CODE
DE L'ENVIRONNEMENT AUGMENTÉ
(OU CODE DE L'ENVIRONNEMENT
ET DE LA DURABILITÉ)

ET AUTRES TEXTES RELATIFS AU DÉVELOPPEMENT DURABLE

LexisNexis®

CODE DE L'ENVIRONNEMENT AUGMENTÉ (OU CODE DE L'ENVIRONNEMENT ET DE LA DURABILITÉ)

ET AUTRES TEXTES RELATIFS AU DÉVELOPPEMENT DURABLE

CODE DE L'ENVIRONNEMENT AUGMENTÉ

ET AUTRES TEXTES RELATIFS AU DÉVELOPPEMENT DURABLE

DOUZIÈME ÉDITION

La présente édition a été réalisée sous la direction de

Christian HUGLO

Docteur en droit, Avocat à la Cour, Codirecteur du JurisClasseur Environnement et

Corinne LEPAGE

Docteur en droit, Avocat à la Cour

avec la collaboration de

Me Madeleine BABES
Me Théophile BEGEL
Me Benoît DENIS
Me Arielle GUILLAUMOT
Me Raphaëlle JEANNEL
Me Roxane SAGELOLI
Me Valérie SAINTAMAN
Me Marine YZQUIERDO

et la collaboration exceptionnelle de

Messieurs les professeurs, Christophe TESTARD, Raphaël BRETT et Guillain WERNERT

co-édité par

Huglo Lepage Editions

LexisNexis

LEXISNEXIS SA
141, RUE DE JAVEL – 75015 PARIS

HL
HUGLO LEPAGE

TEXTES À JOUR AU 20 JANVIER 2025

Avertissement de l'éditeur

Pour nous contacter : relation.client@lexisnexis.fr

ISBN 978-2-7110-4262-3
ISSN 1622-6208

REMERCIEMENTS

Les auteurs tiennent à remercier ceux sans qui cet ouvrage n'aurait pas vu le jour, dans la mesure où il s'agit d'un travail commencé en 2001 par Christian Huglo et Jehan de Malafosse auquel ont participé années après années différents avocats, juristes et le professeur Philippe Billet. Ce sont ces personnes qui sont ici particulièrement remerciées.

Les auteurs tiennent particulièrement à remercier Lise-Hélène Gras pour le complet suivi de la réalisation de l'ouvrage. Enfin, les auteurs remercient les professeurs Christophe Testard, Raphaël Brett et Guillain Wernert pour leur participation à la refonte du code.

TEXTES À JOUR AU 20 JANVIER 2025

Les codes LexisNexis bénéficient d'auteurs prestigieux et de toute la richesse des produits et services de LexisNexis, avec :

– pour les textes : la fiabilité du JurisClasseur **CODES et LOIS**, le plus vaste fonds encyclopédique de législation consolidée à mise à jour périodique sur papier et cdrom ;

– pour la jurisprudence : l'expertise de **JurisData** avec près d'un million de décisions sélectionnées et analysées au sein de 31 ateliers régionaux sous la direction d'universitaires de renom, auteurs et directeurs scientifiques des collections et revues JurisClasseur.

Pour vous informer sur nos parutions et bénéficier de l'actualité des codes et ouvrages LexisNexis, rendez-vous sur :

http://boutique.lexisnexis.fr

INTRODUCTION AU CODE DE L'ENVIRONNEMENT AUGMENTÉ

Le Code de l'environnement annoté fête ses 25 ans. Et de fait, le droit de l'environnement s'est transformé même si les grandes lois françaises datent des années 70 et les principes communautaires du XXe siècle. Le droit de l'environnement est largement sorti de son socle initial de lutte contre les pollutions et de protection de la nature pour s'intéresser bien sûr à l'aménagement et l'urbanisme, mais aussi à l'énergie, à la consommation, à la santé publique, au climat, à la concurrence, à la fiscalité, à la finance et au droit des affaires. Ceci explique les multiples liens entre le Code de l'environnement et d'autres codes dont il est alternativement le code moteur et le code suiveur.

Pour autant, alors que la question environnementale devient prioritaire en raison des impacts de plus en plus violents rapides et lourds du changement climatique, compte tenu de la nécessité de prendre toute la perspective en bilan carbone, de la destruction de la biodiversité et des pathologies environnementales, paradoxalement, le droit de l'environnement n'a jamais été aussi menacé qu'il ne l'est aujourd'hui. En effet, les régressions du droit de l'environnement, malgré l'effet cliquet du principe de non-régression, sont patentes de manière directe (par la réduction du champ de l'étude d'impact ou celui des autorisations ICPE par exemple) et de manière indirecte par la faculté de déroger sans aucun contrôle aux normes environnementales « à titre expérimental ». La « simplification » devenue un mantra, après s'être attaquée à la démocratie environnementale, vise désormais le fond du droit non seulement en France, mais en Europe. La mise en cause des « normes », en particulier celles qui protègent la santé humaine utilisées comme bouc émissaire pour calmer une profession agricole en pleine mutation, est une régression particulièrement préoccupante.

À ces choix s'ajoute une jurisprudence de plus en plus détestable pour l'environnement qui non seulement permet de ne plus annuler des décisions manifestement illégales si la preuve n'est pas apportée que les insuffisances y compris graves dans la composition des dossiers n'a pas altéré l'information du public, mais encore lorsqu'il y a annulation ouvre la voie à la régularisation rendant ainsi inutiles les procédures contentieuses. À ceci s'ajoute une réduction croissante des droits des citoyens par la réduction de la recevabilité des recours, des chicaneries procédurales inventées à partir de certaines décisions du Conseil d'État pour réduire les chances de succès des recours et une interprétation aussi rigoureuse que possible de tous les droits qu'heureusement le droit communautaire a créé au bénéfice des citoyens et de l'environnement.

Pour en rester au droit interne en 25 ans, si le Code de l'environnement a cru en volume (il a quasiment doublé) et si la protection de l'environnement n'a pas vraiment suivi, il faut continuer à tourner son regard vers le droit comparé, le droit européen et le droit international. Jusqu'à présent à l'Union européenne restait encore une référence en matière de développement du droit de l'environnement notamment grâce au travail du Parlement. Le *Green New Deal* a représenté une avancée très considérable, même si elle est aujourd'hui mise en péril à des niveaux qu'il est difficile de mesurer à la date où sont écrites ces lignes.

La justice climatique qui s'est établie progressivement dans le monde entier grâce aux juges étatiques, puis la récente décision de la Cour internationale de justice sur le dommage écologique dans l'affaire Costa Rica V. Nicaragua (CIJ, 2 févr. 2018) désignent les directions à maintenir et à suivre. Sans compter les décisions rendues par le Tribunal international du droit de la mer ou par la Cour européenne des droits de l'homme, notamment les arrêts du 9 avril 2024 et du 30 janvier 2025.

En bref, le droit de l'environnement qui a envahi la plupart des sphères du droit subit de plein fouet à la fois la montée des populismes et une situation si grave que les mesures à prendre ne peuvent être que de plus en plus pénibles mais aussi source croissante d'opportunités. C'est la raison pour laquelle nous avons fait le choix d'augmenter le Code de l'environnement par le commentaire des textes principaux concernant la RSE et la durabilité qui deviennent des sujets majeurs pour les entreprises.

20 février 2025

PRÉFACE

Compte tenu de la grande évolution du droit communautaire et de certaines parties du droit français dans lequel le droit des affaires s'est trouvé modifié, il a été décidé de créer deux catégories d'annexes. La première intègre le droit interne relatif aux sociétés à mission (annexe 1), mais aussi le devoir d'établir des bilans carbone (annexe 2). La seconde se penche sur le droit communautaire, en particulier sur le règlement Taxonomie (annexe 3), les obligations d'information des sociétés financières (annexe 4) ainsi que les obligations d'informations en matière de durabilité des entités économiques (annexe 5), le devoir de vigilance ainsi que le règlement sur le *greenwashing*.

Corinne Lepage

LISTE DES ABRÉVIATIONS

A.	Arrêté
AFDI	Annuaire français de droit international
AJDA	Actualité juridique de droit administratif
Al.	Alinéa
ALD	Actualités législatives Dalloz
Ann. loyers	Annales des loyers
Ann. trib.	Annales des tribunaux
Art.	Article
BDEI	Bulletin du droit de l'environnement industriel
BID	Bulletin d'information et de documentation de la Direction générale de la concurrence, de la consommation et de la répression des fraudes
BJDU	Bulletin de jurisprudence du droit de l'urbanisme
BOMELT	Bulletin officiel du ministère de l'Équipement, du Logement et des Transports
Bull. civ.	Bulletin des arrêts des Chambres civiles de la Cour de cassation
Bull. crim.	Bulletin des arrêts de la Chambre criminelle de la Cour de cassation
c/	Contre
CAA	Cour administrative d'appel
Cah. dr. eur.	Cahiers de droit européen
Cah. env.	Cahiers de l'environnement
Cass. civ.	Arrêts des Chambres civiles de la Cour de cassation
Cass. crim.	Arrêts de la Chambre criminelle de la Cour de cassation
C. civ.	Code civil
CE	Arrêts du Conseil d'État
C. env.	Code de l'environnement
CGCT	Code général des collectivités locales
Chron.	Chronique
Circ.	Circulaire
CJCE	Cour de justice des Communautés européennes
Cne	Commune
Comm.	Commentaire
Concl.	Conclusion
Cons. const.	Conseil constitutionnel
CPP	Code de procédure pénale
C. rur.	Code rural et de la pêche maritime
Cts	Consorts
C. urb.	Code de l'urbanisme
D.	Décret
D.	Recueil Dalloz-Sirey
DA	Dalloz analytique
D. affaires	Dalloz affaires
Déc.	Décision
Defrénois	Répertoire du notariat Defrénois
DH	Dalloz hebdomadaire
DMF	Droit maritime français
Doc. AN	Document Assemblée nationale
DP	Dalloz périodique
DPCI	Droit et pratique du commerce international
Dpt	Département
Dr. adm.	Droit administratif
Dr. env.	Droit de l'environnement
Dr. et patrimoine	Droit et patrimoine
Dr. pén.	Droit pénal
EDCE	Études et documents du Conseil d'État
GAJA	Les grands arrêts de jurisprudence administrative
Environnement et dév. durable	Environnement et développement durable (avant 2009 Environnement)
Gaz. cnes	Gazette des communes
Gaz. Pal.	Gazette du Palais
Inf. rap.	Informations rapides
JCl.	Encyclopédie JurisClasseur
JCP	JurisClasseur périodique (Semaine juridique)
JDI	Journal du droit international (Clunet)
JO	Journal officiel (lois et décrets)
JOAN	Journal officiel des débats de l'Assemblée
JOCE	Journal officiel des Communautés européennes
Journ. maires	Journal des maires
Journ. trib.	Journal des tribunaux
JurisData	JurisData (Banque de données juridiques)
Jurispr.	Jurisprudence
L.	Loi
LPA	Petites affiches
Mon. TP	Moniteur des travaux publics et du bâtiment
Ord.	Ordonnance
Quot. jur.	Quotidien juridique
RCADI	Recueil des cours de l'Académie de droit international
RD aff.	Revue de droit des affaires
RD imm.	Revue de droit immobilier
RDP	Revue de droit public et de la science politique en France et à l'étranger
RD rur.	Revue du droit rural
RD sanit. soc.	Revue de droit sanitaire et social
Rec. CE	Recueil des arrêts du Conseil d'État
Rec. CJCE	Recueil des décisions de la Cour de justice des Communautés européennes
Rec. Cons. const.	Recueil des décisions du Conseil constitutionnel
RED env.	Revue européenne de droit de l'environnement
Rép. min.	Réponse ministérielle à question écrite
req.	Requête
Rev. crit. DIP	Revue critique de droit international privé
Rev. fid.	Revue fiduciaire
Rev. fin. communales	Revue des finances communales
Rev. jur. env.	Revue juridique de l'environnement
Rev. sc. crim.	Revue de science criminelle et de droit pénal comparé
RF adm. publ.	Revue française de l'administration publique
RFDA	Revue française de droit administratif
RF fin. publ.	Revue française des finances publiques
RGDA	Revue générale du droit des assurances
RGDI publ.	Revue générale de droit international public

RID comp.	Revue internationale de droit comparé
RMCUE	Revue du Marché commun et de l'Union européenne
RMUE	Revue du marché unique européen
RRJ	Revue de recherche juridique – Droit prospectif
RTDE	Revue trimestrielle de droit européen
RTDH	Revue trimestrielle des droits de l'Homme
RUDH	Revue universelle des droits de l'Homme
Somm.	Sommaire

TA	Tribunal administratif
T. civ.	Tribunal civil
T. confl.	Tribunal des conflits
T. corr.	Tribunal correctionnel
TGI	Tribunal de grande instance
TPI	Tribunal de première instance
V.	Voir
Vie jud.	La Vie judiciaire

BIBLIOGRAPHIE SÉLECTIVE

I. – RÉPERTOIRES ET RECUEILS DE TEXTES

Code permanent Environnement et Nuisances (mise à jour périodique), Éditions Législatives en 3 volumes. – *JurisClasseur Environnement et Développement durable* (mise à jour périodique), Édition du JurisClasseur en 5 volumes sous la direction de C. Huglo et F.-G. Trébulle. – *Lamy Environnement* (mise à jour périodique), Éd. Lamy en 5 volumes : *Lamy Déchets* en 1 volume ; *Lamy Eau* en 2 volumes ; *Lamy Installations classées* en 2 volumes.

B. Drobenko et J. Sironneau, *Code de l'eau*, 4e éd., Éd. Johanet 2017.

II. – TRAITÉS, MANUELS ET OUVRAGES GÉNÉRAUX

1. – Droit international

J.-M. Lavieille, H. Delzangles et C. Le Bris, *Droit international de l'environnement*, Ellipses 2025. – J.-P. Beurier, *Droit international de l'environnement*, Pédone, 2017. – T.-L. Garrett (dir.), *The environment and climate change law review*, Law Business Research 2017. – G. de Lassus Saint-Geniès, *Droit international du climat*, Pédone 2017. – S. Maljean-Dubois, *Circulations de normes et réseaux d'acteurs dans la gouvernance internationale de l'environnement, Confluence des droits* 2017. – M. Nyoth Hiol, *Le déversement accidentel des hydrocarbures en mer dans le droit de la CEMAC*, L'Harmattan 2017. – J.-M. Arbour et S. Lavallée, *Droit international de l'environnement*, Bruylant, éd. Yvon Blais, 2016, 3e éd. – A. Costa, *Des droits pour la nature*, Éd. Utopia 2016. – C. Lepage, *Déclaration universelle des droits de l'humanité*, Éd. du Chêne 2016. – V. Barral, *Le développement durable en droit international – Essai sur les incidences juridiques d'une norme évolutive*, Bruylant 2015. – S. Boudia et E. Henry (dir.), *La mondialisation des risques. Une histoire politique et transnationale des risques sanitaires et environnementaux*, PUR, Rennes 2015. – C. Cournil et C. Colard Fabregoule (dir.), *Changements environnementaux globaux et droits de l'homme*, Bruylant 2015. – P.-M. Dupuy, *Introduction au droit international de l'environnement*, Bruylant 2015. – S. Janicot et al. (dir.), *Changement climatique : quels défis pour le Sud ?*, IRD, 2015. – B. Laville et al. (dir.), *Quelles solutions pour le changement climatique ?*, CNRS, 2015. – O. Mazaud, *Droit international public de l'environnement*, Pulim 2015. – F. Schneider, *Les énergies marines renouvelables. Approches juridiques en droit international européen et comparé*, Pédone 2015. – C. Cournil et B. Mayer, *Les migrations environnementales, enjeux et gouvernance, la bibliothèque du citoyen*, Les Presses Sciences Po, 2014. – S. Doumbé-Billé, *Droit international de l'environnement*, Larcier 2013. – Y. Kawakami, *Histoire du droit international pour l'éducation au développement durable*, sous la dir. D. Cabanis, Université Toulouse Capitole 2013 – M. Pageaux, *La Connectivité écologique dans les systèmes régionaux de protection de la biodiversité : étude comparée du réseau écologique Natura 2000 et du Système National des Unités de Conservation brésilien*, sous la dir. J. Makowiak, Université de Limoges 2013. – R. Romi, *Droit international et européen de l'environnement*, Montchrestien, précis Domat Droit public, 2013. – M. Bettati, *Le droit international de l'environnement*, Odile Jacob 2012. – B. Drobenko, *Le droit à l'eau : une urgence humanitaire*, éd. Johanet, 2012. – E. Naim-Gesbert, M. Maisonneuve et T. Aoustin (dir.), *La protection de la biodiversité outre-mer : approches pluridisciplinaires*, Presses Universitaires d'Aix-Marseille, Coll. Droit d'Outre-Mer 2012. – R. Seroussi, *Droit international de l'environnement*, Dunod 2012. – S. Doumbé-Billé (dir.), *Défis énergétiques et droit international*, Larcier 2010. – J.-M. Lavieille, *Droit international de l'environnement*, Paris, Ellipses, 3e éd. 2010. – H. Ruiz-Fabri et L. Gradoni (dir.), *La circulation des concepts juridiques, le droit international de l'environnement entre mondialisation et fragmentation*, Société de législation 2009. – O. Mazaudoux, *Droit international public et droit international de l'environnement : Les Cahiers du Crideau* n° 16, PULIM, 2008. – J. Cazala, *Le principe de précaution en droit international*, LGDJ, 2006. – A. Kiss et J.-P. Beurier, *Droit international de l'environnement*, Paris, Pédone, 2004. – A. Ayer, *Droit international de l'environnement : responsabilité de l'État pour inactivité législative et droit des particuliers*, Helbing & Lichtenhahn, 2001. – M. Cornu et J. Fromageau, *Genèse du droit de l'environnement : fondements et enjeux internationaux, deux volumes*, L'Harmattan, 2001. – M.-S. de Clippele et D. Misonne, *Les grands arrêts inspirants du droit de l'environnement*, Éditions Larcier-Intersentia, 2024.

2. – Droit communautaire

G. Brovelli et M. Sancy (dir.), *Environnement et développement durable dans les politiques de l'Union européenne*, PU Rennes 2017. – P. Thieffry, *Manuel de droit européen de l'environnement et du climat*, Bruylant, 4e éd., 2024. – F. Berrod et A. Ullestad, *La mutation des frontières dans l'espace européen de l'énergie*, Larcier 2016. – M. Clément, *Droit européen de l'environnement. Jurisprudence commentée*, Bruylant, 2024, 3e éd. – N. de Sadeleer, *Droit des déchets de l'Union européenne. De l'élimination à l'économie circulaire*, Bruylant 2016. –P. Thieffry, *Traité de droit européen de l'environnement*, Bruylant, 2015. – E. Truilhé-Marengo, *Droit de l'environnement de l'Union européenne*, Larcier 2015. – S. Baziadoly, *La politique européenne de l'environnement*, Bruylant 2014. – M. Clément, *Droit européen de l'environnement*, Larcier, 2013. – R. Romi, *Droit international et européen de l'environnement*, Montchrestien, précis Domat Droit public, 2013. – Conseil de l'Europe, *Manuel sur les droits de l'homme et l'environnement*, éd. du Conseil de l'Europe 2012. – P. Thieffry, *Droit de l'environnement de l'Union européenne*, 2e éd. Bruylant, 2011. – P. Thieffry, *Droit de l'environnement de l'Union européenne, Éléments de droit comparé américain, chinois et indien*, Bruylant 2008. – C. Viale, *Protection de l'environnement et libre circulation des marchandises*, Bruylant, coll. « Droit de l'UE », 2007. – S. Charbonneau, *Droit communautaire de l'environnement*, L'Harmattan, 2e éd. 2006.

3. – Droit interne

J. P Boivin et C. Huglo (dir.), *Les Florilèges du droit de l'environnement*, Éditions Mémoire du droit, 2024. – C. Lepage, *Après le Covid-19 : un droit de l'environnement plus nécessaire que jamais : Énergie - Env. - Infrastr.* 2020, n° 5, étude 7. – B. Adbeljellil et M. Mainelli, *L'innovation financière au service du climat. Les obligations à impact environnemental*, éd. Revue Banque 2017, coll. Les essentiels de la banque et de la finance. – J.-B. Auby et al., *Droit de l'urbanisme et de la construction*, LGDJ, 11e édition, 2017. – Ph. Billet et E. Naïm-Gesbert (dir.), *Les grands arrêts du droit de l'environnement*, Dalloz 2017. – S. Brunengo-Basso et V. Mercier (dir.), *Compensation écologique. De l'expérience d'ITER à la recherche d'un modèle*, PUAM 2017. – Ch. Cans et O. Cizel, *Loi Biodiversité, ce qui change en pratique*, Éditions législatives 2017. – O. Dupéré et L. Peyen (dir.), *L'intégration des enjeux environnementaux dans les branches du droit : quelles réalité(s) juridique(s) ?*, Presses Universitaires d'Aix-Marseille 2017. – S. Jolivet et M. Makowiak (dir.), *Les biens communs environnementaux : quel(s) statut(s) juridique(s) ? PULIM* 2017, coll. Les cahiers du CRIDEAU. – B. Parance (dir.), *Santé et environnement : expertise et régulation des risques*, CNRS éd. 2017. – *Les infractions environnementales*, Anthémis 2016. – M.-P. Camproux-Duffrène et J. Sohnle, *La représentation de la nature devant le juge : approche comparative*, Vertigo 2015. – I. Doussan (dir.), *Les futurs du droit de l'environnement. Simplification, modernisation, régression ?*, Bruylant 2016. – L. Fines, *Les crimes environnementaux et l'innocence persécutrice*, L'Harmattan 2016. – D. Guihal, *Droit répressif de l'environnement*, Économica, 4e éd. 2016. – C. Harpet, Ph. Billet et J.-P. Pieron, *Justice et injustices environnementales*, L'Harmattan 2016. – Ph. Malingrey, *Droit de l'environnement, comprendre et appliquer la réglementation*, éd. Tec & Doc 2016. – K. Martin-Chenut et R. de Quanaudon (dir.), *Développement durable : mutations ou métamorphoses de la responsabilité ?*, Pédone 2016. – K. Martin-Chenut et R. Quenaudon (dir.), *La RSE saisie par le droit, perspectives internes et internationales*, A. Pedone 2016. – M. Prieur, *Droit de l'environnement*, Paris, Lefeuvre-Dalloz, 2023, 7e éd. – R. Romi, *Droit de l'environnement*, 9e éd., LGDJ 2016. – Th. Sterner, *Les instruments de la politique environnementale*, Fayard 2016, coll. Leçons inaugurales du Collège de France. – A. Van Lang, *Droit de l'environnement*, PUF, 2021, 5e éd. – D. Bourg et A. Papaux (dir.), *Dictionnaire de la pensée écologique*, PUF, oct. 2015. – N. Calderaro, *Le principe de précaution au carrefour de la philosophie, du droit et des sciences*, L'Harmattan 2015. – B. Drobenko, *La loi sur l'eau de 1964, Bilans et perspectives*, Johanet 2015. – M. Hautereau-Boutonnet (dir.), *Le contrat et l'environnement. Étude de droit comparé, Code civil de l'environnement*, Bruylant, 2015. – C. Krolik et S. Nadaud (ss dir.), *L'environnement au secours du développement économique et social, Chroniques de l'OMIJ*, PULIM 2015. – H. Levrel et N. Frascaria-Lacoste, *Restaurer la nature pour atténuer les impacts du développement. Analyse des mesures compensatoires pour la biodiversité*, Éd. Quae, 2015. – M. Lucas, *Étude juridique de la compensation écologique*, LGDJ 2015. – G. Marcou et al., *Gouvernance et innovations dans le système énergétique*, L'Harmattan 2015. – M. Moliner-Dubost, *Droit de l'environnement : D.* 2015. – L. Neyret (dir.), *Des écocrimes à l'écocide. Le droit pénal au secours de l'environnement*, Bruylant 2015. – P. Planchet, *Droit de l'environnement : D.* 2015. – J.-C. Zarka, *Grands principes du droit de l'environnement. Les points clés des principes environnementaux : développement durable, intégration, prévention, précaution, information et participation pollueur-payeur*, Gualino 2015. – M. Falque (ss dir.), *L'eau entre réglementation et marché*, Éd. Johanet 2014. – C. Harpet, Ph. Billet et J.-P. Pierron, *À l'ombre des forêts*, L'Harmattan 2014. – J.-C. Helin et R. Hostiou, *Traité de droit des enquêtes publiques*, Le Moniteur 2e éd. 2014. – E. Naim-Gesbert, *Droit général de l'environnement, Objectif Droit, Cours*, LexisNexis, 2e éd., 2014. – J.-M. Pontier et al., *Traité de droit des risques naturels*, Le Moniteur 2014. – C. Roche, *L'essentiel du droit de l'environnement*, Gualino 2014. – J.-B. Auby, *Droit de la ville Du fonctionnement juridique des villes au droit de la ville*, LexisNexis 2013. – Ch. Huglo et a., *Smart cities, ERC*, Éditions Le Moniteur. – A.-S. Denolle, *Le maire et la protection de l'environnement*, sous la co-dir. de M.-J. Redor-Fichot et L. Fonbaustier, Université de Caen 2013. – B. Drobenko, *L'essentiel du droit de l'eau*, Lextenso 2013. – F. Duhautoy, *L'accès à l'eau : un nouveau droit de l'Homme ? (essai sur la solidarité hydrique)*, sous la dir. E. Cadeau, Université de Nantes 2013. – Ch. Huglo, *Avocat pour l'environnement « Mes grandes batailles judiciaires »*, LexisNexis 2013. – Ch. Huglo et C. Lepage, *Nos batailles pour l'environnement*, Éditions. Actes Sud, 2021. – F. Schneider, *Les énergies marines renouvelables face au droit*, sous la dir. d'A. Piquemal, Université de Nice 2013. – P. Crozemarie (dir.), *Bilan du Grenelle de l'environnement, Pour un nouvel élan, Conseil économique, social et environnemental*, févr. 2012. – D. Gillig, *Les installations classées*, Territorial Éditions 2012. – P. Lascoumes, *Action publique et environnement, Que sais-je ?* PUF, 2012. – G.-J. Martin et B. Parance, *La régulation environnementale*, Lextenso 2012. – L. Neyret et G.-J. Martin, *Nomenclature des préjudices environnementaux*, Lextenso, avr. 2012. – M.-P. Blin-Franchomme et a., *Entreprise et développement durable, Approche juridique pour l'acteur économique du XIXe siècle*, Lamy 2011. – J. Graindorge, *Grenelle 2 : quels impacts pour les collectivités ?*, Territorial Éditions 2011. – Y. Jégouzo, *Le Grenelle commenté*, Le Moniteur, 2011. – P. Laget, *Développement durable et responsabilité d'entreprise*, L'Harmattan, 2011. – Y. Le Corfec, *Sites et sols pollués*, Dunod, 2011. – S. Maljean-Dubois et A. Roger (ss dir.), *L'implication des entreprises dans les politiques climatiques. Entre corégulation et autorégulation*, La Documentation française 2011. – J. Morand-Deviller, *Le droit de l'environnement*, Paris, PUF, coll. « Que sais-je ? », 2011. – J.-P. Ourliac et J.-L. Gazzaniga, P. Marc et X. Larrouy-Castera, *Le droit de l'eau*, LexisNexis/Litec, 2011. – B. Pancher, *La concertation au service de la démocratie environnementale, Pour une définition d'un cadre général de la gouvernance environnementale*, Rapport au Président de la République française, oct. 2011. – G. Paul, *Grenelle de l'environnement*, L'Extenso, 2011. – M. Pennaforte, *La réglementation des installations classées*, Le Moniteur, 2011. – A. Saout, *Théorie et pratique du droit de l'eau*, éd. Johanet, 2011. – F. Bioret, R. Estève et A. Sturbois, *Dictionnaire de la protection de la nature*, PU Rennes, 2010. – M.-P. Blin-Franchomme (ss dir.), *Sites et sols pollués : enjeux d'un droit, droit en jeu(x)*, LexisNexis Litec, coll. « Colloques et Débats », n° 28, 2010. – O. Boskovic, *L'efficacité du droit de l'environnement – Mise en œuvre et sanctions : D.* 2010. – Ph. Guillot, *Droit de l'environnement*, Ellipses Marketing, 2010. – M. Memlouk, *Entreprises et dommages écologiques : prévention, réparation, indemnisation*, Lamy, coll. « Axe Droit », 2010. – A. de Raulin, et G. Saad (dir.), *Droits fondamentaux et droit de l'environnement*, l'Harmattan 2010. – V. Rebeyrol, *L'affirmation d'un « droit à l'environnement » et la réparation des dommages environnementaux*, Defrénois, 2010. – *Développement durable*, Éditions Francis Lefebvre, 2010. – *Grenelle 2, Impacts sur les activités économiques*, Lamy, coll. « Axe droit », 2010. – Ph. Billet, M. Durousseau, G. Martin et I. Trinquelle (ss dir.), *Droit de l'environnement et protection de la santé*, L'Harmattan, coll. « Logiques juridiques », 2009. – Y. Petit (ss dir.), *Droit et politiques de l'environnement*, La Documentation française, coll. « Les Notices », 2009. – N. Hervé-Fournereau (ss dir.), *Les approches volontaires et le droit de l'environnement*, Presses Universitaires de Rennes, 2008. – B. Le Baut-Ferrarese et I. Michallet, *Droit des énergies renouvelables*, Éd. Le Moniteur, 2008. – O. Lecucq et S. Maljean-Dubois (ss dir.), *Le rôle du juge dans le développement du droit de l'environnement*, Bruylant 2008. – M.-P. Camproux-Duffrène et M. Durousseau (ss dir.), *La protection de la nature 30 ans après la loi du 10 juillet 1976*, Presses Universitaires de Strasbourg, 2007. – J. Sambon, *Assainissement et gestion des sols pollués : un cadre légal nouveau*, Bruylant 2007. – N. Baillon, N. Nahmias et E. Sacksick, *Pratique du droit de l'environnement*, Éd. le Moniteur, 2006. –V. Inserguet-Brisset, *Droit de l'environnement*, Paris, Presses Universitaires de Rennes, 2005. – B. Jadot, *La participation du public au processus de décision en matière d'environnement et d'urbanisme*, Bruylant 2005. – J. Plyette, *Hygiène et sécurité*, Paris, Lavoisier, Tech. & Doc., 2005. – M. Bothe et P. Sand, *La politique de l'environnement : de la réglementation aux instruments économiques*, M. Nijhoff, Kluwer Law International, 2003. – M. Gerin, *Environnement et santé publique : fondements et pratiques*, Tec & Doc., Edisem, 2003. – Ch. Larssen, *Dix ans d'accès à l'information en matière d'environnement*, Bruylant 2003. – J.-A. Poli-Broc, *Guide pratique du droit de l'environnement*, Berger-Levrault 2003. – Y. Rumpala, *Régulation publique et environnement : questions écologiques, réponses économiques*, Paris, Éditions L'Harmattan, 2003. – J. Libey, *Environnement, risques et santé*, Eurotext 2002. – B. Socha, *Les fonctions du droit de l'environnement dans la prise en compte de l'économie : contribution à l'étude des rapports du droit et de l'économie*, 2002. – P. Tronquoy, *Enjeux et politiques de l'environnement*, La Documentation française 2002. – P. Halley, *Le droit pénal de l'environnement*, Y. Blais, 2001. – C. Lepage, *Bien gérer l'environnement, une chance pour l'entreprise. Audit d'environnement de l'entreprise*, Le Moniteur 1999. – G. Schneider-Maunoury, *La responsabilité environnementale*, L'Harmattan 1999. – S. Olivier et G. Roland, *Environnement et contentieux administratif*, Paris, Victoire Éditions, 1995. – M. Despax, *Droit de l'environnement*, Litec, 1980. – J. Lamarque, *Droit de la protection de la nature et de l'environnement*, Paris, LGDJ 1973. –J. de Malafosse, *Le droit à la nature*, Paris, Montchrestien, 1973.

III. – ARTICLES

1. – Doctrine sur les grandes réformes du droit de l'environnement

a) Sur la QPC

Y. Aguila, *Les acteurs face à la constitutionnalisation du droit de l'environnement : Nouv. Cah. Cons. const.* avr. 2014, n° 43, p. 43. – C. Huglo, *La QPC : quelle utilisation en droit de l'environnement ? : Nouv. Cah. Cons. const.* avr. 2014, n° 43, p. 57. – K. Foucher, *L'apport en demi-teinte de la QPC à la protection du droit de participer en matière d'environnement : Constitutions* oct.-déc. 2012, n° 4, p. 657. – K. Foucher, *Quand l'invocation de la Charte de l'environnement permet d'exclure les dispositions législatives non normatives du champ d'application de la QPC : Constitutions* janv.-mars 2012, n° 1, p. 147. – Y. Aguila et A. Peri, *QPC et Charte de l'environnement : les limites de l'incompétence négative : Constitutions* janv.-mars 2011, p. 113. – Y. Aguila, *La Charte de l'environnement : une mine à QPC ? : Constitutions* juill.-sept. 2011, n° 3, p. 407. – Y. Aguila, *QPC et Charte de l'environnement : l'article L. 116-12 du Code de la construction et de l'habitation, qui institue une exception à la responsabilité pour trouble anormal de voisinage, est conforme aux articles 1 à 4 de la Charte de l'environnement : Constitutions* juill.-sept. 2011, n° 3, p. 449. – Ph. Billet, *Taxe générale sur les activités polluantes, Validation sous réserve de la TGAP sur les installations d'éliminations de déchets inertes : Environnement et dév. durable* 2011, n° 1, p. 30. – X. Braud, *La mise en œuvre de la QPC en matière environnementale : Cah. GRIDAUH* 2011, n° 22, p. 69. – K. Foucher, *La première application de la Charte de l'environnement par le Conseil constitutionnel dans le cadre de la QPC : de l'inédit, de l'inutile et du flou : AJDA* 2011, n° 20, p. 1158. – K. Foucher, *Les normes de référence de la QPC en matière environnementale : Cah. GRIDAUH* 2011, n° 22, p. 61. – Ch. Huglo, *La QPC, la Charte et le justiciable : « lettre ouverte » : Environnement et dév. durable* févr. 2011, n° 2, p. 1. – N. Huten, *L'efficacité de la QPC en matière environnementale : Cah. GRIDAUH* 2011, n° 22, p. 89. – V. Rebeyrol, *L'environnement devant le Conseil constitutionnel : l'occasion manquée : D.* 2011, n° 18, p. 1258. – J.-H. Robert, *Le Conseil constitutionnel, ami de l'environnement : Dr. pén.* 2011, n° 12, p. 32. – P. Steichen, *Charte de l'environnement : Rev. jur. env.* 2011, p. 393. – F.-G. Trébulle, *Le Conseil constitutionnel, l'environnement et la responsabilité : entre vigilance environnementale et pré-occupation : RD imm.* 2011, nos 7/8, p. 369. – Ph. Billet, *QPC pour TGAP : CQFD... sous toute réserve : JCP A* 2010, n° 50, p. 28. – K. Foucher, *L'apport de la question prioritaire de constitutionnalité au droit de l'environnement : conditions et limites : RFD const.* 2010, n° 83, p. 523. – C. Huglo, *À propos de la QPC : de nouvelles obligations aussi exigeantes qu'exaltantes pour les avocats : LPA* 25 janv. 2010, n° 17, p. 6. – C. Huglo, *Un nouvel horizon pour le droit de l'environnement : la QPC : Environnement et dév. durable* 2010, p. 1. – C. Huglo, *Premiers éléments de réflexion sur la QPC, le droit de l'environnement et l'avocat : Gaz. Pal.* 26-27 mars 2010, p. 19.

b) Sur le Grenelle de l'environnement

D. Boy, *Le Grenelle de l'environnement : une novation politique ? : RFDA* 2010, n° 134, p. 313. – E. Scaramozzino, *L'EMAS, modèle européen de management environnemental : comment promouvoir en France, dans le cadre de la mise en œuvre du Grenelle Environnement : Dr. env.* déc. 2010, n° 185, p. 392. – F.-G. Trébulle, *L'influence de la crise sur le Grenelle de l'environnement : RD imm.* 2010, p. 15. – H. Vestur, *Le Grenelle I, une loi « hors norme » : Environnement et dév. durable* 2010, p. 15. – Ph. Billet, *Grenelle de l'environnement : Acte 1 en plusieurs tableaux : Environnement* nov. 2009, p. 13. – Ph. Billet, *Premières impressions sur la loi de programmation relative à la mise en œuvre du Grenelle de l'environnement : JCP A* 19 oct. 2009, n° 43, p. 35. – C. Huglo, *Les lois Grenelle doivent-elles nous apprendre à repenser le droit de l'environnement ? : Environnement* oct. 2009, p. 1. – M.-P. Maître et A. Gossement, *Le Grenelle de l'environnement : quels impacts pour les entreprises ? : Environnement et technique* oct. 2009, n° 290, p. 59. – F. Muller, *Aspects notariaux de la loi de programmation relative à la mise en œuvre du Grenelle de l'environnement : JCP* N 2009, n° 35, p. 3. – J.-L. Pissaloux, *Les apports du Grenelle 1 de l'environnement en matière d'urbanisme : Rev.* Lamy collectivités territoriales oct. 2009, n° 50, p. 46. – B. Rajot, *Gouvernance écologique et développement durable : objets du Grenelle de l'environnement : Resp. civ. et assur.* nov. 2008, p. 3. – J. Bourrinet, *Le Grenelle de l'environnement : une nouvelle approche des politiques environnementales ? : LPA* 22 avr. 2008, n° 81, p. 81. – B. Hagege-Raduta, *Le Grenelle de l'environnement et la responsabilité environnementale : le défi d'une réforme « durable » : LPA* 23 juill. 2008, n° 147, p. 4. – M. Huet, *L'architecture, l'urbain et le Grenelle de l'environnement : RD imm.* 2008, n° 2, p. 72. – C. Huglo, *Le Grenelle de l'Environnement : une chance pour l'avenir : Environnement* déc. 2007, p. 1.

c) Sur la loi Grenelle II

R. Leost, *Le contentieux administratif de l'environnement après la loi Grenelle II : nouveaux délais de recours et extension du référé administratif : Dr. env.* janv. 2011, n° 186, p. 12. – V. Mercier, *Responsabilité sociétale des entreprises : une remise en cause de la loi Grenelle II par la loi du 22 octobre 2010 de régulation bancaire et financière : Bull. Joly Sociétés* févr. 2011, p. 103. – Y. Razafindratandra et R. Canot, *Les procédures en droit de l'environnement, l'apport de la loi Grenelle II : Dr. env.* janv. 2011, n° 186, p. 33. – M. Rousseau, *La dimension économique du Grenelle de l'environnement : Réalités industrielles* mai 2011, p. 38. – A. Van Lang, *Les lois Grenelle : droit de l'environnement de crise ou droit de l'environnement en crise ? : Dr. adm.* févr. 2011, n° 2, p. 9. – F.-G. Trébulle, *Gouvernance et responsabilité, que change la loi Grenelle 2 pour les sociétés ? : Environnement et dév. durable* mai 2011, n° 5, p. 13. – M.-Y. Benjamin, *La loi Grenelle 2 : un monument législatif : Décideurs Stratégie-Finance-Droit*, coll. « Guide-annuaire », 2010 ; *Acteurs publics et entreprises : Urbanisme et Environnement*, p. 100. – B. Berger, *La copropriété et le Grenelle II : Circuméo* août 2010, n° 75. – B. Berger, D. Courilleau et M.-P. Maître, *Grenelle 2 : l'impact sur les entreprises : Environnement et dév. durable* 2010, n°s 8-9, p. 11. – Ph. Billet, *Grenelle II de l'environnement : les principales mesures : JCP* A 19 juill. 2010, n° 29, p. 31. – Ph. Billet, *Grenelle 2 de l'environnement et collectivités territoriales : Environnement et dév. durable* 2010, n°s 8-9, p. 17. – A. Delsaux, *Grenelle 2 et gouvernance des entreprises : Environnement et dév. durable* 2010, n° 10, p. 35. – P. Déchelette-Tolot, *La loi Grenelle 2 et les sanctions pénales : Mon. TP* 3 déc. 2010, p. 71. – A. Gonzalez, *Les effets du Grenelle de l'environnement sur le droit de la commande publique : BDEI* oct. 2010, suppl., p. 37. –– Y. Jégouzo, *L'ambitieuse loi portant engagement national pour l'environnement : AJDA* 20 sept. 2010, n° 30, p. 1681. – V. Lagarde et M. Finaz, *Les mesures fiscales du « Grenelle 2 » : BDEI* oct. 2010, suppl., p. 75. – B. Le Baut-Ferrarese, *L'impact du Grenelle 2 sur les politiques locales : Le Courrier des maires et des élus locaux* nov. 2010, n° 240, p. XIV. – O. Legendre, *Grenelle 2 : un engagement national pour la santé environnementale ? : Environnement et dév. durable* 2010, n° 10, p. 53. – M.-P. Maître, *La communication dans le Grenelle 2 : obligations et responsabilités pour les entreprises : Environnement et technique* déc. 2010, n° 302, p. 63. – M.-P. Maitre et L. Dufour, *Loi Grenelle 2 : les principales dispositions : Environnement et technique* juill.-août 2010, n° 298, p. 51. – M.-P. Maître et L. Dufour, *Loi Grenelle 2 : les principales dispositions (part. II) : Environnement et technique* sept. 2010, n° 299, p. 58. – G. Notté, *Loi n° 2010-788 du 12 juillet 2010 portant engagement national pour l'environnement (Grenelle II) : JCP* E 2010, n°s 30-33, p. 3. – M. Prieur, *Du Grenelle de l'environnement à la loi du 12 juillet 2010 portant engagement national pour l'environnement : Rev. jur. env.* 2010, n° spéc., Grenelle 2, p. 7. – E. Royer, *Synthèse des principaux apports de la loi Grenelle II : AJCT* sept. 2010, p. 26. – M. Teller, *L'intégration des enjeux environnementaux et sociétaux par les sociétés : LPA* 9-10 sept. 2010, n°s 180-181, p. 19. – A. Van Lang, *Grenelle 2, La facture sur la table des collectivités : Gaz. cnes* 30 août 2010, p. 12. – *Droit des sociétés et environnement : Rev. fid.* FH 3363 9 sept. 2010, p. 12. – F.-G. Trébulle, *Le petit bond en avant du Grenelle 2 : Décideurs Stratégie-Finance-Droit*, coll. « Guide-annuaire », 2010 ; *Acteurs publics et entreprises : Urbanisme et Environnement*, p. 86.

Pour les articles de doctrine relatifs au Grenelle II par thème, voir sous les articles concernés.

d) Sur le troisième régime ICPE

C. Hermon, *La réforme du droit des installations classées : l'institution d'un troisième régime : BDEI* sept. 2009, n° 23, p. 33. – C. Huglo, *Installations classées, troisième régime : simplification et/ou appauvrissement : Environnement* juill. 2009, p. 1. – C. Huglo, *Installations classées : le troisième régime résultant de l'ordonnance du 11 juin 2009, entre perspective de simplification ou risque de complication : LPA* 27 août 2009, n° 171, p. 3. – C. Huglo et M.-P. Maître, *La mise en place du régime d'enregistrement : une fausse réponse à un vrai problème ? : Environnement* août 2009, p. 9. – J.-L. Pissaloux, *Des installations classées d'un troisième type : les installations soumises à enregistrement : BDEI* juill. 2009, n° 22, p. 5.

e) Sur la loi relative à la transition énergétique pour la croissance verte

Ch. Barthélémy, *La loi sur la transition énergétique : déclaration d'intentions ou socle d'une transformation dirigée de l'économie française ? (1re partie) : Dr. env.* nov. 2015, n° 239, p. 388 ; *(Deuxième partie) : Dr. env.* janv. 2015, n° 241, p. 27 ; *(3e partie) : Dr. env.* févr. 2016, n° 242, p. 80 ; *(4e partie) : Dr. env.* mars 2016, n° 243, p. 116. – A. Corduas, *Le recul du nucléaire face aux énergies renouvelables dans le cadre de la loi relative à la transition énergétique pour la croissance verte : Dr. adm.* févr. 2016, n° 2, p. 26. – A.-S. Denolle, *Commentaire de la loi relative à la transition énergétique pour la croissance verte : RJE* mars 2016, n° 1, p. 99. – A. Fourmon, *Quels changements pour le dispositif des certificats d'économies d'énergie avec la prise en compte de la précarité énergétique : la création des CEE « précarité » : Rev. Énergie - Env. - Infrastr.* mars 2016, n° 3, p. 35. – M. Sousse, *L'implantation de champs de panneaux photovoltaïques dans les communes littorales : AJDA* 14 mars 2016, n° 9/2016, p. 469.– Ph. Billet, *Transition énergétique et croissance verte : itinéraire et ambitions d'une loi : Rev. Énergie - Env. - Infrastr.* oct. 2015, n° 10, p. 17. – G. Bricker, *Le principe d'utilisation rationnelle des ressources (art. L. 110-1-2 nouveau C. env.) : Rev. Énergie - Env. - Infrastr.* déc. 2015, n° 12, p. 19. – H. Brunet-Lecomte, *Les récentes évolutions législatives en matière de responsabilité civile nucléaire : BDEI* nov. 2015, n° 60, p. 5. – Ch. Cabanes et B. Neveu, *Le renouvellement des concessions hydroélectriques après la loi relative à la transition énergétique : Contrats Publics* déc. 2015, n° 160, p. 48. – Ph. Delebecque, *Le volet transport de la loi sur la transition énergétique : Rev. Énergie - Env. - Infrastr.* oct. 2015, n° 10, p. 50. – L. Fonbaustier, *Une volonté politique énergétique et croissante aux effets incertains, À propos de la loi du 17 août 2015 relative à la transition énergétique pour la croissance verte : JCP* G 2015, n° 41, p. 1778. – A. Fourmon, *L'évolution des mécanismes de soutien applicables aux énergies renouvelables pour la transition énergétique : premiers commentaires sur la notion de complément de rémunération : Rev. Énergie - Env. - Infrastr.* août-sept. 2015, nos 8-9, p. 31. – A. Fourmon, *Le développement des énergies renouvelables et de l'économie circulaire : les réponses RSE à la prise en compte de la transition énergétique et du risque carbone : Journal des Sociétés* nov. 2015, n° 135, p. 23. – G. Gauch et S. Couvreur, *Réemploi des déchets et commande publique après la loi du 17 août 2015 sur la transition énergétique : Contrats Publics* déc. 2015, n° 160, p. 32. – B. Le Baut-Ferrarese, *Les énergies renouvelables en transition : Rev. Énergie - Env. - Infrastr.* oct. 2015, n° 10, p. 31. – S. Marie, *La transition énergétique et le PLU, Complément Urbanisme Aménagement* déc. 2015, n° 25, p. 18. – O. Ortega et Ph. Pelletier, *Bâtiment durable, loi de transition énergétique : morceaux choisis*, Le Moniteur des Travaux Publics du 23 octobre 2015, p. 90. – P. Sabliere, *Le pilotage de la production d'électricité dans la loi de transition énergétique : Rev. Énergie - Env. - Infrastr.* oct. 2015, n° 10, p. 27. – P. Savin, *Impacts de la loi de transition énergétique en matière d'aménagement du territoire : Contrats Publics* déc. 2015, n° 160, p. 60.

f) Sur la loi relative à la reconquête de la biodiversité, de la nature et des paysages

C. Hernandez-Zakine, *La loi de reconquête de la biodiversité : une loi à fort potentiel de ruptures juridiques : RD rur.* 2016, alerte 116. – M. Hautereau-Boutonnet, *La reconquête de la biodiversité par la conquête du droit civil... - À propos de la loi n° 2016-1087 du 8 août 2016 pour la reconquête de la biodiversité, de la nature et des paysages : JCP* G 2016, n° 37, 948. – L. De Redon, *La loi pour la reconquête de la biodiversité, de la nature et des paysages définitivement adoptée au Parlement et publiée au Journal officiel : Énergie - Env. - Infrastr.* 2016, n° 10, p. 318. – A. Van Lang, *La compensation des atteintes à la biodiversité : de l'utilité technique d'un dispositif éthiquement contestable : RD imm.* 2016, p. 586. – F.-G. Trébulle, *La consécration de l'accueil du préjudice écologique dans le Code civil : Énergie - Env. - Infrastr.* 2016, étude 20. – C. Huglo, *La notion de réparation du préjudice écologique à l'épreuve du droit administratif : Énergie - Env. - Infrastr.* 2016, étude 21. – C. Huglo, *De la difficulté d'appliquer les lois protectrices de l'environnement : Énergie - Env. - Infrastr.* 2017, n° 3, p. 3.

g) Sur la loi pour l'équilibre des relations commerciales dans le secteur agricole et alimentaire et une alimentation saine, durable et accessible à tous

Cabinet Huglo Lepage Avocats, *Loi EGalim, un an après : Journ. sp. Sociétés*, mars 2020, n° 21.

h) Sur la loi ELAN

L. Descubes, J. Gourdou, *Les apports de la loi ELAN aux droits de l'environnement et de l'énergie : Énergie - Env. - Infrastr.* 2019, n° 7, étude 11. – T. Gilliocq, *La loi ELAN et l'opportunité d'une refonte globale de la loi littorale : JCP* A 2019, n° 3.

i) Sur la loi PACTE

J.-C. Videlin, *Le Plan d'action pour la croissance et la transformation des entreprises : un pacte aussi pour le secteur public* : *JCP* A 2020, n° 36, 2247.

j) Sur la loi Énergie-Climat

S. Andrieu, *Programmation pluriannuelle de l'énergie : contenu et perspectives : article 20 : Énergie - Env. - Infrastr.* 2020, n° 7, p. 19. – C. Lepage, *Dossier : Commentaires croisés des nouvelles dispositions de la loi n° 2019-1147 du 8 novembre 2019 relative à l'énergie et au climat : Énergie - Env. - Infrastr.* 2020, n° 2, p. 13. – X. Couton, *Les apports de la loi énergie climat en matière d'urbanisme : Constr.-Urb.* 2020, n° 1, p. 29. – D. Deharbe, S. Gandet, S. Bécue, *Synthèse : Droit des énergies renouvelables janvier 2019-janvier 2020 : Rev. Droit de l'environnement*, févr. 2020, n° 285, p. 79. – B. Le Baut-Ferrarese, *Une nouvelle loi au soutien de la transition énergétique : la loi du 8 novembre 2019 relative à l'énergie et au climat : Rev. Droit de l'environnement*, déc. 2019, n° 284, p. 460.

k) Sur la loi LOM

P. Delebecque, J.-B. Charles, *Dossier : Loi d'orientation des mobilités : l'occasion ratée d'une LOTI du XXIe siècle : Énergie - Env. - Infrastr.* 2020, n° 3, p. 11.

l) Sur la loi « Engagement et proximité »

S. Hercé, *La loi Engagement et proximité au secours des maires. Consultations systématiques dans le cadre des PLUi, pouvoir de sanction en cas d'infraction... Décryptage des mesures prévues par la loi du 27 décembre 2019 : Le Moniteur*, 6 mars 2020, p. 78.

m) Sur la loi Économie circulaire

L. Fonbaustier, *Une transition juridique entre lenteur et marche forcée vers un nouveau modèle de société : JCP* A 2020, n° 28, p. 1296. – F.-G. Trébulle, *Dossier : Loi relative à la lutte contre le gaspillage et à l'économie circulaire : Énergie - Env. - Infrastr.* 2020, n° 8-9, p. 13.

n) Articles sur l'évolution du droit de l'environnement

Ch. Huglo, C. Grenet et J. Guillemard, *Éviter, réduire, compenser les impacts environnementaux*, Éditions Le Moniteur, 2021. – J.-P. Boivin et Ch. Huglo (dir.), *Les Florilèges du droit de l'environnement*, Mémoire du droit, 2024. – X. de Lesquen, *Le droit et la transition : BDEI* juin 2017, n° 69 (supplément), p. 3. – J. Makowiak, *Ce que non-régression veut dire : Dr. env.* févr. 2017, n° 253, p. 54. – P.-F. Mercure, *La perspective du droit au développement dans le projet de déclaration universelle des droits de l'humanité : Dr. env.* mai 2017, n° 256, p. 175. – M.-P. Camproux Duffrene, *Pour une approche socio-écosystémique de la dette écologique : une responsabilité civile spécifique en cas d'atteintes à l'environnement*, Vertigo HS n° 26 – 9 sept. 2016. – J. Girard, *Responsabilité sociale des entreprises (mars 2015 – févr. 2016) : Dr. env.* févr. 2016, n° 242, p. 84. – M. Moliner-Dubost, *La citoyenneté environnementale : AJDA* 2016, n° 12/2016, p. 646. – Y. Razafindratandra, *L'évolution du rôle du juge de l'environnement – réflexions sur le rapport du groupe de travail sur la réforme du contentieux administratif de l'environnement : Dr. env.* juin 2016, n° 246, p. 233. – N. Roret et M. Porret-Blanc, *L'effectivité du droit pénal de l'environnement, État des lieux et perspectives : Énergie - Env. - Infrastr.* 2016, n° 7, p. 13. – Ph. Billet, *Les faux-semblants de la neutralité environnementale : Énergie - Env. - Infrastr.* 2015, n° 10, p. 3. – M.-P. Camproux Duffrene et J. Sohnle (ss dir.), *La représentation de l'environnement devant le juge : approches comparative et prospective*, Vertigo HS n° 22, sept. 2015. – H. Delzangles, *Commande publique et environnement, jusqu'où peut-on aller ? : RJE* mars 2015, n° 1/2015, p. 13. – P. Demaye-Simoni, *Le développement durable et l'environnement dans la loi NOTRe : Dr. env.* sept. 2015, n° 237, p. 308. – Ch. Huglo et Bl. Berger, *Où va le droit de l'environnement selon la loi Macron ? : Rev. Énergie - Env. - Infrastr.* août-sept. 2015 nos 8-9, p. 22. – R. Leost et R. Tanguy, *Loi NOTRe : Une Nouvelle Organisation Traduction d'une Régression pour l'environnement ? : Dr. env.* sept. 2015, n° 237, p. 282. – T. Molina Schmid, *La protection de l'environnement et le rôle du droit international : Dr. env.* juin 2015, n° 235, p. 215. – A. Fourmon, *L'avenir des délégations de service public dans les domaines de l'environnement après l'arrêt Commune d'Olivet : Gaz. Pal.* 2011, nos 133/134, p. 20. – M. Gal, *Focus sur l'usage de l'argument écologique dans la publicité et le rôle du Jury de déontologie publicitaire : Gaz. Pal.* 2011, nos 133/134, p. 32. – M. Godgenger, *L'environnement et la commande publique : Environnement et technique* oct. 2011, n° 310, p. 63. – A. Langlais, *Le droit de l'environnement et la nouvelle loi d'orientation agricole, la fin d'une relation passionnelle ? : Dr. env.* janv. 2011, n° 186, p. 28. – X. Lièvre, *Droit de l'environnement et pratique notariale : JCP* N 2011, n° 46, p. 1296. – A. Moustardier, M. Menjucq et J.-L. Mercier, *Les procédures collectives confrontées au droit de l'environnement : Rev. proc. coll.* janv. 2011, n° 1. – P. Thieffry, *Droit européen et droit climatique de l'environnement*, Éditions Bruylant, 2024.

o) Transition écologique

Fr. Collart Dutilleul (dir), V. Pironon et A. Van Lang, *Dictionnaire juridique des transitions écologiques*, Institut universitaire Varenne, coll. « Transition & Justice », 2018. – J.-L. Gaffard et G. J. Martin, *Droit et économie de la transition écologique, regards croisés*, Éditions Mare & Martin, coll. « Droit sciences & environnement », 2023.

p) Droit climatique :

Ouvrages : M. Toree-Schaub, A. Jézéquel, B. Lormeteau et A. Michelot, *Dictionnaire juridique du changement climatique*, Éditions. Mare et Martin, 2022. – Ch. Huglo, *Le contentieux climatique : une révolution judiciaire mondiale*, Éditions Bruylant, coll. « Droits et développement durable », 2018. – Ch. Cournil et S. Lavorel. – A. Michelot (dir.), *Justice climatique. Enjeux et perspectives*, Actes du colloque de l'association européenne de droit de l'environnement, La Rochelle, 2 et 3 oct. 2015, Bruylant, 2016. – Ch. Huglo, *Méthodologie de l'étude d'impact climatique, droits européen, français et anglo-saxon*, Éditions Brulyant, 2020. – Ch. Cournil (dir.), *La fabrique d'un droit climatique, au service de la trajectoire « 1,5° »*, Éditions A. Pedone, 2021. – M. Torre-Schaub, *Les dynamiques du contentieux climatique, usage et mobilisations du droit*, Éditions. Mare & Martin, 2021. – A. Lecourt, L. Abadie et C. Drouiller, *La loi Climat et résilience : état des lieux et perspectives*, Actes de colloque organisé à Pau les 8 et 9 oct., Éditions LexisNexis, 2024.

Articles : Ch. Cournil, *Les « victimes climatiques » au prétoire : premiers traits d'une catégorie émergente : Rev. jur. env.* 2024, vol. 49, p. 4 à 15. – Ch. Cournil et S. Lavorel, *Chronique annuelle de droit climatique : Rev. jur. env.* 2023, vol. 48, p. 353 à 373, et 2024, vol. – Ch. Cournil, *Enjeux et limites de la Charte de l'environnement face à l'urgence climatique : RFD const.* 2020, n° 122, p. 345 à 368. – M. Torre-Schaub, *Les contentieux climatiques : état des lieux et perspectives – Étude sur le rapport Global Climate Litigation UNEP 2023 : Énergie – Env. – Infrastr.* 2023, n° 11, étude 24 ; *Le changement climatique dans la jurisprudence de la Cour européenne des droits de l'homme : entre continuité et innovation : JCP* A 2024, n° 23, 2170 ; *Pour une justice climatique européenne et transgénérationnelle – L'affaire Duarte Agostinho devant la Cour européenne des droits de l'homme :Énergie – Env. – Infrastr.* 2023, n° 12, étude 27 ; *Bilan et perspectives pour la justice climatique : Énergie – Env. – Infrastr.* 2021, n° 10, dossier 23 ; *Le Dictionnaire juridique du changement climatique : savoir et justice climatique à portée de main : RPPI* 2022, n° 2, 2.

Table des matières

CODE DE L'ENVIRONNEMENT	ARTICLES	PAGES

CHARTE DE L'ENVIRONNEMENT

PRÉAMBULE

Loi constitutionnelle n° 2005-205 du 1er mars 2005

relative à la Charte de l'environnement

(JO 2 mars 2005)

Art. 1er. – Le premier alinéa du Préambule de la Constitution est complété par les mots : « , ainsi qu'aux droits et devoirs définis dans la Charte de l'environnement de 2004 ».

Art. 2. – La Charte de l'environnement de 2004 est ainsi rédigée :

« Le peuple français,

Considérant,

Que les ressources et les équilibres naturels ont conditionné l'émergence de l'humanité ;

Que l'avenir et l'existence même de l'humanité sont indissociables de son milieu naturel ;

Que l'environnement est le patrimoine commun des êtres humains ;

Que l'homme exerce une influence croissante sur les conditions de la vie et sur sa propre évolution ;

Que la diversité biologique, l'épanouissement de la personne et le progrès des sociétés humaines sont affectés par certains modes de consommation ou de production et par l'exploitation excessive des ressources naturelles ;

Que la préservation de l'environnement doit être recherchée au même titre que les autres intérêts fondamentaux de la Nation ;

Qu'afin d'assurer un développement durable, les choix destinés à répondre aux besoins du présent ne doivent pas compromettre la capacité des générations futures et des autres peuples à satisfaire leurs propres besoins,

Proclame :

***Art. 1er.* – Chacun a le droit de vivre dans un environnement équilibré et respectueux de la santé.**

***Art. 2.* – Toute personne a le devoir de prendre part à la préservation et à l'amélioration de l'environnement.**

***Art. 3.* – Toute personne doit, dans les conditions définies par la loi, prévenir les atteintes qu'elle est susceptible de porter à l'environnement ou, à défaut, en limiter les conséquences.**

***Art. 4.* – Toute personne doit contribuer à la réparation des dommages qu'elle cause à l'environnement, dans les conditions définies par la loi.**

***Art. 5.* – Lorsque la réalisation d'un dommage, bien qu'incertaine en l'état des connaissances scientifiques, pourrait affecter de manière grave et irréversible l'environnement, les autorités publiques veillent, par application du principe de précaution et dans leurs domaines d'attributions, à la mise en œuvre de procédures d'évaluation des risques et à l'adoption de mesures provisoires et proportionnées afin de parer à la réalisation du dommage.**

***Art. 6.* – Les politiques publiques doivent promouvoir un développement durable. À cet effet, elles concilient la protection et la mise en valeur de l'environnement, le développement économique et le progrès social.**

***Art. 7.* – Toute personne a le droit, dans les conditions et les limites définies par la loi, d'accéder aux informations relatives à l'environnement détenues par les autorités publiques et de participer à l'élaboration des décisions publiques ayant une incidence sur l'environnement.**

Art. 8. – L'éducation et la formation à l'environnement doivent contribuer à l'exercice des droits et devoirs définis par la présente Charte.

Art. 9. – La recherche et l'innovation doivent apporter leur concours à la préservation et à la mise en valeur de l'environnement.

Art. 10. – La présente Charte inspire l'action européenne et internationale de la France. »

Art. 3. – Après le quinzième alinéa de l'article 34 de la Constitution, il est inséré un alinéa ainsi rédigé :

« – de la préservation de l'environnement ; ».

BIBLIOGRAPHIE

BIBLIOGRAPHIE CHARTE DE L'ENVIRONNEMENT

1. – Revues et ouvrages spécialisés

Les nouveaux cahiers du Conseil constitutionnel
La Constitution et l'environnement numéro spécial n° 43 avril 2014
Droit constitutionnel de l'environnement, A.-M. Cohendet (dir.), Mare & Martin, 2021.

2. – Droit comparé

La protection de l'environnement par les juges constitutionnels
L'Harmattan, 2021. – V. Chiu et Alexis Le Quinio.

3. – Principaux ouvrages sur le droit de l'environnement et la Charte

Droit de l'environnement
M. Prieur, Dalloz, 8e éd., titre II, p. 47 et s.
Manuel de droit de l'environnement
L. Fonbaustier, PUF, 2018 - leçon 6, p. 113 et s.
Droit général de l'environnement
É. Naim-Gesbert, LexisNexis, 2011, p. 53 et s.
Droit de l'environnement
Agathe Van Lang, PUF, coll. « Thémis », 5e éd., 2021, p. 74 et s.
Chronique de droit constitutionnel et environnement
Chronique de jurisprudence relative à la Charte de l'environnement, Revue Énergie - Environnement - Infrastructures. - L. Fonbaustier
Période 2014-2018 : *Énergie - Env. - Infrastr.* 2019, n° 11.
Période 2019-2020, *Énergie - Env. - Infrastr.* 2021, n° 4.
Période 2021 : *Énergie - Env. - Infrastr.* 2022, n° 7.
Période 2022 : *Énergie - Env. - Infrastr.* 2023, n° 10.
Période 2023 : *Énergie - Env. - Infrastr.* 2024, n° 8.
Chronique de droit constitutionnel sur la Charte de l'environnement, *Rev. jur. env.*
Voir en particulier A. Cohendet et M. Fleury
Rev. jur. env. 2018, p. 749 et s.
Rev. jur. env. 2021, p. 763 et s.
Rev. jur. env. 2022, p. 825. et s.
Rev. jur. env. 2024, p. 829 et s.
S. Jolinet et J. Malet-Vigneaux : *RJE* 2022-2024, p. 829 à 845.

4. – Principales revues consacrées au droit de l'environnement

Bulletin du droit de l'environnement industriel (*BDEI*), Éditions Lamy.
Revue juridique de l'environnement (*Rev. jur. env.*), Éditions Lavoisier.
Droit de l'environnement (*Dr. env.*), Éditions Actu-environnement.
Énergie - Environnement - Infrastructures (*Énergie - Env. - Infrastr.*), Éditions LexisNexis.

JURISPRUDENCE

• *Sommaire*

I – VALEUR CONSTITUTIONNELLE

1) « *L'ensemble des droits et devoirs définis dans la Charte de l'environnement, à l'instar de toutes celles qui procèdent du Préambule de la constitution, ont valeur constitutionnelle ; [elles] s'imposent aux pouvoirs publics et aux autorités administratives dans leur domaine de compétence respectif* ».

C'est en des termes identiques que le Conseil constitutionnel (▪ Cons. const., déc. 19 juin 2008, n° 2008-564 DC, loi relative aux organismes génétiquement modifiés : *JO* 26 juin 2008, p. 10228) et le Conseil d'État (▪ CE, ass., 3 oct. 2008, n° 297931, *Cne Annecy : JurisData* n° 2008-074233 ; *Rec. CE* 2008, p. 322) se sont attachés à trancher l'incertitude qui entourait la valeur et, surtout, la portée des dispositions de la Charte de l'environnement.

La clarté de cette reconnaissance de la valeur constitutionnelle de l'ensemble des droits et devoirs définis dans la Charte de l'environnement rend d'autant plus problématiques les nombreuses controverses autour de la question de l'invocabilité de la Charte et de la portée réelle de son préambule constitutionnel devant le juge.

II – PORTÉE NORMATIVE

2) Sur l'invocabilité et l'applicabilité directe des articles de la Charte de l'environnement devant le juge, la doctrine s'avère partagée (V. sur ce point Y. Aguila, *La réception de la Charte de l'environnement par le juge : Environnement* déc. 2012, n° 12, dossier 23, P. Prével, *La charte de l'environnement, l'administration et le Conseil d'État : applicabilité ou invocabilité de la Charte ? : RFDA* 2014, p. 773 et M. Guyomar, concl. sous ▪ CE, 19 juin 2006, n° 282456 (B) *Assoc. Eaux et rivières de Bretagne : JurisData* n° 2006-070333).

En effet, si l'ensemble des articles de la Charte de l'environnement possèdent bien une valeur constitutionnelle, leur « force normative » varie d'une disposition à l'autre, ce qui illustre toute la complexité de la portée normative de la Charte

(V. Y. Aguila, *Valeur de la Charte de l'environnement : Constitutions* 2010, p. 139).

Il faut ainsi distinguer les articles 3 (obligation de prévention), 4 (contribution à la réparation) et 7 (droit à l'information et à la participation), qui renvoient à la loi pour leur mise en œuvre, des autres articles de la Charte, qui s'imposent directement aux pouvoirs publics et aux autorités administratives (V. sur cette question B. Even, *L'inscription de la Charte de l'environnement au sein du contentieux administratif : Environnement* déc. 2012, n° 12, dossier 25).

3) Absence de caractère normatif des alinéas préliminaires de la charte. Les dix articles de la Charte de l'environnement sont précédés de sept alinéas qui ont valeur constitutionnelle. Aucun de ces derniers n'institue un droit ou une liberté que la Constitution garantit (Déc. n° 2014-394 QPC, 7 mai 2014, *Sté Casuca*, consid. 4 et 5 : *JORF* 10 mai 2014, p. 7873, texte n° 78. – V. cependant ▪ Cons. const., 27 oct. 2023, n° 2023/1066 QPC, commenté ci-après).

III – APPLICATION DE LA CHARTE PAR LES JUGES

A – Jurisprudence du Conseil constitutionnel

4) Depuis le 1er octobre 2013 jusqu'au 1er octobre 2015, le Conseil constitutionnel a rendu quatorze décisions sur des questions prioritaires de constitutionnalité faisant application de la Charte de l'environnement, ce qui représente un peu moins de 5 % de l'ensemble des QPC (K. Foucher, *Un an de Charte de l'environnement au Conseil constitutionnel (nov. 2012 à oct. 2013) : les incertitudes d'une jurisprudence en voie de construction : Constitutions* oct./déc. 2013, n° 4, p. 606). Sur l'analyse quantitative des dispositions invoquées dans le cadre d'une QPC, l'article 7 relatif au droit de participation et d'information s'avère, de loin, le plus invoqué. V. C. Huglo, *« La QPC : quelle utilisation en droit de l'environnement ? » : Nouv. Cah. cons. const.* avr. 2014, n° 43, p. 57 ; V. aussi C. Huglo, *« Les dix ans de la Charte de l'environnement » : Constitutions* avr. 2015, p. 185.

Quant à l'analyse qualitative des QPC, il convient de noter que les déclarations d'inconstitutionnalité sont très souvent fondées sur l'article 7 ou, sans plus de précision, sur « la Charte de l'environnement ». Le Conseil constitutionnel a en outre jugé que l'article 6 (conciliation) a expressément été consacré comme n'instituant « pas un droit ou une liberté que la constitution garantit » (▪ Déc. n° 2012-283 QPC, 23 nov. 2012, *M. Antoine de M.*).

Le Conseil constitutionnel peut encore regrouper des dispositions invoquées pour leur donner une nouvelle portée. Ainsi, les articles 1er et 2 ont déjà fait l'objet d'une application combinée, imposant le respect d'une obligation de vigilance (V. B. Mathieu et D. Rousseau, *Les grandes décisions de la Question Prioritaire de Constitutionnalité*, LGDJ, 2013, au sujet de la déc. n° 2011-116 QPC, 8 avr. 2011 *M. Michel Z. et a.*).

Parfois, il arrive que la Charte de l'environnement soit invoquée dans des situations qui s'éloignent fortement du domaine environnemental, qu'il s'agisse de la décision relative à la loi sur la création du registre international français (▪ Déc. n° 2005-514 DC, 28 avr. 2005) ou, plus récemment, de la décision relative à la loi sur la protection de l'identité (▪ Déc. n° 2012-652 DC, 22 mars 2012).

Sur l'invocabilité de la Charte de l'environnement dans le cadre de la QPC en matière d'hydrocarbures (loi sur la fracturation hydraulique) le Conseil constitutionnel s'est prononcé le 11 octobre 2013 sur la conformité aux droits et libertés que la Constitution garantit, des articles 1er et 3 de la loi du 13 juillet 2011 visant à interdire l'exploration et l'exploitation des mines d'hydrocarbures liquides ou gazeux par fracturation hydraulique et à abroger les permis exclusifs de recherches comportant des projets ayant recours à cette technique. Cette décision a notamment permis au Conseil constitutionnel d'apporter des précisions concernant le régime de l'intervention volontaire et l'invocabilité des articles 5 et 6 de la Charte de l'environnement dans le cadre de la QPC (▪ Déc. n° 2013-346 QPC, 11 oct. 2013, *Sté Schuepbach Energy LLC* ; O. Mamoudy, *Précisions sur le régime de l'intervention volontaire et l'invocabilité de la Charte de l'environnement dans le cadre de la QPC : LPA* 19 déc. 2013, n° 253, p. 12). Dans le même sens, l'article 5 de la Charte de l'environnement ne serait pas invocable au soutien d'une QPC dès lors que le principe de précaution n'est pas invoqué à titre principal alors même qu'il est directement à l'origine de la loi critiquée (▪ Déc. n° 2015-480 QPC, 17 sept. 2015, *Assoc. Plastic Europe : JORF* n° 0217, 19 sept. 2015, p. 16584, texte n° 54). V. F.-G. Trébulle, *« Retour sur les contours d'une interdiction : le cas du Bisphénol A » : Énergie – Env. – Infrastr.* 2015, n° 12, alerte 281.

Une des décisions les plus marquantes du Conseil constitutionnel rendue suivant la procédure de QPC est la décision du 27 octobre 2023 (▪ Cons. const., 27 oct. 2023, n° 2023-1006 QPC, *Assoc. Meuse Nature Environnement*) qui a reconnu la valeur juridique du préambule rapproché de l'article 1er de la Charte, le droit des générations futures (V. ci-dessous).

B – Jurisprudence du Conseil d'État et de la Cour de cassation

5) L'application par des juges administratifs et judiciaires de la Charte de l'environnement s'est réalisée par la réforme de la question prioritaire de constitutionnalité. Toute la procédure se retrouve reproduite dans le code de LexisNexis de la juridiction administrative, édition 2022, annexe 3, pages 969 et suivantes. Elle peut commencer au début du parcours d'une instance judiciaire, soit devant le tribunal administratif, soit devant les juridictions de l'ordre judiciaire (civiles et pénales) suivant une procédure très précise qui implique le dépôt d'une requête particulière et séparée du recours ou de la requête principale répondant à des règles très précises fixées dans la loi organique du Conseil constitutionnel que l'on retrouve dans l'annexe 3 précitée du Code de justice administrative. Un premier bilan assez décevant a été effectué et résumé dans un numéro spécial de la Constitution et l'environnement, Cahier du Conseil constitutionnel (V. notre article « la QPC : quelle utilisation en droit de l'environnement ? » par Christian Huglo). On consultera également le traité très exhaustif de droit constitutionnel de l'environnement sous la direction de Madame Marie-Anne Couranday aux éditions Mare & Martin, ouvrage paru en 2021. On renverra ici aux chroniques régulières de Laurent Fonbaustier intitulées *Chroniques de jurisprudence relatives à la charte de l'environnement* qui s'étalent des années 2014 à 2023 et parues régulièrement dans la revue *Énergie Environnement Infrastructures*.

La jurisprudence est trop abondante pour être résumée, mais il n'est pas rare, loin s'en faut, que la matière du droit climatique comme du droit de l'environnement devienne un sujet de prédilection des juges administratifs et judiciaires.

IV – PRÉAMBULE DE LA CHARTE DE L'ENVIRONNEMENT

6) Dans une décision du 27 octobre (▪ Cons. const., 27 oct. 2023, n° 2023/1066 QPC préc.) le Conseil constitutionnel a déclaré qu'« il découle de l'article 1er de la Charte de l'environnement, éclairé par le 7e alinéa de son préambule, que lorsqu'il adopte des mesures susceptibles de porter une atteinte grave et durable à un environnement équilibré et respectueux de la santé, le législateur doit veiller à ce que les choix destinés à répondre aux besoins du présent ne compromettent pas leurs propres besoins en préservant leur liberté de choix à cet égard ». Cette décision importante a été abondamment commentée, on citera, en particulier, Judith Rochfeld et Laurent Fonbaustier, Le *Conseil constitutionnel et les intérêts des générations futures*, à propos du Conseil constitutionnel (▪ Cons. const., 27 oct. 2023, n° 2023/1066 QPC : *JurisData* n° 2023-018149 ; *JCP* G 2023, doctr. 1428). On citera encore l'article de Hugo Avvenire, *Environnement et droit des générations futures. Don't look up !* : *RDPA*, 2024, p. 113).

7) Consécration de l'objectif à valeur constitutionnelle de la protection de l'environnement. En s'appuyant sur le Préambule de la Charte de l'environnement, le Conseil constitutionnel a affirmé que la protection de l'environnement, patrimoine commun des êtres humains, constituait un objectif de valeur constitutionnelle (▪ Cons. const., 31 janv. 2020, n° 2019-823 QPC, *Union des industries de la protection des plantes*. – V. ci-dessus ▪ Cons. const., 27 oct. 2023, n° 2023/1066 QPC).

V – CONTRÔLE DE L'ÉTUDE D'IMPACT LÉGISLATIVE

8) Comme on le sait, le Conseil constitutionnel, lorsqu'il est saisi de recours directs de parlementaires, ne peut statuer dans le délai qui lui est imparti que sur la seule question de savoir si la présentation du projet de loi a respecté les conditions fixées par la loi organique constitutionnelle du 15 avril 2009, laquelle impose en particulier que le projet de loi soit précédé d'un exposé des motifs et comporte une étude d'impact analysant les conséquences de ses dispositions. Selon l'article 8 de la loi organique du 15 avril 2009, « l'étude d'impact définit les objectifs poursuivis par le projet de loi, recense les options possibles en dehors de l'intervention des règles de droit nouvelles et expose les raisons des choix opérés par le Gouvernement ». Selon ce même article précité, le contenu de l'étude d'impact trouve effectivement à s'appliquer compte tenu de l'objet des dispositions du projet de loi.

Le Conseil doit vérifier que l'étude d'impact expose avec suffisamment de précisions l'évaluation de ses conséquences économiques et financières et, pour l'évaluation des conséquences environnementales, par exemple, des dispositions habilitant le gouvernement à adopter par ordonnance des mesures pour adapter le régime de répression de certains projets ainsi que l'évaluation des conséquences environnementales de la réforme du contentieux administratif qui peut être relatif à ces projets (V. ▪ Cons. const., 22 avr. 2024, n° 2024-14 FNR, présentation du projet de loi d'orientation pour la souveraineté en matière agricole et le renouvellement des générations en agriculture).

VI – ARTICLES 1er ET 2 – DROIT DE VIVRE DANS UN ENVIRONNEMENT ÉQUILIBRÉ ET RESPECTUEUX DE LA SANTÉ ET DEVOIR DE PRENDRE PART À LA PRÉSERVATION ET À L'AMÉLIORATION DE L'ENVIRONNEMENT

9) Le Conseil constitutionnel a fait évoluer l'interprétation de ce droit consacré par l'article 1er aux générations futures.

Par une décision du 12 août 2022 (■ Cons. const., 12 août 2022, n° 2022 843 DC, loi portant mesures d'urgence pour la protection du pouvoir d'achat), le Conseil constitutionnel a élargi la portée du droit à l'environnement consacré à l'article 1er de la Charte en combinant son contenu avec plusieurs dispositions du préambule. Il a ainsi précisé le respect par le législateur du droit à l'environnement consacré par l'article 1er de la Charte qui impose la recherche d'un équilibre entre la préservation de l'environnement et les autres intérêts fondamentaux de la nation et, d'autre part, un équilibre entre les besoins des générations présentes et ceux des générations futures (V. sur ce sujet l'article *Pas question de sacrifier l'environnement sur l'autel de la crise énergétique* : *AJDA* 2022, p. 1655).

Comme déjà signalé dans sa décision du 27 octobre 2023 (■ Cons. const., 27 oct. 2023, n° 2023-1066 QPC), le Conseil constitutionnel a énoncé qu'il découle de l'article 1er de la Charte de l'environnement éclairé par le 7e alinéa de son préambule que, lorsqu'il adopte des mesures susceptibles de porter une atteinte grave et durable à l'environnement équilibré et respectueux de la santé, le législateur doit veiller à ce que les choix destinés à répondre aux besoins du présent ne compromettent pas la capacité des générations futures et des autres peuples à satisfaire leurs propres besoins en préservant leur liberté de choix à cet égard.

Dans une décision du 9 mars 2023 (■ Cons. const., 9 mars 2023, n° 2023-848 DC : loi relative à l'accélération de la protection d'énergies renouvelables), le Conseil constitutionnel affirme que les limitations apportées par le législateur à exercer ce droit doivent être liées à des exigences constitutionnelles, être justifiées par un motif d'intérêt général et être proportionnées à l'objectif poursuivi.

10) La jurisprudence du Conseil d'État. Le Conseil d'État, dans une décision du 20 septembre 2022 (■ CE, 2e et 7e ch. réunies, 20 sept. 2022, n° 451129 : *Lebon*), a reconnu le droit de chacun de vivre dans un environnement équilibré et respectueux de la santé, tel que proclamé par l'article 1er de la Charte de l'environnement, laquelle présente le caractère d'une liberté fondamentale au sens de l'article L. 121-2 du Code de justice administrative. Il a estimé que toute personne justifiant, au regard de sa situation personnelle, notamment si les conditions de son cadre de vie semblent directement affectées ou qu'il est porté aux intérêts qu'elle entend défendre une atteinte grave et manifestement illégale du fait d'une action ou d'une carence, l'autorité publique peut saisir le juge des référés sur le fondement de cet article. Il lui appartient alors de faire état de circonstances particulières caractérisant la nécessité pour elle de bénéficier, dans le très bref délai prévu par cette disposition, d'une mesure de la nature de celles qui peuvent être ordonnées sur le fondement de cet article.

11) Commentaires de cette décision. V. S. Jolivet : *Rev. jur.env.* 2023, n° 1, p. 217 et s. – E. Gaillard, *Vers la reconnaissance d'un droit des générations futures, réflexions autour de la QPC n° 2023/1066* : *Énergie – Env. – Infrastr.* 2023, comm. 93. – C. Portier et M. Bonnet, *Le Conseil constitutionnel a-t-il enfoui les générations futures ? Réflexions sur la décision du 27 octobre 2023* : *RDLF* 2024, chron. 13. – J. Rochfeld et L. Fonbaussier, *Le Conseil constitutionnel et les intérêts des générations futures* : *JCP* G 2023, doctr. 1428. – L. Lepeyne, *Générations futures et le droit à un environnement équilibré et respectueux de la santé : bénéficiaires mais non titulaires* : *JCP* A 2024, n° 18.

12) Obligation de vigilance (art. 1er et 2). Compétence du législateur. Le législateur est compétent pour définir les conditions dans lesquelles une action en responsabilité peut être engagée sur le fondement de la violation de cette obligation de vigilance. Cependant, il dispose d'une large marge d'appréciation pour définir les conditions dans lesquelles une action en responsabilité peut être engagée sur un tel fondement. (■ Déc. n° 2011-116 QPC, 8 avr. 2011, *M. Michel Z. et a.*) relative à la réparation des dommages causés aux occupants d'un bâtiment par des nuisances dues à des activités agricoles, industrielles, artisanales, commerciales ou aéronautiques (CCH, art. L. 112-16).

13) Obligation de vigilance (art. 1er et 2). Portée normative. Le respect des droits et devoirs énoncés en termes généraux par les articles 1er et 2 s'impose non seulement aux pouvoirs publics et aux autorités administratives dans leur domaine de compétence respectif mais également à l'ensemble des personnes dont l'activité (agricole, industrielle, artisanale, commerciale ou aéronautique) est susceptible de produire une atteinte à l'environnement. Cette obligation de vigilance à l'égard des atteintes à l'environnement constitue une obligation de moyens qui ne saurait imposer la garantie de toute atteinte à l'environnement (■ Déc. n° 2011-116 QPC, 8 avr. 2011, préc.).

14) Nature du contrôle constitutionnel. Seul un contrôle de la dénaturation est effectué par le Conseil constitutionnel dans le cadre d'un contentieux portant sur une QPC (■ Déc. n° 2012-282 QPC, 23 nov. 2012, *Assoc. France Nature Environnement et a.*), considérant 8, portant sur les deuxième et troisième alinéas de l'article L. 581-9 (relatif aux autorisations municipales des emplacements de bâches), l'article L. 581-14-2 (relatif aux règles de répartition des compétences entre le préfet et le maire), le premier alinéa de l'article L. 581-18 (relatif au mode de fixation des prescriptions générales relatives à l'installation et à l'entretien des enseignes et enseignes lumineuses) et l'article L. 120-1 du Code de l'environnement (relatif aux conditions et aux limites de l'applicabilité du principe de participation du public défini à l'article 7 de la Charte de l'environnement aux décisions réglementaires de l'État et de ses établissements publics).

15) Obligation de vigilance (art. 1er et 2). Conséquence – Action en responsabilité autonome. Cette obligation de vigilance peut fonder, lorsqu'elle est méconnue, une action en responsabilité pour faute à l'encontre de l'auteur des dommages à l'environnement. Par conséquent, l'obligation de réparer qui peut en résulter n'a ni le même fondement ni la même nature que l'obligation de « contribuer à la réparation des dommages » qui résulte de la mise en œuvre, par le législateur, de l'article 4 de la charte (▪ Déc. n° 2011-116 QPC, 8 avr. 2011 (*M. Michel Z. et a.*) relatif *à l'article L. 112-16 du Code de la construction et de l'habitation*. – ▪ Déc. n° 2012-282 QPC, 23 nov. 2012 (*Assoc. France Nature Environnement et a.*), portant sur les deuxième et troisième alinéas de l'article L. 581-9, l'article L. 581-14-2, le premier alinéa de l'article L. 581-18 et l'article L. 120-1 du Code de l'environnement).

16) Juge administratif. – Obligation de vigilance (art. 1er et 2). – Intérêt à agir. *a) Intérêt à agir des personnes morales.* Le juge administratif accueille les recours formés par des associations de protection de l'environnement sur le fondement de l'article 1er de la Charte. En l'espèce, la Ligue de protection des oiseaux et la Fédération des conservatoires d'espaces naturels ont toutes deux intérêt à agir pour enjoindre au préfet de la Marne de prendre toute mesure utile à l'interdiction de la manifestation dite « Teknival » (▪ TA Châlons-en-Champagne, ord., 29 avr. 2005, n° 0500828, *Conservatoire du patrimoine naturel de Champagne-Ardenne*). V. aussi ▪ CAA Bordeaux, 18 mai 2009, n° 07BX02647, *Cne de Fougerolles*. ***b) Appréciation stricte de l'intérêt à agir des personnes physiques.*** Les articles 1er à 2 de la Charte de l'environnement ne donnent pas, par eux-mêmes, un intérêt à agir à toute personne qui souhaite contester la légalité d'une décision prise dans le domaine de l'environnement. Ainsi, les personnes physiques doivent démontrer que la décision litigieuse porte sur une « atteinte directe et certaine à leur situation personnelle protégée » par le droit de vivre dans un environnement équilibré et respectueux de la santé défendu à l'article 1er de la Charte de l'environnement. En l'espèce, les requérants qui se bornent à « faire valoir de façon générale leur seule qualité de résident et leur devoir de préservation du Parc naturel régional » n'ont pas d'intérêt à agir à l'appui de la demande de suspension de la délibération du conseil municipal qui met en vente des parcelles communales situées dans le périmètre du Parc (▪ TA Amiens, 8 déc. 2005, *M. et Mme Nowacki : AJDA* 2006, p. 1053, note Boré-Eveno V.).

17) Invocabilité directe de l'article 1er devant le Conseil d'État à l'encontre d'un décret ne se bornant pas à tirer les conséquences nécessaires de la loi. Il appartient aux autorités administratives de veiller au respect du principe énoncé par l'article 1er de la Charte de l'environnement lorsqu'elles sont appelées à préciser les modalités de mise en œuvre d'une loi définissant le cadre de la protection de la population contre les risques que l'environnement peut faire courir à la santé et il incombe au juge administratif de vérifier, au vu de l'argumentation dont il est saisi, si les mesures prises pour l'application de la loi, dans la mesure où elles ne se bornent pas à en tirer les conséquences nécessaires, n'ont pas elles-mêmes méconnu ce principe (▪ CE, sect., 1re et 6e ss-sect. Réunies, 26 févr. 2014, n° 351514, *Assoc. Ban Asbestos France et a.*).

18) Invocation des articles 2, 3 et 5 de la Charte devant le juge administratif. Un décret de déclaration d'utilité publique ne viole pas les articles 2, 3 et 5 de la Charte de l'environnement pour la seule raison qu'il prévoit la construction d'une nouvelle autoroute (▪ CE, sect., 1re et 6e ss-sect. réunies, sur le rapport de la 1re sous-section, *Assoc. Alcaly et a.*, 16 avr. 2010, nos 320667, 320737, 320747, 320753, 320778, 321580, 322679, 323926, 323927 et 324143). Sur les divergences entre les juges des référés des tribunaux administratifs sur la qualification du droit à l'environnement comme liberté fondamentale (V. Code Constitutionnel Litec éditions 2011, p. 391).

19) Invocation des articles 1er, 2 et 5 de la Charte devant la Cour de cassation. La Cour de cassation rejette la motivation selon laquelle en vertu du droit de chacun de vivre dans un environnement sain et de l'obligation de chacun de prévenir les dommages environnementaux, il est parfois nécessaire de détruire le bien d'autrui, cela malgré l'incertitude du risque car le principe de précaution invite à la prévention des dommages graves et irréversibles dans un contexte d'incertitude des données scientifiques. Il s'agissait en l'espèce de la destruction de culture autorisée de maïs génétiquement modifié (▪ Cass. crim., 3 mai 2011, n° 10-81.529). – L'article 673 du Code civil, permettant à un voisin d'obliger le propriétaire à couper les branches des arbres surplombant son terrain ne porte pas atteinte aux dispositions des articles 1er à 4 de la Charte de l'environnement, la Cour de cassation considère qu'il n'y a pas lieu de renvoyer la QPC au CC, eu égard à l'objet et à la portée de la disposition contestée, l'élagage des branches qu'elle prévoit ne peut avoir de conséquences sur l'environnement (■ Cass. 3e civ., QPC, 3 mars 2015, n° 14-40.051, P+B).

20) Principe de non-régression. Le droit de vivre dans un environnement équilibré et respectueux de la santé consacré par l'article 1er de la Charte de l'environnement est le fondement d'une possible reconnaissance du principe de non-régression. Ce principe pourrait être mobilisé grâce à l'article 2 de la même Charte, dans la mesure où il impose à toute personne, y compris aux pouvoirs publics et aux autorités administratives dans leur domaine de compétence respectif, le devoir de prendre part non seulement à la préservation, mais également à l'amélioration de l'environnement, ce qui s'oppose à la régression (■ Cons. const., 8 avr. 2011, n° 2011-116 QPC, consid. 5) (V. K. Foucher, *Le principe de non-régression devant le Conseil constitutionnel : Constitutions* juill.-déc. 2016, n° 3, p. 487-493).

21) Lutte contre les émissions de gaz à effet de serre. En instituant la taxe incitative relative à l'incorporation des biocarburants, le législateur a entendu lutter contre les émissions de gaz à effet de serre dans le monde, qu'elles soient directes ou indirectes. En adoptant les dispositions contestées, le législateur s'est fondé sur le constat que l'huile de palme se singularise par la forte croissance et l'importante extension de la surface mondiale consacrée à sa production, en particulier sur des terres riches en carbone, ce qui entraîne la déforestation et l'assèchement des tourbières. La culture de l'huile de palme présente ainsi un risque élevé, supérieur à celui présenté par la culture d'autres plantes oléagineuses, d'induire directement une hausse des émissions de gaz à effet de serre. Dès lors, en excluant pour le calcul de la taxe la possibilité de démontrer que l'huile de palme pourrait être produite dans des conditions particulières permettant d'éviter le risque de hausse indirecte des émissions de gaz à effet de serre, le législateur a, en l'état des connaissances et des conditions mondiales d'exploitation de l'huile de palme, retenu des critères objectifs et rationnels en fonction du but poursuivi. Le grief tiré de la méconnaissance du principe d'égalité devant les charges publiques doit donc être écarté (■ Cons. const., 11 oct. 2019, n° 2019-808 QPC, consid. 7, 8, 9).

22) Constitutionnalisation du droit de chacun à vivre dans un environnement sain. À l'occasion du contrôle de constitutionnalité *a priori* exercé sur la loi n° 2019-1428 d'orientation des mobilités du 24 décembre 2019, dite « loi LOM », le Conseil constitutionnel a reconnu que l'article 1er de la Charte de l'environnement est une exigence de valeur constitutionnelle. Les objectifs assignés par la loi à l'action de l'État ne sauraient contrevenir à cette exigence constitutionnelle. Toutefois, le Conseil constitutionnel ne saurait se prononcer sur l'opportunité des objectifs que le législateur assigne à l'action de l'État, dès lors que ceux-ci ne sont pas manifestement inadéquats à la mise en œuvre de cette exigence constitutionnelle. Tel est le cas de l'objectif tiré de la loi LOM d'atteindre la décarbonation complète du secteur des transports terrestres d'ici 2050 qui n'apparaît pas manifestement inadéquat à la mise en œuvre du droit à un environnement sain (■ Cons. const., 20 déc. 2019, n° 2019-794 DC, Loi d'orientation des mobilités).

23) Limitation de la liberté d'entreprendre par les objectifs à valeur constitutionnelle de protection de l'environnement et de la santé. Le Conseil constitutionnel a reconnu que la protection de l'environnement et la protection de la santé doivent être considérées comme des objectifs à valeur constitutionnelle justifiant de porter atteinte à la liberté d'entreprendre (■ Cons. const., 31 janv. 2020, n° 2019-823 QPC, *Union des industries de la protection des plantes*).

VII – ARTICLE 3 – OBLIGATION DE PRÉVENIR LES ATTEINTES SUSCEPTIBLES D'ÊTRE PORTÉES À L'ENVIRONNEMENT

24) Étendue de l'obligation générale de prévention des atteintes à l'environnement. L'article 3 de la Charte fixe une obligation générale de prévention des atteintes à l'environnement, mise en œuvre dans les conditions définies par la loi, de telle sorte que la compétence et la large marge d'appréciation ainsi conférée au législateur pour définir les conditions de cette obligation impliquent le contrôle réduit que le Conseil constitutionnel est susceptible d'exercer sur les dispositions législatives à l'encontre desquelles cet article serait invoqué (■ Déc. n° 2012-282 QPC, 23 nov. 2012, *Assoc. France Nature Environnement et a.*).

25) Portée normative. *a) Compétence du législateur pour définir les conditions de la prévention des atteintes à l'environnement.* Il incombe au législateur et, dans le cadre défini par la loi, aux autorités administratives, de déterminer les modalités de la mise en œuvre des articles 3 et 4 de la Charte. En l'espèce, les dispositions prévoyant l'obligation, pour les demandeurs d'une autorisation de mise sur le marché de produits non destinés à l'alimentation composés d'organismes génétiquement modifiés, de mettre au point un plan de surveillance, et l'adaptation éventuelle de ce plan, après une première période de surveillance, sont relatives aux conditions de prévention des atteintes susceptibles d'être portées à l'environnement, lesquelles ne peuvent être fixées que par la loi (■ CE, 24 juill. 2009, n° 305314, comité de recherche et d'information indépendante sur le génie génétique ; L. Janicot, *La portée encore incertaine de la Charte de l'environnement* : *JCP* G 2013, n° 47, p. 2120). ***b) Compétence du pouvoir réglementaire pour fixer les mesures d'application de la prévention des atteintes à l'environnement.*** Le pouvoir réglementaire autonome n'est plus compétent, depuis la date d'entrée en vigueur de la loi constitutionnelle du 1er mars 2005, pour définir les conditions de la prévention des atteintes à l'environnement. Cependant, « les dispositions compétemment prises dans le domaine réglementaire, tel qu'il était déterminé antérieurement, demeurent applicables postérieurement à l'entrée en vigueur de ces nouvelles normes, alors même qu'elles seraient intervenues dans un domaine désormais réservé à la loi » (■ CE, 24 juill. 2009, n° 305314, préc., reprenant les termes de l'arrêt d'Assemblée du Conseil d'État du 3 octobre 2008, *Cne d'Annecy*).

En adoptant des dispositions qui soumettent la pêche professionnelle de l'anguille de moins de douze centimètres et de l'anguille argentée à des régimes d'autorisations individuelles valables dans certaines zones, pendant certaines périodes et, s'agissant de l'anguille de moins de douze centimètres, dans la limite de certains quotas dont une partie serait affectée au repeuplement, le pouvoir réglementaire s'est borné à mettre en œuvre les dispositions de l'article L. 436-11 du Code de l'environnement qui instaurent une police spéciale de la pêche et prévoient notamment que cette police spéciale comporte la fixation de périodes de pêche et l'adoption de mesures utiles à la reproduction, au développement et à la conservation des espèces. Par suite, les dispositions contestées de l'article 1er du décret attaqué ne méconnaissent pas les dispositions de l'article 3 de la Charte de l'environnement qui réservent respectivement à la loi la détermination des principes fondamentaux de la préservation de l'environnement et la définition du cadre de la prévention et de la limitation des conséquences des atteintes à l'environnement (■ CE, 12 juill. 2013, n° 344522, *Xavier Domino, Aurélie Bretonneau, La pêche miraculée* : *AJDA* 2013, p. 1737. – V. également *RFDA* 2014, p. 115, par J. Robbe ; *D.* 2014, p. 104, obs. F.-G. Trébulle ; *RFDA* 2013, 1255, chron. Roblot Troisier et a. – V. également sur ce thème ■ CE, 26 févr. 2024, n° 458219, *Assoc. de défense des milieux aquatiques* : *AJDA* 2024, p. 414).

26) Nature du contrôle au titre de la QPC. Seul un contrôle de la dénaturation est effectué par le Conseil constitutionnel à l'occasion de son examen (■ Déc. n° 2012-282 QPC, 23 nov. 2012, *Assoc. France Nature Environnement et a.*, consid. 8).

27) Contrôle du Conseil constitutionnel. Écotaxe – ***Les articles 2, 3, 4 au prisme de la rupture caractérisée de l'égalité devant les charges publiques.*** – Pour atteindre l'objectif de réduction significative des émissions de gaz à effet de serre afin de lutter contre le réchauffement de la planète, le Conseil constitutionnel estime qu'il ressort des travaux parlementaires que l'option d'instituer une taxe additionnelle sur la consommation des énergies fossiles a été retenue afin que les entreprises, les ménages et les administrations soient incités à réduire leurs émissions. Le Conseil constitutionnel précise également que c'est en fonction de l'adéquation des dispositions critiquées à cet objectif qu'il convient d'examiner la constitutionnalité de ces dispositions. Or, en l'espèce, 93 % des émissions de dioxyde de carbone d'origine industrielle, hors carburant, seront totalement exonérées de contribution carbone ; les activités assujetties à la contribution carbone représenteront moins de la moitié de la totalité des émissions de gaz à effet de serre ; la contribution carbone portera essentiellement sur les carburants et les produits de chauffage qui ne sont que l'une des sources d'émission de dioxyde de carbone. Ainsi, par leur importance, les régimes d'exemption totale institués par l'article 7 de la loi déférée sont contraires à l'objectif de lutte contre le réchauffement climatique et créent une rupture caractérisée de l'égalité devant les charges publiques (■ Déc. n° 2009-599 DC, 29 déc. 2009, *Loi de finances pour 2010*. V. P. Billet, *L'invalidation de la « contribution carbone »* : *JCP* A 2010, n° 4, comm. 2038).

28) Contrôle du juge administratif. ***a) Invocation de l'article 3 à l'encontre d'un texte réglementaire.*** L'assemblée du contentieux précise que le juge administratif peut vérifier la conformité à l'article 3 de la Charte de l'environnement d'un texte réglementaire pris pour l'application d'une loi. ■ CE, ass., 12 juill. 2013, n° 344522, *Fédération nationale de la pêche en France* ; D. Poupeau, *Invocabilité de la Charte de l'environnement à l'encontre d'un texte réglementaire* : *AJDA* 22 juill. 2013, n° 26/2013, p. 1479 ; K. Foucher, *L'invocabilité de la Charte de l'environnement à l'encontre d'un acte réglementaire (acte II)* : *Dr. env.* nov. 2013, n° 217, p. 387. ***b) Invocation de l'article 3 à l'encontre des mesures prises pour l'application d'une loi.*** Le juge administratif peut vérifier que les mesures prises pour l'application d'une loi, lorsqu'elles ne se bornent pas à en tirer les conséquences nécessaires, ne méconnaissent pas le principe de prévention énoncé par l'article 3 de la Charte de l'environnement. ▪ CE, ass., 12 juill. 2013, n° 344522, *Fédération nationale de la pêche en France* ; P. Trouilly, *Environnement et dév. durable* oct. 2013, n° 10, p. 46 ; J. Robbe, *Le devoir de prévention posé par l'article 3 de la Charte de l'environnement* : *RFDA* janv./févr. 2014, n° 1, p. 115. ***c) Invocation des articles 2, 3 et 5 devant le CE.*** ▪ CE, sect. cont., 1re et 6e ss-sect. réunies, sur le rapport de la 1re sous-section, *Assoc. Alcaly et a.*, 16 avr. 2010, nos 320667, 320737, 320747, 320753, 320778, 321580, 322679, 323926, 323927 et 324143, V. Note 6). ***d) Invocation des articles 3, 4 et 5 devant le CE.*** Les dispositions de l'article 91 du Code minier qui imposent à l'exploitant la charge de faire cesser les dommages causés à l'environnement par les activités minières après leur arrêt visent également à prévenir les dommages que pourraient ultérieurement causer les concessions minières mises à l'arrêt. En outre, l'article 93 du Code minier prévoit que l'État est responsable, après la fin de validité du titre minier, de la surveillance et de la prévention des risques susceptibles de mettre en cause la sécurité des biens ou des personnes identifiés lors de l'arrêt des travaux et les dispositions contestées n'ont aucunement pour effet d'imposer une charge aux collectivités territoriales ni d'introduire une rupture d'égalité entre ces dernières. Par conséquent, la question de la compatibilité de ces dispositions avec les articles 3, 4 et 5 de la Charte n'est ni nouvelle ni sérieuse. ▪ CE, sect. cont., 6e et 1re ss-sect. réunies, sur le rapport de la 6e sous-section, *Association Après-Mines Moselle-Est*, 15 avr. 2011, nos 346042 et 346060. ***e) Appréciation de la méconnaissance de l'article 3 de la Charte par le juge des référés (moyen écarté).*** L'éventuelle méconnaissance de l'article 3 de la Charte de l'environnement résulte d'une erreur de renumérotation dont la rectification est en cours (▪ CE, juge réf., 8 juin 2012, n° 359570 Mentionnée au recueil Lebon).

VIII – ARTICLE 4 – OBLIGATION DE CONTRIBUER À LA RÉPARATION DES DOMMAGES CAUSÉS À L'ENVIRONNEMENT

29) Portée normative. Il incombe au législateur et, dans le cadre défini par la loi, aux autorités administratives, de déterminer les modalités de la mise en œuvre des articles 3 et 4 de la Charte. En l'espèce, il n'y a pas de droit à réparation des dommages causés aux occupants d'un bâtiment par des nuisances dues à des activités agricoles, industrielles, artisanales, commerciales ou aéronautiques lorsque le permis de construire afférent au bâtiment exposé à ces nuisances a été demandé ou l'acte authentique constatant l'aliénation ou la prise de bail établi postérieurement à l'existence des activités les occasionnant dès lors que ces activités s'exercent en conformité avec les dispositions législatives ou réglementaires en vigueur et qu'elles se sont poursuivies dans les mêmes conditions (▪ Déc. n° 2011-116 QPC, 8 avr. 2011, *M. Michel Z. et a.* – V. *supra* note 1).

30) Invocation de l'article 4 devant le Conseil constitutionnel. (V. ▪ CE, sect. cont., 6e et 1re ss-sect. réunies, *Assoc. Après-Mines Moselle-Est*, 15 avr. 2011, nos 346042 et 346060, cette décision sera mentionnée dans les tables du recueil Lebon, V. Note 10 (2). – Les articles 1er à 4 de la Charte de l'environnement figurent au nombre des droits et libertés que la Constitution garantit et peuvent être invoqués à l'appui d'une QPC (▪ Déc. n° 2014-394 QPC, 7 mai 2014, *Sté Casuca*, consid. 4 et 5 : *JORF* 10 mai 2014, p. 7873, texte n° 78).

31) Constitutionnalité de la restriction des actions en démolition prévue à l'article L. 480-13 du Code de l'urbanisme. En limitant l'action en démolition aux seules zones énumérées au *a* à *o* du 1° de l'article L. 480-13 du Code de l'urbanisme, le législateur a privé la personne lésée par une construction édifiée en dehors de ces zones, conformément à un permis de construire annulé, d'obtenir sa démolition sur ce fondement. Or, en ce qu'il a veillé à ce que l'action en démolition demeure possible dans les zones présentant une importance particulière pour la protection de l'environnement d'une part, et à ce que les dispositions contestées ne fassent pas obstacle aux autres actions en réparation, en nature ou sous forme indemnitaire, le législateur n'a pas porté atteinte aux droits et obligations qui résultent des articles 1er, 2 et 4 de la Charte de l'environnement en déterminant ainsi les modalités de mise en œuvre de l'action en démolition (▪ Déc. n° 2017-672 QPC, 10 nov. 2017). P Conseil d'État sur la remise en état du littoral suite à l'érosion côtière, ▪ CE, 13 oct. 2023, n° 464202 : *AJDA* 2024, p. 140.

32) Jurisprudence de la Cour de cassation. – Article 4 et droit à la réparation des dommages environnementaux. Prévue à l'article 4 de la Charte, l'obligation constitutionnelle de toute personne à contribuer à la réparation des dommages qu'elle cause à l'environnement fonde le droit inaliénable, indisponible et imprescriptible de demander réparation de tous les dommages causés par une pollution environnementale. En l'espèce, en jugeant que la commune de Saint-Nazaire ne peut plus rien réclamer pour les frais de nettoyage et pour la perte d'exploitation du camping municipal, alors qu'il n'est pas possible de renoncer de façon générale et absolue au droit de demander la réparation de tels dommages à tous ceux qui en sont les responsables, la cour d'appel a méconnu le sens et la portée du principe exprimé au moyen (▪ Cass. crim., 25 sept. 2012, 10.82.938). – L'article 673 du Code civil, permettant à un voisin d'obliger le propriétaire à couper les branches des arbres surplombant son terrain, ne porte pas atteinte aux dispositions des articles 1er à 4 de la Charte de l'environnement, la Cour de cassation considère qu'il n'y a pas lieu de renvoyer la QPC au CC, eu égard à l'objet et à la portée de la disposition contestée, l'élagage des branches qu'elle prévoit ne peut avoir de conséquences sur l'environnement (▪ Cass. 3e civ., QPC, 3 mars 2015, n° 14-40.051, P+B).

Sur la question de la réparation du dommage écologique, voir la loi n° 2016-1087 du 8 août 2016, introduite aux articles 1246 à 1252 du Code civil, et l'article 160-1 du présent code sur la réparation des dommages climatiques (*Rev. jur. env.* 2024, n° spécial).

IX – ARTICLE 5 – PRINCIPE DE PRÉCAUTION

33) Portée normative. *a) Applicabilité directe (principe)*. Les dispositions de l'article 5, qui n'appellent pas de dispositions législatives ou réglementaires en précisant les modalités de mise en œuvre, s'imposent aux pouvoirs publics et aux autorités administratives dans leurs domaines de compétence respectifs (▪ Déc. n° 2008-564 DC, Loi relative aux organismes génétiquement modifiés et ▪ CE, 19 juill. 2010, n° 328687, *Assoc. du quartier les Hauts de Choiseul : AJDA* 2010, 1453, note Y. J.). *b) Extension de la portée normative de l'article 5 par la Cour de cassation*. Le principe de précaution s'impose à toute personne et non seulement aux autorités publiques. En l'espèce, en se fondant sur la circonstance que des mesures de précaution avaient été prises par les pouvoirs publics, la cour d'appel, qui a ainsi implicitement considéré que le principe de précaution ne faisait naître d'obligations qu'à la charge des autorités publiques, à l'exclusion des personnes de droit privé, a violé les articles 5 de la Charte de l'environnement et L. 110-1, II, 1° du Code de l'environnement (▪ Cass. 3e civ., 19 déc. 2012, n° 11.23.566).

34) Jurisprudence du Conseil constitutionnel. – Double contrôle de la mise en œuvre du principe de précaution par le Conseil constitutionnel. Le Conseil constitutionnel réalise un contrôle en deux temps : contrôle restreint sur l'existence du risque et pour lequel le juge dépend largement de l'expert ; contrôle normal sur le contrôle approprié des mesures retenues (▪ Déc. n° 2008-564 DC, *Loi relative aux organismes génétiquement modifiés*, consid. 18).

35) Appréciation de l'existence d'un risque. *a) Sur le risque résultant de la culture d'OGM (non)*. Les conditions techniques auxquelles sont soumises les cultures d'OGM autorisés (régime d'autorisation préalable après une évaluation des risques pour l'environnement et obligation de confinement des OGM présentant des dangers ou des inconvénients pour l'environnement) n'excluent pas la présence accidentelle de tels OGM dans d'autres productions. Dès lors, si seuls peuvent être autorisés des OGM qui, en l'état des connaissances et des techniques, apparaissent comme ne présentant pas de danger pour l'environnement, la présence accidentelle d'OGM autorisés dans d'autres cultures ne peut apparaître comme une violation du principe de précaution (▪ Déc. n° 2008-564 DC, Loi relative aux organismes génétiquement modifiés, consid. 21). Les dispositions du paragraphe I de l'article unique de la loi déférée ont pour objet d'interdire, sans limitation de durée, la mise en culture des variétés de maïs génétiquement modifié. Est, dès lors, inopérant le grief tiré de ce que l'interdiction pérenne de la mise en culture de ces variétés de maïs méconnaîtrait le principe de précaution (▪ Déc. n° 2014-694 DC, 28 mai 2014, Loi n° 2014-597, 2 juin 2014 relative à l'interdiction de la mise en culture des variétés de maïs génétiquement modifié, consid. 6 : *JORF* 3 juin 2014, p. 9208, texte n° 2). *b) Sur le risque d'inondation résultant d'un classement de parcelles en zone d'urbanisation future (non)*. Si les dispositions de l'article 5 de la Charte de l'environnement de 2004 peuvent être utilement invoquées à l'encontre d'une décision administrative intervenue sur le fondement de la législation sur l'urbanisme, le risque d'inondation dont se prévaut le préfet de la Somme, qui pèserait sur les parcelles faisant l'objet du classement en zone d'urbanisation future institué par le POS tel que révisé par la délibération attaquée, est sans incidence sur la réalisation ou l'aggravation d'un dommage pouvant être causé à l'environnement, alors que la sécurité des personnes et des biens n'est pas en elle-même au nombre des intérêts que le principe de précaution a vocation à protéger (▪ TA Amiens, 23 avr. 2007, n° 0601149, *Préfet de la Somme : Rev. jur. env.* 2007, 477, concl. Caron). *c) Sur l'interdiction du recours à tout procédé de fracturation hydraulique (non)*. – Est inopérant le moyen, invoqué à titre principal, tiré de ce que l'interdiction par la loi n° 2011-835 du 13 juillet 2011 du recours à tout procédé de fracturation hydraulique de la roche pour l'exploration et l'exploitation des mines d'hydrocarbures liquides ou gazeux méconnaîtrait le principe de précaution (▪ Déc. n° 2013-346 QPC, 11 oct. 2013, *Société Schuepbach Energy LLC*, consid. 18 ; C. Huglo, R. Sageloli, L. Zeltz, *Fracturation hydraulique et droit constitutionnel environnemental. Un mélange détonnant : JCP* G 2013, n° 38, p. 1693-1701 ; L. Fonbaustier, *Industrie des hydrocarbures : de* *l'eau dans le gaz ? À propos de la décision du Conseil constitutionnel du 11 octobre 2013 : JCP G* 2013, n° 44, p. 11124). Au surplus, le Conseil constitutionnel considère que les autorisations de recherche minière délivrées par l'autorité administrative ne sauraient être qualifiées, au sens juridique du terme, de « biens objets pour leurs titulaires d'un droit de propriété » (■ Déc. n° 2013-346 QPC, 11 oct. 2013, consid. 17).

36) Appréciation de la mise en œuvre de procédures d'évaluation des risques et de mesures provisoires et proportionnées. – Sur les exigences procédurales résultant du principe de précaution (conformité). Le dispositif d'évaluation et de biovigilance qui oblige les autorités publiques en charge de l'environnement à procéder à l'évaluation préalable et continue des risques et, à cet égard, institué par le législateur contrairement à ce que soutenaient les requérants, permet de conclure que les pouvoirs du Haut conseil des biotechnologies étaient précisément définis (■ Déc. n° 2008-564 DC, Loi relative aux organismes génétiquement modifiés, consid. 22).

37) Application de la jurisprudence Arcelor au principe de précaution. Jurisprudence directe du Conseil d'État. Le principe de précaution tel que prévu par les stipulations précitées de l'article 191-2 TFUE a une portée garantissant l'effectivité du respect du principe de valeur constitutionnelle. Il découle du principe de précaution consacré par les stipulations précitées que, lorsque des incertitudes subsistent sur l'existence ou la portée de risques, des mesures de protection peuvent être prises sans attendre que la réalité et la gravité de ces risques soient pleinement démontrées. Une application correcte de ce principe présuppose l'identification des conséquences potentiellement négatives d'un produit et une évaluation complète du risque fondée sur les données scientifiques les plus fiables et les résultats les plus récents de la recherche internationale. Lorsqu'il s'avère impossible de déterminer avec certitude l'existence ou la portée du risque allégué en raison de la nature insuffisante, non concluante ou imprécise des résultats des études menées, mais que la probabilité d'un dommage réel persiste dans l'hypothèse où le risque se réaliserait, le principe de précaution justifie l'adoption de mesures restrictives (■ CE, 3 oct. 2016, n° 388649).

38) Valeur constitutionnelle du principe de précaution. Le Conseil constitutionnel réaffirme la valeur constitutionnelle du principe de précaution. Il juge que l'absence de mention expresse du principe de précaution dans les stipulations de l'accord économique et commercial global entre le Canada, l'Union européenne et ses États membres (CETA), qui relèvent d'une compétence partagée entre l'Union européenne et les États membres, n'emporte pas de méconnaissance de ce principe. En outre, les décisions du comité mixte sont soumises au respect du principe de précaution protégé par le droit de l'Union européenne, notamment par l'article 191 du traité sur le fonctionnement de l'Union européenne. Le Conseil constitutionnel se fonde par ailleurs sur le 2 de l'article 24.8 de l'accord qui stipule : « Les parties reconnaissent que, en cas de risque de dommages graves ou irréversibles, l'absence de certitude scientifique absolue ne sert pas de prétexte pour remettre à plus tard l'adoption de mesures économiquement efficaces visant à prévenir la dégradation de l'environnement ». Ces stipulations autorisent les parties à prendre des mesures économiquement efficaces visant à prévenir la dégradation de l'environnement en cas de risque de dommages graves ou irréversibles. En outre, l'instrument interprétatif commun de l'accord précise que les parties sont tenues d'assurer et d'encourager des niveaux élevés de protection de l'environnement.

Le Conseil constitutionnel en conclut que l'ensemble de ces stipulations sont propres à garantir le respect du principe de précaution issu de l'article 5 de la Charte de l'environnement. (■ Déc. n° 2017-749 DC du 31 juillet 2017 : *Accord économique et commercial global entre le Canada et l'union européenne et ses États membres*).

39) Application directe du principe de précaution – conditions. Jurisprudence du Conseil d'État. – Portée normative. Applicabilité directe (Limite : Respect des domaines de compétences respectifs). ***a) Antenne de téléphonie mobile.*** Le principe de précaution, s'il est applicable à toute autorité publique dans ses domaines d'attributions, ne saurait avoir ni pour objet ni pour effet de permettre à une autorité publique d'excéder son champ de compétence et d'intervenir en dehors de ses domaines d'attribution. Par conséquent, la circonstance que les valeurs limites d'exposition du public aux champs électromagnétiques fixées au niveau national ne prendraient pas suffisamment en compte les exigences posées par le principe de précaution n'habilite pas davantage les maires à adopter une réglementation relative à l'implantation des antennes relais de téléphonie mobile et destinée à protéger le public contre les effets des ondes émises par ces antennes (■ CE, ass., 26 oct. 2011, n° 341767, *SFR*. – Dans le même sens, ■ CE, ass., 26 oct. 2011, n° 329904, *Cne de Pennes-Mirabeau*. ■ CE, ass., 26 oct. 2011, n° 326492, *Cne de Saint-Denis*). – Le moyen tiré de la violation du principe de précaution protégé par l'article 5 de la Charte de l'environnement, au motif que les champs radioélectriques émis par les antennes porteraient atteinte à la santé humaine, est opérant à l'encontre d'une décision d'implantation d'antennes relais de téléphonie mobile (■ CE, 1re et 6e et ss-sect. réunies, 8 oct. 2012, n° 342423, *Cne de Lunel* ; E. Glaser, *Champ d'application du principe de précaution : Rev. Lamy dr. coll. terr.* janv. 2013, n° 86, p. 44). ***b) Autorisation d'urbanisme.*** Les dispositions de l'article 5 de la Charte de l'environnement ne permettent pas, indépendamment des procédures d'évaluation des risques et des mesures provisoires et proportionnées susceptibles, le cas échéant, d'être mises en œuvre par les autres autorités publiques dans leur domaine de compétence, de refuser légalement la délivrance d'une autorisation d'urbanisme en l'absence d'éléments circonstanciés faisant apparaître, en l'état des connaissances scientifiques, des risques, même incertains, de nature à justifier un tel refus.

S'il appartient à l'autorité administrative compétente de prendre en compte le principe de précaution lorsqu'elle se prononce sur l'octroi d'une autorisation délivrée en application de la législation sur l'urbanisme, les dispositions de l'article 5 de la Charte de l'environnement ne permettent pas, indépendamment des procédures d'évaluation des risques et des mesures provisoires et proportionnées susceptibles, le cas échéant, d'être mises en œuvre par les autres autorités publiques dans leur domaine de compétence, de refuser légalement la délivrance d'une autorisation d'urbanisme en l'absence d'éléments circonstanciés faisant apparaître, en l'état des connaissances scientifiques, des risques, même incertains, de nature à justifier un tel refus (■ CE, 30 janv. 2012, n° 344992, *Sté Orange*). ***c) Réglementation locale sur les OGM.*** Le principe de précaution, s'il s'impose à toute autorité publique dans ses domaines d'attribution, n'a ni pour objet ni pour effet de permettre à une autorité publique d'excéder son champ de compétence. Par conséquent, l'article 5 de la Charte de l'environnement ne saurait être regardé comme habilitant les maires à adopter une réglementation locale portant sur la culture de plantes génétiquement modifiées en plein champ et destinée à protéger les exploitations avoisinantes des effets d'une telle culture. En effet, il appartient aux seules autorités nationales auxquelles les dispositions précitées du Code de l'environnement confient la police spéciale de la dissémination des organismes génétiquement modifiés de veiller au respect du principe de précaution que la réglementation prévue par le Code de l'environnement a précisément pour objet de garantir, conformément à l'objectif fixé par l'article 1er de la directive du 12 mars 2001 qu'elle a pour objet de transposer. Dès lors, en jugeant que la compétence du maire pour adopter l'arrêté attaqué au titre de ses pouvoirs de police générale ne pouvait être justifiée par le principe de précaution, la cour administrative d'appel de Lyon n'a pas commis d'erreur de droit (■ CE, 24 sept. 2012, n° 342990, *Cne de Valence*). ***d) Réglementation sur l'exposition à l'amiante.*** La méconnaissance des dispositions de l'article 5 de la Charte de l'environnement peut être utilement invoquée pour critiquer l'exclusion de toute définition d'une valeur dite de gestion pour les fibres courtes d'amiante (■ CE, sect., 1re et 6e ss-sect. réunies, 26 févr. 2014, n° 351514, *Assoc. Ban Asbestos France et a*).

40) Non-méconnaissance du principe de précaution d'un projet de parc éolien. Si l'installation de parcs éoliens en mer constitue un projet inédit sur le parc littoral atlantique français, il n'en demeure pas moins que des conclusions peuvent être tirées des exploitations de ce type déjà en fonctionnement sur les rivages maritimes de l'Europe du nord ; d'autre part, en ce qu'elles ne démontrent pas que les travaux ou le fonctionnement des aérogénérateurs seraient susceptibles d'occasionner des dommages graves et irréversibles à l'environnement, d'autant plus que l'arrêté d'autorisation attaqué définit l'ensemble des mesures d'évitement, de réduction et de compensation propres à atténuer ses effets sur l'environnement tant en phase travaux qu'en phase exploitation, les associations requérantes ne sont pas fondées à soutenir que seul le refus de l'autorisation d'exploiter sollicitée serait à même de prévenir les prétendus risques qu'elles énoncent et de satisfaire au principe de précaution (■ CAA Nantes, 15 mai 2017 n° 16NT02321.33).

41) Juge administratif. – Contrôle de l'applicabilité directe du principe de précaution. En estimant que le principe de précaution tel qu'il est énoncé à l'article 5 de la Charte de l'environnement ne peut être pris en compte par l'autorité administrative lorsqu'elle se prononce sur l'octroi d'une autorisation délivrée en application de la législation sur l'urbanisme, le tribunal administratif d'Orléans a commis une erreur de droit (■ CE, 19 juill. 2010, n° 328687, *Association du quartier les Hauts de Choiseuls : AJDA* 2010, 1453, note Y. J.) Lorsque l'administration oppose un refus à une demande individuelle d'autorisation d'urbanisme au nom du principe de précaution, le juge administratif exerce un contrôle normal sur l'appréciation qu'elle a portée (■ CE, 30 janv. 2012, n° 344992, *Sté Orange*, V. note 18.4).

42) Précaution et DUP. *a) Remise en cause au principe d'indépendance des législations.* Une opération qui méconnaît les exigences du principe de précaution ne peut être déclarée d'utilité publique. Dès lors, l'autorité compétente de l'État saisie d'une demande tendant à ce qu'un projet soit déclaré d'utilité publique doit rechercher s'il existe des éléments circonstanciés de nature à accréditer l'hypothèse d'un risque de dommage grave et irréversible pour l'environnement ou d'atteinte à l'environnement susceptible de nuire de manière grave à la santé, qui justifierait, en dépit des incertitudes subsistant quant à sa réalité et à sa portée en l'état des connaissances scientifiques, l'application du principe de précaution (■ CE, 12 avr. 2013, n° 342409, *Stop THT : M. Guérin, Principe de précaution et utilité publique : une définition précise du contrôle par le Conseil d'État*, note sous ■ CE, ass., 12 avr. 2013, n° 342409, *Assoc. coordination interrégionale stop THT : Environnement et dév. durable* juin 2013, n° 6, p. 53 ; A. Lallet, *Ligne « Cotentin-Maine » : principe de précaution et contrôle du juge*. – Concl. sur ■ CE, ass., 12 avr. 2013, n° 342409, *Assoc. coordination interrégionale Stop THT : RJEP* juin 2013, n° 6, p. 38 ; A. Van Lang, *L'application du principe de précaution à la déclaration d'utilité publique*, note sous ■ CE, ass., 12 avr. 2013, n° 342409, *Assoc. coordination interrégionale Stop THT : RDI* juin 2013, n° 6, p. 305 ; E. Carpentier, *Principe constitutionnel de précaution et expropriation : mode d'emploi par l'administration et modalités de contrôle par le juge*, note sous ■ CE, ass., 12 avr. 2013, n° 342409, *Assoc. coordination interrégionale stop THT : Constitutions* avr./juin 2013, n° 2, p. 261 ; A. Lallet, *Le principe de précaution doit-il être pris en compte dans l'appréciation de l'utilité publique d'un projet ?* Conclusions sur ■ CE, ass., 12 avr. 2013, n° 342409, *Stop THT : BJCL* juin 2013, n° 6/2013, p. 408 ; S. Gilbert, *Principe de précaution et déclaration d'utilité publique*, note sous ■ CE, ass., 12 avr. 2013, n° 342409, *Stop THT : AJDI* juill./août 2013, n°s 7-8, p. 53). ***b) Examen de l'utilité publique d'un projet au regard du principe de précaution.*** Cet examen se dédouble en deux contrôles. Tout d'abord, le contrôle du respect du principe de précaution par un projet d'opération d'utilité publique doit faire « l'objet d'une pesée préalable et autonome » du contrôle classique du bilan (points 37 à 38). Le Conseil d'État dégage trois étapes dans l'appréciation du contrôle autonome du respect du principe de précaution. Premièrement, un contrôle normal est effectué sur la vérification de l'existence d'un risque justifiant l'application du principe de précaution. En l'espèce, de tous les risques invoqués par les requérants, le seul qui justifie l'application du principe de précaution est la « corrélation statistique significative entre le facteur de risque invoqué par les requérants et l'occurrence d'une [pathologie] supérieure à la moyenne [...] », c'est-à-dire le risque sanitaire lié à la survenance de leucémie chez l'enfant subissant une exposition résidentielle des champs électromagnétiques de très basse fréquence. Deuxièmement, un contrôle normal est effectué sur la vérification du respect de l'obligation d'évaluation des risques. En l'espèce, cette obligation est remplie dès lors que le maître d'ouvrage a prévu un dispositif spécifique de mesure de l'intensité du champ électromagnétique et de suivi après la mise en service de la ligne, en plus du dispositif prévu par l'article 42 de la loi du 3 août 2009. Troisièmement, un contrôle restreint est effectué sur la vérification de la proportionnalité des mesures de précaution prises par rapport au risque : les mesures ne doivent être ni insuffisantes ni excessives (V. ■ CE, 30 janv. 2012, n° 344992, *Sté Orange France*, ■ Cons. const., Déc., 19 juin 2008, n° 2008-564 DC et ■ CJUE, 8 juill. 2010, aff. C-343/09, *Afton Chemical Limited*). En l'espèce, à l'issue de ce contrôle autonome, le Conseil d'État estime que le risque d'atteinte à la santé de l'enfant a fait l'objet d'une évaluation adéquate en vertu du principe de précaution. Ensuite, le Conseil d'État met en œuvre le contrôle classique de la théorie du bilan. Il apprécie si l'utilité publique de l'opération est présente, d'une part, lors de l'évaluation du risque résiduel, c'est-à-dire du risque tel que corrigé par des mesures de précaution au titre des inconvénients d'ordre social du projet, puis, d'autre part, lorsqu'il prend en compte dans le passif de l'opération les inconvénients de tous ordres sociaux et financiers susceptibles de s'attacher aux mesures de précaution (■ CE, 12 avr. 2013, n° 342409, *Stop THT*, points 43 et s. V. dossier D. Domino et A. Bretonneau, *Principe de précaution et théorie du bilan : mille plateau : AJDA* 2013, p. 1046).

43) Invocation des articles 2, 3 et 5 devant le Conseil d'État. ■ CE, sect. cont., 1re et 6e ss-sect. réunies, sur le rapport de la 1re sous-section, *Assoc. Alcalyet a.*, 16 avr. 2010, n°s 320667, 320737, 320747, 320753, 320778, 321580, 322679, 323926, 323927 et 324143 ; V. *supra* note 6).

44) Jurisprudence de la Cour de cassation. – Précaution et vices cachés. En l'absence de dispositions contraires, le défaut de la chose vendue qui conduit l'administration à faire application du principe de précaution peut être constitutif d'un vice caché. En l'espèce, en énonçant que « ce qui relève de la simple application administrative du principe de précaution ne peut constituer un vice caché de nature à justifier la réduction de prix », ce qui la conduit à ne pas se demander si le risque d'inondation dont fait état la lettre de la direction départementale de l'équipement de la Charente-Maritime qu'elle vise constitue un vice de la maison que Mme Évelyne Z... et M. Jean-Claude Y... ont acquise, la cour d'appel a violé l'article 1641 du Code civil, ensemble l'article 5 de la charte de l'environnement (■ Cass. 3e civ., 24 oct. 2012, n° 11-25.899).

45) Application du principe de précaution dans une hypothèse suffisamment plausible. Par arrêt du 25 février 2019, le Conseil d'État a jugé que le principe de précaution peut être invoqué à l'encontre d'une autorisation d'exploitation de granulats en mer, le risque d'érosion côtière en découlant étant une hypothèse suffisamment plausible (▪ CE, 25 févr. 2019, n° 410170, précisions sur l'application des art. 191 du traité sur le fonctionnement de l'Union et art. 5 de la Charte de l'environnement).

Dans un arrêt du 31 décembre 2020, le Conseil d'État est venu éclairer sur l'application de ces deux textes (V. ▪ CE, 31 déc. 2020, 2e et 7e ch. réunies, n° 438240, à propos de l'application de la 5G). On rappellera que l'article 191 du traité sur le fonctionnement de l'Union dispose que la politique de l'Union dans le domaine de l'environnement vise un niveau de protection élevé en tenant compte de la diversité des citoyens dans les différentes régions de l'Union. Elle est fondée sur les principes de précaution, d'actions préventives, sur le principe de correction par priorité à la source des atteintes à l'environnement et sur le principe du pollueur-payeur.

Le Conseil d'État rappelle qu'en vertu d'une jurisprudence constante de la Cour de justice de l'Union (V. par exemple ▪ CJUE, 28 janv. 2010, aff. C333/08, *Commission c/ France*) il découle du principe de précaution, consacré par les stipulations précitées, que lorsque des incertitudes subsistent sur l'existence et la portée du risque, des mesures de protection peuvent être prises sans attendre que la réalité et la gravité de ces risques soient pleinement démontrées. Une application correcte de ce principe présuppose l'identification des conséquences potentiellement négatives d'un produit ou d'une évaluation complète du risque fondé sur les données scientifiques les plus fiables et les résultats les plus récents de la recherche internationale. Lorsqu'il s'avère impossible de déterminer avec certitude l'existence ou la portée du risque allégué, en raison de la nature insuffisante, non concluante ou imprécise des résultats des études menées, mais que la probabilité d'un dommage réel persiste dans l'hypothèse où le risque se réaliserait, le principe de précaution justifie l'adoption de mesures restrictives. Il a considéré qu'il n'apparaît pas en l'espèce, en dépit des incertitudes des études scientifiques existantes sur ce sujet, lesquelles font d'ailleurs l'objet d'aucun consensus au regard des connaissances scientifiques disponibles, que le respect du principe de précaution exigerait des mesures de protection complémentaires contre un risque lié à l'utilisation de telles technologies telle que la 5G. Dans ces conditions, les moyens tirés de la méconnaissance des principes de précaution et de la protection de la santé humaine doivent être écartés.

Voir également un article paru aux *Archives de philosophie du droit*, n° 62/2020 sur la *Géographie de la précaution et l'application locale ou nationale*, par Corinne Lepage et Madeleine Babès, en particulier pages 239 et 254.

X – ARTICLE 6 – DÉVELOPPEMENT DURABLE – PRINCIPE DE CONCILIATION

46) Portée normative. Applicabilité directe (non) – Compétence du législateur dans la mise en œuvre de l'article 6 de la Charte (Principe). Compétence du législateur pour déterminer les modalités de mise en œuvre du principe de conciliation, posé par l'article 6 de la Charte de l'environnement, entre la protection et la mise en valeur de l'environnement, le développement économique et le progrès social (▪ Déc. n° 2005-514 DC, 28 avr. 2005, *Loi relative à la création du registre international français*). Les dispositions de l'article 6 n'instituent pas un droit ou une liberté que la Constitution garantit. Sa méconnaissance ne peut, en elle-même, être invoquée à l'appui d'une question prioritaire de constitutionnalité sur le fondement de l'article 61-1 de la Constitution (▪ Déc. n° 2014-394 QPC, 7 mai 2014, *Sté Casuca*, consid. 6 : *JORF* 10 mai 2014, p. 7873, texte n° 78).

47) Portée normative. Applicabilité directe (non) – Portée normative limitée en l'absence de disposition législative (conséquence). Le moyen tiré de la violation de l'article 6 de la Charte sans préciser les dispositions législatives prises pour assurer la mise en œuvre des principes énoncés à l'article 6 de la charte doit être écarté (▪ CE, sect. cont., 2e et 7e ss-sect. réunies, sur le rapport de la 2e sous-section, *Assoc. Ornithologique et Mammalogique de Saône-et-Loire*, 7 mai 2008, n° 309285, Inédit au recueil Lebon. – V. aussi ▪ TA Paris, 10 mai 2012, n° 1100700/71). Ainsi, le respect des dispositions de l'article 6 de la Charte de l'environnement par une décision de classement d'un site s'apprécie au regard du cadre tracé par les articles 341-1 et suivants du Code de l'environnement (▪ CE, 10 juin 2015, n° 371554, *Chambre de commerce et d'industrie de Rouen : JurisData* n° 2015-013931, mentionnée au Recueil Lebon, S. Roussel, rapp., S. Von Coester, rapp. publ.).

48) Invocabilité dans le cadre du contrôle *a posteriori* (non). Ne déterminant qu'un objectif à destination des pouvoirs publics sans instituer un droit ou une liberté dont les particuliers pourraient se prévaloir, l'article 6 de la Charte ne peut être invoqué à l'appui d'une QPC (▪ Déc. n° 2012-283 QPC, 23 nov. 2012, *M. Antoine de M.*, consid. 22. – V. également ▪ Déc. n° 2013-346 QPC, 11 oct. 2013, *Société Schuepbach Energy LLC*, consid. 19).

49) Appréciation circonstanciée de la conciliation des intérêts liés à l'environnement, le développement économique et le progrès social lors du contrôle *a priori*. *a)* Les exigences de l'article 6 de la Charte sont respectées dès lors que le législateur a pris des mesures de nature à promouvoir la sécurité maritime et la protection de l'environnement en soumettant les navires immatriculés au registre international français à l'ensemble des règles de sécurité et de sûreté maritimes, de formation des navigants, de santé et de sécurité au travail et de protection de l'environnement applicables en vertu de la loi française, de la réglementation communautaire et des engagements internationaux de la France (■ Déc. n° 2005-514, 28 avr. 2005, *Loi relative à la création du registre international français*). *b)* Respecte l'article 6 de la Charte de l'environnement la loi dont l'objet est de prévoir le remboursement aux consommateurs d'électricité renouvelable importée de la partie de la contribution au service public de l'électricité correspondant au soutien financier aux énergies renouvelables et, d'autre part, la taxation des exportateurs d'électricité renouvelable ; à concurrence de cette même partie, les dispositions critiquées se bornent à tirer les conséquences, dans le cadre des échanges intracommunautaires, des politiques de soutien mises en place par les États membres de la Communauté européenne en faveur des énergies renouvelables et de la cogénération (■ Déc. n° 2005-516 DC, 7 juill. 2005, *Loi de programme fixant les orientations de la politique énergétique*).

50) Appréciation circonstanciée de la conciliation des intérêts liés à l'environnement, au développement économique et au progrès social par le Conseil d'État, notamment dans le cadre des déclarations d'utilité publique du droit du remembrement rural et de l'énergie. *a) Sur la compatibilité d'un projet d'autoroute* – Si les requérants soutiennent que les atteintes portées à l'environnement naturel et aux zones d'habitation traversées par le projet d'autoroute entre la ville de Lyon et la ville de Saint-Étienne seraient excessives, il ressort du dossier que, eu égard à l'importance du projet ainsi qu'aux précautions qui l'accompagnent, notamment en ce qui concerne la protection de la ressource en eau et des milieux naturels sensibles, ni les inconvénients qu'il comporte, ni le fait qu'il n'apporte pas de réponse d'ensemble aux difficultés de circulation aux arrivées ouest de Lyon, ni enfin son coût, qui englobe d'ailleurs les mesures destinées à répondre aux contraintes liées à la sensibilité du milieu traversé, ne peuvent être regardés comme excessifs et de nature à lui retirer son caractère d'utilité publique. Le projet portait création d'un nouvel axe d'intérêt régional, destiné à remédier à la saturation d'une autoroute entre Saint-Étienne et Lyon, à fiabiliser et réduire le temps de trajet entre les deux villes ainsi qu'à améliorer la sécurité routière, plus généralement, à contribuer à l'amélioration de la desserte de l'ouest lyonnais et à l'amélioration des liaisons internationales qui passent par le Massif central (■ CE, sect. cont., 1re et 6e ss-sect. réunies, sur le rapport de la 1re sous-section, *Assoc. Alcaly et a.*, 16 avr. 2010, nos 320667, 320737, 320747, 320753, 320778, 321580, 322679, 323926, 323927 et 324143. ■ CE, 17 mars 2010, n° 314114, *Alsace Nature*).

b) Sur la compatibilité du remembrement communal – La conciliation entre les intérêts généraux visés à l'article 6 de la Charte n'impose pas au législateur d'aménager la règle de l'équivalence en valeur de productivité réelle en prévoyant un traitement différencié des parcelles selon qu'elles sont exploitées de manière biologique ou conventionnelle ; qu'au surplus le remembrement qui a pour objet, outre l'amélioration des conditions d'exploitation, l'aménagement rural du périmètre dans lequel il est mis en œuvre doit, comme les autres modes d'aménagement foncier rural, respecter, en application de l'article L. 121-1 du Code rural, les objectifs mentionnés à l'article L. 111-1, lequel impose de tenir compte des fonctions économique, environnementale et sociale de l'espace agricole ; qu'ainsi, eu égard à son objet et ses modalités de mise en œuvre, le remembrement tel qu'il est défini par la loi ne méconnaît pas les exigences de l'article 6 de la Charte de l'environnement (■ CE, 5e et 4e ss-sect. réunies, 14 sept. 2011, n° 348394).

c) Sur la suspension provisoire et limitée de l'obligation de conclure un contrat d'achat d'électricité. Le décret qui prévoit une suspension provisoire et limitée dans le temps de l'obligation de conclure un contrat d'achat d'électricité produite par des installations utilisant l'énergie radiative du soleil, pour permettre une redéfinition des conditions de cette obligation afin, notamment, de mieux maîtriser le coût en résultant pour les consommateurs d'électricité, ne méconnaît pas les dispositions de l'article 6 (■ CE, 9e et 10e ss-sect. réunies, 12 avr. 2012, n° 337528 mentionnée au recueil Lebon).

Sur l'impossibilité de déclencher une QPC sur le fondement de l'article 6, V. ■ Cons. const., 23 nov. 2012, n° 2012/283 QPC. – Confirmé par ■ Cons. const., 11 oct. 2013, n° 2013/346 QPC, *Sté Schupbach Énergie*.

L'article 6 de la Charte de l'environnement n'institue pas un droit aux libertés que la Constitution garantit, sa méconnaissance ne peut en elle-même être invoquée à l'appui d'une question de constitutionnalité (V. ■ Cass. com., 3 mars 2015, n° 13-25.237, *X. : JurisData* n° 2015-004268).

XI – ARTICLE 7 – DROIT À L'INFORMATION ET À LA PARTICIPATION

51) Aude Farinetti, *Utilisation du principe de participation dans le cadre de la question prioritaire de constitutionnalité : la Charte contre elle-même* : *Énergie – Env. – Infrast.* 2014, p. 9 et s.

52) Portée normative. Applicabilité directe (non) – Compétence du législateur. *Principe* – Les dispositions de l'article 7 de la Charte de l'environnement figurent au nombre des droits et libertés que la Constitution garantit. Il incombe au législateur et, dans le cadre défini par la loi, aux autorités administratives de déterminer, dans le respect des principes ainsi énoncés, les modalités de la mise en œuvre de ces dispositions (▪ Cons. const., 23 mai 2014, déc. n° 2014-396 QPC, consid. 4 : *JORF* 25 mai 2014, p. 8583, texte n° 31 ; *Gaz. Pal.* 7-8 janv. 2015, n°s 7-8, p. 13, note A. Fourmon. ▪ Cons. const., 9 sept. 2014, déc. n° 2014-411, consid. 5 : *JORF* 12 sept. 2014, p. 15020, texte n° 54). – Lorsqu'il fixe la durée minimale pendant laquelle une décision publique ayant une incidence sur l'environnement est mise à la disposition du public et qu'il détermine la forme de cette mise à disposition, qui doit être faite notamment par voie électronique, le législateur se borne à prévoir le principe de la participation du public sans préciser « les conditions et les limites » dans lesquelles doit s'exercer le droit de toute personne de participer à l'élaboration des décisions publiques ayant une incidence sur l'environnement. En adoptant les dispositions contestées sans fixer les conditions et limites du principe de la participation du public, le législateur a méconnu l'étendue de sa compétence (▪ Cons. const., 7 mai 2014, déc. n° 2014-395, *Fédération environnement durable et a. : AJDA* 2014, p. 954). ***a) Liste des informations non confidentielles (OGM)***. Il n'appartient qu'au législateur de préciser les conditions et les limites dans lesquelles doit s'exercer le droit de toute personne d'accéder aux informations relatives à l'environnement détenues par les autorités publiques. Ne relèvent du pouvoir réglementaire que les mesures d'application des conditions et limites fixées par le législateur (consid. 49). En l'espèce, se bornant à renvoyer de manière générale au pouvoir réglementaire le soin de fixer la liste des informations qui ne peuvent en aucun cas demeurer confidentielles, le législateur a, eu égard à l'atteinte portée aux secrets protégés, méconnu l'étendue de sa compétence (▪ Cons. const., 19 juin 2008, déc. n° 2008-564 DC, loi relative aux OGM, consid. 57). ***b) Monument naturels ou sites classés***. Il incombe au législateur et, dans le cadre défini par la loi, aux autorités administratives de déterminer les modalités de la mise en œuvre de l'article 7 de la Charte de l'environnement. En l'espèce, l'article L. 341-3 du Code de l'environnement renvoie au pouvoir réglementaire la détermination des conditions dans lesquelles les intéressés sont invités à présenter leurs observations lorsqu'un monument naturel ou un site appartenant en tout ou partie à des personnes autres que l'État, les départements, les communes ou les établissements publics fait l'objet d'un projet de classement. Précisément, cette disposition législative prévoit que le déclassement total ou partiel d'un monument naturel ou d'un site classé est prononcé, après avis de la commission supérieure des sites, par décret en Conseil d'État et qu'il est notifié aux intéressés et publié au bureau des hypothèques de la situation des biens, dans les mêmes conditions que le classement. Or, dès lors que ni les dispositions contestées ni aucune autre disposition législative n'assurent la mise en œuvre du principe de participation du public à l'élaboration des décisions publiques en cause en s'abstenant de modifier l'article L. 341-3 en vue de prévoir la participation du public et en modifiant l'article L. 341-13 sans prévoir cette participation, le législateur a méconnu les exigences de l'article 7 de la Charte de l'environnement (▪ Cons. const., 23 nov. 2012, n° 2012-282 QPC. Les dispositions de l'article 7 de la Charte de l'environnement figurent au nombre des droits et libertés que la Constitution garantit). ***c) Décret de nomenclature ICPE***. Il appartient au législateur et, dans le cadre défini par la loi, aux autorités administratives de déterminer, dans le respect des principes ainsi énoncés, les modalités de la mise en œuvre de ces dispositions. En l'espèce, les décrets de nomenclature mentionnés à l'article L. 511-2 du Code de l'environnement, qui déterminent le régime applicable aux installations classées, constituent des décisions publiques ayant une incidence sur l'environnement, de même que les projets de prescriptions générales que doivent respecter les installations classées pour la protection de l'environnement soumises à enregistrement. Or, dans sa rédaction soumise au Conseil constitutionnel, le second alinéa de l'article L. 511-2 ne prévoit pas la publication du projet de décret de nomenclature pour les installations autorisées ou déclarées. Par ailleurs, ni les dispositions contestées ni aucune autre disposition législative n'assurent la mise en œuvre du principe de participation du public à l'élaboration des décisions publiques en cause. Dès lors, en adoptant les dispositions contestées sans prévoir la participation du public, le législateur a méconnu l'étendue de sa compétence (▪ Déc. n° 2011-183/184 QPC, 14 oct. 2011, *Assoc. France Nature Environnement*). ***d) Participation du public à l'élaboration des projets d'aménagement ou d'équipement***. Mode opératoire indispensable du processus décisionnel, la participation du public est destinée à conforter l'action administrative et, d'une certaine manière, à la légitimer, ainsi que l'a rappelé le Conseil d'État en 2011 dans son rapport public « Consulter autrement, participer effectivement » (Rapp. CE, 2011, Paris : *Doc. fr.* ; C. Étienne, *La participation du public à l'élaboration des projets d'aménagement ou d'équipement : les outils traditionnels participatifs (1re partie) : Rev. Lamy dr. coll. terr.* nov.

2013, n° 95, p. 46). V. également A. Van Lang, « *Le principe de participation : un succès inattendu* » : *Nouv. Cah. Cons. const.* 2014, p. 25. ***e) Nature juridique de dispositions relatives à différents organismes consultatifs***. Les dispositions portant sur la création des organismes et leurs missions d'évaluation et de délivrance d'informations au public en matière environnementale relèvent du domaine de la loi et les dispositions relatives à la composition et aux modalités de fonctionnement des organismes ont le caractère réglementaire (▪ Cons. const., 21 juill. 2015, déc. n° 2015-256 L, *Nature juridique de dispositions relatives à divers organismes*, consid. 14, 15, 20, 21 : *JORF* n° 0169, 24 juill. 2015, p. 12643, texte n° 91).

53) Portée normative. Applicabilité directe (non) – Compétence du législateur. Sanctions et mise en œuvre. *a) Abrogation implicite d'une disposition législative*. L'entrée en vigueur de la loi constitutionnelle du 1er mars 2005 a implicitement mais nécessairement eu pour effet d'abroger les dispositions issues de la loi du 13 juillet 1992 par lesquelles le législateur renvoie au pouvoir réglementaire le soin de définir les modalités de l'information du public sur les effets de la dissémination volontaire d'OGM (▪ CE, 24 juill. 2009, nos 305314 et 305315, *Comité de recherche et d'information indépendante sur le génie génétique* et ▪ CE, sect. cont., 3 nov. 2010, n° 342502, mentionnés au recueil Lebon). *b) Annulation des dispositions réglementaires fixant les conditions et limites de l'exercice de l'article 7*. Sont annulées les dispositions de deux décrets définissant, sur le fondement du principe d'information du public, les conditions et limites dans lesquelles doit s'exercer le droit de toute personne d'accéder aux informations relatives à l'environnement. (▪ CE, 24 juill. 2009, nos 305314 et 305315, *Comité de recherche et d'information indépendante sur le génie génétique*). *c) Mise en œuvre*. Les dispositions du décret attaqué, qui n'ont pas pour objet de mettre en œuvre le principe de participation du public à l'élaboration des décisions publiques ayant une incidence sur l'environnement consacré par l'article 7 de la Charte de l'environnement, mais concernent un comité chargé du suivi de la mise en œuvre des engagements du « Grenelle de l'environnement », ne relèvent pas de la compétence du législateur. Dès lors, le moyen tiré de ce que le décret a été pris par une autorité incompétente doit être écarté (▪ CE, 6e et 1re ss-sect. réunies, 18 juill. 2011, n° 340512). Le régime de mise en œuvre de participation du public aux décisions individuelles et aux décisions des collectivités territoriales et de leurs établissements publics a été clarifié par l'Ordonnance n° 2013-714 du 5 août 2013 relative à la mise en œuvre du principe de participation du public défini à l'article 7 de la Charte de l'environnement. L'étendue du dispositif demeure cependant incertaine en raison de son caractère supplétif et des limites apportées par le Code de l'environnement lui-même ; R. Leost, *Décisions publiques ayant une incidence sur l'environnement et participation du public, Nouvelles précisions des juges et du législateur : Dr. env.* sept. 2013, n° 215, p. 308. *d)* Pour une application de la Décision n° 2011-183/184 QPC du 14 octobre 2011, *Association France Nature Environnement*, V. ▪ CE, 6e et 1re ss-sect. réunies, 14 nov. 2012, n° 340539, mentionné au recueil Lebon.

54) Application dans le temps de la répartition des matières entre la loi et le règlement dans la mise en œuvre de l'article 7 de la Charte. *a). Impossibilité d'invoquer la compétence du législateur à l'encontre de dispositions antérieures à l'entrée en vigueur de la Charte (I)* La méconnaissance par le législateur de la compétence qui lui a été conférée par les dispositions de l'article 7 ne peut être invoquée utilement à l'encontre des dispositions de l'article L. 311-1 du Code forestier, dès lors qu'elles ont été édictées à une date antérieure à l'intervention de la loi constitutionnelle n° 2005-205 du 1er mars 2005 relative à la Charte de l'environnement (▪ CE, sect. cont., 3 nov. 2010, n° 342502. – V. Y. Aguila, *QPC et Charte de l'environnement : les limites de l'incompétence négative : Constitutions* 2011, p. 113.) ***b) Impossibilité d'invoquer la compétence du législateur à l'encontre de dispositions antérieures à l'entrée en vigueur de la Charte (II)***. Les dispositions précisant que l'obligation de saisir la Commission nationale du débat public ne s'applique pas « aux projets qui ont fait l'objet, avant la publication du présent décret, d'une fixation de leurs caractéristiques principales par mention ou publication régulière » ont été compétemment édictées antérieurement à l'entrée en vigueur de la loi constitutionnelle n° 2005-205 du 1er mars 2005. Par conséquent, elles ne peuvent fonder la méconnaissance de l'article 7 de la Charte de l'environnement. Dès lors, le moyen tiré de ce que la Commission nationale du débat public aurait dû être saisie du projet autoroutier ne peut qu'être écarté (▪ CE, sect. cont., 1re et 6e ss-sect. réunies, sur le rapport de la 1re sous-section, *Assoc. Alcaly et a.*, 16 avr. 2010, nos 320667, 320737, 320747, 320753, 320778, 321580, 322679, 323926, 323927 et 324143). ***c) Appréciation de la compétence de dispositions applicables au moment de l'entrée en vigueur de la Charte de l'environnement uniquement***. Lorsque des dispositions législatives ont été prises pour en assurer la mise en œuvre, la légalité des actes réglementaires et des décisions administratives s'apprécie par rapport à ces dispositions, sous réserve, s'agissant de dispositions législatives antérieures à l'entrée en vigueur de la Charte de l'environnement, qu'elles ne soient pas incompatibles avec les exigences qui découlent de cette charte. Ainsi, la légalité du décret attaqué doit être appréciée au regard du second alinéa de l'article L. 511-2 du Code de l'environnement dans sa rédaction issue de la loi du 17 mai 2011, selon lequel les projets de décrets de nomenclature font l'objet d'une publication, éventuellement par voie électronique, avant transmission pour avis au Conseil supérieur de la prévention des risques technologiques. Celui-ci n'impose pas la participation du public à son élaboration mais, ainsi qu'il a été dit au point 4 de la présente décision, la publication par voie électronique des projets de décrets (▪ CE, 6e et 1re ss-sect. réunies, 13 juill. 2012, n° 353565 mentionnée au recueil Lebon).

55) Nature du contrôle effectué par le Conseil constitutionnel. Le Conseil exerce un contrôle restreint du principe d'information par le législateur, limité à la vérification de l'absence de dénaturation. V. *supra* note 27 (▪ Déc. n° 2008-564 DC, *Loi relative aux organismes génétiquement modifiés*).

56) Champ d'application temporel. – Applicabilité de l'article 7 à des dispositions législatives antérieures à l'entrée en vigueur de la Charte de l'environnement. L'article 7 est applicable à des dispositions législatives antérieures à la révision constitutionnelle du 1er mars 2005. En l'espèce, les dispositions des articles L. 341-3 et L. 341-13 du Code de l'environnement, dans leur rédaction issue d'ordonnances datées respectivement du 18 septembre 2000 et du 1er juillet 2004, sont contraires à la Constitution (V. aussi *supra* note 27. ▪ Déc. n° 2012-283 QPC, 23 nov. 2012, *M. Antoine de M.*).

57) Constitutionnalité temporelle des dispositions de l'article L. 541-22. L'article L. 541-22 du Code de l'environnement, dans sa rédaction issue de l'ordonnance du 18 septembre 2000 relative à la partie législative du Code de l'environnement, prévoit que « Pour certaines de catégorie de déchets visées à l'article L. 541-7 et précisées par le décret, l'Administration fixe, sur tout ou partie du territoire national, les conditions d'exercice de l'activité d'élimination telle qu'elle est définie à l'article L. 541-2. Ces mêmes catégories de déchets ne peuvent être traitées que dans les installations pour lesquelles l'exploitant est titulaire d'un agrément de l'Administration (...) ». Selon les sociétés requérantes, en ne prévoyant aucune procédure permettant à toute personne de prendre part à l'élaboration des décisions réglementaires fixant les conditions d'exercice de l'activité d'élimination de certaines catégories de déchets, le législateur aurait méconnu l'étendue de sa compétence et le principe de participation du public protégé par la Charte de l'environnement.

Le Conseil constitutionnel raisonne en trois temps.

En premier lieu, il rappelle que les conditions d'exercice de l'activité d'élimination de certains déchets par leur producteur ou leur détenteur sont fixées par voie réglementaire. Ces déchets sont ceux susceptibles, soit en l'état, soit lors de leur élimination, de causer des nuisances à l'environnement. L'activité d'élimination de ces déchets comporte les opérations de collecte, transport, stockage, tri et traitement devant être effectuées dans des conditions propres à éviter de telles nuisances. Par conséquent, les décisions réglementaires prévues au premier alinéa de l'article L. 541-22, qui fixent les conditions d'exercice de cette activité, constituent des décisions publiques ayant une incidence sur l'environnement au sens de l'article 7 de la Charte de l'environnement.

En second lieu, avant l'entrée en vigueur de la Charte de l'environnement le 3 mars 2005, les dispositions contestées ne méconnaissaient aucun droit ou liberté que la Constitution garantit. À compter de l'entrée en vigueur de cette Charte et avant celle de la loi du 12 juillet 2010 (Grenelle II), aucune disposition législative n'assurait la mise en œuvre du principe de participation du public à l'élaboration des décisions publiques prévues au premier alinéa de l'article L. 541-22 du Code de l'environnement. Par conséquent, en s'abstenant d'édicter de telles dispositions le législateur a, pendant cette période, méconnu les exigences de l'article 7 de la Charte de l'environnement.

Enfin, la loi Grenelle II a inséré dans le Code de l'environnement l'article L. 120-1, qui définit les conditions et limites dans lesquelles le principe de participation du public prévu à l'article 7 de la Charte de l'environnement est applicable aux décisions réglementaires de l'État et de ses établissements publics ayant une incidence directe et significative sur l'environnement. L'entrée en vigueur de ces dispositions, le 14 juillet 2010, a ainsi mis fin à l'inconstitutionnalité constatée au cours de la période précédente. À compter de cette date, les dispositions contestées ne méconnaissaient aucun droit ou liberté que la Constitution garantit.

Dès lors, Le Conseil constitutionnel déclare le premier alinéa de l'article L. 541-22 du Code de l'environnement conforme à la Constitution avant le 3 mars 2005, puis contraire à celle-ci à compter de cette date et jusqu'au 13 juillet 2010. Il est enfin déclaré conforme à la Constitution à compter du 14 juillet 2010 et jusqu'à l'entrée en vigueur de sa nouvelle rédaction résultant de l'ordonnance du 17 décembre 2010. (▪ Déc. n° 2016-595 QPC, 18 déc.

2016, *Sté Aprochim et a. : Dr. pén.* janv. 2017, p. 34, note J.-H. Robert).

58) Champ d'application matériel. – Les décisions ayant une incidence sur l'environnement. – *Jurisprudence du Conseil constitutionnel a)* Le principe de participation du public peut s'appliquer à des décisions individuelles et non uniquement des décisions réglementaires. En outre, certaines décisions peuvent être regardées comme ayant une incidence trop faible sur l'environnement pour que la participation du public soit constitutionnellement requise (■ Déc. n° 2012-269 QPC, 27 juill. 2012, *Union Départementale pour la Sauvegarde de la Vie, de la Nature et de l'Environnement et a.*). *b)* Les décisions relatives aux emplacements des bâches comportant de la publicité et à l'installation de dispositifs publicitaires de dimensions exceptionnelles liés à des manifestations temporaires ne constituent pas des décisions ayant une incidence sur l'environnement au sens de l'article 7 de la Charte. En effet, les bâches et les dispositifs publicitaires n'emportent en eux-mêmes aucune conséquence sur l'environnement selon la définition par extension qu'en donne le préambule de la Charte (ressources, équilibre et milieu naturels). De même, si la définition du régime applicable à l'installation des enseignes lumineuses constitue une décision ayant une incidence sur l'environnement au sens de l'article 7, le législateur pouvait, sans méconnaître les exigences de cet article, considérer que chaque décision d'autorisation d'installation de ces enseignes n'a pas, en elle-même, une incidence significative sur l'environnement (■ Déc. n° 2012-282 QPC, 23 nov. 2012, *Assoc. France Nature Environnement et a.*, consid. 21). *c)* Les délimitations du domaine public maritime naturel qui résultent des dispositions contestées ne constituent pas des décisions ayant une incidence sur l'environnement au sens de l'article 7 de la Charte de l'environnement (■ Déc. n° 2013-317 QPC, 24 mai 2013). *d)* Le classement et le déclassement de monuments naturels ou de sites constituent des décisions publiques ayant une incidence sur l'environnement. En l'espèce, le déclassement total ou partiel d'un monument naturel ou d'un site classé est prononcé, après avis de la commission supérieure des sites, par décret en Conseil d'État et notifié aux intéressés et publié au bureau des hypothèques de la situation des biens, dans les mêmes conditions que le classement (■ Cons. const., n° 2012-282 QPC, 23 nov. 2012. V. *supra* note 27). *e) Les décisions établissant* les servitudes relatives à la traversée des propriétés privées par les ouvrages de transport et de distribution d'électricité, instituées par les dispositions des articles L. 323-3 à L. 323-9 du Code de l'énergie, sont des décisions publiques ayant une incidence sur l'environnement (■ Déc. n° 2015-518 QPC, 2 févr. 2016, *Assoc. Avenir Haute Durance et a.*, consid. 11 : *JORF* n° 0030, 5 févr. 2016, texte n° 75).

59) Champ d'application matériel. – Les décisions ayant une incidence sur l'environnement. – Jurisprudence du Conseil d'État. *a) Notion « d'incidence sur l'environnement ».* Les délimitations de périmètres au sein desquels un organisme unique se voit délivrer les autorisations de prélèvement d'eau pour l'irrigation ne sont, en elles-mêmes, susceptibles de n'avoir qu'une incidence indirecte sur l'environnement ; dans ces conditions, le législateur n'était pas tenu de soumettre les décisions portant délimitation de tels périmètres au principe de participation du public (■ CE, 9 oct. 2013, n° 370051, *Syndicat de gestion des eaux et de l'environnement du Gâtinais Est et Ouest de l'arrondissement du Montargois*). Les arrêtés complémentaires prévus, en matière d'installations classées, par l'article L. 512-3 du Code de l'environnement, ne constituent pas des décisions ayant une incidence significative sur l'environnement et ne sont pas au nombre des décisions visées par l'article 7 de la Charte de l'environnement (■ CE, 17 oct. 2013, n° 370481, *Cne Illkirch-Graffenstaden* ; P. Trouilly, *Charte de l'environnement, article 7 : notion d'« incidence sur l'environnement : Environnement et dév. durable* 2013, n° 12, p. 44). Les décisions créant ou modifiant une zone de préemption « espaces naturels sensibles », qui se bornent à délimiter le périmètre dans lequel un département (ou une personne publique qui peut s'y substituer ou qui reçoit de lui délégation) peut acquérir, par voie de préemption, des terrains qui sont destinés à être aménagés pour être ouverts au public ou qu'il s'engage à préserver, n'ont pas d'incidence directe sur l'environnement. Il en est de même d'une décision supprimant une telle zone de préemption (■ CE, 29 oct. 2013, n° 370.863, *Assoc. Paysages d'Alsace* ; P. Trouilly, *Environnement et dév. durable* 2014, n° 1, p. 31 ; M. Vialettes, *L'article L. 142-3 est-il conforme à l'article 7 de la Charte de l'environnement ? : BJDU* n° 1/2014, p. 41). Les plans de prévention des risques naturels prévisibles constituent des décisions publiques susceptibles d'avoir une incidence sur l'environnement au sens de l'article 7 de la Charte de l'environnement, ainsi, en adoptant les dispositions contestées sans déterminer les conditions et limites de la participation du public à la procédure d'actualisation des plans de prévention des risques naturels prévisibles, l'assemblée de la Polynésie française a méconnu l'étendue de sa compétence au regard des exigences de l'article 7 de la Charte de l'environnement (■ CE, 13 févr. 2015, n° 384447, publié au Recueil Lebon : *AJDA* 2015, p. 1190). ***b) Incompatibilité d'une DUP avec un PLU.*** L'article L. 123-16 du Code de l'urbanisme selon lequel une déclaration d'utilité publique incompatible avec les dispositions d'un plan local d'urbanisme arrêté par une commune ou un établissement public de coopération intercommunale n'ont ni pour objet ni pour effet de porter atteinte au droit de participer à l'élaboration des décision publiques ayant une incidence sur l'environnement emporte mise en compatibilité de ce plan (▪ CE, 5e ss-sect. jugeant seule, 3 nov. 2010, n° 342502). *c) **Régime d'agrément des associations de protection de l'environnement**.* Les dispositions législatives contestées, relatives au régime d'agrément des associations de protection de l'environnement, n'entrent pas dans le champ des dispositions de l'article 7 de la Charte de l'environnement (▪ CE, 6e ss-sect. jugeant seule, 25 juill. 2013, n° 355745). *d)* Le juge administratif refuse de faire application de ce principe pour les décisions publiques n'ayant pas d'incidence sur l'environnement. Le Conseil d'État considère que l'article 7 de la Charte de l'environnement, tel qu'interprété par le Conseil constitutionnel, ne concerne que les décisions susceptibles d'avoir une incidence directe et significative sur l'environnement. Ainsi l'article L. 120-1 du Code de l'environnement, qui a pour seul objet la mise en œuvre du principe de participation énoncé à cet article, doit être interprété en conformité avec ce dernier (▪ CE, 23 nov. 2015, n° 381249, *Stés Altus Energy et Solaïs*, mentionné au Recueil Lebon, M.-G. Merloz, rapp., F. Aladjidi, rapp. publ.). *e)* Il ne découle pas de l'article 7 de la Charte de l'environnement une obligation pour les juges administratifs de modifier leur examen de l'intérêt à agir et l'article 9 de la Convention d'Aarhus n'a ni pour objet ni pour effet d'ouvrir à toute personne un droit au recours contre toute décision ayant une incidence sur l'environnement (▪ CE, 23 oct. 2015, n° 392550).

60) Mise en œuvre du principe de participation du public par le CC (censures). *a)* Les dispositions de l'article L. 511-2 du Code de l'environnement qui ne prévoient pas la publication du projet de décret de nomenclature pour les installations autorisées ou déclarées alors qu'aucune autre disposition législative n'assure la mise en œuvre du principe de participation du public à l'élaboration des décisions publiques sont contraires à la Constitution (▪ Déc. n° 2011-183/184 QPC, 14 oct. 2011, *Assoc. France Nature Environnement*). V. note *supra* 30 (3). *b)* De même, les dispositions législatives qui prévoient que les projets de règles et prescriptions techniques applicables aux installations classées soumises à autorisation font l'objet d'une publication, éventuellement par voie électronique, avant leur transmission au Conseil supérieur de la prévention des risques technologiques sont censurées (Déc. n° 2012-262 QPC, 13 juill. 2012, *Assoc. France Nature Environnement*). *c)* Les dispositions relatives à la délivrance des dérogations aux interdictions de toute atteinte aux espèces animales non domestiques ou végétales non cultivées et de toute destruction, altération ou dégradation de leur milieu ne respectent pas le principe de participation et sont par conséquent censurées (▪ Déc. n° 2012-269 QPC, 27 juill. 2012, *Union Départementale pour la Sauvegarde de la Vie, de la Nature et de l'Environnement et a.*). *d)* Les dispositions qui permettent à l'autorité réglementaire de déterminer les conditions dans lesquelles l'autorité administrative peut délimiter des zones où il est nécessaire d'assurer la protection des aires d'alimentation des captages d'eau potable ainsi que des zones d'érosion et d'y établir des programmes d'actions ne respectent pas le principe de participation et sont par conséquent censurées (▪ Déc. n° 2012-270 QPC, 27 juill. 2012 *Fédération Départementale des Syndicats d Exploitants Agricoles du Finistère*). *e)* Les dispositions relatives au classement et au déclassement de monuments naturels ou de sites qui se contentent d'inviter les intéressés à présenter leurs observations selon une procédure fixée par décret en Conseil d'État sont insuffisantes à permettre le respect des principes de participation et d'information, particulièrement en l'absence de toute autre modalité de participation ou d'information (▪ Déc. n° 2012-283 QPC, 23 nov. 2012, *M. Antoine de M.*). *f)* Les dispositions relatives aux modalités générales de participation du public, qui limitent celle-ci aux seules décisions réglementaires de l'État et de ses établissements publics, alors que des décisions non réglementaires peuvent avoir une incidence directe et significative sur l'environnement, portent atteinte au principe de participation et d'information (▪ Déc. n° 2012-282 QPC, 23 nov. 2012, *Assoc. France Nature Environnement et a.*).

61) Mise en œuvre du principe de participation du public par le CC (conformité). *a)* Les dispositions selon lesquelles n'est pas prévue de procédure d'information et de participation du public préalable à l'intervention des autorisations de travaux de recherche ne méconnaissent pas l'article 7 de la Charte de l'environnement, dès lors que compte tenu de la nature des substances minérales susceptibles d'être recherchées et en l'état des techniques mises en œuvre, le législateur a pu considérer que les autorisation de travaux de recherches ne constituent pas des décisions ayant une incidence significative sur l'environnement (▪ Déc. n° 2013-308 QPC, 26 avr. 2013. V. *supra* note 35 pour d'autres exemples). *b)* Les dispositions du Code de l'énergie prévoyant la possibilité de réaliser des canalisations souterraines, ou des supports pour conducteurs aériens, sur des terrains privés non bâtis, qui ne sont pas fermés de murs ou autres clôtures équivalentes, ayant une incidence significative sur l'environnement, ne méconnaissent pas l'article 7 de la Charte de l'environnement, dès lors qu'elles prévoient l'organisation d'une consultation publique. Si le projet de travaux n'est pas soumis à l'enquête publique en application du Code de l'environnement, l'article L. 323-3 du Code de l'énergie prévoit l'organisation d'une consultation du public sur le dossier de déclaration d'utilité publique et en fixe les modalités (▪ Déc. n° 2015-518 QPC, 2 févr. 2016, *Assoc. Avenir Haute Durance et a.*, consid. 12 : *JORF* n° 0030, 5 févr. 2016, texte n° 75). *c)* En faisant référence à l'étude d'impact prévue à l'article L. 122-1 du Code de l'environnement, les dispositions contestées n'ont ni pour objet ni pour effet de supprimer l'obligation de réaliser une enquête publique à laquelle est subordonnée toute autorisation prévue par l'article L. 512-1 du même code (▪ Cons. const., 13 août 2015, n° 2015-718 DC, *Loi relative à la transition énergétique pour la croissance verte : JORF* n° 0189, 18 août 2015, p. 14376, texte n° 4).

62) Mise en œuvre du principe de participation du public par le Conseil d'État. *a)* En ne prévoyant pas une obligation de motivation de l'acte administratif que constitue la déclaration d'utilité publique, la disposition législative contestée n'a en rien méconnu les droits garantis par l'article 7 de la Charte de l'environnement (▪ CE, 6e ss-sect., jugeant seule, 19 avr. 2013, n° 364498). *b)* La régularité du déroulement des travaux de mission permanente de suivi des engagements pris par l'État et par RFF durant la phase d'enquête publique est sans incidence sur la légalité du décret d'utilité publique (▪ CE, 6e et 1re ss-sect. réunies, 28 mars 2011, n° 330256 mentionnée au recueil Lebon). *c)* Eu égard à la nature et à la durée très limitée de la suspension prononcée, destinée à permettre au Gouvernement de redéfinir, en lien avec les acteurs de la filière, les règles relatives à l'obligation de conclure un contrat d'achat d'électricité, l'absence de consultation préalable du public ne méconnaît pas, en tout état de cause, les dispositions précitées de l'article 7 de la Charte de l'environnement (▪ CE, 9e et 10e ss-sect. réunies, 16 nov. 2011, n° 344972). *d)* Le public ayant formulé des observations sur un projet de texte, celui-ci n'a pas à faire l'objet de nouvelles observations si le projet est modifié dès lors que ces modifications ne dénaturent pas le projet initial (▪ CE, 17 juin 2015, n° 375853, *Synd. nat. Industries des peintures, enduits et vernis*, publié au Recueil Lebon).

63) Le secret des délibérations du Gouvernement : Avis du Conseil d'État en matière d'environnement. L'avis du public peut être demandé avant que les consultations prévues aient été opérées (non transmission de QPC). Le Premier ministre peut s'opposer à ce que les informations relatives à l'environnement contenues dans les avis du Conseil d'État soient communiquées, s'il estime que le secret des délibérations du gouvernement fait obstacle à une telle communication (▪ CE, 30 mars 2016, n° 383546). Le droit du public de participer à l'élaboration des décisions publiques ayant une incidence sur l'environnement implique que la personne publique concernée mette à la disposition du public les éléments suffisants pour que la consultation puisse avoir lieu utilement. Un tel droit n'impose pas que cette consultation ne puisse intervenir qu'une fois que tous les avis des instances techniques et scientifiques dont la consultation est obligatoire en vertu des textes aient nécessairement été rendus au préalable. Ainsi, et eu égard à la marge d'appréciation dont dispose le législateur pour déterminer les modalités de mise en œuvre de ce principe, les dispositions du II de l'article L. 212-2 du Code de l'environnement, en n'ayant pas imposé que la consultation du public n'intervienne qu'après que les organismes dont la consultation est obligatoire aient tous rendus leur avis, n'ont pas méconnu les dispositions de l'article 7 de la Charte de l'environnement (non-transmission au conseil constitutionnel). (▪ CE, 4 oct. 2017, n° 412239).

64) Temps et participation. On signalera ici une décision du Conseil d'État (▪ CE, 13 oct. 2023, n° 464/202) dans laquelle celui-ci a considéré que le fait que le Conseil national d'évaluation des normes ait été consulté le lendemain du dernier jour de la consultation du public rendait improbable non seulement la transmission à temps de la synthèse des observations et propositions, mais également une prise de connaissance sérieuse avant la formulation de son propre avis. En revanche, le fait que plus d'un an se soit écoulé entre la consultation du public et la publication d'un arrêté n'a pas en soi pour effet de rendre cette consultation irrégulière (V. ▪ CE, 19 oct. 2023, n° 45735, *Synd. des étangs Poitou-Charente-Vendée*).

PARTIE LÉGISLATIVE

(Ord. n° 2000-914, 18 sept. 2000) (1) (2) (3) (4) (5).

(1) V. rapport au Président de la République : *JO* 21 sept. 2000. – NDLR.

(2) Les dispositions du Code de l'environnement qui citent en les reproduisant des articles d'autres codes ou lois sont modifiées de plein droit par l'effet des modifications ultérieures de ces articles, Ord. n° 2000-914, 18 sept. 2000, art. 3.

(3) Application à l'outre-mer : V. Ord. n° 2000-914, 18 sept. 2000, art. 13.

(4) Ordonnance n° 2000-914 du 4 mai 2000 ratifiée compte tenu des modifications prévues aux III et IV de l'article 31 de la loi n° 2003-591 du 2 juillet 2003, L. n° 2003-591, 2 juill. 2003, art. 31, I, 4°. – NDLR.

(5) Sur la répartition de compétences entre la loi et le règlement lorsqu'ils interviennent dans le champ d'application de l'article 7 de la Charte de l'environnement (issue de la loi n° 2005-205 du 1er mars 2005) et qu'ils concernent spécialement des dispositions figurant dans le Code de l'environnement et le Code de l'urbanisme, V. ■ CE ass., 3 oct. 2008, n° 297931, Cne d'Annecy : *JurisData* n° 2008-074233. – V. aussi ■ Cons. const. n° 2008-564 DC, 19 juin 2008, consid. 49 : *JO* 26 juin 2008. – NDLR.

LIVRE Ier

DISPOSITIONS COMMUNES

TITRE Ier. – PRINCIPES GÉNÉRAUX

Bibliographie : *Droit international.* G. Bricker, *La CIJ se prononce sur l'indemnisation des dommages environnementaux : Énergie - Env. - Infrastr.* 2018, n° 4, comm. 24. • S. Maljean-Dubois, *Sources du droit international : JCl. Environnement et dév. durable* 2015, Fasc. 2000. • S. Doumbé-Billé, *Droit international de l'environnement*, Larcier Éditions, 2013. • C. Huglo, *Avocat pour l'environnement - Mes grandes batailles judiciaires*, LexisNexis, avr. 2013, 224 p. • M. Bettati, *Le droit international de l'environnement*, Odile Jacob, 2012. • O. Mazaudoux, *Droit international public et droit international de l'environnement*, Pulim, 2008. • M. Boutelet et J.-C. Fritz, *L'ordre public écologique. Towards an ecological public order*, Bruylant, 2005. • R. Romi, *Droit international et européen de l'environnement*, Montchrestien 2005. • J.-P. Beurier et A. Kiss, *Droit international de l'environnement*, Pédone, 2004. • J.-M. Lavieille, *Droit international de l'environnement*, Ellipses Marketing 2004. • A. Kiss, *Cinq années de droit international de l'environnement (1996-2000) : Rev. jur. env.* 2001, n° 4, p. 563 ; *Les principes généraux du droit international de l'environnement sont-ils reflétés par le Code de l'environnement ? : Rev. jur. env.* 2002, n° spécial, p. 15 à 20. • M. Kamto, *Les nouveaux principes du droit international de l'environnement : Rev. jur. env.* 1993, n° 1, p. 11 à 21. • M. Rémond-Gouilloud, *Du droit de détruire*, PUF, I989.

Droit communautaire. J. Bétaille, *L'efficacité du référé européen et le principe de précaution au secours de la forêt de Bialowieza : Dr. env.* 2018, n° 263, p. 14. • C. Huglo, *Dans un monde divisé et face aux défis environnementaux que nous devons relever, c'est encore plus d'Europe qu'il nous faut : Énergie - Env. - Infrastr.* 2018, repère 1, p. 1. • S. Baziadoly, *Politique européenne de l'environnement*, Bruylant 2014. • L. Robert, *L'Environnement et la Convention européenne des droits de l'Homme*, Bruylant 2013. • P. Thieffry, *Politique européenne de l'environnement. Bases juridiques, processus normatif, principes : JCl. Environnement et dév. durable* 2010, fasc. 2100 ; *Marché intérieur européen et environnement : JCl. Environnement et dév. durable* 2011, fasc. 2110 ; *Environnement. Protection de l'environnement et droit antitrust européen : JCl. Environnement et dév. durable* 2014, fasc. 2140 ; *Le droit de l'environnement de l'Union Européenne*, Bruylant 2011. • C. Cans, *Le Conseil d'État, juge du droit communautaire de l'environnement : permanences et mutations : Gaz. Pal.* 14 févr. 2009, n° 45, p. 29. • S. Charbonneau, *Droit communautaire de l'environnement*, L'Harmattan 2006. • Commission européenne, *Livre Blanc sur le principe de précaution* : Doc. COM (2000), 1 final. • J. Morand-Deviller, *Les principes généraux du droit communautaire sur le thème de la protection de l'environnement : Annonces Seine* 6 juill. 2000, n° 47, p. 4 à 9. • A.-C. Galliaerde-Bouckaert, *Les grands principes du droit de l'environnement vus par la Communauté européenne, les États-Unis et la France : Dr. env.* 1991, Mémoire DEA, Paris I, Panthéon-Sorbonne. • N. de Sadeleer, *Le rôle des principes dans l'essor du droit de l'environnement : l'exemple du droit communautaire de l'environnement*, in *Conséquences de l'introduction de perspectives écologiques en droit : analyses comparatives et prospectives du statut juridique de l'environnement*, t. II, *Commission des Communautés européennes* 1994, p. 1 à 154.

Droit interne. B. Parance, *Les enjeux de santé environnementale : Énergie - Env. - Infrastr.* 2017, dossier 27. • M. Prieur, *Droit de l'environnement*, Précis Dalloz, 7e éd., 2016. • C. Huglo, *Le droit de l'environnement, entre l'autonomie et la dépendance : Environnement* 2014. • M. Prieur, *Droit de l'environnement, droit durable*, Bruylant 2014. • C. Huglo, *Places respectives et influences réciproques des responsabilités civile et pénale en droit de l'environnement. Appréciation et portée du sujet sur le plan du contentieux de l'environnement : Resp. civ. et assur.* 2013, n° 5, dossier 30. • J.-H. Robert, *Le droit de l'environnement : Resp. civ. et assur.* 2013, n° 5, dossier 28. • L. Burgorgue-Larsen, *La protection constitutionnelle de l'environnement en droit comparé : Environnement* 2012, dossier 30. • L. Neyret, *La sanction en droit de l'environnement, pour une théorie générale* in C. Chesnais et D. Fenouillet, *Les sanctions en droit contemporain*, Dalloz 2012, p. 533, spéc. p. 540. • C. Huglo, *Le Conseil constitutionnel et le droit de l'environnement : des droits aux devoirs à l'égard de l'environnement : Environnement* 2011, n° 12. • A. Van Lang, *Les lois Grenelle : droit de l'environnement de crise ou droit de l'environnement en crise ? : Dr. adm.* 2011, n° 2. • P. Billet, *Le « juste équilibre » des droits au service de la protection de l'environnement : Environnement* 2010, n° 6. • C. Huglo, *Vers un développement durable du droit de l'environnement : Gaz. Pal.* 25 sept. 2010, n° 268. • É. Maurel, *Environnement et médiation pénale*, L'Harmattan, avr. 2010. • Ph. Billet, M. Durousseau, G.-J. Martin et I. Tringuelle, *Droit de l'environnement et protection de la santé*, L'Harmattan 2009. • Y. Petit, *Droit et politiques de l'environnement*, La Documentation française 2009. • M. Gros, *Quel degré de normativité pour les principes environnementaux ? : RDP* 2009, n° 2, p. 425. • S. Herce, *Code de l'urbanisme, La consécration des principes du droit de l'environnement : Mon. TP* 8 févr. 2008, n° 5437, p. 76. • C. Huglo, *Environnement et droit de l'environnement – définitions et notion de développement durable : JCl. Environnement* 2006, fasc. 2200. • R. Romi, *Droit et administration de l'environnement*, Montchrestien 2004. • J.-C. Helin, *Y a-t-il des « principes généraux du droit de l'environnement » ? : Dr. env.* 2001, n° 90, p. 193. • F. Bouyssou, *L'environnement : un nouveau droit de l'homme ou un droit liberticide*, in *Pouvoirs et Liberté : Études offertes à J. Mourgeon*, Bruylant 1998. • M. Despax, *La loi n° 95-101 du 2 février 1995 relative au renforcement de la protection de l'environnement : Mél. A. Kiss.*, éd. Frison-Roche, 1998. • N. de Sadeleer, *La consécration des principes en vue d'un nouvel essor du droit de l'environnement*, in *Quel avenir pour le droit de l'environnement ?*, Bruxelles 1996 ; *Quelles balises pour le juge ?*, in *Le juge et l'environnement*, Bruxelles, Bruylant 1998. • B. Jadot, *Le droit de la conservation de l'environnement : Aménagement-environnement* 1996, n° spécial, p. 229. • Y. Jegouzo, *Les principes généraux du droit de l'environnement : RFDA* mars-avr. 1996, p. 198. • J. de Malafosse, *Les principes généraux du droit de l'environnement : Mél. Boyer*, Toulouse, 1996. • C.-A. Morand, *Vers un droit de l'environnement souple et flexible : le rôle et le fonctionnement des principes*, in *Quel avenir pour le droit de l'environnement ?*, F. Ost et S. Gurtwirth, Bruxelles 1996, p. 261 à 307. • S. Charbonneau, *De l'inexistence des principes juridiques en droit de l'environnement : Sécurité-préventique* 1995, n° 23, p. 43-45. • C. Huglo et C. Lepage, *La véritable nature du droit de l'environnement : Rev. Esprit* mai 1995. • P. Lascoumes et G.-J. Martin, *Des droits épars au Code de l'environnement : Dr. et ville* 1995, n°s 30-31, p. 323 à 343. • C. Lepage, *Les grands principes tels que les décline la loi Barnier sont à revoir : L'Observateur de l'environnement* mars 1995. • R. Romi, *Politique publique de l'environnement : à nouveaux concepts, nouveaux principes : Dr. env.* 1995, n° 29, p. 1. • M. Remond Gouilloud, *À la recherche du futur. La prise en compte du long terme par le droit de l'environnement : Rev. jur. env.* 1/1992, p. 6.

Art. L. 110-1 ***(Mod., L. n° 2016-1087, 8 août 2016 ; à compter du 1er janvier 2020, L. n° 2019-773, 24 juill. 2019 ; mod., L. n° 2021-85, 29 janv. 2021 ; L. n° 2021-1104, 22 août 2021). –*** **I. – Les espaces, ressources et milieux naturels terrestres et marins, les sons et odeurs qui les caractérisent, les sites et paysages diurnes et nocturnes, la qualité de l'air, la qualité de l'eau, les êtres vivants et la biodiversité font partie du patrimoine commun de la nation** (1). **Ce patrimoine génère des services écosystémiques et des valeurs d'usage.**

Les processus biologiques, les sols et la géodiversité concourent à la constitution de ce patrimoine.

On entend par biodiversité, ou diversité biologique, la variabilité des organismes vivants de toute origine, y compris les écosystèmes terrestres, marins et autres écosystèmes aquatiques, ainsi que les complexes écologiques dont ils font partie. Elle comprend la diversité au sein des espèces et entre espèces, la diversité des écosystèmes ainsi que les interactions entre les organismes vivants.

On entend par géodiversité la diversité géologique, géomorphologique, hydrologique et pédologique ainsi que l'ensemble des processus dynamiques qui les régissent, y compris dans leurs interactions avec la faune, la flore et le climat.

II. – Leur connaissance, leur protection, leur mise en valeur, leur restauration, leur remise en état, leur gestion, la préservation de leur capacité à évoluer et la sauvegarde des services qu'ils fournissent sont d'intérêt général et concourent à l'objectif de développement durable qui vise à satisfaire les besoins de développement et la santé des générations présentes sans compromettre la capacité des générations futures à répondre aux leurs (1). **Elles s'inspirent, dans le cadre des lois qui en définissent la portée, des principes suivants :**

1° Le principe de précaution, selon lequel l'absence de certitudes, compte tenu des connaissances scientifiques et techniques du moment, ne doit pas retarder l'adoption de mesures effectives et proportionnées visant à prévenir un risque de dommages graves et irréversibles à l'environnement à un coût économiquement acceptable ;

2° Le principe d'action préventive et de correction, par priorité à la source, des atteintes à l'environnement, en utilisant les meilleures techniques disponibles à un coût économiquement acceptable. Ce principe implique d'éviter les atteintes à la biodiversité et aux services qu'elle fournit ; à défaut, d'en réduire la portée ; enfin, en dernier lieu, de compenser les atteintes qui n'ont pu être évitées ni réduites, en tenant compte des espèces, des habitats naturels et des fonctions écologiques affectées.

---

(1) Le Conseil d'État a jugé que ces dispositions « se bornent à énoncer des principes dont la portée a vocation à être définie dans le cadre d'autres lois ; que leur méconnaissance ne peut être directement invoquée à l'encontre [d'un texte réglementaire objet d'un recours contentieux] », ■ CE, 10 juin 2015, n° 371554, *Ch. de commerce et d'industrie de Rouen et a.* : *JurisData* n° 2015-013931. – NDLR.

Ce principe doit viser un objectif d'absence de perte nette de biodiversité, voire tendre vers un gain de biodiversité ;

3° Le principe pollueur-payeur, selon lequel les frais résultant des mesures de prévention, de réduction de la pollution et de lutte contre celle-ci doivent être supportés par le pollueur ;

4° Le principe selon lequel toute personne a le droit d'accéder aux informations relatives à l'environnement détenues par les autorités publiques (1) **;**

5° Le principe de participation en vertu duquel toute personne est informée des projets de décisions publiques ayant une incidence sur l'environnement dans des conditions lui permettant de formuler ses observations, qui sont prises en considération par l'autorité compétente ;

6° Le principe de solidarité écologique, qui appelle à prendre en compte, dans toute prise de décision publique ayant une incidence notable sur l'environnement des territoires concernés, les interactions des écosystèmes, des êtres vivants et des milieux naturels ou aménagés ;

7° Le principe de l'utilisation durable, selon lequel la pratique des usages peut être un instrument qui contribue à la biodiversité ;

8° Le principe de complémentarité entre l'environnement, l'agriculture, l'aquaculture et la gestion durable des forêts, selon lequel les surfaces agricoles, aquacoles et forestières sont porteuses d'une biodiversité spécifique et variée et les activités agricoles, aquacoles et forestières peuvent être vecteurs d'interactions écosystémiques garantissant, d'une part, la préservation des continuités écologiques et, d'autre part, des services environnementaux qui utilisent les fonctions écologiques d'un écosystème pour restaurer, maintenir ou créer de la biodiversité ;

9° Le principe de non-régression, selon lequel la protection de l'environnement, assurée par les dispositions législatives et réglementaires relatives à l'environnement, ne peut faire l'objet que d'une amélioration constante, compte tenu des connaissances scientifiques et techniques du moment.

III. – L'objectif de développement durable, tel qu'indiqué au II, est recherché, de façon concomitante et cohérente, grâce aux cinq engagements suivants :

1° La lutte contre le changement climatique ;

2° La préservation de la biodiversité, des milieux, des ressources ainsi que la sauvegarde des services qu'ils fournissent et des usages qui s'y rattachent ;

3° La cohésion sociale et la solidarité entre les territoires et les générations ;

4° L'épanouissement de tous les êtres humains ;

5° La transition vers une économie circulaire.

IV. – L'Agenda 21 est un projet territorial de développement durable.

OBSERVATIONS PRÉLIMINAIRES SUR LES NOUVEAUX PRINCIPES ISSUS DE LA LOI RBNP DU 8 AOÛT 2016 (ALINÉAS 6 À 8 DE L'ARTICLE L. 110-1)

L'article L. 110-1 définissant les grands principes qui régissent le droit de l'environnement est profondément modifié.

L'article précise désormais ce que l'on entend par biodiversité, ou diversité biologique.

Le principe d'action préventive de correction, par priorité à la source, des atteintes à l'environnement, en utilisant les meilleures techniques disponibles à un coût économiquement acceptable, est complété. Ce principe implique d'éviter les atteintes à la biodiversité et aux services qu'elle fournit ; à défaut d'en réduire la portée ; enfin, en dernier lieu, de compenser les atteintes qui n'ont pu être évitées ni réduites, en tenant compte des espèces, des habitats naturels et des fonctions écologiques affectées.

Sont également ajoutés quatre principes :

– Le principe de solidarité écologique, qui appelle à prendre en compte, dans toute prise de décision publique ayant une incidence notable sur l'environnement des territoires concernés, les interactions des écosystèmes, des êtres vivants et des milieux naturels ou aménagés ;

(1) Le Conseil d'État a jugé que « les dispositions du 4° du II de l'article L. 110-1 du Code de l'environnement [...] se bornent à énoncer des principes dont la portée a vocation à être définie dans le cadre d'autres lois ; qu'elles n'impliquent, par elles-mêmes, aucune obligation de procéder à l'association du public au processus d'élaboration des projets ayant une incidence importante sur l'environnement ; qu'en l'absence de disposition législative ayant organisé les modalités d'une telle participation, la méconnaissance du principe de participation du public énoncé au 4° du II de l'article L. 110-1 du Code de l'environnement ne saurait être utilement invoquée », ■ CE, 26 juin 2013, n° 360466, *Cne de Roquefere et a.* : *JurisData* n° 2013-013115. – NDLR.

– Le principe de l'utilisation durable, selon lequel la pratique des usages peut être un instrument qui contribue à la biodiversité ;

– Le principe de complémentarité entre l'environnement, l'agriculture, l'aquaculture et la gestion durable des forêts, selon lequel les surfaces agricoles, aquacoles et forestières sont porteuses d'une biodiversité spécifique et variée et les activités agricoles, aquacoles et forestières peuvent être vecteurs d'interactions écosystémiques garantissant, d'une part, la préservation des continuités écologiques et, d'autre part, des services environnementaux qui utilisent les fonctions écologiques d'un écosystème pour restaurer, maintenir ou créer de la biodiversité ;

– Le principe de non-régression, selon lequel la protection de l'environnement, assurée par les dispositions législatives et réglementaires relatives à l'environnement, ne peut faire l'objet que d'une amélioration constante, compte tenu des connaissances scientifiques et techniques du moment.

Ce dernier principe a fait l'objet d'âpres discussions au sein du Parlement. La disposition avait été déférée au Conseil constitutionnel, les députés estimant qu'elles auraient pour effet de restreindre la liberté du pouvoir législatif et du pouvoir réglementaire, méconnaissant la liberté de légiférer et les sénateurs estimant, quant à eux, que ces dispositions seraient contraires à la hiérarchie des normes dès lors que seule la Constitution peut limiter le pouvoir du législateur. Mais le Conseil constitutionnel a déclaré ces dispositions conformes à la Constitution.

Bibliographie : *I. SUR LES NOTIONS VISEES À L'ARTICLE L. 110-1.* V. *infra*, sur la notion d'espace, ressources et milieux naturels : Livres III et IV. – V. *infra*, sur la notion de sites et paysages : articles L. 341-1 à L. 350-2. – V. *infra*, sur la qualité de l'air : articles L. 221-1 à L. 221-6. – V. *infra*, sur les espèces animales et végétales : articles L. 411-1 à L. 411-7. – V. par exemple, sur la notion d'équilibre biologique : article L. 311-3 du Code forestier. – Sur la notion de préservation du patrimoine biologique : V. *infra*, article L. 411-1. – Sur la surveillance biologique du territoire : V. *infra*, article L. 411-7. – Sur la notion de patrimoine commun de la Nation : V. article L. 110 du Code de l'urbanisme. *I. A. Sur la notion d'espace, ressources et milieux naturels.* L. Santoni, *Pas de repos pour les braves ! Urbanisme et protection des espaces agricoles : Constr.-Urb.* 2013, n° 12, comm. 156. – J.-F. Beaux, *L'environnement : les milieux de vie, l'atmosphère, les eaux, flore et faune, les risques, les évolutions* : Nathan 2011. – C. Pitaud et D. Rochard, *Environnement et espace rural : RD rur.* 1999, n° 274, p. 334 à 340. – N. de Sadeleer, *La conservation de la nature au-delà des espèces et des espaces : l'émergence des concepts écologiques en droit international*, in P. Gérard, F. Ost et M. Van de Kerchove, *Images et usages de la nature en droit*, Bruxelles, 1993, p. 165 à 206. – N. de Sadeleer, *La directive 92/43/CEE concernant la conservation des habitats naturels ainsi que de la faune et de la flore sauvage : vers la reconnaissance d'un patrimoine naturel de la Communauté européenne : RMCUE* 1993, n° 364, p. 24 à 32. – V. également bibliographie *infra*, en tête du livre III.

I. B. Sur la biodiversité et les équilibres biologiques. L. de Redon, *Vote en première lecture du projet de loi pour la reconquête de la biodiversité, de la nature et des paysages : Énergie – Env. – Infrastr.* 2015, n° 5. – L. Santoni, *Biodiversité : la planification est en marche : Constr.-Urb.* 2013, n° 3, comm. 32. – M. Falcque et H. Lamotte, *Biodiversité : droit de propriété, économie et environnement*, Bruylant 2012. – J. Hudault, *Renaissance écologique de la propriété agricole : Dr. rur.* 2012, n° 406, étude 10. – H. Cassara, *L'appréhension de la biodiversité par le droit de l'urbanisme après les lois issues du « Grenelle de l'environnement » : Gaz. Pal.* 24 sept. 2011, n° 267, p. 9. – M. Fèvre, *Entreprise et biodiversité, focus sur un nouveau couple vertueux pour la protection de la nature : Rev. Lamy dr. aff.* 2011, n° 66. – L. Fonbaustier, *Biodiversité : présentation de la législation en vigueur : Environnement* 2011, n° 3, 12. – S. Jolivet, *Conservation de la biodiversité ex situ : Rev. jur. env.* 2011, n° 2. – J.-M. Michel, *Biodiversité : les apports de la loi Grenelle 2 : Environnement* 2011, n° 3, 13. – R. Peylet, *La trame verte et la trame bleue : Environnement* 2011, n° 3, 14. – S. Drapier, *La biodiversité. Une chose commune : RRJ* 2010, n° 4. – C. Huglo, *Quelle autorité conférer au schéma pour la biodiversité dans la loi Grenelle 2 ? : Environnement* 2010, n° 11. – D. Schroeder et B. Pisupati, *Ethics, Justice and the Convention on Biological Diversity* : UNEP oct. 2010. – B. Chevassus-au-Louis, *Approche économique de la biodiversité et des services liés aux écosystèmes – Contribution à la décision publique*, La Documentation Française 2009. – S. Mabile, *La diversité biologique, juin 2008-juin 2009 : Dr. env.* 2009, n° 171, p. 20. – H. Le Guyader, *La biodiversité : un concept flou ou une réalité scientifique ? : Courrier de l'environnement de l'INRA* févr. 2008, n° 55, p. 7. – N. de Sadeleer et C. Born, *Droit international et communautaire de la biodiversité*, Dalloz Sirey 2004. – B. Geier, J.-A. Mc Neely et S. Stolton, *Préservation de la nature, biodiversité et agriculture biologique : Rev. Aménagement et nature* mars 2000, n° 136, p. 37. – A. Guyvar'ch, *Les aspects juridiques de la protection de la biodiversité*, thèse dactyl. pour le doctorat en droit, Nantes, 1998. – A. Kiss, *L'apport du droit international à la protection de la biodiversité, 20 ans de protection de la nature :*

Hommage à M. Despax, PULIM, 1998, p. 171 et s. – N. Chauvet et L. Olivier, *La biodiversité, enjeu planétaire. Préserver notre patrimoine génétique*, Éd. Sang de la terre, 1993. – C. de Klemm et C. Shine, *Biological diversity conservation and the law : Environnemental policy and law*, paper n° 29, IUCN, *La conservation de la diversité biologique : obligation des États et devoir des citoyens : Rev. jur. env.* 4/1989, p. 397 et s. – R. Romi, *La définition des objectifs du droit de l'environnement : réflexions sur la notion de diversité biologique : LPA* 22 sept. 1993, n° 114, p. 11. – D. Chevallier, *Rapport sur la biodiversité et la préservation du patrimoine génétique, Office parlementaire d'évaluation des choix scientifiques et technologiques*, La Documentation française, n° 2713 et Doc. Sénat n° 365, séances 20 et 25 mai 1992. – P. Alphandery, P. Bitoun et Y. Dupont, *L'équivoque écologique*, La Découverte, 1991. – J.-M. Betsch, *Sur quelques aspects scientifiques relatifs à la protection des écosystèmes, des espèces et de la diversité biologique : Rev. jur. env.* 4/1991, p. 443 et s. – A. Kiss, *Le droit international de l'environnement*, Pédone, 1989. – A. Cadoret, *Protection de la nature à l'environnement*, L'Harmattan 1985. – AIDEC et SFDE, *L'environnement et la forêt*, colloque, PPS, Lyon, 1984. – M. Gizard, *La fiscalité forestière*, thèse de droit, Bordeaux, 1983. – M. Despax, *Droit de l'environnement*, Litec, 1980, n° 556. – V. également bibliographie en tête du livre IV et en tête du titre I.

I. C. Sur la notion de patrimoine commun de la Nation. N. Ros, *L'Arctique face au changement climatique : JDI* 2013, n° 2, doctr. 4. – L. Lankarani, *La notion de dispersion en droit international des patrimoines culturels (immatériel, naturel et modial) : JDI* 2011, n° 2. – M. Seno, *Les contrats de développement territorial du Grand Paris : Gaz. Pal.* 21 mai 2011, n° 141, p. 22. – M. Flory, *Le patrimoine commun de l'humanité dans le droit international de l'environnement*, in J.-Y. Cherot, *Droit et environnement*, PU Aix-Marseille, 1995, p. 39 à 50. – A. Micoud, *Du patrimoine naturel de l'humanité considéré comme un symptôme*, in *L'environnement et le droit : Dr. et société* 1995, n° 30/31, p. 265 à 279. – R. Houria, *L'intégration de la notion de patrimoine commun de l'humanité dans le droit international contemporain*, thèse Aix-Marseille, 1991. – A. Kiss, *La notion de patrimoine commun de l'humanité : RCADI* 1984, p. 100 à 256.

II. SUR LES PRINCIPALES NOTIONS VISÉES PAR LE § 1 DE L'ARTICLE L. 110-1. *II. A. Sur la notion de remise en état, de mise en conformité.* Dans le domaine de l'air, *infra*, article L. 226-11. – Dans le domaine de l'eau, *infra*, article L. 216-8. – Dans le domaine des réserves naturelles, *infra*, article L. 332-27. – Dans le domaine des sites classés, *infra*, article L. 341-19. – Dans le domaine des eaux douces, *infra*, article L. 432-30. – Dans le domaine des installations classées, *infra*, article L. 514-9. – Dans le domaine des carrières, *infra*, article L. 515-4. – F. Alfonsi, *Les enjeux d'une directive sur le préjudice écologique : Environnement* 2014. – E. Banel et C. Bellord, *La reconnaissance légale du préjudice écologique : Environnement* 2014. – M. Hautereau-Boutonnet, *Les enjeux d'une loi sur le préjudice écologique, l'enseignement des droits étrangers : Environnement* 2014. – M. Lucas, *Préjudice écologique et responsabilité – Pour l'introduction légale du préjudice écologique dans le droit de la responsabilité administrative : Environnement* 2014. – L. Neyret, *Introduction de la problématique. Le préjudice écologique : hier, aujourd'hui et demain : Environnement* 2014. – J. Valantin, *Le procès en appel Erika : Environnement* 2014. – Y. Jegouzo, *Pour la réparation du préjudice écologique*, Rapport du Groupe de travail par le garde des Sceaux, 17 sept. 2013. – A. Sandrin-Deforge et A. Grezillier, *Vers une nouvelle remise en état des installations classées ? : Environnement* 2013. – F.-G. Trebulle, *Quelle prise en compte pour le préjudice écologique après l'Erika ? : Environnement* 2013. – C. Quézel-Ambrunaz, *L'exemple d'un modèle de responsabilité hybride : la responsabilité environnementale : Resp. civ. et assur.* 2012, n° 2. – V.-O. Sutterlin, *L'évaluation monétaire des nuisances. Éléments de réflexion au carrefour des raisonnements juridiques et économiques en matière environnementale*, LGDJ, 2012. – A. Pagnoux, *La protection du territoire face à la montée de l'urbanisme : Dr. rur.* 2011, n° 396. – M. Boutonnet, *L'arrêt Erika, vers la réparation intégrale des préjudices résultant des atteintes à l'environnement ? : Environnement* 2010, n° 7. – C. Huglo, *La question du dommage écologique en voie de solution : Environnement* 2010, n° 6. – N. Leblond, *Le préjudice écologique : JCl. Responsabilité civile et Assurances* 2009, fasc. 112. – V. également L. Le Corre, *Marée noire de l'Érika : vers une réparation du préjudice écologique ? : Dr. env.* 2002, n° 97, p. 91-94. – L. Lanoy, *La notion de remise en état*, thèse Paris II, 2000. – G. Viney, *Le préjudice écologique : Resp. civ. et assur.* 1998, n° 5, p. 6 à 11. – V. également bibliographie citée *in* Introduction et livre V, titre I. – I. De Los Rios, *La remise en état du milieu en droit français de l'environnement*, thèse Strasbourg, mars 1983.

II. B. Sur la notion de développement durable. V. notamment, PE et Cons. UE, déc. n° 2179/98/CE, 24 sept. 1998, le réexamen du programme communautaire de politique et d'action en matière d'environnement et de développement durable « Vers un développement durable » (*JOCE* n° L 275, 10 oct. 1998). – V. également *Les territoires laboratoires du développement durable : Environnement* oct. 2006, n° hors-série. – *Développement durable, construire les bons réseaux : Environnement* juin 2006, n° hors-série. – *Annuaire de l'environnement et du développement durable*, CEEPP, 2003. – F. Buy et J. Théron, *L'éthique de l'entreprise : JCP* E 2013, n° 25. – P. Devilliers, *Jugement des offres et développement durable : Contrats-Marchés publ.* 2012. – S. Dupouy, *La responsabilisation environnementale des groupes de sociétés par le Grenelle : enjeux et perspectives : Dr. sociétés* 2012, n° 11, étude 16. – R. Degron, *Le droit des collectivités territoriales et le droit de l'environnement. – Complémentarités dans une perspective de développement durable : JCP* A 2011, n° 20. – J. Girard, *La responsabilité sociale des entreprises. Avril 2010-mai 2011 : Dr. env.* 2011, n° 192. – Ch. Huglo, *Comment continuer le Grenelle de l'environnement et du développement durable ? : Environnement* 2011, n° 1. – V. Mercier, *Responsabilité sociétale des entreprises et droit des sociétés : entre contrainte et démarche volontaire : Dr. sociétés* 2011, n° 4. – G. Rebufat, *Plaisance et développement durable : la nécessaire recherche de l'équilibre : DMF* 2011. – C. Roquilly, *Analyse des codes éthiques des sociétés du CAC 40. – Un vecteur d'intégration de la norme juridique par les acteurs de l'entreprise : Cah. dr. entr.* 2011, n° 5. – S. Sabathier, *Les agences de notation extra-financières, un secteur en pleine mutation : Rev. Lamy dr. aff.* 2011, n° 66. – F.-G. Trébulle, *Gouvernance et responsabilité, que change la loi « Grenelle 2 »... pour les sociétés ? : Environnement* 2011, n° 5. – F.-G. Trébulle, *Entreprise et développement durable : Dr. sociétés* 2011, n° 12. – F.-G. Trébulle, *Activisme actionnarial : Dr. sociétés* 2011. – F. Verdun, *Les risques juridiques liés à la démarche éthique de l'entreprise : Cah. dr. entr.* 2011, n° 5. – J. Girard, *La responsabilité sociale des entreprises. Avril 2009-mai 2010 : Dr. env.* 2010, n° 179. – M. Teller, *L'intégration des enjeux environnementaux et sociétaux par les sociétés : LPA* 10 sept. 2010, n° 181. – F.-G. Trébulle, *Le développement durable, un enjeu global : CDE* mai 2010, dossier 12 ; *Le risque, clef du développement durable des sociétés : Dr. sociétés* 2010, n°s 8-9 ; *Droit du développement durable : JCl. Environnement et dév. durable* 2010, fasc. 2400. – C. Cans, *Environnement et développement durable*, in *Droit et politiques de l'environnement*, La Documentation française, 2009, coll. « Les Notices », p. 7. – J. Girard, *L'environnement dans les relations contractuelles entre entreprises : plus qu'un simple relais de la réglementation : Dr. env.* 2009, n° 166. – J. Girard, *Les approches volontaires des entreprises. Avril 2008-avril 2009 : Dr. env.* 2009, n° 169. – C. Lepage, *Du droit de l'environnement au droit du développement durable : Environnement* 2009, p. 1. – C. Lepage et A. Fourmon, *Développement durable : un moteur pour les PPP : Décideurs stratégie finance droit* janv. 2009, n° 101, p. 96. – J. Mongin, E. Daoud, *Le droit pénal demeure-t-il étranger à la notion de « développement durable » ? Rien n'est moins sûr ! : AJDA* 2009, p. 402. – D. Bidou, *Pour le développement durable, une défense solide, une attaque créative : Préventique sécurité*, janv.-févr. 2008, n° 97, p. 40. – C. Brodhag, *Une approche stratégique du développement durable : Valeurs vertes* nov.-déc. 2008, n° 83, p. 18. – O. Cantat, *Développement durable : une pensée de référence difficile à mettre en œuvre : Dr. env.* 2008, n° 160, p. 12. – F. Hanse et C. Grelier-Lenain, *Les règles déontologiques du développement durable : Gaz. Pal.* 6 déc. 2008, n° 341, p. 3. – N. Hervé-Fournereau, *Les approches volontaires et le droit de l'environnement*, PU Rennes 2008. – G. Jazottes, *La publicité saisie par le développement durable : Rev. Lamy dr. aff.* févr. 2008, n° 24. – T. Libaert et A.-J. Guérin, *Le développement durable* : éd. Dunod, 2008. – B. Rajot, *Gouvernance écologique et développement durable : objets du Grenelle de l'environnement : Resp. civ. et assur.* 2008, n° 11, alerte 38. – S. Sabathier, *Banque et développement durable : Rev. Lamy dr. aff.* févr. 2008, n° 24. – F.-G. Trébulle, *Entreprise et développement durable : JCP* E 2008, n° 28, p. 1952 ; *Entreprise et développement durable (1re partie) : Environnement* 2008, n° 8, chron. 3 ; *JCP* E 2008, n° 27, p. 1919 ; *Entreprise et développement durable (2e partie) : Environnement* 2008, n° 11, chron. 4. – A. Van Lang, *104e Congrès des notaires : développement durable, un défi pour le droit. Rapport de synthèse : Environnement* 2008, n° 6, étude 5. – G. Vidalenc, *Le développement durable : un sujet grave et urgent : LPA* 1er oct. 2008, n° 197, p. 3. – M.-P. Blin-Franchomme, *Le Droit, le développement durable et l'entreprise écocitoyenne : la place des accords environnementaux : RED* env. 1/2007, p. 3. – C. Étrillard, *Commande publique et développement durable : LPA* 8 mars 2007, n° 49, p. 3. – J.-M. Février, *Remarques critiques sur la notion de développement durable : Environnement* 2007, n° 2, étude 2. – J.-J. Gouguet, *Développement durable et décroissance, deux paradigmes incommensurables : Mél. en l'honneur de M. Prieur*, Dalloz 2007, p. 123. – G. Jazottes (ss dir.), *Le droit des affaires saisi par le développement durable : de nouvelles obligations d'information pour les entreprises : La modernisation du droit des affaires*, 25 janv. 2007, éd. Litec. – V. Lecoq, *Le projet de développement durable de la ville, recul du droit public ou mutation de la normativité juridique ? : Dr. et ville* 2007, n° 64, p. 131. – J.-P. Ribaut, *Environnement, mondialisation, développement durable... et éthique ! : Mél. en l'honneur de M. Prieur*, Dalloz 2007, p. 339. – L. Ruet, *Le développement durable ne se fera pas sans le droit civil : LPA* 21 déc. 2007, n° 255, p. 5. – F.-G. Trébulle, *Entreprise et développement durable : JCP* E 2007, n° 31, p. 1984 ; *Entreprise et développement durable : Environnement* 2007, n° 11, étude 12 : *JCP* E 2007, n° 30, p. 1957.

– A. Boutaud et C. Brodhag, *Le développement durable, du global au local. Une analyse des outils d'évaluation des acteurs publics locaux : Natures Sciences Sociétés* avr.-juin 2006, vol. 14, n° 2, p. 154. – Y.-B. Brett, *Développement durable : une révolution silencieuse : Journ. cnes* nov. 2006, n° 2118, p. 19. – C. Huglo, *Environnement et droit de l'environnement. Définitions et notion de développement durable : JCl Environnement et dév. durable* 2006, fasc. 2200. – L. Lanoy, *Le concept de développement durable : vers un nouveau paradigme ? : Dr. env.* 2006, n° 143, p. 352. – F.-G. Trébulle, *Développement durable et construction : RD imm.* 2006, p. 71. – F.-G. Trébulle, *Entreprise et développement durable : JCP* E 2006, n° 6, p. 1257 ; *Entreprise et développement durable : JCP* E 2006, n° 8, p. 1308. – V. Le Gall, *Développement durable : exemple de pratiques industrielles : Environnement et technique* nov. 2005, n° 251, p. 29. – C. Cans, *Le développement durable en droit interne : apparence du droit interne et droit des apparences : AJDA* 10 févr. 2003, p. 210 à 218 ; *Naissance d'une énième instance du développement durable, commentaire du décret n° 2003-145 du 21 février 2003 : Dr. env.* 2003, n° 107, p. 64. – M. Griffon, *Développement durable, ensemble ?*, Platypus Press, Les enquêtes de Marie-Odile Monchicourt, 2003. – X. Pinaud, *L'intégration des considérations sociales et environnementales dans les marchés publics*, PULIM, 2003. – D. Bidou, *Tous gagnants : la dynamique du développement durable*, Ibis Press, 2002. – P. Chassande, *Développement durable : pourquoi ? Comment ?*, Édisud, 2002. – M. Haïdarlis, *Durabilité, développement durable et droit hellénique : Rev. jur. env.* 2002, n° 3, p. 413-420. – C. Lepage, *Le droit de l'environnement et les fusions acquisitions : Décideurs juridiques et financiers* 15 nov. 2002, n° 40, p. 172. – J. Lesigne, *L'opportunité du projet d'aménagement et de développement durable du plan local d'urbanisme : AJDA* 30 sept. 2002, p. 882. – J.-Y. Martin, *Développement durable : doctrines, pratiques, évaluations*, IRD Éditions, 2002. – J.-Y. Martin, *Développement durable : le challenge du XXIe siècle pour les entreprises*, Institut Qualité et management, oct. 2001. – M. Prieur et S. Doumbe-Bille, *Le droit du développement durable*, PULIM, 1996. – V. également G.-P. Azemar, *Développement durable, Institut de qualité et Management*, 2001. – M. Pallemaerts, *La conférence de Rio : grandeur et décadence du droit international de l'environnement : RBDI* 1995, n° 1, p. 184. – M.-A. Hermitte, *Développement durable et patrimoine commun de l'humanité : interdiction de rêver*, in *Environnement et développement durable*, CNRS, 1991-1992.

II. C. Sur la notion de générations futures. F.-G. Trébulle, *La consommation alternative, vers un renouveau du paradigme consumériste ? : Environnement* 2014. – B. Barraud, *Le droit de la protection du patrimoine architectural, urbain et paysager – Vue panoramique sur un jardin juridique à la française : Dr. adm.* 2013, n° 12. – F. Wilinski, *De l'intégration du développement durable dans les contrats de commande publique : Contrats-Marchés publ.* 2011, n° 12. – H.-P. Visser't Hooft, *Développement technologique et responsabilité envers les générations futures*, APD, t. 36, 1991, p. 31-47. – E. Brown Weiss, *Justice pour les générations futures. Droit international, patrimoine commun et équité intergénérationnelle*, Paris, Sang de la terre, 1983.

III. SUR LES PRINCIPES GÉNÉRAUX DU DROIT DE L'ENVIRONNEMENT VISÉS PAR LE § 2 DE L'ARTICLE L. 110-1-II. *III. A. Sur la notion de principe de précaution.* V. Livre blanc de la Commission des Communautés européennes sur le principe de précaution : Doc. COM (2000), 1 final. – V. Avis du Conseil économique et social sur le Livre blanc sur le principe de précaution : *JOCE* n° C 268/6, 19 févr. 2000. – V. également B. Parance et E. Groulx, *Regards croisés sur le devoir de vigilance et le duty of care, Journal de droit international* (Clunet) n° 1, févr. 2018, doctr. 2. – J.-S. Boda, *Le contrôle des décisions relatives aux limites de rejets des installations nucléaires de base : Énergie – Env. – Infrastr.* 2015, n° 1. – L.-X. Simonel et M. de Monsembernard, *La loi Abeille du 9 février 2015 : un vent nouveau de tempérance contre l'enivrement électromagnétique : Énergie – Env. – Infrastr.* 2015, n° 4. – A. Van Lang, *Principe de précaution : exorciser les fantasmagories : AJDA* 2015, p. 510. – E. Gaillard, *Principe de précaution – droit interne : JCl. Environnement et dév. durable* 2014, fasc. 2410. – E. Naim-Gesbert, *Physique de la précaution : l'écriture de trois théorèmes pour voir le principe autrement : Environnement* 2014. – C. Byk, *Bioéthique : JCP* G 2013, n° 37. – P. Cornille, *Police générale et principe de précaution ne peuvent légalement fonder une interdiction définitive d'habiter : Constr.-Urb.* 2013, n° 6, comm. 80. – X. Couton, *Application du principe de précaution aux déclarations d'utilité publique : Constr.-Urb.* 2013, n° 6, comm. 83. – M. Guérin, *Principe de précaution et utilité publique : une définition précise du contrôle par le Conseil d'État : Environnement* 2013. – F.-G. Trébulle, *Expertise et causalité entre santé et environnement : Environnement* 2013. – F.-G. Trébulle, *Alertes et expertise en matière de santé et d'environnement, les enjeux de la loi du 16 avril 2013 : Environnement* 2013. – D. Gadbin, *Cheptel sous haute tension : du bon usage du principe de précaution : Dr. rur.* 2012, n° 406, repère 8. – F. Jungo, *Principe de précaution en droit de l'environnement*, Schulthess, 2012. – F.-G. Trébulle, *Compétence en matière de précaution : toujours plus haut ? : Environnement* 2012, n° 1. – M. Bary, *Le principe de précaution et la* *responsabilité civile : à propos de champs électromagnétiques* : *Resp. civ. et assur.* 2011, n° 9. – M. Bernie, *Principe de précaution et notion de préjudice réparable* : *DMF* 2011, n° 723. – P. Billet, *Autorisation d'urbanisme et principe de précaution : quand l'autonomie contrarie l'indépendance* : *JCP* A 2011, n° 13. – M. Boutonnet, *Les présomptions : un remède inefficace au refus d'influence des principes environnementaux sur la preuve de causalité* : *D.* 2011, n° 30. – P. Jourdan, *Comment traiter le dommage potentiel ?* : *Resp. civ. et assur.* 2011, n° 3. – S. Lacour, *Nanotechnologies : réguler l'incertitude* : *Dr. sociétés* 2011, n° 78. – A. Le Gars, *Risque et principe de précaution* : *BDEI* janv. 2011, n° 36. – V. Michel, *Principe de précaution* : *Europe* 2011, n° 3. – B. Parance, *Le principe de précaution sous la férule des règles de la responsabilité civile* : *Rev. Lamy dr. civ.* oct. 2011, n° 86. – M. Pariguet, *Impasses et perspectives du risque en matière de responsabilité* : *JCP* G 2011, n° 28. – P. Trouilly, *Portée du principe de précaution* : *Environnement* 2011, n° 11. – J. Bétaille, *Le décloisonnement du principe de précaution, un effet de sa constitutionnalisation* : *Dr. env.* 2010, n° 82, p. 279. – Ph. Bluteau, *Le maire et le principe de précaution* : Le Courrier des maires avr. 2010, n° 234, p. X. – O. Godard, *Quid de la gestion des risques après la constitutionnalisation du principe de précaution ? Responsabilité & Environnement* janv. 2010, n° 57, p. 38. – H. Périnet-Marquet, *Principe de précaution et droit au risque* : *Constr.-Urb.* 2010, n° 7. – T. Tauran, *La protection de l'environnement et le Code de la santé publique* : *Environnement* 2010, n° 4. – S. Bourillon, *Environnement, La mise en œuvre du principe de précaution* : *Gaz. cnes* 27 juill. 2009, n° 1991, p. 44. – O. Godard, *Le principe constitutionnel de précaution en France, la souveraineté réaffirmée* : *LPA* 22 janv. 2009, n° 16, p. 43. – O. Godard, *Le principe de précaution*, in *Droit et politiques de l'environnement*, La Documentation française 2009, coll. « Les Notices », p. 19. – E. Naim-Gesbert, *Le principe de précaution, pensée du plausible en droit. Méthode et raison des juges administratif français et communautaire* : *RED env.* 2/2009, p. 141. – Y. Petit, *Quelques développements juridiques relatifs au principe de précaution*, in *Droit et politiques de l'environnement*, La Documentation française, 2009, coll. « Les Notices », p. 27. – P. Arnoux, *Le principe de précaution* : *Environnement et technique* mars 2008, n° 274, p. 51. – O. Godard, *Le principe de précaution et la prévention des risques* : *Préventique sécurité* janv.-févr. 2008, n° 97, p. 34. – M. Pâques, B. Jadot, F. Tulkens et S. Comtois, *Le principe de précaution en droit administratif*, Bruylant 2008. – J. Raynaud, *Regard critique sur les réticences envers le principe de précaution* : *JCP* E 2008, n° 51, p. 2532. – P. Arnaud et A. Garans, *Rapports de développement durable 2006 : plus grande maturité mais comparabilité encore difficile* : *Environnement et technique* déc. 2007, n° 272, p. 80. – J. Attard, *Comment faire du principe de précaution un principe d'action préventive ? L'exemple des produits de santé* : *LPA* 22 févr. 2007, n° 39, p. 14. – B. Mathieu, *La constitutionnalisation risquée du principe de précaution* : *Mél. en l'honneur de J. Morand-Deviller*, Dalloz 2007, p. 939. – C. Noiville, *La lente maturation jurisprudentielle du principe de précaution* : *D.* 2007, p. 1515. – J. Cazala, *Le principe de précaution en droit international*, Anthemis 2006. – E. Gaftarnik, *La responsabilité civile à l'épreuve du principe de précaution* : *LPA* 13 mars 2006, n° 51, p. 3. – M. Boutonnet, *Le principe de précaution en droit de la responsabilité civile*, LGDJ 2005. – F. Brocal Von Plauen, *La responsabilité de l'État et le risque alimentaire et sanitaire, entre prévention et précaution* : *AJDA* 2005, n° 10, p. 522 à 530. – C. Lepage, *Défense et illustration du principe de précaution* : *Préventique-sécurité* janv.-févr. 2005, n° 79, p. 7 à 9. – P. Richard et M. Revert, *La cigale et la fourmi ou l'inutile défense de la fourmi ?* (note sous TA Marseille, 9 mars 2004, n° 023527, *Sté Orange France* : *Dr. env.* 2005, n° 126, p. 39 à 43. – L. Babaghestani-Perrey, *La constitutionnalisation du principe de précaution dans la Charte de l'environnement ou la consécration d'un principe à effet direct* : *LPA* 30 juill. 2004, n° 152, p. 4 à 9. – O. Bejat, *Les obligations du bailleur en cas de désamiantage : Les travaux à la charge du propriétaire, du principe de précaution au principe de prévention (1re partie)* : *AJDI* 2004, n° 4, p. 266 à 270. – M. Bernard-Royer, *Entre réglementation européenne « Reach » et le principe de précaution, la chimie se sent prise dans un étau* : *Courrier de l'environnement* 14 juin 2004, n° 544, p. 6 à 7. – M. Boutonnet, *Quand le juge judiciaire hésite à appliquer le principe de précaution* : *D.* 2004, n° 37, p. 2678-2681. – G. Canivet, *Le principe de précaution dans la jurisprudence de la Cour de cassation* : *Risques* mars 2004, n° 57, p. 68 à 77. – D. Chagnollaud, *Le principe de précaution est-il soluble dans la loi ? : à propos de l'article 5 de la Charte de l'environnement* : *D.* 2004, n° 16, p. 1103 à 117. – M.-F. Delhoste, *Santé, biodiversité et économie : respect du principe de proportionnalité dans la mise en œuvre du principe de précaution* : *RD rur.* 2004, n° 321, p. 183 à 186. – M. Dias Varella, *Différences d'interprétation sur un même sujet : le principe de précaution, la CIJ, l'OMC et la CJCE* : *Rev. jur. env.* 1/2004, p. 19 à 28. – O. Godard, *Charte de l'environnement : pour le principe de précaution* : Futuribles mai 2004, n° 297, p. 73 à 86. – S. Hocquet-Berg, *Ne mélangeons pas précaution, prévention et réparation...* : *Resp. civ. et assur.* juill.-août 2004, n° 7-8, p. 4. – N. Kozciusko-Morizet, *Le principe de précaution, pilier d'un droit moderne de la sécurité* : *Risques* mars 2004, n° 57,

p. 78 à 81. – V. Mansuy, *Le principe de précaution : un principe en quête de méthodologie ? : Environnement mag.* juin 2004, p. 6 à 13. – C. Noiville, *Science, décision, action : trois remarques à propos du principe de précaution : LPA* 1er nov. 2004, n° 218, p. 10 à 16. – C. de Roany, *Des principes de précaution, Analyse de critères communs et interprétation différenciée : Rev. jur. env.* 2/2004, p. 143 à 156. – B. Rousseau, *Charte de l'environnement : la diabolisation du principe de précaution : France nature environnement* 26 mai 2004, p. 1 à 6. – C. Castaing, *La mise en œuvre du principe de précaution dans le cadre du référé-suspension : AJDA* 2003, n° 43, p. 2290 à 2297. – P. de Fontbressin, *L'approche du risque : une redécouverte des valeurs : Experts* déc. 2003, n° 61, p. 3 à 5. – M. Franc, *Traitement juridique du risque et principe de précaution : AJDA* 2003, p. 360. – M. Franc, *Traitement juridique du risque et principe de précaution : AJDA* 2003, p. 360. – F. Lecomte, *L'effectivité du principe de précaution devant les tribunaux : Environnement et technique* avr. 2003, n° 225, p. 55. – M. Moliner, *Le principe de précaution dans le dossier climatique : Dr. env.* 2003, n° 108, p. 90. – M. Remond-Gouilloud, *À propos du principe de précaution : Rev. jur. env.* 2003, n° hors-série, p. 69-70. – M. Torre-Schaub, *Le principe de précaution dans la lutte contre le réchauffement climatique : entre croissance économique et protection durable : RED env.* juill. 2003, n° 2, p. 151 à 170. – P. Bechmann et V. Mansuy, *Le principe de précaution : Environnement, santé et sécurité alimentaire*, Litec, 2002. – G. Bossis, *L'affirmation de la primauté du principe de précaution sur l'avis des experts : Dr. env.* 2002, n° 102, p. 250. – L. Boy, *La place du principe de précaution dans la directive UE du 12 mars 2001 relative à la dissémination volontaire d'organismes génétiquement modifiés dans l'environnement : Rev. jur. env.* 1/2002, p. 5. – A. Gossement, *Le principe de précaution, essai sur l'incidence de l'incertitude scientifique sur la décision et la responsabilité publiques*, thèse, Paris I, 2001, L'Harmattan, 2002. – M. Gros et D. Deharbe, *La controverse du principe de précaution : RDP* 2002, n° 3. – P. Icard, *Le principe de précaution : exception à l'application du droit communautaire ? : RTDE* 2002. – M.-P. Maître, *Interprétation divergente des conditions de recours au principe de précaution ? : Environnement* 2002, p. 1. – A. Alemanno, *Le principe de précaution en droit communautaire : RDUE* 4/2001, p. 917. – G. Bossis, *Le principe de précaution au niveau international et communautaire : Dr. env.* 90/2001, p. 176. – G. Corcelle, *La perspective communautaire du principe de précaution : RMUE* 1er juill. 2001, n° 450, p. 447-454. – J.-M. Favret, *Le principe de précaution ou la prise en compte par le droit de l'incertitude scientifique et du risque virtuel : D.* 2001, n° 43, p. 43. – P. Greciano, *Sur le principe de précaution en droit communautaire : LPA* 20 mars 2001, n° 56. – C. Lepage et F. Guery, *La politique de précaution*, PUF, 2001. – N. de Sadeleer, *Les avatars du principe de précaution en droit public : effet de mode ou révolution silencieuse ? : RFDA* 2001, p. 547. – J.-M. Bailly, *Le principe de précaution : RD rur.* 2000, p. 523. – O. Godard, *Le principe de précaution : règle impérative ou principe possibiliste en appelant au jugement : Natures sciences sociétés* 2000, n° 2, p. 56-57. – A. Guegan, *L'apport du principe de précaution au droit de la responsabilité civile : Rev. jur. env.* 2000, p. 47. – C. Huglo, *La portée du principe de précaution en droit public : Préventique Sécurité* mars-avr. 2000, n° spécial. – Kourilsky et G. Viney, *Le principe de précaution, rapport au Premier ministre*, Éd. Odile Jacob, La Documentation française, 2000. – G. Martin, *Le principe de précaution : LPA* 30 nov. 2000, n° spécial, n° 239. – A. Rouyere, *L'exigence de précaution saisie par le juge : RFDA* 2000, n° 2, p. 266-287. – N. de Sadeleer, *Le principe de précaution : du slogan à la règle de droit : Dr. env.* 3/2000, p. 14. – F. Schwerer, *Santé humaine, animale ou végétale et environnement : un nouveau point sur le principe de précaution : Annonces Seine* 28 févr. 2000, n° 16. – L. Boy, *La nature juridique du principe de précaution : Natures sciences sociétés* 1999, vol. 7, p. 5. – C. Cans, *Le principe de précaution, nouvel élément du contrôle de légalité : RFDA* 1999, n° 4, p. 750 à 762. – O. Godard, *De l'usage du principe de précaution en univers controversé : Futuribles* févr.-mars 1999, p. 37 à 60. – C. Lepage, *Que faut-il entendre par principe de précaution ? : Gaz. Pal.* 8-9 oct. 1999, p. 1445. – C. Lepage, *Entre responsabilité morale et responsabilité juridique : quelles responsabilités pour les technologies du vivant ? : Gaz. Pal.* 22-23 janv. 1999, p. 21. – L. Lucchini, *Le principe de précaution en droit international de l'environnement : ombres plus que lumière : AFDI* XLV, 1999. – M. Remond-Gouilloud, *La précaution, art de la décision en univers incertain : Risques et société* 1999, p. 303. – M. Remond-Gouilloud, *Principe de précaution ou principe de suspicion ? : Environnement et technique* avr. 1999, p. 46. – O. Sachs, *Principe de précaution et contrôle de légalité : CJEG* 1999, p. 420. – N. de Sadeleer, *Les principes de prévention et de précaution du pollueur payeur*, thèse, Bruylant, Bruxelles, 1999. – J.-J. Salomon, *Pour une éthique de la science, de la prudence au principe de précaution : Futuribles* sept. 1999, p. 5. – P. Carolus, *L'impact du principe de précaution sur le droit de la responsabilité civile : RD aff.* 1998, n° 46, p. 21 à 43. – J.-S. Cayla, *Le principe de précaution, fondement de la sécurité sanitaire : RD sanit. soc.* 1998, p. 491. – B. Entringer, *La précaution est-elle une vignette stabilisée ? : Journ. trib.* 17 oct. 1998, p. 665. – D. de Bechillon,

Qu'est-ce qu'une règle de droit ?, Éd. Odile Jacob, 1997. – L. Boy, *La référence au principe de précaution et l'émergence de nouveaux modes de régulation ? : LPA* 8 janv. 1997, n° 4, p. 4. – C. Giraud, *Le droit et le principe de précaution : leçons d'Australie : Rev. jur. env.* 1/1997, p. 21. – O. Godard, *Le principe de précaution dans la conduite des affaires publiques*, INRA-MSH, 1997 ; *L'ambivalence de la précaution et la transformation des rapports entre science et décision*, in *Le principe de précaution dans la conduite des affaires humaines*, Paris, 1997. – C. Huglo, *Principes de précaution et procédures d'urgence*, in *Éthique et environnement*, La documentation française, 1997, p. 125 à 132. – P. Lascoumes, *La précaution, un nouveau standard de jugement : Rev. Esprit* nov. 1997, p. 129. – F. Ewald, *Philosophie de la précaution : L'Année sociologique* 1996, n° 46, p. 383 à 412. – M.-A. Hermitte, *Marché, territoire et précaution*, in *La Communauté européenne et l'environnement*, colloque Angers, CEDECE, La Documentation française, 1996. – V. Labrot, *La précaution : prudence environnementale et réalisme social*, in *Environnement et politique*, Rennes, 1996. – P. Lascoumes, *La précaution comme anticipation des risques résiduels et hybridation de la responsabilité : L'Année sociologique* 1996, n° 46, p. 359 à 382. – G. Martin, *Principe de précaution, mesures provisoires et protection de l'environnement : Aménagement-environnement* 1996, n° 4, p. 215 à 219. – H. Cousy, *À propos de la notion de précaution : Risques* 1995, n° 21, p. 149. – C. Huglo, *Les délits liés au manque de précaution : risques et environnement : LPA* 15 févr. 1995, n° 20, p. 22. – G. Martin, *Précaution et évolution du droit : D.* 1995, chron. p. 299 à 306. – F. Ewald, *La véritable nature du risque de développement et sa garantie : Risques* 1993, n° 14, p. 9. – P. Martin-Bidou, *Le principe de précaution en droit international de l'environnement : RGDI publ.* 1993, n° 3. – F. Chaumet et F. Ewald, *Autour de la précaution : Risques* 1992, p. 99 à 104.

III. A. 1. Sur le principe de précaution et les OGM. P. Billet, *L'interdiction de la mise en culture du maïs génétiquement modifié : Environnement* 2014. – D. Simon, *La décision « OGM » du Conseil constitutionnel : une occasion manquée ? : Europe* 2014. – N. de Sadeleer, *Grandeur et servitudes du principe de précaution en matière de sécurité alimentaire et de santé publique : RDUE*, n° hors-série, *La sécurité alimentaire et la réglementation des OGM* 2009. – J. Makowiak, *Le juge administratif face aux arrêtés « anti-OGM » : de la censure à l'ouverture ? : Rev. jur. env.* 2004, n° 4, p. 385 à 403. – F.-G. Trébulle, *OGM : une illustration de la mise en œuvre du principe de précaution : Environnement mag.* oct. 2004, n° 10, p. 9 à 15. – P. Trouilly, *Le juge administratif et les OGM : Environnement mag.* nov. 2003, n° 11, p. 8 à 11. – G. Bossis, *Les OGM, entre liberté des échanges et précaution : RED env.* 3/2001, p. 255. – J. Andriantsimbazovina, *Le Conseil d'État et le principe de précaution : l'affaire du maïs transgénique : Dr. env.* 4/1999. – P. Thieffry, *Le contentieux naissant des organismes génétiquement modifiés : précaution et mesures de sauvegarde : RTDE* 1999, n° 1.

2. Sur le principe de précaution et les antennes-relais de téléphonie mobile. C. Sintez, *Antennes relais : Resp. civ. et assur.* 2010, comm. 275. – B. Steinmetz, *De la compétence du juge judiciaire en matière d'implantation d'antennes relais : Environnement et dév. durable* 2010, étude 11. – R. Martin, *La téléphonie mobile et le principe de précaution : Ann. loyers* 2005, n° 1, p. 63-67. – Y. Jegouzo, F.-G. Trébulle et L. Fonbaustier, *Implantation d'installations de téléphonie mobile et principe de précaution, observations à l'occasion d'un arrêt du Conseil d'État : RD imm.* 2004, p. 73. – S. Kowouvih, *Les troubles anormaux de voisinage et les antennes relais de téléphonie mobile : une utilisation inédite du principe de précaution en matière de responsabilité civile : Resp. civ. et assur.* 2003, n° 11, p. 7-12.

III. B. Sur le principe d'action préventive et de correction par priorité à la source. N. de Sadeleer, *Les principes pollueur-payeur, de prévention et de précaution*, thèse Bruxelles, Bruylant 1999. – V. Haenen, *Vers une approche intégrée : la directive 96/61 du Conseil du 24 septembre 1996 relative à la prévention et à la réduction intégrée de la pollution : Aménagement-environnement* 1/1997, p. 17.

III. C. Sur la notion des meilleures techniques disponibles à un coût économiquement acceptable. J.-P. Boivin, *Les installations classées, Traité pratique de droit de l'environnement industriel*, Éd. Le Moniteur, 2003, coll. « Analyse juridique ». – C. Lepage, *Bien gérer l'environnement, une chance pour l'entreprise*, Éd. Le Moniteur, 1999. – R. Papp, *Le concept de meilleure technologie disponible : BDEI* 2/1995, p. 39 à 44.

III. D. Sur le principe pollueur-payeur. V. Directive n° 2004-35, 21 avr. 2004 sur la responsabilité environnementale en ce qui concerne la prévision et la réparation des dommages environnementaux. Livre blanc sur la responsabilité environnementale : Doc. COM (2000), 66 final, 9 févr. 2000. – V. également X. de Lesquen, *Du régime de responsabilité du producteur et du détenteur de déchets à l'origine de la pollution des sols : Environnement* 2013. – O. Sutterlin, *Principe pollueur-payeur : JCl. Environnement et dév. durable* 2012, 2420. – C. Huglo, *Vigilance – Vers un principe d'anticipation de la responsabilité environnementale : JCP G* 2011, n° 43. – C. Kelbel, *Droit européen de l'environnement et politique des transports : le principe pollueur-payeur à la croisée des chemins : RDUE* 2011. – C. Lepage, *Le droit commun de la responsabilité est-il applicable au domaine nucléaire ?* : *Gaz. Pal.* 2011, n° 134. – C. London, *Le renouveau du principe pollueur-payeur à l'aube de la décennie* : *BDEI* mars 2011, n° 32. – J. Girard, *Pollution marine : la directive du 21 octobre 2009, une victoire à la Pyrrhus ?* : *Dr. env.* 2010, n° 177. – C. Lepage, *Le droit fiscal et l'environnement : continuités et ruptures* : *Dr. env.* 2010, n° 177. – J. Girard, *Des soutes aux plages ou la mutation juridique du fioul de l'Erika* : *Dr. env.* 2009, n° 170. – S. Leclerc, *Le principe pollueur-payeur*, in *Droit et politiques de l'environnement*, La Documentation française, 2009, coll. « Les Notices », p. 41. – C. Lepage, *Affaire de l'Érika : la suite*, note sous Cass. 3e civ., 17 déc. 2008, n° 04-12.315 : *BDEI* janv. 2009, n° 19, p. 25. – E. de Sabran-Pontevès, *Le principe pollueur-payeur en droit communautaire* : *RED env.* 1/2008, p. 21. – Y. Dupont, *Dictionnaire des risques*, *Armand Colin*, 2007. – R. Hostiou, *Aménagement, environnement et propriété privée. Éléments de réflexion juridique sur l'imputabilité du coût environnemental des politiques publiques : de l'extension du principe pollueur-payeur à l'émergence du principe protecteur-payeur*, in *Droit de propriété et environnement, Vers un nouveau principe général du droit de l'environnement, le principe « protecteur-payeur »* : Mél. en l'honneur de M. Prieur, éd. Dalloz, 2007, p. 567. – E. de Sabran-Pontevès, *Les transcriptions juridiques du principe pollueur payeur*, PU Aix-Marseille 2007. – C. Robin, *La réparation des dommages causés par le naufrage de l'Érika : un nouvel échec dans l'application du principe pollueur-payeur* : *Rev. jur. env.* 1/2003, p. 31. – M. Deneux, *Le principe du pollueur-payeur : comment l'appliquer dans l'Union ? : proposition de résolution*, Doc. Sénat n° 56, 7 nov. 2002, p. 11. – L. Chabanne-Pouzynin, *Le principe pollueur-payeur au travers des textes réglementaires de l'environnement industriel* : *Dr. env.* 2001, n° 90, p. 158. – J.-P. Le Bourhis, *Les agences de l'eau et la mise en œuvre du principe pollueur-payeur* : *Dr. env.* 2001, n° 90, p. 163. – G. Pélissier, *Le principe du pollueur-payeur dans la jurisprudence administrative* : *Dr. env.* 2001, n° 90, p. 167. – H. Smets, *Le principe pollueur-payeur, un principe évolutif* : *Dr. env.* 2001, n° 90, p. 155. – L. Bay et I. Doussan, *Le principe pollueur-payeur et l'activité agricole* : *RD rur.* 2000, p. 609. – G. Martin, *Le Livre blanc sur la responsabilité environnementale* : *JCP G* 2000, p. 723. – N. de Sadeleer, *Les principes du pollueur-payeur, de prévention et de précaution*, thèse préc., Bruylant, Bruxelles, 1999, p. 395. – H. Smets, *Examen critique du principe pollueur-payeur*, in *Les hommes et l'environnement : Mél. A. Kiss*, Paris, Frison Roche, 1998, p. 79. – M. Falque et M. Massenet, (sous la dir. de) *Droits de propriété et environnement* : *D.* 1997, p. 100. – N. de Sadeleer et X. Thunis, *Le principe pollueur-payeur : idéal régulateur ou règle de droit positif ?* : *Aménagement-environnement* 1995, n° spécial *Urbanisme et environnement : réparation et sanctions*, p. 3-15. – H. Smets, *Le principe pollueur-payeur, un principe économique érigé en principe du droit de l'environnement* : *RGDI publ.* 1993, n° 2, p. 339-364.

III. E. Sur le principe de participation et d'information. V. *infra*, livre I, titre II, chapitre IV. – L. Sébastien, *Conflits environnementaux : plus de gouvernance, moins de démocratie* : *Hérodote* 2024, n° 194, p. 45. – F. Jamay, *Principe de participation : droit à l'information* : *JCl. Environnement et développement durable*, Fasc. 2430, avr. 2024. – M. Crespy-De Coninck et N. Huten, *Démocratie environnementale* : *RJEP* 2024, n° 1, chron. p. 155. – M. Fleury, *Touchée, coulée. La démocratie environnementale à l'épreuve du FSRU* : *RJEP* 2024, n° 1, p. 19. – M. Clément, *Environnement : démocratie environnementale* : *Rép. eur. Dalloz*, nov. 2023. – M. Crespy-De Coninck et N. Huten, *Démocratie environnementale* : *RJEP* 2023, n° 1, chron. p. 171. – C. Testard, *La participation du public : vertus et limites*, in Fr. Cafarelli (dir.), *La résilience des territoires exposés aux risques naturels*, Mare & Martin, 2023, p. 75. – P. Bernasconi et a., *Rétablir la confiance des français dans la vie démocratique*, Rapport remis au gouvernement, févr. 2022. – J. Dietenhoeffer, J. Goellner, P. Hornung, P. Lambert et Y. Majchrzak, *Modernisation de la participation du public et des procédures environnementales relatives à l'autorisation des projets et l'approbation des plans-programmes*, Min. de la Transition écologique, CGEDD, oct. 2021. – F. Jamay, *Principe de participation* : *JCl. Environnement et développement durable*, Fasc. 2440, 21 oct. 2021. – M. Moliner-Dubost, *Droit à l'information et principe de participation en droit de l'environnement*, *JCl Environnement et Développement durable*, Synthèse 40, 2018. – L. Santoni, *Encore des corrections en matière « d'évaluation environnementale » et de « participation du public »* : *Constr.-Urb.* 2018, n° 4, comm. 49. – J.-F. Struillou, *La participation du public en matière d'environnement : le changement dans la continuité* : *AJDA* 2018, p. 1392. – M. Yazi-Roman, *De l'information à la co-construction : la démocratie participative dans tous ses états* : *AJCT* mai 2018, p. 240. – A. Farinetti, *L'utilisation du principe de participation dans le cadre de la QPC : la Charte contre elle-même ?* : *Environnement* 2014. – F.-X. Fort, *Le renouvellement des procédures de participation en droit de l'environnement* : *Rev. Environnement et dév. durable* 2013. – C. Huglo, *La nouvelle loi sur la participation du public et la démocratie environnementale : entre progression et interrogations* : *Rev. Environnement et dév. durable* 2013. – F.-G. Trebulle, *Alertes et expertise en matière de santé et d'environnement, les enjeux de la loi* du 16 avril 2013 : *Environnement* 2013. – P. Trouilly, *Articulation entre la loi du 17 juillet 1978 et le Code de l'environnement* : *Environnement* 2013. – M. Boutonnet, *De l'obligation d'information « sur l'environnement » à l'obligation d'information « pour l'environnement », entre intérêt des parties et intérêt général* : *RDC* juill. 2012. – A. Bello, *Le Conseil constitutionnel, garant de l'effectivité du principe de participation* : *RFD const.* 2011, n° 87. – B. Delaunay, *De l'enquête publique au débat public – la consultation des personnes intéressées* : *JCP* A 2011, n° 8. – M.-B. Lahorgue, *Quelles avancées pour l'information et la participation du citoyen aux décisions publiques ayant une incidence environnementale ?* : *Environnement* 2011, n° 3. – J.-H. Robert, *Le Conseil constitutionnel, ami de l'environnement* : *Dr. pén.* 2011, n° 12. – C. Roger-Lacan, *Participation et information du public : la définition par étapes de la portée de l'article 7 de la Charte de l'environnement* : *BDEI* nov. 2011, n° 36. – R. Hostiou, *La loi du 12 juillet 2010 portant engagement national pour l'environnement : les modifications apportées au droit des enquêtes publiques* : *Dr. adm.* 2010, n° 12. – F.-G. Trebulle, *Les passifs environnementaux* : *Gaz. Pal.* 20 mai 2010, n° 140. – Y. Jegouzo *Principe et idéologie de la participation* : *Mél. en l'honneur de M. Prieur*, Dalloz 2007, p. 577. – P. Billet, *La transparence et la sécurité en matière nucléaire, À propos de la loi n° 2006-686 du 13 juin 2006* : *Environnement* 2006, n° 8, étude 12. – Y. Jegouzo, *De la « participation du public » à la démocratie participative ?* : *AJDA* 2006, p. 2314. – P. Idoux, *Les eaux troubles de la participation du public* : *Environnement* 2005, n° 7, étude 26. – V. *BDEI* 2004, n° spécial *Information et Environnement*, avec les contributions de A. Gossement, *Droit à l'information et principes généraux du droit de l'environnement : le cas des OGM* ; M. Guyomar, *Droit de recours et théorie de la pré-occupation : l'équilibre retrouvé*, note sous CE, 22 oct. 2004, *Sté française de meunerie* ; C. Huglo et M.-P. Maître, *La consécration du droit à l'information dans la Convention d'Aarhus : objectifs et perspectives* ; J.-P. Labarthe et C. Gandubert, *L'information dans le domaine de l'environnement et les activité de défense* ; F. Labrousse, *Transparence dans le domaine de l'environnement : l'information en provenance des entreprises* ; O. Moser, *La CNDP et le droit public à l'information* ; D. Warin, *Le droit à l'information au sein des institutions communautaires* ; M. Wemaere, *Jurisprudence de la CJCE sur le droit d'accès à l'information en matière d'environnement.* – Garcia San Jose, *La garantie européenne du droit à l'information en matière d'environnement* : *Dr. env.* 2004, n° 116, p. 48. – Maljean-Dubois, *10 ans d'accès à l'information en matière d'environnement et Droit européen international, Bilan et perspective*, Bruylant Bruxelles, 2004. – Brosset et Maljean-Dubois, *Accès à l'information environnementale et règle d'étiquetage des denrées alimentaires produites à partir d'OGM* : *Dr. env.* 2003, n° 111, p. 152. – J.-M. Feurier, *Élaboration de la charte de l'environnement et principe de participation* : *Environnement* 2003, p. 23. – J. Dequeant, *Appliquer le principe de participation* : *Le Moniteur Environnement* 2002, p. 43. – Maljean-Dubois, *Accès à l'information et à la connaissance d'un droit à l'information environnementale : le nouveau contexte juridique international*, in *L'effectivité du droit européen du droit de l'environnement, Contrôle de la mise en œuvre et sanction du non-respect*, La Documentation française, 2000. – M. Prieur, *Le droit à l'information en matière d'environnement dans les pays de l'Union européenne*, PU Limoges, 1997. – G. Angeli, *L'obligation d'information de l'article 8-1 de la loi du 19 juillet 1976* : *Rev. jur. env.* 1996, n°s 1-2, p. 51 à 66. – G. Danjaume, *La responsabilité du fait de l'information* : *JCP* G 1996, n° 1, I, p. 3895. – H. Maisl, *Information administrative et droit. Évolution et évaluation*, in *L'État de droit : Mél. offerts à G. Braibant*, Dalloz, 1996, p. 489 à 504. – J.-C. Helin, *La loi Barnier et la participation du public* : *Rev. jur. env.* 2/1995, p. 219 à 233. – M. Prieur, *Le droit à l'environnement et les citoyens : la participation* : *Rev. jur. env.* 4/1988, p. 398 à 415. – G. Braibant, *Droit d'accès et droit à l'information*, in *Service public et liberté : Mél. offerts à R.-É. Charlier*, Paris 1981, p. 703 à 710.

III. F. Sur le principe de non-régression. R. Brett, *Principe de non-régression*, note sous CE, 8 déc. 2018, n° 404391, *Fédération Allier Nature* : *Rev. jur. env.* 2018, n° 3, vol. 43, p. 631. – L. Dutheiller de Lamothe, *Principe de non-régression : premières précessions jurisprudentielles* : *BDEI* 2018, n° 74, p. 7 ; *Droit national – Principe de non-régression* : *RJE* 2018, n° 1, p. 187. – C. Lepage, *La reconnaissance jurisprudentielle du principe de non-régression* : *Énergie – Env. – Infrastr.* 2018, comm. 11. – P. Mozol, *Les implications du principe de non-régression sur l'obligation d'évaluation environnementale* : *JCP* A 2018, n° 14, p. 1177. – J. Dellaux, *La validation du principe de non-régression par le Conseil constitutionnel au prix d'une redéfinition a minima de sa portée* : *RJE* 2017, n° 4, vol. 42, p. 693. – J. Makowiak, *Ce que non-régression veut dire* : *Dr. env.* 2017, n° 253, p. 54. – B. Peignot, C. Hernandez-Zadkine et M. Falque, *Le principe de non-régression saisi par le droit de l'environnement* : *RD rur.* 2017, n° 457, p. 12. – K. Foucher, *Le principe de non-régression devant le Conseil constitutionnel* : *Constitutions* juill.-déc. 2016, n° 3, p. 487-493. – P. Savin, *Principe de non-régression : un nouveau pilier du droit de l'environnement* : *Complément Urbanisme-Aménagement* déc. 2016, n° 29, p. 32.

IV. SUR LA LOI BIODIVERSITE DU 8 AOUT 2016. *Guide méthodologique – Reconquête de la biodiversité, de la nature et des paysages*, CNEFAF, 2018. – M. Lucas, *Le contrat au service de la compensation écologique : Énergie – Env. – Infrastr.* 2017, n° 6, dossier 11. – G. Beaussonie, *Loi n° 2016-1087 du 8 août 2016 pour la reconquête de la biodiversité, de la nature et des paysages : Rev. sc. crim.* 2016, p. 814. – Dossier *Loi biodiversité et droit de la construction : RDI* nov. 2016, n° 11, V. notamment : A. Van Lang, *La compensation des atteintes à la biodiversité : de l'utilité technique d'un dispositif éthiquement contestable.* – C. Hernandez-Zakine, *La loi de reconquête de la biodiversité : une loi à fort potentiel de ruptures juridiques : Dr. rural* 2016, n° 447, alerte 116. – M. Hautereau-Boutonnet, *La loi biodiversité ou l'avènement du droit civil de l'environnement : BDEI* 2016, n° 65, suppl., p. 26-30. – M. Memlouk, *La loi n° 2016-1087 du 8 août 2016 et la réparation du préjudice écologique : BDEI* 2016, n° 65 suppl., p. 30-38. – L. de Redon, *La loi pour la reconquête de la biodiversité, de la nature et de paysages est définitivement adoptée et publiée au JO : Énergie – Env. – Infrastr.* 2016, n° 10, p. 10. – A. Van Lang, *La loi Biodiversité du 8 août 2016 : une ambivalence assumée : AJDA* 2016, p. 2381.

• ***Sommaire***

I – ATTEINTE À L'ÉQUILIBRE BIOLOGIQUE

1) Notion. Sur les critères d'appréciation de l'atteinte à l'équilibre biologique d'une région par un défrichement forestier (▪ CE, 13 déc. 1974, *Sté des Ciments Lafarge : AJDA* 1975, p. 138, note S. Charbonneau). Le maintien d'effectifs suffisants pour éviter la disparition à court terme des loups dans le massif des Pyrénées participe de la préservation de la diversité biologique et constitue, au regard du I de l'article L. 110-1 du Code de l'environnement, un objectif d'intérêt général (▪ CE, 23 févr. 2009, n° 292397, *Fédération transpyrénéenne des éleveurs de montagne et a. : Environnement* 2009, n° 4, comm. 46).

II – PROTECTION DE LA NATURE

2) Protection de l'avifaune et urbanisme. N'a pas commis d'erreur manifeste d'appréciation au regard des articles R. 111-15 du Code de l'urbanisme et L. 110-1 du Code de l'environnement le préfet n'assortissant pas les permis de construire les éoliennes litigieuses de prescriptions spéciales destinées à protéger l'avifaune, dès lors qu'il n'apparaît pas que la présence des éoliennes présenterait pour les oiseaux migrateurs des dangers particuliers (▪ CE, 16 oct. 2015, n° 385114, *M. X et a. c/ min. du Logement, de l'Égalité des territoires et de la ruralité*). De même, dès lors que l'étude d'impact d'un projet de construction de trois éoliennes et d'un poste de livraison considère que l'impact du projet sur les milieux, la flore, l'avifaune, et notamment les chiroptères, sur les insectes et sur le reste de la faune est faible et compensé par des mesures énoncées par l'étude d'impact, le moyen tiré de la violation des dispositions des articles R. 111-15 du Code de l'urbanisme, L. 110-1 du Code de l'environnement et des dispositions de l'article 5 de la Charte de l'environnement relatives au principe de précaution, est écarté (▪ CAA Nantes, 22 mars 2017, n° 16NT00002). En revanche, commet une erreur d'appréciation dans l'application des dispositions de l'article R. 111-15 du Code de l'urbanisme le préfet délivrant un permis de construire un parc éolien dont la mise en œuvre est susceptible d'entraîner notamment des conséquences dommageables pour le gypaète barbu, qui est inscrit sur la liste des oiseaux protégés sur l'ensemble du territoire et les modalités de leur protection (▪ CAA Marseille, 2 juin 2016, *Sté Kyrneol*, n° 14MA05157).

3) Sites classés. Le décret portant classement d'un site pittoresque au sens de l'article L. 341-1 du Code de l'environnement n'a pas pour objet de définir une politique publique, mais constitue une décision prise en application du régime de protection des monuments naturels et des sites. Ainsi, eu égard à cet objet, il ne peut avoir pour portée d'entraver les perspectives économiques de développement de la zone classée et ainsi méconnaître les dispositions de l'article L. 110-1 du Code de l'environnement (■ CE, 10 juin 2015, n° 371554, *Chambre de commerce et d'industrie de Rouen et a.*).

III – PRINCIPE DE PRÉCAUTION

A – Utilité publique et précaution

4) Il appartient à l'autorité saisie d'une demande tendant à ce qu'un projet soit déclaré d'utilité publique de rechercher s'il existe des éléments circonstanciés de nature à accréditer l'hypothèse d'un risque de dommage grave et irréversible pour l'environnement ou d'atteinte à l'environnement susceptible de nuire de manière grave à la santé, qui justifierait, en dépit des incertitudes subsistant quant à sa réalité et à sa portée en l'état des connaissances scientifiques, l'application du principe de précaution (■ CE, 12 avr. 2013, n° 342409, *Assoc. coordination interrégionale stop THT*). Lorsque ces conditions sont remplies, il lui incombe de vérifier qu'eu égard à la plausibilité et à la gravité du risque, ainsi qu'à l'intérêt de l'opération, les mesures de précaution dont l'opération est assortie, afin d'éviter la réalisation du dommage, ne sont ni insuffisantes, ni excessives (■ CE, 22 juin 2016, n° 388276, *Sté Huit Douze Liberté et a. c/ min. de l'Environnement*). Saisi de conclusions dirigées contre l'acte déclaratif d'utilité publique et au vu de l'argumentation dont il est saisi, le juge est tenu de s'assurer de la réalité des procédures d'évaluation du risque mises en œuvre et de l'absence d'erreur manifeste d'appréciation dans le choix des mesures de précaution (■ CE, 11 mai 2016, n°s 384608 et 384867). Ainsi, à propos des travaux liés à la construction et à l'exploitation de la plate-forme aéroportuaire du futur aéroport du Grand-Ouest, la cour administrative d'appel de Nantes a considéré, eu égard, d'une part à l'identification et l'analyse précise des risques de détérioration et de destruction des cours d'eau, des zones humides et des milieux naturels, qui attestent de la réalité et de la portée des risques que comportent de tels travaux sur l'environnement, et d'autre part aux mesures de compensation et des mesures de suivi et de surveillance prévues, que l'arrêté autorisant les travaux ne méconnaît pas le principe de précaution (■ CAA Nantes, 14 nov. 2016, n°s 15NT02883, 15NT02884 et 15NT02864, *ACIPA et a.*).

B – Droit de la santé et droit de la consommation

5) Risque et santé. Le niveau de protection de la santé humaine est en étroite corrélation avec le niveau de risque jugé acceptable pour la société, lequel dépend, à son tour, des connaissances scientifiques disponibles à un moment donné. Or, il n'est pas exclu que, compte tenu de l'évolution des données scientifiques, le même niveau de protection puisse être assuré par des mesures moins restrictives (■ CJUE, 4e ch., 11 juill. 2013, aff. C-601/11, *République française c/ Commission*). Depuis, le principe de précaution a reçu une application stricte (■ CJUE, 1er oct. 2019, aff. C-616/17).

6) Compléments alimentaires. Est justifiée par le principe de précaution l'interdiction par le ministre de la Santé de l'emploi de certains tissus ou liquides corporels d'origine ovine, d'une part, dans l'aliment des bébés, d'autre part, dans les compléments alimentaires dès lors que les pièces du dossier faisaient ressortir que de nouvelles données scientifiques faisaient état d'une possible transmission de l'agent ESB au mouton, même si la transmission placentaire de l'agent ESB n'était pas encore constatée et qu'il n'était pas possible de conclure avec certitude sur ce point (■ CE, 24 févr. 1999, *Sté PRO-NAT : Rec. CE*, p. 33 ; *Dr. adm.* 8-9/1999). Est justifiée par le principe de précaution l'interdiction par le Conseil de retirer la virginiamycine et labatracine-zinc de la liste des additifs autorisés dans l'alimentation animale, dès lors que ce retrait est valablement motivé par une approche non purement hypothétique du risque qui ne repose pas sur de simples suppositions scientifiquement non encore vérifiées, et que le risque, dont l'existence et la portée n'ont pas encore été pleinement démontrées, apparaît néanmoins suffisamment documenté sur la base de données scientifiques disponibles au moment de la prise de cette mesure de retrait (■ TPICE, 11 sept. 2002, aff. T-13/99, *Pfizer c/ Conseil : JCP* E 2003, p. 1237. ■ TPICE, 11 sept. 2002, aff. T-70/99, *Alpharma Inc. c/ Conseil : Dr. env.* 2002, n° 102, p. 250).

7) Mise sur le marché de denrées alimentaires. L'application du principe de précaution pour le régime d'autorisation préalable des auxiliaires technologiques et des denrées alimentaires dans la préparation desquelles ont été utilisés de tels auxiliaires doit respecter les principes généraux et les prescriptions générales de la législation alimentaire, et notamment les articles 6 et 7 du Règlement du 28 janvier 2002 (■ CJUE, 28 janv. 2010, aff. C-333/08, *Commission c/ France*). Est justifiée par le principe de précaution la décision d'interdiction de mise sur le marché de poissons d'eau douce originaires de certains pays d'Afrique en raison de l'information confirmée par la Commission européenne faisant état d'intoxications alimentaires dues à l'ingestion du poisson constituant un danger potentiel pour la santé humaine dès lors qu'il n'était pas possible de vérifier, même en procédant à l'analyse d'échantillons, que la totalité des produits stockés était exempte de contamination ou aurait pu être mise sur le marché sans risque pour la santé (■ CE, 6 déc. 1999, n° 206945, *Syndicat national du commerce extérieur des produits congelés et a.*). La France ne saurait interdire l'importation de confiseries ou de boissons enrichies en vitamines dès lors qu'il n'existait pas d'indices de risques (■ CJCE, 5 févr. 2004, aff. C-24/00, *Commission c/ République française : Environnement* 2004, n° 4, p. 24, note P. Trouilly). La pratique de l'administration danoise consistant à interdire systématiquement la commercialisation de produits enrichis sans effectuer aucune évaluation des risques pour la santé publique est contraire au droit communautaire (■ CJCE, 23 sept. 2003, aff. C-192/01, *Commission c/ Danemark*). Les États membres peuvent interdire, sans autorisation préalable, la commercialisation de denrées alimentaires, légalement fabriquées et commercialisées dans un autre État membre, lorsqu'ont été ajoutées à celles-ci des substances nutritives, autres que celles déclarées licites dans l'État importateur, si certaines conditions sont remplies, notamment des évaluations scientifiques (■ CJCE, 5 févr. 2004, aff. C-95/01, *Greeham et Abel*).

8) ESB et principe de précaution. La Commission européenne a admis que, lorsque des incertitudes demeurent quant à l'existence ou à la portée des risques pour la santé des personnes, les institutions peuvent prendre des mesures sans avoir à attendre que la réalité et la gravité de ces risques soient pleinement démontrées. Cette approche est corroborée par l'article 130 R selon lequel la protection de la santé des personnes relève des objectifs de la politique de la Communauté dans le domaine de l'environnement (■ CJCE, 5 mai 1998, aff. C-157/96 et C-180/96). Les principes de proportionnalité et de précaution peuvent justifier la destruction totale de farine de poisson destinée à la production d'aliments pour animaux, dans laquelle des fragments osseux de mammifères ont été détectés, même si cette contamination est accidentelle et faible (■ CJCE, 1er avr. 2004, aff. C-286/02, *Bellio F. lli Srl c/ Prefettura di Trevisio*). Les principes de proportionnalité et de précaution peuvent justifier, si l'urgence le justifie et pour des motifs de protection de la santé, l'anticipation de l'entrée en vigueur d'une décision du Conseil et d'interdire provisoirement la production et la commercialisation de protéines animales transformées dans l'alimentation des animaux d'élevage (■ CJUE, 22 juin 2011, aff. C-346/09, *Denkavit Nederland*). L'erreur manifeste d'appréciation relative au contrôle de la légalité des mesures de police sanitaire applicables aux troupeaux dans lesquels un cas d'encéphalopathie spongiforme transmissible a été détecté s'apprécie au regard d'un examen de plausibilité et de cohérence entre les conclusions scientifiques et l'interprétation de l'institution en charge (■ Trib. UE, 9 sept. 2011, aff. T-257/07, *France c/ Commission*). Une simple augmentation du risque d'exposition de l'homme aux EST, découlant des mesures contestées, ne suffit pas en soi à caractériser une violation du principe de précaution (■ Trib. UE, 9 sept. 2011, aff. T-257/07, *France c/ Commission*).

9) Mise sur le marché de produits phytopharmaceutiques. Le principe de précaution a pu être affirmé strictement, en matière de produits phytopharmaceutiques, que ce soit au niveau européen ou en France. La Cour de justice de l'Union européenne rappelle que ce principe s'applique non seulement dans le domaine de l'environnement, mais également dans celui de la protection de la santé publique et qu'il concerne donc les autres politiques européennes comme la politique agricole commune ou la politique du marché intérieur. Puis au point 43 de son développement, la Cour rappelle que ce principe implique que lorsque des incertitudes subsistent quant à l'existence ou à la portée du risque pour la santé des personnes, des mesures de protection peuvent être prises sans avoir à attendre que la réalité et la gravité de ces risques soient pleinement démontrées (■ CJUE, 1er oct. 2019, aff. C616/17). De son côté, le juge administratif dont la jurisprudence est plus fluctuante sur la question a tout de même déjà en faveur d'une application stricte du principe de précaution : « il résulte de ce qui a été dit aux points précédents que le Roundup Pro 360 est probablement cancérogène pour l'homme eu égard notamment au résultat des expériences animales, est une « substance suspectée d'être toxique pour la reproduction humaine » au regard des expériences animales et est particulièrement toxique pour les organismes aquatiques. Dès lors, malgré les précautions d'emploi fixées par la décision attaquée, qui préconise un délai minimal de 7 à 21 jours entre le traitement des cultures et la récolte et une distance de sécurité de cinq mètres pour les zones aquatiques adjacentes non traitées, l'utilisation du Roundup Pro 360, autorisée par la décision attaquée, porte une atteinte à l'environnement susceptible de nuire de manière grave à la santé » (■ TA Lyon, 15 janv. 2019, n° 1704067). Auparavant, il a pu être jugé que la circonstance qu'il ne soit pas possible de déterminer avec certitude l'existence et la portée du risque pour la santé ne fait pas obstacle à l'adoption de mesures restrictives sur le fondement du principe de précaution, dès lors qu'il existe une probabilité d'un dommage réel pour la santé et que les mesures sont non discriminatoires, objectives et proportionnées (■ CJUE, 2e ch., 22 déc. 2010, aff. C-77/09, *Gowan Comércio Internacional e Serviços Lda*). La décision du ministre d'interdire la mise sur le marché de produits phytopharmaceutiques contenant de l'atrazine et de la simazine, qui sont des substances polluantes des eaux souterraines et de surface, est régulière dès lors que la condition d'innocuité de ces produits n'est pas remplie et alors même que l'utilisation de ces substances reste autorisée par une directive européenne (▪ CE, 4 févr. 2004, n° 242782, *Sté Syngeta Agro et a.*). La décision d'autoriser la mise sur le marché du produit phytopharmaceutique *Cruiser* pour un usage en traitement de semences pour la culture du maïs est illégale dès lors que la succession de décisions valables pour un an seulement était justifiée par le fait que l'innocuité de ce produit était suffisamment établie mais qu'il était néanmoins indispensable de décider que l'autorisation serait réexaminée au bout d'un an, même en l'absence de tout élément nouveau (▪ CE, 3 oct. 2011, n° 336647, *Union nationale de l'apiculture française*). Le ministre n'a pas commis d'erreur manifeste d'appréciation en estimant, au vu de ces éléments, qu'existait, outre l'urgence, une situation susceptible de présenter un risque grave pour l'environnement, de nature à justifier l'interdiction, à titre conservatoire et provisoire, de l'utilisation et la mise sur le marché pour utilisation sur le territoire national des semences de crucifères oléagineuses traitées avec des produits phytopharmaceutiques contenant la substance active thiamethoxam (▪ CE, 11 juin 2014, n° 361848, *Sté Syngenta Seeds SAS*).

10) Retrait du marché de médicaments. Le non-respect des principes et lignes directrices de bonnes pratiques de fabrication d'un médicament à usage humain justifie la suspension et le retrait de l'autorisation de sa mise sur le marché (▪ CJUE, 6e ch., 10 avr. 2014, aff. C-269/13 P, *Acino*).

11) Prise en compte des considérations sanitaires. Les exigences liées à la protection de la santé publique doivent incontestablement se voir reconnaître un caractère prépondérant par rapport aux considérations économiques de l'OMC (▪ TPI, 30 juin 1999, aff. T-70/99 R, *Alpharma Inc. c/ Conseil de l'Union européenne).*

12) Stockage de farines animales. Méconnaît le principe de précaution le préfet qui autorise le stockage de farines sur le port du Rhin, particulièrement exposé en cas de pollution accidentelle, dès lors qu'une telle mesure pourrait comporter, en l'état des connaissances scientifiques actuelles, des risques graves pour l'environnement (▪ TA Strasbourg, 22 févr. 2002, n° 01-00951, *Assoc. de défense des intérêts des quartiers centre-est de Strasbourg et a. c/ Préfet du Bas-Rhin, Sté Sogema : D.* 2002, n° 32, p. 2501 à 2502 ; *AJDA* 16 sept. 2002, p. 766 à 769 ; *Rev. jur. env.* 2/2002, p. 209).

13) Rayonnements électromagnétiques. Le Gouvernement n'est pas tenu d'évaluer les risques des rayonnements électromagnétiques, notamment émis par les dispositifs de comptage, dans la mesure où ceux-ci n'excèdent ni les seuils fixés par le décret du 18 octobre 2006 relatif à la compatibilité électromagnétique des équipements électriques et électroniques, ni ceux admis par l'OMS (▪ CE, 20 mars 2013, n° 354321, *Assoc. Robin des Toits*).

14) Antennes-relais. *a) Respect.* Les risques liés aux ondes électromagnétiques ne reposent pas sur des présomptions suffisantes pour justifier l'opposition aux travaux d'implantation d'antennes relais de réception de téléphonie mobile (▪ CE, 22 août 2002, n° 245624, *SFR c/ Cne de Vallauris : JCP* G 2003, n° 4, p. 142. ▪ CAA Nantes, 30 juill. 2002, n° 01NT01065E, *Guiheux.* ▪ CAA Paris, 17 janv. 2002, n° 01PA01901, *Mme Scalbert, Mme Leroux*). L'édification d'un pylône de radiotéléphonie est légale dès lors qu'il n'est pas prouvé que celle-ci présenterait des risques pour la santé humaine (▪ TA Versailles, 4 mars 2003, n° 02-1400, *Pierron et a.*). Le Conseil d'État rejette le recours contre le décret n° 2002-775 du 3 mai 2002 relatif aux valeurs limites d'exposition du public aux champs électromagnétiques émis par les antennes relais de téléphonie mobile en estimant qu'en l'état actuel des connaissances scientifiques, il n'est pas démontré que ces antennes ont des effets dangereux pour la santé humaine ; il en résulte que les maires ne sont pas fondés à s'opposer à l'implantation de ce type d'antennes si elles sont conformes aux dispositions du décret n° 2002-775 du 3 mai 2002 relatif aux valeurs limites d'exposition du public aux champs électromagnétiques émis par les antennes relais (▪ CE, 11 juin 2004, *Cne de Saint-Maur-des-Fossés.* ▪ CAA Versailles, 15 janv. 2009, n°s 07VE01770, 07VE01773 et 07VE01776, *Cne de Saint-Denis*). Le principe de précaution ne peut pas légalement s'analyser comme un motif d'intérêt général pouvant justifier la résiliation d'une convention d'occupation des sols conclue en vue de permettre la mise en service d'un réseau de téléphonie mobile (▪ CE, 19 mai 2003, n° 251850, *Sté SPM Télécom : Rec. CE* 2003, p. 921 ; confirmé par ▪ CE, 15 mars 2004, n° 261130, *Cne de Villasavary*). Ne peuvent bénéficier du principe de précaution les personnes qui ne sont pas situées devant l'antenne et dans le faisceau d'émissions électriques à trop grande distance de ladite antenne (▪ CAA Bordeaux, 26 oct. 2004, n° 256459, *Cts Tessier et Barrière c/ Sté SFR*). Le principe de précaution peut être invoqué afin d'interdire l'implantation d'antennes de radiotéléphonie mais il ne peut pas servir de fondement à l'enlèvement des antennes puisque ce principe est étranger à la législation de l'urbanisme (▪ TA Marseille, 20 avr. 2004, n°s 023844, 024631 et 026285, *Sté française du radiotéléphone et Sté Bouygues Telecom c/ Cne de Perthuis*). Le principe de précaution ne peut être opposé à une demande d'installation d'une antenne de radiotéléphonie dans la mesure où il ne fait pas partie des dispositions que doit prendre en compte l'autorité administrative lorsqu'elle se prononce sur l'octroi d'une autorisation délivrée en application de la législation sur l'urbanisme (■ CE, 20 avr. 2005, n° 248233, *Sté Bouygues Telecom*). Le juge peut ordonner en référé l'interdiction de mise en œuvre du projet d'implantation des antennes relais pour prévenir du dommage imminent constitué par le risque sanitaire pour les populations riveraines (■ TGI Angers, réf., 5 mars 2009, n° 08/00765, *Mme Girardeau épse Cassegrain et a. c/ SA Orange France et a. : JCP* G 2009, n° 23, II 10099). Pour se prononcer sur les autorisations d'urbanisme, l'autorité compétente peut prendre en compte le principe de précaution, mais ne peut s'opposer à l'implantation d'une antenne que s'il rapporte la preuve d'éléments circonstanciés faisant apparaître, en l'état des connaissances scientifiques, des risques, même incertains, de nature à justifier un tel refus (■ CE, 1er févr. 2012, n° 344992, *Sté Orange France*). Commet une erreur de droit la cour administrative d'appel qui juge que la circonstance, à la supposer établie, que les champs radioélectriques émis par les relais de téléphonie mobile porteraient atteinte à la santé humaine n'est pas de nature à faire regarder les dispositions de l'article 5 de la Charte comme ayant été méconnues (■ CE, 8 oct. 2012, n° 342423, *Cne Lunel*).

*b) **Violation.*** Ne satisfait pas aux exigences du principe de précaution le maire qui ne s'est pas opposé aux travaux d'implantation d'un pylône radioélectrique en l'absence de certitude sur la nocivité des pylônes radioélectriques, alors que les résultats d'une vaste étude épidémiologique commandée par l'Organisation mondiale de la santé sur les effets éventuels des radiofréquences sur la santé ne seront connus qu'en 2003 et qu'enfin lesdits pylônes ne sont pas implantés à moins de trois cents mètres des habitations (■ CAA Marseille, 13 juin 2002, n° 97MA05052, *Assoc. intercommunale pour la défense des quartiers Peyre-Long, des Espinets et des sites environnants : Rev. jur. env.* 1/2003, p. 117).

*c) **Incompétence du maire au titre de son pouvoir de police générale.*** Malgré la dangerosité des pesticides reconnue par le juge administratif, un maire ne peut pas utiliser son pouvoir de police générale pour intervenir en matière de réglementation de l'utilisation des pesticides, un pouvoir de police spéciale appartenant à l'État, sur le fondement du Code rural et de la pêche maritime. De nombreuses décisions ont été rendues dans ce sens entre 2019 et 2021, que ce soit au niveau des tribunaux administratifs, des cours administratives d'appel ou du Conseil d'État (■ CE, 26 juill. 2021, *Collectif des maires anti-pesticides et a.*, n° 437815. ■ CE, 4 mai 2021, *Cne de Fresnes*, n° 439270. ■ CE, 4 mai 2021, *Cne de Cachan*, n° 439268. ■ CE, 4 mai 2021, *Cne de Bagneux*, n° 441169. ■ CE, 31 déc. 2020, *Cne de Gennevilliers*, n° 440923). Ces décisions s'inscrivent dans une lignée jurisprudentielle ancienne. En effet, il avait déjà été jugé qu'un maire, agissant en qualité d'autorité de police générale, sur le fondement du principe de précaution, ne peut, sans porter atteinte aux pouvoirs de police spéciale confiés par la loi aux autorités de l'État, adopter sur le territoire de la commune une réglementation portant sur l'implantation des antennes-relais de téléphonie mobile et destinée à protéger le public contre les effets des ondes émises (■ CE, ass., 26 oct. 2011, n° 329904, *Cne des Pennes-Mirabeau*. ■ CE, ass., 26 oct. 2011, n° 326492, *Cne de Saint-Denis*. ■ CE, ass., 26 oct. 2011, n° 341767, *Cne de Bordeaux*). Un maire peut prendre en compte le principe de précaution lorsqu'il décide de faire usage de son pouvoir de police spéciale de l'urbanisme à l'égard d'un projet d'implantation d'antennes-relais (■ CE, 19 juill. 2010, n° 328687, *Association du quartier Les Hauts du Choiseul c/ Cne d'Amboise* : note P. Billet in *Les grands arrêts du droit de l'environnement*, 2017). Un maire ne peut s'opposer à l'implantation d'une antenne-relais sur le fondement du principe de précaution que dans le cadre de l'exercice de la police spéciale en matière d'urbanisme et que s'il rapporte la preuve d'éléments circonstanciés faisant apparaître, en l'état des connaissances scientifiques, des risques, même incertains, de nature à justifier un tel refus (■ CE, 1er févr. 2012, n° 344992, *Sté Orange France*). Le maire est fondé à s'opposer à une déclaration de travaux visant à installer un pylône de téléphone mobile et un local technique alors que le territoire de la commune est déjà intégralement couvert par un réseau de téléphonie de type GSM (■ CE, 28 avr. 2004, n° 260049, *SFR c/ Cne Saint-Sylvain-d'Anjou*). Concernant une déclaration préalable de travaux pour l'implantation d'antennes-relais, un maire ne peut exiger, sur le fondement du principe de précaution, la production de documents non prévus par les textes en vigueur (■ CE, 21 oct. 2013, n° 360481, *Sté Orange France c/ Cne Issy-les-Moulineaux*). En l'absence d'éléments de nature à accréditer l'hypothèse, en l'état des connaissances scientifiques, de risques pour la santé publique pouvant résulter de l'exposition du public aux champs électromagnétiques émis par les antennes relais, l'urgence peut justifier la suspension d'un arrêté imposant l'éloignement du dispositif (■ CE, 2 juill. 2008, n° 310548, *Sté française du radiotéléphone : RD imm.* 2008, p. 493). Faits semblables pour lesquels l'urgence n'a pas été retenue (▪ CE, 28 nov. 2007, n° 300823, *Cne de Saint-Denis : RD imm.* 2008, p. 251). Il n'appartient pas au maire d'une commune de prendre une décision relative au niveau d'émission des champs électromagnétiques d'une antenne-relai (▪ CE, 26 déc. 2012, n° 352117).

d) Enlèvement d'antenne (oui). Le juge judiciaire ordonne le déplacement d'une antenne de téléphonie mobile car il considère que l'implantation de l'antenne litigieuse constitue, sur la base du principe de précaution renforcé, un trouble anormal de voisinage (▪ TGI Grasse, 17 juin 2003, n° 02/06882, *Cne de La Roquette sur Siagne c/ SFR* ; confirmé par ▪ CA Aix-en-Provence, 8 juin 2004 : *D.* 2004, jurispr. p. 2678). Aucun élément ne permettant d'écarter péremptoirement l'impact sur la santé publique de l'exposition de personnes à des ondes électromagnétiques, l'incertitude sur l'innocuité d'une exposition demeure et provoque chez les riverains une crainte légitime constitutive d'un trouble anormal (▪ TGI Nanterre, 18 sept. 2008, n° 07/02173, *Lapouge et a. c/ SA Bouygues Télécom : JCP* G 17 déc. 2008, n° 51, II 10208 ; *Environnement* 2008, n° 11, comm. 160. – Confirmé par ▪ CA Versailles, 4 févr. 2009, n° 08/08775 : *Gaz. Pal.* 12 mars 2009, n° 71, p. 64 ; *Environnement* mars 2009, p. 1, note Ch. Huglo – Dans le même sens TGI Carpentras, 16 févr. 2009, n° 08/00707). Aucune étude scientifique sérieuse n'a jusqu'à présent établi un quelconque risque pour les riverains d'antennes relais, cependant il s'agit d'une idée très répandue dans le grand public et qui ne manquera pas de venir à l'esprit de tout acheteur (▪ CA Paris, 7 avr. 2005, n° 04/12160, *SARL Pierre Valorisation Développement* et ▪ CA Bordeaux, 20 sept. 2005, n° 04/01348, *Épx Verdeaux c/ SA Bouygues Télécom : Environnement* 2005, n° 12, comm. 94).

e) Démantèlement d'une antenne-relais (non). Le juge judiciaire n'a aucune légitimité pour remettre en cause une réglementation (D. n° 2002-775, 3 mai 2002) qui a été arrêtée en fonction des données actuelles de la science et qui a fixé des seuils qui intègrent le principe de précaution lequel ne consiste pas à supprimer tout risque mais à adopter les mesures proportionnées, ce qui est le cas en l'espèce puisqu'il apparaît qu'un éloignement des antennes des zones habitées impliquerait une augmentation des fréquences des appareils récepteurs et donc un risque sanitaire plus important pour les populations que le risque consécutif à la présence de l'antenne (▪ CA Chambéry, 4 févr. 2010, n° 09/00731 : *D.* 25 mars 2010, p. 707 ; *JCP* G 2010, p. 999, obs. B. Parance et ▪ CA Lyon, 3 févr. 2011, n° 09/06433, *Besson et alii c/ Bouygues Télécom*).

f) Trouble anormal de voisinage. L'incertitude relative à la dangerosité des ondes électromagnétiques justifie le démantèlement d'une antenne-relais même si les seuils légaux d'émission ont été respectés, dès lors que la crainte légitime qu'en demeurant dans leur habitation les demandeurs encourent un risque sanitaire particulièrement grave, si celui-ci devait se réaliser, constitue un trouble manifeste et un danger imminent que seul le démantèlement de la station relais est en mesure de faire cesser (▪ CA Montpellier, 15 sept. 2011, n° 10/04612, *SFR*). Le principe d'une installation d'une antenne-relais à proximité d'habitations n'est pas constitutif d'un trouble anormal de voisinage (▪ CA Aix-en-Provence, 24 juin 2011). Le juge judiciaire est compétent pour déterminer si la présence d'un émetteur installé à proximité d'une habitation et sur une propriété privée occasionne des troubles dépassant les inconvénients normaux de voisinage (▪ CA Nîmes, 1er avr. 2011, n° 10/04653).

g) Compétence du juge judiciaire. Une action tendant à l'interruption de l'émission, l'interdiction de l'implantation, l'enlèvement ou le déplacement d'une station radioélectrique régulièrement autorisée et implantée sur une propriété privée ou sur le domaine public, et fondée sur le risque d'atteinte à la santé des personnes ou le risque de brouillages résultant du fonctionnement de l'antenne-relais, ne relèvent pas de la compétence du juge judiciaire. En revanche, relèvent de la compétence du juge judiciaire les litiges opposant un opérateur de communications électroniques à des usagers ou à des tiers s'agissant, soit d'indemniser des dommages causés par l'implantation ou le fonctionnement d'une station radioélectrique, soit de faire cesser des troubles anormaux de voisinage liés à une implantation irrégulière ou à un fonctionnement non conforme aux prescriptions administratives (▪ T. confl., 14 mai 2012, n° C-3844, *Brillaxis c/ Sté Orange France*). Dans le même sens, ▪ Cass. 1re civ., 17 oct. 2012, n° 10-26.854.

Voir aussi : annot. n° 20, p. 48, Indépendance des législations.

15) Canalisations transportant des produits chimiques. Le juge des référés s'est fondé à bon droit sur l'insuffisance des mesures de sécurité pour annuler l'arrêté approuvant le tracé de détail d'une canalisation vouée à transporter des produits chimiques, compte tenu des caractéristiques du terrain retenu par le tracé et compte tenu de la proximité d'habitations dans le quartier considéré (▪ CE, 11 juill. 2001, nos 231692 et 231862, *Sté Trans-Ethylène, Min. Économie, Finances et Industrie : BDEI* 2/2002, p. 14).

16) Gaucho. *a) Violation.* En ne prenant pas en compte la fréquentation du maïs par les abeilles aux fins d'y prélever le pollen que cette plante produit en abondance, et en ne recherchant pas l'ampleur exacte du prélèvement du pollen de maïs par les abeilles, ni la nature et l'intensité des éventuels effets directs ou indirects du contact des abeilles avec du pollen contaminé par l'imidiaclopride, le ministre n'a pas examiné l'intégralité des éléments nécessaires à l'appréciation de l'innocuité du produit (▪ CE, 9 oct. 2002, n° 233876, *Union nationale de l'apiculture française : AJDA* 11 nov. 2002, p. 1180 à 1186 ; *Environnement* déc. 2002, p. 16 ; *Dr. env.* déc. 2002, n° 104, p. 295 ; *Rev. jur. env.* 1/2003, p. 113).

*b) **Respect.*** En estimant, après avoir eu connaissance des diverses études effectuées en laboratoire et sur le terrain concernant les effets de l'insecticide « Gaucho » sur les abeilles et des avis exprimés par la commission d'étude de la toxicité des produits antiparasitaires à usage agricole et du comité d'homologation, que l'autorisation de ce produit pour le traitement des semences de tournesol devait être retirée provisoirement et la mise en culture de ces semences interdite, le ministre de l'Agriculture et de la Pêche, compte tenu des précautions qui s'imposent en matière de protection de l'environnement, n'a pas entaché la décision attaquée d'erreur manifeste (▪ CE, 29 déc. 1999, n°s 206687 et 207303, *Sté Rustica Prograin Génétique SA et a. c/ Sté Bayer*). De la même façon, s'agissant de la betterave, le ministre n'a pas commis d'erreur manifeste d'appréciation en estimant que la rémanence de l'imidiaclopride dans le sol n'entraînerait pas d'effets inacceptables sur les abeilles (▪ CE, 9 oct. 2002, n° 233876, *Union nationale de l'apiculture française : Gaz. Pal.* 6 juin 2003, p. 6). La méconnaissance du principe de précaution ne constitue pas en l'état de l'instruction un moyen de nature à créer un doute sur la légalité de refus de suspendre l'autorisation de mise sur le marché de l'insecticide « Gaucho », le Comité d'homologation de produits phytosanitaires ayant émis un avis favorable au maintien de l'autorisation en estimant que le risque se limitait à des situations particulières alors que le produit présente un intérêt agronomique fort (▪ CE, 31 mars 2003, n° 254638, *Union nationale de l'apiculture française*). Un maire ne peut interdire l'utilisation des insecticides Régent et Gaucho sans justifier de circonstance propre à la commune comme la présence d'une activité d'apiculture (▪ TA Nancy, 2 mars 2004, n° 031105, *Préfet des Vosges : Environnement* 2004, p. 32 ; *Dr. env.* 2004, n° 123, R. Romi). Annulation du refus du ministre de l'Agriculture de suspendre l'utilisation du Gaucho sur le maïs car le dossier de demande d'autorisation ne permet pas d'établir l'innocuité du produit sur les larves d'abeilles (▪ CE, 31 mars 2004, n°s 254637, 255240 et 255384, *Union nationale de l'apiculture française et a. : Environnement* 2004, p. 30, note P. Trouilly ; *RD rur.* 2004, p. 593, note B. Grimonprez). La preuve de l'innocuité du Gaucho n'étant pas rapportée, le ministre était tenu de retirer l'autorisation délivrée ; dès lors, l'argumentation tirée de ce que le ministre aurait en réalité méconnu les exigences du principe de précaution en ne tenant pas compte de ce que l'utilisation de pesticides de surface moins efficaces et plus polluants aurait des incidences plus graves sur l'environnement que celles liées à l'utilisation de produits systémiques, n'est en tout état de cause pas de nature à affecter la légalité de la décision attaquée (▪ CE, sect., 28 avr. 2006, n°s 269103, 269109, 269686, 269722, 269959 et 270004, *Assoc. générale des producteurs de maïs et a : Environnement* 2006, n° 6, comm. 76).

17) Bromadiolone. Les conditions de délivrance et d'emploi des appâts empoisonnés au bromadiolone destinés à l'élimination des ragondins et des rats musqués et fixées par arrêté interministériel ne contreviennent pas au principe de précaution (▪ CE, 6 déc. 2004, n°s 260438 et 260442, *Assoc. pour la protection des animaux sauvages et a.*). Le principe de précaution impose que la suspension d'un arrêté autorisant l'utilisation de la bromadiolone pour la destruction des ragondins soit ordonnée car il ne ressort pas du dossier que ce produit ne soit pas nocif pour la santé publique (▪ TA Clermont-Ferrand, ord., 24 févr. 2003, n° 030152, *Assoc. Allier-Nature : JCP* A 2003, n° 1728, note Billet). Les risques pour la faune de l'emploi du bromadiolone pour lutter contre le campagnol terrestre sont de nature à créer un doute sérieux sur la légalité de l'arrêté préfectoral qui autorise son utilisation (▪ TA Besançon, 22 déc. 2003, n° 03-1601, *Commission de protection des eaux c/ Préfet du Jura*). Rejet du recours formé par une association, sur le fondement du principe de précaution, contre un arrêté interministeriel autorisant l'emploi du bromadiolone contre les ragondins au motif que l'association n'apporte pas la preuve de la nocivité de ce produit pour la faune sauvage (▪ CE, 6 déc. 2004, n° 260438, *Assoc. de protection des animaux sauvages [ASPAS]*). Le juge ne peut pas suspendre le refus du préfet d'abroger son arrêté organisant la lutte contre le ragondin et autorisant l'utilisation de bromadiolone en se fondant sur l'arrêté ministériel du 1er août 1986 relatif au droit des particuliers de détruire en tout temps les espèces d'animaux malfaisants ou nuisibles ; en l'espèce, les éléments produits ne peuvent justifier la suspension de cet arrêté eu égard à l'intérêt public qui s'attache à la lutte contre le ragondin (▪ CE, 14 janv. 2004, n° 259073, *Min. Agriculture c/ Assoc. pour la protection des animaux sauvages*).

18) Retrait du marché de produits agroalimentaires. Le tribunal a condamné, sur le fondement du principe de précaution, un assureur à s'exécuter et à indemniser une société d'importation qui avait dû retirer ces produits de la consommation suite à un arrêté suspendant le commerce de certains produits susceptibles d'être contaminés à la dioxine, alors qu'après analyse il s'est avéré qu'aucun des produits enlevés n'était contaminé (▪ TGI Nanterre, 27 janv. 2003, n° 01/03770, *Aoste Management SAS c/ SA AIG Europe*; confirmé par ▪ CA Versailles, 7 janv. 2005, n° 03/02799, *SA AIG Europe c/ Aoste Management*).

19) Amiante. *Responsabilité*. L'État est déclaré responsable de quatre décès pour retard fautif dans l'édiction de normes plus sévères quant à l'inhalation de fibres d'amiante en milieu professionnel, et ce malgré de nombreuses informations provenant de milieux scientifiques nationaux et internationaux sur les dangers, connus de longue date, présentés par l'amiante (▪ TA Marseille, 30 mai 2000, *X c/ Min. Emploi et Solidarité*. ▪ CAA Marseille, 18 oct. 2001, n°s 00MA01665 et 00MA01666, *Min. Emploi et Solidarité : Environnement* 2002, p. 8, par L. Benoit. ▪ CE, 3 mars 2004, n° 241151, *Cts Botella*).

La carence de l'État dans la prévention des risques est constituée dès lors qu'aucune recherche n'a été entreprise afin d'évaluer les risques pesant sur les travailleurs exposés aux poussières d'amiante (▪ CE, 4 mars 2004, n° 241150, *Min. Emploi c/ Cts Bourguignon*).

20) Indépendance des législations. Le principe de précaution ne peut être utilement invoqué à l'appui de la contestation d'une autorisation relevant de la législation relative à l'urbanisme (▪ CE, 23 nov. 2005, nos 262105 et 262945, *Ville de Nice, SA Nissarenas : Environnement* févr. 2006, n° 2, comm. 23. ▪ CAA Bordeaux, 2 mai 2006, n° 02BX01286, *Mme Catherine Gouban*).

a) Applicabilité du principe de précaution en matière d'urbanisme : généralités. Aux termes de l'article R. 111-26 du Code de l'urbanisme : « le permis ou la décision prise sur la déclaration préalable doit respecter les préoccupations d'environnement définies aux articles L. 110-1 et L. 110-2 du Code de l'environnement [...]. Le juge administratif y veille avec attention (▪ CAA Paris, 3e ch., 8 nov. 2024, n° 23PA01492). D'une manière générale, il est de jurisprudence constante qu'il appartient à l'autorité administrative, compétente pour se prononcer sur l'octroi d'une autorisation d'urbanisme, de prendre en compte le principe de précaution énoncé à l'article 5 de la Charte de l'environnement et rappelé par l'article L. 110-1 du Code de l'environnement (▪ TA Toulouse, 6e ch., 7 nov. 2024, n° 2205644). Mais pour autant, l'application du principe de précaution ne peut conduire à refuser une autorisation d'urbanisme que si des risques, même incertains, existent. En effet, « (...) s'il appartient à l'autorité administrative compétente de prendre en compte le principe de précaution lorsqu'elle se prononce sur l'octroi d'une autorisation délivrée en application de la législation sur l'urbanisme, les dispositions de l'article 5 de la Charte de l'environnement ne permettent pas, indépendamment des procédures d'évaluation des risques et des mesures provisoires et proportionnées susceptibles, le cas échéant, d'être mises en œuvre par les autres autorités publiques dans leur domaine de compétence, de refuser légalement la délivrance d'une autorisation d'urbanisme en l'absence d'éléments circonstanciés sur l'existence, en l'état des connaissances scientifiques, de risques, même incertains, de nature à justifier un tel refus d'autorisation » (▪ CAA Lyon, 1re ch. – formation à 3, 22 oct. 2024, n° 22LY01020).

b) Application du principe de précaution en matière d'urbanisme : invocabilité du principe de précaution à l'encontre des autorisations d'implantation d'antennes relais. Tout en rappelant que l'article 5 de la Charte de l'environnement n'appelle pas l'adoption de mesures législatives ou réglementaires d'application (V. ▪ CE, ass., 3 oct. 2008, n° 291931, *Cne d'Annecy*), le Conseil d'État juge que le principe de précaution peut être invoqué à l'encontre des autorisations de construction d'antennes relais de télécommunications. Cette décision met fin à la jurisprudence *Bouygues Télécom* du 20 avril 2005 par laquelle le Conseil d'État avait jugé que le principe de précaution n'était pas applicable à une déclaration de travaux, et ce au nom de l'indépendance des législations (▪ CE, 19 juill. 2010, n° 328687, *Assoc. du quartier « Les Hauts de Choiseul » : JCP* A 2010, act. 625 ; *JCP* G 2011, 55, obs. D. Del Prete et J.-V. Borel ; *Dr. env.* déc. 2010, n° 185, p. 396, note K. Duhamel. – T. Cabot, *Le principe de précaution directement opposable aux autorisations d'urbanisme : Mon. TP* 27 août 2010, p. 45. – E. Carpentier, *Le principe constitutionnel de précaution, les antennes relais et le juge administratif : Constitutions* oct.-déc. 2010, n° 4, p. 611).

b) Prise en compte des risques environnementaux et de santé en matière d'urbanisme (▪ CE, 23 déc. 2010, n° 336457, *Lambert*. ▪ CE, 23 mars 2011, n° 336562, *Sté Bocadist*. ▪ CE, 16 févr. 2011, nos 332884 et 335262, *Cté agglo. Portes Eure*. ▪ CE, 23 déc. 2010, n° 334259, *Sté Atac*. ▪ CE, 8 déc. 2010, n° 335145, *SAS Angedi*. ▪ CE, 23 déc. 2010, nos 335990 et 336457. ▪ CE, 17 nov. 2010, n° 332697. ▪ CE, 25 mai 2011, n° 337881, *Sté CSF France*. ▪ CE, 23 déc. 2010, n° 337752, *Sté Sadef*). Le refus d'une autorisation d'un projet industriel est justifié par le risque technologique qu'il fait courir aux personnes (▪ CE, 23 déc. 2010, n° 337268, *Sté Élysées Vernet*). La démolition d'un ouvrage public est justifiée par son implantation irrégulière dans un espace remarquable au sens de la loi Littoral en dépit du coût financier de ladite démolition (▪ CE, 20 mai 2011, n° 325552, *Cté d'agglo. du lac du Bourget : JCP* A 2011, act. 393). Un parking public en cours de construction est détruit en raison de l'atteinte au caractère et à l'intérêt d'un site de sports d'hiver (▪ CE, sect., 14 oct. 2011, n° 320371, *Cne de Valmeinier et syndicat mixte des Islettes : JCP* A 2011, act. 675). Un maire ne tient ni de ses pouvoirs de police générale de l'article L. 2212-2 du Code général des collectivités territoriales ni du principe de précaution le pouvoir d'édicter un arrêté d'interdiction définitive d'habiter un immeuble au motif qu'il est exposé à un risque de crues torrentielles (▪ CAA Lyon, 18 avr. 2013, n° 12LY01985).

21) Intérêts protégés. Le principe de précaution, qui ne s'adresse qu'aux autorités publiques, ne constitue pas une règle de responsabilité autonome et n'a aucune incidence sur la caractérisation de la causalité (▪ Cass., 18 mai 2011, n° 10-17.645, FS-P+B, *GAEC Marcouyoux c/ SA Réseau de transport d'électricité (EDF Transport)*.

22) Produits pharmaceutiques. La responsabilité de l'État ne peut pas être engagée sur le fondement d'un avis de la Commission de sécurité des consommateurs recommandant l'interdiction des produits solaires contenant des psoralènes dès lors que cet avis, donné en l'état des connaissances scientifiques, n'a été suivi d'aucune mesure d'interdiction ou de limitation de ces composants dans les produits solaires (▪ CE, 31 mars 2003, n° 188833, *Min. Économie et Finances c/ SA Laboratoires pharmaceutiques Bergaderm*). L'autorisation de mise sur le marché peut être suspendue dès lors qu'il apparaît que l'évaluation des effets thérapeutiques positifs du médicament au regard des risques associés à son utilisation dans les conditions normales d'emploi ne sont plus favorables (▪ CE, 26 janv. 2010, n° 335102, *SA Menarini France et Agence française de sécurité sanitaire des produits de santé*). Pour justifier une modification ou un retrait des autorisations de mise sur le marché de médicaments, la Commission, dans un contexte de précaution, peut se limiter à fournir des indices sérieux et concluants qui, sans écarter l'incertitude scientifique, permettent raisonnablement de douter de la composition qualitative du produit et du respect d'une des obligations relatives à l'octroi de l'autorisation de fabrication (▪ Trib. UE, 7 mars 2013, aff. T-539/10, *Acino*).

C – Activités réglementées par le Code de l'environnement

23) Eau. L'absence de certitude sur les risques de pollution d'une source d'eau potable justifie, néanmoins, par précaution, l'extension de son périmètre de protection (▪ CE, 4 janv. 1995, *Min. Intérieur c/ Rossi : CJEG* juin 1995, p. 232, note O. Sachs).

*a) **SDAU et risque avéré de pollution des eaux souterraines.*** Méconnaît le principe de précaution le schéma directeur d'aménagement et d'urbanisme et fait une appréciation manifestement erronée des éléments qu'il devait prendre en compte dès lors que ledit schéma permettait la réalisation d'un équipement routier de nature à compromettre les champs captant en eau potable d'une métropole (▪ TA Lille, 19 avr. 2000, n° 98552, *Fédération Nord-Nature et Syndicat mixte pour la révision et le suivi de la mise en œuvre du schéma directeur de l'arrondissement de Lille : Dr. env.* 5/2000, p. 2, note Kerjean Baralle). Ne porte pas atteinte au principe de précaution l'arrêté préfectoral qui autorise l'extension d'une société de caoutchouc synthétique dès lors que toutes les mesures ont été prises afin de préserver la ressource en eau et respecter l'obligation posée par le SDAGE d'utiliser en priorité les eaux souterraines pour l'usage alimentaire (▪ CAA Bordeaux, 30 déc. 2004, n° 00BX00133, *Assoc. Aquitaine alternatives*). Ne méconnaît pas le principe de précaution le permis de construire qui autorise l'implantation d'un projet dans une zone inondable pour laquelle le SDAGE se limite à préconiser qu'il faut éviter d'y exposer des biens et des personnes (▪ CAA Douai, 25 sept. 2003, n° 00DA00657, *Assoc. sauvegarde et amélioration du cadre de vie et de l'environnement [SAVE]*).

*b) **L'absence de pollution ne permet pas l'application du principe de précaution*** (▪ Cass. 3e civ., 3 mars 2010, n° 08-19.108, *Sté des eaux minérales de Vals : JCP* G 2010, p. 1229, obs. D. Tapinos ; *Resp. civ. et assur.* juill.-août 2010, p. 3, note B. Rajot ; *AJDI* 2010, p. 573, note S. Progent)

24) Activités sportives sur un cours d'eau. L'autorité administrative qui réglemente la navigation et les activités sportives sur un cours d'eau doit veiller à ce que les activités qu'elle autorise ne portent pas atteinte au patrimoine naturel protégé, en méconnaissance notamment du principe de précaution (▪ CE, 3 juin 2013, n° 334251, *Assoc. interdépartementale et intercommunale pour la protection du lac de Sainte-Croix, de son environnement, des lacs, sites et villages du Verdon*).

25) Installations classées et autorisation. Le principe de précaution n'est invocable que dans la mesure où l'installation litigieuse pourrait être regardée comme susceptible de créer des dommages pouvant affecter l'environnement de manière grave et irréversible (▪ CAA Paris, 29 juill. 2011, n° 09PA05193, *Assoc. pour la protection de l'environnement de la Vallée de la Ouenghi*). Ne méconnaît pas le principe de précaution l'arrêté d'autorisation d'un élevage de volailles dès lors que le préfet a imposé au pétitionnaire des prescriptions proportionnées et économiquement acceptables de nature à prévenir tous les risques qui pourraient être occasionnés par l'exploitation ; le tribunal rappelle que ce principe n'est pas d'application directe (■ TA Limoges, 28 nov. 2002, n° 99689, *Assoc. Défense-Nature environnement et cadre de vie c/ Préfet de l'Indre*). Rejet du recours formé contre l'arrêté complémentaire autorisant la SNCF à utiliser cinq adjuvants au béton dans le cadre de la construction d'une ligne de TGV, la cour estime que le principe de précaution n'a pas été méconnu et que, eu égard aux risques liés à l'utilisation de ces adjuvants au béton, une nouvelle autorisation n'était pas nécessaire (■ CAA Marseille, 13 févr. 2003, n° 99MA00489, *Assoc. Gard environnement*). Ne méconnaît pas le principe de précaution l'arrêté d'autorisation d'une usine de compostage dès lors que le contrôle dans l'utilisation des boues consiste en des mesures effectives et proportionnées aux nuisances potentielles engendrées par l'installation classée et que, dans ces conditions, il n'est pas établi que le compost produit par cette usine de traitement de boues ferait courir un risque de dommage grave et irréversible à l'environnement (■ CAA Bordeaux, 4 sept. 2008, n°s 04MA02265 et 04MA02670, *Mme Monnier et a.*). Une décision autorisant l'ouverture ou l'extension d'une installation classée pour la protection de l'environnement ne peut être légalement délivrée dès lors que le projet sur lequel elle porte présente de graves dangers ou inconvénients pour l'environnement et qu'il ne peut y être remédié. En l'espèce, il appartient au requérant d'établir qu'il en va ainsi du projet d'approfondissement d'une carrière, en dépit des prescriptions de sécurité que le pétitionnaire s'est engagé à respecter dans sa demande d'autorisation et de celles qui assortissent l'arrêté préfectoral autorisant l'exploitation de la carrière (■ CAA Bordeaux, 17 janv. 2017, n° 15BX00400, *ADEVAC*).

26) Cession d'un site contaminé. Dès lors qu'il est acquis que les vendeurs de la propriété sur laquelle avait été exploitée un laboratoire, dans lequel des produits radioactifs avaient été manipulés, n'avaient pas informé les acquéreurs des dangers présents sur le site, le juge peut, en application de l'article 16-2 du Code civil et du principe de précaution, prescrire toute mesure propre à empêcher ou faire cesser une atteinte illicite au corps humain (■ CAA Paris, 13 janv. 2005, n° 04.01958, *Épx Léonard c/ Épx Picard*).

27) Épandage de boues industrielles et modification du POS. L'absence de certitude sur l'effet de l'épandage de boues industrielles provenant du dragage d'un port justifie le recours à la procédure de révision du POS, laquelle implique un rapport de présentation sur l'environnement et une enquête publique ; annulation correspondante du recours à la procédure de modification d'un plan d'urbanisme (■ CE, 30 avr. 1997, *Cne de Quevillon : Dr. adm.* 1997, comm. 262 et *Lettre JCl. Environnement* 1997, n° 3).

28) Voirie. Étude d'impact d'une déclaration d'utilité publique. Méconnaît le principe de précaution une déclaration d'utilité publique de voie routière dès lors que l'étude d'impact ne comporte pas d'étude suffisante sur les effets du projet sur la santé des riverains (■ TA Strasbourg, 7 juill. 1999, n° 955585, *Assoc. Thur écologie et transports c/ Préfet du Haut-Rhin*. ■ TA Strasbourg, 16 mars 1999, n° 984852, *Daniel Schuller*. ■ TA Strasbourg, 2 déc. 1999, n°s 992095 et 992097, *Groupement forestier de la planchette*).

29) Plans de préventions des risques naturels prévisibles. Ces plans sont des documents d'urbanisme au sens de l'article L. 600-2 du Code de l'urbanisme (■ CE, avis, 12 juin 2002, *Préfet de la Charente-Maritime : Dr. env.* 2002, n° 102, p. 238). *Obligation d'agir sans délai* : le représentant de l'État est tenu, en vertu des principes de précaution et d'action préventive énoncés à l'article L. 200-1 du Code rural, d'édicter sans délai et sans attendre la réalisation des travaux publics et de sauvegarde de la compétence des collectivités territoriales, un plan de prévention des risques permettant d'assurer un niveau élevé de sécurité publique (■ TA Nice, 7 avr. 2000, n°s 991285 et 991675, *GAEC de Levade et a.*). Le maire a commis une erreur manifeste d'appréciation en délivrant des permis de construire, sans les assortir de prescriptions spéciales, sur un terrain exposé à un risque d'inondation ; et cela alors même que le terrain d'implantation du projet n'était pas compris dans une zone de risque d'inondation délimitée dans les conditions prévues par le second alinéa de l'article R. 111-3 du Code de l'urbanisme alors en vigueur (■ CE, 23 déc. 1996, n°s 124932 et 124997, *M. Iogna et a. et Cne de Bourg-Saint-Maurice*). Engage la responsabilité de l'État le maire qui accorde un permis de construire, sans prescriptions spéciales au titre de l'article R. 111-3 du Code de l'urbanisme alors en vigueur, alors qu'il avait une connaissance suffisamment précise des risques d'inondation auxquels la parcelle en cause était de longue date exposée, eu égard notamment au caractère cyclique du débit d'un cours d'eau. En outre, un plan cadastral ancien mentionnait le caractère inondable de la zone et il n'était pas démontré que celui-ci était obsolète (■ CE, 2 oct. 2002, n° 232720, *Min. Équipement, Transports et Logement c/ M. et Mme Grondin : AJDA* 2003, p. 143, note C. Deffigier ; *AJDA* 2003, p. 7, note H. Arbousset, concl. I. de Silva ; *BJDU* 4/2002, p. 309 et note J.-C. B., p. 314). Si le principe de précaution de l'article 5 de la Charte de l'Environnement peut être utilement invoqué à l'encontre d'une décision administrative intervenue sur le fondement de la législation sur l'urbanisme, le risque d'inondation dont se prévaut le préfet est sans incidence sur la réalisation et l'aggravation d'un dommage pouvant être causé à l'environnement, alors que la sécurité des personnes et des biens n'est pas, en elle-même, au nombre des intérêts que le principe susénoncé a vocation à protéger (■ TA Amiens, 23 avr. 2007, n° 0601149, *Préfet de la Somme*. – Confirmé par ■ CAA Douai, 30 oct. 2008, n° 07DA00940, *Cne de Lanchères*).

30) Annulation d'une décision autorisant le fonctionnement d'un centre d'enfouissement. Injonction. L'annulation d'une décision autorisant l'exploitation d'un centre d'enfouissement de déchets compte tenu des motifs (tirés de l'insuffisance de l'étude d'impact), qui n'a pas pour effet d'interdire à titre définitif une telle exploitation sur le site, n'implique pas en l'espèce que soit enjoint au préfet de faire réaliser les travaux de remise en état (■ TA Nice, 28 avr. 2000, n° 994982, *Cne de Villeneuve-Loubet et a.*).

31) Parc éolien en mer. Les associations requérantes ne sont pas fondées à se prévaloir d'une totale incertitude quant aux effets du parc éolien en mer, dans la mesure où des conclusions peuvent être tirées des nombreuses exploitations de ce type déjà en fonctionnement à l'étranger (■ CAA Nantes, 5e ch., 3 avr. 2018, n° 17NT01735).

32) OGM. La faculté pour les États de prendre, en vertu du principe de précaution, des mesures de sauvegarde contre les autorisations de mise sur le marché accordées aux aliments contenant des OGM, ne doit pas être motivée par une approche purement hypothétique du risque et ne peut être utilisée que lorsque l'évaluation du risque ne permet pas de conclure à l'innocuité du produit (■ CJCE, 9 sept. 2003, aff. C-236/01, *Monsanto Agricoltura Italia et a.*). L'État français a manqué à ses obligations en ne transposant pas dans le délai imparti la directive n° 2001/18/CE du 12 mars 2001 relative à la dissémination volontaire d'OGM dans l'environnement (■ CJCE, 15 juill. 2004, aff. C-419/03, *Commission c/ France*). La suspension de la cession, de l'utilisation ou de la mise en culture de semences OGM ne peut intervenir par arrêté ministériel qu'à la condition préalable de respecter des exigences strictes posées par les textes européens applicables (■ CJUE, 8 sept. 2011, aff. C-58/10 à C-68/10. ■ CE, 28 nov. 2011, n° 313546, *Sté Monsanto SAS et a.* et ■ CE, 28 nov. 2011, n° 312921, *Sté Monsanto SAS et a.*). Des semences autorisées à des fins de culture, notifiées en tant que produits existants et ayant fait l'objet d'une demande de renouvellement d'autorisation en cours d'examen, ne peuvent pas faire l'objet de mesures de suspension ou d'interdiction provisoire de l'utilisation ou de la mise sur le marché, sauf dans la mesure où ces mesures relèvent de l'urgence et qu'est démontrée l'existence d'une situation susceptible de présenter un risque important mettant en péril de façon manifeste la santé humaine, la santé animale ou l'environnement (■ CJUE, 8 sept. 2011, aff. C-58/10 à C-68/10, *Monsanto et a.*). Du miel fabriqué à partir de pollen issu de maïs OGM est une denrée alimentaire produite à partir d'ingrédients OGM et doit faire l'objet d'une autorisation de mise sur le marché (■ CJUE, 6 sept. 2011, aff. C-442/09, *Bablok*). Les conseils généraux ont toute liberté pour exprimer, par le moyen d'une délibération, leur opposition aux essais et cultures en plein champ d'OGM dans le département (■ CE, 30 déc. 2009, n° 308514, *Dpt du Gers*). La notion de péril imminent, prévue à l'article L. 2212-4 du Code général des collectivités territoriales, ne peut légalement justifier une réglementation communale en matière d'OGM (■ CE, 24 sept. 2012, n° 342990, *Cne Valence*). Aucun risque important mettant en péril de façon manifeste la santé humaine, la santé animale ou l'environnement ne justifie la suspension de la mise en culture des variétés de semences de maïs OGM MON 810 (■ CE, 1er août 2013, n° 358103).

La Commission européenne n'est pas tenue d'adopter des mesures d'urgence concernant les denrées alimentaires et les aliments pour animaux génétiquement modifiés lorsqu'un État membre l'informe de la nécessité de prendre de telles mesures, dès lors qu'il n'est pas évident qu'un produit autorisé par le règlement n° 1829/2003 est susceptible de présenter un risque grave pour la santé humaine, la santé animale ou l'environnement (■ CJUE, 13 sept. 2017, C-111/16).

Un État membre peut, après avoir informé officiellement la Commission européenne de la nécessité de recourir à des mesures d'urgence et si celle-ci n'en a pris aucune, prendre de telles mesures au niveau national, tant que la Commission n'a pas adopté de décision imposant leur prorogation, modification ou abrogation (même arrêt).

Le principe de précaution ne confère pas aux États membres la faculté d'adopter des mesures d'urgence provisoires concernant des denrées alimentaires et les aliments pour animaux génétiquement modifiés sur le seul fondement de ce principe, sauf si les denrées en cause sont de toute évidence susceptibles de présenter un risque grave pour la santé humaine, la santé animale ou l'environnement (même arrêt).

Les organismes obtenus par mutagénèse constituent des OGM ; pour autant, les organismes obtenus par technique de mutagénèse qui ont été traditionnellement utilisés pour diverses applications et dont la sécurité est avérée depuis longtemps sont exclus du champ d'application de la directive n° 2001/18 (■ CJUE, 25 juill. 2018, aff. C-528/16).

Le droit de l'environnement, au sens du règlement n° 1367/2006 concernant l'application aux institutions européennes de la convention d'Aarhus, couvre, en l'espèce, toute disposition législative de l'Union portant sur la réglementation des organismes génétiquement modifiés, qui a pour objectif de gérer un risque pour la santé humaine ou animale, qui trouve son origine dans ces organismes génétiquement modifiés ou dans des facteurs environnementaux susceptibles d'avoir des répercussions sur lesdits organismes lors de leur culture ou de leur élevage dans l'environnement naturel. Ce constat s'applique sans distinction aux situations dans lesquelles les OGM n'ont pas été cultivés au sein de l'Union. Sur le fondement de l'article 10 du règlement précité, une ONG peut donc demander à la Commission le réexamen de l'autorisation de mise sur le marché de produits alimentaires ou pour animaux contenant des OGM (▪ TUE, 14 mars 2018, T-33/16, *TestBio Tech*).

a) Méconnaissance du principe de précaution (oui). Méconnaît le principe de précaution la décision du ministre de l'Agriculture et de la Pêche autorisant la mise en culture de trois variétés de maïs génétiquement modifié alors que le dossier ne comportait pas d'éléments permettant d'évaluer l'impact sur la santé publique du gène de résistance à l'ampicilline contenu dans les variétés de maïs faisant l'objet de la demande d'autorisation ; sursis à l'exécution justifié par rapport à l'article L. 200-1 du Code rural (▪ CE, 23 sept. 1998, *Assoc. Greenpeace France et a. : Rec. CE* 1998, p. 343 ; *JCP* G 1998, II, 1216, note J. de Malafosse ; *RD rur.* 1999, act. p. 6 ; *Dr. env.* 1999, n° 65, p. 9, note Y. Pitoun et Y. Razafindratandra ; *Gaz. Pal.* 22-23 janv. 1999, p. 13, note M. Remond-Gouilloud ; note E. Naïm-Gesbert in *Les grands arrêts du droit de l'environnement*, 2017).

b) Méconnaissance du principe de précaution (non). Ne méconnaît pas le principe de précaution la décision de dissémination volontaire d'OGM dans la mesure où l'incertitude scientifique entourant, en l'état actuel des connaissances humaines, la culture des OGM et leurs effets sur l'environnement ne peut légitimer, dans le cadre d'un contrôle restreint à l'erreur manifeste, une annulation juridictionnelle que dans l'hypothèse où les avis des instances compétentes émis dans le cadre de l'instruction du dossier technique sont défavorables ou n'ont pas été recueillis par l'autorité administrative ou bien encore lorsqu'il est fait état d'éléments objectifs et probants, scientifiquement vérifiés et susceptibles de remettre en cause l'absence de risques avancée par l'auteur de la décision attaquée pour la santé humaine ou animale et pour l'environnement (▪ TA Clermont-Ferrand, 4 mai 2006, nos 0500998, 0501000 et 0501147, *Assoc. Comité de recherche et d'information indépendante sur le génie génétique et a.* – Confirmé par ▪ CAA Lyon, 18 nov. 2008, n° 06LY01430, *Assoc. Comité de recherche et d'information indépendante sur le génie génétique et a.*). V. également nos observations sous Livre V, titre III.

33) Prescriptions préfectorales relatives au périmètre de protection du voisinage aux abords d'une carrière. N'est pas justifiée l'extension d'un périmètre de protection de 300 à 500 mètres au voisinage d'une carrière en l'absence de tout risque effectif de dommages graves et irréversibles à l'environnement (▪ CAA Paris, 4 juin 1999, n° 97PA022, *Assoc. pour la protection de Saint-Leu, Taverny et leur environnement*).

34) Déclaration d'utilité publique d'une ligne à très haute tension. Ne méconnaît pas le principe de précaution la déclaration d'utilité publique d'une ligne électrique à très haute tension dès lors qu'il ressort des pièces du dossier que l'atteinte aux paysages ainsi qu'au patrimoine culturel, à la faune et à la flore, et au cadre de vie, au développement touristique de la zone intéressée, n'est pas, compte tenu notamment des mesures prises pour la limiter et satisfaire les exigences du principe de précaution énoncé à l'article L. 200-1 du Code rural, de nature à retirer à l'ouvrage son caractère d'utilité publique (▪ CE, 28 juill. 1999, n° 184268, *Assoc. intercommunale Morbihan sous très haute tension et a.*). Saisie d'une demande de déclaration d'utilité publique, l'autorité compétente, pour s'assurer que l'opération de réalisation d'une ligne électrique haute tension ne méconnaît pas le respect du principe de précaution, doit rechercher s'il existe des éléments circonstanciés de nature à accréditer l'hypothèse d'un risque de dommage grave et irréversible pour l'environnement ou d'atteinte à l'environnement susceptible de nuire de manière grave à la santé, qui justifierait, en dépit des incertitudes subsistant quant à sa réalité et à sa portée en l'état des connaissances scientifiques, l'application du principe de précaution, veiller à la mise en œuvre de procédures d'évaluation des risques et vérifier que les mesures de précaution sont proportionnées (▪ CE, ass., 12 avr. 2013, n° 342409, *Assoc. coordination interrégionale stop THT et a.*).

35) Protection de la nature. Il ne ressort pas des pièces du dossier que le refus d'inscription d'espèces végétales sur la liste des espèces protégées ait méconnu le principe de précaution mentionné à l'article L. 200-1 du Code rural (▪ CE, 14 juin 1999, n° 194834, *Sté Catalane de botanique et d'écologie végétale*). Dans le cadre de la lutte contre le campagnol terrestre, le préfet a pu, sans méconnaître le principe de précaution, exclure de la liste des espèces nuisibles le renard (▪ TA Besançon, 24 avr. 2008, n° 070160, *ASDPCEA c/ Préfet du Jura : Environnement* 2008, n° 10, comm.

147). Ne méconnaît pas le principe de précaution un arrêté étendant l'autorisation d'abattage de loups dans la mesure où il ne met pas en cause le maintien des effectifs de l'animal dans leur aire de répartition naturelle et qu'il n'est dès lors pas susceptible de créer un risque de dommage grave et irréversible à l'environnement (▪ CE, sect., 26 avr. 2006, n°s 274339 et 274737, *Assoc. pour la protection des animaux sauvages : RD rur.* 2006, n° 345, comm. 213). L'obligation d'évaluation des incidences environnementales, qui s'impose en vertu de l'article 6, paragraphe 3 de la directive « Habitats », trouve son fondement dans le principe de précaution (▪ CJUE, 26 mai 2011, aff. C-538/09, *Comm. UE c/ Royaume de Belgique*).

36) Nucléaire. Le principe de précaution est applicable aux décisions relatives aux installations nucléaires de base (▪ CE, 17 oct. 2014, n° 361315, *Comité de réflexion d'information et de lutte anti-nucléaire*). Il incombe à l'autorité administrative compétente en matière d'installations nucléaires de base de rechercher s'il existe des éléments circonstanciés de nature à accréditer l'hypothèse de risques de dommages graves et irréversibles pour l'environnement ou d'atteintes à l'environnement susceptibles de nuire de manière grave à la santé, qui justifieraient, en dépit des incertitudes subsistant quant à leur réalité et à leur portée en l'état des connaissances scientifiques, l'application du principe de précaution (▪ CE, référé, 18 janv. 2017, n° 406244).

37) Radioactivité. Le principe de précaution ne justifie pas que les normes futures de rejet d'effluents radioactifs soient anticipées (▪ CAA Bordeaux, 5 nov. 1998, n° 98BX01320, *Cie générale de matières nucléaires* : à propos de l'exploitation d'une activité d'entreposage d'oxyde d'uranium). L'illégalité d'une circulaire réglementaire, étendant le champ d'application de la loi relative aux installations classées aux sites qui, même dépourvus d'installation, sont pollués par des substances radioactives, ne peut être invoquée afin de mettre en cause la responsabilité de l'État à raison d'une prétendue carence de l'autorité préfectorale dans la décontamination d'un site pollué par du radon émanant de radium se trouvant dans le sol sous-jacent (▪ TA Versailles, 17 déc. 2002, n° 997408, *M. et Mme Garcia*).

38) Stockage de déchets radioactifs. Ne méconnaît pas les principes de précaution et de prévention le décret du 10 janvier 2003 autorisant la mise en surveillance d'un centre de stockage de déchets radioactifs dès lors que les mesures envisagées ne créent pas, par elles-mêmes, de risques de dommages à l'environnement et que les autres solutions créeraient des risques supérieurs et ne pourraient être mises en œuvre en toute sécurité à un coût économiquement acceptable (▪ CE, 4 août 2006, n° 254948, *CRILAN et a. : Dr. adm.* 2006, comm. 151).

39) Rétroactivité (non). Le principe de précaution n'est pas un principe général préexistant à sa rédaction textuelle et ne peut donc servir de fondement à l'annulation d'un permis de construire dont la délivrance est antérieure à l'entrée en vigueur de l'article L. 110-1 du Code de l'environnement (▪ CE, 16 juin 2010, n° 312331, *Amoyal, Mutuelle des architectes français*).

D – CETA

40) Compatibilité avec le principe de précaution. Les stipulations de l'accord commercial de libre-échange entre l'Union européenne et le Canada (CETA) sont propres à garantir le respect du principe de précaution issu de l'article 5 de la Charte de l'environnement dans la Constitution française. L'absence de mention expresse du principe de précaution dans les stipulations de l'accord qui relèvent d'une compétence partagée entre l'Union européenne et les États membres n'emporte pas de méconnaissance de ce principe (▪ Cons. const., déc., 31 juill. 2017, n° 2017/749 DC : *JO* 11 août 2017).

IV – SUR LA REMISE EN ÉTAT

41) Mise à la charge de l'exploitant. Annulation d'un arrêté préfectoral prescrivant à l'exploitant la remise en état de l'ensemble des installations d'un site de stockage d'hydrocarbures. Dès lors que l'exploitant n'exerçait pas l'activité de distribution de carburant conformément à son contrat de bail, il y a donc lieu de limiter les opérations de remise en état aux seules installations utilisées lors de l'exploitation (▪ CAA Nantes, 9 avr. 1997, n° 95NT00009, *Min. Environnement c/ Sté Rézéenne automobile de l'Ouest*).

42) Sur la notion de remise en état effective. La finalité de la remise en état est la préservation des intérêts protégés, codifiés à l'article L. 511-1 du Code de l'environnement (▪ TA Lille, 24 mai 1995, n° 93-2670, *Sté Les papeteries de Bourbourg : Code permanent de l'environnement et des nuisances.* ▪ CA Chambéry, 18 nov. 1999, n° 97/00779, *Fédération Rhône-Alpes de Protection de la Nature*). Le niveau de dépollution doit être défini en prenant en compte la destination future du site (▪ CAA Douai, 31 mai 2001, n° 98FDA00772, *Jean Delevoy : Environnement* 2002, chron. de cours et des tribunaux, p. 12, n° 2, p. 15 ; J.-N. Clément : *BDEI* avr. 2002, n° 2, p. 25) ; voir en sens contraire, l'obligation de remise en état ne peut porter que sur les prescriptions nécessaires à la remise en l'état initial du site et non en fonction de la destination finale des terrains (■ TA Lyon, 4 juill. 2002, n° 000511, *Sté France bois imprégnés : Environnement* 2002, p. 21, note Deharde).

V. également sur les limites de l'injonction par le juge administratif, annot. n° 19, p. 48, et surtout la position de la loi du 30 juillet 2003, article 6, alinéa 2, codifié à l'article L. 512-7 du Code de l'environnement.

43) Cessation d'activité de l'exploitant. Personne responsable. N'encourt pas l'annulation l'arrêté préfectoral qui met à la charge du propriétaire ou du détenteur d'une installation de traitement des métaux en cette qualité les obligations de remise en état du site imposées à l'exploitant, celui-ci ayant cessé son activité en raison de sa mise en redressement judiciaire (■ CAA Douai, 4 mai 2000, n° 96DA01056, *SCI Courtois*). Il incombe à l'exploitant d'une installation classée pour la protection de l'environnement, à son ayant droit ou à celui qui s'est substitué à lui, la mise en œuvre des mesures permettant de remettre en état le site qui a été le siège de l'exploitation dans l'intérêt, notamment, de la santé ou de la sécurité publique et de la protection de l'environnement. Ainsi, la convention conclue entre la SENIM et GDF, pour mener à bien les études et travaux de réhabilitation des parcelles situées dans l'emprise où GDF avait exploité une usine à gaz, ne pouvait avoir pour effet de substituer la SENIM à l'ancien exploitant d'une installation classée pour la protection de l'environnement, seul soumis à l'obligation légale de remise en état du site sur lequel se trouvait l'installation (■ CE, 3 févr. 2017, n° 390437, *Sté d'aménagement des territoires : BDEI* mars 2017, n° 68, p. 5-8, concl. X. de Lesquen). L'obligation de remettre en état le site d'une installation classée pèse sur l'exploitant ou son ayant droit. Par conséquent, lorsque l'exploitant ou son ayant droit a cédé le site à un tiers, cette cession ne l'exonère de ses obligations que si le cessionnaire s'est substitué à lui en qualité d'exploitant. En l'espèce, la société requérante, qui bénéficiait de la qualité d'exploitant aux termes d'arrêtés préfectoraux, ne saurait être exonérée de ses responsabilités en matière de remise en état du site de l'ancienne activité de traitement de surface des métaux qu'elle exerçait, dès lors qu'il ne résulte pas de l'instruction que la procédure de changement d'exploitant aurait été régulièrement mise en œuvre et que d'autres sociétés se seraient ainsi régulièrement substituées à elle en qualité d'exploitant du site, alors même que ces sociétés peuvent être regardées comme ayant agi en tant qu'exploitants de fait de ce site (■ CAA Paris, 9 févr. 2017, n° 15PA00079, *Sté Progalva SA*).

44) Application de la loi dans le temps. Absence de rétroactivité. N'encourt pas l'annulation l'arrêté préfectoral ayant mis en demeure un exploitant de procéder à la remise en état d'une installation sans qu'y fasse obstacle la double circonstance que l'exploitation litigieuse ait cessé antérieurement à la loi du 19 juillet 1976 et que cette installation n'ait pas été soumise aux dispositions de la loi du 19 décembre 1976 (■ CAA Douai, 4 mai 2000, n° 96DA00851).

45) Sur l'application du principe pollueur-payeur et la remise en état. N'encourt pas l'annulation l'arrêté préfectoral qui met à la charge du propriétaire du site les obligations de remise en état compte tenu de la radiation du registre du commerce de l'exploitant nonobstant le principe pollueur-payeur mentionné à l'article L. 200-1 du Code rural (■ CAA Douai, 8 mars 2000, n° 96DA00721). Ne méconnaît pas le principe pollueur-payeur le préfet qui impose la remise en état d'une décharge à son exploitant alors même qu'il ne l'exploite plus depuis quatre ans et qu'elle subirait une pollution engendrée par l'exploitation, sous forme de décharge, d'autres terrains situés en amont (■ CAA Bordeaux, 5 juill. 2007, n° 05BX01095, *Sté ABCCD*). La réparation de dommages environnementaux peut être imposée à des industriels riverains même en l'absence de lien direct de causalité entre leurs activités et la pollution (■ CJUE, gde ch., 9 mars 2010, aff. C-378/08, *ERG* e. a. : *Environnement* 2010, n° 5, comm. T. Garancher et A.-E. Sire-Albrecht). Une expropriation ayant pour conséquence la fermeture d'une installation classée ne justifie pas une indemnité correspondant au coût de la remise en état (■ Cass. 3ᵉ civ., 22 sept. 2010, n° 09-69.050, FS-P+B, *SIAG c/ Établissement public à caractère industriel et commercial de l'État « Les voies navigables de France » : Environnement* 2011, n° 7, comm. M. Boutonnet).

46) Droit communautaire. Le droit communautaire ne s'oppose pas à une réglementation nationale, qui, lorsqu'il est impossible d'identifier le responsable de la pollution d'un terrain ou d'obtenir de ce dernier les mesures de réparation, ne permet pas à l'autorité compétente d'imposer l'exécution des mesures de prévention et de réparation au propriétaire de ce terrain, non responsable de la pollution (■ CJUE, 3ᵉ ch., 4 mars 2015, aff. C-534/13, *Ministero dell'Ambiente e della Tutela del Territorio e del Mare e.a. c/ Fipa Group Srl e.a*).

47) Sur l'application du principe pollueur-payeur au producteur des déchets. Conformément au principe du pollueur-payeur, le producteur du produit générateur des déchets ne peut être tenu de supporter les coûts liés à l'élimination des déchets générés par un déversement accidentel d'hydrocarbures en mer que si, par son activité, il a contribué au risque de survenance de la pollution occasionnée par le naufrage du navire (■ CJCE, gde ch., 24 juin 2008, aff. C-188/07, *Cne de Mesquer c/ Total France SA et Total International Ltd.* ■ Cass. 3e civ., 17 déc. 2008, n° 04-12.315, *Cne de Mesquer c/ SA Total France et a. : JCP* G 2009, n° 19, II, 10079). Le principe pollueur-payeur ne fait pas obstacle à ce que les États membres modulent, en fonction de catégories d'usagers déterminés et selon la capacité respective de ceux-ci à produire des déchets urbains, la contribution de chacune de ces catégories au coût global nécessaire au financement du système de gestion et d'élimination des déchets urbains (■ CJUE, 16 juill. 2009, aff. C-254/08). Est justifiée la décision qui prévoit l'allocation d'indemnités propres à réparer le préjudice écologique, consistant dans l'atteinte directe ou indirecte portée à l'environnement et découlant de l'infraction (■ Cass. crim., 25 sept. 2012, n° 10-82.938, *Erika*). Commet une erreur de droit la cour qui, pour juger qu'un maire avait pu légalement mettre des sociétés en demeure de prendre les mesures nécessaires à l'évacuation des déchets situés sur un terrain, s'est fondée sur la circonstance qu'elles devaient être regardées, en leur seule qualité de propriétaires du terrain sur lequel avaient été stockés les déchets produits par la société chargée de l'exploitation du site, comme détentrices de ces déchets au sens des dispositions de l'article L. 541-2 du Code de l'environnement, après avoir écarté comme inopérante la circonstance que la société chargée de l'exploitation du site, productrice de ces déchets, était connue (■ CE, 1er mars 2013, n° 354188, *Stés Natiocrédimurs et Finamu*). Dès lors que la société ne saurait être regardée comme un producteur ou un détenteur de déchets au sens des articles L. 541-2 et L. 541-3 du Code de l'environnement, le ministre chargé de l'environnement ne saurait soutenir que pèserait sur elle une obligation de prise en charge financière du coût de l'élimination des déchets en vertu du principe du pollueur-payeur (■ CAA Paris, 9 févr. 2017, n° 15PA01423).

V – SUR LE PRINCIPE D'ACTION PRÉVENTIVE ET DE CORRECTION PAR PRIORITÉ À LA SOURCE

48) Charge de la preuve. Tout requérant invoquant une violation de l'article L. 110-1 du Code de l'environnement, et plus particulièrement du principe d'action préventive, doit apporter la preuve de la méconnaissance dudit principe (■ CAA Marseille, 5e ch. – formation à 3, 18 oct. 2024, n° 23MA02926).

49) Déchets. Le principe de correction par priorité à la source implique qu'il appartient à chaque région, commune ou autre entité de prendre les mesures appropriées afin d'assurer la réception, le traitement et l'élimination de ses propres déchets (■ CJCE, 9 juill. 1992, aff. C-2/90, *Commission c/ Belgique : Rec. CJCE* 1992, I, p. 4431). Si les déchets sont des biens soumis au principe de libre circulation des marchandises, les États membres peuvent cependant y apporter des restrictions sur le fondement du principe de correction par priorité à la source des atteintes à l'environnement qui commande aux États, régions, communes ou autres entités locales d'assurer le traitement et l'élimination des déchets aussi près que possible de leur lieu de production (■ CJCE, 17 mars 1993, aff. C-155/91, *Commission c/ Conseil : Rec. CJCE* 1993, I, p. 939). Si le principe de la correction, par priorité à la source, des atteintes à l'environnement implique qu'il appartient à chaque région, commune ou autre entité locale de prendre les mesures appropriées afin d'assurer la réception, le traitement et l'élimination de ses propres déchets, et que ceux-ci doivent donc être éliminés aussi près que possible du lieu de leur production, en vue de limiter leur transport autant que faire se peut, de telles considérations ne sont toutefois pas de nature à soustraire un État membre aux obligations qui découlent de la directive 92/50 (■ CJUE, 21 janv. 2010, aff. C-17/09, *Comm. UE c/ Rép. féd. Allemagne : Environnement* juin 2010, n° 6, comm. G. Llorens).

50) Plan pluriannuel d'élimination des déchets. Directive déchet. Appréciant la légalité d'un plan pluriannuel d'élimination des déchets, la Cour de justice des communautés européennes a considéré que les principes de proximité, d'autosuffisance et de correction par priorité à la source ne peuvent être invoqués pour limiter la circulation des déchets que vis-à-vis de ceux destinés à être éliminés (■ CJCE, 25 juin 1998, aff. C-203/96, *Chemische Alsfallstoffen Dusseldorf BV c/ Minister van Volkshuisvesting Ruimtelijke Ordening en Milieubeheer : Rec. CJCE* 1998, I, p. 4075).

V. également des principes applicables en matière de déchets, jurisprudence citée livre V, titre IV.

VI – SUR LE PRINCIPE DE PARTICIPATION ET D'ACCÈS AUX INFORMATIONS ENVIRONNEMENTALES

51) V. également sous art. L. 121-1, annot. nos 1 et s., p. 73.

52) Liberté d'accès à l'information. Condamnation de la France pour transposition incomplète dans le délai imparti de la directive n° 90/313 du 7 juin 1990 relative à la liberté d'accès à l'information en matière d'environnement (■ CJCE, 26 juin

2003, aff. C-233/00, *Commission c/ République française*). Condamnation de la France pour non-respect des délais de transposition de la directive n° 1999/94/CE du 13 décembre 1999 concernant la disponibilité d'informations sur la consommation de carburant et les émissions de CO2 à l'intention des consommateurs lors de commercialisation des voitures particulières neuves (▪ CJCE, 19 juin 2003, aff. C-161/02, *Commission c/ France*).

53) Présence d'un dispositif législatif. En l'absence d'un dispositif législatif organisant les modalités de la participation du public énoncé à l'article L. 110-1, II, 4° du Code de l'environnement, ce principe ne peut être utilement invoqué à l'appui d'un recours (▪ CE, 26 juin 2013, n° 362313, *Min. Écologie, Développement durable et Énergie c/ Devaux et a.*). Les dispositions de l'article L. 110-1, II, 4° du Code de l'environnement se bornant à énoncer des principes dont la portée a vocation à être définie dans le cadre d'autres lois, elles n'impliquent par elles-mêmes aucune obligation d'associer le public au processus d'élaboration des projets ayant une incidence sur l'environnement (▪ CE, 23 nov. 2015, n° 381249, *Sté Altus Energy et Solaïs c/ Électricité de France*).

54) Absence d'un dispositif législatif. En adoptant une « loi du pays » ne déterminant pas les conditions et limites de la participation du public à la procédure d'actualisation des plans de prévention des risques naturels prévisibles, alors que ces derniers constituent des décisions publiques susceptibles d'avoir une incidence sur l'environnement, l'assemblée de Polynésie française a méconnu l'étendue de sa compétence au regard des dispositions de l'article 7 de la Charte de l'environnement (▪ CE, 13 févr. 2015, n° 384447, *Haut-commissaire de la République en Polynésie française*).

55) Notion d'incidence sur l'environnement. Une procédure de participation du public n'est obligatoire que pour les décisions ayant une incidence directe et significative sur l'environnement, ce qui n'est pas le cas des arrêtés complémentaires que l'autorité administrative peut prendre pour compléter l'autorisation initiale d'exploiter une installation classée pour la protection de l'environnement (▪ CE, 17 oct. 2013, n° 370481, *Cne d'Illkirch-Graffenstaden*). Les conditions d'octroi d'un agrément délivré par l'autorité administrative et dont l'obtention conditionnerait l'accès à la justice des associations de protection de l'environnement ne font pas partie de la catégorie des décisions ayant une incidence sur l'environnement, de telle sorte que les décisions afférentes ne doivent pas être soumises au principe de participation du public (▪ CE, 25 juill. 2013, n° 355745, *Assoc. de défense du patrimoine naturel à Plourin*). *Idem* pour les actes prévoyant la délimitation des périmètres au sein desquels les autorisations de prélèvement d'eau pour l'irrigation sont délivrées à un organisme pour le compte de l'ensemble des préleveurs irrigants (▪ CE, 9 oct. 2013, n° 370051, *Syndicat de gestion des eaux et de l'environnement du Gâtinais Est et Ouest de l'arrondissement de Montargis*). *Idem* pour les décisions créant, modifiant (ou supprimant) une zone de préemption se bornant à délimiter le périmètre dans lequel un département peut préempter des terrains destinés à être aménagés pour être ouverts au public et qu'il s'engage à préserver (▪ CE, 29 oct. 2013, n° 370863, *Assoc. Paysages d'Alsace et Assoc. Nature aménagement réfléchi territoire environnement Culture Sauvegardés*).

56) OGM. Le nom du fabricant, la dénomination des denrées alimentaires ayant fait l'objet de mesures administratives de contrôle visant à vérifier la mention obligatoire dans l'étiquetage de certaines denrées alimentaires produites à partir d'OGM, les sanctions administratives infligées ne constituent pas des informations relatives à l'environnement au sens de la directive n° 90/313/CE du 7 juin 1990 concernant la liberté d'accès à l'information en matière d'environnement (▪ CJCE, 12 juin 2003, aff. C-316/01, *Éva Glawischnig*). La demande de consultation en mairie, après justification de l'identité du demandeur, des fiches d'information relatives à des essais de dissémination de culture de produits génétiquement modifiés n'a pas à être transmise au ministre, ces fiches ne contenant pas d'information dont la divulgation porterait atteinte à un secret protégé par la loi (▪ CAA Nantes, 18 déc. 2003, n° 02NT01248, *Cne de Germignonville*). Le public intéressé peut demander la communication de toute information transmise par le notifiant dans le cadre du processus d'autorisation relatif à une dissémination volontaire d'OGM. Le degré de précision des données varie en fonction des caractéristiques de ladite dissémination. Des considérations tenant à la sauvegarde de l'ordre public et d'autres secrets protégés par la loi ne sauraient constituer des motifs susceptibles de restreindre leur accès (▪ CJCE, 17 févr. 2009, aff. C-552/07, *Cne Saushein c/ M. Azelvandre : Environnement* 2009, n° 6, comm. 82).

57) Urbanisme. Le public doit avoir accès à l'ensemble des informations recueillies dès le début de la procédure d'autorisation d'urbanisme. Les autorités nationales compétentes ne peuvent refuser au public concerné l'accès à une telle décision en se fondant sur la protection de la confidentialité des informations commerciales ou industrielles prévue par le droit national ou de l'Union afin de protéger un intérêt économique légitime

(▪ CJUE, gde ch., 15 janv. 2013, aff. C-416/10, *Jozef Križan et a.*).

58) Obligation d'enquête publique. Le préfet ne peut délivrer l'autorisation d'exploiter une déchetterie, un centre de tri et un centre d'enfouissement technique sans soumettre ce projet à une enquête publique afin de permettre au public d'apprécier l'utilité du projet au regard des objectifs fixés par le plan départemental d'élimination des déchets (▪ TA Amiens, 30 déc. 2003, n° 002140, *M. Bonte et a. c/ Préfet de la Somme*). Le refus du ministre de mettre en œuvre diverses procédures d'information et de concertation préalablement à la réouverture du tunnel sous le Mont-Blanc est illégal car les travaux comprenant essentiellement des travaux de modernisation sont soumis à enquête publique en vertu des dispositions de l'article L. 123-1 du Code de l'environnement (▪ TA Grenoble, 19 mai 2004, n° 0100723, *Assoc. pour le respect du Mont-Blanc*). Ne porte pas atteinte au principe de participation une enquête publique organisée sur la base d'un dossier qui n'est ni incomplet, ni insuffisant et où le public a été amené à participer effectivement aux procédures d'élaboration du projet déclaré d'utilité publique (▪ CE, 15 mai 2009, n° 278942, *Assoc. des Riverains de la Ligne des Carpates*). La soumission d'un projet à une enquête publique régie par les dispositions du Code de l'environnement doit être regardée comme une modalité d'information et de participation du public assurant la mise en œuvre des objectifs fixés par l'article 7 de la Charte de l'environnement (▪ CAA Nantes, 15 janv. 2016, n° 14NT02264, *GARREC c/ SAS La Compagnie du vent*).

59) Invocabilité de l'article 7 de la Charte de l'environnement. S'agissant de la procédure d'enquête publique, la mise en œuvre du principe de participation énoncé à l'article 7 de la Charte de l'environnement est assurée par les dispositions du I de l'article L. 123-1 et de l'article L. 123-3 du Code de l'environnement. Or, lorsque des dispositions législatives ont été prises pour assurer la mise en œuvre du principe de participation, la légalité d'une décision administrative s'apprécie par rapport aux dispositions législatives prises pour l'application de ce principe. Par conséquent, la méconnaissance des dispositions de l'article 7 de la Charte de l'environnement ne saurait être invoquée à l'encontre de cette décision administrative (▪ CAA Douai, 19 mai 2016, n° 14DA01461).

60) Valeur constitutionnelle. Les dispositions de l'article 7, comme l'ensemble des droits et devoirs définis dans la Charte de l'environnement, ont valeur constitutionnelle ; il ressort de leurs termes mêmes qu'il n'appartient qu'au législateur de préciser « les conditions et les limites » dans lesquelles doit s'exercer le droit de toute personne à accéder aux informations relatives à l'environnement détenues par les autorités publiques ; ne relèvent du pouvoir réglementaire que les mesures d'application des conditions et limites fixées par le législateur. En se bornant à renvoyer de manière générale au pouvoir réglementaire de fixer la liste des informations qui ne peuvent en aucun cas demeurer confidentielles, le législateur a, eu égard à l'atteinte portée aux secrets protégés, méconnu l'étendue de sa compétence. Dès lors, le renvoi au décret en Conseil d'État prévu à l'article 11 de la loi déférée (n° 2008-595, 25 juin 2008, relative aux OGM) est contraire à la Constitution (▪ Cons. const., déc., 19 juin 2008, n° 2008/564 DC : *JO* 26 juin). L'article L. 110-1 du Code de l'environnement, qui se borne à énoncer des principes dont la portée a vocation à être définie dans le cadre d'autres lois, ne saurait être regardé comme déterminant les conditions et limites requises par l'article 7 de la Charte de l'environnement (▪ CE, 3 oct. 2008, n° 297931, *Cne d'Annecy : JCP* G 2008, n° 42, act. 604, et 11 févr. 2009, n° 7, II, 10028 ; *JCP* A 2008, n° 49, p. 2279 ; *RDP* 1er mars 2009, n° 2, p. 481 ; *LPA* 2 déc. 2008, n° 241, p. 7). La méconnaissance du principe de participation ne saurait être utilisée aux fins d'annulation d'une décision car l'article L. 110-1 se borne à énoncer des principes dont la portée a vocation à être définie dans le cadre des dispositions législatives portant sur l'organisation du débat public (▪ CAA Bordeaux, 3 déc. 2008, n° 07BX00912, *Min. Transports, Équipement, Tourisme et Mer c/ Assoc. Aquitaine alternatives et a.*). Les décrets de nomenclature mentionnés à l'article L. 511-2 du Code de l'environnement, qui déterminent le régime applicable aux installations classées, constituent des décisions publiques ayant une incidence sur l'environnement et sont soumis au débat public imposé par l'article 7 de la Charte de l'environnement (▪ Cons. const., 14 oct. 2011, n° 2011-183/184 QPC : *JCP* N 2011, act. 824 ; *JCP* A 2011, act. 659 ; comm. B. Delaunay ; *AJDA* févr. 2012, n° 5/2012, p. 260).

Est contraire à la Constitution (article 7 de la Charte de l'environnement) l'article L. 120-1 du Code de l'environnement fixant les modalités générales de participation du public aux décisions de l'État et de ses établissements publics ayant une incidence sur l'environnement, en ce qu'il prévoyait une participation du public limitée aux seules décisions règlementaires de l'État et de ses établissements publics (▪ Cons. const., 23 nov. 2012, n° 2012-282 QPC, *Assoc. France Nature Environnement et a.*). La procédure à l'article L. 120-1 du Code de l'environnement ne concerne que les décisions ayant une incidence directe et significative sur l'environnement. Les dispositions d'une ordonnance relevant du régime de l'article 38 de la Constitution, ayant pour objet de mettre à la charge de personnes vendant des produits phytosanitaires des obligations destinées à limiter leur activité économique afin de protéger l'environnement et dont la violation est passible de sanctions d'un montant élevé, ont une incidence directe et significative sur l'environnement, alors même qu'elles renvoient à des textes d'application. Par conséquent, les dispositions de cette ordonnance devaient faire l'objet d'une consultation du public préalablement à leur adoption, conformément aux exigences de l'article L. 120-1 du Code de l'environnement, et encourent à ce titre l'annulation (▪ CE, 28 déc. 2016, n°s 394696 et 395115 : E. Mallet, *Annulation de l'ordonnance n° 2015-1244 du 7 octobre 2015 : RD rur.* 2017, n° 451, comm. 87).

61) Nucléaire. La convention d'Aarhus n'a pas pour effet d'imposer que le démantèlement des centrales nucléaires soit, à l'instar de leur construction, soumis à la procédure prévue par les articles L. 121-1 et suivants du Code de l'environnement (▪ CE, 9 déc. 2011, n° 324294, *Réseau Sortir du Nucléaire*).

62) Protection des poissons. L'édiction d'un arrêté préfectoral sans participation du public préalable, alors que cet arrêté porte sur la fermeture, pour plusieurs mois, d'une passe à poissons, est contraire aux dispositions du Code de l'environnement (▪ TA Montpellier, 14 nov. 2024, n° 2406153).

VII – SUR LE PRINCIPE DE NON-RÉGRESSION

63) Le Conseil constitutionnel a déclaré conformes à la Constitution les dispositions de l'article L. 110-1 du Code de l'environnement instaurant le principe de non-régression, dès lors qu'il est à tout moment loisible au législateur, statuant dans le domaine de sa compétence, d'adopter, pour la réalisation ou la conciliation d'objectifs de nature constitutionnelle, des modalités nouvelles dont il lui appartient d'apprécier l'opportunité. De plus, le Conseil considère que ces dispositions ne sont pas dépourvues de toute portée normative, dès lors qu'elles énoncent un principe d'amélioration constante de la protection de l'environnement, compte tenu des connaissances scientifiques et techniques du moment, et que ce principe s'impose, dans le cadre des dispositions législatives propres à chaque matière, au pouvoir réglementaire (▪ Cons. const., 4 août 2016, n° 2016-737-DC, *Loi pour la reconquête de la biodiversité, de la nature et des paysages* : K. Foucher : *Constitutions* 2016, p. 487). Le principe de non-régression, tel que défini au 9° du II de l'article L. 110-1 du Code de l'environnement s'impose au pouvoir réglementaire lorsqu'il détermine des règles relatives à l'environnement. Il n'est toutefois pas invocable lorsque le législateur a entendu en écarter l'application dans un domaine particulier ou lorsqu'il a institué un régime protecteur de l'environnement et confié au pouvoir réglementaire le soin de préciser les conditions de mise en œuvre de dérogations qu'il a lui-même prévues à ce régime (▪ CE, 27 mars 2023, n° 463186, *Assoc. réseau « Sortir du nucléaire »*).

64) Invocabilité du principe. Le principe de non-régression ne peut être invoqué à l'encontre de dispositions qui n'ont pas d'effets directs et significatifs sur l'environnement (▪ CE, 31 oct. 2022, n° 443191, *Assoc. One Voice*).

65) Non-invocabilité à l'encontre d'une autorisation individuelle. Le principe d'amélioration constante de la protection de l'environnement énoncé au 9° du II de l'article L. 110-1 s'impose, dans le cadre des dispositions législatives propres à chaque matière, au pouvoir réglementaire, mais ces dispositions ne peuvent être utilement invoquées directement à l'encontre d'une décision non réglementaire d'autorisation d'exploitation au titre de la législation relative aux installations classées pour la protection de l'environnement (▪ TA La Réunion, 14 déc. 2017, n° 1401324, *Assoc. citoyenne de Saint-Pierre (ACSP) et a.*).

66) Principe de non-régression et règles d'urbanisme. Le décret attaqué, n° 2017-81 du 26 janvier 2017 relatif à l'autorisation environnementale, dispense les projets d'installation d'éoliennes terrestres soumis à autorisation environnementale de l'obtention d'un permis de construire. Il ne méconnaît pas pour autant le principe de non-régression posé par l'article L. 110-1 du Code de l'environnement, car il n'a ni pour objet ni pour effet de dispenser de tels projets du respect des règles d'urbanisme qui leurs sont applicables (▪ CE, 14 juin 2018, n° 409227, *Fédération environnement durable et a.* : *AJDA* 2018, p. 1245, M.-C. de Montecler ; *RD imm.* 2018, p. 471, P. Soler-Couteaux).

67) Appréciation des effets sur l'environnement. En vertu des seuils fixés aux *a)* et *d)* de la rubrique 44 du tableau annexé à l'article R. 122-2 du Code de l'environnement, dans leur rédaction issue du décret n° 2016-1110 du 11 août 2016, l'aménagement de pistes permanentes de courses et d'essais pour véhicules motorisés d'une emprise inférieure à 4 ha et la construction d'équipements sportifs et de loisirs ne figurant dans aucune autre rubrique du tableau et susceptibles d'accueillir un nombre de personnes égal ou inférieur à 5 000 sont exemptés systématiquement d'évaluation environnementale, alors que, sous l'empire de la réglementation en vigueur antérieurement au décret attaqué, ces projets étaient soumis à une évaluation environnementale au cas par cas pour ce qui concerne l'aménagement de pistes permanentes de courses et d'essais pour véhicules motorisés d'une emprise inférieure à 4 ha et la construction d'équipements sportifs et de loisirs ne figurant dans aucune autre rubrique du tableau et susceptibles d'accueillir plus de 1 000 personnes ; toutefois, il ressort des pièces du dossier que des projets de ce type sont susceptibles d'avoir des incidences notables sur l'environnement, notamment, ainsi que le fait valoir la requérante, lorsqu'ils sont localisés dans ou à proximité de lieux où les sols, la faune ou la flore sont particulièrement vulnérables. La fédération requérante est, par suite, fondée à soutenir que ces dispositions méconnaissent le principe de non-régression de la protection de l'environnement, dans la mesure où elles exemptent systématiquement d'évaluation environnementale les projets susmentionnés (▪ CE, 8 déc. 2017, n° 404391, *Féd. Allier Nature* : *AJDA* 2017, 2438, obs. Pastor ; *Énergie – Env. – Infrastr.* 2018, n° 11, note Lepage ; *Dr. env.* 2018, 48 ; *BDEI* 2018, n° 2306, obs. P.-H.). Le dispositif permettant la réutilisation de matériaux, institué par les dispositions réglementaires attaquées, comporte des garanties destinées à prévenir les risques pour la santé et l'environnement. Par suite, eu égard à la très faible radioactivité des substances dont la valorisation est susceptible d'être autorisée sur le fondement des décrets attaqués et aux garanties qu'ils prévoient, ces décrets ne conduisent pas à une régression de la protection de l'environnement (▪ CE, 27 mars 2023, n° 463186, *Assoc. réseau « Sortir du nucléaire »*).

68) Principe de non-régression et possibilité de déroger aux normes arrêtées par l'administration. Ne méconnaît pas le principe de non-régression le décret autorisant à titre expérimental et pendant deux ans certains préfets à déroger aux normes arrêtés par l'administration dans la mesure où les dérogations ne peuvent intervenir que sous certaines conditions, au regard d'un motif d'intérêt général, de circonstances locales et dans le respect des intérêts de la défense et de la sécurité des personnes et des biens et en tant que le décret ne permet pas de déroger à des normes réglementaires ayant pour objet de garantir le respect des principes consacrés par la loi dont fait partie le principe de non-régression (▪ CE, 17 juin 2019, n° 421871, *Assoc. Les Amis de la Terre France)*. Dès lors que la possibilité d'adapter les distances de sécurité lors de l'utilisation de produits phytopharmaceutiques à proximité des habitations est conditionnée au respect des mesures prévues par les chartes d'engagement des utilisateurs et à l'utilisation de moyens ou techniques de réduction de la dérive dans les conditions prévues par l'annexe 4 de l'arrêté, apportant des garanties équivalentes aux distances minimales de sécurité de 10 m et 5 m prévues au premier alinéa du I de l'article 14-2 de l'arrêté du 4 mai 2017 modifié, les dispositions de l'arrêté permettant de déroger aux distances minimales de sécurité ne méconnaissent pas le principe de non-régression (▪ CE, 26 juill. 2021, n° 437815, *Collectif des maires anti-pesticides*). Dès lors que des dispositions d'un décret n'ont pas pour objet et ne sauraient légalement avoir pour effet de permettre aux préfets de déroger à des normes réglementaires visant à garantir le respect de principes consacrés par la loi, elles ne méconnaissent pas le principe de non-régression (▪ CE, 21 mars 2022, n° 440871, *Assoc. Les amis de la Terre France* et a.).

69) Principe de non-régression et passage d'une évaluation environnementale systématique à une évaluation environnementale au cas par cas. Ne méconnaît pas le principe de non-régression le décret soumettant à évaluation environnementale au cas par cas des projets initialement soumis à évaluation environnementale systématique dès lors que les projets visés sont soumis à une forme d'évaluation. En revanche, le fait de ne plus soumettre à évaluation environnementale un type de projet qui y était soumis après examen au cas par cas contrevient au principe de non-régression, sauf à ce que les projets exemptés soient insusceptibles d'avoir des incidences notables sur l'environnement ou la santé humaine (▪ CE, 9 oct. 2019, n° 420804, *FNE)*.

70) Principe de non-régression et nucléaire. La Haute Juridiction rappelle que le principe de non-régression posé par le présent article du Code de l'environnement s'impose au pouvoir réglementaire. Néanmoins, il n'est pas invocable lorsque le législateur a entendu en écarter l'application dans un domaine particulier ou lorsqu'il a institué un régime protecteur de l'environnement et confié au pouvoir réglementaire le soin de préciser les conditions de mise en œuvre de dérogations qu'il a lui-même prévues à ce régime. Concernant le domaine du nucléaire, le Conseil d'État précise qu'« aux termes de l'article L. 1333-4 du Code de la santé publique : "En application du principe de justification, certaines des activités nucléaires ainsi que certains procédés, dispositifs ou substances exposant des personnes à des rayonnements ionisants peuvent être, en raison du peu d'avantages qu'ils procurent ou de l'importance de leur effet nocif, réglementés ou interdits par voie réglementaire. Les interdictions ou réglementations prises en application de l'alinéa précédent peuvent être révisées compte tenu d'éléments nouveaux et significatifs permettant de réévaluer la justification des activités, procédés, dispositifs ou substances concernés". Par ces dispositions, le législateur n'a pas entendu écarter l'application du principe de non-régression ou confier au pouvoir réglementaire compétence pour déterminer les conditions de mise en œuvre de dérogations à un régime protecteur de l'environnement » (■ CE, 27 mars 2023, n° 463186).

71) Applicabilité limitée. Le principe de non-régression du Code de l'environnement est applicable à la matière environnementale, mais pas au-delà. Il n'est par exemple pas applicable en matière de régime contentieux : dès lors, et de manière logique, il ne peut pas être invoqué pour contester des modalités de recours en appel (■ CE, 14 juin 2023, n° 466933).

Art. L. 110-1-1 *(L. n° 2015-992, 17 août 2015 ; mod., L. n° 2020-105, 10 févr. 2020).* **– La transition vers une économie circulaire vise à atteindre une empreinte écologique neutre dans le cadre du respect des limites planétaires et à dépasser le modèle économique linéaire consistant à extraire, fabriquer, consommer et jeter en appelant à une consommation sobre et responsable des ressources naturelles et des matières premières primaires ainsi que, par ordre de priorité, à la prévention de la production de déchets, notamment par le réemploi des produits, et, suivant la hiérarchie des modes de traitement des déchets, à une réutilisation, à un recyclage ou, à défaut, à une valorisation des déchets. La promotion de l'écologie industrielle et territoriale et de la conception écologique des produits, l'utilisation de matériaux issus de ressources naturelles renouvelables gérées durablement et issus du recyclage, la commande publique durable, l'allongement de la durée du cycle de vie des produits, la prévention des déchets, la prévention, la réduction ou le contrôle du rejet, du dégagement, de l'écoulement ou de l'émission des polluants et des substances toxiques, le traitement des déchets en respectant la hiérarchie des modes de traitement, la coopération entre acteurs économiques à l'échelle territoriale pertinente dans le respect du principe de proximité et le développement des valeurs d'usage et de partage et de l'information sur leurs coûts écologique, économique et social contribuent à cette nouvelle prospérité.**

Voir aussi : art. L. 541-1, p. 1128 sur le rôle de la politique nationale de gestion des déchets dans la mise en œuvre de l'économie circulaire.

Bibliographie : *Sur l'économie circulaire et la commande publique.* R. Granjon et G. Le Chatelier, *La commande publique peut-elle être un moyen de favoriser la transition énergétique ? : AJCT* 2016 p. 10. • F. Linditch, *Les premiers pas du coût du cycle de vie dans la commande publique : Contrats-Marchés publ.* 2016, n° 7, alerte 29. • G. Clamour, *La commande publique au service de la transition énergétique : Contrats-Marchés publ.* 2015, n° 10, comm. 26. • G. Gauch et S. Couvreur, *Réemploi des déchets et commande publique après la loi du 17 août 2015 sur la transition énergétique : Le Moniteur – Contrats publics* 2015, n° 160, p. 32-35.

Sur la notion d'économie circulaire. B. Berger et M.-P. Maître, *Économie circulaire : notre droit est-il à la hauteur de nos ambitions ? : Rev. Énergie – Env. – Infrastr.* 2015, n° 10, dossier 9.

Art. L. 110-1-2 *(L. n° 2015-992, 17 août 2015 ; mod., L. n° 2020-105, 10 févr. 2020).* **– Les dispositions du présent code ont pour objet, en priorité, de prévenir l'utilisation des ressources, puis de promouvoir une consommation sobre et responsable des ressources basée sur l'écoconception, puis d'assurer une hiérarchie dans l'utilisation des ressources, privilégiant les ressources issues du recyclage ou de sources renouvelables, puis les ressources recyclables, puis les autres ressources, en tenant compte du bilan global de leur cycle de vie.**

Bibliographie : *Sur la transition énergétique.* CESE, *Comment accélérer la transition énergétique ? : avis sur la mise en œuvre de la loi sur la transition énergétique pour la croissance verte* févr. 2018. • P. Billet, *Transition énergétique et croissance verte : itinéraire et ambitions d'une loi : Énergie – Env. – Infrastr.* 2015, n° 10, dossier 6.

Sur la transition énergétique et la lutte contre le changement climatique. P. Sokoloff, *Lutte contre le changement climatique, décentralisation énergétique, efficience des politiques publiques et cohésion territoriale : une synthèse nécessaire, un défi ambitieux : Rev. Énergie – Env. – Infrastr.* 2016, n° 1, dossier 3.

Sur le principe d'utilisation rationnelle des ressources. G. Bricker, *Le principe d'utilisation rationnelle des ressources : Rev. Énergie – Env. – Infrastr.* 2015, n° 12, étude 19.

Barème des soutiens financiers des éco-organismes de la filière papiers graphiques aux collectivités territoriales. Le barème fixé par l'arrêté en litige, relatif aux éco-organismes de la filière papiers graphiques, prévoyant que la part des soutiens financiers aux collectivités territoriales par les éco-organismes, calculée selon le tonnage de déchets collectés, serait déterminée en fonction de ceux des déchets qui, issus du tri et de la collecte sélectifs, sont orientés vers la filière de recyclage de l'industrie papetière en vue de leur retraitement aux fins de leur fonction initiale, respecte les principes résultant des articles L. 541-1 et L. 110-1-2 du Code de l'environnement en privilégiant la production de ressources issues du recyclage (■ CE, 30 mai 2018, n° 406667, *Féd. nat. des collectivités de compostage*).

Art. L. 110-2 *(Mod., L. n° 2016-1087, 8 août 2016)*. **– Les lois et règlements organisent le droit de chacun à un environnement sain. Ils contribuent à assurer un équilibre harmonieux entre les zones urbaines et les zones rurales ainsi que la préservation et l'utilisation durable des continuités écologiques.**

Il est du devoir de chacun de veiller à la sauvegarde et de contribuer à la protection de l'environnement, y compris nocturne.

Les personnes publiques et privées doivent, dans toutes leurs activités, se conformer aux mêmes exigences.

Voir : Sur le droit à chacun à respirer un air qui ne nuise pas à sa santé : livre II, titre II, art. L. 220-1, al. 1, p. 469. Sur la notion d'équilibre entre les populations résidant dans les zones urbaines et rurales : C. urb., art. L. 101-2.

Bibliographie : *Sur la loi n° 76-629 du 10 juillet 1976 relative à la protection de la nature.* E. Alauze, *La loi du 10 juillet 1976 sur la protection de la nature : Gaz. Pal.* 7 déc. 1976, 1, p. 686.

Sur la loi n° 95-101 du 2 février 1995, relative au renforcement de la protection de l'environnement. M. Barnier, *L'apport de la loi : RFDA* 1996, p. 200. • C. Sanson, *La genèse de la loi : RFDA* 1996, p. 203. • V. Inserguet-Brisset, *Le renforcement de la protection de l'environnement par l'appropriation publique : LPA* 14 avr. 1995, n° 45, p. 9. • Y. Jegouzo : *RD imm.* 1995, chron. p. 201. • J. Morand-Deviller : *AJDA* 1995, chron. législ. p. 439. • Y. Razafindratandra, *Les activités économiques à l'épreuve de la loi Barnier : Dr. env.* 7/1995, n° 29. • J.-H. Robert, *Dispositions pénales de la loi n° 95-101 du 2 février 1995 : Dr. env.* déc. 1994-janv. 1995, n° 28.

Sur la loi n° 2016-1087 du 8 août 2016 pour la reconquête de la biodiversité, de la nature et des paysages. A. Van Lang, *La loi Biodiversité du 8 août 2016 : une ambivalence assumée : AJDA* 2016, p. 2492.

Sur les questions posées par la reconnaissance d'un droit de l'homme à l'environnement. N. Le Bonniec, *La reconnaissance d'un droit fondamental à un environnement sain dans l'ordre juridique de l'Union européenne : simple possibilité ou réelle nécessité ? : Rev. UE* 2016, n° 597, p. 211. • S. Karagiannis, *Le droit à la santé dans certains textes internationaux et constitutionnels : entre généreuse utopie et mesquin pragmatisme ? : JDI* 2012, n° 4, doctr. 11. • Ph. Billet, *Le « juste équilibre » des droits au service de la protection de l'environnement : Environnement* 2010, n° 6. • D.-A. Camous, *Le droit des peuples autochtones et la protection de l'environnement : Dr. env.* 2010, n° 177. • V. Rebeyrol, *L'affirmation d'un « droit à l'environnement » – Et la réparation des dommages environnementaux : Defrénois* 2010. • C. Picheral, *L'hypothèse d'un « droit à » l'environnement : BDEI* janv. 2009, n° 19. • M.-J. Redor-Fichot, *Le droit à l'environnement, droit fondamental et liberté fondamentale ? : Dr. env.* 2008, n° 160, p. 19. • P. Savin, *Le droit à l'environnement : Gaz. Pal.* 17 et 18 mars 2006, n° spécial Droits fondamentaux, n°s 76 et 77, p. 52. • F.-G. Trébulle, *Du droit de l'homme à un environnement sain : Environnement* 2005, n° 4, comm. 29. • C. Dommen, *Une tentative de faire protéger l'environnement par le Comité des droits de l'homme : Rev. jur. env.* 2/1997, p. 157. • C. Lepage, *Les incidences de la Convention européenne des droits de l'Homme sur le droit communautaire de l'environnement : LPA* 27 juill. 1994, n°s 89 et 90, p. 37 et *LPA* 29 juill. 1994, n° 90, p. 27. • C. Huglo et C. Lepage, *Les droits de l'homme à l'environnement doivent être proclamés d'urgence*, Artis, 1989. • A. Kiss, *L'état du droit de l'environnement en 1981 : Problèmes et solutions : JDI* 1980, p. 499. • J. Untermaier, *Progrès ou régression du droit de l'environnement : Mél. R. Pelloux*, 1980. • J. Untermaier, *Droit de l'homme à l'environnement : libertés publiques : Rev. jur. env.* 4/1978, p. 329. • A. Kiss, *Peut-on définir le droit de l'homme à l'environnement ? : Rev. jur. env.* 1/1976, n° 1, p. 15.

Sur la notion d'équilibre entre les populations résidant dans les zones urbaines et rurales. E. Heyraud, *Loi de programmation pour la ville et la cohésion urbaine : vers une géographie rationalisée et de nouvelles responsabilités pour les intercommunalités : JCP A* 2014, n°s 18-19. • P. Hocreitère, *La portée normative de l'article L. 110 : Dr. adm.* 1993, p. 1. • A. De Laubadère : *AJDA* 1976, chron. législ. p. 521.

Sur les tendances d'évolution récente d'un droit de l'environnement vers un droit de la qualité de la vie. P. Steichen, *Évolution du droit de la qualité de la vie. De la protection de la santé à la promotion du bien-être : Rev. jur. env.* 3/2000, p. 361.

I – APPLICATION DE LA CONVENTION EUROPÉENNE DES DROITS DE L'HOMME AU DROIT DE L'ENVIRONNEMENT

Voir : ■ CEDH, 9 déc. 1994, *Lopez Ostra.* ■ CEDH, 19 févr. 1998, *Anna Maria Guerra et 49 autres femmes c/ Italie.* ■ CEDH, 21 févr. 1990, n° 9310/81, *Powell et Rayner c/ Royaume-Uni.* ■ CEDH, 18 juin 2002, aff. *Oneryildiz c/ Turquie.*

Bibliographie : *Environnement et Convention européenne des droits de l'Homme*, fiche thématique, Cour européenne des droits de l'Homme, juin 2018. – C. Cournil, C. Colard-Fabregoule, A. Pomade et J. Bétaille, *Environnement et droits de l'homme : Journal européen des droits de l'homme* 2017, n° 4, p. 338. – S. Nadaud, *Environnement et développement durable – L'approche fondée sur le respect des droits de l'Homme : un* *moyen d'assurer une protection plus concrète et effective du droit pénal de l'environnement : Énergie – Env. – Infrastr.* 2017, n° 12, dossier 28. – J.-F. Renucci, *Convention européenne des droits de l'Homme et environnement : JCl. Environnement et développement durable* 2017, fasc. 2080. – C. Huglo, *Environnement et développement durable – De l'utilité des droits fondamentaux : Énergie – Env. – Infrastr.* 2015, n° 7, repère 7. – J. Duffar, *Environnement et jurisprudence de la Cour européenne des droits de l'Homme : quelques considérations pratiques – Confluences : Mél. en l'honneur de J. Morand-Deviller*, Litec, 2007, p. 787. – Y. Winisdoerffer et G. Dunn, *Le manuel sur les droits de l'homme et l'environnement : ce que les États retiennent de la jurisprudence « environnementaliste » de la Cour européenne des droits de l'Homme : Rev. jur. env.* 2007, n° 4, p. 467. – M.-F. Delhoste, *Vols de nuit et vie privée : l'article 8 de la convention sacrifié : Environnement* 2006, p. 10. – M. Merino, *Protection de l'individu contre les nuisances environnementales... de la jurisprudence de la Cour européenne des droits de l'Homme au système juridictionnel national de protection : RTDH* 65/2006, p. 55. – *Principes tirés de la jurisprudence de la Cour européenne des droits de l'Homme*, Manuel sur les droits de l'homme et l'environnement, éd. du Conseil de l'Europe, 2006. – D. Garcia San José, *La protection de l'environnement et la Convention européenne des droits de l'Homme*, Éditions du Conseil de l'Europe, 2005. – J.-P. Marguénaud, *Droit de l'homme à l'environnement et Cour européenne des droits de l'Homme : Rev. jur. env.* 2003, n° spécial, p. 15. – Y. Winisdoerffer, *La jurisprudence de la Cour européenne des droits de l'Homme et l'environnement : Rev. jur. env.* 2003, n° 2, p. 213. – M. Déjeant-Pons et M. Pallemaerts, *Droit de l'homme et environnement*, Publications du Conseil de l'Europe, 2002.

1) Droit à un environnement sain et Convention européenne des droits de l'Homme. Si la Convention ne consacre pas un droit à l'environnement en tant que tel, la CEDH a été amenée à se pencher sur la question, et à consacrer un droit à un environnement sain, par le biais d'autres droits conventionnels, au motif que leur jouissance pouvait être compromise par la dégradation de l'environnement et l'exposition à des risques environnementaux.

2) Environnement et article 2. Le droit à la vie est applicable dès lors que sont en cause des activités susceptibles de nuire à l'environnement qui sont d'une dangerosité telle qu'elles mettent aussi en péril la vie humaine. L'article 2 implique pour l'État l'obligation positive de prendre toutes les mesures nécessaires à la protection de la vie des personnes relevant de leur juridiction, ce qui vaut dans le contexte de toute activité, publique ou non, susceptible de mettre en jeu le droit à la vie, *a fortiori* pour les activités à caractère industriel, dangereuses par nature : cette obligation positive a été jugée être violée par les autorités turques, qui n'avaient pas fait tout ce qu'on pouvait attendre d'elles pour empêcher le décès de 12 habitant d'un bidonville du fait d'une explosion de méthane dans une décharge municipale avoisinante (▪ CEDH, 18 juin 2002, aff. n° 48939/99, *Öneryildiz c/ Turquie : Europe* 2002, n° 11, p. 31, confirmé par – ▪ CEDH, déc. gde ch., 30 nov. 2004, n° 48939/99, aff. *Öneryildiz c/ Turquie* : note I. Michallet in *Grands arrêts du droit de l'environnement*, 2017). L'article 2 a aussi vocation à s'appliquer dans l'hypothèse de catastrophes naturelles (▪ CEDH, déc., 28 nov. 2006, n° 76973/01, *Murillo Saldias c/ Espagne*. – ▪ CEDH, déc., 24 mars 2015, n° 9713/13, *Viviani et a. c/ Italie*). L'article 2 comporte pour l'État un volet matériel et un volet procédural, qui se déclinent en une obligation de prendre des actions tant préventives (▪ CEDH, 20 mars 2008, n° 15339/02, *Boudaïeva et a. c/ Russie*, § 132 et s.) que répressives (par ex. ▪ CEDH, 17 nov. 2015, n° 14350/05, *Özel et a. c/ Turquie*).

3) Atteintes graves à l'environnement et droits de l'homme. Une pollution importante de l'environnement est susceptible d'entraîner une violation de l'article 8 et de porter atteinte au bien-être individuel, même en l'absence de risque sérieux pour la santé. Ainsi, la CEDH a jugé que les émanations nauséabondes provenant d'une station d'épuration et des résidus de tannerie qui affectent le bien-être d'une personne et la prive de la jouissance de son domicile de manière à nuire à sa vie privée et familiale en méconnaissance de l'article 8 de la Convention européenne des droits de l'Homme sur le droit au respect du domicile (▪ CEDH, 9 déc. 1994, *Lopez Ostra : JCP* G 1995, I, 3823, n° 33, chron. F. Sudre ; N. Clément : *Gaz. Pal.* 1995, 2, p. 527, n° 271 ; *Gaz. Pal.* 1995, 28 sept. 1995, p. 29 ; *RUDH* 1995, p. 125 ; I. Michallet in *Les grands arrêts du droit de l'environnement*, 2017. ▪ CEDH, 6 févr. 1999, *Anna Maria Guerra et 49 autres femmes c/ Italie : RUDH* 1998, p. 33 ; *RGDI publ.* 4/1998, note S. Maspereau Dubois).

Le maintien d'un équilibre entre l'intérêt général et la sauvegarde des droits individuels impose qu'une ingérence de l'administration réponde à un besoin social impérieux et soit proportionnée au but poursuivi (▪ CEDH, 7 déc. 1976, *Handsyde c/ Royaume-Uni*). Ainsi : concernant les nuisances sonores subies par les requérants domiciliés à côté d'un aéroport, l'Angleterre est condamnée pour avoir failli à ménager un juste équilibre entre le bien-être économique du pays et la jouissance effective par les requérants de leur droit au respect de leur domicile et de leur vie privée et familiale

(■ CEDH, 2 oct. 2001, *Hatton et a. c/ Royaume-Uni : Rev. jur. env.* 2/2002, p. 171). Par contre, en réglementant le bruit des vols de nuit, par un système de quotas de bruit par aéronef et en y ajoutant un nombre maximum global de mouvements d'aéronefs autorisés durant la nuit, les autorités britanniques ont été jugées ne pas avoir excédé leur marge d'appréciation dans la recherche d'un juste équilibre entre, d'une part, le droit des personnes à voir respecter leur vie privée et leur domicile et, d'autre part, les intérêts concurrents de la société dans son ensemble (■ CEDH, 8 juill. 2003, *Hatton et a. c/ Royaume-Uni)*. L'intérêt de maintenir l'activité économique du plus grand employeur d'une ville déjà fragilisée par la fermeture d'autres industries ne saurait l'emporter sur le droit des personnes concernées à jouir d'un environnement équilibré et respectueux de la santé (■ CEDH, 3e sect., 30 mars 2010, n° 19234/04, *Bacila c/ Roumanie*). La requête de particuliers se plaignant des nuisances causées par des éoliennes installées à proximité de leur résidence est déclarée irrecevable dès lors que le niveau de nuisances sonores ne dépassait pas les recommandations de l'OMS et que l'intérêt général poursuivi est supérieur aux impacts sur les habitants (pas de violation de l'article 8 de la Convention), de plus, l'ingérence dans leur droit de propriété était proportionnée au but poursuivi (pas de violation de l'article 1er du protocole n° 1) (■ CEDH, 26 févr. 2008, n° 37664/04, *Fägerskiöld c/ Suède : JCP* A 2008, n° 52, p. 2289). L'absence d'étude d'impact préalable et la non-exécution des décisions de suspension d'activité de la justiceadministrative ont entraîné une atteinte grave au droit au respect du domicile de la requérante en raison de l'activité dangereuse de l'usine bâtie à trente mètres de son habitation. Nonobstant la marge d'appréciation reconnue aux États, la Turquie n'a pas su ménager un juste équilibre entre l'intérêt de la collectivité à disposer d'une usine de traitement de déchets industriels toxiques et la jouissance effective par la requérante du droit au respect de son domicile et de sa vie privée et familiale (■ CEDH, 2 nov. 2006, n° 59909/00, *Giacomelli c/ Italie : JCP* A 2007, n° 25, p. 2156 ; *BDEI* juin 2007, n° 9, p. 43). Au vu des éléments de preuve indirecte et des présomptions, il *est possible de déduire* que l'exposition prolongée de la requérante aux émissions industrielles rejetées par une scierie est la cause de la dégradation de son état de santé et que la pollution a eu des conséquences néfastes sur la qualité de vie à son domicile. En ne proposant aucune solution effective pour favoriser son éloignement de la zone à risques, la Russie n'a pas su ménager un juste équilibre entre les intérêts de la société et celui de la requérante à pouvoir jouir effectivement de son droit au respect de son domicile et de sa vie privée : violation de l'article 8 de la Convention (■ CEDH, 9 juin 2005, n° 55723/00, *Fadeïeva c/ Russie : JCP* A 2005, n° 39). Même si une démolition constitue une atteinte radicale aux intérêts privés, elle est justifiée par la nécessité croissante de protéger le littoral et son usage par le public, mais aussi de faire respecter les règles d'urbanisme (■ CEDH, 29 mars 2010, n° 34044/02, *Depalle c/ France* et ■ CEDH, 29 mars 2010, n° 34078/02, *Brosset-Triboulet c/ France : JCP* A 2010, 2140, note P. Yolka). De même, une interdiction totale de construire sur le littoral a été jugée ne pas entraîner une violation de l'article 1er du protocole n° 1, dans la mesure où, la protection du rivage constituant un but légitime, l'équilibre entre les droits des requérants et l'intérêt général n'a pas été rompu (■ CEDH, 6 oct. 2016, nos 40886/06 et 51946/07, *Malfatto et Mieille c/ France*).

4) Droit à un environnement sain et principe de précaution. L'existence d'un risque sérieux et substantiel pour la santé et pour le bien-être des requérants fait peser sur l'État l'obligation positive d'adopter des mesures raisonnables et adéquates capables de protéger les droits des intéressés au respect de leur vie privée et de leur domicile et plus généralement à la jouissance d'un environnement sain et protégé (■ CEDH, 3e sect., 27 janv. 2009, n° 67021/01, *Tătar c/ Roumanie : Gaz. Pal.* 20 juin 2009, n° 171, p. 48 ; *Environnement* 2009, n° 5, comm. 65). L'obligation positive pour un État d'adopter des mesures raisonnables et adéquates capables de protéger les droits des citoyens au respect de leur vie privée et de leur domicile et plus généralement à la jouissance d'un environnement sain et protégé s'impose indépendamment de l'existence d'un risque sérieux et substantiel pour leur santé (■ CEDH, 10 janv. 2012, n° 30765/08, *Di Sarno et a. c/ Italie*).

5) Droit à un environnement sain et article 6, § 1. Le droit de vivre dans un environnement sain et équilibré reconnu par la constitution turque est un « droit de caractère civil » au sens de l'article 6, § 1 de la Convention. En ne se conformant pas réellement et dans un délai raisonnable aux décisions rendues par les juridictions nationales prescrivant la suspension de l'activité de centrales thermiques, le gouvernement turc a violé l'article 6, § 1 de la Convention (■ CEDH, 12 juill. 2005, n° 36220/97, *Okyay et a. c/ Turquie : JCP* G 2006, n° 5, I, 109).

6) Information environnementale et liberté d'expression. Entre dans le champ de la protection de la liberté d'expression, l'information visant à prévenir la population d'un territoire de la pollution des eaux par l'activité d'une société, dans la mesure où cette pollution répondait à un intérêt public (■ CEDH, 19 juin 2012, *Tanasoaica c/ Roumanie*).

7) Droit à un environnement sain et amiante. Il appartient au pouvoir réglementaire de prendre en compte le droit à un environnement sain pour contrôler les dispositions définissant les mesures à prendre pour protéger la population contre les risques liés à la présence de poussière d'amiante dans l'air à l'intérieur d'immeubles (■ CE, 26 févr. 2014, n° 351514, *Assoc. Ban Asbestos France et a.*).

II – DROIT À UN ENVIRONNEMENT SAIN ET JUSTICE ADMINISTRATIVE

Bibliographie : L. Peyen, *Droit à l'hébergement d'urgence, environnement et référé liberté : Rev. Énergie – Env. – Infrastr.* 2016, n° 3, comm. 23.

8) Droit à l'hébergement d'urgence et référé liberté. Les risques élevés d'insalubrité du site et la prise en charge des besoins élémentaires des migrants par les autorités publiques révèlent une carence de nature à exposer ces personnes, de manière caractérisée, à des traitements inhumains ou dégradants portant ainsi une atteinte grave et manifestement illégale à une liberté fondamentale, justifiant la décision du juge des référés d'enjoindre l'État et la commune de Calais à prendre les mesures nécessaires pour y remédier (■ CE, réf., 23 nov. 2015, n° 394540, *Ass. Cimade et a. c/ min. de l'Intérieur*).

III – VOIE DE FAIT. ABSENCE

9) Construction d'un pont sur le domaine public. La poursuite des travaux de construction du pont de l'Île de Ré, malgré l'annulation de la déclaration d'utilité publique prononcée par la juridiction administrative alors même qu'elle nuira à l'environnement, n'a pas porté atteinte à une liberté fondamentale dans des conditions manifestement insusceptibles de se rattacher à l'exercice d'un pouvoir appartenant à l'administration (■ T. confl., 25 janv. 1988, *Préfet de la Charente-Maritime : Rec. CE*, p. 484 ; *D.* 1988, p. 205, note Didier ; *Gaz. Pal.* 1988, 2, p. 503, note B. Poujade ; *RFDA* 1990, p. 1991, concl. Laroque).

10) Construction d'une centrale nucléaire. L'article 1er de la loi du 10 juillet 1976 ne contenant, en l'absence de décret d'application, que la déclaration d'un principe ou d'une recommandation dont la mise en œuvre n'a pas été organisée, l'exécution des travaux réalisés en méconnaissance de ce principe ne porte pas atteinte à une liberté fondamentale (■ *CA Caen, 26 juin 1977, Crepan : CJEG* 1977, p. 156, note Carron ; *AJDA* 1977, p. 556, note Girod. – V. également, C. Huglo et P. Girod : *Gaz. Pal.* 1978, 2, doctr. p. 524 et 606) ; dans le même sens et s'agissant du droit à la qualité de la vie invoqué et réclamé par les demandeurs (■ TGI Bourgoin-Jallieu, 30 mai 1975 : *Rev. jur. env.* 1/1976, p. 51 ; *CJEG* 1977, p. 156, note Carron ; *AJDA* 1977, p. 556, note Girod).

11) Édification d'un pylône de ligne électrique. Ne sont pas constitutives d'une voie de fait les actions d'une société concessionnaire qui réalise des travaux déclarés d'utilité publique pour l'installation d'un pylône de ligne électrique sur des parcelles privées, en ce qu'elle est investie de prérogatives de puissance publique (■ T. confl., 18 mars 2013, n° 3897, *Paingt c/ Sté RTE*).

IV – VOIE DE FAIT. PRÉSENCE

12) Travaux d'extraction. Constituent une voie de fait les travaux de carrière portant atteinte à la propriété immobilière, constitutive d'une emprise régulière d'une voie de fait (■ Cass. 1re civ., 1er oct. 1985, *Cts Billet c/ Sté des Carrières Chalumeau : Bull. civ.* I, n° 243). De même, constitue une voie de fait l'exploitation d'une carrière de sable en méconnaissance d'un jugement d'un tribunal administratif suspendant l'autorisation préfectorale d'exploitation (■ CA Pau, 1re ch., 28 mars 1991, *Sté Laussu SA c/ Lesvats : JurisData* n° 1991-040401. – Concernant l'exploitation d'une décharge sauvage par une collectivité publique : ■ Cass. 2e civ., 9 janv. 1974 : *Bull. civ.* II, n° 17, p. 14).

13) Pouvoir du juge des référés. En cas d'atteinte à une espèce végétale rare *(Salix repens argentae)* dont le classement comme espèce protégée est établi par arrêté ministériel du 20 janvier 1982, le juge des référés est compétent pour enjoindre à l'exploitant d'un golf de faire cesser sans délai tous travaux de terrassement ou de toute autre nature sous astreinte de 1 000 F par jour de retard et de prendre toute mesure nécessaire pour empêcher l'accès à cette zone pendant huit mois. Le juge des référés peut interdire à une société d'exploiter un karting, son fonctionnement étant constitutif d'un trouble manifestement illicite de voisinage en raison des nuisances sonores (■ Cass. 2e civ., 9 oct. 1996, n° 94-16.616, *Sté Circuit de Rummilly c/ ALNSK : Dr. et patrimoine* 10/1996, p. 3).

V – INVOCABILITÉ DE L'ARTICLE L. 110-2

14) Valeur des dispositions de l'article L. 110-2. Les requérants ne peuvent utilement invoquer la méconnaissance des dispositions de l'article L. 110-2 du Code de l'environnement qui ne constituent que des recommandations dépourvues de portée normative (■ CAA Marseille, 22 janv. 2018, n° 16MA01245, *ARFA. Parc Montcalm et a.*). Pourtant, aux termes de l'article R. 111-26 du Code de l'urbanisme : « Le permis ou la décision prise sur la déclaration préalable doit respecter les préoccupations d'environnement définies aux articles L. 110-1 et L. 110-2 du Code de l'environnement. Le projet peut n'être accepté que sous réserve de l'observation de prescriptions spéciales si, par son importance, sa situation ou sa destination, il est de nature à avoir des conséquences dommageables pour l'environnement [...] ». Et la Haute Juridiction le rappelle dès qu'elle en a l'occasion (▪ CE, 27 mars 2023, n° 463186).

VI – ACTIVITÉS DE CHASSE

15) Tirs de prélèvement. L'arrêté attaqué prévoit que les tirs de prélèvement sont subordonnés à l'adoption d'un arrêté préfectoral précisant la zone où ils peuvent avoir lieu, en fixant le nombre de loups pouvant être détruits et sont interdits dans les cœurs de parc et dans les réserves naturelles nationales. Par suite, le moyen tiré de la méconnaissance du principe de conciliation défini à l'article 6 de la Charte de l'environnement et de la méconnaissance de l'article L. 110-2 du Code de l'environnement ne peut qu'être écarté (▪ CE, 18 déc. 2019, n° 419898, *Assoc. pour la protection des animaux sauvages et du patrimoine nature*).

16) Procédés de protection acoustique. L'arrêté attaqué poursuit la finalité d'intérêt général de préserver la santé des chasseurs tout en permettant que le bruit des détonations demeure perceptible pour les personnes et le gibier, même à distance notable des tirs. Le moyen selon lequel le recours à des procédés de protection acoustique, tels que des casques ou bouchons d'oreille, permettrait de parvenir au même résultat sans présenter les mêmes risques et que la mesure contestée serait ainsi justifiée par le seul confort des chasseurs doit être écarté dès lors qu'il ressort des pièces des dossiers que le recours à des procédés acoustiques présente d'autres inconvénients, notamment des risques pour la sécurité, en rendant plus difficiles les échanges entre les chasseurs, en particulier lors des chasses collectives (▪ CE, 25 févr. 2019, n° 419186, *One Voice*).

Art. L. 110-3 *(L. n° 2016-1087, 8 août 2016 ; mod. à compter du 1er janvier 2020, L. n° 2019-773, 24 juill. 2019).* – **En vue d'assurer la conservation et l'utilisation durable de la biodiversité, la stratégie nationale pour la biodiversité, prévue à l'article 6 de la convention sur la diversité biologique, adoptée à Nairobi le 22 mai 1992** (1), **est élaborée par l'État en concertation avec des représentants de collectivités territoriales et de leurs groupements, d'acteurs socio-économiques, notamment des petites et moyennes entreprises, et d'organisations de protection de l'environnement, notamment d'associations de naturalistes, ainsi qu'avec des membres de la communauté scientifique.**

Les régions définissent et mettent en œuvre une stratégie régionale pour la biodiversité tenant compte des orientations de la stratégie nationale et élaborée dans les mêmes conditions de concertation. Les collectivités territoriales et leurs groupements participent à la définition et à la mise en œuvre de cette stratégie à l'échelon de leur territoire.

L'établissement mentionné à l'article L. 131-8 apporte son soutien aux régions pour l'élaboration de leur stratégie et le suivi de sa mise en œuvre.

La stratégie nationale et les stratégies régionales pour la biodiversité contribuent à l'intégration des objectifs de conservation et d'utilisation durable de la biodiversité dans les politiques publiques ainsi qu'à la cohérence de ces dernières en ces matières.

La Stratégie nationale pour la biodiversité se réfère aux grands principes découlant des exigences de la Convention sur la diversité biologique adoptée à Nairobi en 1992 et ratifiée par la France en 1994 ainsi qu'à la communication de la commission européenne du 3 mai 2011 (Com 2011 – 244) portant sur la stratégie de l'Union européenne en matière de biodiversité à l'horizon 2020.

La stratégie nationale 2011-2020 est mise en œuvre par l'État, en concertation avec des représentants des collectivités territoriales, d'acteurs socio-économiques et d'organisations de protection de l'environnement ainsi qu'avec les membres de la communauté scientifique.

En outre, les régions définissent et mettent en œuvre des stratégies régionales pour la biodiversité qui respecte les orientations définies dans la stratégie nationale, en concertation avec les autres collectivités territoriales et leurs groupements et la société civile et la communauté scientifique.

(1) Convention adoptée à Nairobi le 22 mai 1992, et signée par la France à Rio de Janeiro le 13 juin 1992, publiée par le décret n° 95-140 du 6 février 1995. – NDLR.

Art. L. 110-4 *(L. n° 2021-1104, 22 août 2021).* – I. – L'État élabore et met en œuvre, sur la base des données scientifiques disponibles et en concertation avec des représentants des collectivités territoriales et de leurs groupements ainsi que des autres parties prenantes, une stratégie nationale des aires protégées dont l'objectif est de couvrir, par un réseau cohérent d'aires protégées en métropole et en outre-mer, sur terre et en mer, au moins 30 % de l'ensemble du territoire national et des espaces maritimes sous souveraineté ou juridiction française. Ce réseau vise également la mise sous protection forte d'au moins 10 % de l'ensemble du territoire national et des espaces maritimes sous souveraineté ou sous juridiction française.

(Al. mod., L. n° 2023-580, 10 juill. 2023) La stratégie mentionnée au premier alinéa du présent I vise à la protection de l'environnement et des paysages, à la préservation et la reconquête de la biodiversité, à la prévention et à l'atténuation des effets du dérèglement climatique ainsi qu'à la valorisation du patrimoine naturel et culturel des territoires. Elle tient compte de l'évolution du risque incendie.

Cette stratégie est actualisée au moins tous les dix ans. La surface totale ainsi que la surface sous protection forte atteintes par le réseau d'aires protégées ne peuvent être réduites entre deux actualisations.

Cette stratégie établit la liste des moyens humains et financiers nécessaires à la réalisation des missions et objectifs fixés au présent article.

Un décret précise la définition et les modalités de mise en œuvre de la protection forte mentionnée au premier alinéa.

II. – L'État encourage le déploiement de méthodes et de projets pouvant donner lieu à l'attribution de crédits carbone au titre du label « Bas-Carbone » en faveur des aires protégées et des acteurs concourant à leur gestion.

Art. L. 110-5 *(L. n° 2021-1104, 22 août 2021).* – La République française réaffirme l'importance première de la contribution des territoires d'outre-mer à ses caractéristiques propres, à sa richesse environnementale, à sa biodiversité ainsi qu'à son assise géostratégique.

L'action de l'État concourt à la reconnaissance, à la préservation et à la mise en valeur des richesses biologiques, environnementales et patrimoniales des territoires d'outre-mer.

Art. L. 110-6 *(L. n° 2021-1104, 22 août 2021).* – En vue de mettre fin à l'importation de matières premières et de produits transformés dont la production a contribué, directement ou indirectement, à la déforestation, à la dégradation des forêts ou à la dégradation d'écosystèmes naturels en dehors du territoire national, l'État élabore et met en œuvre une stratégie nationale de lutte contre la déforestation importée, actualisée au moins tous les cinq ans.

La plateforme nationale de lutte contre la déforestation importée mise en place dans le cadre de la stratégie mentionnée au premier alinéa vise à assister les entreprises et les acheteurs publics dans la transformation de leurs chaînes d'approvisionnement au profit de matières plus durables, traçables et plus respectueuses des forêts tropicales et des écosystèmes naturels, ainsi que des communautés locales et des populations autochtones qui en vivent.

Art. L. 110-7 *(L. n° 2021-1104, 22 août 2021).* – Dans le cadre de la stratégie nationale mentionnée à l'article L. 110-6, l'État se donne pour objectif de ne plus acheter de biens ayant contribué directement à la déforestation, à la dégradation des forêts ou à la dégradation d'écosystèmes naturels en dehors du territoire national.

Cet objectif est décliné par décret, pour la période 2022-2026 puis pour chaque période de cinq ans.

TITRE II. – INFORMATION ET PARTICIPATION DES CITOYENS

Voir : Article 7 Charte de l'environnement ; Convention internationale d'Aarhus sur l'accès, la participation du public au processus décisionnel et l'accès à la justice en matière d'environnement du 25 juin 1998.

CHAPITRE PRÉLIMINAIRE. – PRINCIPES ET DISPOSITIONS GÉNÉRALES

(Chap. créé à compter d'une date fixée par décret et au plus tard le 1er janvier 2017, Ord. n° 2016-1060, 3 août 2016) (1)

L'article 1er de l'ordonnance du 3 août 2016 (Ord. n° 2016-1060, 3 août 2016, portant réforme des procédures destinées à assurer l'information et la participation du public à l'élaboration de certaines décisions susceptibles

(1) Dispositions uniquement applicables aux décisions pour lesquelles une participation du public a été engagée postérieurement au 1er janvier 2017, Ord. n° 2016-1060, 3 août 2016, art. 8, II.

d'avoir une incidence sur l'environnement), entrée en vigueur le 1er janvier 2017, modifie le Code de l'environnement en ajoutant un chapitre préliminaire intitulé « Principes et dispositions générales » au titre II du livre 1er, qui comprend un nouvel article L. 120-1, qui :

– Précise les objectifs de la participation du public : améliorer la qualité de la décision publique, assurer la préservation d'un environnement sain pour les générations actuelles et futures, sensibiliser et éduquer le public à la protection de l'environnement, améliorer et diversifier l'information environnementale ;

– Enumère les droits conférés au public dans le cadre de la mise en œuvre du principe de participation : droit d'accéder aux informations pertinentes, droit de demander la mise en œuvre d'une procédure de participation préalable, droit de disposer de délais raisonnables pour formuler des observations ou des propositions.

De ce fait, les anciens articles L. 120-1, L. 120-1-1, L. 120-1-2, L. 120-1-3, L. 120-1-4, L. 120-2 et L. 120-3 figurent désormais à la fin du chapitre III dans une nouvelle section 3 et sont renumérotés L. 123-19-1 à L. 123-19-7.

Le chapitre Ier du titre II du livre Ier du Code de l'environnement, mentionne les plans et programmes et est intitulé « Participation du public à l'élaboration des plans, programmes et projets ayant une incidence sur l'environnement ». Il comprend un article préliminaire L. 121-1-A précisant que le champ d'application de ce chapitre, à savoir « *la participation du public préalable au dépôt de la demande d'autorisation d'un projet (...) ou pendant la phase d'élaboration d'un plan ou d'un programme (...), jusqu'à l'ouverture de l'enquête publique ou toute autre forme de participation du public prévue au chapitre III (...)* ». De plus, il organise :

– le débat public et la concertation préalable relevant de la compétence de la Commission nationale du débat public ;

– la concertation préalable mise en œuvre par le maître d'ouvrage ou la personne publique responsable du plan ou programme, ou à la demande de l'autorité compétente pour approuver le plan ou programme ou autoriser le projet ou décidée par le représentant de l'État à la suite du droit d'initiative créé par l'article 2 de l'ordonnance.

Art. L. 120-1 ***(Créé à compter d'une date fixée par décret et au plus tard le 1er janvier 2017, Ord. n° 2016-1060, 3 août 2016 ; mod., L. n° 2018-670, 30 juill. 2018).*** **– I. – La participation du public à l'élaboration des décisions publiques ayant une incidence sur l'environnement est mise en œuvre en vue :**

1° D'améliorer la qualité de la décision publique et de contribuer à sa légitimité démocratique ;

2° D'assurer la préservation d'un environnement sain pour les générations actuelles et futures ;

3° De sensibiliser et d'éduquer le public à la protection de l'environnement ;

4° D'améliorer et de diversifier l'information environnementale.

II. – La participation confère le droit pour le public :

1° D'accéder aux informations pertinentes permettant sa participation effective ;

2° De demander la mise en œuvre d'une procédure de participation dans les conditions prévues au chapitre Ier ;

3° De disposer de délais raisonnables pour formuler des observations et des propositions ;

4° D'être informé de la manière dont il a été tenu compte de ses observations et propositions dans la décision d'autorisation ou d'approbation.

III. – Les procédures de concertation préalable organisées en application du Code de l'urbanisme respectent les droits mentionnés aux 1°, 3° et 4° du II du présent article.

IV. – Ces dispositions s'exercent dans les conditions prévues au présent titre.

Elles s'appliquent dans le respect des intérêts de la défense nationale et de la sécurité publique et de tout secret protégé par la loi. Le déroulement de la participation du public ainsi que les modalités de sa conduite peuvent être adaptés en conséquence.

1) **Notion de participation effective.** Doit être regardée comme respectant l'obligation de mise à disposition d'informations pertinentes permettant une participation effective la consultation du public qui s'est accompagnée d'une mise à disposition d'une note de présentation décrivant le contexte et les objectifs du projet, d'un tableau synthétisant les autorités désignées comme autorité environnementale ou chargée de l'examen au cas par cas et d'un tableau faisant apparaître l'évolution des dispositions réglementaires du Code de l'environnement modifiées par le projet, accompagnées d'un commentaire explicatif (■ CE, 16 févr. 2022, n° 442607, *Assoc. France Nature Environnement*).

2) **La procédure de concertation ne doit pas être vidée de sa substance.** Les modalités de la concertation pour l'élaboration d'un plan local d'urbanisme ne sauraient être regardées comme ayant été respectées si, bien que formellement exécutées, elles l'ont été dans des conditions les privant de tout effet utile et n'ont, ainsi, pas permis d'associer réellement le public à l'élaboration du projet de plan local d'urbanisme (■ TA Melun, 2 févr. 2018, n° 1309483, *Assoc. Renard et a. : AJDA* 2018, 956).

3) **Modification d'un projet de texte soumis à consultation préalable.** Si les dispositions des articles L. 120-1 et L. 123-19-1 du Code de l'environ-

nement impliquent que les projets d'actes fassent l'objet d'une publication préalable permettant au public de formuler des observations, elles n'imposent de procéder à une nouvelle publication pour recueillir des observations du public sur les modifications qui sont ultérieurement apportées au projet de décision, au cours de son élaboration, que lorsque celles-ci ont pour effet de dénaturer le projet sur lequel ont été initialement recueillies les observations du public (▪ CE, 29 janv. 2018, n° 412210, *Marineland et a.* ▪ CE, 20 déc. 2024, n° 492185, *Féd. nat. de la pêche en France et de la protection des milieux aquatiques*).

4) Invocabilité de l'article L. 131-1 du Code des relations entre le public et l'administration. La commune requérante ne peut utilement soulever, à l'égard d'un arrêté portant création d'une zone de protection d'un biotope, la méconnaissance de l'article L. 131-1 du Code des relations entre le public et l'administration qui prévoit qu'en dehors des cas régis par des dispositions législatives et réglementaires et lorsque l'administration décide d'associer le public, elle rend publiques les modalités de la procédure. En effet, ce sont les dispositions de l'article L. 120-1 du Code de l'environnement qui régissent entièrement cette procédure (▪ CAA Nantes, 6 juin 2019, n° 18NC01981, *Cne de Bonhomme*).

5) Notion de décision publique. La décision d'autorisation d'exploitation d'un parc éolien ne constitue pas une décision réglementaire de l'État au sens de l'article L. 120-1 du Code de l'environnement. Par suite, l'association requérante n'est pas fondée à soutenir que ces dispositions auraient été méconnues par ladite autorisation (▪ CE, 21 août 2019, n° 419959, *Assoc. Non aux éoliennes entre Noirmoutier et Yeu*).

6) Notion d'incidence directe et significative sur l'environnement. L'arrêté modificatif des modalités d'établissement des redevances pour pollution de l'eau et pour modernisation des réseaux de collecte ayant pour objet des modifications en nombre et de portée limités ne constitue pas une décision ayant une incidence directe et significative sur l'environnement. Il ne peut donc être utilement soutenu que cet arrêté aurait été adopté aux termes d'une procédure irrégulière, en méconnaissance de l'article 7 de la Charte de l'environnement et des dispositions de l'article L. 120-1 du Code de l'environnement dans sa version applicable (▪ CE, 5 déc. 2018, n° 410877, *Sté Tereos France*).

CHAPITRE Ier. – PARTICIPATION DU PUBLIC À L'ÉLABORATION DES PLANS, PROGRAMMES ET PROJETS AYANT UNE INCIDENCE SUR L'ENVIRONNEMENT

(Rempl., L. n° 2002-276, 27 févr. 2002 ; intitulé rempl., Ord. n° 2016-1060, 3 août 2016) (1)

L'ordonnance du 3 août 2016 (Ord. n° 2016-1060 du 3 août 2016 portant réforme des procédures destinées à assurer l'information et la participation du public à l'élaboration de certaines décisions susceptibles d'avoir une incidence sur l'environnement) est entrée en vigueur le 1er janvier 2017, et a été ratifiée par la loi n° 2018-148 du 2 mars 2018 (*JO* 3 mars 2018).

L'ordonnance contient essentiellement les dispositions suivantes :

– le renforcement de la concertation en amont du processus décisionnel, notamment par l'élargissement du champ du débat public aux plans et programmes, la création d'un droit d'initiative citoyenne, l'attribution de compétences nouvelles à la Commission nationale du débat public (CNDP) et le renforcement de la procédure facultative de concertation préalable pour les projets et les plans et programmes hors du champ du débat public ;

– la modernisation des procédures de concertation en aval, en généralisant la dématérialisation de l'enquête publique tout en réaffirmant l'importance de la présence du commissaire-enquêteur (Rapport au Président de la République relatif à l'ordonnance n° 2016-1060 du 3 août 2016 portant réforme des procédures destinées à assurer l'information et la participation du public à l'élaboration de certaines décisions susceptibles d'avoir une incidence sur l'environnement).

L'ordonnance du 3 août 2016 a été complétée par un décret du 25 avril 2017 qui prévoit les dispositions d'application relatives au débat public (art. R. 121-1 à R. 121-18), à la concertation préalable (art. R. 121-19 à R. 121-24), au droit d'initiative (art. R. 121-25 à R. 121-28), à la participation du public par voie électronique pour les plans, programmes et projets non soumis à enquête publique (art. R. 123-46-1), et à la participation du public hors procédure particulière (art. D. 123-46-2).

(1) Dispositions uniquement applicables aux décisions pour lesquelles une participation du public a été engagée postérieurement au 1er janvier 2017, Ord. n° 2016-1060, 3 août 2016, art. 8, II.

Les procédures de participation font ces dernières années l'objet d'« ajustements » réguliers par le législateur, dans une volonté d'accélérer les procédures d'autorisation nécessaires à la réalisation de grands projets d'aménagement. Tel est notamment l'objet des réformes apportées par la loi du 23 octobre 2023 relative à l'Industrie Verte (L. n° 2023-973 : *JO* 24 oct. 2023).

Bibliographie : *I. Sur la loi n° 95-101 du 2 février 1995.* R. Romi, *Droit et administration de l'environnement*, Montchrestien, p. 118, 2007. • M. Lerond, C. Sanson *et alii, L'évaluation environnementale des politiques, plans et programmes*, Éd. Technique et documentation, 2003. • *L'utilité publique aujourd'hui. La transformation de la commission nationale du débat public en une instance garante de l'ensemble du système des débats, consultations et enquêtes*, chapitre VII, *Études du Conseil d'État*, La Documentation française 1999, p. 87 à 94 et ann. IX, p. 151 et 152. • C. Jarlier-Clément et R. Barrault, *La consultation du public sur les projets de stockage des déchets radioactifs : BDEI* 4/1999, p. 10 à 16. • B. Busson, *La mise en place de la commission nationale de débat public pour les grands projets d'aménagement : Dr. env.* 1/1998, p. 18 à 20. • G. Porcell, C. Grand-Loiseau et D. Ruez, *La commission nationale du débat public : Dr. et ville* 1998, n° 45, p. 177. • J. Viguez, *De la mauvaise utilisation du terme « référendum » au plan local : LPA* 25 févr. 1998, n° 24, p. 12 à 20. • C. Jarlier-Clément et R. Barrault, *Le « débat public » autour des grands projets d'aménagement : un premier pas vers une « culture » de concertation : BDEI* 3/1997, p. 11 à 17. • S. Travores, *Feu vert pour les référendums locaux d'initiative populaire en matière d'aménagement (commentaire du décret n° 96-1128 du 17 décembre 1996) : LPA* 7 févr. 1997, n° 17, p. 8 à 12. • J. Morand-Deviller, *Les réformes apportées au droit des associations et de la participation publique : RFDA* 1996, n° 2, p. 218 à 227. • R. Romi, *La commission du débat public (commentaire du décret du 10 mai 1996) : Dr. env.* 6/1996, n° 39, p. 14 ; *La commission du débat public (commentaire du décret du 10 mai 1996) : LPA* 26 juin 1996, n° 77, p. 14. • J.-C. Helin, *La loi Barnier et la participation du public : ajustements et innovation : Rev. jur. env.* 2/1995, p. 21. • J. Morand-Deviller, *Renforcement de la protection de l'environnement : AJDA* 20 1995, p. 439 à 453.

II. Sur la loi n° 2002-276 du 27 février 2002. B. Delaunay et C. Cans, *Information et participation juin 2007-février 2009 : Dr. env.* 2009, n° 170, p. 13. • J.-D. Chetrit, *Convention d'Aarhus et débat public en matière industrielle : l'exemple des déchets : BDEI* juill. 2008, n° 16. • P. Narbey et M. Raunet, *Les outils de l'information environnementale : trop plein ou insuffisance : BDEI* mai 2008, n° 15. • B. Peignot, *Le débat public préalable : RD rur.* 2008, n° 359, étude 3. • J. Chevallier, *Le débat public en question : Mél. en l'honneur de M. Prieur*, éd. Dalloz, 2007, p. 489. • C. Giraudel, *La sanction en droit français du manquement par une personne privée à une obligation d'information environnementale : Mél. en l'honneur de M. Prieur*, éd. Dalloz 2007, p. 1603. • V. Koester, *Le comité d'examen du respect des dispositions de la convention d'Aarhus : un panorama des procédures et de la jurisprudence : RED env.* 3/2007, p. 251. • M.-B. Lahorgue, *Des limites aux débats publics : l'EPR de Flamanville : Dr. env.* 2007, n° 150, p. 191. • A. Pomade, *Le paradoxe de la participation associative dans le débat public : Dr. env.* 2007, n° 153. • M. Revel (ss dir), *Le débat public : une expérience française de la démocratie participative*, éd La Découverte, nov. 2007. • P. Vialatte, *Dix ans de débat public. Un bilan global positif : Environnement* 2007, n° 12, étude 13. • B. Delaunay, *Le débat public : AJDA* 2006, p. 2322. • E. Le Cornec, *Construire des quartiers durables : du concept au projet urbain : la participation du public : RFDA* 2006, p. 770. • R. Peylet, *Quelques enseignements d'un débat public : AJDA* 2006, p. 2328. • C. Ribot, *Exigence d'information et de participation du public en matière d'environnement : perfectionnement des procédures de mise en œuvre : BDEI* juill. 2006, n° 4. • P. Idoux, *Les eaux troubles de la participation du public : Environnement* 2005, n° 7, étude 26. • A. Gossement, *Droit à l'information et principes généraux du droit de l'environnement : le cas des OGM : BDEI* 2004, n° spécial, p. 56. • M. Guyomar, *Droit de recours et théorie de la préoccupation : BDEI* 2004, n° spécial, p. 22. • Ch. Huglo et M.-P. Maître, *La consécration du droit à l'information dans la Convention d'Aarhus : objectifs et perspectives : BDEI* 2004, n° spécial, p. 4. • J.-P. Labarthe et Cl. Gandubert, *L'information dans le domaine de l'environnement et les activités de défense : BDEI* 2004, n° spécial, p. 50. • F. Labrousse, *Transparence dans le domaine de l'environnement : l'information en provenance des entreprises : BDEI* 2004, n° spécial, p. 41. • O. Moser, *La CNDP et le droit du public à l'information : BDEI* 2004, n° spécial, p. 32. • M. Waemare, *Jurisprudence de la CJCE sur le droit à l'accès à l'information en matière d'environnement. Le droit à l'information au sein des institutions communautaires : BDEI* 2004, n° spécial, p. 17. • B. Busson, *L'avenir du débat public en matière d'environnement : progrès de la démocratie ou consécration de la juricratie ? : Dr. env.* 2002, n° 104, p. 305 à 310. • F.-D., *Les conditions du débat public sur les grands projets : Ann. voirie* déc. 2002, n° 72, p. 240 à 243. • B. Delaunay, *De la participation du public à l'élaboration des grands projets (commentaire du titre IV de la loi n° 2002-276 du 27 février 2002 relative à la démocratie de proximité) : LPA* 10 déc. 2002, n° 246, p. 3 à 13 (1re partie) ; *ibid.*, 11 déc. 2002, n° 247, p. 4 à 12 ; *La réforme de la procédure du débat public entre en vigueur – décret du 22 octobre 2002 : AJDA* 16 déc. 2002, p. 1447 à 1450. • Ch. Ferrari-Breeur, *Organisation du débat public : JCP A* 2002, nos 4-5, p. 141. • C. Lepage, Ch. Huglo et M.-P. Maître, *L'organisation du débat public pour les projets d'aménagement ou d'équipement notamment industriels : Environnement et technique* déc. 2002, n° 222, p. 38 à 40.

III. Sur l'article 7 de la Charte de l'environnement. J. de Saint Sernin, « Les décisions publiques ayant une incidence sur l'environnement : réflexion sur l'article 7 de la Charte de l'environnement », *RJE* 2022, n° 2, p. 281. • E. Ballan et P.-Y. Guiheneuf, *Le droit de participation à la croisée des chemins : BDEI* nov. 2015, n° 60, p. 44. • L. Fonbaustier, *La participation du public : AJDA* 2015, n° 9, p. 517. • A. Farinetti, *L'utilisation du principe de participation dans le cadre de la QPC : la Charte contre elle-même ? : Environnement* 2014, n° 12, p. 9. • A. Van Lang, *Le principe de participation : un succès inattendu : Nouv. Cah. Cons. const.* avr. 2014, n° 43. • R. Leost, *Les décisions publiques ayant une incidence sur l'environnement au sens de l'article 7 de la Charte de l'environnement : Dr. env.* 2013, n° 211, p. 132. • B. Delaunay, *La pleine portée du principe de participation. À propos de la décision du Conseil constitutionnel n° 2011-183/184, QPC du 14 octobre 2011 : AJDA* 5/2012, p. 260. • A. Faro, *La portée du principe de participation du public consacré par l'article 7 de la Charte de l'environnement*, note sous *Cons. const.*, 14 oct. 2011, n° 2011-183/184 QPC, *France Nature Environnement : Constitutions* janv.-mars 2012, n° 1, p. 150. • L. Fonbaustier, *Le côté obscur de la Charte de l'environnement ? À propos d'une incise dans la décision du Conseil constitutionnel n° 2011-192 QPC du 10 novembre 2011 : Environnement et dév. durable* 2012, n° 2, p. 21. • M. Moliner-Dubost, *Les enseignements des QPC de juillet 2012 sur le principe de participation : AJCT* oct. 2012, n° 10, p. 492. • A. Tourtin, *Précisions sur le droit de participation à l'élaboration des décisions ayant une incidence sur l'environnement*, note sous Cons. const., 14 oct. 2011, n° 2011-183/184 *QPC, Assoc. FNE : JCP* A 2012, n° 14, p. 37.

IV. Sur la loi n° 2010-788 du 12 juillet 2010. M. Memlouk, *Le principe de participation du public : BDEI* déc. 2014, suppl. n° 24, p. 27. • M.-L. de La Ville-Baige, *Le défi de la participation du public en droit de l'environnement : BDEI* mai 2013, n° 45, p. 47. • A. Capitani et M. Moritz, *La participation du public en matière environnementale, la publicité extérieure et le Conseil constitutionnel*, note sous Cons. const., 23 nov. 2012, n° 2012-282 QPC, *Assoc. FNE : JCP* A 2013, n°s 1-2, p. 42. • F.-X. Fort, *Le renouvellement des procédures de participation en droit de l'environnement : Environnement et dév. durable* janv. 2013, n° 1, p. 13. • R. Fraisse, *La participation du public en matière de droit de l'environnement : RJEP* mai 2013, n° 5, p. 3. • B. Hagege-Raduta, *L'interprétation extensive du droit de participation en matière d'environnement par la CJUE*, note sous CJUE, 15 janv. 2013, aff. C-416/10, *Josef Krizan : Dr. env.* 2013, n° 214, p. 265. • G. du Puy-Montbrun, *Participation et installations classées*, note sous Cons. const., 14 oct. 2011, n° 2011-183-184 QPC, *Assoc. FNE : Dr. adm.* 2012, n° 3, p. 31. • Ch. Cans et B. Delaunay, *Information et participation, Septembre 2011 – Août 2012 : Dr. env.* 2012, n° 206, p. 350. • Y. Razafindratandra, *Procédures : janvier – décembre 2011 : Dr. env.* 2012, n° 198, p. 65. • M. Aubert, *Accès du public aux informations*, note sous CJUE, 16 déc. 2010, aff. C-266/09 et CJUE, 22 déc. 2010, aff. C-524/09 : *AJDA* 2011, 5/2011, p. 268. • A. Bouveresse, *Accès à l'information environnementale*, note sous CJUE, 22 déc. 2010, aff. C-6524/09, *Ville de Lyon c/ Caisse des dépôts et consignation : Europe* 2011, n° 3, p. 23. • M. Denieul, *Dérogations au droit d'accès du public à l'information environnementale : l'union fait la force*, note sous CJUE, 28 juill. 2011, C-71/10 : *Gaz. Pal.* 4-5 nov. 2011, n°s 308-309, p. 45. • M. Huygue, *Expropriation pour cause d'utilité publique : JCP* G 2011, n° 27, p. 1337. • M.-B. Lahorgue, *Quelles avancées pour l'information et la participation du citoyen aux décisions publiques ayant une incidence environnementale ? : Environnement* 2011, n° 3, p. 15. • R. Léost, *Une nouvelle lecture du droit à la participation du public : Dr. env.* 2011, n° 194, p. 274. • M. Moliner-Dubost, *Démocratie environnementale et participation des citoyens : AJDA* 2011, 5/2011, p. 259. • Y. Razafindratandra et R. Canot, *Les procédures en droit de l'environnement, l'apport de la loi Grenelle II : Dr. env.* 2011, n° 186, p. 33 ; *Les procédure en droit de l'environnement, l'apport de la loi Grenelle II : Dr. env.* 2011, n° 186, p. 33. • M. Rousseau, *Démocratie environnementale : les apports de la loi Grenelle II : Environnement et dév. durable* 2011, n° 3, p. 31. • C. Cans, *Information et participation : Dr. env.* 2010, n° 182, p. 309. • A. Gossement, *La révolution du dialogue environnemental : Systèmes solaires, le journal des énergies renouvelables* 200/2010, p. 22. • C. Leroy-Gleizes et M.-L. Vergnerie, *Grenelle II, mieux entendre la voie des citoyens : Décideurs juridiques et financiers* sept. 2010, n° 119, p. 86.

V. Sur la loi n° 2012-1460 du 27 décembre 2012. B. Delaunay, *La réforme de la participation du public : AJDA* 6/2013, p. 344. • L. Fermaud, *Le renouveau du principe de participation en matière environnementale à l'aune de la réforme législative du 27 décembre 2012 : RFDA* 2013, n° 3, p. 603. • B. Hagege-Raduta, *Loi sur la participation du public : l'acte I d'une feuille de route ambitieuse : Dr. env.* 2013, n° 209, p. 66. • Ch. Huglo, *Le nouvelle loi sur la participation du public et la démocratie environnementale : entre progression et interrogations : Rev. Environnement et dév. durable* 2013, n° 2, p. 1. • F. Jamay, *La loi du 27 décembre 2012 relative à la mise en œuvre du principe de participation du public : une ambition limitée : JCP* A 6 mai 2013, n°s 19-20, p. 35. • M.-C. Runavot, *La loi du 27 décembre 2012 relative à la mise en œuvre du principe de participation du public défini à l'article 7 de la Charte de l'environnement ou les variations autour du thème de la démocratie : Dr. adm.* 2013, n° 5, p. 9.

VI. Sur l'ordonnance n° 2013-714 du 5 août 2013. C. Étienne, *La participation du public à l'élaboration des projets d'aménagement ou d'équipement : RLCT* nov. et déc. 2013, n°s 95 et 96, p. 33. • F. Jamay, *L'ordonnance du 5 août 2013 relative à la participation mise en œuvre du principe de participation du public : l'ambition vaincue par le réalisme : Environnement* 2013, n° 11, p. 25. • R. Leost, *Décisions publiques ayant une incidence sur l'environnement et participation du public : Nouvelles précisions des juges et du législateur : Dr. env.* 2013, n° 215, p. 308.

VII. Sur la loi n° 2015-990 du 6 août 2015. La loi pour la croissance, l'activité et l'égalité des chances économiques (dite « loi Macron ») habilite le Gouvernement à réformer par ordonnances les procédures destinées à assurer l'information et la participation du public à l'élaboration de projets, plans et programmes et de certaines décisions susceptibles d'affecter l'environnement. • C. Dago, P. André, O. Dopenyo, V. Moynat, S. Richard et B. Delaunay, *Information et participation du public : Dr. env.* 2015, n° 239, p. 398.

VIII. Sur l'ordonnance n° 2016-1060 du 3 août 2016. Rapport au Parlement, *Bilan de l'application de l'ordonnance n° 2016-1060 du 3 août 2016 portant réforme des procédures destinées à assurer l'information et la participation du public à l'élaboration de certaines décisions susceptibles d'avoir une incidence sur l'environnement,* févr. 2021.

IX. Sur la loi n° 2018-148 du 2 mars 2018. La loi n° 2018-148 du 2 mars 2018 ratifiant les ordonnances relatives à l'évaluation environnementale, à l'information et à la participation du public a été publiée au *Journal officiel* le 3 mars 2018. La loi ratifie l'ordonnance n° 2016-1060 du 3 août 2016 portant réforme des procédures destinées à assurer l'information et la participation du public à l'élaboration de certaines décisions susceptibles d'avoir une incidence sur l'environnement. • M. Moliner-Dubost, *Droit à l'information et principe de participation en droit de l'environnement : JCl Environnement et Développement durable* 2018, Synthèse 40. • L. Santoni, *Encore des corrections en matière « d'évaluation environnementale » et de « participation du public » : Constr.-Urb.* 2018, n° 4, comm. 49. • J.-F. Struillou, *La participation du public en matière d'environnement : le changement dans la continuité : AJDA* 2018, p. 1392. • M. Yazi-Roman, *De l'information à la co-construction : la démocratie participative dans tous ses états : AJCT* mai 2018, p. 240.

X. Sur la loi n° 2023-973 du 23 octobre 2023. La loi du 23 octobre 2023 relative à l'Industrie verte doit être mentionnée ici dans ses « apports » en matière de participation du public puisque, d'une part, elle crée un nouvel article L. 121-8-2 du Code de l'environnement, lequel organise la possibilité d'un débat public global ou d'une concertation publique globale lorsque plusieurs projets sont envisagés sur un même territoire dans les huit années à venir et, d'autre part, elle crée un nouvel article L. 181-10-1 du Code de l'environnement, lequel contient une procédure hybride de consultation du public. En particulier, cette nouvelle procédure permet au public de participer, de manière principalement dématérialisée, pendant trois mois, sous l'égide d'un commissaire enquêteur, dès le début de la procédure, alors qu'il n'était auparavant consulté que pendant trente jours, en fin de procédure. • R. Micalef, *La constitutionnalité de la loi industrie verte interrogée : EEI* 2025, n° 2, comm. 18. • R. Bonnefont, *Loi « Industrie Verte » : l'État creuse le sillon : EEI* 2023, n° 12, étude 26.

Art. L. 121-1-A ***(Créé à compter d'une date fixée par décret et au plus tard le 1er janvier 2017, Ord. n° 2016-1060, 3 août 2016)*** (1). **– Le chapitre Ier du présent titre s'applique à la participation du public préalable au dépôt de la demande d'autorisation d'un projet tel que défini à l'article L. 122-1, ou pendant la phase d'élaboration d'un plan ou d'un programme tel que défini à l'article L. 122-4, jusqu'à l'ouverture de l'enquête publique ou toute autre forme de participation du public prévue au chapitre III du présent titre.**

Cette participation préalable concerne les procédures :

1° De débat public et de concertation préalable relevant de la compétence de la Commission nationale du débat public en application de l'article L. 121-8 ;

2° De concertation préalable mise en œuvre par le maître d'ouvrage ou la personne publique responsable du plan ou programme en application du I de l'article L. 121-17 ;

3° De concertation préalable mise en œuvre à la demande de l'autorité compétente pour approuver le plan ou programme ou autoriser le projet en application du II de l'article L. 121-17 ;

4° De concertation préalable décidée par le représentant de l'État à la suite du droit d'initiative en application du III de l'article L. 121-17.

Section I. – Missions de la Commission nationale du débat public

(L. n° 2002-276, 27 févr. 2002 ; intitulé rempl., Ord. n° 2016-1060, 3 août 2016) (1)

La Commission nationale du débat public (CNDP) est une autorité administrative indépendante (L. n° 2017-55, 20 janv. 2017 portant statut général des autorités administratives indépendantes et des autorités publiques indépendantes, ann. : *JO* 21 janv. 2017).

Les compétences de la CNDP ont été considérablement augmentées par l'ordonnance n° 2016-1060 du 3 août 2016 portant réforme des procédures destinées à assurer l'information et la participation du public à l'élaboration de certaines décisions susceptibles d'avoir une incidence sur l'environnement.

La CNDP veille au respect de la participation du public au processus d'élaboration de certains projets d'aménagement ou d'équipement et des plans et des programmes de niveau national faisant l'objet d'une évaluation environnementale, notamment la programmation pluriannuelle de l'énergie, la stratégie nationale de mobilisation de la biomasse, le plan national de prévention des déchets, le plan national de gestion des matières et déchets radioactifs et le schéma national des infrastructures de transport ainsi que, sauf dispositions contraires, tout plan ou programme de niveau national créé après le 1er janvier 2017 dès lors qu'il s'applique dans au moins trois régions (art. L. 121-1, L. 121-8, IV et R. 121-1-1).

La CNDP peut décider d'organiser un débat public ou une concertation préalable permettant de débattre de l'opportunité, des objectifs et des caractéristiques principales du projet ou des objectifs et orientations principales

(1) Dispositions uniquement applicables aux décisions pour lesquelles une participation du public a été engagée postérieurement au 1er janvier 2017, Ord. n° 2016-1060, 3 août 2016, art. 8, II.

du plan ou programme, des enjeux socio-économiques qui s'y attachent ainsi que de leurs impacts significatifs sur l'environnement et l'aménagement du territoire.

Elle veille au respect de bonnes conditions d'information du public durant la phase de réalisation des projets dont elle a été saisie jusqu'à la réception des équipements et travaux et, pour les plans et programmes, jusqu'à leur adoption ou approbation.

La CNDP établit une liste nationale de garants et la rend publique. La CNDP peut demander la réalisation d'expertises complémentaires, de sa propre initiative ou suite à une saisine du garant de la concertation.

Elle conseille à leur demande les autorités compétentes et tout maître d'ouvrage sur toute question relative à la participation du public tout au long de l'élaboration d'un plan, programme ou projet. Elle émet tous avis et recommandations à caractère général ou méthodologique de nature à favoriser et développer la participation du public. Elle peut jouer un rôle de conciliation en cas risque de conflits ou de différends, si les parties concernées le demandent (art. L. 121-1, L. 121-1-1, L. 121-2 et R. 121-1 à R. 121-18).

Bibliographie : Ph. Billet, *Une commission en débats* : *Énergie – Env. – Infrastr.* 2025, n° 2, alerte 15.

Art. L. 121-1 *(Mod. à compter du 1er janvier 2015, Ord. n° 2014-1345, 6 nov. 2014* (1) *; à compter d'une date fixée par décret et au plus tard le 1er janvier 2017, Ord. n° 2016-1060, 3 août 2016* (2) *; mod., L. n° 2018-148, 2 mars 2018).* **– I. – La Commission nationale du débat public, autorité administrative indépendante, est chargée de veiller au respect de la participation du public au processus d'élaboration des projets d'aménagement ou d'équipement d'intérêt national de l'État, des collectivités territoriales, des établissements publics et des personnes privées, relevant de catégories de projets mentionnés à l'article L. 121-8 dont la liste est fixée par décret en Conseil d'État, dès lors qu'ils présentent de forts enjeux socio-économiques ou ont des impacts significatifs sur l'environnement ou l'aménagement du territoire.**

La commission est également chargée de veiller au respect de la participation du public pour les plans ou programmes de niveau national mentionnés au IV de l'article L. 121-8.

La Commission nationale du débat public peut décider d'organiser un débat public ou une concertation préalable permettant de débattre de l'opportunité, des objectifs et des caractéristiques principales du projet ou des objectifs et des principales orientations du plan ou programme, des enjeux socio-économiques qui s'y attachent ainsi que de leurs impacts significatifs sur l'environnement et l'aménagement du territoire. Ce débat ou cette concertation permet, le cas échéant, de débattre de solutions alternatives, y compris, pour un projet, son absence de mise en œuvre. Ce débat ou cette concertation porte également sur les modalités d'information et de participation du public après sa clôture.

La participation du public est assurée pendant toute la phase d'élaboration d'un projet, plan ou programme depuis l'engagement des études préliminaires jusqu'à l'ouverture de l'enquête publique réalisée en application des dispositions du chapitre III du présent titre ou du livre Ier du Code de l'expropriation pour cause d'utilité publique ou, en l'absence d'enquête publique, du mode de participation retenu.

II. – La Commission nationale du débat public veille au respect de bonnes conditions d'information du public durant la phase de réalisation des projets dont elle a été saisie jusqu'à la réception des équipements et travaux et, pour les plans et programmes mentionnés au I, jusqu'à leur adoption ou approbation.

Elle peut, de sa propre initiative, ou saisie par un président de commission particulière du débat public ou par un garant mentionné à l'article L. 121-1-1, demander la réalisation d'études techniques ou d'expertises complémentaires. Sa décision est rendue publique.

Elle conseille à leur demande les autorités compétentes et tout maître d'ouvrage ou personne publique responsable sur toute question relative à la participation du public tout au long de l'élaboration d'un plan, programme ou projet.

La Commission nationale du débat public a également pour mission d'émettre tous avis et recommandations à caractère général ou méthodologique de nature à favoriser et développer la participation du public.

La Commission nationale du débat public et les commissions particulières ne se prononcent pas sur le fond des plans, programmes ou projets qui leur sont soumis.

(1) Dispositions particulières d'application : V. Ord. n° 2014-1345, 6 nov. 2014, art. 7.

(2) Dispositions uniquement applicables aux décisions pour lesquelles une participation du public a été engagée postérieurement au 1er janvier 2017, Ord. n° 2016-1060, 3 août 2016, art. 8, II.

1) Dispositions précédentes. *a) Décisions de la CNDP insusceptibles de recours.* Si les décisions par lesquelles la Commission nationale du débat public décide ou refuse d'organiser un débat public ont le caractère de décisions faisant grief, les mesures que cette commission arrête ensuite pour déterminer les modalités de déroulement d'un tel débat ne constituent pas des décisions susceptibles d'être déférées au juge de l'excès de pouvoir (en l'espèce, demande d'expertise complémentaire rejetée : ▪ CE, 14 juin 2002, n° 215214, *Assoc. pour garantir l'intégrité rurale restante : Mon. TP* 27 sept. 2002, p. 101). *b) Incompétence pour le simple classement d'un site.* Les dispositions de l'ancien article L. 121-1 ne s'appliquent pas au classement d'un site qui ne constitue pas une « opération d'aménagement » (▪ CE, 25 oct. 2002, n° 225157, *Dpt des Yvelines : Quinzaine jur.* 18 nov. 2002, n° 237, p. 18).

2) Charte de l'environnement. Le moyen tiré de la méconnaissance de l'article 7 de la Charte doit être apprécié au regard des dispositions du Code de l'environnement qui imposent à la Commission nationale du débat public de veiller au respect de l'information du public (▪ CE, 10 juill. 2023, n° 457659, *Soc. Port d'Ostende et a.*).

3) Convention d'Aarhus. Les stipulations de l'article 6 de la Convention d'Aarhus n'impliquent pas par elles-mêmes l'organisation d'un débat public au sens de l'article L. 121-1 et suivant du Code de l'environnement, qui n'est qu'une des procédures possibles pour assurer l'information et la participation, en temps utile, du public au processus décisionnel en matière d'environnement (▪ CE, 28 déc. 2005, n° 267287, *Assoc. citoyenne intercommunale des populations concernées par le projet d'aéroport de Notre-Dame-des-Landes : Environnement* 2006, n° 3, comm. 40. ▪ CE, 28 déc. 2005, n° 277128, *Synd. d'agglomération nouvelle Ouest Provence : Environnement* 2006, n° 3, comm. 39). S'agissant des centrales nucléaires, le Conseil d'État a précisé que si l'annexe I de la Convention d'Aarhus du 25 juin 1998 sur l'accès à l'information, la participation du public aux processus décisionnels et l'accès à la justice en matière d'environnement vise, au nombre des projets dont elle exige qu'ils soient soumis à une procédure de participation du public, tant la création que le démantèlement des centrales nucléaires, la Convention d'Aarhus n'a pas pour effet d'imposer que le démantèlement des centrales nucléaires soit, à l'instar de la création de telles installations, soumis à la procédure prévue par les articles L. 121-1 et suivants du Code de l'environnement (▪ CE, 9 déc. 2011, n° 324294, *Réseau Sortir du Nucléaire*).

4) Participation utile. Public transfrontalier. Si aucune disposition du Code de l'environnement n'impose la traduction du dossier soumis au débat public, un effort particulier d'information, dans la langue adéquate, des publics transfrontaliers permet d'écarter le moyen tiré du défaut de participation utile au débat (▪ CE, 10 juill. 2023, n° 457659, *Soc. Port d'Ostende et a.*).

5) Fin de la phase d'élaboration du projet. Une fois l'enquête publique close, une annulation de la décision de la CNDP refusant de rouvrir le débat public ne pouvait recevoir aucune exécution. Ainsi le tribunal, alors même qu'il n'avait pas connaissance de la clôture de l'enquête publique, aurait dû prononcer un non-lieu à statuer sur la demande (▪ CAA Paris, 29 janv. 2015, n° 13PA04542 : *AJDA* 2015, n° 16, p. 906).

Art. L. 121-1-1 ***(Créé à compter d'une date fixée par décret et au plus tard le 1er janvier 2017, Ord. n° 2016-1060, 3 août 2016* (1)*; mod., L. n° 2018-148, 2 mars 2018).* – I. – La Commission nationale du débat public établit une liste nationale de garants et la rend publique.**

Elle peut radier de sa liste tout garant ayant manqué à ses obligations.

II. – Le garant est désigné parmi les membres de la liste mentionnée au I et indemnisé par la Commission nationale du débat public dans des conditions définies par voie réglementaire.

III. – Le garant est tenu à une obligation de neutralité et d'impartialité et veille notamment à la qualité, la sincérité et l'intelligibilité des informations diffusées au public, au bon déroulement de la concertation préalable et à la possibilité pour le public de formuler des questions, et de présenter des observations et propositions. Il veille à la diffusion de l'ensemble des études techniques et des expertises présentées par le public au cours de la procédure de participation.

Ne peuvent être désignées garants les personnes intéressées au projet à titre personnel ou en raison de leurs fonctions, notamment au sein de la collectivité, de l'organisme ou du service qui assure la maîtrise d'ouvrage, la maîtrise d'œuvre ou le contrôle de l'opération soumise à concertation préalable. En cas d'empêchement du garant, la Commission nationale du débat public désigne un garant remplaçant, fixe la date de reprise de la concertation préalable et en informe le public. ;

(1) Dispositions uniquement applicables aux décisions pour lesquelles une participation du public a été engagée postérieurement au 1er janvier 2017, Ord. n° 2016-1060, 3 août 2016, art. 8, II.

Art. L. 121-2 *(Mod. à compter du 1er janvier 2016, Ord. n° 2015-1174, 23 sept. 2015 ; rempl. à compter d'une date fixée par décret et au plus tard le 1er janvier 2017, Ord. n° 2016-1060, 3 août 2016* (1) *; mod., L. n° 2018-148, 2 mars 2018).* – En cas de risque de conflits ou de différends, la commission peut être saisie pour tout projet tel que défini à l'article L. 122-1, par les parties concernées, lorsqu'elles sont identifiées, d'une demande commune et motivée de conciliation en vue d'aboutir à la reprise du dialogue entre ces parties et à un accord entre elles sur les modalités de participation du public au processus décisionnel.

Ces parties comprennent au moins :

– le maître d'ouvrage ;

– une association agréée au niveau national, ou deux associations ou une fédération d'associations agréée (s) au titre de l'article L. 141-1 dans le cadre de la région ou du département territorialement intéressé.

Cette saisine n'a pas de caractère suspensif pour la procédure en cours.

Dispositions précédentes. Exemples de mise en œuvre. Saisine conjointe par le ministre de l'Équipement et le ministre de l'Environnement à propos du projet d'extension du port du Havre, dit « Port 2000 » ; saisine, par vingt-trois députés, sur le projet d'autoroute A 32, à l'Est du sillon Monsellan. Saisine, à la demande de France Nature Environnement, à propos du projet de ligne à très haute tension Boutre-Carros, dans le Verdon.

Section II. – Composition et fonctionnement de la Commission nationale du débat public

(L. n° 2002-276, 27 févr. 2002)

Art. L. 121-3 *(Mod., Ord. n° 2015-948, 31 juill. 2015)* (2). – La Commission nationale du débat public est composée de vingt-cinq membres nommés pour cinq ans ou pour la durée de leur mandat. Outre son président et deux vice-présidents, elle comprend :

1° Un député et un sénateur nommés respectivement par le Président de l'Assemblée nationale et par le Président du Sénat ;

2° Six élus locaux nommés par décret sur proposition des associations représentatives des élus concernés ;

3° Un membre du Conseil d'État, élu par l'assemblée générale du Conseil d'État ;

4° Un membre de la Cour de cassation, élu par l'assemblée générale de la Cour de cassation ;

5° Un membre de la Cour des comptes, élu par l'assemblée générale de la Cour des comptes ;

6° Un membre du corps des membres des tribunaux administratifs et des cours administratives d'appel, nommé par décret sur proposition du Conseil supérieur des tribunaux administratifs et des cours administratives d'appel ;

7° Deux représentants d'associations de protection de l'environnement agréées au titre de l'article L. 141-1 exerçant leur activité sur l'ensemble du territoire national, nommés par arrêté du Premier ministre sur proposition du ministre chargé de l'environnement ;

8° Deux représentants des consommateurs et des usagers, respectivement nommés par arrêté du Premier ministre sur proposition du ministre chargé de l'économie et du ministre chargé des transports ;

9° Deux personnalités qualifiées, dont l'une ayant exercé des fonctions de commissaire enquêteur, respectivement nommées par arrêté du Premier ministre sur proposition du ministre chargé de l'industrie et du ministre chargé de l'équipement ;

10° Deux représentants des organisations syndicales représentatives de salariés et deux représentants des entreprises ou des chambres consulaires, dont un représentant des entreprises agricoles, nommés par arrêté du Premier ministre sur proposition des organisations professionnelles respectives les plus représentatives.

Les deux vice-présidents sont une femme et un homme. Les membres nommés sur proposition d'une même autorité en application du 2°, d'une part, et l'ensemble des membres nommés en application des 7°, 8° et 9°, d'autre part, comprennent un nombre égal de femmes et d'hommes. Chacune des autorités appelées à nommer, proposer ou élire un membre de la commission en application des 1°, 3° à 6° et 10° fait en sorte que, après cette

(1) Dispositions uniquement applicables aux décisions pour lesquelles une participation du public a été engagée postérieurement au 1er janvier 2017, Ord. n° 2016-1060, 3 août 2016, art. 8, II.

(2) Dispositions applicables aux nominations postérieures au 2 août 2015, Ord. n° 2015-948, 31 juill. 2015, art. 20. – NDLR.

nomination, proposition ou élection, l'écart entre le nombre de femmes et le nombre d'hommes parmi l'ensemble des membres de la commission ne soit pas supérieur à un, ou soit réduit lorsqu'il est supérieur à deux.

Le président et les vice-présidents sont nommés par décret.

Sous réserve des règles prévues au douzième alinéa, le mandat des membres est renouvelable une fois.

Le président et les vice-présidents exercent leurs fonctions à plein temps et sont rémunérés. Lorsqu'ils sont occupés par des fonctionnaires, les emplois de président et de vice-président de la Commission nationale du débat public sont des emplois conduisant à pension au titre du Code des pensions civiles et militaires de retraite.

Les fonctions des autres membres donnent lieu à indemnité.

La loi Grenelle II élargit la composition de la CNDP en y ajoutant des représentants des organisations syndicales des salariés et des représentants des acteurs économiques, dont un représentant des entreprises agricoles.

Art. L. 121-4 ***(Mod. à compter d'une date fixée par décret et au plus tard le 1er janvier 2017, Ord. n° 2016-1060, 3 août 2016)*** (1). – **La commission peut bénéficier de fonctionnaires en détachement ou la mise à disposition de fonctionnaires en position d'activité. Elle peut recruter des agents contractuels pour les besoins de son fonctionnement. Pour l'exercice de ses missions, elle peut désigner des délégués dans chaque région. La fonction de délégué régional donne lieu à indemnité.**

Dispositions précédentes. Décision susceptible de recours et juridiction compétente. L'extrait du procès-verbal d'une réunion de la Commission nationale du débat public ne contenant aucune décision est insusceptible d'être déféré au juge de l'excès de pouvoir (■ TA Paris, ord., 17 juill. 1998, nos 9811783 et 9811788, *Assoc. Information et Défense de Cannes et a.*).

Art. L. 121-5 ***(Mod. à compter d'une date fixée par décret et au plus tard le 1er janvier 2017, Ord. n° 2016-1060, 3 août 2016)*** (1). – **Conformément à la loi n° 2013-907 du 11 octobre 2013 relative à la transparence de la vie publique, les membres de la Commission nationale et des commissions particulières intéressés à une opération à titre personnel ou en raison de leurs fonctions ne peuvent participer à un débat ou à une procédure de concertation préalable se rapportant à cette opération.**

Incompatibilités. Les dispositions de l'article L. 121-5 relatives aux seuls débats ou concertations organisés par la Commission nationale du débat public, ne sont pas applicables à la décision par laquelle la commission a estimé qu'il n'y avait pas lieu à organiser un tel débat. Les circonstances que la présidente de la commission particulière qui avait organisé un débat sur le projet de 1999 ait pris part au vote de la décision par laquelle la commission a refusé d'organiser un nouveau débat sur le même projet et qu'un membre de la commission, ayant par ailleurs la qualité d'élu d'une collectivité territoriale concernée pas le projet, ait été présent lors de la séance au cours de laquelle cette décision a été prise, sans d'ailleurs participer au vote, ne sont pas de nature à entacher la décision attaquée d'illégalité (■ CE, 24 mai 2006, n° 285213, *M. Masson et a.* ■ CE, 24 janv. 2007, n° 287248, *Assoc. du Toulois pour la préservation du cadre de vie : Environnement* 2007, n° 3, comm. 54).

Art. L. 121-6 ***(Mod. à compter d'une date fixée par décret et au plus tard le 1er janvier 2017, Ord. n° 2016-1060, 3 août 2016*** (1)***; mod., L. n° 2018-148, 2 mars 2018).*** – **Les crédits nécessaires au fonctionnement de la Commission nationale du débat public sont inscrits au budget général de l'État sur proposition du Premier ministre. Le président de la commission est ordonnateur des dépenses. Il a autorité sur les services.**

Les dispositions de la loi du 10 août 1922 relative à l'organisation du contrôle des dépenses engagées ne sont pas applicables aux dépenses de la commission.

Il est créé à cette fin un fonds de concours, au sens du II de l'article 17 de la loi organique n° 2001-692 du 1er août 2001 relative aux lois de finances, pour contribuer aux dépenses liées au débat public. Ce fonds est destiné à recevoir les contributions financières.

Les dépenses relatives à l'organisation matérielle du débat public ou de la concertation préalable sont à la charge du maître d'ouvrage ou de la personne publique responsable de l'élaboration du plan ou du programme.

(1) Dispositions uniquement applicables aux décisions pour lesquelles une participation du public a été engagée postérieurement au 1er janvier 2017, Ord. n° 2016-1060, 3 août 2016, art. 8, II.

Lorsque le maître d'ouvrage n'est pas connu au moment du débat public, le préfinancement de ce dernier est assuré selon les cas par l'État, un de ses établissements publics ou une ou plusieurs collectivités territoriales. Dès qu'il est connu, le maître d'ouvrage rembourse le préfinanceur. Lorsque le préfinanceur est l'État, le remboursement s'opère par voie d'attribution de produit, en application du III de l'article 17 de la loi organique n° 2001-692 du 1er août 2001 relative aux lois de finances.

L'indemnisation des garants de la concertation préalable désignés par la Commission nationale du débat public et le coût des expertises complémentaires sont à sa charge.

Art. L. 121-7 *(Abr., L. n° 2017-55, 20 janv. 2017)* (1).

Section III. – Débat public et concertation préalable relevant de la Commission nationale du débat public

(Mod., Ord. n° 2016-1060, 3 août 2016) (2)

1) Si la CNDP a estimé qu'un débat public est nécessaire, elle l'organise et en confie l'animation à une commission particulière qu'elle constitue (art. L. 121-9, I), établit et publie le calendrier de déroulement du débat public, dont la durée ne peut excéder 4 mois pour les projets et 6 mois pour les plans et programmes, celle-ci pouvant être prolongée de 2 mois par une décision motivée de la Commission (art. L. 121-11, al. 1).

2) Extension du champ d'intervention. Afin d'accroître le nombre de débats publics organisés, la loi Grenelle II a élargi les projets soumis à la CNDP et les thématiques sur lesquelles elle doit être saisie.

3) Conséquences nulles d'un communiqué de presse. Le communiqué de presse du CIADT (Comité Interministériel d'Aménagement et de Développement du Territoire) annonçant la décision de retenir le projet de contournement autoroutier de l'agglomération bordelaise ne restreint pas la liberté d'appréciation du ministre chargé de la décision finale et ne vide pas de son sens la procédure de concertation. La circonstance que les membres de la commission particulière aient cru devoir cesser d'animer le débat public ne permet pas de conclure que le débat public aurait été interrompu prématurément (■ CAA Bordeaux, 3 déc. 2008, n° 07BX00912, *Min. Transports : AJDA* 2009, p. 153).

Art. L. 121-8 *(Mod. à compter d'une date fixée par décret et au plus tard le 1er janvier 2017, Ord. n° 2016-1060, 3 août 2016* (2)*; mod., L. n° 2018-148, 2 mars 2018)*. **– I. – La Commission nationale du débat public est saisie de tous les projets d'aménagement ou d'équipement qui, par leur nature, leurs caractéristiques techniques ou leur coût prévisionnel, tel qu'il peut être évalué lors de la phase d'élaboration, répondent à des critères ou excèdent des seuils fixés par décret en Conseil d'État** (3).

Pour ces projets, le ou les maîtres d'ouvrage adressent à la commission un dossier qui décrit les objectifs et les principales caractéristiques du projet entendu au sens de l'article L. 122-1, ainsi que des équipements qui sont créés ou aménagés en vue de sa desserte. Il présente également ses enjeux socio-économiques, son coût estimatif, l'identification des impacts significatifs sur l'environnement ou l'aménagement du territoire, une description des différentes solutions alternatives, y compris l'absence de mise en œuvre du projet. Lorsqu'un projet relève de plusieurs maîtres d'ouvrage, la commission est saisie conjointement par ceux-ci ;

II. – Les projets appartenant aux catégories définies en application du I mais dont le coût prévisionnel est d'un montant inférieur au seuil fixé en application du I, et qui répondent à des critères techniques ou excèdent des seuils fixés par décret en Conseil d'État pour chaque nature de projet, sont rendus publics par leur maître d'ouvrage, qui en publie les objectifs et caractéristiques essentielles et indique sa décision de saisir ou de ne pas saisir la Commission nationale du débat public. Il précise également les modalités de concertation qu'il s'engage à mener dans l'hypothèse où la commission ne serait pas saisie. Il en informe la Commission nationale du débat public. La concertation préalable ainsi menée par le maître d'ouvrage respecte les conditions définies aux articles L. 121-16 et L. 121-16-1.

(1) Pour l'application dans les îles Wallis-et-Futuna, en Polynésie française, en Nouvelle-Calédonie et dans les Terres australes et antarctiques françaises : V. L. n° 2017-55, 20 janv. 2017, art. 55. – NDLR.

(2) Dispositions uniquement applicables aux décisions pour lesquelles une participation du public a été engagée postérieurement au 1er janvier 2017, Ord. n° 2016-1060, 3 août 2016, art. 8, II.

(3) V. T. appl. : D. n° 2002-1275, 22 oct. 2002 puis C. env., art. R. 121-1 à R. 121-16. – NDLR.

Pour ces projets, la commission peut être saisie par :
1° Dix mille ressortissants majeurs de l'Union européenne résidant en France ;
2° Dix parlementaires ;
3° Un conseil régional, un conseil départemental, un conseil municipal ou un établissement public de coopération intercommunale ayant une compétence en matière d'aménagement de l'espace, territorialement intéressés ;
4° Une association agréée au niveau national en application de l'article L. 141-1.
Cette saisine, accompagnée des motivations de la demande, intervient dans un délai de deux mois à compter du moment où ces projets sont rendus publics par le maître d'ouvrage.
Le maître d'ouvrage adresse à la Commission nationale du débat public un dossier constitué conformément au deuxième alinéa du I.
III. – Si au plus tard au moment de l'ouverture de l'enquête publique le maître d'ouvrage s'aperçoit qu'un projet présente des caractéristiques techniques ou un coût prévisionnel qui dépassent les seuils mentionnés au I, il saisit la commission qui instruit cette demande dans les conditions prévues à l'article L. 121-9.
IV. – La Commission nationale du débat public est également saisie des plans et programmes de niveau national faisant l'objet d'une évaluation environnementale en application de l'article L. 122-4.
Pour ces plans et programmes, les personnes publiques responsables de leur élaboration adressent à la commission un dossier présentant les objectifs et les principales caractéristiques, les enjeux socio-économiques, l'identification des impacts significatifs du plan ou du programme sur l'environnement et l'aménagement du territoire, ainsi que les différentes solutions alternatives.
V. – La présente section n'est pas applicable au schéma d'ensemble du réseau de transport public du Grand Paris, auquel est applicable la procédure de débat public prévue à l'article 3 de la loi n° 2010-597 du 3 juin 2010 relative au Grand Paris.
Lorsqu'en application des I ou II du présent article, un débat public ou une concertation préalable est organisé par la Commission nationale du débat public ou le maître d'ouvrage pour un projet soumis à une concertation obligatoire au titre de l'article L. 103-2 du Code de l'urbanisme, les dispositions du même article L. 103-2 ne sont pas applicables.

1) Absence de saisine. En l'absence de toute saisine adressée par l'une des personnes énumérées par l'article L. 121-2 [L. 121-8, depuis L. n° 2002-276], la CNDP n'est pas tenue d'organiser un débat public (▪ CE, 13 déc. 2002, *Assoc. pour la sauvegarde de l'environnement et la promotion de Saint-Léger-en-Bray et a. : Rec. CE* 2002, tables, 963 ; *AJDA* 2003, 1048, note L. Dardalhon).

2) Caractère facultatif de la saisine. Le débat public dont la possibilité est, à certaines conditions, prévue par la loi du 2 février 1995 [art. L. 121-1 et s.], constitue une faculté ouverte à l'administration et non une obligation pour celle-ci en ce qui concerne les projets entrant dans le champ de la loi (▪ CE, 30 juill. 2003, *Assoc. Défense des intérêts des habitants de Toulouges*, n° 240850). Dans le même sens : ▪ CAA Marseille, 27 janv. 2005, n° 01MA00170, *Mme Marie-Thérèse X.*

3) Délais de saisine (art. L. 121-8-I). Avant la loi n° 2002-276. Un débat public ne peut plus être organisé postérieurement à la date de la mention au *Journal officiel* de la décision ministérielle de prise en considération du plan de masse déterminant les principales caractéristiques du projet (▪ CE, 8 oct. 2001, n°s 217170 et 217235, *UFCNA et ACENAS : Rec. CE* 2001, 457 ; *RD imm.* 2002, 193, chron. Y. Jégouzo).

4) ... Après la réforme de 2002. Ni le Code de l'environnement ni le décret du 22 octobre 2002 [art. R. 121-1 et s.] ne fixent de date limite à la saisine de la commission des projets relevant du I de l'article L. 121-8 du Code de l'environnement (▪ CE, 20 avr. 2005, n° 258968, *Collectif contre les nuisances du TGV de Chasseneuil-du-Poitou et Migné-Auxances*).

5) Refus *ratione materiae*. Les dispositions de l'article L. 121-1 ne s'appliquent pas au classement d'un site qui ne constitue pas une opération d'aménagement (▪ CE, 25 oct. 2002, n° 225157, *Féd. des synd. d'exploitants agricoles de l'Île de France : Rec. CE* 2002).

6) Stade de la saisine. La saisine préalable de la Commission nationale du débat public doit être effectuée lorsque les principales caractéristiques, les enjeux socio-économiques, le coût estimatif et les impacts sur l'environnement de l'équipement envisagé sont déjà définis de sorte qu'un projet d'aménagement ou d'équipement au sens du I de l'article L. 121-8 du Code de l'environnement puisse être regardé comme identifié (▪ CE, 21 août 2019, n° 419959, *Assoc. Non aux éoliennes entre Noirmoutier et Yeu*. V. également ▪ CE, 7 juin 2019, n° 414426, *Assoc. Prosimar et a.* ; ▪ CAA Nantes, 13 mars 2020, n° 19NT01511, *Assoc. Non aux éoliennes entre Noirmoutier et Yeu*).

7) **Contrôle de conventionnalité.** Le moyen tiré de ce que les dispositions du décret du 25 avril 2017 relatif aux procédures destinées à assurer l'information et la participation du public à l'élaboration de certaines décisions susceptibles d'avoir une incidence sur l'environnement et de l'ordonnance du 3 août 2016 méconnaîtraient les objectifs des directives du 27 juin 2001 et du 13 décembre 2011 relatives à l'évaluation environnementale des projets et à celle des plans et programmes, en ce qu'elles ne prévoient pas de procédure de concertation préalable obligatoire doit être écarté. En effet, ces deux directives ne régissent pas la période qui se situe avant le dépôt de la demande pendant laquelle le projet n'est pas suffisamment défini pour faire l'objet selon les cas soit d'une évaluation environnementale, soit d'un rapport sur les incidences environnementales. Ces directives visent en effet à régir la période qui suit le dépôt de la demande d'autorisation des projets ou d'un projet de plan ou programme (■ CE, 13 mars 2019, n° 414930, *FNE*).

8) **Contenu du dossier.** Les objections au projet n'ont pas à figurer dans le dossier prévu à l'article L. 121-8 (■ CE, 10 juill. 2023, n° 457659, *Soc. Port d'Ostende et a.*). Le juge contrôle que le projet contient bien des solutions alternatives au projet présenté ainsi que l'hypothèse d'une absence de mise en œuvre du projet (■ CE, 17 juin 2024, n° 470179, *Assoc. Nature Environnement 17*).

Art. L. 121-8-1 *(L. n° 2018-727, 10 août 2018 ; rempl., L. n° 2020-1525, 7 déc. 2020* (1) *; mod., L. n° 2021-1104, 22 août 2021 ; L. n° 2023-175, 10 mars 2023).* – Lorsque le ministre chargé de l'énergie souhaite lancer une ou plusieurs procédures de mise en concurrence en application de l'article L. 311-10 du Code de l'énergie pour la construction et l'exploitation d'installations de production d'énergie renouvelable en mer et de leurs ouvrages de raccordement aux réseaux publics d'électricité, il saisit la Commission nationale du débat public, qui détermine, dans les conditions prévues à la présente section, les modalités de la participation du public. À la demande du ministre chargé de l'énergie, l'objet de cette participation porte sur plusieurs procédures de mise en concurrence qu'il envisage de lancer sur une même façade maritime. Le public est notamment consulté sur le choix de la localisation de la ou des zones potentielles d'implantation des installations envisagées. La personne chargée de l'organisation de la procédure de participation du public, en application de l'article L. 121-9, invite les collectivités territoriales situées sur le littoral de la façade maritime et le Conseil national de la mer et des littoraux à formuler un avis. Les collectivités territoriales concernées sont celles situées à moins de cent kilomètres de la ou des zones potentielles d'implantation des installations envisagées.

Lorsque la Commission nationale du débat public estime qu'un débat public est nécessaire, sa durée ne peut pas excéder la durée mentionnée à l'article L. 121-11 du présent code pour les projets.

Le ministre chargé de l'énergie peut lancer la ou les procédures de mise en concurrence mentionnées au premier alinéa du présent article avant la fin du débat public ou de la concertation préalable. La phase de dialogue concurrentiel de la ou des procédures de mise en concurrence ne peut démarrer avant la communication du bilan de la participation du public. Conformément, selon le cas, aux articles L. 121-13 ou L. 121-16, le ministre chargé de l'énergie décide, après communication du bilan de la participation du public, du principe et des conditions de la poursuite de la ou des procédures de mise en concurrence.

Après la publication du bilan de la participation du public, et en tenant compte de ce bilan, le ministre chargé de l'énergie peut identifier les zones potentielles d'implantation des futures installations de production d'énergie renouvelable en mer et de leurs ouvrages de raccordement.

Après la désignation du ou des lauréats de la ou des procédures de mise en concurrence, le ou les maîtres d'ouvrages du projet d'une installation de production d'énergie renouvelable en mer et de ses ouvrages de raccordement sont dispensés des obligations prévues à la présente section.

Lorsque les procédures de mise en concurrence mentionnées au premier alinéa du présent article n'ont pas été lancées dans un délai de dix ans à compter de la publication du bilan du débat public ou de la concertation préalable, le ministre chargé de l'énergie saisit à nouveau la Commission nationale du débat public qui détermine si une nouvelle procédure de participation du public est nécessaire, dans les conditions prévues à la présente section.

Les ministres chargés de l'énergie et de la mer peuvent saisir conjointement la Commission nationale du débat public afin que la procédure de participation du public mentionnée au présent article soit menée en commun avec celle effectuée en application de l'article L. 121-8 pour les documents stratégiques de façade mentionnés à

---

(1) Dispositions applicables aux procédures de participation du public pour lesquelles le ministre chargé de l'énergie a déjà saisi la Commission nationale du débat public le 8 décembre 2020, L. n° 2020-1525, 7 déc. 2020.

l'article L. 219-3. Le présent article est applicable à cette procédure. Toutefois, par dérogation au deuxième alinéa du présent article, la durée du débat peut être portée à celle fixée à l'article L. 121-11 pour les plans et programmes.

Lorsque cette procédure est menée en commun, la saisine conjointe adressée à la Commission nationale du débat public peut porter sur plusieurs façades maritimes.

Application dans le temps. Il ne résulte pas des dispositions relatives à l'entrée en vigueur de la loi du 10 août 2018 que l'article L. 121-8-1 trouve à s'appliquer, dans la rédaction qui en est issue, aux projets d'éoliennes en mer pour lesquels les candidats ont été désignés lauréats de l'appel d'offres avant le 1er janvier 2015 (▪ CE, 10 juill. 2023, n° 457659, *Soc. Port d'Ostende et a.*).

Art. L. 121-8-2 *(L. n° 2023-973, 23 oct. 2023).* – Lorsque plusieurs projets d'aménagement ou d'équipement susceptibles de relever du I de l'article L. 121-8 sont envisagés sur un même territoire délimité et homogène au cours des huit années à venir, il peut être organisé, à la demande d'une personne publique, un débat public global ou une concertation préalable globale, dans les conditions prévues au présent chapitre, pour l'ensemble de ces projets. Par dérogation au second alinéa du même I, la Commission nationale du débat public est saisie de cette demande par cette personne publique. Celle-ci lui transmet le dossier mentionné audit I, qu'elle a reçu préalablement du maître d'ouvrage pour chaque projet, ou qu'elle élabore elle-même pour les projets dont le maître d'ouvrage n'est pas encore connu. Dans ce dernier cas, le délai de trois mois mentionné au premier alinéa de l'article L. 121-13 court à compter de la date à laquelle ce maître d'ouvrage est connu.

Lorsqu'un débat public global ou une concertation préalable globale a eu lieu pour un ensemble de projets envisagés sur un territoire délimité et homogène, ces projets, ainsi que ceux envisagés ultérieurement sur le même territoire et cohérents avec sa vocation, sont dispensés de débat public propre ou de concertation préalable propre si leur mise en œuvre débute au cours des huit années suivant la fin de ce débat public global ou de cette concertation globale.

La Commission nationale du débat public, saisie dans les conditions prévues à l'article L. 121-8, peut toutefois décider, si elle l'estime nécessaire pour certains des projets mentionnés au deuxième alinéa du présent article, d'organiser un tel débat ou une telle concertation. Elle motive sa décision.

Art. L. 121-9 *(Mod., L. n° 2015-992, 17 août 2015 ; mod. à compter d'une date fixée par décret et au plus tard le 1er janvier 2017, Ord. n° 2016-1060, 3 août 2016)* (1). – Lorsque la Commission nationale du débat public est saisie, elle détermine les modalités de participation du public au processus de décision dans les conditions suivantes :

1° La commission apprécie, pour chaque projet, plan ou programme si le débat public doit être organisé en fonction de son incidence territoriale, des enjeux socio-économiques qui s'y attachent et de ses impacts sur l'environnement ou l'aménagement du territoire.

Si la commission estime qu'un débat public est nécessaire, elle l'organise et en confie l'animation à une commission particulière qu'elle constitue.

Si la commission estime qu'un débat public n'est pas nécessaire, elle peut décider de l'organisation d'une concertation préalable. Elle en définit les modalités, en confie l'organisation au maître d'ouvrage ou à la personne publique responsable et désigne un garant. La concertation préalable ainsi menée se déroule dans les conditions définies à la section 4 du présent chapitre.

(Al. mod., L. n° 2023-973, 23 oct. 2023) Lorsqu'un projet a fait l'objet d'un débat public lors de l'élaboration d'un plan ou d'un programme approuvé depuis moins de huit ans et définissant le cadre dans lequel le projet pourrait être autorisé et mis en œuvre, ce dernier est dispensé de débat public ou de concertation préalable. La commission peut cependant décider, si elle l'estime nécessaire, d'organiser un tel débat ou une telle concertation et motive sa décision ;

2° Lorsque la Commission nationale du débat public est saisie d'un projet d'infrastructure linéaire énergétique en application de l'article L. 121-8, elle organise une concertation préalable dans les conditions fixées à la section 4 du présent chapitre ;

(1) Dispositions uniquement applicables aux décisions pour lesquelles une participation du public a été engagée postérieurement au 1er janvier 2017, Ord. n° 2016-1060, 3 août 2016, art. 8, II.

3° La Commission nationale du débat public se prononce dans un délai de deux mois sur la suite à réserver aux saisines prévues aux I, II et IV de l'article L. 121-8. Sa décision est motivée. Celle-ci peut décider de ne recourir ni à un débat public, ni à une concertation préalable.

En l'absence de décision explicite à l'issue de ce délai, la commission est réputée avoir renoncé à organiser le débat public ou la concertation préalable.

1) **Concertation avec le public.** La loi Grenelle II prévoit la possibilité pour la CNDP, lorsque le débat public n'apparaît pas nécessaire, de recommander au responsable du projet l'organisation d'une concertation du public. À son initiative ou à la demande du responsable du projet, la CNDP peut désigner un garant, dont la mission consiste à veiller à ce que le public soit en mesure de présenter ses observations de manière effective. Il s'agit de la mise en écriture d'une pratique de la CNDP.

Bibliographie : J.-C. Helin, *Sur l'encadrement juridique de la concertation. Encore un petit effort ? : AJDA* 2012, p. 969.

2) **Décision.** Le refus de la CNDP d'organiser un débat public constitue, dès lors que cette décision n'a pas le caractère d'une mesure préparatoire des décisions prises par les autorités administratives compétentes pour la réalisation des projets, une décision faisant grief susceptible d'être déférée au juge de l'excès de pouvoir (■ CE, 17 mai 2002, n° 236202, *Assoc. France Nature Environnement : Rev. jur. env.* 4/2002, 641 ; *LPA* 2003, n° 142, p. 13, note V. Inserguet-Brisset). La décision par laquelle la CNDP décide d'organiser une concertation préalable sur un projet sur le fondement de l'article L. 121-9 ne revêt pas un caractère réglementaire et n'entre pas dans le champ du 2° de l'article R. 311-1 du Code de justice administrative qui donne compétence au Conseil d'État pour connaître en premier et dernier ressort des recours dirigés contre certains actes réglementaires (■ CE, 8 déc. 2021, n° 446947, Assoc. *Fédération régionale des associations contre le train en zone urbaine et pour le respect de l'environnement*).

3) **Modalités d'organisation.** Si les décisions par lesquelles la CNDP décide ou refuse d'organiser un débat public ont le caractère de décisions faisant grief, les mesures que la CNDP ou la commission particulière qu'elle a chargée de l'organisation d'un débat public arrête ensuite pour déterminer les modalités de déroulement d'un tel débat ne constituent pas des décisions susceptibles d'être déférées au juge de l'excès de pouvoir (■ CE, 14 juin 2002, n° 215154, Assoc. *Pour garantir l'intégrité rurale restante : Rec. CE* 2002, tables, 963). Les différentes décisions que la CNDP peut être appelée à prendre après qu'elle a décidé d'ouvrir un débat public, et qui peuvent notamment porter sur ses modalités, le calendrier et les conditions de son déroulement, ne constituent pas des décisions faisant grief ; il en va en particulier ainsi du refus de la CNDP d'interrompre le débat ou de le reporter à une date ultérieure (■ CE, 5 avr. 2004, n° 254775, Assoc. *citoyenne intercommunale des populations concernées par le projet d'aéroport de Notre-Dame-des-Landes : AJDA* 2004, 2100, note B. Delaunay ; *DAUH* 2005, n° 97).

Art. L. 121-10 *(Rempl. à compter d'une date fixée par décret et au plus tard le 1er janvier 2017, Ord. n° 2016-1060, 3 août 2016* (1) *; mod., L. n° 2018-148, 2 mars 2018).* **– Lorsque le Gouvernement souhaite organiser un débat public national sur l'élaboration d'un projet de réforme relatif à une politique publique ayant un effet important sur l'environnement ou l'aménagement du territoire, il peut saisir la Commission nationale du débat public en vue de l'organisation du débat public. Celle-ci peut également être saisie par soixante députés ou soixante sénateurs, ou cinq cent mille ressortissants majeurs de l'Union européenne résidant en France, en vue de l'organisation d'un tel débat.**

La commission indique sur son site internet qu'elle a été saisie d'une demande de débat et organise celui-ci dans les conditions de la présente section.

Le ou les ministres principalement intéressés, le président de l'Assemblée nationale, le président du Sénat ou la personne publique responsable de la politique mentionnée au premier alinéa publient les enseignements et les suites tirés de celui-ci.

Art. L. 121-11 *(Mod. à compter d'une date fixée par décret et au plus tard le 1er janvier 2017, Ord. n° 2016-1060, 3 août 2016)* (1). **– La Commission nationale du débat public établit et publie le calendrier de déroulement du débat public, dont la durée ne peut excéder quatre mois pour les projets et six mois pour**

(1) Dispositions uniquement applicables aux décisions pour lesquelles une participation du public a été engagée postérieurement au 1er janvier 2017, Ord. n° 2016-1060, 3 août 2016, art. 8, II.

les plans et programmes mentionnés au IV de l'article L. 121-8. La durée peut être prolongée de deux mois par une décision motivée de la Commission nationale du débat public.

La Commission nationale du débat public peut demander au maître d'ouvrage ou à la personne publique responsable de compléter le dossier qu'il est prévu de soumettre au débat public. Le débat ne peut commencer que lorsque la Commission nationale du débat public a considéré le dossier complet.

Dans un délai de deux mois à compter de la date de clôture du débat public, le président de la Commission nationale du débat public publie un compte rendu du débat et en dresse le bilan.

Modes de publication du bilan du débat public. Le dernier alinéa de l'article L. 121-11 et l'article L. 121-13 du Code de l'environnement n'imposent pas que la publication du compte rendu et du bilan du débat public soit faite par insertion au *Journal officiel de la République française*. Ces documents ne sont pas davantage au nombre des actes dont l'ordonnance du 20 février 2004 relative aux modalités et effets de la publication des lois et de certains actes administratifs exigerait une telle insertion ; la publication sur le seul site Internet de la commission est conforme à la condition que la date de mise en ligne soit clairement mentionnée (■ CE, 11 janv. 2008, n° 292493, *M. Lesage et M. et Mme de Bouard : Environnement* 2008, n° 3, comm. 55 ; *Dr. env.* 2008, n° 158, p. 19 à 21 ; *RJEP* 2008, n° 653, p. 29 ; *Rev. Lamy coll. terr.* juin 2008, n° 36, p. 48).

Voir : Sur l'insertion du bilan dans le dossier d'enquête publique : comm. sous art. L. 123-12, p. 128.

Art. L. 121-12 *(Mod. à compter d'une date fixée par décret et au plus tard le 1er janvier 2017, Ord. n° 2016-1060, 3 août 2016* (1) *; mod., L. n° 2018-148, 2 mars 2018).* **– L'ouverture de l'enquête publique prévue à l'article L. 123-1 ou de la participation du public prévue à l'article L. 123-19 relative à un projet, plan ou programme relevant de l'article L. 121-8 ne peut être décidée qu'à compter, soit de la date à partir de laquelle un débat public ou la concertation préalable prévus à l'article L. 121-8 ne peut plus être organisé (e), soit de la date de publication du bilan ou à l'expiration du délai imparti au président de la commission pour procéder à cette publication et au plus tard dans le délai de huit ans qui suit ces dates. Au-delà de ce délai, la commission ne peut décider de relancer la participation du public que si les circonstances de fait ou de droit justifiant le projet, plan ou programme ont subi des modifications substantielles.**

1) **Appréciation du délai de huit ans.** L'enquête publique relative à un projet ne peut être ouverte plus de huit ans après l'une des trois dates de référence que les dispositions de l'article L. 121-12 mentionnent sans une nouvelle consultation de la Commission nationale du débat public, laquelle ne peut alors décider de relancer la concertation avec le public que si les circonstances de fait ou de droit justifiant le projet ont connu des modifications substantielles depuis cette date. Dès lors que la CNDP a estimé qu'il n'y avait pas lieu d'organiser un nouveau débat public sur un projet de ligne ferroviaire par deux décisions du 7 octobre 2015 et du 3 juin 2020, l'ouverture d'une enquête publique le 14 décembre 2021 est régulière, bien qu'elle intervienne plus de huit ans après la publication du bilan du débat public organisé en 2009 (■ CE, 2 févr. 2024, n° 473429, *Assoc. A.L.T. et a.*).

2) **Autoroute A32.** D'une part, l'intervention de la loi du 27 février 2002 relative à la démocratie de proximité et l'évolution du contexte politique local ne sauraient en l'espèce être invoquées comme des circonstances nouvelles justifiant le projet au sens des dispositions de l'article L. 121-12 du Code de l'environnement. La Commission nationale du débat public n'a donc pas inexactement apprécié les pièces du dossier en estimant que les circonstances justifiant le projet n'avaient pas subi de modifications substantielles depuis 1999. D'autre part, le parti d'aménagement de l'autoroute A 32 décrit par le dossier de saisine est constitué, dans ses différentes sections, par des fuseaux qui figuraient tous parmi les variantes présentées dans le dossier du débat public en 1999. Dès lors que ce projet est distinct de celui de l'autoroute A 32, le moyen tiré de ce que le projet de contournement de Nancy par l'aménagement d'une liaison entre Lunéville, Toul et Richemond n'a pas été examiné lors du débat public en 1999 est sans incidence à cet égard (■ CE, 24 mai 2006, n° 285213, *M. et Mme B : Ann. voirie* 2006, n° 109, p. 151). L'évolution du contexte politique local, l'entrée en vigueur du protocole et de la Charte de l'environnement et la nécessité de transposer la directive

(1) Dispositions uniquement applicables aux décisions pour lesquelles une participation du public a été engagée postérieurement au 1er janvier 2017, Ord. n° 2016-1060, 3 août 2016, art. 8, II.

2004/51/CE ne sauraient être regardées comme des modifications substantielles apportées aux circonstances justifiant le projet au sens de l'article L. 121-12 du Code de l'environnement ; que le moyen tiré de ce que le projet de contournement de Nancy par l'aménagement d'une liaison entre Lunéville, Toul et Richemont n'a pas été examiné lors du débat public en 1999 est sans incidence à cet égard dès lors que ce projet est distinct de celui de l'autoroute A 32 (■ CE, 24 janv. 2007, n° 286666, *M. et Mme B.* ■ CE, 24 janv. 2007, n° 287248, *Assoc. du Toulois pour la préservation du cadre de vie : Environnement* 2007, n° 3, comm. 54).

3) Absence de nécessité d'une motivation pour le refus d'organiser un second débat. La Commission nationale du débat public n'était pas tenue de motiver sa décision de ne pas organiser de second débat du fait de l'absence de modifications substantielles des circonstances de droit ou de fait depuis le premier débat, ce dès lors qu'elle a pu notamment constater que le projet était l'une des variantes du projet initial, et que depuis l'organisation du débat en 2005, la concertation s'était poursuivie de manière continue (■ CE, 21 août 2019, n° 419959, *Assoc. Non aux éoliennes entre Noirmoutier et Yeu*).

Art. L. 121-13 *(Mod. à compter d'une date fixée par décret et au plus tard le 1er janvier 2017, Ord. n° 2016-1060, 3 août 2016* (1)*; mod., L. n° 2018-148, 2 mars 2018).* **– Lorsqu'un débat public a été organisé sur un plan, programme ou projet, le maître d'ouvrage du projet ou la personne publique responsable de l'élaboration du plan ou du programme décide, dans un délai de trois mois après la publication du bilan du débat public, par un acte qui est publié, du principe et des conditions de la poursuite du plan, du programme ou du projet. Il précise, le cas échéant, les principales modifications apportées au plan, programme ou projet soumis au débat public. Il indique également les mesures qu'il juge nécessaire de mettre en place pour répondre aux enseignements qu'il tire du débat public. Cet acte est transmis à la Commission nationale du débat public.**

Lorsque le maître d'ouvrage ou la personne publique responsable du plan ou du programme est une collectivité territoriale ou un établissement public de coopération intercommunale, cet acte donne lieu à une délibération.

1) Compétence. Une requête dirigée contre la décision prise par le maître d'ouvrage ou la personne publique responsable du projet en application de l'article L. 121-13 du Code de l'environnement et de l'article 11 du décret du 22 octobre 2002, qui n'est pas un acte réglementaire, ne relève d'aucune des catégories dont il appartient au conseil d'État de connaître en premier et dernier ressort en vertu de l'article R. 311-1 du Code de justice administrative. Le tribunal administratif dans le ressort duquel se trouve le projet objet du litige est compétent pour connaître en premier ressort d'une telle demande (■ CE, 28 déc. 2005, n° 270801, *Assoc. Aquitaine Alternatives et a. : AJDA* 2006, p. 1664).

2) Contestation. L'acte prévu par l'article L. 121-13 du Code de l'environnement a pour seul objet de tirer les conséquences du débat public qui a été organisé dans les conditions des articles L. 121-8 à L. 121-12 de ce code ; si cet acte a le caractère d'une décision dès lors, notamment, qu'une fois devenu définitif, aucune méconnaissance de ces dispositions ne peut plus être invoquée, il ne peut, eu égard à son objet, être contesté que sur le fondement de moyens tirés de vices propres dont il serait entaché, de l'irrégularité du débat public au regard de ces mêmes dispositions, à l'exclusion, notamment, de toute contestation du bien-fondé de l'opération dont il est décidé de poursuivre les études, celui-ci ne pouvant être mis en cause qu'à l'occasion des actes qui, au titre des différentes législations applicables, en autorisent la réalisation (■ CE, 28 déc. 2005, n° 267287 : *Environnement* 2006, n° 3, comm. 40 ; *AJDA* 2006, p. 1664. ■ CE, 11 janv. 2008, n° 292493, *M. Lesage et M. et Mme de Bouard : Environnement* 2008, n° 3, comm. 55 ; *Dr. env.* 2008, n° 158, p. 19 à 21 ; *RJEP* 2008, n° 653, p. 29 ; *Rev. Lamy coll. terr.* juin 2008, n° 36, p. 48. ■ CAA Bordeaux, 3 déc. 2008, n° 07BX00912, *Min. Transports : AJDA* 2009, p. 153. ■ CE, 18 déc. 2008, n° 310027, *Collectif pour la protection des riverains de l'autoroute A 184 : Constr.-Urb.* 2009, n° 2, comm. 17. ■ CE, 10 juill. 2023, n° 457659, *Soc. Port d'Ostende et a.* ■ CE, 17 juin 2024, n° 470179, *Assoc. Nature Environnement 17*).

3) Délai. Le délai fixé par l'article L. 121-13 court à compter de la date de mise en ligne du bilan sur le site Internet de la Commission nationale (■ CE, 11 janv. 2008, n° 292493, *M. Lesage et M. et Mme de Bouard : Environnement* 2008, n° 3, comm. 55 ; *Dr. env.* 2008, n° 158, p. 19 à 21 ; *RJEP* 2008, n° 653, p. 29 ; *Rev. Lamy coll. terr.* juin 2008, n° 36, p. 48). L'appréciation du respect du délai de 3 mois se fait en tenant compte de la date à laquelle la personne publique responsable prend la décision sur le principe et les conditions de la poursuite du projet et non la date de publication de ladite décision (■ CE, 17 juin 2024, n° 470179, *Assoc. Nature Environnement 17*).

(1) Dispositions uniquement applicables aux décisions pour lesquelles une participation du public a été engagée postérieurement au 1er janvier 2017, Ord. n° 2016-1060, 3 août 2016, art. 8, II.

Art. L. 121-13-1 ***(Abr. à compter d'une date fixée par décret et au plus tard le 1er janvier 2017, Ord. n° 2016-1060, 3 août 2016)*** (1).

Art. L. 121-14 ***(Rempl. à compter d'une date fixée par décret et au plus tard le 1er janvier 2017, Ord. n° 2016-1060, 3 août 2016*** (1)***; mod., L. n° 2018-148, 2 mars 2018).*** **– Après un débat public ou une concertation préalable décidée par la Commission nationale du débat public, elle désigne un garant chargé de veiller à la bonne information et à la participation du public jusqu'à l'ouverture de l'enquête publique. La Commission détermine les conditions dans lesquelles le garant et le maître d'ouvrage ou la personne publique responsable la tiennent informée. Elle assure, si nécessaire, la publication de rapports intermédiaires. Le rapport final du garant est rendu public.**

Art. L. 121-15 ***(Mod. à compter d'une date fixée par décret et au plus tard le 1er janvier 2017, Ord. n° 2016-1060, 3 août 2016)*** (1). **– Aucune irrégularité au regard des dispositions du présent chapitre ne peut être invoquée lorsque l'acte par lequel la Commission nationale du débat public a renoncé à organiser un débat public ou une concertation préalable ou l'acte mentionné à l'article L. 121-13 est devenu définitif.**

1) Entrée en vigueur. Dispositions précédentes. Les dispositions relatives au débat public sont inapplicables au projet déclaré d'utilité publique avant l'intervention et l'entrée en vigueur du décret d'application (■ CE, 18 févr. 1998, n° 178423, Assoc. *pour la sauvegarde de la région de Langeais et a.*). N'a pas davantage donné lieu à l'organisation du débat public, le projet déclaré d'utilité publique postérieurement à l'entrée en vigueur du décret mais dont le plan masse déterminant ses principales caractéristiques a été mentionné au *Journal officiel* antérieurement à l'entrée en vigueur du décret d'application de la loi du 2 février 1995 (■ CE, 29 avr. 1998, n° 187801, *Cne de Gonesse et a.*).

Bibliographie : *Concertation publique.* M. Moliner-Dubost, J. Guillemard, *Droit à l'information et principe de participation en droit de l'environnement : JCl. Environnement et Développement durable*, Synthèse 40, 6 avr. 2022. – F. Jamay, *Requiem pour la simplification des procédures d'information et de participation : Énergie – Env. – Infrastr.* 2017, n° 7, comm. 42. – J.-C. Hélin, *Le projet d'ordonnance relative au dialogue environnemental. Bien visé, mal tiré ? : Énergie – Env. – Infrastr.* 2016, nos 8-9, alerte 261. – F. Jamay, *L'ordonnance du 3 août 2016, un dialogue environnemental encore bien timide : Énergie – Env. – Infrastr.* 2016, n° 12, comm. 82. – Colloque, *Projets industriels : quelle place pour la concertation ? : BDEI* févr. 2015, n° 55, p. 32. – P. Carré, R. Cointe et B. Pancher, *Projets industriels : quelle place pour la concertation ? : BDEI* févr. 2015, n° 55, p. 32. – M. Vague, *Concertation environnementale : complexité, frein et leviers : Experts* févr. 2015, n° 118, p. 38. – J.-C. Hélin, *La concertation de l'article L. 300-2 du Code de l'urbanisme : AJDA* 2006, p. 2332. – R. Billé, L. Mermet et M. Berlan Darque, *Concertation, décision et environnement : regards croisés*, Actes du séminaire, La Documentation française, 2003. – C. Cans, *La concertation, moyen à privilégier pour concilier aménagement et environnement : Dr. env.* 1/1998, p. 15. – I. Cassin, *La concertation en matière d'aménagement : l'introuvable concept : BJDU* 1/1997, p. 2. – J.-F. Struillou, *La participation du public en matière d'environnement : le changement dans la continuité : AJDA* 2018, p. 1392.

2) Concertation facultative. La loi n° 2010-788 du 12 juillet 2010 portant engagement national pour l'environnement, dite loi Grenelle II, a créé la présente section, constituée par l'unique article L. 121-16. Cet article prévoit que, sauf en cas de dispositions particulières (essentiellement les hypothèses de saisine de la Commission nationale du débat public), la concertation du public en amont d'un projet, plan ou programme peut être organisée par la personne responsable de ce projet, plan ou programme. La concertation préalable permet d'éviter que l'enquête publique soit un simple instrument de validation *a posteriori* du projet, et que l'avis du public ne soit peu ou pas considéré. Cependant, il convient de noter que la procédure de concertation n'est pas encadrée ni dans son déroulement ni dans sa forme et ne présente pas de caractère obligatoire. En effet, mêmes dans les hypothèses où la concertation préalable est demandée par l'autorité décisionnaire au responsable du projet, plan ou programme, la loi ne l'érige pas en contrainte de principe. Néanmoins, le dossier d'enquête publique devra expressément mentionner l'absence de concertation et comprendre son bilan si celle-ci a eu lieu.

Voir : Sur le contenu du dossier d'enquête publique : art. L. 123-12, p. 128 ; art. R. 123-8, p. 1561.

(1) Dispositions uniquement applicables aux décisions pour lesquelles une participation du public a été engagée postérieurement au 1er janvier 2017, Ord. n° 2016-1060, 3 août 2016, art. 8, II.

Voir : Sur la constitution du comité de concertation : art. R. 125-8-3 III, p. 1596.

3) Concertation effective. Il apparaît probable que la concertation publique, bien que facultative, soit menée le cas échéant dans de bonnes conditions. Par analogie, en droit de l'urbanisme, il est intéressant de noter que l'administration qui a engagé une procédure de consultation alors qu'elle n'y était pas tenue, doit procéder à celle-ci de façon régulière (■ CE, 27 mars 1992, n° 109868. ■ CE, 2 juin 2003, n° 249321). Cela étant, une commune qui organise une concertation sur le modèle de l'article L. 300-2 du Code de l'urbanisme, malgré son caractère facultatif, n'est pas tenue de se conformer à toutes les exigences procédurales de cet article si la délibération ne le cite pas expressément. Le juge ne reconnaît l'irrégularité, dans ce cas de figure, que si elle a exercé une influence sur la décision prise à l'issue de la concertation (■ CE, 17 mai 2000, n° 203032).

Section IV. – Concertation préalable

(Rempl., Ord. n° 2016-1060, 3 août 2016) (1)

Sous-section 1. – Champ de la concertation préalable

La concertation est une procédure qui permet aux personnes intéressées d'être consultées, en amont, c'est-à-dire avant que la décision ne soit prise, même si l'autorité compétente n'est pas tenue par les résultats de la concertation.

L'ordonnance du 3 août 2016 a réformé la procédure de concertation préalable du Code de l'environnement qui concerne les projets, plans et programmes soumis à une évaluation environnementale et ne donnant pas lieu à saisine de la CNDP, ainsi que ceux pour lesquels la CNDP a demandé une telle concertation.

Sont exclus d'une telle concertation les projets et les documents d'urbanisme soumis à concertation obligatoire au titre de l'article L. 103-2 du Code de l'urbanisme ainsi que les plans et programmes soumis à une procédure particulière (plan de prévention des risques technologiques – PPRT, plan de gestion du risque inondation – PGRI, schéma directeur d'aménagement et de gestion des eaux – SDAGE, plan d'action pour le milieu marin – PAMM) ainsi que le schéma d'ensemble du réseau de transport public du Grand Paris soumis à la procédure de débat public (art. L. 121-15-1).

Si aucune concertation préalable n'est décidée, un droit d'initiative est ouvert au public pour en demander l'organisation au préfet, à la condition de réunir 20 % de la population des communes du périmètre du projet ou 10 % de celle des départements ou régions concernés. Il peut être exercé également par un conseil régional, départemental ou municipal ou l'organe délibérant d'un EPCI, ainsi que par une association agréée au niveau national, ou deux associations, ou une fédération d'associations agréées dans la région ou le département. Le représentant de l'État demeure libre de décider d'organiser ou non la concertation demandée.

Art. L. 121-15-1 *(Créé à compter d'une date fixée par décret et au plus tard le 1er janvier 2017, Ord. n° 2016-1060, 3 août 2016* (1) *; mod., L. n° 2018-148, 2 mars 2018 ; L. n° 2018-1021, 23 nov. 2018 ; L. n° 2020-1525, 7 déc. 2020)* (2). **– La concertation préalable peut concerner :**

1° Les projets, plans et programmes mentionnés à l'article L. 121-8 pour lesquels la Commission nationale du débat public a demandé une concertation préalable en application de l'article L. 121-9 ;

1° *bis* Les projets mentionnés au II de l'article L. 121-8 pour lesquels une concertation préalable est menée par le maître d'ouvrage en application du même II ;

2° Les projets assujettis à une évaluation environnementale en application de l'article L. 122-1 et ne relevant pas du champ de compétence de la Commission nationale du débat public en application des I et II de l'article L. 121-8 ;

3° Les plans et programmes soumis à évaluation environnementale en vertu de l'article L. 122-4 et ne relevant pas du champ de compétence de la Commission nationale du débat public en application du IV de l'article L. 121-8.

La concertation préalable permet de débattre de l'opportunité, des objectifs et des caractéristiques principales du projet ou des objectifs et des principales orientations du plan ou programme, des enjeux socio-économiques

(1) Dispositions uniquement applicables aux décisions pour lesquelles une participation du public a été engagée postérieurement au 1er janvier 2017, Ord. n° 2016-1060, 3 août 2016, art. 8, II.

(2) Dispositions applicables aux procédures engagées après le 8 décembre 2020, L. n° 2020-1525, 7 déc. 2020.

qui s'y attachent ainsi que de leurs impacts significatifs sur l'environnement et l'aménagement du territoire. Cette concertation permet, le cas échéant, de débattre de solutions alternatives, y compris, pour un projet, son absence de mise en œuvre. Elle porte aussi sur les modalités d'information et de participation du public après la concertation préalable.

Ne peuvent toutefois pas faire l'objet d'une concertation préalable en application des 2° ou 3° les projets et les documents d'urbanisme soumis à une concertation obligatoire au titre de l'article L. 103-2 du Code de l'urbanisme, les projets ayant fait l'objet d'une concertation au titre de l'article L. 300-2 du même code, organisée dans le respect des droits mentionnés aux 1°, 3° et 4° du II de l'article L. 120-1 du présent code, ainsi que les plans et programmes suivants soumis à une procédure particulière :
- le plan de prévention des risques technologiques ;
- le plan de gestion des risques inondations ;
- le schéma directeur d'aménagement et de gestion des eaux ;
- le plan d'action pour le milieu marin ;
- le schéma d'ensemble du réseau de transport public du Grand Paris auquel est applicable la procédure de débat public prévue par l'article 3 de la loi n° 2010-597 du 3 juin 2010 relative au Grand Paris.

Lorsque le projet est soumis en partie à concertation obligatoire au titre des 2°, 3° ou 4° de l'article L. 103-2 du Code de l'urbanisme et qu'il peut également être soumis en partie à concertation au titre de la présente section, le maître d'ouvrage peut faire le choix, avec l'accord de l'autorité compétente mentionnée à l'article L. 103-3 du Code de l'urbanisme, de soumettre l'ensemble du projet à concertation au titre de la présente section selon les modalités prévues aux articles L. 121-16 et L. 121-16-1 du présent code. Cette concertation tient lieu de concertation obligatoire au titre de l'article L. 103-2 du Code de l'urbanisme.

Sous-section 2. – Modalités de la concertation préalable

Art. L. 121-16 *(L. n° 2010-788, 12 juill. 2010 ; rempl. à compter d'une date fixée par décret et au plus tard le 1er janvier 2017, Ord. n° 2016-1060, 3 août 2016* (1)*; mod., L. n° 2018-148, 2 mars 2018 ; L. n° 2018-727, 10 août 2018)*. – La concertation préalable associe le public à l'élaboration d'un projet, plan ou programme dans les conditions définies par la présente section. La concertation préalable est d'une durée minimale de quinze jours et d'une durée maximale de trois mois. Quinze jours avant le début de la concertation, le public est informé des modalités et de la durée de la concertation par voie dématérialisée et par voie d'affichage sur le ou les lieux concernés par la concertation ainsi que, selon l'importance et la nature du projet, par voie de publication locale. Le bilan de cette concertation est rendu public. Le maître d'ouvrage ou la personne publique responsable indique les mesures qu'il juge nécessaire de mettre en place pour répondre aux enseignements qu'il tire de la concertation.

Les dépenses relatives à l'organisation matérielle d'une concertation préalable sont à la charge du maître d'ouvrage ou de la personne publique responsable du plan ou programme.

1) Absence d'obligation de procéder à une concertation préalable à l'enquête publique. Les dispositions de l'article L. 123-16 du Code de l'environnement n'imposent ni au pétitionnaire ni à l'autorité compétente pour délivrer l'autorisation d'organiser une concertation préalablement à l'enquête publique à peine d'irrégularité de la procédure suivie. Il ne résulte pas de l'instruction qu'en sus de l'enquête publique, dont l'objet est d'assurer l'information et la participation du public ainsi que la prise en compte des intérêts des tiers, le projet litigieux aurait nécessité l'organisation d'une concertation. Il suit de là que le moyen tiré de l'absence de concertation doit être écarté (■ CAA Bordeaux, 12 nov. 2019, nos 17BX02304 et 17BX02341).

2) Distinction avec la simple réunion publique. L'organisation d'une simple réunion publique par le maître d'ouvrage dans le but d'informer le public n'a pas le caractère d'une concertation au sens de l'article L. 121-16. Il en résulte que le dossier d'enquête publique n'avait pas à comporter le bilan d'une telle réunion (■ CAA Lyon, 18 oct. 2018, n° 16LY01335).

Art. L. 121-16-1 *(Créé à compter d'une date fixée par décret et au plus tard le 1er janvier 2017, Ord. n° 2016-1060, 3 août 2016* (1)*; mod., L. n° 2018-148, 2 mars 2018)*. – I. – Lorsque la concertation

(1) Dispositions uniquement applicables aux décisions pour lesquelles une participation du public a été engagée postérieurement au 1er janvier 2017, Ord. n° 2016-1060, 3 août 2016, art. 8, II.

préalable est organisée sous l'égide d'un garant en application des articles L. 121-8, L. 121-9 et L. 121-17, la personne publique responsable ou le maître d'ouvrage demande à la Commission nationale du débat public de désigner ce garant parmi ceux inscrits sur la liste nationale de garants mentionnée au I de l'article L. 121-1-1.

II. – Le garant peut demander à la Commission nationale du débat public, qui en supporte le coût, une étude technique ou expertise complémentaire. La décision de la commission est portée à la connaissance du public sur le site internet prévu pour la concertation préalable.

Lorsqu'il est saisi d'une demande tendant à la réalisation d'une étude technique ou d'une expertise complémentaire, le garant motive, le cas échéant, sa décision de ne pas transmettre cette demande à l'examen de la Commission nationale du débat public.

Sans préjudice des dispositions du chapitre Ier du titre Ier du livre III du Code des relations entre le public et l'administration, il statue, dans les limites posées par l'article L. 311-5 dudit code, sur l'opportunité de donner suite aux demandes de communication adressées, soit à la personne ayant la qualité de maître d'ouvrage, soit à l'autorité publique compétente pour autoriser le projet ou approuver le plan ou le programme. Il peut adresser toute demande à la personne publique responsable du plan ou du programme ou au maître d'ouvrage du projet pour assurer une bonne information et participation du public.

III. – Le public peut adresser ses observations et propositions par voie électronique ou postale au garant pour publication sur le site internet prévu pour la concertation préalable.

Dans le cas où la consultation d'un organisme consultatif comportant des représentants des catégories de personnes concernées par la décision en cause est obligatoire et lorsque celle-ci intervient après la concertation préalable, la synthèse des observations et propositions du public lui est transmise préalablement à son avis.

IV. – Le garant établit dans le délai d'un mois, au terme de la concertation préalable, un bilan de celle-ci et résume la façon dont elle s'est déroulée. Ce bilan comporte une synthèse des observations et propositions présentées et, le cas échéant, mentionne les évolutions du projet, plan ou programme qui résultent de la concertation préalable.

Le garant informe le maître d'ouvrage, la Commission nationale du débat public et le représentant de l'État du déroulement et du bilan de la concertation préalable.

Le bilan de la concertation préalable est rendu public par le garant.

Art. L. 121-16-2 *(L. n° 2018-148, 2 mars 2018)*. – Lorsqu'un projet mentionné au 1° *bis* ou au 2° de l'article L. 121-15-1 a fait l'objet d'une concertation préalable organisée selon les modalités prévues aux articles L. 121-16 et L. 121-16-1, la Commission nationale du débat public peut, à la demande du maître d'ouvrage ou de l'autorité compétente pour autoriser le projet, désigner un garant chargé de veiller à la bonne information et à la participation du public jusqu'à l'ouverture de l'enquête publique. La commission détermine alors les conditions dans lesquelles le garant la tient informée. Le rapport final du garant est rendu public. L'indemnisation de ce garant est à la charge du maître d'ouvrage.

Sous-section 3. – Engagement de la concertation préalable

Art. L. 121-17 *(Créé à compter d'une date fixée par décret et au plus tard le 1er janvier 2017, Ord. n° 2016-1060, 3 août 2016* (1) *; mod., L. n° 2018-148, 2 mars 2018 ; L. n° 2020-1525, 7 déc. 2020)* (2). – I. – Pour les plans, programmes ou projets mentionnés aux 2° et 3° de l'article L. 121-15-1, la personne publique responsable du plan ou programme ou le maître d'ouvrage du projet peut prendre l'initiative d'organiser une concertation préalable, soit selon des modalités qu'ils fixent librement, soit en choisissant de recourir à celles définies à l'article L. 121-16-1. Dans les deux cas, la concertation préalable respecte les conditions fixées à l'article L. 121-16.

II. – En l'absence d'une concertation préalable décidée en application du I, l'autorité compétente pour autoriser un projet mentionné au 2° de l'article L. 121-15-1 peut imposer par décision motivée au maître d'ouvrage du projet d'organiser une concertation préalable réalisée dans le respect des modalités définies aux articles L. 121-16 et L. 121-16-1.

(1) Dispositions uniquement applicables aux décisions pour lesquelles une participation du public a été engagée postérieurement au 1er janvier 2017, Ord. n° 2016-1060, 3 août 2016, art. 8, II.

(2) Dispositions applicables aux procédures engagées après le 8 décembre 2020, L. n° 2020-1525, 7 déc. 2020.

Pour les projets mentionnés au 2° de l'article L. 121-15-1 non soumis à déclaration d'intention en application de l'article L. 121-18, la décision intervient au plus tard quinze jours après le dépôt de la demande d'autorisation. Dans ce cas, l'autorité compétente peut proroger le délai d'instruction pour une durée qui ne peut excéder celle du temps nécessaire au déroulement de la concertation préalable. Lorsqu'un projet fait l'objet de plusieurs autorisations successives, cette concertation préalable ne peut être demandée par l'autorité compétente que lors de la première autorisation du projet.

Pour les projets soumis à déclaration d'intention en application de l'article L. 121-18, la décision d'imposer une concertation préalable intervient au plus tard deux mois après la publication de cette déclaration.

Pour les plans et programmes, cette décision intervient au plus tard deux mois à compter de l'acte prescrivant l'élaboration d'un tel plan ou programme.

III. – En l'absence de toute concertation préalable décidée en application du I ou du II et respectant les modalités fixées aux articles L. 121-16 et L. 121-16-1, un droit d'initiative est ouvert au public pour demander au représentant de l'État concerné l'organisation d'une concertation préalable respectant ces modalités.

Sous-section 4. – Droit d'initiative

Art. L. 121-17-1 *(Créé à compter d'une date fixée par décret et au plus tard le 1er janvier 2017, Ord. n° 2016-1060, 3 août 2016* (1) *; mod., L. n° 2017-257, 28 févr. 2017 ; mod. à compter du 3 mai 2018, L n° 2018-148, 2 mars 2018 ; mod., L. n° 2020-1525, 7 déc. 2020)* (2). – Le droit d'initiative prévu au III de l'article L. 121-17 est ouvert pour :

1° Les projets mentionnés au 2° de l'article L. 121-15-1, lorsque le montant des dépenses prévisionnelles d'un tel projet réalisé sous maîtrise d'ouvrage publique est supérieur à un seuil fixé par décret en Conseil d'État et ne pouvant être supérieur à 5 millions d'euros, ou lorsque le montant total des subventions publiques à l'investissement accordées sous forme d'aide financière nette au maître d'ouvrage d'un projet privé est supérieur à ce seuil ;

2° Les plans et programmes mentionnés au 3° de l'article L. 121-15-1.

La présente sous-section n'est pas applicable aux projets, plans et programmes pour lesquels le maître d'ouvrage ou la personne publique responsable a organisé une concertation préalable respectant les modalités prévues aux articles L. 121-16 et L. 121-16-1.

Art. L. 121-18 *(Créé à compter d'une date fixée par décret et au plus tard le 1er janvier 2017, Ord. n° 2016-1060, 3 août 2016* (1) *; mod., L. n° 2018-148, 2 mars 2018 ; L. n° 2020-1525, 7 déc. 2020)* (2). – I. – Pour les projets mentionnés au 1° de l'article L. 121-17-1, une déclaration d'intention est publiée par le maître d'ouvrage avant le dépôt de la demande d'autorisation.

Aucune participation telle que définie au chapitre III ne peut être engagée en l'absence de cette publication.

Cette déclaration d'intention est publiée sur un site internet et comporte les éléments suivants :

1° Les motivations et raisons d'être du projet ;

2° Le cas échéant, le plan ou le programme dont il découle ;

3° La liste des communes correspondant au territoire susceptible d'être affecté par le projet ;

4° Un aperçu des incidences potentielles sur l'environnement ;

5° Une mention, le cas échéant, des solutions alternatives envisagées ;

6° Les modalités déjà envisagées, s'il y a lieu, de concertation préalable du public.

II. – Pour les plans et programmes mentionnés au 2° de l'article L. 121-17-1, la déclaration d'intention est constituée par l'acte prescrivant leur élaboration dès lors qu'il est publié sur un site internet. Cet acte mentionne, s'il y a lieu, les modalités de concertation préalable du public envisagées si la déclaration d'intention n'a pas été réalisée jusque-là.

---

(1) Dispositions uniquement applicables aux décisions pour lesquelles une participation du public a été engagée postérieurement au 1er janvier 2017, Ord. n° 2016-1060, 3 août 2016, art. 8, II.

(2) Dispositions applicables aux procédures engagées après le 8 décembre 2020, L. n° 2020-1525, 7 déc. 2020.

III. – Valent déclaration d'intention :

1° Pour les projets mentionnés au 1° de l'article L. 121-17-1, les décisions de cas par cas imposant une étude d'impact mentionnée à l'article L. 122-1, si celle-ci n'a pas déjà été faite, et dès lors que cette décision est publiée dans les conditions fixées au I, accompagnée du formulaire de demande et d'une description des modalités de concertation préalable telles que prévues au 6° du I, sur le site internet ;

2° Pour les plans et programmes mentionnés au 2° de l'article L. 121-17-1, les décisions de cas par cas imposant une évaluation environnementale mentionnée à l'article L. 122-4, si celle-ci n'a pas déjà été faite dès lors que cette décision est publiée dans des conditions fixées au I et si elle est accompagnée d'une description des modalités de concertation préalable telles que prévues au 6° du I.

IV. – Le maître d'ouvrage d'un projet mentionné au 1° de l'article L. 121-17-1 transmet sa déclaration d'intention de projet à l'autorité administrative compétente pour autoriser le projet.

L'autorité administrative compétente pour autoriser le projet informe les régions, les départements et les communes dans lesquels se trouve tout ou partie du territoire mentionné dans la déclaration d'intention. Elle peut informer d'autres collectivités territoriales ainsi que leurs groupements. Elle peut également informer des associations ou fédérations d'associations agréées au titre de l'article L. 141-1 dans le cadre de la région ou du département dont le territoire est compris en tout ou partie dans celui défini dans la déclaration d'intention.

Dans un délai d'un mois à compter de la transmission de la déclaration d'intention, l'autorité administrative compétente pour autoriser le projet peut, si besoin, demander au maître d'ouvrage de fournir des éléments complémentaires.

Art. L. 121-19 *(Créé à compter d'une date fixée par décret et au plus tard le 1er janvier 2017, Ord. n° 2016-1060, 3 août 2016* (1)*; mod., L. n° 2018-148, 2 mars 2018 ; L. n° 2020-1525, 7 déc. 2020)* (2) (3). – I. – Le droit d'initiative mentionné au III de l'article L. 121-17 peut être exercé auprès du représentant de l'État par :

1° Un nombre de ressortissants majeurs de l'Union européenne résidant dans le périmètre de la déclaration d'intention égal à 20 % de la population recensée dans les communes du même périmètre, ou à 10 % de la population recensée dans le ou les départements, dans la ou les régions où se trouve tout ou partie du territoire mentionné dans la déclaration d'intention ;

2° Un conseil régional, départemental ou municipal ou l'organe délibérant d'un établissement public de coopération intercommunale dont le territoire est compris en tout ou partie dans celui défini dans la déclaration d'intention ;

3° Une association agréée au niveau national en application de l'article L. 141-1, ou deux associations ou une fédération d'associations agréée (s) au titre de l'article L. 141-1 dans le cadre de la région ou du département dont le territoire est compris en tout ou partie dans celui défini dans la déclaration d'intention.

Le droit d'initiative s'exerce, au plus tard, dans le délai de deux mois suivant la publication de la déclaration d'intention d'un projet ou, pour les plans et programmes, de l'acte prévu au II de l'article L. 121-18. Aucune concertation préalable organisée selon des modalités librement fixées ne peut être mise en œuvre dans ce même délai ou avant la décision du représentant de l'État donnant une suite favorable à la demande sollicitant l'organisation d'une concertation préalable. Dans ce délai, seule une concertation préalable respectant les modalités fixées aux articles L. 121-16 et L. 121-16-1 peut être engagée par le maître d'ouvrage ou la personne publique responsable.

II. – Le représentant de l'État informe sans délai le maître d'ouvrage ou la personne publique responsable de l'élaboration du plan ou du programme et, si elle est distincte, l'autorité compétente pour autoriser le projet ou approuver le plan ou programme. Il apprécie la recevabilité de la demande, notamment au regard du territoire susceptible d'être affecté par le projet, plan ou programme compte tenu de ses principaux impacts environnementaux et de ses retombées socio-économiques.

(1) Dispositions uniquement applicables aux décisions pour lesquelles une participation du public a été engagée postérieurement au 1er janvier 2017, Ord. n° 2016-1060, 3 août 2016, art. 8, II.

(2) Dispositions d'application particulières et transitoires : V. L. n° 2020-1525, 7 déc. 2020.

(3) Dispositions applicables aux procédures engagées après le 8 décembre 2020, L. n° 2020-1525, 7 déc. 2020.

Le représentant de l'État décide de l'opportunité d'organiser une concertation préalable selon les modalités des articles L. 121-16 et L. 121-16-1 et, dans ce cas, fixe la durée et l'échelle territoriale de la participation qui sera mise en œuvre au regard des principaux impacts environnementaux et des retombées socio-économiques attendus.

Sa décision est motivée et rendue publique dans un délai maximum d'un mois à compter de la réception de la demande. En l'absence de décision explicite dans ce délai, le représentant de l'État est réputé avoir rejeté la demande.

Sous-section 5. – Dispositions finales

Art. L. 121-20 *(Créé à compter d'une date fixée par décret et au plus tard le 1er janvier 2017, Ord. n° 2016-1060, 3 août 2016)* (1). – I. – Pour les projets faisant l'objet d'une déclaration d'intention, la demande d'autorisation n'est recevable que si les conditions suivantes sont satisfaites :

1° La déclaration d'intention a été faite ;

2° Les délais prévus pour l'exercice du droit d'initiative ou la réponse du représentant de l'État sont expirés ;

3° Les modalités de concertation préalable annoncées dans la déclaration d'intention ou, le cas échéant, les modalités définies aux articles L. 121-16 et L. 121-16-1 ont été respectées.

II. – Les plans ou programmes ne peuvent être soumis à approbation qu'à l'expiration des délais prévus pour l'exercice du droit d'initiative et/ ou de la réponse du représentant de l'État et sous réserve, que les modalités de concertation préalable annoncées ou, le cas échéant, les modalités définies aux articles L. 121-16 et L. 121-16-1 aient été respectées.

Art. L. 121-21 *(Créé à compter d'une date fixée par décret et au plus tard le 1er janvier 2017, Ord. n° 2016-1060, 3 août 2016)* (1). – Aucune irrégularité au regard des dispositions de la présente section ne peut être invoquée lorsque l'acte par lequel le représentant de l'État n'a pas jugé opportun, à la suite de l'exercice du droit d'initiative, d'organiser une concertation préalable sur un projet, est devenu définitif.

Section V. – Dispositions communes

Art. L. 121-22 *(Créé à compter d'une date fixée par décret et au plus tard le 1er janvier 2017, Ord. n° 2016-1060, 3 août 2016)* (1). – L'illégalité pour vice de forme ou de procédure des décisions prises en application du présent chapitre ne peut être invoquée, par voie d'exception, après l'expiration d'un délai de quatre mois à compter de leur prise d'effet, à l'encontre de la décision d'autorisation du projet.

Art. L. 121-23 *(Créé à compter d'une date fixée par décret et au plus tard le 1er janvier 2017, Ord. n° 2016-1060, 3 août 2016)* (1). – Un décret en Conseil d'État précise les conditions d'application du présent chapitre.

Section VI. – Protection des intérêts de la défense ou de la sécurité nationales

(Section créée, L. n° 2020-1525, 7 déc. 2020)

Art. L. 121-24 *(L. n° 2020-1525, 7 déc. 2020)*. – Sont exclus du champ d'application du présent chapitre :

1° Les opérations ayant reçu la qualification d'opération sensible intéressant la défense nationale en application de l'article L. 2391-1 du Code de la défense ou celle d'opération sensible intéressant la sécurité nationale en application de l'article L. 112-3 du Code de la sécurité intérieure ;

2° Les projets lorsque tout ou partie des informations qui s'y rapportent sont soumises à des règles de protection du secret de la défense nationale et que ces informations sont essentielles à la compréhension du dossier ;

3° L'approbation, la révision, la modification ou la mise en compatibilité d'un document d'urbanisme, lorsque cette approbation, cette révision, cette modification ou cette mise en compatibilité ont pour objet exclusif de permettre la réalisation d'une opération entrant dans le champ d'application des 1° et 2° du présent article.

(1) Dispositions uniquement applicables aux décisions pour lesquelles une participation du public a été engagée postérieurement au 1er janvier 2017, Ord. n° 2016-1060, 3 août 2016, art. 8, II.

CHAPITRE II. – ÉVALUATION ENVIRONNEMENTALE

1) On peut définir l'évaluation environnementale comme un processus spécifique nouvellement créé par la loi n° 2016-1087 du 8 août 2016 pour la reconquête de la biodiversité, de la nature et des paysages (dite RBNP), qui est précédé par l'étude d'impact écologique, créée en 1976.

Toute la fonction de l'étude d'impact n'est pas seulement d'être un document plaqué sur une réalité administrative qui resterait imperméable après sa consultation sur la décision à prendre et surtout la possibilité de la refuser ou de la modifier en fonction des données de ce document technique.

En effet, la loi RBNP a maintenant inscrit l'étude d'impact dans un processus qui est le processus de l'évaluation environnementale.

L'évaluation environnementale comprend trois phases : la réalisation du document technique, la procédure de consultation des communes intéressées et finalement la décision du préfet.

L'intérêt de la réforme est que, même s'agissant des procédures dites de déclarations, l'autorité administrative doit prendre un arrêté qui contiendra des conditions précises de réalisation et la demande d'autorisation.

Pour aller à l'essentiel, le nouveau dispositif mis en place résulte de l'ordonnance 2016-1058 du 3 août 2016 ratifiée par la loi n° 2018-148 du 2 mars 2018 et d'un décret n° 2016-110 du 11 août 2016 relatif à la modification des règles applicables à l'évaluation environnementale des projets, plans et programmes (complété par D. n° 2017-626, 25 avr. 2017), lesquelles sont aujourd'hui codifiées dans la partie réglementaire.

2) Le changement de critères déterminants le champ d'application de l'évaluation environnementale. S'agissant du champ d'application de la réforme, l'idée générale qui la soustend consiste à parvenir à une nouvelle définition globale de projet et sortir des critères de seuils techniques ou financiers qui étaient le lot de la législation de la réglementation antérieure. Selon l'article L. 122-1-1 du Code de l'environnement, le projet est défini par référence à la notion de « *réalisation de travaux de construction ou d'ouvrages ou d'autres interventions dans le milieu naturel ou le paysage y compris celles destinées à l'exploitation des ressources du sol* ».

L'article L. 122-1-III précise que lorsqu'un projet est constitué de plusieurs travaux, installations, ouvrages et autres interventions dans le milieu naturel ou le paysage, « *il doit être appréhendé dans son ensemble y compris en cas de fractionnement, dans le temps, dans l'espace et en cas de multiplicité de maîtres d'ouvrage afin que ses incidences sur l'environnement soient évaluées dans leur globalité* ». Ainsi que le souligne le Guide de lecture de la nomenclature des études d'impact du Ministère de l'Environnement rendu public en Février 2017 (1), « *l'entrée par procédure dans la nomenclature des évaluations environnementales a été remplacée par celle de projet afin d'en empêcher son fractionnement et d'éviter les études d'impact redondantes* » (Ministère de l'Environnement, de l'Énergie et de la Mer, *Évaluation environnementale – Guide de lecture de la nomenclature des études d'impacts (R. 122-2)*, THEMA, févr. 2017). C'est donc le projet global qui donne lieu à évaluation environnementale et qui constitue la nouvelle définition du champ d'application du premier volet important de la réforme.

Le second consiste à y inclure la notion de modification de projet. S'agissant de la modification d'un projet déterminé une fois qu'il a été autorisé, ces modifications sont soumises à évaluation environnementale systématiquement ou au cas par cas. La nomenclature figurant à l'article R. 122-2 du Code de l'environnement précise les différentes situations et critères et l'influence notable de la modification.

Il est vrai que tout en cherchant à être exhaustive, la réforme a limité considérablement le champ d'application des études d'impact en instituant une réforme de la procédure dite de cas par cas. Cette procédure, qui est d'initiative européenne consiste à dresser une liste de l'annexe I de la directive 2011-93 du 13 décembre 2011 modifiée par la directive 2014-52 du 16 avril 2014 qui dans son annexe I prévoit l'étude d'impact obligatoire et dans la seconde annexe, la procédure dite au cas par cas qui est subordonnée en France à une décision de l'autorité environnementale installée auprès du Ministère de la Transition écologique et solidaire. La décision de soumettre l'étude d'impact au cas par cas dépend effectivement de la sensibilité du projet vis-à-vis de l'environnement ; la décision de l'autorité environnementale est en elle-même susceptible de recours.

La réforme a étendu effectivement la procédure au cas par cas dans le domaine sensible notamment celui du droit des installations classées pour l'environnement ; antérieurement, tous les établis-

(1) Ministère de l'Environnement, de l'Énergie et de la Mer en des relations internationales sur le climat, *Évaluation environnementale – Guide de lecture de la nomenclature des études d'impact (R. 122-2)*, THEMA, févr. 2017, 68 p.

sements soumis à autorisation étaient systématiquement soumis à étude d'impact, ce n'est plus le cas aujourd'hui et le régime juridique intermédiaire entre l'autorisation et la déclaration qui est le régime de l'enregistrement est effectivement un régime dans lequel la procédure au cas par cas a sa place.

3) Contenu de l'évaluation environnementale : un contenu augmenté. Le contenu de l'évaluation environnementale est fixé, pour l'essentiel, dans la partie réglementaire du code.

La notion d'évaluation environnementale constitue un processus nouveau et non plus strictement formel puisque l'administration dans sa décision finale doit en incorporer et en traiter tous les éléments ce qui lui permet de considérer aujourd'hui que sa décision doit être effectivement un véritable acte-condition ; l'environnement doit y être regardé théoriquement comme véritablement intégré.

4) La réforme apportée par la loi du 2 mars 2018. La loi n° 2018-148 du 2 mars 2018 ratifiant les ordonnances relatives à l'évaluation environnementale, à l'information et à la participation du public a été publiée au *Journal officiel* le 3 mars 2018. La loi ratifie les ordonnances suivantes :

– l'ordonnance n° 2016-1058 du 3 août 2016 relative à la modification des règles applicables à l'évaluation environnementale des projets, plans et programmes ; celle-ci a d'abord défini la séquence Éviter – Réduire – Compenser (ERC) : « mesures envisagées pour éviter les incidences négatives notables probables sur l'environnement, réduire celles qui ne peuvent être évitées et compenser celles qui ne peuvent être évitées ni réduites ».

– l'ordonnance n° 2016-1060 du 3 août 2016 portant réforme des procédures destinées à assurer l'information et la participation du public à l'élaboration de certaines décisions susceptibles d'avoir une incidence sur l'environnement.

L'article 2 de la loi de ratification a complété le V de l'article L. 122-1 du Code de l'environnement de la façon suivante : « L'avis de l'autorité environnementale fait l'objet d'une réponse écrite de la part du maître d'ouvrage ». L'obligation de réponse est donc de principe. La loi de ratification a aussi ajouté au paragraphe VI à l'article L. 122-1 que cette réponse écrite est mise à la disposition du public, avec l'étude d'impact : « VI. – Les maîtres d'ouvrage tenus de produire une étude d'impact la mettent à disposition du public, ainsi que la réponse écrite à l'avis de l'autorité environnementale, par voie électronique au plus tard au moment de l'ouverture de l'enquête prévue à l'article L. 123-2 ou de la participation du public par voie électronique prévue à l'article L. 123-9. »

Section I. – Études d'impact des projets de travaux, d'ouvrages et d'aménagements

Bibliographie : *I. Thèses, ouvrages et études.* A. El Hamine, *Le droit international des études d'impact. Éléments pour une théorie des études d'impact en droit international de l'environnement*, Thèse, Université Sorbonne Paris Nord, 2022. • T. Garancher, *Études d'impact environnemental*, Le Moniteur, Pratique du Droit, 2013. • C. Cans, *Variations autour d'une innovation environnementale : L'impact des études d'impact sur le droit public : Mél. en l'honneur de M. Prieur*, éd. Dalloz, 2007, p. 461. • F. Melki, *Guide sur la prise en considération des milieux naturels dans les études d'impact*, DIREN Midi-Pyrénées, 2003. • R. Romi, *Un pas en avant, un pas en arrière : la valse des études d'impact : Dr. env.* 2003, n° 111. • P. André, *L'évaluation des impacts sur l'environnement, Processus, acteurs et pratique*, Presses unies internationales polytechniques, 1999. • S. Hébrard, *L'étude d'impact sur l'environnement : Révolution ou évolution dans l'aménagement du territoire*, thèse ronéo, Université Paris II, 1982. • A. Palanchon et A. Joveniaux, *Les études d'impact : Rev. jur. env.* 1981. • M. Prieur, *Les études d'impact : Rev. jur. env.* 1981. • A. Alexandre et C. Averoux, *Essai méthodologique sur les études d'impact*, La Documentation française, 1978, coll. « Recherche-Environnement ». • A. Palanchon et A. Joveniaux, *L'étude d'impact en France, éléments de pathologie*, STU, 1978. • M. Prieur, *Prise en compte de l'environnement dans les procédures d'aménagement*, La Documentation française, coll. « Recherches Environnement », n° 10 et annexe, 1978.

II. Droit européen. I. Michalis, « L'effet utile de la directive 2001/42 sur l'évaluation stratégique environnementale conforté », note ss CJUE, 25 juin 2020, *A e. a.*, *RJE* 2021, n° 4, p. 695. • A. Bouveresse, *Transposition de la directive étude d'impact*, note sous CJUE, 1re ch., 3 mars 2011, aff. C-50/09, *Commission c/ Irlande : Europe* 2011, n° 5, p. 46. • V. Michel, *Procédure d'évaluation des incidences environnementales*, note sous CJUE, 3e ch., 24 mars 2011, aff. C-435/09, *Commission c/ Belgique : Europe* 2011, n° 5, p. 45. • M. Spiliotopoulou, *Le droit communautaire de l'évaluation des incidences sur l'environnement : le cas français*, Bruylant, 2005, 186 p. • Y. Jégouzo, *La directive du 27 juin 2001 impose l'évaluation des incidences sur l'environnement des plans et programmes : RD imm.* 2002, n° 1, p. 34-35. • F. Haumont, *Une directive européenne sur les études d'impact : Études foncières* nov.-déc. 2001, n° 94. • J.-N. Clément, *Le droit français des études d'impact doit-il être modifié après la directive du 3 mars 1997 ? : BDEI* mars 1997, p. 41. • J.-F. Chambault, *Les études d'impact et la Communauté européenne : Rev. jur. env.* 1985, p. 401 à 441.

III. Articles, encyclopédies. C. Huglo, C. Grenet, J. Guillemard, *Évaluation environnementale des projets de travaux, d'ouvrages et d'aménagements : JCl. Environnement et Développement durable*, fasc. 2530, 24 févr. 2024. • G. Paul, *Étude d'impact. – Champ d'application, contenu, contrôle : JCl. Environnement et développement durable*, fasc. 2510, 12 sept. 2024. • S.

Monteillet, *Articuler les évaluations environnementales : éléments d'actualité* : *EEI* 2022, n° 3, étude 5. • A. Farinetti, *La séparation des missions d'évaluation de la qualité des études d'impact et de soumission à étude d'impact des projets après examen au cas par cas : un affaiblissement de la garantie d'impartialité de l'examen au cas par cas* : *RJEP* 2021, n° 4, p. 711. • N. Richard, *L'évaluation environnementale stratégique face à l'urgence* : *RJEP* 2021, n° 4, p. 679. • E. Wormser, *Évaluation environnementale : Quousque tandem abutere, rei publicae, patientia nostra ?* : *RJEP* 2021, n° 3, p. 449. • C. Cans et S. Jolivet, *Études d'impact, généralités, champ d'application, élaboration, instruction contrôle*, in *Droit de l'aménagement*, Le Moniteur-Dalloz 2017, VII-800. • T. Dubreuil, *Étude d'impact et évaluation environnementale* : *JCl Administratif* 2014, fasc. 362. • B.-L. Combrade, *À qui profite l'étude d'impact ?* : *LPA* 24 sept. 2012, p. 6-12, n° 17. • M. Sousse, *Autorité administrative de l'État en matière d'environnement* : *Environnement* 2009, n° 6, comm. 79. • L.-N. Harrada, *Démocratie et environnement : l'exemple de l'enquête publique en France* : *Dr. env.* 2008, n° 156, p. 9. • G. Monédiaire, *La probable utilité de l'étude d'impact social* : *Études foncières* janv.-févr. 2007, n° 125, p. 20. • Colloque, *Principales modifications apportées par le décret du 9 juin 1994 ; Le juge des référés et la suspension des décisions en matière d'ICPE* : *Environnement et technique* juill.-août 2002, n° 218, p. 48. • R. Léost, *Suspension de permis de construire* : *Dr. env.* 2002, n° 96, p. 58-60. • R. Romi, note sous CAA Nantes, 5 mars 2002, n° 01NT00870, *Groupement agricole d'exploitation en commun de la ville de Guichou* : *Dr. env.* 2002, n° 101, p. 209. • R. Lalauze, concl. sur CAA Nantes, 18 avr. 2001, *SA Carrière du Gué-Morin c/ Min. Environnement* : *Rev. jur. env.* 2001, n° 4, p. 673-676. • M. Lansiart, F. Blanchard et P. Eberentz, *Quelques réflexions sur l'évolution des études d'impact* : *BDEI* janv. 1997, p. 41 à 44. • L. Lanoy, *L'évolution du droit des études d'impact depuis la loi du 10 juillet 1976 : bilan et perspectives* : *BDEI* mai 1996, p. 38 à 44. • R. Hanicotte, *Les sursis à exécution, point névralgique de la protection de l'environnement* : *RDP* 1995, p. 1580. • R. Babaji, *Le sursis à exécution pour absence d'étude d'impact : évolution et perspective* : *Rev. jur. env.* 1992, n° 3, p. 313. • E. Tiberghien et B. Lasserre, *Nature et environnement : bilan contentieux de l'application des articles 1er et 2 de la loi du 10 juillet 1976* : *AJDA* 1982, p. 587. • A. Alexandre et C. Averoux, *La protection de l'environnement : un premier bilan des 10 000 études d'impact déjà réalisées* : *Mon. TP* 23 juin 1980, p. 28.

IV. Sur la réforme issue de la loi n° 76-629 du 10 juillet 1976 relative à la protection de la nature. S. Charbonneau, *Étude d'impact écologique* : *Préventique-sécurité* mai-juin 1998, n° 39 ; *Des résultats modestes pour les études d'impact* : *Combat Nature* août 1998, n° 122. • C. Faber, *Étude d'impact : comment prendre en compte les effets sanitaires* : *Environnement mag.* juin 1998, n° 1568. • S. Hébrard, *Les études d'impact sur l'environnement devant le juge administratif* : *Rev. jur. env.* 1991, p. 129. • C. Huglo, *Les audits d'environnement (spécificité de l'audit par rapport aux études d'impacts, études de danger et sûreté et aux notices figurant dans les dossiers d'enquête publique)* : *LPA* 28 juin 1991, n° 77, p. 8. • M. Prieur, *Les études d'impact et le contrôle du juge administratif en France* : *Rev. jur. env.* 1991, n° 1, p. 23. • J. Caillosse, *Enquête publique et protection de l'environnement* : *AJDA* 1986, p. 480 à 490 ; même article : *Rev. jur. env.* 1986, nos 2 et 3, p. 151 à 178. • S. Charbonneau, *L'impact négatif des études d'impact* : *Combat Nature* févr. 1985, n° 67, p. 50. • J.-P. Courtiau, *Études d'impact : sept ans après, l'outil fonctionne-t-il encore ?* : *Combat Nature* nov. 1984, n° 66, p. 48. • S. Hébrard, *Les études d'impact dans la jurisprudence administrative* : *CJEG* 1982, p. 421. • C. Huglo, *L'étude d'impact écologique : 3 années de jurisprudence* : *Gaz. Pal.* 1981, 1, p. 288. • L.-J. Chapuissat, *Les études d'impact et la forêt* : *AJDA* 1979, n° 5, p. 57. • C. Huglo et C. Lepage, *L'étude d'impact écologique* : *Gaz. Pal.* 1978, 2, p. 254. • C. Huglo, *Bilan des dernières années de jurisprudence pour le 10e anniversaire du décret du 12 octobre 1977* : *Gaz. Pal.* 1987, 2, doctr. p. 707. • M. Falque et D. d'Ollonne, *Une méthode pour évaluer l'impact d'un aménagement sur l'environnement* : *Mon. TP* 6 mars 1976, p. 13. • M. Falque, A. Galand et J. Tarlet, *La planification écologique* : *Mon. TP* 29 mars 1975, p. 13.

V. Sur la réforme issue de la loi n° 96-1236 du 30 décembre 1996 sur l'air et l'utilisation rationnelle de l'énergie, dite loi LAURE. C. Michaut, *Volet sanitaire des études d'impact : un chemin semé d'incertitudes* : *Environnement mag.* juin 2002, n° 1608, p. 16 à 19. • C. Lepage, *Les installations classées sont aussi concernées par les études d'impact sur la santé humaine* : *Les Échos* 8 mars 1999. • C. Faber, *Étude d'impact : comment prendre en compte les effets sanitaires* : *Environnement mag.* juin 1998, n° 1568, p. 32. • Ch. Huglo, *La santé au cœur des études d'impact* : *Mon. TP* 19 juin 1998, n° 4934.

VI. Sur la réforme issue du décret n° 93-245 du 25 février 1993 relatif aux études d'impact et au champ d'application des enquêtes publiques. J.-P. Darrieutort, *Quelles dispositions réglementaires appliquer à l'étude d'impact sur l'environnement ?* : *BDEI* mars 1995, p. 9 à 11. • J. Campra, *Une meilleure crédibilité pour les études d'impact* : *Départements et communes* oct. 1994, p. 36. • J.-M. Huon et De Kerhadec, *Le décret du 25 février 1993 relatif à la réforme des études d'impact* : *JCP G* 1994, n° 15, p. 175. • Y. Jegouzo et J. Lamarque ; *Le décret du 25 février 1993. Intégration du droit européen et incertitudes persistantes* : *JCP G* 1994, I, 3574. • C. Huglo, *Mini ou grande réforme ? Le nouveau décret sur les études d'impact du 25 février 1993* : *Gaz. Pal.* 20-24 août 1993, p. 4. • Y. Jegouzo et J. Lamarque, *Étude d'impact* : *RD imm.* 1993, p. 355. • Y. Jegouzo, *Commentaire du décret du 25 février 1993* : *RD imm.* 1993, p. 355. • B. Lamorlette, *Études d'impact : nécessité écologique ou nid à contentieux ?* : *Dr. env.* 1993, n° 21, p. 108. • R. Romi, *Deux pas en avant, un pas en arrière : le décret du 25 février 1993 sur les études d'impact* : *Dr. env.* 1993, n° 19, p. 71.

VII. Sur la réforme issue de la loi Grenelle II. X. Couton, *Évaluation environnementale et mise en compatibilité des PLU : des dispositions transitoires elliptiques et brutales* : *Constr.-Urb.* 2016, n° 2, repère 2. • T. Dubreuil, *Études d'impact : le « cas par cas » à l'épreuve du temps* : *Dr. env.* 2015, n° 230, p. 34. • *Nouvelles études d'impact environnemental des projets de travaux, d'ouvrages ou d'aménagements (PTOA)* : *Cahier pratique*, Le Moniteur 21 juin 2013. • *Études d'impact sur* *l'environnement : un pavé dans la mare : Culture Droit*, n° 34/2013, p. 37. • D. Gillig, *Contenu de l'étude d'impact*, note sous CE, 24 avr. 2013, n° 352592. • D. Gillig, *Comité de sauvegarde de Clarency-Valensole : Environnement et dév. durable* juin 2013, n° 6, p. 44. • M. Nicolas et T. Garancher, *Quelles sont les implications sur les études d'impact des éoliennes de la réforme introduite par la loi « Grenelle 2 » ? : BDEI* juin 2013, p. 42. • G. Ullmann, *Études d'impact : comparatif des dispositions relatives à l'examen au cas par cas entre le régime général et le régime de l'enregistrement des ICPE : Environnement et Technique* mai 2013, n° 325, p. 66. • *50 questions sur l'étude d'impact et l'enquête publique, le Courrier des maires et des élus locaux* nov. 2012, n° 262, Cahier n° 59. • P. Audiffren, *La réforme des études d'impact : qu'est-ce que ça change ? : Environnement et Technique* sept. 2012, n° 317, p. 56. • J.-N. Clément et T. Garancher, *Études d'impact et enquêtes publiques : Réformes et perspectives : BDEI* janv. 2012, n° 37, p. 5. • T. Dubreuil, *Étude d'impact réformée : quelques conséquences pratiques et contentieuses du cas par cas : Dr. env.* 2012, n° 202, p. 205. • *Études d'impact : une réforme exigeante*, Le Moniteur des Travaux Publics, 7 déc. 2012, p. 58. • M.-F. Facon et S. Soum, *La réforme des études d'impact opérée par la loi Grenelle II : Dr. env.* 2012, p. 23, n° 197. • T. Garancher, *Le nouveau régime des études d'impact*, Le Moniteur févr. 2012, prat. n° 5646, p. 55. • C. Huglo, *Décret du 29 décembre 2011 portant réforme des études d'impact des projets de travaux, d'ouvrages ou d'aménagement : Gaz. Pal.* 19 janv. 2012, p. 8. • Ch. Huglo et C. Constantin, *Comment apprécier la portée de la réforme du droit des études d'impact issue du décret du 29 décembre 2011 au regard du droit de l'Union européenne ? : Environnement et dév. durable* 2012, n° 4, p. 9. • M.-P. Lahorgue, *La mise en œuvre de la réforme de l'étude d'impact, Une complexe simplification : AJDA* 2012, 5/2012, p. 250. • L. Santoni et L. Ceccarelli-le-Guen, *Enquêtes publiques, études d'impact : pièges pour les ZAC*, Le Moniteur 4 mai 2012, p. 40. • G. Ullmann, *Décret portant réforme des études d'impact des projets de travaux, d'ouvrages ou d'aménagements : Environnement et technique* nov. 2012, n° 319, p. 58. • A.-S. Denoille, *Les études d'impact : une révision manquée ? : RFD const.* 2011, n° 87, p. 499-514. • G. Gutierrez, *Refonte du régime de l'étude d'impact : Mon. TP* janv. 2011, prat. n° 19, p. 51. • Y. Razafindratandra et R. Canot, *Les procédure en droit de l'environnement, l'apport de la loi Grenelle II : Dr. env.* 2011, n° 186, p. 33. • V. Tessier et M.-C. Pelé, *L'étude d'impact version « Grenelle II » : Gaz. cnes* 2011, p. 46. • Anonyme, *La réforme de la procédure visant à évaluer l'impact des projets de travaux a été introduite dans la loi « Grenelle 2 » : Gaz. Pal.* 8 nov. 2010, fiche pratique, p. 61. • J. Bétaille, *La procédure de l'étude d'impact après la loi portant engagement national pour l'environnement : des insuffisances récurrentes : Rev. jur. env.* 2010, vol. 0, p. 241-241. • L. Caccarelli-Le Guen, *Des études d'impact plus ambitieuses : Mon. TP* 15 oct. 2010, p. 100. • A. Gossement, *La révolution du dialogue environnemental : Systèmes solaires, Le journal des énergies renouvelables* 2010 n° 200, p. 22. • G. Gutierrez, *Les évaluations environnementales : Mon. TP* sept. 2010, p. 75. • M.-P. Lahorgue, *La réforme de l'étude d'impact : AJDA* 2010, p. 1807. • A. Le Mouëllic, *L'étude d'impact : Gaz. cnes* 2010, p. 61. • G. Paul, *Principaux impacts de la loi Grenelle II sur le droit des études d'impact : Environnement et technique* oct. 2010, n° 300, p. 60.

VIII. Sur la réforme issue de l'ordonnance n° 2016-1058 du 3 août 2016. L. Ceccarelli-Le Guen, *Réforme de l'évaluation environnementale des projets : le casse-tête des projets urbains : BJDU* 2018, n° 2, p. 77. • H. Pauliat, *Renforcement de la participation et de la consultation publique : ratification des ordonnances d'août 2016*, note sous Loi n° 2018-148 du 2 mars 2018 ratifiant les ordonnances n°s 2016-1058 et 2016-1060 : *JCP N* 2018, n° 12, p. 7. • L. Santoni, *Encore des corrections en matière « d'évaluation environnementale » et de « participation du public » : Constr.-Urb.* 2018, n° 4, p. 16. • L. Tanty, *L'extension du champ d'application de la procédure d'examen au cas par cas en matière de projets – L'importance du droit au recours des tiers face au risque d'augmentation des dispenses d'évaluation environnementale : AJDA* 2018, n° 17, p. 885. • S. Ciri et F. Latullaie, *Les difficultés d'application de la notion de projet résultant de la réforme de l'évaluation environnementale : Dr. env.* 2017, vol. 259, p. 308. • T. Garancher et M. Nicolas, *La réforme de l'évaluation environnementale des projets : BDEI* 2017, n° spécial 69, p. 19. • L. Santoni, *Un guide pour mieux comprendre la nomenclature des évaluations environnementales : Contsr.-Urb.* 2017, n° 4, p. 14. • S. Hercé, *Les études d'impact revisitées par l'ordonnance du 3 août 2016 : BDEI* déc. 2016, n° 66. • Y. Jézougo, *Simplifier l'évaluation environnementale des plans et des programmes – l'avis du Conseil d'État du 6 avril 2016, un premier pas vers une réforme : AJDA* 2016, n° 32, p. 1818. • J.-M. Pastor, *Deux ordonnances revisitent la démocratie environnementale : AJDA* 2016, n° 29 p. 1596, V. *L'Évaluation environnementale : simplifier, clarifier et transposer.*

Art. L. 122-1 ***(Mod. à compter du 1er janvier 2015, Ord. n° 2014-1345, 6 nov. 2014*** (1) ***; rempl., Ord. n° 2016-1058, 3 août 2016*** (2)***; mod. à compter du 1er mars 2017, Ord. n° 2017-80, 26 janv. 2017*** (3)***; mod., L. n° 2018-148, 2 mars 2018 ; L. n° 2018-727, 10 août 2018 ; L. n° 2018-1021, 23 nov. 2018 ; L. n° 2019-1147, 8 nov. 2019 ; L. n° 2023-175, 10 mars 2023)*** (4). **– I. – Pour l'application de la présente section, on entend par :**

1° Projet : la réalisation de travaux de construction, d'installations ou d'ouvrages, ou d'autres interventions dans le milieu naturel ou le paysage, y compris celles destinées à l'exploitation des ressources du sol ;

(1) Dispositions particulières d'application : V. Ord. n° 2014-1345, 6 nov. 2014, art. 7.
(2) Dispositions d'application : V. Ord. n° 2016-1058, 3 août 2016, art. 6.
(3) Dispositions d'application particulières et transitoires : V. Ord. n° 2017-80, 26 janv. 2017, art. 15. – NDLR.
(4) Dispositions d'application particulières et transitoires : V. L. n° 2023-175, 10 mars 2023.

2° Maître d'ouvrage : l'auteur d'une demande d'autorisation concernant un projet privé ou l'autorité publique qui prend l'initiative d'un projet ;

3° Autorisation : la décision de l'autorité ou des autorités compétentes qui ouvre le droit au maître d'ouvrage de réaliser le projet ;

4° L'autorité compétente : la ou les autorités compétentes pour délivrer l'autorisation du projet.

II. – Les projets qui, par leur nature, leur dimension ou leur localisation, sont susceptibles d'avoir des incidences notables sur l'environnement ou la santé humaine font l'objet d'une évaluation environnementale en fonction de critères et de seuils définis par voie réglementaire et, pour certains d'entre eux, après un examen au cas par cas.

Pour la fixation de ces critères et seuils et pour la détermination des projets relevant d'un examen au cas par cas, il est tenu compte des données mentionnées à l'annexe III de la directive 2011/92/UE modifiée du Parlement européen et du Conseil du 13 décembre 2011 concernant l'évaluation des incidences de certains projets publics et privés sur l'environnement.

Lorsque l'autorité chargée de l'examen au cas par cas décide de soumettre un projet à évaluation environnementale, la décision précise les objectifs spécifiques poursuivis par la réalisation de l'évaluation environnementale du projet.

III. – L'évaluation environnementale est un processus constitué de l'élaboration, par le maître d'ouvrage, d'un rapport d'évaluation des incidences sur l'environnement, dénommé ci-après « étude d'impact », de la réalisation des consultations prévues à la présente section, ainsi que de l'examen, par l'autorité compétente pour autoriser le projet, de l'ensemble des informations présentées dans l'étude d'impact et reçues dans le cadre des consultations effectuées et du maître d'ouvrage.

L'évaluation environnementale permet de décrire et d'apprécier de manière appropriée, en fonction de chaque cas particulier, les incidences notables directes et indirectes d'un projet sur les facteurs suivants :

1° La population et la santé humaine ;

2° La biodiversité, en accordant une attention particulière aux espèces et aux habitats protégés au titre de la directive 92/43/CEE du 21 mai 1992 et de la directive 2009/147/CE du 30 novembre 2009 ;

3° Les terres, le sol, l'eau, l'air et le climat ;

4° Les biens matériels, le patrimoine culturel et le paysage ;

5° L'interaction entre les facteurs mentionnés aux 1° à 4°.

Les incidences sur les facteurs énoncés englobent les incidences susceptibles de résulter de la vulnérabilité du projet aux risques d'accidents majeurs et aux catastrophes pertinents pour le projet concerné.

Lorsqu'un projet est constitué de plusieurs travaux, installations, ouvrages ou autres interventions dans le milieu naturel ou le paysage, il doit être appréhendé dans son ensemble, y compris en cas de fractionnement dans le temps et dans l'espace et en cas de multiplicité de maîtres d'ouvrage, afin que ses incidences sur l'environnement soient évaluées dans leur globalité.

IV. – Lorsqu'un projet relève d'un examen au cas par cas, l'autorité en charge de l'examen au cas par cas est saisie par le maître d'ouvrage d'un dossier présentant le projet afin de déterminer si celui-ci doit être soumis à évaluation environnementale.

Toutefois, lorsque le projet consiste en une modification ou une extension d'activités, installations, ouvrages ou travaux qui relèvent des autorisations prévues aux articles L. 181-1, L. 512-7, L. 555-1 et L. 593-7, le maître d'ouvrage saisit de ce dossier l'autorité mentionnée à l'article L. 171-8. Cette autorité détermine si cette modification ou cette extension doit être soumise à évaluation environnementale.

V. – Lorsqu'un projet est soumis à évaluation environnementale, le dossier présentant le projet comprenant l'étude d'impact et la demande d'autorisation déposée est transmis pour avis à l'autorité environnementale ainsi qu'aux collectivités territoriales et à leurs groupements intéressés par le projet.

Les avis des collectivités territoriales et de leurs groupements et l'avis de l'autorité environnementale, dès leur adoption, ou l'information relative à l'absence d'observations émises dans des délais fixés par décret en Conseil d'État, ainsi que la réponse écrite du maître d'ouvrage à l'avis de l'autorité environnementale sont mis à la disposition du public sur le site internet de l'autorité compétente ou, à défaut, sur le site de la préfecture du département.

V *bis*. – L'autorité en charge de l'examen au cas par cas et l'autorité environnementale ne doivent pas se trouver dans une position donnant lieu à un conflit d'intérêts. À cet effet, ne peut être désignée comme autorité en charge de l'examen au cas par cas ou comme autorité environnementale une autorité dont les services ou les établissements publics relevant de sa tutelle sont chargés de l'élaboration du projet ou assurent sa maîtrise d'ouvrage.

VI. – Les maîtres d'ouvrage tenus de produire une étude d'impact la mettent à disposition du public, ainsi que la réponse écrite à l'avis de l'autorité environnementale, par voie électronique au plus tard au moment de l'ouverture de l'enquête publique prévue à l'article L. 123-2 ou de la participation du public par voie électronique prévue à l'article L. 123-19.

1) Une instruction du 28 octobre 2024, des ministres de l'Intérieur et de la Transition écologique, de l'Énergie, du climat et de la prévention des risques, vise à présenter les principales évolutions et les actions requises pour la mise en œuvre de la procédure d'autorisation environnementale révisée par la loi n° 2023-973 du 23 octobre 2023 relative à l'Industrie Verte. L'instruction évoque une procédure accélérée et confortant la participation du public, en précisant qu'il s'agit d'une « étape clé de l'élaboration des projets ». Et l'instruction de préciser : « le premier objectif affiché est de réduire les délais d'implantation des installations, considérés par les exploitants consultés dans le cadre du projet de réforme comme un frein important, voire un obstacle, a la réindustrialisation du pays [...]. Le second objectif est de consolider la participation du public : [...] les modalités de participation du public sont ainsi modernisées, avec une durée totale de 3 mois, et un lancement dès le début de la procédure, en reprenant pour partie les conditions de la participation du public par voie électronique (PPVE) mais également de l'enquête publique, en confiant sa conduite a un commissaire enquêteur (ou si nécessaire une commission d'enquête). ces nouvelles modalités prévoient deux réunions publiques d'échanges avec le porteur de projet.

Pour le traitement plus rapide des dossiers, « des lors qu'ils sont complets et réguliers, les dossiers bénéficient d'un raccourcissement des délais [...] ». Enfin, il est précisé qu'il importe que les dossiers soient proportionnés aux enjeux ».

Sur la consultation du public, une nouvelle forme de consultation du public principalement dématérialisée devient la règle de principe, étant précisé qu'afin de « satisfaire a cette obligation de dématérialisation, les pétitionnaires retiennent, à leurs frais, l'opérateur de leur choix parmi ceux qui respectent les attendus du site internet de la consultation, notamment en termes de fonctionnalités et d'interopérabilité.

I – PRINCIPES DE DROIT EUROPÉEN

2) Caractère préalable. Droit de l'Union européenne. En cas d'omission d'une évaluation des incidences d'un projet sur l'environnement exigée par la directive n° 85/337/CEE du 27 juin 1985 concernant l'évaluation des incidences de certains projets publics et privés sur l'environnement, telle que modifiée par la directive n° 2009/31/CE du 23 avril 2009, le droit de l'Union, d'une part, exige que les États membres effacent les conséquences illicites de cette omission et, d'autre part, ne s'oppose pas à ce qu'une évaluation de ces incidences soit effectuée à titre de régularisation, après la construction et la mise en service de l'installation concernée, à condition que les règles nationales permettant cette régularisation n'offrent pas aux intéressés l'occasion de contourner les règles du droit de l'Union ou de se dispenser de les appliquer et que l'évaluation effectuée à titre de régularisation ne porte pas uniquement sur les incidences futures de cette installation sur l'environnement, mais prenne en compte les incidences environnementales intervenues depuis sa réalisation (▪ CJUE, 26 juill. 2017, n^os^ C-196/16 et C-197/16, *Comune di Corridonia : Rev. jur. env.* 2017, 796, obs. Tanty).

3) Interprétation de la directive vis-à-vis des projets concernés. La directive n° 85/337/CEE du 27 juin 1985 concernant l'évaluation des incidences de certains projets publics et privés sur l'environnement modifiée doit être interprétée en ce sens qu'elle prévoit l'évaluation des incidences sur l'environnement des projets de transformation et d'amélioration de voies urbaines soit lorsqu'il s'agit de projets visés à l'annexe I, point 7, sous *b)* ou *c)* de cette directive, soit lorsqu'il s'agit de projets visés à l'annexe II, point 10, sous *e)*, ou 13, premier tiret, de ladite directive, qui sont susceptibles en raison de leur nature, de leur dimension, ou de leur localisation et, le cas échéant, compte tenu de leur interaction avec d'autres projets, d'avoir des incidences notables sur l'environnement (▪ CJCE, 25 juill. 2008, aff. C-142/07 : *Environnement* 2008, n° 11, comm. 159). Le renouvellement d'une autorisation existante d'exploiter un aéroport ne peut, en l'absence de travaux ou d'interventions modifiant la réalité physique du site, être qualifié ni de « projet », ni de « construction » au sens de l'article 1er, paragraphe 2, second tiret, de la directive n° 85/337/CEE. Il appartient cependant à la juridiction de renvoi de déterminer, sur la base de la réglementation nationale applicable et en tenant compte, le cas échéant, de l'effet cumulatif de plusieurs travaux ou interventions réalisés depuis l'entrée en vigueur de ladite directive, si cette autorisation s'insère dans une procédure d'autorisation en plusieurs étapes ayant pour objet, à son terme, la réalisation d'activités constitutives d'un projet au sens du point 13, premier tiret, de l'annexe II, lu en combinaison avec le point 7 de l'annexe I de celle-ci. En l'absence d'évaluation des incidences sur l'environnement de tels travaux ou interventions à l'étape antérieure du processus d'autorisation, la juridiction de renvoi doit assurer l'effet utile de la directive en vérifiant qu'une telle évaluation soit réalisée à tout le moins au stade de la délivrance de l'autorisation d'exploitation (■ CJUE, 17 mars 2011, aff. C-275/09, *Brussels Hoofdstedelijk Gewest et a.*). Les travaux de démolition constituent un projet au sens de la directive n° 85/337/CEE et doivent donc être soumis à évaluation environnementale (■ CJUE, 3 mars 2011, aff. n° 50/09). Le projet d'extension d'une sous-station de transformation de la tension électrique ne figure pas au nombre des projets soumis à évaluation environnementale visés par la directive n° 85/337/CEE, toutefois vu que cette directive n° 85/337/CEE « a un champ d'application étendu et un objectif large », il appartient au juge national de décider si l'évaluation environnementale est nécessaire ou pas, en prenant en considération « l'effet cumulatif de plusieurs projets (...) [qui], pris ensemble, sont susceptibles d'avoir des incidences notables sur l'environnement ». Par ailleurs, le juge national doit également vérifier si le projet en cause s'inscrit dans le cadre de la construction de lignes aériennes de transport d'énergie électrique, puisque si tel est le cas, le projet est soumis à une évaluation environnementale (■ CJUE, 27 mars 2014, aff. C-300/13, *Ayuntamiento de Benforri*).

4) Interprétation de la directive vis-à-vis de l'autorité compétente. L'article 6 de la directive 2011/92/UE du Parlement européen et du Conseil du 13 décembre 2011 a pour objet de garantir qu'une autorité compétente et objective en matière d'environnement soit en mesure de rendre un avis sur l'évaluation environnementale des projets susceptibles d'avoir des incidences notables sur l'environnement, avant leur approbation ou leur autorisation, afin de permettre la prise en compte de ces incidences. Eu égard à l'interprétation de l'article 6 de la directive 2001/42/CE du Parlement européen et du Conseil du 27 juin 2001 relative à l'évaluation des incidences de certains plans et programmes sur l'environnement donnée par la Cour de justice de l'Union européenne par son arrêt rendu le 20 octobre 2011 dans l'affaire C 474/10, il résulte clairement des dispositions de l'article 6 de la directive du 13 décembre 2011 que, si ces dispositions ne font pas obstacle à ce que l'autorité publique compétente pour autoriser un projet soit en même temps chargée de mener la consultation en matière environnementale, elles imposent cependant que, dans une telle situation, une séparation fonctionnelle soit organisée au sein de cette autorité, de manière à ce que l'entité administrative concernée dispose d'une autonomie réelle, impliquant notamment qu'elle soit pourvue de moyens administratifs et humains qui lui soient propres, et soit ainsi en mesure de remplir la mission de consultation qui lui est confiée en donnant un avis objectif sur le projet concerné (■ CE, 22 mars 2022, n° 448610, Assoc. *Église Évangélique de Crossroads*. ■ CE, 5 févr. 2024, n° 463619, Soc. *Doubs Ouest Energies 1*).

5) Invocabilité de la directive. Des requérants ne peuvent utilement invoquer la méconnaissance de l'article 3 de la directive 2011/92/UE du 13 décembre 2011 transposé en droit interne, notamment par l'article L. 122-1 du Code de l'environnement, dès lors qu'il ne soutiennent pas que ces dispositions méconnaîtraient l'article 37 de la Charte des droits fondamentaux de l'Union européenne qui prévoit qu'un niveau élevé de protection de l'environnement et l'amélioration de la qualité de l'environnement doivent être intégrés dans les politiques de l'Union et assurés conformément au principe de développement durable, dans le sens qu'il impose à l'étude d'impact à laquelle il doit être procédé une évaluation des incidences directes et indirectes des effets d'un projet sur les générations futures (■ CE, 1er déc. 2023, n° 467331, Assoc. *Meuse Environnement et a.*).

II – PRINCIPES DE DROIT INTERNE

6) Notion de projet. Une autorisation dérogatoire délivrée sur le fondement du 4° de l'article L. 411-2 du Code de l'environnement n'est pas un projet au sens de l'article L. 122-1 dudit code (■ CE, 29 juill. 2022, n° 443420, Assoc. *« Non aux éoliennes entre Noirmoutier et Yeu » et a.*).

7) Portée des vices affectant l'étude d'impact. Les inexactitudes, omissions ou insuffisances d'une étude d'impact ne sont susceptibles de vicier la procédure et donc d'entraîner l'illégalité de la décision prise au vu de cette étude que si elles ont pu avoir pour effet de nuire à l'information complète de la population ou si elles ont été de nature à exercer une influence sur la décision de l'autorité administrative (■ CE, 30 déc. 2021, n° 438686, *Ville de Genève et a.*).

8) V. Partie réglementaire, art. R. 122-1 et s., p. 1484 et art. R. 181-13, p. 1698.

III – AUTONOMIE RÉELLE DE L'AUTORITÉ ENVIRONNEMENTALE (V. PARTIE RÉGLEMENTAIRE C. ENV., ART. R. 122-6)

9) Régularisation par consultation. Il est possible de régulariser le vice de procédure résultant de ce que l'avis prévu par le III de l'article L. 122-1 du Code de l'environnement a été rendu par le préfet de région en qualité d'autorité environnementale dans un cas où il était parallèlement compétent pour autoriser le projet, en procédant à une consultation sur le projet en cause d'une autorité présentant les garanties d'impartialité requises (■ CE, avis, 27 sept. 2018, n° 420119). Le vice de procédure résultant de ce que l'avis prévu par le III de l'article L. 122-1 du Code de l'environnement a été rendu par le préfet de région en qualité d'autorité environnementale, alors qu'il était par ailleurs compétent pour autoriser le projet comme le prévoyait l'article R. 122-6 du même code, peut être régularisé par la consultation d'une autorité présentant les garanties d'impartialité requises (■ CAA Douai, 7 févr. 2019, n° 16DA01704, *Assoc. « Thiérache à contrevent »*). Cette autorité peut être la mission régionale d'autorité environnementale du Conseil général de l'environnement et du développement durable de la région sur le territoire de laquelle le projet doit être réalisé (■ CE, 9 juill. 2021, n° 437634, *Cne de Grabels*).

10) Pas d'autonomie réelle des DREAL vis-à-vis du préfet de région. Lorsque le préfet de région est l'autorité compétente pour autoriser le projet en cause, si la mission régionale d'autorité environnementale du Conseil général de l'environnement et du développement durable peut être regardée « comme une entité disposant, à son égard, d'une autonomie réelle lui permettant d'exercer la mission de consultation en matière environnementale, il n'en va en principe pas de même des services placés sous son autorité hiérarchique, telles les directions régionales de l'environnement, de l'aménagement et du logement » (■ CE, 29 juin 2020, n° 429299, *M. et Mme H. et a.* ■ CE, 9 juill. 2021, n° 437634, *Cne de Grabels*. ■ CE, 25 janv. 2023, n° 448911, *Soc. Haut-Vannier*). Le vice tenant à l'absence d'autonomie réelle de la DREAL a été de nature à nuire à l'information complète de la population et à exercer une influence sur le sens de la décision prise, compte tenu des termes positifs de l'avis émis par cet organisme sur l'étude d'impact et alors que la DREAL relève de l'autorité du préfet de la région Aquitaine et que ce dernier, en tant également que préfet de département, est auteur de l'autorisation en litige (■ CAA Bordeaux, 16 juin 2020, n° 18BX01541, *Sté civile immobilière Huttopia*). L'avis de l'autorité environnementale n'a pas été rendu par une entité interne disposant d'une autonomie réelle à l'égard de l'auteur de la décision attaquée compte tenu du fait, d'une part, que le projet en litige a été instruit pour le préfet du Var par le service de l'unité territoriale du Var de la DREAL Provence-Alpes-Côte d'Azur et que le rapport adressé au préfet et proposant d'adopter l'arrêté contesté a été signé par le chef de l'unité territoriale du Var de cette direction, et que, d'autre part, l'avis environnemental émis par le préfet de région a été préparé par ce même service et signé, pour le préfet de la région Provence-Alpes-Côte d'Azur, par le même chef de l'unité territoriale du Var de la DREAL Provence-Alpes-Côte d'Azur (■ CAA Marseille, 2 oct. 2020, n° 19MA04245, *Sté Braja-Vesigne*).

11) Services distincts au sein de la DREAL. La circonstance que l'avis de l'autorité environnementale a été préparé et rédigé par le service « développement durable » de la DREAL, alors que l'autorisation de défrichement a été instruite par les services de la direction départementale des territoires ne permet pas de considérer que l'avis émis par le préfet de région a été élaboré et adopté par une autorité ayant disposé concrètement d'une autonomie effective garantissant son impartialité et son objectivité. En sus, la circonstance que l'avis de l'autorité environnementale et l'autorisation en litige ont été signés par deux personnes différentes est sans incidence sur le fait que la DREAL n'a pas disposé, en l'espèce, de l'autonomie nécessaire à l'égard du préfet de région. Toutefois, l'autorité environnementale ayant mis en lumière les lacunes ou les insuffisances qui entachaient l'étude d'impact, elle a ainsi contribué à l'information du public, a ainsi mis l'autorité compétente à même de se prononcer sur la demande d'autorisation en connaissance de cause. Dans ces conditions, la seule circonstance que l'autorité environnementale n'ait pas disposé d'une autonomie vis-à-vis de l'autorité décisionnaire ne suffisait pas à vicier la procédure et donc à entacher d'illégalité l'autorisation de défrichement concernée (■ CAA Bordeaux, 30 juin 2020, n° 18BX01702, *Sté Ferme éolienne de la Petite Valade*).

12) Préfet de région et préfet de département. Étant donné que le préfet de région était également le préfet de département et disposait donc de la compétence pour délivrer l'autorisation, et rendre au préalable l'avis en matière environnementale, le préfet de région ne pouvait donc pas, en tant qu'autorité compétente pour délivrer l'autorisation du projet, exercer la compétence consultative en matière environnementale, nonobstant la circonstance que les services instructeurs étaient distincts (■ CE, 8 juill. 2020, n° 422027, *Sté Ferme éolienne de Marcilly-Ogny*). Lorsque le projet est autorisé par un préfet de département autre que le préfet de région, l'avis rendu sur le projet par le préfet de région en tant qu'autorité environnementale doit, en principe, être regardé comme ayant été émis par une autorité disposant d'une autonomie réelle répondant aux exigences de l'article 6 de la directive 2011/92/UE du 13 décembre 2011, sauf dans le cas où c'est le même service qui a, à la fois, instruit la demande d'autorisation et préparé l'avis de l'autorité environnementale (■ CE, 22 mars 2022, n° 448610, *Assoc. Église Évangélique de Crossroads*). En particulier, les exigences de la directive, tenant à ce que l'entité administrative appelée à rendre l'avis environnemental sur le projet dispose d'une autonomie réelle, impliquant notamment qu'elle soit pourvue de moyens administratifs et humains qui lui soient propres, ne peuvent être regardées comme satisfaites lorsque le projet a été instruit pour le compte du préfet de département par la DREAL et que l'avis environnemental émis par le préfet de région a été préparé par la même direction, à moins que l'avis n'ait été préparé, au sein de cette direction, par le service mentionné à l'article R. 122-21 du Code de l'environnement qui a spécialement pour rôle de préparer les avis des autorités environnementales (■ CE, 25 janv. 2023, n° 448911, *Soc. Haut-Vannier*).

13) Avis rendu par le secrétaire général aux affaires régionales. L'avis de l'autorité environnementale ayant été rendu par le secrétaire général aux affaires régionales (SGAR) « pour le préfet de région », ni cette autorité ni la DREAL qui a procédé à l'instruction et préparé cet avis ne disposaient d'une autonomie réelle vis-à-vis du préfet de région, lequel a pris la décision autorisant le projet. Ainsi, le préfet de région, en agissant comme autorité environnementale, n'a pas été placé dans les conditions lui permettant de rendre un avis objectif sur le projet concerné (■ CAA Douai, 4 oct. 2018, n° 16DA01098, *Assoc. « Thiérache à contrevent »*).

14) Avis rendu par la mission régionale d'autorité environnementale. Lorsque le préfet de région est l'autorité compétente pour autoriser le projet, ou lorsque cette autorité est le préfet du département disposant à cette fin des services de la direction régionale de l'environnement, de l'aménagement et du logement (DREAL), la mission régionale d'autorité environnementale (MRAe) de l'Inspection générale de l'environnement et du développement durable, dont l'organisation et les modalités d'intervention sont définies par les articles R. 122-21 et R. 122-24 à R. 122-24-2 du Code de l'environnement, peut être regardée comme disposant, à son égard, d'une autonomie réelle lui permettant de rendre un avis environnemental dans des conditions répondant aux exigences résultant de la directive (■ CE, 5 févr. 2024, n° 463619, *Soc. Doubs Ouest Énergies 1*. ■ CE, 5 févr. 2024, n° 463620, *Soc. Doubs Ouest Énergies 2*).

IV – INSCRIPTION DU PROJET DANS UN ENSEMBLE

15) Appréhension d'un projet dans son ensemble. L'article 6 de la directive n° 2011/92/UE du Parlement européen et du Conseil du 13 décembre 2011 concernant l'évaluation des incidences de certains projets publics et privés sur l'environnement, qui prévoit la participation du public à un stade précoce de procédures décisionnelles en matière d'environnement, a été transposé en droit interne par l'ordonnance du 3 août 2016 relative à la modification des règles applicables à l'évaluation environnementale des projets, plans et programmes, laquelle a notamment modifié le dernier alinéa du III de l'article L. 122-1 du Code de l'environnement. Il en résulte que le juge opère un contrôle du contenu de l'étude d'impact, qui doit présenter le projet dans sa globalité et de manière non excessivement complexe (■ CE, 1er déc. 2023, n° 467331, *Assoc. Meuse Environnement et a.* : à propos du projet dit CIGEO).

16) Non-inscription dans un projet d'urbanisation. Commet une erreur de droit le juge qui, au regard de la modification du plan local d'urbanisme, qui prévoyait que l'ensemble de la zone du Clos des Simons située sur le territoire de la commune de la Turballe, serait ouverte à urbanisation et que le projet de lotissement de la société requérante devait être réalisé dans le premier sous-secteur défini de la zone, a estimé que ledit projet à prendre en compte était non pas le seul projet de lotissement, mais l'ensemble du projet d'urbanisation de la zone au sein duquel il s'inscrivait (■ CE, 28 nov. 2018, n° 419315, *Assoc. Collectif du Clos des Simons et a.*).

17) Inscription dans une même opération d'intérêt national. Si les deux ZAC projetées sont situées à proximité immédiate l'une de l'autre et ont toutes deux été créées dans le périmètre d'une même opération d'intérêt national, tout en participant à un projet d'ensemble visant à réhabiliter certains quartiers du sud de la commune, elles n'en constituent pas moins deux opérations pouvant être mises en œuvre de façon indépendante, disposant de leur finalité propre et ne concourant donc pas à la réalisation d'un même programme de travaux, d'aménagements ou d'ouvrages au sens de l'article L. 122-1 du Code de l'environnement (■ CE, 28 juin 2019, n° 408117).

V – RÉGIME DES INSTALLATIONS CLASSÉES POUR L'ENVIRONNEMENT

18) Conformité du régime d'enregistrement aux directives européennes. Si l'article L. 512-7-2 du Code de l'environnement relatif à la procédure d'enregistrement des ICPE ne mentionne que le critère de la localisation du projet, il résulte de l'article L. 122-1 du Code de l'environnement qui précise de façon générale que pour la détermination des projets relevant d'un examen au cas par cas, il est tenu compte des données mentionnées à l'annexe III de la directive du 13 décembre 2011 relative à l'évaluation environnementale des projets, et que le préfet doit se livrer à un examen du dossier afin d'apprécier tant au regard de la localisation du projet que des autres critères mentionnés à l'annexe III de la directive, si le projet doit faire l'objet d'une évaluation environnementale. Par conséquent, le régime de l'enregistrement est bien conforme avec les objectifs de la directive du 13 décembre 2011 (■ CE, 25 sept. 2019, n° 427145, *FNE*).

VI – EXAMEN AU CAS PAR CAS

19) **Décision ne faisant pas grief.** Si l'examen au cas par cas a conduit le préfet à dispenser d'étude d'impact le projet de construction d'un ensemble commercial par une décision, celle-ci a le caractère d'un acte préparatoire d'une demande de permis de construire qui ne fait pas grief et n'est donc pas susceptible de faire l'objet d'un recours pour excès de pouvoir (■ CAA Versailles, 14 mars 2019, n° 16VE02590, *SA Auchan France*).

Art. L. 122-1-1 *(Rempl., Ord. n° 2016-1058, 3 août 2016* (1) *; mod., L. n° 2018-148, 2 mars 2018 ; L. n° 2020-1525, 7 déc. 2020)* (2). **– I. – L'autorité compétente pour autoriser un projet soumis à évaluation environnementale prend en considération l'étude d'impact, l'avis des autorités mentionnées au V de l'article L. 122-1 ainsi que le résultat de la consultation du public et, le cas échéant, des consultations transfrontières.**

La décision de l'autorité compétente est motivée au regard des incidences notables du projet sur l'environnement. Elle précise les prescriptions que devra respecter le maître d'ouvrage ainsi que les mesures et caractéristiques du projet destinées à éviter les incidences négatives notables, réduire celles qui ne peuvent être évitées et compenser celles qui ne peuvent être évitées ni réduites. Elle précise également les modalités du suivi des incidences du projet sur l'environnement ou la santé humaine.

La décision de refus d'autorisation expose les motifs du refus, tirés notamment des incidences notables potentielles du projet sur l'environnement.

II. – Lorsqu'un projet soumis à évaluation environnementale relève d'un régime d'autorisation préalable qui ne répond pas aux conditions fixées au I, l'autorité compétente complète l'autorisation afin qu'elle y soit conforme.

Lorsqu'un projet soumis à évaluation environnementale relève d'un régime déclaratif, il est autorisé par une décision de l'autorité compétente pour délivrer le récépissé de déclaration, qui contient les éléments mentionnés au I.

Lorsqu'un projet soumis à évaluation environnementale ne relève d'aucun régime particulier d'autorisation ou de déclaration, il est autorisé par le préfet par une décision qui contient les éléments mentionnés au I.

III. – Les incidences sur l'environnement d'un projet dont la réalisation est subordonnée à la délivrance de plusieurs autorisations sont appréciées lors de la délivrance de la première autorisation.

Lorsque les incidences du projet sur l'environnement n'ont pu être complètement identifiées ni appréciées avant l'octroi de cette autorisation, le maître d'ouvrage actualise l'étude d'impact en procédant à une évaluation de ces incidences, dans le périmètre de l'opération pour laquelle l'autorisation a été sollicitée et en appréciant leurs conséquences à l'échelle globale du projet. En cas de doute quant à l'appréciation du caractère notable de celles-ci et à la nécessité d'actualiser l'étude d'impact, il peut consulter pour avis l'autorité environnementale, dans le cadre de l'autorisation sollicitée. Sans préjudice des autres procédures applicables, les autorités mentionnées au V de l'article L. 122-1 donnent un nouvel avis sur l'étude d'impact ainsi actualisée.

L'étude d'impact, accompagnée de ces avis, est soumise à la participation du public par voie électronique prévue à l'article L. 123-19 lorsque le projet a déjà fait l'objet d'une enquête publique, sauf si des dispositions particulières en disposent autrement.

L'autorité compétente pour délivrer l'autorisation sollicitée fixe s'il y a lieu, par une nouvelle décision, les mesures à la charge du ou des maîtres d'ouvrage de l'opération concernée par la demande, destinées à éviter les incidences négatives notables, réduire celles qui ne peuvent être évitées et compenser celles qui ne peuvent être évitées ni réduites, ainsi que les mesures de suivi afférentes.

IV. – Lorsqu'une décision d'octroi ou de refus d'autorisation d'un projet soumis à évaluation environnementale a été prise, l'autorité compétente en informe le public et les autorités mentionnées au V de l'article L. 122-1.

---

(1) Dispositions d'application : V. Ord. n° 2016-1058, 3 août 2016, art. 6.

(2) Dispositions applicables aux procédures engagées après le 8 décembre 2020, L. n° 2020-1525, 7 déc. 2020.

Sous réserve de dispositions législatives ou réglementaires particulières, et du secret de la défense nationale, l'autorité compétente rend publiques la décision ainsi que les informations suivantes, si celles-ci ne sont pas déjà incluses dans la décision :

1° Les informations relatives au processus de participation du public ;

2° La synthèse des observations du public et des autres consultations, notamment des autorités mentionnées au V de l'article L. 122-1 ainsi que leur prise en compte ;

3° Les lieux où peut être consultée l'étude d'impact.

1) **Sanction du défaut de à disposition au public.** La CAA a relevé que, si aucune disposition législative ou réglementaire ne prévoyait, à la date du permis de construire contesté, qu'il devait être précédé d'une étude d'impact, une telle étude avait été en l'espèce réalisée à la demande de l'administration. Après avoir jugé que les objectifs de la directive du 27 juin 1985 impliquaient de mettre à la disposition du public toute évaluation faite de l'impact du projet sur l'environnement, la cour a estimé que l'absence de mise à disposition du public du document en cause n'avait privé le public d'aucune garantie, n'avait pas eu d'incidence sur le sens de la décision prise ou n'avait pas eu pour effet de nuire à l'information de l'ensemble des personnes intéressées. La cour ne pouvait, sans erreur de droit, juger que l'absence de mise à disposition du public de l'étude d'impact avant la délivrance du permis de construire, et alors qu'elle ne relevait aucune autre circonstance de fait à cet égard, n'avait pas nui à l'information de l'ensemble des personnes intéressées (■ CE, 22 janv. 2016, n° 387106, *M. A. C. : Dr. env.* 2016, 58 ; *Énergie – Env. – Infrastr.* 2016, chron. 2, par Fourmon).

2) **Actualisation de l'étude d'impact et appréciation globale.** Dans l'appréciation de la légalité du contenu de l'étude d'impact et afin d'apprécier l'utilité publique du projet, le juge administratif tient compte de l'obligation, pour le maître d'ouvrage, de procéder à une actualisation des données qu'elle contient, une fois que les modalités de réalisation des différents aménagements nécessaires sont définitivement arrêtées (■ CE, 1er déc. 2023, n° 467331, *Assoc. Meuse Environnement et a.* : à propos du projet dit CIGEO).

Voir : art. R. 122-11, p. 1539.

Art. L. 122-1-2 *(Mod., Ord. n° 2016-1058, 3 août 2016* (1) *; L. n° 2018-148, 2 mars 2018).* **– Si le maître d'ouvrage le requiert avant de présenter une demande d'autorisation, l'autorité compétente rend un avis sur le champ et le degré de précision des informations à fournir dans l'étude d'impact. L'autorité compétente consulte les autorités mentionnées au V de l'article L. 122-1.**

À la demande du maître d'ouvrage, l'autorité compétente organise une réunion avec les parties prenantes locales intéressées par ce projet afin que chacune puisse faire part de ses observations sur les incidences potentielles du projet envisagé.

Les précisions apportées par l'autorité compétente n'empêchent pas celle-ci de faire compléter le dossier de demande d'autorisation ou d'approbation et ne préjugent pas de la décision qui sera prise à l'issue de la procédure d'instruction.

1) **La procédure est issue de la réforme de la loi Grenelle II.** Cette procédure n'est pas nouvelle mais n'était pas consacrée au niveau législatif avant la loi Grenelle II. Par cette procédure, le maître d'ouvrage est en mesure de solliciter, auprès de l'autorité chargée de l'instruction de la demande d'autorisation, de formuler un avis sur les informations qu'il doit recueillir. Ce cadrage préalable a pour finalité de définir le degré de précision des informations à fournir dans l'étude d'impact, avant d'engager ladite étude. Les modalités de cette procédure sont prévues à l'article R. 122-4 du présent code.

2) **Concertation avec le public concerné.** Le nouvel article L. 122-1-2 vise en outre à encourager la participation du public. En effet, à la demande du pétitionnaire ou du maître d'ouvrage, l'autorité décisionnaire organise une réunion de concertation avec les parties prenantes locales au projet.

Art. L. 122-2. – Si une requête déposée devant la juridiction administrative contre une autorisation ou une décision d'approbation d'un projet visé au I de l'article L. 122-1 est fondée sur l'absence d'étude d'impact, le juge des référés, saisi d'une demande de suspension de la décision attaquée, y fait droit dès que cette absence est constatée.

Bibliographie : C. Huglo et C. Lepage, *Code de justice administrative*, LexisNexis, 2022, annotations sous art. L. 554-11, p. 1253.

(1) Dispositions d'application : V. Ord. n° 2016-1058, 3 août 2016, art. 6.

1) La jurisprudence présentée ci-dessous a été rendue, en partie, sous l'empire des anciennes dispositions relatives à l'étude d'impact, avant leur modification par la loi Grenelle II.

2) Liens avec l'article L. 554-11 du Code de justice administrative. *a) Généralités.* L'absence d'étude d'impact ne constitue pas un moyen d'ordre public. Il doit donc être soulevé par la partie elle-même (■ CE, 23 nov. 1984, *Sté des ciments français : Rec. CE* 1984, p. 390 ; *AJDA* 1985, p. 164, note J.-C.), notamment pour la première fois en cause d'appel (■ CE, 29 janv. 1993, n° 136762, *Giordano*). En revanche, dès lors que le moyen est soulevé et que l'absence d'étude d'impact est constatée, le juge des référés de l'article L. 554-11 du Code de justice administrative doit nécessairement prononcer le sursis. Il ne dispose donc d'aucune liberté d'appréciation contrairement au droit commun (■ CE, 13 févr. 1976, *Assoc. Sauvegarde du quartier Notre-Dame : Rec. CE* 1976, p. 138). *b) Procédure de tri.* Le recours prévu à l'article L. 554-10 n'exclut pas notamment pour son instruction, le jugement et les voies de recours, l'application du régime de droit commun des demandes de suspension d'exécution des décisions administratives et, de ce fait, la procédure de tri prévue à l'article L. 522-3 si des conclusions sont présentées également au titre de l'article L. 521-1 du Code de justice administrative (■ CE, 14 mars 2001, n° 230134, *Cne de Goutrens : AJDA* 20 mai 2001, n° 5, p. 465-469, concl. D. Chauvaux ; *RFDA* 2001, p. 832 et s. ; *BJDE* 2/2001, p. 114) *c) Non-lieu.* Dès lors que la décision relative à l'autorisation des travaux est entièrement exécutée, il n'y a pas lieu à sursis (■ CE, 10 oct. 1980, n°s 19203 et 19312, *Syndicat d'initiative de Criel-sur-Mer, Seine-Maritime*), et ce, quand bien même l'absence d'étude d'impact a été constatée. *d) Voie de recours.* L'article L. 514-11 du Code de justice administrative, qui subordonne la suspension à la seule constatation de l'absence d'étude d'impact, ne peut être regardé, du seul fait qu'y figure le terme « suspension », comme relevant du régime procédural de l'article L. 521-1 du Code de justice administrative qui a trait aux mesures de suspension justifiées par l'urgence, et donc comme relevant, en ce qui concerne les voies de recours, de l'article L. 523-1 de ce code qui ne prévoit que la possibilité d'un recours de cassation ; que, dans ces conditions, la cour administrative d'appel détient compétence pour connaître du recours dirigé contre l'ordonnance du juge des référés rendue au titre de l'article L. 554-11 du Code de justice administrative (■ CAA Paris, 22 mars 2001, n° 01PA00825, *EPAD*).

3) Liens avec les articles L. 521-1 et 3 du CJA. Pour prévenir ou faire cesser une atteinte à l'environnement dont il n'est pas sérieusement contestable qu'elle trouve sa cause dans l'action ou la carence de l'autorité publique, le juge des référés peut, en cas d'urgence, être saisi soit sur le fondement de l'article L. 521-1 du Code de justice administrative ou, le cas échéant, sans qu'aucune condition d'urgence ne soit requise, sur le fondement des articles L. 122-2 et L. 123-16 du Code de l'environnement, afin qu'il ordonne la suspension de la décision administrative, positive ou négative, à l'origine de cette atteinte, soit sur le fondement de l'article L. 521-3 du Code de justice administrative, afin qu'il enjoigne à l'autorité publique, sans faire obstacle à l'exécution d'une décision administrative, de prendre des mesures conservatoires destinées à faire échec ou à mettre un terme à cette atteinte (■ CE, 20 sept. 2022, n° 451129, *M. et Mme C.*). La demande de suspension présentée sur le fondement de l'article L. 122-2 du Code de l'environnement n'est pas conditionnée par une urgence (■ CE, 9 nov. 2023, n° 471882, *Soc. V3 Lor*). Saisi de conclusions sur le fondement à la fois de l'article L. 521-1 du CJA et L. 122-2 du Code de l'environnement, commet une omission de statuer le juge des référés qui se borne à relever que la suspension ne pouvait être accordée au motif qu'en l'état de l'instruction, aucun des moyens soulevés par les requérantes n'était propre à créer un doute sérieux quant à la légalité des décisions attaquées, sans rechercher si les requérantes étaient fondées à demander la suspension des arrêtés litigieux sur le fondement de l'article L. 122-2 du Code de l'environnement, en raison de l'absence d'étude d'impact (■ CE, 24 juill. 2024, n° 490736, *Assoc. SOS Lez Environnement et a.*).

4) Liens avec l'article L. 600-3 du Code de l'urbanisme. Cristallisation des moyens. Lorsqu'est présenté un moyen tiré de l'absence d'étude d'impact à l'appui d'une demande de suspension d'une des décisions mentionnées à l'article L. 600-3 du Code de l'urbanisme et que le juge constate l'absence d'une telle étude, il fait droit à la demande, alors même que le requérant ne se prévaut pas des dispositions de l'article L. 122-2 du Code de l'environnement, sans s'interroger sur l'existence ou non d'une urgence à suspendre l'exécution de la décision. Toutefois, une telle demande de suspension n'est recevable, quel qu'en soit le fondement, que jusqu'à l'expiration du délai fixé pour la cristallisation des moyens soulevés devant le juge saisi en premier ressort. La circonstance que, par un jugement avant-dire-droit, le juge ait constaté l'absence d'étude d'impact et accordé aux parties un délai pour régulariser ce vice est sans incidence sur le calcul de ce délai (■ CE, 17 avr. 2023, n° 468789, *Cne de Mérignac*).

5) Absence d'étude d'impact. Est sanctionné, par le sursis à exécution, l'arrêté modificatif d'autorisation d'un lotissement en l'absence de l'étude d'impact prévue à l'article R. 315-5 du Code de l'urbanisme (■ TA Marseille, 4 août 1978, *Jacquier : Rec. CE*, p. 604). Justifie également le sursis à exécution, l'absence d'étude d'impact précédant l'arrêté préfectoral d'autorisation d'exploiter une carrière (■ CE, 16 avr. 1982, *Cne d'Aubagne : AJDA* 1982, p. 587). À ce titre, il appartient au juge des référés de contrôler si les modifications apportées à un schéma départemental des carrières devaient être précédées d'une évaluation environnementale (■ CE, 19 juin 2015, n°s 386291 et 384082, *Cne de Saint-Leu et a.*). Commet une erreur de droit le juge des référés qui rejette la demande de suspension en se fondant sur la circonstance que le classement en zone Uy où est implanté le projet de construction litigieux avait d'ores et déjà fait l'objet d'une étude environnementale, alors que l'obligation d'évaluation des incidences environnementales s'applique à toute réalisation de travaux de construction ou d'autres installations ou ouvrages (■ CE, 24 juin 2021, n° 442316, *SAS Mottin et a.*). Il appartient au juge des référés d'apprécier la notion de projet au sens de l'article R. 122-2 du Code de l'environnement, en tenant compte notamment de la dimension du terrain d'assiette dudit projet (■ CE, 25 mai 2022, n° 447898, *Assoc. France Nature Environnement Languedoc-Roussillon*). Une aire de stationnement doit être regardée comme soumise à un examen au cas par cas afin de déterminer si elle doit faire l'objet d'une évaluation environnementale dès lors qu'elle totalise 50 emplacements ou plus d'une part, et qu'elle est accessible au public d'autre part (■ CE, 16 févr. 2024, n° 472787, *M. AH et a.*).

Lorsque l'étude d'impact a été réalisée et portée à la connaissance, en temps utile, de l'autorité chargée d'instruire la demande de permis de construire, la seule circonstance qu'elle n'ait pas figuré dans le dossier joint à la demande du permis de construire ne suffit pas à faire regarder comme remplie la condition tenant à l'absence d'étude d'impact prévue à l'article L. 122-2 du Code de l'environnement (■ CE, 13 juill. 2007, n° 294603, *Synd. intercom. pour l'enlèvement et le traitement des ordures ménagères de la région de Tournan-en-Brie : AJDA* 2007, p. 2210 ; *Dr. env.* sept 2007, n° 151, p. 225 ; *JCP* A 19 nov. 2007, n° 47, p. 2305 ; *JCP* A 2007, n° 31, act. 763 ; *Gaz. Pal.* 22 déc. 2007, n° 356, p. 46). L'obligation de joindre l'étude d'impact au dossier de demande de permis de construire prévue par l'article R. 431-16 du Code de l'urbanisme ne concerne que les cas où l'étude d'impact est exigée en vertu des dispositions du Code de l'environnement pour des projets soumis à autorisation en application du Code de l'urbanisme ; que, par suite, en se fondant, pour annuler les permis attaqués, sur l'absence d'étude d'impact sans rechercher si celle-ci était exigée pour un projet soumis à autorisation en application du Code de l'urbanisme, la cour a méconnu, au prix d'une erreur de droit, la portée des dispositions de l'article R. 431-16 du Code de l'urbanisme (■ CE, 25 févr. 2015, n° 367335, *Communauté d'agglomération de Mantes-en-Yvelines : Énergie – Env. – Infrastr.* 2015, n° 5, p. 53, obs. D. Gillig, N. Kugler et J.-N. Clément ; *Rev. jur. env.* 2015, 3/ 2015, p. 537, obs. L. Peyen ; *BJDU* 2015, n° 3, p. 187, obs. M. Vialettes ; *BDEI* mai 2015, n° 57, p. 8, obs. D. Déprez).

En lien avec l'article R. 122-2 du Code de l'environnement, et saisi de conclusions en ce sens, le juge apprécie si un projet déjà déclaré d'utilité publique a fait l'objet de modifications substantielles imposant que l'étude d'impact dont il avait alors fait l'objet soit renouvelée ou actualisée au regard des incidences négatives notables qu'il est susceptibles d'avoir sur l'environnement (■ CE, 24 juill. 2024, n° 490736, *Assoc. SOS Lez Environnement et a.*).

6) Insuffisances assimilées à l'absence d'étude d'impact. Une étude d'impact qui ne comporte aucun des éléments d'information requis est considérée comme absente (■ CE, 29 juill. 1983, *Cne de Roquevaire : Rec. CE* 1983, p. 353). Dans ces conditions, elle peut faire l'objet d'un sursis automatique (même arrêt). En revanche, « *à l'exception du cas où, en raison de sa gravité, elle équivaut à une absence, l'insuffisance d'une étude d'impact ne permet pas de faire application de cette disposition législative* » (■ CE, 28 sept. 1984, *Rondeau et Chemouny : Rev. jur. env.* 4/1984, p. 330. ■ TA Rennes, 16 juill. 1986, *Cne de Saint-Jacques-de-la-Lande : Gaz. Pal.* 1987, 1, somm. p. 67. ■ CE, 14 mars 2001, n° 230134, *Cne de Goutrens : AJDA* 2001, n° 5, p. 465-469, concl. D. Chauvaux ; *RFDA* 2001, p. 832 et s. ; *BJDE* 2/2001, p. 114.

La gravité des insuffisances permettant de considérer qu'il y a tout simplement absence d'étude d'impact peut se limiter à une seule rubrique (■ TA Besançon, 29 mars 1990, *Commission permanente d'études et de protection des eaux du sous-sol et des cavernes de Franche-Comté c/ Préfet du Territoire de Belfort : Rev. jur. env.* 2/1991, p. 207, à propos de l'état initial). L'imprécision peut également être synonyme d'absence dans le cas où un « formulaire d'étude d'impact » ne permet pas, du fait de son contenu extrêmement sommaire et imprécis, d'apprécier les effets sur l'environnement de l'installation classée litigieuse et où aucune analyse sérieuse ne permet par ailleurs de prendre en compte de manière suffisamment précise l'état initial du site et de son environnement et les effets de l'exploitation sur l'environnement et, notamment, sur les eaux souterraines et de surface (■ TA

Rennes, 25 août 1989, *Henri Moreaux et Denis Jouon des Longrais : Rev. jur. env.* 1/1990, p. 113). Sur l'insuffisance de l'étude d'impact, concernant la mise en service d'une carrière de basalte, il a été jugé que l'étude d'impact n'analysait pas suffisamment la faune et la flore (■ TA Clermont-Ferrand, 16 juill. 2010, n°s 0901615 et 100092, *Cne Ste-Anastasie et a. : JurisData* n° 2010-025114, note D. Gillig ; *Environnement et dév. durable* 2011, n° 2, p. 37).

7) Absence de mise à disposition du public. Saisi d'une demande d'annulation d'une ordonnance par laquelle le juge des référés du tribunal administratif a suspendu un arrêté préfectoral autorisant la construction d'éoliennes, le Conseil d'État a fait référence à la directive relative à l'évaluation des incidences de certains projets publics et privés sur l'environnement qui précise qu'il appartient à l'État membre de veiller à ce que la demande d'autorisation et le contenu de l'étude d'impact soient mis à la disposition du public afin de lui permettre d'exposer son avis avant que le projet ne soit entamé. Cette mise à disposition n'ayant pas été effectuée, le Conseil d'État a considéré qu'il existait un doute sérieux sur la légalité de l'arrêté accordant le permis de construire (■ CE, 3 mars 2004, n° 259001, *Sté Ploudalmezeau Breiz Avel*). Il a également été jugé, dans le cadre d'une procédure d'autorisation, que toutes les informations doivent être mises à la disposition du public dans un délai raisonnable, afin qu'il puisse exprimer son avis avant la délivrance de l'autorisation, conformément aux dispositions de la directive n° 85/337/CEE du 27 juin 1985 concernant l'évaluation des incidences de certains projets publics et privés sur l'environnement. Dans la mesure où une étude d'impact est produite, elle doit être mise à la disposition du public, quand bien même elle ne serait pas obligatoire compte tenu de la réglementation en vigueur. En l'espèce, l'absence de cette mise à disposition avant que ne soit délivrée l'autorisation justifie que l'autorisation soit suspendue (■ CE, 7 juill. 2004, n° 258051, *Min. Équipement c/ Assoc. pour la protection des paysages du sud de la Drôme*).

8) Autorisation provisoire. Lorsque le préfet fait usage des pouvoirs qu'il tient de l'article L. 514-2 du Code de l'environnement pour mettre en demeure un exploitant de régulariser sa situation, notamment à la suite de l'annulation contentieuse de l'autorisation dont il bénéficiait, et l'autorise à titre provisoire à poursuivre son activité pour des motifs d'intérêt général en assortissant cette autorisation de prescriptions, une telle autorisation provisoire, destinée à répondre à l'urgence de la situation dans un souci de continuité de l'exploitation, ne saurait être regardée comme devant être soumise à l'obligation de production d'une étude d'impact (■ CE, 7 août 2008, n° 312022, *Assoc. des Terres Minées : BDEI* janv. 2009, n° 19, p. 47).

9) Absence d'évaluation environnementale. Absence de saisine de l'autorité environnementale. La délivrance d'un permis d'aménager doit être systématiquement précédée d'une évaluation environnementale – comportant l'élaboration, par le maître d'ouvrage, d'un rapport d'évaluation des incidences sur l'environnement, dénommé « étude d'impact » – lorsque l'opération d'aménagement crée une surface de plancher supérieure ou égale à 40 000 m² ou dont le terrain d'assiette couvre une superficie supérieure ou égale à 10 ha, et d'un examen au cas par cas lorsque une telle opération soit crée une surface de plancher supérieure ou égale à 10 000 m² et inférieure à 40 000 m² et dont le terrain d'assiette ne couvre pas une superficie supérieure ou égale à 10 ha, soit couvre un terrain d'assiette d'une superficie supérieure ou égale à 5 ha et inférieure à 10 ha et dont la surface de plancher créée est inférieure à 40 000 m². Lorsqu'un tel « projet » au sens du 1° du I de l'article L. 122-1 est constitué de plusieurs travaux, installations, ouvrages ou autres interventions dans le milieu naturel ou le paysage, il doit être appréhendé dans son ensemble, y compris en cas de fractionnement dans le temps et dans l'espace et en cas de multiplicité de maîtres d'ouvrage, afin que ses incidences sur l'environnement soient évaluées dans leur globalité. C'est ainsi l'ensemble du projet d'aménagement de cette zone en vue de son ouverture à l'urbanisation qui doit être regardé, pour l'appréciation de son éventuelle soumission à l'obligation préalable d'évaluation environnementale. Il est constant que le maître d'ouvrage s'est abstenu d'y procéder (■ TA Nantes, ord., n° 18011364, 13 mars 2018, *Assoc. Collectif du Clos des Simons et a.*).

Art. L. 122-3 ***(Rempl., Ord. n° 2016-1058, 3 août 2016*** (1)***; mod., L. n° 2018-148, 2 mars 2018 ; L. n° 2021-1104, 22 août 2021). –*** (2) **I. – Un décret en Conseil d'État précise les modalités d'application de la présente section.**

(1) Dispositions d'application : V. Ord. n° 2016-1058, 3 août 2016, art. 6.
(2) V. T. appl. : D. n° 77-1141, 12 oct. 1977 puis C. env., art. R. 122-1 à R. 122-16. – NDLR.

II. – Il fixe notamment :

1° Les catégories de projets qui, en fonction des critères et des seuils déterminés en application de l'article L. 122-1 et, le cas échéant après un examen au cas par cas, font l'objet d'une évaluation environnementale ;

2° (1) Le contenu de l'étude d'impact qui comprend au minimum :

a) Une description du projet comportant des informations relatives à la localisation, à la conception, aux dimensions et aux autres caractéristiques pertinentes du projet ;

b) Une description des incidences notables probables du projet sur l'environnement ;

c) Une description des caractéristiques du projet et des mesures envisagées pour éviter les incidences négatives notables probables sur l'environnement, réduire celles qui ne peuvent être évitées et compenser celles qui ne peuvent être évitées ni réduites ;

d) Une description des solutions de substitution raisonnables qui ont été examinées par le maître d'ouvrage, en fonction du projet et de ses caractéristiques spécifiques, et une indication des principales raisons du choix effectué, eu égard aux incidences du projet sur l'environnement ;

e) Un résumé non technique des informations mentionnées aux points *a* à *d* ;

f) Toute information supplémentaire, en fonction des caractéristiques spécifiques du projet et des éléments de l'environnement sur lesquels une incidence pourrait se produire, notamment sur l'artificialisation des sols et la consommation d'espaces agricoles, naturels et forestiers résultant du projet lui-même et des mesures mentionnées au *c*.

L'étude d'impact expose également, pour les infrastructures de transport, une analyse des coûts collectifs des pollutions et nuisances et des avantages induits pour la collectivité ainsi qu'une évaluation des consommations énergétiques résultant de l'exploitation du projet, notamment du fait des déplacements qu'elle entraîne ou permet d'éviter ; elle comprend un résumé non technique des informations prévues ci-dessus ;

3° Les conditions dans lesquelles le ministre chargé de l'environnement peut se saisir ou être saisi, pour avis, de toute étude d'impact ;

4° Les modalités de saisine de l'autorité environnementale et des collectivités territoriales et de leurs groupements en application du V de l'article L. 122-1 et le délai et les conditions dans lesquelles ces avis sont émis et rendus publics ;

5° Le contenu de l'avis mentionné au premier alinéa de l'article L. 122-1-2 ;

6° Les modalités de la publication par voie électronique de l'étude d'impact par le maître d'ouvrage, prévue au VI de l'article L. 122-1 ;

7° *(Mod., L. n° 2023-175, 10 mars 2023)* Les modalités et le contenu de la décision d'examen au cas par cas prise en application du IV de l'article L. 122-1 et les modalités d'application du V *bis* du même article L. 122-1 ;

8° Les modalités des procédures d'autorisation prévues au II de l'article L. 122-1-1 ;

9° Les modalités d'application des exemptions prévues au I de l'article L. 122-3-4.

Bibliographie : C. Goupiller, *Vers un contrôle de l'opportunité des projets d'infrastructures : Dr. env.* 2017, p. 26.

Voir : observations sur la refonte de l'évaluation environnementale et de l'étude d'impact sous le titre du Chapitre II.

L'ÉTUDE D'IMPACT AU CAS PAR CAS

1) Champ d'application. Le nouvel article L. 122-3 consacre le passage d'un système de liste négative à un système de liste positive, laquelle a été fixée dans un tableau annexé à l'article R. 122-2 du présent code, plusieurs fois modifié en 2018.

2) Contenu de l'étude d'impact. Le nouvel article L. 122-3 donne les lignes directrices du contenu des nouvelles études d'impact, actuellement défini à l'article R. 122-5 du présent code. Dans ce cadre, il convient notamment de relever la volonté du législateur de prendre en compte les interactions des projets identifiés dans la même zone, à travers l'analyse des effets cumulés du projet avec d'autres projets connus.

Voir : Sur la modification du contenu de l'étude d'impact : comm. sous art. R. 122-5, p. 1508.

3) Avis de l'autorité environnementale. L'article L. 122-3 maintient le principe de l'ancien article L. 122-1 selon lequel une autorité environnementale, telle que le ministre de l'Environnement, doit donner son avis sur les projets soumis à étude

(1) Suite aux modifications issues de l'ordonnance n° 2016-1058 du 3 août 2016 les mots « expose également une esquisse » n'existent plus, il est donc impossible de les remplacer. – V. L. n° 2016-1087, 8 août 2016 art. 71. – NDLR.

d'impact. Les modalités de cette procédure sont prévues à l'article R. 122-7 du présent code.

Voir : Sur la procédure d'avis de l'autorité environnementale : comm. sous art. R. 122-6, p. 1531.

4) Autonomie de l'autorité environnementale. S'agissant des plans et programmes, le Conseil d'État a considéré « qu'en confiant à la même autorité la compétence pour élaborer et approuver les plans et documents et la compétence consultative en matière environnementale (...), sans prévoir de disposition de nature à garantir que la compétence consultative en matière environnementale serait exercée, au sein de cette autorité, par une entité disposant d'une autonomie effective, le décret attaqué a méconnu les exigences du paragraphe 3 de l'article 6 de la directive du 13 décembre 2011 » (▪ CE, 26 juin 2015, n° 360212, *Assoc. France Nature Environnement*).

À la suite de cette décision du Conseil d'État, le Code de l'environnement a été modifié par un décret n° 2016-519 du 28 avril 2016 portant réforme de l'autorité environnementale (*JO* 29 avr. 2016) prévoyant, à l'article R. 122-6, quatre autorités environnementales distinctes, compétentes selon le type de plan ou projet : le ministre chargé de l'environnement, la formation d'autorité environnementale du conseil général de l'environnement et du développement durable (CGEDD), la mission régionale d'autorité environnemntale émanant du CGEDD et, de manière subsidiaire, le préfet de région.

Suivant son rapporteur public, le Conseil d'État censure l'article 1er du décret en question, en relevant que : « *ni le décret attaqué, ni aucune disposition législative ou règlementaire n'a prévu de dispositif propre à garantir que dans les cas où le préfet de région est compétent pour autoriser le projet, en particulier lorsqu'il agit en sa qualité de préfet de département où se trouver le chef-lieu de sa région en vertu de l'article 7 du décret du 29 avril 2004 (...), la compétence consultative en matière environnementale soit exercée par une entité interne disposant d'une autonomie réelle à son égard* » (▪ CE, 6 déc. 2017, n° 400559, *Assoc. France Nature Environnement*, note S. Galipon : *Le principe de l'autonomie fonctionnelle consacré par l'arrêt Seaport pour les plans et programmes : Énergie – Env. – Infrastr.* 2018, n° 2).

Voir : L. Dutheillet de Lamothe, *L'exigence d'autonomie de l'Autorité environnementale précisée par le Conseil d'État*, note sous ▪ CE, 6 déc. 2017 n° 400559, *Assoc. France Nature Environnement : BDEI* janv. 2018, n° 73, p. 3. – C. Huglo, *Autorisation environnementale : Énergie – Env. – Infrastr.* 2018, n° 12, comm. 62.

Art. L. 122-3-1 *(Rempl., Ord. n° 2016-1058, 3 août 2016)* (1). **– L'autorité compétente peut saisir le représentant de l'État dans le département pour qu'il exerce les pouvoirs prévus à l'article L. 171-8 en cas de non-respect par le maître d'ouvrage des prescriptions, caractéristiques et mesures définies en application du deuxième alinéa du I de l'article L. 122-1-1.**

Art. L. 122-3-2 *(Mod., Ord. n° 2016-1058, 3 août 2016* (1)*; L. n° 2018-148, 2 mars 2018)*. **– Les dépenses réalisées pour procéder aux contrôles, expertises ou analyses prescrits par l'autorité administrative pour assurer le respect des prescriptions, caractéristiques et mesures fixées en application du deuxième alinéa du I de l'article L. 122-1-1 sont à la charge du maître d'ouvrage.**

Art. L. 122-3-3 *(Mod., Ord. n° 2016-1058, 3 août 2016)* (1). **– Lorsque le contrôle révèle un manquement aux prescriptions, caractéristiques et mesures fixées en application du deuxième alinéa du I de l'article L. 122-1-1, celui qui l'exerce établit un rapport qu'il transmet à l'autorité administrative. Copie de ce rapport est délivrée à l'intéressé, qui peut faire part de ses observations dans un délai d'un mois.**

Art. L. 122-3-4 *(Abr. à compter du 1er juillet 2013, Ord. n° 2012-34, 11 janv. 2012 ; rétabli dans la version suivante, Ord. n° 2016-1058, 3 août 2016 ; mod., L. n° 2019-1147, 8 nov. 2019 ; Ord. n° 2020-7, 6 janv. 2020)*. **– I. – Pour les projets, ou aux parties de projets, ayant pour seul objet la défense nationale ou la réponse à des situations d'urgence à caractère civil, des dérogations à l'application des dispositions de la présente section peuvent être accordées par décision respectivement du ministre de la défense et du ministre de l'intérieur, dans des conditions fixées par décret en Conseil d'État.**

II. – Le maître d'ouvrage indique à l'autorité chargée de l'examen au cas par cas et à l'autorité compétente s'agissant de la demande d'avis sur l'étude d'impact, les informations dont il estime que leur divulgation serait de nature à porter atteinte aux intérêts mentionnés au I de l'article L. 124-4 et au II de l'article L. 124-5.

(1) Dispositions d'application : V. Ord. n° 2016-1058, 3 août 2016, art. 6.

Ne peuvent figurer dans un dossier soumis à enquête publique, ni être communiqués, mis à disposition du public ou soumis à consultation ou à participation du public :
– les éléments soumis à des règles de protection du secret de la défense nationale ;
– les éléments nécessaires à la sauvegarde des intérêts de la défense nationale ;
– les éléments dont la divulgation serait susceptible de porter atteinte à des secrets de fabrication ;
– les éléments de nature à faciliter des actes susceptibles de porter atteinte à la santé, la sécurité et la salubrité publiques.

Art. L. 122-3-5 ***(Abr. à compter du 1er juillet 2013, Ord. n° 2012-34, 11 janv. 2012).***

Section II. – Évaluation de certains plans et programmes ayant une incidence notable sur l'environnement

(Mod., L. n° 2018-148, 2 mars 2018)

Bibliographie : C. Huglo, C. Grenet et J. Guillemard, *Évaluation environnementale de certains plans et programmes ayant une incidence notable sur l'environnement : JCl. Environnement et Développement durable*, fasc. 2520, 24 févr. 2024. • CGEDD, *Préconisations relatives à l'évaluation environnementale stratégique*, Note méthodologique, mai 2015. • D. Blanchet, *La conformité incertaine au droit de l'UE du régime particulier de l'évaluation environnementale des schémas de mise en valeur de la mer des régions d'outre-mer : Environnement* 2014, n° 11, p. 23. • F. Latullaie, *Révision modeste de la directive sur l'évaluation des incidences de certains projets sur l'environnement : Dr. env.* 2014, n° 227, p. 364. • N. Sadeleer, *L'évaluation des incidences environnementales des programmes, plans et projets : à la recherche d'une protection juridictionnelle effective : RDUE* 2014, n° 2/2014, p. 231. • A. Van Lang, *L'évaluation environnementale des documents d'urbanisme après la loi Grenelle II : une nouvelle couche de vert ? : RD imm.* 2013, n° 3, p. 138. • J. Betaille, *Évaluation environnementale : Rev. jur. env.* 2010, n° 4, p. 764 ; *Évaluation environnementale : Rev. jur. env.* 2012, n° 4, p. 736. • D. Gillig, *Le contrôle du juge administratif sur la complétude de l'évaluation environnementale : Environnement et dév. durable* 2010, n° 4, p. 35. • P. Billet, *Avis des autorités sanitaires sur l'évaluation environnementale des documents d'urbanisme : JCP A* 2010, n° 25, p. 37. • S. Monteillet, *Le contenu des évaluations environnementales stratégiques : évolutions en cours : AJDA* 2010, p. 1298. • V. Gaudron, *L'évaluation environnementale des documents d'urbanisme français : présentation rapide du contexte juridique : Dr. et ville* 2008, n° 66, p. 221. • M.-L. Lambert-Habib, *Regards croisés sur l'évaluation environnementale des documents d'urbanisme : Dr. et ville* 2008, n° 66, p. 227. • G. Paul, *Le renforcement de la prise en compte du développement durable et l'évaluation environnementale dans les documents et autorisations d'urbanisme : Gaz. Pal.* 2 sept. 2008, n° 246, p. 14. • A.-L. Cantiniaux, *L'évaluation stratégique environnementale des plans et programmes : Environnement et technique* avr. 2007, n° 265, p. 41. • J.-C. Helin, *Les directives « plans-programmes » et la participation du public : Les procédures de droit interne sont-elles conformes aux exigences du droit communautaire ? : Mélanges en l'honneur de M. Prieur*, éd. Dalloz, 2007, p. 509. • J.-C. Helin, *La participation du public aux décisions en matière d'urbanisme : une intégration ambiguë ? : Constr.-Urb.* 2007, n° 7, colloque 16. • P. Billet, *L'évaluation des incidences environnementales des documents de gestion des forêts : RD rur.* 2006, n° 344, étude 23. • P. Soler-Couteaux, *Le rapport de présentation des documents d'urbanisme à l'heure de l'évaluation environnementale : Constr.-Urb.* 2006, n° 4, étude 4. • S. Traore, *La circulaire du 6 mars 2006 relative à l'évaluation environnementale des documents d'urbanisme et les nouvelles obligations de « l'autorité environnementale » : Environnement* juill. 2006, n° 7, étude 11 ; *La nouvelle « évaluation environnementale » des documents d'urbanisme : Environnement* 2006, n° 74, étude 6. • P. Billet, *L'évaluation des incidences des documents d'urbanisme sur l'environnement : JCP A* 2005, n° 24, act. 270. • P. Billet, *L'évaluation des incidences de certains plans et programmes sur l'environnement : JCP A* 2005, n° 24, act. 271. • Y. Jegouzo, *L'évaluation des incidences sur l'environnement des plans et programmes : AJDA* 2005, p. 2100. • L. Benoit, *Note sous Ordonnance n° 2004-489 du 3 juin 2004, portant transposition de la directive n° 2001/42/CE du Parlement européen et du conseil du 27 juin 2001 relative à l'évaluation des incidences de certains plans et programmes sur l'environnement : Environnement* 004, n° 89, p. 20. • Ch. Hugo, C. Lepage et M.-P. Maître, *Les effets de la directive Plans/Programmes en droit administratif français de l'environnement : Environnement et technique* juin 2003, n° 227, p. 58. • Y. Jegouzo, *La directive du 27 juin 2001 impose l'évaluation des incidences sur l'environnement des plans et programmes : RD imm.* 2002, n° 1, p. 34. • Fr. Haumont, *Une directive européenne sur les études d'impact : Études foncières* nov. déc. 2001, n° 94. • R. Rorei, *La directive relative à l'évaluation des incidences des plans et programmes : conjuguer la prévention et la transparence : Dr. env.* 2001, n° 92, p. 225.

Réformes successives. La loi Grenelle II a transposé la Directive du 27 juin 2001 relative aux plans programme susceptibles d'avoir d'effets en matière environnementale. L'ordonnance du 3 août 2016 n° 2016-1058 régit la matière. Elle est complétée par un décret d'application du 11 août 2016 n° 1110 **(V. exposé général sous Chapitre III)**. Ce décret a pour objet de prévoir les règles relatives à l'évaluation environnementale des projets, plans et programme. Il prévoit les mesures règlementaires d'application de l'ordonnance relative à la modification des règles applicables à l'évaluation environnementale des projets, plans ou programmes, prise en application du 2° du I de l'article 106 de la loi n° 2015-990 du6 août 2015 pour la croissance, l'activité et l'égalité des chances économiques. Comme l'ordonnance, ce décret a pour objet de simplifier et de clarifier le droit de l'évaluation environnementale, notamment en améliorant l'articulation entre les différentes évaluations environnementales, et d'assurer la conformité de celui-ci au droit de l'Union européenne, notamment en transposant la directive 2011/92/UE concernant l'évaluation des incidences de certains projets publics ou privés sur l'environnement, telle que modifiée par la directive 2014/52/UE. **L'ordonnance du 8 août 2016 a fait l'objet d'une loi de ratification du 2 mars 2018 (V. également chap. III).**

Art. L. 122-4 *(Rempl., Ord. n° 2016-1058, 3 août 2016* (1) *; mod., L. n° 2018-1021, 23 nov. 2018 ; Ord. n° 2020-7, 6 janv. 2020)*. **– I. – Pour l'application de la présente section, on entend par :**

1° « Plans et programmes » : les plans, schémas, programmes et autres documents de planification élaborés ou adoptés par l'État, les collectivités territoriales ou leurs groupements et les établissements publics en dépendant, ainsi que leur modification, dès lors qu'ils sont prévus par des dispositions législatives ou réglementaires, y compris ceux cofinancés par l'Union européenne ;

2° « Évaluation environnementale » : un processus constitué de l'élaboration d'un rapport sur les incidences environnementales, la réalisation de consultations, la prise en compte de ce rapport et de ces consultations lors de la prise de décision par l'autorité qui adopte ou approuve le plan ou programme, ainsi que la publication d'informations sur la décision, conformément aux articles L. 122-6 et suivants.

II. – Font l'objet d'une évaluation environnementale systématique :

1° Les plans et programmes qui sont élaborés dans les domaines de l'agriculture, de la sylviculture, de la pêche, de l'énergie, de l'industrie, des transports, de la gestion des déchets, de la gestion de l'eau, des télécommunications, du tourisme ou de l'aménagement du territoire et qui définissent le cadre dans lequel les projets mentionnés à l'article L. 122-1 pourront être autorisés ;

2° Les plans et programmes pour lesquels une évaluation des incidences Natura 2000 est requise en application de l'article L. 414-4.

III. – Font l'objet d'une évaluation environnementale systématique ou après examen au cas par cas par l'autorité environnementale :

1° Les plans et programmes mentionnés au II qui portent sur des territoires de faible superficie s'ils sont susceptibles d'avoir des incidences notables sur l'environnement ;

2° Les plans et programmes, autres que ceux mentionnés au II, qui définissent le cadre dans lequel la mise en œuvre de projets pourra être autorisée si ces plans sont susceptibles d'avoir des incidences notables sur l'environnement ;

3° Les modifications des plans et programmes mentionnés au II et au 1° et au 2° si elles sont susceptibles d'avoir des incidences notables sur l'environnement.

Lorsque l'autorité environnementale décide de soumettre un plan ou programme à évaluation environnementale après examen au cas par cas, la décision précise les objectifs spécifiques poursuivis par la réalisation de l'évaluation environnementale du plan ou programme.

IV. – Les incidences notables sur l'environnement d'un plan ou d'un programme ou de sa modification sont appréciées en tenant compte des critères mentionnés à l'annexe II de la directive 2001/42/CE du Parlement européen et du Conseil du 27 juin 2001 relative à l'évaluation des incidences de certains plans et programmes sur l'environnement.

V. – Les plans et programmes établis uniquement à des fins de défense nationale ou de protection civile ainsi que les plans et programmes financiers ou budgétaires ne sont pas soumis à l'obligation de réaliser une évaluation environnementale.

L'autorité responsable de l'élaboration du plan ou du programme indique à l'autorité environnementale lors de l'examen au cas par cas, et à l'autorité compétente s'agissant de la demande d'avis sur le rapport sur les incidences environnementales, les informations dont elle estime que leur divulgation serait de nature à porter atteinte aux intérêts mentionnés au I de l'article L. 124-4 et au II de l'article L. 124-5.

(1) Dispositions d'application : V. Ord. n° 2016-1058, 3 août 2016, art. 6.

Ne peuvent figurer dans un dossier soumis à enquête publique, ni être communiqués, mis à disposition du public ou soumis à consultation ou à participation du public :

– les éléments soumis à des règles de protection du secret de la défense nationale ;

– les éléments nécessaires à la sauvegarde des intérêts de la défense nationale ;

– les éléments dont la divulgation serait susceptible de porter atteinte à des secrets de fabrication ;

– les éléments de nature à faciliter des actes susceptibles de porter atteinte à la santé, la sécurité et la salubrité publiques.

VI. – Par dérogation aux dispositions du présent code, les plans et programmes mentionnés aux articles L. 104-1 et L. 104-2 du Code de l'urbanisme font l'objet d'une évaluation environnementale dans les conditions définies au chapitre IV du titre préliminaire du Code de l'urbanisme.

Voir : Sur la détermination des plans, schémas, programmes et autres documents de planification mentionnés au I de l'article L. 122-4 : art. R. 122-17, p. 1541.

I – CHAMP D'APPLICATION DE L'ARTICLE L. 122-4

1) Interprétation de la directive 2001/42/CE. Selon une jurisprudence constante de la Cour de justice de l'Union européenne, notamment dans ses arrêts du 27 octobre 2016, D'Oultremont e.a. (C-290/15), du 7 juin 2018, Inter-Environnement Bruxelles e.a. (C-671/16), du 12 juin 2019, Terre Wallonne (C-321/18), et du 25 juin 2020 A. e.a (Éoliennes à Aalter et à Nevele) (C-24/19), la notion de « plans et programmes » soumis à évaluation environnementale en application du paragraphe 2 de l'article 3 de la directive 2001/42/CE se rapporte à tout acte qui établit, en définissant des règles et des procédures, un ensemble significatif de critères et de modalités pour l'autorisation et la mise en œuvre d'un ou de plusieurs projets, mentionnés par la directive 2011/92/UE, susceptibles d'avoir des incidences notables sur l'environnement. Sont également soumis à évaluation environnementale les plans et programmes mentionnés au paragraphe 4 de l'article 3, qui définissent le cadre dans lequel la mise en œuvre d'autres projets pourra être autorisée à l'avenir, lorsqu'ils sont susceptibles d'avoir des incidences notables sur l'environnement (▪ CE, 6 oct. 2021, n° 446302, *Assoc. Pour Rassembler, Informer et Agir contre les Risques liés aux Technologies Electro Magnétiques et a.* ▪ CE, 28 oct. 2021, n° 447123, *Assoc. de défense contre les nuisances aériennes.* ▪ CE, 21 avr. 2023, n° 453009, *Assoc. France Nature Environnement.* ▪ CE, 8 mars 2024, n° 465036, *Assoc. Fédération Environnement Durable et a.* ▪ CE, 12 juill. 2024, n° 468529, *Assoc. Guyane Nature Environnement et a.* ▪ CE, 9 sept. 2024, n° 487933, *Assoc. Vent de Gâtine et a.* ▪ CE, 20 déc. 2024, n° 492185, *Féd. nat. de la pêche en France et de la protection des milieux aquatiques*).

2) Schéma régional du climat, de l'air et de l'énergie (oui). Le schéma régional du climat, de l'air et de l'énergie, dont le schéma régional éolien est une des annexes, doit être, au regard de son objet, de son contenu et de son rôle, regardé comme définissant, au sens des dispositions du 1° du I de l'article L. 122- 4 du Code de l'environnement, un cadre de mise en œuvre de travaux et projets d'aménagement. Un tel schéma entre donc dans le champ d'application du régime de l'évaluation environnementale (▪ CAA Douai, 27 sept. 2018, n° 16DA01122, *Min. de l'Environnement, de l'Énergie et de la Mer*).

3) Plans et programmes établis uniquement à des fins de défense nationale ou de protection civile (non). Les dispositions de l'arrêté ayant pour objet de garantir la sécurité de la circulation aérienne civile et militaire, ainsi que la protection des populations survolées, par l'établissement de règles de balisage des obstacles à la navigation aérienne, telles les éoliennes, rentrent dans l'exemption prévue au V de l'article L. 122-4 du Code de l'environnement qui soustrait les plans et programmes établis uniquement à des fins de défense nationale ou de protection civile de l'obligation de réaliser une évaluation environnementale (▪ CE, 13 mars 2020, n° 425161, *Sté Inno-Vent*).

4) Cahier des charges pour l'appel d'offres relatif à l'atteinte des objectifs de la programmation pluriannuelle de l'énergie (non). Le cahier des charges élaboré par l'autorité administrative en vue de l'appel d'offres visant à atteindre les objectifs de la programmation pluriannuelle des investissements prévu à l'article L. 311-10 du Code de l'énergie ne constitue pas un plan, schéma ou programme et autre document de planification ayant pour objet de définir le cadre de mise en œuvre des travaux ou projets d'aménagement mentionnés au I de l'article L. 122-4 du Code de l'environnement (▪ CE, 7 juin 2019, n° 414426, *Assoc. GRSB et Assoc. Prosimar*).

5) Programme régional pluriannuel concernant la valorisation du bois (non). Le décret permettant aux chambres régionales d'agriculture de créer en leur sein un service commun à la chambre régionale et aux chambres départementales de la circonscription dans le but d'élaborer et de mettre en œuvre un programme régional pluriannuel concernant la valorisation du bois ne constitue pas un plan ou programme au sens et pour l'application des dispositions de l'article L. 122-4 du Code de l'environnement (■ CE, 11 oct. 2018, n° 412140, *Ch. régionale d'agriculture d'Auvergne-Rhône-Alpes et a.*).

6) Arrêté définissant les modalités et les conditions d'attribution d'autorisations d'utilisation de fréquences et décisions retenant les candidatures de plusieurs sociétés et les autorisant à utiliser les fréquences attribuées (non). Si l'arrêté du 30 décembre 2019 et les autorisations litigieuses, qui en reprennent les termes, comportent pour les bénéficiaires des autorisations d'utilisation des fréquences des obligations de déploiement et de couverture géographique susceptibles d'exiger des travaux de construction d'installations ou d'ouvrages ayant une incidence sur l'environnement, ils ne définissent pas un ensemble significatif de critères et de modalités devant être mis en œuvre par les autorités compétentes pour autoriser, le cas échéant, ces travaux, installations ou ouvrages (■ CE, 6 oct. 2021, n° 446302, *Assoc. Pour Rassembler, Informer et Agir contre les Risques liés aux Technologies ElectroMagnétiques et a.*).

7) Plan de prévention du bruit dans l'environnement (non). Dès lors que les plans de prévention du bruit dans l'environnement se bornent à recenser les actions déjà engagées ou prévues au titre de la lutte contre les nuisances sonores, avec l'accord des autorités compétentes pour leur mise en œuvre, et à définir des objectifs indicatifs de réduction du bruit dans certaines zones exposées, ils ne peuvent être regardés comme ayant pour objet de définir le cadre de mise en œuvre de travaux ou projets (■ CE, 28 oct. 2021, n° 447123, *Assoc. de défense contre les nuisances aériennes*).

8) Plans d'exposition au bruit (oui). Dès lors que les plans d'exposition au bruit délimitent des zones géographiques en fonction de leur exposition au bruit des aéronefs, selon des valeurs d'indices qui peuvent donner lieu à une modulation dans certaines limites et en décidant, le cas échéant, de la création d'une zone D et de secteurs particuliers en zone C et que, par cette délimitation, ils déterminent les conditions d'utilisation des sols, qui s'imposent aux projets de construction et d'aménagement, ces plans doivent être regardés comme définissant, au sens des dispositions de l'article L. 122-4 du Code de l'environnement, le cadre d'autorisation et de mise en œuvre de projets et comme devant faire l'objet d'une évaluation environnementale (■ CE, 28 oct. 2021, n° 447123, *Assoc. de défense contre les nuisances aériennes*).

9) Rapport fixant une simple orientation, annexé à un décret (non). Si le rapport annexé au décret attaqué pose un principe général de mise à l'arrêt de réacteurs du parc nucléaire français à l'échéance de leur cinquième visite décennale, cette orientation n'a, par elle-même, ni pour objet ni pour effet d'autoriser la prolongation de l'exploitation des réacteurs en cause au-delà de leur quatrième visite décennale, une telle prolongation étant soumise à l'autorisation de l'Autorité de sûreté nucléaire dans les conditions prévues, notamment au dernier alinéa de l'article L. 593-19 du Code de l'environnement précité. Ledit rapport ne relève ainsi pas des plans et programmes au sens de l'article L. 122-4 du Code de l'environnement (■ CE, 16 mai 2022, n° 441351, *Assoc. Réseau « Sortir du nucléaire » et a.*).

10) Décret modifiant ponctuellement le régime de l'urbanisation des zones destinées à accueillir des constructions, travaux, installations et aménagements nécessaires à la mise en œuvre d'une installation nucléaire de base (non). Les dispositions d'un décret qui modifient ponctuellement le régime de l'urbanisation des zones destinées à accueillir des constructions, travaux, installations et aménagements nécessaires à la mise en œuvre d'une installation nucléaire de base définie à l'article L. 593-2 du Code de l'environnement dans le périmètre d'une opération d'intérêt national destinée à accueillir une telle installation, ne sont pas au nombre des plans, schémas, programmes et autres documents de planification devant systématiquement ou à la suite d'un examen au cas par cas faire l'objet d'une évaluation environnementale au titre du II et du III de l'article L. 122-4 définie par l'article R. 122-17 du Code de l'environnement et ne sont donc pas soumises à une obligation d'évaluation environnementale systématique ou au cas par cas (■ CE, 17 févr. 2023, n° 456157, *Assoc. Réseau sortir du nucléaire*).

11) Plan simple de gestion (non). Le plan simple de gestion, bien qu'exigé par des dispositions législatives, ne constitue pas un document élaboré ou adopté par l'État, les collectivités territoriales ou leurs groupements et les établissements publics en dépendant. Au demeurant, il n'a ni pour objet ni pour effet de définir un ensemble significatif de critères et de modalités devant être mis en œuvre par les autorités compétentes pour autoriser des projets, au sens de la directive 2011/92/UE du 13 décembre 2011, affectant les bois et forêts concernés, mais autorise directement le propriétaire à réaliser, sans formalité supplémentaire, les coupes et travaux qu'il prévoit (■ CE, 21 avr. 2023, n° 453009, *Assoc. France Nature Environnement*).

12) Document d'aménagement forestier (non). Si le document d'aménagement forestier est exigé par des dispositions législatives et est adopté par l'État, il n'a ni pour objet ni pour effet de définir un ensemble significatif de critères et de modalités devant être mis en œuvre par les autorités compétentes pour autoriser des projets, au sens de la directive du 13 décembre 2011, affectant les bois et forêts concernés, mais permet directement la réalisation des coupes prévues, sans autorisation préalable (■ CE, 21 avr. 2023, n° 453009, *Assoc. France Nature Environnement*).

13) Arrêtés fixant les règles d'implantation et de construction des éoliennes (oui). Des arrêtés déterminant les conditions dans lesquelles les projets concrets d'implantation et d'exploitation de sites éoliens terrestres peuvent être autorisés ou, dans le cas où une procédure de déclaration est prévue, mis en œuvre régissent des installations classées pour la protection de l'environnement dans le domaine de l'énergie susceptibles d'avoir des incidences notables sur l'environnement et doivent être regardées comme constituant des plans et programmes devant être soumis à évaluation environnementale (■ CE, 8 mars 2024, n° 465036, *Assoc. Fédération Environnement Durable et a.*).

14) Décision d'octroi, d'extension ou de prolongation d'une concession minière (oui). La décision d'octroi, d'extension ou de prolongation d'une concession minière détermine le cadre général et le périmètre des travaux miniers qui seront ultérieurement réalisés. Si elle confère à son bénéficiaire un droit immobilier lui garantissant le droit de procéder à des travaux de recherches, d'exploration ou d'exploitation miniers, elle a également pour objet d'encadrer les conditions dans lesquelles de tels travaux pourront être réalisés et, dans ce cadre, de prendre en compte les conséquences sur l'environnement de la concession, nonobstant la circonstance que certaines d'entre elles pourront, le cas échéant, être prises en considération ultérieurement à l'occasion des autorisations ou déclarations de recherches et de travaux devant se dérouler sur le périmètre de la concession : une telle décision doit être regardée comme définissant le cadre d'autorisation et de mise en œuvre de projets et comme devant faire l'objet d'une évaluation environnementale (■ CE, 12 juill. 2024, n° 468529, *Assoc. Guyane Nature Environnement et a.*).

15) Ordonnance et décret relatifs à l'autorisation environnementale (non). Ne commet pas d'erreur de droit la cour administrative d'appel qui juge d'une part, que ni l'ordonnance du 26 janvier 2017 relative à l'autorisation environnementale, ni le décret du 26 janvier 2017 relatif à l'autorisation environnementale ne définissent un « cadre » au sens et pour l'application de la directive 2001/42/CE du 27 juin 2001, lequel implique l'établissement d'un ensemble significatif de critères et de modalités précis au respect desquels serait subordonnée l'autorisation de la mise en œuvre d'un ou de plusieurs projets, notamment en ce qui concerne leur localisation, leur nature, leur taille et leurs conditions de fonctionnement, d'autre part, que cette même ordonnance ne rentre pas, en tout état de cause, dans le champ des « plans et programmes » visés par la directive dès lors que celle-ci ne peut être regardée comme étant exigée par des dispositions législatives, réglementaires ou administratives (■ CE, 9 sept. 2024, n° 487933, *Assoc. Vent de Gâtine et a.*).

16) Désignation d'un site en tant que zone spéciale de conservation (non). Un acte par lequel l'État membre concerné désigne un site en tant que zone spéciale de conservation, au titre de la directive 92/43, et qui énumère les activités humaines qui sont interdites sur ce site, sous réserve des exceptions que cet acte prévoit également, ne relève pas de la notion de « plans et programmes », au sens de la directive 2001/42, pour lesquels une évaluation environnementale est obligatoire (■ CJUE, 17 oct. 2024, aff. C-461/23, *Umweltforum Osnabrücker Land eV c/ Landkreis Osnabrück*).

17) Décret précisant les conditions dans lesquelles un projet dans le domaine des énergies renouvelables est réputé répondre à une raison impérative d'intérêt public majeur (non). Dès lors que le décret attaqué se borne à préciser, en application de l'article L. 211-2-1 du Code de l'énergie, les deux conditions dans lesquelles un projet dans le domaine des énergies renouvelables est réputé répondre à une raison impérative d'intérêt public majeur au sens de l'article L. 411-2 du Code de l'environnement, dans l'hypothèse où l'autorisation environnementale sollicitée suppose l'obtention d'une dérogation à l'interdiction de destruction des espèces protégées et de leurs habitats, il ne peut être regardé comme établissant un ensemble significatif de critères et de modalités au respect desquels serait subordonnée l'autorisation de tels projets, ni comme définissant un « cadre » au sens et pour l'application de la directive 2001/42/CE du 27 juin 2001 (■ CE, 20 déc. 2024, n° 492185, *Féd. nat. de la pêche en France et de la protection des milieux aquatiques*).

18) Plan de gestion des poissons migrateurs (non). Les plans de gestion des poissons migrateurs se bornent à fixer des orientations ou des objectifs en matière de gestion des poissons migrateurs susceptibles d'avoir une incidence sur les modalités selon lesquelles les activités de pêche vont être réglementées dans le bassin hydrographique concerné. Ils n'ont ni pour objet ni pour effet de définir directement un ensemble significatif de critères et de modalités devant être mis en œuvre par les autorités compétentes pour autoriser des projets, au sens de la directive 2011/92/UE du 13 décembre 2011 (■ CE, 31 déc. 2024, n° 470134, *Assoc. Défense des milieux aquatiques*).

Art. L. 122-5 ***(Rempl., Ord. n° 2016-1058, 3 août 2016)*** (1). **– Un décret en Conseil d'État précise notamment :**

1° La liste des plans et programmes soumis à évaluation environnementale de manière systématique ou à un examen au cas par cas, en application des II et III de l'article L. 122-4 et les conditions de son actualisation annuelle ;

2° Les conditions dans lesquelles, lorsqu'un plan ou programme relève du champ du II ou du III de l'article L. 122-4 mais ne figure pas sur la liste établie en application du 1°, le ministre chargé de l'environnement décide, pour une durée n'excédant pas un an, de le soumettre à évaluation environnementale systématique ou à examen au cas par cas.

Les effets de cette décision cessent un an après son entrée en vigueur, ou à l'entrée en vigueur de la plus prochaine révision annuelle de la liste mentionnée au 1°, si elle intervient auparavant ;

3° Les modalités et conditions des exemptions prévues au V de l'article L. 122-4 ;

4° Le contenu du rapport sur les incidences environnementales mentionné à l'article L. 122-6 ;

5° Les cas dans lesquels les modifications des plans et programmes soumis à évaluation environnementale peuvent faire l'objet d'une évaluation environnementale après un examen au cas par cas effectué par l'autorité environnementale.

Art. L. 122-6 ***(Mod., Ord. n° 2016-1058, 3 août 2016*** (1) ***; L. n° 2018-148, 2 mars 2018).*** **– L'évaluation environnementale comporte l'établissement d'un rapport qui identifie, décrit et évalue les effets notables que peut avoir la mise en œuvre du plan ou du programme sur l'environnement ainsi que les solutions de substitution raisonnables tenant compte des objectifs et du champ d'application géographique du plan ou du programme. Ce rapport présente les mesures prévues pour éviter les incidences négatives notables que l'application du plan ou du programme peut entraîner sur l'environnement, les mesures prévues pour réduire celles qui ne peuvent être évitées et les mesures prévues pour compenser celles qui ne peuvent être évitées ni réduites. Il expose les autres solutions envisagées et les raisons pour lesquelles, notamment du point de vue de la protection de l'environnement, le projet a été retenu. Il définit les critères, indicateurs et modalités retenus pour suivre les effets du plan ou du programme sur l'environnement afin d'identifier notamment, à un stade précoce, les impacts négatifs imprévus et envisager, si nécessaire, les mesures appropriées.**

Le rapport sur les incidences environnementales contient les informations qui peuvent être raisonnablement exigées, compte tenu des connaissances et des méthodes d'évaluation existant à la date à laquelle est élaboré ou révisé le plan ou le programme, de son contenu et de son degré de précision et, le cas échéant, de l'existence d'autres plans ou programmes relatifs à tout ou partie de la même zone géographique ou de procédures d'évaluation environnementale prévues à un stade ultérieur.

Voir : sur le contenu de l'évaluation environnementale, art. R. 122-20, p. 1549.

La circonstance que, dans l'avis qu'elle a rendu sur l'évaluation environnementale stratégique de la programmation pluriannuelle de l'énergie, l'Autorité environnementale ait relevé des insuffisances, notamment en matière d'indicateurs de suivi, et formulé des recommandations tendant à une meilleure explicitation des engagements pris pour la mise en œuvre de cette programmation, s'agissant notamment de la qualification des impacts des éoliennes terrestres et marines sur l'environnement, n'est pas de nature, à elle seule, à établir que le décret attaqué serait entaché d'une erreur manifeste d'appréciation (■ CE, 16 mai 2022, n° 441351, *Assoc. réseau « Sortir du nucléaire »*).

Art. L. 122-7 ***(Mod., Ord. n° 2016-1058, 3 août 2016)*** (1). **– La personne responsable de l'élaboration d'un plan ou d'un programme soumis à évaluation environnementale en application de l'article L. 122-4 transmet pour avis à l'autorité environnementale le projet de plan ou de programme accompagné du rapport sur les incidences environnementales.**

L'avis, dès son adoption, ou l'information relative à l'absence d'observations émises dans le délai, est mis en ligne sur son site internet.

(1) Dispositions d'application : V. Ord. n° 2016-1058, 3 août 2016, art. 6.

L'autorité environnementale est consultée, en tant que de besoin, sur le degré de précision des informations que doit contenir le rapport sur les incidences environnementales.

Art. L. 122-8 ancien *(Abr., Ord. n° 2016-1058, 3 août 2016)* (1).

Art. L. 122-8 *(Mod., Ord. n° 2016-1058, 3 août 2016* (1) *; mod., L. n° 2018-148, 2 mars 2018)*. **– Les projets de plans ou de programmes dont la mise en œuvre est susceptible de produire des effets notables sur l'environnement d'un autre État membre de l'Union européenne ainsi que les rapports sur les incidences environnementales de ces projets sont transmis aux autorités de cet État, à la demande de celles-ci ou à l'initiative des autorités françaises. L'État intéressé est invité à donner son avis dans le délai fixé par décret en Conseil d'État. En l'absence de réponse dans ce délai, l'avis est réputé émis.**

Lorsqu'un projet de plan ou de programme dont la mise en œuvre est susceptible de produire des effets notables sur le territoire national est transmis pour avis aux autorités françaises par un autre État, il peut être décidé de consulter le public sur le projet.

1) **Application hors UE.** La Cour internationale de justice a consacré le principe de l'évaluation des projets ayant un impact environnemental transfrontière : les États ont l'obligation de procéder à des évaluations des projets susceptibles d'impacter l'environnement transfrontière (CIJ, 16 déc. 2015, *Costa Rica/Nicaragua : Énergie – Env. – Infrastr.* 2016, n° 2, p. 55, obs. G. Bricker, M. Moliner-Dubost, M. Deffairai, J.-S. Boda, J.-N. Clément, F.-G. Trébulle et R. Haddad ; *Rev. jur. env.* 2018, n° 3, p. 615, note K. Masoumi).

2) **Moment de la notification.** Les dispositions de l'article L. 122-8 et R. 122-2 imposent une notification aux États voisins au cours de la procédure d'évaluation environnementale, une fois la demande d'autorisation déposée, et non lors de l'élaboration du projet (▪ CE, 10 juill. 2023, n° 457659, *Soc. Port d'Ostende et a.*).

Art. L. 122-9 *(Mod., Ord. n° 2016-1058, 3 août 2016* (1) *; L. n° 2018-148, 2 mars 2018)*. **– I. – Lorsque le plan ou le programme a été adopté, l'autorité qui l'a arrêté en informe le public, l'autorité environnementale et, le cas échéant, les autorités des autres États membres de l'Union européenne consultés. Elle met à leur disposition les informations suivantes :**

1° Le plan ou le programme ;

2° Une déclaration résumant :

– la manière dont il a été tenu compte du rapport établi en application de l'article L. 122-6 et des consultations auxquelles il a été procédé ;

– les motifs qui ont fondé les choix opérés par le plan ou le document, compte tenu des diverses solutions envisagées ;

– les mesures destinées à évaluer les incidences sur l'environnement de la mise en œuvre du plan ou du programme.

II. – Lorsqu'un projet de plan ou de programme n'a pas été soumis à l'évaluation environnementale après un examen au cas par cas en application du III de l'article L. 122-4, le public est informé de la décision motivée de l'autorité environnementale.

Art. L. 122-10 *(Mod., Ord. n° 2016-1058, 3 août 2016)* (1). **– Les conditions d'application de la présente section pour chaque catégorie de plans ou de programmes sont précisées, en tant que de besoin, par décret en Conseil d'État.**

Art. L. 122-11 *(Mod., Ord. n° 2016-1058, 3 août 2016)* (1). **– Si une requête déposée devant la juridiction administrative contre une décision d'approbation d'un plan ou d'un programme visé à l'article L. 122-4 est fondée sur l'absence d'évaluation environnementale, le juge des référés, saisi d'une demande de suspension de la décision attaquée, y fait droit dès que cette absence est constatée.**

1) **Lien avec le référé « étude d'impact ».** La création de l'article L. 122-12 par la loi Grenelle II est en réalité un dédoublement de la procédure de référé déjà existante en matière d'impact et prévue à l'article L. 122-2 du présent code.

(1) Dispositions d'application : V. Ord. n° 2016-1058, 3 août 2016, art. 6.

Voir : Sur la jurisprudence en matière de référé « étude d'impact » : jurispr. sous art. L. 122-2, p. 100.

2) Référés : pas d'obstacle à la demande fondée à la fois sur les dispositions de l'article L. 122-11 du Code de l'environnement et sur celles de l'article L. 521-1 du Code de justice administrative. Les dispositions de l'article L. 122-11 du Code de l'environnement ne font pas obstacle à ce que le juge des référés, lorsqu'il est saisi d'une demande, fondée à la fois sur les dispositions de l'article L. 521-1 du Code de justice administrative relatives au référé-suspension et sur celles de l'article L. 122-11 du Code de l'environnement, tendant à la suspension de l'exécution d'une décision approuvant un plan ou un programme au sens de l'article L. 122-4 du Code de l'environnement, prononce la suspension demandée sur le fondement de l'article L. 512-1 du Code de justice administrative lorsque les deux conditions du référé-suspension, l'urgence et le moyen propre à créer, en l'état de l'instruction, un doute sérieux quant à la légalité de la décision, cette dernière condition pouvant alors être caractérisée par l'absence d'évaluation environnementale pour une décision qui en nécessitait pourtant la réalisation (▪ CE, 29 mai 2019, n° 426426, *Cne des Granges-Gontardes*).

3) Appréciation de l'habilitation à agir. Les procédures de référé de l'article L. 122-11 du Code de l'environnement obéissent, notamment pour leur instruction, leur jugement et les voies de recours, au régime de droit commun des demandes de suspension de l'exécution des décisions administratives. Or, le président d'une association n'a pas à justifier de son habilitation à ester en justice pour introduire une procédure en référé-suspension sur le fondement de l'article L. 521-1 du Code de justice administrative (▪ CE, 12 juill. 2023, n° 465248, *Assoc. « Sauvons la Tournelle »*).

4) Office du juge des référés. Le juge des référés, saisi de conclusions sur le fondement des dispositions de l'article L. 122-11 du Code de l'environnement citées au point 6, doit en principe faire droit aux demandes de suspension des actes devant faire l'objet d'une évaluation environnementale, dès lors qu'il constate l'absence de l'évaluation environnementale alors que celle-ci était requise. Il en va ainsi non seulement lorsque l'étude d'impact est systématiquement exigée par la réglementation en vigueur, mais également lorsqu'il a été décidé, à la suite d'un examen au cas par cas, de ne pas procéder à cette évaluation. Il appartient au juge des référés, afin de déterminer si la demande qui lui est présentée sur ce fondement entre dans les prévisions de l'article L. 122-11 du Code de l'environnement, d'apprécier si, en l'état de l'instruction, une évaluation environnementale était requise (▪ CE, 31 juill. 2023, n° 476028, *Assoc. Défense des milieux aquatiques*).

Section III. – Procédures communes et coordonnées d'évaluation environnementale

(Ord. n° 2016-1058, 3 août 2016) (1)

Sous-section 1. – Dispositions générales

(Division créée, L. n° 2022-217, 21 févr. 2022)

Art. L. 122-13 *(Ord. n° 2016-1058, 3 août 2016)* (1). – **Une procédure d'évaluation environnementale unique valant à la fois évaluation environnementale du plan ou du programme et d'un projet peut être réalisée à l'initiative de l'autorité responsable du plan ou du programme et du ou des maîtres d'ouvrage concernés, lorsque le rapport sur les incidences environnementales mentionné à l'article L. 122-6 contient les éléments exigés au titre de l'étude d'impact du projet mentionnée à l'article L. 122-1 et lorsque les consultations requises au titre de la section 1 et de la section 2 du présent chapitre sont réalisées.**

La procédure d'évaluation environnementale est dite commune lorsque des procédures uniques de consultation et de participation du public portent à la fois sur le plan ou le programme et sur le projet. Lorsque le projet est soumis à enquête publique, cette procédure s'applique.

La procédure d'évaluation environnementale est dite coordonnée lorsque le maître d'ouvrage d'un projet prévu par un plan ou programme, au titre duquel la procédure de participation du public et la consultation des autorités mentionnées au V de l'article L. 122-1 ont été réalisées dans les conditions prévues au premier alinéa, est dispensé de demander un nouvel avis de l'autorité environnementale et de conduire une nouvelle procédure de participation du public.

Un décret en Conseil d'État fixe les modalités et conditions de la mise en œuvre des procédures d'évaluation environnementale communes ou coordonnées.

(1) Dispositions d'application : V. Ord. n° 2016-1058, 3 août 2016, art. 6.

Art. L. 122-14 *(Ord. n° 2016-1058, 3 août 2016)* (1). – **Lorsque la réalisation d'un projet soumis à évaluation environnementale et subordonné à déclaration d'utilité publique ou déclaration de projet implique soit la mise en compatibilité d'un document d'urbanisme également soumis à évaluation environnementale en application de l'article L. 122-4, soit la modification d'un plan ou d'un programme, l'évaluation environnementale, lorsqu'elle est requise, de la mise en compatibilité de ce document d'urbanisme ou de la modification de ce plan ou programme et l'étude d'impact du projet peuvent donner lieu à une procédure commune.**

Dans cette hypothèse, une procédure commune de participation du public est organisée. Lorsque le projet ou la modification du plan ou du programme ou la mise en compatibilité du document d'urbanisme est soumis à enquête publique, c'est cette dernière procédure qui s'applique.

Sous-section 2. – Dispositions particulières pour la Guyane et Mayotte

(Sous-section créée, L. n° 2022-217, 21 févr. 2022)

Art. L. 122-15 *(L. n° 2022-217, 21 févr. 2022).* – **En Guyane et à Mayotte, les évaluations environnementales relatives à des projets peuvent faire l'objet d'une procédure commune lorsque ces projets sont situés en tout ou partie dans le périmètre d'une opération d'intérêt national prévue à l'article L. 102-12 du Code de l'urbanisme. Les dossiers relatifs à ces évaluations environnementales groupées peuvent être établis par un mandataire, qui peut être l'établissement public foncier et d'aménagement compétent dans le périmètre de l'opération d'intérêt national. Ces dossiers indiquent les informations exigées de chaque maître d'ouvrage et précisent les obligations qui lui incombent au titre de l'évaluation environnementale. La décision de l'autorité compétente fixe les prescriptions prévues au I de l'article L. 122-1-1 du présent code en indiquant, pour chacune, les maîtres d'ouvrage responsables.**

CHAPITRE III. – PARTICIPATION DU PUBLIC AUX DÉCISIONS AYANT UNE INCIDENCE SUR L'ENVIRONNEMENT

(Mod. à compter d'une date fixée par décret et au plus tard le 1er janvier 2017, Ord. n° 2016-1060, 3 août 2016) (2)

L'enquête publique, ou consultation en aval, regroupe les procédures permettant de recueillir l'avis du public (qui peut ne pas être pris en compte) sur un projet suffisamment avancé et en tout état de cause, déjà élaboré. Le nouveau chapitre III du Code de l'environnement issu de l'ordonnance du 3 août 2016 (*Ord. n° 2016-1060 portant réforme des procédures destinées à assurer l'information et la participation du public à l'élaboration de certaines décisions susceptibles d'avoir une incidence sur l'environnement*) regroupe, depuis le 1er janvier 2017, les procédures de participation du public en aval pour les projets et programmes avant la phase finale de leur adoption ou de leur approbation, pour les plans et autres décisions ayant une incidence sur l'environnement (art. L. 123-1-A). Outre l'enquête publique, ce texte vise également la participation par voie électronique du public pour les plans, programmes et projets non soumis à enquête publique ; ainsi que la participation du public hors procédure particulière.

Bibliographie : *I. Ouvrages, études et thèses.* C. Testard, « L'enquête publique au service de la participation et de l'information du public », *in* V. Boucher, S. Seu (dir.), *L'enquête en droit public*, Mare et Martin, 2024, p. 67. • R. Hostiou, *Enquêtes publiques, JCl. Environnement en Développement durable,* fasc. 2550, 1er févr. 2023. • F. Graber, *Inutilité publique : Histoire d'une culture politique française*, Amsterdam Eds, 2022. • R. Hostiou et J.-C. Helin, *Traité du droit des enquêtes publiques*, 2e éd., Le Moniteur, 2014. • Y. Goutal, P. Peynet et A. Peyronne, *Droit des enquêtes publiques*, Lamy Axe Droit, 2012. • R. Bourny et a., *Guide du Commissaire enquêteur*, 3e éd. 2003, mai 2009, CNCE. • X. Piechaczyk, *Les commissaires enquêteurs et la fabrique de l'intérêt général. Éléments pour une sociologie politique des enquêtes publiques*, thèse Grenoble II – IEP, 2000. • C. Chaumet, *Conduire l'enquête publique*, Éd. Juris-service, 1993. • Y. Jegouzo et C. Sanson, *Le guide de l'environnement*, Éd. Le Moniteur, 1990, p. 269 et s. • M. Prieur et a., *Les enquêtes publiques : quel avenir ? : NED* 1990, n° 4910, La Documentation française.

(1) Dispositions d'application : V. Ord. n° 2016-1058, 3 août 2016, art. 6.

(2) Dispositions uniquement applicables aux décisions pour lesquelles une participation du public a été engagée postérieurement au 1er janvier 2017, Ord. n° 2016-1060, 3 août 2016, art. 8, II.

II. Articles de doctrine sur l'enquête publique issue de la loi Grenelle II. J.-M. Petit, *Vers la fin des enquêtes publiques environnementales ? : Mon. TP* févr. 2015, p. 42. • J.-N. Clément et T. Garancher, *Études d'impact et enquêtes publiques : réformes et perspectives : BDEI* janv. 2012, n° 37, p. 5. • T. Garancher, *La réforme de l'enquête publique*, Le Moniteur févr. 2012, p. 53. • Y. Goutal et Ph. Peynet, *Une véritable réforme, attendue et justifiée : Gaz. cnes* 23 avr. 2012, p. 50. • J.-C. Hélin, *Une utile rénovation de l'enquête publique environnementale : AJDA* 2012, n° 5, p. 255. • R. Hostiou, *L'enquête publique après les textes d'application du Grenelle 2 : quoi de neuf ? : JCP* A 2012, n° 8, p. 31. • P. Peynet et A. Peyronne, *Gérer le contentieux lié aux enquêtes publiques : Gaz. cnes* 10 déc. 2012, p. 48 ; *Maîtriser l'étape du rapport d'enquête publique : Gaz. cnes* 5 nov. 2012, p. 58 ; *Modifier un projet après enquête publique : Gaz. cnes* 19 nov. 2012, p. 68. • O. Sachs, *Lois Grenelle et réforme des enquêtes publiques : une simplification réussie ? : RJEP* nov. 2012, n° 11, p. 2. • L. Santoni et L. Ceccarelli-le-Guen, *Enquêtes publiques, études d'impact : pièges pour les ZAC*, Le Moniteur mai 2012, p. 40. • G. Gutierrez, *Nouvelle donne en matière d'enquête publique : Mon. TP* 14 janv. 2011, p. 57. • Y. Razafindratandra et R. Canot, *Les procédures en droit de l'environnement, l'apport de la loi Grenelle II : Dr. env.* 2011, n° 186, p. 33. • M. Deguergue, *L'information dans le Grenelle II de l'environnement*, suppl. Lamy Grenelle II, oct. 2010, p. 72. • A. Gossement, *La révolution du dialogue environnemental : Systèmes solaires, Le journal des énergies renouvelables* 2000/2010, p. 23. • R. Hostiou, *La loi du 12 juillet 2010 portant engagement national pour l'environnement : les modifications apportées au droit des enquêtes publiques : Dr. adm.* 2010, p. 19. • Y. Jégouzo, *La réforme des enquêtes publiques et la mise en œuvre du principe de participation : AJDA* 2010, p. 1812. • M. Sablayrolles et J. Breton, *L'enquête publique réformée par la loi Grenelle II : L'enquête publique* oct. 2010, n° 69.

III. Notes. R. Brett, « Quand le juge administratif vole au secours du débat public environnemental : l'obligation de l'administration de protéger le commissaire enquêteur », note ss TA Paris, 22 févr. 2023, Gabriel Ullmann, *RJE* 2024, n° 2, p. 485.

Voir : Sur la réforme des enquêtes publiques par la loi Grenelle II : L. n° 2010-788, 22 juill. 2010 portant engagement national pour l'environnement (*JO* 13 juill. 2010). - D. n° 2011-2019, 29 déc. 2011 portant réforme des études d'impact des projets de travaux, d'ouvrages ou d'aménagement (*JO* 30 déc. 2011).

1) Présentation des réformes successives. *a) Réforme par la loi Grenelle II.* Les articles L. 123-1 et suivants du Code de l'environnement ont ainsi été profondément refondus par la loi Grenelle II, de manière à permettre une meilleure prise en compte des observations du public et un échange renforcé entre les différents intervenants, tout en améliorant le gain de temps dans les procédures d'instruction. Le développement des nouvelles technologies est également au cœur de cette réforme et constitue une nouveauté d'une grande importance pratique. Le décret n° 2011-2018 du 29 décembre 2011 assure la traduction réglementaire de cette réforme, aux articles R. 123-1 et suivants du présent code.

b) **La réforme de 2016.** L'ordonnance n° 2016-1060 du 3 août 2016 portant réforme des procédures destinées à assurer l'information et la participation du public à l'élaboration de certaines décisions susceptibles d'avoir une incidence sur l'environnement (*JO* 5 août 2016) a introduit de nombreuses modifications dans le droit des enquêtes publiques. Cette ordonnance a fait l'objet d'un décret d'application (D. n° 2017-626, 25 avr. 2017, relatif aux procédures destinées à assurer l'information et la participation du public à l'élaboration de certaines décisions susceptibles d'avoir une incidence sur l'environnement : *JO* 27 avr. 2017), dont le texte est repris aux articles R. 123-1 et suivants du Code de l'environnement.

2) Droit européen. La soumission d'un projet à une procédure d'enquête publique doit être regardée comme une modalité d'information et de participation du public assurant la mise en œuvre des objectifs fixés par la directive 2011/92/UE du 13 décembre 2011 dont le délai de transposition est expiré. Le droit national, prévoyant l'organisation d'enquêtes publiques pour des projets d'aménagement et de construction, doit être regardé comme conforme à ces objectifs (▪ CE, 19 juill. 2017, n° 400424, *France Nature Environnement*).

3) Champ d'application de l'enquête publique environnementale (art. L. 123-2, modifié par ord. n° 2016-1060, 3 août 2016). Aujourd'hui, l'enquête publique environnementale concerne les projets de travaux, d'ouvrages ou d'aménagements exécutés par des personnes publiques ou privées, en application de l'article L. 122-1 du Code de l'environnement, sauf exceptions (se reporter au texte de l'article L. 123-2).

4) Sanction des irrégularités. La jurisprudence du Conseil d'État fait la distinction entre les irrégularités susceptibles d'avoir une incidence sur la décision finale ou privant les intéressés d'une garantie et les autres (V. ▪ CE, 23 déc. 2011, n° 335477, *Danthony : AJDA* 2012, p. 1609, obs. B. Seillier ; *RFDA* 2012, p. 284, concl. G. Dumortier ; *RFDA* 2012, p. 296, note P. Cassia ; *RFDA* 2012, p. 423, comm. R. Houstiou ; *Dr. adm.* 2012, comm. 22, note F. Melleray). Aux termes de cette décision rendue en assemblée, le Conseil d'État a entendu redéfinir le vice de forme et le vice de procédure, et ce en fonction uniquement des incidences – réelles ou supposées – des irrégularités en cause : Si les actes administratifs doivent être pris selon les formes et conformément aux procédures prévues par les lois et règlements, un vice affectant le déroulement d'une procédure administrative préalable, suivie à titre obligatoire ou facultatif, n'est de nature à entacher d'illégalité la décision prise que s'il ressort des pièces du dossier qu'il a été susceptible d'exercer en l'espèce une influence sur le sens de la décisions prise ou qu'il a privé les intéressés d'une garantie.

La conformité de cette jurisprudence avec le droit européen est contestée, V. R. Hostiou, *Au sujet de la « danthonysation » du droit des enquêtes publiques ou comment faire du neuf avec du vieux*, in « *Long Cours* », *Mél. en l'honneur de P. Bon : Dalloz* 2014, p. 897 ; R. Hostiou, note sous ▪ CE, 3 juin 2013, n° 345174, *Cne Noisy-le-Grand : RD imm.* 2013, p. 423) ; J. Bétaille, *Jurisprudence de la Cour de justice de l'Union européenne relative au droit à l'environnement*, note sous ▪ CJUE, 15 oct. 2015, aff. C-137/14, *Commission européenne c/ Allemagne : Journal européen des droits de l'homme* ; J. Bétaille, *Insuffisance de l'étude d'impact : Danthony ne change rien, ou presque*, note sous ▪ CAA Bordeaux, 5e ch., 6 mai 2014, n° 13BX02649, *SAS Sablières et travaux du Lot : RDE* févr. 2015, n° 231, p. 65. Quoi qu'il en soit, le juge administratif en fait une transposition littérale au droit des enquêtes publiques : s'il appartient à l'autorité administrative de procéder à l'ouverture de l'enquête publique et à la publicité de celle-ci dans les conditions fixées par les dispositions du Code de l'environnement, la méconnaissance de ces dispositions n'est toutefois de nature à vicier la procédure et donc à entraîner l'illégalité de la décision prise à l'issue de l'enquête publique que si elle n'a pas permis une bonne information de l'ensemble des personnes intéressées par l'opération ou si elle a été de nature à exercer une influence sur les résultats de l'enquête et, par suite, sur la décision de l'autorité administrative (▪ CE, 30 déc. 2021, n° 437413, *Sci Chartreuse de Lugny et a.* ▪ CAA Paris, 28 avr. 2022, n° 20PA03994, *Cne de Mitry-Mory*).

Art. L. 123-1-A ***(Créé à compter d'une date fixée par décret et au plus tard le 1er janvier 2017, Ord. n° 2016-1060, 3 août 2016)*** (1). **– Le chapitre III s'applique à la participation du public :**

– pour les projets mentionnés à l'article L. 122-1, après le dépôt de la demande d'autorisation ;

– pour les plans et programme mentionnés à l'article L. 122-4, avant la phase finale de leur adoption ou de leur approbation ;

– à d'autres décisions qui ont une incidence sur l'environnement.

Cette participation prend la forme :

1° D'une enquête publique en application des articles L. 123-1 et suivants ;

2° D'une participation du public pour les plans, programmes et projets en application de l'article L. 123-19 qui s'effectue par voie électronique ;

3° D'une participation du public hors procédure particulière en application des articles L. 123-19-1 et suivants.

4° ***(L. n° 2023-973, 23 oct. 2023)*** (2) **De la consultation du public mentionnée à l'article L. 181-10-1, lorsqu'elle est applicable.**

Art. L. 123-1-B ***(L. n° 2023-973, 23 oct. 2023)*** (2). **– Le juge administratif des référés fait droit à toute demande de suspension d'une décision prise sans que la participation du public sous l'une des formes mentionnées à l'article L. 123-1-A ait eu lieu, alors qu'elle était requise.**

Section I. – Enquêtes publiques relatives aux projets, plans et programmes ayant une incidence sur l'environnement

(Mod. à compter d'une date fixée par décret et au plus tard le 1er janvier 2017, Ord. n° 2016-1060, 3 août 2016) (1)

Sous-section 1. – Sous-section 1.-Champ d'application et objet de l'enquête publique

Art. L. 123-1 ***(Mod. à compter d'une date fixée par décret et au plus tard le 1er janvier 2017, Ord. n° 2016-1060, 3 août 2016)*****. – L'enquête publique a pour objet d'assurer l'information et la participation du public ainsi que la prise en compte des intérêts des tiers lors de l'élaboration des décisions susceptibles**

(1) Dispositions uniquement applicables aux décisions pour lesquelles une participation du public a été engagée postérieurement au 1er janvier 2017, Ord. n° 2016-1060, 3 août 2016, art. 8, II.

(2) Dispositions applicables aux demandes d'autorisation environnementale déposées à compter d'une date fixée par décret, et au plus tard le 23 octobre 2024, L. n° 2023-973, 23 oct. 2023.

d'affecter l'environnement mentionnées à l'article L. 123-2. Les observations et propositions parvenues pendant le délai de l'enquête sont prises en considération par le maître d'ouvrage et par l'autorité compétente pour prendre la décision.

1) **Prise en compte de nouveaux objectifs.** La nouvelle rédaction de l'article L. 123-1 issue de la loi Grenelle II, qui se substitue à celle de l'ancien article L. 123-3 issue de la loi *Bouchardeau*, a semble-t-il pour objet de répondre à l'invitation du Conseil d'État (▪ CE, ass., 3 oct. 2008, n° 297931, *Cne d'Annecy* : note G. Kalflèche in *Grands arrêts du droit de l'environnement*, 2017), qui a rappelé qu'il appartient au seul législateur de fixer les conditions et limites au principe d'information et de participation du public à valeur constitutionnelle, en application de l'article 7 de la Charte de l'environnement. En particulier, la notion de « prise en compte des intérêts des tiers » constitue une nouveauté intéressante, qui pourrait donner lieu à des développements jurisprudentiels à suivre. Il s'agit sans doute également d'une volonté du législateur d'assurer une meilleure transposition de la Convention d'Aarhus du 25 juin 1998 sur l'accès à l'information, la participation du public au processus décisionnel et l'accès à la justice en matièred'environnement. La notion de « prise en considération » des observations du public par le maître d'ouvrage et l'autorité compétente pour statuer, qui ne résultait pas de la loi *Bouchardeau* modifiée, et que la jurisprudence devra sans doute préciser, trouve en effet probablement son origine dans l'article 6-8 de cette convention.

2) **Respect des intérêts constitutionnels.** Même lorsque l'enquête publique est organisée préalablement à l'édiction d'un arrêté portant déclaration d'utilité publique, alors qu'elle contribue à la procédure permettant de déterminer si le recours à la procédure d'expropriation est ou non justifié pour la réalisation du projet, ladite enquête n'est pas par elle-même attentatoire au droit de propriété garanti par la Déclaration des droits de l'Homme et du Citoyen, ni au droit à l'environnement consacré par la Charte de l'environnement (▪ CAA Nancy, 18 avr. 2013, n° 12NC01561, *Gpmt. forestier de la forêt de Walk*).

3) **Période de l'enquête publique.** Le fait que l'enquête publique préalable à l'adoption d'un décret portant création d'un parc naturel marin en Martinique se soit déroulée pendant les préparatifs du carnaval annuel et dans une période précédant les élections professionnelles des comités de pêche n'est pas de nature à entacher cette enquête publique d'irrégularité (▪ CE, 15 mai 2019, n° 412087, *Cne du Marin*).

4) **Sort des observations effectuées pendant l'enquête publique.** Les dispositions de l'article L. 123-1 n'imposent pas au commissaire enquêteur ou au maître d'ouvrage de donner une suite favorable aux observations et aux propositions recueillies au cours de l'enquête publique (▪ CAA Nantes, 5 mars 2019, n^{os}117NT02789 et 17NT02792, *Min. d'État, min. de la Transition écologique et solidaire*).

5) **Enquête publique complémentaire à titre de régularisation.** Le nouvel avis rendu sur un projet de parc éolien l'a été à partir d'une étude d'impact actualisée comportant divers éléments qui n'ont pas été portés à la connaissance du public, et notamment l'évolution du contexte éolien, ainsi que divers éléments complémentaires à la description du parc éolien en cause, l'analyse de l'état initial de l'aire d'étude, celle des effets potentiels sur l'environnement et l'analyse des effets cumulés avec d'autres projets, ainsi que la compatibilité du projet éolien avec divers documents de planification du territoire. L'avis ainsi adopté diffère sur certains points du premier avis rendu pour lequel la régularisation a été opérée. Ce vice tiré de l'insuffisance des informations transmises peut être régularisé par la réalisation d'une enquête complémentaire organisée selon les règles applicables à la décision en litige. Il y a donc lieu de surseoir à statuer sur les requêtes aux fins d'obtenir une autorisation modificative (▪ CAA Douai, 24 févr. 2020, n°s 18DA02221, 18DA02155, 18DA02208, *Sté « Les vents du Sud Cambrésis »*).

Art. L. 123-2 ***(Mod. à compter d'une date fixée par décret et au plus tard le 1er janvier 2017, Ord. n° 2016-1060, 3 août 2016*** (1) ***; mod., Ord. n° 2016-1058, 3 août 2016*** (1) ***; L. n° 2018-1021, 23 nov. 2018 ; Ord. n° 2020-7, 6 janv. 2020*** (2) ***; L. n° 2023-175, 10 mars 2023*** (3) ***; L. n° 2023-973,***

(1) Dispositions d'application : V. Ord. n° 2016-1058, 3 août 2016, art. 6.

(2) Les décisions de classement en opérations secrètes délivrées sur le fondement de l'article L. 123-2 intervenues avant la date d'entrée en vigueur de l'ordonnance n° 2020-7 du 6 janvier 2020, demeurent régies, jusqu'à la fin des opérations auxquelles elles s'appliquent, par les dispositions de cet article dans sa rédaction antérieure à ladite ordonnance, Ord. n° 2020-7, 6 janv. 2020.

(3) Dispositions applicables aux demandes d'autorisation d'urbanisme déposées à compter du 11 mars 2023, L. n° 2023-175, 10 mars 2023.

23 oct. 2023 (1) *; L. n° 2024-322, 9 avr. 2024)*. – I. – Font l'objet d'une enquête publique soumise aux prescriptions du présent chapitre préalablement à leur autorisation, leur approbation ou leur adoption :

1° Les projets de travaux, d'ouvrages ou d'aménagements exécutés par des personnes publiques ou privées devant comporter une évaluation environnementale en application de l'article L. 122-1 à l'exception :

– des projets auxquels s'applique, au titre de la première autorisation mentionnée au III de l'article L. 122-1-1, la consultation du public prévue à l'article L. 181-10-1 ;

– des projets de zone d'aménagement concerté ;

– des projets de caractère temporaire ou de faible importance dont la liste est établie par décret en Conseil d'État ;

– des demandes de permis de construire d'aménager ou de démolir et des déclarations préalables, prévues au livre IV du Code de l'urbanisme, portant sur des projets de travaux, de construction ou d'aménagement donnant lieu à la réalisation d'une évaluation environnementale après un examen au cas par cas prévu au IV de l'article L. 122-1 du présent code. Les dossiers de demande pour ces autorisations d'urbanisme font l'objet d'une procédure de participation du public par voie électroniques selon les modalités prévues à l'article L. 123-19 ou de la procédure prévue à l'article L. 181-10-1 ;

– des projets d'îles artificielles, d'installations, d'ouvrages et d'installations connexes sur le plateau continental ou dans la zone économique exclusive

– des projets qui sont situés dans le périmètre d'une opération d'intérêt national, au sens de l'article L. 102-12 du Code de l'urbanisme, ou d'une grande opération d'urbanisme, au sens de l'article L. 312-3 du même code, et qui répondent aux objectifs de cette opération, lorsqu'une participation du public par voie électronique est organisée en application de l'article L. 123-19-11 du présent code ;

2° Les plans, schémas, programmes et autres documents de planification faisant l'objet d'une évaluation environnementale en application [des articles] L. 104-1 à L. 104-3 du Code de l'urbanisme, pour lesquels une enquête publique est requise en application des législations en vigueur. Toutefois, lorsqu'une évolution de plan ou de programme est nécessaire pour permettre la réalisation d'un projet qui est situé dans le périmètre d'une opération d'intérêt national ou d'une grande opération d'urbanisme et qui répond aux objectifs de cette opération, cette enquête publique peut être remplacée par une procédure de participation du public par voie électronique en application de l'article L. 123-19-11 ;

3° Les projets de création d'un parc national, d'un parc naturel marin, les projets de charte d'un parc national ou d'un parc naturel régional, les projets d'inscription ou de classement de sites et les projets de classement en réserve naturelle et de détermination de leur périmètre de protection mentionnés au livre III du présent code ;

4° Les autres documents d'urbanisme et les décisions portant sur des travaux, ouvrages, aménagements, plans, schémas et programmes soumises par les dispositions particulières qui leur sont applicables à une enquête publique dans les conditions du présent chapitre.

II. – Lorsqu'un projet, plan ou programme mentionné au I est subordonné à une autorisation administrative, cette autorisation ne peut résulter que d'une décision explicite.

III. – Les travaux ou ouvrages exécutés en vue de prévenir un danger grave et immédiat sont exclus du champ d'application du présent chapitre.

IV. – La décision prise au terme d'une enquête publique organisée dans les conditions du présent chapitre n'est pas illégale du seul fait qu'elle aurait dû l'être dans les conditions définies par le Code de l'expropriation pour cause d'utilité publique.

V. – L'enquête publique s'effectue dans le respect du secret industriel et de tout secret protégé par la loi. Son déroulement ainsi que les modalités de sa conduite peuvent être adaptés en conséquence.

JURISPRUDENCE ANTÉRIEURE À LA LOI GRENELLE II

1) Enquête publique de droit commun. Il convient de relever que le législateur a entendu valider les DUP et arrêtés de cessibilité pris après organisation d'une enquête publique environnementale (également appelée « Bouchardeau »), alors qu'une enquête préalable de droit commun aurait dû être organisée, et ce afin d'éviter le risque d'annulation des DUP et arrêtés de cessibilité pour ce motif, et ainsi faire échec à la jurisprudence *Ville de Maisons-Lafitte* (■ CE, 8 mars 1991, n° 104973, *Ville de Maisons-Lafitte : Rec. CE* 1991, p. 85 ; *AJDA* 1991, p. 572).

2) Enquête publique facultative. L'absence d'obligation de réaliser une enquête publique

(1) Dispositions applicables aux demandes d'autorisation environnementale déposées à compter d'une date fixée par décret, et au plus tard le 23 octobre 2024, L. n° 2023-973, 23 oct. 2023.

n'empêche pas d'y avoir recours et n'est alors pas de nature à entacher la décision approuvant le projet d'irrégularité (▪ CE, 9 déc. 2011, n° 324294, *Assoc. Réseau Sortir du Nucléaire*).

3) Enquêtes publiques successives dans le cadre d'une opération complexe. L'avis défavorable rendu à l'issue de l'enquête publique préalable à une déclaration d'utilité publique ne peut être opposé dans le cadre de l'enquête précédant l'arrêté de cessibilité pris sur son fondement (▪ CAA Nantes, 25 juin 1997, n° 95NT01557, *SCI Gambardière*).

4) Conformité du régime d'enregistrement ICPE à l'article 7 de la Charte de l'environnement. L'article L. 123-2 du Code de l'environnement définit les conditions et limites dans lesquelles le principe de participation du public, prévu à l'article 7 de la Charte de l'environnement, est applicable, notamment, aux projets de travaux, d'ouvrages ou d'aménagement exécutés par des personnes publiques ou privées devant comporter une évaluation environnementale en application de l'article L. 122-1. Le fait que le régime de l'enregistrement dispense d'une évaluation environnementale les seuls projets insusceptibles d'avoir une incidence notable sur l'environnement et que ces mêmes projets ne fassent pas l'objet d'une enquête publique ne méconnaît pas, en tout état de cause, l'article 7 de la Charte de l'environnement (▪ CE, 25 sept. 2019, n° 427145, *France Nature Environnement*).

Voir également : Sur les projets soumis à enquête publique : jurispr. sous art. R. 123-1, p. 1556.

Sous-section 2. – Procédure et déroulement de l'enquête publique

(Anc. section 2 devenue la sous-section 2 de la section 1 à compter d'une date fixée par décret et au plus tard le 1er janvier 2017, Ord. n° 2016-1060, 3 août 2016) (1)

Art. L. 123-3. – L'enquête publique est ouverte et organisée par l'autorité compétente pour prendre la décision en vue de laquelle l'enquête est requise.

Lorsque l'enquête publique porte sur le projet, plan, programme ou autre document de planification d'une collectivité territoriale, d'un établissement public de coopération intercommunale ou d'un des établissements publics qui leur sont rattachés, elle est ouverte par le président de l'organe délibérant de la collectivité ou de l'établissement. Toutefois, lorsque l'enquête est préalable à une déclaration d'utilité publique, la décision d'ouverture est prise par l'autorité de l'État compétente pour déclarer l'utilité publique.

(L. n° 2023-175, 10 mars 2023) **L'autorité compétente pour ouvrir et organiser l'enquête informe sans délai le maître d'ouvrage de l'opération soumise à l'enquête publique de la saisine du tribunal administratif dans le ressort duquel se situe le siège de cette autorité en vue de la désignation d'un commissaire enquêteur ou d'une commission d'enquête.**

1) Consécration du principe. La rédaction de l'article L. 123-3 issue de la réforme Grenelle II consacre la compétence de l'autorité décisionnaire dans un article unique, pour ouvrir et organiser l'enquête publique. Celui-ci a cependant été précisé par les dispositions de l'article R. 123-3 du présent code, qui désigne le préfet territorialement compétent comme l'autorité étatique de principe et organise les cas particuliers. En outre, le nouvel article L. 123-3 a repris dans son second alinéa les dispositions de l'ancien article L. 123-1 II relatives à la décentralisation des procédures.

2) DUP prise par décret en Conseil d'État. Lorsqu'une déclaration d'utilité publique est prise par décret en Conseil d'État, la décision d'ouverture de l'enquête publique relève de la compétence du préfet territorialement compétent ou, lorsque le projet porte sur le territoire de communes appartenant à plusieurs départements, de la compétence conjointe des préfets de ces départements (▪ CE, 1er déc. 2023, n° 467331, *Assoc. Meuse Nature Environnement et a.*).

3) Compétence du président de la communauté d'agglomération. L'arrêté ouvrant l'enquête publique pour un projet de construction d'un stade dont l'impact ne se limitera pas à la seule commune où il sera implanté doit être pris par le président de la communauté d'agglomération, maître d'ouvrage du projet, et non par le maire (▪ CAA Lyon, 28 déc. 2006, n° 05LY01535, *Wegner et a. : Rev. jur. env.* 2008, p. 92).

Art. L. 123-4 *(Mod. à compter d'une date fixée par décret et au plus tard le 1er janvier 2017, Ord. n° 2016-1060, 3 août 2016).* **– Dans chaque département, une commission présidée par le président**

(1) Dispositions uniquement applicables aux décisions pour lesquelles une participation du public a été engagée postérieurement au 1er janvier 2017, Ord. n° 2016-1060, 3 août 2016, art. 8, II.

du tribunal administratif ou le conseiller qu'il délègue établit une liste d'aptitude des commissaires enquêteurs. Cette liste est rendue publique et fait l'objet d'au moins une révision annuelle. Peut être radié de cette liste tout commissaire enquêteur ayant manqué aux obligations définies à l'article L. 123-15.

(Mod., L. n° 2023-175, 10 mars 2023) **L'enquête est conduite, selon la nature et l'importance des opérations, par un commissaire enquêteur ou une commission d'enquête choisi par le président du tribunal administratif ou le conseiller délégué par lui à cette fin parmi les personnes figurant sur les listes d'aptitude. Le président du tribunal administratif ou le conseiller délégué par lui nomme également un ou plusieurs suppléants au commissaire enquêteur ou aux membres de la commission d'enquête, qui n'interviennent qu'en cas de remplacement, selon un ordre d'appel préalablement défini par la juridiction au moment du choix du commissaire enquêteur ou de la commission d'enquête. Dans le cas où une concertation préalable s'est tenue sous l'égide d'un garant conformément aux articles L. 121-16 à L. 121-21, le président du tribunal administratif peut désigner ce garant en qualité de commissaire enquêteur si ce dernier est inscrit sur l'une des listes d'aptitude de commissaire enquêteur. En cas d'empêchement d'un commissaire enquêteur, l'autorité chargée de l'organisation de l'enquête publique transfère sans délai à un commissaire suppléant, choisi par la juridiction administrative dans les conditions prévues au présent alinéa, la poursuite de l'enquête publique. Le public est informé de ces décisions.**

1) Composition, saisine et fonctionnement de la commission compétente pour prononcer la radiation d'un commissaire-enquêteur de la liste d'aptitude. Conformité à l'article 16 DDHC. La disposition législative en cause se borne à prévoir la présidence de la commission par le président du tribunal administratif ou le magistrat administratif qu'il délègue, ce qui constitue une garantie de l'impartialité et de l'indépendance de cette commission. Les autres dispositions relatives à la composition de la commission étant fixées par voie réglementaire ne peuvent, dès lors, être contestées dans le cadre d'une question prioritaire de constitutionnalité. Eu égard à la nature de la mission du commissaire enquêteur, qui est désigné pour une enquête publique donnée, par le président du tribunal administratif, parmi les membres de la liste d'aptitude arrêtée par la commission, il ne saurait utilement être soutenu que le législateur aurait dû, pour assurer le respect du principe d'impartialité garanti par l'article 16 de la Déclaration des droits de l'homme et du citoyen, organiser une séparation des fonctions de poursuite, d'instruction et de jugement. Enfin, la radiation de la liste des commissaires-enquêteurs est seulement prévue en cas de manquement d'un commissaire-enquêteur à ses obligations. Cette limitation par la loi de la sanction à la seule radiation de la liste ne méconnaît pas, par elle-même, les principes de proportionnalité et d'individualisation des peines découlant de l'article 8 de la Déclaration des droits de l'homme et du citoyen dès lors qu'elle est prononcée en fonction de la gravité des manquements reprochés au commissaire-enquêteur, après un examen individuel par la commission et sous le contrôle du juge administratif (■ CE, 17 févr. 2022, n° 458542, *M. F.*).

2) Choix d'un commissaire ou d'une commission d'enquête. Le choix de désigner un commissaire enquêteur ou une commission d'enquête dépend au choix de l'autorité compétente pour ouvrir et organiser l'enquête publique, de la nature et [de] l'importance des opérations soumises à l'enquête publique ; que, dès lors, le moyen tiré de ce que les dispositions de l'article R. 123-5 méconnaîtraient l'objectif à valeur constitutionnelle de clarté et d'intelligibilité de la norme et seraient entachées d'illégalité ne peut qu'être écarté. En l'occurrence, le préfet a pu décider, sans entacher d'irrégularité l'enquête publique, confier la conduite de l'enquête publique relative à une DUP portant que des travaux de construction et d'aménagement d'une liaison autoroutière à un commissaire enquêteur et non à une commission d'enquête (■ CE, 22 juill. 2016, n° 390496).

3) Désignation par le président du tribunal administratif. Est incompétent le commissaire enquêteur désigné à la demande du préfet par le président du tribunal administratif dès lors qu'il s'agissait d'une enquête publique diligentée pour un projet de réalisation d'équipements sportifs, culturels et de loisirs et d'aménagement d'espace vert qui n'entre pas dans le champ d'application de la loi du 12 juillet 1983 (■ CE, sect., 8 mars 1991, n° 104473, *Ville de Maisons-Laffitte c/ Comité de défense intercommunale de Maisons-Laffitte, Mesnil-le-Roi, Le Pecq*). En estimant, en l'état des pièces qui lui étaient soumises, qu'était sérieux le moyen tiré de ce que, sur le fondement des dispositions combinées de l'article 25 de la loi du 3 janvier 1986 prévoyant que tout changement substantiel d'utilisation des zones du domaine public maritime est soumis à enquête publique, et de l'article 2 de la loi du 12 juillet 1983, l'enquête publique aurait été conduite irrégulièrement en raison de la désignation du commissaire enquêteur par le préfet et non par le président du tribunal administratif, la cour a commis une erreur de droit (■ CE, 9 nov. 1997, n° 186912, *Min. Environnement c/ Assoc. de* *défense du site et port de Piriac : JurisData* n° 1997-051199).

4) Absence de responsabilité de l'État du fait des irrégularités commises par le commissaire enquêteur. Le plan local d'urbanisme soumis à enquête publique étant élaboré à l'initiative et sous la responsabilité de la commune, la responsabilité de l'État ne saurait être engagée en raison des irrégularités commises par le commissaire enquêteur, quand bien même le projet aurait été classé par l'État opération d'intérêt national. Il appartient en revanche au maire qui constate une irrégularité dans les rapports de son commissaire enquêteur de ne pas donner suite à une procédure entachée d'irrégularité soit en demandant au commissaire enquêteur de corriger ces irrégularités, soit encore en mettant en œuvre une nouvelle procédure en demandant la désignation d'un nouveau commissaire-enquêteur (■ CE, 13 mars 2019, n° 418170, *Cne de Villeneuve-le-Comte*).

Voir : Sur l'établissement des listes d'aptitude aux fonctions de commissaire enquêteur : art. R. 123-34 à D. 123-42, p. 1586.

Art. L. 123-5 *(Mod., L. n° 2019-1461, 27 déc. 2019).* **– Ne peuvent être désignées commissaire enquêteur ou membre de la commission d'enquête les personnes intéressées au projet à titre personnel, en raison de leurs fonctions électives exercées sur le territoire concerné par l'enquête publique ou en raison de leurs fonctions, notamment au sein de la collectivité, de l'organisme ou du service qui assure la maîtrise d'ouvrage, la maîtrise d'œuvre ou le contrôle de l'opération soumise à enquête.**

Les dispositions du premier alinéa peuvent être étendues, dans les conditions fixées par décret en Conseil d'État, à des personnes qui ont occupé ces fonctions.

1) Voir, sur l'ensemble du sujet. R. Hostiou, *Enquêtes publiques, JCl. Environnement et Développement durable* 2018, fasc. 2550, n°s 59 et s.

2) Contrôle. Pour établir l'impartialité du commissaire enquêteur, le juge se fonde sur les pièces du dossier (■ CE, 30 avr. 1997, n° 154083, *Abbadie : JurisData* n° 1997-050564).

3) Impartialité. Est annulé l'arrêté préfectoral pris après enquête dont le commissaire enquêteur était un ancien ingénieur des travaux ruraux qui venait de partir à la retraite (■ TA Nice, 10 mai 1989, n° 4748911, *M. Bricaud*). Est contraire aux garanties d'objectivité qu'il doit présenter en raison de la nature de ses fonctions la désignation d'un commissaire enquêteur propriétaire de terres situées à l'intérieur du périmètre de remembrement (■ CE, 21 juill. 1995, n° 131653, *Vaudrin : JurisData* n° 1995-048164. – ■ TA Châlons-en-Champagne, 26 mars 1996, n° 941007, *Decorne : JurisData* n° 1996-044010). La désignation, comme commissaire enquêteur, pour les enquêtes parcellaires d'un géomètre-expert, membre d'une société civile professionnelle qui venait de réaliser pour le compte de l'expropriant, dans le même département, des plans parcellaires se rapportant à l'opération déclarée d'utilité publique, contrevient à l'exigence d'impartialité du commissaire enquêteur et entache d'irrégularité les enquêtes parcellaires (■ CE, 8 juill. 1996, n° 120175, *Assoc. TGV Amiens-Picardie-Normandie : JurisData* n° 1996-050940). Le secrétaire de mairie n'étant pas une personne indépendante de la collectivité locale, il ne peut être désigné pour exercer la fonction de commissaire enquêteur (■ TA Lyon, 4 juill. 1996, n° 90002198, *Roche : JurisData* n° 1996-055329). Analogie : le juge annule également un arrêté d'autorisation d'un centre d'élimination de déchets industriels dès lors que le président de la commission d'enquête n'a pas présenté les garanties d'impartialité et d'objectivité exigées par ses fonctions. En l'espèce, l'existence de liens politiques entre le président de la commission d'enquête et le maire de la commune concernée, et la publication par ce dernier d'un communiqué favorable au projet, sont autant d'éléments de nature à créer un doute sérieux quant à l'impartialité du président de la commission dans l'exercice de ses fonctions (■ CAA Nancy, 1er mars 2004, n° 99NC00932, *Sté Cedilor*).

La désignation par le maire d'un secrétaire de mairie comme commissaire enquêteur, dans le cadre d'une procédure de déclassement d'une voie communale selon les dispositions de l'article R. 141-4 du Code de la voirie routière, entache la procédure d'irrégularité, ce qui annule l'opération (■ CAA Nancy, 3 oct. 2002, n° 98NC01103, *Robert Leblanc : JCP* A 2002, n° 9, p. 298).

Le commissaire enquêteur qui se contente d'affirmer que les conséquences sur l'économie locale des projets ne constituent pas un péril pour l'environnement sans autres précisions ni examen de l'état des lieux n'a pas suffisamment motivé son rapport et se borne à réitérer une position de principe sur la pertinence du recours aux éoliennes sans analyser le contexte local. Une telle attitude est incompatible avec l'obligation d'impartialité inhérente à la mission du commissaire enquêteur (■ CAA Marseille, 28 juin 2006, n° 05MA01042, *SIIF Énergies France*).

Ne respecte pas les garanties d'impartialité, pour l'enquête relative à la détermination des terrains soumis à l'action de l'association communale de chasse agréée, le commissaire enquêteur membre du conseil d'administration d'une société de chasse privée ayant formé une demande d'opposition à l'inclusion de parcelles dans le territoire de l'ACCA en cause et qui a manifesté un manque de recul dans la rédaction de son enquête en faisant notamment preuve d'animosité envers un opposant au projet (■ CAA Nancy, 18 déc. 2008, n° 07NC01240, *Min. Écologie, Développement et Aménagement durable c/ M. Paul René et a.*).

A contrario, la cour a relevé que les conclusions du commissaire enquêteur ne répondaient pas de façon suffisamment détaillée au courrier dont l'avait saisi l'association pour la protection de l'environnement et la sauvegarde du patrimoine de Ménéac, qu'il prenait en compte les engagements de l'exploitant sans même les analyser et qu'il avait fait état dans ses conclusions que les Ménéacois « de souche » étaient favorables au projet alors que les opposants provenaient de l'extérieur, et qu'il était « appréciable de constater qu'une catégorie des habitants est pour le maintien de l'activité de la carrière sur la commune » ; en se fondant sur ces éléments, aussi regrettable et maladroit que soit l'emploi de certains termes, pour retenir un parti pris du commissaire enquêteur constitutif d'un manquement à l'obligation d'impartialité qui s'imposait à lui, alors même qu'il était tenu de faire état de ses conclusions motivées, la cour a dénaturé les pièces du dossier qui lui étaient soumises (■ CE, 11 mai 2016, n° 387908, *Les Carrières de Saint-Lubin : AJDA* 2016, 2079).

4) Impartialité (suite). Dans une procédure d'expropriation, la circonstance que le commissaire enquêteur ait été l'époux de la fondatrice d'une association qui occupait en partie, épisodiquement, le rez-de-chaussée de l'immeuble objet de l'expropriation, n'est pas, à elle seule, de nature à faire regarder celui-ci comme ayant un intérêt à la réalisation de l'opération et l'avis qu'il a pu émettre, au terme de l'enquête publique préalable, n'est pas vicié de ce fait (■ CAA Bordeaux, 4 juill. 1995, n° 93BX00841, *Salva-Couderc : Juris-Data* n° 1995-046384).

En revanche, la circonstance qu'un membre de la commission d'enquête, dont la mission est notamment de rencontrer les personnes intéressées par le projet, se serait exprimé avant la conclusion de l'enquête ne suffit pas, à elle seule, à établir que la procédure n'a pas respecté le principe d'impartialité qui s'impose (■ CE, 16 nov. 1998, n° 183544, *Assoc. Sauvegarde Layon-Hyrone : Lettre JCl. Environnement* 1999, n° 1, p. 7). De même, la circonstance que certains membres de la commission d'enquête ont été défavorables au projet d'autoroute est sans influence sur la légalité du décret attaqué (même arrêt).

La circonstance que le président de la commission d'enquête aurait rempli en 1995 et 1996 des fonctions d'expertise auprès de l'Agence nationale pour la gestion des déchets radioactifs ne saurait à elle seule le faire regarder comme intéressé à l'opération de modification d'une centrale nucléaire (■ CE, 28 juill. 2004, n° 254944, *CRILAN : Rec. CE* 2004, tables, p. 710 ; *RFDA* 2004, p. 1040).

Il n'est pas établi que le commissaire enquêteur, ingénieur des travaux publics de l'État à la retraite n'appartenant pas à l'administration expropriante, aurait été intéressé à l'opération à titre personnel ou en raison des fonctions qu'il exerçait antérieurement à sa mise à la retraite (■ CE, 27 juill. 2005, n° 267195, *Mme Noëlle X et a. : Rev. jur. env.* 2007, p. 245).

La circonstance que le président de la commission d'enquête avait, plus de dix ans auparavant, été salarié de la société qui s'apprête à vendre les terrains d'assiette pour recevoir le centre de valorisation énergétique et qui sera utilisatrice de l'énergie produite par l'incinérateur ne met pas en cause l'impartialité de la commission d'enquête ayant émis un avis favorable sur le projet (■ TA Amiens, 21 févr. 2006, n° 0202603, *Assoc. « Alerte aux déchets » : Environnement* 2006, n° 5, comm. 59).

De même, pour un commissaire enquêteur affecté huit ans auparavant à la direction départementale de l'équipement qui n'a pas exercé au sein de cette direction des fonctions qui l'auraient conduit à prendre parti sur le projet de réalisation de travaux litigieux (■ CE, 7 juill. 2006, n° 259252, *Assoc. de sauvegarde de la région Langeais : Rev. jur. env.* 2007, p. 245) ou, dans une enquête concernant une installation nucléaire, pour un président de commission ayant rempli huit ans auparavant des fonctions d'expertise auprès de l'Agence nationale pour la gestion des déchets radioactifs (■ CE, 4 août 2006, n° 254945, *Assoc. Le réseau sortir du nucléaire et a.*).

La circonstance que le commissaire enquêteur ait manifesté son adhésion à l'égard de trois modifications demandées dont deux étaient acceptées par la commune, ne saurait être regardée comme de nature à porter atteinte à l'objectivité de son rapport (■ CAA Nantes, 10 oct. 2006, n° 05NT01868, *Cne de Mazé*).

Le commissaire enquêteur dont le rapport répond de façon complète et circonstanciée aux observations présentées, bien que comportant des propos regrettables à l'égard d'une association, ne peut être regardé comme ayant manqué à son obligation d'impartialité (■ CAA Nantes, 14 nov. 2006, n° 05NT01773, *Cne de La Guérinière : Rev. jur. env.* 2008, p. 109).

Aucune disposition législative ou réglementaire, ni le principe général d'impartialité, n'interdit à un commissaire enquêteur, qui a déjà donné son avis sur un premier projet de carte communale, d'assurer une nouvelle mission à l'occasion d'un autre projet de carte communale concernant la même commune (■ CAA Bordeaux, 30 sept. 2008, n° 07BX00132, *Assoc. de sauvegarde de l'église de Castels et du château de Fages*).

Mais l'enquête préalable à la déclaration d'utilité publique litigieuse du projet de boulevard urbain Est – section la Soie s'est déroulée sous la direction de M. A. B., ingénieur civil des ponts et chaussées, désigné en qualité de commissaire enquêteur par le président du tribunal administratif de Lyon ; la cour administrative d'appel de Lyon a relevé que M. B. avait exercé les fonctions de directeur régional Rhône-Alpes du bureau d'études Ingerop jusqu'en avril 2008 et qu'il avait été associé, dans ce cadre, à la préparation du projet du « Grand Stade » à Décines-Charpieu ; pour rejeter l'appel dont elle était saisie contre le jugement ayant prononcé l'annulation de la déclaration d'utilité publique du projet de boulevard urbain Est – section la Soie, la cour administrative d'appel s'est fondée sur les motifs que M. B. devait être regardé comme intéressé au projet du Grand Stade, alors même qu'il n'aurait pas été amené à travailler, personnellement, sur la question de sa desserte et que le projet de boulevard urbain Est devait être regardé comme présentant un « intérêt déterminant » pour le projet de stade alors même qu'il lui est antérieur de nombreuses années ; la cour en a déduit que M. B. devait être regardé comme intéressé à l'opération de réalisation de la section la Soie du boulevard urbain Est en raison de « la nature et de l'intensité du lien existant » entre les deux projets. Toutefois il ressort des pièces du dossier soumis aux juges du fond que le projet d'aménagement du boulevard urbain Est, qui porte sur un tronçon de deux kilomètres, situé à plusieurs kilomètres du projet de stade devant être implanté à l'opposé de la commune de Décines-Charpieu, ne conduit pas au stade et n'en assure pas la desserte ; ce projet de boulevard urbain, qui a été conçu de nombreuses années avant que ne soit envisagée l'implantation d'un stade dans cette partie de l'agglomération lyonnaise, constitue un ouvrage distinct du projet de stade, qui répond à une finalité propre tenant à l'amélioration des conditions de circulation dans l'Est de l'agglomération en aménageant un axe Nord-Sud supplémentaire entre le boulevard périphérique et la rocade Est et ne conditionne pas la réalisation de l'équipement sportif ; en jugeant, dans ces conditions, que le projet de boulevard urbain présentait un intérêt déterminant pour le projet de stade et qu'ainsi M. B. devait être regardé comme intéressé au projet de boulevard du seul fait qu'il avait participé à la préparation de ce projet de stade, la cour administrative d'appel s'est livrée à une inexacte qualification des faits de l'espèce (■ CE, 30 juin 2016, n° 391274, *Métropole de Lyon : Urbanisme-aménagement* sept. 2016, complément n° 28, p. 24, note Jégouzo).

Le fait qu'un des membres de la commission d'enquête était ingénieur au sein du bureau d'études ayant conduit des études hydrologiques destinées à fournir des informations aux auteurs de l'étude d'impact, sans avoir directement participé à la rédaction de celle-ci, n'est pas de nature à caractériser un défaut d'impartialité de la commission d'enquête publique (■ CAA Bordeaux, 17 oct. 2019, n° 17BX02922, *Min. de la Transition écologique et solidaire*). La circonstance que le commissaire enquêteur désigné par le président du tribunal administratif pour la révision du PLU de Savigneux figure au nombre des premiers signataires d'un « manifeste pour la sauvegarde des terres agricoles » publié à l'occasion d'une campagne de sensibilisation et de la conférence des Nations unies sur le changement climatique dite « COP 21 » ne permet pas de considérer qu'il était intéressé au projet de révision du PLU ou qu'il ne présentait pas les garanties d'impartialité requises par ses fonctions (■ CAA Lyon, 9 avr. 2019, n°s 18LY02739 et 18LY02739, *SELARL Axone*). La circonstance que cinq membres de la commission d'enquête aient été des retraités de la fonction publique n'est pas par elle-même de nature à caractériser une méconnaissance de ces dispositions. S'il est soutenu que deux des membres de la commission étaient des personnes intéressées au projet en raison de fonctions exercées depuis moins de cinq ans à la date de leur désignation, ce moyen manque en fait s'agissant de M. A..., ingénieur des travaux publics de l'État, qui était à la retraite depuis plus de cinq ans à la date de sa désignation ; pour M. C..., il n'est en tout état de cause pas assorti de précisions suffisantes sur les liens qui pourraient exister entre ses dernières fonctions et le projet en cause (■ CE, 5 mars 2021, n° 424323, *Cne de Bonrepos Riquet et a.*).

5) Enquête spécifique au classement de site. Les propriétaires de sites faisant l'objet d'un classement doivent, aux termes de l'article L. 341-3 du Code de l'environnement, être « invités à présenter leurs observations selon une procédure fixée par décret en Conseil d'État » ; le décret du 13 juin 1969 pris en application de ces dispositions précise qu'une enquête est organisée par un arrêté du préfet qui désigne le chef de service chargé de conduire la procédure. L'attribution d'une telle compétence au responsable d'un service administratif ne saurait être considérée en elle-même comme contraire au principe d'impartialité (■ CE, 13 juill. 2007, n° 290963, *M. Culom et a. : Environnement* 2007, n° 10, comm. 175 ; *AJDA* 2007, p. 1882 ; *Rev. jur. env.* 2008, p. 110).

6) **Responsabilité de l'État.** Si la commune ne démontre pas que le président du tribunal administratif de Lyon, lors de la désignation du commissaire enquêteur pour l'enquête litigieuse, aurait pu être informé ou avoir des éléments lui permettant de douter des compétences du commissaire enquêteur désigné pour mener l'enquête, la responsabilité de l'État ne peut être engagée sur ce fondement (■ CAA Lyon, 31 mai 2011, n° 09LY02412, *Min. Écologie c/ Cne de Péron*).

Art. L. 123-6 *(Mod. à compter d'une date fixée par décret et au plus tard le 1er janvier 2017, Ord. n° 2016-1060, 3 août 2016* (1) *; mod., L. n° 2023-175, 10 mars 2023).* **– I. – Lorsque la réalisation d'un projet, plan ou programme est soumise à l'organisation de plusieurs consultations du public dont l'une au moins en application de l'article L. 123-2, il peut être procédé à une enquête publique unique régie par la présente section dès lors que les autorités compétentes pour prendre la décision désignent d'un commun accord celle qui sera chargée d'ouvrir et d'organiser cette enquête. À défaut de cet accord, et sur la demande du maître d'ouvrage ou de la personne publique responsable, le représentant de l'État, dès lors qu'il est compétent pour prendre l'une des décisions d'autorisation ou d'approbation envisagées, peut ouvrir et organiser l'enquête unique.**

Dans les mêmes conditions, il peut également être procédé à une enquête unique lorsque les consultations du public de plusieurs projets, plans ou programmes peuvent être organisées simultanément et que l'organisation d'une telle enquête contribue à améliorer l'information et la participation du public.

La durée de l'enquête publique ne peut être inférieure à la durée minimale de la plus longue prévue par l'une des législations concernées.

Le dossier soumis à enquête publique unique comporte les pièces ou éléments exigés au titre de chacune des consultations du public initialement requises et une note de présentation non technique du ou des projets, plans ou programmes. ;

Cette enquête unique fait l'objet d'un rapport unique du commissaire enquêteur ou de la commission d'enquête ainsi que de conclusions motivées au titre de chacune des consultations du public initialement requises.

II. – En cas de contestation d'une décision prise au terme d'une enquête publique organisée dans les conditions du présent article, la régularité du dossier est appréciée au regard des règles spécifiques applicables à la décision contestée.

Procédure issue de la réforme de la loi Grenelle II. Cet article est une nouveauté introduite par la loi Grenelle II, qui prévoit la possibilité de regrouper des enquêtes nécessitées par un même projet, plan ou programme, afin de procéder à une enquête unique, qui donnera lieu à un rapport unique, avec toutefois des conclusions distinctes au titre de chaque enquête. Il s'agit donc d'une simplification se substituant à la possibilité de mener des enquêtes conjointes prévue à l'article R. 123-4 ancien, plus lourde en termes d'organisation matérielle. Cette nouvelle procédure a été précisée par les dispositions du décret n° 2011-2018 du 29 décembre 2011, codifiées à l'article R. 123-7 du présent code. Cet article évoque expressément le cas de la pluralité des maîtres d'ouvrage. La mise en œuvre de cette procédure demeure une simple possibilité, conditionnée par l'accord commun des autorités compétentes, mais qui devrait être *a priori* privilégiée.

Art. L. 123-7 *(Mod., Ord. n° 2016-1060, 3 août 2016 ; L. n° 2023-973, 23 oct. 2023)* (2). **– Lorsqu'un projet de travaux, d'ouvrages ou d'aménagements est susceptible d'avoir des incidences notables sur l'environnement d'un autre État, membre de la Communauté européenne ou partie à la convention du 25 février 1991 sur l'évaluation de l'impact sur l'environnement dans un contexte transfrontière signée à Espoo, les renseignements permettant l'information et la participation du public sont transmis aux autorités de cet État, à la demande de celles-ci ou à l'initiative des autorités françaises. Les autorités de l'État intéressé sont invitées à participer à l'enquête publique prévue à l'article L. 123-1, à la procédure de participation du public par voie électronique prévue à l'article L. 123-19 ou à la consultation du public prévue à l'article L. 181-10-1.**

(1) Dispositions uniquement applicables aux décisions pour lesquelles une participation du public a été engagée postérieurement au 1er janvier 2017, Ord. n° 2016-1060, 3 août 2016, art. 8, II.

(2) Dispositions applicables aux demandes d'autorisation environnementale déposées à compter d'une date fixée par décret, et au plus tard le 23 octobre 2024, L. n° 2023-973, 23 oct. 2023.

Cet article vise à parfaire la transposition de la Convention d'Espoo du 25 février 1991. La réciproque était déjà prévue par les anciens articles R. 123-2 et R. 123-24 à R. 123-33.

Bibliographie : V. Richard, *Learning by doing – Les procédures de non-respect de la Convention d'Espoo et de son protocole de Kiev : Rev. jur. env.* 2011, n° 3, p. 327.

Art. L. 123-8. – Lorsqu'un projet de travaux, d'ouvrages ou d'aménagements susceptible d'avoir en France des incidences notables sur l'environnement est transmis pour avis aux autorités françaises par un État, le public est consulté par une enquête publique réalisée conformément au présent chapitre. L'enquête publique est ouverte et organisée par arrêté du préfet du département concerné. Après la clôture de l'enquête, le préfet transmet son avis aux autorités de l'État sur le territoire duquel est situé le projet. Cet avis est accompagné du rapport et de l'avis du commissaire enquêteur ou de la commission d'enquête. La décision prise par l'autorité compétente de l'État sur le territoire duquel le projet est situé est mise à disposition du public à la préfecture du ou des départements dans lesquels l'enquête a été organisée.

Art. L. 123-9 ***(Rempl. à compter d'une date fixée par décret et au plus tard le 1er janvier 2017, Ord. n° 2016-1060, 3 août 2016)*** (1). **– La durée de l'enquête publique est fixée par l'autorité compétente chargée de l'ouvrir et de l'organiser. Elle ne peut être inférieure à trente jours pour les projets, plans et programmes faisant l'objet d'une évaluation environnementale.**

La durée de l'enquête peut être réduite à quinze jours pour un projet, plan ou programme ne faisant pas l'objet d'une évaluation environnementale.

Par décision motivée, le commissaire enquêteur ou le président de la commission d'enquête peut prolonger l'enquête pour une durée maximale de quinze jours, notamment lorsqu'il décide d'organiser une réunion d'information et d'échange avec le public durant cette période de prolongation de l'enquête. Cette décision est portée à la connaissance du public, au plus tard à la date prévue initialement pour la fin de l'enquête, dans les conditions prévues au I de l'article L. 123-10.

1) Extension du délai de prolongation de l'enquête. La loi Grenelle II a étendu de quinze à trente jours le délai de prolongation par le commissaire enquêteur ou le président de la commission d'enquête, prévu par l'ancien article L. 123-7. Cette extension a pour objectif de renforcer l'information du public, notamment par l'intermédiaire d'une réunion d'information et d'échange. La durée maximale de l'enquête publique demeure cependant de deux mois afin d'éviter un délai d'instruction trop long, sauf en cas de suspension de l'enquête ou d'enquête complémentaire (V. art. R. 123-6, p. 1561).

2) Durée inférieure à un mois. Le fait d'organiser une enquête publique du 20 septembre 2005 au 18 octobre 2005, soit pour une durée de moins d'un mois, est constitutif d'une méconnaissance des dispositions du Code de l'environnement, même si cette circonstance n'a pas, en l'espèce, pour effet de vicier la procédure dès lors qu'il n'est pas établi que des personnes intéressées aient été empêchées de présenter leurs observations sur le projet concerné (■ CAA Nancy, 26 nov. 2009, n° 08NC01363, *M. Laurent*, inédit au Lebon).

3) Période de l'enquête. Régularité. L'enquête publique qui s'est déroulée sur une période de 50 jours du 4 avril au 23 mai 2018 et qui a été accompagnée de plusieurs mesures destinées à favoriser l'information et la participation du public, notamment par la mise à disposition du dossier au siège de la communauté de communes de l'île de Noirmoutier et dans 30 communes de la Vendée et de la Loire-Atlantique, par la mise en place de 27 permanences dans 18 lieux différents en sus de la possibilité de consulter le dossier par la voie numérique, ne peut être regardée comme irrégulière au regard des dispositions de l'article L. 123-9 du Code de l'environnement (■ CAA Nantes, 24 janv. 2020, n° 19NT00916). Le fait que l'enquête publique préalable à l'adoption d'un décret portant création d'un parc naturel marin en Martinique se soit déroulée pendant les préparatifs du carnaval annuel et dans une période précédant les élections professionnelles des comités de pêche n'est pas de nature à entacher cette enquête publique d'irrégularité (■ CE, 15 mai 2019, n° 412087, *Cne du Marin*). Il ressort des pièces du dossier que l'enquête publique s'est déroulée du 14 avril au 23 mai 2014 soit durant quarante jours calendaires consécutifs, et que le dossier a été consulté par 264 personnes dont 66 ont formulé des observations. Ainsi, cette période a été suffisante pour que le public prenne suffisamment connaissance du projet soumis à enquête publique, alors même que la période de l'enquête

(1) Dispositions uniquement applicables aux décisions pour lesquelles une participation du public a été engagée postérieurement au 1er janvier 2017, Ord. n° 2016-1060, 3 août 2016, art. 8, II.

ne compte que 22 jours ouvrés au regard des jours fériés et des ponts des 1er et 8 mai, et que les documents soumis à enquête publique n'étaient pas accessibles sur le site de la commune (■ CAA Marseille, 16 juin 2020, n° 18MA04064, *Assoc. Coordination pour la sécurité et l'environnement et a.*). En admettant même qu'il ait été impossible d'accéder aux documents de l'enquête et au registre des observations en format papier en raison de la fermeture du service d'urbanisme de la commune deux samedis et un mardi durant l'enquête publique, cette circonstance n'a pas eu pour effet de nuire à l'information du public dès lors que l'enquête s'est poursuivie dix jours supplémentaires après la dernière de ces fermetures, que le dossier d'enquête pouvait également être consulté sur le site internet de la commune et que les observations du public pouvaient être adressées par courrier au commissaire enquêteur (■ CAA Versailles, 23 janv. 2020, n° 18VE02886, *Assoc. « Bien vivre à Triel »*). Le fait que l'enquête publique se soit déroulée pour partie pendant les vacances scolaires (du 28 juin au 29 juillet) n'est pas, en lui-même, de nature à entacher d'irrégularité la procédure (■ CE, 17 avr. 2023, n° 464389, *Soc. Hublot Défense*).

4) Période de l'enquête. Irrégularité. Le défaut d'ouverture des locaux de la mairie pendant plus de dix jours, au cours de la période de l'enquête publique, nonobstant, au cours de celle-ci, la tenue par le commissaire enquêteur d'une demi-journée de permanence, n'a pu permettre au public d'avoir accès effectivement à l'entièreté du dossier de PLU. Ainsi, cette irrégularité n'a pu permettre une bonne information de l'ensemble des personnes intéressées par l'opération et a été de nature à exercer une influence sur les résultats de l'enquête. Dès lors, une telle irrégularité est de nature à vicier la procédure d'élaboration du PLU et donc à entraîner l'illégalité de la délibération en cause (■ CAA Marseille, 9 juill. 2019, n° 18MA03726).

Art. L. 123-10 *(Mod., Ord. n° 2016-1058, 3 août 2016* (1) *; rempl. à compter d'une date fixée par décret et au plus tard le 1er janvier 2017, Ord. n° 2016-1060, 3 août 2016* (2) *; à compter du 1er mars 2017, Ord. n° 2017-80, 26 janv. 2017)* (3). **– I. – Quinze jours au moins avant l'ouverture de l'enquête et durant celle-ci, l'autorité compétente pour ouvrir et organiser l'enquête informe le public. L'information du public est assurée par voie dématérialisée et par voie d'affichage sur le ou les lieux concernés par l'enquête, ainsi que, selon l'importance et la nature du projet, plan ou programme, par voie de publication locale.**

Cet avis précise :

– l'objet de l'enquête ;

– la ou les décisions pouvant être adoptées au terme de l'enquête et des autorités compétentes pour statuer ;

– le nom et les qualités du commissaire enquêteur ou des membres de la commission d'enquête ;

– la date d'ouverture de l'enquête, sa durée et ses modalités ;

– l'adresse du ou des sites internet sur lequel le dossier d'enquête peut être consulté ;

– le (ou les) lieu(x) ainsi que les horaires où le dossier de l'enquête peut être consulté sur support papier et le registre d'enquête accessible au public ;

– le ou les points et les horaires d'accès où le dossier de l'enquête publique peut être consulté sur un poste informatique ;

– la ou les adresses auxquelles le public peut transmettre ses observations et propositions pendant le délai de l'enquête. S'il existe un registre dématérialisé, cet avis précise l'adresse du site internet à laquelle il est accessible.

L'avis indique en outre l'existence d'un rapport sur les incidences environnementales, d'une étude d'impact ou, à défaut, d'un dossier comprenant les informations environnementales se rapportant à l'objet de l'enquête, et l'adresse du site internet ainsi que du ou des lieux où ces documents peuvent être consultés s'ils diffèrent de l'adresse et des lieux où le dossier peut être consulté. Il fait état, lorsqu'ils ont été émis, de l'existence de l'avis de l'autorité environnementale mentionné au V de l'article L. 122-1 et à l'article L. 122-7 du présent code ou à l'article L. 104-6 du Code de l'urbanisme, et des avis des collectivités territoriales et de leurs groupements mentionnés au V de l'article L. 122-1 du présent code, ainsi que du lieu ou des lieux où ils peuvent être consultés et de l'adresse des sites internet où ils peuvent être consultés si elle diffère de celle mentionnée ci-dessus.

II. – La personne responsable du projet assume les frais afférents à ces différentes mesures de publicité de l'enquête publique. ;

(1) Dispositions d'application : V. Ord. n° 2016-1058, 3 août 2016, art. 6.

(2) Dispositions uniquement applicables aux décisions pour lesquelles une participation du public a été engagée postérieurement au 1er janvier 2017, Ord. n° 2016-1060, 3 août 2016, art. 8, II.

(3) Dispositions d'application particulières et transitoires : V. Ord. n° 2017-80, 26 janv. 2017, art. 15. – NDLR.

1) Information du public par voie électronique. Le mode d'information par voie électronique constitue, en l'espèce, la principale innovation de la loi Grenelle II. Il doit d'abord faire l'objet d'une expérimentation encadrée par décret, avant d'être étendu, le cas échéant, à l'ensemble des projets, plans et programmes.

Voir : Décret n° 2011-2021 du 29 décembre 2011 déterminant la liste des projets, plans et programmes devant faire l'objet d'une communication au public par voie électronique (*JO* 30 déc. 2011).

2) Dématérialisation de l'enquête publique et information suffisante du public (oui). Dans une affaire où les requérants contestaient la régularité de l'enquête relative à la révision du Schéma Directeur de la Région Île-de-France (en arguant notamment du caractère insuffisante du nombre et des horaires d'ouverture des lieux de consultation du dossier), le juge a considéré que, dès lors que le dossier qui avait été mis en ligne sur un site internet dédié et sur lequel le public avait eu la possibilité de présenter ses observations, il avait été « *permis à l'ensemble des personnes et des groupements intéressés de prendre connaissance du projet, d'en mesure les impacts et d'émettre leurs observations* » (▪ CE, 23 oct. 2015, n° 375814).

3) Contenu de l'avis d'information au public. Outre l'aspect précité, l'essentiel des autres dispositions était déjà prévu par l'ancien article L. 123-7 ; seule a été ajoutée la mention des décisions et des autorités compétentes, de l'existence d'une étude environnementale et de l'avis de l'autorité environnementale. Le contenu du dossier d'enquête publique a également fait l'objet de précisions à l'article R. 123-11 du présent code, tel que modifié par le décret n° 2011-2018 du 29 décembre 2011 portant réforme de l'enquête publique environnementale.

Voir : Sur le contenu de l'arrêté d'ouverture d'enquête : comm. et jurisp. sous art. R. 123-9 à R. 123-11, p. 1565.

4) Le registre de l'enquête publique. Si l'affichage de l'avis de l'enquête public doit se faire dans l'ensemble des communes concernées par les risques et inconvénients dont l'installation classée peut être la source, aucune disposition législative ou réglementaire n'impose qu'un registre d'enquête soit tenu à la disposition du public dans chacune de ces communes (▪ TA Poitiers, 15 juin 2000, n° 98638, *Assoc. Des amis d'Aussac-Vadalle-Nanclars et M. Mike Fergusson c/ Préfet de la Charente en présence de la Sté de calcaires et diorites du Moulin du Roc*).

5) Affichage. Le juge administratif vérifie si l'information du public a été assurée au cours des différentes phases de la procédure qui ont conduit à la délivrance de l'autorisation (▪ TA Limoges, 20 mai 1999, n° 95198, *Sources et rivières du Limousin c/ Préfet de la Haute-Vienne et M. et Mme Vialle*). Ainsi, si l'affichage sur le site a été défaillant, mais que la participation du public a été massive, aucun vice de forme substantiel de nature à entacher d'irrégularité l'ensemble de la procédure n'a été retenu (▪ CE, 18 déc. 1996, n° 156270, *SA Omya*). Dans le même sens, V. ▪ CAA Nancy, 14 mai 1998, *Assoc. Groupe écologique du Sanon : AFDUH* 1999, 165 ; *RD imm.* 1998, n° 611, chron. Jégouzo et Jamay. ▪ TA Nice, 7 mai 2002, n° 01-2475, *Goudard : Rev. jur. env.* 1/2003, 121, note Hostiou. ▪ CAA Douai, 24 mai 2017, n° 06DA01405, *Mme Bluy et a. : Rev. jur. env.* 3/2008, pan. p. 359, comm. R. Schneider).

6) Publication dans un journal. Constitue une information suffisante de l'ensemble des personnes intéressées par l'opération le fait d'avoir procédé à une publication de l'avis d'ouverture dans deux journaux locaux, réitérée dans les huit jours précédant l'enquête et l'affichage de l'avis sur plusieurs panneaux installés dans la commune à sept emplacements différents au surplus d'une diffusion sur le site internet de la commune de l'avis de mise à l'enquête (▪ CAA Bordeaux, 18 juin 2020, n° 19BX02762).

7) Prorogation. Hésitations et variations de l'administrations sur une prorogation d'enquête publique : annulation, car les conditions de déroulement de l'enquête étaient de nature à priver le public des garanties prévues par les dispositions des articles L. 123-9 du Code de l'environnement et R. 11-14-12 et R. 11-14-13 du Code de l'expropriation pour cause d'utilité publique (▪ CAA Nantes, 13 oct. 2009, n° 08NT02826, *Assoc. Chapelaine des amis du Gesvres : AJDA* 2010, 616, note Hélin ; *Rev. jur. env.* 2010, 277, concl. Degommier).

8) Régime de la déclaration d'utilité publique. En matière de déclaration d'utilité publique, la régularité des mesures de publicité des enquêtes publiques doit être observée au regard des dispositions du Code de l'expropriation pour cause d'utilité publique seules applicables en la matière. Après avoir constaté que des avis informant de la tenue des enquêtes conjointes, d'utilité publique et parcellaire avaient été publiés dans deux journaux régionaux et relevé qu'un tel avis avait été affiché sur le panneau d'affichage communal, le tribunal a pu considérer que la publicité des enquêtes publiques avait été régulière (▪ CAA Marseille, 14 janv. 2020, n° 19MA00806).

Art. L. 123-11 *(Mod. à compter d'une date fixée par décret et au plus tard le 1er janvier 2017, Ord. n° 2016-1060, 3 août 2016)* (1). – **Nonobstant les dispositions du titre Ier du livre III du Code des relations entre le public et l'administration, le dossier d'enquête publique est communicable à toute personne sur sa demande et à ses frais, avant l'ouverture de l'enquête publique ou pendant celle-ci.**

Communication du dossier d'enquête publique. La loi Grenelle II a apporté dans le nouvel article L. 123-11 deux modifications majeures par rapport aux anciennes dispositions de l'article L. 123-8. Tout d'abord, on assiste à la fin du privilège des associations agréées qui étaient les seules, jusqu'alors, à pouvoir obtenir la copie du dossier d'enquête publique. Ensuite, une possibilité est désormais prévue pour obtenir la communication du dossier avant l'enquête publique ; l'article R. 123-9 du présent code précise que cette communication est possible à compter de la date de la publication de l'arrêté ouvrant et organisant l'enquête publique.

Voir : Sur les documents communicables, art. L. 124-1 et s., p. 153 ; sur la communication des observations du public, art. R. 123-13, p. 1574.

Art. L. 123-12 *Rempl. à compter d'une date fixée par décret et au plus tard le 1er janvier 2017, Ord. n° 2016-1060, 3 août 2016)* (1). – **Le dossier d'enquête publique est mis en ligne pendant toute la durée de l'enquête. Il reste consultable, pendant cette même durée, sur support papier en un ou plusieurs lieux déterminés dès l'ouverture de l'enquête publique. Un accès gratuit au dossier est également garanti par un ou plusieurs postes informatiques dans un lieu ouvert au public.**

Si le projet, plan ou programme a fait l'objet d'une procédure de débat public organisée dans les conditions définies aux articles L. 121-8 à L. 121-15, ou d'une concertation préalable organisée dans les conditions définies aux articles L. 121-16 et L. 121-16-1, ou de toute autre procédure prévue par les textes en vigueur permettant au public de participer effectivement au processus de décision, le dossier comporte le bilan de cette procédure ainsi que la synthèse des observations et propositions formulées par le public. Lorsqu'aucune concertation préalable n'a eu lieu, le dossier le mentionne. ;

1) Bilan de la participation préalable du public. En l'espèce la loi Grenelle II a, pour l'essentiel, consacré au niveau législatif le contenu du dossier de l'enquête publique prévu par l'ancien article R. 123-6 du présent code, auquel se sont ajoutées les précisions apportées par le nouvel article R. 123-8. La véritable nouveauté réside dans le second alinéa de cet article : le fait que le dossier d'enquête comporte le bilan du débat public ou le bilan d'une concertation préalable permettra une meilleure information du public et du commissaire enquêteur, mais également, et surtout, une meilleure coordination entre les différentes phases de participation du public.

2) Application dans le temps. Les dispositions de l'ordonnance du 3 août 2016, dont est issu l'article L. 123-12 du Code de l'environnement dans sa nouvelle version, ne sont applicables qu'aux décisions pour lesquelles une participation du public a été engagée postérieurement au 1er janvier 2017, date fixée par combinaison entre le II de l'article 8 de l'ordonnance et l'article 19 du décret du 25 avril 2017 (▪ CE, 15 mai 2019, n° 412087, *Cne du Marin*).

Voir : Sur le contenu du dossier d'enquête publique : comm. et jurisprudence sous art. R. 123-8, p. 1561 ; sur la procédure de concertation préalable : comm. sous art. L. 121-16, p. 85.

Art. L. 123-13 *(Mod. à compter d'une date fixée par décret et au plus tard le 1er janvier 2017, Ord. n° 2016-1060, 3 août 2016* (1) *; mod., L. n° 2018-148, 2 mars 2018).* – **I. – Le commissaire enquêteur ou la commission d'enquête conduit l'enquête de manière à permettre au public de disposer d'une information complète sur le projet, plan ou programme, et de participer effectivement au processus de décision. Il ou elle permet au public de faire parvenir ses observations et propositions pendant la durée de l'enquête par courrier électronique de façon systématique ainsi que par toute autre modalité précisée dans l'arrêté d'ouverture de l'enquête. Les observations et propositions transmises par voie électronique sont accessibles sur un site internet désigné par voie réglementaire.**

II. – Pendant l'enquête, le commissaire enquêteur ou le président de la commission d'enquête reçoit le maître d'ouvrage de l'opération soumise à l'enquête publique à la demande de ce dernier. Il peut en outre :

– recevoir toute information et, s'il estime que des documents sont utiles à la bonne information du public, demander au maître d'ouvrage de communiquer ces documents au public ;

(1) Dispositions uniquement applicables aux décisions pour lesquelles une participation du public a été engagée postérieurement au 1er janvier 2017, Ord. n° 2016-1060, 3 août 2016, art. 8, II.

– visiter les lieux concernés, à l'exception des lieux d'habitation, après en avoir informé au préalable les propriétaires et les occupants ;

– entendre toutes les personnes concernées par le projet, plan ou programme qui en font la demande et convoquer toutes les personnes dont il juge l'audition utile ;

– organiser, sous sa présidence, toute réunion d'information et d'échange avec le public en présence du maître d'ouvrage.

À la demande du commissaire enquêteur ou du président de la commission d'enquête et lorsque les spécificités de l'enquête l'exigent, le président du tribunal administratif ou le conseiller qu'il délègue peut désigner un expert chargé d'assister le commissaire enquêteur ou la commission d'enquête. Le coût de cette expertise complémentaire est à la charge du responsable du projet.

1) Participation du public par voie électronique. Hormis le fait que la participation du public peut désormais s'effectuer par voie électronique, ce qui constitue une avancée notable, les pouvoirs du commissaire enquêteur, déjà envisagés aux anciens articles R. 123-18 à R. 123-21, sont portés au niveau législatif et réaffirmés par la loi Grenelle II, sans autre véritable changement déterminant. La jurisprudence rendue sous l'empire de l'ancienne numérotation demeure donc applicable. Le décret n° 2011-2018 du 29 décembre 2011 a néanmoins apporté de nombreuses précisions codifiées aux articles R. 123-14 à R. 123-19 du présent code.

2) Conduite de l'enquête. Si l'article L. 123-9 impose au commissaire enquêteur de conduire l'enquête de manière à assurer l'information complète du public, auquel il peut communiquer les documents complémentaires qu'il juge utiles, ces dispositions lui laissent la possibilité, s'il l'estime nécessaire, de compléter le dossier d'enquête publique sans lui imposer de rendre public l'ensemble des documents (■ CE, 13 mai 1994, n° 143149, *Mme Blamandon : Rev. jur. env.* 1/1995, p. 158). Par ailleurs, aucune disposition législative n'oblige le commissaire enquêteur à mentionner, dans son rapport, les dispositions qu'il a prises pour son information personnelle (même arrêt). La seule obligation du commissaire enquêteur, qui dispose de toute latitude pour organiser sa mission d'information du public, est de se tenir à la disposition du public pour l'informer, répondre à ses questions, recevoir ses observations (■ CE, 7 déc. 1990, n° 110508, *Cne d'Ampus*).

Aucun texte ne fait obligation au commissaire enquêteur de recueillir les observations de la délégation régionale à l'architecture et à l'environnement (■ CE, 21 oct. 1994, n° 054719, *Féd. Rhône-Alpes Protection de la nature*) sauf hypothèse d'une réserve naturelle.

3) Impartialité dans le traitement de l'enquête. Le simple fait que le commissaire enquêteur ait écarté les observations de quelques 300 lettres-pétitions en raison de leur dépôt à l'accueil de la préfecture, et ait retenu les observations envoyées par courriel à la mairie d'Épuisay, deux modalités non prévues par l'arrêté d'ouverture de l'enquête publique, n'est pas de nature, par lui-même, à établir qu'il aurait conduit l'enquête avec partialité (■ CAA Versailles, 26 avr. 2023, n° 21VE00514, *Assoc. « Horizons Vendômois » et a.*).

4) Visite des lieux. Le commissaire enquêteur peut librement procéder à la visite de tous les lieux publics libres d'accès sans qu'aucune information préalable du propriétaire ne soit nécessaire (■ CE, 13 mai 1994, *Mme Blamandon*, préc.).

5) Réunions publiques. L'absence de représentant de l'État à certaines des réunions publiques organisées dans le cadre de l'enquête publique n'est pas susceptible d'entacher la régularité de l'enquête, dès lors qu'il n'est pas soutenu que le maître d'ouvrage n'aurait pas participé à ces réunions (■ CE, 28 mars 2011, n°s 330256, 330734, 334473 et 334550, *Collectif contre les nuisances du TGV de Chasseneuil du Poitou et de Migné-Auxances et a.*).

6) Communication des documents. Dans le cadre de l'enquête publique préalable à l'approbation d'un plan d'exposition au bruit, l'administration ne peut légalement se soustraire à la demande, présentée par le commissaire enquêteur, de se faire communiquer un document au motif que celui-ci aurait été réalisé antérieurement à la demande de révision du plan d'exposition au bruit et qu'il serait sans incidence sur l'enquête (■ CE, 8 juill. 1998, n° 151587, *Min. Équipement, Transports et Logement c/ Mme Jangey*). Aucune disposition législative ou réglementaire n'impose que la demande du commissaire enquête auprès de l'administration de communication d'éléments d'informations soit formulée par écrit et que cet écrit soit versé au dossier d'enquête publique (■ CAA Lyon, 10 avr. 2018, n°s 17LY02683, 17LY02684 et 17LY02792). Les éléments d'information demandés par le commissaire enquêteur doivent être regardés comme utiles à la bonne information du public ; dans ces conditions, c'est à tort que l'administration a refusé l'adjonction au dossier d'enquête publique lesdits éléments d'information (même arrêt).

7) **Modifications du contenu des dossiers en cours d'enquête.** Les modifications réglementaires des exigences de l'étude d'impact doivent être intégrées même dans les dossiers en cours d'instruction. La cour administrative d'appel de Douai a confirmé l'annulation d'un arrêté préfectoral portant déclaration d'utilité publique d'un projet d'aménagement concerté en raison de l'absence, dans l'étude d'impact jointe, de l'analyse des méthodes utilisées pour évaluer les effets du projet sur l'environnement qui résultait d'un décret du 25 février 1993, modifiant l'article 2-5° du décret n° 1141 du 12 octobre 1977, entré en vigueur en cours d'instruction du projet, mais avant le lancement de la procédure d'enquête publique (■ CAA Douai, 21 déc. 2000, n° 97DA01126, *Syndicat du parc technologique d'Alata : JurisData* n° 2000-147220).

8) **Rapport de l'expert.** Aucune disposition législative ou réglementaire ne prévoit d'assurer la publicité du rapport de l'expert désigné en vertu de l'article L. 123-5 du Code de l'environnement, la circonstance que le rapport de cet expert ait été remis tardivement au commissaire enquêteur et n'ait pas été soumis à l'enquête publique n'est pas de nature à entacher d'irrégularité la procédure suivie (■ CAA Nancy, 19 nov. 2007, n° 07NC00106, *Sté d'exploitation des sources Roxane*). Ces dispositions ne nécessitent aucun décret d'application et sont applicables, mêmes si elles n'ont pas été complétées par des dispositions réglementaires (■ CE, 12 janv. 2004, n° 233032, *Ullmann*).

9) **Permanences.** Si, en application du I de l'article L. 123-13 du Code de l'environnement dans sa version en vigueur à la date de l'arrêté, « le commissaire enquêteur ou la commission d'enquête conduit l'enquête de manière à permettre au public de disposer d'une information complète sur le projet, plan ou programme, et de participer effectivement au processus de décision », ces dispositions n'imposent pas que soit prévue une permanence dans chacune des communes situées à proximité du projet litigieux ni que plusieurs permanences soient tenues au siège des communes les plus concernées par ce projet (■ CE, 8 avr. 2019, n° 411862, *M. A.*).

Art. L. 123-14 ***(Mod., Ord. n° 2016-1058, 3 août 2016*** (1) ***; mod. à compter d'une date fixée par décret et au plus tard le 1er janvier 2017, Ord. n° 2016-1060, 3 août 2016*** (2) (3) ***; mod., L. n° 2018-727, 10 août 2018).*** **– I. – Pendant l'enquête publique, si la personne responsable du projet, plan ou programme visé au I de l'article L. 123-2 estime nécessaire d'apporter à celui-ci, à l'étude d'impact ou au rapport sur les incidences environnementales afférent, des modifications substantielles, l'autorité compétente pour ouvrir et organiser l'enquête peut, après avoir entendu le commissaire enquêteur ou le président de la commission d'enquête, suspendre l'enquête pendant une durée maximale de six mois. Cette possibilité de suspension ne peut être utilisée qu'une seule fois.**

Pendant ce délai, le nouveau projet, plan ou programme, accompagné de l'étude d'impact ou du rapport sur les incidences environnementales intégrant ces modifications, est transmis pour avis à l'autorité environnementale, prévue, selon les cas, aux articles L. 122-1 et L. 122-7 du présent code et à l'article L. 104-6 du Code de l'urbanisme ainsi que, le cas échéant, aux collectivités territoriales et à leurs groupements consultés en application du V de l'article L. 122-1. À l'issue de ce délai et après que le public a été informé des modifications apportées dans les conditions définies à l'article L. 123-10 du présent code, l'enquête est prolongée d'une durée d'au moins trente jours.

II. – Au vu des conclusions du commissaire enquêteur ou de la commission d'enquête, la personne responsable du projet, plan ou programme visé au I de l'article L. 123-2 peut, si elle estime souhaitable d'apporter à celui-ci des changements qui en modifient l'économie générale, demander à l'autorité organisatrice d'ouvrir une enquête complémentaire portant sur les avantages et inconvénients de ces modifications pour le projet et pour l'environnement. Dans le cas des projets d'infrastructures linéaires, l'enquête complémentaire peut n'être organisée que sur les territoires concernés par la modification.

Dans le cas d'enquête complémentaire, le point de départ du délai pour prendre la décision après clôture de l'enquête est reporté à la date de clôture de la seconde enquête.

Avant l'ouverture de l'enquête publique complémentaire, le nouveau projet, plan ou programme, accompagné de l'étude d'impact ou du rapport sur les incidences environnementales intégrant ces modifications, est transmis

(1) Dispositions d'application : V. Ord. n° 2016-1058, 3 août 2016, art. 6.

(2) Les modifications issues du *b* et du *c* du 15° de l'article 3 de l'ordonnance n° 2016-1060 du 3 août 2016 sont identiques à celles issues du 21° de l'article 1er de l'ordonnance n° 2016-1058 du 3 août 2016.

(3) Dispositions uniquement applicables aux décisions pour lesquelles une participation du public a été engagée postérieurement au 1er janvier 2017, Ord. n° 2016-1060, 3 août 2016, art. 8, II.

pour avis à l'autorité environnementale conformément, selon les cas, aux articles L. 122-1 et L. 122-7 du présent code et à l'article L. 104-6 du Code de l'urbanisme et aux collectivités territoriales et à leurs groupements consultés en application du V de l'article L. 122-1.

1) Conditions à la modification des projets à l'issue de l'enquête publique. Il résulte des dispositions de l'article L. 123-14 du Code de l'environnement qu'il est possible de modifier les caractéristiques du projet à l'issue de l'enquête publique, sous réserve, d'une part, que ne soit pas remise en cause l'économie générale du projet et, d'autre part, que cette modification procède de l'enquête. Doivent être regardées comme procédant de l'enquête les modifications destinées à tenir compte des réserves et recommandations de la commission d'enquête, des observations du public et des avis émis par les collectivités et instances consultées et joints au dossier de l'enquête (▪ CAA Marseille, 31 déc. 2024, n° 23MA01423, *Comité de défense de Badones-Montimas*).

2) Tolérance traditionnelle des modifications mineures. Sont tolérées les modifications « mineures » d'un dossier soumis à enquête publique (▪ CE, 21 janv. 1977, *Peron Magnan : Rec. CE* 1977, p. 30) ou qui ne sont pas la conséquence directe des travaux concernés (▪ CE, 12 janv. 1972, *Michel Geerssen et David Geerssen : Rec. CE* 1972, p. 50). Est également toléré un changement dans le projet dès lors qu'il « *ne saurait être regardé comme modifiant la nature de l'opération* » (▪ CE, 12 mai 1965, *Cleigne : RDP* 1966, p. 348) ou une réduction du projet qui n'a pas eu « *pour résultat de dénaturer l'ensemble de l'opération projetée* » (▪ CE, ass., 17 mars 1972, *Min. Santé publique c/ Levesque : Rec. CE* 1972, p. 230).

3) Modifications affectant l'économie générale du projet imposant une nouvelle enquête publique (▪ CE, 25 juin 1981, *Cne de Saint-Rémi-de-Maurienne : Dr. adm.* 1981, n° 242 ; *CJEG* 1981, jurispr. p. 131). Doit être rejeté le recours dirigé contre une DUP dès lors que, « *si le décret attaqué a apporté certaines modifications au projet soumis à enquête, celles-ci n'entraînaient pas de changement substantiel dans l'économie générale du projet et répondaient d'ailleurs au souhait exprimé à l'enquête par les communes intéressées et adoptées par la commission d'enquête ainsi qu'à l'avis exprimé par le ministre de l'Agriculture ; que dans ces conditions une nouvelle enquête n'avait pas à être ordonnée* » (▪ CE, sect., 17 juin 1983, n°s 31209 et 31545, *Cne de Montfort, M. Félicien Bonnet et a. : AJDA* 1983, p. 436 et s.). La diminution du montant du tarif d'achat d'électricité de l'offre présentée par la société maître d'ouvrage des éoliennes, demandeur de l'autorisation, n'emporte aucune incidence sur la demande d'autorisation sollicitée au titre de l'article L. 214-3 du Code de l'environnement et n'est pas susceptible d'être qualifiée comme un changement modifiant l'économie générale du projet devant entraîner une enquête publique complémentaire (▪ CAA Nantes, 24 janv. 2020, n° 19NT00915, *Assoc. « Non aux Éoliennes entre Noirmoutier et Yeu » et a.*).

4) Modifications substantielles mais ne constituant pas nécessairement une remise en cause de l'économie générale du projet. Ainsi, les modifications qui procèdent d'une enquête publique préalable à des travaux susceptibles d'affecter l'environnement et ont pour objet d'en réduire les effets sur ce dernier, ne peuvent, pour substantielles qu'elles soient, être regardées comme constituant une remise en cause de l'économie générale du projet de concession impliquant l'ouverture d'une enquête complémentaire (▪ CE, 5 déc. 2016, n° 394593, *Assoc. Sauvegarde du Trégor et a. : Rec. CE* 2016 ; *AJDA* 2016, p. 2355 ; *JCP* A 2016, act. 963). Les modifications d'un projet effectuées pour prendre en compte les observations parvenues au cours de l'enquête publique et ayant pour objet de réduire les effets du projet sur l'environnement, notamment en diminuant le périmètre annuel d'exploitation et le volume annuel d'extraction, ne peuvent être regardées comme constituant une remise en cause de l'économie générale des projets, quand bien même elles seraient substantielles (▪ CE, 25 févr. 2019, n° 410170, *Les Sablières de l'Atlantique*).

5) Il n'y a pas lieu de procéder à une nouvelle concertation avant l'enquête publique complémentaire (▪ CAA Marseille, 20 juill. 2017, n° 16MA01136, *Cne Saint-Tropez : JCP* A 2017, act. 447, obs. C. Bernard-Chatelot).

6) Hypothèse incertaine au moment de l'enquête publique. Si l'hypothèse de la fermeture temporaire d'une route nationale afin de faciliter les travaux de la gare de La Défense était évoquée de manière succincte dans le dossier d'enquête publique, cette hypothèse faisait encore, à la date de l'enquête publique et pendant toute la durée de son déroulement, l'objet de discussions entre les acteurs concernés et d'une étude de faisabilité et d'impact et n'avait pas été validée par les autorités compétentes ni ne revêtait le moindre degré de certitude. L'étude d'impact n'avait donc pas à contenir une analyse plus approfondie de cette hypothèse, ni l'enquête publique à être suspendue (▪ CE, 17 avr. 2023, n° 464389, *Soc. Hublot Défense*).

7) Règles applicables à la régularisation du vice tenant à l'absence d'autonomie de l'autorité environnementale. Dans le cas où l'avis de l'autorité environnementale aurait été rendu par le préfet de région également compétent pour délivrer l'autorisation administrative, sous l'empire des dispositions du décret du 28 avril 2016, annulées par la décision du Conseil d'État n° 400559 du 6 décembre 2017, le nouvel avis pris par la mission régionale de l'autorité environnementale du Conseil général de l'environnement et du développement durable à titre de régularisation sera porté à l'information du public dans les conditions suivantes. Si l'avis de l'autorité environnementale pris par la MRAE diffère substantiellement de celui qui a été porté à la connaissance du public à l'occasion de l'enquête publique dont les permis de construire ont fait l'objet, une enquête publique complémentaire devra être organisée à titre de régularisation, selon les modalités prévues par les articles L. 123-14 et R. 123-3 du Code de l'environnement, dans le cadre de laquelle seront soumis au public l'avis recueilli à titre de régularisation ainsi que tout autre élément de nature à régulariser d'éventuels vices révélés par le nouvel avis, notamment une insuffisance de l'étude d'impact. Si aucune modification substantielle n'est apportée par rapport à l'avis initial, l'information du public sur le nouvel avis ainsi recueilli prendra la forme d'une simple publication sur internet, dans les conditions prévues à l'article R. 122-7 du Code de l'environnement (■ CE, 27 mai 2019, n°s 420554 et 420119, *Assoc. Éoliennes s'en naît trop*). Dans l'hypothèse où le juge, saisi d'un moyen en ce sens, constate qu'il a été procédé à une simple publication sur internet du nouvel avis de l'autorité environnementale alors qu'il apportait des modifications substantielles à l'avis initial, il lui revient, avant de statuer sur la décision attaquée, de rechercher si ce nouveau vice peut être régularisé et de prévoir, le cas échéant, qu'une enquête publique complémentaire soit organisée (■ CE, 27 sept. 2018, n° 420119, *Assoc. Danger de tempête sur le patrimoine rural et a.*).

8) Durée entre l'enquête publique et l'adoption d'une décision. La seule circonstance qu'un délai de neuf ans se soit écoulé entre l'enquête publique et l'intervention des décrets attaqués n'entache pas, par elle-même, d'irrégularité ces décrets, dès lors qu'aucun changement dans les circonstances de fait ou de droit ne rendait nécessaire une nouvelle enquête publique (■ CE, 25 févr. 2019, n° 410170, *Les Sablières de l'Atlantique*).

Voir sur le sujet : R. Hostiou, *Enquêtes publiques*, Fasc. 2550, n° 188 et s., *JCl. Environnement et Développement Durable*, 2023.

Voir : Sur un complément de jurisprudence concernant la modification de l'étude d'impact après l'enquête publique : jurispr. sous art. R. 122-5, p. 1508.

Art. L. 123-15 *(Mod. à compter d'une date fixée par décret et au plus tard le 1er janvier 2017, Ord. n° 2016-1060, 3 août 2016)* (1) *; mod., L. n° 2023-175, 10 mars 2023).* – **Le commissaire enquêteur ou la commission d'enquête rend son rapport et ses conclusions motivées dans un délai de trente jours à compter de la fin de l'enquête. Si ce délai ne peut être respecté, un délai supplémentaire peut être accordé à la demande du commissaire enquêteur ou de la commission d'enquête par l'autorité compétente pour organiser l'enquête, après avis du responsable du projet.**

Pour les projets d'installations de production d'énergies renouvelables, au sens de l'article L. 211-2 du Code de l'énergie, et dans la stricte limite des zones d'accélération pour l'implantation d'installations terrestres de production d'énergies renouvelables prévues à l'article L. 141-5-3 du même code, le commissaire enquêteur ou la commission d'enquête rend son rapport et ses conclusions motivées dans un délai de quinze jours à compter de la fin de l'enquête. Si ce délai ne peut être respecté, le délai supplémentaire prévu au premier alinéa du présent article ne peut excéder quinze jours.

Le rapport doit faire état des observations et propositions qui ont été produites pendant la durée de l'enquête ainsi que des réponses éventuelles du maître d'ouvrage.

Le rapport et les conclusions motivées sont rendus publics par voie dématérialisée sur le site internet de l'enquête publique et sur le lieu où ils peuvent être consultés sur support papier.

Si, à l'expiration des délais prévus aux premier et deuxième alinéas, le commissaire enquêteur ou la commission d'enquête n'a pas remis son rapport et ses conclusions motivées, ni justifié d'un motif pour le dépassement du délai, l'autorité compétente pour organiser l'enquête peut, avec l'accord du maître d'ouvrage et après une mise en demeure du commissaire enquêteur ou de la commission d'enquête restée infructueuse, demander au président du tribunal administratif ou au conseiller qu'il délègue de dessaisir le commissaire enquêteur ou la commission

(1) Dispositions uniquement applicables aux décisions pour lesquelles une participation du public a été engagée postérieurement au 1er janvier 2017, Ord. n° 2016-1060, 3 août 2016, art. 8, II.

d'enquête et de lui substituer un nouveau commissaire enquêteur ou une nouvelle commission d'enquête ; celui-ci doit, à partir des résultats de l'enquête, remettre le rapport et les conclusions motivées dans un maximum de trente jours à partir de sa nomination.

Le nouveau commissaire enquêteur ou la nouvelle commission d'enquête peut faire usage des prérogatives prévues par l'article L. 123-13.

L'autorité compétente pour prendre la décision peut organiser, en présence du maître d'ouvrage, une réunion publique afin de répondre aux éventuelles réserves, recommandations ou conclusions défavorables du commissaire enquêteur ou de la commission d'enquête. Elle est organisée dans un délai de deux mois après la clôture de l'enquête. Le commissaire enquêteur ou la commission d'enquête sont informés de la tenue d'une telle réunion.

1) **Carences du commissaire enquêteur.** L'innovation apportée par la loi Grenelle II réside principalement dans la possibilité de nommer un nouveau commissaire enquêteur en cas de carences constatées du titulaire. La procédure prévue est cependant relativement lourde à mettre en œuvre, et ne devrait donc s'appliquer que très ponctuellement. Par ailleurs, la jurisprudence rendue sous l'empire de l'ancienne numérotation demeure applicable.

2) **Obligation de faire état des opinions.** La commission n'a pas à faire état des pétitions ou d'opinions, dont d'ailleurs certains de ses membres avaient effectivement eu connaissance, qui ne lui étaient pas destinées et qui ne lui avaient pas été adressées (▪ CE, 3 déc. 1990, n° 111677, *Ville d'Amiens et a.*).

3) **Obligation de faire état des contre-propositions.** Il doit ressortir des énonciations du rapport de la commission d'enquête qu'il a été satisfait à l'exigence de faire état des contre-propositions qui auraient été produites durant l'enquête ainsi que des réponses éventuelles du maître de l'ouvrage (▪ CE, 26 mai 1995, n°s 144478 et 149950, *Comité anti-pollution, Vivre en Maurienne* et *Fédération Rhône-Alpes de la protection de la nature*). Le fait que le commissaire enquêteur ne fasse pas porter sur le registre d'enquête les contre-propositions formulées par une association constitue une irrégularité présentant un caractère substantiel et justifie l'annulation de l'arrêté préfectoral autorisant le projet soumis à enquête (▪ TA Fort-de-France, 28 sept. 2006, n° 06101, *Assaupamar*).

4) **Reproduction *in extenso* du mémoire en réponse du pétitionnaire. Illégalité.** Le commissaire enquêteur qui se borne à reproduire intégralement la réponse du pétitionnaire aux observations du public a méconnu les dispositions applicables (▪ TA Nancy, 27 juill. 2010, n° 0902297, *Cne de Cosnes-et-Romain et a.*).

5) **Motivation suffisante de l'avis (non).** Le rapport du commissaire enquêteur qui s'est borné à indiquer, dans ses conclusions, après avoir rappelé d'une manière générale les difficultés actuelles du traitement des résidus urbains et évoqué les techniques envisageables, que « le problème des déchets est d'une importance nationale et la modeste usine de Thonon, qui se substitue au système déplorable actuel, apporterait une amélioration incontestable. Dans l'avenir, les solutions que pourront proposer les pouvoirs publics devront, bien entendu, être appliquées » ne présente pas une motivation suffisante au titre de l'article L. 123-10 du Code de l'environnement (▪ CE, 10 nov. 1990, n°s 94523 et 94919, *Min. Délégué chargé de l'environnement* et *Synd. d'épuration de Thonon-les-Bains et d'Évian-les-Bains c/ Assoc. Les Amis de Port-Ripaille*. V. pour un autre exemple de motivation insuffisante, ▪ TA Nancy, 27 juill. 2010, n° 0902297, *Cne de Cosnes-et-Romain et a.*).

6) **Motivation suffisante de l'avis (oui).** Le commissaire enquêteur, dont l'avis est exposé sur huit pages, ayant relevé que les éléments du dossier sont de bonne qualité, compréhensibles et accessibles par le public, a établi la liste de l'ensemble des observations présentées au cours de l'enquête et les a analysées. Il a apprécié les avantages et inconvénients du projet et a indiqué son avis personnel sur le projet ainsi que les raisons qui ont déterminées le sens de cet avis tout en émettant des recommandations concernant les engagements pris par le maire sur les observations émises par les services de l'État et les autres personnes publiques associées En se prononçant ainsi, le commissaire enquêteur a satisfait aux exigences posées par l'article L. 123-15 du Code de l'environnement (▪ CAA Bordeaux, 18 juin 2020, n° 19BX02762). Le commissaire enquêteur, qui n'a pas assimilé la concertation et l'enquête publique, qui a présenté les différentes observations émises lors de l'enquête publique, qu'il a regroupées de manière thématique, ainsi que les réponses de la préfète de l'Essonne, qui a ensuite donné son avis détaillé sur les observations concernant, notamment, la période choisie pour l'enquête publique, l'installation des deux sites industriels concernés en zone inondable et les possibilités de délocalisation des sociétés à l'origine du risque doit être regardé comme ayant suffisamment motivé l'avis

qu'il a émis sur le projet (■ CAA Versailles, 21 avr. 2023, n° 21VE00261, *Cne de Grigny*).

7) Obligation de donner un avis personnel. Il résulte des dispositions combinées de l'article L. 123-10 du Code de l'environnement et de l'article 7 du décret du 21 septembre 1977 que le commissaire enquêteur doit indiquer au moins sommairement, en donnant son avis personnel, les raisons qui déterminent le sens de ses conclusions au regard des objectifs de protection de l'environnement poursuivis par la réglementation applicable. En se bornant à rappeler la nature du projet, le commissaire enquêteur ne peut être regardé comme ayant donné son avis personnel quant aux raisons qui motivent ses conclusions favorables au projet (■ CAA Lyon, 25 mars 2008, n° 06LY01688, *Sté Papeterie Voiron*). Les dispositions de l'article L. 123-10 du Code de l'environnement n'imposent pas au maître d'ouvrage, qui a pourtant examiné les contre-propositions et a communiqué sa réponse au préfet en même temps qu'il lui demandait de déclarer d'utilité publique le projet, de faire connaître au commissaire enquêteur son avis sur les contre-propositions émises lors de l'enquête publique (■ CAA Nancy, 4e ch., 10 janv. 2011, n° 09NC01900, *M. Henri F. et a.*).

8) Publication du rapport et suites. Si les dispositions de l'article L. 123-15 font obligation de tenir à la disposition du public le rapport et les conclusions du commissaire enquêteur, elles n'imposent pas au conseil municipal de recueillir les observations du public sur ces documents avant d'approuver le plan local d'urbanisme. Dans ces conditions, une délibération procédant à cette approbation ne peut être regardée comme illégale du seul fait qu'elle est intervenue dès la réception par le maire du rapport et des conclusions du commissaire enquêteur et avant que ces documents ne soient mis à la disposition du public (■ CE, 7 juill. 2022, n° 451137, *M. et Mme B.*).

Art. L. 123-16 *(Mod. à compter d'une date fixée par décret et au plus tard le 1er janvier 2017, Ord. n° 2016-1060, 3 août 2016* (1)*; mod., L. n° 2018-148, 2 mars 2018 ; L. n° 2023-973, 23 oct. 2023)* (2). **– Le juge administratif des référés, saisi d'une demande de suspension d'une décision prise après des conclusions défavorables du commissaire enquêteur ou de la commission d'enquête, fait droit à cette demande si elle comporte un moyen propre à créer, en l'état de l'instruction, un doute sérieux quant à la légalité de celle-ci** (3).

Tout projet d'une collectivité territoriale ou d'un établissement public de coopération intercommunale ayant donné lieu à des conclusions défavorables du commissaire enquêteur ou de la commission d'enquête doit faire l'objet d'une délibération motivée réitérant la demande d'autorisation ou de déclaration d'utilité publique de l'organe délibérant de la collectivité ou de l'établissement de coopération concerné.

Voir : observations sous CJA, art. L. 554-12.

Bibliographie : H. Delesalle, *Code de l'environnement, le L. 123-16 n'est pas (que) l'ancien article L. 123-12 : AJDA* 2016, p. 2236.

1) Principe. Pour prononcer le sursis, le juge vérifie que l'avis du commissaire enquêteur est bien défavorable et que la requête contient au moins un moyen sérieux (■ CE, 6 déc. 1996, n° 169213, *Cne de Saint-Guinoux c/ Amicale des Riverains de la carrière de Saint-Guinoux*. ■ CE, 21 déc. 1994, n° 159960, *Cne de Lancieux*. ■ CE, 1er mars 1991, n° 116340, *Assoc. des amoureux du littoral et des sites Trebeurdinais et a.* ■ CE, 30 avr. 1990, nos 99865 et 99918, *Assoc. Lindenkuppel, M. Meier et Mme Brunner*. ■ CE, 14 juin 1991, n° 118315, *Cne d'Arcangues*). En cas d'avis défavorable du commissaire enquêteur mais en l'absence de moyen sérieux, le sursis à exécution est rejeté (■ CE, 22 nov. 1996, n° 178423, *Assoc. Sauvegarde de la région de Langeais et a.* ■ CE, 19 nov. 1993, n° 140144, *Assoc. Sauvegarde de Combloux station-village et M. et Mme Muffat*). Dès lors que l'avis ne peut pas être considéré comme défavorable, le juge administratif vérifie que l'exécution

(1) Dispositions uniquement applicables aux décisions pour lesquelles une participation du public a été engagée postérieurement au 1er janvier 2017, Ord. n° 2016-1060, 3 août 2016, art. 8, II.

(2) Dispositions applicables aux demandes d'autorisation environnementale déposées à compter d'une date fixée par décret, et au plus tard le 23 octobre 2024, L. n° 2023-973, 23 oct. 2023.

(3) Le Conseil d'État a néanmoins jugé que « ces dispositions législatives ne font pas obstacle à ce que le juge des référés, saisi d'une demande tendant à la suspension de l'exécution d'une décision prise après avis défavorable du commissaire-enquêteur ou de la commission d'enquête, écarte, à titre exceptionnel, cette demande, même si l'un des moyens invoqués paraît propre à créer, en l'état de l'instruction, un doute sérieux quant à la légalité de la décision contestée, lorsque la suspension de l'exécution de cette décision porterait à l'intérêt général une atteinte d'une particulière gravité », ■ CE, 16 avr. 2012, n° 355792, *Cne de Conflans-Sainte-Honorine* : *JurisData* n° 2012-007809. – NDLR.

de l'acte attaqué risque d'entraîner des conséquences difficilement réparables (■ CE, 24 juin 1994, n° 142493, *M. et Mme Boussaguet*).

2) Exception tirée d'un motif d'intérêt général. Les dispositions de l'article L. 123-16, autrefois codifiées à l'article L. 123-12, ne font pas obstacle à ce que le juge des référés, saisi d'une demande tendant à la suspension de l'exécution d'une décision prise après avis défavorable du commissaire enquêteur ou de la commission d'enquête, écarte, à titre exceptionnel, cette demande, même si l'un des moyens invoqués paraît propre à créer, en l'état de l'instruction, un doute sérieux quant à la légalité de la décision contestée, lorsque la suspension de l'exécution de cette décision porterait à l'intérêt général une atteinte d'une particulière gravité (■ CE, 16 avr. 2012, n° 355792, *Cne de Conflans-Sainte-Honorine et a. : AJDA* mai 2012, n° 17, p. 943, note X. Domino et A. Bretonneau ; *RGD* mai 2012, n° 1, note P. Cossalter ; *Dr. adm.* 2012, n° 6, p. 31, note F. Melleray ; *Gaz. Pal.* juin 2012, n°s 155-157, p. 19, B. Seiller ; *RD imm. 2012*, n° 7, p. 415, P. Soler-Couteaux ; *RFDA* 2012, n° 4, p. 719, D. Botteghi ; *Gaz. Pal.* sept. 2012, n°s 256-257, p. 19, R. Hostiou ; *Environnement* 2012, n° 10, p. 37, P. Billet ; *RJEP* 2012, n° 701, p. 15, E. Charrier). Pour une application récente de cette jurisprudence, V. ■ TA Strasbourg, ord., 25 sept. 2018, n° 1805542, *Alsace nature*.

3) Notion d'avis défavorable. Un avis favorable précisant que le commissaire enquêteur souhaite que ses observations soient prises en compte ou étudiées doit être considéré comme un simple souhait ne modifiant pas le sens de l'avis émis (■ CE, 19 juin 1991, n° 107457, *Cne de Puy-Saint-Vincent c/ M. Roux*). Les recommandations accompagnant un avis favorable sont considérées comme des vœux qui ne sauraient être assimilés ni à des réserves, ni à des conditions auxquelles aurait été subordonné le caractère favorable de l'avis émis (■ CE, 1er févr. 1995, n° 140298, *M. Claude Bannet et a.*). Sont considérées comme de simples vœux à l'intention du maître de l'ouvrage les observations de la commission d'enquête n'ayant pas une incidence directe sur le projet soumis à l'enquête lui-même (■ CE, 20 mai 1994, n° 138969, *Comité intercommunal de défense du site du Pont-du-Gard et a.*). Est considéré comme favorable un avis assorti de réserves ou de demandes dès lors que celles-ci ont bien été prises en compte par les prescriptions de l'arrêté attaqué (■ CAA Marseille, 21 janv. 1999, n° 96MA12190, *Cne de Saint-Sauveur-de-Cruzière, Assoc. des Riverains et usagers du chemin communal n° 1, M. Flavien et Mme Pecquet*). Le non-respect des réserves formalisées par des prescriptions est sans incidence sur la légalité de l'arrêté lui-même (même arrêt). En revanche, est considéré comme un avis défavorable l'avis favorable assorti de conditions dès lors que celles-ci n'ont pas été levées par l'arrêté attaqué (■ CAA Bordeaux, 4 févr. 1999, n° 96BX02110, *Préfet du Tarn*). Le juge du fond a pu sans dénaturation considérer l'avis du commissaire enquêteur qui était assorti de deux réserves non levées par la décision attaquée comme défavorable (■ CE, 19 mars 2008, n° 305593, *Assoc. pour la sauvegarde du Gers*). Pour une solution inverse, les vœux et réserves émis par le commissaire enquêteur ne remettent pas en cause le caractère favorable de son avis (■ CE, 27 juill. 2005, n° 273870, *Lafitte*). Il en est de même si les vœux et les réserves dont le rapport est assorti portent sur des questions étrangères à la législation sur l'eau et ne remettent donc pas en cause le caractère favorable de l'avis sur un projet d'ouvrage d'écoulement des eaux (■ CE, 27 juill. 2005, n° 273870, *min. Transports c/ M. Lafitte*). Si le commissaire enquêteur a exprimé la recommandation que le projet soit accompagné d'une mesure de bruits en limite de la propriété du requérant, il a ainsi exprimé des vœux qui ne sauraient être regardés comme des réserves ou des conditions auxquelles aurait été subordonné le caractère favorable de l'avis émis ; aucune disposition législative ou réglementaire ne fait obligation au préfet de se conformer aux simples suggestions ou recommandations émises par le commissaire enquêteur dans son rapport (■ CAA Nancy, 8 janv. 2007, n° 05NC00586, *M. Maurice X.*). Mais, compte tenu de l'importance soulignée par la commission d'enquête de la question de la protection du captage d'eau en projet, qui constitue un double enjeu d'hygiène publique et de protection de l'environnement, la recommandation relative aux aménagements nécessaires à la sécurité du captage doit être regardée comme une véritable réserve (■ TA Grenoble, 20 avr. 2007, n° 0701073, *FRAPNA : AJDA* 2007, p. 1473).

4) Notion de doute sérieux. Le juge des référés a commis une erreur de droit en estimant qu'était de nature à créer un doute sérieux sur la légalité d'un arrêté autorisant l'ouverture d'une installation classée le moyen tiré de l'absence de motivation de l'arrêté de prolongation d'examen de la demande (■ CE, 2 mai 2007, n° 295024, *Préfet Eure-et-Loir, Min. Écologie, Coopérative agricole Le Dunois : JCP* A 2007, n° 20, p. 9). Ne sont pas de nature à créer un doute sérieux quant à la légalité d'une délibération du conseil municipal les moyens tirés de la méconnaissance de l'article L. 300-2 du Code de l'urbanisme, au motif que la concertation préalable à l'approbation du plan local d'urbanisme aurait été insuffisante et que le conseil municipal n'aurait pas tiré le bilan de la méconnaissance des articles L. 123-10 et R. 123-19 du Code de l'urbanisme, au motif que le dossier soumis à l'enquête publique n'aurait pas compris les avis des personnes, de la contradiction entre les documents graphiques et le projet d'aménagement et de développement durable, de l'erreur manifeste d'appréciation entachant le plan local d'urbanisme en ce qu'il a classé les terrains lui appartenant en zone agricole et d'un détournement de pouvoir (■ CE, 13 juill. 2007, n° 298772, *Sté Carrières et matériaux : Dr. env.* 2007, n° 151, p. 223). En estimant que soulevait un doute sérieux le moyen tiré de ce que la demande d'autorisation n'aurait pas été accompagnée ou complétée dans les conditions prévues à l'article 2 du décret du 21 septembre 1977 par la justification du dépôt de la demande de permis de construire nécessaire du fait du changement de destination des immeubles existants sur le site, le juge des référés, qui n'a pas indiqué que la mise en exploitation d'un centre de stockage de déchets était subordonnée à l'obtention d'un permis de construire, n'a pas commis d'erreur de droit (■ CE, 21 nov. 2001, n°s 233329 et 233334, *Syndicat départemental d'ordures ménagères de l'Aude*).

5) Similitude avec le référé « étude d'impact ». L'article L. 123-12 a été codifié dans le Code de justice administrative sous l'article L. 554-12 – procédure de tri. Rien ne paraît faire obstacle à ce que le juge administratif transpose au référé « enquête publique » la solution retenue pour le référé « étude d'impact » prévu à l'article L. 554-11 si des conclusions à fin de suspension sont également présentées au titre de l'article L. 521-1 (■ CE, 14 mars 2001, n° 230134, *Cne de Goutrens : Rec. CE* 2001, concl. De Chauvaux ; *BJDU* 2/2001, p. 104).

6) Recevabilité de conclusions simultanées en référé-suspension de droit commun et spéciaux. Il est admis de mettre en œuvre dans une seule et même requête en référé suspension la procédure de droit commun (CJA, art. L. 521-1) et la procédure spéciale visée à l'article L. 123-16 (■ CE, 5 déc. 2014, n° 369522 : *Gaz. Pal.* avr. 2015, n°s 107-108, p. 18. ■ CE, 23 nov. 2021, n° 458008, *Cne de Grabels*).

7) Débat sur les conclusions défavorables du commissaire enquêteur. Les dispositions de l'article L. 123-12 (reprises à l'art. L. 123-16) n'imposent pas que l'examen des conclusions défavorables du commissaire enquêteur fasse l'objet d'une réunion distincte de celle au cours de laquelle l'organe délibérant approuve la modification d'un PLU ni d'une délibération matériellement distincte de la délibération approuvant le projet. Elles n'exigent pas non plus que l'organe délibérant débatte spécifiquement des conclusions du commissaire enquêteur, mais lui imposent seulement de délibérer sur le projet, y compris lorsqu'il relève de la compétence de l'exécutif de la collectivité, en ayant eu connaissance du sens et du contenu des conclusions du commissaire enquêteur (■ CE, 15 déc. 2015, n° 374027, *Cne de Saint-Cergues : RD imm.* 2016, n° 2, p. 106 ; *BJDU* mars 2016, n° 2, p. 108).

8) Invocabilité des dispositions de l'article L. 123-16. Il ressort des termes mêmes de l'article L. 123-16 du Code de l'environnement que ses dispositions ne s'appliquent qu'aux projets des collectivités territoriales et des établissements publics de coopération intercommunale soumis à un régime d'autorisation ou de déclaration d'utilité publique. Elles ne couvrent donc pas les documents de planification au nombre desquels figure le plan local d'urbanisme. Par suite, le moyen tiré de ce que la délibération contestée aurait été adoptée en méconnaissance des dispositions de l'article L. 123-16 du Code de l'environnement doit être écarté comme inopérant (■ CAA Nancy, 13 déc. 2018, n° 18NC00481).

Voir : Sur le référé « étude d'impact », comm. sous art. L. 122-2, p. 100.

Art. L. 123-17. – **Lorsque les projets qui ont fait l'objet d'une enquête publique n'ont pas été entrepris dans un délai de cinq ans à compter de la décision, une nouvelle enquête doit être conduite, à moins qu'une prorogation de cinq ans au plus ne soit décidée avant l'expiration de ce délai dans des conditions fixées par décret en Conseil d'État.**

1) Nouvelle numérotation. La loi Grenelle II a opéré une simple renumérotation, l'actuel article L. 123-17 reprenant l'intégralité des dispositions de l'ancien article L. 123-13. La jurisprudence rendue sous l'empire de l'ancienne numérotation demeure donc applicable. Par ailleurs, l'article R. 123-24 du présent code conditionne la prorogation à l'absence de modifications substantielles.

2) Prorogation après l'expiration du délai. Nouvelle décision (oui). L'acte par lequel l'autorité compétente reporte, après la date d'expiration initialement prévue, la date de cessation des effets de l'acte initial, doit être regardé non comme une décision de prorogation mais comme une nouvelle déclaration d'utilité publique (■ CE, 25 mai 1979, *Dame Bayret : Rec. CE* 1979, p. 239 ; *AJDA* 1979, p. 39). Cette nouvelle décision ne peut évidemment intervenir sans nouvelle enquête publique préalable qu'à la condition qu'il n'y ait eu aucun changement de circonstances de fait ou de droit depuis l'enquête initiale (■ CE, 17 avr. 1970, *Dame Fusy et a. : Rec. CE* 1970, p. 255. ■ CE, 15 oct. 1971, *Ferrasse : Rec. CE* 1971, p. 611. ■ CE, 3 nov. 1972, *Cts Marquer et Épx Lefevre : Rec. CE* 1972, tables, p. 1121. ■ TA Strasbourg, 6 juin 1975,

Épx Ott Hubert et a. c/ Préfet du Rhin : Rev. jur. env. 1/1976, p. 46).

3) Prorogation avant l'expiration du délai. Nouvelle décision (non). Nouveau délai de recours (non). L'acte par lequel l'autorité compétente décide la prorogation, avant la date d'expiration initialement prévue, de la date de cessation des effets de l'acte initial, doit être regardé comme une simple décision de prorogation qui n'ouvre pas, en principe, le délai de recours contentieux. Sauf si une modification substantielle du projet est intervenue depuis la décision initiale : il peut s'agir d'une augmentation du coût (■ CE, 12 mai 1989, *Épx Astier : Rec. CE* 1989, tables, p. 728) ou d'un changement dans les circonstances de droit (V. pour une modification du plan d'occupation des sols ne permettant plus la réalisation du projet déclaré d'utilité publique : ■ CE, 21 févr. 1992, n° 78320, *Bastard et a.*).

4) Prorogation avant l'expiration du délai. Nouvelle décision (non). Nouvelle enquête (non). Sous les mêmes réserves de changement dans les circonstances de droit et de fait, la décision de prorogation n'a pas à être précédée d'une nouvelle enquête. La modification du projet qui n'en augmente pas les nuisances (■ CE, avis, 9 févr. 1988, n° 343380 : *CJEG* 1991, p. 334. ■ CE, 27 mai 1991, *Ville de Genève et a. : Rec. CE* 1991, p. 205 ; *AJDA* 1991, p. 7333) ou le coût (■ CE, 26 juin 1976, *Cts Gaubert et Épx Margail : Rec. CE* 1976, p. 374) ou sa diminution dès lors qu'elle ne dénature pas l'opération (■ CE, 5 mai 1976, *Vve Adolphe et Cts Arcidiacono : Rec. CE* 1976, p. 241) n'a pas à être précédée d'une nouvelle enquête publique.

5) Changements de circonstances de fait et de droit à l'intérieur du délai de validité. Nécessité d'une nouvelle enquête (oui). Même à l'intérieur du délai de validité prévu, l'enquête publique peut être frappée de péremption. Ainsi, l'administration ne peut régulièrement se fonder sur les résultats d'une enquête publique que si, entre la date de clôture de cette enquête et la date de la décision prise sur le fondement de celle-ci, ne se sont pas produits de changements notables dans les circonstances de droit ou de fait, de nature à altérer la perception par le public du projet et à remettre en cause les conclusions du commissaire enquêteur ainsi que les enseignements que l'administration est fondée à en tirer (■ CE, 21 juin 1967, *Dame Pinel : Rec. CE* 1967, tables, p. 827. ■ CE, 4 mai 1979, *Dpt de la Savoie et a. : Rec. CE* 1979, p. 196 ; *CJEG* 1979, note P. Girod ; *AJDA* 1979, p. 38, note A. Bockel). Au contraire, l'enquête publique se trouve frappée de péremption et la décision administrative est considérée comme intervenue à la suite d'une procédure irrégulière dès lors qu'est intervenu un changement de circonstances (■ CE, 20 juin 1984, *Épx Demolon : RFDA* 1985, n° 2, p. 224, note Bernard Pacteau ; *Dr. adm.* 1984, n° 319 ; *Rec. CE* 1984, tables, p. 646). Il peut s'agir d'un changement de consistance du projet lui-même (■ CE, 2 mai 1958, *Synd. national des greffiers de l'État : Rec. CE* 1958, p. 252. – V. encore ■ CE, 27 mars 1981, *SGEN-CFDT : Rec. CE* 1981, p. 579) ou d'un changement dans les circonstances externes de l'acte (■ CE, 18 nov. 1955, *Petalas : Rec. CE* 1955, p. 548).

6) Obligation de conformité et cohérence entre le projet et la décision. Dans tous les cas, le juge sanctionne l'obligation de « conformité ou du moins de cohérence entre le dossier mis à l'enquête et l'objet de la déclaration d'utilité publique » (■ CE, ass., 22 avr. 1977, *Premoli : AJDA* 1977, p. 486, concl. M. Franc) et impose qu'il y ait continuité de texte et de contexte entre la date de la décision prise sur son fondement (■ CE, 19 mars 1948, *Valensi : Rec. CE* 1948, p. 136). Est ainsi sanctionnée la déclaration d'utilité publique fondée sur une enquête vieille de cinq ans et réalisée dans des circonstances économiques et financières différentes et d'ailleurs sous l'empire d'une législation également différente (■ CE, 23 janv. 1952, *Cosnard et Dame Legrand : Rec. CE* 1952, p. 48).

7) Décision de sursis à statuer. Régularisation d'une DUP. Limitation des moyens invocables. À compter de la décision par laquelle le juge administratif sursoit à statuer jusqu'à l'expiration du délai qu'il fixe pour régulariser un arrêté déclarant d'utilité publique et urgents des travaux et approuvant la mise en compatibilité de plans d'occupation des sols et de plans locaux d'urbanisme, seuls des moyens dirigés contre la mesure de régularisation notifiée, le cas échéant, au juge peuvent être invoqués devant ce dernier. À ce titre, les parties peuvent, à l'appui de la contestation de la mesure de régularisation, invoquer des vices qui lui sont propres et soutenir qu'elle n'a pas pour effet de régulariser le vice que le juge a constaté dans sa décision avant dire droit. Elles ne peuvent en revanche soulever aucun autre moyen, qu'il s'agisse d'un moyen déjà écarté par la décision avant dire droit ou de moyens nouveaux, à l'exception de ceux qui seraient fondés sur des éléments révélés par la procédure de régularisation. Par application de cette règle, le moyen tiré de ce qu'aux termes de l'article L. 123-17 du Code de l'environnement une nouvelle enquête publique devait être conduite, le projet litigieux n'ayant pas été entrepris dans un délai de cinq ans à compter de l'arrêté du préfet de l'Hérault du 9 mars 2015 l'ayant déclaré d'utilité publique, lequel ne porte ni sur le vice objet de la mesure de régularisation ni sur des vices propres à cette mesure et n'ont pas été révélés par l'avis émis par l'autorité environnementale, ne peut qu'être écarté comme inopérant (■ CE, 21 juill. 2022, n° 437634, *Cne de Grabels*).

Art. L. 123-18 *(Mod. à compter d'une date fixée par décret et au plus tard le 1er janvier 2017, Ord. n° 2016-1060, 3 août 2016)* (1). **– Le responsable du projet, plan ou programme prend en charge les frais de l'enquête, notamment l'indemnisation du commissaire enquêteur ou de la commission d'enquête.**

Sur demande motivée du ou des commissaires enquêteurs, le président du tribunal administratif ou le conseiller délégué à cet effet peut demander au responsable du projet de verser une provision. Le président ou le conseiller en fixe le montant et le délai de versement.

1) **Provision dès la nomination du commissaire enquêteur.** Le versement d'une provision au commissaire enquêteur dès sa nomination est systématisé dans l'article L. 123-18, suite à la réforme engagée par la loi Grenelle II. L'objectif est d'assurer une meilleure indépendance du commissaire enquêteur.

2) **Non-indemnisation des trajets éloignés du lieu de l'enquête.** Les modalités d'intervention d'un commissaire enquêteur sont limitativement prévues par l'article L. 123-13. C'est sur la base de cet article que le juge calcule le montant de l'indemnité à lui verser. Ainsi, la cour administrative de Nancy a considéré que les déplacements sur des sites éloignés du lieu d'enquête (Creys-Malville, La Hague, Suisse, Belgique pour une enquête concernant un projet situé dans le département de la Meuse) devaient être écartés du calcul de l'indemnité, sur le fondement de ses dispositions, à l'époque codifiées à l'article L. 123-9 (■ CAA Nancy, 23 oct. 2003, n° 99NC00365, *Thiébaud*).

3) **Absence d'atteinte à l'indépendance du commissaire enquêteur.** Les dispositions de l'article L. 123-18 du Code de l'environnement qui mettent les frais de l'enquête à la charge du responsable du projet, et notamment l'indemnisation du commissaire enquêteur ou de la commission d'enquête n'ont pas par elles-mêmes pour effet de porter atteinte à l'indépendance du commissaire enquêteur et des membres de la commission d'enquête. La seule circonstance qu'une société, en sa qualité de responsable du projet, a pris en charge les frais de l'enquête, conformément aux dispositions de l'article L. 123-18 du Code de l'environnement, n'entache donc pas l'enquête d'irrégularité (■ CAA Nantes, 24 janv. 2020, n° 19NT00915, *Assoc. « Non aux Éoliennes entre Noirmoutier et Yeu »*).

Voir également : Sur les conditions d'indemnisation du commissaire enquêteur : art. R. 123-25 et s., p. 1583.

Voir : D. n° 2011-2018, 29 déc. 2011 portant réforme de l'enquête publique relative aux opérations susceptibles d'affecter l'environnement (*JO* 30 déc. 2011), codifié aux articles R. 123-1 et suivants du présent code.

Section II. – Participation du public pour les plans, programmes et projets non soumis à enquête publique

(Division créée à compter d'une date fixée par décret et au plus tard le 1er janvier 2017, Ord. n° 2016-1060, 3 août 2016)

La participation par voie électronique du public pour les plans, programmes et projets non soumis à enquête publique est applicable aux projets, plans ou programmes soumis à évaluation environnementale, mais exemptés d'enquête publique ou pour lesquels une enquête publique n'est pas requise par les dispositions spéciales qui les régissent (à l'exception des SDAGE, PGRI et PAMM).

Art. L. 123-19 *(Rempl. à compter d'une date fixée par décret et au plus tard le 1er janvier 2017, Ord. n° 2016-1060, 3 août 2016* (1) *; mod., L. n° 2018-727, 10 août 2018 ; L. n° 2023-175, 10 mars 2023 ; L. n° 2023-973, 23 oct. 2023)* (2). **– I. – La participation du public s'effectue par voie électronique. Elle est applicable :**

1° Aux projets qui font l'objet d'une évaluation environnementale et qui sont exemptés d'enquête publique en application du 1° du I de l'article L. 123-2, s'ils ne sont pas soumis à la consultation du public prévue à l'article L. 181-10-1 ;

2° Aux plans et programmes qui font l'objet d'une évaluation environnementale en application des articles L. 122-4 à L. 122-11 ou des articles L. 104-1 à L. 104-3 du Code de l'urbanisme et pour lesquels une enquête publique n'est pas requise en application des dispositions particulières qui les régissent.

(1) Dispositions uniquement applicables aux décisions pour lesquelles une participation du public a été engagée postérieurement au 1er janvier 2017, Ord. n° 2016-1060, 3 août 2016, art. 8, II.

(2) Dispositions applicables aux demandes d'autorisation environnementale déposées à compter d'une date fixée par décret, et au plus tard le 23 octobre 2024, L. n° 2023-973, 23 oct. 2023.

Par exception à l'alinéa précédent, les schémas directeurs d'aménagement et de gestion des eaux, les plans de gestion des risques inondations et les plans d'action pour le milieu marin sont soumis à des dispositions spécifiques de participation du public.

La participation du public par voie électronique est ouverte et organisée par l'autorité compétente pour autoriser ces projets ou approuver ces plans et programmes.

II. – Le dossier soumis à la présente procédure comprend les mêmes pièces que celles prévues à l'article L. 123-12. Il est mis à disposition du public par voie électronique et, sur demande présentée dans des conditions prévues par décret, mis en consultation sur support papier dans les préfectures ainsi que dans les espaces France Services et dans la mairie de la commune d'implantation du projet et les sous-préfectures en ce qui concerne les décisions des autorités de l'État, y compris les autorités administratives indépendantes, et des établissements publics de l'État, ou au siège de l'autorité ainsi que dans les espaces France Services et dans la mairie de la commune d'implantation du projet en ce qui concerne les décisions des autres autorités. Lorsque le volume ou les caractéristiques du projet de décision ou du dossier de demande ne permettent pas sa mise à disposition par voie électronique, la note de présentation précise l'objet de la procédure de participation, les lieux et horaires où l'intégralité du projet ou du dossier de demande peut être consultée. Au sein des espaces France Services, un agent peut être chargé d'accompagner les personnes en difficulté avec l'informatique dans leurs démarches liées à la participation du public par voie électronique.

Le public est informé par un avis mis en ligne ainsi que par un affichage en mairie ou sur les lieux concernés et, selon l'importance et la nature du projet, par voie de publication locale quinze jours avant l'ouverture de la participation électronique du public pour les plans, programmes et projets. Cet avis mentionne :

1° Le projet de plan ou programme ou la demande d'autorisation du projet ;

2° Les coordonnées des autorités compétentes pour prendre la décision, celles auprès desquelles peuvent être obtenus des renseignements pertinents, celles auxquelles des observations ou questions peuvent être adressées ainsi que des précisions sur les conditions dans lesquelles elles peuvent être émises ;

3° La ou les décisions pouvant être adoptées au terme de la participation et des autorités compétentes pour statuer ;

4° Une indication de la date à laquelle et du lieu où les renseignements pertinents seront mis à la disposition du public et des conditions de cette mise à disposition ;

5° L'adresse du site internet sur lequel le dossier peut être consulté ;

6° Le fait que le plan ou programme ou le projet soit soumis à évaluation environnementale et que, le cas échéant, il est susceptible d'avoir des incidences notables sur l'environnement d'un autre État membre dans les conditions prévues à l'article L. 123-7 et le lieu où ce rapport ou cette étude d'impact peuvent être consultés ;

7° Lorsqu'il a été émis, l'avis de l'autorité environnementale mentionné à l'article L. 122-7 ou à l'article L. 104-6 du Code de l'urbanisme ainsi que du ou des lieu (x) où il peut être consulté.

Les dépenses relatives à l'organisation matérielle de cette participation sont à la charge du maître d'ouvrage ou de la personne publique responsable du plan ou du programme.

Les observations et propositions du public, déposées par voie électronique, doivent parvenir à l'autorité administrative concernée dans un délai qui ne peut être inférieur à trente jours à compter de la date de début de la participation électronique du public.

III. – Sont applicables aux participations du public réalisées en vertu du présent article les dispositions des trois derniers alinéas du II de l'article L. 123-19-1, ainsi que les dispositions des articles L. 123-19-3 à L. 123-19-5.

Bibliographie : J.-C. Hélin, *Le projet d'ordonnance relative au dialogue environnemental. Bien visé, mal tiré ? : Énergie – Env. – Infrastr.* 2016, focus 261.

Section III. – Participation du public hors procédures particulières

(Section 3 créée, Ord. n° 2016-1060, 3 août 2016) (1)

En dehors de procédures particulières de participation du public, ci-dessus décrites, la participation du public aux décisions autres qu'individuelles des autorités publiques ayant une incidence sur l'environnement se fait au moyen

(1) Dispositions uniquement applicables aux décisions pour lesquelles une participation du public a été engagée postérieurement au 1er janvier 2017, Ord. n° 2016-1060, 3 août 2016, art. 8, II.

d'une publication et mise en consultation électroniques du projet de décision, accompagné d'une note de présentation précisant notamment le contexte et les objectifs de ce projet. La publication et mise en consultation peut également avoir lieu sur support papier, dans les préfectures et sous-préfectures ou au siège de l'autorité selon le cas, sur demande présentée conformément à l'article D. 120-1 du Code de l'environnement.

Art. L. 123-19-1 *(Abr. à compter du 1er septembre 2013, Cons. const. n° 2012-282 QPC, 23 nov. 2012 : JO 24 nov. 2012 ; JurisData n° 2012-027284* (1) *; rétabli à compter du 1er janvier 2013, L. n° 2012-1460, 27 déc. 2012* (2) *; mod. à compter du 1er septembre 2013, Ord. n° 2013-714, 5 août 2013 ; dénum. et mod. à compter d'une date fixée par décret et au plus tard le 1er janvier 2017, Ord. n° 2016-1060, 3 août 2016)* (3). **– I. – Le présent article définit les conditions et limites dans lesquelles le principe de participation du public, prévu à l'article 7 de la Charte de l'environnement (4), est applicable aux décisions, autres que les décisions individuelles, des autorités publiques ayant une incidence sur l'environnement lorsque celles-ci ne sont pas soumises, par les dispositions législatives qui leur sont applicables, à une procédure particulière organisant la participation du public à leur élaboration.**

Les dispositions du présent article ne s'appliquent pas aux décisions qui modifient, prorogent, retirent ou abrogent les décisions mentionnées à l'alinéa précédent soumises à une procédure particulière organisant la participation du public à leur élaboration.

Ne sont pas regardées comme ayant une incidence sur l'environnement les décisions qui ont sur ce dernier un effet indirect ou non significatif.

II. – Sous réserve des dispositions de l'article L. 123-19-6, le projet d'une décision mentionnée au I, accompagné d'une note de présentation précisant notamment le contexte et les objectifs de ce projet, est mis à disposition du public par voie électronique et, sur demande présentée dans des conditions prévues par décret, mis en consultation sur support papier dans les préfectures et les sous-préfectures en ce qui concerne les décisions des autorités de l'État, y compris les autorités administratives indépendantes, et des établissements publics de l'État, ou au siège de l'autorité en ce qui concerne les décisions des autres autorités. Lorsque le volume ou les caractéristiques du projet de décision ne permettent pas sa mise à disposition par voie électronique, la note de présentation précise les lieux et horaires où l'intégralité du projet peut être consultée.

Pour les décisions à portée nationale de l'État, y compris les autorités administratives indépendantes, et des établissements publics de l'État, la liste indicative des consultations programmées est publiée tous les trois mois par voie électronique.

Au plus tard à la date de la mise à disposition prévue au premier alinéa du présent II, le public est informé, par voie électronique, des modalités de consultation retenues.

Les observations et propositions du public, déposées par voie électronique ou postale, doivent parvenir à l'autorité administrative concernée dans un délai qui ne peut être inférieur à vingt et un jours à compter de la mise à disposition prévue au même premier alinéa.

Le projet de décision ne peut être définitivement adopté avant l'expiration d'un délai permettant la prise en considération des observations et propositions déposées par le public et la rédaction d'une synthèse de ces observations et propositions. Sauf en cas d'absence d'observations et propositions, ce délai ne peut être inférieur à quatre jours à compter de la date de la clôture de la consultation.

Dans le cas où la consultation d'un organisme consultatif comportant des représentants des catégories de personnes concernées par la décision en cause est obligatoire et lorsque celle-ci intervient après la consultation du public, la synthèse des observations et propositions du public lui est transmise préalablement à son avis.

Au plus tard à la date de la publication de la décision et pendant une durée minimale de trois mois, l'autorité administrative qui a pris la décision rend publics, par voie électronique, la synthèse des observations et

---

(1) « Considérant qu'afin de permettre au législateur de remédier à l'inconstitutionnalité constatée, il y a lieu de reporter au 1er septembre 2013 la date d'abrogation de l'article L. 120-1 du Code de l'environnement ; que les décisions prises, avant cette date, en application des dispositions déclarées inconstitutionnelles ne peuvent être contestées sur le fondement de cette inconstitutionnalité ». – V. ■ Cons. const. n° 2012-282, 23 nov. 2012, consid. 34 : *JO* 24 nov. 2012 ; *JurisData* n° 2012-027284. – NDLR.

(2) Dispositions d'application transitoire : V. L. n° 2012-1460, 27 déc. 2012, art. 11.

(3) Dispositions uniquement applicables aux décisions pour lesquelles une participation du public a été engagée postérieurement au 1er janvier 2017, Ord. n° 2016-1060, 3 août 2016, art. 8, II.

(4) Charte publiée sous L. const. n° 2005-205, 1er mars 2005. – NDLR.

propositions du public avec l'indication de celles dont il a été tenu compte, les observations et propositions déposées par voie électronique ainsi que, dans un document séparé, les motifs de la décision.

III. – Par dérogation au II, la participation du public à l'élaboration des décisions des autorités des communes de moins de 10 000 habitants peut être organisée dans les conditions suivantes.

L'objet de la procédure de participation ainsi que les lieux et horaires où le projet de décision accompagné de la note de présentation peuvent être consultés et où des observations et propositions peuvent être déposées sur un registre sont portés à la connaissance du public par voie d'affichage en mairie. Cet affichage précise le délai dans lequel ces observations et propositions doivent être déposées, qui ne peut être inférieur à vingt et un jours à compter du début de l'affichage.

Dans le cas où la commune dispose d'un site internet, les informations mentionnées à l'alinéa précédent ainsi que la note de présentation et, sauf si son volume ou ses caractéristiques ne le permettent pas, le projet de décision sont en outre mis à disposition du public par voie électronique pendant la même durée.

Le projet de décision ne peut être définitivement adopté avant l'expiration d'un délai permettant la prise en considération des observations et propositions du public. Sauf en cas d'absence d'observations et propositions, ce délai ne peut être inférieur à quatre jours à compter de la date de clôture de la consultation. Au plus tard à la date de publication de la décision et pendant une durée minimale d'un mois, le maire rend publique, par voie d'affichage, une synthèse des observations et propositions du public ou indique, par la même voie, les lieux et horaires où le registre de recueil des observations et propositions est tenu à la disposition du public pour la même durée.

Les dispositions du présent III s'appliquent aux décisions des autorités de la collectivité de Saint-Martin et de celles de la collectivité territoriale de Saint-Pierre et-Miquelon, ainsi qu'aux décisions des autorités des groupements de collectivités territoriales dont la population totale est inférieure à 30 000 habitants. Dans ce cas, l'affichage est réalisé au siège du groupement.

IV. – Par dérogation aux II et III, la participation du public à l'élaboration des décisions des autorités des communes de moins de 2 000 habitants peut être organisée dans le cadre d'une réunion publique.

L'objet de la procédure de participation ainsi que les lieu, date et heure de la réunion sont portés à la connaissance du public par voie d'affichage en mairie, dans un délai qui ne peut être inférieur à huit jours avant la date prévue pour la tenue de la réunion. L'affichage précise les lieux et horaires où le projet de décision peut être consulté.

Le projet de décision ne peut être définitivement adopté avant l'expiration d'un délai permettant la prise en considération des observations et propositions du public, qui ne peut être inférieur à quatre jours à compter de la date de la réunion publique.

En cas d'absence d'observations, ce délai ne peut être inférieur à quatre jours à compter de la date de la clôture de la consultation.

1) Participation et transposition d'une directive. La seule circonstance qu'un décret procède à la transposition, obligatoire, d'une directive européenne n'est pas de nature à rendre inopérante l'obligation de soumettre à la participation du public les décisions publiques ayant une incidence directe et significative sur l'environnement en application de l'article 7 de la Charte de l'environnement (■ CE, 31 oct. 2022, n° 443191, *Assoc. One Voice*).

I – NOTION DE DÉCISION AUTRE QU'INDIVIDUELLE AYANT UNE INCIDENCE SUR L'ENVIRONNEMENT

2) Notion de décision. Un courriel se bornant à rappeler aux services placés sous l'autorité du directeur de l'eau et de la biodiversité le champ d'application d'un arrêté ne saurait être regardé comme une décision ayant une incidence sur l'environnement dès lors qu'il ne constitue pas une décision (■ CE, 16 déc. 2024, n° 486315, *Assoc. franco-belge pour la protection de la nature*).

3) Notion de décision ayant une incidence significative sur l'environnement (Oui). Le décret attaqué, fixant le montant de la redevance instituée par l'article L. 132-15-1 du Code minier sur l'exploitation de substances non énergétiques sur le plateau continental ou dans la zone économique exclusive en y incorporant les coefficients de modulation prévus par cette disposition législative afin notamment d'inciter les opérateurs à adopter des pratiques limitant l'impact de l'activité extractive sur l'environnement, doit être regardé comme une décision ayant une incidence significative sur l'environnement eu égard à l'intensité de l'incitation ainsi mise en place pour atteindre l'objectif de protection des milieux marins (■ CE, 22 oct. 2018, n° 408943, *UNICEM*). Les arrêtés attaqués ont, eu égard à leur objet, qui est de fixer pour la campagne de chasse 2017-2018 dans les départements qu'ils visent un nombre maximal d'oiseaux susceptibles d'être capturés par l'emploi de gluaux selon un mode de chasse traditionnel, une incidence directe et significative sur l'environnement au sens du I de l'article L. 123-19-1 du Code de l'environnement. Or, ils n'ont pas été soumis à une procédure organisant la participation du public à leur élaboration. Par suite, l'association requérante est fondée à soutenir qu'ils ont été adoptés au terme d'une procédure irrégulière (■ CE, 25 févr. 2019, n° 414849, *LPO*). Un arrêté ayant pour objet de modifier la classification des véhicules pour l'attribution des certificats de qualité de l'air, à partir de laquelle les autorités mentionnées à l'article L. 2213-4-1 du Code général des collectivités territoriales définissent les mesures de restriction de la circulation des véhicules automobiles applicables dans les zones à faibles émissions mobilité qu'elles ont délimitées afin de lutter contre la pollution atmosphérique doit être regardé, eu égard à sa finalité et à sa portée, comme ayant une incidence directe et significative sur l'environnement (■ CE, 25 janv. 2023, n° 465058, *Soc. Gaz'up et a.*).

4) Notion de décision ayant une incidence significative sur l'environnement (Non). Le décret attaqué porte de trois à cinq ans la durée maximale de la prorogation de la validité des autorisations de défrichement, la prorogation n'étant possible qu'en cas de recours contentieux contre l'autorisation ou une autorisation nécessaire à la réalisation des travaux en vue desquels le défrichement est envisagé, ou sur décision du préfet, lorsque son titulaire se trouve dans l'impossibilité matérielle de l'exécuter. Il permet ainsi au titulaire d'une autorisation de défrichement de disposer de deux années supplémentaires pour mettre en œuvre l'autorisation accordée et procéder au défrichement, alors que les caractéristiques de l'opération restent inchangées. Par conséquent, le décret attaqué ne peut être regardé comme ayant, par lui-même, des effets directs et significatifs sur l'environnement (■ CE, 24 juill. 2019, n° 425973, *FNE AURA*). L'arrêté attaqué a pour objet de protéger l'audition des chasseurs contre les effets nocifs des détonations répétées des armes qu'ils utilisent, en permettant l'utilisation de réducteurs ou de modérateurs de sons qui, ainsi que le confirment les éléments versés aux dossiers, peuvent seulement atténuer le bruit, avec un niveau sonore résiduel perceptible tant par les personnes que par le gibier, même à une distance notable. Eu égard à sa finalité et à sa portée, l'arrêté attaqué ne peut être regardé comme ayant des effets directs et significatifs sur l'environnement (■ CE, 25 févr. 2019, n° 419186, *Assoc. One Voice*). Les dispositions attaquées ont pour seul objet l'établissement de règles de balisage des éoliennes afin de garantir la sécurité de la circulation aérienne. Eu égard à leur objet et à leur portée, elles ne constituent pas, par elles-mêmes, des décisions ayant une incidence directe et significative sur l'environnement nécessitant une participation du public en application des dispositions de l'article L. 123-19-1 du Code de l'environnement (■ CE, 13 mars 2020, n° 425161, *Sté InnoVent*). Les dispositions d'un décret ayant pour objet de permettre au préfet de région ou de département de déroger, dans certaines conditions, à des normes arrêtées par l'administration de l'État, lesquelles dérogations pouvant certes être décidées en matière d'environnement à l'occasion de l'intervention de décisions non réglementaires susceptibles d'avoir une incidence sur l'environnement et d'être, à ce titre, soumises à la participation du public, n'ont par elles-mêmes pas d'incidence directe sur l'environnement dès lors qu'elles ne peuvent, en vertu du 2° de l'article 2 de ce décret, avoir pour effet que « d'alléger les démarches administratives, de réduire les délais de procédure ou de favoriser l'accès aux aides publiques » (■ CE, 21 mars 2022, n° 440871, *Assoc. Les amis de la Terre France et a.*). Eu égard à son objet et à ses effets, le décret attaqué, qui n'a ni pour objet ni pour effet de dispenser les travaux et opérations susceptibles d'être réalisés dans le périmètre qu'il mentionne des obligations auxquelles ils peuvent être soumis, notamment au titre du Code de l'environnement, n'est, par lui-même, pas susceptible d'avoir une incidence directe et significative sur l'environnement (■ CE, 1er déc. 2023, n° 467331, *Assoc. Meuse Nature Environnement et a.*).

5) Refus d'adopter un acte réglementaire. En tout état de cause, le principe de participation prévu tant par ces dispositions que par celles de l'article L. 123-19-1 du Code de l'environnement ne saurait utilement être invoqué à l'encontre de décisions refusant l'adoption d'un acte réglementaire (■ CE, 18 déc. 2024, n° 475158, *Assoc. française d'étude et de protection des poissons*).

II – IRRÉGULARITÉS DE LA PROCÉDURE

6) Incidence du site recueillant la participation du public. Ni les dispositions de l'article L. 123-19-1 du Code de l'environnement, ni aucune autre disposition législative ou réglementaire n'imposent que les documents et les résultats relatifs à une consultation concernant un arrêté applicable sur le territoire de La Réunion, qui ont été mis en ligne sur le site du ministère de la transition écologique, le soient de préférence sur le site des services déconcentrés de l'État à La Réunion (■ CE, 25 janv. 2023, n° 460440, *Assoc. Réunion Biodiversité*).

7) Non-respect du délai de quatre jours après la clôture de la consultation. En signant l'arrêté attaqué dès le lendemain du jour de la clôture de la consultation du public, sans respecter le délai minimum de quatre jours fixé par l'article L. 123-19-1 du Code de l'environnement et sans qu'ait été établie la synthèse des observations et propositions recueillies lors de la consultation, l'auteur de l'arrêté ne peut être regardé comme ayant pris en considération l'ensemble des commentaires exprimés par le public. Par suite, et alors même que le ministre fait valoir qu'il aurait analysé pendant la consultation les avis exprimés au fur et à mesure de leur réception et indique qu'une synthèse provisoire des 1 000 premières observations aurait été établie, la fédération requérante est fondée à soutenir que l'arrêté qu'elle attaque a été pris au terme d'une procédure irrégulière (▪ CE, 12 juill. 2019, n° 424600, *Féd. nat. des chasseurs*).

8) Défaut de publication de la synthèse des observations du public. Le défaut de publication de la synthèse des observations du public ainsi que des motifs de l'arrêté attaqué est, en tout état de cause, sans incidence sur la légalité de celui-ci (▪ CE, 18 déc. 2019, n° 419897, *ASPAS*. ▪ CE, 1er juin 2022, n° 445616, *Assoc. One Voice*. ▪ CE, 25 janv. 2023, n° 460440, *Assoc. Réunion Biodiversité*. ▪ CE, 18 nov. 2024, n° 465266, *Assoc. Coénove*. ▪ CE, 20 déc. 2024, n° 492185, *Féd. nat. de la pêche en France et de la protection des milieux aquatiques*. ▪ CE, 31 déc. 2024, n° 470875, *Organisation professionnelle Mobilians*). *Idem* pour le défaut de publication des observations et propositions déposées par voie électronique à la date de publication des textes concernés (▪ CE, 26 juill. 2021, n° 437815, *Collectif des maires anti-pesticides*). Une consultation ayant été menée par voie électronique sur le site internet du ministère en charge de l'environnement sur un premier projet de décret relatif à l'adaptation des règles applicables à l'évaluation des projets, plans et programmes en Guyane puis, à nouveau sur un second projet de décret ayant le même objet mais modifié sur certains points, les circonstances que la synthèse des observations du public à l'occasion de la seconde consultation n'ait été rendue publique que plusieurs mois après la publication du décret et que l'on ne puisse rattacher les modifications apportées au texte à l'une ou l'autre de ces consultations ne sont, à elles seules, pas de nature à entacher d'illégalité le décret attaqué (▪ CE, 9 oct. 2019, n° 420804, *FNE*).

9) Contenu de la synthèse des observations du public. L'avis rendu, en dehors de la consultation du public, par l'autorité environnementale n'a pas à figurer dans la synthèse des observations du public (▪ CE, 16 févr. 2022, n° 442607, *Assoc. France Nature Environnement*).

10) Intervention indifférente d'un rapport d'expertise comportant de nouvelles informations. Ni les dispositions de l'article L. 123-19-1 du Code de l'environnement ni aucune autre disposition ou principe n'imposent d'organiser une nouvelle consultation du public sur le projet d'arrêté litigieux à la suite de la publication postérieure à l'adoption de l'arrêté d'un rapport d'expertise scientifique collective comportant de nouvelles informations sur l'évolution de la population des loups en France (▪ CE, 21 nov. 2018, n° 409937, *ASPA*).

11) Nouvelle consultation. Absence de dénaturation du projet. Les dispositions de l'article L. 123-19-1 du Code de l'environnement n'imposent pas de procéder à une nouvelle publication pour recueillir des observations du public sur les modifications qui sont ultérieurement apportées au projet de décision, au cours de son élaboration, dès lors que celles-ci n'ont pas pour effet de dénaturer le projet sur lequel ont été initialement recueillies les observations du public (▪ CE, 5 févr. 2024, n° 470962, *Assoc. des centres de lavage indépendants*). S'agissant d'un décret relatif au classement des réseaux de chaleur et de froid, des modifications portant sur les critères de classement des réseaux, la durée maximale de classement des réseaux ne répondant pas à la qualification de service public industriel et commercial, l'évaluation des possibilités d'amélioration de l'efficacité énergétique du réseau par un audit énergétique, l'ajout d'un cas de dérogation à l'obligation de raccordement au réseau et les informations transmises aux autorités compétentes en matière d'urbanisme, opérées à l'issue de la consultation, n'ont pas dénaturé le projet soumis à consultation dès lors qu'eu égard à leur nature et à leur portée ces modifications se sont bornées à apporter des précisions ou des compléments aux dispositions soumises à consultation (▪ CE, 18 nov. 2024, n° 465266, *Assoc. Coénove*).

12) Obligation de sincérité et de consultation utile. Saisi de conclusions en ce sens, le juge contrôle la véracité des éléments contenus dans la note de présentation du projet, ainsi que la complétude des informations données au public, dès lors que ces éléments seraient de nature à affecter la sincérité de la consultation (▪ CE, 26 févr. 2024, n° 458219, *Assoc. Défense des milieux aquatiques*). S'il résulte des dispositions de l'article L. 123-19-1 du Code de l'environnement que la personne publique concernée doit mettre à la disposition du public des éléments suffisants pour que la consultation puisse avoir lieu utilement, elles n'imposent en revanche pas que cette consultation ne puisse intervenir qu'une fois rendus tous les avis des instances techniques et scientifiques dont la consultation est obligatoire en vertu des textes, ni que les avis qui auraient déjà été recueillis lorsque la procédure de participation du public est mise en œuvre soient joints aux éléments mis à la disposition du public (▪ CE, 6 nov. 2024, n° 468106, *Assoc. Bloom*). Il ne résulte pas des dispositions du II de l'article L. 123-19-1 du Code de l'environnement que l'autorité procédant à la consultation soit tenue de communiquer au public les avis qu'elle a précédemment recueillis ni qu'elle soit tenue de se conformer aux avis exprimés lors de la consultation. De même, la circonstance que les observations et propositions formulées pendant la durée de la consultation n'aient pas été rendues accessibles au public au fur et à mesure n'est pas de nature à affecter la sincérité de celle-ci et ne méconnaît aucune disposition régissant la procédure de participation du public (▪ CE, 20 déc. 2024, n° 492185, *Féd. nat. de la pêche en France et de la protection des milieux aquatiques*). Ni les dispositions de l'article L. 123-9-1 du Code de l'environnement ni les stipulations de l'article 6 de la convention d'Aarhus du 25 juin 1998 n'imposent que la consultation du public ne puisse intervenir qu'une fois rendus tous les avis des instances techniques et scientifiques dont la consultation est obligatoire en vertu des textes, ni que l'autorité procédant à cette consultation soit tenue de communiquer au public les avis qu'elle a précédemment recueillis, pour autant que cette consultation se déroule dans des conditions permettant d'en garantir la sincérité et de s'assurer que le public dispose des éléments suffisants pour lui permettre de se prononcer utilement (▪ CE, 31 déc. 2024, n° 470134, *Assoc. Défense des milieux aquatiques*).

13) **Défaut de modification du projet à l'issue de la procédure de participation.** La circonstance qu'il n'aurait été tiré aucune conséquence des observations formulées par le public à l'occasion d'une consultation est, par elle-même, sans incidence sur la légalité du décret et de l'arrêté adoptés (▪ CE, 4 déc. 2023, n° 460892, *Collectif maires anti-pesticides et a.*).

Voir : jurispr. sous art. L. 120-1, p. 67.

Bibliographie : B. Delaunay, *La réforme de la participation du public : AJDA* 2013, p. 344. • B. Hagege-Raduta, *Loi sur la participation du public : l'acte I d'une feuille de route ambitieuse : Dr. env.* 2013, p. 66. • F. Jamay, *La loi du 27 déc. 2012 relative à la mise en œuvre du principe de participation du public : une ambition limitée : Environnement* 2013, étude 11 ; *L'ordonnance du 5 août relative à la mise en œuvre du principe de participation du public : l'ambition vaincue par le réalisme : Environnement* 2013, étude 25. • R. Léost, *Décisions publiques ayant une incidence sur l'environnement et participation du public. Nouvelles précisions des juges et du législateur : Dr. env.* 2013, 308. • D. Poupeau, *Une ordonnance généralise la mise en œuvre du principe de participation du public : AJDA* 2013, p. 1653.

Art. L. 123-19-2 ***(Anc. art. L. 120-1-1, dénum. et mod. à compter d'une date fixée par décret et au plus tard le 1er janvier 2017, Ord. n° 2016-1060, 3 août 2016)*** (1). **– I. – Sous réserve des dispositions de l'article L. 123-19-6, le présent article définit les conditions et limites dans lesquelles le principe de participation du public prévu à l'article 7 de la Charte de l'environnement** (2) **est applicable aux décisions individuelles des autorités publiques ayant une incidence sur l'environnement qui n'appartiennent pas à une catégorie de décisions pour lesquelles des dispositions législatives particulières ont prévu les cas et conditions dans lesquels elles doivent, le cas échéant en fonction de seuils et critères, être soumises à participation du public. Les décisions qui modifient, prorogent, retirent ou abrogent une décision appartenant à une telle catégorie ne sont pas non plus soumises aux dispositions du présent article.**

Ne sont pas regardées comme ayant une incidence sur l'environnement les décisions qui ont sur ce dernier un effet indirect ou non significatif.

Les dispositions du présent article ne s'appliquent pas :

1° Aux décisions pour lesquelles les autorités publiques ne disposent d'aucun pouvoir d'appréciation ;

2° Aux décisions ayant le caractère d'une mise en demeure ou d'une sanction.

II. – Le projet d'une décision mentionnée au I ou, lorsque la décision est prise sur demande, le dossier de demande est mis à disposition du public par voie électronique. Lorsque le volume ou les caractéristiques du projet de décision ou du dossier de demande ne permettent pas sa mise à disposition par voie électronique, le public est informé, par voie électronique, de l'objet de la procédure de participation et des lieux et horaires où l'intégralité du projet ou du dossier de demande peut être consultée.

(1) Dispositions uniquement applicables aux décisions pour lesquelles une participation du public a été engagée postérieurement au 1er janvier 2017, Ord. n° 2016-1060, 3 août 2016, art. 8, II.

(2) Charte publiée sous L. const. n° 2005-205, 1er mars 2005. – NDLR.

Au plus tard à la date de la mise à disposition ou de l'information prévue à l'alinéa précédent, le public est informé, par voie électronique, des modalités de la procédure de participation retenues.

Les observations et propositions du public, déposées par voie électronique, doivent parvenir à l'autorité publique concernée dans un délai qui ne peut être inférieur à quinze jours à compter de la mise à disposition.

Le projet de décision ne peut être définitivement adopté avant l'expiration d'un délai permettant la prise en considération des observations et propositions déposées par le public. Sauf en cas d'absence d'observations et propositions, ce délai ne peut être inférieur à trois jours à compter de la date de clôture de la consultation.

III. - Par dérogation au II, la participation du public à l'élaboration des décisions des autorités des communes de moins de 10 000 habitants peut être organisée dans les conditions suivantes.

L'objet de la procédure de participation ainsi que les lieux et horaires où le projet de décision ou, lorsque la décision est prise sur demande, le dossier de demande peut être consulté et où des observations et propositions peuvent être déposées sur un registre sont portés à la connaissance du public par voie d'affichage en mairie. Cet affichage précise le délai dans lequel ces observations et propositions doivent être déposées, qui ne peut être inférieur à quinze jours à compter du début de l'affichage.

Dans le cas où la commune dispose d'un site internet, les informations mentionnées à l'alinéa précédent ainsi que, sauf si son volume ou ses caractéristiques ne le permettent pas, le projet de décision ou le dossier de demande sont en outre mis à disposition du public par voie électronique pendant la même durée.

Le projet de décision ne peut être définitivement adopté avant l'expiration d'un délai permettant la prise en considération des observations et propositions du public. Sauf en cas d'absence d'observations et propositions, ce délai ne peut être inférieur à trois jours à compter de la date de clôture de la consultation.

Les dispositions du présent III s'appliquent aux décisions des autorités des groupements de collectivités territoriales dont la population totale est inférieure à 30 000 habitants. Dans ce cas, l'affichage est réalisé au siège du groupement.

Les dispositions du présent III s'appliquent en outre aux décisions prises par les autorités, respectivement, de la collectivité de Saint-Martin et de la collectivité territoriale de Saint-Pierre-et-Miquelon.

Décision ayant une incidence directe et significative sur l'environnement (oui). Si l'article L. 132-3 du Code minier dispose qu'une concession minière est accordée après une enquête publique, il ne résulte d'aucun texte qu'une telle exigence serait également requise préalablement à la prolongation d'une concession minière. Eu égard à son objet et à ses effets, la décision par laquelle l'autorité administrative accorde la prolongation d'une concession ne peut toutefois être regardée comme une simple prorogation de la décision accordant la concession initiale au sens de l'article L. 123-19-2 du Code de l'environnement. Dès lors, en l'absence de dispositions législatives particulières régissant les conditions dans lesquelles une telle décision de prolongation de concession minière est prise, et eu égard à ses incidences directes et significatives sur l'environnement, il résulte des dispositions du I de l'article L. 123-19-2 du Code de l'environnement, qui met en œuvre le principe de participation du public prévu à l'article 7 de la Charte de l'environnement, que la prolongation d'une concession minière doit être soumise à une procédure préalable de participation du public dans les conditions définies par cet article (■ CE, 12 juill. 2024, n° 468529, *Assoc. Guyane Nature Environnement et a.*).

Art. L. 123-19-3 ***(Anc. art. L. 120-1-2, dénum. et mod. à compter d'une date fixée par décret et au plus tard le 1er janvier 2017, Ord. n° 2016-1060, 3 août 2016)*** (1). **– Les dispositions des articles L. 123-19-1 et L. 123-19-2 ne s'appliquent pas lorsque l'urgence justifiée par la protection de l'environnement, de la santé publique ou de l'ordre public ne permet pas l'organisation d'une procédure de participation du public.**

Les délais prévus aux II, III et IV de l'article L. 123-19-1 et aux II et III de l'article L. 123-19-2 peuvent être réduits lorsque cette urgence, sans rendre impossible la participation du public, le justifie.

Preuve de circonstances objectives justifiant la dérogation aux délais légaux. Si le ministre invoque, en défense, les dispositions du second alinéa de l'article L. 123-19-3 du même code, en faisant valoir que la réduction à six jours des délais s'étant écoulés entre la mise à disposition du public des projets d'arrêté et le recueil par l'autorité administrative des observations et pro-

(1) Dispositions uniquement applicables aux décisions pour lesquelles une participation du public a été engagée postérieurement au 1er janvier 2017, Ord. n° 2016-1060, 3 août 2016, art. 8, II.

positions formulées dans le cadre de ces consultations était justifiée, à chaque fois, par l'urgence qui s'attachait à ce que les nouvelles suspensions envisagées puissent prendre effet, après prise en compte des observations et propositions du public, avant les dates de reprise de la chasse prévues par l'arrêté du 24 mars 2006 relatif à l'ouverture de la chasse aux oiseaux de passage et au gibier d'eau, soit le 26 août 2023 s'agissant de la tourterelle des bois et le 5 août s'agissant du courlis cendré et de la barge à queue noire, il ne se prévaut d'aucune circonstance objective, indépendamment du retard qui lui est imputable dans la préparation de ces arrêtés, justifiant de déroger aux dispositions précédemment citées du Code de l'environnement. Ces irrégularités, qui ont privé le public d'une garantie, entachent, dès lors, d'illégalité les arrêtés attaqués (■ CE, 4 nov. 2024, n° 488725, *Union nat. des assoc. de chasseurs d'oiseaux migrateurs*).

Art. L. 123-19-4 *(Anc. art. L. 120-1-3, dénum. et mod. à compter d'une date fixée par décret et au plus tard le 1er janvier 2017, Ord. n° 2016-1060, 3 août 2016)* (1). **– Les modalités de la participation du public prévues aux articles L. 123-19-1 à L. 123-19-3 peuvent être adaptées en vue de protéger les intérêts mentionnés au I de l'article L. 124-4.**

Art. L. 123-19-5 *(Anc. art. L. 120-1-4, dénum. et mod. à compter d'une date fixée par décret et au plus tard le 1er janvier 2017, Ord. n° 2016-1060, 3 août 2016)* (1). **– Les décisions mentionnées à l'article L. 123-19-2 ne sont pas soumises à participation du public lorsqu'il n'est pas possible d'y procéder sans porter atteinte aux intérêts mentionnés au I de l'article L. 124-4.**

Art. L. 123-19-6 *(Anc. art. L. 120-2, dénum. et mod. à compter d'une date fixée par décret et au plus tard le 1er janvier 2017, Ord. n° 2016-1060, 3 août 2016)* (1). **– Ne sont pas soumises à participation du public en application des articles L. 123-19-1 à L. 123-19-5 :**

1° Les décisions des autorités publiques prises conformément à une décision autre qu'une décision individuelle ou à un plan, schéma ou programme ou tout autre document de planification ayant donné lieu à participation du public, lorsque, par ses dispositions, cette décision ou ce plan, schéma, programme ou document de planification permet au public d'apprécier l'incidence sur l'environnement des décisions susceptibles d'être prises conformément à celui-ci ;

2° Les décisions individuelles prises dans le cadre de lignes directrices par lesquelles l'autorité administrative compétente a défini des critères en vue de l'exercice du pouvoir d'appréciation dont procèdent ces décisions, sous réserve que ces lignes directrices aient été soumises à participation du public dans des conditions conformes à l'article L. 123-19-1, que leurs énonciations permettent au public d'apprécier l'incidence sur l'environnement des décisions individuelles concernées et qu'il n'y ait pas été dérogé.

Art. L. 123-19-7 *(Abr. à compter la date d'entrée en vigueur du décret en Conseil d'État pris pour son application, et au plus tard le 1er juillet 2024, Ord. n° 2022-536, 13 avr. 2022).*

> **Rédaction antérieure. Art. L. 123-19-7** *(Mod. à compter d'une date fixée par décret et au plus tard le 1er janvier 2017, Ord. n° 2016-1060, 3 août 2016* (1) *; abr. à compter la date d'entrée en vigueur du décret en Conseil d'État pris pour son application, et au plus tard le 1er juillet 2024, Ord. n° 2022-536, 13 avr. 2022).* – Le respect de la procédure prévue par la présente section conditionne la délivrance du permis exclusif de recherches prévu aux articles L. 122-1 et suivants du Code minier.

Section IV. – Protection des intérêts de la défense ou de la sécurité nationales

(Section 4 créée, Ord. n° 2016-1060, 3 août 2016 (1) *; rempl. par les sections 4 et 5, Ord. n° 2020-7, 6 janv. 2020 ; intitulé mod., L. n° 2020-1525, 7 déc. 2020)*

Art. L. 123-19-8 *(Rempl., Ord. n° 2020-7, 6 janv. 2020 ; mod., L. n° 2020-1525, 7 déc. 2020).* **– Sont exclus du champ d'application de toutes les formes de participation du public aux décisions ayant une incidence sur l'environnement régies par le présent chapitre :**

1° Les opérations ayant reçu la qualification d'opération sensible intéressant la défense nationale en application de l'article L. 2391-1 du Code de la défense ou celle d'opération sensible intéressant la sécurité

(1) Dispositions uniquement applicables aux décisions pour lesquelles une participation du public a été engagée postérieurement au 1er janvier 2017, Ord. n° 2016-1060, 3 août 2016, art. 8, II.

nationale en application de l'article L. 112-3 du Code de la sécurité intérieure ainsi que les servitudes et, le cas échéant, les plans de prévention des risques technologiques qui leur sont associés ;

2° Les opérations relatives aux installations et activités nucléaires intéressant la défense énumérées à l'article L. 1333-15 du Code de la défense, sous réserve des dispositions de l'article L. 123-19-10 ;

3° Les aménagements et travaux relatifs à des établissements, installations ou zones de stockage militaires ainsi que les servitudes et, le cas échéant, les plans de prévention des risques technologiques qui leur sont associés, lorsque tout ou partie des informations qui s'y rapportent sont soumises à des règles de protection du secret de la défense nationale et que ces informations sont essentielles à la compréhension du dossier ;

4° L'approbation, la modification, la révision ou la mise en compatibilité d'un document d'urbanisme, lorsque cette approbation, cette modification, cette révision ou cette mise en compatibilité a pour objet exclusif de permettre la réalisation d'une opération entrant dans le champ d'application du présent article.

Art. L. 123-19-9 *(Ord. n° 2020-7, 6 janv. 2020 ; mod., L. n° 2020-1525, 7 déc. 2020).* – Ne peuvent figurer dans un dossier soumis à enquête publique, ni être communiqués, mis à disposition du public ou soumis à consultation ou à participation du public :

1° Des éléments soumis à des règles de protection du secret de la défense ou de la sécurité nationales ;

2° Des éléments nécessaires à la sauvegarde des intérêts de la défense nationale.

Art. L. 123-19-10 *(Ord. n° 2020-7, 6 janv. 2020 ; mod., L. n° 2020-1525, 7 déc. 2020).* – Par exception à l'exemption énoncée au 2° de l'article L. 123-19-8, les demandes d'autorisation de rejets d'effluents dans le milieu ambiant, formées lors de la création d'une installation nucléaire de base secrète mentionnée au 1° de l'article L. 1333-15 du Code de la défense ou lors de modifications ultérieures de cette installation, susceptibles d'accroître, de manière significative, les effets des rejets sur la sécurité, la santé et la salubrité publiques ou sur la protection de la nature et de l'environnement, sont soumises à l'accomplissement d'une enquête publique réalisée conformément aux dispositions du présent chapitre.

Section V. – Dispositions particulières aux opérations d'intérêt national et aux grandes opérations d'urbanisme

(L. n° 2024-322, 9 avr. 2024) (1)

Art. L. 123-19-11 *(L. n° 2024-322, 9 avr. 2024).* – Lorsqu'un projet situé dans le périmètre d'une opération d'intérêt national, au sens de l'article L. 102-12 du Code de l'urbanisme, ou d'une grande opération d'urbanisme, au sens de l'article L. 312-3 du même code, et répondant aux objectifs de cette opération ou toute évolution de plan ou de programme rendue nécessaire pour en permettre la réalisation doit faire l'objet d'une enquête publique soumise aux prescriptions du chapitre III du titre II du livre Ier du présent code ou de la procédure de consultation du public prévue à l'article L. 181-10-1, il peut être procédé, par dérogation, à une participation du public par voie électronique dans les conditions définies à l'article L. 123-19.

Lorsque la réalisation d'un projet ou l'évolution d'un plan ou d'un programme mentionnés au premier alinéa du présent article est soumise à l'organisation de plusieurs participations par voie électronique, il peut être procédé à une participation par voie électronique unique ; les autorités compétentes pour prendre la décision s'accordent sur celle qui sera chargée d'ouvrir et d'organiser cette participation. À défaut d'accord, sur la demande du maître d'ouvrage ou de la personne publique responsable, le représentant de l'État, lorsqu'il est compétent pour prendre l'une des décisions d'autorisation ou d'approbation envisagées, peut ouvrir et organiser la participation par voie électronique.

Dans les mêmes conditions, il peut également être procédé à une participation par voie électronique unique lorsque les participations par voie électronique concernant plusieurs projets ou évolutions de plans ou de programmes peuvent être organisées simultanément et que l'organisation d'une telle participation par voie électronique contribue à améliorer l'information et la participation du public.

Pour permettre la réalisation d'un projet mentionné au premier alinéa du présent article, lorsqu'il est recouru à une déclaration emportant une mise en compatibilité d'un document de planification ou d'urbanisme ou à une procédure intégrée prévue à l'article L. 300-6-1 du Code de l'urbanisme, la participation du public par voie

(1) Dispositions applicables aux procédures engagées après le 10 avril 2024, L. n° 2024-322, 9 avr. 2024.

électronique doit porter à la fois sur l'intérêt général de l'opération et sur la mise en compatibilité qui en est la conséquence.

Le présent article n'est pas applicable à l'enquête préalable à la déclaration d'utilité publique mentionnée au second alinéa de l'article L. 110-1 du Code de l'expropriation pour cause d'utilité publique.

Section VI. – Dispositions finales

(Ancienne section 5 mod., Ord. n° 2020-7, 6 janv. 2020 ; dénum., L. n° 2024-322, 9 avr. 2024)

Art. L. 123-19-12 *(Ancien article L. 123-19-11, Ord. n° 2020-7, 6 janv. 2020 ; dénum., L. n° 2024-322, 9 avr. 2024)*. **– Un décret en Conseil d'État précise les conditions d'application du présent chapitre.**

CHAPITRE III *BIS*. – CONSULTATION LOCALE SUR LES PROJETS SUSCEPTIBLES D'AVOIR UNE INCIDENCE SUR L'ENVIRONNEMENT

(Ord. n° 2016-488, 21 avr. 2016)

Cette nouvelle procédure de participation, motivée par un projet d'aéroport à Notre-Dame-des-Landes (depuis lors abandonné), concerne seulement les projets d'infrastructures ou d'équipement susceptibles d'avoir une incidence sur l'environnement d'origine étatique dont le processus décisionnel conduisant à la réalisation du projet n'est pas achevé (L. 123-30).

La consultation locale sur les projets susceptibles d'avoir une incidence sur l'environnement résulte de l'ordonnance du 21 avril 2016, afin de prévoir la possibilité pour l'État de consulter les électeurs d'une aire territoriale déterminée sur tout projet d'infrastructure ou d'équipement susceptible d'avoir une incidence sur l'environnement que l'État envisage d'autoriser ou de réaliser. Sont seuls concernés les projets qui trouvent leur origine dans des décisions prises par l'État. La nouvelle procédure de consultation se distingue donc de celle prévue par le Code général des collectivités territoriales qui autorise l'exécutif d'une collectivité territoriale à proposer à l'assemblée délibérante de soumettre au référendum ou à consultation locale tout projet d'acte relevant des attributions qu'il exerce au nom de la collectivité (CGCT, art. L. 1112-2 et L. 1112-15).

Section I. – Dispositions générales

Bibliographie : P. Mozol, *La procédure de consultation locale issue de l'ordonnance du 21 avril 2016, un outil de rénovation du dialogue environnemental ? : JCP* A 2017, p. 2123. • J.-M. Pastor, *Consultations locales sur les projets d'aménagement : AJDA* 2016, p. 812. • H. Pauliat, *Consultation locale sur les projets susceptibles d'avoir une incidence sur l'environnement : une solution opportune pour la question de Notre-Dame-des-Landes : JCP* G 2016, p. 933. • M. Verpeaux, *Un nouveau cadre juridique pour la consultation des électeurs à Notre-Dame-des-Landes : JCP* A 2016, p. 19.

Présentation de la réforme. L'article 106 de la loi n° 2015-990 du 6 août 2015 pour la croissance, l'activité et l'égalité des chances économiques a habilité le Gouvernement à prévoir par ordonnance une procédure de consultation locale des électeurs sur un projet qu'il appartient à l'État d'autoriser. Dans ce cadre, l'ordonnance n° 2016-488 du 21 avril 2016 relative à la consultation locale sur les projets susceptibles d'avoir une incidence sur l'environnement prévoit la possibilité pour l'État de recueillir l'avis des citoyens les plus susceptibles d'être impactés par un projet d'infrastructure ou d'équipement. Il s'agit d'une procédure distincte de celle prévue aux articles L. 1112-2 et suivants du Code général des collectivités territoriales qui autorisent l'exécutif d'une collectivité territoriale à proposer à l'assemblée délibérante de soumettre à référendum ou consultation locale tout projet d'acte relevant des attributions qu'il exerce au nom de la collectivité.

La décision de consultation doit être prise avant que l'ensemble des autorisations nécessaires au projet n'aient été délivrées. Un décret en organise les modalités en précisant l'objet, la date et l'aire de la consultation. Un dossier d'information sur le projet est préparé par la Commission nationale du débat public. L'organisation de ce type de consultation locale relève de la compétence des maires en application de l'article L. 2122-27 du Code général des collectivités territoriales.

Cette procédure a été mise en œuvre pour la première et unique fois dans le cadre du projet de transfert de l'aéroport de Nantes Atlantique sur le site de Notre-Dame-des-Landes par un décret n° 2016-503 du 23 avril 2016 invitant les électeurs des communes de ce département, le 26 juin 2016, à répondre à la question suivante : « Êtes-vous favorable au projet de transfert de l'aéroport de Nantes-Atlantique sur la commune de Notre-Dame-des-Landes ? ».

Art. L. 123-20 *(Ord. n° 2016-488, 21 avr. 2016).* – **L'État peut consulter les électeurs d'une aire territoriale déterminée afin de recueillir leur avis sur un projet d'infrastructure ou d'équipement susceptible d'avoir une incidence sur l'environnement dont la réalisation est subordonnée à la délivrance d'une autorisation relevant de sa compétence, y compris après une déclaration d'utilité publique.**

Bibliographie : N. Huten, *Consultation locale : Rev. jur. env.* 2017, 136. • R. Brett, *Un référendum local sur l'aéroport du Grand Ouest : une ambition politique à l'épreuve de la réalité juridique : Énergie - Env. - Infrastr.* 2016, n° 34. • R. Brett, *Notre-Dame-des-Landes : résultat de la consultation du 26 juin 2016 : Énergie - Env. - Infrastr.* 2016, alerte 283. • B. Delaunay, *Une procédure taillée sur mesure pour Notre-Dame-des-Landes ? : AJDA* 2016, 1515. • J.-M. Pastor, *Consultations locales sur les projets d'aménagement : AJDA* 2016, 812 ; *Dr. env.* 2016, 174. • N. Wolff, *Légalité du décret organisant la consultation locale sur le projet d'aéroport de Notre-Dame-des-Landes : Aménagement-Urbanisme* sept. 2016, complément n° 28, p. 31. • N. Wolff, *Médiations, négociations, référendum : quelles réponses aux conflits environnementaux ? : Dr. env.* 2016, 268.

1) Légalité de l'Ordonnance n° 2016-488. Il résulte des délibérations n°s 2016-01 du 16 févr. 2016 et 2016-04 du 24 mars 2016 du Conseil national de la transition écologique que le moyen tiré de ce que ce Conseil n'a pas été associé à l'élaboration de l'ordonnance contestée n'est pas de nature, en l'état de l'instruction, à créer un doute sérieux sur la légalité de l'ordonnance contestée ; il en va de même, d'autre part, au regard notamment de l'avis du Conseil national de l'évaluation des normes du 11 avril 2016 et de la lettre de saisine du 8 avril 2016, du moyen tiré de ce que ce Conseil n'aurait pas été consulté conformément à la procédure prévue à l'article L. 1212-2 du Code général des collectivités territoriales. Le moyen tiré de ce que l'ordonnance contestée méconnaîtrait les dispositions de l'article 106 de la Loi du 6 août 2015 aux motifs, d'une part, que les dispositions de l'article L. 123-26 du Code de l'environnement étendent les compétences de la Commission nationale du débat public et, d'autre part, qu'elles donnent la faculté à l'État de consulter les électeurs après l'intervention des décisions d'autorisation du projet et en particulier après la déclaration d'utilité publique, n'est pas de nature, en l'état de l'instruction, à créer un doute sérieux sur la légalité de l'ordonnance contestée. Les dispositions de l'article 7 de la Charte de l'environnement ne font nullement obstacle à ce que le Gouvernement intervienne dans les matières qu'elles régissent par voie d'ordonnance dans les conditions prévues à l'article 38 de la Constitution ; l'ordonnance contestée ne crée pas un pouvoir de décision nouveau de nature à affecter les compétences des collectivités territoriales, conformément aux dispositions du 3° de l'article 106 de la Loi du 6 août 2015, elle instaure la faculté pour le Gouvernement de recueillir un avis auprès des électeurs qui ne lie pas les autorités compétentes ; ainsi, et en tout état de cause, les moyens tirés de ce que l'ordonnance contestée méconnaîtraient les dispositions de l'article 7 de la Charte de l'environnement, les principes constitutionnels de libre administration des collectivités territoriales, d'indivisibilité de la République, de souveraineté nationale et le principe de sécurité juridique ne peuvent, en l'état de l'instruction, créer un doute sérieux sur la légalité de l'ordonnance contestée. Le principe de confiance légitime, qui est au nombre des principes généraux du droit de l'Union européenne, ne trouve à s'appliquer dans l'ordre juridique national que dans le cas où la situation juridique dont a à connaître le juge administratif français est régie par le droit communautaire ; aucun texte de droit de l'Union n'a pour objet de régir les modalités de consultation du public concernant les projets susceptibles d'avoir une incidence sur l'environnement ; par suite, les requérantes ne peuvent utilement invoquer le principe de confiance légitime. Les dispositions de l'ordonnance contestée instaurent une consultation facultative qui n'a ni pour objet ni pour effet de se substituer aux autres procédures de participation du public prévues au Code de l'environnement. Ainsi le moyen tiré de ce que les dispositions de l'ordonnance contestée méconnaîtraient les stipulations des articles 6, 7 et 8 de la Convention signée le 25 juin 1998 à Aarhus sur l'accès à l'information, la participation du public au processus décisionnel et l'accès à la justice en matière d'environnement et les dispositions des Directives n°s 2011/92/UE du 13 novembre 2011 et 2014/52/UE du 16 avril 2014 ne sont pas de nature, en l'état de l'instruction, à créer un doute sérieux sur la légalité de l'ordonnance contestée (▪ CE, ord., 22 juin 2016, n° 400704, *ATTAC : Dr. env.* 2016, 257 ; *Aménagement-Urbanisme* sept. 2016, complément n° 28, p. 32, note Wolff).

2) Légalité de la consultation Notre-Dame-des-Landes. La consultation prévue par le décret attaqué porte sur le projet qui a fait l'objet, notamment, de la déclaration d'utilité publique du 9 février 2008. Le gouvernement n'a ni décidé, ni manifesté la volonté de modifier ce projet, ni annoncé une consultation des électeurs portant sur un projet distinct. Lorsqu'une préfecture de département est désignée comme lieu d'enquête, ainsi que le prévoyait en l'espèce l'avis d'ouverture des enquêtes publiques, il résulte des dispositions précitées qu'il y a lieu de consulter les électeurs des communes du département, sans qu'ait une incidence sur ce point la circonstance que la commune où se situe cette préfecture ait également la qualité de chef-lieu de région (■ CE, 20 juin 2016, n° 400364, *Assoc. citoyenne intercommunale des populations concernées par le projet d'aéroport de Notre-Dame-des-Landes et a. : AJDA* 2016, 1262, note Pastor ; *Dr. env.* 2016, 257 ; *Aménagement-Urbanisme* sept. 2016, complément n° 28, p. 31, note Wolff).

3) Légalité de la consultation Notre-Dame-des-Landes (suite). Les dispositions de l'article L. 123-20 du Code de l'environnement ne conditionnent nullement la légalité de la consultation des électeurs à ce que la délivrance d'une autorisation de l'État soit encore nécessaire à la réalisation du projet et précisent, notamment, qu'une telle consultation peut intervenir après une déclaration d'utilité publique. Cette consultation peut permettre à l'État de confirmer son choix et de décider de mettre en œuvre son projet ou d'y renoncer. Dès lors, on ne saurait soutenir que le décret décidant une telle consultation méconnaîtrait l'article L. 123-2° du Code de l'environnement, au motif que la consultation qu'il prévoyait interviendrait postérieurement à la décision de l'État de réaliser le projet en cause (■ CE, 20 juin 2016, n° 400364, *Assoc. citoyenne intercommunale des populations concernées par le projet d'aéroport de Notre-Dame-des-Landes et a. : AJDA* 2016, 1262, note Pastor ; *Dr. env.* 2016, 257 ; *Aménagement-Urbanisme* sept. 2016, complément n° 28, p. 31, note Wolff).

Art. L. 123-21 *(Ord. n° 2016-488, 21 avr. 2016).* **– L'aire de la consultation correspond à celle du territoire couvert par l'enquête publique dont ce projet a fait l'objet ou, lorsque plusieurs enquêtes publiques ont été réalisées au titre de législations distinctes, à celle de l'ensemble du territoire couvert par ces enquêtes.**

Le territoire couvert par l'enquête est celui des communes désignées comme lieux d'enquête par l'arrêté d'ouverture de celle-ci ainsi que, lorsque le chef-lieu d'une circonscription administrative de l'État a également été désigné comme lieu d'enquête, le territoire des communes comprises dans cette circonscription.

Dans les autres cas, l'aire de la consultation est celle du territoire des communes dont l'environnement est susceptible d'être affecté par le projet.

L'aire de la consultation est indiquée par le décret prévu par l'article L. 123-23.

Art. L. 123-22 *(Ord. n° 2016-488, 21 avr. 2016).* **– Peuvent seuls participer à la consultation les électeurs de nationalité française inscrits, dans les conditions prévues par le chapitre II du titre Ier du livre Ier du Code électoral, sur les listes électorales des communes dans lesquelles est organisée la consultation et les ressortissants d'un État membre de l'Union européenne inscrits, dans les conditions prévues aux articles LO 227-1 à LO 227-5 du même code, sur les listes électorales complémentaires de ces mêmes communes établies pour les élections municipales.**

Art. L. 123-23 *(Ord. n° 2016-488, 21 avr. 2016).* **– La consultation est décidée par un décret qui en indique l'objet, la date ainsi que le périmètre, qui définit la question posée et qui convoque les électeurs. Il est publié au plus tard deux mois avant la date de la consultation.**

La consultation ne peut avoir lieu après le premier jour du troisième mois précédant celui au cours duquel il est procédé aux élections et scrutins énumérés par les cinquième à dixième alinéas de l'article LO 1112-6 du Code général des collectivités territoriales.

Section II. – Organisation de la consultation

Art. L. 123-24 *(Ord. n° 2016-488, 21 avr. 2016).* **– Le décret prévu par l'article L. 123-23 est notifié dans les deux semaines suivant sa publication par le représentant de l'État dans le département aux maires des communes concernées.**

Conformément à l'obligation qui leur est faite par le 3° de l'article L. 2122-27 du Code général des collectivités territoriales, les maires assurent la mise à disposition de l'information aux électeurs et l'organisation des opérations de la consultation dans les conditions prévues par le présent chapitre.

L'État prend à sa charge toute dépense afférente à la consultation.

Art. L. 123-25 *(Ord. n° 2016-488, 21 avr. 2016).* **– À compter de la date de publication du décret prévu par l'article L. 123-23, les interdictions et restrictions prévues par les articles L. 47 à L. 50-1, L. 52-1 et L. 52-2 du Code électoral sont applicables à toute action de propagande portant sur le projet qui fait l'objet de la consultation ou sur celle-ci.**

Sont également applicables les dispositions de la loi n° 77-808 du 19 juillet 1977 relative à la publication et à la diffusion de certains sondages d'opinion.

Art. L. 123-26 *(Ord. n° 2016-488, 21 avr. 2016)*. – Un dossier d'information sur le projet qui fait l'objet de la consultation est élaboré par la Commission nationale du débat public.

Ce dossier comprend un document de synthèse présentant de façon claire et objective le projet, ses motifs, ses caractéristiques, l'état d'avancement des procédures, ses impacts sur l'environnement et les autres effets qui en sont attendus. Il mentionne les principaux documents de nature à éclairer les électeurs et comporte les liens vers les sites internet où ces documents peuvent être consultés.

Le dossier est mis en ligne sur le site de la Commission nationale du débat public au moins quinze jours avant la date fixée pour la consultation. Les maires mettent à la disposition des électeurs un point d'accès à internet qui permet d'en prendre connaissance.

Le décret prévu à l'article L. 123-23 peut prévoir des modalités complémentaires de mise à disposition de ce dossier aux électeurs lorsqu'elles s'avèrent nécessaires.

Art. L. 123-27 *(Ord. n° 2016-488, 21 avr. 2016)*. – Une lettre d'information relative à l'organisation de la consultation accompagnée de deux bulletins de vote est adressée par l'État à chaque électeur au plus tard le troisième jeudi précédant la consultation.

Section III. – Déroulement du scrutin de la consultation

Art. L. 123-28 *(Ord. n° 2016-488, 21 avr. 2016)*. – Les électeurs font connaître par « OUI » ou par « NON » leur avis sur la question qui leur est posée.

Art. L. 123-29 *(Ord. n° 2016-488, 21 avr. 2016)*. – Les opérations de vote pour la consultation sont régies par les dispositions du chapitre VI du titre Ier du livre Ier du Code électoral, à l'exception des articles L. 52-19, L. 56, L. 57, L. 58, L. 67, du deuxième alinéa de l'article L. 68 et de l'article L. 85-1, moyennant les adaptations suivantes :

1° Pour l'application du troisième alinéa de l'article L. 65, les mots :

– « les noms portés » sont remplacés par les mots : « les réponses portées » ;

– « des listes » sont remplacés par les mots : « des feuilles de pointage » ;

– « des listes et des noms différents » sont remplacés par les mots : « des réponses contradictoires » ;

– « la même liste, le même binôme de candidats ou le même candidat » sont remplacés par les mots : « la même réponse » ;

2° Pour l'application du premier alinéa de l'article L. 66, les mots : « pour les candidats ou pour des tiers » sont remplacés par les mots : « , ainsi que les bulletins de vote autres que ceux fournis par l'État » ;

3° Pour l'application du troisième alinéa de l'article L. 66, après les mots :« ces bulletins », sont ajoutés les mots : « et enveloppes ».

Art. L. 123-30 *(Ord. n° 2016-488, 21 avr. 2016)*. – Les dispositions pénales prévues par le chapitre VII du titre Ier du livre Ier du Code électoral sont applicables au scrutin de la consultation, à l'exception des articles L. 88-1 à L. 90-1, L. 95 et L. 113-1.

Art. L. 123-31 *(Ord. n° 2016-488, 21 avr. 2016)*. – Il est institué une commission de recensement *siégeant dans la commune* la plus peuplée du ressort territorial où est organisée la consultation et composée de trois magistrats.

Section IV. – Dispositions diverses

Art. L. 123-32 *(Ord. n° 2016-488, 21 avr. 2016)*. – La régularité de la consultation régie par le présent chapitre peut être contestée dans les conditions, formes et délais prescrits pour les réclamations contre l'élection des membres des conseils municipaux.

Art. L. 123-33 *(Ord. n° 2016-488, 21 avr. 2016)*. – Les modalités d'application du présent chapitre sont déterminées par un décret en Conseil d'État.

CHAPITRE IV. – DROIT D'ACCÈS À L'INFORMATION RELATIVE À L'ENVIRONNEMENT (1)

(Rempl., L. n° 2005-1319, 26 oct. 2005) (2)

On rappellera que l'accès à l'information environnementale s'exerce selon les modalités prévues par la loi du 17 juillet 1978 (L. n° 78-753, 17 juill. 1978, portant diverses mesures d'amélioration des relations entre l'Administration et le public et diverses dispositions d'ordre administratif, social et fiscal), codifiée dans le Code des relations du public avec l'administration issu de l'ordonnance n° 2015-1341 du 23 octobre 2015 et du décret n° 2015-1342 du 23 octobre 2015. Naturellement, ces dispositions plus favorables, intégrées, consécutivement à la transposition de la directive n° 2003/4/CE du 28 janvier 2003, dans le chapitre IV du titre II du livre 1er de la partie législative du Code de l'environnement, sont applicables.

S'agissant de la diffusion de l'information environnementale, on consultera le portail internet notre-environnement.gouv.fr relatif aux informations, documents et données concernant l'environnement, accessibles gratuitement sur les sites et portails publics existants. Les informations disponibles proviennent des services de l'État (ministères, services de terrain, établissements publics), des collectivités (communes, départements, régions, leurs groupements, leurs établissements publics...), ainsi que d'autres organismes ayant une mission de service public sur l'environnement.

Voir : Droit international : Conv. d'Aarhus, 25 juin 1998 sur l'accès à l'information, la participation du public au processus décisionnel et l'accès à la justice en matière d'environnement, p. 25 (annexe du décret n° 2002-1187 du 12 septembre 2002 portant publication de la convention sur l'accès à l'information, la participation du public au processus décisionnel et l'accès à la justice en matière d'environnement, ensemble deux annexes).

Droit de l'Union européenne : Dir. PE et Cons. UE n° 2003/4 ▪ CE, 28 janv. 2003 concernant l'accès du public à l'information en matière d'environnement et abrogeant la directive n° 90/313/CEE du Conseil (*JOCE* 14 févr. 2003, p. 26) ;

– Dir. Cons. n° 96/82, 9 déc. 1996 concernant la maîtrise des dangers liés aux accidents majeurs impliquant des substances dangereuses (directive Seveso II) (*JOCE* n° L 10, 14 janv. 1997) ;

– Dir. PE et Cons. n° 2024/2881, 23 oct. 2024, concernant la qualité de l'air ambiant et un air pur pour l'Europe, laquelle renforce l'information du public en la matière ;

– V. également Règl. Comm. CE n° 1836/93, 29 juin 1993 permettant la participation volontaire des entreprises du secteur industriel à un système communautaire de management environnemental et d'audit (*JOCE* n° L 168, 10 juill. 1993).

Droit interne : L. n° 78-753, 17 juill. 1978, relative à la communication des documents administratifs. – L. n° 79-587, 11 juill. 1979, relative à la motivation des actes administratifs et à l'amélioration des relations entre l'administration et le public ;

– L. n° 95-101, 2 févr. 1995, relative au renforcement de la protection de l'environnement (*JO* 3 févr. 1995, p. 1840) ;

– L. n° 2000-321, 12 avr. 2000, relative au droit des citoyens dans leurs relations avec l'administration (*JO* 13 avr. 2000, p. 5646) ;

– L. n° 2012-1460, 27 déc. 2012, relative à la mise en œuvre du principe de participation du public défini à l'article 7 de la Charte de l'environnement (*JO* 28 déc. 2012).

Bibliographie : F. Jamay, *Principe de participation : Droit à l'information* : *JCl. Environnement et Développement durable*, fasc. 2430, 24 avr. 2024. • T. Berger, *Accès à l'information du public et protection des secrets d'affaires : le cas des nanotechnologies* : *RJEP* 2022, n° 1, p. 121. • C. Dagot, *Information et participation du public (sept. 2014-sept. 2015) : Dr. env.* 2015, n° 239, p. 398. • F.-X. Fort, *Le renouvellement des procédures de participation en droit de l'environnement : Environnement* 2013, étude 1. • F. Jamay, *La loi du 27 décembre 2012 relative à la mise en œuvre du principe de participation du public : une ambition limitée : JCP* A 2013, n° 19, 2137. • C. Huglo, *La nouvelle loi sur la participation du public et la démocratie environnementale : entre progression et interrogations : Environnement* 2013, repère 2. • F.-G. Trébulle, *Alertes et expertise en matière de santé et d'environnement, les enjeux de la loi du 16 avril 2013 : Environnement* 2013, étude 21. • M. Denieul, *Dérogations au droit d'accès du public à l'information environnementale : l'union fait la force*, note ss CJUE, 28 juill. 2011, aff. C-71/10 : *Gaz. Pal.* 2011, nos 308-309, p. 45. • J. Betaille, *Le droit français de la participation du public face à la Convention d'Aarhus : AJDA* 2010, n° 37, p. 2083 ; *Aarhus et évaluation des incidences : Rev. jur. env.* janv. 2010, n° 1, p. 175. • P. Billet, *Conditions d'accès aux documents administratifs intéressant l'environnement : Environnement* 2010, focus 106. • W. Heerman, *L'accès à la justice : la Convention d'Aarhus : Rev. jur. env.* déc. 2009, p. 49. • A. Lallet, *La Commission d'accès aux documents administratifs a trente ans : AJDA* 2008, p. 1415. • P. Narbey et M. Raunet, *Les outils de l'information environnementale : trop plein ou insuffisance ? : BDEI* mai 2008, n° 15, p. 43 ; *Les garanties du droit d'accès à l'information : LPA* 2008, n° 81, p. 78 ; *Le droit d'accès du public à l'information environnementale : Defrénois* 15 mars 2008, n° 5, p. 505. • C. Huglo, *Convergence sur le droit à l'information en matière d'environnement ? : Environnement* 2007, n° 10, repère 9. • Y. Jegouzo, Principe et idéologie de la participation : Mél. en

(1) L'ancien chapitre IV et ses articles L. 124-1 à L. 124-4 sont devenus le chapitre V et les articles L. 125-1 à L. 125-4, Ord. n° 2001-321, 11 avr. 2001, art. 9, I et II.

(2) Dispositions applicables à Mayotte à compter du 1er janvier 2006, L. n° 2005-1319, 26 oct. 2005, art. 7.

l'honneur de M. Prieur, Dalloz, 2007, p. 577. • M.-B. Lahorgue, *Le dispositif national en matière de droit à l'information nucléaire complété : Dr. env.* 2007, n° 57, p. 24. • *Liberté d'accès aux documents administratifs et réutilisation des informations publiques : AJDA* 2006, p. 1377. • O. Henrard, *L'information du public en matière de sécurité nucléaire après la loi du 13 juin 2006 : AJDA* 2006, p. 2112. • M. Prieur, *Nucléaire, information et secret défense, débat public Caen 14 nov. 2005 : Rev. jur. env.* 3/2006, p. 289. • C. Ribot, *Exigence d'information et de participation du public en matière d'environnement : perfectionnement des procédures de mise en œuvre : BDEI* juill. 2006, n° 4. • F.-G. Trébulle, *L'information environnementale : quelle place en droit des sociétés ? : Dr. soc.* 2006, n° 7, étude 14. • J.-M. Bruguière, *Données publiques : la confusion des genres de l'ordonnance du 6 juin 2005 : JCP* A 2005, n° 491, p. 1376. • Y. Razafindratandra, *Du droit d'accéder à l'information au droit d'être informé : le rôle moteur du droit de l'environnement dans la transformation des rapports entre l'administration française et les usagers : Dr. env.* 2005, n° 134, p. 293. • M. Crone, *Information environnementale : vers une démocratie participative : Dr. env.* 2004, n° 115. • *Dix ans d'accès à l'information en matière d'environnement en droit international, européen et interne : bilan et perspective : Actes du Colloque mis à jour*, Bruylant 2003. • *Tout savoir sur l'accès aux documents administratifs des collectivités : Gaz. cnes* 24 juin 2002, p. 33. • B. Busson, *L'avenir du débat public en matière d'environnement : progrès de la démocratie ou consécration de la juricratie ? : Dr. env.* 2002, n° 104, p. 305 à 310. • B. Delaunay, *De la participation du public à l'élaboration des grands projets (commentaire du titre IV de la loi n° 2002-276 du 27 février 2002 relative à la démocratie de proximité) : LPA* 10 déc. 2002, n° 246, p. 3 à 13 (1re partie) ; *ibid.*, n° 247, 11 déc. 2002, p. 4 à 12. • C. Galvez, *L'obligation d'information : une condition indispensable au transfert de la garde des déchets du producteur à l'éliminateur : Environnement* 2002, p. 2. • N. Mallet-Poujol, *Le double langage du droit à l'information : D.* 2002, n° 31, p. 2420 à 2427. • J.-Cl. Helin, *Le droit à l'information et à la participation du public dans le Code de l'environnement : Dr. env.* 2001, n° 85, p. 20. • C. Delpech et J. Bourgelot, *Le rapport annuel sur le prix et la qualité du service public d'élimination des déchets : Gaz. cnes* 4 déc. 2000, p. 50. • *La Convention d'Aarhus : Rev. jur. env.* 1999, n° spécial. • B. Drobenko, *La convention d'Aarhus et le droit français : Rev. jur. env.* 1999, n° spécial, p. 31. • C. Jarlier-Clément, *La consultation du public sur les projets de stockage des déchets radioactifs : BDEI* 1999, n° 4, p. 10. • G. Monediaire, *Les droits à l'information et à la participation du public auprès de l'Union européenne : RED env.* 3/1999, p. 129 et s. ; *ibid.* 3/1999, p. 253 et s. • M. Prieur, *La convention d'Aarhus, instrument universel de démocratie environnementale : Rev. jur. env.* 1999, n° spécial, p. 9-29. • J. Soderman, *Rapport spécial du médiateur européen : RED env.* 3/1998, p. 343. • G. Sébastien, *Le droit à l'information du public en matière de déchets : LPA* 29 juill. 1996, n° 91, p. 8.

Art. L. 124-1 ***(Rempl., L. n° 2005-1319, 26 oct. 2005*** (1) ***; mod., Ord. n° 2015-1341, 23 oct. 2015).*** **– Le droit de toute personne d'accéder aux informations relatives à l'environnement détenues, reçues ou établies par les autorités publiques mentionnées à l'article L. 124-3 ou pour leur compte s'exerce dans les conditions définies par les dispositions du titre Ier du livre III du Code des relations entre le public et l'administration, sous réserve des dispositions du présent chapitre.**

Bibliographie : G. Sebastien, *Le droit à l'information en matière d'environnement dans les pays de l'UE* (ss dir. M. Prieur), PULIM, 1997. • J.-P. Costa, *La Commission d'accès aux documents administratifs : RFDA* 1996, p. 185. • S. Gilles, *Le droit à l'information du public en matière de déchets : LPA* 29 juill. 1996, n° 91, p. 8. • G. Sebastien, *Le droit à l'information du public en matière de déchets : LPA* 29 juill. 1996, n° 91, p. 8. • R. Letteron, *Le modèle français de transparence administrative à l'épreuve du droit communautaire : RFDA* 1995, p. 183.

1) Mise à disposition des documents sur internet. V. art. D. 120-1, p. 1473.

2) Installations classées. Le ministère met à disposition du public une base de données permettant de rechercher les installations classées soumises à autorisation ou à enregistrement en activité selon des critères géographiques, le type d'activité ou un régime particulier (SEVESO, IPPC...). Cette base, dénommée CEDRIC (Consultation Électronique des Documents Relatifs aux Installations Classées), permet également de consulter les actes réglementaires liés à une installation tels que les arrêtés préfectoraux d'autorisation et les arrêtés complémentaires.

Voir : Circulaire du 20 février 2013 relative à la mise à disposition sur Internet de documents relatifs aux installations classées.

3) Condamnation de la France. La République française a manqué aux obligations qui lui incombent en vertu des articles 2 *a)* et 3, § 1, 2 et 4 de la directive 90/313/CEE du Conseil du 7 juin 1990 concernant la liberté d'accès à l'information en matière d'environnement : 1) en limitant l'obligation de communication d'informations relatives à l'environnement aux « documents administratifs » au sens de la loi n° 78-753 du 17 juillet 1978 ; 2) en prévoyant, parmi les motifs de refus de communication de telles informations, un motif tiré de ce que la consultation ou la communication du

(1) Dispositions applicables à Mayotte à compter du 1er janvier 2006, L. n° 2005-1319, 26 oct. 2005, art. 7.

document porterait atteinte « de façon générale, aux secrets protégés par la loi » ; 3) en ne prévoyant pas dans la réglementation nationale de disposition selon laquelle les informations relatives à l'environnement font l'objet d'une communication partielle lorsque, conformément à la directive susvisée du 7 juin 1990, les intérêts visés à l'article 3, § 2 de ladite directive peuvent justifier un refus de communication ; 4) en ne prévoyant pas, dans l'hypothèse d'une décision implicite de rejet d'une demande d'informations relatives à l'environnement, que les autorités publiques soient tenues de fournir d'office au demandeur les motifs de ce rejet dans un délai de deux mois (■ CJCE, 26 juin 2003, aff. C-233/00, *Commission des Communautés européennes c/ République française*) – Remarque : cette décision est aujourd'hui obsolète, la France ayant entre-temps transposé la directive précitée. – L'article L. 124-1 du Code de l'environnement, qui exclut du droit à communication les documents préparatoires à une décision administrative tant qu'elle est en cours d'élaboration, n'est pas compatible avec les objectifs de l'article 3 paragraphe 3.3 de la directive du 7 juin 1990 qui limite la possibilité d'opposer un refus à une demande de communication d'informations environnementales au seul cas où celle-ci porte sur des documents inachevés, qu'ainsi, en se fondant, pour refuser de communiquer certains points du procès-verbal de la commission départementale des sites sur le motif que « le processus décisionnel s'agissant de ces points n'était pas encore achevé », le tribunal administratif a commis une erreur de droit (■ CE, 7 août 2007, n° 266668, *Assoc. des habitants du littoral du Morbihan : JCP* A 2007, n° 50, p. 2322 ; *BJDU* 4/2007, p. 272 ; *Environnement* 2007, n° 10 comm. 88 et repère 9 ; *AJDA* 2007, p. 1563 ; *Europe* 2007, n° 10, comm. 237).

4) Articulation avec le droit communautaire. En fondant son refus de communication de l'étude hydraulique et hydrologique d'actualisation produite par une société d'exploitation de carrière, au motif qu'il s'agit d'un document préparatoire, sur les dispositions de la loi du 17 juillet 1978 qui sont en contradiction avec celles de la directive du 7 juin 1990, le préfet des Vosges l'a privé de fondement juridique (■ TA Nancy, 7 nov. 2000, n° 00922, *Assoc. de sauvegarde des vallées et de prévention des pollutions*).

5) Charte de l'environnement. Est contraire à la Constitution (article 7 de la Charte de l'environnement) l'article L. 120-1 du Code de l'environnement fixant les modalités générales de participation du public aux décisions de l'État et de ses établissements publics ayant une incidence sur l'environnement, en ce qu'il prévoyait une participation du public limitée aux seules décisions réglementaires de l'État et de ses établissements publics (■ Cons. const., 23 nov. 2012, n° 2012-282 QPC, *Assoc. France Nature Environnement et a.*).

6) Demande de communication de document. Notion d'informations relatives à l'environnement. Est annulée la décision par laquelle le préfet a refusé à une association de protection de l'environnement la communication de documents retraçant les résultats d'analyses effectuées sur les effluents rejetés par des installations classées (■ TA Bordeaux, 10 oct. 1989, *Aquitaine Alternatives : Rev. jur. env.* 1/1990, p. 115). En matière de fermeture de ligne de chemin de fer, le ministre chargé des transports dispose d'un délai de deux mois pour faire connaître son accord ou son opposition. Cet avis constitue une décision et non un acte préalable, il est donc communicable. Ainsi, le tribunal a annulé la décision implicite de rejet de la demande de communication opposée par le ministre chargé des transports et a ordonné à ce dernier de communiquer le document dans un délai d'un mois sous peine d'une astreinte de 50 € par jour de retard (■ TA Paris, 13 févr. 2003, n° 0206808/7, *Braud*). Les registres de réclamation mis à disposition du public pendant la durée de l'enquête publique comportent des informations relatives à l'environnement au sens de l'article L. 124-1 et sont donc communicables sur le fondement de cet article (■ CE, 9ᵉ et 10ᵉ ss-sect., 26 janv. 2011, n° 310270, *Saffray Min. de l'agriculture, alimentation, pêche, ruralité et aménagement du territoire*). Les articles L. 124-4 et L. 124-5 énumèrent les motifs pour lesquels les autorités publiques peuvent rejeter une demande d'information relative à l'environnement. Seuls ces motifs peuvent justifier légalement un refus de communiquer des informations au nombre desquelles ne figure pas le caractère préparatoire du document. En l'espèce, le document sollicité comporte des informations relatives à l'environnement. Il est par conséquent communicable à toute personne qui en fait la demande bien qu'il prépare une décision administrative future (CADA, 22 oct. 2015, avis n° 20154449). Les informations contenues dans des documents qui s'inscrivent dans le cadre d'une procédure de choix par une personne publique d'un aménageur d'une ZAC ne sauraient être regardées comme ayant pour objet des décisions ou des activités susceptibles d'avoir des incidences sur l'état des éléments de l'environnement tant que cette sélection n'a pas conduit à la conclusion d'un contrat avec un aménageur (■ CE, 1ᵉʳ mars 2021, n° 436654, *Mme A. et a.*).

7) Secret professionnel. Les déclarations établies par les redevables de la taxe générale sur les activités polluantes détenues par les agents des douanes ne sont pas communicables aux tiers, en l'absence de disposition législative expresse déliant ces agents du secret professionnel auquel ils sont tenus (■ CE, 21 mai 2008, n° 306138, *Min. Budget c/ Communauté d'agglomération du bassin d'Aurillac : RJEP* 2008, p. 12).

8) **Urbanisme.** Le public doit avoir accès à l'ensemble des informations recueillies dès le début de la procédure d'autorisation d'urbanisme. Les autorités nationales compétentes ne peuvent refuser au public concerné l'accès à une telle décision en se fondant sur la protection de la confidentialité des informations commerciales ou industrielles prévue par le droit national ou de l'Union afin de protéger un intérêt économique légitime (■ CJUE, gde ch., 15 janv. 2013, aff. C-416/10, *Jozef Križan et a.*).

9) **Quotas de GES.** Compte tenu de la confidentialité qui caractérise les données transactionnelles en matière de quotas d'émission de gaz à effet de serre, leur communication par l'administrateur de registre national à des tiers n'est possible qu'après leur mise en ligne dans la zone publique du site web du journal des transactions communautaires, soit après l'expiration d'une période de cinq ans (■ CJUE, 22 déc. 2010, aff. C-524/09, *Ville de Lyon c/ Caisse des dépôts et consignations*).

10) **Nucléaire.** La Convention d'Aarhus n'a pas pour effet d'imposer que le démantèlement des centrales nucléaires soit, à l'instar de leur construction, soumis à la procédure prévue par les articles L. 121-1 et suivants du Code de l'environnement (■ CE, 9 déc. 2011, n° 324294, *Réseau Sortir du Nucléaire*).

Art. L. 124-2 *(L. n° 2005-1319, 26 oct. 2005)* (1). **– Est considérée comme information relative à l'environnement au sens du présent chapitre toute information disponible, quel qu'en soit le support, qui a pour objet :**

1° L'état des éléments de l'environnement, notamment l'air, l'atmosphère, l'eau, le sol, les terres, les paysages, les sites naturels, les zones côtières ou marines et la diversité biologique, ainsi que les interactions entre ces éléments ;

2° Les décisions, les activités et les facteurs, notamment les substances, l'énergie, le bruit, les rayonnements, les déchets, les émissions, les déversements et autres rejets, susceptibles d'avoir des incidences sur l'état des éléments visés au 1° ;

3° L'état de la santé humaine, la sécurité et les conditions de vie des personnes, les constructions et le patrimoine culturel, dans la mesure où ils sont ou peuvent être altérés par des éléments de l'environnement, des décisions, des activités ou des facteurs mentionnés ci-dessus ;

4° Les analyses des coûts et avantages ainsi que les hypothèses économiques utilisées dans le cadre des décisions et activités visées au 2° ;

5° Les rapports établis par les autorités publiques ou pour leur compte sur l'application des dispositions législatives et réglementaires relatives à l'environnement.

1) **Notion d'informations relatives à l'environnement.** Les analyses préalables figurant dans le document d'aménagement d'une forêt, qui se rapportent à l'état des éléments de l'environnement et aux activités susceptibles de les affecter, ainsi que la partie économique de ce document, qui a trait à ces activités et aux hypothèses économiques utilisées dans ce cadre, constituent des informations relatives à l'environnement (■ CE, 27 sept. 2022, n° 451627, *Assoc. Mormal Forêt Agir*).

2) **Liens avec l'article L. 311-1 du CRPA.** Le droit d'accès aux informations environnementales s'applique aux seules informations contenues dans un document et ne rend pas communicable, par principe, l'intégralité de ce document. En prenant en compte son auteur, son intitulé, son objet et l'avis favorable, sous réserves, rendu par la commission d'accès aux documents administratifs à la communication de ce document, le tribunal administratif qui a estimé que le rapport n° 19032 intitulé « utilisation des animaux à des fins scientifiques », détenu par la ministre de l'Enseignement supérieur et de la Recherche, contenait des informations relatives à l'environnement au sens des dispositions de l'article L. 124-2 du Code de l'environnement et était, par suite, communicable dans son intégralité, en s'abstenant de distinguer les parties du rapport susceptibles de relever du droit d'accès aux informations environnementales et celles susceptibles de relever du droit d'accès aux documents administratifs, alors que chacun de ces deux régimes juridiques prévoit des règles particulières, notamment en ce qui concerne les exceptions au droit à communication, a entaché son jugement d'erreur de droit (■ CE, 24 juill. 2024, n° 481395, *Min. de l'Enseignement supérieur et de la Recherche*).

(1) Dispositions applicables à Mayotte à compter du 1er janvier 2006, L. n° 2005-1319, 26 oct. 2005, art. 7.

Art. L. 124-3 *(L. n° 2005-1319, 26 oct. 2005)* (1). **– Toute personne qui en fait la demande reçoit communication des informations relatives à l'environnement détenues par :**

1° L'État, les collectivités territoriales et leurs groupements, les établissements publics ;

2° Les personnes chargées d'une mission de service public en rapport avec l'environnement, dans la mesure où ces informations concernent l'exercice de cette mission.

Les organismes ou institutions agissant dans l'exercice de pouvoirs juridictionnels ou législatifs ne sont pas soumis aux dispositions du présent chapitre.

1) Informations détenues, reçues ou établies par l'ONF. Les dispositions de l'article L. 124-3 se bornent à assurer la transposition en droit interne des dispositions inconditionnelles et précises des articles 2 et 3 de la Directive du 28 janvier 2003, telles qu'interprétées par la Cour de justice de l'Union européenne. Ne commet pas d'erreur de droit au regard desdites dispositions, prévues à l'article L. 124-3 du Code de l'environnement, le tribunal administratif jugeant que l'ONF était tenu de communiquer l'ensemble des informations relatives à l'environnement qu'il détenait, y compris celles résultant de ses activités commerciales (▪ CE, 21 févr. 2018, n° 410678, *FRAPNA c/ ONF : AJDA* 2018, 425, obs. Maupin ; *Dr. env.* 2018, 96. ▪ CE, 27 sept. 2022, n° 451627, Assoc. *Mormal Forêt Agir*).

2) Informations détenues, reçues ou établies par une personne privée qui n'exerce pas une mission de service public. Incompétence du juge administratif. Dès lors que l'association Groupe permanent pour la sécurité électrique en milieu agricole n'exerce pas une mission de service public, les litiges relatifs à la communication de documents qu'elle détient ne relèvent pas de la compétence du juge administratif (▪ CE, 6 juin 2023, n° 462748, *Groupe permanent pour la sécurité électrique en milieu agricole*).

Art. L. 124-4 *(L. n° 2005-1319, 26 oct. 2005* (1) *; mod., Ord. n° 2010-1232, 21 oct. 2010 ; Ord. n° 2015-1341, 23 oct. 2015).* **– I. – Après avoir apprécié l'intérêt d'une communication, l'autorité publique peut rejeter la demande d'une information relative à l'environnement dont la consultation ou la communication porte atteinte :**

1° Aux intérêts mentionnés aux articles L. 311-5 à L. 311-8 du Code des relations entre le public et l'administration, à l'exception de ceux visés au *e* et au *h* du 2° l'article L. 311-4 ;

2° À la protection de l'environnement auquel elle se rapporte ;

3° Aux intérêts de la personne physique ayant fourni, sans y être contrainte par une disposition législative ou réglementaire ou par un acte d'une autorité administrative ou juridictionnelle, l'information demandée sans consentir à sa divulgation ;

4° À la protection des renseignements prévue par l'article 6 de la loi n° 51-711 du 7 juin 1951 sur l'obligation, la coordination et le secret en matière de statistiques.

II. – Sous réserve des dispositions du II de l'article L. 124-6, elle peut également rejeter :

1° Une demande portant sur des documents en cours d'élaboration ;

2° Une demande portant sur des informations qu'elle ne détient pas ;

3° Une demande formulée de manière trop générale.

1) Refus de communication. Secret des affaires (non). Lorsque la demande de communication porte sur une information relative à des émissions de substances dans l'environnement, celle-ci peut être rejetée si sa consultation ou sa communication porterait atteinte à l'un des intérêts énumérés par les dispositions de l'article L. 124-4 du Code de l'environnement, au nombre desquels figure la sécurité publique, mais non le secret des affaires (▪ CE, 15 mars 2023, n° 456871, *Assoc. Réseau « Sortir du nucléaire »*).

2) Refus de communication. Atteinte à la conduite de la politique extérieure de la France (oui). Il résulte de la combinaison des dispositions des articles L. 124-4 du Code de l'environnement et L. 311-5 du Code des relations entre le public et l'administration que l'autorité publique peut, après avoir apprécié l'intérêt d'une communication, rejeter la demande d'une information relative à l'environnement dont la communication porte atteinte notamment à la conduite de la politique extérieure de la France. La circonstance qu'un document ou une information ne traite pas de la conduite de la politique extérieure de la France ne permet pas, à elle seule, d'écarter le risque d'atteinte aux intérêts de celle-ci. Tel est le cas des informations et documents concernant les

(1) Dispositions applicables à Mayotte à compter du 1er janvier 2006, L. n° 2005-1319, 26 oct. 2005, art. 7.

exportations d'uranium issu du retraitement du combustible usé (URT) vers la Russie en 2021 (■ CE, 30 déc. 2024, n° 476336, *Assoc. Greenpeace France*).

Art. L. 124-5 *(L. n° 2005-1319, 26 oct. 2005)* (1). **– I. – Lorsqu'une autorité publique est saisie d'une demande portant sur des informations relatives aux facteurs mentionnés au 2° de l'article L. 124-2, elle indique à son auteur, s'il le demande, l'adresse où il peut prendre connaissance des procédés et méthodes utilisés pour l'élaboration des données.**

II. – L'autorité publique ne peut rejeter la demande d'une information relative à des émissions de substances dans l'environnement que dans le cas où sa consultation ou sa communication porte atteinte :

1° À la conduite de la politique extérieure de la France, à la sécurité publique ou à la défense nationale ;

2° Au déroulement des procédures juridictionnelles ou à la recherche d'infractions pouvant donner lieu à des sanctions pénales ;

3° À des droits de propriété intellectuelle.

Art. L. 124-6 *(L. n° 2005-1319, 26 oct. 2005* (1) *; mod., Ord. n° 2015-1341, 23 oct. 2015).* **– I. – Le rejet d'une demande d'information relative à l'environnement est notifié au demandeur par une décision écrite motivée précisant les voies et délais de recours. L'article L. 232-4 du Code des relations entre le public et l'administration ne s'applique pas.**

II. – Lorsque ce rejet est fondé sur le 1° du II de l'article L. 124-4, cette décision indique le délai dans lequel le document sera achevé, ainsi que l'autorité publique chargée de son élaboration.

Lorsque ce rejet est fondé sur le 2° du II de l'article L. 124-4, cette décision indique, le cas échéant, l'autorité publique détenant cette information.

Une demande ne peut être rejetée sur le fondement du 3° du II de l'article L. 124-4 qu'après que l'autorité publique a préalablement invité le demandeur à la préciser et l'a aidé à cet effet.

Art. L. 124-7 *(L. n° 2005-1319, 26 oct. 2005)* (1). **– I. – Les autorités publiques prennent les mesures permettant au public de connaître ses droits d'accès aux informations relatives à l'environnement qu'elles détiennent, et veillent à ce que le public puisse accéder aux informations recherchées. À cet effet, elles établissent des répertoires ou des listes de catégories d'informations relatives à l'environnement en leur possession, accessibles gratuitement et indiquant le lieu où ces informations sont mises à la disposition du public.**

II. – Les autorités publiques veillent à ce que les informations relatives à l'environnement recueillies par elles ou pour leur compte soient précises et tenues à jour et puissent donner lieu à comparaison. Elles organisent la conservation de ces informations afin de permettre leur diffusion par voie électronique.

Art. L. 124-8 *(L. n° 2005-1319, 26 oct. 2005)* (1). **– Un décret en Conseil d'État, pris après avis de la commission d'accès aux documents administratifs, précise les modalités d'application du présent chapitre. Il définit les catégories d'informations relatives à l'environnement qui doivent faire l'objet d'une diffusion publique dans un délai qu'il fixe. Il détermine les modalités selon lesquelles l'État et les collectivités territoriales, chacun pour ce qui le concerne, mettent à la disposition du public les listes des établissements publics et des autres personnes mentionnés à l'article L. 124-3 qui leur sont rattachés ou sur lesquels ils exercent leur contrôle.**

CHAPITRE V. – AUTRES MODES D'INFORMATION

(Anc. chapitre IV dénum., Ord. n° 2001-321, 11 avr. 2001)

Voir : propos introductifs du chapitre IV.

Voir : Convention d'Aarhus du 25 juin 1998 sur l'accès à l'information, la participation du public au processus décisionnel et l'accès à la justice en matière d'environnement, (annexe du décret n° 2002-1187 du 12 septembre 2002 portant publication de la convention sur l'accès à l'information, la participation du public au processus décisionnel et l'accès à la justice en matière d'environnement, ensemble deux annexes) (*JO* 21 sept. 2002).

(1) Dispositions applicables à Mayotte à compter du 1er janvier 2006, L. n° 2005-1319, 26 oct. 2005, art. 7.

Section I. – Dispositions générales

(Division créée, Ord. n° 2012-6, 5 janv. 2012 ; intitulé rempl., Ord. n° 2016-128, 10 févr. 2016)

Art. L. 125-1 *(Anc. art. L. 124-1, dénum., Ord. n° 2001-321, 11 avr. 2001 ; mod., Ord. n° 2015-1341, 23 oct. 2015)*. **– I. – Toute personne a le droit d'être informée sur les effets préjudiciables pour la santé de l'homme et l'environnement du ramassage, du transport, du traitement, du stockage et du dépôt des déchets ainsi que sur les mesures prises pour prévenir ou compenser ces effets.**

II. – Ce droit consiste notamment en :

1° La communication par l'exploitant d'une installation d'élimination de déchets des documents établis dans le cadre des dispositions du chapitre Ier du titre Ier du livre V, permettant de mesurer les effets de son activité sur la santé publique et sur l'environnement et exposant les mesures prises pour supprimer ou réduire les effets nocifs des déchets ;

2° *(2° mod. à compter de la date prévue au II de l'article 29 de l'ordonnance n° 2010-177 du 23 février 2010, Ord. n° 2010-177, 23 févr. 2010 ; mod., L. n° 2010-788, 12 juill. 2010)* (1) **La création, sur tout site d'élimination ou de stockage de déchets, à l'initiative, soit du préfet, soit du conseil municipal de la commune d'implantation ou d'une commune limitrophe, de la commission mentionnée à l'article L. 125-2-1 ; le préfet, qui préside la commission, fait effectuer à la demande de celle-ci les opérations de contrôle qu'elle juge nécessaires à ses travaux, dans le cadre du titre Ier ou du titre IV (chapitre Ier) du livre V ; les documents établis par l'exploitant d'une installation d'élimination de déchets pour mesurer les effets de son activité sur la santé publique et sur l'environnement sont transmis à la commission ; les frais d'établissement et de fonctionnement de la commission sont pris en charge par le groupement prévu à l'article L. 541-43, lorsqu'il existe ;**

3° L'établissement, par les communes ou les établissements publics de coopération intercommunale ou des syndicats mixtes visés à l'article L. 2224-13 du Code général des collectivités territoriales et par les préfets, de documents permettant d'évaluer les mesures prises pour éliminer les déchets dont ils ont la responsabilité ; ces documents peuvent être librement consultés.

III. – Un décret en Conseil d'État définit les conditions d'exercice de ce droit. Il détermine notamment les modalités selon lesquelles cette information est portée à la connaissance du public (2).

IV. – Les dispositions contenues dans le présent article s'appliquent sans préjudice des dispositions du livre III du Code des relations entre le public et l'administration.

Composition de la CLIS. Une commission locale d'information et de surveillance composée de trois représentants pour les administrations publiques concernées, les collectivités territoriales et l'exploitant et de seulement deux représentants pour les associations de protection de l'environnement ne respecte pas la règle de parité exigée par l'article L. 125-1 du Code de l'environnement, peu importe qu'il n'ait existé que deux associations agréées au titre de la protection de l'environnement dans le département. Le respect de cette disposition substantielle ne constituait pas, en l'espèce, une formalité impossible (■ CAA Bordeaux, 15 avr. 2008, n° 06BX01822, *Préfet des Landes : Environnement* 2008, n° 7, comm. 102 ; *AJDA* 2008, p. 1720).

Art. L. 125-2 *(Rempl., L. n° 2020-1525, 7 déc. 2020 ; mod., L. n° 2021-1520, 25 nov. 2021)*. **– I. – Toute personne a un droit à l'information sur les risques majeurs auxquels elle est soumise dans certaines zones du territoire et sur les mesures de sauvegarde qui la concernent. Ce droit s'applique aux risques technologiques et aux risques naturels prévisibles.**

Dans ce cadre, ne peuvent être ni communiqués, ni mis à la disposition du public des éléments soumis à des règles de protection du secret de la défense nationale ou nécessaires à la sauvegarde des intérêts de la défense nationale ou de nature à faciliter des actes susceptibles de porter atteinte à la santé, la sécurité et la salubrité publiques ou dont la divulgation serait de nature à porter atteinte à des secrets de fabrication ou au secret des affaires.

(1) Aux termes de l'article 247 (I, 1°) de la loi n° 2010-788 du 12 juillet 2010, les mots : « d'une commission locale d'information et de surveillance composée, à parts égales, de représentants des administrations publiques concernées, de l'exploitant, des collectivités territoriales et des associations de protection de l'environnement concernées » sont remplacés par les mots : « de la commission mentionnée à l'article L. 125-2-1 » au présent alinéa. Ce remplacement ne tient pas compte de l'insertion par l'ordonnance n° 2010-177 du 23 février 2010 des mots « notamment de l'agence régionale de santé » au sein du groupe de mots précité. – NDLR.

(2) V. T. appl. : D. n° 93-1410, 29 déc. 1993 devenu C. env., art. R. 125-1 à R. 125-8. – NDLR.

II. – L'État et les communes exposées à au moins un risque majeur contribuent à l'information prévue au I par la mise à disposition du public des informations dont ils disposent.

II *bis*. – Dans les communes exposées à au moins un risque majeur, le maire communique à la population, par tout moyen approprié, les caractéristiques du ou des risques majeurs, les mesures de prévention, les modalités d'alerte et d'organisation des secours et, le cas échéant, celles de sauvegarde, en application de l'article L. 731-3 du Code de la sécurité intérieure. Cette communication comprend les garanties prévues à l'article L. 125-1 du Code des assurances.

III. – L'exploitant est tenu de participer à l'information générale du public sur les mesures prises aux abords des ouvrages ou installations faisant l'objet d'un plan particulier d'intervention.

III *bis*. – Dans les communes exposées à au moins un risque majeur, une information sur les risques et les mesures de sauvegarde est affichée dans certaines catégories de locaux et de terrains, notamment au regard des caractéristiques du risque ou du caractère non permanent de l'occupation des lieux.

III *ter*. – Un décret en Conseil d'État définit les modalités d'application des I à III *bis* (1).

IV. – Le représentant de l'État dans le département crée la commission mentionnée à l'article L. 125-2-1 du présent code pour tout bassin industriel comprenant une ou plusieurs installations figurant sur la liste prévue à l'article L. 515-36. Cette commission est dotée par l'État des moyens de remplir sa mission. Les conditions d'application du présent IV sont fixées par décret.

Voir : L. n° 2003-699, 30 juill. 2003 relative à la prévention des risques technologiques et naturels et à la réparation des dommages (*JO* 31 juill. 2003). – Circ. n° 91-43, 10 mai 1991 relative à l'information préventive sur les risques technologiques naturels majeurs et au décret n° 90-918 du 11 octobre 1990, relatif à l'exercice du droit à l'information sur les risques majeurs (*BOMELT* 31 août 1991).

Bibliographie : E. Carlier et J.-P. Boivin, *Les mesures d'information des populations sur les risques d'une installation Seveso sont-elles à la charge exclusive de l'exploitant ? : BDEI* 1/1995, p. 18 et s.

1) Pouvoir réglementaire du ministre. L'article 7 de la loi du 19 juillet 1976 relative aux installations classées pour la protection de l'environnement ne confère pas au ministre de l'Environnement le pouvoir d'imposer, par la voie réglementaire, aux exploitants d'installations classées, des mesures d'information du public qui relèvent du décret en Conseil d'État pris en application de l'article 21 de la loi du 22 juillet 1987 (■ CE, 26 mai 1995, n° 146668, *Union des industries chimiques et a.* : à propos de l'annulation de l'arrêté du 28 janvier 1993, par lequel le ministre de l'Environnement a fixé les règles techniques de l'information préventive des personnes susceptibles d'être affectées par un accident survenant dans une installation soumise à la législation des installations classées).

2) Responsabilité de la commune. La méconnaissance des dispositions de l'article L. 125-2 du Code de l'environnement, tirée du fait qu'un PPRN avait omis de prendre en compte le risque de tempête, à l'origine d'un décès, ne peut être invoquée pour engager la responsabilité de la commune dès lors que ce document relève de la seule compétence de l'État (■ CAA Bordeaux, 19 janv. 2016, n° 14BX00336).

3) Responsabilité pénale du maire. L'article L. 125-2, alinéa 2, du Code de l'environnement crée une obligation particulière de sécurité, sa violation délibérée par le maire de la commune, alors qu'il connaissait les risques de submersion de la commune, engage sa responsabilité pénale (■ CA Poitiers, 4 avr. 2016, n° 15/00561 : *JurisData* n° 2016-008796).

Art. L. 125-2-1 ***(Mod. à compter du 1er mars 2017, Ord. n° 2017-80, 26 janv. 2017*** (2) ***; mod., L. n° 2021-1520, 25 nov. 2021).*** **– Le représentant de l'État dans le département peut créer, à son initiative ou à la demande de l'exploitant, des collectivités ou des riverains, autour d'une ou plusieurs installations classées pour la protection de l'environnement soumises à autorisation en application de l'article 512-1 ou dans des zones géographiques comportant des risques et pollutions industriels et technologiques, une commission de suivi de site lorsque les nuisances, dangers et inconvénients présentés par cette ou ces installations ou dans ces zones géographiques, au regard des intérêts protégés par l'article L. 511-1, le justifient. Cette décision est prise après consultation de la commission consultative compétente.**

(1) V. T. appl. : D. n° 90-918, 11 oct. 1990 devenu C. env., art. R. 125-9 à R. 125-14. – NDLR.

(2) Dispositions d'application particulières et transitoires : V. Ord. n° 2017-80, 26 janv. 2017, art. 15. – NDLR.

Les frais d'établissement et de fonctionnement de la commission sont pris en charge par l'État, sauf convention particulière entre les acteurs ou dans les cas où le financement est prévu par la loi.

Cette commission peut faire appel aux compétences d'experts reconnus, notamment pour réaliser des tierces expertises. Elle est tenue informée de tout incident ou accident touchant à la sécurité des installations autour desquelles elle est réunie. Elle est dotée par l'État des moyens de remplir sa mission.

Les conditions d'application du présent article et notamment les règles de composition et de fonctionnement de la commission sont fixées par décret en Conseil d'État.

Art. L. 125-2-2 *(L. n° 2021-1104, 22 août 2021)*. – Les agents de l'État et des collectivités territoriales qui concourent à la connaissance et à la prévision des phénomènes naturels évolutifs ou dangereux, notamment dans le cadre de l'élaboration des documents constitutifs de l'information des acquéreurs ou locataires mentionnée à l'article L. 125-5, peuvent procéder à l'observation de tous lieux dans lesquels des phénomènes naturels sont en cours ou susceptibles de se produire et de mettre en danger la vie des populations, au moyen de caméras et capteurs installés sur des aéronefs circulant sans personne à bord et opérés par un télépilote. Cette observation peut conduire à la captation, à l'enregistrement et à la transmission d'images ainsi que de données physiques.

Lorsque ces opérations conduisent au survol d'espaces privés, toutes précautions sont prises pour limiter la collecte de données personnelles concernant ces espaces privés.

L'enregistrement n'est pas permanent et n'est rendu possible que dans des cas limitativement énumérés par le décret prévu au dernier alinéa du présent article, qui font l'objet d'une doctrine d'usage diffusée par le ministre chargé de l'environnement.

Seuls sont destinataires de ces enregistrements les agents, dûment formés et habilités, qui ont besoin d'en connaître pour l'accomplissement des missions mentionnées au premier alinéa.

Lorsqu'ils contiennent des données à caractère personnel, ces enregistrements ou les données à caractère personnel qu'ils contiennent sont supprimés au terme d'une durée de six mois.

Les nouvelles technologies ainsi mises en œuvre sont sans incidence sur l'exercice des droits des personnes concernées prévus par la loi n° 78-17 du 6 janvier 1978 relative à l'informatique, aux fichiers et aux libertés.

Hors situations d'urgence, dans le cas où les prises de vue sont susceptibles de rendre possible l'identification, directe ou indirecte, des personnes physiques, le public potentiellement concerné est préalablement informé du survol.

Les modalités d'application du présent article, notamment les modalités d'information du public prévue à l'avant-dernier alinéa, sont précisées par un décret en Conseil d'État, pris après avis de la Commission nationale de l'informatique et des libertés.

Art. L. 125-3 (1) ***(Motd. à compter du 1er janvier 2022, Ord. n° 2021-1325, 13 oct. 2021)***. – Toute personne a le droit d'être informée sur les effets que la dissémination volontaire d'organismes génétiquement modifiés au sens du titre III du livre V peut avoir pour la santé publique ou l'environnement, dans le respect de la confidentialité des informations protégées par la loi.

Sous réserve des informations reconnues confidentielles en application de l'article L. 535-3, les rapports d'évaluation, les décisions d'autorisation ou de refus d'autorisation, les avis de l'Agence nationale de sécurité sanitaire, de l'alimentation, de l'environnement et du travail ainsi que les décisions de l'autorité communautaire, au cas où une objection a été formulée par un État membre ou la Commission européenne, sont rendus publics à l'issue de la procédure d'autorisation. Les résultats des observations menées en application des obligations en matière de surveillance sont également rendus publics.

Les informations rendues publiques sont regroupées dans un registre accessible par la voie électronique et auprès de l'autorité administrative compétente pour délivrer les autorisations.

(1) Le Conseil d'État a jugé que « ces dispositions [de l'article L. 125-3], issues de la loi [n° 92-654] du 13 juillet 1992, ne sont pas, en tant qu'elles renvoient au pouvoir réglementaire le soin de définir les modalités de l'information du public sur les effets de la dissémination volontaire, compatibles avec les exigences […] de la Charte de l'environnement, dès lors que celles-ci ont précisément pour objet […] de réserver au législateur cette définition ; qu'ainsi l'entrée en vigueur de la loi constitutionnelle [n° 2005-205] du 1er mars 2005 a implicitement mais nécessairement eu pour effet de les abroger ». ■ CE, 24 juill. 2009, n° 305314, *Comité de recherche et d'information indépendantes sur le génie génétique (CRII GEN)* : *JurisData* n° 2009-007559. – NDLR.

1) Convention d'Aarhus. La loi n° 2016-369 du 30 mars 2016 autorise l'approbation de l'amendement à la convention sur l'accès à l'information, la participation du public au processus décisionnel et l'accès à la justice en matière d'environnement, pris par décision II/1 adoptée dans le cadre de la deuxième réunion des Parties à la convention.

2) Compétence législative. En se bornant à renvoyer de manière générale au pouvoir réglementaire le soin de fixer la liste des informations qui ne peuvent en aucun cas demeurer confidentielles en matière d'OGM, le législateur a, eu égard à l'atteinte portée aux secrets protégés, méconnu l'étendue de sa compétence (▪ Cons. const., déc., 19 juin 2008, n° 2008-564 DC : *AJDA* 2008, p. 1614).

3) Obligation d'indiquer le lieu de dissémination. *a) Droit interne.* L'autorité administrative qui détient des informations relatives à la localisation de la dissémination d'OGM est tenue de communiquer, sans délai et sans condition, à toute personne qui en fait la demande, l'ensemble des données en sa possession relatives à la localisation de la dissémination des OGM, telles qu'elles lui ont été transmises par le demandeur de l'autorisation de procéder à la dissémination lors de l'examen des conséquences du projet pour l'environnement. La circonstance que la communication de la référence cadastrale des parcelles sur lesquelles sont pratiquées les disséminations pourrait avoir pour conséquence de porter atteinte à la sécurité des personnes et des biens est, en toutes circonstances, sans incidence sur cette obligation (▪ CE, 21 nov. 2007, n° 280969, *Cne de Sausheim : Environnement* 2008, n° 1, comm. 15 ; *JCP* E 2008, n° 1, p. 1018 ; *AJDA* 2007, p. 2229 ; *Dr. env.* 2008, n° 156, p. 12. ▪ CE, 9 déc. 2009, n° 280969). Les indications concernant le site d'une dissémination volontaire d'OGM doivent être définies par rapport aux caractéristiques de chaque opération et de ses incidences éventuelles sur l'environnement. Une réserve tenant à la protection de l'ordre public ou d'autres intérêts protégés par la loi ne saurait être opposée à la communication des informations sur le lieu de dissémination (▪ CJCE, 21 nov. 2007, aff. C-552/07, *Cne de Sausheim c/ Pierre Azelvandre : RD rur.* 2009, n° 374, comm. 121 ; *RD rur.* 2009, n° 371, alerte 36 ; *Environnement* 2009, n° 6, comm. 82 ; *Environnement* 2009, n° 4, comm. 52 ; *JCP* A 2009, n° 16, p. 2091 ; *JCP* G 2009, n° 10, act. 125 ; *Europe* 2009, n° 4, comm. 151 ; *BDEI* avr. 2009, n° 20).

Le dossier technique présenté à la commission du génie biomoléculaire ne comportait pas d'autre indication, en ce qui concerne la localisation des sites de dissémination, que la liste des régions envisagées pour la conduite des essais. Or, cette commission ne se prononce pas seulement sur l'effet de la dissémination des plantes sexuellement compatibles mais sur l'ensemble des éléments déterminants de l'évaluation des risques, ce qui implique nécessairement la connaissance de l'implantation géographique précise de chacun de ces sites. Eu égard à l'importance que revêtent, dans la procédure d'examen de la demande d'autorisation, ces informations et l'avis de la commission du génie bio-moléculaire qui se prononce au vu de ce dossier, cette irrégularité est de nature à vicier les décisions d'autorisation (▪ CE, 28 avr. 2006, n° 274458, *Féd. des synd. agricoles MODEF : Collectivités – Intercommunalité* 2006, n° 7, comm. 111 ; *Environnement* 2006, n° 6, comm. 75 ; *JCP* E 2006, act. 228 ; *JCP* A 2006, n° 19, act. 376 ; *RD rur.* 2006, n° 343, comm. 152 ; *RD sanit. soc.* 2006, p. 1019. ▪ CE, 25 juin 2008, n° 293702, *Assoc. champs libres*). L'article 6-2 de la convention d'Aarhus exigeant un avis au public destiné à délivrer en temps utile une information efficace, ni la consultation électronique, ni la publication d'une fiche d'information postérieurement à la prise de décision ne sont de nature à respecter la procédure (▪ TA Clermont-Ferrand, 4 mai 2006, n° 0500998, *Assoc. Comité de recherche et d'information indépendante sur le génie génétique (CRII-GEN) et a. : AJDA* 2006, p. 2224 ; *Environnement* 2006, n° 6, comm. 75 ; *RD rur.* 2007, n° 351, comm. 102). L'administration est tenue, à l'occasion d'une décision d'autorisation d'expérimentation d'OGM, de vérifier les conditions précises dans lesquelles s'inscrit cette expérience et en particulier si, en raison de circonstances physiques ou climatiques, il peut exister un risque de diffusion des organismes autorisés dans l'environnement immédiat ou plus lointain du lieu d'expérimentation. L'évaluation de ce risque suppose nécessairement que le dossier soumis à l'examen de la commission sur le génie bio-moléculaire comporte l'indication de la localisation des expérimentations et des renseignements précis sur les caractéristiques des sites d'expérimentation et les risques particuliers qu'ils sont susceptibles de présenter (▪ CE, 17 oct. 2008, n° 295388, *FNE et a. : JCP* G 2008, n° 45, act. 650 ; *JCP* A 2008, n° 45, act. 920 ; *Environnement* 2008, p. 33).

b) Droit de l'Union européenne. En ne prévoyant pas une obligation d'informer les autorités polonaises compétentes de la localisation des organismes génétiquement modifiés cultivés au titre de la partie C de la Directive 2001/18/CE du 12 mars 2001 relative à la dissémination volontaire d'organismes génétiquement modifiés dans l'environnement et abrogeant la Directive 90/220/CEE du Conseil, en n'établissant pas un registre de cette localisation et en ne rendant pas publiques les informations relatives à celle-ci, la République de Pologne a manqué aux obligations qui lui incombent en vertu de l'article 31, § 3, sous *b)*, de cette directive (▪ CJUE, 2 oct. 2014, n° C-478/13, *Pologne c/ Commission : Dr. env.* 2015, 8).

Art. L. 125-4. – Le droit à l'information sur la qualité de l'air et ses effets sur la santé et l'environnement est reconnu à chacun sur l'ensemble du territoire. L'État est le garant de l'exercice de ce droit, de la fiabilité de l'information et de sa diffusion. Ce droit s'exerce selon les modalités définies à la section 2 du chapitre Ier du titre II du livre II.

Art. L. 125-5. – I *(Mod. à compter d'une date fixée par décret en Conseil d'État et au plus tard le 1er juillet 2017, Ord. n° 2016-128, 10 févr. 2016 ; à compter de la date prévue au V de l'article 236 de la loi n° 2021-1104 du 22 août 2021 et au plus tard le 1er janvier 2023, L. n° 2021-1104, 22 août 2021 ; mod. à compter du 1er janvier 2025, L. n° 2023-580, 10 juill. 2023).* – Les acquéreurs ou locataires de biens immobiliers situés dans des zones couvertes par un plan de prévention des risques technologiques, par un plan de prévention des risques miniers ou par un plan de prévention des risques naturels prévisibles, prescrit ou approuvé, dans des zones de sismicité ou dans des zones à potentiel radon définies par voie réglementaire ou dans une zone susceptible d'être atteinte par le recul du trait de côte définie en application des articles L. 121-22-2, L. 121-22-3, L. 121-22-6 et L. 121-22-7 du Code de l'urbanisme, ou assujettis à des obligations de débroussaillement et de maintien en l'état débroussaillé résultant du titre III du livre Ier du Code forestier, sont informés par le vendeur ou le bailleur de l'existence de ces risques ou de ces obligations. À cet effet, un état des risques, indiquant, le cas échéant, l'existence de ces obligations, est établi.

I *bis*. – Toute annonce, quel que soit son support de diffusion, relative à la vente d'un bien immobilier devant faire l'objet d'un état des risques conformément au I comprend une mention précisant le moyen d'accéder aux informations mentionnées au même I concernant le bien.

En cas de mise en vente de tout ou partie d'un immeuble, l'état des risques est remis au potentiel acquéreur par le vendeur lors de la première visite de l'immeuble, si une telle visite a lieu.

Sans préjudice des deux premiers alinéas du présent I *bis*, l'état des risques est :

1° Intégré au dossier de diagnostic technique prévu à l'article L. 271-4 du Code de la construction et de l'habitation ou, lorsque la vente porte sur un immeuble non bâti, annexé à la promesse de vente ou, à défaut de promesse, à l'acte authentique de vente ;

2° Annexé à l'acte authentique de vente et, le cas échéant, au contrat préliminaire, en cas de vente en l'état futur d'achèvement.

Lorsque l'état des risques n'est pas remis à l'acquéreur au plus tard à la date de signature de la promesse de vente ou du contrat préliminaire, le délai de rétractation prévu à l'article L. 271-1 du même code ne court qu'à compter du lendemain de la communication de ce document à l'acquéreur.

Lorsque l'acte authentique de vente n'est pas précédé d'une promesse de vente ou d'un contrat préliminaire et que l'état des risques n'est pas joint à l'acte authentique de vente, le délai de réflexion mentionné au même article L. 271-1 ne court qu'à compter du lendemain de la communication de ce document à l'acquéreur.

Cette communication est réalisée selon les modalités de notification ou de remise de la promesse, du contrat préliminaire ou de l'acte authentique de vente prévues audit article L. 271-1.

II. – Toute annonce, quel que soit son support de diffusion, relative à la mise en location d'un bien immobilier devant faire l'objet d'un état des risques conformément au I du présent article comprend une mention précisant le moyen d'accéder aux informations mentionnées au même I concernant le bien.

En cas de mise en location de tout ou partie d'un immeuble, l'état des risques est fourni au potentiel locataire par le bailleur lors de la première visite de l'immeuble, si une telle visite a lieu.

Sans préjudice du deuxième alinéa du présent II, lors de la conclusion du bail, l'état des risques est annexé au contrat de location, dans les conditions et selon les modalités prévues à l'article 3-3 de la loi n° 89-462 du 6 juillet 1989 tendant à améliorer les rapports locatifs et portant modification de la loi n° 86-1290 du 23 décembre 1986, ou aux baux commerciaux mentionnés aux articles L. 145-1 et L. 145-2 du Code de commerce.

III *(III abrogé)*.

IV. – Lorsqu'un immeuble bâti a subi un sinistre ayant donné lieu au versement d'une indemnité en application de l'article L. 125-2 ou de l'article L. 128-2 du Code des assurances, le vendeur ou le bailleur de l'immeuble est tenu d'informer, dans l'état des risques mentionné aux I, I *bis* et II du présent article, l'acquéreur ou le locataire de tout sinistre survenu pendant la période où il a été propriétaire de l'immeuble ou dont il a été lui-même informé en application des présentes dispositions.

Lorsqu'un immeuble est soumis aux obligations prévues à l'article L. 121-22-5 du Code de l'urbanisme, le vendeur ou le bailleur de l'immeuble est tenu d'en informer l'acquéreur ou le locataire dans l'état des risques mentionné aux I, I *bis* et II du présent article.

V. – En cas de non-respect du I, des troisième à cinquième alinéas du I *bis*, du dernier alinéa du II et du IV du présent article, l'acquéreur ou le locataire peut poursuivre la résolution du contrat ou demander au juge une diminution du prix.

VI. – Un décret en Conseil d'État fixe les conditions d'application du présent article.

VII. – Le présent article n'est pas applicable aux conventions mentionnées aux articles L. 323-14 et L. 411-37 du Code rural et de la pêche maritime.

Bibliographie : V. Zalewski-Sicard, *L'obligation légale de débroussaillement : l'état des risques modifié à compter du 1er janvier 2025 : JCP* N 2024, n° 21, act. 668. • J. Lafond, *Vente d'immeuble : dossier diagnostic technique et autres documents d'information de l'acquéreur : JCl. Notarial Formulaire*, fasc. 150, 1er avr. 2023. • E. Beck, *L'efficacité des politiques de préventions des risques : le cas de l'information préventive en France*, *in* F. Cafarelli, *La résilience des territoires exposés aux risques naturels*, Mare & Martin, 2023, p. 87. • D. Boulanger, *État des risques : Les dangers de l'homme et de la nature : JCP* N 2015, n° HS2, p. 29 à 31. • C. Branquart, *Prévention des risques naturels et responsabilisation des administrés : Dr. adm.* 2011, étude 24. • P. Narbey et M. Raunet, *104e Congrès des notaires de France, Le développement durable. Un défi pour le droit. Le notaire et l'état des risques naturels et technologiques : JCP* N 2008, n° 8, p. 1128. • D. Boulanger, *États des risques et information sur les sinistres : JCP* N 2006, act. 479. • A. Dupie, *Risques naturels et technologiques majeurs : l'état des risques entre en vigueur le 1er juin 2006 : JCP* N 2006, n° 23, act. 391. • H. Heugas-Darraspen, *Les contrats conclus à compter du 1er juin 2006 par les acquéreurs et locataires de biens immobiliers devront informer des risques naturels et technologiques majeurs, ainsi que des réparations obtenues à ce titre : RD imm.* 2006, p. 292. • R. Martin, *Les risques naturels et technologiques dans la location d'immeubles : Ann. loyers* oct. 2006, n° 10, p. 1698 à 1703. • G. Palais, *Risques naturels et technologiques majeurs : encore une obligation légale d'information : AJDI* 2006, p. 808. • F.-G. Trébulle, *Informations sur les risques. Débat autour du champ d'application de l'article L. 125-5 du Code de l'environnement : RD imm.* 2006, p. 439. • *Le modèle d'imprimé permettant d'établir l'état des risques naturels et technologiques est paru : JCP* N 2005, n° 48, act. 597.

Voir : Circulaire du 27 mai 2005 relative à l'information des acquéreurs et des locataires de biens immobiliers sur les risques naturels et technologiques majeurs.

1) Vente. Obligation précontractuelle de renseignement et réticence dolosive. Le fait que les acquéreurs d'un bien immobilier aient été informés de l'existence et de la nature de l'activité industrielle exercée à proximité du bien vendu, n'exclut pas automatiquement que le vendeur ait pu faire preuve de réticence dolosive en dissimulant volontairement à l'acquéreur que l'usine située à proximité du bien vendu était une installation classée soumise à autorisation (▪ Cass. 3e civ., 7 nov. 2007, n° 06-18.617, *Charroing-Patane*). En l'absence d'arrêté préfectoral déterminant la liste des communes dans lesquelles les dispositions dudit article sont applicables, l'obligation d'annexion du dossier de diagnostic technique ne s'imposait pas au notaire au jour de la passation de l'acte (▪ CA Bastia, 5 oct. 2016, n° 15/00083 : *JurisData* n° 2016-024401). Si l'arrêté préfectoral pris en application des dispositions du paragraphe III de l'article L. 125-5 du Code de l'environnement est postérieur au compromis de vente, de sorte qu'il était impossible au vendeur à cette date de donner à l'acquéreur l'information des risques naturels visés par le plan de prévention des risques naturels prévisibles et que cette information figure au projet d'acte authentique, le vendeur a respecté son obligation d'information (▪ CA Rennes, 8 nov. 2016, nos 468/2016, 15/05990).

2) Bail. Il résulte des dispositions des articles L. 125-5 II et R. 125-26 que le devoir d'information n'est applicable qu'aux baux nouvellement conclus au 14 juillet 2010 et non aux baux plus anciens et renouvelés à cette date (▪ CA Colmar, 2 nov. 2016, nos 781/2016, 13/06107 ; *JurisData* n° 2016-028063).

3) Absence de distinction entre les immeubles bâtis et non bâtis. Il ressort tant de la circulaire du 27 mai 2005 relative à l'information des acquéreurs et locataires de biens immobiliers sur les risques naturels et technologiques que de la jurisprudence établie et en l'absence de toute distinction dans le Code de l'environnement entre les immeubles bâtis et non bâtis que le plan de prévention de risques naturels doit également être fourni à l'acquéreur d'un terrain nu (▪ CA Aix-en-Provence, 19 déc. 2018, n° 18/09241).

4) Promesse synallagmatique de vente. Le fait de ne pas avoir annexé à une promesse synallagmatique de vente l'état des risques naturels et technologiques n'est pas sanctionné par la résolution de cet acte. La sanction de résolution ne s'applique qu'à l'acte de vente lorsque cet état n'a pas été fourni par le vendeur (▪ CA Paris, 15 mars 2019, n° 17/09500).

5) Appréciation *in concreto* du juge. L'article L. 125-5 du Code de l'environnement ouvre la faculté pour le preneur de poursuivre la résolution du bail en cas de manquement du bailleur et renvoie à la résolution judiciaire du contrat. Toutefois, la résolution judiciaire n'est pas automatique et il incombe au juge d'apprécier la gravité des manquements invoqués et de ne les sanctionner par le prononcé de la résolution que s'ils sont d'une réelle gravité. En l'espèce, il n'est pas démontré que le fonds de commerce était soumis à un réel risque naturel ou technologique susceptible de le vider de sa substance ou d'en affecter sensiblement la valeur. Dès lors, la résolution judiciaire représente une sanction manifestement disproportionnée eu égard à la gravité du manquement commis (■ CA Amiens, 26 déc. 2019, n° 18/02512).

6) Obligation remplie par la fourniture de documents annexes. Si la fiche récapitulative mentionne l'existence d'un plan de prévention des risques tout en omettant d'alerter sur le risque d'inondation auquel est soumise la zone dans laquelle se situait le bien, la reproduction en intégralité de l'arrêté préfectoral relatif au plan de prévention des risques naturels et technologiques par le diagnostic ENRMT ainsi que l'énumération des arrêtés préfectoraux antérieurs portant constatation de l'état de catastrophe naturelle dont 5 sont afférents à des sécheresses et 5 à des inondations au surplus de l'annexion à l'acte du plan de prévention des risques de la commune, lequel contient un document graphique permettant d'identifier une zone d'inondation à l'endroit de l'immeuble, permettent de manière combinée de considérer l'obligation d'information de l'article L. 125-5 du Code de l'environnement comme remplie (■ CA Agen, 9 mars 2020, n° 17/01196).

7) Faute du notaire. En annexant à l'acte de vente un certificat portant état des risques naturels miniers et technologiques qui concernait un autre bien immobilier que celui sur lequel portait la vente, et sans procéder aux vérifications nécessaires, le notaire a commis une faute et a failli à son obligation d'information des parties engageant ainsi sa responsabilité civile (■ CA Saint-Denis de La Réunion, 28 févr. 2020, n° 18/00994).

Art. L. 125-6 *(Rempl., L. n° 2014-366, 24 mars 2014 ; mod. L. n° 2021-1104, 22 août 2021).* **– I. – L'État élabore, au regard des informations dont il dispose, des secteurs d'information sur les sols qui comprennent les terrains où la connaissance de la pollution des sols justifie, notamment en cas de changement d'usage au sens de l'article L. 556-1 A, la réalisation d'études de sols et de mesures de gestion de la pollution pour préserver la sécurité, la santé ou la salubrité publiques et l'environnement.**

II. – Le représentant de l'État dans le département recueille l'avis des maires des communes sur le territoire desquelles sont situés les projets de secteur d'information sur les sols et, le cas échéant, celui des présidents des établissements publics de coopération intercommunale compétents en matière d'urbanisme. Il informe les propriétaires des terrains concernés.

Les secteurs d'information sur les sols sont arrêtés par le représentant de l'État dans le département.

III. – Les secteurs d'information sur les sols sont indiqués sur un ou plusieurs documents graphiques et annexés au plan local d'urbanisme ou au document d'urbanisme en tenant lieu ou à la carte communale.

IV. – L'État publie, au regard des informations dont il dispose, une carte des anciens sites industriels et activités de services. Le certificat d'urbanisme prévu à l'article L. 410-1 du Code de l'urbanisme indique si le terrain est situé sur un site répertorié sur cette carte ou sur un ancien site industriel ou de service dont le service instructeur du certificat d'urbanisme a connaissance.

V. – Un décret en Conseil d'État définit les modalités d'application du présent article.

Voir : Bibliographie sous la partie réglementaire : Livre Ier, Titre II, Chapitre V, Section IX.

Bibliographie : *Guide méthodologique à l'attention des collectivités relatif aux secteurs d'information sur les sols (SIS) et à la carte des anciens sites industriels et activités de service (CASIAS), Ministère de la Transition écologique et solidaire* juin 2017.

Création des secteurs d'information. La loi ALUR du 24 mars 2014 tend à renforcer l'information du public concernant l'état de pollution des sols, en complétant les articles L. 125-5 à L. 125-7 du Code de l'environnement. En vue de combler les lacunes de la loi Grenelle II, qui se limitait à indiquer que l'État rend publiques les informations dont il dispose sur les risques de pollution des sols, la loi ALUR introduit la notion de « Secteurs d'information sur les sols ». Élaborés par l'État, ces secteurs doivent figurer dans les documents graphiques annexés aux documents locaux d'urbanisme. En application de l'article L. 125-7 modifié, lorsqu'un terrain est identifié dans l'un de ces secteurs, le vendeur ou le bailleur est désormais tenu d'en informer par écrit l'acquéreur ou le locataire, indépendamment des obligations d'information déjà prévues aux articles L. 514-20 et L. 125-5 du Code de l'environnement. Par ailleurs, les travaux réalisés dans ces secteurs sont soumis à certaines précautions (cf. nouvel art. L. 556-2, p. 1263). Enfin, la loi impose à l'État de publier une carte des anciens sites industriels et des activités de services, dont devra tenir compte le certificat d'urbanisme.

Art. L. 125-7 *(Rempl., L. n° 2014-366, 24 mars 2014 ; mod., L. n° 2021-1104, 22 août 2021).* – Sans préjudice de l'article L. 514-20 et de l'article L. 125-5, lorsqu'un terrain situé en secteur d'information sur les sols mentionné à l'article L. 125-6 fait l'objet d'un contrat de vente ou de location, le vendeur ou le bailleur du terrain est tenu d'en informer par écrit l'acquéreur ou le locataire. Il communique les informations rendues publiques par l'État, en application de l'article L. 125-6. L'acte de vente ou de location atteste de l'accomplissement de cette formalité.

À défaut et si une pollution constatée rend le terrain impropre à la destination précisée dans le contrat ou, à défaut, l'usage envisagé au sens de l'article L. 556-1 A, dans un délai de deux ans à compter de la découverte de la pollution, l'acquéreur ou le locataire a le choix de demander la résolution du contrat ou, selon le cas, de se faire restituer une partie du prix de vente ou d'obtenir une réduction du loyer. L'acquéreur peut aussi demander la réhabilitation du terrain aux frais du vendeur lorsque le coût de cette réhabilitation ne paraît pas disproportionné par rapport au prix de vente. La réhabilitation du terrain s'entend au sens du même article L. 556-1 A.

Un décret en Conseil d'État définit les modalités d'application du présent article.

Bibliographie : C. Lafeuille et P. Steichen, *La politique de réutilisation du foncier des friches industrielles stimulée par la loi ALUR. Un nouvel encadrement des rapports contractuels portant sur les friches industrielles : Rev. jur. env.* 2015, 264. • C. Goupillier et C. Facelina, *La loi ALUR : âge de raison du droit des sols pollués ? : Dr. env.* 2014, 194. • Y. Jegouzo, J.-P. Lebreton et P. Steichen, *La réforme du droit des sites et sols pollués. Commentaire de l'article 173 de la loi ALUR du 24 mars 2014*, Rapport en ligne sur le site du GRIDAUH 2014. • F.-G. Trébulle, *Sols pollués : le clair-obscur de la loi ALUR : Environnement* 2014, étude 13.

Art. L. 125-8 *(Mod., Ord. n° 2016-1058, 3 août 2016)* (1). – Le représentant de l'État dans le département peut créer des instances de suivi de la mise en œuvre des mesures destinées à éviter, réduire et, lorsque c'est possible, compenser les effets négatifs notables sur l'environnement des projets d'infrastructure linéaire soumis à évaluation environnementale en application de l'article L. 122-1. Ces instances associent les administrations publiques concernées, les acteurs économiques, des représentants des organisations syndicales représentatives et des chambres d'agriculture, les collectivités territoriales, les associations de protection de l'environnement agréées concernées ainsi que, le cas échéant, des représentants des consommateurs et d'usagers, des personnalités qualifiées en raison de leurs compétences en matière de protection de l'environnement ou de prévention des risques.

Le représentant de l'État dans le département peut mettre à la charge des exploitants d'infrastructures linéaires les éventuels frais d'étude ou d'expertise.

Un décret en Conseil d'État fixe les modalités d'application du présent article.

Voir : comm. sous art. L. 125-6, p. 164.

Art. L. 125-9 *(L. n° 2010-788, 12 juill. 2010).* – 1. Les baux conclus ou renouvelés portant sur des locaux de plus de 2 000 mètres carrés à usage de bureaux ou de commerces comportent une annexe environnementale.

Un décret définit le contenu de cette annexe.

2. Le preneur et le bailleur se communiquent mutuellement toutes informations utiles relatives aux consommations énergétiques des locaux loués. Le preneur permet au bailleur l'accès aux locaux loués pour la réalisation de travaux d'amélioration de la performance énergétique.

3. Cette annexe environnementale peut prévoir les obligations qui s'imposent aux preneurs pour limiter la consommation énergétique des locaux concernés.

4. Ces dispositions prennent effet le 1er janvier 2012 à l'égard des baux conclus ou renouvelés à partir de cette date. Elles prennent effet trois ans après l'entrée en vigueur de la loi n° 2010-788 du 12 juillet 2010 portant engagement national pour l'environnement pour les baux en cours.

Bibliographie : J.-M. Talau, *Le décret du 3 décembre 2012 relatif aux diagnostics de performance énergétique et aux travaux d'économies d'énergie dans les immeubles en copropriété : Loyers et copr.* 2013, étude 2. • J.-M. Peyron, *L'annexe environnementale et le bail vert suite au Grenelle : JCP G* 2011, n° 45, p. 2016. • H. Regnault, *Les normes environnementales et le bail commercial : l'avenir d'un futur immédiat : Loyers et copr.* 2011, p. 9. • J.-B. Gouache, *L'annexe*

(1) Dispositions d'application : V. Ord. n° 2016-1058, 3 août 2016, art. 6.

environnementale est obligatoire à compter du 1er janvier 2012 : bailleurs et utilisateurs doivent s'y préparer : Rev. Lamy dr. aff. sept. 2010, n° 52, p. 25. • Y. Rouquet, *Volet « gestion immobilière » du Grenelle II : D.* 2010, p. 1789. • B. Wertenschlag, *Le bail vert : AJDI* 2010, p. 693.

Apport de la loi Grenelle II. Les baux conclus ou renouvelés à partir du 1er janvier 2012 (14 juillet 2013 pour les baux en cours) portant sur des locaux de plus de 2 000 m² à usage de bureaux ou de commerces comportent désormais une annexe environnementale, avec pour objectif principal un échange, entre bailleur et preneur, de toutes les informations utiles relatives aux consommations énergétiques des locaux loués.

Voir : Sur le contenu de l'annexe environnementale : CCH, art. R. 137-1 à R. 137-3, p. 1605.

Section II. – Dispositions propres aux activités nucléaires

(Ord. n° 2012-6, 5 janv. 2012)

Cette section spécifique aux activités nucléaires a récemment été modifiée par l'ordonnance n° 2016-128 du 10 février 2016 portant diverses dispositions en matière nucléaire, prise en application de la loi n° 2015-992 du 17 août 2015 relative à la transition énergétique pour la croissance verte et transposant les directives n° 2011/70/Euratom du 19 juillet 2011 établissant un cadre communautaire pour la gestion responsable et sûre du combustible usé et des déchets radioactifs (directive « déchets radioactifs ») et n° 2009/71/Euratom du 25 juin 2009 établissant un cadre communautaire pour la sûreté nucléaire des installations nucléaires (directive « sûreté nucléaire »).

L'information en matière nucléaire (atmosphère, eau, air...) concerne les rejets (radioactifs ou non), les risques ou la contamination du milieu ambiant et ses incidences sur l'homme et l'environnement. C'est la loi relative à la transparence et la sécurité en matière nucléaire (loi TSN) qui a reconnu à chacun le droit d'obtenir, dans les conditions définies aux articles L. 124-1 à L. 124-6 du Code de l'environnement, auprès de l'exploitant nucléaire, les informations qu'il détient sur les risques liés à l'exposition aux rayonnements ionisants et sur les mesures prises pour les prévenir ou les réduire.

Si l'État reste responsable de l'ensemble du sujet, ce n'est en réalité pas moins de trois autorités nationales qui participent à cette information, à savoir le Haut Comité pour la transparence et l'information sur la sécurité nucléaire (art. L. 125-34 à L. 125-40), l'Autorité de sûreté nucléaire (art. L. 592-1) et l'Institut de radioprotection et de sûreté nucléaire (D. n° 2002-254, 22 févr. 2002, mod. par D. n° 2007-529, 6 avr. 2007 ; C. env., art. L. 592-47).

Bibliographie : L. Chabanne-Pouzynin, *L'ordonnance n° 2016-128 du 10 février 2016 portant diverses dispositions en matière nucléaire : BDEI* mars 2016, n° 62, p. 22. • L. Tilmant, *Démantèlement d'une centrale : procédure d'information et de participation du public : RJEP* 2012, n° 701, comm. 51. • C.-Z. Varfis et M. Lewerer, *Information du public en matière d'énergie nucléaire, 10 ans après Tchernobyl : Dr. env.* 5/1996, n° 38, p. 15.

Sous-section 1. – Droit à l'information

Art. L. 125-10 ***(Mod., Ord. n° 2016-128, 10 févr. 2016 ; mod. à compter du 1er janvier 2025, L. n° 2024-450, 21 mai 2024).*** **– Sans préjudice des dispositions de l'article L. 124-1, toute personne a le droit d'obtenir, auprès de lui, les informations détenues par :**

1° L'exploitant d'une installation nucléaire de base ;

2° Le responsable d'un transport de substances radioactives, lorsque les quantités en sont supérieures à des seuils au-dessus desquels, en application des conventions et règlements internationaux régissant le transport des marchandises dangereuses, du Code des transports et des textes pris pour leur application, ce transport est soumis à la délivrance, par l'Autorité de sûreté nucléaire et de radioprotection ou par une autorité étrangère compétente dans le domaine du transport de substances radioactives, d'un agrément du modèle de colis de transport ou d'une approbation d'expédition, y compris sous arrangement spécial.

Ces informations, qu'elles aient été reçues ou établies par eux, portent sur les risques ou inconvénients que l'installation ou le transport peuvent présenter pour les intérêts mentionnés à l'article L. 593-1 et sur les mesures prises pour prévenir ou réduire ces risques ou inconvénients, dans les conditions définies aux articles L. 124-1 à L. 124-6.

Liens avec les articles L. 124-4 et 5. Refus de communication. La communication des informations mentionnées à l'article L. 125-10 concernant une installation nucléaire de base est régie notamment par les articles L. 124-4 et L. 124-5. Ainsi, la sécurité publique et le secret des affaires sont au nombre des motifs pour lesquels l'exploitant peut refuser, après une appréciation au cas par cas de son intérêt, la communication de telles informations. Par exception, le secret des affaires n'est pas opposable lorsque les informations demandées se rapportent à des émissions dans l'environnement effectives ou prévisibles dans des conditions normales ou réalistes de fonctionnement de l'installation, ce qui n'est pas le cas des émissions susceptibles de résulter d'un accident éventuel, lesquelles présentent un caractère purement hypothétique (■ CE, 15 mars 2023, n° 456871, *Assoc. réseau « Sortir du nucléaire »*).

Art. L. 125-11 *(Ord. n° 2012-6, 5 janv. 2012)*. **– Les litiges relatifs aux refus de communication d'informations opposés en application de l'article L. 125-10 sont portés devant la juridiction administrative selon les modalités prévues par la loi n° 78-753 du 17 juillet 1978 portant diverses mesures d'amélioration des relations entre l'administration et le public et diverses dispositions d'ordre administratif, social et fiscal.**

Les dispositions du chapitre II du titre Ier de cette loi ne sont pas applicables aux informations communiquées sur le fondement de l'article L. 125-10.

Sous-section 2. – Transparence en matière nucléaire

Art. L. 125-12. – La transparence en matière nucléaire est constituée par l'ensemble des dispositions prises pour garantir le droit du public à une information fiable et accessible en matière de sécurité nucléaire telle que définie à l'article L. 591-1.

Art. L. 125-13 *(Mod. à compter d'une date fixée par décret en Conseil d'État et au plus tard le 1er juillet 2017, Ord. n° 2016-128, 10 févr. 2016)*. **– L'État veille à l'information du public en matière de risques liés aux activités nucléaires définies au 1° de l'article L. 1333-1 du Code de la santé publique et à leur impact sur la santé et la sécurité des personnes ainsi que sur l'environnement.**

Il est responsable de l'information du public sur les modalités et les résultats du contrôle de la sûreté nucléaire et de la radioprotection telles que définies à l'article L. 591-1. Il fournit au public une information sur les conséquences, sur le territoire national, des activités nucléaires exercées hors de celui-ci, notamment en cas d'incident ou d'accident.

Art. L. 125-14. – Les personnes exerçant des activités nucléaires mentionnées à l'article L. 125-13 doivent en particulier respecter le droit qu'a toute personne d'être informée sur les risques liés aux activités nucléaires et leur impact sur la santé et la sécurité des personnes et sur l'environnement ainsi que sur les rejets d'effluents des installations, dans les conditions définies par la présente sous-section et les chapitres Ier à III, V et VI du titre IX du livre V et les décrets pris pour leur application.

Art. L. 125-15 *(Mod., Ord. n° 2016-128, 10 févr. 2016)*. **– Tout exploitant d'une installation nucléaire de base établit chaque année un rapport qui contient des informations concernant :**

1° Les dispositions prises pour prévenir ou limiter les risques et inconvénients que l'installation peut présenter pour les intérêts mentionnés à l'article L. 593-1 ;

2° Les incidents et accidents, soumis à obligation de déclaration en application de l'article L. 591-5, survenus dans le périmètre de l'installation ainsi que les mesures prises pour en limiter le développement et les conséquences sur la santé des personnes et l'environnement ;

3° La nature et les résultats des mesures des rejets radioactifs et non radioactifs de l'installation dans l'environnement ;

4° La nature et la quantité de déchets entreposés dans le périmètre de l'installation ainsi que les mesures prises pour en limiter le volume et les effets sur la santé et sur l'environnement, en particulier sur les sols et les eaux.

Art. L. 125-16 *(Ord. n° 2012-6, 5 janv. 2012)*. **– Le rapport mentionné à l'article L. 125-15 est soumis au comité d'hygiène, de sécurité et des conditions de travail de l'installation nucléaire de base, qui peut formuler des recommandations. Ces recommandations sont, le cas échéant, annexées au document aux fins de publication et de transmission.**

Le rapport est rendu public. Il est transmis à la commission locale d'information prévue à la sous-section 3 et au Haut Comité pour la transparence et l'information sur la sécurité nucléaire prévu à la sous-section 4 de la présente section.

Art. L. 125-16-1 *(L. n° 2015-992, 17 août 2015).* – Les personnes domiciliées ou établies dans le périmètre d'un plan particulier d'intervention mentionné à l'article L. 741-6 du Code de la sécurité intérieure défini pour une installation nucléaire de base reçoivent régulièrement, sans qu'elles aient à le demander, des informations sur la nature des risques d'accident et sur les conséquences envisagées, sur le périmètre du plan particulier d'intervention et sur les mesures de sécurité et la conduite à tenir en application de ce plan. Ces actions d'information font l'objet d'une consultation de la commission locale d'information prévue à l'article L. 125-17 du présent code et sont menées aux frais des exploitants.

Sous-section 3. – Les commissions locales d'information

Art. L. 125-17 *(Mod., L. n° 2015-992, 17 août 2015).* – Une commission locale d'information est instituée auprès de tout site comprenant une ou plusieurs installations nucléaires de base définies à l'article L. 593-2.

Cette commission est chargée d'une mission générale de suivi, d'information et de concertation en matière de sûreté nucléaire, de radioprotection et d'impact des activités nucléaires sur les personnes et sur l'environnement pour ce qui concerne les installations du site. Elle assure une large diffusion des résultats de ses travaux sous une forme accessible au plus grand nombre.

Elle organise, au moins une fois par an, une réunion publique ouverte à tous.

Elle peut se saisir de tout sujet entrant dans les compétences mentionnées au deuxième alinéa.

Art. L. 125-18 *(Ord. n° 2012-6, 5 janv. 2012).* – Il peut être créé une même commission locale d'information pour plusieurs installations nucléaires de base proches, ou une commission par site sur lequel a été implantée une installation nucléaire de base.

Art. L. 125-19 *(Ord. n° 2012-6, 5 janv. 2012).* – Une commission locale d'information peut être créée dès qu'une installation nucléaire de base a fait l'objet d'une demande d'autorisation de création en application de l'article L. 593-7.

Art. L. 125-20 *(Mod., L. n° 2015-992, 17 août 2015).* – I. – La commission locale d'information comprend :

1° Des membres des conseils départementaux, des conseils municipaux ou des assemblées délibérantes des groupements de communes et des conseils régionaux intéressés ;

2° Des membres du Parlement élus dans le département ;

3° Des représentants des associations de protection de l'environnement, des intérêts économiques et des organisations syndicales de salariés représentatives ainsi que des professions médicales ;

4° Des personnalités qualifiées.

II *(II mod. à compter du 1er janvier 2025, L. n° 2024-450, 21 mai 2024).* – Les représentants de l'Autorité de sûreté nucléaire et de radioprotection, des autres services de l'État concernés et de l'agence régionale de santé ainsi que des représentants de l'exploitant peuvent assister, avec voix consultative, aux séances de la commission. Ils ont accès de plein droit à ses travaux.

III. – Si le site est localisé dans un département frontalier, la composition de la commission mentionnée au I est complétée afin d'inclure des membres issus d'États étrangers.

Art. L. 125-21 *(Ord. n° 2012-6, 5 janv. 2012 ; mod., L. n° 2013-403, 17 mai 2013).* – La commission locale d'information est créée par décision du président du conseil général du département sur lequel s'étend le périmètre de l'installation ou des installations nucléaires de base ou par décision conjointe des présidents des conseils départementaux si le périmètre s'étend sur plusieurs départements.

Le président du conseil départemental nomme les membres de la commission. La commission est présidée par le président du conseil départemental ou par un élu local du département nommé par lui parmi ses membres.

Art. L. 125-22 *(Ord. n° 2012-6, 5 janv. 2012 ; mod., Ord. n° 2016-128, 10 févr. 2016).* – Si le périmètre de l'installation nucléaire de base comprend une installation d'élimination ou de stockage de déchets, la commission prévue à la présente sous-section se substitue à la commission de suivi de site mentionnée à l'article L. 125-2-1.

Art. L. 125-23 *(Ord. n° 2012-6, 5 janv. 2012).* – La commission locale d'information peut être dotée de la personnalité juridique et revêtir le statut d'association régie par la loi du 1er janvier 1901 relative au contrat d'association.

L'exploitant, l'Autorité de sûreté nucléaire et les autres services de l'État lui communiquent tous les documents et toutes les informations nécessaires à l'accomplissement de ses missions. Selon le cas, les dispositions des articles L. 125-10 à L. 125-11 ou celles du chapitre IV du titre II du livre Ier et du livre III du Code des relations entre le public et l'administration sont applicables à cette communication.

Art. L. 125-24 *(Mod., Ord. n° 2015-1341, 23 oct. 2015 ; mod. à compter du 1er janvier 2025, L. n° 2024-450, 21 mai 2024).* – Pour l'exercice de ses missions, la commission locale d'information peut faire réaliser des expertises, y compris des études épidémiologiques, et faire procéder à toute mesure ou analyse dans l'environnement relative aux émissions ou rejets des installations du site.

L'exploitant, l'Autorité de sûreté nucléaire et de radioprotection et les autres services de l'État lui communiquent tous les documents et toutes les informations nécessaires à l'accomplissement de ses missions. Selon le cas, les dispositions des articles L. 125-10 à L. 125-11 ou celles du chapitre IV du titre II du livre Ier et de la loi n° 78-753 du 17 juillet 1978 portant diverses mesures d'amélioration des relations entre l'administration et le public et diverses dispositions d'ordre administratif, social et fiscal sont applicables à cette communication.

Art. L. 125-25 *(Ord. n° 2012-6, 5 janv. 2012).* – La commission locale d'information est informée par l'exploitant des demandes qui lui sont adressées sur le fondement des dispositions de l'article L. 125-10 dans les huit jours suivant leur réception. Dans les mêmes conditions, l'exploitant lui adresse les réponses apportées à ces demandes.

L'exploitant informe la commission de tout incident ou accident mentionné à l'article L. 591-5 dans les meilleurs délais.

Art. L. 125-25-1 *(L. n° 2015-992, 17 août 2015).* – À la demande du président de la commission locale d'information, l'exploitant organise à l'attention de ses membres une visite de l'installation afin de leur présenter son fonctionnement.

En cas d'événement de niveau supérieur ou égal à 1 sur l'échelle internationale de classement des événements nucléaires, dès la restauration des conditions normales de sécurité, l'exploitant organise à l'attention des membres de la commission locale d'information, sur demande de son président, une visite de l'installation afin de leur présenter les circonstances de l'événement ainsi que les mesures prises pour y remédier et en limiter les effets.

Art. L. 125-26 *(Mod., L. n° 2015-992, 17 août 2015 ; mod. à compter du 1er janvier 2025, L. n° 2024-450, 21 mai 2024).* – L'Autorité de sûreté nucléaire et de radioprotection, les ministres chargés de la sûreté nucléaire ou de la radioprotection peuvent consulter la commission locale d'information sur tout projet concernant le périmètre de l'installation nucléaire de base.

La consultation de la commission est obligatoire pour tout projet faisant l'objet d'une enquête publique dès lors qu'elle est régulièrement constituée.

Toute modification du plan particulier d'intervention mentionné à l'article L. 741-6 du Code de la sécurité intérieure défini pour une installation nucléaire de base fait l'objet d'une consultation de la commission locale d'information.

Consultation de la CLI. Aucune disposition réglementaire ne subordonne la première phase de la mise à l'arrêt définitif d'une installation nucléaire à la consultation préalable de la commission locale d'information (■ CE, 20 mars 2000, nos 202713 et 203229, *Le comité de soutien à Superphenix*).

Art. L. 125-27 *(Mod. à compter du 1er janvier 2025, L. n° 2024-450, 21 mai 2024).* – La commission locale d'information peut saisir l'Autorité de sûreté nucléaire et de radioprotection et les ministres chargés de la sûreté nucléaire ou de la radioprotection de toute question relative à la sûreté nucléaire et à la radioprotection intéressant le site auprès duquel elle a été instituée.

Art. L. 125-28 *(Ord. n° 2012-6, 5 janv. 2012).* – La commission locale d'information peut être saisie pour avis sur toute question relevant de son domaine de compétence par la commission départementale compétente en matière d'environnement, de risques sanitaires et technologiques mentionnée à l'article L. 1416-1 du Code de la santé publique.

Art. L. 125-29 *(Ord. n° 2012-6, 5 janv. 2012)*. – La commission locale d'information et le Haut Comité pour la transparence et l'information sur la sécurité nucléaire prévu à la sous-section 4 de la présente section se communiquent tous renseignements utiles à l'exercice de leurs missions et concourent à des actions communes d'information.

Art. L. 125-30 *(Ord. n° 2012-6, 5 janv. 2012)*. – Des représentants désignés par le comité d'hygiène, de sécurité et des conditions de travail d'un établissement comprenant une ou plusieurs des installations nucléaires de base mentionnées à l'article L. 593-2 sont auditionnés à leur demande par la commission locale d'information à chaque fois qu'ils l'estiment nécessaire.

La commission peut également les auditionner à son initiative.

Art. L. 125-31 *(Ord. n° 2012-6, 5 janv. 2012)*. – I. – Les dépenses de la commission locale d'information sont financées par :

1° L'État ;

2° Les collectivités territoriales et leurs groupements.

II. – Si la commission est dotée de la personnalité juridique, outre les subventions qui peuvent lui être attribuées par l'État, par ces collectivités et par ces groupements, elle peut recevoir une partie du produit de la taxe instituée par l'article 43 de la loi de finances pour 2000 (n° 99-1172 du 30 décembre 1999).

III. – Les comptes de la commission sont soumis au contrôle de la chambre régionale des comptes.

Art. L. 125-32 *(Ord. n° 2012-6, 5 janv. 2012)*. – Les commissions locales d'information peuvent constituer entre elles une fédération, prenant la forme juridique d'une association régie par la loi du 1er janvier 1901 relative au contrat d'association, chargée de les représenter auprès des autorités nationales et européennes et d'apporter une assistance aux commissions pour les questions d'intérêt commun. Les ressources de cette fédération proviennent notamment de subventions versées par l'État et de cotisations des commissions qui en sont membres.

Art. L. 125-33 *(Ord. n° 2012-6, 5 janv. 2012)*. – Un décret en Conseil d'État détermine les modalités d'application de la présente sous-section. Il définit les clauses devant obligatoirement figurer dans les statuts des commissions dotées de la personnalité juridique.

Sous-section 4. – Le Haut Comité pour la transparence et l'information sur la sécurité nucléaire

Art. L. 125-34 *(Ord. n° 2012-6, 5 janv. 2012)*. – Le Haut Comité pour la transparence et l'information sur la sécurité nucléaire est une instance d'information, de concertation et de débat sur les risques liés aux activités nucléaires et l'impact de ces activités sur la santé des personnes, sur l'environnement et sur la sécurité nucléaire.

À ce titre, le haut comité peut émettre un avis sur toute question dans ces domaines ainsi que sur les contrôles et l'information qui s'y rapportent.

Il peut également se saisir de toute question relative à l'accessibilité de l'information en matière de sécurité nucléaire et proposer toute mesure de nature à garantir ou à améliorer la transparence définie à l'article L. 125-12.

Il peut enfin être saisi par le ministre chargé de la sûreté nucléaire, par les présidents des commissions compétentes de l'Assemblée nationale et du Sénat, par le président de l'Office parlementaire d'évaluation des choix scientifiques et technologiques, par les présidents des commissions locales d'information ou par les exploitants d'installations nucléaires de base de toute question relative à l'information concernant la sécurité nucléaire et son contrôle.

Art. L. 125-35 *(Mod., Ord. n° 2015-1341, 23 oct. 2015)*. – Le Haut Comité pour la transparence et l'information sur la sécurité nucléaire peut faire réaliser des expertises nécessaires à l'accomplissement de ses missions et organiser des débats contradictoires.

Il organise périodiquement des concertations et des débats concernant la gestion durable des matières et des déchets nucléaires radioactifs.

(Mod. à compter du 1er janvier 2025, L. n° 2024-450, 21 mai 2024) Les personnes responsables d'activités nucléaires, l'Autorité de sûreté nucléaire et de radioprotection ainsi que les autres services de l'État concernés lui

communiquent tous les documents et toutes les informations utiles à l'accomplissement de ses missions. Selon le cas, les dispositions des articles L. 125-10 et L. 125-11 ou celles du chapitre IV du titre II du livre Ier et de la loi n° 78-753 du 17 juillet 1978 portant diverses mesures d'amélioration des relations entre l'administration et le public et diverses dispositions d'ordre administratif, social et fiscal sont applicables à cette communication.

Art. L. 125-36 *(Ord. n° 2012-6, 5 janv. 2012)*. – Le Haut Comité pour la transparence et l'information sur la sécurité nucléaire rend ses avis publics.

Il établit un rapport annuel d'activité qui est également rendu public.

Art. L. 125-37 *(Mod., L. n° 2018-699, 3 août 2018)*. – I. – Le Haut Comité pour la transparence et l'information sur la sécurité nucléaire est composé de membres nommés pour six ans et appartenant aux catégories suivantes :

1° Deux députés et deux sénateurs ;

2° Des représentants des commissions locales d'information ;

3° Des représentants d'associations de protection de l'environnement et d'associations mentionnées à l'article L. 1114-1 du Code de la santé publique ;

4° Des représentants des personnes responsables d'activités nucléaires ;

5° Des représentants d'organisations syndicales de salariés représentatives ;

6° Des personnalités choisies en raison de leur compétence scientifique, technique, économique ou sociale, ou en matière d'information et de communication, dont trois désignées par l'Office parlementaire d'évaluation des choix scientifiques et technologiques, une par l'Académie des sciences et une par l'Académie des sciences morales et politiques ;

7° *(Mod. à compter du 1er janvier 2025, L. n° 2024-450, 21 mai 2024)* Des représentants de l'Autorité de sûreté nucléaire et de radioprotection, des autres services de l'État concernés et de l'Institut de radioprotection et de sûreté nucléaire.

II. – Son président est nommé parmi les parlementaires, les représentants des commissions locales d'information et les personnalités choisies en raison de leur compétence qui en sont membres.

Art. L. 125-38 *(Ord. n° 2012-6, 5 janv. 2012)*. – Les membres du Haut Comité pour la transparence et l'information sur la sécurité nucléaire, à l'exception des représentants des personnes responsables d'activités nucléaires, font, à la date de leur entrée en fonction, une déclaration rendue publique mentionnant leurs liens, directs ou indirects, avec les entreprises ou organismes dont l'activité entre dans le champ des compétences du haut comité.

Art. L. 125-39 *(Ord. n° 2012-6, 5 janv. 2012)*. – Les crédits nécessaires à l'accomplissement des missions du Haut Comité pour la transparence et l'information sur la sécurité nucléaire sont inscrits au budget de l'État.

Art. L. 125-40 *(Ord. n° 2012-6, 5 janv. 2012)*. – Les modalités d'application de la présente sous-section, notamment le nombre des membres de chacune des catégories énumérées du 2° au 7° du I de l'article L. 125-37, sont déterminées par décret en Conseil d'État.

CHAPITRE VI. – DÉCLARATION DE PROJET

(L. n° 2002-276, 27 févr. 2002).

Bibliographie : P. Bonneville, *Précisions sur la nature de la déclaration de projet : JCP* A 2016, n° 11, p. 67-68. • P. Hocreitère, *Déclaration de projet et évaluation environnementale appliquées aux plans locaux d'urbanisme : un abîme de complexité et de perplexité : Constr.-Urb.* 2013, étude 7. • Y. Depigny, *Les conditions requises pour suspendre une déclaration de projet : AJDA* 2012, p. 57. • L. Santoni, *La théorie du bilan appliquée à l'intérêt général dans le cadre de la déclaration de projet : Constr.-Urb.* 2011, p. 20. • K. Diot, *La déclaration de projet :* de nouvelles responsabilités pour les collectivités locales : *Rev. Lamy coll. terr.* févr. 2006, n° 10. • K. Diot et F. Rose-Dulcina, *Aménagement : les règles relatives à la déclaration de projet : Gaz. cnes* 28 nov. 2005, n° 1815, p. 60. • F. Duval, *Enfin des réponses à propos de la déclaration de projet : Ann. voirie* juill.-août 2006, n° 108, p. 133. • J.-M. Février, *Déclaration de projet et éoliennes : du nouveau dans la partie réglementaire du Code de l'environnement : Environnement* 2006, n° 7, comm. 86. • C. Huglo, C. Lepage et M.-P. Maître, *La déclaration de projet : nouveau décret d'application : Environnement et technique* sept. 2006, n° 259, p. 42. • E. et Y. Landot, *Déclaration* *de projet : l'hydre aux pieds d'argile : BJDU* nov.-déc. 2006, n° 6, p. 410 à 415. • P. Bon, *Déclaration de projet d'intérêt général et déclaration d'utilité publique : RD imm.* 2002, p. 287 à 295. • S. Traore, *La nouvelle procédure de « déclaration de projet » : BJDU* 4/2002, p. 242 à 251.

Art. L. 126-1 *(L. n° 2002-276, 27 févr. 2002).* **– Lorsqu'un projet public de travaux, d'aménagements ou d'ouvrages a fait l'objet d'une enquête publique en application du chapitre III du présent titre, l'autorité de l'État ou l'organe délibérant de la collectivité territoriale ou de l'établissement public responsable du projet se prononce, par une déclaration de projet, sur l'intérêt général de l'opération projetée.**

(Mod., L. n° 2010-788, 12 juill. 2010 ; Ord. n° 2016-1058, 3 août 2016) (1) **La déclaration de projet mentionne l'objet de l'opération tel qu'il figure dans le dossier soumis à l'enquête et comporte les motifs et considérations qui justifient son caractère d'intérêt général. La déclaration de projet prend en considération l'étude d'impact, les avis de l'autorité environnementale et des collectivités territoriales et de leurs groupements consultés en application du V de l'article L. 122-1 et le résultat de la consultation du public. Elle indique, le cas échéant, la nature et les motifs des principales modifications qui, sans en altérer l'économie générale, sont apportées au projet au vu des résultats de l'enquête publique. En outre, elle comporte les éléments mentionnés au I de l'article L. 122-1-1 du Code de l'environnement.**

Si la déclaration de projet n'est pas intervenue dans le délai d'un an à compter de la clôture de l'enquête, l'opération ne peut être réalisée sans une nouvelle enquête.

En l'absence de déclaration de projet, aucune autorisation de travaux ne peut être délivrée.

Si les travaux n'ont pas reçu de commencement d'exécution dans un délai de cinq ans à compter de la publication de la déclaration de projet, la déclaration devient caduque. Toutefois, en l'absence de changement dans les circonstances de fait ou de droit, le délai peut être prorogé une fois pour la même durée, sans nouvelle enquête, par une déclaration de projet prise dans les mêmes formes que la déclaration initiale et intervenant avant l'expiration du délai de cinq ans.

La déclaration de projet est publiée dans des conditions définies par décret en Conseil d'État.

Voir : en lien avec cet article : C. expr., art. L. 122-1, pour cause d'utilité publique.

1) Présentation. La déclaration de projet est issue de l'article 144 de la loi du 27 février 2002 relative à la démocratie de proximité. Cette déclaration permet au responsable d'un projet public susceptible d'affecter l'environnement (et donc soumis à enquête publique) de confirmer expressément et formellement l'intérêt général qu'il y a à en poursuivre la réalisation. La loi Grenelle II prévoit que la déclaration de projet doit prendre en considération l'étude d'impact, s'il y lieu l'avis de l'autorité environnementale et le résultat de la consultation du public. Le texte de l'article L. 126-1 a fait l'objet de plusieurs modifications, notamment par l'ordonnance du 3 août 2016, laquelle a fait l'objet d'une validation législative par la loi du 2 mars 2018.

2) Selon l'article 126-1, sont visés les projets :

– publics de travaux, d'aménagements ou d'ouvrages, c'est-à-dire dont sont responsables des personnes morales de droit public (à l'inverse, V. ▪ CE, ass., 12 avr. 2013, n° 342409, rendu à propos d'un projet dont la personne responsable, au sens de l'article L. 126-1, était la société de droit privé RTE, gestionnaire du réseau public de transport d'électricité). Au sens de cet article, le « responsable » du projet est la collectivité publique maître de l'ouvrage de l'opération, pour le compte de laquelle les travaux sont effectués ou l'ouvrage construit. L'exécution des travaux peut quant à elle être assurée par une personne publique ou privée ;

– qui ont fait l'objet d'une enquête publique au titre du Code de l'environnement, c'est-à-dire les projets de travaux, d'ouvrages ou d'aménagements soumis à étude d'impact sur l'environnement en application de l'article L. 122-1 du même code.

3) La déclaration de projet prévue par le Code de l'environnement permet au responsable d'un projet susceptible d'affecter l'environnement de manière notable de le justifier par l'affirmation de son caractère d'intérêt général.

Si une déclaration de projet n'est pas compatible avec le document d'urbanisme, la déclaration de projet du Code de l'environnement peut entraîner une procédure de mise en compatibilité du PLU. C'est là la différence essentielle avec la déclaration de projet du Code de l'urbanisme (art. L. 300-6), qui vise la mise en compatibilité accélérée des documents d'urbanisme.

4) Nature juridique de la déclaration de projet. La déclaration de projet est un acte susceptible de recours (▪ CE, 3 oct. 2011, n° 350210, *Synd. mixte*

(1) Dispositions d'application : V. Ord. n° 2016-1058, 3 août 2016, art. 6.

des transports en commun Tisséo et a.). Il s'agit par ailleurs d'un acte non réglementaire, ce qui contraint l'autorité compétente à ne l'abroger que si, postérieurement à son adoption, l'opération concernée a, par suite d'un changement des circonstances de fait, perdu son caractère d'intérêt général ou si, en raison de l'évolution du droit applicable, cette opération n'est plus susceptible d'être légalement réalisée (▪ TA Rennes, 18 déc. 2015, n° 131593, *Assoc. Projet Citoyens et a. : JCP* A 2016, n° 11, p. 67 à 68, *Précisions sur la nature de la déclaration de projet*, comm. P. Bonneville).

5) **Articulation avec la DUP.** La déclaration d'utilité publique (DUP) vaut déclaration de projet si l'expropriation est diligentée au profit de l'État, d'après l'article L. 122-1 du Code de l'expropriation pour cause d'utilité publique (V. pour exemple : ▪ CAA Nancy, 21 avr. 2015, n° 13NC01780). En dehors de cette hypothèse, la DUP d'un projet au profit d'une collectivité territoriale ne tient pas lieu de déclaration de projet, les deux déclarations sont des « *actes formellement distincts* ». Ainsi, l'annulation de la DUP n'implique pas, en l'absence d'une contestation de la déclaration de projet par la voie d'exception à l'occasion d'un recours dirigé contre la DUP, la disparition de la déclaration de projet justifiant une interruption des travaux (▪ CAA Lyon, 23 avr. 2015, n° 14LY01183, *Communauté urbaine de Lyon*).

La circonstance que la transmission de la déclaration de projet justifiant le caractère d'utilité publique de l'opération projetée soit intervenue postérieurement à l'envoi par le président de la communauté urbaine au préfet du dossier de demande de déclaration d'utilité publique en vue de la saisine du Conseil d'État n'affecte pas la légalité du décret attaqué portant DUP dès lors qu'elle est intervenue avant son adoption et figurait dans le dossier soumis au Conseil d'État (▪ CE, 24 oct. 2005, n° 272657, *Sté du tertre rouge*). Conformément aux dispositions de l'article L. 122-1 du Code de l'expropriation pour cause d'utilité publique, les vices affectant la légalité externe de la déclaration de projet, en l'occurrence l'insuffisance de motivation et de visas, sont sans incidence sur la légalité de la DUP (▪ CAA Nantes, 11 mai 2015, n° 13NT03161). La circonstance que le dossier soumis à l'enquête publique préalable à la déclaration d'utilité publique ait comporté de nombreux éléments relatifs au projet global Cigéo, portant sur d'autres opérations que le seul centre de stockage et relevant d'autres maîtres d'ouvrage que l'ANDRA, n'a pas pour effet de modifier le périmètre des travaux faisant l'objet de la déclaration d'utilité publique et, par voie de conséquence, de la déclaration de projet (▪ CE, 1er déc. 2023, n° 467331, *Assoc. Meuse Nature Environnement et a.*).

6) **Contestation par voie d'exception.** Il résulte de la combinaison des dispositions des articles L. 11-1 et L. 11-1-1 du Code de l'expropriation pour cause d'utilité publique et des articles L. 123-2 et L. 126-1 du Code de l'environnement que la déclaration de projet prévue à l'article L. 126-1 du Code de l'environnement pour les opérations donnant lieu à une déclaration d'utilité publique ne peut être contestée que par voie d'exception à l'occasion d'un recours dirigé contre la déclaration d'utilité publique. Le recours par voie d'action contre une déclaration de projet suivie d'une DUP est donc irrecevable (▪ CAA Nantes, 11 janv. 2019, n° 17NT03525, *Assoc. synd. libre du hameau de Sainte-Anne-du-Portzic*).

7) **Principe d'indépendance des législations.** Un arrêt de délimitation du domaine public fluvial ayant fait l'objet d'une enquête publique sur le fondement du Code général de la propriété des personnes publiques et du Code de l'expropriation pour cause d'utilité publique et ne portant pas sur un projet public de travaux, d'aménagements ou d'ouvrages au sens du Code de l'environnement, il ne peut être utilement soutenu à son égard que les dispositions de l'article L. 126-1 ont été méconnues (▪ CAA Nantes, 9 nov. 2018, n° 16NT03199).

8) **Projets exclus.** Tout d'abord, il résulte de la rédaction de l'article L. 126-1 du Code de l'environnement que sont exclus tous les projets **non soumis à une enquête publique environnementale** (exemple d'un projet soumis à permis d'aménager : ▪ CAA Paris, 6 juill. 2015, n° 12PA02201). Une autorisation d'exploiter une installation classée pour la protection de l'environnement étant distincte de la réalisation d'aménagements, d'ouvrages ou de travaux, les dispositions de l'article L. 126-1 n'y sont pas applicables (▪ CAA Nancy, 14 mai 2007, n° 06NC00262, *Comité de défense du poumon vert*). Le projet de création d'une **installation nucléaire de base** ayant fait l'objet d'une enquête publique prescrite le 18 mai 2006 n'est pas soumis à la procédure de **déclaration de projet** (▪ CE, 1er mars 2013, n° 340859). Les projets **privés** sont également exclus de la déclaration de projet (▪ CE, 12 avr. 2013, n° 342409).

9) **Motivation de l'intérêt général.** La déclaration de projet doit comporter l'énoncé des motifs et considérations qui justifient l'intérêt général du projet, avec une précision et une clarté suffisante (▪ CAA Nantes, 27 nov. 2015, n° 14NT01248, *GAEC Oméga*). Elle n'a pas à mentionner, en revanche, les réponses aux remarques et conclusions du commissaire-enquêteur (▪ CAA Lyon, 12 janv. 2016, n° 14LY00949, *Cnes de Montcel et de Combronde*).

10) **Étendue du contrôle du juge de l'intérêt général.** Pour contrôler la légalité de la décision

par laquelle l'organe délibérant de la collectivité territoriale se prononce, par une déclaration de projet, sur l'intérêt général de l'opération projetée, le juge applique la théorie du bilan en vérifiant que, eu égard aux conditions dans lesquelles elle a été prise et aux mesures d'accompagnement qui l'entourent, tout en satisfaisant à l'objectif d'intérêt général, cette décision ne porte pas une atteinte excessive aux autres intérêts en présence (▪ CAA Bordeaux, 10 juin 2010, n° 09BX00943, *Assoc. Trans'cub* : *JurisData* n° 2010-009019). Opérant pour la première fois un contrôle sur une déclaration de projet, le Conseil d'État précise l'étendue de son contrôle de cassation dans le cadre du référé suspension (▪ CE, 3 oct. 2011, n° 350210, *Synd. mixte des transports en commun Tisseo, Sté de la mobilité de l'agglomération toulousaine*).

11) Champ d'application. Intercommunalité. Une commune membre d'un établissement public de coopération intercommunale qui souhaite réaliser un projet d'aménagement dont elle estime qu'il est d'intérêt général et qui n'a pas compétence pour modifier les dispositions du plan local d'urbanisme en vigueur en vue d'en rendre possible la réalisation, ne peut engager une procédure de déclaration de projet qui emportera modification de ce document d'urbanisme qu'à la condition que le projet dont la commune serait maître d'ouvrage entre dans le champ des compétences qu'elle a conservées et non pas dans le champ des compétences d'intérêt communautaire transférées à l'établissement public de coopération intercommunale (▪ CAA Nancy, 27 juin 2013, n° 12NC01884, *Cne de Thierville-sur-Meuse*).

CHAPITRE VII. – DE L'INFRASTRUCTURE D'INFORMATION GÉOGRAPHIQUE

(Ord. n° 2010-1232, 21 oct. 2010)

Présentation. L'ordonnance du 21 octobre 2010 portant diverses dispositions d'adaptation au droit de l'Union européenne en matière d'environnement, procède à plusieurs modifications du Code de l'environnement afin notamment de transposer certaines directives européennes. La loi du 5 janvier 2011 ratifie cette ordonnance, lui conférant ainsi valeur législative. Parmi les textes transposés par cette ordonnance, figure la directive « Inspire » n° 2007/2/CE du 14 mars 2007 qui établit une infrastructure d'information géographique dans la Communauté européenne pour favoriser la protection de l'environnement en développant la production et l'échange des données géographiques. Cette infrastructure a pour objectif de permettre l'échange, le partage, l'accès et l'utilisation de données géographiques et environnementales. Le but est de rendre accessibles au public les données géographiques environnementales détenues par les autorités publiques en instaurant une obligation de mise en ligne de ces données sous format électronique.

Voir : **Droit interne** : Ord. n° 2010-1232 portant diverses dispositions d'adaptation au droit de l'Union européenne en matière d'environnement (*JO* 22 oct. 2010). – L. n° 2011-12, 5 janv. 2011 portant diverses dispositions d'adaptation de la législation au droit de l'Union européenne (*JO* 6 janv. 2001). – D. n° 2011-127, 31 janv. 2011 relatif au Conseil national de l'information géographique (*JO* 1er févr. 2011).

Droit européen : Dir. n° 2007/2/CE du Parlement européen et du Conseil, 14 mars 2007, établissant une infrastructure d'information géographique dans la Communauté européenne (INSPIRE).

Section I. – Dispositions générales

Art. L. 127-1 *(Ord. n° 2010-1232, 21 oct. 2010)*. **– Le présent chapitre s'applique, sans préjudice des dispositions du chapitre IV du titre II du livre Ier, aux séries de données géographiques :**

– détenues par une autorité publique, ou en son nom ;

– sous format électronique ;

– relatives à une zone sur laquelle la France détient ou exerce sa compétence ;

– et concernant un ou plusieurs thèmes figurant aux annexes I, II et III de la directive 2007/2/CE du Parlement européen et du Conseil du 14 mars 2007 établissant une infrastructure d'information géographique dans la Communauté européenne (INSPIRE).

Au sens du présent chapitre, est considéré comme :

1° « Infrastructure d'information géographique », des métadonnées, des séries de données géographiques et des services de données géographiques ; des services et des technologies en réseau ; des accords sur le partage, l'accès et l'utilisation ; et des mécanismes, des processus et des procédures de coordination et de suivi établis, exploités ou mis à disposition conformément au présent chapitre ;

2° « Donnée géographique », toute donnée faisant directement ou indirectement référence à un lieu spécifique ou une zone géographique ;

3° « Série de données géographiques », une compilation identifiable de données géographiques ;

4° « Services de données géographiques », les opérations qui peuvent être exécutées à l'aide d'une application informatique sur les données géographiques contenues dans des séries de données géographiques ou sur les métadonnées qui s'y rattachent ;

5° « Objet géographique », une représentation abstraite d'un phénomène réel lié à un lieu spécifique ou à une zone géographique ;

6° « Métadonnée », l'information décrivant les séries et services de données géographiques et rendant possible leur recherche, leur inventaire et leur utilisation ;

7° « Interopérabilité », la possibilité d'une combinaison de séries de données géographiques et d'une interaction des services, sans intervention manuelle répétitive de telle façon que le résultat soit cohérent et la valeur ajoutée des séries et des services de données renforcée ;

8° « Portail INSPIRE », un site internet ou équivalent qui donne accès aux services visés à l'article L. 127-4 (1) ;

9° « Autorité publique », les autorités publiques mentionnées à l'article L. 124-3 ou toute personne agissant pour leur compte ;

10° « Tiers », toute personne physique ou morale autre qu'une autorité publique au sens du 9°.

Lorsque plusieurs copies identiques d'une même série de données géographiques sont détenues par plusieurs autorités publiques ou en leur nom, le présent chapitre s'applique uniquement à la version de référence dont sont tirées les différentes copies.

Le présent chapitre s'applique également aux services de données géographiques qui concernent des données contenues dans les séries de données géographiques visées au premier alinéa, ainsi qu'aux séries et services de données géographiques détenues par un tiers auquel le réseau mentionné à l'article L. 127-4 a été mis à disposition conformément à l'article L. 127-5.

Toutefois, le présent chapitre n'est applicable aux séries de données géographiques détenues par une commune ou au nom de celle-ci que si des dispositions législatives en imposent la collecte ou la diffusion.

Section II. – Métadonnées

Art. L. 127-2 *(Ord. n° 2010-1232, 21 oct. 2010)*. – Les autorités publiques créent et mettent à jour des métadonnées pour les séries et les services de données géographiques définis à l'article L. 127-1 en conformité avec les modalités d'application définies dans le règlement (CE) n° 1205/2008 du 3 décembre 2008.

Ces métadonnées comprennent des informations relatives :

a) À la conformité des séries de données géographiques avec les modalités d'application de l'interopérabilité mentionnées à la section 3 du présent chapitre ;

b) Aux conditions applicables à l'accès et à l'utilisation des séries et des services de données géographiques et, le cas échéant, aux frais correspondants ;

c) À la qualité et à la validité des séries de données géographiques ;

d) Aux autorités publiques responsables de l'établissement, de la gestion, de la maintenance et de la diffusion des séries et des services de données géographiques ;

e) Aux restrictions à l'accès public et aux raisons de ces restrictions.

Section III. – Interopérabilité des séries et services de données géographiques

Art. L. 127-3 *(Ord. n° 2010-1232, 21 oct. 2010)*. – Les autorités publiques mettent en œuvre les séries et services de données conformément aux modalités techniques de l'interopérabilité déterminées par les règlements pris en application de la directive 2007/2/CE du 14 mars 2007.

Le calendrier de mise en œuvre par les autorités publiques des modalités d'application de l'interopérabilité au sens de l'article L. 127-1 et, le cas échéant, de l'harmonisation des séries et services de données au sens de ce même article, en différenciant entre les séries de données géographiques nouvellement collectées ou

(1) V. T. appl. : D. n° 2017-821, 5 mai 2017. – NDLR.

restructurées en profondeur, ainsi que les services de données géographiques correspondants, et les autres séries et services de données géographiques est fixé par arrêté du ministre chargé de l'environnement.

Voir : A. 24 janv. 2011 relatif au calendrier de mise en œuvre des modalités d'application de l'interopérabilité prévu à l'article L. 127-3 du Code de l'environnement (*JO* 24 févr.)

Section IV. – Services en réseau

Art. L. 127-4 *(Ord. n° 2010-1232, 21 oct. 2010).* **– I. – Les autorités publiques établissent et exploitent un réseau des services suivants concernant les séries et services de données géographiques pour lesquels des métadonnées ont été créées conformément au présent chapitre :**

***a)* Services de recherche permettant d'identifier des séries et des services de données géographiques sur la base du contenu des métadonnées correspondantes et d'afficher le contenu des métadonnées ;**

***b)* Services de consultation permettant au moins d'afficher des données, de naviguer, de changer d'échelle, d'opter pour une vue panoramique, ou de superposer plusieurs séries de données consultables et d'afficher les légendes ainsi que tout contenu pertinent de métadonnées ;**

***c)* Services de téléchargement permettant de télécharger des copies de séries de données géographiques ou de parties de ces séries, et, lorsque cela est possible, d'y accéder directement ;**

***d)* Services de transformation permettant de transformer des séries de données géographiques en vue de réaliser l'interopérabilité ;**

***e)* Services permettant d'appeler des services de données géographiques.**

Ces services tiennent compte des exigences des utilisateurs en la matière, sont faciles à utiliser et accessibles au public par l'internet.

Ils respectent les règles de mise en œuvre concernant les obligations relatives aux métadonnées, aux services en réseau et à l'interopérabilité déterminées par les règlements pris en application de la directive 2007/2/CE du 14 mars 2007, notamment le règlement (CE) n° 976/2009 du 19 octobre 2009.

II. – Aux fins des services visés au *a* du I, la combinaison minimale des critères de recherche suivants doit être mise en œuvre :

***a)* Mots-clés ;**

***b)* Classification des services et des séries de données géographiques ;**

***c)* Qualité et validité des données géographiques ;**

***d)* Degré de conformité des modalités d'application de l'interopérabilité mentionnées à la section 3 du présent chapitre ;**

***e)* Situation géographique ;**

***f)* Conditions applicables à l'accès aux séries et aux services de données et à leur utilisation ;**

***g)* Autorités publiques chargées de l'établissement, de la gestion, de la maintenance et de la diffusion des séries et des services de données géographiques.**

III. – Les services de transformation visés au *d* du I sont combinés aux autres services visés au I de manière à permettre l'exploitation de ces services conformément aux modalités d'application de l'interopérabilité mentionnées à la section 3 du présent chapitre.

Art. L. 127-5 *(Ord. n° 2010-1232, 21 oct. 2010).* **– L'État fournit aux autorités publiques les informations nécessaires pour qu'elles puissent relier au réseau visé au I de l'article L. 127-4 leurs séries et services de données géographiques visés à l'article L. 127-1 et les métadonnées correspondantes.**

Les autorités publiques, dans les limites techniques existantes et sous réserve de ne pas induire de coût supplémentaire excessif à leur charge, donnent aux tiers qui en font la demande la possibilité technique de relier leurs séries et services de données géographiques au réseau visé au I de l'article L. 127-4 lorsque ces séries et services de données géographiques respectent les règles de mise en œuvre du présent chapitre relatives aux métadonnées, aux services en réseau et à l'interopérabilité.

Art. L. 127-6 *(Ord. n° 2010-1232, 21 oct. 2010).* **– Les autorités publiques, après avoir apprécié l'intérêt que présente pour le public un accès ouvert aux séries et services de données géographiques par l'internet par rapport à celui que présente un accès limité ou soumis à conditions, peuvent restreindre l'accès visé :**

1° Au *a* du I de l'article L. 127-4 s'il est susceptible de porter atteinte à l'un des intérêts énoncés au II de l'article L. 124-5 ;

2° Au *b* à *e* du I de l'article L. 127-4, ainsi que l'accès aux services de commerce électronique visés à l'article L. 127-7, s'il est susceptible de porter atteinte à l'un des intérêts énoncés au I de l'article L. 124-4.

Les restrictions mentionnées au 2° ne sont applicables aux séries et services de données géographiques relatives à des émissions de substances dans l'environnement que dans la mesure où l'accès du public par l'internet à ces données est susceptible de porter atteinte à l'un des intérêts énoncés au II de l'article L. 124-5.

Art. L. 127-7 *(Ord. n° 2010-1232, 21 oct. 2010 ; mod., Ord. n° 2016-307, 17 mars 2016).* – Les autorités publiques mettent gratuitement à la disposition du public les services de recherche et de consultation par l'internet visés aux *a* et *b* du I de l'article L. 127-4.

Les services par l'internet visés au *b* du I de l'article L. 127-4 peuvent être circonscrits à une consultation dans un format excluant tout téléchargement ou toute copie des séries et services de données géographiques, et empêchant une réutilisation à des fins commerciales.

Sous réserve de proposer des services de commerce électronique *ad hoc*, les autorités publiques qui mettent à disposition des services par l'internet visés aux *b*, *c* ou *e* du I de l'article L. 127-4 peuvent soumettre l'accès à ces services à une redevance ou une licence d'exploitation dans les conditions définies par les dispositions des articles L. 323-1, L. 323-2, L. 324-1 à L. 324-5, L. 325-1 à L. 325-4, L. 325-7 à L. 325-8 du Code des relations entre le public et l'administration. Dans ce cas, cette mise à disposition publique des séries et services de données géographiques n'est pas considérée comme une diffusion publique au sens des articles L. 311-1 et L. 311-2 du code susmentionné.

Toutefois, les autorités publiques ne peuvent percevoir, à l'occasion de la mise à disposition des services de consultation par l'internet visés au *b* du I de l'article L. 127-4, une redevance pour la consultation de leurs séries de données que lorsque cette redevance est nécessaire pour assurer le maintien des séries de données géographiques et des services correspondants, notamment s'il s'agit d'un volume très important de données mises à jour de manière au moins mensuelle.

Section V. – Partage des données entre autorités publiques

Art. L. 127-8 *(Ord. n° 2010-1232, 21 oct. 2010).* – I. – Les autorités publiques peuvent accéder aux séries et services de données géographiques, au sens du présent chapitre, détenues par d'autres autorités publiques, les partager, les échanger et les utiliser, aux fins de l'exécution d'une mission de service public en rapport avec l'environnement, dans la mesure où ces séries et services de données géographiques concernent l'exercice de cette mission.

Toutefois, les dispositions de la présente section ne s'appliquent pas aux autorités publiques lorsqu'elles exercent une mission de service public à caractère industriel ou commercial, ni aux séries et services de données géographiques produits ou reçus par les autorités publiques dans l'exercice d'une telle mission.

II. – Toute restriction susceptible de créer des obstacles pratiques, au point d'utilisation, à l'accès et au partage de ces séries et services de données géographiques entre autorités publiques est prohibée.

Les modalités de mise à disposition des séries et services de données géographiques sont déterminées par décret en Conseil d'État.

III. – L'accès et le partage des séries et des services de données géographiques entre autorités publiques, au sens de la présente section, sont également ouverts aux autorités publiques des autres États membres, ainsi que, selon le principe de la réciprocité et de l'égalité de traitement, aux organes établis par des accords internationaux *auxquels l'Union européenne* et les États membres sont parties, aux fins de l'exécution d'une mission de service public en rapport avec l'environnement, dans la mesure où ces séries et services de données géographiques concernent l'exercice de cette mission.

L'accès des institutions et organes communautaires aux séries et services de données géographiques des autorités publiques est fixé par le règlement (UE) n° 268/2010 du 29 mars 2010.

IV. – Les autorités publiques peuvent limiter l'accès et le partage des séries et services de données géographiques, au sens de la présente section, si cet accès ou ce partage est susceptible de porter atteinte à l'un des intérêts énoncés au II de l'article L. 124-5.

Art. L. 127-9 *(Mod., Ord. n° 2015-1341, 23 oct. 2015).* – Les autorités publiques peuvent soumettre l'accès ou le partage des séries et services de données géographiques visés à l'article L. 127-8 à une redevance ou une licence d'exploitation dans les conditions définies par les dispositions des articles L. 323-1 à L. 325-8 du Code des relations entre le public et l'administration, nonobstant les dispositions du dernier alinéa de l'article L. 321-2 du même code.

Les séries et services de données géographiques fournis aux institutions et aux organes de l'Union européenne pour la réalisation des obligations de rapport résultant de la législation européenne en matière d'environnement ne sont pas soumis à paiement.

Un décret en Conseil d'État détermine les conditions dans lesquelles les redevances sont fixées et les licences sont octroyées.

Section VI. – Dispositions diverses

Art. L. 127-10 *(Ord. n° 2010-1232, 21 oct. 2010).* **– I. – En matière de découpage parcellaire et de représentation du bâti, le plan cadastral est la donnée de référence.**

II. – Aux fins d'établir des bases de données géographiques nationales ou locales de référence, l'État, les collectivités territoriales ainsi que leurs établissements publics respectifs qui ont vocation à en établir peuvent constituer, le cas échéant, en procédant à des interconnexions avec des fichiers détenus par d'autres personnes publiques ou privées et comprenant des données à caractère personnel, des bases de données numériques comprenant des informations relatives au découpage parcellaire ainsi qu'aux adresses des parcelles.

Ils peuvent procéder à la diffusion, y compris par voie électronique, auprès de l'ensemble des personnes publiques et privées, des informations contenues dans ces bases de données géographiques nationales ou locales de référence.

Ces bases de données géographiques nationales ou locales de référence ne peuvent inclure aucune information à caractère personnel autre que le découpage parcellaire et les adresses des parcelles.

III. – Un décret en Conseil d'État, pris après avis de la Commission nationale de l'informatique et des libertés, fixe les modalités de constitution de ces bases de données et des informations susceptibles d'être diffusées.

IV. – Le présent article est applicable sur l'ensemble du territoire de la République.

TITRE III. – INSTITUTIONS

CHAPITRE Ier. – INSTITUTIONS INTERVENANT DANS LE DOMAINE DE LA PROTECTION DE L'ENVIRONNEMENT

(Mod., Ord. n° 2004-637, 1er juill. 2004) (1)

Bibliographie : P. Adnot, *L'Agence de l'environnement et de la maîtrise de l'énergie : la grande illusion, Rapport d'information au nom de la commission des finances, Sénat Doc.* 2001, n° 236. • M.-G. Calamarte-Doguet, *Les établissements publics à caractère scientifique et technologique : AJDA* 2002, 569. • B. Drobenko (dir.), *Structures intercommunales et environnement, Les cahiers du CRIDEAU*, n° 14, Pulim 2006. • P. Lascoumes (dir.), *Le développement durable, une nouvelle affaire d'État, PUF* 2014, coll. L'écologie en questions.

Art. L. 131-1 *(Abr., Ord. n° 2004-637, 1er juill. 2004* (1) *; rétabli, L. n° 2016-1087, 8 août 2016).* **– Un établissement public de l'État régi par le présent code peut être rattaché à un ou plusieurs établissements publics de l'État, à la demande des deux tiers des membres de son conseil d'administration et après avis du ou des établissements auxquels ce rattachement est demandé, afin de mettre en commun des services et moyens.**

Les services et moyens mis en commun entre les établissements sont précisés par décret.

En cas de rattachement, les établissements conservent leur personnalité morale et leur autonomie financière.

Art. L. 131-2 *(Abr., Ord. n° 2004-637, 1er juill. 2004)* (1).

(1) Dispositions transitoires : V. Ord. n° 2004-637, 1er juill. 2004, art. 41.

Section I. – Agence de l'environnement et de la maîtrise de l'énergie (1)

(Ancienne section 2 dénum., Ord. n° 2004-637, 1er juill. 2004) (2)

Bibliographie : A.-H. Mesnard, *L'agence de l'environnement et de la maîtrise de l'énergie et la protection du sol, de l'air, et la lutte contre le bruit*, in *Encyclopédie des collectivités locales*, folio n° 5450, 2018. • M. Vaillant (dir.), *Agence l'environnement et de la maîtrise de l'énergie*, in *Déchets : Études – Dictionnaire permanent de l'environnement et des nuisances*, Éditions législatives, 2018. • E. Bernard, *À la recherche d'une définition juridique d'une idée managériale : le cas des agences de l'État* : *JCP* A 2015, n° 22, p. 38. • B. Wertenschlag et T. Geib, *Le volet « environnement » de la loi ALUR* : *AJDI* 2014, p. 372. • S. Brondel, *Les règles constitutives de l'ADEME relèvent de la compétence du législateur* – obs. sous CE, 20 févr. 2013, n° 360307 : *Dalloz actualité* 1er mars 2013. • Rapport public annuel 2012 du Conseil d'État, *Volume 2 : Les agences : une nouvelle gestion publique ?*, La Documentation française sept. 2012. • J. Richard, *Réfléchir aux agences, c'est réfléchir à l'État* : *AJDA* 2012, p. 1660. • C. Lagier, *Établissements publics et environnement*, *JCl. Environnement* 2007, fasc. 2610. • S. Padilla, *Effet de serre et entreprises : les réponses de l'ADEME* : *BDEI* sept. 2006, n° 5, p. 56. • M.-G. Calamarte-Doguet, *Les établissements publics à caractère scientifique et technologique* : *AJDA* 2002, p. 569.

Art. L. 131-3 ***(Mod., L. n° 2015-992, 17 août 2015 ; L. n° 2020-105, 10 févr. 2020 ; L. fin. n° 2020-1721, 29 déc. 2020).*** **– I. – L'Agence de l'environnement et de la maîtrise de l'énergie est un établissement public de l'État à caractère industriel et commercial.**

II. – Cet établissement public exerce des actions, notamment d'orientation et d'animation de la recherche, de prestation de services, d'information et d'incitation dans chacun des domaines suivants :

1° La prévention et la lutte contre la pollution de l'air ;

2° La prévention de la production de déchets, dont la lutte contre le gaspillage alimentaire ; la gestion des déchets ; la transition vers l'économie circulaire ; la protection des sols et la remise en état des sites pollués ;

3° Le réaménagement et la surveillance d'une installation de stockage de déchets ultimes autorisée après le 14 juillet 1992, lorsque ces opérations sont rendues nécessaires du fait d'une défaillance ou d'une insuffisance des garanties de l'exploitant ;

4° La réalisation d'économies d'énergie et de matières premières et le développement des énergies renouvelables, notamment d'origine végétale ;

5° Le développement des technologies propres et économes ;

6° La lutte contre les nuisances sonores ;

7° La lutte contre le réchauffement climatique et l'adaptation au changement climatique.

8° ***(L. n° 2023-175, 10 mars 2023)*** **Le suivi statistique des installations agrivoltaïques définies à l'article L. 314-36 du Code de l'énergie.**

III. – L'agence coordonne ses actions avec celles menées par les agences de l'eau dans des domaines d'intérêt commun.

IV ***(IV mod., L. n° 2022-217, 21 févr. 2022 ; mod. à compter du 18 décembre 2022, Ord. n° 2022-1521, 7 déc. 2022).*** **– Pour accomplir ses missions, l'agence dispose d'une délégation dans chaque région.**

Le représentant de l'État, selon le cas, dans les régions, la collectivité de Corse, les collectivités régies par les articles 73 ou 74 de la Constitution et en Nouvelle-Calédonie est le délégué territorial de l'agence.

V. – L'agence assure le suivi et l'observation des filières à responsabilité élargie du producteur.

Les coûts supportés par l'agence pour assurer la mission mentionnée au premier alinéa du présent V sont couverts par une redevance versée par les producteurs ou leur éco-organisme, dont le montant est fixé par décret.

Le pôle de l'agence réalisant ces actions dispose de l'autonomie financière dans la limite du produit des contributions reçues. Son budget constitue un budget annexe de l'agence.

---

(1) Le Conseil d'État a jugé que « l'ADEME ayant le caractère d'une catégorie d'établissement public au sens de l'article 34 de la Constitution, seul le législateur peut compétemment [...] modifier » (...) « les règles constitutives de l'ADEME, telles qu'elles résultent de la loi [n° 90-1130 du 19 décembre 1990 [codifiée aux articles L. 131-3 à L. 131-7 du Code de l'environnement] », ■ CE, 20 févr. 2013, n° 360307, *Féd. chimie énergie CFDT* : *JurisData* n° 2013-002750. – NDLR.

(2) Dispositions transitoires : V. Ord. n° 2004-637, 1er juill. 2004, art. 41.

Les agents de ce pôle employés par l'agence ne sont pas pris en compte dans le plafond des autorisations d'emplois défini à l'article 64 de la loi n° 2007-1822 du 24 décembre 2007 de finances pour 2008. Ce pôle est doté des effectifs nécessaires au suivi et à la régulation des filières à responsabilité élargie du producteur mentionnées à l'article L. 541-10-1 du présent code.

Art. L. 131-4 *(Mod., L. n° 2018-699, 3 août 2018 ; L. n° 2019-753, 22 juill. 2019 ; L. n° 2022-217, 21 févr. 2022)* (1). – **Le conseil d'administration de l'agence est composé :**

1° De représentants de l'État et de l'Agence nationale de la cohésion des territoires ;

2° D'un député et d'un sénateur ;

3° De représentants de collectivités territoriales et d'établissements publics de coopération intercommunale à fiscalité propre ;

4° De personnalités qualifiées, de représentants d'associations de protection de l'environnement agréées au titre de l'article L. 141-1 et de représentants de groupements professionnels intéressés ;

5° De représentants du personnel dans les conditions définies au deuxième alinéa de l'article 4 de la loi n° 83-675 du 26 juillet 1983 relative à la démocratisation du secteur public.

Art. L. 131-5. – **L'agence est dotée d'un conseil scientifique dont la composition est arrêtée conjointement par les ministres chargés de l'environnement, de la recherche et de l'industrie.**

Art. L. 131-5-1 *(Abr., L. fin. n° 2017-1837, 30 déc. 2017).* (2)

Art. L. 131-6 *(Mod., L. n° 2022-217, 21 févr. 2022)* (1). – **L'agence peut attribuer des subventions et consentir des avances remboursables.**

Elle peut percevoir notamment des redevances sur les inventions et procédés nouveaux auxquels elle a contribué, des redevances pour service rendu et le produit de taxes.

L'agence délègue à la région, à la demande de cette dernière, l'attribution de subventions et de concours financiers en matière de transition énergétique et d'économie circulaire prévus au titre de sa contribution au contrat de plan État-Région. L'agence ne peut s'opposer à la délégation d'un montant annuel de subventions et concours s'élevant à un maximum de 75 % de la moyenne des crédits annuels mobilisés par l'agence au titre du contrat de plan État-Région sur les trois dernières années. L'agence et la région volontaire concluent une convention de transition écologique régionale qui définit la durée de la délégation, le montant des subventions et concours délégués à la région, les critères d'attribution des aides, les objectifs à atteindre ainsi que les modalités de règlement des charges afférentes à cette délégation.

Destinataire de la subvention. L'article 2 de la loi du 9 décembre 2005 concernant la séparation des Églises avec l'État ne constitue pas un obstacle à l'allocation d'une subvention à une congrégation par l'ADEME, puisqu'il s'agit de participer à la substitution d'une chaudière non polluante à une chaudière fonctionnement au fioul, opération qui est conforme aux missions assignées à cet établissement public (▪ TA Lyon, 26 mars 2009, n° 0700136, *Chartreuse de Portes : JCP* A 2009, n° 30, 2194, obs. J. Moreau). Dès lors que l'objet des subventions sollicitées par les congrégations religieuses requérantes concourt à la satisfaction des objectifs assignés à l'ADEME par le Code de l'environnement, cette dernière est autorisée à leur en accorder le bénéfice (▪ CAA Lyon, 17 sept. 2010, n° 09LY00186, *Communauté des bénédictins de l'abbaye Saint-Joseph de Clairval : AJDA* 2011, p. 31, obs. C. Vinet ; *JCP* A 2011, note M. Audard). Une personne publique peut accorder à une association ayant un objet cultuel une subvention ne présentant pas un objet cultuel (▪ CE, 26 nov. 2012, n° 344284, *Communauté des bénédictins de l'abbaye de Saint-Joseph de Clairval.* ▪ CE, 26 nov. 2012, n° 344378, *ADEME c/ Communauté des bénédictins de l'abbaye de Saint-Joseph de Clairval.* ▪ CE, 26 nov. 2012, n° 344379, *ADEME c/ Communauté de la Chartreuse de Portes : RJEP* mai 2013, n° 708, comm. 20, conclusions E. Cortot-Boucher ; *RFDA* 2013, p. 326).

Art. L. 131-7. – **Un décret en Conseil d'État fixe les conditions d'application des articles L. 131-3 à L. 131-6** (3).

Voir : D. n° 91-732, 26 juill. 1991, codifié aux art. R. 131-1 et s.

(1) Dispositions applicables à compter de l'expiration des mandats des représentants des collectivités territoriales en cours le 21 février 2022, L. n° 2022-217, 21 févr. 2022.

(2) Sur le montant de la fraction due : V. L. fin. n° 2010-1657, 29 déc. 2010, art. 154, II modifié – NDLR.

(3) V. T. appl. : D. n° 91-732, 26 juill. 1991 devenu C. env., art. R. 131-1 à R. 131-26. – NDLR.

Section II. – Office français de la biodiversité

(Rempl., L. n° 2016-1087, 8 août 2016 ; mod. à compter du 1er janvier 2020, L. n° 2019-773, 24 juill. 2019)

Pour lutter contre la perte de biodiversité et répondre aux enjeux d'adaptation aux effets du changement climatique, l'Agence française pour la biodiversité est un opérateur de référence au service d'un nouveau modèle de développement. Elle est opérationnelle dès le 1er janvier 2017. Créée par la loi du 8 août 2016 pour la reconquête de la biodiversité, l'Agence française pour la biodiversité est issue de la réunion de quatre organismes engagés dans les politiques de la biodiversité : l'Office national de l'eau et des milieux aquatiques, l'Agence des aires marines protégées, l'établissement des Parcs nationaux de France et l'Atelier technique des espaces naturels.

L'Agence est une référence institutionnelle en matière d'expertise, de pilotage, d'assistance et de contrôle ainsi qu'un lieu de partenariat avec les collectivités territoriales, les réseaux associatifs, les milieux socio-professionnels, les entreprises.

Elle exerce des missions de préservation, de gestion et de restauration de la biodiversité, permettra le développement des connaissances, la gestion équilibrée et durable des eaux, et la lutte contre la biopiraterie.

La loi propose également aux collectivités la mise en place d'agences régionales de la biodiversité dont l'objectif est d'accélérer le déploiement de projets de reconquête de la biodiversité au plus près des territoires.

Bibliographie : A. Van Lang, *Protection du climat et la biodiversité au prisme du droit économique - l'apport de la loi Biodiversité : Énergie - Env. - Infrastr.* 2018, n° 5, dossier n° 4. • M. Vaillant (dir.), *Agence française pour la biodiversité*, in *Études - Dictionnaire Permanent Environnement et Nuisances*, Éditions Législatives, 2018. • L. Icher, *L'Agence française pour la biodiversité : une création sans innovation : Dr. env.* 2017, p. 107. • S. Monteillet, *Autorités environnementales : une (re) mise en perspective européenne : AJDA* 2017, n° 17, p. 976. • A. Muller-Curzydlo, *Rattachement des parcs nationaux à l'Agence française pour la biodiversité : Énergie - Env. - Infrastr.* 2017, n° 3, alerte 74. • J.-M. Pastor, *L'agence de la biodiversité prend ses marques*, obs. sous décret n° 2016-1842 du 26 décembre 2016 : *Dalloz actualité* 10 janv. 2017. • H. Pauliat, *L'agence française pour la biodiversité est prête à fonctionner*, obs. sous décret n° 2016-1842 du 26 décembre 2016 : *JCP A* 2017, n° 1, act. 12. • A. Farinetti, *L'Agence française pour la biodiversité : fer de lance d'une nouvelle gouvernance de la biodiversité : RD imm.* 2016, p. 581. • H. Gaumont-Prat, *Réflexions sur la loi n° 2016-1087 du 8 août 2016 pour la reconquête de la biodiversité, de la nature et des paysages : Propr. industr.* 2016, n° 10, alerte 66. • A. Van Lang, *La loi Biodiversité du 8 août 2016 : une ambivalence assumée (2e partie) : AJDA* 2016, p. 2492, V. *La rationalisation et l'amélioration de la gouvernance.* • L. de Redon, *Vote en première lecture du projet de loi pour la reconquête de la biodiversité, de la nature et des paysages : Énergie - Env. - Infrastr.* 2015, n° 5, alerte 93.

Art. L. 131-8 ***(Rempl., à compter du 1er janvier 2020, L. n° 2019-773, 24 juill. 2019).*** **– Il est créé un établissement public de l'État dénommé : « Office français de la biodiversité ».**

Bibliographie : L. de Redon, *Le décret du 26 décembre 2016 relatif à l'Agence française pour la biodiversité publié : Énergie - Env. - Infrastr.* 2017, n° 4, comm. 24, p. 45. • L. Stahl, *L'outre-mer et la loi pour la reconquête de la biodiversité, de la nature et des paysages : Rev. jur. env.* 2017 n° 1, p. 95.

Art. L. 131-9 ***(Rempl. à compter du 1er janvier 2020, L. n° 2019-773, 24 juill. 2019).*** **– I. – L'Office français de la biodiversité contribue, s'agissant des milieux terrestres, aquatiques et marins, ainsi à la surveillance, la préservation, la gestion et la restauration de la biodiversité de qu'à la gestion équilibrée et durable l'eau en coordination avec la politique nationale de lutte contre le réchauffement climatique. Il assure les missions suivantes :**

1° Contribution à l'exercice des missions de police administrative et de police judiciaire relatives à l'eau, aux espaces naturels, aux espèces, à la chasse et à la pêche ainsi que des missions de police sanitaire en lien avec la faune sauvage ;

2° Développement de la connaissance, recherche et expertise sur les espèces, sur les milieux, leurs fonctionnalités et leurs usages, sur les services écosystémiques, sur les liens entre les changements climatiques ;et la biodiversité ainsi que sur les risques sanitaires en lien avec la faune sauvage. L'office pilote ou coordonne les systèmes d'information sur la biodiversité, l'eau, les milieux aquatiques et les milieux marins ;

3° Expertise et assistance en matière d'évaluation de l'état de la faune sauvage et de gestion adaptative des espèces mentionnée à l'article L. 425-16 ;

4° Appui à la conception, à la mise en œuvre et à l'évaluation des politiques de l'eau et de la biodiversité, notamment à l'échelon territorial :

a) **Soutien à l'État pour l'élaboration de la stratégie nationale pour la biodiversité définie à l'article L. 110-3 et suivi de sa mise en œuvre ;**

b) Contribution à la lutte contre la biopiraterie et suivi du dispositif d'accès aux ressources génétiques et de partage juste et équitable des avantages découlant de leur utilisation ;

c) Appui à la mise en œuvre du principe mentionné au 2° du II de l'article L. 110-1 et suivi des mesures de compensation des atteintes à la biodiversité ;

d) Appui au suivi de la mise en œuvre des règlements et directives européens et des conventions internationales ainsi qu'aux actions de coopération ;

e) Appui à l'État et à ses établissements publics chargés de la gestion de l'eau, de la biodiversité et des espaces naturels, notamment en matière de lutte contre les pressions qui s'exercent sur la biodiversité, de lutte contre les espèces exotiques envahissantes, de gestion de la faune sauvage, d'amélioration de ses habitats et de pratiques de gestion des territoires ;

f) Appui, en lien avec les comités de bassin, aux collectivités territoriales, leurs groupements et à leurs établissements publics chargés de la gestion de l'eau, de la biodiversité et des espaces naturels, notamment en matière de lutte contre les pressions qui s'exercent sur la biodiversité, de lutte contre les espèces exotiques envahissantes, de gestion de la faune sauvage, d'amélioration de ses habitats et de pratiques de gestion des territoires ;

g) Appui aux acteurs socio-économiques et aux associations de protection de l'environnement ou d'éducation à l'environnement dans leurs actions en faveur de la biodiversité ;

h) Soutien financier, à travers l'attribution d'aides financières à des projets en faveur de la biodiversité et de la gestion durable et équilibrée de la ressource en eau et à travers la garantie de la solidarité financière entre les bassins hydrographiques ;

5° Gestion, restauration et appui à la gestion d'espaces naturels, notamment de zones littorales comprenant des récifs coralliens et des écosystèmes associés ;

6° Communication, sensibilisation du public, accompagnement de la mobilisation et formation :

a) Accompagnement de la mobilisation citoyenne, de la société civile et des acteurs des secteurs économiques sur les enjeux de biodiversité, notamment sur le lien entre l'homme et la nature ;

b) Formation, notamment en matière de police, et appui aux actions de formation initiale et continue, en particulier dans le cadre de l'éducation nationale, de l'enseignement supérieur, de la recherche et de l'enseignement agricole ;

c) Contribution à la structuration des métiers de la biodiversité et des services écologiques ;

Il est chargé pour le compte de l'État de l'organisation de l'examen du permis de chasser ainsi que de la délivrance du permis de chasser.

II. – L'intervention de l'Office français de la biodiversité porte sur l'ensemble des milieux terrestres, aquatiques et marins du territoire métropolitain, des collectivités régies par l'article 73 de la Constitution, des collectivités de Saint-Martin et de Saint-Pierre-et-Miquelon ainsi que des Terres australes et antarctiques françaises.

Il peut aussi mener, dans le cadre de conventions, des actions à Saint-Barthélemy, dans les îles Wallis-et-Futuna, en Polynésie française ainsi qu'en Nouvelle-Calédonie ou dans ses provinces, à la demande de ces collectivités.

III. – L'office et les collectivités territoriales coordonnent leurs actions dans les domaines d'intérêt commun. Les régions ou les collectivités exerçant les compétences des régions et l'office peuvent mettre en place conjointement, dans le cadre d'une convention signée entre les parties, des agences régionales de la biodiversité auxquelles peuvent notamment s'associer les départements et les collectivités territoriales exerçant les compétences des départements. Ces agences exercent leurs missions dans le champ des missions de l'office, à l'exception des missions de police et de délivrance du permis de chasser.

IV *(L. n° 2022-217, 21 févr. 2022)*. – Le représentant de l'État, selon le cas, dans le département, la collectivité de Corse ou la collectivité régie par les articles 73 ou 74 de la Constitution assure, en tant que délégué territorial de l'office, la cohérence de l'exercice des missions de police administrative de l'eau et de l'environnement de l'office dans les territoires relevant de son ressort avec les actions des autres services et établissements publics de l'État.

Une association de défense des intérêts des chasseurs n'a pas d'intérêt à agir contre la nomination d'un directeur de l'Agence française pour la biodiversité, dès lors que la chasse n'entre pas dans les missions de l'Agence (■ TA Melun, 29 mars 2018, n° 1705623).

Art. L. 131-10 *(Rempl. à compter du 1er janvier 2020, L. n° 2019-773, 24 juill. 2019).* – L'Office français de la biodiversité est administré par un conseil d'administration qui comprend :

1° Un premier collège constitué par des représentants de l'État, des représentants d'établissements publics nationaux œuvrant dans le champ des compétences de l'office et des personnalités qualifiées ;

2° Un deuxième collège comprenant des représentants des secteurs économiques concernés, des représentants d'organisations professionnelles agricoles et forestières, d'associations agréées de protection de l'environnement, de gestionnaires d'espaces naturels, des instances cynégétiques et des instances de la pêche de loisir ;

3° Un troisième collège comprenant des représentants des comités de bassin ainsi que des collectivités territoriales et de leurs groupements ;

4° Un quatrième collège composé des représentants élus du personnel de l'office ;

5° Un cinquième collège composé de deux députés dont un élu dans une circonscription ultramarine et de deux sénateurs dont un élu dans une circonscription ultramarine.

Tout parlementaire membre du conseil d'administration de l'Office français de la biodiversité, désigné en raison de son mandat électif, peut être suppléé par un autre parlementaire issu de la même assemblée délibérante.

Les ministres chargés de l'environnement et de l'agriculture désignent un commissaire du Gouvernement, qui appartient au premier collège. Un décret précise les conditions dans lesquelles ce commissaire du Gouvernement peut demander l'inscription d'un point à l'ordre du jour du conseil d'administration, provoquer la convocation d'un conseil d'administration extraordinaire ou s'opposer à une décision du conseil d'administration et solliciter une nouvelle délibération.

Les représentants de la Fédération nationale des chasseurs, des fédérations départementales des chasseurs et de la Fédération nationale de la pêche et de la protection du milieu aquatique représentent 10 % des membres du conseil d'administration. Ce nombre de représentants fait l'objet d'une troncature à l'unité.

Le conseil d'administration est composé de manière à comprendre au moins un représentant de chacun des cinq bassins écosystémiques ultramarins.

Il est composé de manière à ce que l'écart entre le nombre d'hommes, d'une part, et le nombre de femmes, d'autre part, ne soit pas supérieur à un. Lorsqu'un organisme est appelé à désigner plus d'un membre du conseil, il procède à ces désignations de telle sorte que l'écart entre le nombre des hommes désignés, d'une part, et le nombre des femmes désignées, d'autre part, ne soit pas supérieur à un. La même règle s'applique à la désignation des personnalités qualifiées du premier collège.

Le président du conseil d'administration est élu au sein du conseil d'administration par ses membres.

Voir : art. R. 131-28, p. 1635.

Art. L. 131-11 *(Rempl. à compter du 1er janvier 2020, L. n° 2019-773, 24 juill. 2019).* – Le conseil d'administration peut déléguer certaines de ses attributions, dans des conditions définies par décret, aux conseils de gestion des espaces protégés placés sous la responsabilité de l'Office français de la biodiversité.

Il peut constituer en son sein des commissions spécialisées et leur déléguer certaines de ses attributions, dans des conditions définies par décret.

Art. L. 131-11-1 *(Créé à compter du 1er janvier 2020, L. n° 2019-773, 24 juill. 2019).* – L'Office français de la biodiversité est doté d'un conseil scientifique, placé auprès du conseil d'administration.

Ce conseil scientifique comprend une part significative de spécialistes de la biodiversité ultramarine.

Art. L. 131-12 *(Rempl. à compter du 1er janvier 2020, L. n° 2019-773, 24 juill. 2019).* – Un comité d'orientation réunissant des représentants des différentes parties concernées par les missions de l'Office français de la biodiversité définies à l'article L. 131-9 est placé auprès du conseil d'administration de l'établissement, qui en détermine la composition et le fonctionnement. Le conseil d'administration peut lui déléguer certaines de ses compétences.

Art. L. 131-13 *(Rempl. à compter du 1er janvier 2020, L. n° 2019-773, 24 juill. 2019).* – L'Office français de la biodiversité est dirigé par un directeur général, nommé par décret.

Absence d'intérêt à agir contre la nomination du directeur de l'ancienne Agence française pour la biodiversité. Au regard de la nature des intérêts défendus par la Fédération nationale des chasseurs, celle-ci ne dispose pas d'un intérêt suffisamment direct pour demander l'annulation de l'arrêté portant nomination du directeur général de l'Agence française pour la biodiversité, quand bien même celle-ci exercerait un pouvoir de réglementation, d'organisation ou de contrôle sur son activité dès lors que le directeur ne dispose pas de tels pouvoirs à l'égard des associations représentatives des chasseurs ni ne détient de pouvoir de contrôle des missions de service public auxquelles participent et sont associées les fédérations départementales et la Fédération nationale des chasseurs. Ces missions s'exercent en effet en lien avec l'Office national de la chasse et de la faune sauvage et sous le contrôle du préfet et du ministre de la transition écologique et solidaire (■ CAA Paris, 9 mai 2019, n° 18PA01729, *Féd. nationale des chasseurs*).

Art. L. 131-14 *(Rempl. à compter du 1er janvier 2020, L. n° 2019-773, 24 juill. 2019).* **– Les ressources de l'Office français de la biodiversité sont constituées par :**

1° Des subventions et contributions de l'État et de ses établissements publics ainsi que, le cas échéant, des gestionnaires d'aires marines protégées et des collectivités territoriales et de leurs groupements ;

2° Les recettes des taxes affectées ;

3° Toute subvention publique ou privée ;

4° Les dons et legs ;

5° Le produit des ventes et des prestations qu'il effectue dans le cadre de ses missions ;

6° Des redevances pour service rendu ;

7° Les produits des contrats et conventions ;

8° Les revenus des biens meubles et immeubles ;

9° Le produit des aliénations ;

10° D'une manière générale, toutes les recettes autorisées par les lois et règlements, sous réserve de ne pas dégrader les ressources des agences de l'eau.

Art. L. 131-15 *(Anc. L. 213-4-1, dénum. et mod. à compter du 1er janvier 2017, L. n° 2016-1087, 8 août 2016 ; mod., L. n° 2018-938, 30 oct. 2018 ; mod. à compter du 1er janvier 2020, L. n° 2019-773, 24 juill. 2019 ; à compter du 1er janvier 2021, L. fin. n° 2020-1721, 29 déc. 2020).* **– Les ressources du programme confié à l'Office français de la biodiversité dans le cadre du plan d'action national défini à l'article L. 253-6 du Code rural et de la pêche maritime incluent la part de contribution mentionnée à ce titre à l'article 135 de la loi n° 2017-1837 de finances pour 2018 et sont dépensées, pour un montant au moins égal, sous la forme d'aides apportées par l'office au titre de ce programme.**

Art. L. 131-16 *(Mod. à compter du 1er janvier 2017, L. n° 2016-1087, 8 août 2016 ; à compter du 1er janvier 2021, L. fin. n° 2020-1721, 29 déc. 2020).* **– Dans le cadre de la mise en œuvre du programme mentionné à l'article L. 131-15, l'Office français de la biodiversité apporte directement ou indirectement des concours financiers aux personnes publiques ou privées.**

NB : Conformément au II de l'article 32 de la loi n° 2016-1087 du 8 août 2016, ces dispositions entrent en vigueur à la date fixée par le décret en Conseil d'État pris en application de l'article 21 de la même loi et au plus tard le 31 décembre 2017.

Le décret n° 2016-1842 du 26 décembre 2016, article 12, a fixé la date d'entrée en vigueur au 1er janvier 2017.

Art. L. 131-17 *(L. n° 2016-1087, 8 août 2016).* **– Un décret en Conseil d'État fixe les conditions d'application de la présente section.**

CHAPITRE II. – DISPOSITIONS COMMUNES À CERTAINES INSTITUTIONS

Art. L. 132-1 *(Mod., Ord. n° 2016-128, 10 févr. 2016 ; mod. à compter du 1er janvier 2017, L. n° 2016-1087, 8 août 2016 ; à compter du 1er janvier 2020, L. n° 2019-773, 24 juill. 2019).* **– L'Agence de l'environnement et de la maîtrise de l'énergie, l'Office national des forêts, le Conservatoire de l'espace littoral et des rivages lacustres, Office français de la biodiversité, les parcs nationaux, les agences de l'eau, le Centre des monuments nationaux et l'Agence nationale pour la gestion des déchets radioactifs peuvent exercer les droits reconnus à la partie civile en ce qui concerne les faits portant un préjudice direct ou indirect aux intérêts qu'ils ont pour objet de défendre et constituant une infraction aux dispositions législatives relatives à la protection de la nature et de l'environnement, à l'amélioration du cadre de vie, à la protection de l'eau, de**

l'air, des sols, des sites et paysages, à l'urbanisme ou ayant pour objet la lutte contre les pollutions et les nuisances, ainsi qu'aux textes pris pour leur application.

Sans préjudice de l'indemnisation des autres dommages subis, les personnes morales de droit public mentionnées à l'alinéa précédent intervenues matériellement ou financièrement ont droit au remboursement, par le ou les responsables, des frais exposés par elles.

Les chambres d'agriculture, les parcs naturels régionaux le Centre national de la propriété forestière, les personnes morales désignées par le décret en Conseil d'État prévu au premier alinéa de l'article L. 412-10 pour recueillir le consentement préalable donné en connaissance de cause des communautés d'habitants et les associations régulièrement déclarées exerçant des activités dans le domaine de la conservation des connaissances traditionnelles inscrites dans leurs statuts depuis au moins trois ans, peuvent également exercer les droits reconnus à la partie civile dans les conditions définies ci-dessus.

Bibliographie : M. Boutonnet, *La reconnaissance du préjudice environnemental : Environnement* 2008, n° 2, étude 2.

Sur le Conservatoire de l'espace littoral et des rivages lacustres. B. Drobenko, *Conservatoire du littoral : Rev. jur. env.* 2008, n° 2, p. 236. • E. Lopez, *Le conservatoire de l'espace littoral et des rivages lacustres : pourquoi et pourquoi faire ? : Environnement* 2008, n° 10, p. 43. • C. Lagier, *Établissements publics et environnement : JCl. Environnement* 2007, fasc. 2610. • S. Caudal, *La loi du 27 février 2002 et le conservatoire du littoral et des rivages lacustres : Collectivités-Intercommunalité* 2002, p. 4. • J.-M. Becet, *Le conservatoire du littoral et des rivages lacustres a vingt ans : DMF* 1996, n° 556, p. 57. • A. Faucon, *L'action du conservatoire du littoral : RD rur.* 1992, n° 208, p. 496. • P. Poujade, *Le contentieux du conservatoire de l'espace littoral et des rivages lacustres : LPA* 6 nov. 1987, n° 133, p. 11. • P. Tavernier, *La nature juridique des biens du domaine propre du conservatoire du littoral et des rivages lacustres : AJDA* 1981, p. 513. • P. Tavernier, *La création du conservatoire du littoral et des rivages lacustres : AJDA* 1976, p. 331.

1) L'exercice de l'action civile devant les juridictions répressives n'appartient qu'à ceux qui ont personnellement subi un préjudice matériel ou moral découlant directement des faits, objet de l'infraction poursuivie (CPP, art. 2 et 3).

2) L'ADEME est fondée à demander à l'héritier d'un terrain pollué responsable et détenteur des déchets en sa qualité de propriétaire, le remboursement des frais qu'elle a engagés à la demande du préfet pour réhabiliter le site (▪ CA Bordeaux, 27 févr. 2007, n° 05/004619, *M. Robert c/ Ademe : Environnement* 2008, n° 4, comm. 60. ▪ CA Orléans, 12 sept. 2011, n° 10/01566, *SCI de Champatay*. ▪ CA Grenoble, 9 janv. 2012, n° 09/01417, *ADEME c/ Chabroud* – Sur l'irrecevabilité d'une action formée par l'ADEME, V. ▪ Cass. crim., 30 mars 1994, n° 93-82.489, *Dugal c/ ADEME : Dr. env.* 1994, p. 52, note J.-H. Robert).

3) Le parc naturel régional de la Narbonnaise en Méditerranée est recevable à se constituer partie civile pour obtenir réparation des atteintes au patrimoine naturel résultant de la pollution des eaux (TGI Narbonne, 4 oct. 2007, n° 935/07, *Assoc. ECCLA et a. : AJDA* 2007, p. 2011, note Faivre). Alors que l'article L. 253-1 ancien du Code rural (C. env., art. L. 132-1 nouveau) exclut les parcs naturels régionaux, l'arrêt retient que le préjudice subi du fait de la perturbation des conditions de vie normale des animaux qui peuplent ce site, occasionnée par le passage de motards, intérêt que le parc naturel régional d'Armorique a pour mission de protéger, sera réparé par l'allocation de la somme de 4 000 F à titre de dommages-intérêts (▪ CA Rennes, ch. corr., 31 juill. 1997, *Bourles et a. : Rev. jur. env.* 1998, p. 199, note R. Léost et D. Guihal).

4) Un parc national est en droit de soutenir avoir subi un préjudice personnel et direct découlant de l'atteinte portée, par l'infraction retenue, aux intérêts qu'en vertu de sa mission légale, il a la charge de préserver. Dès lors, est cassé l'arrêt qui retient que, le parc national de la Vancise, s'agissant d'un établissement public, ne peut en cette qualité, demander réparation d'un préjudice personnel et que rien, dans son statut, ne l'autorise à exercer l'action civile devant les juridictions ; le préjudice dont un parc national, propriété de la collectivité nationale, pourrait se prévaloir est un préjudice général dont seul le ministère public est apte à poursuivre la réparation (▪ Cass. crim., 8 mars 1995, n° 94-82.566). La contravention retenue, qui porte atteinte aux intérêts que le parc national des Écrins a pour mission légale de préserver, caractérise pour celui-ci un préjudice personnel découlant directement des faits poursuivis, distinct du trouble social. Est cassé l'arrêt qui, pour déclarer irrecevable la constitution de partie civile du parc national, retient que l'infraction n'a pas causé de dommage matériel au parc, qui n'est pas propriétaire de la flore et de la faune sauvages mais doit seulement en assurer la protection (▪ Cass. crim., 7 avr. 1999, n° 98-80.067).

5) L'Office national de la chasse et de la faune sauvage au nom duquel a été dressé procès-verbal ne saurait solliciter réparation du préjudice né des infractions au Code de l'environnement qu'il a constatées (▪ CA Riom, ch. corr., 9 juin 2005, n° 04/

00759 : *JurisData* n° 2005-298590 ; *RD rur.* 2006, n° 344, comm. 181).

6) Un département est irrecevable à se constituer partie civile du chef de destruction des abeilles par un pesticide : l'action en justice pour la défense d'un intérêt général relève de la seule compétence du ministère public ; le département n'est pas chargé de représenter les intérêts d'une catégorie de sa population ; il n'allègue pas être propriétaire de ruches ni avoir passé des contrats relatifs à l'insecticide en cause (le Gaucho) ; l'entrave aux actions entreprises en faveur des apiculteurs ne caractérise pas un préjudice personnel résultant directement des infractions poursuivies (■ Cass. crim., 19 déc. 2006, n° 05-81.138 : *Environnement* 2007, n° 3, p. 39, note J.-H. Robert).

7) Est cassé l'arrêt qui admet la constitution de partie civile d'un comité régional des pêches maritimes et élevages marins, alors que cet organisme, qui ne se prévaut pas d'un préjudice direct, n'est habilité par aucun texte à exercer les droits reconnus à la partie civile en ce qui concerne l'atteinte causée par une infraction de rejet illicite d'hydrocarbures (■ Cass. crim., 16 janv. 2007, n° 05-86.580. ■ Cass. crim., 16 janv. 2007, n° 05-84.690. ■ Cass. crim., 18 mars 2008, n° 07-84.030 : *Environnement* 2009, n° 2, p. 27, note Bertella-Geffroy. ■ Cass. crim., 14 mai 2008, n° 07-84.927).

8) Un rejet d'hydrocarbures, dont il n'est pas établi qu'il ait atteint une réserve naturelle pour la gestion de laquelle des dépenses ont été engagées par l'Office de l'Environnement de la Corse (OEC), ne cause à celui-ci d'autre dommage personnel et direct que celui résultant de l'atteinte à son image. Pour confirmer l'octroi du montant indemnitaire (faible), l'arrêt énonce que l'OEC est un EPIC, non compris dans la liste limitative des personnes morales de droit public de l'article L. 132-1 (■ Cass. crim., 30 oct. 2007, n° 06-87.581 : *Dr. env.* 2008, n° 155, p. 11, note D. Guihal).

Art. L. 132-2 ***(Mod., L. n° 2014-1170, 13 oct. 2014).*** **– Les organisations syndicales agricoles et forestières représentatives ainsi que les chambres d'agriculture, l'Office national des forêts et le Centre national de la propriété forestière sont appelés dans le cadre des lois et règlements en vigueur à participer à l'action des pouvoirs publics en matière de protection de l'environnement ou de gestion de l'espace, lorsqu'il s'agit d'espace rural.**

Voir : sur les organisations syndicales agricoles et forestières : D. n° 90-187, 28 févr. 1990, relatif à la représentation des organisations syndicales d'exploitants agricoles au sein de certains organismes ou commissions.

Art. L. 132-3 ***(L. n° 2016-1087, 8 août 2016*** (1) ***; mod., L. fin. n° 2020-1721, 29 déc. 2020 ; L. n° 2022-217, 21 févr. 2022).*** **– Les propriétaires de biens immobiliers peuvent conclure un contrat avec une collectivité publique, un établissement public ou une personne morale de droit privé agissant pour la protection de l'environnement en vue de faire naître à leur charge, ainsi qu'à la charge des propriétaires ultérieurs du bien, les obligations réelles que bon leur semble, dès lors que de telles obligations ont pour finalité le maintien, la conservation, la gestion ou la restauration d'éléments de la biodiversité ou de fonctions écologiques.**

Ces obligations peuvent être utilisées à des fins de compensation.

La durée des obligations, les engagements réciproques et les possibilités de révision et de résiliation doivent figurer dans le contrat. La durée prévue au contrat ne peut excéder quatre-vingt-dix-neuf ans.

Établi en la forme authentique, le contrat faisant naître l'obligation réelle n'est pas passible de droits d'enregistrement et ne donne pas lieu à la perception de la taxe de publicité foncière prévus, respectivement, aux articles 662 et 663 du Code général des impôts Il ne donne pas lieu non plus au paiement de la contribution prévue à l'article 879 du même code.

> **Rédaction future.** *(Mod. à compter d'une date fixée par décret en Conseil d'État et au plus tard le 31 décembre 2028, Ord. n° 2024-562, 19 juin 2024)* Établi en la forme authentique, le contrat faisant naître l'obligation réelle fait l'objet de la publication prévue au 1° de l'article 710-3 du Code civil. Cette publication rend le contrat opposable aux tiers dans les conditions prévues à l'article 710-32 du même code. Ce contrat n'est pas passible de droits d'enregistrement et sa publication ne donne pas lieu à la perception de la taxe de publicité foncière prévus, respectivement, aux articles 662 et 663 du Code général des impôts Il ne donne pas lieu non plus au paiement de la contribution prévue à l'article 879 du même code.

Le propriétaire qui a consenti un bail rural sur son fonds ne peut, à peine de nullité absolue, mettre en œuvre une obligation réelle environnementale qu'avec l'accord préalable du preneur et sous réserve des droits des tiers.

(1) À partir du 1er janvier 2017, les communes peuvent, sur délibération du conseil municipal, exonérer de la taxe foncière sur les propriétés non bâties, les propriétaires ayant conclu une obligation réelle environnementale, L. n° 2016-1087, 8 août 2016, art. 72, III.

L'absence de réponse à une demande d'accord dans le délai de deux mois vaut acceptation. Tout refus doit être motivé. La mise en œuvre d'une obligation réelle environnementale ne peut en aucune manière remettre en cause ni les droits liés à l'exercice de la chasse, ni ceux relatifs aux réserves cynégétiques

L'article L. 132-3 nouveau du Code de l'environnement prévoit que les propriétaires de biens immobiliers peuvent conclure un contrat avec une collectivité publique, un établissement public ou une personne morale de droit privé agissant pour la protection de l'environnement en vue de faire naître à leur charge, ainsi qu'à la charge des propriétaires ultérieurs du bien, les obligations réelles que bon leur semble, dès lors que de telles obligations ont pour finalité le maintien, la conservation, la gestion ou la restauration d'éléments de la biodiversité ou de fonctions écologiques.

Les obligations réelles environnementales peuvent être utilisées à des fins de compensation.

D'ici à fin 2018, le Gouvernement remettra un rapport au Parlement sur la mise en œuvre de ce mécanisme d'obligations réelles environnementales, rapport qui portera également sur les moyens de renforcer l'attractivité du mécanisme, notamment au moyen de dispositifs fiscaux incitatifs.

Bibliographie : C. Le Guyader et M.-L. Treffot, *L'obligation réelle environnementale : BDEI* mai 2018, n° 2345. – J.-F. Davignon et M. Poumarède, *Les obligations réelles environnementales : Dr. et patrimoine* 2017, p. 93. – W. Dross, *L'originalité de l'obligation réelle environnementale en droit des biens : Énergie – Env. – Infrastr.* 2017, dossier 16. – O. Herrnberg, *L'obligation réelle environnementale, le point de vue de la pratique : Énergie – Env. – Infrastr.* 2017, dossier 17. – P. Janin, *L'ancrage territorial des obligations environnementales : Énergie – Env. – Infrastr.* 2017, dossier 18. – G.-J. Martin, *Les obligations réelles environnementales*, in Cans et Cizel (dir.), *La loi Biodiversité, ce qui change en pratique*, Éditions législatives 2017. – L. Estève de Palmas et X. Lièvre, *La compensation des atteintes à la biodiversité : une obligation renforcée pour les maîtres d'ouvrages : JCP* N 2016, n° 50, p. 31. – M. Hauterau-Boutonnet, *La reconquête de la biodiversité par la reconquête du droit civil : JCP* G 2016, n° 37, p. 1624. – G.-J. Martin, *Les potentialités de l'obligation réelle environnementale : Dr. env.* 2016, 334. – B. Peignot, *L'obligation réelle environnementale saisie par le statut du fermage, Agriculteurs de France* n° 225, oct. 2016. – N. Reboul-Maupin et B. Grimomprez, *Les obligations réelles environnementales : chronique d'une naissance annoncée : D.* 2016, p. 2074. – J.-B. Seube et T. Revet, *Les obligations réelles environnement entrent dans le droit positif : Dr. et patrimoine* 2016, p. 95. – G.-J. Martin, *Pour l'introduction en droit français d'une servitude contractuelle ou d'une obligation propter rem de protection de l'environnement : Rev. jur. env.* 2008, n° spécial, p. 123. – C. Giraudel (dir.), *La protection conventionnelle des espaces naturels en droit français et comparé*, rapport sept. 1997 pour le ministère de l'Environnement, *CRIDEAU-CNRS-PULIM* 2000.

CHAPITRE II *BIS*. – HAUT CONSEIL POUR LE CLIMAT

(L. n° 2019-1147, 8 nov. 2019)

Art. L. 132-4 *(L. n° 2019-1147, 8 nov. 2019)*. **– I. – Le Haut Conseil pour le climat, organisme indépendant, est placé auprès du Premier ministre.**

Outre son président, le Haut Conseil pour le climat comprend au plus douze membres choisis en raison de leur expertise scientifique, technique et économique dans les domaines des sciences du climat et des écosystèmes, de la réduction des émissions de gaz à effet de serre ainsi que de l'adaptation et de la résilience face au changement climatique.

Les membres du Haut Conseil pour le climat sont nommés par décret pour un mandat de cinq ans, renouvelable une fois. Lorsqu'un membre cesse ses fonctions, un nouveau membre est nommé, après avis du président du Haut Conseil pour le climat, pour la durée du mandat restant à établir.

Les membres du Haut Conseil pour le climat ne peuvent solliciter ni recevoir aucune instruction du Gouvernement ou de toute autre personne publique ou privée dans l'exercice de leurs missions.

Les membres du Haut Conseil pour le climat adressent à la Haute Autorité pour la transparence de la vie publique une déclaration d'intérêts dans les conditions prévues au III de l'article 4 de la loi n° 2013-907 du 11 octobre 2013 relative à la transparence de la vie publique.

II. – Le Haut Conseil pour le climat rend chaque année un rapport qui porte notamment sur :

1° Le respect de la trajectoire de baisse des émissions de gaz à effet de serre au regard des budgets carbone définis en application de l'article L. 222-1 A du présent code et de la stratégie bas-carbone mentionnée à l'article L. 222-1 B ;

2° La mise en œuvre et l'efficacité des politiques et mesures décidées par l'État et les collectivités territoriales pour réduire les émissions de gaz à effet de serre, développer les puits de carbone, réduire l'empreinte carbone et développer l'adaptation au changement climatique, y compris les dispositions budgétaires et fiscales ;

3° L'impact socio-économique, notamment sur la formation et l'emploi, et environnemental, y compris pour la biodiversité, de ces différentes politiques publiques.

Dans ce rapport, le Haut Conseil met en perspective les engagements et les actions de la France par rapport à ceux des autres pays. Il émet des recommandations et propositions pour améliorer l'action de la France, les contributions des différents secteurs d'activité économiques au respect des budgets carbone ainsi que la réduction des émissions de gaz à effet de serre liées aux transports aéronautique et maritime internationaux.

Ce rapport est remis au Premier ministre et transmis au Parlement ainsi qu'au Conseil économique, social et environnemental.

Le Gouvernement présente au Parlement et au Conseil économique, social et environnemental, dans les six mois suivant la remise de ce rapport, les mesures déjà mises en œuvre et celles prévues en réponse aux recommandations et propositions de ce rapport. Il présente une explication pour chacun des objectifs non atteints ainsi que les moyens mis en œuvre pour les atteindre.

Le Haut Conseil rend un avis sur la stratégie nationale bas-carbone et les budgets carbone ainsi que sur le rapport mentionné au II de l'article L. 222-1 D. Il évalue la cohérence de la stratégie bas-carbone vis-à-vis des politiques nationales et des engagements européens et internationaux de la France, en particulier de l'accord de Paris sur le climat et de l'objectif poursuivi d'atteinte de la neutralité carbone en 2050, tout en prenant en compte les impacts socio-économiques de la transition pour les ménages et les entreprises, les enjeux de souveraineté et les impacts environnementaux.

III. – Le Haut Conseil pour le climat est créé en date du 27 novembre 2018.

IV. – Les modalités d'organisation et de fonctionnement du Haut Conseil sont précisées par décret.

Art. L. 132-5 *(L. n° 2019-1147, 8 nov. 2019)*. – Le Haut Conseil pour le climat peut se saisir de sa propre initiative ou être saisi par le Gouvernement, le Président de l'Assemblée nationale, le Président du Sénat ou le président du Conseil économique, social et environnemental pour rendre un avis, au regard de sa compétence, sur un projet de loi, une proposition de loi ou une question relative à son domaine d'expertise. Dans cet avis, le Haut Conseil pour le climat étudie la compatibilité de la proposition ou du projet avec les budgets carbone de la stratégie nationale bas-carbone.

CHAPITRE III. – CONSEIL NATIONAL DE LA TRANSITION ÉCOLOGIQUE

(L. n° 2012-1460, 27 déc. 2012)

Art. L. 133-1 *(L. n° 2012-1460, 27 déc. 2012)*. – Le Conseil national de la transition écologique est présidé par le ministre chargé de l'écologie ou son représentant.

Il peut décider de la création de formations spécialisées permanentes en son sein.

Art. L. 133-2 *(L. n° 2012-1460, 27 déc. 2012 ; mod., L. n° 2015-992, 17 août 2015 ; L. n° 2018-699, 3 août 2018)*. – Le Conseil national de la transition écologique est consulté sur :

1° Les projets de loi concernant, à titre principal, l'environnement ou l'énergie ;

2° Les stratégies nationales relatives au développement durable, à la biodiversité et au développement de la responsabilité sociétale et environnementale des entreprises et la stratégie bas-carbone.

Il peut se saisir de toute question d'intérêt national concernant la transition écologique et le développement durable ou ayant un impact sur ceux-ci.

Il est informé chaque année par le Gouvernement de l'évolution des indicateurs nationaux de performance et de développement durable pertinents pour mesurer l'avancement de la transition écologique.

Il comprend parmi ses membres trois députés et trois sénateurs, ainsi que deux représentants au Parlement européen élus en France.

Art. L. 133-3 *(L. n° 2012-1460, 27 déc. 2012)*. – Les avis du Conseil national de la transition écologique sont mis à la disposition du public par voie électronique.

Ils sont transmis par voie électronique au Parlement, au Conseil économique, social et environnemental, aux conseils économiques, sociaux et environnementaux régionaux ainsi qu'aux organismes intéressés par la transition écologique.

Art. L. 133-4 *(L. n° 2012-1460, 27 déc. 2012).* **– La composition et les modalités de fonctionnement du Conseil national de la transition écologique, notamment, sont précisées par voie réglementaire.**

Voir : D. n° 2013-753, 16 juill. 2013 codifiés aux art. D. 134-1 et s., p. 1651.

Composition. Il ne découle pas du principe de participation du public consacré par l'article 7 de la Charte de l'environnement une exigence de « composition équilibrée » des organismes qui interviennent en matière de consultation sur des décisions portant sur l'environnement. D'autre part, contrairement à ce qui est soutenu, les dispositions qui ont créé cette instance consultative compétente sur les projets de loi, les stratégies nationales et les questions d'intérêt national en matière de transition écologique et de développement durable n'ont pas pour objet d'assurer les conditions de mise en œuvre de l'article 7 de la Charte de l'environnement. Il suit de là que les associations requérantes ne peuvent, en tout état de cause, utilement invoquer les dispositions de l'article 7 de la Charte de l'environnement à l'encontre de l'arrêté attaqué (▪ CE, 27 juill. 2016, n° 390071, *Assoc. Générations futures et Écologie sans frontière : Dr. env.* 2016, 292).

CHAPITRE IV. – INSTITUTIONS RELATIVES À LA BIODIVERSITÉ

(L. n° 2016-1087, 8 août 2016)

Bibliographie : S. Damarey, *Association de protection de l'environnement. Action en justice. Intérêt à agir et réparation du préjudice subi : Juris Associations* 2016, n° 541, p. 12. • P.-H. Dutheil (dir.), *Droit des associations et des fondations, Juris Éditions* 2016. • E. Benazeth, *Les associations au cœur du paysage, Juris Associations* 2016, n° 544, p. 11. • C. Cans, *Associations agréées pour la protection de l'environnement. Associations habilitées à prendre part au débat sur l'environnement : JCl. Environnement et développement durable* 2015, fasc. 2700. • M.-L. Lambert-Habib, *Liberté d'expression et risques contentieux 2006-2009 : Dr. env.* 2009, n° 173, p. 22. • B. Pancher, *Institutions et représentativité des acteurs, Rapport au Premier ministre* 30 juill. 2008, www.developpement-durable.gouv.fr. • I. Tchotourian, *Le projet français de class action au regard du recours collectif en matière d'environnement au Québec : Dr. env.* 2007, n°s 149 et 150. • L. Raoul, *Le financement des associations de protection de la nature et de l'environnement : RF fin. publ.* 2005, 153. • M.-P. Camproux-Duffrène, *Des perspectives d'un meilleur accès à la justice civile pour les associations de protection de l'environnement : Environnement* 2003, n° 12, p. 8. • N. Calderaro, *La recevabilité des recours devant le juge administratif : LPA* 2002, n° 138, p. 4. • P. Charlot, *L'actualité de la notion de « qualité donnant intérêt pour agir » : RFDA* 1996, 481. • P. Albertini, *L'exercice de l'action civile par les associations, Office parlementaire d'évaluation de la législation, Rapports Ass. nat. n° 1583 et Sénat n° 343*, 1999. • N. Coulaud et autres, *Associations, obstacles ou partenaires ? : Le Moniteur* 25 juin 1999, n° 4987. • M. Keita, *La représentation en justice des associations : LPA* 30 sept. 1999, n° 195, p. 18. • V. Le Coq, *Les recours des associations en matière d'urbanisme : Dr. adm.* 1999, p. 6. • L. Boré, *La défense des intérêts collectifs par les associations devant les juridictions administratives et judiciaires*, LGDJ, Bibl. dr. privé, t. 27/8, 1997. • E. Rehbinder, *L'action en justice des associations et l'action populaire pour la protection de l'environnement : RED env.* 1997, 16. • S. Olivier, *Environnement et contentieux administratifs*, éd. Juris-services, coll. Environnement, 1996. • M. Remond-Gouilloud, *L'action en justice en matière d'environnement, variations sur l'incertitude*, t. 20, 1994, éd. DPCI, n° 2, p. 198 s. • S. Grand-Deleage, *La concertation dans le droit de l'urbanisme*, Thèse Lyon III, 1992. • M. Prieur, *Réunion mondiale des associations de droit de l'environnement, Déclaration de Limoges*, 16 nov. 1990 ; *Rev. jur. env.* 1991, 111 ; *Le droit à l'environnement et les citoyens : la participation : Rev. jur. env.* 1988, 397.

L'article 14 de la loi du 8 août 2016 pour la reconquête de la biodiversité insère un nouveau chapitre relatif aux institutions relatives à la biodiversité avec le Comité national de la biodiversité, qui constitue une instance d'information, d'échanges et de consultation sur les questions stratégiques liées à la biodiversité, et le Conseil national de la protection de la nature qui a pour mission d'apporter une expertise scientifique et technique.

Art. L. 134-1 *(L. n° 2016-1087, 8 août 2016 ; mod. à compter du 1er janvier 2020, L. n° 2019-773, 24 juill. 2019).* **– Le Comité national de la biodiversité constitue une instance d'information, d'échanges et de consultation sur les questions stratégiques liées à la biodiversité. À cette fin, il organise des concertations régulières avec les autres instances de consultation et de réflexion dont les missions sont relatives à la biodiversité.**

Il peut être consulté par le Gouvernement sur tout sujet relatif à la biodiversité ou ayant un effet notable sur celle-ci. Il peut également se saisir d'office. Le champ de la compétence consultative du comité ainsi que sa composition et les modalités de son fonctionnement sont précisés par décret en Conseil d'État.

Il donne son avis sur les orientations stratégiques de l'Office français de la biodiversité.

Le Comité national de la biodiversité est composé de représentants des collectivités territoriales et de leurs groupements, des établissements publics nationaux œuvrant dans le champ de la biodiversité, des organismes socio-professionnels concernés, des propriétaires fonciers, des usagers de la nature, des associations, organismes ou fondations œuvrant pour la préservation de la biodiversité et des gestionnaires d'espaces naturels, de scientifiques ou de représentants d'organismes de recherche et de personnalités qualifiées.

La composition du Comité national de la biodiversité assure une représentation équilibrée des femmes et des hommes. À cet effet, la proportion des membres de chaque sexe composant le comité ne peut être inférieure à 40 %. Le décret prévu au deuxième alinéa précise la répartition par sexe des personnes désignées par chacune des instances et autorités compétentes et les modalités d'ajustement nécessaires pour respecter cette règle de représentation équilibrée.

La composition du comité assure la représentation de chaque département et collectivité d'outre-mer, en tenant compte, notamment, de la richesse de leur biodiversité.

Art. L. 134-2 *(L. n° 2016-1087, 8 août 2016)*. – **Le Conseil national de la protection de la nature a pour mission d'apporter, par ses avis, une expertise scientifique et technique.**

Il peut être consulté sur les projets de loi, d'ordonnance et de décret concernant ses domaines de compétence et les travaux scientifiques et techniques y afférents. Il peut également se saisir d'office.

Un décret en Conseil d'État précise les compétences, les modalités de fonctionnement et la composition du Conseil national de la protection de la nature, ainsi que les conditions dans lesquelles sa composition concourt à une représentation équilibrée des femmes et des hommes, d'une part, et à une représentation équilibrée des sciences du vivant et des sciences humaines, d'autre part. Il fixe les règles de transparence applicables aux experts du Conseil national de la protection de la nature.

La composition du Conseil national de la protection de la nature concourt à une représentation significative de spécialistes de la biodiversité ultramarine.

Art. L. 134-3 *(L. n° 2016-1087, 8 août 2016)*. – **Lorsque le Comité national de la biodiversité et le Conseil national de la protection de la nature sont saisis d'un même projet, les deux instances rendent chacune un avis, qui est rendu public.**

TITRE IV. – ASSOCIATIONS DE PROTECTION DE L'ENVIRONNEMENT ET COLLECTIVITÉS TERRITORIALES

Avertissement : sur l'application de la législation des associations agréées aux TOM et autres collectivités locales à statut particulier : le livre sixième de ce code (art. L. 611-1 et s.).

Bibliographie : ***Thèses.*** L. Bore, *La défense des intérêts collectifs par les associations devant les juridictions administratives et judiciaires*, thèse, Paris I, LGDJ 1997, t. 278. • X. Braud, *L'influence des associations de protection de l'environnement sur l'évolution du droit administratif de l'environnement*, thèse, Nantes, 1997. • C. Bonnin-Luquot, *Recherche sur le fonctionnement des associations d'environnement. Application à la région d'Aquitaine*, thèse, Bordeaux, 1983.

Ouvrages. C. Cans, *Associations agréées de protection de l'environnement – associations habilitées à prendre part au débat sur l'environnement : JCl. Environnement et Développement Durable* 2015, fasc. 2700. • X. Braud, *Protection de l'environnement, Guide juridique à l'usage des associations*, Éd. Yves Michel, janv. 2002.

Articles. M.-P. Camproux et M. Darousseau (ss dir.), *Les prérogatives confiées aux associations, 30 ans d'hésitations ?, in La protection de la nature 30 après la loi du 10 juillet 1976*, PU Strasbourg, 2007. • F. Robbe (ss dir.), *Associations de protection de l'environnement et démocratie participative*, in *La démocratie participative*, L'Harmattan, 2007, p. 177. • C. Cans, *Une valse à cinq temps : évolution de la jurisprudence sur la qualité pour agir au nom d'une personne morale de droit privé : AJDA* 2006, p. 718 ; *Le « ou » et le « et » : une association de lutte contre le nucléaire est-elle une association de protection de l'environnement ? : AJDA* 2006, p. 885. • R. Lalauze, *Les associations de défense de l'environnement et les* *opérations d'aménagement foncier*, concl. sous CAA Nantes, 3 févr. 1999 : *RD rur.* 2001, n° 293, p. 293. • B. Busson, *Les fédérations d'associations et l'intérêt à agir devant le juge administratif : Dr. env.* 1999, n° 66. • C. Huglo, *Les associations et le droit de l'environnement : un itinéraire commun : Lettre JCl. Environnement* 5/1999, n° 5, p. 1. • P. Orengo, *Quelle étendue de l'intérêt à agir d'une association de défense de l'environnement en matière d'attribution de marché ?*, concl. sous TA Nice, 16 avr. 1999, *Assoc. de défense des riverains de la vallée du Var : BJCP* sept. 1999, n° 6, p. 508. • L. Bustraën, *La confirmation jurisprudentielle de la nature contractuelle des associations : LPA* 23 mars 1998, n° 35, p. 4 ; *Le monde associatif : LPA* 24 avr. 1996, n° spécial sur le 92e Congrès des notaires. • G. Monediaire, *À propos de la décision publique en matière d'environnement*, in *Les transformations de la régulation juridique*, ss dir. J. Clam et G. Martin, LGDJ, 1998, coll. « Droit et société », p. 91-104 et 105-136. • R. Leost, *Les compétences des associations agréées en matière d'urbanisme : AJPI* 1996, p. 1006. • J. Morand-Deviller, *Les réformes apportées au droit des associations et de la participation publique : RFDA* 1996, n° 2, p. 218-227 ; *Les associations de défense de l'environnement et la décision administrative : LPA* 24 avr. 1996, n° 50, p. 67. • C. Chaussignan et I. Ribet, *Associations de protection de l'environnement : à la recherche d'une nouvelle démocratie ? : Ann. mines* avr. 1994, p. 29-32. • J. Raymond, *En matière de défense de l'environnement : la qualité pour agir des associations et les recours pour excès de pouvoir : Rev. jur. env.* 1991, p. 453. • M. Prieur, *Le droit à l'environnement et les citoyens : la participation : Rev. jur. env.* 4/1988, p. 397. • J. Chevallier, *L'association entre public et privé : RDP* 1981, p. 881. • F. Bouyssou, *Le rôle des associations en matière d'urbanisme : AJDA* 1980, p. 145. • J.-C. Helin, *La contestation associative et le droit public : Dr. et ville* 1980, n° 10, p. 189. • J. Lamarque, *Les associations de protection de la nature et de l'environnement : AJDA* 1980, p. 150. • R. Hostiou, *Aménagement et environnement : le contentieux associatif devant les juridictions administratives : Dr. et ville* 1980, n° 10, p. 213. • M. Prieur, *L'agrément des associations de protection de la nature et de l'environnement : D.* 1978, chron. p. 143.

CHAPITRE Ier. – AGRÉMENT DES ASSOCIATIONS DE PROTECTION DE L'ENVIRONNEMENT

Bibliographie : *Ouvrages.* C. Cans, *Associations agréées de protection de l'environnement : JCl. Environnement* 2015, fasc. 2700.

Articles. X. Braud, *La réforme de l'agrément du 12 juillet 2011 : des objectifs louables, une occasion manquée ? : Rev. jur. env.* 1/2012, p. 63. • R. Leost, *L'agrément des associations de protection de l'environnement : Rev. jur. env.* 1995, p. 265 ; *L'agrément des associations après la loi Barnier : Dr. env.* 1996, n° 44, p. 3. • J.-C. Helin, *La loi Barnier et la participation du public, ajustement et innovations : Rev. jur. env.* 2/1995, p. 219 à 233. • J.-C. Helin et R. Hostiou, *Les associations, l'environnement et le droit*, travaux et recherches, série Faculté de droit et des sciences politiques de Nantes, Économica, 1984. • M. Prieur, *L'agrément des associations de protection de la nature et de l'environnement : D.* 1978, chron. p. 143. • M. Despax, *Droit des associations et environnement*, colloque de Strasbourg de la Société française pour le droit de l'environnement : *Rev. jur. env.* 3-4/1976, p. 201.

Art. L. 141-1 ***(Mod., L. n° 2012-325, 7 mars 2012 ; L. n° 2012-1460, 27 déc. 2012).*** **– Lorsqu'elles exercent leurs activités depuis au moins trois ans, les associations régulièrement déclarées et exerçant leurs activités statutaires dans le domaine de la protection de la nature et de la gestion de la faune sauvage, de l'amélioration du cadre de vie, de la protection de l'eau, de l'air, des sols, des sites et paysages, de l'urbanisme, ou ayant pour objet la lutte contre les pollutions et les nuisances et, d'une manière générale, œuvrant principalement pour la protection de l'environnement, peuvent faire l'objet d'un agrément motivé de l'autorité administrative.**

La Fédération nationale des chasseurs, les fédérations régionales des chasseurs, les fédérations interdépartementales des chasseurs et les fédérations départementales des chasseurs sont éligibles à l'agrément mentionné au premier alinéa.

Dans les départements du Bas-Rhin, du Haut-Rhin et de la Moselle, la procédure d'agrément est applicable aux associations inscrites depuis trois ans au moins.

Ces associations sont dites « associations agréées de protection de l'environnement ».

Cet agrément est attribué dans des conditions définies par décret en Conseil d'État. Il est valable pour une durée limitée et dans un cadre déterminé en tenant compte du territoire sur lequel l'association exerce effectivement les activités énoncées au premier alinéa. Il peut être renouvelé. Il peut être abrogé lorsque l'association ne satisfait plus aux conditions qui ont conduit à le délivrer.

Les associations exerçant leurs activités dans les domaines mentionnés au premier alinéa ci-dessus et agréées antérieurement au 3 février 1995 sont réputées agréées en application du présent article.

Les décisions prises en application du présent article sont soumises à un contentieux de pleine juridiction.

Voir : D. n° 2011-832, 12 juill. 2011, art. R. 141-1 et s., p. 1663.
– D. n° 2002-705, 30 avr. 2002, relatif aux associations communales de chasse agréées et modifiant le livre II du Code rural (*JO* 3 mai 2002, p. 8190) ;
– D. n° 98-361, 6 mai 1998, relatif à l'agrément des organismes de surveillance de la qualité de l'air (*JO* 13 mai 1998, p. 7198) ;
– D. n° 96-170, 28 févr. 1996, relatif aux associations agréées de protection de l'environnement (*JO* 7 mars 1996, p. 3538) ;
– D. n° 96-717, 9 août 1996, relatif aux associations locales d'usagers agréées et aux associations agréées de protection de l'environnement (*JO* 14 août 1996, p. 12323) ;
– A. 11 avr. 2002, fixant le modèle d'une demande d'agrément des associations de protection de l'environnement : *BO Min. Écologie et Développement durable* 21 juin 2002, n° 5, p. 9 ;
– A. 7 nov. 1996, portant modification de l'arrêté du 9 décembre 1985 fixant les statuts des fédérations départementales des associations agréées de pêche et de pisciculture : *JO* 11 déc. 1996, p. 18115 ;
– A. 13 déc. 1985 fixant les conditions d'agrément des associations départementales ou interdépartementales de pêcheurs professionnels en eau douce (*JO* 31 déc. 1985, p. 15683) ;
– Circ. 12 janv. 1999 : *Mon. TP* avr. 1999, n° 23, suppl. p. 4978 ;
– V. livre II, titre II, art. L. 214-10, p. 398 ; livre II, titre II, art. L. 226-8, p. 521 ; livre V, titre I, art. L. 514-6, p. 985 ;
– V. *Code de justice administrative*, annoté par C. Lepage et Ch. Huglo, Litec, 2011, obs. sous art. R. 411-1, p. 2158, notamment § 20 et sous art. R. 411-5, p. 2161.
Sur les conditions et la procédure d'agrément : art. R. 141-1 et s., p. 1663.
Sur les obligations de l'association agréée : art. R. 141-18 et s., p. 1668.

Bibliographie : P. Billet, *Désagréments estivaux pour les associations de protection de l'environnement : Environnement* 2011, n° 10, p. 3. • J. Morand-Deviller, *Les associations de défense de l'environnement et la décision administrative : LPA* 24 avr. 1996, n° 50, p. 67.

I – AUTORITÉ COMPÉTENTE POUR DÉLIVRER UN AGRÉMENT

1) Désignation de l'autorité compétente pour agréer les associations. Domaine législatif ou réglementaire. L'autorité compétente pour prononcer, au nom de l'État, l'agrément d'une association, relève du pouvoir réglementaire et non, au titre de l'article 34 de la Constitution, du Parlement (▪ Cons. const., 15 févr. 1977, n° 77-95 L : *JO* 18 févr. 1977).

II – BÉNÉFICE DE L'AGRÉMENT

2) Principe de l'équivalence des agréments environnement, urbanisme et protection de la nature. Une association agréée antérieurement au 3 février 1995 au titre de l'article 40 de la loi n° 76-629 du 10 juillet 1976 relative à la protection de la nature est réputée agréée en application de l'article L. 252-1 du Code rural, devenu l'article L. 141-1 du Code de l'environnement, au titre de la protection de l'environnement, sans avoir à présenter une nouvelle demande d'agrément (▪ CAA Nantes, 30 déc. 2003, n° 00NT02011, *Assoc. Manche Nature*). Dans le même sens, une association agréée antérieurement au 3 février 1995 au titre de l'article L. 160-1 du Code de l'urbanisme est réputée agréée en application de l'article L. 141-1 du Code de l'environnement, au titre de la protection de l'environnement (▪ CAA Douai, 17 nov. 2011, n° 10DA00750). La haute juridiction judiciaire affirme également que l'agrément délivré en 1978 à une association, sans limitation de durée, produit toujours ses effets. L'intervention du décret n° 2011-832 du 12 juillet 2011 qui a limité la durée de l'agrément à 5 ans en modifiant l'article R. 141-3 du Code de l'environnement ne s'applique pas à cette association agréée avant le 3 février 1995 (▪ CA Lyon, 22 mars 2018, n° 17/03728. ▪ Cass. 3e civ., 23 mars 2017, n° 16-12.866).

3) Intérêt à agir. *a) Commune.* Une commune, qui se borne à énumérer des considérations d'ordre général et à invoquer sa seule qualité de commune incluse dans le périmètre territorial d'intervention de l'association, ne justifie pas ainsi d'un intérêt suffisamment direct de nature à lui permettre de contester la décision accordant un agrément à une association sur le fondement des dispositions de l'article L. 141-1 du Code de l'environnement (▪ CAA Paris, 2 déc. 2003, n° 99PA03241, *Cne d'Issy-Les Moulineaux*). L'agrément pour la protection de l'environnement a pour objet de favoriser, par la voie des associations agréées, la participation des citoyens à la concertation locale sur les décisions relatives à l'environnement ; s'il confère intérêt pour agir contre toute décision administrative, quel qu'en soit son auteur, susceptible de produire des effets dommageables pour l'environnement sur le territoire pour lequel l'association est agréée, la décision d'agrément n'a pas, par elle-même, pour effet de susciter des recours contentieux contre les décisions de la commune et ne porte pas une atteinte suffisamment directe et certaine aux intérêts de la commune pour justifier de son intérêt à agir. Au demeurant, l'absence d'intérêt pour agir d'une commune qui se borne à faire valoir son appartenance au périmètre d'intervention d'une association agréée n'a pas pour effet de soustraire la décision accordant l'agrément à tout recours contentieux. Par suite, la cour administrative d'appel n'a pas commis d'erreur de droit en estimant que la commune d'Issy-les-Moulineaux ne justifiait pas d'un intérêt suffisamment direct de nature à lui permettre de contester l'arrêté préfectoral agréant l'association « Val-de-Seine Vert » pour la protection de l'environnement (▪ CE, 13 déc. 2006, n° 264115, *Cne d'Issy-les-Moulineaux : AJDA* 2007, p. 367 ; *Rev. Lamy coll. terr.* févr. 2007, n° 21 ; *RFDA* 2007, p. 26 ; *Environnement* 2007, n° 2, comm. 17). ***b) Association agréée.*** Les associations Manche-Nature et Environnement 56, associations agréées de protection de l'environnement, justifient d'un intérêt à demander l'annulation de l'agrément délivré par le ministre de l'Écologie à l'association FARRE (Forum de l'agriculture raisonnée et respectueuse de l'environnement) (▪ TA Paris, 16 déc. 2004, n° 0306003, *Environnement 56 et a.*). L'agrément en litige permet aux associations qui en sont titulaires de participer à l'action des organismes publics concernant la protection de l'environnement et de percevoir des subventions, il a donc en partie pour effet de mettre les différentes associations qui en sont titulaires en situation de concurrence. Ainsi, l'association Jura Nature environnement justifie d'un intérêt à demander l'annulation de l'agrément délivré à l'association des piégeurs agréés du Jura qui exerce également son activité statutaire dans le cadre du département du Jura (▪ TA Besançon, 22 sept. 2005, n° 0300756, *Assoc. Jura Nature environnement*). D'une part, l'arrêté attaqué, qui se borne à agréer une autre association intervenant dans le domaine de la protection de l'environnement, ne peut être regardé comme une décision administrative susceptible de produire par elle-même des effets dommageables pour l'environnement au sens de l'article L. 142-1 du Code de l'environnement. D'autre part, il ressort des statuts de l'association demanderesse que son action vise notamment à « défendre les espaces et milieux naturels » et « œuvrer pour la préservation de la biodiversité et des habitats, la conservation de la faune, de la flore et de leurs biotopes » dans le département du Morbihan ; l'arrêté attaqué portant agrément de l'Union nationale des associations de piégeurs agréés de France n'a pas un rapport direct avec l'objet statutaire de la requérante. Ainsi, elle ne justifiait pas d'un intérêt lui donnant qualité pour en demander l'annulation (▪ CAA Paris, 22 mars 2007, n° 04PA03258, *Assoc. Environnement 56 : Environnement* 2007, n° 112. – Dans le même sens : ▪ CAA Paris, 22 nov. 2007, n° 05PA00642, *Assoc. FARRE*).

4) Octroi de l'agrément. Doit être regardée, tant par les objectifs poursuivis que par les moyens utilisés, comme œuvrant pour la protection de la nature et de l'environnement, l'association dont l'objet est de réguler la faune sauvage en piégeant les animaux nuisibles, de promouvoir le piégeage des animaux nuisibles avec du matériel adapté (▪ TA Dijon, 18 oct. 2005, n° 0301810, *Assoc. Côte d'or nature environnement*).

5) Vice de procédure. La première demande d'agrément présentée par l'association a fait l'objet d'un refus motivé par le constat que son dossier ne répondait pas aux exigences des dispositions de l'article L. 141-1 du Code de l'environnement car, d'une part, ses statuts, en limitant son objet social au regroupement des piégeurs qualifiés et agréés ainsi qu'à la communication à ses adhérents de toutes informations se rapportant au piégeage, n'évoquaient pas d'éléments ayant trait à la protection de l'environnement et, d'autre part, le compte-rendu de l'assemblée générale ne faisait pas état d'une quelconque action en faveur de l'environnement. Par un courrier parvenu en préfecture, l'association a introduit un recours « amiable » contre cette décision se prévalant notamment d'une modification statutaire. Mais, ce courrier ne peut être regardé comme faisant état d'une circonstance nouvelle modifiant substantiellement la demande initiale d'agrément et a eu pour effet non pas de former un recours gracieux contre la décision de refus, mais de solliciter un réexamen de la demande d'agrément sur le fondement d'un dossier modifié pour tenir compte du refus précédemment opposé par le préfet. En l'espèce, il est constant que l'avis du procureur général à la cour d'appel de Besançon n'a pas, à nouveau, été recueilli, dès lors, une des consultations constituant une des formalités substantielles requises par l'article R. 252-10 du Code de l'environnement (désormais art. R. 141-9) pour l'instruction des demandes d'agrément, n'a pas été effectuée. Ainsi, l'arrêté attaqué par lequel le préfet a finalement agréé l'association est entaché d'un vice de procédure et doit être annulé (▪ TA Besançon, 22 sept. 2005, n° 0300756, *Assoc. Jura Nature environnement*).

III – REFUS D'AGRÉMENT

6) Nature du recours contre le refus d'agrément (plein contentieux). Le recours de plein contentieux permet au juge d'annuler un refus et, éventuellement de délivrer lui-même l'agrément, après avoir, si nécessaire, régularisé ou complété la procédure (▪ TA Rennes, 15 mars 2001, n° 992586, *Agir ensemble pour Combrit-Saint-Marine : BDEI* 4/2001, p. 27, concl. J.-F. Coent). Par transposition des principes applicables dans le droit des installations classées (▪ CAA Nantes, 10 oct. 1990, *Bernard Goupil : Rev. jur. env.* 2/1992, p. 211, concl. Lemai ; *AJDA* 1991, p. 131, chron. Jouquelet-Loloum), le recours engagé contre un refus d'agrément ne peut pas être précédé d'un recours gracieux, lequel est insusceptible d'interrompre le délai de recours contentieux.

7) Justification des activités effectives et publiques en faveur de la protection de l'environnement. Ne justifie pas une activité principale, effective et publique en faveur de la protection de l'environnement, une association, dite association générale des familles de France. Dès lors, cette association n'est pas recevable à se constituer partie civile dans une procédure pénale pour infraction à la loi du 15 juillet 1975 sur les déchets (▪ T. corr. Strasbourg, 11 mars 1983 : *Rev. jur. env.* 3/1983, p. 244, note Littmann-Martin. ▪ CA Colmar, 27 janv. 1984 : *JurisData* n° 1984-698528 ; *JurisData* n° 1984-698528 ; *Rev. jur. env.* 4/1985, p. 484).

8) Motif de refus d'agrément. Protection de l'environnement, activités annexes et non principales de l'association. La preuve de ce que la protection de l'environnement ou la lutte contre la pollution n'est pas une activité annexe de l'association résulte du contrôle du fonctionnement conforme aux statuts qui implique la réunion régulière de divers organes d'administration et de l'assemblée générale. La régularité des comptes, la fourniture d'une notice de présentation, du rapport moral et du rapport financier adopté par la dernière assemblée et, au besoin, les comptes rendus des conseils d'administration et des bureaux dont les registres doivent être, selon la loi, tenus à la disposition du public (▪ TA Caen, 30 avr. 1996, n° 96208, *Assoc. familiales de Douvres-la-Délivrande*). Ne constitue pas un motif de rejet, la faiblesse des effectifs d'une association (▪ CE, 13 nov. 1981, *Assoc. de défense de la Flotte-en-Ré* : *Rec. CE* 1981, p. 421 ; *Rev. jur. env.* 2/1982, concl. Biancarelli, note M. Prieur ; *AJDA* 1982, p. 534, note J. Morand-Deviller) ou un cadre territorial trop restreint (▪ TA Grenoble, 12 déc. 1980, *Assoc. des habitants de la zone du lac d'Annecy-le-Vieux* : *Rec. CE*, tables p. 801). En revanche, constitue un motif de rejet, l'absence de justifications sur le caractère désintéressé des actions de l'association (▪ CAA Marseille, 23 nov. 2000, n° 00MA01030, *Assoc. Auribeau-Demain* : *Dr. env.* 2001, n° 88, p. 83, note Raphaël Romi). Eu égard, tant aux dispositions statutaires de la fédération dont l'objet essentiel est de représenter les intérêts des chasseurs et de concourir à l'amélioration de la chasse, qu'au caractère limité de ses activités consacrées à la protection de l'environnement, la fédération départementale des chasseurs de la Manche ne peut être regardée comme exerçant, à titre principal, même concurremment avec ses actions dans le domaine cynégétique, des activités consacrées à la protection de l'environnement (▪ CAA Nantes, 30 déc. 2003, n° 00NT02011, *Assoc. Manche Nature* : *Rev. jur. env.* 3/2004, p. 281 ; *AJDA* 2004, p. 551). L'objectif principal assigné à l'association FARRE est de promouvoir une agriculture compétitive et de mettre en valeur le monde agricole, ainsi n'ayant pas pour objet d'œuvrer principalement pour la protection de l'environnement et n'exerçant pas son activité statutaire dans les domaines énumérés par les dispositions de l'article L. 141-1 du Code de l'environnement, l'arrêté portant agrément de cette association ne peut qu'être annulé (▪ TA Paris, 16 déc. 2004, n° 0306003, *Environnement 56 et a.* : *Dr. env.* 2005, n° 127, pan. II, annulé par ▪ CAA Paris, 22 nov. 2007, n° 05PA00642, *Assoc. FARRE*, V. annot. n° 3, p. 192). Les actions menées par l'association visant prioritairement la défense des propriétaires agricoles, forestiers et piscicoles même s'ils sont liés à la protection de l'environnement, elle ne justifie pas de l'exercice à titre principal d'activités effectives consacrées à la protection de l'environnement (▪ CAA Nantes, 30 déc. 2005, n° 01NT01182, *Assoc. mayennaise de la propriété rurale pour la protection de la nature*). Bien que l'objet social fasse apparaître dans sa rédaction la protection des sites et des paysages, l'essentiel des activités de l'association consiste à effectuer des démarches administratives ou à intenter des recours contentieux, en particulier contre les « POS » de communes littorales, dans le but de défendre les habitants contre les limitations apportées à leur propriété par lesdits documents, ces activités ne peuvent être qualifiées d'exercice à titre principal, d'activités effectives consacrées à la protection de l'environnement (▪ TA Rennes, 14 juin 2007, n° 0400701, *Assoc. des habitants du littoral Morbihan*). L'association qui n'établit pas la proportion et l'importance de son activité de contestation de projets d'éoliennes par rapport à ses autres activités (organisation de randonnées, exposition de photographie...) ne justifie pas d'une activité de protection de l'environnement (▪ TA Clermont-Ferrand, 3 juin 2009, n° 082110, *Association de préservation des paysages exceptionnels du Mézenc c/ Préfet de la Faute-Loire* : *Dr. env.* 2010, n° 180, p. 225, comm. S. Deliancourt).

9) Refus d'agrément non justifié. La décision **de refus d'agrément doit être motivée : l'arrêté préfectoral refusant de délivrer un agrément doit exposer les motifs ayant conduit au refus, sous peine d'être entaché d'illégalité (▪ CAA Nantes, 5 oct. 2017, n° 16NT01991, *Assoc. « Sauvegarde du Trégor »*).** La circonstance que l'association se soit opposée à la politique d'aménagement de la commune n'est pas au nombre des motifs qui justifient un refus d'agrément (▪ TA Rennes, 11 mars 1982, *Assoc. logonnaise pour la défense de l'environnement*), ni même la circonstance que la défense des sites et de l'environnement soit déjà assurée par différents services administratifs (■ CE, 25 sept. 1995, n° 129728, *Assoc. pour la protection de la Vallée du Maine*). La circonstance que l'association aurait pour objectif une intervention dans le fonctionnement de la vie politique municipale est sans incidence sur la nature des activités exercées, dès lors que la protection de l'environnement au niveau d'une commune ne peut manquer d'avoir une influence sur la vie politique de celle-ci (■ TA Rennes, 15 mars 2001, n° 992586, *Assoc. agir ensemble pour Combrit-Sainte-Marine : Rev jur. env.* 2001, p. 417). En refusant à l'association l'agrément qu'elle sollicitait aux motifs que son activité ne portait que sur des questions d'aménagement et d'urbanisation du secteur et que ses activités n'étaient pas ainsi à titre exclusif consacrées dans le domaine de l'environnement, de protection de la nature et de la qualité de vie sur le site, le préfet a fait une application erronée des dispositions de l'article L. 141-1 du Code de l'environnement (■ CAA Nantes, 30 mai 2003, n° 99NT00528, *Assoc. qualité de vie à Larmor Baden : Dr. env.* 2003, n° 114, pan. II ; *Cah. administratifs et politistes du Ponant* 2003, n° 9, p. 168).

IV – RETRAIT D'AGRÉMENT

10) Principe. L'agrément accordé au titre de l'article L. 141-1 du Code de l'environnement peut faire l'objet d'une décision administrative de retrait si l'une des conditions posées à l'article R. 252-2 du Code rural pour sa délivrance cesse d'être remplie à la date où ce retrait intervient (■ CAA Nantes, 30 déc. 2003, n° 00NT02011, *Assoc. Manche Nature*).

11) Association agréée de chasseurs. L'agrément accordé au titre de l'article L. 141-1 à une association de chasseurs peut être retiré si cette association n'exerce pas, à titre principal, d'activités en faveur de l'environnement. Est ici inopérant le fait que cette association exerce des actions en faveur de la protection de la nature dès lors que, d'une part, selon ses statuts, l'association vise principalement à défendre les intérêts des chasseurs et de la pratique de la chasse, et que, d'autre part, l'action de protection de l'environnement ne représente qu'une partie minime du budget annuel de l'association (■ CAA Nantes, 30 déc. 2003, n° 00NT02011, *Assoc. Manche Nature*).

12) Motif du retrait. Les rapports financiers de l'association ont été transmis aux services préfectoraux et comportent les mentions obligatoires prévues par l'article R. 252-6 *e)* du Code de l'environnement. À supposer même que ces bilans financiers soient entachés d'erreurs comptables, cette circonstance n'est pas de nature à justifier le retrait de son agrément (■ CAA Bordeaux, 12 juin 2007, n° 04BX01415, *Cabinet Éric*).

V – PÉRIMÈTRE DE L'AGRÉMENT

13) Cadre déterminé. La rédaction de l'article L. 141-1, issue de la loi du 27 décembre 2012, autorise l'agrément des associations de protection de l'environnement dans un cadre déterminé, ce dernier étant prévu, au niveau réglementaire, par l'article R. 141-3. Ainsi, l'agrément ne peut-il être délivré qu'au niveau départemental, régional ou national. Sont annulés les deux jugements du Tribunal administratif de Rennes qui avait délivré des agréments en-dehors des échelons territoriaux expressément prévus par l'article R. 141-3 (■ CAA Nantes, 13 févr. 2015, n° 14NT00629, *MEDDE c/ Assoc. Dinard Côte d'Émeraude environnement* et ■ CAA Nantes, 13 févr. 2015, n° 14NT01142, *MEDDE c/ Assoc. Sauvegarde du Trégor : AJDA* 2015, n° 15/2015, p. 854, obs. Ch. Grenier. ■ CAA Versailles, 29 mars 2018, n° 16VE02598, *Assoc. SOS Vallée de Montmorency*. ■ CAA Marseille, 29 sept. 2017, n° 16MA01004, *Association Comité de sauvegarde de la baie de Cavalaire*). Aussi, l'agrément ne peut-il pas être délivré dans un cadre infra-départemental (■ CAA Nantes, 5 oct. 2017, n° 16NT01991, *Assoc. « Sauvegarde du Trégor »*). L'agrément ne peut pas non plus être délivré à une association exerçant ses missions dans un périmètre statutaire intercommunal de 41 communes, alors que le Département dans lequel elle se situe comporte 510 communes : l'action de cette association se limite à des enjeux locaux (■ CAA Paris, 24 avr. 2018, n° 17PA01566, *Assoc. Environnement Bocage Gâtinai*).

Si l'activité de l'association s'exerce sur deux départements, l'agrément doit être délivré dans un cadre régional (■ CAA Nantes, 13 févr. 2015, n° 14NT01142, *MEDDE c/ Assoc. Sauvegarde du Trégor*, préc.).

14) Partie significative du territoire. Il incombe à l'autorité administrative saisie d'une demande d'agrément, de déterminer s'il peut être délivré dans un cadre départemental, régional ou national. Si les dispositions des articles L. 141-1, L. 142-1 et L. 142-3 font obstacle à ce que l'autorité administrative exige que l'association exerce son activité dans l'ensemble du cadre territorial pour lequel l'agrément est susceptible de lui être délivré, elle peut légalement rejeter la demande lorsque les activités de l'association ne sont pas exercées sur une partie significative de ce cadre territorial et qu'elles ne concernent que des enjeux purement locaux (■ CE, 20 juin 2016, n° 389592, *Assoc. Sauvegarde du Trégor : AJDA* 2016, p. 1263. ■ CE, 20 juin 2016, n° 389590, *Assoc. Dinard Côte d'Émeraude environnement : CANS*

(C.), « *Périmètre de l'agrément environnemental : les facéties du Conseil d'État* » : *AJDA* 2016, p. 1460.

VI – AUTRES

15) Communication du rapport d'activité d'une association agréée à une autre association agréée (non). Une association agréée de protection de l'environnement n'est pas fondée à demander l'annulation d'une décision par laquelle l'autorité administrative lui a refusé la communication des rapports d'activités d'une autre association agréée ; les documents, bien qu'ils soient détenus par les personnes publiques et qu'ils émanent d'associations d'intérêt général, n'ont pas été spécialement élaborés et fournis à la demande de l'administration en vue d'être versés au dossier d'agrément des associations ou de la désignation au sein de la Commission départementale des sites. Ces documents ne présentent pas, de ce fait, un caractère administratif. Enfin, aucune disposition législative ou réglementaire n'autorise l'État à disposer, à l'égard de tiers, des documents qui lui ont été fournis dans le cadre de son contrôle de l'activité des associations agréées de protection de la nature (■ TA Caen, 4 mai 1999, n° 99296, *Assoc. Manche Nature : Dr. env.* 7/1999, p. 3). Dans le cas des associations déclarées, le décret du 16 août 1901 fait obligation au préfet de communiquer les statuts, les noms, professions et domiciles des dirigeants de l'association à l'exclusion de leurs date et lieu de naissance (■ CE, 17 janv. 1994, n° 123994, *M. Clément : AJDA* 1994, n° 10, p. 679).

Art. L. 141-2 *(Mod. L. n° 2016-1087, 8 août 2016)*. **– Les associations de protection de l'environnement agréées au titre de l'article L. 141-1 ainsi que les fédérations départementales des associations agréées de pêche et de protection du milieu aquatique et les associations agrées de pêcheurs professionnels sont appelées, dans le cadre des lois et règlements en vigueur, à participer à l'action des organismes publics concernant l'environnement.**

Lorsqu'une association de protection de l'environnement agréée au titre de l'article L. 141-1 est dissoute, les terrains non bâtis acquis pour moitié avec des crédits publics aux fins de protection de l'environnement sont dévolus par l'autorité administrative à un établissement public de l'État ou une collectivité territoriale dans les conditions prévues par un décret en Conseil d'État.

Voir : C. urb., art. L. 121-5, L. 122-7 et L. 123-8. – D. n° 96-388, 10 mai 1996, relatif à la consultation du public et des associations en amont des décisions d'aménagement pris pour l'application de l'article 2 de la loi n° 95-101 du 2 février 1995 relative au renforcement de la protection de l'environnement (*JO* 11 mai 1996, p. 7090).

Voir : livre IV, titre III, art. L. 433-2, p. 906 sur les fédérations départementales des associations agréées de pêche et de pisciculture et l'association agréée de pêcheurs professionnels. – Agence de l'eau, SDAGE et SAGE, comités de bassin, sous livre II, titre I, respectivement art. L. 213-5 à L. 213-7 ; L. 212-1 et 212-2 ; L. 212-3 à 212-7 ; L. 213-2 à 213-4. – V. livre II, titre II, art. L. 220-1, p. 469, Conseil national de l'air, Association de mise en œuvre et surveillance à la qualité de l'air. – V. *supra*, observations sur Agence de l'environnement de la maîtrise et de l'énergie sous art. L. 131-3, p. 179 et art. L. 131-14, p. 184.

Bibliographie : J. Morand-Deviller, *Les réformes apportées au droit des associations et la participation publique (commentaire de la Loi Barnier) : RFDA* 1996, p. 218.

1) Consultation des associations agréées lors de l'élaboration d'un plan d'occupation des sols. Sous l'empire de l'ancien article R. 123-5-1 du Code de l'urbanisme (aujourd'hui partiellement repris sous l'article R. 123-16 dudit code), le président d'une association agréée recevait communication du projet de plan d'occupation des sols (POS) ou était invité à en prendre connaissance au lieu désigné à cet effet lorsqu'il en faisait la demande au préfet. Dans un arrêt du 20 mars 1985, le Conseil d'État annula l'arrêté d'approbation d'un POS dès lors le préfet n'avait pas fait droit à la demande de consultation formulée par l'association agréée (■ CE, 20 mars 1985, n°s 25193 et 50440, *Assoc. pour la sauvegarde du paysage rural de Saint-Martin-du-Vivier et de ses environs*. ■ CE, 25 janv. 1989, n° 78605, *Cne de Saint-Palais-sur-Mer*).

2) Représentation des associations dans les commissions administratives. Dès lors que la loi fixe les modalités générales de la représentation d'associations, notamment agréées, dans les commissions administratives, l'autorité réglementaire est tenue de garantir cette représentation dans les textes d'application de la loi. C'est ainsi que le décret du 26 août 1999 relatif à la composition des Commissions départementales d'orientation de l'agriculture, lorsqu'il prévoit d'intégrer des *associations* dans lesdites commissions départementales, méconnaît les termes de l'article L. 313-1 du Code rural ; ce dernier imposant la représentation d'*associations agréées* au sein des commissions départementales d'orientation de l'agriculture (■ CE, sect., 28 févr. 2001, n° 213776, *Assoc. France Nature Environnement : Rev. jur. env.* 4/2001, p. 51, note X. Braud). L'article 4 du décret du 3 février 1993 n'impose pas au préfet pour la nomination des membres d'une commission de demander au secteur associatif de choisir lui-même ses représentants. Ainsi, il appartient au préfet de solliciter les propositions des associations représentatives dans le domaine de la protection de l'environnement et d'arrêter ensuite son choix en retenant, sous le contrôle du juge de l'excès de pouvoir, celles qui lui paraissent le mieux à même de siéger au sein de la commission (■ TA Marseille, 21 nov. 1996, n°s 93-5796 et s., *Union pour l'écologie et a.*). ***a) Conseil départemental de la chasse et de la faune sauvage.*** Aucun membre d'association agréée au titre de l'article L. 141-1 du Code de l'environnement n'a été nommé au conseil départemental de la chasse et de la faune sauvage, l'arrêté du préfet ne mentionnait pas de nomination au titre de l'article R. 221-25-12 du même code et le préfet ne justifie pas avoir fait diligence pour désigner deux membres d'associations agréées. Ainsi la requérante est fondée à soutenir que la composition de ce conseil n'est pas conforme aux dispositions de l'article R. 221-25 (■ TA Caen, 28 sept. 2004, n° 0201180, *Assoc. Manche Nature : Rev. jur. env.* 4/2005, p. 451). ***b) Commission départementale de la nature, des paysages et des sites.*** Est illégal l'arrêté préfectoral qui fixe, en méconnaissance de l'article 2 du décret n° 77-1301 du 25 novembre 1977, la composition de la commission départementale des sites sans qu'aient été préalablement consultées certaines associations agréées « sur la proposition » desquelles doivent être désignées deux personnalités qualifiées (■ TA Caen, 21 juill. 1998, n° 97.1257, *Manche Nature : Rev. jur. env.* 1999, p. 169). La désignation par accord entre deux associations agréées d'une représentante de la vie collective dans le domaine de l'environnement n'est pas entachée d'illégalité du seul fait que les quatre pouvoirs de représentant d'associations locales agréées de pêche détenus par un président d'une fédération de chasseurs ont été écartés, dès lors que les associations, par leur appartenance à la fédération départementale des associations agréées de pêche, étaient déjà représentées (■ CAA Nantes, 10 avr. 2003, n° 00NT01508, *Féd. dptale des chasseurs de Loire-Atlantique*). ***c) Commission locale d'information et de surveillance.*** La circonstance qu'il n'ait existé que deux associations agréées au titre de la protection de l'environnement dans le département ne faisait pas obstacle à ce que le préfet respectât les exigences de parité de l'article L. 125-1 du Code de l'environnement dans la composition de la CLIS (trois représentants pour les administrations publiques concernées, les collectivités territoriales et l'exploitant et seulement deux pour les associations agréées). Le respect de cette disposition substantielle ne constituait pas, en l'espèce, une formalité impossible (■ CAA Bordeaux, 15 avr. 2008, n°s 06BX01822 et 06BX01958, *Préfet des Landes : AJDA* 2008, p. 1720).

Art. L. 141-3 ***(L. n° 2010-788, 12 juill. 2010).*** **– Peuvent être désignés pour prendre part au débat sur l'environnement qui se déroule dans le cadre des instances consultatives ayant vocation à examiner les politiques d'environnement et de développement durable, sans préjudice des dispositions spécifiques au Conseil économique, social et environnemental :**

– les associations œuvrant exclusivement pour la protection de l'environnement ;

– les associations regroupant les usagers de la nature ou les associations et organismes chargés par le législateur d'une mission de service public de gestion des ressources piscicoles, faunistiques, floristiques et de protection des milieux naturels ;

– les associations œuvrant pour l'éducation à l'environnement ;

– les fondations reconnues d'utilité publique ayant pour objet principal la protection de l'environnement ou l'éducation à l'environnement.

Ces associations, organismes et fondations doivent respecter des critères définis par décret en Conseil d'État eu égard à leur représentativité dans leur ressort géographique et le ressort administratif de l'instance consultative considérée, à leur expérience, à leurs règles de gouvernance et de transparence financière. Les associations doivent être agréées au titre de l'article L. 141-1.

La liste des instances consultatives ayant vocation à examiner les politiques d'environnement et de développement durable est établie par décret.

CHAPITRE II. – ACTION EN JUSTICE DES ASSOCIATIONS ET DES COLLECTIVITÉS TERRITORIALES

Bibliographie : ***Règles générales des requêtes collectives.*** J.-L. Maillot, *La qualité pour agir du représentant d'une personne morale devant le juge administratif : LPA* 14 déc. 1998, p. 8. • A. M.-H. Hecquard-Terron, *L'intérêt collectif : AJDA* 1986, p. 65. • R. et J. Martel, *Action collective : JCP* G 1984, I, p. 362. • Cabanes et Léger, *Recevabilité des requêtes collectives : AJDA* 1973, I, p. 244. • A. Heurte, *Les requêtes collectives : AJDA* 1961, I, p. 257.

Contentieux des associations. B. Busson, *L'action en réparation du préjudice moral subi par les associations de protection de l'environnement : AJDA* 2015, p. 1754. • *La clarification des compétences des collectivités territoriales en matière d'environnement, Actes de la journée d'étude au Sénat du 20 septembre 2012 : RJE* NS 2013. • L. Boré, *Contentieux associatif : JCl. Environnement* 2011, fasc. 4990. • S. Pringent, *Droit d'agir des associations agréées de protection de l'environnement : AJDI* 2011, n° 12, p. 875. • V. Michel, *Droit au recours des associations de protections de l'environnement : Europe* 2011, n° 7, p. 35. • C. Cans et B. Delaunay, *Information et participation août 2010-juillet 2011 : Dr. env.* 2011, n° 195, p. 334. • Y. Pittard, *La recevabilité des recours des associations après la loi ENL : AJDA* 2008, p. 54. • X. Braud, *Une association de protection de l'environnement a-t-elle intérêt à contester l'aliénation de chemins ruraux décidée par une commune ? : RD rur.* 2001, n° 290, p. 94. • B. Busson, *Le mauvais procès des recours aux associations : Faux arguments et vraies menaces : Rev. jur. env.* 1/2001, p. 59 ; *Les fédérations d'associations et l'intérêt à agir devant le juge administratif : Dr. env.* 1999, n° 66. • V. Le Coq, *Les recours des associations en matière d'urbanisme : Dr. adm.* 1999, chron. 4. • O. Rousset, *Collectivités locales, associations : un partenariat à encadrer : LPA* 23 janv. 1998, n° 10, p. 5. • M.-A. Frison-Roche, *Le pouvoir processuel des associations et la perspective de la cassation : LPA* 24 avr. 1996, p. 28. • C. Lienhart, *Le droit des associations de défense des victimes d'accidents collectifs de se porter partie civile : article 2-15 du Code de procédure pénale : D.* 1996, chron. p. 314 à 318. • J. Morand-Deviller, *Les associations de défense de l'environnement et la décision administrative : LPA* 24 avr. 1996, n° 50, p. 67. • M. Chamard, *À quelles conditions un habitant et une association de défense de la nature peuvent-ils attaquer un permis de construire ? : BJDU* 1995, p. 170 à 174. • M. Remond Gouilloud, *L'action en justice en matière d'environnement : DPCI* 1994, p. 198 à 210. • R. Kubak, *Le rôle des associations : Cah. sécurité intérieure* mai-juill. 1992. • J. Raymond, *En matière de défense de l'environnement : la qualité pour agir des associations et le recours pour excès de pouvoir : Rev. jur. env.* 4/1991, p. 453-462. • C. Lavialle, *Remarques sur la compétence du juge administratif dans le contentieux associatif : LPA* 16 sept. 1983, n° 104. • F. Bouyssou, *Le rôle des associations en matière d'urbanisme : AJDA* 1980, p. 149. • J.-C. Helin, *La contestation associative et le droit public : Dr. et ville* 1980, n° 10, p. 189. • R. Hostiou, *Aménagement et environnement, Le contentieux associatif devant les juridictions administratives : Dr. et ville* 1980, n° 10, p. 101.

Art. L. 142-1 *(Mod., L. n° 2016-1087, 8 août 2016)*. **– Toute association ayant pour objet la protection de la nature et de l'environnement peut engager des instances devant les juridictions administratives pour tout grief se rapportant à celle-ci.**

Toute association de protection de l'environnement agréée au titre de l'article L. 141-1 ainsi que les fédérations départementales des associations agréées de pêche et de protection du milieu aquatique et les associations agréées de pêcheurs professionnels justifient d'un intérêt pour agir contre toute décision administrative ayant un rapport direct avec leur objet et leurs activités statutaires et produisant des effets dommageables pour l'environnement sur tout ou partie du territoire pour lequel elles bénéficient de l'agrément dès lors que cette décision est intervenue après la date de leur agrément.

Voir : Article 6 de la loi du 1er juillet 1901. - Article 11 de la Convention européenne de sauvegarde des droits de l'Homme (liberté d'association). - C. urb., art. L. 160-6. - C. consom., art. L. 421-1 : sur l'agrément des associations de consommateurs.

L'article L. 433-2 vise la fédération départementale des associations agréées de pêche et de protection du milieu aquatique et les associations agréées de pêcheurs professionnels.

Bibliographie : *Sur les frais irrépétibles.* Article L. 761-1 du *Code de justice administrative*, annoté par C. Lepage et C. Huglo, Litec, 2017.

Sur les conditions de présentation d'une requête. Articles R. 411-1 et R. 411-4, du *Code de justice administrative*, annoté par C. Lepage et C. Huglo, Litec, 2017.

RÈGLES CONTENTIEUSES DEVANT LE JUGE ADMINISTRATIF

A – Généralités

1) Principe de la liberté d'association. Selon la Cour de cassation, toute personne a droit à la liberté de réunion pacifique et à la liberté d'association, y compris le droit de fonder avec d'autres des syndicats et de s'affilier à des syndicats pour la défense de ses intérêts. « L'exercice de ces droits ne peut faire l'objet d'autres restrictions que celles qui, prévues par la loi, constituent des mesures nécessaires, dans une société démocratique, à la sécurité nationale, à la sûreté publique, à la défense de l'ordre et à la prévention du crime, à la protection de la santé ou de la morale, ou à la protection des droits et libertés d'autrui ». Toutefois, le principe de liberté d'association « n'interdit pas que des restrictions légitimes soient imposées à l'exercice de ces droits par les membres des forces armées de la police ou de l'administration de l'État » (▪ Cass. 3e civ., 12 juin 2003, n° 02-10.778 : *JurisData* n° 2003-019396 ; *Bull. civ.* III, n° 125).

2) Pluralité d'associations requérantes. Lorsqu'une requête présentée par plusieurs associations ne comporte pas la désignation d'un mandataire unique, le juge administratif fait application des dispositions du deuxième alinéa de l'article R. 92 du Code des tribunaux administratifs et des cours administratives d'appel (actuellement codifié à l'article R. 411-5 du Code de justice administrative) en notifiant les actes de la procédure à l'association, première dénommée dans la demande (▪ CE, 8 mars 1996, n°s 161383 et 161548, *Port autonome de Nantes, Cne de Donges*).

3) Pièces transmises au soutien d'un recours devant le juge administratif. Statuts : la circonstance que les statuts communiqués au soutien d'une requête constituent une copie des statuts déposés en préfecture n'est de nature à affecter ni la validité des actes constitutifs de l'association ni celle de la délibération habilitant son président à agir en justice (▪ CE, 8 mars 1996, n°s 161383 et 161548, *Port autonome de Nantes, Cne de Donges*). **Communication par une note en délibéré d'une délibération autorisant le président à agir devant le juge administratif** : l'intervention d'une délibération habilitant l'un des organes de l'association à la représenter en justice constitue, pour le juge administratif appelé à se prononcer sur la recevabilité de l'action contentieuse, une circonstance de fait. Dès lors qu'une association a disposé du temps nécessaire pour convoquer une assemblée générale et adopter la délibération imposée par les statuts, l'association se trouvait en mesure de faire état, par tous moyens avant la clôture d'instruction, de la circonstance nouvelle résultant de l'adoption de la délibération habilitant le président à agir devant la juridiction. Il s'ensuit que le juge administratif n'est pas tenu de tenir compte des éléments contenus dans la note en délibéré et relatifs à la qualité pour agir du président (▪ CAA Douai, 16 déc. 2004, n° 04DA00131, *Assoc. Bien vivre en Craux*).

4) Examen obligatoire par le juge des statuts de l'association. Y compris en cas de présentation d'une action par un avocat, il revient au juge administratif de s'assurer, lorsque la partie en cause est une personne morale, que le représentant de cette personne morale justifie de sa qualité pour engager cette action. Dans le cas où cette personne morale est une association, le juge apprécie cette qualité pour agir au regard des clauses statutaires de ladite association (▪ CAA Marseille, 19 déc. 2003, n° 99MA01157, *Assoc. ENVOL*).

5) Contenu des statuts et personnalité morale de l'association. Il ne résulte d'aucune disposition de la loi du 1er juillet 1901 que l'existence de la personnalité morale d'une association soit subordonnée à la mention de l'adresse de son siège social dans ses statuts (▪ CAA Nantes, 30 juin 2000, n° 99NT00489, *Exploitation agricole à responsabilité limitée (EARL) Bunouf*).

6) Recevabilité et agrément. L'agrément, s'il permet aux associations auxquelles il est conféré d'exercer les droits reconnus à la partie civile, est par lui-même sans incidence sur la recevabilité de l'association qui l'a obtenu à former un recours pour excès de pouvoir (▪ CE, 31 oct. 1990, n° 95083, *Union régionale pour la défense de l'environnement, de la nature, de la vie et de la qualité de la vie en Franche-Comté*).

B – Capacité pour agir

7) Association non déclarée. *a) Absence de déclaration administrative* : l'absence de la déclaration prévue par la loi auprès de l'autorité administrative ne fait pas obstacle à ce que les associations légalement constituées aient qualité pour contester la légalité des actes administratifs faisant grief aux intérêts qu'elles ont pour mission de défendre (▪ CE, 31 oct. 1969, *Synd. de défense des eaux de la Durance : Rec. CE* 1969, p. 462. ▪ CE, 8 mars 1996, n°s 161383 et 161548, *Port autonome de Nantes, Cne de Donges*. ▪ CAA Lyon, 11 févr. 1993, *Sté Immobilière de Construction La Gauloise : Rec. CE*, p. 422. ▪ TA Nice, 7 mars 2003, n°s 01-1346 et 02-4516, *Assoc. Keta c/ Préfet du Var*).

b) Absence d'indication de l'adresse du siège social dans les statuts : si les associations non ou irrégulièrement déclarées n'ont pas la capacité d'agir en justice pour y défendre des droits patrimoniaux, l'absence de mention d'un siège social précis dans les statuts d'une association ne peut faire obstacle à ce que ladite association ait qualité pour contester par la voie du recours pour excès de pouvoir la légalité d'un acte administratif faisant grief aux intérêts qu'elle a pour mission de défendre et en demande le sursis à exécution (▪ CAA Nantes, 30 juin 2000, n° 99NT00489, *Exploitation agricole à responsabilité limitée (EARL) Bunouf*).

c) Absence de publication au Journal officiel : le défaut de publication de la déclaration au *Journal officiel* n'est pas de nature à priver une association de protection de l'environnement de sa capacité à agir en justice à l'encontre d'un permis de construire (▪ CAA Marseille, 28 août 2003, n°s 01MA01563 et 01MA01803, *Cne de Nice et Sté Nissarenas*).

8) Association non agréée. Le défaut d'agrément d'une association est sans incidence sur sa capacité et celle de ses représentants à ester en justice (▪ TA Grenoble, 2e ch., 3 nov. 1999, n° 97-2782, *Assoc. Les Amis de Megève : BJDU* 6/1999, p. 465).

9) Moyen soulevé en appel. La fin de non-recevoir, tirée de ce qu'une association n'aurait pas, en première instance, justifié de la compétence du conseil d'administration pour décider d'agir en justice et de donner mandat au président, ne saurait être utilement opposée devant la cour administrative d'appel, dès lors que le tribunal administratif n'aurait pu, le cas échéant, l'opposer à la demande sans avoir au préalable invité l'association à produire ses statuts (▪ CAA Paris, 10 mai 1994, n° 93PA00375, *Sté Logirep*. – V. dans le même sens ▪ CAA Paris, 21 avr. 1994, n° 92PA01419, *SARL CARS Debras*).

C – Qualité pour agir en justice au nom de l'association

1° Action et représentation en justice

10) En l'absence, dans les statuts d'une association ou d'un syndicat, de stipulation réservant expressément à un autre organe la capacité de décider de former une action devant le juge administratif, celle-ci est régulièrement engagée par l'organe tenant des mêmes statuts le pouvoir de représenter en justice cette association ou ce syndicat. L'application de ce principe varie en fonction du degré de précision des statuts.

11) Représentation confiée par les statuts au président de l'association. À défaut de délibération de l'assemblée générale de l'association autorisant son président à agir en justice en son nom, le tribunal administratif a jugé à bon droit que ce dernier n'avait pas qualité pour représenter devant lui le comité requérant. Si celui-ci accompagne sa requête en appel d'une délibération de l'assemblée postérieure au jugement attaqué habilitant son président à agir en justice en son nom, cette décision ne peut être regardée comme rendant recevable la demande de première instance (▪ CAA Nantes, 22 juin 1994, n° 93NT00872, *Comité de défense du site de Kervoazou*). Aussi, l'association requérante doit-elle justifier de la qualité de son président pour agir en justice. Un simple document signé par le président et se bornant à retracer les conclusions d'une réunion de bureau, sans même préciser les membres présents, ne suffit pas à démontrer la qualité pour agir du président (▪ CAA Bordeaux, 28 août 2018, n° 16BX02127, *Groupement associatif de défense de l'environnement du Lot*). Dans le même sens : le président de l'association n'ayant pas justifié, avant l'intervention du jugement attaqué, d'une délibération de l'assemblée générale de ladite association l'autorisant à agir devant le tribunal administratif, la circonstance que l'association ait produit en appel une délibé*ration de l'assemblée générale postérieure* autorisant le conseil d'administration à intenter une action devant les tribunaux compétents et dans ce but, à donner au président le pouvoir d'ester en justice est sans incidence sur la recevabilité de cette demande (▪ CAA Lyon, 4 avr. 1995, n° 94LY00107, *Assoc. Lei Ravilhe Pastre : Dr. adm.* 1995, p. 1). *A contrario* : lorsque la représentation en justice de l'association est confiée au président, l'action en justice peut être valablement exercée par le président, sans besoin d'une délibération de l'assemblée générale (▪ CE, 17 juin 1998, n° 169463, *Assoc. de défense des propriétaires Longevillais : BJDU* 5/1998, p. 333. ▪ CE, 29 juill. 1998, n°s 158543 et 160965, *Syndicat intercommunal du golf de l'Adour : BJDU* 5/1998, p. 344). N'a pas justifié sa décision la cour d'appel qui n'a pas recherché si les statuts de chacune des associations qui autorisent le président à la représenter en justice n'emportaient pas pour ce dernier, en l'absence de stipulations contraires, le pouvoir d'agir en justice (▪ Cass. crim., 2 déc. 2008, n° 08-83.759, *Fondation B. Bardot et a. : Dr. soc.* mai 2009, n° 5, p. 16).

12) Silence des statuts sur la personne chargée de représenter l'association. Dans le cas où les statuts ne désignent pas le président pour représenter l'association en justice, seule l'assemblée générale peut autoriser le président à engager une action au nom de l'association (▪ CE, 3 févr. 1993, n°s 125528 et 125572, *Assoc. En avant Saint-Laurent et a.* ▪ CE, 22 oct. 1999, n° 156175, *Fonds mondial pour la nature France et a.* ▪ CE, 16 févr. 2001, n° 221622, *Assoc. pour l'égalité aux concours et examens – APECE*). Dans ce cas, l'autorisation donnée au président par le bureau du conseil d'administration auquel les statuts ne donnent pas compétence en la matière ne peut tenir lieu d'habilitation régulière (▪ CE, 22 oct. 1999, n° 156175, *Fonds mondial pour la nature France et a.* ▪ CE, 16 févr. 2001, n° 221622, *Assoc. pour l'égalité aux concours et examens – APECE*). En l'absence, dans les statuts d'une association ou d'un syndicat, de stipulation réservant expressément à un autre organe la capacité de décider de former une action devant le juge administratif, celle-ci est régulièrement engagée par l'organe tenant des mêmes statuts le pouvoir de représenter en justice cette association ou ce syndicat (▪ CE, 3 avr. 1998, n°s 177962, 180754 et 183067, *Fédération de la plasturgie : AJDA* 1998, p. 413 ; *BJDU* 1998, n° 2, p. 86). Dans le silence desdits statuts, l'action ne peut être régulièrement engagée que par l'assemblée générale (irrecevabilité de la requête introduite par le président) (▪ CAA Marseille, 2 juill. 2003, n° 99MA01788, *Cne de Clarensac*). Le défaut d'habilitation à agir du président de l'association n'est pas, en raison de la nature même de l'action en référé, qui ne peut être intentée qu'en cas d'urgence et ne permet de prendre que des mesures présentant un caractère provisoire, de nature à rendre cette requête irrecevable (▪ CE, 13 déc. 2005, n° 280329, *Cne de Cabriès : AJDA* 2006, p. 718 ; *RD imm.* 2006, p. 153). Lorsqu'aucune stipulation des statuts ne réserve à un organe de l'association le pouvoir de la représenter en justice ou de décider de former une action en justice en son nom, l'article des statuts qui confère au conseil d'administration, chargé de diriger l'association, les pouvoirs les plus larges doit être interprété comme l'ayant notamment habilité à décider des actions en justice introduites au nom de cette dernière (▪ TA Versailles, 6 nov. 2007, n° 0504438, *Cne de Janvry : AJDA* 2008, p. 374). Le bureau d'une association, compétent pour décider de l'autorisation d'ester en justice, l'est donc aussi pour désigner un représentant de l'association pour conduire l'action en justice qu'il a autorisée dès lors que cette désignation n'est pas proscrite par les statuts (▪ CA Nîmes, 14 oct. 2008, n° 07/03538, *SAS Campbell France c/ Assoc. FNE*).

13) Silence des statuts sur la personne chargée de représenter l'association et référé suspension. Par exception, le Conseil d'État a jugé que, dans le cas où le président d'une association a présenté une requête en suspension au nom de cette association et qu'il a été habilité par le conseil d'administration malgré l'absence de dispositions statutaires l'autorisant à agir en justice, la nature même de l'action en référé qui ne peut être intentée qu'en cas d'urgence et le fait que l'article L. 511-1 du Code de justice administrative n'autorise à prendre que des mesures à caractère provisoire, conduisent le juge administratif à admettre la qualité pour agir dudit président (▪ CE, 13 nov. 2002, n° 248310, *Assoc. Alliance pour les droits de la vie*).

14) Implantation personnelle des représentants de l'association vis-à-vis du projet contesté. La circonstance que le ou les représentants de l'association en justice soient voisins immédiats du projet critiqué est sans influence sur la qualité pour agir de ces membres au nom de l'association (▪ CAA Douai, 22 mars 2001, n°s 96DA02413 et 96DA02414, *Assoc. de défense de l'environnement et de l'urbanisme de Fresnoy-le-Luat*).

2° Habilitation régulière

15) Formes de la délibération. La délibération d'une assemblée générale extraordinaire qui autorise l'engagement d'un recours contre une délibération d'un conseil municipal portant révision d'un plan d'occupation des sols doit présenter un caractère suffisamment précis quant à la personne habilitée pour représenter et agir en justice au nom de l'association, et viser quel est l'acte administratif querellé (▪ CE, 30 juill. 1997, n° 160007, *Assoc. Comité de défense et de protection du site de Cordes* ; dans le même sens : ▪ CE, 21 avr. 1997, n° 156370, *Mme Karrich*).

16) Délibération rétroactive. Le juge administratif admet que, dans le cadre d'un recours formé à l'encontre d'un permis de construire et par le biais d'une délibération d'assemblée générale ordinaire, une association autorise son président à agir en justice au nom de celle-ci et ce « avec un effet rétroactif à partir de la date de fondation de l'association » (▪ CE, 30 juill. 1997, n° 124056, *Cne de la Ferté-Bernard*).

17) Présentation des statuts. La circonstance que le document versé au dossier contentieux constitue une copie des statuts de l'association n'est pas de nature à affecter la validité des actes constitutifs de l'association ni celle de la délibération habilitant son président à agir en justice (▪ CE, 8 mars 1996, n°s 161383 et 161548, *Port autonome de Nantes, Cne de Donges*).

18) Note en délibéré. L'intervention d'une délibération habilitant l'un des organes de l'association à la représenter en justice constitue, pour le juge administratif appelé à se prononcer sur la recevabilité de l'action contentieuse, une circonstance de fait. Dès lors qu'une association a disposé du temps nécessaire pour convoquer une assemblée générale et adopter la délibération imposée par les statuts, l'association se trouvait en mesure de faire état, par tous moyens avant la clôture d'instruction, de la circonstance nouvelle résultant de l'adoption de la délibération habilitant le président à agir devant la juridiction. Il s'ensuit que le juge administratif n'est pas tenu de tenir compte des éléments contenus dans la note en délibéré et relatifs à la qualité pour agir du président (▪ CAA Douai, 16 déc. 2004, n° 04DA00131, *Assoc. Bien vivre en Craux*).

D – Intérêt pour agir devant le juge administratif

19) Devant le juge administratif, une distinction est opérée selon que l'association est ou non agréée.

1° Intérêt pour agir des associations non agréées

20) Date d'appréciation. L'intérêt donnant qualité pour introduire un recours pour excès de pouvoir s'apprécie à la date à laquelle ce recours est introduit. C'est ainsi que l'intérêt à agir d'une association qui conteste la légalité d'un POS s'apprécie au jour d'introduction de la requête introductive d'instance (▪ CE, 24 oct. 1994, n° 123316, *Cne de la Tour du Meix c/ Fédération de défense de l'environnement du Jura*) et sans que puissent être prises en compte les modifications substantielles qu'elle a apportées à cet objet social au cours de l'instance (*ibid.*). Les mêmes principes s'appliquent également aux recours exercés contre les permis de construire. C'est ainsi, par exemple, que le juge administratif admet les recours formés par les associations constituées postérieurement à l'intervention de l'acte litigieux (▪ CE, sect., 25 mars 1991, n° 112031, *SCI Le Soleil Levant*). Dans ce genre de situation, l'intérêt à agir s'apprécie à la date d'introduction du recours (▪ CAA Paris, 15 juin 2000, *SCI Marnelec et a. : BJDU* 4/2000, p. 260, concl. J.-Y. Barbillon) : le juge administratif vérifie alors si l'association avait la capacité civile à la date où sa demande a été enregistrée au greffe de la juridiction (▪ CAA Nantes, 17 juin 2003, n° 01NT01277, *Assoc. Sauvegarde du Saumurois*).

21) Ampleur du contrôle de l'intérêt à agir. Il n'appartient pas au juge administratif, lorsqu'il se prononce sur l'intérêt à agir d'une association, d'apprécier la qualité de ses membres, ni de se livrer à une appréciation de la sincérité de l'objet social statutaire. Dès lors, le juge administratif doit écarter le moyen tiré du fait que la demande d'une association est présentée par une personne morale dont les adhérents sont des commerçants ou exercent une profession en rapport avec une activité commerciale. Il doit également rejeter l'argument tiré du fait que le recours a pour seul et véritable objet de s'opposer à un projet commercial concurrent (▪ CAA Nantes, 17 juin 2003, n° 01NT01277, *Assoc. Sauvegarde du Saumurois*).

22) Présomption d'intérêt à agir. L'article L. 142-1 ne conditionne pas la recevabilité des actions en justice des associations de protection de l'environnement à la délivrance d'un agrément par l'autorité administrative, mais se limite à reconnaître une présomption d'intérêt à agir pour contester certaines décisions administratives au bénéfice des associations de protection de l'environnement qui en sont titulaires. Cette disposition ne fait pas obstacle à ce que les associations non agréées puissent engager des instances devant les mêmes juridictions si elles justifient, comme tout requérant, d'un intérêt suffisamment direct leur donnant qualité pour agir (▪ CAA Lyon, 19 déc. 2017, n° 17LY03190. ▪ CAA Lyon, 19 déc. 2017, n° 16LY02496. ▪ CAA Lyon, 19 déc. 2017, n° 16LY02498. ▪ CE, 25 juill. 2013, n° 355745).

• Existence d'un intérêt à agir

23) Plan d'occupation des sols. Justifie d'un intérêt à agir contre la délibération d'un conseil municipal approuvant un POS l'association dont l'objet social vise « *la protection des ressources naturelles contre toutes les causes de dégradation qui les menacent d'une façon générale, la protection de l'environnement et l'amélioration du cadre de vie, ainsi que toute action relative à... la lutte contre toute forme de pollution sonore ou atmosphérique* » (▪ CAA Lyon, 22 oct. 2002, n° 96LY02202, *Cne de Champier*). Justifie également d'un intérêt pour agir contre une délibération approuvant un POS révisé une association régionale ayant pour buts de « sauvegarder (...) la faune et la flore naturelles en même temps que les milieux dont elles dépendent, lorsque leur conservation s'impose par suite d'un intérêt scientifique, écologique ou esthétique caractérisé... » (▪ CAA Nantes, 9 juin 1999, n° 97NT00827, *Assoc. Sté pour l'étude et la protection de la nature en Bretagne*).

24) Permis de construire. Justifie d'un intérêt pour agir une association qui a pour objet social de sauvegarder la faune et la flore naturelles en même temps que les milieux dont elles dépendent (▪ CE, 29 janv. 1988, *Assoc. Segustero : Rev. jur. env.* 3/1988, p. 327). De même, l'objet statuaire d'une association qui vise « les problèmes d'environnement » dans une commune confère à cette association un intérêt lui donnant qualité pour agir contre un arrêté de permis de construire délivré par le maire de ladite commune (▪ CAA Bordeaux, 29 avr. 1999, n° 95BX01718, *SA Sodifront*. – Dans le même sens : ▪ CAA Nantes, 4 févr. 2003, n°s 01NT02087 et 01NT02158, *Sté anonyme ORPEA*. ▪ CAA Marseille, 10 avr. 2003, n°s 98MA01651 et 98MA01674, *M. et Mme Lorenzetti*).

Une association locale qui a notamment pour objet de « promouvoir et défendre le cadre de vie » d'un quartier spécifique d'une commune dispose d'un intérêt lui donnant qualité pour contester le permis de construire d'une construction située dans ce quartier (▪ CAA Paris, 12 nov. 1999, n°s 99PA00065 et 99PA00066, *Ville de Paris c/ Assoc. du quartier Mouffetard*).

Une association qui s'est donnée pour but, par ses statuts, de contribuer au développement harmonieux de l'habitat dans le respect des sites et paysages sur le seul territoire d'une commune justifie d'un intérêt lui donnant qualité pour contester un permis de construire alors même que ce permis ne concerne qu'une opération limitée à une seule construction à usage d'habitation (▪ CAA Lyon, 11 mars 1997, n° 96LY00528, *Cne de Saint Gervais c/ Assoc. des amis de Saint Gervais*).

Une association régionale dont l'objet est de favoriser l'application de la législation en vigueur en faveur des monuments naturels, des monuments historiques, des zones d'intérêt écologique, faunistique et floristique et, d'une manière générale, de l'environnement situé sur le territoire de cette région, justifie d'un intérêt pour agir contre le permis de construire d'un ensemble immobilier de vingt bâtiments à usage d'habitation pour une surface hors œuvre nette de 10140 m² à proximité immédiate d'importantes falaises et d'une zone d'intérêt écologique, faunistique et floristique (▪ CE, 24 oct. 1997, n°s 161043 et 161096, *SCI du Hameau de Piantarella et Cne de Bonifacio*). Justifie d'un intérêt à agir contre un permis de construire l'association qui a pour objet « la protection de la nature, de l'environnement et du cadre de vie dans la vallée de l'Yerres en général, particulièrement sur le territoire de la commune d'Yerres » (■ CE, 29 déc. 1999, n° 167484, *Sté STIM Île-de-France Résidentiel SNC*. – Dans le même sens : ■ CAA Marseille, 5 déc. 2002, n° 99MA00228, *Fédération pour les espaces naturels et l'environnement catalan [FENEC]*).

Une association départementale ayant pour objet, selon ses statuts, de « sauvegarder, dans le département des Landes, la faune et la flore naturelles en même temps que le milieu dont elles dépendent ainsi que le cadre de vie » justifie d'un intérêt pour agir contre un permis de construire eu égard à la localisation du projet contesté à proximité immédiate du littoral (■ CAA Bordeaux, 16 oct. 1997, n° 94BX00561, *Cne de Labenne*).

Justifie également d'un intérêt pour agir à l'encontre d'un permis de construire une association qui a notamment « pour but de défendre et valoriser l'environnement... architectural et esthétique » d'une commune (■ CAA Douai, 22 mars 2001, n°s 96DA02413 et 96DA02414, *Assoc. de défense de l'environnement et de l'urbanisme de Fresnoy-le-Luat*).

Justifie d'un intérêt à agir pour demander l'annulation d'un permis de construire de maisons d'habitation dans une zone de 6 hectares de forêt communale plantés de pins et de chênes verts une association dont l'objet statutaire est « la défense de massifs forestiers » de cette zone et qui « veille à ce que toute activité quelle qu'elle soit, tant en zone rurale qu'en zone urbaine, s'exerce dans le respect de l'environnement, de la tranquillité et du cadre de vie des habitants » (■ CAA Bordeaux, 23 déc. 2008, n°s 07BX01341 et 07BX01383, *Sté Belin Promotion Bordeaux Atlantique, SAS Icade CAPRI*).

L'association a pour objet, « dans le cadre d'un développement harmonieux et équilibré, de défendre les sites, tant naturels qu'urbains et périurbains, l'environnement, le cadre de vie des habitants et de promouvoir l'activité économique et culturelle de l'agglomération niçoise (...) et de s'opposer à tous projets qui y porteraient atteinte », un tel objet, qui est suffisamment précis, lui confère un intérêt lui donnant qualité pour demander l'annulation d'un permis de construire un complexe cinématographique localisé dans sa zone d'activité (■ CAA Marseille, 28 août 2008, n°s 01MA01563 et 01MA01803, *Cne de Nice* et *Sté Nissarenas*).

Deux associations ayant respectivement pour objet la défense et l'amélioration du cadre de vie et de l'environnement de la ville de Nice et de ses environs, que ceux-ci soient naturels, paysagers ou urbains, ont un intérêt leur donnant qualité pour ester en justice contre un permis de construire une villa sur une colline niçoise au sein d'un espace boisé classé (■ CAA Marseille, 25 sept. 2009, n° 07MA01719, *Brizion et Soubrat*).

Plus récemment, la Haute juridiction administrative a considéré qu'une association dont les statuts lui confiaient la « mise en œuvre de tous les moyens de sauvegarde et d'amélioration du cadre de vie des habitants » a un intérêt à agir contre un projet susceptible de porter atteinte au cadre de vie des habitants du quartier, eu égard à la nature du projet, au nombre de constructions autorisées (3 maisons individuelles d'une surface de plancher de 461 m^2), au choix d'implantation et à la densification induite (■ CE, 20 oct. 2017, n° 400585, *Assoc. Epi d'Or*).

25) Permis de lotir. Justifie d'un intérêt à agir contre un permis de lotir une association dont l'un des objets est « la protection de l'environnement et du site » (■ CAA Marseille, 28 sept. 2000, n° 97MA05004, *Assoc. information et défense de Cannes*).

26) Installations classées. L'intérêt à agir d'une association familiale dont l'objet principal est de défendre et de promouvoir l'institution familiale sous tous ses aspects a été également admis pour exercer un recours en annulation contre un arrêté par lequel le préfet avait autorisé l'ouverture et l'exploitation d'une carrière (■ TA Caen, 10 déc. 1996, *Assoc. familiale de Douvres la Délivrande : Dr. env.* 4/1997, p. 3, note X. Braud).

27) Délibération du conseil municipal. Justifie d'un intérêt à agir contre la délibération d'un conseil municipal relative aux conditions de l'évacuation des eaux usées sur le territoire de la commune une association dont l'objet est la constitution d'un groupe de réflexion et d'action pour la qualité de la vie (■ TA Dijon, 5 janv. 1999, n°s 985227 et 985247, *M. Denis Roycourt et Assoc. Auxerre Écologie*).

Une association qui a notamment pour objet « la défense, par tous moyens légaux, de l'environnement et du cadre de vie » dans une commune et ses environs justifie également d'un intérêt lui donnant qualité pour agir à l'encontre de délibérations approuvant la réalisation d'une opération d'aménagement portant sur des terrains situés à la fois sur le territoire de la commune et à proximité immédiate, et susceptible d'avoir des incidences sur le cadre de vie (■ CE, 26 mai 1999, n°s 137965 et 160067, *Ville de Massy*).

Une association ayant notamment pour objet de promouvoir l'utilisation de la bicyclette dans l'agglomération valentinoise en proposant des équipements destinés à la faciliter dispose d'un intérêt lui donnant qualité pour agir contre la délibération de cette commune relative à la rénovation d'une voie urbaine susceptible d'être empruntée par des cyclistes (■ CAA Lyon, 28 juill. 2003, n° 99LY02169, *Assoc. Roulons en ville à vélo*).

L'Association Fouras Environnement Écologie, dont l'objet statutaire est la défense et la protection des sites et du patrimoine de la commune, n'a pas intérêt à agir contre la délibération autorisant le maire à conclure un contrat de concession de casino, la délibération litigieuse n'ayant pas pour objet direct d'autoriser les constructions de sorte qu'elle n'a par elle-même aucune conséquence directe sur les intérêts défendus par l'association (■ CE, 17 déc. 2008, n° 294597, *SA d'exploitation casino de Fouras, Cne Fouras-les-Bains : Contrats-Marchés publ.* 2009, comm. 241, obs. François Llorens).

28) Schéma directeur. Une association qui a pour objet la sauvegarde et la protection d'un site qui fait partie du territoire concerné par un schéma directeur justifie d'un intérêt lui donnant qualité pour contester, devant le juge de l'excès de pouvoir, les décisions relatives à la révision de ce schéma (■ CE, 6 févr. 1998, n° 154344, *Assoc. des amis de Saint-Palais-sur-Mer*).

29) Zone d'aménagement concerté. Justifie d'un intérêt pour agir contre une délibération décidant la création d'une zone d'aménagement concerté à objet essentiellement commercial une association ayant pour objet de lutter contre l'élaboration et la réalisation de toute opération commerciale démesurée et inadaptée sur le territoire d'une commune (■ TA Nice, 2e ch., 27 juin 1996, nos 95-4103, 95-4265, 95-4205, 95-4207, 95-4218 et 95-4219, *Assoc. Aquavie-Trinité et a. c/ Cne de La Trinité : BJDU* 3/1997, p. 169).

30) Chasse. L'association ayant, aux termes de ses statuts, notamment pour objet d'agir contre la chasse en saisissant les juridictions pour faire sanctionner les textes réglementaires contraires aux droits de la nature, et notamment les arrêtés relatifs à la chasse, justifie d'un intérêt lui donnant qualité pour agir contre les arrêtés de ce type (■ CE, 5 nov. 2003, nos 259339, 259706 et 259751, *Assoc. Convention vie et nature pour une écologie radicale : LPA* 2 août 2005, n° 152, p. 14 ; *Rev. jur. env.* 2004, n° 4, p. 449 ; *JCP G* 2004, n° 40, p. 1683 ; *Europe* 2004, n° 6, p. 31 ; *Dr. adm.* 2004, n° 2, p. 28 ; *Collectivités – Intercommunalité* janv. 2004, n° 1, p. 13 ; *Environnement* 2004, n° 1, p. 15 ; *RD rur.* 2004, n° 319, p. 32).

31) Terrains de camping. Il ressort des statuts que l'association interdépartementale et intercommunale a notamment pour objet la sauvegarde des lacs, sites et villages du Verdon. Ainsi, à supposer même que le projet ne porte pas atteinte à l'environnement, elle justifie d'un intérêt lui donnant qualité à demander l'annulation de la décision d'aménagement d'un terrain de camping (■ CAA Marseille, 19 oct. 2006, n° 04MA00004, *Cne de Rougon*). L'association qui a pour but de promouvoir le respect de la nature, de préserver les écosystèmes en les protégeant contre toute entreprise d'aménagement et de transformation susceptible de les détruire ou de les défigurer, de veiller au respect des lois et des règlements en matière de protection de la nature justifie d'un intérêt suffisant lui donnant qualité pour demander l'annulation de la décision d'extension d'un terrain de camping en bordure de marais en site inscrit (■ CAA Bordeaux, 20 mars 2007, n° 04BX01119, *Sté Loca-Parc-Loisirs*).

32) Transports en commun. L'association requérante qui a pour objet « d'agir dans tous les domaines relevant de l'alternative et de l'écologie » à Rennes et dans le pays rennais justifie d'un intérêt lui donnant qualité pour demander l'annulation de l'arrêté préfectoral déclarant d'utilité publique le projet de réalisation de la première ligne de métro de l'agglomération rennaise (■ TA Rennes, 16 févr. 1994, nos 93539 et 93540, *Assoc. Rennes verte, Alternative écologie : Dr. env.* 1994, n° 24, p. 44).

33) Cas de l'Alsace-Moselle. L'association a saisi le tribunal administratif de Strasbourg en vue d'une demande tendant à l'annulation d'un permis de construire un immeuble collectif. En vertu des articles 21 à 79 du Code civil local maintenu en vigueur dans les départements d'Alsace-Moselle par la loi d'introduction de la législation civile française du 1er juin 1924, l'association doit faire l'objet d'une inscription au registre des associations du tribunal d'instance de Brumath pour obtenir la capacité juridique. En l'espèce, l'association n'ayant pas procédé à cette inscription, elle n'avait pas acquis la capacité juridique lui permettant d'ester en justice (irrecevabilité de la demande) (■ CAA Nancy, 2 juin 2008, n° 07NC00154, *Sté OFPI : Environnement* 2008, n° 113).

• Absence d'intérêt pour agir

34) Urbanisme. Une association régionale qui a essentiellement pour objet de rassembler et de coordonner les organismes associatifs concernés par la protection de l'environnement dans un département déterminé ne justifie pas d'un intérêt lui donnant qualité pour demander l'annulation de dispositions issues de décrets modifiant et complétant le Code de l'urbanisme (■ CE, 10 mars 1989, *Assoc. Au regroupement des organismes de sauvegarde de l'Oise : Rec. CE* 1989, tables p. 835). **Contrat de plan** : de même, une association est sans intérêt à demander l'annulation d'une décision administrative autorisant la signature d'un contrat entre l'État et une région (■ TA Nantes, 23 mars 1995, *Assoc. Estuaire Écologie : Rec. CE,* tables p. 668). **Schéma directeur :** une association qui pour seul objet la protection du site d'une seule commune ne justifie pas d'un intérêt lui donnant qualité pour demander l'annulation des délibérations approuvant la révision d'un schéma directeur d'aménagement et d'urbanisme, concernant plusieurs communes au sein desquelles cette commune ne se distingue pas particulièrement par son importance relative ou sa situation particulière (▪ TA Poitiers, 6 oct. 1993, *Assoc. des Amis de Saint-Palais-sur-Mer : Rec. CE*, tables p. 618). **Plan d'occupation des sols :** une association dont l'objet social touche à tous les aspects de la vie locale n'est pas recevable à attaquer un plan d'occupation des sols (▪ TA Versailles, 3e ch., 22 nov. 1994, nos 93-1207 et 93-1208, *Assoc. Alliance locale des citoyens d'Orsay et Bures c/ Cne de Bures-sur-Yvette et Cne d'Orsay : BJDU* 5/1995, p. 403). Une association dont l'objet social est de « défendre les biens personnels et les initiatives de développements agricoles, économiques et touristiques. Rechercher les moyens de se préserver des contraintes et servitudes imposées à la propriété privée » ne justifie pas davantage d'un intérêt pour agir contre une délibération approuvant un plan d'occupation des sols eu égard à la généralité de cet objet social, lequel ne fait directement référence à l'urbanisme dans aucune de ses composantes (▪ CAA Nantes, 26 déc. 2002, n° 99NT02789, *Assoc. de défense de la propriété privée et de la liberté d'entreprendre et Cts Grellier*).

35) Permis de construire. Une association non agréée au titre de l'article L. 141-1 du Code de l'environnement n'est pas recevable à contester un permis de construire lorsque son champ d'action géographique n'est pas limité par ses statuts (▪ CAA Douai, 13 oct. 2011, n° 11DA00339 : *JurisData* n° 2011-024552, *a contrario ; Constr.-Urb.* 2011, comm. 179, n° 12, p. 27, note D. Gillig). Une association dont l'objet est relatif à « la défense des valeurs de la laïcité, respect de la légalité républicaine dans tout organe d'État et services publics dont l'école et ses fondements » ne justifie pas d'un intérêt lui donnant qualité pour contester le permis de construire d'un immeuble destiné à des activités cultuelles (▪ TA Versailles, 3e ch., 9 mars 1999, n° 97-5762, *L'amicale de défense de l'école et de la laïcité à Longjumeau et ses environs*).

Constitue également un objet social trop vaste et sans lien précis avec la défense du site concerné et les questions d'urbanisme celui qui se rapporte à la représentation et la défense, dans tous les domaines, des intérêts des propriétaires, dans le cadre de l'intérêt général et notamment de réunir les adhérents de l'association en vue de promouvoir et faciliter de bonnes relations et créer des liens de solidarité, d'informer les adhérents des projets et du devenir de la région considérée (les Arcs), d'assurer leur représentativité auprès du public, des administrations, de la commune, de toutes parties intervenant dans ce territoire et, si besoin est, leur défense en justice, d'étudier toutes les questions concernant cette région ou pouvant exercer une influence sur le site, d'assurer la défense dudit site et des propriétaires par tous moyens légaux, de contribuer à la vie et à l'animation de la région considérée et à la promotion du site. Un tel objet social ne peut conférer à l'association concernée un intérêt à agir lui donnant qualité pour demander l'annulation d'un permis de construire (▪ CAA Lyon, 21 juill. 1998, n° 96LY02763, *Union des propriétaires pour la défense des Arcs*). Cet arrêt s'est vu confirmé par le Conseil d'État : ce dernier a considéré qu'un objet social aussi général, qui ne vise pas précisément les questions d'urbanisme ni même la défense du site, ne conférait pas à cette association un intérêt de nature à lui donner qualité pour demander l'annulation du permis de construire litigieux (▪ CE, 29 janv. 2003, n° 199692, *Union des propriétaires pour la défense des Arcs*). Dans le même sens, le Conseil d'État a jugé que ne justifie pas d'un intérêt à agir contre un permis de construire une association ayant pour but d'assurer, dans le cadre de la préservation de la qualité de la vie, la défense et la protection des espaces verts et des sites urbains, en veillant à la cohérence de projets de construction, en contribuant au respect et à la sécurité des usagers de la route et en participant à la sauvegarde, à la conservation et au développement des espaces verts existants et qui n'a pas statutairement délimité le ressort géographique de son action. Elle a par suite une vocation nationale (▪ CAA Nancy, 17 avr. 2003, n° 02NC01379, *Assoc. de défense des espaces verts et de protection des sites urbains*) ou une association dont l'objet social est « de défendre et protéger, par tout moyen, dans le cadre des lois applicables à l'environnement, l'urbanisme et le littoral, le caractère rural, historique, marin et bâtis anciens, les écosystèmes marins, la faune, la flore constituant le patrimoine naturel et culturel du littoral des mers et des océans, au sens de la définition donnée par les règles de la domanialité publique ». En effet, dans cette espèce, la juridiction a considéré qu'en l'absence de limitation géographique prévue par l'objet social, l'association doit être regardée comme ayant un objet national quelle que soit sa dénomination ; ce qui ne lui permettait pas de contester des permis de construire (▪ CE, 5 nov. 2004, n° 264819, *Assoc. Bretagne Littoral Environnement Urbanisme Bleu*).

Une association ayant pour objet, aux termes de ses statuts, de porter à la connaissance des habitants de quartiers les réalisations envisagées, de collaborer avec l'administration pour l'élaboration de certains programmes, d'organiser des concertations et débats pour faire connaître les souhaits des habitants de ces quartiers ne présente pas un intérêt à agir suffisant pour contester un permis de construire. En effet, un tel objet social est considéré comme trop général par le juge administratif et il ne vise pas précisément la défense du site ni des préoccupations d'urbanisme (▪ CAA Marseille, 9 déc. 2004, n° 00MA02731, *Assoc. pour la protection de l'environnement des quartiers Saint Louis, Vallergues et Petit Juas*).

L'objet social d'une association consistant à « œuvrer pour la promotion et la défense du commerce traditionnel et indépendant et de l'artisanat local ainsi que de s'opposer à l'implantation anarchique de grandes surfaces commerciales » lui donne qualité pour déférer au juge de l'excès de pouvoir les autorisations délivrées sur le fondement de la loi du 27 décembre 1973 (▪ CAA Paris, 20 sept. 1994, n° 93PA00913, *FACAM et a.* – V. également ▪ CE, 19 juin 2002, n° 222213, *Assoc. des commerçants, artisans et professions libérales de Saint Andiol et a.*). En revanche, un tel objet social ne peut justifier d'un intérêt de nature à lui donner qualité pour agir contre un arrêté de permis de construire (▪ CAA Paris, 20 sept. 1994, n° 93PA00913, *FACAM et a.*). Dans le même sens, une association qui a également pour objet la défense de commerçants ne justifie pas d'un intérêt lui donnant qualité pour demander l'annulation d'un permis de construire alors même qu'elle soutient que la délivrance dudit permis de construire aurait dû être précédée de l'autorisation d'urbanisme commercial (▪ CE, 13 mai 1996, n°s 117945 et 117955, *Ville de Limoges, SCI Intermarché de L'Aurence*).

Eu égard à la généralité de son objet statutaire (aider les citoyens de la communauté de communes à se protéger de préjudices de quelque nature que ce soit), l'association ne justifie pas d'un intérêt suffisant pour lui donner qualité pour attaquer le permis de construire des éoliennes (▪ CE, 15 avr. 2005, n° 273398, *Assoc. des citoyens et des contribuables de la communauté de cnes Saône-et-Vienne et a : Rev. jur. env.* 2006, n° 1, p. 72 ; *Dr. adm.* 2005, n° 7, p. 35 ; *BJDU* 3/2005, p. 197).

L'ADENA dont l'action s'étend à l'ensemble de la région Alsace conformément à sa dénomination figurant à l'article 1er de ses statuts, faute de précisions particulières à cet égard, ne justifie pas de son intérêt lui donnant qualité à agir contre l'arrêté délivrant un permis de construire relatif à un projet limité et situé dans une zone ne présentant pas un intérêt écologique majeur (▪ TA Strasbourg, 10 mai 2007, n° 0702048, *Assoc. ADENA : Environnement* 2007, n° 165).

Eu égard à son caractère général, l'objet de l'association qui consiste à « défendre les intérêts matériels et moraux des habitants de Pointe-Noire par la formation, l'information par tous les moyens, pour une qualité de vie normale à son environnement et pour le développement du bien-être de ses habitants » n'est pas de nature à justifier d'un intérêt lui donnant qualité pour agir à l'encontre de permis de construire délivrés par le maire de la commune (▪ CAA Bordeaux, 30 déc. 2008, n° 06BX02046, *Assoc. bien vivre à Pointe-Noire*). **Installations classées** : une association qui a pour vocation générale la promotion de la gestion écologique dans l'environnement et la défense de la qualité de la vie est sans intérêt et, par suite, sans qualité pour déférer au tribunal administratif sur le fondement de la loi du 19 juillet 1976 une autorisation délivrée au titre de cette loi alors que le projet autorisé n'a qu'une importance limitée et que les nuisances susceptibles d'en résulter n'ont aucun impact local (▪ CAA Nantes, 29 mars 1995, *Synd. intercommunal d'élimination des ordures ménagères du groupement de mer : Rec. CE*, tables p. 669). Une association non agréée, à dimension nationale, dont l'objet social est « la protection, la défense et la lutte contre les souffrances infligées aux animaux », n'a pas intérêt à agir contre l'arrêté préfectoral pris au titre de la législation sur les installations classées pour la protection de l'environnement et permettant l'implantation d'un laboratoire de toxicologie animale. En effet, elle n'établit pas que l'installation classée aurait une importance et une portée exceptionnelle dont les incidences sur la nature et le milieu environnants s'étendraient au-delà du cadre local (▪ CAA Paris, 19 mai 1994, n° 93PA00298, *Sté nationale pour la défense des animaux*). L'association composée d'adhérents résidant sur le territoire de la commune où l'installation de la plate-forme de compostage a été déclarée justifie d'un intérêt suffisant lui donnant qualité pour agir contre le récépissé d'installation classée délivré par le préfet (▪ TA Pau, 4 déc. 2006, n° 0400942, Assoc. « *Bien vivre chez nous* »). Eu égard à la généralité de l'objet social de l'association et en l'absence de limite donnée au cadre géographique de son action (« lutte contre les nuisances sonores, olfactives et visuelles portant atteinte à la qualité de vie en milieu rural »), l'association requérante ne justifie pas de son intérêt à demander l'annulation de l'arrêté par lequel le préfet a autorisé la mise en service d'une installation classée (exploitation d'une porcherie) (▪ CAA Nancy, 10 déc. 2007, n° 06NC00111, Assoc. *Qualité de vie en milieu rural : Environnement* mars 2008, n° 3, comm. 53). **UTN** : une association ayant pour objet social de « fédérer les associations déclarées conformément à la loi du 1er juillet 1901 ainsi que les personnes morales légalement constituées dont un des objectifs au moins est lié à la sauvegarde ou à l'amélioration de l'environnement (...) » et dont les membres actifs sont « exclusivement les associations déclarées » constitue une fédération d'associations alors même que ses statuts autorisent l'adhésion directe de personnes physiques. Par suite, elle ne justifie pas d'un intérêt propre lui donnant qualité pour agir contre l'arrêté préfectoral autorisant la création d'une unité touristique nouvelle (▪ CAA Marseille, 30 août 2001, n°s 98MA00908, 98MA00971, 99MA02269 et 99MA02368, *Assoc. Frene 66, M. Maillet, FENEC et a.*). **Zone d'aménagement concerté :** une association ayant pour but de concourir « à la protection de la nature, à l'acclimatation et à la domestication des espèces d'animaux et des plantes utiles ou d'ornement, au perfectionnement et à la multiplication des races nouvelles introduites ou domestiquées » ne justifie pas d'un intérêt lui donnant qualité pour contester un projet de ZAC dans la mesure où l'objet statutaire ainsi défini de l'association n'a pas de rapport direct avec l'urbanisme (▪ CAA Marseille, 3 mars 2005, n° 01MA02119, *Sté nationale de protection de la nature et d'acclimatation de France*). Aux termes de l'article 1er de ses statuts, la Société nationale de protection de la nature avait pour but la protection de la nature, son action est recevable dès lors qu'elle fait valoir que plus de 100 hectares avaient été défrichés illégalement dans une ZAC, classée zone naturelle d'intérêt écologique, faunistique et floristique de type I, d'intérêt communautaire pour les oiseaux, et inventoriée au titre de Natura 2000 (▪ Cass. 3e civ., 1er juill. 2009, n° 07-21.954, *Sté nationale de protection de la nature*). **Carrière :** une association qui a pour objet « la sauvegarde et l'aménagement de l'environnement naturel, patrimonial, social et humain » et dont le champ d'action se limite à une seule commune, ne justifie pas, au regard de la généralité de son objet social, d'un intérêt lui donnant la qualité pour demander l'annulation d'un arrêté préfectoral autorisant le renouvellement et l'extension d'une carrière sur le territoire de ladite commune (▪ CAA Lyon, 1er avr. 2008, n°s 07LY01399 et 07LY01626, *Sté Delmonico-Dorel : Environnement* 2008, n° 96 ; *AJDA* 2008, p. 1433). **Délibération locale :** eu égard à la *généralité de son objet* et de son champ d'action qui, faute de toute précision dans les statuts, ne peut être regardé comme national, l'association requérante ne justifie pas d'un intérêt lui donnant qualité pour demander l'annulation de la délibération, aux effets exclusivement locaux (▪ CE, 23 févr. 2004, n° 250482, *Cté de Cnes du pays Loudunais : JCP* A 2007, n° 31, p. 1055 ; *Contrats-Marchés publ.* 2004, n° 6, p. 23 ; *Dr. adm.* 2004, n° 5, p. 29. ▪ CAA Lyon, 4 mars 2008, n° 06LY00540, *Assoc. C'assez : AJDA* 2008, p. 1015). **PPRI :** l'association dont le champ d'action n'était pas limité géographiquement dans ses statuts n'a pas qualité pour déférer devant le juge administratif les décisions dont la portée est strictement locale, tel est le cas de l'arrêté par lequel le préfet a approuvé le plan de prévention des risques inondations sur le territoire de deux communes (▪ CAA Bordeaux, 5 févr. 2009, n° 07BX01516, *Assoc. Non aux constructions en zones inondables ou non-assistance à personne en danger*). **Organisation à but politique :** le mouvement CAP 21, organisation à vocation essentiellement politique à laquelle ses statuts assignent en des termes très généraux la mission de « promouvoir les valeurs humanistes et écologiques en replaçant les questions liées à la citoyenneté, à la démocratie participative et au développement durable au cœur du débat politique et de l'activité économique » ne justifie pas d'un intérêt à agir à l'encontre d'un arrêté définissant la teneur en chlordécone que ne doivent pas dépasser certaines denrées d'origine végétale pour être reconnues propres à la consommation (▪ CE, 27 juin 2007, n° 289692, *Mouvement CAP 21*). **Aliénation d'un chemin rural :** aux termes de ses statuts, l'association a pour objet de « faire connaître, aimer, protéger la nature dans le département de la Manche ». La décision d'aliénation d'un chemin rural n'emporte pas par elle-même de conséquences directes sur l'environnement naturel et ne porte pas aux intérêts collectifs dont l'association a pour objet d'assurer la défense une atteinte de nature à lui conférer un intérêt à demander son annulation (▪ CAA Nantes, 9 févr. 2000, n° 98NT01161, *Cne du Loreur*).

36) Article L. 600-1-1 du Code de l'urbanisme. Entrée en vigueur : l'article L. 600-1-1 fait obstacle à la recevabilité de la requête présentée postérieurement à l'entrée en vigueur de la loi par une association dont le dépôt des statuts est intervenu postérieurement à l'affichage de la demande du bénéficiaire du permis de construire attaqué, quelle qu'ait été la date à laquelle ses membres ont décidé de se constituer en association en application des dispositions de la loi de 1901 (▪ TA Clermont-Ferrand, 27 févr. 2007, n° 0601695, *Assoc. de défense du cadre de vie des rues du Verger et des Allières : AJDA* 2008, p. 54 ; *Environnement* 2007, n° 216). En sens contraire : l'article L. 600-1-1, inséré par l'article 11 de la loi du 13 juillet 2006, qui a pour objet de créer une condition de recevabilité nouvelle, ne saurait s'appliquer qu'aux demandes déposées par le pétitionnaire à une date postérieure à celle de la promulgation de cette loi (▪ TA Amiens, 6 mars 2007, n°s 0502281 et 0502283, *Assoc. Habitons Mercey : Environnement* 2007, n° 164 ; *AJDA* 2008, p. 54) LA CNIID ne saurait se prévaloir de l'agrément qui lui a été accordé, dans le cadre national, par un arrêté ministériel en date du 13 juillet 2007, au titre de l'article L. 141-1 du Code de l'environnement, dès lors qu'en application des dispositions de l'article L. 142-1 dans sa rédaction issue de la loi du 13 juillet 2006 son agrément a été accordé postérieurement à la décision litigieuse (■ TA Marseille, 13 nov. 2007, n° 0603118, *Fondation WWF France et Centre National d'information indépendante sur les déchets*). **Application dans le temps de la loi du 13 juillet 2006 :** une disposition nouvelle qui affecte la substance du droit de former un recours pour excès de pouvoir contre une décision administrative est, en l'absence de dispositions expresses contraires, applicable aux recours formés contre les décisions intervenues après son entrée en vigueur, alors même que ces dernières statuent sur des demandes présentées antérieurement à cette entrée en vigueur. En l'espèce, l'association requérante ne pouvait se prévaloir d'aucune situation juridique définitivement constituée lui permettant d'exercer un recours contre l'arrêté du préfet se prononçant sur la demande de permis de construire de la SAS d'un parc éolien pris le 14 août 2007, puis modifié le 8 octobre 2007, faute pour ces décisions d'être déjà intervenues à la date à laquelle la loi du 13 juillet 2006 était entrée en vigueur. Pour les mêmes motifs, celle-ci n'est pas fondée à soutenir ni que cette application serait rétroactive, en méconnaissance des stipulations de l'article 6 § 1 de la Convention européenne de sauvegarde des droits de l'Homme et des libertés fondamentales ni, en tout état de cause, qu'elle porterait atteinte à son droit au respect des biens rappelé par l'article 1er du premier protocole additionnel à la même convention (■ CE, 11 juill. 2008, n° 313386, *Assoc. des amis des paysages bourguigniauds : Environnement* 2008, n° 10, p. 65 ; *ibid.* avr. 2009, n° 4, p. 30 ; *Dr. env.* 2008, n° 163, p. 23 ; *AJDA* 2008, p. 1413 et p. 2025 ; *Dr. adm.* 2008, n° 10, p. 46 ; *RD imm.* 2008, n° 9, p. 461 ; *Procédures* 2008, n° 10, p. 24 ; *LPA* 26 sept. 2008, n° 194 p. 10 ; *BJDU* 2008, n° 4, p. 278). **Application :** en relevant pour écarter la fin de non-recevoir soulevée devant lui que l'association requérante justifiait, eu égard à son objet de défense de l'environnement et du cadre de vie et de sauvegarde de la nature dans la région de Corse, d'un intérêt suffisant lui donnant qualité pour contester un permis de construire alors même qu'elle n'aurait pas été agréée et que ses statuts n'auraient pas été déposés en préfecture, le juge des référés a méconnu les exigences de l'article L. 600-1-1 (■ CE, 16 mai 2008, n° 305717, *Carlotti : AJDA* 2008, p. 1344). **Jurisprudence antérieure :** eu égard à son objet statutaire, l'association ne justifiait pas, à la date d'introduction de sa demande, d'un intérêt lui donnant qualité pour demander l'annulation d'un permis de construire en première instance. Toutefois, postérieurement à l'introduction de la demande, la fédération a été agréée par le préfet sur le fondement de l'article L. 142-1 du Code de l'environnement, elle peut alors se prévaloir en appel de cet agrément pour justifier d'un intérêt lui donnant qualité pour contester le permis litigieux (■ CE, 25 juin 2003, n° 233119, *Cne de Saillagous*) Est fondée à demander l'annulation du jugement du tribunal administratif ayant déclaré sa requête irrecevable, faute de qualité lui donnant intérêt à agir en raison de la généralité de l'objet social, l'association qui, postérieurement à l'introduction de sa demande, a été agréée par le ministre de l'Écologie et du Développement durable (■ CAA Douai, 17 mars 2005, n° 03DA00544, *Assoc. Vie et Paysages*).

2° *Intérêt pour agir d'une association agréée*

37) Principe. Dès lors que l'association est agréée au titre de l'article L. 141-1 du Code de l'environnement, elle dispose *a priori* d'un intérêt pour agir contre toute décision administrative ayant un rapport direct avec son objet et ses activités statutaires et produisant des effets dommageables sur tout ou partie du territoire pour lequel elle bénéficie de l'agrément (V. notamment ■ CAA Nantes, 27 mai 2003, n° 01NT01159, *Fédération des associations de protection de l'environnement et de la nature dans les Côtes-d'Armor c/ Cne de Binic*).

Les dispositions de l'article L. 142-1 ne dispensent pas l'association qui sollicite la réparation d'un préjudice, notamment moral, causé par les conséquences dommageables d'une illégalité fautive, de démontrer l'existence d'un préjudice direct et certain résultant, pour elle, de la faute commise par l'État (■ CE, 30 mars 2015, n° 375144, *ASPAS*). L'association doit également démontrer le caractère personnel de son préjudice (■ CE, 26 févr. 2016, n° 389439, *ASPAS*).

38) Obligation de respecter les dispositions du Code de justice administrative. Le second alinéa de l'article L. 141-2 du Code de l'environnement a créé une sorte d'intérêt pour agir « de plein droit » contre toute décision administrative ayant un rapport direct avec l'objet et les activités statutaires d'une association. Ces dispositions n'ont pas cependant pour objet et ne sauraient avoir pour effet de soustraire les associations agréées à l'obligation de respecter les dispositions du Code de justice administrative relatives à la compétence du juge des référés administratifs (■ CAA Marseille, 13 nov. 2003, n° 98MA01892, *Assoc. contre les inondations, défense de l'eau et de l'environnement*).

39) Recevabilité des recours – Dimension géographique. Pour apprécier si une association justifie d'un intérêt lui donnant qualité pour agir contre un acte, il appartient au juge, en l'absence de précisions sur le champ d'intervention de l'association dans les stipulations de ses statuts définissant son objet, d'apprécier son intérêt à agir contre cet acte au regard de son champ d'intervention en prenant en compte les indications fournies sur ce point par les autres stipulations des statuts, notamment par le titre de l'association et les conditions d'adhésion, éclairées, le cas échéant, par d'autres pièces du dossier (■ CAA Bordeaux, 31 janv. 2023, n° 21BX04291). Une association agréée de protection de l'environnement, en l'espèce une fédération, a intérêt à déférer au juge de l'excès de pouvoir un acte administratif, en l'espèce un permis de construire, qui concernait tout ou partie du territoire pour laquelle elle bénéficiait de l'agrément. Par suite, doit être annulée la décision de la Cour administrative d'appel qui s'est notamment fondée, pour rejeter le recours de la fédération, sur la circonstance que la fédération en question était, eu égard à son objet statutaire, sans intérêt et, par conséquent, sans qualité pour contester l'arrêté de permis de construire délivré sur le territoire d'une commune (■ CE, 8 févr. 1999, n° 176779, *Fédération des associations de protection de l'environnement et de la nature des Côtes-d'Armor : Dr. env.* 1999, n° 66, p. 6, note B. Busson). En revanche, une association agréée au plan national n'a pas intérêt pour agir contre un arrêté autorisant la capture et l'abattage d'un nombre déterminé de bouquetins dans un massif montagneux précisément identifié (■ CAA Lyon, 15 févr. 2023, n° 21LY02481). Pourtant, le Conseil d'État admet qu'une association agréée de protection de l'environnement ayant pour objet le développement durable, la protection et la mise en valeur de l'environnement et du patrimoine archéologique, architectural, paysager et touristique de la France peut agir contre un permis de construire entraînant l'abattage de plusieurs arbres de hautes tiges (■ CE, 18 déc. 2023, n° 464454, *APE*).

40) Recevabilité des recours formés par des associations fédératives. Une fédération de sociétés de protection de la nature, agréée par le ministre de l'Environnement et du Cadre de vie en 1978 dans la cadre national au titre de l'article 40 de la loi du 10 juillet 1976 relative à la protection de la nature, donc réputée agréée en application de l'article L. 252-1 du Code rural (C. env., art. L. 141-1), et qui a pour objet selon ses statuts de « protéger, conserver et de restaurer... les espèces animales... la diversité et les équilibres fondamentaux de la biosphère... le cadre de vie dans une perspective de développement durable et d'agir pour la sauvegarde de ses intérêts dans le domaine de l'environnement, de l'aménagement harmonieux et équilibré du territoire et de l'urbanisme ainsi que de défendre en justice l'ensemble de ses membres et leurs intérêts notamment ceux résultant de l'objet de chaque association fédérée », alors même qu'elle regroupe des associations dont au moins l'une d'entre elles eût été recevable à contester personnellement la décision de la date de clôture de la chasse, justifie de l'intérêt que lui confère spécialement l'article L. 252-1 du Code rural pour agir contre la décision du préfet (■ CAA Nancy, 22 déc. 1999, n° 99NC00045, *Assoc. France nature Environnement : AJDA* 2000, p. 364 ; *Dr. env.* 2000, n° 7, p. 3). Dans le même sens : la cour administrative d'appel a commis une erreur de droit en estimant que la demande d'annulation de la décision de la date de clôture de la chasse présenté par la fédération d'associations devait être rejetée comme irrecevable (■ CE, 21 avr. 2000, n° 210347, *Assoc. France Nature Environnement*). Est recevable à former un recours contre une délibération d'un conseil municipal approuvant la révision partielle du plan d'occupation des sols, une association agréée au titre de la protection de l'environnement, même si cette association fédère des associations dont certaines auraient pu justifier d'un intérêt à agir à l'encontre de la délibération querellée (■ CAA Versailles, 16 déc. 2004, n° 02VE03942, *Assoc. Écouen Environnement et a. c/ Cne d'Écouen*) et sans qu'il soit besoin de rechercher s'il n'existait aucune association exerçant son action sur le seul territoire de la commune adverse (■ CAA Paris, 15 nov. 2001, n° 99PA04291, *Assoc. Essonne Nature Environnement*). La FNAUT, non agréée, qui s'est donnée pour but, aux termes de ses statuts, de promouvoir le transport ferroviaire de fret et de défendre le droit au transport des voyageurs des transports publics, justifie d'un intérêt lui donnant qualité pour contester une décision qui affecte la consistance du réseau ferroviaire national (fermeture d'une section de ligne ferroviaire), alors même que la fédération compte parmi ses adhérents une association locale en Auvergne (■ CE, 3 déc. 2003, n° 243830, *Féd. nationale des associations d'usagers des transports : Ann. voirie* 2004, p. 64). L'habilitation donnée par la loi aux fédérations départementales de chasseurs pour exercer les droits reconnus à la partie civile en ce qui concerne les faits portant un préjudice direct ou indirect aux intérêts collectifs qu'elles ont pour objet de défendre implique nécessairement le droit pour ces associations d'agir pour la protection de ces intérêts devant la juridiction civile (■ Cass. 2e civ., 14 juin 2007, n° 06-15 352, *Féd. dptale des chasseurs de la Corrèze : Environnement* 2008, n° 8-9, p. 15).

41) Maintien du contrôle sur l'adéquation entre les statuts et la décision administrative attaquée. – *Principe :* les dispositions du deuxième alinéa de l'article L. 142-1 du Code de l'environnement subordonnent la recevabilité de l'action en justice des associations agréées à l'existence d'un rapport direct entre, d'une part, les décisions administratives attaquées et, d'autre part, l'objet et les activités statutaires de ces associations.

42) Preuve des effets dommageables pour l'environnement. Les associations agréées peuvent contester par la voie du recours pour excès de pouvoir toute décision administrative ayant un rapport direct avec leur objet « sans que puisse leur être opposée l'étendue de leur ressort géographique ». Cependant, les dispositions de l'article L. 142-1 du Code de l'environnement « ne les dispensent pas – et leur imposent au contraire expressément – de justifier des effets dommageables pour l'environnement de la décision contestée ». En l'absence de cette justification, ces associations ne disposent pas d'un intérêt leur conférant qualité pour contester le permis de construire (▪ CAA Lyon, 25 oct. 2011, n° 10LY01810, *EARL Lacto Porc*).

43) Plan d'occupation des sols. Justifie d'un intérêt à agir contre une délibération approuvant un POS dès lors que l'objet social de l'association agréée est de protéger l'environnement et le cadre de vie, de sauvegarder la nature, les monuments protégés et les sites dans le département et de lutter contre les pollutions et nuisances ; en l'occurrence, les dispositions du plan d'occupation des sols attaqué suppriment la protection attachée à un espace boisé classé pour permettre l'extension d'une décharge (▪ CAA Paris, 15 nov. 2001, n° 99PA04291, *Assoc. Essonne Nature Environnement*. – *A contrario* ▪ CAA Bordeaux, 19 juill. 1999, n° 97BX02178, *SREPEN*). Justifie également d'un intérêt à agir contre une délibération portant approbation d'une révision partielle du POS, lorsque les dispositions dudit POS consistent à supprimer la protection attachée à un espace boisé classé pour permettre l'extension d'une décharge. Une telle mesure a un rapport direct avec l'objet et les activités statutaires de l'association et est au nombre des décisions énumérées par le deuxième alinéa de l'article L. 141-2 du Code de l'environnement (▪ CAA Paris, 15 nov. 2001, n° 99PA04291, *Assoc. Essonne Nature Environnement*). Eu égard à son objet social ainsi qu'à ses modalités d'action, parmi lesquelles figure le suivi de l'élaboration de la réglementation, l'association requérante justifiait d'un intérêt de nature à lui donner qualité pour agir contre la délibération par laquelle le conseil municipal de Mortefontaine, en approuvant la révision du plan d'occupation des sols, a notamment retenu un nouveau zonage du territoire communal et a défini les règles applicables aux zones naturelles (▪ CE, 11 juill. 2008, n° 300493, *Assoc. regroupement des organismes de sauvegarde de l'Oise : AJDA* 2008, p. 2190).

44) Permis de construire. Est recevable à former un recours contentieux contre un permis de construire touchant une zone non urbanisée du littoral une association agréée qui a pour but « de susciter ou de participer à toutes actions ou interventions visant à préserver ou à améliorer la qualité du milieu naturel et de l'environnement en général, terrestre, maritime ou aérien. Sont donc concernés notamment : l'eau, la faune, la flore, l'occupation du sol, les sites et monuments historiques et préhistoriques, les bois et forêts, le littoral y compris le domaine public maritime, l'intérieur, les problèmes routiers, les mines, l'aménagement rural, l'urbanisme, le bruit, l'usage de produits chimiques et antiparasitaires, les installations à nuisance, les déchets, etc. (...) tout ce qui concourt au maintien des équilibres biologiques à tous les niveaux et tout ce qui est susceptible d'y porter atteinte » (▪ CAA Nantes, 27 mai 2003, n°s 01NT01159 et 01NT01160, *Cne de Binic*). La Société de protection de la nature du Languedoc-Roussillon a été agréée par un arrêté du ministre de l'Environnement et du Cadre de vie en octobre 1978 dans un cadre interdépartemental, comprenant notamment le département de l'Aude, au titre de l'article L. 160-1 du Code de l'urbanisme, lequel renvoie aux associations agréées pour la protection de l'environnement en application de l'article L. 252-1 du Code rural. Le comité de l'Aude a lui-même été agréé en 1985 et cet agrément lui confère la qualité d'association de protection de l'environnement agréée au sens de l'article L. 141-1 du Code de l'environnement et les droits attachés à cet agrément. Par suite, la Société de protection de la nature du Languedoc-Roussillon – Comité de l'Aude justifie, en application des dispositions de l'article L. 142-1, d'un intérêt pour demander le suspension de la décision accordant un permis de construire à une pépinière d'entreprises spécialisées sur un terrain situé sur le territoire de la commune de Narbonne, dans une zone à dominante rurale surplombant un étang (▪ CE, 27 juill. 2005, n° 273815, *Cne de Narbonne : BJDU* 1/2006, p. 47). L'association qui a pour objet la protection du domaine littoral et naturel sur une commune du littoral justifie d'un intérêt à agir suffisant pour contester un permis de construire une station d'épuration qui a vocation à être implantée près du littoral (▪ TA Rennes, 14 déc. 2006, n° 0304576, *Assoc. pour la protection du paysage littoral naturel de Logonna*) ou celle qui a pour objet de « concourir à la lutte contre la pollution physique, chimique et bactériologique » ce qui pourra la conduire « à requérir contre les permis de construire irréguliers concernant les ouvrages riverains susceptibles d'affecter le régime ou la qualité des cours d'eaux » justifie d'un intérêt pour demander l'annulation du permis de construire en vue de la rénovation de bâtiments situés sur une zone constituée d'une roche karstique, favorisant les infiltrations des eaux de pluie dans le sous-sol et le risque de pollution des eaux notamment souterraines (■ CAA Marseille, 21 févr. 2007, n° 03MA00068, *Assoc. nationale pour la protection des eaux et rivières*). Selon l'article 2 de ses statuts, l'association pour la sauvegarde du patrimoine martiniquais, agréée par le préfet de la Martinique en 1986 au titre des dispositions de l'article L. 252-1 du Code rural alors applicable, codifiées, à la date d'introduction de la demande, à l'article L. 141-1 du Code de l'environnement, a pour but « de défendre et de protéger les droits de l'homme, les espèces animales et végétales de la Martinique, le cadre de vie, le sol, le sous-sol, les forêts, les eaux marines, terrestres et du sous-sol, le domaine public maritime, les étangs, marais et zones humides (milieux constamment et temporairement immergés), les 50 pas géométriques, les métiers respectant les cycles écologiques (apiculture, acriobiologie...), la sécurité des hommes, des femmes et des enfants contre les risques majeurs et technologiques ». Le permis litigieux autorise la construction d'une maison d'habitation sur un terrain situé en bordure de mer qui est exposé à des risques d'inondation et de houle cyclonique ; qu'ainsi, l'arrêté accordant ce permis doit être regardé comme présentant un rapport direct avec l'objet statutaire de l'association requérante qui vise notamment la protection de la sécurité des personnes contre les risques ; par suite, l'association pour la sauvegarde du patrimoine martiniquais justifie, au sens des dispositions précitées du second alinéa de l'article L. 142-1 du Code de l'environnement, d'un intérêt lui donnant qualité pour demander l'annulation du permis de construire accordé (■ CAA Bordeaux, 2 juill. 2007, n° 04BX00340, *ASSAUPAMAR*). À l'inverse, l'association qui a pour objet, en vertu de ses statuts, de veiller au maintien de la qualité de vie et de lutter contre toute augmentation des nuisances de toute nature, n'a pas intérêt à agir à l'encontre d'un permis de construire. En effet, son objet ne mentionne pas, notamment, la possibilité d'agir en justice en matière d'urbanisme et ne peut de ce fait être regardé comme suffisamment précis pour conférer à cette association un intérêt à agir (■ CAA Versailles, 1er déc. 2011, n° 10VE01705, *Cne de Saint-Lambert des Bois*).

45) Chasse. D'une part, l'association requérante, agréée au plan national, et dont le siège social se situe dans le département de la Drôme, est fondée à exercer un recours contre un arrêté d'ouverture de la chasse dans le département des Landes dès lors que cette décision lèse directement son objet statutaire. D'autre part, l'intérêt conféré à une association par l'article L. 252-4 du Code rural (C. env., art. L. 142-1) vaut pour tout ou partie du territoire pour lequel elle bénéficie de l'agrément (■ TA Pau, 26 mai 1998, n° 97240, *ASPAS*). Une fédération nationale d'associations de protection de l'environnement, dont l'objet est « de protéger, de conserver et de restaurer les espèces animales, la diversité des équilibres fondamentaux de la biosphère, le cadre de vie dans une perspective de développement durable et d'agir pour la sauvegarde de ses intérêts dans le domaine de l'environnement, de l'aménagement harmonieux équilibré du territoire et de l'urbanisme ainsi que de défendre en justice l'ensemble de ses membres et leurs intérêts, notamment ceux résultant de l'objet de chaque association fédérée » a intérêt et donc qualité, alors même qu'elle regroupe des associations locales dont au moins l'une d'entre elles a été recevable, à contester directement la décision en question, pour agir contre les décisions d'un préfet refusant de modifier à sa demande la date de la clôture de la chasse (■ CAA Nancy, 22 déc. 1999, n° 99NC00056, *Assoc. France nature environnement : AJDA* 2000, p. 364, note B. Busson). La circonstance que l'association pour la protection des animaux sauvages et du patrimoine naturel, dont la mission a un caractère national, ait été agréée dans le seul département de la Drôme, ne lui interdit pas de se pourvoir contre une décision relative aux dates de clôture de la chasse dans un autre département (■ CAA Lyon, 16 janv. 2003, nos 97LY20587 et 97LY20589, *Féd. dptale des chasseurs de la Nièvre*). L'ASPAS est une association dont l'objet statutaire de protection de la faune sauvage est clairement défini comme s'exerçant au plan national pour notamment ester en justice contre les décisions administratives susceptibles de porter atteinte aux buts qu'elle s'est fixée. Dès lors, en l'absence de toute représentation locale, elle présente un intérêt pour agir contre les arrêtés fixant la liste des animaux nuisibles et les modalités de leur destruction du préfet des Landes sans qu'y fasse obstacle la circonstance qu'elle n'ait été agréée, au titre des associations pour la protection de la nature et de l'environnement, que dans le cadre du département de la Drôme par le préfet de ce département (■ CAA Bordeaux, 2 déc. 2003, n° 99BX01363, *Min. Aménagement du territoire et Environnement*). Sont recevables les constitutions de partie civile de La Ligue de Protection des Oiseaux qui a pour but statutaire la protection des oiseaux et des écosystèmes dont ils dépendent et en particulier la faune et la flore qui y sont associées dans la région Provence-Alpes-Côte d'Azur et qui est expressément habilitée à exercer les actions en justice dans le cadre de cet objet social, et de l'ASPAS dont l'objet social est la protection de la faune, de la flore, la réhabilitation des animaux sauvages et la conservation du patrimoine naturel. En effet, les faits dont les prévenus ont été déclarés coupables (chasse sans permis, chasse en temps prohibé, détention et transport d'animal non domestique espèce protégée...) vont à l'encontre des buts poursuivis par ces deux associations et leur font grief (■ Aix-en-Provence, 25 juin 2007, n° 925M2007).

46) Contravention de grande voirie. L'association U Levante, qui a pour objet notamment la protection des sites et des paysages et les actions visant à protéger l'intégrité du littoral, est agréée au titre de l'article L. 142-1 du Code de l'environnement pour les départements de Corse du Sud et de Haute-Corse. Par suite, ladite association est donc recevable à se prévaloir d'un droit auquel la décision à prendre est susceptible de préjudicier. Dans ces conditions, il y a lieu d'admettre son intervention au soutien des conclusions du ministre de l'Écologie qui tendent au rejet de la requête tendant à faire annuler le jugement du tribunal administratif ayant condamné le requérant dans le cadre des poursuites de contravention de grande voirie diligentées à son encontre, en raison de l'implantation d'abris à bateaux sans autorisation sur le domaine public maritime (■ CAA Marseille, 19 juin 2008, n° 06MA02158, *Mme Beghin-Moreuil : AJDA* 2008, p. 2469).

47) Installations classées. L'association Île-de-France environnement qui bénéficie d'un agrément régional au titre de l'article L. 142-1 du Code de l'environnement justifie d'un intérêt pour agir contre l'arrêté autorisant des installations classées sur des communes d'Île-de-France, c'est-à-dire dans le ressort géographique de son agrément (■ CAA Paris, 2 janv. 2004, nos 99PA02609 et 99PA03141, *Sté routière de l'Est parisien*).

48) Tierce opposition. Une association agréée justifiant ainsi d'un intérêt pour agir contre une décision administrative d'autorisation affectant la protection de la nature et de l'environnement n'a pas, de ce seul fait, qualité, à défaut d'intervention de sa part, pour former tierce opposition au jugement par lequel un tribunal administratif a annulé la décision refusant cette autorisation. Elle n'est donc pas recevable à relever appel de ce jugement, même si elle est intervenue en défense devant le tribunal administratif (■ CE, 28 sept. 2016, n° 390111, *Assoc. Luberon nature : AJDA* 2016, p. 1843).

E – Compétence du juge administratif

49) La régularité de l'ensemble des opérations dont procèdent la création de l'association, la nomination de ses dirigeants et les modalités d'élaboration de ses décisions ne sauraient être remis en cause devant le juge administratif, notamment dans le cadre d'un recours porté par l'association contre une autorisation de lotir (■ CAA Nantes, 25 juin 1997, n° 96NT02028, *Assoc. Urbanisme ou Environnement*).

Si le juge administratif doit vérifier que le signataire d'un recours présenté au nom d'une personne morale a été dûment habilité par l'organe compétent défini par les statuts, il ne lui appartient pas de s'assurer de la régularité des conditions dans lesquelles cette habilitation a été donnée au regard des règles de droit privé régissant le fonctionnement interne de la personne morale en cause. Par suite, la seule production du procès-verbal de la délibération du conseil d'administration auquel les statuts donnent compétence pour décider d'ester en justice était suffisante pour justifier de la qualité du président pour agir au nom de l'association (■ CAA Lyon, 11 mars 1997, n° 96LY00528, *Cne de Saint Gervais c/ Assoc. des amis de Saint Gervais*).

F – Frais irrépétibles et amende pour recours abusif

50) Calcul du montant des frais irrépétibles. Le juge administratif de première instance a fait une appréciation suffisante des frais avancés par une association, en lui allouant une somme de 1 500 F au titre des frais irrépétibles. En effet, il ne résulte pas des indications chiffrées que ladite association a fournies devant la cour que les premiers juges n'auraient pas fait une juste appréciation des circonstances de l'espèce (■ CAA Nantes, 13 mai 1998, n° 96NT01664, *Assoc. « Urbanisme ou Environnement ? » : Rev. jur. env.* 4/1998, p. 525). V. également C. Lepage et C. Huglo, *Code de justice administrative*, Litec, 2015, obs. sous CJA, art. L. 761-1.

51) Recevabilité des demandes tendant à sanctionner une association pour recours abusif. La faculté d'infliger une amende pour recours abusif, prévue par l'article R. 741-12 du Code de justice administrative, constitue un pouvoir propre du juge administratif. Il s'en déduit que les conclusions déposées en ce sens par l'une des parties à un litige sont irrecevables (■ TA Nice, 7 mars 2003, nos 01-1346 et 02-4516, *Assoc. Keta c/ Préfet du Var*).

52) Demande de condamnation à une amende pour recours abusif. La faculté, prévue par l'article R. 741-12 du Code de justice administrative, de prononcer une amende pour recours abusif constitue un pouvoir propre du juge. Dès lors, les conclusions d'une association tendant à ce que son adversaire soit condamné à une telle amende ne sont pas recevables (■ CAA Nancy, 21 oct. 1999, nos 96NC01276 et 96NC01310, *Sté Norske Skog Golbey*. ■ CAA Lyon, 2 févr. 1999, nos 95LY01714 et 95LY01749, *Assoc. de défense de Juan les Pins et de ses pinèdes*). À l'inverse, pour les mêmes raisons, il n'est pas possible de requérir du juge administratif qu'il condamne une association pour recours abusif (■ CE, 7 oct. 1998, n° 178377, *Assoc. agréée de pêche et de protection du milieu aquatique de l'Isle-sur-la-Sorgue*).

53) Abus non caractérisé. Les membres associatifs des associations ADELP et CLIVEM n'ont pas commis d'abus dans leur droit d'agir en justice, dès lors que lesdites associations ont été déclarées recevables dans leurs actions et ont obtenu des résultats non négligeables. Ils ne sauraient donc être condamnés au versement de la somme de 290 000 € à une commune et à un promoteur qui prétendent que les administrateurs auraient agi dans un but personnel et politique (▪ CA Montpellier, 26 mars 2008, n° 07/06719).

54) Condamnation dissuasive : jurisprudence européenne. Le Conseil d'État a jugé équitable de condamner l'association requérante, dont les ressources sont limitées, au paiement des frais exposés par une multinationale prospère. Il a non seulement pénalisé la partie la plus faible, mais aussi pris une mesure susceptible de décourager l'association requérante d'user à l'avenir de la voie juridictionnelle pour poursuivre sa mission statutaire ; or, la défense devant les juridictions internes de causes telles que la protection de l'environnement fait partie du rôle important que jouent les organisations non gouvernementales dans une société démocratique (▪ CEDH, 12 juin 2007, arrêt n° 75218/01, *Collectif Stop Melox et Mox c/ France*).

55) Réparation du préjudice écologique. Toute association ayant pout objet la protection de la nature et de l'environnement peut demander réparation d'un préjudice écologique (▪ TA Paris, 29 juin 2023, n° 2200534. ▪ TA Rennes, 18 juill. 2023, n° 2101565).

Art. L. 142-2 *(Mod., L. n° 2016-1087, 8 août 2016)* (1). – **Les associations agréées mentionnées à l'article L. 141-2 peuvent exercer les droits reconnus à la partie civile en ce qui concerne les faits portant un préjudice direct ou indirect aux intérêts collectifs qu'elles ont pour objet de défendre et constituant une infraction aux dispositions législatives relatives à la protection de la nature et de l'environnement, à l'amélioration du cadre de vie, à la protection de l'eau, de l'air, des sols, des sites et paysages, à l'urbanisme à la pêche maritime, ou ayant pour objet la lutte contre les pollutions et les nuisances, la sûreté nucléaire et la radioprotection, les pratiques commerciales et les publicités trompeuses ou de nature à induire en erreur quand ces pratiques et publicités comportent des indications environnementales ainsi qu'aux textes pris pour leur application.**

Ce droit est également reconnu, sous les mêmes conditions, aux associations régulièrement déclarées depuis au moins cinq ans à la date des faits et qui se proposent, par leurs statuts, la sauvegarde de tout ou partie des intérêts visés à l'article L. 211-1, en ce qui concerne les faits constituant une infraction aux dispositions relatives à l'eau, ou des intérêts visés à l'article L. 511-1, en ce qui concerne les faits constituant une infraction aux dispositions relatives aux installations classées.

Voir : CPP, art. 2-13 (L. n° 94-89, 1er févr. 1994, art. 16-1). – Acte de cruauté envers les animaux : CPP, art. 2-15. – Action en représentation conjointe : C. env., art. R. 142-8 et s.

Voir : C. consom., art. L. 421-1 et L. 421-2 : sur l'action civile des associations de consommateurs.

Bibliographie : *Articles.* C. Cans, *Associations agréées de protection de l'environnement – associations habilitées à prendre part au débat sur l'environnement : JCl. Environnement* 2015, fasc. 2700. • L. Boré, *Contentieux associatif : JCl. Environnement* 2011, fasc. 4990. • M. Boutonnet, *Contentieux de la responsabilité environnementale : BDEI* nov. 2011, n° 36, p. 29. • B. Parance, *L'action des associations de protection de l'environnement et des collectivités territoriales dans la responsabilité environnementale : Environnement* 2009, n° 6, dossier 4. • M. Boutonnet, *Une nouvelle réparation du préjudice écologique par le juge du fond : Environnement* 2008, n° 10, étude 11. • C. Lepage, *Le préjudice écologique : Rev. dr. aff.* oct. 2008, université Panthéon-Assas, n° 5, p. 68 à 74. • B. Rajot, *Érika ou l'indemnisation des préjudices résultant du délit de pollution : l'innovation de la réparation du préjudice résultant de l'atteinte à l'environnement : Resp. civ. et assur.* 2008, n° 2, alerte 6. • B. Toure, *De quelques embarras du concept de dommage écologique : Rev. dr. transp.* 2008, n° 6, étude 7. • J.-N. Clément, *L'agrément d'une association de défense de l'environnement lui confère-t-il un intérêt à agir devant le juge judiciaire ? : BDEI* 2/1998, p. 16. • L. Bore, *Pour la recevabilité de l'action associative fondée sur la défense d'un intérêt altruiste : Rev. sc. crim.* 1997, n° 4, p. 751-764. • E. Rehbinder, *L'action en justice des associations et l'action populaire pour la protection de l'environnement : RDE env.* 1997, n° 1, p. 16 à 42. • J. Rapilly, *L'efficacité des associations en matière de protection des eaux et des rivières : l'exemple de l'association TOS : LPA* 24 avr. 1996, n° 50, p. 75. • L. Bore, *La défense des intérêts collectifs par les associations devant les juridictions administratives et judiciaires*, thèse Paris I, 1995. • J.-H. Robert, *Les dispositions pénales de la loi Barnier n° 95-101 du 2 février 1995 : Dr. env.* 1995, n° 29, p. 3 et s. • C. Lienhart, *La contestation associative et le droit public : Dr. et ville* 1980, n° 10, p. 189.

(1) Dispositions applicables dans les îles Wallis-et-Futuna et dans les Terres australes et antarctiques françaises, L. n° 2016-1087, 8 août 2016, art. 103, I et II.

• *Sommaire*

1) Caractère spécial du texte et champ d'application. L'article L. 142-2, texte spécial d'interprétation stricte, permet aux associations agréées pour la défense de l'environnement de se constituer partie civile, définit de façon limitative les catégories d'infractions qui leur ouvrent ce droit et ne s'applique donc pas à tout fait ayant des conséquences environnementales. Par exemple, au nombre de ces infractions figurent celles aux dispositions législatives ayant pour objet la lutte contre les pratiques commerciales et les publicités trompeuses ou de nature à induire en erreur quand ces pratiques et publicités comportent des indications environnementales, ce qui renvoie aux pratiques commerciales trompeuses définies à l'article L. 121-2 du Code de la consommation, et non à la tromperie aggravée prévue à l'article L. 454-3 de ce code, quand bien même les faits poursuivis sous cette dernière qualification auraient pour effet de porter atteinte à l'environnement (2 arrêts de cassation : ▪ Cass. crim., 1er oct. 2024, nos 23-81.330 et 23-81.328).

I – RÈGLES CONTENTIEUSES DEVANT LE JUGE JUDICIAIRE

A – Généralités

2) Contrôle du pouvoir d'engager un pourvoi en cassation. En matière pénale, une délibération qui donne procuration générale à la personne désignée pour représenter les intérêts d'une association devant les juridictions compétentes, dont il n'est pas établi, compte tenu de sa date, qu'elle concerne la procédure en cause et qui ne vise aucune décision de justice déterminée contre laquelle le mandataire aurait reçu spécialement pouvoir de former un recours en cassation *au nom de son mandant, ne saurait constituer* un pouvoir spécial au sens de l'article 576 du Code de procédure pénale (▪ Cass. crim., 22 mars 1995, n° 94-81.227). En matière civile, la Cour de cassation vérifie également que la personne saisissant la juridiction dispose du pouvoir spécial prévu par l'article 984 du Code de procédure civile (▪ Cass. civ., 4 janv. 1995, n° 93-44.872).

3) Dissolution d'une association ayant un objet illicite. En application des dispositions des articles 3 et 7 de la loi du 1er juillet 1901 relative au contrat d'association, le tribunal de grande instance du ressort peut prononcer, soit à la requête de tout intéressé, soit à la diligence du ministère public, la dissolution d'une association fondée sur une cause ou en vue d'un objet illicite, contraire aux lois, aux bonnes mœurs, ou qui aurait pour but de porter atteinte à l'intégrité du territoire national et à la forme républicaine du gouvernement. Sur le fondement de ce principe, c'est à bon droit que, sollicitée par des associations de protection de l'environnement, une cour d'appel a prononcé la dissolution d'une association de chasseurs à la tourterelle dans la mesure où la pratique de la chasse à la tourterelle des bois durant le mois de mai était illégale sur l'ensemble du territoire français et où l'objet premier des associations dissoutes était de grouper les chasseurs pratiquant, de façon principale, la chasse de la tourterelle pendant les périodes d'interdiction de la chasse, laquelle chasse a été déclarée illégale depuis plus de douze ans (▪ Cass. 1re civ., 16 oct. 2001, n° 00-12.259 : *JurisData* n° 2001-011563 ; *JCP* G 2002, II, 10022, note Y. Chartier ; *Rev. sociétés* 2002, p. 326, note A. Constantin). Il est constant que la chasse à la tourterelle des bois au mois de mai est prohibée. L'objet et l'activité réellement exercés par le Comité d'organisation et de défense de la chasse à la tourterelle sont contraires à la loi pénale et favorisent la violation des lois existantes. En incitant à des modalités de chasse non conformes à la loi, cette association poursuit un objet illégal, et doit être dissoute. Il est acquis, en outre, que la nullité d'une association peut résulter non seulement de l'illicéité de son objet statutaire mais aussi de l'illicéité de son activité effective (▪ TGI Bordeaux, 16 oct. 1996, n° 7035/96). Même solution : à supposer même que l'objet premier apparent de l'Union nationale de défense des chasses traditionnelles française puisse être tenu pour licite, il apparaît qu'en réalité, l'association a développé effectivement l'activité de violation de la loi interdisant la chasse à la tourterelle des bois en mai, et dont la permanence, au fil de onze années, lui confère la nature d'une activité essentielle habituelle (■ Bordeaux, 16 déc. 1999, n° 97/01113 puis ■ Cass. 1re civ., 16 oct. 2001, n° 00-12.259, *M. Georges Riboulet : Dr. soc.* 2002, n° 12, p. 12 ; *Rev. sociétés* 2002, n° 2, p. 326 ; *JCP* G 2002, n° 6, p. 295). L'association de défense de l'environnement et de l'urbanisme qui tend par son objet à faire obstacle à la liberté d'exercice du culte en s'opposant à la construction d'une maison de culte par une association cultuelle locale ne saurait prétendre que son action tend en fait, par le respect des règles d'urbanisme, à sauvegarder le caractère rural de la commune et doit être dissoute (TGI Auch, 6 nov. 2002, *Assoc. locale pour le culte des témoins de Jéhovah de Mirande c/ Assoc. de défense du site de la « Hount Barado » : LPA* 4 avr. 2003, n° 68).

B – Capacité et qualité pour agir

1° *Capacité pour agir d'une association non déclarée*

4) Nécessité d'une déclaration. À la différence du juge administratif, le juge judiciaire considère qu'une association non déclarée ne peut agir en justice. C'est ainsi qu'un groupement informel de locataires qui n'a ni statut, ni siège social, qui n'a fait aucune déclaration en tant qu'association et dont le représentant n'est qu'un mandataire conventionnel, ne dispose pas de la capacité d'ester en justice (■ Cass. 2e civ., 20 mars 1989, n° 88-11.585 : *Bull. civ.* II, n° 76).

5) Influence des changements statutaires. Les changements et les modifications apportés aux statuts ne sont opposables aux tiers qu'à partir du jour où ils ont été eux-mêmes déclarés dans les termes de l'article 5 de la loi du 1er juillet 1901 (■ Cass. crim., 27 mars 1984, n° 83-93.151).

2° *Qualité pour agir*

6) Vérification des statuts. Dès lors qu'elle a été déclarée régulière conformément aux dispositions de l'article 5 de la loi du 1er juillet 1901, l'association est représentée par la personne physique ou l'organisme investi de ce pouvoir par les statuts (■ Cass. crim., 27 mars 1984, n° 83-93.151).

7) Régularité de la composition de l'organe chargé de représenter l'association en justice. Le juge pénal peut être amené à vérifier si l'organe régulièrement autorisé par les statuts à représenter l'association en justice est composé, au moment de la constitution de partie civile, dans les termes prévus par sa plus récente déclaration administrative (■ Cass. crim., 27 mars 1984, n° 83-93.151).

3° *Date d'appréciation de la capacité pour agir*

8) En matière de citation directe. La régularité de la constitution de la partie civile s'apprécie au jour de la délivrance de l'exploit introductif d'instance à la condition que l'action publique ait été mise en mouvement par le versement de la consignation de frais fixée par le tribunal (■ Cass. crim., 27 mars 1984, n° 83-93.151).

C – Intérêt pour agir devant le juge pénal

1° *Généralités*

9) Exigence d'un préjudice personnel. Selon l'article 2 du Code de procédure pénale, et en l'absence de dispositions légales dérogatoires, l'action civile ne peut être exercée devant la juridiction pénale que par celui qui a personnellement souffert du dommage directement causé par l'infraction. Ce préjudice personnel doit être distinct du préjudice social dont le ministère public poursuit la réparation (■ Cass. crim., 17 oct. 1989, n° 88-83.057. ■ Cass. crim., 22 nov. 1994, n° 93-85.398) ou du préjudice causé à chacun des membres de l'association (■ Cass. crim., 21 avr. 1998, n° 97-80.788, arrêt n° 2414). Et ne saurait résulter du délit de mise en danger d'autrui qui se définit comme le fait d'exposer autrui à un risque immédiat de mort ou de blessures de nature à entraîner une mutilation ou une infirmité permanente par la violation manifestement délibérée d'une obligation particulière de prudence ou de sécurité imposée par la loi ou le règlement, une association personne morale ne pouvant, par essence, exciper d'une telle exposition au risque d'atteinte à l'intégrité physique (2 arrêts : ■ Cass. crim., 8 sept. 2020, F-P+B+I, nos 19-84.995 et 19-85.004). Pour admettre la constitution de partie civile des syndicats mixtes de protection de littoral landais, l'arrêt, qui énonce que ces personnes morales de droit public ont pour mission de coordonner et d'unir les moyens des collectivités territoriales adhérentes pour mettre en œuvre tous les moyens légaux y compris les actions judiciaires nécessaires à l'indemnisation et à la réparation des dommages causés par la pollution du littoral, retient que le rejet d'hydrocarbures, dont les conséquences ne sont pas exactement quantifiables en raison des phénomènes d'évaporation, de dispersion et de biodégradation du produit concerné, a eu lieu en pleine mer dans des eaux qui, par le jeu des courants, sont en lien direct avec les communes adhérentes. En statuant ainsi, sans rechercher si le littoral de communes concernées avait effectivement subi les effets du rejet effectué en zone économique exclusive et si les syndicats mixtes avaient personnellement subi un dommage, la cour d'appel n'a pas justifié sa décision

(■ Cass. crim., 18 mars 2008, n° 07-84.180, note Scapel – revue de droit commercial, maritime, aérien et des transports n° 2, avril 2008, p. 89). Il n'est nullement nécessaire que l'association ait joué un rôle dans la découverte de la pollution ou des nuisances pour pouvoir se prévaloir d'un préjudice. De même, l'absence de plainte ou constitution de partie civile des riverains de l'entreprise responsable est sans incidence sur le droit de l'association à obtenir réparation du préjudice porté aux intérêts qu'elle défend (■ Amiens, 6 juin 2007, n° 06/01084).

2° Associations agréées

10) Associations locales d'usagers. Une association locale d'usagers bénéficiant d'un agrément accordé au titre de l'article L. 121-8 du Code de l'urbanisme est habilitée à se constituer partie civile en application des articles L. 141-1, alinéa 5 et L. 142-2 du Code de l'environnement (■ Cass. crim., 9 avr. 2002, arrêt n° 2264 : *Dr. env.* 2002, n° 102, p. 239, note R. Léost).

11) Associations agréées au titre de la protection de l'environnement. La constitution de partie civile d'une association agréée de protection de l'environnement est recevable concernant des faits portant un préjudice direct ou indirect aux intérêts collectifs qu'elle a pour objet de défendre (■ CA Besançon, 26 juin 2018, n° 17/01107). Dès lors, c'est à bon droit que pour déclarer recevable la constitution de partie civile d'une association, une cour d'appel a relevé que cette association a été agréée au titre de la protection de l'environnement (■ Cass. crim., 4 avr. 1991, n° 90-84.579). Il résulte des dispositions des articles 40 de la loi du 10 juillet 1976, comme des articles 160-1 et 480-1 du Code de l'urbanisme modifiés par la loi du 31 décembre 1976, ainsi que du décret du 7 juillet 1977 pris pour leur application, que les associations agréées, exerçant leurs activités dans le domaine de la protection de la nature et de l'environnement ainsi que l'amélioration du cadre de vie, peuvent exercer les droits de la partie civile en ce qui concerne les faits constituant une infraction, soit aux articles 3, 4, 5, 6, 7, 18 de la loi du 10 juillet 1976, soit aux articles 160-1, alinéas 1 et 2, et 480-1, alinéa 1, du Code de l'urbanisme (■ Cass. crim., 30 nov. 1977, n° 76-93.314). En l'absence d'habilitation à agir pour la défense des intérêts généraux poursuivis, la société protectrice des animaux et la fondation Brigitte Bardot (qui justifient des mêmes objectifs d'amélioration du sort des animaux par le respect des dispositions législatives et réglementaires qui les protègent) n'ont pu démontrer un préjudice personnel distinct de celui éprouvé par la collectivité ou l'ordre public. Il y a donc lieu à déclarer recevables leurs constitutions de partie civile mais de les débouter de leurs demandes (■ TGI Pau, 16 mai 2006, n° 736-2006 : *Dr. env.* 2006, n° 143, p. 333).

12) Association agréée au titre de l'ancien article L. 121-8 du Code de l'urbanisme. En application des articles L. 252-1, alinéa 5, L. 252-2 et L. 252-3 du Code rural, devenus articles L. 141-1, alinéa 5, L. 141-2 et L. 142-2 du Code de l'environnement, une association agréée antérieurement au 3 février 1995 au titre de l'article L. 121-8 du Code de l'urbanisme, peut exercer les droits reconnus à la partie civile en ce qui concerne les faits portant un préjudice direct ou indirect aux intérêts collectifs qu'elle a pour objet de défendre et constituant une infraction aux dispositions législatives relatives, notamment à l'urbanisme (■ Cass. crim., 9 avr. 2002, n° 01-81.142, *Olivier Buchotte : JCP* G 2002, IV, 1999). S'il est de principe que les associations peuvent agir en justice pour la défense des intérêts collectifs dont elles sont la représentation et ainsi pour l'accomplissement et la défense de leur objet statutaire, il apparaît toutefois que l'atteinte aux intérêts collectifs invoquée en l'espèce par les associations de défense de l'environnement à l'appui de leur demande en démolition d'immeubles construits en méconnaissance du plan d'aménagement de la région se confond ainsi en réalité avec l'atteinte à l'intérêt général de la collectivité territoriale concernée (■ Versailles, 10 déc. 1998, n° 10111-96, *SCI Villa Saint James : Gaz. Pal.* 1992, n° 2, somm. 441. – V. aussi ■ Paris, 23 déc. 1985, *Assoc. SOS Paris : Rev. jur. env.* 1986, p. 470). Une association peut agir en justice au nom d'intérêts collectifs, dès lors que ceux-ci entrent dans son objet social, ayant relevé que la juridiction administrative avait déclaré le permis de construire illégal en ce qu'il autorisait des constructions dans une zone inconstructible protégée pour la qualité de son environnement, sur les parcelles classées en espaces boisés à conserver en application de l'article L. 130-1 du Code de l'urbanisme, la cour d'appel a pu retenir que la violation par la SCI de l'inconstructibilité des lieux qui portait atteinte à la vocation et à l'activité au plan départemental de l'association, conforme à son objet social et à son agrément, causait à celle-ci un préjudice personnel direct en relation avec la violation de la règle d'urbanisme (■ Cass. 3e civ., 26 sept. 2007, n° 04-20.636 : *D.* 2008, n° 41, p. 2894 ; *ibid.* 8 nov. 2007, n° 39, p. 2757 ; *Environnement* 2007, n° 12, p. 28 ; *ibid.* août 2008, nos 8-9, p. 11 ; *RTD civ.* 2008, n° 2, p. 305 ; *Rev. Lamy dr. civ.* 2008, n° 47, p. 17 ; *ibid.* nov. 2008, n° 43, p. 22 ; *JCP* G 2008, n° 5, p. 30 ; *JCP* E 2007, n° 42, p. 39 ; *Constr.-Urb.* 2007, n° 11, p. 32 ; *Lexbase Hebdo*, éd. privée générale, 4 oct. 2007, n° 275 ; *ibid.* 20 déc. 2007, n° 286).

13) Contrôle de l'adéquation entre l'habilitation issue de l'agrément et l'infraction à la base de la poursuite. Est irrecevable la constitution de partie civile d'une association agréée au titre de la protection de l'environnement lorsque le délit concerne la concussion, l'escroquerie et la publicité de nature à induire en erreur. Aucun de ces délits n'entre dans les prévisions des textes relatifs à l'agrément (■ Cass. crim., 15 févr. 1995, n° 94-80.740). Le même principe s'applique aux associations agréées de consommateurs pour lesquelles l'action civile repose sur les dispositions de l'article 46 de la loi n° 73-1193 du 27 décembre 1973. Leur agrément ne leur permet pas, par exemple, de contester les manquements aux obligations nées d'un contrat de fourniture d'eau (■ Cass. crim., 7 juill. 1992, n° 89-15.302, arrêt n° 1040).

Il existe au moins deux exceptions au principe précédent. La première est celle issue de l'action en représentation conjointe. La seconde se rapporte à des faits qui, s'ils sont établis, permettent d'admettre l'existence du préjudice allégué et sa relation directe avec l'une des infractions dénoncées. Tel est le cas lorsqu'un plan d'occupation des sols a été manipulé en vue de rendre constructible une parcelle anciennement classée comme « espace boisé classé à conserver ». Dans cette espèce, l'association est admise à se constituer partie civile sur le chef de faux en écriture publique et complicité (■ Cass. crim., 21 nov. 1995, n°s 95-81.668 et 93-84.982, arrêt n° 6245). Les faits dénoncés par l'association n'entrant pas dans les prévisions des articles 3, 4, 5, 6, 7 et 18 de la loi du 10 juillet 1976, ou 160-1, alinéas 1 et 2, et 480-1, alinéa 1 du Code de l'urbanisme, et l'association n'invoquant aucun préjudice personnel distinct de celui de ses membres, sa constitution de partie civile doit être déclarée irrecevable (■ Cass. crim., 30 nov. 1977, n° 76-93.314 ; V. annot. n° 11, p. 216). Dès lors que l'article L. 253-3 du Code rural (C. env., art. L. 142-2) n'est pas applicable en matière d'infraction à la police maritime, les associations agréées de protection de l'environnement ne sont pas recevables à se constituer partie civile pour ces infractions (■ Cass. crim., 23 mai 2000, n° 99-86.246 : *Dr. env.* 2008, n° 84, p. 8). Des associations agréées au titre du Code de l'environnement sont bien fondées, en application de l'article L. 142-2, à demander réparation du préjudice causé à l'intérêt collectif qu'elles défendent découlant de la violation des dispositions relatives à la mise sur le marché et à l'usage des produits phytosanitaires (■ TGI Saint-Gaudens, 20 nov. 2008, n° 366/2008, *MP c/ Varlet et a.*). Une association agréée de protection des eaux et rivières est recevable à se constituer partie civile dans la procédure concernant une infraction de pollution des eaux dès lors qu'elle fait valoir la mission d'intérêt public dont elle est statutairement chargée et la gravité de l'atteinte portée aux intérêts collectifs qu'elle défend (■ Cass. crim., 1er oct. 1997, n° 96-86.001). Le préjudice causé aux intérêts collectifs représentés par une association est considérable puisque c'est un écosystème humide d'une vingtaine d'hectares que les travaux irréguliers ont compromis. Dans ces conditions, il convient de condamner solidairement les prévenus au paiement de sommes de 10 000 € à titre de dommages-intérêts (■ TGI Besançon, 25 nov. 2005, n° 010067003, *Assoc. Commission de protection de eaux, du patrimoine, de l'environnement, du sous-sol et des chiroptères*).

3° Associations ne bénéficiant pas d'un agrément

14) Existence depuis cinq ans au moins. La juridiction doit être en mesure de vérifier que l'association de protection de l'environnement existe depuis le nombre d'années prévu par les textes. C'est ainsi qu'en matière d'infraction à la législation sur les installations classées pour la protection de l'environnement, seules les associations déclarées depuis au moins cinq ans à la date des faits et se proposant par leurs statuts la sauvegarde des intérêts visés par la loi du 19 juillet 1976 relative à la protection de l'environnement, peuvent se constituer partie civile relativement aux infractions prévues par ladite loi.

Dès lors en accueillant l'action civile d'une association, sans constater que cette association était régulièrement constituée depuis au moins cinq ans à la date des faits ni qu'elle avait pour objet la protection de l'environnement, la cour d'appel n'a pas mis la Cour de cassation en mesure de vérifier la légalité de la condamnation civile prononcée (■ Cass. crim., 17 févr. 1993, n° 91-85.212). Il convient de préciser cependant qu'une telle vérification doit être écartée lorsqu'elle est discutée pour la première fois devant la Cour de cassation (■ Cass. crim., 17 févr. 1993, n° 91-85.212. ■ Cass. crim., 18 févr. 1998, n° 97-80.650, arrêt n° 1224).

Ont commis une erreur de droit les juges du fond qui, pour déclarer recevable la constitution de partie civile, ont énoncé que l'association avait étendu ses objectifs statutaires à la protection du cadre de vie alors que la modification statutaire était intervenue il y a moins de cinq ans (■ Cass. crim., 11 mars 1998, n° 97-81.584).

15) Lien nécessaire entre l'objet statutaire et l'infraction. Une association régulièrement déclarée peut réclamer la réparation des atteintes portées aux intérêts collectifs de ses membres et son action est recevable dans les limites de son objet social, même si le préjudice invoqué est antérieur à la date de sa constitution (■ Cass. 1re civ., 27 mai 1975, n° 74-11.480 : *D.* 1976, p. 338). Ne justifie pas une activité principale, effective et publique en faveur de la protection de l'environnement, une association, dite association générale des familles de France. Dès lors, cette association n'est pas recevable à se constituer partie civile dans une procédure pénale pour infraction à la loi du 15 juillet 1975 sur les déchets (■ T. corr. Strasbourg, 11 mars 1983 : *Rev. jur. env.* 3/1983, p. 244, note Littmann-Martin. ■ CA Colmar, 27 janv. 1984 : *Rev. jur. env.* 4/1985, p. 484). L'association, aux termes de ses statuts, a pour but « la protection et la défense du site, de l'environnement, du cadre et de la qualité de vie de l'île d'Oléron » : à ce titre, et compte tenu de la nature de la violation de la servitude d'urbanisme (interdiction de construction de bâtiments en matériau dur) qui porte une atteinte manifeste à l'environnement du site de l'île d'Oléron ainsi qu'à son cadre et à la qualité de la vie, en raison des constructions d'ores et déjà réalisées au titre du permis de construire annulé et laissées à l'abandon dans un état de délabrement avancé, l'association justifie d'un préjudice personnel fondant son action en démolition des immeubles litigieux (■ CA Poitiers, 23 janv. 1996, *Sté pour la protection des paysages de l'île d'Oléron : Rev. jur. env.* 1996, p. 469). La possibilité, offerte par l'article L. 480-1, alinéa 5, du Code de l'urbanisme, aux associations agréées de protection de l'environnement d'exercer les droits de la partie civile en ce qui concerne les infractions en matière de permis de construire qui portent un préjudice direct ou indirect aux intérêts collectifs qu'elles ont pour objet de défendre, n'exclut pas le droit, pour une association non agréée, qui remplit les conditions prévues par l'article 2 du Code de procédure pénale, de se constituer partie civile à l'égard des mêmes faits (■ Cass. crim., 12 sept. 2006, n° 05-86.958 : *DAUH* 2007, n° 871 ; *Dr. et patrimoine* avr. 2007, n° 158, p. 119 ; *Rev. sc. crim.* 2007, n° 2, p. 303 ; *Dr. pén.* 2006, n° 11, p. 15). La combinaison des articles L. 141-1 et L. 142-2 permet aux associations exerçant leurs activités statutaires dans le domaine de la protection de la nature et de la gestion de la faune sauvage d'exercer les droits reconnus à la partie civile en ce qui concerne les faits portant un préjudice direct ou indirect aux intérêts collectifs qu'elles ont pour objet de défendre et constituant une infraction aux dispositions législatives relatives à la protection de la nature et de l'environnement. L'objet associatif qui consiste à « protéger et défendre les droits à la vie, à la liberté, au bien-être et au respect des animaux » conduit à déclarer irrecevable l'action de l'association (cassation partielle, ■ Cass. crim., 1er juin 2010, n° 09-87.159, *René Marqueze, Assoc. France nature environnement, aff. de l'Ourse Canelle : Environnement et dév. durable* 2011, comm. 2, note L. Neyret). Ainsi, la protection de la nature n'inclut pas la défense des animaux en général. En revanche, l'action de l'association pour la protection des animaux sauvages, dont l'objet est plus précis en désignant expressément la protection des animaux sauvages, a été déclarée recevable (même arrêt).

16) L'action collective. En théorie, les associations ne peuvent agir en défense d'un intérêt collectif que sur le fondement d'un texte d'habilitation. Toutefois, la jurisprudence civile interprète désormais largement les conditions de recevabilité de l'action collective exercée par les associations hors habilitation législative. Aussi, une association peut-elle exercer une action collective en dehors de toute habilitation législative et même lorsque ses statuts ne prévoient pas cette possibilité (■ Cass. 3e civ., 1er juill. 2009, n° 07-21.954, *Sté nationale de protection de la nature c/ SARL Les Greens de Vidauban et a.* : *JCP* G 2009, n° 47, 454, obs. N. Dupont).

D – Intérêt pour agir devant le juge civil

17) Généralités. Une association agréée de protection de l'environnement ou de défense des consommateurs est en droit de demander devant les juridictions civiles la réparation, notamment par l'octroi de dommages-intérêts, de tout préjudice direct ou indirect à l'intérêt collectif de ses membres.

Les associations départementales ou communales de chasses agréées, qui ont pour objet social légal notamment de veiller sur le plan de chasse, de protéger le gibier et de favoriser sur leurs territoires le développement de réserves de chasse et de la faune sauvage, sont habilitées, comme associations agréées à la protection de l'environnement, à exercer devant les juridictions tant civiles que répressives les actions en responsabilité civile tendant à la réparation de faits de destruction irrégulière de gibier, qui constituent pour elles la source d'un préjudice direct et personnel ainsi qu'une atteinte aux intérêts collectifs de leurs membres. Selon le jugement attaqué, M. S. a été relaxé par un tribunal de police qui a déclaré irrecevables les constitutions de partie civile des associations, celles-ci ont alors attrait M. S. en réparation devant le tribunal d'instance sur le fondement des articles 1382 et 1385 du Code civil. Pour rejeter « l'intégralité des demandes » des associations, le jugement, après avoir rappelé les termes de l'article L. 142-2 du Code de l'environnement, énonce que M. S. relève à bon droit que les associations agréées citées par ce texte ne peuvent agir que devant les juridictions pénales en se constituant partie civile. En statuant ainsi, alors que l'action conjointe engagée devant les juridictions civiles par les deux associations tendait, sur le fondement de la responsabilité civile quasi délictuelle, à la réparation du fait dommageable de destruction non autorisée de gibier causé par les chiens de chasse dont M. S. avait la garde sur un territoire dont ces associations assuraient ensemble la gestion, le tribunal a violé les textes susvisés (■ Cass. 2e civ., 7 déc. 2006, n° 05-20.297, *Féd. des chasseurs de l'Isère et a. c/ Scipilliti : Environnement* 2007, n° 4, comm. 63). Les juges du second degré, constatant que la création de l'association de défense est liée à l'existence de troubles de voisinage éprouvés par ses membres en vue d'obtenir la cessation des nuisances d'une usine à proximité, retient, par une appréciation souveraine, que les demandes des membres intervenant à titre personnel concernent un préjudice commun à l'intégralité des membres de ladite association (■ Cass. 3e civ., 14 mars 1978, n° 76-14.481). L'article L. 142-2 du Code de l'environnement autorise l'action civile des associations agréées de protection de l'environnement pour des faits de nature contraventionnelle et non pas exclusivement pour des faits délictueux (■ CA Nîmes, 14 oct. 2008, n° 07/03538, *SAS Campbell France c/ Assoc. FNE*).

18) Réparation du préjudice subi par les associations agréées de consommateurs. Dans son ancien libellé (issu de l'article 4 de la loi n° 95-96 du 1er février 1995), l'article L. 421-6 du Code de la consommation permettait aux associations agréées de consommateurs de demander au juge civil la suppression de clauses abusives. La Cour de cassation a jugé que cet article n'empêchait pas de reconnaître, au profit des associations agréées de consommateurs, le droit de demander des dommages et intérêts en contrepartie du préjudice subi par l'existence de clauses abusives (■ Cass. 1re civ., 5 oct. 1999, n° 97-17.559, arrêt n° 1500). Sont recevables les constitutions de partie civile d'associations agréées de consommateurs dont l'objet est notamment d'agir en vue de la prévention, de la protection et de la défense de la nature et de l'environnement pour obtenir réparation du préjudice résultant de rejets d'hydrocarbures provenant d'une installation classée (■ T. pol., 8 juin 2007, n° 06/3123, *Min. public et a. c/ Sté Raffinerie de Provence*).

19) Agrément et référé civil. S'il est de principe, en application des termes de l'article 31 du Nouveau Code de procédure civile, qu'une association n'est autorisée à agir devant les juridictions civiles pour la défense des intérêts individuels et déterminés de ses membres que si elle bénéficie de dispositions légales particulières en ce sens, il n'en demeure pas moins que si une association, du fait de son agrément, peut exercer devant les juridictions répressives les droits reconnus à la partie civile en réparation d'un dommage causé par une infraction à la loi pénale, elle a nécessairement la faculté de saisir le juge des référés pour faire cesser le trouble manifestement illicite qui en découle (■ CA Caen, 1er févr. 2000, *Assoc. Greenpeace France : Dr. env.* 2000, n° 81, p. 3, note J.-H. Robert. ■ Cass. 3e civ., 2 févr. 2005, n° 03-19.163, *Sté Camping Nouvelle Floride : Dr. env.* 2005, n° 132, p. 229). Une association peut agir en justice au nom d'intérêts collectifs dès lors que ceux-ci entrent dans son objet social. Pour déclarer irrecevable l'action de l'association, l'arrêt énonce que cette association demande la réparation de ses préjudices au titre des poussières, des odeurs, des bruits, de la surpression aérienne et des vibrations du sol du fait des activités de la société Carrière de Luche ; ces mêmes chefs de demande sont formulés, pour les mêmes montants, par chacune des personnes dont les noms apparaissent dans leur quasi-totalité sur les feuilles de présence de l'assemblée générale de l'association, les demandes de l'association s'ajoutent à celles de ses membres. En statuant ainsi, sans rechercher si l'association qui demandait la condamnation, sous astreinte, de la société Carrière de Luche à exécuter les mesures préconisées par le collège d'experts judiciaires pour en réduire l'impact, n'était pas recevable à agir pour la défense des intérêts collectifs de ses membres conformément à son objet social, la cour d'appel a privé sa décision de base légale au regard du texte susvisé (■ Cass. 2e civ., 5 oct. 2006, n° 05-17.602 : *Environnement* 2007, n° 63).

E – Réparation du préjudice

20) Préjudice moral. Si tout préjudice subi par une association dont l'objet statutaire est la défense des intérêts matériels et moraux des associés en matière d'urbanisme et d'environnement du fait de l'illégalité d'une décision administrative en cette matière n'est pas nécessairement constitutif d'un préjudice moral indemnisable, il en va autrement lorsque l'illégalité constatée fait directement obstacle à l'accomplissement de l'action statutaire de l'association. Par suite, en reprenant avec la même motivation un acte annulé pour illégalité de fond à la demande de l'association requérante et en la contraignant à intenter un nouveau recours contentieux avant de le rapporter, l'administration a directement fait obstacle à l'accomplissement de son objet statutaire et lui a causé un préjudice moral chiffré à 1 F (■ TA Versailles, 21 nov. 1986, *Assoc. pour la défense de la qualité et du cadre de vie du village de Lesigny : Rev. jur. env.* 1987, p. 79). L'illégalité d'un acte qui porte une atteinte « spéciale et caractérisée » à une association de protection de l'environnement peut, lorsque cette atteinte est prouvée, être à l'origine d'un préjudice moral ouvrant droit à réparation (■ CAA Marseille, 14 avr. 2011, n° 09MA01897, *Cne de Moustiers Sainte-Marie*). Des associations investies de longue date et de manière très active dans la protection de la population, bénéficiant d'un haut niveau d'expertise et menant des actions d'importance, sont fondées à demander réparation du préjudice moral certain, direct et personnel subi du fait de fautes commises par l'État (■ TA Toulouse, 6 mars 2018, n°s 1501887 et 1502320 : *AJDA* 2018, 540). Est également fondée à demander réparation du préjudice moral résultant de l'atteinte portée par les décisions litigieuses l'association ayant pour objet la protection de la nature dans le département de la Manche et la lutte contre les atteintes qui sont faites à l'environnement (■ TA Caen, 13 nov. 2001, n° 00321, *Assoc. Manche nature : Dr. env.* 2002, n° 101, p. 210 ; confirmé par ■ CAA Nantes, 15 févr. 2005, n° 02NT00018, *Assoc. Manche nature : Dr. env.* 2005, n° 134, p. 289 : l'association Manche Nature n'est pas fondée à soutenir que c'est à tort que, par le jugement attaqué, le tribunal administratif de Caen a fixé à 1 F symbolique la réparation qu'il lui a allouée). L'arrêté du préfet du Pas-de-Calais autorisant l'organisation de l'épreuve dite « Enduro du Touquet » a été annulé par un jugement définitif du tribunal le 22 juin 2006 en raison de l'insuffisante appréciation des intérêts écologiques à protéger. L'illégalité ainsi constatée dont est entaché ledit arrêté est constitutive d'une faute de nature à engager la responsabilité de l'État à l'égard des associations (préjudice moral évalué à 1 500 €) (■ TA Lille, 2 mai 2007, n° 0602892, *Assoc. FNE et a. : AJDA* 2007, p. 1541). Le prévenu se livrant à la capture d'espèces protégées à des fins lucratives, l'association Picardie nature a subi un préjudice moral du fait de ces agissements prohibés qui portent atteinte à des espèces protégées pour lesquelles l'association contribue activement à la protection, à la sauvegarde et à la connaissance auprès de la population (préjudice évalué à 350 €) (■ CA Amiens, 4 mai 2007, n° 06/01056). Une association agréée se voit conférer par la loi la mission de participer à la protection de la nature et de l'environnement pour laquelle elle est habilitée à exercer, le cas échéant, les droits reconnus à la partie civile. Dès lors, l'atteinte aux intérêts qu'elle est législativement chargée de défendre et, en l'espèce, l'atteinte à la qualité des eaux de la baie de Douarnenez, est de nature à lui porter un préjudice moral dont elle peut demander réparation. Par suite, l'association, qui fait valoir que l'agrément au titre de la protection de la nature délivré par l'État, qui doit exclure par principe toute forme de réparation symbolique, le nombre et l'ampleur des fautes commises par la personne publique en cause, la valeur patrimoniale des lieux altérés, l'intensité du rapport entre le litige et l'objet social de l'association, la qualité de son activité citoyenne, la représentativité sociale de la structure et les moyens financiers qu'elle mobilise, constituent autant de critères objectifs de nature à permettre l'évaluation du préjudice moral entrepris, est fondée à demander réparation de ce préjudice dont elle justifie (préjudice évalué à 2 000 €) (■ TA Rennes, 25 oct. 2007, n°s 0400630, 0400631, 0400636, 0400637 et 0400640, *Assoc. « Halte aux marées vertes » et a. : Environnement* 2008, n° 3, p. 3 ; *AJDA* 2008, p. 470). En appel, la cour accroît de manière significative le montant de l'indemnisation, considérant qu'eu égard à l'importance et à la multiplicité de ses activités, à leur caractère désintéressé et à leur niveau de compétence technique, le préjudice moral subi apparaît suffisamment important, compte tenu de ses conséquences économiques et sanitaires et de l'atteinte à l'image de toute la région qui en résulte, pour être fixé à 15 000 € (■ CAA Nantes, 1er déc. 2009, n° 07NT03775 : *Environnement et dév. durable* 2010, comm. 29, note D. Gillig). En application de ses statuts, l'ASPAS a pour objet « d'agir pour la protection de la faune, de la flore, la réhabilitation des animaux sauvages et la conservation du patrimoine en général ». L'illégalité commise (l'arrêté pris par le préfet fixant la liste des animaux classés nuisibles et les conditions de leur destruction ayant partiellement été annulé par un jugement du tribunal administratif) a porté une atteinte directe aux intérêts collectifs que l'association requérante a pour objet de défendre, à savoir notamment la protection de la faune. Au regard du nombre d'animaux détruits, il sera fait une juste appréciation du préjudice moral subi par l'ASPAS en lui allouant à ce titre la somme de 4 000 € (■ TA Besançon, 20 mars 2008, n° 0601502, *ASPAS : Environnement* 2008, n° 5, p. 4). La seule atteinte portée aux intérêts collectifs définis par les statuts de l'association par une infraction écologique suffit à caractériser le préjudice moral indirect de celle-ci pour voir sa demande de réparation accueillie sans que l'association agréée ne soit tenue de rapporter la preuve d'un préjudice direct, certain et personnel comme en droit commun (■ CA Nîmes, 14 oct. 2008, n° 07/03538, *SAS Campbell France c/ Assoc. FNE*).

21) Existence d'un préjudice moral en l'absence d'atteintes à l'environnement. La seule violation de la réglementation applicable est de nature à causer aux associations concernées un préjudice moral indemnisable (■ Cass. crim., 29 juin 2021, FS-P, n° 20-82.245, arrêt n° 830). C'est à bon droit que la cour d'appel a pu retenir que « même si une mise en conformité était intervenue ultérieurement, l'infraction commise aux dispositions législatives ou réglementaires relatives à la protection de l'eau, de la nature ou de l'environnement avait causé un préjudice moral indirect et porté atteinte aux intérêts collectifs que des associations agréées avaient pour objet de défendre » (■ Cass. 3e civ., 9 juin 2010, n° 09-11.738). Ainsi, deux associations agréées, l'une pour la protection de l'environnement, l'autre pour la protection des écosystèmes aquatiques, sont fondées à demander réparation de leur préjudice moral incontestable résultant du simple risque qu'a fait courir à l'environnement la non-conformité fautive des installations (▪ Cass. crim., 3 mai 2011, n° 10-87.679 : *JurisData* n° 2011-010331) et la circonstance que l'infraction qui était à l'origine du risque de préjudice ait cessé à la date de l'assignation demeure sans conséquence sur l'intérêt des associations à agir pour obtenir la réparation intégrale du préjudice subi (▪ Cass. 3e civ., 8 juin 2011, n° 10-15.500 : *JCP* E 2011, n° 43, p. 32, note H. Hovasse ; *Environnement et dév. durable* 2011, nos 8-9, p. 22, note B. Grimonprez ; *Rev. Lamy dr. civ.* 2011, 85, p. 25, note G. Le Nestour Drelon). Alors que l'indemnisation du préjudice moral de l'association est reconnue à hauteur d'un euro de dommages et intérêts en première instance, une telle indemnisation symbolique méconnaît le principe de la réparation intégrale. Les juges du second degré accordent *in fine* une réparation plus conséquente (▪ CA Nîmes, 14 sept. 2012, n° 12/00633. ▪ CA Caen, 14 févr. 2013, n° 12/00035 : *Dr. env.* 2013, n° 213, p. 221, note E. Terzic-Baudrillart).

22) Préjudice environnemental. La carence de l'État dans la mise en œuvre des réglementations européenne et nationale constitue une faute de nature à engager sa responsabilité. Cette faute est en relation directe avec la pollution nitratée des eaux, à l'origine du phénomène des marées vertes dans les baies de Saint-Brieuc et Douarnenez (▪ TA Rennes, 25 oct. 2007, nos 0400630, 0400631, 0400636, 0400637 et 0400640, *Assoc. « Halte aux marées vertes » et a.* : *Environnement* 2008, n° 3, p. 3 ; *AJDA* 2008, p. 470). Lorsque des faits constituent une infraction aux dispositions législatives relatives à la protection de la nature et de l'environnement, à l'amélioration du cadre de vie, à la protection de l'eau, de l'air, des sols, des sites et paysages ou ayant pour objet la lutte contre les pollutions et les nuisances, les associations auxquelles la loi confère la faculté d'exercer les droits reconnus à la partie civile, conformément aux premier et second alinéas de l'article L. 142-2 du Code de l'environnement, peuvent demander réparation, non seulement du préjudice matériel et du préjudice moral, directs et indirects, causés aux intérêts collectifs qu'elles ont pour objet de défendre, mais aussi de celui résultant de l'atteinte portée à l'environnement, qui lèse de manière directe ou indirecte ces mêmes intérêts qu'elles ont statutairement pour mission de sauvegarder (▪ TGI Paris, 16 janv. 2008, *Érika* : *AJDA* 2008, p. 934 ; *Environnement* 2008, étude 2 ; *ibid.* juill. 2008, n° 109 ; *Rev. dr. transp.* 2008, n° 3, p. 32). Les travaux, illégalement conduits par la commune dans un secteur recensé à l'inventaire Natura 2000 et reconnu comme abritant une des meilleures zones de frayères à saumon atlantique du cours supérieur de l'Allier, ont entraîné, outre la mortalité directe de quinze jeunes saumons, le colmatage par enfouissement des ovules déposés dans les frayères et à terme un déficit de reproduction ; par suite, alors que le seuil de conservation de l'espèce est difficilement maintenu, un dommage écologique est ainsi constitué. L'association requérante œuvre depuis de nombreuses années, conformément à ses statuts, à la reconstitution des espèces de poissons migrateurs, et en particulier du saumon atlantique, dès lors, au regard du dommage écologique susdécrit portant atteinte aux intérêts collectifs qu'elle s'est donnée pour objet de défendre, l'association justifie d'un préjudice propre dont elle est fondée à demander réparation sur le fondement de l'article L. 142-2 du Code de l'environnement. Son préjudice doit être évalué, en tenant compte de l'étendue des désordres causés au milieu aquatique, et par référence au coût des opérations de réintroduction du saumon atlantique et notamment au coût de production d'ovules en salmoniculture, il en sera fait une juste évaluation en le fixant à 16 000 €. En revanche, elle n'est pas fondée à demander réparation au titre de la mortalité constatée d'espèces communes telles que vairons, goujons, et loches (▪ CAA Lyon, 23 avr. 2009, n° 07LY02634, *Assoc. Club Mouche Saumon Allier et a.*).

23) Préjudice économique. Dans le cas de pollution d'une rivière résultant du déversement de produits chimiques d'une station d'épuration, il existe pour la fédération regroupant des associations de pêche un préjudice économique qui lui est à la fois propre et concerne les intérêts qu'elle défend (perte d'image, baisse des cartes de pêche et donc de la taxe piscicole, efforts financiers, action de promotion, travaux de capture et remorphologie de la rivière) justifiant l'allocation de 29 071 € de dommages-intérêts (TGI Tours, 24 juill. 2008, n° 1747 D, *Féd. d'Indre et Loire pour la pêche et la protection du milieu aquatique, assoc. FNE et a. c/ SAS Synthron*).

24) Préjudice social. Irrecevabilité de l'action de l'association qui n'invoquait aucun préjudice personnel distinct du préjudice social dont le ministère public poursuit la réparation (▪ Cass. crim., 17 oct. 1989, n° 89-83.057, *Assoc. pour la protection des sites de Saint-Clément-des-Baleines*).

25) Réparation des préjudices moral, matériel et écologiques « confondus ». Suite à la pollution d'un cours d'eau, des fédérations de pêche sont fondées à réclamer une somme « globale » en réparation de ces préjudices « confondus » (▪ CA Bourges, 6 mai 2010, n° 10/00182).

26) Réparation en nature. En matière de travaux non autorisés par un permis de construire et d'infraction au plan local d'urbanisme, le principe de la réparation intégrale du dommage n'impose pas aux juges d'ordonner la démolition que réclame la partie civile, mais de définir les modalités les plus appropriées à la réparation de celui-ci (▪ Cass. crim., 12 juin 2019, F-P+B+I, n° 18-81.874). Le juge peut ordonner la fermeture de l'installation classée installée sans autorisation tant que les travaux dont elle prescrivait la réalisation n'étaient pas effectués (▪ Cass. 2e civ., 20 oct. 1976, n° 75-11.636, *Conjeaud*) mais en aucun cas la fermeture définitive de l'installation (▪ Cass. 1re civ., 23 janv. 1996, n° 95-11.055, *Bouvet et a. c/ Brazzolotto*). Le préjudice résultant du défrichement illégal d'une parcelle en vue d'y aménager des constructions peut être réparé par la remise en état des lieux en bois et en nature et la démolition des constructions et ouvrages édifiés (▪ TGI Draguignan, 3 mars 2004, n° 00/002296, *Assoc. Sté nationale de protection de la nature*). Le préjudice subi par une association peut être réparé par l'interdiction d'utiliser le terrain de sports motorisés illégalement aménagé et la remise en état des lieux (▪ Cass. crim., 7 sept. 2004, n° 03-85.465). La démolition de cheminées irrégulièrement édifiées peut s'accompagner de la condamnation à des dommages-intérêts complémentaires (▪ Cass. crim., 9 avr. 2002, n° 01-81.142). L'édification de la cale litigieuse a pour principal objet de faciliter la circulation sur la plage des véhicules ou engins employés pour l'exploitation des installations conchylicoles situées au lieudit « Les Moulières » ; il ne ressort toutefois pas de l'examen des pièces du dossier que le maintien et la poursuite, dans ce secteur, de l'activité conchylicole, dont il n'est, d'ailleurs, ni établi, ni même allégué qu'elle ne se serait pas développée dans des conditions normales avant même la réalisation de la cale litigieuse, seraient subordonnés à la construction de cet ouvrage, alors qu'il est constant qu'il existe, à 500 mètres environ, une autre cale d'accès à la mer, dont il n'est nullement démontré qu'elle ne serait pas, en cas de nécessité, également accessible aux moyens nautiques de sécurité ; ainsi, eu égard à l'intérêt public qui s'attache à faire cesser l'atteinte portée à cet espace remarquable que la loi a entendu protéger, la démolition de cet ouvrage n'entraîne pas d'atteinte excessive pour l'intérêt général ; par suite, il y a lieu d'enjoindre à la communauté de communes de Saint-Malo-de-la-Lande de procéder à la destruction de la cale d'accès à la mer située au lieudit « Les Moulières », dans un délai de six mois, à compter de la notification du présent arrêt, sous astreinte de 200 € par jour de retard (▪ CAA Nantes, 18 avr. 2006, n° 04NT00362, *Assoc. Manche Nature : AJDA* 2006, p. 1954 ; *DMF* 2007, p. 79).

27) Cessation au jour de la demande de l'atteinte portée aux intérêts collectifs. La cessation, au jour de la demande, de l'atteinte portée aux intérêts collectifs qu'une association a pour objet de défendre ne fait pas disparaître l'intérêt à agir en réparation du dommage causé par cette atteinte (▪ Cass. 3e civ., n° 11-19.562, *Assoc. Écologie pour le Havre*. ▪ CA Rouen, 11 févr. 2015, n° 14/01614, *Assoc. Écologie pour le Havre*).

28) Combinaison des articles L. 142-2 et L. 162-9. La Cour de cassation considère que le préjudice écologique consiste en l'atteinte directe et indirecte portée à l'environnement et découlant de l'infraction. La remise en état prévue par l'article L. 162-9 du Code de l'environnement n'exclut pas une indemnisation de droit commun que peuvent solliciter, notamment, les associations habilitées, visées par l'article L. 142-2 (▪ Cass. crim., 22 mars 2016, n° 13-87.650, *Assoc. Ligue pour la protection des oiseaux : Dr. pén.* 2016, n° 5, comm. 83, J.-H. Robert). Si le mode d'évaluation du préjudice proposé apparaît inadapté, il appartient au juge de chiffrer, en recourant si nécessaire à une expertise, le préjudice écologique dont il a reconnu l'existence *(même arrêt)*.

29) Évaluation du préjudice. La violation des dispositions du Code de l'environnement est de nature, par elle-même, à causer à une association de protection de l'environnement un préjudice moral indemnisable (▪ Cass. crim., 2 nov. 2023, n° 22-86.567. ▪ Cass. crim., 29 juin 2021, n° 20-82.245). En outre, la cour d'appel qui énonce que le préjudice moral des associations parties civiles du fleuve devait être indemnisé en proportion de l'ampleur de la pollution a justifié l'allocation des indemnités propres à réparer le préjudice découlant de l'atteinte portée aux intérêts qu'elles ont pour objet de défendre (1 F au m² de surface polluée) sans avoir à prendre en compte l'impact de la pollution sur l'environnement, l'ancienneté de chaque association, les efforts matériels et financiers déployés par chacune d'elle conformément à son objet et les actions qu'elles avaient éventuellement engagées personnellement pour empêcher, limiter ou résorber la pollution en cause (▪ Cass. crim., 23 mars 1999, n° 98-81.564). Sur le seul fondement de l'atteinte portée aux intérêts collectifs qu'il a statutairement pour mission de défendre, même si il n'y a pas eu d'assèchement du cours d'eau ou pollution avec disparition de toute vie aquatique, l'association n'invoquant à présent que le non-respect d'un débit réservé dans le cours d'eau, la méthode d'évaluation du préjudice n'apparaît pas suffisamment pertinente puisque reposant sur une affectation de la rivière sur une distance possible mais non certaine (0,5 € par mètre carré affecté de la rivière, soit une distance d'au moins 390 m pour 12 m de large, soit une surface de 4 680 m² = 2 340 €), il convient d'allouer à l'association la somme de 1 500 € (■ CA Toulouse, 8 sept. 2008, n° 07/01683).

II - CONTENTIEUX COMMUNAUTAIRE

30) Intérêt à agir. Dans le cadre du contentieux communautaire, les associations sont assimilées aux requérants ordinaires de sorte qu'elles doivent systématiquement démontrer leur intérêt à agir (■ CJCE, 2 avr. 1998, aff. C-6321/95, *Greenpeace Council* : *Rec. CJCE* 1998, I, p. 1651).

31) Public concerné. Les associations environnementales peuvent être assimilées au statut privilégié de « public concerné » au sens de la directive « plans-programmes » n° 85/337. La solution découle de l'article 1er § 2 où il est indiqué que l'expression « public concerné » désigne, entre autres, les organisations non gouvernementales qui œuvrent en faveur de la protection de l'environnement et qui remplissent les conditions pouvant être requises en droit interne (■ CJCE, 15 oct. 2009, aff. C-6263/08 : *Europe* 2009, comm. 464, obs. A. Bouveresse).

Art. L. 142-3. – Lorsque plusieurs personnes physiques identifiées ont subi des préjudices individuels qui ont été causés par le fait d'une même personne et qui ont une origine commune, dans les domaines mentionnés à l'article L. 142-2, toute association agréée au titre de l'article L. 141-1 peut, si elle a été mandatée par au moins deux des personnes physiques concernées, agir en réparation devant toute juridiction au nom de celles-ci.

Le mandat ne peut être sollicité. Il doit être donné par écrit par chaque personne physique concernée.

Toute personne physique ayant donné son accord à l'exercice d'une action devant une juridiction pénale est considérée en ce cas comme exerçant les droits reconnus à la partie civile, en application du Code de procédure pénale. Toutefois, les significations et notifications sont adressées à l'association.

L'association qui exerce une action en justice en application des dispositions des alinéas précédents peut se constituer partie civile devant le juge d'instruction ou la juridiction de jugement du siège social de l'entreprise mise en cause ou, à défaut, du lieu de la première infraction.

Voir : D. n° 96-625, 9 juill. 1996, portant application de l'article L. 252-5 du Code rural relatif aux actions en représentation conjointe des associations agréées pour la protection de l'environnement (*JO* 16 juill. 1996, p. 10714).

Art. L. 142-3-1 *(L. n° 2016-1547, 18 nov. 2016)* (1). **– I. – Sous réserve du présent article, le chapitre Ier du titre V de la loi n° 2016-1547 du 18 novembre 2016 de modernisation de la justice du XXIe siècle et le chapitre X du titre VII du livre VII du Code de justice administrative s'appliquent à l'action ouverte sur le fondement du présent article.**

II. – Lorsque plusieurs personnes placées dans une situation similaire subissent des préjudices résultant d'un dommage dans les domaines mentionnés à l'article L. 142-2 du présent code, causé par une même personne, ayant pour cause commune un manquement de même nature à ses obligations légales ou contractuelles, une action de groupe peut être exercée devant une juridiction civile ou administrative.

III. – Cette action peut tendre à la cessation du manquement, à la réparation des préjudices corporels et matériels résultant du dommage causé à l'environnement ou à ces deux fins.

IV. – Peuvent seules exercer cette action :

1° Les associations, agréées dans des conditions définies par décret en Conseil d'État, dont l'objet statutaire comporte la défense des victimes de dommages corporels ou la défense des intérêts économiques de leurs membres ;

2° Les associations de protection de l'environnement agréées en application de l'article L. 141-1.

La loi n° 2016-1548 du 18 novembre 2016 de modernisation de la justice du XXIe siècle consacre l'action de groupe, devant les juridictions administratives et judiciaires, en matière environnementale, de discrimination, de santé ou encore de protection des données à caractère personnel.

Le nouvel article L. 142-3-1 du Code de l'environnement créé par ce texte est relatif à l'action de groupe en matière environnementale, destinée à permettre aux membres du groupe d'obtenir la cessation d'un manquement à des obligations légales ou contractuelles et/ou à la réparation des préjudices corporels ou matériels résultant d'un dommage dans les domaines mentionnés à l'article L. 142-2 du Code de l'environnement, à savoir la protection de la nature et de l'environnement, l'amélioration du cadre de vie, la protection de l'eau, de l'air, des sols, des sites et paysages,

(1) Dispositions applicables dans les îles Wallis-et-Futuna, L. n° 2016-1547, 18 nov. 2016, art. 112, V, E.

l'urbanisme, la pêche maritime, la lutte contre les pollutions et les nuisances, la sûreté nucléaire et la radioprotection, ou encore les pratiques commerciales trompeuses ou de nature à induire en erreur quand ces pratiques et publicités comportent des indications environnementales.

L'article L. 142-3-1 du Code de l'environnement définit le cadre de cette nouvelle action.

Tout d'abord, cette nouvelle action ne peut être engagée que par deux types d'associations qui auront ici une mission de défense des seuls intérêts individuels des membres du groupe, mais ne pourront pas invoquer par cette voie l'atteinte à leurs intérêts collectifs. Ces associations sont :

– les associations agréées dont l'objet statutaire comporte la défense des victimes de dommages corporels ou la défense des intérêts économiques de leurs membres ; les conditions de délivrance de cet agrément sont précisées par les articles R. 142-10 et suivants du Code de l'environnement ;

– les associations agréées de protection de l'environnement.

Ensuite, l'action de groupe en matière environnementale nécessite la réunion de trois conditions cumulatives :

1°) plusieurs personnes se plaignant d'un dommage relevant des domaines mentionnés à l'article L. 142-2 du Code de l'environnement et se trouvant dans une situation similaire ;

2°) le dommage doit être causé par une même et unique personne, qui peut être une personne physique ou morale, de droit privé ou de droit public ;

3°) le dommage doit avoir pour cause commune un manquement de même nature à ses obligations légales ou contractuelles.

L'action de groupe en matière environnementale a deux finalités limitativement énumérées par le texte : la cessation d'un manquement à des obligations légales ou contractuelles et/ou à la réparation des préjudices corporels ou matériels résultant d'un dommage environnemental.

Cette action peut être portée devant les juridictions administratives et judiciaires, en suivant la procédure prévue par les articles L. 77-10-1 et suivants du Code de justice administrative ou 826-2 et suivants du Code de procédure civile selon l'ordre juridictionnel concerné, en fonction de la qualité du défendeur. En particulier, une mise en demeure doit impérativement être adressée au défendeur avant la saisine du tribunal compétent, sous peine d'irrecevabilité de l'action. Si le défendeur n'y défère pas dans un délai de quatre mois, le juge pourra notamment, selon l'objet de la demande, enjoindre au défendeur de cesser le manquement et de prendre les mesures utiles dans un délai fixé, et éventuellement sous astreinte, ou encore statuer sur la responsabilité du défendeur et sur les préjudices.

Une procédure de médiation peut également être organisée.

Enfin, l'action de groupe a pour effet de suspendre les actions individuelles et la décision du juge statuant sur la réparation du préjudice aura autorité de chose jugée, et ce à l'égard de chacun des membres du groupe pour lesquels il aura été statué sur le préjudice. Les membres du groupe pourront également agir individuellement pour demander la réparation de préjudices non couverts par cette action.

L'action de groupe va ainsi présenter un intérêt certain dans le domaine environnemental, en facilitant l'établissement de la preuve de l'existence d'un dommage, de son origine, et du lien de causalité entre ce dommage et le préjudice subi par les personnes concernées. En particulier, l'action de groupe va permettre de mutualiser les coûts des expertises judiciaires, qui sont souvent longues et onéreuses en matière environnementale, compte tenu de la technicité des problématiques rencontrées.

Il sera toutefois nécessaire de porter une attention particulière aux décisions jurisprudentielles à venir. Le juge devra notamment apporter des précisions sur certaines exigences non définies du texte, et en particulier l'exigence que les membres du groupe se trouvent « *dans une situation similaire* », alors que les préjudices relevant d'un dommage environnemental peuvent être différents, suivant les victimes lésées. De même, le juge devra veiller à la bonne articulation des décisions rendues sur le fondement de l'article L. 142-3-1 avec celles rendues sur le fondement de l'article L. 142-2 du Code de l'environnement.

Bibliographie : M.-J. Azar-Baud, *Droits, préjudices et prétention processuelle dans les actions de groupe : JCP* E 2017, n° 29, pp. 24-29. – M. Bacache, *L'action de groupe en matière environnementale : Énergie – Env. – Infrastr* 2017, n° 3, étude 8. – X. Domino, *Innovations : la médiation et l'action collective en droit administrative : RFDA* 2017, p. 19. – M. Memlouk & S. Gonin, *L'action de groupe en matière environnementale : BDEI* 2017, n° 69. – F. Blanco, *L'action de groupe en reconnaissance de responsabilité devant le juge administratif : AJDA* 2016, p. 2256. – J.-C. Zarka, *L'action de groupe en matière environnementale dans le projet de loi de modernisation de la justice du XXI*e *siècle : LPA* 2016, n° 144, pp. 6-10.

Art. L. 142-4. – **Les collectivités territoriales et leurs groupements peuvent exercer les droits reconnus à la partie civile en ce qui concerne les faits portant un préjudice direct ou indirect au territoire sur lequel ils**

exercent leurs compétences et constituant une infraction aux dispositions législatives relatives à la protection de la nature et de l'environnement ainsi qu'aux textes pris pour leur application.

Bibliographie : L. Fonbaustier, *L'action des collectivités locales dans le cadre de la loi du 1er août 2008 relative à la responsabilité environnementale : BDEI* avr. 2009, n° 20, p. 33. • B. Parance, *L'action des associations de protection de l'environnement et des collectivités territoriales dans la responsabilité environnementale : Environnement* 2009, p. 21.

1) Observations. L'article L. 142-4 du Code de l'environnement a pour objet de permettre aux collectivités territoriales ainsi qu'à leurs groupements d'exercer les droits reconnus à la partie civile en cas de dommage environnemental.

2) Applications jurisprudentielles. Le préjudice environnemental, alors même qu'il n'a pas de caractère personnel au sens où il n'est pas subi par une personne, peut parfaitement être l'objet d'une action en réparation exercée par une collectivité publique. L'intérêt à agir de la personne morale sera apprécié par rapport à son objet, en l'occurrence la défense d'intérêts environnementaux (▪ Cass. crim., 25 sept. 2012, n° 10-82.938, *Erika : RTD civ.* 2013, p. 119, note P. Jourdain ; *Environnement et dév. durable* juin 2012, p. 1, note Ch. Huglo). Pour les faits portant sur un préjudice direct ou indirect aux territoires sur lesquels les collectivités territoriales exercent leurs compétences et constituant des infractions relatives à l'environnement, ces entités peuvent exercer les droits reconnus à la partie civile. Le tribunal conclura donc à l'irrecevabilité des actions des associations au titre du préjudice écologique (▪ T. corr. Saint-Nazaire, 17 janv. 2012, n° 08000004388 : *JCP* G 2012, 173, note K. Le Couviour). Sur la recevabilité de la collectivité territoriale de Corse à demander réparation d'un préjudice écologique, V. J.-M. Levanti, *Le droit d'action de la Corse en cas de préjudice écologique : Environnement et dév. durable* 2011, étude 6.

TITRE V. – DISPOSITIONS FINANCIÈRES

CHAPITRE UNIQUE [Ier]. – TAXE GÉNÉRALE SUR LES ACTIVITÉS POLLUANTES

Bibliographie : *Bibliographie générale sur la fiscalité écologique. Articles.* J.-P. Maublanc, *Les mesures fiscales nouvelles : AJDI* 2015, p. 175. • J.-C. Zarka, *Projet de loi de finances pour 2016 : adoption définitive par l'Assemblée nationale : D.* 2015, p. 2567. • B. Wertenschlag, B. Bacrot et J. Moreau, *La fiducie en matière environnementale : AJDI* 2015, p. 748. • S. Caudal-Sizaret, *Chronique de la fiscalité française de l'environnement en 2013 : Rev. jur. env.* 2/2014, juin 2014, p. 311 ; *Chronique de la fiscalité française de l'environnement en 2014 : Rev. jur. env.* 2/2015, p. 329. • G. Sainteny, *Le nouveau statut fiscal du patrimoine naturel : Dr. env.* 2010, p. 188. • La fiscalité environnementale, *Actes du colloque du 17 juin 2009 à l'ENA, Les entretiens du Conseil d'État : Dr. env.* 2010, n° spéc. • C. Lepage, D. Ribes et D. Berlin, *Le droit fiscal et l'environnement : continuités et ruptures : Dr. env.* 2010, n° 175, p. 35. • G. Sainteny, R. Guesnery et D. Bureau, *Quel impact environnemental et économique peut-on attendre de la fiscalité environnementale ? Dr. env.* 2010, n° 175, p. 9. • C. London, *Fiscalité écologique : un vent de réforme : LPA* 24 déc. 1999, n° 256, p. 5 et s. • N. de Sadeleer, *L'écofiscalité à l'aune du droit communautaire : Dr. et ville* 1999, n° 47, p. 133 et s. ; *L'incidence du principe du pollueur-payeur sur la fiscalité environnementale des États membres de la Communauté européenne : RF fin. publ.* 12/1999, n° 68, p. 215 et s. • S. Caudal-Sizaret, *La fiscalité française de l'environnement et la construction européenne : RF fin. publ.* 12/1999, n° 68, p. 199 et s. • G. Sainteny, *Quelle fiscalité de l'environnement ? : RF fin. publ.* 9/1998, n° 63, p. 109 et s. • R. Hertzog, *Les trois âges de la fiscalité de l'environnement : Cah. CNFPT* 4/1993, n° 38, p. 136 et s.

Bibliographie propre à la TGAP. Articles. M. Saoudi, *Impact fiscal dans le domaine de l'environnement : la fiscalité verte, un levier d'action sur les contraintes et/ou sous contraintes ? : Rev. UE* 2018, p. 436. • Ph. Billet, *Les composantes environnement, énergie et transport des lois de finances pour 2018 et de finances rectificative pour 2017 : Énergie – Env. – Infrastr.* 2018, n° 3, étude 7. • Ph. Billet, *Principales dispositions financières et fiscales en matière d'environnement, d'énergie et de transport dans les lois de finances rectificative pour 2016 et de finances pour 2017 –. – (L. fin. 2017, n° 2016-1917, 29 déc. 2016 : JO 30 déc. 2016, n° 1 ; L. fin. rect. n° 2016-1918, 29 déc. 2016 : JO 30 déc. 2016, n° 2) : Énergie – Env. – Infrastr.* 2017, n° 4, étude 12. • M. Deffari, *Caractériser le pic de pollution : Énergie – Env. – Infrastr.* 2017, nos 8-9, dossier 20. • L. Buffard, *Prévenir les pics de pollution : Énergie – Env. – Infrastr.* 2017, nos 8-9, dossier 22. • S. Chasseloup, *TGAP : le papier peut coûter cher, Option Finance*, 11 janv. 2010, n° 1059, p. 26. • J.-L. Lesquins, J-M. Salva et F. Lévy, *Le groupe de sociétés face au droit de l'environnement : Dr. env.* 2009, n° 173, p. 18. • F. Jacquot, *Vers l'âge de raison de la contribution imprimés papiers ? Option Finance* 30 nov. 2009, n° 1054, p. 31. • F. Bin,

L'assujettissement des sociétés aux impôts écologiques : principes et mises en œuvre en droit comparé : Journ. soc. 1er oct. 2009, n° 69, p. 53. • S. Chasseloup et C.-H. Boiseau, *Le verdissement de l'administration douanière, Option Finance* 26 oct. 2009, n° 1049, p. 28. • *Taxe générale sur les activités polluantes : BF Lefebvre* 1er nov. 2006, n° 11, p. 1063. • *Fiscalité et environnement : Dr. fisc* 2006, n° 13, p. 698. • T. Gallois, *Douane et droit de l'environnement, Décideurs Juridiques et Financiers* 15 mai 2005, n° 65, p. 84. • J.-M. Salva, *La mission fiscale environnementale de la Douane : la Taxe Générale sur les Activités Polluantes (TGAP), Décideurs Juridiques et Financiers* 15 avr. 2004, n° 54, p. 38. • *La taxe générale sur les activités polluantes (TGAP) : un revirement dans la fiscalité de l'environnement ? : Dr. et ville* 1999, n° 47, p. 103 et s.

Notes de jurisprudence. X. Delpech, *Condition d'exonération de la taxe générale sur les activités polluantes : D. act.* 8 mars 2016. • B. Eglie-Richters, *TGAP et centres de traitement des déchets : une regrettable décision de la Cour de cassation : BDEI* mars 2016, p. 14-16, n° 62, 2016. • *La TGAP à l'épreuve du principe « pollueur/payeur » : RJF* 2015, p. 813, n° 10. • *Taxe sur les activités polluantes (biogaz) : constitutionnalité sous réserve du régime : D.* 2015, 1843. • Ph. Billet, *Taxe générale sur les activités polluantes, Validation sous réserve de la TGAP sur les installations d'élimination de déchets inertes*, note sous Cons. const. déc. 18 oct. 2010, n° 2010-57 QPC, *Sté SITA FD et a. [TGAP] : Environnement et dév. durable* 2011, n° 1, p. 30. • Note sous Cass. com., 20 nov. 2007, n° 06-19.658, *SA Arkema : JCP* E 2008, n° 1, p. 29. • Note sous Cass. com., 20 nov. 2007, n° 06-14.935, *Administration des douanes et droits indirects contre SAS Calaire chimie : JCP* E 2008, n° 1, p. 29. • D. Redon et S. Chasseloup, *TGAP imprimés : tous concernés, Option Finance*, 28 janv. 2008, n° 965, p. 27. • P. Billet, *Site, installation et exonération de la TGAP* ; Note sous CA Dijon, 23 oct. 2007, n° 07/00021, *SA Ciments Lafarge c/ Directeur général des douanes et impôts indirects : Environnement* 2008, n° 5, p. 23. • P. Billet, *Incidents de la TGAP sur le calcul de la taxe professionnelle*, note sous CAA Versailles, 9 janv. 2007, n° 05VE02297, *Sté Fassa : Environnement* 2007, n° 6, p. 24. • P. Billet, Note sous CE, 8e ss-sect., 15 juin 2007, n° 284792, *Sté Surschiste : Environnement* 2007, n° 12, p. 24.

Bibliographie relative aux différentes lois de finances. Ph. Billet, *Principales dispositions financières et fiscales en matière d'environnement, d'énergie et de transport dans les lois de finances rectificative pour 2016 et de finances pour 2017 –. – (L. fin. 2017, n° 2016-1917, 29 déc. 2016 : JO 30 déc. 2016, n° 1 ; L. fin. rect. n° 2016-1918, 29 déc. 2016 : JO 30 déc. 2016, n° 2) : Énergie – Env. – Infrastr.* 2017, n° 4, étude 12 ; *Principales dispositions financières et fiscales en matière d'environnement, d'énergie et de transport dans la loi de finances rectificative pour 2014 et la loi de finances pour 2015 : Énergie – Env. – Infrastr.* 2015, n° 3, p. 14 ; *Principales dispositions financières et fiscales en matière d'environnement dans les lois de finances rectificatives pour 2013 et loi de finances pour 2014 : Environnement et dév. durable* 2014, p. 24 ; *Principales dispositions financières et fiscales en matière d'environnement, d'énergie et de transport dans la loi de finances rectificative pour 2015 et la loi de finances pour 2016 : Énergie – Env. – Infrastr.* 2013, p. 15-24, n° 3. • H. Zapf et B. Toulemont, *Commentaire des principales dispositions de la loi de finances pour 2013 : Gaz. Pal.* 2013, n° 32. • Ph. Billet, *Principales dispositions financières et fiscales en matière d'environnement dans la loi de finances rectificative pour 2012 et la loi de finances pour 2013 : Environnement et dév. durable* 2013, n° 3, étude 8. • O. Courjon, *Le principe du contradictoire lors des contrôles douaniers : JCP* A 2011, n° 50, 191. • M. Collet, *La question prioritaire de constitutionnalité en matière fiscale : RJEP* oct. 2011, n° 690, étude 5. • Ph. Billet, *Principales dispositions financières et fiscales en matière d'environnement des lois de finances rectificatives pour 2010 et de finances pour 2011 : Environnement et dév. durable* 2011, n° 4, p. 11 ; *Principales dispositions financières et fiscales en matière d'environnement des lois de finances rectificative pour 2009 et de finances pour 2010 : Environnement et dév. durable* 2010, étude 5 ; *Principales dispositions financières et fiscales en matière d'environnement des lois de finances rectificative pour 2008 et de finances pour 2009 : Environnement* 2009, n° 3, p. 9. • S. Chasseloup, *TGAP : du nouveau, Option Finance* 14 avr. 2009, n° 1024, p. 25. • A-L. Lonné, *PLF 2009 : présentation des dispositions fiscales* : Lexbase Hebdo – Édition Fiscale 2 oct. 2008. • *Projet de loi de finances pour 2009 : JCP* E 2008, n° 40, p. 3. • Les Nouvelles Fiscales, *Projet de loi de finances pour 2009 – « Le verdissement de notre fiscalité » : Nouvelles Fiscales* 10 oct. 2008, n° 1010, p. 5-14.

Art. L. 151-1 ***(Rempl., L. fin. rect. n° 2013-1279, 29 déc. 2013 ; mod. à compter du 1er janvier 2016, L. fin. rect. n° 2015-1786, 29 déc. 2015 ; à compter du 1er janvier 2020, L. fin. n° 2018-1317, 28 déc. 2018)*** (1). **– La taxe générale sur les activités polluantes est déclarée, acquittée, recouvrée et contrôlée conformément aux articles 266 *sexies* à 266 terdecies du Code des douanes.**

Textes d'application

1) Lois de finances

– *L. fin. pour 1999, n° 98-1266, 30 déc. 1998, art. 45* (*JO* du 31, p. 20050 ; mod., L. fin. Sécurité sociale pour 2000, n° 99-1140, 29 déc. 1999, art. 7 ; *JO* du 30, p. 19706). – L. fin. pour 2009 n° 2008-1425, 27 déc. 2008 (*JO* du 28, p. 20224). – L. fin. rect. pour 2009 n° 2009-1674, 30 déc. 2009 (*JO* du 31, p. 22940) ; L. fin. 2010, n° 2009-1673, 30 déc. 2009 (*JO* du 31) ; L. fin. pour 2011, n° 2010-1657, 29 déc. 2010 (*JO* du 30) ; L. fin. rect. pour 2010, n° 2010-1658, 29 déc. 2010

(1) Dispositions particulières et transitoires d'application : V. L. fin. n° 2018-1317, 28 déc. 2018, art. 193, VI.

(*JO* du 30) ; L. fin. pour 2012, n° 2011-1977, 28 déc. 2011 (*JO* du 29) ; L. fin. rect. pour 2011, n° 2011-1978, 28 déc. 2011 (*JO* du 29) ; L. fin. pour 2016, n° 2015-1785, 29 déc. 2015 (*JO* du 30) ; L. fin. rect. pour 2015 n° 2015-1786, 29 déc. 2015 (*JO* du 30) ; L. fin. pour 2017, n° 2016-1917, 29 déc. 2016 (*JO* du 30) ; L. fin. pour 2018, n° 2017-1837, 30 déc. 2017 (*JO* du 31) ; L. fin. pour 2020, n° 2019-1479, 28 déc. 2019 (*JO* du 29).

2) Textes de référence

– C. douanes, art. 266 *septies*, art. 266 *octies*, art. 266 *nonies*, art. 266 *decies*, art. 266 *unedecies*, art. 266 *duodecies*, art. 266 *terdecies* ;

– Art. L. 541-10-6 du Code de l'environnement et suivants (notamment art. L. 541-10-6 du Code de l'environnement sur la gestion des déchets d'éléments d'ameublement) ;

3) Textes d'application

– D. n° 99-508, 17 juin 1999 pris pour l'application de l'article 45 de la loi de finances pour 1999 instituant une taxe générale sur les activités polluantes (*JO* 20 juin 1999, p. 9099) ;

– D. n° 2000-1349, 26 déc. 2000 pris pour l'application des articles 266 *sexies* III (1.8.*b*) et 266 *nonies* du Code des douanes relatif à la TGAP due par les exploitants d'installations classées pour la protection de l'environnement (ICPE) et dont les activités font courir par leur nature ou leur volume des risques particuliers à l'environnement (*JO* 30 déc. 2000, p. 21069) ;

– D. n° 2011-767, 28 juin 2011 pris pour l'application du 4 *bis* de l'article 266 *nonies* du Code des douanes (*JO*30 juin 2011) ;

– D. n° 2011-1935, 22 décembre 2011 modifiant le D. n° 2000-361 du 26 avril 2000 relatif à la taxe et aux taxes additionnelles auxquelles sont assujetties les installations nucléaires de base en application de l'article 43 de la loi de finances pour 2000 (*JO* 24 déc. 2011) ;

– Sur les circulaires d'application, V. notamment : Taxe générale sur les activités polluantes, lubrifiant, huile et préparation lubrifiante, texte n° 00014, F/2, L. 414 : *BO douanes* n° 6403, 9 févr. 2000 ; Instruction des douanes du 1er août 2006, texte 06-035 ; Taxe générale sur les activités polluantes appliquée aux lessives, aux préparations *auxiliaires de lavage*, aux produits adoucissants et assouplissants pour le linge ;

– Circ. 29 déc. 2010, Droits et taxes applicables aux produits énergétiques à compter du 1er janvier 2011 ;

– Circ. 15 mars 2011 relative aux nouveautés fiscales 2011 en matière énergétique et environnementale (Dispositions issues de la L. n° 2010-1657 de finances pour 2011 et de la L. n° 2010-1658 du 29 décembre 2010 de finances rectificative pour 2010 applicables à compter du 1er janvier 2011), *BO douanes* n° 6887 du 15 mars 2011 ;

– Circ. 30 mars 2011 relative à la taxe générale sur les activités polluantes, *BO douanes* n° 6890 du 31 mars 2011 ;

– Circ. 27 avril 2011 – Droits et taxes applicables aux produits énergétiques à compter du 1er mai 2011, *BO douanes* n° 6895 du 28 avril 2011 ;

– Circ. 24 juin 2011 (texte n° 11-018) – Droits et taxes applicables aux produits énergétiques à compter du 1er juillet 2011, *BO douanes* n° 6900 du 23 juin 2011 ;

– Circ. 6 oct. 2011, n° 11-031 – Taxe générale sur les activités polluantes – Application du 4 *bis* de l'article 266 *nonies* du Code des douanes, *BO douanes* n° 6910 du 14 octobre 2011 ;

– Circ. 9 mars 2012, n° 12-012 relative à la taxe générale sur les activités polluantes – Prélèvement sur les carburants, *BO douanes* n° 6925 du 14 mars 2012 ;

– Circ. 10 avr. 2012, n° 12-016 relative aux mesures fiscales nouvelles en matière énergétique et environnementale, adoptées par les lois de finances de fin 2011/début 2012, *BO douanes* n° 6929 du 11 avril 2012 ;

– Circ. 30 janv. 2013, n° 13-007 – Droits et taxes applicables aux produits énergétiques à compter du 1er février 2013, *BO douanes* n° 6968 du 31 janvier 2013 ;

– Circ. 12 mars 2014 présentation des dispositions législatives adoptées dans le cadre des lois de finances pour 2014 et de finances rectificative pour 2013 concernant la fiscalité énergétique et environnementale (*BO douanes* n° 7016, 13 mars 2014) ;

– Circ. 3 avr. 2015 – Taxe générale sur les activités polluantes (*BO douanes* n° 7061, 3 avr. 2015) ;

– Circ. 8 avr. 2016, Taxe générale sur les activités polluantes (*BO douanes* n° 7107, avr. 2016) ;

– Circ. 3 avr. 2017, taxe générale sur les activités polluantes (*BO douanes* n° 7184, 3 avr. 2017).

DA n° 17-021 du 3 avril 2017 : Circulaire du 3 avril 2017, article 265 *nonies* du Code des douanes : taux réduits des taxes intérieures de consommation sur les produits énergétiques, le gaz naturel et le charbon à usage combustible, destinés à certaines installations grandes consommatrices en énergie –.

4) dispositions spécifiques à la TGAP applicable à l'énergie

▪ Cons. const., déc., 28 déc. 2000, n° 2000-441 DC (*JO* 31 déc. 2000, p. 21204) ; 23e rapport du Conseil des impôts de septembre 2005.

– A. 25 juill. 2011 pris en application de l'article 2 du décret n° 2011-767 du 28 juin 2011 pris pour l'application du 4 *bis* de l'article 266 *nonies* du Code des douanes (*JO* 11 août 2011) ;

– A. 30 sept. 2011 relatif à la prise en compte des esters méthyliques d'huile animale ou usagée en minoration de la taxe générale sur les activités polluantes (*JO* 19 oct. 2011) ;

– A. 21 mars 2014 fixant la liste des biocarburants éligibles à la minoration de TGAP, précisant les modalités du double comptage des biocarburants et des bioliquides et fixant la liste des biocarburants et bioliquides dispensés de respecter les critères de durabilité définis à l'article L. 661-5 du Code de l'énergie ;

– Rapport publié par le ministère de l'Écologie, du Développement durable, des Transports et du Logement « Premier bilan de la réforme de la TGAP de 2009 et de la politique de soutien sur les déchets ménagers et assimilés » août 2011 ;

– A. 2 févr. 2017 abrogeant l'arrêté du 14 juin 2002 pris pour l'application de l'article 266 *undecies* du Code des douanes et relatif à la déclaration de la taxe générale sur les activités polluantes

– Décret n° 2020-442 du 16 avril 2020 relatif aux composantes de la taxe générale sur les activités polluantes.

– Abrogation du décret n° 2001-172 du 21 février 2001.

– Ce texte contient une date d'entrée en vigueur particulière au Covid-19.

Commentaires

La taxe générale sur les activités polluantes a été instaurée par l'article 45 de la loi de finances pour 1999 ; c'était une première tentative de généralisation de la fiscalité écologique en utilisant notamment un certain nombre de fonds dédiés affectés à des politiques publiques de l'environnement. Si cette création a traduit une volonté politique de s'orienter vers la fiscalité écologique, elle a également eu pour conséquence très négative de supprimer les fonds dédiés et de mettre en péril certains nombre de politiques qui bénéficiaient d'une certaine pérennité. En effet, en application du principe de l'universalité budgétaire, la TGAP n'est pas affectée mais déversée dans le pot commun budgétaire. Du reste, d'autres codes, notamment celui de douane et du Code général des impôts, traitent également de fiscalité écologique.

Au fil des années, le champ d'application s'est étendu d'abord aux déchets en application de la loi Grenelle qui a étendu la TGAP aux installations d'élimination de déchets ménagers et assimilés par incinération ainsi qu'aux poussières totales en suspension. Ce signal prix par la taxation avait pour objet de réduire la production de déchets (-7 % pour les ordures ménagères et assimilées en 5 ans), l'augmentation du taux de recyclage matière et organique (45 % des déchets ménagers et assimilés en 2015, 75 % pour les déchets d'emballages ménagers et les déchets des entreprises dès 2012), la valorisation des déchets organiques de l'agriculture, des entreprises et des ménages (ceux des ménages représentent, par exemple, 50 % des ordures ménagères résiduelles). Les déchets du bâtiment et des travaux publics étaient aussi concernés (objectif de 70 % en 2020). Devant la faiblesse des résultats obtenus, la mise en œuvre de la responsabilité élargie des producteurs (REP) devrait aboutir à des résultats plus satisfaisants.

Puis la TGAP s'est intéressée à l'énergie. En effet, le retard de la France dans ce domaine est abyssal ; c'est la raison pour laquelle la conférence environnementale pour la transition écologique de 2012 a mis en place un comité pour la fiscalité écologique dont la présidence a été confiée à Christian de Perthuis, par ailleurs titulaire de la chaire d'économie du climat. De ces travaux est né le crédit d'impôt pour la transition énergétique qui fait suite au crédit d'impôt développement durable. Et surtout, une TGAP énergie apparaît. La question énergétique devenant un des piliers de la politique de la fiscalité écologique. D'une part, l'augmentation de la fiscalité sur le diesel dès la loi de finances pour 2016, des avantages fiscaux pour l'efficacité énergétique. La fiscalité énergétique vise désormais à augmenter les taxes sur les fossiles, stabiliser les prix de l'électricité, réduire progressivement l'avantage consenti au diesel et enfin tout en conservant le sacrosaint principe de l'universalité budgétaire, essayer d'isoler les dépenses liées à la transition énergétique. La loi de finances pour 2017 ne fait que renforcer la fiscalité énergétique, par un certain nombre de mesures destinées à favoriser les véhicules propres, l'isolation thermique. Dans le même temps, l'écotaxe est abandonnée. 5 % de la taxe sur les éoliennes en mer est affecté à l'agence française par la loi du 8 août 2016. Quant à la loi de finances pour 2018, qui comporte un certain nombre de dispositions tout à fait défavorables à la protection de l'environnement, figure néanmoins la hausse de la fiscalité sur le carbone, la réduction du différentiel essence diesel et la réforme du crédit CITE.

Enfin, le décret du 16 avril 2020 refond pour une large part les conditions de calcul de la TGAP.

Les développements qui suivent concerneront la valeur juridique de la TGAP (I), son champ d'application (II), la procédure (III) les conditions d'acquittement (IV).

I Valeur juridique

1) Sur la constitutionnalité. Le Conseil constitutionnel, dans sa décision n° 2010/57 en date du 18 octobre 2010, a introduit une réserve d'interprétation pour valider la constitutionnalité de la loi retenant que « les dispositions du 1 du paragraphe I de l'article 266 *sexies* et du 1 de l'article 266 *septies* du Code des douanes dans leur rédaction résultant de la loi du 29 décembre 1999 susvisée ne sauraient, sans méconnaître le principe d'égalité devant les charges publiques, être interprétées comme s'appliquant à l'ensemble des quantités de déchets inertes visées par ces dispositions ». Les dispositions du 1 du § I de l'article 266 *sexies* et du 1 de l'article 266 *septies* du Code des douanes dans leur rédaction résultant de la loi du 29 décembre 1999 ne sauraient, sans méconnaître le principe d'égalité devant les charges publiques garanti par l'article 13 de la Déclaration des droits de l'Homme et du citoyen de 1789, être interprétées comme s'appliquant à l'ensemble des quantités de déchets inertes visés par ces dispositions (▪ Cons. const., déc. 18 oct. 2010, n° 2010/57 QPC, *Sté SITA FD et a. [TGAP] : JO* 19 oct. 2010, p. 18698). – V. ▪ Cass. crim., 16 juill. 2010, n°s 10-12.195 et 10-12.196 sur le caractère jugé suffisamment sérieux de la QPC ; d'où la violation par une cour d'appel du principe d'égalité devant les charges publiques en prenant en compte pour le calcul de la taxe générale sur les activités polluantes l'ensemble des déchets inertes, ▪ Cass. com., 9 oct. 2012, n° 10-27.614, *Sté Sorval c/ Administration des douanes*.

A contrario, les dispositions du 4 du paragraphe II de l'article 266 *sexies* et de l'article 268 *ter* du Code des douanes instaurant une différence de traitement entre les personnes qui procèdent à une première livraison de lubrifiants, produits pour lessive et matériaux d'extraction, selon l'origine et la destination de la livraison, a été jugé conforme à la Constitution. Le législateur a entendu rendre équivalent le traitement fiscal des produit visés, en assurant l'assujettissement de la taxe à des produits utilisés sur le territoire national, qu'ils aient été importés dans un département d'outre-mer depuis la métropole ou qu'ils aient été importés en métropole depuis un département d'outre-mer ou l'étranger. La différence de traitement instituée étant en rapport avec l'objet de la loi, le Conseil constitutionnel a jugé qu'elle n'est pas contraire à la Constitution (▪ Cons. const., déc. 22 avr. 2016, n° 2016-537 QPC, *Sté Sofadig Exploitation TGAP : JO* 24 avr. 2016, texte n° 29).

2) Voir sur les questions prioritaires de constitutionnalité portant sur des procédures douanières (▪ Cass. com., 4 oct. 2011, n° 11-40.054. ▪ Cass. com., 15 nov. 2011, n° 11-16.254 : *JurisData* n° 2011-025294) jugeant l'article 389 du Code des douanes (procédure d'aliénation des biens saisis) contraire à la Constitution (▪ Cons. const., 2 déc. 2011, déc. n° 2011-203 QPC : *JCP* E 2011, act. 655).

La société requérante faisait valoir que les tarifs plus favorables prévus par le tableau du *a)* du A du 1 de l'article 266 *nonies* du Code des douanes au profit des installations produisant et valorisant le biogaz, y compris lorsqu'elles réceptionnent des déchets insusceptibles d'en produire, méconnaissent le principe d'égalité devant la loi. Le Conseil constitutionnel a relevé qu'en prévoyant des tarifs plus avantageux pour les déchets susceptibles de produire du biogaz lorsqu'ils sont réceptionnés par les installations de stockage produisant et valorisant le biogaz, le législateur a institué une différence de traitement en adéquation avec l'objectif d'intérêt général poursuivi qui consiste à favoriser la valorisation des déchets au moyen de la production de biogaz. En revanche, il juge que l'application des tarifs réduits prévus par les dispositions contestées du tableau aux déchets insusceptibles de produire du biogaz entraînerait une différence de traitement sans rapport direct avec l'objet de la loi. Il en a déduit que ces tarifs réduits ne sauraient être appliqués aux déchets insusceptibles de produire du biogaz réceptionnés par les installations produisant et valorisant le biogaz, ▪ Cons. const., 17 sept. 2015, n° 2015-482 QPC, *Sté Gurdebeke SA, [TGAP] : JO* 19 sept. 2015, n° 0217, p. 16586.

3) Application du droit communautaire

S'il n'est pas possible sans violer l'article 90 du traité de limiter l'exonération du dépôt durable de déchets provenant de sites contaminés aux seuls sites appartenant au territoire national et en excluant les déchets provenant des États membres ▪ CJCE, 8 nov. 2007, aff. C-221/06, *Stadtgemeinde Frohnleiten et a. : Environnement* 2008, n° 33, obs. Billet.

II Champ d'application

4) Installations classées

À l'origine, selon l'article 266 *septies* du Code des douanes, la TGAP n'est due que par les établissements dont certaines installations sont classées et pour les activités expressément mentionnées dans le tableau annexé au décret du 26 décembre 2000. En conséquence, un terril ne relève pas du régime des installations classés et la société qui l'exploite ne peut pas être assujettie à cette taxe (▪ CE, 30 sept. 2005, n° 26897 *Sté Surschiste : JurisData* n° 2005-069068 ; *Environnement* 2006, n° 1, comm. 13, D. Gillig. ▪ CE, 15 juin 2007, n° 284792, *Sté Surschiste : Environnement* 2007, n° 12, comm. 209, Ph. Billet, *Champ d'application de la TGAP*).

5) Polluants atmosphériques

La loi de finances rectificative pour 2013 a étendu l'assiette de la TGAP à de nouvelles substances atmosphériques. Le décret du 27 décembre 2013 a modifié les seuils de substances polluantes déjà soumises à la TGAP depuis le décret du 17 juin 1999 et a fixé des seuils pour cinq nouvelles substances nuisibles à la qualité de l'air.

6) Déchets

Pour une application en matière de déchets réceptionnés dans une installation de stockage de déchets ménagers et assimilés (centre de classe II) : ▪ CA Paris, 19 juin 2012, n° 2007/04813, *Com. Urb. Grand Lyon*. Pour les exploitants d'installations de stockage de déchets ménagers et assimilés, le législateur prévoit, à l'article 266 *sexies* III du Code des douanes, que dans la limite de 20 % de la quantité totale annuelle totale de déchets reçus par ces installations, la réception de matériaux ou déchets inertes est exonérée de TGAP. Néanmoins, les déchets inertes, dont la quantité dépasse 20 % de la quantité totale annuelle, seront imposés au titre de la TGAP quelle que soit leur destination ■ Cass. com., 4 oct. 2013, n°s 12-20.531 et 12-23.175 : inédit. Les boues d'épuration transformées sont des déchets soumis à la TGAP. La Cour de cassation juge que le fait générateur de la créance est la réception de boues et non celle du mélange issu de la transformation par adjonctions de terres. Le poids des boues doit être déterminé dès leur entrée sur le site, ■ Cass. com., 3 mars 2015, n° 12-24.408, *SCP Boré*.

7) Sur les déchets inertes. Aux termes des articles 266 *sexies* et suivants du Code des douanes dans leur rédaction résultant de la loi du 29 décembre 1999, les déchets inertes, reçus par les exploitants d'installations de stockage de déchets ménagers et assimilés, ne relèvent pas de la TGAP (■ Cass. com., 9 oct. 2012, n° 10-27.614, 977, *Sté Soval*. ■ Cons. const., 18 oct. 2010, déc. n° 2010/57 QPC, *Sté SITA FD et a. [TGAP] : JO* 19 oct. 2010, p. 18698, préc.).

8) Réhabilitation de site. Est redevable de la TGAP une communauté d'agglomération, dès lors que la fermeture, même définitive, d'un site de stockage des déchets ménagers et assimilés en vue de la réalisation d'une opération de réhabilitation du site ne fait pas perdre au maître d'ouvrage de la réhabilitation sa qualité d'exploitant du site, la phase de réhabilitation constituant l'ultime phase d'exploitation de ce site (■ Cass. com., 15 janv. 2013, n° 12-10.203, 42, *Communauté d'agglomération du Bassin de Thau (CABT)*).

9) Imprimés non sollicités

Sur les imprimés non sollicités visés au I, 9° de l'article L. 151-1 du Code de l'environnement. L'article L. 541.10.1 du Code de l'environnement prévoit que les annonceurs contribuent à la collecte, à la valorisation et à l'élimination des imprimés qu'ils distribuent ou font distribuer, soit en apportant une contribution financière à un organisme agréé, soit en mettant à disposition des collectivités locales qui le souhaitent, et sur le territoire desquelles ils ont distribué ou fait distribuer des imprimés non sollicités, des espaces de communication consacrés à la bonne gestion des déchets. *La contribution, sous sa forme financière*, sera reversée par l'organisme agréé aux collectivités locales. À défaut de l'acquittement de cette contribution financière ou en nature, le producteur sera soumis à la taxe générale sur les activités polluantes (TGAP) au taux de 0,15 €/kg (notamment C. douanes, art. 266 *sexies*). La première version de l'article, introduit par la loi de finances rectificative pour 2003, a été partiellement déclarée non conforme à la Constitution par la décision n° 2003-488 DC du 29 décembre 2003 du Conseil constitutionnel. En effet, à l'occasion de cette décision, les juges ont considéré que le législateur, en opérant une discrimination à l'encontre des imprimés non nominatifs, qui seuls étaient visés par l'ECO contribution (ou la TGAP en cas de non-déclaration), a opéré une différence de traitement injustifiée au regard de l'objectif poursuivi, à savoir la protection de l'environnement. Ainsi au deuxième alinéa du I ainsi qu'aux 1, 2 et 4 du II de l'article 20 (C. env., art. 541.10.1) de la loi déférée, les mots « non nominatifs » ont été déclarés contraires à la Constitution (■ Cons. const., déc., 29 déc. 2003, n° 2003-488). Sur Ecofolio : en cas de défaut de déclaration et de versement volontaire de cette taxe, l'entreprise doit s'acquitter de la TGAP, l'imposition ayant la nature d'une taxe et non d'une sanction modulable (■ CA Rouen, 6 juin 2013, n° 12/00241, *Sté Thématique Médias Communication*).

III Procédure

10) Régularité de la Procédure en application du Code des douanes (art. R. 151-1 et s., art. 266 *sexies* et s., préc.

– **Sur le droit de communication et de saisie de l'administration des douanes prévu à l'article 65 du Code des douanes.** À propos du respect de l'ordre public économique et la prévention des infractions douanières, ainsi que des dispositions de l'article 8 de la Convention de sauvegarde des droits de l'Homme et des libertés fondamentales (■ Cass. com., 25 juin 2013, n° 11-16.254, 668, *Sté Coved*).

– Les prescriptions de l'article 63 *ter* du Code des douanes, concernant le droit d'accès aux locaux et lieux à usage professionnel et visites domiciliaires, ne sont pas applicables à l'exercice du droit de communication et de saisie prévu à l'article 65 du code (■ Cass. com., 25 juin 2013, n° 11-16.254, 668, *Sté Coved* préc.).

IV Recouvrement

11) Nature de l'obligation et fait générateur

La taxe est une contribution indirecte même si elle ne figure pas dans la liste des droits indirects donnée par le titre III du Code général des impôts. Elle doit donc être exclue de la valeur ajoutée à prendre en compte pour calculer le plafonnement de taxe professionnelle auquel a droit l'exploitant de l'installation sur le fondement des dispositions de l'article 1647 B *sexies* du Code général des impôts (■ CAA Bordeaux, 29 mars 2004, *Min. Éco., Finances et Industrie c/ SA Surca : Dr. fisc.* 2004, n° 585. – V. aussi ■ CE, 1er avr. 2005, n° 262687, *Sté Ecosita : Dr. fisc.* 2005, n° 485. ■ CAA Versailles,

9 janv. 2007, *Sté Fassa : Environnement* 2007, n° 121, obs. Billet).

La TGAP est due par tout exploitant d'une installation de stockage de déchets ménagers et assimilés, le fait générateur de cette taxe est constitué par la réception des déchets par l'exploitant.

12) **Conditions d'exonération**

Pour se prévaloir de l'exonération de la TGAP, l'exploitant doit montrer que l'unité de l'installation en cause ne concourt pas à l'élimination des déchets par stockage. ▪ Cass. com., 2 févr. 2016, n° 13-23.383. Ne sont pas des agents stabilisateurs et ne peuvent donc pas être exclues de l'assiette de la TGAP en application de l'instruction n° 00-199 du 20 novembre 2000, prévoyant le non-assujettissement à la taxe en faveur des substances ainsi qualifiées, les sciures fraîches ajoutées à des hydrocarbures avant leur réception dans les installations de la société, dont l'ajout n'améliore ni la rétention chimique des polluants ni ne diminue leur dangerosité pour l'environnement mais ne sert qu'à faciliter le transport des déchets et leur utilisation comme combustibles de substitution dans les fours cimentiers. ▪ Cass. com., 1er mars 2017, n° 14-15.623. 2) À noter également que le législateur a instauré en 2002 une exonération de TGAP au titre des réceptions de matériaux ou déchets inertes, dans la limite de 20 % de la quantité annuelle totale de déchets reçus par installation. Le montant de la taxe est obligatoirement supporté par le bénéficiaire de la prestation assurée par l'exploitant d'une telle installation, lequel se borne dès lors à collecter ladite taxe. La loi n° 2015-1785 de finances pour 2016 et la loi n° 2015-1786 de finances rectificative pour 2015 modifient la réglementation relative à la TGAP à partir du 1er janvier 2016, sur trois points : instauration de tarifs réduits dans les DOM au bénéfice des installations de stockage de déchets non dangereux situées en Guadeloupe, à la Martinique et à la Réunion ; modification des modalités de déduction des dons aux associations agréées de surveillance de la qualité de l'air (AASQA), de la TGAP due au titre des émissions polluantes ; obligation de télédéclaration et de téléréglement pour les redevables dont le montant de taxe due est supérieur à 100 000 €. Cette obligation sera généralisée à l'ensemble des redevables au 1er janvier 2017.

Art. L. 151-2 *(Abr., L. fin. rect. n° 2013-1279, 29 déc. 2013).*

CHAPITRE II. – ACTIONS EN RÉPARATION

Bibliographie : *Sur les dispositions de la loi du 17 juillet 2008.* B. Wertenschlag et T. Geib, *La prescription des dommages causés à l'« environnement » : AJDI* 2012, n° 10. • S. Hocquet-Berg, *La réparation des dommages dans le nouveau droit de la prescription : Rev. Lamy dr. aff.* 2009, p. 110. • G.-J. Martin, *Prescription et droit de l'environnement : RDC* 2008, p. 1468. • M. Boutonnet, *Réforme de la prescription civile et responsabilité environnementale : Environnement* 2008, n° 11, étude 14. • P. Billet, *Prescription des obligations financières liées à la réparation des atteintes à l'environnement : les affres du temps : JCP* A 2008, n° 31, act. 697.

Sur la réparation du préjudice écologique. P. Deebecque, *Le nouvel article 1246 du Code civil : bien des difficultés en perspective ! : Énergie – Env. – Infrastr.* 2017, n° 2, repère 2. • T. Fossier, *La répression des infractions au droit de l'environnement : AJ pénal* 2017, p. 525. • M. Hautereau-Boutonnet, *Faut-il accorder la personnalité juridique à la nature ? : D.* 2017, 1040. • M. Hautereau-Boutonnet et E. Truilhe-Marengo, *Quel modèle pour le procès environnemental ? : D.* 2017, p. 827. • C. Huglo, *De la difficulté d'appliquer les lois protectrices de l'environnement : Énergie – Env. – Infrastr.* 2017, n° 3, repère 3. • L. Neyret, *La consécration du préjudice écologique dans le Code civil : D.* 2017, p. 924. • M. Bacache, : *JCP* G 2016, n° 647. • P. Jourdain, *Réparation du préjudice écologique pur : les difficultés d'évaluation pécuniaire ne dispensent pas le juge d'en assurer la réparation : RTD civ.* 2016, p. 634. • A.-S. Epstein, *La réparation du préjudice écologique en droit commun de la responsabilité civile : D.* 2016, p. 1236. • M. Hautereau-Boutonnet, : *JCP* N 2016, n° 948. • B. Parance, : *JCP* N 2016, n° 648. • J.-M. Pastor, *Le Sénat veut intégrer le préjudice écologique dans le Code civil : D.* 28 janv. 2016. • J.-B. Perrier, *L'indemnisation et la nécessaire évaluation du préjudice écologique : AJ pénal* 2016, p. 320. • L. Priou-Alibert, *De la délicate évaluation du préjudice écologique : D.* 2016. • N. Reboul-Maupin, *Obligations réelles environnementales : chronique d'une naissance annoncée : D.* 2016, p. 2074. • A. Van Lang, *La loi biodiversité du 8 août 2016 : une ambivalence assumée : AJDA* 2016, p. 2381. • B. Busson, *L'action en réparation du préjudice moral subi par les associations de protection de l'environnement : AJDA* 2015, p. 1754. • M. Boutonnet et E. Truilhé-Marengo, *Réparation du dommage environnemental : les remèdes du droit interne face aux limites du droit de l'Union européenne : D.* 2015, p. 1196. • C. Fleuriot, *Criminalité écologique : ce que la chancellerie attend des parquets : D.* 2015. • B. Wertenschlag, B. Bacrot et J. Moreau, *La fiducie en matière environnementale : AJDI* 2015, 748. • L. Neyret, *Mieux sanctionner les crimes contre l'environnement : D.* 2015, 480. • F.-G. Trébulle, *La responsabilité environnementale, dix ans après l'entrée en vigueur de la Charte : AJDA* 2015, 503. • J. Martin, *Rapport pour la réparation du préjudice écologique : D.* 2013, p. 2347. • L. Neyret, *Le préjudice écologique : un levier pour la réforme du droit des obligations : D.* 2012, 2673. • V. Rebeyrol, *Où en est la réparation du préjudice écologique ? : D.* 2010, p. 1804. • A. Van Lang, *Affaire de l'Erika : la consécration du préjudice écologique par le juge judiciaire : AJDA* 2008, p. 934.

Art. L. 152-1 *(Mod., L. n° 2016-1087, 8 août 2016)* (1). – **Les obligations financières liées à la réparation des dommages causés à l'environnement par les installations, travaux, ouvrages et activités régis par le présent code se prescrivent par dix ans à compter du jour où le titulaire de l'action a connu ou aurait dû connaître la manifestation du dommage.**

Depuis l'intervention de la loi du 2016, les règles relatives à la prescription des obligations financières liées à la réparation des dommages environnementaux ont changé. Jusque-là, et en application de la loi du 17 juin 2008, était de 30 ans, par dérogation aux règles posées par l'article 2224 du Code civil aux termes duquel « les actions personnelles ou mobilières se prescrivent par cinq ans à compter du jour où le titulaire d'un droit a connu ou aurait dû connaître les faits lui permettant de l'exercer » et aux règles de l'article 2226 selon lequel « l'action en responsabilité née à raison d'un événement ayant entraîné un dommage corporel, engagée par la victime directe ou indirecte des préjudices qui en résultent, se prescrit par dix ans à compter de la date de la consolidation du dommage initial ou aggravé (...) ». mais cette même loi avait prévu dans un nouvel article 2232 du même code que « le report du point de départ (...) de la prescription ne peut avoir pour effet de porter le délai de la prescription extinctive au-delà de vingt ans à compter du jour de la naissance du droit ».

Des critiques s'étaient élevées sur ces différents délais et sur le fait qu'en contrepartie de sa longueur, le point de départ du délai était le fait générateur du dommage et non sa connaissance.

Désormais, la loi a changé les règles du jeu en fixant un délai de prescription de 10 ans mais en le faisant courir à compter de la connaissance du dommage ou de la date à laquelle ce dommage aurait dû être connu.

Ce délai est donc distinct de la prescription trentenaire de l'obligation de remise en état des sites pollués qui incombe à l'exploitant d'une installation classée et dont le fait générateur est la cessation d'activité (■ CAA Douai, 28 mai 2015, n° 13DA02130, *Sté Hutchinson : BDEI* juill. 2015, n° 1932 ; *Dr. env.* 2015, 293).

Voir : art. L. 161-4, p. 239 et C. civ., art. 2224.

TITRE VI. – PRÉVENTION ET RÉPARATION DE CERTAINS DOMMAGES CAUSÉS À L'ENVIRONNEMENT

1) La protection de l'environnement et surtout la protection de la nature est beaucoup mieux assumée, en théorie du moins, par des procédures de nature préventive plutôt que des procédés de réparation spécialement du dommage écologique ; il en va de même pour toute la partie pénale du droit de l'environnement qui ne devrait pas avoir de véritable intérêt (en dehors de sa fonction dissuasive) que s'il permet des opérations de restauration et de remise en état.

C'est pourquoi sur la question de la réparation du dommage écologique, il faut privilégier absolument la réparation en nature et la préférer à la réparation en compensation en monnaie, et c'est bien ce que prévoit la loi codifiée aux articles 1246 et suivants du Code civil (V. annexe).

L'idée fondamentale des procédures dites de compensation est de concilier à la fois le développement des projets et des travaux et la protection de la biodiversité.

Mais pour compenser ou même réparer, il faut établir l'état d'origine, un état zéro, un état de l'équilibre préalable détruit ou endommagé, d'où l'intérêt de l'évaluation environnementale (V. titre II, chapitre II).

2) L'étude d'impact a été instituée par la loi de 1976 qui eut en fait un préalable obligatoire avant toute décision : un décret du 11 octobre 1977 (D. n° 77-1141, 12 oct. 1977, pris pour l'application de l'article 2 de la loi n° 76-629 du 10 juillet 1976 relative à la protection de la nature : *JO* 13 oct. 1977, p. 4948) qui en avait fixé les limites.

L'étude d'impact peut être définie comme un document technique à contenu obligé sous la responsabilité du pétitionnaire et placé sous le contrôle du public, de l'administration et du juge.

Toute la fonction de l'étude d'impact n'est pas seulement d'être un document plaqué sur une réalité administrative qui resterait impénétrable après sa consultation sur la décision à prendre et surtout la possibilité de la refuser ou de la modifier en fonction des données de ce document technique.

(1) Dispositions applicables dans les îles Wallis-et-Futuna et dans les Terres australes et antarctiques françaises, L. n° 2016-1087, 8 août 2016, art. 4, V et IX.

En effet, la loi RBNP (L. n° 2016-1087, 8 août 2016, pour la reconquête de la biodiversité, de la nature et des paysages, *JO* 9 août 2016) a inscrit l'étude d'impact dans un processus qui est la processus de l'évaluation environnementale.

L'évaluation environnementale comprend trois phases : la réalisation du document technique, la procédure de consultation des communes intéressées et finalement la décision du préfet.

L'intérêt de la réforme est que, même s'agissant des procédures dites de déclarations, l'autorité administrative doit prendre un arrêté qui contiendra des conditions précises de réalisation et la demande d'autorisation.

Pour aller à l'essentiel, le nouveau dispositif mis en place résulte de l'ordonnance n° 2016-1058 du 3 août 2016, ratifiée par la loi du 2 mars 2018 (L. n° 2018-148, 2 mars 2018), et d'un décret n° 2016-110 du 11 août 2016 relatif à la modification des règles applicables à l'évaluation environnementale des projets, plans et programmes (complété par le décret n° 2017-626 du 25 avril 2017).

3) La loi n° 2016-1087 du 8 août 2016 pour la reconquête de la biodiversité, de la nature et des paysages a modifié l'article L. 110-1 du Code de l'environnement, qui prévoit que les « espaces, ressources et milieux naturels terrestres et marins, les sites, les paysages diurnes et nocturnes, la qualité de l'air, les êtres vivants et la biodiversité font partie du patrimoine commun de la nation » et que leur « protection, leur mise en valeur, leur restauration, leur remise en état, leur gestion, la préservation de leur capacité à évoluer et la sauvegarde des services qu'ils fournissent sont d'intérêt général ».

L'article 4 de cette même loi a inséré dans le livre III du Code civil un nouveau chapitre III intitulé « La réparation du préjudice écologique », créé à compter du 1er octobre 2016.

On rappellera qu'avant cette insertion dans le Code civil, le législateur avait consacré en 2008 la notion de dommage causé à l'environnement (L. n° 2008-757, 1er août 2008, dite loi LRE).

Mais, avant même le législateur, la jurisprudence et la doctrine ont de longue date reconnu le principe de réparation du préjudice écologique et tenté d'en rechercher l'étendue (V. en ce sens la décision concernant les boues rouges de la Montedison, ▪ TGI Bastia, 8 déc. 1976 : *D.* 1977, note Remond-Gouilloud Gautier, p. 427).

La réparation du préjudice écologique est ainsi une préoccupation ancienne pour la Haute Juridiction, qui a mis en exergue en 2012 l'existence d'un préjudice distinct du préjudice personnel ou moral « portant sur une atteinte directe ou indirecte portée à l'environnement et découlant de l'infraction » (arrêt Erika, ▪ Cass. crim., 25 sept. 2012, n° 10-82.938 ; arrêt LPO, ▪ Cass. crim., 22 mars 2016, n° 13-87.650).

Voir : Dir. n° 2004/35/CE du Parlement européen et du Conseil, 21 avr. 2004 sur la responsabilité environnementale en ce qui concerne la prévention et la réparation des dommages environnementaux (*JOUE* 20 avr. 2004). – L. n° 2008-757, 1er août 2008 relative à la responsabilité environnementale et à diverses dispositions d'adaptation au droit communautaire dans le domaine de l'environnement (*JO* 2 août 2008). – D. n° 2009-468, 23 avr. 2009 relatif à la prévention et à la réparation de certains dommages causés à l'environnement (*JO* 26 avr. 2009).

Bibliographie : *I. Rapports/guides.* L. Neyret et a., *La réparation du préjudice écologique en pratique*, APCEF, 2016, 52 p. – Commission européenne, *Rapport sur la responsabilité environnementale n° COM (2016) 204 final*, 14 avr. 2016. – Commissariat général au développement durable, *Analyse d'une méthode d'évaluation d'un dommage environnemental : la méthode ressource-ressource européenne : Études et documents* mai 2014, n° 104. – Ministère de la Justice, *Rapport « Jégouzo » pour la réparation du préjudice écologique*, sept. 2013. – Commissariat général au développement durable, *La loi responsabilité environnementale et ses méthodes d'équivalence. Guide méthodologique : Références* juill. 2012. – Commissariat général au développement durable, *Le nouveau régime de responsabilité environnementale : les méthodes d'équivalence pour une réparation en nature : Le Point sur* sept. 2011, n° 96. – Commissariat général au développement durable, *La directive « responsabilité environnementale » et ses méthodes d'équivalence : Études et documents* avr. 2010, n° 19. – Commission européenne, *Rapport sur la responsabilité environnementale n° COM (2010) 581 final*, 12 oct. 2010.

II. Articles de doctrine. M. Deguergue, *Responsabilité sanitaire et responsabilité environnementale : RDSS* 2019, 135. – Y. Aguila, *Petite typologie des actions climatiques contre l'État :AJDA* 2019, 1853. – C. Dubois, *Quand la responsabilité civile patouille dans une mare à grenouilles : D.* 2019, 419. – Fossier, *La répression des infractions au droit de l'environnement : AJ pénal* 2017, p. 525. – L. Neyret, *La consécration du préjudice écologique dans le Code civil : D.* 2017, p. 924. – P. Jourdain, *Réparation du préjudice écologique pur : les difficultés d'évaluation pécuniaire ne dispensent pas le juge d'en assurer la réparation : RTD civ.* 2016, p. 634. – L. Priou-Alibert, *De la délicate évaluation du préjudice écologique : D.* 2016. – A.-S. Epstein, *La réparation du préjudice écologique en droit commun de la responsabilité civile : D.* 2016, p. 1236. – J.-B. Perrier, *L'indemnisation et la nécessaire évaluation du préjudice écologique : AJ pénal* 2016, p. 320. – J.-M. Pastor, *Les députés valident une acception large du préjudice écolo-*

gique : *D.* 2016 ; *Le Sénat veut intégrer le préjudice écologique dans le Code civil : D.* 2016. – J. Malet-Vigneaux, *De la loi de 1976 à la loi de 2016 – Le préjudice écologique : après les hésitations, la consécration : Rev. jur. env.* 2016, p. 617. – F.-G. Trébulle, *La responsabilité environnementale, dix ans après l'entrée en vigueur de la Charte : AJDA* 2015, n° 9, p. 503. – M. Bary, *Vers l'inapplication de la responsabilité environnementale ? : LPA* 3 avr. 2014, p. 6. – Colloque de l'OEC, *Les enjeux d'une loi sur le préjudice écologique : Dossier spécial : Environnement et dev. durable* 2014, n° 10. – B. Godbillon, *Le préjudice écologique saisi par le droit : Experts* févr. 2014, n° 112. – M. Lucas, *Préjudice écologique et responsabilité – Pour l'introduction légale du préjudice écologique dans le droit de la responsabilité administrative : Environnement et dév. durable et dev. durable* 2014, n° 4, étude 6. – M. Bacache, *Quelle réparation pour le préjudice écologique ? : Environnement et dév. durable et dev. durable* 2013, n° 3, p. 26. – L. Fonbaustier, *Promouvoir et améliorer la réparation du préjudice écologique : JCP G* 2013, n° 40, p. 1773. – Ch. Jarlier-Clément et M.-A. Goutier-Sicari, *L'inéluctable prise en compte du dommage écologique par le juge administratif : AJDA* 2013, n° 12, p. 667. – F.-G. Trébulle, *Quelle prise en compte pour le préjudice écologique ? : Environnement et dév. durable et dev. durable* 2013, n° 3, étude 9. – S. Cassota et C. Verdure, *La directive 2004/35/CE sur la responsabilité environnementale : affinement des concepts et enjeux économiques : RDUE* 2012, n° 2, p. 233. – J.-G. Martin et L. Neyret, *Nomenclature des préjudices environnementaux*, LGDJ, 2012. – V. Ravit et O. Sutterlin, *Réflexions sur le destin du préjudice écologique : D.* 2012, n° 40, p. 2675. – A. Van Lang, *La directive « responsabilité environnementale » et le droit administratif : influences prévisibles et paradoxales : Environnement* 2005, n° 12, p. 9 ; *Dr. adm.* 2012, suppl. au n° 11, p. 29. – M.-P. Camproux-Duffrène, *Le contentieux de la réparation civile des atteintes à l'environnement après la loi du 1er août 2008 sur la responsabilité environnementale : Rev. Lamy dr. civ.* 2010, n° 71, p. 57. – S. Carval, *Pollutions anciennes et diffuses : que permet la directive n° 2004/35 ? : D.* 2010, p. 1399. – D. Hauguel et V. Ravit, *L'impact de la LRE sur les risques environnementaux : Décideurs Juridiques et Financiers* févr. 2010, n° 113, p. 98. – L. Lanoy, *Première interprétation de la directive sur la responsabilité environnementale : BDEI* 2010/28, p. 25 2010/28, p. 25. – P. Steichen, *Une interprétation extensive de la directive 2004/35/CE sur la responsabilité environnementale : Rev. jur. env.* 2010, n° 3, p. 503. – B. Berger et M.-P. Maître, *Responsabilité environnementale : mise en place du dispositif : Environnement et technique* juin 2009, n° 287, p. 60. – Ph. Billet, *Clefs de lecture du nouveau régime de responsabilité environnementale. À propos du décret n° 2009-468 du 23 avril 2009 relatif à la prévention et à la réparation de certains dommages causés à l'environnement : JCP A* 2009, n° 20, p. 33. – S. Carval, *Un intéressant hybride : la « responsabilité environnementale » de la loi n° 2008-757 du 1er août 2008 : D.* 2009, n° 24, p. 1652. – I. Doussan, *Le droit de la responsabilité civile français à l'épreuve de la « responsabilité environnementale » instaurée par la directive du 21 avril 2004 : LPA* 25 août 2009, n° 169, p. 3. – L. Fonbaustier, *L'action des collectivités locales dans le cadre de la loi du 1er août 2008 relative à la responsabilité environnementale : BDEI* 2009/20, p. 33. 2009/20, p. 33. – L. Fonbaustier, *Prévention et réparation des dommages causés à l'environnement par l'activité d'un exploitant. À propos du décret du 23 avril 2009 : JCP G* 2009, n° 20, p. 5. – A. Guégan, *La place de la responsabilité civile après la loi du 1er août 2008 : Environnement* 2009, p. 14. – B. Hagege-Raduta, *Le décret du 24 avril 2009 relatif à la prévention et à la réparation de certains dommages causés à l'environnement : les contours d'un régime enfin précisés : LPA* 14 juill. 2009, n° 139, p. 9. – Ch. Huglo, *Responsabilité environnementale : transposition de la directive 2004/35 du 21 avril 2004 : Environnement* 2009, n° 5, p. 27 ; *La responsabilité environnementale des entreprises : de la mise en cause à la mise en œuvre : Environnement et technique* juill.-août 2009, n° 288, p. 49. – N. Leblond, *Le préjudice écologique : JCl. Civil Code, art. 1382 à 1386*, fasc. 112, 11/2009. – J.-G. Martin, *Les effets de la responsabilité environnementale : de la réparation primaire à la réparation compensatoire : Environnement* 2009, p. 29. – L. Neyret, *La réparation du dommage du bioacteur : entre droit commun et droit spécial : BDEI* 2009/19, suppl., p. 71. – P. Steichen, *La responsabilité environnementale dans les sites Natura 2000 : RED env.* 2009, n° 3, p. 247. – D. Agniau-Canel, *L'instauration d'un nouveau régime de responsabilité dédié à la prévention et à la réparation des atteintes graves à l'environnement : Courrier jur. fin. et ind.* 2008, n° 54, p. 392. – I. d'Archimbaud, *Loi sur la responsabilité environnementale : de nouveaux risques à assurer : Lamy Assurances* nov. 2008, n° 155, p. 1. – Ph. Billet, *Prescription des obligations financières liées à la réparation des atteintes à l'environnement : les affres du temps : JCP A* 2008, n° 31, act. 697. – M. Boutonnet, *Réforme de la prescription civile et responsabilité civile environnementale : Environnement* 2008, n° 11, étude 14. – E. Cornu-Thénard, *La réparation du dommage environnemental. Étude comparative de la directive 2004/35 du 21 avril 2004 sur la responsabilité environnementale et de l'US Oil Pollution Act : Rev. jur. env.* 2008, n° 2, p. 175. – L. Fonbaustier, *Les nouvelles orientations du principe de responsabilité environnementale sous la dictée du droit communautaire.*

À propos de la loi du 1er août 2008 : *JCP G* 2008, n° 37, act. 544. – O. Fuchs, *Le régime de prévention et de réparation des atteintes environnementales issu de la loi du 1er août 2008* : *AJDA* 2008, n° 38, p. 2109. – D. Guihal, *Prévention et réparation de certains dommages à l'environnement* : *RJEP* 2008, n° 659, p. 3. – B. Hagege-Raduta, *Le Grenelle de l'environnement et la responsabilité environnementale : le défi d'une réforme « durable »* : *LPA* 23 juill. 2008, n° 147, p. 4. – D. Hedary, *La loi du 1er août 2008 sur la responsabilité environnementale : quel progrès pour l'environnement ?* : *Dr. env.* 2008, n° 163, p. 26. – Ch. Huglo, *Qu'apporte la loi sur la responsabilité environnementale du 1er août 2008 ?* : *LJA* 2008, n° 896, p. 1 ; *Regard du praticien publiciste sur la loi n° 2008-757 du 1er août 2008 relative à la responsabilité environnementale* : *Environnement* 2008, n° 11, p. 17 ; *Observations critiques sur la loi du 1er août 2008* : *AJDA* 2008, n° 38, p. 2116 ; *La prévention et la réparation des dommages de l'environnement après la loi du 1er août 2008* : *LPA* 24 nov. 2008, n° 235, p. 6. – A. Le Mouëllic, *La responsabilité environnementale* : *Courrier des maires et des élus locaux* oct. 2008, n° 217, p. 45. – Y. Mayaud, *La loi du 1er août 2008 relative à la responsabilité environnementale. Un texte aux retombées non négligeables pour les collectivités territoriales* : *Rev. Lamy coll. terr.* 2008/41, p. 23. – J.-Y. Ollier, *La responsabilité environnementale dans les groupes de sociétés* : *Rev. dr. et aff.* 2008, 5e éd., p. 40. – B. Parance, *À propos de la loi relative à la responsabilité environnementale* : *Rev. Lamy dr. civ.* 2008, n° 54, p. 15. – L. de Palmas, *Les entreprises devront réparer en nature les dommages causés* : *Mon. TP* 3 oct. 2008, n° 5471, p. 88. – B. Rajot, *La responsabilité environnementale ou la reconnaissance légale du préjudice écologique* : *Resp. civ. et assur.* 2008, n° 9, alerte 31. – Y. Razafindratandra, *La LRE : une première déclinaison du devoir de préservation de l'environnement consacré par la Charte* : *Dr. env.* 2008, n° 162, p. 3. – P. Savin, *Portée de la directive du 21 avril 2004 sur la responsabilité environnementale* : *Décideurs stratégie finance droit* sept. 2008, n° 97, p. 80. – M. Sousse, *De la responsabilité environnementale* : *Environnement* 2008, n° 11, p. 9. – F.-G. Trébulle, *La loi du 1er août 2008 relative à la responsabilité environnementale et le droit privé* : *BDEI* 2008/18, p. 37. – A. Gossement, *Avant-projet de la loi sur la responsabilité environnementale, vers le principe « pollué-payeur » ?* : *Dr. env.* 2007, n° 145, p. 4. – P. Kromarek, *L'actualité de la responsabilité environnementale de l'entreprise* : *Environnement* 2006, n° 10, p. 11. – J.-P. Delvigne, *La directive sur la responsabilité environnementale : une application du principe pollueur-payeur* : *Dr. env.* 2004, n° 121, p. 160. – C. Hermon, *La réparation du dommage écologique, les perspectives ouvertes par la directive du 21 avril 2004* : *AJDA* 2004, p. 1792. – Ch. Jarlier-Clément et M.-A. Goutier-Sicari, *La directive sur la responsabilité environnementale : originalités et incohérences d'un régime juridique novateur* : *BDEI* 2004/4, p. 10. – P. Kromarek et M. Jacqueau, *Réflexions autour de la transposition de la directive sur la responsabilité environnementale en droit français* : *Environnement* 2004, n° 11, p. 7. – P. Thieffry, *La directive sur la responsabilité environnementale enfin adoptée* : *LPA* 21 avr. 2004, n° 102, p. 5. – J.-G. Martin, *Le Livre Blanc sur la responsabilité environnementale* : *JCP G* 2000, n° 17, p. 723.

Voir : V. C. civ., art. 1246 à 1252, p. 235 et art. 2226-1, p. 236.

Code civil

Chapitre III. – De la réparation du préjudice écologique

Art. 1246. – Toute personne responsable d'un préjudice écologique est tenue de le réparer.

Pour une première application : ▪ T. corr. Marseille, 6 mars 2020, D. 2020. 1553.

Art. 1247. – Est réparable, dans les conditions prévues au présent titre, le préjudice écologique consistant en une atteinte non négligeable aux éléments ou aux fonctions des écosystèmes ou aux bénéfices collectifs tirés par l'homme de l'environnement.

Art. 1248 *(Mod. L. n° 2019-773, 24 juill. 2019)*. **–** L'action en réparation du préjudice écologique est ouverte à toute personne ayant qualité et intérêt à agir, telle que l'État, l'Office français de la biodiversité, les collectivités territoriales et leurs groupements dont le territoire est concerné, ainsi que les établissements publics et les associations agréées ou créées depuis au moins cinq ans à la date d'introduction de l'instance qui ont pour objet la protection de la nature et la défense de l'environnement.

Art. 1249. – La réparation du préjudice écologique s'effectue par priorité en nature.

En cas d'impossibilité de droit ou de fait ou d'insuffisance des mesures de réparation, le juge condamne le responsable à verser des dommages et intérêts, affectés à la réparation de l'environnement, au demandeur ou, si celui-ci ne peut prendre les mesures utiles à cette fin, à l'État.

L'évaluation du préjudice tient compte, le cas échéant, des mesures de réparation déjà intervenues, en particulier dans le cadre de la mise en œuvre du titre VI du livre Ier du Code de l'environnement.

Art. 1250. – En cas d'astreinte, celle-ci est liquidée par le juge au profit du demandeur, qui l'affecte à la réparation de l'environnement ou, si le demandeur ne peut prendre les mesures utiles à cette fin, au profit de l'État, qui l'affecte à cette même fin.

Le juge se réserve le pouvoir de la liquider.

Art. 1251. – Les dépenses exposées pour prévenir la réalisation imminente d'un dommage, pour éviter son aggravation ou pour en réduire les conséquences constituent un préjudice réparable.

Art. 1252. – Indépendamment de la réparation du préjudice écologique, le juge, saisi d'une demande en ce sens par une personne mentionnée à l'article 1386-21, peut prescrire les mesures raisonnables propres à prévenir ou faire cesser le dommage.

Art. 2226-1. – L'action en responsabilité tendant à la réparation du préjudice écologique réparable en application du titre IV *ter* du présent livre se prescrit par dix ans à compter du jour où le titulaire de l'action a connu ou aurait dû connaître la manifestation du préjudice écologique.

Art. L. 160-1. – Le présent titre définit les conditions dans lesquelles sont prévenus ou réparés, en application du principe pollueur-payeur et à un coût raisonnable pour la société, les dommages causés à l'environnement par l'activité d'un exploitant.

L'exploitant s'entend de toute personne physique ou morale, publique ou privée, qui exerce ou contrôle effectivement, à titre professionnel, une activité économique lucrative ou non lucrative.

1) Consécration du régime. C'est avec un certain retard, justifiant la condamnation de la France pour manquement (■ CJCE, 11 déc. 2008, aff. C-330/08, *Commission c/ France*), que la loi n° 2008-757 du 1er août 2008 relative à la responsabilité environnementale (*JO* 2 août 2008) a assuré la transposition en droit interne de la directive n° 2004/35/CE du 21 avril 2004 du Parlement européen et du Conseil sur la responsabilité environnementale. Ce texte consacre le principe pollueur-payeur et met en place un système de police administrative visant à assurer la prévention et la réparation des seuls dommages causés à l'environnement par l'activité d'un exploitant. Les modalités d'application de ce régime ont été précisées par le décret n° 2009-468 du 23 avril 2009 relatif à la prévention et à la réparation de certains dommages causés à l'environnement (*JO* 26 avr. 2009), codifié aux articles R. 161-1 à R. 162-13 du présent code.

2) Notion d'exploitant. Une société ne peut être reconnue comme coexploitante d'une station-service au sens de l'article L. 160-1 dès lors qu'il existe déjà une décision prise sur le fondement de la police des installations classées qui identifie un seul exploitant (■ CAA Nantes, 3 oct. 2016, n° 15NT01257, *SARL Éts Carlier*).

3) Exclusion des propriétaires. Les personnes autres que les exploitants, en l'occurrence les propriétaires de sols pollués, ne relèvent pas du champ d'application de la directive n° 2004/35/CE (■ CJCE, 4 mars 2015, aff. C-534/13, *Fipa Group et a. : BDEI* mai 2015, n° 57, p. 5, *L'éclairage communautaire sur la responsabilité du propriétaire non exploitant d'un site pollué ou encombré par des déchets*, comm. M.-L. La Ville-Baugé ; *Europe* 2015, n° 5, p. 33, *Champ d'application de la responsabilité environnementale*, comm. S. Roset ; *D.* 2015, n° 20, *Réparation du dommage environnemental : les remèdes du droit interne face aux limites du droit de l'Union européenne*, comm. M. Boutonnet et E. Truilhe-Marengo, p. 1196 ; *Énergie – Env. – Infrastr.* 2015, n° 6, p. 35, *Sols et responsabilité environnementale : la situation du propriétaire auquel la pollution n'est pas imputable*, comm. F.-G. Trébulle ; *Rev. jur. env.* 2015, n° 3, p. 571, *Pollutions industrielles*, comm. C. Touzot).

CHAPITRE Ier. – CHAMP D'APPLICATION

Art. L. 161-1 *(Mod., L. n° 2016-1087, 8 août 2016)*. **– I. – Constituent des dommages causés à l'environnement au sens du présent titre les détériorations directes ou indirectes mesurables de l'environnement qui :**

1° Créent un risque d'atteinte grave à la santé humaine du fait de la contamination des sols résultant de l'introduction directe ou indirecte, en surface ou dans le sol, de substances, mélanges, organismes ou micro-organismes ;

2° Affectent gravement l'état écologique, chimique ou quantitatif ou le potentiel écologique des eaux, y compris celles de la zone économique exclusive, de la mer territoriale et des eaux intérieures françaises, à l'exception des cas prévus au VII de l'article L. 212-1 ;

3° Affectent gravement le maintien ou le rétablissement dans un état de conservation favorable :

***a)* Des espèces visées au 2 de l'article 4, à l'annexe I de la directive 79/409/CEE du Conseil, du 2 avril 1979, concernant la conservation des oiseaux sauvages et aux annexes II et IV de la directive 92/43/CEE du Conseil, du 21 mai 1992, concernant la conservation des habitats naturels ainsi que de la faune et de la flore sauvages ;**

***b)* Des habitats des espèces visées au 2 de l'article 4, à l'annexe I de la directive 79/409/CEE du Conseil, du 2 avril 1979, précitée et à l'annexe II de la directive 92/43/CEE du Conseil, du 21 mai 1992, précitée ainsi que des habitats naturels énumérés à l'annexe I de la même directive 92/43/CEE du Conseil, du 21 mai 1992 ;**

***c)* Des sites de reproduction et des aires de repos des espèces énumérées à l'annexe IV de la directive 92/43/CEE du Conseil, du 21 mai 1992, précitée ;**

4° Affectent les services écologiques, c'est-à-dire les fonctions assurées par les sols, les eaux et les espèces et habitats mentionnés au 3° au bénéfice d'une de ces ressources naturelles ou au bénéfice du public, à l'exclusion des services rendus au public par des aménagements réalisés par l'exploitant ou le propriétaire.

II. – Le présent titre ne s'applique pas aux dommages ou à la menace imminente des dommages visés au 3° du I causés par :

1° La réalisation des programmes ou projets d'activités, de travaux, d'aménagements, d'ouvrages ou d'installations ainsi que des manifestations et interventions dans le milieu naturel ou le paysage dès lors qu'ils ont été autorisés ou approuvés dans les conditions définies à l'article L. 414-4 ;

2° Une activité autorisée ou approuvée en application des articles L. 411-2, L. 411-4, L. 411-5 ou L. 411-6, dès lors que les prescriptions découlant de ces articles ont été respectées.

III. – Constitue une menace imminente de dommage causé à l'environnement pour l'application du présent titre une probabilité suffisante que survienne un tel dommage dans un avenir proche.

1) Atteinte à l'environnement (et non à l'Homme). Le rejet de 40 000 litres d'acide sulfurique par une usine de traitement de nickel dans un cours d'eau, provoquant la disparition temporaire de toute vie aquatique dans un lagon à la biodiversité exceptionnelle et classé au patrimoine mondial de l'humanité, génère plusieurs catégories de préjudices. Dans ce cadre, la cour d'appel de Nouméa reprend l'apport de la doctrine pour distinguer clairement les préjudices causés à l'environnement et les préjudices causés à l'homme (cf. L. Neyret et G.-J. Martin, *Nomenclature des préjudices environnementaux*, LGDJ 2012). Elle précise que les préjudices causés à l'environnement « *s'entendent de l'ensemble des atteintes causées aux écosystèmes dans leur composition, leurs structures et/ou leur fonctionnement ; que ces préjudices se manifestent par une atteinte aux éléments et/ou aux fonctions des écosystèmes, au-delà et indépendamment de leurs répercussions sur les intérêts humains* ». La cour rappelle que l'atteinte est préjudiciable lorsqu'elle peut être qualifiée, comme en l'espèce, de grave. C'est ainsi que la cour relève l'atteinte causée aux eaux, aux milieux aquatiques et à leurs fonctions ainsi que l'atteinte causée aux espèces et à leurs fonctions, ces dernières étant définies comme les « *interactions entre les éléments et les processus biologiques et biophysiques qui permettent le maintien et le fonctionnement des écosystèmes* », qu'elle indemnise à hauteur de 80 000 €. Elle accorde également la somme de 50 000 € en réparation des préjudices causés à l'homme, liés en l'espèce à l'atteinte aux services écologiques et aux missions de protection de l'environnement (CA Nouméa, ch. corr., 25 févr. 2014, n° 2010/556, *Sté Vale Nouvelle-Calédonie SAS : Préjudice écologique : première application de l'Eco-nomenclature : D.* 2014, n° 11, p. 669, comm. G.-J. Martin ; *L'après Erika devant les juges du fond : JCP G* 2014, n° 19, p. 948, comm. M. Boutonnet ; *Une nouvelle définition du préjudice écologique proposée par la cour d'appel de Nouméa : Dr. env.* 2014, n° 228, p. 397).

Voir : Sur la distinction avec le préjudice civil, comm. sous art. L. 162-2, p. 240.

2) Réalité du préjudice. Une collectivité n'est pas en mesure de démontrer une atteinte environnementale à ses territoires, lorsque l'exploitant responsable d'une pollution littorale a pris en charge des mesures de remise en état (ou les frais afférents) (T. corr. St-Nazaire, 17 janv. 2012, n° 08000004388, *SA Total Raffinage Marketing : Dr. env.* 2012, n° 202, p. 201, *Vers une stabilisation de la réparation du dommage environnemental ?*, comm. K. Le Couviour ; conf. par ▪ CA Rennes, 27 sept. 2013, n° 12/02138, *SA Total Raffinage Marketting*). L'atteinte à l'environnement doit présenter un caractère certain (▪ TA Montreuil, 24 janv. 2013, n°s 1104067 et 1110809, *Cne d'Aulnay-sous-Bois*) mais peut être limitée dans le temps et dans l'espace (CA Nouméa, ch. corr., 25 févr. 2014, n° 2010/556, *Sté Vale Nouvelle-Calédonie SAS*, préc.).

3) Projets exclus. Un permis d'aménager en vue de la démolition de trois bâtiments et de la construction d'une halte nautique, délivré conformément à la réglementation de l'urbanisme, ne saurait être considéré comme une menace imminente de préjudices pour l'environnement (▪ CAA Bordeaux, 17 déc. 2013, n° 12BX03110, *Assoc. Vive la Forêt*).

Eu égard aux impacts financiers pour la société requérante de l'exécution de l'arrêté en cause qui prononce notamment l'arrêt définitif de l'exploitation de l'installation de stockage des déchets inertes et la remise en état du site, à ses conséquences en termes d'emploi, ainsi qu'à l'intérêt public lié à l'insuffisance, dans la région concernée, des sites de stockage de déchets inertes ainsi qu'au préjudice écologique susceptible d'être causé par report de sa clientèle vers des sites plus éloignés, la condition d'urgence au sens de l'article L. 521-1 du Code de justice administrative doit être regardée comme remplie. L'exécution de l'arrêté du préfet des Bouches-du-Rhône est suspendue (▪ CE, ord., 31 mars 2017, n° 403297, *Sté commercialisation décharge et travaux publics c/ Préfet des Bouches-du-Rhône : Énergie – Env. – Infrastr.* 2017, n° 35, concl. Dutheillet de Lamothe).

4) Prescription. La Cour retient le délai de prescription de droit commun pour un site pollué dont l'exploitant initial était parti depuis plus de 30 ans (▪ CA Versailles, 20 déc. 2018, n° 17/009792018, *Sté EUROVIA CENTRE LOIRE c/ Julienne, Sylvestre R.*).

Art. L. 161-2. – **Le présent titre ne s'applique pas aux dommages à l'environnement ou à la menace imminente de tels dommages :**

1° Causés par un conflit armé, une guerre civile ou une insurrection ;

2° Résultant d'activités menées principalement dans l'intérêt de la défense nationale ou de la sécurité internationale autres que celles soumises à déclaration ou autorisation et prévues par les articles L. 214-1 à L. 214-10 et par le titre Ier du livre V ;

3° Causés par un phénomène naturel de nature exceptionnelle, inévitable et irrésistible ;

4° Résultant d'activités dont l'unique objet est la protection contre les risques naturels majeurs ou les catastrophes naturelles ;

5° Résultant d'un événement soumis à un régime de responsabilité ou d'indemnisation prévu par les conventions internationales mentionnées à l'annexe IV de la directive 2004/35/CE du Parlement européen et du Conseil, du 21 avril 2004, sur la responsabilité environnementale en ce qui concerne la prévention et la réparation des dommages environnementaux, à compter de leur entrée en vigueur sur le territoire de la République française ;

6° Résultant d'activités relevant du traité instituant la Communauté européenne de l'énergie atomique, ou d'un incident ou d'une activité entrant dans le champ d'application des conventions visées à l'annexe V de la directive 2004/35/CE du Parlement européen et du Conseil, du 21 avril 2004, précitée ;

7° Causés par une pollution à caractère diffus, sauf si un lien de causalité entre les dommages ou leur menace et les activités des différents exploitants est établi par l'autorité visée au 2° de l'article L. 165-2, qui peut demander à l'exploitant les évaluations et informations nécessaires.

Pollution diffuse. Conformément à l'alinéa 7° de l'article L. 161-2, le régime de prévention et de réparation des dommages environnementaux ne s'applique pas aux pollutions à caractère diffus, sauf si le préfet démontre l'existence d'un lien de causalité. La Cour de justice de l'Union européenne a toutefois ouvert la voie vers une présomption du lien de causalité, même en cas de pollution diffuse (V. sous art. L. 162-1, p. 239).

Application du principe de responsabilité sur cette base mais inapplication au cas de l'espèce (▪ CA Versailles, 3e ch., 20 déc. 2018, n° 17/00979).

Art. L. 161-3. – **Le présent titre s'applique sans préjudice du droit pour un propriétaire de navire de limiter sa responsabilité en application de la convention de Londres du 19 novembre 1976 sur la limitation de la** ***responsabilité en matière de créances maritimes*** (1) **et, à compter de son entrée en vigueur sur le territoire de la République française, de la convention de Strasbourg du 4 novembre 1988 sur la limitation de la responsabilité en navigation intérieure.**

(1) Conv. publiée par D. n° 86-1371, 23 déc. 1986. – NDLR.

Art. L. 161-4. – Le présent titre ne s'applique pas lorsque plus de trente ans se sont écoulés depuis le fait générateur du dommage.

Principe. L'article L. 161-4 consacre la règle d'une prescription trentenaire à compter du fait générateur du dommage. Il retient ainsi une solution identique à celle prévue par la prescription civile prévue par l'article L. 152-1 relatif aux obligations financières liées à la réparation des dommages causés à l'environnement par les installations, travaux, ouvrages et activités régis par le Code de l'environnement, et à celle relative à la prescription applicable aux travaux de remise en état des installations classées pour la protection de l'environnement (▪ CE, 8 juill. 2005, n° 247976, *Sté Alusuisse-Lonza-France*).

Art. L. 161-5. – Le présent titre n'est pas applicable non plus :

1° Lorsque le fait générateur du dommage est survenu avant le 30 avril 2007 ;

2° Lorsque le fait générateur du dommage résulte d'une activité ayant définitivement cessé avant le 30 avril 2007.

Exclusion du fait générateur antérieur au 30 avril 2007. Le déversement de la cargaison de l'Erika est exclu de l'application du régime de responsabilité environnementale, dès lors que son fait générateur est intervenu avant le 30 avril 2007 (▪ CA Paris, 30 mars 2010, n° 08/02278. – Confirmé par ▪ Cass. crim., 25 sept. 2012, n° 10-82.938).

CHAPITRE II. – RÉGIME

Section I. – Principes

Art. L. 162-1 *(Mod., L. n° 2021-1104, 22 août 2021)*. **– Sont prévenus ou réparés selon les modalités définies par le présent titre :**

1° Les dommages causés à l'environnement par les activités professionnelles dont la liste est fixée par le décret prévu à l'article L. 165-2 ou par les activités régies par le Code minier relevant du régime légal des mines ou du régime légal des stockages souterrains, y compris en l'absence de faute ou de négligence de l'exploitant ;

2° Les dommages causés aux espèces et habitats visés au 3° du I de l'article L. 161-1 par une autre activité professionnelle que celles mentionnées au 1° du présent article, en cas de faute ou de négligence de l'exploitant.

Le lien de causalité entre l'activité et le dommage est établi par l'autorité visée au 2° de l'article L. 165-2 qui peut demander à l'exploitant les évaluations et informations nécessaires.

1) Double régime de responsabilité. L'article L. 162-1 prévoit un régime de responsabilité variable selon la nature de l'activité se trouvant à l'origine du dommage. Ainsi, la responsabilité sans faute d'un exploitant peut être engagée lorsqu'il exerce l'une des activités professionnelles listées à l'article R. 162-1. En dehors de ce cadre, la responsabilité de l'exploitant ne pourra être engagée que s'il a commis une faute ou une négligence causant des dommages qui affectent gravement le maintien ou le rétablissement dans un état de conservation favorable, des espèces et habitats visés à l'article L. 161-1.

2) Présomption du lien de causalité. La Cour de justice de l'Union européenne a considéré que la directive n° 2004/35/CE ne s'oppose pas à ce qu'une réglementation nationale autorise l'autorité compétente à présumer d'un lien de causalité entre le dommage environnemental et l'activité d'un exploitant, y compris dans les cas de pollutions à caractère diffus. Cependant, en application du principe pollueur-payeur, l'autorité doit disposer d'« *indices plausibles* » lui permettant de présumer de ce lien de causalité, tels que la proximité d'une installation par rapport à la zone de pollution et la correspondance entre les substances polluantes retrouvées et les composants utilisés par l'exploitant dans le cadre de ses activités (▪ CJUE, gde ch., 9 mars 2010, aff. C-378/08, C-379/08 et C-380/08, *Raffinerie Méditerranée (ERG) et a.* : *Rev. jur. env.* 2010, n° 3, p. 503, note P. Steichen ; *Environnement et dév. durable* 2010, n° 5, p. 40, note T. Garancher et A.-E. Sire-Albrecht ; *Rev. Lamy dr. civ.* 2010, n° 72, p. 59, chron. B. Parance ; *BDEI* juill. 2010, n° 28, p. 25, comm. L. Lanoy ; *Rev. Lamy dr. aff.* 2010, n° 51, p. 80, comm. M.-P. Blin-Franchomme. – CJUE, 8e ch., 9 mars 2010, aff. C-478/08 et C-479/08, *Buzzi Unicem SpA et a.* : *Dr. env.* déc. 2011, n° 196, p. 360, comm. Y. Razafindratandra).

3) Responsabilité de la société mère. Créé par la loi n° 2010-788 du 12 juillet 2010 portant engagement national pour l'environnement, dite loi Grenelle II, l'article L. 233-5-1 du Code du commerce permet à une société qui contrôle, détient une participation ou possède la moitié du capital d'une autre société au sens des articles L. 233-1 à L. 233-3 du Code du commerce, de prendre à sa charge, en cas de défaillance de la société qui lui est liée, tout ou partie des obligations qui incombent à cette dernière en vertu des articles L. 162-1 à L. 162-9. Dans cette hypothèse, la décision par laquelle s'engage cette société est soumise, selon la forme de la société, à la procédure mentionnée aux articles L. 223-19, L. 225-38, L. 225-86, L. 226-10 ou L. 227-10 du Code du commerce.

Voir : Sur un complément de jurisprudence, comm. sous art. R. 162-1, p. 1677.

Art. L. 162-2 ***(L. n° 2008-757, 1er août 2008).*** **– Une personne victime d'un préjudice résultant d'un dommage environnemental ou d'une menace imminente d'un tel dommage ne peut en demander réparation sur le fondement du présent titre.**

1) Distinction avec le préjudice civil. L'article L. 162-2 exclut les atteintes causées aux personnes survenues à la suite d'un dommage environnemental ou en cas de menace imminente d'un tel dommage. La directive n° 2004/35/CE précise en effet qu'elle n'est pas applicable aux dommages corporels, aux dommages aux biens privés ni aux pertes économiques, sans pour autant affecter les droits résultant de ces catégories de dommages. Ces dommages peuvent être réparés au titre de la responsabilité civile et pénale de droit commun. Le régime issu de la loi n° 2008-757 étant encore inappliqué, notamment en raison de son champ d'application limité, la notion de préjudice écologique « pur » a été ajoutée dans le Code civil. V. champ d'application, comm. sous art. L. 161-1, p. 236.

2) Articulation avec le préjudice civil. L'article L. 162-2 n'exclut pas une indemnisation de droit commun que peuvent exercer les associations agréées de protection de l'environnement (▪ CA Rennes, 27 sept. 2013, n° 12/02138, *SA Total Raffinage Marketting*, conf. par ▪ Cass. crim., 22 mars 2016, n° 13-87.650 : *JCP* G 2016, n° 23, p. 1119, note M. Bacache, p. 1123, note B. Parance ; *D.* 2016, n° 21, p. 1236, note A.-S. Epstein). Il n'en demeure pas moins qu'une association ne peut demander réparation, sur le fondement du présent titre, du préjudice moral ou « écologique » que lui aurait personnellement causé l'inertie de l'État (▪ CAA Nancy, 13 févr. 2014, n° 13NC00141, *LPO de Champagne-Ardenne : Dr. env.* 2014, n° 224, p. 230, obs. Mabile et Herzog. ▪ CAA Marseille, 15 déc. 2015, n° 15MA00600, *Cne d'Aulnay-sous-Bois : Dr. env.* 2016, n° 243, p. 113, *Responsabilités du maire et du préfet en cas de carence dans la protection d'un site utilisé comme dépôt de déchets*, comm. S. Deliancourt).

Section II. – Mesures de prévention ou de réparation des dommages

Sous-section 1. – Mesures de prévention

Art. L. 162-3 ***(L. n° 2008-757, 1er août 2008).*** **– En cas de menace imminente de dommage, l'exploitant prend sans délai et à ses frais des mesures de prévention afin d'en empêcher la réalisation ou d'en limiter les effets. Si la menace persiste, il informe sans délai l'autorité visée au 2° de l'article L. 165-2 de sa nature, des mesures de prévention qu'il a prises et de leurs résultats.**

Art. L. 162-4 ***(L. n° 2008-757, 1er août 2008).*** **– En cas de dommage, l'exploitant en informe sans délai l'autorité visée au 2° de l'article L. 165-2. Il prend sans délai et à ses frais des mesures visant à mettre fin à ses causes, à prévenir ou à limiter son aggravation ainsi que son incidence sur la santé humaine et sur les services écologiques.**

Art. L. 162-5 ***(Mod., Ord. n° 2019-964, 18 sept. 2019).*** **– Pour mettre en œuvre dans les propriétés privées les mesures de prévention prévues par la présente sous-section, l'exploitant doit préalablement recueillir l'autorisation écrite des propriétaires, des titulaires de droits réels, de leurs ayants droit ou, le cas échéant, des titulaires d'un droit de jouissance. Il peut conclure avec eux une convention prévoyant, le cas échéant, les termes de l'autorisation ou le versement d'une indemnité pour occupation de terrain.**

À défaut d'accord amiable ou en cas d'urgence, l'autorisation peut être donnée par le président du tribunal judiciaire ou un magistrat désigné par lui.

NB : Conformément à l'article 36 de l'ordonnance n° 2019-964 du 18 septembre 2019, ces dispositions entrent en vigueur au 1er janvier 2020.

Sous-section 2. – Mesures de réparation

Art. L. 162-6 *(L. n° 2008-757, 1er août 2008).* – L'autorité visée au 2° de l'article L. 165-2 procède à l'évaluation de la nature et des conséquences du dommage. Elle peut demander à l'exploitant d'effectuer sa propre évaluation.

Art. L. 162-7 *(L. n° 2008-757, 1er août 2008).* – L'exploitant soumet à l'approbation de l'autorité visée au 2° de l'article L. 165-2 les mesures de réparation appropriées au regard des objectifs définis aux articles L. 162-8 et L. 162-9.

Art. L. 162-8 *(L. n° 2008-757, 1er août 2008).* – Dans les cas visés au 1° du I de l'article L. 161-1, les mesures de réparation doivent permettre de supprimer tout risque d'atteinte grave à la santé humaine en tenant compte de l'usage du site endommagé existant ou prévu au moment du dommage, apprécié notamment en fonction des documents d'urbanisme en vigueur à cette date. La possibilité d'une réparation du sol par régénération naturelle doit être envisagée.

Art. L. 162-9 *(L. n° 2008-757, 1er août 2008).* – Les mesures de réparation des dommages affectant les eaux et les espèces et habitats mentionnés aux 2° et 3° du I de l'article L. 161-1 visent à rétablir ces ressources naturelles et leurs services écologiques dans leur état initial et à éliminer tout risque d'atteinte grave à la santé humaine. L'état initial désigne l'état des ressources naturelles et des services écologiques au moment du dommage, qui aurait existé si le dommage environnemental n'était pas survenu, estimé à l'aide des meilleures informations disponibles.

La réparation primaire désigne toute mesure par laquelle les ressources naturelles et leurs services visés au premier alinéa retournent à leur état initial ou s'en approchent. La possibilité d'une réparation par régénération naturelle doit être envisagée.

Lorsque la réparation primaire n'aboutit pas à ce retour à l'état initial ou à un état s'en approchant, des mesures de réparation complémentaire doivent être mises en œuvre afin de fournir un niveau de ressources naturelles ou de services comparable à celui qui aurait été fourni si le site avait été rétabli dans son état initial. Elles peuvent être mises en œuvre sur un autre site, dont le choix doit tenir compte des intérêts des populations concernées par le dommage.

Des mesures de réparation compensatoire doivent compenser les pertes intermédiaires de ressources naturelles ou de services survenant entre le dommage et la date à laquelle la réparation primaire ou complémentaire a produit son effet. Elles peuvent être mises en œuvre sur un autre site et ne peuvent se traduire par une compensation financière.

Niveaux de réparation. L'exploitant doit mettre en œuvre des mesures de réparation en respectant un ordre de priorité. Ainsi, la réparation dite « primaire » doit être envisagée en premier lieu, afin de rétablir le milieu naturel dans son état initial. Si cette réparation ne peut aboutir, l'exploitant doit mettre en œuvre une réparation dite « complémentaire », afin de fournir un niveau de ressources et de services comparable à celui qui aurait été fourni si le site avait été rétabli dans son état initial. En outre, l'exploitant prévoit une réparation « compensatoire » dont l'objectif est de réparer la perte de ressources ou de services survenue entre le dommage et la date de la réparation primaire ou complémentaire.

Art. L. 162-10 *(L. n° 2008-757, 1er août 2008).* – Après avoir, le cas échéant, demandé à l'exploitant de compléter ou modifier ses propositions, l'autorité visée au 2° de l'article L. 165-2 les soumet pour avis aux collectivités territoriales ou à leurs groupements, aux établissements publics et aux associations de protection de l'environnement concernés en raison de leur objet, de la localisation, de l'importance ou de la nature du dommage. Elle les soumet également aux personnes susceptibles d'être affectées par les mesures de réparation. Elle peut les mettre à disposition du public.

Art. L. 162-11 *(L. n° 2008-757, 1er août 2008).* – Après avoir mis l'exploitant en mesure de présenter ses observations, l'autorité visée au 2° de l'article L. 165-2 lui prescrit, par une décision motivée, les mesures de réparation appropriées.

Art. L. 162-12 *(Mod., L. n° 2020-105, 10 févr. 2020).* – I. – Les mesures de réparation prescrites par l'autorité visée au 2° de l'article L. 165-2 sont mises en œuvre dans les propriétés privées dans les conditions prévues à l'article L. 162-5.

II. – Pour faciliter cette mise en œuvre, l'autorité visée au 2° de l'article L. 165-2 peut, si l'étendue des surfaces ou le nombre de propriétaires de terrains affectés par ces mesures le justifie :

1° Appliquer, pour la réalisation des travaux, la loi du 29 décembre 1892 sur les dommages causés à la propriété privée par l'exécution des travaux publics ;

2° Instituer des servitudes d'utilité publique sur les terrains affectés par les mesures de réparation ; ces servitudes peuvent comporter la limitation ou l'interdiction de l'usage ou des modifications du sol et du sous-sol ; elles sont instituées et indemnisées dans les conditions prévues par les articles L. 515-9 à L. 515-11 ;

3° Demander que soient déclarés d'utilité publique les travaux de réparation et, le cas échéant, l'acquisition au profit d'une personne publique des immeubles affectés par les dommages.

Section III. – Pouvoirs de police administrative

Art. L. 162-13 *(Mod. à compter du 1er juillet 2013, Ord. n° 2012-34, 11 janv. 2012).* – En cas de menace imminente de dommage, ou lorsqu'un tel dommage est survenu, l'autorité visée au 2° de l'article L. 165-2 peut à tout moment demander à l'exploitant tenu de prévenir ou de réparer les dommages en vertu du présent titre de lui fournir toutes les informations utiles relatives à cette menace ou à ce dommage et aux mesures de prévention ou de réparation prévues par le présent titre.

Art. L. 162-14 *(Rempl. à compter du 1er juillet 2013, Ord. n° 2012-34, 11 janv. 2012).* – Lorsque l'exploitant n'a pas pris les mesures prévues aux articles L. 162-3 et L. 162-4 ou qu'il n'a pas mis en œuvre les mesures de réparation prescrites en application de l'article L. 162-11, l'autorité mentionnée au 2° de l'article L. 165-2 met en œuvre les dispositions prévues à l'article L. 171-8.

Art. L. 162-15 *(L. n° 2008-757, 1er août 2008).* – En cas d'urgence et lorsque l'exploitant tenu de prévenir ou de réparer les dommages en vertu du présent titre ne peut être immédiatement identifié, les collectivités territoriales ou leurs groupements, les établissements publics, les groupements d'intérêt public, les associations de protection de l'environnement, les syndicats professionnels, les fondations, les propriétaires de biens affectés par les dommages ou leurs associations peuvent proposer à l'autorité visée au 2° de l'article L. 165-2 de réaliser eux-mêmes des mesures de prévention ou de réparation conformes aux objectifs définis aux articles L. 162-3, L. 162-4, L. 162-8 et L. 162-9. Les procédures prévues aux articles L. 162-5, L. 162-11 à L. 162-14 et L. 162-16 sont applicables.

Art. L. 162-16 *(L. n° 2008-757, 1er août 2008).* – L'autorité visée au 2° de l'article L. 165-2 peut, à tout moment, en cas d'urgence ou de danger grave, prendre elle-même ou faire prendre, aux frais de l'exploitant défaillant, les mesures de prévention ou de réparation nécessaires.

Section IV. – Coût des mesures de prévention et de réparation

Art. L. 162-17 *(L. n° 2008-757, 1er août 2008).* – L'exploitant tenu de prévenir ou de réparer un dommage en application du présent titre supporte les frais liés :

1° À l'évaluation des dommages ;

2° À la détermination, la mise en œuvre et le suivi des mesures de prévention et de réparation ;

3° Le cas échéant, aux procédures de consultation prévues aux deux premières phrases de l'article L. 162-10 ;

4° Le cas échéant, aux indemnités versées en application des articles L. 162-5 et L. 162-12.

Art. L. 162-18 *(L. n° 2008-757, 1er août 2008).* – Lorsqu'un dommage à l'environnement a plusieurs causes, le coût des mesures de prévention ou de réparation est réparti par l'autorité visée au 2° de l'article L. 165-2 entre les exploitants, à concurrence de la participation de leur activité au dommage ou à la menace imminente de dommage.

Art. L. 162-19 *(L. n° 2008-757, 1er août 2008).* – Lorsqu'elle a procédé ou fait procéder à l'exécution d'office des mesures de prévention ou de réparation sans recourir aux dispositions du 1° du II de l'article L. 162-14, l'autorité visée au 2° de l'article L. 165-2 en recouvre le coût auprès de l'exploitant dont l'activité a causé le dommage. Elle peut décider de ne pas recouvrer les coûts supportés lorsque le montant des dépenses nécessaires à ce recouvrement est supérieur à la somme à recouvrer.

Art. L. 162-20 *(L. n° 2008-757, 1er août 2008).* – **Les personnes visées à l'article L. 162-15 ont droit au remboursement par l'exploitant tenu de prévenir ou de réparer les dommages en vertu du présent titre, lorsqu'il a été identifié, des frais qu'elles ont engagés pour la mise en œuvre des mesures de réparation ou de prévention, sans préjudice de l'indemnisation des autres dommages subis. La demande est adressée à l'autorité visée au 2° de l'article L. 165-2 qui, après avoir recueilli les observations de l'exploitant, fixe le montant que ce dernier doit rembourser.**

Art. L. 162-21 *(L. n° 2008-757, 1er août 2008).* – **L'autorité visée au 2° de l'article L. 165-2 peut engager contre l'exploitant une procédure de recouvrement des coûts dans une période de cinq ans à compter de la date à laquelle les mesures prescrites ont été achevées ou de la date à laquelle l'exploitant responsable a été identifié, la date la plus récente étant retenue.**

Art. L. 162-22 *(L. n° 2008-757, 1er août 2008).* – **L'exploitant peut recouvrer par toutes voies de droit appropriées, auprès des personnes responsables, le coût des mesures de prévention ou de réparation qu'il a engagées en application du présent titre, lorsqu'il peut prouver que le dommage ou sa menace imminente :**

1° Est le fait d'un tiers, en dépit de mesures de sécurité appropriées ;

2° Résulte du respect d'un ordre ou d'une instruction d'une autorité publique non consécutif à une émission ou un incident causés par les activités de l'exploitant.

Art. L. 162-23 *(L. n° 2008-757, 1er août 2008).* – **Le coût des mesures visées aux articles L. 162-4, L. 162-8 et L. 162-9 ne peut être mis à la charge de l'exploitant s'il apporte la preuve qu'il n'a pas commis de faute ou de négligence et que le dommage à l'environnement résulte d'une émission, d'une activité ou, dans le cadre d'une activité, de tout mode d'utilisation d'un produit qui n'étaient pas considérés comme susceptibles de causer des dommages à l'environnement au regard de l'état des connaissances scientifiques et techniques au moment du fait générateur du dommage.**

CHAPITRE III. – RESTAURATION DE LA BIODIVERSITÉ, RENATURATION ET COMPENSATION DES ATTEINTES À LA BIODIVERSITÉ

(Mod., L. n° 2016-1087, 8 août 2016 ; L. n° 2023-973, 23 oct. 2023) (1)

Présentation. Un chapitre relatif à la compensation des atteintes à la biodiversité est inséré dans le Code de l'environnement, aux articles L. 163-1 et suivants.

Les mesures de compensation des atteintes à la biodiversité sont les mesures prévues au 2° du II de l'article L. 110-1 (*Le principe d'action préventive et de correction, par priorité à la source, des atteintes à l'environnement, en utilisant les meilleures techniques disponibles à un coût économiquement acceptable. Ce principe implique d'éviter les atteintes à la biodiversité et aux services qu'elle fournit ; à défaut, d'en réduire la portée ; enfin, en dernier lieu, de compenser les atteintes qui n'ont pu être évitées ni réduites, en tenant compte des espèces, des habitats naturels et des fonctions écologiques affectées*) et rendues obligatoires par un texte législatif ou réglementaire pour compenser, dans le respect de leur équivalence écologique, les atteintes prévues ou prévisibles à la biodiversité occasionnées par la réalisation d'un projet de travaux ou d'ouvrage ou par la réalisation d'activités ou l'exécution d'un plan, d'un schéma, d'un programme ou d'un autre document de planification.

Les mesures de compensation des atteintes à la biodiversité visent un objectif d'absence de perte nette, voire de gain de biodiversité. Elles doivent se traduire par une obligation de résultats et être effectives pendant toute la durée des atteintes. Elles ne peuvent pas se substituer aux mesures d'évitement et de réduction. Si les atteintes liées au projet ne peuvent être ni évitées, ni réduites, ni compensées de façon satisfaisante, celui-ci n'est pas autorisé en l'état.

Section 1. – Sites naturels de compensation, de restauration et de renaturation

(L. n° 2023-973, 23 oct. 2023)

Art. L. 163-1-A *(L. n° 2023-973, 23 oct. 2023).* – **I. – Des opérations de restauration ou de développement d'éléments de biodiversité peuvent être mises en place par des personnes publiques ou privées sur des sites dénommés « sites naturels de compensation, de restauration et de renaturation ».**

(1) Dispositions d'application transitoires : V. L. n° 2023-973, 23 oct. 2023.

Le gain écologique des opérations mentionnées au premier alinéa du présent I est identifié par des unités de compensation, de restauration ou de renaturation. Ces unités peuvent être vendues par les personnes mentionnées au même premier alinéa à toute autre personne publique ou privée.

Les sites naturels de compensation, de restauration et de renaturation font l'objet d'un agrément préalable de l'autorité administrative compétente. La délivrance de l'agrément prend notamment en compte le gain écologique attendu, l'intégration du site dans les continuités écologiques mentionnées au titre VII du livre III, sa superficie et les pressions anthropiques s'exerçant sur ce site.

II. – Toute personne soumise à une obligation de mettre en œuvre des mesures de compensation des atteintes à la biodiversité définies au I de l'article L. 163-1 peut y satisfaire de manière anticipée par l'utilisation ou l'acquisition d'unités de compensation, de restauration ou de renaturation, dans le respect des principes définis au même I.

III. – Un décret précise les modalités d'application du présent article, notamment les modalités d'agrément et de suivi des sites naturels de compensation, de restauration et de renaturation ainsi que la nature et les modalités de vente des unités de compensation, de restauration ou de renaturation.

IV. – Les sites naturels de compensation, de restauration et de renaturation peuvent donner lieu à l'attribution de crédits carbone au titre du label « bas-carbone », sous réserve de respecter les principes fixés à l'article L. 229-55 et la méthode de ce label approuvée par le ministre chargé de l'environnement.

Section 2. – Compensation des atteintes à la biodiversité

(L. n° 2023-973, 23 oct. 2023)

Art. L. 163-1 *(Abr. à compter du 1er juillet 2013, Ord. n° 2012-34, 11 janv. 2012 ; rétabli, L. n° 2016-1087, 8 août 2016 ; mod., L. n° 2021-1104, 22 août 2021 ; L. n° 2023-973, 23 oct. 2023)*. – I. – Les mesures de compensation des atteintes à la biodiversité sont les mesures prévues au 2° du II de l'article L. 110-1 et rendues obligatoires par un texte législatif ou réglementaire pour compenser, dans le respect de leur équivalence écologique, les atteintes prévues ou prévisibles à la biodiversité occasionnées par la réalisation d'un projet de travaux ou d'ouvrage ou par la réalisation d'activités ou l'exécution d'un plan, d'un schéma, d'un programme ou d'un autre document de planification.

Les mesures de compensation des atteintes à la biodiversité visent un objectif d'absence de perte nette, voire de gain de biodiversité. Elles doivent se traduire par une obligation de résultats et être effectives pendant toute la durée des atteintes. Elles ne peuvent pas se substituer aux mesures d'évitement et de réduction. Si les atteintes liées au projet ne peuvent être ni évitées, ni réduites, ni compensées de façon satisfaisante, celui-ci n'est pas autorisé en l'état.

II. – Toute personne soumise à une obligation de mettre en œuvre des mesures de compensation des atteintes à la biodiversité y satisfait soit directement, soit en confiant, par contrat, la réalisation de ces mesures à un opérateur de compensation défini au III du présent article, soit en acquérant des unités de compensation, de restauration ou de renaturation dans le cadre d'un site naturel de compensation, de restauration et de renaturation défini à l'article L. 163-1 A. Lorsque la compensation porte sur un projet, un plan ou un programme soumis à évaluation environnementale, la nature des compensations proposées par le maître d'ouvrage est précisée dans l'étude d'impact présentée par le pétitionnaire avec sa demande d'autorisation.

Dans tous les cas, le maître d'ouvrage reste seul responsable à l'égard de l'autorité administrative qui a prescrit ces mesures de compensation.

Les modalités de compensation mentionnées au premier alinéa du présent II peuvent être mises en œuvre de manière alternative ou cumulative.

Les mesures de compensation sont mises en œuvre en priorité sur le site endommagé ou, en tout état de cause, en proximité fonctionnelle avec celui-ci afin de garantir ses fonctionnalités de manière pérenne. Une même mesure peut compenser différentes fonctionnalités.

Les mesures de compensation sont mises en œuvre en priorité au sein des zones de renaturation préférentielle identifiées par les schémas de cohérence territoriale en application du 3° de l'article L. 141-10 du Code de l'urbanisme et par les orientations d'aménagement et de programmation portant sur des secteurs à renaturer en application du 4° du I de l'article L. 151-7 du même code, lorsque les orientations de renaturation de ces zones ou secteurs et la nature de la compensation prévue pour le projet le permettent. Un décret en Conseil d'État précise les modalités d'application du présent alinéa.

III. – Un opérateur de compensation est une personne publique ou privée chargée, par une personne soumise à une obligation de mettre en œuvre des mesures de compensation des atteintes à la biodiversité, de les mettre en œuvre pour le compte de cette personne et de les coordonner à long terme.

1) **Absence de compensation intégrale.** Les obligations de compensation issues de l'article L. 163-1 n'impliquent pas que les mesures prévues par le porteur de projet et complétées éventuellement par les prescriptions de l'autorité administrative permettent de compenser intégralement les impacts du projet (■ CAA Nantes, 14 nov. 2016, n° 15NT02858, *Assoc. FNE et a.*, note L. Erstein, *L'envol de l'aéroport du Grand Ouest à Notre-Dame-des-Landes : JCP* A 2016, n° 46, p. 3-5).

2) **Obligation de justifier d'une équivalence fonctionnelle.** Le respect de l'équivalence écologique entre les atteintes portées à la biodiversité et les mesures de compensation est conditionné par l'atteinte d'une équivalence fonctionnelle, laquelle doit être suffisamment justifiée : ne justifie pas d'une telle équivalence un projet de déviation routière entraînant la suppression de zones humides pour lesquelles les mesures de compensation ont été proposées en application de la « méthode nationale d'évaluation des fonctions des zones humides » proposée par l'Office national de l'eau et des milieux aquatiques, mais dans le cadre de laquelle de nombreux indicateurs prévus par cette méthode (14 sur 32) n'ont pas été retenus par le pétitionnaire pour apprécier l'équivalence entre les fonctions impactées du fait de la perte des zones humides et celles attendues des mesures de compensation (■ TA Strasbourg, 12 mai 2023, n° 1909706).

3) **Contrat conclu avec un opérateur de compensation.** La réalisation des mesures de compensation des atteintes à la biodiversité peut être confiée, par contrat, à des exploitants agricoles ; le contrat doit permettre l'effectivité des mesures pendant toute la durée des atteintes, et ce peu importe qu'il n'ait pas été conclu à la date où la juridiction se prononce sur la légalité de l'autorisation du projet (■ CAA Nantes, 14 nov. 2016, n° 15NT02883, *Assoc. ACIPA et a.*, note L. Erstein, *L'envol de l'aéroport du Grand Ouest à Notre-Dame-des-Landes : JCP* A 2016, n° 46, p. 3-5).

4) **Obligation d'assurer l'effectivité des mesures de compensation incombant au bénéficiaire d'une autorisation.** Le bénéficiaire d'une autorisation de « dérogation espèces protégées » étant responsable de la mise en œuvre des mesures de compensation, il ne peut se fonder sur la circonstance que des terrains (dédiés à la mise en place de mesure de compensation) aient été détruits par un tiers pour s'exonérer de l'obligation d'assurer l'effectivité des mesures lui incombant (■ CAA Marseille, 3 mars 2023, n° 22MA00886).

Voir : Sur les mesures compensatoires dans l'étude d'impact, comm. sous art. R. 122-5, p. 1508.

Art. L. 163-2 *(Abr. à compter du 1er juillet 2013, Ord. n° 2012-34, 11 janv. 2012 ; rétabli dans la version suivante, L. n° 2016-1087, 8 août 2016).* **– Lorsque des mesures de compensation des atteintes à la biodiversité sont mises en œuvre sur un terrain n'appartenant ni à la personne soumise à l'obligation de mettre en œuvre ces mesures, ni à l'opérateur de compensation qu'elle a désigné, un contrat conclu avec le propriétaire et, le cas échéant, le locataire ou l'exploitant définit la nature des mesures de compensation et leurs modalités de mise en œuvre, ainsi que leur durée.**

Art. L. 163-3 *(Abr., L. n° 2023-973, 23 oct. 2023).*

> **Rédaction antérieure. Art. L. 163-3** *(Abr. à compter du 1er juillet 2013, Ord. n° 2012-34, 11 janv. 2012 ; rétabli, L. n° 2016-1087, 8 août 2016).* – Des opérations de restauration ou de développement d'éléments de biodiversité, dénommées « sites naturels de compensation », peuvent être mises en place par des personnes publiques ou privées, afin de mettre en œuvre les mesures de compensation définies au I de l'article L. 163-1, de manière à la fois anticipée et mutualisée.
>
> Les sites naturels de compensation font l'objet d'un agrément préalable par l'État, selon des modalités définies par décret.

Art. L. 163-4 *(Abr. à compter du 1er juillet 2013, Ord. n° 2012-34, 11 janv. 2012 ; rétabli dans la version suivante, L. n° 2016-1087, 8 août 2016).* **– Lorsqu'une personne soumise à une obligation de mettre en œuvre des mesures de compensation des atteintes à la biodiversité n'y a pas satisfait dans les conditions qui lui ont été imposées, l'autorité administrative compétente la met en demeure d'y satisfaire dans un délai qu'elle détermine, dans les conditions prévues à l'article L. 171-8.**

(Mod., L. n° 2023-973, 23 oct. 2023) **Lorsque, à l'expiration du délai imparti, la personne n'a pas déféré à cette mise en demeure et que les mesures prises en application du II de l'article L. 171-8 n'ont pas permis de régulariser la situation, l'autorité administrative compétente fait procéder d'office, en lieu et place de cette personne et aux frais de celle-ci, à l'exécution des mesures prescrites, en confiant la réalisation de ces mesures**

à un opérateur de compensation ou en procédant à l'acquisition d'unités de compensation, de restauration ou de renaturation dans le cadre d'un site naturel de compensation, de restauration et de renaturation, dans les conditions prévues au II de l'article L. 163-1, qui correspondent aux caractéristiques des mesures prescrites.

Lorsqu'elle constate que les mesures de compensation des atteintes à la biodiversité sont inopérantes pour respecter l'équivalence écologique selon les termes et modalités qui ont été fixés par voie réglementaire, l'autorité administrative compétente ordonne des prescriptions complémentaires.

Toute personne soumise à une obligation de mettre en œuvre des mesures de compensation des atteintes à la biodiversité peut être soumise par l'autorité administrative compétente à la constitution de garanties financières.

Ces garanties sont destinées à assurer la réalisation des mesures de compensation prévues au présent chapitre.

Sans préjudice de la procédure d'amende administrative prévue au 4° du II de l'article L. 171-8, les manquements aux obligations de garanties financières donnent lieu à l'application de la procédure de consignation prévue au 1° du même II, indépendamment des poursuites pénales qui peuvent être exercées.

Art. L. 163-5 *(Abr. à compter du 1er juillet 2013, Ord. n° 2012-34, 11 janv. 2012 ; rétabli, L. n° 2016-1087, 8 août 2016).* – Les mesures de compensation des atteintes à la biodiversité définies au I de l'article L. 163-1 sont géolocalisées et décrites dans un système national d'information géographique, accessible au public sur internet.

Les maîtres d'ouvrage fournissent aux services compétents de l'État toutes les informations nécessaires à la bonne tenue de cet outil par ces services.

Art. L. 163-6 et L. 163-7 *(Abr. à compter du 1er juillet 2013, Ord. n° 2012-34, 11 janv. 2012).*

CHAPITRE IV. – DISPOSITIONS PARTICULIÈRES À CERTAINES ACTIVITÉS

Art. L. 164-1 *(L. n° 2008-757, 1er août 2008).* – L'application du présent titre ne fait obstacle à la mise en œuvre d'aucun régime de police spéciale.

Art. L. 164-2 *(L. n° 2016-1087, 8 août 2016 ; mod. à compter du 1er octobre 2016, L. n° 2016-1087, 8 août 2016)* (1). – Les mesures de réparation prises en application du présent titre tiennent compte de celles intervenues, le cas échéant, en application du chapitre III du sous-titre II du titre III du livre III du Code civil.

CHAPITRE V. – DISPOSITIONS DIVERSES

Art. L. 165-1 *(L. n° 2008-757, 1er août 2008).* – Les décisions de l'autorité visée au 2° de l'article L. 165-2 prises en application du présent titre sont soumises à un contentieux de pleine juridiction.

Art. L. 165-2 *(L. n° 2008-757, 1er août 2008).* – Un décret en Conseil d'État détermine les conditions d'application du présent titre. Ce décret, notamment :

1° Fixe la liste des activités mentionnées à l'article L. 162-1, conformément à l'annexe III de la directive 2004/35/CE du Parlement européen et du Conseil, du 21 avril 2004, sur la responsabilité environnementale en ce qui concerne la prévention et la réparation des dommages environnementaux ;

2° Désigne l'autorité administrative compétente pour mettre en œuvre les dispositions du présent titre ;

3° Détermine les conditions d'appréciation de la gravité d'un dommage tel que défini à l'article L. 161-1, et de l'existence d'une menace imminente d'un tel dommage, en prenant en compte les critères énumérés à l'annexe I de la directive 2004/35/CE du Parlement européen et du Conseil, du 21 avril 2004, précitée ;

4° Précise le contenu et les conditions de mise en œuvre des mesures de prévention mentionnées aux articles L. 162-3 et L. 162-4 et des mesures de réparation mentionnées aux articles L. 162-8 et L. 162-9, conformément à l'annexe II de la directive 2004/35/CE du Parlement européen et du Conseil, du 21 avril 2004, précitée ;

(1) Dispositions applicables dans les îles Wallis-et-Futuna et dans les Terres australes et antarctiques françaises, L. n° 2016-1087, 8 août 2016, art. 4, V et IX.

5° Fixe les conditions dans lesquelles le public, les collectivités territoriales ou leurs groupements, les associations de protection de l'environnement et les tiers intéressés sont, selon les cas, informés ou consultés sur la nature et la mise en œuvre des mesures de réparation et de prévention envisagées ;

6° Détermine les conditions dans lesquelles les associations de protection de l'environnement ou toute autre personne concernée peuvent saisir l'autorité visée au 2° du présent article d'une demande tendant à la mise en œuvre des mesures de prévention et de réparation prévues par le présent titre ;

7° Détermine les conditions dans lesquelles les personnes visées à l'article L. 162-15 peuvent réaliser elles-mêmes les mesures de réparation prescrites par l'autorité visée au 2° du présent article.

TITRE VII. – DISPOSITIONS COMMUNES RELATIVES AUX CONTRÔLES ET AUX SANCTIONS

(Créé à compter du 1er juillet 2013, Ord. n° 2012-34, 11 janv. 2012)

1) Simplification, réforme et harmonisation des dispositions de police administrative et de police judiciaire du Code de l'environnement. Le Code de l'environnement identifie vingt-cinq polices spéciales de l'environnement. Chacune dispose de son propre dispositif administratif et judiciaire. Pour leur mise en œuvre, plus de soixante-dix catégories d'agents sont désignées pour intervenir dans une ou plusieurs de ces polices. Ces agents relèvent de vingt et une procédures de commissionnement et d'assermentation distinctes. Les règles de procédure applicables aux contrôles administratifs ou de police judiciaire et les sanctions prévues, administratives ou pénales, sont diverses.

L'article 256 de la loi Grenelle II a habilité le Gouvernement à prendre par ordonnance toutes mesures pour modifier la partie législative du Code de l'environnement afin de procéder à l'harmonisation, à la réforme et à la simplification des procédures de contrôle et des sanctions administratives ainsi que des dispositions de droit pénal et de procédure pénale relatives aux peines encourues, à leur régime et aux modalités de leur exécution, à l'habilitation et aux procédures de commissionnement et d'assermentation des agents chargés de certaines fonctions de police judiciaire et aux procédures liées à la constatation des infractions.

C'est l'objet de l'ordonnance n° 2012-34 du *11 janvier* 2012 qui créé un titre VII intitulé « Dispositions communes relatives aux contrôles et aux sanctions ».

Voir : Circ. 19 juill. 2013 relative à la mise en œuvre des polices administratives et pénales en matière d'installations classées pour la protection de l'environnement (*BO MEDDE-METL* n° 2013/14, 10 août).

2) Les mesures de police administrative, qui interviennent avant le déclenchement des mesures de police judiciaire, permettent aux services qui en sont chargés de faire application de nombreux outils juridiques auxquels les textes en vigueur dans le domaine de l'environnement ne font que partiellement appel. L'exercice de la police administrative par les vingt-cinq polices spéciales de l'environnement est très inégal : il existe un vrai décalage dans les dispositifs selon les domaines d'intervention. Certaines polices disposent de nombreux outils tandis que d'autres ne disposent que de certains d'entre eux : l'action des services chargés de la mise en œuvre des décisions administratives s'en trouve limitée. À ce jour, les dispositifs les plus aboutis sont sans conteste ceux de la police des installations classées pour la protection de l'environnement et de la police de l'eau. Les outils qui ont fait leur preuve dans ces domaines sont ainsi étendus à tous les autres domaines de l'environnement.

La loi du 24 juillet 2019 a profondément modifié les outils.

Certaines dispositions particulières dans les domaines des produits chimiques et des déchets sont toutefois maintenues en complément : ces domaines font l'objet de procédures spécifiques, largement inspirées des directives communautaires, qui peuvent difficilement s'inscrire dans un cadre global.

Ce chapitre porte sur les contrôles administratifs et les mesures de police administrative. Il fixe les conditions de visite des locaux, des installations ou des ouvrages, les modalités de communication des documents et de recueil des renseignements lors des contrôles, les conditions dans lesquelles est établi et transmis à l'autorité administrative le rapport de l'agent chargé du contrôle. Ce chapitre détermine également les pouvoirs de l'autorité administrative pour assurer le respect des législations, et notamment les conditions dans lesquelles elle peut :

i) mettre en demeure l'exploitant d'un ouvrage ou d'une installation, comme celui qui réalise des travaux ou exerce une activité, sans y avoir été autorisé, de régulariser sa situation ;

ii) prendre, en cas de besoin, des mesures conservatoires, voire suspendre le fonctionnement des installations ou la poursuite des travaux, opérations ou activités ;

iii) ordonner le paiement d'une amende et prononcer une astreinte ;

iv) engager une procédure de consignation entre les mains d'un comptable public d'une somme correspondant au montant des travaux à réaliser ;

v) faire procéder d'office à l'exécution des mesures prescrites.

Art. L. 170-1 ***(Créé à compter du 1er juillet 2013, Ord. n° 2012-34, 11 janv. 2012).*** **– Le présent titre définit les conditions dans lesquelles s'exercent les contrôles des installations, ouvrages, travaux, opérations, objets, dispositifs et activités régis par le présent code ainsi que les sanctions applicables en cas de manquement ou d'infraction aux prescriptions prévues par le présent code.**

Les dispositions particulières relatives aux contrôles et aux sanctions figurant dans les autres titres du présent livre et dans les autres livres du présent code dérogent à ces dispositions communes ou les complètent.

CHAPITRE Ier. – CONTRÔLES ADMINISTRATIFS ET MESURES DE POLICE ADMINISTRATIVE

Section I. – Contrôles administratifs

Art. L. 171-1 ***(Créé à compter du 1er juillet 2013, Ord. n° 2012-34, 11 janv. 2012 ; mod., L. n° 2019-773, 24 juill. 2019 ; L. n° 2023-54, 2 févr. 2023).*** **– I. – Les fonctionnaires et agents chargés des contrôles prévus à l'article L. 170-1 ont accès :**

1° Aux locaux accueillant des installations, des ouvrages, des travaux, des aménagements, des opérations, des objets, des dispositifs et des activités soumis aux dispositions du présent code, à l'exclusion des locaux à usage d'habitation. Ils peuvent pénétrer dans ces lieux entre 8 heures et 20 heures et, en dehors de ces heures, lorsqu'ils sont ouverts au public ou lorsque sont en cours des opérations de production, de fabrication, de transformation, d'utilisation, de conditionnement, de stockage, de dépôt, de transport ou de commercialisation mentionnées par le présent code ;

2° (1) **Aux autres lieux, à tout moment, où s'exercent ou sont susceptibles de s'exercer des activités soumises aux dispositions du présent code ;**

3° Aux véhicules, navires, bateaux, embarcations et aéronefs utilisés pour la détention, le transport, la conservation ou la commercialisation des animaux, des végétaux ou de tout autre produit susceptible de constituer un manquement aux prescriptions du présent code.

II. – Les fonctionnaires et agents chargés des contrôles ne peuvent avoir accès aux domiciles et à la partie des locaux à usage d'habitation qu'en présence de l'occupant et avec son assentiment.

La possibilité pour les fonctionnaires et agents d'accéder aux enclos, prévue au 2° du paragraphe I de l'article L. 171-1 du Code de l'environnement, est conforme à la Constitution dans la mesure où elle ne permet pas auxdits agents d'accéder aux enclos sans l'accord de l'occupant, si ces lieux sont susceptibles de constituer un domicile : ■ Cons. const., 18 oct. 2024, n° 2024-1109 QPC, § 48.

Art. L. 171-2 ***(Créé à compter du 1er juillet 2013, Ord. n° 2012-34, 11 janv. 2012 ; mod., Ord. n° 2016-128, 10 févr. 2016 ; Ord. n° 2019-964, 18 sept. 2019).*** **– I. – Lorsque l'accès aux lieux mentionnés aux 1° et 2° du I de l'article L. 171-1 est refusé aux agents, que la personne ayant qualité pour autoriser l'accès ne peut être atteinte ou lorsque les conditions d'accès énoncées au II du même article ne sont pas remplies, les visites peuvent être autorisées par ordonnance du juge des libertés et de la détention du tribunal judiciaire dans le ressort duquel sont situés les lieux ou les locaux à visiter.**

L'ordonnance comporte l'adresse des lieux à visiter, le nom et la qualité du ou des agents habilités à procéder *aux opérations de visite ainsi que les heures auxquelles ils sont autorisés à se présenter.*

---

(1) Le Conseil constitutionnel a déclaré le 2° du paragraphe I du présent article, dans sa rédaction issue de l'ordonnance n° 2012-34 du 11 janvier 2012, conforme à la Constitution. – V. ■ Cons. const., 13 avr. 2023, n° 2023-1044 QPC, art. 1er : *JurisData* n° 2023-006220 ; *JO* 14 avr. et rect. 6 mai 2023. – NDLR.

L'ordonnance est exécutoire au seul vu de la minute.

II. – L'ordonnance est notifiée sur place au moment de la visite à l'occupant des lieux ou à son représentant, qui en reçoit copie intégrale contre récépissé ou émargement au procès-verbal de visite. En l'absence de l'occupant des lieux ou de son représentant, l'ordonnance est notifiée, après la visite, par lettre recommandée avec demande d'avis de réception. La notification est réputée faite à la date de réception figurant sur l'avis. À défaut de réception, il est procédé à la signification de l'ordonnance par acte d'huissier de justice.

L'acte de notification comporte mention des voies et délais de recours contre l'ordonnance ayant autorisé la visite et contre le déroulement des opérations de visite. Il mentionne également que le juge ayant autorisé la visite peut être saisi d'une demande de suspension ou d'arrêt de cette visite.

III. – La visite s'effectue sous l'autorité et le contrôle du juge des libertés et de la détention qui l'a autorisée. Le juge des libertés et de la détention peut, s'il l'estime utile, se rendre dans les locaux pendant l'intervention. À tout moment, il peut décider la suspension ou l'arrêt de la visite. La saisine du juge des libertés et de la détention aux fins de suspension ou d'arrêt des opérations de visite n'a pas d'effet suspensif.

IV. – La visite est effectuée en présence de l'occupant des lieux ou de son représentant, qui peut se faire assister d'un conseil de son choix. En l'absence de l'occupant des lieux, les agents chargés de la visite ne peuvent procéder à celle-ci qu'en présence de deux témoins qui ne sont pas placés sous leur autorité.

Un procès-verbal relatant les modalités et le déroulement de l'opération et consignant les constatations effectuées est dressé sur-le-champ par les agents qui ont procédé à la visite. Le procès-verbal est signé par ces agents et par l'occupant des lieux ou, le cas échéant, son représentant et les témoins. En cas de refus de signer, mention en est faite au procès-verbal.

L'original du procès-verbal est, dès qu'il a été établi, adressé au juge qui a autorisé la visite. Une copie de ce même document est remise ou adressée par lettre recommandée avec demande d'avis de réception à l'occupant des lieux ou à son représentant.

Le procès-verbal mentionne le délai et les voies de recours.

V. – L'ordonnance autorisant la visite peut faire l'objet d'un appel devant le premier président de la cour d'appel suivant les règles prévues par le Code de procédure civile. Les parties ne sont pas tenues de constituer avocat.

Cet appel est formé par déclaration remise ou adressée par pli recommandé au greffe de la cour dans un délai de quinze jours. Ce délai court à compter de la notification de l'ordonnance. Cet appel n'est pas suspensif.

Le greffe du tribunal judiciaire transmet sans délai le dossier de l'affaire au greffe de la cour d'appel où les parties peuvent le consulter.

L'ordonnance du premier président de la cour d'appel est susceptible d'un pourvoi en cassation, selon les règles prévues par le Code de procédure civile. Le délai du pourvoi en cassation est de quinze jours.

VI. – Le premier président de la cour d'appel connaît des recours contre le déroulement des opérations de visite autorisées par le juge des libertés et de la détention suivant les règles prévues par le Code de procédure civile. Les parties ne sont pas tenues de constituer avocat.

Le recours est formé par déclaration remise ou adressée par pli recommandé au greffe de la cour dans un délai de quinze jours. Ce délai court à compter de la remise ou de la réception du procès-verbal de visite. Ce recours n'est pas suspensif.

L'ordonnance du premier président de la cour d'appel est susceptible d'un pourvoi en cassation selon les règles prévues par le Code de procédure civile. Le délai du pourvoi en cassation est de quinze jours.

VII. – Le présent article est reproduit dans l'acte de notification de l'ordonnance du juge des libertés et de la détention autorisant la visite.

À défaut de dispositions particulières désignant, en matière de police des déchets, les personnes habilitées à procéder aux contrôles administratifs réalisés en application de cette règlementation, le maire de la commune concernée, titulaire de ce pouvoir de police, y est habilité et est un agent au sens de l'article L. 171-2 du Code de l'environnement (■ Cass., 3e civ., 1er févr. 2024, n° 22-17.089).

NB : Conformément à l'article 36 de l'ordonnance n° 2019-964 du 18 septembre 2019, ces dispositions entrent en vigueur au 1er janvier 2020.

Voir : Note technique du 27 avril 2015 relative à la mise en place des contrôles relevant de la compétence du ministère de l'Écologie, du Développement durable et de l'Énergie en ce qui concerne le règlement bois de l'Union européenne (NOR : DEVL1509412N).

Bibliographie : J.-M. Pastor, *Prescriptions imposées à l'exploitant d'une installation classée*, note sous Conseil d'État, 16 octobre 2017, n° 395303, *Société chimique d'Oissel : AJDA* 2017, n° 35, p. 1998.

Art. L. 171-3 *(Créé à compter du 1er juillet 2013, Ord. n° 2012-34, 11 janv. 2012).* – Les fonctionnaires et agents chargés des contrôles peuvent se faire communiquer et prendre copie des documents qui sont relatifs à l'objet du contrôle, quel que soit leur support et en quelques mains qu'ils se trouvent, et qui sont nécessaires à l'accomplissement de leur mission (1). Ils ne peuvent emporter les documents originaux qu'après en avoir établi la liste qui est contresignée par leur détenteur. Les documents originaux sont restitués dans le délai d'un mois après le contrôle. Lorsque les documents sont sous une forme informatisée, les fonctionnaires et agents ont accès aux logiciels et à ces données. Ils peuvent demander la transcription de ces données par tout traitement approprié dans des documents directement utilisables pour les besoins du contrôle.

Conformité de cet article à la constitution : ▪ Cons. const., n° 2023-1044 QPC, 13 avr. 2023, cons. 16 et s.

Art. L. 171-3-1 *(L. n° 2019-773, 24 juill. 2019).* – I. – Les fonctionnaires et agents chargés des contrôles peuvent prélever ou faire prélever des échantillons en vue d'analyses ou d'essais. Ces échantillons sont placés sous scellés.

Dans le périmètre d'une installation, le responsable présent ou, à défaut, son représentant est avisé qu'il peut assister au prélèvement. L'absence du responsable ou de son représentant ne fait pas obstacle au prélèvement.

II. – Les échantillons sont prélevés au moins en double exemplaire et adressés à un laboratoire d'analyses. Un exemplaire est conservé par le fonctionnaire ou l'agent chargé du contrôle aux fins de contre-expertise.

La personne faisant l'objet du contrôle, ou la personne désignée pour la représenter, est avisée qu'elle peut faire procéder à ses frais à l'analyse de l'exemplaire conservé. Elle fait connaître sa décision dans les cinq jours suivant la date à laquelle les résultats de l'analyse du laboratoire ont été portés à sa connaissance. Passé ce délai, l'exemplaire peut être éliminé.

Dans le cas où aucune contre-expertise n'a été sollicitée, le second échantillon est détruit au terme d'un délai de deux mois à compter de la date du prélèvement.

Art. L. 171-4 *(Créé à compter du 1er juillet 2013, Ord. n° 2012-34, 11 janv. 2012 ; mod., Ord. n° 2016-128, 10 févr. 2016).* – Les fonctionnaires et agents chargés des contrôles peuvent recueillir sur convocation ou sur place les renseignements et justifications propres à l'accomplissement de leur mission.

Art. L. 171-5 *(Abr., L. n° 2020-1672, 24 déc. 2020).*

Art. L. 171-5-1 *(Ord. n° 2016-128, 10 févr. 2016).* – Les fonctionnaires et agents chargés du contrôle peuvent être assistés, lors des contrôles, d'experts désignés par l'autorité administrative. Ces experts sont astreints au secret professionnel conformément aux dispositions des articles 226-13 et 226-14 du Code pénal.

Art. L. 171-5-2 *(L. n° 2021-1104, 22 août 2021).* – Afin d'assurer l'exercice de leurs missions de police administrative et la constatation des infractions passibles des sanctions administratives prévues respectivement à la section 2 du présent chapitre et à la sous-section 3 de la section 2 du chapitre II du titre IV du livre Ier du Code de l'énergie, les agents chargés des contrôles prévus à l'article L. 170-1 du présent code et les agents mentionnés à l'article L. 142-21 du Code de l'énergie peuvent, à l'occasion et dans le cadre de ces contrôles portant sur les installations mentionnées à l'article L. 511-1 du présent code et sur les ouvrages hydrauliques soumis aux articles L. 214-1 et L. 214-2 ou autorisés en application du titre Ier du livre V du Code de l'énergie ou concédés au titre du même code, procéder, au moyen de caméras et capteurs installés sur des aéronefs circulant sans personne à bord et opérés par un télépilote, à la captation, à l'enregistrement et à la transmission d'images ainsi que de données physiques ou chimiques.

Seuls sont destinataires des images et données enregistrées les agents, dûment formés et habilités, qui ont besoin d'en connaître pour l'accomplissement de ces missions.

L'occupant des lieux ou son représentant qui assiste au contrôle est informé du recours à un aéronef circulant sans personne à bord. Lorsque la visite des lieux est autorisée par une ordonnance du juge des libertés et de la

(1) Le Conseil constitutionnel a déclaré la première phrase du présent article, dans sa rédaction issue de l'ordonnance n° 2012-34 du 11 janvier 2012, conforme à la Constitution. – V. ▪ Cons. const., 13 avr. 2023, n° 2023-1044 QPC, art. 1er : *JurisData* n° 2023-006220 ; *JO* 14 avr. et rect. 6 mai 2023. – NDLR.

détention, sur le fondement de l'article L. 171-2 du présent code ou de l'article L. 142-23 du Code de l'énergie, celui-ci est préalablement informé de l'intention de recourir à un tel aéronef.

Le recours aux aéronefs mentionnés au premier alinéa du présent article n'est possible que dans les cas suivants :

1° Les conditions techniques ou matérielles du contrôle rendent difficiles les relevés au sol ou réduisent leur fiabilité par rapport au recours aux aéronefs ;

2° La sécurité des agents de contrôle est mieux garantie par un relevé aérien ;

3° Des relevés terrestres entraîneraient un surcoût administratif excessif.

Lorsqu'elles sont mises en œuvre dans l'espace public, les opérations mentionnées au premier alinéa sont réalisées de telle sorte qu'elles ne visualisent ni les images de l'intérieur des domiciles ni, de façon spécifique, celles de leurs entrées.

Les caméras mentionnées au même premier alinéa ne sont utilisées que dans les sites ou aux abords des sites dont la surveillance est rendue nécessaire pour l'accomplissement des missions et la poursuite des infractions mentionnées audit premier alinéa. L'enregistrement n'est pas permanent et n'est rendu possible que dans des cas limitativement énumérés par le décret prévu au dernier alinéa, qui font l'objet d'une doctrine d'usage diffusée par le ministre chargé de l'environnement.

Les caméras sont équipées de dispositifs techniques permettant de garantir l'intégrité des données ainsi collectées. Sont prohibés l'analyse des images issues des caméras au moyen de dispositifs automatisés de reconnaissance faciale, ainsi que les interconnexions, rapprochements ou mises en relation automatisés des données à caractère personnel collectées avec d'autres traitements de données à caractère personnel.

Les nouvelles technologies ainsi mises en œuvre sont sans incidence sur l'exercice des droits des personnes concernées prévus par la loi n° 78-17 du 6 janvier 1978 relative à l'informatique, aux fichiers et aux libertés.

Lorsque les enregistrements liés à ces opérations réalisés dans l'espace public donnent lieu à une procédure administrative, ils sont conservés jusqu'à l'expiration des délais de recours contre les actes pris dans le cadre de cette procédure et, en cas de recours contentieux, jusqu'à la clôture des procédures juridictionnelles et l'épuisement des voies de recours. Lorsqu'ils ne donnent pas lieu à une procédure administrative, ils sont effacés au bout de six mois, et au bout de trente jours lorsqu'ils comportent des données à caractère personnel.

Les modalités d'application du présent article sont précisées par un décret en Conseil d'État, pris après avis de la Commission nationale de l'informatique et des libertés.

Section II. – Mesures et sanctions administratives

Art. L. 171-6 *(Créé à compter du 1er juillet 2013, Ord. n° 2012-34, 11 janv. 2012).* – Lorsqu'un agent chargé du contrôle établit à l'adresse de l'autorité administrative compétente un rapport faisant état de faits contraires aux prescriptions applicables, en vertu du présent code, à une installation, un ouvrage, des travaux, un aménagement, une opération, un objet, un dispositif ou une activité, il en remet une copie à l'intéressé qui peut faire part de ses observations à l'autorité administrative.

Art. L. 171-7 *(Rempl., L. n° 2019-773, 24 juill. 2019 ; mod., L. n° 2023-973, 23 oct. 2023).* – I. - Indépendamment des poursuites pénales qui peuvent être exercées, lorsque des installations ou ouvrages sont exploités, des objets et dispositifs sont utilisés ou des travaux, opérations, activités ou aménagements *sont réalisés sans avoir* fait l'objet de l'autorisation, de l'enregistrement, de l'agrément, de l'homologation, de la certification ou de la déclaration requis en application du présent code, ou sans avoir tenu compte d'une opposition à déclaration, l'autorité administrative compétente met l'intéressé en demeure de régulariser sa situation dans un délai qu'elle détermine, et qui ne peut excéder une durée d'un an. Elle peut, en outre, ordonner le paiement d'une amende au plus égale à 45 000 € par le même acte que celui de mise en demeure ou par un acte distinct.

Elle peut, par le même acte ou par un acte distinct, suspendre le fonctionnement des installations ou ouvrages, l'utilisation des objets et dispositifs ou la poursuite des travaux, opérations, activités ou aménagements jusqu'à ce qu'il ait été statué sur la déclaration ou sur la demande d'autorisation, d'enregistrement, d'agrément, d'homologation ou de certification, à moins que des motifs d'intérêt général et en particulier la préservation des intérêts protégés par le présent code ne s'y opposent.

L'autorité administrative peut, en toute hypothèse, édicter des mesures conservatoires aux frais de la personne mise en demeure.

L'autorité administrative peut, à tout moment, afin de garantir la complète exécution des mesures prises en application des deuxième et troisième alinéas du présent I :

1° Ordonner le paiement d'une astreinte journalière au plus égale à 4 500 € applicable à partir de la notification de la décision la fixant et jusqu'à satisfaction de ces mesures. Elle peut, en sus de l'astreinte, infliger une amende au plus égale à 45 000 €. L'amende et l'astreinte sont proportionnées à la gravité des manquements constatés et tiennent compte notamment de l'importance du trouble causé à l'environnement. Les deuxième et troisième alinéas du 1° du II de l'article L. 171-8 s'appliquent à l'astreinte ;

2° Obliger la personne mise en demeure à s'acquitter, entre les mains d'un comptable public, du paiement d'une somme correspondant au montant des travaux ou des opérations à réaliser. Cette somme bénéficie d'un privilège de même rang que celui prévu à l'article 1920 du Code général des impôts. Il est procédé à son recouvrement comme en matière de créances de l'État étrangères à l'impôt et au domaine. L'opposition devant le juge administratif à l'état exécutoire pris en application d'une mesure de consignation ordonnée par l'autorité administrative n'a pas de caractère suspensif.

Une fois la somme recouvrée par le comptable public, celui-ci procède à sa consignation entre les mains de la Caisse des dépôts et consignations. Un décret en Conseil d'État fixe les modalités de déconsignation et les conditions dans lesquelles les sommes consignées sont insaisissables, au sens de l'article L. 112-2 du Code des procédures civiles d'exécution, par dérogation aux articles 2284 et 2285 du Code civil, ainsi que les conditions de leur utilisation en cas d'ouverture d'une procédure collective ;

3° Faire procéder d'office, en lieu et place de la personne mise en demeure et à ses frais, à l'exécution des mesures prescrites. Les sommes consignées auprès de la Caisse des dépôts et consignations en application du 2° du présent I sont utilisées pour régler les dépenses ainsi engagées.

II. – S'il n'a pas été déféré à la mise en demeure à l'expiration du délai imparti, ou si la demande d'autorisation, d'enregistrement, d'agrément, d'homologation ou de certification est rejetée, ou s'il est fait opposition à la déclaration, l'autorité administrative ordonne la fermeture ou la suppression des installations ou ouvrages, la cessation de l'utilisation ou la destruction des objets ou dispositifs, la cessation définitive des travaux, opérations, activités ou aménagements et la remise des lieux dans un état ne portant pas préjudice aux intérêts protégés par le présent code.

Elle peut faire application du II de l'article L. 171-8 aux fins d'obtenir l'exécution de cette décision.

III. – Sauf en cas d'urgence, et à l'exception de la décision de mise en demeure prévue au premier alinéa du I du présent article, les mesures mentionnées au présent article sont prises après avoir communiqué à l'intéressé les éléments susceptibles de fonder les mesures et l'avoir informé de la possibilité de présenter ses observations dans un délai déterminé.

Les articles L. 171-7 et L. 171-8 précisent les pouvoirs de l'autorité administrative lorsqu'une installation ou une activité est réalisée sans l'autorisation ou la déclaration obligatoire ou sans respecter les prescriptions de ladite autorisation. Dans ce cadre, il est notamment possible que l'autorité administrative prenne des mesures conservatoires permettant la poursuite temporaire de l'activité d'une installation dépourvue de l'autorisation requise par le Code de l'environnement, ces mesures conservatoires s'accompagnant d'une mise en demeure de régularisation de la situation administrative.

Il a paru nécessaire de laisser à l'autorité administrative la possibilité de permettre ces poursuites temporaires d'activité, afin d'éviter des fermetures brutales d'installations, qui, au-delà des conséquences socio-économiques pour le personnel, pourraient entraîner des conséquences environnementales plus désastreuses encore pour l'environnement. Tel est notamment le cas de l'arrêt brutal d'une installation de traitement des déchets ou d'épuration des eaux.

Un premier dispositif comportait trois modifications principales visant à concilier la protection de l'environnement et le développement de l'activité économique :

– la durée maximale de la mise en demeure est limitée à un an ;

– la suspension était désormais le principe en cas de fonctionnement sans l'autorisation requise, tout en maintenant la possibilité d'édicter des mesures conservatoires permettant, sous conditions, une poursuite de l'activité ;

– il devait être procédé à la suspension ou à la cessation définitive automatique de l'installation s'il n'a pas été déféré à la mise en demeure à l'issue du délai fixé.

Par ailleurs, l'allongement de la période permettant le prononcé d'une amende administrative après la constatation d'un manquement aux prescriptions d'une autorisation, proposé à l'article L. 171-8, participe également d'un encadrement plus important des activités potentiellement polluantes. Enfin, ces modifications permettent d'assurer la pleine conformité du droit national au droit de l'Union européenne en matière d'évaluation environnementale.

Une modification importante est intervenue avec la loi du 24 juillet 2019 qui renforce considérablement le dispositif en permettant à l'administration d'obtenir l'exécution des mesures réclamées à l'exploitant en mettant à sa charge une astreinte journalière, en exécutant les travaux d'office et en cas de mise en demeure non respectée en ordonnant la fermeture et/ou la destruction des installations ou aménagements litigieux. Le principe du contradictoire doit être respecté sauf cas d'urgence.

Il s'agit donc d'un net renforcement des pouvoirs de l'administration. On observera en particulier que si l'astreinte ou l'exécution de travaux peut être ordonnée, ce qui signifie un pouvoir discrétionnaire, en revanche, la sanction en cas de non-respect de la mise en demeure ou du rejet d'une demande d'autorisation ou d'agrément apparaît obligatoire, le texte utilisant le présent de l'indicatif.

La jurisprudence citée ci-dessous reprend pour une large part celle de l'article L. 514-2 du Code de l'environnement et ne concerne pas l'application de ces nouvelles dispositions.

Bibliographie : E. Monteiro, *Délits d'exploitation d'une ICPE sans autorisation et de poursuite d'exploitation en violation d'une mise en demeure : RSC*, 2018, p. 443. – S. Becue, *Le maintien des effets de l'autorisation d'exploiter une installation classée malgré le vice d'information du public : AJDA* 2017, n° 30, p. 1733. – E. Monteiro, *Les orientations de la politique criminelle actuelle en matière d'atteintes à l'environnement : RSC* 2014, n° 1, p. 49.

• ***Sommaire***

I – LE RÉGIME DES INSTALLATIONS CLASSÉES

A – Principes généraux

1) Indépendance des mesures administratives et des poursuites pénales. Le préfet peut prendre les mesures prévues en cas d'exploitation sans titre d'une installation classée pour la protection de l'environnement, indépendamment des poursuites pénales qui peuvent être exercées en raison des infractions pénales susceptibles de résulter des mêmes faits. La légalité des décisions préfectorales prises sur ce fondement n'est pas subordonnée à la condition que les faits sur lesquels elles sont fondées soient constitutifs de l'une des infractions pénales visées aux articles L. 514-9 et suivants du Code de l'environnement (■ CE, 3 févr. 2016, n° 380344 : *RD rur.* 2016, comm. 124, note F. Robbe ; *AJDA* 2016, 759 ; *Dr. env.* 2016, 220).

2) Le délit demeure le même en cas de régularisation puisque l'infraction s'apprécie au jour de la commission des faits (■ Cass. crim., 18 juin 1997 : *Dr. env.* 1997, n° 53, p. 7, note Robert).

3) Respect de la procédure contradictoire (sous réserve des indications figurant ci-dessous à propos des mises en demeure). La procédure contradictoire doit être respectée en application des dispositions relatives aux installations classées, sous réserve des cas de compétence liée (voir ci-dessous jurisprudence citée à propos des mises en demeure). Ainsi, l'exploitant doit être destinataire du rapport du contrôle le cas échéant réalisé par l'inspection des installations classées, des propositions de l'inspection tendant à ce que des prescriptions complémentaires lui soient imposées et du projet d'arrêté du préfet comportant les prescriptions complémentaires envisagées. Il résulte des articles L. 512-20, L. 514-5, R. 512-25, R. 512-26 et R. 512-31 du Code de l'environnement et de l'article 24 de la loi n° 2000-321 du 12 avril 2000, désormais codifié à l'article L. 121-1 du Code des relations entre le public et l'administration, que l'exploitant doit être mis à même de présenter des observations et d'obtenir également communication, s'il le demande, de celles des pièces du dossier utiles à cette fin (■ CE, 16 oct. 2017, n° 395303).

B – Mise en demeure

4) Les cas de mise en demeure. Les dispositions de l'article L. 514-2 ne s'appliquent qu'aux seules installations classées (■ CAA Lyon, 25 févr. 1991, n° 89LY00976, *M. Fouret*. ■ TA Strasbourg, 30 déc. 1998, n° 962314, *M. Parpinel : Mon. TP* 28 mai 1999, p. 55). Dans le même sens : la mise en œuvre de l'article L. 514-2 du présent code suppose que le propriétaire se livre à une activité pouvant le faire regarder comme étant l'exploitant d'une installation classée, en l'occurrence la récupération et le stockage de déchets tels que visés par la rubrique n° 286 de la nomenclature (■ CAA Lyon, 17 juin 2008, n° 06LY01502, *Dhivert : Environnement* 2008, n° 11, p. 48, note D. Gillig). Les dispositions de l'article L. 514-2 sont applicables à une installation classée régulièrement déclarée mais exerçant en réalité des activités qui nécessitent l'obtention d'une autorisation. Le fait que l'exploitant d'une installation se soit vu délivrer un récépissé de déclaration ne fait donc pas obstacle à ce que le préfet lui enjoigne de déposer une demande d'autorisation, lorsque son activité requiert une telle autorisation. Une mesure de suspension peut donc être légalement prise alors même que l'installation classée concernée a donné lieu à la délivrance d'un récépissé de déclaration (■ CE, 13 févr. 2012, n° 324829, *Sté Terreaux Service Varonne : Environnement* 2012, n° 4, p. 26, note D. Gillig). Le préfet peut légalement prendre les mesures prévues par l'article L. 514-2 du Code de l'environnement à l'encontre d'une entreprise qui exerce d'autres activités que celles au titre desquelles des récépissés de déclaration lui ont été délivrés ou dont l'activité connaît des modifications qui, conformément à la nomenclature de ces installations, la font entrer dans une rubrique relevant de l'autorisation (■ CE, 8 juillet 2016, n° 390160, *Min. de l'Écologie, du Développement durable et de l'Énergie c/ Sté Copirel : JurisData* n° 2016-014807).

5) Le destinataire de la mise en demeure : personne intéressée (notion). Une société réalisant sur une parcelle une activité de dépôt et de stockage de déchets inertes soumise à enregistrement en application de la rubrique 2760 de la nomenclature des installations classées annexée à l'article R. 511-9 du Code de l'environnement, sans avoir enregistré cette activité, peut être regardée comme une personne « intéressée » au sens de l'article L. 171-7 du Code de l'environnement, nonobstant la circonstance que le propriétaire de la parcelle, avec qui elle avait signé un contrat pour le stockage et le traitement des déchets inertes en cause, était titulaire d'une autorisation de procéder à des travaux de remblaiement et bénéficierait à ce titre de l'activité exercée par la société sur sa parcelle (■ CE, 30 juin 2023, n° 452669, *Sté RE.VA.LY : RDI* 2023, p. 516, note J. Ch. Rotouillié ; *Énergie – Env. – Infrastr.* 2023, comm. 77, note R. Micalef). Une société exploitante, non propriétaire d'un terrain, qui dispose de ce terrain sur lequel elle a entreposé des pneumatiques usagés en lien avec son activité doit se conformer à la législation ICPE dès lors que le volume des pneumatiques le justifie (■ CAA Nancy, 3 févr. 2000, *SARL Paintball Sports Loisirs : Rev. jur. env.* 2000, 484, obs. Schneider). Il en va de même d'une société ayant autorisé le dépôt de déchets sur son terrain, laquelle est donc réputée avoir ouvert une installation classée (■ CAA Paris, 22 oct. 1998, *SCI Les Moulins à vent : Rev. jur. env.* 1999, 645). La solution est contraire si le propriétaire n'est pas l'exploitant (■ CAA Lyon, 17 juin 2008, n° 06LY01502, *Dhivert : AJDA* 2008, 1790 préc.).

6) Compétence liée du préfet. Dès lors qu'il constate qu'une installation est exploitée sans autorisation ou déclaration préalable, le préfet est tenu de mettre en demeure l'exploitant de déposer un dossier de régularisation et d'arrêter les prescriptions particulières à son installation, en vue de protéger les intérêts visés à l'article L. 511-1 (■ CE, 1er juill. 1987, n° 69948, *Hardy : Rec. CE* 1987, p. 243 ; *Rec. CE* 1987, tables décennales 1985-1994, t. V, p. 5344, n° 72 ; *CJEG* 1988, p. 171 ; *RFDA* 1987, p. 676, concl. Vigouroux). Sa décision de refus est sanctionnée de nullité (■ CAA Lyon, 21 juin 1994, n° 92LY01579, *M. Terrolle : BDEI* 3/1995, p. 28, note E. Carlier ; *Dr. env.* 1995, n° 33, p. 97, note Y. Razafindratandra ; *JCP* G 1995, IV, 1845 ; *Rev. jur. env.* 1995, n° spécial, p. 103. Dans le même sens, V. ■ CAA Lyon, 4 juill. 2003, n° 01LY00853, *Sté Établissement Weber*). La conséquence nécessaire de l'annulation de l'autorisation est l'adoption d'une mise en demeure de régularisation assortie ou non de la suspension de l'installation. Lorsque l'exploitant a déposé une nouvelle demande d'autorisation d'exploitation, l'obligation immédiate du préfet est de se prononcer sur cette demande, sans que le juge administratif n'ait à l'y enjoindre (■ CAA Douai, 30 juin 2011, n° 09DA00764, *Sté ARF et MEEDDM*. ■ CAA Lyon, 6 mars 2012, n° 10LY01945, *SAS Cheval Frères*).

7) Nécessité d'une mise en demeure préalable à une mise en demeure (non). La mise en demeure de l'article L. 514-2 ne nécessite pas la mise en demeure préalable de l'exploitant (■ CE, 15 mars 1999, n° 162037, *M. Bouchard : Rev. jur. env.* 4/1999, p. 639, comm. R. Schneider. ■ TA Amiens, 9 juill. 2002, n° 00524, *Sté UTL c/ Préfet de l'Oise*).

8) Nature de la mise en demeure. Impossibilité de mettre en cause la légalité d'une mise en demeure devenue définitive à l'occasion du recours dirigé contre la sanction (■ CAA Nancy, 1er mars 2004, n° 99NC01971 : *Environnement* 2004, n° 52, obs. Gillig. ■ CAA Versailles, 18 oct. 2007, n° 06VE00123 : *Environnement* 2008, n° 10, obs. Gillig. ■ CE, 22 oct. 2008, n° 307816, *Sté Palchem*). En revanche, un arrêté de mise en demeure peut être contesté par la voie d'exception à l'occasion de recours contre l'arrêté de consignation, si la mise en demeure n'est pas définitive (■ CE 20 mars 2013, n° 352551, *Min. de l'Écologie : BDEI* 2013, n° 1564 ; *Dr. env.* 2013, n° 213, p. 212 ; *Environnement* 2013, n° 44, note Gilli).

9) Respect des droits des tiers. Dans la mesure où la mise en demeure crée des droits au profit des tiers, elle ne peut être retirée après l'expiration du délai de recours contentieux (■ TA Châlons-sur-Marne, 1er févr. 1994, *Sté réparation wagons foudres de Touraine : Dr. adm.* 1994, n° 271 ; *Dr. env.* 1994, n° 25, p. 59, obs. Romi). De même, un procès-verbal communiqué tardivement ne permettant pas à l'exploitant de disposer d'un temps suffisant pour se défendre vicie la procédure (■ Cass. crim., 6 nov. 2018, n° 17-87036 : *BDEI* 2019/2420).

C – Mesures susceptibles d'être prises autre que la mise en demeure

10) Autorisation provisoire – légalité du refus. Le préfet peut refuser d'accorder l'autorisation provisoire si les éléments de l'étude d'impact sont insuffisants pour lui permettre d'appréhender les effets de l'installation sur les intérêts visés à l'article L. 511-1 (■ CE, 22 oct. 1999, n° 189214, *Sté Arrow : Mon. TP* 7 janv. 2000, p. 61). En revanche, le préfet commet une erreur manifeste d'appréciation lorsqu'il accorde une autorisation provisoire à un exploitant alors que ses deux précédentes demandes d'autorisation avaient été rejetées suite à deux avis défavorables du Conseil départemental d'hygiène, et que son nouveau dossier ne comporte aucune mesure environnementale (■ TA Limoges, 17 mai 1988, *Comité de défense de l'environnement et de la qualité de la vie de Népoulas et de ses environs : Rev. jur. env.* 3/1989, p. 358).

11) Autorisation provisoire – validité. Le préfet n'est pas tenu de suspendre l'exploitation d'une installation classée pour laquelle une demande d'autorisation est en cours d'instruction et peut autoriser, à titre provisoire, le demandeur à poursuivre son exploitation pour des motifs d'intérêt général tirés des conséquences d'ordre économique ou social qui résulteraient de son interruption (■ CE, 15 oct. 1990, n° 80523, *Province de la Hollande septentrionale : JurisData* n° 1990-644756 ; *Rec. CE* 1990, p. 277 ; *Rec. CE* 1990, tables décennales 1985-1994, t. V, p. 5349, n° 85 ; *CJEG* 1991, p. 133 ; *JCP G* 1990, IV, p. 406. ■ CE, 20 juin 1997, n° 172761, *Assoc. de sauvegarde des vallées et de prévention des pollutions.* ■ CE, 15 mai 2013, n° 353010, *Sté Assainissement de la région de Fourmies (ARF) : Environnement et dév. durable* 2013, p. 27, note D. Gillig ; *BDEI* juill. 2013, n° 46, p. 31, concl. X. Lesquen ; *Gaz. Pal.* 11 et 12 sept. 2013, p. 18, nos 254-255, note G. Paul. ■ CAA Bordeaux, 9 déc. 2013, n° 12BX02511, *Maroni transport international*).

12) Poursuite de l'activité litigieuse et consignation. Si l'exploitation de l'activité litigieuse doit se poursuivre et qu'elle cesse, le préfet peut ordonner, à la place de la régularisation de l'installation sur le fondement de l'article L. 514-2 du présent code, la consignation d'une somme au titre de l'article L. 514-1 (■ CAA Paris, 5 nov. 1991, n° 90PA00331, *Secr. d'Ét. auprès du Premier ministre chargé de l'environnement c/ Sté Saint-Yves : Rev. jur. env.* 1/1992, p. 73, concl. contraires M. Dacre-Wright ; *Rec. CE*, tables décennales 1985-1994, t. V, p. 5349, n° 87). Le préfet peut prononcer la poursuite de l'activité d'une installation en prescrivant à l'exploitant la réalisation d'une étude acoustique approfondie permettant, d'une part, de mettre en évidence les conditions dans lesquelles l'installation est source de nuisances sonores pour le voisinage, d'autre part, de tenir les locaux, portes et fenêtres fermés pendant le fonctionnement de l'installation, et enfin de réaliser dans le même délai la pose de portes isolantes (■ CAA Paris, 25 sept. 1997, n° 94PA01054).

13) Prescriptions techniques. Dans l'attente de l'instruction du dossier d'autorisation, le préfet peut légalement imposer des prescriptions techniques (■ CAA Lyon, 21 juin 1994, *Terrolle* : préc. note 1).

14) Régularisation – conditions de la régularisation. La procédure de l'autorisation provisoire ne peut être envisagée que lorsque la régularisation permet de remédier aux atteintes portées aux intérêts visés à l'article L. 511-1 dans des conditions acceptables pour le voisinage, quelles que soient les prescriptions techniques susceptibles d'être imposées à l'exploitant (■ CE, 16 oct. 1992, n° 88828, *M. David*) et encore s'il n'y a pas d'incompatibilité entre le plan d'occupation des sols et l'exploitation d'un tel établissement (■ CE, 6 mars 1987, n° 50475, *M. Sainte-Rose : Rev. jur. env.* 2/1988, p. 171).

15) Régularisation – Avis du CODERST. Si l'avis du Coderst sur la régularisation d'une installation classée ne peut faire l'objet d'un recours, sa légalité est jugée à l'occasion de la décision de refus d'autoriser la poursuite d'exploitation d'un centre de stockage de déchets non dangereux jusque-là tolérée par le préfet qui en procède (■ TA Toulon, 20 oct. 2011, n° 092037, *Sté Sovatram,*

La régularisation d'une activité de stockage de déchets non autorisée : *Dr. env.* 2012, n° 206, p. 343, concl. M. Revert).

16) Régularisation – effets. La régularisation d'une porcherie non déclarée ne lui permet pas de bénéficier des dérogations aux prescriptions de distance, autorisées par un arrêté préfectoral de prescriptions générales relatives aux installations existantes ou mises en conformité (■ TA Rennes, 5 févr. 2004, n° 99-3132, *Stzepourginsky*).

17) Régularisation – application dans le temps. Dès lors qu'après avoir obtempéré à la mise en demeure du préfet de régulariser sa situation, en faisant procéder à l'enlèvement d'un certain nombre d'objets sur sa propriété, l'activité de l'exploitant passe en dessous du seuil de classement, celui-ci n'a plus à présenter un dossier de régularisation de son installation, mais est fondé à demander l'abrogation, et non l'annulation, de l'arrêté de mise en demeure (■ TA Amiens, 13 avr. 2006, n° 0301758, *Sieur Gilles Charles*).

18) Suspension – conditions. La suspension n'est légale que dans la mesure où elle a pour objet de sauvegarder les intérêts protégés par la loi ICPE et de limiter les risques liés à l'exploitation d'un procédé non maîtrisé (■ TA Nancy, 30 mars 1993, n°s 921821 et 921822, *SA Union française des pétroles*). En revanche, le préfet ne peut prononcer une suspension de l'exploitation d'une installation classée à l'origine de pollutions si les conséquences économiques et sociales d'une suspension sont irréversibles (■ TA Nancy, 11 févr. 1997, n°s 941371 et 96236, *Oiseaux nature, Assoc. de sauvegarde des vallées et de la prévention des pollutions [ASVPP]* : *BDEI* 3/1998, p. 33, note L. Lanoy ; *Dr. env.* 1997, n° 54, p. 5, note D. Deharbe). Le préfet ayant le pouvoir de suspendre la poursuite des travaux réalisés sans une autorisation requise par le Code de l'environnement jusqu'à ce qu'il ait été statué sur la demande relative à cette autorisation, les conclusions d'une requête dirigée contre le refus du préfet de suspendre la poursuite des travaux de construction d'un parc éolien en mer jusqu'à ce qu'il ait été statué sur cette demande deviennent sans objet dès lors que l'autorisation au titre de l'article L. 411-2 du Code de l'environnement a été accordée en cours d'instance : ■ CE, 30 avr. 2024, n° 468297.

19) Suspension – validité des mesures. Confirmation par la cour d'appel d'un jugement du tribunal administratif suspendant le fonctionnement d'une installation exploitée depuis de très longues années en violation des prescriptions sanitaires et en cas de non-respect du mise en demeure (■ TA Toulouse, 20 avr. 2000, *Doucède* : *Dr. env.* 2001, n° 87, p. 63, note Deliessche. ■ CAA Bordeaux, 14 avr. 2006, n° 99BX01151, *Doucède*,). Absence de doute sérieux sur la légalité d'un arrêté préfectoral suspendant une installation de réception déchets urbains et de stockage de déchets industriels qui constitue une activité nouvelle non autorisée (■ CE 1er juill. 2009, n° 32 2275, *Sté Paprec Île-de-France* : *Environnement* 2009, n° 101, note Trouilly). En revanche, suspension de l'arrêté en ce qui concerne les déchets antérieurement autorisés.

De la même façon, il est possible de prononcer la suspension d'une installation dans le cas où, d'une part, l'exploitant méconnaît depuis des années les prescriptions sanitaires définies à l'intention de son exploitation, d'autre part, présente sciemment des dossiers comportant des informations fausses sur la nature et l'importance de son installation, et enfin exploite l'installation dans des conditions de nature à porter atteinte à la salubrité publique, sans qu'aucune considération d'intérêt général économique et sociale ne le justifie (■ TA Toulouse, 20 avr. 2000, n°s 99/3955 et 99/3956, *Mme Jeanne Doucède* : *Dr. env.* 2001, n° 87, p. 63).

20) Suspension – effets. La mesure de suspension en vue de la régularisation d'une installation n'empêche pas l'exploitant de réaliser une évaluation simplifiée des risques. Il lui est possible de demander à tout moment la levée des scellés, afin de déférer à ses obligations (■ TA Versailles, 27 avr. 2004, n° 012370, *Sté HDAF* : *Environnement* 2005, n° 1, p. 21, note D. Gillig).

21) Suspensions – règles de procédure : caractère contradictoire. L'omission de la mention du délai accordé à l'exploitant pour présenter une demande de régularisation n'entraîne pas la nullité de l'arrêté de suspension (■ TA Paris, 7 janv. 1993, n° 8906196/7, *Sté Sport Autodrome*). La mesure de suspension de l'exploitation n'intervenant pas dans le cadre de l'article 23 de la loi du 19 juillet 1976 n'a pas à être précédée de la consultation du conseil départemental de l'hygiène (■ CAA Bordeaux, 7 mai 2002, n° 98BX01191, *Min. Aménagement du territoire et Environnement*). Nonobstant son caractère conservatoire, la suspension de l'exploitation d'une installation classée doit être précédée de la procédure contradictoire prévue par l'article 24 de la loi n° 2000-321 du 12 avril 2000 relative aux droits des citoyens dans leurs relations avec les administrations (■ CE, 13 févr. 2012, n° 324829, *Sté Terreaux Service Varonne* : *BDEI* n° 40/2012, n° 1444, note Gillig D. ■ CAA Marseille, 7 mai 2013, n° 12MA00876, *Sté Terreaux Service Varonne*).

Le préfet peut légalement faire usage de ses pouvoirs de suspension dans l'attente d'une décision relative à la demande d'autorisation d'une installation ne bénéficiant pas des droits acquis (■ CAA Bordeaux, 7 mai 2002, n° 98BX0119, *Min. Aménagement du territoire et Environnement*, préc.).

22) Suspensions – règles de procédure : délai de la suspension. Le préfet peut suspendre l'exploitation jusqu'à la décision relative à la demande d'autorisation. Toutefois, la suspension peut n'être maintenue que jusqu'à l'exécution des travaux permettant de mettre fin aux nuisances, en l'espèce l'isolation acoustique des bâtiments (▪ CAA Douai, 18 mars 2004, n° 01DA00258, *Sté Uranie International, Sté Sark International*).

23) Suspensions – règles de procédure : usage de la procédure de référé. En l'absence de risque grave et immédiat, le référé de l'article R130 CTACAA tendant à voir prononcer la suspension provisoire de l'installation est rejeté même s'il n'y a pas d'autorisation (▪ CAA Lyon, 21 nov. 1995, *Taxil : Rev. jur. env.* 1996, 169, note Schneider). Il en va de même d'une demande de suspension d'activité présentée par des associations compte tenu des conséquences économiques et sociales (▪ TA Nancy, 11 févr. 1997, *Oiseaux-Nature : Dr. env.* 1997, n° 54, p. 5, note Deharbe). Incompétence de la cour d'appel pour statuer sur la suspension d'un arrêté de mise en demeure (▪ CAA Nancy, 25 juin 2019, n° 19NC01585).

24) Fermeture et suppression – conditions de la fermeture. Elle peut être ordonnée en cas d'échec de la mise en demeure de régulariser la situation (▪ CE, 3 oct. 1986, n°s 53680 et 54167, *Mlle Manceaux c/ Secr. d'Ét. chargé de l'environnement et de la qualité de la vie*) ou de l'impossibilité de régulariser au regard des règles d'urbanisme (▪ CE, 4 mai 1960, *Sté le modelage industriel : Rec. CE* 1960, p. 293 ou ▪ CE, 6 mars 1987, *Sainte-Rose : Rev. jur. env.* 1988, 171). Les considérations économiques et sociales ne peuvent s'y opposer (▪ CE, 20 févr. 1987, *Chevalerias : Rec. CE* 1987, T. 835 ; *Rev. jur. env.* 1987, 377). Pas plus que la liberté du commerce et de l'industrie si la mesure de suspension est prise dans l'intérêt de la santé publique (▪ CE 25 avr. 2002, *Sté Saria Industries : Environnement* 2002, n° 109). Une décision de fermeture peut concerner la totalité d'une activité classée et déclarée mais non une autre activité (▪ TA Nancy, 4 juill. 2003, n° 03640, *SARL Eurodogue*).

25) Fermeture et remise en état. L'obligation de remise en état doit être satisfaite nonobstant la décision de fermeture (▪ CAA Nancy, 2 août 2001, *Min. Aménagement du territoire et Environnement : Environnement* 2002, chron. n° 4, obs. Deharbe.)

26) Suppression de l'installation. La suppression ne peut être ordonnée dès lors que l'exploitant a déféré à la mise en demeure de régulariser sa situation ; une lettre, par laquelle l'exploitant demande une prorogation de l'autorisation, doit être regardée comme un dossier de demande d'autorisation que ledit exploitant avait été mis en demeure de déposer (▪ CAA Lyon, 29 oct. 1991, n° 89LY02002, *Sté d'exploitation de la SARL Semaire : Rec. CE*, tables décennales 1985-1994, t. V, p. 5352, n° 96). Mais, dès lors que l'exploitant a déposé, après avoir été mis en demeure, une demande d'autorisation qui a été rejetée, le préfet peut légalement ordonner la suppression de l'installation en se fondant sur la seule incompatibilité entre le POS et l'exploitation de l'ICPE (▪ CAA Versailles, 18 oct. 2007, n° 06VE00123, *SARL Raimond-Thomas : Environnement* 2008, n° 1, p. 29, note D. Gillig). La légalité d'un arrêté préfectoral ordonnant la suppression d'une installation classée est subordonnée à ce que cette sanction administrative présente un caractère de nécessité et qu'elle soit proportionnée aux risques pesant sur l'environnement (▪ CAA Versailles, 4 déc. 2013, n° 11VE02401, *SERA*).

27) Arrêt de l'exploitation de l'installation - troubles de voisinage justifiant l'arrêt de l'exploitation. De graves nuisances établies par des constats d'huissier établissant l'importance des dépôts de ciment et graviers maculant l'environnement immédiat du restaurant et celle des nuages de poussières provoqués par le passage des camions et de nombreuses infractions relevées à la voirie justifient un arrêt d'une cour d'appel statuant en référé, qui a justement retenu que les sociétés exploitantes de la centrale à béton devaient répondre des conséquences d'une exploitation gravement préjudiciable aux intérêts des tiers, et a pu déduire de ses constatations que les conditions d'exploitation de la centrale créaient pour cette société des nuisances excédant les inconvénients normaux du voisinage et que le trouble causé justifiait que soit ordonné l'arrêt de l'exploitation (▪ Cass. 3e civ., 14 janv. 2014, n° 13-10.167).

28) Transfert d'installation. Aucun texte ne confère au préfet, ni à aucune autre autorité administrative, le pouvoir d'ordonner le déplacement d'une installation classée (▪ CAA Marseille, 10 déc. 1998, n°s 97MA01715 et 97MA02210, *Min. Aménagement du territoire et Environnement, Éts Deschamps : Dr. env.* 1999, n° 74, p. 11, comm. Y. R. ; *Rev. jur. env.* 3/1999, p. 483, concl. J.-Ch. Duchon-Doris).

D – Personnes concernées par les sanctions

29) Responsabilité de la régularisation : exploitant ou propriétaire ? L'obligation de régularisation peut être imposée au propriétaire d'un site qui donne en location des emplacements d'activité à différentes sociétés, qui individuellement ne sont pas soumises à la nomenclature des

ICPE mais qui constituent par leur présence collective une installation classée (■ TA Cergy, 3 juin 2003, nos 0102819 et 0103513/3, *Sté immobilière du Saule Balance*). Ce jugement a été annulé en appel, la cour estimant que le préfet ne peut employer les mesures prévues par l'article L. 514-2 du présent code qu'envers les exploitants (■ CAA Versailles, 22 déc. 2005, n° 03VE03581, *M. Moreau et a.*, puis par ■ CE, 1er mars 2013, n° 347126, *Sté L'immobilière du Saule Balance : AJDA* 2013. 1427 ; *Rev. jur. env.* 2015, 560, note Schneider). Cette décision du Conseil d'État confirme l'illégalité des mesures prises qui ont privé les exploitants de régulariser leur activité et de verser des loyers au propriétaire et reconnaît la responsabilité de l'État tant à l'égard des propriétaires que des exploitants.

30) Le bénéficiaire d'un dépôt de déchets. Le propriétaire d'un terrain sur lequel il a autorisé des sociétés tierces à déposer des déchets afin de remblayer des excavations creusées antérieurement alors qu'il ne disposait d'aucune autorisation peut être destinataire des mesures prises en application de l'article L. 514-2 (■ CAA Paris, 22 oct. 1998, n° 97PA00496, *SCI Les Moulins à vent : Rev. jur. env.* 4/1999, p. 645, comm. R. Schneider).

En revanche, est annulée la mise en demeure adressée à une société lui imposant de supprimer une décharge exploitée sur le site dont elle est locataire (■ CAA Nancy, 6 déc. 2004, n° 01NC00751, *Min. Aménagement du territoire et Environnement c/ Sté TPA Constructions*). V. annotations sous art. L. 511-1, p. 937, la notion d'exploitant.

31) La société assurant la maîtrise d'œuvre de travaux. La société qui assure la maîtrise d'œuvre de travaux soumis à autorisation au titre de la législation ICPE dont elle n'est pas bénéficiaire et sur un terrain dont elle n'est pas propriétaire a la qualité d'exploitant et peut donc être destinataire d'une mise en demeure de déposer une demande d'autorisation de creusement de fosses destinées à l'assainissement de fosses (■ CAA Bordeaux, 4 juill. 2006, n° 03BX00911, *SICA Lucien Lurton : Gaz. Pal.* 12 déc. 2007, n° 355, pan. p. 37t ; *Rev. jur. env.* 4/2007, p. 518, comm. R. Schneider).

E – Responsabilité administrative

32) Responsabilité administrative à l'égard de l'exploitant – Rupture d'égalité devant les charges publiques. La responsabilité de l'État peut être engagée en raison du préjudice subi *par un exploitant du fait de la perte de parts de* marché liée à la compétitivité de ses concurrents qui, contrairement à lui, n'avaient pas obtempéré à une mise en demeure fondée sur l'article L. 514-2 (■ TA Nice, 16 mai 2000, n° 963649, *SARL DKP : Mon. TP* 27 oct. 2000, p. 97).

33) Responsabilité administrative à l'égard de l'exploitant – Fermeture illégale. L'exploitant est fondé à demander réparation du préjudice subi du fait de la fermeture illégale de l'ensemble de ses installations à l'exception de celles soumises à déclaration (■ CE, 14 janv. 1994, n° 125195, *Sté Spéchinor : Rev. jur. env.* 1/1995, p. 166, comm. R. Schneider). En revanche, l'exploitant ne peut se prévaloir de la situation irrégulière dans laquelle il s'était lui-même placé pour demander à être indemnisé des préjudices que lui aurait causés la fermeture de son installation (■ CE, 9 mars 1984, n° 18174, *M. Aucouturier*).

34) Responsabilité administrative à l'égard de l'exploitant – Absence de responsabilité de l'État pour faute. Non suspension de l'activité d'une installation par le préfet mais mise en demeure de régulariser et autorisations de fonctionnement provisoire (■ CAA Paris, 10 juill. 2018, n° 16PA02861).

35) Responsabilité administrative à l'égard des tiers - sur les principes généraux de la responsabilité de l'État. V. ■ CE, 2 nov. 2005, n° 266564 : *Rec. CE* 2005, 468 ; *RFDA* 2006, 349, concl. Guyomar, obs. Guettier ; *Dr. adm.* 2006, n° 34 ; *Environnement* 2005, n° 91, obs. Trouilly ; *Dr. env.* 2006, n° 137, p. 94, obs. Naïm-Gesbert ; *RD publ.* 2006. 1428, concl. Guyomar, obs. Broyelle. – Et également ■ CE 9 juill. 2008, n° 296023 : *BDEI* nov. 2008, n° 18, p. 7, concl. Aguila.

F – Pouvoirs du juge de plein contentieux

36) Substitution du juge au préfet. L'annulation d'une autorisation d'installation classée n'empêche pas le juge d'autoriser la poursuite de l'activité, pendant un délai qu'il fixe, jusqu'à régularisation de la situation (■ CE, 15 mai 2013, n° 353010, *Sté ARF : BDEI* juill. 2013, n° 46, p. 31, note X. de Lesquen ; *Gaz. Pal.* sept. 2013, nos 254-255, p. 18, note G. Paul ; *Gaz. Pal.* sept. 2013, nos 256-257, p. 20, note B. Seiller. ■ CAA Douai, 28 mai 2014, n° 13DA00022. ■ CAA Nantes, 13 juin 2014, n° 12NT00974. ■ CAA Nantes, 2 mai 2014, n° 13NT00704. ■ CAA Nancy, 22 mai 2014, n° 12NC00427). L'annulation de la décision prise par le préfet d'autoriser un fonctionnement à titre provisoire n'implique pas nécessairement que le juge administratif autorise lui-même le fonctionnement provisoire, cette compétence relevant de l'opportunité du juge de plein contentieux (■ CAA Nantes, 26 sept. 2014, n° 12NT02885 : *Rev. jur. env.* 2015, 176, note Schneider). Et le système de l'autorisation provisoire de fonctionnement n'est pas une atteinte à l'autorité de la chose jugée (■ CAA Bordeaux, 9 déc. 2013, n° 12BX02511 : *Rev. jur. env.* 2014. 573, obs. Schneider).

37) Astreinte. Légalité d'une astreinte pour retirer des déblais gênant le cours d'une rivière (▪ CAA Lyon, 9 nov. 2017, n° 15LY02597).

38) Injonction faite au préfet par le TA de faire usage de ses pouvoirs à l'égard d'une installation qu'il a prorogée alors qu'elle ne respectait les règles du PLU (▪ CAA Nancy, 30 janv. 2018, n° 17NC00039).

39) Suspension par le tribunal administratif : annulation du jugement. L'annulation de la décision du préfet refusant de mettre en demeure une entreprise de déposer un dossier de demande de dérogation n'implique pas nécessairement qu'il soit enjoint au préfet de prescrire la suspension de l'exploitation des terres. La suspension du fonctionnement des installations ou ouvrages ou la suspension des travaux, qui sont des mesures visant à conserver la situation en état en attendant une éventuelle régularisation, doit être prononcée par l'autorité administrative s'il apparaît que la poursuite de l'exploitation des installations ou ouvrages ou la poursuite des travaux rendra impossible toute remise des lieux en l'état initial en cas de refus de régularisation. Dans la mesure où l'exploitation des parcelles ne permet pas de conserver les habitats des espèces protégées qui ont déjà été détruits et où le gel de l'exploitation pourrait même participer à l'aggravation de la situation - annulation du jugement prononçant injonction de suspendre (▪ CAA Nancy, 18 avr. 2018, n° 17NC00482).

II – AUTRES INSTALLATIONS ET LOI IOTA

40) Les principes et règles qui viennent d'être rappelés sont appliqués dans le cas d'absence d'autorisation ou de non-respect de mise en demeure dans différentes législations visées par le Code de l'environnement.

41) Compétence du préfet pour mettre en demeure un syndicat interdépartemental pour l'assainissement à propos d'une station d'épuration qui ne bénéficiait d'aucune autorisation sur la base de la loi du 3 janvier 1992 (▪ TA Versailles, 24 juin 1996, *Assoc. Capui et a. : Rev. jur. env. 1997, 106*, note Schneider). – Dans le même sens (▪ TA Besançon, 19 oct. 2006, n° 0500339, *Perret : Rev. jur. env.* 2007, 381, obs. Sironneau).

42) Compétence liée du préfet pour adresser une mise en demeure à une entreprise ayant réalisé des travaux d'assèchement du marais poitevin sans autorisation (▪ CAA Bordeaux, 27 juin 2017, n° 15BX02407).

43) En revanche, est illégale une mise en demeure d'enlever des gravats qui nécessite un examen particulier et l'obligation de permettre à la société mise en cause de présenter ses observations, ▪ CAA Bordeaux, 31 juill. 2003, *SA Hydraulique Électricité Mécanique : Rev. jur. env.* 2002. 79, obs. Sironneau. Est également illégale une mise en demeure de réaliser des travaux de confortement, accompagnée d'une demande de consignation alors que les travaux demandés par l'administration ont été réalisés et sont suffisants pour assurer le respect de la réglementation (▪ CAA Paris, 10 févr. 2005, n° 00PA03632)

44) En l'absence d'exploitant, la mise en demeure peut être adressée au propriétaire de l'ouvrage (▪ CAA Marseille, 18 oct. 2004, n° 00MA00022, *SCI Danube*), y compris le nouveau propriétaire même si c'est l'ancien propriétaire qui devait réaliser les travaux, ▪ CE, 9 juill. 2008, n° 275576, *SCI Danube : Rev. jur. env.* 2009, 385.

45) Délai. La mise en demeure prévue par l'article L. 216-1 qui vise à protéger l'environnement et permettre la continuité de l'exploitation doit être prise dans un délai qui donne un effet utile à la décision. Est illégale une décision qui ne peut être réalisée techniquement dans les délais donnés, ▪ TA Versailles, 17 nov. 2009, n° 0609406, *Synd. mixte d'assainissement de la région Ouest de Versailles (SMAROV)*.

46) Procédure contradictoire. La mise en demeure doit obligatoirement précéder l'arrêté exigeant des travaux nécessaires pour faire cesser une infraction (▪ CAA Nantes, 14 oct. 2011, n° 10NT00982, *SCI Le Moulin du pré et M. Gourdet : Rev. jur. env.* 2013, 131, obs. Sironneau). Il en va de même d'une obligation de consignation (▪ TA Marseille, 31 janv. 2006, *Mme Henry de la Moynerie : Rev. jur. env.* 2007, 92, obs. Sironneau).

47) Procédure contradictoire : moyen inopérant. En revanche, le moyen d'absence de procédure contradictoire préalable est inopérant si le préfet était dans un cas de compétence liée, ▪ TA Toulon, 10 déc. 2011, n° 1001018, *SCEA Domaine Decuers et M. Calbat : Rev. jur. env.* 2013, 132, obs. Sironneau. – Confirmé par ▪ CAA Marseille, 25 mars 2014, n° 12MA00403, *SCEA Domaine Decuers : Environnement* 2014, n° 49, note Février.

48) Retrait d'autorisation. Est illégal un retrait d'autorisation alors que de simples travaux d'aménagement permettaient de répondre à l'objectif s'agissant d'une chute d'eau, ▪ TA Amiens, 18 déc. 2001, n° 01-3324, *Torrents c/ Préfet de l'Oise*).

49) Suspension : conditions. La suspension du fonctionnement des installations ou ouvrages ou la suspension des travaux, qui sont des mesures visant à conserver la situation en état en attendant une éventuelle régularisation, doit être prononcée par l'autorité administrative s'il apparaît que la poursuite de l'exploitation des installations ou ouvrages ou la poursuite des travaux rendra impossible toute remise des lieux à l'état initial en cas de refus de régularisation (■ CAA Nancy, 18 avr. 2018, n° 17NC00482, *Commission de protection des eaux de Franche-Comté c/ Préfète de la Haute-Saône*).

50) Remise en état des lieux : légalité d'un arrêté fixant des prescriptions techniques de fonctionnement à titre conservatoire accompagnant une mise en demeure (■ CAA Paris, 7 août 2002, *Assoc. Capui et a. : Environnement* 2003, chron. 17, obs. Deharbe). En revanche, illégalité d'une injonction de remise en état des lieux (■ CE, 31 mars 2004, *M. Herrmann : Dr. env.* 2004, n° 122, p. 179, obs. Boyer ; *RD imm.* 2004. 261, obs. Trébulle. – Dans le même sens, ■ CE, 20 déc. 2006, *MEDD : Environnement* 2007, n° 41, obs. Trouilly ; *Rev. jur. env.* 2008. 67, obs. Sironneau). En revanche, est illégale une remise en état des lieux qui ne consiste qu'en la suppression d'un réseau de drainage non autorisé (■ CAA Nancy, 4 août 2011, n° 10NC01680, *M. Bernard : Rev. jur. env.* 2013, 131, obs. Sironneau).

51) Consignation. La consignation peut être exigée pour les travaux de remise en état d'un cours d'eau illégalement détourné (■ TA Pau, 13 sept. 2005, *Bouyrie : Rev. jur. env.* 2006, 335, obs. Sironneau) par une digue irrégulièrement édifiée (■ CAA Marseille, 24 oct. 2005, *Sautel et GAEC La Tuilerie : Rev. jur. env.* 2006, 336, obs. Sironneau. – Confirmé par ■ CE, 19 déc. 2007, n° 288432 : *RFDA* 2008, 185 ; *Rev. jur. env.* 2009, 271, obs. Sironneau) ou d'un plan d'eau illégalement créé (■ CAA Nantes, 7 avr. 2010, n° 09NT01335).

52) Procédure – recours administratifs. Un recours gracieux ou hiérarchique contre des autorisations relevant de la loi sur l'eau ou de la loi du 3 janvier 1992 IOTA n'interrompt pas le délai de recours contentieux sauf dans l'hypothèse où l'arrêté préfectoral litigieux offre ses voies de recours (■ CE, sect., 21 déc. 2007, n° 280195 : *RFDA* 2008. 196 ; *ibid.* 541, concl. Guyomar ; *BDEI* 3/2008, 43, concl. Guyomar ; *JCP* A 2008, act. n° 11 ; *JCP* A 2008, n° 2032, obs. Millet ; *ibid.* n° 2041, obs. Billet ; *Environnement* 2008, n° 36, obs. Gillig).

53) Procédure – prescription. La prescription jugée par le juge pénal ne s'impose pas au juge administratif ni à l'autorité préfectorale faisant application des dispositions de l'article L. 216-1 du Code de l'environnement qui sont des mesures de police. Travaux de drainage prononcés de manière légale (■ CAA Nantes, 24 avr. 2018, n° 16NT01183, *Earl de la Jarrière c/ préfet de la Mayenne*).

III – POUVOIRS DE LA JURIDICTION PÉNALE

54) Mesures conservatoires prises par le JLD ou le juge d'instruction. Voir article L. 216-13 : En cas de non-respect [...] des mesures édictées en application de l'article L. 171-7 [...] le juge des libertés et de la détention, à la requête du procureur de la République, agissant d'office ou à la demande de l'autorité administrative, de la victime ou d'une association agréée de protection de l'environnement, ou le juge d'instruction en cas d'ouverture d'une information, peut ordonner pour une durée de trois mois au plus aux personnes physiques et aux personnes morales concernées toute mesure utile, y compris la suspension ou l'interdiction de l'activité en cause.

Voir : sous art. L. 514-19, annot. n°s 1 et s., p. 1009.

Art. L. 171-7-1 *(L. n° 2023-175, 10 mars 2023)*. **– Sans préjudice des poursuites pénales qui peuvent être exercées, lorsque des prestations de travaux de forage sont réalisées sans disposer d'une qualification ou d'une certification délivrée en application du présent code, du Code minier et de leurs textes d'application, l'autorité administrative compétente peut, dans les cas et les conditions fixés par décret en Conseil d'État et sans avoir procédé préalablement à une mise en demeure, ordonner le paiement d'une amende administrative. Cette amende administrative est au plus égale à 15 000 € par ouvrage.**

Art. L. 171-8 *(Rempl., L. n° 2019-773, 24 juill. 2019 ; mod., L. n° 2023-973, 23 oct. 2023)* (1). **– I. – Indépendamment des poursuites pénales qui peuvent être exercées, en cas d'inobservation des prescriptions applicables en vertu du présent code aux installations, ouvrages, travaux, aménagements, opérations, objets, dispositifs et activités, l'autorité administrative compétente met en demeure la personne à laquelle incombe l'obligation d'y satisfaire dans un délai qu'elle détermine. En cas d'urgence, elle fixe, par le même acte ou par un acte distinct, les mesures nécessaires pour prévenir les dangers graves et imminents pour la santé, la sécurité publique ou l'environnement.**

(1) Dispositions applicables aux liquidations judiciaires ouvertes ou prononcées après le 23 octobre 2023, L. n° 2023-973, 23 oct. 2023.

II. – Si, à l'expiration du délai imparti, il n'a pas été déféré à la mise en demeure, aux mesures d'urgence mentionnées à la dernière phrase du I du présent article ou aux mesures ordonnées sur le fondement du II de l'article L. 171-7, l'autorité administrative compétente peut arrêter une ou plusieurs des sanctions administratives suivantes :

1° Obliger la personne mise en demeure à s'acquitter entre les mains d'un comptable public avant une date déterminée par l'autorité administrative du paiement d'une somme correspondant au montant des travaux ou opérations à réaliser.

Sous réserve du 6° du I de l'article L. 643-8 du Code de commerce, cette somme bénéficie d'un privilège de même rang que celui prévu à l'article 1920 du Code général des impôts. Il est procédé à son recouvrement comme en matière de créances de l'État étrangères à l'impôt et au domaine.

L'opposition à l'état exécutoire pris en application d'une mesure de consignation ordonnée par l'autorité administrative devant le juge administratif n'a pas de caractère suspensif.

Une fois la somme recouvrée par le comptable public, celui-ci procède à sa consignation entre les mains de la Caisse des dépôts et consignations. Un décret en Conseil d'État fixe les modalités de déconsignation et les conditions dans lesquelles les sommes consignées sont insaisissables, au sens de l'article L. 112-2 du Code des procédures civiles d'exécution, par dérogation aux articles 2284 et 2285 du Code civil, ainsi que les conditions de leur utilisation en cas d'ouverture d'une procédure collective ;

2° Faire procéder d'office, en lieu et place de la personne mise en demeure et à ses frais, à l'exécution des mesures prescrites. Les sommes consignées auprès de la Caisse des dépôts et consignations en application du 1° du présent II sont utilisées pour régler les dépenses ainsi engagées ;

3° Suspendre le fonctionnement des installations ou ouvrages, l'utilisation des objets et dispositifs, la réalisation des travaux, des opérations ou des aménagements ou l'exercice des activités jusqu'à l'exécution complète des conditions imposées et prendre les mesures conservatoires nécessaires, aux frais de la personne mise en demeure ;

4° Ordonner le paiement d'une amende administrative au plus égale à 45 000 €, recouvrée comme en matière de créances de l'État étrangères à l'impôt et au domaine, et une astreinte journalière au plus égale à 4 500 € applicable à partir de la notification de la décision la fixant et jusqu'à satisfaction de la mise en demeure ou de la mesure ordonnée. Les deuxième et troisième alinéas du même 1° s'appliquent à l'astreinte (1).

Les amendes et les astreintes sont proportionnées à la gravité des manquements constatés et tiennent compte notamment de l'importance du trouble causé à l'environnement.

L'amende ne peut être prononcée au-delà d'un délai de trois ans à compter de la constatation des manquements.

Les mesures mentionnées aux 1° à 4° du présent II sont prises après avoir communiqué à l'intéressé les éléments susceptibles de fonder les mesures et l'avoir informé de la possibilité de présenter ses observations dans un délai déterminé.

L'autorité administrative compétente peut procéder à la publication de l'acte arrêtant ces sanctions, sur le site internet des services de l'État dans le département, pendant une durée comprise entre deux mois et cinq ans. Elle informe préalablement la personne sanctionnée de la mesure de publication envisagée, lors de la procédure contradictoire prévue à l'avant-dernier alinéa du présent II.

La loi Biodiversité n° 2016-1087 du 8 août 2016 a donné au préfet des pouvoirs de mise en demeure de désigner les travaux et opérations à réaliser. De plus, la loi est revenue sur des dispositions spécifiques dans le domaine de l'eau en réintroduisant un article L. 216-1 qui indique que « la mise en demeure effectuée en application des articles L. 1 71-7 et L. 171-8 peut prescrire tous contrôles, expertises ou analyses ».

La nouvelle loi du 24 juillet 2019 a revisité ces dispositions.

Voir : sur les pouvoirs de sanctions administratives : annotations sous art. L. 512-20, p. 977, art. L. 514-2, p. 983 et art. L. 514-4, p. 984. – V. art. R. 514-1 et s., p. 2424. – V. L. 29 déc. 1892, relative aux dommages causés à la propriété privée par l'exécution des travaux publics, articles 9 et 20,

(1) Le Conseil constitutionnel a déclaré les mots : « Ordonner le paiement d'une amende administrative au plus égale à 15 000 € » figurant à la première phrase du présent 4°, dans leur rédaction résultant de la loi n° 2019-773 du 24 juillet 2019, conformes à la Constitution. – V. ■ Cons. const., 3 déc. 2021, n° 2021-953 QPC : *JO* 4 déc. 2021. – NDLR.

tels que modifiés par la loi n° 2003-699 du 30 juillet 2003.

Bibliographie : E. Monteiro, *Délits d'exploitation d'une ICPE sans autorisation et de poursuite d'exploitation en violation d'une mise en demeure : Rev. sc. crim.*, 2018, p. 443. – *Office du juge des installations classées sur les autorisations uniques*, sous CE, 26 juill. 2018 : *Rec. CE* 2018, n° 4. – G. Payan, *La nouvelle procédure de saisie administrative à tiers détenteur*, Dalloz actualité, 29 janv. 2018. – R. Léost, *Relaxe justifiée d'un ancien exploitant n'ayant pas remis en état son ICPE*, note sous TC de Roanne du 11 juillet 2017, n° 358/2017 : *Dr. env.* 260, p. 344. – M.-L. de la Ville Bauge, *L'ancien exploitant, seul débiteur de l'obligation de remise en état*, note sous CE, 3 févr. 2017, n° 390437, *Le moniteur des travaux publics et du bâtiment*, n° 5921, p. 68. – L. Genty, *Quelles obligations pour le liquidateur judiciaire de l'exploitant d'une installation classée ?*, note sous CE, 28 sept. 2016 : *AJDA* 2016, n° 33, p. 1839. – E. Monteiro, *Les orientations de la politique criminelle actuelle en matière d'atteintes à l'environnement : Rev. sc. crim.* 2014, n° 1, p. 49. – S. Marmin, *Du respect du contradictoire dans le cadre de la procédure de contrôle et de sanctions administratifs des installations classées : Riseo* 2013-1, p. 85. – M.-L. de la Ville-Bauge, *L'excès d'urbanisation peut nuire à une exploitation : Mon. TP* 5 oct. 2012, p. 78. – D. Gillig, *Précisions sur la nature et le régime juridiques de la mise en demeure : Environnement* 2008, n° 10, p. 57. – L. Fonbaustier, *Les 30 ans de la loi ICPE. Les risques liés aux sanctions administratives et pénales : BDEI* déc. 2006, n° spécial, suppl. au n° 6, p. 55. – S. Hercé, *La mise en demeure : une garantie reconnue aux exploitants dont les effets sont limités dans le temps : BDEI* juill. 2006, n° 4, p. 39. – C. Chevalier, *Précisions sur l'incompétence de principe des maires pour adopter des mesures de police affectant le fonctionnement d'une installation classée : Rev. Experts* déc. 2005, n° 69, p. 33. – B. Poujade, *Le contrôle administratif des installations classées : Le Courrier des Maires et des Élus locaux* mars 2005, n° 178, p. XIV. – S. Williamson, *Les pouvoirs de police du maire en matière d'installations classées : quelles stratégies d'action ? : Gaz. Pal.* 23 et 24 nov. 2005, spécial Environnement industriel, n° 327-328, p. 15. – N. Clément, *ICPE : les pouvoirs de l'administration à la cessation de l'activité : Environnement* 2002, n° 5, p. 24. – V. Mansuy, *Obligation de consignation en droit des installations classées : Environnement* 2002, n° 1, p. 28. – J.-L. Peru, *Quelle est la responsabilité de la commune en matière de carrières ou de marnières ? : Gaz. cnes* 2 déc. 2002, p. 68. – P. Billet, *La police des sites pollués, en quête d'identité : Gaz. Pal.* 3 juin 2001, n° 154, p. 11. – J. Boulay, *Installations classées : des contrôles à tout moment ? : Le Moniteur* 30 nov. 2001, p. 82. – F. Deliessche, *ICPE, suspension de l'exploitation et conséquences économiques et sociales : Dr. env.* 2001, n° 87, p. 63. – H. Matsopoulou, *Les investigations de certains fonctionnaires dans les locaux des entreprises : LPA* 19 juill. 2001, n° 143, p. 4. – D. Voinot, *Le sort des créances dans la procédure collective ; l'exemple de la créance environnementale : RTD com.* 2001, n° 3, p. 581. – X. Volmerange, *La responsabilité de l'État en matière d'installations classées : LPA* 11 nov. 2001, n° 225, p. 4. – J.-D. Chetrit, *Mise en demeure de l'article 23 de la loi du 19 juillet 1976 et délai d'exécution des mesures prescrites : les garanties accordées à l'exploitant : BDEI* 3/2000, p. 26. – L. Chabanne-Pouzynin, *Contrôle, mise en demeure et sanction : Dr. env.* 1999, n° 71, p. 11. – D. Deharbe, *Le contentieux administratif de la régularisation des installations classées : un laboratoire de l'environnement industriel : Dr. env.* 1999, n° 68, p. 15 et n° 69, p. 15 ; *Vers un juge administrateur au contentieux des installations classées ? : LPA* 11 août 1999, n° 159, p. 18. – J.-H. Robert, *Inobservation d'une mise en demeure de respecter un arrêté type : Dr. env.* 1999, n° 71, p. 11. – C. Huglo, *Le juge, la prévention et la résolution des litiges en matière d'environnement*, thèse Université Panthéon-Assas, Paris II, 1994. – C. Lepage-Jessua, *Les pouvoirs du préfet au regard des installations classées et les droits de l'exploitant après la loi du 13 juillet 1992 : LPA* 5 févr. 1993, n° 16, p. 10. – E. Chelma, *Les sanctions administratives dans la loi de 1976 : BDEI* 1996, numéro spécial, p. 20. – E. Carlier, *Jurisprudence des juridictions administratives en matière d'installations classées, 1978-1991*, Service de l'environnement industriel, févr. 1992. – S. Charbonneau, *La responsabilité administrative en matière d'installations classées : Préventique* mars-avr. 1992, n° 44. – M. de Guillenschmidt, *Bilan de jurisprudence administrative relative aux ICPE depuis l'entrée en vigueur de la loi du 19 juillet 1976 : JCP G* 1991, I, 3495. – J.-Ph. Papin, *La responsabilité de la puissance publique dans le contentieux des installations classées : CJEG* nov. 1984. – J. de Perthuis, *Le monde industriel face aux responsabilités de l'État en matière d'environnement industriel : Annales mines* août 1984, n° 8. – M.-P. Deswarte, *Le contentieux des installations classées : Rép. Contentieux administratif Dalloz*, 1983. – M. Prieur, *Le recours devant les juridictions administratives en matière d'installations classées : Rev. jur. env.* 2/1978, p. 121. – Sur la transaction : J.-C. Crocq, *Le pouvoir de transaction et de sanction du procureur de la République : le chaînon manquant : Rev. sc. crim.* 2015, p. 595. – *La transaction pénale en matière environnementale est conforme à la Constitution – Conseil constitutionnel 26 septembre 2014 n° 2014-416-QPC : AJDA* 2014, p. 1859. – J.-H. Robert, *Transaction en matière d'environnement : Rev. sc. crim.* 2014, p. 785.

La jurisprudence présentée ci-dessous est divisée en deux parties. La première, la plus brève, contient des décisions récentes intervenues après des changements de législation. La seconde reprend la jurisprudence élaborée antérieurement.

• ***Sommaire***

I – JURISPRUDENCE RÉCENTE

1) Office du juge. Le Conseil d'État, dans un arrêt de principe du 26 juillet 2018, dont une partie du sommaire est reproduite ci-dessous, a fixé l'office du juge dans l'application des dispositions de l'article L. 171-8. En ce qui concerne **l'autorisation unique**, le CE a précisé l'office du juge de plein contentieux pour vérifier si la régularisation est intervenue, et dans la négative surseoir à statuer pour laisser un délai suffisant.

« *Les articles L. 181-27 et D. 181-15-2 du Code de l'environnement modifient les règles de fond relatives aux capacités techniques et financières de l'exploitant d'une installation classée pour la protection de l'environnement (ICPE), antérieurement définies à l'article L. 512-1 de ce code. Il en résulte qu'une autorisation d'exploiter une installation classée ne peut légalement être délivrée, sous le contrôle du juge du plein contentieux des installations classées, si les conditions qu'ils posent ne sont pas remplies.*

a) Lorsque le juge se prononce sur la légalité de l'autorisation avant la mise en service de l'installation, il lui appartient, si la méconnaissance de ces règles de fond est soulevée, de vérifier la pertinence des modalités selon lesquelles le pétitionnaire prévoit de disposer de capacités financières et techniques suffisantes pour assumer l'ensemble des exigences susceptibles de découler du fonctionnement, de la cessation éventuelle de l'exploitation et de la remise en état du site au regard des intérêts mentionnés à l'article L. 511-1 du Code de l'environnement, ainsi que les garanties de toute nature qu'il peut être appelé à constituer à cette fin en application des articles L. 516-1 et L. 516-2 du même code.

b) Lorsque le juge se prononce après la mise en service de l'installation, il lui appartient de vérifier la réalité et le caractère suffisant des capacités financières et techniques du pétitionnaire ou, le cas échéant, de l'exploitant auquel il a transféré l'autorisation.

c) En outre, il résulte des règles de procédure prévues par les mêmes dispositions que le dossier d'une demande d'autorisation déposée depuis le 1er mars 2017 ne doit plus comporter des indications précises et étayées sur les capacités techniques et financières exigées par l'article L. 181-27 mais seulement une présentation des modalités prévues pour établir ces capacités, si elles ne sont pas encore constituées.

[…]

Postérieurement à la délivrance de l'autorisation, le préfet peut à tout moment, en application des articles L. 181-3, L. 181-14 et R. 181-45 du Code de l'environnement, prescrire, par arrêté complémentaire, la fourniture de précisions ou la mise à jour des informations relatives aux capacités techniques et financières de l'exploitant.

En outre, en vertu de l'article L. 171-8 du Code de l'environnement, en cas d'inobservation des prescriptions, le préfet met en demeure la personne à laquelle incombe l'obligation d'y satisfaire dans un délai déterminé. Si, à l'expiration du délai imparti, il n'a pas été déféré à la mise en demeure, le préfet peut arrêter une ou plusieurs des sanctions administratives définies par cette disposition.

Enfin, l'article R. 181-52 du Code de l'environnement ne fait pas obstacle à ce que les tiers puissent agir auprès du préfet s'ils estiment que l'exploitant ne justifie pas disposer des capacités techniques et financières exigées par l'article L. 181-27 du Code de l'environnement et contester devant le juge administratif l'éventuel refus du préfet de prendre les mesures qu'ils estiment nécessaires. » (▪ CE, 26 juill. 2018, n° 416831).

2) Consignation. Légalité d'une mesure de consignation assortie de prescriptions techniques particulières à la suite d'une mise en demeure non satisfaite par une société de distillation (▪ CAA Marseille, 11 mai 2018, n° 16MA02018).

3) Absence de caducité d'une mise en demeure intervenue 6 ans auparavant pour permettre un arrêté de consignation. Absence de changement dans les circonstances de fait. Pouvoirs du juge de plein contentieux d'apprécier si des mesures légalement justifiées quand elles sont prises sont encore nécessaires. Confirmation d'une ordonnance de référé ayant retenu un doute sérieux sur la légalité d'un arrêté mettant en demeure l'entreprise de réduire ses effectifs (■ CE, 13 juill. 2016, n° 396670).

4) Compétence liée du préfet pour prononcer une mise en demeure, par voie de conséquence le défaut de motivation ou l'insuffisance de la procédure contradictoire sont sans incidence (■ CAA Bordeaux, 29 mai 2018, n° 16BX01467).

5) Choix des sanctions. Si l'article L. 171-8 du Code de l'environnement laisse au préfet un choix entre plusieurs catégories de sanctions en cas de non-exécution de son injonction, la mise en demeure qu'il édicte n'emporte pas par elle-même une de ces sanctions. En cas de non-exécution de son injonction, le préfet peut ainsi arrêter une ou plusieurs des mesures que cet article prévoit, au regard de la nature des manquements constatés et de la nécessité de rétablir le fonctionnement régulier de l'installation (■ CE, 10 mai 2023, n° 447189, *SARL Lombricorse*).

6) Suspension d'activité : suspension d'activité justifiée ; mesures d'urgence motivées par une mise en demeure non respectée (■ CE, 30 juin 2017, n° 411483).

7) Liquidation judiciaire. Il résulte des dispositions de l'article L. 641-9 du Code de commerce qu'à compter de la date du jugement qui ouvre ou prononce la liquidation judiciaire, le débiteur est dessaisi de l'administration et de la disposition de ses biens et que « les droits et actions du débiteur concernant son patrimoine sont exercés pendant toute la durée de la liquidation judiciaire par le liquidateur ». Le débiteur peut accomplir les actes et exercer les droits et actions qui ne sont pas compris dans la mission du liquidateur judiciaire. Il résulte de ces dispositions que lorsque les biens du débiteur comprennent une installation classée pour la protection de l'environnement dont celui-ci est l'exploitant, il appartient au liquidateur judiciaire, qui en assure l'administration, de veiller au respect des obligations découlant de la législation sur les installations classées pour la protection de l'environnement (■ CE, 28 sept. 2016, n° 384315).

8) Responsabilité de l'État à l'égard de l'exploitant. En principe, toute illégalité commise par l'administration constitue une faute susceptible d'engager sa responsabilité, pour autant qu'il en soit résulté un préjudice direct et certain. Mais la responsabilité de l'administration ne saurait être engagée pour la réparation des dommages qui ne trouvent pas leur cause dans cette illégalité mais découlent directement et exclusivement de la situation irrégulière dans laquelle la victime s'est elle-même placée, indépendamment des faits commis par la puissance publique, et à laquelle l'administration aurait pu légalement mettre fin à tout moment (■ CE, 28 sept. 2016, n° 389587, *Ministre chargé des IC c/ Earl de Kergoten : JurisData* n° 2016-020355).

9) Contrôle de l'étendue de l'exécution. Le juge peut enjoindre l'administration si l'exécution n'a pas été réalisée et contrôle, à cette fin, l'étendue et la réalité de l'exécution (■ CAA Nantes, 5e ch., 17 juill. 2020, n° 19NT04706).

10) Absence de violation de la règle *non bis in idem*. Cf. *infra* article L. 173-1 : est conforme à la Constitution le possible cumul entre l'amende administrative et les sanctions pénales prévues respectivement aux articles L. 171-8 et L. 173-1 du Code de l'environnement en cas de violation par un exploitant d'une mise en demeure préfectorale en matière d'installations classées pour la protection de l'environnement (■ Cons. const., 3 déc. 2021, n° 2021-953 QPC : *JurisData* n° 2021-019527 ; V. Saintaman, B. Denis et A. Zouhal, *Études d'impacts, de dangers et d'incidences - Validation du cumul des poursuites en cas de violation par un exploitant ICPE d'un arrêté préfectoral de mise en demeure* : *Énergie – Env. – Infrastr.* 2022, n° 6. – ■ Cass. crim., 28 sept. 2021, n° 21-90.034, F-D : *JurisData* n° 2021-015452 ; *Dr. pén.* 2021, comm. 186, comm. J.-H. Robert).

11) Astreinte. Les dispositions précitées de l'article L. 171-8 du Code de l'environnement qualifiant expressément de sanction l'astreinte, la décision procédant à la liquidation de cette astreinte doit, eu égard à son objet et à son effet, être regardée comme étant elle-même constitutive d'une sanction. Elle doit en conséquence être motivée en application des dispositions de l'article L. 211-2 du Code des relations entre le public et l'administration : ■ CAA Versailles, 12 déc. 2024, n° 23VE01305.

II – JURISPRUDENCE RENDUE SUR LA BASE DE L'ANCIEN ARTICLE L. 514-1 QUI PARAÎT TOUJOURS APPLICABLE

A – Conditions de la mise en demeure

12) Application dans le temps et dans l'espace. Il est de jurisprudence constante que le préfet peut mettre en œuvre les différentes mesures prévues à l'article 23 de la loi ICPE (art. L. 514-1 du présent code) aussi longtemps que subsiste l'un des dangers ou inconvénients mentionnés à l'article 1er de la loi ICPE (art. L. 511-1 du présent code) (▪ CE, 17 nov. 1999, n° 188753, *Sté Sud-Loire-Automobile : Mon. TP* 17 mars 2000, p. 87 ; *Rev. jur. env.* 3/2000, p. 492. ▪ CE, 8 sept. 1997, n° 121904, *SARL Serachrom : Rec. CE* 1997, tables p. 950). Ainsi, le préfet peut prescrire la consignation d'une somme en application de l'article 23 de la loi ICPE (art. L. 514-1 du présent code) bien que l'exploitation de l'installation ait commencé en 1964, et que la loi de 1917 (ancien régime applicable aux établissements classés) alors en vigueur ne lui était pas applicable, et qu'elle avait cessé avant l'entrée en vigueur de la loi de 1976 (▪ CE, 16 nov. 1998, n° 182816, *Min. Environnement c/ SA Cie des bases lubrifiantes : JurisData* n° 1998-051279 ; *BDEI* 4/1999, p. 23, concl. A. Seban ; *Dr. env.* 1999, n° 67, p. 6, comm. G. F. ; *Lettre JCl. Environnement* 1999, n° 1, p. 6 ; *Rev. jur. env.* 1999, p. 641, comm. R. Schneider). Il peut également prescrire la consignation d'une somme afin de produire une évaluation simplifiée des risques dix ans après l'arrêté de mise en demeure dès lors qu'il n'est pas démontré que cette étude a déjà été réalisée ou qu'elle est inutile (▪ CAA Bordeaux, 3 avr. 2008, n° 06BX01840, *M. Haramburu*). De même qu'il n'y a pas de limite dans l'espace, s'agissant de dépôts effectués chez un tiers (▪ CAA Nancy, 9 juill. 1991, n° 90NC00191, *Sté des produits chimiques Ugine-Kuhlmann [PCUK] : Rev. jur. env.* 1/1992, p. 78 ; *Rec. CE*, tables décennales 1985-1994, t. V, p. 5355, n° 104). L'opposition de l'exploitant à un titre de perception représentant le montant des travaux à effectuer consigné entre les mains d'un comptable public n'a pas d'effet suspensif. Ainsi, la mise en demeure de l'exploitant de procéder à des travaux est conforme aux dispositions de l'article L. 514-1 du Code de l'environnement (▪ CE, 30 juill. 2003, n° 237988, *Sté ORFLAM PLAST*).

13) **Champ d'application.** L'installation doit être classée ; à propos d'une mesure de réhabilitation d'une installation non classée et de la consignation d'une somme correspondant au coût de réhabilitation (V. art. L. 541-2 et L. 541-3, p. *1141*) (▪ CAA Nantes, 17 juill. 1996, n° 93NT00540, *Cie des bases lubrifiantes : Rec. CE*, tables p. 1032). L'installation ne doit pas être exploitée sans autorisation préalable, dans le cas contraire le régime des sanctions administratives est celui de l'article 24 (art. L. 514-2 du présent code) (▪ CAA Paris, 5 nov. 1991, n° 90PA00331, *Secr. d'Ét. auprès du Premier ministre chargé de l'environnement c/ Sté Saint-Yves : Rev. jur. env.* 1/1992, p. 73, concl. contraires M. Dacre-Wright ; *Rec. CE*, tables décennales 1985-1994, t. V, p. 5349, p. 87).

B – Pouvoirs du préfet

14) **Définition de « conditions imposées à l'exploitant ».** Cela comprend les conditions fixées par l'arrêté préfectoral d'autorisation, ses éventuels arrêtés complémentaires ainsi que les prescriptions fixées par la loi et l'ensemble des textes réglementaires d'application (▪ CAA Nantes, 10 oct. 1990, nos 89NT00984, 89NT00985 et 89NT00986, *Me Goupil, Me Brunet-Beaumel : Rev. jur. env.* 2/1991, p. 211, concl. G. Lemai).

15) **Compétence liée.** Le préfet est tenu de mettre l'exploitant en demeure de se conformer aux prescriptions de l'arrêté préfectoral dès lors qu'il constate l'inobservation de ces prescriptions (▪ CE, 15 févr. 1974, *Sieur Arnaud : Rec. CE* 1974, p. 115) ou que celle-ci a été dûment constatée par les services compétents (▪ Cass. crim., 21 févr. 2006, n° 05-82.232, *Sté Soferti : Bull. crim.* n° 50 ; *Dr. env.* 2006, n° 140, p. 195, note D. Guihal ; *Dr. pén.* 2006, n° 5, comm. 71, J.-H. Robert. ▪ CE, 9 juill. 2007, n° 288367, *Min. de l'Écologie c/ Sté Terrena : JurisData* n° 2007-072168 ; *BDEI* n° 11/2007, p. 35 concl. M. Guyomar ; *D.* 2008, n° 34, pan. p. 2390, comm. F.-G. Trébulle). Il résulte en effet des dispositions de l'article L. 514-1, éclairées par les travaux préparatoires de la loi du 19 juillet 1976, que lorsque l'inspecteur des installations classées a constaté, selon la procédure requise par le Code de l'environnement, l'inobservation de conditions légalement imposées à l'exploitant d'une installation classée, le préfet, sans procéder à une nouvelle appréciation de la violation constatée, est tenu d'édicter une mise en demeure de satisfaire à ces conditions dans un délai déterminé (▪ CE, 14 nov. 2008, n° 297275, *Min. du développement durable c/ Sté Soferti : Environnement* 2009, n° 1, comm. 7, D. Gillig ; *AJDA* 2009, n° 6, p. 325, note P. Moukoko ; *Rev. Lamy des collectivités territoriales* 2009, n° 44, p. 56, note J.-L. Pissaloux. ▪ CAA Lyon, 24 juin 2008, n° 06LY01827, *Pascal X. : Environnement* 2008, n° 10, comm. 139, note D. Gillig. ▪ CAA Bordeaux, 24 janv. 2011, n° 10BX01488, *Min. Écologie c/ Sté CROG*). Mais le préfet conserve le choix des moyens à mettre en œuvre afin d'assurer le respect de la loi ; il est tenu, en l'absence de circonstances exceptionnelles, de prendre toutes les mesures adéquates pour mettre fin à une situation irrégulière (▪ CE, 22 mars 1978, n° 4505, *Secr. d'Ét. auprès du ministre de la Qualité de la vie (Environnement) c/ Sieur Breliver : Rev. jur. env.* 1/1980, p. 45). L'établissement d'un rapport ou procès-verbal d'inobservation par un inspecteur des installations classées ou par un expert désigné par le ministre oblige le préfet à mettre en demeure l'exploitant de respecter les conditions imposées. Toutefois, en l'absence d'un tel rapport, la compétence du préfet pour imposer des sanctions n'est pas liée (▪ CAA Marseille, 21 févr. 2008,

n° 05MA00382, *Assoc. U Levante*). L'arrêté de mise en demeure se fondant sur le rapport d'un inspecteur des installations classées, nommé par arrêté préfectoral publié mais n'ayant pas prêté serment, est entaché d'illégalité. Cependant, lorsque les risques sanitaires constatés dans ce rapport n'ont pas été éliminés, le juge peut suspendre le fonctionnement de l'installation jusqu'à l'exécution des prescriptions techniques (▪ CAA Nancy, 9 janv. 2006, n° 04NC00704, *M. Duval c/ Préfet de la Meurthe et Moselle : Gaz. Pal.* 2007, n° 355, p. 39, comm. B. Berger et G. Brigant ; *Rev. jur. env.* 2007, n° 4, pan. p. 511, comm. R. Schneider). L'article L. 514-1 du Code de l'environnement laisse le choix au préfet de la sanction à adopter en cas de non-respect de son injonction, la mise en demeure qu'il édicte n'emportant pas par elle-même de sanction à l'égard de l'exploitant. L'option ainsi ouverte au préfet n'affecte pas la compétence liée du préfet pour édicter la mise en demeure (▪ CE, 9 juill. 2007, n° 288376, *MEDD*. ▪ CE, 12 janv. 2009, n° 306194, *MEDAD : Environnement* 2009, comm. 41 obs. Gillig D. ▪ CAA Bordeaux, 23 oct. 2012, n° 10BX01979 : *BDEI* n° 43/2013, n° 1533, note D. Gillig. ▪ CAA Paris, 17 oct. 2013, n° 12PA04923). Lorsque l'autorité compétente placée en compétence liée est tenue de prendre une décision sans avoir à en apprécier la situation de fait, l'ensemble de vices qui sont susceptibles d'affecter celle-ci sont sans incidence sur l'issue du litige ; ainsi, l'ensemble des moyens à l'encontre de la mise en demeure sont inopérants (▪ CE, sect., 26 févr. 2003, Nègre : *Rec. CE* 2003, p. 5. ▪ CAA Nantes, 17 janv. 2014, n° 12NT02210). La mise en service d'une installation classée avant l'intervention de l'arrêté préfectoral d'autorisation entraîne de plein droit le rejet de la demande d'autorisation de régularisation en cas d'avis favorable du conseil départemental de l'environnement et des risques sanitaires et technologiques (▪ CAA Nantes, 31 août 2010, n° 09NT02175 : *Environnement et dév. durable* 2010, n° 12, p. 30).

16) Effet de la cessation d'activité. Dès lors que l'inspecteur des installations classées a constaté que la société requérante n'avait pas déféré à un arrêté lui prescrivant des mesures complémentaires, dont elle ne conteste pas la légalité, le préfet était tenu, en application des dispositions du I de l'article L. 514-1 du Code de l'environnement, de lui adresser la mise en demeure prévue par ces dispositions, alors même que l'activité avait préalablement cessé (▪ CAA Versailles, 26 juin 2009, n° 07VE01465, *Sté Oxymine SA : Environnement 2010, n° 1, p. 24, comm. D. Gillig*).

17) Contenu des prescriptions. Un arrêté de mise en demeure ne doit pas demander le respect de prescriptions plus strictes que celles prévues dans l'arrêté préfectoral d'autorisation ou dans des arrêtés complémentaires antérieurs à la mise en demeure (▪ Cass. crim., 26 sept. 2006, n° 05-87.259, *Sté Avilande : Dr. pén.* 2006, n° 12, p. 16, comm. J.-H. Robert ; *RTD com.* 2007, n° 1, chron. p. 251, comm. B. Bouloc ; *Dr. env.* 2007, n° 145, p. 11, comm. D. Guihal ; *Rev. jur. env.* 2007, n° 4, p. 547, comm. V. Jaworski). Ainsi le préfet ne peut ni imposer des prescriptions nouvelles (▪ CE, 15 janv. 1986, n°s 45118 et 45287, *Min. Environnement c/ Sté DSB : JurisData* n° 1986-040094. ▪ CAA Douai, 30 nov. 2011, n° 10DA00638, *Sté Valorisol*), ni prescrire la réalisation d'évaluations et d'études technico-économiques (▪ TA Strasbourg, 18 sept. 1996, n° 952214, *Colonna c/ Préfet du Haut-Rhin : Rev. jur. env.* 1/1997, p. 108, comm. R. Schneider). En revanche, il peut, sur des doléances, et alors que des relevés antérieurs avaient établi l'absence de nuisances sonores, mettre en demeure l'exploitant de cesser ses activités bruyantes en dehors des heures autorisées, sans aggraver les prescriptions initiales (▪ TA Lyon, 14 mai 1998, n°s 97-03649 et 97-03650, *Sté Préfa 07*).

C – Procédure

18) Mise en demeure (oui). La mise en demeure de l'exploitant constitue une formalité substantielle (▪ CE, 4 juill. 1979, n° 9706, *Min. Environnement c/ Vidal : Rev. jur. env.* 1/1991, p. 101. ▪ TA Strasbourg, 20 oct. 1994, n° 91.1384, *SARL Tyres Recycling*).

19) Constat de l'infraction (oui). Les sanctions administratives susceptibles d'être prises à l'encontre de l'exploitant ne sont valables que si elles ont été précédées d'une mise en demeure régulièrement notifiée à l'exploitant de l'installation classée en cause. Ainsi, un exploitant est fondé à invoquer l'illégalité d'une mise en demeure, dès lors que l'administration n'a jamais produit le rapport de l'inspection des installations classées relatant ses constatations (▪ CAA, Bordeaux, 8 mars 2010, n° 09BX00810 : *Environnement et dév. durable* juin 2010, n° 6, p. 27, comm. D. Gillig). Pour que la procédure soit régulière, le rapport de l'inspecteur des installations classées qui constate les inobservations à la réglementation doit être adressé à l'exploitant préalablement à la mise en demeure. Dans le cas contraire, l'arrêté de mise en demeure est annulé (▪ CAA Nancy, 26 sept. 2011, n° 10NC00691, *Min. Écologie c/ SA Arcelormittal France*. ▪ CAA Paris, 17 oct. 2013, n° 12PA04923).

20) Consultation du CODERST (non). Le préfet peut, sans prendre un arrêté complémentaire au titre de l'article 18 du décret n° 77-1133 du 21 septembre 1977, mettre l'exploitant en demeure de présenter dans les 15 jours un échéancier de mise en conformité de la sécurité de l'accès au site et des voies internes à l'exploitation par rapport aux prescriptions (à propos d'une carrière, ▪ TA Montpellier, 31 déc. 1998, n° 97-598, *SNC Lastours : BDEI* 3/2000, p. 26, note J.-D. Chétrit). Lorsqu'à la suite d'une visite du site par l'inspecteur des installations classées, le préfet met en demeure le mandataire judiciaire de procéder à l'élimination des pneumatiques usagés stockés sur le site, une telle prescription n'est pas une prescription additionnelle au sens de l'article 18 du décret du 21 septembre 1977 (art. R. 512-31 du présent code) mais figure au nombre des prescriptions générales imposées à tout exploitant d'une activité relevant, comme en l'espèce, de la rubrique 98 *bis* de la nomenclature des installations classées, et dont la société avait reçu notification en même temps que son récépissé de déclaration ; elle pouvait par conséquent être légalement prise sur le fondement de l'article L. 514-1 sans donner lieu à consultation préalable du conseil départemental d'hygiène (▪ CAA Nancy, 20 mars 2006, n° 04NC01012, *Ministre de l'Écologie et du Développement durable c/ Me Donnais : JCP* E 2007, n° 30, chron. p. 1957, obs. F.-G. Trébulle).

21) Consultation de l'exploitant (non). La procédure de l'article L. 514-1 déroge au principe processuel du contradictoire prévu par le décret n° 83-1025 du 28 novembre 1983, relatif aux relations entre l'administration et les usagers, qui suppose qu'une décision administrative n'intervienne qu'après que l'intéressé ait été mis à même de présenter ses observations écrites ; en conséquence, aucune procédure de consultation de l'exploitant ne doit être organisée préalablement à l'intervention d'une mise en demeure suivie d'une mesure de consignation (▪ CAA Nancy, 11 déc. 1997, n° 93NC00818, *Sté SRPB Vycone : JurisData* n° 1997-056062 ; *Rev. jur. env.* 3/1998, p. 417, R. Schneider).

22) Les apports de la loi du 12 avril 2000. *a) **Mise en demeure.*** Le préfet étant dans une situation de compétence liée lorsqu'il édicte une mise en demeure, le moyen tiré de la méconnaissance de l'article 24 de la loi du 12 avril 2000 est inopérant (▪ CE, 9 juill. 2007, n° 288367, *Min. de l'Écologie c/ Sté Terrena : JurisData* n° 2007-072168 ; *BDEI* n° 11/2007, p. 35, concl. M. Guyomar ; *D.* 2008, n° 34, pan. p. 2390, comm. F.-G. Trébulle. ▪ CE, 14 nov. 2008, n° 297275, *Min. du Développement durable c/ Sté Soferti : Environnement* 2009, n° 1, comm. 7, obs. D. Gillig ; *AJDA* 2009, n° 6, p. 325, note P. Moukoko ; *Rev. Lamy coll. terr.* 2009, n° 44, p. 56, note J.-L. Pissaloux. ▪ CAA Versailles, plén., 26 juin 2009, n° 07VE01465, *Sté Oxymine SA : Environnement et dév. durable* 2010, n° 1, p. 24, obs. D. Gillig). V. précédemment en sens contraire (▪ CAA Bordeaux, 18 oct. 2005, n° 02BX00745, *Min. de l'Aménagement du territoire et de l'Environnement c/ Coopérative agricole Vienne-Anjou-Loire : Environnement* 2006, n° 1, p. 33, note D. Deharbe ; *Rev. jur. env.* 2007, n° 1, p. 95, obs. R. Schneider. ▪ TA Marseille, 13 sept. 2005, n° 0103589, *Sté Rhône-Alpes engrais : Environnement* 2005, n° 12, p. 19, note B. Richard. ▪ CAA Bordeaux, 13 févr. 2006, n° 02BX01549, *MEDD c/ Sté Établissements Aubrun : Rev. jur. env.* 2007, n° 4, p. 519, obs. R. Schneider ; *BDEI* 2006, n° 4, p. 14, obs. O. Beineix. ▪ CAA Bordeaux, 3 juill. 2006, n° 03BX02151, *Sté Soferti : Environnement* 2006, n° 12, p. 23, obs. D. Gillig).

*b) **Arrêté de consignation.*** Il était jugé que l'arrêté de consignation intervenu suite à l'inobservation de l'arrêté de mise en demeure dans le délai fixé ne devait pas faire l'objet de la procédure contradictoire (▪ TA Lille, 26 mars 2004, n°s 01-105 et 01-1607, Me Miquel). Ainsi, compte tenu des dispositions du décret du 28 novembre 1983 alors en vigueur, c'est à bon droit qu'un préfet a pu prendre une mesure de consignation à l'encontre de l'auteur de la pollution d'un terrain et ce sans que la procédure du contradictoire soit nécessairement respectée (▪ CAA Paris, 28 févr. 2006, n° 1PA01067, *Sté Roux et Bernard : Rev. jur. env.* 2007, n° 4, pan. p. 511, comm. R. Schneider. – Infirme ▪ TA Versailles, 6 févr. 2001, n° 982.416, Sté Roto France'ilienne qui estime que l'arrêté de consignation constitue une sanction administrative qui implique que le préfet respecte le principe du contradictoire).

Mais, en sens contraire : l'arrêté de consignation constitue une décision imposant une sujétion et doit être adopté dans le respect de la procédure contradictoire (▪ CAA Bordeaux, 16 juin 2008, n° 06BX02039, *Abbadie et Guérin : Environnement* 2008, n° 10, p. 57, note D. Gillig. ▪ CAA Versailles, 26 juin 2009, n° 07VE01465, *Sté Oxymine SA : Environnement* 2010, n° 1, p. 24, comm. D. Gillig. ▪ CAA Versailles, 26 juin 2009, n° 07VE02345, *Sté coopérative agricole CAP SEINE : AJDA* n° 38/2009, p. 2111, note J. Grand d'Esnon).

*c) **Procédure contradictoire particulière.*** Les dispositions générales prévues à l'article 24 de la loi du 12 avril 2000 n'ont pas vocation à s'appliquer, dans l'hypothèse où il existe une procédure contradictoire particulière applicable aux sanctions susceptibles d'être prises contre l'exploitant d'une installation classée. Il suffit de respecter les dispositions particulières régissant la procédure applicable aux sanctions pouvant être prises à l'encontre de l'exploitant (▪ CE, 28 déc. 2009, n° 319736, *min. Écologie : RJEP* mai 2010, n° 675, p. 25, comm. C. Roger-Lacan ; *AJDA* 2010, n° 20, p. 1152, comm. L. Desfonds-Farjon ; *Environnement* 2010, comm. 30, obs. D. Gillig. ▪ CE, 6 oct. 2010, n° 332230, *min. Écologie : JurisData* n° 2010-018904 ; *Environnement* 2011, p. 37, n° 1, obs. D. Gillig. ▪ CE, 30 mai 2011, n° 332139, *MEDDTL c/ Sté coopérative agricole Cap Seine*. ▪ CAA Bordeaux, 23 oct. 2012, n° 10BX01979).

d) Arrêté de suspension. Lorsqu'il fait usage, sur le fondement de l'article L. 514-2 du Code de l'environnement, de la faculté de suspendre l'exploitation d'une installation classée, le préfet doit respecter les dispositions de l'article 24 de la loi du 12 avril 2000 (▪ CE, 13 févr. 2012, n° 324829, *SA Terreaux Service Varonne*, renvoyé et repris par ▪ CAA Marseille, 7 mai 2013, n° 12MA00876 : *BJCL* avr. 2012, n° 04/12, p. 310, concl. X. De Lesquen ; *Dr. env.* 2013, n° 214, p. 273, note S. Deliancourt).

23) Motivation de la sanction. *a) Obligation.* La décision de mise en demeure constitue une mesure de police qui doit être motivée conformément aux exigences de la loi n° 79-587 du 11 juillet 1979, relative à la motivation des actes administratifs et à l'amélioration des relations entre l'administration et le public (*JO* 12 juill.) (▪ CAA Lyon, 8 mars 1994, n° 92LY00635, *Sté Elf France : JurisData* n° 1994-044784 ; *BDEI* 4/1995, p. 25, note Ch. Chanel et J.-P. Boivin ; *CJEG* 1994, p. 538, concl. Ch. Chanel ; *Rev. jur. env.* 1/1995, p. 164, comm. R. Schneider.

b) Contenu. Le préfet doit préciser les raisons de fait qui justifient une mise en conformité, il ne peut se borner à mentionner une instruction du ministère de l'Environnement (▪ TA Rouen, 30 déc. 1998, n°s 98-1275 et 98-1276, *District de Fécamp : BDEI* 3/2000, p. 29, note J.-D. Chétrit), ni se contenter de se référer à une définition des études de danger contenue dans des dispositions réglementaires (▪ CAA Lyon, 8 mars 1994, n° 92LY00635, *Sté Elf-France : Rec. CE*, tables p. 1055 ; *Rec. CE*, tables décennales 1985-1994, t. V, p. 5354, n° 100 ; *BDEI* 4/1995, p. 25, note C. Chanel et J.-P. Boivin).

c) Transmission du rapport de l'inspecteur des ICPE. Lorsque le rapport de l'inspection des installations classées retraçant les infractions relevées n'a pas été joint à la mise en demeure, cette dernière encourt une annulation pour défaut de motivation (▪ CAA Douai, 6 déc. 2001, n° 99DA11366, *SA SMEG*). La production du rapport garantit la régularité de la mise en demeure de satisfaire aux conditions d'exploitation. Dès lors, en l'absence du rapport, un exploitant est bien fondé à demander l'annulation de l'arrêté de consignation au motif que la mise en demeure est entachée d'illégalité (▪ CAA Bordeaux, 8 mars 2010, n° 09BX00810 : *Environnement* 2010, n° 6, p. 27, *comm. D. Gillig). Cette solution est désormais* consacrée par le Conseil d'État (▪ CE, 6 déc. 2012, n° 354241, *min. Écologie c/ SA Arcelormittal Real Estate France : RJEP* 2013, n° 709, p. 36, note S. Von Coester ; *RISEO* avr. 2013, n° 2013-1, p. 85, note S. Marmin).

24) Délai de régularisation. Lorsqu'un manquement à l'application des conditions prescrites à une installation classée a été constaté, la mise en demeure a pour objet, en tenant compte des intérêts qui s'attachent à la fois à la protection de l'environnement et à la continuité de l'exploitation, de permettre à l'exploitant de régulariser sa situation dans un délai déterminé, en vue d'éviter une sanction pouvant aller jusqu'à la suspension du fonctionnement de l'installation ; il incombe par conséquent à l'administration, pour donner un effet utile à ces dispositions, de prescrire dans la mise en demeure un délai en rapport avec les mesures à prendre par l'exploitant (▪ CE, 14 nov. 2008, n° 297275, *Min. du développement durable c/ Sté Soferti : Environnement* 2009, n° 1, comm. 7, D. Gillig ; *AJDA* 2009, n° 6, p. 325, note P. Moukoko ; *Rev. Lamy coll. terr.* 2009, n° 44, p. 56, note J.-L. Pissaloux. ▪ CE, 4 mars 2011, n° 322608, *M. A : JurisData* n° 2011-002700). Le délai imparti à l'exploitant pour mettre en œuvre les mesures découlant de la mise en demeure imposée par l'Administration doit être raisonnable (▪ CAA Versailles, plén., 26 juin 2009, n° 07VE01465, *Sté Oxymine SA : Environnement et dév. durable* 2011, n° 1, p. 24, obs. D. Gillig) et suffisant. A ainsi été considérée comme irrégulière la mise en demeure qui prescrivait un délai de trois mois alors que les documents produits par l'exploitant à l'appui de sa requête permettaient de constater que près de huit mois étaient nécessaires à la mise en conformité des activités litigieuses (▪ CAA Douai, 19 juill. 2011, n° 10DA00548, *Sté Galva : JurisData* n° 2011-016353 ; *Environnement* 2011, p. 48, note D. Gillig). – V. dans le même sens s'agissant d'une mise en demeure non assortie d'un délai permettant à l'exploitant de se conformer à ses obligations (▪ CE, 4 mars 2011, n° 0322608, préc. : *BDEI* juill. 2011, p. 33, chron. D. Gillig). Cependant, lorsque la poursuite de l'exploitation crée, de par la localisation de l'installation et l'absence d'étude de danger actualisée, une situation de péril grave et imminent, l'irrégularité de la mise en demeure n'est pas de nature à affecter la sanction administrative subséquente (▪ CAA Versailles, 26 juin 2009, préc.). Un jugement a toutefois estimé que le préfet peut prendre un arrêté de mise en demeure prescrivant à l'exploitant de se conformer « immédiatement », c'est-à-dire sans délai de mise en œuvre, aux prescriptions qu'il contient, sans pour autant faire référence à une situation de danger (▪ TGI Dieppe, 26 juin 2006, n° 505/07).

D – Destinataires de la mise en demeure – sols pollués

25) V. également annotations sous art. L. 511-1, p. 937 (notion d'exploitant). – V. également annotations sous art. L. 512-6-1, p. 949(débiteur de l'obligation de remise en état).

26) L'exploitant, destinataire de premier rang. La mise en demeure s'adresse à la personne à qui il incombe de veiller à la conformité de l'installation avec la législation s'y rapportant (▪ TA Strasbourg, 26 sept. 1996, n° 96578, *Sté Paint ball sport loisirs*). L'obligation de remise en état pèse sur l'exploitant, à moins qu'il n'ait cédé son installation et que le cessionnaire se soit régulièrement substitué à lui en qualité d'exploitant (▪ CE, 8 sept. 1997, n° 121904, *SARL Serachrom*. ▪ CAA Nantes, 16 déc. 1998, n°s 96NT00872 et 96NT00873, *Me Dulière (syndic de la liquidation de la SA des réveils Bayard) : Rev. jur. env.* 4/1999, p. 639, comm. R. Schneider).

Les mesures prévues à l'article 23 de la loi du 19 juillet 1976 (actuel article L. 514-1) ne peuvent être prononcées qu'à l'encontre de l'exploitant de l'installation (▪ CAA Lyon, 9 mars 2004, n° 99LY01393, *Min. Aménagement du territoire et Environnement c/ M. et Mme Vedrinne : Environnement mag.* oct. 2004, n° 10, p. 17-18, note D. Deharbe). Le moyen tiré de ce que les dispositions du Code de l'environnement relatives aux installations classées ne seraient pas applicables à la société requérante dès lors que celle-ci aurait cessé ses activités depuis plusieurs années doit être écarté (▪ CAA Lyon, 8 janv. 2013, n° 11LY01984, *Sarl France Négoce*).

27) Le propriétaire. Dans la mesure où un tiers s'est substitué à lui en qualité d'exploitant, le propriétaire ne peut, en cette seule qualité, faire l'objet des mesures prévues à l'article L. 514-1 (▪ CE, 21 févr. 1997, n° 160250, *SCI Les Peupliers*), même s'il avait exploité les installations (▪ CE, 21 févr. 1997, n° 160787, *Min. Environnement c/ SA Wattelez : Dr. env.* 4/1997, n° 47, p. 5 ; *BDEI* 1/1995, p. 13 à 16 ; *Rev. jur. env.* 4/1997, p. 581, comm. R. Schneider. ▪ TA Caen, 22 sept. 1998, n°s 97-1539 et 97-1540, *SCI Janeval*. ▪ CAA Lyon, 28 juin 2001, n° 98LY00865, *Min. Aménagement du territoire et Environnement c/ SCI de Chaffit : Environnement* 2002, n° 10, p. 11, note D. Deharbe. ▪ CAA Paris, 22 nov. 2001, n° 00PA00135, *Min. Aménagement du territoire et Environnement c/ Sté Les Tubes de Montreuil : Environnement* 2002, n° 5, p. 12, note D. Deharbe. ▪ CAA Paris, 25 oct. 2001, n° 98PA01021, *Min. Aménagement du territoire et Environnement c/ Mme Manoïl : Environnement* 2002, n° 5, p. 13, note D. Deharbe). Un préfet ne peut mettre le propriétaire du site d'une installation classée, qui n'en assure pas ou n'en a pas assuré lui-même l'exploitation, en demeure de réaliser un diagnostic environnemental (▪ CAA Lyon, 9 mars 2004, n° 99LY01393, *Min. Aménagement du territoire et Environnement c/ M. et Mme Vedrinne*) ou de prendre des mesures destinées à protéger les intérêts visés à l'article L. 511-1, même limitées à l'évacuation ou l'élimination des déchets présents sur ce site (▪ TA Lille, 19 oct. 2000, n°s 98-459, 99-2354, *SCI Burguess & Lyspon*) ; la liquidation judiciaire de l'exploitant est sans influence (▪ TA Lyon, 11 juin 1998, n°s 9800856 et 9800857, *M. et Mme Michel Blanc : BDEI* 4/1998, p. 17, concl. D. Josserand-Jaillet). De même, l'usufruitier d'un terrain qui n'a jamais été exploitant d'une installation ne peut faire l'objet d'une mise en demeure au titre de la législation des installations classées (▪ TA Caen, 27 nov. 2001, n° 011238, *Michel Perrin*). Le propriétaire d'un terrain sur lequel a été abandonné un transformateur doit être considéré comme détenant un objet mobilier abandonné et, dans la mesure où il n'est pas responsable de l'abandon ou du dépôt du transformateur sur son terrain, il ne peut être mis en demeure d'éliminer le transformateur sur le fondement de l'article 3 de la loi du 15 juillet 1975 (▪ CAA Nancy, 6 mars 2003, n° 98NC01461, *Min. de l'aménagement du territoire et de l'environnement c/ M. Lachaux : Environnement magazine* févr. 2004, n° 2, p. 14-15, note D. Deharbe). Mais un propriétaire peut être mis en demeure d'évacuer les déchets relevant de la nomenclature ICPE, déposés sur son site avec son autorisation (▪ CA Paris, 30 sept. 2003, n° 227847).

28) Le détenteur. *Jurisprudence CE et CAA.* Dans un sens contraire (annotation n° 12 ci-dessus), à défaut d'exploitant présent et solvable, les obligations de remise en état du site sont mises à la charge du détenteur de l'installation, en l'occurrence son propriétaire, lequel se trouve substitué dans les obligations de l'exploitant (▪ CAA Lyon, 10 juin 1997, n°s 95LY01435 et 96LY02017, *Zoegger : Dr. env.* 1997, n° 51, p. 9, note G. F. ; *Rec. CE*, tables p. 951 ; *Rev. jur. env.* 4/1997, p. 581, comm. R. Schneider) ; le propriétaire qui, au demeurant, avait entrepris des démarches pour exécuter les mesures préconisées par les différents arrêtés préfectoraux intervenus pour remédier à la pollution provoquée par le site de l'exploitation doit être regardé, en l'espèce, comme le détenteur de ladite exploitation, alors même que, comme il l'affirme, il n'aurait eu aucun pouvoir de direction ou de contrôle ou un intérêt sur cette exploitation (▪ CAA Douai, 8 mars 2001, n° 96DA00721, *Mme Benchétrit*). De même, l'engagement pris envers un ancien exploitant d'une station-service par la société propriétaire et détentrice des cuves d'hydrocarbures, de procéder, en cas de cessation de l'activité par l'exploitant, à la neutralisation de ces cuves est sans influence sur la légalité des mesures de remise en état à la charge de l'ancien exploitant (▪ CAA Douai, 4 mai 2000, n° 96DA00851, *SA Garage Damide*).

Jurisprudence TA. Le propriétaire devient détenteur de l'installation classée après la disparition de l'exploitant, avec lequel il était lié par une convention d'occupation précaire, et devient de ce fait débiteur des obligations de remise en état puisqu'il se trouve substitué à l'exploitant, alors même qu'il n'a exercé aucune activité industrielle sur le site (■ TA Amiens, 30 juin 1999, n° 981976, *Sté Picardie Bail c/ Préfet de la Somme*). Mais la circonstance qu'un actionnaire minoritaire serait intervenu dans le passé et aurait déjà accepté de réaliser différents travaux et de faire effectuer une série de prélèvements et d'analyses ne permet pas de le considérer comme exploitant de fait (■ TA Versailles, 6 juill. 1999, n° 98895, *Sté Fayolle et fils : Rev. jur. env.* 3/2000, p. 497 ; *Mon. TP* 7 janv. 2000, p. 61).

29) L'actionnaire. *Actionnaire minoritaire.* L'actionnaire minoritaire d'une société mise en liquidation amiable ne peut, en sa seule qualité d'actionnaire, faire l'objet d'un arrêté lui prescrivant, en application de l'article L. 514-1 du présent code, de mettre en place un système de prévention de la pollution des eaux et des sols ainsi que la surveillance pendant dix ans de l'impact de l'installation classée sur la qualité des eaux superficielles et souterraines de la zone (■ TA Versailles, 6 juill. 1999, *Sté Fayolle et fils*, préc.). Dans le même sens, V. ■ CAA Paris, 17 oct. 2003, n° 99PA03797, *Min. Aménagement du territoire et Environnement c/ Sté Fayolle*.

Actionnaire majoritaire. L'actionnaire majoritaire ne peut, en cette seule qualité, être regardé comme l'exploitant de fait d'une installation classée et donc ne peut être mis en demeure de procéder au pompage des éléments dégradés menaçant les cours d'eau voisins et à leur analyse (■ CAA Paris, 17 oct. 2003, n° 99PA03797, *Min. de l'aménagement du territoire et de l'environnement c/ Sté Fayolle : Environnement* 2004, n° 6, p. 15-16, note D. Deharbe).

30) Le liquidateur judiciaire. Le liquidateur judiciaire, détenteur de l'installation classée, ne peut, jusqu'à la clôture de la procédure, s'opposer à une mesure administrative de remise en état quand bien même la solvabilité de l'administré n'aurait pas été examinée et que cette mesure n'aurait pas fait l'objet d'une inscription (■ TA Amiens, 27 mai 1999, n° 981335, *Transports Paul : Mon. TP* 22 oct. 1999, p. 77). De même qu'il ne peut faire échec à une mesure de remise en état en invoquant l'insuffisance de l'actif de la liquidation (■ CAA Paris, 23 sept. 1999, n° 97PA00739, *Me Delestrade : Mon. TP* 17 mars 2000, p. 87). Mais la responsabilité du liquidateur peut être écartée au détriment de celle du propriétaire du site en cas de confusion du patrimoine de ce dernier avec celui de l'exploitant défaillant ; par exemple, si le gérant de la société propriétaire était secrétaire général de la société exploitante et s'était porté garant des engagements financiers de l'exploitant (■ TA Versailles, 22 juin 1999, n°s 991304 et 991313, *SCI de l'Essonne : JurisData* n° 1999-102960 ; *Mon. TP* 3 déc. 1999, p. 111 ; *Rev. jur. env.* 3/2000, p. 498), et le liquidateur ne peut invoquer la disparition de l'exploitant du fait de la mise en liquidation judiciaire de ce dernier (■ CAA Lyon, 10 oct. 2000, n° 99LY02400, *Me Scarfogliero ès-qualité de liquidateur de la SA Miva*).

31) Le rachat de société ; étendue de l'obligation. Une société doit répondre de la société qu'elle a reprise en 1997 et qui avait été exploitante, jusqu'en 1975, d'une installation classée soumise à déclaration et, à ce titre, doit assumer la remise en état du site dès lors qu'aucun exploitant ne s'est substitué à elle en cette qualité (■ TA Lille, 30 nov. 2000, n°s 98-1194 et 00-1704, *Sté Netrel*). *A contrario* (■ TA Rouen, 19 juin 2000, n°s 99113 et 99114, *Sté Sofiservice c/ Préfet de région de Haute-Normandie et Préfet de la Seine-Maritime : BDEI* févr. 2005, p. 15, comm. M. Courtin). La cour administrative d'appel de Douai a considéré que le préfet pouvait légalement exiger d'une entreprise qui a repris une société en liquidation judiciaire, exploitante d'une installation classée, qu'elle effectue la remise en état ainsi que la dépollution du site, terrain d'assiette de ces activités contaminé suite à des actes de vandalisme (■ CAA Douai, 17 mai 2001, n° 99DA001493, *Min. Aménagement du territoire et Environnement*). De même, une société qui détient directement ou indirectement l'intégralité d'une société exploitante peut être tenue de remettre en état le site sur lequel cette société avait ses activités (■ CAA Douai, 26 juill. 2001, n° 97DA01643, *Sté Auxilor*). Le seul fait que le vendeur n'ait pas eu connaissance de l'exploitation antérieure d'une installation classée sur le terrain vendu ne le dispense pas de l'obligation légale d'information relative à l'existence de cette pollution (■ CA Paris, 13 févr. 2003, n° 2002/16521, *SCI Clavel Pasteur : Environnement* 2003, n° 7, p. 21-25, note G. Trébulle ; *BDEI* avr. 2003, p. 27, note J.-D. Chétrit).

32) Le bailleur d'un entrepôt de stockage. Ayant relevé que le bailleur avait acheté en l'état futur d'achèvement un entrepôt à finalité intrinsèque de stockage dix ans avant de le louer aux actuels locataire et sous-locataire, qui en faisaient un usage normal, sans que cette installation ait fait l'objet d'une demande d'autorisation d'exploiter tant au moment de la construction que de l'installation d'un premier locataire, la cour d'appel a pu en déduire que cette première faute commise par le bailleur était seule à l'origine du préjudice résultant, pour celui-ci, de l'impossibilité de mettre l'immeuble en conformité avec la réglementation relative aux installations classées en exécution d'une mise en demeure faite par l'administration à l'exploitant (■ Cass. 3e civ., 4 juin 2009, n° 08-12.126, *Sté Kelpierre : Dr. env.* 2010, n° 176, p. 103, comm. F. Nesi).

E – L'étendue de la responsabilité du destinataire de la mise en demeure

33) Étendue de l'obligation de remise en état. *a) En fait.* L'obligation de remise en état d'une installation classée résulte d'une obligation particulière qui commence avec la déclaration faite par l'exploitant à l'administration et s'achève avec la réalisation des mesures de remise en état à la fin de l'exploitation (■ Cass. civ., 3ᵉ, 10 avr. 2002, n° 00-17.874).

b) Dans le temps. L'obligation de remise en état porte sur l'ensemble des installations exploitées sur le site, dont les installations connexes (■ CAA Nantes, 29 mars 2000, n° 96NT02141, *Sté des carrières de Bray-en-Val*). Est censurée la décision de la cour administrative d'appel de Marseille selon laquelle l'action de l'État tendant à mettre à la charge de l'exploitant d'une installation classée les travaux de remise en état du site à la cessation de l'exploitation, n'ayant pas pour effet d'assurer le recouvrement à l'égard de l'exploitant d'une créance présentant un caractère patrimonial, n'est pas soumise au régime de prescription édicté par l'article 2262 du Code civil (■ CAA Marseille, 5 mars 2002, n° 98MA00656, *Sté Alusuisse Lonza France : BDEI* janv. 2003, p. 25, concl. L. Benoît ; *Environnement* 2002, n° 11, p. 10-11, note D. Deharbe). Le Conseil d'État juge au contraire que la charge financière de la remise en état d'une installation classée ne peut être imposée au dernier exploitant lorsque plus de trente ans se sont écoulés depuis que l'administration a eu connaissance de la cessation définitive de l'activité, sauf dans le cas où les dangers ou inconvénients présentés par le site auraient été dissimulés (■ CE, 8 juill. 2005, n° 247976, *Sté Alusuisse-Lonza-France : BDEI* 4/2005, p. 15, note M. Guyomar ; *Environnement* 2005, p. 24, n° 67, note M. Gros et D. Deharbe ; *AJDA* 2005, n° 33, p. 1829, note C. Landais et F. Lenica ; *D.* 2005, n° 44, p. 3075, note B. Quiriny ; *JCP G* 2006, n° 1, p. 37, note F.-G. Trébulle ; *JCP A* 2006, n° 4, p. 105, note D. Kokoroko. ■ CAA Bordeaux, 14 févr. 2006, n° 99BX01151, *Mme Doucede et a. : Environnement* 2006, n° 5, p. 31, note D. Deharbe. ■ CAA Douai, 8 févr. 2007, n° 06DA00202, *Sté SFDPI – Laboratoires Melgad : Rev. jur. env.* 2008, n° 4, pan. p. 473, note R. Schneider. ■ CAA Nancy, 11 mai 2009, n° 08NC00629, *MEEDDAT c/ Sté d'Usinage des Tubes pour l'Électricité*).

c) Limites. L'obligation de remise en état du dernier exploitant d'une installation classée pour la protection de l'environnement se limite aux dangers, inconvénients ou nuisances résultant de sa seule activité. Le préfet reste en toute hypothèse incompétent pour ordonner la remise en état sur le fondement de la législation déchets (■ CE, 17 nov. 2004, n° 252514, *Sté générale d'archives : Environnement* 2004, n° 1, p. 13, note D. Deharbe ; *BDEI* févr. 2005, p. 18, concl. Y. Aguila).

Voir également : sous art. L. 512-6-1, annot. n° 1 et s., p. 953.

34) Présomption (simple) de responsabilité. La présomption de responsabilité peut être renversée dès lors que le propriétaire établit que le site relevait de la garde d'une autre personne juridique et qui avait des liens étroits avec l'exploitant défaillant (■ TA Versailles, 22 juin 1999, nᵒˢ 991304 et 991313, *SCI de l'Essonne : JurisData* n° 1999-102960 ; *Mon. TP* 3 déc. 1999, p. 111).

35) Exonérations (non). Le destinataire d'une mise en demeure ne peut être exonéré de l'obligation qui en résulte en invoquant les dispositions de l'article L. 200-1 du Code rural (art. L. 110-1 du présent code), en particulier le principe « pollueur-payeur » qu'il énonce (pour le détenteur d'un site pollué, V. ■ CAA Lyon, 9 déc. 1997, n° 93LY00816, *Sté Elipol : Dr. env.* 3/1998, n° 57, p. 8 et 9. ■ TA Lyon, 13 nov. 1996, n° 9603240, *Sté Elipol : BDEI* 3/1998, p. 25 à 32 ; *Rec. CE*, tables p. 950), ou encore en invoquant les stipulations d'un contrat passé avec un transporteur (■ CE, 24 mars 1978, nᵒˢ 7959 et 8873, *La Quinoléine : DS* 1976, jurispr. p. 623, note P. Girod) ou avec un récupérateur (■ CAA Nantes, nᵒˢ 89NT00984, 89NT00985 et 89NT00986, *Me Goupil, Me Brunet-Beaumel*). De même, l'exploitant d'une installation classée, contestant l'arrêté préfectoral de mise en demeure, ne peut se prévaloir, par voie d'exception, d'une illégalité de l'arrêté préfectoral initial à l'encontre duquel il n'a pas formé de recours dans les délais impartis (■ TA Dijon, 31 janv. 2006, n° 0301907, *Sté Pirelli Énergie Câbles c/ Préfet de l'Yonne*. ■ CAA Douai, 24 mai 2007, n° 06DA00240, *Sté Palchem : Rev. jur. env.* 2008, n° 4, p. 473, obs. R. Schneider).

F – Les mesures de contrainte

36) La consignation. Elle suppose une mise en demeure préalable intervenue légalement (■ CAA Nancy, 31 déc. 1992, n° 92NC00063, *Sté Placages du centre : Rev. jur. env.* 2/1993, p. 281, concl. J.-P. Piétri). Le montant de la consignation ne doit pas être excessif au regard des travaux à réaliser (■ CE, 4 mars 1988, n° 76766, *M. Duvernay*. ■ CAA Nantes, 5 mars 2002, n° 98NT02284, *SARL Sté des anciens établissements Pernot*) ; en cas de contestation de son montant, il appartient à l'administration de justifier du bien-fondé de la somme consignée (■ CAA Lyon, 10 juin 1997, n° 97LY00017, *Sté Lanvers Matériaux*). L'exploitant ne saurait utilement se prévaloir de son âge et de sa situation financière pour prouver le montant disproportionné des sommes consignées (■ CAA Bordeaux, 26 juin 2007, n° 05BX00840, *M. Jean Lalanne : Environnement* 2007, n° 10, comm. 178, note D. Gillig ; *Rev. jur. env.* 2008, n° 4, p. 473, obs. R. Schneider). Un arrêté de consignation peut être annulé pour défaut de signature en l'absence de production de l'original par l'administration (■ CAA Douai, 22 sept. 2005, n° 04DA00456, *Min. de l'Écologie et du Développement durable : Rev. jur. env.* 2007, n° 1, pan. p. 96, comm. R. Schneider). Mais l'exploitant ne peut contester l'arrêté de consignation dès lors qu'il n'a pas déféré à une mise en demeure de régularisation, ni supprimé l'installation dans le délai fixé (■ CAA Lyon, 11 mai 1994, n° 93LY01154, M. Cassar : *JurisData* n° 1994-052636). La créance du Trésor public résultant de titres de perception émis en application de la procédure de consignation en cas de défaut de réalisation des travaux de dépollution est soumise à l'article L. 621-32 du Code de commerce, dès lors que le fait générateur constitué à la date de l'arrêté préfectoral imposant la consignation à l'exploitant est postérieur au jugement d'ouverture de la procédure collective (■ CAA Versailles, 21 déc. 2000, n° 155412, *Trésorerie du Haut-Rhin c/ Sté PCUK*). Légalité d'une procédure de consignation d'une somme correspondant au montant des travaux les plus urgents pour la remise en état du site d'un atelier de teinture, à l'encontre du liquidateur des biens de cette ICPE (■ CAA Douai, 8 juill. 2003, n° 00DA00632, *Me Tiberghien, liquidateur*). L'existence d'une procédure collective n'empêche pas le préfet d'imposer au particulier ou à l'entreprise la consignation des sommes dues aux collectivités publiques (■ CE, 29 sept. 2003, n° 240938, *Leblay*).

37) Arrêtés de mise en demeure et de consignation : principe de l'indépendance des procédures. La régularité de l'exécution d'office n'est pas affectée par l'irrégularité de l'arrêté de mise en demeure (■ CAA Nantes, 19 nov. 1992, n° 90NT00485, *Min. Environnement c/ Sté Robergel*), mais V. dans un sens contraire (■ CAA Nancy, 31 déc. 1992, n° 92NC00063, *Sté Placages du centre*, préc.). Désormais, la solution est tranchée : le caractère définitif de l'arrêté de mise en demeure rend irrecevable le recours contre l'arrêté (non réglementaire) de consignation, consécutif à l'inobservation du premier arrêté (■ CE, 16 nov. 1998, n° 182816, *Min. Environnement c/ SA Cie des bases lubrifiantes : JurisData* n° 1998-051279 ; *BDEI* 4/1999, p. 23, concl. A. Seban ; *Dr. env.* 1999, n° 67, p. 6, comm. G. F. ; *Lettre JCl. Environnement* 1999, n° 1, p. 6 ; *Rev. jur. env.* 4/1999, p. 646, comm. R. Schneider. ■ CE, 20 mars 2013, n° 352551 : *BJCL* avr. 2013, n° 4/13, p. 300, concl. S. Von Coester ; *Environnement* 2013, n° 6, p. 43, note D. Gillig ; *Gaz. Pal.* sept. 2013, n°s 254-255, p. 17, note S. Edlinger). Si à l'expiration du délai fixé pour l'exécution, l'exploitant n'a pas obtempéré à l'injonction, le préfet peut obliger l'exploitant à consigner entre les mains d'un comptable public une somme répondant au montant des travaux à réaliser ; toutefois, si l'exploitant a cessé son activité peu de temps après l'arrêté de consignation, les mesures prescrites par l'arrêté du préfet deviennent caduques à cette date et la consignation se trouve privée de base légale (■ CAA Paris, 28 févr. 2002, n° 01PA01238, *Min. Aménagement du territoire et Environnement c/ Sté Roto France'illienne*).

38) Suspension du fonctionnement de l'installation. *Procédure.* La consultation de la commission consultative compétente constitue une formalité substantielle (■ CE, 4 déc. 1991, n° 27650, *Min. Environnement et Cadre de vie c/ Mme Barthélemy*) ; mais l'absence de communication du rapport de l'inspection des installations classées n'entache pas de nullité l'arrêté de suspension (■ TA Paris, 26 févr. 1980, *Sté Rillettes de la Mère Quéru c/ Min. Environnement et Cadre de vie*). Pouvoirs d'appréciation du préfet. La poursuite provisoire ou l'interruption de l'activité est appréciée librement par le préfet, sur le fondement de l'intérêt général, en tenant compte des inconvénients respectifs de ces deux mesures, considérant la nature de l'activité, l'absence d'alternatives et les prescriptions de mise en conformité provisoires (■ TA Marseille, 25 mai 2004, n° 0204438, *Martin, Cozza et Assoc. Écolog'Istres*).

Caractère disproportionné. Pour annuler la mesure de suspension d'une activité de criblage, de concassage de béton, d'enrobés routiers et de transit de produits minéraux, la cour administrative d'appel constate que les prescriptions imposées en l'espèce sont excessives au regard de l'importance réelle des nuisances causées par l'installation concernée et qu'elles sont susceptibles d'affecter la situation financière des sociétés requérantes (■ CAA Douai, 25 mars 2010, n° 08DA01871, *SARL Vitse et SARL Devarem Développement*).

39) Arrêt de l'installation (non). Le préfet ne peut pas ordonner la fermeture de l'installation, cette décision devant être prise par décret en Conseil d'État (■ TA Amiens, 30 mars 1994, *Cne de Cagnes-sur-Mer : Dr. env.* 1995, n° 31, p. 62 ; *Rec. CE*, tables p. 1055).

G – Les pouvoirs du juge

40) V. sous art. L. 514-6, annot. n°s 2, et s., p. 987.

H – La responsabilité administrative de l'État à l'égard des tiers

41) V. sous art. L. 514-19, annot. n°s 1 et s., p. 1009.

Art. L. 171-9 *(Créé à compter du 1er juillet 2013, Ord. n° 2012-34, 11 janv. 2012).* **– Lorsque l'autorité administrative a ordonné une mesure de suspension en application du deuxième alinéa de l'article L. 171-7 ou du 3° du II de l'article L. 171-8, l'exploitant est tenu d'assurer à son personnel, pendant la durée de cette suspension, le paiement des salaires, indemnités et rémunérations de toute nature auxquels il avait droit jusqu'alors.**

Art. L. 171-10 *(Créé à compter du 1er juillet 2013, Ord. n° 2012-34, 11 janv. 2012).* **– L'autorité administrative, après en avoir préalablement informé le procureur de la République, peut faire procéder par un agent de la force publique à l'apposition des scellés sur des installations, des ouvrages, des objets ou des dispositifs utilisés pour des travaux, opérations ou activités, maintenus en fonctionnement soit en violation d'une mesure de suppression, de fermeture ou de suspension prises en application des articles L. 171-7, L. 171-8, L. 173-6, L. 215-10 et L. 514-7, soit en dépit d'un refus d'autorisation, d'enregistrement, d'agrément, d'homologation, de certification ou d'une opposition à une déclaration.**

Art. L. 171-11 *(Rempl. à compter du 1er mars 2017, Ord. n° 2017-80, 26 janv. 2017)* (1). **– Les décisions prises en application des articles L. 171-7, L. 171-8 et L. 171-10 sont soumises à un contentieux de pleine juridiction.**

Ce contentieux est un contentieux de pleine juridiction ; ce qui signifie que le juge doit se placer au jour de sa décision et appliquer une loi nouvelle plus douce si celle-ci est intervenue après que l'infraction ait été commise (▪ CE, ass., 16 févr. 2009, n° 27400, *Sté ATOM*). De même, si l'analyse demandée a été faite postérieurement à la visite de l'inspecteur des installations classées et n'a même pas été transmis à l'administration, l'obligation est satisfaite et la sanction injustifiée (▪ CAA Nantes, 23 déc. 2014, n° 13NT02931, *Sté Traitements de surfaces industriels : Dr. env.* 2015, 94). Il appartient au juge de ce contentieux de pleine juridiction de se prononcer sur l'étendue des obligations mises à la charge des exploitants par l'autorité compétente au regard des circonstances de fait et de droit existant à la date à laquelle il statue. Ainsi, lorsque l'autorité administrative, dans le cas où des installations ou ouvrages sont exploités, des objets et dispositifs sont utilisés ou des travaux, opérations, activités ou aménagements sont réalisés irrégulièrement, met en demeure l'intéressé de régulariser sa situation, sur le fondement des dispositions de l'article L. 171-7 du Code de l'environnement, l'exécution complète des mesures ou formalités prescrites par cette mise en demeure prive d'objet le recours tendant à son annulation, sur lequel il n'y a, dès lors, plus lieu de statuer (▪ CE, 18 déc. 2019, n° 418921, *Société GGL Aménagement*).

Art. L. 171-12 *(Créé à compter du 1er juillet 2013, Ord. n° 2012-34, 11 janv. 2012).* **– Un décret en Conseil d'État fixe les conditions d'application de la présente section.**

CHAPITRE II. – RECHERCHE ET CONSTATATION DES INFRACTIONS

Simplification des procédures de commissionnement des agents chargés de certaines fonctions de police judiciaire. Les agents sont désormais dotés de compétences judiciaires larges : ils sont habilités à rechercher et à constater les infractions à plusieurs polices de l'environnement pour lesquelles ils sont commissionnés. Ils ont la qualité d'inspecteurs de l'environnement. Ils sont commissionnés par spécialité. L'une des spécialités couvre les domaines de l'eau, de la nature et des sites, l'autre les domaines des installations classées pour la protection de l'environnement et de la prévention des pollutions, des risques et des nuisances. Les modalités de commissionnement et d'assermentation des agents seront fixées par décret en Conseil d'État. Ce sont des fonctionnaires et des agents, essentiellement des ingénieurs, des techniciens et des agents techniques, appartenant aux services de l'État (DREAL, DDT) et à ses établissements publics tels que l'Office national de la chasse et de la faune sauvage, l'Office national de l'eau et des milieux aquatiques, les parcs nationaux et l'Agence des aires marines protégées. D'autres agents sont également habilités à exercer des fonctions de police judiciaire, notamment les agents chargés des forêts, les agents des réserves naturelles, les gardes du littoral ainsi que les gardes champêtres.

(1) Dispositions d'application particulières et transitoires : V. Ord. n° 2017-80, 26 janv. 2017, art. 15. – NDLR.

Les autres dispositions du chapitre déterminent les conditions dans lesquelles les agents pourront intervenir : visites des locaux, saisie des objets ayant fait l'objet d'une infraction, recueil des déclarations, communication des documents relatifs à l'objet du contrôle, prélèvement d'échantillons pour analyses, vérification d'identité, transmission des procès-verbaux.

Bibliographie : M. Charité, *Quand le conseil constitutionnel réécrit la loi : AJDA* 2018, n° 5, p. 261. – L. Monnier, *Le délit précurseur de manquement à l'obligation de « diligence raisonnée » dans le secteur du bois : AJP* 2017, n° 12, p. 528. – R. Léost, *Les inspecteurs de l'environnement : d'importants pouvoirs d'enquête et d'investigation : AJP* 2015, n° 3, p. 121. – D. Bergot, *L'inspection de l'environnement en pratique : Rev. jur. env.* 2014, n° spécial, vol. 39, p. 248 – B. Denis, *Libres propos sur la circulaire d'orientations de politique pénale en matière d'atteintes à l'environnement du 21 avril 2015 : Énergie – Env. – Infrastr.* juin 2015, comm. 52. – H. Legrand, E. Rebeille-Borgella, D. Chabrol, G. Flam, Y. Marchal et M.-C. Soulie, *Évaluation de la police de l'environnement : CGEDD* févr. 2015, rapport n° 008923-01. – G. Roussel, *Les multiples pouvoirs d'enquête des administrations : AJP* 2015, n° 2, p. 64. – R. Léost, *Des officiers des eaux et forêts aux inspecteurs de l'environnement : Revue des ministères de l'Écologie, du Développement durable et de l'Énergie et du Logement et de l'Égalité des territoires*, hors-série nov. 2014.

Section I. – Habilitation des agents chargés de certains pouvoirs de police judiciaire

Art. L. 172-1 *(Créé à compter du 1er juillet 2013, Ord. n° 2012-34, 11 janv. 2012 ; mod. à compter du 1er janvier 2017, L. n° 2016-1087, 8 août 2016 ; à compter du 1er janvier 2020, L. n° 2019-773, 24 juill. 2019).* **– I. – Outre les officiers et agents de police judiciaire et les autres agents publics spécialement habilités par le présent code, sont habilités à rechercher et à constater les infractions aux dispositions du présent code et des textes pris pour son application et aux dispositions du Code pénal relatives à l'abandon d'ordures, déchets, matériaux et autres objets les fonctionnaires et agents publics affectés dans les services de l'État chargés de la mise en œuvre de ces dispositions, ou à l'Office français de la biodiversité et dans les parcs nationaux.**

Ces agents reçoivent l'appellation d'inspecteurs de l'environnement.

II. – Pour exercer les missions prévues au I, les inspecteurs de l'environnement reçoivent des attributions réparties en deux catégories :

1° Les attributions relatives à l'eau et à la nature qui leur donnent compétence pour rechercher et constater les infractions prévues par les titres II, VI et VII du présent livre, les chapitres Ier à VII du titre Ier *(Mots aj., L. n° 2021-1104, 22 août 2021)* (1) **« et le titre III » du livre II, le livre III, le livre IV et les titres VI et VIII du livre V du présent code et les textes pris pour leur application ainsi que sur les infractions prévues par le Code pénal en matière d'abandon d'ordures, déchets, matériaux et autres objets ;**

2° Les attributions relatives aux installations classées pour la protection de l'environnement qui leur donnent compétence pour rechercher et constater les infractions prévues par les titres II, VI et VII du présent livre, le livre II et les titres Ier, II, III, IV, V et VII du livre V du présent code et les textes pris pour leur application.

III. – Les inspecteurs de l'environnement sont commissionnés par l'autorité administrative et assermentés pour rechercher et constater tout ou partie des infractions mentionnées au 1° ou au 2° du II du présent article.

Les conditions d'application du présent article sont fixées par décret en Conseil d'État.

Il résulte de l'article 23, alinéa 2, du Code de procédure pénale que les inspecteurs de l'environnement ne peuvent pénétrer dans les maisons, ateliers, bâtiments, cours adjacentes et enclos qu'en étant assisté d'un officier de police judiciaire qui signe le procès-verbal de l'opération à laquelle il a assisté. En l'espèce, les agents sont entrés à 22 heures 30 dans une hutte de chasse, considérée comme un domicile dès lors qu'elle est aménagée en vue d'être habitée, sans avoir au préalable recueilli l'assentiment écrit des occupants et hors la présence d'un officier de police judiciaire agissant conformément aux règles de la visite domiciliaire. Sont annulés le procès-verbal établi par les agents de l'ONCFS, ainsi que les procès-verbaux d'audition et de saisies subséquents au contrôle (■ CA Douai, ch. corr. 6, 12 févr. 2015, n° 13/01201 : *JurisData* n° 2015-009004).

Les fonctions de chef principal de la CCNBT ne remettent pas en cause la qualité de garde-champêtre sous l'autorité du maire de Mèze compétent pour constater les infractions à la police de l'eau (■ Cass. crim., 19 déc. 2017, n° 16-86.003).

(1) Dispositions d'application transitoires : V. L. n° 2021-1104, 22 août 2021.

Art. L. 172-2 *(Créé à compter du 1er juillet 2013, Ord. n° 2012-34, 11 janv. 2012 ; mod., L. n° 2019-773, 24 juill. 2019).* – Les fonctionnaires et agents habilités à rechercher et à constater les infractions au présent code exercent leurs compétences sur le ressort de leur service d'affectation ou, lorsqu'ils ont reçu mission sur un territoire excédant ce ressort, sur l'étendue du territoire sur lequel ils ont reçu mission.

Les inspecteurs de l'environnement peuvent être associés à titre temporaire aux opérations de police judiciaire menées par un service autre que celui dans lequel ils sont affectés. Pour la durée de cette mission, ils sont compétents sur le ressort du service d'accueil.

Lorsque les nécessités de l'enquête l'exigent, les inspecteurs de l'environnement peuvent se transporter sur l'étendue du territoire national à l'effet d'y poursuivre les opérations de recherche ou de constatation initiées dans leur ressort de compétence. Sauf dans les cas où l'urgence ne le permet pas, le procureur de la République du lieu où les opérations sont poursuivies en est préalablement informé et peut s'y opposer. En cas d'urgence, le procureur de la République en est avisé sans délai.

Voir : Note du 22 mai 2015 relative au commissionnement des agents des réserves naturelles et à l'exercice de leurs fonctions de police judiciaire (NOR : DEVL1508717N).

Art. L. 172-3 *(Créé à compter du 1er juillet 2013, Ord. n° 2012-34, 11 janv. 2012).* – Dans les enceintes relevant du ministre de la défense ou soumises à des règles de protection du secret de la défense nationale, les infractions aux dispositions du présent code sont recherchées et constatées par les agents désignés par le ministre de la défense quand il est l'autorité administrative compétente pour exercer la police sur les installations, ouvrages, travaux, opérations et activités régis par le présent code.

Voir : Instruction technique DGPE/SDFCB/2017-712 du 29 août 2017, Règles applicables en matière de défrichement suite à la loi biodiversité, à la loi montagne II, aux ordonnances relatives à la recodification du livre Ier du Code de l'urbanisme, à l'autorisation environnementale, à la participation du public aux décisions ayant un impact sur l'environnement, à l'évaluation environnementale et à leurs décrets d'application (NOR : AGRT1722232J).

Section II. – Opérations de recherche et de constatation des infractions

Art. L. 172-4 *(Créé à compter du 1er juillet 2013, Ord. n° 2012-34, 11 janv. 2012 ; mod., L. n° 2015-992, 17 août 2015 ; L. n° 2019-773, 24 juill. 2019).* – Les inspecteurs de l'environnement mentionnés à l'article L. 172-1 et les autres fonctionnaires et agents de l'État, des collectivités territoriales et de leurs établissements publics habilités au titre des polices spéciales du présent code à rechercher et à constater les infractions aux dispositions du présent code et des textes pris pour son application exercent leurs compétences dans les conditions prévues à la présente section. Lorsqu'ils sont habilités à rechercher et à constater des infractions à d'autres dispositions législatives, ils exercent leurs compétences dans ces mêmes conditions.

Les officiers de police judiciaire, les agents de police judiciaire et les agents de police judiciaire adjoints mentionnés aux articles 16, 20 et 21 du Code de procédure pénale sont habilités à rechercher et à constater les infractions au présent code dans les conditions définies par les autres livres du présent code. Ils exercent ces missions dans les limites et selon les modalités fixées par le Code de procédure pénale.

Voir : art. L. 174-2, p. 288.

Art. L. 172-5 *(Créé à compter du 1er juillet 2013, Ord. n° 2012-34, 11 janv. 2012 ; mod., L. n° 2019-773, 24 juill. 2019).* – Les fonctionnaires et agents mentionnés à l'article L. 172-4 recherchent et constatent les infractions prévues par le présent code en quelque lieu qu'elles soient commises.

Toutefois, ils sont tenus d'informer le procureur de la République, qui peut s'y opposer, avant d'accéder :

1° Aux établissements, locaux professionnels et installations dans lesquels sont réalisées des activités de production, de fabrication, de transformation, d'utilisation, de conditionnement, de stockage, de dépôt, de transport ou de commercialisation. Ils ne peuvent pénétrer dans ces lieux avant 6 heures et après 21 heures. En dehors de ces heures, ils y accèdent lorsque les locaux sont ouverts au public ou lorsqu'une des activités prévues ci-dessus est en cours ;

2° Aux véhicules, navires, bateaux, embarcations et aéronefs professionnels utilisés pour la détention, le transport, la conservation ou la commercialisation des animaux, des végétaux ou de tout autre produit susceptible d'être l'objet d'une infraction prévue par le présent code.

Les visites dans les domiciles et les locaux comportant des parties à usage d'habitation ne peuvent être commencées avant 6 heures et après 21 heures, avec l'assentiment de l'occupant ou, à défaut, en présence d'un officier de police judiciaire agissant conformément aux dispositions du Code de procédure pénale relatives aux visites domiciliaires, perquisitions et saisies des pièces à conviction. Cet assentiment doit faire l'objet d'une déclaration écrite de la main de l'intéressé ou, si celui-ci ne sait écrire, il en est fait mention au procès-verbal, ainsi que de son assentiment.

Voir : Note du 22 mai 2015 relative au commissionnement des agents des réserves naturelles et à l'exercice de leurs fonctions de police judiciaire (NOR : DEVL1508717N) ; note du 5 mars 2015 relative au commissionnement des inspecteurs de l'environnement chargé du contrôle de la sécurité des ouvrages hydrauliques (NOR : DEVP1422138N).

1) **Constitutionnalité du droit de visite domiciliaire.** Les dispositions contestées de l'article L. 172-5 autorisant sous certaines conditions les visites domiciliaires (notamment : information préalablement donnée au procureur de la République, qui peut s'y opposer, et respect de certains horaires) ne portent pas une atteinte disproportionnée au droit au respect de la vie privée ni ne méconnaissent le droit à un recours juridictionnel effectif ni aucun autre droit ou liberté que la Constitution garantit (■ Cons. const., 13 avr. 2023, n° 2023-1044 QPC : *JurisData* n° 2023-006220).

2) **Sanction du défaut d'information du procureur de la République : nullité d'ordre public ne nécessitant pas la démonstration d'un grief.** Le non-respect, par un fonctionnaire ou agent mentionné à l'article L. 172-4, de l'obligation d'informer préalablement le procureur de la République, qui peut s'y opposer, de son accès aux établissements, locaux professionnels ou installations entrant dans ses prévisions affecte nécessairement la validité des actes effectués par ce fonctionnaire ou agent (■ Cass. crim., 21 mars 2023, n° 22-82.343 : *JurisData* n° 2023-003904, note J. Robert ; *Dr. pén.* 2023, n° 5, comm. 89, note G. Poissonnier ; *Énergie – Env. – Infrastr.* 2023, n° 6).

3) **Champ d'application. La protection ne s'étend pas aux terres agricoles.** Les terres agricoles, même clôturés et raccordés à l'eau ne constituant pas un domicile, ne bénéficient pas de la protection offerte par l'alinéa 2 de l'article L. 172-5, laquelle s'étend non à tout lieu à usage professionnel, mais seulement à ceux entrant dans les prévisions du 1° de ce texte, c'est-à-dire aux établissements, locaux professionnels et installations dans lesquels sont réalisées des activités de production, de fabrication, de transformation, d'utilisation, de conditionnement, de stockage, de dépôt, de transport ou de commercialisation (■ Cass. crim., 16 janv. 2024, n° 22-81.559 : *JurisData* n° 2024-000119, note D. Pamart ; *RD rur.* 2024, n° 2, comm. 14).

4) **Visite domiciliaire.** Validation de perquisitions et saisies au domicile pratiquées par des agents de la Direction départementale de la protection des populations préalablement autorisée par le juge des libertés et de la détention saisi sur requête visant « l'accord de principe » du représentant du parquet (■ CA Bordeaux, Président, 17 janv. 2023, n° 22/03494).

5) **Visite de véhicule.** Les inspecteurs de l'environnement affectés à l'OFB (ex-ONCFS) peuvent, sans l'assentiment de son occupant, procéder à la visite d'un véhicule, laquelle, dès lors que ce véhicule ne revêt pas un caractère professionnel et ne constitue pas un domicile, échappe tant au régime d'information préalable du procureur de la République prévu par les alinéas 2 à 4 de l'article L. 172-5 du Code de l'environnement, qu'à l'obligation de présence d'un officier de police judiciaire, prévue par le dernier alinéa de cet article (■ Cass. crim., 5 janv. 2021, n° 20-80.569).

Bibliographie : J.-B. Perrier, *Perquisitions et administrations : AJP* 2016, p. 242.

Art. L. 172-6 ***(Créé à compter du 1er juillet 2013, Ord. n° 2012-34, 11 janv. 2012 ; mod., L. n° 2019-773, 24 juill. 2019).*** **– Lorsqu'ils recherchent des animaux, des végétaux ou des minéraux, ou leurs parties et produits, prélevés en violation des dispositions du chapitre Ier du titre III du livre III, des chapitres Ier et II du titre Ier et des titres II et III du livre IV, les fonctionnaires et agents mentionnés à l'article L. 172-4 peuvent les suivre dans tous les lieux où ils ont été transportés.**

Toutefois, ils ne peuvent pénétrer dans les domiciles ou les locaux comportant des parties à usage d'habitation qu'avec l'assentiment de l'occupant exprimé dans les conditions prévues à l'article L. 172-5 ou, à défaut, avec l'autorisation du juge des libertés et de la détention du tribunal judiciaire dans le ressort duquel sont situés les lieux à visiter.

NB : Conformément à l'article 36 de l'ordonnance n° 2019-964 du 18 septembre 2019, ces dispositions entrent en vigueur au 1er janvier 2020.

Art. L. 172-7 ***(Créé à compter du 1er juillet 2013, Ord. n° 2012-34, 11 janv. 2012).*** **– Lorsqu'un fonctionnaire ou agent mentionné à l'article L. 172-4 entend dresser procès-verbal à l'encontre d'une**

personne qui refuse ou se trouve dans l'impossibilité de justifier de son identité, il est fait application de l'article 78-3 du Code de procédure pénale. Pendant le temps nécessaire à l'information et à la décision de l'officier de police judiciaire, l'auteur présumé de l'infraction est tenu de demeurer à la disposition de l'agent de constatation.

Voir : CPP, art. 78-3. Si l'intéressé refuse ou se trouve dans l'impossibilité de justifier de son identité, il peut, en cas de nécessité, être retenu sur place ou dans le local de police où il est conduit aux fins de vérification de son identité. Dans tous les cas, il est présenté immédiatement à un officier de police judiciaire qui le met en mesure de fournir par tout moyen les éléments permettant d'établir son identité et qui procède, s'il y a lieu, aux opérations de vérification nécessaires.

Voir : Circ. 19 juillet 2013 relative à la mise en à des polices administratives et pénales en matière d'installations classées pour la protection de l'environnement (NOR : DEVP1317091C) ; Note du 22 mai 2015 relative au commissionnement des agents des réserves naturelles et à l'exercice de leurs fonctions de police judiciaire (NOR : DEVL1508717N).

Art. L. 172-8 *(Créé à compter du 1er juillet 2013, Ord. n° 2012-34, 11 janv. 2012 ; L. n° 2019-773, 24 juill. 2019).* **– Les fonctionnaires et agents mentionnés à l'article L. 172-4 peuvent recueillir, sur convocation ou sur place, les déclarations de toute personne susceptible d'apporter des éléments utiles à leurs constatations. Ils en dressent procès-verbal. Les personnes entendues procèdent elles-mêmes à sa lecture, peuvent y faire consigner leurs observations et y apposent leur signature. Si elles déclarent ne pas pouvoir lire, lecture leur en est faite par l'agent préalablement à la signature. En cas de refus de signer le procès-verbal, mention en est faite sur celui-ci.**

Conformément à l'article 28 du Code de procédure pénale, l'article 61-1 du même code est applicable lorsqu'il est procédé à l'audition d'une personne à l'égard de laquelle il existe des raisons plausibles de soupçonner qu'elle a commis ou tenté de commettre une infraction. Le fait, sans motif légitime, de ne pas déférer à la convocation à l'audition est constitutif de l'infraction d'obstacle aux fonctions prévue à l'article L. 173-4 du présent code.

Voir : Circ. 20 mars 2017 relative à l'audition de personnes soupçonnées par les fonctionnaires et agents dotés de pouvoirs de police judiciaire en vertu de lois spéciales, suite à la modification de l'article 28 du Code de procédure pénale par la loi n° 2016-731 du 3 juin 2016 (NOR : JUSD1708944C) (*BO min. Justice* n° 2017/03, 31 mars 2017).

Un procès-verbal manuscrit revêtu de la signature de l'intéressé en bas de chaque page est valable dans la mesure où la personne poursuivie a procédé elle-même à la lecture du procès-verbal relatant ses déclarations conformément à l'article 172 huit du Code de l'environnement de telle sorte que le la procédure de constatation des infractions est conforme aux dispositions de l'article L. 172-4 du même code (■ Cass. crim., 4 avr. 2018, n° 17-83.665).

Art. L. 172-9 *(Créé à compter du 1er juillet 2013, Ord. n° 2012-34, 11 janv. 2012 ; abr., L. n° 2020-1672, 24 déc. 2020).*

Art. L. 172-10 *(Créé à compter du 1er juillet 2013, Ord. n° 2012-34, 11 janv. 2012 ; mod., L. n° 2013-619, 16 juill. 2013).* **– Les fonctionnaires et agents mentionnés à l'article L. 172-4 peuvent, dans l'exercice de leurs fonctions, être requis par le procureur de la République, le juge d'instruction et les officiers de police judiciaire.**

Ils sont habilités à requérir directement la force publique pour la recherche ou la constatation des infractions aux dispositions du présent code et des textes pris pour son application.

(L. n° 2019-773, 24 juill. 2019) (1) **Les inspecteurs de l'environnement mentionnés à l'article L. 172-1 affectés à l'Office français de la biodiversité peuvent recevoir du juge d'instruction des commissions rogatoires.**

Art. L. 172-11 *(Créé à compter du 1er juillet 2013, Ord. n° 2012-34, 11 janv. 2012 ; mod., L. n° 2019-773, 24 juill. 2019).* **– Les fonctionnaires et agents mentionnés à l'article L. 172-4 peuvent demander la communication, prendre copie ou procéder à la saisie des documents de toute nature qui sont relatifs à l'objet du contrôle, quel que soit leur support et en quelques mains qu'ils se trouvent, et qui sont**

(1) Jusqu'au 31 décembre 2019, le présent alinéa est applicable aux inspecteurs de l'environnement affectés à l'Agence française pour la biodiversité et à l'Office national de la chasse et de la faune sauvage, L. n° 2019-773, 24 juill. 2019.

nécessaires à l'accomplissement de leur mission sans que puisse leur être opposée, sans motif légitime, l'obligation de secret professionnel (1). **Lorsque les documents sont sous une forme informatisée, ils ont accès aux logiciels et aux données ; ils peuvent en demander la transcription, sur place et immédiatement, par tout traitement approprié dans des documents directement utilisables pour les besoins du contrôle.**

Ils peuvent également consulter tout document nécessaire à l'accomplissement de leur mission auprès des administrations publiques, des établissements et organismes placés sous le contrôle de l'État et des collectivités territoriales.

Ils peuvent également procéder aux réquisitions prévues aux articles 77-1, 77-1-1 et 77-1-2 du Code de procédure pénale, dans les mêmes conditions que celles prévues pour les officiers de police judiciaire.

Voir : Circ. 20 mars 2017 relative à l'audition de personnes soupçonnées par les fonctionnaires et agents dotés de pouvoirs de police judiciaire en vertu de lois spéciales, suite à la modification de l'article 28 du Code de procédure pénale par la loi n° 2016-731 du 3 juin 2016 (NOR : JUSD1708944C) (*BO min. Justice* n° 2017/03, 31 mars 2017).

Art. L. 172-11-1 *(L. n° 2016-1087, 8 août 2016).* **– Aux seules fins de constater les infractions prévues aux articles L. 415-3 et L. 415-6 lorsque celles-ci sont commises en ayant recours à un moyen de communication électronique, les inspecteurs de l'environnement habilités dans des conditions précisées par arrêté des ministres de la justice et chargé de l'écologie peuvent, sans être pénalement responsables de ces actes :**

1° Participer sous un pseudonyme aux échanges électroniques ;

2° Être en contact par ce moyen avec les personnes susceptibles d'être les auteurs de ces infractions ;

3° Acquérir des produits ou substances.

À peine de nullité, ces actes ne peuvent avoir pour effet d'inciter autrui à commettre une infraction.

Voir : A. 17 juin 2019 relatif à l'habilitation des inspecteurs de l'environnement pouvant procéder aux enquêtes sous pseudonyme [NOR : TREL1710762A].

Art. L. 172-12 (2) *(Créé à compter du 1er juillet 2013, Ord. n° 2012-34, 11 janv. 2012 ; mod., L. n° 2019-773, 24 juill. 2019).* **– Les fonctionnaires et agents mentionnés à l'article L. 172-4 peuvent :**

1° Procéder à la saisie de l'objet ou du produit direct ou indirect de l'infraction, y compris les animaux, les végétaux et les minéraux, leurs parties ou leurs produits, ainsi que des armes et munitions, objets, instruments et engins ayant servi à commettre l'infraction ou y étant destinés ;

2° Procéder à la saisie des embarcations, automobiles et autres véhicules utilisés par les auteurs d'une infraction pour commettre l'infraction, pour se rendre sur les lieux où l'infraction a été commise ou s'en éloigner, ou pour transporter l'objet de l'infraction.

La saisie est constatée par procès-verbal établi par leurs soins.

Ces dispositions ne s'appliquent pas lorsque les objets ou dispositifs ont fait l'objet d'une consignation en application de l'article L. 172-15.

Les frais de transport, d'entretien et de garde des objets saisis sont supportés par l'auteur de l'infraction.

Art. L. 172-13 *(Créé à compter du 1er juillet 2013, Ord. n° 2012-34, 11 janv. 2012 ; mod., L. n° 2019-773, 24 juill. 2019).* **– I. – Lorsqu'ils les ont saisis, les fonctionnaires et agents mentionnés à l'article L. 172-4 peuvent procéder ou faire procéder à la destruction des végétaux et des animaux morts ou non viables**

II. – Sur autorisation du procureur de la République délivrée par tout moyen, les fonctionnaires et agents mentionnés à l'article L. 172-4 peuvent procéder ou faire procéder au placement des animaux et végétaux viables saisis dans un lieu de dépôt prévu à cet effet.

---

(1) Le Conseil constitutionnel a déclaré la première phrase du présent article, dans sa rédaction résultant de la loi n° 2016-1087 du 8 août 2016, conforme à la Constitution. – V. ■ Cons. const., 13 avr. 2023, n° 2023-1044 QPC, art. 1er : *JurisData* n° 2023-006220 ; *JO* 14 avr. et rect. 6 mai 2023. – NDLR.

(2) Le Conseil constitutionnel a déclaré les quatre premiers alinéas du présent article, dans sa rédaction issue de l'ordonnance n° 2012-34 du 11 janvier 2012, conformes à la Constitution. – V. ■ Cons. const., 13 avr. 2023, n° 2023-1044 QPC, art. 1er : *JurisData* n° 2023-006220 ; *JO* 14 avr. et rect. 6 mai 2023. – NDLR.

Lorsque leur conservation n'est plus nécessaire à la manifestation de la vérité, les fonctionnaires et agents mentionnés au même article L. 172-4 peuvent procéder ou faire procéder :

1° À la remise des animaux non domestiques ou non apprivoisés et des végétaux non cultivés, saisis dans un état viable, dans le milieu naturel où ils ont été prélevés ou dans un milieu compatible avec leurs exigences biologiques ;

2° À la destruction des animaux susceptibles d'occasionner des dégâts ;

3° Lorsque l'animal ne relève pas des 1° et 2° du présent II, à l'application des dispositions prévues à l'article 99-1 du Code de procédure pénale ;

4° *(Mod., L. n° 2024-582, 24 juin 2024)* Sur autorisation du procureur de la République, à la destruction des biens mentionnés au quatrième alinéa de l'article 41-5 du même code qui ne relèvent pas des 1°, 2° et 3° du présent II, dans les conditions prévues cinquième alinéa de l'article 41-5 du Code de procédure pénale.

III. – Le placement, la remise dans le milieu naturel et la destruction sont constatés par procès-verbal.

Respect des droits de la défense et du principe du contradictoire. Lors de la destruction des animaux morts ou non viables saisis sans que la personne mise en cause ou des témoins assistent à leur décompte : le premier alinéa de l'article L. 172-13 du Code de l'environnement, dans sa rédaction résultant de la loi n° 2016-1087 du 8 août 2016 pour la reconquête de la biodiversité, de la nature et des paysages, a été déclaré conforme à la Constitution (■ Cons. const., 17 mars 2022, n° 2021-981 QPC).

Art. L. 172-14 *(Créé à compter du 1er juillet 2013, Ord. n° 2012-34, 11 janv. 2012).* – I. – Les fonctionnaires et agents mentionnés à l'article L. 172-4 peuvent prélever ou faire prélever des échantillons en vue d'analyse ou d'essai. Ces échantillons sont placés sous scellés.

Dans le périmètre d'une installation, le responsable présent ou, à défaut, son représentant est avisé qu'il peut assister au prélèvement. L'absence du responsable ne fait pas obstacle au prélèvement.

II. – Les échantillons sont prélevés au moins en double exemplaire et adressés à un laboratoire d'analyse. Un exemplaire est conservé aux fins de contre-expertise.

La personne mise en cause ou son représentant est avisée qu'elle peut faire procéder à ses frais à l'analyse de l'exemplaire conservé. Elle fait connaître sa décision dans les cinq jours suivant la date à laquelle les résultats de l'analyse du laboratoire ont été portés à sa connaissance. Passé ce délai, l'exemplaire peut être éliminé.

Lorsque l'auteur des faits n'a pas été identifié au moment du prélèvement, l'agent de constatation apprécie si une deuxième analyse est nécessaire à la manifestation de la vérité. Dans le cas contraire, l'exemplaire conservé aux fins de contre-expertise est éliminé dans le délai fixé par le procureur de la République.

Art. L. 172-15 *(Créé à compter du 1er juillet 2013, Ord. n° 2012-34, 11 janv. 2012).* – Lorsque des investigations complémentaires sont nécessaires, le juge des libertés et de la détention dans le ressort duquel sont détenus des objets ou dispositifs suspectés d'être non conformes aux dispositions du présent code et des textes pris pour son application peut, à la requête du procureur de la République, autoriser les fonctionnaires et agents mentionnés à l'article L. 172-4 à procéder à leur consignation le temps de ces investigations.

La mesure de consignation, dont la durée ne peut excéder quinze jours, peut, en cas de difficulté particulière, être renouvelée par ordonnance motivée.

Le juge des libertés et de la détention peut ordonner la mainlevée de la mesure de consignation à tout moment. Cette mainlevée est de droit dans tous les cas où les agents habilités ont constaté la conformité des objets ou dispositifs consignés aux dispositions du présent code et des textes pris pour son application ou leur mise en conformité à ces dispositions.

Les objets consignés sont laissés à la garde de leur détenteur.

En cas de non-conformité, les frais éventuels sont mis à la charge de l'auteur de l'infraction.

Art. L. 172-16 *(Créé à compter du 1er juillet 2013, Ord. n° 2012-34, 11 janv. 2012 ; mod., L. n° 2018-727, 10 août 2018 ; L. n° 2019-773, 24 juill. 2019).* – Les infractions aux dispositions du présent code et des textes pris pour son application sont constatées par des procès-verbaux qui font foi jusqu'à preuve contraire.

Les procès-verbaux sont adressés dans les cinq jours qui suivent leur clôture au procureur de la République. Une copie du procès-verbal est transmise, dans le même délai, à l'autorité administrative compétente. Sauf instruction contraire du procureur de la République, une copie du procès-verbal de constatation de l'infraction est également transmise au contrevenant, lorsqu'il est connu, dans un délai fixé par décret en

Conseil d'État. Sur autorisation du procureur de la République, les nom et prénoms des personnes apparaissant dans les copies de ce procès-verbal, à l'exception de ceux du contrevenant, peuvent être cancellés lorsque ces mentions sont susceptibles de mettre en danger la vie ou l'intégrité physique de ces personnes ou celles de leurs proches.

Voir : Circ. 20 mars 2017 relative à l'audition de personnes soupçonnées par les fonctionnaires et agents dotés de pouvoirs de police judiciaire en vertu de lois spéciales, suite à la modification de l'article 28 du Code de procédure pénale par la loi n° 2016-731 du 3 juin 2016 (NOR : JUSD1708944C).

1) Pour une application du respect du délai impératif de cinq jours, V. ▪ CA Nîmes, ch. corr., 29 sept. 2015, n° 15/00510 : *JurisData* n° 2015-028847.

2) **Sur le délai de transmission, le respect du délai légal.** Oui, les procès-verbaux adressés au procureur de la République le jour de leur clôture ; la date de réception par le destinataire n'a pas à être prise en compte (▪ Cass. crim., 13 déc. 2005, n° 05-82.286 : *Dr. pén.* 2006, n° 38, note Robert).

Voir aussi : art. R. 172-9 pour le délai réglementaire de transmission au contrevenant, fixé à cinq jours au moins et dix jours au plus, suivant la transmission du procès-verbal de constatation d'infraction au procureur de la République.

3) **Validité du procès-verbal.** Aucun texte n'exige qu'un procès-verbal mentionne la date de sa transmission au parquet (▪ Cass. 2e civ., 3 oct. 19901, n° 89-16.007, *P : D.* 1990, IR 235).

4) **Comparer avec la force probante des procès-verbaux en droit pénal général.** En matière contraventionnelle ou correctionnelle spéciale (CPP, art. 537 et 431 : jusqu'à preuve du contraire, pouvant être rapportée par écrit ou par témoin), correctionnelle générale (CCP, art. 430 : simples renseignements), outre les matières où ils valent jusqu'à inscription de faux (CCP, art. 433). Enfin, la valeur probante est toujours circonscrite et nécessite le respect de la régularité formelle (CCP, art. 429).

5) **Transmission.** Voir Art. L. 216-5 : transmission d'une copie pour information, au président de la fédération départementale des associations agréées de pêche et de protection du milieu aquatique et au président de l'Association agréée de pêcheurs professionnels en eau douce.

Art. L. 172-17 ***(Créé à compter du 1er juillet 2013, Ord. n° 2012-34, 11 janv. 2012).*** **– Un décret en Conseil d'État fixe les conditions d'application du présent chapitre.**

Voir : D. n° 2014-813, 17 juill. 2014, créant les articles R. 172-1 à R. 172-8.

CHAPITRE III. – SANCTIONS PÉNALES

1) **Directive (UE) 2024/1203 relative à la protection de l'environnement par le droit pénal du 11 avril 2024.** À la suite d'un trilogue concluant le 16 novembre 2023, le Parlement adoptait le 27 février 2024 la directive puis le Conseil la votait le 26 mars 2024. L'acte final a été signé le 11 avril 2024 et la directive a été publiée au *Journal officiel de l'Union européenne* le 30 avril 2024. Les États disposent d'un délai jusqu'au 21 mai 2026 pour la transposer. Si les infractions dans certains domaines (tels que l'air et le climat) devront très certainement être revues, voire créées ; pour l'essentiel, le droit pénal français actuel contient déjà la plupart des incriminations et des niveaux de répression suffisants. Le droit positif français n'a en effet pas attendu l'adoption de la nouvelle directive pour renforcer les sanctions des atteintes à l'*environnement par le droit pénal. La loi Industrie* verte du 23 octobre 2023 (1) a ainsi déjà renforcé les sanctions, notamment en matière de déchets. Par ailleurs, la notion d'« écocide » est d'ores et déjà entrée dans le droit français depuis la loi Climat et Résilience du 22 août 2021. En ce qui concerne plus précisément les peines, il pourrait être nécessaire d'en revoir parfois le *quantum* à la hausse, même si nous connaissons déjà un maximum de 10 ans et qu'il conviendra de prêter attention à éviter l'écueil de la rétroactivité *in mitius*, laquelle est expressément prohibée comme violant le principe de légalité, que la directive prend le soin de réaffirmer. La place faite aux peines accessoires, avec l'obligation d'établir des mécanismes de diligence raisonnable (cons. 59), paraît faire écho à des mécanismes déjà implémentés en droit interne, sous la forme (i) de l'obligation d'établir des plans de vigilance et (ii) de programmes de mise en conformité proposés dans le cadre de la CJIP environnementale. La faculté de retrait des autorisations administratives peut quant à elle laisser le praticien perplexe.

(1) L. n° 2023-973, 23 oct. 2023 : *JO* 24 octobre.

Les considérants 31 et 42 invitent à une réflexion sur les pouvoirs du juge pénal qui, en l'état, ne peut que (i) suspendre (y compris temporairement par le JLD dans le cadre du référé pénal environnemental) ou (ii) interdire l'activité à l'origine de l'infraction.

L'article 21 de la directive prévoit que pour lutter efficacement contre les infractions environnementales, les États membres doivent adopter et mettre en œuvre avant le 22 mai 2027 une stratégie nationale fixant : les objectifs et priorités de leur politique pénale en matière d'environnement ; les rôles et responsabilités des autorités impliquées ; et le renforcement de la spécialisation des agents et enquêteurs ainsi qu'un bilan ressources/besoins pour la lutte contre la criminalité environnementale.

En outre, la directive impose dans ses articles 19 et 20 la mise en place d'actions de coordination et de coopération entre les autorités compétentes au sein de chaque État membre mais aussi, dans l'hypothèse d'infractions pénales environnementales transfrontières, entre les États membres et la Commission ainsi que ses partenaires dans leurs domaines de compétence respectifs tels que par Eurojust, Europol, le Parquet européen, l'Olaf.

2) Les circulaires : objectifs de remise en état et de gradation de la réponse pénale en fonction de la gravité de l'atteinte à l'environnement, de la réversibilité du dommage et du comportement de l'auteur. La circulaire de politique pénale en matière de justice pénale environnementale du 9 octobre 2023 [NOR : JUSD2327030C], rappelle que différentes lois (du 24 décembre 2020 n° 2020-1672 relative au Parquet européen, à la justice environnementale et à la justice pénale spécialisée et du 22 août 2021 n° 2021-1104 portant lutte contre le dérèglement climatique et le renforcement de la résilience face à ses effets) ont permis le développement de la spécialisation des juridictions en matière de droit pénal environnemental, grâce à la mise en place des pôles régionaux environnementaux (PRE), une diversification des réponses pénales applicables, avec la création de la convention judiciaire d'intérêt public environnementale, et un affermissement de l'arsenal répressif en la matière. La circulaire entend ainsi faciliter le développement effectif de l'action des PRE, dont la montée en puissance constitue un enjeu central pour la politique pénale environnementale et promouvoir celui des comités opérationnels de lutte contre la délinquance environnementale (COLDEN) mis en œuvre par une instruction du Gouvernement du 16 septembre 2023 [NOR : TREL2316338J].

Elle entend également « imposer une remise en état du milieu : « La remise en état de l'environnement devra être systématiquement recherchée et vérifiée, en articulation avec les éventuelles actions administratives », laquelle nécessite néanmoins la détermination de l'état initial des milieux impactés pour la caractérisation des dommages directs et indirects et pour le dimensionnement des mesures de réparation.

Ce faisant, la circulaire du 9 octobre 2023 rappelle un objectif déjà assigné par la circulaire du 11 mai 2021 visant à consolider le rôle de la justice en matière environnementale [NOR : JUSD2114982C] et la circulaire du 21 avril 2015 relative aux orientations de politique pénale en matière d'atteintes à l'environnement [NOR : JUSD1509851C] dont les principes demeurent d'actualité.

Selon la circulaire d'application du 21 avril 2015 « *Les principes qui doivent guider le choix de la réponse pénale en matière d'atteintes à l'environnement sont d'une part la recherche systématique de la remise en état ou de la restauration du milieu, et d'autre part l'engagement de poursuites en cas de d'atteintes graves ou irréversibles à l'environnement, et en cas de manquement délibéré ou réitéré, les mesures alternatives aux poursuites étant privilégiées dans les autres cas* ».« *Des poursuites doivent être engagées en cas d'atteinte directe au cadre de vie causant un dommage grave ou irréversible à l'environnement, de comportement réitéré, de non-respect des prescriptions administratives (mise en demeure, consignation, exécution de travaux, mesures conservatoires), d'obstacle au contrôle des agents, ainsi que d'échec des mesures alternatives aux poursuites. À ce titre, j'appelle votre attention sur les nouveaux délits prévus par le II de l'article L. 173-1 et par l'article L. 173-2 (violations de mesures administratives), ainsi que par les articles L. 173-3 (atteintes graves à la santé ou la sécurité, ou de dégradation substantielle de l'environnement) et L. 173-4 (délit d'obstacle au contrôle) du Code de l'environnement* » (Circ. 21 avr. 2015 relative aux orientations de politique pénale en matière d'atteintes à l'environnement – NOR : JUSD1509851C).

3) Notion de réversibilité du dommage à l'environnement. La circulaire l'explicite en distinguant « trois niveaux » :

– « les atteintes irréversibles à l'environnement, c'est-à-dire entraînant une dégradation patente et irréparable de l'environnement ;

– « les atteintes qui ne sont réversibles qu'à l'issue d'une longue période, laquelle varie en fonction des cycles de régénération des milieux et de la nature ;

– « les atteintes réparables dans un délai raisonnable. »

Le critère présidant au choix de la réponse pénale souhaitée par la chancellerie de la part des parquets fait ainsi écho à celui retenu par le législateur à la suite de l'arrêt « Erika » dans le cadre de l'introduction de la réparation du préjudice écologique dans le Code civil. Selon l'article 1247 nouveau en effet « est réparable [...] *le préjudice écologique consistant en une atteinte non négligeable aux éléments ou aux fonctions des écosystèmes ou aux bénéfices collectifs tirés par l'homme de l'environnement.* ».

4) Cumul des infractions de droit pénal général. Outre les textes répressifs spécifiques à la matière environnementale, sont cumulativement applicables certaines infractions du droit pénal général trouvant place en matière de délinquance environnementale au premier rang desquelles les infractions de mise en danger de la vie d'autrui et les atteintes involontaires à l'intégrité physique voire à la vie, pour ne citer que les plus usuelles (V. par exemple ▪ CA Paris, 31 oct. 2017, n° 15/07483, « *AZF* » : *Énergie – Env. – Infrastr.* mars 2018, note B. Denis, n° 3, comm. 19). Il convient ainsi le cas échéant de se référer au Code pénal ainsi qu'à la jurisprudence rendue au visa des articles 121-3, 223-1, 222-1 et 221-1.

5) Application du Code de procédure pénale – Recevabilité de l'action des parties civiles. Doivent également être lues en regard des dispositions répressives spéciales du Code de l'environnement celles du Code de procédure pénale qui régissent par nature la tenue du procès pénal dans toutes ses phases (enquête et/ou information judiciaire ; jugement ; voies de recours). La question de la recevabilité des parties civiles est ici particulièrement débattue et renvoie tant au droit commun (CPP, art. 2 et 2-15) qu'aux dispositions propres à l'action des associations et collectivité territoriales en matière de délinquance environnementale (C. env., art. L. 132-1, L. 142-2 et L. 142-4).

6) Refus de l'action de groupe. On observera ici que l'action de groupe, que le législateur a étendu aux atteintes environnementales, exclut pour l'heure la possibilité de saisir les juridictions pénales (cf. L. n° 2016-1547, 18 nov. 2016 et D. n° 2017-888, 6 mai 2017 relatif à l'action de groupe).

7) Application des principes du droit pénal général. Au regard de l'imputabilité des infractions et de la responsabilité corrélativement encourue, il doit être là encore fait appel aux notions du droit pénal général. À titre d'exemple la chambre criminelle de la Cour de cassation consacre la responsabilité pénale de l'exploitant de fait d'une installation classée, aux côtés de celle de l'exploitant de droit, confirmant ainsi l'autonomie de la notion d'« exploitant » en droit pénal au regard des concepts du droit administratif en la matière (▪ Cass. crim., 13 janv. 2015, n° 13-88.183, *Sté Sita sud ouest*. – Confirmation ▪ CA Bordeaux, ch. corr., 26 nov. 2013 – M. Pers prés. – Me Bouthors, av., comm. J.-H. Robert, « *Conséquences pénales de l'adage Pacta sunt servanda* » : *Dr. pén.* 2015, n° 3, comm. 38 ; et déjà : ▪ Cass. crim., 13 déc. 2005, n° 05-82.161, cité par D. Guihal, *Droit répressif de l'environnement*, Economica, 3ᵉ édition, n° 51.456, p. 648).).

8) Responsabilité des personnes morales. De la même manière, l'imputabilité des infractions environnementales commises par les personnes morales mobilise les principes du droit pénal général. Ainsi, la Cour de cassation rappelle avec constance la nécessité d'identifier les personnes physiques ayant agi au nom et pour le compte de l'entité qu'elles représentent dans la commission des atteintes réprimées (▪ Cass. crim., 17 oct. 2017, n° 16-87.249 : *Bull.*. ▪ Cass. crim., 24 oct. 2017, non publié (pourvoi n° 16-86.058). ▪ Cass. crim., 19 avr. 2017, non publié (pourvoi n° 16-81.095). ▪ Cass. crim., 17 oct. 2017, non publié (pourvoi n° 16-84.541). ▪ Cass. crim., 31 oct. 2017 (pourvoi n° 16-83.683).

Bibliographie : R. Fischhoff, *La police judiciaire aux prises avec les atteintes à l'environnement et à la santé publique*, sous la dir. de B. Asso, Côte d'Azur, 2017. – T. Fossier, *La nécessité et l'efficacité de la sanction pénale en droit de l'environnement : Énergie – Env. – Infrastr.* 2017, n° 12, dossier 33. – C. Hernandez-Zakine, *Mise en perspective des sanctions pénales ou comment asseoir l'agriculteur sur le banc de l'infamie au nom de l'environnement : RD rur.* 2017, n° 458, dossier 18. – P. Lemoine, *Le délit environnemental : analyse critique des incriminations : Énergie – Env. – Infrastr.* 2017, n° 12, dossier 30. – J.-B. Perrier, *La répression des infractions environnementales – À la recherche de sanctions proportionnées, efficaces et dissuasives : Énergie – Env. – Infrastr.* 2017, n° 12, dossier 32. – J.-N. Clément, *La transaction pénale, Rubrique de jurisprudence de droit pénal de l'environnement : BDEI* mars 2017, n° 68, p. 23. – F. Rousseau, *Technique et éthique du droit pénal français de l'environnement : Énergie – Env. – Infrastr.* 2017, n° 3, étude 10. – J.-H. Robert, *Écologie punitive : Dr. pén.* févr. 2017, n° 2, comm. 26. – N. Roret et M. Porret-Blanc, *L'effectivité du droit pénal de l'environnement – État des lieux et perspectives : Énergie – Env. – Infrastr.* 2016, n° 7, étude 15. – J.-S. Boda, *Retour sur la validité de la transaction pénale environnementale : RD adm.* 2015, n° 8-9, comm. 52. – L. de Redon, *La transaction pénale étendue à l'ensemble du Code de l'environnement : Énergie – Env. – Infrastr.* 2015, n° 5, étude 10. – B. Denis, *Libres propos sur la circulaire d'orientations de politique pénale en matière d'atteintes à l'environnement du 21 avril 2015 : Énergie – Env. – Infrastr.* 2015, n° 52. – R. Léost, *Les inspec-*

teurs de l'environnement : d'importants pouvoirs d'enquête et d'investigation : AJP 2015, p. 121. – M. H. Gozzi, *Alternatives aux poursuites et droit de l'environnement : où le droit pénal de l'environnement échappe à la sphère pénale : Rev. Lamy dr. aff.* 2014, n° 94, p. 59. – M. Blanc, *Les réponses pénales aux atteintes à l'environnement*, sous la dir. de M.-C. Sordino, Toulon, 2014. – C. Cans, *La réforme, tant attendue, du droit répressif de l'environnement – Commentaire de l'ordonnance n° 2012-34 du 11 janvier 2012 : Dr. adm.* 2013, n° 1, étude 1. – D. Gillig, *Polices administratives et pénales en matière d'installations classées pour la protection de l'environnement : Environnement* 2013, n° 10, comm. 69. – A. Gogorza, *Le droit pénal de l'environnement : Dr. pén.* 2013, n° 9, dossier 4. – C. Huglo, *Places respectives et influences réciproques des responsabilités civile et pénale en droit de l'environnement : Resp. civ. et assur.* 2013, n° 5, dossier 30.

Art. L. 173-1 ***(Créé à compter du 1er juillet 2013, Ord. n° 2012-34, 11 janv. 2012 ; mod., L. n° 2013-619, 16 juill. 2013 ; Ord. n° 2016-282, 10 mars 2016 ; L. n° 2019-773, 24 juill. 2019).*** **– I. – Est puni d'un an d'emprisonnement et de 75 000 euros d'amende le fait, sans l'autorisation, l'enregistrement, l'agrément, l'homologation ou la certification mentionnés aux articles L. 214-3, L. 512-1, L. 512-7, L. 555-9, L. 571-2, L. 571-6 et L. 712-1 exigé pour un acte, une activité, une opération, une installation ou un ouvrage, de :**

1° Commettre cet acte ou exercer cette activité ;

2° Conduire ou effectuer cette opération ;

3° Exploiter cette installation ou cet ouvrage ;

4° Mettre en place ou participer à la mise en place d'une telle installation ou d'un tel ouvrage.

II. – Est puni de deux ans d'emprisonnement et de 100 000 euros d'amende le fait d'exploiter une installation ou un ouvrage, d'exercer une activité ou de réaliser des travaux mentionnés aux articles cités au premier alinéa, en violation :

1° D'une décision prise en application de l'article L. 214-3 d'opposition à déclaration ou de refus d'autorisation ;

2° D'une mesure de retrait d'une autorisation, d'un enregistrement, d'une homologation ou d'une certification mentionnés aux articles L. 214-3, L. 512-1, L. 512-7, L. 555-1, L. 571-2, L. 571-6 et L. 712-1 ;

3° ***(3° mod., L. n° 2020-1672, 24 déc. 2020)*** **D'une mesure de fermeture ou de suspension d'une installation ou d'un ouvrage prise en application de l'article L. 171-7, de l'article L. 171-8, de l'article L. 514-7 ou du I de l'article L. 554-9 ;**

4° D'une mesure d'arrêt, de suspension ou d'interdiction prononcée par le tribunal en application de l'article L. 173-5 ;

5° D'une mesure de mise en demeure prononcée par l'autorité administrative en application de l'article L. 171-7 ou de l'article L. 171-8.

III ***(L. n° 2020-1672, 24 déc. 2020).*** **– Est puni de la peine mentionnée au II du présent article le fait, après la cessation d'activités d'une opération, d'une installation ou d'un ouvrage, de ne pas se conformer aux obligations de remise en état ou aux mesures de surveillance prescrites par l'autorité administrative en application des articles L. 171-7 et L. 171-8.**

1) Absence de violation de la règle *non bis in idem*. En retenant les deux qualifications d'exploitation sans autorisation d'une installation classée et, partiellement pour la même période, d'exploitation de la même installation en violation d'un arrêté préfectoral de suspension, l'arrêt n'encourt pas le grief allégué, dès lors que ces deux qualifications sont susceptibles d'être appliquées concurremment puisqu'elles sanctionnent des faits distincts (■ Cass. crim., 15 mai 2018, n° 17-82.405 : inédit). Ne méconnaît pas davantage le principe « *ne bis in idem* » la Cour qui retient les trois qualifications d'exécution de travaux sans permis de construire, d'infraction aux dispositions du plan local d'urbanisme et d'enfouissement ou de dépôt de déchets de construction non autorisé sur une terre agricole dès lors que chaque fait incriminé procédait d'intentions coupables différentes (■ Cass. crim., 15 janv. 2019, n° 17-87.104 : inédit ; G. Roujou De Boubée : *JCL Lois Pénales Spéciales, Synthèse Immobilier* mars 2020). Est en outre conforme à la Constitution le possible cumul entre l'amende administrative et les sanctions pénales prévues respectivement aux articles L. 171-8 et L. 173-1 du Code de l'environnement en cas de violation par un exploitant d'une mise en demeure préfectorale en matière d'installations classées pour la protection de l'environnement (■ Cons. const., 3 déc. 2021, n° 2021-953 QPC : *JurisData* n° 2021-019527 ; V. Saintaman, B. Denis et A. Zouhal, *Études d'impacts, de dangers et d'incidences – Validation du cumul des poursuites en cas de violation par un exploitant ICPE d'un arrêté préfectoral de mise en demeure : Énergie – Env. –*

Infrastr. 2022, n° 6. – ▪ Cass. crim., 28 sept. 2021, n° 21-90.034, F-D : *JurisData* n° 2021-015452 ; *Dr. pén.* 2021, comm. 186, comm. J.-H. Robert. Pour une approche doctrinale critique de la solution nationale au regard du droit conventionnel V. : A. Gorgoza et J. Lagoutte, *JurisClasseur* Lois pénales spéciales V° Environnement - Fasc. 15 : ENVIRONNEMENT. – Généralités. – Règles spécifiques communes § 49).

2) Élément moral présumé. Fidèle à sa jurisprudence en matière d'« infraction-obstacle », la Cour de cassation réduit l'élément moral à sa plus simple expression qui est celle de la constatation de la violation de la réglementation, en « connaissance de cause ». Ainsi, « en cas de travaux de drainage d'une zone humide entrepris sans l'autorisation requise, en violation de l'**article L. 173-1 du Code de l'environnement**, la seule constatation de la violation, en connaissance de cause, de cette prescription légale ou réglementaire implique de la part de son auteur l'intention coupable exigée par l'**article 121-3, alinéa 1er, du Code pénal**, peu important que les prévenus aient été trompés par un cabinet spécialisé et un document gouvernemental (cf. ▪ **Cass. crim., 22 mars 2016, n° 15-84.949** : ***JurisData* n° 2016-005337** et ▪ **Cass. crim., 22 mars 2016, n° 15-84.950** : ***JurisData* n° 2016-005305**, cités par **J.-Y. Maréchal** – *JCl. Pénal* Code, Art. 121-3, Fasc. 20 : ÉLÉMENT MORAL DE L'INFRACTION, note J.-H. Robert, « ***Une autre ZAD (zone à drainer) du côté de Notre-Dame-des-Landes*** » : *Dr. pén.* 2016, n° 6, comm. 96).

3) Cumul de la responsabilité du dirigeant et de la personne morale. Le cumul de responsabilité pénale que permet l'article 121-2 du Code pénal trouve à s'illustrer en matière d'infraction environnementale, sans davantage en éclairer les fondements, lesquels sont inlassablement critiqués en doctrine (▪ Cass. crim., 30 janv. 2018, n° 17-81.595 : inédit ; *JurisData* n° 2018-000965, note J.-H. Robert : *JCP* G 2018, n° 12, 317).

4) Infraction continue. La circulaire du 21 avril 2015 rappelle que les infractions pénales visées aux articles L. 173-1 et L. 173-2 présentent un caractère continu jusqu'à la mise en conformité administrative de la situation.

5) Jurisprudence rendue sur l'ancien art. 514-9. Doit être déclaré coupable d'avoir exploité une installation classée pour la protection de l'environnement, sans autorisation préfectorale préalable, *le prévenu qui a augmenté les capacités de* son exploitation dans des proportions telles qu'elles entraînaient un changement notable des éléments du dossier de demande d'autorisation (▪ Cass. crim., 3 oct. 2000, n° 99-84.856 : *JurisData* n° 2000-006709).

6) Zone humide. Afin de déterminer la matérialité de l'infraction, il convient d'établir que la parcelle sur laquelle les travaux ont été entrepris présente les caractéristiques d'une zone humide, de déterminer la nature des travaux et le régime légal applicable. La notion de zone humide est définie au 1° du I de l'article L. 211-1, dont la rédaction a évolué. À l'époque des faits, il était de jurisprudence constante que la qualification de zone humide nécessitait la réunion de deux critères cumulatifs : un sol hydromorphe et une végétation hygrophile dominante. En l'espèce, ces deux critères n'étaient pas remplis et bien que la parcelle soit classée au PLU en « zone humide », elle ne pouvait être qualifiée de zone humide au sens de l'article L. 211-1, justifiant ainsi la relaxe (▪ CA Rennes, 11e ch. corr., 22 mai 2024, n° 24/787, *SAS des Gillières*). Rejet du pourvoi formé contre l'arrêt ayant déclaré M. X... coupable d'avoir exécuté des travaux de remblai nuisibles au débit des eaux ou au milieu aquatique, faits prévus par l'article L. 173-1, I du Code de l'environnement, la cour d'appel ayant exactement qualifié la zone humide conformément à l'article L. 211-1 (▪ Cass. crim., 5 mai 2015, n° 14-83.409). La construction d'un réseau de drainage souterrain dans une zone humide sans autorisation administrative caractérise l'infraction visée à l'article 173-1 du Code de l'environnement (constitue une violation, en connaissance de cause, d'une prescription légale ou réglementaire qui implique de la part de son auteur l'intention coupable ; il ne peut s'en exonérer en produisant les documents qui l'ont induit en erreur quant à la nature humide de son terrain (cf. ▪ Cass. crim., 22 mars 2016, n° 15-84.949 : *JurisData* n° 2016-005337, préc.).

7) Délit de violation d'une mesure de mise en demeure prononcée par l'autorité administrative et mise en danger d'autrui. Le délit de violation d'un arrêté de mise en demeure prévu au II de l'article L. 173-1 du Code de l'environnement est caractérisé à l'égard de l'exploitant d'un incinérateur de déchets refusant de se conformer à deux arrêtés préfectoraux de mise en demeure de respecter son arrêté d'autorisation alors que la persistance des dépassements des seuils autorisés en matière de poussières et de dioxines était établie par plusieurs rapports de la DRIRE. Surtout, cet arrêt reconnaît la qualification de l'infraction de mise en danger délibérée d'autrui, prévue à l'article 223-1 du Code pénal, du fait de l'exposition des tiers à un risque environnemental grave, ici l'exposition à un panache de pollution toxique susceptible d'augmenter les cas de cancers ou de maladies graves. La solution de l'arrêt est généralisable à l'ensemble des substances chimiques dénommées « agents CMR » qui, à l'égal des dioxines, présentent des effets cancérogènes, mutagènes ou toxiques pour la reproduction (■ CA Paris, 11 oct. 2019, n° 18-04919, *Aff. de l'incinérateur de Maincy* : inédit, note C. Lepage, B. Denis, V. Saintaman, *Condamnation pénale pour mise en danger des populations exposées aux dioxines d'un incinérateur* : *EEI* déc. 2019, n° 12, comm. 60).

8) ***Quantum* de la peine quintuplé pour les personnes morales.** Le taux maximum de l'amende applicable aux personnes morales est égal au quintuple de celui prévu pour les personnes physiques par la loi qui réprime l'infraction (C. pén., art. 131-38 et C. env., art. 173-8).

Art. L. 173-2 ***(Créé à compter du 1er juillet 2013, Ord. n° 2012-34, 11 janv. 2012 ; mod. à compter du 1er mars 2017, Ord. n° 2017-80, 26 janv. 2017)*** (1). **– I. – Est puni d'un an d'emprisonnement et de 15 000 euros d'amende le fait de poursuivre une opération ou une activité, l'exploitation d'une installation ou d'un ouvrage ou la réalisation de travaux soumis à déclaration, autorisation ou dérogation en application des articles L. 332-3, L. 332-6, L. 332-9, L. 332-17, L. 411-2, L. 413-3 et L. 512-8 et à déclaration en application de l'article L. 214-3 sans se conformer à la mise en demeure édictée en application de l'article L. 171-7 ou de l'article L. 171-8 ;**

II. – Est puni de deux ans d'emprisonnement et de 100 000 euros d'amende le fait de poursuivre une opération ou une activité, l'exploitation d'une installation ou d'un ouvrage ou la réalisation de travaux soumis à déclaration, autorisation ou dérogation en application des articles L. 331-4, L. 331-4-1, L. 331-16, L. 412-1 et L. 412-7 à L. 412-16 sans se conformer à la mise en demeure édictée en application de l'article L. 171-7 ou de l'article L. 171-8.

Art. L. 173-3 ***(Créé à compter du 1er juillet 2013, Ord. n° 2012-34, 11 janv. 2012)*****. – Lorsqu'ils ont porté gravement atteinte à la santé ou la sécurité des personnes ou provoqué une dégradation substantielle de la faune et de la flore ou de la qualité de l'air, du sol ou de l'eau :**

1° Le fait de réaliser un ouvrage, d'exploiter une installation, de réaliser des travaux ou une activité soumise à autorisation, à enregistrement ou à déclaration, sans satisfaire aux prescriptions fixées par l'autorité administrative lors de l'accomplissement de cette formalité, est puni de deux ans d'emprisonnement et de 75 000 euros d'amende ;

2° Les faits prévus à l'article L. 173-1 et au I de l'article L. 173-2 sont punis de trois ans d'emprisonnement et de 150 000 euros d'amende ;

3° Les faits prévus au II de l'article L. 173-2 sont punis de cinq ans d'emprisonnement et de 300 000 euros d'amende.

Art. L. 173-3-1 ***(L. n° 2021-1104, 22 août 2021)*****. – Lorsqu'ils exposent directement la faune, la flore ou la qualité de l'eau à un risque immédiat d'atteinte grave et durable, les faits prévus aux articles L. 173-1 et L. 173-2 sont punis de trois ans d'emprisonnement et de 250 000 € d'amende, ce montant pouvant être porté jusqu'au triple de l'avantage tiré de la commission de l'infraction.**

Sont considérées comme durables, au sens du présent article, les atteintes susceptibles de durer au moins sept ans.

Le premier alinéa de l'article 131-38 du Code pénal s'applique uniquement aux amendes exprimées en valeur absolue.

Art. L. 173-4 ***(Créé à compter du 1er juillet 2013, Ord. n° 2012-34, 11 janv. 2012)*****. – Le fait de faire obstacle aux fonctions exercées par les fonctionnaires et agents habilités à exercer des missions de contrôle administratif ou de recherche et de constatation des infractions en application du présent code est puni de six mois d'emprisonnement et de 15 000 euros d'amende.**

La circulaire précise qu'à l'article L. 173-4 est instauré un délit unique d'obstacle aux opérations de contrôle administratif, ou de recherche et constatation des infractions, de tous les agents dont la mission est déterminée par le Code de l'environnement.

V. également anc. art.L. 571-22, p. 1340, abrogé et la jurisprudence rendue à son visa.

V. également art. L. 172-8, al. 2 *in fine* : « Le fait, sans motif légitime, de ne pas déférer à la convocation à l'audition est constitutif de l'infraction d'obstacle aux fonctions prévue à l'article L. 173-4 du présent code ».

(1) Dispositions d'application particulières et transitoires : V. Ord. n° 2017-80, 26 janv. 2017, art. 15. – NDLR.

Art. L. 173-5 *(Créé à compter du 1er juillet 2013, Ord. n° 2012-34, 11 janv. 2012 ; mod., L. n° 2021-1104, 22 août 2021).* – En cas de condamnation d'une personne physique ou morale pour une infraction prévue au présent code, le tribunal peut :

1° Lorsque l'opération, les travaux, l'activité, l'utilisation d'un ouvrage ou d'une installation à l'origine de l'infraction sont soumis à autorisation, enregistrement, déclaration, homologation ou certification, décider de leur arrêt ou de leur suspension pour une durée qui ne peut excéder un an ;

2° Ordonner, dans un délai qu'il détermine, des mesures destinées à remettre en état les lieux auxquels il a été porté atteinte par les faits incriminés ou à réparer les dommages causés à l'environnement. L'injonction peut être assortie d'une astreinte journalière au plus égale à 3 000 €, pour une durée d'un an au plus, ainsi que de l'exécution provisoire.

Le tribunal peut décider que ces mesures seront exécutées d'office aux frais de l'exploitant. Il peut dans ce cas ordonner la consignation par l'exploitant entre les mains d'un comptable public d'une somme répondant du montant des travaux à réaliser.

Les mesures prévues au présent article peuvent être ordonnées selon les mêmes modalités en cas de condamnation pour une infraction prévue au présent code selon la procédure simplifiée de l'ordonnance pénale prévue aux articles 495 à 495-6 du Code de procédure pénale ou selon la procédure de la comparution sur reconnaissance préalable de culpabilité prévue aux articles 495-7 à 495-16 du même code.

1) **Utilité de la mesure de remise en état.** Justifie sa décision la cour d'appel qui apprécie l'utilité de la mesure de remise en état sous astreinte qu'elle a prononcée au regard des intérêts protégés par les dispositions des Codes de l'urbanisme, de l'environnement et forestier dont elle a fait application (■ Cass. crim., 14 juin 2016, n° 15-83.631 : *Bull. crim.*, n° 181).

2) **Obligation d'assortir la réalisation des travaux ordonnés d'un délai.** En ordonnant la remise en état des lieux sans détailler les mesures à prendre ni assortir la réalisation des travaux d'un délai d'exécution, la cour d'appel n'a pas légalement justifié sa décision (■ Cass. crim., 25 juin 2019, n° 18-85.417 : inédit).

Art. L. 173-6 *(Créé à compter du 1er juillet 2013, Ord. n° 2012-34, 11 janv. 2012).* – Lorsque le tribunal a ordonné une mesure de suspension, et pendant la durée de cette suspension, l'exploitant est tenu d'assurer à son personnel le paiement des salaires, indemnités et rémunérations de toute nature auxquels il avait droit jusqu'alors.

Art. L. 173-7 *(Créé à compter du 1er juillet 2013, Ord. n° 2012-34, 11 janv. 2012).* – Les personnes physiques coupables des infractions prévues par le présent code encourent également, à titre de peine complémentaire :

1° L'affichage ainsi que la diffusion de la décision prononcée, dans les conditions prévues à l'article 131-35 du Code pénal ;

2° La confiscation de la chose qui a servi ou était destinée à commettre l'infraction, ou de la chose qui en est le produit direct ou indirect, dans les conditions prévues à l'article 131-21 du Code pénal ;

3° L'immobilisation, pendant une durée qui ne peut excéder un an, du véhicule, du navire, du bateau, de l'embarcation ou de l'aéronef dont le condamné s'est servi pour commettre l'infraction, s'il en est le propriétaire ;

4° L'interdiction d'exercer l'activité professionnelle dans l'exercice ou à l'occasion de l'exercice de laquelle l'infraction a été commise, pour une durée qui ne peut excéder cinq ans, dans les conditions prévues aux articles 131-27 à 131-29 du Code pénal.

Censure d'une peine complémentaire. La mesure prononcée par la Cour tenant à l'interdiction de détenir toute race de chiens pendant trois ans prise à la suite de la constatation des infractions de poursuite d'une installation classée en violation d'un arrêté de mise en demeure, exploitation d'installation classée non conforme, privation de nourriture et d'abreuvement envers des animaux, ne figure pas au nombre des peines réprimant ces infractions et encourt donc la censure (■ Cass. crim., 19 mars 2019, n° 18-81.748 : inédit).

Art. L. 173-8 *(Créé à compter du 1er juillet 2013, Ord. n° 2012-34, 11 janv. 2012 ; mod., L. n° 2021-1104, 22 août 2021).* – Les personnes morales reconnues pénalement responsables dans les conditions prévues à l'article 121-2 du Code pénal des infractions délictuelles prévues au présent code encourent, outre l'amende dans les conditions fixées à l'article 131-38 du Code pénal, les peines prévues aux

1°, 3°, 4°, 5°, 6°, 8°, 9° et 12° de l'article 131-39 du même code ainsi que celle prévue au 2° de ce même article, qui, si elle est prononcée, s'applique à l'activité dans l'exercice ou à l'occasion de l'exercice de laquelle l'infraction a été commise.

1) Cumul de la responsabilité du dirigeant et de la personne morale. Cf. *supra* sous art. L. 173-1, p. 283.

2) *Quantum* de la peine quintuplé pour les personnes morales. Cf. *supra* sous art. L. 173-1, p. 283.

Art. L. 173-9 *(Créé à compter du 1er juillet 2013, Ord. n° 2012-34, 11 janv. 2012 ; mod., L. n° 2020-1672, 24 déc. 2020).* – Les dispositions des articles 132-66 à 132-70 du Code pénal sur l'ajournement avec injonction sont applicables aux personnes physiques et aux personnes morales en cas de condamnation prononcée pour une infraction prévue au présent code. Par dérogation à l'article 132-69 du Code pénal, lorsqu'il est fait application du 2° de l'article L. 173-5 du présent code, la décision sur la peine intervient au plus tard deux ans après la décision d'ajournement.

Le tribunal peut assortir l'injonction d'une astreinte de 3 000 euros au plus par jour de retard.

Art. L. 173-10 *(Créé à compter du 1er juillet 2013, Ord. n° 2012-34, 11 janv. 2012).* – L'exécution provisoire des peines complémentaires prononcées en application du présent code peut être ordonnée.

Art. L. 173-11 *(Créé à compter du 1er juillet 2013, Ord. n° 2012-34, 11 janv. 2012).* – Le procureur de la République peut faire procéder par un agent de la force publique à l'apposition des scellés sur des installations, des ouvrages, des objets ou des dispositifs utilisés pour des travaux, opérations, aménagements ou activités, maintenus en fonctionnement en violation d'une mesure prise en application du 1° de l'article L. 173-5 ou de l'article L. 173-8.

Le magistrat peut ordonner la mainlevée de la mesure de consignation à tout moment.

Art. L. 173-12 *(Créé à compter du 1er juillet 2013, Ord. n° 2012-34, 11 janv. 2012 ; mod., L. n° 2016-1087, 8 août 2016)* (1). – I. – L'autorité administrative peut, tant que l'action publique n'a pas été mise en mouvement, transiger avec les personnes physiques et les personnes morales sur la poursuite des contraventions et délits prévus et réprimés par le présent code à l'exception des délits punis de plus de deux ans d'emprisonnement.

La transaction proposée par l'administration et acceptée par l'auteur de l'infraction doit être homologuée par le procureur de la République.

II. – Cette faculté n'est pas applicable aux contraventions pour lesquelles l'action publique est éteinte par le paiement d'une amende forfaitaire en application de l'article 529 du Code de procédure pénale.

III. – La proposition de transaction est déterminée en fonction des circonstances et de la gravité de l'infraction, de la personnalité de son auteur ainsi que de ses ressources et de ses charges.

Elle précise l'amende transactionnelle que l'auteur de l'infraction devra payer, dont le montant ne peut excéder le tiers du montant de l'amende encourue, ainsi que, le cas échéant, les obligations qui lui seront imposées, tendant à faire cesser l'infraction, à éviter son renouvellement, à réparer le dommage ou à remettre en conformité les lieux. Elle fixe également les délais impartis pour le paiement et, s'il y a lieu, l'exécution des obligations.

IV. – Les actes tendant à la mise en œuvre ou à l'exécution de la transaction sont interruptifs de la prescription de l'action publique.

L'action publique est éteinte lorsque l'auteur de l'infraction a exécuté dans les délais impartis l'intégralité des obligations résultant pour lui de l'acceptation de la transaction.

V. – Les modalités d'application du présent article sont fixées par décret en Conseil d'État.

1) Décret n° 2014-368 du 24 mars 2014 relatif à la transaction pénale prévue à l'article L. 173-12 du Code de l'environnement. Ce texte créant les articles R. 173-1 à R. 173-4 fut validé par le Conseil d'État à la suite d'un recours formé par une association de défense de l'environnement (FNE) qui, craignant la faiblesse de la réponse pénale en cas de transaction, invoquait la violation de la directive 2008/99/CE du 19 novembre 2008, de la directive 2012/13/UE du 22 mai 2012 ainsi que le para-

(1) Le Conseil constitutionnel a déclaré le présent article conforme à la Constitution : V. ■ Cons. const. n° 2014-416 QPC, 26 sept. 2014 : *JurisData* n° 2014-021968 (*JO* 28 sept. 2014). – NDLR.

graphe 3 de l'article 6 de la Convention européenne de sauvegarde des droits de l'Homme (CE, 6e et 1re ss-sect. réunies, 27 mai 2015, n° 380652).

2) La transaction avec l'administration est encouragée, sous le contrôle du parquet. L'administration est encouragée par le législateur à recourir à la transaction laquelle constitue une alternative aux poursuites dont le Ministère public conserve néanmoins la maîtrise (L. de Redon, *La transaction pénale étendue à l'ensemble du Code de l'environnement : Énergie – Env. – Infrastr.* 2015, n° 5, étude 10. – C. Hernandez-Zakine, *Mise en perspective des sanctions pénales ou comment asseoir l'agriculteur sur le banc de l'infamie au nom de l'environnement : RD rur.* 2017, n° 458, dossier 18).

L'installation des référents environnement au sein de chaque parquet sur le modèle de ceux instaurés au niveau des parquets généraux doit permettre à ce parquetier d'être l'interlocuteur unique des administrations de contrôle et envisager avec elles la réponse la plus adéquate aux infractions constatées, dans un souci réaliste d'économie des moyens limités de la justice (B. Denis, *Libres propos sur la circulaire d'orientations de politique pénale en matière d'atteintes à l'environnement du 21 avril 2015 : Énergie – Env. – Infrastr.* 2015, n° 52).

3) CJIP en matière environnementale. Voir aussi le mécanisme proche de la transaction administrative, mais dévolu au Parquet, de la Convention judiciaire d'intérêt public prévu à l'article 41-1-3 du Code de procédure pénale (B. Denis et S. Bridier, *Quelle place pour la nouvelle CJIP environnementale : Dalloz actualité*, 2 mars 2021). Les CJIP sont publiées et consultables sur le site internet du ministère de la Justice (www.justice.gouv.fr/documentation/ressources/conventions-judiciaires-dinteret-public). Pour un exemple, voir la CJIP conclue avec *Nestlé Waters Supply Est* : ▪ TJ Épinal, *CJIPE*, 10 sept. 2024, n° 20192000006/2415200049.

Art. L. 173-13 *(L. n° 2021-1104, 22 août 2021)*. **– Les délits définis aux 2° et 3° de l'article L. 173-3, aux articles L. 216-6, L. 218-11, L. 218-34, L. 218-48, L. 218-64, L. 218-73, L. 218-84, L. 226-9, L. 231-1 à L. 231-3, L. 415-3, L. 415-6, L. 432-2, L. 432-3 et L. 436-7 du présent code ainsi qu'à l'article L. 512-2 du Code minier sont considérés, au regard de la récidive, comme une même infraction.**

CHAPITRE IV. – DISPOSITIONS DIVERSES

Art. L. 174-1 *(Créé à compter du 1er juillet 2013, Ord. n° 2012-34, 11 janv. 2012)*. **– Un décret en Conseil d'État fixe les conditions d'application du présent titre aux installations, ouvrages, travaux, opérations et activités relevant du ministre de la défense ou soumises à des règles de protection du secret de la défense nationale.**

Art. L. 174-2 *(L. n° 2020-1672, 24 déc. 2020)*. **– Pour les nécessités des contrôles et des enquêtes qu'ils conduisent, les fonctionnaires et agents publics chargés des contrôles ainsi que ceux mentionnés à l'article L. 172-4 peuvent se communiquer spontanément, sans que puisse y faire obstacle le secret professionnel auquel ils sont, le cas échéant, tenus, les informations et documents détenus ou recueillis dans l'exercice de leurs missions de police administrative ou judiciaire prévues par le présent code.**

TITRE VIII. – PROCÉDURES ADMINISTRATIVES

(Titre créé à compter du 1er mars 2017, Ord. n° 2017-80, 26 janv. 2017) (1)

CHAPITRE UNIQUE. – AUTORISATION ENVIRONNEMENTALE

Nouveau régime. L'autorisation environnementale est née avec l'ordonnance n° 2017-80 du 26 janvier 2017 et les décrets nos 2017-81 et 2017-82 du 26 janvier 2017 (*JO* du 27). Cette nouvelle autorisation a remplacé, à compter du 1er mars 2017 (et sous réserve de dispositions transitoires), les autorisations prises au titre de la législation sur l'eau ou de la législation sur les installations classées qui relevaient jusqu'à présent de procédures distinctes prévues aux articles R. 214-1 et suivants et R. 512-1 et suivants du présent code. L'autorisation environnementale s'inscrit dans le cadre d'une

(1) Dispositions d'application particulières et transitoires : V. Ord. n° 2017-80, 26 janv. 2017, art. 15. – NDLR.

approche globale « par projet » impliquant le dépôt d'un dossier unique, une procédure d'instruction unique et l'obtention d'une autorisation unique. Elle est également soumise à un nouveau contentieux unique. Elle concerne les installations classées et les IOTA soumis à autorisation, ainsi que les projets soumis à autorisation « supplétive » du fait qu'ils relèvent d'une évaluation environnementale au titre de l'article L. 122-2-1, II du présent code. La fusion des procédures et des autorisations est apparue nécessaire pour simplifier les démarches du pétitionnaire et réduire les délais d'instruction sans diminuer le niveau de protection environnementale, apporter une meilleure vision globale des enjeux environnementaux des projets pour l'administration et le public et renforcer la phase amont des projets par une anticipation, une lisibilité et une stabilité juridique accrue pour les porteurs de projets.

L'autorisation environnementale se substitue ainsi à 12 procédures listées à l'article L. 181-2. Hormis pour les éoliennes terrestres, le permis de construire n'est pas concerné.

Le régime contentieux est très modifié et le délai des tiers a été réduit à quatre mois, puis récemment à deux mois, contre un an auparavant pour les ICPE et les IOTA, et l'office du juge est largement modifié.

Bibliographie : J.-P. Boivin et a., *Comment gérer l'articulation des différents régimes présents sur un site soumis à autorisation environnementale ? : BDEI* 2019/81, p. 3-7. – A. Carpentier, *Double compétence « autorité environnementale » et « autorité décisionnaire » des préfets de région – Quelles conséquences dans le contentieux des installations classées ? : JCP* A 2018, n° 24, act. 516. – A. Carpentier et a., *L'autorisation environnementale – S'approprier la réforme pour sécuriser ses projets*, Éditions législatives, 2018. – J.-N. Clément, D. Gillig et C. Lavalllée, *L'ordonnance du 26 janvier 2017 relative à l'autorisation environnementale : réflexions croisées : BDEI* 2017/69, suppl., p. 11-18. – T. Geib et M. Vervynk, *La réforme de l'autorisation environnementale unique en 10 questions : AJDI* mars 2017, n° 3, p. 195-197 ; *L'autorisation environnementale unique : une vitrine de la modernisation du droit de l'environnement ? : RDI* 2017, n° 6, p. 264-271. – A. Gossement, *Autorisation environnementale unique : l'essentiel de la réforme : Dr. env.* 2017, 82. – C. Huglo et R. Jeannel, *Le Conseil d'État dote le juge administratif et les justiciables d'un guide de technique contentieuse pour la régularisation d'une autorisation environnementale*, note ss CE, avis, 22 mars 2018, n° 415852, *Mireille Le Corre : Énergie – Env. – Infrastr.* 2018, n° 7, comm. 41. – R. Jeannel, *Saisine du Conseil d'État pour avis sur les modalités de régularisation d'une autorisation environnementale : Énergie – Env. – Infrastr.* 2018, n° 3, comm. 18. – S. Monteillet, *Les nouveaux enjeux de l'évaluation environnementale des projets à la lumière de la réforme de l'autorisation environnementale : Énergie – Env. – Infrastr.* 2019, étude 7. – J.-M. Pastor, *Office du juge sur les autorisations uniques au titre des installations classées : D.* 7 sept. 2018 ; *L'autorisation environnementale unique généralisée : AJDA* 2017, 196. – A. Petitjean et M. Le Cardinal, *Projets soumis à évaluation environnementale : risques juridiques et impact de la prochaine réforme de l'autorité environnementale : JCP* A 2018, n° 30-34, act. 636. – C. Pouthier, *L'office du juge de l'autorisation environnementale : AJDA* 2018. – B. Rolland, *Mise en place d'une autorisation environnementale : Rev. proc. coll.* janv. 2018, n° 1, comm. 47. – F. Tesson, *Pouvoirs du juge administratif et autorisation environnementale*, note ss CE, avis, 22 mars 2018, n° 415852 : *JurisData* n° 2018-004282 ; *Rec. CE* 2018.

Voir : Note technique du 27 juillet 2017 relative à la mise en œuvre de la réforme de l'autorisation environnementale (*BO MTES – MCT* 2017/13, 25 août 2017) ; Note technique du 9 mai 2022 relative à la phase amont et aux demandes de compléments des autorisations environnementales (MTE/2022-05/17271).

Section I. – Champ d'application et objet

Art. L. 181-1 ***(Créé à compter du 1er mars 2017, Ord. n° 2017-80, 26 janv. 2017*** (1) ***; mod. ; à compter du 1er juillet 2023, Ord. n° 2022-534, 13 avr. 2022)*** (2). **– L'autorisation environnementale, dont le régime est organisé par les dispositions du présent livre ainsi que par les autres dispositions législatives dans les conditions fixées par le présent titre, est applicable aux activités, installations, ouvrages et travaux suivants, lorsqu'ils ne présentent pas un caractère temporaire :**

1° Installations, ouvrages, travaux et activités mentionnés au I de l'article L. 214-3, y compris les prélèvements d'eau pour l'irrigation en faveur d'un organisme unique en application du 6° du II de l'article L. 211-3 ;

(1) Dispositions d'application particulières et transitoires : V. Ord. n° 2017-80, 26 janv. 2017, art. 15. – NDLR.
(2) Dispositions particulières d'application : V. Ord. n° 2022-534, 13 avr. 2022.

2° Installations classées pour la protection de l'environnement mentionnées à l'article L. 512-1.

3° Travaux de recherche et d'exploitation des substances de mines, des gîtes géothermiques et des substances de carrières contenues dans les fonds marins du domaine public, sur le plateau continental, et dans la zone économique exclusive, soumis à autorisation en application des articles L. 133-6, L. 162-1, L. 162-3 et L. 162-6 du Code minier, à l'exclusion des travaux relevant de l'article L. 112-2 de ce code et des autorisations d'exploitation mentionnées à l'article L. 611-1 du même code, et travaux mentionnés à l'article L. 211-2 du Code minier, lorsque ces derniers ne relèvent pas du 2° du présent article.

Elle est également applicable aux projets mentionnés au deuxième alinéa du II de l'article L. 122-1-1 lorsque l'autorité administrative compétente pour délivrer l'autorisation est le préfet, ainsi qu'aux projets mentionnés au troisième alinéa de ce II.

L'autorisation environnementale inclut les équipements, installations et activités figurant dans le projet du pétitionnaire que leur connexité rend nécessaires à ces activités, installations, ouvrages et travaux ou dont la proximité est de nature à en modifier notablement les dangers ou inconvénients.

I – JURISPRUDENCE ISSUE DES NOUVELLES DISPOSITIONS

1) Validité du nouveau régime (oui). Le Conseil d'État a rejeté la requête formée contre le décret n° 2017-81 du 26 janvier 2017 relatif à l'autorisation environnementale en ce qu'il favoriserait les projets d'installations éoliennes terrestres. Il a en effet considéré qu'il n'a ni pour objet ni pour effet de dispenser de tels projets du respect des règles d'urbanisme qui leur sont applicables. Ses dispositions mettent à la charge de l'autorité administrative, à l'occasion de l'instruction de la demande d'autorisation environnementale, l'examen de la conformité des projets d'installations d'éoliennes aux documents d'urbanisme applicables. En outre, elles ne sauraient être interprétées comme exigeant qu'un tiers soit en mesure de se prévaloir d'une atteinte à l'ensemble des intérêts mentionnés à l'article L. 181-3 pour être recevable à déférer une autorisation environnementale à la juridiction administrative, et elles assurent l'accès au juge des personnes susceptibles d'être affectées par la délivrance d'une telle autorisation, y compris pour contester la méconnaissance des règles d'urbanisme applicables (■ CE, 14 juin 2018, n° 409227, *Assoc. Féd. environnement durable et Assoc. Vent de colère ! Féd. nat.* : *Énergie – Env. – Infrastr.* 2019, n° 1, p. 36-38, obs. Fournon ; *JCP* A 2018, n° 48, p. 17-18, obs. Vandermeeren ; *BJDU* 2018, n° 5, p. 322-326, obs. de Lesquen ; *RDI* sept. 2018, p. 471, obs. P. Soler-Couteaux).

2) Interprétation des nouveaux textes. Les avis rendus par le Conseil d'État, l'un sur les pouvoirs du juge, l'autre sur la procédure et les droits des tiers et le troisième sur les modalités de régularisation, ont défini le cadre de l'application de l'autorisation environnementale. Compte tenu des précisions apportées par le Conseil d'État, il a paru utile de citer une grande partie de ces avis.

A – Office du juge

3) Le Conseil d'État a rendu un avis détaillé sur l'office du juge concernant le sursis à statuer, l'annulation partielle, la suspension de l'autorisation et les modalités de régularisation :

a) Sursis à statuer. D'une part, le juge peut, après avoir constaté que les autres moyens dont il est saisi ne sont pas fondés, soit surseoir à statuer pour permettre la régularisation devant lui de l'autorisation environnementale attaquée lorsque le ou les vices dont elle est entachée sont susceptibles d'être régularisés par une décision modificative, soit limiter la portée ou les effets de l'annulation qu'il prononce si le ou les vices qu'il retient n'affectent qu'une partie de la décision ou une phase seulement de sa procédure d'instruction. D'autre part, le juge peut prononcer la suspension de l'exécution de parties non viciées de l'autorisation environnementale. Le juge peut surseoir à statuer sur l'ensemble de l'autorisation environnementale ou sur une partie divisible de celle-ci. Le sursis à statuer a pour objet de permettre la régularisation de l'autorisation attaquée, régularisation qui implique l'intervention d'une décision complémentaire qui corrige le vice dont est entachée la décision attaquée. S'il constate que la régularisation a été effectuée, le juge rejette le recours dont il est saisi.

b) Annulation partielle. Les dispositions qui prévoient l'annulation d'une phase de l'instruction trouvent à s'appliquer lorsque le juge constate un vice de procédure affectant la légalité de la décision et qui concerne une des trois phases de l'instruction de la demande définies à l'article L. 181-9 du Code de l'environnement. Elles n'ont pas pour objet de dispenser le juge, s'il n'estime pas pouvoir surseoir à statuer en vue d'une régularisation, de prononcer l'annulation, selon le cas, de l'autorisation dans son ensemble ou d'une partie divisible de celle-ci, mais elles l'invitent à indiquer expressément dans sa décision quelle phase doit être regardée comme viciée, afin de simplifier la reprise de la procédure administrative en permettant à l'administration de s'appuyer sur les éléments non viciés pour prendre une nouvelle décision. Dans les deux cas, le texte prévoit que le juge peut demander à l'administration de reprendre l'instruction. Cette nouvelle instruction devra déboucher sur une nouvelle décision portant, en cas d'annulation totale, sur l'ensemble de la demande d'autorisation environnementale et, en cas d'annulation d'un élément divisible, sur ce seul élément.

c) Suspension de l'autorisation. Lorsque le juge prononce l'annulation d'une partie divisible de l'autorisation, il peut suspendre l'exécution des parties non annulées dans l'attente de la nouvelle décision que l'administration devra prendre sur la partie annulée. Le juge qui sursoit à statuer pour permettre la régularisation de l'autorisation a la faculté de suspendre l'exécution de celle-ci et, lorsque le vice qui motive le sursis ne concerne qu'une partie divisible de l'autorisation, cette faculté concerne à la fois cette partie et les parties non viciées. Lorsque le juge prononce l'annulation de l'autorisation dans son ensemble, y compris en ne se fondant que sur un vice n'affectant qu'une phase de la procédure, mais entachant d'illégalité l'ensemble de l'autorisation environnementale, les dispositions du II de l'article L. 181-18 sont sans objet puisque l'autorisation attaquée n'existe plus. Par ailleurs, lorsqu'il prononce l'annulation, totale ou partielle, d'une autorisation environnementale, le juge de pleine juridiction des autorisations environnementales a toujours la faculté, au titre de son office, d'autoriser lui-même, à titre provisoire, et le cas échéant sous réserve de prescriptions complémentaires qu'il fixe lui-même et pour un délai qu'il détermine, la poursuite de l'exploitation, des activités ou des travaux en cause dans l'attente de la délivrance d'une nouvelle autorisation par l'autorité administrative. Les dispositions de l'article L. 181-18 n'ont ni pour objet ni pour effet de lui retirer ce pouvoir. Dans tous les cas, que ce soit pour suspendre l'exécution de l'autorisation attaquée ou pour délivrer une autorisation provisoire, il appartient au juge de prendre en compte, pour déterminer l'opportunité de telles mesures, l'ensemble des éléments de l'espèce, notamment *la nature et la portée de l'illégalité* en cause, les considérations d'ordre économique et social ou tout autre motif d'intérêt général pouvant justifier la poursuite de l'exploitation, des activités ou des travaux et l'atteinte éventuellement causée par ceux-ci aux intérêts mentionnés aux articles L. 181-3 et L. 181-4 du Code l'environnement ou à d'autres intérêts publics et privés.

d) Modalités de régularisation de l'autorisation attaquée. Lorsque le juge a sursis à statuer afin de permettre la régularisation d'un vice de forme ou de procédure affectant la légalité de l'autorisation, il appartient à l'autorité compétente de procéder à cette régularisation en faisant application des dispositions en vigueur à la date à laquelle la décision attaquée a été prise. En revanche, lorsque la régularisation concerne un vice de fond, l'autorité compétente y procède en faisant application des règles en vigueur à la date de la décision complémentaire mentionnée au point 6. Par ailleurs, quand le juge a annulé la décision, que ce soit pour un vice de forme ou de procédure ou un motif de fond, la nouvelle décision doit être prise conformément aux dispositions en vigueur à la date à laquelle elle intervient (▪ CE, avis, 22 mars 2018, n° 415852, *Assoc. Novissen et a.* : *AJDA* 2018, 1451, obs. T. Pouthier ; *BDEI* 2018/77, p. 37, obs. Gillig ; *GPL* 31 juill. 2018, p. 34, obs. M.-P. Maitre ; *Énergie – Env. – Infrastr.* 2018, n° 7, comm. 41, obs. C. Huglo *et a.* ; *BJDU* 2018, n° 3, p. 212, concl. L. Dutheillet de Lamothe, obs. X. de Lesquen).

B – Règles de procédure propres à l'autorisation unique et droits des tiers

4) Le Conseil d'État a rendu un deuxième avis sur les règles de procédure propres à l'autorisation environnementale unique et sur les droits des tiers :

a) Date d'appréciation de la légalité. Il revient au juge administratif, lorsqu'il est saisi d'une contestation contre une autorisation unique, d'en apprécier la légalité au regard des règles de procédure relatives aux autorisations uniques applicables à la date de sa délivrance. Par ailleurs, lorsqu'il estime qu'une autorisation unique a été délivrée en méconnaissance des règles de procédure applicables à la date de sa délivrance, le juge peut, eu égard à son office de juge du plein contentieux, prendre en compte la circonstance, appréciée à la date à laquelle il statue, que de telles irrégularités ont été régularisées, sous réserve qu'elles n'aient pas eu pour effet de nuire à l'information complète de la population. En outre, si une telle régularisation n'est pas intervenue à la date à laquelle il statue, le juge peut surseoir à statuer jusqu'à l'expiration d'un délai qu'il fixe afin de permettre à l'administration de régulariser l'illégalité par une autorisation modificative.

b) Recours dirigé contre une autorisation unique en tant qu'elle vaut permis de construire. L'autorisation unique, alors même qu'elle doit être regardée comme une autorisation environnementale depuis le 1er mars 2017, continue également à produire ses effets en tant qu'elle vaut permis de construire. Le juge, saisi de moyens dirigés contre l'autorisation unique en tant qu'elle vaut permis de construire, statue alors comme juge de l'excès de pouvoir sur cette partie de l'autorisation (▪ CE, avis, 26 juill. 2018, n° 416831, *Assoc. « Non au projet éolien de Walincourt-Selvigny et Haucourt-en-*

Cambrésis » et a. : *AJDA* 2018, p. 2449, obs. R. Radiguet ; *BDEI* 2019/79, p. 27, obs. J.-N. Clément ; *BDEI* 2019/80, p. 23, obs. D. Gillig). Mais voir au contraire pour un moyen dirigé contre l'autorisation environnementale, même si l'autorisation initiale est un permis de construire, pour laquelle le juge doit statuer comme juge de plein contentieux (■ CE, 6-5e ch., 22 sept. 2022, n° 443458, *Lebon* T., concl. N. Agnoux).

*c) **Contrôle des capacités techniques et financières du bénéficiaire d'une autorisation environnementale.*** Le dossier d'une demande d'autorisation déposée depuis le 1er mars 2017 ne doit plus comporter des indications précises et étayées sur les capacités techniques et financières exigées par l'article L. 181-27, mais seulement une présentation des modalités prévues pour établir ces capacités, si elles ne sont pas encore constituées.

*d) **Contestation par les tiers.*** Les dispositions permettant aux tiers intéressés de déposer une réclamation auprès du préfet, à compter de la mise en service du projet autorisé, aux seules fins de contester l'insuffisance ou l'inadaptation des prescriptions définies dans l'autorisation, en raison des inconvénients ou des dangers que le projet autorisé présente pour le respect des intérêts mentionnés à l'article L. 181-3, ne font pas obstacle à ce que les tiers puissent agir auprès du préfet s'ils estiment que l'exploitant ne justifie pas de disposer des capacités techniques et financières, et contester devant le juge administratif l'éventuel refus du préfet de prendre les mesures qu'ils estiment nécessaires (■ CE, avis, 26 juill. 2018, n° 416831, *Assoc. « Non au projet éolien de Walincourt-Selvigny et Haucourt-en-Cambrésis » et a.* : *AJDA* 2018, p. 2449, obs. R. Radiguet ; *BDEI* 2019/79, p. 27, obs. J.-N. Clément ; *BDEI* 2019/80, p. 23, obs. D. Gillig).

5) Enfin, un troisième avis complète le dispositif s'agissant des conditions de régularisation et plus précisément de la régularisation à la suite d'un avis irrégulier donné par le préfet en tant qu'autorité environnementale. Ainsi, le juge peut surseoir à statuer en vue de permettre la régularisation du vice résultant de l'irrégularité de l'avis du préfet de région *via* une saisine de la mission régionale de l'autorité environnementale. Cette mission est en effet une entité administrative de l'État séparée de l'autorité compétente pour autoriser un projet, dont il a été jugé qu'elle dispose d'une autonomie réelle la mettant en mesure de donner un avis *objectif sur les projets qui lui sont soumis* dans le cadre de sa mission d'autorité environnementale. Par ailleurs, lorsqu'un vice de procédure entache un avis qui a été soumis au public, notamment dans le cadre d'une enquête publique, préalablement à l'adoption de la décision attaquée, la régularisation implique non seulement que la procédure de consultation soit reprise, mais aussi que le nouvel avis soit porté à la connaissance du public. Il revient au juge, lorsqu'il sursoit à statuer en vue de la régularisation, de rappeler ces règles et de fournir toute précision utile sur les modalités selon lesquelles le public devra être informé et, le cas échéant, mis à même de présenter des observations et des propositions, une fois le nouvel avis émis et en fonction de son contenu. Le Conseil d'État ouvre cependant la porte à une régularisation sans nouvelle enquête (une simple publication du nouvel avis sur internet en application de l'article R. 122-7, II du Code de l'environnement pouvant suffire) dans le cas où aucune modification substantielle n'aurait été apportée à l'avis par rapport à celui qui avait initialement été porté à la connaissance du public (■ CE, avis, 27 sept. 2018, n° 420119, *Assoc. Danger de tempête sur le patrimoine rural et a.* : *Énergie – Env. – Infrastr.* 2018/12, obs. Ch. Huglo ; *JCP* A 2018, act. 516, obs. A. Carpentier).

II – JURISPRUDENCE ANTÉRIEURE RÉSULTANT DES DISPOSITIONS RELATIVES AUX DIFFÉRENTES LÉGISLATIONS

6) Équipements, installations et activités connexes. Les installations connexes à une installation classée soumise à autorisation doivent être prises en compte dans le dossier de demande d'autorisation (■ CAA Lyon, 13 mai 1997, n° 96LY01484, *Assoc. de défense économique, sociale et environnementale des cantons de la Palisse (ADESE)* : *Rec. CE*, tables, p. 950). Y compris en ce qui concerne le contenu de l'étude d'impact (■ CAA Marseille, 7 janv. 2010, n° 09MA00078, *Soc. Guerin* : *Environnement et dév. durable* 2010, p. 28, obs. F. Dieu). – Sont considérées comme proches et connexes, deux installations, dès lors que la première est localisée dans le périmètre de la seconde et que les conditions de fonctionnement des deux sont liées (■ CAA Lyon, 28 juin 2002, n° 02LY00014, *Sté Bétons et Granulats du Centre*). Ainsi, deux exploitations industrielles débouchant face à face sur un chemin communal qui seul, avec deux parcelles de faible surface, les sépare l'une de l'autre, répondent au critère de proximité (■ CAA Bordeaux, 21 avr. 2005, n° 00BX01669, *SARL CM Quartz* : *Environnement* 2005, p. 23, n° 66, note P. Trouilly). De la même façon, les installations permettant de traiter les roches acheminées depuis le site d'une carrière présentent une proximité et une connexité fonctionnelle lesquelles, par hypothèse même, sont susceptibles de modifier les dangers ou inconvénients résultant de la carrière (■ CAA Lyon, 24 avr. 2012, n° 10LY02049, *Sté Carrières Monneron*). De même, à propos d'une installation de criblage de produits minéraux et d'une carrière dès lors que la production de la carrière (production de 500 000 tonnes en moyenne annuelle de matériaux extraits) devait être acheminée par bandes transporteuses jusqu'à l'installation de criblage située à 3,5 km (▪ CAA Paris, 28 mars 2013, n°s 11PA05011, 11PA05012 et 12PA01782, *Sté A2C Granulat* ; dans le même sens V. : ▪ CAA Lyon, 3 mars 2009, n° 06LY02413, *Sté Famy : Environnement* 2009, n° 10, p. 26, note D. Gillig). Même solution pour l'extension d'une exploitation comprenant deux bâtiments d'élevage pouvant abriter 19 400 volailles, par la création d'un troisième bâtiment permettant de porter l'effectif total de cet élevage à 38 600 volailles (▪ CAA Lyon, 14 mai 1996, n° 94LY00975, *Courbis*), ou pour l'exploitation d'une porcherie sur un site dans lequel une installation classée d'élevage de bovins était déjà exploitée (▪ TA Rennes, 8 juill. 2005, *Gaullier et a. : Environnement* 2006, comm. 45, note D. Gillig ; *Dr. env.* 2006, pan. II).

Voir : Sur la notion d'installation « connexe » : C. Lepage, C. Huglo et M.-P. Maitre, *Le point sur la réglementation des installations connexes : Environnement et technique* juill.-août 2004, n° 238, p. 53-54. – M.-P. Maître, *Le point sur la réglementation des installations composites : Environnement* 2004, n° 6, p. 30.

Voir : Sur les effets « cumulés » dans l'étude d'impact, comm. ss art. R. 122-5, p. 1508.

Art. L. 181-2 ***(Créé à compter du 1er mars 2017, Ord. n° 2017-80, 26 janv. 2017** (1) **; mod., L. n° 2018-607, 13 juill. 2018 ; Ord. n° 2020-7, 6 janv. 2020 ; L. n° 2020-1525, 7 déc. 2020** (2) (3) (4) **; L. n° 2021-1308, 8 oct. 2021 ; mod. à compter du 1er janvier 2022, Ord. n° 2021-1325, 13 oct. 2021).*** **– I. – L'autorisation environnementale tient lieu, y compris pour l'application des autres législations, des autorisations, enregistrements, déclarations, absences d'opposition, approbations et agréments suivants, lorsque le projet d'activités, installations, ouvrages et travaux relevant de l'article L. 181-1 y est soumis ou les nécessite :**

1° Absence d'opposition à déclaration d'installations, ouvrages, travaux et activités mentionnés au II de l'article L. 214-3 ou arrêté de prescriptions applicable aux installations, ouvrages, travaux et activités objet de la déclaration ;

2° Autorisation pour l'émission de gaz à effet de serre en application de l'article L. 229-6 ;

3° Autorisation spéciale au titre des réserves naturelles en application des articles L. 332-6 et L. 332-9 lorsqu'elle est délivrée par l'État et en dehors des cas prévus par l'article L. 425-1 du Code de l'urbanisme où l'un des permis ou décision déterminés par cet article tient lieu de cette autorisation ;

4° Autorisation spéciale au titre des sites classés ou en instance de classement en application des articles L. 341-7 et L. 341-10 en dehors des cas prévus par l'article L. 425-1 du Code de l'urbanisme où l'un des permis ou décision déterminés par cet article tient lieu de cette autorisation ;

5° Dérogation aux interdictions édictées pour la conservation de sites d'intérêt géologique, d'habitats naturels, d'espèces animales non domestiques ou végétales non cultivées et de leurs habitats en application du 4° du I de l'article L. 411-2 ;

6° Absence d'opposition au titre du régime d'évaluation des incidences Natura 2000 en application du VI de l'article L. 414-4 ;

7° Récépissé de déclaration ou enregistrement d'installations mentionnées aux articles L. 512-7 ou L. 512-8, à l'exception des déclarations que le pétitionnaire indique vouloir effectuer de façon distincte de la procédure d'autorisation environnementale, ou arrêté de prescriptions applicable aux installations objet de la déclaration ou de l'enregistrement ;

8° Autorisation ou déclaration pour l'utilisation d'organismes génétiquement modifiés en application de *l'article L. 532-3*, à *l'exclusion* de ceux requis pour l'utilisation d'organismes génétiquement modifiés soumise à des règles de protection du secret de la défense nationale ou nécessitant l'emploi d'informations soumises à de telles règles ;

9° Agrément pour le traitement de déchets en application de l'article L. 541-22 ;

---

(1) Dispositions d'application particulières et transitoires : V. Ord. n° 2017-80, 26 janv. 2017, art. 15. – NDLR.

(2) Dispositions applicables aux procédures de participation du public pour lesquelles le ministre chargé de l'énergie a déjà saisi la Commission nationale du débat public le 8 décembre 2020, L. n° 2020-1525, 7 déc. 2020.

(3) Dispositions applicables aux procédures engagées après le 8 décembre 2020, L. n° 2020-1525, 7 déc. 2020.

(4) Dispositions d'application particulières et transitoires : V. L. n° 2020-1525, 7 déc. 2020.

10° Autorisation d'exploiter une installation de production d'électricité en application de l'article L. 311-1 du Code de l'énergie ;

11° Autorisation de défrichement en application des articles L. 214-13, L. 341-3, L. 372-4, L. 374-1 et L. 375-4 du Code forestier ;

12° Autorisations prévues par les articles L. 5111-6, L. 5112-2 et L. 5114-2 du Code de la défense, autorisations requises dans les zones de servitudes instituées en application de l'article L. 5113-1 de ce code et de l'article L. 54 du Code des postes et des communications électroniques, autorisations prévues par les articles L. 621-32 et L. 632-1 du Code du patrimoine et par l'article L. 6352-1 du Code des transports, lorsqu'elles sont nécessaires à l'établissement d'installations de production d'électricité utilisant l'énergie mécanique du vent ;

13° Autorisations prévues aux articles L. 621-32 et L. 632-1 du Code du patrimoine pour les projets d'infrastructure terrestre linéaire de transport liée à la circulation routière ou ferroviaire réalisés pour le compte d'États étrangers ou d'organisations internationales, de l'État, de ses établissements publics et concessionnaires ;

14° Dérogation motivée au respect des objectifs mentionnés aux 1° à 4° du IV et au VI de l'article L. 212-1 du présent code, prévue au VII du même article L. 212-1.

15° ***(L. n° 2022-217, 21 févr. 2022)*** (1) **Autorisation de porter atteinte aux allées et alignements d'arbres prévue à l'article L. 350-3 ;**

16° ***(Créé à compter du 1er juillet 2023, Ord. n° 2022-534, 13 avr. 2022)*** (2) **Donné acte ou définition des prescriptions relatives aux travaux miniers objets d'une déclaration en application des articles L. 162-1 et L. 162-10 du Code minier.**

17° ***(L. n° 2023-175, 10 mars 2023)*** (3) **Autorisation unique et agrément prévus respectivement aux articles 20 et 28 de l'ordonnance n° 2016-1687 du 8 décembre 2016 relative aux espaces maritimes relevant de la souveraineté ou de la juridiction de la République française, lorsqu'ils sont nécessaires à l'établissement des ouvrages de raccordement aux réseaux publics d'électricité afférents ;**

18° ***(L. n° 2023-175, 10 mars 2023)*** (3) **Arrêté d'approbation de la convention de concession d'utilisation du domaine public maritime situé en dehors des limites administratives des ports, lorsqu'il est nécessaire à l'établissement d'installations de production d'énergie renouvelable en mer ou des ouvrages de raccordement aux réseaux publics d'électricité afférents ainsi qu'à l'établissement des ouvrages d'interconnexion avec les réseaux électriques des États limitrophes.**

II. – Par dérogation au I, l'autorisation environnementale ne peut tenir lieu que des actes mentionnés aux 1° et 7° dudit I lorsqu'elle est demandée pour les projets suivants :

1° Installations, ouvrages, travaux et activités, relevant du ministre de la défense ou situés dans une enceinte placée sous l'autorité de celui-ci mentionnés aux article L. 217-1 à L. 217-3 ;

2° Installations classées pour la protection de l'environnement relevant du ministre de la défense mentionnées à l'article L. 517-1 ;

3° Équipements, installations, ouvrages, travaux et activités implantés ou exercés dans le périmètre d'une installation nucléaire de base mais non nécessaires à son fonctionnement, mentionnés par le I de l'article L. 593-33 ;

4° Équipements et installations implantés dans le périmètre d'une installation ou activité nucléaires intéressant la défense mais non nécessaires à son fonctionnement, mentionnés par l'article L. 1333-18 du Code de la défense.

NB : Le nouvel alinéa 13° issu de la loi ASAP, qui étend le champ d'application du régime de l'autorisation environnementale, est applicable aux procédures engagées après la publication de la loi (L. n° 2020-1525, 7 déc. 2020, art. 148, IV).

Il est applicable aux demandes d'autorisation environnementale mentionnées à l'article L. 181-1 du Code de l'environnement relatives aux projets d'infrastructures terrestres linéaires de transport liées à la circulation routière ou ferroviaire réalisés pour le compte d'États étrangers ou d'organisations internationales, de l'État, de ses établissements publics et concessionnaires qui sont déposées à compter du premier jour du troisième mois suivant la publication de la présente loi (L. n° 2020-1525, 7 déc. 2020, art. 38, II).

Voir : jurisprudence citée sous art. L. 181-1, p. 289.

(1) Dispositions applicables aux demandes déposées à compter du 1er avril 2022, L. n° 2022-217, 21 févr. 2022.
(2) Dispositions particulières d'application : V. Ord. n° 2022-534, 13 avr. 2022.
(3) Dispositions applicables aux dossiers de demande d'autorisation environnementale ou de convention de concession d'utilisation du domaine public maritime en cours d'instruction au 11 mars 2023, L. n° 2023-175, 10 mars 2023.

1) Intégration des déclarations ICPE. La réforme de l'autorisation environnementale intègre formellement toutes les déclarations, approbations, autorisations, etc. susvisées dans l'autorisation environnementale. Ce faisant, elle confirme la jurisprudence antérieure aux termes de laquelle l'établissement qui abrite des installations classées soumises à déclaration et à autorisation relève, pour l'ensemble, du régime de l'autorisation (▪ CE, 26 oct. 1988, n°s 44824 et 50171, *M. David et SA de façonnage industrielle des métaux (SAFIM) : Rec. CE* 1988, p. 378).

2) Validation de l'article L. 181-2. V. ▪ CE, 14 juin 2018, n° 409227, *Assoc. Féd. environnement durable et Assoc. Vent de colère ! Féd. nat.*, préc.

Art. L. 181-3 *(Créé à compter du 1er mars 2017, Ord. n° 2017-80, 26 janv. 2017* (1) *; mod., L. n° 2020-1525, 7 déc. 2020* (2) *; L. n° 2021-1308, 8 oct. 2021 ; mod. à compter du 1er janvier 2022, Ord. n° 2021-1325, 13 oct. 2021 ; mod., L. n° 2022-217, 21 févr. 2022* (3) *; mod. à compter du 1er juillet 2023, Ord. n° 2022-534, 13 avr. 2022* (4)*)*. **– I. – L'autorisation environnementale ne peut être accordée que si les mesures qu'elle comporte assurent la prévention des dangers ou inconvénients pour les intérêts mentionnés aux articles L. 211-1 et du Code de l'environnement et à l'article L. 161-1 du Code minier, selon les cas.**

II. – L'autorisation environnementale ne peut être accordée que si les mesures qu'elle comporte assurent également :

1° Le respect des dispositions des articles L. 229-5 à L. 229-17 relatives aux émissions de gaz à effet de serre ;

2° La conservation des intérêts définis aux articles L. 332-1 et L. 332-2 ainsi que, le cas échéant, la mise en œuvre de la réglementation ou de l'obligation mentionnés par l'article L. 332-2, que traduit l'acte de classement prévu par l'article L. 332-3, lorsque l'autorisation environnementale tient lieu d'autorisation spéciale au titre d'une réserve naturelle créée par l'État ;

3° La conservation ou la préservation du ou des intérêts qui s'attachent au classement d'un site ou d'un monument naturel mentionnés à l'article L. 341-1 ainsi que de ceux mentionnés par la décision de classement, lorsque l'autorisation environnementale tient lieu de l'autorisation spéciale prévue par les articles L. 341-7 et L. 341-10 ;

4° Le respect des conditions, fixées au 4° du I de l'article L. 411-2, de délivrance de la dérogation aux interdictions édictées pour la conservation de sites d'intérêt géologique, d'habitats naturels, des espèces animales non domestiques ou végétales non cultivées et de leurs habitats, lorsque l'autorisation environnementale tient lieu de cette dérogation ;

5° Le respect des objectifs de conservation du site Natura 2000, lorsque l'autorisation environnementale tient lieu d'absence d'opposition mentionnée au VI de l'article L. 414-4 ;

6° Le respect des conditions de l'utilisation confinée d'organismes génétiquement modifiés prévue par le premier alinéa du I de l'article L. 532-2 fixées par les prescriptions techniques mentionnées au II de l'article L. 532-3 lorsque l'autorisation environnementale tient lieu d'autorisation d'utilisation confinée d'organismes génétiquement modifiés, ou le respect des conditions fixées par le second alinéa du I de l'article L. 532-3 lorsque que l'utilisation n'est soumise qu'à la déclaration prévue par cet alinéa ;

7° Le respect des conditions d'exercice de l'activité de gestion des déchets mentionnées à l'article L. 541-22, lorsque l'autorisation tient lieu d'agrément pour le traitement de déchets en application de cet article ;

8° La prise en compte des critères mentionnés à l'article L. 311-5 du Code de l'énergie, lorsque l'autorisation environnementale tient lieu de l'autorisation d'exploiter une installation de production d'électricité en application de l'article L. 311-1 de ce code ;

9° ***La préservation*** **des intérêts énumérés par l'article L. 112-1 du Code forestier et celle des fonctions définies à l'article L. 341-5 du même code, lorsque l'autorisation environnementale tient lieu d'autorisation de défrichement ;**

10° Le respect des conditions de délivrance des autorisations mentionnées au 12° de l'article L. 181-2, lorsque l'autorisation environnementale tient lieu de ces autorisations.

---

(1) Dispositions d'application particulières et transitoires : V. Ord. n° 2017-80, 26 janv. 2017, art. 15. – NDLR.

(2) Dispositions applicables aux procédures de participation du public pour lesquelles le ministre chargé de l'énergie a déjà saisi la Commission nationale du débat public le 8 décembre 2020, L. n° 2020-1525, 7 déc. 2020.

(3) Dispositions applicables aux demandes déposées à compter du 1er avril 2022, L. n° 2022-217, 21 févr. 2022.

(4) Dispositions particulières d'application : V. Ord. n° 2022-534, 13 avr. 2022.

11° La conservation et la mise en valeur des sites patrimoniaux remarquables et des abords des monuments historiques, lorsque l'autorisation environnementale tient lieu des autorisations prévues aux articles L. 621-32 et L. 632-1 du Code du patrimoine ;

12° Le respect des conditions permettant la délivrance de l'autorisation de porter atteinte aux allées et alignements d'arbres prévue à l'article L. 350-3 du présent code lorsque l'autorisation environnementale en tient lieu.

13° *(L. n° 2023-175, 10 mars 2023)* Le respect des intérêts mentionnés à l'article L. 2124-1 du Code général de la propriété des personnes publiques, lorsque l'autorisation environnementale tient lieu d'approbation de la concession d'utilisation du domaine public maritime mentionnée à l'article L. 2124-3 du même code.

NB : Le nouvel alinéa 11° sur les conditions de délivrance de l'autorisation unique, issu de la loi ASAP, est applicable aux procédures engagées après la publication de la loi (L. n° 2020-1525, 7 déc. 2020, art. 148, IV). Il est applicable aux demandes d'autorisation environnementale mentionnée à l'article L. 181-1 du Code de l'environnement relatives aux projets d'infrastructures terrestres linéaires de transport liées à la circulation routière ou ferroviaire réalisés pour le compte d'États étrangers ou d'organisations internationales, de l'État, de ses établissements publics et concessionnaires qui sont déposées à compter du premier jour du troisième mois suivant la publication de la présente loi (L. n° 2020-1525, 7 déc. 2020, art. 38, II).

I – LES CONDITIONS DE DÉLIVRANCE OU DE REFUS DE L'AUTORISATION

1) Rejet anticipé d'autorisation. La décision de rejet d'autorisation peut intervenir durant toute la phase d'examen et de consultation, depuis la loi « Industrie Verte », en vertu de l'article R. 181-34 du présent code dans sa version postérieure au 22 octobre 2024.

2) Refus d'autorisation en opportunité. Il n'appartient pas au préfet de se prononcer sur l'opportunité d'un projet ou de rechercher si celui-ci répond à un besoin ou une demande (▪ CE, 10 mai 1989, n° 70600, *Assoc. sportive du Val d'Authie : Rec. CE* 1989, p. 161. ▪ CAA Nancy, 4 avr. 1996, n° 93NC00388, *Comité intercommunal contre les nuisances de la décharge de Blaringhem : Rev. jur. env.* 1997, p. 98, comm. R. Schneider). Il ne peut pas non plus refuser d'accorder une autorisation d'exploiter un pôle de traitement des déchets au motif que le projet serait surdimensionné : il s'agit ici de considérations d'opportunité, alors qu'il ne peut refuser de délivrer une telle autorisation que si les dangers ou inconvénients que cette installation est susceptible de présenter ne peuvent être prévenus par des prescriptions particulières spécifiées par l'arrêté d'autorisation (▪ TA Clermont-Ferrand, 5 mai 2009, n° 081720, *Sté Vernéa*).

3) Motivation des refus d'autorisation. Le nouveau régime de l'autorisation environnementale prévoit que la décision de rejet d'autorisation, qui met fin à la phase d'examen et de consultation, doit être motivée en vertu de l'article R. 181-34 du Code de l'environnement mais elle supprime indirectement cette exigence à l'égard des refus d'autorisation intervenant en fin d'instruction, dès lors que ces refus peuvent désormais être implicites conformément à l'article R. 181-42.

4) Contrôle de l'erreur manifeste d'appréciation. Le juge administratif procède à un contrôle de l'erreur manifeste d'appréciation pour déterminer si l'autorisation devait être accordée ou refusée.

5) Protection des intérêts visés à l'article L. 511-1. *a) Milieu naturel.* Le refus d'autorisation d'exploiter une carrière à ciel ouvert de sables et graviers est justifié en raison de la fragilité et de l'intérêt du site, lorsque les inconvénients et dangers apparaissent tels qu'aucune mesure ne peut être prise pour supprimer ces inconvénients et ces dangers ou les réduire à un niveau convenable (▪ CAA Bordeaux, 21 déc. 2000, n° 96BX01853, *Sté des éts Vve Proeres et fils et a. : Rev. jur. env.* 2001, p. 681, note R. Schneider). De même, s'agissant de l'atteinte portée à un patrimoine écologique remarquable qu'aucune mesure compensatoire ne peut supprimer ou réduire et qui justifie le refus de l'autorisation (▪ CAA Nancy, 7 mars 2002, n° 97NC01648, *Min. de l'Aménagement du territoire et de l'Environnement*). Dans le même sens doit être annulé l'arrêté préfectoral autorisant l'extension d'une carrière dans une ZNIEFF dès lors qu'il n'est pas prouvé que les inconvénients puissent être prévenus par des mesures imposées à l'exploitant (▪ CAA Bordeaux, 5 juin 2003, n° 02BX00967, *Sté CDMR : Environnement* 2003, n° 11, p. 19, note P. Trouilly). En revanche a été jugée légale l'implantation d'une carrière située dans une ZNIEFF de type I et de type II ainsi que dans une ZICO, dès lors que le biotope des espèces protégées a fait l'objet d'un arrêté de protection sur une superficie de 231 hectares, et qu'est prévue l'édification, entre l'aire de la carrière et une partie de ce biotope, d'un écran visuel sous forme d'un talus végétalisé (▪ CAA Bordeaux, 19 juin 1997, n°s 95BX01785 s, *Comité de défense de Vingrau et a. : AJDA* 1997, p. 915 ; *Rev. jur. envir.* 1998, 439). Ainsi, la circonstance qu'une carrière serait exploitée dans un site inclus dans une ZNIEFF ne saurait, à elle seule, et sans qu'il soit tenu compte des mesures destinées à protéger les équilibres susceptibles d'être compromis par cette exploitation, justifier l'annulation de l'arrêté autorisant cette exploitation (■ CAA Bordeaux, 23 nov. 2000, n° 98BX01295, *Sté Carrières et Matériaux d'Asasp* : *Rev. jur. envir.* 2001, 128, obs. R. Schneider). De même, la localisation d'un projet industriel se situant en ZNIEFF de type II ainsi qu'à proximité d'un site Natura 2000 n'est pas, par elle-même, de nature à faire obstacle à la délivrance d'une autorisation d'exploiter dès lors qu'il est constant que, dans le périmètre du projet, malgré la diversité de la végétation, aucune espèce végétale rare ou à protéger n'a été répertoriée (■ CAA Douai, 2 oct. 2008, n° 08DA00161, *Sté BPE Lecieux* : *BDEI* 2009/21, p. 8, note J. Lepers). Il a également été jugé que l'implantation d'un centre d'enfouissement technique de résidus urbains dans les limites d'un parc naturel régional, à proximité de zones de marais visées par la convention RAMSAR, partiellement classées en ZNIEFF, n'est pas de nature, par elle-même, à entacher d'illégalité l'autorisation de cette installation (■ CAA Nantes, 4 févr. 1998, n°s 96NT01418 et 96NT01446, *Synd. mixte du Point fort* : *Rev. jur. envir.* 1998, 367, concl. D. Devillers).

b) ***Milieu aquatique.*** La circonstance que des pollutions seraient apparues dans un ruisseau et un étang et qu'elles auraient pour origine le fonctionnement d'un centre d'enfouissement technique ne permet pas en elle-même d'établir l'existence d'une erreur d'appréciation des inconvénients du site par le préfet (■ CAA Nantes, 29 mai 1996, n° 93NT01037, *Assoc. de défense de l'environnement et du cadre municipal (ADECM) de Montereau-en-Gatinais*). Le stockage provisoire de matières dangereuses peut être autorisé à l'intérieur d'un périmètre de protection rapprochée d'une nappe aquifère dans lequel seuls étaient interdits les stockages permanents des mêmes matières (■ CAA Paris, 25 juin 2002, n°s 01PA02106, 01PA02121 et 01PA02180, *Inst. de recherche Servier et Min. Aménagement du territoire et de l'Environnement*). Est légal l'arrêté autorisant l'exploitation d'une unité de blanchiment de textile dès lors qu'il est constant que les effluents de l'installation sont directement rejetés dans la station d'épuration collective située en aval du site, seuls les rejets issus de cette station étant ainsi susceptibles d'avoir un impact sur le milieu naturel, et qu'afin d'assurer le bon fonctionnement des installations de traitement des eaux résiduaires et de respecter les valeurs limites imposées au rejet final dans le milieu naturel, l'arrêté litigieux fixe les valeurs limites et caractéristiques des effluents dirigés vers la station d'épuration, les pièces du dossier ne faisant pas apparaître que ces valeurs seraient dépassées, ni que les rejets excéderaient les capacités de traitement de ladite station d'épuration (■ CAA Nancy, 15 oct. 2009, n° 08NC00734, *Sté de blanchiment XONRUPT II* ; *Dr. envir.* 2009, n° 174, p. 4, rendu après renvoi du ■ CE, 30 avr. 2008, n° 281571, *Sté de blanchiment XONRUPT II* : *Rev. jur. env.* 2009, 508, obs. R. Schneider). Toutefois est illégal un arrêté autorisant l'extension d'un élevage porcin qui aurait considérablement augmenté la quantité de lisier à épandre sur un site particulièrement vulnérable, portant ainsi atteinte à la ressource en eau, dès lors qu'il n'était pas assorti de prescriptions spécifiques aux opérations d'épandage de nature à prévenir de tels dangers (■ CAA Nantes, 28 févr. 2006, n°s 04NT01274 et 04NT01311, *SCEA de Henven et Min. de l'Écologie et du Développement durable*, préc. – Confirmé par ■ CE, 17 juill. 2009, n° 295078, *SCEA de Henven, préc.*).

c) ***Agriculture.*** Le préfet est fondé à refuser l'autorisation d'exploiter une carrière au motif de l'atteinte portée à l'agriculture (■ TA Grenoble, 29 déc. 1999, n° 99.855, *Sté Les carrières du Salève*).

d) ***Paysage et monuments historiques.*** L'atteinte portée à l'ensemble des bâtiments inscrits à l'inventaire supplémentaire des monuments historiques justifie un refus d'autorisation (■ CAA Douai, 25 oct. 2001, n° 99DA01737, *SA Les carrières Chouvet*). L'édification sur une ligne de plus d'un kilomètre de huit aérogénérateurs, d'une hauteur de plus de 50 m, constitue une rupture notable dans les perspectives du paysage et altère la qualité des lieux avoisinants le projet. Dans le cas d'espèce, les avis circonstanciés, qui ne manifestaient pas une opposition de principe, insistaient de façon concordante sur le caractère inapproprié de cette réalisation dans un tel paysage. Dans ces conditions, et alors même que l'étude d'impact produite au dossier de demande faisait état d'une insertion réussie dans le site, en insistant sur la visibilité partielle ou inexistante du parc éolien à partir de ces points éloignés, le préfet a commis une erreur manifeste d'appréciation des conditions générales de l'insertion du projet dans le site retenu (■ CAA Marseille, 15 janv. 2010, n° 07MA00898, *Sté Trelans Lozère énergie*). Un projet de parc éolien situé dans une vaste zone naturelle de montagne, visible à 11 km à l'est étant donné sa situation sur une ligne de crête, et situé dans un espace naturel inclus dans une ZNIEFF porte une atteinte significative aux paysages et devait être refusé (■ CAA Marseille, 2 nov. 2021, n° 19MA02731). Dans le même sens, est justifié le refus d'autoriser un parc éolien dont une partie était visible depuis les perspectives donnant sur la cathédrale de Chartres (■ CE, 9 oct. 2015, n° 374008, *Sté Eco Delta*), tout comme le refus fondé sur l'atteinte significative, notamment à l'intérêt paysager et patrimonial du village d'Illiers-Combray et de ses abords, classé pour protéger et conserver les paysages étroitement liés à la vie et à l'œuvre de Marcel Proust (■ CE, 6-5e ch., 4 oct. 2023, n° 464855, *Sté Combray Energie* : *Lebon* T.).

e) Trafic routier. Est entaché d'illégalité l'arrêté d'autorisation d'exploiter un dépôt de véhicules lourds hors d'usage dès lors que les deux voies d'accès susceptibles de desservir ce dépôt ne permettaient pas son exploitation sans danger ou inconvénient grave pour le voisinage (▪ CE, 23 juin 1993, n° 129363, *Cne de Lespinasse*). L'autorisation d'une carrière qui prévoyait un transit journalier de 25 à 60 camions par jour, soit un camion toutes les 5 à 12 minutes sur une route traversant un bourg procède d'une erreur d'appréciation des inconvénients du projet pour la commodité du voisinage et la sécurité (▪ CAA Lyon, 17 avr. 2024, n° 22LY01172, *Sté Delmonico-Dorel Carrières*).

f) Voisinage. Dès lors qu'une installation, compte tenu de la nature des risques qu'elle présente, ne peut être autorisée sans inconvénients ou nuisances graves pour le voisinage, quelles que soient les prescriptions techniques qui peuvent lui être imposées dans le but de prévenir ou de limiter leurs effets, l'autorisation d'exploiter est illégale (▪ CAA Nantes, 31 janv. 2006, n° 04NT00822, *Assoc. de défense contre les nuisances industrielles : Rev. jur. env.* 2007, 387, obs. R. Schneider). L'autorisation est légale lorsque les mesures prises par l'exploitant afin d'éviter l'envol de poussières sont de nature à préserver la qualité environnementale et prévenir de manière suffisante les gênes qui pourraient résulter, pour les riverains, de l'exploitation de l'unité industrielle (▪ CAA Douai, 2 oct. 2008, n° 08DA00161, *Sté BPE Lecieux : BDEI* 2009/21, p. 8, note J. Lepers). En revanche, les mesures consistant à recouvrir des déchets par du mâchefer ont été jugées insuffisantes pour empêcher les nuisances olfactives résultant de la fermentation de déchets traités par un centre d'enfouissement technique (▪ CAA Nantes, 29 mai 1996, *Assoc. de défense de l'environnement et du cadre municipal (ADECM) de Montereau-en-Gatinais*, préc.). Dans le même sens, une porcherie d'élevage et d'engraissement de 698 animaux ne peut, compte tenu de la faible distance (1 km) qui la sépare des habitations avoisinantes, être exploitée sans inconvénients ou nuisances graves pour le voisinage quelles que soient les prescriptions techniques dont serait assorti son fonctionnement (▪ CAA Nantes, 26 juill. 1991, n° 90NT00096, *GAEC du Vieux Bougy : Rev. jur. env.* 1996, p. 325, concl. M. Denis-Linton). Même solution à propos d'une porcherie, compte tenu de son importance et de la faible distance qui la sépare d'une maison d'habitation (▪ CE, 6 févr. 1981, *Dugenest : D.* 1982, p. 308). De même pour un parc éolien, en raison du phénomène de saturation visuelle, et alors même que le paysage des lieux ne présente pas d'intérêt remarquable, le préfet était fondé à refuser l'autorisation sollicitée au motif que le projet présentait des inconvénients excessifs pour la commodité du voisinage auxquels aucune mesure de réduction, ni celles envisagées par la société pétitionnaire, ni celles qu'il aurait pu prescrire, ne permettait de remédier (▪ CAA Bordeaux, 5ᵉ ch., 31 mai 2023, n° 21BX01869).

6) Protection des intérêts visés à l'article L. 211-1. Répond aux exigences de l'article L. 211-1 du Code de l'environnement l'arrêté d'autorisation qui énonce de façon suffisamment précise les prescriptions relatives à la préservation de l'écoulement et de la qualité des eaux de manière à ce que les ouvrages et travaux n'aggravent pas les risques d'inondation, ne modifient pas les conditions de sécurité des zones habitées, ne perturbent pas le libre écoulement des eaux ou ne menacent pas leur qualité, en prévoyant des mesures compensatoires relatives aux écosystèmes aquatiques, sites et zones humides, en édictant des prescriptions techniques en phase chantier et des mesures de sauvegarde et de protection de la faune piscicole, des écosystèmes aquatiques, sites et zones humides dans cette phase (▪ CE, 30 juill. 1997, n° 176808, *Assoc. de sauvegarde de la ceinture verte d'Avignon : JCP G* 1997, IV, 2350).

7) Respect des prescriptions ministérielles. L'autorisation d'exploiter une installation classée doit être refusée lorsque l'installation ne peut respecter les règles générales et les prescriptions techniques fixées par arrêtés ministériels en application de l'article L. 512-5 (▪ TA Grenoble, 14 mars 1995, n° 90.514, *SICA Les éleveurs des Pré-Alpes du Sud*) ou les prescriptions énoncées par l'arrêté d'autorisation lui-même (▪ CE, 15 janv. 1990, n° 78674, *Cne de Froideconche*). De même, l'autorisation doit être refusée si l'installation ne respecte pas les distances d'éloignement obligatoires avec les tiers, ce qui peut concerner une maison inhabitée, car elle demeure une habitation qui doit être prise en compte (▪ TA Rennes, 30 avr. 1992, n° 872220, *M. Pinault Pascal*). En revanche, un local affecté au garage d'une voiture et situé dans le jardin d'une maison individuelle ne constitue pas une installation fixe occupée par des tiers au sens de l'arrêté ministériel du 11 août 1983 fixant les règles techniques auxquelles doivent satisfaire les silos et installations de stockage de céréales (▪ CAA Nancy, 30 avr. 1992, n° 91NC00032, *Coopérative agricole régionale de Brienne-le-Château*). Est illégal l'arrêté préfectoral autorisant une station de traitement collective de déjections animales et de fabrication d'engrais à partir de matières organiques prévoyant un plan d'épandage ne respectant pas les distances minimales fixées par l'arrêté ministériel du 27 décembre 2013 vis-à-vis des habitations (▪ CAA Nantes, 20 juill. 2021, n° 19NT02252, *M. D et a.*).

Voir : Sur les prescriptions de distances d'éloignement vis-à-vis des tiers, comm. ss , art. R. 181-43, p. 1732.

8) Respect des règles d'urbanisme. Le préfet doit refuser de délivrer une autorisation en raison de son incompatibilité avec le POS (▪ CE, sect., 16 nov. 1962, n° 51745, *Sté industrielle de tôlerie et d'usinage mécanique*. ▪ CE, 7 févr. 1986, *Colombet c/ Mme Bonnel : Rec. CE* 1986, p. 29. ▪ CE, 29 juill. 1994, n° 136309, *SA Estager : JurisData* n° 1994-048250. ▪ CE, 26 oct. 1994, n° 131969, *Cne de Valdahon : Rev. jur. env.* 1995, 346. ▪ CE, 18 nov. 1994, n° 136941, *Sté Clichy dépannage : JurisData* n° 050506 ; *BDEI* 1995/1, p. 24, note E. Carlier ; *JCP* G 1995, IV, p. 33). Le juge administratif apprécie la compatibilité de l'installation avec les documents d'urbanisme en caractérisant l'activité ; à propos d'une déchetterie verte considérée comme liée à l'activité agricole de la zone (▪ CAA Paris, 5 nov. 1998, n° 96PA04205, *Assoc. de défense de l'environnement de Val-de-Gally : Dr. env.* 1999, n° 69, p. 7 ; *Rev. jur. env.* 1999, p. 625, comm. R. Schneider). L'autorité administrative est libre d'apprécier la compatibilité des impacts éventuels d'une installation classée avec le caractère de la zone tel qu'il résulte des dispositions du PLU, quelles que soient les mesures prises par la société pour réduire cet impact (▪ CE, 30 juin 2003, n° 228538, *SARL Protime : Lebon T.* 2003, p. 1026 ; *AJDA* 2003, 1839 ; *RDI* 2003, p. 587, note P. Soler-Couteaux). Le préfet peut légalement se fonder sur les dispositions de l'article L. 111-8 du Code de l'urbanisme pour surseoir à statuer sur une demande d'autorisation d'exploiter une installation classée, dès lors que l'implantation de cette dernière est de nature à compromettre ou à rendre plus onéreuse l'exécution d'un futur PLU en cours d'élaboration (▪ CAA Bordeaux, 15 avr. 2008, n°s 06BX00971 et 06BX01456, *SARL SOCEM : Environnement* 2008, n° 7, p. 20, note D. Gillig). Toutefois, n'est pas contraire au règlement du POS le permis de construire délivré pour réaliser l'extension d'une installation classée lorsque, d'une part, les risques qu'elle peut présenter peuvent être palliés par des dispositions prises par l'exploitant, figurant dans les documents établis par ce dernier et, d'autre part, si ces mesures sont prévues par les prescriptions dont l'administration est en droit d'assortir l'autorisation nécessaire à l'extension de l'installation (▪ CE, 15 juin 1992, n°s 117087, 117713 et 118169, *Sté Agrishell c/ Cne de Genay : Lebon T.* 1992, p. 1132). Les autorisations délivrées sur le fondement de la législation des installations classées ne sont pas au nombre des décisions administratives dont la légalité doit s'apprécier par référence aux dispositions des schémas d'aménagement régional (▪ CE, 21 mai 2014, n° 357244, *Sté Centrale des carrières*).

9) Date d'appréciation du non-respect des règles d'urbanisme. Si le juge se prononce au regard des conditions de droit ou de fait applicables au jour où il se prononce, l'article L. 514-6, I du Code de l'environnement prévoit cependant que la compatibilité d'une installation classée avec les dispositions d'un schéma de cohérence territoriale, d'un PLU, d'un POS ou d'une carte communale « est appréciée à la date de l'autorisation, de l'enregistrement ou de la déclaration ».

10) Compatibilité avec le S(D)AGE. Barrage hydraulique réalisé par le biais d'une DIG ou d'une DUP. Dès lors qu'un SDAGE n'admet la construction de barrages que lorsqu'ils ont une importance significative et qu'ils sont réalisés dans le cadre d'une procédure de déclaration d'intérêt général ou de déclaration d'utilité publique, la DUP ayant été annulée, l'autorisation accordée au titre de la police de l'eau ne pourra qu'être annulée en tant qu'elle est incompatible avec le SDAGE (▪ CE, 9 avr. 2004, n° 243566, *Cne de Condeau*). A été jugé compatible avec les dispositions du SDAGE Loire-Bretagne l'arrêté préfectoral déclarant d'utilité publique le barrage de Chambonchard dans la mesure où le SDAGE concerné prévoyait expressément la construction et le fonctionnement de cet ouvrage hydraulique (▪ CE, 14 avr. 1999, n°s 185935, 185954, 197159 à 197162, *Cne de la Petite Marche et a. : Dr. adm.* 1999, n° 161 ; *Dr. envir.* 1999, n° 71, p. 12, note R. Romi; *Rev. jur. env.* 2000. 278, obs. Ph. Billet ; *LPA* 31 mai 2001, n° 108, p. 20, note M. Staub). Est compatible avec les dispositions du SDAGE l'autorisation dont le document d'incidences comme les prescriptions annexées à la décision administrative prennent en considération les orientations générales de ce schéma, notamment en tant qu'elles affirment l'importance et la fragilité des eaux souterraines, qu'elles visent à respecter l'équilibre naturel du milieu et incitent à prendre les mesures de prévention nécessaires contre les risques d'inondation (▪ CE, 8 nov. 1999, n° 197568, *Comité de liaison anti-canal du Val-de-Saône : BDEI* 1999, n° spécial, p. 38). – Sort des SAGE en cours d'élaboration. À l'occasion de son contrôle sur la compatibilité d'un projet avec un SAGE, le juge administratif vérifie si, à la date de l'arrêté d'autorisation, un SAGE incluant le département concerné par le projet a été approuvé ou que l'opération doit produire des effets dans le périmètre d'un autre SAGE (▪ CAA Bordeaux, 12 avr. 2001, n° 96BX02023, *Assoc. Écologie 86 et a.* ▪ CAA Bordeaux, 11 juin 2001, n°s 97BX00613 et 97BX00619, *Cne de Buros c/ Préfet des Pyrénées-Atlantiques et M. Christian Lahore c/ Préfet des Pyrénées-Atlantiques : Rev. jur. env.* 2002. 62, obs. J. Sironneau). Est incompatible avec le SDAGE, les travaux qui se sont traduits par l'assèchement d'une zone humide sans mesure compensatoire (▪ CAA Nancy, 4 août 2011, n° 10NC01680, *M. A.*).

11) Prise en compte des critères mentionnés à l'article L. 311-5 du Code de l'énergie (objec-

tifs de réduction des émissions de gaz à effet de serre). L'autorisation environnementale d'une installation de production d'électricité n'a pas à tenir compte des objectifs de réduction des émissions de gaz à effet de serre si elle ne tient pas lieu d'autorisation d'exploiter au titre du Code de l'énergie (■ CE, 10 févr. 2022, n° 455465, *Sté EDF Production Électrique Insulaire* : *Lebon* T.).

II – LES CONDITIONS DE RETRAIT OU D'ABROGATION DE L'AUTORISATION

12) Retrait de l'autorisation. Une autorisation explicite d'exploiter une installation classée étant une décision individuelle créatrice de droit, elle ne peut être retirée si elle est illégale, que dans le délai de 4 mois suivant la prise de cette décision, sous réserve de dispositions législatives ou réglementaires contraires, et hors le cas où il est satisfait à une demande du bénéficiaire (■ CAA Bordeaux, 15 avr. 2008, n°s 06BX00971 et 06BX01456, *SARL SOCEM* : *Environnement* 2008, n° 7, p. 20, note D. Gillig. Application de la jurisprudence Ternon ■ CE, ass., 26 oct. 2001, n° 197018 : *Rec.* 2001, p. 497, concl. Séners ; *RFDA* 2002, p. 88, note P. Delvolvé ; *AJDA* 2001, 1034, chron. Guyomar et Collin ; *AJDA* 2002, 738, note Y. Gaudemet ; *Dr. adm.* 2001, 253, note I. Michallet). L'administration peut ainsi retirer un arrêté d'autorisation d'exploiter une installation située dans une zone soumise à conservation cadastrale, dès lors que le délai de 4 mois n'est pas expiré lors de la notification du retrait à l'exploitant, et que le requérant n'a pas joint à sa demande l'extrait du cadastre rénové exigé mais seulement la copie du procès-verbal de délimitation, celle-ci n'étant pas à elle seule de nature à établir l'existence d'un droit de propriété ou l'utilisation de la parcelle en cause (■ CAA Paris, 4 oct. 2007, n° 04PA02833, *Pomare*).

13) Abrogation de l'autorisation. Le même principe est applicable en cas d'abrogation d'une autorisation illégale d'exploiter une installation classée. Ainsi, le préfet, saisi d'une demande d'un tiers tendant à l'abrogation d'un arrêté d'autorisation, ne peut y faire droit que dans le délai de 4 mois suivant la prise de cette décision (■ CAA Marseille, 22 déc. 2005, n° 02MA02224, *Sté nouvelle Super Casse* : *Rev. jur. env.* 2007, 511). Cependant, cette jurisprudence semble avoir évolué récemment : prenant visiblement appui sur une décision rendue par la Cour administrative d'appel de Lyon, aux termes de laquelle « le préfet peut, en application de l'article R. 413-48 du Code de l'environnement, mettre en demeure l'exploitant de l'établissement de respecter les prescriptions fixées dans l'arrêté d'autorisation et, en cas d'inexécution par le bénéficiaire, prendre des mesures administratives pouvant aller jusqu'à la fermeture de l'établissement, ce qui a implicitement mais nécessairement pour effet d'abroger, le cas échéant, l'autorisation d'ouverture » (■ CAA Lyon, 3 févr. 2022, n° 20LY00080, *Assoc. One Voice*), le tribunal administratif de Dijon a estimé qu'un tiers peut demander l'abrogation de l'autorisation environnementale, mais seulement en invoquant des moyens tirés de l'inobservation des prescriptions imposées à l'exploitant, lesquelles doivent en outre conditionner le maintien de la décision créatrice de droits – en l'espèce, le moyen n'a pas été jugé fondé (■ TA Dijon, 1re ch., 21 sept. 2023, n° 2202684, C+, concl. N. Ach).

III – LES POUVOIRS DU JUGE

14) V. les deux avis du Conseil d'État cités ss art. L. 181-1, p. 289.

15) Sur le processus de régularisation. Sur l'objet et les conditions de régularisation et sur la nature des pièces à soumettre au public V. ■ CAA Douai, 12 juill. 2018, n° 15DA01535, *Assoc. Novissen et a.*).

16) Critères de suspension de l'autorisation. Il appartient au juge de prendre en compte, pour déterminer l'opportunité de telles mesures, l'ensemble des éléments de l'espèce, notamment la nature et la portée de l'illégalité en cause, les considérations d'ordre économique et social ou tout autre motif d'intérêt général pouvant justifier la poursuite de l'exploitation, des activités ou des travaux et l'atteinte éventuellement causée par ceux-ci aux intérêts mentionnés aux articles L. 181-3 et L. 181-4 du Code l'environnement ou à d'autres intérêts publics et privés. (Même arrêt).

Art. L. 181-4 ***(Créé à compter du 1er mars 2017, Ord. n° 2017-80, 26 janv. 2017*** (1) ***; mod. à compter du 1er juillet 2023, Ord. n° 2022-534, 13 avr. 2022)*** (2). **– Les projets soumis à autorisation environnementale en application de l'article L. 181-1 restent soumis, sous réserve des dispositions du présent titre :**

1° Aux dispositions du titre Ier du livre II pour les projets relevant du 1° de l'article L. 181-1, du titre Ier du livre V *pour ceux relevant du 2°* du même article, ou des titres II, IV, V et VI du livre Ier du Code minier et de l'article L. 131-1 du même code pour ceux relevant du 3° du même article.

(1) Dispositions d'application particulières et transitoires : V. Ord. n° 2017-80, 26 janv. 2017, art. 15. – NDLR.
(2) Dispositions particulières d'application : V. Ord. n° 2022-534, 13 avr. 2022.

2° Aux législations spécifiques aux autorisations, enregistrements, déclarations, absences d'opposition, approbations et agréments dont l'autorisation environnementale tient lieu lorsqu'ils sont exigés et qui sont énumérés par l'article L. 181-2, ainsi que, le cas échéant, aux autres dispositions législatives et réglementaires particulières qui les régissent.

Sursis à statuer. Il n'est pas possible d'opposer un sursis à statuer sur le fondement de l'article L. 153-11 du Code de l'urbanisme à une demande d'autorisation environnementale, qui n'est pas régie par le titre IV du Code de l'urbanisme. En revanche, si la réalisation de l'activité autorisée par cette autorisation suppose également la délivrance d'un permis de construire, l'autorité compétente pourra, sur le fondement de l'article L. 153-11, opposer un sursis à statuer sur la demande de permis de construire lorsque le projet objet de la demande est de nature à compromettre ou à rendre plus onéreuse l'exécution du futur plan local d'urbanisme (▪ CE, avis, 9 juill. 2021, n° 450859, *Sté Les Pâtis Longs : rec. Lebon* 2021 ; *RDI* 2021, p. 558, concl. O. Fuchs ; *AJDA* 2021, p. 1469, obs. Maupin).

Section II. – Demande d'autorisation

Art. L. 181-5 *(Créé à compter du 1er mars 2017, Ord. n° 2017-80, 26 janv. 2017* (1) *; mod., L. n° 2018-727, 10 août 2018 ; L. n° 2023-175, 10 mars 2023).* **– Avant le dépôt de la demande d'autorisation environnementale, le porteur d'un projet soumis à une telle autorisation :**

1° Peut solliciter des informations lui permettant de préparer son projet et le dossier de sa demande d'autorisation auprès de l'autorité administrative compétente. Les réponses apportées par celle-ci sont fonction de l'état du projet et ne préjugent ni du contenu du dossier qui sera finalement nécessaire à l'instruction de la demande d'autorisation ni de la décision qui sera prise à l'issue de celle-ci ;

2° *(Abrogé)* ;

3° *(Abrogé)* ;

4° Si le projet est soumis à évaluation environnementale, peut demander à l'autorité compétente l'avis sur le champ et le degré de précision des informations à fournir dans l'étude d'impact prévu à l'article L. 122-1-2.

Art. L. 181-6 *(Créé à compter du 1er mars 2017, Ord. n° 2017-80, 26 janv. 2017* (1) *; mod., Ord. n° 2020-7, 6 janv. 2020 ; abr., L. n° 2023-175, 10 mars 2023).*

Rédaction antérieure. Art. L. 181-6 *(Créé à compter du 1er mars 2017, Ord. n° 2017-80, 26 janv. 2017* (1) *; mod., Ord. n° 2020-7, 6 janv. 2020).* – Un certificat de projet peut être établi à la demande du porteur d'un projet soumis à autorisation environnementale par l'autorité administrative compétente pour délivrer celle-ci.

Le certificat, en fonction de la demande présentée et au vu des informations fournies, indique les régimes, décisions et procédures qui relèvent de l'autorité administrative compétente pour l'autorisation environnementale et qui sont applicables au projet à la date de cette demande, ainsi que la situation du projet au regard des dispositions relatives à l'archéologie préventive.

Le certificat comporte également :

- soit le rappel des délais réglementairement prévus pour l'intervention de ces décisions ;
- soit un calendrier d'instruction de ces décisions, qui se substitue aux délais réglementairement prévus s'il recueille, dans les conditions fixées par le décret prévu par l'article L. 181-32, l'accord du demandeur et qui engage ainsi celui-ci et l'administration.

Les indications figurant dans le certificat de projet ne peuvent être invoquées à l'appui d'un recours contre l'autorisation environnementale ultérieurement délivrée mais engagent la responsabilité de l'administration lorsque leur inexactitude ou la méconnaissance des engagements du calendrier a porté préjudice au bénéficiaire du certificat.

Le porteur du projet peut présenter conjointement à sa demande de certificat de projet une demande d'examen au cas par cas prévu par le IV de l'article L. 122-1, une demande d'avis sur le champ et le degré de précision des informations à fournir dans l'étude d'impact prévu par l'article L. 122-1-2 et une demande de certificat d'urbanisme prévu par l'article L. 410-1 du Code de l'urbanisme. Elles sont, s'il y a lieu, transmises à l'autorité administrative compétente pour y statuer et les décisions prises avant l'intervention du certificat de projet sont annexées à celui-ci.

Certificat de projet. Le certificat de projet pour l'autorisation environnementale a été abrogé par la loi APER. Un nouveau dispositif de certificat de projet est cependant créé pour les projets réalisés sur une friche, en application du décret n° 2024-452 du 21 mai 2024.

Art. L. 181-7 *(Créé à compter du 1er mars 2017, Ord. n° 2017-80, 26 janv. 2017)* (1). **– Lorsqu'un pétitionnaire envisage de réaliser son projet, au sens de l'article L. 122-1, en plusieurs tranches, simultanées**

(1) Dispositions d'application particulières et transitoires : V. Ord. n° 2017-80, 26 janv. 2017, art. 15. – NDLR.

ou successives, il peut solliciter des autorisations environnementales distinctes pour celles des tranches qui les nécessitent. Cette possibilité est subordonnée à la double condition que le découpage envisagé n'ait pas pour effet de soustraire le projet à l'application de l'article L. 181-1 et qu'il présente une cohérence au regard des enjeux environnementaux. Les autorisations environnementales délivrées dans ce cadre sont, le cas échéant, complétées afin de prendre en compte les incidences environnementales cumulées à l'échelle du projet.

Art. L. 181-8 *(Créé à compter du 1er mars 2017, Ord. n° 2017-80, 26 janv. 2017* (1) *; mod., Ord. n° 2020-7, 6 janv. 2020).* **– Le pétitionnaire fournit un dossier dont les éléments, lorsqu'ils sont communs à toutes les demandes d'autorisation environnementale, sont fixés par le décret en Conseil d'État prévu par l'article L. 181-32 et qui comprend notamment l'étude d'impact prévue par le III de l'article L. 122-1 ou une étude d'incidence environnementale lorsque le projet n'est pas soumis à évaluation environnementale.**

Un décret précise les autres pièces et informations spécifiques à joindre au dossier selon les législations auxquelles le projet est soumis, ainsi que les modalités de son instruction.

Le pétitionnaire indique les informations dont il estime que leur divulgation serait de nature à porter atteinte à des intérêts mentionnés au I de l'article L. 124-4 et au II de l'article L. 124-5 *(Mots aj. à compter du 1er juillet 2023, Ord. n° 2022-534, 13 avr. 2022)* (2) **« ou, en matière de mines, au droit d'inventeur ».**

Voir : Instr. 6 nov. 2017 relative à la mise à disposition et aux conditions d'accès des informations potentiellement sensibles pouvant faciliter la commission d'actes de malveillance dans les installations classées pour la protection de l'environnement (BO MTES n° 2017/16 du 25 nov. 2017).

Section III. – Instruction de la demande

Art. L. 181-9 *(Créé à compter du 1er mars 2017, Ord. n° 2017-80, 26 janv. 2017* (1) *; mod., L. n° 2020-1525, 7 déc. 2020* (3) *; L. n° 2023-175, 10 mars 2023 ; L. n° 2023-973, 23 oct. 2023)* (4). **– L'instruction de la demande d'autorisation environnementale, après qu'elle a été jugée complète et régulière par l'autorité administrative, se déroule en deux phases :**

1° Une phase d'examen et de consultation ;

2° Une phase de décision.

Toutefois, l'autorité administrative compétente peut rejeter la demande au cours de la phase d'examen et de consultation lorsque celle-ci fait apparaître que l'autorisation ne peut être accordée en l'état du dossier ou du projet.

Il en va notamment ainsi lorsque l'autorisation environnementale ou, le cas échéant, l'autorisation d'urbanisme nécessaire à la réalisation du projet, apparaît manifestement insusceptible d'être délivrée eu égard à l'affectation des sols définie par le plan local d'urbanisme ou le document en tenant lieu ou la carte communale en vigueur au moment de l'instruction, à moins qu'une procédure de révision, de modification ou de mise en compatibilité du document d'urbanisme ayant pour effet de permettre cette délivrance soit engagée.

Parallélisation des phases d'examen et de consultation. Les phases d'examen et de consultation se déroulent désormais en même temps et seulement si le dossier a été déclaré complet ou régulier. La procédure est donc considérablement accélérée. En contrepartie, les éventuelles modifications demandées au porteur de projet pendant l'instruction doivent intervenir rapidement. À défaut, la demande pourra être rejetée en cours d'instruction ou refusée à son issue. Cette parallélisation bénéficie donc aux dossiers de bonne qualité, qui seront instruits rapidement, et augmente l'importance de la phase informelle et facultative dite « amont » qui permet d'échanger avec les services de la préfecture sur le contenu de la demande.

Art. L. 181-10 *(Créé à compter du 1er mars 2017, Ord. n° 2017-80, 26 janv. 2017* (1) *; L. n° 2020-1525, 7 déc. 2020* (3) *; mod., L. n° 2023-973, 23 oct. 2023)* (4). **– I. – La consultation du public est réalisée selon**

(1) Dispositions d'application particulières et transitoires : V. Ord. n° 2017-80, 26 janv. 2017, art. 15. – NDLR.

(2) Dispositions particulières d'application : V. Ord. n° 2022-534, 13 avr. 2022.

(3) Dispositions applicables aux procédures engagées après le 8 décembre 2020, L. n° 2020-1525, 7 déc. 2020.

(4) Dispositions applicables aux demandes d'autorisation environnementale déposées à compter d'une date fixée par décret, et au plus tard le 23 octobre 2024, L. n° 2023-973, 23 oct. 2023.

les modalités fixées à l'article L. 181-10-1. Toutefois, dans le cas prévu au troisième alinéa du III de l'article L. 122-1-1, elle est réalisée selon les modalités prévues à l'article L. 123-19.

Lorsque l'instruction de l'autorisation d'urbanisme relative au même projet nécessite la mise en œuvre de l'une des modalités de participation du public mentionnées aux 1° à 3° de l'article L. 123-1-A et que cette procédure n'a pas encore été réalisée, la consultation prévue à l'article L. 181-10-1 en tient lieu.

Lorsqu'il doit être procédé par ailleurs à une enquête publique préalablement à une autre décision qu'une autorisation d'urbanisme, nécessaire à la réalisation du projet, et que cette enquête n'a pas encore été réalisée, la consultation du public est organisée conformément au chapitre III du titre II du présent livre par une enquête publique unique, sauf dérogation demandée par le pétitionnaire et accordée, lorsque cette procédure est de nature à favoriser la bonne réalisation du projet, par l'autorité administrative compétente pour délivrer l'autorisation environnementale.

Par dérogation à l'article L. 123-6, cette enquête publique unique est ouverte et organisée par l'autorité administrative mentionnée au troisième alinéa du présent I. Sa durée ne peut être inférieure à un mois. Le dossier d'enquête comprend l'ensemble des éléments requis pour la délivrance de l'autorisation environnementale.

II. – L'autorité administrative compétente saisit pour avis les collectivités territoriales et leurs groupements intéressés par le projet. Lorsque le projet est soumis à évaluation environnementale en application du II de l'article L. 122-1, cette saisine se substitue à la transmission imposée par le V de cet article. Elle se substitue également à la consultation réalisée, le cas échéant, dans le cadre du III de l'article L. 122-1-1.

NB : En conséquence de la parallélisation des procédures d'examen et de consultation, la loi Industrie Verte modifie la procédure de consultation du public en créant une nouvelle forme de consultation, à mi-chemin entre l'enquête publique et la procédure de participation du public par voie électronique.

1) Procédure de participation. Pour l'instruction d'une demande d'autorisation environnementale, la consultation du public prend la forme de la nouvelle procédure prévue par l'article L. 181-10-1 du code et vaut procédure de consultation du public pour la demande d'autorisation d'urbanisme relative au même projet – il était auparavant prévu que les autorisations d'urbanisme et les autorisations environnementales puissent faire l'objet d'une enquête publique unique. En revanche, si une autre décision relative au projet nécessite une enquête publique unique qui n'a pas encore été réalisée, la consultation du public a lieu sous la forme d'une enquête publique unique, sauf dérogation demandée par le pétitionnaire. Par ailleurs, conformément à l'article L. 122-1-1 du code, si le projet est soumis à évaluation environnementale pour laquelle une enquête publique a déjà eu lieu, et que l'autorisation environnementale n'est pas la première autorisation délivrée dans le cadre du projet, nécessitant donc une actualisation de l'étude d'impact à ce titre, la consultation du public est réalisée sous la forme d'une participation du public par voie électronique.

2) Informations. S'il appartient à l'autorité administrative de procéder à la publicité de l'ouverture de l'enquête publique dans les conditions fixées par la réglementation, la méconnaissance de ces dispositions n'est de nature à vicier la procédure et donc à entraîner l'illégalité de la décision prise à l'issue de l'enquête publique que si elle n'a pas permis une bonne information de l'ensemble des personnes intéressées par l'opération ou si elle a été de nature à exercer une influence sur les résultats de l'enquête et, par suite, sur la décision de l'autorité administrative. Ainsi, si l'avis au public doit préciser la nature de l'installation projetée, le Code de l'environnement n'impose pas que l'ensemble des activités prévues sur le site fassent l'objet d'une description détaillée (■ CE, 25 sept. 2013, n° 359756, *SAS Carrière de Bayssan : BDEI* 2014/1716, concl. X. de Lesquen ; *Environnement et dév. durable* 2013, comm. n° 82, note D. Gillig ; *RJ envir.* 2014, 156, note R. Hostiou).

Art. L. 181-10-1 ***(L. n° 2023-973, 23 oct. 2023)*** (1). **– I. – Dès la réception du dossier, l'autorité administrative saisit le président du tribunal administratif compétent en vue de la désignation, dans les conditions prévues aux articles L. 123-4 et L. 123-5, d'un commissaire enquêteur ou d'une commission d'enquête chargé de la consultation du public et respectivement d'un suppléant ou de plusieurs suppléants pouvant se substituer sans délai au commissaire enquêteur ou aux membres de la commission d'enquête en cas d'empêchement.**

(1) Dispositions applicables aux demandes d'autorisation environnementale déposées à compter d'une date fixée par décret, et au plus tard le 23 octobre 2024, L. n° 2023-973, 23 oct. 2023.

Dès que le dossier est jugé complet et régulier et que le commissaire enquêteur ou la commission d'enquête est désigné, l'autorité administrative organise une consultation du public selon les modalités prévues aux II à V du présent article, sauf si la demande a déjà été rejetée dans les conditions prévues au quatrième alinéa de l'article L. 181-9.

II. – La consultation mentionnée au second alinéa du I du présent article a pour objet d'assurer l'information et la participation du public ainsi que la prise en compte des intérêts des tiers lors de l'élaboration de la décision. Les observations et les propositions parvenues pendant la durée de la consultation sont prises en considération par le maître d'ouvrage et par l'autorité compétente pour prendre la décision.

Le public est avisé de l'ouverture de la consultation selon les modalités prévues au II de l'article L. 123-19. La durée de la consultation est de trois mois ou, lorsque l'avis de l'autorité environnementale est requis, d'un mois de plus que le délai imparti à celle-ci pour rendre son avis.

Le dossier de la consultation est constitué et mis à la disposition du public dans les conditions prévues au même II. L'étude d'impact, quand elle est requise, est mise à la disposition du public au plus tard à l'ouverture de la consultation. Les avis recueillis par l'administration sur la demande ou l'indication d'une absence d'avis résultant de l'expiration des délais impartis sont mis à la disposition du public sans délai au fur et à mesure de leur émission.

III. – La consultation est conduite par le commissaire enquêteur ou la commission d'enquête de manière à permettre au public de disposer d'une information complète sur le projet et de participer effectivement au processus de décision.

À cet effet :

1° Dans un délai de quinze jours à compter du début de la consultation, le commissaire enquêteur ou la commission d'enquête organise une réunion publique d'ouverture avec la participation du pétitionnaire ;

2° Le public peut faire parvenir ses observations et ses propositions, pendant la durée de la consultation, par courrier électronique, par voie postale ainsi que par toute autre modalité précisée dans l'avis d'ouverture de la consultation ;

3° Les observations et les propositions transmises par voie électronique sont accessibles sur un site internet désigné dans des conditions fixées par voie réglementaire ;

4° Les réponses éventuelles du pétitionnaire aux avis mis en ligne ainsi qu'aux observations et aux propositions du public sont transmises et publiées dans les mêmes conditions, y compris lorsque ces réponses ont été formulées lors d'une réunion publique ;

5° Dans les quinze derniers jours de la consultation du public, le commissaire enquêteur ou la commission d'enquête organise une réunion publique de clôture, avec la participation du pétitionnaire. Le commissaire enquêteur ou la commission d'enquête recueille les observations des parties prenantes jusqu'à la clôture de la consultation.

Les réponses apportées par le pétitionnaire au plus tard lors de la réunion de clôture de la consultation sont réputées faire partie du dossier de demande, de même que les éventuelles modifications consécutives du projet, sous réserve qu'elles n'en modifient pas l'économie générale.

IV. – Le commissaire enquêteur ou la commission d'enquête rend son rapport et ses conclusions motivées à l'autorité administrative, après concertation avec le pétitionnaire et dans un délai de trois semaines à compter de la clôture de la consultation du public.

Le rapport fait état des principaux éléments relatifs au projet recueillis lors de la consultation du public et comporte une synthèse des observations et des propositions du public ainsi que des réponses du pétitionnaire.

Le rapport et les conclusions motivées sont rendus publics.

La réception de ce rapport et de ces conclusions motivées ou l'expiration du délai de trois semaines met fin à la phase d'examen et de consultation et ouvre la phase de décision.

La décision ne peut être adoptée avant l'expiration d'un délai permettant la prise en considération des observations et des propositions formulées pendant la consultation et des réponses du pétitionnaire.

V. – Le pétitionnaire assume les frais afférents à la consultation du public, notamment ceux relatifs aux différentes mesures de publicité de la consultation et à l'indemnisation du commissaire enquêteur ou de la commission d'enquête, dans les conditions prévues au chapitre III du titre II du présent livre.

Art. L. 181-11 *(Créé à compter du 1er mars 2017, Ord. n° 2017-80, 26 janv. 2017)* (1). – Les règles de procédure et de consultation relatives à l'autorisation environnementale se substituent aux règles de procédure et de consultation prévues par les autres livres du présent code et par les autres législations, en tant qu'elles sont relatives à la délivrance des décisions mentionnées à l'article L. 181-2.

Art. L. 181-12 *(Créé à compter du 1er mars 2017, Ord. n° 2017-80, 26 janv. 2017)* (1). – L'autorisation environnementale fixe les prescriptions nécessaires au respect des dispositions des articles L. 181-3 et L. 181-4.

Ces prescriptions portent, sans préjudice des dispositions de l'article L. 122-1-1, sur les mesures et moyens à mettre en œuvre lors de la réalisation du projet, au cours de son exploitation, au moment de sa cessation et après celle-ci, notamment les mesures d'évitement, de réduction et de compensation des effets négatifs notables sur l'environnement et la santé.

Elles peuvent également porter sur les équipements et installations déjà exploités et les activités déjà exercées par le pétitionnaire ou autorisés à son profit lorsque leur connexité les rend nécessaires aux activités, installations, ouvrages et travaux soumis à autorisation ou dont la proximité est de nature à en modifier notablement les dangers ou inconvénients.

Voir : Sur les prescriptions susceptibles d'être imposées par le préfet, comm. ss art. R. 181-43, p. 1732. Sur les critères d'appréciation du caractère substantiel des modifications, V. art. R. 181-46 et comm., p. 1736.

Voir : Instr. 6 nov. 2017 relative à la mise à disposition et aux conditions d'accès des informations potentiellement sensibles pouvant faciliter la commission d'actes de malveillance dans les installations classées pour la protection de l'environnement (*BO MTES n° 2017/16 du 25 nov. 2017*). Sur le régime antérieur, V. Circ. 14 mai 2012 sur l'appréciation des modifications substantielles au titre de l'article R. 512-33 du Code de l'environnement *(BO MEDDE n° 10 du 10 juin 2012)*.

Section IV. – Mise en œuvre du projet

Art. L. 181-13 *(Créé à compter du 1er mars 2017, Ord. n° 2017-80, 26 janv. 2017)* (1). – Lorsque le projet présente des dangers ou inconvénients d'une importance particulière, l'autorité administrative compétente peut, tant lors de l'instruction d'une demande d'autorisation environnementale que postérieurement à sa délivrance, demander une tierce expertise afin de procéder à l'analyse d'éléments du dossier nécessitant des vérifications particulières.

Cette tierce expertise est effectuée par un organisme extérieur choisi en accord avec l'administration par le pétitionnaire et aux frais de celui-ci.

Bibliographie : P. Marcantoni, *Les contraintes juridiques entourant l'implantation des éoliennes terrestres et maritimes : RD imm.* 2018, 425. • L Tanty, *L'extension du champ d'application de la procédure d'examen au cas par cas en matière de projets : AJDA* 2018, 885. • S. Becue, *Le maintien des effets de l'autorisation d'exploiter une installation classée malgré le vice d'information du public : AJDA* 2017, 1733.

Art. L. 181-14 *(Créé à compter du 1er mars 2017, Ord. n° 2017-80, 26 janv. 2017 ; mod., Ord. n° 2020-7, 6 janv. 2020)* (1). – Toute modification substantielle des activités, installations, ouvrages ou travaux qui relèvent de l'autorisation environnementale est soumise à la délivrance d'une nouvelle autorisation, qu'elle intervienne avant la réalisation du projet ou lors de sa mise en œuvre ou de son exploitation.

En dehors des modifications substantielles, toute modification notable intervenant dans les mêmes circonstances est portée à la connaissance de l'autorité administrative compétente pour délivrer l'autorisation environnementale dans les conditions définies par le décret prévu à l'article L. 181-32.

L'autorité administrative compétente peut imposer toute prescription complémentaire nécessaire au respect des dispositions des articles L. 181-3 et L. 181-4 à l'occasion de ces modifications, mais aussi à tout moment s'il apparaît que le respect de ces dispositions n'est pas assuré par l'exécution des prescriptions préalablement édictées.

Voir : Instr. 11 juill. 2018 relative à l'appréciation des projets de renouvellement de parcs éoliens terrestres (NOR : TREP1808052J).

(1) Dispositions d'application particulières et transitoires : V. Ord. n° 2017-80, 26 janv. 2017, art. 15. – NDLR.

I – NOUVELLES DISPOSITIONS

NB : Toute modification doit être portée à la connaissance du préfet. L'inspection des installations classées analyse alors la nature de cette modification et peut proposer au préfet trois suites possibles :

- soit la modification est jugée notable et substantielle, et un nouveau dossier de demande d'autorisation environnementale devra alors être constitué ;
- soit la modification est jugée notable et non substantielle et un arrêté de prescriptions complémentaires est proposé au préfet ;
- soit la modification est jugée ni notable ni substantielle et l'arrêté encadrant l'exploitation de l'installation ne nécessite pas de modification, ce qui n'exclut pas le contrôle sur les capacités techniques et financières et l'édition d'une autorisation.

Voir : sur l'application des nouvelles dispositions : jurisprudence citée sous L. 181-1. *Office du juge sur les autorisations uniques au titre des installations classées – Conseil d'État 26 juillet 2018 : AJDA* 2018, 1583.

Voir : Sur l'appréciation du caractère substantiel des modifications, comm. sous art. R. 181-46, p. 1736.

II – ANCIENNE JURISPRUDENCE

1) Est reproduite ici la jurisprudence relative à l'ancien article L. 512-3, abrogé par l'ordonnance n° 2017-80 du 26 janvier 2017, dont l'article L. 181-14 reprend certaines dispositions relatives aux prescriptions complémentaires.

A – Autorisation initiale, prescriptions primitives

2) Mesures susceptibles d'être imposées. L'exploitant d'une installation classée ne peut se voir imposer que des prescriptions en rapport avec ses activités d'exploitant et avec les atteintes qu'elles sont susceptibles de porter aux intérêts mentionnés à l'article L. 511-1. Il ne peut être exigé de l'exploitant de contrôler la présence dans les eaux rejetées par son installation de substances qui ne peuvent, ni directement ni indirectement, par réaction chimique, être issues de cette installation (■ CE, 17 avr. 2015, n° 368397, *Sté Porteret et Beaulieu Industrie : AJDA* 2015, 787 ; *Dr. env.* 2015, 171 ; *Énergie – Env. – Infrastr.* 2015, comm 54, note D. Gillig ; *Rev. jur. env.* 2016, 170, note R. Schneider). Le préfet peut subordonner la délivrance de l'autorisation à la mise en place d'une organisation de la sécurité tant intérieure qu'extérieure à l'établissement concerné en vue d'obvier aux dangers présentés par celui-ci et d'assurer son fonctionnement dans des conditions optimales de sécurité (■ CAA Nancy, 13 févr. 1997, n° 94NC00153, *SNC Butachimie : Dr. env.* 1997, n° 51, p. 6, note Carlier ; *Rev. jur. env.* 1997, 575. – Dans le même sens, ■ CAA Lyon, 15 févr. 2007, n° 00LY01066, *Sté Ugine Savoie Imphy : Rev. jur. env.* 2008, 372, obs. R. Schneider). Sur l'illégalité de l'autorisation, en raison du caractère insuffisant ou inefficace des prescriptions, V. ss art. L. 512-1, p. 945.

3) Caractère suffisant des prescriptions. La seule circonstance que les prescriptions de l'arrêté d'autorisation seraient moins sévères que celles qui résulteraient de la mise en œuvre d'une directive communautaire postérieure de quatre mois audit arrêté ne peut suffire à établir que lesdites prescriptions sont insuffisantes (■ TA Lyon, 5 juill. 1991, *Cne d'Oullins : Rev. jur. env.* 1995, 119).

4) Immixtion dans la gestion de l'entreprise (non). Les mesures prises par le préfet en application de la loi pour protéger les intérêts mentionnés par l'article 1er de la loi ne peuvent faire regarder l'administration comme s'immisçant dans la gestion interne de l'entreprise ; si elles peuvent avoir pour effet de restreindre la liberté de gestion et le pouvoir de décision du chef d'entreprise, une telle restriction trouve son fondement dans la nécessité de veiller aux intérêts mentionnés à l'article 1er de la loi (■ TA Strasbourg, 29 sept. 1994, *Sté Rhône-Poulenc : Rev. jur. env.* 1995, 505).

5) Participation du public. Enquête publique. Les dispositions de l'article L. 123-12 [devenu L. 123-16] du Code de l'environnement, qui permettent au juge administratif des référés, saisi d'une demande de suspension d'une décision prise après des conclusions défavorables du commissaire enquêteur ou de la commission d'enquête, fait droit à cette demande si elle comporte un moyen propre à créer, en l'état de l'instruction, un doute sérieux quant à la légalité de celle-ci, sont applicables dans le cas où l'autorisation d'exploitée est délivrée par le tribunal administratif après annulation du refus, et que l'arrêté préfectoral se limite à définir les prescriptions d'exploitation de l'installation. En effet, il résulte de la combinaison des dispositions des articles L. 512-1 et L. 512-3 que l'autorisation d'exploiter une installation classée pour la protection de l'environnement est indissociable des prescriptions qui l'accompagnent, l'installation projetée ne pouvant, en l'absence de ces prescriptions, fonctionner dans des conditions permettant le respect des intérêts visés à l'article L. 511-1. Dès lors, pour l'application des dispositions de l'article L. 123-12 [devenu L. 123-16], qui ne soumettent pas le prononcé d'une mesure de suspension par le juge des référés à une condition d'urgence, l'arrêté par lequel l'autorité administrative fixe les prescriptions initiales applicables à une installation classée pour la protection de l'environnement doit être regardé comme une décision soumise à une enquête publique préalable, alors même que le préfet n'est pas tenu de procéder à une nouvelle enquête publique pour édicter ces prescriptions, dès lors que celle-ci a été réalisée dans le cadre de l'instruction de la demande d'autorisation (▪ CE, 18 oct. 2013, n° 366508, *Centre national d'information indépendante sur les déchets et a.* : *Dr. env.* 2014, 15 ; *Environnement et dév. durable* 2014, n° 14, note J.-M. Février ; *AJDA* 2013, 2055 ; *Rev. jur. env.* 2014, 582, obs. R. Schneider). La faculté réservée à l'autorité administrative de compléter par des arrêtés l'autorisation initiale d'exploiter une ICPE est réservée aux cas dans lesquels les modifications apportées à l'installation, à son mode d'utilisation ou à son voisinage ne sont pas substantielles. Les arrêtés complémentaires prévus par l'article L. 512-3 ne constituent pas des décisions ayant une incidence significative sur l'environnement et ne sont pas au nombre des décisions visées par l'article 7 de la Charte de l'environnement. Il n'y a donc pas lieu de renvoyer la QPC au Conseil constitutionnel (▪ CE, 17 oct. 2013, n° 370481, *Cne d'Illkirch-Graffenstaden* : *Dr. env.* 2013, 414 ; *BDEI* 2013/1648).

B – Prescriptions complémentaires

6) Prescriptions complémentaires ou nouvelle autorisation. Lorsque l'extension de l'activité litigieuse n'a pas entraîné de modifications dans la nature des inconvénients causés par les machines nouvellement installées non plus que dans le mode d'utilisation de l'installation, mais que le doublement de la superficie de l'activité et son rapprochement des maisons avoisinantes d'une centaine de mètres ont, en revanche, causé des inconvénients supplémentaires, le préfet, informé par l'exploitant de la nature des modifications projetées, ne pouvait lui imposer des prescriptions complémentaires, mais devait l'inviter à présenter une nouvelle demande d'autorisation (▪ CE, 26 oct. 1988, *David* : *Rec. CE* 1988, 378 ; *Rev. jur. env.* 1989, 356). Lorsqu'est installée, sur le site d'une installation qui a fait l'objet d'une autorisation au titre de la nomenclature, une nouvelle installation elle-même soumise à autorisation au titre de ladite nomenclature, l'autorité administrative ne peut se borner à édicter par arrêté complémentaire des prescriptions additionnelles relatives à l'exploitation de l'installation ayant fait l'objet de l'autorisation antérieure, mais doit instruire une nouvelle demande d'autorisation relative à la nouvelle installation (▪ CE, 16 nov. 1998, *Synd. des fabricants d'explosifs* : *Rev. jur. env.* 1999, 629). En prévoyant la possibilité pour l'administration d'exonérer de l'obligation de demander une autorisation préalable au titre de la rubrique n° 1310 relative à la fabrication d'explosifs, les titulaires d'une autorisation délivrée au titre de la rubrique n° 2510 relative à l'exploitation de carrière lorsque ladite autorisation prévoit l'utilisation d'explosifs, la circulaire attaquée ne se borne pas à donner une interprétation des textes existants, mais prend une mesure réglementaire entachée d'incompétence (▪ Même arrêt). Annulation d'un arrêté imposant des prescriptions supplémentaires à l'exploitant en vue de l'extension d'une décharge d'ordures ménagères, alors qu'en raison de l'extension géographique de la décharge et d'une modification de la nature des déchets entreposés, une autorisation était nécessaire (▪ CAA Lyon, 9 mars 1999, *Assoc. contre l'extension de la décharge régionale de Saint-Romain-en-Gal* : *Rev. jur. env.* 1999, 638). Légalité de l'arrêté par lequel le préfet a fixé des prescriptions additionnelles à un arrêté d'autorisation d'ouverture pour tenir compte de la déclaration, par une coopérative, du projet d'extension de ses installations de stockage représentant un accroissement de capacité de 5 % (▪ CAA Marseille, 3 févr. 2000, *Boudier* : *Rev. jur. env.* 2001, 128). L'édiction de prescriptions additionnelles n'est possible que si, d'une part, les installations autorisées contribuent à l'un des risques auxquels le Code de l'environnement entend parer et si, d'autre part, elles ne soulèvent pas de difficultés sérieuses d'exécution d'ordre matériel ou économique (▪ CAA Nantes, 8 juin 2012, n° 10NT00977).

7) Caractère insuffisant des prescriptions. Nonobstant le fait que l'exploitation litigieuse satisferait aux prescriptions réglementaires applicables, le projet d'extension d'une porcherie, compte tenu à la fois de l'importance des quantités supplémentaires de lisier à épandre, du morcellement de la zone d'épandage, de la configuration des lieux où elle se situe et de la vulnérabilité environnementale de ceux-ci, est de nature à porter atteinte à la ressource en eau. Par suite, en autorisant l'extension sollicitée sans assortir son arrêté de prescriptions spécifiques aux opérations d'épandage de nature à prévenir de tels dangers, le préfet a entaché sa décision d'illégalité (▪ CAA Nantes, 28 févr. 2006, n° 04NT01274, *MEDD et SCEA de Henven* : *Rev. jur. env.* 2007, 389, obs. R. Schneider ; confirmé par ▪ CE, 17 juill. 2009, n° 295078, *SCEA de Henven* : *AJDA* 2009, 2365).

8) Bien-fondé de l'arrêté. Légalité de l'arrêté complémentaire pris par le préfet pour prescrire le remplacement de l'ammoniac par un autre fluide frigorigène dès lors que ce gaz, qui est le seul qui peut être actuellement utilisé industriellement en remplacement de l'ammoniac, présente, eu égard aux objectifs poursuivis par le préfet, moins de dangers pour la population environnante, et que ces travaux n'excèdent pas, par leur importance, la nature de ceux qui peuvent être prescrits sur le fondement de la loi du 19 juillet 1976 ; la double circonstance que ce gaz, dont l'utilisation est autorisée, soit considéré comme dangereux pour la couche d'ozone et que son interdiction soit normalement programmée pour l'année 2015, et que ce remplacement représente un coût élevé pour la société en cause, qui a d'ailleurs procédé à ce changement de fluide, n'est pas de nature à remettre en cause le bien-fondé de l'arrêté préfectoral (▪ CAA Lyon, 6 juill. 1999, *SA Stef : Rev. jur. env.* 2000, 491). À la suite d'un rapport de l'inspection des installations classées pour la protection de l'environnement du 22 septembre 2015, ayant relevé quinze non-conformités à l'arrêté de prescriptions concernant la décharge et une non-conformité concernant le centre de tri, le préfet de l'Orne a, par un arrêté du 25 septembre 2015, fixé des mesures d'urgence pour prévenir des dangers graves et imminents pour l'environnement et la sécurité publique, et prévu que l'apport de déchets sur l'installation de Nonant-le-Pin était interdit et que cette interdiction prendrait fin lorsque la levée des non-conformités affectant les alvéoles de stockage des déchets aurait été constatée. Aussi l'interruption de l'activité sur le site de Nonant-le-Pin est la conséquence immédiate non de l'arrêté litigieux, mais de la nécessité, pour la société requérante, de réaliser des travaux sur l'installation de stockage des déchets. Par suite, la condition d'urgence justifiant que, sans attendre que le tribunal juge la requête au fond, l'exécution de l'arrêté du 25 septembre 2015 soit suspendue ne peut être regardée, en l'espèce, comme remplie (▪ CE, 18 mars 2016, n° 394439, *Min. de l'Écologie : Dr. env.* 2016, 188, obs. Goupillier).

9) Prescriptions initiales/prescriptions complémentaires. Il appartient à l'autorité administrative compétente en matière de police des installations classées de prendre à tout moment les mesures nécessaires à la protection des intérêts mentionnés à l'article L. 511-1. Elle peut à cet effet, même après la mise à l'arrêt de l'installation, modifier les prescriptions de remise en état du site sur le fondement de l'article L. 512-3, afin de prévenir des dangers ou inconvénients qui n'auraient pas été antérieurement pris en compte ; une telle modification dispense nécessairement l'exploitant de respecter celles des prescriptions initiales qui ont ainsi été modifiées. Par suite, en jugeant que le préfet ne pouvait légalement prendre un arrêté complémentaire modifiant les prescriptions de son arrêté du 12 mai 1999 relatives à la remise en état du site et à son remblayage dès lors qu'il était tenu, après avoir constaté que les prescriptions initiales correspondantes n'avaient pas été respectées, de mettre en demeure la SETM de s'y conformer en application de l'article L. 514-1 du Code de l'environnement, la cour administrative d'appel de Nancy a entaché son arrêt d'une erreur de droit (▪ CE, 8 oct. 2012, n° 345013, *Sté Entreprise de travaux et de matériaux : Rev. jur. env.* 2013, 349, obs. R. Schneider).

V. aussi notes ss art. R. 512-28 à R. 512-31, p. 2379.

Art. L. 181-15 ***(Créé à compter du 1er mars 2017, Ord. n° 2017-80, 26 janv. 2017 ; mod., Ord. n° 2020-7, 6 janv. 2020)*** (1). **– Le changement de bénéficiaire de l'autorisation environnementale est subordonné à une déclaration auprès de l'autorité administrative compétente ou à une autorisation de celle-ci, dans les cas et les conditions fixés par le décret prévu à l'article L. 181-32.**

La prolongation et le renouvellement d'une autorisation environnementale sont soumis à la délivrance d'une nouvelle autorisation s'ils comportent une modification substantielle du projet autorisé ou en cas de changement substantiel dans les circonstances de fait et de droit ayant présidé à la délivrance de l'autorisation initiale. Dans le cas contraire, les dispositions du dernier alinéa de l'article L. 181-14 sont applicables.

Voir : Sur le changement d'exploitant, comm. sous art. R. 181-47, p. 1739.

Art. L. 181-15-1 ***(Ord. n° 2020-7, 6 janv. 2020)*.** **– Lorsqu'un ou plusieurs tiers souhaitent, avec l'accord du ou des titulaires d'une autorisation environnementale, bénéficier d'un transfert partiel de celle-ci, ils en font la demande auprès de l'autorité administrative compétente. Lorsque celle-ci estime que la modification n'est pas substantielle, que le transfert partiel peut s'effectuer sans porter atteinte aux intérêts mentionnés aux articles L. 181-3 et L. 181-4, que les conditions prévues aux articles L. 181-26 et L. 181-27 sont, le cas échéant, réunies et qu'il est possible d'identifier les mesures relevant de chacun, notamment pour assurer l'application de l'article L. 181-12, elle délivre à chaque demandeur et au titulaire initial une autorisation environnementale distincte.**

(1) Dispositions d'application particulières et transitoires : V. Ord. n° 2017-80, 26 janv. 2017, art. 15. – NDLR.

Section V. – Contrôle et sanctions

Art. L. 181-16 *(Créé à compter du 1er mars 2017, Ord. n° 2017-80, 26 janv. 2017* (1) *; mod. à compter du 1er juillet 2023, Ord. n° 2022-534, 13 avr. 2022)* (2). **– I. – Pour l'application du présent chapitre, les contrôles administratifs sont exercés et les mesures de police administratives sont prises dans les conditions fixées au chapitre Ier du titre VII du présent livre ainsi que, pour les activités, installations, ouvrages et travaux relevant du 3° de l'article L. 181-1 du présent code, au titre VII du livre Ier du Code minier, et par les législations auxquelles ces contrôles et ces mesures se rapportent.**

II. – Pour l'application du présent chapitre, les infractions sont recherchées, constatées et sanctionnées dans les conditions fixées à la section 2 du chapitre II du titre VII du présent livre et par les législations qui les prévoient.

III. – Outre les officiers et agents de police judiciaire, sont habilités à rechercher et à constater les infractions mentionnées au II les fonctionnaires et agents spécialement habilités au titre des dispositions de la section 1 du chapitre II du titre VII du présent livre et des autres législations ainsi que, pour les activités, installations, ouvrages et travaux relevant du 3° de l'article L. 181-1 du présent code, au titre VII du livre Ier du Code minier, les agents compétents en matière de police des mines.

Compétence de la CAA de Nantes en matière d'éoliennes. Le contentieux des mesures de police administrative spéciale imposées à l'exploitant d'éoliennes sur le fondement des articles L. 171-7 et L. 181-16 relèvent de la compétence en premier et dernier ressort des cours administratives d'appel (■ CE, 9 oct. 2019, n° 432722, *Sté FE Sainte-Anne* : *JurisData* n° 2019-017373 ; *Énergie – Env. – Infrastr.* 2020, obs. M. Guérin).

Art. L. 181-17 *(Créé à compter du 1er mars 2017, Ord. n° 2017-80, 26 janv. 2017* (1) *; mod., L. n° 2023-973, 23 oct. 2023)* (3). **– Les décisions prises sur le fondement du quatrième alinéa de l'article L. 181-9 et les décisions mentionnées aux articles L. 181-12 à L. 181-15 sont soumises à un contentieux de pleine juridiction.**

L'auteur du recours est tenu, à peine d'irrecevabilité, de notifier son recours à l'auteur de la décision et au bénéficiaire de la décision. Les conditions d'application du présent alinéa sont précisées par décret en Conseil d'État.

Lorsque le droit de former un recours contre l'une des décisions mentionnées au premier alinéa du présent article est mis en œuvre dans des conditions qui traduisent un comportement abusif de la part du requérant et qui causent un préjudice au bénéficiaire de l'autorisation, celui-ci peut demander, par un mémoire distinct, au juge administratif saisi du recours de condamner l'auteur de celui-ci à lui verser des dommages et intérêts. La demande peut être présentée pour la première fois en appel.

1) **Nature des règles.** Il appartient au juge du plein contentieux des installations classées pour la protection de l'environnement d'apprécier le respect des règles de procédure régissant la demande d'autorisation au regard des circonstances de fait et de droit en vigueur à la date de délivrance de l'autorisation et celui des règles de fond régissant l'installation au regard des circonstances de fait et de droit en vigueur à la date à laquelle il se prononce. Les obligations relatives à la composition du dossier de demande d'autorisation d'une installation classée relèvent des règles de procédure. Les inexactitudes, omissions ou insuffisances affectant ce dossier ne sont susceptibles de vicier la procédure et ainsi d'entacher d'irrégularité l'autorisation que si elles ont eu pour effet de nuire à l'information complète de la population ou si elles ont été de nature à exercer une influence sur la décision de l'autorité administrative. En outre, eu égard à son office, le juge du plein contentieux des installations classées peut prendre en compte la circonstance, appréciée à la date à laquelle il statue, que de telles irrégularités ont été régularisées, sous réserve qu'elles n'aient pas eu pour effet de nuire à l'information complète de la population (■ CAA Douai, 17 sept. 2019, nos 17DA01441 et 17DA01462, *Cne de Guiscard*).

2) **Notification du recours et recours abusif.** À l'instar des règles applicables au contentieux de l'urbanisme, les auteurs du recours contre une

(1) Dispositions d'application particulières et transitoires : V. Ord. n° 2017-80, 26 janv. 2017, art. 15. – NDLR.
(2) Dispositions particulières d'application : V. Ord. n° 2022-534, 13 avr. 2022.
(3) Dispositions applicables aux demandes d'autorisation environnementale déposées à compter d'une date fixée par décret, et au plus tard le 23 octobre 2024, L. n° 2023-973, 23 oct. 2023.

autorisation environnementale sont désormais tenus de notifier leur recours à l'auteur et au bénéficiaire de la décision, à peine d'irrecevabilité. De plus, le code prévoit désormais une mention explicite à la possibilité de condamner le requérant pour recours abusif.

Voir : Sur l'étendue des pouvoirs du juge administratif, comm. sous art. L. 181-18, p. 310.

Art. L. 181-18 (1) *(Créé à compter du 1er mars 2017, Ord. n° 2017-80, 26 janv. 2017* (2) *; mod., L. n° 2023-175, 10 mars 2023)* (3). **– I. – Le juge administratif qui, saisi de conclusions dirigées contre une autorisation environnementale, estime, après avoir constaté que les autres moyens ne sont pas fondés, même après l'achèvement des travaux :**

1° Qu'un vice n'affecte qu'une phase de l'instruction de la demande d'autorisation environnementale, ou une partie de cette autorisation, limite à cette phase ou à cette partie la portée de l'annulation qu'il prononce et demande à l'autorité administrative compétente de reprendre l'instruction à la phase ou sur la partie qui a été entachée d'irrégularité ;

2° Qu'un vice entraînant l'illégalité de cet acte est susceptible d'être régularisé, sursoit à statuer, après avoir invité les parties à présenter leurs observations, jusqu'à l'expiration du délai qu'il fixe pour cette régularisation. Si une mesure de régularisation est notifiée dans ce délai au juge, celui-ci statue après avoir invité les parties à présenter leurs observations.

Le refus par le juge de faire droit à une demande d'annulation partielle ou de sursis à statuer est motivé.

II. – En cas d'annulation ou de sursis à statuer affectant une partie seulement de l'autorisation environnementale, le juge détermine s'il y a lieu de suspendre l'exécution des parties de l'autorisation non viciées.

Bibliographie : P. Picquet, *Régularisation d'une autorisation environnementale en cas de vice de procédure : AJDA* 2018, p. 1567. • L.-N. Harada et G. Terray, *La régularisation de l'autorisation environnementale par le juge administratif, où en est-on après cinq ans de pratique ? : BDEI* 2022, n° 2936, p. 45.

Voir : jurispr. citée sous art. L. 181-1, p. 289.

NB : Ce qui était jusqu'à présent une faculté de régularisation devient avec la modification apportée par la loi APER une obligation pour le juge administratif confronté à un vice régularisable entachant une autorisation environnementale.

1) Pouvoirs élargis du juge du plein contentieux. La réforme de l'autorisation environnementale a consacré les pouvoirs de réformation du juge saisi de la légalité d'une autorisation, lui permettant d'annuler partiellement une décision, d'en limiter les effets dans le temps et d'enjoindre à l'administration de prendre une décision dans un sens déterminé, rappelant celui accordé au juge de l'excès de pouvoir dans le contentieux de l'urbanisme, en application des articles L. 600-5, L. 600-5-1 et L. 600-9 du Code de l'urbanisme. Or, l'office du juge de plein contentieux spécial des ICPE et des IOTA est traditionnellement plus étendu. Le juge, lorsqu'il annule l'autorisation, met en œuvre les pouvoirs accordés au juge de l'excès de pouvoir, mais il peut également être « juge administrateur » en accordant lui-même l'autorisation aux conditions qu'il fixe (■ CE, 20 avr. 2005, n° 246690, *Sté des sablières et entreprises Morillon-Corvol : Rev. jur. env.* 2006, 337, obs. R. Schneider). Dans ce cas, il est fondé à accorder cette autorisation à titre provisoire, dans l'attente d'une régularisation de la situation administrative (■ CE, 15 mai 2013, n° 353010, *Sté ARF*). Le juge est aussi en mesure, s'il l'estime nécessaire, d'atténuer les prescriptions de l'autorisation à la demande de l'exploitant (■ CE, 27 mai 1988, n° 66490, *Comité de défense du site de Kervoazou : Rec. CE*, 1988, T. 847) ou les renforcer à la demande d'un tiers (■ CAA Paris, 7 août 2002, nos 96PA02444 et 96PA02569, *Assoc. CAPUI et a.*). Par ailleurs, le juge se prononce au regard des conditions de droit ou de fait applicables au jour où il se prononce (■ CE, 15 oct. 1990, n° 67279, *Min. de l'Environnement c/ Assoc. Aquitaine alternatives et a. CJEG* 1991, p. 133, concl. de La Verpillière) sous réserve, désormais, de l'article L. 514-6, I Code de l'environnement, selon lequel la compatibilité d'une installation classée avec les dispositions d'un schéma de cohérence territoriale, d'un PLU, d'un POS ou d'une carte communale doit être appréciée en l'état du droit applicable au jour où l'autorisation a été prise.

(1) V. ■ CE avis, 22 mars 2018, n° 415852, *Ass. Novissen et a. : JurisData* n° 2018-004282, préc. (sur l'étendue des pouvoirs du juge administratif). – NDLR.

(2) Dispositions d'application particulières et transitoires : V. Ord. n° 2017-80, 26 janv. 2017, art. 15. – NDLR.

(3) Dispositions applicables aux litiges engagés à compter du 11 mars 2023 à l'encontre des autorisations environnementales régies par le chapitre unique du titre VIII du livre Ier du Code de l'environnement, L. n° 2023-175, 10 mars 2023.

2) Auto-saisine (Jurisprudence rendue sous l'empire de l'ancienne version de l'article). La faculté d'engager la procédure de régularisation dont dispose le juge relève de l'exercice d'un pouvoir qui lui est propre et qui n'est pas subordonné à la présentation de conclusions en ce sens, son choix relevant d'une appréciation qui échappe au contrôle du juge de cassation. En revanche, lorsqu'il est saisi de conclusions en ce sens, il est tenu de mettre en œuvre les pouvoirs qu'il tient du 2° du I de l'article L. 181-18 Code de l'environnement si les vices qu'il retient apparaissent, au vu de l'instruction, régularisables (▪ CE, 11 mars 2020, n° 423164 : *Gaz. Pal.* 28 juill. 2020, p. 40, obs. M.-P. Maitre. – V. également ▪ CE, 10 mars 2022, n° 447130. ▪ CE, 7 juill. 2021, n° 436641).

3) Office du juge (Jurisprudence rendue sous l'empire de l'ancienne version de l'article). Les dispositions du 2° du I de l'article L. 181-18 permettent au juge, lorsqu'il constate un vice qui entache la légalité de la décision mais qui peut être régularisé par une décision modificative, de rendre un jugement avant dire droit par lequel il fixe un délai pour cette régularisation et sursoit à statuer sur le recours dont il est saisi. Le juge peut préciser, par son jugement avant dire droit, les modalités de cette régularisation. Ces règles s'appliquent que le vice constaté entache d'illégalité une partie de l'autorisation ou la totalité, y compris s'il n'affecte qu'une phase de l'instruction, dès lors qu'il est régularisable. Dans tous les cas, le sursis à statuer a pour objet de permettre la régularisation de l'autorisation attaquée. Cette régularisation implique l'intervention d'une décision complémentaire qui corrige le vice dont est entachée la décision attaquée. S'il constate que la régularisation a été effectuée, le juge rejette le recours dont il est saisi (▪ CE, avis, 22 mars 2018, n° 415852, *Mireille Le Corre : AJDA* 2018, 655 ; *BDEI* 2018/2328, concl. et note Dutheillet de Lamothe ; *Rev. jur. env.* 2018, n° 41, note Huglo et Jeannel ; *Dalloz actualité*, 29 mars 2018, note M.-C. de Montecler ; *JCP* A 2018, act. 298, obs. F. Tesson). Les dispositions du 1° du I du même article ont pour objet de rappeler la règle générale selon laquelle le juge administratif, lorsqu'il constate une illégalité qui n'affecte qu'une partie divisible de la décision qui lui est déférée, se borne à annuler cette partie. Elles permettent de prononcer des annulations limitées soit à une ou plusieurs des anciennes autorisations désormais regroupées dans l'autorisation environnementale, soit à certains éléments de ces autorisations à la condition qu'ils en soient divisibles (▪ Même avis). Les dispositions précitées du 2° du I de l'article L. 181-18 du Code de l'environnement permettent au juge, même pour la première fois en appel, lorsqu'il constate un vice qui entache la légalité de l'autorisation environnementale attaquée mais qui peut être régularisé par une décision modificative, de rendre un jugement avant dire droit par lequel il fixe un délai pour cette régularisation et sursoit à statuer sur le recours dont il est saisi. Le juge peut préciser, par son jugement avant dire droit, les modalités de cette régularisation, qui implique l'intervention d'une décision corrigeant le vice dont est entachée la décision attaquée. Un vice de procédure, dont l'existence et la consistance sont appréciées au regard des règles applicables à la date de la décision attaquée, doit en principe être réparé selon les modalités prévues à cette même date. Si ces modalités ne sont pas légalement applicables, notamment du fait de l'illégalité des dispositions qui les définissent, il appartient au juge de rechercher si la régularisation peut être effectuée selon d'autres modalités, qu'il lui revient de définir en prenant en compte les finalités poursuivies par les règles qui les ont instituées et en se référant, le cas échéant, aux dispositions en vigueur à la date à laquelle il statue (▪ CE, avis, 27 sept. 2018, n° 420119, *Assoc. Danger de tempête sur le patrimoine rural et a.* ▪ CAA Douai, 17 sept. 2019, n°s 17DA01441 et 17DA01462, *Cne de Guiscard et a.* Dans le même sens, ▪ CAA Douai, 24 févr. 2020, n°s 18DA02221 et s., *Assoc. « Non au projet éolien de Walincourt-Selvigny et Haucourt-en-Cambrésis » et a.*).

4) Caractère alternatif des mesures. Le juge administratif ne peut pas prononcer simultanément un sursis à statuer aux fins de régularisation et une annulation partielle (▪ CE, 8 mars 2024, n° 463249).

5) Caractère régularisable du vice. L'appréciation du caractère régularisable du vice est réalisée *in concreto* par les juges du fond. Ont été considérés comme régularisables : le vice tiré de l'insuffisance de démonstration des capacités financières (▪ CE, 7 juin 2019, n° 4171928, *SODEGER*) ou l'insuffisance des garanties financières elles-mêmes (▪ CAA Nancy, 26 janv. 2021, n° 20NC00316 – mais voir pour une décision contraire ▪ CAA Nantes, 17 nov. 2021, n° 20NT02167, ou encore ▪ CE, 30 mai 2024, n° 470271, *Sté Ferme éolienne de Feuillade et Souffrignac*), le vice tiré de l'insuffisance de l'étude de dangers qui ne faisait pas état de la pollution des sols dans une carrière (▪ CAA Nantes, 18 janv. 2022, n° 20NT00288), la méconnaissance des règles du plan local d'urbanisme (▪ CAA Bordeaux, 14 déc. 2021, n° 19BX01274), l'absence d'autorisation de dérogation à l'interdiction de destruction d'espèces protégées – en revanche, si la dérogation est elle-même illégale, elle ne peut régulariser l'autorisation (▪ CAA Nancy, 14 mars 2023, n° 20NC00316). Au contraire, ne pouvait être régularisé le vice tiré de l'atteinte que le parc en projet ferait peser sur la conservation de la population de cigognes noires nicheuses à proximité immédiate du site d'implantation des éoliennes, dès lors qu'il était lié à l'emplacement choisi par la société pétitionnaire (■ CE, 27 déc. 2022, n° 456293). De même n'est pas régularisable le vice tiré des inconvénients excessifs pour la protection de l'environnement et la commodité du voisinage, qui ne sauraient être prévenus par des prescriptions spéciales, causés par le phénomène de surplomb des éoliennes sur les habitations voisines (■ CAA Nantes, 5e ch., 20 juill. 2021, n° 20NT00657) ou encore le vice tiré de l'absence de raison impérative d'intérêt public majeur nécessaire pour obtenir une dérogation « espèces protégées » (■ CAA Lyon, 17 avr. 2024, n° 22LY01172).

6) Enregistrement. Les pouvoirs de régularisation du juge administratif sont applicables aux recours formés contre une décision d'enregistrement au titre de la législation sur les installations classées pour la protection de l'environnement, dans le cas où le projet fait l'objet d'une autorisation environnementale tenant lieu d'enregistrement en application de l'article L. 181-2 I 7° du Code de l'environnement. En revanche, l'obligation de régularisation n'est pas applicable dans les autres cas où le juge est saisi de conclusions dirigées contre une décision d'enregistrement, notamment quand la demande d'enregistrement a été instruite selon les règles de procédure de l'autorisation en application de l'article L. 512-7-2 du même code. Dans ce cas, le juge a la faculté et non l'obligation de mettre en œuvre ses pouvoirs de régularisation (■ CE, avis, 10 nov. 2023, n° 474431).

Voir : Sur le contentieux IOTA, comm. ss art. L. 214-10, p. 398.

Voir : Sur le contentieux ICPE, comm. ss art. L. 514-6, p. 985.

Section VI. – Dispositions particulières à certaines catégories de projets

Sous-section 1. – Installations, ouvrages, travaux et activités susceptibles d'avoir des incidences sur l'eau et les milieux aquatiques

Art. L. 181-19 *(Créé à compter du 1er mars 2017, Ord. n° 2017-80, 26 janv. 2017)* (1). **– Les dispositions de la présente sous-section sont applicables aux projets relevant du 1° de l'article L. 181-1.**

Art. L. 181-20 *(Créé à compter du 1er mars 2017, Ord. n° 2017-80, 26 janv. 2017)* (1). **– Lorsque plusieurs pétitionnaires envisagent de réaliser sur un même site des installations, ouvrages, travaux ou activités distincts relevant pour chacun d'entre eux uniquement du 1° de l'article L. 181-1, une seule autorisation environnementale peut être sollicitée pour l'ensemble.**

1) Demandes d'autorisation distinctes pour un même site. L'article L. 181-20 prévoit uniquement la possibilité de déposer des demandes distinctes si plusieurs pétitionnaires envisagent de réaliser des IOTA sur un même site. Sous le régime antérieur, un exploitant avait la possibilité de dissocier, pour un même site, les demandes d'autorisation d'exploiter différentes installations classées sur un même site, chacune de ces demandes devant analyser les impacts cumulés de l'ensemble des installations dont l'exploitation était projetée (■ TA Nancy, 12 déc. 2000, nos 981618, 981680 et 981916, *ASVPP, Assoc. oiseaux nature et Assoc. Vosges écologie*). De même, des demandes d'autorisation distinctes pouvaient être déposées par les coexploitants d'installations complémentaires dès lors que les études d'impact respectives des deux pétitionnaires appréhendaient les effets cumulés des deux installations (■ TA Strasbourg, 11 juin 1998, n° 961713, *Mondelange*).

Voir : Sur les effets « cumulés » dans l'étude d'impact, comm. sous art. R. 122-5, p. 1508.

2) Notion de site. Il y a lieu d'entendre par site « non pas le territoire de la commune où sont implantées les installations d'un même exploitant, mais le terrain d'assiette de l'activité exercée » (■ TA Strasbourg, 4 mars 1999, n° 97-3073, *Association pour la protection de l'environnement de Malancourt*).

Voir : Sur la notion d'équipements, d'installations et d'activités connexes sur un même site, comm. sous art. L. 181-1, p. 289.

Art. L. 181-21 *(Créé à compter du 1er mars 2017, Ord. n° 2017-80, 26 janv. 2017)* (1). **– L'autorisation environnementale fixe, le cas échéant, la durée pour laquelle elle est accordée.**

(1) Dispositions d'application particulières et transitoires : V. Ord. n° 2017-80, 26 janv. 2017, art. 15. – NDLR.

Durée facultative. La fixation de la durée de validité de l'autorisation n'est pas obligatoire et dépend de l'activité envisagée (■ CAA Bordeaux, 18 déc. 2003, n° 00BX01249, *M. Durand de Corbiac*).

Art. L. 181-22 ***(Créé à compter du 1er mars 2017, Ord. n° 2017-80, 26 janv. 2017)*** (1). **– Sans préjudice des dispositions du II et du II *bis* de l'article L. 214-4 et de l'article L. 215-10, l'autorisation environnementale peut être abrogée ou modifiée, sans indemnité de la part de l'État exerçant ses pouvoirs de police, en cas de menace majeure :**

1° Pour la préservation de l'état ou de l'aspect d'une réserve naturelle créée par l'État ;

2° Pour la conservation des caractéristiques d'intérêt général ayant motivé le classement ou l'instance de classement d'un site ;

3° Pour l'état de conservation des sites, habitats et espèces mentionnées à l'article L. 411-1 ;

4° Pour les objectifs de conservation d'un site Natura 2000 ;

5° Pour la conservation d'un boisement reconnue nécessaire à l'une ou plusieurs des fonctions énumérées par l'article L. 341-5 du Code forestier.

Voir : Sur les conditions d'abrogation de l'autorisation, comm. sous art. L. 181-1, p. 289.

Art. L. 181-23 ***(Créé à compter du 1er mars 2017, Ord. n° 2017-80, 26 janv. 2017)*** (1). **– Lorsque des installations, ouvrages, travaux ou activités sont définitivement arrêtés, l'exploitant ou, à défaut, le propriétaire remet le site dans un état tel qu'aucune atteinte ne puisse être portée aux intérêts protégés mentionnés à l'article L. 181-3. Il informe l'autorité administrative compétente de la cessation de l'activité et des mesures prises. Cette autorité peut à tout moment lui imposer des prescriptions pour la remise en état du site, sans préjudice de l'application des articles L. 163-1 à L. 163-9 et L. 163-11 du Code minier.**

Les dispositions prévues au présent article ne sont pas applicables aux installations, ouvrages et travaux des entreprises hydrauliques concédées au titre du titre II du livre V du Code de l'énergie.

Art. L. 181-23-1 ***(L. n° 2020-1525, 7 déc. 2020)***. **– Lorsque des activités, installations, ouvrages ou travaux relèvent d'une situation d'urgence à caractère civil telle que mentionnée à l'article L. 122-3-4, les demandes d'autorisation environnementale sont instruites dans des délais et selon des modalités fixés par décret en Conseil d'État.**

Dans ce cas, le pétitionnaire sollicite auprès de l'autorité administrative compétente les informations prévues au 1° de l'article L. 181-5 lui permettant de préparer son projet et le dossier de sa demande d'autorisation.

Sous-section 2. – Installations classées pour la protection de l'environnement

Art. L. 181-24 ***(Créé à compter du 1er mars 2017, Ord. n° 2017-80, 26 janv. 2017)*** (1). **– Les dispositions de la présente sous-section sont applicables aux projets relevant du 2° de l'article L. 181-1.**

Art. L. 181-25 ***(Créé à compter du 1er mars 2017, Ord. n° 2017-80, 26 janv. 2017)*** (1). **– Le demandeur fournit une étude de dangers qui précise les risques auxquels l'installation peut exposer, directement ou indirectement, les intérêts mentionnés à l'article L. 511-1 en cas d'accident, que la cause soit interne ou externe à l'installation.**

Le contenu de l'étude de dangers doit être en relation avec l'importance des risques engendrés par l'installation.

En tant que de besoin, cette étude donne lieu à une analyse de risques qui prend en compte la probabilité d'occurrence, la cinétique et la gravité des accidents potentiels selon une méthodologie qu'elle explicite.

Elle définit et justifie les mesures propres à réduire la probabilité et les effets de ces accidents.

Voir : Sur l'étude de dangers, comm. sous art. D. 181-15-5, p. 1715.

Art. L. 181-26 ***(Créé à compter du 1er mars 2017, Ord. n° 2017-80, 26 janv. 2017)*** (1). **– La délivrance de l'autorisation peut être subordonnée notamment à l'éloignement des installations vis-à-vis des habitations, immeubles habituellement occupés par des tiers, établissements recevant du public, cours d'eau, voies de communication, captages d'eau, zones fréquentées par le public, zones de loisir, zones présentant un intérêt naturel particulier ou ayant un caractère particulièrement sensible ou des zones destinées à l'habitation par des documents d'urbanisme opposables aux tiers.**

Voir : Sur les distances d'éloignement susceptibles d'être prescrites par le préfet, comm. sous art. R. 181-43, p. 1732.

(1) Dispositions d'application particulières et transitoires : V. Ord. n° 2017-80, 26 janv. 2017, art. 15. – NDLR.

Art. L. 181-27 *(Créé à compter du 1er mars 2017, Ord. n° 2017-80, 26 janv. 2017)* (1). **– L'autorisation prend en compte les capacités techniques et financières que le pétitionnaire entend mettre en œuvre, à même de lui permettre de conduire son projet dans le respect des intérêts mentionnés à l'article L. 511-1 et d'être en mesure de satisfaire aux obligations de l'article L. 512-6-1 lors de la cessation d'activité.**

1) Office du juge. Lorsque le juge se prononce sur la légalité de l'autorisation avant la mise en service de l'installation, il lui appartient, si la méconnaissance de ces règles de fond est soulevée, de vérifier la pertinence des modalités selon lesquelles le pétitionnaire prévoit de disposer de capacités financières et techniques suffisantes pour assumer l'ensemble des exigences susceptibles de découler du fonctionnement, de la cessation éventuelle de l'exploitation et de la remise en état du site, au regard des intérêts mentionnés à l'article L. 511-1 Code de l'environnement, ainsi que les garanties de toute nature qu'il peut être appelé à constituer à cette fin en application des articles L. 516-1 et L. 516-2 du même code (▪ CAA Douai, 17 sept. 2019, nos 17DA01441 et 17DA01462, *Cne de Guiscard et a.* Dans le même sens, ▪ CAA Lyon, 2 avr. 2020, n° 19LY02607 : *Gaz. Pal.* 28 juill. 2020, p. 42, obs. Ph. Garro). Sur la validation de la production, en cours d'instance, d'une convention de cautionnement et l'appréciation par le juge de la réalité de celle-ci, V. ▪ CAA Douai, 24 févr. 2020, nos 18DA02221 et s., *Assoc. « Non au projet éolien de Walincourt-Selvigny et Haucourt-en-Cambrésis » et a.*). Au titre de la légalité interne, la réalité des capacités techniques et financières est appréciée à raison des règles en vigueur à la date à laquelle le juge statue. En revanche, le caractère suffisant des informations accompagnant le dossier de demande, qui se rattache à la légalité externe de la décision, s'apprécie au regard des règles en vigueur à la date de l'arrêté d'autorisation (▪ CE, 15 nov. 2021, *Assoc. Force 5*, n° 434742, aux tables).

2) Suffisance des capacités financières. Un exploitant peut justifier de ses capacités techniques et financières par l'intermédiaire de sa société mère (▪ CAA Lyon, 2 avr. 2020, n° 19LY02607, préc.). En revanche, une société qui a connu des difficultés financières caractérisées par un résultat déficitaire et une dette importante et qui ont donné lieu à l'ouverture d'une procédure de conciliation ne justifie pas des capacités financières lui permettant de faire face aux exigences susceptibles de découler du fonctionnement, de la cessation ou de la remise en état de l'exploitation, quand bien même elle se serait vue accorder un prêt garanti par l'État pendant la période de la crise sanitaire (▪ CAA Toulouse, 12 mai 2022, n° 20TL22258).

Voir : Sur les capacités techniques et financières des installations classées, comm. sous art. D. 181-15-2, p. 1706.

Art. L. 181-28 *(Créé à compter du 1er mars 2017, Ord. n° 2017-80, 26 janv. 2017)* (1). **– Pour les installations dont l'exploitation pour une durée illimitée créerait des dangers ou inconvénients inacceptables pour les intérêts mentionnés à l'article L. 511-1, du fait d'une utilisation croissante du sol ou du sous-sol, l'autorisation fixe la durée maximale de l'exploitation ou de la phase d'exploitation concernée et, le cas échéant, le volume maximal de produits stockés ou extraits, ainsi que les conditions du réaménagement, de suivi et de surveillance du site à l'issue de l'exploitation.**

Les dispositions de l'article L. 512-4 [abrogé] permettent à une association de demander que soit fixée la durée maximale de fonctionnement de l'installation en cause et que le juge renvoie au préfet le soin d'y procéder, après avis du conseil départemental d'hygiène (▪ CAA Nantes, 29 mai 1996, *Assoc. de défense de l'environnement et du cadre municipal de Montereau-en-Gâtinais (ADECM)* : *Rec.* T, 1996, p. 1032 ; *BDEI* 1996/4, p. 15, note D. Devillers).

Sous-section 3. – Installations de production d'énergie renouvelable en mer

(Sous-section créée, L. n° 2018-727, 10 août 2018)

Art. L. 181-28-1 *(L. n° 2018-727, 10 août 2018)*. **– I. – Pour les installations de production d'énergie renouvelable en mer et leurs ouvrages de raccordement aux réseaux publics d'électricité, sont applicables les dispositions suivantes :**

1° Tout ou partie de l'étude d'impact peut être réalisée et mise à disposition des maîtres d'ouvrage par le ministre chargé de l'énergie ;

(1) Dispositions d'application particulières et transitoires : V. Ord. n° 2017-80, 26 janv. 2017, art. 15. – NDLR.

2° Les autorisations suivantes fixent, le cas échéant, des caractéristiques variables pour ces projets d'installation dans les limites desquelles ces projets sont autorisés à évoluer postérieurement à la délivrance de l'autorisation :

a) L'autorisation unique prévue à l'article 20 de l'ordonnance n° 2016-1687 du 8 décembre 2016 relative aux espaces maritimes relevant de la souveraineté ou de la juridiction de la République française ;

b) La concession d'utilisation du domaine public maritime prévue à l'article L. 2124-3 du Code général de la propriété des personnes publiques ;

c) L'autorisation environnementale prévue au présent chapitre ;

d) L'autorisation d'exploiter prévue à la section 2 du chapitre Ier du titre Ier du livre III du Code de l'énergie ;

3° Les prescriptions des autorisations susmentionnées, portant notamment sur les mesures d'évitement, de réduction et de compensation, sont établies en tenant compte des caractéristiques non variables et des caractéristiques variables dans les limites desquelles le projet d'installation est autorisé à évoluer ;

4° Le pétitionnaire informe l'autorité administrative compétente pour délivrer les autorisations susmentionnées des caractéristiques du projet tel qu'il est réalisé et des mesures d'évitement, de réduction et de compensation associées.

II. – Le I n'est pas applicable aux installations de production d'énergie renouvelable en mer et à leurs ouvrages de raccordement aux réseaux publics d'électricité pour lesquels le pétitionnaire a régulièrement déposé une demande d'autorisation mentionnée au 2° du I jusqu'à six mois après la publication de la loi n° 2018-727 du 10 août 2018 pour un État au service d'une société de confiance.

Sous-section 4. – Installations de production d'électricité à partir de l'énergie mécanique du vent

(Sous-section créée, L. n° 2020-1525, 7 déc. 2020)

Art. L. 181-28-2 *(L. n° 2020-1525, 7 déc. 2020 ; mod., L. n° 2021-1104, 22 août 2021* (1)*).* – Sans préjudice des dispositions de l'article L. 181-5, le porteur d'un projet concernant une installation de production d'électricité à partir de l'énergie mécanique du vent adresse aux maires de la commune concernée et des communes limitrophes, un mois au moins avant le dépôt de la demande d'autorisation environnementale, le résumé non technique de l'étude d'impact prévu au e du 2° du II de l'article L. 122-3.

Dans un délai d'un mois à compter de l'envoi du résumé non technique et après délibération du conseil municipal, le maire de la commune d'implantation du projet adresse au porteur de projet ses observations sur le projet. En l'absence de réaction passé ce délai, le maire est réputé avoir renoncé à adresser ses observations.

Le porteur de projet adresse sous un mois une réponse aux observations formulées, en indiquant les évolutions du projet qui sont proposées pour en tenir compte.

Le présent article est uniquement applicable aux installations de production d'électricité à partir de l'énergie mécanique du vent relevant du 2° de l'article L. 181-1.

Sous-section 5. – Travaux de recherche et d'exploitation de mines

(Sous-section créée à compter du 1er juillet 2023, Ord. n° 2022-534, 13 avr. 2022) (2)

Art. L. 181-28-3 *(Créé à compter du 1er juillet 2023, Ord. n° 2022-534, 13 avr. 2022).* – Les dispositions de la présente sous-section sont applicables aux projets relevant du 3° de l'article L. 181-1.

Art. L. 181-28-4 *(Créé à compter du 1er juillet 2023, Ord. n° 2022-534, 13 avr. 2022).* – I. – L'autorisation ne peut être délivrée que si les mesures qu'elle comporte sont compatibles avec les dispositions issues du titre minier, notamment, lorsqu'il existe, avec les mesures environnementales du cahier des charges mentionné au III de l'article L. 114-3 du Code minier.

II. – La délivrance de l'autorisation peut être subordonnée, notamment, à l'éloignement des activités vis-à-vis des habitations et immeubles habituellement occupés par des tiers, des établissements recevant du public, des cours d'eau, des voies de communication, des captages d'eau, des zones fréquentées par le public, zones de loisir

(1) Dispositions applicables aux projets dont la demande d'autorisation est déposée plus de six mois après le 22 août 2021, L. n° 2021-1104, 22 août 2021.

(2) Dispositions particulières d'application : V. Ord. n° 2022-534, 13 avr. 2022.

et zones présentant un intérêt naturel particulier ou ayant un caractère particulièrement sensible ou destinées à l'habitation en vertu de documents d'urbanisme opposables aux tiers ainsi qu'au consentement du propriétaire prévu aux articles L. 153-1 et L. 153-2 du Code minier.

Art. L. 181-28-7 *(Créé à compter du 1er juillet 2023, Ord. n° 2022-534, 13 avr. 2022).* **– I. – Lorsque la demande d'autorisation d'ouverture de travaux de recherches ou d'exploitation porte sur des substances minérales autres que celles mentionnées à l'article L. 111-1 du Code minier, qui sont contenues dans les fonds marins du domaine public et du plateau continental, la consultation du public prévue à l'article L. 181-10 du présent code comporte la concertation locale prévue à l'article L. 123-10 du Code minier.**

II. – Si l'autorité administrative envisage d'accorder une autorisation pour des travaux de recherches ou d'exploitation de substances minérales autres que celles mentionnées à l'article L. 111-1 du Code minier, qui sont contenues dans les fonds marins du domaine public et du plateau continental, le projet d'autorisation, assorti des observations du demandeur, est mis, préalablement à sa délivrance et par tout moyen, à la disposition du public pendant une semaine dans les lieux où la consultation du public prévue à l'article L. 181-10 du présent code a été réalisée.

Art. L. 181-28-8 *(Créé à compter du 1er juillet 2023, Ord. n° 2022-534, 13 avr. 2022).* **– L'autorisation environnementale fixe la durée maximale de l'exploitation ou de la phase de l'exploitation pour laquelle elle est délivrée. Cette durée ne peut dépasser trente ans, ni excéder la durée du titre minier.**

Art. L. 181-28-9 *(Créé à compter du 1er juillet 2023, Ord. n° 2022-534, 13 avr. 2022).* **– Outre les éléments retirés du dossier soumis à la consultation du public en application de l'article L. 181-10, ce dossier ne comporte pas les informations couvertes par le droit d'inventeur du demandeur qui ne doivent pas être rendues publiques.**

Sous-section 6. – Référent préfectoral à l'instruction des projets d'énergies renouvelables et des projets industriels nécessaires à la transition énergétique

(L. n° 2023-175, 10 mars 2023)

Art. L. 181-28-10 *(L. n° 2023-175, 10 mars 2023).* **– Un référent à l'instruction des projets de développement des énergies renouvelables et des projets industriels nécessaires à la transition énergétique est nommé par le représentant de l'État dans le département, parmi les sous-préfets. Sans préjudice des attributions des services compétents, il est chargé de faciliter les démarches administratives des pétitionnaires, de coordonner les travaux des services chargés de l'instruction des autorisations et de faire un bilan annuel de l'instruction des projets sur son territoire. Il est également chargé de fournir un appui aux collectivités territoriales dans leurs démarches de planification de la transition énergétique.**

Les missions attribuées au référent sont précisées par voie réglementaire.

Section VII. – Dispositions diverses

Art. L. 181-29 *(Créé à compter du 1er mars 2017, Ord. n° 2017-80, 26 janv. 2017)* (1). **– L'article L. 425-6 du Code de l'urbanisme, l'article L. 341-7 du Code forestier et la première phrase de l'article L. 341-9 du même code ne s'appliquent pas lorsque l'autorisation environnementale tient lieu d'autorisation de défrichement au titre de l'article L. 341-3 de ce code.**

Art. L. 181-30 *(Créé à compter du 1er mars 2017, Ord. n° 2017-80, 26 janv. 2017* (1) *; mod., L. n° 2020-1525, 7 déc. 2020).* **– Les permis et les décisions de non-opposition à déclaration préalable requis en application des articles L. 421-1 à L. 421-4 du Code de l'urbanisme ne peuvent pas recevoir exécution avant la délivrance de l'autorisation environnementale régie par le présent titre.**

Toutefois, les permis de démolir peuvent recevoir exécution avant la délivrance de l'autorisation environnementale prévue par le présent titre, si la démolition ne porte pas atteinte aux intérêts mentionnés à l'article L. 181-3.

(1) Dispositions d'application particulières et transitoires : V. Ord. n° 2017-80, 26 janv. 2017, art. 15. – NDLR.

Par dérogation au premier alinéa du présent article, les permis et décisions mentionnés au même premier alinéa peuvent, à la demande du pétitionnaire et à ses frais et risques, recevoir exécution avant la délivrance de l'autorisation environnementale prévue au présent titre lorsque l'autorité administrative compétente pour délivrer l'autorisation environnementale le permet par décision spéciale motivée, à condition que la possibilité de commencer certains travaux avant la délivrance de l'autorisation environnementale ait été préalablement portée à la connaissance du public. Cette décision ne peut concerner que les travaux dont la réalisation ne nécessite pas l'une des décisions mentionnées au I de l'article L. 181-2 ou au I de l'article L. 214-3.

Cette décision spéciale, notifiée au pétitionnaire et soumise aux mêmes modalités de publicité que l'autorisation environnementale, ne peut intervenir qu'après que l'autorité administrative compétente a eu connaissance de l'autorisation d'urbanisme. Elle ne peut être délivrée avant l'expiration d'un délai, fixé par voie réglementaire, courant à partir de la fin de la consultation du public incluant une information sur la possibilité de commencer les travaux par anticipation. Cette consultation est soit celle prévue à l'article L. 181-9, soit la consultation du public propre à l'autorisation d'urbanisme lorsqu'elle est anticipée pour favoriser la bonne réalisation du projet en application du I de l'article L. 181-10. La décision spéciale désigne les travaux dont l'exécution peut être anticipée.

1) Validité de la dérogation. Le Conseil constitutionnel a validé la dérogation insérée par la loi ASAP en prenant en compte le fait que « l'autorisation préfectorale ne peut concerner que les travaux dont la réalisation ne nécessite pas l'une des décisions exigées au titre des législations spéciales couvertes par l'autorisation environnementale, telles que l'autorisation pour l'émission de gaz à effet de serre, l'autorisation de défrichement, la dérogation aux interdictions édictées pour la conservation de sites d'intérêt géologique, d'habitats naturels, d'espèces animales non domestiques ou végétales non cultivées et de leurs habitats ou encore l'absence d'opposition au titre du régime d'évaluation des incidences Natura 2000 ». Il a également pris en considération le fait que « d'une part, cette autorisation ne peut être accordée au pétitionnaire qu'après que le préfet a eu connaissance de l'autorisation d'urbanisme. D'autre part, elle peut être contestée devant le juge administratif dans le cadre d'un recours pour excès de pouvoir ou d'un référé-suspension. À cet égard, cette autorisation ne peut intervenir qu'après que la possibilité de commencer les travaux, avant la délivrance de l'autorisation environnementale, a été portée à la connaissance du public dans le cadre de la procédure de consultation prévue à l'article L. 181-9 du Code de l'environnement ou en application du paragraphe I de l'article L. 181-10 de ce même code. La décision spéciale, qui doit être motivée et désigner les travaux dont l'exécution peut être anticipée, ne peut elle-même être prise avant l'expiration du délai courant à partir de la fin de cette procédure de consultation et fait l'objet des mêmes modalités de publicité que l'autorisation environnementale ». Dans ces conditions, cette dérogation ne méconnaît ni l'article 1er ni l'article 3 de la Charte de l'environnement, ni le droit à un recours juridictionnel effectif (■ Cons. const., 3 déc. 2020, n° 2020-807 DC).

2) Suppression du justificatif de dépôt du permis de construire. La réforme de l'autorisation environnementale a supprimé l'obligation de joindre un justificatif de permis de construire au dossier de demande d'autorisation d'exploiter, tel qu'il était prévu pour les installations classées par l'article L. 512-15, alinéa 1er du présent code.

3) Indépendance des autorisations et des procédures. À l'exception des éoliennes depuis la réforme de l'autorisation environnementale, l'octroi du permis de construire d'installations classées ne vaut pas autorisation d'exploiter ces mêmes installations (■ CE, 8 nov. 1985, n° 45417, *Mlles Cavel et Gillet*). Les législations d'urbanisme et des installations classées sont indépendantes et leurs procédures distinctes (■ CE, 21 déc. 1983, n° 19950, *M. Pardon : JurisData* n° 1983-043385). L'annulation de l'arrêté d'autorisation d'exploiter des installations classées est sans incidence sur l'existence du permis de construire de ces installations qui ne constitue ni un accessoire ni un acte d'application de l'autorisation d'exploiter (■ TA Besançon, 25 févr. 1999, n° 961227, *Assoc. de protection de l'environnement de Merey-sous-Montrond et a.*).

4) Indépendance des intérêts protégés. L'appréciation faite par le maire des atteintes à la sécurité et à la salubrité publiques, dans le cadre de la procédure du permis de construire, est indépendante de celle que porte le préfet lorsqu'il prend des prescriptions en vue de protéger les intérêts visés à l'article L. 511-1 du présent code (■ CE, 20 mars 2000, n° 191418, *Sté Carrefour-France : BJDU* 2000, p. 165, concl. B. Martin-Laprade). La circonstance que l'édification d'une enceinte de 3 m de hauteur autour du garage appartenant à l'exploitant ait eu pour objet de protéger les habitations avoisinantes des risques liés à la présence et au fonctionnement d'un établissement comportant des installations classées soumises aux dispositions de la loi ICPE n'est pas de nature à justifier légalement la dérogation accordée au règlement du POS, eu égard à l'indépendance des dispositions du Code de l'urbanisme par rapport à la législation ICPE (■ CE, 18 nov. 1983, n° 37859, *M. Bernard Burgy*). Le moyen tiré de ce que l'exploitation d'un parc de stationnement d'une capacité de 500 places générerait des nuisances en méconnaissance des intérêts protégés par l'article L. 511-1 est inopérant à l'encontre d'un permis de construire (■ CAA Lyon, 2 mars 2010, n° 09LY02109 : *JurisData* n° 2010-004573 ; *Environnement et dév. durable* 2010, n° 6, p. 31, comm. D. Gillig).

Art. L. 181-31 *(Rempl., Ord. n° 2020-7, 6 janv. 2020 ; mod., L. n° 2020-1525, 7 déc. 2020* (1) *; mod. L. n° 2023-973, 23 oct. 2023)* (2). **– I. – Par dérogation au chapitre III du titre II du présent livre, les modalités de consultation du public prévues à l'article L. 181-10 pour les projets relevant des articles L. 217-2 et L. 217-3 ou de l'article L. 517-1 sont régies par le présent article.**

Les procédures de consultation du public mentionnées à l'article L. 181-10 sont organisées par le représentant de l'État dans le département à la demande du ministre de la défense.

À la demande du ministre, le représentant de l'État dans le département retire du dossier mis en consultation les éléments soumis à des règles de protection du secret de la défense nationale ou ceux dont la divulgation serait de nature à nuire aux intérêts de la défense nationale.

Le rapport de consultation du public ainsi que les avis recueillis sont transmis par le représentant de l'État dans le département au ministre de la défense.

II. – Pour l'application du présent chapitre, les opérations ayant reçu la qualification d'opération sensible intéressant la défense nationale en application de l'article L. 2391-1 du Code de la défense ou celle d'opération sensible intéressant la sécurité nationale en application de l'article L. 112-3 du Code de la sécurité intérieure sont dispensées de consultation du public.

Art. L. 181-32 *(Ord. n° 2020-7, 6 janv. 2020 ; mod. à compter du 1er juillet 2023, Ord. n° 2022-534, 13 avr. 2022).* **– Les modalités d'application du présent chapitre, ainsi que les autres conditions particulières applicables aux projets relevant des articles L. 217-1 à L. 217-3 et L. 517-1 et du 3° de l'article L. 181-1, sont fixées par décret en Conseil d'État.**

TITRE IX. – DISPOSITIONS CONTENTIEUSES

(Titre créé, L. n° 2019-1147, 8 nov. 2019)

CHAPITRE UNIQUE. – RÉGULARISATION EN COURS D'INSTANCE

Art. L. 191-1 *(L. n° 2019-1147, 8 nov. 2019).* **– Si le juge administratif, saisi de conclusions dirigées contre un plan ou programme mentionné au 1° de l'article L. 122-5, estime, après avoir constaté que les autres moyens ne sont pas fondés, qu'une illégalité entachant l'élaboration, la modification ou la révision de cet acte est susceptible d'être régularisée, il peut, après avoir invité les parties à présenter leurs observations, surseoir à statuer jusqu'à l'expiration du délai qu'il fixe pour cette régularisation et pendant lequel le plan ou programme reste applicable.**

Si la régularisation intervient dans le délai fixé, elle est notifiée au juge, qui statue après avoir invité les parties à présenter leurs observations.

(1) Dispositions applicables aux procédures engagées après le 8 décembre 2020, L. n° 2020-1525, 7 déc. 2020.

(2) Dispositions applicables aux demandes d'autorisation environnementale déposées à compter d'une date fixée par décret, et au plus tard le 23 octobre 2024, L. n° 2023-973, 23 oct. 2023.

LIVRE II

MILIEUX PHYSIQUES

Avertissement : Le présent titre ne distinguant pas les eaux douces et les eaux marines, les références aux textes qui concernent plus particulièrement la protection des eaux de la mer sont renvoyées au titre du chapitre VIII intitulé « Dispositions spéciales aux eaux marines et aux voies ouvertes à la navigation maritime ».

TITRE Ier. – EAU ET MILIEUX AQUATIQUES ET MARINS

(Intitulé rempl., L. n° 2010-788, 12 juill. 2010)

Bibliographie : *– Droit international. Thèses et ouvrages.* F. Quillere-Majzoub, *L'eau dans tous ses états juridiques – Prospectives hydrauliques internationales*, Pedone, 2017, 92 p. • K. Sangbana, *La protection des eaux douces transfrontières contre la pollution : dimensions normatives et institutionnelles*, Schulthess, 2017, 366 p. • B. Drobenko, *Introduction au droit de l'eau*, Johanet, 2018, 392 p. • F. Quillere-Majzoub, *L'eau dans tous juridiques – Prospectives hydrauliques internationales*, Pedone, 2017, 92 p. • K. Sangbana, *La protection des eaux douces transfrontières contre la pollution : dimensions normatives et institutionnelles*, 1re éd., Schulthess, 2017, 366 p. • F. Duhautoy, *L'accès à l'eau, droit de l'homme ou loi du marché ?*, Johanet, 2015, 752 p. • M. Falque (dir.), *L'eau entre réglementation et marché*, Johanet, 2014, 312 p. • M. Cuq, *L'eau en droit international*, Larcier, 2013, 150 p. • M.-C. Petersmann, *Les sources du droit à l'eau en droit international*, Johanet, 2013, 130 p. • G. Payen, *De l'eau pour tous ! – Abandonner les idées reçus, affronter les réalités*, Armand Colin, 2013, 214 p. • B. Drobenko, *L'essentiel du droit de l'eau*, 2e éd., Gualino, 2013, 152 p. • A. Roussary, *De l'eau potable au robinet ? Santé, environnement et action publique*, L'Harmattan, 2013, 412 p. • A. Farinetti, *La protection juridique des cours d'eau – Contribution à une réflexion sur l'appréhension des objets complexes*, Johanet, 2012, 1128 p. • S.F.D.I, *L'eau en droit international – Colloque d'Orléans*, Pedone, 2011, 406 p. • M. Tignino, *L'eau et la guerre – Éléments pour un régime juridique*, Bruylant, 2011, 496 p. • J.-L. Gazzaniga et X. Larrouy-Castera, *Le droit de l'eau*, 3e éd., LexisNexis, 2011, 548 p. • H. Wolde-Giorghis, *Les défis juridiques des eaux du Nil*, Bruylant, 2009, 416 p. • D. Caponera, *Les principes du droit et de l'administration des eaux – Droit interne et droit international*, 2e éd., Johanet, 2009, 542 p. • F. Cuel, M. Laimé et J.-L. Vibert-Guigue, *Les batailles de l'eau. Pénurie, réchauffement climatique, urbanisation, gaspillages, pollution, privatisation des ressources et des services*, Terre bleue, 2008, 350 p. • J. Bordet, *L'eau dans son environnement rural*, Johanet, 2007, 318 p. • Y. Stefanovitch, *L'empire de l'eau*, Ramsay, 2005, 536 p. • J. Sohnle, *Le droit international des ressources en eau douce : solidarité contre souveraineté*, La Documentation française, Paris, 2002. • M. Wolfrom, *L'utilisation à des fins autres que la navigation des eaux des fleuves, lacs et canaux internationaux*, Pédone, Paris, 1964.

Articles. S. Hul, *Le Tribunal des conflits précise la « ligne de partage des eaux » : AJDA* 2018, p. 2343. • J. Sironneau, *Le droit international de l'eau existe-t-il ?, Évolutions et perspectives : Dr. env.* oct. 2003, n° 112. • T. Boutruche, *Le statut de l'eau en droit international humanitaire : Rev. int. de la Croix-Rouge*, 2000, p. 887. • L. Caflish, *La Convention du 21 mai 1997 sur l'utilisation des cours d'eau internationaux à des fins autres que la navigation : AFDI* 1997, p. 751-798. • P. Buirette, *Genèse d'un droit fluvial international général : RGDI publ.* 1991, p. 5 et s. • L. Caflish, *Règles générales du droit des cours d'eau internationaux : RCADI* 1989, V, p. 11-225. • J.-A. Barberis, *Le régime juridique international des eaux souterraines : AFDI* 1987, p. 129. • Ph. Pondaven, *Le statut international du lac Léman : RGDI publ.* 1974, p. 60-120. • Cl.-A. Colliard, *Évolution et aspects actuels du régime juridique des fleuves internationaux : RCADI* 1968, III, t. 125, p. 337-442. • G. Sauser-Hall, *L'utilisation industrielle des fleuves internationaux : RCADI* 1953, II, t. 83, p. 465-583.

– Droit européen. Ouvrages. B. Kaczmarek, *Un nouveau rôle pour les agences de l'eau ? Essai pour une politique franco-européenne de l'eau rénovée*, Johanet, 2006, 237 p. • M. Bayle, *La compatibilité des principaux systèmes pénaux nationaux européens en matière de pollution de cours d'eau : RED env.* 1/2003. • B. Barraque, *Les politiques de l'eau en Europe*, Éd. de La Découverte, 1995.

Articles. Cour des comptes européenne, rapport spécial n° 4/2014 : L'intégration dans la PAC des objectifs de la politique de l'UE dans le domaine de l'eau : une réussite partielle, 2014. • P. Trouilly, *Manquement de la France à la transposition de la directive du 4 mai 1976 concernant la pollution causée par certaines substances dangereuses*, note sous CJCE, 12 juin 2003, aff. C-130/01, *Comm. CE c/ République française*. • J. Boulay, *La gestion déléguée du service public de l'assainissement à l'épreuve du droit communautaire : LPA* 13 juin 2001, p. 4. • C. Ribot, *La gestion administrative de l'eau au niveau communautaire : Gaz. Pal.* 3 juin 2001, p. 27. • P. Thieffry, *Le nouveau cadre de la politique communautaire de l'eau : Europe* févr. 2001, p. 4. • B. Drobenko, *Directive eau : un cadre en trompe-l'œil ? : RED env.* 2000, p. 381-442. • A.-C. Kiss et Cl. Lambrechts, *La lutte contre la pollution de l'eau en Europe occidentale : AFDI* 1969, p. 718-736.

– Droit interne. Thèses et ouvrages. S. Baronne et a. (dir.), *Gouvernance de l'eau : un mouvement de réforme perpétuelle ?*, L'Harmattan, 2018, 260 p. • J. Sironneau et B. Drobenko, *Code de l'eau*, Ed. Johanet, 2017, 4e éd., 1780 p. • J. Gudefin, *Le statut juridique de l'eau à l'épreuve des exigences environnementales*, Johanet, 2015, 858 p. • Cour des comptes, *Les agences de l'eau et la politique de l'eau : une cohérence à trouver*, rapport public annuel, févr. 2015. • J. Gudefin, *Le statut juridique de l'eau à l'épreuve des exigences environnementales*, éd. Johanet, 2015. • G. Amard, *Le guide de la gestion publique de l'eau – Édition 2012*, Bruno Leprince, 176 p. • A. Brochet et B. Pecqueur, *Le service d'eau potable et la fabrique des territoires*, L'Harmattan, 2013, 462 p. • A. Saout, *Théorie et pratique du droit de l'eau*, Johanet, 2011, 472 p. • CLCV, *L'assainissement individuel des eaux usées*, 2e éd., Vuibert, 2010, 160 p. • B. Drobenko, *Le droit à l'eau : une urgence humanitaire*, Johanet, 2010, 206 p. • G.R.A.L.E, *Les enjeux de la gestion locale de l'eau 2010*, Le Moniteur, 2010, 734 p. • M.-A. Bordonneau, *Regard juridique sur la double nature de l'eau*, Johanet, 2009, 902 p. • A. Pélissier et P. Schmidt, *Guide pratique de l'eau et de l'assainissement*, Berger-Levrault, 2008, 416 p. • C. Evrard, *Les agences de l'eau. – Entre recentralisation et décentralisation*, L'Harmattan, 2006, 275 p. • P. Marc, *Les cours d'eau et le droit*, Johanet, 2006, 305 p. • A. Flageolet, *Transposition de la directive n° 2000/60/CE du 23 octobre 2000 établissant un cadre pour une politique communautaire dans le domaine de l'eau : Rapp. AN* n° 1466, 3 mars 2004. • P. Le Louarn, *Les zones humides et le droit*, Éd. du CNFPT, 2000. • A. Gaonac'h, *La nature juridique de l'eau*, Éd. Johanet, 1999. • J.-L. Gazzaniga, J.-P. Ourliac et X. Larouy-Castera, *L'eau, usage et gestion*, Litec, 1998, coll. « Administration territoriale, guide pratique ». • M. Moisan, *Essai sur le droit et l'administration des cours d'eau en France*, thèse Paris II, 1996. • P. Gourdault-Montagne, *Le droit de riveraineté*, thèse Paris II, 1993. • F. Valiron, *La politique de l'eau en France, de 1945 à nos jours*, Presses de l'École nationale des Ponts et Chaussées, 1990. • C. Pagney-Viard, *Rapport des droits de la santé et de l'environnement en matière de qualité des eaux*, thèse Université de droit, d'économie et de sciences sociales de Paris II, 1988. • P. Denozière, *L'État et les eaux non domaniales*, Éd. Lavoisier, 1985. • J.-F. Bady, *Protection des cours d'eau et domanialité publique fluviale*, thèse Pau, 1979. • M. Despax, *La pollution des eaux et ses problèmes juridiques*, Litec, 1968.

Articles. H. Paulia, *Participation pour le raccordement au réseau d'assainissement : une question d'égalité JCP* A 2018, nos 38-39, p. 2252. • NLe Rudulier, *Navigation sur les cours d'eau non domaniaux : compétence judiciaire : AJDI* 2018, n° 9, p. 623. • Ph. Billet, *Zone d'assainissement collectif et obligation d'extension du réseau en vue du raccordement : JCP* A 2018, n° 2, com. 2024, p. 43. • X. Larrouy-Castéra, *Eaux – Régime juridique : Cours d'eau et droit de riveraineté : JCl. Rural*, fasc. 30, 2018. • J.-L. Gazzaniga, J.-P. Ourliac et X. Larrouy-Castéra, *Eaux – Irrigation, Drainage, Assèchement : JCl. Rural*, fasc. 60, 2018. • G. Bailly, *Usages et préservation de l'eau, analyse au prisme du droit spontané : RD rur.* mai 2017, n° 453, étude 17. • C. Étrillard, *Pressions sur la quantité d'eau – Du classique droit d'usage sur l'eau à des paiements pour services environnementaux innovants : Énergie – Env. – Infrastr.* oct. 2017, n° 10, étude 23. • J.-S. Boda, *Retour sur l'effectivité du dispositif de classement des cours d'eau depuis la loi du 30 décembre 2006 : Énergie – Env. – Infrastr.* oct. 2017, n° 10, étude 21. • J.-L. Gazzaniga, J.-P. Ourliac et X. Larrouy-Castéra, *Eaux – généralités : JCl. Rural*, fasc. 10, 2017. • J.-L. Gazzaniga, J.-P. Ourliac, et X. Larrouy-Castéra, *Eaux – police de l'eau : JCl. Rural*, fasc. 50, 2017. • J.-L. Gazzaniga, J.-P. Ourliac et X. Larrouy-Castéra, *Eaux – Entretien des cours d'eau : JCl. Rural*, fasc. 70, 2017. • N. Sautereau, *La loi NOTRe et le petit cycle de l'eau : de l'erreur stratégique à la stratégie masquée ? : JCP* A 2016, n° 23, p. 2171. • J. Gudefin, *Le cycle de l'eau traduit par le droit : Rev. jur. env.* 2016/3, vol. 41, p. 521. • J.-L. Gazzaniga, J.-P. Ourliac et X. Larrouy-Castéra, *Eaux – Régime juridique : Propriété et Usages : JCl. Rural*, fasc. 20, 2016. • V. Mercier, *Droit de l'eau* (juin 2016-mai 2017) : *Dr. env.* juin 2017, n° 257, p. 241 ; *Droit de l'eau* juin 2015-mai 2016 : *Dr. env.* juin 2016, n° 246, p. 241. • Jean-Marc Pastor, *L'accès à l'eau potable, un droit pour tous ? : D.* 17 juin 2016. • P. Billet, *Le manque de cohérence de la politique territoriale de l'eau : Énergie – Env. – Infrastr.* 2015, n° 3/2015. • S. Joubert, *L'eau, l'environnement et le contentieux de la responsabilité : Rev. Lamy dr. coll. terr.* juin 2014, n° 102, p. 89. • V. Mercier, *Droit de l'eau* juin 2013-mai 2014 : *Dr. env.* juin 2014, n° 224, p. 241. • C. Hernandez-Zakine, *L'organisme unique de gestion collective de l'eau : porteur de l'intérêt général environnemental, catalyseur des initiatives collectives sur le territoire : RD rur.* oct. 2014, n° 426, étude 14. • C. Roche, *Le droit pénal, de l'eau douce à l'eau salée : Rev. jur. env.*, hors-série, vol. 39, p. 157. • A. Farinetti, *La protection juridique de la qualité du sol au prisme du droit de l'eau : Environnement et dév. durable* juin 2013, n° 6, p. 21. • H. Smets, *De nouveaux progrès dans la mise en œuvre du droit à l'eau potable*, note sous Loi n° 2013-312 du 15 avril 2013 visant à préparer la transition vers un système énergétique sobre et portant diverses dispositions sur la tarification de l'eau et sur les éoliennes : *Dr. env.* juin 2013, n° 213, p. 231. • F.-G. Trebulle, *Droit de l'eau (Janvier 2012 – Mai 2013) : Dr. env.* juin 2013, n° 213, p. 239. • J.-P. Agullo, *Le droit de l'eau 2011 : Dr. env.* janv. 2012, n° 197, p. 28. • F. Ahoulouma, *L'évolution conjoncturelle de la définition de la notion de cours d'eau*, notes sous CE, 21 oct. 2011, n° 334322 : *Collectivités territoriales* févr. 2012, n° 76, p. 34. • A. Berne, *Une nouvelle approche pour réduire les pollutions diffuses agricoles dans les bassins d'alimentation de captage : Dr. env.* nov. 2012, n° 206, p. 335. • C. Bontemps-Hesdin, *La réhabilitation d'ouvrages hydrauliques – Petit guide pratique à l'usage des maîtres d'ouvrage publics : Gaz. cnes.* 2012, cahier détaché n° 2. • S. Deliancourt, *Quel est le contrôle juridictionnel porté sur l'institution et les périmètres d'un captage d'eau potable ?*, conclusions sous l'arrêt CAA Marseille (7e ch.), 26 juin 2012, n° 10MA02410, *MM. Sevcik et Girard : BJCL* oct. 2012, n° 10/12, p. 702. • P. de Monte, *Un nouveau cas de caducité sans texte dans le droit de l'environnement*, conclusions sur TA Montpellier, 28 févr. 2012, n° 1005259, *Association FRENE : AJDA* 2012, n° 29/2012, p. 1637. • G. Fradin, *6e Forum mondial de l'eau : le temps du bilan : BDEI* mai 2012, n° 39, p. 24. • P. Grimaud, *Le régime des micro-centrales* – Conclusions sur TA Marseille, 2 avr. 2012, n° 1004559, *Communauté locale de l'eau du Drac amont et autres : Dr. env.* juin 2012, n° 202, p. 195. • L. Radisson, *Ne pas oublier la police de l'eau : Environnement et technique* juill.-août 2012, n° 316, p. 35. • J. Sironneau, *La notion de cours d'eau en droit : évolution et conséquences : BDEI* mars 2012, n° 38, p. 23. • C. Hernandez-Zakine, *La planification de l'eau : expression nouvelle d'une publicisation de la gestion de l'espace rural : RD rur.* janv. 2012, n° 339, dossier 5. • P. Trouilly, *Définition du cours d'eau*, note sous CE, 21 oct. 2011, n° 334322, *min. de l'Écologie c/ EARL Cintrat : Environnement et dév. durable* 2012, n° 1, p. 19. • Ph. Billet, *Articulation des polices en cas de pollution de captages d'eau potable : RD rur.* févr. 2011, n° 390, comm. 25. • J.-P. Agullo et R. Dufau, *Le droit de l'eau 2010 : Dr. env.* déc. 2010, n° 185, p. 417. • T. Besson, *Une autorisation au titre de la police de l'eau encourt-elle l'annulation en cas de lacunes graves du document d'incidence ? Conclusions sur CAA Lyon 2 février 2010, Association ADE-ROC et commune de Daix, n° 08LY1466 : BJCL* févr. 2010, n° 2/10, p. 99. • Ph. Billet, *Barrage et continuités écologiques, note sous CE 17 mars 2010, n° 314.991 : JCP* A 2010, n° 24, p. 36. • A. Boyer, *La légalité du schéma d'aménagement et de gestion des eaux du Drac amont*, note sous CE, 16 oct. 2009, n° 295599, *Association syndicale autorisée du canal de Gap : Rev. jur. env.* 3/2010, sept. 2010, p. 477. • P. Boyer, *La légalité du schéma d'aménagement et de gestion des eaux du Drac amont, note sous CE 16 octobre 2009, Association syndicale autorisée du canal de Gap, n° 295.599 : Rev. jur. env.* sept. 2010, 3/2010, p. 477. • S. Brigand, *Loi sur l'eau et les milieux aquatiques : nouveau dispositif réglementaire de l'assainissement non collectif : Complément technique* mars-avr. 2010, p. 3. • S. Degommier, *L'existence d'un droit fondé en titre sur un plan d'eau, Conclusions du rapporteur public, CAA de Nantes, 7 avr. 2010 n° 09NT01335, M. Desnoues : AJDA* 18 oct. 2010, n° 34/2010, p. 1942. • A. Delmolino, *Quand l'eau retrouve droit de cité : Environnement mag.* févr. 2010, n° 1684, p. 40. • I. de Silva, *Eaux, conclusions sur CE 10 avril 2009, Association pour le maintien de l'élevage en Bretagne, n° 310184 : Rev. jur. env.* mars 2010, n° 1/2010, p. 97. • I. Empain, *Rencontre entre SDAGE de nouvelle génération et réglementation ICPE : BDEI* janv. 2010, n° 25, p. 25. • F. Faurisson, *Le nouveau régime juridique des zones humides : BDEI* mars 2010, n° 26, p. 25. • A. Gaonac'h, *Nature et régime juridiques des droits fondés en titre sur les cours d'eau non domaniaux : Environnement et dév. durable* janv. 2010, n° 1, p. 9 ; *Grenelle 1 et 2 : la protection de la qualité de l'eau : Environnement et dév. durable* oct. 2010, n° 10, p. 49. • P. Hili, *La protection des aires de captage d'eau : une priorité du Grenelle : BDEI* nov. 2010, n° 30, p. 25 ; *Le droit de l'eau et les sports nautiques : entre conciliation et préservation : Dr. env.* avr. 2010, n° 177, p. 126. • S. Le Briéro, *2010, année de remise en cause de la politique de l'eau ? : Dr. env.* avr. 2010, n° 177, p. 113. • C. Montculier, *Traiter les eaux grises pour une deuxième utilisation : Mon. TP* 17 sept. 2010, p. 62. • J. Moreau, *Les pouvoirs du maire en matière de police de l'eau, note sous CE 2 décembre 2009, n° 309684, Cne de Rachecourt-sur-Marne : JCP* A 2010, nos 11-12, p. 36. • G. Paul, *Chronique de jurisprudence « EAU » : Gaz. Pal.* « Droit de l'environnement », mars 2010, p. 43. • B. Poujade, *Police spéciale de l'eau et péril imminent, note sous CE, 2 décembre 2009, Commune de Rachecourt-sur-Marne : Le Courrier des maires* janv. 2010, n° 231, p. VII. • D. Tapinos, *L'inapplicabilité du principe de précaution en l'absence de tout risque de pollution*, note sous Cass. 3e civ., 3 mars 2010, n° 08-19.108 : *JCP* G 2010, n° 24, p. 1229. • P. Trouilly, *Associations agréées de pêche et de protection du milieu aquatique. Préjudice subi en cas de pollution d'un cours d'eau, note sous CE 13 novembre 2009, Association « La Sauvegarde de la Moine », n° 310.038 : Environnement et dév. durable* janv. 2010, n° 1, p. 17 ; *Pouvoirs du maire en cas de péril imminent, note sous CE 2 décembre 2009, n° 309684, Commune de Rachecourt-sur-Marne : Environnement et dév. durable* févr. 2010, n° 2, p. 20. • G. Ullmann, *« Grenelle 2 » un troisième régime pour les IOTA : Environnement et technique* oct. 2010, n° 300, p. 58. • A. Van Lang, *Le juge administratif, l'État et les algues vertes, note sous CAA Nantes 1er décembre 2009, n° 07NT03775 : AJDA* 2010, n° 16/2010, p. 900. • J. Burguburu, *Quel contrôle le juge opère-t-il sur la délimitation du périmètre des schémas d'aménagement et de gestion des eaux ?, Conclusions sur CE 16 octobre 2009, Association syndicale autorisée du Canal de Gap, n° 295.599 : BJCL* déc. 2009, n° 11/09, p. 756. • M. Guyomar, *Dans quel cas un maire peut-il intervenir au titre de la police de l'eau ? Conclusions sur CE 2 décembre 2009, Cne de Rachecourt-sur-Marne : BJCP* nov. 2009, n° 10/09, p. 690. • G. Paul, *Actualité législative et réglementaire du schéma directeur d'aménagement des eaux : Gaz. Pal.* 4 juill. 2009, n° 185, p. 18. • G. Paul, *Le point sur les dernières modifications de la réglementation sur l'eau : Environormes* nov. 2006. • P. Boyer, *Transposition de la directive n° 2000/60/CE du Parlement européen et du Conseil du 23 octobre 2000 établissant un cadre pour une politique communautaire dans le domaine de l'eau : Environnement mag.* juin 2004, n° 6. • S. Charbonneau, *Une transposition « croupion » (L. n° 2004-338, 23 avr. 2004) : Dr. env.* juin 2004, n° 119. • B. Drobenko, *De la pratique du minimalisme : la transposition de la directive-cadre « eau » : Rev. jur. env.* 3/2004. • S. Le Briéro, *Les sanctions administratives de la police des eaux et des milieux aquatiques : RD rur.* mai 2002, n° 303, p. 276. • H. Smets, *Le droit de chacun à l'eau : RED env.* 2/2002, p. 129. • V. Varnerot, *L'étrange pérennité du droit de propriété sur les eaux souterraines. À propos de la décision du tribunal de grande instance d'Angers en date du 12 juillet 2001 : Rev. jur. env*

2/2002, p. 135. • Ph. Jeanson, *L'eau dans le Code de l'environnement : Dr. env.* 2001, n° 85, p. 29. • J.-L. Gazzaniga, J.-P. Ourliac et X. Larrouy-Castera, *Droit de l'eau* (1re partie) : *RD rur.* avr. 2000, n° 282, p. 219 à 227 ; *Droit de l'eau* (2e partie) : *RD rur.* juin-juill. 2000, n° 284, p. 334 à 344. • J.-L. Gazzaniga et X. Larrouy-Castera, *Premier bilan jurisprudentiel de l'autorisation délivrée sur le fondement de l'article 10 de la loi sur l'eau : Rev. jur. env.* 1999, p. 503. • L. Le Corre, *La construction progressive d'un droit de l'utilisation durable des zones humides : Dr. env.* déc. 1999, n° 74, p. 15. • S. Le Briéro, *La circulation des engins nautiques sur les cours d'eau non domaniaux : LPA* 4 juin 1999, nos 111 et 112. • J. Sironneau, *Le contentieux des sports en eaux vives : Dr. env.* juill. 1998, n° 60, p. 15 ; *Prélèvements d'eau en période de pénurie : les pouvoirs contestés du préfet : Dr. env.* juill. 1998, n° 60, p. 17 ; *Les responsabilités en matière d'inondations et de réparation des dommages : Dr. env.* nov. 1998, n° 63, p. 15. • I. Putas, *Le nouveau contentieux de l'eau : LPA* 6 juin 1997, n° 68, p. 4 à 12. • R. Le Moal et J.-P. Beurier, *Statut juridique de la qualité de l'eau : RD rur.* 1996, n° 244, p. 249. • J. Sironneau, *Le dispositif réglementaire d'application de la loi sur l'eau : Dr. env.* 11/1996, n° 43, p. 14 à 17. • R. Romi, *La loi sur l'eau : Dr. env.* 1992, p. 10 ; *L'entretien des cours d'eau selon la loi Barnier : Dr. env.* 1995, n° 32, p. 80. • J. Sironneau, *La genèse de la loi sur l'eau : RD rur.* août-sept. 1994, n° 225, p. 358. • J.-L. Gazzaniga, *La loi du 3 janvier 1992 : une nouvelle politique de l'eau : RD rur.* 1993, p. 445. • J. Jiang, *Les collectivités locales et le droit de l'eau : RD rur.* déc. 1993, n° 218, p. 467. • J. Lamarque, *La loi du 3 janvier 1992 sur l'eau : CJEG* 1993, p. 81. • Ph. Segur, *L'accroissement des pouvoirs du préfet dans le cadre de la loi sur l'eau du 3 janvier 1992 : RD rur.* 1993, p. 474 à 482. • J.-F. Auby, *Les principes du droit de l'eau : LPA* 19 oct. 1992, n° 126, p. 3. • J.-L. Gazzaniga et X. Larrouy-Castera, *Loi sur l'eau : LPA* 19 oct. 1992, n° spécial, p. 9 à 11. • J.-L. Gazzaniga, *La genèse de la loi sur l'eau : LPA* 19 oct. 1992, n° 126, p. 9 à 11. • Ch. Huglo, *La loi sur l'eau du 3 janvier 1992 : LPA* 19 oct. 1992, n° 126, p. 12 à 16. • J. Sironneau, *La nouvelle loi sur l'eau ou la recherche d'une gestion équilibrée : Rev. jur. env.* 2/1992, p. 137 à 233.

Articles sur la loi sur l'eau du 30 décembre 2006. R. de La Selle, *La réforme de la distinction « eaux libres-eaux closes » par la loi du 30 décembre 2006 : BDEI* 1er janv. 2008, p. 119. • J. Sironneau, *La loi du 30 décembre 2006 sur l'eau et les milieux aquatiques : entre restauration et révolution : BDEI* 1er janv. 2008, p. 123. • *Actes de la Journée d'étude Gide-Théma : la loi sur l'eau et les milieux aquatiques : Dr. env.* 1er oct. 2007, p. 1241. • N. Belaidi, *La gestion des cours d'eau et des milieux aquatiques : une garantie du droit à l'eau ? : Dr. env.* 1er oct. 2007, p. 1247. • Ph. Billet, *Note sous la loi n° 2006-1772 du 30 décembre 2006 sur l'eau et les milieux aquatiques : Environnement* 1er janv. 2007, p. 126 ; *Les principales dispositions de la loi sur l'eau et les milieux aquatiques intéressant l'agriculture : RD rur.* 1er mars 2007, p. 41 ; *La LEMA [Loi sur l'eau et les milieux aquatiques] et la tarification « sociale » de l'eau : Dr. env.* 1er oct. 2007, p. 1262. • M. Boutelet-Blocaille, *La LEMA [Loi sur l'eau et les milieux aquatiques] et les ouvrages hydrauliques : Dr. env.* 1er oct. 2007, p. 1265. • S. Caudal et P. Janin, *La loi du 30 décembre 2006 sur l'eau et les milieux aquatiques, entre volontarisme et renoncements : Dr. adm.* 1er avr. 2007, p. 111. • S. Caudal, *L'outil fiscal dans la loi du 30 décembre 2006 sur l'eau et les milieux aquatiques : des avancées en demi-teinte : Rev. jur. env.* 1er sept. 2007, p. 1295. • S. Caudal, *La LEMA [Loi sur l'eau et les milieux aquatiques] et les redevances perçues par les agences de l'eau : Dr. env.* 1er oct. 2007, p. 1253. • M.-L. de La Ville-Baugé, *Aperçu des nouveautés apportées par la nouvelle loi sur l'eau et les milieux aquatiques : BDEI* 1er mars 2007, p. 127. • E. et Y. Landot, *La réforme des services publics locaux de l'eau et de l'assainissement : Rev. Lamy coll. terr.* 1er avr. 2007, p. 144. • O. Guillaumont, *Validation législative : la loi sur l'eau du 30 décembre 2006 et les contrats publics d'eau et d'assainissement conclus avant l'avis du Conseil d'État, Préfet de la Côte-d'Or : JCP* A 5 mars 2007, p. 123. • E. Guyard, *Le service public de l'eau et de l'assainissement dans la loi sur l'eau : Dr. env.* 1er mars 2007, p. 161. • Y. Jégouzo, *La loi du 30 décembre 2006, de très diverses dispositions relatives à l'eau : AJDA* 18 juin 2007, p. 11162. • M.-P. Lavoillotte et J. Olivier, *La LEMA [Loi sur l'eau et les milieux aquatiques] et le renouvellement des institutions de l'eau : Dr. env.* 1er oct. 2007, p. 1242. • R. Léost, *Les dispositions répressives de la loi sur l'eau : Dr. env.* 1er mars 2007, p. 169. • B. Peignot, *La création d'un fonds de garantie des risques liés à l'épandage agricole des boues urbaines et industrielles ; À propos de l'article 45 de la loi sur l'eau et les milieux aquatiques du 30 décembre 2006 : qui a peur des grandes méchantes boues ? : Gaz. Pal.* 15 août 2007, p. 1227. • S. Pheulpin, *Eau : BDEI* 1er janv. 2007, p. 129. • C. Ribot, *Les réformes introduites par la loi sur l'eau et les milieux aquatiques : impatients espoirs ou doutes résignés ? : Environnement* 1er avr. 2007, p. 19. • R. Romi, *La loi sur l'eau : un « patchwork » impressionnant pour une ambition réduite : Dr. env.* 1er mars 2007, p. 148. • P. Savin et Y. Martinet, in *Bulletin droit de l'environnement du Cabinet Savin Martinet Associés*, actualités « Étude des décrets d'application de la loi sur l'eau du 30 décembre 2006 », Lexbase Hebdo, éd. Privée Générale anciennement Lexbase Hebdo, éd. Affaires, 18 oct. 2007, n° 277. • R. Schneider, *La constitutionnalisation des redevances des agences de l'eau : BDEI* 1er janv. 2008, p. 15. • H. Smets, *Le rôle des municipalités et des collectivités territoriales dans la mise en œuvre du droit à l'eau : Dr. env.* 1er mars 2007, p. 152. • L. Thiébaut, *L'agriculture dans la LEMA [Loi sur l'eau et les milieux aquatiques] : Dr. env.* 1er oct. 2007, p. 1273.

Art. L. 210-1 ***(Mod., L. n° 2004-338, 21 avr. 2004*** (1)***; L. n° 2006-1772, 30 déc. 2006*** (2) ***; L. n° 2021-1104, 22 août 2021).*** **– L'eau fait partie du patrimoine commun de la nation. Sa protection, sa**

(1) Application à Mayotte : V. L. n° 2004-338, 21 avr. 2004, art. 9, I.
(2) Dispositions applicables à Mayotte, L. n° 2006-1772, 30 déc. 2006, art. 98, IV, 1.

mise en valeur et le développement de la ressource utilisable, dans le respect des équilibres naturels, sont d'intérêt général.

Le respect des équilibres naturels implique la préservation et, le cas échéant, la restauration des fonctionnalités naturelles des écosystèmes aquatiques, qu'ils soient superficiels ou souterrains, dont font partie les zones humides, et des écosystèmes marins, ainsi que de leurs interactions. Ces fonctionnalités sont essentielles à la reconquête de la biodiversité, à l'adaptation au changement climatique ainsi qu'à l'atténuation de ses effets et participent à la lutte contre les pollutions. À ce titre, les écosystèmes aquatiques et les écosystèmes marins constituent des éléments essentiels du patrimoine de la Nation.

***(Mod., Ord. n° 2022-1611, 22 déc. 2022)* Dans le cadre des lois et règlements ainsi que des droits antérieurement établis, l'usage de l'eau appartient à tous et chaque personne physique a le droit d'accéder à l'eau potable, selon les modalités et pour les usages essentiels mentionnés à l'article L. 1321-1 A du Code de la santé publique, dans des conditions économiquement acceptables par tous.**

Les coûts liés à l'utilisation de l'eau, y compris les coûts pour l'environnement et les ressources elles-mêmes, sont supportés par les utilisateurs en tenant compte des conséquences sociales, environnementales et économiques ainsi que des conditions géographiques et climatiques.

Voir : sur le concept de patrimoine commun de la nation, livre I, titre I, en particulier l'article L. 110-1, § 1.

Bibliographie : C. Baillon-Passe, *Actualité jurisprudentielle nationale du droit de l'eau : LPA* 8 janv. 2016, n° 6, pp. 7-13. • Ch. Huglo, *Du droit sur l'eau au droit de l'eau, vers un droit à l'eau : Journ. sociétés* nov. 2015, n° 135, p. 11. • F. Lerique, *Un droit social qui ne coule pas de source : le droit à l'eau : RDSS* 2015, p. 1097. • V. Mercier, *Droit de l'eau, juin 2014 – mai 2015 : Dr. env.* juin 2015, n° 235, p. 231. • Ph. Billet, *Distribution communale d'eau potable : une obligation contractuelle de résultat*, note sous Cass. 1re civ., 28 nov. 2012, n° 11-26.814 : *JCP* A 2013, n° 9, p. 50. • Ph. Billet, *Le ciel est bleu, la mer est verte...*, note sous CJUE, 13 juin 2013, aff. C-193/13, *Commission c/ France : Environnement et dév. durable* 2013, nos 8-9, p. 3. • P. Hili, *Directive « nitrates » : où en est la France dans sa mise en conformité ? : BDEI* mars 2013, n° 44, p. 21. • H.-B. Pouillaude, *L'obligation de résultat d'une commune en matière de distribution d'eau potable*, note sous Cass. 1re civ., 28 nov. 2012, n° 11-26.814, *Mme Mataillet : AJDA* 1er avr. 2013, n° 12/2013, p. 697. • S. Prieur, *La fourniture d'eau potable par une commune est une obligation de résultat*, note sous Cass. 1re civ., 28 nov. 2012, n° 11-26.814, *Cne de Ste-Hilaire de Lavit : Gaz. Pal.* 23 et 24 janv. 2013, nos 23-24, p. 8. • P. Sargos, *De l'obligation de résultat à l'obligation de sécurité de résultat*, note sous Cass. 1re civ., 28 nov. 2012, n° 11-26.814 : *RJEP* mars 2013, n° 3, p. 27. • M. Spill, *Directive « nitrates » : la France condamnée pour sa désignation des zones vulnérables, n'est-ce qu'un début ?* note sous CJUE, 13 juin 2013, aff. C-193/12, *Commission c/ France : BDEI* juill. 2013, n° 46, p. 23. • F. Ahoulouma, *L'évolution conjoncturelle de la définition de la notion de cours d'eau*, notes sous CE, 21 oct. 2011, n° 334322 : *Collectivités territoriales* févr. 2012, n° 76, p. 34. • J. Sironneau, *La notion de cours d'eau en droit : évolution et conséquences : BDEI* mars 2012, n° 38, p. 23. • Académie de l'eau, *Le droit à l'eau potable : Rev. jur. env.* 2008, 113. • Ph. Billet, *La LEMA et la tarification sociale de l'eau : Dr. env.* oct. 2007, n° 152, p. 1260. • J.-M. Février, *Précisions sur les prises d'eau fondées en titre : Dr. adm.* avr. 2007, n° 4, comm. 56. • C. Ribot, *Les réformes introduites par la loi sur l'eau et les milieux aquatiques : impatients espoirs ou doutes résignés ? : Environnement* avr. 2007, n° 4, étude 6. • Ph. Kahn, *Les patrimoines communs de l'humanité : quelques réflexions : Mél. Kiss* 1998, p. 307-314. • I. Savarit, *Le patrimoine commun de la nation, déclaration de principe ou notion juridique à part entière ? : RFDA* 1998, p. 305. • A.-C. Kiss, *La notion de patrimoine commun de l'humanité : RCADI* 1982, t. 175, p. 99-256.

1) Patrimoine commun de la nation et juge judiciaire. L'eau est patrimoine commun de la Nation, comme l'a rappelé la Cour des comptes dans son rapport de juillet 2023 intitulé « [L]a gestion quantitative de l'eau en période de changement climatique ». Si sa protection est d'intérêt général, elle s'efface néanmoins devant le droit de pêche conféré au propriétaire d'une rivière (▪ Cass. crim., 8 mars 1995, *Mathe : Bull. crim.* 1995, n° 96, p. 239).

2) Ancien sursis à exécution. A dû être ordonné le sursis à exécution d'un arrêté par lequel un préfet autorisait à réaliser et à exploiter un forage, lorsque le pompage dans la nappe phréatique rendait vulnérable le captage communal et lorsque la méconnaissance de l'article L. 210-1 constituait un moyen sérieux d'annulation (▪ CAA Nancy, 3 juin 1999, n° 98NC02251, *M. Thiery*).

3) Applications du principe de précaution. L'eau appartenant au patrimoine de la Nation, sa protection, mise en valeur, restauration, remise en état et gestion s'inspire des principes envisagés à l'article L. 110-1 du Code de l'environnement. C'est ainsi notamment que le principe de précaution s'attachant à la protection d'une zone de captage d'eaux souterraines s'oppose à ce que les auteurs d'un schéma directeur adoptent, pour une voie de contournement routier, un tracé qui sera générateur de pollutions à caractère permanent et de risques de pollutions accidentelles (▪ TA Lille, 19 avr. 2000, n° 98552, *Fédération Nord Nature c/ Syndicat* *mixte pour la révision et le suivi de la mise en œuvre du schéma directeur de l'arrondissement de Lille : Dr. env.* sept. 2000, n° 81, p. 9, note P.-J. Baralle). Le principe de précaution n'implique pas cependant, par lui-même, que soit refusée toute autorisation mais seulement qu'en l'absence de certitudes, compte tenu des connaissances scientifiques et techniques du moment, on ne doive pas retarder l'adoption de mesures effectives et proportionnées visant à prévenir un risque de dommages graves et irréversibles à l'environnement à un coût économiquement acceptable. Dans ces conditions, le juge administratif a pu considérer que les prescriptions d'un arrêté préfectoral d'autorisation d'une installation classée spécialisée dans la recherche pharmaceutique imposaient des mesures suffisamment effectives et proportionnées en vue de prévenir le risque de dommages graves et irréversibles à la nappe aquifère (■ CAA Paris, 25 juin 2002, n°s 01PA02106, 01PA02121 et 01PA02180, *Institut de recherches Servier c/ Assoc. du Chemin de Ronde*). Dans le même sens, la Cour de cassation a pu juger que le principe de précaution ne pouvait trouver application s'agissant d'un forage qui avait été exécuté par une entreprise spécialisée dans les règles de l'art et le respect des autorisations administratives, qui se situait à l'aval d'un captage d'eaux minérales sans lien direct par faille avec celui-ci, et n'avait aucune possibilité de polluer les eaux exploitées par le captage, même si l'on y précipitait des produits nocifs ou des germes délétères (■ Cass. 3e civ., 3 mars 2010, n° 08-19.108, *SEM Vals c/ Di Mayo*).

4) Annulation d'une convention publique d'aménagement. Une convention publique d'aménagement signée par un syndicat mixte et la compagnie d'aménagement des coteaux de Gascogne avait été signée dans le but d'aménager plusieurs retenues comportant des ouvrages de prélèvements et de restitution d'eau. Cette convention a été annulée pour divers motifs. Le juge a considéré que l'arrêté préfectoral autorisant la réalisation des retenues ne pouvait légalement satisfaire à l'obligation de récupération des coûts d'utilisation de l'eau prescrite par l'article L. 210-1 du Code de l'environnement dès lors que les travaux projetés, engagés par un établissement public de coopération intercommunale, n'avaient pas été déclarés d'intérêt général (■ TA Nantes, 4 nov. 2008, n° 0601671, *Assoc. « coordination pour la défense du Marais poitevin »*).

5) Usage et propriété de l'eau. L'article L. 210-1 du Code de l'environnement ne fait état que de l'usage de l'eau et non pas de sa propriété et, en tout état de cause, il le limite par la réserve des droits acquis (■ CA Grenoble, 4 févr. 2008, n° 06/00229, *Sté civile du lac de Paladru*).

6) Droit d'usage fondé en titre. La force motrice produite par l'écoulement des eaux d'un cours d'eau non domanial ne peut faire l'objet d'un droit de propriété mais seulement d'un droit d'usage. Le régime de ces cours d'eau doit concilier les intérêts des différents utilisateurs des eaux, le droit de propriété et les droits et usages antérieurement établis, parmi lesquels figurent les usages fondés en titre, auxquels la législation réserve un sort dérogatoire (■ CE, 7 févr. 2007, n° 280373, *M. A*).

CHAPITRE Ier. – RÉGIME GÉNÉRAL ET GESTION DE LA RESSOURCE

Art. L. 211-1 ***(Mod., L. n° 2005-781, 13 juill. 2005*** (1)***; L. n° 2006-1772, 30 déc. 2006*** (2) ***L. n° 2010-788, 12 juill. 2010 ; L. n° 2016-925, 7 juill. 2016*** (3)***; L. n° 2016-1087, 8 août 2016 ; L. n° 2016-1888, 28 déc. 2016 ; L. n° 2019-773, 24 juill. 2019 ; mod. à compter du 1er janvier 2021, L. n° 2020-105, 10 févr. 2020).*** **– I. – Les dispositions des chapitres Ier à VII du présent titre ont pour objet une gestion équilibrée et durable de la ressource en eau ; cette gestion prend en compte les adaptations nécessaires au changement climatique et vise à assurer :**

1° La prévention des inondations et la préservation des écosystèmes aquatiques, des sites et des zones humides ; on entend par zone humide les terrains, exploités ou non, habituellement inondés ou gorgés d'eau

(1) Dispositions applicables à Mayotte, L. n° 2005-781, 13 juill. 2005, art. 110.

(2) Dispositions applicables à Mayotte, L. n° 2006-1772, 30 déc. 2006, art. 98, IV, 1.

(3) Pour l'application de la loi n° 2016-925 du 7 juillet 2016 à Saint-Barthélemy, les références au Code de l'environnement sont remplacées par les références prévues par le Code de l'environnement applicable localement, L. n° 2016-925, 7 juill. 2016, art. 119, III.

douce, salée ou saumâtre de façon permanente ou temporaire, ou dont la végétation, quand elle existe, y est dominée par des plantes hygrophiles pendant au moins une partie de l'année (1) **;**

2° La protection des eaux et la lutte contre toute pollution par déversements, écoulements, rejets, dépôts directs ou indirects de matières de toute nature et plus généralement par tout fait susceptible de provoquer ou d'accroître la dégradation des eaux en modifiant leurs caractéristiques physiques, chimiques, biologiques ou bactériologiques, qu'il s'agisse des eaux superficielles, souterraines ou des eaux de la mer dans la limite des eaux territoriales ;

3° La restauration de la qualité de ces eaux et leur régénération ;

4° Le développement, la mobilisation, la création et la protection de la ressource en eau ;

5° La valorisation de l'eau comme ressource économique et, en particulier, pour le développement de la production d'électricité d'origine renouvelable ainsi que la répartition de cette ressource ;

5° ***bis*** **La promotion d'une politique active de stockage de l'eau pour un usage partagé de l'eau permettant de garantir l'irrigation, élément essentiel de la sécurité de la production agricole et du maintien de l'étiage des rivières, et de subvenir aux besoins des populations locales ;**

6° La promotion d'une utilisation efficace, économe et durable de la ressource en eau, notamment par le développement de la réutilisation des eaux usées traitées et de l'utilisation des eaux de pluie en remplacement de l'eau potable ;

7° Le rétablissement de la continuité écologique au sein des bassins hydrographiques.

Un décret en Conseil d'État précise les critères retenus pour l'application du 1° (1) **et les modalités d'application du 6° du présent I aux activités, installations, ouvrages et travaux relevant des articles L. 214-3 et L. 511-2 dont la demande d'autorisation, la demande d'enregistrement ou la déclaration sont postérieures au 1er janvier 2021, ainsi qu'aux activités, installations, ouvrages et travaux existants.**

II. – La gestion équilibrée doit permettre en priorité de satisfaire les exigences de la santé, de la salubrité publique, de la sécurité civile et de l'alimentation en eau potable de la population. Elle doit également permettre de satisfaire ou concilier, lors des différents usages, activités ou travaux, les exigences :

1° De la vie biologique du milieu récepteur, et spécialement de la faune piscicole et conchylicole ;

2° De la conservation et du libre écoulement des eaux et de la protection contre les inondations ;

3° De l'agriculture, des pêches et des cultures marines, de la pêche en eau douce, de l'industrie, de la production d'énergie, en particulier pour assurer la sécurité du système électrique, des transports, du tourisme, de la protection des sites, des loisirs et des sports nautiques ainsi que de toutes autres activités humaines légalement exercées.

III. – La gestion équilibrée de la ressource en eau ne fait pas obstacle à la préservation du patrimoine hydraulique, en particulier des moulins hydrauliques et de leurs dépendances, ouvrages aménagés pour l'utilisation de la force hydraulique des cours d'eau, des lacs et des mers, protégé soit au titre des monuments historiques, des abords ou des sites patrimoniaux remarquables en application du livre VI du Code du patrimoine, soit en application de l'article L. 151-19 du Code de l'urbanisme.

Bibliographie : *Articles.* S. Caudal et P. Janin, *La loi du 30 décembre 2006 sur l'eau et les milieux aquatiques : entre volontarisme et renoncements : Dr. adm.* avr. 2007, n° 4, étude 5. • J.-V. Borel et D. Del Prete, *L'étendue des pouvoirs de police spéciale du préfet en matière d'eau : Dr. env.* juin 2007, n° 149, p. 1151. • P. Trouilly, *Étendue des mesures pouvant être prises par le préfet en application de la législation sur l'eau : Environnement* mai 2007, n° 5, comm. 90. • Ph. Billet, *L'usage de l'eau mis en règle : entre droits des équilibres et équilibre des droits : Environnement* juill. 2005, n° 7, étude 17. • P. Trouilly, *Le principe de la gestion équilibrée de la ressource en eau est-il devenu inutile ? : Environnement mag.* juill. 2004, n° 7, p. 7.

Sur la protection des captages destinés à la distribution d'eau potable. J.-L. Gazzaniga, X. Larrouy-Castera et J.-P. Ourliac, *À propos de la protection des captages destinés à l'alimentation en eau potable des collectivités humaines : RD rur.* nov. 1997, n° 257, p. 558.

Sur les zones humides : Ouvrages. P. Le Louarn, *Les zones humides et le droit*, Éd. du CNFPT, 2000. • R. Romi, *Les espaces humides, le droit entre protection et exploitation des territoires*, L'Harmattan, 1992.

(1) V. T. appl. : D. n° 2007-135, 30 janv. 2007 puis C. env., art. R. 211-108. – NDLR.

Articles. V. De Billy, J. Tournebize, G. Barnaud, M. Benoit, F. Birgrand, et al., *Compenser la destruction de zones humides. Retours d'expérience sur les méthodes et réflexions inspirées par le projet d'aéroport de Notre-Dame-des-Landes (France) : BDEI* 1er juill. 2015, n° 58, pp. 28-37. • M. Guespereau et D. Laperche, *Prendre en compte les fonctions des zones humides est une clé pour leur protection : Environnement et technique* avr. 2015, n° 2346. • S. Mabile et I. Herzog, *Les bassins d'une ICPE peuvent-ils bénéficier de la protection attachée aux zones humides ? : Dr. env.* juin 2014, n° 224. • E. Thiry (coord.), *Ramsar et la gestion des zones humides en France* juin 2014. • M. Lucas, *La compensation écologique des zones humides en France : vers une intégration des services écosystémiques ? : Dr. env.* janv. 2014, n° 219. • J. Dequeant et L. Pivez, *Environnement : les zones humides sont-elles inconstructibles ? : Mon. TP* 18 août 2000, p. 51. • L. Le Corre, *La construction progressive d'un droit de l'utilisation durable des zones humides : Dr. env.* déc. 1999, n° 74, p. 15. • L. Bourhis et A. Choquet, *Vers une stratégie publique de préservation des zones humides : RD rur.* 1997, p. 599.

1) Gestion équilibrée et pouvoir du préfet. La recherche d'une gestion équilibrée de la ressource en eau conduit à reconnaître au préfet le pouvoir de réglementer l'exercice des sports nautiques et de la pêche sur un cours d'eau (▪ CE, 28 juill. 1995, n° 151854, *Fédération française de canoë-kayak*. ▪ CAA Marseille, 7 mars 2005, n° 01MA01166, *Fédération française de canoë-kayak*).

Selon le Conseil d'État, les dispositions de l'article L. 211-1 du Code de l'environnement ont pour seul objet de poser le principe et les objectifs de la gestion équilibrée de la ressource en eau, ainsi que les exigences qui en résultent, notamment en matière de sécurité civile et de protection contre les inondations, à l'occasion des différents usages, activités ou travaux portant sur cette ressource. D'autre part, les anciennes dispositions de l'article 41 du décret du 29 mars 1993 modifié relatif aux procédures d'autorisation et de déclaration prévues par l'article 10 de la loi du 3 janvier 1992 sur l'eau se bornaient, d'une part, à prévoir l'obligation, pour les propriétaires ou exploitants d'ouvrages légalement réalisés venant à être soumis à autorisation ou à déclaration par un décret de nomenclature, de fournir au préfet les pièces nécessaires à l'instruction de ces autorisations ou déclarations et, d'autre part, à permettre au préfet, pour assurer le respect des exigences de l'article L. 211-1 du Code de l'environnement, de prendre les prescriptions complémentaires éventuellement nécessaires dans les conditions prévues aux articles 14 ou 32 du même décret. Pour le juge, il résulte de ce qui précède que ces dispositions ne sont pas susceptibles de fonder légalement la prescription, par le détenteur de ces pouvoirs de police spéciale, d'une remise en état des lieux, notamment par la suppression partielle ou totale d'un ouvrage légalement réalisé qui utilise la ressource en eau (▪ CE, 12 mars 2007, n° 294421, *Min. Écologie et Développement durable*).

2) Gestion équilibrée et ouvrage ou installation. N'a pas été jugée contraire au principe de gestion équilibrée la construction d'une ligne TGV en zone inondable (▪ CE, 17 nov. 1995, n° 160546, *Cne de Théziers*). Le principe de gestion équilibrée de la ressource permet que soit délivrée une autorisation de forage lorsque les risques de disparition d'un étang voisin sont écartés (▪ TA Strasbourg, 27 juin 1995, n° 881-283, *ADELP de la région de Saint-Avold c/ Préfet de la Moselle*).

3) Gestion équilibrée et fixation du taux et de l'assiette des prélèvements des Agences de l'eau. Légalité d'un régime d'estimation forfaitaire établi pour certaines catégories d'assujettis dans la mesure où il n'incite pas ceux-là à consommer plus d'eau (▪ CAA Nancy, 5 juin 2003, n° 99NC01043, *Sté Pec-Rhin : Environnement mag.* févr. 2004, p. 13, note D. Deharbe).

4) Gestion équilibrée et composition des commissions locales de l'eau. La non-représentation d'associations d'adeptes des loisirs et de sports nautiques au sein d'une CLE ne porte pas atteinte au principe de gestion équilibrée de la ressource en eau (▪ CAA Nancy, 3 oct. 2002, n° 98NC00432, *Fédération française de canoë-kayak : Environnement mag.* févr. 2004, p. 14, note D. Deharbe).

5) Intégration de la gestion équilibrée dans le contrôle du bilan. La réalisation d'un projet d'aménagement doit être envisagée en tenant compte notamment des objectifs de gestion équilibrée de la ressource en eau. C'est ainsi, par exemple, que la réalisation d'un captage, si elle est justifiée par les perspectives de développement de l'urbanisation et la nécessité de remédier aux pollutions accidentelles, ne saurait contribuer à l'assèchement d'une rivière, lui-même à l'origine d'importances conséquences sur la faune piscicole, sur les activités agricoles et le tourisme de randonnée (▪ CAA Lyon, 27 janv. 2000, n° 9502346, *Syndicat intercommunal des eaux du Fay : Rev. jur. env.* 4/2000, p. 634, note J. Sironneau).

6) Installations classées. En vertu des dispositions combinées de l'article L. 214-7 du Code de l'environnement et de l'article 20 du décret n° 77-1133 du 21 septembre 1977 (ensuite codifié), si les installations classées pour la protection de l'environnement ne sont pas soumises à l'intégralité des dispositions législatives du Code de l'environnement concernant l'eau, elles doivent néanmoins respecter les dispositions de l'article L. 211-1 de ce code prévoyant notamment la préservation des zones humides. Le respect de cette disposition implique, notamment, que le préfet invite l'exploitant à déposer une nouvelle demande d'autorisation s'il estime que les modifications de l'installation sont de nature à entraîner des dangers ou inconvénients pour les intérêts visés à l'article L. 211-1 du Code de l'environnement (▪ TA Besançon, 16 mars 2006, n° 0500944, *Commission de protection des eaux de Franche-Comté*).

7) Utilisation de l'énergie hydraulique. Si l'objectif de gestion équilibrée de la ressource en eau énoncé par les dispositions de l'article L. 211-1 du Code de l'environnement et dans le cadre duquel s'inscrit, en particulier, la délivrance des autorisations prévues à l'article 1er de la loi du 16 octobre 1919, s'entend de la nécessité de satisfaire ou de concilier, lors des différents usages, activités ou travaux, les exigences notamment de la vie biologique du milieu récepteur et spécialement de la faune piscicole, ainsi que celles, entre autres, de la production d'énergie, des transports, du tourisme, des loisirs et des sports nautiques, il a été jugé qu'en autorisant des travaux destinés à l'amélioration des conditions de circulation des poissons migrateurs et qui, sans impact sur l'environnement, permettaient également une légère augmentation de la production d'énergie hydraulique, un préfet a suffisamment pris en compte les différentes activités susceptibles d'être conciliées au sens des dispositions de l'article L. 211-1 du Code de l'environnement, nonobstant la circonstance qu'à l'occasion de ces aménagements, n'ait pas été également prescrite la réalisation d'un dispositif, d'ailleurs inexistant depuis l'origine, de franchissement du barrage par les embarcations de loisirs non motorisées (▪ CAA Bordeaux, 19 févr. 2009, n° 07BX00074, *Min. Écologie et Développement durable*).

8) IOTA. Il a été jugé, s'agissant d'un projet visant à la création d'un étang impliquant le détournement du ruisseau de Chézeau-Raymond, que ce projet se situe en amont du bassin-versant du Thaurion où le peuplement piscicole, représenté notamment par la truite fario qui y accomplit une partie de son cycle biologique, est de haute qualité et qu'il est ainsi susceptible de porter atteinte à la qualité biologique du site de la vallée du Thaurion et de ses affluents, notamment en provoquant la disparition de zones de frayères de salmonidés et en compromettant la migration des poissons vers l'amont, alors surtout que les dispositions du chapitre VII-2-7 du schéma directeur d'aménagement et de gestion des eaux (SDAGE) Loire-Bretagne préconisent de s'opposer à la création de nouveaux étangs dans les zones situées en tête de bassin-versant et que la vallée du Thaurion est classée à l'inventaire Natura 2000 ; qu'ainsi, le détournement du cours d'eau de Chézeau-Raymond est néfaste au maintien de la qualité de la ressource en eau, des milieux aquatiques ainsi qu'au peuplement piscicole et risque, de surcroît, de compromettre des zones humides ; qu'en outre, l'étude d'incidence souffre de nombreuses insuffisances, déjà soulignées par l'arrêté préfectoral de refus d'autorisation, en particulier concernant le mode d'alimentation en eau de l'étang, le descriptif de la zone humide ennoyée par le projet, l'efficacité du système de décantation et le réaménagement de la dérivation du ruisseau ; que, par suite, c'est à juste titre que le tribunal administratif, qui ne s'est pas seulement fondé sur les avis unanimement défavorables émis par la direction régionale de l'environnement, le conseil supérieur de la pêche, la direction départementale de l'agriculture et de la forêt, ainsi que le conseil départemental d'hygiène, et nonobstant la circonstance qu'un étang existait déjà à cet emplacement au XIXe siècle, a estimé que le projet envisagé, qui ne présente pas de garanties suffisantes pour le maintien de la qualité de la ressource en eau, des milieux aquatiques et des habitats naturels, portait atteinte aux intérêts visés à l'article L. 211-1 du Code de l'environnement (▪ CAA Bordeaux, 31 déc. 2008, n° 07BX01364, *Min. Écologie et Développement durable*).

9) Lotissement. Un préfet a pu légalement autoriser un lotissement à rejeter des eaux pluviales car, à supposer même qu'une partie du lotissement soit située dans une zone humide, il ne résultait toutefois pas de l'instruction que la prescription complémentaire imposée par le préfet, par l'arrêté attaqué, ait eu pour effet d'accroître les risques d'inondation ; qu'au contraire, la réalisation de drains enterrés reliant les zones d'infiltration individuelle situées dans chaque parcelle à construire et se déversant dans le bassin régulateur prévu pour les rejets d'eaux pluviales provenant de la voirie avait pour objet de permettre une meilleure évacuation des eaux pluviales provenant des toits ; il ne résultait pas davantage de l'instruction que le dispositif technique ainsi prescrit par l'arrêté attaqué soit en lui-même source de dangers ou inconvénients pour l'un des éléments énumérés à l'article L. 211-1 du Code de l'environnement. Le préfet a pu, en conséquence, s'abstenir d'inviter la société aménageur à présenter une nouvelle demande d'autorisation au titre de la loi sur l'eau (▪ CAA Bordeaux, 17 avr. 2008, n° 05BX02203, *Assoc. « Vive la forêt »*).

10) Canoë-kayak. Les loisirs et les sports nautiques font partie des activités qu'aux termes de l'article L. 211-1 du Code de l'environnement, la gestion équilibrée de la ressource en eau doit permettre de satisfaire ou de concilier. Il a été jugé que le document joint à la demande d'autorisation procédait à une analyse des usages de loisirs de la Durance, et notamment de la pratique du canoë-kayak ; qu'il relevait que l'implantation des ouvrages de franchissement de la rivière aura pour effet de perturber cette activité, et notamment de réduire de quelques dizaines de mètres la longueur des parcours pour compétiteurs ; que s'il se bornait à renvoyer, sur ce point, à la définition des mesures correctives et compensatoires de l'impact hydraulique de ces ouvrages de franchissement, une réflexion postérieure devant être engagée avec la fédération française de canoë-kayak et le syndicat mixte d'aménagement de la vallée de la Durance, cette circonstance, compte tenu notamment du caractère limité et, pour partie, provisoire, des incidences du projet, n'était pas de nature à vicier la procédure suivie. Il résultait de l'instruction que la pratique du canoë-kayak sur la Durance a été effectivement gênée durant la phase de travaux, mais non totalement interrompue. Dans ces conditions, les requérants n'ont pas été reconnus fondés à soutenir que les incidences du projet auraient été sous-évaluées (▪ CE, 16 janv. 2008, n° 289893, *Jeune canoë-kayak avignonnais*).

11) Zones humides. Qualification jurisprudentielle. Le Conseil d'État a jugé qu'il ressort des dispositions de l'article L. 211-1 du Code de l'environnement, « éclairées par les travaux préparatoires de la loi sur l'eau du 3 janvier 1992 dont elles sont issues, qu'une zone humide ne peut être caractérisée, lorsque de la végétation y existe, que par la présence simultanée de sols habituellement inondés ou gorgés d'eau et, pendant au moins une partie de l'année, de plantes hygrophiles ». L'arrêt du Conseil d'État exige ainsi le cumul des critères « sols hydromorphes » et « plantes hygrophiles » pour qualifier une zone humide, et ce alors que les textes (A. 24 juin 2008 et circulaire d'application, 18 janv. 2010) prévoient que les deux critères sur lesquels repose la définition sont alternatifs. Depuis la loi n° 2019-773 du 24 juillet 2019 portant création de l'Office français de la biodiversité, les critères alternatifs redeviennent déterminants pour l'identification d'une zone humide (▪ CE, 22 févr. 2017, n° 386325 : *Dr. env.* juin 2017, n° 257, p. 223, note I. Cizel). Eu égard à l'importance que la connaissance de la superficie de zones humides concernée par le projet revêt pour l'appréciation de la compatibilité avec le SDAGE de l'autorisation contestée, et devant les incertitudes du dossier relativement à la méthodologie employée, la Cour a ordonné avant dire droit la réalisation d'une expertise sur le fondement de l'article R. 621-1 du Code de justice administrative avec pour mission, notamment, de déterminer la superficie des zones détruites et répondant à la définition légale telle qu'interprétée par le Conseil d'État dans sa décision du 22 février 2017 précitée (▪ CAA Lyon, 21 mai 2019, n° 18LY04149, *SNC Roybon Cottages*). La définition de la zone humide issue des dispositions de l'article 23 de la loi n° 2019-773 du 24 juillet 2019 n'a pas d'effet rétroactif et ne peut, par elle-même, porter atteinte au droit à un procès équitable (▪ CE, 17 juin 2020, n° 438062, *SNC Roybon Cottages*).

12) Appréciation par le juge pénal. Afin de déterminer la matérialité de l'infraction, il convient d'établir que la parcelle sur laquelle les travaux ont été entrepris présente les caractéristiques d'une zone humide, de déterminer la nature des travaux et le régime légal applicable. La notion de zone humide est définie au 1° du I de l'article L. 211-1, dont la rédaction a évolué, en particulier avec l'adoption de la loi du 26 juillet 2019. À l'époque des faits, il était de jurisprudence constante que la qualification de zone humide nécessitait la réunion de deux critères cumulatifs : un sol hydromorphe et une végétation hygrophile dominante. En l'espèce, ces deux critères n'étaient pas remplis et bien que la parcelle soit classée au PLU en « zone humide », elle ne pouvait être qualifiée de zone humide au sens de l'article L. 211-1, justifiant ainsi la relaxe (▪ CA Rennes, 11e ch. corr., 22 mai 2024, n° 24/787, *SAS des Gillières*).

13) Zones humides. Illustrations. Un préfet avait autorisé des travaux au titre de la loi sur l'eau. Une association a demandé que des mesures réductrices compensatoires sérieuses soient prises ainsi que la suspension des travaux sur les zones humides. Le juge a estimé, en premier lieu, que les surfaces réelles en zones humides n'avaient pas été correctement identifiées car largement minorées ; en deuxième lieu, que le préfet avait entaché sa décision de rejet d'erreur manifeste d'appréciation car la préservation et la gestion durable des zones humides définies à l'article L. 211-1 du Code de l'environnement sont d'intérêt général en application de l'article L. 211-1-1 du même code et que la protection des zones humides constitue l'un des objectifs du SDAGE applicable. Le tribunal a donc annulé la décision implicite de rejet du préfet et lui a enjoint de déterminer l'emplacement et l'étendue précis des zones humides et d'ordonner la suspension des travaux prévus ou en cours sur les zones humides qui n'avaient pas été prises en compte. Il a également enjoint au préfet de mettre en œuvre la procédure de l'article R. 214-17 du Code de l'environnement en vue de fixer des prescriptions complémentaires qui seraient nécessaires en application des articles L. 211-1 et L. 211-1-1 du Code de l'environnement (▪ TA Besançon, 13 déc. 2007, n° 0700637, *Commission de protection des eaux de Franche-Comté*). De même, une étude de caractérisation de l'hydromorphie des sols qui conclut, au vu de l'analyse de sept points de sondage définis autour d'un étang, que les parcelles correspondent à des zones humides pédologiques – les sondages réalisés indiquant la présence de sols hydromorphes dès la surface – prouve que le terrain d'assiette de l'étang est constitutif dans sa totalité d'une zone humide. Peu importe que des sondages réalisés par une autre étude n'aient pas pu tous faire apparaître un sol hydromorphe, dès lors que ces sondages n'ont pas respecté la méthodologie fixée dans l'arrêté du 24 juin 2008 (▪ CAA Nancy, 1re ch., 9 oct. 2014, n° 13NC01943). En revanche, le juge administratif a admis l'exclusion de la qualification de zones humides pour les néoluvisols-rédoxisols dans le cadre de la réalisation d'un parcours de golf et d'un complexe hôtelier. Ainsi, figurent au nombre des sols des zones humides, les réductisols, les rédoxisols, les fluviosols-rédoxisols, les luvisols dégradés-rédoxisols, les luvisols typiques-rédoxisols, mais non les néoluvisols-rédoxisols, majoritairement rencontrés sur le site ; dès lors, et en dépit de l'avis contraire exprimé par l'Office national de l'eau et des milieux aquatiques (ONEMA), et alors même qu'une majorité des sols présente un engorgement en eau dès la surface ou à partir de 30/40 cm de profondeur, et que 29 ha de terrains feront l'objet d'un drainage, c'est à bon droit que les auteurs de l'étude d'impact ont exclu des zones humides les parcelles figurant en jaune clair sur la carte pédologique de l'étude d'impact, correspondant aux sols moyennement hydromorphes (classes 3 et 4) occupant la majeure partie du terrain d'assiette du projet et répertoriés G4F4 et G4F3 (▪ CAA Nantes, 2e ch., 14 nov. 2014, n° 12NT01802).

14) Conciliation des intérêts. Protection de la faune piscicole. Activité de canoë-kayak. En application des dispositions de l'article L. 211-1 du Code de l'environnement, le préfet est tenu de prendre en considération notamment les exigences de protection de la faune piscicole ainsi que la nécessité de concilier les intérêts des différents usagers, et en particulier des pêcheurs et des pratiquants de loisirs et de sports nautiques. Le juge a considéré, en premier lieu que, compte tenu de la présence dans les cours d'eau domaniaux des Pyrénées-Atlantiques classés en première catégorie piscicole de plusieurs espèces protégées dont des salmonidés, le préfet n'a pas fait une inexacte appréciation des exigences de protection de la faune piscicole, d'une part, en interdisant, pendant la période de frai des salmonidés entre le 15 novembre et le 15 mars, la navigation des embarcations d'une capacité supérieure à quatre personnes sur l'ensemble de ces cours d'eau et, d'autre part, en limitant, pendant la même période, la navigation des embarcations d'une capacité inférieure entre 9 h 30 et 19 heures sur des portions de certains de ces cours d'eau. En deuxième lieu, compte tenu des horaires respectifs habituels de pratique de la pêche et de la navigation ainsi que des conflits ayant déjà opposé des pêcheurs et des pratiquants de sports et loisirs d'eaux vives, le préfet des Pyrénées-Atlantiques n'a pas fait une inexacte appréciation de la nécessité de concilier les intérêts des différents usagers des cours d'eau domaniaux et d'assurer leur sécurité en limitant en outre, pendant la période d'ouverture de la pêche, fixée traditionnellement du deuxième samedi de mars au deuxième dimanche de septembre, d'une part, la navigation des embarcations d'une capacité inférieure ou égale à quatre personnes entre 9 heures 30 et 19 heures sur des portions de certains cours d'eau domaniaux et, d'autre part, la navigation des embarcations d'une capacité supérieure à quatre personnes entre 10 heures et 18 heures ou 19 heures sur l'ensemble des cours d'eau domaniaux classés en première catégorie piscicole. En revanche, la limitation de la navigation, sur l'ensemble des cours d'eau domaniaux de première catégorie piscicole ou sur certaines portions de ces derniers, entre 10 heures et 18 heures ou 19 heures pour les embarcations d'une capacité supérieure à quatre personnes et entre 9 heures 30 et 19 heures pour les embarcations d'une capacité inférieure, entre le deuxième dimanche de septembre et le 14 novembre, soit en dehors des périodes de pêche et de frai des salmonidés, n'est pas susceptible d'être justifiée par le motif tiré de la recherche d'une conciliation entre les différents usages de l'eau. Il ne ressort pas des pièces du dossier que cette mesure serait nécessitée par la protection de la faune piscicole. Si les exigences de sécurité de la navigation sont susceptibles de justifier, quel que soit le classement du cours d'eau au regard des difficultés de la pratique du canoë-kayak, l'interdiction de la navigation pendant des heures au cours desquelles la visibilité est nulle ou réduite, elles ne sauraient justifier cette interdiction à des heures de la journée offrant une visibilité suffisante (▪ CAA Bordeaux, 12 déc. 2006, n° 04BX00239, *Fédération française de canoë-kayak*).

15) Patrimoine hydraulique. La loi du 28 décembre 2016 de modernisation, de développement et de protection des territoires de montagne, dite Loi montagne II (*JO* 29 déc. 2016) prévoit que la gestion équilibrée de la ressource en eau commande de ne pas faire obstacle à la préservation du patrimoine hydraulique, en particulier des moulins hydrauliques.

Art. L. 211-1-1 *(L. n° 2005-157, 23 févr. 2005).* – **La préservation et la gestion durable des zones humides définies à l'article L. 211-1 sont d'intérêt général. Les politiques nationales, régionales et locales d'aménagement des territoires ruraux et l'attribution des aides publiques tiennent compte des difficultés**

particulières de conservation, d'exploitation et de gestion durable des zones humides et de leur contribution aux politiques de préservation de la diversité biologique, du paysage, de gestion des ressources en eau et de prévention des inondations notamment par une agriculture, un pastoralisme, une sylviculture, une chasse, une pêche et un tourisme adaptés. À cet effet, l'État et ses établissements publics, les régions, les départements, les communes et leurs groupements veillent, chacun dans son domaine de compétence, à la cohérence des diverses politiques publiques sur ces territoires. Pour l'application du X de l'article L. 212-I, l'État veille à la prise en compte de cette cohérence dans les schémas d'aménagement et de gestion des eaux.

1) Protection des zones humides. Un préfet avait autorisé des travaux au titre de la loi sur l'eau. Une association a demandé que des mesures réductrices compensatoires sérieuses soient prises ainsi que la suspension des travaux sur les zones humides. Le juge a estimé, en premier lieu, que les surfaces réelles en zones humides n'avaient pas été correctement identifiées car largement minorées ; en deuxième lieu, que le préfet avait entaché sa décision de rejet d'erreur manifeste d'appréciation car la préservation et la gestion durable des zones humides définies à l'article L. 211-1 du Code de l'environnement sont d'intérêt général en application de l'article L. 211-1-1 du même code et que la protection des zones humides constitue l'un des objectifs du SDAGE applicable. Le tribunal a donc annulé la décision implicite de rejet du préfet et lui a enjoint de déterminer l'emplacement et l'étendue précis des zones humides et d'ordonner la suspension des travaux prévus ou en cours sur les zones humides qui n'avaient pas été prises en compte. Il a également enjoint au préfet de mettre en œuvre la procédure de l'article R. 214-17 du Code de l'environnement en vue de fixer des prescriptions complémentaires qui seraient nécessaires en application des articles L. 211-1 et L. 211-1-1 du Code de l'environnement (▪ TA Besançon, 13 déc. 2007, n° 0700637, *Commission de protection des eaux de Franche-Comté*).

2) Insuffisance de mesures compensatoires à la destruction et à l'altération de zones humides. Le projet de création d'un centre de loisirs dit « Center Parcs » à Roybon (Isère) a été soumis à diverses autorisations administratives. Plusieurs d'entre elles ont fait l'objet de contentieux devant la juridiction administrative. Dans une décision du Conseil d'État du 18 juin 2015, était en cause une autorisation de destruction de zones humides, accordée à la SNC Roybon Cottages, porteur du projet, au titre de la « loi sur l'eau » (C. env., art. L. 214-3). La fédération de la Drôme pour la pêche et la protection du milieu aquatique ainsi que l'Union régionale des fédérations départementales des associations agréées de pêche et de protection du milieu aquatique de Rhône-Alpes ont saisi le tribunal administratif de Grenoble d'une demande d'annulation de cette autorisation. En parallèle de ce recours, elles ont demandé au juge des référés, dans le cadre prévu par l'article L. 123-16 du Code de l'environnement, de suspendre l'autorisation en attendant que le tribunal administratif se prononce de façon définitive sur sa légalité. Par une ordonnance du 23 décembre 2014, le juge des référés avait fait droit à la demande et suspendu l'autorisation « loi sur l'eau ». Il avait retenu que deux des critiques des requérants lui apparaissaient suffisamment sérieuses : l'une selon laquelle la commission nationale du débat public aurait dû être saisie, l'autre selon laquelle les mesures compensatoires envisagées étaient insuffisantes pour que l'autorisation soit accordée. La SNC Roybon Cottages a alors saisi le Conseil d'État d'un pourvoi en cassation contre cette ordonnance. Sur les mesures compensatoires, le Conseil d'État souligne que l'autorisation contestée impose à la société porteur du projet de créer de nouvelles zones humides à d'autres endroits du bassin versant, pour une superficie égale à 200 % de celle des zones humides détruites, conformément aux prescriptions du schéma directeur d'aménagement et de gestion des eaux (SDAGE) Rhône-Méditerranée. Le juge des référés du tribunal administratif ne pouvait donc pas estimer que les mesures prises pour compenser la destruction de zones humides étaient insuffisantes. Le Conseil d'État annule donc l'ordonnance du juge des référés. Il estime ensuite qu'aucune des critiques des requérants n'est suffisamment sérieuse, en l'état de l'instruction de l'affaire, pour justifier qu'il suspende l'autorisation contestée, et rejette en conséquence la demande de suspension des associations requérantes. L'autorisation « loi sur l'eau » accordée à la SNC Roybon Cottages n'est donc pas suspendue et reste applicable (▪ CE, 18 juin 2015, n° 386971, *Sté Roybon Cottages*). Au fond, le tribunal administratif a estimé que l'arrêté autorisant la destruction d'une zone humide forestière pour la construction du village de vacances Center Parcs n'était pas compatible avec le SDAGE eu égard à la dispersion et au morcellement des sites de compensation et à la distance les séparant de la forêt de Chambaran : les remises en état de zones humides envisagées pour compenser l'impact du projet ne peuvent être regardées comme constituant globalement des mesures équivalentes sur le plan fonctionnel et de la biodiversité quand bien même la partie de zones humides forestières à détruire représenterait un très faible pourcentage des zones humides de Chambaran et n'aurait qu'une fonction de stockage des eaux pluviales et de soutien des niveaux d'étiage de cours d'eau (■ TA Grenoble, 16 juill. 2015, n°s 1406678, 1406933 et 1501820, *SNC Roybon Cottages : Dr. env.* 2015, 291). Par un arrêt en date du 16 décembre 2016, la Cour administrative d'appel de Lyon juge que les mesures compensatoires proposées par la société Roybon lors de sa demande d'autorisation au titre de l'article L. 214-3 du Code de l'environnement pour son projet « Center Parcs du domaine de la forêt de Chambaran » sont insuffisantes au regard du SDAGE Rhône-Méditerranée. Elle confirme l'annulation de l'arrêté d'autorisation dont bénéfice la société pour ce projet. La cour administrative d'appel relève que le SDAGE Rhône-Méditerranée 2016-2021 prévoit qu'en cas de projet conduisant à la disparition ou l'altération de zones humides, les mesures compensatoires doivent viser une valeur guide de 200 %, avec une compensation minimale de 100 %, devant être recherchée sur le site impacté ou à proximité de celui-ci. Elle relève ensuite que les mesures compensatoires prévues par la société à l'appui de sa demande d'autorisation ne représentent que 26 % de l'aire totale de zones humides impactées et sont donc en contrariété avec les dispositions du SDAGE, ce qui conduit la cour à confirmer le jugement de première instance annulant l'arrêté préfectoral d'autorisation du projet. Elle rejette également le moyen de la société tendant à ce que la cour mette à sa charge des mesures compensatoires supplémentaires en complétant l'arrêté d'autorisation au motif que les mesures proposées ne permettent toujours pas une compensation suffisante au regard des dispositions du SDAGE (■ CAA Lyon, ch. réunies, 16 déc. 2016, n° 15LY03104).

Art. L. 211-2. – I. – Les règles générales de préservation de la qualité et de répartition des eaux superficielles, souterraines et des eaux de la mer dans la limite des eaux territoriales sont déterminées par décret en Conseil d'État.

II. – Elles fixent :

1° Les normes de qualité et les mesures nécessaires à la restauration et à la préservation de cette qualité, en fonction des différents usages de l'eau et de leur cumul ;

2° Les règles de répartition des eaux, de manière à concilier les intérêts des diverses catégories d'utilisateurs ;

3° (1) **Les conditions dans lesquelles peuvent être :**

***a)* Interdits ou réglementés les déversements, écoulements, jets, dépôts directs ou indirects d'eau ou de matière et plus généralement tout fait susceptible d'altérer la qualité des eaux et du milieu aquatique ;**

***b)* Prescrites les mesures nécessaires pour préserver cette qualité et assurer la surveillance des puits et forages en exploitation ou désaffectés ;**

4° Les conditions dans lesquelles peuvent être interdites ou réglementées la mise en vente et la diffusion de produits ou de dispositifs qui, dans des conditions d'utilisation normalement prévisibles, sont susceptibles de nuire à la qualité du milieu aquatique ;

5° Les conditions dans lesquelles sont effectués, par le service chargé de la police des eaux ou des rejets ou de l'activité concernée, des contrôles techniques des installations, travaux ou opérations et les conditions dans lesquelles le coût de ces contrôles peut être mis à la charge de l'exploitant, du propriétaire ou du responsable de la conduite des opérations en cas d'inobservation de la réglementation. Si les contrôles des rejets de substances de toute nature, y compris radioactives, ne sont pas effectués par des laboratoires publics, ils ne peuvent l'être que par des laboratoires agréés.

1) Autorisation de forage. Un préfet a légalement autorisé un forage, en conformité avec les dispositions de l'article L. 211-2 du Code de l'environnement relatif à la gestion équilibrée et durable de l'eau. Cette autorisation a été validée car elle fixait plusieurs prescriptions prévenant les risques de pollution de la nappe calcaire concernée, prévoyait le bridage de la pompe de prélèvement et le contrôle de celle-ci, imposait la réalisation avant exploitation de travaux d'isolement de deux nappes phréatiques de niveaux différents et imposait un suivi annuel de la qualité de l'eau pompée et la dotation de moyens de mesure (■ CAA Versailles, 29 mai 2008, n° 07VE01362, *Cne de Villeneuve-sur-Auvers*).

2) Extension des zones de répartition des eaux. Des associations ont attaqué le décret du 11 septembre 2003 modifiant la liste annexée au décret du 29 avril 1994 en y faisant figurer les nappes profondes de l'éocène, de l'oligocène et du crétacé et leurs zones d'alimentation dans les

(1) V. T. appl. : D. n° 96-102, 2 févr. 1996 puis C. env., art. R. 211-1 à R. 211-9 et R. 216-9. – NDLR.

départements de la Gironde, de la Dordogne et de Lot-et-Garonne. L'inscription de ces systèmes aquifères emporte reconnaissance de la qualité de zone de répartition des eaux et entraîne l'application des prescriptions qui s'y attachent. Selon le juge, il ressort des pièces du dossier que la gestion des eaux souterraines présente, dans la zone concernée, de nombreuses difficultés ; que des baisses importantes du niveau des nappes ont été régulièrement constatées sur une longue période ; que cette situation a pu provoquer des conflits d'intérêts entre les différents utilisateurs et menacer la qualité de la ressource en eau ; qu'elle témoigne d'une insuffisance autre qu'exceptionnelle des ressources par rapport aux besoins ; que, si les sous-bassins hydrogéologiques de la zone concernée ne présentent pas tous la même insuffisance des ressources par rapport aux besoins, il ressort des pièces du dossier qu'existe entre eux une interdépendance, alors même qu'ils appartiennent à des nappes souterraines différentes ou qu'ils sont situés dans des zones géographiques différentes. Ainsi, selon le Conseil d'État, l'autorité administrative, en faisant figurer les nappes profondes de l'éocène, de l'oligocène et du crétacé et leurs zones d'alimentation dans les départements de la Gironde, de la Dordogne et du Lot-et-Garonne sur la liste annexée au décret attaqué, n'a pas fait une inexacte application des dispositions en vertu desquelles ce décret a été pris (■ CE, 8 juill. 2005, n° 261739, *Assoc. dptale des irriguants de la Dordogne*).

3) Qualité des eaux superficielles. La notion de « détérioration de l'état » d'une masse d'eau de surface, figurant à l'article 4, § 1, sous *a), i)*, de la directive 2000/60, doit être interprétée en ce sens qu'il y a détérioration dès que l'état d'au moins l'un des éléments de qualité, au sens de l'annexe V de cette directive, se dégrade d'une classe, même si cette dégradation ne se traduit pas par une dégradation de classement, dans son ensemble, de la masse d'eau de surface. Cependant, si l'élément de qualité concerné, au sens de cette annexe, figure déjà dans la classe la plus basse, toute dégradation de cet élément constitue une « détérioration de l'état » d'une masse d'eau de surface, au sens de cet article (■ CJUE, 1er juill. 2015, n° C-461/13, *Bund für Umwelt und Naturschutz Deutschland eV c/ Bundesrepublik Deutschland : Dr. env.* 2015, 328 (*Directive cadre sur l'eau – Portée de l'article 4, paragraphe 1 : JCP* A 2016, n° 1, pp. 32-33, note O. Clerc).

Art. L. 211-3 *(Mod., L. n° 2005-157, 23 févr. 2005 ; L. n° 2006-1772, 30 déc. 2006* (1) *; L. n° 2010-788, 12 juill. 2010 ; mod. à compter du 1er octobre 2014, L. n° 2014-1170, 13 oct. 2014* (2) *; L. n° 2016-816, 20 juin 2016* (3) *; mod. à compter du 1er mars 2017, Ord. n° 2017-80, 26 janv. 2017)* (4). **– I. – En complément des règles générales mentionnées à l'article L. 211-2, des prescriptions nationales ou particulières à certaines parties du territoire sont fixées par décret en Conseil d'État afin d'assurer la protection des principes mentionnés à l'article L. 211-1.**

II. – Ces décrets déterminent en particulier les conditions dans lesquelles l'autorité administrative peut :

1° Prendre des mesures de limitation ou de suspension provisoire des usages de l'eau, pour faire face à une menace ou aux conséquences d'accidents, de sécheresse, d'inondations ou à un risque de pénurie (5) **;**

2° Édicter, dans le respect de l'équilibre général des droits et obligations résultant de concessions de service public accordées par l'État, des prescriptions spéciales applicables aux installations, travaux et activités qui font usage de l'eau ou qui en modifient le niveau ou le mode d'écoulement et les conditions dans lesquelles peuvent être interdits ou réglementés tous forages, prises d'eau, barrages, travaux ou ouvrages de rejet, notamment dans les zones de sauvegarde de la ressource, déclarées d'utilité publique pour l'approvisionnement actuel ou futur en eau potable (6) **;**

3° Fixer les dispositions particulières applicables aux sources et gisements d'eaux minérales naturelles et à leur protection (6) **;**

4° À l'intérieur des zones humides définies à l'article L. 211-1 :

_a)_ Délimiter des zones dites « zones humides d'intérêt environnemental particulier » dont le maintien ou la restauration présente un intérêt pour la gestion intégrée du bassin versant, ou une valeur touristique, écologique, paysagère ou cynégétique particulière ;

(1) Dispositions applicables à Mayotte, L. n° 2006-1772, 30 déc. 2006, art. 98, IV, 1.
(2) Sur l'application des présentes dispositions à Saint-Barthélemy : L. n° 2014-1170, 13 oct. 2014, art. 87, VIII.
(3) Dispositions pas applicables à Saint-Barthélemy, L. n° 2016-816, 20 juin 2016, art. 96, IV, C.
(4) Dispositions d'application particulières et transitoires : V. Ord. n° 2017-80, 26 janv. 2017, art. 15. – NDLR.
(5) V. T. appl. : D. n° 92-1041, 24 sept. 1992 puis C. env., art. R. 211-66 à R. 211-70. – NDLR.
(6) V. T. appl. : D. n° 96-102, 2 févr. 1996 puis C. env., art. R. 211-1 à R. 211-9 et R. 216-9. – NDLR.

b) Établir, dans les conditions prévues à l'article L. 114-1 du Code rural et de la pêche maritime un programme d'actions visant à restaurer, préserver, gérer et mettre en valeur de façon durable les zones définies au *a* du présent article.

5° *(Abr. à compter du 1er janvier 2013, Cons. const. n° 2012-270 QPC, 27 juill. 2012 : JO 28 juill. 2012 ; JurisData n° 2012-019114* (1) *; rempl. à compter du 1er janvier 2013, L. n° 2012-1460, 27 déc. 2012 ; mod., Ord. n° 2022-1611, 22 déc. 2022)* Délimiter, afin d'y établir un programme d'actions dans les conditions prévues au 4° du présent article :

a) Des zones où il est nécessaire d'assurer la protection quantitative et qualitative des aires d'alimentation des captages d'eau potable d'une importance particulière pour l'approvisionnement actuel ou futur, le cas échéant après qu'elles ont été identifiées dans le plan d'aménagement et de gestion durable de la ressource en eau et des milieux aquatiques prévu au I de l'article L. 212-5-1. Le programme d'actions peut prévoir l'interdiction de l'usage de substances dangereuses pour la santé ou l'environnement sur ces zones ;

b) Les bassins versants identifiés par le schéma directeur d'aménagement et de gestion des eaux comme connaissant, sur les plages, d'importantes marées vertes de nature à compromettre la réalisation des objectifs de bon état prévus à l'article L. 212-1 en ce qui concerne les eaux côtières et de transition qu'ils alimentent, telles que définies par la directive 2000/60/CE du Parlement européen et du Conseil, du 23 octobre 2000, établissant un cadre pour une politique communautaire dans le domaine de l'eau ;

c) Des zones dans lesquelles l'érosion diffuse des sols agricoles est de nature à compromettre la réalisation des objectifs de bon état ou, le cas échéant, de bon potentiel prévus par l'article L. 212-1 ;

6° Délimiter des périmètres à l'intérieur desquels les autorisations de prélèvement d'eau pour l'irrigation sont délivrées à un organisme unique pour le compte de l'ensemble des préleveurs irrigants. Dans les zones de répartition des eaux, l'autorité administrative peut constituer d'office cet organisme. L'organisme unique peut faire participer les préleveurs irrigants dans son périmètre et, le cas échéant, d'autres contributeurs volontaires aux dépenses liées à cette mission. Les critères et les modalités générales de mise en œuvre de cette participation sont fixés par décret en Conseil d'État ;

7° *(Rempl., Ord. n° 2022-1611, 22 déc. 2022)* Dans le cas d'une atteinte à la qualité des eaux conduisant ou pouvant conduire au non-respect des normes de potabilité, délimiter tout ou partie de certaines des aires d'alimentation de captages d'eau potable visées au 5°, pour y limiter, dans un délai de trois ans, l'usage agricole des terres à une implantation de prairies permanentes extensives ou de cultures ligneuses sans intrants ou, à défaut, y soumettre le maintien d'autres cultures au respect de conditions limitant ou interdisant l'utilisation d'intrants de synthèse et établir à cette fin, dans les conditions prévues à l'article L. 114-1 du Code rural et de la pêche maritime, un plan d'action comportant, sous réserve du respect de la législation européenne, des mesures de compensation ;

8° Délimiter des bassins connaissant d'importantes marées vertes sur les plages, tels que définis par le schéma directeur d'aménagement et de gestion des eaux et qui sont dès lors de nature à compromettre la réalisation des objectifs de bon état des masses d'eau, et y rendre obligatoire une déclaration annuelle des quantités d'azote de toutes origines épandues ou cédées ainsi que des lieux d'épandage. Cette obligation vise tout utilisateur ou producteur d'azote, d'origine organique ou minérale, et notamment les exploitants agricoles exerçant les activités mentionnées à l'article L. 311-1 du Code rural et de la pêche maritime, les gestionnaires publics et privés d'équipements de traitement d'effluents et de déchets, les utilisateurs d'engrais ou d'amendements azotés dans le cadre de services publics gérés dans les conditions prévues aux articles L. 1411-1 et suivants, L. 1412-1 et suivants et L. 1415-1 et suivants du Code général des collectivités territoriales ;

9° Fixer les dispositions particulières applicables à la protection des ressources conchylicoles et piscicoles. Ces dispositions peuvent prévoir une surveillance renforcée de la qualité physique, chimique, biologique, bactériologique et microbiologique des eaux, ainsi que toute mesure de lutte contre les pollutions.

---

(1) « Considérant qu'en l'espèce la déclaration immédiate d'inconstitutionnalité pourrait avoir des conséquences manifestement excessives pour d'autres procédures sans satisfaire aux exigences du principe de participation du public ; que, par suite, il y a lieu de reporter au 1er janvier 2013 la déclaration d'inconstitutionnalité de ces dispositions ; que les décisions prises, avant cette date, en application des dispositions déclarées inconstitutionnelles ne peuvent être contestées sur le fondement de cette inconstitutionnalité ». – V. ■ Cons. const. n° 2012-270 QPC, 27 juill. 2012, consid. 9 : *JO* 28 juill. 2012 ; *JurisData* n° 2012-019114. – NDLR.

III. – Dans les parties des zones vulnérables atteintes par la pollution, délimitées en application du I ou du 8° du II, dans lesquelles a été mis en place un dispositif de surveillance annuelle de l'azote épandu, l'autorité administrative peut imposer :

1° Aux personnes qui détiennent ou commercialisent à titre professionnel des matières fertilisantes azotées dans cette zone, y compris aux transporteurs de ces matières et aux prestataires de services d'épandage, une déclaration annuelle relative aux quantités d'azote qu'elles ont traitées, reçues, livrées, cédées à titre gratuit ou onéreux dans la zone, ou qu'elles ont cédées ou livrées à partir de cette zone ;

2° À toute autre personne qui expédie ou livre dans cette zone des matières fertilisantes azotées en vue d'un usage agricole, une déclaration annuelle relative aux quantités d'azote qu'elle y a expédiées ou livrées.

IV. – Un décret en Conseil d'État détermine :

1° Les règles destinées à assurer la sécurité des ouvrages hydrauliques autres que les ouvrages concédés en application du titre II du livre V du Code de l'énergie. Ces règles portent sur les modalités de surveillance des ouvrages par le propriétaire ou l'exploitant et peuvent prévoir, pour certains ouvrages, l'intervention, aux frais du propriétaire ou de l'exploitant, d'organismes agréés ;

2° Les modalités selon lesquelles l'autorité administrative procède à l'agrément des organismes et assure le contrôle du respect des règles visées au 1° ;

3° Les conditions dans lesquelles l'autorité administrative peut demander au propriétaire ou à l'exploitant d'un ouvrage visé à l'article L. 214-2 du présent code ou soumis au titre Ier du livre V du Code de l'énergie la présentation d'une étude de dangers qui expose les risques que présente l'ouvrage pour la sécurité publique, directement ou indirectement en cas d'accident, que la cause soit interne ou externe à l'ouvrage. Cette étude prend en compte la probabilité d'occurrence, la cinétique et la gravité des accidents potentiels selon une méthodologie qu'elle explicite. Elle définit et justifie les mesures propres à réduire la probabilité et les effets de ces accidents ;

4° *(Abr. et recodifié à compter du 1er décembre 2010, Ord. n° 2010-1307, 28 oct. 2010 et rect. JO 20 nov. 2010. – V. C. transports, art. L. 4242-2)* (1) ;

5° *(Abr. et recodifié à compter du 1er décembre 2010, Ord. n° 2010-1307, 28 oct. 2010 et rect. JO 20 nov. 2010. – V. C. transports, art. L. 4242-3)* (1).

V *(Ord. n° 2022-1611, 22 déc. 2022)*. – L'autorité administrative compétente arrête la délimitation des aires d'alimentation des captages mentionnées au 7° du II sur la base des propositions transmises, en application du troisième alinéa de l'article L. 2224-7-6 du Code général des collectivités territoriales, par les personnes publiques responsables de la production d'eau. À défaut de transmission par la personne publique responsable de la production d'eau d'une proposition de délimitation, l'autorité administrative compétente peut délimiter elle-même cette zone.

VI *(Ord. n° 2022-1611, 22 déc. 2022)*. – Dans le cas où un périmètre de protection éloignée a été délimité, en application de l'article L. 1321-2 du Code de la santé publique, autour d'un point de prélèvement sensible, au sens de l'article L. 211-11-1, l'acte délimitant l'aire d'alimentation de captage associée à ce point de prélèvement et arrêtant, le cas échéant, un programme d'actions en application du 7° du II du présent article supprime ce périmètre de protection éloignée.

Bibliographie : *Articles.* C. Etrillard, *Le droit face aux marées vertes en Bretagne : Énergie – Env. – Infrastr.* avr. 2018, n° 4, étude 1. • V. Loy, *Retrait ou modification du règlement d'eau : indemnisation du concessionnaire : RJEP* janv. 2012, n° 693, p. 48. • E. Vernier, *Une conciliation réussie : la législation sur l'eau et la loi du 16 octobre 1919 relative à l'utilisation de l'énergie hydraulique : RJEP* janv. 2012, n° 1, p. 11. • G. Paul, *Chronique de jurisprudence « Eau » : Gaz. Pal.*, « Droit de l'environnement », mars 2010, p. 43. • A. Van Lang, *Le juge administratif, l'État et les algues vertes, note sous CAA Nantes 1er décembre 2009, n° 07NT03775 : AJDA* 3 mai 2010, n° 16, p. 900. • M. Bouclier-Precloux, *La consécration jurisprudentielle des pouvoirs exceptionnels du préfet en matière de restriction des usages de l'eau : RD. rur.* févr. 2004, n° 320. • J. Sironneau, *Prélèvements d'eau en période de pénurie : les pouvoirs contestés du préfet : Dr. env.* 6/1998, p. 17.

1) Limitation et suspension provisoire des usages de l'eau. Aucune enquête publique préalable n'est nécessaire à la mise en œuvre par le préfet de mesures permettant de faire face aux menaces de sécheresse (■ CE, 28 juill. 1999, n° 197002, *Cne de Fillières : Dr. env.* 11/1999, n° 73, p. 6, note J. Sironneau).

(1) Application en Nouvelle-Calédonie, en Polynésie française, à Wallis-et-Futuna et dans les Terres australes et antarctiques françaises : V. Ord. n° 2010-1307, 28 oct. 2010, art. 11.

2) Autorité compétente. Le préfet coordonnateur de bassin est compétent pour fixer les orientations relatives aux interdictions d'irrigation dans les communes de ce bassin (▪ CE, 28 juill. 1999, n° 188741, *Assoc. Défense du patrimoine aquifère et de sauvegarde écologique de la Conie : Dr. env.* 10/1999, n° 72, p. 7. ▪ TA Orléans, 5 déc. 1995, *Assoc. Défense du patrimoine aquifère et de sauvegarde écologique de la Conie : Rev. jur. env.* 1-2/1996, p. 133, concl. F. Aubazit).

3) Validité des mesures prises. Est valide l'arrêté préfectoral qui n'interdit l'irrigation des prairies et cultures que dans certaines conditions, pendant une période limitée, et pour certains jours de la semaine (▪ CE, 21 févr. 1997, n° 139504, *Min. Environnement*). Est également fondé l'arrêté préfectoral ne soumettant que certaines catégories de culture à l'interdiction de l'irrigation au nom de la protection de la ressource en eau contre le risque de pénurie (▪ CAA Nantes, 27 mai 1998, n° 96NT01717, *Synd. de gestion des eaux et de l'environnement du Gâtinais-Est de l'arrondissement de Montargis : Rev. jur. env.* 4/1998, p. 543, concl. C. Jacquier). En revanche, doit être annulé l'arrêté qui ne mentionne pas la durée d'application des mesures qui sont par nature provisoires (▪ CE, 17 janv. 1996, n° 158894, *Min. Environnement c/ Synd. de gestion des eaux et de l'environnement du Gâtinais-Est : Rev. jur. env.* 3/1996, p. 343, note R. Romi). En outre, a méconnu le principe d'égalité entre les usagers la délibération du conseil municipal d'une commune fixant des mesures relatives au contrôle et à la limitation des consommations d'eau potable et à la cessation de la distribution de l'eau en direction d'abonnés éventuels habitant hors de la commune. Une telle mesure n'est pas, en effet, justifiée par une réelle différence de situation au regard des finalités du service entre abonnés en fonction du lieu de leur habitation (▪ CE, 30 déc. 1998, n° 169361, *Cne de Gluiras*).

4) Police spéciale et police générale. Les pouvoirs de police spéciale conférés par l'article L. 211-3 ne font pas obstacle à des mesures de restriction prises sur le fondement des pouvoirs de police générale du maire (CGCT, art. L. 2212-2) ou du préfet (CGCT, art. L. 2215-1) (▪ CE, 21 févr. 1997, *Min. Environnement : Dr. adm.* 1997, comm. 137, note D. P. ; *Lettre JCl. Environnement* 1997, n° 3, p. 3). V. *contra* : la police de l'eau qui relève de la compétence du préfet n'autorise pas le maire, en l'absence d'un péril grave et imminent, à s'immiscer dans la police spéciale des déversements ou des dépôts directs ou indirects pouvant avoir des effets sur l'eau (▪ TA Amiens, 16 juill. 2002, n° 014403, *Préfet de l'Oise c/ Cne de Montiers*).

5) Proportionnalité des mesures. Les dispositions des articles L. 211-1 et L. 211-3 du Code de l'environnement ont notamment pour objet la gestion équilibrée de la ressource en eau et visent à concilier, lors des différents usages de l'eau, les exigences de l'alimentation d'eau potable de la population, de la conservation et du libre écoulement des eaux, de l'agriculture, de la pêche en eau douce, de la protection des sites et des loisirs. À cette fin, elles confient au préfet le soin de prendre, sous le contrôle du juge, les mesures de limitation ou de suspension provisoire des usages de l'eau, lesquelles doivent être proportionnées au but recherché et prescrites pour une période limitée (▪ CAA Nantes, 14 févr. 2006, n° 05NT00459, *Des Courtis*).

6) Ouvrages hydrauliques – Généralités. Un préfet a pris un arrêté par lequel il a ordonné, du 4 novembre 2002 au 31 mars 2003, l'ouverture en configuration maximale des ouvrages hydrauliques équipés de vannes sur le cours d'eau de la rivière Eure-Aval, en se fondant sur des études du bureau de recherches géologiques et minières et sur le bulletin hydrologique réalisé par la direction régionale de l'environnement. Or, ces études n'indiquaient aucun risque de débordement phréatique potentiel futur pour la période concernée par l'arrêté alors qu'un tel risque avait été fortement signalé par les mêmes organismes l'année antérieure. Ces mêmes études précisaient, par ailleurs, que la décrue estivale annuelle devrait *a priori* rester, malgré tout, la tendance générale tant que le climat reste sec. Ainsi, selon le juge, les informations recueillies par l'autorité administrative, en l'absence de précision circonstanciée sur l'évolution des nappes phréatiques, ne justifiaient pas, au moment où elles ont été prises, les mesures adoptées par l'arrêté attaqué, lequel était ainsi entaché d'une erreur manifeste d'appréciation. D'autre part, le juge a relevé que l'activité de chaque entreprise autorisée à utiliser l'énergie hydraulique est encadrée par un règlement d'eau ayant pour objet de déterminer les conditions d'exploitation de l'ouvrage et que si le préfet soutient que ces règlements peuvent être remis en cause en cas d'exigence supérieure liée à l'intérêt général, il ne ressortait d'aucune pièce du dossier que la mesure attaquée applicable de manière uniforme à tous les ouvrages hydrauliques équipés de vannes sur le cours de la rivière Eure-Aval ait été justifiée par la configuration des terrains et par les risques d'inondations dont fait état le préfet. Celui-ci a donc également entaché l'arrêté attaqué d'une erreur de droit (▪ CAA Douai, 7 nov. 2005, n° 04DA00847, *Groupement des producteurs autonomes d'énergie hydro-électrique*).

7) Programme d'action. Suivant le II de l'article L. 211-3 du Code de l'environnement, des décrets déterminent les conditions dans lesquelles l'autorité administrative peut délimiter des zones où il est nécessaire d'assurer la protection quantitative et qualitative des aires d'alimentation des captages d'eau potable et y établir, dans les conditions prévues à l'article L. 114-1 du Code rural, un programme d'action visant à restaurer, préserver, gérer et mettre en valeur ces zones de façon durable. Il résulte de l'alinéa 3 de l'article L. 114-1 du Code rural que certaines des pratiques agricoles prévues par les programmes d'action peuvent être rendues obligatoires (■ CE, 10 avr. 2009, n° 310184, *Assoc. pour le maintien de l'élevage en Bretagne*).

8) Lutte contre les algues vertes. L'article 108 de la loi Grenelle II prévoit la délimitation par décret de bassins subissant d'importantes marées vertes et impose une déclaration des épandages d'azote. L'article L. 211-3 8° est créé à cette fin. Il convient de préciser que, par un arrêt rendu le 1er décembre 2009, la cour administrative d'appel de Nantes a confirmé un jugement rendu le 25 octobre 2007 par lequel le tribunal administratif de Rennes a condamné l'État à réparer le préjudice résultant de la prolifération des algues vertes dans les baies de Saint-Brieuc, Lannion et Douarnenez. La cour a augmenté la condamnation de l'État en considérant que la responsabilité de l'État est retenue, d'une part, pour carence fautive dans la mise en œuvre des réglementations communautaires et, d'autre part, pour carence fautive dans l'application de la réglementation des installations classées pour la protection de l'environnement aux exploitations agricoles d'élevages (■ CAA Nantes, 2e ch., 1er déc. 2009, n° 07NT03775, *Min. d'État, min. Écologie, Énergie, Développement durable et Mer c/ Association « Halte aux marées vertes » et a.*).

9) Lutte contre les algues vertes : suite. Depuis de nombreuses années, des masses importantes d'algues vertes prolifèrent de façon récurrente dans certaines parties du littoral costarmoricain. À partir de 1973, le département des Côtes d'Armor a dû subventionner les communes en raison de leur difficulté à faire face aux dépenses induites par les algues vertes. Le département des Côtes d'Armor a alors saisi le tribunal administratif de Rennes au motif que cette prolifération a pour cause la méconnaissance par l'État de ses obligations en matière de prolifération des algues vertes. Par un jugement du 12 avril 2013, le tribunal administratif de Rennes a condamné l'État à payer au département des Côtes d'Armor la somme de 7 046 517 euros en réparation du préjudice subi par cette collectivité territoriale du fait d'une faute commise par l'État, à l'origine de la pollution de certaines parties du littoral costarmoricain par des masses d'algues vertes. Le ministre de l'Écologie, du Développement durable et de l'Énergie a relevé appel de ce jugement et a demandé à la cour administrative d'appel de Nantes de rejeter la demande du département des Côtes d'Armor ou, subsidiairement, de ramener le montant de cette indemnité à 5 530 416, 88 euros. Par la voie de l'appel incident, le département a demandé à la Cour de réformer le jugement en portant ladite indemnité à la somme de 10 635 789,72 euros. Le juge nantais était principalement saisi des deux questions suivantes : « D'une part, la prolifération d'algues vertes sur les côtes armoricaines est-elle constitutive d'une faute de nature à engager la responsabilité de l'État ? D'autre part, cette prolifération d'algues vertes est-elle constitutive d'une atteinte à l'image du département des Côtes d'Amor nécessitant une réparation ? » Dans son arrêt en date du 23 décembre 2014, le juge nantais a décidé que « les carences de l'État dans la mise en œuvre de la réglementation européenne et nationale destinée à protéger les eaux de toute pollution d'origine agricole sont établies ». En effet, suite à des recours en manquement exercés par la Commission européenne pour non-respect des directives européennes tendant à limiter la teneur en nitrates excessive et/ou par le phénomène d'eutrophisation des eaux entraînant une absence de protection des eaux contre la pollution par les nitrates à partir de sources agricoles, la CJUE a condamné la France dans trois affaires. En outre, les politiques publiques menées par l'État, au cours des années 1994-2000, n'ont pas respecté les principes définis par le législateur pour préserver la ressource en eau des pollutions diffuses d'origine agricole, et l'inapplication par l'État de la législation nationale sur les installations classées de même que la régularisation massive, sans fondement légal, des exploitations agricoles existantes et l'insuffisance des contrôles, ont eu pour conséquence la dégradation continue des cours d'eau et des nappes aquifères souterraines par l'activité agricole. Par ailleurs, le lien de causalité est établi dès lors que le phénomène de prolifération des ulves, dû essentiellement aux excédents de nitrates issus des exploitations agricoles, n'aurait pas revêtu jusqu'en 2009, terme de la période de responsabilité dont se prévaut le département des Côtes d'Armor, une ampleur aussi prononcée si les directives du 16 juin 1975 et du 12 décembre 1991 avaient été intégralement transposées dans les délais qu'elles prescrivaient et si la mise en œuvre de la police de l'eau et de celle des installations classées pour la protection de l'environnement n'avaient pas été affectées de carences et d'insuffisances. Le même lien de causalité existe entre cette faute et les dépenses engagées, notamment par les collectivités publiques, pour restaurer la qualité des eaux et du littoral, dès lors que ces dépenses ne trouvent leur origine et leur degré d'importance que dans ladite faute à l'origine de cette pollution. Le juge a fait droit à l'ensemble des prétentions du département pour la réparation du préjudice correspondant à l'aide financière apportée par le département aux communes pour le ramassage et le traitement des algues vertes (5.14 M euros), la prise en charge d'études et de structures d'intervention (1.51 M euros) et certaines participations à des actions préventives (0.38 M euros). En revanche, il n'a pas reconnu le préjudice relatif à l'atteinte à l'image du département du fait de la prolifération des algues, pour laquelle ce dernier réclamait 2 millions, au motif qu'il n'établissait pas ce chef de préjudice (▪ CAA Nantes, 23 déc. 2014, n° 13NT01737).

Art. L. 211-4. – **Des normes de qualité des eaux peuvent être fixées par les autorités compétentes de l'État dans certaines zones des mers et océans, des étangs salés, des estuaires et des deltas jusqu'à la limite de salure des eaux, en fonction de leur contribution aux activités d'exploitation et de mise en valeur des ressources biologiques de ces zones.**

Ces activités peuvent être réglementées ou interdites en fonction de ces normes de qualité. Cette disposition s'applique également à la commercialisation des produits végétaux ou animaux issus de ces eaux et destinés à la consommation humaine.

Art. L. 211-5. – **Le préfet et le maire intéressés doivent être informés, dans les meilleurs délais par toute personne qui en a connaissance, de tout incident ou accident présentant un danger pour la sécurité civile, la qualité, la circulation ou la conservation des eaux.**

La personne à l'origine de l'incident ou de l'accident et l'exploitant ou, s'il n'existe pas d'exploitant, le propriétaire sont tenus, dès qu'ils en ont connaissance, de prendre ou faire prendre toutes les mesures possibles pour mettre fin à la cause de danger ou d'atteinte au milieu aquatique, évaluer les conséquences de l'incident ou de l'accident et y remédier.

Le préfet peut prescrire aux personnes mentionnées ci-dessus les mesures à prendre pour mettre fin au dommage constaté ou en circonscrire la gravité et, notamment, les analyses à effectuer.

En cas de carence, et s'il y a un risque de pollution ou de destruction du milieu naturel, ou encore pour la santé publique et l'alimentation en eau potable, le préfet peut prendre ou faire exécuter les mesures nécessaires aux frais et risques des personnes responsables.

Le préfet et le maire intéressés informent les populations par tous les moyens appropriés des circonstances de l'incident ou de l'accident, de ses effets prévisibles et des mesures prises pour y remédier.

Les agents des services publics d'incendie et de secours ont accès aux propriétés privées pour mettre fin aux causes de danger ou d'atteinte au milieu aquatique et prévenir ou limiter les conséquences de l'incident ou de l'accident.

Sans préjudice de l'indemnisation des autres dommages subis, les personnes morales de droit public intervenues matériellement ou financièrement ont droit au remboursement, par la ou les personnes à qui incombe la responsabilité de l'incident ou de l'accident, des frais exposés par elles. À ce titre, elles peuvent se constituer partie civile devant les juridictions pénales saisies de poursuites consécutives à l'incident ou à l'accident.

Bibliographie : P. Trouilly, *Étendue des mesures pouvant être prises par le préfet en application de la législation sur l'eau : Environnement* mars 2007, n° 3, comm. 41 ; *Environnement* mai 2007, n° 5, comm. 90.

1) Nature du recours contre les décisions prises au titre de l'article L. 211-5. Relèvent du contentieux de pleine juridiction les décisions prises en application de l'article L. 211-5 (V. art. L. 214-10, p. 398). Ainsi, en est-il d'un arrêté préfectoral mettant en demeure de mettre en œuvre les moyens d'investigation nécessaires pour évaluer l'étendue de la pollution d'une nappe phréatique résultant de l'infiltration de mazout issue d'une fuite d'une citerne enterrée (▪ CE, 31 juill. 1996, n° 171022, *Min. Environnement c/ M. Adam*).

2) Erreur manifeste d'appréciation. Ne commet pas une erreur manifeste d'appréciation le préfet qui met en demeure l'exploitant d'un crassier de prendre les mesures nécessaires à prévenir tout risque d'éboulement, lorsque ce crassier présente des risques d'effondrement et menace de provoquer des inondations et de causer des dommages aux constructions voisines (▪ TA Marseille, 23 juin 1998, n° 946957, *Sté I-Tech, SCI La Baume, M. Jullien*).

3) Responsabilité sans faute. La responsabilité de la personne à l'origine de l'incident ou de l'accident présentant un danger pour la qualité, la circulation ou la consommation des eaux peut être engagée sans que cette responsabilité soit subordonnée à l'existence d'une faute (■ TA Amiens, 2 avr. 1998, n° 941506, *M. Joseph Desouche c/ Cne de Cuiry-Housse : Rev. jur. env.* 4/1998, p. 1557).

4) **Notion d'incident présentant un danger (non).** La création de bassins de rétention sans autorisation – même sur des terrains en surplomb, dans un terrain très raviné, dont la pente atteint 18 %, dans une région susceptible de connaître des crues très importantes en hiver ainsi que de violents orages en été, et alors qu'il existe 600 mètres plus bas à la sortie du vallon des maisons d'habitation et un hôtel – ne constitue pas en elle-même un incident au sens de l'article L. 211-5 du présent code. Le préfet ne peut donc enjoindre la remise en état des lieux (■ CE, 31 mars 2004, n° 244594, *Hermann*. – G. Trébulle et L. Fonbaustier, *Définition de l'incident au sens de l'article L. 211-5 du Code de l'environnement : RD imm.* mai-juin 2004, n° 3. – P. Trouilly, *Pouvoirs du préfet en cas d'incident au sens de l'article L. 211-5 du Code de l'environnement : Environnement mag.* juin 2004, n° 6, p. 117). (oui) Le non-respect de deux arrêtés successifs par les propriétaires d'un moulin et l'alerte donnée concernant l'augmentation du niveau et du débit d'une rivière emportant des risques de débordement des eaux et d'inondations d'habitations du village constitue un incident de nature à permettre au préfet d'ordonner l'enlèvement des obstacles à l'écoulement des eaux (■ CAA Douai, 27 mai 2004, n° 02DA0023, *M. et Mme Torrents*) pour des remblais réalisés dans une zone d'expansion naturelle des crues concourant au report des risques d'inondation sur des parcelles voisines (■ CE, 14 janv. 2004, n° 252254, *SARL Lecad*).

5) **Principe du contradictoire.** Par arrêté du 28 mars 2000 pris sur le fondement de l'article 18 de la loi du 3 janvier 1992 sur l'eau, reprise désormais à l'article L. 211-5 du Code de l'environnement, le préfet du Bas-Rhin a prescrit à la société Onatra, dont un des camions-citernes avait, à la suite d'un accident survenu le 11 décembre 1970 dans la traversée la commune de Benfeld, provoqué le déversement de 4 000 litres de tétrachlorure de carbone, de mettre en œuvre les procédés techniques en vue d'assurer la dépollution de la nappe phréatique dont la contamination s'était révélée plusieurs années après l'accident. Or, préalablement à l'intervention de l'arrêté, qui constitue une mesure de police, le préfet n'a pas mis à même la société Onatra de présenter ses observations sur les faits qui lui étaient reprochés. Le préfet a ainsi méconnu le caractère contradictoire de la procédure et entaché, par suite, d'illégalité sa décision (■ CAA Nancy, 29 janv. 2007, n° 05NC00951, *Min. Écologie et Développement durable*).

6) **Étendue des mesures susceptibles d'être prises par le préfet.** Il ressort des dispositions citées de l'article L. 211-5 que le préfet peut prescrire à l'exploitant ou au propriétaire d'une installation ou d'un ouvrage de prendre toutes les mesures permettant, en cas d'incident ou d'accident, de circonscrire la gravité de celui-ci ou de mettre fin au dommage qui en résulte. Il peut même, en cas de nécessité, et en l'absence de toute autre solution, prescrire la suppression de l'installation ou de l'ouvrage qui est à l'origine de l'incident ou de l'accident. Toutefois, la création d'un étang ne constitue pas en elle-même un incident ou accident présentant un danger pour la sécurité civile et justifiant la mise en œuvre des pouvoirs prévus par l'article L. 211-5 du Code de l'environnement (■ CE, 12 mars 2007, n° 294421, *Min. Écologie et Développement durable*).

7) **Concours de police.** Le Conseil d'État rappelle que, en vertu de l'article L. 211-5 du Code de l'environnement, la police spéciale de l'eau a été attribuée au préfet ; que s'il appartient au maire, responsable de l'ordre public sur le territoire de sa commune, de prendre les mesures de police générale nécessaires au bon ordre, à la sûreté, à la sécurité et à la salubrité publiques, le maire ne saurait s'immiscer dans l'exercice de cette police spéciale qu'en cas de péril imminent (■ CE, 2 déc. 2009, n° 309684, *Cne de Rachecourt-sur-Marne*).

Art. L. 211-5-1 *(L. n° 2006-1772, 30 déc. 2006)* (1). **– Dans le cadre de la lutte contre les pollutions accidentelles des eaux, l'État peut agréer un ou plusieurs organismes spécialisés dans la recherche, l'expérimentation et la mise en œuvre des moyens de combattre ces pollutions afin de leur confier des missions d'intérêt général d'expertise et d'appui aux autorités.**

Les agréments délivrés en application du présent article peuvent être retirés lorsque les organismes ne satisfont plus aux conditions qui ont conduit à les délivrer.

Art. L. 211-6 *(Mod. à compter du 1er mars 2017, Ord. n° 2017-80, 26 janv. 2017)* (2). **– Les décisions prises en application de l'article L. 211-5 peuvent être déférées à la juridiction administrative dans les conditions prévues aux articles L. 181-17 et L. 181-18.**

Voir : sur le recours de plein contentieux : *supra*, observations *infra*, art. L. 181-17 à L. 181-18, p. 309.

(1) Dispositions applicables à Mayotte, L. n° 2006-1772, 30 déc. 2006, art. 98, IV, 1.
(2) Dispositions d'application particulières et transitoires : V. Ord. n° 2017-80, 26 janv. 2017, art. 15. – NDLR.

Procédure d'appel. L'arrêté préfectoral de mise en demeure, pris sur le fondement de l'article L. 211-5 du Code de l'environnement, relève du contentieux de pleine juridiction. Dès lors, l'appel est formé devant la cour administrative d'appel (■ CE, sect., 31 juill. 1996, n° 171022, *Min. Environnement c/ M. Adam*).

Art. L. 211-7 *(Mod., L. n° 2003-699, 30 juill. 2003 ; L. n° 2006-1772, 30 déc. 2006* (1)*; L. n° 2010-788, 12 juill. 2010* (2)*; L. n° 2012-260, 22 févr. 2012 ; mod. à compter du 1er janvier 2018, L. n° 2014-58, 27 janv. 2014* (3) (4) *; mod., L. n° 2015-991, 7 août 2015 ; mod. à compter du 1er mars 2017, Ord. n° 2017-80, 26 janv. 2017* (5) *; mod., L. n° 2017-1838, 30 déc. 2017).* **– I. – Les collectivités territoriales et leurs groupements, tels qu'ils sont définis au deuxième alinéa de l'article L. 5111-1 du Code général des collectivités territoriales, ainsi que les établissements publics territoriaux de bassin prévus à l'article L. 213-12 du présent code peuvent, sous réserve de la compétence attribuée aux communes par le I *bis* du présent article, mettre en œuvre les articles L. 151-36 à L. 151-40 du Code rural et de la pêche maritime pour entreprendre l'étude, l'exécution et l'exploitation de tous travaux, actions, ouvrages ou installations présentant un caractère d'intérêt général ou d'urgence, dans le cadre du schéma d'aménagement et de gestion des eaux, s'il existe, et visant :**

1° L'aménagement d'un bassin ou d'une fraction de bassin hydrographique ;

2° L'entretien et l'aménagement d'un cours d'eau, canal, lac ou plan d'eau, y compris les accès à ce cours d'eau, à ce canal, à ce lac ou à ce plan d'eau ;

3° L'approvisionnement en eau ;

4° La maîtrise des eaux pluviales et de ruissellement ou la lutte contre l'érosion des sols ;

5° La défense contre les inondations et contre la mer ;

6° La lutte contre la pollution des eaux terrestres et marines, y compris les pollutions marines orphelines ;

7° La protection et la conservation des eaux superficielles et souterraines ;

8° La protection et la restauration des sites, des écosystèmes aquatiques et des zones humides ainsi que des formations boisées riveraines ;

9° Les aménagements hydrauliques concourant à la sécurité civile ;

10° L'exploitation, l'entretien et l'aménagement d'ouvrages hydrauliques existants ;

11° La mise en place et l'exploitation de dispositifs de surveillance de la ressource en eau et des milieux aquatiques ;

12° L'animation et la concertation dans les domaines de la prévention du risque d'inondation ainsi que de la gestion et de la protection de la ressource en eau et des milieux aquatiques dans un sous-bassin ou un groupement de sous-bassins, ou dans un système aquifère, correspondant à une unité hydrographique.

Les compétences visées aux alinéas précédents peuvent être exercées par l'établissement public Voies navigables de France sur le domaine dont la gestion lui a été confiée.

I *bis*. – Les communes sont compétentes en matière de gestion des milieux aquatiques et de prévention des inondations. Cette compétence comprend les missions définies aux 1°, 2°, 5° et 8° du I. À cet effet, elles peuvent recourir à la procédure prévue au même I.

I *ter*. – Lorsque l'état des eaux de surface ou des eaux souterraines présente des enjeux sanitaires et environnementaux justifiant une gestion coordonnée des différents sous-bassins hydrographiques de la région, le conseil régional peut se voir attribuer tout ou partie des missions d'animation et de concertation dans le domaine de la gestion et de la protection de la ressource en eau et des milieux aquatiques mentionnées au 12° du I du présent article, par décret, à sa demande et après avis de la conférence territoriale de l'action publique mentionnée à l'article L. 1111-9-1 du Code général des collectivités territoriales.

---

(1) Dispositions applicables à Mayotte, L. n° 2006-1772, 30 déc. 2006, art. 98, IV, 1.

(2) Dispositions applicables aux projets, plans, programmes ou autres documents de planification pour lesquels l'arrêté d'ouverture et d'organisation de l'enquête publique est publié à compter du premier jour du sixième mois après la publication du décret en Conseil d'État prévu à l'article L. 123-19 du présent code, L. n° 2010-788, 12 juill. 2010, art. 245.

(3) Les communes et leurs établissements publics de coopération intercommunale à fiscalité propre peuvent, à compter du 29 janvier 2014, mettre en œuvre par anticipation les présentes dispositions, L. n° 2014-58, 28 janv. 2014, art. 59, II.

(4) Dispositions d'application : V. L. n° 2014-58, 28 janv. 2014, art. 59, III.

(5) Dispositions d'application particulières et transitoires : V. Ord. n° 2017-80, 26 janv. 2017, art. 15. – NDLR.

La région exerce ces attributions en coordination avec le comité de bassin, sans préjudice des compétences des autres collectivités, de leurs groupements et des syndicats mixtes, et sans préjudice des missions des personnes morales de droit public auxquelles la commission locale de l'eau a confié son secrétariat, ainsi que, le cas échéant, les études et les analyses nécessaires à l'élaboration du schéma d'aménagement et de gestion des eaux et au suivi de sa mise en œuvre.

I *quater (Mod., L. n° 2019-1461, 27 déc. 2019 ; L. n° 2022-217, 21 févr. 2022)*. – Par dérogation à la règle selon laquelle un syndicat mixte ouvert mentionné à l'article L. 5721-2 du Code général des collectivités territoriales ne peut adhérer à un autre syndicat mixte ouvert, un tel syndicat exerçant l'une des missions mentionnées aux 1°, 2°, 5° et 8° du I du présent article peut, jusqu'au 31 décembre 2020, au titre de ces compétences et avec l'accord du préfet coordonnateur de bassin, adhérer à un autre syndicat mixte ouvert. À compter du 1er janvier 2021, cette possibilité est réservée aux établissements publics d'aménagement et de gestion de l'eau mentionnés au II de l'article L. 213-12 du présent code et aux syndicats mixtes intégrant la qualité d'établissement public d'aménagement et de gestion de l'eau en application du 2° du VII *bis* du même article L. 213-12, qui souhaitent adhérer à des établissements publics territoriaux de bassin mentionnés au I du dudit article L. 213-12.

II. – L'étude, l'exécution et l'exploitation desdits travaux peuvent être concédées notamment à des sociétés d'économie mixte. Les concessionnaires sont fondés à percevoir le prix des participations prévues à l'article L. 151-36 du Code rural.

III. – Il est procédé à une seule enquête publique réalisée conformément au chapitre III du titre II du livre Ier du présent code au titre de l'article L. 151-37 du Code rural, de l'article L. 181-9 ou le cas échéant des articles L. 214-1 à L. 214-6 du présent code et, s'il y a lieu, de la déclaration d'utilité publique.

IV. – Sous réserve des décisions de justice passées en force de chose jugée, les servitudes de libre passage des engins d'entretien dans le lit ou sur les berges des cours d'eau non domaniaux, instaurées en application du décret n° 59-96 du 7 janvier 1959 relatif aux servitudes de libre passage sur les berges des cours d'eau non navigables ni flottables sont validées et valent servitudes au sens de l'article L. 151-37-1 du Code rural.

V. – Les dispositions du présent article s'appliquent aux travaux, actions, ouvrages ou installations de l'État.

VI. – Un décret en Conseil d'État fixe les conditions d'application du présent article (1).

NB : Conformément à l'article 59 II de la loi n° 2014-58 du 27 janvier 2014, modifié par l'article 76 de la loi n° 2015-991 du 7 août 2015, les dispositions de l'article L. 211-7, dans leur rédaction issue de la présente loi, entrent en vigueur le 1er janvier 2018.

Toutefois, les communes et leurs établissements publics de coopération intercommunale à fiscalité propre peuvent, à compter de la date d'entrée en vigueur de la présente loi, mettre en œuvre par anticipation les dispositions de l'article L. 211-7.

Voir : CJA, art. L. 554-11. – V. aussi C. santé publ., art. L. 1321-2.

Bibliographie : E. Boistard, *La GEMAPI, une compétence obligatoire des EPCI dès le 1er janvier 2018 : Gaz. cnes.* 2016, p. 54. • J.-M. Février, *Primauté de l'impératif de protection des espaces littoraux remarquables : Environnement* janv. 2008, n° 1, comm. 8.

1) Compatibilité des dossiers DIG/eau avec le SDAGE. L'absence d'analyse par une étude d'incidences de la compatibilité d'un projet avec le SDAGE peut invalider l'ensemble de la procédure d'autorisation, y compris lorsqu'il s'agit d'une DIG (▪ CAA Paris, 11 mai 2004, nos 00PA00306 et 00PA00307, *Assoc. Val de Seine Vert, MM. Azemar et Puzin : Rev. jur. env.* 1/2005, note J. Sironneau). Le Conseil d'État a précisé que la compatibilité des autorisations délivrées au titre de la législation sur l'eau avec les orientations et les objectifs des schémas directeurs d'aménagement et de gestion des eaux (SDAGE) s'apprécie de manière globale au regard de chacun des objectifs du SDAGE (▪ CE, 21 nov. 2018, n° 408175, *Sté Roybon Cottages*).

2) Enquête publique unique DIG/ Police eau. Dans l'hypothèse où une IOTA est soumise à la fois aux dispositions de l'article L. 214-3 et de l'article L. 211-7 du Code de l'environnement, le préfet peut valablement organiser une enquête unique (▪ CAA Bordeaux, 11 juin 2001, n° 97BX00619, *Cne de Buros c/ Préfet des Pyrénées-Atlantiques* et *M. Lahore c/ Préfet des Pyrénées-Atlantiques : Rev. jur. env.* 1/2002, p. 73, note Sironneau).

3) Arrêté conjoint. Pour un exemple d'arrêté conjoint pris au titre de la DIG et de la police de l'eau, s'agissant des travaux de rétablissement du caractère maritime du Mont Saint-Michel (▪ CE, 27 févr. 2004, n° 259223, *ASMA*).

(1) V. T. appl. : D. n° 93-1182, 21 oct. 1993 puis C. env., art. R. 214-88 à R. 214-104. – NDLR.

4) Inclusion de terrains privés dans le périmètre d'une DIG. La circonstance que des terrains sont inclus dans le périmètre d'exécution des travaux visés à l'article L. 211-7 du Code de l'environnement ne prive pas les personnes concernées de leur droit de propriété. Cette inclusion a seulement pour effet d'apporter des limitations au droit d'usage des parcelles (▪ TA Poitiers, 30 mai 2001, *Mme Caillaut c/ Préfet des Deux-Sèvres, Syndicat mixte de la Vallée du Thouet : Rev. jur. env.* 1/2002, p. 74, note Sironneau).

5) Absence de mise en demeure préalable. L'engagement d'une procédure fondée sur les dispositions de l'article L. 211-7 du Code de l'environnement n'est pas conditionné à l'édiction d'une mise en demeure préalable d'effectuer des travaux visant les propriétaires ou l'association syndicale lorsqu'elle existe (▪ TA Poitiers, 30 mai 2001, *Mme Caillaut c/ Préfet des Deux-Sèvres, Syndicat mixte de la Vallée du Thouet : Rev. jur. env.* 1/2002, p. 74, note Sironneau).

6) Exécution possible des travaux avant la publication de l'arrêté préfectoral. La circonstance que les travaux déclarés d'intérêt général aient débuté avant la publication de l'arrêté préfectoral est sans influence sur la légalité de l'acte administratif (▪ TA Poitiers, 30 mai 2001, *Mme Caillaut c/ Préfet des Deux-Sèvres, Syndicat mixte de la Vallée du Thouet : Rev. jur. env.* 1/2002, p. 74, note Sironneau).

7) Indépendance des législations. L'arrêté déclarant d'intérêt général les travaux d'entretien d'une rivière, bien qu'il s'applique à un site classé, n'a pas à être précédé de la consultation du ministre chargé des sites (▪ TA Melun, 5 juill. 2001, n°s 984909/4 et 984997/4, *M. Prieur et a. : Rev. jur. env.* 1/2002, p. 75, note Sironneau).

8) Délais de recours. Un jugement a précisé le mode de computation du délai de recours contre un arrêté préfectoral portant déclaration d'utilité publique des travaux au titre de l'article L. 211-7 du Code de l'environnement. Le juge considère que l'affichage en mairie pendant quinze jours et la publication au recueil des actes administratifs du département ne sont pas suffisants pour faire *courir le délai* de recours contentieux à l'encontre de la déclaration d'utilité publique, eu égard à la nature de cet acte (▪ TA Caen, 12 juill. 2007, n°s 0401746 et 0500047, *Assoc. Manche Nature*).

9) Travaux de défense contre la mer. La mise en œuvre de travaux de défense contre la mer dans les espaces remarquables du littoral ne peut être réalisée que dans l'intérêt de la conservation ou de la préservation de ces espaces (C. urb., art. L. 146-6) (▪ TA Caen, 12 juill. 2007, n°s 0401746 et 0500047, *Assoc. Manche Nature*).

10) La police des cours d'eau ne fait pas obstacle à la compétence du juge judiciaire pour la résolution d'un litige privé. Suite à la construction, sans autorisation, de digues sur leurs propriétés, les défendeurs sont assignés par le demandeur qui les déclare responsables des inondations sur ses terres, en responsabilité délictuelle sur le fondement des articles 1382 et 1384 alinéa 1er du Code civil, pour obtenir l'arasement des digues, la remise en état des rives et le paiement de dommages-intérêts. En appel, l'arrêt, se fondant sur l'article L. 211-7 du Code de l'environnement, dans sa rédaction antérieure à la loi de 2006, retient que les travaux concernant le domaine fluvial, dont la mise en état des rives, relèvent la police administrative des cours d'eau et ne sont pas de la compétence de l'ordre judiciaire. La Cour de cassation casse cette décision déclarant que le fait que l'autorité administrative soit chargée de la conservation et de la police des cours d'eau ne prive pas le juge judiciaire, saisi d'un litige entre personnes privées, de la faculté d'ordonner toutes mesures propres à faire cesser le dommage subi par le demandeur et engageant la responsabilité de l'autre partie (▪ Cass. 3e civ., 13 janv. 2010, n° 08-12.221, *Legendre c/ Brunet*).

11) Afin de pallier la carence des propriétaires riverains à entretenir la partie des cours d'eau qui leur incombe ainsi que des propriétaires des digues à entretenir ces ouvrages, et prévenir de ce fait les conséquences dommageables, tant aux personnes qu'aux biens des inondations et des submersions marines, la loi n° 2014-58 du 27 janvier 2014 de modernisation de l'action publique territoriale et d'affirmation des métropoles (MAPTAM) entend notamment renforcer l'organisation et la compétence des structures territoriales qui s'y substituent en matière de gestion des milieux aquatiques et de prévention des inondations.

Cette dernière compétence est attribuée au bloc communal et peut s'appuyer sur les structures opérationnelles à l'échelon des bassins et sous-bassins hydrographiques que sont les syndicats mixtes constitués en tant qu'établissements publics territoriaux de bassin (EPTB) et établissements publics d'aménagement et de gestion de l'eau (EPAGE).

Cette compétence recouvre :

– l'aménagement d'un bassin ou d'une fraction de bassin hydrographique ;

– l'entretien et l'aménagement d'un cours d'eau, canal, lac ou plan d'eau, y compris les accès à ce cours d'eau, à ce canal, à ce lac ou à ce plan d'eau ;

– la défense contre les inondations et contre la mer ;

– la protection et la restauration des sites, des écosystèmes aquatiques et des zones humides ainsi que des formations boisées riveraines.

Cette compétence sera exercée par les communes ou, en lieu et place des communes, par les EPCI à fiscalité propre (EPCI-FP).

12) Compétence GEMAPI. À compter du 1er janvier 2016, en application des dispositions de l'article L. 211-7 du Code de l'environnement dans sa version issue de l'article 56 de la loi n° 2014-58 du 27 janvier 2014 de modernisation de l'action publique territoriale et d'affirmation des métropoles, les communes seront compétentes en matière de gestion des milieux aquatiques et de prévention des inondations (GEMAPI). L'article 76, II de la loi NOTRe (L. n° 2015-1038, 20 août 2015) décale l'entrée en vigueur du dispositif de 2 ans : la prise de compétence GEMAPI par les communes et leurs EPCI entre donc en vigueur le 1er janvier 2018 et les transferts de compétence au profit de ces derniers doivent aboutir au plus tard le 1er janvier 2020. À noter toutefois que les communes et EPCI sont libres d'appliquer par anticipation la compétence GEMAPI (L. n° 2014-58, 27 janv. 2014, art. 59, II : *JO* 28 janv.).

13) Compétence des régions (animation et concertation). Aux termes de l'article 12 de la loi NOTRe, la région peut désormais intervenir expressément, et sous certaines conditions, dans le domaine de l'animation et de la concertation, dans le domaine de la gestion et de la protection de la ressource en eau et des milieux aquatiques dans un sous-bassin ou un groupement de sous-bassins, ou dans un système aquifère, correspondant à une unité hydrographique.

14) Lutte contre les inondations. Dommages permanents de travaux publics effectués sur des ouvrages privés. Le Conseil d'État juge que l'enrochement d'un cours d'eau, réalisé par un syndicat intercommunal, sur la propriété privée d'un riverain, dans le cadre de la lutte contre les inondations, ne présente pas le caractère d'un ouvrage public mais d'un ouvrage privé réalisé au moyen de travaux publics. La responsabilité sans faute de la personne publique qui a pris en charge ces travaux ne peut être engagée qu'à raison des préjudices qui trouvent leur cause dans des caractéristiques de l'ouvrage décidées par la personne publique (▪ CE, 13 mars 2019, n° 406867).

Art. L. 211-7-1 *(L. n° 2010-788, 12 juill. 2010 ; mod. à compter du 1er mars 2017, Ord. n° 2017-80, 26 janv. 2017)* (1). **– Les collectivités territoriales, leurs groupements, les syndicats mixtes prévus par l'article L. 5721-2 du Code général des collectivités territoriales et les agences de l'eau peuvent, avec l'accord de l'exploitant ou, à défaut, du propriétaire d'un ouvrage régulièrement installé sur un cours d'eau, et après l'avoir dûment informé des conséquences de son accord, prendre en charge les études et les travaux nécessaires au respect des règles et prescriptions qui lui sont imposées par l'autorité administrative sur le fondement des articles L. 181-12 [,] L. 214-3, L. 214-3-1, L. 214-4 et L. 214-17 du présent code pour assurer la protection des intérêts mentionnés à l'article L. 211-1.**

Lesdits collectivités, groupements, syndicats et agences se font alors rembourser intégralement par le propriétaire ou l'exploitant les frais de toute nature entraînés par ces études et travaux, y compris les frais de gestion, diminués des subventions éventuellement obtenues.

Loi Grenelle II. Cet article, introduit par la loi Grenelle II, permet aux collectivités publiques de prendre en charge des travaux sur un ouvrage situé sur un cours d'eau.

Art. L. 211-7-2 *(Créé à compter du 1er janvier 2018, L. n° 2014-58, 27 janv. 2014 ; mod., L. n° 2016-1087, 8 août 2016)* (2). **– Dans les conditions prévues à l'article L. 113-4 du Code des assurances, le montant des primes d'assurances contre le risque inondation et celui des franchises tiennent compte, à due proportion, de la réduction des risques qui résulte des actions de prévention.**

Art. L. 211-8 *(Anc. L. n° 87-565, 22 juill. 1987).* **– En cas de sécheresse grave mettant en péril l'alimentation en eau potable des populations, constatée par le ministre chargé de la police des eaux, des dérogations temporaires aux règles fixant les débits réservés des entreprises hydrauliques dans les bassins versants concernés peuvent être, en tant que de besoin, et après consultation de l'exploitant, ordonnées par le préfet, sans qu'il y ait lieu à paiement d'indemnité.**

(1) Dispositions d'application particulières et transitoires : V. Ord. n° 2017-80, 26 janv. 2017, art. 15. – NDLR.
(2) Les communes et leurs établissements publics de coopération intercommunale à fiscalité propre peuvent, à compter du 29 janvier 2014, mettre en œuvre par anticipation les présentes dispositions, L. n° 2014-58, 28 janv. 2014, art. 59, II.

Art. L. 211-9 *(Mod., L. n° 2020-105, 10 févr. 2020 ; Ord. n° 2022-1611, 22 déc. 2022).* – Un décret en Conseil d'État :

1° Détermine les conditions dans lesquelles peuvent être imposées les mesures à prendre pour la construction et l'entretien des réseaux et installations publiques et privées dans le but d'éviter le gaspillage de l'eau ;

2° Définit les usages, autres que ceux prévus par l'article L. 1322-14 du Code de la santé publique, pour lesquels l'utilisation d'eaux usées traitées peut être autorisée, et les conditions auxquelles ils sont soumis ;

3° Définit les usages, autres que ceux prévus par l'article L. 1322-14 du Code de la santé publique, pour lesquels les eaux de pluie peuvent être utilisées ainsi que les catégories de bâtiments dans lesquels ces eaux peuvent servir à ces usages.

Les utilisations prévues aux 2° et 3° doivent être compatibles avec le bon état écologique des eaux.

NB : Conformément à l'article 69, III de la loi n° 2020-105 du 10 février 2020, ces dispositions entrent en vigueur le 1er janvier 2021.

Art. L. 211-10 *(Mod., Ord. n° 2011-91, 20 janv. 2011).* – Nonobstant les dispositions de l'article L. 413-1 du Code minier, les échantillons, documents et renseignements intéressant la recherche, la production ou le régime des eaux souterraines tombent immédiatement dans le domaine public.

Voir : Art. 1er et 5-1, 30° de l'ordonnance n° 2000-914 du 18 sept. 2000.

Art. L. 211-11 *(Mod., L. n° 2016-41, 26 janv. 2016).* – Les dispositions particulières relatives à la qualité des eaux destinées à l'alimentation humaine sont énoncées au Code de la santé publique (première partie, livre III, titre II, chapitres Ier, II et IV).

Celles relatives aux eaux de baignade sont énoncées au même code (première partie, livre III, titre III, chapitre II).

Voir : disposition propre au Code de l'environnement ; articles de renvoi au Code de la santé publique, articles L. 1321-1 à L. 1321-10 et articles L. 1332-1 à L. 1332-4.

Art. L. 211-11-1 *(Ord. n° 2022-1611, 22 déc. 2022).* – Lorsque les résultats d'analyses de la qualité de l'eau issue directement d'un point de prélèvement, utilisée pour la production d'eau destinée à la consommation humaine, font apparaître, pour les paramètres définis par arrêté des ministres chargés de l'environnement et de la santé, des niveaux excédant des seuils fixés par ce même arrêté compte tenu des exigences mentionnées au deuxième alinéa du I de l'article L. 1321-1 du Code de la santé publique, le point de prélèvement est regardé comme sensible.

Art. L. 211-12 *(L. n° 2003-699, 30 juill. 2003 ; mod., L. n° 2005-157, 23 févr. 2005 ; L. n° 2006-1772, 30 déc. 2006* (1) *; L. n° 2010-788, 12 juill. 2010* (2) *; L. n° 2010-874, 27 juill. 2010 ; mod. à compter du 1er janvier 2015, Ord. n° 2014-1345, 6 nov. 2014).* – I. – Des servitudes d'utilité publique peuvent être instituées à la demande de l'État, des collectivités territoriales ou de leurs groupements sur des terrains riverains d'un cours d'eau ou de la dérivation d'un cours d'eau, ou situés dans leur bassin versant, ou dans une zone estuarienne.

II. – Ces servitudes peuvent avoir un ou plusieurs des objets suivants :

1° Créer des zones de rétention temporaire des eaux de crues ou de ruissellement, par des aménagements permettant d'accroître artificiellement leur capacité de stockage de ces eaux, afin de réduire les crues ou les ruissellements dans des secteurs situés en aval ;

2° Créer ou restaurer des zones de mobilité du lit mineur d'un cours d'eau en amont des zones urbanisées dans des zones dites « zones de mobilité d'un cours d'eau, afin de préserver ou de restaurer ses caractères hydrologiques et géomorphologiques essentiels ;

3° Préserver ou restaurer des zones humides dites « zones stratégiques pour la gestion de l'eau » délimitées en application de l'article L. 212-5-1.

---

(1) Dispositions applicables à Mayotte, L. n° 2006-1772, 30 déc. 2006, art. 98, IV, 1.

(2) Dispositions applicables aux projets, plans, programmes ou autres documents de planification pour lesquels l'arrêté d'ouverture et d'organisation de l'enquête publique est publié à compter du premier jour du sixième mois après la publication du décret en Conseil d'État prévu à l'article L. 123-19 du présent code, L. n° 2010-788, 12 juill. 2010, art. 245.

III. – Les zones soumises aux servitudes visées aux 1° et 2° du II sont délimitées par arrêté préfectoral. Celui-ci est pris après enquête publique réalisée conformément au chapitre III du titre II du livre Ier du présent code. Les zones soumises aux servitudes visées au 3° du II sont délimitées conformément à l'article L. 212-5-1.

IV. – Dans les zones de rétention temporaire des eaux de crues ou de ruissellement mentionnées au 1° du II, l'arrêté préfectoral peut obliger les propriétaires et les exploitants à s'abstenir de tout acte de nature à nuire au bon fonctionnement, à l'entretien et à la conservation des ouvrages destinés à permettre l'inondation de la zone. À cet effet, l'arrêté préfectoral peut soumettre à déclaration préalable, auprès des autorités compétentes en matière d'urbanisme, les travaux qui, en raison de leur nature, de leur importance ou de leur localisation, sont susceptibles de faire obstacle au stockage ou à l'écoulement des eaux et n'entrent pas dans le champ d'application des autorisations ou déclarations instituées par le Code de l'urbanisme.

L'arrêté préfectoral peut également soumettre à déclaration préalable les ouvrages qui, en raison de leur nature, de leur importance ou de leur localisation, sont susceptibles de faire obstacle au stockage ou à l'écoulement des eaux et n'entrent pas dans le champ d'application des autorisations ou déclarations instituées par le Code de l'urbanisme. Le préfet peut, par décision motivée, dans un délai de deux mois à compter de la réception de la déclaration, s'opposer à la réalisation de ces ouvrages ou prescrire les travaux nécessaires. Les travaux de réalisation de ces ouvrages ne peuvent commencer avant l'expiration de ce délai.

Pour les travaux visés au premier alinéa du présent IV, ainsi que pour les travaux et ouvrages soumis à une autorisation ou à une déclaration instituée par le Code de l'urbanisme et qui sont susceptibles, en raison de leur nature, de leur importance ou de leur localisation, de faire obstacle au stockage ou à l'écoulement des eaux, l'autorité compétente pour statuer en matière d'urbanisme recueille l'accord du préfet qui dispose d'un délai de deux mois à compter de la réception de la déclaration ou de la demande d'autorisation pour s'opposer à l'exécution des travaux ou prescrire les modifications nécessaires. Les travaux ne peuvent commencer avant l'expiration de ce délai.

En outre, l'arrêté préfectoral fixe les dispositions nécessaires dans un délai déterminé pour évacuer tout engin mobile pouvant provoquer ou subir des dommages.

V. – Dans les zones de mobilité d'un cours d'eau mentionnées au 2° du II, ne peuvent être réalisés les travaux de protection des berges, remblais, endiguements et affouillements, les constructions ou installations et, d'une manière générale, tous les travaux ou ouvrages susceptibles de faire obstacle au déplacement naturel du cours d'eau. À cet effet, l'arrêté préfectoral peut soumettre à déclaration préalable, auprès des autorités compétentes en matière d'urbanisme, les travaux qui, en raison de leur nature, de leur importance ou de leur localisation, sont susceptibles de faire obstacle au déplacement naturel du cours d'eau et n'entrent pas dans le champ d'application des autorisations ou déclarations instituées par le Code de l'urbanisme.

L'arrêté préfectoral peut également soumettre à déclaration préalable les ouvrages qui, en raison de leur nature, de leur importance ou de leur localisation, sont susceptibles de faire obstacle au déplacement naturel du cours d'eau et n'entrent pas dans le champ d'application des autorisations ou déclarations instituées par le Code de l'urbanisme. Le préfet peut, par décision motivée, dans un délai de deux mois à compter de la réception de la déclaration, s'opposer à la réalisation de ces ouvrages ou prescrire les travaux nécessaires. Les travaux de réalisation de ces ouvrages ne peuvent commencer avant l'expiration de ce délai.

Pour les travaux visés au premier alinéa du présent V, ainsi que pour les travaux et ouvrages soumis à une autorisation ou à une déclaration instituée par le Code de l'urbanisme et qui sont susceptibles, en raison de leur nature, de leur importance ou de leur localisation, de faire obstacle au déplacement naturel du cours d'eau, l'autorité compétente pour statuer en matière d'urbanisme recueille l'accord du préfet qui dispose d'un délai de deux mois à compter de la réception de la déclaration ou de la demande d'autorisation pour s'opposer à l'exécution des travaux ou prescrire les modifications nécessaires. Les travaux ne peuvent commencer avant l'expiration de ce délai.

V *bis*. – Dans les zones humides dites « zones stratégiques pour la gestion de l'eau » mentionnées au 3° du II, le préfet peut par arrêté obliger les propriétaires et les exploitants à s'abstenir de tout acte de nature à nuire à la nature et au rôle ainsi qu'à l'entretien et à la conservation de la zone, notamment le drainage, le remblaiement ou le retournement de prairie.

VI. – L'arrêté préfectoral peut identifier, le cas échéant, les éléments existants ou manquants faisant obstacle à l'objet de la servitude, dont la suppression, la modification ou l'instauration est rendue obligatoire. La charge financière des travaux et l'indemnisation du préjudice pouvant résulter de ces derniers incombent à la collectivité qui a demandé l'institution de la servitude. Toutefois, si lesdits éléments appartiennent à l'État ou à ses établissements publics, la charge des travaux incombe à celui-ci.

VII. – Lorsque l'un des objets en vue duquel la servitude a été instituée implique la réalisation par la collectivité publique d'installations, travaux ou activités, les propriétaires et exploitants sont tenus de permettre en tout temps aux agents chargés de leur aménagement, entretien ou exploitation, d'accéder aux terrains inclus dans le périmètre des zones soumises à servitude.

VIII. – L'instauration des servitudes mentionnées au I ouvre droit à indemnités pour les propriétaires de terrains des zones grevées lorsqu'elles créent un préjudice matériel, direct et certain. Ces indemnités sont à la charge de la collectivité qui a demandé l'institution de la servitude. Elles sont fixées, à défaut d'accord amiable, par le juge de l'expropriation compétent dans le département.

IX. – Les dommages matériels touchant les récoltes, les cultures, le cheptel mort ou vif, les véhicules terrestres à moteur et les bâtiments causés par une sur-inondation liée à une rétention temporaire des eaux dans les zones grevées de servitudes mentionnées au II ouvrent droit à indemnités pour les occupants. Toutefois, les personnes physiques ou morales qui auront contribué par leur fait ou par leur négligence à la réalisation des dommages sont exclues du bénéfice de l'indemnisation dans la proportion où lesdits dommages peuvent leur être imputables. Ces indemnités sont à la charge de la collectivité qui a demandé l'institution de la servitude grevant la zone.

Les dommages touchant les récoltes, les cultures, les bâtiments et le cheptel mort ou vif affectés aux exploitations agricoles sont évalués dans le cadre de protocoles d'accords locaux. À défaut, ils sont évalués dans les conditions prévues en application de l'article L. 361-5 du Code rural et de la pêche maritime.

X. – Pour une période de dix ans à compter de la date de publication de l'arrêté préfectoral constatant l'achèvement des travaux mentionnés au VI ou, si de tels travaux ne sont pas nécessaires, à compter de la date de publication de l'arrêté préfectoral instituant une ou plusieurs des servitudes mentionnées au I, le propriétaire d'une parcelle de terrain grevée par une de ces servitudes peut en requérir l'acquisition partielle ou totale par la collectivité qui a demandé l'institution de la servitude. Ce droit de délaissement s'exerce dans les conditions prévues aux articles L. 230-1 et suivants du Code de l'urbanisme. Le propriétaire peut, dans le même temps, requérir l'acquisition partielle ou totale d'autres parcelles de terrain si l'existence de la servitude compromet leur exploitation ou leur usage dans des conditions similaires à celles existant avant l'institution de la servitude.

XI. – Dans les zones mentionnées au II, les communes ou les établissements publics de coopération intercommunale compétents peuvent instaurer le droit de préemption urbain dans les conditions définies à l'article L. 211-1 du Code de l'urbanisme. Ils peuvent déléguer ce droit à la collectivité qui a demandé l'institution de la servitude.

XII. – Un décret en Conseil d'État fixe les conditions d'application du présent article (1).

Voir : Circ., 19 mai 2009, relative aux établissements publics territoriaux de bassin (*BOME* n° 11/2009).

Art. L. 211-13 *(L. n° 2003-699, 30 juill. 2003 ; mod., L. n° 2005-157, 23 févr. 2005)*. – I. – Nonobstant toutes dispositions contraires, l'État, les collectivités territoriales ou leurs groupements, ayant acquis des terrains situés dans les zones de rétention temporaire des eaux de crues ou de ruissellement ou les zones de mobilité d'un cours d'eau visées à l'article L. 211-12 du présent code peuvent, lors de l'établissement ou du renouvellement des baux ruraux visés au titre Ier du livre IV du Code rural et de la pêche maritime portant sur ces terrains, prescrire au preneur des modes d'utilisation du sol afin de prévenir les inondations ou ne pas *aggraver les dégâts potentiels.*

I *bis*. – Nonobstant toutes dispositions contraires, l'État, les collectivités territoriales ou leurs groupements, ayant acquis des terrains situés dans les zones stratégiques pour la gestion de l'eau mentionnées à l'article L. 211-12 peuvent, lors de l'établissement ou du renouvellement des baux ruraux visés au titre Ier du livre IV du Code rural et de la pêche maritime portant sur ces terrains, prescrire au preneur des modes d'utilisation du sol afin d'en préserver ou restaurer la nature et le rôle.

II. – Par dérogation au titre Ier du livre IV du Code rural et de la pêche maritime, le tribunal administratif est seul compétent pour régler les litiges concernant les baux établis ou renouvelés en application du I et du I *bis*.

(1) V. T. appl. : D. n° 2005-116, 7 févr. 2005 puis C. env., art. R. 211-96 à R. 211-106 et R. 216-11. – NDLR.

Art. L. 211-14 *(L. n° 2010-788, 12 juill. 2010 ; mod. à compter d'une date fixée par décret et au plus tard le 1er janvier 2017, Ord. n° 2016-1060, 3 août 2016)* (1). **– I. – Le long de certains cours d'eau, sections de cours d'eau et plans d'eau de plus de dix hectares, l'exploitant ou, à défaut, l'occupant ou le propriétaire de la parcelle riveraine est tenu de mettre en place et de maintenir une couverture végétale permanente composée d'espèces adaptées à l'écosystème naturel environnant sur le sol d'une largeur d'au moins cinq mètres à partir de la rive, hors les espaces déjà imperméabilisés ou occupés par des bâtiments, cours, terrains clos de murs, sans préjudice des règles d'urbanisme applicables auxdits espaces.**

II. – La liste des cours d'eau, sections de cours d'eau et plans d'eau le long desquels s'applique cette obligation est arrêtée par l'autorité administrative en cohérence avec la désignation des cours d'eau au titre des régimes de soutien direct en faveur des agriculteurs dans le cadre de la politique agricole commune, eu égard à l'objectif de bon état écologique et chimique des eaux. L'autorité administrative peut fixer des modalités de gestion de la surface en couvert environnemental, notamment afin d'y éviter la prolifération des adventices. L'utilisation de fertilisants et de produits phytopharmaceutiques y est toutefois interdite, sauf justification de leur innocuité pour l'environnement ou dans les cas prévus par les règles locales d'entretien minimal, ainsi que l'entreposage de produits ou déchets.

III. – Les mesures prises en application du présent article ouvrent droit à indemnités pour les occupants ou les propriétaires de terrains des zones concernées lorsqu'elles causent un préjudice matériel, dont la perte de revenus, direct et certain. Ces indemnités sont à la charge de l'État. Elles sont fixées, à défaut d'accord amiable, selon la procédure applicable devant le juge de l'expropriation.

Loi Grenelle II. La loi oblige les propriétaires à maintenir des bandes enherbées le long de certains cours d'eau.

CHAPITRE II. – PLANIFICATION

Voir : textes : Circ., 4 mai 1995, articulation entre les SDAGE, les SAGE et les schémas départementaux des carrières.

Bibliographie : P. Hili, *Une stratégie d'organisation des compétences locales de l'eau accompagnera désormais les SDAGE : BDEI* 1er mars 2016, n° 62, pp. 20-21. • F. Scanvic, *Les SDAGE, portée et place dans la hiérarchie des normes : BDEI* mai 2011, n° 33. • G. Paul, *Actualité législative et réglementaire du schéma directeur d'aménagement des eaux : Gaz. Pal.* 4 juill. 2009, n° 185, p. 118. • L. Fonbaustier et K. Bouadoua, *Remarques critiques sur la portée normative des SDAGE : Environnement* juin 2008, n° 6, étude 6. • P. Trouilly, *Compatibilité des décisions administratives avec un schéma directeur d'aménagement et de gestion des eaux (SDAGE) : Environnement* déc. 2007, n° 12, comm. 207. • F. Billaudot, *La planification des ressources en eau : RFDA* 1993, p. 1052 à 1165.

Section I. – Schémas directeurs d'aménagement et de gestion des eaux

Art. L. 212-1 *(Mod., L. n° 2010-788, 12 juill. 2010 ; L. n° 2012-387, 22 mars 2012 ; Ord. n° 2016-1028, 27 juill. 2016 ; L. n° 2016-1087, 8 août 2016).* **– I. – L'autorité administrative délimite les bassins ou groupements de bassins en déterminant le cas échéant les masses d'eau souterraines et les eaux maritimes intérieures et territoriales qui leur sont rattachées.**

II. – Le comité de bassin compétent procède dans chaque bassin ou groupement de bassins :

1° À l'analyse de ses caractéristiques et des incidences des activités sur l'état des eaux ainsi qu'à une analyse économique des utilisations de l'eau ; ces analyses sont réexaminées périodiquement ;

2° À l'établissement et à la mise à jour régulière d'un ou plusieurs registres répertoriant :

– les zones faisant l'objet de dispositions législatives ou réglementaires particulières en application d'une législation communautaire spécifique portant sur la protection des eaux de surface ou des eaux souterraines ou la conservation des habitats ou des espèces directement dépendants de l'eau ; *(Mod., Ord. n° 2022-1611, 22 déc. 2022)*

– les masses d'eaux susceptibles d'être destinées à la consommation humaine actuelle et future ;

---

(1) Dispositions uniquement applicables aux décisions pour lesquelles une participation du public a été engagée postérieurement au 1er janvier 2017, Ord. n° 2016-1060, 3 août 2016, art. 8, II.

3° *(L. n° 2021-1104, 22 août 2021)* À l'identification, au plus tard le 31 décembre 2027, des masses d'eau souterraines et des aquifères qui comprennent des ressources stratégiques pour l'alimentation en eau potable actuelle ou future ainsi que, si l'information est disponible, leurs zones de sauvegarde, au sein desquelles des mesures de protection sont instituées pour la préservation de ces ressources stratégiques. Ces mesures contribuent à assurer l'équilibre quantitatif entre les prélèvements dans ces ressources, en prenant notamment en compte les besoins des activités humaines et leur capacité à se reconstituer naturellement, et contribuent également à préserver leur qualité pour satisfaire en priorité les besoins pour la consommation humaine. Elles prennent également en compte les besoins liés notamment à la production alimentaire.

III. – Chaque bassin ou groupement de bassins hydrographiques est doté d'un ou de plusieurs schémas directeurs d'aménagement et de gestion des eaux fixant les objectifs visés au IV du présent article et les orientations permettant de satisfaire aux principes prévus aux articles L. 211-1 et L. 430-1. Le schéma prend en compte l'évaluation, par zone géographique, du potentiel hydroélectrique établi en application du I de l'article 6 de la loi n° 2000-108 du 10 février 2000 relative à la modernisation et au développement du service public de l'électricité.

IV. – Les objectifs de qualité et de quantité des eaux que fixent les schémas directeurs d'aménagement et de gestion des eaux correspondent :

1° Pour les eaux de surface, à l'exception des masses d'eau artificielles ou fortement modifiées par les activités humaines, à un bon état écologique et chimique ;

2° Pour les masses d'eau de surface artificielles ou fortement modifiées par les activités humaines, à un bon potentiel écologique et à un bon état chimique ;

3° Pour les masses d'eau souterraines, à un bon état chimique et à un équilibre entre les prélèvements et la capacité de renouvellement de chacune d'entre elles ;

4° À la prévention de la détérioration de la qualité des eaux ;

5° Aux exigences particulières définies pour les zones visées au 2° du II, notamment afin de réduire le traitement nécessaire à la production d'eau destinée à la consommation humaine.

V. *(Mod., L. n° 2019-774, 24 juill. 2019 ; L. n° 2021-1308, 8 oct. 2021)* – Les objectifs mentionnés au IV doivent être atteints au plus tard le 22 décembre 2015. Toutefois, s'il apparaît que, pour des raisons techniques, financières ou tenant aux conditions naturelles, les objectifs mentionnés aux 1°, 2° et 3° du IV ne peuvent être atteints avant cette date, le schéma directeur d'aménagement et de gestion des eaux peut fixer des échéances plus lointaines, en les motivant à condition que l'état de la masse d'eau concernée ne se détériore pas davantage. Les reports ainsi opérés ne peuvent excéder la période correspondant à deux mises à jour du schéma directeur d'aménagement et de gestion des eaux, sauf dans les cas où les conditions naturelles sont telles que les objectifs ne peuvent être réalisés dans ce délai.

VI. – Lorsque la réalisation des objectifs mentionnés aux 1°, 2° et 3° du IV est impossible ou d'un coût disproportionné au regard des bénéfices que l'on peut en attendre, des objectifs dérogatoires peuvent être fixés par le schéma directeur d'aménagement et de gestion des eaux en les motivant.

VII. – Des modifications dans les caractéristiques physiques des eaux ou l'exercice de nouvelles activités humaines peuvent justifier, dans des conditions définies par le décret prévu au XIII, des dérogations motivées au respect des objectifs mentionnés aux 1° à 4° du IV et au VI.

L'autorité administrative arrête la liste de ces dérogations après l'avoir mise à disposition du public, notamment par voie électronique, pendant une durée minimale de six mois afin de recueillir ses observations.

(L. n° 2020-1525, 7 déc. 2020) (1) Par dérogation au deuxième alinéa du présent VII, lorsque, en application de l'article L. 181-2, l'autorisation environnementale tient lieu de la dérogation mentionnée au premier alinéa du présent VII, la consultation du public prévue au I de l'article L. 181-10 dispense, pour le projet concerné, de la mise à la disposition du public de la liste des dérogations.

VIII. – Le schéma directeur d'aménagement et de gestion des eaux indique comment sont pris en charge par les utilisateurs les coûts liés à l'utilisation de l'eau, en distinguant au moins le secteur industriel, le secteur agricole et les usages domestiques. Ces données sont actualisées lors des mises à jour du schéma directeur.

IX. – Le schéma directeur détermine les aménagements et les dispositions nécessaires, comprenant la mise en place de la trame bleue figurant dans les schémas régionaux de cohérence écologique adoptés mentionnés à

(1) Dispositions d'application particulières et transitoires : V. L. n° 2020-1525, 7 déc. 2020.

l'article L. 371-3 ou les schémas régionaux d'aménagement, de développement durable et d'égalité des territoires mentionnés à l'article L. 4251-1 du Code général des collectivités territoriales, pour prévenir la détérioration et assurer la protection et l'amélioration de l'état des eaux et milieux aquatiques, pour atteindre et respecter les objectifs de qualité et de quantité des eaux mentionnées aux IV à VII. En particulier, le schéma directeur identifie les sous-bassins ou parties de sous-bassins dans lesquels une gestion coordonnée des ouvrages, notamment hydroélectriques, est nécessaire.

Le schéma directeur d'aménagement et de gestion des eaux est compatible ou rendu compatible, lors de sa mise à jour périodique prévue au IV de l'article L. 212-2, avec les objectifs environnementaux définis par le plan d'action pour le milieu marin prévus aux articles L. 219-9 à L. 219-18.

X. – Le schéma directeur d'aménagement et de gestion des eaux détermine les eaux maritimes intérieures et territoriales et les sous-bassins ou groupements de sous-bassins pour lesquels un schéma d'aménagement et de gestion des eaux défini à l'article L. 212-3 est nécessaire pour respecter les orientations fondamentales et les objectifs fixés en application du présent article, et fixe le délai dans lequel le schéma d'aménagement et de gestion des eaux doit être élaboré et révisé. À défaut, l'autorité administrative arrête le périmètre et le délai selon les modalités prévues à l'article L. 212-3.

XI. – Les programmes et les décisions administratives dans le domaine de l'eau doivent être compatibles ou rendus compatibles avec les dispositions des schémas directeurs d'aménagement et de gestion des eaux.

XII. – Dans le cas de bassins ou groupements de bassins s'étendant au-delà de la frontière, leur délimitation prévue au I, les objectifs mentionnés au IV ainsi que les aménagements et dispositions visés au IX sont définis en coordination avec les autorités étrangères compétentes.

XIII. – Un décret en Conseil d'État fixe les modalités d'application du présent article (1).

Bibliographie : X. de Lesquen, *Dans quelle mesure un refus d'accorder des autorisations ou concessions portant sur la construction de nouveaux ouvrages peut-il se fonder sur les orientations d'un SDAGE ?* Concl. sur CE, 30 janv. 2013, n° 346120, *SNC Pervu : BJCL* mars 2013, n° 3/2013, p. 187. • P. Trouilly, *Portée juridique, à l'égard d'une autorisation d'utiliser l'énergie d'un cours d'eau pour exploiter un ouvrage hydraulique, d'un inventaire des cours d'eau présentant un très bon état écologique*, note ss CE, 30 janv. 2013, n° 346120 : *Rev. Environnement et dév. durable* avr. 2013, n° 4, p. 38.

Note technique du 19 sept. 2017 relative à la mise à jour des états des lieux du troisième cycle de gestion de la directive-cadre sur l'eau (NOR : TREL1722451N, *BOME* n° 2017/15, 25 oct. 2017) ; Instr. du Gouvernement du 14 août 2018 relative à la mise à jour des plans d'actions opérationnels territorialisés de la directive-cadre sur l'eau (NOR : TREL1819230J, *BOME* n° 2018/8, 25 août 2018).

Sur la notion de compatibilité. S. Maudhuit, *La notion de compatibilité en droit de l'environnement : BJDU* 3/1997, p. 3.

1) Présentation des bassins du territoire. 12 bassins ont été définis : 7 bassins métropolitains (Adour-Garonne, Artois-Picardie, Corse, Loire-Bretagne, Rhin-Meuse, Rhône Méditerranée, Seine-Normandie) et 5 bassins en outre-mer (Guadeloupe, Guyane, Martinique, La Réunion et Mayotte).

2) Programmes et décisions n'intervenant pas dans le domaine de l'eau. Ne constitue pas une décision administrative prise « dans le domaine de l'eau », un arrêté inter-préfectoral déclarant d'utilité publique les travaux de rénovation et de mise en sécurité d'un tunnel routier (■ CE, 9 juin 2004, n° 254174, *Assoc. Alsace Nature du Haut-Rhin : Rec. CE* 2004, p. 243 ; *Bull. jur. coll. terr.* 2004, n°s 9-10, p. 613).

3) Notion de décision administrative dans le domaine de l'eau. Constitue une telle décision, un décret autorisant les travaux d'aménagement de la Saône (■ CE, 8 nov. 1999, n° 197568, *Assoc. de liaison anti-canal du Val-de-Saône*) et un décret déclarant d'utilité publique un projet de barrage sur une rivière (■ CE, 14 avr. 1999, n° 185935, *Cne de la Petite-Marche et a. : RD rur.* 2000, somm. p. 11), un arrêté d'autorisation d'exploitation de carrières en nappe alluviale (■ CAA Nantes, 15 oct. 2002, n° 00NT01656, *Cie des sables*), un arrêté autorisant, au titre de la loi sur l'eau, des travaux d'aménagement d'une route départementale (■ CAA Bordeaux, 26 juin 2008, n° 06BX00350, *Assoc. développement patrimoine et environnement*).

4) Compatibilité entre une autorisation et le SDAGE. Une autorisation est réputée compatible avec les dispositions du SDAGE dès lors que non seulement l'étude d'impact (■ TA Caen, 21 déc. 2000, n° 99-1578, *Assoc. pour la protection du site de la Chapelle-sur-Vire et Assoc. Manche Nature : Dr. env.* déc. 2001, n° 94, p. 259, note X. Braud), mais également les prescriptions annexées à l'autorisation prennent en considération les

(1) V. T. appl. : D. n° 2005-475, 16 mai 2005 puis C. env., art. R. 212-1 à R. 212-25 et R. 650-1. – NDLR.

orientations générales de ce schéma (■ CE, 8 nov. 1999, n° 197568, *Comité de liaison anticanal du Val-de-Saône : BDEI* 1999, n° spécial, p. 38). Un projet réduisant un champ d'inondation sans prévenir les risques accrus en résultant pour les secteurs situés en aval compromet l'un des objectifs essentiels du SDAGE Rhône-Méditerranée-Corse et s'avère donc incompatible avec ledit schéma (■ CAA Lyon, 25 sept. 2007, n° 05LY00953, *Frapna-Ardèche*). Un projet de réalisation d'un golf et d'un complexe hôtelier est compatible avec le SDAGE Loire-Bretagne dès lors que le document d'incidences mentionne la présence de zones humides et d'amphibiens et précise l'impact susceptible d'affecter celles-ci, en indiquant la superficie des zones concernées. En outre, des mesures compensatoires ont été prises pour remédier à l'impact du projet (évitement de la destruction d'une zone humide, création de zones humides et de plans d'eau, développement de la végétation hygrophile), ainsi que d'autres mesures, telle la conservation d'une mare devant être initialement comblée ou encore l'emploi de produits fertilisants et phytosanitaires limité à une faible superficie (■ CAA Nantes, 2ᵉ ch., 14 nov. 2014, n° 12NT01802). *A contrario*, c'est à bon droit que le préfet a pu s'opposer à une déclaration d'un plan d'eau implanté dans le lit mineur d'un cours d'eau, dès lors que celle-ci est incompatible avec le SDAGE RMC. Ce dernier prévoit que les projets de création de plans d'eau soumis à déclaration doivent être conçus en dehors du lit du cours d'eau en se conformant aux prescriptions réglementaires correspondantes. Le fait que ce plan d'eau relève du régime d'autorisation, par le fait qu'il comporte la création d'une digue et impliquait un prélèvement important sur le cours d'eau, ne lui fait pas perdre sa qualité de petit plan d'eau définie par sa seule superficie (■ CAA Lyon, 3ᵉ ch., 10 mars 2015, n° 13LY03140). Il en va de même s'agissant de l'opposition du préfet à une déclaration de création d'un plan d'eau dès lors que le projet, étant situé dans une zone humide, une autorisation s'imposait. En outre, le projet en plus de son incompatibilité avec le SDAGE, du fait de la destruction d'une zone humide située en tête de bassin, entraînait la destruction de l'habitat d'espèces protégées ainsi que des spécimens de ces espèces (■ CA Nancy, 1ʳᵉ ch., 9 oct. 2014, n° 13NC01943). Le Conseil d'État a précisé que la compatibilité des autorisations délivrées au titre de la législation sur l'eau avec les orientations et les objectifs des schémas directeurs d'aménagement et de gestion des eaux (SDAGE) s'apprécie de manière globale au regard de chacun des objectifs du SDAGE (■ CE, 21 nov. 2018, n° 408175, *Sté Roybon Cottages*). Les autorisations administratives délivrées dans le domaine de l'eau sont dans un rapport de compatibilité et non de conformité avec les dispositions du SDAGE et du plan d'aménagement et de gestion durable du SAGE (■ CE, 25 sept. 2019, n° 418658).

5) Incompatibilité entre une autorisation ICPE et le SDAGE. Est incompatible avec les dispositions du SDAGE une autorisation ICPE portant sur une carrière à implanter sur l'emprise d'une nappe alluviale dès lors que le SDAGE refuse de créer des nouvelles carrières dans les zones de vallées ayant subi une très forte exploitation (■ CAA Lyon, 1ʳᵉ ch., 20 juin 2000, n° 99LY01774, *SARL Guittard*).

6) Compatibilité entre la désignation des représentants de commissions locales de l'eau et les orientations d'un SDAGE. L'absence de représentation des usagers des loisirs et sports nautiques au sein des commissions locales de l'eau n'entraîne aucune incompatibilité des arrêtés constituant lesdites commissions avec le SDAGE concerné même si celui-ci a prévu la constitution de groupes de travail pour certains enjeux importants avec une représentation équilibrée des intérêts relatifs à ces enjeux, groupes de travail au sein desquels pourront s'exprimer les différents intérêts locaux et qui pourront être chargés par la commission locale de l'eau de lui faire des propositions en vue de gérer les conflits d'usage (■ CAA Nancy, 3 oct. 2002, n° 98NC00432, *Fédération française de canoë-kayak et a. : JCP A* 2003, n° 4, p. 66, note J. Moreau).

7) Exception d'illégalité. Si l'article L. 212-1 du Code de l'environnement implique que les décisions dans le domaine de l'eau doivent être compatibles avec les dispositions des SDAGE, pour autant, une demande d'autorisation d'implanter et d'exploiter un ouvrage sur un cours d'eau n'a pas le caractère d'une mesure d'application d'un SDAGE. En conséquence, le moyen tiré de l'illégalité du SDAGE ne peut être utilement invoqué à l'encontre d'une décision statuant sur une demande d'autorisation d'un tel ouvrage présentée au titre de la loi du 16 octobre 1919 relative à l'utilisation de l'énergie hydraulique, alors même que cette décision serait motivée par les orientations définies par ce même schéma (■ CAA Lyon, 16 févr. 2006, n° 00LY01172, *Sté hydroélectrique de Francin*).

8) Identification des cours d'eau, parties de cours d'eau ou canaux jouant le rôle de réservoir biologique. S'il appartient aux auteurs d'un SDAGE de fixer des objectifs ou orientations destinés à assurer le bon état des cours d'eau et s'il leur est loisible d'identifier à cette fin les cours d'eau, parties de cours d'eau ou canaux jouant le rôle de réservoir biologique, une telle mesure ne peut avoir pour objet ou pour effet de se substituer à la publication de la liste prévue à l'article L. 214-17 du

Code de l'environnement, en permettant à l'autorité administrative compétente de s'opposer à la réalisation d'ouvrages situés sur des cours d'eau, en se fondant sur ces schémas (■ CE, 30 janv. 2013, n° 346120, *SNC Pervu*).

9) Appréciation de la légalité d'une autorisation IOTA eu égard aux dispositions du SDAGE même adoptées postérieurement. Les dispositions de l'article L. 211-1 du Code de l'environnement permettent à l'autorité administrative d'imposer au titulaire d'une autorisation au titre de la législation sur l'eau de nouvelles prescriptions ou des travaux, non seulement pour faire face à une évolution de la situation au regard des objectifs de l'article L. 211-1 du Code de l'environnement depuis que l'autorisation a été délivrée, mais aussi pour améliorer cette situation dès lors, d'une part, que les travaux ou installations autorisés contribuent à l'un des risques auxquels le Code de l'environnement entend parer et, d'autre part, que les prescriptions nouvelles ne soulèvent pas de difficultés sérieuses d'exécution d'ordre matériel ou économique. Eu égard à l'office du juge de plein contentieux, la légalité de l'autorisation contestée doit être appréciée au regard des règles de fond posées par le SDAGE Rhône Méditerranée Corse en vigueur à la date à laquelle le juge statue, alors même que ce dernier a été adopté postérieurement audit arrêté (■ TA Besançon, 1re ch., 18 févr. 2014, n° 1201165. ■ TA Besançon, 29 janv. 2015, n° 1300206). En revanche une cour administrative d'appel a refusé d'appliquer ce principe, et, au contraire, a considéré qu'une disposition du SDAGE prévoyant des mesures compensatoires ne concernait que des projets et non des ouvrages en fonctionnement et qu'ainsi, elle n'imposait pas au préfet de prendre un arrêté complémentaire pour rendre l'ouvrage litigieux compatible avec ce schéma. En l'espèce, il s'agissait de la réalisation d'une voirie routière de contournement d'une agglomération (■ CAA Nancy, 1re ch., 18 déc. 2014, n° 14NC00645).

10) Compatibilité des documents d'urbanisme avec le SDAGE. Les dispositions du SDAGE ne peuvent pas être invoquées si le document d'urbanisme est entré en vigueur antérieurement (■ CAA Douai, 25 sept. 2003, n° 00DA00657). Est compatible avec le SDAGE Rhône-Méditerranée-Corse, la disposition du document d'orientation générale d'un SCOT qui identifie les zones humides et prévoit de préserver de l'urbanisation et des activités agricoles les bordures des zones humides en mettant en place une zone tampon. Si les documents cartographiques annexés au SCOT prévoient une zone d'extension d'urbanisation prioritaire dans un secteur déterminé, rien ne permet de confirmer que cette opération se réaliserait nécessairement dans la zone humide identifiée dans ce secteur (■ CAA Marseille, 9e ch., 23 juill. 2014, n° 12MA00268).

11) Mesures des SDAGE relatives aux zones humides. S'agissant de travaux de mise à 2 × 2 voies d'une rocade, il a été décidé que si la disposition 6 B-6 du schéma d'aménagement et de gestion des eaux (SDAGE) Rhin-Meuse 2010-2015 approuvé par un arrêté du 20 novembre 2009 prévoit la mise en œuvre de mesures compensatoires à la disparition ou à la dégradation de zones humides à hauteur de 200 % de la surface concernée, cette disposition ne concerne que les projets et non les ouvrages en fonctionnement et ne saurait dès lors contraindre le préfet prendre un arrêté complémentaire au regard des dispositions du XI de l'article L. 212-1 du Code de l'environnement pour rendre l'ouvrage litigieux compatible avec ce schéma (■ CAA Nancy, 1re ch., 18 déc. 2014, n° 14NC00645). Un projet visant à reconstituer une zone humide de 4,28 ha pour compenser la destruction d'une autre de 3,4 ha est incompatible avec le SDAGE Rhône-Méditerranée 2010-2015, qui préconise, au titre des mesures compensatoires à la destruction des zones humides, une reconstitution de 200 % de la surface de la zone humide perdue. L'écart ainsi constaté avec cette préconisation étant trop important (79 % au lieu de 200 %), le juge ordonne donc au préfet de prendre dans un délai d'un an un nouvel arrêté prescrivant des mesures complémentaires permettant de compenser la perte de zone humide dans des proportions compatibles avec les préconisations de ce SDAGE (■ TA Besançon, 2e ch., 29 janv. 2015, n° 1300206). L'arrêté autorisant la destruction d'une zone humide forestière pour la construction d'un village de vacances Center Parcs n'est pas compatible avec le SDAGE eu égard à la dispersion et au morcellement des sites de compensation et à la distance les séparant de la forêt de Chambaran : les remises en état de zones humides envisagées pour compenser l'impact du projet ne peuvent être regardées comme constituant globalement des mesures équivalentes sur le plan fonctionnel et de la biodiversité quand bien même la partie de zones humides forestières à détruire représenterait un très faible pourcentage des zones humides de Chambaran et n'aurait qu'une fonction de stockage des eaux pluviales et de soutien des niveaux d'étiage de cours d'eau (■ TA Grenoble, 16 juill. 2015, nos 1406678, 1406933 et 1501820, *SNC Roybon Cottages : Dr. env.* 2015, p. 291). On signalera que le Conseil d'État avait censuré l'ordonnance de suspension de l'autorisation prononcée par ce même tribunal (■ CE, 18 juin 2015, n° 386971, *SNC Roybon Cottages : Dr. env.* 2015, p. 250). En revanche, le dispositif retenu pour compenser la destruction des zones humides par le futur aéroport de Notre-Dame-des-Landes a été jugé satisfaisant (■ TA Nantes, 6e ch., 17 juill. 2015, nos 1400343, 1400355, 1401285, 1401304, 1401685, 1401689, 1401692 et 1410918).

12) Identification des cours d'eau, parties de cours d'eau ou canaux jouant le rôle de réservoir biologique. S'il appartient aux auteurs d'un SDAGE de fixer des objectifs ou orientations destinés à assurer le bon état des cours d'eau et s'il leur est loisible d'identifier à cette fin les cours d'eau, parties de cours d'eau ou canaux jouant le rôle de réservoir biologique, une telle mesure ne peut avoir pour objet ou pour effet de se substituer à la publication de la liste prévue à l'article L. 214-17 du Code de l'environnement, en permettant à l'autorité administrative compétente de s'opposer à la réalisation d'ouvrages situés sur des cours d'eau, en se fondant sur ces schémas (■ CE, 30 janv. 2013, n° 346120, *SNC Pervu*).

Art. L. 212-2 ***(Mod., L. n° 2012-387, 22 mars 2012 ; mod. à compter du 1er janvier 2014, Ord. n° 2013-888, 3 oct. 2013 ; à compter d'une date fixée par décret et au plus tard le 1er janvier 2017, Ord. n° 2016-1060, 3 août 2016)*** (1). **– I. - Le comité de bassin compétent dans chaque bassin ou groupement de bassins élabore et met à jour le ou les schémas directeurs d'aménagement et de gestion des eaux et en suit l'application.**

II. - Le comité de bassin organise la participation du public à l'élaboration du schéma directeur d'aménagement et de gestion des eaux. Il élabore et met à la disposition du public, pendant une durée minimale de six mois par voie électronique afin de recueillir ses observations :

- le calendrier et le programme de travail indiquant les modalités d'élaboration ou de mise à jour du schéma directeur, trois ans au moins avant la date prévue d'entrée en vigueur du schéma directeur d'aménagement et de gestion des eaux ;

- une synthèse provisoire des questions importantes qui se posent dans le bassin ou groupement de bassins en matière de gestion de l'eau, deux ans au moins avant la date prévue d'entrée en vigueur du schéma directeur d'aménagement et de gestion des eaux ;

- le projet de schéma directeur d'aménagement et de gestion des eaux ainsi que l'évaluation environnementale requise en application de l'article L. 122-4 du présent code, un an au moins avant la date prévue de son entrée en vigueur.

Cette mise à disposition est effectuée par voie électronique. Un poste informatique est gratuitement mis à disposition du public en un lieu déterminé afin d'y consulter une version électronique du dossier.

Un exemplaire du dossier est consultable sur support papier en un lieu déterminé à compter de l'ouverture de la mise à disposition.

Les modalités de ces consultations sont portées à la connaissance du public quinze jours au moins avant le début de la mise à disposition de ces documents par voie dématérialisée et par voie de publication locale.

Le comité de bassin peut modifier le projet de schéma pour tenir compte des avis et observations formulés.

Le comité de bassin publie à l'issue de chaque phase de participation du public et au plus tard à la date d'adoption du schéma directeur, une synthèse des avis et observations recueillies et la manière dont il en a tenu compte.

III. - Le schéma directeur d'aménagement et de gestion des eaux est adopté par le comité de bassin et approuvé par l'autorité administrative. Il est tenu à la disposition du public.

IV. - Il est mis à jour tous les six ans.

V. - Il peut être adapté dans les conditions définies à l'article L. 300-6-1 du Code de l'urbanisme.

VI. - Un décret en Conseil d'État précise les modalités d'application du présent article (2). **Il détermine les conditions dans lesquelles l'autorité administrative se substitue au comité de bassin s'il apparaît que les missions qui lui sont confiées ne peuvent pas être remplies dans les délais impartis ainsi que la procédure suivie à cet effet.**

1) Composition du comité de bassin. Aux termes de l'article D. 213-17-1 du présent code, la composition de chaque comité de bassin, à l'exception du comité de bassin de Corse, régi par les dispositions de l'article D. 213-18, est arrêtée par le préfet coordonnateur de bassin selon les dispositions prévues aux articles D. 213-19 et suivants.

2) Participation du public. Constitutionnalité. Le Conseil d'État estime que les règles d'élaboration d'un SAGE, et en particulier les modali-

(1) Dispositions uniquement applicables aux décisions pour lesquelles une participation du public a été engagée postérieurement au 1er janvier 2017, Ord. n° 2016-1060, 3 août 2016, art. 8, II.

(2) V. T. appl. : D. n° 2005-475, 16 mai 2005 puis C. env., art. R. 212-1 à R. 212-25 et R. 650-1. – NDLR.

tés de participation du public qui n'intervient qu'après que les organismes dont la consultation est obligatoire aient tous rendu leur avis, sont conformes à la Constitution et ne méconnaissent pas l'article 7 de la Charte de l'environnement. Le Conseil d'État a considéré d'une part que ces dispositions n'ont pas pour objet de prévoir les modalités d'accès du public aux avis émis par des instances ou organismes consultés, qui font d'ailleurs l'objet d'autres dispositions législatives. Il suit de là que la requérante ne peut utilement invoquer à leur encontre le droit d'accéder aux informations relatives à l'environnement détenues par les autorités publiques. D'autre part, il a estimé que le droit du public de participer à l'élaboration des décisions publiques ayant une incidence sur l'environnement implique que la personne publique concernée mette à la disposition du public les éléments suffisants pour que la consultation puisse avoir lieu utilement. Il n'impose pas que cette consultation ne puisse intervenir qu'une fois que tous les avis des instances techniques et scientifiques dont la consultation est obligatoire en vertu des textes aient nécessairement été rendus au préalable (▪ CE, 4 oct. 2017, n° 412239, *Chambre départementale d'agriculture de Seine et Marne* : *AJDA* 2017, 2235 ; *BDEI* nov. 2017, n° 260, concl. Dutheillet de Lamothe).

Voir : Art. L. 120-1 du Code de l'environnement et Article 7 de la Charte de l'environnement.

Art. L. 212-2-1 *(L. n° 2004-338, 21 avr. 2004* (1) *; mod., L. n° 2012-387, 22 mars 2012).* **– L'autorité administrative établit et met à jour périodiquement pour chaque bassin ou groupement de bassins un programme pluriannuel de mesures contribuant à la réalisation des objectifs et des dispositions du schéma directeur d'aménagement et de gestion des eaux. Elle organise la participation du public à l'élaboration du programme pluriannuel de mesures selon les modalités prévues au II de l'article L. 212-2. Ce programme ainsi que sa mise à jour périodique sont soumis à l'avis du comité de bassin.**

Art. L. 212-2-2 *(L. n° 2004-338, 21 avr. 2004* (1) *; mod., L. n° 2006-1772, 30 déc. 2006* (2) *; L. n° 2016-1087, 8 août 2016).* **– L'autorité administrative établit et met à jour pour chaque bassin ou groupement de bassins, après avis du comité de bassin, un programme de surveillance de l'état des eaux.**

Les propriétaires riverains de cours d'eau, lacs et plans d'eau non domaniaux sont tenus de laisser le libre passage sur leurs terrains aux agents mandatés par l'autorité administrative pour accéder auxdits cours d'eau, lacs et plans d'eau et effectuer les mesures nécessaires à la mise en œuvre et au suivi du programme de surveillance de l'état des eaux, dans la mesure nécessaire à l'accomplissement de cette mission.

Les analyses des eaux, du biote et des sédiments nécessaires à la mise en œuvre du programme de surveillance sont effectuées par des laboratoires agréés au titre de la protection de l'environnement.

Art. L. 212-2-3 *(L. n° 2004-338, 21 avr. 2004)* (1). **– Dans le cas de bassins ou groupements de bassins s'étendant au-delà de la frontière, l'autorité administrative élabore les programmes prévus aux articles L. 212-2-1 et L. 212-2-2, en coordination avec les autorités étrangères compétentes.**

Section II. – Schémas d'aménagement et de gestion des eaux

Bibliographie : J. Sanchez, *Les schémas d'aménagement et de gestion des eaux, SAGE : évolutions récentes et perspectives : BDEI* mai 2013, n° 45, p. 21. • C. Ribot, *Les réformes introduites par la loi sur l'eau et les milieux aquatiques : impatients espoirs ou doutes résignés ? : Environnement* avr. 2007, n° 4, étude 6. • *Ministère de l'Écologie : Guide d'aide à la rédaction du schéma d'aménagement et de gestion des eaux (SAGE).*

Art. L. 212-3 *(Rempl., L. n° 2006-1772, 30 déc. 2006)* (2). **– Le schéma d'aménagement et de gestion des eaux institué pour un sous-bassin, pour un groupement de sous-bassins correspondant à une unité hydrographique cohérente ou pour un système aquifère fixe les objectifs généraux et les dispositions permettant de satisfaire aux principes énoncés aux articles L. 211-1 et L. 430-1.**

Le schéma d'aménagement et de gestion des eaux doit être compatible avec le schéma directeur d'aménagement et de gestion des eaux prévu à l'article L. 212-1 ou rendu compatible avec lui dans un délai de trois ans suivant la mise à jour du schéma directeur.

(1) Application à Mayotte : V. L. n° 2004-338, 21 avr. 2004, art. 9, I.
(2) Dispositions applicables à Mayotte, L. n° 2006-1772, 30 déc. 2006, art. 98, IV, 1.

Le périmètre et le délai dans lequel il est élaboré ou révisé sont déterminés par le schéma directeur d'aménagement et de gestion des eaux ; à défaut, ils sont arrêtés par le représentant de l'État dans le département, sur proposition ou après consultation des collectivités territoriales et après consultation des établissements publics territoriaux de bassin et du comité de bassin. Dans ce dernier cas, le représentant de l'État dans le département peut compléter la commission locale de l'eau dans le respect de la répartition des sièges prévue au II de l'article L. 212-4.

Art. L. 212-4 *(Mod., L. n° 2006-1772, 30 déc. 2006* (1) *; L. n° 2010-788, 12 juill. 2010 ; mod. à compter d'une date fixée par décret et au plus tard le 1er janvier 2017, Ord. n° 2016-1060, 3 août 2016)* (2). – I. – Pour l'élaboration la modification, la révision et le suivi de l'application du schéma d'aménagement et de gestion des eaux, une commission locale de l'eau est créée par le préfet.

La mise en œuvre du schéma d'aménagement et de gestion des eaux est assurée par un établissement public territorial de bassin lorsque celui-ci résulte de la procédure de reconnaissance issue de l'arrêté du 7 février 2005 relatif à la délimitation du périmètre d'intervention de l'établissement public territorial de bassin ou lorsque le périmètre du schéma d'aménagement et de gestion des eaux mis en œuvre par cet établissement public territorial de bassin a été délimité après l'adoption de la loi n° 2010-788 du 12 juillet 2010 portant engagement national pour l'environnement et sous réserve que le périmètre de ce schéma d'aménagement et de gestion des eaux ne soit pas inclus dans le périmètre d'un groupement de collectivités territoriales mais soit compris dans celui de l'établissement public territorial de bassin.

II. – La commission locale de l'eau comprend :

1° Des représentants des collectivités territoriales et de leurs groupements, des établissements publics locaux et, s'il existe, de l'établissement public territorial de bassin, situés en tout ou partie dans le périmètre du schéma visé à l'article L. 212-3, qui désignent en leur sein le président de la commission ;

2° Des représentants des usagers, des propriétaires fonciers, des organisations professionnelles et des associations concernées, établis dans le périmètre du schéma visé à l'article L. 212-3 ;

3° Des représentants de l'État et de ses établissements publics intéressés.

Les représentants de la catégorie mentionnée au 1° détiennent au moins la moitié du nombre total des sièges et ceux de la catégorie mentionnée au 2° au moins le quart.

Un décret fixe les règles de désignation des représentants des différentes catégories.

Collège des usagers. La commission locale de l'eau peut, sans méconnaître ces dispositions ni le principe d'égalité des usagers, comprendre au moins un représentant des usagers, notamment des fédérations de pêche et de pisciculture, dès lors que cette composition n'est pas limitée, au titre de l'ensemble des autres usagers, à ce seul représentant (▪ CE, 17 janv. 1994, nos 142935 et 148222, *Fédération nationale des producteurs indépendants d'électricité, Fédération française de canoë-kayak et a. : RD rur.* 1994, p. 232).

Art. L. 212-5 *(Mod., Ord. n° 2004-632, 1er juill. 2004 ; L. n° 2005-157, 23 févr. 2005 ; L. n° 2005-781, 13 juill. 2005* (3) *; L. n° 2006-1772, 30 déc. 2006)* (1). – Le schéma d'aménagement et de gestion des eaux dresse un constat de l'état de la ressource en eau et du milieu aquatique. Il recense les différents usages qui sont faits des ressources en eau existantes.

Il prend en compte les documents d'orientation et les programmes de l'État, des collectivités territoriales et de leurs groupements, des syndicats mixtes, des établissements publics, des autres personnes morales de droit public, ainsi que des sociétés d'économie mixte et des associations syndicales libres de l'ordonnance n° 2004-632 du 1er juillet 2004 relative aux associations syndicales de propriétaires ayant des incidences sur la qualité, la répartition ou l'usage de la ressource en eau. Le schéma prend également en compte l'évaluation, par zone géographique, du potentiel hydroélectrique établi en application du I de l'article 6 de la loi n° 2000-108 du 10 février 2000 précitée.

Art. L. 212-5-1 *(L. n° 2006-1772, 30 déc. 2006* (1) *; mod., L. n° 2016-1087, 8 août 2016 ; L. n° 2021-1104, 22 août 2021).* – I. – Le schéma d'aménagement et de gestion des eaux comporte un plan d'aménagement et de gestion durable de la ressource en eau et des milieux aquatiques définissant les conditions de réalisation des objectifs mentionnés à l'article L. 212-3, notamment en évaluant les moyens financiers nécessaires à la mise en œuvre du schéma.

(1) Dispositions applicables à Mayotte, L. n° 2006-1772, 30 déc. 2006, art. 98, IV, 1.

(2) Dispositions uniquement applicables aux décisions pour lesquelles une participation du public a été engagée postérieurement au 1er janvier 2017, Ord. n° 2016-1060, 3 août 2016, art. 8, II.

(3) Dispositions applicables à Mayotte, L. n° 2005-781, 13 juill. 2005, art. 110.

Si le schéma directeur d'aménagement et de gestion des eaux n'a pas procédé à l'identification des zones de sauvegarde des ressources stratégiques pour l'alimentation en eau potable au sein des masses d'eau souterraines et des aquifères prévue au 3° du II de l'article L. 212-1, le plan d'aménagement et de gestion durable de la ressource en eau et des milieux aquatiques identifie ces zones.

Ce plan peut aussi :

1° Identifier les zones visées aux 4° et 5° du II de l'article L. 211-3 ;

2° Établir un inventaire des ouvrages hydrauliques susceptibles de perturber de façon notable les milieux aquatiques et prévoir des actions permettant d'améliorer le transport des sédiments et de réduire l'envasement des cours d'eau et des canaux, en tenant compte des usages économiques de ces ouvrages ;

3° Identifier, à l'intérieur des zones visées au *a* du 4° du II de l'article L. 211-3, des zones stratégiques pour la gestion de l'eau dont la préservation ou la restauration contribue à la réalisation des objectifs visés au IV de l'article L. 212-1 et définir les mesures de protection à mettre en œuvre au sein des zones de sauvegarde des ressources stratégiques pour l'alimentation en eau potable des masses d'eau souterraines et des aquifères, mentionnées au 3° du II du même article L. 212-1, ainsi que les éventuelles mesures permettant d'accompagner l'adaptation des activités humaines dans ces zones de sauvegarde ;

4° Identifier, en vue de les préserver, les zones naturelles d'expansion de crues.

II. – Le schéma comporte également un règlement qui peut :

1° Définir des priorités d'usage de la ressource en eau ainsi que la répartition de volumes globaux de prélèvement par usage ;

2° Définir les mesures nécessaires à la restauration et à la préservation de la qualité de l'eau et des milieux aquatiques, en fonction des différentes utilisations de l'eau ;

3° Indiquer, parmi les ouvrages hydrauliques fonctionnant au fil de l'eau figurant à l'inventaire prévu au 2° du I, ceux qui sont soumis, sauf raisons d'intérêt général, à une obligation d'ouverture régulière de leurs vannages afin d'améliorer le transport naturel des sédiments et d'assurer la continuité écologique.

III. – Un décret en Conseil d'État précise les modalités d'application du présent article.

Art. L. 212-5-2 *(L. n° 2006-1772, 30 déc. 2006)* (1). **– Lorsque le schéma a été approuvé et publié, le règlement et ses documents cartographiques sont opposables à toute personne publique ou privée pour l'exécution de toute installation, ouvrage, travaux ou activité mentionnés à l'article L. 214-2.**

Les décisions applicables dans le périmètre défini par le schéma prises dans le domaine de l'eau par les autorités administratives doivent être compatibles ou rendues compatibles avec le plan d'aménagement et de gestion durable de la ressource en eau dans les conditions et les délais qu'il précise.

Compatibilité de la décision avec le SDAGE et le SAGE. En vertu du XI de l'article L. 212-1 et de l'article L. 212-5-2 du Code de l'environnement, les décisions administratives prises dans le domaine de l'eau, dont celles prises au titre de la police de l'eau en application des articles L. 214-1 et suivants du même code, sont soumises à une simple obligation de compatibilité avec le SDAGE et avec le plan d'aménagement et de gestion durable du SAGE. Pour apprécier cette compatibilité, il appartient au juge administratif de rechercher, dans le cadre d'une analyse globale le conduisant à se placer à l'échelle du territoire pertinent pour apprécier les effets du projet sur la gestion des eaux, si l'autorisation ne contrarie pas les objectifs et les orientations fixés par le schéma, en tenant compte de leur degré de précision, sans rechercher l'adéquation de l'autorisation au regard de chaque orientation ou objectif particulier (■ CE, 25 sept. 2019, n° 418658).

Art. L. 212-6 ***(Mod., L. n° 2010-788, 12 juill. 2010*** (2) (3) ***; à compter d'une date fixée par décret et au plus tard le 1er janvier 2017, Ord. n° 2016-1060, 3 août 2016)*** (4). **– Le projet de schéma est soumis à**

(1) Dispositions applicables à Mayotte, L. n° 2006-1772, 30 déc. 2006, art. 98, IV, 1.

(2) Aux termes de l'article 240 (I, 1°) de la loi n° 2010-788 du 12 juillet 2010, à la deuxième phrase du deuxième alinéa du présent article, après les mots : « enquête publique », sont insérés les mots : « réalisée conformément au chapitre III du titre II du livre Ier du présent code ». Or il convient d'effectuer ledit remplacement à la première phrase. – NDLR.

(3) Dispositions applicables aux projets, plans, programmes ou autres documents de planification pour lesquels l'arrêté d'ouverture et d'organisation de l'enquête publique est publié à compter du premier jour du sixième mois après la publication du décret en Conseil d'État prévu à l'article L. 123-19 du présent code, L. n° 2010-788, 12 juill. 2010, art. 245.

(4) Dispositions uniquement applicables aux décisions pour lesquelles une participation du public a été engagée postérieurement au 1er janvier 2017, Ord. n° 2016-1060, 3 août 2016, art. 8, II.

enquête publique réalisée conformément au chapitre III du titre II du livre Ier du présent code. À l'issue de l'enquête, le schéma, éventuellement modifié pour tenir compte des observations, est approuvé par le représentant de l'État dans le département et son arrêté d'approbation est publié. Le schéma est tenu à la disposition du public.

Si le schéma n'a pas été élaboré dans le délai imparti en application du X de l'article L. 212-1, le représentant de l'État dans le département élabore le projet et, après consultation de la commission locale de l'eau, met en œuvre la procédure prévue aux deux alinéas qui précèdent.

Art. L. 212-7 *(Anc. L. n° 92-3, 3 janv. 1992 ; rempl., L. n° 2006-1772, 30 déc. 2006* (1) *; mod. à compter du 1er janvier 2014, Ord. n° 2013-888, 3 oct. 2013 ; à compter d'une date fixée par décret et au plus tard le 1er janvier 2017, Ord. n° 2016-1060, 3 août 2016* (2) *; mod., L. n° 2018-148, 2 mars 2018).* – Le schéma mentionné à l'article L. 212-3 peut être modifié par le représentant de l'État dans le département, après avis ou sur proposition de la commission locale de l'eau. Cette procédure de modification est réservée aux cas de mise en compatibilité à un document de rang supérieur, à la correction d'erreurs matérielles, ou à l'ajustement des documents du schéma qui n'entraîne pas de conséquences pour les tiers et ne remet pas en cause son économie générale.

Le projet de modifications est soumis à la participation par voie électronique prévue à l'article L. 123-19 du présent code. À l'issue de cette participation, le projet de schéma modifié est approuvé par le représentant de l'État dans le département et son arrêté d'approbation est publié. Le schéma est tenu à la disposition du public.

Il peut également être adapté dans les conditions définies à l'article L. 300-6-1 du Code de l'urbanisme.

Art. L. 212-8 *(L. n° 2006-1772, 30 déc. 2006)* (1). – Lorsqu'une opération soumise à enquête publique est contraire aux dispositions du règlement visé au II de l'article L. 212-5-1, le représentant de l'État dans le département soumet pour avis à la commission locale de l'eau un projet de modification de ce règlement et de ses documents cartographiques. En l'absence de réponse dans un délai de quatre mois, cet avis est réputé favorable. La déclaration d'utilité publique ou d'intérêt général de cette opération ne peut être prononcée que si l'enquête publique a également porté sur ce projet de modification.

Art. L. 212-9 *(Rempl. à compter d'une date fixée par décret et au plus tard le 1er janvier 2017, Ord. n° 2016-1060, 3 août 2016)* (2). – Le schéma d'aménagement et de gestion des eaux peut être révisé en tout ou partie par le représentant de l'État dans le département après avis ou sur proposition de la commission locale de l'eau.

Le projet de révision est soumis à la participation par voie électronique prévue à l'article L. 123-19 du présent code.

À l'issue de cette participation, le projet de schéma révisé est approuvé par le représentant de l'État dans le département et son arrêté d'approbation est publié. Le schéma est tenu à la disposition du public.

Art. L. 212-10 *(L. n° 2006-1772, 30 déc. 2006* (1) *; mod., L. n° 2010-788, 12 juill. 2010).* – I. – Un projet de schéma d'aménagement et de gestion des eaux arrêté par la commission locale de l'eau à la date de publication du décret prévu à l'article L. 212-11 peut être approuvé selon la procédure prévue par les dispositions législatives et réglementaires antérieures pendant un délai de trois ans à compter de cette même date. Le schéma approuvé constitue le plan d'aménagement et de gestion durable de la ressource défini au I de l'article L. 212-5-1.

II. – Les schémas d'aménagement et de gestion des eaux approuvés à la date de promulgation de la loi n° 2006-1772 du 30 décembre 2006 précitée ou en application du I du présent article sont complétés dans un délai de six ans à compter de la promulgation de ladite loi par le règlement prévu au II de l'article L. 212-5-1, approuvé selon la procédure fixée par l'article L. 212-6.

Modification du régime des SAGE. Les dispositions de l'article L. 212-10 du Code de l'environnement ont pour objet de permettre, dans les conditions et limites qu'elles prévoient, que les SAGE déjà

(1) Dispositions applicables à Mayotte, L. n° 2006-1772, 30 déc. 2006, art. 98, IV, 1.
(2) Dispositions uniquement applicables aux décisions pour lesquelles une participation du public a été engagée postérieurement au 1er janvier 2017, Ord. n° 2016-1060, 3 août 2016, art. 8, II.

approuvés ou en cours d'élaboration lors de la promulgation de la loi du 30 décembre 2006 relèvent du régime prévu par cette loi pour les futurs SAGE (■ CE, 11 mars 2020, n° 422704, *Sté Valhydrau*).

Art. L. 212-11 *(L. n° 2006-1772, 30 déc. 2006)* (1). **– Un décret en Conseil d'État précise en tant que de besoin les modalités d'application de la présente section** (2).

CHAPITRE III. – STRUCTURES ADMINISTRATIVES ET FINANCIÈRES

(Mod., L. n° 2006-1772, 30 déc. 2006 (1) *; à compter du 1er janvier 2017, L. n° 2016-1087, 8 août 2016)*

Voir : sur l'office d'équipement hydraulique de Corse : les articles R. 112-32 et suivants du Code rural.

Bibliographie : R. Schneider, *La constitutionnalisation des redevances des agences de l'eau : BDEI* 1er janv. 2008, p. 15. • S. Caudal et P. Janin, *La loi du 30 décembre 2006 sur l'eau et les milieux aquatiques entre volontarisme et renoncements : Dr. adm.* avr. 2007, n° 4, étude 5. • S. Caudal, *La LEMA [Loi sur l'eau et les milieux aquatiques] et les redevances perçues par les agences de l'eau : Dr. env.* 1er oct. 2007, p. 1253. • M.-P. Lavoillotte et J. Olivier, *La LEMA [Loi sur l'eau et les milieux aquatiques] et le renouvellement des institutions de l'eau : Dr. env.* 1er oct. 2007, p. 1242. • M.-P. Maître, *Mise en œuvre des réformes institutionnelles introduites par la loi sur l'eau : Environnement* juill. 2007, n° 7, comm. 137.

Section I. – Comité national de l'eau

Art. L. 213-1 *(Mod., L. n° 2006-1772, 30 déc. 2006* (1) *; L. n° 2018-699, 3 août 2018 ; L. n° 2016-816, 20 juin 2016)* (3). **– Le Comité national de l'eau a pour mission :**

1° De donner son avis sur les circonscriptions géographiques des bassins et groupements de bassins et sur tout problème commun à deux ou plusieurs bassins ou groupements de bassin ;

2° De donner son avis sur tous les projets d'aménagement et de répartition des eaux ayant un caractère national ainsi que sur les grands aménagements régionaux ;

3° De donner son avis sur les projets de décret concernant la protection des peuplements piscicoles et conchylicoles ;

4° De donner, sur proposition d'un comité consultatif constitué en son sein, son avis sur le prix de l'eau facturé aux usagers et la qualité des services publics de distribution d'eau et d'assainissement.

Il comprend parmi ses membres deux députés et deux sénateurs.

II. – Les missions, la composition, l'organisation et le fonctionnement du comité sont précisés par décret. » – [L. n° 64-1245, 16 déc. 1964, art. 15].

V. art. D. 213-1 à D. 213-12, p. 1810.

Notion de grand aménagement. La seconde phase de l'aménagement d'un barrage hydraulique, consistant dans l'apport d'un complément d'eaux de remplissage au barrage réservoir, présente un caractère limité par rapport à la première phase. Dès lors, elle ne peut être qualifiée de grand aménagement national ou régional et n'a donc pas pour effet de rendre obligatoire la consultation du Comité national de l'eau (■ CE, 29 mai 1996, nos 157858, 157859, 158048 à 158050, 158191, *Assoc. nationale pour la protection des eaux et des rivières et a.*).

Art. L. 213-2 et L. 213-3 *(Abr. à compter du 1er janvier 2017, L. n° 2016-1087, 8 août 2016).*

Art. L. 213-4 *(Rempl. à compter de la date prévue au II de l'article 88 de la loi n° 2006-1772 du 30 décembre 2006, L. n° 2006-1772, 30 déc. 2006* (1) *; L. n° 2010-788, 12 juill. 2010 ; mod. puis dénum. à compter du 1er janvier 2017, L. n° 2016-1087, 8 août 2016. – V. C. env. art. L. 131-16).*

Art. L. 213-4-1 *(L. fin. n° 2008-1425, 27 déc. 2008 ; mod., L. n° 2016-1087, 8 août 2016 ; dénum. à compter du 1er janvier 2017, L. n° 2016-1087, 8 août 2016. – V. C. env. art. L. 131-15).*

Art. L. 213-5 et L. 213-6 *(Abr. à compter du 1er janvier 2017, L. n° 2016-1087, 8 août 2016).*

(1) Dispositions applicables à Mayotte, L. n° 2006-1772, 30 déc. 2006, art. 98, IV, 1.
(2) V. T. appl. : D. n° 92-1042, 24 sept. 1992 puis C. env., art. R. 212-26 à R. 212-42. – NDLR.
(3) Dispositions pas applicables à Saint-Barthélemy, L. n° 2016-816, 20 juin 2016, art. 96, IV, C.

Section II *bis*. – Préfet coordonnateur de bassin

Art. L. 213-7 *(Anc. art. L. 213-3, dénum., L. n° 2006-1772, 30 déc. 2006 ; mod., L. n° 2010-788, 12 juill. 2010.* **– Dans chaque bassin, le préfet de la région où le comité de bassin a son siège anime et coordonne la politique de l'État en matière de police et de gestion des ressources en eau afin de réaliser l'unité et la cohérence des actions déconcentrées de l'État en ce domaine dans les régions et départements concernés. En outre, il anime et coordonne la politique de l'État en matière d'évaluation et de gestion des risques d'inondation objet du chapitre VI du titre VI du livre V.**

Les décrets prévus à l'article L. 211-2 précisent les conditions d'intervention du préfet coordonnateur de bassin, notamment en ce qui concerne la gestion des situations de crises, ainsi que les moyens de toute nature nécessaires à l'exercice des missions qui lui sont confiées par les chapitres Ier à VII du présent titre.

Section III. – Comités de bassin et agences de l'eau

(Intitulé rempl., L. n° 2006-1772, 30 déc. 2006)

Bibliographie : *Ouvrage.* Cour des comptes, *Les agences de l'eau et la politique de l'eau : une cohérence à retrouver*, Rapport public annuel 2015 de la Cour des comptes, p. 71 (disponible sur le site de la Cour des comptes). • J. Nicolazo et C.-L. Lefrou, *Les agences financières de bassin*, Éd. Pierre Johanet, 1997.

Articles. Les agences de l'eau et la politique de l'eau : une cohérence à retrouver, Rapport public annuel 2015 de la Cour des comptes, p. 71 (disponible sur le site de la Cour des comptes). • B. Poujade, *Fiscalité de l'eau : L'avenir des redevances des agences de l'eau : BDEI* 12/1999, n° spécial, p. 15 à 20. • F. Defradas, *Les redevances des agences de l'eau : un régime juridique d'exception : BDEI* 4/1998, p. 2. • I. Nadeau, *Faut-il réformer les agences de l'eau ? : Environnement mag.* mars 1998, n° 1565, p. 14. • B. Poujade, *Taxes et redevances en matière de déchets : BDEI* 12/1998, p. 12 à 20. • B. Poujade, *Les aspects financiers et fiscaux de la loi de 1976 : BDEI* 12/1996, p. 27 à 32. • B. Poujade, *Les redevances d'agences financières de bassin : BDEI* 7/1995, p. 11 à 20. • J.-F. Théry, *Les agences financières de bassin : CJEG* 1972, chron. p. 1.

Contrat administratif. Une convention accordant une aide financière à une société pour l'acquisition de certains équipements de traitement de rejets polluants doit être regardée comme ayant nécessairement fait participer la société à l'exécution du service public assuré par l'Agence de l'eau. En conséquence, cette convention doit être qualifiée de contrat administratif (■ CE, 16 déc. 1992, n° 80044, *SA International Décor*).

Sous-section 1. – Dispositions générales

(L. n° 2006-1772, 30 déc. 2006)

Art. L. 213-8 ***(L. n° 2006-1772, 30 déc. 2006 ; mod. à compter du premier renouvellement des membres des comités de bassin suivant le 20 juin 2016, L. n° 2016-816 ; 20 juin 2016 ; mod., L. n° 2016-1087, 8 août 2016 ; L. n° 2016-1888, 28 déc. 2016 ; L. n° 2020-1525, 7 déc. 2020).*** **– Dans chaque bassin ou groupement de bassins hydrographiques visé à l'article L. 212-1, il est créé un comité de bassin constitué :**

1° Pour 40 %, d'un premier collège composé d'un député et d'un sénateur ainsi que, pour chacun d'eux, un suppléant ayant la même qualité de député ou de sénateur, de représentants des conseils départementaux et régionaux et, majoritairement, de représentants des communes ou de groupements de collectivités territoriales compétents dans le domaine de l'eau ;

2° Pour 20 %, d'un deuxième collège composé de représentants des usagers non économiques de l'eau, des milieux aquatiques, des milieux marins et de la biodiversité, des associations agréées de protection de l'environnement et de défense des consommateurs et des instances représentatives de la pêche *(Mots aj. six mois avant le premier renouvellement des membres des comités de bassin set des comités régionaux de la biodiversité suivant le 21 février 2022 et au plus tard le 1er janvier 2027, L. n° 2022-217, 21 févr. 2022)* (1) « , des présidents des conseils économiques et sociaux environnementaux régionaux concernés » ainsi que de personnalités qualifiées ;

2° *bis* Pour 20 %, d'un deuxième collège composé de représentants des usagers non économiques de l'eau, des milieux aquatiques, des milieux marins et de la biodiversité, des associations agréées de protection de

(1) Dispositions d'application transitoires : V. L. n° 2022-217, 21 févr. 2022.

l'environnement et de défense des consommateurs et des instances représentatives de la pêche ainsi que de personnalités qualifiées ;

3° Pour 20 %, d'un quatrième collège composé de représentants de l'État ou de ses établissements publics concernés.

Au sein des collèges mentionnés aux 1°, 2° et 2° *bis*, lorsqu'un organisme est appelé à désigner plusieurs représentants au comité de bassin, il procède à ces désignations de telle sorte que l'écart entre, d'une part, le nombre des hommes désignés et, d'autre part, le nombre de femmes désignées ne soit pas supérieur à un.

Le président est élu par les représentants des trois premiers collèges. Chacun des deuxième et troisième collèges mentionnés aux 2° et 2° *bis* élit un vice-président en son sein.

Le comité de bassin est consulté sur l'opportunité des actions significatives d'intérêt commun au bassin envisagées et, plus généralement, sur toutes les questions faisant l'objet des chapitres Ier à VII du présent titre.

Il définit les orientations de l'action de l'agence de l'eau et participe, dans les conditions fixées à l'article L. 213-9-1, à l'élaboration des décisions financières de cette agence. À cette fin, les représentants de l'État dans chacun des départements constituant le bassin présentent au comité de bassin, pour chacun des départements concernés et une fois tous les trois ans, les priorités de l'État et les projets significatifs de l'État et des collectivités territoriales dans les domaines de compétence de l'agence. Lorsque l'agence de l'eau intervient sur des territoires situés en montagne, le comité veille à ce que soient pris en compte les surcoûts liés aux spécificités de la montagne dans l'élaboration des décisions financières de l'agence.

Les membres des quatr » collèges visés ci-dessus représentant un sous-bassin peuvent se constituer en commission territoriale. Elle a pour mission de proposer au comité de bassin les priorités d'actions nécessaires à ce sous-bassin et de veiller à l'application de ces propositions.

Art. L. 213-8-1 *(L. n° 2006-1772, 30 déc. 2006 ; mod. à compter du premier renouvellement des membres des comités de bassin suivant le 20 juin 2016, L. n° 2016-816, 20 juin 2016 ; mod., L. n° 2016-1087, 8 août 2016).* – Dans chaque bassin ou groupement de bassins visé à l'article L. 212-1, une agence de l'eau, établissement public de l'État à caractère administratif, met en œuvre les schémas visés aux articles L. 212-1 et L. 212-3, en favorisant une gestion équilibrée et durable de la ressource en eau et des milieux aquatiques, l'alimentation en eau potable, la régulation des crues et le développement durable des activités économiques. Elle peut contribuer à la connaissance, à la protection et à la préservation de la biodiversité terrestre et marine ainsi que du milieu marin, en particulier dans le cadre de la mise en œuvre de la stratégie nationale et des stratégies régionales pour la biodiversité mentionnées à l'article L. 110-3 ainsi que du plan d'action pour le milieu marin mentionné à l'article L. 219-9.

L'agence de l'eau est administrée par un conseil d'administration composé :

1° *(Rempl., L. n° 2022-217, 21 févr. 2022)* Du préfet coordonnateur de bassin où l'agence a son siège, qui préside le conseil d'administration ;

2° De représentants désignés par les personnes visées au 1° de l'article L. 213-8 en leur sein ;

3° De représentants désignés par les personnes mentionnées au 2° de l'article L. 213-8 en leur sein ;

3° *bis* De représentants désignés par les personnes mentionnées au 2° *bis* de l'article L. 213-8 en leur sein ;

4° De représentants de l'État ou de ses établissements publics ;

5° D'un représentant du personnel de l'agence.

Les catégories mentionnées aux 2° et 4° du présent article disposent d'un nombre égal de sièges. Les catégories mentionnées aux 3° et 3° *bis* disposent d'un nombre égal de sièges ; le total de leur nombre de sièges et d'un siège supplémentaire attribué à une personnalité qualifiée désignée par lesdites catégories est égal au nombre de sièges de chacune des catégories mentionnées aux 2° et 4°.

(L. n° 2020-1525, 7 déc. 2020) Les élections des représentants mentionnés au 2° et les désignations de ceux mentionnés aux 3° et 3° *bis* sont organisées de telle sorte que l'écart, au sein de chaque catégorie d'administrateurs, entre, d'une part, le nombre des hommes à nommer et, d'autre part, le nombre des femmes à nommer ne soit pas supérieur à un.

Un décret en Conseil d'État fixe les conditions d'application du présent article.

1) Présentation des agences de l'eau. Il existe 6 agences de l'eau réparties sur le territoire : Artois-Picardie, Rhin-Meuse, Seine-Normandie, Loire-Bretagne, Rhône-Méditerranée-Corse, Adour-Garonne.

2) Objectifs et priorités des agences de l'eau. Les agences de l'eau ont quatre priorités majeures : la gestion des ressources en eau et le partage de ces ressources dans un objectif d'atténuation et d'adaptation au changement climatique, la restauration des milieux aquatiques, de leur fonctionnement naturel et de la biodiversité, de la continuité écologique et des zones humides, la réduction des pollutions de toutes origines pour garantir le bon état des eaux et servir l'environnement et la santé et, enfin, la préservation et la restauration de la qualité des habitats naturels des eaux côtières. L'objectif affiché est d'atteindre, à l'horizon 2027, un bon état des eaux, c'est-à-dire une eau de qualité et en quantité suffisante.

3) **Pouvoir réglementaire implicite des agences de l'eau.** Il résulte des articles L. 213-8-1, L. 213-9-1, L. 213-9-2, R. 213-32 et R. 213-39 du Code de l'environnement que les agences de l'eau disposent d'un pouvoir réglementaire pour déterminer, dans la limite des missions qui leur sont fixées par la loi, les domaines et conditions de leur action et définir les conditions générales d'attribution des concours financiers qu'elles peuvent apporter aux personnes publiques et privées sous forme de subventions, de primes de résultat ou d'avances remboursables (■ CE, 11 mars 2020, n° 426366).

Art. L. 213-8-2 *(L. n° 2010-788, 12 juill. 2010 ; mod., L. n° 2016-1087, 8 août 2016).* – **L'agence de l'eau mène, outre les missions définies à l'article L. 213-8-1, une politique foncière de sauvegarde des zones humides approuvée par le comité de bassin.**

À ce titre, elle peut attribuer des aides à l'acquisition par des conservatoires régionaux d'espaces naturels, par des collectivités territoriales, leurs groupements ou des établissements publics de parcelles composant ces zones.

L'agence de l'eau peut acquérir ou faire acquérir des parcelles dans les zones humides à des fins de lutte contre l'artificialisation des sols et de valorisation, notamment agricole.

Sur les terrains admissibles au régime de paiement unique au titre de l'article 33 du règlement (CE) n° 73/2009 du Conseil du 19 janvier 2009 établissant des règles communes pour les régimes de soutien direct en faveur des agriculteurs dans le cadre de la politique agricole commune et établissant certains régimes de soutien en faveur des agriculteurs, modifiant les règlements (CE) n° 1290/2005, (CE) n° 247/2006 et (CE) n° 378/2007, et abrogeant le règlement (CE) n° 1782/2003, ces acquisitions sont réalisées par le biais du droit de préemption des sociétés d'aménagement foncier et d'établissement rural visé à l'article L. 143-1 du Code rural et de la pêche maritime sur proposition de l'agence de l'eau.

Sur les autres terrains, ces acquisitions sont réalisées par l'agence de l'eau dans les conditions prévues pour les acquisitions du Conservatoire de l'espace littoral et des rivages lacustres par les articles L. 322-3 à L. 322-6, L. 322-7 et L. 322-8 du présent code. L'agence de l'eau peut déléguer la mise en œuvre du droit de préemption mentionné à l'article L. 322-4 à une société d'aménagement foncier et d'établissement rural. Ces acquisitions ne peuvent toutefois porter sur des parcelles situées dans le champ d'intervention du conservatoire, tel que défini aux I et III de l'article L. 322-1.

Si les parcelles acquises par l'agence de l'eau font l'objet d'un bail à ferme, le preneur ne peut faire usage des possibilités qui lui sont ouvertes par l'article L. 411-29 du Code rural et de la pêche maritime qu'après en avoir averti l'agence et, le cas échéant, la collectivité ou l'organisme auquel elle en a confié la gestion, au plus tard un mois avant la date prévue pour cette opération, par lettre recommandée avec demande d'avis de réception. Le preneur notifie sans délai à l'agence de l'eau ou au gestionnaire toute demande d'autorisation ou toute déclaration faite en application des articles L. 214-2 et L. 214-3 du présent code portant sur les parcelles en cause.

Lors du renouvellement du bail, l'agence de l'eau peut proposer au fermier des clauses tendant à la conservation du caractère humide des parcelles ainsi acquises. Le renouvellement du bail peut être refusé si tout ou partie de ces clauses ne sont pas acceptées. En ce cas, le fermier a droit à une indemnité à hauteur du préjudice qu'il subit.

Art. L. 213-8-3 *(L. n° 2016-1087, 8 août 2016).* – **Chaque conseil d'administration met en place une commission des aides, qui se prononce sur l'attribution des aides financières attribuées par l'agence de l'eau.**

Cette commission est composée de représentants des différents collèges siégeant au conseil d'administration. Ses délibérations et décisions sont rendues publiques.

Art. L. 213-8-4 *(L. n° 2016-1087, 8 août 2016).* – **Afin de prévenir les conflits d'intérêts, l'exercice de la fonction de membre du conseil d'administration d'une agence de l'eau est soumis à des règles de déontologie.**

Les membres du conseil d'administration de l'agence de l'eau fournissent une déclaration publique d'intérêts.

Sous-section 2. – Dispositions financières

(L. n° 2006-1772, 30 déc. 2006)

Art. L. 213-9 *(L. n° 2006-1772, 30 déc. 2006)*. – **Les ressources financières de l'agence de l'eau sont constituées, notamment, des redevances perçues en application des articles L. 213-10 et suivants, des remboursements des avances faites par elle et de subventions versées par des personnes publiques.**

Bibliographie : R. Schneider, *La constitutionnalisation des redevances des agences de l'eau : BDEI* 1er janv. 2008, p. 15. • S. Caudal, *La LEMA [Loi sur l'eau et les milieux aquatiques] et les redevances perçues par les agences de l'eau : Dr. env.* 1er oct. 2007, p. 1253. • S. Caudal, *Les redevances perçues par les agences de l'eau : évolutions et perspectives : Environnement* juill. 2005, n° 7, étude 18.

Art. L. 213-9-1 *(L. n° 2006-1772, 30 déc. 2006 ; mod. à compter du 1er janvier 2017, L. n° 2016-1087, 8 août 2016 ; à compter du 1er janvier 2020, L. n° 2019-773, 24 juill. 2019)*. – **Pour l'exercice des missions définies à l'article L. 213-8-1, le programme pluriannuel d'intervention de chaque agence de l'eau détermine les domaines et les conditions de son action et prévoit le montant des dépenses et des recettes nécessaires à sa mise en œuvre.**

Le Parlement définit les orientations prioritaires du programme pluriannuel d'intervention des agences de l'eau et fixe le plafond global de leurs dépenses sur la période considérée ainsi que celui des contributions des agences à l'Office français de la biodiversité.

Les délibérations du conseil d'administration de l'agence de l'eau relatives au programme pluriannuel d'intervention et aux taux des redevances sont prises sur avis conforme du comité de bassin, dans le respect des dispositions encadrant le montant pluriannuel global de ses dépenses et leur répartition par grand domaine d'intervention, qui font l'objet d'un arrêté conjoint des ministres chargés de l'environnement et des finances, pris après avis du Comité national de l'eau.

(Al. créé à compter du 1er janvier 2025, L. fin. n° 2023-1322, 29 déc. 2023) **En l'absence d'avis conforme du comité de bassin permettant d'établir un taux compris entre la valeur minimale et la valeur maximale prévues à la présente section, le taux minimal s'applique.**

Les délibérations concernant les taux des redevances sont publiées au *Journal officiel*. Elles sont tenues à la disposition du public.

Pouvoir réglementaire implicite des agences de l'eau. Il résulte des articles L. 213-8-1, L. 213-9-1, L. 213-9-2, R. 213-32 et R. 213-39 du Code de l'environnement que les agences de l'eau disposent d'un pouvoir réglementaire pour déterminer, dans la limite des missions qui leur sont fixées par la loi, les domaines et conditions de leur action et définir les conditions générales d'attribution des concours financiers qu'elles peuvent apporter aux personnes publiques et privées sous forme de subventions, de primes de résultat ou d'avances remboursables (■ CE, 11 mars 2020, n° 426366).

Art. L. 213-9-2 *(L. n° 2006-1772, 30 déc. 2006 ; mod., L. n° 2016-1087, 8 août 2016 ; mod. à compter du 1er janvier 2017, L. n° 2016-1087, 8 août 2016 ; mod., L. fin. n° 2017-1837, 30 déc. 2017 ; mod. à compter du 1er janvier 2020, L. n° 2019-773, 24 juill. 2019)*. – **I. – Dans le cadre de son programme pluriannuel d'intervention, l'agence de l'eau apporte directement ou indirectement des concours financiers sous forme de subventions, de primes de résultat ou d'avances remboursables aux personnes publiques ou privées pour la réalisation d'actions ou de travaux d'intérêt commun au bassin ou au groupement de bassins qui contribuent à la gestion équilibrée et durable de la ressource en eau, des milieux aquatiques, du milieu marin ou de la biodiversité.**

Les concours de l'agence ne sont définitivement acquis que sous réserve du respect des prescriptions relatives à l'eau, au milieu marin ou à la biodiversité imposées par la réglementation en vigueur.

II. – L'agence participe financièrement à l'élaboration des schémas d'aménagement et de gestion des eaux.

III. – Dans le respect des engagements internationaux de la France et dans le cadre de conventions soumises à l'avis du comité de bassin, l'agence peut mener des actions de coopération internationale dans les domaines de l'eau et de l'assainissement, dans la limite de 1 % de ses ressources, le cas échéant et suivant les règles statutaires en vigueur pour chaque catégorie de personnels, avec le concours de ses agents.

IV. – L'agence de l'eau peut percevoir, à la demande d'un établissement public territorial de bassin et pour le compte de celui-ci, des redevances instituées par cet établissement pour service rendu en application de l'article

L. 211-7. Le produit des redevances est intégralement reversé au budget de l'établissement public territorial de bassin, déduction faite des frais de gestion.

V. – L'agence de l'eau contribue financièrement aux actions menées par l'Office français de la biodiversité. La coopération de l'Office français de la biodiversité avec les agences de l'eau pour la réalisation des missions incombant à l'établissement public fait l'objet de conventions passées conformément à une convention type fixée par arrêté du ministre chargé de l'environnement.

VI. – L'agence attribue des subventions en capital aux collectivités territoriales et à leurs groupements pour l'exécution de travaux d'alimentation en eau potable et d'assainissement dans les communes rurales.

À cette fin, elle détermine le montant global des subventions pouvant être versées sur le territoire des départements situés dans le bassin. Lorsqu'un département participe au financement de tels travaux, elle passe avec lui une convention définissant les critères de répartition.

VII. – Un décret en Conseil d'État précise les modalités d'application du présent article.

Pouvoir réglementaire implicite des agences de l'eau. Il résulte des articles L. 213-8-1, L. 213-9-1, L. 213-9-2, R. 213-32 et R. 213-39 du Code de l'environnement que les agences de l'eau disposent d'un pouvoir réglementaire pour déterminer, dans la limite des missions qui leur sont fixées par la loi, les domaines et conditions de leur action et définir les conditions générales d'attribution des concours financiers qu'elles peuvent apporter aux personnes publiques et privées sous forme de subventions, de primes de résultat ou d'avances remboursables (■ CE, 11 mars 2020, n° 426366).

Art. L. 213-9-3 *(L. n° 2006-1772, 30 déc. 2006 ; mod., L. n° 2016-1087, 8 août 2016 ; mod. à compter du 1er janvier 2020, L. n° 2019-773, 24 juill. 2019).* – Les articles L. 213-8 à L. 213-9-2 ne s'appliquent pas aux départements d'outre-mer, à l'exception des interventions de l'Office français de la biodiversité mentionnées au V de l'article L. 213-9-2.

Sous-section 3. – Redevances des agences de l'eau

(Créée à compter du 1er janvier 2008, L. n° 2006-1772, 30 déc. 2006) (1)

§ 1. – Dispositions générales

Art. L. 213-10 *(Créé à compter du 1er janvier 2008, L. n° 2006-1772, 30 déc. 2006* (1) *; mod., L. n° 2016-1087, 8 août 2016 ; L. n° 2018-727, 10 août 2018). – (Mod. à compter du 1er janvier 2025, L. fin. n° 2023-1322, 29 déc. 2023)* En application du principe de prévention et du principe de réparation des dommages à l'environnement, l'agence de l'eau établit et perçoit auprès des personnes publiques ou privées des redevances pour atteintes aux ressources en eau, au milieu marin et à la biodiversité, en particulier des redevances pour pollution de l'eau, sur la consommation d'eau potable, pour la performance des réseaux d'eau potable, pour la performance des systèmes d'assainissement collectif, pour pollutions diffuses, pour prélèvement sur la ressource en eau, pour stockage d'eau en période d'étiage, cynégétique et pour protection du milieu aquatique.

(Mod. à compter du 1er janvier 2025, L. fin. n° 2023-1322, 29 déc. 2023 puis abr. à compter du 1er janvier 2028, L. fin. n° 2023-1322, 29 déc. 2023) La redevance sur la consommation d'eau potable n'est pas applicable à Mayotte.

Réforme des redevances des agences de l'eau. À partir de 2025, une nouvelle réforme des redevances s'appliquera. Dès lors, les factures d'eau émises à compter de cette date devront comporter les tarifs des nouvelles redevances. Trois nouvelles redevances remplacent les redevances de pollution domestique et de modernisation des réseaux de collecte, à savoir une redevance sur la consommation d'eau potable et deux redevances pour performance : performance des réseaux d'eau potable et performance des systèmes d'assainissement collectif.

§ 2. – Redevances pour pollution de l'eau

Art. L. 213-10-1 *(Rempl. à compter du 1er janvier 2025, L. fin. n° 2023-1322, 29 déc. 2023).* – Constituent les redevances pour pollution de l'eau, d'une part, la redevance pour pollution de l'eau

(1) Dispositions applicables à Mayotte, L. n° 2006-1772, 30 déc. 2006, art. 98, IV, 1.

d'origine non domestique des industriels non raccordés au réseau public de collecte des eaux usées et, d'autre part, la redevance pour pollution de l'eau par les activités d'élevage.

Le fait générateur de ces redevances intervient le premier jour de l'année civile qui suit celle au cours de laquelle intervient la pollution de l'eau.

Bibliographie : A. Dechance et S. Williamson, *Le contentieux des anciennes redevances : Gaz. cnes.* 2014, p. 46. • Ph. Billet, *Les principales dispositions de la loi sur l'eau et les milieux aquatiques intéressant l'agriculture : RD rur.* mars 2007, n° 351, comm. 101. • L. Thiébaut, *L'agriculture dans la LEMA [Loi sur l'eau et les milieux aquatiques] : Dr. env.* 1er oct. 2007, p. 1273.

1) Statut des redevances et compétence juridictionnelle. Les redevances pour pollution de l'eau sont des impositions qui ne sont ni des impôts directs, ni des impôts indirects soumises à l'ordre judiciaire. « Dès lors, le contentieux de ces impôts est compris parmi le contentieux général des actes et des opérations de puissance publique et relève, à ce titre, de la juridiction administrative » (▪ T. confl., 11 oct. 2021, n° C4222).

2) Annulation d'un article transitoire. Le Conseil d'État a annulé l'article 5 de l'arrêté du 12 octobre 2016 modifiant l'arrêté du 21 décembre 2017 relatif aux modalités d'établissement des redevances pour pollution de l'eau et pour modernisation des réseaux de collecte au motif qu'il méconnaît le principe de sécurité juridique en tant qu'il ne diffère pas de deux ans l'entrée en vigueur des dispositions de son article 5 relatives aux limites de « lames d'eau » par passage (▪ CE, 5 déc. 2018, n° 410877).

Art. L. 213-10-2 ***(Créé à compter du 1er janvier 2008, L. n° 2006-1772, 30 déc. 2006*** (1) ***; mod., L. fin. rect. n° 2008-1443, 30 déc. 2008 ; mod. à compter du 1er janvier 2013 puis à compter du 1er janvier 2014, L. fin. n° 2011-1977, 28 déc. 2011 ; mod., L. fin. rect. n° 2012-354, 14 mars 2012 ; L. fin. n° 2016-1917, 29 déc. 2016*** (2) ***; mod., L. fin. n° 2019-1479, 28 déc. 2019 ; mod. à compter du 1er janvier 2021, L. fin. n° 2019-1479, 28 déc. 2019 ; à compter du 1er janvier 2025, L. fin. n° 2023-1322, 29 déc. 2023).*** **– I. – Toute personne dont les activités entraînent le rejet d'un des éléments de pollution mentionnés au IV directement dans le milieu naturel est assujettie à une redevance pour pollution de l'eau d'origine non domestique des industriels non raccordés au réseau public de collecte des eaux usées, pour tout ou partie de ces rejets.**

I *bis*. – La redevance ne s'applique pas aux personnes suivantes :

1° Les propriétaires et les occupants d'immeubles à usage principal d'habitation ;

2° Les abonnés au service d'eau potable dont les activités impliquent des utilisations de l'eau assimilables aux activités d'élevage prévues au I de l'article L. 213-10-3 ou à un usage domestique des installations, des ouvrages, des travaux et des activités mentionnés à l'article L. 214-1 ;

3° Les personnes qui épandent à titre régulier du digestat issu de méthanisation.

II. – L'assiette de la redevance est la pollution annuelle rejetée dans le milieu naturel égale à douze fois la moyenne de la pollution moyenne mensuelle et de la pollution mensuelle rejetée la plus forte. Elle est composée des éléments mentionnés au IV.

Elle est déterminée directement à partir des résultats du suivi régulier de l'ensemble des rejets, le dispositif de suivi étant agréé, contrôlé et validé par l'agence de l'eau ou par un organisme qu'elle mandate à cette fin.

II *bis*. – Par dérogation au II, lorsque le niveau théorique de pollution lié à l'activité est inférieur au seuil prévu au III ou que le suivi régulier des rejets est impossible, l'assiette est déterminée par différence entre les deux termes suivants :

1° Le niveau théorique de pollution correspondant à l'activité en cause, calculé sur la base de grandeurs et de coefficients caractéristiques de cette activité déterminés à partir de campagnes générales de mesures ou d'études fondées sur des échantillons représentatifs ;

2° Le niveau de la pollution évitée par les dispositifs de dépollution mis en place par le redevable, déterminé à partir de mesures effectuées chaque année lorsque le dispositif de suivi a été validé par l'agence de l'eau ou, à défaut, à partir de coefficients évaluant l'efficacité du dispositif de dépollution mis en œuvre. Lorsque la pollution produite provient d'un épandage direct, la pollution évitée est calculée indirectement en prenant en compte la qualité des méthodes de récupération des effluents et d'épandage.

(1) Dispositions applicables à Mayotte, L. n° 2006-1772, 30 déc. 2006, art. 98, IV, 1.

(2) Dispositions applicables à compter de la redevance due au titre de l'année 2016, L. fin. n° 2016-1917, 29 déc. 2016, art. 85, II.

II *ter*. – L'assiette déterminée dans les conditions prévues aux II ou II *bis* est majorée de 40 % lorsque :

1° Soit le niveau théorique de pollution lié à l'activité est supérieur au seuil prévu au III et qu'un dispositif de suivi n'est pas mis en place ;

III. – Le seuil mentionné aux II *bis* et II *ter* est fixé par décret, dans les limites suivantes :

Éléments constitutifs de la pollution	Unité	Seuils de suivi régulier des rejets	
		Minimal	Maximal
Matières en suspension	Tonnes/an	120	700
Demande chimique en oxygène	Tonnes/an	120	700
Demande biochimique en oxygène en cinq jours	Tonnes/an	60	400
Azote réduit et azote oxydé, nitrites et nitrates	Tonnes/an	8	60
Phosphore total, organique ou minéral	Tonnes/an	2	15
Matières inhibitrices	Kiloéquitox/an	2 000	15 000
Métox	Kilogrammes/an	2 000	15 000
Composés halogénés adsorbables sur charbon actif	Kilogrammes/an	400	3 000
Sels dissous	Mètres cubes siemens/ centimètres/an	20 000	150 000
Chaleur rejetée	Mégathermie/ an	400	3 000
Substances dangereuses pour l'environnement	Kilogrammes/an	70	500

IV (1). **– Pour chaque élément constitutif de la pollution, le tarif maximum de la redevance et le seuil au-dessous duquel la redevance n'est pas due sont fixés comme suit :**

ÉLÉMENTS CONSTITUTIFS de la pollution	TARIF (en euros par unité)	SEUIL
Matières en suspension (par kg)	0,3	5 200 kg
Demande chimique en oxygène (par kg)	0,2	9 900 kg
Demande biochimique en oxygène en cinq jours (par kg)	0,4	4 400 kg
Azote réduit (par kg)	0,7	880 kg
Azote oxydé, nitrites et nitrates (par kg)	0,3	880 kg
Phosphore total, organique ou minéral (par kg)	2	220 kg
Métox (par kg)	3,6	200 kg
Métox rejetées dans les masses d'eau souterraines (par kg)	6	200 kg

(1) Sur le refus de saisir pour QPC concernant le présent IV, dans sa version issue de la loi n° 2012-354 du 14 mars 2012 de finances rectificative pour 2012, V. CE, 29 janv. 2014, n° 373423, *société Fibre Excellence Tarascon : JurisData* n° 2014-001635. – NDLR.

ÉLÉMENTS CONSTITUTIFS de la pollution	TARIF (en euros par unité)	SEUIL
Toxicité aiguë (par kiloéquitox)	18	50 kiloéquitox
Rejet en masse d'eau souterraine de toxicité aiguë (par kiloéquitox)	30	50 kiloéquitox
Composé halogénés absorbables sur charbon actif (par kg)	13	50 kg
Composés halogénés absorbables sur charbon actif rejetés en masse d'eau souterraine (par kg)	20	50 kg
Substances dangereuses pour l'environnement rejetées dans les masses d'eau superficielles (par kg)	10	9
Substances dangereuses pour l'environnement rejetées dans les masses d'eau souterraines	16,6	9
Sels dissous (m^3 [siemmens/centimètre])	0,15	2 000 m^3*S/cm
Chaleur rejetée en mer, excepté en hiver (par mégathermie)	8,5	100 Mth
Chaleur rejetée en rivière, excepté en hiver (par mégathermie)	85	10 Mth

Ces tarifs maximum sont indexés sur l'inflation dans les conditions prévues au chapitre II du titre III du livre Ier du Code des impositions sur les biens et services.

Pour chaque élément d'assiette, le tarif de la redevance est fixé par unité géographique cohérente définie en tenant compte :

1° De l'état des masses d'eau ;

2° Des risques d'infiltration ou d'écoulement des polluants dans les masses d'eau souterraines ;

3° Des prescriptions imposées au titre de la police de l'eau ou relatives à l'eau au titre d'une autre police ;

4° Des objectifs fixés par le schéma directeur d'aménagement et de gestion des eaux et le schéma d'aménagement et de gestion des eaux.

V. – Un décret détermine les modalités d'application du présent article.

1) **Redevance pour pollution de l'eau d'origine non domestique : modalités de calcul conformes à la Constitution.** Dans un arrêt du 29 janvier 2014, le Conseil d'État décide qu'il n'y a pas lieu de renvoyer au Conseil constitutionnel la question prioritaire de constitutionnalité relative à l'article L. 213-10-2 du Code de l'environnement. L'article définit les modalités de calcul de la redevance pour pollution de l'eau d'origine non domestique. Il n'applique pas les mêmes critères aux activités d'élevage et aux autres activités, la redevance des premières étant fonction du nombre des unités de gros bétail et le seuil de perception de celle-ci, alors que les secondes dépendent notamment des éléments constitutifs de la pollution. Le Conseil d'État juge que l'activité d'élevage est, au regard de l'objet du texte, différente de celle des autres activités redevables, ce qui exclut l'atteinte au principe d'égalité devant la loi. Il estime qu'en fixant la redevance imposée aux activités autres que celles d'élevage en fonction de critères objectifs et rationnels en rapport avec l'objectif poursuivi de réduire la pollution de l'eau (quantité d'éléments constitutifs de la pollution, à partir d'un seuil, par unité géographique cohérente), les modalités de calcul ne présentent pas de caractère confiscatoire et n'entraînent pas de rupture caractérisée de l'égalité devant les charges publiques. Par ailleurs, les modalités de calcul particulières aux activités d'élevage ne font pas obstacle à ce que soient prévenues les atteintes susceptibles d'être causées à l'environnement, et à ce qu'elles contribuent à la réparation des dommages qu'elles causent. Elles sont donc conformes aux articles 3 et 4 de la Charte de l'environnement (■ CE, 29 janv. 2014, n° 373423).

2) **Inconventionnalité de l'article L. 213-10-2 IV.** Par un jugement du 27 septembre 2018, le tribunal administratif de Lyon a constaté l'inconventionnalité de l'article L. 213-10-2 IV du Code de l'environnement en ce qu'il fixe, sans motif légitime, des tarifs maximums de taxation différents pour la pollution par les matières en suspension selon que leur rejet

a lieu en mer au-delà de 5 kilomètres du littoral et à plus de 250 mètres de profondeur ou ailleurs, en mer ou en eau douce (■ TA Lyon, 27 sept. 2018, n° 1702142, *Sté Fibre Excellence Tarascon*).

Art. L. 213-10-3 *(Rempl. à compter du 1er janvier 2025, L. fin. n° 2023-1322, 29 déc. 2023).* **– I. – Les personnes ayant des activités d'élevage sont assujetties à une redevance pour pollution de l'eau par les activités d'élevage.**

Les activités d'élevage s'entendent de celles portant sur des animaux d'élevage, au sens de l'article 3 du règlement (CE) n° 1069/2009 du Parlement européen et du Conseil du 21 octobre 2009 établissant des règles sanitaires applicables aux sous-produits animaux et produits dérivés non destinés à la consommation humaine et abrogeant le règlement (CE) n° 1774/2002 du 3 octobre 2002 (règlement relatif aux sous-produits animaux), et dont le chargement est supérieur à 1,4 unité de gros bétail par hectare de surface agricole.

II. – L'assiette de la redevance est égale au nombre des unités de gros bétail détenues.

La conversion des effectifs animaux en unités de gros bétail s'effectue dans des conditions déterminées par arrêté conjoint des ministres chargés de l'environnement et de l'agriculture.

III. – Le montant de l'assiette est réputé nul lorsque le nombre des unités de gros bétail est inférieur au seuil suivant, déterminé en fonction de la zone considérée :

(En nombre d'unités de gros bétail)

Zones	Seuil minimal
Zones mentionnées aux articles 3 et 4 de la loi n° 85-30 du 9 janvier 1985 relative au développement et à la protection de la montagne	150
Autres zones	90

Lorsque le nombre des unités de gros bétail est supérieur à ces seuils, le montant de l'assiette est diminué de quarante unités de gros bétail.

IV. – Le montant de la redevance est égal au produit des facteurs suivants :

1° L'assiette déterminée conformément aux II et III du présent article ;

2° Le tarif fixé à 3 € par unité de gros bétail.

Ce tarif est indexé sur l'inflation dans les conditions prévues au chapitre II du titre III du livre Ier du Code des impositions sur les biens et services.

V. – Le montant de la redevance est multiplié par trois pour les élevages condamnés pénalement au titre des réglementations relatives à la protection de la qualité des eaux.

VI. – Un décret détermine les modalités d'application du présent article.

Art. L. 213-10-4 *(Créé à compter du 1er janvier 2008, L. n° 2006-1772, 30 déc. 2006 (1) ; abr. à compter du 1er janvier 2025, L. fin. n° 2023-1322, 29 déc. 2023).*

> **Rédaction antérieure. Art. L. 213-10-4** *(Créé à compter du 1er janvier 2008, L. n° 2006-1772, 30 déc. 2006 (1)).* – Un décret en Conseil d'État précise les modalités d'application des articles L. 213-10-1 à L. 213-10-3.

§ 3. – Redevance sur la consommation d'eau potable (2)
(Rempl. à compter du 1er janvier 2025, L. fin. n° 2023-1322, 29 déc. 2023)

Art. L. 213-10-4 *(Créé à compter du 1er janvier 2025, L. fin. n° 2023-1322, 29 déc. 2023).* **– I. – Les personnes abonnées au service d'eau potable défini à l'article L. 2224-7 du Code général des collectivités territoriales sont assujetties à la redevance sur la consommation d'eau potable.**

II. – Le fait générateur de la redevance est constitué par la facturation du prix de l'eau consommée.

(1) Dispositions applicables à Mayotte, L. n° 2006-1772, 30 déc. 2006, art. 98, IV, 1.
(2) Antérieurement à son remplacement et aux modifications, à compter du 1er janvier 2025, par l'article 101, I, 7° et 8°, le présent paragraphe 3 comprenait les articles L. 213-10-5 à L. 213-10-7. – NDLR.

III. – L'assiette de la redevance est le volume d'eau facturé à la personne abonnée au service d'eau potable conformément à l'article L. 2224-12-1 du Code général des collectivités territoriales.

Les volumes d'eau utilisés pour l'élevage sont exclus de cette assiette s'ils font l'objet d'un comptage spécifique.

Lorsque la facturation ne comporte pas de terme proportionnel au volume d'eau consommé et en l'absence de comptage de l'eau consommée, l'assiette est calculée selon un forfait par habitant, compris entre 50 et 70 mètres cubes, déterminé par arrêté du ministre chargé de l'environnement.

IV. – Le montant de la redevance est égal au produit des facteurs suivants :

1° L'assiette mentionnée au III du présent article ;

2° Le tarif déterminé par l'agence de l'eau, dans les conditions prévues à l'article L. 213-9-1, dans la limite d'un euro par mètre cube.

Cette limite est indexée sur l'inflation dans les conditions prévues au chapitre II du titre III du livre Ier du Code des impositions sur les biens et services.

V. – Par dérogation à l'article L. 213-11-10, l'exigibilité de la redevance intervient à la date de l'encaissement du prix de l'eau consommée.

VI. – Par dérogation à la sous-section 4 de la présente section 3 :

1° La redevance est perçue par l'agence de l'eau auprès de l'exploitant du service qui assure la facturation de l'eau potable mentionnée à l'article L. 2224-12-4 du Code général des collectivités territoriales ;

2° L'exploitant inclut la redevance dans le prix appliqué aux personnes abonnées au service d'eau potable. Les modalités de cette inclusion et les modalités de facturation sont déterminées par décret ;

3° Le recouvrement de la redevance est assuré en phases amiable et contentieuse auprès de l'assujetti par le service assurant la facturation de la redevance d'eau potable.

VII. – Un décret détermine les modalités d'application du présent article.

§ 3 *bis*. – Redevances pour la performance des réseaux d'eau potable et pour la performance des systèmes d'assainissement collectif

(Créé à compter du 1er janvier 2025, L. fin. n° 2023-1322, 29 déc. 2023)

Art. L. 213-10-5 *(Créé à compter du 1er janvier 2025, L. fin. n° 2023-1322, 29 déc. 2023)*. – I. – Les communes ou leurs établissements publics compétents en matière de distribution d'eau potable mentionnés à l'article L. 2224-7-1 du Code général des collectivités territoriales sont assujettis à la redevance pour la performance des réseaux d'eau potable.

II. – Le fait générateur de la redevance intervient au début de l'année civile qui suit celle au cours de laquelle l'eau a été distribuée aux personnes abonnées au service d'eau potable.

III. – L'assiette de la redevance est le volume d'eau facturé aux personnes abonnées au service d'eau potable en application de l'article L. 2224-12-1 du Code général des collectivités territoriales, au titre de l'année au cours de laquelle l'eau a été distribuée.

Lorsque cette facturation ne comporte pas de terme proportionnel au volume d'eau distribué et en l'absence de comptage de l'eau distribuée, l'assiette est calculée selon un forfait par habitant, compris entre 50 et 70 mètres cubes, déterminé par arrêté du ministre chargé de l'environnement.

IV. – Le montant de la redevance est égal au produit des facteurs suivants :

1° L'assiette déterminée conformément au III du présent article ;

2° Le tarif déterminé par l'agence de l'eau, dans les conditions prévues à l'article L. 213-9-1, dans la limite d'un euro par mètre cube. Cette limite est indexée sur l'inflation dans les conditions prévues au chapitre II du titre III du livre Ier du Code des impositions sur les biens et services ;

3° La différence entre 1 et la somme des deux coefficients suivants :

a) Le coefficient de performance, modulé entre 0 et 0,55, déterminé en fonction de la somme des pertes par fuites et des volumes d'eau consommés sur le réseau de distribution qui ne font pas l'objet d'un comptage rapportés, le cas échéant, à la longueur du réseau de distribution et à la densité d'abonnés ;

b) Le coefficient de gestion patrimoniale, modulé entre 0 et 0,25, déterminé en fonction du niveau de connaissance du réseau d'eau potable et de la programmation d'actions visant à améliorer et pérenniser ses performances.

Pour chaque redevable, la valeur des coefficients définis aux *a* et *b* du présent 3° est fixée par l'agence de l'eau compétente.

V. – Les montants relatifs aux fuites après compteur des abonnés au service d'eau potable font l'objet d'un dégrèvement.

VI. – Un décret détermine les modalités d'application du présent article.

Art. L. 213-10-6 *(Créé à compter du 1er janvier 2025, L. fin. n° 2023-1322, 29 déc. 2023).* – I. – Les communes ou leurs établissements publics compétents en matière d'assainissement des eaux usées mentionnés à l'article L. 2224-10 du Code général des collectivités territoriales sont assujettis à la redevance pour la performance des systèmes d'assainissement collectif.

Cette redevance ne s'applique pas aux systèmes d'assainissement collectif dont la charge brute de pollution organique est inférieure à 20 équivalent habitants, au sens du 6 de l'article 2 de la directive 91/271/CEE du Conseil du 21 mai 1991 relative au traitement des eaux urbaines résiduaires.

II. – Le fait générateur de la redevance intervient au début de l'année civile qui suit celle au cours de laquelle l'eau a été rejetée dans les réseaux publics de collecte des eaux usées.

III. – L'assiette de la redevance est le volume d'eau pris en compte pour le calcul de la redevance d'assainissement mentionnée à l'article L. 2224-12-2 du Code général des collectivités territoriales, lorsqu'elle est due par les usagers du service d'assainissement collectif au titre de l'année au cours de laquelle l'eau a été rejetée dans les réseaux publics de collecte des eaux usées.

Lorsque les redevances d'assainissement collectif ne sont pas calculées sur la base d'un volume, l'assiette de la redevance pour la performance des systèmes d'assainissement collectif est calculée selon un forfait par habitant, compris entre 50 et 70 mètres cubes, déterminé par arrêté du ministre chargé de l'environnement.

IV. – A. – Le montant de la redevance est égal au produit des facteurs suivants :

1° L'assiette déterminée conformément au III du présent article ;

2° Le tarif fixé par l'agence de l'eau, dans les conditions prévues à l'article L. 213-9-1, dans la limite d'un euro par mètre cube. Cette limite est indexée sur l'inflation dans les conditions prévues au chapitre II du titre III du livre Ier du Code des impositions sur les biens et services ;

3° Le coefficient de modulation global égal au quotient entre :

a) Au numérateur, la somme des produits de la charge entrante en demande chimique en oxygène pendant l'année civile mentionnée au III du présent article de chaque système d'assainissement collectif géré par le redevable par le coefficient de modulation de ce même système d'assainissement collectif déterminé dans les conditions prévues au B du présent IV ;

b) Au dénominateur, la somme de la charge entrante en demande chimique en oxygène de chaque système d'assainissement collectif géré par le redevable sur la même période.

B. – Pour l'application du *a* du 3° du A, le coefficient de modulation de chaque système d'assainissement collectif est la différence entre 1 et la somme des termes suivants :

1° Le coefficient d'autosurveillance, modulé entre 0 et 0,3, déterminé en fonction de la validation ou de l'existence de l'autosurveillance du système d'assainissement collectif, établie à partir de critères adaptés à la taille de ce système ;

2° Le coefficient de conformité réglementaire, modulé entre 0 et 0,2, déterminé en fonction de la conformité réglementaire du système d'assainissement collectif, appréciée à partir de critères adaptés aux prescriptions techniques applicables à ce système ;

3° Le coefficient d'efficacité, modulé entre 0 et 0,2, déterminé en fonction du fonctionnement du système d'assainissement collectif apprécié à partir de critères adaptés à la taille de ce système.

Pour chaque redevable, la valeur de ces coefficients est déterminée par l'agence de l'eau compétente en fonction des éléments déclarés, de la validation de l'autosurveillance et des conformités réglementaires.

V. – Un décret détermine les modalités d'application du présent article.

Art. L. 213-10-7 *(Créé à compter du 1er janvier 2025, L. fin. n° 2023-1322, 29 déc. 2023).* – Les agences de l'eau fixent les tarifs de la redevance pour la performance des réseaux d'eau potable et de la redevance pour la performance des systèmes d'assainissement collectif de sorte que leurs recettes prévisionnelles ne dépassent pas 50 % des recettes prévisionnelles de la redevance sur la consommation d'eau potable prévue à l'article L. 213-10-4.

Lorsque les recettes générées par ces redevances dépassent ce seuil, l'agence de l'eau adapte en conséquence les tarifs de la redevance pour la performance des réseaux d'eau potable, de la redevance pour la performance des systèmes d'assainissement collectif ou de la redevance sur la consommation d'eau potable.

Un décret détermine les modalités d'application du présent article.

§ 4. – Redevances pour pollutions diffuses

Art. L. 213-10-8 *(Créé à compter du 1er janvier 2008, L. n° 2006-1772, 30 déc. 2006* (1) *; mod., L. fin. n° 2008-1425, 27 déc. 2008 ; L. n° 2010-788, 12 juill. 2010 ; mod. à compter du 1er mars 2011, L. fin. rect. n° 2010-1658, 29 déc. 2010 ; à compter du 1er janvier 2012, Ord. n° 2010-1232, 21 oct. 2010 ; mod., Ord. n° 2011-840, 15 juill. 2011 ; L. fin. n° 2011-1977, 28 déc. 2011 ; L. fin. rect. n° 2012-1510, 29 déc. 2012 ; L. fin. n° 2018-1317, 28 déc. 2018 ; mod. à compter du 1er janvier 2020, L. n° 2019-773, 24 juill. 2019 ; à compter du 1er janvier 2021, L. fin. n° 2020-1721, 29 déc. 2020 ; à compter du 1er janvier 2025, L. fin. n° 2023-1322, 29 déc. 2023).* – I. – Les personnes, à l'exception de celles qui exercent une activité professionnelle relevant du 1° du II de l'article L. 254-1 ou du II de l'article L. 254-6 du Code rural et de la pêche maritime, qui acquièrent un produit phytopharmaceutique au sens du 1 de l'article 2 du règlement (CE) n° 1107/2009 [du 21 octobre 2009] ou une semence traitée au moyen de ces produits ou commande une prestation de traitement de semence au moyen de ces produits sont assujetties à une redevance pour pollutions diffuses.

II. – L'assiette de la redevance est la masse de substances contenues dans les produits mentionnés au I :

1° Appartenant, en raison de leur cancérogénicité, de leur mutagénicité sur les cellules germinales ou de leur toxicité pour la reproduction, à une classe de danger prévue par le règlement (CE) n° 1272/2008 du Parlement européen et du Conseil du 16 décembre 2008 relatif à la classification, à l'étiquetage et à l'emballage des substances et des mélanges, modifiant et abrogeant les directives 67/548/CEE et 1999/45/CE et modifiant le règlement (CE) n° 1907/2006 ;

2° Appartenant, en raison de leur toxicité aiguë de catégorie 1, 2 ou 3 ou en raison de leur toxicité spécifique pour certains organes cibles, de catégorie 1, à la suite d'une exposition unique ou après une exposition répétée, soit en raison de leurs effets sur ou via l'allaitement, à une classe de danger prévue par le règlement (CE) n° 1272/2008 du Parlement européen et du Conseil du 16 décembre 2008 précité ;

3° Appartenant, en raison de leur toxicité aiguë pour le milieu aquatique de catégorie 1 ou de leur toxicité chronique pour le milieu aquatique de catégorie 1 ou 2, à une classe de danger prévue par le règlement (CE) n° 1272/2008 du Parlement européen et du Conseil du 16 décembre 2008 précité ;

4° Appartenant, en raison de leur toxicité chronique pour le milieu aquatique de catégorie 3 ou 4, à une classe de danger prévue par le règlement (CE) n° 1272/2008 du Parlement européen et du Conseil du 16 décembre 2008 précité ;

5° Qui ne répondent pas aux critères des paragraphes 3.6 et 3.7 de l'annexe II au règlement (CE) n° 1107/2009 du Parlement européen et du Conseil du 21 octobre 2009 concernant la mise sur le marché des produits phytopharmaceutiques et abrogeant les directives 79/117/CEE et 91/414/CEE du Conseil mais qui sont encore commercialisées ;

6° Dont on envisage la substitution au sens de l'article 24 du règlement (CE) n° 1107/2009 du Parlement européen et du Conseil du 21 octobre 2009 précité.

Un arrêté conjoint des ministres chargés de l'environnement et de l'agriculture fixe la liste des substances relevant des 1° à 6° du présent II.

III. – Le taux de la redevance, exprimé en euros par kilogramme, est fixé selon le tableau suivant :

Substances	Taux (en euros par kg)
Substances relevant du 1° du II	9,0
Substances relevant du 2° du II	5,1
Substances relevant du 3° du II	3,0
Substances relevant du 4° du II	0,9
Substances relevant du 5° du II	5,0
Substances relevant du 6° du II	2,5

(1) Dispositions applicables à Mayotte, L. n° 2006-1772, 30 déc. 2006, art. 98, IV, 1.

Ces taux sont indexés sur l'inflation dans les conditions prévues au chapitre II du titre III du livre Ier du Code des impositions sur les biens et services.

Lorsqu'une substance relève de plusieurs catégories mentionnées aux 1° à 4° du II, le taux de redevance appliqué est le plus élevé parmi les catégories dont elle relève.

Lorsqu'une substance relève de plusieurs catégories mentionnées aux 5° et 6° du même II, le taux de redevance appliqué est le plus élevé parmi les catégories dont elle relève.

Lorsqu'une substance relève d'une ou de plusieurs catégories mentionnées aux 1° à 6° dudit II, le taux retenu est la somme des taux calculés en application des quatrième et cinquième alinéas du présent III.

Pour chacun des produits mentionnés au I, la personne détentrice de l'autorisation de mise sur le marché, responsable de la mise sur le marché, met les informations relatives à ce produit nécessaires au calcul de la redevance à la disposition des agences et offices de l'eau, des distributeurs et des prestataires de service réalisant un traitement de semences au moyen de ce produit ainsi que des responsables de la mise en marché de semences traitées au moyen de ce produit. Le responsable de la mise sur le marché de semences traitées au moyen de ce même produit met les informations relatives à ces semences nécessaires au calcul de la redevance à la disposition des agences et offices de l'eau et des distributeurs de ces semences.

IV. – La redevance est exigible :

1° Auprès des personnes qui exercent les activités mentionnées au 1° du II de l'article L. 254-1 du Code rural et de la pêche maritime, sauf si la redevance est exigible auprès de la personne mentionnée au 2° du présent IV. Le fait générateur de la redevance est alors l'acquisition, à titre onéreux ou gratuit, des produits ou des semences traitées ;

2° Auprès des personnes qui exercent comme prestataires de service l'activité de traitement de semences soumise à l'agrément prévu au 2° du II du même article ou qui vendent, mettent en vente ou distribuent à titre gratuit les semences traitées. Le fait générateur de la redevance est alors respectivement la commande du traitement de semence auprès du prestataire de service et l'acquisition, à titre onéreux ou gratuit, des produits ou des semences traitées ;

3° Auprès de l'assujetti lorsque celui-ci est dans l'obligation de tenir le registre prévu à l'article L. 254-3-1 du même code. Le fait générateur est alors l'acquisition, à titre onéreux ou gratuit, des produits ou des semences traitées ou la commande d'un traitement de semence auprès d'un prestataire de service.

Les distributeurs de produits phytopharmaceutiques font apparaître le montant de la redevance qu'ils ont acquittée au titre du produit distribué sur leurs factures, à l'exception des produits distribués portant la mention « emploi autorisé dans les jardins ». Les registres prévus à l'article L. 254-3-1 et à l'article L. 254-6 du Code rural et de la pêche maritime mentionnent également les éléments nécessaires au calcul de l'assiette de la redevance et, le cas échéant, les destinataires des factures et les montants de redevance correspondants. Ces registres sont mis à disposition des agences de l'eau et de l'autorité administrative.

V *(V abrogé).*

VI. – Un décret précise les modalités d'application du présent article.

§ 5. – Redevances pour prélèvement sur la ressource en eau

Art. L. 213-10-9 *(Créé à compter du 1er janvier 2008, L. n° 2006-1772, 30 déc. 2006* (1)*; mod. à compter du 1er janvier 2009, L. fin. rect. n° 2008-1443, 30 déc. 2008 ; mod., L. n° 2010-788, 12 juill. 2010 ; L. n° 2010-874, 27 juill. 2010 ; mod. à compter du 1er janvier 2013, L. fin. n° 2011-1977, 28 déc. 2011 ; mod., L. fin. rect. n° 2014-1655, 29 déc. 2014 ; mod. à compter du 1er janvier 2016, L. fin. n° 2015-1785, 29 déc. 2015 ; à compter du 1er janvier 2025, L. fin. n° 2023-1322, 29 déc. 2023).* – I. – Toute personne dont les activités entraînent un prélèvement sur la ressource en eau est assujettie à une redevance pour prélèvement sur la ressource en eau.

II. – Sont exonérés de la redevance :

1° Les prélèvements effectués en mer ;

2° Les exhaures de mines dont l'activité a cessé ainsi que les prélèvements rendus nécessaires par l'exécution de travaux souterrains et les prélèvements effectués lors d'un drainage réalisé en vue de maintenir à sec des

(1) Dispositions applicables à Mayotte, L. n° 2006-1772, 30 déc. 2006, art. 98, IV, 1.

bâtiments ou des ouvrages, ou de rabattre une nappe phréatique conformément à une prescription administrative ;

3° Les prélèvements liés à l'aquaculture ;

4° Les prélèvements liés à la géothermie ;

5° Les prélèvements effectués hors de la période d'étiage, pour des ouvrages destinés à la réalimentation des milieux naturels ;

6° Les prélèvements liés à la lutte antigel pour les cultures pérennes ;

7° Dans la limite d'un maximum de 5 000 mètres cubes par fontaine, les prélèvements destinés exclusivement à l'alimentation en eau des fontaines patrimoniales situées en zone de montagne, à partir d'une ressource classée en catégorie 1, ainsi que la part plafonnée de même manière, destinée à ce même usage, des prélèvements dans une ressource de cette même catégorie pour plusieurs usages. Les fontaines patrimoniales sont celles existant avant 1950.

III. – La redevance est assise sur le volume d'eau prélevé au cours d'une année.

Lorsqu'une personne dispose d'un forage pour son alimentation en eau, elle est tenue de mettre en place un dispositif de comptage de l'eau prélevée. L'assiette de la redevance est alors majorée par le volume d'eau ainsi prélevé.

Lorsque le volume d'eau prélevé n'est pas déterminé à partir des relevés d'index du dispositif de mesure prévu en application du I de l'article L. 214-8 ou en cas d'impossibilité avérée de procéder à la mesure, la redevance est assise sur un volume forfaitaire calculé en prenant en compte des grandeurs caractéristiques de l'activité en cause déterminées à partir de campagnes générales de mesure ou d'études fondées sur des échantillons représentatifs.

IV. – L'agence de l'eau fixe les montants de volume prélevé au-dessous desquels la redevance n'est pas due. Ces montants ne peuvent être supérieurs à 10 000 mètres cubes par an pour les prélèvements dans des ressources de catégorie 1 et à 7 000 mètres cubes par an pour les prélèvements dans des ressources de catégorie 2.

V. A. – Pour la fixation du tarif de la redevance, les ressources en eau de chaque bassin sont classées en catégorie 1 lorsqu'elles sont situées hors des zones de répartition des eaux définies en application du 2° du II de l'article L. 211-2 ou en catégorie 2 dans le cas contraire.

Le montant de la redevance est égal au produit de l'assiette d'imposition et du tarif déterminé dans les conditions prévues à l'article L. 213-9-1 par l'agence de l'eau en fonction de la catégorie des ressources en eau prélevées et de l'usage auquel donne lieu le prélèvement parmi celles et ceux mentionnés au B du présent V.

B. – 1. Le tarif relatif à chaque usage, autre que l'hydroélectricité, auquel donne lieu le prélèvement est déterminé en centimes d'euros par mètre cube entre les minima et maxima suivants :

(En centimes d'euro par mètre cube)

Usages	Catégorie 1		Catégorie 2	
	Minimum	Maximum	Minimum	Maximum
Irrigation autre que l'irrigation gravitaire	0	5,04	0	10,08
Irrigation gravitaire	0	0,7	0	1,4
Alimentation en eau potable	2,82	10,08	5,64	20,16
Alimentation d'un canal	0,012	0,042	0,024	0,084
Refroidissement industriel conduisant à une restitution supérieure à 99 %	0,53	0,95	1,06	1,9
Autres usages économiques	1,97	7,56	3,93	15,12

2. Lorsque le prélèvement est destiné au fonctionnement d'une installation hydroélectrique, le montant de la redevance est égal au produit de l'assiette d'imposition, calculée dans les conditions prévues au 3° du VI, et du tarif déterminé, en euros par millions de mètres cube par mètre de chute, par l'agence de l'eau entre le minimum de 0,71 et le maximum de 2,52.

3. Les minima et maxima mentionnés aux 1 et 2 du présent B sont indexés sur l'inflation dans les conditions prévues au chapitre II du titre III du livre Ier du Code des impositions sur les biens et services.

L'agence de l'eau fixe, dans la limite des minima et maxima ci-dessus, un taux par unité géographique cohérente définie en tenant compte des objectifs fixés par le schéma directeur d'aménagement et de gestion des eaux et le schéma d'aménagement et de gestion des eaux s'il existe, notamment lorsqu'ils exigent la mise en place d'un programme d'intervention et de concours financiers spécifiques, ainsi que des conditions hydrologiques.

Pour tous les prélèvements destinés à l'irrigation effectués dans des retenues collinaires, et quelle que soit la localisation géographique de celles-ci, le tarif de la redevance applicable est celui de la ressource de catégorie 1.

Pour une ressource de catégorie 2, lorsque l'organisme défini au 6° du II de l'article L. 211-3 est désigné par l'autorité administrative, le tarif de la redevance est le taux applicable pour une ressource de catégorie 1.

L'assiette des prélèvements destinés exclusivement à l'alimentation en eau des fontaines patrimoniales situées en zone de montagne, à partir d'une ressource classée en catégorie 2, est fixée forfaitairement à 5 000 mètres cubes par fontaine sauf si elle fait l'objet d'une mesure directe. Le tarif de la redevance est dans ce cas fixé en appliquant l'usage « autres usages économiques », si l'eau ne subit pas de traitement chimique, hors stérilisation. Ce même tarif est applicable à la part destinée à l'alimentation en eau des fontaines de mêmes caractéristiques que ci-dessus et pour un volume fixé de la même façon, des prélèvements effectués pour plusieurs usages dans une ressource de cette même catégorie. Les fontaines patrimoniales sont celles existant avant 1950.

L'assiette des prélèvements destinés à l'irrigation gravitaire est fixée forfaitairement à 10 000 mètres cubes d'eau par hectare irrigué.

Lorsque le descriptif détaillé des ouvrages de transport et de distribution d'eau potable prévu à l'article L. 2224-7-1 du Code général des collectivités territoriales n'a pas été établi au 31 décembre 2014, le taux de la redevance pour l'usage « alimentation en eau potable » due au titre des prélèvements sur la ressource en eau effectués à compter de l'année 2014 est majoré de 100 %.

V *bis*. – Sauf impossibilité avérée, les volumes d'eau soumis à la redevance, y compris dans le cadre des activités mentionnées au II et des installations nucléaires de base, sont constatés à partir des relevés d'index du dispositif de mesure installé et maintenu en bon état de fonctionnement dans les conditions prévues à l'article L. 214-8.

Le premier alinéa ne s'applique à l'irrigation gravitaire que dans le cas prévu à la dernière phrase du 4° du VI.

V *ter*. – Le tarif de la redevance est majoré :

1° De 60 % lorsque, sauf impossibilité avérée, le volume d'eau prélevé n'est pas déterminé à partir des relevés d'index du dispositif de mesure prévu en application du I de l'article L. 214-8 ;

2° De 40 % lorsque le dispositif de mesure n'est pas conforme aux caractéristiques techniques fixées en application du même I ;

3° De 20 % lorsque le registre relatif au dispositif de mesure d'un volume prélevé n'est pas tenu ou est tenu de façon lacunaire au regard des obligations prévues au II du même article L. 214-8.

V *quater*. – Dans la limite du doublement des tarifs plafonds fixés par le présent article, les établissements publics territoriaux de bassin mentionnés à l'article L. 213-12 peuvent demander à l'agence de l'eau d'appliquer, dans le périmètre du schéma d'aménagement et de gestion des eaux sur lequel ils interviennent à la suite soit de la mise en œuvre de la procédure de reconnaissance prévue par l'arrêté du 7 février 2005 relatif à la délimitation du périmètre d'intervention de l'établissement public territorial de bassin, soit d'une création postérieure à l'adoption de la loi n° 2010-788 du 12 juillet 2010 portant engagement national pour l'environnement, une majoration du tarif des redevances pour prélèvement sur la ressource en eau mentionnées au I du présent article, les sommes ainsi recouvrées étant reversées à l'établissement public territorial de bassin sans frais de gestion.

La majoration du tarif de la redevance ne peut pas être supérieure à 25 % du tarif applicable dans l'unité géographique considérée. Les sommes à reverser à l'établissement ne peuvent représenter plus de 50 % des dépenses de fonctionnement de l'établissement pour le suivi et la mise en œuvre des actions à réaliser dans le périmètre du schéma.

VI. – Des modalités spécifiques de calcul de la redevance sont applicables dans les cas suivants :

1° Lorsque le prélèvement est destiné à plusieurs usages, la redevance est calculée au prorata des volumes utilisés pour chaque usage ;

2° Lorsque le prélèvement est destiné à l'alimentation d'un canal, la redevance est assise sur le volume d'eau de ce prélèvement, déduction faite des volumes prélevés dans le canal et soumis à la présente redevance.

Les volumes prélevés pour alimenter un canal en vue de la préservation d'écosystèmes aquatiques ou de sites et de zones humides sont déduits de l'assiette de la redevance ;

3° Lorsque le prélèvement est destiné au fonctionnement d'une installation hydroélectrique, la redevance est assise sur le produit du volume d'eau turbiné dans l'année exprimé en mètres cubes par la hauteur totale de chute brute de l'installation telle qu'elle figure dans son titre administratif, exprimée en mètres.

Le tarif de la redevance est fixé par l'agence de l'eau entre le minimum et le maximum prévus au 2 du B du V, en fonction de l'état des masses d'eau et des objectifs fixés par le schéma directeur d'aménagement et de gestion des eaux et le schéma d'aménagement et de gestion des eaux s'il existe.

Ce tarif est multiplié par 1,5 lorsque l'installation ne fonctionne pas au fil de l'eau.

La redevance n'est pas due lorsque le volume d'eau turbiné dans l'année est inférieur à un million de mètres cubes.

4° Lorsque le prélèvement est destiné à l'irrigation gravitaire, l'assiette est fixée forfaitairement à 10 000 mètres cubes d'eau par hectare irrigué en 2024. Ce volume forfaitaire est relevé de 1000 mètres cubes par hectare irrigué par an à compter de 2025 et jusqu'à 2029 inclus. Toutefois, si un dispositif de suivi des volumes prélevés pour l'irrigation gravitaire est installé conformément à l'article L. 214-8, le volume d'eau imposable est déterminé à partir des relevés d'index de ce dispositif de mesure.

VII. – Un décret précise les modalités d'application du présent article.

Bibliographie : Ph. Billet, *Les principales dispositions de la loi sur l'eau et les milieux aquatiques intéressant l'agriculture : RD rur.* mars 2007, n° 351, comm. 101. • L. Thiébaut, *L'agriculture dans la LEMA [Loi sur l'Eau et les Milieux Aquatiques] : Dr. env.* 1er oct. 2007, p. 1273.

§ 6. – Redevance pour stockage d'eau en période d'étiage

Art. L. 213-10-10 *(Créé à compter du 1er janvier 2008, L. n° 2006-1772, 30 déc. 2006)* (1). – I. – Une redevance pour stockage d'eau en période d'étiage est due par toute personne qui dispose d'une installation de stockage de plus d'un million de mètres cubes et qui procède au stockage de tout ou partie du volume écoulé dans un cours d'eau en période d'étiage.

II. – L'assiette de la redevance est le volume d'eau stocké pendant la période d'étiage. Ce volume est égal à la différence entre le volume stocké en fin de période et le volume stocké en début de période. Les volumes stockés lors des crues supérieures à la crue de fréquence quinquennale et déstockés dans un délai de trente jours à compter de la date à laquelle la crue atteint son maximum ne sont pas pris en compte pour le calcul de l'assiette de la redevance.

L'agence de l'eau fixe, dans chaque bassin, la période d'étiage en fonction du régime des cours d'eau.

III *(Mod. à compter du 1er janvier 2025, L. fin. n° 2023-1322, 29 déc. 2023)*. – Le tarif de la redevance est fixé par l'agence dans la limite d'un plafond de 0,01 € par mètre cube.

IV. – Un décret en Conseil d'État précise les modalités d'application du présent article.

§ 7. – Redevances cynégétique et pour protection du milieu aquatique

(Mod. à compter du 1er janvier 2025, L. fin. n° 2023-1322, 29 déc. 2023)

Art. L. 213-10-11 *(Abr. à compter du 1er janvier 2020, L. fin. n° 2018-1317, 28 déc. 2018 ; rétabli à compter du 1er janvier 2025, L. fin. n° 2023-1322, 29 déc. 2023)*. – La redevance cynégétique nationale ou départementale due par les personnes mentionnées à l'article L. 423-19 est régie par les articles L. 423-19 à L. 423-21-1.

Art. L. 213-10-12 *(Créé à compter du 1er janvier 2008, L. n° 2006-1772, 30 déc. 2006* (1) *; mod., L. n° 2010-788, 12 juill. 2010 ; mod. à compter du 1er janvier 2025, L. fin. n° 2023-1322, 29 déc. 2023)*. – I. – Une redevance pour protection du milieu aquatique est due par les personnes mentionnées au II. Elle est collectée par les fédérations départementales ou interdépartementales des associations agréées de pêche et de protection du milieu aquatique, les associations agréées de pêcheurs amateurs aux engins et filets, la commission syndicale de la Grande Brière Mottière et les associations agréées de pêche professionnelle en eau douce.

(1) Dispositions applicables à Mayotte, L. n° 2006-1772, 30 déc. 2006, art. 98, IV, 1.

II. – La redevance est fixée chaque année par l'agence de l'eau, dans la limite des plafonds suivants :

a) 10 € par personne majeure qui se livre à l'exercice de la pêche, pendant une année, au sein d'une structure mentionnée au I ;

b) 4 € par personne qui se livre à l'exercice de la pêche, pendant sept jours consécutifs, au sein d'une structure mentionnée au I ;

c) 1 € par personne qui se livre à l'exercice de la pêche, à la journée, au sein d'une structure mentionnée au I ;

d) 20 € de supplément annuel par personne qui se livre à l'exercice de la pêche de l'alevin d'anguille, du saumon et de la truite de mer au sein d'une structure mentionnée au I.

III. – Les plafonds mentionnés au II sont indexés sur l'inflation dans les conditions prévues au chapitre II du titre III du livre Ier du Code des impositions sur les biens et services.

IV. – Un décret détermine les modalités d'application du présent article.

Sous-section 4. – Obligations déclaratives, contrôle et modalités de recouvrement

(Créée à compter du 1er janvier 2008, L. n° 2006-1772, 30 déc. 2006)

Bibliographie : E. Maupin, *Une simplification des obligations relative au service public d'eau potable : AJDA* nov. 2017, p. 2105.

Art. L. 213-11 *(Créé à compter du 1er janvier 2008, L. n° 2006-1772, 30 déc. 2006 ; mod., L. fin. rect. n° 2008-1443, 30 déc. 2008 ; L. n° 2011-525, 17 mai 2011 ; mod. à compter du 1er janvier 2025, L. fin. n° 2023-1322, 29 déc. 2023).* – Les personnes susceptibles d'être assujetties aux redevances mentionnées aux articles L. 213-10-2, L. 213-10-3, L. 213-10-5, L. 213-10-6, L. 213-10-8, L. 213-10-9 et L. 213-10-10 et les personnes qui facturent ou collectent les redevances mentionnées aux articles L. 213-10-3, L. 213-10-6 et L. 213-10-12 déclarent à l'agence de l'eau les éléments nécessaires au calcul des redevances mentionnées à l'article L. 213-10 avant le 1er avril de l'année suivant celle au titre de laquelle ces redevances sont dues. Ces personnes sont les contribuables mentionnés aux articles L. 213-10-4, L. 213-10-8.

En cas de cession ou de cessation d'entreprise, les redevances qui sont dues sont immédiatement établies. Les contribuables déclarent les éléments mentionnés au premier alinéa dans un délai de soixante jours à compter de la cession ou de la cessation d'entreprise.

Art. L. 213-11-1 *(Créé à compter du 1er janvier 2008, L. n° 2006-1772, 30 déc. 2006 et Rect. JO 20 janv. 2007 ; mod., L. fin. rect. n° 2008-1443, 30 déc. 2008).* – L'agence de l'eau contrôle l'ensemble des éléments permettant de vérifier l'assiette des redevances, notamment les déclarations et les documents produits par les contribuables pour l'établissement des redevances ainsi que les installations, ouvrages ou activités ayant un impact sur celles-ci et les appareils susceptibles de fournir des informations utiles pour leur détermination. Le contrôle peut être effectué sur pièces et sur place.

L'agence peut demander la production de pièces ainsi que tout renseignement ou éclaircissement nécessaire au contrôle. Elle fixe un délai de réponse qui ne peut être inférieur à deux mois à compter de la réception de la demande par l'intéressé. Lorsque le contribuable a répondu de façon insuffisante, l'agence lui adresse une mise en demeure d'avoir à compléter sa réponse dans un délai de trente jours en précisant les compléments de réponse qu'elle souhaite.

Lorsqu'elle envisage d'effectuer un contrôle sur place, l'agence en informe préalablement le contribuable par l'envoi ou la remise d'un avis. Cet avis indique les années soumises au contrôle et l'identité des agents qui en sont chargés. Il précise que le contribuable peut se faire assister au cours des opérations de contrôle par un conseil de son choix.

Dans le cadre d'un contrôle sur place, l'agent de contrôle ne peut emporter des documents qu'après établissement d'une liste contresignée par le contribuable. La liste précise la nature des documents, leur nombre et s'il s'agit de copies ou d'originaux. Les documents originaux doivent être restitués au contribuable dans un délai de trente jours après le contrôle.

L'agence de l'eau transmet le rapport de contrôle au contribuable. Celui-ci peut faire part à l'agence de ses observations dans un délai de trente jours. Le contribuable est informé par l'agence de l'eau des suites du contrôle.

Il ne peut être procédé à deux contrôles successifs portant sur l'assiette d'une même redevance pour les mêmes années.

Le contrôle sur place est effectué par des agents habilités par le directeur de l'agence. L'agence peut confier à des organismes habilités par l'autorité administrative dans des conditions prévues par le décret en Conseil d'État mentionné à l'article L. 213-11-16 et mandatés à cette fin par son directeur le soin d'opérer certains contrôles techniques.

Art. L. 213-11-2 *(Créé à compter du 1er janvier 2008, L. n° 2006-1772, 30 déc. 2006 ; mod. à compter du 1er janvier 2025, L. fin. n° 2023-1322, 29 déc. 2023).* – Les administrations de l'État et les collectivités territoriales, les entreprises concessionnaires d'une personne publique et les organismes de toute nature soumis au contrôle de l'autorité administrative doivent communiquer à l'agence, sur sa demande, les documents qu'ils détiennent qui lui sont nécessaires pour établir l'assiette et effectuer le contrôle des redevances mentionnées aux articles L. 213-10 à L. 213-10-10 et L. 213-10-12 sans pouvoir lui opposer le secret professionnel.

Art. L. 213-11-3 *(Créé à compter du 1er janvier 2008, L. n° 2006-1772, 30 déc. 2006).* – Lorsque l'agence constate une insuffisance, une inexactitude, une omission ou une dissimulation dans les éléments servant de base au calcul des redevances, elle adresse au contribuable une proposition de rectification motivée de manière à lui permettre de formuler ses observations ou de faire connaître son acceptation dans un délai de trente jours.

Lorsque l'agence rejette les observations du contribuable, sa réponse doit également être motivée.

Art. L. 213-11-4 *(Créé à compter du 1er janvier 2008, L. n° 2006-1772, 30 déc. 2006).* – Le délai de reprise expire à la fin de la troisième année qui suit celle au titre de laquelle les redevances sont dues.

Art. L. 213-11-5 *(Créé à compter du 1er janvier 2008, L. n° 2006-1772, 30 déc. 2006).* – La prescription du délai de reprise est interrompue dans les conditions définies au premier alinéa de l'article L. 189 du Livre des procédures fiscales.

Art. L. 213-11-6 *(Créé à compter du 1er janvier 2008, L. n° 2006-1772, 30 déc. 2006).* – I. – Sont établies d'office les redevances dues par les personnes :

1° Qui n'ont pas produit la déclaration des éléments nécessaires à leur calcul à la date fixée à l'article L. 213-11, après l'expiration d'un délai de trente jours suivant la mise en demeure préalable qui leur est adressée par l'agence ;

2° Qui se sont abstenues de répondre dans les délais fixés aux demandes de renseignements ou d'éclaircissements prévus à l'article L. 213-11-1 ;

3° Qui ont refusé de se soumettre aux contrôles ou qui ont fait obstacle à leur déroulement.

4° *(Créé à compter du 1er janvier 2025, L. fin. n° 2023-1322, 29 déc. 2023)* Qui n'ont pas rempli leur obligation d'installation ou d'agrément du dispositif de suivi régulier des rejets prévu au II de l'article L. 213-10-2 dans les délais fixés par la mise en demeure qui leur a été adressée par l'agence de l'eau.

II. – En cas d'imposition d'office, les éléments servant au calcul des redevances sont portés à la connaissance du contribuable au moins trente jours avant la mise en recouvrement au moyen d'une notification précisant les modalités de détermination des éléments et le montant des redevances dues, ainsi que la faculté pour le contribuable de présenter ses observations.

Taxation d'office et substitution de base légale. La procédure de taxation d'office n'est susceptible d'être appliquée qu'aux personnes qui n'ont pas produit la déclaration des éléments nécessaires à leur calcul. Dans une récente affaire soumise au Conseil d'État, il résultait de l'instruction que la société ayant fait l'objet d'une taxation d'office n'avait pas mis en œuvre de dispositif agréé de suivi régulier des rejets de substances polluantes résultant de son activité, mais qu'elle avait bien adressé dans les délais impartis les déclarations requises par les dispositions du Code de l'environnement. C'est donc à tort que l'agence de l'eau Seine-Normandie a appliqué à cette société la procédure de taxation d'office prévue au présent article. « Toutefois, l'administration, qui est en droit, à tout moment de la procédure contentieuse, pour justifier le bien-fondé d'une imposition, de substituer une base légale à celle qui a été primitivement invoquée par elle dès lors que cette substitution peut être faite sans méconnaître les règles de la procédure d'imposition, fait valoir devant le Conseil d'État, dans l'hypothèse d'un règlement au fond après cassation, que les redevances litigieuses peuvent être maintenues sur le fondement de la méthode indirecte prévue au deuxième alinéa du II de l'article L. 213-10-2 à partir des informations qui ont été communiquées par la société, conformément à l'article R. 213-48-7 du Code de l'environnement. Il y a lieu de faire droit à cette demande de substitution de base légale, qui ne prive la contribuable d'aucune garantie de procédure » (■ CE, 25 janv. 2023, n° 446730).

Art. L. 213-11-7 *(Créé à compter du 1er janvier 2008, L. n° 2006-1772, 30 déc. 2006).* – En cas de défaut de déclaration, de déclaration tardive des éléments nécessaires à la détermination des redevances, lorsque la déclaration fait apparaître des éléments insuffisants, inexacts ou incomplets, ou en cas de taxation d'office en application des 2° et 3° du I de l'article L. 213-11-6, les redevances mises à la charge du contribuable sont assorties d'intérêts de retard et, le cas échéant, de majorations selon les modalités prévues en matière d'impôt sur le revenu par le Code général des impôts dans sa rédaction en vigueur au 1er janvier de l'année au titre de laquelle les redevances sont dues.

Art. L. 213-11-8 *(Créé à compter du 1er janvier 2008, L. n° 2006-1772, 30 déc. 2006).* – Un ordre de recette émis par le directeur de l'agence et pris en charge par l'agent comptable est notifié au contribuable pour le recouvrement des redevances ainsi que des intérêts de retard et des majorations dont elles sont le cas échéant assorties. Cet ordre de recette mentionne la somme à acquitter au titre de chaque redevance, la date de mise en recouvrement, la date d'exigibilité et la date limite de paiement.

Art. L. 213-11-9 *(Créé à compter du 1er janvier 2008, L. n° 2006-1772, 30 déc. 2006).* – Le contribuable qui conteste tout ou partie des redevances mises à sa charge doit, préalablement à tout recours contentieux, adresser une réclamation au directeur de l'agence.

(Créé à compter du 1er janvier 2025, L. fin. n° 2023-1322, 29 déc. 2023) Lorsqu'un contribuable de bonne foi, à partir d'une présentation écrite, précise et complète de la situation de fait, a demandé à l'agence de l'eau de prendre formellement position sur l'application à sa situation des règles de droit prévues à la sous-section 3, l'agence répond de manière motivée dans un délai de trois mois. La réponse est opposable par le demandeur à l'agence qui l'a émise jusqu'à ce que survienne un changement de fait ou de droit qui en affecte la validité ou jusqu'à ce que l'agence notifie au demandeur une modification de son appréciation.

Art. L. 213-11-10 *(Créé à compter du 1er janvier 2008, L. n° 2006-1772, 30 déc. 2006 ; mod., L. fin. rect. n° 2008-1443, 30 déc. 2008 ; L. fin. n° 2018-1317, 28 déc. 2018)* (1). – Les redevances sont recouvrées par l'agent comptable de l'agence selon les règles applicables au recouvrement des créances des établissements publics à caractère administratif de l'État, sous réserve des dispositions visées aux quatre derniers alinéas du présent article.

La date d'exigibilité est fixée au dernier jour du mois qui suit la date de mise en recouvrement.

La date limite de paiement est fixée au 15 du deuxième mois qui suit la date de mise en recouvrement. Au-delà de cette date, une majoration de 10 % est appliquée aux redevances ou fractions de redevances qui n'ont pas été réglées, et l'agent comptable adresse au contribuable une lettre de rappel par pli recommandé avec accusé de réception. Si cette lettre de rappel n'est pas suivie de paiement, l'agent comptable peut, à l'expiration d'un délai de vingt jours, engager les poursuites.

(Rempl. à compter du 1er janvier 2025, L. fin. n° 2023-1322, 29 déc. 2023) L'ordonnateur n'émet pas d'ordre de recouvrer pour les redevances ou les suppléments de redevance inférieurs à 100 euros.

Lorsque leur montant excède 1 000 euros, les redevances sont acquittées par prélèvement ou virement. Si l'agence de l'eau en charge du recouvrement l'autorise, ces redevances peuvent également être acquittées par télérèglement ou télépaiement.

Art. L. 213-11-11 *(Créé à compter du 1er janvier 2008, L. n° 2006-1772, 30 déc. 2006 ; mod., L. fin. rect. n° 2008-1443, 30 déc. 2008 ; L. fin. rect. n° 2015-1786, 29 déc. 2015).* – L'agence peut accorder des remises totales ou partielles de redevances, majorations et intérêts de retard soit sur demande du contribuable, selon les modalités prévues à l'article L. 247 du Livre des procédures fiscales, soit sur demande du mandataire judiciaire pour les entreprises soumises à la procédure de sauvegarde ou de redressement ou de liquidation judiciaire.

(1) Dispositions applicables aux paiements effectués à compter du 1er janvier 2019, L. fin. n° 2018-1317, 28 déc. 2018, art. 237, II.

L'agent comptable peut accorder des remises totales ou partielles des majorations pour retard de paiement et des frais de poursuites, selon les mêmes modalités. Ces remises sont consenties après accord de l'organe délibérant lorsqu'elles sont d'un montant supérieur à un seuil déterminé par ce dernier.

Art. L. 213-11-12 *(Créé à compter du 1er janvier 2008, L. n° 2006-1772, 30 déc. 2006).* – Les redevances mentionnées aux articles L. 213-10-1 à L. 213-10-12 peuvent donner lieu chaque année au paiement d'acomptes.

Art. L. 213-11-12-1 *(L. fin. n° 2008-1425, 27 déc. 2008 ; mod., L. fin. rect. n° 2012-354, 14 mars 2012).* – La redevance mentionnée à l'article L. 213-10-8 donne lieu, avant le 30 juin de chaque année, au titre de la redevance due à raison des ventes réalisées au cours de la période du 1er janvier au 31 décembre de la même année, au versement d'un acompte fixé à 40 % du montant de la redevance due à raison des ventes réalisées au cours de la période du 1er janvier au 31 décembre de l'année précédente. Les acomptes inférieurs à 1 000 € ne sont pas mis en recouvrement.

Art. L. 213-11-13 *(Créé à compter du 1er janvier 2008, L. n° 2006-1772, 30 déc. 2006 ; mod. à compter du 1er juin 2012, Ord. n° 2011-1895, 19 déc. 2011 ; mod. à compter du 1er octobre 2011, y compris pour les procédures en cours à cette date, L. fin. rect. n° 2010-1658, 29 déc. 2010* (1) *; mod. à compter d'une date fixée par décret, et au plus tard le 1er janvier 2019, L. fin. rect. n° 2017-1775, 28 déc. 2017).* – L'action de l'agent comptable chargé du recouvrement des redevances se prescrit dans un délai de quatre ans à compter de la date de mise en recouvrement. Ce délai est interrompu par tous actes comportant reconnaissance de la part du contribuable et par tous autres actes interruptifs de la prescription.

Les poursuites sont exercées par l'agent comptable dans les formes de droit commun. Toutefois, les commandements de payer sont, à l'initiative de l'agent comptable, notifiés au contribuable, par lettre recommandée avec accusé de réception.

Le recouvrement par le comptable de l'agence peut être assuré par voie de saisie administrative à tiers détenteur adressée aux personnes qui détiennent des fonds pour le compte du contribuable, qui ont une dette envers lui ou qui lui versent une rémunération.

Le comptable notifie cette saisie administrative au contribuable en même temps qu'elle est adressée au tiers détenteur.

La saisie administrative à tiers détenteur emporte l'effet d'attribution immédiate, prévue à l'article L. 211-2 du Code des procédures civiles d'exécution, des sommes saisies disponibles au profit de l'agence à concurrence des sommes pour lesquelles la saisie administrative est pratiquée. Les dispositions des articles L. 162-1 et L. 162-2 de ce code sont en outre applicables. Sous peine de se voir réclamer les sommes saisies majorées du taux d'intérêt légal, le tiers détenteur doit verser les fonds auprès du comptable chargé du recouvrement dans les trente jours qui suivent la réception de la saisie administrative.

La saisie administrative à tiers détenteur peut s'exercer sur les créances conditionnelles ou à terme ; dans ce cas, les fonds sont versés au comptable chargé du recouvrement lorsque ces créances deviennent exigibles.

Lorsqu'une même personne est simultanément destinataire de plusieurs saisies administratives à tiers détenteur établies au nom du même contribuable, elle doit, en cas d'insuffisance des fonds, exécuter ces saisies administratives en proportion de leurs montants respectifs.

Si les fonds détenus ou dus par le tiers détenteur sont indisponibles, celui-ci doit en aviser le comptable chargé du recouvrement dès la réception de la saisie administrative.

La saisie administrative à tiers détenteur emporte l'effet d'attribution immédiate prévue à l'article 43 de la loi n° 91-650 du 9 juillet 1991 portant réforme des procédures civiles d'exécution, des sommes saisies disponibles au profit de l'agence à concurrence des sommes pour lesquelles la saisie administrative est pratiquée. Les dispositions des articles L. 162-1 et L. 162-2 de ce code sont en outre applicables. Sous peine de se voir réclamer les sommes saisies majorées du taux d'intérêt légal, le tiers détenteur doit verser les fonds auprès du comptable chargé du recouvrement dans les trente jours qui suivent la réception de la saisie administrative.

(1) Pour les procédures portant sur des créances étrangères à l'impôt et au domaine recouvrées comme en matière d'impôts directs, la date d'entrée en vigueur est fixée par décret et au plus tard le 31 décembre 2012 : V. L. fin. rect. n° 2010-1658, 29 déc. 2010, art. 55, J. – NDLR.

La saisie administrative à tiers détenteur peut s'exercer sur les créances conditionnelles ou à terme ; dans ce cas, les fonds sont versés au comptable chargé du recouvrement lorsque ces créances deviennent exigibles.

Lorsqu'une même personne est simultanément destinataire de plusieurs saisies administratives à tiers détenteur établies au nom du même contribuable, elle doit, en cas d'insuffisance des fonds, exécuter ces saisies administratives en proportion de leurs montants respectifs.

Si les fonds détenus ou dus par le tiers détenteur sont indisponibles, celui-ci doit en aviser le comptable chargé du recouvrement dès la réception de la saisie administrative.

Art. L. 213-11-14 *(Créé à compter du 1er janvier 2008, L. n° 2006-1772, 30 déc. 2006).* **– Les règles prévues par l'article L. 281 du Livre des procédures fiscales sont applicables aux contestations relatives au recouvrement de redevances.**

Art. L. 213-11-15 *(Créé à compter du 1er janvier 2008, L. n° 2006-1772, 30 déc. 2006 ; mod., L. fin. rect. n° 2013-1279, 29 déc. 2013).* **– Les personnes appelées à l'occasion de leurs fonctions ou attributions à intervenir dans l'assiette, le contrôle, le recouvrement ou le contentieux des redevances mentionnées à l'article L. 213-10 sont tenues au secret professionnel dans les termes de l'article L. 103 du Livre des procédures fiscales.**

Toutefois, les éléments nécessaires au calcul de ces redevances et constituant des informations relatives à l'environnement, au sens de l'article L. 124-2 du présent code, peuvent être mis à disposition du public, dans des conditions fixées par décret en Conseil d'État.

Art. L. 213-11-15-1 *(L. fin. rect. n° 2010-1658, 29 déc. 2010 ; mod., L. fin. n° 2019-1479, 28 déc. 2019).* **– L'établissement du titre de recettes et le recouvrement des redevances prévues aux articles L. 213-10 et suivants peuvent être confiés à une agence de l'eau, désignée par décret. Le directeur et l'agent comptable de cette agence exercent les missions de contrôle et de recouvrement mentionnées aux articles L. 213-11 à L. 213-11-15.**

Le reversement à chaque agence de l'eau des sommes collectées auprès des redevables de sa circonscription intervient dans les soixante jours suivant leur encaissement. Pour les frais d'assiette et de recouvrement, l'agence chargée du recouvrement perçoit, selon la redevance concernée, entre 0,1 % et 2 % du montant ainsi reversé. Le taux des frais d'assiette et de recouvrement et les modalités d'application du présent article sont fixés par décret en Conseil d'État.

Art. L. 213-11-16 *(Créé à compter du 1er janvier 2008, L. n° 2006-1772, 30 déc. 2006).* **– Un décret en Conseil d'État précise les modalités d'application des articles L. 213-11 à L. 213-11-15.**

Art. L. 213-11-17 *(Créé à compter du 1er janvier 2008, L. n° 2006-1772, 30 déc. 2006).* **– Les articles L. 213-11 à L. 213-11-16 ne s'appliquent pas aux départements d'outre-mer.**

Section IV. – Organismes à vocation de maîtrise d'ouvrage

(Anc. sect. 6, dénum., L. n° 2006-1772, 30 déc. 2006) (1)

Sous-section 1. – Établissements publics territoriaux de bassin

(Division créée, L. n° 2010-788, 12 juill. 2010)

Art. L. 213-12 *(Rempl., L. n° 2014-58, 27 janv. 2014 ; mod., L. n° 2014-1170, 13 oct. 2014 ; mod. à compter de la date prévue au IV de l'article 76 de la loi n° 2015-991 du 7 août 2015, L. n° 2015-991, 7 août 2015 ; mod., L. n° 2016-1087, 8 août 2016 ; L. n° 2017-1838, 30 déc. 2017).* **– I. – Un établissement public territorial de bassin est un groupement de collectivités territoriales constitué en application des articles L. 5711-1 à L. 5721-9 du Code général des collectivités territoriales en vue de faciliter, à l'échelle d'un bassin ou d'un groupement de sous-bassins hydrographiques, la prévention des inondations et la défense contre la mer, la gestion équilibrée et durable de la ressource en eau, ainsi**

(1) Dispositions applicables à Mayotte, L. n° 2006-1772, 30 déc. 2006, art. 98, IV, 1.

que la préservation, la gestion et la restauration de la biodiversité des écosystèmes aquatiques et des zones humides et de contribuer, s'il y a lieu, à l'élaboration et au suivi du schéma d'aménagement et de gestion des eaux.

Il assure la cohérence de l'activité de maîtrise d'ouvrage des établissements publics d'aménagement et de gestion de l'eau. Son action s'inscrit dans les principes de solidarité territoriale, notamment envers les zones d'expansion des crues, qui fondent la gestion des risques d'inondation.

Le deuxième alinéa de l'article L. 5212-20 du Code général des collectivités territoriales n'est pas applicable aux établissements publics territoriaux de bassin.

Les institutions ou organismes interdépartementaux constitués en application des articles L. 5421-1 à L. 5421-6 du même code et reconnus établissements publics territoriaux de bassin à la date d'entrée en vigueur de la loi n° 2014-58 du 27 janvier 2014 de modernisation de l'action publique territoriale et d'affirmation des métropoles conservent cette reconnaissance jusqu'à modification de leur statut en syndicat mixte, et au plus tard jusqu'au 1er janvier 2018.

II. – Un établissement public d'aménagement et de gestion de l'eau est un groupement de collectivités territoriales constitué en application des articles L. 5711-1 à L. 5721-9 du Code général des collectivités territoriales à l'échelle d'un bassin versant d'un fleuve côtier sujet à des inondations récurrentes ou d'un sous-bassin hydrographique d'un grand fleuve en vue d'assurer, à ce niveau, la prévention des inondations et des submersions ainsi que la gestion des cours d'eau non domaniaux. Cet établissement comprend notamment les collectivités territoriales et les établissements publics de coopération intercommunale à fiscalité propre compétents en matière de gestion des milieux aquatiques et de prévention des inondations en application du I *bis* de l'article L. 211-7 du présent code.

Son action s'inscrit dans les principes de solidarité territoriale, notamment envers les zones d'expansion des crues, qui fondent la gestion des risques d'inondation.

Le deuxième alinéa de l'article L. 5212-20 du Code général des collectivités territoriales n'est pas applicable aux établissements publics d'aménagement et de gestion de l'eau.

III. – Dans le cadre de l'élaboration ou de la révision des schémas directeurs d'aménagement et de gestion des eaux prévus à l'article L. 212-1 du présent code, le préfet coordonnateur de bassin détermine le bassin, les sous-bassins ou les groupements de sous-bassins hydrographiques qui justifient la création ou la modification de périmètre d'un établissement public territorial de bassin ou d'un établissement public d'aménagement et de gestion de l'eau.

En l'absence de proposition émise dans un délai de deux ans à compter de l'approbation du schéma directeur d'aménagement et de gestion des eaux, le préfet coordonnateur de bassin engage, dans le cadre du IV, la procédure de création d'un établissement public territorial de bassin ou d'un établissement public d'aménagement et de gestion de l'eau sur le bassin, le sous-bassin ou le groupement de sous-bassins hydrographiques qui le justifie.

IV. – En tenant compte de critères fixés par le décret en Conseil d'État prévu au VIII du présent article, notamment de la nécessité pour l'établissement public territorial de bassin de disposer des services permettant d'apporter à ses membres l'appui technique nécessaire pour la réalisation des missions mentionnées aux 1°, 2°, 5° et 8° du I de l'article L. 211-7, le périmètre d'intervention de l'établissement public territorial de bassin ou de l'établissement public d'aménagement et de gestion de l'eau est délimité par arrêté du préfet coordonnateur de bassin :

1° Soit à la demande des collectivités territoriales après avis du comité de bassin et, s'il y a lieu, après avis des commissions locales de l'eau ;

2° Soit à l'initiative du préfet coordonnateur de bassin, après avis du comité de bassin et, s'il y a lieu, des commissions locales de l'eau concernées. Cet avis est réputé favorable s'il n'a pas été rendu à l'issue d'un délai de quatre mois.

Cet arrêté dresse la liste des collectivités territoriales et des établissements publics de coopération intercommunale à fiscalité propre compétents en matière de gestion des milieux aquatiques et de prévention des inondations, en application du I *bis* de l'article L. 211-7, intéressés.

À compter de la notification de cet arrêté, l'organe délibérant de chaque collectivité territoriale et établissement public de coopération intercommunale à fiscalité propre intéressé dispose d'un délai de trois mois pour se prononcer sur le projet de périmètre et sur les statuts du nouvel établissement public. À défaut de délibération dans ce délai, celle-ci est réputée favorable.

La création de l'établissement public est décidée par arrêté préfectoral ou par arrêté conjoint des représentants de l'État dans les départements concernés après accord des organes délibérants des collectivités territoriales et des établissements publics de coopération intercommunale à fiscalité propre compétents en matière de gestion des milieux aquatiques et de prévention des inondations désignés par l'arrêté dressant la liste des collectivités territoriales et des établissements publics de coopération intercommunale à fiscalité propre concernés. Cet accord doit être exprimé par deux tiers au moins des organes délibérants des collectivités territoriales et des établissements publics de coopération intercommunale à fiscalité propre représentant plus de la moitié de la population totale de ceux-ci, ou par la moitié au moins des organes délibérants des collectivités territoriales et des établissements publics de coopération intercommunale à fiscalité propre représentant les deux tiers de la population.

L'accord de l'organe délibérant de tout établissement public de coopération intercommunale à fiscalité propre dont la population est supérieure au quart de la population totale concernée est nécessaire.

Les III et IV de l'article L. 5211-5 du Code général des collectivités territoriales sont applicables.

V *(Mod., L. n° 2022-217, 21 févr. 2022)*. – Les établissements publics territoriaux de bassin et les établissements publics d'aménagement et de gestion de l'eau constitués conformément au présent article ainsi que les syndicats mixtes mentionnés au VII *bis* exercent, par transfert ou par délégation opéré dans les conditions prévues à l'article L. 5211-61 du Code général des collectivités territoriales et conformément à leurs objectifs respectifs, l'ensemble des missions relevant de la compétence de gestion des milieux aquatiques et de prévention des inondations, définie au I *bis* de l'article L. 211-7 du présent code, ou certaines d'entre elles, en totalité ou partiellement, sur tout ou partie du territoire de l'établissement public de coopération intercommunale à fiscalité propre concerné.

VI. – L'établissement public territorial de bassin peut également définir, après avis du comité de bassin et, lorsqu'elles existent, des commissions locales de l'eau concernées, un projet d'aménagement d'intérêt commun. Il le soumet aux communes et aux établissements publics de coopération intercommunale et aux établissements publics d'aménagement et de gestion de l'eau concernés qui, s'ils l'approuvent, lui transfèrent ou délèguent les compétences nécessaires à sa réalisation.

VII *(Mod. à compter du 1er janvier 2025, L. fin. n° 2023-1322, 29 déc. 2023)*. – Les ressources de l'établissement public territorial de bassin se composent des contributions de ses membres, de subventions et de prêts ainsi que des sommes perçues par l'agence de l'eau à la demande de l'établissement en application du V *quater* de l'article L. 213-10-9.

Les ressources de l'établissement public d'aménagement et de gestion de l'eau se composent des contributions de ses membres, de subventions et de prêts.

VII *bis (Mod., L. n° 2019-1461, 27 déc. 2019 ; L. n° 2022-217, 21 févr. 2022)* Lorsqu'un syndicat mixte remplit les conditions fixées au I, il peut être transformé en établissement public territorial de bassin, au sens du même I.

Lorsqu'un syndicat mixte remplit les conditions fixées au II, il peut être transformé en établissement public d'aménagement et de gestion de l'eau.

Lorsqu'un syndicat mixte remplit les conditions fixées au I sur une partie de son périmètre administratif et les conditions fixées au II sur une autre partie de son périmètre, distincte de la précédente, il peut être un établissement public territorial de bassin, d'une part, et un établissement public d'aménagement et de gestion de l'eau, d'autre part :

1° Soit par transformation en établissement public territorial de bassin, d'une part, et en établissement public d'aménagement et de gestion de l'eau, d'autre part ;

2° Soit, à défaut, par modification de ses statuts visant à intégrer les qualités d'établissement public territorial de bassin et d'établissement public d'aménagement et de gestion de l'eau.

La transformation ou la modification des statuts du syndicat mixte est proposée par le comité syndical au préfet coordonnateur de bassin concerné. Lorsque le préfet coordonnateur de bassin constate que le syndicat mixte répond aux conditions fixées, respectivement, aux I et II ainsi qu'aux critères fixés par le décret en Conseil d'État prévu au VIII, il soumet le projet de transformation ou de modification des statuts à l'avis du comité de bassin et des commissions locales de l'eau concernées. Le projet de transformation ou de modification des statuts et les avis émis sont transmis aux membres du syndicat.

Cette transformation est décidée, sur proposition du comité syndical, par délibérations concordantes des organes délibérants des membres du syndicat. Le comité syndical et les membres se prononcent dans un délai de trois mois à compter de la notification de la délibération proposant la transformation ou la modification des statuts. À défaut de délibération dans ce délai, leur décision est réputée favorable. Un arrêté du représentant de l'État territorialement compétent approuve cette transformation ou cette modification des statuts.

L'ensemble des biens, droits et obligations du syndicat transformé sont transférés, selon le cas, à l'établissement public territorial de bassin ou à l'établissement public d'aménagement et de gestion de l'eau, qui est substitué de plein droit au syndicat dans toutes les délibérations et tous les actes de ce dernier à la date de la transformation. Les contrats sont exécutés dans les conditions antérieures jusqu'à leur échéance, sauf accord contraire des parties. Les cocontractants sont informés de la substitution de personne morale. La substitution de personne morale aux contrats conclus par le syndicat n'entraîne aucun droit à résiliation ou à indemnisation pour le cocontractant. L'ensemble des personnels du syndicat mixte est réputé relever, selon le cas, de l'établissement public territorial de bassin ou de l'établissement public d'aménagement et de gestion de l'eau, dans les conditions de statut et d'emploi qui sont les leurs.

En cas de modification de ses statuts en application du présent VII *bis*, le syndicat mixte conserve l'intégralité de ses biens et obligations. Il continue, le cas échéant, à exercer les autres compétences dont il est chargé à la date de la modification de ses statuts.

VIII. – Un décret en Conseil d'État fixe les modalités d'application du présent article.

NB : Aux termes du IV de l'article 76 de la loi n° 2015-991 du 7 août 2015, ces dispositions entrent en vigueur à compter de la prise de compétence de gestion des milieux aquatiques et de prévention des inondations par les communes et les établissements publics de coopération intercommunale à fiscalité propre, en application de l'article 59 de la loi n° 2014-58 du 27 janvier 2014 précitée, dans sa rédaction résultant du II du présent article.

Afin de pallier la carence des propriétaires riverains à entretenir la partie des cours d'eau qui leur incombe ainsi que des propriétaires des digues à entretenir ces ouvrages, et prévenir de ce fait les conséquences dommageables tant aux personnes qu'aux biens des inondations et des submersions marines, la loi n° 2014-58 du 27 janvier 2014 de modernisation de l'action publique territoriale et d'affirmation des métropoles (MAPTAM) entend notamment renforcer l'organisation et la compétence des structures territoriales qui s'y substituent en matière de gestion des milieux aquatiques et de prévention des inondations (GEMAPI).

À compter du 1er janvier 2016, en application des dispositions de l'article L. 211-7 du Code de l'environnement dans sa version issue de l'article 56 de la loi n° 2014-58 du 27 janvier 2014 de modernisation de l'action publique territoriale et d'affirmation des métropoles, les communes seront compétentes en matière GEMAPI. L'article 76, II de la loi NOTRe (L. n° 2015-1038, 20 août 2015) décale l'entrée en vigueur du dispositif de 2 ans : la prise de compétence GEMAPI par les communes et leurs EPCI entre donc en vigueur le 1er janvier 2018 et les transferts de compétence au profit de ces derniers doivent aboutir au plus tard le 1er janvier 2020. À noter toutefois que les communes et EPCI sont libres d'appliquer par anticipation la compétence GEMAPI (L. n° 2014-58, 27 janv. 2014, art. 59, II : *JO* 28 janv.).

Cette dernière compétence est attribuée au bloc communal et peut s'appuyer sur les structures opérationnelles à l'échelon des bassins et sous-bassins hydrographiques que sont les syndicats mixtes constitués en tant qu'établissements publics territoriaux de bassin (EPTB) et établissements publics d'aménagement et de gestion de l'eau (EPAGE).

Cette compétence recouvre :

- l'aménagement d'un bassin ou d'une fraction de bassin hydrographique ;
- l'entretien et l'aménagement d'un cours d'eau, canal, lac ou plan d'eau, y compris les accès à ce cours d'eau, à ce canal, à ce lac ou à ce plan d'eau ;
- la défense contre les inondations et contre la mer ;
- la protection et la restauration des sites, des écosystèmes aquatiques et des zones humides ainsi que des formations boisées riveraines.

Cette compétence sera exercée par les communes ou, en lieu et place des communes, par les EPCI à fiscalité propre (EPCI-FP).

La loi NOTRe institue également une procédure simplifiée de création des EPTB et des EPAGE. Un décret n° 2015-1038 en date du 20 août 2015 précise les critères de délimitation des EPTB et des EPAGE (V. art. R. 213-49, p. 1855).

Voir : C. du Rostu, *Les responsabilités découlant de la compétence GEMAPI : JCP* A 2016, n° 13, p. 30.

Sous-section 2. – Gestion de l'eau du marais poitevin

(L. n° 2010-788, 12 juill. 2010)

Art. L. 213-12-1 *(L. n° 2010-788, 12 juill. 2010 ; mod., L. fin. n° 2011-1977, 28 déc. 2011 ; L. n° 2014-58, 27 janv. 2014)*. **– I. – Il est créé un établissement public de l'État à caractère administratif pour la gestion de l'eau et de la biodiversité du marais poitevin.**

Pour faciliter une gestion équilibrée et durable de la ressource en eau sur le périmètre des bassins hydrographiques du marais poitevin et de leurs aquifères, l'établissement assure les missions mentionnées au I de l'article L. 213-12, à l'exclusion de la prévention des risques liés aux inondations. Il coordonne et facilite la mise en œuvre des schémas mentionnés aux articles L. 212-1 et L. 212-3. Compte tenu des compétences des collectivités territoriales, ses autres missions sont :

1° L'étude et le suivi de la ressource en eau, des milieux aquatiques et des usages de l'eau, à l'exclusion de la distribution d'eau potable ;

2° Le suivi de la gestion opérationnelle des niveaux d'eau du marais et sa coordination avec l'appui d'une commission consultative dont les membres sont désignés par arrêté du ministre chargé de l'environnement. Elle comprend des représentants des collectivités territoriales, de leurs groupements et des organismes gestionnaires des niveaux d'eau ;

3° Les fonctions de l'organisme unique mentionné au 6° du II de l'article L. 211-3. La répartition des prélèvements soit par irrigant, soit en application de conventions de délégation avec des organismes publics locaux, par secteur géographique, est arrêtée sur proposition d'une commission spécialisée comprenant des membres du conseil d'administration de l'établissement ainsi que des représentants des organismes professionnels agricoles et des syndicats agricoles désignés en application d'un arrêté du ministre chargé de l'agriculture ;

4° L'information des usagers de l'eau ;

5° L'amélioration du bon état quantitatif des masses d'eau, notamment par la réalisation et la gestion des ouvrages nécessaires pour la mobilisation de ressources de substitution et la mise en œuvre de mesures complémentaires significatives permettant une économie d'eau en application des schémas d'aménagement et de gestion des eaux mentionnés à l'article L. 212-3 ou des objectifs mentionnés au IV de l'article L. 212-1.

Pour assurer la protection et la restauration de la biodiversité, l'établissement :

1° Assure les fonctions de l'autorité administrative mentionnées au III et à la seconde phrase du IV de l'article L. 414-2 ;

2° Peut procéder, hors du périmètre d'intervention du Conservatoire de l'espace littoral et des rivages lacustres mentionné à l'article L. 322-1, à toutes opérations foncières pour la sauvegarde des zones humides et la protection des sites mentionnés à l'article L. 414-2 dans les conditions prévues aux articles L. 322-3 à L. 322-6 ;

3° Peut demander à son profit l'instauration des servitudes prévues à l'article L. 211-12.

L'établissement peut proposer à l'autorité administrative les aménagements nécessaires des règles de répartition des eaux superficielles et des eaux souterraines ainsi que toute disposition nécessaire pour la préservation et la gestion durable des zones humides définies à l'article L. 211-1.

Il peut présenter à l'État et aux autres collectivités publiques toute suggestion en rapport avec ses missions et se voir confier la mise en œuvre de tout ou partie des plans d'actions qu'ils décident de lancer.

II. – L'établissement est administré par un conseil d'administration composé :

1° De représentants de l'État, dont le président du conseil d'administration, et de ses établissements publics intéressés ;

2° De représentants des collectivités territoriales et de leurs groupements ;

3° De représentants des usagers de l'eau, des établissements publics ayant compétence sur les ouvrages hydrauliques du marais, des associations concernées, des chambres d'agriculture et des organisations professionnelles ;

4° De personnalités qualifiées.

Le président du conseil d'administration est nommé par décret.

Un représentant du personnel de l'établissement siège au conseil d'administration avec voix consultative.

III. – Un bureau exécutif prépare les décisions du conseil d'administration.

III *bis* Les ressources de l'établissement sont constituées de redevances pour service rendu et de toute ressource qu'il tire de son activité, de dons et legs, de subventions et participations de l'État, des collectivités territoriales et de leurs groupements ainsi que d'autres personnes publiques et privées et enfin des produits financiers. À ce titre, l'établissement perçoit une contribution annuelle de l'agence de l'eau Loire-Bretagne à son fonctionnement dont le montant est égal à 25 % du montant de la redevance pour prélèvement sur la ressource en eau émise par l'agence, en application de l'article L. 213-10-9, dans le périmètre de l'établissement, au cours de l'année précédente et ne peut être inférieur à 500 000 €. Cette contribution est liquidée, ordonnancée et recouvrée selon les modalités prévues pour les recettes des établissements publics administratifs de l'État.

(Mod. à compter du 1er janvier 2025, L. fin. n° 2023-1322, 29 déc. 2023) L'établissement peut également demander à l'agence de l'eau Loire-Bretagne de bénéficier, pour le compte des groupements de collectivités territoriales mettant en œuvre les schémas d'aménagement et de gestion des eaux du marais poitevin, de la majoration de la redevance prévue au V *quater* du même article L. 213-10-9 pour les établissements publics territoriaux de bassin, selon les modalités prévues audit article L. 213-10-9.

IV. – Un décret en Conseil d'État fixe les modalités d'application du présent article.

Loi Grenelle II. La loi crée un établissement public de l'État pour la gestion du marais poitevin.

Section V. – Comités de l'eau et de la biodiversité et offices de l'eau des départements d'outre-mer

(Anc. sect. 7, intitulé rempl. et sect. dénum., L. n° 2006-1772, 30 déc. 2006 (1) *; mod. à la date prévue au VI de l'article 16 de la loi n° 2016-1087 et au plus tard le 8 février 2017, L. n° 2016-1087, 8 août 2016)*

Bibliographie : Ph. Billet, *Le contrôle de l'assiette de la redevance pour prélèvement d'eau par les offices de l'eau des DOM : Environnement*, janv. 2006, n° 1, comm. 5.

Sous-section 1. – Modalités d'organisation des comités de l'eau et de la biodiversité et offices de l'eau des départements d'outre-mer

(Créée à compter du 1er janvier 2025, L. fin. n° 2023-1322, 29 déc. 2023)

Art. L. 213-13 *(L. n° 2003-660, 21 juill. 2003 ; mod., L. n° 2006-1772, 30 déc. 2006 ; L. n° 2013-403, 17 mai 2013 ; mod. à la date prévue au VI de l'article 16 de la loi n° 2016-1087 et au plus tard le 8 février 2017, L. n° 2016-1087, 8 août 2016)* (1). – I. – Il est créé, dans chacun des départements d'outre-mer, un office de l'eau, établissement public local à caractère administratif, rattaché au département.

En liaison avec le comité de l'eau et de la biodiversité, et conformément aux principes de gestion des ressources et des milieux naturels définis à l'article L. 110-1, l'office de l'eau est chargé de faciliter les diverses actions d'intérêt commun dans le domaine de la gestion de l'eau et des milieux aquatiques. Sans préjudice des compétences dévolues en la matière à l'État et aux collectivités territoriales, il exerce les missions suivantes :

a) L'étude et le suivi des ressources en eau, des milieux aquatiques et littoraux et de leurs usages ;

b) Le conseil et l'assistance technique aux maîtres d'ouvrage, la formation et l'information dans le domaine de la gestion de l'eau et des milieux aquatiques ;

c) Sur proposition du comité de l'eau et de la biodiversité, la programmation et le financement d'actions et de travaux.

Dans le respect des engagements internationaux de la France et dans le cadre de conventions soumises à l'avis du comité de l'eau et de la biodiversité, l'office de l'eau peut mener des actions de coopération internationale dans les domaines de l'eau et de l'assainissement, dans la limite de 1 % de ses ressources, le cas échéant et suivant les règles statutaires en vigueur pour chaque catégorie de personnels, avec le concours de ses agents.

II. – L'office de l'eau est administré par un conseil d'administration qui comprend :

1° Des représentants de la région, du département et des communes, ainsi que des établissements publics de coopération intercommunale ou des syndicats mixtes ayant des compétences dans le domaine de l'eau ;

2° Des représentants des services de l'État dans le département ;

3° Des représentants d'usagers et des milieux socioprofessionnels ;

4° Des représentants d'associations agréées de consommateurs et de protection de l'environnement ;

5° Des personnalités qualifiées dans le domaine de l'eau et des milieux aquatiques et littoraux.

Les membres nommés au titre du 1° constituent au moins 50 % du conseil d'administration.

Un représentant du personnel siège au conseil d'administration avec voix consultative.

La présidence de l'office est assurée par le président du conseil général.

Le directeur de l'office est nommé, après avis du préfet, par arrêté du président du conseil général.

Le préfet exerce les fonctions de commissaire du Gouvernement auprès de l'office.

(1) Dispositions applicables à Mayotte, L. n° 2006-1772, 30 déc. 2006, art. 98, IV, 1.

III. – Le personnel de l'office est recruté et géré dans le cadre des dispositions législatives et réglementaires applicables à la fonction publique territoriale.

IV. – Les ressources de l'office se composent :

1° De redevances visées à l'article L. 213-14 ;

2° De redevances pour services rendus ;

3° De subventions ;

4° Des ressources financières prévues par les lois et règlements en vigueur.

Le contrôle de légalité et le contrôle budgétaire des actes de l'office s'exercent conformément aux dispositions de l'article L. 3241-1 du Code général des collectivités territoriales.

Art. L. 213-13-1 *(L. n° 2006-1772, 30 déc. 2006* (1) *; mod. à compter de la date prévue au II de l'article 46 de l'ordonnance n° 2010-31 du 25 mars 2010, Ord. n° 2010-331, 25 mars 2010 ; à la date prévue au VI de l'article 16 de la loi n° 2016-1087 et au plus tard le 8 février 2017, L. n° 2016-1087, 8 août 2016).* – Dans les départements d'outre-mer, le comité de l'eau et de la biodiversité est composé :

1° De représentants des collectivités territoriales situées en tout ou partie dans le bassin ;

2° De représentants des usagers et de personnalités qualifiées ;

3° De représentants de l'État, de ses établissements publics concernés et des milieux socioprofessionnels désignés par l'État.

Il est consulté sur l'opportunité des travaux et aménagements d'intérêt commun envisagés dans le bassin et plus généralement sur toute question faisant l'objet des chapitres Ier à IV, VI et VII du présent titre.

Il est associé, en tant que de besoin, à l'élaboration des adaptations facilitant l'application, dans le département, des dispositions des chapitres Ier à IV, VI et VII du présent titre.

Le comité de l'eau et de la biodiversité assure, dans les départements d'outre-mer, les missions dévolues au comité régional de la biodiversité mentionné à l'article L. 371-3. Il constitue une instance d'information, d'échange et de consultation sur l'ensemble des sujets liés à la biodiversité terrestre, littorale ou marine, notamment en matière de continuités écologiques. Il peut être consulté sur tout sujet susceptible d'avoir un effet notable sur la biodiversité. Il assure, en outre, pour le bassin hydrographique de chaque département d'outre-mer, le rôle et les missions du comité de bassin définis par le présent code.

Sous-section 2. – Dispositions relatives aux redevances perçues par les offices de l'eau dans les départements d'outre-mer

(Créée à compter du 1er janvier 2025, L. fin. n° 2023-1322, 29 déc. 2023)

Art. L. 213-14 *(Rempl. à compter du 1er janvier 2008, L. n° 2006-1772, 30 déc. 2006* (1) *; à la date prévue au VI de l'article 16 de la loi n° 2016-1087 et au plus tard le 8 février 2017, L. n° 2016-1087, 8 août 2016).* – I. – Dans le cas où le comité de l'eau et de la biodiversité confie à l'office de l'eau, en application des dispositions du c du I de l'article L. 213-13, la programmation et le financement d'actions et de travaux, l'office de l'eau arrête un programme pluriannuel d'intervention déterminant les domaines et les conditions de son intervention et prévoyant le montant des dépenses et des recettes nécessaires à sa mise en œuvre.

II *(Mod. à compter du 1er janvier 2025, L. fin. n° 2023-1322, 29 déc. 2023).* – Sur proposition du comité de l'eau et de la biodiversité et dans le cadre du programme pluriannuel ci-dessus mentionné, l'office établit et perçoit auprès des personnes publiques ou privées des redevances pour prélèvement sur la ressource en eau, pour pollution de l'eau, sur la consommation d'eau potable, pour la performance des réseaux d'eau potable, pour la performance des systèmes d'assainissement collectif, pour pollutions diffuses, pour stockage d'eau en période d'étiage, cynégétique et pour protection du milieu aquatique.

Art. L. 213-14-1 *(Créé à compter du 1er janvier 2008, L. n° 2006-1772, 30 déc. 2006 ; mod., L. n° 2010-788, 12 juill. 2010* (1) *; L. n° 2011-525, 17 mai 2011 ; L. fin. rect. n° 2014-1655, 29 déc. 2014 ; mod. à la date prévue au VI de l'article 16 de la loi n° 2016-1087 et au plus tard le 8 février 2017, L. n° 2016-1087, 8 août 2016 ; à compter du 1er janvier 2025, L. fin. n° 2023-1322, 29 déc. 2023).* – I. – La redevance pour prélèvement sur la ressource en eau auprès des personnes publiques ou privées prélevant

(1) Dispositions applicables à Mayotte, L. n° 2006-1772, 30 déc. 2006, art. 98, IV, 1.

l'eau dans le milieu naturel est calculée en appliquant au volume d'eau prélevé des tarifs qui tiennent compte de l'usage de l'eau prélevée.

II. – Dans le cas où elle est établie, la redevance pour prélèvement sur la ressource en eau est assise sur le volume d'eau prélevé dans le milieu naturel au cours d'une année. Elle est due par la personne effectuant le prélèvement. Les redevables sont tenus de souscrire chaque année, selon les modalités fixées par décret, une déclaration permettant le calcul de la redevance pour prélèvement sur la ressource en eau à laquelle ils sont assujettis.

Lorsque le volume d'eau prélevé n'est pas déterminé à partir des relevés d'index du dispositif de mesure prévu en application du I de l'article L. 214-8 ou en cas d'impossibilité avérée de procéder à la mesure, la redevance est assise sur un volume forfaitaire calculé en prenant en compte des grandeurs caractéristiques de l'activité en cause déterminées à partir de campagnes générales de mesure ou d'études fondées sur des échantillons représentatifs.

La valeur des volumes forfaitaires spécifiques à l'activité est fixée dans des conditions déterminées par décret, après avis du Comité national de l'eau.

Lorsque le prélèvement est destiné à une irrigation gravitaire, la valeur du volume forfaitaire sur lequel est assise la redevance ne peut être supérieure à 15 000 mètres cubes par hectare irrigué et par an.

III. – Le tarif de la redevance pour prélèvement sur la ressource en eau est fixé par délibération du conseil d'administration de l'office sur avis conforme du comité de l'eau et de la biodiversité dans les limites suivantes :

– pour les prélèvements d'eau destinée à l'alimentation en eau potable : entre 0,5 centimes d'euro par mètre cube et 5 centimes d'euro par mètre cube ;

– pour les prélèvements d'eau réalisés pour l'irrigation de terres agricoles : entre 0,1 centimes d'euro par mètre cube et 0,5 centimes d'euro par mètre cube ;

– pour les prélèvements d'eau réalisés pour les autres activités économiques : entre 0,25 centimes d'euro par mètre cube et 2,5 centimes d'euro par mètre cube.

Les limites des tarifs sont indexées sur l'inflation dans les conditions prévues au chapitre II du titre III du livre Ier du Code des impositions sur les biens et services.

Lorsque le prélèvement est destiné à plusieurs usages, la redevance est calculée au prorata des volumes utilisés pour chaque usage.

Lorsque les prélèvements sont destinés à une distribution publique, les personnes effectuant le prélèvement sont tenues de répartir équitablement le coût de cette redevance sur tous les consommateurs.

III *bis*. – Sauf impossibilité avérée, les volumes d'eau soumis à la redevance, y compris dans le cadre des activités mentionnées au IV du présent article, sont constatés à partir des relevés d'index du dispositif de mesure installé et maintenu en bon état de fonctionnement en application de l'article L. 214-8.

Le premier alinéa du présent III *bis* ne s'applique à l'irrigation gravitaire que dans le cas prévu au dernier alinéa du VI.

III *ter*. – Le tarif de la redevance est majoré :

1° De 60 % lorsque, sauf impossibilité avérée, le volume d'eau prélevé n'est pas déterminé à partir des relevés d'index du dispositif de mesure prévu en application du I de l'article L. 214-8 ;

2° De 40 % lorsque le dispositif de mesure n'est pas conforme aux caractéristiques techniques fixées en application du même I ;

3° De 20 % lorsque le registre relatif au dispositif de mesure d'un volume prélevé n'est pas tenu ou est tenu de façon lacunaire au regard des obligations prévues au II du même article L. 214-8.

IV. – Sont exonérés de la redevance :

1° Les prélèvements effectués en mer ;

2° Les exhaures de mines ainsi que les prélèvements rendus nécessaires par l'exécution de travaux souterrains, dans la mesure où l'eau prélevée n'est pas utilisée directement à des fins domestiques, industrielles ou agricoles ;

3° Les prélèvements liés à l'aquaculture ;

4° Les prélèvements destinés à la réalimentation de milieux naturels ;

5° Les prélèvements destinés à la lutte contre l'incendie ;

6° Les prélèvements d'eau destinés à la production d'énergies renouvelables ;

7° Les prélèvements d'eaux souterraines effectués lors d'un drainage réalisé en vue de maintenir à sec des bâtiments ou des ouvrages.

V. – Le seuil de mise en recouvrement de la redevance est arrêté par l'office de l'eau. Il ne peut être inférieur à 10 000 mètres cubes d'eau par an.

Art. L. 213-14-2 *(Créé à compter du 1er janvier 2008, L. n° 2006-1772, 30 déc. 2006 ; mod., L. fin. rect. n° 2009-1674, 30 déc. 2009 ; L. n° 2010-788, 12 juill. 2010 ; L. n° 2011-525, 17 mai 2011 ; mod. à compter du 1er janvier 2013, L. fin. n° 2011-1977, 28 déc. 2011* (1) *; à la date prévue au VI de l'article 16 de la loi n° 2016-1087 et au plus tard le 8 février 2017, L. n° 2016-1087, 8 août 2016 ; à compter du 1er janvier 2020, L. fin. n° 2018-1317, 28 déc. 2018 ; à compter du 1er janvier 2025, L. fin. n° 2023-1322, 29 déc. 2023).* – Les redevances pour pollution de l'eau, sur la consommation d'eau potable, pour la performance des réseaux d'eau potable, pour la performance des systèmes d'assainissement collectif, pour pollutions diffuses, pour stockage d'eau en période d'étiage, cynégétique et pour protection du milieu aquatique sont calculées conformément aux dispositions de la sous-section 3 de la section 3 du présent chapitre, à l'exception de l'article L. 213-10-7, qui est applicable aux seules agences de l'eau.

Les taux des redevances sont fixés par délibération du conseil d'administration de l'office de l'eau sur avis conforme du comité de l'eau et de la biodiversité.

Les redevables sont tenus de souscrire chaque année, selon les modalités prévues par le décret mentionné au II de l'article L. 213-14-1, les déclarations permettant le calcul des redevances auxquelles ils sont assujettis.

Art. L. 213-15 *(L. n° 2003-660, 21 juill. 2003 ; mod. à compter du 1er janvier 2008, L. n° 2006-1772, 30 déc. 2006)* (1). – I. – L'office contrôle l'ensemble des éléments permettant de vérifier l'assiette des redevances. Le contrôle peut être effectué sur pièces et sur place.

II. – L'office peut demander la production des pièces nécessaires ainsi que toute justification utile au contrôle.

III. – Le contrôle sur place est effectué sous la responsabilité des agents de l'office habilités par son directeur. L'office informe préalablement le redevable qu'il peut se faire assister au cours des opérations de contrôle par un conseil de son choix.

IV. – L'office notifie au redevable les résultats du contrôle.

V. – Un décret en Conseil d'État précise les conditions d'application du présent article.

Bibliographie : Ph. Billet, *Le contrôle de l'assiette de la redevance pour prélèvement d'eau par les offices de l'eau des DOM : Environnement* janv. 2006, n° 1, comm. 5 ; *Environnement* mars 2006, n° 3, comm. 27.

Art. L. 213-16 *(L. n° 2003-660, 21 juill. 2003 ; mod. à compter du 1er janvier 2008, L. n° 2006-1772, 30 déc. 2006* (1) *; mod., L. fin. rect. n° 2013-1279, 29 déc. 2013).* – I. – L'office dispose du droit de communication qui lui permet de prendre connaissance et, au besoin, copie des documents détenus par des tiers en vue de leur utilisation à des fins d'assiette ou de contrôle des redevances.

II. – Les administrations de l'État, les collectivités territoriales, les entreprises contrôlées par l'État, ainsi que les établissements ou organismes de toute nature soumis au contrôle de l'autorité administrative, doivent communiquer à l'office, sur sa demande, les documents de service en leur possession nécessaires à l'accomplissement du contrôle de l'assiette sans pouvoir lui opposer le secret professionnel.

III. – L'obligation de secret professionnel, telle qu'elle est définie à l'article 226-13 du Code pénal, s'applique à toutes les personnes appelées à l'occasion de leurs fonctions ou attributions à intervenir dans l'assiette, le contrôle, le recouvrement ou le contentieux des redevances.

Toutefois, les éléments nécessaires au calcul de ces redevances et constituant des informations relatives à l'environnement, au sens de l'article L. 124-2 du présent code, peuvent être mis à disposition du public, dans des conditions fixées par décret en Conseil d'État.

Art. L. 213-17 *(L. n° 2003-660, 21 juill. 2003 ; mod. à compter du 1er janvier 2008, L. n° 2006-1772, 30 déc. 2006)* (1). – I. – Sont établies d'office les redevances dues par les personnes :

1° Qui n'ont pas produit la déclaration des éléments nécessaires à leur calcul à la date fixée en application des articles L. 213-14-1 et L. 213-14-2, après l'expiration d'un délai de trente jours suivant la mise en demeure préalable qui leur est adressée par l'office ;

2° Qui se sont abstenues de répondre aux demandes de renseignements, justifications ou éclaircissements présentées sur le fondement de l'article L. 213-15 ;

3° Qui ont refusé de se soumettre aux contrôles ou qui ont fait obstacle à leur déroulement ;

(1) Dispositions applicables à Mayotte, L. n° 2006-1772, 30 déc. 2006, art. 98, IV, 1.

4° *(Créé à compter du 1er janvier 2025, L. fin. n° 2023-1322, 29 déc. 2023)* Qui n'ont pas rempli leur obligation d'installation et d'agrément du dispositif de suivi régulier des rejets prévu au II de l'article L. 213-10-2 après mise en demeure par l'office de l'eau.

II. – En cas de taxation d'office par suite d'opposition à contrôle, les suppléments de droits mis à la charge du redevable sont assortis d'une majoration de 100 %.

III. – En cas d'imposition d'office, les bases ou éléments servant au calcul des redevances sont portés à la connaissance du redevable au moins trente jours avant la mise en recouvrement des redevances, au moyen d'une notification précisant les modalités de détermination de ces bases ou éléments et le montant retenu de la redevance, ainsi que la faculté pour le redevable de présenter ses observations dans ce même délai.

Cette notification interrompt la prescription.

Art. L. 213-18 *(L. n° 2003-660, 21 juill. 2003 ; mod., L. n° 2006-1172, 30 déc. 2006).* – Les omissions totales ou partielles constatées dans l'assiette des redevances, les insuffisances, les inexactitudes ou les erreurs d'imposition peuvent être réparées par l'office jusqu'à la fin de la troisième année qui suit celle au titre de laquelle la redevance est due.

Art. L. 213-19 *(L. n° 2003-660, 21 juill. 2003 ; mod., L. fin. rect. n° 2012-1510, 29 déc. 2012 ; L. fin. rect. n° 2015-1786, 29 déc. 2015).* – L'office peut prononcer d'office le dégrèvement ou la restitution de redevances et pénalités qui n'étaient pas dues.

Le contribuable qui conteste tout ou partie des redevances mises à sa charge adresse, préalablement à tout recours contentieux, une réclamation au directeur de l'office de l'eau.

L'office de l'eau peut accorder des remises totales ou partielles de redevances, majorations et intérêts de retard soit sur demande du contribuable selon les modalités prévues à l'article L. 247 du Livre des procédures fiscales, soit sur demande du mandataire judiciaire pour les entreprises soumises à la procédure de sauvegarde, de redressement ou de liquidation judiciaire.

L'agent comptable peut accorder des remises totales ou partielles des majorations pour retard de paiement et des frais de poursuites, selon les mêmes modalités. Ces remises sont consenties après accord de l'organe délibérant lorsqu'elles sont d'un montant supérieur à un seuil déterminé par ce dernier.

Art. L. 213-20 *(L. n° 2003-660, 21 juill. 2003 ; mod. à compter du 1er janvier 2008, L. n° 2006-1772, 30 déc. 2006* (1) *; à compter du 1er janvier 2025, L. fin. n° 2023-1322, 29 déc. 2023).* – Le directeur de l'office établit et rend exécutoires les titres de recettes relatifs aux redevances.

Les redevances sont recouvrées par le comptable de l'office comme en matière de contributions directes.

La date de mise en recouvrement est le point de départ des délais du présent article.

La date d'exigibilité est fixée au dernier jour du mois qui suit la mise en recouvrement.

La date limite de paiement est fixée au 15 du deuxième mois qui suit la mise en recouvrement. À défaut de paiement à cette date, le montant de la redevance est majoré de 10 %.

L'ordonnateur n'émet pas d'ordre de recouvrer pour les redevances ou les suppléments de redevance inférieurs à 100 euros.

Les redevances peuvent donner lieu chaque année au paiement d'acomptes.

Section V *bis*. – Comité national de l'initiative française pour les récifs coralliens

(Section créée, L. n° 2018-699, 3 août 2018)

Art. L. 213-20-1 *(L. n° 2018-699, 3 août 2018).* – I. – Le Comité national de l'initiative française pour les récifs coralliens comprend parmi ses membres quatre députés et quatre sénateurs.

II. – Les missions, la composition, l'organisation et le fonctionnement du comité sont précisés par décret.

Voir : art. D. 133-23 et s., p. 1648.

---

(1) Dispositions applicables à Mayotte, L. n° 2006-1772, 30 déc. 2006, art. 98, IV, 1.

Section VI. – Comité technique permanent des barrages et des ouvrages hydrauliques

(L. n° 2006-1772, 30 déc. 2006) (1)

Art. L. 213-21 ***(L. n° 2006-1772, 30 déc. 2006).*** **– Il est institué un comité technique permanent des barrages et des ouvrages hydrauliques. Sur demande du ministre intéressé, ce comité donne son avis sur toute question relative à la sécurité des barrages et des ouvrages hydrauliques. Les dépenses entraînées par le fonctionnement de ce comité pour l'examen d'un projet ou d'un ouvrage particulier sont à la charge du maître de l'ouvrage concerné.**

Art. L. 213-22 ***(L. n° 2006-1772, 30 déc. 2006).*** **– Un décret en Conseil d'État précise les conditions d'application de la présente section, notamment la constitution, le mode de fonctionnement et les ouvrages soumis à l'avis du comité technique permanent des barrages et des ouvrages hydrauliques.**

CHAPITRE IV. – ACTIVITÉS, INSTALLATIONS ET USAGE

Section I. – Régimes d'autorisation ou de déclaration

Bibliographie : J.-B. Ollier, *Entretenir les cours d'eau non domaniaux : Gaz. cnes.* 12 oct. 2015, p. 46. • S. Roset, *Directive 2000/30/CE*, note sous CJUE, 1er juill. 2015, aff. C-461/13 : *Rev. Europe* août-sept. 2015, nos 8-9, p. 44. • P. de Monte, *Un nouveau cas de caducité sans texte dans le droit de l'environnement*, concl. sur TA Montpellier, 28 févr. 2012, n° 1005259, *Assoc. FRENE : AJDA* 10 sept. 2012, n° 29/2012, p. 1637. • G. Paul, *Le point sur les dernières modifications de la réglementation sur l'eau : Environormes* nov. 2006 ; *Chronique de jurisprudence « Eau » : Gaz. Pal.* « Droit de l'environnement », mars 2010, p. 43. • Ph. Billet, *Régime contentieux des autorisations relatives aux ouvrages utilisant l'énergie hydraulique : JCP* A 2008, n° 7, 2033. • J.-P. Prohaszka et C. Dubois-Sallon, *Le développement durable, un défi pour le droit. Attention à ne pas oublier la loi sur l'eau lors des opérations d'urbanisme : JCP* N 2008, n° 17, 1184. • P. Trouilly, *Statut contentieux des décisions en matière d'ouvrages hydroélectriques : Environnement* févr. 2008, n° 2, comm. 24. • J.-M. Février, *Limites au droit d'usage des eaux non domaniales : Environnement* janv. 2007, n° 1, comm. 3. • P. Trouilly, *Contrôle de légalité du régime relatif aux piscicultures : Environnement* août 2007, n° 8, comm. 155. • Ph. Billet, *La simplification du régime de polices de l'eau et des milieux aquatiques, de la pêche et de l'immersion des déchets : Environnement* août 2005, n° 8, alerte 72. • J.-M. Gilardeau, *Opérations classées ; la simplicité au service de l'efficacité : RD rur.* oct. 2005, n° 336, comm. 340. • L. Chabanne-Pouzynin et P. Arnoux, *La loi sur l'eau du 3 janvier 1992, un point sur sa jurisprudence : Environnement et technique* juill.-août 1999, n° 188, p. 49. • J.-L. Gazzaniga et X. Larrouy-Castera, *Premier bilan jurisprudentiel de l'autorisation délivrée sur le fondement de l'article 10 de la loi sur l'eau : Rev. jur. env.* 4/1999, p. 503. • J.-P. Martin, *Le régime des installations, ouvrages, travaux et activités (la loi du 3 janvier 1992) : quels rapports police/utilité publique ? : BDEI* 1999, n° spécial, p. 5 à 9.

Voir : Note technique du 5 févr. 2018 relative à l'instruction des dossiers de déclaration au titre de la loi sur l'eau (NOR : TREL1733008N, *BOME* n° 2018/2, 25 févr. 2018).

Art. L. 214-1 ***(Mod., Ord. n° 2005-805, 18 juill. 2005*** (2) ***; mod. à compter du 1er mars 2017, Ord. n° 2017-80, 26 janv. 2017)*** (3). **–** (4) **Sont soumis aux dispositions des articles L. 214-2 à L. 214-6 les installations les ouvrages, travaux et activités réalisés à des fins non domestiques par toute personne physique ou morale, publique ou privée, et entraînant des prélèvements sur les eaux superficielles ou souterraines, restitués ou non, une modification du niveau ou du mode d'écoulement des eaux, la destruction de frayères, de zones de croissance ou d'alimentation de la faune piscicole ou des déversements, écoulements, rejets ou dépôts directs ou indirects, chroniques ou épisodiques, même non polluants.**

1) Champ d'application. Les dispositions de l'article L. 214-1 et suivants s'appliquent tant aux eaux superficielles que souterraines, mais également aux eaux de la mer (▪ CE, 8 juin 1998, n° 169243, *Min. Environnement c/ Assoc. du Site de Lauzan*). Les installations existantes peuvent être mises en conformité avec les dispositions des articles L. 214-1 et suivants, le préfet devant mettre l'exploitant en demeure d'y procéder faute d'une régularisation spontanée (▪ CAA Paris, 27 mai 1999, n° 97585, *M. Hagstoz : BDEI* 1999, n° spécial, p. 39).

(1) Dispositions applicables à Mayotte, L. n° 2006-1772, 30 déc. 2006, art. 98, IV, 1.
(2) Dispositions applicables à Mayotte, Ord. n° 2005-805, 18 juill. 2005, art. 17.
(3) Dispositions d'application particulières et transitoires : V. Ord. n° 2017-80, 26 janv. 2017, art. 15. – NDLR.
(4) V. T. appl. : A. 2 août 2001. – NDLR.

2) Déclaration d'utilité publique et police de l'eau. Les procédures de déclaration d'utilité publique et celles relatives à la police de l'eau sont indépendantes, l'obtention de l'une n'étant pas subordonnée à la conclusion de l'autre (▪ CE, 6 mai 1996, n° 137996, *Assoc. Union pour l'écologie*. ▪ CE, 29 juill. 1998, n° 162061, *Assoc. de défense et de soutien aux agriculteurs en difficulté des Deux-Sèvres*). La police de l'eau et les règles relatives à l'expropriation pour cause d'utilité publique constituent ainsi des législations ayant des objets différents et donnant lieu à des décisions administratives distinctes (▪ CE, 8 nov. 1999, n° 197568, *Comité de liaison anti-canal du Val-de-Saône*). En conséquence, le moyen tiré de l'absence d'utilité publique d'un projet est inopérant à l'encontre d'une autorisation fondée sur la législation eau (même arrêt). Les décrets d'application des articles L. 214-1 et suivants ne sont pas non plus applicables aux enquêtes publiques organisées en application du Code de l'expropriation pour cause d'utilité publique (▪ CE, 30 oct. 1996, n°s 162136 et 162269, *Centre de perfectionnement et de voltige aérienne*).

3) Police de l'eau et permis de construire. La légalité d'un permis de construire s'apprécie au regard des seules règles d'urbanisme, les moyens tirés de la méconnaissance de l'article L. 214-1 devant être écartés (▪ CAA Lyon, 6 avr. 1999, n° 97LY00233, *M. et Mme Baudouin*. – TA Châlons-sur-Marne, 12 juill. 1994, n° 94210, *Assoc. Protection et défense de l'environnement de la vallée de la Vence*).

4) Application du Code de l'urbanisme aux projets visés par la législation eau. Commet une erreur manifeste d'appréciation, au regard des dispositions de l'article R. 111-2 du Code de l'urbanisme, le maire d'une commune ayant délivré un permis de construire d'une station d'épuration sans tenir suffisamment compte des nuisances olfactives liées à l'emplacement des bassins d'infiltration (▪ CAA Nantes, 8 déc. 1999, n° 97NT01444, *Cne de Trélévern*). Encourt également l'annulation au titre de l'article R. 442-6 du Code de l'urbanisme, le permis de construire d'une digue de retenue collinaire lorsqu'il ne comporte aucune prescription spéciale de nature à prévenir tous risques d'inondation (▪ CAA Nantes, 9 févr. 2000, n°s 98NT00936 et 98NT00954, *Barbot, Cne de Mozé-sur-Louet*).

5) Gestion équilibrée de la ressource en eau et police de l'eau. Ne méconnaît pas l'article L. 211-1 et l'article L. 214-1 l'arrêté interpréfectoral autorisant la SNCF à réaliser les travaux de construction d'une nouvelle ligne TGV, dans la mesure où il comporte un ensemble de mesures relatives à la protection des captages destinés à l'alimentation en eau et des prescriptions relatives à la mise en œuvre de mesures de protection et de diversification de la ressource en eau (▪ CE, 7 oct. 1988, n° 178968, *Assoc. Environnement et TGV*. ▪ CE, 7 oct. 1988, n° 179965, *Syndicat intercommunal des digues du Rhône de Beaucaire à la mer et a*. ▪ CE, 7 oct. 1988, n° 178967, *Assoc. Avignon Transparence*. ▪ CE, 7 oct. 1988, n° 178377, *Assoc. agréée de pêche et de protection du milieu aquatique de L'Isle-sur-la-Sorgue*).

6) Régime contentieux des décisions prises en application de l'article L. 214-1 du Code de l'environnement. L'article 29 de la loi du 3 janvier 1992, aujourd'hui codifié à l'article L. 214-10 du Code de l'environnement, prévoit, en renvoyant à l'article 14 de la loi du 19 juillet 1976, relative aux installations classées pour la protection de l'environnement, aujourd'hui codifié à l'article L. 514-6 du même code, que les décisions prises en application de l'article 10 sont soumises à un contentieux de pleine juridiction. Ainsi, le juge, auquel il incombe, le cas échéant, de substituer son appréciation à celle de l'administration s'agissant des décisions à prendre et des prescriptions dont elles peuvent être assorties, doit alors statuer au regard des circonstances de fait et de droit existant à la date à laquelle il statue. Il en résulte que si l'acte attaqué, pris pour l'application de la législation prévue à l'article 10 précité et codifié à l'article L. 214-1 du Code de l'environnement, est rapporté par l'autorité compétente avant que le juge ait statué, il n'y a pas lieu pour celui-ci, que ce retrait ait ou non acquis un caractère définitif, de se prononcer sur le mérite de la demande dont il est saisi (▪ CAA Marseille, 3 juill. 2008, n° 07MA00088, *Assoc. avenir d'Alet*. – V. également : ▪ CE, 10 déc. 2007, n° 288456, *Lorette et SARL Forces énergies électriques*) ; V. comm. sous art. L. 181-17 à L. 181-18, p. 309.

7) Régime contentieux des autorisations relatives aux ouvrages utilisant l'énergie hydraulique. Les décisions relatives à la réalisation et l'exploitation des ouvrages utilisant l'énergie hydraulique trouvent leur fondement juridique à la fois dans la loi du 19 octobre 1919 et dans les articles L. 214-1 et suivants du Code de l'environnement. Elles relèvent, dès lors, en application de l'article L. 214-10 de ce code, d'un contentieux de pleine juridiction, dans les conditions fixées par l'article L. 514-6 (▪ CE, 10 déc. 2007, n° 288456, *Lorette et SARL Forces énergies électriques*). V. comm. sous art. L. 181-17 à L. 181-18, p. 309.

8) Articulation avec le Code de la santé publique. Aux termes de l'article L. 1321-9 du Code de la santé publique : « Lorsque les travaux de prélèvement sont soumis à déclaration en application de l'article L. 214-1 du Code de l'environnement, la demande d'autorisation déposée en application de l'article R. 1321-6 tient lieu de cette déclaration ». Si des travaux de forage entrent dans la nomenclature 1.1.1.0 et sont, en conséquence, soumis à déclaration, il résulte des dispositions susvisées de l'article L. 1321-9 du Code de la santé publique que l'autorisation délivrée au titre de l'article R. 1321-6 du Code de la santé publique tient aussi lieu de la déclaration prévue au titre de l'article L. 214-1 du Code de l'environnement. En conséquence, le moyen tiré de ce que les travaux de forage réalisés par l'intéressé n'auraient pas fait l'objet d'une déclaration ne saurait prospérer (■ CAA Marseille, 3 juill. 2008, n° 06MA01093, *Cne d'Albertacce*).

9) Notion de cours d'eau. Selon le Conseil d'État, constitue un cours d'eau, au sens de l'article L. 214-1 du Code de l'environnement, un écoulement d'eaux courantes dans un lit naturel à l'origine, alimenté par une source et présentant un débit suffisant la majeure partie de l'année (■ CE, 21 oct. 2011, n° 334322, *Min. de l'Écologie*).

Art. L. 214-2 *(Mod., Ord. n° 2005-805, 18 juill. 2005)* (1). **– Les installations, ouvrages, travaux et activités visés à l'article L. 214-1 sont définis dans une nomenclature, établie par décret en Conseil d'État** (2) **après avis du Comité national de l'eau, et soumis à autorisation ou à déclaration suivant les dangers qu'ils présentent et la gravité de leurs effets sur la ressource en eau et les écosystèmes aquatiques compte tenu notamment de l'existence des zones et périmètres institués pour la protection de l'eau et des milieux aquatiques.**

Ce décret définit en outre les critères de l'usage domestique, et notamment le volume d'eau en deçà duquel le prélèvement est assimilé à un tel usage, ainsi que les autres formes d'usage dont l'impact sur le milieu aquatique est trop faible pour justifier qu'elles soient soumises à autorisation ou à déclaration.

Application de la loi dans le temps. Ces dispositions n'ont pu recevoir d'application qu'à compter de la publication du décret définissant la nomenclature des installations, ouvrages, travaux et activités (■ CE, 3 juill. 1998, n° 148584, *Assoc. Sauvegarde du patrimoine Bettonnais*. – V. également : ■ CE, 17 déc. 2008, n° 309103, *SNCF*).

Art. L. 214-3 *(Rempl., Ord. n° 2005-805, 18 juill. 2005* (1) *; mod., L. n° 2006-1772, 30 déc. 2006* (3) *; mod. à compter du 1er mars 2017, Ord. n° 2017-80, 26 janv. 2017)* (4). **– I. – Sont soumis à autorisation de l'autorité administrative les installations, ouvrages, travaux et activités susceptibles de présenter des dangers pour la santé et la sécurité publique, de nuire au libre écoulement des eaux, de réduire la ressource en eau, d'accroître notablement le risque d'inondation, de porter gravement atteinte à la qualité ou à la diversité du milieu aquatique, notamment aux peuplements piscicoles.**

Cette autorisation est l'autorisation environnementale régie par les dispositions du chapitre unique du titre VIII du livre Ier, sans préjudice de l'application des dispositions du présent titre.

II (5). **– Sont soumis à déclaration les installations, ouvrages, travaux et activités qui, n'étant pas susceptibles de présenter de tels dangers, doivent néanmoins respecter les prescriptions édictées en application des articles L. 211-2 et L. 211-3.**

Dans un délai fixé par décret en Conseil d'État, l'autorité administrative peut s'opposer à l'opération projetée s'il apparaît qu'elle est incompatible avec les dispositions du schéma directeur d'aménagement et de gestion des eaux ou du schéma d'aménagement et de gestion des eaux, ou porte aux intérêts mentionnés à l'article L. 211-1 une atteinte d'une gravité telle qu'aucune prescription ne permettrait d'y remédier. Les travaux ne peuvent commencer avant l'expiration de ce délai.

Si le respect des intérêts mentionnés à l'article L. 211-1 n'est pas assuré par l'exécution des prescriptions édictées en application des articles L. 211-2 et L. 211-3, l'autorité administrative peut, à tout moment, imposer par arrêté toutes prescriptions particulières nécessaires.

II bis (L. n° 2020-1525, 7 déc. 2020). **– Les travaux destinés à prévenir un danger grave et immédiat peuvent être entrepris sans que soient présentées les demandes d'autorisation ou les déclarations auxquelles ils sont soumis, à la condition que le préfet en soit immédiatement informé. Un décret précise les modalités d'application du présent II *bis*.**

(1) Dispositions applicables à Mayotte, Ord. n° 2005-805, 18 juill. 2005, art. 17.
(2) V. T. appl. : D. n° 2006-880, 17 juill. 2006. – NDLR.
(3) Dispositions applicables à Mayotte, L. n° 2006-1772, 30 déc. 2006, art. 98, IV, 1.
(4) Dispositions d'application particulières et transitoires : V. Ord. n° 2017-80, 26 janv. 2017, art. 15. – NDLR.
(5) Sur le refus de saisir pour QPC concernant le présent II, V. ■ CE, 20 janv. 2014, n° 373220, *M. A...B... : JurisData* n° 2014-000693. – NDLR.

III. – Un décret détermine les conditions dans lesquelles les prescriptions prévues au I et au II sont établies, modifiées et portées à la connaissance des tiers.

IV. – Un décret en Conseil d'État détermine les conditions dans lesquelles plusieurs demandes d'autorisation et déclaration relatives à des opérations connexes ou relevant d'une même activité peuvent faire l'objet d'une procédure commune.

Bibliographie : ***Articles.*** Labouysse, *Droit de l'urbanisme et environnement Février 2016-Février 2017 : Dr. env.* mars 2017, n° 254, p. 114. • M.-A. Fichet, *Bilan à mi-parcours des autorisations environnementales uniques : des débuts encourageants mais des efforts à poursuivre pour stabiliser la procédure : BDEI* mars 2016, n° 62, p. 5. • C. Hernandez Zakine. *Prélèvements d'eau soumis à déclaration : des exigences fortes de la part du Conseil d'État*, note sous CE, 30 mars 2015, n° 360174, *Assoc. Avenir d'Alet : Dr. rur.* août 2015, n° 435, comm. 146. • C. Guihal-Jacquot, *Vers un permis unique environnemental dans le domaine de l'eau ? : BDEI* févr. 2015, n° 55, p. 26. • M.-L. de la Ville-Baugé, *La décision de non-opposition à la réalisation d'un aménagement déclaré au titre de la loi sur l'eau n'est pas soumise au principe de participation du public*, note sous CE, 20 janv. 2014, n° 373220 : *BDEI* mars 2014, n° 50, p. 16. • J.-L. Gazzaniga, X. Larrouy-Castera et J.-P. Ourliac : *JCl. Rural 2000, V° Eaux*, Fasc. 60.

Articles. J.-L. Gazzaniga, X. Larrouy-Castera et J.-P. Ourliac : *JCl. Rural, V° Eaux*, Fasc. 60. • C. Hernandez Zakine, *Prélèvements d'eau soumis à déclaration : des exigences fortes de la part du Conseil d'État*, note sous CE, 30 mars 2015, n° 360174, *Assoc. Avenir d'Alet : Dr. rur.* août 2015, n° 435, comm. 146. • C. Guihal-Jacquot, *Vers un permis unique environnemental dans le domaine de l'eau ? : BDEI* févr. 2015, n° 55, p. 26. • M.-L. de la Ville-Baugé, *La décision de non-opposition à la réalisation d'un aménagement déclaré au titre de la loi sur l'eau n'est pas soumise au principe de participation du public*, note sous CE, 20 janv. 2014, n° 373220 : *BDEI* mars 2014, n° 50, p. 16. • D. Labouysse, *Droit de l'urbanisme et environnement Février 2016-Février 2017 : Dr. env.* mars 2017, n° 254, p. 114. • M.-A. Fichet, *Bilan à mi-parcours des autorisations environnementales uniques : des débuts encourageants mais des efforts à poursuivre pour stabiliser la procédure : BDEI* mars 2016, n° 62, p. 5.

I – AUTORISATION

1) Expérimentation d'une autorisation unique pour les projets relevant de la législation sur l'eau et les milieux aquatiques. L'expérimentation prévue vise à permettre la délivrance d'un « permis unique » réunissant l'ensemble des autorisations nécessaires à la réalisation d'une installation, d'un ouvrage, d'un travail ou d'une activité soumis à autorisation au titre de la législation relative à l'eau et aux milieux aquatiques. L'autorisation unique rassemble ainsi, outre l'autorisation délivrée au titre de la loi sur l'eau :

– l'autorisation de modification de l'état d'une réserve naturelle nationale ;

– l'autorisation de modification de l'état des lieux ou de l'aspect d'un site classé (sauf, dans ces deux derniers cas, lorsqu'une autorisation d'urbanisme est requise) ;

– l'autorisation de défrichement et la dérogation à l'interdiction de porter atteinte aux espèces et habitats protégés.

Le porteur de projet peut ainsi obtenir, après une seule demande, à l'issue d'une procédure d'instruction unique et d'une enquête publique, une autorisation unique délivrée par le préfet, couvrant l'ensemble des aspects du projet. Cette autorisation unique concerne, à titre expérimental, pour une durée de trois ans, les installations, ouvrages, travaux et activités entrepris dans deux régions, Rhône-Alpes et Languedoc-Roussillon. Le décret fixe notamment le contenu du dossier de demande d'autorisation unique et les modalités d'instruction et de délivrance par le préfet (D. n° 2014-751, 1er juill. 2014 d'application de l'ordonnance n° 2014-619, 12 juin 2014 relative à l'expérimentation d'une autorisation unique pour les installations, ouvrages, travaux et activités soumis à autorisation au titre de l'article L. 214-3 du Code de l'environnement, publié au *JO* 3 juill. 2014).

La loi n° 2015-990 du 6 août 2015 pour la croissance, l'activité et l'égalité des chances économiques, dite « loi Macron », a autorisé le Gouvernement à prendre par ordonnance, dans un délai de 18 mois à compter de sa promulgation, « toute mesure visant à généraliser les dispositions de l'ordonnance du 12 juin 2004 relative à l'expérimentation de l'autorisation unique dans le domaine de l'eau ».

La loi n° 2015-992 du 17 août 2015 relative à la transition énergétique pour la croissance verte, ratifie l'ordonnance et la modifie substantiellement en abrogeant la mention des deux régions initialement visées par l'expérimentation. Elle généralise l'expérimentation de l'autorisation unique pour les IOTA à toute la France.

2) Généralisation de l'autorisation unique. L'ordonnance n° 2017-80 du 26 janvier 2017 relative à l'autorisation environnementale inscrit de manière définitive dans le Code de l'environnement (art. L. 181-1 et s.) un dispositif d'autorisation environnementale unique et pérennise, en les adaptant et en les complétant, les expérimentations de procédures intégrant plusieurs autorisations menées depuis mars 2014 s'agissant des ICPE et IOTA soumis à la législation sur l'eau.

La loi du 17 août 2015 relative à la transition énergétique pour la croissance verte a étendu au 1er novembre 2015 ces expérimentations à la France entière pour les ICPE relatives aux énergies renouvelables et pour les IOTA.

Fort des premiers retours positifs sur les expérimentations et de plusieurs rapports d'évaluation, le Gouvernement a décidé de créer une autorisation environnementale unique, rassemblant, outre l'autorisation IOTA ou ICPE, une douzaine d'autres autorisations relevant de l'État, comme l'autorisation de défrichement, la dérogation à l'interdiction de destruction d'espèces protégées ou l'autorisation au titre du Code de l'énergie.

L'objectif est de simplifier les procédures pour faciliter la vie des entreprises sans régression de la protection de l'environnement. Cette réforme fait suite aux travaux conduits dans le cadre du Conseil national de la transition écologique, qui a été associé à son élaboration.

Le porteur de projet pourra ainsi obtenir, après une seule demande, à l'issue d'une procédure d'instruction unique et d'une enquête publique, une autorisation unique délivrée par le préfet couvrant l'ensemble des aspects du projet dès lors que celui-ci respecte l'ensemble des prescriptions applicables. Cette procédure est articulée avec les procédures d'urbanisme.

L'instruction des demandes se déroulera en trois phases (examen, enquête publique, décision) encadrées de façon à réduire les délais de délivrance de l'autorisation à neuf mois en règle générale contre douze à quinze mois actuellement.

Pour permettre de tenir cet objectif ambitieux, les nouvelles dispositions mettent l'accent sur la préparation du dossier de demande. À la suite de l'expérimentation d'un certificat de projet conduite dans plusieurs régions depuis mars 2014, les porteurs de projet pourront désormais solliciter de l'administration soit des échanges préalables, soit un certificat de projet qui identifiera les régimes et procédures dont relève le projet, précisera le contenu attendu du dossier et fixera un calendrier.

Les porteurs de projet disposeront ainsi d'une bonne visibilité sur les règles et conditions d'instruction applicables à leurs projets.

L'autorisation environnementale entre en vigueur le 1er mars 2017. Pour les projets en cours, les dispositions transitoires permettent de tenir compte des autorisations déjà acquises à cette date. Jusqu'au 30 juin, les porteurs de projet peuvent choisir de demander séparément les autorisations qui leur sont nécessaires ou opter pour demander une seule autorisation environnementale.

Le décret n° 2017-81 précise les dispositions de l'ordonnance. Il fixe notamment le contenu du dossier de demande d'autorisation environnementale et les conditions de délivrance et de mise en œuvre de l'autorisation par le préfet. Il tire les conséquences de cette procédure en modifiant les livres du Code de l'environnement et les autres codes concernés.

Ce dispositif nécessite d'être complété par le décret n° 2017-82 dont le but est de préciser le contenu du dossier de demande d'autorisation environnementale prévu par le nouveau chapitre unique du titre VIII du livre Ier du Code de l'environnement en indiquant les pièces et autres documents complémentaires à apporter à ce dossier au titre des articles L. 181-8 et R. 181-15. Il présente les pièces, documents et informations en fonction des intérêts à protéger ainsi que celles au titre des autorisations, enregistrements, déclarations, absences d'opposition, approbations et agréments dont l'autorisation tient lieu. Ce texte précise également les modalités d'instruction par les services de l'État et les délais qui s'imposent à eux pour instruire un dossier d'autorisation environnementale. Il prévoit par ailleurs un arrêté (non encore publié) fixant le modèle de formulaire de demande d'autorisation, et apporte quelques mises à jour de références *(Ord. n° 2017-80, 26 janv. 2017 relative à l'autorisation environnementale, publiée au JO 27 janv. 2017 ; D. n° 2017-81, 26 janv. 2017 relatif à l'autorisation environnementale, publié au JO 27 janv. 2017 ; D. n° 2017-82, 26 janv. 2017 relatif à l'autorisation environnementale, publié au JO 27 janv. 2017).*

V. commentaires sous art. L. 181-1 et s., p. 289 et art. R. 181-1 et s., p. 1693.

3) Lien avec la législation relative à l'urbanisme. Une ordonnance supprime l'obligation de dépôts simultanés des demandes d'autorisations d'urbanisme et d'autorisation unique IOTA (Ord. n° 2014-649, art. 10, mod.). Toutefois, les permis de construire et d'aménager ne peuvent recevoir exécution avant la délivrance de l'autorisation unique IOTA. En application du Code de l'urbanisme (C. urb., art. R. 424-6), l'autorité compétente pour délivrer les permis et les décisions de non-opposition à déclaration préalable indique donc dans sa décision que la réalisation des travaux est différée tant que l'autorisation unique IOTA n'a pas été délivrée (D. n° 2014-751, art. 25, mod.). Par dérogation, le permis de démolir peut être mis en œuvre sans attendre la délivrance de l'autorisation IOTA, à condition que les travaux de démolition ne portent pas atteinte aux intérêts protégés par la procédure d'autorisation unique (Ord. n° 2014-649, art. 10, mod.).

4) Avant l'ordonnance du 26 janvier 2017. L'arrêt du 30 mai 2018 rendu par le Conseil d'État revient sur le régime des dérogations faune-flore (mises en place par les articles L. 411-1 et L. 411-2 du Code de l'environnement) avant l'intervention de l'ordonnance du 26 janvier 2017 relative à l'autorisation environnementale (Ord. n° 2017-80 :

JO 27 janv. 2017). Il a estimé que la cour administrative d'appel avait commis une erreur de droit en jugeant que l'autorité administrative, lorsqu'elle a délivré, à la date de la décision attaquée, une autorisation sur le fondement de l'article L. 214-3 du Code de l'environnement, devait veiller à ce que l'exécution des installations, ouvrages, travaux et activités concernés respecte les interdictions posées à l'article L. 411-1 de ce code. Le Conseil d'État a considéré que si l'autorité compétente pour délivrer l'autorisation au titre de l'article L. 214-3 du Code de l'environnement avait connaissance des risques éventuels auxquels étaient exposées certaines espèces protégées, et pouvait alors alerter le pétitionnaire sur la nécessité de se conformer à la législation sur la protection du patrimoine naturel, en revanche, elle ne pouvait légalement subordonner la délivrance de l'autorisation sollicitée au titre de la police de l'eau au respect de cette législation sur la protection du patrimoine naturel (■ CE, 30 mai 2018, n° 405785, *Min. de l'Environnement, de l'Énergie et de la Mer c/ M.B.*).

II – DÉCLARATION

5) Lien avec l'autorisation unique. Dans le dispositif de l'autorisation environnementale unique, sont soumis à autorisation environnementale les IOTA relevant du régime d'autorisation, ainsi que les autres projets soumis à évaluation environnementale et qui ne sont pas soumis à une autorisation administrative susceptible de porter les mesures d'évitement, de réduction ou de compensation (art. L. 181 1). En revanche, les procédures de déclaration demeurent inchangées.

En revanche, l'autorisation environnementale vaut également déclaration IOTA (art. L. 181 2).

6) Compatibilité avec les SDAGE et les SAGE. L'autorité administrative doit s'opposer aux installations, ouvrages, travaux et activités déclarés au titre du II de l'article L. 214-3 du Code de l'environnement s'ils sont incompatibles avec les dispositions du schéma directeur d'aménagement et de gestion des eaux (SDAGE) ou du schéma d'aménagement et de gestion des eaux (SAGE) ou s'ils sont susceptibles de porter aux intérêts mentionnés à l'article L. 211-1 du même code une atteinte telle qu'aucune prescription ne permettrait d'y remédier (■ CE, 20 janv. 2014, n° 373220. ■ CE, 30 mars 2015, n° 360174).

7) Opposabilité du PLU (non). Si en application des dispositions de l'article L. 123-5 du Code de l'urbanisme alors applicables, les plans locaux d'urbanisme sont opposables aux travaux et constructions régis par la législation sur l'urbanisme ainsi qu'aux installations classées pour la protection de l'environnement, il en résulte que les dispositions des plans locaux d'urbanisme ne sont pas opposables aux travaux et constructions autorisés ou déclarés en application des dispositions précitées de l'article L. 214-3 du Code de l'environnement dès lors que ces derniers, soumis à la législation distincte sur l'eau, n'appartiennent pas à la catégorie des installations classées pour la protection de l'environnement visée par les dispositions précitées du Code de l'urbanisme (■ CAA Bordeaux, 29 mai 2018, n° 16BX01876).

8) Décision de non-opposition à un projet soumis à déclaration au titre de la loi sur l'eau : aucune obligation d'information et de participation du public. Dans un arrêt du 20 janvier 2014, le Conseil d'État décide de ne pas renvoyer au Conseil constitutionnel une question prioritaire de constitutionnalité remettant en cause la conformité de l'article L. 214-3 II du Code de l'environnement vis-à-vis de l'article 7 de la Charte de l'environnement relatif à l'information et la participation du public. D'après le II de l'article L. 214-3, les installations, ouvrages, travaux et activités soumis à la loi sur l'eau (IOTA) sont soumis à déclaration seulement s'ils ne présentent pas les dangers énumérés au I de cet article. Dans l'hypothèse où les IOTA déclarés seraient incompatibles avec les dispositions du schéma directeur d'aménagement et de gestion des eaux (SDAGE) ou du schéma d'aménagement et de gestion des eaux (SAGE) ou porteraient aux intérêts mentionnés à l'article L. 211-1 du Code de l'environnement une atteinte telle qu'aucune prescription ne permettrait d'y remédier, il appartiendrait à l'autorité administrative compétente de s'opposer au projet. Le Conseil d'État juge que dès lors, la décision de non-opposition à une déclaration présentée au titre du II de l'article L. 214-3 ne constitue pas une décision ayant une incidence significative sur l'environnement et n'est pas soumise à l'obligation d'information et de participation du public (■ CE, 20 janv. 2014, n° 373220). Une décision relative au projet de construction d'un village de vacances Center Parcs a pour objet de délivrer une autorisation au titre de l'article L. 214-3 et non d'autoriser un projet d'aménagement ou d'équipement au sens des dispositions de l'article R. 121-2. Dès lors, le moyen tiré de l'absence de saisine de la Commission nationale du débat public ne pouvait être invoqué à l'encontre de cette décision eu égard à l'objet de celle-ci (■ CE, 18 juin 2015, n° 386971, *SNC Roybon Cottages : Dr. env.* 2015, 250). Pour le jugement de l'affaire au fond, V. ■ TA Grenoble, 16 juill. 2015, n°s 1406678, 1406933 et 1501820, *SNC Roybon Cottages : Dr. env.* 2015, 291. ■ CAA Lyon, ch. réunies, 16 déc. 2016, 15LY03104).

V. aussi notes ss art. L. 212-1, p. 346).

9) Article 7 de la Charte de l'environnement. Une décision de non-opposition à la réalisation d'un aménagement déclaré au titre de la loi sur l'eau n'est pas soumise au principe de participation du public (■ CE, 20 janv. 2014, n° 373220).

10) Confirmation de l'opposition du préfet à une déclaration d'IOTA pour atteinte disproportionnée. Le juge d'appel confirme une opposition du préfet à déclaration d'extension de deux plans d'eau aggravant l'état hydrologique d'un bassin-versant et d'un cours d'eau, par rétention accrue des eaux de ruissellement de ce bassin (■ CAA Nantes, 5e ch., 13 févr. 2015, n° 13NT01246).

Art. L. 214-3-1 *(L. n° 2006-1772, 30 déc. 2006* (1) *; mod. à compter du 1er mars 2011, Ord. n° 2011-91, 20 janv. 2011 ; à compter du 1er mars 2017, Ord. n° 2017-80, 26 janv. 2017)* (2). **– Lorsque des installations, ouvrages, travaux ou activités soumis à déclaration au titre du II de l'article L. 214-3 ou relevant des dispositions du I de l'article L. 214-4 ou de l'article L. 214-6 sont définitivement arrêtés, l'exploitant ou, à défaut, le propriétaire remet le site dans un état tel qu'aucune atteinte ne puisse être portée à l'objectif de gestion équilibrée de la ressource en eau défini par l'article L. 211-1. Il informe l'autorité administrative de la cessation de l'activité et des mesures prises. Cette autorité peut à tout moment lui imposer des prescriptions pour la remise en état du site, sans préjudice de l'application des articles L. 163-1 à L. 163-9 et L. 163-11 du Code minier.**

Art. L. 214-4 *(Mod., L. n° 2005-781, 13 juill. 2005* (3) *; L. n° 2006-1772, 30 déc. 2006* (1) *; mod., L. n° 2010-788, 12 juill. 2010* (4) (5) *; L. n° 2012-387, 22 mars 2012 ; mod. à compter du 1er mars 2017, Ord. n° 2017-80, 26 janv. 2017).* **– I. – L'autorisation d'installations, ouvrages, travaux et activités présentant un caractère temporaire et sans effet important et durable sur le milieu naturel peut être accordée sans enquête publique préalable réalisée conformément au chapitre III du titre II du livre Ier du présent code, dans des conditions définies par décret en Conseil d'État** (6).

II (7). **– L'autorisation peut être abrogée ou modifiée, sans indemnité de la part de l'État exerçant ses pouvoirs de police, dans les cas suivants :**

1° Dans l'intérêt de la salubrité publique, et notamment lorsque cette abrogation ou cette modification est nécessaire à l'alimentation en eau potable des populations ;

2° Pour prévenir ou faire cesser les inondations ou en cas de menace pour la sécurité publique ;

3° En cas de menace majeure pour le milieu aquatique, et notamment lorsque les milieux aquatiques sont soumis à des conditions hydrauliques critiques non compatibles avec leur préservation ;

4° Lorsque les ouvrages ou installations sont abandonnés ou ne font plus l'objet d'un entretien régulier.

II *bis*. – À compter du 1er janvier 2014, en application des objectifs et des orientations du schéma directeur d'aménagement et de gestion des eaux, sur les cours d'eau, parties de cours d'eau ou canaux classés au titre du I de l'article L. 214-17, l'autorisation peut être modifiée, sans indemnité de la part de l'État exerçant ses pouvoirs de police, dès lors que le fonctionnement des ouvrages ou des installations ne permet pas la préservation des espèces migratrices vivant alternativement en eau douce et en eau salée.

III. – Tout refus, abrogation ou modification d'autorisation doit être motivé auprès du demandeur.

IV. – Un décret détermine les conditions dans lesquelles les autorisations de travaux ou d'activités présentant un caractère temporaire, périodique et dépourvu d'effet important et durable sur le milieu naturel seront accordées, sans enquête publique préalable, aux entreprises hydroélectriques autorisées qui en feront la demande pour la durée du titre à couvrir. Les dispositions des décrets en vigueur à la date de la publication de la loi n° 2005-781 du 13 juillet 2005 de programme fixant les orientations de la politique énergétique seront abrogées si elles ne sont pas en conformité avec les dispositions du décret visé ci-dessus.

---

(1) Dispositions applicables à Mayotte, L. n° 2006-1772, 30 déc. 2006, art. 98, IV, 1.

(2) Dispositions d'application particulières et transitoires : V. Ord. n° 2017-80, 26 janv. 2017, art. 15. – NDLR.

(3) Dispositions applicables à Mayotte, L. n° 2005-781, 13 juill. 2005, art. 110.

(4) Aux termes de l'article 240 (I, 1°) de la loi n° 2010-788 du 12 juillet 2010, à la deuxième phrase du I du présent article, après les mots : « enquête publique », sont insérés les mots : « réalisée conformément au chapitre III du titre II du livre Ier du présent code ». Or il convient d'effectuer ledit remplacement à la première phrase. – NDLR.

(5) Dispositions applicables aux projets, plans, programmes ou autres documents de planification pour lesquels l'arrêté d'ouverture et d'organisation de l'enquête publique est publié à compter du premier jour du sixième mois après la publication du décret en Conseil d'État prévu à l'article L. 123-19 du présent code, L. n° 2010-788, 12 juill. 2010, art. 245.

(6) V. T. appl. : D. n° 93-742, 29 mars 1993. – NDLR.

(7) Le Conseil constitutionnel a déclaré le présent II conforme à la Constitution : V. ■ Cons. const. n° 2011-141 QPC, 24 juin 2011 (*JO* 25 juin 2011 ; *JurisData* n° 2011-017481). – NDLR.

Voir : C. dom. publ. fluv., art. 26.

Bibliographie : J.-M. Février, *Seuils d'exigibilité de l'enquête publique et contrôle du fractionnement des opérations : Environnement* oct. 2006, n° 10, comm. 96.

1) **Autorisation.** Retrait d'une autorisation d'exploitation d'une centrale hydroélectrique. Pour une illustration, V. ▪ CAA Marseille, 7 juill. 2015, n° 14MA00758, *SAS Énergie Var : Dr. env.* 2015, 344, concl. Deliancourt.

2) **Refus d'abrogation d'une autorisation de disposer de l'énergie hydraulique.** Si l'une des causes justifiant l'abrogation d'une autorisation de disposer de l'énergie hydraulique d'un cours est constituée, le préfet dispose d'un pouvoir d'appréciation et n'est donc pas tenu de faire droit à la demande d'abrogation dont il est saisi. En l'espèce, compte tenu des circonstances particulières, l'ouvrage ne peut être considéré comme ayant été abandonné au sens du 4° de l'article L. 214-4 du Code de l'environnement (▪ CAA Bordeaux, 15 mai 2018, *Association Sau Val Dou*, n° 16BX00890.

Art. L. 214-4-1 *(L. n° 2006-1772, 30 déc. 2006* (1) *; mod., L. n° 2010-788, 12 juill. 2010* (2) *; mod. à compter du 1er janvier 2016, Ord. n° 2015-1174, 23 sept. 2015 ; mod. à compter du 1er mars 2017, Ord. n° 2017-80, 26 janv. 2017)* (3). **– I. – Lorsqu'un ouvrage hydraulique dont l'existence ou l'exploitation est subordonnée à une autorisation ou à une concession présente un danger pour la sécurité publique, des servitudes d'utilité publique relatives à l'utilisation du sol peuvent être instituées, tant à l'occasion de la demande d'autorisation ou de concession que postérieurement à l'octroi de celles-ci.**

II. – Les servitudes prévues au I comportent, en tant que de besoin :

1° La limitation ou l'interdiction du droit d'implanter des constructions ou des ouvrages et d'aménager des terrains de camping ou de stationnement de caravanes ;

2° La subordination des autorisations de construire au respect de prescriptions techniques tendant à limiter le danger d'exposition des vies humaines à la submersion.

III. – Les servitudes prévues au I tiennent compte de la probabilité d'occurrence, de la cinétique, de la nature et de l'intensité des risques encourus et peuvent, dans un même périmètre, s'appliquer de façon modulée. Elles ne peuvent contraindre à la démolition ou à l'abandon de constructions existantes édifiées en conformité avec les dispositions législatives et réglementaires en vigueur avant l'institution des servitudes.

IV. – Le périmètre et le contenu des servitudes prévues au I sont soumis à enquête publique réalisée conformément au chapitre III du titre II du livre Ier du présent code, sous réserve des dispositions particulières prévues pour cette enquête par le chapitre unique du titre VIII du livre Ier lorsque l'ouvrage relève d'une autorisation.

Ces servitudes sont annexées au plan local d'urbanisme et à la carte communale dans les conditions prévues aux articles L. 153-60 et L. 163-10 du Code de l'urbanisme.

Elles n'ouvrent droit à indemnisation que si elles entraînent un préjudice direct, matériel et certain.

Art. L. 214-5 *(Rempl. à compter du 1er juin 2011, Ord. n° 2011-504, 9 mai 2011).* **– Les dispositions relatives aux règlements d'eau des entreprises hydroélectriques concédées sont énoncées à l'article L. 521-2 du Code de l'énergie.**

Bibliographie : *Ouvrage.* J. Poiret, *Droit de l'hydroélectricité*, t. 1 et 2, Économica, 2004.

Articles. Ph. Billet, *Statut contentieux des décisions en matière d'ouvrages hydroélectriques : Environnement* févr. 2008, n° 2, comm. 24. • Ph. Billet, *Régime contentieux des autorisations relatives aux ouvrages utilisant l'énergie hydraulique : JCP* A 2008, n° 7, 2033.

1) **Contentieux des arrêtés préfectoraux relatifs aux microcentrales et définissant les caractéristiques des prises d'eau.** Un arrêté interpréfectoral est illégal en tant qu'il fixe les débits réservés sur des cours d'eau à un niveau excessif et substitution par le juge de prescriptions moins contraignantes (▪ CE, 31 mars 2004, n° 250378, *M. et Mme Gaston : Environnement* juin 2004, p. 18, note P. Trouilly).

(1) Dispositions applicables à Mayotte, L. n° 2006-1772, 30 déc. 2006, art. 98, IV, 1.

(2) Dispositions applicables aux projets, plans, programmes ou autres documents de planification pour lesquels l'arrêté d'ouverture et d'organisation de l'enquête publique est publié à compter du premier jour du sixième mois après la publication du décret en Conseil d'État prévu à l'article L. 123-19 du présent code, L. n° 2010-788, 12 juill. 2010, art. 245.

(3) Dispositions d'application particulières et transitoires : V. Ord. n° 2017-80, 26 janv. 2017, art. 15. – NDLR.

2) Régime contentieux des autorisations relatives aux ouvrages utilisant l'énergie hydraulique. Les décisions relatives à la réalisation et l'exploitation des ouvrages utilisant l'énergie hydraulique trouvent leur fondement juridique à la fois dans la loi du 19 octobre 1919 et dans les articles L. 214-1 et suivants du Code de l'environnement. Elles relèvent, dès lors, en application de l'article L. 214-10 de ce code, d'un contentieux de pleine juridiction, dans les conditions fixées par l'article L. 514-6 (■ CE, 10 déc. 2007, n° 288456, *Lorette et SARL Forces énergies électriques*) et désormais les articles L. 181-17 à L. 181-18. V. comm. sous art. L. 181-17 à L. 181-18, p. 309.

Art. L. 214-6 ***(Mod., Ord. n° 2005-805, 18 juill. 2005*** (1) ***; L. n° 2006-1772, 30 déc. 2006*** (2) ***; mod. à compter du 1er mars 2017, Ord. n° 2017-80, 26 janv. 2017)*** (3). **– I. – Dans tous les cas, les droits des tiers sont et demeurent réservés.**

II. – Les installations, ouvrages et activités déclarés ou autorisés en application d'une législation ou réglementation relative à l'eau antérieure au 4 janvier 1992 sont réputés déclarés ou autorisés en application des dispositions de la présente section. Il en est de même des installations et ouvrages fondés en titre.

III. – Les installations, ouvrages et activités qui, n'entrant pas dans le champ d'application du II, ont été soumis à compter du 4 janvier 1992, en vertu de la nomenclature prévue par l'article L. 214-2, à une obligation de déclaration ou d'autorisation à laquelle il n'a pas été satisfait, peuvent continuer à fonctionner ou se poursuivre si l'exploitant, ou, à défaut le propriétaire, a fourni à l'autorité administrative les informations prévues par l'article 41 du décret n° 93-742 du 29 mars 1993, au plus tard le 31 décembre 2006.

Toutefois, s'il apparaît que le fonctionnement de ces installations et ouvrages ou la poursuite de ces activités présente un risque d'atteinte grave aux intérêts mentionnés à l'article L. 211-1, l'autorité administrative peut exiger le dépôt d'une déclaration ou d'une demande d'autorisation.

Au-delà du 31 décembre 2006, les informations mentionnées au premier alinéa du présent III peuvent être reçues et examinées par l'autorité administrative. Si la preuve est apportée de la régularité de la situation de l'installation, ouvrage ou activité à la date à laquelle il s'est trouvé soumis à autorisation ou à déclaration par l'effet d'un décret pris en application de l'article L. 214-3, si l'exploitation n'a pas cessé depuis plus de deux ans et si ces opérations ne présentent pas un danger ou un inconvénient grave pour les intérêts mentionnés à l'article L. 211-1, l'autorité administrative peut accepter la continuation du fonctionnement de l'installation ou de l'ouvrage ou la poursuite de l'activité considérée.

IV. – Les installations, ouvrages, travaux ou activités qui, après avoir été régulièrement mis en service ou entrepris, viennent à être soumis à déclaration ou à autorisation en vertu d'une modification de la législation ou de la nomenclature prévue à l'article L. 214-2 peuvent continuer à fonctionner, si l'exploitant, ou à défaut le propriétaire, s'est fait connaître à l'autorité administrative, ou s'il se fait connaître dans le délai d'un an à compter de la date à laquelle l'obligation nouvelle a été instituée.

Les renseignements qui doivent être fournis à l'autorité administrative ainsi que les mesures que celle-ci peut imposer afin de sauvegarder les intérêts mentionnés à l'article L. 211-1 sont précisés par décret en Conseil d'État.

V. – Les dispositions des II et III sont applicables sous réserve des décisions de justice passées en force de chose jugée intervenues avant la date de publication de l'ordonnance n° 2005-805 du 18 juillet 2005.

VI. – Les installations, ouvrages et activités visés par les II, III et IV sont soumis aux dispositions de la présente section.

Bibliographie : *Sur le droit d'antériorité.* Ph. Billet, *La simplification du régime de polices de l'eau et des milieux aquatiques, de la pêche et de l'immersion des déchets : Environnement* août 2005, n° 8, alerte 72.

1) Mise en conformité. A commis une erreur de droit le préfet qui a omis de mettre en demeure la requérante, propriétaire d'un étang créé avant la publication de la loi, de se mettre en conformité et donc de procéder à la déclaration de cet étang (■ CAA Paris, 27 mai 1999, n° 97PA000585, *M. Hagstotz*).

2) Précision du régime des « droits fondés en titre ». Dans un arrêt du 20 juin 2012, le Conseil d'État s'est prononcé sur les conditions dans lesquelles il est possible de se prévaloir de droits antérieurs à l'abolition des privilèges. Le litige opposait le créateur d'un plan d'eau au préfet, ce dernier reprochant au créateur du plan d'eau de

(1) Dispositions applicables à Mayotte, Ord. n° 2005-805, 18 juill. 2005, art. 17.
(2) Dispositions applicables à Mayotte, L. n° 2006-1772, 30 déc. 2006, art. 98, IV, 1.
(3) Dispositions d'application particulières et transitoires : V. Ord. n° 2017-80, 26 janv. 2017, art. 15. – NDLR.

l'avoir construit sans autorisation. En l'espèce, le requérant avait fait édifier une digue barrant le lit mineur d'un ruisseau cours d'eau non domanial en vue de former un plan d'eau de 60 ares. Le préfet a ordonné par arrêté de détruire le plan d'eau et de consigner entre les mains d'un comptable public la somme de 18 000 euros correspondant au coût de la manœuvre de destruction et de la renaturation du lieu.

Les juges du fond ont rejeté la demande d'annulation des arrêtés ; le Conseil d'État rappelle comment acquérir une prise d'eau sur des cours d'eau non domaniaux : soit à la suite d'une aliénation d'un bien national, soit en vertu d'un acte antérieur à l'abolition des droits féodaux. La preuve de l'existence matérielle du droit fondé en titre permettant de s'exonérer d'une autorisation de créer un plan d'eau peut être apportée par tout moyen. Le Conseil d'État juge néanmoins que les preuves apportées par le requérant – trois chartes datant du XIIe siècle – ne suffisent pas à établir l'existence matérielle du plan d'eau à la date du 4 août 1789, du fait de leur caractère très ancien. Par conséquent, la création de cet étang entre dans le champ d'application de l'article R. 214-1 du Code de l'environnement soumettant les installations, ouvrages, travaux et activités (IOTA) à autorisation (▪ CE, 20 juin 2012, n° 340295).

Les dispositions de l'article L. 214-6-II du Code de l'environnement, dans la rédaction issue de l'ordonnance du 18 juillet 2005, n'ont pas, par elles-mêmes, pour effet de soumettre les installations et ouvrages fondés en titre aux dispositions de la section 1 du chapitre IV du titre Ier du livre II du Code de l'environnement, mais ont pour seul objet de permettre à leurs propriétaires de conserver leurs droits d'antériorité (▪ CE, 8 juill. 2015, n° 384204, *Féd. des moulins de France et a. : Dr. env.* 2015, 250).

Les installations et ouvrages fondés en titre sont soumis, en vertu du VI de l'article L. 214-6 du Code de l'environnement, aux dispositions des articles L. 214-1 à L. 214-11 du Code de l'environnement, qui définissent le régime de la police de l'eau, notamment à celles qui définissent les conditions dans lesquelles, en vertu de l'article L. 214-4, l'autorisation peut être abrogée ou modifiée sans indemnisation (même arrêt).

L'ordonnance n° 2005-805 du 1er juillet 2005 marque ainsi une rupture avec l'ancien régime car la police de l'eau n'était jusque-là pas appliquée aux installations et ouvrages fondés en titre.

3) Soumission aux dispositions des articles L. 211-1 et suivants du Code de l'environnement (oui). Est coupable du délit d'exploitation d'une installation et réalisation de travaux nuisibles au débit des eaux ou aux milieux aquatiques en violation d'une mise en demeure de l'autorité administrative, l'exploitant d'un ouvrage hydraulique, nonobstant la circonstance que son ouvrage bénéficie de la qualité d'ouvrage fondé en titre (▪ Cass. Crim., 8 sept. 2020, n° 19-87.316, inédit).

4) Ouvrage hydraulique. Le Conseil d'État a précisé qu'il résulte des dispositions de l'article L. 511-3 du Code de l'énergie et des articles L. 214-6, R. 181-46 et R. 214-18 du Code de l'environnement que, lorsqu'un ouvrage a été autorisé en application d'une législation ou d'une réglementation relative à l'eau antérieure au 4 janvier 1992, il est dispensé des régimes de concession ou d'autorisation du livre V du Code de l'énergie dès lors que la production d'énergie qui lui est adjointe constitue un accessoire à son usage principal, et sous réserve que, en cas de modifications regardées comme nécessaires, celles-ci ne soient pas de nature à entraîner des dangers ou des inconvénients significatifs pour les éléments énumérés à l'article L. 211-1 du Code de l'environnement qui ont pour objet une gestion équilibrée de la ressource en eau, impliquant alors une nouvelle autorisation au titre de la législation et de la réglementation sur l'eau (▪ CE, 18 déc. 2017, n° 387577, *Association syndicale du canal de Gap*).

Voir : J.-S. Boda, *La soumission des installations et ouvrages fondés en titre à la police de l'eau : Énergie – Env. – Infrastr.* 2016, n° 2, p. 43.

S. Provost-Servillat, *Droit de l'eau : vers la disparition du régime des installations et ouvrages fondés en titre au profit du régime IOTA : Gaz. Pal.* 26 janv. 2016, p. 21.

Art. L. 214-7 ancien *(Abr. à compter du 1er mars 2017, Ord. n° 2017-80, 26 janv. 2017)* (1).

Art. L. 214-7 *(Anc. art. L. 214-7-1, dénum. à compter du 1er mars 2017, Ord. n° 2017-80, 26 janv. 2017)* (1). **– Lorsqu'il l'estime nécessaire pour l'application des articles L. 214-I et L. 214-7, le préfet peut procéder à la délimitation de tout ou partie des zones humides définies à l'article L. 211-1 en concertation avec les collectivités territoriales et leurs groupements.**

Un décret en Conseil d'État fixe les conditions d'application du présent article.

Voir : spécialement *infra*, livre V, titre I sur les ICPE.

(1) Dispositions d'application particulières et transitoires : V. Ord. n° 2017-80, 26 janv. 2017, art. 15. – NDLR.

Sur le principe de l'indépendance des législations : articles L. 511-1 et 512-15.
Sur le pouvoir réglementaire du préfet pour les installations soumises à autorisation : articles L. 512-1 et 512-3 et le pouvoir réglementaire du préfet pour les installations soumises à déclaration, articles L. 512-8 et suivants.

Installations classées. En vertu des dispositions combinées de l'article L. 214-7 du Code de l'environnement et de l'article 20 du décret n° 77-1133 du 21 septembre 1977 (aujourd'hui codifié), si les installations classées pour la protection de l'environnement ne sont pas soumises à l'intégralité des dispositions législatives du Code de l'environnement concernant l'eau, elles doivent néanmoins respecter les dispositions de l'article L. 211-1 de ce code prévoyant notamment la préservation des zones humides. Le respect de cette disposition implique, notamment, que le préfet invite l'exploitant à déposer une nouvelle demande d'autorisation s'il estime que les modifications de l'installation sont de nature à entraîner des dangers ou inconvénients pour les intérêts visés à l'article L. 211-1 du Code de l'environnement (■ TA Besançon, 16 mars 2006, n° 0500944, *Commission de protection des eaux de Franche-Comté*). Si les ouvrages et installations nécessaires à l'exploitation d'une installation classée pour la protection de l'environnement ayant un impact sur le milieu aquatique ne sont soumis qu'aux règles de procédure instituées par la législation propre à ces installations classées, ils doivent, en revanche, respecter les règles de fond prévues, notamment, par les dispositions du Code de l'environnement relatives aux objectifs de qualité et de quantité des eaux, au nombre desquelles figurent les objectifs et normes de qualité du programme national d'action contre la pollution des milieux aquatiques par certaines substances dangereuses prévus par les articles R. 211-11-1 à R. 211-11-3. Toutefois, l'exploitant d'une installation classée ne peut se voir imposer que des prescriptions en rapport avec ses activités d'exploitant et avec les atteintes qu'elles sont susceptibles de porter aux intérêts mentionnés à l'article L. 511-1. En particulier, l'autorité compétente en matière d'installations classées ne peut pas exiger de l'exploitant d'une installation classée de contrôler la présence dans les eaux rejetées par son installation de substances qui ne peuvent, ni directement, ni indirectement par réaction chimique, être issues de cette installation (■ CE, 17 avr. 2015, n° 368397, *Sté Porteret Beaulieu Industrie : AJDA* 2015, 787).

Art. L. 214-7-1 *(L. n° 2005-157, 23 févr. 2005 ; dénum. à compter du 1er mars 2017, Ord. n° 2017-80, 26 janv. 2017. – V. C. env., art. L. 214-7)* (1).

Bibliographie : R. Romi, *Zones humides : les difficultés du travail de définition confié au pouvoir réglementaire : Dr. env.* oct. 2008, n° 162, p. 35.

Art. L. 214-7-2 *(Abr. à compter du 1er mars 2017, Ord. n° 2017-80, 26 janv. 2017)* (1).

Art. L. 214-8 *(Mod., L. n° 2006-1772, 30 déc. 2006)* (2) *; mod. à compter du 1er janvier 2025, L. fin. n° 2023-1322, 29 déc. 2023).* **– I. – Les installations soumises à autorisation ou à déclaration au titre des articles L. 214-1 à L. 214-6 permettant d'effectuer à des fins non domestiques des prélèvements en eau superficielle ou des déversements, ainsi que toute installation de pompage des eaux souterraines, doivent être pourvues des moyens de mesure ou d'évaluation appropriés. Leurs exploitants ou, s'il n'existe pas d'exploitants, leurs propriétaires sont tenus d'en assurer la pose et le fonctionnement, de conserver trois ans les données correspondantes et de tenir celles-ci à la disposition de l'autorité administrative ainsi que des personnes morales de droit public dont la liste est fixée par décret. Lorsque le prélèvement d'eau est réalisé par pompage, la mesure est effectuée au moyen d'un compteur d'eau.**

Les exploitants ou, s'il n'existe pas d'exploitants, les propriétaires des installations soumises à autorisation ou à déclaration mettent les moyens et les dispositifs de mesure ou d'évaluation en conformité avec les caractéristiques techniques fixées par arrêté du ministre chargé de l'environnement dans les délais fixés par ce même arrêté.

II. – Les données correspondant à la pose et au fonctionnement des moyens et dispositifs de mesure sont inscrites dans un registre spécialement ouvert à cet effet par le redevable. Les données nécessaires à l'évaluation de la consommation annuelle sont communiquées annuellement. Le contenu du registre ainsi que les modalités de transmission des données nécessaires à l'évaluation de la consommation annuelle sont fixés par arrêté du ministre chargé de l'environnement

Bibliographie : J.-M. Février, *Limites du droit d'usage des eaux non domaniales : Environnement* janv. 2007, n° 1, comm. 3.

(1) Dispositions d'application particulières et transitoires : V. Ord. n° 2017-80, 26 janv. 2017, art. 15. – NDLR.
(2) Dispositions applicables à Mayotte, L. n° 2006-1772, 30 déc. 2006, art. 98, IV, 1.

Moyens de mesure et d'évaluation. L'arrêté déclarant d'utilité publique la prise d'eau dans un lac et la mise en place de ses périmètres de protection n'a pas à préciser à peine de nullité les moyens de mesures et d'évaluation appropriés (■ TA Grenoble, 11 févr. 1998, nos 973399 et 973400, *Sté Pêcherie du Léman et M. Michel Martelli*).

Art. L. 214-9 *(Rempl., L. n° 2006-1772, 30 déc. 2006* (1) *; mod., L. n° 2010-788, 12 juill. 2010* (2) *; mod. à compter du 1er mars 2017, Ord. n° 2017-80, 26 janv. 2017)* (3). – (4) I. – Lorsqu'un aménagement hydraulique autre que ceux concédés ou autorisés en application de la du titre Ier du livre V du Code de l'énergie permet la régulation du débit d'un cours d'eau ou l'augmentation de son débit en période d'étiage, tout ou partie du débit artificiel peut être affecté, par déclaration d'utilité publique après enquête publique réalisée conformément au chapitre III du titre II du livre Ier, sur une section de ce cours d'eau et pour une durée déterminée, à certains usages, sans préjudice de l'application de l'article L. 211-8.

Le premier alinéa est applicable aux aménagements hydrauliques concédés ou autorisés en application du titre Ier du livre V du Code de l'énergie à condition que l'affectation de tout ou partie du débit artificiel soit compatible avec la destination de l'aménagement, le maintien d'un approvisionnement assurant la sécurité du système électrique et l'équilibre financier du contrat de concession.

II. – Le bénéficiaire de la déclaration d'utilité publique peut être l'État, une collectivité territoriale, un groupement de collectivités territoriales ou un établissement public.

Le bénéficiaire de la déclaration d'utilité publique peut concéder la gestion de ce débit affecté. Le concessionnaire est fondé à percevoir les sommes mises à la charge des usagers en application du 4° du III.

III. – La déclaration d'utilité publique vaut autorisation au titre de la présente section et fixe, dans les conditions prévues par décret, outre les prescriptions pour son installation et son exploitation :

1° Un débit affecté, déterminé compte tenu des ressources disponibles aux différentes époques de l'année et attribué en priorité au bénéficiaire de la déclaration d'utilité publique ;

2° Les usages auxquels est destiné le débit affecté ;

3° Les prescriptions nécessaires pour assurer le passage de tout ou partie du débit affecté dans la section du cours d'eau considérée, dans les conditions les plus rationnelles et les moins dommageables pour les autres usagers de ce cours d'eau et dans le respect des écosystèmes aquatiques ;

4° Les conditions dans lesquelles le bénéficiaire de la déclaration d'utilité publique peut mettre à la charge des usagers de ce débit tout ou partie des dépenses engagées pour assurer la délivrance du débit affecté et son passage dans le cours d'eau ;

5° Le cas échéant, les modifications à apporter au cahier des charges de la concession ou dans l'acte d'autorisation.

IV. – Lorsque les conditions dans lesquelles est délivré le débit affecté causent un préjudice au gestionnaire de l'ouvrage concédé ou autorisé en application du titre Ier du livre V du Code de l'énergie, le bénéficiaire de la déclaration d'utilité publique lui verse une indemnité compensant la perte subie pour la durée de la concession ou de l'autorisation restant à courir.

L'indemnisation est subordonnée au maintien dans le cours d'eau du débit minimal résultant de l'application de l'article L. 214-18 et n'est due que pour les volumes artificiels excédant cette valeur.

La juridiction administrative est compétente pour statuer sur les litiges relatifs à cette indemnité.

V. – Le présent article est applicable aux travaux d'aménagement hydraulique et aux ouvrages hydrauliques quelle que soit la date à laquelle ils ont été autorisés ou concédés.

Art. L. 214-10 *(Rempl. à compter du 1er mars 2017, Ord. n° 2017-80, 26 janv. 2017)* (3). – Les décisions prises en application des articles L. 214-1 à L. 214-6 et L. 214-8 peuvent être déférées à la juridiction administrative dans les conditions prévues aux articles L. 181-17 à L. 181-18.

(1) Dispositions applicables à Mayotte, L. n° 2006-1772, 30 déc. 2006, art. 98, IV, 1.

(2) Dispositions applicables aux projets, plans, programmes ou autres documents de planification pour lesquels l'arrêté d'ouverture et d'organisation de l'enquête publique est publié à compter du premier jour du sixième mois après la publication du décret en Conseil d'État prévu à l'article L. 123-19 du présent code, L. n° 2010-788, 12 juill. 2010, art. 245.

(3) Dispositions d'application particulières et transitoires : V. Ord. n° 2017-80, 26 janv. 2017, art. 15. – NDLR.

(4) V. T. appl. : D. n° 96-626, 9 juill. 1996. – NDLR.

Bibliographie : S. Deygas, *Délais de recours et droits de la défense en matière d'autorisation d'exploitation relevant des installations classées : Procédures* avr. 2008, n° 4, comm. 130. • P. Sablière, *Le contentieux de la réalisation et de l'exploitation des ouvrages hydroélectriques : RJEP 2008*, n° 653, p. 126. • P. Trouilly, *Statut contentieux des décisions en matière d'ouvrages hydroélectriques : Environnement* févr. 2008, n° 2, comm. 24 ; *Régime contentieux des autorisations relatives aux ouvrages utilisant l'énergie hydraulique : JCP* A 2008, n° 7, 2033. • I. Putas, *Le nouveau contentieux de l'eau : LPA* 6 juin 1997, n° 68, p. 4 à 12. • S. Deygas, *Délais de recours et droits de la défense en matière d'autorisation d'exploitation relevant des installations classées : Procédures* avr. 2008, n° 4, comm. 130. • I. Putas, *Le nouveau contentieux de l'eau : LPA* 6 juin 1997, n° 68, p. 4 à 12. • P. Sablière, *Le contentieux de la réalisation et de l'exploitation des ouvrages hydroélectriques : RJEP 2008*, n° 653, p. 126. • P. Trouilly, *Statut contentieux des décisions en matière d'ouvrages hydroélectriques : Environnement* févr. 2008, n° 2, comm. 24 ; *Régime contentieux des autorisations relatives aux ouvrages utilisant l'énergie hydraulique : JCP* A 2008, n° 7, 2033.

I – GÉNÉRALITÉS

1) Ampleur du contrôle mené par le juge administratif sur les récépissés de déclaration. À l'occasion de la création d'une station d'épuration, le juge administratif est fondé à annuler le récépissé de déclaration dès lors que ni le terrain d'assiette, ni la tranchée d'infiltration de la station n'étaient adaptés à l'objet et aux conditions de fonctionnement de l'installation (▪ TA Marseille, 18 nov. 1999, n° 95-2045, *Assoc. Mieux Vivre à Mallefougasse : Rev. jur. env.* 2/2000, p. 236, note Sironneau). Jugé l'illégalité d'un récépissé de déclaration pour défaut de précision sur la compatibilité du projet avec le SDAGE (▪ TA Dijon, 16 déc. 2003 : *Environnement* mai 2004, n° 5, note P. Boyer).

2) Expertise. Le contentieux des autorisations délivrées au titre des articles L. 214-1 et suivants étant un contentieux de pleine juridiction, le juge peut, pour l'exercice de ses compétences, recourir à tous moyens d'investigation utiles et notamment, ordonner une expertise (▪ CAA Marseille, 30 juin 1998, n° 97MA01763, *État, Min. Équipement, Transports et Logement*. ▪ TA Nice, 19 juin 1997, n° 964132, *Chambre d'agriculture des Alpes-Maritimes et a. c/ Préfet des Alpes-Maritimes : Rev. jur. env.* 2/1998, p. 209, note B. Drobenko). C'est ainsi qu'une demande d'expertise en référé aux fins de déterminer le trajet des eaux souterraines qui s'écouleraient depuis un village routier en projet est recevable dès lors que le document d'incidences n'a pas pris suffisamment en compte ce risque de pollution (▪ CAA Bordeaux, 12 mars 1998, n° 96BX02446, *Mme Texier-Le Bail*).

3) Régime des autorisations, contentieux de pleine juridiction. La légalité des autorisations délivrées au titre de la loi sur l'eau est appréciée à la date à laquelle le juge statue (▪ CAA Marseille, 30 juin 1998, n° 97MA01763, *Min. Équipement : JurisData* n° 1998-046201. ▪ CE, 14 nov. 2003, n° 228477, *Assoc. Robin des Bois et a. : Environnement* janv. 2004, p. 20, note P. Trouilly). Ainsi, le juge, auquel il incombe, le cas échéant, de substituer son appréciation à celle de l'administration s'agissant des décisions à prendre et des prescriptions dont elles peuvent être assorties, doit alors statuer au regard des circonstances de fait et de droit existant à la date à laquelle il statue. Il en résulte que si l'acte attaqué, pris pour l'application de la législation prévue à l'article 10 précité et codifiée à l'article L. 214-1 du Code de l'environnement, est rapporté par l'autorité compétente avant que le juge ait statué, il n'y a pas lieu pour celui-ci, que ce retrait ait ou non acquis un caractère définitif, de se prononcer sur le mérite de la demande dont il est saisi (▪ CAA Marseille, 3 juill. 2008, n° 07MA00088, *Assoc. avenir d'Alet*. – V. également : ▪ CE, 10 déc. 2007, n° 288456, *Lorette*).

4) Qualité et intérêt à agir. Il a été jugé qu'un requérant (demandant la réformation de l'arrêté par lequel le préfet a autorisé la société des Autoroutes du Sud de la France à réaliser et exploiter les ouvrages et aménagements rendus nécessaires par la construction de la section d'autoroute A20) qui n'est propriétaire d'aucun bien immobilier à proximité des ouvrages autoroutiers de franchissement de la vallée de l'Aveyron, ne se prévaut d'aucune qualité lui donnant un intérêt à agir contre les décisions qu'il conteste et qu'un tel intérêt, qui doit s'apprécier à la date d'introduction de la requête, ne saurait notamment résulter du « droit à récompense » qu'il estime détenir, dans le cadre du partage de la communauté consécutif à son divorce, sur l'immeuble appartenant en propre à son ex-épouse (▪ CAA Bordeaux, 3 juin 2008, n° 06BX01118, *Lafitte*).

II – RÉFÉRÉS

A – Référé expertise

5) Détermination du trajet des eaux souterraines. Une demande d'expertise en référé aux fins de déterminer le trajet des eaux souterraines qui s'écouleraient depuis un village routier en projet est recevable dès lors que le document d'incidences n'a pas pris suffisamment en compte ce risque de pollution (▪ CAA Bordeaux, 12 mars 1998, n° 96BX02446, *Mme Texier-Le Bail*).

Bibliographie : S. Lebriero, *Conditions de suspension d'une autorisation prise au titre de la police des eaux et milieux aquatiques : Environnement* mai 2006, n° 5, comm. 52.

B – Référé suspension

1° Absence d'urgence

6) Généralité. Dans son appréciation de l'urgence à suspendre un acte d'autorisation, le juge administratif met en balance les urgences de l'espèce : celles qui tendent au maintien de l'autorisation et les autres qui vont dans le sens de la suspension de l'autorisation.

7) Autorisation temporaire de prélèvements d'eau. En se bornant à faire état de la sécheresse qui sévit dans un département, le requérant n'a apporté aucun élément permettant au juge des référés d'apprécier si les effets d'un arrêté d'autorisation temporaire de prélèvement dans certains cours d'eau ou dans leur nappe phréatique sont de nature à caractériser une urgence (■ TA Bordeaux, ord. juge réf., 26 juill. 2002, n° 02-1748, *Assoc. Aquitaine Alternatives c/ Préfet de la Gironde*).

8) Modernisation d'une usine de potabilisation. Bien qu'un tel projet nécessite l'extension d'un remblai existant dans le lit endigué d'un fleuve, l'instruction n'a pas fait apparaître que cette extension aurait eu pour effet d'accroître sensiblement le niveau des eaux en cas de crue et aggraverait, par elle-même, les risques d'inondation. Par ailleurs, le projet contesté vise à améliorer la qualité de l'eau distribuée au public : en cas de suspension de l'exécution de l'arrêté attaqué, les autorités compétentes se trouveraient, à défaut de toute autre solution permettant à court terme d'assurer la même prestation que celle attendue du projet en cause, exposées à un risque accru, de ne plus pouvoir distribuer l'eau dans des conditions sanitaires irréprochables. En conséquence, les exigences tenant à la protection de la santé publique prévalent sur l'urgence à suspendre l'arrêté d'autorisation. Enfin, il doit être tenu compte du fait qu'au jour de l'enregistrement de la demande de suspension, les travaux de remblaiement nécessaires à l'édification de l'ouvrage public étaient déjà largement réalisés (■ TA Nantes, ord. réf., 21 sept. 2001, n° 01-2648, *Assoc. Sauvegarde de la Loire Angevine, Assoc. Sauvegarde de l'Anjou c/ Communauté d'agglomération du Grand Angers*).

Pour d'autres décisions de rejet pour absence d'urgence, voir par exemple : ■ CE, 29 janv. 2003, n° 244681, *Min. Aménagement du territoire*. ■ CE, 27 nov. 2003, n° 261910, *Assoc. de sauvegarde du milieu environnemental*).

2° Urgence établie

9) Ouvrages hydrauliques liés à un projet routier. Compte tenu de la nature des travaux autorisés par l'arrêté litigieux et même si une partie de ceux-ci a été réalisée, il existe une urgence à suspendre l'arrêté d'autorisation (■ TA Caen, ord. réf., 13 févr. 2001, n° 01111, *Assoc. Manche Nature*).

10) Travaux de curage et entretien d'un bassin versant. La condition d'urgence a été jugée remplie eu égard à l'importance des travaux entrepris à l'échelle d'un bassin versant, au regard également de l'intérêt public qui s'attache à la protection de l'environnement ainsi qu'au fait que les travaux sont susceptibles de commencer près de quinze jours après l'ordonnance du juge des référés (■ TA Dijon, ord. réf., 14 mars 2002, n°s 020135 et 020137, *Assoc. pour la protection des écosystèmes aquatiques et défense de leurs riverains et usagers c/ Préfet du Dpt de la Nièvre*).

11) Forage et recaptage d'une source d'eau minérale naturelle. Dans la mesure où les travaux de forage et de recaptage d'une source d'eau minérale naturelle sont susceptibles d'être entrepris à tout moment nonobstant la circonstance que les prescriptions générales applicables à ce type de travaux n'ont pas été communiquées à l'exploitant par l'autorité préfectorale, la condition tenant à l'urgence doit être regardée comme remplie (■ TA Montpellier, 14 nov. 2001, n° 01-4478, *Assoc. « Avenir d'Alet »*).

12) Travaux d'irrigation. Le juge a suspendu l'exécution de travaux permettant à une association syndicale autorisée d'irrigation de réaliser un plan d'eau et de construire un barrage, en raison des conséquences très difficilement réversibles sur les milieux naturels concernés (■ TA Lyon, 1er oct. 2005, n° 0506497, *Cne Sainte Catherine*).

3° Absence de doute sérieux sur la légalité d'une autorisation

13) Travaux portuaires nécessitant la neutralisation d'engins de guerre. Le moyen tiré de ce que le document prévu par le 4° de l'article 2 du décret n° 93-742 du 29 mars 1993 et joint au dossier d'enquête publique, et au vu duquel le conseil départemental d'hygiène a émis son avis, aurait dû comporter une description détaillée des engins de guerre à neutraliser dans le chenal portuaire et des précautions prises n'est pas de nature à susciter un doute sérieux sur la légalité de l'arrêté contesté (■ CE, juge réf., 28 juin 2001, n°s 233938, 234071 et 234072, *Assoc. Robin des Bois et a.*).

4° Existence d'un doute sérieux sur la légalité d'une autorisation

14) Travaux portuaires nécessitant la neutralisation d'engins de guerre. Alors même que les autorités étatiques et portuaires ont exprimé sans ambiguïté, notamment dans le dossier d'enquête, l'intention de subordonner l'engagement des travaux portuaires dans les zones comportant des engins de guerre à la destruction préalable de ceux-ci, le moyen tiré de ce que l'arrêté attaqué n'est pas assorti de prescriptions de sécurité suffisantes est de nature à faire naître un doute sérieux dès lors que cet arrêté n'impose pas expressément de ne commencer les travaux dans les zones qui doivent faire l'objet d'opérations de déminage et de débombage qu'après l'achèvement de celles-ci (▪ CE, juge réf., 28 juin 2001, n°s 233938, 234071 et 234072, *Assoc. Robin des Bois* et *a.* – Sur le fond, Voir ▪ CE, 31 mars 2004, n° 228477, *Assoc. Robin des Bois*).

15) Travaux de curage et entretien d'un bassin versant. Dès lors qu'ils touchent des zones de frayères (zones mentionnées à l'article L. 432-3 du Code de l'environnement), les travaux projetés doivent être soumis à autorisation et non à déclaration (▪ TA Dijon, ord. réf., 14 mars 2002, n°s 020135 et 020137, *Assoc. pour la protection des écosystèmes aquatiques et défense de leurs riverains et usagers c/ Préfet du Dpt de la Nièvre*).

16) Forage et recaptage d'une source d'eau minérale naturelle. Dans cette espèce, l'instruction du dossier soumis au juge des référés a fait apparaître des éléments précis relatifs à la réalité de risques sérieux pour la ressource aquifère que pourrait entraîner la réalisation des travaux projetés à proximité immédiate d'autres points de prélèvement d'eau destinée à la consommation humaine, compte tenu notamment des influences souterraines réciproques observées entre les diverses émergences et en particulier après les incidents ayant affecté le débit et la qualité de l'eau d'une source voisine lors d'un forage exploratoire (▪ TA Montpellier, 14 nov. 2001, n° 01-4478, *Assoc. « Avenir d'Alet »*). Travaux d'irrigation Le juge a suspendu l'exécution de travaux permettant à une association syndicale autorisée d'irrigation de réaliser un plan d'eau et de construire un barrage, en raison de l'insuffisance du document d'incidences précisant la compatibilité du projet avec le SDAGE (▪ TA Lyon, 1er oct. 2005, n° 0506497, *Cne Sainte Catherine*).

Art. L. 214-11. – Les conditions dans lesquelles l'épandage des effluents agricoles peut être autorisé sont fixées par décret.

Voir : sur les matières fertilisantes et supports de culture : C. rur.art. L. 255-1 et s.

Sur l'épandage des effluents d'exploitation agricole : Conv. de Stockholm du 23 mai 2001 sur les polluants organiques persistants, non publiée au *Journal officiel, C. perm. environnement et nuisances*. – Dir. n° 91/676/CEE du 12 déc. 1991 concernant la pollution par les nitrates à partir de sources agricoles (*JOCE* n° L 375, 31 déc. 1991, p. 1 à 8).

Bibliographie : B. Berger, *Protection des eaux contre la pollution par les nitrates : la France une nouvelle fois condamnée*, note sous CJUE, 4 sept. 2014, aff. C-237/12, *Commission c/ France : Gaz. Pal.* 7 et 8 janv. 2015, n°s 7-8, p. 15. • I. Doussan, *Droit, agriculture, environnement : bilan et perspectives ou dépôt de bilan en perspective ? : Dr. env.* juin 2002, n° 99, p. 156. • A. Gaonach et E. Leroux, *Le droit de l'eau et son inapplication dans le monde agricole : RD rur.* avr. 2002, n° 302, p. 212. • C. Hermon, *La politique de lutte contre les nitrates d'origine agricole : histoire d'un échec renouvelé : RD rur.* oct. 2002, p. 494. • S. Maurice, *La lutte contre la nitrification des eaux : les apports du Code national des bonnes pratiques agricoles : RD rur.* déc. 1996, n° 248, p. 452. • J. de Malafosse, *Les nitrates et le droit : RD rur.* 1995, p. 317. • J. Sironneau, *L'impact de la nouvelle loi sur l'eau sur l'agriculture et l'industrie : LPA* 18 nov. 1994, n° 138, p. 4.

Sur l'épandage des boues de stations d'épuration. E. Deschamps, *Le régime juridique des boues de station d'épuration : RD rur.* 2001, p. 343. • J.-Y. Faberon, *Le régime de l'épandage des boues de station d'épuration urbaines en agriculture : LPA* 2 mai 2000, p. 4. • E. Gayet-Rabache, *Questions autour du recyclage agricole des boues de stations d'épuration urbaine : Rev. Expert CEJ* sept. 2000, n° 48. • S. Lupton, *Les risques de l'épandage des boues de station d'épuration : Études foncières* 1998, n° 81. • B. Wertenschlag, *L'épandage des boues issues du traitement des eaux usées, aspects réglementaires et contractuels : JCP* N 1998, n° 13, I, p. 497.

Sur l'ensemble du problème. V. également J. De Malafosse, *Protection intégrée du sol et de l'eau : Lettre JCl. Environnement* févr. 1998, n° 1, p. 1.

I – DROIT EUROPÉEN

1) Procédure de classement des zones vulnérables. Notion d'eutrophisation. La France déduisait de la définition de l'eutrophisation figurant à l'article 2 de la directive n° 91/676/CEE du Conseil que l'enrichissement des eaux de surface par les nitrates (surcroît d'azote) ne rend pas à lui seul ces eaux eutrophisées. Selon elle, le facteur primordial était celui de la charge en phosphore. La Cour de justice considéra que l'interprétation de la notion d'eutrophisation faite par les autorités françaises et la méthode qu'elles retiennent pour identifier des eaux atteintes par la pollution étaient trop restrictives et, par conséquent, incompatibles avec la directive. Dès lors, en ne procédant pas de manière appropriée à l'identification des eaux atteintes par la pollution et, par voie de conséquence, à la désignation des zones vulnérables afférentes, la France a manqué aux obligations tirées de la directive n° 91/676/CEE du Conseil du 12 décembre 1991.

V. également ■ CJCE, 25 mai 2000, aff. C-384/97, *Commission c/ Grèce : Dr. env.* mai 2001, n° 88, p. 86, note R. Romi. ■ CJCE, 8 mars 2001, aff. C-266/99, *Commission des Communautés européennes c/ République française*.

2) Délai de transposition des directives communautaires. Dès lors qu'une directive communautaire, en l'occurrence la directive n° 91/676/CEE, fixe un délai de transposition aux autorités nationales, celles-ci peuvent, sans méconnaître les objectifs définis par la directive, ne pas assurer immédiatement la transposition en droit interne (■ CE, sect., 10 févr. 1995, n° 153006, *Chambre d'agriculture de l'Île-de-France et a. : BDEI* 1/1996, p. 29, concl. B. du Marais).

3) Condamnation. La France a été condamnée pour la persistance d'une trop forte teneur en nitrates des eaux destinées à la consommation humaine en Bretagne (■ CJCE, 28 oct. 2004, aff. C-505/03, *Commission c/ France*). Le contentieux lancé en février 2012 par la Commission européenne à l'encontre de la France concernant son manquement à la directive 91/676 du 12 décembre 1991 relative à la protection des eaux contre la pollution par les nitrates à partir de sources agricoles se termine sans surprise par une nouvelle condamnation. Pour rappel, en juin 2013, la France avait déjà été condamnée pour manquement dans la mise en œuvre de cette même directive, pour une désignation incomplète des zones vulnérables aux nitrates (V. B. Berger, *Protection des eaux contre la pollution par les nitrates : la France une nouvelle fois condamnée*, note sous ■ CJUE, 4 sept. 2014, aff. C-237/12, *Commission c/ France : Gaz. Pal.* 7 et 8 janv. 2015, n°s 7-8, p. 15).

II – DROIT INTERNE

4) Atteinte à la qualité de l'eau de consommation humaine. Est annulé un arrêté préfectoral portant modification d'un plan d'épandage de lisier dès lors que cet acte administratif ne permet pas de remédier aux atteintes portées par le projet à l'alimentation en eau potable de la commune (■ CAA Nantes, 1er mars 1995, nos 92NT00732 et 92NT00768, *Min. Environnement*).

5) Compétence du juge judiciaire. Le litige ayant trait à la qualité de l'eau fournie par une régie municipale à ses usagers relève de la compétence du juge judiciaire (■ CAA Bordeaux, 10 mai 1999, n° 98BX01430, *Assoc. APPELS*).

6) Obligation de délivrance d'une eau potable. L'engagement contractuel de fournir une eau présentant les qualités de potabilité imposées par la réglementation en vigueur est une obligation de résultat en vertu des dispositions de l'article 1603 du Code civil. Dans ces conditions, par application des dispositions de l'article 1147 du Code civil, la société fermière est tenue de réparer le préjudice causé à ses clients par le dépassement du taux de concentration en nitrates (■ TGI Romans-sur-Isère, 14 mars 1996, n° 11.95.00087, *Plancher et a. c/ CGE : C. perm. environnement et nuisances*. ■ CA Rennes, 14 nov. 1996, n° 770, *SA Cie générale des eaux c/ M. Michel Le Bras et a. : Dr. env.* juin-juill. 1995, n° 31, p. 55, note P. Boyer. ■ CA Grenoble, 27 avr. 1999, n° 280, *Cie générale des eaux c/ Plancher et a. : C. perm. environnement et nuisances*).

7) Algues vertes. Depuis de nombreuses années, des masses importantes d'algues vertes prolifèrent de façon récurrente dans certaines parties du littoral costarmoricain. À partir de 1973, le département des Côtes d'Armor a dû subventionner les communes en raison de leur difficulté à faire face aux dépenses induites par les algues vertes. Le département des Côtes d'Armor a alors saisi le tribunal administratif de Rennes au motif que cette prolifération a pour cause la méconnaissance par l'État de ses obligations en matière de prolifération des algues vertes. Par un jugement du 12 avril 2013, le tribunal administratif de Rennes a condamné l'État à payer au département des Côtes d'Armor la somme de 7 046 517 euros en réparation du préjudice subi par cette collectivité territoriale du fait d'une faute commise par l'État, à l'origine de la pollution de certaines parties du littoral costarmoricain par des masses d'algues vertes. Le ministre de l'Écologie, du Développement durable et de l'Énergie a relevé appel de ce jugement et a demandé à la Cour administrative d'appel de Nantes de rejeter la demande du département des Côtes d'Armor ou, subsidiairement, de ramener le montant de cette indemnité à 5 530 416,88 euros. Par la voie de l'appel incident, le département a demandé à la cour de réformer le jugement en portant ladite indemnité à la somme de 10 635 789,72 euros. Le juge nantais était principalement saisi des deux questions suivantes : « D'une part, la prolifération d'algues vertes sur les Côtes armoricaines est-elle constitutive d'une faute de nature à engager la responsabilité de l'État ? D'autre part, cette prolifération d'algues vertes est-elle constitutive d'une atteinte à l'image du département des Côtes d'Amor nécessitant une réparation ? ». Dans son arrêt en date du 23 décembre 2014, le juge nantais a décidé que « les carences de l'État dans la mise en œuvre de la réglementation européenne et nationale destinée à protéger les eaux de toute pollution d'origine agricole sont établies ». En effet, suite à des recours en manquement exercés par la Commission européenne pour non-respect des directives européennes tendant à limiter la teneur en nitrates excessive et/ou par le phénomène d'eutrophisation des eaux entraînant une absence de protection des eaux contre la pollution par les nitrates à partir de sources agricoles, la CJUE a condamné la France dans trois affaires. En outre, les politiques publiques menées par l'État, au cours des années 1994-2000, n'ont pas respecté les principes définis par le législateur pour préserver la ressource en eau des pollutions diffuses d'origine agricole, et l'inapplication par l'État de la législation nationale sur les installations classées de même que la régularisation massive, sans fondement légal, des exploitations agricoles existantes et l'insuffisance des contrôles, ont eu pour conséquence la dégradation continue des cours d'eau et des nappes aquifères souterraines par l'activité agricole. Par ailleurs, le lien de causalité est établi dès lors que le phénomène de prolifération des ulves, dû essentiellement aux excédents de nitrates issus des exploitations agricoles, n'aurait pas revêtu jusqu'en 2009, terme de la période de responsabilité dont se prévaut le département des Côtes d'Armor, une ampleur aussi prononcée si les directives du 16 juin 1975 et du 12 décembre 1991 avaient été intégralement transposées dans les délais qu'elles prescrivaient et si la mise en œuvre de la police de l'eau et de celle des installations classées pour la protection de l'environnement n'avaient pas été affectées de carences et d'insuffisances. Le même lien de causalité existe entre cette faute et les dépenses engagées, notamment par les collectivités publiques, pour restaurer la qualité des eaux et du littoral, dès lors que ces dépenses ne trouvent leur origine et leur degré d'importance que dans ladite faute à l'origine de cette pollution. Le juge a fait droit à l'ensemble des prétentions du département pour la réparation du préjudice correspondant à l'aide financière apportée par le département aux communes pour le ramassage et le traitement des algues vertes (5.14 M euros), la prise en charge d'études et de structures d'intervention (1.51 M euros) et certaines participations à des actions préventives (0.38 M euros). En revanche, il n'a pas reconnu le préjudice relatif à l'atteinte à l'image du département du fait de la prolifération des algues, pour laquelle ce dernier réclamait 2 millions, au motif qu'il n'établissait pas ce chef de préjudice (■ CAA Nantes, 23 déc. 2014, n° 13NT01737).

Section II. – Circulation des engins et embarcations

Art. L. 214-12. – En l'absence de schéma d'aménagement et de gestion des eaux approuvé, la circulation sur les cours d'eau des engins nautiques de loisir non motorisés s'effectue librement dans le respect des lois et règlements de police et des droits des riverains.

Le préfet peut, après concertation avec les parties concernées, réglementer sur des cours d'eau ou parties de cours d'eau non domaniaux la circulation des engins nautiques de loisir non motorisés ou la pratique du tourisme, des loisirs et des sports nautiques afin d'assurer la protection des principes mentionnés à l'article L. 211-1.

La responsabilité civile des riverains des cours d'eau non domaniaux ne saurait être engagée au titre des dommages causés ou subis à l'occasion de la circulation des engins nautiques de loisir non motorisés ou de la pratique du tourisme, des loisirs et des sports nautiques qu'en raison de leurs actes fautifs.

Bibliographie : J. Sironneau, *Développement du tourisme et protection de l'environnement sont-ils conciliables ou contradictoires : une application au domaine très évolutif de l'eau en France : RD rur.* 1994, n° 219, p. 1.

1) Liberté de navigation. Les propriétaires riverains n'ont aucun droit d'usage exclusif sur l'eau courante qui borne ou traverse leur propriété et le droit de circulation des usagers sur le cours d'eau ne constitue pas une simple tolérance à laquelle les propriétaires riverains peuvent mettre fin (■ CA Riom, 4 juin 1992, n° 317). La liberté de navigation sur les cours d'eau non domaniaux est ainsi reconnue et affirmée (■ TA Pau, 12 mai 1993, n°s 921978, 9305 et 93181, *AAPP du Gave d'Oloron, FDAAPP des Pyrénées-Atlantiques, Fédération française de canoë-kayak c/ Préfet des Pyrénées-Atlantiques*).

2) Restriction autorisée. Ne méconnaît pas l'article L. 214-12 l'arrêté préfectoral qui fixe les quotas de radeaux pouvant quotidiennement être mis à l'eau sur certains parcours, dès lors que cet arrêté n'a ni pris une mesure excessivement restrictive, ni porté illégalement atteinte au principe de la liberté du commerce et de l'industrie, compte tenu des objectifs de protection de l'environnement, des droits des riverains et des activités piscicoles qu'il poursuivait (■ CE, 28 juill. 1995, n° 151854, *Fédération française de canoë-kayak et de disciplines associées*). De même, est validé l'arrêté préfectoral prescrivant des interdictions et confiant la pratique des sports d'eau vive sur certains tronçons des cours d'eau, dans la mesure où les restrictions ont pour objet d'assurer aux pêcheurs la tranquillité dans la pratique de leur sport et qu'elles sont limitées et ne portent pas une atteinte excessive aux intérêts des différents usagers (■ TA Clermont-Ferrand, 6 sept. 1994, n° 94556, *Fédération française de canoë-kayak et a. c/ Préfet de la Haute-Loire*).

3) Compétence du préfet. Selon l'article L. 214-12 du Code de l'environnement, en l'absence de schéma d'aménagement et de gestion des eaux, la circulation sur les cours d'eau des engins nautiques de loisir non motorisés s'effectue librement dans le respect des lois et des règlements de police et des droits des riverains. Selon l'ancien article L. 214-13 du même code, cette circulation sur un cours d'eau domanial peut être interdite ou réglementée par arrêté préfectoral à la demande d'un riverain lorsque cette circulation entraîne un trouble grave dans la jouissance de ses droits. Enfin, selon l'article 103 du Code rural, l'autorité administrative est chargée de la conservation et de la police des cours d'eau non domaniaux. Selon le juge, il résulte de ces dispositions que le propriétaire d'une parcelle de terrain riveraine de l'Hérault ne tient d'aucun des droits qu'il invoque la possibilité d'empêcher le passage d'embarcations et en procédant de la sorte, il a outrepassé ses droits de riverain et s'est substitué illégalement à l'autorité administrative qui, seule, peut mettre en œuvre des mesures tendant à concilier la navigation avec les principes tirés de la libre circulation, du commerce et de l'industrie, de l'objectif de protection de l'environnement, des droits des riverains et enfin des activités de pêche (■ Cass. 2e civ., 29 mars 2006, n° 04-19.397, *Assoc. Montpellier université club canoë*).

4) Compétence du juge judiciaire. La juridiction judiciaire a compétence pour connaître des atteintes portées par des personnes privées au droit de propriété des riverains et prononcer les mesures propres à les faire cesser, à condition que ces mesures ne constituent pas une entrave au principe de libre circulation posé par la loi ni ne contrarient les prescriptions édictées, le cas échéant, par l'administration (■ Cass. 1re civ., 31 janv. 2018, n° 16-28.508 : *AJDA* 2019, 1018 ; *JCP* 2018, 387 note de G. Leray et N. Reboul-Maupin).

Art. L. 214-13 (1) ***(Abr. et recodifié à compter du 1er décembre 2010, Ord. n° 2010-1307, 28 oct. 2010 et rect. JO 20 nov. 2010. – V. C. transports, art. L. 4243-1)*** (2).

Section III. – Distribution d'eau et assainissement

(Intitulé et sect. rempl., L. n° 2006-1772, 30 déc. 2006) (3)

Art. L. 214-14 ***(Rempl., L. n° 2006-1772, 30 déc. 2006).*** **– Les dispositions relatives à la distribution d'eau et à l'assainissement sont énoncées à la section 2 du chapitre IV du titre II du livre II de la deuxième partie du Code général des collectivités territoriales et aux articles L. 1331-1 à L. 1331-16 du Code de la santé publique.**

Section IV. – Prix de l'eau (4)

(Abr., L. n° 2006-1772, 30 déc. 2006) (3)

Art. L. 214-15 et L. 214-16 ***(Abr., L. n° 2006-1772, 30 déc. 2006).***

Section V. – Obligations relatives aux ouvrages

(L. n° 2006-1772, 30 déc. 2006) (3)

Art. L. 214-17 ***(L. n° 2006-1772, 30 déc. 2006*** (3) ***; mod., L. n° 2015-992, 17 août 2015 ; L. n° 2016-925, 7 juill. 2016*** (5) ***; L. n° 2016-1087, 8 août 2016).*** **– I** (6). **– Après avis des conseils généraux**

(1) V. aussi C. dom. publ. fluv., art. 213 à 216. – NDLR.

(2) Application en Nouvelle-Calédonie, en Polynésie française, à Wallis-et-Futuna et dans les Terres australes et antarctiques françaises : V. Ord. n° 2010-1307, 28 oct. 2010, art. 11.

(3) Dispositions applicables à Mayotte, L. n° 2006-1772, 30 déc. 2006, art. 98, IV, 1.

(4) V. T. appl. : D. n° 93-1347, 28 déc. 1993. – NDLR.

(5) Pour l'application de la loi n° 2016-925 du 7 juillet 2016 à Saint-Barthélemy, les références au Code de l'environnement sont remplacées par les références prévues par le Code de l'environnement applicable localement, L. n° 2016-925, 7 juill. 2016, art. 119, III.

(6) Le Conseil constitutionnel a déclaré, dans sa décision n° 2014-396 QPC du 23 mai 2014 (publiée au *Journal officiel* du 25 mai 2014) ; *JurisData* n° 2014-012303 :

« Le paragraphe I de l'article L. 214-17 du Code de l'environnement était contraire à la Constitution avant le 1er janvier 2013.

Le paragraphe I de l'article L. 214-17 du Code de l'environnement est conforme à la Constitution à compter du 1er janvier 2013.

La déclaration d'inconstitutionnalité de l'article 1er prend effet à compter de la publication de la présente décision dans les conditions fixées aux considérants 9 et 10 ». – NDLR.

intéressés, des établissements publics territoriaux de bassin concernés, des comités de bassins et, en Corse, de l'Assemblée de Corse, l'autorité administrative établit, pour chaque bassin ou sous-bassin :

1° Une liste de cours d'eau, parties de cours d'eau ou canaux parmi ceux qui sont en très bon état écologique ou identifiés par les schémas directeurs d'aménagement et de gestion des eaux comme jouant le rôle de réservoir biologique nécessaire au maintien ou à l'atteinte du bon état écologique des cours d'eau d'un bassin versant ou dans lesquels une protection complète des poissons migrateurs vivant alternativement en eau douce et en eau salée est nécessaire, sur lesquels aucune autorisation ou concession ne peut être accordée pour la construction de nouveaux ouvrages s'ils constituent un obstacle à la continuité écologique.

Le renouvellement de la concession ou de l'autorisation des ouvrages existants, régulièrement installés sur ces cours d'eau, parties de cours d'eau ou canaux, est subordonné à des prescriptions permettant de maintenir le très bon état écologique des eaux, de maintenir ou d'atteindre le bon état écologique des cours d'eau d'un bassin versant ou d'assurer la protection des poissons migrateurs vivant alternativement en eau douce et en eau salée ;

2° *(Mod., L. n° 2021-1104, 22 août 2021)* Une liste de cours d'eau, parties de cours d'eau ou canaux dans lesquels il est nécessaire d'assurer le transport suffisant des sédiments et la circulation des poissons migrateurs. Tout ouvrage doit y être géré, entretenu et équipé selon des règles définies par l'autorité administrative, en concertation avec le propriétaire ou, à défaut, l'exploitant, sans que puisse être remis en cause son usage actuel ou potentiel, en particulier aux fins de production d'énergie. S'agissant plus particulièrement des moulins à eau, l'entretien, la gestion et l'équipement des ouvrages de retenue sont les seules modalités prévues pour l'accomplissement des obligations relatives au franchissement par les poissons migrateurs et au transport suffisant des sédiments, à l'exclusion de toute autre, notamment de celles portant sur la destruction de ces ouvrages.

II. – Les listes visées aux 1° et 2° du I sont établies par arrêté de l'autorité administrative compétente, après étude de l'impact des classements sur les différents usages de l'eau visés à l'article L. 211-1. Elles sont mises à jour lors de la révision des schémas directeurs d'aménagement et de gestion des eaux pour tenir compte de l'évolution des connaissances et des enjeux propres aux différents usages.

III. – Les obligations résultant du I s'appliquent à la date de publication des listes. Celles découlant du 2° du I s'appliquent, à l'issue d'un délai de cinq ans après la publication des listes, aux ouvrages existants régulièrement installés. Lorsque les travaux permettant l'accomplissement des obligations résultant du 2° du I n'ont pu être réalisés dans ce délai, mais que le dossier relatif aux propositions d'aménagement ou de changement de modalités de gestion de l'ouvrage a été déposé auprès des services chargés de la police de l'eau, le propriétaire ou, à défaut, l'exploitant de l'ouvrage dispose d'un délai supplémentaire de cinq ans pour les réaliser.

Le cinquième alinéa de l'article 2 de la loi du 16 octobre 1919 relative à l'utilisation de l'énergie hydraulique et l'article L. 432-6 du présent code demeurent applicables jusqu'à ce que ces obligations y soient substituées, dans le délai prévu à l'alinéa précédent. À l'expiration du délai précité, et au plus tard le 1er janvier 2014, le cinquième alinéa de l'article 2 de la loi du 16 octobre 1919 précitée est supprimé et l'article L. 432-6 précité est abrogé.

Les obligations résultant du I du présent article n'ouvrent droit à indemnité que si elles font peser sur le propriétaire ou l'exploitant de l'ouvrage une charge spéciale et exorbitante.

Les mesures résultant de l'application du présent article sont mises en œuvre dans le respect des objectifs de protection, de conservation et de mise en valeur du patrimoine protégé soit au titre des monuments historiques, des abords ou des sites patrimoniaux remarquables en application du livre VI du Code du patrimoine, soit en application de l'article L. 151-19 du Code de l'urbanisme.

V *(L. n° 2021-1104, 22 août 2021)*. – À compter du 1er janvier 2022, les mesures résultant de l'application du présent article font l'objet d'un bilan triennal transmis au Comité national de l'eau, au Conseil supérieur de l'énergie ainsi qu'au Parlement. Ce bilan permet d'évaluer l'incidence des dispositions législatives et réglementaires sur la production d'énergie hydraulique ainsi que sur son stockage.

Bibliographie : X. de Lesquen, *De la notion d'entreprise hydraulique nouvelle à celle constituant un obstacle à la continuité écologique*, Conclusions sur CE, 11 déc. 2015, n° 367116, *Assoc. France Énergie Planète : BDEI* févr. 2016, p. 22, n° 61. • E. Guyard, *Une application progressive de la LEMA : Dr. env.* mars 2008, n° 156, p. 126.

Voir : Note technique du 30 avril 2019 relative à la mise en œuvre du plan d'action pour une politique apaisée de restauration de la continuité écologique des cours d'eau (NOR : TREL1904749N, 30 avr. 2019).

1) Annulation partielle de la circulaire du 25 janvier 2010 du ministre de l'Écologie, de l'Énergie, du Développement durable et de la Mer, en charge des technologies vertes et des négociations sur le climat, relative à la mise en œuvre par l'État et ses établisse-

ments publics d'un plan d'actions pour la restauration de la continuité écologique des cours d'eau. Le Conseil d'État a relevé que la circulaire indique, dans son annexe I-5 : « *Cas des cours d'eau en très bon état écologique : Ces cours d'eau ne font a priori pas partie des cours d'eau prioritaires au sens de la présente circulaire qui vise la restauration de la continuité écologique. L'évaluation en TBE suppose, en effet, que la continuité soit assurée correctement, par définition sa restauration n'est, dès lors, pas un enjeu. Compte tenu du caractère exceptionnel de ces cours d'eau, de leur rareté, de la très grande facilité de les dégrader, notamment par une activité anthropique touchant à l'hydrologie ou l'hydromorphologie et pour ne pas être en contradiction avec l'obligation de non-dégradation issue de la DCE, aucun équipement hydroélectrique ne doit être envisagé sur les éventuels ouvrages transversaux qui pourraient se situer sur ces cours d'eau* ». La Haute juridiction a estimé qu'en interdisant, de manière générale, la réalisation de tout nouvel équipement, alors que la loi prévoit que l'interdiction de nouveaux ouvrages ne s'applique que sur les cours d'eau en très bon état écologique figurant sur la liste établie en application de l'article L. 214-17 du Code de l'environnement et uniquement si ces ouvrages constituent un obstacle à la continuité écologique, l'auteur de la circulaire a méconnu les dispositions législatives applicables ; par suite, la fédération requérante était fondée à demander l'annulation des dispositions citées ci-dessus de l'annexe I-5 de la circulaire (■ CE, 14 nov. 2012, n° 345165, *Fédération française des associations de sauvegarde des moulins*).

2) Annulation partielle de la circulaire du 18 janvier 2013 relative à l'application des classements de cours d'eau en vue de leur préservation ou de la restauration de la continuité écologique (NOR : DEVL1240962C : *BO min. Écologie* n° 2013/4, 10 mars). Le Conseil d'État a censuré deux dispositions de la circulaire. La première (ann. 1, point 1.1) dispensait d'instruction tous les nouveaux ouvrages sur les cours d'eau classés en liste 1, au motif que ces ouvrages constitueraient nécessairement un obstacle à la continuité écologique des cours d'eau, alors que, selon le juge, le respect de cette exigence doit s'apprécier au regard des critères permettant d'évaluer l'atteinte portée par l'ouvrage à la continuité écologique. La seconde (ann. 1, point 1.4) prévoyait que la reconstruction d'un ouvrage fondé en titre, qui serait en ruine, en partie démoli ou abandonné, équivalait juridiquement à la construction d'un nouvel ouvrage constituant un obstacle à la continuité écologique, alors que selon le juge, cette reconstruction ne peut légalement être assimilée à un ouvrage faisant par nature obstacle à cette continuité et justifiant un refus d'autorisation, dès lors que l'administration doit procéder à un examen du bien-fondé de la demande (■ CE, 11 déc. 2015, n° 367116, *Assoc. France Énergie Planète*, Inédit au Recueil Lebon. *De la notion d'entreprise hydraulique nouvelle à celle constituant un obstacle à la continuité écologique : BDEI* févr. 2016, p. 22, n° 61, concl. X. de Lesquen).

3) Constitutionnalité de l'article L. 214-17-I. Le Conseil constitutionnel, sur renvoi d'une QPC du Conseil d'État, a validé la constitutionnalité des dispositions relatives au classement des cours d'eau au titre de la protection de l'eau et des milieux aquatiques. Le Conseil constitutionnel a été saisi le 26 mars 2014 par le Conseil d'État d'une question prioritaire de constitutionnalité posée par le syndicat France Hydro Électricité. Selon le syndicat, faute de prévoir des modalités suffisantes d'information et de participation du public lors de l'élaboration des listes de cours d'eau qu'elles prescrivent, les dispositions du I de l'article L. 214-17 du Code de l'environnement méconnaissent le droit de toute personne de participer à l'élaboration des décisions publiques ayant une incidence sur l'environnement, énoncé à l'article 7 de la Charte de l'environnement. Pour le Conseil constitutionnel, les inscriptions sur ces listes constituent des décisions publiques ayant une incidence sur l'environnement. Cependant, contrairement à ce qu'impose l'article 7 de la Charte de l'environnement, aucune disposition n'assurait initialement la mise en œuvre du principe de participation du public à l'élaboration de ces décisions. Le législateur a remédié à cette inconstitutionnalité par la loi du 27 décembre 2012. Celle-ci impose, à l'article L. 120-1 du Code de l'environnement, la participation du public pour diverses décisions ayant une incidence sur l'environnement. Elle s'applique à compter du 1er janvier 2013 aux décisions de classement de cours d'eau prévues au paragraphe I de l'article L. 214-17 du Code de l'environnement. Il a ainsi été mis fin à l'inconstitutionnalité. Le Conseil constitutionnel a donc jugé qu'il n'y avait pas lieu de prononcer l'abrogation des dispositions contestées pour la période antérieure au 1er janvier 2013.

Par ailleurs le Conseil a examiné les conséquences qu'aurait, du fait de l'inconstitutionnalité antérieure au 1er janvier 2013, la remise en cause des décisions prises sur le fondement de l'article L. 214-17. Il a relevé qu'au regard des arrêtés déjà adoptés pour de nombreux bassins, cette remise en cause aurait des conséquences manifestement excessives. Il a en conséquence estimé que les décisions prises avant le 1er janvier 2013 sur le fondement des dispositions déclarées inconstitutionnelles ne peuvent être contestées sur le fondement de cette inconstitutionnalité (Déc. n° 2014-396 QPC, 23 mai 2014, *France Hydro Électricité* ; V. aussi la QPC posée par le Conseil d'État : ■ CE, 26 mars 2014, n° 374844, *Syndicat professionnel France Hydro Électricité*).

4) Identification des cours d'eau, parties de cours d'eau ou canaux jouant le rôle de réservoir biologique. S'il appartient aux auteurs d'un SDAGE de fixer des objectifs ou orientations destinés à assurer le bon état des cours d'eau et s'il leur est loisible d'identifier à cette fin les cours d'eau, parties de cours d'eau ou canaux jouant le rôle de réservoir biologique, une telle mesure ne peut avoir pour objet ou pour effet de se substituer à la publication de la liste prévue à l'article L. 214-17 du Code de l'environnement, en permettant à l'autorité administrative compétente de s'opposer à la réalisation d'ouvrages situés sur des cours d'eau, en se fondant sur ces schémas (■ CE, 30 janv. 2013, n° 346120, *SNC Pervu*).

5) Obligation visant à assurer la continuité écologique (applicable à l'ensemble des cours d'eau). Le Conseil d'État a rappelé que l'obligation visant à assurer la continuité écologique ne s'applique pas aux seuls cours d'eau classés sur les listes prévues aux 1° et 2° du I de l'article L. 214-17 du Code de l'environnement, mais constitue l'un des objectifs de la gestion équilibrée et durable de la ressource en eau dont les autorités administratives chargées de la police de l'eau doivent assurer le respect sur l'ensemble des cours d'eau (■ CE, 22 févr. 2017, n° 398272).

6) Droits d'antériorité et continuité écologique. Le Conseil d'État a apporté des précisions sur les délais à prendre en compte pour mettre en œuvre les obligations au titre de la continuité écologique pour les ouvrages situés sur un cours d'eau. Il a estimé que si un délai de cinq ans après la publication des listes prévues au 2° du I de l'article L. 214-17 est accordé aux exploitants d'« ouvrages existants régulièrement installés » pour mettre en œuvre les obligations qu'il instaure, ce délai n'est pas ouvert aux exploitants d'ouvrages antérieurement soumis à une obligation de mise en conformité en application de l'article L. 232-6 du Code rural, devenu l'article L. 432-6 du Code de l'environnement, qui n'auraient pas respecté le délai de cinq ans octroyé par ces dispositions pour mettre en œuvre cette obligation. Ces ouvrages existants ne peuvent ainsi être regardés comme « régulièrement installés », au sens du III de l'article L. 214-17 du Code de l'environnement, et sont donc soumis aux obligations résultant du I de cet article dès la publication des listes qu'il prévoit (■ CE, 22 oct. 2018, n° 402480, *SARL Saint-Léon*). Le délai de mise en conformité de cinq années à compter de la publication des listes de cours d'eau offert par le III de l'article L. 214-17 ne peut être invoqué par d'autres personnes que les propriétaires ou exploitants d'ouvrages régulièrement installés à la date d'entrée en vigueur de ces dispositions (■ Cass. Crim., 11 sept. 2018, n° 17-80.192).

Art. L. 214-17-1 *(L. n° 2021-1104, 22 août 2021)*. **– Dans le cadre de la mise en œuvre des obligations de restauration de la continuité écologique des cours d'eau, l'État encourage, en lien avec les collectivités territoriales concernées, la mise en place de processus de conciliation amiable, non obligatoires et non contraignants, à la demande des porteurs de projets ou des gestionnaires d'installations hydrauliques relevant du régime de l'autorisation, en application de l'article L. 511-5 du Code de l'énergie, concernés.**

Art. L. 214-18 *(L. n° 2006-1772, 30 déc. 2006)* (1). **– I. – Tout ouvrage à construire dans le lit d'un cours d'eau doit comporter des dispositifs maintenant dans ce lit un débit minimal garantissant en permanence la vie, la circulation et la reproduction des espèces vivant dans les eaux au moment de l'installation de l'ouvrage ainsi que, le cas échéant, des dispositifs empêchant la pénétration du poisson dans les canaux d'amenée et de fuite.**

Ce débit minimal ne doit pas être inférieur au dixième du module du cours d'eau en aval immédiat ou au droit de l'ouvrage correspondant au débit moyen interannuel, évalué à partir des informations disponibles portant sur une période minimale de cinq années, ou au débit à l'amont immédiat de l'ouvrage, si celui-ci est inférieur. Pour les cours d'eau ou parties de cours d'eau dont le module est supérieur à 80 mètres cubes par seconde, ou pour les ouvrages qui contribuent, par leur capacité de modulation, à la production d'électricité en période de pointe de consommation et dont la liste est fixée par décret en Conseil d'État pris après avis du Conseil supérieur de l'énergie, ce débit minimal ne doit pas être inférieur au vingtième du module du cours d'eau en aval immédiat ou au droit de l'ouvrage évalué dans les mêmes conditions ou au débit à l'amont immédiat de l'ouvrage, si celui-ci est inférieur. Toutefois, pour les cours d'eau ou sections de cours d'eau présentant un fonctionnement atypique rendant non pertinente la fixation d'un débit minimal dans les conditions prévues ci-dessus, le débit minimal peut être fixé à une valeur inférieure.

(1) Dispositions applicables à Mayotte, L. n° 2006-1772, 30 déc. 2006, art. 98, IV, 1.

II. – Les actes d'autorisation ou de concession peuvent fixer des valeurs de débit minimal différentes selon les périodes de l'année, sous réserve que la moyenne annuelle de ces valeurs ne soit pas inférieure aux débits minimaux fixés en application du I. En outre, le débit le plus bas doit rester supérieur à la moitié des débits minimaux précités.

Lorsqu'un cours d'eau ou une section de cours d'eau est soumis à un étiage naturel exceptionnel, l'autorité administrative peut fixer, pour cette période d'étiage, des débits minimaux temporaires inférieurs aux débits minimaux prévus au I.

III. – L'exploitant de l'ouvrage est tenu d'assurer le fonctionnement et l'entretien des dispositifs garantissant dans le lit du cours d'eau les débits minimaux définis aux alinéas précédents.

IV. – Pour les ouvrages existant à la date de promulgation de la loi n° 2006-1772 du 30 décembre 2006 sur l'eau et les milieux aquatiques, les obligations qu'elle institue sont substituées, dès le renouvellement de leur concession ou autorisation et au plus tard le 1er janvier 2014, aux obligations qui leur étaient précédemment faites. Cette substitution ne donne lieu à indemnité que dans les conditions prévues au III de l'article L. 214-17.

V. – Le présent article n'est applicable ni au Rhin ni aux parties internationales des cours d'eau partagés.

VI *(L. n° 2023-175, 10 mars 2023)*. – De manière exceptionnelle et temporaire, en cas de menace grave sur la sécurité de l'approvisionnement électrique constatée par l'autorité gestionnaire du réseau, l'autorité administrative peut accorder des dérogations au débit à laisser à l'aval d'un ou de plusieurs ouvrages, fixé dans les actes des concessions ou chaînes de concessions ou dans les règlements d'eau. Ces dérogations font l'objet de suivis systématiques des impacts. Au moins 80 % des bénéfices nets tirés de la production supplémentaire générée du fait de la dérogation sont affectés par le concessionnaire à des opérations de compensation ou de réduction des impacts ou concourant à l'atteinte du bon état écologique du cours d'eau ou du bassin versant concernés.

Le premier alinéa du présent VI est également applicable aux concessions installées sur le Rhin.

Bibliographie : A. Gaonac'h, *Les piscicultures face aux exigences du droit de l'eau : RD rur.* mars 2008, p. 113. • I. Michallet, *Obligations relatives aux ouvrages : Environnement* oct. 2008, n° 10, comm. 133. • E. Guyard, *Une application progressive de la LEMA : Dr. env.* mars 2008, n° 156, p. 126.

1) Précisions sur l'obligation de maintenir un débit minimal. Le débit minimal, dit débit « réservé », doit garantir en permanence la vie, la circulation et la reproduction des espèces qui peuplent les eaux au moment de l'installation de l'ouvrage et ne peut être composé que d'eaux s'écoulant naturellement au droit de l'ouvrage (■ CAA Bordeaux, 1er avr. 2008, n° 07BX00935, *Min. Écologie et Développement durable*).

2) Débit réservé imposé à une entreprise hydraulique. Le tribunal administratif de Marseille considère que c'est au pétitionnaire d'apporter, dans le cadre de l'étude d'impact, les éléments techniques et scientifiques relatifs aux caractéristiques du cours d'eau afin de permettre à l'autorité administrative de se prononcer sur la base d'informations fiables et complètes, dès lors que les installations hydrauliques ont un impact significatif sur l'hydrologie des cours d'eau et la circulation et la reproduction des espèces. Il constate que l'étude d'impact produite par l'exploitant motivant la proposition d'un débit réservé fixé à 31 l/s dans le tronçon du cours d'eau court-circuité par l'installation est insuffisante. Le tribunal administratif de Marseille estime qu'en fixant le débit réservé à 51 l/s au lieu des 31 l/s proposés initialement, le préfet a concilié les usages et a procédé à une répartition équilibrée de la ressource en eau (■ TA Marseille, 3 juin 2009, n° 0807303, *Société Forces hydrauliques de Bouchouse*).

3) Installation fondée en titre. L'obligation de respecter le débit réservé fixé à minima au 1/10e du module, s'imposera aux installations fondées en titre qu'à compter du 1er janvier 2014 (■ CAA Douai, 26 mars 2009, n° 07DA01281). Les installations et ouvrages fondés en titre sont soumis, au plus tard le 1er janvier 2014, à des dispositions (C. envir., art. L. 214-18, IV) qui définissent les conditions dans lesquelles l'autorité administrative peut fixer un début minimal et imposer des dispositifs aux ouvrages construits dans le lit d'un cours d'eau de nature à maintenir ce débit. Ainsi, dans l'exercice de ses pouvoirs de police de l'eau, l'autorité administrative peut imposer à l'exploitant de toute installation existante, y compris fondé en titre, les prescriptions nécessaires à la préservation des milieux naturels aquatiques (■ CAA Marseille, 7e ch., 6 mars 2020, n° 17MA02620).

Art. L. 214-18-1 *(L. n° 2017-227, 24 févr. 2017 ; abr., L. n° 2023-175, 10 mars 2023)* (1).

(1) Le Conseil constitutionnel avait le présent article, dans sa rédaction issue de la loi n° 2017-227 du 24 février 2017, conforme à la Constitution. – V. ■ Cons const., 13 mai 2022, n° 2022-991 QPC, art. 1er ; *JO* 14 mai 2022. – NDLR.

Rédaction antérieure. Art. L. 214-18-1 *(L. n° 2017-227, 24 févr. 2017).* – Les moulins à eau équipés par leurs propriétaires, par des tiers délégués ou par des collectivités territoriales pour produire de l'électricité, régulièrement installés sur les cours d'eau, parties de cours d'eau ou canaux mentionnés au 2° du I de l'article L. 214-17, ne sont pas soumis aux règles définies par l'autorité administrative mentionnées au même 2°. Le présent article ne s'applique qu'aux moulins existant à la date de publication de la loi n° 2017-227 du 24 février 2017 du ratifiant les ordonnances n° 2016-1019 du 27 juillet 2016 relative à l'autoconsommation d'électricité et n° 2016-1059 du 3 août 2016 relative à la production d'électricité à partir d'énergies renouvelables et visant à adapter certaines dispositions relatives aux réseaux d'électricité et de gaz et aux énergies renouvelables.

1) Les anciens moulins à eau ne sont plus classés par les préfets coordonnateurs. L'article 15 de la loi n° 2017-277 ratifiant l'ordonnance du 27 juillet 2016 qui facilite le recours à l'autoconsommation et celle du 3 août 2016 qui encadre la production d'électricité à partir d'énergie renouvelable (EnR) a créé l'article L. 214-18-1 du Code de l'environnement selon lequel les anciens moulins à eau situés en milieu rural et équipés par leurs propriétaires, des tiers délégués ou des collectivités territoriales, pour produire de l'électricité, ne sont plus soumis au classement par arrêté des préfets coordonnateurs. Cet article ne s'applique qu'aux moulins existant à la date de publication de la loi, soit au 25 février 2017.

2) Ouvrages concernés. Le délai de mise en conformité de cinq années à compter de la publication des listes de cours d'eau offert par la dérogation instituée pour certains moulins à eau électrogènes par l'article L. 214-18 issu de la loi du 24 février 2017 ne peut être invoqué par d'autres personnes que les propriétaires ou exploitants d'ouvrages régulièrement installés à la date d'entrée en vigueur de ces dispositions (▪ Cass. Crim., 11 sept. 2018, n° 17-80.192).

Art. L. 214-19 *(L. n° 2006-1772, 30 déc. 2006)* (1). **– Un décret en Conseil d'État précise les conditions d'application de la présente section.**

CHAPITRE V. – DISPOSITIONS PROPRES AUX COURS D'EAU NON DOMANIAUX

Bibliographie : *Traités.* A. Daviel, *Traité de la législation et de la pratique des cours d'eau*, Paris, 2e éd. 1837.

Thèses. P. Gourdault-Montagne, *Le droit de riveraineté, propriété, usages, protection des cours d'eau non domaniaux*, Éd. Lavoisier, 1994.

Ouvrages et articles. M. Painchaux, *Servitudes, Servitudes dérivant de la situation des lieux, Eaux de ruissellement, Eaux de source, Eaux des étangs : JCl. Civil*, art. 640 à 643, 2016. • M. Painchaux, *Servitude, régime des cours d'eau non domaniaux : JCl. Civil*, art. 640 à 645, 2012. • J.-L. Gazzaniga, X. Larrouy-Castera, P. Marc et J.-P. Ourliac, *Eaux, entretien des cours d'eau : JCl. Rural*, Fasc. 70, 2008. • J.-P. Bravard et F. Petit, *Les cours d'eau*, Armand Colin, 1997. • J.-L. Gazzaniga, *La fin des cours d'eau flottables à bûches perdues : Mél. P. Vellas*, 1996, p. 501 à 515. • R. Le Moal, *Les droits sur l'eau : RD rur.* déc. 1993, n° 218, p. 449 à 465. • J. De Malafosse, *L'eau qui endort*, Économica, 1989. • J.-L. Gazzaniga, *La propriété de l'eau : LPA* 13 sept. 1983, n° 103, p. 11 à 19. • P. Gautron, *Le régime juridique des eaux non domaniales*, Éd. Actualité juridique, 1966. • J. Barale, *Le régime juridique de l'eau, richesse nationale : RDP* 1965, p. 587 à 630. • J. Moreau, *Police municipale et police des cours d'eau ni navigables ni flottables*, in *Collectivités locales : Dalloz, jurispr. gén.*, vol. 3, p. 2760 et s.

Section I. – Droits des riverains

Art. L. 215-1 *(Anc. C. rur., art. 97).* **– Les riverains n'ont le droit d'user de l'eau courante qui borde ou qui traverse leurs héritages que dans les limites déterminées par la loi. Ils sont tenus de se conformer, dans l'exercice de ce droit, aux dispositions des règlements et des autorisations émanant de l'administration.**

Bibliographie : J.-M. Février, *Limites du droit d'usage des eaux non domaniales : Environnement* janv. 2007, n° 1, comm. 3.

1) Notion de riverain. Un riverain d'un cours d'eau s'entend comme celui dont la propriété borde le cours d'eau sans en être séparé par une digue, un chemin, un fossé appartenant à autrui (▪ CE, 29 juin 1903, *Synd. des Rivières de Cleres et Tailly : Rec. CE* 1903, p. 484). Est riverain d'un cours d'eau le propriétaire du terrain qui en jouxte le lit (▪ CA Dijon, 23 janv. 1867 : *DP* 1867, 2, p. 216. ▪ CA Pau, 15 juin 1886 : *DP* 1867, 2, p. 65).

2) Usages de l'eau. Un riverain d'un cours d'eau a le droit de s'en servir pour l'irrigation de ses propriétés (▪ Cass. civ., 20 oct. 1942 : *Gaz. Pal.* 1942, 2, p. 280), « même jusqu'à l'absorber entièrement, pourvu qu'au sortir de sa propriété, il rende à leur cours ordinaire les eaux qui n'ont pas été absorbées » (▪ CA Bourges, 7 avr. 1837 : *Dalloz, jurispr. gén.*, t. 40, n° 222). L'eau peut également être utilisée pour des usages para-agricoles

(1) Dispositions applicables à Mayotte, L. n° 2006-1772, 30 déc. 2006, art. 98, IV, 1.

(■ CA Nîmes, 22 févr. 1888 : *DP* 1888, 2, p. 155) et à des fins industrielles (■ Cass. req., 4 mai 1887 : *D.* 1887, 1, p. 199). Le riverain d'un cours d'eau a également la faculté de céder son droit (■ CA Grenoble, 7 août 1901 : *DP* 1902, 2, p. 225. ■ Cass. civ., 28 mars 1938 : *DH* 1938, p. 338). De plus, aucun reproche ne peut être adressé à un propriétaire qui utilise l'intégralité des eaux d'une rivière pour ses besoins personnels en période de sécheresse (■ Cass. 1re civ., 20 janv. 1958 : *Bull. civ.* I, n° 41).

3) Utilisation équitable et raisonnable. Il est nécessaire de concilier les intérêts des riverains et de répartir les différents usages des cours d'eau (Req., 19 janv. 1874 : *DP* 1874, I, p. 119). Un riverain ne doit ainsi pas nuire aux riverains inférieurs (■ CE, 12 févr. 1960, *Épx Barreaux et a. : Rec. CE* 1960, p. 108), l'usage de l'eau ne devant pas être abusif vis-à-vis des fonds en aval (■ Cass. 3e civ., 4 févr. 1975, n° 73-13.975 : *JurisData* n° 1975-098040 ; *Bull. civ.* III, n° 40 ; *Gaz. Pal.* 1975, 1, somm. p. 72).

Art. L. 215-2 ***(Mod., L. n° 2006-1772, 30 déc. 2006)*** (1). **– Le lit des cours d'eau non domaniaux appartient aux propriétaires des deux rives.**

Si les deux rives appartiennent à des propriétaires différents, chacun d'eux a la propriété de la moitié du lit, suivant une ligne que l'on suppose tracée au milieu du cours d'eau, sauf titre ou prescription contraire.

Chaque riverain a le droit de prendre, dans la partie du lit qui lui appartient, tous les produits naturels et d'en extraire de la vase, du sable et des pierres, à la condition de ne pas modifier le régime des eaux et d'en exécuter l'entretien conformément à l'article L. 215-14.

Sont et demeurent réservés les droits acquis par les riverains ou autres intéressés sur les parties des cours d'eau qui servent de voie d'exploitation pour la desserte de leurs fonds.

Bibliographie : Ph. Billet, *Le riverain d'un cours d'eau ne peut pas empêcher la circulation des embarcations : JCP* A 2006, 1211.

1) Notion de cours d'eau. Selon le Conseil d'État, constitue un cours d'eau, au sens de l'article L. 214-1 du Code de l'environnement, un écoulement d'eaux courantes dans un lit naturel à l'origine, alimenté par une source et présentant un débit suffisant la majeure partie de l'année (■ CE, 21 oct. 2011, n° 334322, *min. de l'Écologie*).

2) Cours d'eau non domanial. Ne constitue pas un cours d'eau non domanial un ruisseau qui ne reçoit que des eaux de pluie et les effluents d'une station d'épuration et qui n'est alimenté par aucune source (■ CE, 19 nov. 1975, *Cne de Ramonville-Saint-Agne : Rec. CE* 1975, p. 578). Ne peut pas plus être considéré comme un cours d'eau non domanial un simple canal creusé dans un intérêt privé (■ CE, 26 janv. 1972, *Comont : Rec. CE* 1972, p. 81), ni un cours d'eau qui n'est alimenté par aucune source et ne reçoit que de façon intermittente des eaux pluviales (■ CE, 22 févr. 1980, *Pourfillet et a. : AJDA* 1980, p. 487 ; *RD rur.* 1981, p. 314). De même, un ruisseau recevant des eaux pluviales ou de fontes des neiges n'est pas considéré comme un cours d'eau non domanial (■ CAA Lyon, 7 déc. 1989, n° 89LY00397, *Mutuelle Assurance des Instituteurs de France*), ni des rigoles servant à faciliter l'écoulement des eaux (■ CE, 11 mars 1983, *Bertazzon : D.* 1984, inf. rap., p. 341-342, obs. F. Moderne et P. Bon ; *RD rur.* 1986, p. 16). En revanche, sont des cours d'eau non domaniaux un ruisseau qui ne suit plus son ancien cours et s'écoule dans un nouveau lit dont le préfet a ordonné le curage, ayant un débit régulier pendant la plus grande partie de l'année et alimenté en amont par des sources (■ CE, 22 janv. 1909, *Toussaint : Rec. CE* 1909, p. 77), et un ruisseau comportant un lit permanent servant d'écoulement normal aux eaux de ruissellement provenant des fonds supérieurs (■ TA Toulouse, 20 déc. 1979, cité in *RD rur.* 1982, p. 224).

3) Pluralité de riverains. Si l'article L. 215-2 prévoit les règles relatives au partage du lit par moitié en cas de pluralité de riverains, les règles concernant deux riverains contigus ont été posées par la jurisprudence (■ Cass., 25 févr. 1907 : *DP* 1908, 1, p. 281).

4) Étendue du droit de propriété. Afin d'exploiter son fond, le propriétaire d'un cours d'eau peut utiliser de petites embarcations (■ CE, 25 nov. 1903 : *D.* 1905, 3, p. 13). Le propriétaire d'un cours d'eau a également le droit d'extraire les produits que contient ce cours d'eau s'il n'en modifie pas le régime (■ Cass. req., 19 janv. 1926 : *DP* 1928, p. 156). Le propriétaire d'un cours d'eau peut également interdire la navigation sur ce cours d'eau (T. civ. Albi, 4 juin 1902 : *S.* 1902, 2, p. 222. – T. civ. Florac, 17 juin 1952 : *JCP* 1952, II, p. 7888 ; *Gaz. Pal.* 1952, 2, p. 286). Pour une solution contraire en matière de navigation (■ CA Paris, 20 juill. 1901 : *DP* 1902, 2, p. 201, note Claro. ■ Cass. req., 10 mars 1925 : *DH* 1925, p. 257).

5) Obligation du propriétaire. En contrepartie de son droit de propriété, le riverain d'un cours d'eau non domanial doit l'entretenir et le curer

(1) Dispositions applicables à Mayotte, L. n° 2006-1772, 30 déc. 2006, art. 98, IV, 1.

(■ Cass. req., 19 janv. 1926 : *DP* 1928, p. 156). Si la charge de travaux de curage et d'entretien incombe également à chaque riverain, un syndicat mixte intercommunal d'aménagement d'un bassin peut y procéder et faire participer aux dépenses les personnes qui ont rendu les travaux nécessaires ou qui y trouvent un intérêt (■ CE, 23 mars 1998, n° 155323, *Sté civile d'exploitation agricole et forestière*).

6) Trouble de jouissance et indemnisation. Le propriétaire d'un cours d'eau non domanial troublé dans l'exercice de son droit de propriété a droit à une indemnité (■ CE, 9 oct. 1970, *Syndicat intercommunal de protection des communes de Modane et les Fourneaux (Savoie) c/ Les crues de l'Arc et du Charmais : Rec. CE* 1970, p. 564).

7) Prescription acquisitive. Les droits des riverains sur les cours d'eau peuvent se perdre par prescription acquisitive au profit d'un tiers (■ CA Grenoble, 28 janv. 1903 : *DP* 1907, 1, p. 346), l'établissement d'un barrage pouvant être considéré comme une base de la prescription acquisitive (■ Cass. req., 15 nov. 1904 : *DP* 1907, 1, p. 346).

Art. L. 215-3. – Lorsque le lit d'un cours d'eau est abandonné, soit naturellement soit par suite de travaux légalement exécutés, chaque riverain en reprend la libre disposition suivant les limites déterminées par l'article précédent.

Voir : C. civ., art. 563.

Bibliographie : G. Le Gall, *Le changement de lit des cours d'eau non domaniaux : RD rur.* 1980, p. 192.

Abandon effectif. Ne peut être qualifié d'abandon, au titre du présent article, l'absence d'entretien d'un bief de dérivation (■ Cass. 3e civ., 25 janv. 1972 : *Bull. civ.* III, n° 51). Pas plus que le recouvrement momentané d'une parcelle de terrains par les eaux d'une rivière à la suite d'inondations (■ Cass. civ., 26 févr. 1986 : *DP* 1996, 1, p. 247).

Art. L. 215-4 ***(Mod., L. n° 2006-1772, 30 déc. 2006)*** (1). **– Lorsqu'un cours d'eau non domanial abandonne naturellement son lit, les propriétaires des fonds sur lesquels le nouveau lit s'établit sont tenus de souffrir le passage des eaux sans indemnité ; mais ils peuvent, dans l'année qui suit le changement de lit, prendre les mesures nécessaires pour rétablir l'ancien cours des eaux, sous réserve que ces mesures ne fassent pas obstacle à la réalisation d'une opération entreprise pour la gestion de ce cours d'eau en application de l'article L. 211-7.**

Les propriétaires riverains du lit abandonné jouissent de la même faculté et peuvent, dans l'année et dans les mêmes conditions, poursuivre l'exécution des travaux nécessaires au rétablissement du cours primitif.

Bibliographie : G. Le Gall, *Le changement de lit des cours d'eau non domaniaux : RD rur.* 1980, p. 192.

1) Délai de réalisation des travaux. Les travaux doivent être entrepris dans l'année qui suit l'abandon du lit initial, un début d'aménagements étant réputé suffire (■ Cass. req., 13 juill. 1909 : *Gaz. Pal.* 1909, 2, p. 492 ; *S.* 1910, 1, p. 37).

2) Perte de la qualité de riverain. Faute d'effectuer les travaux dans le délai imparti, les propriétaires de parcelles. perdent leur qualité de riverain (■ Cass. civ., 6 févr. 1973 : *DS* 1973, somm. p. 90 ; *JCP* 1973, IV, p. 113. ■ Cass. 3e civ., 4 oct. 1978 : *Bull. civ.* III, n° 235 ; *RTD civ.* 1979, n° 1, p. 399, obs. C. Giverdon ; *RD rur.* 1981, p. 316).

Art. L. 215-5 ***(Abr., L. n° 2006-1772, 30 déc. 2006)*** (1).

Compétence des juges judiciaires. Les indemnités relevant en premier ressort du tribunal d'instance, les juridictions administratives sont incompétentes (■ CE, 24 janv. 1969, *Dame Daloz : Rec. CE* 1969, p. 41).

Art. L. 215-6 ***(Anc. C. rur., art. 102)*****. – La propriété des alluvions, relais, atterrissements, îles et îlots qui se forment dans les cours d'eau non domaniaux est et demeure régie par les dispositions des articles 556, 557, 559, 561 et 562 du Code civil.**

Voir : C. civ., art. 556, 557, C. civ.art. 559, C. civ.art. 561 et 562.

1) Notions d'alluvions et d'atterrissements. Sont des atterrissements les apports qui dépassent le plus haut niveau qu'atteignent sans débordement les eaux de la rivière (■ Cass. 3e civ., 9 mars 1976 : *Bull. civ.* III, n° 104). Les notions d'atterrissements, de relais et d'alluvions ne peuvent pas s'appliquer aux cours d'eau qui se déplacent subitement ou violemment de manière à envahir ou à délaisser les portions de terre notables (■ CA Paris, 1er déc. 1855 : *DP* 1855, 5, p. 365. ■ T. civ. Nantes, 7 juin 1933 : *Gaz. Pal.* 1933, 2, p. 489). Ne peuvent constituer des alluvions les apports formés à

(1) Dispositions applicables à Mayotte, L. n° 2006-1772, 30 déc. 2006, art. 98, IV, 1.

la suite de travaux (■ Cass. 3e civ., 20 janv. 1988 : *Bull. civ.* III, n° 18 ; *D.* 1989, somm. p. 27, obs. J.-H. Robert ; *JurisData* n° 1988-000411).

2) **Accession.** L'alluvion ne profite qu'à celui dont la propriété joint immédiatement le cours d'eau (■ Cass., 2 mai 1826. ■ CA Reims, 13 mai 1984). L'accession ne s'applique qu'aux îles et îlots de formation récente (■ Cass., 25 févr. 1907 : *DP* 1908, 1, p. 281. ■ Cass. civ., 10 mars 1953 : *JCP* 1953, II, p. 7842, note Weill ; *RTD civ.* 1954, p. 124, obs. Solus).

Section II. – Police et conservation des eaux

Art. L. 215-7 *(Anc. C. rur., art. 103).* **– L'autorité administrative est chargée de la conservation et de la police des cours d'eau non domaniaux. Elle prend toutes dispositions pour assurer le libre cours des eaux.**

Dans tous les cas, les droits des tiers sont et demeurent réservés.

Bibliographie : J.-M. Fevrier, *Police de l'eau et compétence liée ... ou pas*, note sous CAA Marseille 25 mars 2014, n° 12MA00403, *SCEA Domaine Decuers : Environnement et dév. durable* juin 2014, n° 6, p. 34. • J.-M. Février, *Qualification de cours d'eau non domanial : Environnement* févr. 2008, n° 2, comm. 23. • P. Trouilly, *Circulation de bateaux sur un cours d'eau non domanial en bordure d'une propriété privée : Environnement* mai 2006, n° 5, comm. 53.

1) **Notion de cours d'eau.** Constitue un cours d'eau un écoulement d'eaux courantes dans un lit naturel à l'origine, alimenté par une source et présentant un débit suffisant la majeure partie de l'année (■ CE, 22 févr. 2017, n° 395021, *CRUN*). Le Conseil d'État a confirmé la légalité de l'instruction du Gouvernement du 3 juin 2015 qui prescrit aux préfets et aux services déconcentrés de l'État la réalisation d'une cartographie complète des cours d'eau, l'élaboration d'une méthode d'identification des cours d'eau ainsi que l'élaboration d'un guide à l'attention des propriétaires riverains de cours d'eau. Si cette instruction précise que le critère de l'alimentation par une source peut être rempli dans le cas où la source n'est pas nécessairement localisée mais peut être l'exutoire d'une zone humide ou un affleurement de nappe souterraine, elle ne méconnaît ainsi ni le sens ni la portée de la définition des cours d'eau, qui n'excluent pas la prise en compte de telles hypothèses. De même, si l'instruction prescrit, dans l'appréciation du critère suivant lequel un cours d'eau doit présenter un débit suffisant la majeure partie de l'année, d'apprécier ce point en l'absence de précipitations significatives, et indique que des précipitations peuvent, en général, être regardées comme significatives au-delà de 10 millimètres, tout en invitant à la prise en compte des conditions géoclimatiques locales, elle se borne ainsi à livrer aux services, sans méconnaître le sens et la portée des règles applicables, des orientations destinées à les éclairer dans la mise en œuvre de ces règles. L'instruction attaquée invite les services à prendre en considération, dans les cas résiduels où ces critères ne permettent pas de déterminer avec une certitude suffisante si un écoulement doit ou non être qualifié de cours d'eau, un faisceau d'indices de manière à pouvoir apprécier indirectement si ces critères sont remplis, notamment la présence de berges et d'un lit au substrat spécifique, la présence de vie aquatique ou la continuité de l'écoulement d'amont en aval. Dès lors que ces éléments ne sont pas présentés comme se substituant à l'application des critères précités, mais comme des indices destinés à déterminer s'ils sont ou non remplis, l'instruction attaquée ne méconnaît pas le sens et la portée des règles applicables (■ CE, 22 févr. 2017, n° 395021, *CRUN*).

2) **Notion de cours d'eau non domanial.** Les travaux de curage dont le préfet peut ordonner l'exécution en vertu de l'article L. 215-7 du Code de l'environnement s'appliquent notamment à toutes les dépendances d'un cours d'eau non navigable ni flottable, et même aux dérivations artificielles, dès lors que celles-ci sont affectées à l'écoulement normal des eaux. Il a été jugé que le cours de la Vaucouleurs est doublé par un bras forcé, à partir de Brasseuil et jusqu'à la Seine et que si le requérant soutenait que le bras forcé de la Vaucouleurs, qui ne présente pas de lit naturel, ne constituait pas un cours d'eau non domanial au sens des dispositions précitées de l'article L. 215-7 du Code de l'environnement, il ressortait des pièces du dossier que ce bras forcé, qui existait avant 1841, se jette dans la Seine et participe à l'écoulement des eaux de la rivière principale. Nonobstant la circonstance qu'il a été construit de main d'homme et permettait d'alimenter en eau de nombreux moulins dont la plupart ont d'ailleurs disparu à la fin du XIXe siècle, il présente donc le caractère d'un cours d'eau non domanial sur lequel peuvent être prescrits des travaux de curage en application de l'article L. 215-7 (■ TA Versailles, 18 déc. 2007, n° 0403580, *Mongisson*).

3) **Compétence du préfet.** L'article L. 215-7 institue une police spéciale relevant de la compétence du préfet (■ CE, 6 juin 1958, *Min. Agriculture c/ Cne de Mandescourt : Rec. CE* 1958, p. 314). Il est ainsi fondé à prendre toute disposition pour assurer le libre cours des eaux (■ CE, 25 mai 1962, *Musso et Sté « Sablières de la Fénerie et Fréga et Cie » : Rec. CE* 1962, p. 353). Le préfet peut réglementer l'extraction de vase (■ CE, 10 avr. 1964,

Dame Bouclier : Rec. CE 1964, p. 210 ; *AJDA* 1964, p. 499, note Gautron), l'extraction de matériaux (■ Cass. crim., 22 févr. 1961 : *Bull. crim.* 1961, n° 114). Le préfet peut encore modifier les prescriptions d'une prise d'eau (■ CE, 2 mai 1984, *Mariotte : Gaz. Pal.* 1985, 1, somm. p. 44) ou ordonner la réparation d'un barrage (■ CE, 25 févr. 1955, *Épx Azéma-Bigou : Rec. CE* 1955, p. 119. ■ CE, 10 avr. 1964, *Boucher : Rec. CE* 1955, p. 210). Le préfet peut proposer à un propriétaire riverain soit de consolider un ouvrage hydraulique défaillant ou insuffisant, soit de le supprimer (■ TA Versailles, 16 mars 2004, n° 021303, *M. Brucker*).

4) Compétence limitée. Le préfet ne peut toutefois pas édicter d'interdictions générales et absolues, s'il n'établit pas l'altération du régime des eaux (■ CE, 13 déc. 1969, *Min. Agriculture c/ Sté Sagrandance : Rec. CE* 1969, p. 628 ; *AJDA* 1964, p. 312. ■ CE, 28 mai 1984, *Mariotte : Rec. CE* 1984, tables p. 624). En tant que les dispositions de l'article L. 215-7 du Code de l'environnement visent les seuls cours d'eau non domaniaux, le préfet ne peut se servir des pouvoirs de police issus de cet article à l'égard des ravines exclusivement alimentées par les eaux pluviales du bassin versant (■ CE, 22 févr. 1980, *Min. Environnement et du Cadre de vie c/ M. Pourfilet et a. : Rec. CE* 1980, p. 101).

5) Pouvoirs du maire. Au titre de l'article L. 131-2 du Code des communes, le maire pouvait prendre les mesures visant à prévenir les atteintes à la salubrité et à la sécurité des cours d'eau (■ CE, 8 août 1899, *Sieur Charpentier : Rec. CE* 1899, p. 592. ■ CE, 6 déc. 1901, *Sieur Bouquet-Vergeron : Rec. CE* 1901, p. 867. ■ CE, 28 nov. 1980, *Cne d'Ardres : Rec. CE* 1980, p. 449 ; *AJDA* 1981, p. 95 ; *D.* 1981, inf. rap., p. 117, obs. P. Delvolvé). Ne présente aucun caractère fautif la décision de deux maires de faire procéder d'urgence au curage du cours d'eau, en raison de l'inaction des riverains et suite aux prescriptions du préfet (■ CE, 28 déc. 1992, n° 73627, *M. Duga*).

6) Pouvoirs de police à l'égard des moulins fondés en titre. L'état de ruine des vannes d'une prise d'eau faisant obstacle au libre cours des eaux en période de crues et rendant les ouvrages hors d'état de jouer leur rôle d'alimentation du bief d'alimentation d'un moulin fondé en titre, l'autorité préfectorale a pu légalement autoriser la suppression du vannage (■ CAA Nantes, 14 mars 2001, n° 97NT01230, *M. et Mme Chatelain*).

7) Responsabilité de l'administration. Principe. Il n'appartient ni à l'État ni aux communes d'assurer la protection des propriétés voisines des cours d'eau contre l'action naturelle des eaux (■ CE, 11 oct. 1961, *Vve Ardonin : Rec. CE* 1961, tables p. 1018. ■ CE, 2 déc. 1955, *Cne du Salies-du-Salat : Rec. CE* 1955, p. 271). Toutefois, la responsabilité des collectivités publiques peut être engagée lorsque les dommages subis ont été provoqués ou aggravés, soit par l'existence ou le mauvais état d'entretien d'ouvrages publics, soit par une faute commise par l'autorité administrative dans l'exercice de la mission qui lui incombe, en vertu des articles L. 215-7 et suivants du Code de l'environnement, d'exercer la police des cours d'eau non domaniaux et de prendre toutes dispositions pour assurer le libre cours des eaux (■ CE, 1er juill. 1987, nos 24048 et 24159, *Syndicat intercommunal de la Vallée de l'Huveaune*).

8) Responsabilité de l'administration. Ouvrages publics. La responsabilité de l'administration peut être engagée du fait des ouvrages publics (■ CE, 12 déc. 1956, *Cne de Villeneuve-Loubet : Rec. CE* 1956, p. 474). L'inadaptation d'un ponceau engage la responsabilité de l'État, sans que le défaut de levage par les riverains puisse constituer le fait d'un tiers de nature à atténuer la responsabilité du maître de l'ouvrage (■ CE, 2 oct. 1985, nos 37025 et 37026, *Cne de Martigues et Dpt des Bouches-du-Rhône c/ M. Gros*). L'insuffisance du curage incombant au riverain est de nature à mettre à la charge d'un établissement public compétent en matière d'assainissement la moitié du préjudice, dès lors que l'inondation est due pour partie au déversement d'eaux usées dans le ruisseau (■ CE, 14 déc. 1984, n° 29040, *Communauté urbaine de Lyon c/ M. Marcon*. ■ CE, 14 déc. 1984, n° 31195, *Communauté urbaine de Lyon c/ Sté Obbo*. ■ CE, 14 déc. 1984, n° 31460, *Communauté urbaine de Lyon c/ Mme Riste*). Doit être indemnisé le pisciculteur qui est victime d'une réduction de débit dont un syndicat intercommunal est à l'origine (■ CE, 8 avr. 1987, *Épx Jory : RD rur.* 1987, p. 188).

9) Responsabilité de l'administration. Carence. Lorsque les faits le justifient, le préfet a l'obligation de mettre en œuvre son pouvoir de police spéciale conféré par les termes de l'article L. 215-7 du présent code. Ainsi, en refusant de faire droit à une demande d'administrés de faire usage de ses pouvoirs de police pour assurer la remise en état d'un cours d'eau détourné, le préfet méconnaît les dispositions des articles L. 215-7 et L. 171-7 du Code de l'environnement et, partant, voit son refus annulé (■ TA Lyon, 19 mars 2024, n° 2204302).

Commet également une faute l'autorité administrative qui s'abstient de prendre les mesures nécessaires assurant le respect de la réglementation qu'elle a édictée (■ CE, 2 mars 1984, *Synd. intercommunal de l'Huveaune : Rec. CE* 1984, p. 93 ; *Gaz. Pal.* 1985, 1, somm. p. 44). Il s'agit d'une faute simple (■ CE, 28 févr. 2001, n° 199953, *Sté des autoroutes du Nord et de l'Est de la France*). L'existence d'un syndicat intercommunal devant entretenir le cours d'eau n'est pas de nature à effacer la responsabilité du préfet, seul compétent pour prendre les mesures utiles (■ CAA Bordeaux, 22 mars 1999, n° 96BX01356, *Gaec du Peyroutet*. ■ CE, 1er juill. 1987, nos 24048 et 24159, *Synd. inter-*

communal de la Vallée de l'Huveaune. ▪ CE, 31 oct. 1986, nos 56612 et 56737, *Min. Urbanisme c/ Sté Emco*). L'État n'est, en revanche, pas déclaré responsable lorsqu'une souche d'arbre a été laissée en place (▪ CE, 27 janv. 1989, *SA Filatuft : RD rur*. 1989, p. 268) ou lorsque la nécessité de travaux de curage n'est pas apparue antérieurement à l'inondation (▪ CAA Bordeaux, 5 mai 1997, n° 94BX00383, *Épx J.-F. Rouanet*).

10) Compétence des tribunaux judiciaires. Le juge judiciaire est compétent pour condamner une société à faire construire une station d'épuration pour faire cesser la pollution d'une rivière, nonobstant la compétence de l'autorité administrative chargée de la police des cours d'eau non domaniaux (▪ Cass. civ., 12 févr. 1974 : *JCP* 1975, II, p. 1806, note M. Despax).

Art. L. 215-7-1 ***(L. n° 2016-1087, 8 août 2016)*. – Constitue un cours d'eau un écoulement d'eaux courantes dans un lit naturel à l'origine, alimenté par une source et présentant un débit suffisant la majeure partie de l'année.**

L'écoulement peut ne pas être permanent compte tenu des conditions hydrologiques et géologiques locales.

Arrêté du 4 mai 2017. L'article 1er de l'arrêté du 4 mai 2017 relatif à la mise sur le marché et à l'utilisation des produits phytopharmaceutiques et de leurs adjuvants visés à l'article L. 253-1 du Code rural et de la pêche maritime définit les « points d'eau » comme les « cours d'eau définis à l'article L. 215-7-1 du Code de l'environnement et éléments du réseau hydrographique figurant sur les cartes 1/25 000 de l'Institut géographique national ». Cette définition doit être regardée comme couvrant, outre les cours d'eau définis par l'article L. 215-7-1, l'ensemble des eaux de surface au sens de la directive du 23 octobre 2000 établissant un cadre pour une politique communautaire dans le domaine de l'eau (▪ CE, 26 juin 2019, n° 415426, *Assoc. Générations futures et Assoc. Eau et rivières de Bretagne*).

Art. L. 215-8 ***(Anc. C. rur., art. 104)*. – Le régime général de ces cours d'eau est fixé, s'il y a lieu, de manière à concilier les intérêts des diverses catégories d'utilisateurs de leurs eaux avec le respect dû à la propriété et aux droits et usages antérieurement établis, après enquête d'utilité publique, par arrêté du ministre dont relève le cours d'eau ou la section du cours d'eau.**

Art. L. 215-9 ***(Anc. C. rur., art. 105)*. – Le propriétaire riverain d'un cours d'eau non domanial ne peut exécuter des travaux au-dessus de ce cours d'eau ou le joignant qu'à la condition de ne pas préjudicier à l'écoulement et de ne causer aucun dommage aux propriétés voisines.**

Préservation de l'écoulement. Encourt la censure l'arrêt d'une cour d'appel qui se borne à reconnaître le maintien de l'écoulement en aval de travaux hydrauliques (réalisation d'un étang et d'un canal) sans rechercher si le propriétaire situé en amont a abusé de son droit d'usage (▪ Cass. 3e civ., 21 févr. 2001, nos 98-21.352 et 99-10.688, *Épx Loiseau et a. c/ Mme Roux : RD rur*. 2001, act. p. 202).

Art. L. 215-10 ***(Mod., L. n° 2006-1772, 30 déc. 2006*** (1) ***; mod. à compter du 1er mars 2017, Ord. n° 2017-80, 26 janv. 2017)*** (2). **– I. – Les autorisations ou permissions accordées pour l'établissement d'ouvrages ou d'usines sur les cours d'eaux non domaniaux peuvent être révoquées ou modifiées sans indemnité de la part de l'État exerçant ses pouvoirs de police dans les cas suivants :**

1° Dans l'intérêt de la salubrité publique, et notamment lorsque cette révocation ou cette modification est nécessaire à l'alimentation en eau potable de centres habités ou en est la conséquence ;

2° Pour prévenir ou faire cesser les inondations ;

3° Dans les cas de la réglementation générale prévue à l'article L. 215-8 ;

4° Lorsqu'elles concernent les ouvrages établissant ou réglant le plan d'eau ou les établissements ou usines qui, à dater du 30 mars 1993, n'auront pas été entretenus depuis plus de vingt ans ; toute collectivité publique ou tout établissement public intéressé peut, en cas de défaillance du permissionnaire ou du titulaire de l'autorisation, et à sa place, après mise en demeure par le préfet, exécuter les travaux qui sont la conséquence de la révocation ou de la modification de la permission ou de l'autorisation, et poursuivre, à l'encontre du permissionnaire ou du titulaire de l'autorisation, le remboursement de ces travaux.

I *bis*. – À compter du 1er janvier 2014, en application des objectifs et des orientations du schéma directeur d'aménagement et de gestion des eaux, sur les cours d'eau classés au titre du I de l'article L. 214-17, les

(1) Dispositions applicables à Mayotte, L. n° 2006-1772, 30 déc. 2006, art. 98, IV, 1.
(2) Dispositions d'application particulières et transitoires : V. Ord. n° 2017-80, 26 janv. 2017, art. 15. – NDLR.

autorisations ou permissions accordées pour l'établissement d'ouvrages ou d'usines peuvent être modifiées, sans indemnité de la part de l'État exerçant ses pouvoirs de police, dès lors que leur fonctionnement ne permet pas la préservation des espèces migratrices vivant alternativement en eau douce et en eau salée.

II. - Les dispositions du I et du I *bis* sont applicables aux permissions ou autorisations accordées en vertu des articles L. 214-1 à L. 214-6, ou antérieurement à la mise en vigueur de ces dispositions, ainsi qu'aux établissements ayant une existence légale et aux entreprises concédées ou autorisées en application du titre Ier du livre V du Code de l'énergie. Les modifications apportées en application du I *bis* du présent article aux concessions visées par le titre II du livre V du Code de l'énergie n'ouvrent droit à indemnité que si elles entraînent un bouleversement de l'équilibre économique du contrat.

III. - Les conditions d'application du 4° du I sont fixées par un décret en Conseil d'État.

Voir : L. du 16 oct. 1919, relative à l'utilisation de l'énergie hydraulique et textes et observations sous art. L. 214-5, p. 394.

1) **Motifs de modification de la révocation.** Une autorisation peut être modifiée ou révoquée sans indemnité lorsqu'un barrage n'est pas entretenu (■ CE, 3 mars 1982, *Synd. intercommunal pour l'aménagement et l'entretien de Sorgues : CJEG* 1983, n° 376, p. 99 ; *RD rur.* 1983, p. 360) ou en cas de risques d'inondations (■ CE, 10 déc. 1982, *Lorette : CJEG* 1983, n° 376, p. 100, note J. M. P.). Il a été jugé également que les autorisations ou permissions de prises d'eau peuvent être révoquées ou modifiées en cas de nécessité pour assurer l'alimentation en eau potable d'une zone d'habitation, quelles que soient les conditions dans lesquelles elles ont été accordées ou consenties. Par l'arrêté attaqué, le préfet avait limité temporairement le débit de la rivière en aval du barrage réservoir au débit réservé qui doit être assuré par les « lâchures » opérées à partir du vannage de la tour de prise d'eau du réservoir. Selon le juge, le préfet a pu, à bon droit, se fonder sur les dispositions de l'article L. 215-10 pour modifier le droit de prise d'eau sur le bief qui alimente le moulin dont les requérants sont propriétaires, sans qu'il y ait lieu de rechercher si le droit de prise d'eau était fondé en titre (■ CAA Nancy, 2 mars 2009, n° 07NC00426, *Mme Corbel*).

2) **Énergie hydraulique.** La modification ou la révocation de l'autorisation est possible pour les prises d'eau d'un moulin ou d'une usine (■ CE, 28 mai 1984, n° 26905, *Mariote*), les centrales électriques ne pouvant exciper de droits acquis (■ CE, 13 janv. 1988, *Synd. national de la production autonome d'électricité : Rev. jur. env.* 3/1988, p. 346). Il en est de même des entreprises fondées en titre (■ CE, 15 avr. 1950, *Sté des Aciéries et Forges de Bonpertuis : Rec. CE* 1950, p. 284. – CE, ■ Cass. ass. plén., 7 déc. 1982, *Assoc. des forces motrices autonomes : Gaz. Pal.* 1963, 1, p. 282 ; *Rec. CE*, p. 664. ■ CE, 11 oct. 1985, *Lemoine : CJEG* 1986, p. 406, note Pilate).

3) **Compétence du préfet.** La révocation ou la modification d'une autorisation relève de la compétence du préfet (■ CE, 17 août 1945, *de Kerouartz : Rec. CE* 1945, p. 180. ■ CE, 14 nov. 1952, *de Tristar : Rec. CE* 1952, p. 513. ■ CE, 31 oct. 1969, *Synd. de défense des Canaux de la Durance : Rec. CE* 1969, p. 461). Les dispositions de l'article L. 215-10 du Code de l'environnement n'autorisent le préfet qu'à abroger pour l'avenir les autorisations accordées pour l'établissement d'ouvrages sur des cours d'eaux non domaniaux, lorsque les conditions qu'elles prévoient sont remplies (■ CE, 28 déc. 2007, n° 272775, *Texier Le Bail*).

4) **Installation fondée en titre.** Dans un arrêt du 26 mars 2009, la Cour administrative d'appel de Douai précise dans quelles conditions le préfet peut imposer des prescriptions à une installation fondée en titre. Le préfet peut, par application de l'article L. 215-10 du Code de l'environnement, réglementer le fonctionnement d'une installation fondée en titre, notamment pour prévenir les inondations, dans l'intérêt de la salubrité publique (alimentation en eau potable) ou encore, à compter du 1er janvier 2014, sur les cours d'eau classés au titre du I de l'article L. 214-17, dès lors que leur fonctionnement ne permet pas la préservation des espèces migratrices vivant alternativement en eau douce et en eau salée. La Cour administrative d'appel de Douai confirme que ces dispositions sont applicables aux installations fondées en titre. Dès lors, le préfet peut imposer l'arasement d'un réservoir situé en amont de l'installation afin de prévenir les inondations (■ CAA Douai, 26 mars 2009, n° 07DA01281).

Art. L. 215-11 ***(Anc. C. rur., art. 110).*** **- Les propriétaires ou fermiers de moulins et usines, même autorisés ou ayant une existence légale, sont garants des dommages causés aux chemins et aux propriétés.**

Art. L. 215-12 ***(Anc. C. rur., art. 111).*** **- Les maires peuvent, sous l'autorité des préfets, prendre toutes les mesures nécessaires pour la police des cours d'eau.**

Art. L. 215-13 ***(Anc. C. rur., art. 113).*** **- La dérivation des eaux d'un cours d'eau non domanial, d'une source ou d'eaux souterraines, entreprise dans un but d'intérêt général par une collectivité publique ou son**

concessionnaire, par une association syndicale ou par tout autre établissement public, est autorisée par un acte déclarant d'utilité publique les travaux.

Voir : C. santé publ., art. L. 1321-2.

Bibliographie : M. Revert, *Critère quantitatif et délimitation du périmètre de protection rapprochée de la ressource en eau,* Conclusions sur CAA Marseille, 29 déc. 2014, n° 13MA01790, *Min. des Affaires sociales et de la Santé : Dr. env.* févr. 2015, n° 231, p. 70.

1) Déclaration d'utilité publique. Peut être déclaré d'utilité publique un projet permettant l'irrigation de plusieurs centaines d'hectares et procurant des ressources nouvelles à l'agriculture locale, dès lors que les activités de tourisme ne sont pas remises en cause (▪ CE, 12 févr. 1990, *Épx Cespedes : RD rur.* 1990, p. 552). L'acte déclaratif d'utilité publique doit mentionner les conditions du prélèvement (▪ TA Clermont-Ferrand, 27 oct. 1964, *Bocholier et a. : Rec. CE,* p. 755).

2) Responsabilité. Les dommages causés par des travaux de dérivation (▪ TA Clermont-Ferrand, 27 oct. 1964, *Bocholier : Rec. CE,* p. 755) ou par le mauvais fonctionnement d'un ouvrage de délestage (▪ CAA Bordeaux, 2 mai 1996, n° 95BX0007, *Beaumont c/ SIVOM de Navarrens*) sont des dommages de travaux publics, que le responsable est tenu de réparer (▪ CE, 26 mars 1976, *Colbac : Rec. CE* 1976, p. 183). Le préjudice doit toutefois être certain (▪ CE, 2 juin 1965, *Synd. intercommunal d'adduction d'eau de Carrigues, Campagne et autres villes : RD rur.* 1981, p. 316. ▪ CE, 26 mars 1976, *Colbac : Rec. CE* 1976, p. 183).

3) Utilisation du critère quantitatif. Si le critère quantitatif peut être utilisé pour servir le critère qualitatif, il ne peut constituer le seul critère pour délimiter un périmètre de protection rapprochée de la ressource en eau (▪ CAA Marseille, 29 déc. 2014, n° 13MA01790, *Min. des Affaires sociales et de la Santé*).

Section III. – Entretien et restauration des milieux aquatiques

(Intitulé et sect. rempl., L. n° 2006-1772, 30 déc. 2006) (1)

Bibliographie : X. Larrouy-Castera, S. Crozet et B. Ledoux, *L'entretien des cours d'eau non domaniaux : Le Moniteur* 11 janv. 2002, p. 60. • P. Montinari, *Les collectivités territoriales et l'entretien des rivières et des baies : Gaz. cnes.* 5 mars 2001, p. 50. • R. Romi, *La loi Barnier et le droit de l'eau : des apports peu conséquents : Rev. jur. env.* 4/1995, p. 577.

Art. L. 215-14 *(Rempl., L. n° 2006-1772, 30 déc. 2006)* (1) (2). **– Sans préjudice des articles 556 et 557 du Code civil et des chapitres Ier, II, IV, VI et VII du présent titre, le propriétaire riverain est tenu à un entretien régulier du cours d'eau. L'entretien régulier a pour objet de maintenir le cours d'eau dans son profil d'équilibre, de permettre l'écoulement naturel des eaux et de contribuer à son bon état écologique ou, le cas échéant, à son bon potentiel écologique, notamment par enlèvement des embâcles, débris et atterrissements, flottants ou non, par élagage ou recépage de la végétation des rives. Un décret en Conseil d'État détermine les conditions d'application du présent article.**

1) Travaux de curage. Constituent des travaux de curage le faucardage des herbes, joncs et autres pousses (▪ CE, 2 avr. 1909, *Couronne : Rec. CE* 1909, p. 388), la suppression d'arbres qui ont poussé dans le lit (▪ CE, 29 juin 1988, *Sieur Durand de Fontmagne : Rec. CE* 1988, p. 581. ▪ CE, 26 mars 1920, *Gardy : Rec. CE* 1920, p. 353. ▪ CE, 16 juin 1933, *Gueudet-Farcot : Rec. CE* 1933, p. 650), la remise en état des berges (▪ CE, 4 mars 1932, *Sieur Demers et a. c/ Synd. des digues du Reyran : Rec. CE* 1933, p. 254), la suppression des atterrissements gênants qui ne sont pas encore devenus des alluvions (▪ CE, 6 août 1920, *Juigne : Rec. CE* 1920, p. 837), ou encore des surcreusements en profondeur avec un volume de sédiments retirés (▪ CA Bordeaux, 17 févr. 2015, n° 14/00890 : en l'espèce, les travaux consistaient en un curage complet à la pelleteuse d'un cours d'eau sur six kilomètres en continu, entraînant une destruction majeure et durable de la faune et de la flore locale d'un cours d'eau, affluent d'une rivière protégée par la directive Habitats et classée en site Natura 2000, dont des anguilles faisant l'objet d'un plan de sauvegarde européen). En revanche, ne sont pas des travaux de curage un approfondissement ou un élargissement du lit (▪ CE, 17 mai 1907, *Sieur Haguenot : Rec. CE* 1907, p. 490).

2) Champ de l'obligation d'entretien et de curage. Les obligations d'entretien et de curage qui pèsent sur les riverains des cours d'eau non domaniaux n'ont pas pour objet de garantir la sécurité de la navigation mais de maintenir l'écoulement naturel des eaux, d'assurer la bonne tenue

(1) Dispositions applicables à Mayotte, L. n° 2006-1772, 30 déc. 2006, art. 98, IV, 1.
(2) L'entretien des cours d'eau domaniaux et de leurs dépendances s'effectue selon les fins et dans les conditions prévues par les présentes dispositions, D. n° 2007-1760, 14 déc. 2007, art. 10.

des berges et de préserver la faune et la flore dans le respect du bon fonctionnement des écosystèmes aquatiques (■ CAA Marseille, 5 févr. 2004, n° 00MA01884, *Cne de Mandelieu-Napoule c/ M. Mognole : Rev. jur. env.* 2005, note J. Sironneau). – De même, la Cour de cassation précise que les travaux de dragage et d'entretien ne peuvent se rattacher à l'obligation légale de l'article L. 215-14 du Code de l'environnement qui impose aux propriétaires riverains d'effectuer le curage régulier « *afin de maintenir l'écoulement naturel des eaux, d'assurer la bonne tenue des berges et de préserver la faune et la flore dans le respect du bon fonctionnement des écosystèmes* ». Cette obligation ne peut être assimilée à celle d'assurer la navigabilité. Elle confirme ainsi la décision de la cour d'appel et rejette la demande de l'association syndicale libre de riverains de se faire restituer une partie des frais de dragage engagés (■ Cass., 20 mai 2009, n° 08-10.910).

3) Intervention de l'autorité administrative. L'autorité administrative peut définir la largeur et la profondeur qu'il convient de donner au cours d'eau pour le rétablir dans ses dimensions (■ CE, 5 avr. 1957, *Sensin : Rec. CE* 1957, p. 84), mais elle ne peut pas rectifier le tracé du cours d'eau (■ CE, 18 déc. 1896, *Sieur de Pommereu*). L'autorité administrative peut également ordonner d'office le curage (■ CE, 11 mars 1964, *Coillot et Dlle Desmarescaux : Rec. CE* 1964, p. 176).

4) Défaut d'entretien et préjudice économique d'une microcentrale. Dans une décision du 7 octobre 2009, la Cour de cassation a retenu la responsabilité d'un propriétaire riverain d'un cours d'eau pour le préjudice subi par les propriétaires d'une microcentrale à la suite du changement du cours d'une rivière (■ CA Montpellier, 23 janv. 2008, n° 07/3650 et C. cass., 7 oct. 2009, n° 08-13.834).

Art. L. 215-15 *(Rempl., L. n° 2006-1772, 30 déc. 2006* (1) (2) *; mod. à compter du 1er mars 2017, Ord. n° 2017-80, 26 janv. 2017* (3) *; mod., L. n° 2020-1525, 7 déc. 2020).* – **I. – Les opérations groupées d'entretien régulier d'un cours d'eau, canal ou plan d'eau et celles qu'impose en montagne la sécurisation des torrents sont menées dans le cadre d'un plan de gestion établi à l'échelle d'une unité hydrographique cohérente et compatible avec les objectifs du schéma d'aménagement et de gestion des eaux lorsqu'il existe. Ce plan de gestion est approuvé par l'autorité administrative. Lorsque les opérations constituant le plan de gestion sont soumises à autorisation au titre de l'article L. 181-1 ou à déclaration au titre de l'article L. 214-3, l'autorisation environnementale ou la déclaration valent approbation du plan de gestion.**

Lorsque les collectivités territoriales, leurs groupements ou les syndicats mixtes créés en application de l'article L. 5721-2 du Code général des collectivités territoriales prennent en charge cet entretien groupé en application de l'article L. 211-7 du présent code, la déclaration d'intérêt général est, dans ce cas, pluriannuelle, d'une durée adaptée à la prise en charge de l'entretien groupé. La déclaration d'intérêt général a, dans ce cas, une durée de validité de cinq ans renouvelable.

Le plan de gestion peut faire l'objet d'adaptations, en particulier pour prendre en compte des interventions ponctuelles non prévisibles rendues nécessaires à la suite d'une crue ou de tout autre événement naturel majeur et des interventions destinées à garantir la sécurité des engins nautiques non motorisés ainsi que toute opération s'intégrant dans un plan d'action et de prévention des inondations. Ces adaptations sont approuvées par l'autorité administrative.

II. – Le plan de gestion mentionné au I peut comprendre une phase de restauration prévoyant des interventions ponctuelles telles que le curage, si l'entretien visé à l'article L. 215-14 n'a pas été réalisé ou si celle-ci est nécessaire pour assurer la sécurisation des cours d'eau de montagne. Le recours au curage doit alors être limité aux objectifs suivants :

– remédier à un dysfonctionnement du transport naturel des sédiments de nature à remettre en cause les usages visés au II de l'article L. 211-1, à empêcher le libre écoulement des eaux ou à nuire au bon fonctionnement des milieux aquatiques ;

– lutter contre l'eutrophisation ;

– aménager une portion de cours d'eau, canal ou plan d'eau en vue de créer ou de rétablir un ouvrage ou de faire un aménagement.

Le dépôt ou l'épandage des produits de curage est subordonné à l'évaluation de leur innocuité vis-à-vis de la protection des sols et des eaux.

(1) Dispositions applicables à Mayotte, L. n° 2006-1772, 30 déc. 2006, art. 98, IV, 1.
(2) L'entretien des cours d'eau domaniaux et de leurs dépendances s'effectue selon les fins et dans les conditions prévues par les présentes dispositions, D. n° 2007-1760, 14 déc. 2007, art. 10.
(3) Dispositions d'application particulières et transitoires : V. Ord. n° 2017-80, 26 janv. 2017, art. 15. – NDLR.

III. – Un décret en Conseil d'État détermine les conditions d'application du présent article.

Art. L. 215-15-1 *(L. n° 2006-1772, 30 déc. 2006)* (1) (2). – L'entretien régulier peut être effectué selon les anciens règlements et usages locaux relatifs à l'entretien des milieux aquatiques pour autant qu'ils soient compatibles avec les objectifs mentionnés aux articles L. 215-14 et L. 215-15. Dans le cas contraire, l'autorité administrative met à jour ces anciens règlements ou usages locaux en les validant, en les adaptant ou, le cas échéant, en les abrogeant en tout ou partie. À compter du 1er janvier 2014, les anciens règlements et usages locaux qui n'ont pas été mis à jour cessent d'être en vigueur.

Art. L. 215-16 *(Rempl., L. n° 2006-1772, 30 déc. 2006)* (1). – Si le propriétaire ne s'acquitte pas de l'obligation d'entretien régulier qui lui est faite par l'article L. 215-14, la commune, le groupement de communes ou le syndicat compétent, après une mise en demeure restée infructueuse à l'issue d'un délai déterminé dans laquelle sont rappelées les dispositions de l'article L. 435-5, peut y pourvoir d'office à la charge de l'intéressé.

Le maire ou le président du groupement ou du syndicat compétent émet à l'encontre du propriétaire un titre de perception du montant correspondant aux travaux exécutés. Il est procédé au recouvrement de cette somme au bénéfice de la commune, du groupement ou du syndicat compétent, comme en matière de créances de l'État étrangères à l'impôt et au domaine.

Art. L. 215-17 *(Rempl., L. n° 2006-1772, 30 déc. 2006)* (1). – Toutes les contestations relatives à l'exécution des travaux, à la répartition des dépenses et aux demandes en réduction ou en décharge formées par les imposés au titre de la présente section sont portées devant la juridiction administrative.

Art. L. 215-18 *(Rempl., L. n° 2006-1772, 30 déc. 2006)* (1). – Pendant la durée des travaux visés aux articles L. 215-15 et L. 215-16, les propriétaires sont tenus de laisser passer sur leurs terrains les fonctionnaires et les agents chargés de la surveillance, les entrepreneurs ou ouvriers, ainsi que les engins mécaniques strictement nécessaires à la réalisation de travaux, dans la limite d'une largeur de six mètres.

Les terrains bâtis ou clos de murs à la date du 3 février 1995 ainsi que les cours et jardins attenant aux habitations sont exempts de la servitude en ce qui concerne le passage des engins.

La servitude instituée au premier alinéa s'applique autant que possible en suivant la rive du cours d'eau et en respectant les arbres et plantations existants.

Art. L. 215-19 à L. 215-23 *(Implicitement abr., L. n° 2006-1772, 30 déc. 2006)* (1).

Art. L. 215-24 (3) *(Implicitement abr., L. n° 2006-1772, 30 déc. 2006)* (1).

CHAPITRE VI. – DISPOSITIONS RELATIVES AUX CONTRÔLES ET SANCTIONS

(Intitulé rempl. à compter du 1er juillet 2013, Ord. n° 2012-34, 11 janv. 2012)

Section I. – Sanctions administratives

(Abr., L. n° 2013-619, 16 juill. 2013)

Art. L. 216-1 *(Abr. à compter du 1er juillet 2013, Ord. n° 2012-34, 11 janv. 2012 ; mod., L. 2016-1087, 8 août 2016).* – Pour l'application du présent titre, la mise en demeure effectuée en application des articles L. 171-7 et L. 171-8 peut prescrire tous contrôles, expertises ou analyses, les dépenses étant à la charge de l'exploitant ou du propriétaire.

Pour l'application du présent titre, les mesures d'exécution d'office prises en application du 2° du II de l'article L. 171-8 peuvent être confiées, avec leur accord, aux personnes mentionnées à l'article L. 211-7-1.

Art. L. 216-1-1 *(Abr., L. n° 2013-619, 16 juill. 2013).*

Art. L. 216-2 *(Abr., L. n° 2013-619, 16 juill. 2013).*

(1) Dispositions applicables à Mayotte, L. n° 2006-1772, 30 déc. 2006, art. 98, IV, 1.

(2) L'entretien des cours d'eau domaniaux et de leurs dépendances s'effectue selon les fins et dans les conditions prévues par les présentes dispositions, D. n° 2007-1760, 14 déc. 2007, art. 10.

(3) V. T. appl. : D. n° 59-96, 7 janv. 1959. – NDLR.

Section II. – Dispositions pénales

Bibliographie : E. Monteiro, *Pollution de cours d'eau par du chlore et faut d'imprudence qualifiée*, note sous Cass. crim., 28 juin 2017, n° 16-82.973 : *RSC* 2018, p. 437. • P. Boyer, *Police générale de l'eau et des milieux aquatiques : JCl. Environnement et Développement durable*, Fasc. 2950, 2017. • T. Fossier, *La nécessité et l'efficacité de la sanction pénale en droit de l'environnement : Énergie – Env. – Infrastr.* déc. 2017, n° 12, dossier 33. • R. Fischhoff, *La police judiciaire aux prises avec les atteintes à l'environnement et à la santé publique* : sous la dir. de B. Asso, Côte d'Azur, 2017. • D. Guihal, J.-H. Robert et T. Fossier, *Droit répressif de l'environnement*, 4e éd., Économica, 2016. • P. Boyer, *Polices spéciales de l'eau et protection des milieux aquatiques : JCl. Environnement et Développement durable*, Fasc. 2960, 2014. • J.-H. Robert, *Pollution d'eau provoquée par une installation classée exploitée sans autorisation par un syndicat intercommunal et une société commerciale*, note sous Cass. crim., 13 janv. 2015, n° 13-88.183 : *Rev. sc. crim.* 2015, n° 2, p. 338 ; *Éléments constitutifs du délit de pollution d'eau prévu par l'article L. 216-6 du Code de l'environnement*, note sous Cass. crim., 7 oct. 2014, n° 14-81.89 : *Rev. sc. crim.* 2015, n° 2, p. 337. • Ministère de l'Écologie, du Développement durable et de l'Énergie, *Circulaire du 19 juillet 2013 relative à la mise en œuvre des polices administratives et pénales en matière d'installations classées pour la protection de l'environnement : BO de l'Écologie, de l'Énergie, du développement durable et de l'Aménagement du territoire*, 10 août 2013, num. 14. • Ministère de l'Écologie, du Développement durable, des Transports et du Logement, *Rapport au Président de la République relatif à l'ordonnance n° 2012-34 du 11 janvier 2012 portant simplification, réforme et harmonisation des dispositions de police administrative et de police judiciaire du Code de l'environnement : JO* 12 janv. 2012, num. 10, p. 562. • V. Chiu, *La protection de l'eau en droit public : étude comparée des droits espagnol, français, italien* : sous la dir. de A. Boyer, 2014. • S. Deliancourt, *Le préfet est-il en situation de compétence liée pour édicter une mise en demeure sur le fondement de la loi sur l'eau ? : JCP A* 2014, n° 30, p. 43.

Sous-section 1. – Constatation des infractions

Art. L. 216-3 ***(Rempl. à compter du 1er juillet 2013, Ord. n° 2012-34, 11 janv. 2012 ; mod., Ord. n° 2016-128, 10 févr. 2016).*** **–** (1) **Outre les officiers et agents de police judiciaire et les inspecteurs de l'environnement mentionnés à l'article L. 172-1, sont habilités à rechercher et à constater les infractions aux dispositions des chapitres Ier à VII du présent titre ainsi que des textes et des décisions pris pour leur application :**

1° Les agents des services de l'État chargés des forêts commissionnés à raison de leurs compétences en matière forestière et assermentés à cet effet ;

2° ***(Mod., Ord. n° 2022-839, 1er juin 2022)*** (2) **Les agents de l'Office national des forêts mentionnés au I de l'article L. 161-4 du Code forestier et, pour leur seule constatation, les agents mentionnés au II du même article, commissionnés à raison de leurs compétences en matière forestière et assermentés à cet effet ;**

3° Les inspecteurs de la sûreté nucléaire, dans les conditions prévues au chapitre VI du titre IX du livre V ;

4° Les chercheurs, ingénieurs et techniciens assermentés de l'Institut français de recherche pour l'exploitation de la mer ;

5° Les officiers de port et officiers de port adjoints ;

6° Les gardes champêtres ;

7° Les agents des douanes ;

8° Les gardes du littoral mentionnés à l'article L. 322-10-1, agissant dans les conditions prévues à cet article ;

9° Les agents des réserves naturelles mentionnés à l'article L. 332-20, agissant dans les conditions prévues à cet article.

Agents contractuels. Les pouvoirs de police administrative des agents contractuels employés par l'Office national des forêts (ONF) sont conformes à la Constitution (▪ Cons. const., 31 mars 2023, n° 2023-1042 QPC).

Art. L. 216-4 ***(Rempl. à compter du 1er juillet 2013, Ord. n° 2012-34, 11 janv. 2012).*** **– L'ensemble des frais induits par les contrôles, expertises ou analyses sont mis, en cas de condamnation, à la charge de l'exploitant ou, à défaut, du propriétaire.**

(1) V. T. appl. : D. n° 95-630, 5 mai 1995. – NDLR.

(2) Le Conseil constitutionnel a déclaré les mots « et, pour leur seule constatation, les agents mentionnés au II du même article, » figurant au 2° du présent article, dans sa rédaction résultant de l'ordonnance n° 2022-839 du 1er juin 2022, conforme à la Constitution. – V. ▪ Cons. const. 31 mars 2023, n° 2023-1042 QPC, art. 1er : *JurisData* n° 2023-004996 ; *JO* 4 avr. 2023. – NDLR.

Art. L. 216-5 *(Rempl. à compter du 1er juillet 2013, Ord. n° 2012-34, 11 janv. 2012).* – **Lorsque l'infraction a pour conséquence de détruire les frayères, les zones de croissance ou d'alimentation de la faune piscicole, ou de porter atteinte à la continuité écologique ou au débit minimal du cours d'eau, une copie du procès-verbal mentionné à l'article L. 172-16 est adressée, pour information, au président de la fédération départementale des associations agréées de pêche et de protection du milieu aquatique et au président de l'association agréée de pêcheurs professionnels en eau douce.**

Sous-section 2. – Sanctions pénales

Art. L. 216-6 *(Anc. L. n° 92-3, 3 janv. 1992).* – **Le fait de jeter, déverser ou laisser s'écouler dans les eaux superficielles, souterraines ou les eaux de la mer dans la limite des eaux territoriales, directement ou indirectement, une ou des substances quelconques dont l'action ou les réactions entraînent, même provisoirement, des effets nuisibles sur la santé ou des dommages à la flore ou à la faune, à l'exception des dommages visés aux articles L. 218-73 et L. 432-2, ou des modifications significatives du régime normal d'alimentation en eau ou des limitations d'usage des zones de baignade, est puni de deux ans d'emprisonnement et de 75 000 euros d'amende. Lorsque l'opération de rejet est autorisée par arrêté, les dispositions de cet alinéa ne s'appliquent que si les prescriptions de cet arrêté ne sont pas respectées.**

Le tribunal peut également imposer au condamné de procéder à la restauration du milieu aquatique dans le cadre de la procédure prévue *(Mots rempl. à compter du 1er juillet 2013, Ord. n° 2012-34, 11 janv. 2012)* **« par l'article L. 173-9 ».**

Ces mêmes peines et mesures sont applicables au fait de jeter ou abandonner des déchets en quantité importante dans les eaux superficielles ou souterraines ou dans les eaux de la mer dans la limite des eaux territoriales, sur les plages ou sur les rivages de la mer. Ces dispositions ne s'appliquent pas aux rejets en mer effectués à partir des navires.

(L. n° 2016-1087, 8 août 2016) **Le délai de prescription de l'action publique des délits mentionnés au présent article court à compter de la découverte du dommage.**

1) **Délit général.** Les dispositions de l'article L. 216-6 définissent le délit général de pollution des eaux réprimant toutes les atteintes aux usages non piscicoles de la ressource, celles de l'article L. 432-2 réprimant à l'inverse les seules atteintes à la faune piscicole d'eau douce. Elles sont issues de la codification de l'article 22 de la loi n° 92-3 du 3 janvier 1992 sur l'eau (V. Ord. n° 2000-914, 18 sept. 2000).

2) **Comparer (délit spécial). Art. L. 432-2.** *(Anc. C. rur., art. L. 232-2 ; modifié à compter du 1er juillet 2013, Ord. n° 2012-34, 11 janv. 2012, art. 12, A et 28, I)* Le fait de jeter, déverser ou laisser écouler dans les eaux mentionnées à l'article L. 431-3, directement ou indirectement, des substances quelconques dont l'action ou les réactions ont détruit le poisson ou nui à sa nutrition, à sa reproduction ou à sa valeur alimentaire, est puni de deux ans d'emprisonnement et de 18 000 € d'amende.

(Al. créé, L. n° 2016-1087, 8 août 2016, art. 115) Le délai de prescription de l'action publique des délits mentionnés au présent article court à compter de la découverte du dommage.

3) **Cumul d'infractions.** Pas de méconnaissance du principe *ne bis in idem* par la Cour qui retient à la fois la qualification de déversement de substances nuisibles à la santé, à la faune et à la flore dans les eaux souterraines, superficielles ou de la mer prévu à l'article L. 216-6 du Code de l'environnement, et celle de rejet en eau douce ou pisciculture de substances nuisibles au poisson ou à sa valeur alimentaire en vertu de l'article L. 432-2 du même code, dès lors que cette seconde infraction tend à la protection spécifique du poisson, laquelle est exclue du champ d'application de l'article L. 216-6, et que seul le cumul de ces deux infractions permet l'appréhension de l'action délictueuse dans son ensemble (■ Cass. Crim., 16 avr. 2019, n° 18-84.073 : *JurisData* n° 2019-006086).

4) **Légalité criminelle (QPC non transmission).** La Cour de cassation a refusé de transmettre une QPC fondée sur l'atteinte au principe de légalité (art. 8 de la DDHC), estimant que les dispositions critiquées sont au contraire suffisamment claires et précises pour permettre leur interprétation et leur sanction, qui relèvent de l'office du juge, sans risque d'arbitraire (■ Cass. crim., 7 oct. 2014, n° 14-81.897. – V. aussi : ■ Cass. QPC, 30 nov. 2010, n° 10-90.109, F-D : *JurisData* n° 2010-023274 ; *Dr. pén.*, comm. 21, obs. J.-H. Robert). De fait l'article L. 216-6 n'est sans doute pas l'infraction encourant le plus aisément le grief de violation du principe de légalité criminelle puisqu'il constitue l'une des rares infractions autonomes du Code de l'environnement, lequel procède davantage par voie de renvoi à la réglementation, nuisant à la lisibilité

des infractions et leur intelligibilité par les administrés (cf. Carole Hernandez-Zakine « *Atteintes à l'environnement. Mise en perspective des sanctions pénales ou comment asseoir l'agriculteur sur le banc d'infamie au nom de l'environnement?* » : *RD rur.* déc. 2017, n° 458, dossier 18, n° 27).

5) Élément matériel. S'agissant d'un délit de commission, l'élément matériel réside dans un acte positif, et non une simple abstention : cassation pour insuffisance de motifs de l'arrêt par lequel une cour d'appel a déclaré le prévenu coupable des diverses infractions de jet ou abandon de déchets poursuivies, après avoir constaté qu'était rapportée la preuve de la présence des déchets mentionnés dans la prévention sur des parcelles lui appartenant, et énoncé que le propriétaire des terrains sur lesquels ont été déversés ces déchets ne saurait s'exonérer de sa responsabilité pénale résultant des dispositions de l'article L. 216-6 du Code de l'environnement en arguant qu'il s'agit de dépôts sauvages sur lesquels il n'avait aucune maîtrise, alors qu'il lui appartenait en tant que propriétaire des terrains litigieux de prendre, au demeurant comme il s'y était engagé, des dispositions afin de prévenir ces dépôts (▪ Cass. crim., 6 sept. 2022, n° 21-81.708).

6) Fait justificatif. Le rejet, fut-il nuisible, n'est pas condamnable sous la qualification de l'article L. 216-6 s'il a été préalablement autorisé par l'administration (au titre des ICPE ou de la réglementation IOTA), pour autant que l'autorisation ait été dûment respectée par l'exploitant (Par exemple : ▪ Cass. crim., 26 nov. 2013, n° 12-80.906 : *JurisData* n° 2013-027181. ▪ Cass. crim., 19 déc. 2017, n° 16-86.003 : *JurisData* n° 2017-026572 ; *RSC* 2018, p. 441. ▪ Cass. crim., 19 avr. 2017, n° 16-80.149 : *JurisData* n° 2017-007237. ▪ Cass. crim., 13 janv. 2015, n° 13-88.183, P+B : *JurisData* n° 2015-000271 ; *Dr. pén.* mars 2015, n° 3, comm. 38).

7) Accident industriel (exclusion du bénéfice du fait justificatif). Se rend coupable du délit de rejet en eau douce de substance nuisible au poisson ou à sa nutrition le directeur d'une usine qui, après une explosion survenue sur le site de celle-ci le 21 septembre 2001, ne s'est pas préoccupé de manière satisfaisante de l'évacuation de l'ammoniac contenu dans une cuve qui n'avait pas été détruite, et a fait déverser dans la Garonne de l'eau ammoniacale, dont l'action a détruit le poisson ou nuit à sa nutrition (▪ CA Toulouse, Ch. Corr. 3, 30 juill. 2008 : *JurisData* n° 2008-370868). Le fait, pour un chef d'entreprise, de ne pas surveiller les effluents de son établissement, est une faute caractérisée justifiant sa condamnation pour pollution d'eau (▪ Cass. crim., 28 juin 2017, n° 16-82.973, D : *JurisData* n° 2017-012881 ; *Dr. pén.* nov. 2017, n° 11, comm. 164, *Les crustacés sont « autrui »*, comm. J.-H. Robert). Il est constant que les eaux de lavage de betteraves constituées de pulpes fortement chargées en matière organique constituent des substances quelconques dont l'action a, notamment, entraîné des dommages à la faune et à la flore en se déversant dans l'Escaut à la suite de la rupture d'une digue d'un bassin de lagunage d'une usine sucrière (▪ T. corr. Lille, 12 janv. 2023, n° P 21270000146, n° minute 2023-219, *Tereos France*).

8) Abandon de déchets. Caractérise le délit de pollution des eaux le fait de jeter 49 pneus usagés dans un canal d'irrigation (▪ CA Toulouse, 25 août 1999 : *Dr. env.* 2000, n° 84, p. 6) ou encore la pollution par une nappe d'hydrocarbures dont l'épaisseur démontre qu'elle présente une concentration supérieure à la limite autorisée et est de nature à causer des dommages à la faune et à la flore (▪ Cass. crim., 19 oct. 2004, n° 04-82.485 : *JurisData* n° 2004-025541).

9) Accident agricole. A été condamné, sur le fondement de l'article L. 216-6 du Code de l'environnement, un agriculteur qui avait provoqué une pollution des eaux en laissant s'écouler les eaux de rinçage d'une cuve ayant contenu un produit phytosanitaire dans une canalisation d'évacuation de son exploitation (▪ Cass. crim., 28 nov. 2000, n° 00-84.041, inédit).

10) Atteinte provisoire (indifférent). Le fait, pour une société chargée par une communauté de communes de l'exploitation et de l'entretien du réseau de collecte des eaux usées de déverser de l'ordre de 2 500 m³, pendant 4 à 5 jours, d'eaux usées non traitées, très chargées en bactéries et virus très nuisibles, les juges en déduisant que la qualité des eaux déversées, a été, du point de vue des normes sanitaires et physico-chimiques, impropre à tous usages, et notamment à l'usage conchylicole et qu'il y a donc bien eu un effet néfaste sur la santé, caractérise le délai de pollution des eaux au sens de l'article L. 216-6 du Code de l'environnement, et ce alors même que les effets nuisibles pour la santé n'ont été que provisoires (▪ Cass. crim. 19 déc. 2017, n° 16-86.003 : *JurisData* n° 2017-026572 ; *RSC* 2018, p. 441). Il en va de même de rejets chroniques d'hydrocarbures liés à l'activité d'une société de transports ayant entraîné, même provisoirement, des effets nuisibles sur la santé ou des dommages à la flore ou à la faune (▪ Cass. crim., 19 avr. 2017, n° 16-80.149 : *JurisData* n° 2017-007237).

11) Élément moral (délit d'imprudence ou de négligence). Est coupable de pollutions des eaux prévues par l'article L. 216-6 du Code de l'environnement, le prévenu, directeur d'une station de traitement des eaux, dès lors que des boues noirâtres provenant de celle-ci ont débordé des canalisations de l'usine et ont atteint un étang, ce qui a causé la mort des carpes élevées dans celui-ci (■ Cass. crim., 16 janv. 2007 n°s 03-86.502 et 06-82.454 : *JurisData* n° 2007-037506). Si les causes de la rupture de la digue ayant entraîné l'écoulement des eaux polluées dans l'Escaut demeurent des hypothèses compte tenu des constatations rendues difficiles par l'effondrement de la digue, pour autant il n'est pas nécessaire d'en connaître le scénario exact dès lors que le défaut d'entretien à charge de l'exploitant est établi et caractérise l'élément moral de l'infraction d'imprudence ou de négligence (■ T. corr. Lille, 12 janv. 2023, n° P 21270000146, n° minute 2023-219, *Tereos France*). Les juges du fond doivent, pour entrer en voie de condamnation, caractériser les fautes non intentionnelles commises par le prévenu, et ne peuvent se borner à déduire l'intention coupable de la violation en connaissance de cause, d'une prescription légale ou réglementaire (■ Cass. crim., 7 oct. 2014, n° 14-81.897, P : *JurisData* n° 2014-022775 ; *Dr. pén.* mai 2015, n° 5, comm. 71, *Un pollueur dédiabolisé*, comm. J.-H. Robert et son épilogue : ■ Cass. crim., 28 juin 2017, n° 16-82.973, D : *JurisData* n° 2017-012881 ; *Dr. pén.* nov. 2017, n° 11, comm. 164, *Les crustacés sont « autrui »*, comm. J.-H. Robert). Confirmation par ■ Cass. crim., 24 mars 2015, n° 14-81.897 : *JurisData* n° 2015-006305 ; *Rev. sc. crim.* 2015, p. 337. – V. aussi : ■ Cass. crim., 15 mai 2001 : *JurisData* n° 2001-010338 ; *Bull. crim.* 2001, n° 123 ; *Dr. pén.* 2001, comm. 117. ■ Cass. crim., 19 oct. 2004, n° 04-82.485 : *JurisData* n° 2004-025541 ; *Bull. crim.* 2004, n° 247 ; *Dr. pén.* 2005, comm. 6).

12) **CJIP environnementale.** Voir par exemple la première CIJP environnementale, conclue avec le *Syndicat mixte SYMPAE*, ■ TJ Puy-en-Velay, 16 déc. 2021. Voir aussi la CJIP conclue avec la *Société fromagère de Vercel (groupe LACTALIS)*, ■ TJ Besançon, 1er juin 2023.

13) **Identification du représentant de la personne morale.** Cassation pour violation de l'article 121-2 du Code pénal et contradiction de motifs de l'arrêt par lequel une cour d'appel a condamné une personne morale tout en relaxant du même chef le représentant légal (■ Cass. crim., 7 mars 2023, n° 22-82.921, F-D).

14) **Auteur du délit.** Un GAEC est déclaré coupable des faits qui lui sont reprochés, mais son représentant légal a été relaxé au motif que l'enquête n'avait pas permis d'identifier avec certitude l'auteur du déversement du contenu de la cuve à lisier. Les juges ont relevé que la personne morale avait commis une faute en ne prenant pas toutes les précautions requises et recommandées tant par le constructeur que dans les guides de bonnes pratiques pour éviter une pollution, ces manquements ou négligences ayant été commis dans l'intérêt de la personne morale et par son représentant agissant pour son compte. Or, « en se déterminant ainsi par des motifs contradictoires, dès lors que, saisie à l'encontre de ce représentant du même délit prévu à l'article L. 216-6 du Code de l'environnement, réprimant les rejets intentionnels ou non intentionnels dans les eaux superficielles ou souterraines qui entraînent des dommages à la faune ou à la flore, cause directe du dommage, elle avait au préalable écarté sa responsabilité pénale, la cour d'appel n'a pas justifié sa décision ». La haute juridiction judiciaire a donc cassé et annulé l'arrêt d'appel (■ Cass. crim., 7 mars 2023, n° 22-82.921).

Art. L. 216-7 ***(Rempl. à compter du 1er juillet 2013, Ord. n° 2012-34, 11 janv. 2012).*** **– Est puni de 75 000 euros d'amende le fait d'exploiter un ouvrage sans respecter les dispositions relatives :**

1° À la circulation des poissons migrateurs, prévues ou arrêtées en application de l'article L. 214-17 et des dispositions auxquelles elles se substituent ;

2° Au débit ***(Mot rempl., L. n° 2013-619, 16 juill. 2013)*** **« minimal », prévues ou arrêtées en application de l'article L. 214-18 ;**

3° Au débit affecté à un usage d'utilité publique, arrêtées en application de l'article L. 214-9.

Art. L. 216-8 à L. 216-11 ***(Abr. à compter du 1er juillet 2013, Ord. n° 2012-34, 11 janv. 2012).***

Art. L. 216-12 ***(Abr. à compter du 1er juillet 2013, Ord. n° 2012-34, 11 janv. 2012).***

Art. L. 216-13 ***(Mod. à compter du 1er juillet 2013, Ord. n° 2012-34, 11 janv. 2012 ; à compter du 1er mars 2017, Ord. n° 2017-80, 26 janv. 2017)*** (1). **–** ***(Mots rempl., L. n° 2021-1104, 22 août 2021)*** **« En cas de non-respect des prescriptions imposées au titre des articles L. 181-12, L. 211-2, L. 211-3 et L. 214-1 à L. 214-6 ou des mesures édictées en application de l'article L. 171-7 du présent code ou de l'article L. 111-13 du Code minier, le juge » des libertés et de la détention peut, à la requête du procureur de la République, agissant d'office ou à la demande de l'autorité administrative, de la victime ou d'une association agréée de**

(1) Dispositions d'application particulières et transitoires : V. Ord. n° 2017-80, 26 janv. 2017, art. 15. – NDLR.

protection de l'environnement, ordonner pour une durée de trois mois au plus aux personnes physiques et aux personnes morales concernées toute mesure utile, y compris la suspension ou l'interdiction de l'activité en cause.

En cas d'ouverture d'une information, le juge d'instruction est compétent pour prendre dans les mêmes conditions les mesures prévues au premier alinéa.

La décision est prise après audition de la personne intéressée, ou sa convocation à comparaître dans les quarante-huit heures, ainsi que de l'autorité administrative, la victime, ou l'association agréée de protection de l'environnement si elles en ont fait la demande.

Elle est exécutoire par provision et prend fin sur décision du juge des libertés et de la détention ou lorsque la décision au fond est devenue définitive.

La personne concernée ou le procureur de la République peut faire appel de la décision du juge des libertés et de la détention dans les dix jours suivant la notification ou la signification de la décision.

Le président de la chambre d'instruction ou de la cour d'appel, saisi dans les vingt-quatre heures suivant la notification de la décision du juge d'instruction ou du tribunal correctionnel, peut suspendre la décision jusqu'à ce qu'il soit statué sur l'appel, sans que ce délai puisse excéder vingt jours.

Les dispositions du présent article s'appliquent également aux installations classées au titre du livre V (titre Ier).

1) **Droits de la défense et droit au recours effectif.** Les dispositions de l'article L. 216-13 du Code de l'environnement ne portent pas atteinte aux droits de la défense ou au droit à un recours effectif, dès lors que « législateur a ainsi permis au juge des libertés et de la détention de prendre toutes les mesures conservatoires utiles tout en encadrant strictement son intervention dans le respect des droits de la défense et du droit à un recours effectif » (▪ TJ Lyon, 16 nov. 2023, n° 22152000076).

2) **Prononcé de mesures conservatoires par le juge des libertés et de la détention.** Dans le cadre d'une enquête pénale, les dispositions de l'article L. 216-13 du Code de l'environnement ne subordonnent pas le prononcé par le juge des libertés et de la détention de mesures conservatoires, destinées à mettre un terme à une pollution ou en limiter les effets, à la caractérisation d'une faute de nature à engager la responsabilité pénale de la personne concernée (▪ Cass. Crim., 28 janv. 2020, n° 19-80.091 : *JurisData* n° 2020-000930, comm. B. Denis, V. Saintaman ; *La préservation de l'environnement opérée par le juge des libertés et de la détention au moyen de l'article L. 216-13 du Code de l'environnement* : *Énergie – Env. – Infrastr.* 2020, comm. 1414).

3) **Inutilité de la caractérisation d'une faute pénale.** L'article L. 216-13 ne subordonne pas à la caractérisation d'une faute de la personne concernée de nature à engager sa responsabilité pénale le prononcé par le juge des libertés et de la détention, lors d'une enquête pénale, de mesures conservatoires destinées à mettre un terme à une pollution ou à en limiter les effets dans un but de préservation de l'environnement et de sécurité sanitaire (▪ Cass. crim., 28 janv. 2020, n° 19-80.091, FS-P+B+I).

Art. L. 216-14 *(Abr. à compter du 1er juillet 2013, Ord. n° 2012-34, 11 janv. 2012).*

CHAPITRE VII. – DÉFENSE NATIONALE

Art. L. 217-1 *(Rempl. par les articles L. 217-1 à L. 217-3, Ord. n° 2020-7, 6 janv. 2020).* **– Pour l'application des dispositions des articles L. 214-1 à L. 214-6 et L. 214-8, les opérations ayant reçu la qualification d'opération sensible intéressant la défense nationale en application de l'article L. 2391-1 du Code de la défense sont dispensées d'enquête publique ou de toute autre forme de mise à disposition ou de participation du public.**

Art. L. 217-2 *(Ord. n° 2020-7, 6 janv. 2020).* **– Pour l'application des dispositions du chapitre unique du titre VIII du livre Ier et du présent titre aux installations, ouvrages, travaux et activités relevant du ministre de la défense, ou situés dans une enceinte placée sous l'autorité de celui-ci, ou soumis à des règles de protection du secret de la défense nationale, ne peuvent figurer dans un dossier soumis à enquête publique, ni être communiqués, mis à disposition du public ou soumis à consultation ou à participation du public :**

1° Des éléments soumis à des règles de protection du secret de la défense nationale ;

2° Des éléments nécessaires à la sauvegarde des intérêts de la défense nationale et de la sécurité publique.

Art. L. 217-3 *(Ord. n° 2020-7, 6 janv. 2020).* **– Un décret en Conseil d'État détermine les autres conditions d'application des articles L. 214-1 à L. 214-6 et L. 214-8, ainsi que celles des dispositions du chapitre II du titre VII du livre Ier aux opérations, travaux ou activités concernant des installations ou enceintes relevant du ministre chargé de la défense ou soumises à des règles de protection du secret de la défense nationale.**

V. art. R. 217-1, p. 1927.

CHAPITRE VIII. – DISPOSITIONS SPÉCIALES AUX EAUX MARINES ET AUX VOIES OUVERTES À LA NAVIGATION MARITIME

Voir : Convention internationale pour la sauvegarde de la vie humaine en mer, adoptée à Londres le 1er novembre 1974 (publiée par décret n° 80-369, 14 mai 1980, *JO* 23 mai 1980 et divers décrets portant publication d'amendements successifs). – Convention des Nations unies sur le droit de la mer, adoptée à Montego Bay le 10 décembre 1982 (publiée par décret n° 96-774 du 30 août 1996, *JO* 7 sept. 1996, et divers décrets portant publication d'amendements successifs). – Accord de Bonn concernant la coopération en matière de lutte contre la pollution de la Mer du Nord par les hydrocarbures et autres substances dangereuses du 13 septembre 1983 (publié par décret n° 89-929 du 20 décembre 1989, *JO* 13 janv. 1990). – Convention internationale pour le recyclage sûr et écologiquement rationnel des navires, adoptée à Hong Kong le 19 mai 2009 (non publiée).

Bibliographie : *I. Sur les généralités du droit de la mer.* B. Drobenko, *Vers un statut de la haute mer ? : DMF* 2015, n° 765, pp. 79-96 • N. Ros, *L'Arctique face au changement climatique : JDI (Clunet)* 2013, n° 2, doctr. 4. • P.-A. Jassens, *Quid de la politique maritime intégrée de l'Union annoncée par le Livre vert ? : DET* nov. 2010, n° 5, p. 467. • J.-P. Pancracio, *Droit de la mer*, Précis Dalloz, sept. 2010. • P.-H. Boisson, *L'adoption du 3e paquet ne vient pas modifier les équilibres fondamentaux du système de sécurité maritime : DMF* juill.-août 2009, n° 705, p. 579. • S. Deliancourt, *Le manquement de la France à ses obligations communautaires de contrôle des navires dans les ports : Dr. env.* sept. 2004, n° 121, p. 155. • E. Cannizzaro, *Pouvoirs discrétionnaires des États et proportionnalité dans le droit de la mer : RGDI publ.* 2/2002, p. 1241 à 268. • M. Ndende, *L'évolution du régime de l'assistance : l'assistance imposée, vers un droit d'autoprotection de l'État côtier ? : Annuaire dr. maritime et océanique* 18/2001, p. 233 à 256. • A. Kiss et J.-P. Beurier, *Droit international de l'environnement*, Pédone, 2000. • E. Langavant, *Droit de la mer*, Cujas, 1999. • J.-P. Queneudec, *Le « nouveau » droit de la mer est arrivé ! : RGDI publ.* 4/1994, p. 865 à 870. • T. Trèves, *Réflexions sur quelques conséquences de l'entrée en vigueur de la Convention des Nations unies sur le droit de la mer : AFDI* 1994, p. 1849 à 862. • T. Trèves, *L'entrée en vigueur de la Convention des Nations unies sur le droit de la mer et les conditions de son universalisme : AFDI* 1993, p. 1850 à 873 • R. Rodière et E. du Pontavice, *Droit maritime*, Précis Dalloz, 11e éd. 1991. • J. Leboulanger et D. Le Morvan, *La Communauté européenne et la mer*, Paris, Économica, 1990 • L. Lucchini et M. Voelckel, *Droit de la mer et son droit : les espaces maritimes*, t. I, Pédone, 1990. • M. Rémond-Gouilloud, *Droit maritime*, Pédone, 1989. • M. Dejean-Pons, *Les Conventions des Nations unies pour l'environnement relatives aux mers régionales : AFDI* 1987, p. 1689 à 718. • M. Dupuy et M. Rémond-Gouilloud, *La préservation du milieu marin*, in *Traité du nouveau droit de la mer.*, R.-J. Dupuy et D. Vignes (éd.) Paris, Bruxelles, 1985, p. 981 à 1004. • E. du Pontavice et P. Cordier, *La mer et le droit*, PUF, 1984. • D. Vignes, *Notes sur la terminaison des travaux de la troisième conférence sur le droit de la mer et la portée des textes adoptés à Montego Bay le 10 décembre 1982 : AFDI* 1982, p. 1798 à 810. • P.-H. Boisson, *La sécurité en mer : Grafic Foto*, 1980. • R. Rodière et M. Rémond-Gouilloud, *La mer, droit des hommes ou proie des États*, Pédone, 1980. • T. Trèves, *Les tendances récentes du droit conventionnel de la responsabilité et le nouveau droit de la mer : AFDI* 1975, p. 1767 à 783. • R. Rodière, *Traité général de droit maritime*, tome *Événements de mer*, Dalloz, 1972.

II. Sur la lutte contre la pollution maritime et sur la protection du milieu marin. A. Beziz-Ayache, *Pollutions et nuisances, Répertoire de droit pénal et de procédure pénale*, Dalloz, dernière MAJ janv. 2015. • P. Bonassies, *Affaire Erika : Et si les victimes avaient agi devant les juridictions civiles ? : DMF* 2014, n° 755, pp. 103-106. • P. Thieffry, *Un régime « Seveso » pour les accidents majeurs liés aux opérations pétrolières et gazières en mer* ; Note sous Directive 2013/30 du 12 juin 2013 relative à la sécurité des opérations pétrolières et gazières en mer et modifiant la directive 2004/35/CE, *Journal officiel de l'Union européenne numéro L 178 du 28 juin 2013 : RTDE* 2014, n° 2, pp. 553-557. • P. Bonassies, *Après la décision Erika : Observations sur la compétence des juridictions pénales françaises après abordage en haute mer : DMF* 2013, n° 745, pp. 195-200. • J. Gérard, *Pollution marine : la directive du 21 octobre 2009, une victoire à la Pyrrhus : Dr. env.* avr. 2010, n° 177, p. 141. • C. Bouni et a., *Préjudices écologiques des marées noires : revendications et valeurs économiques*, Institut océanographique, 2009. • B. Kerguelen-Neyrolles, *Sécurité maritime en Europe : vers une meilleure prévention des accidents : Lamy Transports Tome 2* mai 2009, n° 147, t. 2, p. 1. • S. Bahé, Les pollutions maritimes accidentelles en *France : risques, planification, gestion de crise*, Institut universitaire européen de la mer, 2008. • C. Orengo, *La réparation du dommage écologique en matière maritime : étude à la lumière de mécanismes d'indemnisation nationaux et internationaux*, thèse Nice, 2007. • A. Beziz-Ayache, *Le délit de pollution accidentelle de la mer par les navires ou l'examen de la contribution de l'article L. 218-22 du Code de l'environnement à la reconnaissance d'un ordre public écologique*, thèse Lyon, 2003. • V. A. Beziz-Ayache, *Le délit de pollution accidentelle de la mer par les navires ou l'examen de la contribution de l'article*

L. 218-33 du Code de l'environnement à la reconnaissance d'un ordre public écologique, thèse Lyon, 2003. • A. Cudennec et G. Gueguen-Hallouet (ss dir.), *Le juge communautaire et la mer*, Bruylant, Bruxelles, 2003, coll. « Rencontres européennes ». • L. Khodjet El Khil, *La pollution de la mer Méditerranée du fait du transport maritime de marchandises : régime juridique applicable et mise en œuvre par les États* : PU Aix Marseille, 2003. • C. Scalpel, *L'insécurité maritime : l'exemple de la pollution par les hydrocarbures : Rev. dr. com., mar., aérien et transp.* 3/2001, p. 1122 à 133. • C. Emanuelli, *Le nouveau droit de la mer et les conflits entre États : Annuaire dr. maritime et océanique* 1er oct. 1998, n° 16, p. 209 et s. • Anonyme, *La lutte contre les pollutions marines accidentelles : Notes bleues de Bercy* 1996, n° 87. • P. Hilberer-Rouzic, *La protection des mers européennes fermées ou semi-fermées contre la pollution marine d'origine tellurique*, thèse Paris I, nov. 1996. • J. Fourre, *La police en mer : LPA* 1995, n° 107, p. 19. • Chao-Wu, *La pollution du fait du transport maritime des hydrocarbures*, Pédone, 1994. • D. Brubaker, *Marine pollution and International Law. Principles and Practice*, Belhaven Press, Londres, 1993, p. 110 à 41. • J. Juste, *La Convention de Paris du 22 septembre 1992 pour la protection du milieu marin de l'Atlantique du Nord-est : RGDI publ.* 2/1993, p. 367 à 389. • W. Grap Vitzhum et C. Imperiali, *La protection régionale de l'environnement marin. Approche européenne*, Paris, Économica, 1992. • D. De Chassant, *La pollution maritime par hydrocarbures. Comparaison avec les législations des États-Unis et des États membres de la Communauté européenne : ETL*, vol. 26, 1991, p. 232 à 265. • J. Aussant, *Conventions régionales contre la pollution marine : contenu et problèmes, participation de la Communauté : RMCUE* janv. 1987, n° 303, p. 114 et s. • P. Bonassies, *La responsabilité pour pollution en droit international*, SFDE, colloque Brest, 1987, p. 1298. • D. Le Morvan, *La politique communautaire de protection de l'environnement marin*, thèse Brest, 1984. • J. Balleneger, *La pollution en droit international*, Éd. Vaudoise, Lausanne, 1975.

Section I. – Pollution par les rejets des navires (1)

Voir : Droit international : Dispositions spécifiques à chacune des deux sous-sections ci-après. - Convention internationale de Bruxelles du 29 novembre 1969 sur l'intervention en haute mer en cas d'accident entraînant ou pouvant entraîner une pollution par les hydrocarbures (publiée par décret n° 75-553 du 26 juin 1975, *JO* 3 juill. 1975) - Convention de Londres du 30 novembre 1990, sur la préparation, la lutte et la coopération en matière de pollution par les hydrocarbures aux substances nocives et potentiellement dangereuses (publiée par décret n° 96-663 du 22 juillet 1996, *JO* 27 juill. 1996).

Droit européen : Dispositions spécifiques à la sous-section 2 ci-après. - Décision n° 86/85 du Conseil du 6 mars 1986 instaurant un système communautaire d'informations pour le contrôle et la réduction de la pollution causée par le déversement en mer d'hydrocarbures (*JOCE* n° L 77, 22 mars 1986). - Directive n° 93/75/CEE du Conseil du 13 septembre 1993 relative aux conditions minimales exigées pour les navires à destination des ports maritimes de la Communauté ou en sortant ou transportant des marchandises dangereuses ou polluantes (*JOCE* n° L 247, 5 oct. 1993). - Directive n° 95/21/CEE du Conseil du 19 juin 1995 concernant l'application aux navires faisant escale dans les ports de la Communauté ou dans les eaux relevant de la juridiction des États membres des normes internationales relatives à la sécurité maritime, à la prévention de la pollution et aux conditions de vie et de travail à bord des navires contrôlés par l'État du port (*JOCE* n° L 157, 7 juill. 1995). - Règlement n° 417/2002/CE du Parlement européen et du Conseil, du 18 février 2002, relatif à l'introduction accélérée des prescriptions en matière de double coque ou de normes de conception équivalentes pour les pétroliers à simple coque, et abrogeant le règlement (CE) n° 2978/94 du Conseil (*JOCE* n° L 64, 7 mars 2002). - Directive n° 2002/59/CE du Parlement européen et du Conseil du 27 juin 2002 relative à la mise en place d'un système communautaire de suivi du trafic des navires et d'information, et abrogeant la directive n° 93/75/CEE du Conseil (*JOCE* n° L 208, 6 août 2002). - Règlement n° 2099/2002/CE du Parlement européen et du Conseil du 5 novembre 2002 instituant un comité pour la sécurité maritime et la prévention de la pollution par les navires (COSS) et modifiant les règlements en matière de sécurité maritime et de prévention de la pollution par les navires (*JOCE* n° L 324, 29 nov. 2002). - Directive n° 2002/84/CE du Parlement européen et du Conseil du 5 novembre 2002 portant modification des directives relatives à la sécurité maritime et à la prévention de la pollution par les navires (*JOCE* n° L 324, 29 nov. 2002). - Règlement n° 391/2009/CE du Parlement européen et du Conseil du 23 avril 2009 établissant des règles et normes communes concernant les organismes habilités à effectuer l'inspection et la visite des navires (*JOCE* n° L 131, 28 mai 2009). - Directive n° 2008/106/CE du 19 novembre 2008 du Parlement européen et du Conseil concernant le niveau minimal de formation des gens de mer (*JOCE* n° L 323, 3 déc. 2008). - Directive n° 2009/15/CE du Parlement européen et du Conseil du 23 avril 2009 établissant des règles et normes communes concernant les organismes habilités à effectuer l'inspection et la visite des navires et les activités pertinentes des administrations maritimes (*JOCE* n° L 131, 28 mai 2009). - Directive n° 2009/21/CE du Parlement européen et du Conseil du 23 avril 2009 concernant le respect des obligations des États du pavillon (*JOCE* n° L 131, 28 mai 2009). Directive n° 2013/30/CE du Parlement européen et du Conseil du 12 juin 2013 relative à la sécurité des opérations pétrolières et gazières en mer et modifiant la directive 2004/35/CE (*JOCE* n° L 178, 28 juin 2013. - *JOUE* n° L 108, 28 avr. 2015).

Droit interne : Dispositions spécifiques à chacune des deux sous-sections ci-après. - Loi du 17 décembre 1926 portant Code disciplinaire et pénal de la marine marchande : *DP* 1927, IVe partie, p. 270 et également, *Code de commerce*, Litec. - Loi n° 61-1262 du 24 novembre 1961 relative à la police des épaves maritimes (*JO* 26 nov. 1961). - Décret n° 61-1547 du 26 décembre 1961 fixant le régime des épaves maritimes (*JO* 29 déc. 1961). - Décret n° 72-302 du 19 avril 1972 relatif à la coordination des actions en mer, des administrations, de l'État

(1) Dispositions applicables, dans leur rédaction en vigueur au 24 décembre 2015, en Nouvelle-Calédonie, en Polynésie française, dans les îles Wallis-et-Futuna et dans les Terres australes et antarctiques françaises, sous réserve des compétences dévolues à ces collectivités dans les eaux territoriales, Ord. n° 2015-1736, 24 déc. 2015, art. 7.

(*JO* 22 avr. 1972). - Décret n° 77-884 du 22 juillet 1977 portant règlement général de police des ports maritimes, de commerce et pêche (*JO* 5 août 1977). - Décret n° 78-272 du 9 mars 1978 relatif à l'organisation des actions de l'État en mer (*JO* 11 mars 1978) modifié par décret n° 90-593 du 6 juillet 1990 (*JO* 11 juill. 1990) et décret n° 91-675 du 14 juillet 1991 (*JO* 19 juill. 1991). - Décret n° 78-815 du 2 août 1978 portant création du Comité interministériel de la mer et de la mission interministérielle de la mer (*JO* 4 août 1978). - Décret n° 79-413 du 25 mai 1979 sur la réglementation du passage des navires étrangers dans les eaux territoriales françaises. - Loi n° 83-851 du 5 juillet 1983 sur la sauvegarde de la vie humaine en mer, l'habitabilité à bord des navires et la prévention de la pollution (*JO* 6 juill. 1983). - Décret n° 84-810 du 30 août 1984 relatif à la sauvegarde de la vie humaine en mer, l'habitabilité à bord des navires et la prévention de la pollution (*JO* 1er sept. 1984), modifié par décret n° 2016-1693 du 9 décembre 2016 (*JO* 10 déc.). - Décret n° 85-1181 du 4 novembre 1985, relatif à la répression de la pollution des eaux marines (*JO* 5 nov. 1985). - Instruction du 1er avril 1992 relative aux problèmes juridiques et contentieux liés aux pollutions maritimes accidentelles (*JO* 2 avr. 1992). - Loi n° 94-589 du 15 juillet 1994 relative aux modalités d'exercice par l'État de ses pouvoirs de contrôle en mer (*JO* 16 juill. 1994). - Décret n° 95-411 du 19 avril 1995 relatif aux modalités de recours à la coercition, de l'emploi de la force en mer (*JO* 21 avr. 1995) - Décret n° 2002-196 du 11 février 2002 relatif aux juridictions compétentes en matière de pollution des eaux de mer par rejets des navires (*JO* 12 févr. 2002. - Décret n° 2004-112 du 6 février 2004 relatif à l'organisation de l'action de l'État en mer (*JO* 7 févr. 2004). - Ordonnance n° 2011-635 du 9 juin 2011 portant diverses dispositions d'adaptation du Code des transports au droit de l'Union européenne et aux conventions internationales dans les domaines du transport et de la sécurité maritimes (*JO* 10 juin 2011). - Décret n° 2014-348 du 18 mars 2014 relatif à la responsabilité civile des propriétaires de navires pour les dommages résultant de la pollution par les hydrocarbures (*JO* 20 mars 2014), abrogé par décret n° 2016-1893 du 28 décembre 2016 relatif aux dispositions du livre Ier, du livre IV, à l'exception de son titre IV, ainsi que des chapitres Ier et IV des titres Ier à IX du livre VII de la cinquième partie réglementaire du Code des transports, et portant diverses mesures d'adaptation relatives à l'outre-mer (*JO* 29 déc. 2016).

Bibliographie : Sur les grandes affaires de pollutions maritimes par rejets des navires

I. Sur l'affaire de l'Amoco Cadiz. Ch. Huglo, *20 ans après l'échouement de l'Amoco Cadiz ou le Trésor juridique de l'épave : Gal. Pal.* 24 juin 1998, p. 9 à 17. • A. de Raulin, *L'épopée judiciaire de l'Amoco Cadiz : JDI* 1993, 1. • Note du ministère de l'Économie et des Finances et du Budget, *Le procès Amoco-Cadiz : Droit français et procédure américaine*, 2-8 mars 1992, n° 582. • P. Catala, *La nature juridique des fonds de limitation à propos de l'arrêt rendu le 10 juillet 1990 par la Cour de cassation, dans l'affaire Amoco Cadiz : RTD civ.* 1992, p. 159 et s. • Ch. Huglo, *La réparation du dommage écologique en milieu marin à travers deux expériences judiciaires des affaires Montédison et Amoco Cadiz : Gaz. Pal.* 19 août 1992 ; *Portée et significations de l'arrêt rendu le 24 janvier 1992 par la cour d'appel de Chicago dans l'affaire de l'Amoco Cadiz : Lettre des juristes d'affaires* 2/1992, n° 11123. • M. Ndende, *L'affaire de l'Amoco Cadiz. Quatorze ans de bataille juridique*, Pédone, 1992, coll. « Espaces et ressources maritimes », n° 6, p. 227 et s. • M. Rémond-Gouilloud, *Le procès de l'Amoco Cadiz, fin de partie : Risques* avr.-juin 1992. • Bonnieux et Rainelli, *L'affaire Amoco-Cadiz : Problèmes de mesure et de réparation des dommages*, PUF, 1990, coll. « Espaces et ressources naturelles », n° 4, p. 85 et s. • A. Vialard, *À propos de l'Amoco Cadiz : LPA* 1er mai 1989, n° 52. • E. du Pontavice, *L'apport du procès de l'Amoco Cadiz*, SFDE, n° spécial consacré à l'environnement marin, colloque de Brest, 1987. • E. du Pontavice, *Commentaire de la décision du 18 avril 1984, affaire « Droit de l'environnement » v/ « Droit maritime » : Cah. dr. maritimes et aérien de la faculté de Nantes*, 1985, p. 60 et s. • A. Kiss, *L'affaire de l'Amoco Cadiz : Responsabilités pour une catastrophe écologique : JDI* 1985, p. 576 et s. • L. Lucchini, *Le procès de l'Amoco-Cadiz : présent et voie du futur : AFDI* 1985, p. 762. • M. Rémond-Gouilloud, *Ressources naturelles et choses sans maître : DS* 1985, 5e cahier, chron. p. 27 et s. • P. Bonassies, *États-Unis d'Amérique, la décision « Amoco Cadiz » : DMF* 1984, p. 689 et s. • F. Odier, *La pollution par les hydrocarbures : Réparation des dommages. Protocoles de 1984*, PUF, 1984, coll. « Espaces et ressources naturelles », n° 2, p. 108 et s. • M. Rémond-Gouilloud, *Leçons d'un naufrage : D.* 1979, 21e cahier, chron. • Mc Garr, *Inadéquation de la procédure fédérale pour l'indemnisation des dommages causés par les marées noires : MTS journal*, vol. 24, n° 4, p. 43 et s.

II.1. Sur l'affaire de l'Érika (après le procès du 25 sept. 2012). F. Alfonsi, *Les enjeux d'une directive sur le préjudice écologique : Environnement* oct. 2014, pp. 62-63. • P. Bonassies, *Affaire Erika : Et si les victimes avaient agi devant les juridictions civiles ? : DMF* févr. 2014, n° 755, pp. 103-106. • E. Banel et C. Bellord, *La reconnaissance légale du préjudice écologique : Environnement* oct. 2014, n° 10, pp. 50-52. • A. Faro, *Inscrire le droit à réparation du préjudice écologique dans le Code civil, pour quoi faire ? : Environnement* oct. 2014, n° 10, pp. 55-57. • M. Hautereau-Boutonnet, *Les enjeux d'une loi sur le préjudice écologique, l'enseignement des droits étrangers : Environnement* oct. 2014, pp. 28-31. • M. Hautereau-Boutonnet, *L'après Erika devant les juges du fond : JCP G* 2014, n° 19, pp. 948-951. • J. Hay, *L'apport de l'économie à l'évaluation du préjudice écologique : Environnement* oct. 2014, pp. 32-36. • J. Le Jeune, *La grande expérience des élus bretons pour prévenir les pollutions et les faire réparer : Environnement* oct. 2014, n° 10, p. 64. • L. Neyret, *Introduction de la problématique. Le préjudice écologique : hier aujourd'hui et demain : Environnement* oct. 2014, pp. 20-22. • L. Neyret, *Réparation du préjudice écologique : pollution d'une réserve naturelle : Recueil Dalloz Sirey* sept. 2014, n° 30, pp. 1694-1694. • J.-H. Robert, *Environnement et urbanisme. Pollution des mers. L'affaire du naufrage de l'Erika : Rev. sc. crim.* 2014, n° 2, pp. 363-367. • F. Rousseau, *Réflexion sur la répression civile des atteintes à l'environnement. – À propos du rapport remis au garde des Sceaux le 17 septembre 2013 relatif à la réparation du préjudice écologique : Environnement* mars 2014, n° 3, étude 3. • J. Valantin, *Le procès en appel Erika : Environnement* oct. 2014, n° 10, pp. 25-26. • M. Bacache, *Quelle réparation pour le préjudice écologique : Environnement* mars 2013, n° 3, p. 26 et s. • M. Bary, *L'arrêt Érika : un arrêt novateur à plus d'un titre :*

Rev. Lamy dr. civ. mars 2013, n° 102, p. 19 et s. • M. Boutonnet, *L'Érika : une vraie-fausse reconnaissance du préjudice écologique : Environnement* janv. 2013, n° 1, p. 19 et s. • M.-P. Camproux-Duffrène, *Préjudice écologique : Rev. jur. env.* 2013, n° 3, pp. 457-480. • S. Cuendet, *Les compétences de l'État en matière de répression des rejets polluants dans sa zone économique exclusive : quelles leçons après l'affaire de l'Érika ? : Environnement* janv. 2013, n° 1, p. 25 et s. • A. Fort-Besnard, *La récupération, par l'État, des aides versées aux entreprises de pêche après le naufrage de l'Erika et la tempête de 1999 : le juge administratif, juge communautaire : JCP A* 2013, n° 48, pp. 38-44. • Ch. Huglo, *L'inéluctable prise en compte du dommage écologique par le juge administratif : AJDA* avr. 2013, n° 12, p. 667 et s. • M.-L. de La Ville-Baugé et E. Guillaume, *Responsabilité environnementale : l'enfer du droit est pavé de bonnes intentions : Option fin.* juin 2013, n° 1224, pp. 34-35. • B. Parance, *Du rapport Jégouzo relatif à la réparation du préjudice écologique : Gaz. Pal.* oct. 2013, n°s 303-304, pp. 5-8. • FG Trébulle, *Quelle prise en compte pour le préjudice écologique après l'Érika ? : Environnement* mars 2013, n° 3, p. 19 et s. • M.-P. Camproux-Duffrène, V. Jaworski et J. Sohnle, *La loi française versus le droit maritime international dans l'arrêt Érika : la victoire du droit de l'environnement : Dr. env.* déc. 2012, n° 207, p. 371 et s. • P. Delebecque, *L'arrêt « Érika » : un grand arrêt de droit pénal, de droit maritime ou de droit civil ? : D.* 2012, n° 40, p. 2711 et s. • K. Le Couviour, *Érika : l'arrêt salvateur de la Cour de cassation : JCP G* 2012, n° 47, p. 2095 et s. • A. Montas et G. Roussel, *Les principaux apports de la décision de la Cour de cassation dans l'affaire Érika : AJDP* nov. 2012, n° 11, p. 574 et s. • M. Remond-Gouilloud, *Sur le préjudice écologique : DMF* déc. 2012, n° 742, p. 1020 et s.

II. 2. Sur l'affaire de l'Érika (avant le procès du 25 sept. 2012). G.-J. Martin, *Responsabilité civile* : comm. sous Cass. 3e civ., 17 mars 2010, n° 08-18.552, *SCA Les Salines de Guérande : Rev. jur. env.* 2011, n° 1, p. 133. • J.-H. Robert, *Note sous CA Paris, 30 mars 2010, RG n° 08/02278 : Rev. sc. crim.* 2011, p. 873. • E. Terzic, *De la responsabilité environnementale au sein d'un groupe de sociétés : Dr. env.* juin 2011, n° 191, p. 179. • M.-P. B., *Où le coupable pollueur-déjà-payeur n'est plus responsable... : Rev. Lamy dr. aff.* juill.-août 2010, n° 51, p. 87. • Ph. Boisson, *La responsabilité de la société de classification dans l'arrêt Érika : DMF* nov. 2010, n° 719, Dossier spécial « Érika », p. 897. • B. Bouloc, *Quelques réflexions sur l'aspect pénal : DMF* nov. 2010, n° 719, Dossier spécial « Érika », p. 886. • M. Boutonnet, *L'arrêt Érika, vers la réparation intégrale des préjudices résultant des atteintes à l'environnement ? : Environnement et dév. durable* juill. 2010, n° 7, p. 13. • M. Boutonnet, *La classification des catégories de préjudices à l'épreuve de l'arrêt Érika : Rev. Lamy dr. civ.* juill.-août 2010, n° 73, p. 18. • M.-P. Camproux-Duffrène, *L'évaluation du préjudice écologique par le juge judiciaire : Dr. env.* oct. 2010, n° 183, p. 334 • Ph. Delebecque, *Aspects civils de l'arrêt Érika : DMF* nov. 2010, n° 719, Dossier spécial « Érika », p. 878. • Ch. Huglo, *Érika : éclairage sur la reconnaissance et la réparation du préjudice écologique : Environnement et technique* mai 2010, n° 296, p. 50. • K. Le Couviour, *Érika : Décryptage d'un arrêt peu conventionnel. À propos de l'arrêt de la Cour d'appel de Paris du 30 mars 2010 : JCP G* 2010, n° 16, 432, p. 804 et s. • L. Neyret, *L'affaire Érika : moteur d'évolution des responsabilités civile et pénale – À propos de CA Paris, 30 mars 2010 : D.* 2010, n° 34, p. 2238 ; *De l'approche extensive de la responsabilité pénale dans l'affaire Érika : Environnement et dév. durable* nov. 2010, n° 11, étude 29. • M. Remond-Gouilloud, *Le préjudice écologique, version française : DMF* nov. 2010, n° 719, Dossier spécial « Érika », p. 903. • J.-H. Robert, *La pollution des mers. – Note sous CA Paris, 30 mars 2010, RG n° 08/02278 : RDS* nov. 2010, n° 9, p. 524. • T. Soleilhac, *Érika, CLC, QPC : une exonération de responsabilité civile inconstitutionnelle ? : BDEI* mai 2010, n° 27, p. 22. • B. Steinmetz, *Le procès de l'Érika, chant du cygne du préjudice écologique pur devant les tribunaux judiciaires ? : Dr. env.* juin 2010, n° 179, p. 196. • D. B., *Nouveau cas de responsabilité civile : Environnement et dév. durable* mars 2009, n° 3, p. 129. • M.-O. Bertella-Geffroy, *Pollution maritime, l'affaire Érika : Environnement et dév. durable* févr. 2009, n° 2, p. 123. • J.-P. Beurier, *Commentaire de l'arrêt de la 3e chambre civile de la Cour de cassation du 17 décembre 2008, Cne de Mesquer c/ Total France : Neptunus* janv. 2009, n° 15, p. 11. • Ph. Billet, *Qualification et disqualification du pétrole échappé de l'Érika et application du principe pollueur-payeur : Environnement et dév. durable* nov. 2009, n° 11, p. 141. • J.-P. Bugnicourt, *Affaire Érika : le Conseil d'État recadre les prétentions des victimes : Rev. Lamy dr. civ.* juin 2009, n° 61, p. 120. • J.-P. Bugnicourt, *Total condamné à éliminer le fioul de l'Érika déposé sur les côtes françaises : Rev. Lamy dr. civ.* févr. 2009, n° 59, p. 121. • A. Chaminade, *Notion de déchet et mise en œuvre du principe pollueur-payeur : JCP G* 2009, II, 10079. • I. Corbier, *Affaire Érika : la Cour de cassation suit le juge européen : DMF* févr. 2009, p. 1143. • C. Lepage, *Affaire de l'Érika : la suite : BDEI* janv. 2009, n° 19, p. 125. • B. Parance, *Affaire Érika : la Cour de cassation prend parti sur l'application de la législation relative aux déchets : Rev. Lamy dr. civ.* juin 2009, n° 61, p. 115. • B. Rolland, *Responsabilité environnementale : le fioul lourd est-il un déchet ? : Bull. Joly Sociétés* avr. 2009, p. 1366. • M.-C. Rouault, *La société Total ne pouvait être mise en demeure d'éliminer les résidus d'hydrocarbures provenant de l'Érika : JCP G* 2009, II, 10080. • Ph. Billet, *Qualification du pétrole échappé de l'Érika : Environnement* avr. 2008, n° 4, p. 145. • M.-P. Blin-Franchomme, *De la responsabilité écologique... : Rev. Lamy dr. aff.* févr. 2008, n° 24, p. 175. • Ph. Boisson, *La société de classification bénéficie-t-elle de l'exclusion prévue par l'article III (4) de la Convention CLC ? : DMF* sept. 2008, n° 695, p. 1696. • P. Bonassies, *Sociétés de classification et convention de 1969/1992 sur la responsabilité pour les dommages dus à la pollution par les hydrocarbures : DMF* sept. 2008, n° 695, p. 691. • G. Bouchon, *Une timide reconnaissance du préjudice écologique : état des lieux : Dr. env.* mars 2008, n° 156, p. 116. • J. Bouquet-Elkaïm, *L'affaire de l'Érika, l'illustration jurisprudentielle d'une complémentarité entre la convention CLC et le droit commun de la responsabilité : RED env.* 3/2008, p. 1267. • M. Boutonnet, *La reconnaissance du préjudice environnemental : Environnement* févr. 2008, n° 2, p. 111. • O. Cachard, *Un demandeur peut-il obtenir du droit communautaire ce que le droit maritime lui interdit de demander ? : DMF* sept. 2008, n° 695, p. 1704. • F. Chaltiel, *L'affaire de l'Érika devant la Cour de cassation, le droit communautaire bienfaiteur de l'environnement* : *LPA* 25 déc. 2008, n° 258, p. 17. • T. Dumont et N. Huten, *Dommage écologique* : *Rev. jur. env.* juin 2008, n° 2, p. 1205. • T. Dumont, *Le jugement de l'Érika et le préjudice écologique* : *DMF* juin 2008, n° 693, p. 1574. • F.-X. Kelidjian, *L'indemnisation du préjudice écologique à la suite du jugement Érika : le cas de la LPO* : *DMF* sept. 2008, n° 695, p. 1780. • Ch. Huglo, *À propos de l'affaire de l'Érika et des précédents existant sur la question du dommage écologique* : *Environnement* févr. 2008, n° 2, p. 11. • C. Kleitz-Bachelet, *L'Érika et le préjudice pour atteinte à l'environnement* : *Rev. Lamy dr. civ.* févr. 2008, n° 46, p. 119. • K. Le Couviour, *Catastrophe de l'Érika : premiers commentaires d'un jugement déjà exemplaire – À propos du jugement du tribunal correctionnel de Paris du 16 janvier 2008* : *JCP* G 2008, n° 6, act. 88 ; *Après l'Érika : réformer d'urgence le régime international de responsabilité et d'indemnisation des dommages de pollution par hydrocarbures* : *JCP* G 2008, I, doctr. 126. • C. Lepage, *Le préjudice écologique* : *Rev. dr. aff. univ. Panthéon-Assas* oct. 2008, n° 5, p. 168. • C. London, *La marée noire de l'Érika : le déchet et son détenteur face au juge communautaire* : *BDEI* sept. 2008, n° 17, p. 115. • C. London, *Affaire Érika : l'interprétation des magistrats communautaires* : *Dr. env.* sept. 2008, n° 161, p. 115. • M. Memlouk, *L'indemnisation du préjudice écologique à la suite du jugement Érika* : *DMF* sept. 2008, n° 695, p. 1770. • M. Ndendé, *Les enseignements du jugement pénal de Paris sur les responsabilités des acteurs mis en cause dans la catastrophe de l'Érika* : *Ann. dr. mar.* et *océanique* janv. 2008, n° 26, p. 1253. • F. Nési, *La marée noire consécutive au naufrage de l'Érika relève-t-elle de la législation sur les déchets ?* : *Dr. env.* mars 2008, n° 156, p. 118. • L. Neyret, *Pollution marine, note sous TGI Paris, ch. corr., 16 janv. 2008, n° 99/34895010* : *Environnement* juill. 2008, n° 7, comm. 109 ; *Naufrage de l'Érika : vers un droit commun de la réparation des atteintes à l'environnement* : *D.* 2008, n° 38, p. 12681. • B. Parance, *Reconnaissance du délit de pollution maritime et droit à réparation pour atteinte à l'environnement* : *JCP* G 2008, II 10053. • B. Rajot, *La responsabilité environnementale ou la reconnaissance légale du préjudice écologique* : *Resp. civ. et assur.* sept. 2008, n° 9, p. 12. • B. Rajot, *Érika ou indemnisation des préjudices résultant du délit de pollution : l'innovation de la réparation du préjudice résultant de l'atteinte à l'environnement* : *Resp. civ. et assur.* févr. 2008, n° 2, p. 13. • J.-H. Robert, *Chronique de jurisprudence* : *Rev. sc. crim.* avr. 2008, n° 2, p. 1344. • N. de Sadeleer, *Arrêt Érika : le principe du pollueur-payeur et la responsabilité pour l'élimination des déchets engendrés par le naufrage d'un navire pétrolier* : *JTDE* oct. 2008, n° 152, p. 1239. • P. Simon, *Le jugement Érika met-il à mal le droit maritime ?* : *DMF* sept. 2008, n° 695, p. 1748. • B. Steinmetz, *Préjudice écologique et réparation des atteintes à l'environnement, plaidoyer pour une catégorie nouvelle de préjudice* : *RED env.* déc. 2008, n° 4, p. 1407 ; *De la responsabilité du propriétaire et du producteur de fioul lourd en cas de catastrophe maritime* : *Dr. env.* mars 2008, n° 156, p. 123. • A. Van Lang, *Affaire de l'Érika : la consécration du préjudice écologique par le juge judiciaire* : *AJDA* 5 mai 2008, n° 17, p. 1934. • Ch. Huglo, *Le dommage écologique : un sujet de forte actualité* : *Environnement* juill. 2007, n° 7, p. 11. • M. Le Bihan Guénolé, *Note sous Cass. 3e civ., 28 mars 2007, n° 04-12315* : *DMF* sept. 2007, n° 684, p. 1740. • G. Savary, *Sécurité maritime : la responsabilité juridique face aux traditions maritimes* : *L'Observateur de Bruxelles* juill. 2007, n° 69, p. 19. • R. Achard, *Naufrage de l'Érika : le juge italien – le premier saisi – se déclare définitivement incompétent* : *DMF* mai 2006, n° 670, p. 1432. • Anonyme, *L'application du régime des contraventions de voirie aux pollutions marines : l'affaire de l'Érika* : *Dr. adm.* nov. 2006, n° 11, p. 122. • J.-M. Massin, *Sécurité maritime : le paquet Érika III* : *BDEI* mai 2006, n° 3, p. 127. • C. Roche et M. Touzeil-Divina, *Sur la plage abandonnée... cabanage et pétrolier* : *LPA* 5 juin 2006, n° 111, p. 112. • B. Bouloc, *Note sous Cass. crim., 9 juill. 2003, Sté Total Fina Elf* : *DMF* févr. 2004, n° 645, p. 1128. • S. Le Briéro, *Regard associatif sur la catastrophe de l'Érika : le naufrage de la contravention de grande voirie* : *Rev. jur. env.* oct. 2004, p. 1185. • L. Le Corre, *Marée noire de l'Érika : vers une réparation du préjudice écologique ?* : *Dr. env.* 97/2002, p. 91 à 94. • Documents d'informations de l'Assemblée nationale : *Après l'Érika : l'urgence*, rapport n° 2.535/2000, t. I, II, III et IV, audition D. Paul, président, J.-Y. Le Drian, rapporteur député. • Rapports du Sénat : *Érika : indemniser et prévenir*, rapport n° 441/1999-2000, A. B. Heinis, président et H. de Richemont, rapporteur. • Avis et rapports du Conseil économique et social, *Les causes et les conséquences du naufrage du pétrolier Érika*, Éd. des Journaux officiels, 2000, avis présenté par M. Muller, C. Fiterman, D. Tardy et C. Battut. • P. Bonassies, *Après l'Érika : les quatre niveaux de réparation des dommages résultant d'une pollution maritime par les hydrocarbures* : *Rev. dr. com., mar., aérien et transp.* 4/2000, p. 1140 à 145.

Voir : Sur un complément de bibliographie relatif à la caractérisation du préjudice écologique au travers de la loi n° 2008-757 du 1er août 2008 relative à la responsabilité environnementale : voir sous Livre Ier, Titre VI Prévention et réparation de certains dommages causés à l'environnement.

Sous-section 1. – Dispositions générales (1)

(Abr., L. n° 2013-431, 28 mai 2013 (2) ; rétablie, Ord. n° 2015-1736, 24 déc. 2015)

La présente sous-section est abrogée par la loi n° 2013-431 du 28 mai 2013 portant diverses dispositions en matière d'infrastructures et de services de transports.

(1) Antérieurement à son abrogation par L. n° 2013-431, 28 mai 2013, art. 30 la présente sous-section comprenait les articles L. 218-1 à L. 218-9. – NDLR.

(2) Dispositions applicables à Wallis-et-Futuna et dans les Terres australes et antarctiques françaises, L. n° 2013-431, 28 mai 2013, art. 43, V.

L'article L. 218-1 du Code de l'environnement effectuait un renvoi général à la convention internationale de 1992 sur la responsabilité civile pour les dommages dus à la pollution par les hydrocarbures pour ce qui est du régime de responsabilité des propriétaires de navires en cas de marée noire.

La loi du 28 mai 2013 vise à clarifier les procédures en distinguant celles applicables en cas de marée noire, articles nouveaux L. 5122-25 et suivants du Code des transports, de celles applicables dans le régime général des créances maritimes, articles L. 5121-1 et suivants du Code des transports.

Voir : Droit international : Convention internationale de Bruxelles du 29 novembre 1969 sur la responsabilité civile des dommages dus à la pollution par les hydrocarbures et ses protocoles (Convention publiée par décret n° 75-553 du 26 juin 1975, *JO* 3 juill. 1975 ; Protocoles publiés par décret n° 81-473 du 7 mai 1981, *JO* 13 mai 1981, décret n° 96-718 du 7 août 1996, *JO* 14 août 1996). – Convention internationale du 18 décembre 1971 portant création d'un fonds international pour l'indemnisation des dommages dus aux hydrocarbures et son Protocole du 27 novembre 1992 (FIPOL) (Convention publiée par décret n° 78-1186 du 18 décembre 1978, *JO* 22 déc. 1978, Protocole publié par décret n° 96-719 du 7 août 1996, *JO* 14 août 1996). – Convention internationale du 23 mars 2001 sur la responsabilité civile pour les dommages dus à la pollution par les hydrocarbures de soute (D. n° 2011-435, 20 avr. 2011 : *JO* 22 avr. 2011).

Droit européen : Directive n° 2009/20/CE du Parlement européen et du Conseil du 23 avril 2009 relative à l'assurance des propriétaires de navires pour les créances maritimes (*JOCE* n° L 131, 28 mai 2009).

Droit interne : Loi n° 77-530 du 26 mai 1977 relative à la responsabilité civile et à l'obligation d'assurance des propriétaires de navires pour les dommages résultant de la pollution par les hydrocarbures (*JO* 27 mai 1977). – Instruction du 13 avril 1979 relative aux modalités d'application des dispositions de la loi n° 77-530 du 26 mai 1977 relative à la responsabilité civile et à l'obligation d'assurances des propriétaires de navires pour les dommages résultant de la pollution par les hydrocarbures (*JONC* 30 mai 1979). – Instruction du 2 avril 2001 relative à l'intervention des pouvoirs publics en cas d'accidents maritimes majeurs (*JO* 10 avr. 2001). – Instruction du 4 mars 2002 relative à la lutte contre la pollution du milieu marin (*JO* 4 avr. 2002).

Bibliographie : P. Hili, *Fonctionnement du fonds de limitation de responsabilité des propriétaires de navire en cas de pollution aux hydrocarbures : BDEI* mai 2014, n° 51, p. 30-34. • M. Ndendé, *Limitation de responsabilité du propriétaire du navire en cas d'accident corporel : Rev. dr. transp.* janv. 2011, n° 1, p. 17. • A. Curzydlo-Muller, *La convention « Hydrocarbures de soute » : Environnement et dév. durable* avr. 2010, n° 4, alerte 40. • M. Jacobsson, *L'indemnisation des dommages résultant des atteintes à l'environnement dans le cadre du régime international CLC/FIPOL : DMF* juin 2010, n° 715, p. 463. • A. Vialard, *La limitation de responsabilité, clé de doute pour le droit maritime du XXIe siècle : DMF* 1/2009, p. 121. • M. J.-S. Rohart, *Portée et validité des transactions signées entre le FIPOL et un demandeur à l'indemnisation : DMF* mai 2008, n° 692, p. 1435. • J.-P. Beurier et M. Ndendé, *Le Fonds international d'indemnisation pour les dommages dus à la pollution par hydrocarbures (FIPOL) : JCl. Environnement* 3/2007, Fasc. 4860. • K. Le Couviour, *La responsabilité civile à l'épreuve des pollutions majeures résultant du transport maritime*, PU Aix-Marseille, 2007. • G. Savary, *Sécurité maritime : la responsabilité juridique face aux traditions maritimes : L'Observateur de Bruxelles* juill. 2007, n° 69, p. 19. • J. Hay, *Analyse économique du système international CLC/FIPOL comme instrument de prévention des marées noires*, thèse Brest, 2006. • J.-S. Rohart, *Les critères du FIPOL sur l'admissibilité des demandes d'indemnisation : DMF* déc. 2006, n° 676, p. 1970. • Dossier spécial, *Prévention et indemnisation des pollutions par les hydrocarbures : DMF* mai 2003, n° 637. • M. Rémond-Gouilloud, *Droit maritime*, Pédone, 1989 ; *L'avenir du système indemnitaire établi par les conventions internationales*, Séminaire du CMI, 1992, Gênes, p. 5. • E. du Pontavice, *Les rayons et les ombres des protocoles de 1984 (pollution par les hydrocarbures et réparation des dommages) : ERM* n° 2, 1987, p. 117 à 132. • E. du Pontavice, *Les protocoles du 25 mai 1984 et la catastrophe de l'Exxon Valdez : RUIPR*, vol. 59, 1990, p. 897 à 915. • M. Rémond-Gouilloud, *Pollution des mers par les hydrocarbures – Limites de l'indemnisation*, in *La lutte contre les marées noires, aspects économiques*, OCDE, 1982, p. 36. • C. Douay, *L'indemnisation des dommages dus à la pollution des hydrocarbures : DMF* 1981, p. 451. • M. Rémond-Gouilloud, *L'indemnisation des victimes de la pollution causée par les activités en mer, dans Indemnisation des dommages dus à la pollution*, OCDE, 1981, p. 60. • E. du Pontavice, *La réparation du dommage en matière de pollution transfrontière : aspects juridiques de la pollution transfrontière*, OCDE, 1977, p. 441. • P. Simon, *La réparation civile des dommages causés en mer par les hydrocarbures*, thèse Paris, 1976. • Cl. Legendre, *Convention sur la responsabilité civile pour les dommages dus à la pollution par les hydrocarbures : DMF* 1970, p. 579. • Cl. Legendre, *Projet de convention internationale sur la responsabilité civile en matière de pollution par les hydrocarbures : DMF* 1969, p. 131 ; *La conférence juridique internationale sur les dommages dus à la pollution des eaux de la mer de 1969 : DMF* 1970, p. 515.

Art. L. 218-1 ***(Abr., L. n° 2013-431, 28 mai 2013 ; rétabli, Ord. n° 2015-1736, 24 déc. 2015).*** **– Pour l'application de la présente section :**

– la « convention MARPOL » (1) **désigne la convention internationale pour la prévention de la pollution par les navires, faite à Londres le 2 novembre 1973, telle que modifiée par le protocole du 17 février 1978 et par ses modificatifs ultérieurs régulièrement approuvés ou ratifiés ;**

(1) Convention publiée par le décret n° 83-874 du 27 septembre 1983 et entrée en vigueur le 2 octobre 1983 (*JO* 2 oct. 1983). – NDLR.

– le terme « navire » désigne un bâtiment de mer exploité en milieu marin de quelque type que ce soit, notamment les hydroptères, les aéroglisseurs, les engins submersibles, les engins flottants. Sont assimilés aux navires les plates-formes fixes ou flottantes et les bateaux ou engins flottants fluviaux lorsqu'ils se trouvent en aval de la limite transversale de la mer.

– *(L. n° 2021-1308, 8 oct. 2021)* les « méthodes de réduction des émissions de soufre » désignent toute installation ou tout matériel, dispositif ou appareil destiné à équiper un navire ou toute autre procédure, tout combustible de substitution ou toute méthode de mise en conformité utilisé en remplacement de combustibles marins à faible teneur en soufre répondant aux exigences de la directive (UE) 2016/802 du Parlement européen et du Conseil du 11 mai 2016 concernant une réduction de la teneur en soufre de certains combustibles liquides et qui sont vérifiables, quantifiables et applicables.

Art. L. 218-2 *(Abr., L. n° 2013-431, 28 mai 2013 ; rétabli, Ord. n° 2015-1736, 24 déc. 2015 ; mod., L. n° 2021-1308, 8 oct. 2021)*. – I. – Les navires naviguant dans les eaux relevant de la souveraineté ou de la juridiction française doivent :

1° Lorsqu'ils naviguent en dehors des zones de contrôle des émissions de soufre désignées conformément à la règle 14.3 de l'annexe VI de la convention MARPOL, utiliser ou transporter à des fins d'utilisation des combustibles dont la teneur en soufre est inférieure ou égale à 0,50 % en masse ;

2° Lorsqu'ils naviguent dans les zones de contrôle des émissions de soufre, utiliser des combustibles dont la teneur en soufre est inférieure ou égale à 0,10 % en masse.

II. – Pour les navires à passagers assurant des services réguliers à destination ou en provenance de ports d'un État membre de l'Union européenne, la teneur en soufre des combustibles utilisés en dehors des zones de contrôle des émissions de soufre doit être inférieure ou égale à 0,50 % en masse.

III. – Les navires à quai durant plus de deux heures consécutives selon les horaires publiés doivent utiliser des combustibles marins dont la teneur en soufre est inférieure ou égale à 0,10 % en masse, exception faite des navires qui stoppent toutes les machines et utilisent le branchement électrique à quai lorsqu'ils sont à quai dans les ports.

IV. – Les navires peuvent utiliser des méthodes de réduction des émissions de soufre, pour autant que ces méthodes n'aient pas d'incidence négative notable sur l'environnement, notamment sur les écosystèmes marins, et que leur mise au point soit soumise à des mécanismes appropriés d'approbation et de contrôle.

Lorsqu'ils réalisent en permanence des réductions des émissions de dioxyde de soufre au moins équivalentes à celles qu'ils auraient obtenues en utilisant des combustibles marins répondant à ces exigences, ces navires peuvent déroger aux I à III dans les conditions suivantes :

1° Pour les navires fonctionnant en système ouvert, en utilisant un combustible marin dont la teneur en soufre est inférieure à 3,5 % en masse ;

2° Pour les navires fonctionnant en système fermé, en utilisant un combustible marin dont la teneur en soufre est supérieure à 3,5 % en masse.

La condition de permanence n'est pas requise lorsque les navires procèdent à des essais de méthodes de réduction des émissions de soufre.

V. – Les conditions d'application du présent article sont fixées par voie réglementaire.

1) Convention de Bruxelles. La Convention internationale référencée à l'article L. 218-1 (Convention internationale du 27 novembre 1992 sur la responsabilité civile pour les dommages dus à la pollution par les hydrocarbures) est en réalité la Convention dite de « Bruxelles » du 29 novembre 1969, modifiée par le Protocole de Londres du 27 novembre 1992 (V. décret n° 96-718 du 7 août 1996, portant publication du protocole de 1992 : *JO* 14 août 1996). Exemple d'application historique : Dans l'affaire de l'*Amoco Cadiz*, la Convention de Bruxelles a été appliquée au profit du Gouvernement du Royaume-Uni (■ Cass. com., 21 juill. 1987, arrêt n° 798, cassation partielle sans renvoi, n° 85-18.064, *Alain Géniteau, Gouvernement du Royaume-Uni, Cie Amoco Transport et Agent judiciaire du Trésor*. – V. également ■ Cass. com., 10 juill. 1990, n° 90-85.985, cassation partielle, n° 88-12.966, *Sté Amoco Transport Cie, A. Géniteau et a.* – V. enfin *supra*, bibliographie sur l'affaire de l'*Amoco Cadiz*).

2) Notion de navire. L'article 1er de la Convention de Bruxelles définit le navire comme « *tout bâtiment de mer ou engin marin, quel qu'il soit, construit ou adapté pour le transport des hydrocarbures en vrac en tant que cargaison, à condition qu'un navire capable de transporter des hydrocarbures et d'autres cargaisons ne soit considéré comme un navire que lorsqu'il trans-*

porte effectivement des hydrocarbures en vrac en tant que cargaison et pendant tout voyage faisant suite à un tel transport, à moins qu'il ne soit établi qu'il ne reste à bord aucun résidu de ce transport d'hydrocarbures en vrac ».

3) Notion de propriétaire du navire. L'article 1er de la Convention de Bruxelles définit le propriétaire du navire comme « *la personne ou les personnes au nom de laquelle ou desquelles le navire est immatriculé ou, à défaut d'immatriculation, la personne ou les personnes dont le navire est la propriété. Toutefois, dans le cas de navires qui sont propriété d'un État et exploités par une compagnie qui, dans cet État, est enregistrée comme étant l'exploitant des navires, l'expression « propriétaire » désigne cette compagnie* ».

4) Responsabilité du propriétaire du navire. Dans l'affaire de l'*Érika*, la Cour d'appel de Paris a considéré que la compagnie pétrolière Total était l'affréteur du navire, contrairement à la position des juges de première instance. Si elle retient sa responsabilité pénale (V. sous art. L. 218-18, p. 437 et art. L. 218-19, p. 437), elle écarte en revanche sa responsabilité civile au motif que la Convention de Bruxelles ne retient, par principe, que la responsabilité du seul propriétaire (■ CA Paris, 30 mars 2010, n° 08/02278 : V. *supra*, bibliographie sur l'affaire de l'*Érika*).

La Chambre criminelle de la Cour de cassation a confirmé, par un arrêt du 25 septembre 2012, toutes les condamnations prononcées dans l'affaire de l'Erika, y compris celle de la compagnie pétrolière Total, condamnée à l'amende maximale de 375 000 euros. Mais elle y a rajouté la responsabilité civile, dont Total, en tant qu'« affréteur véritable » de l'Erika, avait été exonéré par la Cour d'appel de Paris du fait d'une convention internationale. Le groupe a ainsi été condamné à « *réparer les conséquences du dommage solidairement avec ses coprévenus d'ores et déjà condamnés* » à des dommages et intérêts (■ Cass. crim., arrêt n° 3439, 25 sept. 2012, n° 10-82.938).

Le décret n° 2014-348 du 18 mars 2014 relatif à la responsabilité civile des propriétaires de navires *pour les dommages résultant de la pollution* par les hydrocarbures, pris en application de l'article 29 de la loi n° 2013-431 du 28 mai 2013, prévoit un régime de responsabilité objective du propriétaire du navire en cas de marée noire. En contrepartie, ce dernier peut limiter sa responsabilité (pour un montant compris entre 5 et 100 M€), à la condition, notamment, de constituer un fonds de limitation de responsabilité auprès d'un tribunal. Le décret définit la procédure de constitution et de répartition de ce fonds de limitation devant les tribunaux de commerce français ainsi que les voies de recours ouvertes aux victimes d'une marée noire. – Décret abrogé par décret n° 2016-1893 du 28 décembre 2016 relatif aux dispositions du livre Ier, du livre IV, à l'exception de son titre IV, ainsi que des chapitres Ier et IV des titres Ier à IX du livre VII de la cinquième partie réglementaire du Code des transports, et portant diverses mesures d'adaptation relatives à l'outre-mer (*JO* 29 déc. 2016).

La responsabilité du propriétaire du navire n'est pas exclusive. La Convention de Bruxelles permet en effet au propriétaire du navire de se retourner contre le tiers fautif en vertu de la législation nationale. Ainsi, par exemple, dans l'affaire de l'*Amoco Cadiz*, le gérant et le constructeur ont été poursuivis aux États-Unis.

5) Notion d'évènement. L'article 1er de la Convention de Bruxelles définit l'évènement comme « *tout fait ou tout ensemble de faits ayant la même origine et dont résulte une pollution ou qui constitue une menace grave et imminente de pollution* ».

6) Notion de dommage par pollution. L'article 1er de la Convention de Bruxelles définit le dommage par pollution comme « *le préjudice ou le dommage causé à l'extérieur du navire par une contamination survenue à la suite d'une fuite ou d'un rejet d'hydrocarbures du navire, où que cette fuite ou ce rejet se produise, étant entendu que les indemnités versées au titre de l'altération de l'environnement autres que le manque à gagner dû à cette altération seront limitées au coût des mesures raisonnables de remise en état qui ont été effectivement prises ou qui le seront* », auquel s'ajoute « *le coût des mesures de sauvegarde et les autres préjudices ou dommages causés par ces mesures* ».

7) Notion d'hydrocarbures. L'article 1er de la Convention de Bruxelles définit les hydrocarbures comme « *tous les hydrocarbures minéraux persistants, notamment le pétrole brut, le fuel-oil, l'huile diesel lourde et l'huile de graissage, qu'ils soient transportés à bord d'un navire en tant que cargaison ou dans les soutes de ce navire* ».

8) Habilitation à rechercher et constater des infractions. Par sa seule qualité d'agent des douanes, la personne est habilitée à rechercher et constater une pollution par rejet d'un navire, peu importe qu'elle ait été au jour où elle a dressé le procès-verbal, contrôleur de 2e classe et qu'aient été présents dans l'avion de surveillance des contrôleurs d'un grade plus élevé. L'habilitation d'un agent verbalisateur ne doit s'apprécier qu'en fonction de son appartenance à une des administrations limitativement énumérées (■ CA Rennes, 3e ch., 30 janv. 2006, n° 05/00081).

Sous-section 2. – Dispositions répressives relatives aux rejets polluants des navires

(Mod., L. n° 2004-204, 9 mars 2004) (1)

Voir : Droit international : Convention internationale pour la prévention de la pollution par les navires, dite Convention « MARPOL », du 2 novembre 1973 et ses deux Protocoles du 17 février 1978 et du 26 septembre 1997 (publiée par décret n° 83-874 du 27 septembre 1983, *JO* 2 oct. 1983 et divers décrets relatifs à la publication de ses nombreux amendements et de ses Protocoles).

Droit européen : Directive n° 2005/35/CE du 7 septembre 2005 relative à la pollution causée par les navires et à l'introduction de sanctions en cas d'infractions (*JOCE* n° L 255, 30 sept. 2005). – Décision-cadre n° 2005/667/JAI du Conseil du 12 juillet 2005 relative au renforcement du cadre pénal pour la répression de la pollution causée par les navires (*JOCE* 30 sept. 2005). Directive n° 2013/30/UE du Parlement européen et du Conseil du 12 juin 2013 relative à la sécurité des opérations pétrolières et gazières en mer et modifiant la directive 2004/35/CE (*JO* n° L 178, 28 juin /2013 ; *JOUE* n° L 108, 28 avr. 2015).

Droit interne : Loi n° 83-581 du 5 juillet 1983 sur la sauvegarde de la vie en mer (*JO* 6 juill. 1983). – Instruction du 6 septembre 1990 relative à la recherche, à la répression de la pollution de la mer par les navires (*JO* 10 oct. 1990). – Décret n° 85-1151 du 4 novembre 1985 relatif à la répression de la pollution des eaux marines (*JO* 5 nov. 1985). – Loi n° 2001-380 du 3 mai 2001 relative à la répression des rejets polluants des navires (*JO* 4 mai 2001). – Loi n° 2008-757 du 1er août 2008 relative à la responsabilité environnementale (*JO* 2 août 2008). – Ordonnance n° 2010-1232 du 21 octobre 2010 portant diverses dispositions d'adaptation au droit de l'Union européenne en matière d'environnement (*JO* 22 oct. 2010). – Décret n° 2014-348 du 18 mars 2014 relatif à la responsabilité civile des propriétaires de navires pour les dommages résultant de la pollution par les hydrocarbures (*JO* n° 67, 20 mars 2014), abrogé par décret n° 2016-1893 du 28 décembre 2016 relatif aux dispositions du livre Ier, du livre IV, à l'exception de son titre IV, ainsi que des chapitres Ier et IV des titres Ier à IX du livre VII de la cinquième partie réglementaire du Code des transports, et portant diverses mesures d'adaptation relatives à l'outre-mer (*JO* 29 déc. 2016).

Bibliographie : A. Beziz-Ayache, *Pollutions et nuisances, Répertoire de droit pénal et de procédure pénale*, Dalloz, dernière MAJ janvier 2015. • Ph. Billet, *Marpol – Déchets des navires : Environnement et dév. durable* mai 2010, n° 5, comm. 57. • P. Bonassies, *La compatibilité de la loi du 5 juillet 1983 avec la Convention MARPOL : DMF* nov. 2010, n° 719, Dossier spécial « Érika », p. 892. • D. Soulez-Larivière, *La procédure pénale française est-elle adaptée aux affaires maritimes complexes ? : DMF* 2009, p. 1279. • J.-H. Robert, *Un séparateur avarié : Dr. pén.* janv. 2008, n° 1, comm. 5. • Th. Garé, *Précisions sur la répression du délit de pollution : D.* 2007, p. 12590. • J.-H. Robert, *Marpol's english imbroglio : Dr. pén.* avr. 2007, n° 4, comm. 53 ; *Les yeux sur la mer vus du ciel : Dr. pén.* sept. 2007, n° 9, comm. 115. • Ch. Marques, *Le dépaysement des procédures judiciaires intentées contre les navires pollueurs : quelles hypothèses en droit ? : DMF* 2006, n° 670. • M. Rivet, *La lutte contre les pollutions maritimes en Méditerranée : un enjeu de politique pénale : DMF* 2005, n° 661. • C. Roche, *Prévention et lutte contre la pollution des mers par les hydrocarbures, les derniers développements après les naufrages de l'Érika et du Prestige : RRJ* mars 2004, n° 2, p. 11347. • J.-H. Robert, *Pollution par les rejets des polluants des navires : commentaire de la loi n° 2004-204 du 9 mars 2004 : Environnement* mai 2004, comm. 45, p. 20 ; *Puzzle : règles de compétence territoriale particulières en matière de pollution des eaux de la mer : Environnement* mai 2004, comm. 46, p. 21 ; *Amoco, Érika, Prestige et les autres : Dr. pén.* mai 2004, n° 5, comm. 63. • K. Le Couviour, *Récents développements normatifs et judiciaires de la répression des rejets polluants des navires. Chronique d'une pollution marine ordinaire annoncée : JCP* G 2003, n° 24, act. 295. • A. Le Monnier de Gouville, *La répression des pollutions marines : aspects juridiques et opérationnels : DMF* juill. 2003, n° 7, p. 1672. • P. Jeanson, *Commentaire de la loi n° 2001-380 du 3 mai 2001, relative à la répression des rejets polluants des navires : Dr. env.* 2001, n° 93, p. 249-250. • R. Léost, *Les dispositions répressives des lois du 2 février 1995 et 26 février 1996, relatives à la protection du milieu marin : DMF* 1997, p. 81. • R. Léost, *Les délits de pollution des eaux marines : DMF* 1996, n° 564, p. 963 et s. • P. Jeanson, *Droit de l'environnement marin (Développements récents)*, Économica, 1988. • V. également, *Pollution des mers : Rev. jur. env.*, n° spécial, colloque de Brest de 1987, éd. SFDE, 1988. • A. Huet, *La loi du 31 mai 1990 modifiant la loi du 5 juilllet 1983 : Rev. jur. env.* 1/1991, p. 9 à 21 ; V. également, note sous CA Rennes, 15 oct. 1979 : *Rev. jur. env.* 1980, p. 47. • *L'infraction de rejet des hydrocarbures en mer : Rev. jur. env.* 1983, p. 295. • M. Rémond-Gouilloud, *Anatomie d'un monstre marin, la loi du 5 juillet 1983, réprimant la pollution des mers par les hydrocarbures : DMF* déc. 1983, n° 420, p. 703. • A. Huet, *Le délit de pollution involontaire de la mer par les hydrocarbures : Rev. jur. env.* 1979, p. 3.

Pénalisation. Les dispositions répressives relatives aux rejets polluants des navires n'ont cessé d'être renforcées. Elles ont été globalement réorganisées et modifiées suite à la loi n° 2008-757 du 1er *août 2008 relative à la responsabilité environnementale*. Cette loi a en effet renforcé le dispositif mis en place afin de lutter efficacement contre la pollution marine, avec notamment l'extension d'une peine délictuelle à 15 millions d'euros. La jurisprudence rendue sous l'empire des anciennes dispositions demeure cependant toujours applicable.

La loi n° 2013-431 du 28 mai 2013 portant diverses dispositions en matière d'infrastructures et de ser-

(1) Application à l'Outre-mer : V. L. n° 2004-204, 9 mars 2004, art. 217.

vices de transports a visé quant à elle à rendre plus simples et efficaces les règles d'intervention des pouvoirs publics sur les navires abandonnés, à créer un nouvel instrument d'intervention sur les bâtiments que les propriétaires jugent plus rentables d'abandonner que de réparer ou de désarmer, à redéfinir les conditions de réalisation de l'enquête nautique après événement de mer et à donner aux capitaines de navire le pouvoir d'ordonner la consignation d'une personne mettant en cause la préservation du navire, la cargaison ou la sécurité des personnes à bord, ainsi qu'à renforcer les sanctions pénales en cas de non-respect des règles de navigation. L'objectif de la loi du 28 mai 2013 a également été de clarifier le régime de responsabilité civile en cas de pollution marine par des hydrocarbures en le rendant conforme aux engagements internationaux.

§ 1. - Incriminations et peines
(Rempl., L. n° 2008-757, 1er août 2008) (1)

Art. L. 218-10 ***(Rempl., L. n° 2008-757, 1er août 2008 ; Ord. n° 2010-1232, 21 oct. 2010 ; mod., Ord. n° 2015-1736, 24 déc. 2015).*** **– Pour l'application de la présente sous-section :**

– le terme : « capitaine » désigne le capitaine ou le responsable à bord d'un navire. Sont assimilés au capitaine le responsable de l'exploitation à bord d'une plate-forme fixe ou flottante ou le responsable à bord d'un bateau ou engin flottant fluvial ;

– la définition des rejets est celle figurant au 3 de l'article 2 de la convention MARPOL.

1) Définitions. L'ordonnance n° 2010-1232 du 21 octobre 2010 a ajouté à l'article L. 218-10 la définition du « capitaine », pour y inclure le responsable à bord et le responsable d'exploitation d'une plate-forme.

2) Définition « rejets ». L'article 2 de la convention MARPOL dispose « *a)* "Rejet", lorsqu'il se rapporte aux substances nuisibles ou aux effluents contenant de telles substances, désigne tout déversement provenant d'un navire, quelle qu'en soit la cause, et comprend tout écoulement, évacuation, épanchement, fuite, déchargement par pompage, émanation ou vidange. *b)* "Rejet" ne couvre pas : i) l'immersion au sens de la Convention sur la prévention de la pollution marine causée par l'immersion de déchets et autres matières faite à Londres le 13 novembre 1972 ; ni ii) les déversements de substances nuisibles qui résultent directement de l'exploration, de l'exploitation et du traitement connexe au large des côtes des ressources minérales du fond des mers et des océans ; ni iii) les déversements de substances nuisibles effectués aux fins de recherches scientifiques légitimes visant à réduire ou à combattre la pollution. »

Art. L. 218-11 ***(Rempl., L. n° 2008-757, 1er août 2008 ; mod., Ord. n° 2010-1232, 21 oct. 2010 ; Ord. n° 2010-1232, 21 oct. 2010 ; mod. à compter du 18 mars 2021, Ord. n° 2021-267, 10 mars 2021 ; mod., L. n° 2021-1104, 22 août 2021).*** **– Est puni de 100 000 euros d'amende le fait, pour tout capitaine de se rendre coupable d'un rejet de substance polluante en infraction aux dispositions des règles 15 et 34 de l'annexe I, relatives aux contrôles des rejets d'hydrocarbures, ou en infraction aux dispositions de la règle 13 de l'annexe II, relative aux contrôles des résidus de substances liquides nocives transportées en vrac, de la convention Marpol.**

Est puni de la même peine le fait, pour tout capitaine de navire, de rejeter des hydrocarbures ou des mélanges contenant des hydrocarbures en violation des dispositions de la règle 1.1.1 du chapitre Ier de la Partie II-A du Recueil international de règles applicables aux navires exploités dans les eaux polaires, sous réserve de la règle 1.1.2, ou de rejeter des substances liquides nocives ou des mélanges contenant de telles substances en violation des dispositions de la règle 2.1.1 du chapitre II de la Partie II-A du même Recueil.

En cas de récidive, les peines encourues sont portées à un an d'emprisonnement et 200 000 euros d'amende.

1) Présentation. L'article L. 218-11 sanctionne les rejets polluants en mer des navires au sens des annexes I et II de la Convention Marpol, respectivement relatives aux hydrocarbures et aux substances liquides nocives. Les peines peuvent être augmentées en fonction des circonstances, tenant essentiellement à la qualification du navire et aux conditions de transport (transport en vrac ou en colis), définies au travers des dispositions des articles suivants. La jurisprudence présentée ci-

(1) Dispositions applicables en Polynésie française, dans les îles Wallis-et-Futuna, en Nouvelle-Calédonie et dans les Terres australes et antarctiques françaises, L. n° 2008-757, 1er août 2008, art. 6, III.

dessous concerne la caractérisation de l'infraction générale de rejet illicite et peut donc être transposée aux articles suivants.

2) Preuve de l'élément matériel de l'infraction. La responsabilité du capitaine peut être retenue à partir d'un faisceau d'indices et de présomptions. La preuve de l'élément matériel de l'infraction n'exige pas nécessairement des prélèvements, en raison des difficultés pratiques liées à la situation en haute mer, d'autant plus que les contrôles s'effectuent généralement depuis un aéronef de surveillance. Elle peut dès lors résulter d'autres modes probatoires comme les observations directes des agents verbalisateurs, dès lors qu'elles sont corroborées par des photographies (▪ CA Rennes, 19 déc. 1996, *Navire Traquair : DMF* 1997, p. 105, note R. Léost. ▪ Cass. crim., 5 mai 2015, n° 14-82.481).

La jurisprudence postérieure n'a cessé de confirmer la validité de ce mode de preuve, lequel permet d'établir la qualification visuelle des nappes d'hydrocarbures (couleurs, étalement,...) en fonction du code d'apparence de l'Accord de Bonn et de vérifier que la trace des rejets se trouve bien dans le sillage du navire et non à l'avant de celui-ci (▪ T. corr. Brest, 5 avr. 2006, n° 05008078, *Mykhaylov*. ▪ CA Rennes, 30 juin 2006, n° 05/00081. ▪ T. corr. Brest, 4 oct. 2006, n° 05004809, *Khalil*. ▪ CA Rennes, 25 oct. 2007, n° 07/00149. ▪ T. corr. Brest, 7 janv. 2009, n° 45/2009, *Ruginis*. ▪ Cass. crim., 18 mai 2010, n° 09-84.504, *Sté Marphocean*. – Justifie ainsi sa décision la cour d'appel qui, pour déclarer le capitaine du navire coupable de pollution marine, en l'absence de tous éléments permettant de relier la pollution constatée à la survenance d'un événement extérieur et imprévisible, déduit des observations et photographies aériennes, des expertises et constatations effectuées sur le navire, la preuve que la pollution provenant du rejet d'hydrocarbures était d'origine volontaire et caractérisait l'infraction prévue et punie aux articles L. 218-11 et suivants du Code de l'environnement, dès lors que les juges du second degré ont pu fonder leur conviction sur un faisceau d'indices, ▪ Cass. crim., 18 mars 2014, n° 13-81.921. ▪ Cass. crim., 5 mai 2015, n° 14-82.481). Il ne doit demeurer aucun doute sur la nature du rejet, sans quoi le prévenu est relaxé (▪ T. corr. Brest, 20 sept. 2011, n° 1297-2011, *M. Mei Dongzhi : DMF* 2011, n° 730, p. 880, obs. B. Bouloc).

La preuve peut également être apportée par la comparaison des prélèvements en mer et en cale ou par les anomalies révélées par les documents de bord (▪ TGI Brest, 14 nov. 2003, n° 2282/2003. ▪ TGI Brest, 18 nov. 2003, n° 2426/20032003, – confirmé par ▪ CA Rennes, 13 janv. 2005, n° 86/2005, *Laudhan et Ponath*. ▪ TGI Brest, 16 déc. 2003, n° 2716/2003. ▪ Cass. crim., 13 mars 2007, n° 06-80.922).

3) Preuve de l'élément intentionnel de l'infraction. L'élément intentionnel de l'infraction peut être présumé en fonction du comportement adopté par l'équipage. Ainsi, le fait de cesser brusquement un rejet en mer suite à un contact radio ou à la présence d'un aéronef de surveillance présume de la connaissance du caractère illicite du rejet effectué par le prévenu (▪ Cass. crim., 4 avr. 2006, n° 05-84.721. ▪ Cass. crim., 13 mars 2007, n° 06-80.922. ▪ Cass. crim., 8 sept. 2009, n° 08-87.035, *Sté Azalea Maritime*. ▪ Cass. crim., 18 mai 2010, n° 09-84.504, *préc.*). L'élément intentionnel de l'infraction peut être présumé si l'examen du navire ne met en évidence aucun dysfonctionnement et qu'aucune preuve d'une avarie survenue au navire ou à son équipement n'est rapportée (▪ CA Rennes, 10 janv. 2013, n° 10/01224). L'élément intentionnel de l'infraction peut être confirmé à l'aide d'un faisceau d'indices : ainsi, lorsque les avaries constatées ont partiellement pour origine un mauvais entretien général du navire et sont antérieures à un arraisonnement au cours duquel des réparations auraient pu être effectuées, la Cour de cassation retient que l'absence de toute réparation est délibérée ; de même le parfait état de fonctionnement du séparateur peut permettre de démontrer que le shuntage n'était pas accidentel dans la mesure où il aurait été aisé de diriger les eaux polluées après pompage vers ce séparateur (▪ Cass. crim., 18 juin 2013, n° 11-85.829).

4) Responsabilité du capitaine. Les règles relatives aux interdictions de rejets d'hydrocarbures en mer édictées dans un intérêt de protection du milieu marin sont personnellement imposées aux capitaines des navires qui doivent exercer une action directe sur leurs subordonnés pour faire cesser un rejet prohibé. C'est au capitaine du navire d'apporter la preuve des diligences entreprises à cet effet, au risque de ne pas pouvoir invoquer de fait justificatif (▪ Cass. crim., 18 mars 2008, n° 07-84.030, *Sté Atlantik Bulk Carrier Management*. ▪ Cass. crim., 8 sept. 2009, *préc.*). Il n'en demeure pas moins que l'ensemble des personnes visées à l'article L. 218-18 peuvent être également condamnées.

5) Cause exonératoire (non). Faute pour le capitaine de justifier de son rejet en apportant la preuve, soit qu'il assurait la sécurité de son navire ou des vies humaines, soit qu'il avait pris, suite à une avarie, toutes les précautions raisonnables en les consignant dans le registre « hydrocarbures » pour empêcher ou réduire l'écoulement, le rejet est présumé volontaire (▪ CA Rennes, 19 déc. 1996, *Navire Traquair*, préc.). Cette décision constitue un revirement de jurisprudence (abandon de la jurisprudence par ▪ CA Rennes, 22 févr. 1983, *Navire Guttenfels : DMF* 1985, p. 438, note R. Le Brun). Les circonstances que le navire ait été dans un état d'entretien satisfaisant, qu'il ait déchargé au port des eaux de cale, que le registre de bord n'ait pas mentionné de rejet ou que l'inspection n'ait pas permis de déterminer le mécanisme utilisé pour effectuer le rejet, ne sauraient exonérer le capitaine de l'infraction constatée (▪ CA Rennes, 10 janv. 2013, n° 10/01224). Faute pour le capitaine de prouver qu'au moins 25 % de l'équipage n'avait pas participé le mois d'avant à un exercice d'abandon du navire et à un exercice d'incendie en vertu de la Convention internationale de 1974 pour la sauvegarde de la vie humaine en mer, l'intéressé ne pouvait se prévaloir d'un tel exercice incendie pour rejeter des résidus d'huile dans la mer, ▪ Cass. crim., 5 mai 2015, n° 14-82.481).

Le rejet à la mer, à l'occasion d'une opération de déballastage, d'une eau mêlée d'hydrocarbure du fait d'une avarie, ne bénéficie pas du fait justificatif prévu par la règle 11 de l'annexe I de la Convention Marpol, dès lors que le capitaine a agi témérairement en vidant un ballast sans rechercher les causes d'une précédente avarie concernant le même système de canalisation (▪ Cass. crim., 4 avr. 2006, n° 05-84.721 : *Dr. env.* juill. 2006, n° 40, p. 196, note D. Guihal). De même, le capitaine se doit d'avoir une vigilance élevée et ne peut pas s'en remettre aux déclenchements d'alarmes automatiques, dès lors que l'équipage était au courant de la défaillance du fonctionnement du séparateur des eaux mazouteuses et de sa cellule de détection (▪ Cass. crim., 8 sept. 2009, n° 08-87.035, *préc.*).

La circonstance que l'inspection du navire n'ait pas permis de déterminer le mécanisme utilisé pour effectuer le rejet est radicalement inopérante et impropre à exonérer le capitaine de l'infraction relevée à son encontre (▪ Cass. crim., 5 mai 2015, n° 14-82.481).

6) Cause exonératoire (oui). Le capitaine doit être exonéré de sa responsabilité pénale, sur le fondement de la règle 11 de l'annexe I de la convention Marpol, et relaxé en cas de preuve d'une pollution marine causée par une avarie (▪ Cass. crim., 13 nov. 2007, n° 07-81.904. – M. Ndendé, *Pollution involontaire de la mer par les hydrocarbures : Rev. dr. transp.* oct. 2008, n° 10, comm. 205).

7) Autres rejets. L'infraction n'est pas réprimée lorsque le rejet s'avère autorisé par la convention Marpol, tel un rejet d'eaux huileuses (▪ CA Rennes, 22 mars 2007, n° 06/02075, *Giacalone*. Pour un exemple de sanction pour rejets d'huile d'olive dans la mer, V. ▪ Cass. crim., 5 mai 2015, n° 14-82.481).

8) Rejet en cale sèche. Si le déversement d'hydrocarbures a été effectué dans la cale sèche d'un port par le commandant d'un navire et qu'il s'est produit alors que l'eau du bassin à flot pénétrait dans la cale, l'infraction reprochée au commandant concernant le rejet à la mer ne peut être établie. En effet, le texte répressif doit être interprété de manière restrictive alors qu'en l'espèce, le déversement ne s'est pas effectué à la mer et que la pollution des eaux marines n'a pu se produire que postérieurement lors de l'ouverture des portes du bassin en l'absence de mesures appropriées (▪ CA Poitiers, 14 mars 1975 : *Gaz. Pal.* 1975, 1, p. 393, note Ch. Huglo ; *D.* 1976, p. 672, note M. Rémond-Gouilloud ; *NB :* faits jugés sous l'empire de la loi du 26 décembre 1964 modifiée par la loi du 16 mai 1973 sanctionnant les obligations mises à la charge des capitaines de navires par la convention de Londres du 12 mai 1954 modifiée, dite convention Oil-Pol, abrogée par la convention Marpol).

9) Provenance du rejet. Justifie sa décision la cour d'appel qui, pour déclarer le capitaine coupable, énonce que l'interdiction du rejet à la mer tient à la teneur des effluents en hydrocarbures et non à leur provenance de telle ou telle soute (▪ Cass. crim., 16 janv. 2007, n° 05-86.580 : *Dr. pén.* 4/2007, p. 123, note J.-H. Robert ; *Gaz. Pal.* 30 mars 2007, p. 121).

Art. L. 218-12 ***(Rempl., L. n° 2008-757, 1er août 2008 ; mod., Ord. n° 2010-1232, 21 oct. 2010 ; mod. à compter du 18 mars 2021, Ord. n° 2021-267, 10 mars 2021).*** **– Les peines relatives aux infractions prévues aux premier et deuxième alinéas de l'article L. 218-11 sont portées à dix ans d'emprisonnement et 15 millions d'euros d'amende pour tout capitaine d'un navire-citerne d'une jauge brute inférieure à 150 tonneaux, ou de tout autre navire d'une jauge brute inférieure à 400 tonneaux dont la machine propulsive a une puissance installée supérieure à 150 kilowatts.**

Voir : Caractérisation de l'infraction : sous art. L. 218-11, p. 433.

Art. L. 218-13 ***(Rempl., L. n° 2008-757, 1er août 2008 ; mod., Ord. n° 2010-1232, 21 oct. 2010 ; mod. à compter du 18 mars 2021, Ord. n° 2021-267, 10 mars 2021).*** **– Les peines relatives aux infractions prévues aux premier et deuxième alinéas de l'article L. 218-11 sont portées à dix ans d'emprisonnement et**

15 millions d'euros d'amende pour tout capitaine d'un navire-citerne d'une jauge brute supérieure ou égale à 150 tonneaux ou de tout autre navire d'une jauge brute supérieure ou égale à 400 tonneaux, ainsi que pour tout responsable de l'exploitation à bord d'une plate-forme.

Voir : Sur la caractérisation de l'infraction : comm. et jurispr. sous art. L. 218-11, p. 433.

Art. L. 218-14 *(Rempl., L. n° 2008-757, 1er août 2008 ; mod., Ord. n° 2010-1232, 21 oct. 2010).* **– Est puni de sept ans d'emprisonnement et de 1 million d'euros d'amende le fait, pour tout capitaine de jeter à la mer des substances nuisibles transportées en colis en infraction aux dispositions de la règle 7 de l'annexe III de la convention Marpol.**

Voir : Sur la caractérisation de l'infraction : comm. et jurispr. sous art. L. 218-11, p. 433.

Art. L. 218-15 *(Rempl., L. n° 2008-757, 1er août 2008 ; Ord. n° 2010-1232, 21 oct. 2010 ; Ord. n° 2015-1736, 24 déc. 2015 ; mod. à compter du 18 mars 2021, Ord. n° 2021-267, 10 mars 2021).* **– I. – Est puni d'un an d'emprisonnement et de 200 000 € d'amende le fait, pour tout capitaine d'un navire, de se rendre coupable d'infractions aux dispositions de la règle 11 de l'annexe IV et des règles 3, 4 et 5 de l'annexe V de la convention MARPOL.**

Est puni de la même peine le fait, pour tout capitaine de navire, de rejeter des eaux usées en violation des règles 4.2.1 et 4.2.2 du chapitre IV de la partie II-A du Recueil international de règles applicables aux navires exploités dans les eaux polaires, ou sans l'autorisation prévue par la règle 4.2.3 du même chapitre, ou de rejeter des ordures en violation des règles 5.2.1 et 5.2.2 du chapitre V de la partie II-A du même Recueil.

II. – Est puni d'un an d'emprisonnement et de 200 000 € d'amende le fait, pour tout capitaine d'un navire, de se rendre coupable d'infractions aux dispositions des règles 12, 13, 16 et 18 de l'annexe VI de la convention MARPOL, ainsi qu'aux dispositions des I à IV de l'article L. 218-2.

1) Extension du champ d'application. L'ordonnance n° 2010-1232 du 21 octobre 2010 a étendu le champ d'application de l'article L. 218-15 en introduisant la sanction des rejets en infraction aux annexes IV (pollution par les eaux usées des navires) et VI (pollution de l'atmosphère par les navires) de la Convention Marpol.

2) Élément moral de l'infraction. C'est à tort que la cour d'appel s'est référée, s'agissant de l'élément moral de l'infraction, à l'article L. 218-19, alors que l'article L. 218-15, qui incrimine la pollution de l'air commise par un navire et constitue le fondement des poursuites, ne comporte pas une telle précision quant à son élément moral, de sorte qu'il s'agit d'une infraction intentionnelle par application du premier alinéa de l'article 121-3 du Code pénal.

concerne l'infraction distincte de pollution involontaire des eaux marines par rejet des navires, enfin, précise que son élément moral réside dans une faute d'imprudence, de négligence ou d'inobservation des lois et règlements, dût-elle, lorsque la personne poursuivie n'a pas causé directement le dommage, revêtir l'un des caractères particuliers de gravité définis dans son IV (■ Cass. crim., 6 déc. 2022, n° 21-85.948, F-B).

3) Caractère intentionnel de l'infraction. Aux termes de l'article L. 218-15 du Code de l'environnement constitue une infraction intentionnelle, par application du premier alinéa de l'article 121-3 du Code pénal, le fait de polluer l'air avec un navire. « Justifie dès lors sa décision la cour d'appel dont les motifs établissent que c'est en connaissance de cause que le capitaine d'un navire a méconnu l'obligation d'utiliser un combustible présentant un taux de soufre inférieur à 1,50 % » (■ Cass. crim., 6 déc. 2022, n° 21-85.948).

Art. L. 218-16 *(Rempl., L. n° 2008-757, 1er août 2008 ; mod., Ord. n° 2010-1232, 21 oct. 2010).* **– Est puni, selon le cas, des peines prévues aux articles L. 218-11 à L. 218-15 le fait, pour tout capitaine de commettre dans les voies navigables jusqu'aux limites de la navigation maritime les infractions définies aux mêmes articles L. 218-11 à L. 218-15.**

1) Loi de l'État côtier. La Convention Marpol prévoit que toute infraction aux règles qu'elle *contient est sanctionnable par la* loi de l'État du pavillon du navire. Cependant, pour les infractions commises dans les eaux placées sous la juridiction de l'État côtier (mer territoriale et ZEE), la législation de cet État s'impose au navire à l'origine du rejet.

2) Application de la loi du 5 juillet 1983 aux navires étrangers. Doit être condamné le capitaine d'un navire étranger s'agissant d'un rejet d'hydrocarbures, même si l'article 8 qui réprime cette infraction ne renvoie pas à l'article 7 qui mentionne expressément les navires étrangers (■ CA Caen, ch. app. 1 corr., 20 janv. 1989, n° 66, infirmant TGI Cherbourg, 14 juin 1988, *Blohm Berndt et*

Hachmann-Jens : Rev. jur. env. 1/1989, p. 69, note A. Huet).

3) Pollution dans la ZEE. Pour un délit juridiquement établi dans la zone économique française, le capitaine d'un navire étranger est condamné par défaut, la citation n'ayant été délivrée à personne d'autre (■ TGI Paris, 31ᵉ ch. corr., 22 mai 1996, *Ministère public c/ Antonios : Rev. jur. env.* 1997, n° 1, p. 83, note M. Morin).

4) Fin des poursuites d'un État contre un navire étranger. L'article 228 de la Convention des Nations unies sur le droit de la mer dispose que lorsque des poursuites ont été engagées par un État en vue de réprimer une infraction commise au-delà de ses mers territoriales par un navire étranger, ces poursuites sont suspendues, dès lors que l'État du pavillon a lui-même engagé des poursuites du chef de la même infraction, dans les six mois de l'introduction de la première action, sauf cas de sauvegarde. Lorsque les tribunaux de l'État du pavillon ont rendu leur jugement, et si aucune des clauses de sauvegarde n'est invoquée, il doit être mis fin aux poursuites (■ Cass. crim., 5 mai 2009, n° 07-87.931, *Khalil et Sté Demline Égypt : AJDP* sept. 2009, n° 9, p. 1364, note J. Lasserre Capdeville ; *DMF* sept. 2009, n° 706, p. 1717, note P. Bonassies. ■ Cass. crim., 5 mai 2009, n° 07-87.362, *Navire Trans Artic.* – V. dans le même sens : ■ CA Rennes, 20 janv. 2011, n° 09/01673, *M. Ruginis B. et a. : DMF* juin 2011, n° 726, p. 560).

Art. L. 218-17 *(Rempl., L. n° 2008-757, 1er août 2008 ; mod., Ord. n° 2010-1232, 21 oct. 2010).* **– Est puni de deux ans d'emprisonnement et de 200 000 euros d'amende le fait, pour tout capitaine de navire auquel est survenu, en mer ou dans les eaux intérieures et les voies navigables françaises jusqu'aux limites de la navigation maritime, un des événements mentionnés par le protocole I de la convention Marpol, ou pour toute autre personne ayant charge dudit navire, au sens de l'article 1er de ce protocole, de ne pas établir et transmettre un rapport conformément aux dispositions dudit protocole.**

Art. L. 218-18 *(Rempl., L. n° 2008-757, 1er août 2008 ; mod., Ord. n° 2010-1232, 21 oct. 2010).* **– Les peines prévues à la présente sous-section sont applicables soit au propriétaire, soit à l'exploitant ou à leur représentant légal ou dirigeant de fait s'il s'agit d'une personne morale, soit à toute autre personne que le capitaine exerçant, en droit ou en fait, un pouvoir de contrôle ou de direction dans la gestion ou la marche du navire, lorsque ce propriétaire, cet exploitant ou cette personne a été à l'origine d'un rejet effectué en infraction aux articles L. 218-11 à L. 218-17 et L. 218-19 ou n'a pas pris les mesures nécessaires pour l'éviter.**

1) Responsabilité de l'exploitant du navire agissant pour le compte d'autrui. L'ancien article L. 218-24, qui permettait déjà de mettre tout ou partie de l'amende prononcée à l'encontre du capitaine à la charge de l'exploitant ou du propriétaire du navire, ne distinguait pas selon que l'exploitant agit en son nom propre ou pour le compte d'autrui (■ Cass. crim., 13 mars 2007, n° 06-80.922, *Navire Le Concordia : D.* 2007, p. 12590, note Th. Garé, *Précisions sur la répression du délit de pollution ; DMF* 2007, n° 686, note J.-M. Lassez, *La présomption, moyen de preuve suffisant en matière de pollution par rejets volontaires*). La jurisprudence précise qu'il en va toujours ainsi, la Cour de cassation retient en effet que le nouvel article L. 218-23 du Code de l'environnement, qui permet de mettre tout ou partie de l'amende prononcée à l'encontre du capitaine à la charge de l'exploitant ou du propriétaire du navire, ne distingue pas selon quel exploitant agit en son nom propre ou pour le compte d'autrui en qualité de « ship management » (■ Cass. crim., 5 mai 2015, n° 14-82.481).

2) Responsabilité en chaîne du transport maritime. Tous les acteurs de la chaîne du transport maritime à l'origine d'un naufrage, par une faute en relation directe avec une pollution maritime, peuvent voir leur responsabilité engagée. Dans l'affaire de l'*Érika*, tant la compagnie pétrolière considérée comme l'affréteur du navire que la société de classification, l'armateur du navire et son gestionnaire, ont été condamnés pénalement sur ce fondement (■ CA Paris, 30 mars 2010, n° 08/02278 : V. *supra*, bibliographie sur l'affaire *Érika*).

3) Pollution volontaire en zone économique exclusive française d'un navire battant pavillon libérien : compétence des juridictions françaises, condamnation de la société de management maritime et d'entraînement à la sécurité à bord, sans être en charge du transport, et du capitaine porté disparu en mer mais dont le décès n'a pas été acquis (■ T. corr. Brest, ch. corr., 17 janv. 2017, arrêt n° 99/2017, *Navire Thisseas*).

Art. L. 218-19 *(Rempl., L. n° 2008-757, 1er août 2008 ; mod., Ord. n° 2010-1232, 21 oct. 2010).* **– I. – Est puni de 4 000 euros d'amende le fait, pour tout capitaine de provoquer un rejet de substance polluante par imprudence, négligence ou inobservation des lois et règlements.**

Est puni de la même peine le fait, pour tout capitaine de provoquer par imprudence, négligence ou inobservation des lois et règlements un accident de mer tel que défini par la convention du 29 novembre 1969 sur l'intervention en haute mer en cas d'accident entraînant ou pouvant entraîner une pollution par les hydrocarbures, ou de ne pas prendre les mesures nécessaires pour l'éviter, lorsque cet accident a entraîné une pollution des eaux.

Les peines sont portées à :

1° 400 000 euros d'amende lorsque l'infraction est commise au moyen d'un navire entrant dans les catégories définies à l'article L. 218-12 ;

2° 800 000 euros d'amende lorsque l'infraction est commise au moyen d'un navire ou d'une plate-forme entrant dans les catégories définies à l'article L. 218-13 ;

3° 4,5 millions d'euros d'amende lorsque l'infraction est commise au moyen d'un navire entrant dans les catégories définies à l'article L. 218-12 et qu'elle a pour conséquence, directement ou indirectement, un dommage irréversible ou d'une particulière gravité à l'environnement ;

4° 7,5 millions d'euros d'amende lorsque l'infraction est commise au moyen d'un navire entrant dans les catégories définies à l'article L. 218-13 et qu'elle a pour conséquence, directement ou indirectement, un dommage irréversible ou d'une particulière gravité à l'environnement.

II. – Lorsque les infractions mentionnées au I ont pour origine directe ou indirecte soit la violation manifestement délibérée d'une obligation particulière de sécurité ou de prudence imposée par la loi ou le règlement, soit une faute caractérisée qui exposait l'environnement à un risque d'une particulière gravité que son auteur ne pouvait ignorer, les peines sont portées à :

1° 6 000 euros d'amende, lorsque l'infraction est commise au moyen d'un navire n'entrant pas dans les catégories définies aux articles L. 218-12 ou L. 218-13 ;

2° Trois ans d'emprisonnement et 4,5 millions d'euros d'amende, lorsque l'infraction est commise au moyen d'un navire entrant dans les catégories définies à l'article L. 218-12 ;

3° Cinq ans d'emprisonnement et 7,5 millions d'euros d'amende, lorsque l'infraction est commise au moyen d'un navire entrant dans les catégories définies à l'article L. 218-13 ou d'une plate-forme.

III. – Lorsque les infractions mentionnées au II ont pour conséquence directe ou indirecte un dommage irréversible ou d'une particulière gravité à l'environnement, les peines sont portées à :

1° Cinq ans d'emprisonnement et 7,5 millions d'euros d'amende, lorsque l'infraction est commise au moyen d'un navire entrant dans les catégories définies à l'article L. 218-12 ;

2° Sept ans d'emprisonnement et 10,5 millions d'euros d'amende, lorsque l'infraction est commise au moyen d'un navire entrant dans les catégories définies à l'article L. 218-13.

IV. – Nonobstant les dispositions du quatrième alinéa de l'article 121-3 du Code pénal, les personnes physiques qui n'ont pas causé directement le dommage, mais qui ont créé ou contribué à créer la situation qui a permis la réalisation du dommage ou qui n'ont pas pris les mesures permettant de l'éviter, sont responsables pénalement s'il est établi qu'elles ont soit violé de façon manifestement délibérée une obligation particulière de sécurité ou de prudence prévue par la loi ou le règlement, soit commis une faute caractérisée qui exposait l'environnement à un risque d'une particulière gravité qu'elles ne pouvaient ignorer.

1) Insuffisance d'entretien. La grave corrosion au niveau où l'*Érika* s'est plié était en relation directe avec l'insuffisance d'entretien du navire, ce qui justifie la condamnation pénale des responsables et notamment de l'affréteur qui a commis une faute lors du *vetting*, c'est-à-dire lors du contrôle de sécurité préalable mené sur le navire (▪ CA Paris, 30 mars 2010, n° 08/02278. ▪ Cass. crim., arrêt n° 3439, 25 sept. 2012, n° 10-82.938 : V. *supra* bibliographie sur l'affaire de l'*Érika*).

2) Élément moral de l'infraction. L'article L. 218-19 précise que son élément moral réside dans une faute d'imprudence, de négligence ou d'inobservation des lois et règlements, dût-elle, lorsque la personne poursuivie n'a pas causé directement le dommage, revêtir l'un des caractères particuliers de gravité définis dans son IV (▪ Cass. crim., 6 déc. 2022, n° 21-85.948, F-B).

V. par comparaison : L. 218-15, p. 436.

Art. L. 218-20 ***(Rempl., L. n° 2001-380, 3 mai 2001** (1)**; L. n° 2008-757, 1er août 2008 ; Ord. n° 2010-1232, 21 oct. 2010 ; mod., Ord. n° 2015-1736, 24 déc. 2015).*** **– Un rejet effectué par un navire à**

(1) Les dispositions des articles 1er à 8 de la loi n° 2001-380 du 3 mai 2001 sont applicables à l'outre-mer, L. n° 2001-380, 3 mai 2001, art. 10.

des fins de sécurité, de sauvetage ou de lutte contre la pollution n'est pas punissable s'il remplit les conditions énoncées par les règles 4.1 ou 4.3 de l'annexe I, les règles 3.1 ou 3.3 de l'annexe II, la règle 7.1 de l'annexe III, la règle 9.*a* de l'annexe IV, les règles 6.*a* et 6.*c* de l'annexe V ou la règle 3.1.1 de l'annexe VI de la convention MARPOL.

Un rejet se produisant au-delà des eaux territoriales françaises et provenant d'une avarie survenue au navire ou à son équipement n'est pas considéré comme une infraction de la part du propriétaire, du capitaine ou de l'équipage agissant sous l'autorité du capitaine s'il remplit les conditions énoncées par la règle 4.2 de l'annexe I, la règle 3.2 de l'annexe II, la règle 9.*b* de l'annexe IV, la règle 6.*b* de l'annexe V ou la règle 3.1.2 de l'annexe VI de la convention MARPOL.

Le non-respect des dispositions des I à III de l'article L. 218-2 n'est pas punissable si le capitaine du navire :

1° Fournit la preuve qu'il n'a pas été en mesure d'acheter du combustible marin conforme à la réglementation à l'endroit prévu par son plan de voyage ;

2° A notifié à l'État de son pavillon et à l'autorité compétente du port de destination cette non-disponibilité de combustible marin conforme à la réglementation ;

3° Fournit la preuve qu'il n'aurait pu s'en procurer qu'en s'écartant de la route prévue ou en retardant indûment son voyage.

Voir : Sur la cause exonératoire : comm. et jurispr. sous art. L. 218-11, p. 433.

Art. L. 218-21 *(Rempl., L. n° 2008-757, 1er août 2008)*. **– Les articles L. 218-11 à L. 218-19 ne sont pas applicables aux navires de guerre et navires de guerre auxiliaires, ainsi qu'aux autres navires appartenant à un État ou exploités par un État et affectés exclusivement, au moment considéré, à un service public non commercial.**

Voir : Sur la cause exonératoire : comm. et jurispr. sous art. L. 218-11, p. 433.

Art. L. 218-22 *(Rempl., L. n° 2008-757, 1er août 2008)*. **– Lorsqu'une infraction prévue aux articles L. 218-11 à L. 218-19 a été commise au-delà de la mer territoriale, seules les peines d'amende peuvent être prononcées.**

Art. L. 218-23 *(Rempl., L. n° 2008-757, 1er août 2008 ; mod., Ord. n° 2010-1232, 21 oct. 2010)*. **– I. – Le tribunal peut, compte tenu des circonstances de fait et notamment des conditions de travail de l'intéressé, décider que le paiement des amendes prononcées à l'encontre du capitaine, en vertu des articles L. 218-11 à L. 218-19, est en totalité ou en partie à la charge du propriétaire ou de l'exploitant.**

Le tribunal ne peut user de la faculté prévue au premier alinéa que si le propriétaire ou l'exploitant a été cité à l'audience.

II. – Les personnes physiques coupables des infractions prévues par la présente sous-section encourent également, à titre de peine complémentaire, la peine d'affichage de la décision prononcée ou de diffusion de celle-ci dans les conditions prévues à l'article 131-35 du Code pénal.

1) **Constitutionnalité.** La Cour de cassation a refusé de transmettre au Conseil constitutionnel une QPC portant sur l'article L. 218-23, au motif que celle-ci ne présentait pas de caractère sérieux. La Cour juge en effet que la prise en considération des conditions de travail et le respect des droits de la défense lors de l'audience suffisent à écarter toute atteinte aux droits et libertés garantis par la Constitution (■ Cass. crim., 3 mai 2011, n° 11-90.012, *Sté Balnautic Shipping LTD et a. : DMF* juin 2011, n° 726, p. 573, obs. L. Briand ; *Dr. pén.* juill. 2011, n° 7, p. 56, note J.-H. Robert ; *Dr. env.* sept. 2011, n° 193, p. 257, comm. D. Guihal).

2) **Autres codes.** Le dispositif de transfert total ou partiel de la charge financière de l'amende existe dans d'autres codes. Ainsi, l'article L. 121-1, alinéa 2, du Code de la route prévoit que, lorsque le conducteur a agi en qualité de préposé, le tribunal peut décider que le paiement des amendes de police prononcées soit mis en totalité ou en partie à la charge du commettant.

3) **Notion d'exploitant.** La notion d'exploitant est entendue de manière large par le juge judiciaire. Ainsi, la Cour de cassation a notamment précisé que l'article L. 218-23 du Code de l'environnement ne distingue pas selon que l'exploitant agit en son propre nom ou pour le compte d'autrui en qualité de « ship management » (■ Cass. crim., 5 mai 2015, n° 14-82.481).

La directive 2013/30/CE du Parlement européen et du Conseil du 12 juin 2013 définit l'exploitant comme « *l'entité désignée par le titulaire d'une autorisation ou par l'autorité qui délivre les autorisations pour mener des opérations pétrolières et gazières en mer, y compris la planification et l'exécution d'une opération sur puits ou la gestion et le contrôle des fonctions d'une installation de production* » (art. 2, 5°).

4) Circonstances de fait (illustration). Est justifiée la décision rendue par la cour d'appel qui, pour retenir que la société SDS Navigation SRL devait supporter une partie de l'amende prononcée à l'encontre du capitaine, retient que ce dernier est resté en contact permanent avec la société SDS Navigation SRL durant l'ensemble des opérations de pollution et a sollicité son accord avant d'obéir aux injonctions de se dérouter qui lui avaient été données ; il apparaît ainsi que la société SDS Navigation SRL a constamment contrôlé les opérations effectuées sur le navire (▪ Cass. crim., 2 mai 2018, n° 17-82.971).

Art. L. 218-24 *(Rempl., L. n° 2008-757, 1er août 2008 ; L. n° 2009-526, 12 mai 2009)* (1). **– Les personnes morales déclarées responsables pénalement, dans les conditions prévues par l'article 121-2 du Code pénal, des infractions définies aux articles L. 218-11 à L. 218-19 encourent, outre l'amende suivant les modalités prévues par l'article 131-38 du Code pénal, la peine prévue par le 9° de l'article 131-39 du même code.**

Art. L. 218-25 *(Implicitement abr., L. n° 2008-757, 1er août 2008 ; rétabli à compter du 18 mars 2021, Ord. n° 2021-267, 10 mars 2021 ; abr., L. n° 2024-364, 22 avr. 2024).*

§ 2. – Procédure

Art. L. 218-26 *(Rempl., Ord. n° 2010-1232, 21 oct. 2010 ; mod., L. n° 2011-525, 17 mai 2011 ; L. n° 2013-431, 28 mai 2013* (2) *; Ord. n° 2014-792, 10 juill. 2014 ; Ord. n° 2015-1736, 24 déc. 2015).* **– Indépendamment des officiers et agents de police judiciaire, qui exercent leurs pouvoirs conformément au Code de procédure pénale, sont habilités à constater les infractions aux dispositions de la présente section ainsi que les infractions aux dispositions réglementaires prises pour leur application :**

1° Les administrateurs des affaires maritimes ;

2° Les officiers du corps technique et administratif des affaires maritimes ;

3° Les fonctionnaires affectés dans les services exerçant des missions de contrôle dans le domaine des affaires maritimes sous l'autorité ou à la disposition du ministre chargé de la mer ;

4° *(Abr.)* **;**

5° *(Abr.)* **;**

6° Les fonctionnaires et agents assermentés et commissionnés des services maritimes, des ports autonomes maritimes et des grands ports maritimes ;

7° Les ingénieurs des mines, les ingénieurs de l'industrie et des mines, les ingénieurs des ponts, des eaux et des forêts et les ingénieurs des travaux publics de l'État affectés dans les services déconcentrés du ministère chargé de l'environnement ou à la direction régionale de l'environnement, de l'aménagement et du logement ;

8° Les officiers de port, officiers de port adjoints et surveillants de port ayant la qualité de fonctionnaire ;

9° Les chercheurs, ingénieurs et techniciens assermentés de l'Institut français de recherche pour l'exploitation de la mer ;

10° Les agents des douanes ;

11° Les commandants, commandants en second ou commissaires des armées embarqués des bâtiments de la marine nationale ainsi que les chefs de bord des aéronefs de la marine nationale et des aéronefs de la défense chargés de la surveillance en mer.

Agents compétents. Un pilote d'hélicoptère de la Marine nationale est habilité à constater les infractions aux dispositions des règles 9 et 10 de l'annexe I de la Convention Marpol (▪ TGI Brest, ch. corr., 18 nov. 2003, *Syndicat pour l'assainissement du monde maritime, Laudhan).*

Art. L. 218-27 *(Mod., L. n° 2013-431, 28 mai 2013)* (2). **– Sont chargés de rechercher les infractions constituant le délit de pollution des eaux de mer, de recueillir à cet effet tous renseignements en vue de**

(1) Application sur l'ensemble du territoire de la République y compris dans les collectivités d'outre-mer, en Nouvelle-Calédonie et dans les Terres australes et antarctiques françaises : V. L. n° 2009-526, 12 mai 2009, art. 137.

(2) Dispositions applicables en Nouvelle-Calédonie, à Wallis-et-Futuna, en Polynésie française et dans les Terres australes et antarctiques françaises, L. n° 2013-431, 28 mai 2013, art. 43, VIII à X.

découvrir les auteurs de ces infractions et d'en rendre compte soit à un officier de police judiciaire exerçant ses pouvoirs conformément aux dispositions du Code de procédure pénale, soit à un officier ou un fonctionnaire de catégorie A affecté dans les services exerçant des missions de contrôle dans le domaine des affaires maritimes sous l'autorité ou à la disposition du ministre chargé de la mer :

1° Les commandants des navires océanographiques de l'État ;

2° Les commandants de bord des aéronefs de la protection civile et des aéronefs de l'État affectés à la surveillance des eaux maritimes ;

3° Les agents du service des phares et balises ;

4° Les agents de l'Institut français de recherche pour l'exploitation de la mer ;

5° Les agents de la police de la pêche fluviale.

Art. L. 218-28 *(Mod., L. n° 2011-525, 17 mai 2011)*. – **Les procès-verbaux dressés par les agents mentionnés à l'article L. 218-26 font foi jusqu'à preuve contraire. Ils sont transmis immédiatement au procureur de la République par l'agent verbalisateur qui en adresse en même temps copie à l'administrateur des affaires maritimes lorsqu'il s'agit de navires ou de plates-formes ou à l'ingénieur des ponts, des eaux et des forêts chargé du service maritime s'il s'agit d'engins portuaires, de chalands ou de bateaux-citernes fluviaux.**

Bibliographie : L. Grellet, *Le déséquilibre des moyens de preuve en matière de pollution par hydrocarbure* – À propos de CA Rennes, 11e ch. corr., arrêt, 10 janv. 2013, n° 13/46, n° 10/01224, *Turbin c/ Association pour la protection des animaux sauvages : DMF* mai 2013, n° 7472.

Art. L. 218-29 *(Rempl., L. n° 2004-204, 9 mars 2004 ; L. n° 2007-291, 5 mars 2007 ; L. n° 2011-1862, 13 déc. 2011)* (1). – (2) **Les règles relatives à la compétence des juridictions pénales spécialisées pour connaître des infractions prévues par la présente sous-section sont fixées par les articles 706-107 à 706-111 du Code de procédure pénale ci-après reproduits :**

(V. CPP, art. 706-107 à 706-111, p. 441).

Art. 706-107 *(L. n° 2004-204, 9 mars 2004 ; mod. à compter du 1er janvier 2017, L. n° 2007-291, 5 mars 2007 ; mod., L. n° 2008-757, 1er août 2008 ; L. n° 2011-1862, 13 déc. 2011 ; L. n° 2020-1672, 24 déc. 2020)*. – Pour l'enquête, la poursuite, l'instruction et, s'il s'agit de délits, le jugement des infractions en matière de pollution des eaux marines et des voies ouvertes à la navigation maritime prévues et réprimées par le chapitre VIII du titre Ier du livre II du Code de l'environnement, qui sont commises dans les eaux territoriales, les eaux intérieures et les voies navigables, la compétence d'un tribunal judiciaire peut être étendue au ressort d'une ou plusieurs cours d'appel.

Les dispositions du premier alinéa s'appliquent également lorsque les infractions mentionnées dans cet alinéa sont commises dans la zone économique exclusive ou dans la zone de protection écologique et sur le plateau continental.

Cette compétence s'étend aux infractions connexes.

Un décret fixe la liste et le ressort de ces juridictions du littoral maritime, qui comprennent une section du parquet et des formations d'instruction et de jugement spécialisées pour connaître de ces infractions.

Art. 706-108 *(L. n° 2004-204, 9 mars 2004 ; mod., L. n° 2008-757, 1er août 2008 ; L. n° 2011-1862, 13 déc. 2011 ; mod. à compter du 1er janvier 2020, Ord. n° 2019-964, 18 sept. 2019)*. – Pour l'enquête, la poursuite, l'instruction et le jugement des infractions visées à l'article 706-107 commises hors des espaces maritimes sous juridiction française, le tribunal judiciaire compétent est le tribunal judiciaire de Paris.

Art. 706-109 *(L. n° 2004-204, 9 mars 2004 ; mod. à compter du 1er avril 2005, L. n° 2005-47, 26 janv. 2005 ; mod. à compter du 1er janvier 2017, L. n° 2007-291, 5 mars 2007 ; à compter du 1er janvier 2020, Ord. n° 2019-964, 18 sept. 2019)*. – Le procureur de la République, le juge d'instruction, la formation

(1) Application à l'Outre-mer : V. L. n° 2004-204, 9 mars 2004, art. 217.

(2) Les juridictions d'instruction et de jugement saisies en application du présent article avant la promulgation de la loi n° 2003-346 du 15 avril 2003 relative à la création d'une zone de protection écologique au large des côtes du territoire de la République demeurent compétentes jusqu'à l'issue de la procédure, L. n° 2003-699, 30 juill. 2003, art. 83.

correctionnelle spécialisée du tribunal judiciaire mentionné à l'article 706-107 exercent, sur toute l'étendue du ressort fixé en application de cet article, une compétence concurrente à celle qui résulte de l'application des articles 43, 52, 382 et 706-42.

Ils exercent également, dans les mêmes conditions, une compétence concurrente à celle qui résulte des critères de compétence suivants :

1° Lieu d'immatriculation du navire, engin ou plate-forme ou de son attachement en douanes ;

2° Lieu où le navire, engin ou plate-forme est ou peut être trouvé.

La juridiction spécialisée saisie demeure compétente, quelles que soient les incriminations retenues lors du règlement ou du jugement de l'affaire. Toutefois, si les faits constituent une contravention, le juge d'instruction prononce le renvoi de l'affaire devant le tribunal de police compétent en application de l'article 522 ou devant la juridiction de proximité compétente en application de l'article 522-1.

Art. 706-110 *(L. n° 2004-204, 9 mars 2004 ; mod. à compter du 1er janvier 2017, L. n° 2007-291, 5 mars 2007 ; à compter du 1er janvier 2020, Ord. n° 2019-964, 18 sept. 2019).* **–** Le procureur de la République près un tribunal judiciaire autre que ceux visés à l'article 706-107 peut, pour les infractions entrant dans le champ d'application de cet article, requérir le juge d'instruction de se dessaisir au profit de la juridiction d'instruction compétente en application de cet article. Les parties sont préalablement avisées et invitées à faire connaître leurs observations par le juge d'instruction ; l'ordonnance est rendue huit jours au plus tôt et un mois au plus tard à compter de cet avis.

Lorsque le juge d'instruction décide de se dessaisir, son ordonnance ne prend effet qu'à compter du délai de cinq jours prévu par l'article 706-111 ; lorsqu'un recours est exercé en application de cet article, le juge d'instruction demeure saisi jusqu'à ce que soit porté à sa connaissance l'arrêt de la chambre de l'instruction, passé en force de chose jugée, ou celui de la chambre criminelle de la Cour de cassation.

Dès que l'ordonnance est passée en force de chose jugée, le procureur de la République adresse le dossier de la procédure au procureur de la République près le tribunal compétent en application de l'article 706-109.

Les dispositions du présent article sont applicables devant la chambre de l'instruction.

Art. 706-111 *(L. n° 2004-204, 9 mars 2004 ; mod. à compter du 1er janvier 2017, L. n° 2007-291, 5 mars 2007 ; mod., Ord. n° 2016-1547, 18 nov. 2016).* **–** L'ordonnance rendue en application de l'article 706-110 peut, à l'exclusion de toute autre voie de recours, être déférée dans les cinq jours de sa notification, à la requête du ministère public ou des parties, soit à la chambre de l'instruction si la juridiction spécialisée au profit de laquelle le dessaisissement a été ordonné ou refusé se trouve dans le ressort de la cour d'appel dans lequel est située la juridiction initialement saisie, soit, dans le cas contraire, à la chambre criminelle de la Cour de cassation. La chambre de l'instruction ou la chambre criminelle désigne, dans les huit jours suivant la date de réception du dossier, le juge d'instruction chargé de poursuivre l'information. Le ministère public peut également saisir directement la chambre de l'instruction ou la chambre criminelle de la Cour de cassation lorsque le juge d'instruction n'a pas rendu son ordonnance dans le délai d'un mois prévu au premier alinéa de l'article 706-110.

L'arrêt de la chambre de l'instruction ou de la chambre criminelle est porté à la connaissance du juge d'instruction ainsi qu'au ministère public et notifié aux parties.

Les dispositions du présent article sont applicables à l'arrêt de la chambre de l'instruction rendu sur le fondement du dernier alinéa de l'article 706-110, le recours étant alors porté devant la chambre criminelle.

Compétence. Pour un exemple de compétence du tribunal de grande instance de Paris sous l'ancienne version de l'article L. 218-29, V. ▪ TGI Paris, 21e ch., 22 mai 1996, *Ministère public c/ Antonios : Rev. jur. env.* 1/1997, p. 83, note M. Morin.

Bibliographie : J.-H. Robert, *Pollution par les rejets polluants des navires ; Puzzle : règles de compétence territoriale particulières en matière de pollution des eaux de la mer : Environnement* mai 2004, comm. 46, p. 21.

Art. L. 218-30 ***(Mod., L. n° 2001-380, 3 mai 2001*** (1) ***; L. n° 2008-757, 1er août 2008*** (2)***; mod. à compter du 1er juillet 2013, Ord. n° 2012-34, 11 janv. 2012 ; mod., L. n° 2016-731, 3 juin 2016 ; Ord. n° 2019-964, 18 sept. 2019).*** **– Le navire qui a servi à commettre l'une des infractions définies aux articles**

(1) Les dispositions des articles 1er à 8 de la loi n° 2001-380 du 3 mai 2001 sont applicables à l'outre-mer, L. n° 2001-380, 3 mai 2001, art. 10.

(2) Dispositions applicables en Polynésie française, dans les îles Wallis-et-Futuna, en Nouvelle-Calédonie et dans les Terres australes et antarctiques françaises, L. n° 2008-757, 1er août 2008, art. 6, III.

L. 218-11 à L. 218-19 peut être immobilisé sur décision du procureur de la République ou du juge d'instruction saisi.

Cette immobilisation est faite aux frais de l'armateur.

À tout moment, l'autorité judiciaire compétente peut ordonner la levée de l'immobilisation s'il est fourni un cautionnement dont elle fixe le montant et les modalités de versement.

Les conditions d'affectation, d'emploi et de restitution du cautionnement sont réglées conformément aux dispositions des articles 142, 142-2 et 142-3 du Code de procédure pénale.

La décision d'immobilisation prise par l'autorité judiciaire peut être contestée dans le délai de cinq jours à compter de sa notification, par requête de l'intéressé devant le juge des libertés et de la détention du tribunal judiciaire saisi de l'enquête.

Le juge des libertés et de la détention peut confirmer l'immobilisation ou en ordonner la mainlevée, le cas échéant en la conditionnant au versement préalable d'un cautionnement dont il fixe le montant et les modalités de versement, dans les conditions prévues à l'article 142 du Code de procédure pénale.

L'ordonnance du juge des libertés et de la détention doit être rendue dans un délai de trois jours ouvrés à compter de la réception de la requête mentionnée au cinquième alinéa du présent article.

Les ordonnances du juge des libertés et de la détention prises sur le fondement du présent article sont motivées et notifiées au procureur de la République, au juge d'instruction lorsqu'il est saisi, à la personne mise en cause et, s'ils sont connus, au propriétaire et aux tiers ayant des droits sur le navire, qui peuvent les déférer à la chambre de l'instruction par déclaration au greffe du tribunal dans les cinq jours qui suivent leur notification. La personne mise en cause, le propriétaire du navire et les tiers ayant des droits sur le navire peuvent adresser toutes observations écrites ou être entendus par la chambre de l'instruction. La chambre de l'instruction statue dans un délai de cinq jours à compter de la déclaration d'appel.

L'appel contre les ordonnances du juge des libertés et de la détention prises sur le fondement du présent article n'est pas suspensif. Toutefois, le procureur de la République peut demander au premier président de la cour d'appel ou à son délégué de déclarer le recours suspensif lorsque le juge des libertés et de la détention a ordonné la remise en circulation du navire et qu'il existe un risque sérieux de réitération de l'infraction ou qu'il est nécessaire de garantir le paiement des amendes. Dans ce cas, l'appel, accompagné de la demande qui se réfère au risque sérieux de réitération de l'infraction ou à la nécessité de garantir le paiement des amendes, est formé dans un délai de six heures à compter de la notification de l'ordonnance au procureur de la République et transmis au premier président de la cour d'appel ou à son délégué. Celui-ci décide, sans délai, s'il y a lieu de donner à cet appel un effet suspensif par une ordonnance motivée rendue contradictoirement qui n'est pas susceptible de recours. Le navire est maintenu à la disposition de l'autorité judiciaire jusqu'à ce que cette ordonnance soit rendue et, si elle donne un effet suspensif à l'appel du procureur de la République, jusqu'à ce qu'il soit statué sur le fond.

NB : Conformément à l'article 36 de l'ordonnance n° 2019-964 du 18 septembre 2019, ces dispositions entrent en vigueur au 1er janvier 2020.

Constitutionnalité – Recours juridictionnel. La Cour de cassation a refusé de transmettre au Conseil constitutionnel une QPC portant sur l'article L. 218-30, au motif que celle-ci ne présentait pas de caractère sérieux. La Cour juge en effet que la possibilité d'introduire un recours juridictionnel contre les décisions prises par le procureur de la République dans les conditions prévues aux articles 41-4 ou 478 du Code de procédure pénale suffit à écarter toute atteinte aux droits et libertés garantis par la Constitution. Bien que les conditions de son effectivité ne soient pas précisées, une voie de recours contre les décisions d'immobilisation de navires pollueurs est ainsi consacrée (■ Cass. crim., 3 mai 2011, n° 11-90.012, *Sté Balnautic Shipping LTD et a. : DMF* juin 2011, n° 726, p. 573, obs. L. Briand ; *Dr. env.* sept. 2011, n° 193, p. 257, comm. D. Guihal).

Art. L. 218-31 ***(Mod., L. n° 2008-757, 1er août 2008)*** (1). – **Si les faits constitutifs des infractions énumérées aux articles L. 218-11 à L. 218-19 ont causé des dommages au domaine public maritime, l'administration ne peut poursuivre devant la juridiction administrative selon la procédure des contraventions de grande voirie que la réparation de ce dommage.**

(1) Dispositions applicables en Polynésie française, dans les îles Wallis-et-Futuna, en Nouvelle-Calédonie et dans les Terres australes et antarctiques françaises, L. n° 2008-757, 1er août 2008, art. 6, III.

Section II. – Pollution due aux opérations d'exploration ou d'exploitation du fond de la mer ou de son sous-sol

Voir : Droit international : Convention sur la haute mer, adoptée à Genève le 29 avril 1958 (publiée par décret n° 65-1049 du 29 novembre 1965). – Convention de Barcelone du 16 février 1976 pour la protection de la mer Méditerranée contre la pollution et son Protocole « offshore » relatif à la pollution résultant de l'exploration et de l'exploitation.

Droit communautaire : Directive n° 2013/30/UE du 12 juin 2013 du Parlement européen et du Conseil relative à la sécurité des opérations pétrolières et gazières en mer et modifiant la directive 2004/35/CE.

Droit interne : Loi n° 68-1181 du 30 décembre 1968 relative à l'exploration du plateau continental et à l'exploitation des ressources naturelles (*JO* 31 déc. 1968). – Décret n° 71-360 du 6 mai 1971 relatif à l'exploration du plateau continental et à l'exploitation de ses ressources naturelles (*JO* 15 mai 1971). – Loi n° 76-646 du 16 juillet 1976 relative à la prospection, à la recherche et à l'exploitation des substances minérales non visées à l'article 2 du Code minier et contenues dans les fonds marins du domaine public métropolitain (*JO* 17 juill. 1976). – Décret n° 80-470 du 18 juin 1980 portant application de la loi n° 76-646 du 16 juillet 1976 relative à la protection, à la recherche et à l'exploration des substances minérales non visées à l'article 2 du Code minier et contenues dans les fonds marins du domaine public métropolitain (*JO* 27 juin 1980). – Loi n° 81-1135 du 23 décembre 1981 sur l'exploration et l'exploitation des ressources minérales des grands fonds marins (*JO* 24 déc. 1981). – Décret n° 2006-798 du 6 juillet 2006 relatif à la prospection, à la recherche et à l'exploitation de substances minérales ou fossiles contenues dans les fonds marins du domaine public et du plateau continental métropolitains (*JO* 7 juill. 2006). Décret n° 2014-348 du 18 mars 2014 relatif à la responsabilité civile des propriétaires de navires pour les dommages résultant de la pollution par les hydrocarbures (*JO* n° 67, 20 mars 2014), abrogé par décret n° 2016-1893 du 28 décembre 2016 relatif aux dispositions du livre Ier, du livre IV, à l'exception de son titre IV, ainsi que des chapitres Ier et IV des titres Ier à IX du livre VII de la cinquième partie réglementaire du Code des transports, et portant diverses mesures d'adaptation relatives à l'outre-mer (*JO* 20 déc. 2016).

Bibliographie : A. Beziz-Ayache, *Pollutions et nuisances, Répertoire de droit pénal et de procédure pénale, Dalloz*, dernière MAJ janv. 2015. • L. Bordereaux, *Dragage portuaire et droit de l'environnement : regard de synthèse : DMF* nov. 2014, n° 763, pp. 918-929. • S. Mabile, *Recherche et exploitation d'hydrocarbures en mer : vers un tournant normatif : Dr. env.* mai 2013, n° 212, p. 177-179. • M. Bourel, *L'Union européenne adhère au protocole sur les activités offshore en Méditerranée : Dr. env.* mars 2012, n° 210, p. 112 et s. • L. Grellet, *Sommes-nous armés en Europe face à un accident majeur d'installations pétrolières ou gazières en mer ? : DMF* mars 2012, n° 734, p. 199 et s. • B.-A. Dubais, *Prévention, sanctions et réparation du dommage de pollution résultant d'opérations sur le plateau continental en droit français : Rev. jur. env.* 1976, nos 3-4, p. 58. • A. de Laubadère, *Commentaire de la loi du 7 juillet 1976 relative à la prévention et la répression de la pollution marine par les opérations effectuées par les navires et aéronefs : AJDA* 1976, p. 619. • E. du Pontavice, *Conventions intergouvernementales et accords privés internationaux sur la pollution marine provenant des plates-formes en mer : Rev. jur. env.* 1976, nos 3-4, p. 15 ; *Les plates-formes de forage en mer et la pollution : ibid.*, p. 91.

Sur l'affaire du « Deepwater Horizon ». V. Rebeyrol, *La marée noire dans le Golfe du Mexique : le temps du droit : JCP* G 2011, n° 6, p. 157. • Ch. Huglo, *La dramatique marée noire du Golfe du Mexique ou comment en tirer les premières leçons juridiques : Environnement et dév. durable* juill. 2010, n° 7, repère 7. • M. Remond-Gouilloud, *Pollution accidentelle et responsabilités : DMF* sept. 2010, n° 717, p. 663.

Présentation. Les articles relevant de la présente section sont issus de la codification partielle de la loi n° 68-1181 du 30 décembre 1968 relative à l'exploration du plateau continental et à l'exploitation des ressources naturelles (art. 28 à 28-3). Ces articles prévoient un système répressif visant à sanctionner les rejets provenant de certaines activités d'exploitation ou d'exploration en mer. Il convient de s'interroger sur la pertinence du maintien des autres dispositions de la loi du 30 décembre 2008 qui, en raison de formulations quasi similaires avec celles retenues lors de sa codification, crée un double cadre juridique.

Art. L. 218-32 *(Mod. à compter du 1er mars 2011, Ord. n° 2011-91, 20 janv. 2011).* **– Sans préjudice de l'application des dispositions du Code minier, notamment de son article L. 161-1 et des dispositions prises pour son application et des articles L. 161-1, L. 173-2, L. 163-1 à L. 163-9 et de ses textes d'application à l'ensemble des activités d'exploration et d'exploitation des ressources naturelles du plateau continental, est interdit tout rejet à la mer d'hydrocarbures ou de mélanges d'hydrocarbures susceptibles de porter atteinte à la santé publique, à la faune et à la flore marines et au développement économique et touristique des régions côtières.**

Les rejets qui résultent directement des opérations d'exploration doivent être exempts d'hydrocarbures.

Les rejets qui résultent directement des opérations d'exploitation, y compris le stockage, ne peuvent avoir une teneur moyenne en hydrocarbures supérieure à 20 parties par million, ni avoir pour effet de déverser dans la mer un volume moyen d'hydrocarbures supérieur à 2 centilitres par jour et par hectare de la surface du titre d'exploitation.

Des dispositions plus restrictives que celles prévues à l'alinéa ci-dessus peuvent être imposées par voie réglementaire en fonction des conditions locales ou particulières de l'exploitation ou de la protection de l'environnement.

Aucune opération d'exploitation ne peut être entreprise avant que ne soit dressé, aux frais du titulaire du titre d'exploitation, un état biologique et écologique du milieu marin dans la zone couverte par ledit titre. Cet état doit être renouvelé au moins une fois par an au cours de la durée de validité du titre d'exploitation.

Les modalités d'application du présent article sont fixées par décret en Conseil d'État.

1) **Références à l'ancien Code minier.** Les articles 79, 84 et 85 du Code minier cités par l'article L. 218-32 font référence à la version antérieure du Code minier (V. Ord. n° 2011-91, 20 janv. 2011 portant codification de la partie législative du Code minier, *JO* 27 janv. 2011). L'article 84 du Code minier, relatif aux conditions de fin de travaux, avait déjà été abrogé par la loi n° 99-245 du 30 mars 1999 et remplacé par l'article 91 sous une section spécifique, ce qui n'a pourtant pas conduit à la reformulation de l'article L. 218-32.

2) La directive n° 2013/30/CE du Parlement européen et du Conseil du 12 juin 2013 relative à la sécurité des opérations pétrolières et gazières en mer et modifiant la directive 2004/35/CE définit l'exploration comme le « *forage d'un prospect et toutes les opérations pétrolières et gazières connexes en mer nécessaires avant le lancement des opérations liées à la production* » (art. 2, 15°).

Art. L. 218-33. – **Les dispositions de la sous-section 2 de la section 1 du présent chapitre sont applicables :**

1° Aux installations ou dispositifs suivants lorsque ces installations ou dispositifs ne sont pas en cours d'exploration ou d'exploitation :

***a)* Plates-formes et autres engins d'exploration ou d'exploitation, ainsi que leurs annexes ;**

***b)* Bâtiments de mer qui participent directement aux opérations d'exploration ou d'exploitation ;**

2° Aux opérations desdites installations ou dispositifs qui ne sont pas liées directement aux activités d'exploration ou d'exploitation.

Art. L. 218-34 *(Mod., L. n° 2021-1104, 22 août 2021)*. – **I. – Est puni de deux ans d'emprisonnement et de 100 000 euros d'amende le fait de commettre une infraction aux dispositions de l'article L. 218-32.**

II. – Lorsque l'infraction est commise sur l'ordre du titulaire du titre d'exploration ou d'exploitation, ou de son représentant, ou de la personne assumant à bord de ces installations et dispositifs la conduite des travaux d'exploration ou d'exploitation, y compris le stockage, ceux-ci sont passibles du double des peines prévues à l'alinéa précédent.

III. – Est tenu comme complice de l'infraction tout représentant du titulaire du titre d'exploration ou d'exploitation qui, ayant la responsabilité desdites opérations, n'a pas donné à la personne assumant directement sur place la conduite des travaux l'ordre écrit de se conformer aux dispositions des alinéas 1er à 4 de l'article L. 218-32.

IV. – Cependant, l'infraction n'est pas constituée lorsque toutes les mesures nécessaires au respect de l'article L. 218-32 ayant été prises :

1° Le déversement a pour but d'assurer la sécurité d'une installation ou d'un dispositif visé à l'article L. 218-33, ou de leur éviter une avarie grave mettant en cause la sécurité des personnes ou la protection de l'environnement, ou pour sauver des vies humaines en mer ;

2° L'échappement provient d'une avarie ou d'une fuite imprévisible et impossible à éviter, si toutes les mesures nécessaires ont été prises après l'avarie ou la découverte de la fuite pour empêcher, arrêter ou réduire cet échappement afin d'en limiter les conséquences.

V. – Le montant de l'amende peut être porté jusqu'au double de l'avantage tiré de la commission de l'infraction. Le premier alinéa de l'article 131-38 du Code pénal s'applique uniquement aux amendes prévues au présent article exprimées en valeur absolue.

Art. L. 218-35. – **Les dispositions des articles L. 218-32 à L. 218-34 sont applicables dans les eaux territoriales, sous réserve des mesures plus contraignantes qui peuvent être imposées en application des dispositions du Code minier ou au titre de la protection des pêches et cultures marines.**

Art. L. 218-36 *(Mod., L. n° 2003-591, 2 juill. 2003* (1) *; L. n° 2011-525, 17 mai 2011 ; L. n° 2013-431, 28 mai 2013)* (2). – I. – Sont chargés de rechercher les infractions prévues à la présente section :

1° Les officiers et agents de police judiciaire ;

2° Les administrateurs des affaires maritimes ;

3° Les officiers du corps technique et administratif des affaires maritimes ;

4° Les commandants, commandants en second ou officiers en second des bâtiments de la marine nationale ;

5° Les fonctionnaires de catégorie A affectés dans les services exerçant des missions de contrôle dans le domaine des affaires maritimes sous l'autorité ou à la disposition du ministre chargé de la mer ;

6° Les ingénieurs des mines ou les ingénieurs des travaux publics de l'État affectés à la direction régionale de l'industrie, de la recherche et de l'environnement ou à la direction régionale de l'environnement, de l'aménagement et du logement intéressée ;

7° Les ingénieurs des ponts, des eaux et des forêts et les ingénieurs des travaux publics de l'État affectés aux services maritimes ainsi que les agents desdits services commissionnés à cet effet ;

8° Les officiers de port et officiers de port adjoints ;

9° Les agents des douanes.

II. – Sont chargés de rechercher les infractions constituant le délit de pollution des eaux de mer, de recueillir à cet effet tous renseignements en vue de découvrir les auteurs de ces infractions, et d'en rendre compte soit à un administrateur des affaires maritimes, officier du corps technique et administratif des affaires maritimes ou fonctionnaire de catégorie A affecté dans les services exerçant des missions de contrôle dans le domaine des affaires maritimes sous l'autorité ou à la disposition du ministre chargé de la mer, soit à un officier de police judiciaire :

1° Les agents de la police de la navigation et de la surveillance des pêches maritimes ;

2° Les commandants des navires océanographiques de l'État ;

3° Les commandants de bord des aéronefs militaires, des aéronefs de la protection civile et des aéronefs de l'État affectés à la surveillance des eaux maritimes ;

4° Les agents des services des phares et balises ;

5° Les agents de l'Institut français de recherche pour l'exploitation de la mer.

Art. L. 218-37. – Les procès-verbaux dressés conformément à l'article L. 218-36 font foi jusqu'à preuve contraire. Ils sont transmis immédiatement au procureur de la République par l'agent verbalisateur qui en adresse en même temps copie au chef de l'arrondissement minéralogique compétent et au chef du service des affaires maritimes.

Art. L. 218-38. – Même en cas de poursuites pénales, l'administration conserve la faculté de poursuivre, selon la procédure des contraventions de grande voirie, la réparation des dommages causés au domaine public.

Art. L. 218-39 *(Mod., Ord. n° 2019-964, 18 sept. 2019).* – Les installations et dispositifs définis à l'article L. 218-33, et les zones de sécurité qui peuvent être établies jusqu'à une distance de 500 mètres mesurée à partir de chaque point du bord extérieur de ces installations et dispositifs, sont soumis à la législation pénale et de procédure pénale en vigueur au siège du tribunal judiciaire ou du tribunal de première instance au ressort duquel ils sont rattachés.

NB : Conformément à l'article 36 de l'ordonnance n° 2019-964 du 18 septembre 2019, ces dispositions entrent en vigueur au 1er janvier 2020.

Art. L. 218-40. – Les conditions d'adaptation de la présente section aux opérations effectuées sur le plateau continental adjacent aux collectivités territoriales d'outre-mer et, en tant que de besoin, sur les fonds de la mer territoriale, sont fixées par décret en Conseil d'État.

(1) Application à l'outre-mer : V. L. n° 2003-591, 2 juill. 2003, art. 31, IV.

(2) Dispositions applicables en Nouvelle-Calédonie, à Wallis-et-Futuna, en Polynésie française et dans les Terres australes et antarctiques françaises, L. n° 2013-431, 28 mai 2013, art. 43, VIII à X.

Les dispositions de la présente section sont applicables au fond de la mer et à son sous-sol dans la zone économique définie à l'article 1er de la loi n° 76-655 du 16 juillet 1976 relative à la zone économique au large des côtes de la République.

Art. L. 218-41. – Les conditions d'application de la présente section sont fixées par décret en Conseil d'État, notamment en ce qui concerne l'article L. 218-39.

Voir : Décret n° 71-360 du 6 mai 1971 relatif à l'exploitation du plateau continental et à l'exploitation des ressources naturelles (*JO* 15 mai 1971).

Section III. – Pollution par les opérations d'immersion (1)

Les immersions consistent en tous rejets de déchets industriels à partir des navires, aéronefs, enfins ou plates-formes lorsque ces rejets ne résultent pas de la marche normale de ceux-ci.

Voir : Droit international : Convention d'Oslo du 15 février 1972 pour la prévention de la pollution marine par les opérations d'immersion effectuées par les navires et aéronefs (publiée par décret n° 74-494 du 17 mai 1974, *JO* 21 mai 1974) et son Protocole signé le 2 mars 1983 (publié par décret n° 90-117 du 31 janvier 1990, *JO* 6 févr. 1990). - Convention de Londres du 29 décembre 1972 sur la prévention de la pollution des mers résultant de l'immersion des déchets (publiée par décret n° 77-1145 du 28 septembre 1977, *JO* 14 oct. 1977). - Décret n° 82-426 du 19 mai 1982 (*JO* 25 mai 1982) et son protocole signé le 7 novembre 1996 (publié par décret n° 2006-401 du 3 avril 2006, *JO* 5 avr. 2006). - Convention de Barcelone du 16 février 1976 pour la protection de la mer Méditerranée contre la pollution et deux de ses Protocoles, y compris le Protocole relatif à la prévention de la pollution de la mer Méditerranée par les opérations d'immersion effectuées par les navires et aéronefs (publiés par décret n° 78-1000 du 29 sept. 1978, *JO* 10 oct. 1978 ; décret n° 2004-958 du 2 sept. 2004, *JO* 9 sept. 2004). - Convention de Paris du 22 septembre 1992 pour la protection du milieu marin de l'Atlantique du Nord-Est, dite Convention « OSPAR » (publiée par décret n° 2000-830 du 24 août 2000, *JO* 31 août 2000 ; décret n° 2005-145 du 14 février 2005, *JO* 19 févr. 2005).

Droit interne : Loi n° 76-599 du 7 juillet 1976 relative à la prévention et à la répression de la pollution marine par les opérations d'immersion effectuées par les navires et aéronefs et à la lutte contre la pollution marine accidentelle (*JO* 8 juill. 1976). - Décret n° 82-842 du 29 septembre 1982 pris pour l'application de la loi n° 76-599 du 7 juillet 1976 relative à la prévention et à la répression de la pollution marine par les opérations d'immersion effectuées par les navires et aéronefs et à la lutte contre la pollution marine accidentelle (*JO* 3 oct. 1982). - Ordonnance n° 2005-805 du 18 juillet 2005 portant simplification, harmonisation et adaptation des polices de l'eau et des milieux aquatiques, de la pêche et de l'immersion des déchets (*JO* 19 juill. 2005).

Bibliographie : A. Beziz-Ayache, *Pollutions et nuisances, Répertoire de droit pénal et de procédure pénale*, Dalloz, dernière MAJ janv. 2015. • L. Bordereaux, *Dragage portuaire et droit de l'environnement : regard de synthèse : DMF* nov. 2014, n° 763, pp. 918-929. • P. Trouilly, *Immersion des déchets : convention de 1972 sur la prévention de la pollution des mers résultant de l'immersion des déchets : Environnement* déc. 2003, comm. 103, p. 21. • M. Voelckel, *Approbation par la France des amendements apportés à la convention pour la protection de la mer Méditerranée contre la pollution : Droit et défense* 12/1999, n° 2, p. 55. • J. Aussant, *Conventions régionales contre la pollution marine : contenus et problèmes, participation de la communauté : RMCUE* 1er janv. 1987, n° 303, p. 14 et s. • A.-Ch. Kiss, *La convention pour la protection de la mer Méditerranée contre la pollution : Rev. jur. env.* 1977, p. 151. • A. De Laubadère, *Commentaire de la loi du 7 juillet 1976 relative à la prévention et la répression de la pollution marine par les opérations effectuées par les navires et aéronefs : AJDA* 1976, p. 619.

Sous-section 1. – Dispositions générales

(Intitulé rempl., Ord. n° 2005-805, 18 juill. 2005) (2)

Art. L. 218-42 ***(Rempl., Ord. n° 2005-805, 18 juill. 2005*** (2) ***; mod., Ord. n° 2015-1534, 26 nov. 2015 ; L. n° 2015-1567, 2 déc. 2015).*** **– Les dispositions de la présente section sont applicables :**

1° Aux navires, aéronefs, plates-formes ou autres ouvrages français dans toutes les eaux marines ainsi que dans les fonds marins et leurs sous-sols.

Toutefois, ces dispositions ne s'appliquent ni aux navires de guerre ni aux navires de l'État et de ses établissements publics lorsqu'ils agissent dans le cadre d'opérations de police en mer et sous réserve du respect, dans la mesure du possible, des exigences de préservation de la faune et de la flore marines prévues par les traités et accords internationaux en vigueur ;

(1) V. T. appl. : D. n° 82-842, 29 sept. 1982. – NDLR.
(2) Application à l'outre-mer : V. Ord. n° 2005-805, 18 juill. 2005, art. 17, 18, I, 19, I, 20, I et 21, I.

2° Aux navires, aéronefs, plates-formes ou autres ouvrages étrangers dans la zone économique exclusive, la mer territoriale et les eaux intérieures françaises, ainsi que dans leurs fonds et leurs sous-sols.

Art. L. 218-43 *(Rempl., Ord. n° 2005-805, 18 juill. 2005)* (1). **– L'immersion de déchets ou d'autres matières, telle qu'elle est définie à l'article 1er du protocole du 7 novembre 1996** (2) **à la convention de Londres de 1972 sur la prévention de la pollution des mers résultant de l'immersion de déchets** (3)**, est interdite.**

Ancien régime d'autorisation. La loi n° 76-599 du 7 juillet 1976 et le décret n° 82-842 du 29 septembre 1982, aujourd'hui abrogés, prévoyaient un régime d'autorisation ministérielle permettant les opérations d'immersion. L'ordonnance n° 2005-805 du 18 juillet 2005 a remplacé ce régime par un principe général d'interdiction des opérations d'immersion, sauf dans les cas visés aux articles L. 218-44 et L. 218-45.

Art. L. 218-44 *(Rempl., Ord. n° 2005-805, 18 juill. 2005)* (1). **– I. – Par dérogation à l'article L. 218-43, peut être autorisée :**

1° L'immersion des déblais de dragage ;

2° L'immersion des navires, par le représentant de l'État en mer, dans le respect des traités et accords internationaux en vigueur.

II. – L'immersion des déblais de dragage est soumise aux dispositions des articles L. 214-1 à L. 214-4 et L. 214-10.

III. – Les permis d'immersion régulièrement délivrés avant la publication de l'ordonnance n° 2005-805 du 18 juillet 2005 sont maintenus jusqu'à leur expiration sans pouvoir excéder une durée de dix ans.

Art. L. 218-45 *(Mod., L. n° 2003-346, 15 avr. 2003 ; rempl., Ord. n° 2005-805, 18 juill. 2005)* (1). **– Les dispositions des articles L. 218-43 et L. 218-44 ne sont pas applicables lorsque, en cas de danger grave, l'immersion apparaît comme le seul moyen de sauver des vies humaines ou d'assurer la sécurité des navires, aéronefs, plates-formes ou autres ouvrages. Dans la mesure du possible, elle est effectuée de façon à concilier ces impératifs de sécurité avec les exigences de la préservation de la faune et de la flore marines.**

Art. L. 218-46 *(Anc. L. n° 76-599, 7 juill. 1976 ; mod., Ord. n° 2005-805, 18 juill. 2005)*. **– Dans tous les cas, les droits des tiers à l'égard des auteurs de pollution sont et demeurent réservés.**

Art. L. 218-47 *(Anc. L. n° 76-599, 7 juill. 1976 ; mod., Ord. n° 2005-805, 18 juill. 2005)*. **– Même en cas de poursuites pénales, l'administration conserve la faculté de poursuivre, selon la procédure des contraventions de grande voirie, la réparation des dommages causés au domaine public.**

V. par ex. ▪ CE, 30 sept. 2005, n° 263442, *Cacheux : RFDA* 2005, 1217, obs. Terneyre ; *AJDA* 2005, 2469 : « Considérant que les autorités chargées de la police et de la conservation du domaine public maritime sont tenues, par application des principes régissant la domanialité publique, de veiller à l'utilisation normale des rivages de la mer et d'exercer à cet effet les pouvoirs qu'elles tiennent de la législation en vigueur, y compris celui de saisir le juge des contraventions de grande voirie, pour faire cesser les occupations sans titre et enlever les obstacles créés de manière illicite, notamment à la suite d'une pollution par des produits pétroliers qui s'opposent à l'exercice par le public, de son droit à l'usage de ce domaine ; que l'obligation ainsi faite à ces autorités trouve sa limite dans les autres intérêts généraux dont elles ont la charge et, notamment, dans les nécessités de l'ordre public ; qu'en revanche, elles ne sauraient légalement s'y soustraire pour des raisons de simples convenances administratives ».

Sous-section 2. – Dispositions pénales

Art. L. 218-48 *(Mod., Ord. n° 2005-805, 18 juill. 2005* (1) *; L. n° 2021-1104, 22 août 2021)*. **– Est puni de deux ans d'emprisonnement et de 18 000 € d'amende le fait, pour tout capitaine d'un navire, tout**

(1) Application à l'outre-mer : V. Ord. n° 2005-805, 18 juill. 2005, art. 17, 18, I, 19, I, 20, I et 21, I.
(2) Prot. 7 nov. 1996 publié par D. n° 2006-401, 3 avr. 2006. – NDLR.
(3) Conv. 29 déc. 1972 publiée par D. n° 77-1145, 28 sept. 1977. – NDLR.

commandant de bord d'un aéronef ou toute personne assumant la conduite des opérations d'immersion sur les plates-formes ou autres ouvrages, de se rendre coupable d'infraction aux dispositions des articles L. 218-43 et L. 218-44.

Les personnes physiques coupables des infractions prévues par la présente section encourent également, à titre de peine complémentaire, la peine d'affichage de la décision prononcée ou de diffusion de celle-ci dans les conditions prévues à l'article 131-35 du Code pénal.

Lorsque l'infraction a lieu dans la zone économique ou dans la zone de protection écologique au large des côtes du territoire de la République, seules les peines d'amendes peuvent, en application de la convention signée à Montego Bay le 10 décembre 1982 (1), **être prononcées à l'encontre des ressortissants étrangers.**

Le montant de l'amende peut être porté jusqu'au double de l'avantage tiré de la commission de l'infraction. Le premier alinéa de l'article 131-38 du Code pénal s'applique uniquement aux amendes prévues au présent article exprimées en valeur absolue.

Détermination de la personne responsable. Ne peut être puni comme auteur principal de l'infraction d'immersion irrégulière que le capitaine du navire à partir duquel a été effectuée l'opération, et non pas le chef du groupement d'intervention ayant donné l'ordre d'y procéder (■ Cass. crim., 5 oct. 2004, n° 03-86.321, *Léonard X : Rev. jur. env.* 2005, p. 493, obs. V. Jaworski). Le capitaine du navire, le commandant de bord d'un aéronef ou toute personne assumant la conduite des opérations d'immersion peut être déclaré pénalement responsable (■ Cass. crim., 5 oct. 2004, n° 03-86.321 : *Bull. crim.*, n° 234). Le propriétaire ou l'exploitant du navire, de l'aéronef, de l'engin ou de la plate-forme qui n'a pas donné l'ordre écrit de respecter les dispositions législatives peut être poursuivi comme complice de l'infraction (V. art. L. 218-50 al. 2, p. 449). S'il a donné l'ordre de commettre l'infraction, la peine encourue est double (V. même code, art. L. 218-50 al. 1er, p. 449).

Art. L. 218-49 ***(Mod., Ord. n° 2005-805, 18 juill. 2005)*** (2). **– Dans les cas prévus à l'article L. 218-45, les immersions doivent être notifiées dans les plus brefs délais, par l'une des personnes visées à l'article L. 218-48, au représentant de l'État en mer sous peine d'une amende de 3 750 euros.**

Cette notification doit mentionner avec précision les circonstances dans lesquelles sont intervenues les immersions.

Art. L. 218-50 ***(Mod., Ord. n° 2005-805, 18 juill. 2005)*** (2). **– Sans préjudice des peines prévues à l'article L. 218-48, si l'une des infractions a été commise sur ordre du propriétaire ou de l'exploitant du navire, aéronef, plate-forme ou autre ouvrage, ce propriétaire ou cet exploitant est puni du double des peines prévues audit article.**

Tout propriétaire ou exploitant d'un navire, aéronef, plate-forme ou autre ouvrage qui n'a pas donné au capitaine, au commandant de bord ou à la personne assumant la conduite des opérations d'immersion sur la plate-forme ou autre ouvrage l'ordre écrit de se conformer aux dispositions de la présente section peut être retenu comme complice des infractions qui y sont prévues.

Lorsque le propriétaire ou l'exploitant est une personne morale, la responsabilité prévue aux deux alinéas ci-dessus incombe à celui ou ceux des représentants légaux ou dirigeants de fait qui en assument la direction ou l'administration ou à toute personne habilitée par eux.

Art. L. 218-51 ***(Mod., Ord. n° 2005-805, 18 juill. 2005)*** (2). **– Les peines prévues à l'article L. 218-48 s'appliquent à l'encontre de tout capitaine de navire et de tout commandant de bord embarquant ou chargeant sur le territoire français, sans pouvoir justifier de l'une des autorisations prévues par la présente section, des déchets ou autre matière destinés à l'immersion en mer.**

Art. L. 218-52 ***(Rempl., Ord. n° 2005-805, 18 juill. 2005)*** (2). **– En cas de méconnaissance d'une ou plusieurs des conditions fixées par les autorisations prévues à l'article L. 218-44, les peines édictées par l'article L. 218-48 sont applicables, selon le cas, au titulaire de l'autorisation, au propriétaire des déchets ou autres matières destinés à l'immersion en mer, ou aux personnes visées respectivement aux articles L. 218-48, L. 218-50 et L. 218-51.**

(1) Conv. 10 déc. 1982 publiée par D. n° 96-774, 30 août 1996. – NDLR.
(2) Application à l'outre-mer : V. Ord. n° 2005-805, 18 juill. 2005, art. 17, 18, I, 19, I, 20, I et 21, I.

Art. L. 218-53 *(Mod., L. n° 2003-591, 2 juill. 2003* (1) *; L. n° 2011-525, 17 mai 2011 ; L. n° 2013-431, 28 mai 2013)* (2). – I. – Indépendamment des officiers et agents de police judiciaire, sont habilités à rechercher et à constater les infractions aux dispositions de la présente section :

1° Les administrateurs des affaires maritimes, les officiers du corps technique et administratif des affaires maritimes et les fonctionnaires de catégorie A affectés dans les services exerçant des missions de contrôle dans le domaine des affaires maritimes sous l'autorité ou à la disposition du ministre chargé de la mer ;

2° Les ingénieurs des ponts, des eaux et des forêts et les ingénieurs des travaux publics de l'État affectés aux services maritimes ainsi que les agents desdits services commissionnés à cet effet ;

3° Les ingénieurs des mines et les ingénieurs des travaux publics de l'État affectés à la direction régionale de l'industrie, de la recherche et de l'environnement ou à la direction régionale de l'environnement, de l'aménagement et du logement intéressée ;

4° Les officiers de port et officiers de port adjoints, les agents de la police de la navigation et de la surveillance des pêches maritimes ;

5° Les commandants, commandants en second ou officiers en second des bâtiments de la marine nationale ;

6° Les fonctionnaires des corps techniques de l'aviation civile commissionnés à cet effet, les ingénieurs des ponts et chaussées et les ingénieurs des travaux publics de l'État chargés des bases aériennes ;

7° Les ingénieurs des corps de l'armement, commissionnés à cet effet, les techniciens d'études et fabrication de l'aéronautique commissionnés à cet effet ;

8° Les chercheurs, ingénieurs et techniciens assermentés de l'Institut français de recherche pour l'exploitation de la mer ;

9° Les agents des douanes ;

10° À l'étranger, les consuls de France, à l'exclusion des agents consulaires.

II. – Sont chargés de rechercher les infractions aux dispositions de la présente section, de recueillir à cet effet tous renseignements en vue d'en découvrir les auteurs, et d'en informer soit un administrateur des affaires maritimes, un officier du corps technique et administratif des affaires maritimes ou un fonctionnaire de catégorie A affecté dans les services exerçant des missions de contrôle dans le domaine des affaires maritimes sous l'autorité ou à la disposition du ministre chargé de la mer, soit un ingénieur des ponts, des eaux et des forêts ou un ingénieur des travaux publics de l'État affectés à un service maritime, soit un officier de police judiciaire :

1° Les commandants des navires océanographiques de l'État ;

2° Les chefs de bord des aéronefs militaires, des aéronefs de la protection civile et des aéronefs de l'État affectés à la surveillance des eaux maritimes ;

3° Les agents de l'Institut français de recherche pour l'exploitation de la mer.

Art. L. 218-54. – Les procès-verbaux dressés conformément à l'article L. 218-53 font foi jusqu'à preuve contraire. Ils sont transmis immédiatement au procureur de la République par l'agent verbalisateur qui en adresse en même temps copie aux services intéressés.

Art. L. 218-55 *(Mod., Ord. n° 2005-805, 18 juill. 2005 ; L. n° 2016-731, 3 juin 2016 ; Ord. n° 2019-964, 18 sept. 2019)* (3). – Lorsque les nécessités de l'enquête ou de l'information ainsi que la gravité de l'infraction l'exigent, le navire, aéronef, plate-forme ou autre ouvrage qui a servi à commettre l'une des infractions visées aux articles L. 218-48, L. 218-50, L. 218-51 et L. 218-52 peut être immobilisé sur décision du procureur de la République ou du juge d'instruction saisi.

À tout moment, l'autorité judiciaire compétente peut ordonner la levée de l'immobilisation s'il est fourni un cautionnement dont elle fixe le montant et les modalités de versement.

Les conditions d'affectation, d'emploi et de restitution du cautionnement sont réglées conformément aux dispositions des articles 142, 142-2 et 142-3 du Code de procédure pénale.

(1) Application à l'outre-mer : V. L. n° 2003-591, 2 juill. 2003, art. 31, IV.

(2) Dispositions applicables en Nouvelle-Calédonie, à Wallis-et-Futuna, en Polynésie française et dans les Terres australes et antarctiques françaises, L. n° 2013-431, 28 mai 2013, art. 43, VIII à X.

(3) Application à l'outre-mer : V. Ord. n° 2005-805, 18 juill. 2005, art. 17, 18, I, 19, I, 20, I et 21, I.

La décision d'immobilisation prise par l'autorité judiciaire peut être contestée dans un délai de cinq jours à compter de sa notification, par requête de l'intéressé devant le juge des libertés et de la détention du tribunal judiciaire auprès duquel l'enquête ou l'information est ouverte. Les quatre derniers alinéas de l'article L. 218-30 du présent code sont applicables.

NB : Conformément à l'article 36 de l'ordonnance n° 2019-964 du 18 septembre 2019, ces dispositions entrent en vigueur au 1er janvier 2020.

Art. L. 218-56 *(Mod., Ord. n° 2005-805, 18 juill. 2005 ; Ord. n° 2019-964, 18 sept. 2019)* (1). **– I. – Les infractions aux dispositions de la présente section sont jugées soit par le tribunal compétent du lieu de l'infraction, soit par celui de la résidence de l'auteur de l'infraction.**

II. – Sont en outre compétents :

1° S'il s'agit d'un navire, plate-forme ou autre ouvrage, soit le tribunal dans le ressort duquel il est immatriculé s'il est français, soit celui dans le ressort duquel il peut être trouvé s'il est étranger, ou s'il s'agit d'une plate-forme ou autre ouvrage non immatriculé ;

2° S'il s'agit d'un aéronef, le tribunal du lieu de l'atterrissage après le vol au cours duquel l'infraction a été commise.

III. – À défaut d'autre tribunal, le tribunal judiciaire de Paris est compétent.

NB : Conformément à l'article 36 de l'ordonnance n° 2019-964 du 18 septembre 2019, ces dispositions entrent en vigueur au 1er janvier 2020.

Art. L. 218-57. – I *(Rempl., L. n° 2009-526, 12 mai 2009)* (2). **– Les personnes morales déclarées responsables pénalement, dans les conditions prévues par l'article 121-2 du Code pénal, des infractions définies à la présente section encourent, outre l'amende suivant les modalités prévues par l'article 131-38 du Code pénal, les peines prévues par les 2° à 6°, 8° et 9° de l'article 131-39 du même code.**

II *(Abr.)*.

III. – L'interdiction mentionnée au 2° de l'article 131-39 du Code pénal porte sur l'activité dans l'exercice ou à l'occasion de l'exercice de laquelle l'infraction a été commise.

Sous-section 3. – Défense nationale

Art. L. 218-58 *(Mod., Ord. n° 2005-805, 18 juill. 2005)* (1). **– L'immersion des munitions ne pouvant être éliminées à terre sans présenter des risques graves pour l'homme ou son environnement peut être autorisée par le représentant de l'État en mer. L'immersion est effectuée de façon à concilier les impératifs de la sécurité des personnes et les exigences de la préservation de la faune et de la flore marines.**

Le contrôle de l'application des dispositions de la présente section aux navires et aéronefs militaires français est exercé par les agents relevant du ministère de la défense.

Les pénalités prévues par la présente section sont applicables aux justiciables des juridictions militaires des forces armées conformément au Code de justice militaire et notamment à ses articles 165 et 171.

Section IV. – Pollution par les opérations d'incinération

L'incinération en mer est interdite depuis l'entrée en vigueur de la loi n° 96-151 du 26 février 1996 (*JO* 27 févr.) modifiant la loi n° 76-600 du 7 juillet 1976 (*JO* 8 juill.) relative à la prévention et la répression de la pollution de la mer par les opérations d'immersion. Par incinération, il faut entendre toute combustion délibérée de déchets, substances, produits ou matériaux embarqués en vue de leur élimination en mer à partir d'un navire ou d'une structure artificielle fixe.

Art. L. 218-59. – L'incinération en mer est interdite.

Compétence territoriale du préfet. Un préfet ne dispose pas du pouvoir de s'opposer à une opération d'incinération de déchets hors des eaux territoriales (■ CE, 5 juin 1981, *Min. Culture et Environnement c/ Sté Incimer : Rec. CE* 1981, p. 244 ; *D.* 1981, inf. rap., p. 520, obs. Delvolvé).

(1) Application à l'outre-mer : V. Ord. n° 2005-805, 18 juill. 2005, art. 17, 18, I, 19, I, 20, I et 21, I.

(2) Application sur l'ensemble du territoire de la République y compris dans les collectivités d'outre-mer, en Nouvelle-Calédonie et dans les Terres australes et antarctiques françaises : V. L. n° 2009-526, 12 mai 2009, art. 137.

Art. L. 218-60. – Pour l'application de la présente section, on entend par :

1° Incinération en mer : toute combustion délibérée de déchets, substances, produits ou matériaux embarqués en vue de leur élimination en mer à partir d'un navire ou d'une structure artificielle fixe ;

2° Navire : tout bâtiment de mer quel qu'il soit, y compris les hydroptères, les aéroglisseurs, ainsi que les plates-formes flottantes et tous engins flottants, qu'ils soient autopropulsés ou non ;

3° Structure artificielle fixe : tout engin non flottant, installation, plate-forme ou dispositifs fixes quels qu'ils soient.

Art. L. 218-61 *(Mod., L. n° 2003-346, 15 avr. 2003)*. – I. – Les dispositions de la présente section s'appliquent aux navires étrangers :

1° En cas d'incinération dans les eaux sous souveraineté ou sous juridiction française ;

2° Même en cas d'incinération hors des eaux sous souveraineté ou sous juridiction française, lorsque l'embarquement ou le chargement a eu lieu sur le territoire français.

II. – Toutefois seules les peines d'amende prévues aux articles L. 218-64 et L. 218-65 peuvent être prononcées lorsque l'infraction a lieu dans la zone économique ou dans la zone de protection écologique.

Art. L. 218-62. – Même en cas de poursuites pénales, l'administration conserve la faculté de poursuivre, selon la procédure des contraventions de grande voirie, la réparation des dommages causés au domaine public.

Voir : sur les contraventions de grande voirie, Ch. Huglo et C. Lepage, *Code de justice administrative*, Litec, 2015, obs. ss art. L. 774-1 et s. V. aussi par ex. ■ CE, 30 sept. 2005, n° 263442, *Cacheux : RFDA* 2005, 1217, obs. Terneyre ; *AJDA* 2005, 2469 : « Considérant que les autorités chargées de la police et de la conservation du domaine public maritime sont tenues, par application des principes régissant la domanialité publique, de veiller à l'utilisation normale des rivages de la mer et d'exercer à cet effet les pouvoirs qu'elles tiennent de la législation en vigueur, y compris celui de saisir le juge des contraventions de grande voirie, pour faire cesser les occupations sans titre et enlever les obstacles créés de manière illicite, notamment, à la suite d'une pollution par des produits pétroliers qui s'opposent à l'exercice par le public, de son droit à l'usage de ce domaine ; que l'obligation ainsi faite à ces autorités trouve sa limite dans les autres intérêts généraux dont elles ont la charge et, notamment, dans les nécessités de l'ordre public ; qu'en revanche, elles ne sauraient légalement s'y soustraire pour des raisons de simples convenances administratives ».

Art. L. 218-63. – Dans tous les cas, les droits des tiers à l'égard des auteurs de pollution sont et demeurent réservés.

Voir : Sur la responsabilité civile en matière de pollution marine : *supra*, références sur les principes généraux issus de la responsabilité civile en matière de pollution des eaux en général sous l'article L. 214-6.

Art. L. 218-64 *(Mod., L. n° 2021-1104, 22 août 2021)*. – Est puni de deux ans d'emprisonnement et de 100 000 € d'amende le fait, pour tout capitaine d'un navire français ou, à défaut, toute personne assumant la conduite d'opération d'incinération effectuées sur un navire français ou une structure artificielle fixe sous juridiction française, de procéder à une incinération en mer.

Les peines prévues à l'alinéa précédent sont applicables à tout capitaine de navire embarquant ou chargeant sur le territoire français des déchets, substances, produits ou matériaux destinés à être incinérés en mer.

Les personnes physiques coupables des infractions prévues par la présente section encourent également, à titre de peine complémentaire, la peine d'affichage de la décision prononcée ou de diffusion de celle-ci dans les conditions prévues à l'article 131-35 du Code pénal.

Le montant de l'amende peut être porté jusqu'au double de l'avantage tiré de la commission de l'infraction. Le premier alinéa de l'article 131-38 du Code pénal s'applique uniquement aux amendes prévues au présent article exprimées en valeur absolue.

Art. L. 218-65. – Sans préjudice des peines prévues à l'article L. 218-64, si l'une des infractions est commise sur ordre du propriétaire ou de l'exploitant d'un navire ou d'une structure artificielle fixe définis au 2° et au 3° de l'article L. 218-60, ce propriétaire ou cet exploitant est puni du double des peines prévues à l'article L. 218-64.

Art. L. 218-66. – I. – Indépendamment des officiers et agents de police judiciaire, sont habilités à rechercher et à constater les infractions aux dispositions de la présente section :

1° Les administrateurs des affaires maritimes ;

2° *(Rempl., L. n° 2013-431, 28 mai 2013)* (1) Les fonctionnaires de catégorie A affectés dans les services exerçant des missions de contrôle dans le domaine des affaires maritimes sous l'autorité ou à la disposition du ministre chargé de la mer ;

3° Les officiers du corps technique et administratif des affaires maritimes ;

4° *(Abr., L. n° 2013-431, 28 mai 2013)* (1) ;

5° Les ingénieurs des ponts *(Mots rempl., L. n° 2011-525, 17 mai 2011)* « , des eaux et des forêts » et les ingénieurs des travaux publics de l'État affectés au service maritime ainsi que les agents desdits services commissionnés à cet effet ;

6° Les ingénieurs des mines et les ingénieurs des travaux publics de l'État affectés au service des mines des arrondissements minéralogiques intéressés ;

7° Les officiers de port, les officiers de port adjoints ;

8° *(Abr., L. n° 2013-431, 28 mai 2013)* (1) ;

9° Les commandants, commandants en second ou officiers en second des bâtiments de la marine nationale ;

10° Les ingénieurs des corps de l'armement commissionnés à cet effet ;

11° Les chercheurs, ingénieurs et techniciens assermentés de l'Institut français de recherche pour l'exploitation de la mer ;

12° Les agents des douanes ;

13° À l'étranger, les consuls de France à l'exclusion des agents consulaires.

II. – Sont chargés de rechercher les infractions aux dispositions de la présente section, de recueillir à cet effet tous renseignements en vue de découvrir les auteurs de ces infractions et de porter celles-ci à la connaissance soit d'un administrateur des affaires maritimes, un officier du corps technique et administratif des affaires maritimes ou un *(Mots rempl., L. n° 2013-431, 28 mai 2013)* (1) « fonctionnaire de catégorie A affecté dans les services exerçant des missions de contrôle dans le domaine des affaires maritimes sous l'autorité ou à la disposition du ministre chargé de la mer », soit d'un officier de police judiciaire :

1° Les commandants des navires océanographiques de l'État ;

2° Les chefs de bord des aéronefs militaires, des aéronefs de la protection civile et des aéronefs de l'État affectés à la surveillance des eaux maritimes ;

3° Les agents de l'Institut français de recherche pour l'exploitation de la mer.

Art. L. 218-67. – Les procès-verbaux dressés conformément à l'article L. 218-66 font foi jusqu'à preuve contraire. Ils sont transmis immédiatement au procureur de la République par l'agent verbalisateur qui en adresse en même temps copie aux services intéressés.

Art. L. 218-68 *(Mod., L. n° 2016-731, 3 juin 2016 ; Ord. n° 2019-964, 18 sept. 2019).* – Lorsque les nécessités de l'enquête ou de l'information ainsi que la gravité de l'infraction l'exigent, le navire qui a servi à commettre l'une des infractions visées aux articles L. 218-64 et L. 218-65 peut être immobilisé sur décision du procureur de la République ou du juge d'instruction saisi.

À tout moment, l'autorité judiciaire compétente peut ordonner la levée de l'immobilisation s'il est fourni un cautionnement dont elle fixe le montant et les modalités de versement.

Les conditions d'affectation, d'emploi et de restitution du cautionnement sont réglées conformément aux dispositions des articles 142, 142-2 et 142-3 du Code de procédure pénale.

La décision d'immobilisation prise par l'autorité judiciaire peut être contestée dans un délai de cinq jours à compter de sa notification, par requête de l'intéressé devant le juge des libertés et de la détention du tribunal judiciaire auprès duquel l'enquête ou l'information est ouverte. Les quatre derniers alinéas de l'article L. 218-30 du présent code sont applicables.

NB : Conformément à l'article 36 de l'ordonnance n° 2019-964 du 18 septembre 2019, ces dispositions entrent en vigueur au 1er janvier 2020.

Art. L. 218-69 *(Anc. L. n° 76-600, 7 juill. 1976 ; mod., Ord. n° 2000-914, 18 sept. 2000 ; L. n° 2003-591, 2 juill. 2003 ; mod., Ord. n° 2019-964, 18 sept. 2019).* – I. – Les infractions aux

(1) Dispositions applicables en Nouvelle-Calédonie, à Wallis-et-Futuna, en Polynésie française et dans les Terres australes et antarctiques françaises, L. n° 2013-431, 28 mai 2013, art. 43, VIII à X.

dispositions de la présente section sont jugées soit par le tribunal compétent du lieu de l'infraction, soit par celui de la résidence de l'auteur de l'infraction.

II. – Est en outre compétent :

1° Le tribunal dans le ressort duquel le navire est immatriculé s'il est français ;

2° Celui dans le ressort duquel le navire peut être trouvé s'il est étranger, ou s'il s'agit d'un engin ou plate-forme non immatriculé.

III. – À défaut d'autre tribunal, le tribunal judiciaire de Paris est compétent.

NB : Conformément à l'article 36 de l'ordonnance n° 2019-964 du 18 septembre 2019, ces dispositions entrent en vigueur au 1er janvier 2020.

Art. L. 218-70 *(Anc. L. n° 95-101, 2 févr. 1995).* – I *(Rempl., L. n° 2009-526, 12 mai 2009)* (1). – **Les personnes morales déclarées responsables pénalement, dans les conditions prévues par l'article 121-2 du Code pénal, des infractions définies à la présente section encourent, outre l'amende suivant les modalités prévues par l'article 131-38 du Code pénal, les peines prévues par les 2° à 6°, 8° et 9° de l'article 131-39 du même code.**

II *(Abr., L. n° 2009-526, 12 mai 2009)* (1).

III. – L'interdiction mentionnée au 2° de l'article 131-39 du Code pénal porte sur l'activité dans l'exercice ou à l'occasion de l'exercice de laquelle l'infraction a été commise.

Art. L. 218-71 *(Anc. L. n° 76-600, 7 juill. 1976 ; mod., Ord. n° 2000-914, 18 sept. 2000 ; L. n° 2003-591, 2 juill. 2003).* – **Le contrôle de l'application des dispositions de la présente section aux bâtiments de la marine nationale, aux navires et aux structures artificielles fixes militaires français est exercé par les agents relevant du ministère de la défense.**

Les pénalités prévues par la présente section sont applicables aux justiciables des juridictions militaires des forces armées conformément au Code de justice militaire, et notamment à ses articles 165 et 171.

Section V. – Mesures de police maritime d'urgence

Bibliographie : J.-H. Robert, *Preuve et éléments constitutifs du délit de pollution de la mer par hydrocarbures : Rev. sc. crim.* avr. 2014, n° 2, pp. 349-351.

Art. L. 218-72 *(Rempl., Ord. n° 2021-266, 10 mars 2021).* – **Dans le cas d'avarie ou d'accident en mer survenu à tout navire, aéronef, engin ou plate-forme transportant ou ayant à son bord des substances nocives ou dangereuses ou des hydrocarbures, et pouvant créer un danger grave d'atteinte au littoral ou aux intérêts connexes français, au sens du paragraphe 4 de l'article II de la convention de Bruxelles du 29 novembre 1969 sur l'intervention en haute mer en cas d'accident entraînant ou pouvant entraîner une pollution par les hydrocarbures** (2)**, le propriétaire ou tout exploitant du navire, de l'aéronef, engin ou plate-forme peut être mis en demeure, par l'autorité compétente, de prendre toutes les mesures nécessaires pour faire cesser ce danger.**

Il en va de même dans le cas de la perte d'éléments de la cargaison d'un navire, transportée en conteneurs, en colis, en citernes ou en vrac, susceptibles de créer un danger grave, direct ou indirect, pour l'environnement.

II. – Dans le cas d'accident survenu, dans la zone économique exclusive ou dans les eaux territoriales ou intérieures françaises, à tout navire, aéronef, engin ou plate-forme, pouvant créer un danger d'atteinte au littoral ou aux intérêts connexes français, au sens de la convention de Nairobi du 18 mai 2007 (3) **sur l'enlèvement des épaves, le propriétaire ou tout exploitant du navire, de l'engin ou de la plate-forme peut être mis en demeure, par l'autorité compétente, de prendre toutes les mesures nécessaires pour faire cesser ce danger.**

Il en va de même dans le cas de la perte d'éléments de la cargaison d'un navire susceptibles de créer un danger d'atteinte au littoral ou aux intérêts connexes français.

(1) Application sur l'ensemble du territoire de la République y compris dans les collectivités d'outre-mer, en Nouvelle-Calédonie et dans les Terres australes et antarctiques françaises : V. L. n° 2009-526, 12 mai 2009, art. 137.

(2) Conv. publiée par D. n° 75-553, 26 juin 1975. – NDLR.

(3) Conv. publiée par D. n° 2016-615, 18 mai 2016. – NDLR.

III. – Lorsque la mise en demeure mentionnée au I ou celle mentionnée au II reste sans effet ou n'a pas produit les effets attendus dans le délai imparti, ou d'office en cas d'urgence, l'autorité compétente de l'État peut faire exécuter les mesures nécessaires aux frais, risques et périls du propriétaire ou de l'exploitant et recouvrer le montant de leur coût après de celui-ci.

IV. – Les mesures prévues aux I, II et III peuvent également s'appliquer aux navires, aéronefs, engins ou plates-formes en état d'avarie ou accidentés sur le domaine public maritime ainsi que dans les ports maritimes et leurs accès.

V. – La fourniture des prestations de biens et de services nécessaires à l'exécution des mesures prises en application du présent article, de la convention de Bruxelles du 29 novembre 1969 sur l'intervention en haute mer en cas d'accident entraînant ou pouvant entraîner une pollution par les hydrocarbures (1) **ou de la convention de Nairobi du 18 mai 2007 sur l'enlèvement des épaves** (2) **peut être obtenue soit par accord amiable, soit par réquisition.**

Le montant des indemnités dues par l'État au titre des réquisitions effectuées est déterminé dans les conditions prévues par le chapitre IV du titre III du livre II de la deuxième partie du Code de la défense.

***(Mod. à compter d'une date fixée par décret, et au plus tard le 1er août 2024, L. n° 2023-703, 1er août 2023)* Le montant des indemnités dues par l'État au titre des réquisitions effectuées est déterminé dans les conditions définies à l'article L. 2212-8 du Code de la défense.**

VI. – Les conditions d'application de la présente section sont fixées par décret en Conseil d'État.

Voir : art. D. 218-4 et s., p. 1929.

1) Non-exclusivité du régime. La loi n° 61-1262 du 24 novembre 1961, qui rend le propriétaire d'une marchandise tombée d'un navire à la mer débiteur envers l'État des conséquences des opérations de sauvetage, de récupération, d'enlèvement, de destruction ou de celles destinées à supprimer les dangers que présente cette épave que l'État a mises en œuvre, ne fait pas obstacle au droit que celui-ci, qui a procédé à de telles opérations, tient des articles 1382 et suivants du Code civil, de rechercher la responsabilité de celui qui est à l'origine du sinistre (en l'espèce, l'armateur) (■ Cass. com., 16 déc. 2008, n° 07-21.943, *Sté Bolloré c/ Syngenta Crop Protection : Rev. dr. transp.* mars 2009, n° 3, comm. 55, note M. Ndendé ; *Rev. dr. transp.* juin 2009, n° 6, p. 112, note B. Touré ; *Rev. Lamy dr. civ.* mars 2009, n° 58, p. 119, note J.-P. Bugnicourt ; *DMF* mars 2009, n° 701, p. 1221, note P. Bonassies).

2) Extension du champ d'application du régime. La loi n° 2011-525 du 17 mai 2011 de simplification et d'amélioration du droit a complété le 1er alinéa de l'article L. 218-72, en ajoutant aux cas d'accident et d'avarie ayant pour conséquence un danger grave d'atteinte au littoral lié à la présence de matières nocives ou dangereuses, le cas d'une perte de cargaison susceptible de créer un danger grave, direct ou indirect, pour l'environnement. Il s'agit moins désormais de mettre l'accent sur le risque porté à la sécurité de la navigation que sur la protection de l'environnement marin.

Bibliographie : V.-M. Le Bilhan Guénolé, *Conteneurs à la mer et action en recouvrement des frais engagés par l'État pour leur récupération (Article L. 218-72 du Code de l'environnement modifié par la loi du 17 mai 2011) : DMF* juin 2011, n° 726, p. 510.

3) Restriction du champ d'application du régime. Des citernes ne contenant de pas matière nocive ou dangereuse donc ne pouvant créer de ce fait un danger grave d'atteinte au littoral ne rentrent pas dans le champ d'application de l'article L. 218-72 (■ CAA Nantes, 29 juin 2012, n° 10NT02040, *Sté Team Ship Management GMBH*).

4) Notion de danger grave d'atteinte au littoral. Avant leur modification par la loi n° 2011-525 du 17 mai 2011 de simplification et d'amélioration du droit, les dispositions de l'article L. 218-72 n'étaient pas applicables si les conteneurs du navire tombés à la mer ne contenaient pas de matière nocive ou dangereuse et ne pouvaient créer de ce fait un danger grave d'atteinte au littoral (■ CAA Nantes, 2 déc. 2008, n° 07NT00511, *Min. Défense c/ Cie China Shipping Container Lines et a.*, – mais annulé sur le fondement de la théorie de l'assistance maritime par ■ CE, 16 mars 2011, n° 324984, *Min. Défense c/ Cie China Shipping Container Lines et a. : DMF* juin 2011, n° 726, p. 552, obs. P. Bonassies).

5) Conditions du recouvrement des frais. Lorsqu'une mise en demeure mentionne le risque que présente pour la sécurité de la navigation la chute à la mer d'une cargaison d'un

(1) Conv. publiée par D. n° 75-553, 26 juin 1975. – NDLR.
(2) Conv. publiée par D. n° 2016-615, 18 mai 2016. – NDLR.

navire, la seule production d'une télécopie des services de la préfecture maritime au centre de balisage demandant d'examiner l'opportunité d'effectuer un balisage provisoire pour faciliter la navigation en sécurité, ne peut avoir pour objet ni de rattacher ce balisage provisoire à la mise en demeure, ni d'indiquer que le préfet maritime avait entendu exercer son pouvoir de police générale en mer. Par conséquent, les titres exécutoires émis aux fins de recouvrement pris en application d'une telle mise en demeure doivent être annulés (■ CAA Douai, 30 juin 2011, n° 08DA00549, *Sté Tunisian Sea Transport Company*).

Section VI. – Autres dispositions applicables aux rejets nuisibles en mer ou dans les eaux salées

Art. L. 218-73 *(Mod., L. n° 2021-1104, 22 août 2021).* **– Le fait de jeter, déverser ou laisser écouler, directement ou indirectement en mer ou dans la partie des cours d'eau, canaux ou plans d'eau où les eaux sont salées, des substances ou organismes nuisibles pour la conservation ou la reproduction des mammifères marins, poissons, crustacés, coquillages, mollusques ou végétaux, ou de nature à les rendre impropres à la consommation est puni de 100 000 € d'amende, ce montant pouvant être porté jusqu'au double de l'avantage tiré de la commission de l'infraction. Le premier alinéa de l'article 131-38 du Code pénal s'applique uniquement aux amendes prévues au présent article exprimées en valeur absolue.**

Voir : Décret du 9 janvier 1852, article 6-13. – Sur la pollution des eaux douces et des eaux de la mer simultanément, V. *supra*, sous livre II, titre I, article L. 216-6 et *infra*, sous livre IV, titre III, Pêche, article L. 431-3 et L. 432-2 et ci-dessous note n° 1.

Bibliographie : *Rev. jur. env.* 1989, n° spécial, *La réparation du préjudice écologique*, publication du colloque de Nice et *Rev. jur. env.* 1987, n° spécial, *Pollution marine*, colloque de Brest.

1) Champ d'application. Le délit de pollution marine prévu par les dispositions de l'article L. 218-73 présente des similitudes évidentes avec celui prévu par l'article L. 216-6, mais est cantonné à la pollution des eaux maritimes. En outre, à la différence de l'article L. 216-6, l'article L. 218-73 ne prévoit pas que le respect d'une autorisation administrative de rejet puisse constituer un fait justificatif.

2) Recevabilité des groupements. Est recevable l'action des fédérations départementales des associations agréées de pêche et de pisciculture exercées sur le fondement de l'article L. 238-9 du Code rural d'une part et celle des prud'hommes pêcheurs exercées sur le fondement de l'article 21 *bis* du décret du 9 janvier 1852 d'autre part, afin d'obtenir réparation de préjudices causés par la pollution d'une rivière ayant eu des incidences sur la faune marine (■ Cass. crim., 25 oct. 1995, n° 94-82.459, *Assoc. des marins pêcheurs de la Prud'homie de Palavas-Les-Flots et Franck*. – V. également ■ Cass. crim., 29 nov. 1995, n° 94-85.072).

3) Préjudice causé aux plages. Ne constitue pas un préjudice moral mais un dommage matériel le discrédit dont seraient atteintes les plages à la suite de leur pollution par le mazout dont les communes ne peuvent obtenir réparation car elles ne démontrent pas que le montant des recettes provenant de la taxe de séjour perçues sur les touristes et les estivants ait diminué en 1963 du fait de la pollution (■ CA Rennes, 3 nov. 1965, deux arrêts : *DMF* 1966, p. 466).

4) Réparation du préjudice. La cour d'appel réforme un jugement de première instance en ce qu'il a sursis aux opérations de liquidation du fonds de limitation de responsabilité constitué par la société propriétaire du navire, cette juridiction doit mettre en cause le liquidateur du Fonds désigné par le tribunal (■ Cass. com., 21 juill. 1987, n° 85-18.074, cassation partielle sans renvoi).

5) Distribution du Fonds de limitation, créanciers, droit aux intérêts (oui). C'est à tort qu'une cour d'appel, pour refuser d'allouer des intérêts sur l'indemnité revenant à une victime d'un dommage au sens de la Convention du 29 novembre 1969 sur la responsabilité civile, décide que l'auteur du dommage s'est libéré par avance de sa dette à la date de la constitution du Fonds. Qu'en effet, selon un principe général, les intérêts sont dus sur les indemnités allouées par la réparation d'un dommage jusqu'au paiement desdites indemnités (■ Cass. com., 10 juill. 1990, n° 88-12.966, *Sté Amoco Transport Company*).

6) Préjudice écologique et atteinte à l'image de marque. V. ■ TGI Bastia, 3 juill. 1985, *Dpt de la Corse et Prud'homie des pêcheurs de Bastia c/ Sté Montédison*.

7) Mise sous contrôle judiciaire d'une personne morale à l'origine d'une pollution marine. Une personne morale poursuivie notamment pour pollution à la suite du naufrage d'un pétrolier naviguant pour son compte peut être placée sous contrôle judiciaire, afin d'assurer sa représentation en justice et d'éviter qu'elle ne renouvelle l'infraction (■ Cass. crim., 19 mars

2002, n° 01-88.829, *Sté T. : Environnement* août-sept. 2002, comm. 111, p. 21, obs. A. Maron).

8) Médiation pénale. Pour un exemple de médiation pénale réussie en la matière, voir le cas de l'étang de Berre et le protocole d'accord conclu par le GIPREB et EDF après que le tribunal correctionnel de Marseille s'est considéré comme incompétent (■ T. corr. Marseille, 4 juill. 2022, n° P 20351000250, n° minute 2022/5195, *GIPREB c/ EDF*).

Art. L. 218-74 *(Anc. D. 9 janv. 1852 ; Ord. n° 2000-914, 18 sept. 2000 ; L. n° 2003-591, 2 juill. 2003).* – **Peuvent être déclarés responsables des amendes prononcées pour les infractions prévues par l'article L. 218-73 les armateurs de bateaux de pêche, qu'ils en soient ou non propriétaires, à raison des faits des patrons et équipages de ce bateau, ceux qui exploitent les établissements de cultures marines et dépôts de coquillages, à raison des faits de leurs agents ou employés.**

Ils sont, dans tous les cas, responsables des condamnations civiles.

Art. L. 218-75 *(Anc. D. 9 janv. 1852 ; Ord. n° 2000-914, 18 sept. 2000 ; L. n° 2003-591, 2 juill. 2003).* – **Lorsqu'une infraction prévue par l'article L. 218-73 a été constatée dans les conditions prévues à l'article L. 218-77, le représentant de l'État dans la région peut suspendre, pour une durée maximum de trois mois, les droits et prérogatives afférents aux brevets, diplômes ou certificats des capitaines, patrons ou de ceux qui en remplissent les fonctions, ainsi que les licences de pêche, les permis de pêche spéciaux et, d'une manière générale, toute autorisation de pêche délivrée en application de la réglementation nationale ou communautaire.**

La sanction est prononcée par décision motivée prise après avis d'un conseil de discipline, dans des conditions fixées par décret en Conseil d'État.

Les intéressés sont avisés au préalable des faits retenus pour engager la poursuite.

Ils sont invités par écrit à prendre connaissance de leur dossier et sont informés qu'ils disposent d'un délai de deux mois pour présenter leurs observations en défense.

Le représentant de l'État dans la région ne peut suspendre les droits ou l'autorisation en cause à raison de faits remontant à plus d'un an.

Sa décision, qui peut être assortie d'un sursis, est susceptible d'un recours de pleine juridiction devant le tribunal administratif.

Art. L. 218-76 *(Mod., Ord. n° 2000-914, 18 sept. 2000 ; L. n° 2004-204, 9 mars 2004 ; mod. à compter du 30 avril 2010, Ord. n° 2010-420, 27 avr. 2010).* – **En cas de condamnation pour les infractions prévues par l'article L. 218-73, le tribunal fixe, s'il y a lieu, les mesures à prendre pour faire cesser l'infraction ou en éviter la récidive et le délai dans lequel ces mesures devront être exécutées ainsi qu'une astreinte d'un montant maximum de 300 € par jour de retard dans l'exécution des mesures ou obligations imposées.**

L'astreinte cesse de courir le jour où ces dernières sont complètement exécutées. Elle est alors liquidée par le tribunal à la demande de l'intéressé et recouvrée par le comptable public compétent comme une amende pénale. Elle ne donne pas lieu à « contrainte judiciaire » (1). **Le présent article ne s'applique qu'aux rejets, déversements ou écoulements provenant de dépôts ou d'installations fixes.**

Art. L. 218-77 *(Mod., Ord. n° 2000-914, 18 sept. 2000 ; L. n° 2003-591, 2 juill. 2003).* – **Sont habilités à rechercher et constater les infractions prévues par l'article L. 218-73 :**

1° Les agents mentionnés à l'article 16 du décret du 9 janvier 1852 sur l'exercice de la pêche maritime ;

2° Les agents des parcs nationaux dans les conditions prévues au chapitre Ier du titre III du livre III du présent code ;

3° Les agents des réserves naturelles dans les conditions prévues au chapitre II du titre III du livre III du présent code.

Art. L. 218-78 *(Mod., Ord. n° 2000-914, 18 sept. 2000 ; L. n° 2003-591, 2 juill. 2003).* – **Les dispositions des articles 17 à 21 *bis* du décret du 9 janvier 1852 sur l'exercice de la pêche maritime sont applicables aux infractions prévues par l'article L. 218-73.**

(1) À compter du 1er janvier 2005, L. n° 2004-204, 9 mars 2004, art. 198, V et 207, II.

Art. L. 218-79 *(Mod., Ord. n° 2000-914, 18 sept. 2000 ; L. n° 2003-591, 2 juill. 2003).* **– Les personnes physiques coupables des infractions prévues par l'article L. 218-73 encourent également, à titre de peine complémentaire, la peine d'affichage de la décision prononcée ou de diffusion de celle-ci dans les conditions prévues à l'article 131-35 du Code pénal.**

Art. L. 218-80 *(Mod., L. n° 2009-526, 12 mai 2009)* (1). **– I. – Les personnes morales déclarées responsables pénalement, dans les conditions prévues par l'article 121-2 du Code pénal, des infractions définies par l'article L. 218-73 encourent, outre l'amende suivant les modalités prévues par l'article 131-38 du Code pénal, les peines prévues par les 2° à 6°, 8° et 9° de l'article 131-39 du même code.**

II *(Abr.).*

III. – L'interdiction mentionnée au 2° de l'article 131-39 du Code pénal porte sur l'activité dans l'exercice ou à l'occasion de l'exercice de laquelle l'infraction a été commise.

Section VII. – Zone de protection écologique

(L. n° 2003-346, 15 avr. 2003)

Bibliographie : G. Nakhleh et M. Quimbert, *Le préfet maritime et la protection de l'environnement marin : de la gestion de crise à la gestion de sites : DMF* 67/2006, p. 1178. • C. Deffigier, *La zone de protection écologique en méditerranée, un outil efficace de lutte contre les pollutions par les navires : commentaire de la loi n° 2003-346 du 15 avril 2003 relative à la création d'une zone de protection écologique au large des côtes du territoire de la République : Rev. jur. env.* 2/2004 (1re partie), p. 1129 ; *Rev. jur. env.* 3/2004 (2e partie), p. 1257. • S. Deliancourt, *Le renforcement de la protection écologique de la mer Méditerranée : Dr. env.* mars 2004, n° 116.

Art. L. 218-81 *(Rempl., Ord. n° 2016-1687, 8 déc. 2016).* **– Les autorités françaises exercent dans la zone économique exclusive, dans une zone de protection écologique ou sur le plateau continental, les compétences reconnues par le droit international, relatives à la construction, la mise en place, l'exploitation et l'utilisation d'îles artificielles, d'installations ou d'ouvrages, à la protection et la préservation du milieu marin, à la recherche scientifique marine, et à l'agrément du tracé de tout pipeline, et du tracé des câbles installés ou utilisés dans le cadre de l'exploration de son plateau continental ou de l'exploitation de ses ressources, dans les conditions prévues aux articles 12 à 15 de l'ordonnance n° 2016-1687 du 8 décembre 2016 relative aux espaces maritimes relevant de la souveraineté ou de la juridiction de la République française.**

Section VIII. – Dispositions relatives au contrôle et à la gestion des eaux de ballast et des sédiments des navires

(L. n° 2006-1772, 30 déc. 2006) (2)

Voir : Convention internationale pour le contrôle et la gestion des eaux de ballast et sédiments des navires signée à Londres le 13 févr. 2004 ; la loi n° 2008-476 du 22 mai 2008 autorise l'adhésion de la France à la convention (*JO* 23 mai 2008).

Bibliographie : M. Le Bihan Guénolé, *La gestion des eaux de ballast : l'adaptation anticipée du droit interne aux dispositions de la convention dite BWM : DMF* 2016, n° 778, p. 195-202. • L. Bassime, *La pollution opérationnelle et l'environnement maritime en droit international et droit comparé*, Scapel-revue de droit commercial, maritime, aérien et des transports, avr. 2014, n° 2, pp. 85-104. • H. Lefèbvre, *Le contrôle et la gestion des eaux de ballast et des sédiments des navires : Dr. env.* mars 2007, n° 146, p. 165.

Art. L. 218-82 *(L. n° 2006-1772, 30 déc. 2006)* (2). **– Les dispositions de la présente section ont pour objectif de prévenir, réduire et finalement éliminer le déplacement d'organismes aquatiques nuisibles et pathogènes au moyen du contrôle et de la gestion des eaux de ballast et des sédiments des navires.**

(1) Application sur l'ensemble du territoire de la République y compris dans les collectivités d'outre-mer, en Nouvelle-Calédonie et dans les Terres australes et antarctiques françaises : V. L. n° 2009-526, 12 mai 2009, art. 137.

(2) Dispositions applicables à Mayotte, L. n° 2006-1772, 30 déc. 2006, art. 98, IV, 1.

Art. L. 218-83 *(L. n° 2006-1772, 30 déc. 2006 ; mod., L. n° 2016-1087, 8 août 2016)* (1). – Les navires pénétrant ou navigant dans les eaux sous souveraineté ou sous juridiction française sont tenus :

– soit de procéder au renouvellement des eaux de ballast ou de gérer les eaux de ballast et les sédiments au moyen d'équipements embarqués approuvés par l'autorité compétente, dans des conditions définies par voie réglementaire ;

– soit d'attester que les caractéristiques du navire et les conditions de l'escale ne les conduiront pas à déballaster dans les eaux sous souveraineté ou sous juridiction françaises.

Les conditions d'application du présent article et notamment les normes de rejet des eaux de ballast, les conditions de renouvellement des eaux de ballast, les conditions d'approbation des documents et de délivrance du certificat de gestion des eaux de ballast, les conditions d'exemption et les modalités de contrôle et d'inspection sont précisées par voie réglementaire.

Art. L. 218-84 *(L. n° 2006-1772, 30 déc. 2006* (1)*; rempl., L. n° 2016-1087, 8 août 2016 ; mod., L. n° 2020-1672, 24 déc. 2020)*. – Le fait pour le capitaine d'un navire de rejeter des eaux de ballast en infraction à l'article L. 218-83 est puni d'un an d'emprisonnement et de 300 000 € d'amende.

Les dispositions de l'article L. 218-30 sont applicables au navire qui a servi à commettre l'infraction définie au premier alinéa du présent article.

Les dispositions de l'article L. 218-26 sont applicables.

Art. L. 218-85 *(L. n° 2006-1772, 30 déc. 2006)* (1). – Le tribunal compétent peut, compte tenu des circonstances de fait et notamment des conditions de travail de l'intéressé, décider que le paiement des amendes prononcées à l'encontre du capitaine ou du responsable à bord, en vertu de l'article L. 218-84, est en totalité ou en partie à la charge de l'exploitant ou du propriétaire.

Le tribunal ne peut user de la faculté prévue à l'alinéa précédent que si le propriétaire ou l'exploitant a été cité à comparaître à l'audience.

Art. L. 218-86 *(L. n° 2006-1772, 30 déc. 2006* (1)*; mod., L. n° 2016-1087, 8 août 2016)*. – Les articles L. 218-83 à L. 218-85 ne s'appliquent pas :

1° Aux navires qui ne sont pas conçus ou construits pour transporter des eaux de ballast et aux navires munis de citernes de ballast scellées à bord ;

2° Aux navires en situation de difficulté, d'avarie ou en situation d'urgence lorsque ce rejet a pour but de garantir la sécurité du navire ou la sauvegarde de la vie humaine en mer, ou de réduire au minimum les dommages causés par un événement de pollution ;

3° Aux navires de guerre, aux navires de guerre auxiliaires et autres navires appartenant à un État ou exploités par lui et affectés exclusivement à un service non commercial.

CHAPITRE IX. – POLITIQUES POUR LES MILIEUX MARINS

(L. n° 2010-788, 12 juill. 2010)

Voir : Directive n° 2008/56/CE du Parlement européen et du Conseil du 17 juin 2008 établissant un cadre d'action communautaire dans le domaine de la politique pour le milieu marin (directive-cadre « stratégie pour le milieu marin ») (*JOUE* 25 juin 2008), modifiée par la directive n° 2017/845 du 17 mai 2017 (*JOUE* n° L 125, 18 mai). – Loi n° 2010-788 du 12 juillet 2010 portant engagement national pour l'environnement (*JO* 13 juill. 2010). Décision de la Commission n° 2010/477/UE du 1er septembre 2010 relative aux critères et aux normes méthodologiques concernant le bon état écologique des eaux marines (*JOUE* n° L 232, 2 sept.), abrogée par décision de la Commission n° 2017/848 du 17 mai 2017 établissant des critères et des normes méthodologiques applicables au bon état écologique des eaux marines ainsi que des spécifications et des méthodes normalisées de surveillance et d'évaluation (*JOUE* n° L 125, 18 mai 2017).

Présentation. Les articles L. 219-1 à L. 219-8 sont issus de la codification de la majeure partie des dispositions relatives à la mer prévues par la loi n° 2010-788 portant engagement national pour l'environnement du 12 juillet 2010, dite loi Grenelle II. Ils assurent la transposition en droit interne de la directive cadre européenne sur la stratégie pour le milieu marin, juste avant l'échéance de sa trans-

(1) Dispositions applicables à Mayotte, L. n° 2006-1772, 30 déc. 2006, art. 98, IV, 1.

position, le 15 juillet 2010. Les dispositions relatives au plan d'action du milieu marin ont fait l'objet d'une traduction réglementaire par le décret n° 2011-492 du 5 mai 2011, lequel a été codifié aux articles R. 219-2 et suivants du présent code.

Bibliographie : *Ouvrages. Droit international.* D. V. Garcia Caceres, *La conservation des milieux marins en droit international et droit de l'Union européenne*, L'Harmattan, Logiques juridiques, 2018, 870 p.

Section I. – Gestion intégrée de la mer et du littoral

Bibliographie : L. Bordereaux, *La stratégie nationale pour la mer et le littoral et les documents stratégiques de façade : Dr. env.* mars 2012, n° 199, p. 100 et s. • A. Rousso, *De la préservation du littoral à la gestion intégrée des zones côtières : Environnement* oct. 2010, n° 8, pp. 29-35.

V. Dir. n° 2008/56/CE du 17 juin 2008 établissant un cadre d'action communautaire dans le domaine de la politique pour le milieu marin (directive-cadre « stratégie pour le milieu marin ») (*JOUE* n° L 164, 25 juin), mod. par Dir. (UE) 2017/845 du 17 mai 2017 (*JOUE* n° L 125, 18 mai).

Art. L. 219-1 A *(L. n° 2021-1104, 22 août 2021).* **– Il est créé un conseil national pour l'aménagement, la protection et la mise en valeur de la mer et des littoraux et la gestion intégrée des zones côtières, dénommé Conseil national de la mer et des littoraux. Il est présidé par le Premier ministre ou, en son absence, par le ministre chargé de la mer. Sa composition et son fonctionnement sont fixés par décret. Sa composition tient compte de l'importance des espaces maritimes de l'outre-mer. Il comprend à parité, d'une part, des membres du Parlement, à raison de deux députés et deux sénateurs, dont un député et un sénateur élus dans les collectivités mentionnées à l'article 72-3 de la Constitution, un représentant au Parlement européen élu en France et des représentants des collectivités territoriales des façades maritimes de métropole et d'outre-mer et, d'autre part, des représentants des établissements publics intéressés, des milieux socio-professionnels et de la société civile représentatifs des activités et des usages du littoral.**

Le conseil peut être consulté dans le cadre de la rédaction des textes législatifs ou réglementaires relatifs à la mer et aux littoraux. Il est consulté sur les priorités d'intervention et les conditions générales d'attribution des aides de l'État. Il peut être consulté sur les projets définis en application des contrats passés entre l'État et les régions.

Le conseil a un rôle de proposition auprès du Gouvernement, qui peut le saisir pour avis de tout sujet relatif à la mer et aux littoraux. Il contribue par ses avis et propositions à la coordination des actions publiques en mer et dans les territoires littoraux. Il est associé au suivi de la mise en œuvre de la loi n° 86-2 du 3 janvier 1986 relative à l'aménagement, la protection et la mise en valeur du littoral et des textes pris pour son application ainsi que des contrats initiés par l'Union européenne et intéressant le littoral. Il assure le suivi de la mise en œuvre de la stratégie nationale de la mer et des littoraux.

Il participe aux travaux de prospective, d'observation et d'évaluation conduits sur le littoral aux niveaux européen, national et interrégional.

Art. L. 219-1 *(Rempl., L. n° 2016-1087, 8 août 2016 ; mod., L. n° 2020-1525, 7 déc. 2020).* **– La stratégie nationale pour la mer et le littoral est définie dans un document qui constitue le cadre de référence pour la protection du milieu, pour la réalisation ou le maintien du bon état écologique, mentionné au I de l'article L. 219-9, pour l'utilisation durable des ressources marines et pour la gestion intégrée et concertée des activités liées à la mer et au littoral, à l'exception de celles qui ont pour unique objet la défense ou la sécurité nationale.**

Ce document en fixe les principes et les orientations générales qui concernent, tant en métropole qu'outre-mer, les espaces maritimes sous souveraineté ou sous juridiction nationale, les fonds marins et le sous-sol de la mer.

Il fixe également les principes et les orientations générales concernant les activités situées sur le territoire des régions administratives côtières ou sur celui des collectivités d'outre-mer et ayant un impact sur ces espaces.

Ce document est mis en oeuvre dans les façades maritimes métropolitaines et dans les bassins maritimes ultramarins.

Ces façades et bassins maritimes, périmètres de mise en oeuvre des principes et des orientations, sont définis par les caractéristiques hydrologiques, océanographiques, biogéographiques, socio-économiques et culturelles des espaces concernés. La délimitation des façades maritimes métropolitaines est cohérente avec les régions et sous- régions marines identifiées à l'article 4 de la directive 2008/56/CE du Parlement européen et du Conseil

du 17 juin 2008 établissant un cadre d'action communautaire dans le domaine de la politique pour le milieu marin, et tient compte de la politique commune de la pêche.

Ce document indique les modalités d'évaluation de sa mise en œuvre.

Art. L. 219-2 *(Rempl., L. n° 2016-1087, 8 août 2016 ; mod., L. n° 2018-148, 2 mars 2018).* **– La stratégie nationale pour la mer et le littoral est élaborée par l'État en concertation avec les collectivités territoriales, la communauté scientifique, les acteurs socio-économiques et les associations de protection de l'environnement concernés.**

Avant son adoption par décret, le projet de stratégie nationale, accompagné d'une synthèse de son contenu, est mis à la disposition du public, selon la procédure prévue à l'article L. 123-19-1.

La stratégie nationale pour la mer et le littoral est révisée tous les six ans, dans les formes prévues pour son élaboration.

Art. L. 219-3 *(Rempl., L. n° 2016-1087, 8 août 2016 ; mod., L. n° 2018-148, 2 mars 2018).* **– Un document stratégique définit les objectifs de la gestion intégrée de la mer et du littoral et les dispositions correspondant à ces objectifs, pour chacune des façades maritimes et des bassins maritimes ultramarins, dans le respect des principes et des orientations définis par la stratégie nationale pour la mer et le littoral.**

En complément du projet de document stratégique de façade ou de bassin maritime, une synthèse de son contenu est mise à la disposition du public, selon la procédure prévue à l'article L. 123-19.

Prise en considération du document stratégique. Doivent être compatibles avec le document stratégique de façade prévu à l'article L. 219-3 du Code de l'environnement les projets d'îles artificielles, installations, ouvrages et leurs installations connexes (D. n° 2013-611, 10 juill. 2013) et les schémas de raccordement au réseau des énergies renouvelables lorsqu'ils concernent, en tout ou partie, le périmètre d'une façade maritime (D. n° 2012-533, 20 avr. 2012).

Art. L. 219-4 *(Rempl., L. n° 2016-1087, 8 août 2016).* **– I. – Doivent être compatibles, ou rendus compatibles, avec les objectifs et dispositions du document stratégique de façade ou de bassin maritime :**

1° Les plans, les programmes et les schémas relatifs aux activités exclusivement localisées dans les espaces mentionnés au deuxième alinéa de l'article L. 219-1 ;

2° Dans ces mêmes espaces, les projets de travaux, d'ouvrages ou d'aménagements, publics et privés, soumis à l'étude d'impact mentionnée à l'article L. 122-1 du présent code et les décisions mentionnées aux articles L. 122-1 et L. 132-2 du Code minier lorsqu'elles concernent des substances minérales autres que celles énumérées à l'article L. 111-1 du même code ;

3° Les schémas de mise en valeur de la mer ;

4° Les schémas régionaux de développement de l'aquaculture marine prévus à l'article L. 923-1-1 du Code rural et de la pêche maritime.

5° *(Créé à compter du 1er avril 2021, Ord. n° 2020-745, 17 juin 2020)* **Les schémas de cohérence territoriale et, à défaut, les plans locaux d'urbanisme, les documents en tenant lieu et les cartes communales, notamment lorsqu'ils sont susceptibles d'avoir des incidences significatives sur la mer.**

II. – À l'exclusion de ceux mentionnés au I du présent article, lorsqu'ils sont susceptibles d'avoir des incidences significatives sur la mer, les plans, les programmes et les schémas applicables aux espaces et territoires mentionnés aux deuxième et troisième alinéas de l'article L. 219-1 du présent code prennent en compte le document stratégique de façade ou le document stratégique de bassin maritime.

Art. L. 219-5 *(Rempl., L. n° 2016-1087, 8 août 2016).* **– Un décret en Conseil d'État définit, respectivement pour les façades maritimes métropolitaines et pour les bassins maritimes ultramarins, le contenu du document stratégique et les modalités de son élaboration, de son adoption et de ses modifications et révisions.**

Il dresse la liste des plans, des programmes et des schémas mentionnés au 1° du I et au II de l'article L. 219-4 et précise, en tant que de besoin, les conditions d'application du même article.

Art. L. 219-5-1 *(L. n° 2016-1087, 8 août 2016 ; mod., L. n° 2023-175, 10 mars 2023)* (1). **– I. – La planification de l'espace maritime est établie et mise en œuvre dans le but de promouvoir la croissance**

(1) Dispositions d'application particulières : V. L n° 2023-175, 10 mars 2023.

durable des économies maritimes, le développement durable des espaces maritimes et l'utilisation durable des ressources marines.

La planification de l'espace maritime est le processus par lequel l'État analyse et organise les activités humaines en mer, dans une perspective écologique, économique et sociale. Elle ne s'applique pas aux activités dont l'unique objet est la défense ou la sécurité nationale.

Dans les façades définies à l'article L. 219-1 et pour les espaces définis au 1° de l'article L. 219-8, la planification de l'espace maritime est conduite dans le cadre de l'élaboration du document stratégique de façade. En application de l'article 35 de la loi no 2009-967 du 3 août 2009 de programmation relative à la mise en oeuvre du Grenelle de l'environnement, définissant la gestion intégrée de la mer et du littoral, le document stratégique de façade tient compte des aspects socio-économiques et environnementaux ; selon l'approche fondée sur les écosystèmes prévue à l'article L. 219-7 du présent code, il favorise la coexistence optimale des activités et des usages en incluant les interactions terre-mer. Il tient compte des impacts de ces usages sur l'environnement, les ressources naturelles et les aspects liés à la sécurité.

Le document stratégique de façade adopte, pour chaque zone, l'échelle géographique la plus appropriée à la démarche de planification de l'espace maritime. Celle-ci favorise la cohérence entre les plans qui en résultent et d'autres processus, tels que la gestion intégrée des zones côtières.

Le document stratégique de façade contient les plans issus de ce processus. Ces plans visent à contribuer au développement durable des secteurs énergétiques en mer, du transport maritime et des secteurs de la pêche et de l'aquaculture, ainsi qu'à la préservation, à la protection et à l'amélioration de l'environnement, y compris à la résilience aux incidences du changement climatique. En outre, ils peuvent poursuivre d'autres objectifs tels que la promotion du tourisme durable et la gestion durable des matières premières minérales. Le plan d'action pour le milieu marin, mentionné à l'article L. 219-9, fait l'objet d'un chapitre spécifique du document stratégique de façade.

II. – Le document stratégique de façade établit, pour chaque façade maritime, une cartographie des zones maritimes et terrestres prioritaires pour l'implantation, sur une période de dix ans à compter de sa publication, d'installations de production d'énergies renouvelables en mer à partir du vent et de leurs ouvrages de raccordement au réseau public de transport d'électricité.

La révision de la cartographie peut intervenir en dehors des périodes de révision du document stratégique de façade maritime. Dans ce cas, les ministres chargés de l'énergie et de la mer saisissent conjointement la Commission nationale du débat public, qui détermine les modalités de la participation du public. Les ministres chargés de l'énergie et de la mer peuvent faire application de l'article L. 121-8-1.

La cartographie définit également les zones prioritaires pour le développement de l'éolien en mer à l'horizon 2050, qui pourront être précisées et revues lors de la révision de la cartographie après l'échéance mentionnée au premier alinéa du présent II.

Les zones mentionnées au même premier alinéa sont définies de manière à atteindre les objectifs de développement des énergies renouvelables mentionnés dans la programmation pluriannuelle de l'énergie prévue à l'article L. 141-3 du Code de l'énergie, en prenant en compte l'objectif de préservation et de reconquête de la biodiversité, en particulier des aires marines protégées définies à l'article L. 334-1 du présent code.

Pour l'élaboration de la cartographie prévue au premier alinéa du présent II, sont ciblées en priorité des zones prioritaires situées dans la zone économique exclusive et en dehors des parcs nationaux ayant une partie maritime.

Les modalités d'application du présent article sont précisées par décret en Conseil d'État.

Art. L. 219-6 *(Rempl., L. n° 2016-1087, 8 août 2016)*. – En outre-mer, les collectivités territoriales élaborent avec l'État, dans le respect des compétences de chacun, une stratégie à l'échelle de chaque bassin maritime ultramarin, le cas échéant transfrontalier, appelée document stratégique de bassin maritime.

La définition du bassin maritime ultramarin prend en compte les enjeux propres à chacun des outre-mer, notamment les coopérations avec les États et régions riverains. Un conseil maritime ultramarin est créé à l'échelle de chaque bassin maritime. Un décret en Conseil d'État fixe la composition et le fonctionnement de ce conseil.

Art. L. 219-6-1 *(L. n° 2010-874, 27 juill. 2010* (1) *; mod., L. n° 2016-816, 20 juin 2016)*. – Il est créé pour chaque façade maritime métropolitaine un conseil pour l'utilisation, l'aménagement, la protection et la mise en valeur des littoraux et de la mer, dénommé conseil maritime de façade. Ce conseil est composé de représentants de l'État, des collectivités territoriales, de leurs établissements publics, des ports décentralisés, des professionnels du littoral et de la mer, de la société civile et des associations de protection de l'environnement. Il se réunit au moins une fois par an.

Le conseil maritime de façade émet des recommandations sur tous les sujets relevant de sa compétence et notamment sur la cohérence de l'affectation des espaces en mer et sur le littoral. Sans préjudice de l'article L. 923-1-1 du Code rural et de la pêche maritime, il identifie les secteurs naturels à protéger en raison de la richesse de la faune et de la flore, les secteurs propices au développement des activités économiques, y compris l'aquaculture, et les secteurs pouvant faire l'objet d'une affectation future.

L'avis des conseils maritimes de façade concernés est pris en compte par l'État dans le cadre de l'élaboration du document stratégique de façade prévu à l'article L. 219-3 du présent code et du plan d'action pour le milieu marin prévu à l'article L. 219-9 du même code.

La composition et le fonctionnement du conseil maritime de façade sont définis par arrêté du ministre chargé de la mer.

Voir : Arrêté ministériel du 27 septembre 2011, relatif à la composition et au fonctionnement des conseils maritimes de façade (*JO* 7 oct. 2011). Arr. 26 avr. 2018, art. 1er, *JO* 19 mai).

Section II. – Protection et préservation du milieu marin

Sous-section 1. – Principes et dispositions générales

Art. L. 219-7 *(L. n° 2010-788, 12 juill. 2010)*. – Le milieu marin fait partie du patrimoine commun de la Nation. Sa protection, la conservation de sa biodiversité et son utilisation durable par les activités maritimes et littorales dans le respect des habitats et des écosystèmes marins sont d'intérêt général.

La protection et la préservation du milieu marin visent à :

1° Éviter la détérioration du milieu marin et, lorsque cela est réalisable, assurer la restauration des écosystèmes marins dans les zones où ils ont subi des dégradations ;

2° Prévenir et réduire les apports dans le milieu marin afin d'éliminer progressivement la pollution pour assurer qu'il n'y ait pas d'impact ou de risque significatif pour la biodiversité marine, les écosystèmes marins, la santé humaine ou les usages légitimes de la mer ;

3° Appliquer à la gestion des activités humaines une approche fondée sur les écosystèmes, permettant de garantir que la pression collective résultant de ces activités soit maintenue à des niveaux compatibles avec la réalisation du bon état écologique du milieu marin et d'éviter que la capacité des écosystèmes marins à réagir aux changements induits par la nature et par les hommes soit compromise, tout en permettant l'utilisation durable des biens et des services marins par les générations actuelles et à venir.

Art. L. 219-8 *(L. n° 2010-788, 12 juill. 2010 ; mod., L. n° 2016-1087, 8 août 2016)*. – Au sens de la présente section :

1° Les « eaux marines » comprennent :

– les eaux, fonds marins et sous-sols situés au-delà de la ligne de base servant pour la mesure de la largeur des eaux territoriales et s'étendant jusqu'aux confins de la zone où la France détient et exerce sa compétence, conformément à la convention des Nations unies sur le droit de la mer du 10 décembre 1982 (2) ;

– les eaux côtières telles que définies par la directive n° 2000/60/CE du Parlement européen et du Conseil, du 23 octobre 2000, établissant un cadre pour une politique communautaire dans le domaine de l'eau, y compris les fonds marins et le sous-sol, dans la mesure où les aspects particuliers liés à l'état écologique du milieu marin ne sont pas déjà couverts par ladite directive ;

(1) Dans chaque région concernée, la première réunion du conseil maritime de façade mentionné au présent article doit avoir lieu avant le 31 décembre 2011, L. n° 2010-874, 27 juill. 2010, art. 83, II.

(2) Conv. publiée par D. n° 96-774 du 30 août 1996. – NDLR.

2° « L'état écologique » constitue l'état général de l'environnement des eaux marines, compte tenu de la structure, de la fonction et des processus des écosystèmes qui composent le milieu marin, des facteurs physiographiques, géographiques, biologiques, géologiques et climatiques naturels, ainsi que des conditions physiques, acoustiques et chimiques qui résultent notamment de l'activité humaine ;

3° Les « objectifs environnementaux » se rapportent à la description qualitative ou quantitative de l'état souhaité pour les différents composants des eaux marines et les pressions et impacts qui s'exercent sur celles-ci ;

4° Le « bon état écologique » correspond à l'état écologique des eaux marines permettant de conserver la diversité écologique, le dynamisme, la propreté, le bon état sanitaire et productif des mers et des océans ;

5° La « pollution » consiste en l'introduction directe ou indirecte, par suite de l'activité humaine, de déchets, de substances, ou d'énergie, y compris de sources sonores sous-marines ou de sources lumineuses d'origine anthropique, qui entraîne ou est susceptible d'entraîner des effets nuisibles pour les ressources vivantes et les écosystèmes marins, et notamment un appauvrissement de la biodiversité, des risques pour la santé humaine, des obstacles pour les activités maritimes, et notamment la pêche, le tourisme et les loisirs ainsi que les autres utilisations de la mer, une altération de la qualité des eaux du point de vue de leur utilisation, et une réduction de la valeur d'agrément du milieu marin.

Sous-section 2. – Plan d'action pour le milieu marin

Art. L. 219-9 *(L. n° 2010-788, 12 juill. 2010).* – I. – L'autorité administrative prend toutes les mesures nécessaires pour réaliser ou maintenir un bon état écologique du milieu marin au plus tard en 2020.

Pour chaque région marine ou sous-région marine délimitée en application du II du présent article, l'autorité administrative élabore et met en œuvre, après mise à disposition du public, un plan d'action pour le milieu marin comprenant :

1° Une évaluation initiale de l'état écologique actuel des eaux marines et de l'impact environnemental des activités humaines sur ces eaux qui comporte :

– une analyse des spécificités et caractéristiques essentielles et de l'état écologique de ces eaux ;

– une analyse des principaux impacts et pressions, notamment dus à l'activité humaine, sur l'état écologique de ces eaux ;

– une analyse économique et sociale de l'utilisation de ces eaux et du coût de la dégradation du milieu marin.

Pour les eaux marines rattachées à un bassin ou à un groupement de bassins en application du I de l'article L. 212-1, sont notamment prises en compte les données disponibles issues de l'analyse réalisée en application du 1° du II du même article ;

2° La définition du « bon état écologique » pour ces mêmes eaux qui tient compte, notamment :

– des caractéristiques physiques et chimiques, des types d'habitats, des caractéristiques biologiques et de l'hydromorphologie ;

– des pressions ou impacts des activités humaines dans chaque région ou sous-région marine ;

3° Une série d'objectifs environnementaux et d'indicateurs associés en vue de parvenir au bon état écologique.

Pour les eaux marines rattachées à un bassin ou à un groupement de bassins en application du I de l'article L. 212-1, ils sont compatibles ou rendus compatibles avec le schéma directeur d'aménagement et de gestion des eaux ;

4° Un programme de surveillance en vue de l'évaluation permanente et de la mise à jour périodique des objectifs ;

5° Un programme de mesures fondées sur l'évaluation initiale prévue au 1° destiné à réaliser et maintenir un bon état écologique du milieu marin ou à conserver celui-ci ; ce programme tient compte notamment des répercussions sociales et économiques des mesures envisagées et de leur efficacité évaluée au regard de leur coût ; il contribue à créer un réseau de zones marines protégées cohérent et représentatif des écosystèmes et de la biodiversité marine qui comprend notamment les aires marines protégées définies à l'article L. 334-1, ainsi que des zones marines protégées arrêtées dans le cadre d'accords internationaux ou régionaux.

(Abr. à compter d'une date fixée par décret et au plus tard le 1er janvier 2017, Ord. n° 2016-1060, 3 août 2016) (1).

II. – Les régions marines sont définies par les caractéristiques hydrologiques, océanographiques, biogéographiques, socio-économiques et culturelles des espaces concernés, en cohérence avec les régions et sous-régions marines identifiées par l'article 4 de la directive 2008/56/CE du Parlement européen et du Conseil, du 17 juin 2008, précitée.

Afin de tenir compte des spécificités d'une zone donnée, l'autorité administrative peut procéder, le cas échéant, à des subdivisions des régions marines pour autant que celles-ci soient définies d'une manière compatible avec les sous-régions marines identifiées au 2 de l'article 4 de la directive 2008/56/CE du Parlement européen et du Conseil, du 17 juin 2008, précitée.

III. – Le plan d'action pour le milieu marin fait l'objet d'un chapitre spécifique du document stratégique de façade prévu à l'article L. 219-3.

IV. – Il prévoit une coopération et une coordination avec les États qui partagent avec la France une région ou une sous-région marine pour veiller à ce qu'au sein de chaque région ou sous-région marine les mesures requises pour réaliser ou maintenir le bon état écologique du milieu marin, et en particulier les éléments de ce plan établis au I du présent article, soient cohérentes et fassent l'objet d'une coordination au niveau de l'ensemble de la région ou de la sous-région marine concernée.

V. – Pour les eaux marines rattachées à un bassin ou à un groupement de bassins en application du I de l'article L. 212-1, les projets d'objectifs environnementaux des milieux marins sont présentés pour avis aux comités de bassin concernés.

Voir : Sur le contenu du plan d'action marin : art. R. 219-5, p. 1939 à art. R. 219-9, p. 1941 ; Circulaire du 17 octobre 2011 relative à la mise en œuvre du décret n° 2011-492 relatif au plan d'action pour le milieu marin (*BO MEDDTL* 10 nov. 2011).

Objectifs environnementaux. Doivent être compatibles avec les objectifs environnementaux du plan d'action pour le milieu marin prévu à l'article L. 219-9 du Code de l'environnement les projets d'îles artificielles, installations, ouvrages et leurs installations connexes (D. n° 2013-611, 10 juill. 2013).

Art. L. 219-10 *(L. n° 2010-788, 12 juill. 2010 ; mod. à compter d'une date fixée par décret et au plus tard le 1er janvier 2017, Ord. n° 2016-1060, 3 août 2016)* (1). **– I. – La mise en œuvre des 1° à 3° du I de l'article L. 219-9 doit intervenir au plus tard le 15 juillet 2012.**

La mise en œuvre du 4° du même I doit intervenir au plus tard le 15 juillet 2014.

L'élaboration du programme de mesures prévu au 5° du même I doit être achevée au plus tard le 31 décembre 2015. Le lancement du programme de mesures doit avoir lieu au plus tard le 31 décembre 2016.

II. – Les éléments listés au I de l'article L. 219-9 sont mis à jour tous les six ans à compter de leur élaboration initiale. ;

Art. L. 219-11 *(L. n° 2010-788, 12 juill. 2010 ; rempl. à compter d'une date fixée par décret et au plus tard le 1er janvier 2017, Ord. n° 2016-1060, 3 août 2016)* (1). **– Des résumés des projets d'éléments du plan d'action mentionné au I de l'article L. 219-9, accompagnés de l'indication des modalités d'accès à l'intégralité de ces projets, sont, cinq mois au moins avant la mise en œuvre ou l'achèvement de chacun des éléments, mis à disposition du public par voie électronique pour une durée de trois mois en vue de recueillir ses observations.**

Les modalités de ces consultations sont portées à la connaissance du public quinze jours au moins avant le début de la mise à disposition.

L'autorité administrative établit une synthèse des observations du public ainsi que les motifs de la décision. Cette synthèse et les motifs de la décision sont rendus publics par voie électronique au plus tard à la date de publication de la décision approuvant chacun des éléments du plan pour une durée minimale de trois mois. La synthèse indique les observations dont il a été tenu compte.

Art. L. 219-12 *(L. n° 2010-788, 12 juill. 2010)*. **– L'autorité administrative peut identifier les cas dans lesquels elle ne peut atteindre, au moyen des mesures qu'elle a prises, les objectifs environnementaux ou le bon état écologique des eaux marines sous tous les aspects, pour les motifs suivants :**

1° Action ou absence d'action qui n'est pas imputable à l'administration de l'État, aux collectivités territoriales et à leurs groupements ainsi qu'aux établissements publics et autres organismes exerçant une mission de service public ;

(1) Dispositions uniquement applicables aux décisions pour lesquelles une participation du public a été engagée postérieurement au 1er janvier 2017, Ord. n° 2016-1060, 3 août 2016, art. 8, II.

2° Causes naturelles ;

3° Force majeure ;

4° Modifications ou altérations des caractéristiques physiques des eaux marines causées par des mesures arrêtées pour des raisons d'intérêt public majeur qui l'emportent sur les incidences négatives sur l'environnement, y compris sur toute incidence transfrontière.

L'autorité administrative peut également identifier les cas dans lesquels elle ne peut atteindre, au moyen des mesures qu'elle a prises, les objectifs environnementaux ou le bon état écologique des eaux marines sous tous les aspects, lorsque les conditions naturelles ne permettent pas de réaliser les améliorations de l'état des eaux marines concernées dans les délais prévus.

L'autorité administrative indique ces cas dans le programme de mesures et les justifie.

Art. L. 219-13 *(L. n° 2010-788, 12 juill. 2010)*. – En cas de mise en œuvre de l'article L. 219-12, l'autorité administrative adopte des mesures appropriées en vue d'atteindre les objectifs environnementaux, d'éviter toute nouvelle détérioration de l'état des eaux marines touchées pour les motifs prévus aux 2°, 3° ou 4° de l'article L. 219-12 et d'atténuer les incidences préjudiciables à l'échelle de la région ou de la sous-région marine concernée ou dans les eaux marines d'autres États membres. Ces mesures appropriées sont dans la mesure du possible intégrées dans les programmes de mesures.

Dans la situation visée au 4° de l'article L. 219-12, les modifications ou altérations ne doivent pas exclure ou empêcher, de manière définitive, la réalisation d'un bon état écologique à l'échelle de la région ou de la sous-région marine concernée.

Art. L. 219-14 *(L. n° 2010-788, 12 juill. 2010)*. – S'il n'existe pas de risque important pour le milieu marin ou si les coûts des mesures sont disproportionnés compte tenu des risques pour le milieu marin, et à condition qu'il n'y ait pas de nouvelle dégradation de l'état des eaux marines, l'autorité administrative adapte les éléments du plan d'action prévu au I de l'article L. 219-9, à l'exclusion de l'évaluation initiale.

Art. L. 219-15 *(L. n° 2010-788, 12 juill. 2010)*. – Lorsque l'autorité administrative applique les articles L. 219-12 et L. 219-14, elle motive sa décision, en évitant de compromettre de manière définitive la réalisation du bon état écologique.

Art. L. 219-16 *(L. n° 2010-788, 12 juill. 2010)*. – Lorsque l'état du milieu marin est critique au point de nécessiter une action urgente, l'autorité administrative peut concevoir, en concertation avec les autres États membres concernés, un plan d'action pour le milieu marin prévoyant le lancement du programme de mesures à une date antérieure et, le cas échéant, la mise en place de mesures de protection plus strictes, pour autant que ces mesures n'entravent pas la réalisation ou le maintien du bon état écologique d'une autre région ou sous-région marine.

Art. L. 219-17 *(L. n° 2010-788, 12 juill. 2010)*. – La présente section ne concerne pas les activités en mer dont l'unique objet est la défense ou la sécurité nationale.

Elle ne s'applique pas aux départements et régions d'outre-mer.

Art. L. 219-18 *(L. n° 2010-788, 12 juill. 2010 ; mod. à compter d'une date fixée par décret et au plus tard le 1er janvier 2017, Ord. n° 2016-1060, 3 août 2016* (1)). – Les modalités d'application de la présente section sont fixées par décret en Conseil d'État. Elles fixent notamment :

La désignation des régions et la possibilité de désigner des sous-régions marines et des subdivisions visées au II de l'article L. 219-9 ;

La désignation de l'autorité administrative qui met en œuvre le plan d'action pour le milieu marin de la présente sous-section ;

Les dispositions relatives aux éléments du plan d'action pour le milieu marin mentionné au I de l'article L. 219-9.

(1) Dispositions uniquement applicables aux décisions pour lesquelles une participation du public a été engagée postérieurement au 1er janvier 2017, Ord. n° 2016-1060, 3 août 2016, art. 8, II.

TITRE II. – AIR ET ATMOSPHÈRE

Voir : Accords internationaux : Conv. de Genève du 13 nov. 1979 sur la pollution atmosphérique transfrontière à longue distance relatif au financement à long terme du programme concerté de surveillance continue et d'évaluation du transport à longue distance des polluants atmosphériques en Europe (D. n° 98-373, 11 mai 1998 : *JO* 16 mai 1998, p. 7451) ;

– Protocole d'Helsinki sur les émissions acides S02 du 8 juillet 1985 (ratifié par la France le 13 mars 1986 ;

– Protocole de Sofia sur les émissions de Nox adopté le 1er novembre 1988 (ratifié par la France le 20 juillet 1989) ;

– Protocole de Genève relatif aux composés organiques volatils adopté le 18 novembre 1991 (ratifié par la France le 12 juin 1997) ;

– Conv. de Vienne du 22 mars 1985 pour la protection de la couche d'ozone relatif à la lutte contre les émissions d'oxyde d'azote ou leur flux transfrontière (*JOCE* n° L 149, 21 juin 1993) (D. n° 88-975, 11 oct. 1988 : *JO* 14 oct. 1988, p. 12955) ;

– Conv. cadre de Rio du 9 mai 1992 des Nations unies sur les changements climatiques (*JOCE* n° L 033, 7 févr. 1994) ;

– Protocole de Kyoto à la convention-cadre des Nations unies sur les changements climatiques du 11 décembre 1997 (signé par la France le 29 avril 1998) ;

– Conv. de Stockholm sur les polluants organiques persistants, signée le 22 mai 2001 ;

– Conv. pour la prévention de la pollution par les navires (MARPOL) Annexe VI – Règles relatives à la prévention de la pollution de l'atmosphère par les navires (entrée en vigueur le 19 mai 2005) ;

– Protocole à la convention sur la pollution atmosphérique à longue distance de 1979 relatif aux polluants organiques persistants (*JOUE* n° L 81, 19 mars 2004, p. 37).

– Accord de Paris sur les changements climatiques UN signés le 22 avril 2016.

Textes et directives européennes : Dir. Cons. n° 96/62/CE du 27 sept. 1996 concernant l'évaluation et la gestion de la qualité de l'air ambiant (*JOCE* n° L 296, 21 nov. 1996) ;

– Dir. n° 80/779 du 15 juill. 1980, relative à la pollution par l'anhydride sulfureux et les particules en suspension (*JOCE* n° L 229, 30 août 1980) ; mod. directive n° 89/427 du 21 juin 1989 (*JOCE* n° L 201, 14 juill. 1989), directive n° 91/692 du 23 décembre 1991 (*JOCE* n° L 377, 31 déc. 1991) ;

– Dir. n° 82/884 du 3 déc. 1982, relative à la pollution par le plomb (*JOCE* n° L 378, 3 déc. 1982) ;

– Dir. n° 84/360 du 28 juin 1984, relative à la pollution atmosphérique en provenance des installations industrielles (*JOCE* n° L 188, 16 juill. 1994) ;

– Dir. n° 85/203 du 27 mars 1985, relative à la pollution atmosphérique par le dioxyde d'azote (*JOCE* n° L 87, 27 mars 1985) ;

– Dir. n° 87/217 du 19 mars 1987, relative à la pollution de l'environnement par l'amiante (*JOCE* n° L 85, 28 mars 1985) ;

– Dir. n° 92/72 du 21 sept. 1992, relative à la pollution par l'ozone (*JOCE* n° L 297, 13 oct. 1992) ;

– Dir. n° 2003/87 du 13 oct. 2003, établissant un système d'échange de quotas d'émission de gaz à effet de serre dans la Communauté et modifiant la directive 96/61/CE du Conseil ;

– Dir. n° 2008/50 du 21 mai 2008, concernant la qualité de l'air ambiant et un air pur pour l'Europe ;

– Dir. n° 2009/126/CE du Parlement européen et du Conseil du 21 octobre 2009 concernant la phase II de la récupération des vapeurs d'essence, lors du ravitaillement en carburant des véhicules à moteur dans les stations-service (*JO* L 285, 31 oct. 2009, p. 36-39) ;

– Déc. Cons. du 13 juin 2003, portant approbation de l'adhésion de la Communauté européenne au protocole à la convention de 1979 sur la pollution atmosphérique transfrontière à longue distance relatif à la réduction de l'acidification, de l'eutrophisation et de l'ozone troposphérique (*JOUE* n° L 179, 17 juill. 2003, p. 1) ;

– Déc. Cons. n° 2004/259/CE du 19 févr. 2004, concernant la conclusion au nom de la Communauté européenne, du protocole à la convention sur la pollution atmosphérique à longue distance, de 1979, relatif aux polluants organiques persistants (*JOUE* n° L 81, 19 mars 2004, p. 35) ;

– Règl. (CE) n° 850/2004 du 29 avr. 2004, relatif aux polluants organiques persistants (*JOUE* n° L 158, 30 avr. 2004, p. 7). V. Paquet Énergie et changement climatique comprenant la directive n° 2009/29 révisant le système communautaire d'échange de quotas d'émissions (SCEQE), couvrant près de 40 % des émissions de gaz à effet de serre de l'Union européenne ; la décision n° 406/2009 portant sur la répartition de l'effort fixant des objectifs nationaux contraignants pour les émissions dues aux secteurs ne relevant pas du SCEQE ; la directive n° 2009/28 fixant des objectifs nationaux contraignants consistant à augmenter la part des sources d'énergies renouvelables dans la palette énergétique ; la directive n° 2009/31 établissant un cadre juridique destiné à garantir l'utilisation sûre et écologique des technologies du piégeage et du stockage géologique du carbone ; le règlement n° 443/2009 imposant de ramener les émissions moyennes de CO_2 provenant des voitures neuves à 120 g/km (réalisation échelonnée entre 2012 et 2015), puis à 95 g/km en 2020 ; la directive n° 2009/30 dite « Qualité des carburants », imposant aux fournisseurs de réduire de 6 % d'ici à 2020 les émissions de gaz à effet de serre tout au long de la chaîne de production des carburants ;

– Dir. n° 2008/50/CE du Parlement européen et du Conseil du 21 mai 2008, concernant la qualité de l'air ambiant et un air pur pour l'Europe ;

– Le règlement n° 443/2009 prévoit un réexamen par la Commission des modalités de réalisation, pour 2020, de l'objectif de 95 grammes de CO_2 par km. Les modalités pour atteindre cet objectif sont fixées dans un règlement du 11 mars 2014 (Règl. (UE) n° 333/2014 du Parlement européen et du Conseil du 11 mars 2014 modifiant le règlement (CE) n° 443/2009 en vue de définir les modalités permettant d'atteindre l'objectif de 2020 en matière de réduction des émissions de CO_2 des voitures particulières neuves, publié au *JOUE* L 103 du 5 avril 2014).

– Règl. (CE) n° 1005/2009 du Parlement européen et du Conseil du 16 septembre 2009, relatif à des substances qui appauvrissent la couche d'ozone ;

– Règl. (UE) n° 744/2010 du 18 août 2010 modifiant le règlement (CE) n° 1005/2009 du Parlement européen et du Conseil relatif à des substances qui appauvrissent la couche d'ozone pour ce qui concerne les utilisations critiques des halons : *JO* L 218, 19 août 2010, p. 2-8 ;

– Règl. (UE) n° 1087/2013 de la Commission du 4 novembre 2013 modifiant le règlement (CE) n° 1005/2009 du Parlement européen et du Conseil concernant l'établissement de rapports sur le bromure de méthyle : *JO* L 293, 5 nov. 2013, p. 28-28 ;

– Règl. (UE) n° 1088/2013 du 25 novembre 2013 de la Commission du 4 novembre 2013 modifiant le règlement (CE) n° 1005/2009 du Parlement européen et du Conseil en ce qui concerne les demandes de licences d'importation et d'exportation de produits et d'équipements qui contiennent des halons ou qui en sont tributaires pour les utilisations critiques à bord d'aéronefs : *JO* L 293, 5 nov. 2013, p. 29-30 ;

Directive (UE) 2016/802 du Parlement européen et du Conseil du 11 mai 2016 concernant une réduction de la teneur en soufre de certains combustibles liquides ;

Droit interne : L. constit., n° 2205-205 du 1er mars 2005 relative à la Charte de l'environnement ;

– L. n° 96-1236 du 30 décembre 1996 sur l'air et l'utilisation rationnelle de l'énergie ;

– L. n° 2000-645 du 10 juillet 2000, autorisant l'approbation du protocole de Kyoto à la convention-cadre des Nations unies sur les changements climatiques ; titre III « Mettre en œuvre une politique de déplacements au service du développement durable » de la L. n° 2000-1208 du 13 déc. 2000, relative à la solidarité et au renouvellement urbains (*JO* 14 déc. 2000, p. 19803) ;

– L. n° 2003-986 du 16 oct. 2003, autorisant l'approbation de la convention sur les polluants organiques persistants signée à Stockholm le 22 mai 2001 (*JO* 17 oct. 2003, p. 17673) ;

– D. n° 2004-846 du 13 août 2004, portant publication de la convention sur les polluants organiques persistants (ensemble six annexes), faite à Stockholm le 22 mai 2001 (*JO* 24 août 2004) ;

– L. n° 2005-781 du 13 juillet 2005 de programme fixant les orientations de la politique énergétique ;

– L. n° 2009-967 du 3 août 2009 de programmation relative à la mise en œuvre du Grenelle de l'environnement (*JO* 5 août 2009) ;

– L. n° 2010-788 du 12 juillet 2010, portant engagement national pour l'environnement (*JO* 13 juill. 2010).

Bibliographie : *Droit international.* B. Fauvarque-Cosson, *L'entreprise, le droit des contrats et la lutte contre le changement climatique : D.* 2016, p. 324-330. • P. Thieffry, *L'accord de Paris sur le changement climatique : quelles contraintes ? : D.* 2016, 5, p. 304-304. • *L'accord à conclure à Paris en décembre 2015 : une opportunité pour « dé » fragmenter la gouvernance internationale du climat ? : Rev. jur. env.* déc. 2015, 4, p. 650-671. • F. Duhautoy, *États-Unis : en route vers Kyoto : Dr. env.* mai 2014, n° 223, p. 176. • M. Wemaëre et S. Maljean-Dubois, *La Conférence sur le climat de Varsovie : des résultats mitigés, des perspectives inquiétantes : Environnement* janv. 2014, 1, p. 13-18. • M. Wemaëre et S. Maljean-Dubois, *L'Accord de Copenhague, quelles perspectives pour le régime international du climat ? : RDUE* 1/2010, p. 5. • C. Huglo et E. Miteva, *La lutte contre la pollution de l'air : un enjeu international décliné en droit français : Environormes* 2005, p. 5-10. • C. London, *Le protocole de Kyoto : innovation sur le plan du droit international en général et du droit général de l'environnement en particulier : LPA* 15 oct. 2001, n° 205, p. 4. • P. Patelin et C. Ambroselli, *Argentine et Brésil : terres d'élection pour la mise en œuvre de projets issus des mécanismes de flexibilité du protocole de Kyoto : LPA* 5 oct. 2001, n° 199, p. 4. • X. Pintat, *Protocole de Kyoto*, Rapp. 1, Sénat, Doc. Sénat, 1999-2000, n° 355. • *Commission économique pour l'Europe, Stratégie et politique visant à réduire la pollution atmosphérique*, Nations unies, New York, Genève, 1999. • C. London, *Le protocole de Kyoto : quels enjeux ? : LPA* 11 sept. 1998, n° 109, p. 4. • OCDE, *La lutte contre les polluants atmosphériques dangereux dans les pays de l'OCDE*, 1995. • G. Corcelle, *Vingt ans après Stockholm, la conférence des Nations unies à Rio de Janeiro sur l'environnement et le développement : point de départ ou aboutissement ? : RMCUE* 10 févr. 1993, n° 365, p. 107 à 135. • J.-P. Foray, *Législation et normes nationales et européennes et internationales : Rev. Pollution atmosphérique* oct. 1993. • D.-D. Caron, *La protection de la couche d'ozone stratosphérique et la structure de l'activité normative internationale en matière d'environnement : AFDI* 1990, p. 704 à 726.

Droit européen. A. Bouveresse, *L'office du juge européen au soutien de la qualité de l'air : RTD eur.* 2018, p. 392. • F. Chaltiel, *La COP21 et l'Union européenne : Rev. UE* 2016, 65. • C. Prieto, *Le soutien de l'Union européenne à la conférence de Paris sur le climat : RTDE* mai 2015, p. 3. • R. Yakemtchouk, *L'Union européenne et la protection du climat mondial : RMCUE* 2007, p. 73. • B. Mortgat, *Réduire les émissions de Nox de l'industrie : Environnement et technique* mars 2002, n° 214, p. 33. • C. London, *Le contrôle de pollution intégré en droit communautaire : LPA* 28 oct. 1996, n° 130, p. 4. • A. Aubin, *La Communauté économique européenne face à la pollution atmosphérique*, Éd. Apogée, 1992 ; *À pollution interdépendante, politiques interactives : Dr. env.* 1993, p. 46 à 48. • C. Huglo, *L'apport du droit européen au droit interne de la pollution atmosphérique : LPA* 24 déc. 1993, n° 154, p. 4. • G. Brondel et G. Carmoy, *L'Europe de l'énergie : objectif 92 et perspective 2010 : BO Comm. eur.* 1992. • Anonyme, *La politique de la Commission des Communautés européennes en matière de pollution atmosphérique : Rev. Pollution atmosphérique* juill.-sept. 1990, n° 127.

Droit français. S. Roset, *Qualité de l'air : Europe* juill. 2018, n° 7, comm. 284. • A. Perrin et M. Deffairi, *Le juge administratif, garant de la qualité de l'air : ADJA* 2018, p. 167. • N. Tocqueville, *La lutte contre la pollution de l'air*, Rapp. d'information Sénat n° 412, 11 avr. 2018. • A. Van Lang, *Protection de la qualité de l'air : de la transformation d'un droit gazeux à un droit solide :*

RFDA 2017, p. 1135. • A. Le Moullec, *Bilan de la qualité de l'air en France en 2016*, CGEDD, oct. 2017. • *Le droit face aux pics de pollution atmosphérique*, Actes du colloque du 30 mars 2017, Université Paris I Panthéon Sorbonne, *Énergie - Env. - Infrastr.* août-sept. 2017, n°s 8-9, p. 19. • M. Molinier-Dubost, *Le dispositif national de surveillance de la qualité de l'air : Environnement-Infrastructures* juill. 2017, n° 7, p. 46. • M. Hautereau-Boutonnet et E. Truilhé-Marengo, *L'obligation de résultat des États quant à la qualité de l'air ambiant : quel risque pour la France ? : D.* 2015, 312. • S. Rousseaux, *Pollution atmosphérique, droit international et européen : JCl. Droit international*, Fasc. 142, 07/2012. • V. Dobigny, *Quand la pollution prend l'air : Face au Risque* nov. 2011, n° 477, p. 19. • C. Cournil et C. Colard-Fabregoule, *Changements climatiques et défis du droit*, éd. Bruylant, 2010. • R. Romi, *Air et atmosphère : quand le droit se dilue dans l'espace gazeux : Dr. env.* janv.-févr. 2001, n° 85, p. 36. • C. Richardeau, *Qualité de l'air, les nouvelles mesures réglementaires : Préventiques* oct. 2001, n° 59, p. 48. • M.-H. Duong, *Perspectives sur le changement climatique*, NSS, 2000, vol. n° 8, n° 4, p. 5. • A. Vennin et J.-E. Callon, *L'air, droit et procédures : Rev. Pollution atmosphérique* oct.-déc. 1998, préf. C. Lepage, Éd. Locales, Imprimerie nationale, éd. 2000. • A. Bourgoin-Bareilles, *Guide de l'environnement à l'usage des citoyens et des collectivités territoriales*, Éd. Frison Roche et CNFPT, 1998, p. 85 à 116. • E. Decamps et P. Toubon, *La qualité de l'air*, PUF, 1998, coll « Que sais-je ? », n° 3384. • G. de Lajudie, *Les compétences des collectivités locales en matière d'environnement : Gaz. Pal.* 24 juin 1998, n° 175, p. 18 à 25. • C. Lepage, *On ne peut rien faire, Madame le Ministre*, Albin Michel, 1998. • Anonyme, *L'air sous surveillance : Environnement mag.* nov. 1997, n° 1562, p. 53. • M. Ayral, *Droit communautaire de l'énergie : Dossier Joly*, 1997. • J.-Y. Faberon, *La loi du 30 décembre 1996 sur l'air et l'utilisation rationnelle de l'énergie : Rev. jur. env.* 1997, n° 2, p. 133 à 155. • C. Giverdon, *En attendant l'article 25, commentaire de l'article 25 de la loi du 10 juillet 1965 complété par l'article 24I-V de la loi n° 96-1236 du 30 décembre 1996 sur l'air et l'utilisation rationnelle de l'énergie : Administrer* 1997, n° 288, p. 21 à 22. • L. Lanoy, *La loi du 30 décembre 1996 sur l'air et l'utilisation rationnelle de l'énergie : BDEI* 1/1997, p. 2 à 7. • J.-L. Pissaloux, *La loi sur l'air et l'utilisation rationnelle de l'énergie : LPA* 16 mai 1997, n° 59, p. 11. • R. Romi, *Atmosphère atmosphère : RDP* 1997, n° 1, p. 215 à 234. • C. Lepage et C. Huglo, *Guide de l'environnement industriel*, EFE, 1996. • C. London, *Pollution atmosphérique à la Une : LPA* 1er avr. 1996, n° 40, p. 4 et s. • J. Morand-Deviller, *Droit de l'environnement*, Éd. ESTEM, 1996. • L.-A. Clarenburg, *Aspects éthiques d'une loi sur l'atmosphère : Rev. Pollution atmosphérique* 1994, n° 143, p. 44 à 53. • G. Mouvier, *La pollution atmosphérique*, Flammarion, 1994, coll. « Dominos ». • J.-P. Foray, *Législation et normes nationales, européennes et internationales : Rev. Pollution atmosphérique* oct. 1993. • O. Gauthier, *Comment lutter efficacement contre la pollution atmosphérique transfrontière ? : Rev. Pollution atmosphérique* juin 1993, n° spécial. • F. Bianchi, *Pollution atmosphérique en droit privé*, thèse Université de Lausanne, faculté de droit, Éd. Payot-Lausanne, 1989 ; *Pollution atmosphérique en général et en droit français : Rev. jur. env.* 1989. • *Rép. dr. adm. Dalloz*, V° *Pollution*, 1983. • F. Bianchi, n° spécial, *La Pollution atmosphérique*, EPS, 30 juin 1975.

Art. L. 220-1 *(Mod., L. n° 2010-788, 12 juill. 2010)*. **– L'État et ses établissements publics, les collectivités territoriales et leurs établissements publics ainsi que les personnes privées concourent, chacun dans le domaine de sa compétence et dans les limites de sa responsabilité, à une politique dont l'objectif est la mise en œuvre du droit reconnu à chacun à respirer un air qui ne nuise pas à sa santé.**

Cette action d'intérêt général consiste à prévenir, à surveiller, à réduire ou à supprimer les pollutions atmosphériques, à préserver la qualité de l'air et, à ces fins, à économiser et à utiliser rationnellement l'énergie. La protection de l'atmosphère intègre la prévention de la pollution de l'air et la lutte contre les émissions de gaz à effet de serre.

Voir : *supra*, livre I, titre I, article L. 110-1 et L. 110-2 ;

- Également article 42 de la L. n° 96-1236 du 30 déc. 1996, sur l'air et l'utilisation rationnelle de l'énergie (non codifiée) ;
- Dir. PE et Cons. UE n° 2001/81/CE du 23 oct. 2001, fixant des plafonds d'émission nationaux pour certains polluants atmosphériques (*JOUE* n° L 309, 27 nov. 2001, p. 22) ;
- A. du 8 juill. 2003, portant approbation du programme national de réduction des émissions de polluants atmosphériques (SO2, NO, COv et NH3) (*JO* 30 oct. 2003, p. 18556) ;
- *Dir. n° 2010/31/UE du Parlement européen et du Conseil* du 19 mai 2010, sur la performance énergétique des bâtiments ;
- Dir. n° 2012/27/UE du Parlement européen et du Conseil du 25 octobre 2012 sur l'efficacité énergétique ;
- A. du 7 déc. 2016, fixant un objectif pluriannuel de diminution de la moyenne annuelle des concentrations journalières de particules atmosphériques (*JORF* n° 0287, 10 déc. 2016, texte n° 32) ;
- Instruction du Gouvernement du 5 janvier 2017, relative à la gestion des épisodes de pollution de l'air ambiant NOR : DEVR1700340J (*BO min. Écologie* n° 2017/1, 25 janv. 2017).

Bibliographie : *Sur la loi sur l'air.* J.-Y. Faberon, *Deuxième chronique des textes d'application de la loi sur l'air et l'utilisation rationnelle de l'énergie du 30 décembre 1996 : LPA* 7 janv. 1999, n° 5, p. 16 à 21 ; *Première chronique des textes d'application de la loi sur l'air et l'utilisation rationnelle de l'énergie du 30 décembre 1996 : LPA* 31 juill. 1998, n° 9, p. 11. • X. Braud, *Les transports dans la loi sur l'air : Dr. env.* 3/1997, n° 46, p. 16. • M. Chiron, *La pollution atmosphérique d'origine automobile et la santé publique : Rev. Pollution atmosphérique* janv.-févr. 1997. • S. Deygas, *Les procédures de* *protection de la qualité de l'air instaurées par la loi du 30 décembre 1996 : Procédures* mars 1997, p. 4 ; *Les nouveaux pouvoirs pour le président du tribunal de grande instance : Procédures* févr. 1997, p. 13. • F. Duval, *Les dispositions routières de la loi sur l'air : Ann. voirie* janv.-févr. 1997, n° 33, p. 15. • J.-Y. Faberon, *La loi du 30 décembre 1996 sur l'air et l'utilisation rationnelle de l'énergie : Rev. jur. env.* 2/1997, p. 133 et 355. • D. Guihal, *Les dispositions répressives de la loi sur l'air : Dr. env.* 4/1997, n° 47, p. 14. • L. Lanoy, *La loi du 30 décembre 1996 sur l'air et l'utilisation rationnelle de l'énergie : BDEI* janv. 1997, p. 2. • R. Léost, *Dispositions fiscales de la loi sur l'air : Dr. env.* 4/1997, n° 47, p. 17. • C. Lepage, *Pourquoi une loi sur l'air et l'utilisation rationnelle de l'énergie : Annonces Seine* 6 janv. 1997, n° 1, p. 2, suppl. juridique et judiciaire. • M.-W. Mille-Reau, *Principes généraux et poursuite des objectifs de la loi sur l'air : du déclaratoire aux effets juridiques : Dr. env.* 3/1997, n° 46, p. 14. • J.-L. Pissaloux, *La loi sur l'air et l'utilisation rationnelle de l'énergie ou la gestation difficile d'un édifice inachevé : LPA* 16 mai 1997, n° 59, p. 11 à 19. • R. Romi, *Atmosphère, atmosphère : RDP* 1997, n° 1, p. 215.

Sur la loi Grenelle I, n° 2009-967 du 3 août 2009 de programmation relative à la mise en œuvre du Grenelle de l'environnement. P. Billet, *Publication de la loi de programmation relative à la mise en œuvre du Grenelle de l'environnement : Environnement* 1er aout 2009, nos 8-9, p. 3.

Sur la directive Air pur pour l'Europe. M. Moliner-Dubost, *La France condamnée pour non-respect de la directive Air pur pour l'Europe concernant le dioxyde d'azote : Énergie – Env. – Infrastr.* 2019, n° 12, comm. 59.

Sur le droit reconnu à chacun de respirer un air qui ne nuise pas à sa santé. V. travaux préparatoires, Document parlementaire, *JO* Sénat 24 mai 1996, p. 2839 ; Document parlementaire, *JOAN* CR 13 juin 1996, p. 4151. • M. Moliner-Dubost, *Les détenus ont-ils le droit de vivre dans un environnement sain ? (ou sont-ils condamnés à vivre dans un environnement tabagique ?) : Rev. jur. env.* 2012, n° 1, p. 9 à 22. • M. Moliner-Dubost, *Le droit à chacun de respirer un air qui ne nuise pas à sa santé : Rev. jur. env.* déc. 2003, n° 4, p. 431 à 445.

Sur la surveillance des effets sur la santé. M. Pascal, *Impacts sanitaires du changement climatique en France. Quels enjeux pour l'INVS ?*, Institut national de veille sanitaire, avr. 2010, p. 81. • S. Brondel, *Deux rapports sur la pollution atmosphérique : l'État placé en face de ses responsabilités : AJDA* 17 mai 2004, n° 19, p. 1010. • *La pollution atmosphérique nécessite de continuer d'étudier la possibilité des faits de synergie des polluants sur la qualité de l'air et sur ses effets sur la santé et l'environnement* (Conseil supérieur des travaux publics de France, avis, 6 juill. 1999) : *Mon. TP* 31 déc. 1999, suppl. p. 354.

Sur l'action des collectivités territoriales. *Actions de collectivités territoriales contre l'inaction climatique : JCP A* 2020, n° 6, note Ph. Billet.

Les Fiches Techniques de l'ADEME, mai 2013. InVS, *Impact à court terme des particules en suspension (PM10) sur la mortalité dans 17 villes françaises*, 2007-2010, BEH nos 1-2, 6 janv. 2015. • Commission européenne, *Regional environmental center, Projet Sinphonie, Pollution intérieure et santé dans les écoles – Réseau d'observation en Europe, Lignes directrices pour des environnements sains dans les écoles européennes*, mars 2015. • *Améliorer la qualité de l'air extérieur, Agir dans tous les secteurs*, Ministère chargé de l'écologie, sept. 2014. • SOeS, *L'environnement en France*, éd. 2014, nov. 2014 (deux chapitres de ce rapport, publié tous les quatre ans, comportent des développements relatifs à l'air extérieur et intérieur ainsi qu'à l'exposition aux pollens : « L'état des milieux » et « L'exposition aux risques et nuisances »).

Sur les zones à circulation restreinte (ZCR). M. Moliner-Dubost, *Les zones à circulation restreinte peuvent être lancées : Énergie – Env. – Infrastr.* nov. 2016, n° 11, comm. 78.

I – SUR LE DROIT DE RESPIRER UN AIR QUI NE NUISE PAS À LA SANTÉ

1) Valeur constitutionnelle du droit de vivre dans un environnement respectueux de la santé. L'article 1er de la loi n° 96-1236 du 30 décembre 1996 pose le principe selon lequel chacun a le droit de respirer un air qui ne nuise pas à sa santé. Quelques années plus tard, le législateur est allé plus loin en adoptant la loi constitutionnelle n° 2005-205 du 1er mars 2005 relative à la Charte de l'environnement. Toutes les dispositions de *cette Charte ont valeur constitutionnelle* (décisions nos 2011-192 QPC du 10 novembre 2011 et 2014-394 QPC du 7 mai 2014), et notamment son article 1er qui prévoit que « Chacun a le droit de vivre dans un environnement équilibré et respectueux de la santé ».

2) Le droit de respirer un air pur à l'échelle européenne. La France a été condamnée en raison du non-respect de la directive Air pur pour l'Europe, concernant le cas particulier de la pollution au dioxyde d'azote (■ CJUE, 7e ch., 24 oct. 2019, aff. C-636/18, *Comm. UE c/ Rép. française*). En effet, la CJUE a relevé que la France a dépassé, de manière systématique, le seuil de valeur limite annuelle pour le dioxyde d'azote depuis le 1er janvier 2010, dans douze agglomérations : Paris, Marseille, Toulon, Auvergne-Clermont-Ferrand, Montpellier, Toulouse Midi-Pyrénées, zone urbaine régionale (ZUR) Reims Champagne-Ardenne, Grenoble Rhône-Alpes, Strasbourg, Lyon Rhône-Alpes, Nice et ZUR Vallée de l'Arve Rhône-Alpes. La CJUE relève également un dépassement systématique de la valeur limite horaire de dioxyde d'azote, depuis le 1er janvier

2010 toujours, des agglomérations de Paris et Lyon Rhône-Alpes.

3) Droit de respirer un air qui ne nuise pas à la santé et droit du travail. Il appartient à l'employeur, dans le cadre de l'obligation de sécurité de résultat lui incombant de prendre toute mesure utile pour préserver la santé de ses salariés et tout spécialement d'appliquer les dispositions posées par le décret n° 2006-761 du 30 juin 2006 relatif à la protection des travailleurs contre les risques liés à l'inhalation de poussières d'amiante et modifiant le Code du travail. À ce titre, il doit faire le nécessaire pour évaluer les risques d'exposition à l'amiante et prendre des mesures de prévention, de protection, d'information, ou de formation, afin de remettre au salarié des éléments d'information sur la réalité et la durée de l'exposition. Le non-respect de ce dispositif caractérise une exécution fautive du contrat de travail par l'employeur et cause plusieurs préjudices au salarié n'ayant bénéficié d'aucune information effective, d'aucune mesure de protection, et n'étant pas en possession de certains documents d'information (■ CA Paris, pôle 6, ch. 10, 1er mars 2017, n° 14/01183).

4) Pollution de l'air et pesticides. Le Conseil d'État a récemment jugé que « si les requérants s'appuient, au soutien de leurs moyens, sur différentes études scientifiques, il ressort des citations qu'ils en font dans leur requête que celles-ci concernent, pour certaines, l'étude des risques liés à la pollution des eaux et des sols par les pesticides, pour d'autres, l'usage des pesticides par des professionnels ou leur usage domestique et les risques pour la santé que ces usages sont susceptibles d'entrainer pour ces personnes et les riverains, ou des considérations générales sur les risques associés à la pollution de l'air par le dioxyde d'azote, les particules fines et l'ammoniac. Ces éléments concernent des risques pour la santé humaine différents de ceux allégués par les requérants qui concerneraient, au-delà des risques propres aux riverains affectés par l'épandage de pesticides, la pollution de l'air ambiant par ces produits, dont ils reconnaissent eux-mêmes qu'ils ne font l'objet d'aucune recommandation spécifique des agences sanitaires, à la différence des risques précités qui font, en outre, l'objet de réglementations propres dont le caractère suffisant pour limiter les risques associés n'est pas discuté dans la présente instance et alors qu'il n'existe aucun référentiel fixant des objectifs à atteindre pour limiter la concentration des pesticides dans l'air. Les requérants ne justifient dès lors pas de l'existence d'une carence illégale de l'État à prendre des mesures utiles pour réglementer et protéger la population contre la pollution de l'air par les pesticides » (■ CE, 13 oct. 2023, n° 463247).

II – SUR LES ACTIONS PUBLIQUES NATIONALES EN FAVEUR DE L'AMÉLIORATION DE LA QUALITÉ DE L'AIR

5) Le Comité de la prévention et de la précaution. Le comité de la de prévention et de la précaution, institué par arrêté ministériel en date du 30 juillet 1996, est chargé d'une fonction de veille et d'alerte sur l'ensemble des questions d'environnement susceptibles d'avoir des incidences sur la santé humaine (V. A. 30 juill. 1996 : *JO* 8 août 1996). Il se réunit en séance plénière tous les mois et émet également des avis et recommandations (voir notamment avis de 1997 sur les particules fines dans l'atmosphère, avis de 2004 sur les perturbateurs endocriniens, avis de 2006 sur les nanoparticules et nanotechnologies ...) Le décret n° 2014-1629 du 26 décembre 2014 relatif à la composition et au fonctionnement de la Commission nationale de la déontologie et des alertes en matière de santé publique et d'environnement précise que cette commission comprend, notamment, un comité spécialisé, le Comité de la prévention et de la précaution, dont les missions, la composition et le fonctionnement sont fixés par arrêté du ministre chargé du développement durable.

6) Le Conseil national de l'air. Il est créé auprès du ministre chargé de l'environnement, un Conseil national de l'air qui peut être saisi pour avis de toutes les questions relatives à la lutte contre la pollution de l'air et à l'amélioration de la qualité de l'air ou être consulté sur les projets de textes législatifs et réglementaires ayant une incidence dans ce domaine. V. décret n° 97-432 du 29 avril 1997, relatif au Conseil national de l'air (*JO* 2 mai 1997, p. 6618), modifié par décret n° 98-184 du 18 mars 1998 (*JO* 20 mars 1998, p. 4201). Modification et élargissement de la composition du Conseil national de l'air par un décret n° 2011-625 du 1er juin 2011 relatif au Conseil national de l'air (*JO* 4 juin 2011). Une réunion du Conseil national de l'air s'est tenue le 20 mars 2018 en présence du ministre de la Transition Écologique et Solidaire, portant notamment sur la présentation des feuilles de routes régionales pour améliorer la qualité de l'air dans le contexte des précontentieux européens et de la décision du Conseil d'État du 12 juillet 2017, qui cible 13 zones, et formule l'injonction de respecter les valeurs limites de concentration de la directive 2008/50/CE et d'adopter des mesures avant le 31 mars 2018.

7) Le plan particules. Ce plan lancé en juillet 2010 constitue le socle national d'actions pour une amélioration de la qualité de l'air extérieur. Il prévoit la mise en œuvre de mesures de réduction de la pollution pour atteindre une baisse de 30 % des particules à l'horizon 2015 dans les secteurs de l'industrie, du chauffage domestique et tertiaire, des transports, de l'agriculture et en cas de pics de pollution. À ce titre, dans le secteur domestique, une des principales mesures concerne l'interdiction du brûlage des déchets verts. Ces actions ont pour objectif de réduire les dépassements d'émissions de particules qui sont, selon une évaluation du programme CAFE, la cause de près de 42 000 décès par an dus à la pollution de l'air par les particules PM2,5 liées aux activités de l'homme. Face à ce constat, le Grenelle de l'environnement a en effet fixé pour la France un objectif ambitieux de réduction de 30 % des particules PM2,5 pour 2015.

III – SUR LES ACTIONS PUBLIQUES LOCALES EN FAVEUR DE L'AMÉLIORATION DE LA QUALITÉ DE L'AIR

8) Plan de protection de l'atmosphère. Les préfets décident des plans de protection de l'atmosphère (PPA) : ils définissent les actions précises pour se conformer aux normes de la qualité de l'air, pour les agglomérations de plus de 250 000 habitants et partout où des dépassements de normes sont constatés ou à craindre.

9) Zone d'actions prioritaires pour l'air. La loi Grenelle 2 du 12 juillet 2010 avait instauré pour les collectivités volontaires, la possibilité de créer des zones d'actions prioritaires pour l'air (ZAPA). Ces dispositions ont été abrogées la loi n° 2015-992 du 17 août 2015 puisqu'aucune commune n'a déposé de dossier dans le délai de deux ans posé par le législateur.

10) Zone à circulation restreinte. La loi relative à la transition énergétique pour la croissance verte (L. n° 2015-992, 17 août 2015 relative à la transition énergétique pour la croissance verte : *JORF* n° 0189, 18 août 2015, p. 14263) offre la possibilité aux collectivités qui le souhaitent de mettre en place des zones à circulation restreinte (ZCR) pour les véhicules les plus polluants, sur tout ou partie de leur territoire, afin de protéger la santé des populations dans les zones soumises régulièrement à la pollution atmosphérique. Ces dispositions législatives ont été complétées par le décret n° 2016-847 du 28 juin 2016, relatif aux zones à circulation restreinte.

Il résulte de l'article L. 2213-4-1 du Code général des collectivités territoriales qu'il appartient à l'autorité investie localement du pouvoir de police de déterminer, sous le contrôle du juge de l'excès de pouvoir, les catégories de véhicules concernées par les restrictions de circulation qu'elle édicte ainsi que l'étendue de ces restrictions. Le décret n° 2016-847 du 28 juin 2016 est venu préciser les modalités d'applications de l'article L. 2213-4-1 du Code général des collectivités territoriales. Il en ressort notamment que l'accès aux zones à circulation restreinte peut être interdit à tout véhicule ne possédant pas un certificat préalablement défini, tel que le certificat Crit'air (■ CE, 24 mai 2017, n° 401153). La circonstance que ce décret ne contient pas de dispositions interdisant à l'autorité compétente de fonder une restriction de circulation uniquement sur l'âge des véhicules en cause, ou de se référer à certaines normes, ou de prévoir des restrictions limitées à la période diurne n'est, en tout état de cause, pas de nature à l'entacher d'illégalité. La circonstance qu'elles ne prévoient pas des régimes différents pour les usagers en fonction de leur lieu de résidence n'est pas de nature à les faire regarder comme méconnaissant le principe d'égalité. Le fait qu'elles n'exemptent pas les véhicules de passage des mesures applicables dans les zones à circulation restreinte et ne prévoient pas en leur faveur de « mesures de compensation » n'implique pas qu'elles apportent à la liberté d'aller et de venir une restriction disproportionnée (CE, ch. 9, 25 avr. 2017, n° 402263, Rejet).

11) Schéma régional du climat, de l'air et de l'énergie (SRCAE). Le non-respect des normes de qualité de l'air définies par le schéma régional du climat, de l'air et de l'énergie (SRCAE) pour les zones nécessitant une protection particulière justifie l'élaboration d'un PPA (C. env., art. L. 222-4 modifié par L. Grenelle 2, art. 69). La procédure d'élaboration d'un SRCAE est soumise à évaluation environnementale, sous peine d'être entachée d'irrégularité (■ CAA Marseille, 10 nov. 2017, n°s 16MA00086, 16MA00094 et 17MA03977, *Association des riverains du Bes et autres, Association avenir d'Alet et autres*). L'article 13 de la loi n° 2015-991 du 7 août 2015 portant nouvelle organisation territoriale de la République (*JORF* n° 0182, 8 août 2015, p. 13705), prévoit que le schéma régional du climat, de l'air et de l'énergie est intégré dans le SRADDET (schémas régionaux d'aménagement, de développement durable et d'égalité du territoire).

IV – SUR L'APPRÉCIATION DE L'INTÉRÊT GÉNÉRAL DE RÉDUCTION DES POLLUTIONS ATMOSPHÉRIQUES

12) Le décret instituant un système de stationnement payant n'est pas contraire à l'article 1er de la loi n° 96-1236 du 30 décembre 1996 sur l'air, même s'il engendre une circulation entraînant une pollution accrue de l'air car « l'institution du stationnement payant n'a pas pour finalité d'accélérer une rotation sans but des véhicules automobiles, mais d'interdire l'usage privatif abusif du domaine public et le restituer à tous » (▪ CA Paris, 30 janv. 1998, *Michel Fleury : Dr. env.* 1998, n° 63, p. 6, note Robert).

Le respect des valeurs limites de dioxyde d'azote fixées par la directive 2008/50/CE constitue, selon la cour de justice de l'union européenne, une obligation de résultat. Afin de pouvoir bénéficier du report de cinq ans, les États membres sont tenus d'en faire la demande à la Commission lorsque, en dépit de mesures adéquates de lutte contre la pollution, ces valeurs ne peuvent être respectées dans une zone ou une agglomération donnée dans le délai indiqué. La CJUE précise que la directive ne comporte aucune exception à cette obligation (▪ CJUE, 19 nov. 2014, aff. C-404/13, *ClientEarth*).

Art. L. 220-2 *(Mod., L. n° 2010-788, 12 juill. 2010)*. **– Constitue une pollution atmosphérique au sens du présent titre l'introduction par l'homme, directement ou indirectement, ou la présence, dans l'atmosphère et les espaces clos, d'agents chimiques, biologiques ou physiques ayant des conséquences préjudiciables de nature à mettre en danger la santé humaine, à nuire aux ressources biologiques et aux écosystèmes, à influer sur les changements climatiques, à détériorer les biens matériels, à provoquer des nuisances olfactives excessives.**

Bibliographie : *Sur la responsabilité des dommages de pollution atmosphérique liés à des travaux publics :* S. Maljean-Dubois et M. Wemaëre, *La Conférence sur le climat de Varsovie : des résultats mitigés, des perspectives inquiétantes : Environnement et dév. durable* 2014, n° 1, p. 13. • C. Lepage, *L'objectif n° 1 est la lutte contre le changement climatique : Europolitique Environnement* 15 févr. 2013, n° 850, p. 27. • S. Maljean-Dubois et M. Wemaëre, *Les résultats de la Conférence de Doha sur le climat : un processus de négociation en ordre de marche, des efforts concrets de réduction insuffisants : Environnement et dév. durable* 2013, n° 2, p. 15. • M. Sirinelli, *Droit à respirer un air pur : quelles obligations pour les autorités publiques ? : AJDA* 2013, 26, p. 1506-1509. • F. Nakou, *Les actions en responsabilité civile dans la survenance des préjudices nés des effets néfastes des changements climatiques devant les juridictions américaines : Rev. jur. env.* 3/2011, sept. 2011, p. 317. • C. Boutin, *Quelle politique nationale de l'air ? : Dr. env.* 2008, n° 160, p. 17. • M. Luce, *La lutte contre les déversements délictueux et les nuisances olfactives : Legilocal* sept. 2004, n° 27, p. 23 à 24 ; *Les dommages de travaux publics provenant d'odeurs ou de bruits désagréables : D.* 1964, chron. p. 65.

I – NOTION DE POLLUTION ATMOSPHÉRIQUE

1) Valeur de référence à prendre en compte. Une pollution de l'air est constituée lorsque sont dépassées les concentrations de référence pour la qualité de l'air ambiant, à savoir, les valeurs limites, les objectifs de qualité, les seuils d'alerte définis en application de la loi et du décret n° 98-360 du 6 mai 1998 relatif à la surveillance de la qualité de l'air et de ses effets sur la santé et sur l'environnement, les objectifs de la qualité de l'air, aux seuils d'alerte et aux valeurs limites (*JO* 13 mai 1998, p. 7196 à 7198 ; Rép. min. à QE n° 23311 : *JOAN Q* 22 mars 1999, p. 1703).

2) Émission polluante : définition. Il faut entendre par émission polluante « l'émission dans l'atmosphère de gaz ou de particules solides ou liquides, corrosifs, toxiques ou odorants, de nature à compromettre la santé publique ou la qualité de l'environnement, ou à nuire au patrimoine agricole, forestier ou bâti », décret d'application n° 74-415, 13 mai 1974, de la loi du 2 août 1961 (*JO* 3 août 1961).

Voir également : instruction du 5 janvier 2017, relative à la gestion des épisodes de pollution de l'air ambiant (NOR : DEVR1700340J) (*BO min. Écologie* n° 2017/1, 25 janv. 2017).

II – SUBSTANCES POLLUANTES

3) Dans l'air ambiant : l'air extérieur de la troposphère, à l'exclusion des lieux de travail. V. directive n° 96/62/CE du 27 sept. 1996, concernant l'évaluation et la gestion de la qualité de l'air ambiant (*JOCE* n° L 296, 21 nov. 1996). – V. directive n° 1999/30/CE du 22 avr. 1999, relative à la fixation de valeurs limites pour l'anhydride sulfureux, le dioxyde d'azote et les oxydes d'azote, les particules et le plomb dans l'air ambiant (*JOCE* n° L 163, 29 juin 1999, p. 41-60). – V. directive du Parlement européen et du Conseil n° 2000/69/CE du 16 nov. 2000, concernant les valeurs limites pour le benzène et le monoxyde de carbone dans l'air ambiant (*JOCE* n° L 313, 13 déc. 2000, p. 12-21). – V. directive du Parlement européen et du Conseil n° 2002/3/CE du 12 févr. 2002, relative à l'ozone dans l'air ambiant (*JOCE* n° L 067, 9 mars 2002, p. 14-30). – V. directive (CE) n° 2004/107 du 15 déc. 2004, concernant l'arsenic, le cadmium, le mercure, le nickel et les hydrocarbures aromatiques polycycliques dans l'air ambiant (*JOUE* n° L 23, 26 janv. 2005, p. 3).

Voir également : décret n° 2017-82 du 26 janvier 2017, relatif à l'autorisation environnementale (NOR : DEVP1701126D).

4) Réglementation spécifique aux composés organiques volatils (COV). *Sur les émissions de COV liées au ravitaillement des véhicules automobiles.* V. observations sous l'art. L. 224-4, p. 508.

Sur les émissions de COV des installations classées.

Droit européen : V. directive du Conseil n° 1999/13/CE du 11 mars 1999, relative à la réduction des émissions de composés organiques volatils dues à l'utilisation de solvants organiques dans certaines activités et installations (*JOCE* n° L 085, 29 mars 1999, p. 1). – V. Directive du Parlement européen et du Conseil n° 2004/42/CE du 21 avr. 2004, relative à la réduction des émissions de composés organiques volatils dues à l'utilisation de solvants organiques dans certains vernis et peintures et dans des produits de retouche de véhicules, et modifiant la directive n° 1999/13/CE (*JOUE* n° L 143, 30 avr. 2004, p. 87). Décision d'exécution de la Commission n° 2012/782/UE du 11 décembre 2012, relative à la détermination des limites quantitatives applicables aux substances réglementées et allouant des quotas de ces substances, conformément au règlement (CE) du Parlement européen et du Conseil relatif à des substances qui appauvrissent la couche d'ozone, pour la période du 1er janvier au 31 décembre 2013 (*JOUE* n° L 347, 15 déc. 2013). Livre vert : un cadre pour les politiques en matière de climat et d'énergie à l'horizon 2030, COM (2013) 169 final du 27 mars 2013. Décision 2014/8/UE d'exécution de la Commission du 10 octobre 2013 modifiant la décision 2010/372/UE relative à l'utilisation de substances réglementées comme agents de fabrication conformément à l'article 8, § 4 du règlement 1005/2009 du Parlement européen et du Conseil, publiée au *JOUE* L 8 du 11 janvier 2014 ; Rapport de la Commission au Parlement européen et au Conseil sur la mise en œuvre de la directive 2004/42/CE du Parlement européen et du Conseil relative à la réduction des émissions de composés organiques volatils dues à l'utilisation de solvants organiques dans certains vernis et peintures et dans les produits de retouche des véhicules, et modifiant la directive 1999/13/CE, COM (2013) 704 final du 16 octobre 2013.

Droit national : V. arrêté du 2 févr. 1998 modifié, relatif aux prélèvements et à la consommation d'eau ainsi qu'aux émissions de toute nature des installations classées pour la protection de l'environnement (*JO* 3 mars 1998, n° 52, p. 3247). – V. circulaire du 23 déc. 2003, relative aux installations classées, schémas de maîtrise des émissions de composés organiques volatils (*BO min. Écologie* 30 avr. 2004, n° 2004/8). – V. circulaire du 29 mars 2004, relative aux installations classées – Réduction des émissions fugitives de composés organiques volatils dans le secteur de la pétrochimie et de la chimie organique, non publiée. – V. circulaire DPPR/SEI du 1er juill. 2004, relative au traitement des demandes de dérogation aux valeurs limites d'émission relatives aux COV, non publiée. – Arrêté du 1er juin 2010 portant agrément des laboratoires ou des organismes pour effectuer certains types de prélèvements et d'analyses à l'émission des substances dans l'atmosphère, *JO* du 11 juin 2010. – Arrêté du 1er juin 2015 relatif aux prescriptions générales applicables aux installations relevant du régime de l'enregistrement au titre de l'une au moins des rubriques 4331 ou 4734 de la nomenclature des installations classées pour la protection de l'environnement.

5) Dans les espaces clos. *Sur la réglementation particulière à l'amiante. Droit communautaire :* V. directive du Conseil n° 87/217 du 19 mars 1987, concernant la prévention et la réduction de la pollution de l'environnement par l'amiante (*JOCE* n° L 87, 27 mars 1987) modifiée par la directive n° 85/580 du Conseil du 20 décembre 1985 (*JOCE* n° L 372, 31 déc. 1985), modifiée par la directive n° 90/656 (*JOCE* n° L 353, 17 déc. 1990), modifiée par la directive n° 91/692 (*JOCE* n° L 377, 31 déc. 1991). – *Droit national :* V. décret n° 78-394 du 20 mars 1978, relatif à l'emploi des fibres d'amiante pour le flocage des bâtiments (*JO* 23 mars 1978). – V. décret n° 96-97 du 7 févr. 1996, modifié par le décret n° 97-855 du 12 septembre 1997 (*JO* 9 févr. 1998). – V. décret n° 96-98 du 7 févr. 1996, relatif à la protection des travailleurs exposés à l'amiante. – V. décret n° 96-1133 du 24 déc. 1996, relatif à l'interdiction de l'amiante pris en application du Code du travail et du Code de la consommation (*JO* 26 déc. 1996). – V. arrêté du 29 juin 1977, interdisant l'utilisation de l'amiante pour la réalisation de revêtement par flocage dans tous les bâtiments d'habitation. – V. arrêté du 7 févr. 1996, relatif aux modalités d'évaluation de l'état de conservation des flocages et des calorifugeages contenant de l'amiante et aux mesures d'empoussièrement dans les immeubles bâtis (*JO* 8 févr. 1996). – V. circulaire DGS/VS 3 n° 290 du 26 avr. 1996, relative à la protection de la population contre les risques sanitaires liés à une exposition à l'amiante dans les immeubles bâtis (*BOMAS* 96-20, 25 juin 1996). – Arrêté du 14 août 2012 relatif aux conditions de mesurages d'empoussièrement, aux conditions de contrôle du respect de la valeur limite d'exposition professionnelle aux fibres d'amiante et aux conditions d'accréditation des organismes procédant à ces mesurages (*JO* 23 août 2012, p. 13723-13724). – Arrêté du 8 avril 2013 relatif aux règles techniques, aux mesures de prévention et aux moyens de protection collective à mettre en œuvre par les entreprises lors d'opérations comportant un risque d'exposition à l'amiante (*JO* 17 avr. 2013, p. 6704-6706.).

– Décret n° 2013-594 du 5 juillet 2013 relatif aux risques d'exposition à l'amiante (*JO* 7 juill. 2013). – Décret n° 2014-802 du 16 juillet 2014 portant abrogation du titre « Amiante » du règlement général des industries extractives (*JO* 18 juill. 2014, p. 12018-12019).

Bibliographie : D. Asquinazi-Bailleux, *Action en responsabilité engagée contre le FIVA : JCP* S 2016, 15, p. 50-52. – F. Meyer, *Exposition à l'amiante, renoncement au préjudice d'anxiété et obligation de sécurité : Rev. dr. trav.* avr. 2016, 4, p. 272-275. – G. Lefrand, *La prise en charge des victimes de l'amiante*, Rapport d'information, Doc. AN n° 2090, 18 nov. 2009. – F.-G. Trébulle, *Environnement et santé : le cas de l'amiante : BDEI* 4 févr. 2004, n° 1. – O. Bejat, *Les obligations du bailleur en cas de désamiantage : AJDI* mai 2004, n° 5. – B. Giard, *La pollution environnementale par l'amiante : LPA* 31 mai 2001, n° 108, p. 17. – O. Bejat, *Le risque amiante à l'échéance du 31 décembre 1998 : AJPI* 1997, p. 84 à 87. – J. Bellon, *L'amiante et le droit de l'immobilier : Defrénois* avr. 1997, n° 8. – D. Delaval, *Amiante : la réglementation propre au risque adoptée en 1996 : Gaz. Pal.* 22 janv. 1997, p. 20 à 26. – F. Labrousse, *Amiante et responsabilité : LPA* 5 avr. 1996, n° 42, p. 4 à 9.

III – RESPONSABILITÉ

Voir : Dir. n° 2004/35/CE du 21 avr. 2004, sur la responsabilité environnementale en ce qui concerne la prévention et la réparation des dommages environnementaux (principe « pollueur-payeur »).

6) Danger pour la santé humaine. ***Pollution atmosphérique et police. Obligation d'agir.*** Une commune n'est pas responsable des dommages causés à un particulier du fait des émanations provenant d'un immeuble voisin même si lesdites émanations sont toxiques, dès lors qu'aucune faute n'a pu être relevée à l'encontre des services d'hygiène de la ville (■ CE, 9 juin 1978, *Liotard : Rec. CE* 1978, p. 240). Sur l'obligation de l'article L. 26 du Code de la santé publique, pour des dommages causés par l'émission de cheminée (■ CE, 5 nov. 1975, *Monferran : Dr. adm.* 1975, p. 411 ; *Rev. jur. env.* janv. 1977, p. 60).

Trouble anormal du voisinage (oui). Réparation du préjudice corporel en relation de causalité avec une activité de fusion de plomb entraînant une pollution atmosphérique (■ Cass. 2e civ., 8 nov. 1976, n° 75-11.622 : *D.* 1977, inf. rap., p. 79).

Trouble anormal du voisinage (non). Les conditions dans lesquelles ont été opérés par la commune le stockage et le brûlage des déchets ont été constitutives d'une pollution atmosphérique de nature à mettre en danger la santé humaine au sens de l'article L. 220-2 du Code de l'environnement (■ CAA Bordeaux, 23 févr. 2007, n° 03BX02487, *Jeannine X. et a. c/ Cne Saint-Médard-de-Mussidan : Dr. env.*, 2009, nos 8-9, p. 33, P. Billet, *Exonération de TVA des cessions de quotas d'émission et d'unités de réduction des émission de gaz à effet de serre*).

7) Troubles climatiques. ***Interruption de la distribution d'électricité. Force majeure (non).*** Est justifiée la décision de la cour d'appel retenant le fait que la neige polluée ou humide et collante n'est pas un phénomène exceptionnel, imprévisible ou irrésistible de nature à exonérer EDF de sa responsabilité (■ Cass. 1re civ., 5 juill. 1988, n° 86-18.725, *EDF*).

8) Détérioration et dépréciation des biens matériels. ***Trouble de voisinage (oui).*** Réparation du préjudice causé par les bruits et odeurs émanant d'une installation d'élevage d'animaux. Trouble de jouissance et dépréciation de la propriété (■ Cass. 2e civ., 22 janv. 1970, n° 68-10.395 : *D.* 1970, somm. p. 131 ; *Bull. civ.* II, p. 19). Dommages causés à des arbres fruitiers par les émanations provenant d'une usine de produits chimiques – perte de récolte, perte de la valeur des arbres, inutilisation du matériel agricole (■ Cass. 2e civ., 28 avr. 1971, n° 70-10.286 : *Bull. civ* II, n° 162). Dépérissement des plantations par l'effet nocif des gaz d'échappement des véhicules (■ Cass. 3e civ., 24 janv. 1973, n° 72-10.585 : *Bull. civ.* III, n° 78). Dépréciation d'un immeuble par l'exploitation de carrières génératrice de trafic intense de véhicules (■ Cass. 2e civ., 23 févr. 1977, n° 75-14.633). Implantation d'une habitation dans une zone industrielle, dommages de voisinage, moins-values immobilières conséquentes du risque pris dans le choix de l'implantation de l'habitation (■ CA Dijon, 12 avr. 1991, *SA Prio Carbo : D.* 1993, somm. p. 37, obs. A. Robert).

Sur la préoccupation en droit public. Dans le cas particulier de particules de suie provenant de la cheminée d'une chaufferie et qui détériorent la peinture des véhicules, les dispositions de l'article L. 112-16 du Code de la construction et de l'habitation ne peuvent être utilement invoquées ; en effet, ces dispositions ne sont pas applicables dans un litige relatif à des dommages de travaux publics. Toutefois une action peut être envisagée sur le fondement de la législation ICPE (■ CE, 25 nov. 1988, *Sté André Citroën : Rev. jur. env.* févr. 1989, p. 195).

Responsabilité de l'État (oui). Condamnation de l'État à réparer le dommage causé à une exploitation agricole par des dépôts de poussières provenant de l'exécution d'un travail public (■ CE, 11 oct. 1972, n° 84122, *Min. Équipement et Logement c/ Sieur Judeaux*). Partage de responsabilité entre l'État et l'employeur suite à des maladies professionnelles liées à l'amiante (■ CE, ass.,

9 nov. 2015, n° 342468, *SAS Constructions mécaniques de Normandie*).

Responsabilité de la commune (non). Des projections de poussières provenant d'un chemin rural non entretenu, appartenant au domaine privé d'une commune ne sont pas à l'origine de la dépréciation des cultures et de la perte du cheptel. Ainsi, les projections litigieuses n'excèdent pas les sujétions normales auxquelles sont exposés les riverains (▪ CE, 5 juin 1977, n° 99716, *Cne de Jumièges*).

Dommage d'ouvrage public (oui). Un parc de stationnement construit illégalement entraîne un trouble de jouissance et la dépréciation de la valeur vénale de la propriété du fait des bruits, poussières et odeurs provenant du fonctionnement de l'ouvrage public (▪ CE, 8 oct. 1975, n° 90433, *Sieur Delbos*).

Dommage de travaux publics (oui). Réparation du préjudice anormal et spécial, causé par une pollution atmosphérique intense, excédant la gêne que doivent normalement supporter, dans l'intérêt général, les propriétaires de fonds voisins des autoroutes. Indemnisation de la dépréciation de l'habitation (▪ CE, 11 oct. 1985, n° 42664, *Sté de l'autoroute Esterel-Côte d'Azur c/ M. Julien*). Réparation du préjudice subi jusqu'à la construction d'un mur anti-bruit supprimant totalement la pollution provenant de l'ouvrage (▪ CE, 11 oct. 1985, n° 46079, *Autoroute Estérel-Côte d'Azur, ESCOTA*).

Responsabilité sur le fondement de l'ancien article 1384 du Code civil (oui). L'ancien article 1384 du Code civil prévoyait une responsabilité non seulement du dommage que l'on cause par son propre fait, mais encore de celui qui est causé par le fait des personnes dont on doit répondre, ou des choses que l'on a sous sa garde. Depuis la réforme du droit des contrats, du régime général et de la preuve des obligations, introduite par l'ordonnance n° 2016-131 du 10 février 2018, l'ancien article 1384 du Code civil est devenu l'article 1240 du même code. Sur ce fondement, le juge judiciaire reconnaît de longue date la responsabilité d'un industriel utilisant un produit toxique dont les émanations se sont répandues sur les herbages, causant des préjudices aux propriétaires de troupeaux de bovins (▪ CA Rouen, 7 déc. 1971 : *AJPI* 1974, p. 422).

Lien de causalité. Réparation des dommages subis par un apiculteur, dès lors que la mortalité des abeilles ne peut s'expliquer que par l'intoxication causée par le fluor émanant d'une usine de produits chimiques (TGI Albertville, 26 août 1975 : *JCP* 1976, II, 18384, note Rabinovitch). Réparation du préjudice résultant de la dépréciation d'un immeuble d'habitation, causé par une installation d'incinération qui affecte, en raison de son activité et de son volume, très gravement le voisinage de l'habitation des demandeurs même si les émissions d'odeurs, de fumées, de poussières ne présentent pas un caractère anormal (▪ CE, 22 juill. 1977, *Synd. intercommunal de l'agglomération caennaise : Dr. adm.* 1977, n° 320. ▪ CE, 25 nov. 1987, *Synd. intercommunal pour le traitement des ordures ménagères de l'agglomération caennaise : Rec. CE* 1987, p. 380). Réparation des dommages causés à une toiture par l'émission de fumées corrosives (▪ Cass. 1re civ., 1er mars 1977, nos 75-12.174 et 75-12.174 : *JurisData* n° 1977-000112 ; *Bull. civ.* I, n° 112, p. 86 ; *D.* 1977, inf. rap., p. 437, obs. Larroumet). La charge de la preuve de la relation de cause à effet entre la pollution atmosphérique (gaz toxiques provenant d'une usine) et les dégâts subis par les récoltes appartient au demandeur de la réparation (▪ Cass. 3e civ., 31 mai 1978, n° 76-15.607 : *Bull. civ.* III, n° 144, p. 114). En ce sens, une société spécialisée dans l'activité de laquage fait l'objet de poursuites pénales pour avoir émis, sur une période déterminée, des substances polluantes constitutives d'une pollution atmosphérique, et ce en violation d'une mise en demeure. Le juge judiciaire a déjà eu l'ocasion de rappeler que la charge de la preuve d'une pollution pèse sur la partie poursuivante et que le doute doit profiter au prévenu. Ainsi, en l'absence de mesures établissant le dépassement des valeurs limites d'émissions pendant la période en question, la pollution n'est pas avérée et, partant, la société poursuivie ne peut faire l'objet d'une condamnation (▪ CA Rouen, 12 mai 2011, n° 10/01185, *Sté Val Laquage*). Responsabilité d'une société exploitant une usine de traitement de déchets industriels des dommages occasionnés par les fumées qui créent un dépôt conducteur sur les isolateurs d'une ligne haute tension (▪ T. com. Saint-Omer, 23 oct. 1980 : *CJEG* 1981, p. 148, V. note).

9) Nuisances olfactives excessives, fumées et poussières. ***Troubles du voisinage.*** Les juges du fond sont tenus de vérifier que les émanations de fumées et de suies n'excèdent pas les inconvénients normaux de voisinage, même en cas d'utilisation normale d'un appareil de combustion et ce, même en l'absence d'infractions au règlement administratif (▪ Cass. 3e civ., 24 oct. 1990, n° 88-19.383 : *JurisData* n° 1990-002675 ; *Bull. civ.* III, n° 205, p. 118 ; *RD imm.* 1991, p. 34, obs. J.-L. Bergel et p. 98, obs. Capoulade et Giverdon).

Trouble anormal du voisinage (oui). Réparation du préjudice causé par les bruits et odeurs émanant d'une installation d'élevage d'animaux (▪ Cass. 2e civ., 22 janv. 1970, n° 68-10.395 : *D.* 1970, somm. p. 131 ; *Bull. civ.* II, p. 19, préc.). Bruits et odeurs persistants et répétés provenant d'un atelier (▪ Cass. 3e civ., 6 juin 1972, n° 71-11.970 : *D.* 972, somm. p. 187). Réparation du préjudice résultant du tirage défectueux des cheminées de l'immeuble voisin (■ Cass. 3e civ., 27 juin 1973, n° 72-12.842). Émanations de fumées, de poussières, de vapeurs et de produits odorants résultant du fonctionnement d'une usine. Les riverains d'une zone industrielle sont tenus de supporter les inconvénients normaux résultant d'un tel voisinage, mais non ceux causés par l'inobservation ou l'observation tardive par un exploitant des obligations mises à sa charge dans un intérêt public en application de la réglementation en vigueur, à savoir la législation des établissements dangereux et insalubres (■ Cass. 1re civ., 27 mai 1975 : *D.* 1976, p. 318, note G. Viney). Système d'aération rejetant des odeurs de cuisine ayant pour seul but de nuire au voisin (■ Cass. 3e civ., 4 févr. 1976, n° 74-13.148). Émanations excessives d'odeurs de peinture (■ Cass. 3e civ., 8 oct. 1980 : *D.* 1981, inf. rap., p. 68). Nuisances olfactives résultant d'une cuve à fuel domestique (■ Cass. 2e civ., 16 juill. 1982 : *D.* 1982, inf. rap, p. 429). Nuisances olfactives excédant les inconvénients normaux de voisinage provenant d'une porcherie. Non-respect des distances minimales requises par les règlements sanitaires (■ Cass. 2e civ., 16 mai 1994, n° 92-19.880, *GAEC Feugas : JCP* G 1994, IV, 1824 ; *Bull. civ.* II, n° 131).

Trouble anormal du voisinage (non). L'article L. 220-2 du Code de l'environnement donne une définition générale de la pollution atmosphérique. Les riverains d'un ouvrage public doivent démontrer que les nuisances dont ils se plaignent excèdent les inconvénients normaux que doivent subir de tels riverains (■ CAA Nancy, 19 juill. 2018, n° 17NC01135. – ■ CAA Nancy, 19 juill. 2018, n° 17NC01017). Dès lors, les troubles olfactifs provenant d'un dépôt de fumier (■ Cass. 3e civ., 6 déc. 1978, n° 77-13.880. – Dans le même sens, ■ Cass. 3e civ., 10 mars 1976, n° 74-15.176), ou d'une porcherie ne constituent pas un trouble anormal du voisinage. En effet, le juge judiciaire considère que ne constitue pas un inconvénient anormal du voisinage la gêne subie par des propriétaires qui se sont installés dans une zone à caractère rural et à vocation agricole, certes antérieurement à la création des porcheries, dès lors que les odeurs se manifestent de façon irrégulière (■ Cass. 2e civ., 19 mars 1997, *Assoc. de défense de l'environnement de Vievy : D.* 1998, somm. p. 62, obs. J.-H. Robert). Enfin, ne présente pas non plus le caractère de troubles anormaux de voisinage les odeurs issues de déchets végétaux brûlés, eu égard au caractère épisodique de la nuisance ainsi qu'à la distance qui sépare le lieu d'incinération de la résidence des requérants (■ CAA Bordeaux, 23 févr. 2007, n° 03BX02487, *Jeannine X. et a. c/ Cne Saint-Médard-de-Mussidan ; Dr. env.* 2007, *Incinération de déchets verts et troubles de voisinage*, comm. 8, p. 153, P. Billet).

Sur le droit à la préoccupation. V. CCH, art. L. 112-16, p. 1605. – G.-A. Endreo, *La théorie des troubles de voisinage d'après les lois du 31 décembre 1976 et du 4 janvier 1980 : RD imm.* 1980, p. 460. – Sur l'origine de ce texte, ■ CE, 21 mars 1980, *Peyrusque : AJDA* 1981, p. 101, note Bouyssou.

Sur l'absence de préoccupation. Même si l'arrêté déclarant d'utilité publique la construction d'une station d'épuration, à l'origine d'odeurs constituant un trouble grave et persistant, a été publié avant que les intéressés aient acquis leur propriété, l'absence de préoccupation est établie dès lors que l'ouvrage n'a été mis en service qu'après cette acquisition (■ CE, 17 mai 1974, *Cne de Bonnieux : Rec. CE* 1974, p. 295).

Responsabilité pour faute. Troubles olfactifs créés par l'installation non autorisée d'une porcherie, exploitée non conformément aux dispositions légales. Condamnation à la suppression de la porcherie et à l'exécution des travaux nécessaires afin de pallier les inconvénients résultant de la présence de cette installation (■ Cass. 2e civ., 20 oct. 1976, n° 75-11.636 : *Bull. civ.* II, n° 280).

Responsabilité, au titre de l'article 1384 du Code civil. (■ Cass. 3e civ., 4 févr. 1971, n° 69-13.889 : *JurisData* n° 1971-098079 ; *JCP* 1971, II, 16780, note Lindon). Sur la charge de la preuve : ■ Cass. 3e civ., 21 nov. 1978 : *Rev. jur. env.* févr. 1979, p. 142, note G.-J. Martin. ■ Cass. 3e civ., 31 mai 1978 : *Bull. civ.* III, n° 144, p. 114. Il sera précisé que depuis la réforme du droit des contrats, du régime général et de la preuve des obligations, introduite par l'ordonnance n° 2016-131 du 10 février 2018, l'ancien article 1384 du Code civil est devenu l'article 1240 du même code.

Sur la responsabilité de la puissance publique : carence de l'administration. Sur la décision de principe en matière de pollution atmosphérique (■ TA Caen, 17 oct. 1972, n° 2469170, *Synd. Défense de la pollution atmosphérique autour de la zone portuaire de Caen*). Pollution atmosphérique due à des odeurs persistantes, excédant les inconvénients résultant du fonctionnement normal d'une station d'épuration. Responsabilité d'une commune n'ayant pas procédé aux travaux appropriés (■ CE, 8 févr. 1978, *SARL Éts Duchesnay : RDP* 1978, p. 1772) ; ***Sur les modes de réparation*** (même arrêt). Odeurs et poussières émises par une fonderie, nuisances du fait de la carence fautive de l'administration à faire respecter la législation en matière d'installations classées (■ CAA Paris, 29 déc. 1992, n° 91PA00556, *Assoc. Défense pour la qualité de la vie à Bondy : Rec. CE*, p. 1134 et 1306). Rejet atmosphérique provenant d'une chaudronnerie (■ TA Strasbourg, 2 sept. 1997, n° 9382, *A. Riedacker c/ Préfet et SA Bieber*).

Dommage d'ouvrage public (oui). Responsabilité pour faute d'une commune. Parc de stationnement construit illégalement entraînant un trouble de jouissance du fait des bruits, poussières et odeurs provenant du fonctionnement de l'ouvrage public (▪ CE, 8 oct. 1975, n° 90433, *Sieur Delbos*, préc.).

Compétences des autorités administratives pour faire cesser la pollution atmosphérique. La pollution atmosphérique ne constitue pas un péril imminent dès lors qu'elle ne menace pas gravement la santé et la salubrité publique dans l'agglomération. Ainsi, en l'absence de péril imminent, le maire ne peut s'immiscer dans le pouvoir de police spécial du préfet pour faire cesser la pollution atmosphérique, nonobstant le fait que l'exploitant tarde à se conformer à certaines prescriptions qui lui étaient imposées par le préfet (▪ CAA Paris, 29 juin 2004, n° 03PA02867, *Préfet de Seine-Saint-Denis* ; pour la mise en œuvre des dispositions législatives et réglementaires concernant la réduction des substances polluantes contenues dans l'atmosphère, les autorités de l'État sont soumises à une obligation de moyens. ▪ CA Paris, 11 avr. 2013, n° 12PA00633, *Ass. Les Amis de la Terre*. – M. Sirineli, *Droit à respirer un air pur : quelles obligations pour les autorités publiques ?*

Modalités de réparation. Condamnation du propriétaire d'un immeuble qui subit une pollution atmosphérique du fait des émanations de fumées provenant du système de chauffage d'un immeuble voisin préexistant à indemniser le propriétaire du second immeuble, contraint d'effectuer les travaux nécessaires à la suppression des nuisances afin de se mettre en conformité avec la réglementation (▪ Cass. 3e civ., 8 juill. 1971, n° 70-12.091). Réparation du préjudice causé à des copropriétaires par les mauvaises odeurs provenant d'un restaurant exploité dans l'immeuble (▪ Cass. 3e civ., 18 déc. 1973, n° 74-14.435 : *Bull. civ.* III, n° 637 ; *D.* 1974, inf. rap., p. 69). Suppression de la porcherie et exécution des travaux nécessaires afin de pallier les inconvénients résultant de la présence de cette installation (▪ Cass. 2e civ., 20 oct. 1976, n° 75-11.636 : *Bull. civ.* II, n° 280, préc.). Réparation des dommages causés à une toiture par l'émission de fumées corrosives. Obligation de prendre en compte la corrosion atmosphérique, lors de la fixation du montant de l'indemnité (▪ Cass. 1re civ., 1er mars 1977 : *Bull. civ.* I, n° 112, p. 86 ; *D.* 1977, inf. rap., p. 437, obs. Larroumet, préc.). Implantation d'une habitation dans une zone industrielle, dommages de voisinage, moins-values immobilières conséquentes du risque pris dans le choix de l'implantation de l'habitation dans une zone industrielle (▪ CA Dijon, 12 avr. 1991, *SA Prio Carbo* : *D.* 1993, somm. p. 37, obs. A. Robert, préc.). Compétence du juge judiciaire pour ordonner la suspension de l'activité entraînant des troubles olfactifs excessifs pour le voisinage, sous peine d'astreinte si l'exploitant ne met pas en œuvre dans le délai imposé les mesures nécessaires pour faire cesser toutes les nuisances olfactives (▪ Cass. 1re civ., 13 juill. 2004, n° 02-15.176, *M. Lacroix*).

CHAPITRE Ier. – SURVEILLANCE DE LA QUALITÉ DE L'AIR ET INFORMATION DU PUBLIC

Voir : *a) Droit européen.*

– Dir. n° 96/62/CE du 27 sept. 1996, concernant l'évaluation et la gestion de la qualité de l'air ambiant (*JOCE* n° L 296, 21 nov. 1996) ;

– Dir. n° 1999/30/CE du 22 avr. 1999, relative à la fixation de valeurs limites pour l'anhydride sulfureux, le dioxyde d'azote et les oxydes d'azote, les particules et le plomb dans l'air ambiant (*JOCE* n° L 163, 29 juin 1999, p. 41-60) ;

– Dir. PE et Cons. UE n° 2000/69/CE du 16 nov. 2000, concernant les valeurs limites pour le benzène et le monoxyde de carbone dans l'air ambiant (*JOCE* n° L 313, 13 déc. 2000, p. 12-21) ;

– Dir. PE et Cons. UE n° 2002/3/CE du 12 févr. 2002, relative à l'ozone dans l'air ambiant (*JOCE* n° L 067, 9 mars 2002, p. 14-30) ;

– Déc. Comm. n° 2004/224/CE du 20 févr. 2004, fixant les modalités de transmission d'information sur les plans ou les programmes exigés par la directive n° 96/62/CE du Conseil en ce qui concerne les valeurs limites de certains polluants dans l'air ambiant (*JOUE* n° L 68, 6 mars 2004, p. 27) ;

– Déc. n° 2004/461/CE de la Commission du 29 avr. 2004, établissant un questionnaire à utiliser pour la déclaration annuelle concernant l'évaluation de la qualité de l'air ambiant au titre des directives du Conseil nos 96/62/CE et 1999/30/CE ainsi que des directives du Parlement européen et du Conseil nos 2000/69/CE et 2002/3/CE (*JOUE* n° L 156, 30 avr. 2004, p. 84, rect. *JOUE* n° L 202, 7 juin 2004, p. 63) ;

– Dir. CE n° 2004/107 du 15 déc. 2004, concernant l'arsenic, le cadmium, le mercure, le nickel et les hydrocarbures aromatiques polycycliques dans l'air ambiant (*JOUE* n° L 23, 26 janv. 2005, p. 3) ;

– Dir. (UE) n° 2015/1480 du 28 août 2015 modifiant plusieurs annexes des directives du Parlement européen et du Conseil 2004/107/CE et 2008/50/CE établissant les règles concernant les méthodes de référence, la validation des données et l'emplacement des points de prélèvement pour l'évaluation de la qualité de l'air ambiant.

b) Droit interne. D. n° 98-360 du 6 mai 1998 relatif à la surveillance de la qualité de l'air et de ses effets sur la santé et sur l'environnement aux objectifs de la qualité de l'air, aux seuils d'alerte et aux valeurs limites (*JO* 13 mai 1998, rect. 13 juin 1998) ;

– D. n° 74-415 du 13 mai 1974, modifié et relatif aux contrôles des émissions polluantes dans l'atmosphère et certaines utilisations de l'énergie thermique (*JO* 15 mai 1974) ;

– A. du 17 mars 2003, relatif aux modalités de surveillance de la qualité de l'air et à l'information du public (*JO* 22 juill. 2003, p. 12353) ;

– D. n° 2011-1728 du 2 déc. 2011 relatif à la surveillance de la qualité de l'air intérieur dans certains établissements recevant du public (*JO* n° 0281, 4 déc. 2011, p. 20530) ;

– D. n° 2011-321 du 23 mars 2011 relatif à l'étiquetage des produits de construction ou de revêtement de mur ou de sol et des peintures et vernis sur leurs émissions de polluants volatils (*JO* n° 0071, 25 mars 2011, p. 5343) ;

– D. n° 2012-14 du 5 janv. 2012 relatif à l'évaluation des moyens d'aération et à la mesure des polluants effectuées au titre de la surveillance de la qualité de l'air intérieur de certains établissements recevant du public (*JO* n° 0005, 6 janv. 2012, p. 262) ;

– D. n° 2015-1000 du 17 août 2015 relatif aux modalités de surveillance de la qualité de l'air intérieur dans certains établissements recevant du public (*JO* n° 0190, 19 août 2015, p. 14456) ;

– D. n° 2016-812 du 17 juin 2016 portant application de l'article 65 de la loi n° 2015-992 du 17 août 2015 relative à la transition énergétique pour la croissance verte ;

– Instruction du Gouvernement du 5 janvier 2017, relative à la gestion des épisodes de pollution de l'air ambiant (NOR : DEVR1700340J) (*BO min. Écologie* n° 2017/1, 25 janv. 2017).

– A. du 19 avr. 2017, relatif au dispositif national de surveillance de la qualité de l'air ambiant (NOR : DEVR1710772A) (*JO* n° 95, 22 avr. 2017).

Section I. – Surveillance de la qualité de l'air (1)

Art. L. 221-1 ***(Anc. L. n° 96-1236, 30 déc. 1996*** (1)***; mod., L. n° 2001-398, 9 mai 2001 ; Ord. n° 2005-1087, 1er sept. 2005 ; L. n° 2008-757, 1er août 2008 ; mod. à compter d'une date et dans les conditions fixées par décret et au plus tard le 1er juillet 2010, Ord. n° 2010-18, 7 janv. 2010 ; mod., L. n° 2010-788, 12 juill. 2010 ; L. n° 2016-41, 26 janv. 2016 ; mod. à compter d'une date fixée par décret en Conseil d'État et au plus tard le 1er juillet 2017, Ord. n° 2016-128, 10 févr. 2016).*** **– I. – L'État assure, avec le concours des collectivités territoriales dans le respect de leur libre administration et des principes de décentralisation, la surveillance de la qualité de l'air et de ses effets sur la santé et sur l'environnement. Un organisme chargé de la coordination technique de la surveillance de la qualité de l'air est désigné par arrêté du ministre chargé de l'environnement. Des normes de qualité de l'air définies par décret en Conseil d'État sont fixées, après avis de l'Agence nationale chargée de la sécurité sanitaire de l'alimentation, de l'environnement et du travail, en conformité avec celles définies par l'Union européenne et, le cas échéant, par l'Organisation mondiale de la santé. Ces normes sont régulièrement réévaluées pour prendre en compte les résultats des études médicales et épidémiologiques.**

Un objectif pluriannuel de diminution de la moyenne annuelle des concentrations journalières de particules atmosphériques est fixé par arrêté des ministres chargés de l'environnement et de la santé, pris après avis de l'Agence nationale chargée de la sécurité sanitaire de l'alimentation, de l'environnement et du travail.

II. – Afin de prévenir leurs effets sur la santé, une surveillance des pollens et des moisissures de l'air ambiant est coordonnée par des organismes désignés par arrêté des ministres chargés de l'environnement et de la santé. Les résultats de cette surveillance font l'objet d'une information du public et des acteurs concernés.

III. – Les substances dont le rejet dans l'atmosphère peut contribuer à une dégradation de la qualité de l'air au regard des normes mentionnées au premier alinéa sont surveillées, notamment par l'observation de l'évolution des paramètres propres à révéler l'existence d'une telle dégradation. Les paramètres de santé publique susceptibles d'être affectés par l'évolution de la qualité de l'air sont également surveillés.

Voir : ADEME : *supra*, livre I, titre III, chapitre I, article L. 131-3.

A. du 7 avr. 2016 relatif au déclenchement des procédures préfectorales en cas d'épisodes de pollution de l'air ambiant (*JO* n° 0084, 9 avr. 2016).

A. du 26 déc. 2016, relatif au découpage des régions en zones administratives de surveillance de la qualité de l'air ambiant (NOR : DEVR1637130A) (*JO* n° 303, 30 déc. 2016).

D. du 19 avr. 2017 relatif à la programmation pluriannuelle de l'énergie de la Guadeloupe (NOR : DEVR1710009D) (*JO* n° 570, 21 avr. 2017).

A. du 19 avr. 2017, relatif au dispositif national de surveillance de la qualité de l'air ambiant, (*JO* n° 95, 22 avr. 2017).

---

(1) V. la note sous l'article R. 221-1 du Code de l'environnement. – NDLR.

A. du 4 mai 2017, portant agrément de l'association de surveillance de la qualité de l'air de la région Bourgogne-Franche-Comté (*JORF* n° 0108, 7 mai 2017, texte n° 16).

Bibliographie : *Sur les responsabilités et les compétences locales.* O. Gulli, *Le renforcement des moyens d'action au niveau régional, la planification : Dr. env.* 6/1998, p. 3 à 6. • ADEME, *La qualité de l'air en France*, 1995. • D. Fontaine, *Les responsabilités locales dans la lutte contre la pollution de l'air : LPA* 14 juin 1991, n° 71, p. 4.

Sur les conséquences des déplacements des objectifs de qualité de l'air, de seuils d'alerte et des valeurs limites. Sur les mesures d'urgence : V. *infra*, articles L. 223-1 et L. 223-2. • D. Fontaine, *La surveillance de la qualité de l'air : Environnement et technique*, n° hors-série 2011 ; *La Réunion : Environnement et dév. durable*, p. 56. • Conférence Club de Bruxelles, *La qualité de l'air en Europe*, Bruxelles, 6 mars 1997. • S. Deygas, *Les procédures de protection de la qualité de l'air instaurées par la loi du 30 décembre 1996 : Procédures* 1997, n°s 1-3, p. 4 à 5. • ADEME, *La qualité de l'air en France*, 1995. • D. Fontaine, *Les responsabilités locales dans la lutte contre la pollution de l'air : LPA* 14 juin 1991, n° 7, p. 4 à 6.

Sur la surveillance de la qualité de l'air. Dispositif national de surveillance de la qualité de l'air ambiant : Dépêches JurisClasseur 26 avr. 2017. • M. Moliner-Dubost, *Réforme en demi-teinte des procédures de gestion des épisodes de pollution atmosphérique : Énergie – Env. – Infrastr.* 2016, n° 6, comm. 46. • J.-M. Pastor, *Plus de réactivité en cas de pollution de l'air : AJDA* 2016, 72. • L. Peyen, *Lutte contre la pollution de l'air intérieur : une surveillance allégée : Énergie – Env. – Infrastr.* 2016, 3, p. 47-48. • M.-C. de Montecler, *Qualité de l'air : vers la fin d'une « norme absurde » ? : AJDA* 2014, 1856. • Ministère de l'Environnement, *La mesure en continu des émissions de polluants de l'atmosphère : Cah. techniques* 1990, n° 28.

Sur les obligations des autorités publiques. E. Cobourg-Goze, *Le droit à respirer un air sain et les plans de protection de l'atmosphère, genèse et perspective d'une jurisprudence en demi-teinte*, note sous CE 12 juillet 2017, n° 394254, *Association Les Amis de la Terre France : Dr. env.* sept. 2017, n° 259, p. 302. • *Gestion des épisodes de pollution de l'air ambiant : instruction ministérielle précisant aux préfets les mesures à prendre avant le 7 avril 2017 : JCP* A 2017, n° 3, act. 64. • C. Lepage, *Pollution de l'air : L'État est mis face à ses obligations : Dr. env.* juill./août 2017, n° 258, p. 250. • S. Von Coester, *Qualité de l'air : obligation pour l'État de prendre des mesures appropriées et efficaces*, Conclusions sous CE, 12 juill. 2017, n° 394254, *Les Amis de la Terre France : Dr. env.* juill./août 2017, n° 258, p. 270. • V. M. Sirinelli, *Droit à respirer un air pur, quelles obligations pour les autorités publiques ? : AJDA* 2013, p. 1506. • O. Le Bot, *Carence de l'État à lutter contre la pollution de l'air : jugement du tribunal administratif de Montreuil : D.* 2019, p. 1488.

1) Obligation de surveillance des États membres et jurisprudence européenne. La période de dépassement des valeurs limites prévues par la directive n° 2008/50/CE du Parlement européen et du Conseil en date du 21 mai 2008 et relative à la qualité de l'air ambiant en Europe doit être la plus courte possible : cette obligation qui pèse sur chaque État membre doit être respectée sous peine d'encourir une condamnation par le juge européen (■ CJUE, 3e ch., 22 févr. 2018, aff. C-336/16, *Commission européenne c/ République de Pologne*. ■ CJUE, 5 avr. 2017, n° C-488/15, *Commission européenne c/ République de Bulgarie*). Dans un communiqué de presse du 15 février 2017, la Commission européenne avait mis en garde l'Allemagne, la France, l'Espagne, l'Italie et le Royaume-Uni, qui n'ont pas remédié aux infractions répétées aux limites en matière de pollution atmosphérique fixées pour le dioxyde d'azote, et les a invité à mettre en œuvre des mesures garantissant une bonne qualité de l'air et assurant la protection de la santé publique. En mai 2018, la Commission a engagé des recours en manquement contre la France, le Royaume Uni, l'Allemagne, la Hongrie, l'Italie et la Roumanie. En 2019, la France a été condamnée en raison du non-respect de la directive Air pur pour l'Europe, concernant le cas particulier de la pollution au dioxyde d'azote (■ CJUE, 7e ch., 24 oct. 2019, aff. C-636/18, *Comm. UE c/ Rép. française*).

2) Obligation de surveillance des États membres et jurisprudence française. Le législateur français a transposé dans le Code de l'environnement et notamment à l'article L. 221-1, l'obligation de surveillance de la qualité de l'air qui incombe à chaque État membre, telle que prévue par la directive n° 2008/50/CE du Parlement européen et du Conseil en date du 21 mai 2008 et relative à la qualité de l'air ambiant en Europe. La Haute juridiction administrative française a également eu l'occasion d'affirmer que les personnes (physiques ou morales), directement concernées par le dépassement des valeurs limites fixées par l'annexe XI de cette directive, doivent pouvoir obtenir des autorités nationales l'établissement d'un plan relatif à la qualité de l'air, étant précisé que si les États membres disposent d'une certaine marge d'appréciation pour la détermination des mesures à adopter, celles-ci doivent, en tout état de cause, permettre que la période de dépassement des valeurs limites soit la plus courte possible. Par ailleurs, il appartient à la juridiction nationale compétente de prendre, à l'égard de l'autorité nationale, toute mesure nécessaire, telle qu'une injonction, afin que cette autorité établisse le plan exigé par ladite directive dans les conditions que celle-ci prévoit (■ CE, 12 juill. 2017, n° 394254, *Association Les Amis de la Terre France*). Si le dépassement de valeurs limites constitue une méconnaissance des articles L. 221-1 et R. 221-1 du présent code, et donc une carence fautive de l'État, encore faut-il, pour un requérant qui souhaiterait initier une action indemnitaire, pouvoir prouver le lien de causalité entre cette carence et son préjudice (■ TA Montreuil, 25 juin 2019, n° 1802202).

3) Pouvoirs d'appréciation du préfet. Le décret du 13 mai 1974 modifié relatif à la surveillance de la qualité de l'air dans les agglomérations laisse au préfet toute liberté d'appréciation dans la mise en œuvre des procédures d'alerte à la pollution envisagées et n'impose aucune obligation particulière de sécurité et de prudence. Ainsi, le préfet ne peut être incriminé pour s'être abstenu de prendre les mesures nécessaires pour pallier les effets de la pollution atmosphérique sur la santé publique (■ Cass. crim., 25 juin 1996, *Mme Graignic : Bull. crim.* 1996, n° 274). Il résulte des dispositions législatives de l'article L. 221-1 du Code de l'environnement, éclairées par les débats parlementaires, et des dispositions réglementaires prises pour leur application que pour atteindre l'objectif de respect des valeurs limites réglementaires à ne pas dépasser aux fins d'éviter, de prévenir ou de réduire les effets nocifs des substances polluantes contenues dans l'atmosphère sur la santé humaine ou sur l'environnement, les préfets sont soumis à une obligation de moyens et non de résultat (■ CA Paris, 11 avr. 2013, n° 12PA00633, *Ass. Les Amis de la Terre*, préc.).

Un arrêté interministériel du 7 avril 2016 relatif au déclenchement des procédures préfectorales en cas d'épisode de pollution de l'air ambiant, modifié par un arrêté du 26 août 2016, est venu compléter et renforcer le dispositif de gestion des pics de pollution atmosphérique. Par conséquent, les procédures préfectorales ont dû être revues. L'instruction n° DGS/SDVSS/EA/MICOM/2018/103 du 13 avril 2018 relative à l'action des ARS en cas d'épisodes de pollution de l'air ambiant redéfinit les actions à mettre en œuvre par les Agences régionales de santé.

4) Obligation de moyen des préfets. Les plans de protection de l'atmosphère ne constituent que l'un des divers instruments dont dispose l'Administration pour ramener les émissions de polluants à un niveau compatible avec les normes de qualité de l'air définies aux articles L. 221-1 et R. 221-1 du Code de l'environnement. Les mesures et les plans prévus s'opèrent sans préjudice des mesures pouvant être prises à un autre titre, le cas échéant, au niveau national, ou par des acteurs privés. Les préfets chargés de la mise en œuvre du plan sont soumis à une obligation de moyens et non de résultat dans la réalisation des objectifs de respect des valeurs limites réglementaires à ne pas dépasser aux fins d'éviter, de prévenir ou de réduire les effets nocifs des substances polluantes (■ CE, 10 juin 2015, n° 369428, *Ass. Les amis de la Terre*).

5) Pluralité de mesures mises en œuvre. L'État peut être mis en cause, de façon globale, en cas de dépassement des valeurs fixées conformément aux dispositions combinées des articles L. 221-1 et R. 221-1 du Code de l'environnement. Toutefois, l'obligation qui pèse sur l'État n'impose pas que chacun des outils déployés par les différents autorités et organismes compétents au sein de l'État permette, à lui seul, le respect de ces valeurs-limites. À titre d'illustration, les autorisations délivrées au titre des installations classées pour la protection de l'environnement et les prescriptions dont elles peuvent être assorties ne constituent que l'un des divers instruments dont dispose l'administration pour ramener les émissions de polluants à un niveau compatible avec les normes de qualité de l'air définies aux articles L. 221-1 et R. 221-1 précités. En d'autres termes, ces prescriptions s'imposent sans préjudice des mesures pouvant être prises à un autre titre, le cas échéant au niveau national, ou par des acteurs privés (■ CAA Marseille, 9 févr. 2017, n° 15MA00895).

6) Surveillance de la qualité de l'air : une activité d'intérêt général. Elle est assurée par des organismes de droit privé agréés par une autorité administrative et soumis à des sujétions particulières. Même en l'absence de prérogatives de puissance publique, ces organismes sont chargés d'une mission de service public, eu égard à l'intérêt général de leur activité, aux conditions de leur organisation et de leur fonctionnement, aux obligations qui leur sont imposées ainsi qu'aux mesures prises pour vérifier que les objectifs qui leur sont assignés sont atteints (■ CE, sect., 22 févr. 2007, n° 264541, *Ass. personnel relevant des établissements pour inadaptés : JurisData* n° 2007-071473).

7) Modification des seuils d'alerte. À la suite de l'épisode de pollution de l'air aux particules (PM10) intervenu en Île-de-France à la mi-mars 2014, la réforme de la procédure d'alerte a abouti à la publication de l'arrêté du 26 mars 2014 relatif au déclenchement des procédures préfectorales en cas d'épisodes de pollution de l'air ambiant (*JO* 29 mars 2014), qui abroge les arrêtés du 17 août 1998 (relatif aux seuils de recommandation et aux conditions de déclenchement de la procédure d'alerte) et du 11 juin 2003 (relatif aux informations à fournir au public en cas de dépassement ou de risque de dépassement des seuils de recommandation ou des seuils d'alertes. Aujourd'hui application de l'arrêté du 7 avril 2016 relatif au déclenchement des procédures préfectorales en cas d'épisodes de pollution de l'air ambiant.

Instruction du 5 janvier 2017, relative à la gestion des épisodes de pollution de l'air ambiant (NOR : DEVR1700340J) (*BO min. Écologie* n° 2017/1, 25 janv. 2017).

8) Qualité de l'air et installations classées pour la protection de l'environnement (ICPE). Les prescriptions de l'article L. 221-1 du présent code n'ont aucunement pour objet de fixer les prescriptions relatives à la demande d'autorisation d'une ICPE. Toutefois, une telle demande d'autorisation doit prendre en compte les normes de qualité de l'air définies aux articles L. 221-1 et R. 221-1 du présent code (■ CE, 13 mars 2019, n° 418949).

Art. L. 221-2 *(Anc. L. n° 96-1236, 30 déc. 1996* (1) *; mod., L. n° 2008-757, 1er août 2008 ; L. n° 2015-992, 17 août 2015).* **– Un dispositif de surveillance de la qualité de l'air et de ses effets sur la santé et sur l'environnement couvre l'ensemble du territoire national. Les modalités de surveillance sont adaptées aux besoins de chaque zone, notamment ceux des agglomérations de plus de 100 000 habitants.**

Un décret en Conseil d'État fixe la liste des substances surveillées ainsi que les normes de qualité de l'air mentionnées à l'article L. 221-1. La liste des communes incluses dans les agglomérations de plus de 100 000 habitants est établie par arrêté conjoint des ministres chargés de l'environnement et des transports. Cet arrêté est mis à jour au moins tous les cinq ans.

Voir : Dir. n° 1999/30/CE du 22 avr. 1999, relative à la fixation de valeurs limites pour l'anhydride sulfureux, le dioxyde d'azote et les oxydes d'azote, les particules et le plomb dans l'air ambiant (*JOCE* n° L 163, 29 juin 1999, p. 41-60) ;

– V. Déc. Comm. du 19 mars 2004, concernant des orientations de mise en œuvre de la directive n° 2002/3/CE du Parlement européen et du Conseil relative à l'ozone dans l'air ambiant (*JOUE* n° L 87, 25 mars 2004, p. 50) ;

– Article 7 du décret n° 98-360 du 6 mai 1998 modifié, relatif à la surveillance de la qualité de l'air et de ses effets sur la santé et sur l'environnement, aux objectifs de qualité de l'air, aux seuils d'alerte et aux valeurs limites (*JO* 13 mai 1998, rect. 13 juin 1998) ;

– D. n° 2003-1085 du 12 nov. 2003, portant transposition de la directive n° 2002/3/CE du Parlement européen et du Conseil du 12 février 2002 et modifiant le décret n° 98-360 du 6 mai 1998 relatif à la surveillance de la qualité de l'air et de ses effets sur la santé et sur l'environnement, aux objectifs de qualité de l'air, aux seuils d'alerte et aux valeurs limites (*JO* 19 nov. 2003, p. 19606) ;

– A. du 22 juill. 2004, relatif aux indices de la qualité de l'air (*JO* 25 nov. 2004, p. 19977).

A. du 21 déc. 2011, modifiant l'arrêté du 22 juillet 2004 relatif aux indices de la qualité de l'air (*JO* 31 déc. 2011).

Bibliographie : M. Molinier-Dubost, *Le dispositif national de surveillance de la qualité de l'air : Environnement-Infrastructures* juill. 2017, n° 7, p. 46. • J. Gourin, *Pollution de l'air : Rev. jur. env.* 2015, 3, p. 570-571. • M. Moliner-Dubost, *Ozone : nouvelles dispositions concernant l'alerte à la pollution : Dr. env.* 1er avr. 2004, n° 117, p. 62. • M. Crone, *Pollution à l'ozone : une directive qui tombe à pic : Environnement mag.* nov. 2003, n° 1622, p. 51.

Voir : D. n° 2016-753, 7 juin 2016 relatif aux évaluations des émissions de gaz à effet de serre et de polluants atmosphériques à réaliser dans le cadre des plans de déplacements urbains.

Voir : sur la responsabilité pénale : mise en danger d'autrui. Ne constitue pas le délit de mise en danger d'autrui le fait, pour le préfet de police de Paris, de ne pas mettre en œuvre des procédures d'alerte à la pollution dès lors qu'il n'est pas établi que le préfet ait méconnu une obligation particulière de sécurité imposée par la loi ou le règlement (■ Cass. crim., 25 juin 1996, n° 95-86.205, *Préfet de police de Paris : Dr. env.* avr. 1997, n° 47, p. 4), décision antérieure à la loi sur l'air.

Sur la liste des agglomérations de plus de 250 000 habitants : D. n° 98-360 du 6 mai 1998 précité. Il s'agit d'Aix-en-Provence, Béthune, Bordeaux, Clermont-Ferrand, Grasse-Cannes-Antibes, Grenoble, le Havre, Lens, Lille, Lyon, Marseille, Montpellier, Nancy, Nantes, Nice, Paris, Rennes, Rouen, Saint-Étienne, Strasbourg, Toulon, Toulouse, Tours, Valenciennes.

Sur la liste des agglomérations comprises entre 100 000 et 250 000 habitants : D. précité du 6 mai 1998. Il s'agit d'Amiens, Angers, Angoulême, Annecy, Avignon, Bayonne, Besançon, Brest, Caen, Calais, Chambéry, Dijon, Douai, Dunkerque, Limoges, Lorient, Le Mans, Maubeuge, Metz, Montbéliard, Mulhouse, Nîmes, Orléans, Pau, Perpignan, Poitiers, Reims, La Rochelle, Saint-Nazaire, Thionville, Troyes, Valence, Fort-de-France (Martinique), Pointe-à-Pitre (Guadeloupe), Saint-Denis (Réunion).

Sur l'implantation de stations de surveillance. Rejet de la requête contre la décision implicite du ministre de prendre les mesures nécessaires à l'exécution de la directive n° 92/72/CE du 21 septembre 1992 concernant la pollution de l'air par l'ozone (*JOCE* n° L 297, 13 oct. 1992), notamment la mise en place de stations de surveillance sur l'ensemble du territoire français ; il résulte clairement de l'article 3 de cette directive qu'il n'impose pas aux États membres de mettre en place un nombre déterminé de stations de mesure. Compte tenu des différences de situation existant sur le territoire, les requérants ne sont pas fondés à soutenir que le principe d'égalité des usagers devant le service public aurait été méconnu (■ CE, 14 juin 1999, *Fédération nationale des assoc. d'usagers des transports*).

(1) V. T. appl. : D. n° 98-360, 6 mai 1998 et A. 17 août 1998. – NDLR.

Art. L. 221-3 *(Mod. à compter du 1er janvier 2012, L. n° 2010-788, 12 juill. 2010).* **– Dans chaque région, et dans la collectivité territoriale de Corse, l'État confie la mise en œuvre de la surveillance prévue à l'article L. 221-2 à un organisme agréé pour un ou des paramètres donnés de la qualité de l'air. Celui-ci associe, de façon équilibrée, des représentants de l'État et de l'Agence de l'environnement et de la maîtrise de l'énergie, des collectivités territoriales et leurs groupements, des représentants des diverses activités contribuant à l'émission des substances surveillées, des associations de protection de l'environnement agréées au titre de l'article L. 141-1, des associations agréées de consommateurs et, le cas échéant, faisant partie du même collège que les associations, des personnalités qualifiées. Les modalités d'application du présent article sont définies par un décret en Conseil d'État** (1).

Voir : sur le rôle des associations : *supra*, livre I, titre IV, chapitre Ier, article L. 141-1.

Échelon régional et surveillance de la qualité de l'air. La loi Grenelle 2 du 12 juillet 2010 est venue modifier l'article L. 221-3 du Code de l'environnement, prévoyant la présence d'un organisme agréé au sein de chaque région pour surveiller la qualité de l'air. Suite à la réforme régionale portée par la loi NOTRe (L. n° 2015-991, 7 août 2015 portant nouvelle organisation territoriale de la République), chaque nouvelle grande région est dotée de son observatoire de la qualité de l'air, soit 18 associations agréées (AAQSA), et une association de surveillance de la qualité de l'air (ASQA) en Nouvelle-Calédonie.

Art. L. 221-4 *(Ord. n° 2010-1232, 21 oct. 2010).* **– Les matériels de mesure de la qualité de l'air et de mesure des rejets de substances dans l'atmosphère, ainsi que les laboratoires qui effectuent des analyses et contrôles d'émissions polluantes, sont soumis à agrément de l'autorité administrative. Celle-ci détermine les méthodes de mesure et les critères d'emplacement des matériels utilisés.**

Par dérogation au régime d'agrément prévu à l'alinéa précédent, tout prestataire légalement établi et autorisé à réaliser des analyses et contrôles d'émissions polluantes dans un autre État membre de l'Union européenne ou dans un autre État partie à l'accord sur l'Espace économique européen peut exercer en France cette activité à titre temporaire et occasionnel, lorsque l'autorisation dont il bénéficie dans cet État présente des garanties équivalentes à celles requises par la réglementation nationale et sous réserve, avant la première prestation, d'avoir déclaré son activité auprès de l'autorité administrative compétente. Les modalités d'application du présent alinéa sont fixées par arrêté du ministre chargé de l'environnement.

Art. L. 221-5 *(Anc. L. n° 96-1236, 30 déc. 1996).* **– Les agréments délivrés en application de la présente section peuvent être retirés lorsque les organismes ou laboratoires ainsi que les matériels de mesure ne satisfont plus aux conditions qui ont conduit à les délivrer.**

Voir : A. 11 mars 2010, relatif aux modalités d'agrément des laboratoires ou des organismes pour certains types de prélèvements et d'analyses à l'émission des substances dans l'atmosphère (*JO* n° 91, 18 avr. 2010). - D. n° 98-361 du 6 mai 1998, précité. A. 3 sept. 2013, portant agrément des laboratoires ou des organismes pour effectuer certains types de prélèvements et d'analyses à l'émission des substances dans l'atmosphère (*JO* n° 29, 4 févr. 2014).

Bibliographie : J.-Y. Faberon, *Chronique des textes d'application de la loi sur l'air et utilisation rationnelle de l'énergie : LPA* 31 juill. 1998, n° 91, p. 11 à 19.

Section II. – Information du public

Bibliographie : Ministère de l'Écologie et du Développement durable, *88 propositions pour une meilleure gouvernance écologique*. Rapport final première phase de la mission confiée à C. Lepage, 2008.

Art. L. 221-6 *(Mod., L. n° 2001-398, 9 mai 2001 ; Ord. n° 2005-1087, 1er sept. 2005 ; L. n° 2008-757, 1er août 2008 ; mod. à compter d'une date et dans les conditions fixées par décret et au plus tard le 1er juillet 2010, Ord. n° 2010-18, 7 janv. 2010 ; mod., L. n° 2016-41, 26 janv. 2016 ; mod. à compter du 1er mai 2016, Ord. n° 2016-462, 14 avr. 2016).* **– Les résultats d'études épidémiologiques liées à la pollution atmosphérique, les résultats d'études sur l'environnement liées à la pollution atmosphérique ainsi que les informations et prévisions relatives à la surveillance de la qualité de l'air, aux émissions dans l'atmosphère et**

(1) V. T. appl. : D. n° 98-361, 6 mai 1998. – NDLR.

aux consommations d'énergie font l'objet d'une publication périodique qui peut être confiée, pour leur zone de compétence, aux organismes agréés mentionnés à l'article L. 221-3.

Les résultats d'études épidémiologiques et d'études sur l'environnement liées aux rayonnements ionisants font l'objet d'une publication par l'Institut de radioprotection et de sûreté nucléaire et l'Agence nationale de santé publique, en fonction des missions qui leur sont respectivement attribuées.

(Mod. à compter du 1er janvier 2025, L. n° 2024-450, 21 mai 2024) **Les résultats d'études épidémiologiques et d'études sur l'environnement liées aux rayonnements ionisants font l'objet d'une publication par l'Autorité de sûreté nucléaire et de radioprotection et l'Agence nationale de santé publique, en fonction des missions qui leur sont respectivement attribuées.**

L'État publie chaque année un inventaire des émissions des substances polluantes et un inventaire des consommations d'énergie. Il publie également un rapport sur la qualité de l'air, son évolution possible et ses effets sur la santé et l'environnement et les risques qui en résultent. L'inventaire des émissions des substances polluantes et ce rapport sont soumis à l'avis du de l'Agence nationale chargée de la sécurité sanitaire de l'alimentation, de l'environnement et du travail.

Lorsque les normes de qualité de l'air mentionnées à l'article L. 221-1 ne sont pas respectées ou risquent de ne pas l'être, le public en est immédiatement informé par l'autorité administrative compétente. Cette information porte également sur les niveaux de concentration de polluants, les risques sur la santé et l'environnement, les conseils aux populations concernées et les dispositions arrêtées. L'autorité administrative compétente peut déléguer la mise en œuvre de cette information aux organismes agréés prévus à l'article L. 221-3.

Voir : Réponse à question écrite du 9 septembre 1999 du ministre de l'Environnement à Monsieur A. Maman (*JO* Sénat CR, 9 déc. 1999, n° 18630, p. 4054) sur l'évolution de la politique européenne en matière de qualité de l'air ;

– Circ. au préfet du 18 janv. 1997, relative à la loi n° 96-1236 du 30 décembre 1996 sur l'air et l'utilisation rationnelle de l'énergie, mesures d'application immédiates non publiées au *JO* sur la mise en œuvre du droit à l'information ;

– Titre III du décret n° 98-360 du 6 mai 1998 ;

– *Infra*, article L. 223-1 sur les mesures d'urgence, sur l'information dans le cadre des mesures d'urgence ;

– A. du 11 juin 2003, relatif aux informations à fournir au public en cas de dépassement ou de risque de dépassement des seuils de recommandation ou des seuils d'alerte (*JO* 24 juin 2003, p. 10572) ;

– A. du 29 déc. 2006, relatif au système national d'inventaires des émissions de polluants atmosphériques (*JO* 11 mars 2007) ;

– Instruction technique relative au déclenchement des procédures préfectorales en cas d'épisodes de pollution de l'air ambiant du 24 septembre 2014, ministère de l'Écologie, du Développement durable et de l'Énergie ;

– A. du 7 avr. 2016 relatif au déclenchement des procédures préfectorales en cas d'épisodes de pollution de l'air ambiant (*JORF* n° 0084, 9 avr. 2016) ;

– A. du 19 avril 2017, relatif au dispositif national de surveillance de la qualité de l'air ambiant (*JORF* n° 0095, 22 avr. 2017).

Bibliographie : ADEME, *Qualité de l'air : Orientations stratégiques de l'ADEME Période 2015 – 2020 juin 2015*, Éd. ADEME, 26 p. ; *La pollution de l'air extérieur mai 2015*, Éd. ADEME, Comprendre et améliorer la qualité de l'air. • ADEME, *La qualité de l'air en France, surveillance et information*, Éd. ADEME, 1997. • Y. Jégouzo, *Qualité de l'air et information de la population : RD imm.* 1996, 342.

Section II *bis*. – Conseil national de l'air

(L. n° 2018-699, 3 août 2018)

Art. L. 221-6-1 ***(L. n° 2018-699, 3 août 2018).*** **– I. – Le Conseil national de l'air comprend parmi ses membres un député et un sénateur.**

II. – Les missions, la composition, l'organisation et le fonctionnement du conseil sont précisés par décret.

Section III. – Qualité de l'air intérieur

(L. n° 2010-788, 12 juill. 2010)

Art. L. 221-7 ***(L. n° 2010-788, 12 juill. 2010 ; mod., L. n° 2016-41, 26 janv. 2016).*** **–** (1) **L'État coordonne les travaux d'identification des facteurs de pollution ainsi que l'évaluation des expositions et des**

(1) Concernant l'étiquetage des produits désodorisants à combustion : V. D. n° 2017-946, 10 mai 2016. – NDLR.

risques sanitaires relatifs à la qualité de l'air dans les environnements clos. Il élabore les mesures de prévention et de gestion destinées à réduire l'ampleur et les effets de cette pollution. Il informe le public des connaissances et travaux relatifs à cette pollution.

Des valeurs-guides pour l'air intérieur sont définies par décret en Conseil d'État, après avis de l'Agence nationale chargée de la sécurité sanitaire de l'alimentation, de l'environnement et du travail.

Des niveaux de référence pour le radon sont définis par décret en Conseil d'État, après avis de l'Autorité de sûreté nucléaire.

***(Mod. à compter du 1er janvier 2025, L. n° 2024-450, 21 mai 2024)* Des niveaux de référence pour le radon sont définis par décret en Conseil d'État, après avis de l'Autorité de sûreté nucléaire et de radioprotection.**

Ces valeurs-guides et ces niveaux de référence sont fixés en conformité avec ceux définis par l'Union européenne et, le cas échéant, par l'Organisation mondiale de la santé. Ces normes sont régulièrement réévaluées pour prendre en compte les résultats des études médicales et épidémiologiques.

1) Air intérieur et établissements recevant du public. Le décret n° 2015-1000 du 17 août 2015 organise les modalités de surveillance de la qualité de l'air intérieur dans certains établissements recevant du public.

L'obligation de mesure de la qualité de l'air dans certains établissements publics, instaurée par la loi Grenelle 2, est applicable aux crèches et aux écoles maternelles et élémentaires, depuis le 1er janvier 2018. Le décret fixe deux autres échéances : le 1er janvier 2020 pour les accueils de loisir et les établissements d'enseignement du second degré et le 1er janvier 2023 pour les autres établissements.

2) Air intérieur et émission de polluants volatils. Le décret n° 2017-946 du 10 mai 2017 relatif à l'étiquetage des produits désodorisants à combustion sur les informations de sécurité pour l'utilisateur, qui s'appliquera à compter du 1er janvier 2019. Ce décret rend obligatoire l'affichage de mentions sur les emballages des produits désodorisants à combustion, qu'ils soient mis en vente ou distribués à titre gratuit. Ces mentions devront informer le consommateur des précautions à prendre en cas d'utilisation de ces produits, du fait des émissions de polluants volatils.

3) Air intérieur et consommation. Le pouvoir réglementaire est intervenu dans différents domaines afin de participer à l'amélioration de la qualité de l'air intérieur. Parmi ces mesures, le décret n° 2011-321 du 23 mars 2011 relatif à l'étiquetage des produits de construction ou de revêtement de mur ou de sol et des peintures et vernis sur leurs émissions de polluants volatils (V. art. L. 221-10, p. 486 du présent code), ou encore l'arrêté du 19 avril 2011 relatif à l'étiquetage des produits de consommations, lequel indique les substances et limites de concentration et d'exposition.

Art. L. 221-8 *(L. n° 2010-788, 12 juill. 2010)*. **– Une surveillance de la qualité de l'air intérieur est obligatoire pour le propriétaire ou l'exploitant de certains établissements recevant du public déterminés par décret en Conseil d'État lorsque la configuration des locaux ou la nature du public le justifie. La mise en œuvre de cette surveillance et la mise à disposition de ses résultats auprès du public sont assurées à leurs frais par les propriétaires ou les exploitants de ces espaces clos qui, lorsqu'ils en sont membres, peuvent notamment s'appuyer sur les organismes agréés prévus à l'article L. 221-3. Ce décret fixe en outre :**

1° Les conditions de réalisation de cette surveillance et les conditions auxquelles doivent répondre les personnes et organismes qui sont chargés des mesures de surveillance ;

2° Les conditions dans lesquelles le représentant de l'État dans le département est tenu informé des résultats et peut, le cas échéant, prescrire au propriétaire ou à l'exploitant concerné, et à leurs frais, la réalisation des expertises nécessaires à l'identification de la pollution ou à la préconisation de mesures correctives.

La liste des polluants de l'air intérieur qui font l'objet de cette surveillance et les méthodes de prélèvements et d'analyses à employer sont fixées par décret.

Bibliographie : ADEME, *Un air sain chez soi*, Éd. ADEME, mai 2015. • V. Bourguet, *Qualité de l'air intérieur : une approche technique et comportementale : Le Moniteur* 27 févr. 2009, p. 66-69. • J.-M. Quemener, *Quelles mesures de gestion pour améliorer la qualité de l'air intérieur ? : Direction des études économiques et de l'évaluation environnementale*, juin 2007, coll. « Études et synthèse ».

Voir : sur la surveillance de la qualité de l'air intérieur dans certains établissements recevant du public : *supra*, livre II, titre II, chapitre 1er, art. R. 221-29 et s., p. 1953.

D. n° 2015-1000, 17 août 2015 relatif aux modalités de surveillance de la qualité de l'air intérieur dans certains établissements recevant du public (*JO* n° 0190, 19 août 2015).

Art. L. 221-9 *(L. n° 2010-788, 12 juill. 2010).* – **1. Une définition des écomatériaux est adoptée. Leurs caractéristiques techniques environnementales et sanitaires sont évaluées selon des modalités identiques à celles en vigueur pour les produits revendiquant les mêmes usages.**

2. Un cadre de certification des éco-matériaux est mis en place dans les instances existantes habilitées à certifier des produits revendiquant les mêmes usages.

Voir : sur la liste des écomatériaux, questions écrites de M. René Beaumont n° 20517 (*JO* Sénat 20 oct. 2011) et n° 16810 (*JO* Sénat 20 janv. 2011) ; réponse du ministère de l'Écologie, du Développement durable, des Transports et du Logement (*JO* Sénat 19 avr. 2012). – Les écomatériaux en France, États des lieux et enjeux dans la rénovation thermique des logements, mars 2009. Les Amis de la terre.

A. 19 déc. 2012 relatif au contenu et aux conditions d'attribution du label « bâtiment biosourcé » : *JO* n° 0299, 23 déc. 2012, p. 20332.

– Question écrite de M. Philipe Meunier n° 84687 (*JO* n° 92, 19 avr. 2017) ; réponse du ministère de l'Écologie, du Développement durable et de l'Énergie, Urbanisme (Publication au *JOAN* Q 21 mars 2017) – Permis de construire – Utilisation de matériaux biosourcés. Réglementation.

– A. 10 avr. 2017, relatif aux constructions à énergie positive et à haute performance environnementale sous maîtrise d'ouvrage de l'État, de ses établissements publics et des collectivités territoriales (NOR : LHAL1623032A).

– *Énergie – Env. – Infrastr.* mars 2017, n° 3, comm. 12, *Vers des bâtiments publics à énergie positive et à haute performance environnementale*, comm. A. Fourmon.

Art. L. 221-10 *(L. n° 2010-788, 12 juill. 2010).* – **Les produits de construction et d'ameublement ainsi que les revêtements muraux et de sol, les peintures et vernis qui émettent des substances dans l'air ambiant sont soumis à une obligation d'étiquetage des polluants volatils à partir du 1er janvier 2012.**

Un décret en Conseil d'État précise la liste des produits concernés par cet étiquetage.

La loi Grenelle 2 a posé le principe de l'étiquetage obligatoire des émissions de COV des produits de construction et d'ameublement, des revêtements muraux et des sols ainsi que des peintures et vernis dans les conditions fixées par décret en Conseil d'État.

Voir : Décret n° 2011-321 du 23 mars 2011 relatif à l'étiquetage des produits de construction ou de revêtement de mur ou de sol et des peintures et vernis sur leurs émissions de polluants volatils (*JO* n° 0071, 25 mars 2011, p. 5343).

Arrêté du 19 avril 2011 relatif à l'étiquetage des produits de construction ou de revêtement de mur ou de sol et des peintures et vernis sur leurs émissions de polluants volatils (*JO* n° 0111, 13 mai 2011, p. 8284).

La Commission européenne a redéfini la dénomination et le champ d'application du groupe de produits « *revêtements de sol à base de bois, de liège et de bambou* », et renforcé les critères d'attribution du label écologique, ainsi que les exigences en matière d'évaluation et de vérification des produits. Le groupe de produits élargi, officiellement dénommé « *Revêtements de sol à base de bois, de liège et de bambou* », comprend les revêtements de sol intérieur qui sont constitués à plus de 80 % du poids du produit fini de matériaux ou fibres en bois, en liège ou en bambou, et dont les couches constituantes sont exemptes de fibres synthétiques. Ce groupe de produits ne comprend pas les revêtements muraux, les revêtements extérieurs, les revêtements ayant une fonction structurelle ni les produits de nivellement. L'Europe impose onze critères obligatoires pour l'obtention du label écologique, qui restent valables six ans. – Décision (UE) 2017/176 de la Commission du 25 janvier 2017 établissant les critères du label écologique de l'Union européenne pour les revêtements de sol à base de bois, de liège et de bambou [notifiée sous le n° C (2017) 303], (*JOUE* n° L 028, 2 févr. 2017).

CHAPITRE II. – PLANIFICATION

Section I. – Stratégie nationale de développement à faible intensité de carbone et schémas régionaux du climat, de l'air et de l'énergie

(Rempl., L. n° 2010-788, 12 juill. 2010 ; intitulé rempl., L. n° 2015-992, 17 août 2015)

Voir : *D. n° 98-362 du 6 mai 1998.* – *D. n° 2011-1554*, 16 nov. 2011, relatif aux données permettant d'élaborer et d'évaluer les schémas régionaux du climat, de l'air et de l'énergie et les plans climat-énergie territoriaux (*JO* 18 nov. 2011). – Circ. DGS/VS 3 n° 98-189 du 24 mars 1998 relative aux aspects sanitaires des plans régionaux de la qualité de l'air (*BOME* n° 98/15, 25 avr. 1998). Règlement délégué (UE) n° 666/2014 de la Commission du 12 mars 2014 établissant les exigences de fond applicables à un système d'inventaire de l'Union et tenant compte des modifications des potentiels de réchauffement planétaire et des lignes directrices relatives aux inventaires arrêtées d'un commun accord au niveau international, en application du règlement (UE) n° 525/2013 du Parlement européen et du Conseil, publié au *JOUE* L 179 du 19 juin 2014. - D. n° 2015-1491, 18 nov. 2015, relatif aux budgets carbone nationaux et à la stratégie nationale bas-carbone : *BO min. Écologie* n° 2015/21, 25 nov.

Bibliographie : M. Moliner-Dubost et B. Berger, *La stratégie bas-carbone et les budgets carbone adoptés : Énergie - Env. - Infrastr.* 2016, 1, p. 53-54. • M. Guérin, *Transition énergétique et croissance verte : points étape : Énergie - Env. - Infrastr.* 2015, 4, p. 49-56. • M. Guillou, *Les mille et une facettes de la loi « transition énergétique » : Dalloz actualité* 28 sept. 2015. • R. Huitelec, *Grenelle de l'environnement et Schéma régional du Climat, de l'Air et de l'Énergie (SRCAE) : ou comment paver l'enfer de bonnes intentions : Dr. env.* août. 2010, 181, p. 253-257. • R. Huitelec, *Grenelle de l'environnement et Schéma régional du climat, de l'air et de l'énergie (SRCAE) - Ou comment paver l'enfer de bonnes intentions : Dr. env.* août 2010, p. 253. • N. Gardères, *Grenelle 2, les dispositions relatives au climat : Environnement et dév. durable* 2010, étude 21. • F. Boutaric, *Pollution de l'air : de l'instrumentalisation des enjeux environnementaux : Rev. Pollution atmosphérique* janv.-févr. 1999. • B. Mortgat, *Un outil indispensable : la modélisation : Environnement et technique* sept. 1999, n° 189, p. 71. • J.-Y. Faberon, *Chronique des textes d'application de la loi sur l'air et l'utilisation rationnelle de l'énergie du 30 décembre 1996 : LPA* 31 juill. 1998, n° 91, p. 11. • O. Gulli, *Renforcement des moyens d'action au niveau régional : la planification : Dr. env.* 6/1998, p. 3 à 6.

Sous-section 1. - Budgets carbone et stratégie bas-carbone

(L. n° 2015-992, 17 août 2015)

Bibliographie : M. Moliner-Dubost, P. Billet, C. Huglo et B. Berger, *La stratégie bas-carbone et les budgets carbone adoptés : Énergie - Env. - Infrastr.* 2016, p. 53-54.

Art. L. 222-1 A *(L. n° 2015-992, 17 août 2015)*. **- Pour la période 2015-2018, puis pour chaque période consécutive de cinq ans, un plafond national des émissions de gaz à effet de serre dénommé « budget carbone » est fixé par décret.**

V. D. n° 2015-1491, 18 nov. 2015 relatif aux budgets carbone nationaux et à la stratégie nationale bas-carbone. V. D. n° 2016-753, 7 juin 2016 relatif aux évaluations des émissions de gaz à effet de serre et de polluants atmosphériques à réaliser dans le cadre des plans de déplacements urbains.

A. 21 déc. 2016, portant publication de la stratégie nationale de recherche énergétique (*JORF* n° 0300, 27 déc. 2016).

Injonction de l'État de prendre des mesures. Par un jugement du 14 octobre 2021, le tribunal administratif de Paris a enjoint à l'État de prendre, au 31 décembre 2022, toutes les mesures utiles de nature à réparer le préjudice écologique et à prévenir l'aggravation des dommages, à hauteur de la part non compensée d'émissions de gaz à effet de serre au titre du premier budget carbone, soit 15 Mt CO_2eq. Saisi en tant que juge de l'exécution, il revenait, au juge administratif pour la première fois, de préciser les modalités de son office dans le cadre de la réparation d'un préjudice écologique. Par jugement en date du 22 décembre 2023, il a été rappelé par le juge administratif « qu'au regard de l'autorité de chose jugée s'attachant au jugement du 14 octobre 2021, qui n'avait pas été contesté par les parties et était, dès lors, devenu définitif, il ne lui appartenait ni de modifier le montant du préjudice restant à réparer de 15 Mt CO_2eq en prenant en compte des données inconnues à la date où il avait statué ni d'adopter une nouvelle méthode de comptabilisation des émissions de CO_2 en prenant en compte la capacité des forêts, des prairies et des zones humides à stocker une partie de CO_2 ». En synthèse, le tribunal administratif a constaté que l'État, conformément à l'injonction qui lui avait été faite, avait adopté ou mis en œuvre des mesures de nature à réparer le préjudice en cause (▪ TA Paris, 22 déc. 2023, n° 2321828/4-1).

Art. L. 222-1 B *(L. n° 2015-992, 17 août 2015 ; mod., L. n° 2019-1147, 8 nov. 2019)*. **- I. - La stratégie nationale de développement à faible intensité de carbone, dénommée « stratégie bas-carbone », fixée par décret, définit la marche à suivre pour conduire la politique d'atténuation des émissions de gaz à effet de serre dans des conditions soutenables sur le plan économique à moyen et long termes afin d'atteindre les objectifs définis par la loi prévue à l'article L. 100-1 A du Code de l'énergie. Elle tient compte de la spécificité du secteur agricole, veille à cibler le plan d'action sur les mesures les plus efficaces en tenant compte du faible potentiel d'atténuation de certains secteurs, notamment des émissions de méthane entérique naturellement produites par l'élevage des ruminants, et veille à ne pas substituer à l'effort national d'atténuation une augmentation du contenu carbone des importations. Cette stratégie complète le plan national d'adaptation climatique prévu à l'article 42 de la loi n° 2009-967 du 3 août 2009 de programmation relative à la mise en œuvre du Grenelle de l'environnement.**

II. - Le décret fixant la stratégie bas-carbone répartit le budget carbone de chacune des périodes mentionnées à l'article L. 222-1 A par grands secteurs, notamment ceux pour lesquels la France a pris des engagements

européens ou internationaux, par secteur d'activité ainsi que par catégorie de gaz à effet de serre. La répartition par période prend en compte l'effet cumulatif des émissions considérées au regard des caractéristiques de chaque type de gaz, notamment de la durée de son séjour dans la haute atmosphère. Cette répartition tient compte de la spécificité du secteur agricole et de l'évolution des capacités naturelles de stockage du carbone des sols.

Il répartit également les budgets carbone en tranches indicatives d'émissions annuelles.

Pour chacune des périodes mentionnées au même article L. 222-1 A, il définit également un plafond indicatif des émissions de gaz à effet de serre générées par les liaisons de transport au départ ou à destination de la France et non comptabilisées dans les budgets carbone mentionnés audit article L. 222-1 A, dénommé « budget carbone spécifique au transport international » (1).

Pour chacune des périodes mentionnées au même article L. 222-1 A, il indique également un plafond indicatif des émissions de gaz à effet de serre dénommé « empreinte carbone de la France ». Ce plafond est calculé en ajoutant aux budgets carbone mentionnés au même article L. 222-1 A les émissions engendrées par la production et le transport vers la France de biens et de services importés et en soustrayant celles engendrées par la production de biens et de services exportés (2).

La stratégie bas-carbone décrit les orientations et les dispositions d'ordre sectoriel ou transversal qui sont établies pour respecter les budgets carbone. Elle intègre des orientations sur le contenu en émissions de gaz à effet de serre des importations, des exportations et de leur solde dans tous les secteurs d'activité. Elle définit un cadre économique de long terme, en préconisant notamment une valeur tutélaire du carbone et son utilisation dans le processus de prise de décisions publiques.

III. – L'État, les collectivités territoriales et leurs établissements publics respectifs prennent en compte la stratégie bas-carbone dans leurs documents de planification et de programmation qui ont des incidences significatives sur les émissions de gaz à effet de serre.

Dans le cadre de la stratégie bas-carbone, le niveau de soutien financier des projets publics intègre, systématiquement et parmi d'autres critères, le critère de contribution à la réduction des émissions de gaz à effet de serre. Les principes et modalités de calcul des émissions de gaz à effet de serre des projets publics sont définis par décret.

V. D. n° 2015-1491, 18 nov. 2015 relatif aux budgets carbone nationaux et à la stratégie nationale bas-carbone.

Objectifs de la Stratégie nationale bas-carbone (SNBC). La SNBC s'appuie sur un scénario d'atteinte de la neutralité carbone à l'horizon 2050.

Art. L. 222-1 C *(L. n° 2015-992, 17 août 2015 ; mod., L. n° 2019-1147, 8 nov. 2019)*. **– Les budgets carbone des périodes 2015-2018, 2019-2023 et 2024-2028 et la stratégie bas-carbone sont publiés au plus tard le 15 octobre 2015.**

Pour la période 2029-2033, le budget carbone et l'actualisation concomitante de la stratégie bas-carbone sont publiés au plus tard le 1er janvier de la neuvième année précédant le début de la période.

Pour les périodes 2034-2038 et suivantes, le budget carbone et l'actualisation concomitante de la stratégie bas-carbone sont publiés au plus tard dans les douze mois qui suivent l'adoption de la loi prévue à l'article L. 100-1 A du Code de l'énergie.

Art. L. 222-1 D *(L. n° 2015-992, 17 août 2015 ; mod., L. n° 2019-1147, 8 nov. 2019)*. **– I. – Au plus tard un an avant l'échéance de publication de chaque période mentionnée au second alinéa de l'article L. 222-1 C du présent code, le Haut Conseil pour le climat mentionné à l'article L. 132-4 rend un avis sur le respect des budgets carbone déjà fixés et sur la mise en œuvre de la stratégie bas-carbone en cours. Cet avis est transmis aux commissions permanentes de l'Assemblée nationale et du Sénat chargées de l'énergie et de l'environnement. Le Gouvernement répond devant le Parlement à l'avis transmis par le Haut Conseil pour le climat.**

(1) Dispositions applicables aux stratégies bas-carbone mentionnées au présent article L. 222-1 B publiées après le 1er janvier 2022, L. n° 2019-1147, 8 nov. 2019.

(2) Dispositions applicables aux stratégies bas-carbone publiées après le 1er janvier 2022, L. n° 2019-1147, 8 nov. 2019.

II. – Au plus tard six mois avant l'échéance de publication de chaque période mentionnée à l'article L. 222-1 C du présent code, le Gouvernement établit un rapport, rendu public, qui :

1° Décrit la façon dont les projets de budget carbone et de stratégie bas-carbone intègrent les objectifs mentionnés à l'article L. 100-4 du Code de l'énergie, ainsi que les engagements européens et internationaux de la France ;

2° Évalue les impacts environnementaux, sociaux et économiques du budget carbone des périodes à venir et de la nouvelle stratégie bas-carbone, notamment sur la compétitivité des activités économiques soumises à la concurrence internationale, sur le développement de nouvelles activités locales et sur la croissance.

III. – Les projets de budget carbone et de stratégie bas-carbone et le rapport mentionné au II du présent article sont soumis pour avis au Conseil national de la transition écologique mentionné à l'article L. 133-1 du présent code ainsi qu'au Haut Conseil pour le climat mentionné à l'article L. 132-4.

IV. – Le Gouvernement présente au Parlement les nouveaux budgets carbone et la stratégie nationale bas-carbone dès leur publication, accompagnés, à partir de 2019, du bilan du budget carbone et de l'analyse des résultats atteints par rapport aux plafonds prévus pour la période écoulée.

V. – À l'initiative du Gouvernement et après information des commissions permanentes de l'Assemblée nationale et du Sénat chargées de l'énergie et de l'environnement et du Conseil national de la transition écologique mentionné à l'article L. 133-1 du présent code, la stratégie bas-carbone peut faire l'objet d'une révision simplifiée n'en modifiant pas l'économie générale à des échéances différentes de celles mentionnées à l'article L. 222-1 C. Les conditions et les modalités de la révision simplifiée sont précisées par décret.

V. D. n° 2015-1491, 18 nov. 2015 relatif aux budgets carbone nationaux et à la stratégie nationale bas-carbone.

Art. L. 222-1 E *(L. n° 2015-992, 17 août 2015)*. **– La nature des émissions de gaz à effet de serre à prendre en compte dans un budget carbone et dans la stratégie bas-carbone et les dispositions de mise en œuvre de la comptabilité du carbone et du calcul du solde d'un budget carbone sont précisées par voie réglementaire. Les méthodologies d'évaluation des facteurs d'émissions de gaz à effet de serre des énergies sont fixées par finalité, en distinguant les méthodes d'allocation pour les bilans et les méthodes d'évaluation pour les plans d'action et la quantification des conséquences d'une évolution de la consommation ou de la production d'énergie.**

V. D. n° 2015-1491, 18 nov. 2015 relatif aux budgets carbone nationaux et à la stratégie nationale bas-carbone. Les budgets carbone des périodes 2015-2018, 2019-2023 et 2024-2028 sont, à présent, fixés respectivement à 442, 399 et 358 Mt de CO_2eq. par an, à comparer à des émissions annuelles en 1990, 2005 et 2013 de, respectivement, 551, 556 et 492 Mt de CO_2eq.

Sous-section 2. – Schéma régional du climat, de l'air et de l'énergie, programme régional pour l'efficacité énergétique des bâtiments et schéma régional biomasse

(Division créée, L. n° 2015-992, 17 août 2015 ; intitulé rempl., Ord. n° 2016-1028, 27 juill. 2016)

Art. L. 222-1 *(Rempl. puis mod., L. n° 2010-788, 12 juill. 2010* (1) (2) *; mod., L. n° 2015-992, 17 août 2015 ; L. n° 2016-41, 26 janv. 2016 ; Ord. n° 2016-1028, 27 juill. 2016 ; L. n° 2021-1104, 22 août 2021 ; mod. à compter de la date prévue au D du V de l'article 27 de la L. n° 2022-1158, 16 août 2022, L. n° 2022-1158, 16 août 2022)*. **– I. – Le préfet de région et le président du conseil régional d'Ile-de-France élaborent conjointement le projet de schéma régional du climat, de l'air et de l'énergie, après consultation des collectivités territoriales concernées et de leurs groupements.**

En Corse, le projet de schéma est élaboré par le président du conseil exécutif. Les services de l'État sont associés à son élaboration.

Ce schéma fixe, à l'échelon du territoire régional et à l'horizon 2020 et 2050 :

1° Les orientations permettant d'atténuer les effets du changement climatique et de s'y adapter, conformément à l'engagement pris par la France, à l'article L. 100-4 du Code de l'énergie, de diviser par quatre ses émissions de

(1) Le présent article, dans sa rédaction antérieure au 14 juillet 2010, demeure applicable aux projets de plans régionaux pour la qualité de l'air en cours d'élaboration qui ont fait l'objet d'une mise à la disposition du public dans les conditions prévues à l'article L. 222-2 du présent code, L. n° 2010-788, 12 juill. 2010, art. 68, II.

(2) Le Conseil constitutionnel a déclaré le présent article conforme à la Constitution : V. ■ Cons. const. n° 2014-395 QPC, 7 mai 2014, art. 3 : *JurisData* n° 2014-009394 (*JO* 10 mai 2014). – NDLR.

gaz à effet de serre entre 1990 et 2050, et conformément aux engagements pris dans le cadre européen. À ce titre, il définit notamment les objectifs régionaux en matière de maîtrise de l'énergie ;

2° Les orientations permettant, pour atteindre les normes de qualité de l'air et l'objectif pluriannuel de diminution de la moyenne annuelle des concentrations journalières de particules atmosphériques mentionnés à l'article L. 221-1, de prévenir ou de réduire la pollution atmosphérique ou d'en atténuer les effets ;

3° Par zones géographiques, les objectifs qualitatifs et quantitatifs à atteindre en matière de valorisation du potentiel énergétique terrestre, renouvelable et de récupération et en matière de mise en œuvre de techniques performantes d'efficacité énergétique telles que les unités de cogénération, notamment alimentées à partir de biomasse, conformément aux objectifs issus de la législation européenne relative à l'énergie et au climat. Sont inclus des objectifs relatifs aux installations de production de biogaz. À ce titre, le schéma régional du climat, de l'air et de l'énergie vaut schéma régional des énergies renouvelables au sens du III de l'article 19 de la loi n° 2009-967 du 3 août 2009 de programmation relative à la mise en œuvre du Grenelle de l'environnement. Un schéma régional éolien qui constitue un volet annexé à ce document définit, en cohérence avec les objectifs issus de la législation européenne relative à l'énergie et au climat, les parties du territoire favorables au développement de l'énergie éolienne.

(L. n° 2023-175, 10 mars 2023) (1) Le schéma peut fixer des objectifs relatifs aux installations agrivoltaïques définies à l'article L. 314-36 du Code de l'énergie.

(L. n° 2023-175, 10 mars 2023) En Île-de-France, les objectifs et le schéma régional éolien mentionnés au 3° du présent I sont compatibles avec les objectifs de développement des énergies renouvelables et de récupération, exprimés par filière dans la programmation pluriannuelle de l'énergie, mentionnés à l'article L. 141-3 du Code de l'énergie et avec les objectifs régionaux mentionnés à l'article L. 141-5-1 du même code. Le schéma régional du climat, de l'air et de l'énergie peut faire figurer une carte indicative qui identifie les zones d'accélération définies en application de l'article L. 141-5-3 dudit code, à la date de son élaboration.

III. – Le schéma est ensuite arrêté par le préfet de région.

En Corse, le schéma est adopté par délibération de l'Assemblée de Corse sur proposition du président du conseil exécutif et après avis du représentant de l'État.

Au terme d'une période de six ans, le schéma fait l'objet d'une évaluation et peut être révisé, à l'initiative conjointe du préfet de région et du président du conseil régional ou, en Corse, à l'initiative du président du conseil exécutif, en fonction des résultats obtenus dans l'atteinte des objectifs fixés et, en particulier, du respect des normes de qualité de l'air.

1) Éléments de définition. Le schéma régional du climat, de l'air et de l'énergie définit les orientations permettant d'atténuer les effets du changement climatique et de s'y adapter ainsi que de prévenir ou de réduire la pollution atmosphérique ou d'en atténuer les effets (■ CE, 18 déc. 2017, n° 397923, *Société pour la protection des paysages et de l'esthétique de la France*).

2) Méthodologie de planification face à l'adaptation au réchauffement climatique. La qualité du document repose en partie sur la collecte des informations pertinentes au moment de son élaboration. À cet égard, la loi indique que le projet de schéma s'appuie sur un certain nombre d'études menées à l'échelle de la région, prenant en compte les aspects économiques et sociaux, conformément à la perspective de développement durable : inventaire des émissions de polluants atmosphériques et de gaz à effet de serre, bilan énergétique, évaluation du potentiel énergétique, renouvelable et de récupération, évaluation des améliorations possibles en matière d'efficacité énergétique, évaluation de la qualité de l'air et de ses effets sur la santé publique et l'environnement.

3) Élaboration spécifique du SRCAE Corse. En Corse, le SRCAE est adopté par délibération de l'Assemblée de Corse sur proposition du président du conseil exécutif et après avis du représentant de l'État. Pour mémoire, la Corse fut la dernière collectivité à approuver son PRQA près de trois ans après la saisine du président du conseil exécutif de Corse par le préfet de Corse. V. D. n° 2015-1697, 18 déc. 2015 relatif à la programmation pluriannuelle de l'énergie de Corse (*JO* 20 déc. 2015).

(1) Dispositions applicables à compter du premier renouvellement des schémas ou plans mentionnés aux articles L. 141-2 du Code de l'énergie, L. 4251-1 du Code général des collectivités territoriales, L. 222-1 ou L. 229-26 du Code de l'environnement effectué après la promulgation de la loi n° 2023-175 du 10 mars 2023, L n° 2023-175, 10 mars 2023.

4) Compatibilité du SRCAE avec le Plan énergétique régional pluriannuel de prospection et d'exploitation des énergies renouvelables et de l'utilisation rationnelle de l'énergie (PRERURE). Le conseil régional de la Guadeloupe est habilité, par la loi n° 2009-594 du 27 mai 2009 relative au développement économique des outre-mer susvisée, sur la base des dispositions de l'article 73, troisième alinéa, de la Constitution, et des articles LO 4435-2 à LO 4435-12 du Code général des collectivités territoriales susvisés, pour une durée de deux ans à compter de sa promulgation, à fixer des règles spécifiques à la Guadeloupe en matière de maîtrise de la demande d'énergie, de réglementation thermique pour la construction de bâtiments et de développement des énergies renouvelables, dans les limites prévues dans sa délibération CR/09-269 susvisée du 27 mars 2009 publiée au *Journal officiel* de la République française du 3 avril 2009. Ainsi, par dérogation à l'article 68 de la loi n° 2010-788 du 12 juillet 2010 portant engagement national pour l'environnement et à l'article L. 222-1 du Code de l'environnement, le schéma régional du climat, de l'air et de l'énergie (SRCAE) de Guadeloupe doit être compatible avec le Plan énergétique régional pluriannuel de prospection et d'exploitation des énergies renouvelables et de l'utilisation rationnelle de l'énergie (PRERURE) en Guadeloupe (V. Délibération du 22 mars 2011 relevant du domaine de la loi relative à la planification et la programmation de production d'électricité et de chaleur de sources d'énergie renouvelable).

5) Soumission à évaluation environnementale. Le schéma régional du climat, de l'air et de l'énergie et le schéma régional éolien doivent être regardés comme définissant le cadre de mise en œuvre de travaux et projets d'aménagement entrant dans le champ d'application de l'étude d'impact dans les domaines, notamment, de l'industrie, de l'énergie et des transports. Ces schémas doivent, en conséquence, faire l'objet d'une évaluation environnementale (▪ CE, 16 mai 2018, n° 408887, *Association pour la sauvegarde et la préservation de l'environnement rural*. ▪ CE, 18 déc. 2017, n° 397923, *Société pour la protection des paysages et de l'esthétique de la France*). Il résulte des dispositions des articles L. 222-1 et R. 222-1 et suivants du Code de l'environnement que le schéma régional de l'éolien constitue une décision publique ayant des incidences sur l'environnement, ainsi que l'a énoncé le Conseil constitutionnel dans sa décision n° 2014-395 QPC du 7 mai 2014. En l'espèce, aucune évaluation environnementale n'a été réalisée, le tribunal considère que cette omission est susceptible d'avoir exercé une influence sur le sens de la décision attaquée et a privé tant le public que les collectivités concernées d'une garantie ; que, par conséquent, l'arrêté attaqué a été adopté au terme d'une procédure irrégulière (▪ TA, Lyon, 2 juin 2015, n° 1302198. ▪ TA Marseille, 15 déc. 2015, n° 1311965-5, *Ass. Les amis des montagnes d'Azur*).

6) Rôle de la région. La région est le chef de file dans la réalisation du schéma régional du climat, de l'air et de l'énergie. La loi de modernisation de l'action publique territoriale et d'affirmation des métropoles (MAPTAM) n° 2014-58 du 27 janvier 2014, a confié à la région le rôle de chef de file pour l'organisation des modalités de l'action commune relative au climat, à la qualité de l'air et à l'énergie (CGCT, art. L. 1111-9, II).

7) Lien avec le schéma régional de l'éolien. Le schéma régional de l'éolien ne peut être regardé comme étant divisible du schéma régional du climat, de l'air et de l'énergie (▪ CAA Lyon, 3e ch. - formation à 3, 3 mai 2016, n° 14LY00473). Le préfet de région et le président du conseil régional élaborent conjointement le projet de schéma, après consultation des collectivités territoriales concernées et de leurs groupements. À défaut de publication du schéma au 30 juin 2012, le préfet de région exerce seul, selon le cas, les compétences attribuées au comité de pilotage, au président du conseil régional et à l'organe délibérant du conseil régional par les articles R. 222-3 à R. 222-5 du Code de l'environnement pour poursuivre l'élaboration du schéma régional éolien annexé au SRCAE. Dans ce cas, le schéma régional éolien doit faire l'objet d'une évaluation environnementale conformément aux dispositions de l'article L. 122-4 du Code de l'environnement. L'absence d'une telle procédure est susceptible d'avoir exercé une influence sur le contenu de ce schéma et, dès lors, sur son approbation par l'autorité préfectorale (▪ CAA Bordeaux, 1re ch. – formation à 3, 12 janv. 2017, n° 14BX03365, *Assoc. pour la sauvegarde et la préservation de l'environnement rural* (ASPER). ▪ CAA Paris, ch. 1, 17 nov. 2016, n° 15PA00160).

8) Recours contre une décision ayant une incidence sur l'environnement. La Convention d'Aarhus ne s'applique pas, d'après le juge administratif d'appel de Lyon, aux schémas régionaux du climat, de l'air et de l'énergie et aux schémas régionaux de l'éolien. Les stipulations de l'article 9 de la Convention d'Aarhus n'ont ni pour objet, ni pour effet d'ouvrir à toute personne un droit au recours contre toute décision ayant une incidence sur l'environnement et ne permettent pas de contester un schéma régional du climat, de l'air et de l'énergie (▪ CAA Lyon, 3 mai 2016, n° 14LY00473). Pourtant, et d'après le juge administratif d'appel de Nancy, le schéma régional du climat, de l'air et de l'énergie, ainsi que le schéma régional éolien de Lorraine ne peuvent être regardés comme dépourvus de tout effet sur l'ordonnancement juridique et présentent, par leur nature et leurs effets directs ou significatifs sur l'environnement, le caractère de décisions faisant grief susceptibles d'un recours en excès de pouvoir (■ CAA Nancy, 14 janv. 2016, n° 15NC00099, *Féd. Environnement durable*).

Voir : D. (EU) 2016/2284 du Parlement européen et du Conseil du 14 décembre 2016 concernant la réduction des émissions nationales de certains polluants atmosphériques, modifiant la directive 2003/35/CE et abrogeant la directive 2001/81/CE (*JOUE* n° L 344, 17 déc. 2016).

Question écrite de M. E. Straumann n° 35366 (*JO* 6 août 2013) ; réponse du ministère de l'Écologie, du Développement durable et de l'Énergie, Urbanisme (Publication au *JOAN* Q 29 nov. 2016) – Énergie et carburants – Énergie éolienne – Commune de Bonhomme. Perspectives.

Bibliographie : Note du 20 décembre 2016 relative à l'élaboration des schémas régionaux biomasse (*BO de l'Écologie, de l'Énergie, du Développement durable et de l'Aménagement du territoire* n° 2016/24, 10 janv. 2017). – Note du 6 janvier 2017 relative au plan climat-air-énergie territorial (*BO de l'Écologie, de l'Énergie, du Développement durable et de l'Aménagement du territoire* n° 2017/1, 25 janv. 2017).

Art. L. 222-2 *(Mod., L. n° 2002-92, 22 janv. 2002 ; L. n° 2002-276, 27 févr. 2002 ; Ord. n° 2004-637, 1er juill. 2004* (1) *; L. n° 2008-757, 1er août 2008 ; rempl., L. n° 2010-788, 12 juill. 2010* (2) (3) (4) *; mod., L. n° 2015-992, 17 août 2015 ; rempl., Ord. n° 2016-1028, 27 juill. 2016 ; mod., L. n° 2021-1104, 22 août 2021).* **– Un programme régional pour l'efficacité énergétique, définit les modalités de l'action publique en matière d'orientation et d'accompagnement des propriétaires privés, des bailleurs et des occupants pour la réalisation des travaux de rénovation énergétique de leurs logements ou de leurs locaux privés à usage tertiaire.**

Le programme régional pour l'efficacité énergétique décline les objectifs de rénovation énergétique fixés par le schéma régional d'aménagement, de développement durable et d'égalité des territoires mentionné à l'article L. 4251-1 du Code général des collectivités territoriales, par le schéma d'aménagement régional mentionné à l'article L. 4433-7 du même code ainsi que par le schéma régional du climat, de l'air et de l'énergie prévu à l'article L. 222-1.

Il s'attache plus particulièrement à :

***a)* Définir un plan de déploiement des guichets mentionnés à l'article L. 232-2 du Code de l'énergie ;**

***b)* Promouvoir la mise en réseau de ces guichets en vue de la réalisation d'un guichet unique ;**

***c)* Définir un socle minimal en matière de conseils et de préconisations relatifs aux travaux concernés fournis par les guichets mentionnés au même article L. 232-2, en fonction des spécificités du territoire régional ;**

***d)* Arrêter les modulations régionales du cahier des charges du « passeport énergétique » ;**

***e)* Proposer des actions pour la convergence des initiatives publiques et privées en matière de formation des professionnels du bâtiment, en vue d'assurer la présence, en nombre suffisant, de professionnels qualifiés sur l'ensemble du territoire régional ;**

***f)* Définir, en lien avec les guichets mentionnés audit article L. 232-2, les modalités d'accompagnement nécessaires à la prise en main, par les consommateurs, des données de consommation d'énergie mises à leur disposition conformément à l'article L. 124-5 du Code de l'énergie.**

(1) Dispositions transitoires : V. Ord. n° 2004-637, 1er juill. 2004, art. 41.

(2) Le présent article, dans sa rédaction antérieure au 14 juillet 2010, demeure applicable aux projets de plans régionaux pour la qualité de l'air en cours d'élaboration qui ont fait l'objet d'une mise à la disposition du public dans les conditions prévues à l'article L. 222-2 du présent code, L. n° 2010-788, 12 juill. 2010, art. 68, II.

(3) Le Conseil constitutionnel a déclaré le présent article, à l'exception de la première phrase de son premier alinéa, conforme à la Constitution : V. ■ Cons. const. n° 2014-395 QPC, 7 mai 2014, art. 3 : *JurisData* n° 2014-009394 (*JO* 10 mai 2014). – NDLR.

(4) « Considérant que, d'une part, la remise en cause des effets produits par les dispositions déclarées contraires à la Constitution aurait des conséquences manifestement excessives ; que, d'autre part, le Conseil constitutionnel ne dispose pas d'un pouvoir général d'appréciation de même nature que celui du Parlement ; que, dès lors, il y a lieu de reporter au 1er janvier 2015 la date de l'abrogation des dispositions déclarées contraires à la Constitution afin de permettre au législateur d'apprécier les suites qu'il convient de donner à cette déclaration d'inconstitutionnalité ; que les mesures prises avant cette date sur le fondement des dispositions déclarées contraires à la Constitution ne peuvent être contestées sur le fondement de cette inconstitutionnalité ». – V. ■ Cons. const. n° 2014-395 QPC, 7 mai 2014, consid. 16 : *JurisData* n° 2014-009394 (*JO* 10 mai 2014). – NDLR.

Le programme régional pour l'efficacité énergétique prévoit un volet dédié au financement des opérations de rénovation énergétique. Celui-ci vise à :

- **favoriser la meilleure articulation possible entre les différentes aides publiques ;**
- **encourager le développement d'outils de financement adaptés par les acteurs bancaires du territoire ;**
- **mettre en place un réseau d'opérateurs de tiers-financement.**

Le président du conseil régional soumet pour approbation une proposition de programme régional pour l'efficacité énergétique au représentant de l'État dans la région.

La mise en œuvre du programme régional pour l'efficacité énergétique s'appuie sur le réseau des plateformes territoriales de la rénovation énergétique et, dans leurs domaines de compétences respectifs, sur l'Agence de l'environnement et de la maîtrise de l'énergie, sur l'Agence nationale de l'habitat, sur les agences départementales d'information sur le logement, sur les agences locales de l'énergie et du climat, sur les agences d'urbanisme, sur les conseils d'architecture, d'urbanisme et de l'environnement, sur les agences régionales de l'énergie et, plus généralement, sur le tissu associatif partenaire.

Le président du conseil régional associe également l'ensemble des acteurs concernés, notamment les professionnels du secteur du bâtiment, les établissements de crédit et les associations représentant ou accompagnant les propriétaires et les locataires.

1) La procédure d'élaboration du SRCAE marque un recul de la décentralisation. Le SRCAE est évalué au terme d'une période de cinq ans et « peut » (et non « doit » comme c'était le cas du PRQA) être révisé, en fonction des résultats obtenus dans l'atteinte des objectifs fixés et, en particulier, du respect des normes de qualité de l'air.

2) Le Conseil constitutionnel a déclaré anticonstitutionnelle la première phrase de l'alinéa premier de l'article L. 222-2 du Code de l'environnement. Dans cette décision, les requérants contestaient notamment sa conformité avec l'article 7 de la Charte de l'environnement en vertu duquel toute personne a le droit, dans les conditions et limites fixées par la loi, de participer à l'élaboration des décisions publiques ayant une incidence sur l'environnement. Le Conseil estime que cette disposition ne déterminait pas avec suffisamment de précisions les conditions et limites dans lesquelles s'exerce la participation du public. Cette annulation a été prononcée de manière différée au 1er janvier 2015, le Conseil constitutionnel préférant ainsi écarter le risque de remise en cause des schémas régionaux du climat, de l'air et de l'énergie en cours (■ Cons. const., 7 mai 2014, déc. n° 2014-395 QPC, *Inconstitutionnalité différée de l'article L. 222-2 du Code de l'environnement : AJDA* 2014, 954. ■ CE, 7 mars 2014, n° 374288, *Fédération nature environnement et a.*).

Art. L. 222-3 ***(Anc. L. n° 96-1236, 30 déc. 1996 ; rempl., L. n° 2002-276, 27 févr. 2002 ; mod., L. n° 2008-757, 1er août 2008 ; rempl., L. n° 2010-788, 12 juill. 2010*** (1) (2) ***; Ord. n° 2016-1028, 27 juill. 2016).*** **– Un décret en Conseil d'État fixe les modalités d'application de la présente section et détermine, notamment, les collectivités territoriales, les groupements de collectivités territoriales, les instances et les organismes consultés sur le projet de schéma régional du climat, de l'air et de l'énergie soit lors de son élaboration, soit préalablement à son adoption, ainsi que les modalités de leur consultation. Pour la Corse, le décret en Conseil d'État fixe, en outre, les conditions dans lesquelles le représentant de l'État arrête le schéma, lorsque l'Assemblée de Corse, après y avoir été invitée, n'a pas procédé à son adoption dans un délai de deux ans.**

Voir : D. n° 2004-195 du 24 févr. 2004, pris pour l'application de l'article L. 222-3 du Code de l'environnement et modifiant le décret n° 98-362 du 6 mai 1998 relatif aux plans régionaux pour la qualité de l'air (*JO* 2 mars 2004, p. 4241).

Art. R. 222-1 et s.

D. n° 2011-678, 16 juin 2011, relatif aux schémas régionaux du climat, de l'air et de l'énergie (*JO* 18 juin 2011).

Art. R. 222-1 et s., R. 331-14 et R. 333-15.

D. n° 2011-1554, 16 nov. 2011, relatif aux données permettant d'élaborer et d'évaluer les SRCAE.

---

(1) Le présent article, dans sa rédaction antérieure au 14 juillet 2010, demeure applicable aux projets de plans régionaux pour la qualité de l'air en cours d'élaboration qui ont fait l'objet d'une mise à la disposition du public dans les conditions prévues à l'article L. 222-2 du présent code, L. n° 2010-788, 12 juill. 2010, art. 68, II.

(2) Le Conseil constitutionnel a déclaré le présent article conforme à la Constitution : V. ■ Cons. const. n° 2014-395 QPC, 7 mai 2014, art. 3 : *JurisData* n° 2014-009394 (*JO* 10 mai 2014). – NDLR.

Les schémas régionaux du climat, de l'air et de l'énergie (SRCAE) sont issus de l'article 68 de la loi Grenelle II, afin de permettre aux régions de mettre noir sur blanc leurs orientations pour atténuer les effets du changement climatique à l'horizon 2020 et 2050. Ils n'ont pas de valeur réglementaire. Quant à leur contenu et leurs modalités d'élaboration, ils ont été fixés par le décret du 18 juin 2011. Sur le calendrier d'élaboration du SRCAE, **Voir :** Instruction du Gouvernement du 29 juillet 2011 relative aux schémas régionaux du climat, de l'air et de l'énergie, non publiée. D'après cette circulaire, ils doivent être élaborés avant la fin de l'année 2011.

Bibliographie : M. Moliner-Dubost, *Approche qualitative de la protection de l'air. – Protection intégrée de l'air et du climat : JCl. Environnement*, Fasc. 3320, 05/2016 ; *Action sur les émissions. Instruments sectoriels : JCl. Environnement*, Fasc. 3350, 11/2016. – L. Rocher, *Action locale et planification climatique : JCP* A 2011, 2389. – M. Moliner-Dubost, *Les conditions d'élaboration des plans régionaux de la qualité de l'air : Dr. env.* avr. 2004, n° 117, p. 61.

Art. L. 222-3-1 *(L. n° 2015-992, 17 août 2015 ; mod., Ord. n° 2016-1028, 27 juill. 2016).* **– Le représentant de l'État dans la région et le président du conseil régional élaborent conjointement un schéma régional biomasse qui définit, en cohérence avec le plan régional de la forêt et du bois et les objectifs relatifs à l'énergie et au climat fixés par l'Union européenne ainsi que ceux en matière de valorisation du potentiel énergétique renouvelable et de récupération fixés par le schéma régional du climat, de l'air et de l'énergie ou le schéma régional d'aménagement, de développement durable et d'égalité des territoires, des objectifs de développement de l'énergie biomasse. Ces objectifs tiennent compte de la quantité, de la nature et de l'accessibilité des ressources disponibles ainsi que du tissu économique et industriel. Les objectifs incluent les sous-produits et déchets dans une logique d'économie circulaire.**

Le schéma veille à atteindre le bon équilibre régional et la bonne articulation des différents usages du bois afin d'optimiser l'utilisation de la ressource dans la lutte contre le changement climatique.

Le schéma s'appuie notamment sur les travaux de l'Observatoire national des ressources en biomasse.

Le premier schéma régional biomasse est établi dans les dix-huit mois suivant la promulgation de la loi n° 2015-992 du 17 août 2015 relative à la transition énergétique pour la croissance verte et fait l'objet d'une évaluation au plus tard six ans après son adoption et d'une révision dans les conditions prévues pour son élaboration.

Un décret fixe les modalités d'articulation entre les schémas régionaux biomasse et la stratégie nationale de mobilisation de la biomasse mentionnée à l'article L. 211-8 du Code de l'énergie.

Section II. – Plans de protection de l'atmosphère (1)

Voir : ***a) Droit européen.*** Dir. PE et Cons. UE n° 2001/81/CE du 23 oct. 2001, fixant des plafonds d'émission nationaux pour certains polluants atmosphériques (*JOCE* n° L 309, 27 nov. 2001, p. 2-30). – Directive 2006/105/CE du Conseil du 20 novembre 2006 portant adaptation des directives 73/239/CEE, 74/557/CEE et 2002/83/CE dans le domaine de l'environnement, en raison de l'adhésion de la Bulgarie et de la Roumanie.

b) Droit national. D. n° 2001-449 du 25 mai 2001, relatif aux plans de protection de l'atmosphère et aux mesures pouvant être mises en œuvre pour réduire les émissions des sources de pollution atmosphérique (*JO* 27 mai 2001) ; (Abr., D. n° 2007-397, 22 mars 2007 – art. 4 (V), *JORF* 23 mars 2007)

– A. du 8 juill. 2003, portant approbation du programme national de réduction des émissions de polluants atmosphériques (SO2, NO, COv et NH3) (*JO* 30 oct. 2003, p. 18556) ;

– Circulaire du 12 août 2002 relative à l'élaboration des plans de protection de l'atmosphère.

Bibliographie : Sirinelli, *Droit à respirer un air pur : quelles obligations pour les autorités publiques ? : AJDA* 2013, p. 1506. • A. Vennin, *La qualité de l'air, normes et procédures*, thèse, juin 2000. • Y. Razafindratandra, *Commentaire de l'arrêté du 22 janvier 1997 créant une zone de protection spéciale contre les pollutions atmosphériques en Île-de-France : Dr. env.* 3/1997, p. 4.

Art. L. 222-4 *(Mod., Ord. n° 2004-637, 1er juill. 2004* (2) *; L. n° 2008-757, 1er août 2008 ; L. n° 2010-788, 12 juill. 2010 ; L. n° 2015-992, 17 août 2015).* **–** (1) **I. – Dans toutes les agglomérations**

(1) V. la note sous l'article R. 221-1 du Code de l'environnement. – NDLR.
(2) Dispositions transitoires : V. Ord. n° 2004-637, 1er juill. 2004, art. 41.

de plus de 250 000 habitants, ainsi que dans les zones où, dans des conditions précisées par décret en Conseil d'État, les normes de qualité de l'air mentionnées à l'article L. 221-1 ou, le cas échéant, les normes spécifiques mentionnées au 2° du I de l'article L. 222-1, applicables aux plans de protection de l'atmosphère ne sont pas respectées ou risquent de ne pas l'être, le préfet élabore un plan de protection de l'atmosphère, compatible avec les orientations du plan régional pour la qualité de l'air s'il existe et, à compter de son adoption, avec les orientations du schéma régional du climat, de l'air et de l'énergie.

Pour les zones mentionnées au premier alinéa, le recours à un plan de protection de l'atmosphère n'est pas nécessaire lorsqu'il est démontré que des mesures prises dans un autre cadre seront plus efficaces pour respecter ces normes.

I *bis*. – Les agglomérations qui ne sont pas soumises à l'obligation prévue au premier alinéa du I du présent article peuvent mettre en œuvre des actions en faveur de la qualité de l'air dans le cadre des plans climat-air-énergie territoriaux prévus à l'article L. 229-26.

II. – Le projet de plan est, après avis des conseils municipaux et des organes délibérants des établissements publics de coopération intercommunale à fiscalité propre intéressés, des commissions départementales compétentes en matière d'environnement, de risques sanitaires et technologiques concernées et des autorités organisatrices de transports, au sens de l'article L. 1221-1 du Code des transports, soumis à enquête publique, dans les conditions prévues au chapitre III du titre II du livre Ier du présent code.

III. – Le plan est arrêté par le préfet.

IV. – Les plans font l'objet d'une évaluation au terme d'une période de cinq ans et, le cas échéant, sont révisés.

V. – La liste des communes incluses dans les agglomérations de plus de 250 000 habitants est établie par un arrêté conjoint des ministres chargés de l'environnement et des transports. Cet arrêté est mis à jour au moins tous les cinq ans.

Voir : A. du 22 janv. 1997, créant une zone de protection spéciale contre la pollution atmosphérique en Île-de-France (*JO* 30 janv. 1997). – D. n° 74-415 du 13 mai 1974 (*JO* 15 mai 1974) précitée.

Bibliographie : M. Moliner-Dubost, *Réduction des émissions nationales de certains polluants atmosphériques : Énergie – Env. – Infrastr.* févr. 2017, n° 2, comm. 9.

1) Le dispositif des plans de protection de l'atmosphère est régi par le Code de l'environnement (art. L. 222-4 à L. 222-7 et R. 222-13 à R. 222-36). Ils définissent les objectifs permettant de ramener, à l'intérieur des agglomérations de plus de 250 000 habitants ainsi que les zones où les valeurs limites sont dépassées ou risquent de l'être, les niveaux de concentrations en polluants dans l'atmosphère à un niveau inférieur aux valeurs limites.

L'article L. 222-4 place au rang législatif l'absence de nécessité de recourir à un PPA lorsqu'il est démontré que des mesures prises dans un autre cadre seront plus efficaces pour respecter ces normes (disposition figurant jusqu'alors à l'art. R. 222-13-1).

Un arrêté du 28 juin 2017 soumet à examen au cas par cas les plans de protection de l'atmosphère. Il précise que l'autorité environnementale compétente est la formation d'autorité environnementale du Conseil général de l'environnement et du développement durable.

2) Arrêté d'approbation d'un plan de protection de l'atmosphère (PPA) : acte faisant grief. Le Conseil d'État retient que l'arrêté par lequel les préfets de la région Île-de-France et de Paris et le préfet de police, préfet de la zone de défense de Paris, ont approuvé un PPA peut faire l'objet d'un recours pour excès de pouvoir en soulignant les effets contraignants de celui-ci quant à la surveillance et la maîtrise de la qualité de l'air dans le périmètre qu'il couvre (■ CE, 26 mars 2008, n° 300952, *Assoc. Les Amis de la Terre Paris : JCl. Environnement*, 13 juin 2012, Fasc. 3320 ; AIR ET CLIMAT. – *Approche qualitative de la protection de l'air. – Protection intégrée de l'air et du climat*).

3) Obligation de moyens des préfets dans l'élaboration des plans de protection de l'atmosphère. Par une décision du 10 juin 2015, le Conseil d'État a rejeté le pourvoi des Amis de la terre contre la décision d'appel qui avait confirmé le rejet de leur requête visant à faire appliquer le plan de protection de l'atmosphère (PPA) d'Île-de-France de 2006. Pour atteindre les objectifs de respect des valeurs limites réglementaires à ne pas dépasser aux fins d'éviter, de prévenir ou de réduire les effets nocifs des substances polluantes contenues dans l'atmosphère sur la santé humaine ou sur l'environnement, les préfets chargés de la mise en œuvre du plan sont soumis à une obligation de moyens et non de résultat (CE, 6e/1re ss-sect. réunies, 10 mai 2015, n° 69428, *Assoc. Les Amis de la Terre*).

4) Schéma éolien et plan de la protection de l'atmosphère. Les schémas régionaux de l'éolien constituent, compte tenu des effets qu'ils emportent et de leur contenu, des schémas et documents de planification relatifs à l'énergie qui ont pour objet de définir le cadre de mise en œuvre des travaux et projets d'aménagement et relèvent ainsi des plans, schémas, programmes et autres documents de planification énumérés au I de l'article L. 122-4 du même code (■ TA Nantes, 3 mars 2016, n° 1301939).

5) Compatibilité des plans. Le schéma régional du climat, de l'air et de l'énergie est opposable aux plans de protection de l'atmosphère (■ CAA Nantes, 13 avr. 2018, n° 16NT01783. ■ CE, 18 déc. 2017, n° 397923), aux plans de déplacements urbains et aux plans régionaux de l'agriculture durable, qui doivent être compatibles avec lui. Le schéma régional du climat, de l'air et de l'énergie est conçu en tenant compte des objectifs de développement de l'éolien, lequel constitue l'un des outils essentiels de la lutte contre le changement climatique. Le schéma régional de l'éolien ne peut être regardé comme étant divisible du schéma régional du climat, de l'air et de l'énergie (■ CAA Lyon, 3 mai 2016, n° 14LY00473).

Les orientations du schéma régional du climat, de l'air et de l'énergie s'imposent dans un rapport de compatibilité aux plans locaux d'urbanisme pour leurs dispositions tenant lieu de plans de déplacement urbain, en vertu de l'article L. 1214-7 du Code des transports, dans sa rédaction applicable (■ CE, 16 mai 2018, n° 408887, *Association pour la sauvegarde et la préservation de l'environnement rural*).

Art. L. 222-5 *(Mod., L. n° 2008-757, 1er août 2008 ; L. n° 2010-788, 12 juill. 2010 ; L. n° 2011-525, 17 mai 2011 ; L. n° 2017-1839, 30 déc. 2017).* – (1) **Le plan de protection de l'atmosphère et les mesures mentionnées au deuxième alinéa du I de l'article L. 222-4 ont pour objet, dans un délai qu'ils fixent, de ramener à l'intérieur de la zone la concentration en polluants dans l'atmosphère à un niveau conforme aux normes de qualité de l'air mentionnées à l'article L. 221-1 ou, le cas échéant, les normes spécifiques mentionnées au 2° du I de l'article L. 222-1.**

Lorsque des circonstances particulières locales liées à la protection des intérêts définis aux articles L. 220-1 et L. 220-2 le justifient, le plan de protection de l'atmosphère peut renforcer les normes de qualité de l'air mentionnées à l'article L. 221-1 ou, le cas échéant, les normes spécifiques mentionnées au 2° du I de l'article L. 222-1, et préciser les orientations permettant de les respecter. Il peut, également, renforcer les mesures techniques mentionnées aux articles L. 224-1 et L. 224-2.

Dans le cadre d'un plan de protection de l'atmosphère dans le périmètre duquel les valeurs maximales mentionnées à l'article L. 221-1 relatives aux particules fines sont dépassées et dont l'élaboration et la révision sont engagées à compter de l'entrée en vigueur de la loi n° 2017-1839 du 30 décembre 2017 mettant fin à la recherche ainsi qu'à l'exploitation des hydrocarbures et portant diverses dispositions relatives à l'énergie et à l'environnement, le représentant de l'État dans le département arrête, en concertation avec les collectivités territoriales concernées, des mesures favorisant le recours aux énergies et aux technologies les moins émettrices de particules fines et facilitant le raccordement aux infrastructures gazières publiques ou aux réseaux de chaleur existants.

Le décret mentionné à l'article L. 222-7 précise les mesures qui peuvent être mises en œuvre pour atteindre les objectifs fixés par le plan de protection de l'atmosphère, notamment en ce qui concerne les règles de fonctionnement et d'exploitation de certaines catégories d'installations, l'usage des carburants ou combustibles, les conditions d'utilisation des véhicules ou autres objets mobiliers, l'augmentation de la fréquence des contrôles des émissions des installations, des véhicules ou autres objets mobiliers et l'élargissement de la gamme des substances contrôlées.

Voir : A. du 17 février 2017, portant nomination du conseil d'administration du Comité professionnel des stocks stratégiques pétroliers (*JO* n° 47, 24 févr. 2017).

D. n° 2017-725 du 3 mai 2017 relatif aux principes et modalités de calcul des émissions de gaz à effet de serre des projets publics (*JO* n° 106, 5 mai 2017).

Condamnation de l'État pour pollution de l'air. L'État a été condamné, pour sa carence fautive en matière de lutte contre la pollution atmosphérique, à indemniser des enfants victimes de la pollution de l'air. Même si les montants octroyés restent extrêmement faibles (2 000 € et 3 000 €), ces deux décisions sont emblématiques (■ TA Paris, 16 juin 2023, nos 2019924 et 2019925).

(1) V. la note sous l'article R. 221-1 du Code de l'environnement. – NDLR.

Art. L. 222-6 *(Mod., L. n° 2015-992, 17 août 2015 ; mod. à compter du 1er mars 2017, Ord. n° 2017-80, 26 janv. 2017* (1) *; L. n° 2018-1021, 23 nov. 2018 ; L. n° 2021-1104, 22 août 2021).* – **Pour atteindre les objectifs définis par le plan de protection de l'atmosphère, les autorités compétentes en matière de police arrêtent les mesures préventives, d'application temporaire ou permanente, destinées à réduire les émissions des sources de pollution atmosphérique.**

Elles sont prises sur le fondement des dispositions du chapitre unique du titre VIII du livre Ier ou du titre Ier du livre V lorsque l'établissement à l'origine de la pollution relève de ces dispositions. Dans les autres cas, les autorités mentionnées à l'alinéa précédent peuvent prononcer la restriction ou la suspension des activités polluantes et prescrire des limitations à la circulation des véhicules, y compris la réduction des vitesses maximales autorisées.

Dans le cadre d'un plan de protection de l'atmosphère, le représentant de l'État dans le département peut interdire l'installation et l'utilisation des appareils de chauffage de moindre performance énergétique et contribuant fortement aux émissions de polluants atmosphériques ainsi que l'utilisation des combustibles contribuant fortement aux émissions de polluants atmosphériques. À ce titre, le représentant de l'État dans le département peut demander l'établissement et la conservation d'un certificat de conformité, établi par un professionnel qualifié, attestant du respect de ces prescriptions.

Les autorités mentionnées au premier alinéa communiquent chaque année au représentant de l'État dans le département toute information utile sur les actions engagées contribuant à l'amélioration de la qualité de l'air.

Voir : art. L. 511-1 et s., p. 937.

▪ CAA Paris, 1re ch., excès de pouvoir, 11 avr. 2013, n° 12PA00633.

Le plan de protection de l'atmosphère ne confère par lui-même aucun pouvoir de police aux autorités et organismes chargés de le mettre en œuvre. Le plan de protection de l'atmosphère ne constitue pas une réglementation préexistante mais un cadre d'action pour l'ensemble des autorités compétentes à l'intérieur du périmètre du plan (▪ CE, 10 mai 2015, n° 369428, *Les amis de la terre*).

Instruction du 5 janvier 2017, relative à la gestion des épisodes de pollution de l'air ambiant (NOR : DEVR1700340J) (*BO min. Écologie* n° 2017/1, 25 janv. 2017).

Mémento Fiscal 2017, Taxe générale sur les activités polluantes.

Art. L. 222-6-1 *(L. n° 2021-1104, 22 août 2021).* – **Dans les agglomérations mentionnées à l'article L. 222-4, après avis des conseils municipaux des communes et des organes délibérants des établissements publics de coopération intercommunale à fiscalité propre intéressés, le représentant de l'État dans le département prend, d'ici le 1er janvier 2023, les mesures nécessaires pour améliorer la performance énergétique du parc d'appareils de chauffage au bois et atteindre une réduction de 50 % des émissions de particules fines PM2.5 issues de la combustion du bois à l'horizon 2030 par rapport à la référence de 2020. Afin d'assurer l'atteinte de ces objectifs, une évaluation de l'efficacité des mesures sur les émissions de PM2.5 et la qualité de l'air dans les territoires concernés est réalisée au minimum tous les deux ans.**

Art. L. 222-6-2 *(L. n° 2021-1104, 22 août 2021).* – **Le ministre chargé de l'environnement peut définir par arrêté des critères techniques auxquels doivent répondre certaines catégories de combustibles solides mis sur le marché et destinés au chauffage, afin de limiter l'impact de leur combustion sur la qualité de l'air.**

Lors de la mise sur le marché pour des utilisateurs non professionnels, les distributeurs fournissent des *informations générales* sur les conditions appropriées de stockage et d'utilisation afin de limiter l'impact de leur combustion sur la qualité de l'air. Les modalités d'application du présent alinéa sont définies par décret.

Art. L. 222-7 *(Mod., L. n° 2001-398, 9 mai 2001 ; Ord. n° 2005-1087, 1er sept. 2005 et rect. JO 10 sept. 2005 ; L. n° 2008-757, 1er août 2008 ; mod. à compter d'une date et dans les conditions fixées par décret et au plus tard le 1er juillet 2010, Ord. n° 2010-18, 7 janv. 2010).* – **Les modalités d'application de la présente section, notamment les normes de qualité de l'air mentionnées à l'article L. 221-1 applicables aux plans de protection de l'atmosphère, sont fixées par décret en Conseil d'État pris après avis du « Conseil supérieur de**

(1) Dispositions d'application particulières et transitoires : V. Ord. n° 2017-80, 26 janv. 2017, art. 15. – NDLR.

la prévention des risques technologiques » (1) **et de l'Agence nationale chargée de la sécurité sanitaire de l'alimentation, de l'environnement et du travail.**

Plan de protection de l'atmosphère (nature juridique). Le plan de protection de l'atmosphère emporte une série d'effets contraignants quant à la surveillance et la maîtrise de la qualité de l'air dans le périmètre qu'il couvre, qui s'imposent aux autorités administratives compétentes pour mettre en œuvre des mesures préventives et curatives en vue d'atteindre les objectifs qu'il fixe dans le respect d'un calendrier donné (■ CE, 26 mars 2008, n° 300952, *Assoc. Les amis de la terre*).

Section III. – Plans de mobilité

(Section rempl. à compter du 1er janvier 2021, L. n° 2019-1428, 24 déc. 2019)

Bibliographie : *Sur la mise en place des plans de déplacement urbain.* N. Loock, *Ecoquartiers : recyclons les mécanismes juridiques anciens : Actes prat. ing. immobilière* LexisNexis, janv. 2016, p. 57-58. • G. Liet-Veaux, *Documents d'urbanisme divers : Programmes locaux de l'habitat, plans de déplacements urbains... : JCl. Administratif*, Fasc. 445-13, 2010. • N. Charrel et L. Ducroux, *La loi SRU veut promouvoir une nouvelle conception des transports : Gaz. cnes.* 8 janv. 2001, p. 56. • O. Duperon, *La réforme du régime des transports et des déplacements urbains : AJDA* 20 janv. 2001, p. 69. • C. Lepage, *Modification de la politique des transports issue de la loi SRU : Gaz. Pal.* 19 janv. 2001, p. 24. • Groupement des autorités responsables des transports, Journée PDU, 3 déc. 1998 et 25 mai 2000. • Rép. min. Environnement à QE J.-L. Wachsmann, 12 avr. 1999 (*JO* 20 sept. 1999, p. 5426). • *Guide méthodologique 1999 : Prise en compte de la pollution de l'air, du bruit et de la consommation d'énergie*, coédition Certu-Ademe. • P. de Tannenberg, *Des PDU au ralenti : Environnement mag.* mai 1999, p. 18-19.

Art. L. 222-8 *(Rempl. à compter du 1er janvier 2021, L. n° 2019-1428, 24 déc. 2019).* **– Les dispositions relatives aux plans de mobilité figurent au chapitre IV du titre Ier du livre II de la première partie du Code des transports.**

Voir : L. n° 82-1153 du 30 déc. 1982 ;

– Titre V de la L. n° 96-1236 du 30 déc. 1996, sur l'air et l'utilisation rationnelle de l'énergie, articles 14 et 15 modifiant l'article 28 de la loi n° 82-1153 du 30 décembre 1982 d'orientation des transports intérieurs et ajoutant les articles 28-1, 28-2 et 28-3 à ladite loi ;

– L. n° 2000-1208 du 13 déc. 2000, relative à la solidarité et au renouvellement urbain, articles 94 à 110 ;

– D. n° 2016-753 du 7 juin 2016 : *JO* 9 juin 2016.

– Circ. n° NOR/LBL/B/04/10074/c du 10 sept. 2004, relative à l'entrée en application de la loi du 13 août 2004, relative aux libertés et responsabilités locales (sur les transports et l'élaboration du plan de déplacement urbain de l'Île-de-France).

– L. Grenelle II n° 2010-788 du 12 juill. 2010 portant engagement national pour l'environnement : *JO* n° 0160, 13 juill. 2010, p. 12905.

– L. n° 2016-1920, 29 déc. 2016 relative à la régulation, à la responsabilisation et à la simplification dans le secteur du transport public particulier de personnes (*JO* n° 303, 30 déc. 2016).

Bibliographie : P. Billet, *Quand la politique des transports fait fausse route, Cour des comptes – Rapport public annuel 2017 : Énergie – Env. – Infrastr.* avr. 2017, n° 4. • L. de Graëve, *Nouvelle accélération législative pour le transport public particulier de personnes : Énergie – Env. – Infrastr.* avr. 2017, n° 4, comm. 25. • R. Hanicotte, *Un bipède dans la jungle urbaine – Ou le marcheur citadin en quête de son droit : JCP* A 2017, nos 10-11, p. 2072. • *JCP* E 2017, n° 2, act. 39, *Loi relative à la régulation, à la responsabilisation et à la simplification dans le secteur du transport public de personnes.* • J. Yerpez, *Réflexions sur l'évolution de la prise en compte de la sécurité routière dans les plans de déplacements urbains : Ann. voirie* janv.-févr. 2005, n° 93, p. 19 à 23. • M. Mouliner-Dubost, *La planification intégrée des déplacements urbains : Dr. et ville* 1er avr. 2004, n° 56, p. 153-172. • J.-C. Gayssot, *Plans de déplacements urbains : circulaire du 4 janvier 1999 (équipement) : Mon. TP* 15 janv. 1999, n° 4964, p. 286. • X. Braud, *Les transports dans la loi sur l'air : Dr. env.* 3/1997, n° 46, p. 16. • S. Delmas-Delroze, *Les plans de déplacements urbains : un instrument de lutte contre la pollution atmosphérique : LPA* 8 sept. 1997, n° 108, p. 4 à 9. • Sur la non-nécessité d'un décret, V. *a contrario*, CE, 6 mai 1996, n° 121915, *Assoc. Aquitaine alternative.* • Ministère de l'Équipement, *DPPR, Réglementation actuelle et perspectives en Europe dans le domaine de la pollution atmosphérique d'origine automobile*, mars 1994.

1) Sur la qualification du plan de déplacement urbain (PDU) de document d'urbanisme (non). Le PDU n'est pas directement opposable aux personnes publiques et privées. Absence d'obligation de notification des recours prévue à l'article R. 600-1 du Code de l'urbanisme. Recevabilité de la requête non notifiée d'une association agréée. Application du régime antérieur à la loi SRU (■ TA Nantes, 22 août 2002, *Fédération La sau-*

(1) À compter du 30 avril 2010, Ord. n° 2010-418, 27 avr. 2010, art. 3.

vegarde de l'Anjou : Environnement mag. nov. 2002, n° 11, p. 13).

2) Sur l'annulation d'un plan de déplacement urbain (PDU). Vice substantiel de la procédure d'élaboration, non-respect de l'article 28-2 de la loi du 30 décembre 1982 modifiée, sur l'obligation de procéder à la consultation sur demande des associations agréées de protection de l'environnement dès la phase d'élaboration ou de révision du PDU. ▪ TA Nantes, 22 août 2002, *Fédération La sauvegarde de l'Anjou : Environnement mag.* nov. 2002, n° 11, p. 13, préc. – Pour plus de précisions, V. Principes dégagés par la Convention d'Aarhus du 25 juin 1998 sur l'accès à l'information, la participation du public au processus décisionnel et l'accès à la justice en matière d'environnement (approuvée, L. n° 2002-284, 28 févr. 2002 : *Environnement mag.* 2002, comm. 70, note P. Trouilly). Saisie de la légalité du plan de déplacements urbains de l'agglomération grenobloise, la cour administrative d'appel de Lyon confirme, en raison du manque de réalisme du plan, l'annulation prononcée par le tribunal administratif. Annulation, pour erreur de fait substantielle, d'un plan de déplacements urbains (▪ CAA Lyon, 14 déc. 2010, n° 09LY01843).

3) Sur le recours à la révision simplifiée du POS (Plan d'occupation des sols). Le recours à la révision simplifiée du POS est possible à condition qu'elle soit motivée par l'intérêt général. Ne présente pas un caractère d'intérêt général le parc de stationnement destiné aux agents publics et qui ne remplit pas les objectifs du PDU en ce qu'il n'encourage pas une réduction de l'utilisation de la voiture individuelle (▪ CAA Lyon, 13 nov. 2007, n° 07LY00369, *Assoc Sauvons le square Delestraint et Lafond : JurisData* n° 2007-352456).

4) Sur les autorisations des commissions d'équipement commercial. Aucune disposition législative ou réglementaire n'oblige les commissions d'équipement commercial à s'assurer de la compatibilité des autorisations qu'elles délivrent avec les PDU (▪ CE, 17 mars 2004, n° 242543, *Assoc. Le site Géo autrement*).

5) Sur les politiques de stationnement. Le PDU peut prévoir dans les communes la mise en place d'une politique de stationnement tendant notamment à réprimer le stationnement irrégulier. De même, le PDU peut prévoir des dispositions relatives à la tarification des transports, ainsi qu'aux taxis, au rabattement sur les gares et à la densification de l'urbanisation autour de celles-ci et peut prévoir l'harmonisation des horaires de livraison et la modernisation des infrastructures logistiques (▪ CE, 9 févr. 2004, n° 230309, *Assoc. Automobile Club de l'Île-de-France et a.*).

6) Sur les pistes cyclables. En vertu de l'article L. 228-2 du Code de l'environnement, « l'aménagement de ces itinéraires cyclables doit tenir compte des orientations du plan de déplacements urbains, lorsqu'il existe ». Il ressort de cette disposition et de leur rapprochement avec les débats parlementaires ayant précédé leur adoption que le législateur a entendu imposer aux collectivités concernées, à compter du 1er janvier 1998, une obligation de mise au point d'itinéraires cyclables pourvus d'aménagements adaptés, à l'occasion des réalisations ou des rénovations des voies urbaines (▪ CAA Douai, 30 déc. 2003, n° 02DA00204, *Assoc. Le droit au vélo c/ Communauté urbaine de Lille.* – V. ▪ CAA Lyon, 28 juill. 2003, n° 99LY02169, *Assoc. Roulons en ville à vélo : AJDA* 2003, 2327, obs. Dupéron ; *Environnement* nov. 2003, n° 92, obs. Benoît).

7) Précisions sur le contenu des plans de déplacements urbains. Les évaluations et des calculs des émissions de gaz à effet de serre (GES) et de polluants atmosphériques générées par les déplacements à l'intérieur du périmètre de transport urbain sont réalisés à l'occasion de l'élaboration ou de la révision du plan de déplacements urbains. Le décret du 7 juin 2016 fixe les modalités de ces évaluations. Il s'applique aux PDU dont l'élaboration ou la révision est engagée à compter du 1er janvier 2017 ainsi qu'aux PLU tenant lieu de PDU dont l'élaboration ou l'analyse des résultats du plan est prescrite à compter de cette date. L'évaluation porte sur les émissions estimées au titre de l'année de réalisation de l'étude et sur les émissions estimées pour l'année médiane de chacune des deux périodes consécutives de cinq ans les plus lointaines pour lesquelles un budget carbone a été adopté.

Section IV. – Plan national de réduction des émissions de polluants atmosphériques

(L. n° 2015-992, 17 août 2015)

Art. L. 222-9 ***(Rempl., L. n° 2017-1839, 30 déc. 2017 ; mod. à compter du 1er mars 2020, Ord. n° 2019-1170, 13 nov. 2019).*** – (1) **Afin d'améliorer la qualité de l'air et de réduire l'exposition des populations aux pollutions atmosphériques, des objectifs nationaux de réduction des émissions de polluants atmosphériques anthropiques, à l'exclusion des émissions de méthane entérique naturellement produites par**

(1) V. T. appl. : A. 10 mai 2017 : *JO* 11 mai 2017 (pour la période 2017-2021). – NDLR.

l'élevage de ruminants, sont fixés par décret pour les périodes allant de 2020 à 2024, de 2025 à 2029 et à partir de 2030.

Un plan national de réduction des émissions de polluants atmosphériques, arrêté par le ministre chargé de l'environnement, fixe notamment les actions à mettre en œuvre afin d'atteindre ces objectifs, en prenant en compte les enjeux sanitaires et économiques. Ce plan est réévalué tous les quatre ans et, si nécessaire, révisé. Il est mis à jour dans un délai de dix-huit mois à compter de la présentation du dernier inventaire national des émissions ou des dernières projections nationales des émissions lorsque, selon les données présentées, les objectifs ne sont pas respectés ou risquent de ne pas l'être.

Les objectifs nationaux et les actions du plan national de réduction des émissions de polluants atmosphériques sont pris en compte dans les schémas d'aménagement régionaux, de développement durable et d'égalité des territoires prévus à l'article L. 4251-1 du Code général des collectivités territoriales, dans les schémas d'aménagement régional prévus à l'article L. 4433-7 du même code, dans les schémas régionaux du climat, de l'air et de l'énergie prévus à l'article L. 222-1 du présent code et dans les plans de protection de l'atmosphère prévus à l'article L. 222-4.

NB : Conformément à l'article 7 de l'ordonnance n° 2019-1170 du 13 novembre 2019, les présentes dispositions entrent en vigueur le 1er mars 2020. Toutefois, elles ne s'appliquent pas aux procédures d'élaboration ou de révision de schémas d'aménagement régional en cours au 1er mars 2020.

CHAPITRE III. – MESURES D'URGENCE (1)

Voir : D. n° 98-360 du 6 mai 1998 précité ;

– D. n° 98-702 du 17 août 1998, modifiant certaines dispositions du Code de la route relatives aux mesures de suspension ou de restriction de la circulation propres à limiter la pollution atmosphérique (*JO* 18 août 1998, p. 12569) ;

– D. n° 98-703 du 17 août 1998, modifiant les articles R. 119-1 et R. 120 du Code de la route relatifs au contrôle technique des véhicules légers (*JO* 18 août 1998, p. 12570) ;

– D. n° 98-704 du 17 août 1998, pris pour l'application des dispositions de l'article L. 8-A du Code de la route relatives à l'identification des véhicules automobiles contribuant à la limitation de la pollution atmosphérique (*JO* 18 août 1998, p. 12570) ;

– A. du 17 août 1998, relatif aux seuils de recommandation et aux conditions de déclenchement de la procédure d'alerte (*JO* 18 août 1998, p. 12573) ;

– Circ. du 17 août 1998, relative à la loi n° 96-1236 du 30 décembre 1996 sur l'air et l'utilisation rationnelle de l'énergie (mesures d'urgence concernant la circulation des véhicules) (*JO* 18 août 1998, p. 12571) ;

– Circ. du 18 juin 2004, relative aux procédures d'information et de recommandation et d'alerte et aux mesures d'urgence (*BOME* 16/2004).

– A. du 7 avr. 2016, relatif au déclenchement des procédures préfectorales en cas d'épisodes de pollution de l'air ambiant (*JO* n° 0084, 9 avr. 2016).

– Circ. du 24 nov. 2015, relative à la limitation de vitesse sur autoroute pour des motifs de qualité de l'air (NOR : DEVT1526413C, *BOME* n° 2015/22, 10 déc. 2015).

Sur la pastille verte : Circ. du 19 juin 1998, relative à la délivrance de la pastille verte (*BOMI* 1998, p. 153).

– D. n° 2017-949 du 10 mai 2017, fixant les objectifs nationaux de réduction des émissions de certains polluants atmosphériques en application de l'article L. 222-9 du Code de l'environnement (*JO* n° 110, 11 mai 2017) (NOR : DEVR1707211D).

Bibliographie : D. Chauvaux, *Conditions de validité des mesures de circulation alternée en cas de pollution atmosphérique : AJDA* 2000, 661. • J.-Y. Faberon, *Deuxième chronique des textes d'application de la loi sur l'air et l'utilisation rationnelle de l'énergie du 30 décembre 1996 : LPA* 7 janv. 1999, n° 5, p. 16 à 21. • S. Deygas, *Les procédures de protection de la qualité de l'air instaurées par la loi du 30 décembre 1996 : Procédures* 1er mars 1997, n° 3, p. 4 à 5. • J.-Y. Faberon, *La loi du 30 décembre 1996 sur l'air et l'utilisation rationnelle de l'énergie – 1re partie : Rev. jur. env.* 1997, p. 133.

Art. L. 223-1 ***(Anc. L. n° 96-1236, 30 déc. 1996 ; mod., L. n° 2008-757, 1er août 2008 ; mod. à compter d'une date et dans les conditions fixées par décret et au plus tard le 1er juillet 2010, Ord. n° 2010-18, 7 janv. 2010 ; L. n° 2010-788, 12 juill. 2010 ; L. n° 2015-992, 17 août 2015).*** **– En cas d'épisode de pollution, lorsque les normes de qualité de l'air mentionnées à l'article L. 221-1 ne sont pas respectées ou risquent de ne pas l'être, le préfet en informe immédiatement le public selon les modalités prévues par la section 2 du chapitre Ier du présent titre et prend des mesures propres à limiter l'ampleur et les effets de la pointe de**

(1) V. T. appl. : Circ. 17 août 1998. – NDLR.

pollution sur la population. Ces mesures, prises en application du plan de protection de l'atmosphère lorsqu'il existe et après information des maires intéressés, comportent un dispositif de restriction ou de suspension des activités concourant aux pointes de pollution, *(Mots rempl., L. n° 2019-1428, 24 déc. 2019)* « de restriction ou de suspension » de la circulation des véhicules notamment par la réduction des vitesses maximales autorisées, et de réduction des émissions des sources fixes et mobiles. En cas d'épisode de pic de pollution prolongé, le ministre chargé de l'aviation civile prend les mesures nécessaires pour tenir compte de la pollution due aux mouvements d'aéronefs.

Les normes de qualité de l'air mentionnées au premier alinéa applicables au présent chapitre sont fixées par décret en Conseil d'État pris après l'avis de l'Agence nationale chargée de la sécurité sanitaire de l'alimentation, de l'environnement et du travail.

Voir : Circ. du 18 juin 2004, relative aux procédures d'information et de recommandation et d'alerte et aux mesures d'urgence (*BOMEDD* 16/2004, 30 août 2004, p. 35, préc.). - D. n° 2010-1250 du 21 oct. 2010, relatif à la qualité de l'air (*JO* n° 0247, 23 oct. 2010, p. 19011). - A. du 7 avr. 2016 relatif au déclenchement des procédures préfectorales en cas d'épisodes de pollution de l'air ambiant (*JO* n° 84, 9 avr. 2016). - A. du 21 juin 2016 établissant la nomenclature des véhicules classés en fonction de leur niveau d'émission de polluants atmosphériques en application de l'article R. 318-2 du Code de la route. Article 52 de la loi n° 2016-1918 du 29 décembre 2016 de finances rectificative pour 2016 (*JORF* n° 0303, 30 déc. 2016).

1) Encadrement restriction de la circulation automobile. En cas d'alerte à la pollution automobile, des mesures de restriction à la circulation doivent être prises, qui pourront « comporter l'interdiction de circulation des véhicules certains jours en fonction de leur numéro d'immatriculation » (C. route, art. R. 411-19, al. 2) ou de « l'identification fondée sur leur contribution à la limitation de la pollution atmosphérique » (C. route, art. L. 318-1, al. 3). Le conducteur contrevenant aux mesures de restriction de la circulation s'expose à l'amende prévue pour les contraventions de la deuxième classe et à l'immobilisation de son véhicule (C. route, art. R. 411-19, al. 3 et 4). En cas de restrictions à la circulation, l'accès aux réseaux de transport public en commun de voyageurs est gratuit (C. env., art. L. 223-2).

2) Restriction de circulation (oui). N'est pas fondé à demander l'annulation de l'arrêté préfectoral organisant la circulation alternée à Paris un avocat invoquant les dérogations prévues à l'article 6. Un véhicule n'est pas strictement indispensable au bon déroulement de l'activité professionnelle de l'avocat (▪ CE, 28 févr. 2000, n° 180082, *Petit-Perrin : AJDA* juill. 2000, p. 661, concl. comm. Gouv. M. D. Chauvaux).

3) Restriction de circulation (non). Est fondé à demander l'annulation de l'arrêté préfectoral organisant la circulation alternée l'union nationale intersyndicale des enseignants de la conduite car leurs véhicules leurs sont indispensables dans l'exercice de leur profession (▪ CE, 28 févr. 2000, n° 195033, *Union nationale intersyndicale des enseignants de la conduite : AJDA* 20 juill.-20 août 2000, p. 661, concl. D. Chauvaux).

4) Pollution atmosphérique. Mise en danger de la vie d'autrui. Il ne peut être reproché au maire et au préfet de police de Paris de ne pas avoir pris les mesures nécessaires pour pallier les effets de la pollution atmosphérique. Le décret du 13 mai 1974 laisse en effet au préfet toute liberté d'appréciation dans la mise en œuvre des procédures d'alerte et n'impose pas à leur sujet d'obligation particulière de sécurité ou de prudence (▪ Cass. crim., 25 juin 1996, n° 95-86.205 : *Dr. env.* 3/1997, n° 47, p. 4, note J.-H. Robert).

5) Pastille verte. Le système de la « pastille verte », instauré en 1998 (C. route, art. R. 318-2 ancien), a été abrogé en février 2012 (D. n° 2012-237, 20 févr. 2012, art. 2, II : *JO* 22 févr. 2012). Un arrêté ministériel en date du 3 mai 2012 a établi une nomenclature des véhicules fondée sur leur niveau d'émission de polluants atmosphériques (*JO* 8 mai 2012). Il a été mis en place un certificat « qualité de l'air », mécanisme basé sur le volontariat des automobilistes. Il vise à donner la possibilité aux utilisateurs des véhicules les moins polluants de bénéficier d'avantages de circulation. L'identification des véhicules en fonction de leurs émissions de polluants atmosphériques est prévue par l'article L. 318-1 du Code de la route et permet d'attribuer tel ou tel certificat.

6) Vignette Crit'air. L'arrêté du 29 juin 2016 relatif aux modalités de délivrance et d'apposition des certificats qualité de l'air met en place la vignette Crit'air. Ce certificat apposé sur le véhicule est obligatoire pour pouvoir circuler au sein des zones à circulation restreinte décidées par les collectivités (comme par exemple dans Paris intra-muros) ou pour pouvoir circuler en cas de mise en œuvre de la circulation différenciée lors d'un épisode de pollution.

Bibliographie : Lamy Transport, Tome 1, 2013, Sixième Partie, *Code de la route*, Division III, Chapitre II, *1374 – Restrictions en cas de pollution*. – D. Chauvaux, *Conditions de validité des mesures de circulation alternée en cas de pollution atmosphérique : AJDA* 2000, 661.

Art. L. 223-2 *(Anc. L. n° 96-1236, 30 déc. 1996 ; mod., L. n° 2015-992, 17 août 2015).* – En cas d'interdiction de la circulation de certaines catégories de voitures particulières décidée en application de l'article L. 223-1, l'accès aux réseaux de transport public en commun de voyageurs est assuré par toute mesure tarifaire incitative décidée par les autorités organisatrices de transports ou gratuitement.

Voir : CNA, avis 15 oct. 2003 relatif aux mesures d'information et d'alerte en cas d'épisode de pollution.

CHAPITRE IV. – MESURES TECHNIQUES NATIONALES DE PRÉVENTION DE LA POLLUTION ATMOSPHÉRIQUE ET D'UTILISATION RATIONNELLE DE L'ÉNERGIE

Section I. – Dispositions générales

Art. L. 224-1 *(Mod., L. n° 2005-781, 13 juill. 2005 ; L. n° 2008-757, 1er août 2008 ; L. n° 2010-788, 12 juill. 2010 ; L. n° 2015-992, 17 août 2015 ; Ord. n° 2020-866, 15 juill. 2020 ; L. fin. n° 2020-1721, 29 déc. 2020).* – (1) I. – Les mesures de prévention et de réduction de la pollution atmosphérique et de l'utilisation rationnelle de l'énergie doivent concourir au respect des normes de la qualité de l'air mentionnées à l'article L. 221-1. L'Agence de l'environnement et de la maîtrise de l'énergie apporte son appui au ministre chargé de l'environnement pour proposer et soutenir ces mesures. En vue de réduire la consommation d'énergie et de limiter les sources d'émission de substances polluantes nocives pour la santé humaine et l'environnement, des décrets en Conseil d'État définissent :

1° Les spécifications techniques et les normes de rendement applicables à la fabrication, à la mise sur le marché, au stockage, à l'utilisation, à l'entretien et à l'élimination des biens mobiliers autres que les véhicules visés aux articles L. 8-A à L. 8-C du Code de la route (2) ;

2° Prévoir que les chaudières, les systèmes de chauffage et les systèmes de climatisation dont la puissance excède un seuil fixé par décret font l'objet d'entretiens, de contrôles périodiques ou d'inspections, dont ils fixent les conditions de mise en œuvre. Dans ce cadre, des conseils d'optimisation de l'installation sont, le cas échéant, dispensés aux propriétaires ou gestionnaires ;

3° Les conditions de contrôle des opérations mentionnées aux deux alinéas précédents.

II. – Les décrets mentionnés au I peuvent aussi :

1° Imposer aux constructeurs et utilisateurs de contrôler les consommations d'énergie et les émissions de substances polluantes de leurs biens, à leur diligence et à leurs frais ;

2° Prévoir que les chaudières et les systèmes de climatisation dont la puissance excède un seuil fixé par décret font l'objet d'entretiens, de contrôles périodiques ou d'inspections, dont ils fixent les conditions de mise en œuvre. Dans ce cadre, des conseils d'optimisation de l'installation sont, le cas échéant, dispensés aux propriétaires ou gestionnaires ;

3° Prescrire aux entreprises qui vendent de l'énergie ou des services énergétiques l'obligation de promotion d'une utilisation rationnelle de l'énergie et d'incitation à des économies d'énergie dans le cadre de leurs messages publicitaires ;

4° Prescrire aux fournisseurs d'électricité, de gaz naturel ou de chaleur l'obligation de communiquer périodiquement aux consommateurs finals domestiques un bilan de leur consommation énergétique accompagné d'éléments de comparaison et de conseils pour réduire cette consommation et une évaluation financière des économies éventuelles.

5° Prescrire aux entreprises exploitant un ou plusieurs centres de stockage de données numériques la réalisation d'une analyse coûts-avantages afin d'évaluer l'opportunité de valoriser de la chaleur fatale notamment à travers un réseau de chaleur ou de froid.

III. – Un décret en Conseil d'État fixe les conditions dans lesquelles le fioul domestique, le gazole, l'essence et les supercarburants doivent comporter un taux minimal d'oxygène.

(1) V. T. appl. : D. n° 2001-349, 18 avr. 2001. – NDLR.

(2) Articles indirectement abrogés et codifiés, Ord. n° 2000-930, 22 sept. 2000, art. 1er et 5 à 7. – V. C. route, art. L. 311-1 et L. 318-1 à L. 318-3. – NDLR.

IV. – Un décret fixe les conditions dans lesquelles les spécifications des carburants mentionnées au III doivent être redéfinies à compter du 1er janvier 2000.

V *(Abr. à compter du 29 mai 2013, Cons. const. n° 2013-317 QPC, 24 mai 2013 : JO 29 mai 2013 ; JurisData n° 2013-010064)* (1).

Rédaction antérieure. V. – Pour répondre aux objectifs du présent titre, un décret en Conseil d'État fixe les conditions dans lesquelles certaines constructions nouvelles doivent comporter une quantité minimale de matériaux en bois.

Voir : D. n° 2012-1530, 28 déc. 2012 relatif aux caractéristiques thermiques et à la performance énergétique des constructions de bâtiments, pris en application de la loi n° 2009-967 du 3 août 2009 de programmation relative à la mise en œuvre du Grenelle de l'environnement. – A. 11 déc. 2014 relatif aux caractéristiques thermiques et aux exigences de performance énergétique applicables aux bâtiments nouveaux et aux parties nouvelles de bâtiment de petite surface et diverses simplifications (*JO* n° 0297, 24 déc. 2014, p. 22175). – D. n° 2006-1464, 28 nov. 2006 relatif à la promotion des économies d'énergie dans les messages publicitaires des entreprises du secteur énergétique.

– CCH, articles R. 111-1 à R. 111-17, sur les spécifications techniques applicables à la construction, l'utilisation, l'entretien et la démolition des biens immobiliers.

Sur la quantité minimale de matériaux en bois : Deux syndicats avaient demandé l'annulation du décret du 15 mars 2010 qui imposait une quantité minimale de matériaux en bois pour certaines constructions nouvelles. Le Conseil d'État avait accepté, le 18 mars 2013, de transmettre au Conseil constitutionnel une question prioritaire de constitutionnalité avant de statuer sur leur requête. Ce dernier s'est alors prononcé le 24 mai. Était en cause la conformité à la Constitution et au principe de la liberté d'entreprendre de l'article L. 224-1, V, du Code de l'environnement sur la base duquel a été pris le décret. Les deux syndicats professionnels contestaient notamment que le législateur n'ait posé aucune limite au pouvoir réglementaire quant à la détermination du niveau de la part minimale de bois à incorporer. Le Conseil constitutionnel leur a donné raison, estimant que l'article du Code de l'environnement visé porte atteinte à la liberté d'entreprendre, garantie par la Constitution, « une atteinte qui n'est pas justifiée par un motif d'intérêt général en lien direct avec l'objectif poursuivi » (■ Cons. const., 24 mai 2013, n° 2013-317 QPC, préc., *Inconstitutionnalité de l'obligation d'une quantité minimale de matériaux en bois dans certaines constructions nouvelles : JCP* A 2013, n° 23, act. 430).

Sur la promotion des énergies renouvelables. Dir. PE et Cons. UE n° 2001/77/CE du 27 sept. 2001, relative à la promotion de l'électricité produite à partir de sources d'énergie renouvelables sur le marché intérieur de l'électricité (*JOCE* n° L 283, 27 oct. 2001, p. 33) ;

– Dir. PE et Cons. UE n° 2004/8/CE du 11 févr. 2004, concernant la promotion de la cogénération sur la base de la demande de chaleur utile dans le marché intérieur de l'énergie et modifiant la directive n° 92/42/CEE (*JOUE* n° L 52, 21 févr. 2004, p. 50) ;

– L. n° 2015-992 du 17 août 2015 relative à la transition énergétique pour la croissance verte (*JO* n° 0189, 18 août 2015, p. 14263) ;

– A. du 19 janv. 2005, modifiant l'arrêté du 2 octobre 2001 fixant les limites dans lesquelles certaines installations utilisant à titre principal certaines énergies renouvelables ou des déchets peuvent utiliser une fraction d'énergie non renouvelable (*JO* 29 janv. 2005, p. 1562) ;

– A. du 23 août 2005 modifiant les conditions d'achat de l'électricité produite par les installations de cogénération et les installations utilisant des énergies renouvelables ou des déchets ménagers (*JO* n° 270, 20 nov. 2005, p. 18062) ;

– Dir. PE et Cons. UE n° 2009/28/CE du 23 avril 2009, relative à la promotion de l'utilisation de l'énergie produite à partir de sources renouvelables et modifiant puis abrogeant les directives 2001/77/CE et 2003/30/CE (*JOUE* n° L 140, 5 juin 2009, p. 16) ;

– Délibération de la Commission de régulation de l'énergie du 2 février 2017, portant communication relative à la méthodologie d'examen des petites actions visant la maîtrise de la demande portant sur les consommations d'électricité dans les zones non interconnectées.

Sur la réduction des émissions de CO_2 du bâtiment. A. du 22 déc. 2003, portant modification de l'arrêté du 29 novembre 2000, complété par l'arrêté du 9 novembre 2001, relatif aux caractéristiques thermiques des bâtiments nouveaux et des parties nouvelles de bâtiments (*JO* 7 févr. 2003, p. 2628) ;

– Instr. n° 2003-04 de l'Agence nationale pour l'amélioration de l'habitat du 24 oct. 2003, relative à l'adaptation du dispositif des aides de l'agence (*BOMET* 2003, 24), modifiée par l'Instr. n° 2005-01 de l'Agence nationale pour l'amélioration de l'habitat (ANAH) du 24 janv. 2005 relative à la fixation des loyers intermédiaires ANAH et diverses règles relatives aux loyers maîtrisés ;

– Loi *Grenelle I*, n° 2009-967 du 3 août 2009 de programmation relative à la mise en œuvre du Grenelle de l'environnement.

– D. n° 2014-1438, 2 déc. 2015 relatif aux avances remboursables sans intérêts destinées au financement des travaux de rénovation afin d'améliorer la performance énergétique des logements anciens ;

– D. n° 2015-1812, 28 déc. 2015 relatif aux normes de performance énergétique minimale des logements individuels faisant l'objet d'une vente par un organisme d'habitation à loyer modéré (*JORF* n° 0302, 30 déc. 2015, p. 25048) ;

– D. n° 2016-447, 12 avr. 2016 relatif à la mise à disposition de données de comptage d'énergie aux propriétaires ou gestionnaires d'immeuble par les gestionnaires de réseau d'énergie ;

---

(1) « Considérant que la déclaration d'inconstitutionnalité du paragraphe V de l'article L. 224-1 du Code de l'environnement prend effet à compter de la publication de la présente décision ; qu'elle est applicable à toutes les affaires non jugées définitivement à cette date ». – V. ■ Cons. const. n° 2013-317 QPC, 24 mai 2013, consid. 12 : *JO* 29 mai 2013 ; *JurisData* n° 2013-010064. – NDLR.

– L. n° 2015-992 du 17 août 2015 relative à la transition énergétique pour la croissance verte ;
– D. n° 2016-555 du 6 mai 2016 relatif au chèque énergie ;
– D. n° 2016-689 du 27 mai 2016 relatif aux conditions d'éligibilité au fonds de garantie pour la rénovation énergétique ;
– D. n° 2016-711 du 30 mai 2016 relatif aux travaux d'isolation en cas de travaux de ravalement de façade, de réfection de toiture ou d'aménagement de locaux en vue de les rendre habitables ;
– D. n° 2016-710 du 30 mai 2016 relatif à la détermination individuelle de la quantité de chaleur consommée et à la répartition des frais de chauffage dans les immeubles collectifs.

Sur le label « Bâtiments à Énergie Positive & Réduction Carbone » (E + C-) : Référentiel « *Énergie-Carbone* » pour les bâtiments neufs - Méthode d'évaluation de la performance énergétique et environnementale des bâtiments neufs - oct. 2016 ; - Référentiel « *Énergie-Carbone* » pour les bâtiments neufs - Niveaux de performance « *Énergie-Carbone* » pour les bâtiments neufs - oct. 2016.

Sur le diagnostic de performance énergétique des bâtiments (DPE). Articles L. 134-1 à L. 134-5 du Code de la construction et de l'urbanisme créés par la loi n° 2004-1343, portant simplification du droit du 9 décembre 2004 (*JO* 10 déc. 2004, p. 20857).

Sur les contrats de transports. A. 10 avr. 2012, pris pour l'application des articles 5, 6 et 8 du décret n° 2011-1336 du 24 octobre 2011 relatif à l'information sur la quantité de dioxyde de carbone émise à l'occasion d'une prestation de transport.

Bibliographie : V. Bruck, *Gratuité sélective des énergies vertes : Europe* nov. 2016, n° 11, comm. 402. • M.-A. Fichet, *L'audit énergétique des grandes entreprises : une récurrence olympique et un objectif de gagner contre la surconsommation énergétique : Énergie – Env. – Infrastr.* 2015, n° 10, étude 17. • *Normes de performance énergétique minimale des logements collectifs faisant l'objet d'une vente par un organisme d'HLM : JCP* E 2015, n° 3, act. 29. • V. Zalewski-Sicard, *De diagnostic en diagnostic... : Constr.-Urb.* 2015, n° 6, alerte 38. • Kohler, *Information sur les CO_2 générés par les transports : Dr. env.* juill.-août 2012, p. 245. • M. Rochet et A. Pelcran, *Pour les collectivités qui n'auraient pas encore introduit de critères environnementaux dans leurs marchés, l'élaboration d'un Plan climat territorial peut être une bonne occasion de le faire : JCP* A 2009, n° 30, p. 12. • C. Lepage, *Les plans « climat énergie » territoriaux (PCET) : Gaz. Pal.* 29 août 2008, n° 242, p. 12. • S. Pheulpin, *Quel bilan pour le plan climat 2004 ? : BDEI* 1er juin 2006, n° 1, p. 29. • V. B. Mortgat, *Proposition de plan d'actions pour la réduction drastique des émissions de CO_2 du bâtiment : Environnement et technique* mai 2004, n° 236, p. 13 à 14. • I. Duffaure-Gallais, *Les bâtiments en première ligne du Plan climat 2004 : Mon. TP* 30 juill. 2004, n° 5253, p. 10 à 11. • E. Lesquel, *Plan climat 2004 : du concret pour le bâtiment : Gaz. cnes.*, n° 29, p. 19.

Voir : sur l'utilisation des matériaux de bois dans certaines constructions. D. n° 2010-273 du 15 mars 2010 relatif à l'utilisation du bois dans certaines constructions.

Sur la réglementation particulière à l'amiante. V *supra*, observations sous l'article L. 220-2 du Code de l'environnement (V. II-Substances, dans les espaces clos).

Sur le contrôle. D. n° 98-833 du 16 sept. 1998, relatif au contrôle périodique des installations consommant de l'énergie thermique (*JO* 18 sept. 1998) ;
– D. n° 74-415 du 13 mai 1974, précité.

Sur la publicité. Art. R. 5161 du Code de la santé publique (C. santé publ.), pris en application de l'article 3, alinéa 3, du décret n° 88-1231 du 29 décembre 1988 relatif à certaines substances et préparations dangereuses ;
– D. n° 2006-1464 du 28 nov. 2006 (*JO* 29 nov. 2006), qui impose que toute publicité effectuée pour une entreprise vendant de l'électricité, de la chaleur, du froid, des combustibles solides, liquides ou gazeux et des carburants, concernant l'énergie ou visant à sa consommation, comporte un message faisant la promotion de l'utilisation rationnelle de l'énergie et incitant aux économies d'énergie : message fixé par arrêté du 28 novembre 2006.

Bibliographie : F.-G. Trebulle, *L'accroissement de la prise en compte du développement durable dans le secteur de la construction : RD imm.* 2008, 176. • M. Morand, *Copropriété, Commentaire de l'article IV de la loi du 30 décembre 1996 ; charge des accumulateurs des véhicules électriques : Gaz. Pal.* 18 juill. 1997, p. 973. • P. Pintat, *Les conditions juridiques sont-elles réunies pour un réseau de chaleur alimenté à partir d'usines d'incinération de déchets ? : Dr. env.* 11/1997, p. 14-17.

Art. L. 224-2 *(Mod., L. n° 2004-1343, 9 déc. 2004 ; L. n° 2005-781, 13 juill. 2005).* **– Les décrets prévus à l'article L. 224-1 fixent les conditions dans lesquelles les autorités administratives compétentes sont habilitées à :**

1° Délivrer et retirer l'agrément des experts ou organismes chargés des contrôles prévus au 1° du II de l'article L. 224-1 ;

2° Prescrire l'obligation d'afficher la consommation énergétique de certains biens sur le lieu de leur vente ou de leur location et préciser les méthodes de mesure pour les biens mis en vente, prescrire, le cas échéant, l'affichage de l'évaluation du coût complet, tenant compte de leur consommation en énergie et de leur coût à l'achat, et en préciser les méthodes de détermination ;

3° ***(Abr.)*** **;**

4° Prescrire l'obligation d'équiper les immeubles d'habitation ou à usage tertiaire dont le permis de construire a été déposé après le 1er juillet 1997 de dispositifs permettant le choix et le remplacement, à tout moment de la vie du bâtiment, de tout type d'énergie.

Voir : *a) Droit européen.* Dir. n° 92/75/CEE du 22 sept. 1992, concernant l'indication de la consommation des appareils domestiques en énergie et en autres ressources par voie d'étiquetage et d'informations uniformes relatives aux produits (*JOCE* n° L 297, 13 oct. 1992, p. 16-19) ;

– Dir. n° 94/2/CE du 21 janv. 1994, portant modalités d'application de la directive n° 92/75/CEE du Conseil en ce qui concerne l'indication de la consommation d'énergie des réfrigérateurs, des congélateurs et des appareils combinés électriques (*JOCE* n° L 045, 17 févr. 1994, p. 1-22) ;

– Dir. n° 2003/66 du 3 juill. 2003, modifiant la directive n° 94/2/CE portant modalités d'application de la directive n° 92/75/CEE du Conseil en ce qui concerne l'indication de la consommation d'énergie des réfrigérateurs, des congélateurs et des appareils combinés électriques (*JOUE* n° L 170, 9 juill. 2003, p. 10-14) ;

– Déc. Comm. n° 2005/42/CE du 22 déc. 2004, déterminant la position de la Commission concernant une décision des organes de gestion, en application de l'accord entre le Gouvernement des États-Unis d'Amérique et la Communauté européenne concernant la coordination des programmes d'étiquetage relatifs à l'efficacité énergétique des équipements de bureau, portant sur la révision de l'annexe C, partie II, définissant les spécifications en matière d'écran (*JOUE* n° L 20, 22 janv. 2005, p. 24) ;

– Dir. n° 1999/94/CE concernant la disponibilité d'informations sur la consommation de carburant et les émissions de CO_2 à l'intention des consommateurs lors de la commercialisation des voitures, du 13 décembre 1999 (*JOCE* n° L 012, 18 janv. 2000, p. 16-23) ;

– Dir. n° 2003/73/CE du 24 juill. 2003, portant modification de l'annexe III de la directive n° 1999/94/CE (*JOUE* n° L 186, 25 juill. 2003, p. 34).

b) Droit interne. D. n° 94-566 du 7 juill. 1994, modifié relatif à l'indication de la consommation en énergie et des nuisances sonores des appareils à usage domestique (*JO* 9 juill. 1994, n° 158, p. 9941) ;

– D. n° 2011-1479 du 9 nov. 2011 relatif à l'étiquetage des produits ayant une incidence sur la consommation d'énergie ;

– D. n° 98-281 du 8 avr. 1998, modifiant le décret n° 94-566 du 7 juillet 1994, relatif à l'indication de la consommation en énergie et des nuisances sonores des appareils à usage domestique (*JO* 16 avr. 1998) ;

– Avis du ministère de l'Économie, des Finances et de l'Industrie, relatif à l'application du décret n° 94-566 du 7 juillet 1994 modifié, relatif à l'indication de la consommation en énergie et des nuisances sonores des appareils à usage domestique (*JO* 22 juill. 2003, p. 12320). Cet avis annule et remplace l'avis du 20 février 2003 relatif à l'indication de la consommation d'énergie des fours électriques et des climatiseurs (*JO* 20 févr. 2003) ;

– Avis du ministère de l'Économie, des Finances et de l'Industrie, relatif à l'application de l'arrêté du 17 janvier 2003, concernant l'indication de la consommation d'énergie des fours électriques (*JO* 22 juill. 2003, p. 12320). Cet avis annule et remplace l'avis du 26 février 2003 (*JO* 26 févr. 2003) ;

– A. du 18 déc. 2003, relatif au contenu et aux conditions d'attribution du label « haute performance énergétique » (*JO* 31 déc. 2003, p. 22822) ;

– A. du 16 févr. 1995, portant application du décret n° 94-566 du 7 juillet 1994 en ce qui concerne l'indication de la consommation d'énergie des réfrigérateurs, des congélateurs et des appareils combinés électriques (*JO* 12 mars 1995, n° 61, p. 3880) ;

– A. du 30 juin 2004, modifiant l'arrêté du 16 février 1995 portant application du décret n° 94-566 du 7 juillet 1994 en ce qui concerne l'indication de la consommation d'énergie des réfrigérateurs, des congélateurs et des appareils combinés électriques (*JO* 11 juill. 2004, p. 12602) ;

– A. du 29 sept. 2009 relatif au contenu et aux conditions d'attribution du label « haute performance énergétique rénovation » ;

– A. du 16 févr. 1995, portant application du décret n° 94-566 du 7 juillet 1994 en ce qui concerne l'indication de la consommation d'énergie des réfrigérateurs, des congélateurs et des appareils combinés électriques (*JO* 12 mars 1995, p. 3880) ;

– A. du 30 juin 2004, modifiant l'arrêté du 16 février 1995 portant application du décret n° 94-566 du 7 juillet 1994 en ce qui concerne l'indication de la consommation d'énergie des réfrigérateurs, des congélateurs et des appareils combinés électriques (*JO* 11 juill. 2004, p. 12602).

Art. L. 224-2-1 *(L. n° 2008-757, 1er août 2008).* **– Les dépenses correspondant à l'exécution des prélèvements, analyses, expertises ou contrôles nécessaires pour vérifier le respect des spécifications techniques et des normes de rendement applicables à la fabrication, à la mise sur le marché, au stockage, à l'utilisation, à l'entretien et à l'élimination des biens mobiliers visés au 1° du I de l'article L. 224-1 sont à la charge du vendeur de ce bien ou de son détenteur.**

Section II. – Véhicules automobiles

Art. L. 224-3. – L'incorporation de composés oxygénés, notamment d'origine agricole, dans les carburants pétroliers destinés à la circulation automobile est encouragée dans le cadre de la lutte contre la pollution de l'air.

Cette incorporation fait l'objet, dans le cadre défini sur le plan communautaire, et sur proposition du ministre chargé de l'énergie et du ministre chargé de l'environnement, d'opérations pilotes dans les zones urbaines sensibles, dont la pollution est caractérisée par des taux élevés d'oxyde de carbone, d'imbrûlés et d'ozone atmosphérique.

Les conditions générales de mise en œuvre de ces opérations pilotes sont définies par décret en Conseil d'État.

Voir : Réglementation relative aux émissions polluantes des véhicules. *a) Droit européen.*

– Dir. n° 70/220 du 20 mars 1970, relative aux émissions de gaz polluants par les moteurs à allumage commandé des véhicules (*JOCE* n° L 76, 6 avr. 1970) ;

– Règl. 715/2007/UE relatif à la réception des véhicules à moteur au regard des émissions des véhicules particuliers et utilitaires légers (Euro 5 et Euro 6) et aux informations sur la réparation et l'entretien des véhicules : *JO* 29 juin 2007, p. 1-16, entré en vigueur le 2 juillet 2007 ;

– Règl. (CE) n° 443/2009 du Parlement européen et du Conseil du 23 avr. 2009 établissant des normes de performance en matière d'émissions pour les voitures particulières neuves dans le cadre de l'approche intégrée de la Communauté visant à réduire les émissions de CO_2 des véhicules légers (*JO* L 140, 5 juin 2009, p. 1-15) ;

– Dir. n° 72/306/CE du 2 août 1972, relative aux mesures à prendre contre les émissions de polluants provenant des moteurs diesels destinés à la propulsion des véhicules (*JOCE* n° L 190, 20 août 1972) ;

– Dir. Cons. n° 80/1268/CEE du 16 déc. 1980, concernant le rapprochement des législations des États membres relatives à la consommation de carburant des véhicules à moteur (*JOCE* n° L 90, 3 avr. 1980) ;

– Dir. Cons. n° 88/76/CEE du 3 déc. 1987, concernant le rapprochement des législations des États membres relatives aux mesures à prendre contre la pollution de l'air par les gaz provenant des moteurs équipant les véhicules à moteur (*JOCE* n° L 36, 9 févr. 1988) ;

– Dir. Cons. n° 88/77/CEE du 3 déc. 1987, concernant le rapprochement des législations des États membres relatives aux mesures à prendre contre les émissions de gaz polluants provenant des moteurs diesel destinés à la propulsion des véhicules (*JOCE* n° L 36, 9 févr. 1988) ;

– Dir. n° 93/76 du 13 sept. 1993, visant à limiter les émissions de dioxyde de carbone par une amélioration de l'efficacité énergétique (SAVE) (*JOCE* n° L 237, 29 sept. 1993) ;

– Dir. n° 96/61 du 24 sept. 1996, relative à la prévention et à la réduction intégrée (*JOCE* n° L 257, 10 oct. 1996), citée *in* livre V, titre I ;

– Dir. Parlement et du Conseil n° 97/68/CE du 16 déc. 1997, sur le rapprochement des législations des États membres quant aux mesures à prendre concernant les émissions de gaz et de particules polluantes provenant des moteurs à combustion interne destinés aux engins mobiles non routier (*JOCE* n° L 59, 27 févr. 1998) ;

– Dir. n° 2002/80/CE, relative aux émissions dans l'atmosphère des véhicules à moteur du 3 octobre 2002 (*JOCE* n° L 291, 28 oct. 2002, p. 20, rect. *JOUE* n° L 199, 7 août 2003, p. 40) ;

– Dir. n° 2003/76/CE de la Commission du 11 août 2003, modifiant la directive n° 70/220 CEE du Conseil relative aux mesures à prendre contre la pollution de l'air par les émissions de véhicules à moteur (*JOUE* n° L 206, 15 août 2003, p. 29) ;

– Rectificatif à la directive du Parlement européen et du Conseil n° 2004/26/CE du 21 avril 2004, modifiant la directive n° 97/68/CE sur le rapprochement des législations des États membres relatives aux mesures contre les émissions de gaz et des particules polluants provenant des moteurs à combustion interne destinés aux engins mobiles non routiers (*JOUE* n° L 225, 25 juin 2004, p. 3 à 108) ;

– Dir. PE et Cons. n° 1999/94/CE du 13 mars 1999, concernant la disponibilité d'information sur la consommation de carburant et l'émission de CO_2 à l'intention des consommateurs lors de la commercialisation des voitures particulières neuves (*JOCE* n° L 12, 18 janv. 2000) ;

– Dir. Comm. n° 2005/21/CE du 7 mars 2005, adaptant au progrès technique la directive n° 72/306/CEE du Conseil concernant le rapprochement des législations des États membres relatives aux mesures à prendre contre les émissions de polluants provenant des moteurs diesel destinés à la propulsion des véhicules (*JOUE* n° L 61, 8 mars 2005, p. 25).

b) Droit national. D. n° 98-704 du 17 août 1998, précité ;

– C. route, art. R. 69 et R. 131 ;

– Code général des collectivités territoriales, art. L. 2213-4 ;

– Circ. du 30 juill. 2004, modifiant l'annexe II de la circulaire du 17 août 1998 relative à la loi n° 96-1236 du 30 décembre 1996 sur l'air et l'utilisation rationnelle de l'énergie (mesures d'urgence concernant le circulation des véhicules) : *BOMEDD* 2004/16, 30 août 2004, p. 43 ;

– A. du 21 févr. 2005, modifiant l'arrêté du 21 avril 2000 relatif à la détermination de la consommation conventionnelle de carburant et des émissions de dioxyde de carbone des véhicules automobiles (*JO* 26 févr. 2005, p. 3485) ;

– D. n° 2005-1195 du 22 sept. 2005, relatif aux mesures de protection de l'environnement contre les émissions polluantes des moteurs à combustion interne destinés à équiper les engins mobiles non routiers (*JO* 23 sept. 2005) ;

– A. du 22 sept. 2005, relatif à la réception des moteurs destinés à être installés sur les engins mobiles non routiers en ce qui concerne les émissions de gaz et de particules polluants (*JO* 23 sept. 2005).

A. du 3 mai 2012 établissant la nomenclature des véhicules classés en fonction de leur niveau d'émission de polluants atmosphériques ;

- D. n° 2012-280 du 28 févr. 2012 relatif au label « autopartage » ; modifié par décret n° 2012-1196 du 26 octobre 2012 (Version consolidée au 1er novembre 2012) ;
- A. du 22 août 2014 modifiant l'arrêté du 15 mai 2013 visant les conditions d'installation et de réception des dispositifs de post-équipement permettant de réduire les émissions de polluants des véhicules en service ;
- D. n° 2016-360 du 25 mars 2016 relatif aux marchés publics, *JO* 27 mars 2016 ;
- A. du 15 mai 2013 visant les conditions d'installation et de réception des dispositifs de post-équipement permettant de réduire les émissions de polluants des véhicules en service (*JO* n° 0130, 7 juin 2013, p. 9478) ;
- A. du 22 sept. 2015 fixant les normes d'émission de polluants atmosphériques des véhicules assurant des services réguliers interurbains de transport public routier de personnes librement organisés ;
- A. du 19 déc. 2016, conditions d'organisation des épreuves des mentions « *enseignement de la conduite des véhicules à moteur à deux roues* » et « *enseignement de la conduite des véhicules à moteur du groupe lourd* » de l'examen du brevet (*JORF* n° 0015, 18 janv. 2017) ;
- A. du 2 mars 2017, modifiant l'arrêté du 18 juin 1991 relatif à la mise en place et à l'organisation du contrôle technique des véhicules dont le poids n'excède pas 3,5 tonnes ;
- A. du 24 avr. 2017, relatif aux prescriptions générales applicables aux installations relevant du régime de l'enregistrement au titre de la rubrique n° 2240 de la nomenclature des installations classées pour la protection de l'environnement (*JORF* n° 0098, 26 avr. 2017).

Réglementation relative à la qualité des carburants. *a) Droit européen.* Dir. PE et Cons. UE n° 98/70/CE du 13 oct. 1998, concernant la qualité de l'essence et des carburants diesel et modifiant la directive n° 93/12/CEE du Conseil (*JOCE* n° L 350, 28 déc. 1998, p. 58-68) ;
- Dir. PE et Cons. UE n° 2003/17/CE du 3 mars 2003, modifiant la directive n° 98/70/CE concernant la qualité de l'essence et des carburants diesel (*JOUE* n° L 076, 22 mars 2003, p. 10) ;
- Recomm. Comm. du 12 janv. 2005 sur ce qui constitue, aux fins de la directive n° 98/70/CE concernant la qualité de l'essence et des carburants diesel, la disponibilité d'essence sans plomb et de carburant diesel à teneur maximale en soufre sur une base géographique judicieuse (*JOUE* n° L 15, 19 janv. 2005, p. 26) ;
- Dir. PE et Cons. UE n° 2009/30/CE du 23 avril 2009, modifiant la directive 98/70/CE en ce qui concerne les spécifications relatives à l'essence, au carburant diesel et aux gazoles ainsi que l'introduction d'un mécanisme permettant de surveiller et de réduire les émissions de gaz à effet de serre, modifiant la directive 1999/32/CE du Conseil en ce qui concerne les spécifications relatives aux carburants utilisés par les bateaux de navigation intérieure et abrogeant la directive 93/12/CEE (*JOUE* n° L 140, 5 juin 2009, p. 88) ;
- Dir. PE et Cons. UE, n° 2009/28/CE du Parlement européen et du Conseil relative à la promotion de l'utilisation de l'énergie produite à partir de sources renouvelables (*JO* L 351, 9 déc. 2014, p. 3-5) ;

b) Droit national. Ord. n° 2011-1105 du 14 sept. 2011 portant transposition des directives 2009/28/CE et 2009/30/CE du Parlement européen et du Conseil du 23 avril 2009 dans le domaine des énergies renouvelables et des biocarburants : *JO* n° 0215, 16 sept. 2011, p. 15507 ;
- A. du 23 déc. 1999 relatif aux caractéristiques du gazole et du gazole grand froid ;
- A. du 5 févr. 2004, modifiant l'arrêté du 23 décembre 1999 relatif aux caractéristiques du gazole et du gazole grand froid (*JO* 28 févr. 2004, p. 4090) ;
- A. du 5 févr. 2004, modifiant l'arrêté du 23 décembre 1999 relatif aux caractéristiques du supercarburant sans plomb (*JO* 28 févr. 2004, p. 4091) ;
- A. du 14 janv. 2004, relatif à la réglementation des installations de gaz naturel comprimé des véhicules à moteur (*JO* 10 févr. 2004, p. 2731).
- A. du 28 déc. 2006 relatif aux caractéristiques du superéthanol (*JO* n° 10, 12 janv. 2007, p. 772) ;
- A. du 21 mars 2014 fixant la liste des biocarburants éligibles à la minoration de TGAP, précisant les modalités du double comptage des biocarburants et des bioliquides et fixant la liste des biocarburants et bioliquides dispensés de respecter les critères de durabilité définis à l'article L. 661-5 du Code de l'énergie ;
- A. du 29 mars 2016 relatif aux caractéristiques du carburant ED95 ;
- D. n° 2017-26 du 12 janv. 2017, relatif aux infrastructures de recharge pour véhicules électriques et portant diverses mesures de transposition de la directive 2014/94/UE du Parlement européen et du Conseil du 22 octobre 2014 sur le déploiement d'une infrastructure pour carburants alternatifs (*JORF* n° 0011, 13 janv. 2017) ;
- A. du 28 févr. 2017, relatif aux caractéristiques du gazole paraffinique de synthèse et du gazole obtenu par hydrotraitement dénommés gazole XTL (*JORF* n° 0059, 10 mars 2017).

Voir : C. Lepage, Projet de rapport du 15 avril 2013 sur la proposition de directive du Parlement européen et du Conseil modifiant la directive 98/70/CE concernant la qualité de l'essence et des carburants diesel et modifiant la directive 2009/28/CE relative à la promotion de l'utilisation de l'énergie produite à partir de sources renouvelables (COM(2012)0595 - C7-0337/2012 - 2012/0288(COD).

Bibliographie : L. Fedi, *La surveillance, la déclaration et la vérification des émissions de CO_2 du transport maritime : DMF* 1er janv. 2017, n° 787. • A. Raffier, *Les raisons du statu quo juridique en matière de contrôle d'émissions et de consommation des véhicules particuliers : Énergie - Env. - Infrastr.* avr. 2017, n° 4, p. 11. • C. London, *Pollution automobile : les réponses communautaires : Environnement* janv. 2014, 1, p. 8-10. • C. Krolik, *Pollution de l'air : Rev. jur. env.* 2013, n° 2, p. 372-374. • Cour des comptes européenne, *Le système de certification des biocarburants durables de l'Union* *européenne : Rapp. spéc.* n° 18, 2016. • P. Mattera, *Les premiers mécanismes de durabilité pour les biocarburants à l'échelon de l'Union européenne : RDUE* 2011, n° 3, p. 448-449. • S. Demilly, *Politiques combinées de gestion de la qualité de l'air et du changement climatique : enjeux, synergies et antagonismes : Rapp. d'étude INERIS*, 2009. • M.-P. Baudin-Maurin, *La question du statut juridique des biocarburants, à travers l'exemple de la société Valenergol : Dr. env.* 2008, n° 160, p. 26. • S. Demilly, *Rapport tendant à la création d'une commission d'enquête visant à étudier les blocages à la mise en place d'une politique ambitieuse d'utilisation des biocarburants : Rapp. AN* n° 2805, 18 janv. 2006. • Afite, *Véhicule automobile et qualité de l'air*, colloque du 20 mars 1997. • X. Braud, *Les transports dans la loi sur l'air : Dr. env.* 2/1997, n° 46, p. 16 à 18. • B. Lalonde, *Vive le GPL : Maire de France* juill.-août 1996. • C. Lamure, *L'automobile électrique : UNEP Industry Environment* janv. 1993. • R. Levy, *Les biocarburants*, Dicom éditions, 1993.

1) La directive 2009/30/CE du 23 avril 2009 modifiant la directive 98/70/CE impose la mise sur le marché d'une essence ayant une teneur maximale en éthanol de 5 % jusqu'en 2013 au moins. La loi encourage l'incorporation de composés oxygénés, notamment d'origine agricole (biocarburants) dans les carburants.

Les composés oxygénés peuvent être d'origine fossile, c'est-à-dire issus de la pétrochimie : méthanol, méthy-tertio-butyl-éther (MTBE], terbutanol (TBA)... ou végétale : éthanol, ester méthylique de colza (diester), éthyl-tertio-butyl-éther (ETBE), désignés sous le vocable de biocarburants ou d'agrocarburants (pour éviter la confusion avec la culture bio). Certains composés oxygénés, comme l'éthylène, peuvent être obtenus soit à partir d'hydrocarbures, soit à partir de la biomasse (bioéthylène).

Les biocarburants sont actuellement produits à base d'huiles (de colza et de tournesol), de betteraves et d'amidon et donc de denrées alimentaires (biocarburants de 1re génération). Des recherches sont menées pour développer des biocarburants de 2e génération, produits à partir de la biomasse lignocellulosique (résidus de la sylviculture, déchets organiques...). Une autre piste de recherche consisterait à produire de l'hydrogène à partir de micro-organismes, tel que la micro-algue Chlamydomonas (biocarburants de 3e génération). Ainsi, sont disponibles sur le marché le superéthanol E85 (supercarburant comprenant jusqu'à 85 % d'éthanol d'origine agricole) nécessaire au développement de la filière flex-fuel (A. 28 déc. 2006, relatif aux caractéristiques du superéthanol, *JO* 12 janv. 2007) et le gazole B30, gazole additionné d'au moins 24 % en volume et au plus 30 % en volume d'esters méthyliques d'huiles végétales (EMHV) (A. 19 mai 2009, relatif aux caractéristiques du gazole B30, *JO* 30 mai 2009).

Dans ce contexte, la directive 2009/30/CE du 23 avril 2009 fixe des critères de durabilité à l'énergie produite à partir des biocarburants, lesquels ne devront pas provenir de matières premières provenant de terres de grande valeur en termes de diversité biologique ou présentant un important stock de carbone, afin d'éviter les conflits d'usage. En outre, l'utilisation de biocarburants devra correspondre à une réduction des émissions de gaz à effet de serre d'au moins 35 % dans un premier temps, puis 50 % en 2017 et 60 % en 2018.

2) Sur l'annulation d'une décision d'une communauté de communes d'utiliser les biocarburants. Doit être suspendu le jugement par lequel le tribunal administratif de Bordeaux a annulé les décisions d'une communauté de communes d'utiliser des huiles végétales pures comme biocarburant pour les véhicules de son parc roulant, dès lors que ces dispositions, qui ont pour effet de maintenir l'interdiction de toute utilisation de biocarburants au-delà du délai fixé au 31 décembre 2004 par la directive n° 2003/30/CE du 8 mai 2003 appelant les États membres à mettre en vigueur les dispositions législatives et réglementaires nécessaires pour promouvoir l'utilisation de biocarburants ou d'autres carburants renouvelables afin de remplacer le gazole ou l'essence à des fins de transport en vue de contribuer à la réalisation des objectifs consistant notamment à respecter les engagements en matière de changement climatique, ne sont pas compatibles avec cette directive (■ CAA Bordeaux, 12 déc. 2006, n° 06BX01450, *Cté de cnes du Villeneuvois*).

Voir : A. 23 nov. 2011 pris en application de l'ordonnance n° 2011-1105 du 14 septembre 2011 et du décret n° 2011-1468 du 9 novembre 2011 et relatif à la durabilité des biocarburants et des bioliquides, *JORF*, n° 0274, 26 nov. 2011, p. 19954.

Art. L. 224-4 (1) *(Abr., L. n° 2011-525, 17 mai 2011).*

Voir : Dir. Parlement et du Conseil n° 94/63/CEE du 20 déc. 1994, relative à la lutte contre les émissions de COV résultant du stockage de l'essence et de sa distribution des terminaux aux stations-service (*JOCE* n° L 333, 22 déc. 1994). - Dir. n° 1999/13 du 11 mars 1999, *relative à la réduction* des émissions de COV (*JOCE* n° L 85, 29 mars 1999, rect. *JOCE* n° L 188, 21 juill. 1999). - Dir. n° 2009/126/CE du Parlement européen et du Conseil du 21 oct. 2009 concernant la phase II de la récupération des vapeurs d'essence, lors du ravitaillement en carburant des véhicules à moteur dans les stations-service (*JO* 285, 31 oct. 2009).

(1) V. T. appl. : D. n° 2001-349, 18 avr. 2001. – NDLR.

Bibliographie : C. Elichegaray, *Les COV et la pollution photochimique*, Éd. ADEME, 1994.

Art. L. 224-5 ***(Rempl., L. n° 2015-992, 17 août 2015).*** **– Les règles relatives à la consommation énergétique et aux émissions polluantes des véhicules automobiles sont fixées aux articles L. 311-1 et L. 318-1 du Code de la route.**

Voir : Sur la réception des véhicules. – *Droit international.* – Règl. n° 101 de la Commission économique des Nations unies pour l'Europe (CEE/NU), Prescriptions uniformes relatives à l'homologation des voitures particulières équipées d'un moteur à combustion interne en ce qui concerne la mesure des émissions de dioxyde de carbone et de la consommation de carburant et des véhicules des catégories M1 et N1 équipés d'un réseau de traction électrique en ce qui concerne la mesure de la consommation d'énergie électrique et de l'autonomie (*JOUE* n° L 95, 31 mars 2004, p. 89) ;

– Règl. n° 103 de la Commission économique des Nations unies pour l'Europe (CEE/NU), Prescriptions uniformes relatives à l'homologation de catalyseurs de remplacement pour les véhicules à moteur (*JOUE* n° L 95, 31 mars 2004, p. 140).

– *Droit communautaire.* Dir. PE et Cons. UE n° 97/24/CE du 17 juin 1997, relative à certains éléments ou caractéristiques des véhicules à moteur à deux ou trois roues (*JOCE* n° L 226, 18 août 1997, p. 1) ;

– Dir. n° 2002/24/CE du 18 mars 2002, relative à la réception des véhicules à moteur à deux ou trois roues et abrogeant la directive n° 92/61/CEE du Conseil (*JOCE* n° L 124, 9 mai 2002, p. 1-44) ;

– Dir. n° 2003/77/CE du 11 août 2003, modifiant les directives n°s 97/24/CE et 2002/24/CE du Parlement européen et du Conseil concernant la réception des véhicules à moteur à deux ou trois roues (*JOUE* n° L 211, 21 août 2003, p. 24) ;

– Dir. PE et Cons. UE n° 2004/3/CE du 11 févr. 2004, modifiant les directives n°s 70/156/CEE et 80/1268/CEE du Conseil en ce qui concerne la mesure des émissions de dioxyde de carbone et de la consommation de carburant des véhicules à moteur de catégorie N1 (*JOUE* n° L 49, 19 févr. 2004, p. 36) ;

– Dir. Comm. n° 2005/13/CE du 21 févr. 2005, modifiant la directive n° 2000/25/CE du Parlement européen et du Conseil qui concerne les émissions de gaz polluants et de particules polluantes provenant des moteurs destinés à la propulsion des tracteurs agricoles ou forestiers, et modifiant l'annexe I de la directive n° 2003/37/CE du Parlement européen et du Conseil qui concerne la réception par type des tracteurs agricoles ou forestiers (*JOUE* n° L 55, 1er mars 2005, p. 35) ;

– Dir. n° 2007/46/CE du Parlement européen et du Conseil du 5 septembre 2007 établissant un cadre pour la réception des véhicules à moteur, de leurs remorques et des systèmes, des composants et des entités techniques destinés à ces véhicules (directive-cadre) (*JO* L 263, 9 oct. 2007, p. 1-160) ;

– Règl. (CE) n° 715/2007 du Parlement européen et du Conseil du 20 juin 2007 relatif à la réception des véhicules à moteur au regard des émissions des véhicules particuliers et utilitaires légers (Euro 5 et Euro 6) et aux informations sur la réparation et l'entretien des véhicules (*JO* L 171, 29 juin 2007, p. 1-16) ;

– Règl. n° 443/2009 du Parlement européen et du Conseil du 23 avril 2009 établissant des normes de performance en matière d'émissions pour les voitures particulières neuves dans le cadre de l'approche intégrée de la Communauté visant à réduire les émissions de CO_2 des véhicules légers ;

– Règl. (UE) n° 2015/758 du Parlement européen et du Conseil du 29 avril 2015, concernant les exigences en matière de réception par type pour le déploiement du système eCall embarqué fondé sur le service 112 et modifiant la directive 2007/46/CE ;

– *Droit national.* A. du 4 nov. 2004, modifiant l'arrêté du 2 juin 1999 relatif à la réception des véhicules automobiles et de leurs équipements en matière de contrôle des émissions polluantes (*JO* 18 nov. 2004, p. 19443) ;

– A. du 2 mai 2003, relatif à la réception et à la réglementation technique des véhicules à moteur à deux ou trois roues et des quadricycles à moteur et de leurs systèmes et équipements (*JO* 31 mai 2003, n° 125, p. 9272) ;

– A. du 27 mai 2004, modifiant l'arrêté du 2 mai 2003 relatif à la réception et à la réglementation technique des véhicules à moteur à deux ou trois roues et des quadricycles à moteur et de leurs systèmes et de leurs équipements (*JO* 12 juin 2004, p. 10475) ;

– D. n° 2009-497 du 30 avr. 2009 relatif aux réceptions et homologations des véhicules et modifiant le Code de la route ;

– A. du 4 mai 2009 relatif à la réception des véhicules à moteur, de leurs remorques et des systèmes et équipements destinés à ces véhicules en application de la directive n° 2007/46/CE ;

– D. n° 2015-361 du 30 mars 2015 modifiant le décret n° 2014-1672 du 30 décembre 2014 instituant une aide à l'acquisition et à la location des véhicules peu polluants (*JO* n° 0076, 31 mars 2015, p. 5826) ;

– D. n° 2016-812 du 17 juin 2016 portant application de l'article 65 de la loi n° 2015-992 du 17 août 2015 relative à la transition énergétique pour la croissance verte ;

– D. n° 2017-23 du 11 janv. 2017, pris pour l'application de l'article L. 224-8 du Code de l'environnement définissant les critères caractérisant les autobus et autocars à faibles émissions (*JORF* n° 0010, 12 janv. 2017) ;

– A. du 8 mars 2017, modifiant l'arrêté du 24 octobre 1994 relatif aux réservoirs de carburant des véhicules à moteur (*JORF* n° 0066, 18 mars 2017) ;

– A. du 9 mars 2017, modifiant l'arrêté du 27 juillet 2004 relatif au contrôle technique des véhicules lourds (*JORF* n° 0062, 14 mars 2017) ;

– A. du 6 avr. 2017, modifiant l'arrêté du 4 mai 2009 relatif à la réception des véhicules à moteur, de leurs remorques et des systèmes et équipements destinés à ces véhicules en application de la directive 2007/46/CE (*JORF* n° 0092, 19 avr. 2017) ;

– A. du 24 avr. 2017, modifiant l'arrêté du 27 juillet 2004 relatif au contrôle technique des véhicules lourds.

Sur l'affichage de la consommation énergétique des véhicules. – *Droit national.* A. du 10 avr. 2003, relatif à l'information sur la consommation de carburant et les émissions de dioxyde de carbone des voitures particulières neuves (*JO* 8 mai 2003, n° 107, p. 7986) ; – A. du 16 juill. 2004, modifiant l'arrêté du 10 avril 2003 relatif à l'information sur la consommation de carburant et les émissions de dioxyde de carbone des voitures particulières neuves (*JO* 27 juill. 2004, p. 13370).

– A. du 10 nov. 2005 modifiant l'arrêté du 10 avril 2003 relatif à l'information sur la consommation de carburant et les émissions de dioxyde de carbone des voitures particulières neuves (*JO* 13 nov. 2005) ;

– D. du 24 oct. 2011 n° 2011-1336 relatif à l'information sur la quantité de dioxyde de carbone émise à l'occasion d'une prestation de transport (*JO* 26 oct. 2011).

Sur la prise en compte performances énergétiques et environnementales dans les achats des véhicules

– D. n° 2011-493 du 5 mai 2011 relatif à la prise en compte des incidences énergétiques et environnementales des véhicules à moteur dans les procédures de commande publique (*JO* n° 0105, 6 mai 2011, p. 7751) ;

– D. n° 2016-360 du 25 mars 2016 relatif aux marchés publics : *JO* n° 0074 du 27 mars 2016 ;

F. Linditch, *Véhicules à moteur et commande publique, à propos du décret du 5 mai 2011 relatif à la prise en compte des incidences énergétiques et environnementales des véhicules à moteur dans les procédures de commande publique : JCP* A 2011, 2189. ● B. Koebel, *Intégrer la prise en compte des incidences énergétiques et environnementales dans les achats de véhicules à moteur : JCP* A 2011, n° 25, 2223 ;

– Circ. n° 5928/SG du 20 avr. 2017, relative à la gestion du parc automobile de l'État, des établissements publics de l'État et autres organismes.

L'article 5 du Code des marchés publics impose aux pouvoirs adjudicateurs de prendre en compte, dans la définition de leurs besoins, des objectifs de développement durable. Le décret du 5 mai 2011 et son arrêté d'application déclinent ce principe aux achats de véhicules à moteur de catégorie M1 et M2 en imposant aux acheteurs publics la prise en compte des incidences énergétiques et environnementales desdits véhicules sur toute leur durée de vie (coût de la maintenance, performances en matière de recyclage...). Il en résulte qu'un « *pouvoir adjudicateur, lorsqu'il achète un véhicule à moteur relevant des catégories M et N définies à l'article R. 311-1 du Code de la route et que la valeur estimée du marché ou de l'accord-cadre est égale ou supérieure au seuil à partir duquel il doit recourir aux procédures formalisées pour la passation de ses marchés de fournitures, tient compte des incidences énergétiques et environnementales de ce véhicule sur toute sa durée de vie* ». Ce décret offre la possibilité de satisfaire à l'obligation de prise en compte énergétique et environnementale « *par la fixation de spécifications techniques relatives aux performances énergétiques et environnementales du véhicule* » (CMP, art. 75-1-II) et prévoit également qu'« *il peut également être satisfait à la même obligation par l'inclusion des incidences énergétiques et environnementales du véhicule, sur toute sa durée de vie, dans les critères d'attribution prévus au I de l'article 53* » (CMP, art. 75-1-III). – Code des marchés publics abrogé au 1er avril 2016, remplacé par l'Ordonnance n° 2015-899 du 23 juillet 2015 relative aux marchés publics, article 31.

(■ CE, 5 mai 2014, n° 370830, *Sté Mercedes-Benz* : Le Conseil d'État a annulé, à la demande de la société Mercedes-Benz France, la décision du 26 juillet 2013 par laquelle le ministre de l'Écologie a refusé l'immatriculation de véhicules produits par le constructeur Daimler AG pour une durée maximale de six mois au plus. Le Conseil d'État a estimé qu'aucun des motifs avancés par le ministre pour justifier sa décision – la volonté de s'opposer au détournement, par le constructeur Daimler AG, de la procédure de réception CE prévue par la directive 2007/46/CE, d'empêcher une méconnaissance de la directive 2006/40/CE concernant les émissions provenant des systèmes de climatisation des véhicules à moteur et de prévenir la distorsion de concurrence entre les constructeurs automobiles présents sur le marché européen pouvant résulter de l'utilisation par Daimler d'un gaz R134a peu coûteux – n'étaient au nombre de ceux qui sont prévus par l'article R. 321-14 du Code de la route pour justifier une mesure de sauvegarde. E. Chabrier, *Le froid et le chaud – Gaz à effet de serre et référé administratif*, note sous ■ CE, 27 août 2013, n° 370831, *Sté Mercedes-Benz France : RJEP* 2013, n° 12, p. 22.

Art. L. 224-6 *(L. n° 2015-990, 6 août 2015).* **– Les services réguliers de transport public routier de personnes mentionnés à l'article L. 3111-17 du Code des transports sont exécutés avec des véhicules répondant à des normes d'émission de polluants atmosphériques définies par arrêté des ministres chargés de l'économie et des transports** (1).

Art. L. 224-7 *(Rempl., Ord. n° 2021-1490, 17 nov. 2021)* (2). **– I. – Les pouvoirs adjudicateurs et les entités adjudicatrices définis par les articles L. 1211-1 et L. 1212-1 du Code de la commande publique, qui gèrent directement ou indirectement des véhicules automobiles, acquièrent ou utilisent, lors du renouvellement annuel de leur parc, des véhicules à faibles émissions et à très faibles émissions, dans des proportions minimales fixées, selon la catégorie de véhicules et les périodes considérées, par les articles L. 224-8 à L. 224-8-2.**

(1) V. T. appl. : A. 22 sept. 2015 (*JO* 24 sept. 2015). – NDLR.

(2) Dispositions applicables aux marchés publics et aux contrats de concession pour lesquels une consultation est engagée ou un avis d'appel à la concurrence est envoyé à la publication à compter du 19 novembre 2021, Ord. n° 2021-1490, 17 nov. 2021.

II. – L'obligation instituée par le I est applicable aux marchés publics et aux contrats de concession définis par les articles L. 1111-1 et L. 1121-1 du Code de la commande publique portant sur :

1° L'achat, la prise en crédit-bail, la location ou la location-vente de véhicules de transport routier ;

2° La fourniture de services de transport routier de voyageurs ;

3° La fourniture de services de transport, de collecte, de livraison ou de distribution qui sont précisés, selon les catégories de véhicules concernés, par le décret prévu à l'article L. 224-9.

III. – Les critères qui permettent de qualifier un véhicule de véhicule à faibles émissions ou de véhicule à très faibles émissions sont précisés par décret pour les différentes catégories de véhicules en tenant compte, s'agissant des autobus et autocars, notamment du niveau de pollution atmosphérique des zones dans lesquelles ils sont utilisés.

IV. – Sont exclus du champ de l'obligation prévue au I :

1° Les véhicules conçus et construits ou adaptés pour être utilisés par la protection civile, les services de lutte contre l'incendie, les services responsables du maintien de l'ordre public et les forces armées ;

2° Les véhicules conçus et construits pour être utilisés principalement sur les chantiers de construction, dans les carrières ou dans les installations portuaires ou aéroportuaires ainsi que tout véhicule automoteur spécialement conçu et construit pour réaliser des travaux et qui ne convient ni au transport de passagers, ni au transport de marchandises ;

3° Les véhicules agricoles ou forestiers au sens du règlement (UE) n° 167/2013 du Parlement européen et du Conseil du 5 février 2013, les véhicules à deux ou trois roues et les quadricycles au sens du règlement (UE) n° 168/2013 du Parlement européen et du Conseil du 15 janvier 2013, et les véhicules équipés de chenilles.

Ces véhicules peuvent cependant être comptabilisés pour le seul calcul des proportions minimales annuelles de véhicules à faibles ou très faibles émissions acquis ou utilisés fixées par les articles L. 224-8 à L. 224-8-2 lorsqu'ils remplissent les critères auxquels ceux-ci doivent satisfaire.

V. – Le décret prévu à l'article L. 224-9 précise les conditions dans lesquelles les véhicules satisfaisant aux critères posés pour être qualifiés de véhicules à faibles émissions ou de véhicules à très faibles émissions sont comptabilisés pour vérifier le respect de l'obligation prévue au I.

Art. L. 224-8 *(Rempl., Ord. n° 2021-1490, 17 nov. 2021)* (1). – La proportion minimale de véhicules dont le poids total en charge est inférieur ou égal à 3,5 tonnes qui sont acquis ou utilisés dans le cadre des contrats mentionnés au II de l'article L. 224-7 s'établit pour une année calendaire :

1° Pour l'État et pour ses établissements publics lorsqu'ils gèrent directement ou indirectement un parc de plus de vingt de ces véhicules pour des activités n'appartenant pas au secteur concurrentiel, à :

a) 50 % de véhicules à faibles émissions jusqu'au 31 décembre 2026 et 70 % à compter du 1er janvier 2027 ;

b) 37,4 % de véhicules à très faibles émissions du 1er janvier 2026 au 31 décembre 2029 et 45 % à compter du 1er janvier 2030 ;

2° Pour les collectivités territoriales, leurs groupements et leurs établissements publics lorsqu'ils gèrent directement ou indirectement un parc de plus de vingt de ces véhicules pour des activités n'appartenant pas au secteur concurrentiel, à :

a) 30 % de véhicules à faibles émissions jusqu'au 31 décembre 2024, 40 % du 1er janvier 2025 au 31 décembre 2029 et 70 % à compter du 1er janvier 2030 ;

b) 37,4 % de véhicules à très faibles émissions du 1er janvier 2026 au 31 décembre 2029 et 40 % à compter du 1er janvier 2030 ;

3° Pour les autres pouvoirs adjudicateurs et entités adjudicatrices, à :

a) 40 % de véhicules à faibles émissions à partir du 1er janvier 2022 ;

b) 37,4 % de véhicules à très faibles émissions du 1er janvier 2026 au 31 décembre 2029 et 45 % à compter du 1er janvier 2030.

(L. n° 2024-310, 5 avr. 2024) Les véhicules remis à titre gracieux aux autorités organisatrices de la mobilité en application de l'article L. 1113-2 du Code des transports ne sont pas décomptés dans le parc qui relève

(1) Dispositions applicables aux marchés publics et aux contrats de concession pour lesquels une consultation est engagée ou un avis d'appel à la concurrence est envoyé à la publication à compter du 19 novembre 2021, Ord. n° 2021-1490, 17 nov. 2021.

directement ou indirectement des collectivités territoriales, de leurs groupements et de leurs établissements publics mentionnés au 2° du présent article.

Art. L. 224-8-1 *(Ord. n° 2021-1490, 17 nov. 2021)* (1). – La proportion minimale de véhicules à faibles émissions de transport de marchandises dont le poids total en charge autorisé est supérieur à 3,5 tonnes qui sont acquis ou utilisés dans le cadre des contrats mentionnés au II de l'article L. 224-7 s'établit pour une année calendaire :

1° Pour l'État et pour ses établissements publics lorsqu'ils gèrent directement ou indirectement un parc de plus de vingt de ces véhicules pour des activités n'appartenant pas au secteur concurrentiel, à 50 % ;

2° Pour les collectivités territoriales, leurs groupements et leurs établissements publics lorsqu'ils gèrent directement ou indirectement un parc de plus de vingt de ces véhicules pour des activités n'appartenant pas au secteur concurrentiel, à :

a) 10 % du 1er juillet 2022 au 31 décembre 2025 ;

b) 15 % à compter du 1er janvier 2026 ;

3° Pour les autres pouvoirs adjudicateurs et entités adjudicatrices, à :

a) 10 % du 1er janvier 2022 au 31 décembre 2025 ;

b) 15 % à compter du 1er janvier 2026.

Art. L. 224-8-2 *(Ord. n° 2021-1490, 17 nov. 2021)* (1). – La proportion minimale d'autobus ou d'autocars à faibles émissions qui sont acquis ou utilisés dans le cadre des contrats mentionnés au II de l'article L. 224-7 s'établit, pour une année calendaire, pour l'État, pour les collectivités territoriales et leurs groupements ainsi que pour leurs établissements publics, lorsqu'ils gèrent directement ou indirectement un parc de plus de vingt autobus et autocars pour assurer des services de transport public de personnes réguliers ou à la demande, à :

1° 50 % jusqu'au 31 décembre 2024 ;

2° 100 % à compter du 1er janvier 2025.

Pour les autobus, la moitié au moins de ces proportions est constituée d'autobus à très faibles émissions. Cette obligation n'est applicable qu'à compter du 1er juillet 2022 pour les collectivités territoriales, leurs groupements et leurs établissements publics. Un décret peut prévoir des modulations pour tenir compte notamment de la situation des personnes assujetties à l'obligation et des zones concernées.

Art. L. 224-9 *(Rempl., Ord. n° 2021-1490, 17 nov. 2021).* – Un décret en Conseil d'État précise les conditions d'application des articles L. 224-7 à L. 224-8-2.

Art. L. 224-10 *(L. n° 2019-1428, 24 déc. 2019 ; mod., L. n° 2021-1104, 22 août 2021 ; Ord. n° 2021-1490, 17 nov. 2021).* – Les entreprises qui gèrent directement ou indirectement, au titre de leurs activités relevant du secteur concurrentiel, un parc de plus de cent véhicules automobiles dont le poids total autorisé en charge est inférieur ou égal à 3,5 tonnes acquièrent ou utilisent, lors du renouvellement annuel de leur parc, des véhicules à faibles émissions définis au III de l'article L. 224-7 dans la proportion minimale :

1° (2) De 10 % de ce renouvellement à partir du 1er janvier 2022 ;

2° De 20 % de ce renouvellement à partir du 1er janvier 2024 ;

3° De 40 % de ce renouvellement à partir du 1er janvier 2027 ;

4° De 70 % de ce renouvellement à partir du 1er janvier 2030.

Les entreprises qui gèrent directement ou indirectement, au titre de leurs activités relevant du secteur concurrentiel, un parc de plus de cent cyclomoteurs et motocyclettes légères, de puissance maximale supérieure ou égale à 1 kilowatt, acquièrent ou utilisent, lors du renouvellement annuel de leur parc, des

(1) Dispositions applicables aux marchés publics et aux contrats de concession pour lesquels une consultation est engagée ou un avis d'appel à la concurrence est envoyé à la publication à compter du 19 novembre 2021, Ord. n° 2021-1490, 17 nov. 2021.

(2) L'obligation mentionnée au 1° du présent article ne s'applique aux véhicules conçus et construits pour le transport de marchandises dont le poids total autorisé en charge est supérieur ou égal à 2,6 tonnes qu'à partir du 1er janvier 2023 : V. L. n° 2019-1428, 24 déc. 2019.

véhicules définis au troisième alinéa de l'article L. 318-1 du Code de la route dans la proportion minimale définie aux 1° à 4° du présent article.

Sont pris en compte dans l'évaluation de la taille du parc géré par une entreprise les véhicules gérés par ses filiales dont le siège est situé en France ainsi que les véhicules gérés par ses établissements situés en France.

Un décret en Conseil d'État fixe les conditions d'application du présent article.

Art. L. 224-11 *(Créé à compter du 1er janvier 2022, L. n° 2019-1428, 24 déc. 2019).* – Les centrales de réservation mentionnées à l'article L. 3142-1 du Code des transports qui mettent en relation un nombre de conducteurs supérieur à un seuil fixé par décret s'assurent qu'une part minimale, croissante dans le temps, des véhicules utilisés dans le cadre de la mise en relation qu'elles assurent sont des véhicules à faibles émissions tels que définis au V de l'article L. 224-7 du présent code. Les modalités d'application du présent article, notamment la part minimale de véhicules à faibles émissions parmi les véhicules utilisés dans le cadre de la mise en relation ainsi que l'évolution de cette part minimale, sont définies par décret. Cette trajectoire est établie en cohérence avec la stratégie bas-carbone prévue à l'article L. 222-1 B.

Art. L. 224-11-1 *(Créé à compter du 1er juillet 2023, L. n° 2021-1104, 22 août 2021).* – Les plateformes mentionnées à l'article L. 7341-1 du Code du travail mettant en relation un nombre supérieur à un seuil fixé par décret de travailleurs exerçant l'activité mentionnée au 2° de l'article L. 1326-1 du Code des transports s'assurent qu'une part minimale, croissante dans le temps, des véhicules à deux ou trois roues utilisés dans le cadre de la mise en relation qu'elles assurent sont des vélos ou des véhicules à très faibles émissions, au sens du troisième alinéa de l'article L. 318-1 du Code de la route.

Les plateformes mentionnées au premier alinéa du présent article indiquent, lorsqu'elles recourent à un système de mise en relation par voie électronique d'usager, le type de véhicule utilisé pour assurer la livraison.

Les modalités d'application du présent article, notamment la part minimale de vélos et de véhicules à très faibles émissions parmi les véhicules utilisés dans le cadre de la mise en relation, l'évolution de cette part minimale ainsi que les modalités de déclaration du type de véhicule utilisé, sont définies par décret.

Art. L. 224-12 *(Créé à compter du 1er janvier 2021 pour les obligations afférentes à l'année 2020, L. n° 2019-1428, 24 déc. 2019).* – Pour chacune des personnes redevables des obligations prévues aux articles L. 224-7 à L. 224-10, est rendu public le pourcentage de véhicules à faibles et à très faibles émissions parmi les véhicules ayant fait l'objet d'un renouvellement durant l'année précédente. Ces données sont rendues publiques par les services de l'État dans un format ouvert librement utilisable et exploitable par un système de traitement automatisé. Pour les personnes redevables de l'obligation prévue à l'article L. 224-11, est rendu public le pourcentage de véhicules à faibles émissions mis en relation durant l'année précédente. *(Mots aj. à compter du 1er juillet 2023, L. n° 2021-1104, 22 août 2021)* « Pour les personnes redevables de l'obligation prévue à l'article L. 224-11-1, est rendu public le taux de vélos et de véhicules à très faibles émissions mis en relation durant l'année précédente ».

Un décret prévoit les conditions dans lesquelles les personnes mentionnées au premier alinéa du présent article rendent annuellement compte du respect de leurs obligations.

Art. L. 224-12-1 *(L. n° 2021-1104, 22 août 2021 ; mod., Ord. n° 2021-1490, 17 nov. 2021).* – Les personnes assujetties aux obligations prévues aux articles L. 224-7 à L. 224-10 mettent en œuvre des actions de formation ou de sensibilisation des utilisateurs des véhicules, permettant à ces utilisateurs de réduire l'incidence de leur conduite sur l'environnement. Elles s'assurent notamment que les conditions pour une utilisation optimale des véhicules hybrides rechargeables en mode électrique sont réunies.

Section III. – Surveillance des émissions polluantes des moteurs des engins mobiles non routiers

(Section créée, Ord. n° 2020-700, 10 juin 2020)

Sous-section 1. – Dispositions générales

Art. L. 224-13 *(Ord. n° 2020-700, 10 juin 2020 et rect. JO 11 juill. 2020).* – La surveillance du marché des moteurs à combustion interne installés ou destinés à être installés sur des engins mobiles non routiers est assurée par l'autorité chargée de la surveillance du marché des véhicules et des moteurs prévue à l'article L. 329-3 du Code de la route.

Cette autorité est chargée d'effectuer le contrôle de la conformité des émissions des gaz polluants et des particules polluantes des moteurs à combustion interne installés ou destinés à être installés sur des engins mobiles non routiers mis à disposition sur le territoire national au regard :

1° De la réglementation nationale applicable en matière de réception ;

2° Du règlement (UE) 2016/1628 du Parlement européen et du Conseil du 14 septembre 2016 relatif aux exigences concernant les limites d'émissions pour les gaz polluants et les particules polluantes et la réception par type pour les moteurs à combustion interne destinés aux engins mobiles non routiers, ainsi que les actes délégués et d'exécution adoptés pour son application.

Art. L. 224-14 *(Ord. n° 2020-700, 10 juin 2020 et rect. JO 11 juill. 2020).* – Les conditions dans lesquelles s'exerce le contrôle de la conformité prévu par l'article L. 224-13 ainsi que la recherche et les sanctions des non-conformités sont définies par la présente section.

Art. L. 224-15 *(Ord. n° 2020-700, 10 juin 2020 et rect. JO 11 juill. 2020).* – Les dispositions de la présente section sont applicables aux opérateurs économiques définis par l'article 3 du règlement (UE) 2016/1628 du Parlement européen et du Conseil du 14 septembre 2016.

Elles sont également applicables aux prestataires de services de la société de l'information au sens de l'article 3 du règlement (UE) 2019/1020 du Parlement européen et du Conseil du 20 juin 2019.

Sous-section 2. – Habilitations

Art. L. 224-16 *(Ord. n° 2020-700, 10 juin 2020 et rect. JO 11 juill. 2020).* – Les agents de l'autorité mentionnée à l'article L. 329-3 du Code de la route, commissionnés et assermentés à cet effet, sont habilités à rechercher et constater les manquements ou les infractions aux exigences des réglementations relatives à la conformité des émissions des gaz polluants et des particules polluantes des moteurs à combustion interne installés ou destinés à être installés sur des engins mobiles non routiers. Ils ont une compétence nationale.

Ces agents sont également habilités à rechercher et à constater les infractions de faux prévues aux articles 441-1 à 441-3 et 441-5 à 441-12 du Code pénal, les infractions d'escroqueries prévues aux articles 313-1 à 313-3 du Code pénal et les infractions de tromperie prévues aux articles L. 441-1 et L. 454-1 à L. 454-5 du Code de la consommation.

Art. L. 224-17 *(Ord. n° 2020-700, 10 juin 2020 et rect. JO 11 juill. 2020).* – Pour l'accomplissement de leurs missions, les agents habilités de l'autorité mentionnée à l'article L. 329-3 du Code de la route peuvent recourir à toute personne qualifiée, dans les conditions prévues à l'article L. 512-17 du Code de la consommation.

Art. L. 224-18 *(Ord. n° 2020-700, 10 juin 2020 et rect. JO 11 juill. 2020).* – L'autorité mentionnée à l'article L. 329-3 du Code de la route peut confier la réalisation des prélèvements d'échantillons prévus à l'article L. 224-21 :

1° À des agents habilités à cet effet par le ministre chargé de l'environnement, appartenant à des organismes de droit public ou de droit privé ;

2° À des organismes de droit privé agissant par voie d'huissier de justice.

Art. L. 224-19 *(Ord. n° 2020-700, 10 juin 2020 et rect. JO 11 juill. 2020).* – Lorsque la législation de l'Union européenne prévoit une coopération entre les États membres ou avec la Commission européenne, les personnes désignées par les autorités compétentes d'un autre État membre ou de la Commission européenne peuvent assister les agents habilités de l'autorité mentionnée à l'article L. 329-3 du Code de la route dans les opérations de contrôle prévues par la présente section.

Sous-section 3. – Pouvoirs d'enquête pour le contrôle de la conformité des émissions polluantes

Art. L. 224-20 *(Ord. n° 2020-700, 10 juin 2020 et rect. JO 11 juill. 2020).* – Les contrôles de conformité des émissions des gaz polluants et des particules polluantes sur les moteurs à combustion interne destinés aux engins mobiles non routiers et sur les engins mobiles non routiers, s'exercent dans les conditions prévues par la section 3 du chapitre IX du titre II du livre III du Code de la route, à l'exception de ses articles L. 329-20 et L. 329-21.

Art. L. 224-21 *(Ord. n° 2020-700, 10 juin 2020 et rect. JO 11 juill. 2020).* – Les agents habilités de l'autorité mentionnée à l'article L. 329-3 du Code de la route effectuent des prélèvements de moteurs à combustion interne destinés aux engins mobiles non routiers ou d'engins mobiles non routiers neufs ou d'occasion, dans les limites strictement nécessaires à la réalisation du contrôle.

Les échantillons dont la non-conformité à la réglementation n'a pas été établie sont remboursés à leur valeur, toutes taxes comprises, du jour où ils ont été remis aux agents ou remis à la disposition des opérateurs économiques avec leur accord.

Les agents et organismes mentionnés à l'article L. 224-18 peuvent, à la demande de l'autorité mentionnée à l'article L. 329-3 du Code de la route, effectuer de tels prélèvements dans les mêmes conditions.

Sous-section 4. – Mesures et sanctions consécutives aux contrôles de conformité

Art. L. 224-22 *(Ord. n° 2020-700, 10 juin 2020 et rect. JO 11 juill. 2020).* – La procédure prévue par les articles L. 329-30 à L. 329-32 du Code de la route est applicable.

Art. L. 224-23 *(Ord. n° 2020-700, 10 juin 2020 et rect. JO 11 juill. 2020).* – Les mesures et sanctions prévues à l'article L. 224-24 sont décidées par l'autorité mentionnée à l'article L. 329-3 du Code de la route en cas de manquement :

1° Aux prescriptions techniques et aux dispositions relatives à la réception, mentionnées à l'article L. 224-13 ;

2° Aux articles L. 441-1 et L. 454-1 à L. 454-5 du Code de la consommation relatifs aux infractions de tromperie.

Art. L. 224-24 *(Ord. n° 2020-700, 10 juin 2020 et rect. JO 11 juill. 2020).* – I. – L'autorité mentionnée à l'article L. 329-3 du Code de la route peut, à l'issue d'une procédure contradictoire dont les modalités sont fixées par le décret prévu à l'article L. 224-31, prononcer une ou plusieurs des mesures suivantes :

1° L'avertissement ;

2° La mise en conformité ;

3° Le rappel ;

4° La suspension de mise sur le marché ;

5° Le retrait du produit ;

6° L'interdiction de mise à disposition sur le marché ;

7° La destruction des produits présentant un risque grave.

II. – Tout manquement à la réglementation de mise à disposition sur le marché des moteurs à combustion interne installés ou destinés à être installés sur des engins mobiles non routiers est passible d'une amende administrative infligée par l'autorité chargée de la surveillance du marché des véhicules à moteur, dont le montant ne peut excéder 300 000 euros par produit concerné.

III. – Lorsqu'elle prend des mesures ou inflige une sanction, l'autorité mentionnée à l'article L. 329-3 du Code de la route en informe sans délai l'autorité chargée de la réception des véhicules, la Commission européenne et les autorités de surveillance des autres États membres.

IV. – Les mesures et sanctions sont motivées et notifiées à l'opérateur en cause.

Art. L. 224-25 *(Ord. n° 2020-700, 10 juin 2020 et rect. JO 11 juill. 2020).* – Les articles L. 329-36 à L. 329-45 du Code de la route sont applicables à la procédure, aux mesures et aux sanctions prévues par l'article L. 224-24 consécutives aux contrôles de la conformité des émissions des gaz polluants et des particules polluantes sur les moteurs à combustion interne destinés aux engins mobiles non routiers et installés sur les engins mobiles non routiers.

Sous-section 5. – Transaction

Art. L. 224-26 *(Ord. n° 2020-700, 10 juin 2020 et rect. JO 11 juill. 2020).* – L'autorité mentionnée à l'article L. 329-3 du Code de la route peut, tant que l'action publique n'a pas été mise en mouvement,

transiger, après accord du procureur de la République, selon les modalités fixées par décret prévu à l'article L. 224-31, pour les infractions prévues à la section 3 du chapitre IV du titre II du livre II punies d'une peine d'emprisonnement inférieur à trois ans.

La transaction s'effectue selon les modalités prévues aux articles L. 523-2 à L. 523-4 du Code de la consommation.

Sous-section 6. – Sanctions pénales

Art. L. 224-27 *(Ord. n° 2020-700, 10 juin 2020 et rect. JO 11 juill. 2020).* **– Le fait de faire obstacle aux fonctions des agents habilités est puni de six mois d'emprisonnement et d'une amende d'un montant de 100 000 euros.**

Art. L. 224-28 *(Ord. n° 2020-700, 10 juin 2020 et rect. JO 11 juill. 2020).* **– Le fait de dissimuler des données ou des spécifications techniques établissant un manquement visé par l'article L. 224-23, à l'exclusion de son 2°, est puni de six mois d'emprisonnement et de 15 000 euros d'amende.**

Art. L. 224-29 *(Ord. n° 2020-700, 10 juin 2020 et rect. JO 11 juill. 2020).* **– Le fait d'importer, de mettre sur le marché ou de maintenir sur le marché des engins mobiles non routiers ou des moteurs à combustion interne destinés aux engins mobiles non routiers non conformes aux exigences en matière d'émissions de gaz et particules polluants prévues par l'article 18 et l'article 34, paragraphes 5 à 7, du règlement (UE) 2016/1628, est puni d'un emprisonnement de trois ans et de 300 000 euros d'amende.**

Le montant de l'amende peut être porté de manière proportionnée aux avantages tirés de la non-conformité, à 10 % du chiffre d'affaires moyen annuel, calculé sur les trois derniers chiffres d'affaires annuels connus à la date des faits, lorsque les produits concernés ont constitué un danger pour la santé ou l'environnement.

Art. L. 224-30 *(Ord. n° 2020-700, 10 juin 2020 et rect. JO 11 juill. 2020).* **– L'article L. 329-50 du Code de la route est applicable.**

Sous-section 7. – Modalités d'application

Art. L. 224-31 *(Ord. n° 2020-700, 10 juin 2020 et rect. JO 11 juill. 2020).* **– Sauf dispositions contraires, les modalités d'application de la présente section sont prises par décret en Conseil d'État.**

CHAPITRE V. – DISPOSITIONS FINANCIÈRES ET FISCALES

Bibliographie : X. Delpech, *Conditions du remboursement de la taxe intérieure de consommation sur le gaz naturel des véhicules : Dalloz actualité* 15 déc. 2015. • E. Merlant, *L'abandon de la taxe carbone en France : BDEI* mai 2010, n° 27, p. 37-40. • P. Thieffry, *La taxe carbone contraire à l'objectif de lutte contre le changement climatique : AJDA* 2010, 1. • P. Thieffry, *Droits d'émission et écofiscalité : de nouveaux instruments de lutte contre les changements climatiques à géométrie variable : LPA* 1er avr. 2004, n° 66, p. 4 à 12 (1re partie) ; *LPA* 2 avr. 2004, n° 67, p. 6 à 10 (2e partie). • L. Grammatico et I. Meca, *Les perspectives de la fiscalité positive de l'eau et de l'air : l'amorce d'une fiscalité écologique : Rev. jur. env.* 1/2000, p. 53 à 62. • C. London, *Fiscalité écologique : LPA* 24 déc. 1999, n° 256, p. 5. • G. Forestier, *Incitations fiscales en faveur des véhicules non polluants : L'actualité réglementaire et économique de l'entreprise, Chambre de commerce et d'industrie de Paris*, mai 1997. • R. Léost, *Les dispositions fiscales de la loi sur l'air : Dr. env.* 4/1997, p. 47.

Art. L. 225-1 *(Anc. L. n° 96-1236, 30 déc. 1996 ; mod., Ord. n° 2000-914, 18 sept. 2000 ; L. n° 2003-591, 30 déc. 1996).* **– Les prescriptions relatives à la fiscalité des énergies fossiles et à celle des énergies renouvelables sont énoncées dans l'article 25, alinéas 1er et 3, de la loi n° 96-1236 du 30 décembre 1996 sur l'air et l'utilisation rationnelle de l'énergie.**

Le financement de la surveillance de la qualité de l'air, qui tient compte du produit de la fiscalité des énergies fossiles, est assuré dans les conditions prévues par les lois de finances.

Voir : Dir. n° 2008/118/CE, 16 déc. 2008 relative au régime général d'accise.

Dir. n° 2003/96/CE, 27 oct. 2003 restructurant le cadre communautaire de taxation des produits énergétiques et de l'électricité (*JO* L 283, 31 oct. 2003) ; Directive 2004/74/CE du conseil du 29 avril 2004 modifiant la directive 2003/96/CE en ce qui concerne la possibilité

pour certains états membres d'appliquer, à titre temporaire, aux produits énergétiques et à l'électricité, des niveaux réduits de taxation ou des exonérations.
- Circ., Droits et taxes applicables aux produits énergétiques à compter du 1er avril 2017 (*JO* n° 7181, 16 mars 2017).

I – SUR LES ANCIENNES TAXES

1) Sur l'ancienne taxe parafiscale sur la pollution de l'air. V. décret n° 85-582 du 16 juin 1985 (*JO* 9 juin 1985), taxe reconduite jusqu'au 31 décembre 1994 par le décret n° 90-389 du 11 mai 1990 (*JO* 13 mai 1990), puis au 31 décembre 1999 par le décret n° 95-515 du 3 mai 1995 instituant une taxe parafiscale sur la pollution atmosphérique (*JO* 4 mai 1995). Cette taxe a été supprimée et réintégrée dans la taxe générale sur les activités polluantes (TGAP) : V. article 45 de la loi de finances pour 1999.

V. *supra*, livre I, titre V, chapitre I, articles L. 151-1 et L. 151-2.

2) Jugé sous l'empire des anciens textes : protoxyde d'azote (gaz non toxique, non corrosif, non odorant ou radioactif). Non-assujettissement à la taxe parafiscale sur la pollution atmosphérique (▪ CAA Paris, 2 avr. 1998, n° 95PA03779, *Sté Hydro-Agri-France*).

II – SUR LA TAXE GÉNÉRALE DES ACTIVITÉS POLLUANTES

Voir : L. fin. 2005 n° 2004-1484, article 32 (*JO* 31 déc. 2004). Commentaire : cette loi crée un nouvel article 266 *quindecies* dans le Code des douanes, instituant un prélèvement supplémentaire au titre de la TGAP pour les distributeurs de carburants n'incorporant pas un pourcentage suffisant de biocarburants dans leurs produits.

Circ. n° 05-003 du 5 janv. 2005, relative à la fiscalité de l'énergie, produits pétroliers, taxe générale sur les activités polluantes, taxe intérieure de consommation sur le gaz naturel (*BO Douanes* 26 janv. 2005, n° 6614).

Cette taxe fait l'objet d'une déclaration qui lui est spécifique. Son taux est fixé à 7 % dans la filière essence et à 7,7 % dans la filière gazole. L'incorporation de certains biocarburants dans les carburants a cependant pour effet de réduire, à due proportion des quantités incorporées, le taux de la taxe. La modulation du taux et les modalités d'incorporation et de déclaration sont exposées dans une circulaire des Douanes (Circ. 25 mars 2015, NOR : FCPD1507069C : *BO Douanes* 26 mars, n° 7058).

A. du 2 février 2017, abrogeant l'arrêté du 14 juin 2002 pris pour l'application de l'article 266 *undecies* du Code des douanes et relatif à la déclaration de la taxe générale sur les activités polluantes (*JO*, 14 mars 2017, n° 62).

Circ. du 16 mars 2017, relatif aux droits et taxes applicables aux produits énergétiques (*BO Douanes* 16 mars 2017).

Circ. du 3 avril 2017, article 265 *nonies* du Code des douanes : taux réduits des taxes intérieures de consommation sur les produits énergétiques, le gaz naturel et le charbon à usage combustible, destinés à certaines installations grandes consommatrices en énergie (*BO Douanes* 3 avr. 2017, n° 7184).

A. du 10 avr. 2017, modifiant l'arrêté du 21 mars 2014 fixant la liste des biocarburants éligibles à la minoration de TGAP, précisant les modalités du double comptage des biocarburants et des bioliquides et fixant la liste des biocarburants (*JORF* n° 0092, 19 avr. 2017).

Circ. du 21 avr. 2017, droits et taxes applicables aux produits énergétiques à compter du 1er mai 2017 (*BO Douanes* 21 avr. 2017).

Bibliographie : P. Billet, *Principales dispositions financières et fiscales en matière d'environnement, d'énergie et de transport dans les lois de finances rectificative pour 2016 et de finances pour 2017 : Énergie – Env. – Infrastr.* 2017, n° 4, étude 12 (*L. fin.* 2017, n° 2016-1917, 29 déc. 2016 : *JO* 30 déc. 2016, n° 1 ; *L. fin. rect.* n° 2016-1918, 29 déc. 2016 : *JO* 30 déc. 2016, n° 2). – OCDE, *Taxe sur les activités polluantes (biogaz) : constitutionnalité sous réserve du régime : D.* 2015, 1843. – P. Billet, *Principales dispositions financières et fiscales en matière d'environnement, d'énergie et de transport dans la loi de finances rectificative pour 2015 et la loi de finances pour 2016 : Énergie – Env. – Infrastr.* 2013, p. 15-24, n° 3. – C. London, *La TGAP sous le prisme communautaire : Dr. env.* oct. 2000, n° 81, p. 16 à 17. – R. Léost, *Les dispositions fiscales de la loi sur l'air : Dr. env.* avr. 1997, n° 47, p. 17 et s. – ADEME, *Étude du coût d'une écotaxe (étude sur l'impact éventuelle de l'écotaxe sur l'industrie française)*, 1994 ; *La taxe parafiscale sur la pollution atmosphérique*, 1996. – OCDE, *Écotaxes et réformes fiscales*, 1997 ; *Stratégie et mise en œuvre des écotaxes*, 1996.

3) Concernant spécialement le protoxyde d'azote. Taxe instituée par le décret n° 90-389 du 11 mai 1990 sur les émissions de polluants dans l'atmosphère par les installations classées : protoxyde d'azote classé dans la liste des polluants donnant lieu à taxation au motif que l'objectif de la taxation englobe la lutte contre l'effet de serre caractérisant l'intérêt national de la mesure à caractère technique ou économique de légalité de restitution de taxe parafiscale au motif que celle-ci n'entre pas dans les prévisions de l'article 4 de l'ordonnance n° 59/2 du 2 janvier 1959 mais dans les impositions de toutes natures dont il appartient au législateur, en vertu de l'article 34 de la Constitution, de fixer l'assiette, le taux et les modalités de recouvrement (■ CE, 27 mars 2000, *ADEME : D.* 2000, inf. rap., p. 132).

III – SUR LA TAXE INTÉRIEURE DES PRODUITS PÉTROLIERS (TIPP)

4) La taxe intérieure (TIPP), impôt spécifique, frappe la plupart des produits pétroliers repris au tableau B annexé à l'article 265 du Code des douanes. Les taux, variables suivant la nature, le classement tarifaire et la destination des produits, déterminent un régime fiscal privilégié « sous condition d'emploi » selon l'utilisation ultérieure (carburant, matière première ou combustible).

Bibliographie : E. Geffray, *Selon quelles modalités s'opère la modulation régionale de la fraction de la TIPP attribuée aux régions ? : BDCF* sept. 2009, n° 6, p. 53-55. – V. Dussart, *TIPP, transport routier et environnement : une impossible conciliation ? : Rev. dr. transp.* 2008, 6, p. 13-17.

5) Possibilité de remboursement d'une partie de la TIPP. Certains véhicules utilisant du gasoil. V. article 265 *septies* du Code des douanes, modifié par l'article 52-I de la loi de finances pour 2005 n° 2004-1484 du 30 décembre 2004 (*JO* 31 déc. 2004, p. 22459). Exploitants agricoles de serres. – V. article 3 de la loi de finances rectifiée pour 2005 n° 2004-1485 du 30 déc. 2004 (*JO* 31 déc. 2004, p. 22459). – V. article 265 *octies* du Code des douanes, modifié par l'article 33-I de la loi des finances pour 2005 n° 2004-1484 du 30 décembre 2004 (*JO* 31 déc. 2004, p. 22459), ainsi que l'article 33-III de cette même loi.

Services compétents pour le remboursement de la TIPP, V. décret n° 2005-183 du 25 févr. 2005 (*JO* 26 févr. 2005, p. 3470). – V. décret n° 2005-184 du 25 févr. 2005 (*JO* 26 févr. 2005, p. 3471).

6) Exonération de la taxe intérieure des produits pétroliers (non). Condamnation de vendeurs de combustible ayant fait bénéficier indûment des clients de l'exonération de la taxe intérieure sur les produits pétroliers. La cour aurait dû rechercher de quel combustible figurant dans l'un des tableaux de l'article 265 du Code des douanes le produit vendu était le substitut (■ Cass. crim., 11 févr. 2004, n° 02-86.244, *Administration des douanes et des droits indirects*). Pour plus de précisions, V. Instruction fiscale du 15 janv. 2004, relative aux droits et taxes applicables aux produits pétroliers à compter du 21 janvier 2004 (*BO Douanes* 11 févr. 2004, n° 6593, texte n° 04-006).

Modalités d'exonération de la TIPP. V. Instruction n° 05-012 du 18 janv. 2005 (*BO Douanes* 4 févr. 2005, n° 6616). D. n° 2008-676, 2 juill. 2008 fixant les modalités de contrôle de la destination et de l'utilisation du gaz naturel affecté à des usages non soumis ou exonérés de TICGN.

7) Biocarburants dans le champ d'application de la TIPP. La directive n° 2003/96/CE a eu pour effet d'étendre expressément la TIPP aux huiles végétales utilisées comme combustibles ou carburants. En contrepartie, le droit communautaire ne s'oppose pas à une défiscalisation, par les États membres, de ces produits.

IV – SUR LA TAXATION INTÉRIEURE DE CONSOMMATION SUR LES PRODUITS ÉNERGÉTIQUES

Voir : Circ. BO des Douanes n° 7040, 30 déc. 2014 relative aux droits et taxes applicables aux produits énergétiques à compter du 1er janvier 2015.

8) *a) Droit européen.* V. directive n° 2003/96/CE du 27 oct. 2003, restructurant le cadre communautaire de taxation des produits énergétiques et de l'électricité (*JOUE* n° L 283, 31 oct. 2003, p. 51-70). – Directive n° 2004/74/CE du 29 avr. 2004, modifiant la directive n° 2003/96/CE en ce qui concerne la possibilité pour certains États membres d'appliquer, à titre temporaire, aux produits énergétiques et à l'électricité, des niveaux réduits de taxation ou des exonérations (*JOUE* n° L 157, 30 avr. 2004, p. 87). *b) Droit national.* V. arrêté du 9 janv. 2004, fixant les modalités de déclaration des installations de cogénération et d'octroi de l'exonération des taxes intérieures de consommation sur les huiles minérales et le gaz naturel (*JO* 20 janv. 2004, p. 1498). Aux termes des dispositions de la directive 2003/96, relèvent de la notion de « *réductions fiscales* », les avantages fiscaux sur les montants dus pour couvrir les coûts généraux du système électrique italien sous réserve de vérification, par la juridiction de renvoi, des éléments de fait et des règles du droit national sur lesquels repose la réponse de la Cour. Par ailleurs, ces mêmes dispositions ne s'opposent pas à une réglementation nationale prévoyant des réductions fiscales telles que celles en cause au principal, dès lors qu'aux termes de ces dispositions, les États membres restent libres de limiter le bénéfice de réductions fiscales en faveur des entreprises grandes consommatrices d'énergie à celles d'un ou plusieurs secteurs industriels, ce qui ne préjuge pas cependant de son éventuelle qualification d'aide d'État (CJCE, ch. 9, 18 janv. 2017, n° C-189/15, *Sté IRRCS/ l'administration fiscale italienne*).

V – SUR LES CRÉDITS D'IMPÔTS

Voir : article 200 *quarter* du CGI, modifié par la loi de finances pour 2005 n° 2004-1484, article 32 (*JO* 31 déc. 2004). – A. du 9 févr. 2005, pris pour l'application des articles 200 *quater* et 200 *quater* A du Code général des impôts relatifs aux dépenses d'équipements de l'habitation principale et modifiant l'annexe IV à ce code (*JO* 15 févr. 2005, p. 2534). – L. fin. 2009, n° 2009-1674, art. 58. – Instr. 12 août 2010 : BOI B-20-10 ; *Dr. fisc.* 2010, n° 35, instr. 14335. – L. fin. 2012, n° 2011-1977 du 28 déc. 2011.

9) La troisième loi de finances rectificative pour 2009 (L. fin. 2009, n° 2009-1674, art. 58 : *Dr. fisc.* 2010, n° 5, comm. 102) a modifié les taux du crédit d'impôt développement durable et économies d'énergie afin de recentrer ce dispositif sur les dépenses d'équipements les plus performants en matière d'économies d'énergie et de promotion des énergies renouvelables. Dans le cadre de la réduction du coût des dépenses fiscales décidée par le Gouvernement, l'article 105 de la loi de finances pour 2011 a prévu un dispositif consistant à appliquer une réduction aux réductions et crédits d'impôt dont le crédit d'impôt au titre des équipements en faveur du développement durable et des économies d'énergie. Le crédit d'impôt en faveur des économies d'énergie et du développement durable est prorogé de trois ans (soit jusqu'au 31 déc. 2015). À compter du 1er janvier 2012, il sera :

– calculé selon des taux diminués de 20 % puis soumis au rabot de 15 % et, notamment, sur des dépenses d'équipements solaires thermiques et photovoltaïques plafonnées par kilowatt-crête ou par mètre carré ;

– recentré sur les rénovations lourdes, son taux étant majoré de 10 points au titre des dépenses réalisées dans le cadre de certains bouquets de travaux et certaines dépenses d'isolation non comprises dans un bouquet de travaux étant exclues du dispositif ;

– cumulable avec le crédit d'impôt éco-PTZ au titre des offres de prêt émises à compter de cette même date.

Bibliographie : *Nouvelle réduction de l'avantage en impôt procuré par certains avantages fiscaux (« rabot ») : Dr. fisc.* 2012, n° 1, comm. 4.

VI – SUR LA TAXE INTÉRIEURE DE CONSOMMATION SUR LE GAZ NATUREL

Voir : Décret n° 2016-397 du 31 mars 2016 fixant les modalités du contrôle de la destination des produits visés au 1 de l'article 266 *quinquies* du Code des douanes affectés à des usages exemptés, exonérés ou taxés à taux réduits de la taxe intérieure de consommation sur le gaz naturel prévue au même article. – Arrêté du 14 avril 2015 précisant les modalités de remboursement de la taxe intérieure de consommation sur le gaz naturel. – Décret n° 2008-676 du 2 juillet 2008 fixant les modalités de contrôle de la destination et de l'utilisation du gaz naturel affecté à des usages non soumis ou exonérés de TICGN. – Décret n° 2015-568 du 22 mai 2015 relatif aux modalités de remboursement de la taxe intérieure de consommation prévue à l'article 265 du Code des douanes et de la taxe intérieure de consommation sur le gaz naturel prévue à l'article 266 *quinquies* du même code. – Circulaire du 13 avril 2016 relative à la taxe Intérieure de Consommation sur le Gaz Naturel (TICGN), reprise au Bulletin officiel des douanes n° 7106. – A. du 16 mars 2017, modifiant l'arrêté du 28 mai 2015, relatif aux modalités de remboursement de la taxe intérieure de consommation prévue à l'article 265 du Code des douanes et de la taxe intérieure de consommation sur le gaz naturel prévue à l'article 266 *quinquies* du même code (*JORF* n° 0071, 24 mars 2017). Circulaire relative à l'application de l'article 265 *nonies* du Code des douanes (*BO Douanes* n° 7184, 3 avr. 2017).

10) Condition de remboursement. Pour prétendre au remboursement partiel de la taxe intérieure de consommation sur le gaz naturel des véhicules dont elle s'est acquittée, l'entreprise de transport doit prouver la consommation exacte de carburant par véhicule de sa flotte (▪ Cass. com., 24 nov. 2015, n° 13-19.833).

11) Exonération. Le Conseil constitutionnel a écarté le grief tiré de ce que le législateur aurait méconnu l'étendue de sa compétence en renvoyant au décret le soin de fixer des règles relatives à l'assiette des taxes intérieures de consommation dont un contribuable peut être exonéré lorsqu'un produit énergétique fait l'objet d'un « double usage » au sens du 2° du paragraphe I de l'article 265 C du Code des douanes (▪ Déc. n° 2014-445-QPC, *Sté Thyssenkrupp Electrical Steel Ugo SAS : JO* 31 janv. 2015, n° 0026, p. 1502, texte n° 97).

Art. L. 225-2 *(Anc. L. n° 96-1236, 30 déc. 1996 ; mod. à compter du 1er janvier 2002, Ord. n° 2000-916, 19 sept. 2000)* (1). **– Les exploitants de réseaux de transport public en commun de voyageurs faisant équiper leurs véhicules de transport en commun, mis en circulation entre le 1er janvier 1991 et le 1er juillet 1996, de systèmes permettant de réduire les émissions polluantes bénéficient d'un remboursement du coût de cet équipement à hauteur de la moitié de son prix d'acquisition et dans la limite de 1 215 € par véhicule de**

(1) Application à l'outre-mer : V. Ord. n° 2000-916, 19 sept. 2000, art. 18.

transport en commun. Les systèmes ouvrant droit à remboursement doivent être agréés par arrêté conjoint du ministre chargé du budget, du ministre chargé des transports et du ministre chargé de l'environnement.

CHAPITRE VI. – CONTRÔLES ET SANCTIONS

Voir : Dir. n° 89/427 du 21 juin 1989, modifiant la directive n° 80/77 concernant des valeurs limites et des valeurs guides de qualité atmosphérique (*JOCE* n° L 201, 14 juill. 1989) modifié en 1991 (*JOCE* n° L 377, 31 déc. 1991).

Bibliographie : N. Belaidi, *Les infractions aux normes d'émission de polluant dans l'atmosphère : le cas des activités de combustion : Environnement* nov. 2002, p. 20. • D. Guihal, *Les dispositions répressives de la loi sur l'air : Dr. env.* 1997, n° 47, p. 14 à 16. • C. Lepage, *La responsabilité pénale des personnes morales en matière d'environnement : LPA* 22 déc. 1993, n° 153, p. 4 à 9 ; *L'entreprise et le risque pénal : Rev. fid.* 1996, n° 831, p. 1-302.

Voir : ▪ CAA Versailles, 12 nov. 2013, n° 130362, *Épx L.*

Art. L. 226-1 ***(Abr. à compter du 1er juillet 2013, Ord. n° 2012-34, 11 janv. 2012).***

Voir : *infra*, livre V, titre I, chapitre I, articles L. 511-1 et L. 511-2. – Sur le contrôle et les sanctions administratives : *infra*, livre V, précité, titre I, précité, chapitre IV, articles L. 514-1 à L. 514-5.

Sur l'abrogation des textes due à l'entrée en vigueur de l'ordonnance n° 2012-34, 11 janv. 2012 portant simplification, réforme et harmonisation des dispositions de police administrative et de police judiciaire du Code de l'environnement, voir le titre VII du livre I du Code de l'environnement (art. L. 171-1 et s.).

Aussi, depuis l'entrée en vigueur, le 1er juillet 2013, de nombreuses dispositions du Code de l'environnement concernant :

- la police administrative,
- la police judiciaire,
- les sanctions pénales,

ont été abrogées et réunies dans un titre VII du livre Ier intitulé « Dispositions communes relatives aux contrôles et aux sanctions ».

Section I. – Recherche et constatation des infractions

Art. L. 226-2 ***(Anc. L. n° 96-1236, 30 déc. 1996 ; mod. à compter de la date prévue au II de l'article 29 de l'ordonnance n° 2010-177 du 23 février 2010, Ord. n° 2010-177, 23 févr. 2010 ; rempl. à compter du 1er juillet 2013, Ord. n° 2012-34, 11 janv. 2012 ; mod., Ord. n° 2016-128, 10 févr. 2016 ; mod. à compter du 1er juillet 2016, Ord. n° 2016-301, 14 mars 2016).*** **– Outre les officiers et agents de police judiciaire et les inspecteurs de l'environnement mentionnés à l'article L. 172-1, sont habilités à rechercher et à constater les infractions aux dispositions du présent titre ainsi que des textes et des décisions pris pour leur application :**

1° Les agents de la concurrence, de la consommation et de la répression des fraudes, qui disposent à cet effet des pouvoirs prévus au I de l'article L. 511-22 du Code de la consommation ;

2° Les agents des douanes ;

3° Les ingénieurs et techniciens du laboratoire central et les inspecteurs de salubrité de la préfecture de police ;

4° Les inspecteurs de la sûreté nucléaire, dans les conditions prévues au chapitre VI du titre IX du livre V.

Voir : sur les agents mentionnés à l'article L. 514-5. Il s'agit des inspecteurs des installations classées, mandatés par le ministre, V. C. env., art. L. 514-I.

Art. L. 226-3 ***(Abr. à compter du 1er juillet 2013, Ord. n° 2012-34, 11 janv. 2012 ; rétabli, L. n° 2024-364, 22 avr. 2024).*** **– Outre les officiers et agents de police judiciaire, les agents mentionnés aux 1° à 8° de l'article L. 218-26 sont habilités à rechercher et à constater les infractions au chapitre IX du présent titre et au règlement (UE) 2015/757 du Parlement européen et du Conseil du 29 avril 2015 concernant la surveillance, la déclaration et la vérification des émissions de gaz à effet de serre du transport maritime et modifiant la directive 2009/16/CE ainsi qu'aux dispositions prises pour leur application.**

Voir : sur le droit de visite de l'administration : livre V, titre I, Sanctions administratives, art. L. 514-1 à L. 514-8, p. 983.

Art. L. 226-4 et L. 226-5 ***(Abr. à compter du 1er juillet 2013, Ord. n° 2012-34, 11 janv. 2012).***

Section II. – Sanctions

Bibliographie : D. Guihal, T. Fossier et J.-H. Robert, *Droit répressif de l'environnement*, 5e éd. Économica, 2021. • P. Billet, *La lettre et le néant : de l'inconsistance de la codification dans le domaine des pollutions, des nuisances et des risques : Dr. env.* 2001, n° 85, 21. • J.-P. Delvigne, *Les pouvoirs de police judiciaire confiés aux fonctionnaires et agents pour la recherche et la constatation des infractions en matière de pollutions et nuisances industrielles*, Université Robert Schumann, Strasbourg III, sept. 2000. • D. Guihal, *Droit répressif de l'environnement*, 3e éd. Économica, 2008 ; *Dispositions répressives de la loi sur l'air : Dr. env.* 47/1997, p. 114. • J. Kluger et J. Colonna d'Istria, *De la culpabilité à la responsabilité : Dr. env.* 47/1997, p. 114. • J.-H. Robert, *Les investigations des fonctionnaires investis de certaines fonctions de police judiciaire*, in *Droit pénal contemporain : Mél. en l'honneur d'A. Vitu*, Cujas, 1989, p. 431.

Art. L. 226-6 *(Anc. L. n° 96-1236, 30 déc. 1996 ; mod., Ord. n° 2000-914, 18 sept. 2000 ; L. n° 2003-1236, 2 juill. 2003).* – **La procédure de l'amende forfaitaire est applicable aux contraventions aux dispositions prises en application du présent titre.**

Art. L. 226-7 *(Anc. L. n° 96-1236, 30 déc. 1996 ; mod., Ord. n° 2000-930, 22 sept. 2000).* – (1) **Les mesures prévues aux articles L. 25 à L. 26 du Code de la route** (2) **sont applicables aux véhicules en infraction aux dispositions du présent titre ou aux textes pris pour son application.**

Art. L. 226-8. – **I à III** *(Abr. à compter du 1er juillet 2013, Ord. n° 2012-34, 11 janv. 2012).*

IV. – Les décisions prises en application des paragraphes précédents sont soumises à un contentieux de pleine juridiction.

V et VI *(Abr. à compter du 1er juillet 2013, Ord. n° 2012-34, 11 janv. 2012).*

Art. L. 226-9 *(Anc. L. n° 96-1236, 30 déc. 1996 ; mod. à compter du 1er juillet 2013, Ord. n° 2012-34, 11 janv. 2012).* – **Lorsqu'une entreprise industrielle, commerciale, agricole ou de services émet des substances polluantes constitutives d'une pollution atmosphérique, telle que définie à l'article L. 220-2, en violation d'une mise en demeure prononcée en application des articles L. 171-7 ou L. 171-8, l'exploitant est puni de deux ans d'emprisonnement et de 75 000 euros d'amende.**

1) Sanction pénale. L'ordonnance n° 2012-34 du 11 janvier 2012 est venue augmenter les sanctions auxquelles s'expose le contrevenant, prévoyant une peine d'emprisonnement passant de six mois à deux ans et une amende de 75 000 euros, au lieu de l'amende à 7 500 euros initialement prévue.

2) Article 131-6 du Code pénal. Le 10° renvoie à une confiscation de la chose qui a servi ou était destinée à commettre l'infraction ou de la chose qui en est le produit. Le 11° renvoie à une interdiction de cinq ans d'exercer une activité professionnelle ou sociale dès lors que les facilités que procure cette activité ont été utilisées pour commettre l'infraction.

3) Émission de substances polluantes constitutives d'une pollution atmosphérique par une entreprise de transport. Suite à l'intoxication au trichloroéthane de deux ouvriers d'une entreprise d'assainissement, le directeur d'une entreprise de transport responsable du déversement de ce produit est condamné à dix mois de prison avec sursis et 20 000 F d'amende (▪ Cass. crim., 15 févr. 2000, n° 99-81.101, arrêt n° 1260).

Art. L. 226-10 (3) *(Abr. à compter du 1er juillet 2013, Ord. n° 2012-34, 11 janv. 2012 ; rétabli, L. n° 2024-364, 22 avr. 2024).* – **I. – Est puni de 15 000 euros d'amende le fait, pour toute compagnie maritime dont la France est l'autorité responsable au sens de l'article L. 229-5 ou pour tout exploitant ou propriétaire d'un navire auquel s'applique, en application de son article 2, le règlement (UE) 2015/757 du Parlement européen et du Conseil du 29 avril 2015 concernant la surveillance, la déclaration et la vérification**

(1) Les dispositions du présent article reprennent les dispositions de l'article 37 de la loi n° 96-1236 du 30 décembre 1996, successivement abrogé et codifié par les articles 1er et 5, I, 40° de l'ordonnance n° 2000-914 du 18 septembre 2000, et par les articles 1er et 5, I, 10° de l'ordonnance n° 2000-930 du 22 septembre 2000, pour ce qui concerne son application aux articles L. 311-1 et L. 318-1 à L. 318-3 du Code de la route. – V. C. route, art. L. 318-4. – NDLR.

(2) Articles indirectement abrogés et codifiés, Ord. n° 2000-930, 22 sept. 2000, art. 1er et 5 à 7. – V. C. route, art. L. 234-1, L. 325-1, L. 325-2, L. 325-6 à L. 325-11 et L. 417-1. – NDLR.

(3) Application sur l'ensemble du territoire de la République y compris dans les collectivités d'outre-mer, en Nouvelle-Calédonie et dans les Terres australes et antarctiques françaises : V. L. n° 2009-526, 12 mai 2009, art. 137.

des émissions de gaz à effet de serre du transport maritime et modifiant la directive 2009/16/CE ou pour son représentant à bord, de :

1° Ne pas surveiller, sur la base d'un plan de surveillance, les émissions de gaz à effet de serre du navire, par voyage et par année civile, dans les conditions prévues aux articles 8 à 10 du même règlement ;

2° Ne pas déclarer les émissions de gaz à effet de serre du navire dans les conditions prévues aux articles 11, 11 *bis* et 12 dudit règlement.

L'amende est prononcée autant de fois qu'il y a de navires concernés.

II. – Lorsque la violation des obligations de surveillance et de déclaration énoncées aux articles 8 à 12 du même règlement est manifestement délibérée, l'amende est portée à 30 000 euros.

III. – Les personnes morales coupables des infractions prévues aux I et II du présent article encourent également, à titre de peine complémentaire, la peine mentionnée au 9° de l'article 131-39 du Code pénal.

Absence de responsabilité pénale des personnes morales lorsque les faits ne sont pas susceptibles de qualification pénale. Irrecevabilité du recours d'une mère de famille qui s'est constituée partie civile contre le maire et le préfet de police de Paris arguant du fait qu'ils se seraient abstenus de prendre les mesures nécessaires pour pallier les effets de la pollution atmosphérique sur la santé publique. Un tel recours n'est pas recevable dès lors qu'il porte sur des faits non susceptibles de qualification pénale (■ Cass. crim., 25 juin 1996, *Graignic : Dr. pén.* déc. 1996, n° 265 ; *Dr. env.* avr. 1997, n° 47).

Art. L. 226-11 *(Abr. à compter du 1er juillet 2013, Ord. n° 2012-34, 11 janv. 2012 ; rétabli, L. n° 2024-364, 22 avr. 2024).* **– I. – Le fait, pour une compagnie maritime qui a fait l'objet de la sanction administrative prévue au II de l'article L. 229-10, de ne pas acquitter dans les délais impartis l'amende qui lui a été infligée ou de ne pas restituer le nombre de quotas dont elle est redevable à la date prévue pour la restitution de l'année suivante, en méconnaissance du même article L. 229-10, est puni d'un an d'emprisonnement et de 500 000 euros d'amende. En cas d'absence totale de restitution de quotas en contrepartie des émissions de l'année en cause, l'amende est portée à un million d'euros.**

II. – Les peines prévues au I du présent article sont applicables au représentant légal, au dirigeant de fait ou à toute autre personne exerçant, en droit ou en fait, un pouvoir de décision dans la gestion de la compagnie maritime, lorsque ces personnes ont été à l'origine de la non-restitution partielle ou totale du nombre de quotas ou du non-paiement de l'amende.

III. – Les personnes morales déclarées responsables pénalement, dans les conditions prévues à l'article 121-2 du Code pénal, du délit mentionné au I du présent article encourent, outre l'amende déterminée selon les modalités prévues à l'article 131-38 du Code pénal, la peine prévue au 9° de l'article 131-39 du même code.

IV. – Les peines prononcées tiennent compte des gains économiques obtenus en conséquence du non-respect des obligations du système d'échange de quotas d'émission de gaz à effet de serre et du montant du préjudice causé.

Bibliographie : V. S. Deygas, *Les procédures de protection de la qualité de l'air instaurées par la loi du 30 décembre 1996 : Procédures* mars 1997, p. 4.

CHAPITRE VII. – DISPOSITIONS PARTICULIÈRES AUX POLLUTIONS CAUSÉES PAR DES SUBSTANCES RADIOACTIVES

Art. L. 227-1 *(Anc. D. n° 2007-1557, 2 nov. 2007 ; mod., L. n° 2006-686, 13 juin 2006 ; rempl., L. n° 2016-41, 26 janv. 2016).* **– Ne sont pas soumises au présent titre les pollutions de tous ordres causées par des substances radioactives, autres que le radon et ses descendants, lorsqu'ils sont d'originegéologique, ainsi que les conditions de création, de fonctionnement et de surveillance des installations nucléaires de base mentionnées à l'article L. 593-1.**

Voir : A. du 23 février 2017, pris en application du décret n° 2017-231 du 23 février 2017 pris pour application de l'article L. 542-1-2 du Code de l'environnement et établissant les prescriptions du Plan national de gestion des matières et des déchets radioactifs (*JORF* n° 0048, 25 févr. 2017) ;

D. n° 2017-231 du 23 février 2017, pris pour application de l'article L. 542-1-2 du Code de l'environnement et établissant les prescriptions du plan national de gestion des matières et des déchets radioactifs (*JORF* n° 0048, 25 févr. 2017).

CHAPITRE VIII. – DISPOSITIONS DIVERSES

Section I. – Défense nationale

Art. L. 228-1 *(Anc. L. n° 96-1236, 30 déc. 1996 ; Ord. n° 200-914, 18 sept. 2000 ; L. n° 2003-591, 2 juill. 2003).* **– Les dispositions du présent titre ne sont applicables aux véhicules et aux matériels spéciaux de l'armée, de la marine nationale et de l'aviation militaire que dans la mesure où elles ne sont pas incompatibles avec leurs caractéristiques techniques de fabrication et d'emploi.**

Section II. – Itinéraires cyclables

Art. L. 228-2 *(Mod., L. n° 2019-1428, 24 déc. 2019).* **– À l'occasion des réalisations ou des rénovations des voies urbaines, à l'exception des autoroutes et voies rapides, doivent être mis au point des itinéraires cyclables pourvus d'aménagements prenant la forme de pistes, de bandes cyclables, de voies vertes, de zones de rencontre ou, pour les chaussées à sens unique à une seule file, de marquages au sol, en fonction des besoins et contraintes de la circulation. Lorsque la réalisation ou la rénovation de voie vise à créer une voie en site propre destinée aux transports collectifs et que l'emprise disponible est insuffisante pour permettre de réaliser ces aménagements, l'obligation de mettre au point un itinéraire cyclable peut être satisfaite en autorisant les cyclistes à emprunter cette voie, sous réserve que sa largeur permette le dépassement d'un cycliste dans les conditions normales de sécurité prévues au Code de la route.**

Le type d'aménagement de ces itinéraires cyclables doit tenir compte des orientations du plan de mobilité, lorsqu'il existe.

I – AMÉNAGEMENT DES ITINÉRAIRES CYCLABLES

1) Obligation d'aménager des itinéraires cyclables (oui). Obligation de mettre au point sur certaines voies des itinéraires cyclables en fonction des besoins et contraintes de la circulation, en tenant compte des orientations du plan de déplacement urbain. L'opération de réalisation ou de rénovation d'une voie urbaine doit être mise en œuvre sur le fondement d'une décision prévoyant, outre les travaux relatifs aux parties de la voie affectées principalement à la circulation des automobiles ou des piétons, l'aménagement d'itinéraires cyclables. Ainsi, la décision d'une commune de réaménager un tronçon d'avenue ne comportant aucune mention sur l'aménagement d'itinéraires cyclables viole les dispositions de l'article 20 de la loi du 30 décembre 1996 codifiée sous l'article L. 228-2 du Code de l'environnement (■ CAA Lyon, 28 juill. 2003, *Alain et Assoc. Roulons en ville en vélo : Environnement mag.* 2003, n° 92, obs. Trouilly. – V. Duperon : *AJDA* 15 déc. 2003, n° 43, p. 2327-2329). Dans le même sens, voir les décisions d'une commune de rénover des voies urbaines, ne mettant pas au point des itinéraires cyclables, qui violent les dispositions de l'article L. 228-2 du Code de l'environnement (■ CAA Douai, 30 déc. 2003, n° 02DA00204, *Assoc. Droit au vélo*). – (Rép. min. n° 63686 : *JOAN* Q, 24 sept. 2001, p. 5462. – Instr. min. Équipement, Transports, Logement, Tourisme et Mer, 31 oct. 2002, relative aux aménagements de voirie sur le réseau routier national). Question de M.-P. Martin, *JOAN* 7 févr. 2012, Rép. min. : *JOAN* Q 1er mai 2012, 7 févr. 2012). Il résulte des dispositions de l'article L. 228-2 du Code de l'environnement que le législateur a entendu imposer aux collectivités concernées, à l'occasion des réalisations ou des rénovations des voies urbaines, une obligation de mise au point d'itinéraires cyclables pourvus d'aménagements adaptés qui peuvent, en fonction des besoins et contraintes de la circulation, être réalisés sous forme soit de pistes, soit de marquages au sol, soit enfin de couloirs indépendants (■ CAA Nantes, 26 juin 2009, n° 08NT03365).

2) Obligation de moyen ou de résultat de la collectivité : incertitude jurisprudentielle. Les quelques jugements déjà rendus sanctionnant la méconnaissance de l'article L. 228-2, montrent une certaine incertitude jurisprudentielle. La question se pose de savoir si l'article L. 228-2 impose une obligation de moyen aux collectivités, lesquelles pourraient alors s'en exonérer en invoquant « les besoins et contraintes de la circulation », ou bien s'il impose une obligation de résultat. Au regard de l'arrêt de la cour d'appel de Lyon (■ CAA Lyon, 28 juill. 2003, n° 99LY02169, *Allain, Assoc. Roulons en ville à vélo*), « Lorsqu'une collectivité décide de réaliser ou de rénover une voie urbaine ne constituant ni une autoroute ni une voie rapide, des itinéraires cyclables doivent être réalisés sur l'emprise de cette voie si les besoins et contraintes de la circulation n'y font toutefois pas obstacle et si, le cas échéant, la création de tels itinéraires n'est pas incompatible avec les orientations du plan de déplacements urbains ». La personne publique conserve la faculté d'apprécier si la réalisation des itinéraires cyclables est possible. Ces derniers s'imposent, pour autant que les besoins et contraintes de la circulation le permettent et sous réserve de la compatibilité avec les orientations du plan de déplacements urbains. À l'inverse, certaines juridictions ont privilégié une lecture plus stricte. Le pouvoir d'appréciation de la collectivité se limite au choix de l'aménagement à mettre en œuvre. Les juges ont adopté une formulation imposant clairement aux collectivités une véritable obligation de résultat : « Le législateur a entendu imposer aux collectivités concernées, à l'occasion des réalisations ou des rénovations urbaines, une obligation de mise au point d'itinéraires cyclables pourvus d'aménagements adaptés qui peuvent, en fonction des besoins et contraintes de la circulation, être réalisés sous forme soit de pistes, soit de marquages au sol, soit, enfin, de couloirs indépendants » (▪ CAA Marseille, 21 mars 2011, n° 08MA03960. ▪ CAA Nantes, 26 juin 2009, n° 08NT03365. ▪ CAA Douai, 30 déc. 2003, n° 02DA00204).

3) Travaux d'aménagement de promenades pédestres et cyclables subordonnés à autorisation (non). Les travaux de réfection des chemins ruraux pour l'aménagement de promenades pédestres et cyclables ne peuvent être regardés comme spécifiquement destinés à l'exercice d'un sport et, du fait, ne sont pas soumis aux exigences des articles R. 442-1 et R. 442-2 du Code de l'urbanisme, subordonnant ces travaux à une autorisation. De plus, de tels travaux ne relèvent pas du régime de déclaration préalable de l'article R. 422-9 du Code de l'urbanisme (▪ CAA Nantes, 23 avr. 2002, n°s 00NT00188 et 00NT01117, *Assoc. Urbanisme ou environnement*). Aucune autorisation d'urbanisme n'est nécessaire à la réalisation de ces bandes et pistes cyclables, sauf cas très particuliers d'affouillements, d'exhaussements ou de situation sur une aire de jeux, de sport et à l'intérieur d'un parc d'attraction (Rép. min. n° 2579 : *JO Sénat Q*, 26 déc. 2002, p. 3239 ; *Ann. voirie* 2003, p. 14). La Cour juge qu'il résulte de l'article L. 228-2 du Code de l'environnement que le législateur a entendu imposer aux collectivités concernées, à l'occasion des réalisations ou des rénovations des voies urbaines, une obligation de réalisation d'itinéraires cyclables pourvus d'aménagements adaptés qui peuvent, en fonction des besoins et contraintes de la circulation, être réalisés sous forme soit de pistes, soit de marquages au sol, soit enfin de couloirs indépendants (▪ CAA Paris, 5 nov. 2013, n° 10PA04758, *Cne de Champigny-sur-Marne*).

4) Voie de fait (oui). Constitue une voie de fait la réalisation d'une piste cyclable ouverte au public, sur le tracé des pistes de défense contre l'incendie, sans l'accord amiable du propriétaire et sans engagement préalable d'une procédure d'expropriation pour cause d'utilité publique, manifestement insusceptible de se rattacher à l'exercice d'un pouvoir appartenant à l'Administration (▪ CAA Bordeaux, 7 déc. 2000, n° 98BX00889, *Beneteau et a.*).

5) Interdiction permanente de l'accès aux cyclistes sur une route expresse nationale. Est légale une décision implicite du ministre déclarant d'utilité publique les travaux de la construction d'une section de rocade, conférant à celle-ci le caractère de route expresse nationale et interdisant en permanence l'accès de cette route aux cyclistes (▪ CE, 18 mars 1996, n° 137069, *Assoc. Collectif pour Chevire cyclable*).

Bibliographie : C. Thomé, *Quelles retombées économiques pour le tourisme et l'itinérance à vélo ? : Journ. trib.* 2017, n° 197, p. 31. – F. Colin, *Les règles de droit administratif applicables aux pistes cyclables : JCP* A 2010, n° 45, 2336.

Art. L. 228-3 *(L. n° 2019-1428, 24 déc. 2019)* (1). **– À l'occasion des réalisations ou des réaménagements des voies hors agglomération, hors autoroutes et voies rapides, le gestionnaire de la voirie évalue, en lien avec la ou les autorités organisatrices de la mobilité compétentes, le besoin de réalisation d'un aménagement ou d'un itinéraire cyclable ainsi que sa faisabilité technique et financière. Cette évaluation est rendue publique dès sa finalisation. En cas de besoin avéré, un aménagement ou un itinéraire cyclable est réalisé, sauf impossibilité technique ou financière.**

Ces aménagements ou itinéraires cyclables doivent tenir compte des orientations des plans de mobilité et de mobilité simplifiés ainsi que du schéma régional d'aménagement, de développement durable et d'égalité des territoires et du schéma national des véloroutes, lorsqu'ils existent, sans que cela puisse remettre en cause l'obligation découlant du premier alinéa.

Pour les aménagements ou itinéraires inscrits dans l'un de ces plans ou schémas, le besoin est réputé avéré. *(Mots aj., L. n° 2021-1104, 22 août 2021)* **« Pour les réalisations ou réaménagements des voies situées dans une zone à faibles émissions mobilité, au sens de l'article L. 2213-4-1 du Code général des collectivités**

(1) Dispositions d'application particulières : V. L. n° 2019-1428, 24 déc. 2019.

territoriales, ainsi que des voies desservant une telle zone situées à moins de cinq kilomètres du périmètre de celle-ci et sur le territoire de l'établissement public de coopération intercommunale dont le président a mis en place la zone à faibles émissions mobilité, le besoin est également réputé avéré ».

Art. L. 228-3-1 *(L. n° 2019-1428, 24 déc. 2019)* (1). **– En cas de besoin avéré et de faisabilité technique et financière, la continuité des aménagements existants destinés à la circulation des piétons et des cyclistes doit être maintenue à l'issue de la construction ou de la réhabilitation d'infrastructures de transport terrestre ou fluvial.**

Si le besoin n'est pas avéré, le maître d'ouvrage des travaux évalue, en lien avec les autorités organisatrices de la mobilité compétentes, l'utilité des aménagements susceptibles d'être interrompus. Cette évaluation est rendue publique dès sa finalisation.

Pour les aménagements ou itinéraires inscrits au plan de mobilité, au plan de mobilité simplifié, au schéma régional d'aménagement, de développement durable et d'égalité des territoires ou au schéma national des véloroutes, le besoin est réputé avéré.

Section III. – Expérimentation de zones d'actions prioritaires pour l'air

(Abr., L. n° 2015-992, 17 août 2015)

Art. L. 228-3 *(Abr., L. n° 2015-992, 17 août 2015).*

Rédaction antérieure. Art. L. 228-3 *(L. n° 2010-788, 12 juill. 2010)*. – I. – Dans les communes ou groupements de communes de plus de 100 000 habitants où une mauvaise qualité de l'air est avérée, notamment par des dépassements de normes réglementaires ou des risques de dépassements de ces normes, une zone d'actions prioritaires pour l'air, dont l'accès est interdit aux véhicules contribuant le plus à la pollution atmosphérique, peut être instituée, à titre expérimental, afin de lutter contre cette pollution et notamment réduire les émissions de particules et d'oxydes d'azote.

Les communes ou groupements de communes souhaitant participer à l'expérimentation adressent, dans un délai de deux ans à compter de la publication de la loi n° 2010-788 du 12 juillet 2010 portant engagement national pour l'environnement, leur projet de zones d'actions prioritaires pour l'air au représentant de l'État dans le département qui le transmet, accompagné de ses observations, au ministre chargé des collectivités territoriales et au ministre chargé du développement durable.

Dans les zones dans lesquelles sont constatés ou prévus des dépassements des valeurs limites de la qualité de l'air telles que définies à l'article L. 221-1, le représentant de l'État dans le département peut proposer aux communes ou groupements de communes de mettre en place une expérimentation de zone d'actions prioritaires pour l'air.

Les expérimentations sont autorisées par décret pour une durée ne pouvant excéder trois ans. Elles peuvent être prorogées par décret pour une durée de dix-huit mois à la demande des communes ou groupements de communes à l'initiative du projet.

Les communes ou groupements de communes où l'expérimentation a été autorisée adressent, après chaque période de douze mois d'expérimentation, au ministre chargé des collectivités territoriales et au ministre chargé du développement durable, un rapport contenant les informations nécessaires à son évaluation.

Trois ans après l'entrée en vigueur de la loi n° 2010-788 du 12 juillet 2010 précitée, le Gouvernement transmet au Parlement un rapport d'évaluation portant sur les expérimentations mises en œuvre en application de la présente section.

II. – Le projet de zone d'actions prioritaires pour l'air prévu au deuxième alinéa du I du présent article doit, préalablement à sa transmission au représentant de l'État dans le département, avoir fait l'objet d'une évaluation environnementale élaborée dans les conditions prévues à la section 2 du chapitre II du titre II du livre premier, ainsi que d'une concertation avec l'ensemble des parties concernées, notamment les communes limitrophes de la zone, les gestionnaires de voirie, les autorités organisatrices de transport compétentes dans la zone et les chambres consulaires concernées. L'opportunité, les objectifs, les caractéristiques principales du projet et son évaluation environnementale sont mis à la disposition du public dans les conditions prévues à l'article 233 de la loi n° 2010-788 du 12 juillet 2010 précitée.

Le projet précise le périmètre de la zone d'actions prioritaires pour l'air, lequel doit être cohérent avec les objectifs assignés à ce dispositif et compatible, lorsqu'il existe, avec le plan de protection de l'atmosphère défini à l'article L. 222-4.

Il précise également, par référence à une nomenclature des véhicules classés en fonction de leur niveau d'émission de polluants atmosphériques établie par arrêté du ministre chargé du développement durable, les véhicules dont l'accès à la zone d'actions prioritaires pour l'air est interdit, ainsi que les modalités d'identification des véhicules autorisés à accéder à la zone, y compris pour les véhicules en transit.

Un décret précise les véhicules auxquels l'accès aux zones d'actions prioritaires pour l'air ne peut être interdit, ainsi que les modalités de demande d'autorisation supplémentaire pour certains véhicules de circuler, par dérogation, dans les zones d'actions prioritaires pour l'air.

III. – Le fait de ne pas respecter l'interdiction de circuler dans une zone d'actions prioritaires pour l'air est puni d'une peine d'amende prévue par décret en Conseil d'État.

---

(1) Dispositions d'application particulières : V. L. n° 2019-1428, 24 déc. 2019.

Bibliographie : M. Molinet-Dubost, *Abandon des ZAPA : Environnement* avr. 2013, n° 4 ; *Rev. Environnement et dév. durable*. • D. Durr et P. Janin, *Droit des transports et de l'environnement. – 1er janv. 2011/31 mars 2012 : Rev. dr. transp.* avr. 2012, n° 2, chron. 3. • J.-H. Stahl, *L'expérimentation en droit français : une curiosité en mal d'acclimatation : RJEP* 2010, étude 11, n° 681.

Voir : A. 3 mai 2012 établissant la nomenclature des véhicules classés en fonction de leur niveau d'émission de polluants atmosphériques : *JORF* n° 0108, 8 mai 2012, p. 8249, texte n° 24.

Section IV. – Performance environnementale de la commande publique

(L. n° 2015-992, 17 août 2015)

Art. L. 228-4 *(L. n° 2015-992, 17 août 2015 ; mod., L. n° 2018-1021, 23 nov. 2018 ; L. n° 2020-105, 10 févr. 2020 ; L. n° 2021-1104, 22 août 2021).* **– La commande publique tient compte notamment de la performance environnementale des produits, en particulier de leur caractère biosourcé.**

Dans le domaine de la construction ou de la rénovation de bâtiments, elle prend en compte les exigences de lutte contre les émissions de gaz à effet de serre et de stockage du carbone et veille au recours à des matériaux de réemploi ou issus des ressources renouvelables.

(L. n° 2023-175, 10 mars 2023) **Dans le domaine de l'industrie solaire, la commande publique impose aux acheteurs ayant la personnalité morale et aux entreprises de plus de 200 salariés, dont le siège social se situe sur le territoire national, de faire la publicité du lieu de fabrication des dispositifs de production d'énergie solaire achetés dès l'installation de ces derniers.**

À compter du 1er janvier 2030, l'usage des matériaux biosourcés ou bas-carbone intervient dans au moins 25 % des rénovations lourdes et des constructions relevant de la commande publique. Un décret en Conseil d'État précise les modalités d'application du présent article, en particulier la nature des travaux de rénovation lourde et les seuils au-delà desquels l'obligation est applicable aux acheteurs publics.

Art. L. 228-5 *(L. n° 2023-175, 10 mars 2023).* **– La commande publique tient compte, lors de l'achat de dispositifs de production d'énergies renouvelables, de leur empreinte carbone et environnementale tout au long de leur processus de fabrication, de leur utilisation et de leur valorisation après leur fin de vie.**

CHAPITRE IX. – EFFET DE SERRE

(L. n° 2003-591, 2 juill. 2003) (1)

Voir : Droit international : Conv. de Vienne pour la protection de la couche d'ozone du 22 mars 1985, modifiée ;
- Protocole de Montréal du 16 sept. 1987 modifié, à la convention de Vienne du 22 mars 1985 pour la protection de la couche d'ozone ;
- Conv. cadre de New York du 9 mai 1992 des Nations unies sur les changements climatiques ;
- Protocole de Kyoto à la convention cadre des Nations unies sur les changements climatiques du 11 déc. 1997 ;
- Accord de Paris du 12 décembre 2015, Convention cadre sur les changements climatiques.

Droit européen : Règl. (CE) n° 2037/2000 du Parlement européen et du Conseil du 29 juin 2000, relatif aux substances qui appauvrissent la couche d'ozone (*JOCE* n° L 244, 29 sept. 2000, p. 1-24) ;

- Déc. Cons. du 25 avr. 2002, relative à l'approbation, au nom de la Communauté européenne, du protocole de Kyoto à la convention-cadre des Nations unies sur les changements climatiques et l'exécution conjointe des engagements qui en découlent (2002/358/CE) ;
- Dir. du 23 juill. 2003 ;
- Communication de la Commission sur les orientations visant à aider les États membres à mettre en œuvre les critères qui figurent à l'annexe III de la directive n° 2003/87/CE établissant un système d'échange de quotas d'émission de gaz à effet de serre dans la Communauté et modifiant la directive n° 96/61/CE du Conseil, et les conditions dans lesquelles il y a force majeure (Doc. COM (2003), 0830 final, 7 janv. 2004) ;
- Déc. Comm. du 29 janv. 2004, concernant l'adoption de lignes directrices pour la surveillance et la déclaration des émissions de gaz à effet de serre, conformément à la directive n° 2003/87/CE du Parlement européen et du Conseil (*JOUE* n° L 59, 26 févr. 2004, p. 1) ;
- Déc. Parlement européen et du Conseil n° 280/2004/CE du 11 févr. 2004, relative à un mécanisme pour surveiller les émissions de gaz à effet de serre dans la Communauté et mettre en œuvre le protocole de Kyoto (*JOUE* n° L 49, 19 févr. 2004, p. 1) ;
- Déc. Comm. n° 2005/166/CE du 10 févr. 2005, fixant les modalités d'exécution de la décision n° 280/2004/CE du Parlement européen et du Conseil relative à un mécanisme pour surveiller les émissions de gaz à effet de serre dans la Communauté et mettre en œuvre le protocole de Kyoto (*JOUE* n° L 55, 1er mars 2005, p. 57) ;

(1) Application à l'outre-mer : V. L. n° 2003-591, 2 juill. 2003, art. 31, IV.

– Dir. n° 2009/29/CE du Parlement européen et du Conseil du 23 avril 2009 (*JOUE* n° L 140 du 5 juin 2009) modifiant la directive 2003/87/CE afin d'améliorer et d'étendre le système communautaire d'échange de quotas d'émission de gaz à effet de serre ;

– Règl. PE et Cons. (UE) n° 525/2013, 21 mai 2013, relatif à un mécanisme pour la surveillance et la déclaration des émissions de gaz à effet de serre et pour la déclaration, au niveau national et au niveau de l'Union, d'autres informations ayant trait au changement climatique et abrogeant la décision 280/2004/CE ;

– Règl. (UE) 662/2014 du Parlement européen et du Conseil du 15 mai 2014 modifiant le règlement (UE) n° 525/2013 en ce qui concerne la mise en œuvre technique du protocole de Kyoto à la convention-cadre des Nations unies sur les changements climatiques, publié au *JOUE* L 189 du 27 juin 2014 ;

– Dir. PE et Cons. (UE) n° 2018/410, 14 mars 2018, modifiant la directive 2003/87/CE afin de renforcer la capacité des réductions d'émissions et des investissements à faible intensité de carbone ;

– Déc. (UE) 2015/1814 modifiant la directive 2003/87 ;

– Règl. PE et Cons. (UE) n° 2018/1999, 11 déc. 2018, sur la gouvernance de l'Union de l'énergie et l'action pour le climat, modifiant les règlements (CE) 663/2009 et (CE) 715/2009 du Parlement européen et du Conseil, les directives 14/22/CE, 98/70/CE, 2009/31/CE, 2009/73/CE, 2010/31/UE, 2012/27/UE et 2013/30/UE du Parlement européen et du Conseil, les directives 2009/119/CE et 201/652 du Parlement européen et du Conseil et abrogeant le règlement (UE) 525/2013 du Parlement européen et du Conseil ;

– Dir. 2018/410 relative au système d'échanges de quotas d'émissions modifiant la directive 2003/87/CE ;

– Règl. PE et Cons. (UE) n° 2018/842, 30 mai 2018, relatif aux réductions contraignantes des émissions de gaz à effet de serre prises par les États membres de 2021 à 2030 et contribuant à l'action pour le climat afin de respecter les accords de Paris et modifiant le règlement (UE) 525/2013 ;

– Dir. PE et Cons. (UE) 2022/2464, 14 déc. 2022, modifiant le règlement (UE) 537/2014 et les directives 2004/109/CE, 2006/43/CE et 2013/34/UE en ce qui concerne la publication d'informations en matière de durabilité par les entreprises ;

– Règl. PE et Cons. (UE) n° 2013/956, 10 mai 2023, établissant un mécanisme d'ajustement carbone aux frontières ;

– Règl. d'exécution (UE) n° 2023/1773 de la Commission, 17 août 2023, portant modalités d'application du règlement 1023/56 du Parlement européen et du Conseil et qui concerne les obligations de déclaration aux fins du mécanisme d'ajustement transitoire.

Droit interne : L. n° 2001-153 du 19 févr. 2001, tendant à conférer à la lutte contre l'effet de serre et à la prévention des risques liés au réchauffement climatique la qualité de priorité nationale et portant création d'un Observatoire nationale sur les effets du réchauffement climatique en France métropolitaine et dans les départements et territoires d'outre-mer (*JO* 20 févr. 2001, p. 2783 et 2784) ;

– D. n° 2002-328 du 8 mars 2002, portant création de l'Observatoire national sur les effets du réchauffement climatique en France métropolitaine et dans les départements et territoires d'outre-mer (*JO* 9 mars 2002, p. 4398 et 4399) ;

– D. n° 2003-955 du 30 sept. 2003, portant publication de l'amendement du protocole de Montréal du 16 septembre 1987 relatif à ces substances qui appauvrissent la couche d'ozone, adopté à Montréal le 17 septembre 1997 (*JO* 7 oct. 2003, p. 17093) ;

– D. n° 2005-295 du 22 mars 2005, portant publication du protocole de Kyoto à la convention-cadre des Nations unies sur les changements climatiques (ensemble deux annexes), fait à Kyoto le 11 décembre 1997 et signé par la France le 29 avril 1998 (*JO* 31 mars 2005, texte n° 29) ;

– D. n° 2012-1343 du 3 déc. 2012 relatif au système d'échange de quotas d'émission de gaz à effet de serre (période 2013-2020) et à la mise en œuvre des activités de projets ;

– D. n° 2016-565 du 10 mai 2016 pris pour l'application de l'article 45 de la loi n° 2015-992 du 17 août 2015 relative à la transition énergétique pour la croissance verte.

Bibliographie : Cour des comptes européenne, *Comment les émissions de gaz à effet de serre sont-elles calculées, réduites et compensées par les institutions et organes de l'UE ?* 2014. • P. Herbel et P. Kromarek, *Un exemple d'instrument économique de protection de l'environnement : la réduction des émissions de gaz à effet de serre : D.* 2007, 963. • M. Pallemaerts, *Le cadre international et européen des politiques de lutte contre les changements climatiques, Centre de recherche et d'information socio-politique : Courrier hebdomadaire* janv. 2005, n°s 1858-1859. • L. Lanoy, *La mise en place d'un mécanisme de surveillance des émissions de gaz à effet de serre dans l'Union européenne : Dr. env.* avr. 2004, n° 117, p. 63. • Ch. de Perthuis, *Baisse des émissions de gaz à effet de serre en 2023 : une première analyse : Les blogs d'Actu-environnement*, 4 avr. 2024. • C. Michaut, *Gaz à effet de serre : CO_2 inventaire avant bilan, le bilan carbone, les autres gaz dans la balance : Environnement mag.* janv.-févr. 2004, n° 1624, p. 39 à 45. • R. Romi, *Air et atmosphère : quand le droit se dilue dans l'espace gazeux : Dr. env.* 2001, n° 85, p. 36. • B. Mortgat, *Gaz à effet de serre : quantifier les émissions pour mieux les réduire : Environnement et technique* janv.-févr. 2004, p. 59 à 61. • *Transport aérien de passagers et effet de serre*, Données de l'environnement IFEN, nov. 2004, n° 97. • Commission européenne, *Rapport portant deuxième évaluation des programmes nationaux relatifs au mécanisme de surveillance des émissions de CO_2 et des autres gaz à effet de serre dans la Communauté : Europe environnement* 16 avr. 1996, suppl. n° 475. • M. Dubost-Moliner, *Les permis d'émissions négociables et le principe pollueur-payeur : AJDA* 17 nov. 2003, n° 39. • F.-G. Trébulle, *Le principe pollueur-payeur peut-il se décliner à propos du climat : Énergie – Env. – Infrastr.* 2024, n° 7, repère 7. • B. Locatelli et C. Loisel, *Changement climatique : la vérité est-elle au fond du puits ? Une analyse des controverses sur les puits de carbone : Natures sciences sociétés* 2002, vol. 10, n° 4, p. 7-19. • C. London, *Le protocole de Kyoto : enjeux et réponses communautaires : Environnement mag.* janv. 2002,

p. 8. • M. Wemaëre, *Le programme européen sur le changement climatique dans le protocole de Kyoto, mise en œuvre et implications*, ss dir. Y. Petit, PU Strasbourg, 2002, coll. Université Robert Schuman. • O. Godard, *L'expertise économique du changement climatique planétaire : Annuaire mines* janv. 2001, dossier spécial, p. 23. • C. London, *Le protocole de Kyoto : innovations sur le plan du droit international en général et du droit de l'environnement en particulier : LPA* 15 oct. 2001, n° 205, p. 4-10. • P. Patelin et C. Ambroselli, *Argentine et Brésil : terres d'élection pour la mise en œuvre de projets issus des mécanismes de flexibilité du protocole de Kyoto : LPA* 5 oct. 2001, n° 199. • P. Thieffry, *Renforcement du système d'échange de quotas d'émission de gaz à effet de serre : l'Union européenne prête pour l'après-Kyoto : AJDA* 2010, p. 259. • L. Boisson De Chazournes, *De Kyoto à La Haye, en passant par Buenos Aires et Bonn : la régulation de l'effet de serre aux forceps : Annuaire français des relations internationales* 2000, vol. 1, Bruylant, Bruxelles, 2000, p. 709. • L. Lanoy, *Le changement climatique à l'heure de Copenhague : les réponses communautaires propres au marché de quotas et au stockage de CO_2 : BDEI* 2010, n° 3, p. 32. • S. Rousseaux et R. Romi, *Analyse du protocole de Kyoto sur la protection de la couche d'ozone : Dr. env.* mars 1998, n° 56, p. 15. • M. Stephan, *Les normes juridiques de protection de la couche d'ozone : LPA* juill. 1993, n° 91, p. 4.

Par un arrêt du 7 mars 2013, le tribunal rejette dans son intégralité le recours de la Pologne, estimant que l'application d'un traitement uniforme à des installations utilisant des combustibles différents est objectivement justifiée. Il explique qu'une telle distinction irait à l'encontre de l'objectif de favorisation de la réduction des émissions de gaz à effet de serre dans lequel s'inscrit la décision de la Commission. Cette distinction empêcherait en outre la mise en place d'un système plus harmonisé d'échange de quotas d'émission et faciliterait les distorsions de concurrence. Le tribunal ajoute que les règles de fonctionnement du système permettent de prendre en compte les conséquences économiques et sociales sur les pays de l'Union. Il termine en relevant que le principe de la mise aux enchères, applicable en 2013, contribue à respecter le principe de compétitivité entre États membres (TUE, 7 mars 2013, T-370/11, *République de Pologne c/ Commission européenne*. – S. Roset, *Harmonisation d'allocation des quotas d'émission de gaz à effet de serre*, note sous TUE 7 mars 2013, aff. T-370/11, *Pologne c/ Commission : Europe* mai 2013, n° 5, p. 35).

Art. L. 229-1 ***(L. n° 2003-591, 2 juill. 2003* (1) *; Ord. n° 2011-1105, 14 sept. 2011).*** **– La lutte contre l'intensification de l'effet de serre et la prévention des risques liés au réchauffement climatique sont reconnues priorités nationales.**

(Mod. à compter du 1er juillet 2021, Ord. n° 2021-235, 3 mars 2021) **Les objectifs de réduction des émissions de gaz à effet de serre et les mesures prises à cette fin sont déterminés par les dispositions du présent titre et par les dispositions du livre II de la première partie du Code des transports et celles du livre Ier, titre préliminaire, et du livre II du Code de l'énergie.**

Sur la déclaration d'utilité publique. Une opération ne peut légalement être déclarée d'utilité publique que si les atteintes qu'elle engendre, notamment environnementales, ne sont pas excessives eu égard à l'intérêt qu'elle représente. Le critère environnemental rentre donc en ligne de compte et ne doit pas méconnaître l'article L. 229-1 du Code de l'environnement (▪ CAA Nancy, 21 juin 2007, n° 06NC00102).

Depuis lors, avec le phénomène de justice climatique qui se généralise à l'échelle de la planète, la question de la réduction des émissions de gaz à effet de serre puis de l'adaptation devient un sujet central. En France, le Conseil d'État, par une série d'arrêts *Grande-Synthe*, a fixé le cadre des obligations de l'État. Une première décision en date du 19 novembre 2020 (▪ CE, 19 nov. 2020, n° 427301) avait admis la compétence du juge administratif, fixé le principe d'une appréciation des résultats obtenus en fonction d'une trajectoire et donc à la date de la décision du juge et sursis à statuer sur le point de savoir si la trajectoire était la bonne. Une deuxième décision en date du 1er juillet 2021 a annulé le refus du Premier ministre et du ministre de l'Écologie de prendre des mesures supplémentaires et a enjoint l'État de prendre avant le 31 mars 2022 des mesures supplémentaires pour infléchir la courbe des émissions de gaz à effet de serre. Par une troisième décision en date du 10 mai 2023, le Conseil d'État considérait que les mesures supplémentaires utiles étaient insuffisantes et qu'il convenait donc d'en prendre d'autres pour assurer la cohérence du rythme de diminution des émissions de gaz à effet de serre. Un délai a été donné au gouvernement au 30 juin 2024 pour agir en ce sens.

Par ailleurs, par un jugement en date du 3 février 2021 (▪ TA Paris, 3 févr. 2021, nos 1904967 et s., *Assoc. Oxfam France et a.*), le tribunal administratif de Paris avait reconnu la faute de l'État dans l'insuffisance des mesures prises pour tenir les engage-

(1) Application à l'outre-mer : V. L. n° 2003-591, 2 juill. 2003, art. 31, IV.

ments de réduction des émissions de gaz à effet de serre, puis par un deuxième jugement en date du 14 octobre 2021 a ordonné à l'État de réparer le préjudice écologique en résultant.

Section I. – Observatoire national sur les effets du réchauffement climatique

(Division créée, Ord. n° 2004-330, 15 avr. 2004)

Art. L. 229-2 ***(L. n° 2003-591, 2 juill. 2003 ; mod., Ord. n° 2004-330, 15 avr. 2004)*** (1). **– Il est institué un Observatoire national sur les effets du réchauffement climatique en France métropolitaine et dans les départements et territoires d'outre-mer.**

L'Observatoire national sur les effets du réchauffement climatique est chargé de collecter et de diffuser les informations, études et recherches sur les risques liés au réchauffement climatique et aux phénomènes climatiques extrêmes en France métropolitaine et dans les départements et territoires d'outre mer, en liaison avec des établissements et instituts de recherche concernés et le Groupe d'experts intergouvernemental sur l'évolution du climat. Il peut mener dans son domaine de compétence toute action d'information auprès du public et des collectivités territoriales.

Le dernier rapport publié date de 2019. Depuis lors, le Haut Conseil pour le climat semble avoir largement pris le relais, même si cet organisme existe toujours.

Art. L. 229-3 ***(L. n° 2003-591, 2 juill. 2003 ; mod., Ord. n° 2004-330, 15 avr. 2004)*** (1). **– L'Observatoire national sur les effets du réchauffement climatique élabore chaque année, à l'intention du Premier ministre et du Parlement, un rapport d'information. Ce rapport peut comporter des recommandations sur les mesures de prévention et d'adaptation susceptibles de limiter les risques liés au réchauffement climatique. Il est rendu public.**

Art. L. 229-4 ***(L. n° 2003-591, 2 juill. 2003 ; mod., L. n° 2004-330, 15 avr. 2004)*** (1). **– Le siège, la composition, les modes de désignation des membres et les règles de fonctionnement de l'observatoire sont fixés par décret** (2).

Section II. – Quotas d'émission de gaz à effet de serre

(Ord. n° 2004-330, 15 avr. 2004).

Voir : Droit international : Protocole de Kyoto à la convention cadre des Nations unies sur les changements climatiques du 11 déc. 1997, entré en vigueur le 16 février 2005.

Droit européen : Dir. PE et Cons. UE n° 2003/87/CE du 13 oct. 2003, établissant un système d'échange de quotas d'émission de gaz à effet de serre dans la Communauté et modifiant la directive n° 96/61/CE du Conseil (*JOUE* n° L 275, 25 oct. 2003, p. 32) ;

- Communication de la Commission : Doc. COM (2003), 830 final du 7 janvier 2004 ;
- Dir. PE et Cons. UE n° 2004/101/CE du 27 oct. 2004, modifiant la directive n° 2003/87/CE établissant un système d'échange de quotas d'émission de gaz à effet de serre dans la Communauté, au titre des mécanismes de projet du protocole de Kyoto (*JOUE* n° L 338, 13 nov. 2004, p. 18) ;
- Règl. (CE) n° 2216/2004 de la Commission du 21 déc. 2004, établissant un système européen de registres dans le cadre du système communautaire d'échange de quotas d'émissions de gaz à effet de serre (*JOUE* n° L 386, 29 déc. 2004).

Règl. (CE) n° 394/2011 de la Commission du 20 avr. 2011, modifiant le règlement 748/2009 concernant la liste des exploitants d'aéronefs ayant exercé une activité aérienne visée à l'annexe I de la directive 2003/87 du Parlement européen et du Conseil à compter du 1er janvier 2006 et précisant l'État membre responsable de chaque exploitant d'aéronefs, compte tenu de l'extension du système d'échange de quotas d'émission de l'UE aux pays de l'AELE membres de l'EEE : *JOUE* n° L 107, 27 avr. 2011.

Règl. (UE) n° 100/2012 de la Commission du 3 févr. 2012 modifiant le règlement (CE) n° 748/2009 concernant la liste des exploitants d'aéronefs ayant exercé une activité aérienne visée à l'annexe I de la directive 2003/87/CE du Parlement européen et du Conseil à compter du 1er janvier 2006 et précisant l'État membre responsable de chaque exploitant d'aéronef, compte tenu de l'extension du système d'échange de quotas d'émission aux pays de l'AELE membres de l'EEE. Texte présentant de l'intérêt pour l'EEE (*JOUE* n° L 39, 11 févr. 2012).

Règl. (UE) n° 600/2012 de la Commission du 21 juin 2012 concernant la vérification des déclarations d'émissions de gaz à effet de serre et des déclarations relatives aux tonnes-kilomètres et l'accréditation des vérificateurs conformément à la directive 2003/87/CE du Parlement européen et du Conseil. Texte présentant de l'intérêt pour l'EEE (*JOUE* n° L 181, 12 juill. 2012).

(1) Application à l'outre-mer : V. L. n° 2003-591, 2 juill. 2003, art. 31, IV.
(2) V. T. appl. : D. n° 2002-328, 8 mars 2002. – NDLR.

Règl. (UE) n° 601/2012 de la Commission du 21 juin 2012 relatif à la surveillance et à la déclaration des émissions de gaz à effet de serre au titre de la directive 2003/87/CE (*JOUE* n° L 181, 12 juill. 2012 ; rect. *JOUE* n° L 347, 15 déc. 2012).

Règl. PE et Cons. (UE) 2017/2392, 13 déc. 2017, modifiant la directive du 13 octobre 2003.

Règl. PE et Cons. (UE) n° 2018/410, 14 mars 2018, modifiant la directive du 13 octobre 2003.

Règl. délégué (UE) n° 2019/331 dit FAR1, 19 déc. 2018, qui définit les règles transitoires concernant la location harmonisée de quotas d'émission à titre gratuit.

Règl. d'exécution 2019/1842, 31 oct. 2019, dit règlement allocation dynamique, qui définit les règles de modification des allocations en cours de phase 4.

Déc. déléguée (UE) n° 2019/708, 15 févr. 2019, qui établit une liste des secteurs et sous-secteurs exposant un risque important de carbone.

Droit interne : Ord. n° 2004-330 du 15 avr. 2004, portant création d'un système d'échange de quotas d'émission de gaz à effet de serre (*JO* 17 avr. 2004, p. 7089) ;

– D. du 19 août 2004, pris pour l'application des articles L. 229-5 à L. 229-19 du Code de l'environnement et relatif au système d'échange de quotas d'émission de gaz à effet de serre (*JO* 21 août 2004, p. 15142) ;

– D. n° 2005-189 du 25 févr. 2005, modifiant le décret n° 2004-832 du 19 août 2004 pris pour l'application des articles L. 229-5 à L 229-19 du Code de l'environnement et relatif au système d'échange de quotas d'émission de gaz à effet de serre (*JO* 26 févr. 2005) ;

– D. n° 2005-295 du 22 mars 2005, portant publication du protocole de Kyoto à la convention-cadre des Nations unies sur les changements climatiques (ensemble deux annexes), fait à Kyoto le 11 décembre 1997 et signé par la France le 29 avril 1998 (*JO* 31 mars 2005, texte n° 29, préc.) ;

– A. du 24 févr. 2017, modifiant l'arrêté du 24 janvier 2014 fixant la liste des exploitants auxquels sont affectés des quotas d'émission de gaz à effet de serre et le montant des quotas affectés à titre gratuit pour la période 2013-2020 (*JORF* n° 0049, 26 févr. 2017) ;

– D. n° 2017-237 du 24 févr. 2017, fixant le montant de l'amende pour émissions excédentaires prononcée à l'encontre des exploitants des établissements hospitaliers exclus du système d'échange de quotas d'émission de gaz à effet de serre (*JO* n° 49, 26 févr. 2017) ;

– Circ. du 3 avr. 2017 (application de l'article 265 *nonies* du Code des douanes) fixant les taux réduits des taxes intérieures de consommation sur les produits énergétiques, le gaz naturel et le charbon à usage combustible, destinés à certaines installations grandes consommatrices en énergie (*BO Douanes* n° 7184, 3 avr. 2017).

Bibliographie : *Droit international.* R. Frémont, *L'architecture du système européen d'échange de quotas : un « Bretton Woods » environnemental : Rev. éco. fin.* 1er mars 2006, n° 83, p. 31. • S. Rousseaux, *Les quotas d'émission de gaz à effet de serre : une nouvelle catégorie de ressources rares : Gaz. Pal.* 18 janv. 2006, n° 18, p. 38. • M. Wemaëre, *Les crédits MOC et MPD sont autorisés : Usine nouvelle* 6 janv. 2005, n° 2945, p. 68. • MEEDDAT, *Réaliser un MOC ou un MDP de réduction des émissions de gaz à effet de serre*, Quelles opportunités ? Comment passer à l'action ? nov. 2008. • L. Lanoy, *La création d'un marché mondial des émissions de gaz à effet de serre : directive n° 2003/87/CE du 13 octobre 2003 établissant un système d'échange de quotas d'émissions de gaz à effet de serre dans la Communauté et modifiant la directive n° 96/61/CE : Dr. env.* janv.-févr. 2004, n° 115, p. 15 à 17. • C. Paix, *Protocole de Kyoto. Création d'un système de quotas d'émission de gaz à effet de serre : Environnement mag.* mai 2004, n° 5, p. 4. • M. Ruimy, *Le marché des droits à polluer, protocole de Kyoto et permis négociables*, Société éducative financière, 2004. • M. Mouliner-Dubost, *Pollution atmosphérique : analyse du droit d'émission négociable sous l'angle du droit privé : Gaz. Pal.* 12 oct. 2003, n° 285, p. 18 à 23. • M. Moliner-Dubost et V. Bertrand, *Vers des marchés internationaux du carbone pour l'accord de Paris ? Que retenir de la COP26 ? : Énergie – Env. – Infrastr.* 2022, n° 2, étude 3.

Droit européen. S. Roset, *Quotas de gaz à effet de serre : Europe* mai 2017, n° 5, comm. 204. • P. Kromarek, *La jurisprudence communautaire relative à la directive 2003/87 : D.* 15 oct. 2009, n° 35, p. 2357. • B. Le Baut-Ferrarese, *La nature des droits négociables à polluer ou à produire plus « vert » au regard du droit communautaire des aides d'État : Environnement* 1er févr. 2009, n° 2, p. 16. • I. Bon-Garcin, *La mise en place d'un marché de quotas CO_2 pour le transport routier de marchandises : Rev. dr. transp.* 1er févr. 2008, n° 2, p. 41. • L. Grard, *L'aviation vers le marché européen du carbone : Rev. dr. transp.* 1er févr. 2008, n° 2, p. 35. • D. Berlin, *Adoption du mécanisme d'ajustement carbone aux frontières de l'Union : JCP G* 2023, n° 23, act. 695. • B. Plessix, *Le marché des quotas d'émission de gaz à effet de serre à l'épreuve de la communautarisation du droit constitutionnel : RJEP* 1er août 2007, n° 645, p. 298. • S. Leclerc, *La communauté européenne et le protocole de Kyoto sur les changements climatiques : Rev. jur. env.* janv. 2001, p. 31. • Cour des comptes européenne, *Le système de certification des biocarburants durables de l'Union européenne : Rapp. spéc.* n° 18, 2016.

Droit interne. T. Soleilhac, *Quotas de CO_2 : sous la propriété, la finalité environnementale : Énergie – Env. – Infrastr.* févr. 2017, n° 2, p. 25. • S. Perez Correa, J. Demenois et M. Wemaere, *Le régime des crédits carbone générés par les projets de reboisement dans le cadre du mécanisme pour un développement propre : un défi pour les juristes et les développeurs de projet : Rev. jur. env.* 3/2011, sept. 2011, p. 345. • B. de Gérando, *Quotas d'émission de gaz à effet de serre*, Lamy, coll. « Axe Droit », 2010. • M. Mignot, *Le nantissement du quota d'émission de gaz à effet de serre : RDBF* 1er juill. 2009, n° 4, p. 6. • L. Richer, *Quotas de gaz à effet de serre : AJDA* 23 mars 2009, n° 10, p. 527. • R. Romi, *Changement climatique : le pragmatisme à l'épreuve de la CJCE : Dr. env.* 2009, n° 166, p. 20. • C. Vial, *Affaire Arcelor : la Cour de justice répond au Conseil d'État : Environnement* 1er mars 2009, n° 3, p. 25. • P. Thierry, *La « titrisation » des quotas d'émission de gaz à effet* *de serre* : *BDEI* 1er juill. 2007, p. 15. • S. Brondel, *Ordonnance n° 2004-330 portant création d'un système d'échange de quotas d'émission de gaz à effet de serre* : *AJDA* 26 avr. 2004, n° 16, p. 846. • L. de Fontenelle, *Vers un marché intérieur du carbone ?* : *Énergie – Env. – Infrastr.* 2022, n° 11, dossier 16. • A. Brohé, *Les marchés de quotas de CO_2*, Larcier, 2008. • L. Lanoy, *La création dans le Code de l'environnement d'un marché de gaz à effet de serre : ordonnance n° 2004-330 du 15 avril 2004 portant création d'un système d'échange de quotas d'émission de gaz à effet de serre* : *Dr. env.* juin 2004, n° 119, p. 112 à 113. • C. Loetscher, *Les SEQE – Les systèmes d'échange de quotas d'émission – Le principe de précaution* : *Arch. phil. dr.* 2020, t. 62, p. 151 et s. • R. Peylet, *Un marché de nouveaux biens meubles, les quotas d'émission de gaz à effet de serre* : *RJEP* 2005, p. 213 et s., n° 621. • M.-A. Hermitte, *La nature juridique des quotas de gaz à effet de serre. Une histoire intellectuelle*, in *Annales de la Régulation*, LGDJ, 2006, vol. 1, p. 541 et s. • M.-P. Baudin-Maurin, *La question du statut juridique des biocarburants, à travers l'exemple de la société Valenergol* : *Dr. env.* 2008, n° 160, p. 26. • D. Desforges, *L'épuisement de la réserve de quotas de CO_2 et la fin anticipée du quota gratuit* : *Environnement & Technique* juill.-août 2011, n° 308, p. 40. • C. Lepage, Ch. Huglo et M. Wemaëre, *Commentaires sur l'ordonnance du 15 avril 2004 portant création d'un système d'échange de quotas de gaz à effet de serre* : *Environnement et technique* juin 2004, n° 237, p. 48 à 52. • V. Mansuy, *L'allocation des quotas d'émission de gaz à effet de serre* : *Environnement mag.* août-sept. 2004, n°s 8-9, p. 7 à 13 ; *Décret sur les quotas d'émission de gaz à effet de serre : décret n° 2004-832 du 19 août 2004* : *Environnement mag.* nov. 2004, n° 11, p. 16 à 17. • C. Mistral, *Le régime juridique des droits d'émission des gaz à effet de serre en France* : *LPA* 22 juill. 2004, n° 146, p. 13 à 17. • M. Mouliner-Dubost, *Le système français d'échange de quotas de gaz à effet de serre* : *AJDA* 7 juin 2004, n° 21, p. 1132 à 1134. • Ministère de la Transition écologique et de la Cohésion des territoires, *Marchés du carbone – SEQE-UE*, 10 oct. 2023.

Sous-section 1. – Dispositions communes

(Division créée, Ord. n° 2019-1034, 9 oct. 2019)

Art. L. 229-5 *(Ord. n° 2004-330, 15 avr. 2004 ; mod., Ord. n° 2010-1232, 21 oct. 2010 ; L. n° 2011-12, 5 janv. 2011 ; mod. à compter du 1er janvier 2013, Ord. n° 2012-827, 28 juin 2012 ; mod., L. n° 2014-1662, 30 déc. 2014 ; Ord. n° 2019-1034, 9 oct. 2019 ; L. n° 2024-364, 22 avr. 2024).* **– I. – La présente section s'applique aux installations classées et aux équipements et installations nécessaires à l'exploitation d'une installation nucléaire de base mentionnés à l'article L. 593-3 qui exercent une des activités dont la liste est fixée par décret en Conseil d'État. Pour l'établissement de cette liste, il est tenu compte de la capacité de production, du rendement de l'installation ou de l'équipement et du type d'énergie utilisé.**

Les dispositions de la présente section s'appliquent également aux exploitants d'aéronef dont la France est l'État membre responsable au titre des émissions de gaz à effet de serre au cours de tout vol à l'arrivée ou au départ d'un aérodrome situé sur le territoire d'un État membre de l'Union européenne ou d'un autre État partie à l'accord sur l'Espace économique européen, à l'exception des vols dont la liste est fixée par décret.

La présente section s'applique également aux compagnies maritimes dont la France est l'État membre responsable, pour les activités de transport maritime précisées aux articles L. 229-18-3 et L. 229-18-4.

Les gaz à effet de serre sont les gaz énumérés à l'annexe II de la directive 2003/87/CE du 13 octobre 2003 et les autres composants gazeux de l'atmosphère, tant naturels qu'anthropiques, qui absorbent et renvoient un rayonnement infrarouge. La liste des gaz à effet de serre entrant dans le champ d'application de la présente section est fixée par décret en Conseil d'État.

II. – Au sens de la présente section :

1° Une « tonne d'équivalent dioxyde de carbone est une tonne métrique de dioxyde de carbone (CO_2) ou une quantité de tout autre gaz à effet de serre mentionné sur la liste prévue au dernier alinéa du I et ayant un potentiel de réchauffement climatique équivalent à celui d'une tonne métrique de dioxyde de carbone ;

2° Un « quota d'émission de gaz à effet de serre » est un quota autorisant à émettre une tonne d'équivalent dioxyde de carbone au cours d'une période donnée et transférable dans les conditions prévues à la présente section ;

3° Le terme « installation » utilisé sans précision supplémentaire désigne indifféremment une installation classée mentionnée à l'article L. 511-1 ou un équipement ou une installation mentionnés à l'article L. 593-3 ;

4° Un « exploitant d'aéronef » est la personne qui exploite un aéronef au moment où il effectue une activité aérienne, ou le propriétaire de l'aéronef lorsque la personne qui exploite un aéronef n'est pas connue ou n'est pas identifiée par son propriétaire ;

5° Un « exploitant d'aéronef dont la France est l'État membre responsable » est un exploitant d'aéronef détenteur d'une licence d'exploitation délivrée par l'autorité administrative française conformément à l'article

L. 6412-2 du Code des transports ou, si ce n'est pas le cas, un exploitant dont les émissions attribuées à la France sont les plus élevées parmi celles attribuées aux États membres de l'Union européenne figurant sur la liste mentionnée à l'article 18 *bis* de la directive 2003/87/CE du Parlement européen et du Conseil du 13 octobre 2003 établissant un système d'échange de quotas d'émission de gaz à effet de serre dans la Communauté et modifiant la directive 96/61/CE du Conseil, établie et publiée par la Commission européenne ;

6° Les « effets de l'aviation hors CO_2 » sont les effets sur le climat du rejet, lors de la combustion du carburant, d'oxydes d'azote (NOx), de particules de suie et d'espèces de soufre oxydées ainsi que les effets de la vapeur d'eau, notamment des traînées de condensation, provenant d'un aéronef effectuant une des activités aériennes mentionnées au deuxième alinéa du I du présent article ;

7° Une « compagnie maritime » est un propriétaire de navire ou tout autre organisme ou personne, tel que l'armateur gérant ou l'affréteur coque nue, auquel le propriétaire d'un navire a confié la responsabilité de l'exploitation du navire et qui, en assumant cette responsabilité, a accepté de s'acquitter des tâches et des obligations imposées par le code international de gestion pour la sécurité de l'exploitation des navires et la prévention de la pollution, figurant à l'annexe I du règlement (CE) n° 336/2006 du Parlement européen et du Conseil du 15 février 2006 relatif à l'application du code international de gestion de la sécurité dans la Communauté et abrogeant le règlement (CE) n° 3051/95 du Conseil ;

8° Une « compagnie maritime dont la France est l'autorité responsable » est soit une compagnie maritime immatriculée en France, soit une compagnie maritime non immatriculée dans un État membre de l'Union européenne lorsque la France est, parmi ces États membres, le pays dans lequel ses navires ont effectué le plus grand nombre estimé d'escales lors de leurs voyages, relevant des catégories mentionnées au II de l'article L. 229-18-3 du présent code, des quatre dernières années de surveillance, soit une compagnie maritime non immatriculée dans un État membre et n'ayant pas effectué de voyage relevant de ces catégories au cours des quatre dernières années de surveillance, si la France constitue le pays d'arrivée ou de départ du premier voyage de ce type effectué par un navire de cette compagnie maritime. La liste des compagnies maritimes attribuées à la France est arrêtée et mise à jour par l'acte d'exécution mentionné au paragraphe 2 de l'article 3 *octies septies* de la directive 2003/87/CE du Parlement européen et du Conseil du 13 octobre 2003 précitée. L'autorité responsable d'une compagnie maritime conserve cette responsabilité indépendamment des modifications ultérieures des activités de la compagnie maritime ou de son immatriculation, jusqu'à ce que ces modifications soient prises en compte dans une liste mise à jour ;

9° Un « port d'escale » est le port dans lequel s'arrête un navire pour charger ou décharger des marchandises ou pour embarquer ou débarquer des passagers ou le port dans lequel un navire de ravitaillement en mer s'arrête pour changer d'équipage ; les arrêts uniquement destinés au ravitaillement en combustible, à l'approvisionnement, au changement d'équipage d'un navire autre qu'un navire de ravitaillement en mer, à la mise en cale sèche ou à des réparations à effectuer sur le navire, ses équipements ou les deux, les arrêts dans un port dus au fait que le navire a besoin d'assistance ou est en détresse, les transferts de navire à navire effectués en dehors des ports, les arrêts effectués à seule fin de trouver abri par mauvais temps ou rendus nécessaires par des activités de recherche et de sauvetage ainsi que les arrêts de porte-conteneurs effectués dans un port voisin de transbordement de conteneurs recensé dans l'acte d'exécution adopté conformément au paragraphe 2 de l'article 3 *octies bis* de la même directive sont exclus ;

10° Un « voyage » est le déplacement d'un navire commençant ou se terminant dans un port d'escale et ayant pour objet le transport de passagers ou de marchandises à des fins commerciales ;

11° Un « navire de croisière » est un navire à passagers sans pont à cargaison et qui est conçu exclusivement pour le transport commercial de passagers hébergés pour un voyage en mer ;

12° Une « région ultrapériphérique » est l'un des territoires mentionnés à l'article 349 du traité sur le fonctionnement de l'Union européenne ;

13° Un « pays et territoire d'outre-mer » est l'un des territoires mentionnés à l'article 198 et énumérés à l'annexe II du même traité.

III. – Les dispositions du présent article ne s'appliquent pas aux exploitants d'aéronefs pour les vols qu'ils effectuent à l'arrivée ou au départ d'un aérodrome situé dans la collectivité territoriale de Saint-Pierre-et-Miquelon.

1) Le texte a été totalement remanié pour la période postérieure à 2020 à partir de la directive 2018/410 du 14 mars 2018 et plus récemment avec la directive 2023/959 du Parlement européen et du

Conseil du 10 mai 2023 modifiant la directive 2003/87. La révision du système des quotas d'émission introduit un plafond de volume total d'émission, réduit chaque année de 2,2 %, et exige qu'un nombre de quotas devant être placés dans la réserve de stabilité soit doublé jusqu'en 2023, et met en place un nouveau mécanisme visant à limiter la validité des quotas détenus dans la réserve de stabilité au-delà d'un certain niveau à partir de 2023.

Dans le nouveau système, la part des quotas à mettre aux enchères est de 57 %, avec une diminution conditionnelle de 3 % pour la part mise aux enchères. Les systèmes d'allocation des quotas gratuits sont révisés. Le renforcement de la décroissance du plafond d'émission de – 2,2 % par an est destiné à atteindre une réduction de 43 % d'émissions en 2030 par rapport à 2005. Mais, l'objectif étant passé à 55 %, la directive de 2023 fixe de nouvelles règles et étend les secteurs concernés en particulier à l'aviation et au transport maritime puis, à l'immobilier et à une partie du transport terrestre. La présente sous-section transcrit donc les dernières dispositions communautaires, notamment en ce qui concerne le transport maritime et le transport aérien.

2) Système d'échange de quotas d'émission de gaz à effet de serre. Ce système a débuté le 1er janvier 2005 par une première période de trois ans (2005-2007), suivie par une période de cinq ans (2008-2012).

L'ordonnance n° 2012-827 du 28 juin 2012 relative au système d'échange de quotas de gaz à effet de serre est prise sur le fondement de l'article 2 de la loi n° 2011-12 du 5 janvier 2011 portant diverses dispositions d'adaptation de la législation au droit de l'Union européenne. Cette loi autorise le Gouvernement à transposer par voie d'ordonnance la directive 2009/29/CE du Parlement européen et du Conseil du 23 avril 2009 modifiant la directive 2003/87/CE afin d'améliorer et d'étendre le système communautaire d'échange de quotas d'émission de gaz à effet de serre.

Pour la troisième période d'échanges (2013-2020), un nouveau dispositif a été mis en place fondé sur la directive du 23 avril 2009 afin d'étendre le champ d'application de la directive et modifier le système d'allocation de quotas. L'ordonnance n° 2012-827 du 28 juin 2012 permet de mettre en conformité le droit français avec cette directive, assurant en particulier, sur la période 2013-2020 :

Pour la quatrième période qui va jusqu'en 2030, l'objectif est de faire disparaître progressivement les quotas gratuits pour les remplacer par les mises aux enchères.

La quatrième phase du SEQE-UE est divisée en deux sous-périodes 2021-2025 et 2026-2030.

3) Économies d'énergie et installations classées. Les économies d'énergie réalisées dans les installations classées visées à l'article L. 229-5 ne donnent pas lieu à délivrance de certificats d'économies d'énergie (L. n° 2005-781, 13 juill. 2005, art. 15, al. 4 : *JO* 14 juill. 2005).

4) Impact de l'entrée en vigueur des quotas d'émission de GES. Dans un contrat de fourniture de vapeur d'eau, les bénéfices réalisés par le fournisseur grâce à la vente de quotas de gaz à effet de serre peuvent donner lieu à une obligation de renégociation du contrat en ce que la législation instituant ce mécanisme crée un déséquilibre significatif pour le cocontractant (■ CA Nancy, ch. com., 26 sept. 2007, *SAS Novacarb – SNC Socoma : JurisData* n° 2007-350306 : *Dr. env.* 2008, M. Boutonnet, n° 3, p. 22 ; M. Lamoureux, *L'obligation de renégociation en cas de changement de circonstances : JCP* G 2008, n° 20, p. 29 ; O. Cachard, *L'ombre de la révision judiciaire du contrat. Paternalisme et quotas de gaz à effet de serre : Rev. Lamy dr. civ.* 1er mai 2008, n° 49, p. 6 ; *JCP* E 2008, nos 7-8, p. 29).

5) Décision du ministre chargé de l'environnement d'affecter des quotas de gaz à effet de serre et la compétence du juge en premier ressort. La décision par laquelle le ministre chargé de l'environnement, sur le fondement de l'article 3 du décret du 19 août 2004 (C. env., art. R. 229-9) retient un exploitant sur la liste de ceux auxquels sont affectés des quotas d'émission de gaz à effet de serre et précise, pour chaque installation, le montant total des quotas affectés, ainsi que les quantités de quotas délivrés chaque année, n'a pas un caractère réglementaire et ne produit pas d'effets directs au-delà du ressort du tribunal administratif dans lequel se trouve l'installation en cause. Dès lors, le litige né de la décision par laquelle le ministre a rejeté le recours administratif de la société Lesaffre Frères ne relève pas de la compétence en premier ressort du Conseil d'État, mais, en vertu de l'article R. 312-10 du Code de justice administrative, de celle du tribunal administratif de Melun auquel il y a lieu d'attribuer le jugement de l'affaire (■ CE, 30 mai 2007, n° 287280, *Sté Lesaffre Frère : Dr. env.* 2007, n° 153, p. 1285, obs. Smith et Le Doré). En revanche, les arrêtés annuels délivrant les quotas à l'exploitant constituent des décisions créatrices de droits (■ CE, 6e/1re ss-sect. réunies, 17 févr. 2016, n° 383771, *min. de l'Écologie*).

6) Retrait et abrogation. Ni les principes régissant le retrait et l'abrogation des actes créateurs de droit, ni les articles L. 229-5 et suivants du Code de l'environnement ne s'opposent à ce que le ministre tienne compte, pour modifier la décision affectant les quotas pour l'ensemble de la période d'un plan, d'une erreur commise par l'exploitant dans les éléments factuels de la déclaration préalable ayant servi de base au calcul des quotas alloués pour la durée du plan et portant sur ses émissions lors de l'année de référence (■ CE, 17 févr. 2016, n° 383771).

7) Principe d'égalité. ■ CJCE, 16 déc. 2008, n° C-27/07, *Société Arcelor Atlantique et Lorraine et a.* : F. Donnat, *Principe d'égalité et mise en œuvre expérimentale d'un système d'échanges de quotas d'émission de gaz à effet de serre : quel degré de contrôle pour la Cour de justice ? : RJEP* 1er mai 2009, n° 664, p. 19 ; C. London, *Système d'échange de quotas d'émission de GES et principe d'égalité : BDEI* 1er avr. 2009, n° 20, p. 37 ; La Lettre Omnidroit, *La CJCE rend sa décision sur l'affaire Arcelor*, 7 janv. 2009, n° 32, p. 17. L'appréciation des deux critères pris en compte par la Commission européenne dans ses lignes directrices du 5 juin 2012 s'opère au niveau, relativement agrégé, des secteurs ou sous-secteurs de la nomenclature des activités dans l'Union européenne. Certaines installations peuvent ne pas bénéficier de la réduction prévue au *d* du C du 8 de l'article 266 *quinquies* C du Code des douanes parce que leur production relève d'un secteur ou d'un sous-secteur qui, en moyenne pour l'ensemble des activités qui le composent, ne remplit pas ces deux critères, alors même qu'à leur niveau, ces installations satisferaient aux conditions de coûts supplémentaires et d'exposition à la concurrence internationale exigées. Cette difficulté, qui est inhérente au degré de finesse des statistiques disponibles, n'induit pas de rupture d'égalité dès lors que le législateur s'est, en l'espèce, fondé sur un critère objectif et rationnel et que les catégories d'entreprises auxquelles il a choisi de se référer sont suffisamment homogènes (■ CE, 26 avr. 2017, 9e et 10e ch. réunies, n° 404888).

8) Extension du système de quotas de gaz à effet de serre aux activités aériennes. C. Kroli, *Baptême réussi pour les quotas européens de l'aviation* (■ CJUE, 21 déc. 2011, n° C-28/09 : *JurisData* n° 2011-033144 ; *Rev. Environnement et dév. durable* mai 2012, n° 5, comm. 37) : En étudiant l'extension du système de quotas de gaz à effet de serre aux activités aériennes, la CJUE précise qu'elle peut être liée à des traités auxquels elle n'est pas partie. Elle reconnaît l'invocabilité de principes du droit international coutumier et confirme sa jurisprudence concernant les traités internationaux. Après avoir retenu les dispositions pertinentes, elle conclut à la validité de la directive. Proposition de directive du Parlement européen et du Conseil modifiant la directive 2003/87/CE établissant un système d'échange de quotas d'émission de gaz à effet de serre dans la Communauté, en vue de la mise en œuvre, à partir de 2020, d'une convention internationale portant application d'un mécanisme de marché mondial aux émissions de l'aviation internationale, COM (2013) 722 final du 16 octobre 2013. Décision n° 2017-02 du 21 février 2017, portant sanction en matière de quotas d'émission de gaz à effet de serre (transport aérien) (NOR : DEVA1701839S), (min. Écologie n° 2017/6, 10 avr. 2017).

9) Accord franco-algérien. Cet accord en date du 16 février 2006 est relatif aux services de transport aérien (■ CE, 6 déc. 2012, nos 347870 et 347871, *Sté Air Algérie*).

Art. L. 229-5-1 ***(Créé à compter du 1er janvier 2013, Ord. n° 2012-827, 28 juin 2012 ; dénum., Ord. n° 2019-1034, 9 oct. 2019. – V. C. env., art. L. 229-13).***

Voir : A. 31 déc. 2013, n° DEVR1400803A fixant la liste des établissements hospitaliers exclus du système d'échange de quotas d'émission de gaz à effet de serre et les mesures équivalentes de réduction d'émission qui leur sont applicables, *JO* 16 janv. 2014.

Pour une approche pratique, voir le fil d'Ariane du ministère de la Transition écologique et de la Cohésion des territoires publié le 10 octobre 2023 et mis à jour le 22 juillet 2024.

Art. L. 229-6 ***(Ord. n° 2004-330, 15 avr. 2004 ; mod., L. n° 2004-1343, 9 déc. 2004 ; Ord. n° 2010-1232, 21 oct. 2010 ; mod. à compter du 1er janvier 2013, Ord. n° 2012-827, 28 juin 2012 ; L. n° 2015-992, 17 août 2015 ; L. n° 2015-1567, 2 déc. 2015 ; mod. à compter du 1er mars 2017, Ord. n° 2017-80, 26 janv. 2017*** (1) ***; mod., Ord. n° 2019-1034, 9 oct. 2019 ; L. n° 2024-364, 22 avr. 2024).*** **– Les installations qui entrent dans le champ d'application de la présente section sont soumises à autorisation pour les émissions de gaz à effet de serre résultant des activités dont la liste est fixée par le décret mentionné au premier alinéa du I de l'article L. 229-5..**

Les autorisations prévues aux articles L. 181-1, L. 512-7 et L. 593-7, le décret prévu à l'article L. 593-28 et les prescriptions prises pour l'application de ces actes prévues aux articles L. 593-10 et L. 593-29 tiennent lieu de

(1) Dispositions d'application particulières et transitoires : V. Ord. n° 2017-80, 26 janv. 2017, art. 15. – NDLR.

l'autorisation prévue au premier alinéa du présent article. Le décret prévu à l'article L. 593-28 et les prescriptions prévues à l'article L. 593-29 pour l'application de ce décret tiennent lieu de l'autorisation prévue au premier alinéa du présent article pour les installations nucléaires de base consacrées au stockage de déchets radioactifs défini à l'article L. 542-1-1, dans les conditions prévues à l'article L. 593-31.

Un arrêté pris par le ministre chargé des installations classées fixe les modalités de mise en œuvre des obligations particulières de surveillance, de déclaration et de contrôle auxquelles sont soumises les installations classées qui entrent dans le champ d'application de la présente section, à l'exception des équipements et installations mentionnés à l'article L. 593-3, en ce qui concerne leurs émissions et, le cas échéant, leurs niveaux d'activité.

***(Mod. à compter du 1er janvier 2025, L. n° 2024-450, 21 mai 2024)* Un arrêté du ministre chargé de la sûreté nucléaire, pris après avis de l'Autorité de sûreté nucléaire et de radioprotection, fixe les modalités de mise en œuvre des obligations particulières de surveillance, de déclaration et de contrôle auxquelles sont soumis les équipements et installations mentionnés à l'article L. 593-3 qui entrent dans le champ d'application de la présente section, en ce qui concerne leurs émissions et, le cas échéant, leurs niveaux d'activité.**

Un arrêté pris par le ministre chargé des transports fixe les modalités de mise en œuvre des obligations particulières de surveillance, de déclaration et de contrôle auxquelles sont soumis les exploitants d'aéronef mentionnés à l'article L. 229-5, en ce qui concerne leurs émissions, et le cas échéant leurs activités aériennes en termes de tonnes-kilomètres, et le cas échéant leurs activités aériennes en termes de tonnes-kilomètres.

Ces arrêtés précisent également les modalités de vérification des déclarations d'émissions mentionnées au III de l'article L. 229-7 et des déclarations de niveaux d'activité mentionnées au premier alinéa de l'article L. 229-16.

Les modalités de mise en œuvre des obligations particulières de surveillance, de déclaration et de contrôle auxquelles sont soumises les compagnies maritimes dont la France est l'autorité responsable mentionnées au 8° du II de l'article L. 229-5, en ce qui concerne leurs émissions, sont définies par le règlement (UE) 2015/757 du Parlement européen et du Conseil du 29 avril 2015 concernant la surveillance, la déclaration et la vérification des émissions de gaz à effet de serre du transport maritime et modifiant la directive 2009/16/CE ainsi que par les actes délégués pris pour son application. Le cas échéant, elles sont précisées par arrêté du ministre chargé de la mer.

NB : Conformément à l'article 15 de l'ordonnance n° 2017-80 du 26 janvier 2017, ces dispositions entrent en vigueur le 1er mars 2017 sous réserves des dispositions citées audit article.

L'exploitant d'une installation doit disposer d'une autorisation, disposer d'un compte à la Caisse des dépôts, surveiller, déclarer, faire vérifier annuellement ses émissions par un vérificateur indépendant accrédité ainsi que ses niveaux d'activité, restituer les quotas d'émission correspondants, vérifier et communiquer annuellement toutes les informations utiles. Des modèles électroniques ont été dictés par la Commission européenne : déclaration des données de référence une fois tous les 5 ans, plan méthodologique de surveillance pour la période 2021-2025, plan méthodologique de surveillance pour la période 2026-2030, déclaration annuelle des niveaux d'activité, plan de surveillance des émissions, déclaration annuelle des émissions et rapports d'amélioration pour les émissions.

S'agissant des exploitants d'aéronefs, le modèle de déclaration a été publié sur la page Internet de la Commission européenne. Le montant de l'allocation des quotas gratuits pour 2024 est communiqué aux exploitants au cours du mois de juin 2024, et les restitutions de quotas devront intervenir avant le 30 septembre 2024.

Le texte concerne tous les vols IFRS effectués avec un aéronef à destination ou au départ de l'Espace économique européen, intégrant donc l'Union européenne et la Suisse. La Norvège et l'Islande sont exclus d'un certain nombre de vols liés aux services publics : les exploitants commerciaux effectuant moins de 243 vols par quadrimestre pendant les 3 quadrimestres consécutifs de l'année ou émettant moins de 10 t de CO_2 ne sont pas concernés à compter de 2024. Les exigences relatives à la troisième période 2021-2030 sont fixées par les dernières modifications de la directive.

Enfin, s'agissant du transport maritime : depuis le 1er janvier 2024, il est inclus dans le système d'échange de quotas d'émission avec un certain nombre d'obligations en 2024 et en 2025.

Les installations sont divisées en sous-installations : sous-installation avec un référentiel de produits (52 référentiels), sous-installation avec référentiel de chaleur.

Une nouvelle sous-installation et un référentiel de chaleur dédiée au chauffage urbain est créé, une sous-installation avec référentiel de combustibles et une sous-installation avec émission de procéder.

L'objectif est de limiter le nombre de quotas disponibles et donc d'obliger les entreprises à réduire leurs émissions. Le nombre de quotas en circulation a été publié le 13 mai 2022 par la Commission et s'élève à 1,45 milliard de quotas. Ce surplus est en baisse par rapport à 2020. Pour éviter tout impact sur les prix, une réserve de stabilité du marché a été créée, qui est entrée en vigueur le 1er janvier 2019. Elle fonctionne en fonction du nombre de quotas en circulation pour équilibrer le marché. Si le surplus est supérieur à 833 millions, 16 % est retiré du marché, puis 24 % en 2023, puis 12 % par an de 2024 à 2030. Si le surplus est compris entre 400 et 833 millions, 200 millions de quotas sont transférés vers le marché jusqu'au 31 décembre 2023, puis 100 millions par an de 2024 à 2030 et, enfin, si le quota est inférieur à 400 000 000, un maximum de 200 millions de quotas par an sont injectés au marché le 31 décembre 2023, puis 100 millions entre 2024 et 2030.

Dans la législation française, c'est la législation ICPE ou l'autorisation environnementale qui tiennent lieu de système d'autorisation d'émettre les gaz à effet de serre. Il s'agit donc soit de l'autorisation environnementale, soit de l'enregistrement ICPE. L'exploitant d'une installation fixe doit, dès son autorisation, ouvrir un compte de quotas et crédits de gaz à effet de serre dans le registre européen administré par la France pour la Caisse des dépôts : il s'agit d'un formulaire qui doit être rempli ainsi que d'une convention de compte. Les modalités de mise en œuvre des obligations particulières de surveillance, de déclaration et de contrôles sont précisées dans l'arrêté du 21 décembre 2020. Chaque année, les émissions doivent être déclarées. À cette fin, la déclaration de rapport de vérification est adressée par télédéclaration sur le site du ministère.

Les liens entre la législation ICPE et les quotas de carbone sont de plus en plus étroits. Ainsi, le repreneur d'une ICPE en liquidation judiciaire reprend la dette carbone de l'ancien exploitant (■ TA Orléans, 14 mars 2024, n° 2101497).

Pour avoir des informations très précises sur les déclarations qu'il convient de faire, il est recommandé de se référer au document qui figure sur le site du ministère de la Transition écologique. Concernant le système d'échange de quotas d'émission, documents mis à jour le 23 juillet 2024, il concerne d'une part les compagnies aériennes, d'autre part, les compagnies maritimes et, enfin, les installations fixes. Les modèles de déclaration, les fiches à remplir et les méthodologies à suivre y sont parfaitement précisés.

Art. L. 229-7 *(Rempl., Ord. n° 2019-1034, 9 oct. 2019* (1) *; mod., L. n° 2024-364, 22 avr. 2024).* **– I. – La quantité de gaz à effet de serre émise au cours d'une année civile est calculée ou mesurée et exprimée en tonnes d'équivalent dioxyde de carbone.**

II. – Au terme de chaque année civile, les exploitants d'installation, les exploitants d'aéronef, sous réserve de l'article L. 229-18-1, et les compagnies maritimes, sous réserve des articles L. 229-18-3 et L. 229-18-4, restituent à l'autorité administrative, sous peine des sanctions prévues à l'article L. 229-10, un nombre d'unités mentionnées au IV du présent article égal au total des émissions de gaz à effet de serre de leurs installations durant cette année civile qui résultent de leurs activités aériennes ou maritimes, telles qu'elles ont été déclarées, vérifiées et validées conformément au III.

Pour s'acquitter de cette obligation, l'exploitant d'installation ou d'aéronef ou la compagnie maritime ne peut utiliser ni les quotas mentionnés au paragraphe 3 *bis* de l'article 12 de la directive 2003/87/CE du Parlement européen et du Conseil du 13 octobre 2003 précitée, ni ceux émis au titre du chapitre IV *bis* de la même directive.

Un exploitant d'installation ou d'aéronef ou une compagnie maritime n'est pas tenu de restituer des unités pour les émissions de dioxyde de carbone dont il a été vérifié qu'elles font l'objet d'un captage et d'un transport en vue d'un stockage permanent vers un site de stockage géologique de dioxyde de carbone disposant d'un permis en vigueur conformément à l'article 6 de la directive 2009/31/CE du Parlement européen et du Conseil du 23 avril 2009 relative au stockage géologique du dioxyde de carbone et modifiant la directive 85/337/CEE du Conseil, les directives 2000/60/CE, 2001/80/CE, 2004/35/CE, 2006/12/CE et 2008/1/CE et le règlement (CE) n° 1013/2006 du Parlement européen et du Conseil. Il n'est pas non plus tenu de restituer des unités à raison des émissions de gaz à effet de serre qui sont réputées avoir été captées et utilisées de telle manière *qu'elles sont devenues chimiquement liées*, de manière permanente, à un produit, de sorte qu'elles ne peuvent pénétrer dans l'atmosphère dans des conditions normales d'utilisation, y compris lors de toute activité normale ayant lieu après la fin de vie du produit.

(1) Dispositions d'application particulières : V. Ord. n° 2019-1034, 9 oct. 2019.

III. – Les unités sont restituées sur la base d'une déclaration faite :

– par chaque exploitant d'une installation classée des émissions de gaz à effet de serre de ses installations, vérifiée aux frais de l'exploitant par un organisme accrédité à cet effet, puis validée par l'autorité administrative ;

– *(Mod. à compter du 1er janvier 2025, L. n° 2024-450, 21 mai 2024)* par chaque exploitant des équipements et installations mentionnés à l'article L. 593-3 et des installations classées mentionnées au I de l'article L. 593-33, des émissions de gaz à effet de serre de l'équipement ou installation, vérifiée aux frais de l'exploitant par un organisme accrédité à cet effet, puis validée par l'Autorité de sûreté nucléaire et de radioprotection ;

– ou par chaque exploitant d'aéronef, des émissions de gaz à effet de serre résultant de ses activités aériennes, vérifiée aux frais de l'exploitant par un organisme accrédité à cet effet, puis validée par le ministre chargé des transports ;

– par chaque compagnie maritime, des émissions de gaz à effet de serre agrégées au niveau de la compagnie selon les modalités prévues à l'article 11 *bis* du règlement (UE) 2015/757 du Parlement européen et du Conseil du 29 avril 2015 concernant la surveillance, la déclaration et la vérification des émissions de gaz à effet de serre du transport maritime et modifiant la directive 2009/16/CE et vérifiées dans les conditions prévues par le même règlement et les actes délégués pris pour son application, puis validées ou, le cas échéant, corrigées ou estimées par le ministre chargé de la mer.

IV. – Les unités que l'exploitant d'installation, l'exploitant d'aéronef ou la compagnie maritime peut utiliser pour s'acquitter de l'obligation de restitution prévue au II sont les quotas mentionnés à l'article L. 229-5, ainsi que certaines unités inscrites à son compte dans le registre européen mentionné à l'article L. 229-12, soit :

1° *(1° abr.)* ;

2° Les unités issues d'un système d'échange de droits d'émission objet d'un accord de reconnaissance des quotas conclu, conformément aux paragraphes 1 et 1 *bis* de l'article 25 de la directive 2003/87/CE du 13 octobre 2003, entre l'Union européenne et l'État ou l'entité dont ce système dépend, dans les limites prévues par cet accord ;

3° Les unités issues de projets de réduction des émissions de gaz à effet de serre conformément à l'article 24 *bis* de la directive 2003/87/CE du 13 octobre 2003.

NB : Se reporter aux conditions d'application prévues aux I et II de l'article 32 de l'ordonnance n° 2019-1034 du 9 octobre 2019.

Voir : L. fin. 2012, n° 2011-1977, 28 déc. 2011, art. 18 : *JO* 29 déc. 2011.
Arr. 8 avr. 2011, NOR : DEVR1110053A : *JO* 24 mai.

1) Évolution de la qualification comptable et de la comptabilisation des quotas d'émission. A. Colmet Daâge, *Comptabilité et fiscalité : retour sur l'année 2012 : Dr. fisc.* 18 avr. 2013, n° 16, 245.

Une décision du Conseil constitutionnel du 28 janvier 2022 (▪ Cons. const. 28 janv. 2022, n° 2021-965 QPC, *Sté Novaxia développement et a.*) confirme la constitutionnalité de l'article L. 621-15 du Code monétaire et financier qui institue une sanction financière pour assurer l'efficacité des enquêtes de contrôle de l'Autorité des marchés financiers

Par ailleurs, la commission des sanctions se déclare compétente à l'égard d'une société allemande pour sanctionner des opérations effectuées en Allemagne, mais concernant des instruments financiers liés à des titres négociés en France sur la base de l'article 229-7 (▪ AMF, commission des sanctions, déc., 28 mai 2021, n° 20-07, *Global derivative trading GMBH*)

La taxe acquittée sur la TVA ne méconnaît pas le principe de gratuité des quotas d'émission de gaz à effet de serre, car, même si elle constitue un prélèvement sur l'allocation des quotas, elle reste marginale (▪ CAA Versailles, 10 mai 2022, n° 20VE008707, *Décision du Conseil constitutionnel du 28 janvier 2022*).

Un arrêt de la cour administrative d'appel de Marseille, en date du 22 décembre 2023 (▪ CAA Marseille, 22 déc. 2023, n° 22MA02799), confirme le droit pour l'État d'exiger la restitution de quotas de CO_2 dans le cas d'une compagnie aérienne qui avait dépassé le seuil de 10 000 t en 2017.

La juridiction administrative compétente pour juger d'une sanction prononcée par le ministre concernant les quotas d'émission est celui du siège de l'exploitation de la société (▪ TA Paris, 20 janv. 2023, n° 211465. – V. également ▪ TA Paris, 22 janv. 2024, n° 2226867).

2) Recettes et TVA. Les recettes perçues par une société sur la cession de quotas d'émission de gaz à effet de serre, attribués en vertu de l'article L. 229-7 du Code de l'environnement, doivent être comprises dans la valeur ajoutée pour le plafonnement de sa cotisation de taxe professionnelle (▪ TA Montreuil, 5e ch., 24 janv. 2012, n° 1104500,

Union de sociétés coopératives agricoles Tereos : JurisData n° 2012-012385).

Bibliographie : F. Perrotin, *La fraude à la TVA sur les quotas de carbone* : *LPA* janv. 2018, n° 014, p. 3.

En cas de changement d'exploitant, la restitution des quotas incombe au nouvel exploitant (▪ TA Orléans, 14 mars 2024, n° 2101497).

Sur la nature juridique des unités carbone, voir CMS 24 juin 2021.

3) Nature de la décision d'attribution des quotas à effet de serre. Sous réserve de dispositions législatives ou réglementaires contraires, et hors le cas où il est satisfait à une demande du bénéficiaire, l'administration ne peut retirer ou abroger une décision expresse individuelle créatrice de droits que dans le délai de quatre mois suivant l'intervention de cette décision et si elle est illégale. Il en résulte que la décision par laquelle le ministre chargé de l'écologie retient les installations d'un exploitant en l'affectant sur la liste de ceux auxquels sont attribués des quotas d'émission de gaz à effet de serre présente le caractère d'une décision individuelle créatrice de droits pour son bénéficiaire. Par conséquent, il ne peut, en l'absence de fraude, sans méconnaître les droits acquis qui résultent de la décision d'affectation de quotas à un exploitant, décider, plus de quatre mois après celle-ci, de réduire le montant de ces quotas au motif que le niveau des émissions de gaz à effet de serre au vu desquels l'exploitant en cause s'est vu délivrer un montant de quota n'aurait pas été de nature à permettre l'attribution initiale d'un tel montant (▪ CAA Bordeaux, 17 janv. 2014, n° 12BX00915, *Min. de l'Écologie et du Développement durable*).

4) Affectation des quotas d'émission de GES ne doit pas se confondre avec l'autorisation d'émettre des GES. Les quotas délivrés aux exploitants d'installations autorisées à émettre ces gaz constituent des biens meubles que leurs détenteurs peuvent négocier et transmettre et confèrent des droits à ceux qui les détiennent. ▪ TA Limoges, 9 févr. 2012, n°s 091687 et 10550, *Sté SKPRF : Dr. env.* avr. 2012, p. 129, concl. Béria-Guillaumie.

5) La décision par laquelle un ministre retient l'exploitant sur la liste des exploitants auxquels sont affectés des quotas d'émissions précise pour chacune des installations le montant des quotas affectés et la quantité de quotas délivrés et ne fait que fixer un cadre prévisionnel : elle ne constitue donc pas une décision créatrice de droits. En revanche, les arrêtés annuels délivrant des quotas à l'exploitant constituent bien des décisions créatrices de droits (▪ CE, 17 févr. 2016, n° 38377).

6) Quota et directive MiFID II. La directive MiFID II concernant les marchés d'instruments financiers a accueilli dans son champ d'application les quotas d'émission de gaz à effet de serre. L'ordonnance du 23 juin 2016 relative aux marchés d'instruments financiers (Ord. n° 2016-827, 23 juin 2016 relative aux marchés d'instruments financiers) transpose la directive MiFID II et adapte le Code monétaire et financier au règlement MiFIR n° 648/2012. La quasi-totalité de ses dispositions entrera en vigueur au 3 janvier 2018. L'ordonnance dispose que les services connexes aux services d'investissement comprennent en outre, l'octroi de crédits ou de prêts à un investisseur pour lui permettre d'effectuer une transaction qui porte sur un instrument financier ou sur une unité mentionnée à l'article L. 229-7 du Code de l'environnement et dans laquelle intervient l'entreprise qui octroie le crédit ou le prêt ; ainsi que la recherche en investissements et l'analyse financière ou toute autre forme de recommandation générale concernant les transactions sur instruments financiers et sur une unité mentionnée à l'article L. 229-7 du Code de l'environnement.

Art. L. 229-8 ancien *(Dénum., Ord. n° 2019-1034, 9 oct. 2019. – V. C. env., art. L. 229-11-1).*

Art. L. 229-8 *(Ancien art. L. 229-11-1 créé, L. n° 2015-1567, 2 déc. 2015 ; dénum. et mod., Ord. n° 2019-1034, 9 oct. 2019).* – **Lorsqu'un exploitant se voit délivrer indûment un nombre de quotas gratuits supérieur à celui auquel il a droit, l'autorité administrative ordonne à l'exploitant de rendre dans un délai de deux mois un nombre de quotas égal au nombre de quotas délivrés en excès.**

Lorsque ces quotas ne sont pas rendus en totalité dans le délai imparti, l'autorité administrative donne l'instruction à l'administrateur national du registre européen de reprendre d'office les quotas restant à rendre à concurrence des quotas disponibles sur le compte de l'exploitant, et prononce à l'encontre de l'exploitant une amende proportionnelle au solde de quotas qui n'ont pas été rendus ou repris d'office.

Le taux de l'amende par quota est celui fixé en application du quatrième alinéa du II de l'article L. 229-10.

Le recouvrement de l'amende est effectué au profit du Trésor public comme en matière de créances étrangères à l'impôt et au domaine.

Le paiement de l'amende ne libère pas l'exploitant de l'obligation de rendre les quotas excédentaire. Tant que cette obligation n'est pas remplie, l'exploitant ne peut céder les unités inscrites à son compte dans le registre

européen mentionné à l'article L. 229-12, sans préjudice de l'obligation de restitution mentionnée au II de l'article L. 229-7.

Les obligations du présent article sont transférées de plein droit au nouvel exploitant en cas de changement d'exploitant pour une installation.

Rédaction antérieure. Art. L. 229-8 *(Ord. n° 2004-330, 15 avr. 2004 ; mod., L. n° 2004-1343, 9 déc. 2004 ; L. n° 2005-1319, 26 oct. 2005 ; L. n° 2008-757, 1er août 2008 ; Ord. n° 2010-1232, 21 oct. 2010 ; rempl. à compter du 1er janvier 2013, Ord. n° 2012-827, 28 juin 2012)*. – I. – Les quotas qui ne sont pas délivrés gratuitement sont mis aux enchères.

II. – La quantité de quotas délivrés gratuitement pour chaque installation mentionnée au premier alinéa de l'article L. 229-5 conformément aux paragraphes 4 à 7 de l'article 10 *bis* de la directive 2003/87/CE du 13 octobre 2003 correspond à 80 % de la quantité fixée conformément aux mesures visées au paragraphe 1 de cet article de la directive et diminue ensuite chaque année en quantités égales pour atteindre 30 % à compter de 2020, en vue de parvenir à la suppression des quotas gratuits en 2027.

Par dérogation aux dispositions ci-dessus, la quantité de quotas délivrés gratuitement pour les installations des secteurs ou sous-secteurs exposés à un risque important de fuite de carbone est de 100 % de la quantité déterminée conformément aux mesures visées au paragraphe 1 de l'article 10 *bis* de cette même directive. Ces secteurs et sous-secteurs sont déterminés conformément au paragraphe 13 de l'article 10 *bis* de la même directive.

Aucun quota n'est délivré gratuitement aux producteurs d'électricité définis au *u* de l'article 3 de la directive 2003/87/CE du 13 octobre 2003, aux installations de captage, aux pipelines destinés au transport ou aux sites de stockage d'émissions de dioxyde de carbone, sous réserve des paragraphes 4 et 8 de l'article 10 *bis* et sans préjudice de l'article 10 *quater* de cette directive.

Voir : D. n° 2005-190 du 25 févr. 2005, approuvant le plan national d'affectation des quotas d'émission de gaz à effet de serre établi pour la période 2005-2007 (*JO* 26 févr. 2005). – L. fin. rectificative pour 2008, n° 2008-1443 du 30 déc. 2008. – Circulaire du 15 mars 2011, relative aux nouveautés fiscales 2011 en matière énergétique et environnementale.

Bibliographie : Conseil général de l'économie, *Les outils de régulation économique du carbone*, Rapp. n° 2021/03/CGE/SG/RR, juill. 2022. • O. Sartor, *Prix du carbone dans l'EU ETS : faut-il intervenir ? : Point Climat* n° 12, févr. 2012, *CDC Recherche*, 9 p. • J.-M. Charpin et a., *Rapport du groupe de travail sur les modalités de vente et de mise aux enchères des quotas de CO_2 en France. Éléments relatifs à la phase III* : juill. 2009, p. 1. • L. Lanoy, *Émissions de CO_2 : comment gérer les quotas alloués ? : BDEI* 10/2007, p. 131. • L. Lanoy, *Émissions de CO_2 : comment gérer les quotas alloués ? : BDEI* 1er juill. 2007, n° 10, p. 31. • Mansuyl, *L'allocation des quotas d'émission de gaz à effet de serre : Environnement* août-sept. 2004, p. 7. • D. Philippe et C. Chenevière, *L'entreprise face au droit des quotas de CO_2*, Larcier, 2011 • N. de Arriba-Sellier, C. Dugast, J. Ansidei et G. Castelbou, *La neutralité climatique à portée des entreprises ? : CDE* 2022, n° 1, dossier 4. • S. Maljean-Dubois et A. Roger, *L'implication des entreprises dans les politiques climatiques. Entre corégulation et autorégulation*, CERIC : *Doc. fr.* 2011. • F.-G. Trébulle, *La responsabilité des entreprises de diminuer leurs émissions de gaz à effet de serre : réflexions à propos d'une décision du tribunal de district de La Haye : Énergie – Env. – Infrastr.* 2021, n° 11, comm. 86.

Voir : Sur la liste fixant des exploitants auxquels sont affectés des quotas d'émission de gaz à effet de serre pour la période 2005/2007 et le montant des quotas qui leur sont affectés (▪ CAA Bordeaux, 4 avr. 2013, nos 10BX02987 et 10BX02988, *Sté Ferso Bio*).

Art. L. 229-9 ancien ***(Dénum., Ord. n° 2019-1034, 9 oct. 2019. – V. C. env., art. L. 229-15).***

Art. L. 229-9 ***(Ancien article L. 229-17 créé, Ord. n° 2004-330, 15 avr. 2004 ; mod. à compter du 1er juillet 2012 puis rempl. à compter du 1er janvier 2013, Ord. n° 2012-827, 28 juin 2012 ; dénum. et rempl., Ord. n° 2019-1034, 9 oct. 2019).*** **– Lorsque l'autorité administrative a connaissance d'éléments susceptibles de donner lieu à une révision à la baisse de la quantité de quotas à délivrer gratuitement à un exploitant pour une année donnée, elle peut, en vue de mener à bien les investigations nécessaires, différer, dans des conditions fixées par décret en Conseil d'État, la délivrance des quotas gratuits pour cette année.**

Rédaction antérieure. Art. L. 229-9 *(Ord. n° 2004-330, 15 avr. 2004 ; rempl. à compter du 1er janvier 2013, Ord. n° 2012-827, 28 juin 2012)*. – La quantité de quotas délivrés gratuitement l'est par installation, cette quantité étant elle-même la somme des quotas délivrés par sous-installation dans des conditions précisées par décret en Conseil d'État.

Voir : D. n° 2007-979 du 15 mai 2007 (*JO* 16 mai 2007).

D. n° 2017-949 du 10 mai 2017, fixant les objectifs nationaux de réduction des émissions de certains polluants atmosphériques en application de l'article L. 222-9 du Code de l'environnement (*JO* 11 mai 2017).

L'article L. 229-9 relatif à l'allocation de quotas gratuits précise que les affectations se réalisent d'abord au niveau des sous-installations qui sont une partie de l'installation, l'affectation au niveau de l'installation étant la somme des affectations des sous-installations. L'ouverture de comptes à des personnes non ressortissantes d'un État membre de l'Union européenne est désormais possible, la directive supprimant le critère de la nationalité.

Art. L. 229-10 ancien *(Dénum., Ord. n° 2019-1034, 9 oct. 2019. – V. C. env., art. L. 229-16).*

Art. L. 229-10 *(Ancien L. 229-18 créé, Ord. n° 2004-330, 15 avr. 2004 ; mod., Ord. n° 2010-1232, 21 oct. 2010 ; mod. à compter du 1er juillet 2012 puis à compter du 1er janvier 2013, Ord. n° 2012-827, 28 juin 2012 ; mod., L. n° 2015-1567, 2 déc. 2015 ; dénum. et mod., Ord. n° 2019-1034, 9 oct. 2019 ; mod., L. n° 2024-364, 22 avr. 2024).* – I. – L'exploitant d'installation, l'exploitant d'aéronef ou la compagnie maritime ne peut céder les unités inscrites au compte associé à son installation, à ses activités aériennes ou à ses activités maritimes dans le registre européen mentionné à l'article L. 229-12, sans préjudice de l'obligation de restitution mentionnée au II de l'article L. 229-7, dans les cas suivants :

– en cas d'absence de déclaration de sa part des émissions de l'installation ou résultant de ses activités aériennes ou maritimes au cours de cette année avant une date fixée par décret ;

– ou lorsque l'autorité compétente constate que la déclaration relative aux émissions de l'installation au cours de cette année ne répond pas aux conditions fixées par l'arrêté relatif aux installations classées prévu à l'article L. 229-6. La décision, qui doit être motivée, intervient alors au plus tard à l'expiration d'un délai fixé par cet arrêté ;

– *(Mod. à compter du 1er janvier 2025, L. n° 2024-450, 21 mai 2024)* ou lorsque l'Autorité de sûreté nucléaire et de radioprotection constate que la déclaration relative aux émissions des équipements et installations mentionnés à l'article L. 593-3 au cours de cette année ne répond pas aux conditions fixées par l'arrêté prévu à l'article L. 229-6 qui leur est applicable. La décision, qui doit être motivée, intervient alors au plus tard à l'expiration d'un délai fixé par cet arrêté ;

– ou lorsque l'autorité compétente constate que la déclaration relative aux émissions résultant de ses activités aériennes de l'année, ou la vérification de celle-ci, ne répondent pas aux conditions fixées par l'arrêté relatif aux exploitants d'aéronef prévu à l'article L. 229-6. La décision, qui doit être motivée, intervient alors au plus tard à l'expiration d'un délai fixé par cet arrêté.

– ou lorsque l'autorité compétente constate que la déclaration relative aux données d'émissions agrégées au niveau de la compagnie prévue à l'article 11 *bis* du règlement (UE) 2015/757 du Parlement européen et du Conseil du 29 avril 2015 concernant la surveillance, la déclaration et la vérification des émissions de gaz à effet de serre du transport maritime et modifiant la directive 2009/16/CE ou la vérification de celle-ci ne remplissent pas les conditions déterminées par ce même règlement, par les actes délégués pris pour son application ou par l'arrêté prévu au dernier alinéa de l'article L. 229-6 du présent code. La décision, qui doit être motivée, intervient alors au plus tard à l'expiration d'un délai fixé par cet arrêté.

L'exploitant ou la compagnie maritime recouvre la disponibilité de ses unités lorsqu'une déclaration de sa part a été jugée satisfaisante ou, à défaut, lorsque le volume des émissions a été arrêté d'office par l'autorité administrative, sur la base d'un calcul forfaitaire établi au plus tard deux mois après qu'il a été informé du caractère insatisfaisant de sa déclaration ou, en cas d'absence de déclaration, au plus tard le 31 mai de l'année qui suit les émissions.

I *bis*. – Lorsque, à la date mentionnée au deuxième alinéa du I du présent article, un exploitant n'a pas déclaré les émissions de l'installation ou de ses activités aériennes ou lorsque l'autorité compétente constate que la déclaration relative aux émissions au cours de l'année civile précédente ne remplit pas les conditions déterminées par les arrêtés prévus aux troisième, quatrième et cinquième alinéas de l'article L. 229-6, cette autorité met en demeure l'exploitant de satisfaire à cette obligation dans un délai d'un mois.

Si, à l'expiration de ce délai, il n'a pas été déféré à la mise en demeure, l'autorité compétente peut ordonner le paiement d'une amende administrative d'un montant proportionné à la gravité des manquements constatés et qui ne peut excéder 15 000 euros. Le recouvrement de cette amende est effectué au profit du Trésor public comme en matière de créances étrangères à l'impôt et au domaine.

II. – Chaque année, lorsqu'à une date fixée par décret l'exploitant ou la compagnie maritime n'a pas restitué un nombre de quotas suffisant pour couvrir ses émissions de l'année précédente, l'autorité compétente met en demeure l'exploitant ou la compagnie maritime de satisfaire à cette obligation dans un délai d'un mois. Pendant ce délai, l'exploitant ou la compagnie maritime a la faculté de présenter ses observations écrites ou orales. Tant qu'il n'est pas satisfait à cette obligation de restitution, l'exploitant ou la compagnie maritime ne peut céder les unités inscrites à son compte dans le registre européen mentionné à l'article L. 229-12.

Si à l'expiration du délai d'un mois il n'a pas été déféré à la mise en demeure, l'autorité administrative prononce une amende proportionnelle au nombre de quotas non restitués. Le paiement de l'amende ne libère pas

l'exploitant ou la compagnie maritime de l'obligation de restituer une quantité de quotas égale au volume des émissions excédentaires. Il doit s'acquitter de cette obligation au plus tard lors de la restitution des quotas de l'année civile suivante.

En cas de une restitution incomplète du nombre de quotas, les unités inscrites au compte de l'exploitant d'installation ou d'aéronef ou de la compagnie maritime demeurent incessibles jusqu'à ce que l'amende ait été acquittée et les quotas intégralement restitués.

Le montant de cette amende est fixé à 100 € par quota non restitué. Il augmente conformément à l'évolution, depuis le 1er janvier 2013, de l'indice des prix à la consommation harmonisé de l'Union européenne.

Le recouvrement de ces amendes est effectué au profit du Trésor public comme en matière de créances étrangères à l'impôt et au domaine.

Le nom de l'exploitant ou de la compagnie maritime est rendu public dès lors que la décision prononçant une amende à son encontre devient définitive.

Au cas où un exploitant d'aéronef mentionné à l'article L. 229-5 ne se conforme pas aux exigences du présent II, il peut faire l'objet d'une interdiction d'exploitation dans les conditions prévues à l'article 16 de la directive 2003/87/CE du 13 octobre 2003.

Rédaction antérieure. Art. L. 229-10 *(Abr., Ord. n° 2010-1232, 21 oct. 2010 ; rétabli dans la version suivante à compter d'une date fixée par décret et, au plus tard, le 30 juin 2011, L. fin. n° 2010-1657, 29 déc. 2010* (1) *; indirectement abr. à compter du 1er janvier 2012, L. fin. n° 2011-1977, 28 déc. 2011).*

Art. L. 229-11 ancien *(Dénum., Ord. n° 2019-1034, 9 oct. 2019. – V. C. env., art. L. 229-17).*

Art. L. 229-11 *(Ancien art. L. 229-15 créé, Ord. n° 2004-330, 15 avr. 2004 ; mod., L. n° 2008-757, 1er août 2008 ; Ord. n° 2010-1232, 21 oct. 2010 ; mod. à compter du 1er juillet 2012, Ord. n° 2012-827, 28 juin 2012 ; dénum. et mod., Ord. n° 2019-1034, 9 oct. 2019).* **– I. – Les quotas d'émission de gaz à effet de serre sont des biens meubles exclusivement matérialisés par une inscription au compte de leur détenteur dans le registre européen mentionné à l'article L. 229-12. Ils sont négociables, transmissibles par virement de compte à compte et confèrent des droits identiques à leurs détenteurs. Ils peuvent être cédés dès leur délivrance sous réserve des dispositions des articles L. 229-8 et L. 229-10 et des dispositions des actes délégués pris en application de l'article 19 de la directive 2003/87/CE du 13 octobre 2003.**

II. – Les quotas d'émission peuvent être acquis, détenus et cédés par toute personne physique ou morale, sous réserve des dispositions des articles L. 229-8 et L. 229-10 et des dispositions des actes délégués pris en application de l'article 19 de la directive 2003/87/CE du 13 octobre 2003.

III. – Les mêmes effets juridiques s'attachent sur le territoire national aux quotas d'émission délivrés par les autorités françaises et à ceux délivrés par l'autorité compétente de tout État membre de l'Union européenne ou de tout autre État, ou toute entité supra ou infra-nationale, partie à un accord de reconnaissance mutuelle conclu avec cette dernière.

Cet article définit la nature juridique des quotas d'émission qui sont des biens meubles cessibles dans certaines conditions, en particulier par une matérialisation dans le registre européen prévu à l'article L. 229-12. Leur nature juridique est la même que celle des quotas carbone des crédits réglementés, par application des articles L. 229-22, L. 229-24, L. 129-24-1 du même code. Ils pourront donc être valorisés dans la RSE. En revanche, ils ne sont pas rattachés à des sous-jacents de l'article D. 211-1 A du Code monétaire et financier qui dresse la liste des instruments financiers à terme. V. comm. CMS, Francis Lefebvre option finance, 14 juin 2021.

Par un arrêt du 23 juin 2016 (▪ CAA Lyon, 23 juin 2016, n° 15LY03127, *Cne de Valence*), la cour administrative d'appel de Lyon a jugé que les quotas d'émission de gaz à effet de serre ne sont pas des biens de retour dès lors qu'ils ont été délivrés au délégataire de service public qui avait la qualité d'exploitant d'installation. L'autorité délégante n'a aucun droit de propriété dès l'origine sur ces quotas. Voir : commentaires de Marc Dusapt, 6 juillet 2016, Association lyonnaise de droit administratif.

▪ CA Paris, 17 sept. 2021, n° 19/13496 : la cour d'appel de Paris donne raison à une société qui demandait l'annulation d'une vente de certificats de réduction d'émissions et la restitution du prix versé en raison de la péremption des certificats de quotas d'émission d'effet de serre.

(1) Pour les modalités d'application du présent article : V. L. fin. n° 2010-1657, 29 déc. 2010, art. 64, III. – NDLR.

Rédaction antérieure. Art. L. 229-11 *(Ord. n° 2004-330, 15 avr. 2004)*. – L'autorité administrative notifie aux exploitants des installations autorisées à émettre des gaz à effet de serre le montant total des quotas d'émission affectés au titre de chaque période *(Mots suppr. à compter du 1er janvier 2013, Ord. n° 2012-827, 28 juin 2012)* « ... » et la quantité délivrée chaque année.

Un décret en Conseil d'État fixe les modalités de notification des décisions d'affectation et de délivrance des quotas, les conditions dans lesquelles les informations correspondantes sont rendues accessibles au public, les règles de délivrance annuelle des quotas, les règles applicables en cas de changement d'exploitant ou de cessation ou de transfert d'activité ainsi que les conditions dans lesquelles les décisions d'affectation ou de délivrance et le plan national d'affectation des quotas prévu à l'article L. 229-8 peuvent être contestés.

Art. L. 229-11-1 ancien *(Dénum., Ord. n° 2019-1034, 9 oct. 2019. – V. C. env., art. L. 229-8).*

Art. L. 229-11-1 *(Ancien article L. 229-8 créé, Ord. n° 2004-330, 15 avr. 2004 ; mod., L. n° 2005-1319, 26 oct. 2005 ; L. n° 2008-757, 1er août 2008 ; Ord. n° 2010-1232, 21 oct. 2010 ; mod. à compter du 1er juillet 2012, Ord. n° 2012-827, 28 juin 2012 ; rempl. à compter du 1er janvier 2013, Ord. n° 2012-827, 28 juin 2012 ; mod., L. n° 2013-619, 16 juill. 2013 ; dénum. et rempl., Ord. n° 2019-1034, 9 oct. 2019 ; mod., L. n° 2024-364, 22 avr. 2024)*. **– Les quotas attribués à la France au titre des chapitres II et III de la directive 2003/87/CE du 13 octobre 2003 sont mis aux enchères, à l'exception :**

1° Des quotas délivrés gratuitement conformément aux articles L. 229-15 et L. 229-18 ;

2° Des quotas placés dans la réserve de stabilité du marché créée par l'article 1er de la décision (UE) 2015/1814 du Parlement européen et du Conseil du 6 octobre 2015 ;

3° Des quotas annulés conformément au III de l'article L. 229-11-3 ;

4° Des quotas annulés conformément au dernier alinéa de l'article 3 *octies ter* de la directive 2003/87/CE du 13 octobre 2003 établissant un système d'échange de quotas d'émission de gaz à effet de serre dans l'Union et modifiant la directive 96/61/CE du Conseil ;

5° Des quotas annulés conformément au second alinéa du paragraphe 3 -sexies de l'article 12 de la même directive.

Cette disposition correspond à la transcription en droit français des dernières dispositions communautaires par la loi du 22 avril 2024.

Art. L. 229-11-2 *(Ancien article L. 229-13 créé, Ord. n° 2004-330, 15 avr. 2004 ; mod., L. fin. n° 2007-1822, 24 déc. 2007 ; rempl., Ord. n° 2010-1232, 21 oct. 2010 ; mod., L. n° 2011-12, 5 janv. 2011 ; rempl. à compter du 1er janvier 2013, Ord. n° 2012-827, 28 juin 2012 ; dénum. et rempl., Ord. n° 2019-1034, 9 oct. 2019)*. **– Les quotas délivrés à compter du 1er janvier 2013 sont valables pour une durée illimitée.**

Les quotas délivrés à compter du 1er janvier 2021 ne peuvent pas être utilisés pour remplir l'obligation de restitution mentionnée au II de l'article L. 229-7 pour les quantités de gaz à effet de serre émises avant le 31 décembre 2020.

En conséquence, les quotas délivrés à compter du 1er janvier 2013 le sont pour une durée illimitée et ceux délivrés à compter du 1er janvier 2021 ne peuvent pas être utilisés pour remplir l'obligation de restitution mentionnée à l'article L. 229-7, II, pour les quantités de gaz à effet de serre émises avant le 31 décembre 2020.

NB : Pendant la période du 1er janvier 2013 au 31 décembre 2016, il convient de se référer pour l'application de cet article aux dispositions du règlement (UE) n° 421/2014 du Parlement européen et du Conseil du 16 avril 2014 modifiant la directive 2003/87/CE établissant un système d'échange de quotas d'émission de gaz à effet de serre dans la Communauté, en vue de la mise en œuvre, d'ici 2020, d'une convention internationale portant application d'un mécanisme de marché mondial aux émissions de l'aviation internationale.

Art. L. 229-11-3 *(Ancien article L. 229-14 créé, Ord. n° 2004-330, 15 avr. 2004 ; mod., Ord. n° 2010-1232, 21 oct. 2010 ; mod. à compter du 1er janvier 2013, Ord. n° 2012-827, 28 juin 2012 ; mod., L. n° 2015-1567, 2 déc. 2015 ; dénum. et rempl., Ord. n° 2019-1034, 9 oct. 2019)*. **– I. – Les unités restituées chaque année par les exploitants en application du II de l'article L. 229-7 sont annulées.**

II *(Mod., L. n° 2024-364, 22 avr. 2024)*. **– Les personnes détenant des quotas peuvent à tout moment demander leur annulation par l'autorité administrative.**

III. – Lorsqu'une mesure réglementaire ou législative, autre que les dispositions de la présente section et des textes pris pour son application, entraîne la fermeture d'une unité technique de production d'électricité faisant

partie d'une installation entrant dans le champ d'application de la présente section, l'autorité administrative peut annuler des quotas initialement destinés à être mis aux enchères, dans la limite de l'équivalent des émissions de l'installation concernée, vérifiées conformément au III de l'article L. 229-7, durant les cinq années précédant la fermeture de l'unité.

Elle fixe le nombre de quotas ainsi retirés des enchères et annulés.

Art. L. 229-12 ancien *(Dénum., Ord. n° 2019-1034, 9 oct. 2019. - V. C. env., art. L. 229-18).*

Art. L. 229-12 *(Ancien article L. 229-16 créé, Ord. n° 2004-330, 15 avr. 2004 ; rempl. à compter du 1er juillet 2012, Ord. n° 2012-827, 28 juin 2012 ; dénum. et rempl., Ord. n° 2019-1034, 9 oct. 2019).* **– I. – Un registre européen des quotas d'émission de gaz à effet de serre comptabilise les unités délivrées, détenues, transférées et annulées selon les modalités prévues par les actes délégués pris en application de l'article 19 de la directive 2003/87/CE du 13 octobre 2003, c'est-à-dire :**

1° Les quotas ;

2° Les unités mentionnées au IV de l'article L. 229-7 ;

3° Les unités issues des activités de projet mentionnées à l'article L. 229-22 ;

4° Les unités mentionnées à l'article L. 229-24 ;

5° Les unités correspondant aux subdivisions des quotas annuels d'émissions d'un État membre de l'Union européenne déterminés conformément à l'article 3 de la décision 406/2009/CE du Parlement européen et du Conseil du 23 avril 2009 ;

6° Les unités correspondant aux subdivisions des quotas annuels d'émissions d'un État membre de l'Union européenne déterminés conformément au paragraphe 3 de l'article 4 et à l'article 10 du règlement (UE) 2018/842 du Parlement européen et du Conseil du 30 mai 2018 ;

7° Les unités correspondant aux absorptions en excès dans un État membre de l'Union européenne déterminées conformément à l'article 4 du règlement (UE) 2018/841 du Parlement européen et du Conseil du 30 mai 2018 ;

8° Les unités correspondant aux subdivisions des volumes maximaux de compensation disponibles au titre de la flexibilité pour les terres forestières gérées pour un État membre de l'Union européenne, mentionnées à l'annexe VII du règlement (UE) 2018/841 du Parlement européen et du Conseil du 30 mai 2018.

II. – Un décret en Conseil d'État désigne un administrateur national pour ce registre et fixe ses missions et les conditions de sa rémunération.

III. – (1) **Par dérogation à l'article L. 561-2 du Code monétaire et financier, les obligations relatives à la lutte contre le blanchiment des capitaux et le financement du terrorisme auxquelles est soumis l'administrateur national du registre sont exclusivement celles prévues par le règlement délégué (UE) 2019/1122 de la Commission du 12 mars 2019.**

Rédaction antérieure. Art. L. 229-12 *(Abr., L. n° 2008-757, 1er août 2008 ; rétabli dans la version suivante, Ord. n° 2010-1232, 21 oct. 2010).* – Les dispositions du présent article s'appliquent aux exploitants d'aéronef mentionnés à l'article L. 229-5.

I. – Au sens du présent article, on entend par « période » la période de temps au titre de laquelle des quotas sont affectés à des exploitants d'aéronef, la première période étant constituée de l'année 2012 et les périodes à partir de 2013 étant des périodes successives de *(Mot rempl. à compter du 1er janvier 2013, Ord. n° 2012-827, 28 juin 2012)* « huit » ans.

II. – Pour chaque période, chaque exploitant d'aéronef peut solliciter l'affectation de quotas délivrés à titre gratuit en soumettant à l'autorité compétente une demande rendant compte, selon les modalités fixées par l'arrêté relatif aux exploitants d'aéronefs prévu à l'article L. 229-6, de son activité aérienne en termes de tonnes-kilomètres pendant « l'année de surveillance », cette année étant définie comme l'année 2010 pour la première période et l'année civile se terminant vingt-quatre mois avant le début de la période pour les périodes à partir de 2013.

La part de quotas affectés à titre gratuit à chaque exploitant d'aéronef est calculée par l'autorité compétente en multipliant son activité déclarée en termes de tonnes-kilomètres pendant l'année de surveillance par le référentiel établi par la Commission européenne en fonction de la quantité totale de quotas de la période à distribuer gratuitement, hormis les quotas de la réserve spéciale mentionnée au III du présent article, et de la totalité de l'activité déclarée en termes de tonnes-kilomètres par les exploitants d'aéronef pendant l'année de surveillance.

Chaque année, la quantité de quotas qui lui est délivrée gratuitement est égale à cette part, divisée par le nombre d'années de la période.

(1) Le présent III, dans sa rédaction issue de l'ordonnance n° 2019-1034 du 9 octobre 2019, entre en vigueur le 1er janvier 2021, Ord. n° 2019-1034, 9 oct. 2019. – NDLR.

III. – Pour chaque période à partir de 2013, les exploitants d'aéronef peuvent solliciter l'affectation de quotas délivrés à titre gratuit en provenance d'une réserve spéciale :

a) S'ils ont commencé à exercer une activité aérienne après l'année de surveillance ;

b) Ou si leurs déclarations d'activité en termes de tonnes-kilomètres traduisent une augmentation annuelle *(Mot aj., L. n° 2015-992, 17 août 2015)* « moyenne » supérieure à 18 % entre l'année de surveillance et la deuxième année civile de cette période.

Pourvu que les activités mentionnées au point *a* ou le surcroît d'activité *(Mots suppr., L. n° 2015-992, 17 août 2015)* « ... » mentionné au point *b* ne s'inscrivent pas, pour partie ou dans leur intégralité, dans le cadre de la poursuite d'une activité aérienne exercée auparavant par un autre exploitant d'aéronef.

À cet effet, chaque exploitant concerné soumet à l'autorité compétente une demande rendant compte de son activité aérienne en termes de tonnes-kilomètres pendant la deuxième année civile de la période, selon les modalités fixées par l'arrêté relatif aux exploitants d'aéronefs prévu à l'article L. 229-6.

La part de quotas de la réserve spéciale affectés à titre gratuit à chaque exploitant d'aéronef est calculée en multipliant son activité déclarée ci-dessus ou son surcroît d'activité déclarée au titre du point *b* par le référentiel de la réserve spéciale établi par la Commission européenne en fonction de la quantité totale de quotas de la réserve spéciale de la période, et de l'ensemble des demandes qui lui sont transmises à cet effet.

Un exploitant d'aéronef relevant du point *b* ne peut se voir affecter plus de 1 000 000 de quotas de la réserve spéciale.

Chaque année, la quantité de quotas distribués gratuitement à un exploitant d'aéronef au titre de la réserve spéciale est égale à sa part divisée par le nombre d'années civiles complètes restantes de la période.

IV. – Les exploitants d'aéronef font partie des personnes qui peuvent acquérir des quotas délivrés aux enchères par les États membres au cours de chaque période. La quantité totale de ces quotas est déterminée pour chaque État membre par la Commission européenne.

V. – Pour chaque période, est fixée par arrêté conjoint du ministre chargé des transports et du ministre chargé de l'environnement, sous forme d'un pourcentage de leurs émissions de l'année, la quantité maximale de celles des unités mentionnées à l'article L. 229-22 que les exploitants d'aéronef peuvent utiliser conformément au dernier alinéa de l'article L. 229-7.

NB : Conformément au I de l'article 33 de l'ordonnance n° 2019-1034 du 9 octobre 2019, le III de l'article L. 229-12 du Code de l'environnement, dans sa rédaction issue de ladite ordonnance, entre en vigueur le 1er janvier 2021.

Art. L. 229-13 ancien ***(Dénum., Ord. n° 2019-1034, 9 oct. 2019. – V. C. env., art. L. 229-11-2).***

Sous-section 2. – Dispositions particulières applicables aux installations

(Division créée, Ord. n° 2019-1034, 9 oct. 2019)

Art. L. 229-13 ***(Ancien article L. 229-5-1 créé à compter du 1er janvier 2013, Ord. n° 2012-827, 28 juin 2012 ; dénum. et rempl., Ord. n° 2019-1034, 9 oct. 2019 ; mod., L. n° 2024-364, 22 avr. 2024).*** **– I. –** (1) **Les établissements de santé publics, privés ou privés d'intérêt collectif mentionnés à l'article L. 6111-1 du Code de la santé publique qui mettent en place des mesures permettant d'atteindre des réductions d'émissions équivalentes à celles qui seraient obtenues en les soumettant aux dispositions de la présente section (« mesures équivalentes ») et des mesures de surveillance de leurs émissions sont exclus des dispositions de la présente section pour chaque période mentionnée au I de l'article L. 229-15.**

Pour chaque période mentionnée au I de l'article L. 229-15, le bénéfice de l'exclusion est soumis à une obligation de déclaration auprès de l'autorité administrative avant le début de la période concernée.

Pour chaque période mentionnée au I de l'article L. 229-15, le ministre chargé de la politique des marchés carbone soumet à consultation du public, avant le début de cette période, la liste des établissements susceptibles de bénéficier de cette exclusion, selon les modalités prévues par l'article L. 123-19-1.

Les établissements bénéficiant d'une exclusion au titre du présent article déclarent annuellement leurs émissions de gaz à effet de serre à l'autorité administrative.

II. – Les exploitants des établissements mentionnés au premier alinéa du I peuvent renoncer au bénéfice de l'exclusion en présentant une demande à l'autorité administrative avant le début de la période concernée.

Si un établissement bénéficiant de l'exclusion cesse de mettre en place les mesures équivalentes mentionnées au premier alinéa du I, l'exclusion cesse de s'appliquer dès le début de l'année civile au cours de laquelle les mesures équivalentes ne sont plus en place et pour le reste de la période.

(1) Bénéfice de l'exclusion mentionnée au I du présent article dans sa version issue de l'ordonnance n° 2019-1034 du 9 octobre 2019 pour la période allant du 1er janvier 2013 au 31 décembre 2020 : V. D. n° 2019-1035, 9 oct. 2019. – NDLR.

Dans le cas où l'exclusion cesse en cours de période, des quotas d'émission de gaz à effet de serre sont délivrés gratuitement par l'autorité administrative à l'exploitant, conformément à l'article L. 229-15, pour les années restantes de la période, à condition que l'installation soit éligible au sens de ce même article et que l'exploitant ait adressé à l'autorité administrative, dans des conditions fixées par décret en Conseil d'État, une demande de délivrance de quotas gratuits pour son installation. En cas de non-respect de ces conditions ou en l'absence de demande, aucun quota d'émission de gaz à effet de serre n'est délivré gratuitement pour le reste de la période.

III. – Lorsque les émissions d'un établissement bénéficiant de l'exclusion prévue au I dépassent la valeur de référence fixée au titre d'une année donnée, l'autorité administrative prononce à son encontre une amende proportionnelle au volume des émissions excédentaires. Le montant de cette amende correspond à la valeur moyenne du quota d'émission observée au cours des enchères effectuées pour le compte de la France, conformément aux actes délégués mentionnés au paragraphe 4 de l'article 10 de la directive 2003/87/CE du 13 octobre 2003, pendant l'année civile précédant la déclaration d'émissions, multipliée par le volume des émissions excédentaires exprimé en tonnes d'équivalent dioxyde de carbone. Cette valeur moyenne du quota est fixée par arrêté du ministre chargé de la politique des marchés carbone.

Le recouvrement de ces amendes est effectué au profit du Trésor public comme en matière de créances étrangères à l'impôt et au domaine.

IV. – Un décret en Conseil d'État précise les modalités de la déclaration avant chaque période et les modalités de surveillance et de déclaration des émissions. Il définit en outre les exigences applicables aux mesures équivalentes, y compris les modalités selon lesquelles sont définies des valeurs de référence pour les émissions annuelles de ces établissements.

Un arrêté du 10 décembre 2021 définit les dispositions applicables pour les installations exclues du système d'échange de quotas d'émission de gaz à effet de serre au titre des articles L. 229-13, et L. 229-14. Il fixe également la liste des installations bénéficiant de l'exclusion mentionnée à l'article L. 229-13 et les plafonds d'émissions associées. Il fixe la liste des installations bénéficiant de l'exclusion mentionnée à l'article L. 229-14 et définit les mesures de surveillance et de déclaration applicable à ces établissements.

Rédaction antérieure. Art. L. 229-13 *(Ord. n° 2004-330, 15 avr. 2004 ; mod., L. fin. n° 2007-1822, 24 déc. 2007 ; rempl., Ord. n° 2010-1232, 21 oct. 2010 ; mod., L. n° 2011-12, 5 janv. 2011 ; rempl. à compter du 1er janvier 2013, Ord. n° 2012-827, 28 juin 2012).* **–** Les quotas délivrés à compter du 1er janvier 2013 sont valables pour les émissions produites au cours de périodes de huit ans, dont la première commence le 1er janvier 2013.

Quatre mois après le début de chaque période de huit ans, les quotas qui ne sont plus valables et qui n'ont pas été restitués et annulés sont annulés. Des quotas sont délivrés aux personnes pour la période en cours afin de remplacer tout quota qu'elles détenaient et qui a été annulé conformément à la disposition qui précède.

Sur la suppression de la faculté de mise en réserve des quotas GES. Le régime des quotas de gaz à effet de serre (GES) a été partiellement modifié par la loi de finances pour 2008, et plus particulièrement le dernier alinéa de l'article L. 229-13 du Code de l'environnement. Il était prévu au départ que les quotas délivrés ou acquis au cours d'une période d'affectation et n'ayant pas été utilisés au cours de cette période et annulés devaient être rendus à l'État et annulés au début de la période suivante. De plus, la même quantité de quotas d'émission valables pour la nouvelle période devait être simultanément délivrée aux personnes qui étaient détentrices des quotas ainsi annulés. Il était aussi prévu qu'à l'issue de la période triennale débutant le 1er janvier 2005, dans le cas où l'application de ce jeu de restitution/annulation/délivrance risquerait de compromettre le respect des engagements internationaux de maîtrise des émissions de gaz à effet de serre pris par la France, l'autorité administrative pouvait décider de limiter la délivrance de quotas d'émission, faite au début de la période suivante en vertu de cette disposition, aux seuls exploitants d'installations autorisées à émettre des gaz à effet de serre et à une quantité égale pour chaque exploitant à la différence entre celle qui lui a été affectée au titre de la période précédente et le montant des émissions de ses installations pendant la même période. Il s'avère que ce dispositif était contraire aux dispositions de l'article 12 § 3 de la directive n° 2003/87/CE du 13 octobre 2003 établissant un système d'échange de quotas d'émission de gaz à effet de serre dans la Communauté et modifiant la directive n° 96/61/CE du Conseil, qui prévoit que « Les États membres s'assurent que, le 30 avril de chaque année au plus tard, tout exploitant d'une installation restitue un nombre de quotas correspondant aux émissions totales de cette installation au cours de l'année civile écoulée (...), et pour que ces quotas soient ensuite annulés ».

La secrétaire d'État à l'écologie a, au cours des débats parlementaires, signalé que « Si les dispositions actuelles devaient perdurer, l'État pourrait se trouver dans l'obligation d'acheter des quotas sur le marché pour un montant de 1,2 milliard d'euros », vu l'augmentation exponentielle du tarif de la tonne de CO_2 rejeté dans l'atmosphère. Le législateur a donc substitué le dernier alinéa de l'article L. 229-13 du Code de l'environnement qui prévoyait cette mise en réserve des quotas pour le remplacer par le fait qu'il n'est pas procédé à la délivrance des quotas en remplacement des quotas annulés à l'issue de la période triennale débutant le 1er janvier 2005 (L. fin. 2008, art. 100 – C. env., art. L. 229-13, al. 3 ; V. *Principales dispositions financière et fiscales en matière d'environnement des lois de finances rectificatives pour 2007 et de finances pour 2008 : Environnement* janv. 2008, n° 1, étude 1, Ph. Billet).

Art. L. 229-14 ancien *(Dénum., Ord. n° 2019-1034, 9 oct. 2019. – V. C. env., art. L. 229-11-3).*

Art. L. 229-14 *(Créé, Ord. n° 2019-1034, 9 oct. 2019 ; mod. à compter du 1er janvier 2022, Ord. n° 2021-1843, 22 déc. 2021).* **– I. – Les installations qui ont émis moins de 2 500 tonnes d'équivalent dioxyde de carbone pour chacune des trois années civiles commençant respectivement cinq ans, quatre ans et trois ans avant le début d'une des périodes mentionnées au I de l'article L. 229-15 sont exclues des dispositions de la présente section pour cette période. Les émissions prises en compte sont celles qui ont été vérifiées et validées conformément au III de l'article L. 229-7, sans tenir compte des émissions provenant de la biomasse.**

Le bénéfice de l'exclusion est soumis à une obligation de déclaration auprès de l'autorité administrative avant le début de la période concernée.

(Mod., L. n° 2024-364, 22 avr. 2024) **La liste des installations bénéficiant de l'exclusion est établie par arrêté du ministre chargé de la politique des marchés carbone.**

Les installations bénéficiant de l'exclusion mentionnée au premier alinéa du présent I restent soumises à l'autorisation prévue au premier alinéa de l'article L. 229-6.

L'exploitant d'une installation bénéficiant d'une exclusion au titre du présent article met en place des mesures de surveillance simplifiées et déclare annuellement ses émissions de gaz à effet de serre à l'autorité administrative.

II. – Les exploitants des installations mentionnées au premier alinéa du I peuvent renoncer au bénéfice de l'exclusion en présentant une demande à l'autorité administrative avant le début de la période concernée.

Si le niveau des émissions d'une installation bénéficiant de l'exclusion a atteint 2 500 tonnes d'équivalent dioxyde de carbone au cours d'une année civile, sans tenir compte des émissions provenant de la biomasse, l'exploitant en informe sans délai l'autorité administrative et l'exclusion cesse dès la fin de l'année civile au cours de laquelle la constatation survient et pour le reste de la période mentionnée au premier alinéa du I.

Dans le cas où l'exclusion cesse en cours de période, des quotas d'émission de gaz à effet de serre sont délivrés gratuitement par l'autorité administrative à l'exploitant, conformément à l'article L. 229-15, pour les années restantes de la période, à condition que l'installation soit éligible au sens de ce même article et que l'exploitant ait adressé à l'autorité administrative, dans des conditions fixées par décret en Conseil d'État, une demande de délivrance de quotas gratuits pour son installation. En cas de non-respect de ces conditions ou en l'absence d'une telle demande, aucun quota d'émission de gaz à effet de serre n'est délivré gratuitement.

III *(Abr. à compter du 1er janvier 2026, L. n° 2024-364, 22 avr. 2024).* **– Les installations de production d'électricité qui utilisent un des produits mentionnés à l'article L. 312-2 du Code des impositions sur les biens et services ne bénéficient pas de l'exclusion prévue au I lorsque les produits qu'elles utilisent sont exonérés d'accise sur les énergies en application de l'article L. 312-32 du même code.**

IV. – Les modalités de surveillance simplifiée, de déclaration et de contrôle auxquelles sont soumises les installations exclues au titre du présent article sont fixées dans les formes prévues à l'article L. 229-6.

Ces nouvelles dispositions prennent en compte l'obligation de suivi annuel du niveau des activités des installations et les variations d'activité des différentes installations ; les allocations de quotas gratuits sont alors adaptées à l'activité réelle. S'agissant des installations exclues, les installations de production d'électricité utilisant des combustibles fossiles exonérés de la taxe intérieure sur la consommation ne bénéficient pas de cette exclusion. L'article 5 du décret n° 2019/1035 précise les modalités d'exclusion. V. également : citation de l'arrêté du 17 décembre 2021 sous l'article précédent.

Rédaction antérieure. Art. L. 229-14 *(Ord. n° 2004-330, 15 avr. 2004).* – I. – Les quotas restitués chaque année à l'État par les exploitants en application de l'article L. 229-7 sont annulés.

II. – Les personnes détenant des quotas peuvent à tout moment demander leur annulation par l'État.

III *(Rempl., Ord. n° 2010-1232, 21 oct. 2010 ; mod. à compter du 1er janvier 2013, Ord. n° 2012-827, 28 juin 2012 ; mod., L. n° 2015-1567, 2 déc. 2015)* Les quotas sont restitués sur la base d'une déclaration faite :

– par chaque exploitant d'installation classée, des émissions de gaz à effet de serre de ses installations, vérifiée aux frais de l'exploitant par un organisme accrédité à cet effet, puis validée par l'inspection des installations classées. La déclaration des émissions de gaz à effet de serre d'un exploitant est réputée validée si l'inspection des installations classées n'a pas formulé d'observation dans un délai fixé par l'arrêté prévu à l'article L. 229-6 ;

– par chaque exploitant des équipements et installations mentionnés au premier alinéa de l'article L. 593-3 et des installations classées mentionnées au deuxième alinéa de ce même article, des émissions de gaz à effet de serre de ses équipements ou installations, vérifiée aux frais de l'exploitant par un organisme accrédité à cet effet, puis validée par l'Autorité de sûreté nucléaire. La déclaration des émissions de gaz à effet de serre d'un exploitant est réputée validée si l'Autorité de sûreté nucléaire n'a pas formulé d'observation dans un délai fixé par l'arrêté prévu à l'article L. 229-6 ;

– ou par chaque exploitant d'aéronef, des émissions de gaz à effet de serre résultant de ses activités aériennes, vérifiée aux frais de l'exploitant par un organisme accrédité à cet effet, selon les modalités fixées par l'arrêté prévu à l'article L. 229-6.

NB : Pendant la période du 1er janvier 2013 au 31 décembre 2016, il convient de se référer pour l'application de cet article aux dispositions du règlement (UE) n° 421/2014 du Parlement européen et du Conseil du 16 avril 2014 modifiant la directive 2003/87/CE établissant un système d'échange de quotas d'émission de gaz à effet de serre dans la Communauté, en vue de la mise en œuvre, d'ici 2020, d'une convention internationale portant application d'un mécanisme de marché mondial aux émissions de l'aviation internationale.

Voir : A. du 14 juin 2005, portant modalités d'agrément des organismes vérificateurs dans le cadre du système d'échange de quotas d'émission des gaz à effet de serre (*JO* 27 juill. 2005) ;

– A. du 28 juill. 2005, relatif à la vérification et à la quantification des émissions déclarées dans le cadre du système d'échange de quotas d'émission de gaz à effet de serre (*JO* 13 sept. 2005), modifié par arrêté du 30 septembre 2005 (*JO* 6 déc. 2005) et circulaire du 26 septembre 2005 relative au plan de surveillance prévu aux articles 11 et 12 de l'arrêté du 28 juillet 2005 ;

– A. du 31 mars 2008, relatif à la vérification et à la quantification des émissions déclarées dans le cadre du système d'échange de quotas d'émission de gaz à effet de serre pour la période 2008-2012 (*JO* 22 juin).

Art. L. 229-15 ancien *(Dénum., Ord. n° 2019-1034, 9 oct. 2019. – V. C. env., art. L. 229-11).*

Art. L. 229-15 *(Dénum. et rempl., Ord. n° 2019-1034, 9 oct. 2019* (1) *; mod., L. n° 2024-364, 22 avr. 2024).* **– I. – Des quotas d'émission de gaz à effet de serre sont délivrés gratuitement par l'autorité administrative sur demande des exploitants soumis à l'obligation de restitution de quotas prévue au II de l'article L. 229-7, pour des installations bénéficiant de l'autorisation mentionnée au premier alinéa de l'article L. 229-6. Ces quotas sont délivrés annuellement et sont affectés à une période déterminée.**

L'affectation a lieu au titre de périodes de cinq années civiles consécutives, la première commençant le 1er janvier 2021.

II. – Aucun quota n'est délivré à titre gratuit à une installation qui a cessé son activité. Les installations pour lesquelles l'autorisation mentionnée au premier alinéa de l'article L. 229-6 a expiré ou a été retirée ainsi que les installations dont l'activité ou la reprise d'activité est techniquement impossible sont considérées comme ayant cessé leur activité.

Aucun quota n'est délivré gratuitement pour la production d'électricité, à l'exception de l'électricité produite à partir de gaz résiduaire.

Aucun quota n'est délivré gratuitement aux producteurs d'électricité au sens du point *u*) de l'article 3 de la directive 2003/87/CE du 13 octobre 2003, aux installations de captage de dioxyde de carbone, aux réseaux de transport de dioxyde de carbone ou aux sites de stockage de dioxyde de carbone, sous réserve des dispositions du paragraphe 8 de l'article 10 *bis* de la directive 2003/8CE du 13 octobre 2003.

Par dérogation aux dispositions de l'alinéa précédent, des quotas sont délivrés gratuitement pour le chauffage urbain ainsi que pour la cogénération à haut rendement définie au point 34) de l'article 2 de la directive 2012/27/UE du Parlement européen et du Conseil du 25 octobre 2012.

III. – Pour les années civiles 2021 à 2026, la quantité initiale de quotas correspond à 30 % de la quantité fixée conformément aux mesures mentionnées au paragraphe 1 de l'article 10 *bis* de la directive 2003/87/CE du 13 octobre 2003. À compter de 2027, ce pourcentage diminue linéairement chaque année pour parvenir à une quantité initiale de quotas nulle en 2030.

Pour le chauffage urbain, le pourcentage mentionné à l'alinéa précédent est, par dérogation, maintenu à 30 % pour toutes les années civiles postérieures à 2026.

(1) Dispositions d'application particulières : V. Ord. n° 2019-1034, 9 oct. 2019.

Par dérogation aux deux alinéas précédents, la quantité initiale de quotas pour les secteurs ou sous-secteurs exposés à un risque important de fuite de carbone est de 100 % de la quantité déterminée conformément aux mesures mentionnées au paragraphe 1 de l'article 10 *bis* de la directive 2003/87/CE du 13 octobre 2003. À compter du 1er janvier 2021, ces secteurs et sous-secteurs sont déterminés par les actes délégués pris en application du paragraphe 5 de l'article 10 *ter* de la même directive.

Sous réserve de l'application du règlement (UE) 2023/956 du Parlement européen et du Conseil du 10 mai 2023 établissant un mécanisme d'ajustement carbone aux frontières, aucun quota n'est délivré à titre gratuit pour la fabrication des marchandises énumérées à l'annexe I du même règlement.

Par dérogation à l'avant-dernier alinéa du présent III, jusqu'au 31 décembre 2033, la fabrication des marchandises mentionnées à l'annexe I du règlement (UE) 2023/956 du Parlement européen et du Conseil du 10 mai 2023 précité fait l'objet d'une allocation de quotas à titre gratuit en quantités réduites. Ces quantités sont calculées par application d'un facteur de réduction à l'allocation de quotas à titre gratuit pour la fabrication de ces marchandises. Ce facteur est égal à 100 % pour la période comprise entre l'entrée en vigueur du même règlement et le 31 décembre 2025 et, sous réserve de l'application du b du paragraphe 2 de l'article 36 du même règlement, est égal à 97,5 % en 2026, à 95 % en 2027, à 90 % en 2028, à 77,5 % en 2029, à 51,5 % en 2030, à 39 % en 2031, à 26,5 % en 2032 et à 14 % en 2033.

IV. – La quantité de quotas délivrés gratuitement est égale par défaut à la quantité initiale de quotas définie au III.

Ces montants par défaut peuvent être adaptés dans les cas prévus au paragraphe 5 de l'article 10 *bis* de la directive 2003/87/CE du Parlement européen et du Conseil du 13 octobre 2003 précitée. Cette adaptation est effectuée de manière uniforme. Cependant, les installations dont les niveaux d'émission de gaz à effet de serre sont inférieurs à la moyenne des 10 % d'installations les plus efficaces d'un secteur ou d'un sous-secteur de l'Union européenne pour les référentiels pertinents au cours d'une année lors de laquelle une adaptation s'applique ne sont pas soumises à une telle adaptation.

Pour le chauffage urbain et la cogénération à haut rendement définie par le point 34) de l'article 2 de la directive 2012/27/UE du Parlement européen et du Conseil du 25 octobre 2012, lors des années civiles où l'adaptation mentionnée à l'alinéa précédent n'a pas lieu, la quantité de quotas délivrés gratuitement est déterminée à partir de la quantité initiale de quotas définie au III, adaptée en utilisant le facteur linéaire mentionné à l'article 9 de la directive 2003/87/CE du 13 octobre 2003. Cette adaptation est effectuée conformément aux actes délégués mentionnés au paragraphe 1 de l'article 10 *bis* de cette directive.

IV *bis*. – Si une installation est concernée par l'obligation d'effectuer un audit énergétique ou de mettre en œuvre un système de management de l'énergie certifié en application de l'article 8 de la directive 2012/27/UE du Parlement européen et du Conseil du 25 octobre 2012 relative à l'efficacité énergétique, modifiant les directives 2009/125/CE et 2010/30/UE et abrogeant les directives 2004/8/CE et 2006/32/CE et si les recommandations du rapport d'audit ou du système de management de l'énergie certifié ne sont pas appliquées, à moins que le temps de retour sur investissement des investissements correspondants ne dépasse trois ans ou que le coût de ces investissements ne soit disproportionné, la quantité de quotas alloués à titre gratuit est réduite de 20 %. La quantité de quotas alloués à titre gratuit n'est pas réduite si l'exploitant démontre qu'il a mis en œuvre d'autres mesures de réduction des émissions de gaz à effet de serre équivalentes à celles qui sont recommandées dans le rapport d'audit ou dans le système de management de l'énergie certifié pour l'installation concernée. Les modalités d'application du présent IV *bis* sont fixées par décret en Conseil d'État.

IV *ter*. – La réduction de 20 % mentionnée au IV *bis* est également appliquée dans le cas où, au 1er mai 2024, un exploitant d'installations dont les niveaux d'émission de gaz à effet de serre sont supérieurs au quatre-vingtième centile des niveaux d'émission pour les référentiels de produits pertinents n'a pas établi, pour chacune de ces installations, un plan de neutralité climatique pour ses activités relevant du périmètre défini à l'article L. 229-5. Cette réduction s'applique aussi dans le cas où les valeurs cibles de ce plan n'ont pas été atteintes et ses jalons intermédiaires n'ont pas été respectés pour la période allant jusqu'au 31 décembre 2025 ou pour la période allant de 2026 à 2030. Ces valeurs cibles sont présumées ne pas avoir été atteintes et ces jalons intermédiaires sont présumés ne pas avoir été respectés dans le cas où l'atteinte et le respect n'ont pas été vérifiés aux frais de l'exploitant par un organisme accrédité à cet effet.

Le contenu du plan de neutralité climatique mentionné au premier alinéa du présent IV *ter* et les modalités de sa mise en œuvre et de son contrôle sont fixés par décret en Conseil d'État.

V. – Sur la base de la déclaration mentionnée au premier alinéa de l'article L. 229-16, pour les installations dont l'activité a augmenté ou diminué, selon une évaluation réalisée sur la base d'une moyenne mobile de deux années, de plus de 15 % par rapport au niveau initialement retenu pour déterminer la quantité de quotas délivrés gratuitement pour une période mentionnée au I, la quantité de quotas délivrés gratuitement pour cette période est adaptée conformément aux actes d'exécution mentionnés au paragraphe 21 de l'article 10 *bis* de la directive 2003/87/CE du 13 octobre 2003.

Les modalités d'application du présent V sont fixées par décret.

VI. – Par dérogation au IV, les modalités de délivrance des quotas à titre gratuit et de fixation des quantités de quotas délivrés gratuitement sont adaptées pour les installations nouvellement entrées dans le champ d'application de la présente section. Un décret en Conseil d'État précise ces modalités, ainsi que la définition des installations nouvellement entrées dans le champ d'application de la présente section. Aucun quota n'est délivré gratuitement au titre de la production d'électricité par des installations nouvellement entrées dans le champ d'application de la présente section.

Rédaction future. Art. *(Dénum. et rempl., Ord. n° 2019-1034, 9 oct. 2019* (1) *; mod., L. n° 2024-364, 22 avr. 2024 puis mod. à compter du 1er janvier 2026, L. n° 2024-364, 22 avr. 2024).* **–** I. – Des quotas d'émission de gaz à effet de serre sont délivrés gratuitement par l'autorité administrative sur demande des exploitants soumis à l'obligation de restitution de quotas prévue au II de l'article L. 229-7, pour des installations bénéficiant de l'autorisation mentionnée au premier alinéa de l'article L. 229-6. Ces quotas sont délivrés annuellement et sont affectés à une période déterminée.

L'affectation a lieu au titre de périodes de cinq années civiles consécutives, la première commençant le 1er janvier 2021.

II. – Aucun quota n'est délivré à titre gratuit à une installation qui a cessé son activité. Les installations pour lesquelles l'autorisation mentionnée au premier alinéa de l'article L. 229-6 a expiré ou a été retirée ainsi que les installations dont l'activité ou la reprise d'activité est techniquement impossible sont considérées comme ayant cessé leur activité.

Aucun quota n'est délivré gratuitement pour la production d'électricité, à l'exception de l'électricité produite à partir de gaz résiduaire.

III. – Pour les années civiles 2021 à 2026, la quantité initiale de quotas correspond à 30 % de la quantité fixée conformément aux mesures mentionnées au paragraphe 1 de l'article 10 *bis* de la directive 2003/87/CE du 13 octobre 2003. À compter de 2027, ce pourcentage diminue linéairement chaque année pour parvenir à une quantité initiale de quotas nulle en 2030.

Pour le chauffage urbain, le pourcentage mentionné à l'alinéa précédent est, par dérogation, maintenu à 30 % pour toutes les années civiles postérieures à 2026.

Par dérogation aux deux alinéas précédents, la quantité initiale de quotas pour les secteurs ou sous-secteurs exposés à un risque important de fuite de carbone est de 100 % de la quantité déterminée conformément aux mesures mentionnées au paragraphe 1 de l'article 10 *bis* de la directive 2003/87/CE du 13 octobre 2003. À compter du 1er janvier 2021, ces secteurs et sous-secteurs sont déterminés par les actes délégués pris en application du paragraphe 5 de l'article 10 *ter* de la même directive.

Sous réserve de l'application du règlement (UE) 2023/956 du Parlement européen et du Conseil du 10 mai 2023 établissant un mécanisme d'ajustement carbone aux frontières, aucun quota n'est délivré à titre gratuit pour la fabrication des marchandises énumérées à l'annexe I du même règlement.

Par dérogation à l'avant-dernier alinéa du présent III, jusqu'au 31 décembre 2033, la fabrication des marchandises mentionnées à l'annexe I du règlement (UE) 2023/956 du Parlement européen et du Conseil du 10 mai 2023 précité fait l'objet d'une allocation de quotas à titre gratuit en quantités réduites. Ces quantités sont calculées par application d'un facteur de réduction à l'allocation de quotas à titre gratuit pour la fabrication de ces marchandises. Ce facteur est égal à 100 % pour la période comprise entre l'entrée en vigueur du même règlement et le 31 décembre 2025 et, sous réserve de l'application du b du paragraphe 2 de l'article 36 du même règlement, est égal à 97,5 % en 2026, à 95 % en 2027, à 90 % en 2028, à 77,5 % en 2029, à 51,5 % en 2030, à 39 % en 2031, à 26,5 % en 2032 et à 14 % en 2033.

IV. – La quantité de quotas délivrés gratuitement est égale par défaut à la quantité initiale de quotas définie au III.

Ces montants par défaut peuvent être adaptés dans les cas prévus au paragraphe 5 de l'article 10 *bis* de la directive 2003/87/CE du Parlement européen et du Conseil du 13 octobre 2003 précitée. Cette adaptation est effectuée de manière uniforme. Cependant, les installations dont les niveaux d'émission de gaz à effet de serre sont inférieurs à la moyenne des 10 % d'installations les plus efficaces d'un secteur ou d'un sous-secteur de l'Union européenne pour les référentiels pertinents au cours d'une année lors de laquelle une adaptation s'applique ne sont pas soumises à une telle adaptation.

IV *bis*. – Si une installation est concernée par l'obligation d'effectuer un audit énergétique ou de mettre en œuvre un système de management de l'énergie certifié en application de l'article 8 de la directive 2012/27/UE du Parlement européen et du Conseil du 25 octobre 2012 relative à l'efficacité énergétique, modifiant les directives 2009/125/CE et 2010/30/UE et abrogeant les directives 2004/8/CE et 2006/32/CE et si les recommandations du rapport d'audit ou du système de management de l'énergie certifié ne sont pas appliquées, à moins que le temps de retour sur investissement des investissements correspondants ne dépasse trois ans ou que le coût de ces investissements ne soit disproportionné, la quantité de quotas alloués à titre gratuit est réduite de 20 %. La quantité de quotas alloués à titre gratuit n'est pas réduite si l'exploitant démontre qu'il a mis en œuvre d'autres mesures de réduction des émissions de gaz à effet de serre équivalentes à celles qui sont recommandées dans le

(1) Dispositions d'application particulières : V. Ord. n° 2019-1034, 9 oct. 2019.

rapport d'audit ou dans le système de management de l'énergie certifié pour l'installation concernée. Les modalités d'application du présent IV *bis* sont fixées par décret en Conseil d'État.

IV *ter*. – La réduction de 20 % mentionnée au IV *bis* est également appliquée dans le cas où, au 1er mai 2024, un exploitant d'installations dont les niveaux d'émission de gaz à effet de serre sont supérieurs au quatre-vingtième centile des niveaux d'émission pour les référentiels de produits pertinents n'a pas établi, pour chacune de ces installations, un plan de neutralité climatique pour ses activités relevant du périmètre défini à l'article L. 229-5. Cette réduction s'applique aussi dans le cas où les valeurs cibles de ce plan n'ont pas été atteintes et ses jalons intermédiaires n'ont pas été respectés pour la période allant jusqu'au 31 décembre 2025 ou pour la période allant de 2026 à 2030. Ces valeurs cibles sont présumées ne pas avoir été atteintes et ces jalons intermédiaires sont présumés ne pas avoir été respectés dans le cas où l'atteinte et le respect n'ont pas été vérifiés aux frais de l'exploitant par un organisme accrédité à cet effet.

Le contenu du plan de neutralité climatique mentionné au premier alinéa du présent IV *ter* et les modalités de sa mise en œuvre et de son contrôle sont fixés par décret en Conseil d'État.

V. – Sur la base de la déclaration mentionnée au premier alinéa de l'article L. 229-16, pour les installations dont l'activité a augmenté ou diminué, selon une évaluation réalisée sur la base d'une moyenne mobile de deux années, de plus de 15 % par rapport au niveau initialement retenu pour déterminer la quantité de quotas délivrés gratuitement pour une période mentionnée au I, la quantité de quotas délivrés gratuitement pour cette période est adaptée conformément aux actes d'exécution mentionnés au paragraphe 21 de l'article 10 *bis* de la directive 2003/87/CE du 13 octobre 2003.

Les modalités d'application du présent V sont fixées par décret.

VI. – Par dérogation au IV, les modalités de délivrance des quotas à titre gratuit et de fixation des quantités de quotas délivrés gratuitement sont adaptées pour les installations nouvellement entrées dans le champ d'application de la présente section. Un décret en Conseil d'État précise ces modalités, ainsi que la définition des installations nouvellement entrées dans le champ d'application de la présente section. Aucun quota n'est délivré gratuitement au titre de la production d'électricité par des installations nouvellement entrées dans le champ d'application de la présente section.

Ces nouvelles dispositions sont applicables à compter du 1er janvier 2026.

Art. L. 229-16 ancien *(Dénum., Ord. n° 2019-1034, 9 oct. 2019. – V. C. env., art. L. 229-12).*

Art. L. 229-16 ***(Anc. art. L. 229-10 créé, Ord. n° 2004-330, 15 avr. 2004 ; abr., Ord. n° 2010-1232, 21 oct. 2010 ; rétabli dans la version suivante à compter d'une date fixée par décret et, au plus tard, le 30 juin 2011, L. fin. n° 2010-1657, 29 déc. 2010 ; indirectement abr. à compter du 1er janvier 2012, L. fin. n° 2011-1977, 28 déc. 2011 ; dénum. et rempl., Ord. n° 2019-1034, 9 oct. 2019).*** **– L'exploitant d'une installation éligible à la délivrance de quotas à titre gratuit en application de l'article L. 229-15 pour une année d'une période mentionnée au I de l'article L. 229-15 déclare les niveaux d'activité de son installation à l'autorité administrative dans un délai fixé par décret et selon des modalités fixées par les arrêtés prévus à l'article L. 229-6. Cette déclaration est vérifiée aux frais de l'exploitant par un organisme accrédité à cet effet.**

La délivrance de quotas à titre gratuit en application de l'article L. 229-15 pour une année d'une période mentionnée au I de ce même article est subordonnée à la déclaration par l'exploitant des niveaux d'activité de son installation. Cette déclaration est vérifiée aux frais de l'exploitant par un organisme accrédité à cet effet.

Rédaction antérieure. Art. L. 229-16 *(Ord. n° 2004-330, 15 avr. 2004 ; rempl. à compter du 1er juillet 2012, Ord. n° 2012-827, 28 juin 2012).* – I. – Un registre européen des quotas d'émission de gaz à effet de serre comptabilise les quotas ainsi que les unités définies à l'article L. 229-7 délivrés, détenus, transférés et annulés selon les modalités prévues par le règlement pris en application de l'article 19 de la directive 2003/87/CE du 13 octobre 2003.

II. – Le rôle d'administrateur national pour ce registre est délégué à titre exclusif à une personne morale désignée par décret en Conseil d'État, qui fixe en outre les modalités d'application du présent II, et notamment les missions du délégataire et les conditions de sa rémunération (1).

Voir : D. n° 2004-1412 du 23 déc. 2004, relatif au registre national des quotas d'émission de gaz à effet de serre (*JO* 28 déc. 2004, p. 22123) ;

– A. du 25 févr. 2005, fixant la liste des exploitants auxquels sont affectés des quotas d'émission de gaz à effet de serre et le montant des quotas affectés (*JO* 26 févr. 2005, n° 48, p. 3499, texte n° 97) ;

– A. du 9 mars 2005, portant approbation des modèles de la convention mentionnée à l'article 2 du décret n° 2004-1412 du 23 décembre 2004 relatif au registre national des quotas d'émission de gaz à effet de serre prévu par l'article L. 229-16 du Code de l'environnement (*JO* 23 mars 2005, n° 69, p. 4869, texte n° 23) ;

– A. du 13 juin 2005, modifiant l'arrêté du 25 février 2005 fixant la liste des exploitants auxquels sont affectés des quotas d'émission de gaz à effet de serre et le montant des quotas affectés (*JO* 28 sept. 2005). V. art. R. 229-34 et s., p. 2029.

(1) V. T. appl. : D. n° 2004-1412, 23 déc. 2004. – NDLR.

– A. du 28 déc. 2012, portant approbation des conventions types mentionnées à l'article R. 229-35 du Code de l'environnement relatif à l'administrateur national du registre européen des quotas d'émission de gaz à effet de serre ;

– A. du 21 déc. 2012, fixant pour l'année 2012 le montant des frais de tenue de compte des détenteurs de quotas prévu à l'article R. 229-36 du Code de l'environnement ;

– A. du 26 déc. 2011, fixant pour l'année 2011 le montant des frais de tenue de compte des détenteurs de quotas prévu à l'article R. 229-36 du Code de l'environnement.

Bibliographie : *Révision annuelle des tarifs appliqués par l'administrateur national du registre européen de quotas de gaz à effet de serre pour l'année en cours : Énergie – Env. – Infrastr.* févr. 2017, n° 2, alerte 48. • A. Delbosc, P. Cuba-Sichler et D. Chaumontet, *Quotas de CO_2 : la fin programmée des attributions gratuites : Option fin.* 26 oct. 2009, n° 1049, p. 41.

Art. L. 229-17 ancien *(Dénum., Ord. n° 2019-1034, 9 oct. 2019. – V. C. env., art. L. 229-9).*

Art. L. 229-17 *(Anc. art. L. 229-11 créé, Ord. n° 2004-330, 15 avr. 2004 ; mod. à compter du 1er janvier 2013, Ord. n° 2012-827, 28 juin 2012 ; dénum. et mod., Ord. n° 2019-1034, 9 oct. 2019).* – **L'autorité administrative notifie aux exploitants des installations autorisées à émettre des gaz à effet de serre le montant total des quotas d'émission affectés au titre de chaque période et la quantité délivrée chaque année.**

Un décret en Conseil d'État fixe les modalités de notification des décisions d'affectation et de délivrance des quotas, les conditions dans lesquelles les informations correspondantes sont rendues accessibles au public, les règles de délivrance annuelle des quotas gratuits, les règles applicables en cas de changement d'exploitant ou de cessation ou de transfert d'activité ainsi que les conditions dans lesquelles les décisions d'affectation ou de délivrance peuvent être contestés.

> **Rédaction antérieure.** Art. L. 229-17 *(Ord. n° 2004-330, 15 avr. 2004 ; mod. à compter du 1er juillet 2012 puis rempl. à compter du 1er janvier 2013, Ord. n° 2012-827, 28 juin 2012).* – L'État peut inclure, après approbation de la Commission européenne, des activités et des gaz à effet de serre qui ne sont pas mentionnés à l'annexe I de la directive 2003/87/CE du 13 octobre 2003.
>
> L'application du système d'échange de quotas d'émission aux activités et gaz ci-dessus ainsi que l'affectation de quotas supplémentaires évitent les distorsions potentielles de concurrence et préservent l'intégrité environnementale de ce système.

Sous-section 3. – Dispositions particulières applicables aux aéronefs

(Division créée, Ord. n° 2019-1034, 9 oct. 2019)

Art. L. 229-18 ancien *(Dénum., Ord. n° 2019-1034, 9 oct. 2019. – V. C. env., art. L. 229-10).*

Art. L. 229-18 *(Anc. art. L. 229-12 créé, Ord. n° 2004-330, 15 avr. 2004 ; abr., L. n° 2008-757, 1er août 2008 ; rétabli, Ord. n° 2010-1232, 21 oct. 2010 ; mod. à compter du 1er janvier 2013, Ord. n° 2012-827, 28 juin 2012 ; mod., L. n° 2015-992, 17 août 2015 ; dénum. et mod., Ord. n° 2019-1034, 9 oct. 2019 ; rempl., L. n° 2024-364, 22 avr. 2024).* – **Les dispositions du présent article s'appliquent aux exploitants d'aéronef mentionnés à l'article L. 229-5.**

I *(Abr. à compter du 1er janvier 2026, L. n° 2024-364, 22 avr. 2024).* – **Des quotas d'émission de gaz à effet de serre sont délivrés gratuitement, sur demande, par l'autorité administrative aux exploitants d'aéronef. Ces quotas sont affectés au titre d'une période déterminée et délivrés annuellement.**

***Au sens du présent article,* on entend par « période » la période de temps au titre de laquelle des quotas sont affectés à des exploitants d'aéronef. Les périodes sont définies par décret.**

II. – Pour chaque période, chaque exploitant d'aéronef peut solliciter l'affectation de quotas délivrés à titre gratuit en soumettant à l'autorité compétente une demande rendant compte, selon les modalités fixées par l'arrêté relatif aux exploitants d'aéronefs prévu à l'article L. 229-6, de son activité aérienne en termes de tonnes-kilomètres pendant « l'année de surveillance », cette année étant définie comme l'année 2010 pour la première période et l'année civile se terminant vingt-quatre mois avant le début de la période pour les périodes à partir de 2013.

Le nombre de quotas affectés à titre gratuit à chaque exploitant d'aéronef est calculé par l'autorité administrative en suivant les modalités précisées par décret en Conseil d'État.

Ces quotas sont délivrés annuellement.

III. – Pour chaque période à partir de 2013, les exploitants d'aéronef peuvent solliciter, avant le 30 juin de la troisième année de la période, l'affectation de quotas à titre gratuit en provenance de la réserve spéciale mentionnée à l'article 3 *septies* de la directive 2003/87/CE du 13 octobre 2003 :

***a)* S'ils ont commencé à exercer une activité aérienne après l'année de surveillance ;**

***b)* Ou si leurs déclarations d'activité en termes de tonnes-kilomètres traduisent une augmentation annuelle moyenne supérieure à 18 % entre l'année de surveillance et la deuxième année civile de cette période.**

Aucun quota de la réserve spéciale ne peut être affecté si les activités mentionnées au point *a* ou le surcroît d'activité mentionné au point *b* s'inscrivent, pour partie ou dans leur intégralité, dans le cadre de la poursuite d'une activité aérienne exercée auparavant par un autre exploitant d'aéronef.

Afin de bénéficier de cette affectation, chaque exploitant concerné soumet à l'autorité compétente une demande rendant compte de son activité aérienne en termes de tonnes-kilomètres pendant la deuxième année civile de la période, selon les modalités fixées par l'arrêté relatif aux exploitants d'aéronefs prévu à l'article L. 229-6.

Le nombre de quotas de la réserve spéciale affectés à titre gratuit à chaque exploitant d'aéronef est calculé par l'autorité administrative en suivant des modalités précisées par décret en Conseil d'État.

Un exploitant d'aéronef relevant du point *b* ne peut se voir affecter plus de 1 000 000 de quotas de la réserve spéciale.

Les quotas affectés à titre gratuit à un exploitant d'aéronef au titre de la réserve spéciale sont délivrés annuellement.

Rédaction antérieure. Art. L. 229-18 *(Ord. n° 2004-330, 15 avr. 2004 ; mod., Ord. n° 2010-1232, 21 oct. 2010 ; mod. à compter du 1er juillet 2012 puis à compter du 1er janvier 2013, Ord. n° 2012-827, 28 juin 2012).* – I. – L'exploitant ne peut céder les quotas qu'il détient, dans la limite de ceux qui lui ont été délivrés au titre d'une installation ou de ses activités aériennes et d'une année déterminée :

– en cas d'absence de déclaration de sa part des émissions de l'installation ou résultant de ses activités aériennes au cours de cette année avant une date fixée par décret ;

– *(L. n° 2015-1567, 2 déc. 2015)* ou lorsque des quotas gratuits ont été délivrés en excédent et que l'exploitant ne les a pas rendus en totalité alors que ceci lui a été ordonné en application de l'article L. 229-11-1 ;

– ou lorsque l'inspection des installations classées constate que la déclaration relative aux émissions de l'installation au cours de cette année ne répond pas aux conditions fixées par l'arrêté relatif aux installations classées prévu à l'article L. 229-6. La décision, qui doit être motivée, intervient alors au plus tard à l'expiration du délai mentionné au III de l'article L. 229-14 ;

– ou lorsque l'Autorité de sûreté nucléaire constate que la déclaration relative aux émissions des équipements et installations mentionnés au premier alinéa de l'article L. 593-3 ou des installations classées mentionnées au deuxième alinéa de ce même article au cours de cette année ne répond pas aux conditions fixées par l'arrêté prévu à l'article L. 229-6 qui leur est applicable. La décision, qui doit être motivée, intervient alors au plus tard à l'expiration du délai mentionné au III de l'article L. 229-14 ;

– ou lorsque l'autorité compétente constate que la déclaration relative aux émissions résultant de ses activités aériennes de l'année, ou la vérification de celle-ci, ne répondent pas aux conditions fixées par l'arrêté relatif aux exploitants d'aéronef prévu à l'article L. 229-6.

L'exploitant recouvre la disponibilité de ses quotas lorsqu'une déclaration de sa part a été jugée satisfaisante ou, à défaut, lorsque le volume des émissions a été arrêté d'office par l'autorité administrative, sur la base d'un calcul forfaitaire établi au plus tard deux mois après qu'il a été informé du caractère insatisfaisant de sa déclaration ou, en cas d'absence de déclaration, au plus tard le 31 mai. Un arrêté précise les méthodes utilisées pour ce calcul et les conditions dans lesquelles l'exploitant est préalablement consulté.

II. – Chaque année, lorsqu'à une date fixée par décret l'exploitant ou le mandataire n'a pas restitué un nombre de quotas suffisant pour couvrir ses émissions de l'année précédente, et lorsque l'autorité chargée de la tenue du registre européen mentionné à l'article L. 229-16 a informé l'autorité administrative de l'inobservation de cette obligation et de l'excédent d'émissions de gaz à effet de serre par rapport au nombre de quotas restitués, l'autorité compétente met en demeure l'exploitant ou le mandataire de satisfaire à cette obligation dans un délai d'un mois.

L'autorité administrative prononce à l'encontre de l'exploitant ou du mandataire qui ne respecte pas les prescriptions de la mise en demeure dans le délai imparti une amende proportionnelle au nombre de quotas non restitués. Le paiement de l'amende ne libère pas l'exploitant ou le mandataire de l'obligation de restituer une quantité de quotas égale au volume des émissions excédentaires. Il doit s'acquitter de cette obligation au plus tard l'année suivante. Les quotas qu'il détient demeurent incessibles et une nouvelle amende est prononcée chacune des années suivantes tant qu'il n'est pas satisfait à cette obligation.

(Mod., L. n° 2015-1567, 2 déc. 2015) Le montant de cette amende est fixé à 100 € par quota non restitué. Il augmente conformément à l'évolution, depuis le 1er janvier 2013, de l'indice des prix à la consommation harmonisé de l'Union européenne.

L'autorité administrative prononce à l'encontre de l'exploitant d'une installation exclue du système d'échange en application de l'article L. 229-5-1 une amende proportionnelle au volume des émissions excédentaires. Le montant de cette amende est fixé par décret. Il correspond à la valeur moyenne du quota d'émission pendant l'année précédant la déclaration d'émissions par tonne équivalent dioxyde de carbone.

Le recouvrement de ces amendes est effectué au profit du Trésor public comme en matière de créances étrangères à l'impôt et au domaine.

La décision prononçant l'amende peut en outre prévoir que le nom de l'exploitant ou du mandataire sera rendu public lorsqu'elle sera devenue définitive.

Au cas où un exploitant d'aéronef mentionné à l'article L. 229-5 ne se conforme pas aux exigences du présent II, il peut faire l'objet d'une interdiction d'exploitation dans les conditions prévues à l'article 16 de la directive 2003/87/CE du 13 octobre 2003.

1) La notion d'« émission excédentaire », passible d'une amende fixée par la directive 2003/87/CE elle-même, est assimilée à un manquement à l'obligation de restituer, au plus tard le 30 avril, un nombre de quotas suffisants pour couvrir les émissions de l'année précédente. Disposer à cette date d'un nombre suffisant de quotas n'y change rien, sauf cas de force majeure. Et le juge national ne saurait moduler le montant de cette amende au nom du principe de proportionnalité, ▪ CJUE, 17 oct. 2013, aff. C-203/12, *Amende pour émission excédentaire : rien ne sert de feindre l'étourderie* : *RJEP* 2014, n° 4, p. 28, obs. H. Cassagnabere.

2) Restitution et annulation des quotas. La Cour de justice de l'Union européenne a précisé que l'amende est due même si l'exploitant disposait des quotas nécessaires dès lors qu'il a manqué à son obligation de restitution, sauf force majeure (▪ CJUE, 17 oct. 2013, aff. C-203/12, *Billerud Karlsborg AB et Billerud Skärblacka AB c/ Naturvårdsverket*, §§ 28 et 31 : *Europe* 2013, comm. 546, obs. D. Simon ; *RJEP* 2014, comm. 17, note H. Cassagnabère). Le montant de cette amende forfaitaire ne peut en aucun cas être modulé et n'est pas contraire au principe de proportionnalité car bien que « relativement élevé », le niveau de l'amende « est justifié par la nécessité que les manquements à l'obligation de restituer un nombre suffisant de quotas soient traités de manière stricte et cohérente dans l'ensemble de l'Union » (§ 38 à 40).

Il s'agit des nouvelles dispositions applicables aux aéronefs. On se référera au guide édicté par le ministère de la Transition écologique et de la Cohésion des territoires, mis à jour le 23 juillet 2024, intitulé « système d'échange de quotas d'émission des compagnies aériennes ». Il présente les nouveautés 2023 : le dispositif, la réglementation, le champ géographique, la surveillance, la déclaration des émissions annuelles, l'activité, le compte dans le registre de l'Union européenne, les sanctions pour non-restitution des émissions, le modèle des plans de surveillance, les déclarations phase 4 à mettre en place.

À compter de 2024, les exigences relatives à la troisième période font l'objet de révisions dans le cadre du *Fit for* 55. L'allocation effective des quotas d'aviation tient compte de la réduction du champ d'application aux seuls vols opérés au sein de l'Espace économique européen et des ajustements nécessaires après le *Brexit*. Le texte de base correspond à la directive 2003/87/CE du Parlement et du Conseil modifiée établissant un système d'échange de quotas d'émission. L'affectation des exploitants aériens aux États est définie par le règlement 109/2013 de la Commission du 29 janvier 2013 modifiant le règlement 748/2009 concernant la liste des exploitants d'aéronefs ayant exercé une activité aérienne visée à l'annexe de la directive 2003/87/CE du Parlement européen et du Conseil.

S'agissant de la surveillance du reportage, du *reporting* et des vérifications, il faut se reporter là aussi à la directive 2003/87/CE et au règlement d'exécution 2018/2066 de la Commission du 19 décembre 2018 relatif à la surveillance et à la déclaration des émissions de gaz à effet de serre au titre de la directive 2003/87/CE. Par ailleurs, l'arrêté du 24 juin 2013 relatif à la surveillance, à la déclaration et à la vérification des émissions et des données relatives aux tonnes-kilomètres des exploitants d'aéronefs dans le cadre du système européen d'échange de quotas d'émission demeure applicable.

S'agissant des accréditations et des vérificateurs, outre la directive 2003/87/CE, il convient de se référer au règlement 765/2008 du Parlement européen et du Conseil du 9 juillet 2008 fixant les prescriptions relatives à l'accréditation et au règlement d'exécution 2018/2067 de la Commission du 19 décembre 2018 concernant la vérification des données et l'accréditation des vérificateurs conformément à la directive 2003/87/CE. Par ailleurs, il existe un tableau de vérificateurs accrédités en France établie par le COFRAC.

S'agissant des registres, on se référera au règlement 2019/1122 du 12 mars 2019 complétant la directive 2003/87 en ce qui concerne le fonctionnement du registre de l'Union et à l'arrêté du 25 décembre 2023 fixant pour l'année 2023 le montant des frais de tenue de compte des détenteurs de quotas, prévus à l'article L. 229-36 du Code de l'environnement.

En ce qui concerne les enchères et les quotas gratuits à la base de la directive 2003/87/CE, il faut ajouter le règlement délégué 2023/2830 de la Commission du 17 octobre 2023 complétant la précédente directive par l'établissement de règles relatives au calendrier, à la gestion et à d'autres aspects de la mise en enchères des quotas d'émission de gaz à effet de serre, à la décision 2011/389 de la Commission du 30 juin 2011 relative à la quantité de quotas pour l'ensemble de l'Union visée à l'article 3 *sexies* paragraphe 3 *a)* à *d)* de la directive 2003/87/CE, à la décision 2011/638 de la Commission du 26 septembre 2011 relative au référentiel, utilisé pour allouer à titre gratuit des quotas d'émission de gaz à effet de serre aux exploitants d'aéronefs, ainsi qu'à l'arrêté du 17 mars 2022 fixant le nombre de quotas d'émission de gaz à effet de serre alloué à titre gratuit aux exploitants d'aéronefs pour la période 2021-2023.

Art. L. 229-18-1 *(L. n° 2024-364, 22 avr. 2024)*. – I. – Par dérogation au II de l'article L. 229-7, les exploitants d'aéronef ne sont pas tenus de restituer des quotas en ce qui concerne les émissions rejetées jusqu'au 31 décembre 2026 et résultant de vols :

1° Reliant les États parties à l'accord sur l'Espace économique européen et les États énumérés dans l'acte d'exécution adopté en application du paragraphe 3 de l'article 25 *bis* de la directive 2003/87/CE du Parlement européen et du Conseil du 13 octobre 2003 précitée ;

2° Reliant les États parties à l'accord sur l'Espace économique européen et les États qui ne sont pas énumérés dans l'acte d'exécution mentionné au 1° du présent I, autres que les vols à destination de la Suisse et du Royaume-Uni.

II. – Par dérogation au II de l'article L. 229-7, les exploitants d'aéronef ne sont pas tenus de restituer des quotas en ce qui concerne les émissions résultant de vols reliant l'Espace économique européen et les pays les moins avancés ou les petits États insulaires en développement définis par les Nations unies, autres que ceux qui sont énumérés dans l'acte d'exécution mentionné au 1° du I du présent article et que ceux dont le produit intérieur brut par habitant est égal ou supérieur à la moyenne du produit intérieur brut par habitant de l'Union européenne.

III. – Par dérogation au II de l'article L. 229-7, jusqu'au 31 décembre 2030, les exploitants d'aéronef ne sont pas tenus de restituer des quotas en ce qui concerne les émissions résultant de vols reliant un aérodrome situé dans une région ultrapériphérique d'un État membre de l'Union européenne et un aérodrome situé dans le même État membre, y compris si celui-ci est également situé dans une région ultrapériphérique.

Art. L. 229-18-2 *(Créé à compter du 1er janvier 2025, L. n° 2024-364, 22 avr. 2024)*. – Chaque exploitant surveille et déclare à l'autorité administrative compétente, au terme de chaque année civile, les effets hors dioxyde de carbone mentionnés à l'article L. 229-5 de chaque aéronef qu'il exploite, dans des conditions précisées par arrêté du ministre chargé des transports.

Sous-section 3 *bis*. – Dispositions particulières aux compagnies maritimes

(L. n° 2024-364, 22 avr. 2024)

Art. L. 229-18-3 *(L. n° 2024-364, 22 avr. 2024)*. – I. – En ce qui concerne les activités maritimes, la restitution de quotas prévue à l'article L. 229-7 s'applique aux activités de transport maritime couvertes par l'article 2 du règlement (UE) 2015/757 du Parlement européen et du Conseil du 29 avril 2015 concernant la surveillance, la déclaration et la vérification des émissions de gaz à effet de serre du transport maritime et modifiant la directive 2009/16/CE, à l'exception des activités couvertes par le paragraphe 1 *bis* du même article 2 et, jusqu'au 31 décembre 2026, par le paragraphe 1 *ter* dudit article 2.

Cette restitution prend en compte les émissions de dioxyde de carbone ainsi que, à partir du 1er janvier 2026, les émissions de méthane et de protoxyde d'azote.

II. – La restitution de quotas mentionnée au I du présent article s'applique pour 50 % des émissions des navires effectuant des voyages au départ d'un port d'escale relevant de la juridiction d'un État membre et à destination d'un port situé en dehors de la juridiction d'un État membre ou dans un pays et territoire d'outre-mer, pour 50 % des émissions des navires effectuant des voyages au départ d'un port d'escale situé en dehors de la juridiction d'un État membre ou dans un pays et territoire d'outre-mer et à destination d'un port relevant de la juridiction d'un État membre, pour 100 % des émissions des navires effectuant des voyages au départ et à destination d'un port d'escale relevant de la juridiction d'un État membre, à l'exception des ports situés dans un pays et territoire d'outre-mer, et pour 100 % des émissions des navires à quai dans un port d'escale relevant de la juridiction d'un État membre, à l'exception des ports situés dans un pays et territoire d'outre-mer.

Deux périodes se distinguent : de 2024 à 2026 et après 2026. Pour obtenir toutes les informations pratiques, on se reportera aux documents émanant du secrétariat d'État chargé de la mer et de la biodiversité, mis à jour le 14 février 2024, et au point de contact privilégié correspondant au bureau de la transition écologique des navires de la direction générale des Affaires maritimes, de la Pêche et de l'Aquaculture.

En ce qui concerne les textes applicables, en dehors de la directive de base, on citera la décision d'exécution 2024/411 de la Commission du

30 janvier 2024 relative à la liste des compagnies maritimes dans laquelle est indiquée l'autorité responsable d'une compagnie maritime, le règlement d'exécution 2023/2297 de la Commission du 26 octobre 2023 portant recensement des ports voisins de transbordement de conteneurs conformément à la directive 2003/87/CE du Parlement européen et du Conseil, le règlement d'exécution 2023/2599 de la Commission du 22 novembre 2023 établissant les règles aux fins de l'application de la directive 2003/87/CE du Parlement européen et du Conseil en ce qui concerne l'administration des compagnies maritimes.

S'agissant de la surveillance des déclarations de la vérification des émissions, on se reportera au règlement 2015/257 du Parlement européen et du Conseil du 29 avril 2015 concernant la surveillance, la déclaration et la vérification des émissions de dioxyde de carbone du secteur du transport maritime et modifiant la directive 2009/16/CE, le règlement d'exécution 2023/2449 de la Commission du 6 novembre 2023 portant modalités d'application du règlement 2015/757 du Parlement européen et du Conseil en ce qui concerne les modèles à utiliser pour les plans de surveillance et les déclarations, le règlement délégué 2023/2776 de la Commission du 12 octobre 2023 modifiant le règlement 2015/757 du Parlement européen et du Conseil en ce qui concerne les règles pour la surveillance des émissions de gaz à effet de serre du transport maritime, le règlement délégué 2023/2849 de la Commission du 12 octobre 2003 complétant le règlement 2015/757 du Parlement européen et du Conseil en ce qui concerne les règles relatives à la déclaration de soumission des données d'émissions agrégées.

Art. L. 229-18-4 *(L. n° 2024-364, 22 avr. 2024)*. **– I. – Les compagnies maritimes restituent à l'autorité administrative, sous peine des sanctions prévues à l'article L. 229-10, un nombre de quotas égal à 40 % du total des émissions de dioxyde de carbone résultant de leurs activités maritimes durant l'année civile 2024, puis à 70 % du total des émissions de dioxyde de carbone durant l'année civile 2025, puis à 100 % du total des émissions de gaz de serre à partir de l'année civile 2026, telles qu'elles ont été déclarées, vérifiées et validées conformément au III de l'article L. 229-7.**

II. – Jusqu'au 31 décembre 2030, il n'est tenu compte, pour l'application du I du présent article, ni des émissions qui ont lieu lors de voyages entre un port d'escale situé dans une région ultrapériphérique d'un État membre de l'Union européenne et un port d'escale situé dans le même État membre, y compris si celui-ci est également situé dans une région ultrapériphérique, ni des émissions à quai de ces navires en rapport avec ces voyages.

III. – Jusqu'au 31 décembre 2030, les compagnies maritimes peuvent restituer 5 % de quotas en moins par rapport aux émissions vérifiées de leurs navires de « classe glace », à condition que ces navires appartiennent à la « classe glace » « IA » ou « IA Super » ou à une « classe glace » équivalente, établie sur la base de la recommandation 25/7 de la commission pour la protection de l'environnement marin dans la région de la mer Baltique.

IV. – Jusqu'au 31 décembre 2030, il n'est tenu compte, pour l'application du I, ni des émissions produites par les voyages effectués par des navires à passagers, autres que les navires de croisière, ou par des navires rouliers à passagers, entre une île et un port figurant sur la liste mentionnée au second alinéa du paragraphe 3 -*quinquies* de l'article 12 de la directive 2003/87/CE du Parlement européen et du Conseil du 13 octobre 2003 établissant un système d'échange de quotas d'émission de gaz à effet de serre dans la Communauté et modifiant la directive 96/61/CE du Conseil, ni des émissions résultant des activités à quai de ces navires en relation avec ces voyages.

V. – Jusqu'au 31 décembre 2030, il n'est tenu compte, pour l'application du I du présent article, ni des émissions produites par les voyages effectués par des navires à passagers ou par des navires rouliers à passagers dans le cadre d'un contrat de service public transnational ou d'une obligation de service public au niveau transnational, objet de l'acte d'exécution mentionné au paragraphe 3 -*quater* de l'article 12 de la directive 2003/87/CE du Parlement européen et du Conseil du 13 octobre 2003 précitée, ni des émissions résultant des activités à quai de ces navires en relation avec ces voyages.

Art. L. 229-18-5 *(L. n° 2024-364, 22 avr. 2024)*. **– Lorsque la responsabilité finale de l'achat du carburant ou de l'exploitation du navire est assumée par une entité autre que la compagnie maritime en application d'un accord contractuel, celle-ci a le droit de se faire rembourser par cette entité les coûts résultant de la restitution des quotas.**

Pour l'application du présent article, on entend par « exploitation du navire » le fait de déterminer la cargaison transportée ou la route et la vitesse du navire. La compagnie maritime reste l'entité légalement responsable de la restitution des quotas, en application de l'article L. 229-7 et du I de l'article L. 229-18-4.

Art. L. 229-18-6 *(L. n° 2024-364, 22 avr. 2024).* **– Dans les conditions prévues au paragraphe 3 de l'article 20 du règlement (UE) 2015/757 du Parlement européen et du Conseil du 29 avril 2015 précité, l'immobilisation ou l'expulsion et l'interdiction d'accès aux ports d'un navire peuvent être décidées dans le cas où une compagnie maritime n'a pas, pendant au moins deux périodes de déclaration consécutives, effectué pour ce navire la surveillance prévue à la section 3 du chapitre II du même règlement ni la déclaration d'émissions prévue à l'article 11 dudit règlement ou n'a pas obtenu le document de conformité de sa déclaration annuelle d'émissions de gaz à effet de serre prévu à l'article 17 du même règlement et a fait l'objet de la sanction prévue à l'article L. 226-10 du présent code ou d'une sanction prévue pour les mêmes infractions dans un autre État membre de l'Union européenne, sans avoir encore satisfait à ses obligations.**

Art. L. 229-18-7 *(L. n° 2024-364, 22 avr. 2024).* **– Si, pendant au moins deux années consécutives, une compagnie maritime n'a pas restitué un nombre de quotas suffisant pour couvrir ses émissions de l'année précédente dans les conditions prévues à l'article L. 229-7 et à la présente sous-section et a fait l'objet de la sanction prévue au II de l'article L. 229-10 ou de sanctions prévues pour les mêmes manquements dans un autre État membre de l'Union européenne sans procéder à cette restitution dans les délais qui lui étaient impartis, l'autorité compétente peut, après l'avoir mise en mesure de présenter ses observations :**

1° Prononcer l'immobilisation de tout navire battant pavillon français dont cette compagnie est responsable présent ou entrant dans un port français. La décision est levée lorsque la compagnie maritime justifie qu'elle satisfait pleinement à ses obligations de restitution ;

2° Prononcer une décision d'expulsion si un navire qui bat pavillon d'un autre État membre de l'Union européenne ou d'un État tiers et dont cette compagnie est responsable est présent ou entrant dans un port français. La décision est levée lorsque la compagnie maritime justifie qu'elle satisfait pleinement à ses obligations de restitution.

Art. L. 229-18-8 *(L. n° 2024-364, 22 avr. 2024).* **– Sans préjudice des règles maritimes internationales applicables au cas des navires en détresse, lorsqu'une compagnie maritime a fait l'objet d'une décision d'expulsion ou que l'un des navires dont elle a la responsabilité a fait l'objet d'une décision d'immobilisation par les autorités françaises en application de l'article L. 229-18-7 ou par un autre État membre de l'Union européenne en application de dispositions de transposition du paragraphe 11 *bis* de l'article 16 de la directive 2003/87/CE du Parlement européen et du Conseil du 13 octobre 2003 précitée, l'autorité compétente, après avoir mis la compagnie maritime en mesure de présenter ses observations :**

1° Prononce l'immobilisation de tout navire exploité par cette compagnie battant pavillon français présent ou entrant dans un port français. La décision est levée lorsque la compagnie maritime justifie qu'elle satisfait pleinement à ses obligations de restitution ;

2° Refuse l'accès aux ports et aux mouillages sur l'ensemble de son territoire national à tout navire exploité par cette compagnie et battant pavillon d'un autre État membre de l'Union européenne ou d'un État tiers. La décision est levée lorsque la compagnie maritime justifie qu'elle satisfait pleinement à ses obligations de restitution.

Sous-section 4. – Dispositions diverses

(Division créée, Ord. n° 2019-1034, 9 oct. 2019)

Art. L. 229-19 *(Ord. n° 2004-330, 15 avr. 2004).* **– Les modalités d'application de la présente section sont fixées par décret en Conseil d'État** (1).

Ces dispositions sont extrêmement importantes, car elles sont à la base de ce que l'on appelle le marché carbone non réglementé, pour lequel l'Union européenne est en train d'éditer un règlement autour duquel un accord politique est intervenu au printemps 2024. Le règlement est intervenu le 6 décembre 2024 (Règl. [UE] 2024/3012).

Le marché carbone est issu du protocole de Kyoto et des engagements pris pour la période 2008-2012. Le marché était au départ conçu pour les États, mais a été étendu aux agents économi-

(1) V. T. appl. : D. n° 2004-832, 19 août 2004. – NDLR.

ques, notamment par l'utilisation du système d'échange de quotas d'émission, institué par l'Union européenne. Ce sont ces échanges de quotas, crédits résultant du protocole de Kyoto et du système européen, qui constituent le marché carbone.

Section II

Section III. – Unités définies par le protocole fait à Kyoto le 11 décembre 1997 à la convention-cadre des Nations unies sur les changements climatiques du 9 mai 1992 (1) et autres unités

(L. n° 2005-1319, 26 oct. 2005 ; intitulé rempl., Ord. n° 2010-1232, 21 oct. 2010 ; intitulé mod. à compter du 1er janvier 2013, Ord. n° 2012-827, 28 juin 2012)

Sous-section 1. – Mise en œuvre des activités de projet prévues par le protocole de Kyoto

(Division créée, Ord. n° 2010-1232, 21 oct. 2010)

Art. L. 229-20 ***(L. n° 2005-1319, 26 oct. 2005 ; mod., Ord. n° 2019-1034, 9 oct. 2019).*** **– I. – Au sens du présent chapitre, une activité de projet est un projet agréé conformément aux articles 6 ou 12 du protocole fait à Kyoto le 11 décembre 1997 à la convention-cadre des Nations unies sur les changements climatiques (1) et aux décisions prises par les parties pour leur mise en œuvre par un ou plusieurs des États mentionnés à l'annexe I de la convention-cadre des Nations unies sur les changements climatiques et ayant ratifié le protocole de Kyoto (1).**

II ***(Abr. à compter du 1er janvier 2021, Ord. n° 2019-1034, 9 oct. 2019).***

Art. L. 229-21 ***(L. n° 2005-1319, 26 oct. 2005 ; mod. à compter du 1er juillet 2012, Ord. n° 2012-827, 28 juin 2012 ; mod., Ord. n° 2019-1034, 9 oct. 2019).*** **– Sous réserve que la France satisfasse aux critères d'éligibilité relatifs aux cessions et acquisitions d'unités définis par le protocole de Kyoto précité et par les décisions prises par les parties pour sa mise en œuvre, toute personne peut acquérir, détenir et céder des unités visées à l'article L. 229-22 résultant de la mise en œuvre d'activités de projet.**

Afin d'assurer le respect des engagements internationaux de maîtrise des émissions de gaz à effet de serre pris par la France, le ministre chargé de l'environnement peut limiter le report des unités détenues dans le registre européen mentionné à l'article L. 229-12 à l'issue de la période constituée des années civiles 2013 à 2020 et à l'issue de chaque période mentionnée au I de l'article L. 229-15 dans les conditions fixées par le décret en Conseil d'État prévu à l'article L. 229-24-2.

Art. L. 229-22 ***(L. n° 2005-1319, 26 oct. 2005 ; mod., L. n° 2008-757, 1er août 2008 ; mod. à compter du 1er juillet 2012, Ord. n° 2012-827, 28 juin 2012 ; mod., Ord. n° 2019-1034, 9 oct. 2019).*** **– I. – Les unités de réduction des émissions et les unités de réduction d'émissions certifiées, respectivement délivrées en application des articles 6 et 12 du protocole de Kyoto précité et des décisions prises par les parties pour leur mise en œuvre, ainsi que les unités de réduction certifiées des émissions temporaires et les unités de réduction certifiées des émissions durables sont des biens meubles exclusivement matérialisés par une inscription au compte de leur détenteur dans le registre européen mentionné à l'article L. 229-12. Ils sont négociables, transmissibles par virement de compte à compte et confèrent des droits identiques à leurs détenteurs. Ils peuvent être cédés dès leur délivrance.**

Chacune de ces unités représente l'émission de l'équivalent d'une tonne de dioxyde de carbone.

II. – Les unités de réduction certifiées des émissions et les unités de réduction certifiées des émissions durables sont définies à l'article 2 du règlement (CE) n° 2216/2004 de la Commission, du 21 décembre 2004, concernant un système de registres normalisé et sécurisé conformément à la directive 2003/87/CE du Parlement européen et du Conseil et à la décision n° 280/2004/CE du Parlement européen et du Conseil.

1) Transfert des quotas d'émission de GES et opérations portant réduction d'émissions certifiées ou vérifiées : un rescrit de l'administration fiscale précise les dispositifs d'autoliquidation

(1) Prot. 11 déc. 1997 publié par D. n° 2005-295, 22 mars 2005 et Conv. 9 mai 1992 publiée par D. n° 94-501, 20 juin 1994. – NDLR.

de la TVA prévue par l'article 283 du Code général des impôts pour les transferts d'unités de réduction d'émissions vérifiées. V. art. M.-C. Sgarra : *BOFIP*, actualité 26 oct. 2022, BOI-RES-TVA-000075.

Les unités carbone comme les quotas de CO_2 sont des biens meubles incorporels matérialisés par leur inscription au compte de leur détenteur, cessibles et valorisables par le titulaire au titre de la RSE. V. CMS, *Neutralité climatique – Quel cadre juridique pour la compensation volontaire ?* 24 juin 2021

L'article 6 de l'accord de Paris a mis un terme au mécanisme de compensation issu du protocole de Kyoto.

2) MOC et MDP. Un nouveau système appelé mécanisme de développement durable doit se substituer au MDP. Deux mécanismes en réalité sont prévus : le mécanisme de développement durable qui remplace le MDP et les approches coopératives entre États qui concernent les transferts de réduction entre pays. Le MDP a pris fin le 31 décembre 2020. La COP 26 a décidé que les nouveaux crédits carbone de compensation réglementée résulteraient du MDD, intitulés unités de réduction certifiée des émissions durables, et ils seront intégrés au système européen d'échange de quotas d'émission, donc librement accessibles. La conférence de Bakou a permis de mettre en œuvre les deux mécanismes de l'article 6, alinéas 2 et 4.

Bibliographie : P. Cuba-Sichler, *Le mécanisme de développement propre : vers une coopération réciproque : Décideurs juridiques et financiers* 1er mars 2009, nos 103-104, p. 86. • B. le Bars, *Les contraintes juridiques pesant sur les entreprises en matière de préservation de la qualité de l'air : Dr. env.* 2008, n° 160, p. 23.

Art. L. 229-23 ***(L. n° 2005-1319, 26 oct. 2005 ; mod., L. n° 2008-757, 1er août 2008 ; mod. à compter du 1er juillet 2012, Ord. n° 2012-827, 28 juin 2012 ; mod., Ord. n° 2019-1034, 9 oct. 2019).*** **– Les activités de projet prévues par l'article 6 du protocole de Kyoto précité, mises en œuvre sur le territoire national, réduisant ou limitant directement ou indirectement les émissions des installations visées à l'article L. 229-5, ne peuvent donner lieu à délivrance d'unités de réduction des émissions qu'après annulation d'une quantité équivalente de quotas d'émission de gaz à effet de serre dans le compte détenu par l'exploitant de l'installation concernée dans le registre européen mentionné à l'article L. 229-12.**

Sous-section 2. – Autres unités définies par le protocole de Kyoto

(Division créée, Ord. n° 2010-1232, 21 oct. 2010)

Art. L. 229-24 ***(Rempl., Ord. n° 2010-1232, 21 oct. 2010 ; mod. à compter du 1er juillet 2012, Ord. n° 2012-827, 28 juin 2012 ; mod., Ord. n° 2019-1034, 9 oct. 2019).*** **– I. – Les unités de quantité attribuée et les unités d'absorption, définies à l'article 2 du règlement (CE) n° 2216/2004 du 21 décembre 2004 concernant un système de registres normalisé et sécurisé conformément à la directive 2003/87/CE du Parlement européen et du Conseil et à la décision n° 280/2004/CE du Parlement européen et du Conseil, sont des biens meubles exclusivement matérialisés par une inscription au compte de leur détenteur dans le registre européen mentionné à l'article L. 229-12. Elles sont négociables, transmissibles par virement de compte à compte et confèrent des droits identiques à leurs détenteurs.**

II. – Les unités de quantité attribuée et les unités d'absorption peuvent être acquises, détenues et cédées par tout État mentionné à l'annexe B du protocole fait à Kyoto le 11 décembre 1997 (1) **et l'ayant ratifié, sous réserve qu'il satisfasse aux critères d'éligibilité relatifs aux cessions et acquisitions d'unités définis par le protocole de Kyoto précité et par les décisions prises par les parties pour sa mise en œuvre, ainsi que par toute personne morale y ayant son siège.**

Voir : art. R. 229-38 et s., p. 2036.

Bibliographie : P. Thieffry, *Renforcement du système d'échange de quotas d'émission de gaz à effet de serre : l'Union européenne prête pour l'après Kyoto : AJDA* 2010, p. 259. • E. Alberola et N. Stephan, *Les fonds carbone en 2010 : investissements dans les crédits Kyoto et réductions d'émissions : CDC Mission climat*, étude climat, n° 23, mai 2010. • J.-C. Bancal, J. Kalfon et Y. Liu, *Droit et Pratique du mécanisme pour un développement propre du protocole de Kyoto*, Bruylant, coll. « Feduci », 2010.

---

(1) Prot. 11 déc. 1997 publié par D. n° 2005-295, 22 mars 2005 et Conv. 9 mai 1992 publiée par D. n° 94-501, 20 juin 1994. – NDLR.

Sous-section 3 ancienne. – Dispositions communes

(Ord. n° 2010-1232, 21 oct. 2010 ; dénum. à compter du 1er janvier 2013, Ord. n° 2012-827, 28 juin 2012. – V. sous-section 4)

Art. L. 229-24-1 ancien (1) *(Ord. n° 2010-1232, 21 oct. 2010 ; dénum. à compter du 1er janvier 2013, Ord. n° 2012-827, 28 juin 2012. – V. C. env., art. L. 229-24-2).*

Sous-section 3. – Autres unités

(Créée à compter du 1er janvier 2013, Ord. n° 2012-827, 28 juin 2012)

Art. L. 229-24-1 *(Créé à compter du 1er janvier 2013, Ord. n° 2012-827, 28 juin 2012 ; mod., Ord. n° 2019-1034, 9 oct. 2019).* **– I. – Sous réserve que la France satisfasse aux critères d'éligibilité qui, le cas échéant, accompagnent les accords auxquels est partie l'Union européenne, toute personne peut acquérir, détenir et céder les unités mentionnées au IV de l'article L. 229-7.**

II. – Ces unités sont des biens meubles exclusivement matérialisés par une inscription au compte de leur détenteur dans le registre européen mentionné à l'article L. 229-12. Elles sont négociables, transmissibles par virement de compte à compte et confèrent des droits identiques à leurs détenteurs. Elles peuvent être cédées dès leur délivrance.

Sous-section 4. – Dispositions communes

(Anc. sous-sect. 3, dénum. à compter du 1er janvier 2013, Ord. n° 2012-827, 28 juin 2012)

Art. L. 229-24-2 *(Anc. L. 229-24-1, dénum. à compter du 1er janvier 2013, Ord. n° 2012-827, 28 juin 2012).* **– Un décret en Conseil d'État fixe les modalités de mise en œuvre de la présente section** (1).

Section IV. – Bilan des émissions de gaz à effet de serre et plan climat-air-énergie territorial

(L. n° 2010-788, 12 juill. 2010 ; intitulé mod., L. n° 2015-992, 17 août 2015)

Art. L. 229-25 *(L. n° 2010-788, 12 juill. 2010 ; mod., L. n° 2010-1563, 16 déc. 2010 ; mod. à compter du 1er janvier 2016, Ord. n° 2015-1737, 24 déc. 2015 ; mod. à compter du 9 novembre 2020, L. n° 2019-1147, 8 nov. 2019).* **– I. – Sont tenus d'établir un bilan de leurs émissions de gaz à effet de serre :**

1° Les personnes morales de droit privé employant plus de cinq cents personnes ;

2° Dans les régions et départements d'outre-mer, les personnes morales de droit privé employant plus de deux cent cinquante personnes exerçant les activités définies au 1° ;

3° L'État, les régions, les départements, les métropoles, les communautés urbaines, les communautés d'agglomération et les communes ou communautés de communes de plus de 50 000 habitants ainsi que les autres personnes morales de droit public employant plus de deux cent cinquante personnes.

Les personnes mentionnées aux 1° à 3° joignent à ce bilan un plan de transition pour réduire leurs émissions de gaz à effet de serre présentant les objectifs, moyens et actions envisagés à cette fin et, le cas échéant, les actions mises en œuvre lors du précédent bilan.

Ce bilan d'émissions de gaz à effet de serre et ce plan de transition sont rendus publics (2). **Ils sont mis à jour tous les quatre ans pour les personnes mentionnées aux 1° et 2° et tous les trois ans pour les personnes mentionnées au 3°.**

Les collectivités territoriales et leurs groupements mentionnés au 3° du présent I et couverts par un plan climat-air-énergie territorial prévu à l'article L. 229-26 peuvent intégrer leur bilan d'émissions de gaz à effet de serre et leur plan de transition dans ce plan climat-air-énergie territorial. Dans ce cas, ils sont dispensés des obligations mentionnées au présent article.

(1) V. T. appl. : D. n° 2006-622, 29 mai 2006 (*JO* 30 mai 2006). – NDLR.

(2) Le ministre chargé de l'écologie met, au plus tard le 30 septembre 2011, à la disposition des collectivités territoriales et de leurs groupements la méthode d'établissement du bilan prévue au présent alinéa, D. n° 2011-829, 11 juill. 2011, art. 2.

(Abr. à compter du 1er janvier 2025, Ord. n° 2023-1142, 6 déc. 2023).

Une méthode d'établissement de ce bilan est mise gratuitement à la disposition des collectivités territoriales et de leurs groupements.

Les bilans des émissions de gaz à effet de serre des personnes mentionnées au 3° portent sur leur patrimoine et sur leurs compétences.

Dans chaque région, le préfet de région et le président du conseil régional sont chargés de coordonner la collecte des données, de réaliser un état des lieux et de vérifier la cohérence des bilans.

II. – Les personnes morales assujetties transmettent par voie électronique à l'autorité administrative les informations relatives à la mise en œuvre de cette obligation.

Les données transmises sont exploitées par l'autorité administrative à des fins d'études statistiques.

Un arrêté du ministre chargé de l'environnement détermine les données à renseigner sur la plate-forme informatique mise en place pour assurer cette transmission et, en fonction des catégories d'utilisateurs, les restrictions d'accès nécessaires à la protection de la confidentialité des données (1).

III *(Mod., L. n° 2023-973, 23 oct. 2023).* **– Dans des conditions fixées par décret en Conseil d'État, l'autorité administrative sanctionne les manquements à l'établissement ou à la transmission du bilan des émissions de gaz à effet de serre par une amende n'excédant pas 50 000 €, montant qui ne peut excéder 100 000 € en cas de récidive.**

Voir : 1) Sur le bilan d'émissions de gaz à effet de serre (GES) : Rép. min. n° 104894 : *JOAN* Q 21 févr. 2012. ● F.-G. Trébulle, *Entreprise et développement durable : JCP* A 2013, n° 17, 1246.

2) Sur la procédure de passation d'un marché G. Llorens, *Critère environnemental et bilan carbone : Environnement* avr. 2013, n° 4, comm. 29. ● P. Devillers, *Précisions sur la légalité de l'emploi des critères environnementaux et sociaux : Contrats-Marchés publ.* 2013, n° 4, comm. 104 (■ CE, 15 févr. 2013, n° 363921, *Sté Derichebourg polyurbaine : JurisData* n° 2013-003017).

– D. n° 2011-829, 11 juill. 2011 relatif au bilan des émissions de gaz à effet de serre et au plan climat-énergie territorial ;

– Circ. 21 févr. 2013 relative aux bilans d'émissions de gaz à effet de serre et aux synthèses des actions envisagées à effectuer par les services de l'État ;

– Circ. 23 déc. 2011 relative aux bilans d'émissions de gaz à effet de serre et aux plans climat-énergie territoriaux.

3) Sur le plan climat-air-énergie territorial, Note du 6 janvier 2017 relative au plan climat-air-énergie territorial, *BO* de l'Écologie, de l'Énergie, du Développement durable et de l'Aménagement du territoire, 25 janv. 2017, n° 2017/1.

1) Les personnes concernées. Cette disposition a pour objectif de généraliser les bilans carbone. Cela s'applique aux pouvoirs adjudicataires conformément à l'article L. 2141-7-2 du Code de la commande publique qui peut exclure de la procédure de passation de marchés publics et aux personnes soumises à l'article L. 229-25 du Code de l'environnement qui n'ont pas satisfait leur obligation d'établir un bilan de leurs émissions de gaz à effet de serre. De plus, les collectivités de plus de 50 000 habitants sont également concernées. Ce sont aussi les personnes morales de droit privé comptant plus de 500 salariés en France hors outre-mer.

2) Impact de la performance énergétique des bâtiments sur la légalité d'une décision d'autorisation d'urbanisme commercial. ■ CAA Paris, 4 avr. 2024, n° 22PA00834 : validité du permis de construire (oui). Validité d'un refus fondés sur un mauvais bilan ■ CAA Nantes, 6 janv. 2023, n° 21T02508.

Art. L. 229-25-1 *(L. n° 2021-1104, 22 août 2021* (2) *; mod. à compter du 1er janvier 2025, Ord. n° 2023-1142, 6 déc. 2023).* **– Un bilan national des plans d'action visant à réduire les émissions de gaz à effet de serre des activités de transport, publiés conformément aux articles L. 232-6-3 et L. 233-28-4 du Code de commerce, est rendu public chaque année par le Gouvernement. Il analyse l'efficacité globale attendue de ces plans d'action au regard notamment des objectifs de la stratégie bas-carbone mentionnée à l'article L. 222-1 B du présent code.**

Art. L. 229-26 *(L. n° 2010-788, 12 juill. 2010 ; mod., L. n° 2010-1563, 16 déc. 2010 ; mod. à compter du 1er janvier 2014, Ord. n° 2013-888, 3 oct. 2013 ; mod., L. n° 2015-992, 17 août 2015 ; L. n° 2019-1428,*

(1) V. T. appl. : A. 25 janv. 2016 (*JO* 4 févr. 2016). – NDLR.

(2) Dispositions applicables aux déclarations de performance extra-financière prévues à l'article L. 225-102-1 du Code de commerce afférentes aux exercices comptables ouverts à compter du 1er juillet 2022, L. n° 2021-1104, 22 août 2021.

24 déc. 2019 ; L. n° 2021-1104, 22 août 2021 ; L. n° 2021-1485, 15 nov. 2021 (1) *; mod. à compter de la date prévue au D du V de l'article 27 de la loi n° 2022-1158 du 16 août 2022, L. n° 2022-1158, 16 août 2022).* – I. – La métropole de Lyon et les établissements publics de coopération intercommunale à fiscalité propre existant au 1er janvier 2015 et regroupant plus de 50 000 habitants adoptent un plan climat-air-énergie territorial au plus tard le 31 décembre 2016.

Les établissements publics de coopération intercommunale à fiscalité propre regroupant plus de 20 000 habitants adoptent un plan climat-air-énergie territorial au plus tard le 31 décembre 2018 ou dans un délai de deux ans à compter de leur création ou de la date à laquelle ils dépassent le seuil de 20 000 habitants.

Le plan climat-air-énergie territorial peut être élaboré à l'échelle du territoire couvert par un schéma de cohérence territoriale dès lors que tous les établissements publics de coopération intercommunale à fiscalité propre concernés transfèrent leur compétence d'élaboration dudit plan à l'établissement public chargé du schéma de cohérence territoriale.

Lorsque la métropole et les établissements publics mentionnés aux deux premiers alinéas s'engagent dans l'élaboration d'un projet territorial de développement durable ou Agenda 21 local, le plan climat-air-énergie territorial en constitue le volet climat.

II. – Le plan climat-air-énergie territorial définit, sur le territoire de l'établissement public ou de la métropole :

1° Les objectifs stratégiques et opérationnels de cette collectivité publique afin d'atténuer le changement climatique, de le combattre efficacement et de s'y adapter, en cohérence avec les engagements internationaux de la France ; *(Mod., L. n° 2023-175, 10 mars 2023)* (2)

2° Le programme d'actions à réaliser afin notamment d'améliorer l'efficacité énergétique, de développer de manière coordonnée des réseaux de distribution d'électricité, de gaz et de chaleur, d'augmenter la production d'énergie renouvelable, de valoriser le potentiel en énergie de récupération, y compris le potentiel de récupération de chaleur à partir des centres de données, de développer le stockage et d'optimiser la distribution d'énergie, de développer les territoires à énergie positive, de réduire l'empreinte environnementale du numérique, de favoriser la biodiversité pour adapter le territoire au changement climatique, de limiter les émissions de gaz à effet de serre et d'anticiper les impacts du changement climatique. Sont inclus des objectifs relatifs aux installations de production au problème de biogaz.

Ce programme d'actions peut fixer des objectifs relatifs aux installations agrivoltaïques définies à l'article L. 314-36 du Code de l'énergie.

Lorsque l'établissement public exerce les compétences mentionnées à l'article L. 2224-37 du Code général des collectivités territoriales, ce programme d'actions comporte un volet spécifique au développement de la mobilité sobre et décarbonée.

Ce programme d'actions comporte un volet spécifique à la maîtrise de la consommation énergétique de l'éclairage public et de ses nuisances lumineuses.

Lorsque l'établissement public ou l'un des établissements membres du pôle d'équilibre territorial et rural auquel l'obligation d'élaborer un plan climat-air-énergie territorial a été transférée exerce la compétence en matière de réseaux de chaleur ou de froid mentionnée à l'article L. 2224-38 dudit code, ce programme d'actions comprend le schéma directeur prévu au II du même article L. 2224-38.

Ce programme d'actions tient compte des orientations générales concernant les réseaux d'énergie arrêtées dans le projet d'aménagement et de développement durables prévu à l'article L. 151-5 du Code de l'urbanisme ;

2° *bis (L. n° 2023-175, 10 mars 2023)* Une carte qui identifie les zones d'accélération définies en application de l'article L. 141-5-3 du Code de l'énergie ;

3° Pour la métropole de Lyon, les établissements publics de coopération intercommunale à fiscalité propre regroupant plus de 100 000 habitants et ceux dont le territoire est couvert en tout ou partie par un plan de protection de l'atmosphère défini à l'article L. 222-4 du présent code, un plan d'action en vue d'atteindre des objectifs territoriaux biennaux, à compter de 2022, de réduction des émissions de polluants atmosphériques au

(1) Dispositions applicables aux plans climat-air-énergie territoriaux dont l'élaboration ou la révision est décidée après le 16 novembre 2021, L. n° 2021-1485, 15 nov. 2021.

(2) Dispositions applicables à compter du premier renouvellement des schémas ou plans mentionnés aux articles L. 141-2 du Code de l'énergie, L. 4251-1 du Code général des collectivités territoriales, L. 222-1 ou L. 229-26 du Code de l'environnement effectué après la promulgation de la loi n° 2023-175 du 10 mars 2023, L n° 2023-175, 10 mars 2023.

moins aussi exigeants que ceux prévus au niveau national en application de l'article L. 222-9 et de respecter les normes de qualité de l'air mentionnées à l'article L. 221-1 dans les délais les plus courts possibles, et au plus tard en 2025. Ce plan d'action, élaboré après consultation de l'organisme agréé en application de l'article L. 221-3, contribue à atteindre les objectifs du plan de protection de l'atmosphère prévu à l'article L. 222-4, lorsque ce dernier existe.

Ce plan d'action comporte notamment une étude d'opportunité portant sur la création, sur tout ou partie du territoire concerné, d'une ou de plusieurs zones à faibles émissions mobilité. Cette étude, dont le contenu expose les bénéfices environnementaux et sanitaires attendus, évalue la pertinence d'une zone à faibles émissions mobilité au regard des objectifs énoncés dans le plan d'action qualité de l'air du plan climat-air-énergie territorial. Cette étude porte également sur les perspectives de renforcement progressif des restrictions afin de privilégier la circulation des véhicules à très faibles émissions au sens de l'article L. 318-1 du Code de la route. Le plan d'action prévoit également les solutions à mettre en œuvre en termes d'amélioration de la qualité de l'air et de diminution de l'exposition chronique des établissements recevant les publics les plus sensibles à la pollution atmosphérique.

Si les objectifs territoriaux biennaux de réduction des émissions de polluants atmosphériques ne sont pas atteints, le plan d'action est renforcé dans un délai de dix-huit mois, sans qu'il soit procédé à une révision du plan climat-air-énergie territorial, ou lors de la révision du plan climat-air-énergie territorial si celle-ci est prévue dans un délai plus court.

Lorsqu'un plan climat-air-énergie territorial adopté avant la publication de la loi n° 2019-1428 du 24 décembre 2019 d'orientation des mobilités ne comporte pas de plan d'action de réduction des émissions de polluants atmosphériques, un tel plan d'action est adopté, dans les conditions prévues pour l'adoption du plan climat-air-énergie territorial :

a) Avant le 1er janvier 2021 pour la métropole de Lyon et les établissements publics de coopération intercommunale à fiscalité propre sur le territoire desquels les normes de qualité de l'air mentionnées à l'article L. 221-1 du présent code ne sont pas respectées ;

b) Avant le 1er janvier 2022 pour les autres établissements publics de coopération intercommunale à fiscalité propre.

Quand le plan climat-air-énergie territorial comporte un plan d'action de réduction des émissions de polluants atmosphériques au jour de publication de la loi n° 2019-1428 du 24 décembre 2019 précitée, ce dernier est mis à jour avant l'échéance prévue aux *a* et *b* du présent 3° ;

4° Un dispositif de suivi et d'évaluation des résultats.

III. – Si le représentant de l'ensemble des organismes mentionnés à l'article L. 411-2 du Code de la construction et de l'habitation propriétaires ou gestionnaires de logements situés dans le territoire régional en fait la demande, le projet de plan lui est soumis afin de recueillir son avis. Cet avis est réputé favorable s'il n'a pas été rendu par écrit dans un délai de deux mois. L'avis du représentant des autorités organisatrices mentionnées à l'article L. 2224-31 du Code général des collectivités territoriales et situées sur le territoire concerné par le plan peut être recueilli dans les mêmes conditions.

IV. – Il est rendu public et mis à jour tous les six ans.

V. – Il peut être adapté dans les conditions définies à l'article L. 300-6-1 du Code de l'urbanisme.

VI. – Il est compatible avec le schéma régional du climat, de l'air et de l'énergie défini à l'article L. 222-1 du présent code. Il prend en compte, le cas échéant, le schéma de cohérence territoriale.

Lorsque tout ou partie du territoire qui fait l'objet du plan climat-air-énergie territorial est inclus dans un plan de protection de l'atmosphère défini à l'article L. 222-4, le plan climat-air-énergie est compatible avec les objectifs fixés par le plan de protection de l'atmosphère.

La métropole de Lyon et les établissements publics de coopération intercommunale à fiscalité propre regroupant plus de 50 000 habitants intègrent le plan climat-air-énergie territorial dans le rapport prévu à l'article L. 2311-1-1 du Code général des collectivités territoriales.

Un arrêté du ministre chargé de l'environnement précise les conditions dans lesquelles la collecte des plans climat-air-énergie territoriaux est assurée par l'Agence de l'environnement et de la maîtrise de l'énergie.

Un décret en Conseil d'État définit les modalités d'application de la présente section et peut déterminer, notamment, les modalités de mise à jour du plan d'action de réduction des émissions de polluants atmosphériques et des méthodes de référence pour la réalisation des bilans prévus par l'article L. 229-25 du présent code.

Bibliographie : J.-P. Brouant *Ville et changement climatique : le Plan Climat énergie territorial, nouvel outil des politiques urbaines : Dr. et ville* 2011, n° 71 (colloque Aix-en-Provence 4 févr. 2010). • J.-C. Lubac, *Plan climat-énergie territorial : les collectivités face au réchauffement : Gaz. cnes.* 18 avr. 2011, p. 52. • Y. Broussole, *La loi portant engagement national pour l'environnement (Grenelle II) : Defrénois* 30 sept. 2010, n° 16, p. 1757. • J.-P. Brouant, *Énergie et climat : un certain manque de souffle : AJDA* 2010, p. 1802. • C. Lepage, *Les plans « climat énergie » territoriaux (PCET) : Gaz. Pal.* 2 sept. 2008, n° 246, p. 12. • F. Eddazi, *Énergie, Environnement et développement durable – L'articulation entre les planifications locales spécialisées en urbanisme et en énergie-climat : Énergie – Env. – Infrastr.* 2017, n° 7, étude 15. • Ch. Huglo, *La part du climat dans la loi n° 2019-1147 du 8 novembre 2019 relative à l'énergie et au climat : Énergie – Env. – Infrastr.* 2020, n° 2, dossier 2.

Voir : sur le contenu des bilans d'émission de gaz à effet de serre et des plans climat-énergie territoriaux, V. D. n° 2011-829 du 11 juillet 2011, relatif au bilan des émissions de gaz à effet de serre et au plan climat-énergie territorial (*JO* 12 juill. 2011). • Q n° 126072 *JCAN* 17 janv. 2012.

Section V. – Recherche de formations souterraines aptes au stockage géologique de dioxyde de carbone

(L. n° 2010-788, 12 juill. 2010)

Le sujet du stockage de carbone va prendre une importance beaucoup plus considérable dans les mois et les années qui viennent, et ce d'autant plus que le règlement pour une industrie net zéro vient d'être adopté par l'Union européenne (Règl. n° 2024/1735/UE relatif à l'établissement d'un cadre de mesures en vue de renforcer l'écosystème européen de la fabrication de produits de technologie « zéro net »). Il prévoit d'atteindre une capacité d'injection annuelle d'au moins 50 MT de CO_2 d'ici 2030 dans les sites de stockage, en particulier les sites de stockage géologique autorisés au titre de la directive 2009/31/CE. Au plus tard le 30 juin 2027, puis tous les deux ans, la Commission doit présenter au Parlement et au Conseil un rapport sur les progrès accomplis par les différents États membres. À cette fin, les États membres ont désormais l'obligation d'évaluer leur capacité de stockage en fournissant des rapports sur la planification géographique et temporelle des sites de stockage du CO_2, des projets de captage de CO_2 concernant les émissions de CO_2 provenant d'installations industrielles, ainsi qu'une analyse détaillée des éventuels obstacles au développement du marché. Au plus tard le 31 décembre 2024, les États membres doivent avoir rendu publiques les données sur toutes les zones dédiées au stockage de CO_2 qui pourraient être autorisées sur leur territoire. Si les objets, les entités propriétaires titulaires d'une autorisation n'ont rien demandé, elles peuvent obliger à rendre publiques les données.

Art. L. 229-27 *(L. n° 2010-788, 12 juill. 2010).* **– La recherche de formations souterraines aptes au stockage géologique de dioxyde de carbone est régie par la présente section. Celle-ci ne s'applique pas à la recherche de formations souterraines naturelles présentant les qualités requises pour constituer des réservoirs étanches ou susceptibles d'être rendus tels, en vue du stockage de dioxyde de carbone à destination industrielle.**

La présente section s'applique sur le territoire national, le plateau continental et dans la zone économique exclusive sous juridiction française, sans préjudice des dispositions particulières applicables aux régions d'outre-mer et des dispositions internationales ratifiées par la France, en particulier celles relatives à l'immersion de substances en mer.

Art. L. 229-28 *(L. n° 2010-788, 12 juill. 2010).* **– Au sens de la présente section, le dioxyde de carbone s'entend comme un fluide composé essentiellement de dioxyde de carbone. Ce fluide ne doit contenir ni déchet ni aucune autre matière ajoutée en vue de son élimination. Il peut néanmoins contenir des substances qui se sont associées dès la source ou lors des opérations de captage ou d'injection. Des substances traces peuvent y être ajoutées afin d'aider à contrôler et à vérifier la migration du dioxyde de carbone.**

Les concentrations de toutes les substances associées ou ajoutées sont inférieures aux niveaux qui seraient susceptibles de compromettre l'intégrité du stockage ou des infrastructures de transport appropriées ou de présenter un risque significatif pour l'environnement ou la santé humaine.

Des formations souterraines sont aptes au stockage géologique du dioxyde de carbone si elles présentent les qualités requises pour le confinement sûr et permanent du dioxyde de carbone à des fins de lutte contre le réchauffement climatique.

Art. L. 229-29 *(L. n° 2010-788, 12 juill. 2010)*. – Pour l'application des articles du Code minier mentionnés dans la présente section, les formations souterraines aptes au stockage géologique de dioxyde de carbone sont assimilées à des mines ou gisements miniers, les travaux de recherche de formations souterraines aptes au stockage géologique de dioxyde de carbone sont assimilés aux travaux de recherche de mines, et le périmètre fixé par la décision d'octroi d'un permis exclusif de recherche de formations souterraines aptes au stockage géologique de dioxyde de carbone est assimilé à un périmètre minier.

Art. L. 229-30 *(L. n° 2010-788, 12 juill. 2010 ; mod., Ord. n° 2010-1232, 21 oct. 2010 ; mod. à compter du 1er mars 2011, Ord. n° 2011-91, 20 janv. 2011 ; mod. à compter la date d'entrée en vigueur du décret en Conseil d'État pris pour son application, et au plus tard le 1er juillet 2024, Ord. n° 2022-536, 13 avr. 2022)*. – Les travaux de recherche de formations souterraines aptes au stockage géologique de dioxyde de carbone ne peuvent être entrepris qu'en vertu d'un permis exclusif de recherche de formations souterraines aptes au stockage géologique de dioxyde de carbone délivré à une unique personne physique ou morale dans les conditions prévues au chapitre IV du titre Ier du livre Ier et aux articles L. 122-1 à L. 122-3 du Code minier. Le titulaire d'un permis exclusif de recherches de stockage géologique de dioxyde de carbone peut s'engager dans la phase de développement prévue à l'article L. 142-1 du Code minier.

Si les formations souterraines recherchées sont déjà couvertes par des titres miniers ou des titres de stockage souterrain, les recherches sont entreprises avec le consentement des détenteurs de ces titres. À défaut, le différend est soumis à l'arbitrage du ministre chargé des mines, après avis du Conseil général de l'industrie, de l'énergie et des technologies.

L'exécution des travaux de recherche et la police de ces travaux sont assurées conformément aux articles L. 121-4, L. 131-5, L. 143-6, L. 143-8 à L. 143-12 et L. 144-1, au titre V sauf son chapitre VI et ses articles L. 152-2 et L. 152-3, au titre VI sauf ses chapitres IV et V, au titre VII sauf ses articles L. 174-5 à L. 174-11 et les livres IV et V du Code minier.

Les décrets pris pour préserver les intérêts mentionnés à l'article 161-1 du Code minier s'appliquent sans préjudice des mesures relatives à la sécurité et à l'hygiène du personnel prises en application du Code du travail.

Des essais d'injection de dioxyde de carbone peuvent être autorisés par l'arrêté d'ouverture de travaux prévu à l'article L. 181-12 du Code de l'environnement, et ce pour une quantité limitée. Lorsque des essais d'injection sont entrepris, une commission de suivi de site est créée en application de l'article L. 125-2-1 du présent code. Les frais occasionnés par le fonctionnement de la commission sont à la charge de l'explorateur.

Art. L. 229-31 *(L. n° 2010-788, 12 juill. 2010 ; mod., Ord. n° 2010-1232, 21 oct. 2010 ; Ord. n° 2016-282, 10 mars 2016)*. – Le transport par canalisations de dioxyde de carbone à des fins de réduction des émissions de gaz à effet de serre, y compris dans le cadre d'essais d'injection autorisés conformément à l'article L. 229-30, constitue une opération d'intérêt général au sens de l'article L. 555-25 harmonisant les dispositions relatives à la sécurité et à la déclaration d'utilité publique des canalisations de transport de gaz, d'hydrocarbures et de produits chimiques.

1) **Sites de stockage géologique de dioxyde de carbone.** La recherche et l'exploitation des sites de stockage géologique de dioxyde de carbone sur terre et en mer s'inscrivent dans un cadre juridique spécifique, élaboré pour garantir la pérennité du stockage ainsi que sa sécurité pour l'environnement et la santé humaine. La directive européenne 2009/31/CE relative au stockage géologique de dioxyde de carbone fixe ce cadre que le droit français transpose dans le Code de l'environnement.

2) **Financements.** Différents mécanismes de financement soutiennent les technologies de CSC : on peut notamment citer le Programme-Cadre de recherche et de développement (PCRD), le Programme énergétique européen pour la Relance PEER (1 milliard d'euros pour le cofinancement de six projets de démonstration de CSC), ainsi que le fonds européen « NER 300 » (*New Entrant Reserve 300*), créé dans le cadre du paquet climat-énergie et doté de 300 millions de quotas d'émissions de la réserve des nouveaux entrants (soit entre 4,5 et 9 milliards d'euros pour un cours du CO_2 variant de 15 à 30 euros par tonne), pour financer des démonstrateurs de CSC et d'énergies renouvelables innovantes de taille commerciale. En France, les activités de recherche sont menées par les établissements publics de recherche, parmi lesquels on trouve IFP Énergies nouvelles, le BRGM, et l'INERIS.

Voir : ▪ CAA Bordeaux, 9 juill. 2013, n° 12BX01205, *Assoc. Coteaux de Jurançon Environnement.*

– Règl. (UE) n° 601/2012 de la Commission du 21 juin 2012 relatif à la surveillance et à la déclaration des émissions de gaz à effet de serre au titre de la directive 2003/87/CE du Parlement européen et du Conseil ;

– Comm. Commission sur l'avenir du captage et du stockage du carbone en Europe (COM/2013/0180 final) ;

– Comm. Commission – Lignes directrices concernant certaines aides d'État dans le contexte du système d'échange de quotas d'émission de gaz à effet de serre après 2012 [SWD(2012) 130 final] ;

– Rap. Commission sur la mise en œuvre du programme énergétique européen pour la relance (COM/2012/0445 final).

Bibliographie : A. Arnaud, *Captage et stockage de CO_2 : Une réelle avancée réglementaire pour une technologie en devenir : BDEI* mars 2010, n° 26, p. 37-39. – E. Braune, I. Furru et I. Ombudstvedt, *Un cadre juridique pour l'élimination du CO_2 : Énergie – Env. – Infrastr.* 2022, n° 11, dossier 15. – H. Bosse-Platière et J.-B. Millard, *Le CO_2 vert capturé par le droit : RD rur.* 2020, n° 480, colloque 7. – E. Woerdman et O. Couwenberg, *Carbon Capture and Storage in the European Emissions Trading Scheme*, in *Working paper series in Law and economics, University of Groningen Faculty of Law*, August 2009. – B. Metz et a., *Piégeage et stockage du dioxyde de carbone, Rapport spécial du GIEC* 2005, résumé à l'intention des décideurs, p. 4. – D. Gadbin, *L'absorption de carbone par les terres agricoles : une politique agricole européenne bis ? : RD rur.* 2023, n° 5, repère 5. – A.-M. Ilcheva, Le contrat de séquestration du carbone, in *Le CO_2 vert capturé par le droit. Le carbone en agriculture et en sylviculture*, J.-B. Millard et H. Bosse-Platière (dir.), agrIDées et LexisNexis, 2022, p. 101 et s. – A. Noilhac, Q. De Kersauson et C. Fouqué, *Quand la loi capture la transition énergétique – Le cadre juridique des installations de CCUS en droit français : Énergie – Env. – Infrastr.* 2023, n° 7, étude 17. – J.-F. Fournier, *Captage et stockage de CO_2 : le cadre juridique naissant d'une technique prometteuse contre le réchauffement climatique : Environnement et dév. durable* 2009, étude 9. – F. Labrousse et A. Gallet, *Quel cadre juridique pour le stockage géologique de CO_2 ? : BDEI* 12/2009, suppl., p. 34. – M. Fermeglia, *Rendement énergétique de l'investissement énergétique : un critère d'évaluation de l'énergie nette pour l'utilisation du CCUS dans l'Union européenne : Énergie – Env. – Infrastr.* 2022, n° 11, dossier 14. – D. Voinot, *Le droit de l'économie circulaire est-il compatible avec les technologies de capture, stockage et utilisation du carbone (CCUS) ? : Énergie – Env. – Infrastr.* 2022, n° 11, dossier 12.

Section VI. – Stockage géologique de dioxyde de carbone et accès des tiers

(Ord. n° 2010-1232, 21 oct. 2010) (1)

Art. L. 229-32 *(Ord. n° 2010-1232, 21 oct. 2010 ; mod. à compter du 1er mars 2011, Ord. n° 2011-91, 20 janv. 2011).* **– L'exploitation de sites de stockage géologique de dioxyde de carbone afin de contribuer à la lutte contre le réchauffement climatique et l'accès des tiers à ces sites et au réseau de transport qui les desservent sont régis par les dispositions de la présente section. Celle-ci ne s'applique pas au stockage souterrain de dioxyde de carbone à destination industrielle régi par l'article L. 211-2 du Code minier.**

La présente section s'applique sur le territoire national, le plateau continental et dans la zone économique exclusive sous juridiction française, sans préjudice des dispositions particulières applicables aux départements et régions d'outre-mer, à Mayotte, à Saint-Barthélemy, à Saint-Martin, à Saint-Pierre-et-Miquelon et en Nouvelle-Calédonie et des stipulations des conventions internationales en vigueur, en particulier de celles relatives à l'immersion de substances en mer et à leur interdiction.

Art. L. 229-33 *(Ord. n° 2010-1232, 21 oct. 2010).* **– Au sens de la présente section, le dioxyde de carbone s'entend comme un fluide composé essentiellement de dioxyde de carbone. Ce fluide ne doit contenir ni déchet ni aucune autre matière ajoutée en vue de son élimination. Il peut néanmoins contenir des substances qui se sont associées dès la source ou lors des opérations de captage ou d'injection. Des** ***substances traces peuvent également*** **y être ajoutées afin d'aider à contrôler et à vérifier la migration du dioxyde de carbone.**

Les concentrations de toutes les substances ainsi associées ou ajoutées sont inférieures aux niveaux qui seraient susceptibles de compromettre l'intégrité du site de stockage ou des infrastructures de transport appropriées, de présenter un risque significatif pour l'environnement ou la santé humaine ou d'enfreindre les dispositions de la législation communautaire applicable.

Un arrêté des ministres chargés des mines, des installations classées et de la santé fixe, le cas échéant, les principales caractéristiques physiques du fluide et les concentrations maximales admissibles pour les

(1) Dispositions d'application transitoires : V. Ord. n° 2010-1232, 21 oct. 2010, art. 9.

substances associées ou ajoutées au fluide qui sont susceptibles de présenter un tel risque ou d'enfreindre de telles dispositions.

Art. L. 229-34 *(Ord. n° 2010-1232, 21 oct. 2010).* **– Un site de stockage géologique de dioxyde de carbone est constitué d'un volume défini au sein d'une formation géologique, celle-ci s'entendant d'une division lithostratigraphique au sein de laquelle s'observent des couches de roche distinctes pouvant faire l'objet d'une cartographie ainsi que des installations de surface, d'injection et de surveillance qui y sont associées.**

Art. L. 229-35 *(Ord. n° 2010-1232, 21 oct. 2010 ; mod. à compter du 1er mars 2011, Ord. n° 2011-91, 20 janv. 2011).* **– L'exploitation de tout site de stockage géologique de dioxyde de carbone doit prévenir les dangers ou inconvénients pour les intérêts visés à l'article L. 511-1 et respecter les intérêts visés à l'article L. 161-1 du Code minier.**

Le stockage du dioxyde de carbone dans la colonne d'eau comprise entre la surface libre de l'eau et les sédiments du fond n'est pas autorisé.

Art. L. 229-36 *(Ord. n° 2010-1232, 21 oct. 2010).* **– Pour l'application des articles du Code minier mentionnés dans la présente section, les sites de stockage géologique de dioxyde de carbone sont assimilés à des mines ou gisements miniers, les concessions de stockage géologique de dioxyde de carbone à des concessions de mines, les travaux de création, d'essais, d'aménagement et d'exploitation de sites de stockage géologique de dioxyde de carbone aux travaux d'exploitation de mines et le périmètre fixé par la concession de stockage géologique de dioxyde de carbone à un périmètre minier.**

Voir : Ord. n° 2010-1232, 21 oct. 2010, art. 9, portant diverses dispositions d'adaptation au droit de l'Union européenne en matière d'environnement.

Sous-section 1. – Autorisation d'exploiter

Art. L. 229-37 *(Ord. n° 2010-1232, 21 oct. 2010 ; mod. à compter du 1er mars 2011, Ord. n° 2011-91, 20 janv. 2011 ; à compter du 1er mars 2017, Ord. n° 2017-80, 26 janv. 2017* (1) *; à compter la date d'entrée en vigueur du décret en Conseil d'État pris pour son application, et au plus tard le 1er juillet 2024, Ord. n° 2022-536, 13 avr. 2022).* **– L'exploitation de sites de stockage géologique de dioxyde de carbone, y compris ceux d'une capacité de stockage totale envisagée inférieure à 100 kilotonnes entrepris à des fins de recherche et développement ou d'expérimentation de nouveaux produits et procédés, est soumise à l'obtention d'une autorisation délivrée au titre du 2° de l'article L. 181-1 sous réserve des dispositions particulières prévues par la présente section.**

Les dispositions des articles L. 132-5, L. 132-11 et L. 142-2 du Code minier sont applicables au titulaire du permis exclusif de recherche de formations souterraines aptes au stockage géologique de dioxyde de carbone mentionné à l'article L. 229-30 qui sollicite une autorisation d'exploiter, sous réserve que l'exploration soit achevée dans le périmètre ayant fait l'objet d'une demande de concession et que toutes les conditions prévues dans ce permis exclusif de recherche aient été respectées.

Une demande d'autorisation ne peut être examinée que si le demandeur justifie être détenteur d'une concession de stockage géologique de dioxyde de carbone couvrant le périmètre et la formation géologique du site de stockage faisant l'objet de cette demande ou avoir déposé sa demande de concession.

Une formation géologique ne peut faire l'objet d'une autorisation que s'il a été également justifié par le demandeur que :

– dans les conditions d'utilisation envisagée de cette formation, il n'existe ni risque significatif de fuite ni risque significatif pour l'environnement ou la santé humaine ;

– lorsque la formation géologique visée par l'autorisation inclut des nappes d'eau souterraines, la nature les a rendues de façon permanente impropres à d'autres utilisations.

L'autorisation d'exploiter **ne peut être délivrée qu'à une seule personne physique ou morale par site et qu'à la condition que celle-ci justifie posséder les capacités techniques et financières requises par une telle exploitation dans le respect des intérêts visés à l'article L. 229-35 et des obligations imposées par la présente sous-section.**

(1) Dispositions d'application particulières et transitoires : V. Ord. n° 2017-80, 26 janv. 2017, art. 15. – NDLR.

Art. L. 229-38 *(Ord. n° 2010-1232, 21 oct. 2010 ; mod. à compter du 1er mars 2017, Ord. n° 2017-80, 26 janv. 2017* (1) *; mod., L. n° 2019-486, 22 mai 2019).* – L'autorisation délivrée en application de l'article L. 229-37 est fixée conformément à l'article L. 181-28.

Sans préjudice des mesures complémentaires fixées en application des articles L. 181-12, L. 181-14 et L. 512-5, cette autorisation fixe :

a) Les exigences concernant la composition du flux de dioxyde de carbone et la procédure d'acceptation de ce flux comportant une analyse de leur composition, y compris celle des substances corrosives, et une évaluation des risques en vue de vérifier que les niveaux de concentration de toutes les substances associées ou ajoutées sont inférieurs à ceux visés au deuxième alinéa de l'article L. 229-33 ainsi que les conditions et exigences à remplir pour les opérations d'injection et de stockage en vue de prévenir tout risque de fuite ou tout risque pour l'environnement ou la santé humaine ;

b) Les obligations qui pèsent sur l'exploitant quant à la tenue du registre des quantités, des propriétés et de la composition des flux injectés ;

c) L'étendue des obligations d'information qui pèsent sur l'exploitant en cas d'irrégularité dans les opérations d'injection ou de stockage susceptible de créer un risque de fuite ou un risque pour l'environnement ou la santé humaine ainsi qu'en cas de fuite ;

d) La périodicité, au plus annuelle, selon laquelle l'exploitant communique les informations relatives à l'exploitation du site ;

e) Les informations relatives aux modifications survenant dans l'exploitation du site et, de manière générale, toute information utile pour évaluer le respect des conditions fixées dans l'autorisation ;

f) La nature et l'étendue des garanties financières que l'exploitant doit effectivement mettre en place conformément aux dispositions des articles L. 516-1 et L. 516-2 avant le commencement de l'injection et maintenir durant toute la période d'exploitation, y compris après la fermeture du site visée à l'article L. 229-46 et jusqu'au transfert de responsabilité prévu à l'article L. 229-47.

L'autorisation approuve également :

1° Le plan de surveillance, le plan de mesures correctives à mettre en œuvre en cas d'irrégularité notable dans les opérations d'injection ou de stockage ainsi qu'en cas de fuite et le plan de postfermeture provisoire. Ce dernier, établi selon les meilleures pratiques, couvre la période faisant suite à la fermeture du site telle que définie à l'article L. 229-46, y compris la période qui suit le transfert de responsabilité visé à l'article L. 229-47 ;

2° Les conditions et modalités de leur mise à jour régulière et au plus tous les cinq ans.

Art. L. 229-39 *(Ord. n° 2010-1232, 21 oct. 2010).* – Les garanties financières prévues au *f* de l'article L. 229-38 couvrent, outre les opérations mentionnées à l'article L. 516-1, la restitution, en cas de fuite, de quotas d'émissions de gaz à effet de serre conformément aux dispositions de la section 2 du présent chapitre.

Art. L. 229-40 *(Ord. n° 2010-1232, 21 oct. 2010).* – Une commission de suivi de site est créée pour tout site de stockage géologique de dioxyde de carbone en application de l'article L. 125-2-1.

Les frais occasionnés par le fonctionnement de cette commission sont à la charge du titulaire de l'autorisation.

Art. L. 229-41 *(Ord. n° 2010-1232, 21 oct. 2010).* – Le rapport établi à la suite d'une inspection d'un site de stockage et de ses formations de confinement secondaires est transmis à l'exploitant et à la commission de suivi créée en application de l'article L. 229-40. Il est également communicable au public dans les conditions prévues aux articles L. 124-1 et suivants.

Art. L. 229-42 *(Ord. n° 2010-1232, 21 oct. 2010 ; mod. à compter du 1er juillet 2013, Ord. n° 2012-34, 11 janv. 2012 ; mod. à compter du 1er mars 2017, Ord. n° 2017-80, 26 janv. 2017)* (1)*).* – L'autorisation délivrée en application de l'article L. 229-38 fait l'objet d'un réexamen après cinq ans au plus puis tous les dix ans au plus.

Sur la base des informations portées à sa connaissance en application des *c*, *d* et *e* de l'article L. 229-38 ou de celles dont il dispose au titre de la surveillance et de l'inspection du site et de ses installations, le représentant de l'État dans le département réexamine, actualise, modifie ou complète l'autorisation conformément à

(1) Dispositions d'application particulières et transitoires : V. Ord. n° 2017-80, 26 janv. 2017, art. 15. – NDLR.

l'article L. 181-14 ou la suspend après avoir suivi la procédure prévue à l'article L. 171-8. En dernier recours, l'autorisation est retirée dans les formes prévues à l'article L. 514-7 lorsque les conditions fixées par l'autorisation ne sont pas respectées ou dans l'hypothèse prévue à ce dernier article.

Art. L. 229-43 *(Ord. n° 2010-1232, 21 oct. 2010 ; mod. à compter du 1er mars 2011, Ord. n° 2011-91, 20 janv. 2011)*. – **En cas de retrait de l'autorisation, l'État ferme le site ou délivre une nouvelle autorisation. Il assume, jusqu'au transfert de responsabilité mentionné au IV de l'article L. 229-47 ou jusqu'à la délivrance de cette nouvelle autorisation, les obligations mentionnées aux *a*, *b* et *c* du II de l'article L. 229-47.**

L'exploitant transmet à l'État à titre gratuit les équipements, les études, le registre des quantités et des propriétés des flux de dioxyde de carbone livrés et injectés et toutes les données nécessaires à l'accomplissement de ces obligations. L'État peut également recourir aux dispositions des articles L. 153-3 à L. 153-13 du Code minier et aux décrets pris pour leur application pour assurer cette exécution.

L'État récupère auprès de l'exploitant les frais engendrés par l'exécution de ces obligations, y compris en recourant aux garanties financières mentionnées à l'article L. 229-39.

Voir : sur les conditions d'octroi des titres et les travaux miniers entrepris dans le cadre de la recherche de formation aptes au stockage géologique de dioxyde de carbone, V. D. n° 2011-1411 du 31 octobre 2011, relatif au stockage géologique de dioxyde de carbone afin de lutter contre le réchauffement climatique (*JO* 1er nov. 2011).

Voir également : art. R. 229-57 et s., p. 2042.

Sous-section 2. – Justification par le demandeur de sa situation au regard de la législation minière

Art. L. 229-44 *(Rempl. à compter la date d'entrée en vigueur du décret en Conseil d'État pris pour son application, et au plus tard le 1er juillet 2024, Ord. n° 2022-536, 13 avr. 2022)*. – **La concession est accordée dans les conditions prévues aux articles L. 114-3-1, L. 132-1 à L. 132-4 et L. 132-6 du Code minier, à l'article L. 229-45 et au deuxième alinéa de l'article L. 229-37 du présent code.**

La durée de la concession est fixée par l'acte de concession. La durée initiale ne peut excéder cinquante ans.

La durée d'une concession peut faire l'objet de prolongations successives, chacune d'une durée inférieure ou égale à vingt-cinq ans. La prolongation est accordée par décret après une mise en concurrence et l'accomplissement d'une enquête publique réalisée conformément au chapitre III du titre II du livre Ier.

Art. L. 229-45 *(Ord. n° 2010-1232, 21 oct. 2010 ; mod. à compter du 1er mars 2011, Ord. n° 2011-91, 20 janv. 2011 ; mod. à compter du 1er mars 2011, Ord. n° 2011-91, 20 janv. 2011; mod. à compter la date d'entrée en vigueur du décret en Conseil d'État pris pour son application, et au plus tard le 1er juillet 2024, Ord. n° 2022-536, 13 avr. 2022)*. – **La concession ne peut être attribuée qu'à une seule personne physique ou morale par site.**

Les articles L. 131-3, L. 131-4, L. 132-7, L. 132-8, L. 132-14, L. 143-1 à L. 143-6, L. 143-8 à L. 143-12, L. 144-1, L. 173-5 à L. 173-7 et les livres IV et V du Code minier sont applicables à la concession.

Sous-section 3. – Mise à l'arrêt définitif et transfert de responsabilité à l'État

Art. L. 229-46 *(Ord. n° 2010-1232, 21 oct. 2010)*. – **La mise à l'arrêt définitif d'un site de stockage à la demande de l'exploitant consiste notamment en l'arrêt définitif des opérations d'injection. Après avoir effectué cette mise à l'arrêt conformément à l'article L. 512-6-1, l'exploitant demeure responsable du site. À ce titre, il assure notamment les obligations mentionnées aux *a*, *b* et *c* du II de l'article L. 229-47.**

Pour une application de cette disposition, V.
▪ CAA Bordeaux, 9 juill. 2013, n° 12BX01205.

Art. L. 229-47 *(Ord. n° 2010-1232, 21 oct. 2010 ; mod. à compter du 1er mars 2011, Ord. n° 2011-91, 20 janv. 2011 ; à compter du 1er mars 2017, Ord. n° 2017-80, 26 janv. 2017)* (1). – **I. – Un transfert de responsabilité à l'État intervient à son initiative ou à la demande de l'exploitant si les conditions suivantes sont remplies :**

a) **Le site a été mis à l'arrêt définitif conformément à l'article L. 229-46 et scellé et ses installations d'injection ont été démontées ;**

(1) Dispositions d'application particulières et transitoires : V. Ord. n° 2017-80, 26 janv. 2017, art. 15. – NDLR.

b) L'exploitant a mis en œuvre les mesures prescrites par le plan de postfermeture mis à jour et définitivement approuvé dans les conditions prévues aux articles L. 181-14, L. 512-5 et L. 512-6-1 ;

c) L'exploitant a rassemblé dans un rapport tous les éléments disponibles tendant à prouver que le dioxyde de carbone stocké restera parfaitement confiné de façon permanente et sûre ;

d) L'exploitant a versé à l'État une soulte dont le montant tient compte des éléments liés à l'historique du site de stockage et qui couvre au moins le coût prévisionnel de la surveillance pendant une période de trente ans et, le cas échéant, celui des mesures nécessaires pour garantir que le dioxyde de carbone restera parfaitement et en permanence confiné dans le site de stockage après le transfert de responsabilité ;

e) L'exploitant a préalablement transmis ou s'est irrévocablement engagé à transmettre à l'État à titre gratuit les équipements, les études, le registre des quantités et des propriétés des flux de dioxyde de carbone livrés et injectés et toutes les données nécessaires à l'accomplissement des obligations mentionnées au II.

Le projet de décision d'approbation du transfert est mis à la disposition du public. Il est accompagné du rapport de l'exploitant démontrant que les conditions nécessaires au transfert de responsabilité sont remplies, de l'avis non contraignant éventuellement rendu par la Commission européenne et d'un rapport des ministres exposant, le cas échéant, les exigences ou conditions complémentaires mises par eux à ce transfert.

II. – Le transfert de responsabilités mentionné au I concerne uniquement les obligations suivantes :

a) La surveillance, la prévention et la réparation des risques de fuites ou des fuites de dioxyde de carbone ;

b) La mise en œuvre des mesures correctives prévues par le plan de postfermeture définitif ou qui s'avéreraient nécessaires au maintien de la sûreté du stockage vis-à-vis de la santé humaine et de l'environnement et à l'arrêt d'éventuelles fuites de dioxyde de carbone ;

c) La restitution, en cas de fuites, de quotas d'émissions de gaz à effet de serre conformément aux dispositions de la section 2 du présent chapitre.

Il emporte la fin de la validité de la concession de stockage géologique de dioxyde de carbone.

Après intervention de la décision de transfert, l'État peut recourir aux dispositions des articles L. 153-3 à L. 153-13 du Code minier et aux décrets pris pour leur application pour assurer l'exécution des obligations découlant du *a* et du *b*.

III. – Une période minimale de surveillance de trente ans doit en principe s'écouler entre l'arrêt définitif mentionné à l'article L. 229-46 et la décision d'approbation du transfert de responsabilité visée ci-dessus. Si la condition fixée au *c* du I est remplie et si une période minimale de dix ans s'est écoulée depuis l'arrêt définitif du site, cette période peut être réduite par les ministres chargés des mines et des installations classées.

Si les éléments apportés par l'exploitant en application du *c* du I ne sont pas jugés suffisants, les ministres chargés des mines et des installations classées fixent, après en avoir communiqué les raisons à l'exploitant, une nouvelle période minimale de surveillance durant laquelle le transfert de responsabilité ne peut être décidé. La durée de cette nouvelle période minimale de surveillance, prorogeable dans les mêmes conditions, ne peut pas dépasser dix ans.

IV. – En cas de retrait de l'autorisation à l'initiative de l'État, le transfert de responsabilité est considéré par lui comme effectif dès lors que les éléments disponibles tendent à prouver que le dioxyde de carbone restera en permanence parfaitement confiné de façon sûre et qu'il a été procédé au scellement du site et au démontage de ses installations d'injection.

L'obligation de maintenir les garanties financières prend fin à la date où le transfert est considéré comme effectif si le titulaire a satisfait aux conditions prévues aux *d* et *e* du I.

V. – Que le site de stockage soit fermé à la demande de l'exploitant ou en vertu d'une décision de retrait de l'autorisation prise par l'État, en cas de faute de l'exploitant, notamment en cas de transmission incomplète des données, de dissimulation d'informations pertinentes, de négligence, de tromperie délibérée ou de manque de diligence, l'État récupère les frais engagés après le transfert de responsabilité auprès de l'ancien exploitant.

Sous-section 4. – Accès des tiers aux réseaux de transport et aux sites de stockage

Art. L. 229-48 *(Ord. n° 2010-1232, 21 oct. 2010).* – L'accès des utilisateurs potentiels aux sites de stockage de dioxyde de carbone et aux réseaux de transport destinés à transporter du dioxyde de carbone jusqu'à ces sites est régi par les dispositions des articles L. 229-49 à L. 229-51.

Art. L. 229-49 *(Ord. n° 2010-1232, 21 oct. 2010).* – I. – Les exploitants des réseaux de transport et des sites de stockage géologiques de dioxyde de carbone proposent aux utilisateurs un accès à leurs infrastructures

selon des procédures transparentes et non discriminatoires. À ce titre, ils rendent publiques annuellement les conditions commerciales générales et les prescriptions techniques qui encadrent cet accès.

Un contrat entre l'exploitant et l'utilisateur de l'infrastructure définit les modalités techniques et financières de l'accès aux infrastructures.

II. – Les contrats relatifs au transport ou au stockage géologique du dioxyde de carbone issu d'installations non soumises aux dispositions de l'article L. 229-5 sont préalablement présentés au ministre chargé de l'environnement. Ce dernier peut s'opposer à leur entrée en vigueur compte tenu de la part de ses obligations de réduction des émissions au titre des instruments juridiques internationaux et de la législation de l'Union dont l'État a prévu de s'acquitter grâce au captage et au stockage géologique de dioxyde de carbone. L'autorisation est réputée acquise sans réponse de l'administration dans un délai de deux mois. Si l'autorisation est accordée, les dispositions du I sont alors applicables.

Aux termes de l'article L. 134-19 du Code de l'énergie, le Comité de règlement des différends et des sanctions (CORDIS) est compétent pour régler les différends entre les gestionnaires et les utilisateurs des réseaux publics de transport ou de distribution d'électricité, que les litiges portent sur l'accès aux dits réseaux, ouvrages et installations ou à leur utilisation, notamment en cas de refus d'accès ou de désaccord sur la conclusion, l'interprétation, ou l'exécution des contrats mentionnés aux articles L. 111-91 à L. 111-94, L. 321-11 et L. 321-12, ou des contrats relatifs aux opérations de transport et de stockage géologique de dioxyde de carbone mentionnés à l'article L. 229-49 du Code de l'environnement (▪ CAA Bordeaux, 17 janv. 2014, n° 12BX00915, *Min. de l'Écologie et du Développement durable*).

Pour un différend portant sur les connexions d'accès au réseau après une coupure d'accès, voir décision (▪ CRE, CORDIS, déc., 22 juill. 2020, n° 033820) du comité de règlement des différends et des sanctions de la Commission de régulation de l'énergie.

Une faute commise par ENEDIS dans un traitement incorrect d'une demande de raccordement électrique d'une société pour un traitement discriminatoire viole les règles de transparence et d'information. ENEDIS est enjoint de produire une proposition de raccordement (▪ CRE, CORDIS, déc., 17 mai 2021, n° 07-38-1821).

Art. L. 229-50 ***(Ord. n° 2010-1232, 21 oct. 2010).*** **– L'accès transparent et non discriminatoire aux réseaux de transport et aux sites de stockage de dioxyde de carbone ne peut être refusé à leurs utilisateurs potentiels que pour un motif légitime tenant à :**

1° Un manque de capacité de stockage disponible ou pouvant raisonnablement être rendue disponible ainsi qu'un manque de capacité de transport disponible ou pouvant raisonnablement être rendue disponible ;

2° L'incompatibilité avec les spécifications techniques ne pouvant être résolue de façon raisonnable ;

3° La nécessité de respecter les besoins raisonnables et dûment justifiés du propriétaire ou de l'exploitant du site de stockage ou du réseau de transport et les intérêts de tous les autres utilisateurs du site ou du réseau ou des installations de traitement ou de manutention qui pourraient être concernés.

Tout refus d'accès aux infrastructures est dûment motivé et justifié auprès du demandeur.

Art. L. 229-51 ***(Ord. n° 2010-1232, 21 oct. 2010).*** **– Les litiges entre les utilisateurs potentiels et les exploitants relatifs à l'accès aux réseaux de transport et aux sites de stockage, à la conclusion, à l'interprétation ou à l'exécution des contrats prévus à l'article L. 229-49 ainsi qu'aux aménagements nécessaires et économiquement réalisables par l'exploitant pour permettre cet accès sont portés, à l'initiative de la partie la plus diligente, devant le comité de règlement des différends et des sanctions de la Commission de régulation de l'énergie.**

Le comité règle ces litiges dans les conditions prévues à l'article 38 de la loi n° 2000-108 du 10 février 2000 relative à la modernisation et au développement du service public de l'électricité en tenant compte des critères énumérés à l'article L. 229-50 et du nombre des parties susceptibles d'intervenir dans la négociation de cet accès.

Lorsque le litige porte sur les aménagements nécessaires et économiquement réalisables que l'exploitant devrait réaliser pour permettre l'accès aux réseaux de transport ou à un site de stockage, il peut mettre cet exploitant en demeure de procéder à tout aménagement nécessaire pour autant qu'il soit économiquement réalisable ou qu'un client potentiel soit disposé à en assumer le coût, et à condition qu'il n'en résulte pas d'incidence négative sur la sécurité du transport et du stockage géologique du dioxyde de carbone du point de vue de l'environnement.

Les recours contre les décisions prises à ces titres par le comité sont de la compétence de la cour d'appel de Paris.

Le comité sanctionne également les manquements aux articles L. 229-49 et L. 229-50 qu'il constate dans les conditions prévues à l'article 40 de cette même loi.

Sous-section 5. – Dispositions communes

Art. L. 229-52 ***(Ord. n° 2010-1232, 21 oct. 2010).*** **– L'État tient un registre des permis de stockage accordés et un registre permanent de tous les sites fermés et des formations de confinement secondaires, incluant des cartes et des sections montrant leur étendue et les informations disponibles à leur sujet. Ces registres sont pris en considération dans les procédures de planification pertinentes et en cas de délivrance d'autorisations susceptibles d'avoir des incidences sur le stockage géologique de dioxyde de carbone.**

Art. L. 229-53 ***(Ord. n° 2010-1232, 21 oct. 2010).*** **– Les exploitants des infrastructures de transport et de stockage de dioxyde de carbone informent, à intervalle maximal de trois ans, l'État de leurs projets de développement des infrastructures de transport et de stockage.**

Art. L. 229-54 ***(Ord. n° 2010-1232, 21 oct. 2010).*** **– Des décrets en Conseil d'État déterminent les modalités d'application des sous-sections 1 à 5.**

Ils font l'objet d'une consultation du public dans les conditions prévues aux articles L. 120-1 et L. 120-2.

Section VII. – Réductions d'émissions issues de projets de compensation des émissions de gaz à effet de serre

(Section créée à compter du 1er janvier 2022, L. n° 2021-1104, 22 août 2021)

Bibliographie : B. Lormeteau, *Regards sur les émissions de gaz à effet de serre dans le mécanisme de compensation écologique* : *Rev. jur. env.* 2017, vol. 42, p. 671 à 680. • A. Fragnière, *La compensation carbone : illusion ou solution ?*, PUF, coll. « Développement durable et innovation institutionnelle », 2009. • ADEME, *La compensation volontaire : démarches et limites : Comprendre pour agir, juin 2012 et La compensation volontaire : de la théorie à la pratique* : Comprendre pour agir, juill. 2022. • V. Bellassen et B. Leguet, *Comprendre la compensation carbone*, Pearson, 2008. • A. Chartier et M. Tsayem Demaze, *La compensation volontaire. sStructuration et reconfigurations d'un éco-business*, L'Harmattan, 2021.

Art. L. 229-55 ***(Créé à compter du 1er janvier 2022, L. n° 2021-1104, 22 août 2021).*** **– Les réductions et séquestrations d'émissions issues des projets permettant de compenser les émissions de gaz à effet de serre répondent aux principes suivants : elles sont mesurables, vérifiables, permanentes et additionnelles.**

Un décret en Conseil d'État précise les modalités d'application de ces principes.

Ce texte qui devra être réécrit avec la transcription de la directive communautaire sur les crédits carbone est issu de la loi Industrie verte 5. V. sur ce point C. Lepage, *La loi Industrie verte* : *Blog HLA*, 30 oct. 2023. – Également C. Eutejian, *La chasse aux greenwashing est lancée* : *Village de la justice*, 9 févr. 2023).

Sous-section unique. – Compensation des émissions de gaz à effet de serre des vols effectués à l'intérieur du territoire national

(Ancienne sous-section unique dénumérotée, L. n° 2024-364, 22 avr. 2024)

Art. L. 229-56 ***(Créé à compter du 1er janvier 2022, L. n° 2021-1104, 22 août 2021).*** **– La présente section s'applique aux exploitants d'aéronefs opérant des vols à l'intérieur du territoire national et dont les émissions de gaz à effet de serre sont soumises aux obligations du système européen d'échange de quotas d'émission instauré par la directive 2003/87/CE du Parlement et du Conseil du 13 octobre 2003 établissant un système d'échange de quotas d'émission de gaz à effet de serre dans l'Union et modifiant la directive 96/61/CE du Conseil.**

Art. L. 229-57 ***(Créé à compter du 1er janvier 2022, L. n° 2021-1104, 22 août 2021).*** **– À l'issue de chaque année civile, les exploitants d'aéronefs compensent, sous peine des sanctions prévues à l'article L. 229-59, les émissions de gaz à effet de serre résultant des vols mentionnés à l'article L. 229-56, telles qu'elles ont été déclarées, vérifiées et validées dans des conditions fixées par décret en Conseil d'État.**

Cette obligation entre en vigueur selon les modalités suivantes :

1° À compter du 1er janvier 2022, les exploitants compensent 50 % de leurs émissions ;

2° À compter du 1er janvier 2023, les exploitants compensent 70 % de leurs émissions ;

3° À compter du 1er janvier 2024, les exploitants compensent la totalité de leurs émissions.

Art. L. 229-58 *(Créé à compter du 1er janvier 2022, L. n° 2021-1104, 22 août 2021).* – Pour s'acquitter de leur obligation de compensation, les exploitants d'aéronefs utilisent des crédits carbone issus de programmes de compensation répondant aux principes fixés à l'article L. 229-55. Ces crédits carbone ne peuvent pas être utilisés à la fois au titre de la présente section et d'un autre dispositif de compensation obligatoire des émissions de gaz à effet de serre.

Sont privilégiés les projets d'absorption du carbone qui sont situés sur le territoire français ou sur le territoire d'autres États membres de l'Union européenne, notamment ceux favorisant le renouvellement forestier, l'agroforesterie, l'agrosylvopastoralisme et, plus généralement, l'adoption de toute pratique agricole réduisant les émissions de gaz à effet de serre ou de toute pratique favorisant le stockage de carbone dans les sols.

Le Gouvernement publie un bilan annuel des programmes de compensation entrepris et des résultats de leur mise en œuvre.

Un décret en Conseil d'État précise notamment les conditions d'éligibilité de ces programmes et d'utilisation des crédits carbone, les éléments d'information devant être fournis par les exploitants et leurs délais de transmission, ainsi que les modalités de vérification par l'autorité administrative du respect des obligations de compensation.

Art. L. 229-59 *(Créé à compter du 1er janvier 2022, L. n° 2021-1104, 22 août 2021).* – Chaque année, à une date fixée par décret en Conseil d'État, lorsque l'exploitant d'aéronefs n'a pas justifié du respect de ses obligations de compensation mentionnées à l'article L. 229-57, l'autorité administrative le met en demeure d'y satisfaire dans un délai de deux mois.

La mise en demeure mentionne la sanction encourue et invite l'exploitant à présenter ses observations écrites. L'autorité administrative peut prolonger d'un mois le délai de la mise en demeure.

À l'issue du délai mentionné au premier alinéa du présent article, le cas échéant prolongé en application du deuxième alinéa, l'autorité administrative peut soit notifier à l'exploitant d'aéronefs qu'il a rempli son obligation de compensation, soit constater qu'il ne s'est pas conformé à cette obligation. Dans ce dernier cas, elle prononce une amende relative aux émissions non compensées. Elle peut décider de rendre publique la sanction, si celle-ci est définitive.

Le montant de l'amende administrative est de 100 € par tonne de gaz à effet de serre émise pour laquelle l'exploitant d'aéronefs n'a pas satisfait à son obligation de compensation.

Le paiement de l'amende ne dispense pas l'exploitant de l'obligation de compenser ses émissions. Il doit s'acquitter de cette obligation au plus tard l'année suivante.

Le recouvrement de l'amende est effectué au profit du Trésor public comme en matière de créances étrangères à l'impôt et au domaine.

Art. L. 229-60 *(Créé à compter du 1er janvier 2022, L. n° 2021-1104, 22 août 2021).* – Les exploitants d'aéronefs qui ne sont pas soumis aux obligations prévues aux articles L. 229-56 à L. 229-58 mais opèrent des vols à l'intérieur du territoire national peuvent s'y conformer de manière volontaire, selon les modalités définies aux articles L. 229-57 et L. 229-58.

Sous-section 2. – Obligations applicables au titre du régime de compensation et de réduction de carbone pour l'aviation internationale (« CORSIA »)

(L. n° 2024-364, 22 avr. 2024)

Art. L. 229-60-1 *(L. n° 2024-364, 22 avr. 2024).* – I. – La présente sous-section s'applique aux exploitants d'aéronef titulaires d'un certificat de transporteur aérien délivré par la France ou immatriculés en France pour les vols internationaux effectués entre un aérodrome situé dans un pays appliquant le régime de compensation et de réduction de carbone pour l'aviation internationale (« CORSIA ») et mentionné dans l'acte d'exécution adopté en application de l'article 25 *bis* de la directive 2003/87/CE du Parlement européen et du

Conseil du 13 octobre 2003 établissant un système d'échange de quotas d'émission de gaz à effet de serre dans l'Union et modifiant la directive 96/61/CE du Conseil et un aérodrome situé sur le territoire :

1° D'un État partie à l'accord sur l'Espace économique européen ;

2° De la Suisse ;

3° Du Royaume-Uni ;

4° D'un autre pays appliquant ce régime et mentionné dans l'acte d'exécution mentionné au premier alinéa du présent I.

II. – La présente sous-section s'applique également aux exploitants d'aéronef mentionnés au I pour les vols internationaux reliant un aérodrome situé dans un pays et territoire d'outre-mer mentionné dans l'annexe II du traité sur le fonctionnement de l'Union européenne et un aérodrome situé sur le territoire :

1° D'un autre État partie à l'accord sur l'Espace économique européen, y compris s'il est situé dans une région ultrapériphérique, ou sur un territoire de cet État mentionné à la même annexe II ;

2° De la Suisse ;

3° Du Royaume-Uni ;

4° D'un autre pays appliquant ce régime et mentionné dans l'acte d'exécution mentionné au premier alinéa du I du présent article.

Art. L. 229-60-2 *(L. n° 2024-364, 22 avr. 2024)*. – I. – Au plus tard le 30 novembre de chaque année, l'autorité administrative compétente évalue, pour chaque exploitant d'aéronef, le nombre d'unités de compensation, définies dans l'acte d'exécution prévu au paragraphe 8 de l'article 11 *bis* de la directive 2003/87/CE du 13 octobre 2003 précitée, dont il est redevable au titre de l'année civile précédente, conformément à la méthode établie dans l'acte d'exécution mentionné au paragraphe 8 de l'article 12 de la même directive. Elle en informe les exploitants d'aéronef.

Au plus tard le 30 novembre de chaque année suivant une période de conformité, l'autorité administrative compétente détermine, pour chaque exploitant d'aéronef, le nombre total d'unités de compensation dont il est redevable pour cette période. Elle en informe les exploitants d'aéronef.

Une période de conformité est une période de trois ans au terme de laquelle un exploitant d'aéronef soumis au régime « CORSIA » doit compenser ses émissions de gaz à effet de serre selon les modalités définies au II du présent article. La première période de conformité comprend les années 2021 à 2023. La deuxième période comprend les années 2024 à 2026. Les périodes triennales suivantes se succèdent jusqu'en 2035.

II. – Au plus tard le 31 janvier de la deuxième année suivant une période de conformité, chaque exploitant d'aéronef procède à l'annulation des unités de compensation dont le nombre a été communiqué par l'autorité administrative compétente en application du deuxième alinéa du I.

Art. L. 229-60-3 *(L. n° 2024-364, 22 avr. 2024)*. – Lorsque l'exploitant d'aéronef n'a pas justifié du respect de ses obligations de compensation, l'autorité administrative compétente le met en demeure d'y satisfaire dans un délai d'un mois.

La mise en demeure mentionne la sanction encourue et invite l'exploitant à présenter ses observations écrites.

À l'expiration du délai mentionné au premier alinéa, l'autorité administrative compétente peut soit notifier à l'exploitant d'aéronef qu'il a rempli son obligation de compensation, soit constater qu'il ne s'est pas conformé à cette obligation. Dans ce dernier cas, elle prononce une amende relative aux émissions non compensées.

Le montant de l'amende administrative est de 100 euros par tonne de gaz à effet de serre émise pour laquelle l'exploitant d'aéronef n'a pas satisfait à son obligation de compensation.

Le paiement de l'amende ne dispense pas l'exploitant de l'obligation de compenser ses émissions. Il doit s'acquitter de cette obligation au plus tard l'année suivante.

Le recouvrement de l'amende est effectué au profit du Trésor public comme en matière de créances étrangères à l'impôt et au domaine.

Le nom de l'exploitant est rendu public lorsque la décision prononçant une amende à son encontre devient définitive.

Au cas où un exploitant d'aéronef ne se conforme pas aux exigences prévues à la présente sous-section, il peut faire l'objet d'une interdiction d'exploitation.

Art. L. 229-60-4 *(L. n° 2024-364, 22 avr. 2024)*. – Les conditions d'application de la présente sous-section, notamment celles relatives aux catégories d'exploitants d'aéronef et de vols concernés et aux modalités d'annulation des unités de compensation sont précisées, en tant que de besoin, par décret en Conseil d'État.

Section VIII. – Publicité sur les produits et services ayant un impact excessif sur le climat

(L. n° 2021-1104, 22 août 2021)

Art. L. 229-61 *(Créé à compter du 22 août 2022, L. n° 2021-1104, 22 août 2021).* **– I. – Est interdite la publicité relative à la commercialisation ou faisant la promotion des énergies fossiles. Un décret en Conseil d'État précise la liste des énergies fossiles concernées et les règles applicables aux énergies renouvelables incorporées aux énergies fossiles. N'entrent pas dans le champ de l'interdiction les carburants dont le contenu en énergie renouvelable est réputé supérieur ou égal à 50 %.**

II. – Le décret prévu au I définit les modalités d'application du présent article, en tenant compte notamment des exigences d'un bon accès du public à l'information relative au prix des énergies concernées ainsi que des obligations légales ou réglementaires des fournisseurs et distributeurs de ces énergies. Ces modalités d'application sont sans incidence sur les obligations prévues à l'article L. 224-1 du présent code, aux articles L. 224-3 et L. 224-7 du Code de la consommation, à l'article 63 de la loi n° 2019-1147 du 8 novembre 2019 relative à l'énergie et au climat et à l'article L. 122-3 du Code de l'énergie.

Art. L. 229-62 *(Créé à compter du 1er janvier 2028, L. n° 2021-1104, 22 août 2021).* **– Est interdite la publicité relative à la vente ou faisant la promotion de l'achat des voitures particulières neuves mentionnées au 1°** ***bis*** **de l'article 73 de la loi n° 2019-1428 du 24 décembre 2019 d'orientation des mobilités.**

Un décret en Conseil d'État précise la liste des véhicules concernés.

Art. L. 229-63 *(Créé à compter du 22 août 2022, L. n° 2021-1104, 22 août 2021).* **– Le fait de ne pas respecter les interdictions prévues aux articles L. 229-61 et L. 229-62 est puni d'une amende de 20 000 € pour une personne physique et de 100 000 € pour une personne morale, ces montants pouvant être portés jusqu'à la totalité du montant des dépenses consacrées à l'opération illégale.**

En cas de récidive, le montant des amendes prévues au premier alinéa du présent article peut être porté au double.

Art. L. 229-64 *(L. n° 2021-1104, 22 août 2021).* **– I. – Une information synthétique sur l'impact environnemental des biens et services, considérés sur l'ensemble de leur cycle de vie, si cette information est disponible, est visible et facilement compréhensible dans les publicités sur les produits suivants :**

1° Les biens et les services pour lesquels l'affichage environnemental mentionné à l'article L. 541-9-11 a été rendu obligatoire ;

2° Les produits concernés par une étiquette énergie obligatoire, au titre de l'article 16 du règlement (UE) 2017/1369 du Parlement européen et du Conseil du 4 juillet 2017 établissant un cadre pour l'étiquetage énergétique et abrogeant la directive 2010/30/UE, pour lesquels l'information synthétique est la mention de la classe d'efficacité énergétique du produit considéré ;

3° Les véhicules concernés par une étiquette obligatoire au titre de l'article L. 318-1 du Code de la route, pour lesquels l'information synthétique est la mention de la classe d'émissions de dioxyde de carbone du véhicule considéré.

II. – Les obligations mentionnées au I ne s'appliquent pas aux publicités radiophoniques.

III. – Un décret en Conseil d'État fixe les conditions d'application du présent article. Il peut prévoir, afin d'assurer la bonne visibilité de l'information prévue au I en tenant compte des contraintes d'espace dans les publicités, que ces dernières comportent, pour la mise à disposition d'autres informations ou mentions obligatoires, un renvoi clair et lisible vers un support distinct aisément accessible par les consommateurs.

Art. L. 229-65 *(L. n° 2021-1104, 22 août 2021).* **– Tout manquement à l'article L. 229-64 est sanctionné, dans les conditions prévues au chapitre II du titre II du livre V du Code de la consommation, par une amende de 20 000 € pour une personne physique et de 100 000 € pour une personne morale, ces montants pouvant être portés jusqu'à la totalité du montant des dépenses consacrées à l'opération illégale.**

En cas de récidive, le montant des amendes prévues au premier alinéa du présent article peut être porté au double.

Art. L. 229-66 *(L. n° 2021-1104, 22 août 2021)*. – Les manquements à l'article L. 229-64 du présent code sont recherchés et constatés par les agents mentionnés à l'article L. 511-3 du Code de la consommation. Ils disposent à cet effet des pouvoirs définis au chapitre II du titre Ier du livre V du même code et peuvent mettre en œuvre les mesures prévues à la section 1 du chapitre Ier du titre II du même livre V.

Art. L. 229-67 *(L. n° 2021-1104, 22 août 2021)*. – Les importateurs, distributeurs ou autres metteurs sur le marché des biens et services soumis à affichage environnemental obligatoire en application de l'article L. 541-9-11, à une étiquette énergie obligatoire au titre de l'article 16 du règlement (UE) 2017/1369 du Parlement européen et du Conseil du 4 juillet 2017 établissant un cadre pour l'étiquetage énergétique et abrogeant la directive 2010/30/UE, ou à une étiquette obligatoire au titre de l'article L. 318-1 du Code de la route, et dont les investissements publicitaires sont supérieurs ou égaux à 100 000 € par an, se déclarent auprès d'une plateforme numérique dédiée mise en place par les pouvoirs publics, selon des modalités et dans des conditions définies par décret.

Dans des conditions fixées par décret en Conseil d'État, l'autorité administrative peut sanctionner le manquement à l'obligation prévue au premier alinéa du présent article par une amende d'un montant maximal de 30 000 €.

Chaque année, les pouvoirs publics publient la liste des entreprises mentionnées au même premier alinéa qui souscrivent et de celles qui ne souscrivent pas à des codes de bonne conduite sectoriels et transversaux mentionnés à l'article 14 de la loi n° 86-1067 du 30 septembre 1986 relative à la liberté de communication.

Les modalités de publication de la liste des entreprises mentionnées au troisième alinéa du présent article sont fixées par voie réglementaire.

Section IX. – Allégations environnementales

(Section créée, L. n° 2021-1104, 22 août 2021)

Art. L. 229-68 *(L. n° 2021-1104, 22 août 2021)*. – I. – Il est interdit d'affirmer dans une publicité qu'un produit ou un service est neutre en carbone ou d'employer toute formulation de signification ou de portée équivalente, à moins que l'annonceur rende aisément disponible au public les éléments suivants :

1° Un bilan d'émissions de gaz à effet de serre intégrant les émissions directes et indirectes du produit ou du service ;

2° La démarche grâce à laquelle les émissions de gaz à effet de serre du produit ou du service sont prioritairement évitées, puis réduites et enfin compensées. La trajectoire de réduction des émissions de gaz à effet de serre est décrite à l'aide d'objectifs de progrès annuels quantifiés ;

3° Les modalités de compensation des émissions de gaz à effet de serre résiduelles respectant des standards minimaux définis par décret.

II. – Un décret fixe les modalités de mise en œuvre du présent article.

Art. L. 229-69 *(L. n° 2021-1104, 22 août 2021)*. – Dans des conditions fixées par décret en Conseil d'État, l'autorité administrative peut sanctionner le non-respect de l'interdiction et le manquement aux obligations prévues à la présente section par une amende de 20 000 € pour une personne physique et de 100 000 € pour une personne morale, ces montants pouvant être portés jusqu'à la totalité du montant des dépenses consacrées à l'opération illégale.

La France a sans doute innové. Mais, la sortie de la directive 2024/825 du Parlement européen et du Conseil du 28 février 2004 modifiant les directives 2005/29/CE et 2011/83/UE pour donner aux consommateurs les moyens d'agir en faveur de la transition verte grâce à une meilleure protection contre les pratiques déloyales et grâce à une meilleure information conduira à réviser les dispositions. Le délai de transposition est fixé au 26 mars 2026.

Section 10. – Dispositions relatives au mécanisme d'ajustement carbone aux frontières pendant la période transitoire

(L. n° 2024-364, 22 avr. 2024)

Sous-section 1. – Définitions

Art. L. 229-70 *(L. n° 2024-364, 22 avr. 2024)*. – Pour l'application de la présente section :

1° Le « règlement MACF » désigne le règlement (UE) 2023/956 du Parlement européen et du Conseil du 10 mai 2023 établissant un mécanisme d'ajustement carbone aux frontières ;

2° Le « règlement d'exécution relatif à la période transitoire » désigne le règlement d'exécution (UE) 2023/1773 de la Commission du 17 août 2023 portant modalités d'application du règlement (UE) 2023/956 du Parlement européen et du Conseil en ce qui concerne les obligations de déclaration aux fins du mécanisme d'ajustement carbone aux frontières pendant la période transitoire ;

3° L'« assujetti » désigne la personne soumise, en application de l'article 32 du règlement MACF, aux obligations de déclaration prévues aux articles 33, 34 et 35 du même règlement ;

4° Le « rapport MACF » désigne la déclaration trimestrielle dont le contenu est précisé à l'article 34 et aux paragraphes 1 et 2 de l'article 35 dudit règlement ;

5° La « période transitoire » désigne la période allant du 1er octobre 2023 au 31 décembre 2025, conformément à l'article 32 du même règlement ;

6° Les « émissions » désignent le rejet dans l'atmosphère de gaz à effet de serre énumérés dans l'annexe I du même règlement pour la production de marchandises énumérées à la même annexe I.

Sous-section 2. – Sanctions applicables pendant la période transitoire

Art. L. 229-71 *(L. n° 2024-364, 22 avr. 2024).* – Lorsque l'autorité administrative compétente détermine, compte tenu notamment des informations transmises par la Commission européenne en application du paragraphe 3 de l'article 35 du règlement MACF, qu'un assujetti n'a pas respecté l'obligation de présenter un rapport MACF, elle le met en demeure d'y satisfaire dans un délai de deux mois.

Art. L. 229-72 *(L. n° 2024-364, 22 avr. 2024).* – Lorsque l'autorité administrative estime que le rapport MACF d'un assujetti est incomplet ou incorrect, compte tenu notamment des informations transmises par la Commission européenne en application du paragraphe 4 de l'article 35 du règlement MACF, elle engage une procédure de rectification de ce rapport.

Elle informe l'assujetti des informations complémentaires requises pour la rectification de ce rapport. L'assujetti soumet un rapport complété ou corrigé dans un délai de deux mois.

Si, à l'expiration de ce délai, l'autorité administrative constate que l'assujetti n'a pas pris les mesures nécessaires pour compléter ou corriger ce rapport, elle le met en demeure d'y procéder dans un délai d'un mois.

Art. L. 229-73 *(Créé, L. n° 2024-364, 22 avr. 2024).* – Lorsqu'il n'a pas été déféré, dans le délai imparti, à la mise en demeure prévue aux articles L. 229-71 ou L. 229-72, l'autorité administrative prononce une amende proportionnée à la gravité des manquements constatés, en tenant compte des circonstances définies au paragraphe 3 de l'article 16 du règlement d'exécution relatif à la période transitoire, d'un montant minimal de 10 euros et d'un montant maximal de 50 euros par tonne d'émissions non déclarées.

Dans les situations définies au paragraphe 4 du même article 16, le montant de l'amende encourue est doublé, sans pouvoir excéder un montant de 100 euros par tonne d'émissions non déclarées.

Art. L. 229-74 *(L. n° 2024-364, 22 avr. 2024).* – La décision prononçant l'amende précise la date à partir de laquelle elle est exigible.

Le recouvrement des amendes prévues à la présente sous-section est effectué au profit du Trésor public comme en matière de créances étrangères à l'impôt et au domaine.

Art. L. 229-75 *(L. n° 2024-364, 22 avr. 2024).* – Préalablement à tout recours contentieux à l'encontre d'une décision prononçant une amende en application de la présente sous-section, l'intéressé saisit le ministre chargé de la politique des marchés carbone d'un recours gracieux.

Art. L. 229-76 *(L. n° 2024-364, 22 avr. 2024).* – Un décret en Conseil d'État précise les conditions d'application de la présente sous-section.

TITRE III. – DES ATTEINTES GÉNÉRALES AUX MILIEUX PHYSIQUES

(Titre créé, L. n° 2021-1104, 22 août 2021)

CHAPITRE UNIQUE

Art. L. 231-1 *(L. n° 2021-1104, 22 août 2021)*. – Le fait, en violation manifestement délibérée d'une obligation particulière de prudence ou de sécurité prévue par la loi ou le règlement, d'émettre dans l'air, de jeter, de déverser ou de laisser s'écouler dans les eaux superficielles ou souterraines ou dans les eaux de la mer dans la limite des eaux territoriales, directement ou indirectement, une ou plusieurs substances dont l'action ou les réactions entraînent des effets nuisibles graves et durables sur la santé, la flore, la faune, à l'exception des dommages mentionnés aux articles L. 218-73 et L. 432-2, ou des modifications graves du régime normal d'alimentation en eau est puni de cinq ans d'emprisonnement et d'un million d'euros d'amende, ce montant pouvant être porté jusqu'au quintuple de l'avantage tiré de la commission de l'infraction.

Le premier alinéa du présent article ne s'applique :

1° S'agissant des émissions dans l'air, qu'en cas de dépassement des valeurs limites d'émission fixées par décision de l'autorité administrative compétente ;

2° S'agissant des opérations de rejet autorisées et de l'utilisation de substances autorisées, qu'en cas de non-respect des prescriptions fixées par l'autorité administrative compétente.

Sont considérés comme durables les effets nuisibles sur la santé ou les dommages à la flore ou à la faune qui sont susceptibles de durer au moins sept ans.

Le délai de prescription de l'action publique du délit mentionné au premier alinéa court à compter de la découverte du dommage.

Art. L. 231-2 *(L. n° 2021-1104, 22 août 2021)*. – Le fait d'abandonner, de déposer ou de faire déposer des déchets, dans des conditions contraires au chapitre Ier du titre IV du livre V, et le fait de gérer des déchets, au sens de l'article L. 541-1-1, sans satisfaire aux prescriptions concernant les caractéristiques, les quantités, les conditions techniques de prise en charge des déchets et les procédés de traitement mis en œuvre fixées en application des articles L. 541-2, L. 541-2-1, L. 541-7-2, L. 541-21-1 et L. 541-22, lorsqu'ils provoquent une dégradation substantielle de la faune et de la flore ou de la qualité de l'air, du sol ou de l'eau sont punis de trois ans d'emprisonnement et de 150 000 € d'amende.

Le délai de prescription de l'action publique du délit mentionné au premier alinéa du présent article court à compter de la découverte du dommage.

Art. L. 231-3 *(L. n° 2021-1104, 22 août 2021)*. – Constitue un écocide l'infraction prévue à l'article L. 231-1 lorsque les faits sont commis de manière intentionnelle.

Constituent également un écocide les infractions prévues à l'article L. 231-2, commises de façon intentionnelle, lorsqu'elles entraînent des atteintes graves et durables à la santé, à la flore, à la faune ou à la qualité de l'air, du sol ou de l'eau.

La peine d'emprisonnement prévue aux articles L. 231-1 et L. 231-2 est portée à dix ans d'emprisonnement.

La peine d'amende prévue aux mêmes articles L. 231-1 et L. 231-2 est portée à 4,5 millions d'euro, ce montant pouvant être porté jusqu'au décuple de l'avantage tiré de la commission de l'infraction.

Sont considérés comme durables les effets nuisibles sur la santé ou les dommages à la flore, à la faune ou à la qualité des sols ou des eaux superficielles ou souterraines qui sont susceptibles de durer au moins sept ans.

Le délai de prescription de l'action publique du délit mentionné au premier alinéa du présent article court à compter de la découverte du dommage.

Art. L. 231-4 *(L. n° 2021-1104, 22 août 2021)*. – Pour les infractions prévues aux articles L. 173-3 et L. 231-1 à L. 231-3 :

1° Le tribunal peut également imposer au condamné de procéder à la restauration du milieu naturel dans le cadre de la procédure prévue à l'article L. 173-9 ;

2° Le premier alinéa de l'article 131-38 du Code pénal s'applique uniquement aux amendes exprimées en valeur absolue.

Art. L. 231-5 *(L. n° 2021-1104, 22 août 2021).* – Outre les officiers et agents de police judiciaire et les inspecteurs de l'environnement mentionnés à l'article L. 172-1, sont habilités à rechercher et à constater les infractions au présent titre :

1° Les agents des douanes ;

2° Les inspecteurs de la sûreté nucléaire, dans les conditions prévues au chapitre VI du titre IX du livre V ;

3° *(Mod., Ord. n° 2022-839, 1er juin 2022)* Les agents de l'Office national des forêts mentionnés au I de l'article L. 161-4 du Code forestier et, pour leur seule constatation, les agents mentionnés au II du même article, commissionnés à raison de leurs compétences en matière forestière et assermentés à cet effet ;

4° Les agents des réserves naturelles mentionnés à l'article L. 332-20, agissant dans les conditions prévues au même article L. 332-20 ;

5° Les agents de la concurrence, de la consommation et de la répression des fraudes, qui disposent à cet effet des pouvoirs prévus au I de l'article L. 511-22 du Code de la consommation ;

6° Les ingénieurs et techniciens du laboratoire central et les inspecteurs de salubrité de la préfecture de police ;

7° Les gardes champêtres.

Constitutionnalité de l'emploi d'agents contractuels de droit privé pour la constatation d'infraction. Le 3° de l'article L. 231-5 du Code de l'environnement a été jugé conforme à la Constitution (▪ Cons. const., 31 mars 2023, n° 2023-1042 QPC).

TITRE IV. – SOLS ET SOUS-SOLS

(Titre créé, L. n° 2021-1104, 22 août 2021)

CHAPITRE UNIQUE

Art. L. 241-1 *(L. n° 2021-1104, 22 août 2021).* – La politique nationale de prévention et de gestion des sites et sols pollués vise à prévenir et réduire la pollution des sols et des sous-sols et à assurer la gestion des pollutions existantes. Elle participe d'une gestion équilibrée et durable des sols et sous-sols et tient compte des adaptations nécessaires au changement climatique. Elle est définie et mise en œuvre conformément aux principes suivants :

1° La prévention et la remédiation des pollutions et la gestion des risques associés ;

2° La spécificité et la proportionnalité, impliquant une appréciation au cas par cas de la situation de chaque site ;

3° L'évaluation du risque fondée sur les usages du site, la connaissance des sources, vecteurs et cibles d'exposition et le respect de valeurs de gestion conformes aux objectifs nationaux de santé publique.

La prévention et la remédiation de la pollution des sols comprennent des mesures destinées à atténuer les effets des processus de dégradation des sols, à mettre en sécurité des sites dont les sols présentent, en surface ou dans le substratum rocheux, des substances dangereuses et à remettre en état et assainir les sols dégradés de manière à leur restituer un niveau de fonctionnalité au moins compatible avec les intérêts mentionnés à l'article L. 511-1, au regard de leur utilisation effective et de leur utilisation future autorisée. Ces mesures tiennent compte de l'impact d'une exploitation humaine des sols sur la libération et la diffusion dans l'environnement de substances dangereuses présentes naturellement dans ces sols.

Art. L. 241-2 *(L. n° 2023-175, 10 mars 2023).* – Les prestations de travaux de sondage ou de forage, de création de puits ou d'ouvrages souterrains non destinés à un usage domestique en vue de la recherche, de la surveillance ou du prélèvement d'eau souterraine et les prestations de travaux de remise en état exécutées lors de l'arrêt de l'exploitation sont conformes aux exigences techniques d'une certification délivrée dans des conditions prévues par décret en Conseil d'État.

LIVRE III

ESPACES NATURELS

Voir : Droit européen : documents cités en tête du titre Ier du livre IV et notamment Dir. n° 92/43/CEE du 21 mai 1992, concernant la conservation des habitats naturels ainsi que de la faune et de la flore sauvage (*JOCE* n° L 206, 22 juill. 1992).

Droit interne : Loi d'orientation n° 99-533 du 25 juin 1999, pour l'aménagement et le développement durable du territoire et portant modification de la loi n° 95-115 du 4 février 1995 d'orientation pour l'aménagement et le développement du territoire (dite loi Voynet : *JO* 29 juin 1999). – Loi n° 2010-788 du 12 juillet 2010 portant engagement national pour l'environnement, dite Loi Grenelle 2. – Loi n° 2016-1087 du 8 août 2016 pour la reconquête de la biodiversité, de la nature et des paysages (DEVL1400720L). – Loi n° 2019-773 du 24 juillet 2019 portant création de l'Office français de la biodiversité, modifiant les missions des fédérations des chasseurs et renforçant la police de l'environnement (TREL1827740L). – Loi n° 2023-54 du 2 février 2023 visant à limiter l'engrillagement des espaces naturels et à protéger la propriété privée. – V. également textes de droit interne cités sous le titre Ier du livre IV.

Art. L. 300-1. – Les dispositions relatives à la prévention des incendies de forêt et aux forêts de protection sont énoncées au Code forestier (livre III, titre II et livre IV, titre Ier).

Voir : Défense et à la lutte contre les incendies : C. for., art. L. 131-1 et s. ; C. for., art. R. 131-1 et s. Forêts de protection : C. for., art. L. 141-1 ; C. for., art. R. 141-1 et s.

Voir : Droit européen : Règl. Comm. CE n° 1727/1999/CE du 28 juill. 1999 relatif à la protection des forêts contre les incendies et abrogeant le règlement du 13 mai 1993 (*JOCE* n° L 203, 3 août 1999). – Règl. PE et Cons. UE n° 1484/2001 du 27 juin 2001 modifiant le règlement n° 352/86, relatif à la protection des forêts dans la Communauté contre la pollution atmosphérique (*JOCE* n° L 196, 20 juill. 2001). – Règl. PE et Cons. UE n° 1485/2001 du 27 juin 2001 modifiant le règlement n° 2158/22 du Conseil, relatif à la protection des forêts dans la Communauté contre les incendies (*JOCE* n° L 196, 20 juill. 2001). – Règl. Comm. CEPE et Cons. UE n° 2016/0230 du 26 avril 2018 relatif à la prise en compte des émissions et des absorptions de gaz à effet de serre résultant de l'utilisation des terres, du changement d'affectation des terres et de la foresterie dans le cadre d'action pour le climat et l'énergie à l'horizon 2030 et modifiant le règlement (UE) n° 525/2013 du Parlement européen et du Conseil relatif à un mécanisme pour la surveillance et la déclaration des émissions de gaz à effet de serre et pour la déclaration d'autres informations ayant trait au changement climatique. – Règl. CE n° 1737/2006 du 7 novembre 2006 portant modalités d'application du règlement (CE) n° 2152/2003 du Parlement européen et du Conseil concernant la surveillance des forêts et des interactions environnementales dans la Communauté. – Communication de la commission COM (2019) 640 du 11 décembre 2019 au Parlement européen, au Conseil européen, au Conseil, au Comité économique et social européen et au Comité des régions « Le pacte vert pour l'Europe ».

Art. L. 300-2 ***(Rempl. à compter du 1er janvier 2016, Ord. n° 2015-1174, 23 sept. 2015).*** **– Les dispositions relatives aux espaces boisés classés par les plans locaux d'urbanisme sont énoncées au Code de l'urbanisme (livre Ier, titre III).**

Voir : C. urb., art. L. 113-1 à L. 113-7 (anciennement C. urb., art. L. 130-1 à L. 130-6) relatifs aux espaces boisés classés. – V. pour la partie réglementaire, C. urb., art. R. 113-1 à R. 113-14 du même code (anciennement art. R. 130-1 à R. 130-23).

Art. L. 300-3 ***(Ord. n° 2004-178, 20 févr. 2004,*** (1) ***; mod., L. n° 2004-1343, 9 déc. 2004,*** (2) ***; L. fin. n° 2013-1278, 29 déc. 2013 ; rempl., L. fin. rect. n° 2020-935, 30 juill. 2020).*** **– Les dispositions relatives à la Fondation du patrimoine pour sa contribution à la sauvegarde des éléments remarquables des espaces**

(1) Application à l'outre-mer : V. Ord. n° 2004-178, 20 févr. 2004, art. 9.
(2) Application à Mayotte : V. L. n° 2004-1343, 9 déc. 2004, art. 78, XIV, F.

naturels ou paysagers menacés de dégradation, de disparition ou de dispersion sont énoncées à l'article L. 143-2 du Code du patrimoine.

Voir : C. patr., art. L. 143-1 à L. 143-15.

Art. L. 300-4 *(L. n° 2016-1087, 8 août 2016)*. **– Les rectifications d'erreurs matérielles sur les numéros de parcelles et les coordonnées marines des espaces classés par décret ou décret en Conseil d'État en application du présent livre sont effectuées par arrêté du ministre compétent publié au *Journal officiel*.**

TITRE Ier. – INVENTAIRE ET MISE EN VALEUR DU PATRIMOINE NATUREL

(Abr., L. n° 2016-1087, 8 août 2016)

Art. L. 310-1 à L. 310-3 *(Abr., L. n° 2016-1087, 8 août 2016)*.

TITRE II. – LITTORAL

Voir : Droit international : livre IV, titre Ier, de la Convention relative aux zones humides d'importance internationale, particulièrement comme habitats des oiseaux d'eau, signée à Ramsar le 2 février 1971, amendée par le Protocole de Paris du 3 décembre 1982 et par le Protocole de Régina du 28 mai 1987.

Droit interne : sur les dispositions applicables au littoral et provenant d'autres codes, V. spécialement C. urb., art. L. 121-1 à L. 121-51 (anciennement art. L. 146-1 à L. 146-9) et C. urb., art. R. 121-4 et R. 121-5 (anciennement art. R. 146-1 à R. 146-2). – V. également Circ. intermin. 20 juill. 2006, relative à la protection de l'environnement littoral (*BOME* n° 14/2006) ; Circ. 20 janv. 2012 relative à la gestion durable et intégrée du domaine public maritime naturel (*BOME* n° 7/2012) ; Instruction du 7 déc. 2015 relative aux dispositions particulières au littoral du Code de l'urbanisme, NOR : ETLL1511660.

CHAPITRE Ier. – PROTECTION ET AMÉNAGEMENT DU LITTORAL

Section I. – Dispositions générales

Art. L. 321-1. – I. – Le littoral est une entité géographique qui appelle une politique spécifique d'aménagement, de protection et de mise en valeur.

II *(Mod., L. n° 2016-816, 20 juin 2016)* (1). **– La réalisation de cette politique d'intérêt général implique une coordination des actions de l'État et des collectivités locales, ou de leurs groupements, ayant pour objet :**

1° La mise en œuvre d'un effort de recherche et d'innovation portant sur les particularités et les ressources du littoral ;

2° La protection des équilibres biologiques et écologiques, la lutte contre l'érosion, la prévention des risques naturels liés à la submersion marine, la préservation des sites et paysages et du patrimoine ;

3° La préservation et le développement des activités économiques liées à la proximité de l'eau, telles que la pêche, les cultures marines, les activités portuaires, nautiques et balnéaires, la construction et la réparation navales et les transports maritimes ;

4° Le maintien ou le développement, dans la zone littorale, des activités agricoles ou sylvicoles, des activités aquacoles, de l'industrie, de l'artisanat et du tourisme.

Dans le respect de l'objectif de développement durable, l'action des collectivités publiques en matière de planification contribue à la réalisation de cette politique d'intérêt général.

(1) Dispositions pas applicables à Saint-Barthélemy, L. n° 2016-816, 20 juin 2016, art. 96, IV, C.

Art. L. 321-2 *(Mod., L. n° 2015-292, 16 mars 2015)*. **– Sont considérées comme communes littorales, au sens du présent chapitre, les communes de métropole et des départements d'outre-mer :**

1° Riveraines des mers et océans, des étangs salés, des plans d'eau intérieurs d'une superficie supérieure à 1 000 hectares ;

2° Riveraines des estuaires et des deltas lorsqu'elles sont situées en aval de la limite de salure des eaux et participent aux équilibres économiques et écologiques littoraux. La liste de ces communes est fixée par décret en Conseil d'État, après consultation des conseils municipaux intéressés.

En cas de création d'une commune nouvelle en application de l'article L. 2113-2 du Code général des collectivités territoriales, les règles relatives aux communes littorales s'appliquent au seul territoire des anciennes communes la composant précédemment considérées comme communes littorales. Le conseil municipal peut cependant demander à ce que l'ensemble du territoire de la commune nouvelle soit soumis aux règles relatives aux communes littorales.

Voir : C. urb., art. L. 121-7 à L. 121-22 (anciennement articles L. 146-4 et L. 146-6). - C. urb., art. L. 121-13, dernier alinéa (anciennement article L. 146-5) pour les communes riveraines de plans d'eau intérieurs d'une superficie inférieure à 1 000 ha. - D. n° 2004-311 du 29 mars 2004 fixant la liste des communes riveraines des estuaires et des deltas considérées comme littorales en application de l'article L. 321-2 du Code de l'environnement et la liste des estuaires les plus importants au sens du IV de l'article L. 146-4 du Code de l'urbanisme dont l'alinéa 1er a été codifié à l'article R. 321-1 du présent code. CGPPP, art. L. 2111-5 et R. 2111-5 à R. 2111-14.

1) Détermination des communes riveraines des estuaires et des deltas. L'abstention de l'administration à adopter le décret nécessaire à l'application des articles L. 146-1 et L. 146-4 du Code de l'urbanisme s'étant prolongée très largement au-delà d'un délai raisonnable, la décision implicite par laquelle le Premier ministre refuse d'édicter ce décret est annulée, le Conseil d'État ordonnant cette édiction dans un délai de six mois (▪ CE, sect., 28 juill. 2000, n° 204024, *Assoc. France nature environnement : Constr.-Urb.* nov. 2000, p. 18, obs. Larralde ; *Dr. env.* 2000, p. 8, note Le Corre ; *AJDA* 2000, p. 959 ; *LPA* 2000, n° 230, note Laquièze ; *BJDU* 2000, p. 306, concl. Lamy). Le décret n'étant toujours pas intervenu, une astreinte de 10 000 € a été liquidée au profit de l'association requérante par le Conseil d'État le 29 juillet 2002. Le décret a finalement été pris le 29 mars 2004 (D. n° 2004-311, 29 mars 2004 fixant la liste des communes riveraines des estuaires et des deltas considérées comme littorales en application de l'article L. 321-2 du Code de l'environnement et la liste des estuaires les plus importants au sens du IV de l'article L. 146-4 du Code de l'urbanisme). L'alinéa 1er de ce décret est aujourd'hui codifié à l'article R. 321-1 du présent code.

2) Détermination des communes riveraines des estuaires et des deltas. Délimitation jurisprudentielle. Le décret-loi du 21 février 1852 relatif à la fixation des limites de l'inscription maritime dans les fleuves et rivières affluant à la mer et sur le domaine public maritime fixe la limite amont d'un estuaire, la limite aval étant déterminée au cas par cas par les décrets pris en application de ce texte : V. par exemple, décret du 12 janvier 1856 portant limite transversale de la mer sur la Vilaine et pour une application, ▪ CAA Nantes, 14 mars 2006, n° 03NT01416, *Cne de Penestin*. – V. également pour d'autres exemples, ▪ CAA Nantes, 26 déc. 2003, nos 02NT01147 et 02NT01945, *M. Jean-Jacques Roudaut, Cne de Lannilis : AJDA* 2004, p. 505, concl. Coënt. ▪ CAA Nantes, 31 janv. 2006, n° 03NT00048, *Assoc. de sauvegarde de la rivière de Pont l'Abbé et de ses environs*. Le juge administratif est ainsi compétent pour déterminer si une commune est une commune « littorale » au sens des dispositions de l'article L. 321-2, 2° du Code de l'environnement (▪ CE, 4 oct. 1996, *Assoc. Défense et protection de Pleurtuit : Rec. CE* 1996, p. 382), et ce nonobstant l'absence du décret d'application prévu par ces dispositions. Depuis l'adoption du décret du 29 mars 2004, dont l'article 1er est codifié à l'article R. 321-1 du présent code, la doctrine est d'avis que cette jurisprudence est toujours d'actualité, considérant ainsi que la liste fixée à l'article R. 321-1 n'est pas limitative (V. en ce sens, B. Busson, *Décret « estuaires » : le dernier épisode du feuilleton n'est pas terminé : Dr. env.* 2004, n° 120, p. 133. ▪ CAA Nantes, 28 janv. 2011, n° 08NT01037, *Sté Néo Plouvien*. – V. également ▪ CAA Bordeaux, 4 avr. 2013, n° 12BX00153 : *Environnement* 2014, chron. 1, obs. Fourmon). En énonçant que, si la loi ne définit pas la limite aval d'un estuaire, il y a lieu de se référer, pour déterminer cette limite, aux décrets fixant la limite transversale de la mer, la cour administrative d'appel de Nantes n'a pas commis d'erreur de droit. Après avoir, en relevant que la limite transversale de la mer a été fixée, s'agissant de l'estuaire de l'Aber Benoît, par un décret du 21 mars 1930, que la limite de salure des eaux coïncide, en l'espèce, avec la limite transversale de la mer et qu'une partie du territoire de la commune de Plouvien se situe en deçà de ces limites, souverainement apprécié les faits de l'espèce sans les dénaturer, la cour administrative d'appel, dont l'arrêt est suffisamment motivé, n'a pas inexactement qualifié ces faits en estimant que la commune de Plouvien n'était pas une commune riveraine d'un estuaire, mais devait être regardée comme une commune riveraine des mers et océans, pour l'intégralité de son territoire, au sens de l'article L. 321-2 du Code de l'environnement, et que, par suite, les dispositions du I de l'article L. 146-4 du Code de l'urbanisme s'appliquaient sur l'ensemble de son territoire (▪ CE, 14 nov. 2012, n° 347778, *Sté Néo Plouvien* : *Environnement et dév. durable* 2013, n° 2, note Sousse ; *AJDA* 2013, 308, note Éveillard ; *RFDA* 2013, 357, concl. de Lesquen ; *Dr. env.* 2013, 99, note Latullaie ; *JCP* A 2013, n° 42, chron. 2303, p. 20, par Vandermeeren). Le Conseil d'État a ainsi rappelé « qu'il appartient au juge administratif de vérifier, le cas échéant d'office, que les dispositions invoquées devant lui sont applicables au litige qui lui est soumis et en particulier, s'agissant des articles L. 146-1 et suivants du Code de l'urbanisme, de s'assurer que la commune dans laquelle a été délivré un permis de construire contesté sur le fondement de ces dispositions peut être regardée comme littorale, au sens de l'article L. 321-2 du Code de l'environnement ; que, s'il résulte du 2° de cet article que les communes riveraines des estuaires ne peuvent être classées comme communes littorales par décret en Conseil d'État que si elles sont situées en aval de la limite de salure des eaux, ni ces dispositions ni aucun autre texte ne définissent la limite en aval de laquelle les communes doivent être considérées comme "littorales" en application du 1° du même article, c'est-à-dire comme riveraines de la mer ; que cette dernière limite doit être regardée comme correspondant à la limite transversale de la mer, déterminée, en application de l'article L. 2111-5 du Code général de la propriété des personnes publiques, conformément aux dispositions, désormais codifiées aux articles R. 2111-5 à R. 2111-14 du même code, du décret du 29 mars 2004 et, avant l'entrée en vigueur de ce décret, conformément aux dispositions de l'article 2 du décret du 21 février 1852 ; que la délimitation de la mer à l'embouchure des cours d'eaux repose sur l'observation combinée de plusieurs indices, tels que la configuration des côtes et notamment l'écartement des rives, la proportion respective d'eaux fluviales et d'eaux de mer, l'origine des atterrissements, le caractère fluvial ou maritime de la faune et de la végétation ; que la part relative de chacun de ces indices, dont se dégage l'influence prépondérante ou non de la mer, doit être appréciée en fonction des circonstances propres à chaque espèce ; qu'eu égard au caractère recognitif d'un tel acte, la délimitation à laquelle il procède peut être contestée à toute époque » (▪ CE, 12 nov. 2014, n° 369147, *Cne de Pont-Aven* : *AJDA* 2014, 2215, note Grand. – V. également ▪ CAA Bordeaux, 28 mars 2023, n° 22BX02010).

Voir : partie réglementaire, art. R. 321-1, p. 2059.

3) Champ d'application des protections prévues par la loi littoral. Selon les articles 1er, 2 et 3 de la loi du 3 janvier 1986, la loi Littoral est applicable dans les communes riveraines des mers et océans sans qu'aucune de ses dispositions n'exclue de son champ d'application les parties du territoire de ces communes qui ne seraient pas elles-mêmes proches du rivage ou situées en milieu humide (▪ CE, 20 oct. 1995, n° 151282, *Cne de Saint-Jean-Cap-Ferrat* : *Rec. CE* 1995, p. 1072).

4) Plans d'eau intérieurs. Une commune riveraine d'un lac d'une superficie inférieure à 1 000 hectares, ne rentrant donc pas dans la catégorie des plans d'eau intérieurs visés par l'article 2 de la loi du 3 janvier 1986, ne peut être qualifiée de commune littorale au sens de cette loi (▪ CAA Marseille, 23 avr. 2010, n° 08MA00881, *M. Jacques Salvage*. – V. également, *a contrario* : ▪ CAA Bordeaux, 12 mars 2013, n° 11BX02710, *Cne de Lacanau*).

Section II. – Aménagement et urbanisme

Voir : sur les règles relatives à l'utilisation du littoral ne figurant pas dans le Code de l'environnement, V. art. L. 321-7, p. 584 et art. L. 321-10, p. 587.

Art. L. 321-3. – L'accueil des navires de plaisance est organisé de manière à s'intégrer aux sites naturels et urbains dans le respect des normes édictées par les schémas de mise en valeur de la mer définis à l'article 57 de la loi n° 83-8 du 7 janvier 1983 relative à la répartition des compétences entre les communes, les départements, les régions et l'État.

Voir : sur les schémas de mise en valeur de la mer, D. n° 86-1252 du 5 déc. 1986 relatif au contenu et à l'élaboration des schémas de mise en valeur de la mer. - D. n° 2004-308 du 29 mars 2004 relatif aux concessions d'utilisation du domaine public maritime en dehors des ports (*JO* 29 mars 2004). - Décret n° 2007-1586 du 8 novembre 2007 relatif aux schémas de mise en valeur de la mer et modifiant le décret n° 86-1252 du 5 décembre 1986 ainsi que le Code de l'urbanisme et le Code de l'environnement.

V. également sur les SCOT comportant un chapitre individualisé valant SMVM : C. urb., art. L. 141-24 à L. 141-26 (anciennement articles L. 122-1-11, L. 122-3, L. 122-7-1, L. 122-11 et L. 122-11-1 du Code de l'urbanisme).

Nature juridique des schémas de mise en valeur de la mer : documents d'urbanisme (effets, recours, règles de procédure). En raison tout à la fois de leurs conditions d'élaboration, de leur contenu et de leurs effets, les schémas de mise en valeur de la mer sont des documents d'urbanisme ; à ce titre, ils doivent se conformer aux dispositions particulières au littoral figurant au chapitre VI du titre IV du livre Ier du Code de l'urbanisme, alors même que l'approbation de tels schémas peut avoir pour effet de dispenser les plans locaux d'urbanisme de se référer aux critères fixés par le II de l'article L. 146-4 du Code de l'urbanisme pour justifier une urbanisation des espaces proches du rivage de la mer ; dans l'hypothèse où le schéma de mise en valeur de la mer ne précise pas les modalités de l'urbanisation des espaces proches du rivage de la mer, il appartient aux schémas de cohérence territoriale, aux plans locaux d'urbanisme et aux cartes communales de respecter les dispositions dudit schéma tout en se référant aux critères fixés par le II de l'article L. 146-4 du Code de l'urbanisme (▪ CE, 3 mars 2008, n° 278168, *Sylviane A*).

Art. L. 321-4. – **L'autorité concédante d'un port de plaisance accorde la concession en imposant, s'il y a lieu, la reconstitution d'une surface de plage artificielle ou d'un potentiel conchylicole ou aquacole équivalent à ce qui aura été détruit par les travaux de construction.**

Art. L. 321-5 *(Rempl. à compter du 1er juillet 2006, Ord. n° 2006-460, 21 avr. 2006)* (1). – **Les décisions relatives à l'utilisation du domaine public maritime sont prises dans les conditions fixées à la section 1 du chapitre IV du titre II du livre Ier de la deuxième partie du Code général de la propriété des personnes publiques.**

Voir : CGPPP, art L. 2124-1 à L. 2124-5.

1) **Qualification.** Un avenant à une concession de plage peut constituer une décision d'utilisation du domaine public maritime au sens de l'article L. 321-5 du Code de l'environnement et doit, en conséquence, en respecter les prescriptions, obligeant notamment au respect des impératifs de préservation des sites. Tel n'est pas le cas, en l'espèce, des constructions non démontables pouvant atteindre 200 m², telles qu'autorisées par l'avenant en cause (▪ CE, 13 nov. 2002, n°s 219034 et 219384, *Cne Ramatuelle, Min. Équipement, Transports, Logement, Tourisme et Mer*).

2) **Compatibilité.** Les décisions d'utilisation du domaine public maritime tiennent compte de la vocation des zones concernées et de celles des espaces terrestres avoisinants, ainsi que des impératifs de préservation des sites et paysages du littoral et des ressources biologiques (▪ CE, 13 nov. 2002, n°s 219034 et 219384). Légalité du refus du préfet de délivrer une autorisation d'occupation temporaire du domaine public maritime pour l'installation de matelas-parasols et l'implantation d'une activité nautique sur une plage à vocation « naturelle fréquentée » au motif qu'elle n'est pas compatible avec la vocation de la plage telle que définie par le plan d'aménagement et de développement durable de la Corse valant schéma de mise en valeur de la mer (▪ CAA Marseille, 29 mars 2019, n° 17MA03629). Légalité de l'implantation d'une aire de glisse (*skate park*) construite sur le domaine public maritime du Cap-Ferret en deuxième ligne au-delà d'une aire de jeux et d'un terrain de boules, faute de démontrer une incompatibilité de l'ouvrage avec l'affectation de la dépendance du domaine public, dès lors que le terrain d'assiette n'était auparavant pas affecté à la pêche maritime, à la culture marine et notamment à l'exploitation de l'activité ostréicole (▪ CAA Bordeaux, 6 juin 2019, n° 17BX01993). Légalité de la concession d'occupation du domaine public maritime pour la construction d'un parc éolien au large de Courseulles-sur-Mer (▪ CE, 24 juill. 2019, n° 421139).

3) **Application du principe de précaution.** Le Conseil d'État contrôle la légalité de décrets accordant une concession de sable et de graviers siliceux marins au regard du principe de précaution posé à l'article 5 de la Charte de l'environnement, s'agissant du risque d'érosion côtière (▪ CE, 25 févr. 2019, n° 410170).

Art. L. 321-6 *(Rempl. à compter du 1er juillet 2006, Ord. n° 2006-460, 21 avr. 2006)* (1). – **La préservation de l'état naturel du rivage est régie par les dispositions de l'article L. 2124-2 du Code général de la propriété des personnes publiques.**

1) **Déclaration d'utilité publique en vue de la réalisation d'une zone portuaire. Qualification de la zone dans un document d'urbanisme (effet).** Une déclaration d'utilité publique n'est pas nécessaire pour la réalisation d'un port de plaisance, dès lors que la zone concernée pré-

(1) Dispositions applicables à Mayotte, Ord. n° 2006-460, 21 avr. 2006, art. 12.

vue par un document d'urbanisme peut être qualifiée de zone portuaire (■ CE, 10 déc. 1990, n° 97119, *Groupement des associations de défense des sites et de l'environnement de la Côte d'Azur*).

2) Atteinte au domaine public naturel. Réalisation d'un enrochement ou d'une plage artificielle. La réalisation d'une plage artificielle est jugée incompatible avec les dispositions de l'article L. 321-6 du Code de l'environnement alors en vigueur, désormais reprises à l'article L. 2124-2 du Code général de la propriété des personnes publiques (■ CAA Marseille, 16 oct. 2008, n° 07MA00488, *Cne de Six-Fours-les-Plages*). Il en est de même des travaux de remblayage destinés à aménager un jardin public portent atteinte à l'état naturel du rivage de l'étang (■ CAA Marseille, 19 mars. 2012, n° 09MA00464, *Assoc. L'étang nouveau*).

3) Ouvrage lié à l'exercice d'un service public : notion. Eu égard notamment à la structure des réseaux existants, le projet d'une station de traitement des eaux usées constitue un ouvrage dont la localisation au bord de mer s'impose pour des raisons topographiques ou techniques impératives au sens de l'article 27 de la loi du 3 janvier 1986 (■ CE, sect., 20 sept. 1994, *Assoc. Menton Héritage : Rec. CE* 1994, p. 422).

4) Obligations de l'État (absence d'). Réalisation d'opérations de défense contre la mer. La jurisprudence confirme l'absence d'obligation pour l'État de réaliser ou d'entretenir des ouvrages de défense contre les eaux (■ CE, 13 févr. 1934, *Saint-Martin Lacaze : Rec. CE* 1934, p. 203. ■ CE, 6 mars 1964, *Dumons : Rec. CE* 1964, p. 64 ; *AJDA* 1965, p. 27, concl. Henry). En l'absence de dispositions législatives ou réglementaires l'y contraignant, l'État n'a pas l'obligation d'assurer la protection des propriétés riveraines des cours d'eau, navigables ou non, contre l'action naturelle des eaux (■ CE, 29 avr. 1983, n° 22893, *Min. Transports c/ Sté « Les Maïseries du Nord »*. ■ CE, 2 mars 1984, n°s 35524 et 35874, *Syndicat intercommunal de l'Hueveaune, Ville de Marseille*).

5) Inapplication aux zones portuaires. Les dispositions de l'article L. 321-5 du Code de l'environnement, aujourd'hui reprises à l'article L. 2124-2 du Code général de la propriété des personnes publiques, ne sont pas applicables aux zones portuaires (■ CAA Marseille, 16 mai 2007, n° 03MA01954, *Assoc. de défense de l'environnement de Bormes et du Lavandou*. ■ CAA Marseille, 28 févr. 2008, n° 05MA03250, *SARL le Kalliste Corse gestion*).

Art. L. 321-7 ***(Mod. à compter du 1er janvier 2016, Ord. n° 2015-1174, 23 sept. 2015).*** **– Les autres dispositions particulières au littoral en ce qui concerne l'exécution de tous travaux, constructions et installations sont énoncées au chapitre Ier du titre II du livre Ier du Code de l'urbanisme.**

Voir : C. urb., art. L. 121-1 et s. et R. 121-1 et s.

Voir : également, *infra*, les autres dispositions reprises par le présent code sous art. L. 321-10, p. 587.

Section III. – Extraction de matériaux

Art. L. 321-8 ***(Mod. à compter du 1er mars 2011, Ord. n° 2011-91, 20 janv. 2011).*** **– Les extractions de matériaux non visés [aux] articles L. 111-1 et L. 111-2 du Code minier sont limitées ou interdites lorsqu'elles risquent de compromettre, directement ou indirectement, l'intégrité des plages, dunes littorales, falaises, marais, vasières, zones d'herbiers, frayères, gisements naturels de coquillages vivants et exploitations de cultures marines.**

Cette disposition ne peut toutefois faire obstacle aux travaux de dragage effectués dans les ports et leurs chenaux ni à ceux qui ont pour objet la conservation ou la protection d'espaces naturels remarquables.

Voir : sur les carrières, livre V, titre Ier, chapitre III, art. L. 515-1 et s., p. 1019.

1) Extraction de sable sur le domaine maritime. N'est pas illégal l'arrêté qui autorise l'extraction de granulats portant sur les fonds du domaine public maritime, située à plus de 4 milles marins des côtes (■ CAA Nantes, 28 déc. 2001, n° 98NT00026, *Préfet de la Vendée, Sté DMT*).

2) Extraction de sable sur le domaine maritime. Qualification pénale. Vol. L'extraction de sable sur le rivage, sans autorisation, même si elle est susceptible d'être poursuivie comme infraction de grande voirie devant la juridiction administrative, peut constituer une soustraction frauduleuse de la compétence du tribunal correctionnel (■ Cass. crim., 23 oct. 1980, n° 79-93.655 : *JurisData* n° 1980-095103 ; *Bull. crim.* 1980, n° 271, p. 694).

3) Autorisation de rejet en mer des produits de dragage d'un port : applicabilité de la loi sur l'eau du 3 janvier 1992. L'arrêté préfectoral, pris sur le seul fondement du Code du domaine public, qui autorise la Chambre de commerce et d'industrie de Vendée à occuper temporairement le domaine public maritime afin d'y installer une canalisation destinée à permettre l'évacuation des produits de dragage d'un port, constitue en réalité une autorisation de rejet en mer des produits de dragage, ce qui relève de la loi sur l'eau du 3 janvier 1992 et de son décret d'application du 29 mars 1993. Dès lors, le juge administratif examine et apprécie l'étude d'impact jointe au dossier et particulièrement les précisions relatives aux incidences de l'opération sur le milieu aquatique (■ CE, 8 juin 1998, n° 169243, *Min. Environnement c/ Assoc. de protection du site de Luzan et Assoc. « Vivre l'île 12 sur 12 » : Rev. jur. env.* 4/1998, p. 535-541, concl. T.-X. Girardot).

4) Inapplication aux autorisations de la loi sur l'eau. Les dispositions de l'article L. 321-8 du Code de l'environnement ne peuvent être utilement invoquées à l'appui d'une contestation dirigée contre une autorisation délivrée sur le fondement de la loi sur l'eau (■ CAA Nantes, 4 mai 2006, n° 00NT02032, *Assoc. de défense des riverains et usagers ADRULF*).

5) Inapplication à l'exploitation de substances minérales ou fossiles contenues dans le sous-sol du plateau continental ou dans le fond de la mer. Considérant que l'article L. 133-1 du Code minier a pour effet de soumettre l'exploitation des substances minérales ou fossiles contenues dans le sous-sol du plateau continental ou dans le fond de la mer au régime applicable aux substances de mine, au même titre que les substances visées à l'article L. 111-1 du Code minier, le moyen tiré de ce que le décret accordant la concession de sables calcaires coquilliers dite « concession de la Pointe d'Armor » à la Compagnie armoricaine de navigation méconnaîtrait les dispositions de l'article L. 312-8 du Code de l'environnement doit être, en tout état de cause, écarté comme inopérant (■ CE, 5 déc. 2016, n° 394592).

6) Inapplication aux travaux de dragage d'un chenal de navigation. Application de l'alinéa 2 de l'article L. 321-8 aux travaux effectués dans le chenal de navigation de la Gironde, qui n'avaient pas davantage à être autorisés dans le cadre de la législation des installations classées pour la protection de l'environnement puisqu'il ne s'agissait pas de carrière ni de travaux d'extraction de matériaux en vue de leur utilisation (■ CE, 27 juill. 2009, n° 307206).

Section IV. – Accès au rivage

Art. L. 321-9 *(Rempl. à compter du 1er juillet 2006, Ord. n° 2006-460, 21 avr. 2006)* (1). **– L'accès des piétons aux plages est libre sauf si des motifs justifiés par des raisons de sécurité, de défense nationale ou de protection de l'environnement nécessitent des dispositions particulières.**

L'usage libre et gratuit par le public constitue la destination fondamentale des plages au même titre que leur affectation aux activités de pêche et de cultures marines.

Sauf autorisation donnée par le préfet, après avis du maire, la circulation et le stationnement des véhicules terrestres à moteur autres que les véhicules de secours, de police et d'exploitation sont interdits, en dehors des chemins aménagés, sur le rivage de la mer et sur les dunes et plages appartenant au domaine public ou privé des personnes publiques lorsque ces lieux sont ouverts au public.

Les concessions de plage sont accordées dans les conditions fixées à l'article L. 2124-4 du Code général de la propriété des personnes publiques. Elles préservent la libre circulation sur la plage et le libre usage par le public d'un espace d'une largeur significative tout le long de la mer.

Voir : CGPPP, art. R. 2124-13 à R. 2124-38.
C. tourisme, art. L. 341-14 et s.

Voir : Circulaire du 20 janvier 2012 relative à la gestion durable et intégrée du domaine public maritime naturel (NOR DEVL1121741C).

Voir : CGPPP, art. L. 2124-4 a été validé par le Conseil d'État saisi d'un recours à son encontre (■ CE, 14 avr. 2008, n° 298810, *Fédération nationale des plages restaurants : Environnement* 2008, n° 6, comm. 90, P. Trouilly). Pour une étude d'ensemble, V. C. Bernard-Guillaumont et O. Guillaumon, *Le nouveau régime des concessions et sous concessions de plages. À propos du décret n° 2006-608 du 26 mai 2006 : Contrats-Marchés publ.* 2006, étude 18. - V. également, É. Delacour, *Nouveau régime pour les concessions de plage : Contrats-Marchés publ.* 2006, n° 7, comm. 20).

1) Accès des piétons aux plages et desserte. Si la servitude de passage longitudinale sur les propriétés riveraines du domaine public maritime, instituée par l'article L. 160-6 du Code de l'urbanisme alors en vigueur et aujourd'hui repris à l'article L. 121-31 du même code, a pour objet d'instaurer un droit de passage réservé aux piétons, elle peut en outre avoir pour effet, dans certaines

(1) Dispositions applicables à Mayotte, Ord. n° 2006-460, 21 avr. 2006, art. 12.

circonstances, d'assurer la desserte d'une parcelle (▪ CE, 21 juin 2018, n° 416564).

2) Droit d'usage. Limites. L'installation et l'utilisation à titre précaire et temporaire d'accessoires de plage par les piétons n'excèdent pas le droit d'usage qui est reconnu à tous sur la dépendance du domaine public maritime qu'est la plage, quand bien même ce matériel ne serait pas la propriété des usagers concernés et aurait été mis à leur disposition par des tiers dans l'exercice d'une activité commerciale, dès lors qu'il est utilisé sous leur responsabilité, pour la seule durée de leur présence sur la plage et qu'il est retiré par leurs soins après utilisation (▪ CE, 12 mars 2021, n° 443392).

3) Dérogations à l'interdiction de circuler en faveur de certains véhicules terrestres à moteur (épreuves de quads). L'article L. 321-9 du Code de l'environnement autorise que des dérogations puissent être apportées à l'interdiction de circuler en faveur de certains véhicules terrestres à moteur et n'excluent pas que de telles dérogations puissent être accordées dans le cadre d'épreuves, de compétitions ou de manifestations sportives. Dès lors, le préfet du Pas-de-Calais n'a pas violé les dispositions de l'article L. 321-9 du Code de l'environnement en autorisant, à titre dérogatoire et exceptionnel et en dehors des chemins aménagés, l'épreuve de quads sur le rivage de la mer et la plage. De plus, eu égard, d'une part, à la nature et à la durée de l'épreuve ainsi qu'aux nécessités d'assurer la protection de la sécurité publique et la protection des intérêts écologiques, et eu égard, d'autre part, au caractère populaire des manifestations sportives en question ainsi qu'au maintien du caractère gratuit de l'accès au rivage, les limitations temporaires apportées à la liberté d'aller et venir et au droit d'accès au rivage pour les piétons tel qu'il est garanti par la loi n'ont pas revêtu un caractère excessif. Enfin, il ne ressort pas des pièces du dossier que le préfet du Pas-de-Calais aurait insuffisamment tenu compte des intérêts dont les dispositions de l'article L. 321-9 du Code de l'environnement lui ont confié la charge (▪ CAA Douai, 18 janv. 2005, n° 03DA00361, *Assoc. « Le moto-club des sables » : Environnement* 006, n° 1, comm. 1, E. Podraza-Scripzac).

4) Réglementation des véhicules des pratiquants de la pêche à pied de loisir. Le préfet n'a pas méconnu les dispositions de l'article L. 321-9 du Code de l'environnement en réglementant la circulation et le stationnement des véhicules terrestres à moteur utilisés par les pratiquants de la pêche à pied de loisir sur le domaine public maritime (▪ CAA Nantes, 20 févr. 2007, n° 06NT00663, *Lehenaff*).

5) Juge pénal. Appréciation de la légalité d'un arrêté municipal d'interdiction pris sur le fondement des dispositions des articles L. 321-9 et L. 362-1 du Code de l'environnement. C'est à tort que la juridiction de proximité a estimé illégal un arrêté municipal réglementant la circulation et le stationnement des véhicules sur le rivage de la mer et les espaces remarquables alors qu'il ne présentait pas le caractère d'une interdiction générale et absolue. Il appartenait également à la juridiction de proximité de rechercher si l'objectif poursuivi par le maire pouvait être atteint par des mesures moins restrictives (▪ Cass. crim., 14 mai 2008, n° 07.87-123 : *Bull. crim.* 2008, n° 114 ; *Rev. sc. crim.* 2009, p. 382, C. Mascala. ▪ Cass. crim., 23 nov. 2010, n° 10-85.815).

6) CEDH. Sur l'application de cet article par la CEDH : V. ▪ CEDH, 29 mars 2010, n° 34078/02, *Brosset-Triboulet et a.* et n° 34044/02, *Depalle*. Ces décisions viennent rappeler la consécration par l'article L. 321-9 des principes de l'usage libre et gratuit des plages et la favorisation de l'accès du public à la mer.

7) Droit de priorité des collectivités publiques sur les exploitants privés dans l'attribution des concessions de plage. Les dispositions combinées de l'article L. 321-9 du Code de l'environnement et l'article L. 2124-4 du Code général de la propriété des personnes publiques, accordant la priorité aux communes et à leurs groupements pour l'octroi des concessions de plage ne fait pas obstacle, par lui-même, à ce que des exploitants privés puissent se porter candidats à la gestion concédée d'une plage, dans le cadre d'un sous-traité de concession ; dès lors, les dispositions contestées ne méconnaissent ni le principe constitutionnel de la liberté d'entreprendre, garanti par l'article 4 de la Déclaration des droits de l'Homme et du citoyen de 1789, ni celui de la liberté du commerce et de l'industrie qui en découle. V. ▪ CE, 22 mai 2013, n° 366750, *Assoc. syndicale libre des résidences du port de Mandelieu-la-Napoule : AJDA* 2013, 1077, note Montecler ; *Contrats-Marchés publ.* 2013, n° 7, G. Eckert).

8) Refus d'occupation temporaire du domaine public maritime (base légale). Le refus d'une autorisation d'occupation temporaire du domaine public maritime en vue de l'exploitation d'une aire de jeux aquatiques doit être motivé et peut être fondé sur l'article L. 2124-1 du Code général de la propriété des personnes publiques ; sur ce fondement, le motif tenant au respect de l'intégrité des fonds marins et à la préservation de la faune et de la flore sauvages du littoral est de nature à justifier légalement un tel refus (▪ CAA Marseille, 26 oct. 2018, n° 17MA02410 : *Contrats-Marchés publ. C* 2019, comm. 22, note Soler-Couteaux).

Art. L. 321-10 *(Rempl. à compter du 1er janvier 2016, Ord. n° 2015-1174, 23 sept. 2015).* **– Les autres dispositions relatives à l'accès au rivage sont régies par la section 2 du chapitre Ier du titre II du livre Ier du Code de l'urbanisme.**

Voir : C. urb., art. L. 121-31 et s. et C. urb., art. R. 121-9 et s.

Voir également : Circ. n° 90-46 du 19 juin 1990, relative à l'amélioration de l'accessibilité au rivage de la mer (*BOMELT* n° 22, 10 août 1990).

Servitude de passage des piétons le long du littoral et principe d'égalité (constitutionnalité). Le Conseil d'État a récemment considéré qu'« en excluant du champ d'application de la servitude qu'il instituait, sauf dans le cas où l'institution de cette servitude serait le seul moyen d'assurer la continuité du cheminement des piétons ou leur libre accès au rivage de la mer, les propriétés sur lesquelles ont été édifiées des habitations avant le début de l'année civile au cours de laquelle la disposition contestée a été discutée et adoptée par le Parlement, le législateur a entendu prendre en compte la situation des propriétaires qui ont légalement édifié leur habitation à une époque où l'institution d'une telle servitude n'était pas envisagée ; que ces propriétaires se trouvaient, au regard de l'institution par la loi de la servitude, dans une situation différente de celle des propriétaires de terrains non bâtis et de ceux qui ont édifié une habitation sur des terrains déjà grevés par la servitude ; que dans ces conditions, le moyen tiré de ce que le dernier alinéa de l'article L. 160-6 du Code de l'urbanisme méconnaîtrait le principe d'égalité devant la loi est dépourvu de caractère sérieux » (■ CE, 12 déc. 2014, n° 377571 : *AJDA* 2015, 557).

Voir : sur l'obligation de l'administration d'assurer l'accès des piétons au rivage et de poursuivre les restrictions pour contraventions de grande voirie, V. notamment ■ CE, 23 févr. 1979, *Assoc. « Des amis des chemins de ronde »*, avec les conclusions du commissaire du Gouvernement M. Bacquet : *Rec. CE* 1979, p. 75. ■ CE, 28 déc. 2012, n° 349059, Assoc. U Levante. – C. urb., art. L. 160-6 à L. 160-8, C. urb., art. R. 160-10, C. urb., art. R. 160-22 et C. urb., art. R. 160-26.

Section V. – Ouvrages d'art reliant les îles au continent

Art. L. 321-11 *(Mod. à compter du 1er janvier 2010, L. n° 2009-1503, 8 déc. 2009 ; L. n° 2013-403, 17 mai 2013).* **– À la demande de la majorité des communes ou des groupements de communes compétents en matière d'aménagement, d'urbanisme ou d'environnement d'une île maritime reliée au continent par un ouvrage d'art, le conseil départemental peut instituer un droit départemental de passage dû par les passagers de chaque véhicule terrestre à moteur empruntant cet ouvrage entre le continent et l'île.**

Le droit mentionné au premier alinéa est établi et recouvré au profit du département. Il peut être perçu par l'exploitant de l'ouvrage en vue du reversement au département.

Le montant de ce droit est fixé par le conseil départemental après accord avec la majorité des communes et groupements de communes mentionnés au premier alinéa.

Le montant du droit de passage est au plus égal au produit d'un montant forfaitaire de 20 € par un coefficient, compris entre 0,2 et 3, en fonction de la classe du véhicule déterminée d'après sa silhouette, appréciée en tenant compte, s'il y a lieu, de la présence d'une remorque tractée et de ses caractéristiques techniques.

Lorsqu'est perçu le droit départemental mentionné au premier alinéa, l'usage de l'ouvrage d'art entre le continent et l'île peut en outre donner lieu à la perception d'une redevance pour services rendus par le maître de l'ouvrage en vue d'assurer le coût de son entretien et de son exploitation. Ces dispositions sont exclusives de l'application de l'article 56 de la loi n° 96-314 du 12 avril 1996 portant diverses dispositions d'ordre économique et financier.

Lorsqu'il y a versement d'une redevance pour services rendus, le montant du droit départemental de passage mentionné au premier alinéa du présent article est calculé de telle sorte que le montant total perçu, lors du passage d'un véhicule, ne puisse excéder trois fois le montant forfaitaire mentionné au quatrième alinéa.

Le cas échéant, les frais de perception du droit départemental de passage et de la redevance pour services rendus s'imputent à due concurrence sur les produits de ceux-ci.

La délibération du conseil départemental sur le droit de passage peut prévoir des tarifs différents ou la gratuité, sans préjudice de la modulation éventuelle de la redevance d'usage, selon les diverses catégories d'usagers pour tenir compte soit d'une nécessité d'intérêt général en rapport avec les espaces naturels protégés, soit de la situation particulière de certains usagers et, notamment, de ceux qui ont leur domicile ou leur lieu de travail dans

l'île concernée, ou leur domicile dans le département concerné, soit de l'accomplissement d'une mission de service public (1).

(Mod., L. fin. n° 2023-1322, 29 déc. 2023) **Le produit du droit départemental de passage est inscrit au budget du département après déduction des coûts liés à sa perception ainsi que des coûts liés aux opérations de gestion et de protection des espaces naturels insulaires dont le département est le maître d'ouvrage ; les sommes correspondantes sont destinées au financement de mesures de protection et de gestion des espaces naturels insulaires ainsi que du développement de transports en commun fonctionnant avec des véhicules propres et à l'aménagement et à l'entretien de pistes cyclables en site propre en revêtement ni cimenté, ni bitumé, permettant le développement de la pratique du vélo du quotidien, dans le cadre d'une convention conclue entre le préfet, le conseil départemental et les communes et les groupements de communes. La fraction du produit revenant aux communes et groupements concernés en application de cette convention leur est reversée par le département. Les collectivités peuvent rétrocéder tout ou partie de ces sommes aux gestionnaires des espaces naturels protégés mentionnés au huitième alinéa, dans le cadre d'une convention conclue à cet effet.**

Un décret en Conseil d'État précise les conditions d'application du présent article.

Voir : art. R. 321-5 et s., p. 2061.

1) Application stricte du principe d'égalité proportionnelle. Différence de situation suffisante « appréciable » seulement entre habitants permanents de l'île et habitants du continent. À propos d'une différenciation tarifaire en matière de transport par bac entre La Rochelle et l'île de Ré, la différence de situation entre les habitants permanents de l'île et ceux du continent est suffisamment appréciable pour justifier l'institution d'un tarif réduit concernant les premiers. Par contre, les habitants de la partie continentale de la Charente-Maritime ne sont pas dans une situation différente de celle des habitants du continent en général (▪ CE, 10 mai 1974, *Denoyez et Chorques : Rec. CE* 1974, p. 274).

2) Application générale du principe d'égalité proportionnelle. En déterminant de façon générale le régime des bacs et ponts à péage, le législateur a pu, conformément au principe d'égalité, instituer un tarif propre aux usagers « ayant leur domicile ou leur lieu de travail dans le ou les départements concernés » dans la loi du 12 juillet 1979 relative à certains ouvrages reliant les voies nationales ou départementales (▪ Cons. const. 12 juill. 1979 : *Rec. Cons. const.*, p. 31). – De même, jugeant justifiée la différence des tarifs pratiqués pour l'usage du bac de l'île de Ré et du pont d'Oléron (▪ CE, 10 déc. 1982, *Synd. intercomm. de l'île de Ré : Rec. CE* 1982, p. 616).

3) Consultation locale : la question posée doit être suffisamment explicite et sur un périmètre géographique adapté. La question soumise à une consultation locale qui indique que le droit départemental de passage servira à financer l'entretien et l'exploitation du pont, alors que les dispositions de l'article L. 321-11 du Code de l'environnement précisent que, pour ce faire, il est nécessaire d'instituer une redevance pour services rendus, ne permettra pas aux électeurs de se prononcer en toute connaissance de cause sur les conséquences de la mesure envisagée, nonobstant le document d'information qui leur sera adressé et qui se limite, en ce qui concerne ce point, à retranscrire dans son intégralité l'article L. 321-11 du Code de l'environnement. Le tribunal administratif de Poitiers a donc considéré que le moyen tiré de ce que les termes de la question soumise à consultation ne sont pas conformes aux dispositions de l'article L. 321-11 du Code de l'environnement, est de nature, en l'état de l'instruction, à faire naître un doute sérieux sur la légalité de la délibération contestée (▪ TA Poitiers, ord., 30 mai 2016, n° 1601036, *Association pour la gratuité du pont de l'île d'Oléron*). De même, le conseil départemental de la Charente-Maritime ne pouvait choisir de limiter à une partie de son territoire la consultation relative à l'instauration de ce droit. Dès lors que le pont relie le continent à l'île d'Oléron, la consultation relative au droit de passage du pont ne pouvait être considérée comme intéressant exclusivement les électeurs inscrits sur les listes électorales des communes de l'île d'Oléron. Dans ces conditions, le moyen tiré d'un périmètre de consultation trop restrictif est également propre à créer, en l'état de l'instruction, un doute sérieux quant à la légalité de la délibération (même décision). Cette appréciation a été retenue par le Conseil d'État qui a rejeté le pourvoi en cassation du département à l'encontre de cette décision (▪ CE, 23 sept. 2016, n° 402413).

(1) Le Conseil constitutionnel a déclaré le présent alinéa, dans sa rédaction résultant de la loi n° 2013-403 du 17 mai 2013, conforme à la Constitution. – V. ▪ Cons. const., 24 mai 2017, n° 2017-631 QPC ; *JO* 25 mai 2017. – NDLR.

4) Conformité à la Constitution. Toujours dans l'affaire opposant l'Association pour la gratuité du pont de l'île d'Oléron au conseil départemental de la Charente-Maritime, le Conseil d'État a considéré que le moyen tiré de ce que l'article L. 321-11 du Code de l'environnement portait atteinte aux droits et libertés garantis par la Constitution soulevait une question sérieuse, renvoyant ainsi au Conseil constitutionnel la question prioritaire de constitutionnalité soulevée par l'association (■ CE 3 mars 2017, n° 405647). Ce dernier a jugé la disposition conforme à la Constitution. Il rejette ainsi le moyen tiré d'une méconnaissance du principe d'égalité devant les charges publiques (DDH, art. 13), considérant qu'en instituant cette écotaxe le législateur a entendu limiter le trafic routier dans les îles maritimes reliées au continent par un ouvrage d'art et préserver l'environnement. De même, en prévoyant la modulation du montant du droit départemental de passage en fonction de la « silhouette » des véhicules, les dispositions contestées permettent de prendre en compte, au regard de l'emprise au sol et du gabarit des véhicules, leur impact sur le trafic routier et sur l'environnement. Enfin, en permettant d'accorder des tarifs différents ou la gratuité aux usagers domiciliés ou travaillant dans l'île et à ceux ayant leur domicile dans le département, le législateur a entendu tenir compte de la fréquence particulière à laquelle ces usagers sont susceptibles d'emprunter l'ouvrage d'art, qui les place dans une situation différente de celle des autres usagers. En procédant de même s'agissant des usagers accomplissant une mission de service public, il a souhaité ne pas entraver l'exercice d'une telle mission. Par conséquent, pour déterminer les conditions de modulation du montant du droit départemental de passage, le législateur s'est fondé sur des critères objectifs et rationnels en fonction du but poursuivi. Le Conseil constitutionnel rejette également le moyen tiré d'une méconnaissance de la liberté d'aller et de venir (DDH, art. 2 et 4), considérant qu'en instituant le droit départemental de passage afin de limiter le trafic routier et de préserver l'environnement, le législateur a poursuivi un but d'intérêt général. Dès lors par ailleurs que seuls les passagers des véhicules terrestres à moteur sont redevables de ce droit départemental de passage, dont le montant maximum ne peut être regardé comme excessif, le législateur n'a pas porté à la liberté d'aller et de venir une atteinte disproportionnée à l'objectif poursuivi (■ Cons. const., 24 mai 2017, n° 2017-631 QPC, *Assoc. pour la gratuité du pont de l'île d'Oléron : JO* 25 mai).

Section VI. – Transport maritime de passagers à destination d'espaces protégés

(Intitulé mod. à compter du 1er janvier 2024, Ord. n° 2023-1210, 20 déc. 2023) (1)

Art. L. 321-12 ***(Rempl. à compter du 1er janvier 2022, Ord. n° 2021-1843, 22 déc. 2021).*** **– La taxe sur le transport maritime de passagers à destination d'espaces naturels protégés mentionnée à l'article L. 423-47 du Code des impositions sur les biens et services est affectée aux personnes mentionnées aux articles L. 322-15, L. 331-11, L. 332-8-1 et L. 341-15-2, dans les conditions que ces articles prévoient.**

La fraction qui n'est pas affectée conformément au premier alinéa est affectée aux communes sur le territoire desquelles est situé l'espace naturel protégé.

Un décret précise les modalités de répartition entre ces affectataires.

Voir : C. douanes, art. 285 *quater*.

Voir : A. 11 mars 2022 fixant le tarif et les modalités d'application de la taxe sur le transport maritime de passagers à destination d'espaces naturels protégés prévue par les articles L. 423-47 à L. 423-56 du Code des impositions sur les biens et services (NOR : CCPD2208286A). - Circ. DA n° 14-005, 19 févr. 2014 sur la taxe sur les passagers maritimes embarqués à destination d'espaces naturels protégés (NOR : BUDD1403877C, *BO Douanes* n° 7013, 19 févr. 2014).

Section VII. – Adaptation des territoires littoraux à l'évolution du trait de côte

(Section mod., Ord. n° 2022-489, 6 avr. 2022)

Sous-section 1. – Gestion intégrée du trait de côte

(Division créée, Ord. n° 2022-489, 6 avr. 2022)

Art. L. 321-13 A ***(L. n° 2021-1104, 22 août 2021).*** **– La stratégie nationale de gestion intégrée du trait de côte est définie dans un document qui constitue le cadre de référence pour la protection du milieu et la gestion intégrée et concertée des activités au regard de l'évolution du trait de côte à l'échelle d'une cellule**

(1) Dispositions applicables aux impositions pour lesquelles le fait générateur intervient à compter du 1er janvier 2023, Ord. n° 2023-1210, 20 déc. 2023, art. 43.

hydro-sédimentaire et du risque qui en résulte. Elle est mise en œuvre dans le respect des principes de gestion intégrée et concertée des activités liées à la mer et au littoral prévue aux articles L. 219-1 à L. 219-6-1 ainsi qu'en cohérence avec la stratégie nationale de gestion des risques d'inondation définie à l'article L. 566-4.

La stratégie nationale de gestion intégrée du trait de côte est élaborée par l'État en concertation avec les collectivités territoriales, le Conseil national de la mer et des littoraux, la communauté scientifique, les acteurs socio-économiques et les associations de protection de l'environnement concernés. Avant son adoption par décret, le projet de stratégie nationale, accompagné d'une synthèse de son contenu, est mis à la disposition du public selon la procédure prévue à l'article L. 120-1.

La stratégie nationale de gestion intégrée du trait de côte est révisée dans les formes prévues pour son élaboration tous les six ans.

Art. L. 321-13 *(L. n° 2016-1087, 8 août 2016).* – **Afin d'anticiper l'évolution du trait de côte et de prendre en compte les phénomènes hydrosédimentaires entraînant l'érosion et l'accrétion littorale dans les politiques publiques, l'État établit une cartographie fondée sur un indicateur national d'érosion littorale.**

Absence d'effets juridiques. Au classement des communes et secteurs de communes opéré par la stratégie régionale de gestion intégrée du trait de côte Occitanie est attaché un régime juridique déterminant la possibilité de construction d'ouvrages de « protection dure » contre l'érosion maritime, celle-ci étant interdite dans les zones classées, comme la côte Est de la commune appelante, en « espace d'enjeux diffus de priorité 1 ». En conséquence, ce classement et les conséquences juridiques qui en découlent présentent un caractère impératif et s'analysent en des dispositions à valeur réglementaire. Or, ni les dispositions de l'article L. 321-13 du Code de l'environnement, qui se bornent à prévoir l'établissement par l'État « d'une cartographie fondée sur un indicateur national d'érosion littorale », sans y associer d'effets juridiques, ni aucune autre disposition législative et réglementaire et notamment celles du Code général de la propriété des personnes publiques relatives au domaine public maritime, ne donnaient le pouvoir au préfet de la région Occitanie d'interdire dans le secteur Est de la commune de Vias la construction d'ouvrages de « protection dure » contre l'érosion maritime. En conséquence, la commune de Vias est fondée à soutenir que les dispositions de la stratégie régionale de gestion intégrée du trait de côte Occitanie, en tant qu'elles classent la côte Est de son territoire en « espace d'enjeux diffus de priorité 1 », et en tant qu'elles proscrivent, en conséquence de ce classement, jusqu'en 2050, la « construction de nouveaux ouvrages de protection dure » dans ce secteur sont entachées d'incompétence et à en demander l'annulation pour ce motif (■ CAA Toulouse, 30 mai 2023, n° 21TL01532).

Art. L. 321-14 *(L. n° 2016-1087, 8 août 2016).* – **Lorsque la région comporte des territoires littoraux, le schéma régional d'aménagement, de développement durable et d'égalité des territoires, mentionné à l'article L. 4251-1 du Code des collectivités territoriales, ou le schéma d'aménagement régional valant schéma de mise en valeur de la mer, mentionné à l'article L. 4433-15 du même code, peut fixer des objectifs de moyen et long termes en matière de gestion du trait de côte** *(Mots aj., L. n° 2021-1104, 22 août 2021)* **« en cohérence avec les orientations de la stratégie nationale de gestion intégrée du trait de côte définie à l'article L. 321-13 A du présent code ».**

Il précise les règles générales d'un projet de territoire qui permet d'anticiper et de gérer les évolutions du trait de côte, portant notamment sur les mesures d'amélioration des connaissances, de préservation et de restauration des espaces naturels ainsi que de prévention et d'information des populations. Il détermine les modalités d'un partage équilibré et durable de la ressource sédimentaire.

Art. L. 321-15 *(L. n° 2021-1104, 22 août 2021).* – **Les communes dont l'action en matière d'urbanisme et la politique d'aménagement doivent être adaptées aux phénomènes hydrosédimentaires entraînant l'érosion du littoral sont identifiées dans une liste fixée par décret. Cette liste est élaborée en tenant compte de la particulière vulnérabilité de leur territoire au recul du trait de côte, déterminée en fonction de l'état des connaissances scientifiques résultant notamment de l'indicateur national de l'érosion littorale mentionné à l'article L. 321-13 et de la connaissance des biens et activités exposés à ce phénomène.**

Cette liste est établie après consultation des conseils municipaux des communes qu'il est envisagé d'y faire figurer et avis du Conseil national de la mer et des littoraux et du comité national du trait de côte.

Elle est révisée au moins tous les neuf ans. Elle peut à tout moment être complétée à la demande d'une commune souhaitant adapter son action en matière d'urbanisme et sa politique d'aménagement aux

phénomènes hydrosédimentaires entraînant l'érosion du littoral, sous réserve de l'avis favorable de l'autorité compétente dont elle est membre mentionnée, selon le cas, au 1° de l'article L. 153-8 ou à l'article L. 163-3 du Code de l'urbanisme et de l'établissement public de coopération intercommunale à fiscalité propre dont elle est membre lorsqu'il n'est pas cette autorité.

Les communes mentionnées au premier alinéa du présent article sont soumises au paragraphe 3 de la sous-section 3 de la section 1 du chapitre Ier du titre II du livre Ier du Code de l'urbanisme.

Art. L. 321-15-1 *(L. n° 2023-630, 20 juill. 2023)*. – **Pour la fixation des objectifs chiffrés de lutte contre l'artificialisation des sols dans les documents de planification régionale et d'urbanisme, il est tenu compte des enjeux d'adaptation et de recomposition spatiale du territoire des communes figurant sur la liste mentionnée à l'article L. 321-15.**

Pour l'atteinte de ces objectifs, les surfaces artificialisées situées dans une zone exposée au recul du trait de côte délimitée en application du 1° de l'article L. 121-22-2 du Code de l'urbanisme peuvent être considérées comme désartificialisées, au sens de l'article L. 101-2-1 du même code, dès lors que ces surfaces ont vocation à être renaturées dans le cadre d'un projet de recomposition spatiale du territoire littoral. Au terme de chaque tranche de dix années, les surfaces n'ayant pas fait l'objet d'une renaturation sont de nouveau considérées comme artificialisées.

Art. L. 321-16 *(L. n° 2021-1104, 22 août 2021)*. – **Des stratégies locales de gestion intégrée du trait de côte peuvent être élaborées par les collectivités territoriales ou leurs groupements compétents en matière de défense contre les inondations et contre la mer en application du 5° du I de l'article L. 211-7, afin de mettre en œuvre les principes de la gestion du trait de côte définis à l'article L. 321-13 A. Elles comportent des dispositions relatives à l'information du public sur le risque de recul du trait de côte. Elles sont compatibles avec les objectifs et les règles générales définis conformément à l'article L. 321-14 lorsqu'ils existent.**

Lorsqu'il existe une stratégie locale de gestion des risques d'inondation prévue à l'article L. 566-8, la stratégie locale de gestion intégrée du trait de côte s'articule avec elle pour former des actions et opérations cohérentes. Le cas échéant, elles font l'objet d'un document unique.

Préalablement à la mise en œuvre des mesures prévues au paragraphe 3 de la sous-section 3 de la section 1 du chapitre Ier du titre II du livre Ier du Code de l'urbanisme, une stratégie locale de gestion intégrée du trait de côte faisant l'objet d'une convention conclue avec l'État et, le cas échéant, avec les collectivités territoriales concernées et leurs groupements peut être établie à l'initiative des communes mentionnées à l'article L. 321-15 du présent code. Cette convention établit la liste des moyens techniques et financiers mobilisés par l'État et les collectivités territoriales pour accompagner les actions de gestion du trait de côte, notamment :

1° La construction, l'adaptation ou le maintien en l'état d'ouvrages de défense contre la mer ;

2° Les dispositifs de suivi de l'évolution du recul du trait de côte ;

3° L'élaboration d'une carte locale d'exposition au recul du trait de côte prévue à l'article L. 121-22-1 du Code de l'urbanisme ;

4° Les opérations d'aménagement liées au recul du trait de côte.

Art. L. 321-17 *(L. n° 2021-1104, 22 août 2021)*. – **Toute stratégie de gestion intégrée du trait de côte prend en compte la contribution des écosystèmes côtiers à la gestion du trait de côte. Elle fixe des objectifs relatifs à la connaissance et à la protection des espaces naturels afin de permettre à ces écosystèmes de se régénérer et de s'adapter à de nouvelles conditions environnementales et aux processus de transports sédimentaires naturels d'accompagner ou de limiter le recul du trait de côte.**

Sous-section 2. – Bail réel d'adaptation à l'érosion côtière

(Sous-section créée, Ord. n° 2022-489, 6 avr. 2022)

Créé par l'ordonnance n° 2022-489 du 6 avril 2022 relative à l'aménagement durable des territoires littoraux exposés au recul du trait de côte, le bail réel d'adaptation à l'érosion côtière (BRAEC) constitue une nouvelle catégorie de bail emphytéotique. Il est conclu entre une personne publique et un preneur pour une durée comprise entre 12 et 99 ans, laquelle sera fonction de l'évolution prévisible du trait de côte, avec possibilité de résiliation anticipée en cas de risque pour la sécurité des biens et personnes. Ce nouveau bail vient compléter le droit de préemption institué aux articles L. 219-1 et suivants du Code de l'urbanisme, permettant aux personnes publiques d'acquérir les terrains inclus dans les zones exposées au recul du trait de côte, en permettant, contre redevance, l'utilisation des terrains concernés avant qu'ils ne soient gagnés par l'érosion. À terme, les terrains doivent faire l'objet d'une renaturation, incluant le cas échéant les opérations de démolition et de dépollution nécessaires.

§ 1. – Définition

Art. L. 321-18 *(Ord. n° 2022-489, 6 avr. 2022).* **– Est dénommé « bail réel d'adaptation à l'érosion côtière » le contrat de bail par lequel l'État, une commune ou un groupement de communes, un établissement public y ayant vocation ou le concessionnaire d'une opération d'aménagement, consent à un preneur pour une durée comprise entre douze ans et quatre-vingt-dix-neuf ans, des droits réels immobiliers en vue d'occuper lui-même ou de louer, exploiter, réaliser des installations, des constructions ou des aménagements, dans les zones exposées au recul du trait de côte délimitées dans les conditions prévues par l'article L. 121-22-2 du Code de l'urbanisme.**

Toute intention de proposer la conclusion d'un bail réel d'adaptation à l'érosion côtière fait l'objet d'une publicité préalable.

À l'échéance du bail, le terrain d'assiette du bien fait l'objet d'une renaturation comprenant, le cas échéant, la démolition de l'ensemble des installations, des constructions ou des aménagements, y compris ceux réalisés par le preneur, et les actions ou opérations de dépollution nécessaires.

L'opération de renaturation ne constitue pas la réparation d'un dommage à l'environnement, et le régime institué ne fait pas obstacle à l'application du principe du pollueur-payeur, en ce que le coût de la renaturation et de la dépollution pourra être pris en charge par le preneur. Les associations requérantes soutenaient que les dispositions des articles L. 321-18 et L. 321-25 du Code de l'environnement, en ce qu'elles auraient pour effet de mettre à la charge de la seule collectivité publique le coût de la remise en état du terrain, méconnaissaient les dispositions de l'article 4 de la Charte de l'environnement aux termes desquelles « Toute personne doit contribuer à la réparation des dommages qu'elle cause à l'environnement, dans les conditions définies par la loi », ainsi que celles de la loi d'habilitation, le principe général du droit selon lequel ce serait au preneur de remettre les lieux en l'état, le principe constitutionnel du pollueur-payeur et la directive 2004/35/CE du 21 avril 2004 sur la responsabilité environnementale en ce qui concerne la prévention et la réparation des dommages environnementaux. Toutefois, l'opération de renaturation prévue par les dispositions précitées ne constitue pas, en tant que telle, la réparation d'un dommage à l'environnement. Par suite, les dispositions de l'article 4 de la charte de l'environnement ne peuvent être utilement invoquées. Ensuite, d'une part, le 1° de l'article 248 de la loi du 22 août 2021 autorisait le gouvernement à créer un nouveau bail réel immobilier, ce qui impliquait nécessairement, comme l'a fait l'ordonnance, d'en préciser le régime juridique, d'autre part, aucun principe général du droit n'implique qu'il incomberait nécessairement au preneur à bail de remettre les lieux en l'état et, enfin, les dispositions de la directive 2004/35/CE du 21 avril 2004, transposées aux articles L. 160-1 et suivants du Code de l'environnement, ne sont pas applicables au bail réel immobilier institué par l'ordonnance attaquée, dont le régime ne fait au demeurant pas par lui-même obstacle à l'application du principe du pollueur-payeur. Enfin, et en tout état de cause, ainsi que cela résulte des dispositions de l'article L. 321-25, qui permettent de prévoir des clauses imposant au preneur à bail de procéder à la renaturation et à la dépollution du terrain, ainsi que de l'article L. 321-21 du Code de l'environnement, aux termes duquel le montant de la redevance et du prix à verser à la signature du bail est calculé pour tenir compte « des coûts prévisionnels pour assurer la réalisation de l'ensemble des actions ou opérations permettant la renaturation du terrain d'assiette du bien à l'expiration du bail », le coût de la renaturation et de la dépollution du terrain pourra être pris en charge par le preneur à bail (■ CE, 6e et 5e ch. réunies, 13 oct. 2023, n° 464202).

§ 2. – Durée

Art. L. 321-19 *(Ord. n° 2022-489, 6 avr. 2022).* **– Le terme du bail est fixé par le contrat en fonction de l'état des connaissances à la date de conclusion du bail quant à l'évolution prévisible du recul du trait de côte.**

Le bail ne peut faire l'objet d'une reconduction tacite.

Le bail peut être prorogé si la situation du bien, notamment au regard de l'évolution prévisible du recul du trait de côte, permet de maintenir la destination, l'occupation et l'usage des installations, des constructions et des aménagements donnés à bail, sans que cette prorogation puisse avoir pour effet de porter sa durée totale à plus de quatre-vingt-dix-neuf ans.

Art. L. 321-20 *(Ord. n° 2022-489, 6 avr. 2022)*. – Le bail est résilié de plein droit à la date de l'arrêté par lequel le maire de la commune, en application des articles L. 2212-2 et L. 2212-4 du Code général des collectivités territoriales, ou le préfet, en application de l'article L. 2215-1 du même code, prescrit les mesures nécessaires lorsque l'état du recul du trait de côte est tel que la sécurité des personnes ne peut plus être assurée. Dans ce cas, le bailleur en informe sans délai le preneur.

Est réputée non écrite, quelle qu'en soit la forme, toute clause ayant pour effet de prévoir que la résiliation anticipée du bail pour le motif prévu à l'alinéa précédent ne peut donner lieu à aucune indemnisation.

§ 3. - Droits et obligations des parties au bail

Art. L. 321-21 *(Ord. n° 2022-489, 6 avr. 2022)*. – Le preneur s'acquitte d'un prix à la signature du bail pour les droits réels consentis et, le cas échéant, du paiement pendant la durée du bail d'une redevance. La somme de ce prix et des redevances perçues tient notamment compte des conditions d'acquisition du bien par le bailleur et des coûts prévisionnels pour assurer la réalisation de l'ensemble des actions ou opérations permettant la renaturation du terrain d'assiette du bien à l'expiration du bail.

Le preneur ne peut se libérer d'une redevance fixée au contrat, ni se soustraire à l'exécution des conditions du bail, en délaissant le bien.

S'il est stipulé au contrat le paiement d'une redevance pendant la durée du bail, celle-ci peut être révisée à la demande de l'une ou l'autre des parties, notamment lorsque cette révision est rendue nécessaire en raison d'un changement de destination ou de nouveaux travaux postérieurs à la signature de ce bail et entraînant une modification significative du bien, de nature à accroître le coût des actions et opérations de renaturation pris en compte lors de la fixation du montant du prix et de la redevance.

En fonction du prix acquitté à la signature du bail, et en particulier en l'absence de redevance fixée au contrat, le versement d'un complément de prix peut être rendu nécessaire dans les mêmes conditions que celles mentionnées à l'alinéa précédent.

Art. L. 321-22 *(Ord. n° 2022-489, 6 avr. 2022)*. – Le bail précise la destination des lieux autorisée et, le cas échéant, les activités accessoires qui peuvent être exercées.

Le preneur est tenu de réaliser les travaux d'entretien et de réparation nécessaires à la conservation du bien objet du bail en bon état pendant toute la durée de celui-ci. Il n'est pas obligé de les reconstruire s'il prouve qu'ils ont été détruits par cas fortuit, force majeure, ou qu'ils ont péri par un vice antérieur au bail.

Le bail précise la nature, la consistance et l'étendue des travaux que le preneur peut réaliser. Il peut limiter ou interdire l'extension des installations, des constructions ou des aménagements mis à bail au regard de l'évolution du recul du trait de côte.

Les constructions et améliorations réalisées par le preneur doivent être conformes à la destination des lieux autorisée par le bail.

Elles demeurent la propriété du preneur en cours de bail et deviennent celle du bailleur au terme du bail.

Le preneur peut jouir librement des droits réels immobiliers et des installations, des constructions ou des aménagements qu'il occupe, exploite, ou réalise.

Tout changement de destination des lieux ou des activités est subordonné à l'accord préalable du bailleur.

Art. L. 321-23 *(Ord. n° 2022-489, 6 avr. 2022)*. – Le preneur peut acquérir des servitudes actives et consentir les servitudes passives indispensables à l'occupation, l'exploitation ou la réalisation des installations, des constructions ou des aménagements en application du contrat de bail.

Art. L. 321-24 *(Ord. n° 2022-489, 6 avr. 2022)*. – I. – Le preneur peut librement consentir des baux et titres d'occupation de toute nature ne conférant pas de droits réels sur les installations, les constructions ou les aménagements qui font l'objet du bail. Le bail peut prévoir l'obligation pour le preneur d'en informer le bailleur.

Tout contrat d'occupation conclu en vertu des dispositions précédentes reproduit les dispositions du présent article et des articles L. 321-18 à L. 321-22 et mentionne la date du terme contractuel du bail réel d'adaptation au changement climatique, son effet sur le contrat de location et le risque de résiliation par anticipation. Toute mention contraire à ces dispositions est réputée non écrite. À défaut, le cocontractant occupant peut solliciter l'annulation du contrat ou la réduction du loyer.

Le preneur transmet à l'occupant la copie du bail en cours.

L'occupant ne peut ni céder le contrat d'occupation, ni sous-louer le bien.

Le contrat d'occupation s'éteint de plein droit au terme du bail réel d'adaptation à l'érosion côtière. Le preneur en informe sans délai l'occupant. L'occupant ne peut se prévaloir d'aucun droit à l'encontre du bailleur ni d'aucun titre d'occupation.

II. – Le contrat de bail peut, en fonction de ses objectifs et des caractéristiques du bien objet des droits réels, prévoir que le preneur l'occupe ou l'exploite sans pouvoir le louer.

Art. L. 321-25 *(Ord. n° 2022-489, 6 avr. 2022)*. – Le bail précise les conditions dans lesquelles le bien doit être libéré à son terme.

À l'échéance du bail, le bailleur, sauf stipulations contraires, procède à la renaturation du terrain, comprenant, le cas échéant, la démolition de l'ensemble des installations, des constructions ou des aménagements, y compris ceux réalisés par le preneur, et les actions ou opérations de dépollution nécessaires.

V. jurispr. citée ss l'art. L. 321-18 *supra*, p. 592.

Art. L. 321-26 *(Ord. n° 2022-489, 6 avr. 2022)*. – Les droits réels issus du bail ainsi que les installations, constructions ou aménagements édifiés, rénovés ou réhabilités sur le terrain ou l'immeuble bâti donné à bail peuvent être saisis dans les formes prescrites pour la saisie immobilière.

Les parties peuvent librement convenir de la date d'échéance des sûretés qu'elles constituent. À défaut, celles-ci prennent fin au terme du contrat de bail.

§ 4. – Transmission des droits réels immobiliers

Art. L. 321-27 *(Ord. n° 2022-489, 6 avr. 2022)*. – Le prix de cession des droits réels issus du bail ne doit pas excéder notablement le prix résultant de la prise en compte d'une valeur du bien estimée en priorité par référence à des mutations et accords amiables portant sur des biens de même qualification et avec un niveau d'exposition similaire situés dans la même zone ou, lorsque ces références ne sont pas suffisantes, selon les modalités définies au second alinéa du III de l'article L. 219-7 du Code de l'urbanisme.

Le principe de l'encadrement des prix de cession selon les modalités mentionnées au précédent alinéa est mentionné dans le contrat de bail.

Art. L. 321-28 *(Ord. n° 2022-489, 6 avr. 2022)*. – Tout projet de cession de droits réels immobiliers par le preneur fait l'objet d'une publicité préalable.

Art. L. 321-29 *(Ord. n° 2022-489, 6 avr. 2022)*. – Les droits réels résultant du bail ne peuvent être cédés ou donnés qu'à une personne subrogée au preneur dans les droits et obligations découlant de ce bail.

Pour tout projet de cession ou donation des droits réels afférents au bien objet du bail, l'acquéreur ou le donataire reçoit, de la part du cédant ou du donateur, une offre préalable de cession ou de donation mentionnant expressément le caractère temporaire du droit réel, sa date d'extinction, ainsi que la possibilité que cette date soit anticipée en vertu des dispositions de l'article L. 321-20. Lorsque le bail prévoit le paiement d'une redevance, l'offre en précise les conditions de paiement.

Le cédant ou le donateur est tenu de maintenir son offre préalable pour une durée de trente jours minimum à compter de sa réception par l'acquéreur ou le donataire potentiel. Cette offre ne peut être acceptée par l'acquéreur ou le donataire potentiel avant un délai de dix jours à compter de sa réception.

Le cédant ou le donateur informe le bailleur de son intention de céder les droits réels immobiliers qu'il tient de son bail réel d'adaptation à l'érosion côtière, dans les trente jours qui suivent la réception par lui de l'acceptation de l'offre préalable de cession ou donation des droits réels. Il précise les conditions de cession ou de donation et joint à cet effet l'offre préalable de cession ou de donation mentionnant l'identité du preneur, ainsi que le dossier de diagnostic immobilier prévu à l'article L. 271-4 du Code de la construction et de l'habitation.

L'acquéreur ou le donataire acquiert les droits réels immobiliers pour la durée résiduelle du bail.

Art. L. 321-30 *(Ord. n° 2022-489, 6 avr. 2022)*. – Les articles L. 271-1 à L. 271-3 du Code de la construction et de l'habitation relatifs à la protection de l'acquéreur sont applicables aux actes conclus en vue

de l'acquisition des droits réels afférents à un immeuble à usage d'habitation, objet du bail réel d'adaptation à l'érosion côtière.

§ 5. - **Sanctions**

Art. L. 321-31 *(Ord. n° 2022-489, 6 avr. 2022).* **– Les baux réels d'adaptation à l'érosion côtière conclus en méconnaissance des articles L. 321-19, L. 321-20, L. 321-21, L. 321-22, L. 321-25 et L. 321-27 sont frappés de nullité.**

Il en est de même des contrats de cession des droits réels résultant du bail, s'ils sont conclus en méconnaissance des articles L. 321-27 à L. 321-29.

§ 6. - **Dispositions générales**

Art. L. 321-32 *(Ord. n° 2022-489, 6 avr. 2022).* **– Dans tous les cas de résiliation du bail autres que celui mentionné à l'article L. 321-20, le preneur est indemnisé de la valeur des droits réels immobiliers selon les modalités prévues au contrat.**

Art. L. 321-33 *(Ord. n° 2022-489, 6 avr. 2022).* **– Les modalités d'application de la présente sous-section sont déterminées par décret en Conseil d'État.**

CHAPITRE II. – CONSERVATOIRE DE L'ESPACE LITTORAL ET DES RIVAGES LACUSTRES

Voir : Obs. sous intitulé Livre III / Loi pour la reconquête de la biodiversité, de la nature et des paysages (DEVL1400720L).

Section I. – Dispositions générales

Art. L. 322-1 *(Mod., L. n° 2002-276, 27 févr. 2002 ; L. n° 2005-157, 23 févr. 2005 ; L. n° 2016-1087, 8 août 2016).* **– I. – Le Conservatoire de l'espace littoral et des rivages lacustres est un établissement public de l'État à caractère administratif qui a pour mission de mener, après avis des conseils municipaux et en partenariat avec les collectivités territoriales intéressés, une politique foncière ayant pour objets la sauvegarde du littoral, le respect des équilibres écologiques et la préservation des sites naturels ainsi que celle des biens culturels qui s'y rapportent :**

1° Dans les cantons côtiers délimités au 10 juillet 1975 ;

2° Dans les communes riveraines des mers, des océans, des étangs salés ou des plans d'eau intérieurs d'une superficie supérieure à 1 000 hectares ;

3° Dans les communes riveraines des estuaires et des deltas lorsque tout ou partie de leurs rives sont situées en aval de la limite de salure des eaux.

II. – Afin de promouvoir une gestion plus intégrée des zones côtières, le Conservatoire de l'espace littoral et des rivages lacustres peut également exercer ses missions sur le domaine public maritime qui lui est affecté ou confié.

III. – Son intervention peut être étendue par arrêté préfectoral et après avis de son conseil d'administration à des secteurs géographiquement limitrophes des cantons et des communes mentionnés au I et constituant avec eux une unité écologique ou paysagère ainsi qu'aux zones humides situées dans les départements côtiers.

IV. – Il peut présenter aux collectivités publiques toutes suggestions en rapport avec ses missions, notamment en matière d'aménagement du littoral ou de gestion de l'interface terre-mer.

Consultation des communes concernées. Il résulte de ces dispositions qu'il appartient au Conservatoire de l'espace littoral et des rivages lacustres de consulter chaque commune concernée par les opérations qu'il mène en application de cet article. Une opération d'aménagement du littoral décidée par le Conservatoire de l'espace littoral et des rivages lacustres engagée à la demande du conseil municipal vaut consultation au sens de ces dispositions (■ CE, 14 janv. 2005, n° 241701, *Sté civ. agricole de Bérive*).

Art. L. 322-2 *(Anc. C. rur., art. L. 243-2).* **– Des décrets en Conseil d'État déterminent les conditions d'application du présent chapitre.**

Voir : partie réglementaire, art. R. 322-1 et s., p. 2068.

Expropriation et acquisition d'îlots au bénéfice du Conservatoire de l'espace littoral et des rivages lacustres. Est justifié au bénéfice du Conservatoire de l'espace littoral et des rivages lacustres l'acquisition d'îlots, dès lors que cette acquisition a pour but la réalisation d'une réserve naturelle qui répond en elle-même à la mission de protection du site qui lui a été confiée par le législateur nonobstant la circonstance que les îlots dont l'expropriation a été envisagée sont demeurés en l'état naturel et que leur simple classement en réserve naturelle aurait pu, par ailleurs, être seul envisagé (▪ CAA Paris, 22 nov. 1994, *Conservatoire de l'Espace littoral et des rivages lacustres : Rec. CE*, tables p. 1053).

Section II. – Patrimoine du Conservatoire

Sous-section 1. – Constitution et aliénations

Art. L. 322-3. – Pour la réalisation des objectifs définis à l'article L. 322-1, le Conservatoire de l'espace littoral et des rivages lacustres peut procéder à toutes opérations foncières. Toutefois les aliénations d'immeubles de son domaine propre ne peuvent être consenties qu'après autorisation donnée par décret en Conseil d'État, pris sur proposition du conseil d'administration statuant à la majorité des trois quarts des membres présents ou représentés.

1) Nature des contrats passés par le Conservatoire du littoral avec les particuliers. Présente un caractère administratif le contrat par lequel le Conservatoire du littoral et des rivages lacustres s'est engagé à l'égard d'un propriétaire de parcelle incluse dans une opération déclarée d'utilité publique à ne pas poursuivre l'expropriation envisagée dès lors que ledit propriétaire s'engageait à poursuivre l'exploitation de ces terrains, à n'y construire aucun bâtiment nouveau et à consentir au Conservatoire un droit de préemption (▪ Cass. 1re civ., 27 oct. 1992, *Sarda : Bull. civ.* I, n° 271 ; *D.* 1992, inf. rap. p. 277).

2) Acquisition d'utilité publique. Eu égard aux objectifs poursuivis par les Conservatoires du littoral et à l'intérêt écologique que représente la zone des dunes du Cap Ferret, à la fragilité de cette zone et aux risques d'ensablement des zones urbanisées, l'acquisition des terrains concernés revêt en elle-même un caractère d'utilité publique (▪ CE, 18 juin 2003, n° 224761, *Assoc. foncière urbaine des terrains ensablés du Cap Ferret et a.*). Le fait que l'expropriation porte sur les terrains situés dans le périmètre de l'association foncière urbaine et qu'une partie des travaux de stabilisation aurait pu être réalisée par cette association ne saurait retirer son utilité publique à l'opération (▪ CAA Bordeaux, 18 déc. 2003, n° 01BX00937, *Cons. de l'esp. littoral et des rivages lacustres : Environnement* 2004, n° 3, p. 19, note Benoît).

3) Portée de l'intention du Conservatoire de l'espace littoral et des rivages lacustres. La nécessité exprimée par le Conservatoire du littoral d'étendre la zone de protection participe à la légalité de la délibération par laquelle le Département étendre une zone de préemption créée sur le territoire d'une commune à cette même zone (▪ CAA Bordeaux, 26 mars 2998, n° 96BX01225, *Assoc. de défense de la corniche basque et a.*) Le projet d'acquisition porté par un Conservatoire du littoral, bien que n'ayant pas eu de suite, confirme le caractère remarquable d'un site (▪ CAA Marseille, 20 janv. 2000, nos 96MA02164, 96MA02176 et 96MA02177, *Cne de Cavalaire-sur-Mer, Cne de la Croix-Valmer et a.*).

Art. L. 322-4 ***(Mod. à compter du 1er janvier 2016, Ord. n° 2015-1174, 23 sept. 2015).*** **– Le Conservatoire de l'espace littoral et des rivages lacustres peut exproprier tous droits immobiliers et exercer, à défaut du département, le droit de préemption prévu à l'article L. 215-5 du Code de l'urbanisme.**

1) Expropriation par le Conservatoire du littoral. Utilité publique. Présente un caractère d'utilité publique au regard des objectifs poursuivis par le Conservatoire de l'espace littoral et des rivages lacustres l'acquisition d'une île alors que les parcelles en cause font déjà l'objet d'une protection en raison de la législation sur la protection des sites et du Code de l'urbanisme (▪ CE, sect., 12 avr. 1995, *Conservatoire de l'espace littoral : Rev. jur. env.* 3/1995, p. 477, note V. Inserguet-Brisset ; *AJDA* 1995, p. 660, note R. Hostiou ; *LPA* 19 juill. 1995, n° 86, p. 31-34, note Rouvillois) ainsi que l'acquisition de parcelles humides et boisées situées dans un secteur soumis à une intense fréquentation touristique et à une urbanisation croissante (▪ CE, 27 févr. 1998, *Thomassin : RD rur.* 1998, p. 262). De même, justifie l'expropriation, l'acquisition de terrains, de grande valeur écologique, uniques en l'espèce sur la côte varoise même si le coût financier de l'opération est important eu égard aux ressources du Conservatoire (▪ TA Nice, 29 mai 1990, *Synd. Agricole des Maures Esterel :*

Rev. jur. env. 1/1991, p. 65, concl. Calderaro ; *Rec. CE*, tables p. 883). Le fait même que le Conservatoire du littoral, dont l'objet est de préserver de l'urbanisation une zone littorale et d'ouvrir ladite zone au public, la réalisation de quelques ouvrages sur les terrains ainsi acquis n'étant pas de nature à rendre l'opération incompatible avec les objectifs poursuivis par la loi du 10 juillet 1975 (■ CE, 12 janv. 1983, n° 32408, *Semat : Rev. jur. env.* 2/1983, p. 135).

2) **Absence d'utilité publique.** Ne présente pas une utilité publique l'acquisition par le Conservatoire du littoral des terrains situés sur une île faisant, par ailleurs l'objet de cumul de protection résultant de l'application des dispositions de la loi du 2 mai 1930 ou du Code de l'urbanisme, et ce en raison d'une atteinte grave à la propriété privée (■ TA Rennes, 5 mars 1992, *Richepin : Rev. jur. env.* 2/1992, p. 257, concl. J.-C. Bernard).

3) **Préemption.** Le directeur du Conservatoire de l'espace littoral et des rivages lacustres ne peut légalement exercer le droit de préemption de cet établissement public que sur autorisation du conseil d'administration, ce qui était le cas en l'espèce (■ CAA Nantes, 20 févr. 2007, n° 06NT00014, *Conservatoire de l'espace littoral et des rivages lacustres*).

Art. L. 322-5 *(Anc. C. rur., art. L. 243-5).* **– Lorsque le Conservatoire de l'espace littoral et des rivages lacustres acquiert par voie amiable des biens grevés de servitudes instituées par application du Code de l'urbanisme, le prix d'acquisition est apprécié par rapport à la valeur des biens compte tenu des servitudes existantes, lesdites servitudes ne pouvant ouvrir droit à aucun supplément de prix.**

Art. L. 322-6 *(Anc. C. rur., art. L. 243-6 ; mod., L. n° 2002-276, 27 févr. 2002).* **– Le Conservatoire de l'espace littoral et des rivages lacustres peut être affectataire, à titre gratuit, d'immeubles dépendant du domaine public ou privé de l'État. Toutefois, lorsque le service précédemment affectataire est doté de l'autonomie financière, l'immeuble est affecté à titre onéreux à l'établissement public ou lui est cédé dans les formes du droit commun.**

Le Conservatoire de l'espace littoral et des rivages lacustres est substitué à l'État dans la gestion des immeubles qui lui sont affectés : il passe toutes conventions les concernant, notamment celles visées à l'article L. 322-9, perçoit à son profit tous leurs produits et supporte les charges y afférentes, de quelque nature qu'elles soient. Ces dispositions sont applicables aux immeubles domaniaux remis à l'établissement à titre de dotation.

Les biens domaniaux qui lui sont affectés ou remis en dotation ne peuvent être désaffectés ou retirés que dans les conditions prévues pour les aliénations du domaine propre.

Art. L. 322-6-1 *(Créé à compter du 1er juillet 2006, Ord. n° 2006-460, 21 avr. 2006)* (1). **– Pour la réalisation des objectifs fixés à l'article L. 322-1, le Conservatoire de l'espace littoral et des rivages lacustres peut se voir attribuer par convention des immeubles relevant du domaine public de l'État pour une durée n'excédant pas trente ans. Le renouvellement de la convention se fait dans les mêmes formes que la passation.**

Cette convention d'attribution peut habiliter le conservatoire, ou le gestionnaire tel que défini à l'article L. 322-9, à accorder des autorisations d'occupation temporaire non constitutives de droits réels et à percevoir les produits à son profit, à condition qu'il supporte les charges correspondantes.

La gestion est réalisée dans les mêmes conditions que celles fixées à l'article L. 322-9.

Un décret en Conseil d'État précise les conditions d'application du présent article, en particulier pour ce qui concerne les règles applicables au recouvrement des produits et redevances du domaine.

Art. L. 322-6-2 *(Anc. C. env. Art. L. 653-1 ; mod., Ord. n° 2006-460, 21 avr. 2006* (1)*; rempl., L. n° 2010-788, 12 juill. 2010).* **– Dans les départements d'outre-mer et à Mayotte, les espaces naturels situés dans la zone des cinquante pas géométriques dont la gestion est assurée par le Conservatoire de l'espace littoral et des rivages lacustres en application des articles L. 5112-8, L. 5113-1 et L. 5331-7 du Code général de la propriété des personnes publiques lui sont affectés conformément à l'article L. 322-6 du présent code, après accord de son conseil d'administration.**

Art. L. 322-7 *(Anc. C. rur., art. L. 243-7).* **– Les acquisitions et échanges d'immeubles situés dans les zones définies à l'article L. 322-1 et faits par le Conservatoire de l'espace littoral et des rivages lacustres**

(1) Dispositions applicables à Mayotte, Ord. n° 2006-460, 21 avr. 2006, art. 12.

sont exonérés du droit de timbre de dimension (1), des droits d'enregistrement et de la taxe de publicité foncière.

Art. L. 322-8 *(Anc. C. rur., art. L. 243-8 ; rempl., L. n° 2016-1087, 8 août 2016).* – Les dons et legs d'immeubles faits au profit du Conservatoire de l'espace littoral et des rivages lacustres sont exonérés des droits de mutation à titre gratuit.

Lorsque ces immeubles sont situés en dehors des zones définies à l'article L. 322-1, l'établissement procède à leur cession dans les meilleurs délais.

Voir : partie réglementaire, spécialement art. R. 322-4 et s., p. 2069.

Sous-section 2. – Gestion

Art. L. 322-9 *(Rempl., L. n° 2002-276, 27 févr. 2002 ; mod., L. n° 2016-1087, 8 août 2016).* – Le domaine relevant du Conservatoire de l'espace littoral et des rivages lacustres comprend les biens immobiliers acquis ainsi que ceux qui lui sont affectés, attribués, confiés ou remis en gestion par l'État. Le domaine propre du conservatoire est constitué des terrains dont il est devenu propriétaire et qu'il décide de conserver afin d'assurer sa mission définie à l'article L. 322-1. Le domaine relevant du Conservatoire du littoral et des rivages lacustres est du domaine public à l'exception des terrains acquis non classés dans le domaine propre. Dans la limite de la vocation et de la fragilité de chaque espace, ce domaine est ouvert au public.

Les immeubles du domaine relevant du Conservatoire de l'espace littoral et des rivages lacustres peuvent être gérés par les collectivités locales ou leurs groupements, ou les établissements publics ou les fondations et associations spécialisées agréées qui en assurent les charges et perçoivent les produits correspondants. Priorité est donnée, si elles le demandent, aux collectivités locales sur le territoire desquelles les immeubles sont situés. Les conventions signées à ce titre entre le conservatoire et les gestionnaires prévoient expressément l'usage à donner aux terrains, cet usage devant obligatoirement contribuer à la réalisation des objectifs définis à l'article L. 322-1, ainsi que le reversement périodique au conservatoire du surplus des produits qui n'ont pas été affectés à la gestion du bien.

Le conservatoire et le gestionnaire peuvent autoriser par voie de convention un usage temporaire et spécifique des immeubles dès lors que cet usage est compatible avec la mission poursuivie par le conservatoire, telle que définie à l'article L. 322-1.

Dans le cas d'un usage de ce domaine public associé à une exploitation agricole, priorité est donnée à l'exploitant présent sur les lieux au moment où les immeubles concernés sont entrés dans le domaine relevant du conservatoire. En l'absence d'exploitant présent sur les lieux, le conservatoire, et le gestionnaire le cas échéant, consultent les organismes professionnels pour le choix de l'exploitant. La convention avec celui-ci fixe les droits et obligations de l'exploitant en application d'une convention-cadre approuvée par le conseil d'administration et détermine les modes de calcul des redevances.

Les terrains appartenant au domaine relevant du Conservatoire de l'espace littoral et des rivages lacustres ne peuvent figurer dans le plan départemental des espaces, sites et itinéraires relatifs aux sports de nature prévu à l'article L. 311-3 du Code du sport qu'avec l'accord exprès du conservatoire. Celui-ci peut en demander le retrait si cette inscription fait obstacle à la bonne exécution des missions qui lui sont confiées à l'article L. 322-1 du présent code. La commission départementale des espaces, sites et itinéraires relatifs aux sports de nature est consultée sur cette demande. Le retrait de l'inscription n'entraîne, pour le conservatoire, aucune charge financière et matérielle de mesures compensatoires.

1) Principe d'égalité des usagers du domaine public. S'il est loisible au Conservatoire de l'espace littoral et des rivages lacustres, pour déterminer les conditions d'utilisation du domaine public, de conclure une convention de chasse sur ces biens, elle ne saurait, sans méconnaître *le principe d'égalité des usagers du domaine public*, réserver l'usage du droit de chasse à une personne physique ou morale déterminée, sans que les différences de traitement en résultant, qui doivent être en rapport avec l'usage de ces biens, procèdent de différences de situation ou répondent à un but d'intérêt général (■ TA Marseille, 9 oct. 2018, n° 1605090, *Assoc. Renouveau pour la chasse de Marignane et nos étangs*).

(1) L'article 95 de la loi de finances rectificatives pour 2004 n° 2004-1485 du 30 décembre 2004 supprime le droit de timbre. – NDLR.

2) Incorporation d'un bien objet d'un bail rural dans le domaine public. Lorsque le conservatoire procède à l'intégration dans le domaine public de biens immobiliers occupés et mis en valeur par un exploitant déjà présent sur les lieux en vertu d'un bail rural en cours de validité, ce bail constitue, jusqu'à son éventuelle dénonciation, un titre d'occupation de ce domaine qui fait obstacle à ce que cet exploitant soit expulsé ou poursuivi au titre d'une contravention de grande voirie pour s'être maintenu sans droit ni titre sur le domaine public. Ce contrat ne peut, en revanche, une fois ces biens incorporés au domaine public, conserver un caractère de bail rural en tant qu'il comporte des clauses incompatibles avec la domanialité publique. Il s'ensuit qu'après l'incorporation au domaine public de terres mises en valeur par un exploitant, le conservatoire peut décider de dénoncer le bail rural qui n'était pas encore parvenu à expiration, pour mettre fin à cette occupation et priver par conséquent l'exploitant du droit et du titre d'occupation procédant de ce bail. Dans l'hypothèse où, après cette dénonciation, le conservatoire considère que l'usage des biens relevant de son domaine propre peut être associé à une exploitation agricole, il peut alors proposer de conclure avec ce même exploitant, qui dispose pour la poursuite de son activité d'une priorité en vertu des dispositions de l'article L. 322-9 ou, en l'absence d'accord avec celui-ci, avec un autre exploitant, une convention d'usage temporaire et spécifique qui, en vertu des dispositions de cet article permet un usage des terres compatible avec les missions confiées à l'établissement public, notamment la sauvegarde du littoral, le respect des équilibres écologiques et la préservation des sites naturels, ainsi que, le cas échéant, avec le plan de gestion élaboré à cette fin en application de l'article R. 322-13 du même code. Dans le cas où le bail conclu antérieurement à l'incorporation n'est pas dénoncé et au plus tard jusqu'à sa prochaine échéance – date à laquelle, en tout état de cause, le régime de la domanialité publique fait obstacle à ce qu'il puisse être renouvelé –, il est loisible au conservatoire de laisser l'occupant, en vertu du titre dont il dispose et qui procède du bail initial, poursuivre à titre précaire cette occupation associée à une exploitation agricole, en se fondant sur les clauses de ce bail qui ne sont pas incompatibles avec la domanialité publique et les missions confiées au conservatoire. Dans tous les cas, une exploitation agricole des biens incorporés au domaine propre de l'établissement public qui porte atteinte à l'intégrité ou à la conservation de ce domaine constitue, en vertu de l'article L. 322-10-4 du Code de l'environnement cité au point 3, et sans préjudice des sanctions pénales encourues, une contravention de grande voirie qu'il appartient au Conservatoire de l'espace littoral et des rivages lacustres de constater, réprimer et poursuivre par voie administrative (■ CE, 5e et 6e ch. réunies, 7 juin 2023, n° 447797. – V. également ■ CE, 21 déc. 2022, n° 464505).

Art. L. 322-10 *(Anc. C. rur., art. L. 243-10 ; mod., L. n° 2002-276, 27 févr. 2002 ; L. n° 2005-157, 23 févr. 2005).* **– L'aménagement et la réalisation des travaux portant sur des immeubles relevant du Conservatoire de l'espace littoral et des rivages lacustres peuvent être confiés, en vue d'assurer la conservation, la protection et la mise en valeur des biens, à l'une des personnes publiques ou privées désignées à l'article L. 322-9 dans le cadre d'une convention d'occupation n'excédant pas trente ans. Les missions confiées doivent être conformes à la mission poursuivie par le conservatoire. Cette convention peut habiliter le bénéficiaire à accorder des autorisations d'occupation non constitutives de droits réels d'une durée n'excédant pas celle de la convention.**

Le bénéficiaire est autorisé à encaisser directement à son profit les produits de l'immeuble. Dans ce cas, il doit procéder au reversement périodique au conservatoire du surplus des produits qui n'ont pas été affectés à la mise en valeur et à la gestion du bien. Le bénéficiaire est choisi librement. En fin de convention d'occupation, le gestionnaire ne peut prétendre à aucune indemnité pour les améliorations apportées à l'immeuble.

Le conservatoire peut prendre en charge une partie du coût des missions visées au premier alinéa dès lors que celle-ci est inférieure à celle du bénéficiaire de la convention, selon des modalités précisées par celle-ci.

Art. L. 322-10-1 *(L. n° 2002-276, 27 févr. 2002 ; mod., L. n° 2003-591, 2 juill. 2003* (1)*; mod. à compter du 1er juillet 2013, Ord. n° 2012-34, 11 janv. 2012 ; mod., L. n° 2016-1087, 8 août 2016 ; L. n° 2019-773, 24 juill. 2019).* **– I. – Les personnes physiques chargées par les gestionnaires mentionnés à l'article L. 322-9 d'assurer la garderie du domaine administré par le Conservatoire de l'espace littoral et des rivages lacustres reçoivent l'appellation de gardes du littoral.**

Les gardes du littoral sont commissionnés par l'autorité administrative et assermentés pour rechercher et constater les infractions relevant de leur habilitation, dans des conditions fixées par décret en Conseil d'État.

(1) Application à l'outre-mer : V. L. n° 2003-591, 2 juill. 2003, art. 31, IV.

Les gardes du littoral et les agents visés à l'article L. 332-20 du présent code constatent par procès-verbal les contraventions aux arrêtés municipaux ou préfectoraux relatifs à l'accès aux terrains concernés ou à leurs usages, ainsi qu'à ceux pris en application des articles L. 2213-2, L. 2213-4, L. 2213-23, L. 2215-1 et L. 2215-3 du Code général des collectivités territoriales, lorsqu'ils concernent le domaine administré par le Conservatoire de l'espace littoral et des rivages lacustres.

Les gardes du littoral peuvent également constater par procès-verbal les contraventions aux dispositions du présent titre et à celles du Code du domaine de l'État sur le domaine administré par le Conservatoire de l'espace littoral et des rivages lacustres.

Ils sont également habilités à relever l'infraction d'obstacle aux fonctions prévue à l'article L. 173-4 du présent code.

II. – Les gardes du littoral sont habilités à constater dans la zone maritime du domaine relevant du Conservatoire de l'espace littoral et des rivages lacustres les infractions aux réglementations intéressant la protection de cette zone et les infractions à la police des rejets définies aux articles L. 218-11 à L. 218-19 et à l'article L. 218-73 du présent code.

III. – Les gardes du littoral exercent leurs compétences sur l'ensemble du domaine relevant du Conservatoire de l'espace littoral et des rivages lacustres dans le département de leur résidence administrative.

Pour l'exercice de leur mission de police judiciaire, les gardes du littoral qui n'ont pas la qualité de fonctionnaire ou d'agent public disposent des pouvoirs prévus aux articles L. 172-7, L. 172-8, L. 172-12 et L. 172-16. Ils sont compétents pour constater les infractions en quelque lieu qu'elles soient commises, sans pouvoir accéder aux locaux et aux moyens de transport.

Art. L. 322-10-2 *(L. n° 2002-276, 27 févr. 2002)*. – Les contrevenants aux dispositions mentionnées à l'article précédent sont punis de l'amende prévue par [pour] les contraventions de la 4e classe.

Art. L. 322-10-3 *(L. n° 2002-276, 27 févr. 2002 ; mod. à compter du 1er juillet 2013, Ord. n° 2012-34, 11 janv. 2012)*. – Les contraventions peuvent donner lieu à la procédure de l'amende forfaitaire, conformément aux dispositions des articles 529 à 529-2 du Code de procédure pénale.

Art. L. 322-10-4 *(L. n° 2006-436, 14 avr. 2006)* (1). – Sans préjudice des sanctions pénales encourues, toute atteinte à l'intégrité et à la conservation du domaine public relevant du Conservatoire de l'espace littoral et des rivages lacustres, ou de nature à compromettre son usage, constitue une contravention de grande voirie constatée, réprimée et poursuivie par voie administrative.

Elle est constatée par les agents visés à l'article L. 322-10-1, sans préjudice des compétences des officiers et agents de police judiciaire et des autres agents spécialement habilités.

Les personnes condamnées sont tenues de réparer ces atteintes et encourent les amendes prévues pour les contraventions de cinquième classe et les cas de récidive. Elles supportent les frais des mesures provisoires et urgentes que le Conservatoire de l'espace littoral et des rivages lacustres a pu être amené à prendre pour faire cesser le trouble apporté au domaine public par les infractions constatées.

Le directeur du Conservatoire de l'espace littoral et des rivages lacustres et, sur délégation, les délégués des rivages du conservatoire, ont compétence pour saisir le tribunal administratif, dans les conditions et suivant les procédures prévues par le Code de justice administrative.

1) **Contravention de grande voirie.** Constitue une contravention de grande voirie la création d'un sentier par enlèvement de la première couche d'humus et la fauche de la flore locale, l'apport de remblais, la réalisation de travaux de débroussaillage, ainsi que le débroussaillage des berges du ru qui s'écoule de la fontaine (■ CAA Nantes, 20 déc. 2019, n° 18NT04498). L'occupation sans titre de parcelles appartenant au domaine public maritime placées sous la responsabilité du Conservatoire du littoral et des espaces lacustres et le maintien sans autorisation des constructions sur ce domaine présentent, par eux-mêmes, le caractère d'une atteinte à l'intégrité du domaine public et constituent, dès lors, une contravention de grande voirie, la circonstance que l'occupant ait réalisé d'importants investissements avec l'assentiment de la commune et ait amélioré le site étant sans incidence sur cette caractérisation (■ CAA Bordeaux, 13 févr. 2020, n° 18BX01376).

(1) Conditions d'application : V. L. n° 2006-436, 14 avr. 2006, art. 31.
Dispositions applicables à Mayotte et à Saint-Pierre-et-Miquelon, L. n° 2006-436, 14 avr. 2006, art. 30, I.

2) Autorisation d'occupation du domaine public. Reconduction tacite (non). Eu égard aux exigences qui découlent tant de l'affectation normale du domaine public que des impératifs de protection et de bonne gestion de ce domaine, ni un courrier du maire informant de l'allongement de la durée de l'autorisation d'occupation temporaire, ni le silence gardé par le Conservatoire de l'espace littoral et des rivages lacustres sur la demande de renouvellement, ni la circonstance que l'occupant ait continué à s'acquitter de la redevance afférente aux parcelles occupées ne peuvent être regardés comme valant reconduction de l'autorisation d'occupation du domaine public (■ CAA Bordeaux, 13 févr. 2020, n° 18BX01376).

Section III. – Administration

Sous-section 1. – Conseil d'administration

Art. L. 322-11 *(Anc. C. rur., art. L. 243-11 ; mod., L. n° 2010-788, 12 juill. 2010 ; L. n° 2018-699, 3 août 2018).* **– Le Conservatoire de l'espace littoral et des rivages lacustres est administré par un conseil d'administration composé en nombre égal de représentants de l'État, de personnalités qualifiées et d'un représentant du personnel, d'une part, de trois députés et trois sénateurs et de leurs suppléants ainsi que de membres des assemblées délibérantes des collectivités locales concernées par l'activité du Conservatoire de l'espace littoral et des rivages lacustres, d'autre part.**

Préemption. Autorisation du conseil d'administration. Le directeur du Conservatoire de l'espace littoral et des rivages lacustres ne peut légalement exercer le droit de préemption de cet établissement public que sur autorisation du conseil d'administration, ce qui était le cas en l'espèce (■ CAA Nantes, 20 févr. 2007, n° 06NT00014, *Conservatoire de l'espace littoral et des rivages lacustres*).

Art. L. 322-12 *(Anc. C. rur., art. L. 243-12).* **– Le président du conseil d'administration est élu par le conseil en son sein.**

Sous-section 2. – Conseils de rivage

Art. L. 322-13 *(Anc. C. rur., art. L. 243-13 ; mod., L. n° 2002-276, 27 févr. 2002).* **– Le Conservatoire de l'espace littoral et des rivages lacustres comprend des conseils de rivage. Ces conseils sont composés de membres élus en leur sein par les assemblées délibérantes des collectivités locales.**

Ils proposent des opérations d'acquisitions et ils sont consultés sur les opérations envisagées par le conseil d'administration de l'établissement public.

Les maires des communes sur le territoire desquelles des opérations sont proposées ou envisagées doivent être entendus s'ils en font la demande.

La composition, le fonctionnement et les limites territoriales de ces conseils sont fixés par décret en Conseil d'État.

Ils font en particulier au conseil d'administration toute proposition relative aux conditions d'aménagement et de gestion du patrimoine de l'établissement public et aux accords de partenariat entre le Conservatoire et les collectivités territoriales, et notamment les départements et les régions et leurs groupements, définissant, sur une base pluriannuelle, les objectifs et les moyens mobilisés par les parties pour la mise en œuvre de la mission définie à l'article L. 322-1.

Préemption. Consultation des conseils de rivage. Les conseils de rivage doivent être consultés préalablement aux délibérations par lesquelles le conseil d'administration décide d'acquérir des terrains, sans qu'il soit besoin de procéder à leur consultation à l'occasion de la notification des décisions de préemption nécessaires à la mise en œuvre de ces délibérations, sauf évolution des circonstances de droit et de fait depuis ces consultations (■ CE, 20 déc. 2006, n° 279217, *Conservatoire de l'espace littoral et des rivages lacustres*).

Sous-section 3. – Direction et personnels

(S-s créée, L. n° 2005-157, 23 févr. 2005)

Art. L. 322-13-1 *(L. n° 2005-157, 23 févr. 2005 ; mod., L. n° 2010-788, 12 juill. 2010 ; L. n° 2016-1087, 8 août 2016).* **– En application du partenariat mentionné à l'article L. 322-1 et afin de mener à bien les missions qui lui sont confiées, le Conservatoire de l'espace littoral et des rivages lacustres**

peut disposer, outre son personnel propre, d'agents titulaires et contractuels de la fonction publique territoriale mis à disposition par périodes d'une durée maximale de trois ans, renouvelables sans limitation de durée totale. Cette mise à disposition peut être réalisée à titre gratuit.

En application du III de l'article L. 322-1, il peut également disposer d'agents contractuels d'établissements publics intervenant dans les zones humides sous forme de mise à disposition.

Voir : partie réglementaire, spécialement art. R. 322-37, p. 2079.

Section IV. – Dispositions financières

Art. L. 322-14 *(Mod. à compter du 1er janvier 2022, Ord. n° 2021-1843, 22 déc. 2021).* **– Pour l'accomplissement de sa mission, le Conservatoire de l'espace littoral et des rivages lacustres dispose de ressources définies par l'article L. 322-15 et par un décret en Conseil d'État.**

Voir : partie réglementaire, *infra*, spécialement art. R. 322-38 et s., p. 2079.

Art. L. 322-15 *(Créé à compter du 1er janvier 2022, Ord. n° 2021-1843, 22 déc. 2021).* **– Sont affectés à l'établissement mentionné à l'article L. 322-1 :**

1° *(Mod., L. fin. n° 2023-1322, 29 déc. 2023)* **Le produit de la taxe annuelle sur les engins maritimes à usage personnel mentionnée à l'article L. 423-4 du Code des impositions sur les biens et services, à hauteur de la fraction perçue sur les engins battant pavillon français autres que ceux relevant du tarif propre à la Corse prévu à l'article L. 423-21 et pour la part ne relevant pas de l'article L. 541-10-25-1 du présent code, dans la limite d'un plafond annuel. À cette fin, le comptable public verse les sommes recouvrées après déduction des frais d'assiette et de recouvrement mentionnés au VII de l'article 1647 du Code général des impôts et, le cas échéant, des sommes indûment versées ;**

2° Le produit de la taxe sur l'embarquement maritime de passagers à destination d'espaces naturels protégés mentionnée à l'article L. 423-47 du Code des impositions sur les biens et services, à hauteur de la fraction perçue sur les embarquements à destination des espaces relevant de sa compétence et pour la part ne relevant pas des articles L. 331-11, L. 332-8-1 ou L. 341-15-2 du présent code.

TITRE III. – PARCS ET RÉSERVES

CHAPITRE Ier. – PARCS NATIONAUX

Voir : Droit interne : art. R. 331-1 et s., p. 2081.

Bibliographie : G. Blanc, *Protection de la nation et construction de la nature – Une histoire des parcs nationaux français depuis 1960* : *Vingtième siècle* 2010, n° 3, p. 131. • C. Cans, *Les parcs nationaux sont morts : vive les parcs nationaux de développement local* : *AJDA* 2006, p. 1431. • CGEDD, *Évaluation de la réforme des parcs nationaux issue de la loi du 14 avril 2006*, avr. 2013. • J.-M. Février, *Les parcs à l'heure de la réforme* : *Environnement* 2006, n° 6, étude 9. • G. Filoche, *La réforme des parcs nationaux français* : *RED env.* 2007, p. 309, et 436. • J.-P. Giran, *Les parcs nationaux : une référence pour la France, une chance pour ses territoires* : *Doc. fr.* 2003. • C. Lachaux, *Les parcs nationaux*, PUF, coll. « Que sais-je ? », 1980. • R. Larrère *et a.*, *Histoire des parcs nationaux*, Éditions Quae, 2009. • S. Mabile, *Les parcs nationaux, un patrimoine exceptionnel à protéger* : *Dr. env.* 2007, n° 148, p. 132. • I. Michallet, *JCl Env.*, LexisNexis, fasc. 3500 : Parcs nationaux. • Ministère de la Transition écologique, *Les parcs nationaux de France* : *Chiffres clés*, éd. 2021. • E. Naim-Gesbert, *Le nouveau droit du parc national entre fidélité généalogique et développement durable* : *D.* 2006, p. 2061. • R. Radiguet, *Les conséquences de la réforme de 2006* : *Dr. adm.* 2012, n° 6, comm. 55. • *Le parc national a soixante ans !* : *Rev. jur. env.* 2020, dossier spécial, n° 4, p. 651. • R. Romi, *Parcs nationaux, une nouvelle donne en forme de rapprochement avec les PNR ?* : *Dr. env.* 2006, n° 140, p. 217. • M. Sabatier et *a.*, *Pionniers aux origines des parcs nationaux, 50 ans d'histoire*, Parcs nationaux de France, 2010. • P. Yolka, *(Re)nationaliser les parcs nationaux* : *JCP* A 2012, n° 49, p. 2.

Liste des parcs nationaux. Parc des Cévennes. V. D. n° 70-777, 2 sept. 1970 (*JO* 3 sept.), mod. par D. n° 76-1059, 22 nov. 1976 (*JO* 23 nov.) ; D. n° 84-774, 7 août 1984 (*JO* 9 août) ; D. n° 91-1073, 16 oct. 1991 (*JO* 18 oct.) ; D. n° 2009-1677, 29 déc. 2009 (*JO* 31 déc.) ; D. n° 2013-995, 8 nov. 2013 (*JO* 10 nov.).

Parc des Écrins. D. n° 73-378, 27 mars 1973 (*JO* 31 mars ; rect. *JO* 13 mai), mod., D. n° 76-1059, 22 nov. 1976 (*JO* 23 nov.) ; D. n° 91-1074, 16 oct. 1991 (*JO* 18 oct.) ; A. 10 févr. 1975 (*JO* 21 févr.) ; abr. et rempl., D. n° 2009-448, 21 avr. 2009 (*JO* 23 avr.) ; D. n° 2012-1540, 28 déc. 2012 (*JO* 30 déc.). • J.-P. Raffin, *Expérience des parcs naturels. L'exemple du parc national des Écrins* : *RFDA* 2005, p. 529.

Parc de la Guadeloupe. D. n° 89-144, 20 févr. 1989 (*JO* 7 mars), mod., D. n° 91-1076, 16 oct. 1991 (*JO* 18 oct.) ; abr. et rempl., D. n° 2009-614, 3 juin 2009 (*JO* 5 juin) ; D. n° 2014-48, 21 janv. 2014 (*JO* 23 janv.). • J.-M. Breton, *Sport, tourisme, environnement et développement local durable (activités récréatives et sportives et protection de l'environnement : le cas du parc national de la Guadeloupe)* : *Rev. jur. env.* 2010, p. 219.

Parc du Mercantour. D. n° 79-696, 18 août 1979 (*JO* 21 août ; rect. *JO* 25 août et 16 sept.), mod., D. n° 91-1075, 16 oct. 1991 (*JO* 18 oct.) ; abr. et rempl., D. n° 2009-486, 29 avr. 2009 (*JO* 2 mai) ; D. n° 2012-1541, 28 déc. 2012 (*JO* 30 déc.).

Parc de Port-Cros. D. n° 63-1235, 14 déc. 1963 (*JO* 17 déc.), mod. D. n° 73-324, 14 mars 1973 (*JO* 22 mars) ; D. n° 76-1059, 22 nov. 1976 (*JO* 23 nov.) ; D. n° 91-1071, 16 oct. 1991 (*JO* 18 oct.) ; abr. et rempl., D. n° 2009-449, 22 avr. 2009 (*JO* 23 avr.) ; mod., D. n° 2012-649, 4 mai 2012 (*JO* 6 mai) ; D. n° 2013-418, 21 mai 2013 (*JO* 23 mai). • G. Martin, *Les conseils scientifiques des parcs nationaux. Réflexions à partir de l'expérience du parc national de Port-Cros* : *Rev. jur. env.* 2020, n° 4, p. 659.

Parc national des Pyrénées (anciennement Parc des Pyrénées occidentales). D. n° 67-265, 23 mars 1967 (*JO* 31 mars, rect. *JO* 22 avr.), mod. par D. n° 76-1059, 22 nov. 1976 (*JO* 23 nov.) ; D. n° 89-102, 14 févr. 1989 (*JO* 18 févr.) ; D. n° 91-1072, 16 oct. 1991 (*JO* 18 oct.) ; abr. et rempl., D. n° 2009-406, 15 avr. 2009 (*JO* 16 avr.) ; D. n° 2012-1542, 28 déc. 2012 (*JO* 30 déc.) ; mod., D. n° 2013-962, 25 oct. 2013 (*JO* 27 oct.).

Parcs nationaux de la Vanoise. D. n° 63-651, 6 juill. 1963 (*JO* 9 juill.), mod. D. n° 72-914, 5 oct. 1972 (*JO* 8 oct.) ; D. n° 76-1059, 22 nov. 1976 (*JO* 23 nov.) ; D. n° 91-1070, 16 oct. 1991 (*JO* 18 oct.) ; abr. et rempl., D. n° 2009-447, 21 avr. 2009 (*JO* 23 avr.) ; D. n° 2015-473, 27 avr. 2015 (*JO* 29 avr.). • A. Selmi, *Administrer la nature – Le parc national de la Vanoise*, Quae, 2008.

Parc amazonien de Guyane. D. n° 2007-266, 27 févr. 2007 (*JO* 28 févr.) : *Rev. jur. env.* 2/2008, p. 135 à 155, étude J. Untermaier ; D. n° 2013-968, 28 oct. 2013 (*JO* 30 oct.). • F. Bondil, *Le parc amazonien de Guyane et l'exploitation des ressources naturelles. Réflexions juridiques à la lumière de la première charte de parc* : *Rev. jur. env.* 2014, p. 615.

Parc national de La Réunion. D. n° 2007-296, 5 mars 2007 (*JO* 6 mars). • E. Naim-Gesbert, *Le projet de parc national de la Réunion, parc de seconde génération ?* : *Rev. jur. pol.* 2006, p. 103 ; *Parc national de la Réunion, un facteur de nouvelles solidarités territoriales* : *AJDA* 2007, p. 1226 ; D. n° 2014-49, 21 janv. 2014 (*JO* 23 janv.). • L. Peyen, *De l'esprit des lois à l'esprit des lieux : la charte du parc national de La Réunion, un véritable projet pour le milieu* : *Dr. env.* 2014, n° 221, p. 114-117. • A. Fontaine, *Approbation de la charte du parc national de La Réunion : un pas de plus vers la construction de l'ordre public écologique réunionnais* : *Rev. jur. env.* 2014, n° 3, p. 477-487.

Parc national des Calanques. D. n° 2012-507, 18 avr. 2012 (*JO* 19 avr.) ; mod., D. n° 2013-961, 25 oct. 2013 (*JO* 27 oct.). • V. Deldrève et Ph. Deboudt, *Le parc national des calanques : construction territoriale, concertation et usages*, Quae, 2012.

Parc national des forêts. D. n° 2019-1132, 6 nov. 2019 (*JO* du 7), mod., D. n° 2020-752, 19 juin 2020, art. 20 (*JO* du 20). • J. Untermaier, *Le parc national de forêts* : *Rev. jur. env.* 2020, n° 1, p. 81-99.

Voir : A. 18 sept. 1997, portant prise en considération du projet de Parc national marin de Corse (*JO* 25 sept.). A. 23 févr. 2007 arrêtant les principes fondamentaux applicables à l'ensemble des parcs nationaux (*JO* 6 avr.). A. 5 avr. 2007 relatif au mode de calcul de la superficie du cœur des parcs nationaux (*JO* 12 avr.) ; mod. par A. 14 déc. 2007 (*JO* 23 déc.) ; A. 3 févr. 2011 (*JO* 1er mars) ; A. 14 févr. 2013 (*JO* 23 févr.).

Voir : Sur les modalités de mise en place du nouveau régime de 2006 (■ CE, 23 mars 2012, n° 328866, *M. Lassalle et a.* : *AJDA* 2012, 624, note Y. J. ■ CE, 23 mars 2012, n° 337144, *Cne de Hures-la-Parade* : *AJDA* 2012, 624, note Y. J.).

Voir : Obs. sous intitulé Livre III / Loi pour la reconquête de la biodiversité, de la nature et des paysages (DEVL1400720L).

Section I. – Création et dispositions générales

Art. L. 331-1 *(Anc. C. rur., art. L. 241-1 ; rempl., L. n° 2006-436, 14 avr. 2006 ; mod., L. n° 2016-1087, 8 août 2016)* (1). **– Un parc national peut être créé à partir d'espaces terrestres ou maritimes, lorsque le milieu naturel, particulièrement la faune, la flore, le sol, le sous-sol, l'atmosphère et les eaux, les paysages et, le cas**

(1) Conditions d'application : V. L. n° 2006-436, 14 avr. 2006, art. 31.
Dispositions applicables à Mayotte et à Saint-Pierre-et-Miquelon, L. n° 2006-436, 14 avr. 2006, art. 30, I.

échéant, le patrimoine culturel qu'ils comportent présentent un intérêt spécial et qu'il importe d'en assurer la protection en les préservant des dégradations et des atteintes susceptibles d'en altérer la diversité, la composition, l'aspect et l'évolution.

Il est composé d'un ou plusieurs cœurs, définis comme les espaces terrestres et maritimes à protéger, ainsi que d'une aire d'adhésion, définie comme tout ou partie du territoire des communes qui, ayant vocation à faire partie du parc national en raison notamment de leur continuité géographique ou de leur solidarité écologique avec le cœur, ont décidé d'adhérer à la charte du parc national et de concourir volontairement à cette protection. Il peut comprendre des espaces appartenant au domaine public maritime ou au plateau continental et aux eaux sous souveraineté ou sous juridiction de l'État, en conformité avec la convention des Nations Unies sur le droit de la mer, conclue à Montego Bay le 10 décembre 1982, notamment ses parties V, VI et XII.

Art. L. 331-2 *(Anc. C. rur., art. L. 241-3 ; rempl., L. n° 2006-436, 14 avr. 2006 ; mod., L. n° 2010-788, 12 juill. 2010)* (1) (2). **– La création d'un parc national est décidée par décret en Conseil d'État, au terme d'une procédure fixée par le décret prévu à l'article L. 331-7 et comportant une enquête publique réalisée conformément au chapitre III du titre II du livre Ier du présent code et des consultations.**

Le décret de création d'un parc national :

1° Délimite le périmètre du ou des cœurs du parc national et fixe les règles générales de protection qui s'y appliquent ;

2° Détermine le territoire des communes ayant vocation à adhérer à la charte du parc ;

3° Approuve la charte du parc ;

4° Crée l'établissement public national à caractère administratif du parc.

À compter de la publication du décret approuvant la charte ou sa révision, le représentant de l'État dans la région soumet celle-ci à l'adhésion des communes concernées. Cette adhésion ne peut intervenir par la suite qu'avec l'accord de l'établissement public du parc, à une échéance triennale à compter de l'approbation de la charte ou de sa révision. L'adhésion est constatée par le représentant de l'État dans la région qui actualise le périmètre effectif du parc national.

Le parc national ne peut comprendre tout ou partie du territoire d'une commune classée en parc naturel régional.

1) Classement et déclassement. Pouvoirs de l'Administration. L'opportunité du décret de classement ne peut être discutée devant le Conseil d'État, statuant en contentieux (■ CE, 18 avr. 1969, *Cne de Sireix Estaing et a. : Rec. CE* 1969, p. 205). L'Administration dispose ainsi d'un pouvoir discrétionnaire sur la décision de créer un parc national (■ CE, 26 mars 1995, *FIEP et a. : Rev. jur. env.* 4/1996). L'autorité compétente pour créer le parc national est également compétente pour mettre fin au classement lorsque les circonstances ont cessé d'en justifier le maintien (■ CE, 29 janv. 1982, *Assoc. des Amis de la Terre : Rec. CE* 1982, p. 687 ; *Rev. jur. env.* 2/1983, p. 140, note F. Constantin).

2) Consultation des collectivités locales. Dès lors que les collectivités locales sont consultées dans la première phase de la procédure sur le principe même de la création, il ne saurait être exigé qu'elles disposent de la liste de toutes les mesures destinées à figurer ultérieurement dans le décret de classement, l'objet de la procédure étant précisément d'établir cette liste ; le juge se réservant, par ailleurs, de vérifier qu'à l'occasion de la consultation, il n'y ait eu aucune menace dolosive de l'administration (■ CE, ass., 29 juin 1973, *Roux et a. : Rec. CE* 1973, p. 447, concl. Questiaux ; *JCP* N 1974, II, 17811, note Lefoulon). N'a pas nécessairement à être consultée une commune, bien que titulaire de droits réels ou d'usage sur des terrains destinés à être inclus dans la zone centrale du parc, les droits en question ne conférant en toute hypothèse aucune vocation particulière à l'inclusion de celle-ci dans la zone périphérique (■ CE, 29 janv. 1982, *Cne de Lantosque : Rec. CE* 1982, p. 687 ; *Rev. jur. env.* 1/1983, p. 2, note Constantin).

3) Portée des avis. La portée des avis émis par les organismes consultés préalablement à la création d'un parc national en application du décret d'application du 31 octobre 1960 ne lie pas le Gou-

(1) Conditions d'application : V. L. n° 2006-436, 14 avr. 2006, art. 31.
Dispositions applicables à Mayotte et à Saint-Pierre-et-Miquelon, L. n° 2006-436, 14 avr. 2006, art. 30, I.

(2) Dispositions applicables aux projets, plans, programmes ou autres documents de planification pour lesquels l'arrêté d'ouverture et d'organisation de l'enquête publique est publié à compter du premier jour du sixième mois après la publication du décret en Conseil d'État prévu à l'article L. 123-19 du présent code, L. n° 2010-788, 12 juill. 2010, art. 245.

vernement (■ CE, 20 nov. 1981, *SIVOM de St-Martin-Vésubie-Valdeblore : Rec. CE*, p. 434).

4) Procédure d'enquête publique (régularité). Éléments non soumis à enquête. Le décret créant un parc national ne peut légalement imposer des suggestions ou interdictions qui n'auraient pas figuré dans le projet soumis à l'enquête publique (■ CE, ass., 29 juin 1973, *Roux et a. : Rec. CE* 1973, p. 447, préc.). Cependant, ne sont pas illégales des modifications qui améliorent la situation du requérant (■ CE, 20 nov. 1981, *SIVOM Saint-Martin-Vésubie-Valdeblore : Rec. CE* 1981, p. 434 ; *RDP* 1982, p. 473, concl. Genevois ; *Rev. jur. env.* 2/1982, p. 194 et s., note F. Constantin). (Application dans le temps).

5) Application de la jurisprudence Danthony. Le projet de parc national doit être soumis pour avis aux organes délibérants des régions et départements intéressés, qui figurent parmi les personnes morales mentionnées à l'article R. 331-4, et leurs avis doivent être versés au dossier soumis à enquête publique. Toutefois, le non-respect de ces obligations n'est de nature à vicier la procédure et donc à entraîner l'illégalité du décret pris à l'issue de l'enquête publique que s'il a pu avoir pour effet de nuire à l'information de l'ensemble des personnes intéressées par l'opération ou s'il a été de nature à exercer une influence sur les résultats de l'enquête et, par suite, sur la décision de l'autorité administrative (■ CE, 29 oct. 2013, n° 360085, *Assoc. Les amis de la rade et des calanques*, préc.).

6) Cumul de protections. L'inscription d'un territoire dans un parc national ne fait pas obstacle à son classement en zone de protection spéciale (Natura 2000). V. ■ CAA Marseille, 7 févr. 2012, n° 09MA03152, *Groupement forestier du bois d'Altefage*.

Art. L. 331-3 *(Anc. C. rur., art. L. 241-3 ; rempl., L. n° 2006-436, 14 avr. 2006* (1) *; mod., L. n° 2010-788, 12 juill. 2010 ; L. n° 2014-366, 24 mars 2014 ; mod. à compter du 1er janvier 2016, Ord. n° 2015-1174, 23 sept. 2015 ; L. n° 2016-1087, 8 août 2016).* **– I. – La charte du parc national définit un projet de territoire traduisant la solidarité écologique entre le cœur du parc et ses espaces environnants.**

Elle est composée de deux parties :

1° Pour les espaces du cœur, elle définit les objectifs de protection du patrimoine naturel, culturel et paysager et précise les modalités d'application de la réglementation prévue au 1° de l'article L. 331-2 ;

2° Pour l'aire d'adhésion, elle définit les orientations de protection, de mise en valeur et de développement durable et indique les moyens de les mettre en œuvre.

La charte du parc national comporte des documents graphiques, indiquant les différentes zones et leur vocation. Ces documents sont élaborés à partir d'un inventaire du patrimoine naturel, paysager et culturel, de données socio-économiques et d'un bilan démographique de la population du parc national.

Chaque partie de la charte comprend un volet général rappelant les principes fondamentaux applicables à l'ensemble des parcs nationaux, en raison de leur haute valeur patrimoniale, et un volet spécifique à chaque parc national, comportant des objectifs ou orientations et des mesures déterminés à partir de ses particularités territoriales, écologiques, économiques, sociales ou culturelles.

Le projet de charte du parc national est élaboré par l'établissement public du parc national ou par le groupement d'intérêt public le préfigurant. Il est transmis pour avis aux collectivités territoriales intéressées et à leurs groupements concernés.

Des conventions d'application de la charte peuvent être signées entre l'établissement public du parc national et chaque collectivité territoriale adhérente pour faciliter la mise en œuvre des orientations et des mesures de protection, de mise en valeur et de développement durable qu'elle prévoit. L'établissement public du parc national peut également proposer à d'autres personnes morales de droit public intéressées de s'associer à l'application de la charte par la signature d'une convention. Des contrats de partenariat s'inscrivant dans le cadre d'un projet concourant à la mise en œuvre de la charte peuvent par ailleurs être conclus entre l'établissement public du parc national et des personnes morales de droit privé concernées par le parc national.

II. – L'établissement public du parc national évalue l'application de la charte et délibère sur l'opportunité de sa révision douze ans au plus après son approbation, sa précédente révision ou la dernière décision de ne pas la réviser.

(1) Conditions d'application : V. L. n° 2006-436, 14 avr. 2006, art. 31.
Dispositions applicables à Mayotte et à Saint-Pierre-et-Miquelon, L. n° 2006-436, 14 avr. 2006, art. 30, I.

Pour la seule partie de leur territoire comprise dans l'aire d'adhésion, les communes ayant adhéré à la charte du parc national peuvent décider de s'en retirer dès l'approbation de la charte révisée ou, le cas échéant, au terme d'un délai de trois ans à compter de la délibération décidant de la mise en révision.

En l'absence de délibération, elles peuvent également se retirer au terme d'un délai de quinze ans à compter de l'approbation de la charte, de sa précédente révision ou de la dernière décision de ne pas la réviser.

Le préfet constate, en tant que de besoin, le ou les retraits et actualise le périmètre effectif du parc national.

III *(III mod. à compter du 1er avril 2021, Ord. n° 2020-745, 17 juin 2020)* (1). **– L'établissement public du parc national est associé à l'élaboration et aux différentes procédures de révision des schémas de cohérence territoriale et des plans locaux d'urbanisme.**

Les documents d'urbanisme doivent être compatibles avec les objectifs de protection et les orientations de la charte du parc national, dans les conditions fixées aux articles L. 131-1 et L. 131-6 du Code de l'urbanisme.

Les règlements locaux de publicité prévus à l'article L. 581-14 du présent code doivent être compatibles avec les objectifs de protection et les orientations de la charte du parc national. Lorsqu'un tel règlement est approuvé avant l'approbation de la charte, il doit, si nécessaire, être rendu compatible dans un délai de trois ans à compter de l'approbation de celle-ci.

Lors de leur élaboration ou de leur révision, les documents de planification, d'aménagement et de gestion des ressources naturelles relatifs à l'agriculture, à la sylviculture, à l'énergie mécanique du vent, aux carrières, à l'accès à la nature et aux sports de nature, à la gestion de l'eau, à la gestion cynégétique, à la gestion de la faune sauvage, au tourisme et à l'aménagement ou à la mise en valeur de la mer figurant sur une liste fixée par le décret prévu à l'article L. 331-7 sont soumis pour avis à l'établissement public du parc national en tant qu'ils s'appliquent aux espaces inclus dans le parc national.

Dans le cœur d'un parc national, ils doivent être compatibles ou rendus compatibles, dans un délai de trois ans à compter de l'approbation de la charte s'ils sont antérieurs à celle-ci, avec les objectifs de protection définis par cette dernière pour ces espaces.

Les collectivités publiques intéressées s'assurent de la cohérence de leurs actions avec les orientations et mesures de la charte et mettent en œuvre les moyens nécessaires. Les préfets de région s'assurent de la prise en compte des spécificités des espaces du cœur et de l'aire d'adhésion d'un parc national au sein des documents de planification de l'action de l'État et des programmations financières.

Voir : C. urb., art. L. 131-7.

Bibliographie : F. Bondil, *Le parc amazonien de Guyane et l'exploitation des ressources naturelles. Réflexions juridiques à la lumière de la première charte de parc : Rev. jur. env.* 2014, p. 615. • Ch.-A. Dubreuil, *Actualité juridique des chartes des parcs naturels : JCP A* 2012, n° 46, 2368. • G. Godfrin, *La charte des parcs nationaux s'imposera aux SCOT, aux PLU et aux cartes communales : Constr.-Urb.* 2006, n° 5, comm. 18. • I. Michallet, *Évolution du droit des parcs nationaux ; note sous décret 2011-1030, 29 août 2011 relatif aux chartes des parcs nationaux : Environnement et dév. durable* 2012, n° 2, p. 25. • L. Peyen, *De l'esprit des lois à l'esprit des lieux : la Charte du parc national de La Réunion, un véritable projet pour le milieu : Dr. env.* 2014, 114.

1) Activités commerciales prohibées. Toute opération de vente au public pratiquée sur le territoire d'un parc national, quelle que soit la profession de la personne qui l'exerce, l'origine des biens ou des services proposés, l'importance du profit réalisé et la fréquence des interventions, constitue, à défaut d'autorisation, une activité commerciale illicite. Doivent ainsi être sanctionnées, à l'intérieur du parc des Pyrénées, les activités d'un couple de retraités, équipé d'une voiture hayon relevée d'une remorque réfrigérée, d'un grand parasol et d'une balance « qui proposait aux passants des fromages et des gâteaux, en provenance pour l'essentiel, de l'exploitation agricole mise en valeur par leur fils » (▪ Cass. crim., 6 déc. 1995, *Babat : JurisData* n° 1995-004159).

2) Réalisation de travaux publics autorisés dans un parc naturel. Décision. Autorité compétente. Faute de constituer une opération d'aménagement, la création d'un tunnel à l'intérieur de la zone périphérique d'un parc national peut valablement être décidée sans consultation préalable du Comité interministériel habituellement compétent (▪ CE, 23 oct. 1995, nos 154401, 154490, 154495, 154515 et 154524, *Assoc. Artus et a. : JurisData* n° 1995-046938 ; *Dr. adm.* 1995, comm. 793). – V. également *infra*, jurisprudence citée sous art. L. 331-18, p. 617.

3) Gestion de la faune. Faute. Commet une faute de nature à engager sa responsabilité l'établissement public qui, en sous-estimant le niveau

(1) Dispositions d'application particulières et transitoires : V. Ord. n° 2020-745, 17 juin 2020.

des populations des cervidés réintroduits dans le parc depuis sa création, s'est abstenu de prendre les mesures qui auraient permis de ramener à un niveau raisonnable le nombre d'animaux dans certains secteurs (▪ TA Montpellier, 13 juill. 1999 : *JurisData* n° 1999-104962, confirmé par ▪ CAA Marseille, 13 sept. 2004, n° 99MA01772, *Parc national des Cévennes*). Après de nombreuses controverses sur la détermination du juge compétent pour trancher ce litige (V. comm. sous art. L. 331-17, p. 616), le Conseil d'État a finalement confirmé cette solution au fond, en jugeant que la responsabilité d'un parc national peut être engagée en raison des fautes commises dans l'exercice de son pouvoir de proposition en matière de chasse (▪ CE, 26 nov. 2008, n° 274061 : *Parc national des Cévennes : Environnement* 2009, n° 1, comm. 1, P. Trouilly).

4) Résidents permanents du parc. Droit de chasse. Des droits de chasse peuvent être accordés aux résidents permanents du parc dans des conditions précises n'entraînant aucune discrimination illégale (▪ CE, ass., 1er juill. 1988, *Avesque : Rec. CE* 1988, p. 267 ; *AJDA* 1988, p. 605, chron. Azibert et Boisdeffre. ▪ Cass. crim., 15 déc. 1985 : *JCP* 1988, II, 596. ▪ CE, 25 nov. 1987, *SARL « Les Frigants » : Rec. CE* 1987, p. 377).

5) Évaluation environnementale. Les chartes des parcs nationaux sont désormais soumises, en vertu du décret n° 2011-1030 du 29 août 2011, à la procédure d'évaluation environnementale telle que définie à l'article R. 122-17 nouveau du code (V. ss art. R. 122-17, p. 1541).

6) Compatibilité SCOT. L'article L. 331-3 du Code de l'environnement précise que ; « Les schémas de cohérence territoriale, (...) doivent être compatibles avec les objectifs de protection et les orientations de la charte du parc national ». Le Code de l'urbanisme a été modifié pour prendre en compte cette disposition (cf. C. urb., art. L. 131-1).

7) Légalité de la Charte du parc national de La Réunion. Dès lors que la charte comprend des développements suffisants concernant la fréquentation du cœur du parc et, notamment, la connaissance et la maîtrise des flux touristiques ; que, s'agissant du cœur du parc, la charte n'avait pas à étudier les enjeux de développement économique ; qu'elle définit de manière claire et suffisamment précise le caractère du parc en analysant ses éléments matériels, notamment son patrimoine naturel, culturel et paysager ; que les enjeux liés à l'inscription au patrimoine mondial de l'UNESCO du bien « Pitons, cirques et remparts de l'île de la Réunion » sont suffisamment explicités à l'annexe 6 et qu'enfin, les documents graphiques et cartographiques dont la charte est assortie permettent d'en retracer avec suffisamment de précision et de clarté les principaux enjeux alors que les moyens tirés du caractère incomplet de la charte ne sont pas fondés (▪ CE, 27 juill. 2016, n° 378327, *MAB : AJDA* 2016, 2311).

8) Application de la jurisprudence *Danthony*. S'il est constant que le conseil économique, social et culturel du parc national de la Réunion n'avait pas été mis en place pendant la période d'élaboration du projet de charte, de sorte que son président, n'ayant pas été désigné, n'a pu siéger au conseil d'administration du parc, notamment lors de sa séance arrêtant le projet de charte, conformément aux dispositions de l'article L. 331-3 du Code de l'environnement, il ressort toutefois des pièces du dossier que, eu égard notamment au nombre des membres du conseil d'administration et à la composition de celui-ci telle qu'elle est prescrite par les dispositions de l'article 26 du décret du 5 mars 2007, cette irrégularité, qui n'a pas privé les personnes intéressées d'une garantie, n'a pas exercé, dans les circonstances de l'espèce, une influence sur le sens de la décision prise (même arrêt).

Art. L. 331-3-1 *(L. n° 2016-1087, 8 août 2016)*. **– I. – La modification du décret de création du parc national est réalisée selon l'une des procédures définies au présent article.**

II. – Lorsque la modification a pour objet l'extension d'un périmètre terrestre pour lequel la commune est candidate, du cœur ou du territoire des communes ayant vocation à adhérer à la charte du parc national, un décret en Conseil d'État peut modifier le décret de création après une enquête publique réalisée sur le seul territoire de la commune candidate à une extension, dans les conditions prévues au chapitre III du titre II du livre Ier.

Lorsque la modification a pour objet l'extension d'un périmètre marin, du cœur ou de l'aire maritime adjacente, un décret en Conseil d'État peut modifier le décret de création après une enquête publique sur le territoire des communes littorales concernées, dans les conditions prévues au même chapitre III. Lorsque l'extension de l'aire maritime adjacente ne concerne pas une commune littorale déterminée, l'enquête publique est organisée au siège du représentant de l'État dans le département et au siège du représentant de l'État en mer.

III. – Lorsque la modification a pour objet la composition du conseil d'administration, un décret en Conseil d'État peut modifier le décret de création après une participation du public dans les conditions définies à l'article L. 120-1.

IV. – Lorsque la modification a un objet distinct de ceux mentionnés aux II et III du présent article, un décret en Conseil d'État peut modifier le décret de création après une enquête publique réalisée sur le territoire de toutes les communes concernées dans les conditions prévues au chapitre III du titre II du livre Ier.

Art. L. 331-3-2 *(L. n° 2016-1087, 8 août 2016)*. – I. – La modification ou la révision de la charte du parc national est réalisée selon l'une des procédures définies au présent article.

II. – Lorsque la modification ne remet pas en cause l'économie générale de la charte, elle est décidée par décret en Conseil d'État, après une enquête publique réalisée sur le territoire de toutes les communes concernées, dans les conditions prévues au chapitre III du titre II du livre Ier.

Par dérogation au premier alinéa du présent II, lorsque la modification a pour seul objet d'adapter la charte à une extension de périmètre mentionnée au II de l'article L. 331-3-1, elle est décidée par décret en Conseil d'État.

III. – Lorsque la modification concerne l'économie générale de la charte, la révision de la charte est décidée par décret en Conseil d'État, après une enquête publique réalisée sur le territoire de toutes les communes concernées par le décret de création, dans les conditions prévues au chapitre III du titre II du livre Ier.

Art. L. 331-4 *(Anc. C. rur., art. L. 241-3 ; rempl., L. n° 2006-436, 14 avr. 2006* (1) *; mod. à compter du 1er janvier 2016, Ord. n° 2015-1174, 23 sept. 2015 ; mod., Ord. n° 2016-1058, 3 août 2016* (2) *; mod. à compter du 1er mars 2017, Ord. n° 2017-80, 26 janv. 2017* (3) *; mod., Ord. n° 2020-7, 6 janv. 2020)*. – I. – Dans le cœur d'un parc national, sont applicables les règles suivantes :

1° En dehors des espaces urbanisés définis dans le décret de création de chaque parc, les travaux, à l'exception des travaux d'entretien normal et, pour les équipements d'intérêt général, de grosses réparations, les constructions et les installations sont interdits, sauf autorisation spéciale de l'établissement public du parc délivrée après avis de son conseil scientifique ou, sur délégation, du président de ce dernier ;

2° Dans les espaces urbanisés définis dans le décret de création de chaque parc, les travaux, à l'exception des travaux d'entretien normal et, pour les équipements d'intérêt général, de grosses réparations, les constructions et les installations sont soumis à l'autorisation spéciale de l'autorité administrative après avis de l'établissement public du parc ;

3° Lorsque ces travaux, constructions et installations sont soumis à une autorisation d'urbanisme, l'avis conforme des autorités mentionnées aux 1° et 2° tient lieu d'autorisation spéciale ;

4° La réglementation du parc et la charte prévues à l'article L. 331-2 peuvent comporter des règles particulières applicables aux travaux, constructions et installations.

Les règles prévues aux 1° à 4° valent servitude d'utilité publique et sont annexées aux plans locaux d'urbanisme dans les conditions prévues par l'article L. 153-60 du Code de l'urbanisme.

II. – Les travaux ou aménagements projetés en dehors du cœur du parc, sur le territoire des communes ayant vocation à adhérer au parc national déterminé en application du 2° de l'article L. 331-2, qui doivent être précédés d'une évaluation environnementale en application de l'article L. 122-1 ou qui sont soumis à une autorisation en application de l'article L. 214-1 ou de l'article L. 512-1 et qui sont de nature à affecter de façon notable le cœur ou les espaces maritimes du parc national, ne peuvent être autorisés ou approuvés que sur avis conforme de l'établissement public du parc émis après consultation de son conseil scientifique.

Cet avis n'est pas requis lorsque ces travaux et aménagements se rattachent à des travaux soumis à autorisation spéciale en application du I. Ces travaux et aménagements ne peuvent cependant être autorisés ou approuvés avant la délivrance de l'autorisation spéciale qui édicte, s'il y a lieu, les prescriptions qui leur sont applicables.

III. – Les dispositions du présent article ne s'appliquent pas aux travaux et installations réalisés en application de l'article L. 331-5, ni à ceux soumis à des règles de protection du secret de la défense nationale.

Autorisation de travaux. Préjudice réparable (non). Le manque à gagner découlant de la perte du produit de la vente d'électricité à la société ERDF, dû au refus de raccordement d'une microcentrale au réseau public de distribution d'électricité opposé par le préfet, revêt un caractère purement éventuel et ne peut, par suite, ouvrir droit à réparation si ces travaux, qui ne présentent

(1) Conditions d'application : V. L. n° 2006-436, 14 avr. 2006, art. 31.
Dispositions applicables à Mayotte et à Saint-Pierre-et-Miquelon, L. n° 2006-436, 14 avr. 2006, art. 30, I.
(2) Dispositions d'application : V. Ord. n° 2016-1058, 3 août 2016, art. 6.
(3) Dispositions d'application particulières et transitoires : V. Ord. n° 2017-80, 26 janv. 2017, art. 15.

pas le caractère de travaux d'entretien ou de réparation d'un équipement d'intérêt général, nécessitaient par leur nature une autorisation spéciale du parc national de la Vanoise, laquelle n'a pas été demandée (▪ CAA Lyon, 30 oct. 2018, n° 18LY01817). Refus d'autorisation d'exploitation d'un parc éolien après avis conforme défavorable du parc national dans lequel il est situé (▪ CAA Lyon, 1er févr. 2024, n° 22LY03417 : *BDEI* 2024, n° 111, note R. Pintus).

Art. L. 331-4-1 ***(Issu du remplacement de l'art. L. 331-4 ; L. n° 2006-436, 14 avr. 2006)*** (1). **– La réglementation du parc national et la charte prévues par l'article L. 331-2 peuvent, dans le cœur du parc :**

1° Fixer les conditions dans lesquelles les activités existantes peuvent être maintenues ;

2° Soumettre à un régime particulier et, le cas échéant, interdire la chasse et la pêche, les activités commerciales, l'extraction des matériaux non concessibles, l'utilisation des eaux, la circulation du public quel que soit le moyen emprunté, le survol du cœur du parc à une hauteur inférieure à 1 000 mètres du sol, toute action susceptible de nuire au développement naturel de la faune et de la flore et, plus généralement, d'altérer le caractère du parc national.

Elles réglementent en outre l'exercice des activités agricoles, pastorales ou forestières.

Les activités industrielles et minières sont interdites dans le cœur d'un parc national.

Bibliographie : O. Fuchs, *De la nature et de l'étendue des pouvoirs dont dispose le directeur d'un parc national en cœur de parc* : *Dr. env.* 2021, n° 306, p. 454 et s.

1) Notion d'activité commerciale. Une activité de production constitue une activité commerciale interdite par la Charte du parc national de la Vanoise (▪ CAA Lyon, 17 juin 2010, n° 08LY02344, *ONF*).

2) Réglementation de la chasse. Les dispositions générales de l'article L. 425-1 ne font pas obstacle à ce qu'en vertu des dispositions spéciales de l'article L. 331-4-1, la réglementation du parc national soumette, dans le cœur du parc, la chasse à un régime particulier, dérogeant aux règles énoncées dans le schéma départemental de gestion cynégétique (▪ CE, 29 oct. 2013, n° 360085, *Assoc. Les amis de la rade et des calanques* : *AJDA* 2013, 2184, note Poupeau ; *Environnement* 2014, n° 2, note Trouilly ; *Dr. env.* 2013, 414). Alors même que la chasse est interdite dans le parc national, les réserves de chasse constituées par les ACCA d'Etsaut et de Laruns font nécessairement partie de leur territoire de chasse ; le parc national des Pyrénées n'entre dans aucune des catégories de terrains sur lesquels une association communale de chasse ne peut être instituée et, par suite, une réserve de chasse constituée. Dès lors, même si la chasse est interdite sur tout le territoire du parc national en vertu de l'article 8 du décret du 23 mars 1967, le préfet a pu à bon droit instituer les réserves de chasse des ACCA d'Etsaut et de Laruns dans le parc national des Pyrénées- occidentales (▪ CAA Bordeaux, 31 janv. 2013, n° 11BX01067, *ACCA d'Etsaut et de Laruns*. – N. Normand, *Constitution d'une réserve de chasse dans un parc national* : *AJDA* 2013, n° 28, p. 1636-1639).

3) Mesures renforcées de préservation des espèces animales menacées. Capture et destruction des Loups. Les cœurs des parcs nationaux constituent des territoires dans lesquels peuvent être édictées, dans l'intérêt de la protection de l'environnement, des mesures renforcées de préservation des espèces animales menacées. Le moyen tiré de ce que les arrêtés attaqués (destruction de loups) créeraient, en prévoyant de telles mesures, une différence de traitement illégale entre les éleveurs selon le lieu d'implantation de leurs exploitations ne peut qu'être écarté. De même, il ne ressort pas des pièces du dossier que les arrêtés attaqués seraient susceptibles de compromettre l'activité d'élevage traditionnelle en Lozère (▪ CE, 11 févr. 2015, n° 370599, *Assoc. Collectif des éleveurs de la région des Causses, de la Lozère et leur environnement (CERCLE)* : *Dr. env.* 2015, 95). Le Conseil d'État a également validé l'arrêté du 30 juin 2015 fixant les conditions et les limites dans lesquelles des dérogations aux interdictions de destruction peuvent être accordées par les préfets concernant le loup : il estime qu'il résulte de l'article L. 411-2 du Code de l'environnement que des dérogations à l'interdiction de destruction des espèces protégées sont permises pour prévenir des dommages importants à l'élevage, sans exclure de cette faculté les territoires des parcs nationaux ; qu'il résulte en outre des articles L. 331-1 et suivants du Code de l'environnement que les parcs nationaux ont vocation à concilier, même au sein de leur cœur, la protection des espèces protégées avec les activités existantes et notamment l'agropastoralisme, qui participe au maintien de leur diversité faunistique et

(1) Conditions d'application : V. L. n° 2006-436, 14 avr. 2006, art. 31.
Dispositions applicables à Mayotte et à Saint-Pierre-et-Miquelon, L. n° 2006-436, 14 avr. 2006, art. 30, I.

floristique et de leurs paysages ; qu'enfin, en vertu de l'article L. 331-4-1 du Code de l'environnement, la chasse est interdite dans un cœur de parc sauf si sa réglementation et la charte du parc le prévoient. Il en résulte que si la destruction des loups est subordonnée à des conditions strictes dans les parcs nationaux et leurs cœurs, elle n'y est pas interdite par principe. En l'espèce, le Conseil d'État considère que l'arrêté du 30 juin 2015 organisant la régulation du loup prévoit expressément, en conformité avec les dispositions précitées, que les tirs de défense des troupeaux ne peuvent être réalisés que dans le cœur des parcs nationaux dont le décret portant création autorise la chasse ; que cette faculté est, en outre, strictement encadrée, dès lors que le conseil d'administration du parc doit se prononcer sur le principe et les conditions de mise en œuvre des tirs de défense et que, si le conseil d'administration s'est prononcé favorablement, le préfet doit autoriser le tir de défense après avis du directeur du parc ; que, par ailleurs, les dispositions de l'arrêté attaqué n'ont ni pour objet, ni pour effet d'écarter les dispositions du décret du 29 décembre 2009 pris pour l'adaptation de la délimitation et de la réglementation du Parc national des Cévennes aux dispositions du Code de l'environnement issues de la loi du 14 avril 2006, prévoyant une autorisation du directeur du parc ; qu'enfin, eu égard aux conditions qu'il pose, l'arrêté attaqué ne méconnaît pas les orientations de la Charte du Parc national des Cévennes, approuvé par décret du 8 novembre 2013 (■ CE, 18 déc. 2017, n° 393101).

Art. L. 331-4-2 *(L. n° 2006-436, 14 avr. 2006)* (1). **– La réglementation du parc national et la charte prévues par l'article L. 331-2 peuvent prévoir, par dérogation aux articles L. 331-4 et L. 331-4-1 et dans des conditions précisées par le décret prévu à l'article L. 331-7, des dispositions plus favorables au bénéfice des résidents permanents dans le cœur du parc, des personnes physiques ou morales exerçant une activité agricole, pastorale ou forestière de façon permanente ou saisonnière dans le cœur et des personnes physiques exerçant une activité professionnelle à la date de création du parc national dûment autorisée par l'établissement du parc national, afin de leur assurer, dans la mesure compatible avec les objectifs de protection du cœur du parc national, des conditions normales d'existence et de jouissance de leurs droits.**

Résidents permanents du parc. Droit de chasse. Des droits de chasse peuvent être accordés aux résidents permanents du parc dans des conditions précises n'entraînant aucune discrimination illégale (■ CE, ass., 1er juill. 1988, *Avesque : Rec. CE* 1988, p. 267 ; *AJDA* 1988, p. 605, chron. Azibert et Boisdeffre. ■ Cass. crim., 15 déc. 1985 : *JCP* 1988, II, 596.. ■ CE, 25 nov. 1987, *SARL « Les Frigants » : Rec. CE* 1987, p. 377).

Art. L. 331-5 *(Mod., L. n° 2006-436, 14 avr. 2006)* (1). **– Dans le cœur d'un parc national, il est fait obligation d'enfouissement des réseaux électriques ou téléphoniques ou, pour les lignes électriques d'une tension inférieure à 19 000 volts, d'utilisation de techniques de réseaux torsadés en façade d'habitation, lors de la création de lignes électriques nouvelles ou de réseaux téléphoniques nouveaux.**

Lorsque des nécessités techniques impératives ou des contraintes topographiques rendent l'enfouissement impossible, ou bien lorsque les impacts de cet enfouissement sont jugés supérieurs à ceux d'une pose de ligne aérienne, il peut être dérogé à titre exceptionnel à cette interdiction par arrêté conjoint du ministre chargé de l'énergie ou des télécommunications et du ministre chargé de l'environnement.

Voir : D. n° 2014-1273, 30 oct. 2014 (*JO* 1er nov. ; mod., D. n° 2017-81, 26 janv. 2017) : Le silence gardé par l'administration pendant quatre mois vaut décision de rejet de la demande d'autorisation exceptionnelle pour ligne électrique ou téléphonique aérienne dans les cœurs de parcs nationaux.

Art. L. 331-6 *(Anc. C. rur., art. L. 241-4 ; rempl., art. L. 331-6 et L. 331-6-1, L. n° 2006-436, 14 avr. 2006* (1) *; mod. à compter du 1er janvier 2016, Ord. n° 2015-1174, 23 sept. 2015).* **– À compter de la décision de l'autorité administrative prenant en considération la création d'un parc national dans les conditions fixées par le décret prévu à l'article L. 331-7, les travaux, constructions et installations projetés dans les espaces ayant vocation à figurer dans le cœur du parc national qui auraient pour effet de modifier** ***l'état des lieux ou l'aspect des espaces*** **en cause sont soumis à autorisation de l'autorité administrative, ou, s'ils sont soumis à une autorisation d'urbanisme, à l'avis conforme de cette autorité.**

(1) Conditions d'application : V. L. n° 2006-436, 14 avr. 2006, art. 31.
Dispositions applicables à Mayotte et à Saint-Pierre-et-Miquelon, L. n° 2006-436, 14 avr. 2006, art. 30, I.

Il peut être sursis à statuer sur les demandes d'autorisation dont ils font l'objet dans les conditions et délai prévus à l'article L. 424-1 du Code de l'urbanisme.

Art. L. 331-6-1 *(L. n° 2006-436, 14 avr. 2006)* (1). – Le périmètre du cœur du parc peut être matérialisé par des signaux, bornes et repères dont l'implantation constitue une servitude d'utilité publique.

Art. L. 331-7 *(Anc. C. rur., art. L. 241-2).* – Un décret en Conseil d'État détermine les modalités d'application du présent chapitre.

Voir : partie réglementaire, art. R. 331-1 et s., p. 2081.

Section II. – Aménagement et gestion

Art. L. 331-8 *(Rempl., L. n° 2006-436, 14 avr. 2006)* (1). – L'établissement public national créé par le décret en Conseil d'État prévu à l'article L. 331-2 assure la gestion et l'aménagement du parc national.

Cet établissement est administré par un conseil d'administration composé de représentants de l'État, de représentants des collectivités territoriales intéressées et de leurs groupements, d'un représentant du personnel de cet établissement ainsi que de membres choisis pour partie pour leur compétence nationale et pour l'autre partie pour leur compétence locale dans le domaine d'activité de l'établissement. Les membres choisis en fonction de leur compétence comprennent notamment des représentants des associations de protection de l'environnement, des propriétaires, des habitants et des exploitants, des professionnels et des usagers. Le nombre et le mode de désignation des membres du conseil sont fixés par le décret de création de l'établissement.

Les présidents de conseils régionaux et généraux intéressés ou leurs représentants, les maires des communes dont la surface de territoire comprise dans le cœur du parc national est supérieure à 10 % de la superficie totale du cœur de ce parc ainsi que le président du conseil scientifique de l'établissement public du parc national sont membres de droit du conseil d'administration.

Les administrateurs représentant les collectivités territoriales intéressées et leurs groupements, y compris les membres de droit, et les membres choisis pour leur compétence locale détiennent la moitié au moins des sièges du conseil d'administration.

Un président est élu au sein du conseil d'administration. Il anime et préside les travaux d'élaboration, de suivi et d'évaluation de la charte du parc national. Il représente, avec le directeur, l'établissement dans la mise en œuvre de la politique de communication, de partenariat et de relations internationales définie par le conseil d'administration.

La limite d'âge prévue à l'article 7 de la loi n° 84-834 du 13 septembre 1984 relative à la limite d'âge dans la fonction publique et le secteur public ne fait pas obstacle à ce que le président soit maintenu en fonction au-delà de cette limite, jusqu'au terme de son mandat.

Le directeur de l'établissement public est nommé par arrêté du ministre chargé de la protection de la nature sur la base d'une liste de trois noms arrêtée par un comité de sélection paritaire présidé par le président du conseil d'administration et soumise pour avis à ce conseil.

Des agents de la fonction publique territoriale peuvent être mis à disposition de l'établissement public du parc national.

Pour préparer ses décisions, l'établissement public du parc national peut s'appuyer sur les expertises de son conseil scientifique et les débats organisés au sein de son conseil économique, social et culturel.

Pouvoir propre du directeur. Limites. Est déclarée irrégulière la décision par laquelle le directeur avait autorisé, à l'intérieur d'un parc national, la mise en place d'une aire de stationnement et la construction d'un centre destiné à abriter un restaurant et trois commerces (■ CE, 4 avr. 1990, *SIVOM du canton d'Accous et a. : RD rur.* 1990, p. 402). En revanche, le décret créant un parc peut attribuer au directeur le pouvoir de réglementer certaines activités (utilisation de produits toxiques, bivouac, circulation et stationnement des personnes et des animaux domestiques, réglementations des activités sportives et touristiques) ou de délivrer certaines autorisations (par

(1) Conditions d'application : V. L. n° 2006-436, 14 avr. 2006, art. 31.
Dispositions applicables à Mayotte et à Saint-Pierre-et-Miquelon, L. n° 2006-436, 14 avr. 2006, art. 30, I.

exemple : utilisation à des fins commerciales ou publicitaires de toute dénomination susceptible d'évoquer le parc, introduction d'animaux non domestiques ou d'espèces végétales, destruction, détention, transport ou vente de ces animaux ou espèces, prélèvement de minéraux ou de fossiles, campement, circulation et stationnement de véhicules, survol du parc à une hauteur inférieure à 1 000 mètres, parachutage et largage aérien) (■ CE, 20 nov. 1981, *Assoc. protection de la Vallée d'Ubaye* : *Rec. CE* 1981, p. 429 ; *RDP* 1982, p. 473, concl. Genevois ; *Rev. jur. env.* 3/1982, p. 189, note Constantin ; *AJDA* 1982, p. 92 et chron. Tiberghien et Lasserre).

Art. L. 331-8-1 *(L. n° 2016-1087, 8 août 2016 ; mod. à compter du 1er janvier 2020, L. n° 2019-773, 24 juill. 2019)*. **– Tout établissement public d'un parc national est rattaché à l'Office français de la biodiversité, au sens de l'article L. 131-1.**

Voir : D. n° 2017-65, 24 janv. 2017, relatif au rattachement des parcs nationaux à l'Agence française pour la biodiversité. L. n° 2019-773, 24 juill. 2019, portant création de l'Office français de la biodiversité, modifiant les missions des fédérations des chasseurs et renforçant la police de l'environnement. art. L. 131-8 et s., p. 181.

Art. L. 331-9 *(Anc. C. rur., art. L. 241-6 ; rempl., L. n° 2006-436, 14 avr. 2006)* (1). **– L'établissement public du parc national peut, dans le cœur du parc, prescrire l'exécution de travaux ou ordonner les mesures permettant de restaurer des écosystèmes dégradés ou prévenir une évolution préjudiciable des milieux naturels. Les propriétaires ou exploitants des terrains ou des ouvrages concernés ne peuvent s'opposer à ces travaux, qui ne sont pas mis à leur charge.**

Pour l'accomplissement de ses missions, l'établissement public peut participer à des programmes de recherche, de formation, d'accueil et de sensibilisation du public à l'environnement.

Il peut être chargé par l'État de la mise en œuvre de toute action en rapport avec ses missions statutaires, y compris en dehors du parc.

Il peut apporter aux collectivités territoriales et à leurs groupements un appui technique en matière de préservation des espaces naturels et pour la réalisation d'aménagements concernant le patrimoine naturel, culturel et paysager, dans les conditions prévues par le Code des marchés publics.

Il peut attribuer des subventions destinées au financement de projets concourant à la mise en œuvre de la charte du parc.

Il peut engager avec l'organe de gestion d'un espace protégé frontalier des actions communes dans le cadre des politiques nationales et communautaires entrant dans leur champ respectif de compétences et, le cas échéant, créer les outils de gestion concourant à la mise en œuvre de leurs missions communes.

Sous réserve de l'autorisation préalable du ministre chargé de la protection de la nature, il peut en outre souscrire à des accords de jumelage international avec des organes étrangers de gestion d'espaces protégés.

Art. L. 331-9-1 *(L. n° 2006-436, 14 avr. 2006 ; mod., Ord. n° 2012-92, 26 janv. 2012)* (1). **– Lorsque des forêts, bois et terrains mentionnés aux articles L. 211-1 et L. 211-2 du nouveau Code forestier sont compris dans un parc national, l'établissement public du parc national est chargé d'assurer la mission de conseil scientifique auprès de l'Office national des forêts. Cette mission comprend l'organisation de la collecte, du traitement et de la restitution des données d'inventaire du patrimoine naturel, culturel et paysager, notamment celles qui seraient nécessaires à l'élaboration des aménagements forestiers.**

Pour la mise en œuvre de l'article L. 331-9, l'établissement public du parc national peut déléguer à l'Office national des forêts, dans les conditions prévues par l'article 41 de la loi n° 93-122 du 29 janvier 1993 relative à la prévention de la corruption et à la transparence de la vie économique et des procédures publiques :

– tout ou partie de la maîtrise d'ouvrage des travaux et équipements relatifs à la conservation de la diversité biologique et à la gestion du patrimoine naturel dans les forêts, bois et terrains du domaine privé de l'État ou dont l'État a l'usufruit, sans préjudice des compétences propres de l'Office national des forêts dans la mise en œuvre du régime forestier et dans la prévention des risques naturels ;

– tout ou partie de la mise en œuvre des actions relatives à l'accueil, à l'information et à la sensibilisation du public intéressant principalement les forêts, bois et terrains visés à l'article L. 111-1 du Code forestier.

Des conventions précisent les conditions de mise en œuvre du présent article.

(1) Conditions d'application : V. L. n° 2006-436, 14 avr. 2006, art. 31.
Dispositions applicables à Mayotte et à Saint-Pierre-et-Miquelon, L. n° 2006-436, 14 avr. 2006, art. 30, I.

Art. L. 331-10 *(Anc. C. rur., art. L. 241-7 ; rempl., L. n° 2006-436, 14 avr. 2006)* (1). – **Le directeur de l'établissement public du parc national exerce, dans le cœur du parc, les compétences attribuées au maire pour :**

1° La police de la circulation et du stationnement prévue aux articles L. 2213-1 à L. 2213-6 du Code général des collectivités territoriales, hors agglomération ;

2° La police des chemins ruraux prévue à l'article L. 161-5 du Code rural et de la pêche maritime ;

3° La police des cours d'eau prévue à l'article L. 215-12 du présent code ;

4° La police de destruction des animaux *(Mots rempl., L. n° 2016-1087, 8 août 2016)* **« d'espèces non domestiques » prévue aux articles L. 427-4 et L. 427-7 ;**

5° La police des chiens et chats errants prévue à l'article L. 211-22 du Code rural et de la pêche maritime.

Sauf cas d'urgence, les actes réglementaires du directeur pris en application des précédents alinéas doivent avoir été transmis pour avis huit jours au moins avant leur date d'entrée en vigueur aux maires des communes intéressées.

Les permis de stationnement ou de dépôt temporaire et les permissions de voirie prévus respectivement aux articles L. 2213-6 et L. 2215-5 du Code général des collectivités territoriales, s'ils concernent le cœur du parc, ne peuvent être délivrés par le maire qu'avec l'accord de l'établissement public du parc national.

Lorsque le cœur du parc est situé sur le territoire d'une commune de plus de cinq cent mille habitants, pour des raisons de sécurité et de gestion globale de la fréquentation, les attributions liées à la circulation, au stationnement et à la voirie ne sont pas transférées.

1) Fonctions du directeur. Le directeur du parc assure l'application des règles de protection de l'environnement dans le parc, il règlemente les activités, autorise les travaux, accorde les dérogations V. par ex. ■ CE, 29 janv. 1982, n° 20572, *Les amis de la Terre*.

2) Responsabilité du directeur. La responsabilité de l'établissement public Parc national, lequel était en charge de la police de la circulation sur le sentier litigieux, doit être appréciée au regard des risques inhérents à la circulation dans des espaces naturels ayant fait l'objet d'aménagements limités dans le but de conservation des milieux, et compte tenu des mesures d'information prises, dans le cadre de la police de la circulation, par les autorités chargées d'assurer la sécurité publique (■ TA Nice, 31 déc. 2019, n° 1701312) (V. ss art. L. 365-1, p. 685).

Art. L. 331-11 *(Mod. à compter du 1er janvier 2022, Ord. n° 2021-1843, 22 déc. 2021)*. – **Les ressources de l'organisme chargé d'un parc national sont constituées notamment par des participations de l'État et, éventuellement, des collectivités publiques, par toutes subventions publiques et privées et, s'il y a lieu, par des redevances.**

Est, le cas échéant, affecté à cet organisme le produit de la taxe sur l'embarquement maritime de passagers à destination d'espaces naturels protégés mentionnée à l'article L. 423-47 du Code des impositions sur les biens et services, à hauteur de la fraction perçue sur les embarquements à destination du parc national.

Art. L. 331-12 *(Abr., L. n° 2006-436, 14 avr. 2006)* (1).

Art. L. 331-13 *(Anc. C. rur., art. L. 241-9-1 ; mod., L. n° 2006-436, 14 avr. 2006* (1) *; mod. à compter du 1er janvier 2016, Ord. n° 2015-1174, 23 sept. 2015)*. – **Pour la mise en œuvre du droit de préemption prévu aux articles L. 215-6 et L. 215-8 du Code de l'urbanisme, l'établissement public du parc national peut bénéficier du concours technique de la société d'aménagement foncier et d'établissement rural compétente, dans les conditions prévues à l'article L. 141-5 du Code rural et de la pêche maritime.**

L'établissement public du parc national peut être affectataire, à titre gratuit, d'immeubles dépendant des domaines public ou privé de l'État et des collectivités territoriales, ou appartenant à leurs établissements publics.

Il est substitué à l'État et aux collectivités territoriales dans la gestion des immeubles que ceux-ci lui affectent. Il passe toutes conventions les concernant, perçoit à son profit tous leurs produits et supporte les charges y afférentes, de quelque nature qu'elles soient. Ces dispositions sont applicables aux immeubles domaniaux remis à l'établissement à titre de dotation.

Voir : partie réglementaire, art. R. 331-13 et s., p. 2085.

(1) Conditions d'application : V. L. n° 2006-436, 14 avr. 2006, art. 31.
Dispositions applicables à Mayotte et à Saint-Pierre-et-Miquelon, L. n° 2006-436, 14 avr. 2006, art. 30, I.

Section III. – Dispositions particulières

(Sect. rempl., L. n° 2006-436, 14 avr. 2006) (1)

Sous-section 1. – Dispositions particulières aux espaces maritimes des parcs nationaux

Art. L. 331-14 *(Anc. C. rur., art. L. 241-13 ; Transféré et rempl., L. n° 2006-436, 14 avr. 2006* (1) *; mod., L. n° 2006-1772, 30 déc. 2006)* (2). **– I. – Dans les espaces maritimes compris dans le cœur d'un parc national, les travaux et installations sont interdits, sauf autorisation spéciale de l'établissement public du parc, à l'exception de la pose de câbles sous-marins et des travaux nécessités par les impératifs de la défense nationale.**

II. – L'établissement public du parc national peut proposer aux autorités administratives compétentes de soumettre à un régime particulier la pêche, la circulation en mer et la gestion du domaine public maritime dans le cœur du parc national, dans le respect du droit communautaire et du droit international.

Le décret en Conseil d'État prévu à l'article L. 331-2 peut transférer à l'établissement public du parc national, pour la préservation des espaces maritimes compris dans le cœur du parc et dans la mesure nécessaire à celle-ci, les compétences attribuées au maire pour la police des activités nautiques prévue à l'article L. 2213-23 du Code général des collectivités territoriales.

Sauf cas d'urgence, les actes réglementaires du directeur pris en application du précédent alinéa doivent avoir été transmis pour avis huit jours au moins avant leur date d'entrée en vigueur aux maires des communes intéressées.

III. – Lorsqu'une activité est susceptible d'altérer de façon notable le milieu marin compris dans le cœur d'un parc national, l'autorisation à laquelle elle est soumise ne peut être délivrée que sur avis conforme de l'établissement public du parc national pris après consultation de son conseil scientifique. Cette procédure n'est pas applicable aux activités répondant aux besoins de la défense nationale, de l'ordre public, de la sécurité maritime et de la lutte contre la pollution.

Sous-section 2. – Dispositions particulières aux départements d'outre-mer

Voir : Parc national de La Réunion : D. n° 2007-296, 5 mars 2007 (*JO* 6 mars).

Bibliographie : A. Fontaine, *Approbation de la charte du parc national de la Réunion : un pas de plus vers la construction de l'ordre public écologique réunionnais : Rev. jur. env.* 2014, n° 3, p. 477-487. • L. Peyen, *De l'esprit des lois à l'esprit des lieux : la Charte du parc national de La Réunion, un véritable projet pour le milieu : Dr. env.* 2014, n° 221, p. 114-117. • E. Naim-Gesbert, *Parc national de la Réunion, un facteur de nouvelles solidarités territoriales : AJDA* 2007, p. 1226. • E. Naim-Gesbert, *Le projet de parc national de la Réunion, parc de seconde génération ? : Rev. jur. pol.* 2006, p. 103. • S. Mabile, *Régime des parcs nationaux, dispositions spécifiques à l'outre-mer : Dr. env.* 2006, p. 386.

Art. L. 331-15 *(Anc. C. rur., art. L. 241-10 ; rempl., L. n° 2006-436, 14 avr. 2006* (1)*; mod., L. n° 2010-788, 12 juill. 2010 ; Ord. n° 2012-92, 26 janv. 2012 ; Ord. n° 2017-80, 26 janv. 2017)*. **– I. – Lorsque le cœur du parc national représente plus du quart de la surface totale du département, l'autorisation spéciale prévue à l'article L. 331-4 peut notamment être accordée pour :**

1° Les constructions et installations indispensables à l'approvisionnement en eau et en énergie géothermique, ainsi que des installations ou constructions légères à usage touristique ;

2° Des activités, travaux, constructions ou installations d'intérêt général, lorsque des contraintes techniques ou topographiques rendent techniquement ou financièrement inacceptable une autre localisation, dans des conditions précisées par le décret prévu par l'article L. 331-7.

II. – La charte du parc national doit être compatible avec le schéma d'aménagement régional. Toutefois, lorsque le schéma d'aménagement régional est mis en révision avant l'approbation de la charte, celle-ci doit prendre en compte le projet de révision. La charte doit être rendue compatible avec le schéma dans un délai de trois ans à compter de l'approbation de celui-ci. Un décret en Conseil d'État précise les modalités d'application du présent alinéa.

Le conseil d'administration de l'établissement public du parc national procède à une analyse des résultats de l'application de la charte précédente et délibère sur l'opportunité de sa révision douze ans au plus après son

(1) Conditions d'application : V. L. n° 2006-436, 14 avr. 2006, art. 31.
Dispositions applicables à Mayotte et à Saint-Pierre-et-Miquelon, L. n° 2006-436, 14 avr. 2006, art. 30, I.
(2) Dispositions applicables à Mayotte, L. n° 2006-1772, 30 déc. 2006, art. 98, IV, 1.

approbation, sa précédente révision ou la dernière décision de ne pas la réviser, ou sur demande du conseil régional pour mise en compatibilité avec le schéma d'aménagement régional révisé. La révision de la charte est soumise aux mêmes règles que son élaboration.

Lors de leur élaboration ou de leur révision, les documents d'aménagement forestier sont soumis pour avis conforme à l'établissement public du parc national en tant qu'ils s'appliquent aux espaces d'un cœur de parc composé à plus de 60 % des forêts, bois et terrains visés aux articles L. 211-1 et L. 211-2 du nouveau Code forestier.

III. – Sauf mention contraire dans la charte du parc national :

1° L'obligation de compatibilité faite aux documents mentionnés au III de l'article L. 331-3 est limitée aux objectifs de protection définis par la charte pour le cœur du parc national ;

2° *(Rempl. à compter du 1er mars 2017, Ord. n° 2017-80, 26 janv. 2017)* (1) L'obligation d'avis conforme de l'établissement public du parc national faite aux travaux ou aménagements mentionnés au II de l'article L. 331-4 est remplacée par un avis simple.

IV. – L'établissement public du parc national peut être également chargé de la mise en œuvre de toute action en rapport avec ses missions statutaires, y compris en dehors du parc national, par les collectivités territoriales.

Sous-section 3. – Parc amazonien en Guyane

(Ss-sect. créée, L. n° 2006-436, 14 avr. 2006) (2)

Voir : parc amazonien de Guyane : D. n° 2007-266, 27 févr. 2007 (*JO* 28 févr.) ; *Rev. jur. env.* 2/2008, p. 135 à 155, étude J. Untermaier.

Bibliographie : T. Aoustin, *Le parc amazonien de Guyane : un colosse aux pieds d'argile* : *Rev. jur. env.* 2020, n° 4, p. 673. • F. Bondil, *Le parc amazonien de Guyane et l'exploitation des ressources naturelles. Réflexions juridiques à la lumière de la première charte de parc* : *Rev. jur. env.* 2014, 615.

Art. L. 331-15-1 *(L. n° 2006-436, 14 avr. 2006)* (2). – Les dispositions générales relatives aux parcs nationaux et celles particulières aux départements d'outre-mer sont applicables au parc amazonien en Guyane sous réserve des dispositions dérogatoires qui suivent.

Art. L. 331-15-2 *(L. n° 2006-436, 14 avr. 2006)* (2). – Les travaux, à l'exception des travaux d'entretien normal et, pour les équipements d'intérêt général, de grosses réparations, sont interdits dans le ou les cœurs du parc national, sauf autorisation spéciale de l'établissement public du parc national délivrée après avis de son conseil scientifique et du comité de vie locale ou, sur délégation, de leur président.

Cette autorisation spéciale peut notamment être accordée pour des installations ou constructions légères à usage touristique, ainsi que pour des activités, travaux, constructions ou installations d'intérêt général, lorsque des contraintes techniques ou topographiques rendent techniquement ou financièrement inacceptable une autre localisation, dans les conditions précisées par le décret prévu par l'article L. 331-7.

Sur les activités possibles dans l'aire d'adhésion du parc amazonien en Guyane : V. ▪ CAA Bordeaux, 24 janv. 2012, n° 10BX00243, *Min. de l'Écologie, de l'Énergie, du Développement durable et de la Mer.*

Art. L. 331-15-3 *(L. n° 2006-436, 14 avr. 2006)* (2). – Sans préjudice de la réalisation des objectifs de protection du cœur du parc, et compte tenu notamment des particularités de la Guyane, la réglementation mentionnée à l'article L. 331-4-1 et la charte peuvent prévoir des dispositions plus favorables au bénéfice :

1° Des communautés d'habitants qui tirent traditionnellement leurs moyens de subsistance de la forêt, pour lesquelles des droits d'usage collectif sont reconnus pour la pratique de la chasse, de la pêche et de toute activité nécessaire à leur subsistance ;

2° Des résidents permanents dans le ou les cœurs du parc ;

3° Des personnes physiques ou morales résidant dans le parc et exerçant une activité agricole, pastorale ou forestière de façon permanente dans le ou les cœurs du parc ou prélevant, à titre occasionnel, leurs moyens de subsistance personnels dans ces espaces.

(1) Dispositions d'application particulières et transitoires : V. Ord. n° 2017-80, 26 janv. 2017, art. 15.
(2) Conditions d'application : V. L. n° 2006-436, 14 avr. 2006, art. 31.

Art. L. 331-15-4 *(L. n° 2006-436, 14 avr. 2006* (1) *; mod. à compter de la date prévue au 1° de l'article 21 de la loi n° 2011-884 du 27 juillet 2011, L. n° 2011-884, 27 juill. 2011).* **– Le président de l'assemblée de Guyane ou son représentant, les maires des communes et les présidents des groupements de communes concernés ainsi que le président du conseil scientifique de l'établissement public du parc sont membres de droit du conseil d'administration de l'établissement public du parc national.**

Les autorités coutumières sont représentées au sein de ce conseil.

Pour préparer ses décisions, l'établissement public du parc national peut s'appuyer sur les expertises de son conseil scientifique et les débats organisés au sein de son comité de vie locale.

Art. L. 331-15-5 *(L. n° 2006-436, 14 avr. 2006)* (1). **– L'établissement public du parc national a pour mission de préserver, gérer, mettre en valeur et assurer un rayonnement national et international de la diversité biologique de la Guyane, de contribuer au développement des communautés d'habitants qui tirent traditionnellement leurs moyens de subsistance de la forêt, en prenant en compte leur mode de vie traditionnel et de participer à un ensemble de réalisations et d'améliorations d'ordre social, économique et culturel dans le cadre du projet de développement durable défini par la charte du parc national.**

Art. L. 331-15-6 *(Abr. à compter de la date prévue à l'article 44 de la loi n° 2016-1087 et au plus tard le 1er janvier 2018, L. n° 2016-1087, 8 août 2016).*

Le nouveau régime national d'APA (Accès et Partage des Avantages) s'est substitué à l'ancien régime prévu à l'article L. 331-15-6 pour le seul territoire du Parc amazonien de Guyane.

Voir : Livre IV, chapitre II, section 3, art. L. 412-3 et s., p. 727.

Bibliographie : Tulpain et Hermite, *in Cans et Cizel, La loi Biodiversité, ce qui change en pratique : Éditions législatives 2017.*

Art. L. 331-15-7 *(L. n° 2006-436, 14 avr. 2006)* (1). **– Le territoire d'une commune peut être classé pour partie dans l'un des espaces mentionnés à l'article L. 331-2 et pour une autre partie en parc naturel régional.**

Section IV. – Réserves intégrales

Art. L. 331-16 *(Mod., L. n° 2006-436, 14 avr. 2006)* (2). **– Des zones dites « réserves intégrales » peuvent être instituées dans le cœur d'un parc national afin d'assurer, dans un but scientifique, une protection plus grande de certains éléments de la faune et de la flore.**

Des sujétions particulières peuvent être édictées par le décret qui les institue.

Les réserves intégrales sont établies en tenant compte de l'occupation humaine et de ses caractères.

Voir : partie réglementaire, art. R. 331-52 et s., p. 2096. – D. n° 95-705, 9 mai 1995 (*JO* 11 mai) : réserve intégrale du Lauvitel, Parc national des Écrins, et D. n° 2007-757, 9 mai 2007 (*JO* 10 mai) : réserve intégrale des îlots de Port-Cros, Parc national de Port-Cros.

Section V. – Indemnités

Art. L. 331-17 *(Anc. C. rur., art. L. 241-12 ; mod., L. n° 2006-436, 14 avr. 2006)* (2). **– Les contestations relatives aux indemnités éventuellement dues aux intéressés et incombant soit [à] l'établissement public du parc national, soit à l'État dans les conditions fixées par décret en Conseil d'État, sont réglées comme en matière d'expropriation pour cause d'utilité publique.**

Voir : partie réglementaire, art. R. 331-56 et s., p. 2097.

1) Détermination du juge compétent. Les indemnisations dues pour la réparation des sujétions imposées par la limitation des activités prévues par le décret de création du parc relèvent du juge de l'expropriation. En revanche, les demandes de réparation liées aux dégâts provoqués par la faune sauvage dans le parc, fondées sur une faute imputée à l'établissement public à l'occasion de la gestion du

(1) Conditions d'application : V. L. n° 2006-436, 14 avr. 2006, art. 31.
(2) Conditions d'application : V. L. n° 2006-436, 14 avr. 2006, art. 31.
Dispositions applicables à Mayotte et à Saint-Pierre-et-Miquelon, L. n° 2006-436, 14 avr. 2006, art. 30, I.

parc, sont de la compétence de la juridiction administrative (▪ CAA Marseille, 13 sept. 2004, n° 99MA01772, *Parc national des Cévennes*, confirmé par ▪ T. confl., 30 juin 2008, n° 3658, *Parc national des Cévennes c/ M. Fagès : AJDA* 2008, p. 1972, sur renvoi de ▪ CE, 4 juin 2007, n° 274061, *Parc national des Cévennes c/ M. Fagès*). Le litige a donc été tranché au fond par le Conseil d'État, qui a jugé que la responsabilité d'un parc national peut être engagée en raison des fautes commises dans l'exercice de son pouvoir de proposition en matière de chasse (▪ CE, 26 nov. 2008, n° 274061, *Parc national des Cévennes : Environnement* 2009, n° 1, comm. 1, P. Trouilly).

2) Indemnisation. Préjudice susceptible d'être pris en considération. Interdiction de lotir. Le préjudice susceptible d'être pris en considération est le préjudice résultant de l'interdiction de lotir opposée par l'établissement public au propriétaire d'un domaine qui a été inclus dans le périmètre du parc après que l'autorisation du lotissement ait été délivrée par arrêté préfectoral ; premiers travaux entrepris dans le délai de péremption de deux ans de l'autorisation de réaliser les travaux, préjudice indemnisable (▪ Cass. 3e civ., 12 mai 1975, n° 74-70.336 : *JurisData* n° 1975-098166 ; *Bull. civ.* III, p. 127).

3) Perte du droit de chasse. La perte du droit de chasse, attribut du droit de propriété, lorsqu'elle constitue un préjudice certain en lien de causalité direct avec la création d'une zone interdite à la chasse par un parc national, est indemnisable en application des articles R. 241-56 et suivants du Code rural (▪ CA Nîmes, 19 mars 2001, *PN des Cévennes c/ Groupement forestier du bois d'Altefage : JurisData* n° 2001-164674, confirmé par ▪ Cass. 3e civ., 4 déc. 2002 : *JurisData* n° 2002-016626).

4) Institution d'une zone interdite à la chasse. Dégâts occasionnés par les cervidés. Préjudice indemnisable. Dans une affaire qui opposait les mêmes parties que celles évoquées dans la note précédente (V. C. env., art. L. 331-17, annot. n° 3), la Cour de cassation a confirmé la condamnation du Parc national des Cévennes à indemniser les propriétaires de parcelles incluses dans une zone interdite à la chasse, du fait des dégâts causés par les cervidés (▪ Cass. 3e civ., 1er déc. 2009, n° 09-20.826, *Parc national des Cévennes*).

5) Évaluation des dommages. Ne donne pas de base légale à sa décision, au regard de la loi des 16-24 août 1790, la cour d'appel qui pour retenir la compétence du juge de l'expropriation, pour statuer sur les demandes en réparation des dégâts causés par le gibier aux plantations forestières, retient que ces dommages doivent être indemnisés à l'égard de règles spéciales fixées par les articles L. 241-12 devenu l'article L. 331-17 du Code de l'environnement et R. 241-56 à R. 241-60 du Code rural, sans constater que les dommages allégués étaient la conséquence directe de l'institution de la zone interdite à la chasse (▪ Cass. 3e civ., 4 déc. 2002 : *Groupement forestier du bois d'Altefage c/ Mouchet de Battefort de Laubespin : JurisData* n° 2002-016626).

Section VI. – Comité interministériel des parcs nationaux

Néant.

Section VII. – Dispositions pénales

Bibliographie : D. Guihal, *Droit répressif de l'environnement*, Économica, 5e éd., 2021. • S. Caudal, *Actualités des contraventions de grande voirie en matière de protection de l'environnement*, in *Mél. J. Morand-Deviller*, Montchrestien, 2007, 735.

Sous-section 1. – Constatation des infractions et poursuites

Art. L. 331-18 ***(Anc. C. rur., art. L. 241-14 ; rempl., L. n° 2006-436, 14 avr. 2006*** (1) ***; mod. à compter du 1er juillet 2013, Ord. n° 2012-34, 11 janv. 2012 ; mod., L. n° 2016-925, 7 juill. 2016)*** (2). **– I. – Sont recherchées et constatées par les inspecteurs de l'environnement mentionnés à l'article L. 172-1 :**

1° Les infractions aux dispositions prévues pour la protection du cœur et des réserves intégrales des parcs nationaux ;

(1) Conditions d'application : V. L. n° 2006-436, 14 avr. 2006, art. 31.
Dispositions applicables à Mayotte et à Saint-Pierre-et-Miquelon, L. n° 2006-436, 14 avr. 2006, art. 30, I.
(2) Pour l'application de la loi n° 2016-925 du 7 juillet 2016 à Saint-Barthélemy, les références au Code de l'environnement sont remplacées par les références prévues par le Code de l'environnement applicable localement, L. n° 2016-925, 7 juill. 2016, art. 119, III.

2° Les infractions commises, dans les parcs nationaux et sur le territoire des communes ayant vocation à en faire partie, délimité par le décret de création du parc national, en matière de protection de la faune et de la flore, de réserves naturelles, de sites, de forêts, de chasse, de pêche en eau douce, de bruit, d'air, de déchets, d'eau, de publicité, de circulation des véhicules dans les espaces naturels et d'accès et de respect des espaces gérés par le Conservatoire de l'espace littoral et des rivages lacustres, prévues par le présent code, le Code forestier et le Code pénal ;

3° Les infractions commises dans le cœur des parcs nationaux en matière de fouilles et sondages et de protection des immeubles, prévues aux articles L. 544-1 à L. 544-4 et L. 641-1 à L. 641-4 du Code du patrimoine.

II. – Ces agents suivent les choses enlevées dans les lieux où elles ont été transportées et les mettent sous séquestre.

Ils ne peuvent cependant pénétrer dans les maisons, ateliers, bâtiments, cours adjacentes et enclos qu'en présence d'un officier de police judiciaire qui ne peut refuser de les accompagner et qui signe le procès-verbal de l'opération à laquelle il a assisté.

Constitution de partie civile d'un parc national. Est recevable la constitution de partie civile d'un parc national d'une demande en réparation du préjudice consécutif à un acte de chasse irrégulier (■ Cass. crim., 8 mars 1995, *Établissement public du Parc national de la Vanoise : RD rur.* 1995, p. 355). Un agent ayant constaté par procès-verbal que deux chiens poursuivaient un chamois à l'intérieur des limites de la zone centrale d'un parc national, leur propriétaire a été poursuivi pour avoir contrevenu aux dispositions interdisant la divagation des chiens, infraction punie par l'article R. 228-5 du Code rural. La contravention retenue causant un préjudice personnel aux intérêts que le parc national, personne morale de droit public, a pour mission légale de préserver (CPP, art. 2 et 3), celui-ci est admis à se constituer partie civile pour demander réparation du préjudice moral que lui cause une infraction commise sur son territoire (■ Cass crim., 7 avr. 1999, n° 98-80.067 : *JurisData* n° 1999-001677 ; *Bull. crim.* 1999, n° 69 ; *Dr. pén.* 1999, comm. 101, note J.-H. Robert). – V. également par comparaison, jurisprudence citée, sous art. L. 331-3, p. 605.

Art. L. 331-19 *(Anc. C. rur., art. L. 241-15 ; mod., L. n° 2008-757, 1er août 2008* (1) *; L. n° 2010-874, 27 juill. 2010 ; mod. à compter du 1er juillet 2013, Ord. n° 2012-34, 11 janv. 2012).* – I. – Les inspecteurs de l'environnement mentionnés à l'article L. 172-1, affectés dans les parcs nationaux, sont habilités à constater dans la zone maritime des parcs nationaux et des réserves naturelles confiées en gestion aux organismes chargés de ces parcs les infractions aux réglementations intéressant la protection de cette zone.

II. – Ils sont aussi habilités à rechercher et à constater dans cette zone maritime :

1° Les infractions à la police des eaux et rades définies aux articles L. 5242-1 et L. 5242-2 du Code des transports ;

2° Les infractions à la police des rejets définies aux articles L. 218-11 à L. 218-19 et L. 218-73 du présent code ;

3° Les infractions à la police de la signalisation maritime définies aux articles L. 5336 15 et L. 5336-16 du Code des transports ;

4° Les infractions à la police des biens culturels maritimes définies aux articles L. 544-5 à L. 544-7 du Code du patrimoine ;

5° Les infractions définies prévues et réprimées par le livre IX du Code rural et de la pêche maritime.

III. – En tant qu'agents chargés de la police des pêches, ils disposent pour effectuer les contrôles des prérogatives prévues aux articles L. 942-5, L. 942-6 et L. 943-1 du Code rural et de la pêche maritime.

Art. L. 331-19-1 *(L. n° 2006-436, 14 avr. 2006)* (2). – Sans préjudice des sanctions pénales encourues, toute atteinte à l'intégrité et à la conservation du domaine public inclus dans le périmètre d'un parc national, ou de nature à compromettre son usage, constitue une contravention de grande voirie constatée, réprimée et poursuivie par voie administrative.

(1) Dispositions applicables en Polynésie française, dans les îles Wallis-et-Futuna, en Nouvelle-Calédonie et dans les Terres australes et antarctiques françaises, L. n° 2008-757, 1er août 2008, art. 6, III.

(2) Conditions d'application : V. L. n° 2006-436, 14 avr. 2006, art. 31.

Dispositions applicables à Mayotte et à Saint-Pierre-et-Miquelon, L. n° 2006-436, 14 avr. 2006, art. 30, I.

Elle est constatée par les agents visés à l'article L. 331-19, sans préjudice des compétences des officiers et agents de police judiciaire et des autres agents spécialement habilités.

Les personnes condamnées sont tenues de réparer ces atteintes et encourent les amendes prévues pour les contraventions de cinquième classe et les cas de récidive. Elles supportent les frais des mesures provisoires et urgentes que l'établissement public du parc national a pu être amené à prendre pour faire cesser le trouble apporté au domaine public par les infractions constatées.

Le directeur de l'établissement public a compétence pour saisir le tribunal administratif, dans les conditions et suivant les procédures prévues par le Code de justice administrative.

Art. L. 331-20. – Les agents habilités à constater les infractions en matière forestière, de chasse et de pêche ont qualité pour constater les infractions spécialement définies pour la protection des parcs nationaux.

Art. L. 331-21 *(Abr. à compter du 1er juillet 2013, Ord. n° 2012-34, 11 janv. 2012).*

Bibliographie : D. Guihal, *op. cit.*, nos 2575 à 2576.

Art. L. 331-22 et L. 331-23 (1) *(Abr. à compter du 1er juillet 2013, Ord. n° 2012-34, 11 janv. 2012).*

Art. L. 331-24 *(Anc. C. rur., art. L. 241-21 ; rempl., L. n° 2006-436, 14 avr. 2006 ; mod. à compter du 1er juillet 2013, Ord. n° 2012-34, 11 janv. 2012)* (1). – I. – Les personnes qui se trouvent à l'intérieur du cœur ou d'une réserve intégrale d'un parc national ou qui en sortent sont tenues d'ouvrir leurs sacs, carniers ou poches à gibier à toute réquisition des agents mentionnés à l'article L. 172-1.

II *(Abr.).*

Les frais de transport, d'entretien et de garde des objets saisis sont supportés par l'auteur de l'infraction. Le jugement de condamnation peut prononcer la confiscation de l'objet de l'infraction ainsi que des instruments et véhicules ayant servi à la commettre.

Art. L. 331-25 *(Anc. C. rur., art. L. 241-20 ; rempl., L. n° 2006-436, 14 avr. 2006* (1)*; mod., L. n° 2006-1772, 30 déc. 2006* (2)*; L. n° 2011-1862, 13 déc. 2011* (3)*; abr. à compter du 1er juillet 2013, Ord. n° 2012-34, 11 janv. 2012 ; rétabli, L. n° 2016-1087, 8 août 2016).* – Pour les infractions mentionnées aux articles L. 331-18 et L. 331-19, l'autorité administrative mentionnée à l'article L. 173-12 est le directeur de l'établissement public du parc national.

Bibliographie : D. Guihal, *op. cit.*, nos 2577 à 2579.

Sous-section 2. – Sanctions pénales

(Intitulé rempl., L. n° 2006-436, 14 avr. 2006) (1)

Art. L. 331-26 *(L. n° 2006-436, 14 avr. 2006* (1) *; mod. à compter du 1er juillet 2013, Ord. n° 2012-34, 11 janv. 2012 ; mod., L. n° 2021-1104, 22 août 2021).* – Est puni de deux ans d'emprisonnement et de 100 000 € d'amende le fait de contrevenir aux dispositions des articles L. 331-4, L. 331-4-1, L. 331-5, L. 331-6, L. 331-14, L. 331-15 et L. 331-16 en effectuant, dans le cœur d'un parc national ou dans les espaces ayant vocation à le devenir, des travaux, constructions ou installations interdits ou sans autorisation ou en méconnaissance des prescriptions dont l'autorisation est assortie ou en se livrant, dans le cœur d'un parc, à des activités interdites ou en méconnaissance de la réglementation dont elles sont l'objet. Le montant de l'amende peut être porté jusqu'au double de l'avantage tiré de la commission de l'infraction.

La tentative de l'infraction est punie des mêmes peines.

Le premier alinéa de l'article 131-38 du Code pénal s'applique uniquement aux amendes prévues au présent article exprimées en valeur absolue.

---

(1) Conditions d'application : V. L. n° 2006-436, 14 avr. 2006, art. 31.
Dispositions applicables à Mayotte et à Saint-Pierre-et-Miquelon, L. n° 2006-436, 14 avr. 2006, art. 30, I.
(2) Dispositions applicables à Mayotte, L. n° 2006-1772, 30 déc. 2006, art. 98, IV, 1.
(3) Dispositions applicables dans les îles Wallis-et-Futuna, en Polynésie française et en Nouvelle-Calédonie, L. n° 2011-1862, 13 déc. 2011, art. 72.

Art. L. 331-27 *(L. n° 2006-436, 14 avr. 2006* (1) *; mod., L. n° 2009-526, 12 mai 2009* (2) *; rempl. à compter du 1er juillet 2013, Ord. n° 2012-34, 11 janv. 2012 ; mod., L. n° 2021-1104, 22 août 2021).* **– Le fait, pour le propriétaire ou l'exploitant de terrains ou d'ouvrages de s'opposer à l'exécution de travaux ou de mesures de restauration des écosystèmes prescrits ou ordonnés par l'établissement public du parc national en application de l'article L. 331-9 est puni de deux ans d'emprisonnement et de 100 000 € d'amende, ce montant pouvant être porté jusqu'au double de l'avantage tiré de la commission de l'infraction.**

Le premier alinéa de l'article 131-38 du Code pénal s'applique uniquement aux amendes exprimées en valeur absolue.

Art. L. 331-28 *(L. n° 2006-436, 14 avr. 2006* (1) *; mod. à compter du 1er juillet 2013, Ord. n° 2012-34, 11 janv. 2012).* **– En cas d'infraction, commise par une personne physique ou une personne morale, aux dispositions des articles L. 331-4, L. 331-4-1, L. 331-5, L. 331-6, L. 331-14, L. 331-15 et L. 331-16, les dispositions des articles L. 480-2, L. 480-3 et L. 480-5 à L. 480-9 du Code de l'urbanisme sont applicables, sous réserve des dispositions suivantes :**

1° Dans le cas prévu au premier alinéa de l'article L. 480-2 du Code de l'urbanisme, le ministère public ne peut agir qu'à la requête du maire, du fonctionnaire compétent ou de l'établissement public du parc national ;

2° Lorsque le tribunal fait application des dispositions de l'article L. 480-5 du même code, il statue soit sur la mise en conformité des lieux avec les prescriptions formulées par l'établissement public du parc national dans ses observations, soit sur le rétablissement des lieux dans leur état antérieur.

Section VIII. – Parcs nationaux de France

(L. n° 2006-436, 14 avr. 2006) (1)

Art. L. 331-29 *(Abr. à compter du 1er janvier 2017, L. n° 2016-1087, 8 août 2016)* (1).

Voir : Obs. sous intitulé Livre III / Loi pour la reconquête de la biodiversité, de la nature et des paysages (DEVL1400720L). La loi prévoit notamment la création de l'« Agence Française pour la Biodiversité », constituée par la fusion de l'Office national de l'eau et des milieux aquatiques (ONEMA), de l'Atelier technique des espaces naturels (ATEN), de l'Agence des aires marines protégées (AAMP) et de l'établissement public Parcs nationaux de France.

CHAPITRE II. – RÉSERVES NATURELLES

Voir : art. R. 332-1 et s., p. 2101. – Circ. n° 95-47, 28 mars 1995, relative aux plans de gestion écologique des réserves naturelles (*BOMATET* n° 18, 10 juill. 1995). – Circ. n° 97-93, 7 oct. 1997, relative à la désignation et aux missions des organismes gestionnaires de réserves naturelles (*BOMELTT* n° 22, 10 déc. 1997).

Bibliographie : P. Billet, *Du temps, de la propriété et quelques autres considérations sur le classement en réserve naturelle* : *Rev. jur. env.* 2003, n° 4, 473. • C. Cans, *Les réserves naturelles en 45 ans et deux mouvements : évolution, involution* : *Rev. jur. env.* 2002, p. 551 ; *La fausse décentralisation des réserves naturelles* : *Dr. env.* 2002, n° 98, 113 ; *Une mauvaise loi ne pouvait pas donner lieu à un bon décret... Commentaire du décret n° 2005-491 du 18 mai 2005* : *Dr. env.* 2005, 166. • *Réserves naturelles* : *JCl. Env.*, Fasc. 3520 2019. • A. Fuchs-Cessot, *Le classement en réserve naturelle n'emporte pas domanialité publique* : *AJDA* juill. 2012, n° 26, p. 1449-1452. • J.-M. Gilardeau, *Réserves naturelles : la marche à suivre* : *RD rur.* 2005, n° 335, comm. 280. • E. Naim-Gesbert et O. Fuchs, *Réserve naturelle nationale* : *Rev. jur. env.* 2020, n° 3. • M. Provence, *La chasse dans les réserves naturelles*, Ministère de l'Environnement, juill. 2001. • Réserves naturelles de France, *À la découverte des réserves naturelles*, 3e éd.. Nathan, 2005. • A. Van Lang, *Déclassement d'un territoire classé en réserve naturelle* : *AJDA* 2015, n° 16, p. 933-936.

Voir : Obs. sous intitulé Livre III / Loi pour la reconquête de la biodiversité, de la nature et des paysages (DEVL1400720L). La loi prévoit notamment la création de l'« Agence Française pour la Biodiversité », constituée par la fusion de l'Office national de l'eau et des milieux aquatiques (ONEMA), de l'Atelier technique des espaces naturels (ATEN), de l'Agence des aires marines protégées (AAMP) et de l'établissement public Parcs nationaux de France. Depuis la loi n° 2019-773 du 24 juillet 2019 portant création de l'Office français de

---

(1) Conditions d'application : V. L. n° 2006-436, 14 avr. 2006, art. 31.
Dispositions applicables à Mayotte et à Saint-Pierre-et-Miquelon, L. n° 2006-436, 14 avr. 2006, art. 30, I.
(2) Application sur l'ensemble du territoire de la République y compris dans les collectivités d'outre-mer, en Nouvelle-Calédonie et dans les Terres australes et antarctiques françaises : V. L. n° 2009-526, 12 mai 2009, art. 137.

la biodiversité, modifiant les missions des fédérations des chasseurs et renforçant la police de l'environnement, l'Agence française pour la biodiversité est devenue l'Office français de la biodiversité (art. L. 131-8 et s., p. 181).

Section I. – Réserves naturelles classées

Sous-section 1. – Création

Art. L. 332-1 *(Anc. C. rur., art. L. 242-1 ; mod., L. n° 2016-1087, 8 août 2016)* (1). **– I. - Des parties du territoire terrestre ou maritime d'une ou de plusieurs communes peuvent être classées en réserve naturelle lorsque la conservation de la faune, de la flore, du sol, des eaux, des gisements de minéraux et de fossiles et, en général, du milieu naturel présente une importance particulière ou qu'il convient de les soustraire à toute intervention artificielle susceptible de les dégrader.**

II. - Sont prises en considération à ce titre :

1° La préservation d'espèces animales ou végétales et d'habitats en voie de disparition sur tout ou partie du territoire national ou présentant des qualités remarquables ;

2° La reconstitution de populations animales ou végétales ou de leurs habitats ;

3° La conservation des jardins botaniques et arboretums constituant des réserves d'espèces végétales en voie de disparition, rares ou remarquables ;

4° La préservation de biotopes et de formations géologiques, géomorphologiques ou spéléologiques remarquables ;

5° La préservation ou la constitution d'étapes sur les grandes voies de migration de la faune sauvage ;

6° Les études scientifiques ou techniques indispensables au développement des connaissances humaines ;

7° La préservation des sites présentant un intérêt particulier pour l'étude de l'évolution de la vie et des premières activités humaines.

III. - Le classement peut s'étendre aux eaux sous juridiction de l'État ainsi que, pour le plateau continental, aux fonds marins et à leur sous-sol, en conformité avec la convention des Nations Unies sur le droit de la mer, conclue à Montego Bay le 10 décembre 1982, notamment ses parties V, VI et XII.

IV. - Réserves naturelles de France assure l'animation, la mise en réseau et la coordination technique des réserves naturelles en métropole et en outre-mer. Elle assure à l'échelle nationale leur représentation auprès des pouvoirs publics. Elle peut notamment rassembler les gestionnaires de réserves naturelles définis à l'article L. 332-8.

1) Opportunité de la création d'une réserve naturelle. Libre appréciation de l'Administration. Les dispositions de cet article ne font pas obligation au Gouvernement de créer des réserves naturelles. Il lui est donc loisible, compte tenu des conditions locales et de la situation des espèces à protéger, de choisir entre divers modes de protection, soit prises sur le fondement du Code rural, soit prises dans d'autres législations, et ce afin d'assurer la protection d'une espèce déterminée. En estimant que les mesures de protection de l'ours déjà intervenues tant au titre de la police de la chasse qu'en vertu des dispositions de l'article L. 211-2 du présent code et R. 211-1 du Code rural ne rendent pas nécessaire la création de réserves naturelles, le Premier ministre n'a pas pris, à la date où il s'est prononcé, une décision entachée d'erreur manifeste d'appréciation (■ CE, 26 mai 1995, *Féd. d'intervention écopastorale : D.* 1995, inf. rap. p. 151 ; *Rec. CE* 1995, tables p. 916 ; *Rev. jur. env.* 4/1996, p. 449 ; *Dr. adm.* 1995, comm. 499). V. également ■ CE, 26 nov. 2008, n° 305872, *Groupement pour la défense de la pêche sous-marine et du milieu marin : AJDA* 2008, 174 (périmètre de la réserve naturelle nationale marine de la Réunion). L'exclusion d'un terrain d'assiette d'une installation de stockage de déchets non dangereux du périmètre de la réserve naturelle litigieuse ne remet pas en cause la cohérence et l'économie du projet de classement, dès lors qu'une grande partie des terrains exclus de la réserve est fortement dégradée et dépourvue d'intérêt écologique. Dans ces conditions, cette exclusion n'est pas entachée d'illégalité (■ CE, 26 nov. 2010, n° 331078, *Sté Groupe Pizzorno environnement : Dr. env.* 2011, n° 186, p. 9 ; *Environnement* 2011, n° 6, note Trouilly ; *DAUH* 2011, n° 362, obs. Steichen). Ne fait pas obstacle à la création d'une réserve naturelle le maintien du droit de chasse jusqu'à expiration des baux en cours à la date de la publication du décret de créa-

(1) Dispositions applicables dans les Terres australes et antarctiques françaises, L. n° 2016-1087, 8 août 2016, art. 160, II.

tion (■ CE, 30 déc. 1996, *Assoc. usagers Val d'Allier et a.*).

2) Inclusion de terrains potentiellement susceptibles de contenir des sites sensibles. Il ressort des pièces du dossier, notamment des travaux d'inventaire du patrimoine géologique du Lot menés en 2007, que la grande majorité des sites à protéger est encore non identifiée, ce qui, ainsi que l'indique la note de présentation jointe au dossier d'enquête publique, justifie le choix d'inclure dans le projet de classement des parcelles potentiellement susceptibles, eu égard notamment à leur caractéristiques morphologiques ou floristiques, de contenir des sites sensibles. Par suite, le moyen tiré de ce que le classement retenu serait disproportionné par rapport aux intérêts géologiques à protéger doit être écarté (■ CE, 16 mai 2018, n° 412480).

3) Motifs du classement (non). L'article L. 332-1 du Code de l'environnement, qui précise les objectifs d'un classement en réserve naturelle, n'impose pas que l'acte de classement mentionne les motifs qui justifient la création d'une réserve naturelle (■ CE, 22 janv. 2003, n° 230160, *Cne de Val d'Isère : Environnement* 2003, p. 24, note L. Benoît ; *Rev. jur. env.* 1/2003, p. 147, obs. Billet ; *JCP* A 2003, n° 1561, note Billet).

4) Détérioration d'une réserve naturelle. Absence d'incidence sur le classement. La détérioration d'un territoire classé en réserve naturelle ne remet pas en cause la légalité du classement (■ CE, 23 juin 2004, n° 208297, *Assoc. Les amis de la Bérarde et du Haut-Vénéon : Rec. CE* 2004, tables p. 776 ; *AJDA* 2004, p. 2404, note C. Cans ; *JCP* A 2004, n° 1514, note Billet ; *Environnement* 2004, n° 10, p. 22, note Benoît).

5) Zones au sein desquelles la conservation des espèces et du milieu naturel revêt une importance écologique ou scientifique particulière ou qu'il convient de soustraire à toute intervention artificielle susceptible de les dégrader, et zones qui contribuent directement à leur sauvegarde. Peuvent être classées en réserve naturelle nationale les parties du territoire au sein desquelles la conservation des espèces et du milieu naturel revêt une importance écologique ou scientifique particulière ou qu'il convient de soustraire à toute intervention artificielle susceptible de les dégrader, ainsi que les zones qui contribuent directement à la sauvegarde de ces parties du territoire, en particulier lorsqu'elles en constituent, d'un point de vue écologique, une extension nécessaire ou qu'elles jouent un rôle de transition entre la zone la plus riche en biodiversité et le reste du territoire (■ CE, 3 juin 2020, n° 414018).

Art. L. 332-2 *(Anc. C. rur., art. L. 242-2 ; mod., L. n° 2002-92, 22 janv. 2002 ; rempl., L. n° 2002-276, 27 févr. 2002 ; L. n° 2010-788, 12 juill. 2010* (1)*; rempl., Ord. n° 2012-9, 5 janv. 2012 ; mod., L. n° 2016-1087, 8 août 2016).* – (2) **I. – Le classement d'une réserve naturelle nationale est prononcé pour assurer la conservation d'éléments du milieu naturel d'intérêt national ou la mise en œuvre d'une réglementation européenne ou d'une obligation résultant d'une convention internationale.**

II. – Le projet de création de la réserve est soumis à une enquête publique réalisée conformément au chapitre III du titre II du livre Ier et transmis pour avis à toutes les collectivités locales intéressées ainsi que, dans les zones de montagne, aux comités de massif et, dans les zones maritimes, aux conseils maritimes de façade ou ultramarins.

III. – La décision est prise par décret après accord de l'ensemble des propriétaires concernés, tant sur le périmètre de la réserve que sur la réglementation envisagés. À défaut d'accord de l'ensemble des propriétaires concernés, le classement est prononcé par décret en Conseil d'État.

Voir : partie réglementaire, art. R. 332-1 et s., p. 2101.

1) Constitutionnalité. Une demande d'abrogation d'un décret de classement d'une réserve naturelle nationale doit être regardée comme une demande de déclassement. Le Conseil d'État précise « qu'une demande tendant à l'abrogation d'un décret de classement ne peut être regardée que comme tendant au déclassement d'un territoire classé en réserve naturelle ; que si l'administration peut proposer, le cas échéant, le déclassement d'une réserve dont les prescriptions ne se justifieraient plus, elle n'a l'obligation d'engager une telle procédure que dans le cas où le changement qui s'est produit dans les circonstances de fait a transformé les caractéristiques du site à un point tel qu'il a eu pour effet de retirer son fondement au classement initial ». La demande présen-

(1) Dispositions applicables aux projets, plans, programmes ou autres documents de planification pour lesquels l'arrêté d'ouverture et d'organisation de l'enquête publique est publié à compter du premier jour du sixième mois après la publication du décret en Conseil d'État prévu à l'article L. 123-19 du présent code, L. n° 2010-788, 12 juill. 2010, art. 245.

(2) Sur le refus de saisir pour QPC concernant le présent article, dans sa version issue de la loi n° 2002-276 du 27 février 2002, V. ■ CE, 19 déc. 2014, n° 381826, *Commune de Saint-Leu : JurisData* n° 2014-031354. – NDLR.

tée par la commune de Saint-Leu doit ainsi être regardée comme tendant au déclassement de la réserve naturelle. Il n'y a donc pas lieu de renvoyer la QPC au juge constitutionnel dès lors que « les dispositions législatives critiquées, qui définissent les modalités d'adoption de l'acte de classement d'une réserve naturelle et non celles du déclassement d'un tel site, ne sont pas applicables au litige » (▪ CE, 19 déc. 2014, n° 381826, *Cne de Saint-Leu : AJDA* 2014, 2504 ; *Dr. env.* 2015, 11. ▪ CE, 27 nov. 2015, n° 381826, *Cne de Saint-Leu*).

2) Création d'une réserve naturelle par décret. Caractère réglementaire de la mesure. V. ▪ CE, 2 oct. 1981, *Sté agricole foncière solognote : Rec. CE*, p. 353 ; *Rev. jur. env.* 4/1981, p. 329, concl. Genevois. En revanche, l'arrêté par lequel le ministre chargé de l'environnement ouvre une procédure de classement en réserve naturelle ne revêt pas un caractère réglementaire (▪ CAA Marseille, 10 nov. 2005, *Cie agricole de la Crau : JCP A* 2005, n° 1350, obs. Charret).

3) Effets du classement. Le classement comme réserve naturelle nationale, sur le fondement de l'article L. 332-2 du Code de l'environnement, n'implique pas qu'elle doive être regardée comme un projet d'importance nationale au sens et pour l'application de l'article R. 11-4 du Code de l'expropriation (▪ CE, 9 nov. 2015, n° 375209, *Assoc. Sauvegarde de notre patrimoine rural du Haut-Rhône* ; V. note sous art. R. 332-3, p. 2103).

4) Étendue du contrôle du juge. Contrôle normal. Le juge de l'excès de pouvoir exerce un contrôle normal sur la décision de créer une réserve naturelle et sur la délimitation de celle-ci (▪ CE, 20 févr. 1987, *Cie des Salins du Midi : Rev. jur. env.* 3/1987, p. 389 ; *Rec. CE* 1987, p. 834. ▪ CE, 29 juill. 1998, n° 176992, *Mme Pesson et a.* ▪ CE, 26 nov. 2008, n° 305872, *Groupement pour la défense de la pêche sous-marine et du milieu marin : Environnement* 2009, n° 1, comm. 3, P. Trouilly).

5) Étendue du contrôle du juge. Intérêt écologique. Le juge vérifie si la conservation de la faune et de la flore qui vivent dans un périmètre déterminé par le décret présente un intérêt justifiant le classement (▪ CE, 14 nov. 1979, *Cruse : Rec. CE* 1979, tables p. 803 ; *Rev. jur. env.* 2/1980, p. 185, note S. Charbonneau). Présentent ainsi les caractéristiques requises par la loi pour le classement d'une partie du territoire d'une ou plusieurs communes :

– des marais formant, sur une superficie d'environ 50 hectares situés en zone périurbaine, un biotope remarquable qui abrite des espèces animales et végétales de grand intérêt dont certaines sont en voie de disparition et qu'ils constituent en outre une étape sur un axe migratoire important de l'avifaune (▪ CE, 19 févr. 1986, *Baudinière et Dubois : Dr. adm.* 1986, comm. 163 ; *Rev. jur. env.* 1996, p. 314 ; *Rec. CE*, tables p. 624) ;

– des terrains présentant en eux-mêmes une importance particulière sur le plan naturel dès lors que leur réunion permet d'assurer l'unité et l'isolement de la réserve (▪ CE, 20 févr. 1987, *Cie des Salins du Midi*, préc.) ;

– présente également un tel caractère la création d'une réserve instituant, en vue de protéger certaines espèces végétales de type méditerranéen dont la réunion, dans une région, et qui présente un caractère exceptionnel (▪ CE, 2 oct. 1981, *Sté agricole foncière solognote : Rec. CE* 1981, p. 353, préc.) ;

– le Conseil d'État a également jugé que l'extension de la réserve de l'estuaire de la Seine prévue présente un intérêt biologique majeur aux plans floristique, faunistique et écologique, que le milieu naturel qu'elle a pour vocation de protéger est d'une grande valeur et constitue une étape privilégiée pour les oiseaux migrateurs, dont plusieurs espèces dénombrées figurent aux annexes de la directive n° 79/409/CE du conseil du 2 avril 1979, et que, dès lors, le décret attaqué n'est pas entaché d'erreur d'appréciation (▪ CE, 27 juin 2007, n° 276292, *Groupement des exploitants des prairies alluvionnaires de l'estuaire de la Seine : Environnement* 2007, n° 8, comm. 162).

Le Conseil d'État a également jugé que le site de la plaine des Maures constitue un ensemble d'une richesse écologique remarquable, abritant une grande diversité d'habitats naturels et de nombreuses espèces dont la protection présente une importance particulière. Les parcelles en cause étant le siège d'habitats prioritaires d'intérêt communautaire, tels que des mares temporaires méditerranéennes ou des zones de rocailles siliceuses, ainsi que d'espèces protégées, leur inclusion dans la réserve est justifiée (▪ CE, 26 nov. 2010, n° 331078, *Sté Groupe Pizzorno Environnement : AJDA* 2010, p. 2291, note Y. Jegouzo).

Le fait que la grande majorité des sites à protéger soit encore non identifiée justifie le choix d'inclure dans le projet de classement des parcelles potentiellement susceptibles, eu égard notamment à leur caractéristiques morphologiques ou floristiques, de contenir des sites sensibles (▪ CE, 16 mai 2018, n° 412480).

6) Étendue du contrôle du juge. Périmètre. Le juge vérifie également si la délimitation de la réserve excède la surface nécessaire à la conservation des espèces ou si le Gouvernement a poursuivi d'autres fins que celles justifiant légalement la création de la réserve (▪ CE, 2 oct. 1981, *Sté agricole foncière solognote : Rec. CE* 1981, p. 353, préc. ▪ CE, 3 juin 2020, n° 414018, *Assoc. Amis du banc d'Arguin*. – S. Jolivet, *Rénovation de la théorie de* *l'écrin et des joyaux* : *AJDA* 2020, n° 36, 2090). La possibilité d'exclure le terrain d'assiette d'une installation de stockage des déchets du périmètre de la réserve est admise, cette exclusion n'étant pas de nature à remettre en cause la cohérence et l'économie du projet (▪ CE, 26 nov. 2010, n° 331078, *Sté Groupe Pizzorno Environnement* : *AJDA* 2010, p. 2291, note Y. Jegouzo).

7) Opposition du propriétaire à l'inclusion de sa propriété dans une réserve naturelle classée. Absence d'effet de cette opposition. L'opposition d'un propriétaire à l'inclusion de ses terrains dans le périmètre protégé n'est pas de nature à faire obstacle à la création d'une réserve naturelle dès lors, d'une part, que la zone considérée présente un intérêt en raison des caractéristiques du milieu naturel, de la richesse de sa flore et de la diversité de sa faune (▪ CE, 22 oct. 1999, n° 176362, *Cne de Stosswihr*) ou un intérêt écologique en raison de la richesse des biotopes et de la diversité de la faune notamment aviaire qui la caractérisent, que les restrictions apportées à l'exercice de la chasse et de la pêche sont limitées dans l'espace et dans le temps, que le classement résulte d'un décret en Conseil d'État (▪ CE, 29 juill. 1999, n°s 176992, 177153, 178000 et 178846, *Mme Pesson et a.* : *RD rur.* 1999, jurispr. p. 240. ▪ CE, 22 janv. 2003, n° 230160, *Cne de Val d'Isère*) et enfin, que le classement fait l'objet d'une enquête publique (▪ CE, 22 janv. 2003, n° 230160, *Cne de Val d'Isère*).

8) Consentement des propriétaires (non). Le consentement des propriétaires n'est pas requis lorsque la réserve est créée par décret en Conseil d'État (▪ CE, 26 nov. 2010, n° 331078, *Sté Groupe Pizzorno Environnement* : *AJDA* 2010, p. 2291, note Y. Jegouzo).

9) Omission de la notification réglementaire à l'un des propriétaires concernés. Effet sur la régularité de la procédure de classement. La notification au propriétaire, dès lors qu'elle a pour but de faire courir le délai au terme duquel son consentement peut être réputé acquis, n'est pas une formalité obligatoire. Il en résulte que la seule circonstance, à la supposer établie, que ladite notification n'ait pas été faite à un propriétaire déterminé ne peut avoir une incidence particulière au regard de la légalité du décret portant création de la réserve (▪ CE, 21 févr. 1996, *SCI « Le Lac »* : *Rec. CE* 1996, tables p. 1029 ; *Rev. jur. env.* 1/1997, p. 110, note Ph. Billet ; *Dr. env.* 1996, n° 38, p. 10, obs. R. Romi ; *Dr. adm.* 1996, comm. 148).

10) Nécessité de consulter toutes les collectivités locales intéressées. Pour un exemple de consultation régulière, V. ▪ CE, 27 juin 2007, n° 276292, *Groupement des exploitants des prairies alluvionnaires de l'estuaire de la Seine* : *Environnement* août 2007, n° 8, comm. 162.

11) Notion de collectivités locales intéressées. La circonstance que des communes dont le territoire n'est pas concerné par le projet auraient été consultées dans la phase d'instruction préalable du dossier, mais n'auraient pas été invitées à donner leur avis pendant l'instruction ne saurait vicier la régularité de la procédure suivie (▪ CE, 19 mars 2003, n° 212029, *Fédération départementale des chasseurs de Charente-Maritime* : *Rec. CE* 2003, p. 872 ; *Environnement* 2003, n° 8-9, p. 25, note L. Benoît).

12) Avis des collectivités locales intéressées. Portée des avis. La circonstance que les avis des communes dont le territoire est concerné par le périmètre de la réserve soient défavorables est sans incidence sur la légalité du décret attaqué (▪ CE, 19 mars 2003, n° 212029, *Fédération départementale des chasseurs de Charente-Maritime* : *Rec. CE* 2003, p. 872 ; *Environnement* 2003, n° 8-9, p. 25, note L. Benoît).

13) Avis des collectivités locales intéressées. Sens de l'avis. Aucune disposition n'impose que le sens de l'avis émis par les collectivités territoriales, ou par tout autre organisme consulté dans le cadre de la procédure préalable à la publication du décret, soit mentionné dans les visas du décret (▪ CE, 26 nov. 2010, n° 331078, *Sté Groupe Pizzorno Environnement* : *AJDA* 2010, p. 2291, note Y. Jegouzo).

14) Absence de nécessité d'une étude d'incidences Natura 2000. L'acte de création d'une réserve naturelle nationale, eu égard à son objet et à sa portée, définis par les dispositions de l'article L. 332-2 citées ci-dessus, n'a pas par lui-même le caractère, ni d'un programme ou d'un projet d'activités, de travaux, d'aménagements d'ouvrages ou d'installations au sens des dispositions du I de l'article L. 414-4 du Code de l'environnement ; que par suite, la commune du Cannet des Maures ne peut utilement soutenir que le décret attaqué aurait dû être précédé d'une étude d'incidences Natura 2000 (▪ CE, 26 nov. 2010, n° 331078, *Sté Groupe Pizzorno Environnement* : *AJDA* 2010, p. 2291, note Y. Jegouzo).

15) Modifications du projet après enquête publique. Illégalité (oui). Un décret créant une réserve naturelle ne peut apporter des modifications importantes aux suggestions et interdictions figurant dans le projet soumis à l'enquête publique, notamment lorsque le décret a apporté au droit de chasse une restriction importante qui ne figurait pas dans le projet soumis à l'enquête (▪ CE, ass., 20 mai 1983, *Club sportif de la Féve* : *AJDA* 1983, p. 486, concl. Genevois ; *Dr. adm.* 1983, comm. 232). Un décret créant une réserve naturelle ne peut apporter des modifications importantes aux suggestions figurant dans le projet soumis à enquête publique, notamment lorsque le décret de classement prévoit que les travaux réalisés hors du périmètre de la réserve pouvant avoir une incidence sur l'état des milieux naturels ou le fonctionnement hydraulique de la réserve sont soumis à autorisation du ministre chargé de la protection de la nature, alors que ces dispositions ne figuraient pas dans le dossier soumis à enquête publique (■ CE, 6e et 4e ss-sect., 21 mars 2001, nos 197925 et 197926, *CCI du Havre : JurisData* n° 2001-062094).

16) Modification du périmètre après enquête publique. Illégalité (non). Si le périmètre définitif de la réserve naturelle diffère, de quelques hectares seulement, soit dans une proportion très minime de celui du projet soumis à l'enquête, cette différence, qui résulte de la prise en compte de certaines observations formulées lors de l'enquête et qui ne modifie ni les caractéristiques principales ni l'économie du projet n'a pas été de nature à affecter l'exactitude et la sincérité des informations portées à la connaissance du public (■ CE, 26 nov. 2010, n° 331078, *Sté Groupe Pizzorno Environnement : AJDA* 2010, p. 2291, note Y. Jegouzo).

Art. L. 332-2-1 ***(Créé à compter de la date prévue à l'article 11 du décret n° 2012-9 du 5 janvier 2012, Ord. n° 2012-9, 5 janv. 2012*** (1) ***; mod., L. n° 2016-1087, 8 août 2016 ; mod. à compter du 1er mars 2017, Ord. n° 2017-80, 26 janv. 2017)*** (2). **– I. – Le conseil régional peut, de sa propre initiative ou à la demande des propriétaires concernés, classer comme réserve naturelle régionale les espaces ou propriétés présentant un intérêt pour la faune, la flore, le patrimoine géologique ou paléontologique ou, d'une manière générale, pour la protection des milieux naturels.**

II. – Le projet de création de la réserve est :

1° Après que le public en a été informé par la parution préalable d'un avis dans deux publications régionales, publié, accompagné d'une note de présentation, par voie électronique sur le site internet de la région pendant une durée minimale de trois mois, dans des conditions permettant au public de formuler des observations pendant la même durée ;

2° Transmis pour avis au représentant de l'État dans la région, au conseil scientifique régional du patrimoine naturel, à toutes les collectivités locales intéressées ainsi que, dans les zones de montagne, aux comités de massif et, dans les zones maritimes, aux conseils maritimes de façade ou ultramarins.

Le bilan de la consultation du public et des avis recueillis après celle-ci ainsi que l'exposé des principales modifications apportées en conséquence au projet ou des raisons qui ont conduit à son maintien font l'objet d'une publication par voie électronique sur le site internet de la région, au plus tard à la date à laquelle le projet est soumis à l'accord des propriétaires concernés et pour une durée d'au moins trois mois.

III. – Le projet de création résultant de la procédure prévue au II, comportant le périmètre de la réserve et la réglementation envisagés, est soumis à l'accord du ou des propriétaires concernés.

Lorsque l'État est propriétaire, l'accord est donné par le ministre à l'usage duquel le terrain est affecté. L'accord d'un département ou d'une commune propriétaire est donné par son assemblée délibérante et celui d'un établissement public par son conseil d'administration ou son conseil de surveillance.

Lorsque la réserve est créée pour tout ou partie sur le domaine public maritime, l'accord est donné par le préfet compétent.

IV. – Le classement est décidé après accord de l'ensemble des propriétaires concernés, par une délibération de l'assemblée régionale portant sur le périmètre de la réserve et la réglementation applicable ainsi que, le cas échéant, sur les modalités de la gestion de la réserve et de contrôle du respect de la réglementation et la durée du classement.

V. – À défaut d'accord de l'ensemble des propriétaires concernés, une enquête publique est réalisée conformément au chapitre III du titre II du livre Ier.

La délibération fixant le périmètre de la réserve et la réglementation applicable est transmise à l'État. Le classement en réserve naturelle régionale est approuvé par décret en Conseil d'État, après que l'assemblée régionale a délibéré à nouveau lorsque des motifs de légalité font obstacle à cette approbation.

VI. – La modification du périmètre d'une réserve naturelle régionale et de la réglementation qui y est applicable intervient dans les conditions prévues par les II à V pour leur élaboration.

(1) Dispositions d'application particulières et transitoires : V. Ord. n° 2012-9, 5 janv. 2012, art. 11.
(2) Dispositions d'application particulières et transitoires : V. Ord. n° 2017-80, 26 janv. 2017, art. 15.

Art. L. 332-2-2 *(Créé à compter de la date prévue à l'article 11 du décret n° 2012-9 du 5 janvier 2012, Ord. n° 2012-9, 5 janv. 2012* (1) *; mod. à compter du 1er mars 2017, Ord. n° 2017-80, 26 janv. 2017)* (2). **– I. – En Corse, l'initiative du classement en réserve naturelle appartient à la collectivité territoriale de Corse. Le représentant de l'État peut toutefois demander à la collectivité territoriale de Corse de procéder au classement d'une réserve naturelle afin d'assurer la mise en œuvre d'une réglementation européenne ou d'une obligation résultant d'une convention internationale.**

II. – La procédure de création et de modification d'une réserve naturelle régionale prévue aux II à VI de l'article L. 332-2-1 est applicable à la création et à la modification d'une réserve naturelle par la collectivité territoriale de Corse.

Toutefois, l'extension ou la modification de la réglementation d'une réserve naturelle classée en Corse par l'État, ainsi que son déclassement partiel ou total, sont prononcés dans les conditions prévues pour les réserves naturelles nationales.

Les modalités de la gestion de la réserve et de contrôle du respect de la réglementation sont définies par l'Assemblée de Corse après accord de l'État lorsque la décision de classement a été prise par celui-ci ou à sa demande.

III. – Lorsque la collectivité territoriale de Corse n'a pas fait droit à la demande du représentant de l'État de procéder à un classement, la procédure de création prévue par les II et III de l'article L. 332-2 est applicable.

Art. L. 332-2-3 *(Ord. n° 2012-9, 5 janv. 2012)*. **– Un décret en Conseil d'État fixe les modalités d'application du présent chapitre, notamment celles des articles L. 332-2 à L. 332-2-2.**

Voir : Ord. n° 2012-9, 5 janv. 2012, art. 11 : Les dispositions des articles L. 332-2-1 et L. 332-2-2 du Code de l'environnement entrent en vigueur en même temps que le décret, prévu par l'article L. 332-2-3 du même code, pris pour leur application et au plus tard le 31 décembre 2012.

Elles ne sont pas applicables à la procédure de création des réserves pour lesquelles la consultation des collectivités intéressées a été engagée avant la date d'entrée en vigueur desdites dispositions, qui reste régie par l'article L. 332-2 du Code de l'environnement et les dispositions réglementaires prises pour son application dans leur rédaction en vigueur avant la date prévue au premier alinéa.

Art. L. 332-3 *(Anc. C. rur., art. L. 242-3 ; rempl., L. n° 2002-276, 27 févr. 2002 ; Ord. n° 2012-9, 5 janv. 2012)*. **– I. – L'acte de classement d'une réserve naturelle peut soumettre à un régime particulier et, le cas échéant, interdire à l'intérieur de la réserve toute action susceptible de nuire au développement naturel de la faune et de la flore, au patrimoine géologique et, plus généralement, d'altérer le caractère de ladite réserve.**

Peuvent notamment être réglementés ou interdits la chasse, la pêche, les activités agricoles, forestières, pastorales, industrielles, commerciales, sportives et touristiques, l'exécution de travaux publics ou privés, l'utilisation des eaux, la circulation ou le stationnement des personnes, des véhicules et des animaux.

Les activités minières, l'extraction de matériaux concessibles ou non ainsi que le survol de la réserve ne peuvent être réglementés ou interdits que dans les seules réserves naturelles nationales.

II. – L'acte de classement tient compte de l'intérêt du maintien des activités traditionnelles existantes dans la mesure où elles sont compatibles avec les intérêts définis à l'article L. 332-1.

Voir : D. n° 2014-1273, 30 oct. 2014 (*JO* 1er nov.) : Le silence gardé par l'administration pendant deux mois vaut décision de rejet pour la demande d'autorisation d'activités dans la réserve naturelle.

Bibliographie : S. Jolivet, *Réglementation d'activités sportives dans les réserves naturelles : l'avènement d'un contrôle de la « capacité de charge » ? : Rev. jur. env.* 2022, p. 183.

1) Étendue du contrôle du juge. Le juge vérifie si certaines interdictions prévues par le décret de classement, telles que celles concernant l'exécution des travaux publics ou privés, la circulation de véhicules ou certaines activités nautiques sont nécessaires à la préservation du territoire classé en réserve naturelle (■ CE, 14 nov. 1979, *Cruse : Rec. CE* 1979, *tables p.* 803 ; *Rev. jur. env.* 2/1980, p. 185, note S. Charbonneau).

2) Mesures renforcées de préservation des espèces animales menacées. Les réserves naturelles nationales constituent des territoires dans lesquels peuvent être édictées, dans l'intérêt de la protection de l'environnement, des mesures renforcées de préservation des espèces animales menacées. Le moyen tiré de ce que les arrêtés attaqués (destruction de loups) créeraient, en prévoyant de telles mesures, une différence de traite-

(1) Dispositions d'application particulières et transitoires : V. Ord. n° 2012-9, 5 janv. 2012, art. 11.
(2) Dispositions d'application particulières et transitoires : V. Ord. n° 2017-80, 26 janv. 2017, art. 15.

ment illégale entre les éleveurs selon le lieu d'implantation de leurs exploitations ne peut qu'être écarté. De même, il ne ressort pas des pièces du dossier que les arrêtés attaqués seraient susceptibles de compromettre l'activité d'élevage traditionnelle en Lozère (▪ CE, 11 févr. 2015, n° 370599, *Assoc. Collectif des éleveurs de la région des Causses, de la Lozère et leur environnement (CERCLE) : Dr. env.* 2015, 95).

3) Limitation de la circulation à ski. Pouvoir a été reconnu au préfet de réglementer la pratique du ski au sein d'une réserve naturelle (▪ CE, 1er juill. 1998, *Min. Environnement c/ Assoc. « Vivre en Tarentaise » : RD rur.* 1999, jurispr. p. 183. – ▪ CE, ord. réf., 6 août 2001, n° 236863, *Assoc. Des Montagnards de la Vanoise : JurisData* n° 2001-062888).

4) Limitation de la circulation des personnes en automobiles, engins deux roues ou tout autre engin à moteur. Sont justifiées des limitations ou interdictions à la circulation de personnes en automobile, engins deux roues ou tout autre engin à moteur, sur une partie du territoire de la réserve naturelle. Dans cette hypothèse, dès lors que la partie de la réserve en cause ne peut être assimilée à une voie publique, les riverains ne peuvent invoquer ni leurs droits à ce que soient préservés l'accès et la desserte de leurs propriétés, ni ceux qu'ils tiendraient de servitudes de passage dès lors que celles-ci, à supposer leur existence établie, ne pouvaient de toute façon faire obstacle à ce que le préfet utilise les pouvoirs qu'il tient du décret créant la réserve pour prendre des mesures appropriées à l'objectif d'intérêt général de protection de la faune et de la flore dont il a la charge (▪ CE, 27 janv. 1995, nos 112613 et 118934, *Plaisant : Rev. jur. env.* 2/1996, p. 188, note Ph. Billet et J. Untermaier).

5) Utilisation à des fins publicitaires de toute dénomination susceptible d'évoquer la réserve naturelle. Limitation opérée par décret. Égalité des dispositions du décret instituant la réserve naturelle en tant qu'il soumet à autorisation du préfet, après avis du comité consultatif, l'utilisation à des fins publicitaires de toute dénomination susceptible d'évoquer la réserve naturelle (▪ CE, 1er juill. 1988, *Guerry : Rec. CE* 1988, p. 272 ; *Rev. jur. env.* 4/1989, p. 467, note V. Lévy-Bruhl). Sur l'étendue du pouvoir du juge pour vérifier si certaines interdictions prévues par le décret de classement sont nécessaires à la préservation du caractère de l'ensemble classé (▪ CE, 14 nov. 1979, *Cruse : Rev. jur. env.* 2/1980, p. 185, note S. Charbonneau. ▪ CE, 20 févr. 1987, *Cie des Salins du Midi : Rev. jur. env.* 3/1987, p. 389 ; *Rec. CE* 1987, tables p. 834).

6) Limitation au droit de camper ou de bivouaquer. Le décret de classement peut interdire de camper ou de bivouaquer sur tout le territoire concerné en dehors de quatre terrains de camping existants et de deux aires de bivouac (▪ CE, ass., 20 mai 1983, *Club Sportif de la Féve : AJDA* 1983, p. 426, concl. Genevois ; *Dr. adm.* 1983, comm. 232).

7) Limitation à l'exercice de la pêche et à la navigation des engins à moteur. Les restrictions, au demeurant limitées, apportées à l'exercice de la pêche, à la circulation et à la navigation des engins à moteur, répondent aux objectifs de la réserve naturelle, et sont nécessaires à la préservation de l'espace classé (▪ CE, 19 mars 2003, n° 212029, *Fédération départementale des chasseurs de la Charente-Maritime : Environnement* 2003, p. 25 note Benoît). V. également ▪ CAA Nantes, 16 mai 2013, n° 12NT00066, *M. et Mme d'Hellencourt : Rev. jur. env.* 2014, 548, note Sironneau (scooter des mers). ▪ CAA Bordeaux, 6 sept. 2007, n° 04BX01598, *Féd. française canoë-kayak et a. : JCP* A 2008, pan. 16, n° 7, note Brisson (canoë). ▪ CE, 21 nov. 2018, n° 407936 : *JurisData* n° 2018-020744. Suspension de la pêche de deux espèces de requins dans la zone de protection renforcée de la réserve naturelle de La Réunion pour urgence (atteinte à la zone de protection renforcée de la réserve) et doute sérieux (absence de consultation des comités consultatif et scientifique) (▪ TA Saint-Denis de La Réunion, ord., 13 mai 2016, n° 1600379, *ASPAS et a.*).

8) Limitation à la pratique de la chasse. Le décret peut interdire la pratique de la chasse sur le territoire de la réserve naturelle, dès lors qu'elle serait de nature à altérer la quiétude nécessaire à la conservation de plusieurs espèces animales rares et fragiles, en contradiction avec les finalités poursuivies par le classement en réserve naturelle nationale (▪ CE, 30 sept. 2011, n° 338048, *Féd. des chasseurs de la Haute-Savoie*).

9) Interdiction de la chasse. Indemnisation des dégâts de sangliers. Responsabilité sans faute de l'État. Il ne résulte d'aucune des dispositions applicables que le législateur aurait entendu exclure que les fonds départementaux d'indemnisation des dégâts de sangliers puissent rechercher la responsabilité de l'État sur le fondement de la rupture d'égalité devant les charges publiques, au titre d'un préjudice financier grave et spécial causé par des décisions légales de l'administration, telles que celles ayant pour objet d'interdire l'exercice de la chasse dans une réserve naturelle. Dès lors, en jugeant que la création par le législateur d'un organisme ayant pour principal objet d'indemniser les exploitants agricoles des dégâts causés aux cultures par les sangliers faisait par principe obstacle à l'introduction par celui-ci à l'encontre de l'État d'une action en réparation de ces dommages sur le fondement de la responsabilité sans faute, la cour a entaché son arrêt d'une erreur de droit (■ CE, 12 oct. 2016, n° 383423).

10) Obligation de mentionner les servitudes indemnisables dans le décret de classement (non). Le décret de classement en réserve naturelle n'a pas à rappeler les dispositions concernant les servitudes indemnisables (■ CE, 30 déc. 1996, n°s 158791, 158806, 158817 et s., *Assoc. des usagers du Val-d'Allier et a.*).

11) Dispositions provisoires. Le décret de classement peut légalement prévoir des mesures provisoires ou transitoires afin de prendre en compte les droits personnels exercés sur le territoire de la réserve à titre temporaire, par exemple, le maintien de l'exercice du droit de chasse jusqu'à expiration des baux en cours à la date de publication du décret (■ CE, 30 déc. 1996, n°s 158791, 158806, 158817 et s., *Assoc. des usagers du Val-d'Allier et a.*).

12) Activités agricoles. Pour un exemple de réglementation des activités agricoles, V. ■ CE, 26 nov. 2010, n° 331078, *Sté Groupe Pizzorno Environnement : AJDA* 2010, p. 2291, note Y. Jegouzo.

13) Zones de protection renforcée. L'article L. 332-3 permet de soumettre à un régime particulier, voire d'interdire à l'intérieur d'une réserve toute action susceptible de nuire au développement naturel de la faune et de la flore, et donc la création, au sein de la réserve naturelle, de zones de protection renforcée (■ CE, 3 juin 2020, n° 414018).

14) Pratique de l'alpinisme hivernal. Illégalité d'une interdiction de pratique de l'escalade en hiver en raison de la faiblesse de l'impact de l'activité sur l'environnement (■ CE, 5 mai 2021, n° 433553. – O. Fuchs, *Pratiques sportives dans une réserve naturelle nationale : jusqu'où interdire ? : Dr. env.* 2021, n° 301, p. 255).

Art. L. 332-4 *(Anc. C. rur., art. L. 242-4 ; mod., L. n° 2002-276, 27 févr. 2002 ; Ord. n° 2012-9, 5 janv. 2012).* **– L'acte de classement est publié par les soins de l'autorité administrative compétente, dans les formes et de la manière prescrites par les lois et règlements concernant la publicité foncière. Cette publication ne donne lieu à aucune perception au profit de l'État.**

Cet acte est communiqué aux maires.

Il est notifié aux propriétaires et aux titulaires de droits réels.

Délai de notification (non). Aucune disposition n'impose de délai pour la notification de l'acte de classement aux propriétaires et titulaires de droits réels concernés. Par suite, le moyen tiré de ce que le décret attaqué, publié au *Journal officiel* le 5 juin 2015, serait entaché d'irrégularité pour n'avoir été notifié au requérant que le 13 mars 2017 ne peut qu'être écarté (■ CE, 16 mai 2018, n° 412480).

Art. L. 332-5 *(Anc. C. rur., art. L. 242-5).* **– Lorsque le classement comporte des prescriptions de nature à modifier l'état ou l'utilisation antérieure des lieux déterminant un préjudice direct, matériel et certain, il donne droit à une indemnité au profit des propriétaires, des titulaires de droits réels ou de leurs ayants droit.**

Dans ce cas, la demande d'indemnisation doit être produite dans un délai de six mois à dater de la notification de la décision de classement.

À défaut d'accord amiable, l'indemnité est fixée par le juge de l'expropriation.

Voir : sur les règles applicables dans une hypothèse comparable, observations et jurisprudence citées, sous art. L. 331-17, p. 616, et sous art. L. 341-6, p. 657.

Notification de la décision de classement. Délai (non). Ni l'article L. 332-5, qui prévoit que les propriétaires et titulaires de droits réels disposent d'un délai de six mois à compter de cette notification pour demander l'indemnisation du préjudice résultant des prescriptions dont est assorti le classement, ni aucune autre disposition n'impose de délai pour la notification de l'acte aux propriétaires et titulaires de droits réels concernés. Par suite, le moyen tiré de ce que le décret attaqué, publié au *Journal officiel* le 5 juin 2015, serait entaché d'irrégularité pour n'avoir été notifié au requérant que le 13 mars 2017, ne peut qu'être écarté (■ CE, 16 mai 2018, n° 412480).

Art. L. 332-6 *(Anc. C. rur., art. L. 242-6 ; mod., L. n° 2002-92, 22 janv. 2002 ; L. n° 2002-276, 27 févr. 2002).* **– À compter du jour où l'autorité administrative compétente notifie au propriétaire intéressé son intention de constituer une réserve naturelle, aucune modification ne peut être apportée à l'état des lieux ou à leur aspect pendant un délai de quinze mois, sauf autorisation spéciale de l'autorité administrative compétente et sous réserve de l'exploitation des fonds ruraux selon les pratiques antérieures. Ce délai est renouvelable une**

fois par décision du président du conseil régional ou arrêté préfectoral, selon les cas, à condition que les premières consultations ou l'enquête publique aient commencé. Lorsque la notification a été effectuée en Corse par le président du conseil exécutif, le délai est renouvelable aux mêmes conditions par décision du conseil exécutif.

Voir : également et par comparaison nos observations, sous art. L. 341-7, p. 660.

Art. L. 332-7 *(Anc. C. rur., art. L. 242-7 ; mod., L. n° 2002-276, 27 févr. 2002 ; Ord. n° 2012-9, 5 janv. 2012).* **– Les effets du classement suivent le territoire classé, en quelque main qu'il passe.**

Quiconque aliène, loue ou concède un territoire classé en réserve naturelle est tenu de faire connaître à l'acquéreur, locataire ou concessionnaire, l'existence du classement.

Toute aliénation d'un immeuble situé dans une réserve naturelle doit être notifiée, dans les quinze jours, à l'autorité administrative compétente par le notaire du cédant ou par la personne qui l'a consentie.

Art. L. 332-8 *(Anc. C. rur., art. L. 242-8 ; rempl., L. n° 2002-276, 27 févr. 2002 ; Ord. n° 2012-9, 5 janv. 2012 ; mod., L. n° 2016-1087, 8 août 2016 ; L. n° 2019-773, 24 juill. 2019).* **– La gestion des réserves naturelles peut être confiée par voie de convention à des établissements publics ou des groupements d'intérêt public lorsque la protection du patrimoine naturel ressort des missions confiées à ces établissements et groupements, ou à des syndicats mixtes, des associations régies par la loi du 1er juillet 1901 relative au contrat d'association ainsi que des associations d'Alsace et de Moselle régies par les articles 21 à 79-III du Code civil local ou des fondations lorsque la protection du patrimoine naturel constitue l'objet statutaire principal de ces syndicats, associations et fondations, ou à des fédérations régionales des chasseurs.**

Elle peut être également confiée aux propriétaires de terrains classés dans la réserve naturelle, à des collectivités territoriales ou à des groupements de collectivités.

Un comité national ou régional des pêches maritimes et des élevages marins créé en application de l'article L. 912-1 du Code rural et de la pêche maritime ou un comité national ou régional de la conchyliculture créé en application de l'article L. 912-6 du même code peut, à sa demande, se voir confier la gestion ou être associé à la gestion d'une réserve naturelle, lorsque celle-ci comprend une partie maritime.

Dommages causés par une réserve naturelle confiée à une association : juridiction compétente. La juridiction judiciaire est seule compétente pour connaître d'une action mettant en cause la responsabilité, en l'espèce, pour dommages causés à des cultures par des sangliers provenant de ladite réserve, de l'association gestionnaire de la réserve naturelle à l'occasion de ses actions visant à assurer la sauvegarde de la faune et de la flore de la réserve (■ T. confl., 25 mars 1996, *Préfet de Gironde et Sté d'exploitation agricole Coutin : D.* 1996, inf. rap. p. 158).

Art. L. 332-8-1 *(Abr., L. n° 2002-276, 27 févr. 2002 ; rétabli à compter du 1er janvier 2022, Ord. n° 2021-1843, 22 déc. 2021).* **– Est affecté, le cas échéant, au gestionnaire public d'une réserve naturelle le produit de la taxe sur l'embarquement maritime de passagers à destination d'espaces naturels protégés mentionnée à l'article L. 423-47 du Code des impositions sur les biens et services, à hauteur de la fraction perçue sur les embarquements à destination de cette réserve.**

Sous-section 2. – Modifications de l'état ou de l'aspect d'une réserve naturelle

Art. L. 332-9 *(Anc. C. rur., art. L. 242-9 ; rempl., L. n° 2002-276, 27 févr. 2002 ; mod., Ord. n° 2012-9, 5 janv. 2012 ; mod. à compter du 1er mars 2017, Ord. n° 2017-80, 26 janv. 2017)* (1). **– Les territoires classés en réserve naturelle ne peuvent être ni détruits ni modifiés dans leur état ou dans leur aspect, sauf autorisation spéciale du conseil régional pour les réserves naturelles régionales, ou du représentant de l'État ou du ministre chargé de la protection de la nature pour les réserves naturelles nationales. En Corse, l'autorisation relève de l'Assemblée de Corse lorsque la collectivité territoriale a pris la décision de classement.**

Un décret en Conseil d'État fixe les modalités de cette autorisation, notamment la consultation préalable des organismes compétents.

(1) Dispositions d'application particulières et transitoires : V. Ord. n° 2017-80, 26 janv. 2017, art. 15.

Toutefois, les travaux urgents indispensables à la sécurité des biens ou des personnes peuvent être réalisés après information de l'autorité compétente, sans préjudice de leur régularisation ultérieure.

Voir : C. urb., art. R. 425-4.

V. également et par comparaison, nos observations, sous art. L. 341-10, p. 661.

1) Autorisation spéciale du préfet. Même lorsqu'un projet consiste à reconstruire à l'identique un bâtiment qui a été détruit, ce projet implique une modification des lieux au sens de l'article L. 332-9 du Code de l'environnement et impose donc une autorisation spéciale du préfet (▪ CAA Lyon, 12 oct. 2010, n° 08LY02827, *Cne de Sixt-Fer-à-Cheval : AJDA* 2010, p. 2511). L'arrêté du préfet des Vosges accordant l'autorisation de construire un bâtiment agricole constitue l'autorisation spéciale ; le permis de construire, délivré conformément aux règles d'urbanisme applicables, ne peut tenir lieu d'autorisation spéciale au titre de la législation sur les réserves naturelles, dès lors que celle-ci a déjà été accordée par l'autorité compétente (▪ TA Strasbourg, 8 janv. 2013, n° 0900505, *Alsace Nature : Environnement* 2013, n° 39, concl. Fr.-X. Pin).

2) Autorisation spéciale du conseil régional. Régularisation d'aménagements déjà implantés. Le fait que la délibération portant sur l'aménagement d'un bassin d'aviron au sein de la réserve naturelle ait été adoptée en vue de régulariser ces aménagements déjà implantés ne fait pas obstacle à l'application des dispositions de l'article L. 332-9 et de l'obligation de solliciter l'autorisation spéciale du conseil régional (▪ CAA Lyon, 23 oct. 2018, n° 17LY04341, *FAPLA et a. : RJE* sept. 2019, n° 3, p. 613-614, note J. Makowiak et I. Michallet ; *JCP* A 2019, n° 4, P. Yolka, « *Noli me tangere* » *(sur l'irréductible intangibilité de l'ouvrage public mal planté)*, n° 2030).

Sous-section 3. – Déclassement

Art. L. 332-10 *(Anc. C. rur., art. L. 242-10 ; mod., L. n° 2002-92, 22 janv. 2002 ; L. n° 2002-276, 27 févr. 2002 ; L. n° 2010-788, 12 juill. 2010* (1) *; Ord. n° 2012-9, 5 janv. 2012).* **– Le déclassement total ou partiel d'un territoire classé en réserve naturelle est prononcé après enquête publique réalisée conformément au chapitre III du titre II du livre Ier du présent code, par décret en Conseil d'État lorsqu'il s'agit d'une réserve naturelle nationale, ou par délibération du conseil régional lorsqu'il s'agit d'une réserve naturelle régionale.**

L'Assemblée de Corse peut, après enquête publique réalisée conformément au chapitre III du titre II du livre Ier du présent code, décider le déclassement total ou partiel d'un territoire dont elle a prononcé le classement en réserve naturelle, à l'exception des terrains classés en réserves naturelles à la demande du représentant de l'État.

La décision de déclassement fait l'objet des mesures prévues à l'article L. 332-4.

Bibliographie : A. Van Lang, *Déclassement d'un territoire classé en réserve naturelle : AJDA* 2015, n° 16, p. 933-936. • C. Cans et O. Cizel, *Réserves naturelles : la frontière ténue entre déclassement, modification et « reclassement » : Dr. env.* 2011, p. 299-301. • C. Cans, *Déclassement d'un territoire classé en réserve naturelle : Dr. env.* 2011, n° 194, p. 299-301.

Voir : partie réglementaire, spécialement art. R. 332-14, p. 2106, art. R. 332-40, p. 2112 et art. R. 332-57, p. 2115.

1) Refus d'abroger un décret de classement. Le refus d'abroger un décret de classement d'une réserve naturelle doit être regardé comme un rejet d'une demande de déclassement de cette réserve. Le législateur a institué une procédure spécifique encadrant le déclassement total ou partiel d'un territoire classé en réserve naturelle ; il suit de là qu'une demande tendant à l'abrogation d'un décret de classement ne peut être regardée que comme tendant au déclassement d'un territoire classé en réserve naturelle. Si l'administration peut proposer, le cas échéant, le déclassement d'une réserve dont les prescriptions ne se justifieraient plus, elle n'a l'obligation d'engager une telle procédure que dans le cas où le changement qui s'est produit dans les circonstances de fait a transformé les caractéristiques du site à un point tel qu'il a eu pour effet de retirer son fondement au classement initial (▪ CE, 27 nov. 2015, n° 381826, *Cne de Saint-Leu*).

---

(1) Dispositions applicables aux projets, plans, programmes ou autres documents de planification pour lesquels l'arrêté d'ouverture et d'organisation de l'enquête publique est publié à compter du premier jour du sixième mois après la publication du décret en Conseil d'État prévu à l'article L. 123-19 du présent code, L. n° 2010-788, 12 juill. 2010, art. 245.

2) Pouvoir d'appréciation de l'autorité administrative. Pour la gestion des réserves naturelles, l'Administration dispose de pouvoirs étendus afin d'adapter son action à l'évolution des circonstances de fait. S'il lui appartient ainsi, le cas échéant, pour un tel motif, de proposer le déclassement d'une réserve dont les prescriptions ne se justifieraient plus, dans les conditions figurant à l'article L. 332-10 du Code de l'environnement, elle n'a l'obligation d'engager une telle procédure que dans le cas où le changement qui s'est produit dans les circonstances de fait et, notamment, dans la configuration des lieux, a transformé les caractéristiques du site à un point tel qu'il a eu pour effet de retirer son fondement au classement initial (▪ CE, 23 juin 2004, n° 208297, *Assoc. Les amis de la Bérarde et du Haut-Vénéon : Rec. CE* 2004, tables p. 776 ; *AJDA* 2004, p. 2404, note C. Cans ; *JCP* A 2004, n° 1514, note Billet ; *Environnement* 2004, n° 10, p. 22, note Benoît).

Section II. – Réserves naturelles volontaires

Art. L. 332-11 *(Anc. C. rur., art. L. 242-11 ; mod., L. n° 2002-92, 22 janv. 2002 ; rempl., L. n° 2002-276, 27 févr. 2002).* **– Les réserves naturelles volontaires agréées à la date d'entrée en vigueur de la loi n° 2002-276 du 27 février 2002 relative à la démocratie de proximité deviennent des réserves naturelles régionales ou, en Corse, des réserves naturelles de la collectivité territoriale de Corse. Toutefois, pendant un délai d'un an à compter de la même date, les propriétaires concernés peuvent demander le retrait de l'agrément dont ils bénéficient.**

Refus d'agrément : motifs insusceptibles d'être retenus comme refus d'agrément par l'Administration. Le fait que des dispositions législatives et réglementaires en vigueur permettent d'atteindre par ailleurs les objectifs de protection de la nature ou le fait que les mesures conservatoires relatives à la circulation et au survol aérien ne peuvent être satisfaites ne justifie pas le refus d'agrément (▪ TA Grenoble, 25 nov. 1992, *Martina : Rev. jur. env.* 1/1994, p. 85). Il en va de même du refus du maire de consentir à un particulier une servitude de passage de véhicules automobiles sur des parcelles dépendantes du domaine privé de la commune classées en réserve naturelle « volontaire » (compétence judiciaire) (▪ T. confl., 24 oct. 1994, *Duperray : Rev. jur. env.* 2/1995, p. 338, note Ph. Billet et J. Untermaier ; *Dr. env.* 1996, n° 38, p. 12 ; *Gaz. Pal.* 1995, 2, p. 467).

Art. L. 332-12 *(Abr., L. n° 2002-276, 27 févr. 2002).*

Section III. – Dispositions communes

Sous-section 1. – Protection des réserves naturelles

Art. L. 332-13 *(Anc. C. rur., art. L. 242-13 ; mod., L. n° 2002-92, 22 janv. 2002 ; L. n° 2002-276, 27 févr. 2002).* **– Nul ne peut acquérir par prescription, sur une réserve naturelle, des droits de nature à modifier son caractère ou à changer l'aspect des lieux.**

Une servitude ne peut être établie par convention dans une réserve naturelle qu'avec l'accord du représentant de l'État ou, lorsqu'il a pris la décision de classement, du conseil régional. En Corse, l'accord requis est délivré par l'Assemblée de Corse lorsque celle-ci a pris la décision de classement.

Art. L. 332-14 *(Anc. C. rur., art. L. 242-14).* **– La publicité est interdite dans les réserves naturelles.**

Voir : sur les règles applicables à la publicité, aux enseignes et préenseignes, livre V, titre VIII : Protection du cadre de vie, art. L. 581-1 et s., p. 1344.

Art. L. 332-15 *(Anc. L. n° 95-101, 2 févr. 1995).* **– Sur le territoire d'une réserve naturelle, il est fait obligation d'enfouissement des réseaux électriques ou téléphoniques ou, pour les lignes électriques d'une tension inférieure à 19 000 volts, d'utilisation de techniques de réseaux torsadés en façade d'habitation, lors de la création de lignes électriques nouvelles ou de réseaux téléphoniques nouveaux.**

Lorsque des nécessités techniques impératives ou des contraintes topographiques rendent l'enfouissement impossible, ou bien lorsque les impacts de cet enfouissement sont jugés supérieurs à ceux d'une pose de ligne aérienne, il peut être dérogé à titre exceptionnel à cette interdiction par arrêté conjoint du ministre chargé de l'énergie ou des télécommunications et du ministre chargé de l'environnement.

Voir : D. n° 2014-1273, 30 oct. 2014 (*JO* 1er nov.) : Le silence gardé par l'administration pendant deux mois vaut décision de rejet de la demande d'autorisation exceptionnelle pour ligne électrique ou téléphonique aérienne dans les réserves naturelles.

Sous-section 2. – Périmètre de protection

Art. L. 332-16 *(Anc. C. rur., art. L. 242-15 ; mod., L. n° 2002-276, 27 févr. 2002 ; L. n° 2010-788, 12 juill. 2010)* (1). **– Le conseil régional, pour les réserves naturelles régionales, ou le représentant de l'État, pour les réserves naturelles nationales, peut instituer des périmètres de protection autour de ces réserves. En Corse, la décision relève de l'Assemblée de Corse lorsque la collectivité territoriale a pris la décision de classement.**

Ces périmètres sont créés après enquête publique réalisée conformément au chapitre III du titre II du livre Ier du présent code sur proposition ou après accord des conseils municipaux.

Illégalité des mesures prévues en dehors de la réserve sans recourir au mécanisme du périmètre de protection. Le décret instituant une réserve naturelle ne peut prévoir que les travaux réalisés hors du périmètre de la réserve sont réglementés sans recourir à l'institution d'un périmètre de protection (■ CE, 21 mars 2001, n° 197925, *CCI du Havre : Dr. env.* 2001, n° 88, note C. Cans ; *Rev. jur. env.* 1/2003, p. 139, note P. Billet).

Art. L. 332-17 *(Anc. C. rur., art. L. 242-16 ; mod., Ord. n° 2012-9, 5 janv. 2012)*. **– À l'intérieur des périmètres de protection, des prescriptions peuvent soumettre à un régime particulier ou interdire toute action susceptible d'altérer le caractère ou de porter atteinte à l'état ou l'aspect de la réserve naturelle. Les prescriptions concernent tout ou partie des actions énumérées à l'article L. 332-3.**

Art. L. 332-18 *(Anc. C. rur., art. L. 242-17)*. **– Les dispositions des articles L. 332-7 et L. 332-8 s'appliquent aux périmètres de protection.**

Bibliographie : F. Bioret, *L'élaboration des plans de gestion des réserves naturelles, bien plus qu'un simple exercice de style* : *Courrier de l'environnement de l'INRA* 2003, n° 48.

Sous-section 3. – Dispositions diverses

Art. L. 332-19 *(Anc. C. rur., art. L. 242-19)*. **– Les réserves naturelles créées en application de l'article 8 *bis* de la loi du 2 mai 1930 sont soumises aux dispositions du présent chapitre.**

Art. L. 332-19-1 *(L. n° 2002-92, 22 janv. 2002 ; rempl., L. n° 2002-276, 27 févr. 2002)*. **– Dans les articles L. 332-4, L. 332-6 et L. 332-7, les mots : « autorité administrative compétente » désignent le président du conseil exécutif lorsque la collectivité territoriale de Corse a pris la décision de classement.**

Section IV. – Dispositions en matière pénale

(Intitulé rempl. à compter du 1er juillet 2013, Ord. n° 2012-34, 11 janv. 2012)

Sous-section 1. – Constatation des infractions et poursuites

Bibliographie : D. Guihal, *Droit répressif de l'environnement*, Économica, 3e éd. 2008. • J.-H. Robert, *Droit pénal de l'environnement*, Éd. Masson, 1980, nos 319 et s. (p. 253 et s.).

Art. L. 332-20 *(Rempl. à compter du 1er juillet 2013, Ord. n° 2012-34, 11 janv. 2012 ; mod., L. n° 2013-619, 16 juill. 2013 ; L. n° 2019-773, 24 juill. 2019 ; L. n° 2021-1104, 22 août 2021)*. **– I. - Les agents des réserves naturelles sont habilités à rechercher et constater, sur le territoire des réserves naturelles dans lesquelles ils sont affectés, ainsi que sur leur périmètre de protection, les infractions au présent chapitre.**

(1) Dispositions applicables aux projets, plans, programmes ou autres documents de planification pour lesquels l'arrêté d'ouverture et d'organisation de l'enquête publique est publié à compter du premier jour du sixième mois après la publication du décret en Conseil d'État prévu à l'article L. 123-19 du présent code, L. n° 2010-788, 12 juill. 2010, art. 245.

Ils sont commissionnés à cet effet par l'autorité administrative et assermentés. Ils sont habilités à relever l'infraction d'obstacle aux fonctions prévue à l'article L. 173-4.

Les agents des réserves n'ayant pas la qualité de fonctionnaire ou d'agent public agissent dans les conditions prévues aux articles L. 172-7 et L. 172-8, L. 172-12 à L. 172-14, L. 172-16 et L. 174-2 et peuvent constater les infractions en quelque lieu qu'elles soient commises, sans pouvoir accéder aux locaux et aux moyens de transport.

Ces agents sont habilités à rechercher et constater les infractions aux dispositions du Code pénal relatives à l'abandon d'ordures, déchets, matériaux et autres objets.

II. – Outre les officiers et agents de police judiciaire, les inspecteurs de l'environnement mentionnés à l'article L. 172-1 et les agents des réserves naturelles, sont habilités à constater sur le territoire des réserves naturelles les infractions mentionnées au I :

1° Les agents des douanes ;

2° Les agents des services de l'État chargés des forêts commissionnés à raison de leurs compétences en matière forestière et assermentés à cet effet ;

3° Les agents de l'Office national des forêts commissionnés à raison de leurs compétences en matière forestière et assermentés à cet effet ;

4° Les gardes champêtres ;

5° Lorsque les mesures de protection portent sur le domaine public maritime ou les eaux territoriales, les agents habilités par l'article L. 942-1 du Code rural et de la pêche maritime à constater les infractions à la réglementation sur l'exercice de la pêche maritime ainsi que les fonctionnaires chargés de la police du domaine public maritime et des eaux territoriales.

Voir : partie réglementaire, spécialement C. env., art. R. 242-38 à R. 242-49.

Bibliographie : D. Guihal, *op. cit.*, n°s 2635 à 2637.

Art. L. 332-21 *(Abr. à compter du 1er juillet 2013, Ord. n° 2012-34, 11 janv. 2012).*

Bibliographie : D. Guihal, *op. cit.*, n°s 2638 à 2640.

Art. L. 332-22 *(Anc. C. rur., art. L. 242-26 ; mod., L. n° 2008-757, 1er août 2008* (1) *; L. n° 2010-874, 27 juill. 2010 ; mod. à compter du 1er juillet 2013, Ord. n° 2012-34, 11 janv. 2012).* – I. – Dans la zone maritime des réserves naturelles, les inspecteurs de l'environnement mentionnés à l'article L. 172-1 affectés dans ces réserves et les agents des réserves naturelles sont habilités à constater les infractions aux réglementations intéressant la protection de cette zone.

II. – Ils sont aussi habilités à rechercher et à constater dans cette zone maritime :

1° Les infractions à la police des eaux et rades définies aux articles L. 5242-1 et L. 5242-2 du Code des transports ;

2° Les infractions à la police des rejets définies aux articles L. 218-11 à L. 218-19 et L. 218-73 du présent code ;

3° Les infractions à la police de la signalisation maritime définies aux articles L. 5336-15 et L. 5336-16 du Code des transports ;

4° Les infractions à la police des biens culturels maritimes définies aux articles L. 544-5 à L. 544-7 du Code du patrimoine ;

5° Les infractions prévues et réprimées par le livre IX du Code rural et de la pêche maritime.

III. – En tant qu'agents chargés de la police des pêches, ils disposent pour effectuer les contrôles des prérogatives prévues aux articles L. 942-5, L. 942-6 et L. 943-1 du Code rural et de la pêche maritime.

Art. L. 332-22-1 *(L. n° 2006-436, 14 avr. 2006* (2) *; mod. à compter du 1er juillet 2013, Ord. n° 2012-34, 11 janv. 2012).* – Sans préjudice des sanctions pénales encourues, toute atteinte à l'intégrité et

(1) Dispositions applicables en Polynésie française, dans les îles Wallis-et-Futuna, en Nouvelle-Calédonie et dans les Terres australes et antarctiques françaises, L. n° 2008-757, 1er août 2008, art. 6, III.

(2) Conditions d'application : V. L. n° 2006-436, 14 avr. 2006, art. 31.

Dispositions applicables à Mayotte et à Saint-Pierre-et-Miquelon, L. n° 2006-436, 14 avr. 2006, art. 30, I.

à la conservation du domaine public inclus dans le périmètre d'une réserve naturelle, ou de nature à compromettre son usage, constitue une contravention de grande voirie constatée, réprimée et poursuivie par voie administrative.

Elle est constatée par les agents visés aux articles L. 172-1 et L. 332-20, sans préjudice des compétences des officiers et agents de police judiciaire et des autres agents spécialement habilités.

Les personnes condamnées sont tenues de réparer ces atteintes et encourent les amendes prévues pour les contraventions de cinquième classe et les cas de récidive. Elles supportent les frais des mesures provisoires et urgentes que le gestionnaire de la réserve naturelle a pu être amené à prendre pour faire cesser le trouble apporté au domaine public par les infractions constatées.

Le préfet, pour une réserve naturelle nationale, le président du conseil régional, pour une réserve naturelle régionale, et le président du conseil exécutif de Corse, pour une réserve naturelle de la collectivité territoriale de Corse, ont respectivement compétence pour saisir le tribunal administratif, dans les conditions et suivant les procédures prévues par le Code de justice administrative.

Bibliographie : S. Caudal-Sizaret, *Actualité des contraventions de grande voirie en matière de protection de l'environnement*, in *Confluences : Mél. en l'honneur de J. Morand-Deviller*, Montchrestien, 2007.

Art. L. 332-23 *(Abr. à compter du 1er juillet 2013, Ord. n° 2012-34, 11 janv. 2012).*

Art. L. 332-24 *(Anc. C. rur., art. L. 242-28).* – **Les contraventions à la réglementation des réserves naturelles mentionnées à l'article 529 du Code de procédure pénale peuvent donner lieu à la procédure de l'amende forfaitaire.**

Voir : partie réglementaire, spécialement art. R. 332-79, p. 2120.

Bibliographie : D. Guihal, *op.cit.*, n° 2641.

Sous-section 2. – Sanctions

Art. L. 332-25 *(Anc. C. rur., art. L. 242-20 ; mod., Ord. n° 2000-916, 19 sept. 2000 ; rempl., Ord. n° 2012-9, 5 janv. 2012 ; mod., L. n° 2016-1087, 8 août 2016 ; L. n° 2019-773, 24 juill. 2019 ; L. n° 2021-1104, 22 août 2021).* – **Est puni de six mois d'emprisonnement et de 30 000 € d'amende, ce montant pouvant être porté jusqu'au double de l'avantage tiré de la commission de l'infraction :**

1. Le fait de ne pas respecter une des prescriptions ou interdictions édictée par la réglementation de la réserve naturelle prévue par l'article L. 332-3 ou de son périmètre de protection prévu à l'article L. 332-17 lorsque ce fait a causé une atteinte non négligeable au développement naturel de la faune et de la flore ou au patrimoine géologique ;

2. Le fait de modifier l'état ou l'aspect des lieux en instance de classement en réserve naturelle sans l'autorisation prévue à l'article L. 332-6 ;

3. Le fait de détruire ou de modifier dans leur état ou dans leur aspect les territoires classés en réserve naturelle sans l'autorisation prévue à l'article L. 332-9.

Le premier alinéa de l'article 131-38 du Code pénal s'applique uniquement aux amendes prévues au présent article exprimées en valeur absolue.

L'extraction de fossiles dans une réserve naturelle. L'extraction de fossiles dans une réserve naturelle dont une partie de territoire se trouve ainsi dévastée et appauvrie constitue un délit au sens de l'article L. 242-9 du Code rural (art. 332-9 du présent code) (■ T. corr. Digne, 19 nov. 1987, *Colombo, Ginssani*).

Art. L. 332-25-1 ((1) (2)*Abr. à compter du 1er juillet 2013, Ord. n° 2012-34, 11 janv. 2012).*

Voir : art. L. 172-12, p. 278 et art. L. 173-8, p. 286.

(1) Conditions d'application : V. L. n° 2006-436, 14 avr. 2006, art. 31.
Dispositions applicables à Mayotte et à Saint-Pierre-et-Miquelon, L. n° 2006-436, 14 avr. 2006, art. 30, I.

(2) Application sur l'ensemble du territoire de la République y compris dans les collectivités d'outre-mer, en Nouvelle-Calédonie et dans les Terres australes et antarctiques françaises : V. L. n° 2009-526, 12 mai 2009, art. 137.

Art. L. 332-26 *(Anc. C. rur., art. L. 242-22 ; abr. à compter du 1er juillet 2013, Ord. n° 2012-34, 11 janv. 2012).*

Art. L. 332-27 *(Anc. C. rur., art. L. 242-23 ; mod., L. n° 2002-276, 27 févr. 2002 ; mod. à compter du 1er juillet 2013, Ord. n° 2012-34, 11 janv. 2012).* **– En cas d'infraction aux dispositions des articles L. 332-6, L. 332-9, L. 332-17 et L. 332-18 ou aux prescriptions de l'acte de classement telles qu'elles sont prévues à l'article L. 332-3 du présent code, les dispositions et sanctions édictées aux articles L. 480-2, L. 480-3 et L. 480-5 à L. 480-9 du Code de l'urbanisme et à l'article L. 341-19 du présent code sont applicables aux territoires placés en réserve naturelle, le ministre chargé de la protection de la nature étant substitué au ministre chargé de l'urbanisme.**

Pour l'application de l'alinéa 1er de l'article L. 480-2 du Code de l'urbanisme, le ministère public ne peut agir qu'à la requête du maire, du fonctionnaire compétent ou d'une association de protection de l'environnement agréée au titre de l'article L. 141-1 du présent code.

Pour l'application de l'article L. 480-5 du Code de l'urbanisme, le tribunal statue soit sur la mise en conformité des lieux avec les prescriptions formulées respectivement par le ministre chargé de l'environnement, le président du conseil régional ou le président du conseil exécutif de Corse, selon qu'il s'agit d'une réserve naturelle nationale, d'une réserve naturelle régionale, ou d'une réserve naturelle classée par l'Assemblée de Corse, soit sur le rétablissement dans leur état antérieur.

Voir : partie réglementaire, spécialement art. R. 332-68, p. 2118.

Modification de l'état des lieux. Le délit de modification de l'état ou de l'aspect d'une réserve naturelle est constitué par la réalisation d'une piste « jeepable » et la mise en place d'une buse ; le juge peut assortir sa condamnation d'une mesure de remise en état des lieux (▪ CA Chambéry, 3 déc. 1997, n° 971713 : *Dr. env.* 1998, n° 61, note R. Léost).

CHAPITRE III. – PARCS NATURELS RÉGIONAUX

Voir : Note technique du 7 novembre 2018 relative au classement et au renouvellement de classement des parcs naturels régionaux et à la mise en œuvre de leurs chartes (NOR : TREL1826915N).

Voir : Obs. sous intitulé Livre III / Loi pour la reconquête de la biodiversité, de la nature et des paysages (DEVL1400720L). La loi prévoit une importante modernisation des institutions locales en faveur de la biodiversité : les parcs naturels régionaux ; les établissements publics de coopération environnementale ; les espaces naturels sensibles ; les établissements publics territoriaux de bassin ; les réserves de biosphère et espaces remarquables ; et l'Agence des espaces naturels de la région d'Île-de-France.

Bibliographie : N. Baron et R. Lajarge, *Les parcs naturels régionaux. Des territoires en expériences*, Quae, 2015. • C. Cans, *De la difficulté de définir les PNR depuis un demi-siècle : Rev. jur. env.* 2018. 245. • *Parcs naturels régionaux : JCl. Environnement et Développement durable*, Fasc. 3510, 2015. • C. Cans, *Parcs naturels régionaux, Droit de l'aménagement*, Le Moniteur-Dalloz 2014, VII-1300. • A. Debièvre, *Les parcs naturels régionaux et le droit : Rev. jur. env.* 2006, n° spéc. • J.-M. Février, *Parcs naturels régionaux : JCl. Rural*, Fasc. 60. • Y. Jégouzo, *Simplification du régime des parcs naturels régionaux : AJDA* 2007, p. 941. • J.-M. Février, *La réforme des parcs naturels régionaux : Environnement* mai 2006, n° 5, comm. 54. • *Actualité réglementaire des parcs naturels régionaux : Environnement* janv. 2006, n° 1, comm. 2. • *Les parcs naturels régionaux 1967-2017 : Rev. jur. env.* 2018, n° spéc. • R. Romi, *La création des parcs naturels régionaux : vers une véritable compétence partagée ? L'enquête publique sur la Charte constitutive : Dr. env.* 2005, n° 134.

À ce jour, il existe 58 parcs naturels régionaux :

Dénomination	Date de création
Parc naturel régional Scarpe-Escaut	13 septembre 1968
Parc naturel régional d'Armorique	30 septembre 1969
Parc naturel régional de Camargue	25 septembre 1970
Parc naturel régional de Brière	16 octobre 1970
Parc naturel régional de la Forêt d'Orient	16 octobre 1970

Dénomination	Date de création
Parc naturel régional des Landes de Gascogne	16 octobre 1970
Parc naturel régional du Morvan	16 octobre 1970
Parc naturel régional du Vercors	16 octobre 1970
Parc naturel régional de Corse	12 mai 1972
Parc naturel régional du Haut-Languedoc	22 octobre 1973
Parc naturel régional des Boucles de la Seine normande	17 mai 1974
Parc naturel régional de Lorraine	17 mai 1974
Parc naturel régional du Pilat	17 mai 1974
Parc naturel régional Normandie-Maine	23 octobre 1975
Parc naturel régional des Vosges du Nord	14 février 1976
Parc naturel régional de Martinique	10 septembre 1976
Parc naturel régional de la Montagne de Reims	28 septembre 1976
Parc naturel régional du Luberon	31 janvier 1977
Parc naturel régional du Queyras	31 janvier 1977
Parc naturel régional des Volcans d'Auvergne	25 octobre 1977
Parc naturel régional de la Haute Vallée de Chevreuse	11 décembre 1985
Parc naturel régional Livradois-Forez	4 février 1986
Parc naturel régional des Caps et Marais d'Opale	12 février 1986
Parc naturel régional du Haut-Jura	21 avril 1986
Parc naturel régional des Ballons des Vosges	5 juin 1989
Parc naturel régional de la Brenne	22 décembre 1989
Parc naturel régional des Marais du Cotentin et du Bessin	14 mai 1991
Parc naturel régional de la Chartreuse	6 mai 1995
Parc naturel régional des Grands Causses	6 mai 1995
Parc naturel régional du Vexin français	9 mai 1995
Parc naturel régional du Massif des Bauges	7 décembre 1995
Parc naturel régional Loire-Anjou-Touraine	30 mai 1996
Parc naturel régional du Verdon	3 mars 1997
Parc naturel régional du Perche	16 janvier 1998
Parc naturel régional de l'Avesnois	13 mars 1998
Parc naturel régional Périgord Limousin	16 mars 1998

Dénomination	Date de création
Parc naturel régional du Gâtinais français	4 mai 1999
Parc naturel régional des Causses du Quercy	1er octobre 1999
Parc naturel régional de Guyane	26 mars 2001
Parc naturel régional des Monts d'Ardèche	9 avril 2001
Parc naturel régional de la Narbonnaise en Méditerranée	18 décembre 2003
Parc naturel régional Oise-Pays de France	15 janvier 2004
Parc naturel régional des Pyrénées catalanes	5 mars 2004
Parc naturel régional de Millevaches en Limousin	18 mai 2004
Parc naturel régional des Alpilles	30 janvier 2007
Parc naturel régional des Pyrénées ariégeoises	30 mai 2009
Parc naturel régional des Ardennes	23 décembre 2011
Parc naturel régional des Préalpes d'Azur	30 mars 2012
Parc naturel régional du Marais poitevin	20 mai 2014
Parc naturel régional du Golfe du Morbihan	2 octobre 2014
Parc naturel régional des Baronnies provençales	26 janvier 2015
Parc naturel régional de la Sainte-Baume	20 décembre 2017
Parc naturel régional de l'Aubrac	23 mai 2018
Parc naturel régional du Médoc	24 mai 2019
Parc naturel régional de la Baie de Somme Picardie Maritime	28 juillet 2020
Parc naturel régional du Mont-Ventoux	28 juillet 2020
Parc naturel régional Corbières-Fenouillèdes	4 septembre 2021
Parc naturel régional du Doubs Horloger	4 septembre 2021

Art. L. 333-1 ***(Anc. C. rur., art. L. 244-1 ; mod., L. n° 2003-591, 2 juill. 2003 ; L. n° 2005-157, 23 févr. 2005 ; L. n° 2006-436, 14 avr. 2006*** (1) ***; L. n° 2010-788, 12 juill. 2010*** (2) (3) ***; mod. à compter du 1er janvier 2016, Ord. n° 2015-1174, 23 sept. 2015 ; L. n° 2015-991, 7 août 2015 ; mod., L. n° 2016-1087, 8 août 2016 ; mod. à compter du 1er avril 2021, Ord. n° 2020-745, 17 juin 2020)*** (4). **– I. – Un parc naturel**

(1) Conditions d'application : V. L. n° 2006-436, 14 avr. 2006, art. 31.
Dispositions applicables à Mayotte et à Saint-Pierre-et-Miquelon, L. n° 2006-436, 14 avr. 2006, art. 30, I.

(2) Dispositions d'application particulières et transitoires : V. L. n° 2010-788, 12 juill. 2010, art. 148.

(3) Dispositions applicables aux projets, plans, programmes ou autres documents de planification pour lesquels l'arrêté d'ouverture et d'organisation de l'enquête publique est publié à compter du premier jour du sixième mois après la publication du décret en Conseil d'État prévu à l'article L. 123-19 du présent code, L. n° 2010-788, 12 juill. 2010, art. 245.

(4) Dispositions d'application particulières et transitoires : V. Ord. n° 2020-745, 17 juin 2020.

régional peut être créé sur un territoire dont le patrimoine naturel et culturel ainsi que les paysages présentent un intérêt particulier.

Les parcs naturels régionaux concourent à la politique de protection de l'environnement, d'aménagement du territoire, de développement économique et social et d'éducation et de formation du public. À cette fin, ils ont vocation à être des territoires d'expérimentation locale pour l'innovation au service du développement durable des territoires ruraux. Ils constituent un cadre privilégié des actions menées par les collectivités publiques en faveur de la préservation des paysages et du patrimoine naturel et culturel.

II. – La charte constitue le projet du parc naturel régional. Elle comprend :

1° Un rapport déterminant les orientations de protection, de mise en valeur et de développement, notamment les objectifs de qualité paysagère définis à l'article L. 350-1 C, ainsi que les mesures permettant de les mettre en œuvre et les engagements correspondants ;

2° Un plan, élaboré à partir d'un inventaire du patrimoine, indiquant les différentes zones du parc et leur vocation ;

3° Des annexes comprenant notamment le projet des statuts initiaux ou modifiés du syndicat mixte d'aménagement et de gestion du parc.

III. – La région engage le classement ou le renouvellement du classement d'un parc naturel régional par une délibération qui prescrit l'élaboration ou la révision de la charte et définit le périmètre d'étude. Ce périmètre d'étude peut comprendre un espace maritime adjacent au territoire terrestre et des espaces appartenant au domaine public maritime naturel de l'État, défini à l'article L. 2111-4 du Code général de la propriété des personnes publiques, et ne peut inclure des espaces appartenant à un parc naturel marin.

Cette délibération est transmise à l'État, qui émet un avis motivé sur l'opportunité du projet, notamment au regard de la qualité patrimoniale du territoire et de la cohérence du périmètre d'étude, dans un délai fixé par le décret prévu au VII du présent article.

Le cas échéant, la région fixe et justifie par délibération le périmètre d'étude modifié pour tenir compte de l'avis motivé de l'État. ;

IV. – Le projet de charte initiale est élaboré par la région et le projet de charte révisée est élaboré par le syndicat mixte d'aménagement et de gestion du parc, avec l'ensemble des collectivités territoriales et des établissements publics de coopération intercommunale à fiscalité propre concernés, en associant l'État et en concertation avec les partenaires intéressés, notamment les chambres consulaires.

Le projet de charte est soumis à une enquête publique réalisée en application du chapitre III du titre II du livre Ier, puis il est transmis par la région aux collectivités territoriales et aux établissements publics de coopération intercommunale à fiscalité propre concernés, pour approbation. À l'issue de cette procédure, la région approuve le projet de charte, sous réserve que les communes ayant approuvé la charte représentent une majorité qualifiée des communes comprises dans le périmètre d'étude, définie par le décret prévu au VII. Elle approuve le périmètre de classement ou de renouvellement de classement, constitué du territoire des communes comprises dans le périmètre d'étude ayant approuvé la charte, et propose, le cas échéant, un périmètre de classement potentiel, constitué du territoire de communes comprises dans le périmètre d'étude n'ayant pas approuvé la charte, en veillant à assurer la cohérence du périmètre global en résultant.

L'approbation du projet de charte emporte demande d'adhésion au syndicat mixte d'aménagement et de gestion du parc.

La charte est adoptée par décret portant classement ou renouvellement du classement en parc naturel régional, pour une durée de quinze ans, du territoire des communes comprises dans le périmètre de classement ou de renouvellement de classement approuvé par la région.

Ce décret approuve également, le cas échéant, le périmètre de classement potentiel proposé par la région.

Le décret est fondé sur la qualité patrimoniale du territoire, sur sa cohérence, sur la qualité du projet de charte, sur la détermination des collectivités territoriales et des établissements publics de coopération intercommunale à fiscalité propre à mener à bien le projet et sur la capacité du syndicat mixte d'aménagement et de gestion du parc à conduire le projet de façon cohérente.

Dans des conditions fixées par le décret prévu au VII, le territoire des communes du périmètre de classement potentiel peut être classé par arrêté du représentant de l'État dans la région, pour la durée de validité du classement du parc naturel régional restant à courir, sur proposition du syndicat mixte d'aménagement et de gestion du parc, après délibération de la commune concernée portant approbation de la charte, notamment au

regard de la qualité patrimoniale du territoire concerné et de la détermination des collectivités territoriales et des établissements publics de coopération intercommunale à fiscalité propre à mener à bien le projet.

V. – L'État et les collectivités territoriales ainsi que les établissements publics de coopération intercommunale à fiscalité propre ayant approuvé la charte appliquent les orientations et les mesures de la charte dans l'exercice de leurs compétences sur le territoire du parc. Ils assurent, en conséquence, la cohérence de leurs actions et des moyens qu'ils y consacrent, ainsi que, de manière périodique, l'évaluation de la mise en œuvre de la charte et le suivi de l'évolution du territoire. L'État et les régions ayant approuvé la charte peuvent conclure avec le syndicat mixte d'aménagement et de gestion du parc un contrat en application du contrat de plan État-régions. Les règlements locaux de publicité prévus à l'article L. 581-14 du présent code doivent être compatibles avec les orientations et les mesures de la charte. Les schémas de cohérence territoriale, les schémas de secteurs, les plans locaux d'urbanisme et les documents d'urbanisme en tenant lieu ainsi que les cartes communales doivent être compatibles avec les chartes dans les conditions fixées aux articles L. 131-1 et L. 131-6 du Code de l'urbanisme.

Toutefois, par dérogation au premier alinéa du présent V, les documents d'urbanisme ne sont pas soumis à l'obligation de compatibilité avec les orientations et les mesures de la charte qui seraient territorialement contraires au schéma régional d'aménagement, de développement durable et d'égalité des territoires prévu à l'article L. 4251-1 du Code général des collectivités territoriales.

VI. – Lors de leur élaboration ou de leur révision, les documents de planification, d'aménagement de l'espace et de gestion des ressources naturelles relatifs au climat, à l'air, aux énergies, aux continuités écologiques, aux déplacements, aux infrastructures de transport, aux orientations forestières, aux carrières, à l'accès à la nature et aux sports de nature, à la gestion de l'eau et des milieux aquatiques, à la prévention des risques, à la gestion cynégétique, à la gestion de la faune sauvage, au tourisme, à la mer et au littoral sont soumis pour avis au syndicat mixte d'aménagement et de gestion du parc naturel régional en tant qu'ils s'appliquent à son territoire. ;

VII. – Un décret en Conseil d'État fixe les modalités d'application du présent article. Il comprend notamment la liste des documents concernés par l'alinéa précédent.

VIII. – Pour les parcs naturels régionaux dont le classement ou le renouvellement de classement a été prononcé par décret avant la publication de la loi n° 2016-1087 du 8 août 2016 pour la reconquête de la biodiversité, de la nature et des paysages ou lorsque l'avis motivé de l'État sur l'opportunité du projet est intervenu avant la publication de cette même loi, une commune ou des communes n'ayant pas approuvé la charte lors de la procédure prévue au deuxième alinéa du IV peuvent être classées dans des conditions fixées par le décret prévu au VII. Ce classement est prononcé par décret pour la durée de validité du classement du parc naturel régional restant à courir, après avis du représentant de l'État dans la région, sur proposition du syndicat mixte d'aménagement et de gestion du parc, après délibération de la commune ou des communes concernées portant approbation de la charte, notamment au regard de la qualité patrimoniale du territoire concerné, de la cohérence avec le périmètre classé et de la détermination des collectivités territoriales et des établissements publics de coopération intercommunale à fiscalité propre à mener à bien le projet, sans qu'il soit besoin de procéder ni à l'enquête publique ni aux consultations préalables prévues à l'occasion du classement initial et de son renouvellement.

Voir : partie réglementaire, C. env., art. R. 333-1 et s.

Bibliographie : J.-M. Breton, *Parcs nationaux et parcs naturels régionaux* : *Juristourisme* 2021, n° 244, 40. • P. Cornille, *La charte d'un parc naturel régional est-elle opposable aux demandes d'autorisations d'occuper le sol ?* : *Constr.-Urb.* 2011, p. 23. • X. de Lesquen, *Articulation entre la charte d'un parc naturel régional et le schéma départemental des carrières* : *BDEI* 2014, n° 54, p. 5-8. • E. Glaser, *Charte d'un parc naturel régional* : *RLCT* 2014, n° 104, p. 33. • A. Paradeise, *L'importance des chartes des parcs naturels régionaux en matière de protection de l'environnement* : *Dr. env.* 2024, n° 332, 191. • T. Pouthier, *La réception des chartes des parcs naturels régionaux par le juge de l'urbanisme : sitôt consacrées, sitôt neutralisées* : *AJDA* 2014, n° 23, p. 1338-1343. • C. Roger-Lacan, *La portée réglementaire des chartes des parcs naturels régionaux et ses limites* : *BDEI* 2012, n° 38, p. 33-42. • T. Soleilhac, *Les chartes des parcs naturels régionaux : de la qualification indéterminée à la précision réglementaire* : *DAUH aména* 2014, complément n° 20.

1) Nature juridique de la charte d'un PNR. La charte d'un parc naturel régional ne constitue pas un document d'urbanisme au sens des dispositions de l'article R. 600-1 du Code de l'urbanisme (■ CE, 27 févr. 2004, n° 198124, *Centre régional de la propriété foncière de Lorraine-Alsace* : *Rec. CE* 2004, p. 98 ; *RFDA* 2004, p. 423, note Terneyre ; *RD imm.* 2004, p. 219 et 354, note Y. Jégouzo ; *JCP* A

3 mai 2004, n° 1327, note P. Billet ; *Constr.-Urb.* 2004, n° 84, obs. Benoit-Cattin ; *RD rur.* 2004, p. 323, note Chédozeau ; *RD rur.* 2004, p. 542, note Grimonprez). La charte d'un parc naturel régional est néanmoins un acte de nature réglementaire qui peut contenir des mesures précises relatives aux conditions d'occupation des sols (▪ CE, 29 avr. 2009, n° 293896, *Cne de Manzat*, à paraître au Recueil ; *Environnement* 2009, n° 7, p. 19, note M. Sousse ; *Dr. adm.* juin 2009, n° 6, p. 43 ; *JCP* A 28 sept. 2009, n° 40-41, p. 23, note P. Billet). La charte d'un parc naturel régional est un acte destiné à orienter l'action des pouvoirs publics dans un souci de protection de l'environnement, d'aménagement du territoire, de développement économique et social et d'éducation et de formation du public sur le territoire du parc et à assurer la cohérence de cette action avec les objectifs qui y sont définis (▪ CE, 8 févr. 2012, n° 321219, *Union des industries de carrières et matériaux de construction en Rhône-Alpes : AJDA* 2012, 237, note Grand ; *Environnement* 2012, n° 31, note Gillig ; *BJCL* mars 2012, n° 03/12, p. 195-207, note Poujade : Quelle est la nature juridique de la charte d'un parc naturel régional ?. ▪ CAA Versailles, 23 janv. 2020, n°s 17VE02091 et 17VE02109, *Assoc. vexinoise de lutte contre les carrières cimentières et a.* ▪ CE, 21 août 2019, n° 418498, *UNICEM PACAC : JurisData* n° 2019-014298).

2) Portée de la charte d'un PNR. La charte d'un parc naturel régional est un acte destiné à orienter l'action des pouvoirs publics dans un souci de protection de l'environnement, d'aménagement du territoire, de développement économique et social et d'éducation et de formation du public sur le territoire du parc et à assurer la cohérence de cette action avec les objectifs qui y sont définis. S'il appartient, dès lors, aux différentes collectivités concernées de prendre les mesures et de mener les actions propres à assurer la réalisation des objectifs de la charte et de mettre en œuvre les compétences qu'ils tiennent des différentes législations, dans toute la mesure où elles leur confèrent un pouvoir d'appréciation, dans un souci de cohérence qui est une condition de leur légalité, la charte d'un parc naturel régional ne peut légalement contenir de règles opposables aux tiers, qu'il s'agisse de règles de fond ou de règles de procédure (▪ CE, 27 févr. 2004, n° 198124, *Centre régional de la propriété foncière de Lorraine-Alsace : Rec. CE* 2004, p. 98 ; *RFDA* 2004, p. 423, note Terneyre ; *RD imm.* 2004, p. 219 et 354, note Y. Jégouzo ; *JCP* A 3 mai 2004, n° 1327, note P. Billet ; *Constr.-Urb.* 2004, n° 84, obs. Benoit-Cattin ; *RD rur.* 2004, p. 323, note Chédozeau ; *RD rur.* 2004, p. 542, note Grimonprez. ▪ CE, 15 nov. 2006, n° 291056, *Syndicat mixte du parc naturel régional de la montagne de Reims : Dr. adm.* 2007, comm. 9, P. Trouilly ; *Environnement* 2007, n° 1, comm. 7, J.-M. Février. ▪ CE, 8 févr. 2012, n° 321219, *Union des industries de carrières et matériaux de construction en Rhône-Alpes : AJDA* 2012, 237, note Grand ; *Environnement* 2012, n° 31, note Gillig. ▪ CE, 16 juill. 2012, n° 351846, *Union des amis du parc naturel régional du Gâtinais français*). La charte d'un parc naturel régional peut néanmoins contenir des mesures précises relatives aux conditions d'occupation des sols (▪ CE, 29 avr. 2009, n° 293896, *Cne de Manzat*, à paraître au Recueil ; *Environnement* 2009, n° 7, p. 19, note M. Sousse ; *Dr. adm.* juin 2009, n° 6, p. 43 ; *JCP* A 28 sept. 2009, n° 40-41, p. 23, note P. Billet).

3) Portée de la convention d'application de la charte d'un PNR. La circonstance qu'une déclaration d'utilité publique relative à la construction d'une ligne électrique à haute tension méconnaîtrait la convention d'application de la charte d'un parc naturel régional est sans incidence sur la légalité de cette décision dès lors que les travaux litigieux ne sont pas incohérents avec les orientations de la Charte elle-même (▪ CE, 15 nov. 2006, n° 291056, *Syndicat mixte du parc naturel régional de la montagne de Reims : Dr. adm.* janv. 2007, n° 1, comm. 9, P. Trouilly ; *Environnement* 2007, n° 1, comm. 7, J.-M. Février).

4) Cohérence des décisions de l'État avec la charte d'un PNR. Il appartient à l'État, en application de l'article L. 333-1 du Code de l'environnement, une fois qu'il a adhéré à la charte d'un parc naturel régional, de veiller à ce que les décisions qu'il prend dans l'exercice de ses compétences ne soient pas incohérentes avec l'existence d'un tel parc (▪ CE, 28 mai 2003, n° 223851, *Cne de Sailly et a. c/ Union des amis du Parc naturel du Vexin français et a.*). La charte d'un parc naturel régional est un acte destiné à orienter l'action des pouvoirs publics dans un souci de protection de l'environnement, d'aménagement du territoire, de développement économique et social et d'éducation et de formation du public sur le territoire du parc et à assurer la cohérence de cette action avec les objectifs qui y sont définis ; il appartient dès lors à l'État et aux différentes collectivités territoriales concernées de prendre les mesures et de mener les actions propres à assurer la réalisation des objectifs de la charte et de mettre en œuvre les compétences qu'ils tiennent des différentes législations, dès lors qu'elles leur confèrent un pouvoir d'appréciation, de façon cohérente avec les objectifs ainsi définis (▪ CAA Marseille, 12 mars 2015, n° 14MA00313, *MEDD*).

5) Opposabilité de la charte aux autorisations d'utilisation ou d'occupation des sols (non). Si l'article L. 333-1 du Code de l'environnement institue une obligation de compatibilité des documents d'urbanisme avec les orientations et mesures contenues dans la charte d'un parc naturel régional, celle-ci n'a pas pour objet principal de déterminer les prévisions et règles touchant à l'affectation et à l'occupation des sols. Ses dispositions ne sont dès lors pas opposables aux demandes d'autorisation d'utilisation ou d'occupation des sols (▪ CE, 27 févr. 2004, n° 198124, *Centre régional de la propriété foncière de Lorraine-Alsace : Rec. CE* 2004, p. 98 ; *RFDA* 2004, p. 423, note Terneyre ; *RD imm.* 2004, p. 219 et 354, note Y. Jégouzo ; *JCP* A 3 mai 2004, n° 1327, note P. Billet ; *Constr.-Urb.* 2004, n° 84, obs. Benoit-Cattin ; *RD rur.* 2004, p. 323, note Chédozeau ; *RD rur.* 2004, p. 542, note Grimonprez. ▪ CAA Marseille, 24 nov. 2005, n° 02MA00354, *SCI Asse Durance : Rev. jur. env.* 2006, n° spécial, p. 111, note P. Billet).

6) Compatibilité des documents d'urbanisme avec la charte d'un PNR (oui). Un plan local d'urbanisme doit être compatible avec la charte d'un parc naturel régional dont la commune fait partie. Dès lors, une opération ne peut légalement être déclarée d'utilité publique si la modification du document d'urbanisme nécessaire à sa réalisation aurait pour effet de rendre ce document incompatible avec la charte (▪ CE, 29 avr. 2009, n° 293896, *Cne de Manzat : Environnement* 2009, n° 7, p. 19, note M. Sousse ; *Dr. adm.* 2009, n° 6, p. 43 ; *JCP* A 2009, n° 40-41, p. 23, note P. Billet. – V. également, ▪ CAA Versailles, 20 sept. 2007, n° 05VE01700, *Cne de Guitrancourt*). Il en va de même pour le schéma directeur de la région Île-de-France (▪ CE, avis, 21 oct. 1997, n° 361028 : *EDCE* 1998, p. 212). La modification d'un document d'urbanisme doit également être compatible avec les dispositions de la charte d'un PNR (▪ CAA Marseille, 7 oct. 2010, n° 08MA02113, *Comité d'intérêt de quartier du Plan et a.*). Ne commet pas d'erreur de droit le juge des référés qui, pour suspendre un permis de construire délivré par une commune dotée d'un POS et située sur le territoire d'un parc naturel régional, a pu estimer devoir tenir compte des prescriptions de la fiche communale annexée au rapport de la charte du parc naturel régional, notamment du croquis y figurant, et estimer, au vu l'importance des différences entre les dispositions de la charte du parc naturel régional et celles du POS de la commune, que le moyen tiré de ce que le plan d'occupation des sols apparaît incompatible avec certaines des dispositions de la charte du parc naturel régional était de nature, en l'état de l'instruction, à créer un doute sérieux sur la légalité du permis concerné (▪ CE, 28 sept. 2011, n° 343645, *Cne de la Chapelle-en-Serval*). Le Conseil d'État contrôle en cassation la qualification juridique des faits opérée par les juges du fond pour apprécier la compatibilité de la révision d'un plan d'occupation des sols avec la charte d'un parc naturel régional. Il met en œuvre à cette fin des techniques déjà éprouvées pour contrôler la compatibilité entre divers documents d'urbanisme, et accentue ainsi l'intégration des chartes des parcs naturels régionaux à la hiérarchie des normes d'urbanisme (▪ CE, 12 févr. 2014, n° 357215, *Cne d'Épinay-Champlâtreux : AJDA* 2014, 1338, note Pouthier ; *Environnement* 2014, n° 42, note Gillig).

7) Illégalité de la charte d'un PNR par voie d'exception. Si, ni le document d'urbanisme, ni la déclaration d'utilité publique ne constituent une mesure d'application de la charte d'un PNR, de sorte que les moyens tirés par voie d'exception de l'illégalité de la charte seraient par suite inopérants à l'encontre d'une décision approuvant un plan local d'urbanisme ou déclarant d'utilité publique un projet, il en va autrement s'agissant d'un refus de modifier le document d'urbanisme et de déclarer d'utilité publique une opération, pris au motif d'une incompatibilité avec la charte (▪ CE, 29 avr. 2009, n° 293896, *Cne de Manzat*, à paraître au Recueil ; *Environnement* 2009, n° 7, p. 19, note M. Sousse ; *Dr. adm.* juin 2009, n° 6, p. 43 ; *JCP* A 28 sept. 2009, n° 40-41, p. 23, note P. Billet).

8) Compatibilité des autorisations ICPE avec la charte d'un PNR. Le dossier de demande d'autorisation d'exploiter une installation pour la protection de l'environnement doit permettre au public d'apprécier la compatibilité du projet présenté avec la charte du parc naturel régional (▪ TA Strasbourg, 30 mai 2001, n° 99-12.888, *Alsace nature c/ Cne de Niedermorschwir*). Les stipulations de la charte d'un PNR peuvent également fonder un refus d'autorisation d'exploiter (V. pour l'extension d'un élevage porcin, ▪ TA Pau, 10 juin 2004, n° 0200014, *EARL Bentoulere*). Le Conseil d'État accepte de contrôler la compatibilité d'une autorisation administrative d'exploiter une ICPE avec les orientations d'une charte de PNR (▪ CE, 21 avr. 2022, n° 442953 : *BDEI* 2022, n° 5, p. 322, concl. N. Agnoux ; *Énergie – Env. – Infrastr*, n° 11, p. 61, note J. Leplat. – ▪ V. également sol. impl., ▪ CE, 19 nov. 2004, n° 263444, *SARL Centrale des carrières : Rec. CE* 2004, tables p. 562 ; *Environnement* 2005, n° 3, p. 26, note Gillig. – V. également, dans le même sens, ▪ CAA Nantes, 24 mars 1999, n° 97NT00187, *Sté des carrières de Noës* ; pour une autorisation de carrière : ▪ CE, 8 févr. 2012, n° 321219, *Union des industries de carrières et matériaux de construction en Rhône-Alpes : AJDA* 2012, 237, note Grand ; *Environnement* 2012, n° 31, note Gillig. – V. en sens contraire, ▪ TA Lille, 20 oct. 1998, *Assoc. Opale : Rev. jur. env.* 2000, p. 128, note Hélin et Hostiou, et ▪ TA

Rennes, 20 oct. 2002, n° 972164, *Bourgeois et a. : Rev. jur. env.* 1/2004, p. 101, note P. Billet). L'activité d'extraction de matériaux étant susceptible de provoquer des nuisances environnementales et paysagères, une charte de parc naturel régional peut légalement comporter les mesures précises et imposer, en particulier, une localisation de cette activité dans des zones qui lui sont affectées. Dans le cas où le zonage de ce schéma départemental serait différent de celui de la charte d'un parc naturel régional, il appartient à l'État de veiller à ce que les décisions qu'il prend dans l'exercice de ses autres compétences soient cohérentes avec les prescriptions de la charte (■ CE, 25 juin 2014, n° 366007, *Union nat. des industries de carrières et des matériaux de construction : Dr. env.* 2014, 264 ; *Dr. aménagement* 2014, complément n° 20, p. 46, et *ibid.*, p. 48, chron. Soleilhac ; *BDEI* nov. 2014, n° 1830, concl. Lesquen).

9) Charte d'un PNR et déclaration d'utilité publique. Les dispositions de la charte d'un PNR rentrent en ligne de compte dans le bilan coûts/avantages que le juge administratif réalise pour apprécier la légalité d'une déclaration d'utilité publique. En l'espèce, il apparaît que la réalisation de l'équipement litigieux se traduira par des atteintes nouvelles et très significatives à l'ensemble environnemental constitué par les gorges du Verdon, le lac de Sainte-Croix, le plateau de Valensole et leurs abords. Les atteintes graves portées à ces zones d'intérêt exceptionnel excèdent l'intérêt de l'opération, et sont de nature à lui retirer son caractère d'utilité publique (■ CE, 10 juill. 2006, n° 288108 et a., *Assoc. interdépartementale et intercommunale pour la protection du lac de Sainte-Croix, de son environnement, des lacs et des sites du Verdon et a. : Rec. CE* 2006, p. 332, 909 et 1013 ; *RJEP/CJEG* déc. 2006, n° 637, p. 456, concl. C. Vérot et obs. J.-M. Pilate ; *RFDA* sept.-oct. 2006, p. 990, note M.-F. Delhoste ; *JCP* A 2006, p. 1256, note P. Billet ; *Environnement* 2007, p. 15, concl. Vérot).

10) Charte d'un PNR et projet d'intérêt général (PIG). Si la mesure 7-2 de la charte du PNR du Vexin français prévoit que l'exploitation de matériaux se fait de manière exemplaire, exemplarité qui doit se traduire par la mise en œuvre pour chaque site ou projet de site d'une véritable concertation, cette mesure ne prévoit une véritable concertation qu'au stade de l'exploitation d'une carrière sans l'envisager pour la qualification d'un projet d'intérêt général en vue de sa prise en compte dans un document d'urbanisme. Le PIG litigieux ne méconnaît donc pas la mesure 7-2 de la charte (■ CAA Versailles, 23 janv. 2020, n°s 17VE02091 et 17VE02109, *Assoc. vexinoise de lutte contre les carrières cimentières et a.*).

11) Circulation motorisée. Afin de protéger la faune et la flore et de lutter contre l'érosion et la dégradation des chemins et sentiers, le maire d'une commune située dans le périmètre d'un parc naturel régional peut valablement interdire la circulation des véhicules à moteur en dehors des voies dotées d'un revêtement adéquat (■ CE, 12 déc. 1997, *Assoc. Les Crapahuteurs de la Colombière : RD rur.* 1998, act. p. 73).

12) Nécessité d'une révision partielle de l'acte de classement pour le transfert de gestion d'un PNR. Une région ne peut pas simplement approuver le principe de transfert de la gestion du parc naturel régional d'une fondation à un syndicat mixte, mais doit procéder à la révision partielle du décret institutif, après avoir été saisie du projet de révision par ladite fondation et avoir recueilli l'accord de l'ensemble des collectivités territoriales concernées sur ce projet (■ CE, 19 févr. 2007, n° 275263, *Grossi, GFA Fielouse Cardet et a. : JCP* A 7 mai 2007, n° 19, n° 2107, note P. Billet ; *Environnement* 2007, n° 4, comm. 72, J.-M. Février).

13) Délimitation du périmètre. Contrôle restreint. Le territoire d'une commune ayant refusé d'approuver le projet de charte d'un parc naturel régional ne peut légalement être inclus dans le périmètre de ce parc. Eu égard à la nature et à la portée de la charte d'un parc naturel régional, ainsi qu'aux conditions de son adoption, il appartient au juge de l'excès de pouvoir d'apprécier si la décision délimitant le périmètre du parc n'est pas entachée d'erreur manifeste d'appréciation au regard de l'ensemble des critères énoncés à l'article R. 333-4 (■ CE, 20 déc. 2013, n° 363667, *Assoc. FNE et a. : Environnement* 2014, n° 21, note Trouilly ; *AJDA* 2014, 719. ■ CE, 8 juin 2016, n° 389062, *Association Baronnies libres sans parc : AJDA* 2016, 1206, note Montecler ; *Dr. env.* 2016, 259 et 2016, 305, conclusion Lesquen).

14) Cohérence entre le rapport et le plan de la charte d'un PNR. Il appartient aux auteurs de la charte d'un PNR de s'assurer de la cohérence des orientations et mesures mentionnées dans le rapport de la charte avec le zonage figurant dans le plan du parc et les indications qu'il comporte (■ CE, 21 août 2019, n° 418498, *UNICEM PACAC : JurisData* n° 2019-014298).

15) Usage du français et des langues régionales dans la Charte. Si l'article 2 de la Constitution impose l'usage du français à l'ensemble des personnes publiques, cet usage ne fait obstacle à ce que certains passages de la Charte puissent être également traduits en langue régionale et que la Charte promeuve elle-même « la langue provençale » (■ CE, 31 oct. 2022, n° 44948 : *JCP* A, n° 7, p. 29, note J.-S. Boda).

Art. L. 333-2 *(Mod. à compter du 1er janvier 2016, Ord. n° 2015-1174, 23 sept. 2015 ; à compter du 1er août 2017, L. n° 2016-1888, 28 déc. 2016).* – Les parcs naturels régionaux situés dans les massifs de montagne constituent un instrument exemplaire au service de la protection de l'équilibre biologique et de la préservation des sites et paysages visés à l'article 1er de la loi n° 85-30 du 9 janvier 1985 relative à la montagne. Leur représentation dans les comités de massif, prévus à l'article 7 de la même loi, traduit le caractère privilégié de leurs relations avec les régions et les collectivités territoriales dans le cadre d'un aménagement du territoire respectant la spécificité des zones de montagne.

Cette représentation leur permet d'être associés à l'élaboration des prescriptions particulières visées à l'article L. 122-26 du Code de l'urbanisme, notamment en ce qui concerne les modalités de préservation des espaces, paysages et milieux caractéristiques du patrimoine naturel et culturel montagnard.

Le syndicat mixte d'aménagement et de gestion du parc naturel régional contribue, sur le territoire classé et dans le cadre de la charte du parc, à la prise en compte des spécificités des territoires de montagne et à la mise en cohérence des politiques publiques sur ces territoires. Il contribue au renforcement des solidarités territoriales, en particulier entre les territoires urbains et montagnards.

Art. L. 333-3 *(Anc. C. rur., art. L. 244-3 ; rempl., L. n° 2006-436, 14 avr. 2006* (1) *; mod., L. n° 2016-1087, 8 août 2016).* – I. - L'aménagement et la gestion des parcs naturels régionaux sont confiés à un syndicat mixte au sens du titre II du livre VII de la cinquième partie du Code général des collectivités territoriales.

Le syndicat mixte d'aménagement et de gestion du parc représente, sur le territoire du parc, un partenaire privilégié de l'État, des collectivités territoriales et des établissements publics de coopération intercommunale à fiscalité propre concernés dans le domaine de la biodiversité et des paysages.

Dans les domaines d'intervention d'un parc naturel régional, dans le cadre fixé par la charte du parc et sur le territoire des communes classées, le syndicat mixte d'aménagement et de gestion du parc assure la cohérence des engagements des collectivités territoriales, des établissements publics de coopération intercommunale à fiscalité propre concernés et de l'État et en coordonne tant la mise en œuvre, notamment par une programmation financière pluriannuelle, que l'évaluation de cette mise en œuvre et le suivi de l'évolution du territoire. Le syndicat peut, dans le cadre de cette coordination, présenter des propositions d'harmonisation des schémas de cohérence territoriale.

Le syndicat mixte d'aménagement et de gestion du parc peut se voir confier par la région tout ou partie de la procédure de renouvellement du classement.

II. - Les articles L. 5211-12, à l'exception de son premier alinéa, L. 5211-13 et L. 5211-14 du même code sont applicables aux membres, représentant les collectivités territoriales ou leurs groupements, du comité du syndicat mixte.

III. - Les indemnités maximales votées par le comité du syndicat mixte pour l'exercice effectif des fonctions de président et de vice-président sont déterminées par un décret par référence à la superficie du territoire classé et au montant du traitement correspondant à l'indice brut terminal de l'échelle indiciaire de la fonction publique.

Ces indemnités ne sont applicables qu'aux présidents et vice-présidents, ayant la qualité d'élus locaux, désignés parmi les membres visés au II.

Voir : partie réglementaire, spécialement art. R. 333-1 et s., p. 2121.

1) Nature du gestionnaire. Le gestionnaire d'un PNR doit obligatoirement être un syndicat mixte. Dès lors, si la gestion d'un PNR créé avant le 3 février 1995 peut continuer à être assurée par l'organisme auquel elle incombait antérieurement, même s'il ne s'agit pas d'un syndicat mixte, le nouveau gestionnaire devra obligatoirement être un syndicat mixte en cas de changement de la personne responsable de la gestion du PNR (■ CE, 23 juin 2004, n° 254926, *Grossi et a. : Rec. CE* 2004, tables p. 775 ; *AJDA* 2004, p. 1599, concl. Guyomar ; *JCP* A 2004, n° 1610, note P. Billet ; *Environnement* 2004, n° 107, note Benoît ; *RD imm.* 2004, p. 356, note Y. Jégouzo).

2) Statut du personnel. Les syndicats mixtes sont des établissements publics dont le personnel titulaire relève de la fonction publique territoriale (■ CE, 12 juin 1995, n° 110514, *Guiheneuf*).

3) Emploi fictif. Se rend coupable de détournement de fonds publics, pour emploi fictif, le président du syndicat mixte d'un parc naturel régio-

(1) Conditions d'application : V. L. n° 2006-436, 14 avr. 2006, art. 31.
Dispositions applicables à Mayotte et à Saint-Pierre-et-Miquelon, L. n° 2006-436, 14 avr. 2006, art. 30, I.

nal, dont les dépenses de fonctionnement sont financées par l'office de l'environnement de la Corse qui accueille un agent mis à disposition au sein du syndicat mixte, dont la rémunération est retenue sur la dotation du syndicat mixte, sachant que cet agent, non présent, ne fournissait aucun travail effectif (■ Cass. crim., 30 mai 2001 : *JurisData* n° 2001-010343 ; *Dr. pén.* 2001, n° 11, comm. M. Veron, n° 126, p. 14).

4) Travaux soumis à étude d'impact. Le directeur d'un parc naturel régional doit être saisi de l'étude d'impact relative à l'implantation d'un centre d'enfouissement technique de résidus urbains situé dans le périmètre du parc, préalablement à la délivrance de l'autorisation des travaux soumis à étude d'impact (■ CAA Douai, 1re ch., 25 oct. 2001 : *JurisData* n° 2001-182194).

5) Nécessité d'une révision partielle de l'acte de classement pour le transfert de gestion d'un PNR. Une région ne peut pas simplement approuver le principe de transfert de la gestion du parc naturel régional d'une fondation à un syndicat mixte, mais doit procéder à la révision partielle du décret institutif, après avoir été saisie du projet de révision par ladite fondation et avoir recueilli l'accord de l'ensemble des collectivités territoriales concernées sur ce projet (■ CE, 19 févr. 2007, n° 275263, *Grossi, GFA Fielouse Cardet et a. : JCP* A 2007, n° 19, n° 2107, note P. Billet ; *Environnement* 2007, n° 4, comm. 72, J.-M. Février).

Art. L. 333-4 *(Rempl., L. n° 2003-590, 2 juill. 2003 ; abr., L. n° 2010-1563, 16 déc. 2010 ; rétabli, L. n° 2016-1087, 8 août 2016).* **– La Fédération des parcs naturels régionaux de France a vocation à représenter l'ensemble des parcs naturels régionaux. Elle assure l'animation et la coordination technique du réseau des parcs naturels régionaux, la valorisation de leurs actions et leur représentation aux niveaux national et international.**

Elle est consultée dans le cadre des procédures de classement ou de renouvellement de classement des parcs naturels régionaux, dans des conditions fixées par décret.

Elle assure un rôle de conseil auprès des syndicats mixtes d'aménagement et de gestion des parcs naturels régionaux pour la mise en œuvre de leurs missions.

Bibliographie : V. sur ce sujet, F. Bilbaut-Faillant, *Commentaire de la notion de pays telle qu'elle apparaît dans les lois nos 95-115 et 99-533, relatives à l'aménagement et au développement du territoire : LPA* 14 juill. 2000, n° 140 ; *ibid.* 17 juill. 2000, n° 141, p. 5-11.

CHAPITRE IV. – AIRES MARINES PROTÉGÉES

(L. n° 2006-436, 14 avr. 2006 (1) *; intitulé rempl. à compter du 1er janvier 2017, L. n° 2016-1087, 8 août 2016)*

Section I. – Aires marines protégées

Bibliographie : O. Delfour, *Le rôle des aires marines protégées face à l'urgence climatique* : *AFDI* 2022, p. 39. • S. Jolivet, *Régulation des flux touristiques dans les aires marines « hyper fréquentées » : la contribution du préfet maritime à la construction d'un ordre public écologique* : *DMF* 2020, p. 854. • Miquel, *L'agence des aires marines protégées : quelle ambition pour la politique de protection du milieu marin ?*, Rapport d'information pour le Sénat n° 654, 25 juin 2014 (disponible sur http://www.senat.fr/notice-rapport/2013/r13-654-notice.html). • L. Stahl, *L'extension de la définition juridique des aires marines protégées aux outre-mer* : *Rev. jur. env.* 2023, p. 203.

Voir : Obs. sous intitulé Livre III / Loi pour la reconquête de la biodiversité, de la nature et des paysages (DEVL1400720L). La loi prévoit notamment la création de l'« Agence française pour la biodiversité », constituée par la fusion de l'Office national de l'eau et des milieux aquatiques (ONEMA), de l'Atelier technique des espaces naturels (ATEN), de l'Agence des aires marines protégées (AAMP) et de l'établissement public Parcs nationaux de France / Loi portant création de l'Office français de la biodiversité, modifiant les missions des fédérations des chasseurs (TREL1827740L). La loi prévoit la création de l'Office français de la biodiversité, constitué par la fusion de l'Agence française pour la biodiversité et de l'Office national de la chasse et de la faune sauvage.

Art. L. 334-1 *(L. n° 2006-436, 14 avr. 2006* (1) *; mod. L. n° 2016-1087, 8 août 2016* (2) *; L. n° 2019-773, 24 juill. 2019 ; L. n° 2021-1104, 22 août 2021).* **– I et II** *(Abr.).*

---

(1) Conditions d'application : V. L. n° 2006-436, 14 avr. 2006, art. 31.
Dispositions applicables à Mayotte et à Saint-Pierre-et-Miquelon, L. n° 2006-436, 14 avr. 2006, art. 30, I.
(2) Dispositions applicables dans les îles Wallis-et-Futuna et dans les Terres australes et antarctiques françaises, L. n° 2016-1087, 8 août 2016, art. 103, I et II.

III. – Les aires marines protégées comprennent :

1° Les parcs nationaux ayant une partie maritime, prévus à l'article L. 331-1 ;

2° Les réserves naturelles ayant une partie maritime, prévues à l'article L. 332-1, et, le cas échéant, les périmètres de protection de ces réserves, prévus à l'article L. 332-16 ;

3° Les arrêtés de protection des biotopes, des habitats naturels et des sites d'intérêt géologique ayant une partie maritime, prévus à l'article L. 411-1 ;

4° Les parcs naturels marins, pris en application de l'article L. 334-3 ;

5° Les sites Natura 2000 ayant une partie maritime, prévus à l'article L. 414-1 ;

6° Les parties maritimes du domaine relevant du Conservatoire de l'espace littoral et des rivages lacustres ;

7° Les zones de conservation halieutiques, prévues à l'article L. 924-1 du Code rural et de la pêche maritime ;

8° Les parties maritimes des parcs naturels régionaux, prévus à l'article L. 333-1 du présent code ;

9° Les réserves nationales de chasse et de faune sauvage ayant une partie maritime, prévues à l'article L. 422-27.

10° Les aires marines protégées créées en application des codes de l'environnement de la Polynésie française, des provinces de Nouvelle-Calédonie et de Wallis-et-Futuna ;

11° Les aires marines ou ayant une partie marine délimitées par la France en application des instruments régionaux ou internationaux suivants :

a) Au titre des instruments internationaux :

– la convention relative aux zones humides d'importance internationale, particulièrement comme habitats des oiseaux d'eau, signée à Ramsar le 2 février 1971 ;

– la convention pour la protection du patrimoine mondial, culturel et naturel, adoptée par la 17e conférence générale de l'Organisation des Nations Unies pour l'éducation, la science et la culture le 16 novembre 1972 (1) ;

– la résolution n° 28 C/24, adoptée par la 28e conférence générale de l'Organisation des Nations Unies pour l'éducation, la science et la culture le 14 novembre 1995, approuvant la Stratégie de Séville pour les réserves de biosphère et adoptant le cadre statutaire du réseau mondial de réserves de biosphère ;

b) Au titre des instruments régionaux :

– pour la Méditerranée, le protocole relatif aux aires spécialement protégées et à la diversité biologique en Méditerranée (ensemble trois annexes adoptées à Monaco le 24 novembre 1996), signé à Barcelone le 10 juin 1995 (2) ;

– pour l'océan Atlantique du Nord-Est, l'annexe V à la convention pour la protection du milieu marin de l'Atlantique du Nord-Est sur la protection et la conservation des écosystèmes et de la diversité biologique de la zone maritime (ensemble un appendice 3 sur les critères de détermination des activités humaines aux fins de ladite annexe), signée à Sintra le 23 juillet 1998 (3) ;

– pour l'océan Atlantique, région des Caraïbes, le protocole relatif aux zones et à la vie sauvage spécialement protégées dans la région des Caraïbes (ensemble trois annexes), signé à Kingston le 18 janvier 1990 (4) ;

– pour l'océan Indien, le protocole relatif aux zones protégées ainsi qu'à la faune et à la flore sauvages dans la région de l'Afrique orientale (ensemble quatre annexes), signé à Nairobi le 21 juin 1985 (5) ;

– pour l'Antarctique, l'annexe V au protocole au traité sur l'Antarctique relatif à la protection de l'environnement, protection et gestion des zones, signé à Madrid le 4 octobre 1991 (6) ;

– pour le Pacifique Sud, la convention pour la protection de la nature dans le Pacifique Sud, signée à Apia le 12 juin 1976 (7).

Un décret en Conseil d'État définit la procédure au terme de laquelle sont identifiées d'autres catégories d'aires marines protégées.

---

(1) Conv. publiée par D. n° 76-160, 10 févr. 1976 et entrée en vigueur le 19 décembre 1975. – NDLR.

(2) Prot. publié par D. n° 2002-1454, 9 déc. 2002 et entré en vigueur le 16 avril 2001. – NDLR.

(3) Ann. publiée par D. n° 2005-145, 14 févr. 2005 et entrée en vigueur le 24 novembre 2004. – V. Conv. 22 sept. 1992 publiée par D. n° 2000-830, 24 août 2000. – NDLR.

(4) Prot. publié par D. n° 2002-969, 4 juill. 2002 et entré en vigueur le 5 mai 2002. – V. Conv. 24 mars 1983 publiée par D. n° 87-125, 19 févr. 1987. – NDLR.

(5) Prot. publié par D. n° 2000-982, 2 oct. 2000. – NDLR.

(6) Prot. publié par D. n° 98-861, 18 sept. 1998 et entré en vigueur le 14 janvier 1998. – NDLR.

(7) Conv. publiée par D. n° 94-110, 1er févr. 1994 et entrée en vigueur le 26 juin 1990. – NDLR.

Voir : Instruction du Gouvernement du 13 mars 2015 relative à la mise en place d'un dispositif ministériel de contrôle des aires marines protégées et de certaines autorisations délivrées dans les eaux métropolitaines au titre de la protection de l'environnement marin (NOR : DEVL1502035J, *BOME* n° 6, 10 avr. 2015).

Aire ayant une partie maritime (non). Ne constituent pas des aires marines protégées en application des dispositions de l'article L. 334-1 la réserve naturelle des îlets de Sainte-Anne, créée par un décret n° 95-915 du 11 août 1995, et les zones de l'arrêté préfectoral de biotope du 22 octobre 2002 concernant l'île Loup-Garou dans la mesure où elles ne comportent pas de parties maritimes (■ CE, 15 mai 2019, n° 412087, *Cne du Marin*).

Art. L. 334-2 *(Abr. à compter du 1er janvier 2017, L. n° 2016-1087, 8 août 2016).*

Art. L. 334-2-1 *(Anc. art. L. 334-6 créé, L. n° 2006-436, 14 avr. 2006* (1) *; mod., L. n° 2008-757, 1er août 2008* (2) *; L. n° 2010-874, 27 juill. 2010 ; devenu l'article L. 334-2-1 et mod. à compter du 1er juillet 2013, Ord. n° 2012-34, 11 janv. 2012 ; L. n° 2013-619, 16 juill. 2013 ; mod., L. n° 2016-1087, 8 août 2016).* **– Outre les officiers et agents de police judiciaire, les inspecteurs de l'environnement mentionnés à l'article L. 172-1 sont habilités à rechercher et à constater, dans les aires marines protégées mentionnées au III de l'article L. 334-1 :**

1° Les infractions à la police des eaux et rades définies aux articles L. 5242-1 et L. 5242-2 du Code des transports ;

2° Les infractions à la police des rejets définies aux articles L. 218-11 à L. 218-19, L. 218-22 et L. 218-73 du présent code ;

3° Les infractions à la police de la signalisation maritime définies aux articles L. 5336-15 et L. 5336-16 du Code des transports ;

4° Les infractions à la police des biens culturels maritimes définies aux articles L. 544-5 à L. 544-7 du Code du patrimoine ;

5° Les infractions prévues et réprimées par le livre IX du Code rural et de la pêche maritime et ses textes d'application. En tant qu'agents chargés de la police des pêches, les agents mentionnés au premier alinéa disposent pour effectuer les contrôles des prérogatives prévues aux articles L. 942-5, L. 942-6 et L. 943-1 du Code rural et de la pêche maritime ;

6° Les infractions au chapitre II du titre II du présent livre ainsi qu'aux textes pris pour son application ;

7° Les infractions au chapitre II du titre III du présent livre ainsi qu'aux textes pris pour son application ;

8° Les infractions au chapitre II du titre VI du présent livre ainsi qu'aux textes pris pour son application ;

9° Les infractions au titre Ier du livre IV ainsi qu'aux textes pris pour son application.

Voir : partie réglementaire, spécialement art. R. 334-1 à R. 334-26, p. 2130.

Art. L. 334-2-2 *(Créé à compter du 8 février 2017, L. n° 2016-1087, 8 août 2016).* **– Un dispositif de partage des positions visant à éviter les collisions avec les cétacés équipe :**

1° Les navires de l'État d'une longueur supérieure ou égale à 24 mètres qui ne participent pas à des activités de sécurité ou de défense nationales ;

2° Les navires de charge d'une longueur supérieure ou égale à 24 mètres, à l'exception des navires mentionnés à l'article L. 334-2-4 ;

3° Les navires à passagers d'une longueur supérieure ou égale à 24 mètres, à l'exception des navires mentionnés à l'article L. 334-2-4, battant pavillon français, lorsqu'ils naviguent dans les sanctuaires pour les mammifères marins situés dans les aires marines protégées Pélagos et Agoa. Les navires mentionnés aux 1°, 2° ou 3° qui y naviguent ponctuellement peuvent être exonérés de cette obligation dans des conditions fixées par voie réglementaire.

Art. L. 334-2-3 *(Créé à compter du 8 février 2017, L. n° 2016-1087, 8 août 2016).* **– Est puni de 30 000 € d'amende le fait, pour un armateur au sens des articles L. 5411-1 et L. 5411-2 du Code des**

(1) Conditions d'application : V. L. n° 2006-436, 14 avr. 2006, art. 31.
Dispositions applicables à Mayotte et à Saint-Pierre-et-Miquelon, L. n° 2006-436, 14 avr. 2006, art. 30, I.

(2) Dispositions applicables en Polynésie française, dans les îles Wallis-et-Futuna, en Nouvelle-Calédonie et dans les Terres australes et antarctiques françaises, L. n° 2008-757, 1er août 2008, art. 6, III.

transports, d'exploiter un navire mentionné aux 2° ou 3° de l'article L. 334-2-2 du présent code, sans l'avoir équipé du dispositif mentionné au même article L. 334-2-2.

Art. L. 334-2-4 ***(Créé à compter du 8 février 2017, L. n° 2016-1087, 8 août 2016).*** **– Est puni de 30 000 € d'amende le fait d'équiper d'un dispositif de partage des positions visant à éviter les collisions avec les cétacés un navire utilisé pour proposer des sorties commerciales comprenant une activité d'observation des mammifères marins.**

Art. L. 334-2-5 ***(Créé à compter du 8 février 2017, L. n° 2016-1087, 8 août 2016).*** **– Outre les officiers et les agents de police judiciaire et les inspecteurs de l'environnement mentionnés à l'article L. 172-1 du présent code, les personnes mentionnées aux 1° à 5° du I et au II de l'article L. 942-1 du Code rural et de la pêche maritime sont habilitées à rechercher et à constater les infractions prévues aux articles L. 334-2-3 et L. 334-2-4 du présent code.**

Section II. – Parcs naturels marins

Bibliographie : S. Mabile, *Les parcs naturels marins consacrés par le législateur : Rev. jur. env.* 3/2006, p. 251 ; *La création du Parc naturel marin d'Iroise : chèque en blanc à l'État ou nouvelle forme de gouvernance locale ? : Dr. env.* 2007, p. 301.

Art. L. 334-3 ***(L. n° 2006-436, 14 avr. 2006*** (1)***; mod., L. n° 2010-788, 12 juill. 2010*** (2)***; L. n° 2016-1087, 8 août 2016)*** (3). **– Des parcs naturels marins peuvent être créés dans les eaux placées sous la souveraineté ou la juridiction de l'État, ainsi que sur les espaces appartenant au domaine public maritime ou au plateau continental, pour contribuer à la connaissance du patrimoine marin ainsi qu'à la protection et au développement durable du milieu marin. La création de parcs naturels marins situés en partie dans les eaux sous juridiction de l'État ou sur son plateau continental tient compte des dispositions de la convention des Nations unies sur le droit de la mer du 10 décembre 1982** (4)**, notamment de sa partie XII.**

Le décret créant un parc naturel marin est pris après enquête publique réalisée conformément au chapitre III du titre II du livre Ier du présent code. Il fixe les limites du parc ainsi que la composition et les modalités d'organisation du conseil de gestion et arrête les orientations de gestion du parc naturel marin. Le conseil de gestion peut déléguer certaines de ses attributions, selon les modalités prévues par le décret de création du parc naturel marin.

Voir : D. n° 2007-1406, 28 sept. 2007 portant création du Parc naturel marin d'Iroise (*JO* 2 oct. 2007). – Pour une validation de ce décret par le Conseil d'État, ■ CE, 22 févr. 2009, n° 310927, *Cozan*, et pour un commentaire, V. Mabile, *La création du Parc naturel marin d'Iroise : chèque en blanc à l'État ou nouvelle forme de gouvernance locale ? : Dr. env.* 2007, p. 301. – D. n° 2010-71, 18 janv. 2010 portant création du parc naturel marin de Mayotte (*JO* 21 janv. 2010). – D. n° 2011-1269, 11 oct. 2011 portant création du Parc naturel marin du golfe du Lion (*JO* 13 oct. 2011). – D. n° 2012-245, 22 févr. 2012 portant création du parc naturel marin des Glorieuses (*JO* 23 févr. 2012). – D. n° 2012-1389, 11 déc. 2012 portant création du parc naturel marin des estuaires picards et de la mer d'Opale (*JO* 13 déc. 2012). – D. n° 2014-588, 5 juin 2014 portant création du parc naturel marin du bassin d'Arcachon (*JO* 7 juin 2014). – D. n° 2015-424, 15 avr. 2015 portant création du parc naturel marin de l'estuaire de la Gironde et de la mer des Pertuis (*JO* 17 avr. 2015). – D. n° 2016-963, 15 juill. 2016 portant création du parc naturel marin du cap Corse et de l'Agriate (*JO* 16 juill. 2016, Rect. *JO* 6 août 2016). – D. n° 2017-784, 5 mai 2017 portant création du parc naturel marin de Martinique (*JO* 7 mai 2017).

1) Extension ultérieure. L'article L. 334-3 du *Code de l'environnement* aux termes duquel le décret de création du parc « en fixe les limites » n'empêche pas de prévoir une extension ultérieure du parc (■ CE, 22 févr. 2009, n° 310927, *Cozan*).

(1) Conditions d'application : V. L. n° 2006-436, 14 avr. 2006, art. 31.
Dispositions applicables à Mayotte et à Saint-Pierre-et-Miquelon, L. n° 2006-436, 14 avr. 2006, art. 30, I.

(2) Dispositions applicables aux projets, plans, programmes ou autres documents de planification pour lesquels l'arrêté d'ouverture et d'organisation de l'enquête publique est publié à compter du premier jour du sixième mois après la publication du décret en Conseil d'État prévu à l'article L. 123-19 du présent code, L. n° 2010-788, 12 juill. 2010, art. 245.

(3) Dispositions applicables dans les Terres australes et antarctiques françaises, L. n° 2016-1087, 8 août 2016, art. 160, II.

(4) Conv. publiée par D. n° 96-774, 30 août 1996. – NDLR.

2) **Régularité de l'enquête publique.** Bien que l'enquête publique n'ait été organisée que dans 27 communes de Martinique situées sur le littoral de l'île, alors que de nombreuses personnes concernées par les activités de la pêche résident dans des communes non littorales et sans que les îles voisines aient été associées à la consultation, l'enquête publique ne peut pas être regardée comme n'ayant pas assuré l'information et la participation du public si le dossier d'enquête publique a également été mis en ligne sur le site internet de la préfecture et de la direction de l'environnement, de l'aménagement et du logement de la Martinique et si des permanences ont été organisées dans 21 de ces 27 communes (■ CE, 15 mai 2019, n° 412087, *Cne du Marin*).

3) (■ CAA Nantes, 7 déc. 2018, n° 17NT02656).

Art. L. 334-3-1 ***(L. n° 2020-1525, 7 déc. 2020).*** **– I. – La modification du décret de création d'un parc naturel marin est réalisée selon l'une des procédures définies aux II à IV.**

II. – Lorsque la modification porte sur la délimitation du périmètre du parc naturel marin ou sur les orientations de sa gestion, le décret de modification est pris après une enquête publique réalisée sur le seul territoire de la ou des communes littorales concernées par la modification, dans les conditions prévues au chapitre III du titre II du livre Ier.

III. – Lorsque la modification du périmètre du parc au large ne concerne pas de commune littorale déterminée, le décret de modification est pris après enquête publique organisée dans la commune, lieu du siège du ou des représentants de l'État dans les départements concernés et dans la commune lieu du siège du représentant de l'État en mer.

IV. – Lorsque la modification porte sur la composition et les modalités d'organisation du conseil de gestion, un décret peut modifier le décret de création après une participation du public dans les conditions définies à l'article L. 123-19-1.

Art. L. 334-4 ***(L. n° 2006-436, 14 avr. 2006*** (1) ***; mod. à compter du 1er janvier 2017, L. n° 2016-1087, 8 août 2016 ; à compter du 1er janvier 2020, L. n° 2019-773, 24 juill. 2019).*** **– I. – La gestion de cette catégorie d'aires marines protégées est assurée par l'Office français de la biodiversité prévue à l'article L. 334-1.**

II. – Un conseil de gestion est constitué pour chaque parc naturel marin. Il est composé de représentants locaux de l'État de façon minoritaire, de représentants des collectivités territoriales intéressées et de leurs groupements compétents, du représentant du ou des parcs naturels régionaux intéressés, du représentant de l'organisme de gestion d'une aire marine protégée contiguë, de représentants d'organisations représentatives des professionnels, d'organisations d'usagers, d'associations de protection de l'environnement et de personnalités qualifiées.

Le conseil de gestion se prononce sur les questions intéressant le parc. Il élabore le plan de gestion du parc. Il définit les conditions d'un appui technique aux projets des collectivités territoriales qui veulent s'y associer. Il peut recevoir délégation du conseil d'administration de l'office.

Art. L. 334-5 ***(L. n° 2006-436, 14 avr. 2006*** (1) ***; mod. à compter du 1er janvier 2017, L. n° 2016-1087, 8 août 2016 ; à compter du 1er janvier 2020, L. n° 2019-773, 24 juill. 2019).*** **– Le plan de gestion détermine les mesures de protection, de connaissance, de mise en valeur et de développement durable à mettre en œuvre dans le parc naturel marin. Il comporte un document graphique indiquant les différentes zones du parc et leur vocation. Il est mis en révision tous les quinze ans au moins.**

L'Office français de la biodiversité peut attribuer des subventions destinées au financement de projets concourant à la mise en œuvre du plan de gestion.

L'État, les collectivités territoriales et les organismes qui s'associent à la gestion du parc naturel marin veillent à la cohérence de leurs actions et des moyens qu'ils y consacrent avec les orientations et les mesures du plan de gestion.

Lorsqu'une activité est susceptible **d'altérer de façon notable le milieu marin d'un parc naturel marin, l'autorisation à laquelle elle est soumise ne peut être délivrée que sur avis conforme de l'Office français de la**

(1) Conditions d'application : V. L. n° 2006-436, 14 avr. 2006, art. 31.
Dispositions applicables à Mayotte et à Saint-Pierre-et-Miquelon, L. n° 2006-436, 14 avr. 2006, art. 30, I.

biodiversité ou, sur délégation, du conseil de gestion. Cette procédure n'est pas applicable aux activités répondant aux besoins de la défense nationale, de l'ordre public, de la sécurité maritime et de la lutte contre la pollution.

Art. L. 334-6 *(Transf. ss. art. L. 334-2-1, Ord. n° 2012-34, 11 janv. 2012).*

Art. L. 334-7 *(L. n° 2006-436, 14 avr. 2006* (1) *; mod. à compter du 1er juillet 2013, Ord. n° 2012-34, 11 janv. 2012 ; mod., L. n° 2013-619, 16 juill. 2013 ; mod. à compter du 1er janvier 2017, L. n° 2016-1087, 8 août 2016 ; à compter du 1er janvier 2020, L. n° 2019-773, 24 juill. 2019).* – Sans préjudice des sanctions pénales encourues, toute atteinte à l'intégrité et à la conservation du domaine public inclus dans le périmètre d'un parc naturel marin, ou de nature à compromettre son usage, constitue une contravention de grande voirie constatée, réprimée et poursuivie par voie administrative.

Elle est constatée par les agents visés aux articles L. 172-1 et L. 334-2-1, sans préjudice des compétences des officiers et agents de police judiciaire et des autres agents spécialement habilités.

Les personnes condamnées sont tenues de réparer ces atteintes et encourent les amendes prévues pour les contraventions de cinquième classe et les cas de récidive. Elles supportent les frais des mesures provisoires et urgentes que le conseil de gestion a pu être amené à prendre pour faire cesser le trouble apporté au domaine public par les infractions constatées.

Le directeur de l' Office français de la biodiversité et, sur délégation, ses représentants auprès des conseils de gestion ont compétence pour saisir le tribunal administratif, dans les conditions et suivant les procédures prévues par le Code de justice administrative.

Bibliographie : V. Caudal-Sizaret, *Actualité des contraventions de grande voirie en matière de protection de l'environnement*, in *Confluences : Mél. en l'honneur de J. Morand-Deviller*, Montchrestien, 2007.

Art. L. 334-8 *(L. n° 2006-436, 14 avr. 2006)* (1). – Un décret en Conseil d'État fixe les modalités d'application du présent chapitre.

Voir : art. R. 334-27 et s., p. 2131.

CHAPITRE V. – DISPOSITIONS COMMUNES AUX PARCS NATIONAUX ET AUX PARCS NATURELS RÉGIONAUX

(L. n° 2008-595, 25 juin 2008)

Art. L. 335-1 *(L. n° 2008-595, 25 juin 2008).* – Les parcs nationaux et les parcs naturels régionaux peuvent, avec l'accord unanime des exploitants agricoles concernés, exclure la culture d'organismes génétiquement modifiés sur tout ou partie de leur territoire, sous réserve que cette possibilité soit prévue par leur charte.

Bibliographie : P. Trouilly, *Loi du 25 juin 2008 : Environnement* août 2008, n° 8, comm. 123. • P. Billet, *Index raisonné de la loi OGM du 25 juin 2008 : RD rur.* 2008, n° 368, 10-11.

CHAPITRE VI. – RÉSERVES DE BIOSPHÈRE ET ZONES HUMIDES D'IMPORTANCE INTERNATIONALE

(Chapitre créé, L. n° 2016-1087, 8 août 2016)

Bibliographie : D. Comba, *Le régime légal des réserves MAB en France : Rev. jur. env.* 2011, p. 297. • M. Jardin, *Les réserves de biosphère se dotent d'un statut international : enjeux et perspectives : Rev. jur. env.* 1996, p. 375.

Art. L. 336-1 *(L. n° 2016-1087, 8 août 2016).* – En application de la résolution 28 C/2-4 de la conférence de l'Organisation des Nations unies pour l'éducation, la science et la culture approuvant la stratégie de Séville et adoptant un cadre statutaire du réseau mondial de réserves de biosphère du

(1) Conditions d'application : V. L. n° 2006-436, 14 avr. 2006, art. 31.
Dispositions applicables à Mayotte et à Saint-Pierre-et-Miquelon, L. n° 2006-436, 14 avr. 2006, art. 30, I.

14 novembre 1995 les collectivités territoriales, leurs groupements, l'ensemble des syndicats mixtes au sens du livre VII de la cinquième partie du Code général des collectivités territoriales, les associations et les établissements publics nationaux à caractère administratif des parcs peuvent mettre en œuvre une réserve de biosphère.

Une réserve de biosphère concourt à l'objectif de développement durable, au sens du II de l'article L. 110-1 du présent code.

Art. L. 336-2 *(L. n° 2016-1087, 8 août 2016)*. **– Conformément à l'article 2 de la convention relative aux zones humides d'importance internationale, particulièrement comme habitat des oiseaux d'eau, signée à Ramsar le 2 février 1971, peuvent être proposés à l'inscription sur la liste des zones humides d'importance internationale les milieux humides dont la préservation présente un intérêt international au point de vue écologique, botanique, zoologique, limnologique ou hydrologique. Les sites ainsi inscrits sont gérés de façon à favoriser leur conservation et leur utilisation rationnelle.**

II. – La stratégie nationale pour la biodiversité favorise le développement des réserves de biosphère mentionnées à l'article L. 336-1 du Code de l'environnement et l'inscription de sites sur la liste des zones humides d'importance internationale mentionnée à l'article L. 336-2 du même code, tant en métropole qu'outre-mer.

TITRE IV. – SITES

Voir : Droit interne : L. n° 2010-788 portant engagement national pour l'environnement (loi Grenelle 2), 12 juill. 2010, art. 124 à 132, art. 150 ; C. patr., art. L. 143-1 à L. 143-15 relatifs à la fondation du patrimoine. – Circ. 11 mai 2007 relative à l'évolution de la politique des sites inscrits (*BOME* 13/2007). Loi n° 2016-925 du 7 juillet 2016 relative à la liberté de la création, à l'architecture et au patrimoine.

CHAPITRE UNIQUE. – SITES INSCRITS ET CLASSÉS

(Anc. chapitre Ier devenu le présent chapitre, L. n° 2010-788, 12 juill. 2010)

Voir : Loi n° 2016-1087 pour la reconquête de la biodiversité, de la nature et des paysages (DEVL1400720L), promulguée le 8 août 2016 (*JORF* 9 août 2016). Le texte de loi (Titre VII « Paysage ») revoit en profondeur le régime des sites inscrits et classés via, notamment, la suppression de la procédure d'inscription pour le futur. Les sites inscrits devront, avant le 1er janvier 2026 soit faire l'objet d'une mesure de classement, soit faire l'objet d'un décret mettant fin à leur inscription, soit faire l'objet d'un maintien de cette inscription par un arrêté ministériel. Les changements programmés dans le projet de loi initial en matière de sites n'ont finalement pas été retenus.

Section I. – Inventaire et classement

Art. L. 341-1 *(Anc. L. n° 1930-05-02, 2 mai 1930 ; mod., L. n° 2002-92, 22 janv. 2002 ; Ord. n° 2004-637, 1er juill. 2004* (1) *; mod., L. n° 2010-788, 12 juill. 2010, L. n° 2016-1087, 8 août 2016)*. **– Il est établi dans chaque département une liste des monuments naturels et des sites dont la conservation ou la préservation présente, au point de vue artistique, historique, scientifique, légendaire ou pittoresque, un intérêt général.**

Après l'enquête publique réalisée conformément au chapitre III du titre II du livre Ier, l'inscription sur la liste est prononcée par arrêté du ministre chargé des sites et, en Corse, par délibération de l'Assemblée de Corse après avis du représentant de l'État.

(1) Dispositions applicables aux projets, plans, programmes ou autres documents de planification pour lesquels l'arrêté d'ouverture et d'organisation de l'enquête publique est publié à compter du premier jour du sixième mois après la publication du décret en Conseil d'État prévu à l'article L. 123-19 du présent code, L. n° 2010-788, 12 juill. 2010, art. 245.

L'inscription entraîne, sur les terrains compris dans les limites fixées par l'arrêté, l'obligation pour les intéressés de ne pas procéder à des travaux autres que ceux d'exploitation courante en ce qui concerne les fonds ruraux et d'entretien en ce qui concerne les constructions sans avoir avisé, quatre mois d'avance, l'administration de leur intention (1).

Voir : pour la partie réglementaire, art. R. 341-1 et s., p. 2135.

1) Constitutionnalité. Sont conformes à la Constitution l'article L. 341-1 du Code de l'environnement dans sa rédaction issue de l'ordonnance n° 2004-637 du 1er juillet 2004, les articles L. 341-2, L. 341-6, L. 341-9 et L. 341-10 du Code de l'environnement (■ Cons. const., 23 nov. 2012, déc. n° 2012-283 QPC : *JO* 24 nov.).

I – INSCRIPTION : CONDITIONS

2) Décision d'inscription. Absence d'obligation de motivation. Bien que la circulaire du 10 janvier 1980 (*JO* 14 janv.) prise en application de la loi du 11 juillet 1979, fasse figurer l'arrêté ministériel portant inscription d'un site à l'inventaire visé à l'article 4 de la loi du 2 mai 1930 (C. env., art. L. 341-1, al. 1er) parmi la liste des actes administratifs devant être motivés, le Conseil d'État a jugé que la mesure d'inscription n'est pas un acte individuel et n'a donc pas à être motivée en application de la loi du 11 juillet 1979 (■ CE, 31 mars 2004, n° 247924, *SA Blanchiment de Xonrupt et SCI des Lacs : Rec. CE* 2004, tables p. 774 ; *AJDA* 2004, p. 1670 ; *JCP* A 2004, n° 1609, note P. Billet).

3) Absence d'obligation de concertation préalable au classement. Ni l'article L. 341-1 ni aucune autre disposition législative ou réglementaire n'imposent l'organisation d'une concertation préalable au classement d'un site. Si l'administration a néanmoins engagé une procédure de concertation préalable à un tel classement, elle doit cependant procéder à celle-ci de façon régulière (■ CE, 4 nov. 2020, n° 416017).

4) Notion de site historique, artistique, légendaire. Le juge administratif peut se prononcer sur le point de savoir si une ancienne avenue et les terrains qui la bordent constituent une perspective qui prolonge, hors du Parc de Versailles, celle du Grand-Canal et présentent, en conséquence, le caractère d'un site artistique ou historique (■ CE, 13 mars 1935, *Épx Moranville : Rec. CE* 1935, p. 325).

5) Site pittoresque. Le site pittoresque présente « certaines qualités, de vue, de caractère et d'agrément » (■ CE, 2 déc. 1983, *Ville de Paris : Rec. CE* 1983, p. 481 ; *LPA* 27 juin 1984, n° 77, p. 9, comm. J. Morand-Deviller) ou des qualités paysagères s'agissant du massif de l'Esterel (■ CE, 22 mars 1999, *Cne de Théoule-sur-Mer : Dr. adm.* 1999, comm. 153). Pour justifier le caractère pittoresque d'un site urbain, il est parfois fait appel à la qualité architecturale d'un ensemble d'immeubles ou de perspectives (■ CE, 2 déc. 1983, *Ville de Paris*, préc.). Ont été considérés comme pittoresque, le sud-est de l'Île de Ré (■ CE, 8 déc. 1993, *M. et Mme Amelin : Dr. adm.* 1994, comm. 51), la basse vallée de la Clarée (■ CE, 19 janv. 1996, *Synd. mixte d'études pour le tunnel de Montgenèvre : Dr. adm.* 1996, comm. 149), l'Anse des rivières, située sur les rives de la Rance, à proximité d'une usine marémotrice (■ CE, 17 mai 1999, n° 148333, *Cne La Richardais*), ou encore la vallée de la Gartempe sur le territoire des communes de Joubet et Pindray dans le département de la Vienne (■ CE, 17 mars 2008, n° 304050, *Matringhem*). Le classement de telle frange côtière qui « avait pour objectif d'empêcher le développement incontrôlé du camping-caravaning dans cette partie de l'île » (■ CE, 18 févr. 1994, n° 120767, *Assoc. des propriétaires de terrains à vocation de loisirs de l'Île de Ré : JurisData* n° 1994-041688) ou le classement d'un site fragile, d'en contrôler la fréquentation et d'empêcher l'implantation désordonnée des accès, campings et aires de stationnement ainsi que l'avancée de l'urbanisation vers les falaises (■ CE, 27 sept. 1999, nos 168849 et 1689272, *Marie, Millet, Chaignon : Lettre JCl. Environnement* nov. 1999 ; *RD rur.* 2000, p. 296). Plus rarement, le Conseil d'État déclare qu'il résulte des pièces du dossier que tel secteur ou telle parcelle présente le caractère d'un site pittoresque, sans le décrire dans les motifs de son arrêt (■ CE, 16 févr. 1994, n° 120261, *Cne d'Aiguines*). Le juge administratif peut ordonner une visite des lieux pour examiner le caractère pittoresque du site (■ CE, 13 mars 1970, *Dame Benoist d'Anthenais : Rec. CE* 1970, p. 182. ■ CE, 19 janv. 1996, *Synd. mixte d'études pour le tunnel de Montgenèvre*, préc.). L'ensemble formé, sur le territoire des communes d'Aix-en-Provence, Cabriès, Les Pennes-Mirabeau, Rognac, Velaux, Ventabren et Vitrolles, tel qu'il est circonscrit par les limites figurant sur la carte et les plans annexés au décret attaqué, constitue un site homogène par ses caractéristiques géologiques qui, eu égard à la qualité et à la variété de ses paysages et à la richesse de son milieu naturel, revêt un caractère

(1) V. T. appl. : D. n° 70-288, 31 mars 1970 puis C. env., art. R. 341-9. – NDLR.

pittoresque dont la préservation, compte tenu de sa proximité avec l'agglomération d'Aix-en-Provence, présente un intérêt général au sens des dispositions précitées de l'article L. 341-1 du Code de l'environnement. En incluant, pour délimiter le périmètre de classement, la partie du site située au sud-est de la zone spéciale de conservation Natura 2000 « Plateau d'Arbois » qui comprend notamment les parcelles des requérants consacrés à des activités industrielles, à supposer même que cette partie du site ne présenterait pas la même qualité de paysage, les auteurs du décret, qui ont entendu préserver l'ensemble du massif de l'Arbois, ont pu prononcer légalement le classement du site sur le fondement des dispositions de l'article L. 341-1 du Code de l'environnement (▪ CE, 11 juill. 2018, n° 411977 : *Rev. jur. env.* 2019, 615, note Makowiak et Michallet).

6) Site naturel. Critères. V. A. Holleaux, note sous ▪ CE, 26 déc. 1990, *Min. Équipement c/ Assoc. Roso : LPA* 27 févr. 1991, n° 25, p. 5. Le Conseil d'État considère ainsi, s'agissant de la plage de Pampelonne et son cordon dunaire (site inscrit au titre de la loi du 2 mai 1930) « qu'en estimant, au terme d'une appréciation souveraine, que l'existence d'un lotissement situé à l'arrière de la plage et de quelques bâtiments sur la plage elle-même ne pouvait suffire à ôter à cette dernière son caractère naturel, la cour administrative d'appel n'a pas dénaturé les faits de l'espèce » (▪ CE, 13 nov. 2002, n° 219034, *Cne de Ramatuelle*, Lebon, t. 957. – V. également ▪ CAA Nantes, 28 juin 2013, n° 11NT02474, *M. A. et a.*).

7) Site présentant plusieurs caractères. Un site peut cumuler plusieurs caractères, par exemple, il peut être qualifié de « scientifique et de pittoresque » (▪ CE, 17 nov. 1976, *Cts Lemarchand : RDP* 1977, p. 885. ▪ CE, 27 sept. 1999, *Marie, Millet, Chaignon*, préc. ▪ CE, 24 avr. 2012, n° 344583, *Metge*) ou d'« historique et de pittoresque » s'agissant du site hippique de Maisons-Laffitte (▪ CE, 11 févr. 1998, n° 171999, *Barbe et a. : JurisData* n° 1998-051138) ou de l'abbaye d'Ardenne et les terrains avoisinants dans le Calvados (▪ CE, 8 juill. 2005, n° 260513, *Sté Immochan*). La circonstance que d'autres mesures de protection légale et réglementaire existent sur certaines parties du territoire concerné n'est pas de nature à faire obstacle au classement d'un site présentant, au point de vue pittoresque et historique, un intérêt général de nature à justifier son classement au titre des articles L. 341-1 du Code de l'environnement, qui répond à une finalité de protection différente de celle de ces autres mesures. La décision de procéder au classement de ce site n'est pas entachée d'erreur d'appréciation (▪ CE, 11 juin 2012, n° 357452, *Cne de Hiers-Brouage*).

8) Inscription de parcelles qui contribuent à la sauvegarde du site et à la cohérence de sa protection. Les articles L. 341-1 et L. 341-2 du Code de l'environnement confèrent à l'autorité administrative compétente le pouvoir de procéder au classement non seulement des terrains qui présentent en eux-mêmes, au point de vue artistique, historique, scientifique, légendaire ou pittoresque, un intérêt général mais également, dans la mesure où la nature du site le justifie, les parcelles qui contribuent à la sauvegarde du site et à la cohérence de sa protection (▪ CE, 11 avr. 2012, n° 343769, *Association pour un port de plaisance à Bénouville* : l'ensemble dénommé « Pegasus Bridge » situé sur le territoire des communes de Bénouville et de Ranville forme un site historique qui présente un intérêt général au sens de l'article L. 341-1 du Code de l'environnement). En incluant, pour délimiter le périmètre de classement, la partie du site située au sud-est de la zone spéciale de conservation Natura 2000 « Plateau d'Arbois » qui comprend notamment les parcelles des requérants consacrées à des activités industrielles, à supposer même que cette partie du site ne présenterait pas la même qualité de paysage, les auteurs du décret, qui ont entendu préserver l'ensemble du massif de l'Arbois, ont pu prononcer légalement le classement du site sur le fondement des dispositions de l'article L. 341-1 du Code de l'environnement (▪ CE, 11 juill. 2018, n° 411977, préc. : *Rev. jur. env.* 2019, 615, note Makowiak et Michallet). Le classement de l'ensemble formé par les paysages du canal du Midi, s'il s'étend sur plusieurs départements, permet d'assurer une protection de l'ouvrage et de ses abords, inscrits, dans leur ensemble, au patrimoine mondial de l'UNESCO, et de constituer un site homogène qui, eu égard à la qualité et à la variété de ses paysages et à la richesse de son milieu naturel, revêt un caractère pittoresque dont la préservation présente un intérêt général au sens des dispositions de l'article L. 341-1 du Code de l'environnement. Contrairement à ce qui est soutenu, l'importance de la superficie du site que le gouvernement a entendu protéger ne faisait pas, par elle-même, obstacle à ce que cette protection fût établie sur le fondement de ces dispositions (▪ CE, 4 nov. 2020, n° 416017. – V. également ▪ CE, 19 avr. 2023, n° 446831).

9) Exclusion de parcelles ne contribuant pas à la sauvegarde du site et à la cohérence de sa protection. Il ne ressort pas des pièces du dossier que l'auteur du décret attaqué, en procédant, compte tenu de son intérêt historique, pittoresque et scientifique, au classement du site de la vallée de la Vézère, sans y inclure le château de Fages et ses abords, qui forment d'ailleurs déjà, compte tenu de leur intérêt propre, un site inscrit, et qui se situent dans un secteur distinct du périmètre du site classé, aurait entaché sa décision d'une erreur d'appréciation (■ CE, 25 oct. 2017, n° 396815, *Assoc. de sauvegarde de l'église de Castels et du château de Fages : Rev. jur. env.* 2018, 371, note Malkowiak et Michallet).

10) Inscription de meubles à l'inventaire des sites. Terrils. La préservation de deux terrils, qui constituent avec deux fermes à cour carrée et un calvaire un site représentatif du paysage rural traditionnel et du paysage minier de la région du Nord présente un intérêt général au point de vue touristique et pittoresque. Dès lors, les moyens tirés de ce que ces terrils sont des biens meubles au regard des dispositions de l'article 24 du Code minier sont inopérants (■ CE, 18 déc. 1996, n° 129625, *Charbonnages de France : Dr. adm.* 1997, comm. 96 ; *Lettre JCl. Environnement* 1997, n° 1, p. 8).

11) Consentement des propriétaires non requis. Les dispositions de l'article 4 de la loi du 2 mai 1930 ne prévoyant pas que l'inscription d'un monument naturel ou d'un site soit, en cas de désaccord du propriétaire, prononcée par décret en Conseil d'État, cette procédure n'étant applicable, en vertu des articles 7 et 8 de la même loi, qu'aux décisions de classement, le consentement du propriétaire n'est pas requis pour l'inscription d'un site (■ CE, 18 déc. 1996, n° 129625, *Charbonnages de France*). L'extension du périmètre classé du château et du domaine de la Grange présente un intérêt général de nature à justifier l'application des dispositions des articles L. 341-1 et suivants du Code de l'environnement ; dès lors l'association requérante ne saurait utilement faire valoir l'atteinte portée aux conditions d'exercice du droit de propriété par le décret attaqué (■ CE, 9 avr. 2015, n° 372920, *Cnes de Manom et Thionville*).

12) Contrôle du juge. Limites. Dès lors que les conditions prévues par l'article L. 341-1 du Code de l'environnement sont réunies, il n'y pas lieu d'examiner les avantages qu'aurait été susceptible de présenter une autre utilisation du site (■ CE, 4 févr. 2011, n° 334788, *Cne de l'Île-d'Yeu*).

La décision de ne pas entreprendre les travaux de réparation sollicités par la requérante relève d'un acte de gestion du domaine privé de la commune, comme l'aurait été la décision d'entreprendre ces travaux, fut-elle conditionnée par une autorisation délivrée par une autre personne publique ; de même, le seul fait que la carrière soit classée ne saurait entraîner la qualification de travaux publics dans un intérêt général. Dès lors, la société requérante n'est pas fondée à soutenir que, pour ce motif, la juridiction administrative serait compétente pour connaître de sa demande (■ CAA Versailles, 31 déc. 2015, n° 14VE03297, *Sté Buhr Ferrier Gosse*).

13) Coexistence avec les autres législations. La circonstance que le site pourrait être protégé par d'autres législations, notamment des dispositions du Code du patrimoine relatives à l'archéologie préventive est sans incidence sur la légalité du classement pris sur le fondement de la législation sur la protection des monuments naturels ou des sites, qui n'a au demeurant ni le même objet, ni le même effet (■ CE, 28 nov. 2014, n° 371106, *Assoc. ADEMA*).

II – INSCRIPTION : OPPOSABILITÉ

14) Opposabilité aux tiers. Publicité de l'inscription d'un site. La décision d'inscription est opposable aux tiers à la date de sa publication au *Journal officiel* (■ CE, 14 déc. 1981, *SA Centrale d'affichage : Rec. CE* 1981, p. 466. ■ CE, 26 mars 1982, *Sté affichage Dauphin : Dr. adm.* 1982, n° 203). L'article 24 de la loi du 2 mai 1930 rendant la publicité de l'inscription d'un site obligatoire, la publication au *Journal officiel* sous forme d'un tableau récapitulatif donnant la liste des sites inscrits au cours d'une année rend les arrêtés d'inscription opposables au tiers (■ CE, 3 nov. 1995, n° 122794, *Préfet des Yvelines : JurisData* n° 1995-046900 ; *Dr. adm.* 1995, comm. 742).

Par contre, l'absence d'une publication au *Journal officiel* d'une inscription à l'inventaire des sites a pour conséquence de rendre cette mesure de protection inopposable aux tiers (■ CE, 20 janv. 1978, *Cadiou et Lacroix : Rec. CE* 1978, p. 19. ■ CE, 14 oct. 1987, *Min. Urbanisme, Logement et Transports c/ SA Affichage Giraudy : Rec. CE* 1987, tables p. 1006 ; *Dr. adm.* 1987, comm. 611).

La publication d'une brochure contenant la liste des sites inscrits à une date donnée, ou bien la mention en annexe d'un arrêté préfectoral rappelant que toute publicité est interdite dans les sites classés ou inscrits ne saurait avoir effet à l'égard des tiers ; il en va de même d'une mention au POS (■ CE, 10 févr. 1982, n° 19846, *Min. Environnement et Cadre de vie c/ Affichage Giraudy*. ■ CE, 14 oct. 1987, *Min. Urbanisme, Logement et Transports c/ SA Affichage Giraudy*, préc.).

15) Notification de l'inscription aux propriétaires. La décision d'inscription d'un site doit être notifiée aux propriétaires des parcelles concernées pour leur être opposable (■ CE, 6 oct. 1975, *Min. Affaires culturelles et Assoc. des habitants de Roquebrune : Dr. adm.* 1976, comm. 351. ■ CE, 14 déc. 1981, *Sté centrale d'affichage et de publicité : Rec. CE* 1981, p. 466. ■ CE, 26 mars 1982, *Sté Affichage Dauphin : Dr. adm.* 1982, comm. 203).

III – INSCRIPTION : EFFETS

16) Construction sur un site inscrit. L'inscription sur l'inventaire des sites n'entraînant pas constitution d'une servitude d'urbanisme, celle-ci n'a point pour effet d'interdire toute construction sur le site. Il en résulte qu'une construction est possible (▪ Cass. 3e civ., 21 juin 1977, n° 76-13.945 : *JurisData* n° 1977-099274 ; *JCP* G 1977, IV, 28 ; *Bull. civ.* III, n° 274). De même, les travaux d'extension d'un cimetière sur un emplacement inclus dans un site sont soumis à la seule obligation de déclaration préalable, aucune autorisation ministérielle n'étant requise et la commission départementale des sites ou l'architecte des bâtiments de France ne pouvant émettre que des avis (▪ CE, 11 mars 1983, *Cne de Bure-sur-Yvette : Rec. CE* 1983, p. 104). V. également C. urb., art. R. 425-30 précité qui exige le respect d'un délai de quatre mois à compter du dépôt de la demande de la déclaration avant le début des travaux et la consultation de l'architecte des Bâtiments de France.

17) Modification d'un site inscrit (défrichement). Le classement d'un terrain en site inscrit n'interdit pas toute modification, dans la mesure où elle fait l'objet d'une autorisation spéciale. En outre, il ressort des pièces du dossier que pour autoriser le défrichement de la parcelle en cause, le préfet s'est fondé sur les dispositions de l'article L. 341-5 du Code forestier. Le moyen doit donc être écarté (▪ CAA Versailles, 28 févr. 2020, n° 18VE02428). La circonstance qu'une parcelle à défricher se situe en site inscrit, classement dont le fondement prévu à l'article L. 341-1 du Code de l'environnement repose principalement sur l'intérêt paysager du site, n'est pas à elle seule de nature à justifier que son défrichement est susceptible d'avoir des incidences notables sur l'environnement ou la santé humaine au sens de l'article L. 122-1 du Code de l'environnement transposant la directive 2011/92/UE (même arrêt).

18) Refus de transmission d'une QPC (situation différente des propriétaires en site inscrit et des propriétaires d'immeubles classés monuments historiques ou inscrits à l'inventaire supplémentaire). Le propriétaire d'un immeuble situé dans le périmètre d'un monument naturel ou d'un site inscrit en application de l'article L. 341-1 du Code de l'environnement se trouve placé dans une situation différente de celle du propriétaire d'un immeuble classé monument historique ou inscrit à l'inventaire supplémentaire. Dans ces conditions, ne sont pas contraires au principe d'égalité devant la loi et devant les charges publiques les dispositions du 1° *ter* du II de l'article 156 du Code général des impôts en tant qu'elles ne permettent pas au propriétaire d'un immeuble situé sur un site ayant fait l'objet de l'inscription prévue par les dispositions de l'article 4 de la loi du 2 mai 1930, codifié à l'article L. 341-1 du Code de l'environnement, de déduire de son revenu imposable le montant des travaux de restauration engagés pour cet immeuble dans les mêmes conditions ou dans des conditions équivalentes à celles qui sont prévues par ces dispositions pour le propriétaire d'un immeuble classé monument historique ou inscrit à l'inventaire supplémentaire en application des dispositions du Code du patrimoine. La question soulevée, qui n'est pas nouvelle, ne présente pas un caractère sérieux. Il n'y a donc pas lieu de la renvoyer au Conseil constitutionnel (▪ CE, 27 juin 2019, n° 427557 : *Dr. fisc.* 2019, n° 43, concl. A. Iljic, comm. 421).

Art. L. 341-1-1 *(L. n° 2016-925, 7 juill. 2016)* (1). **– Les servitudes d'utilité publique instituées en application de l'article L. 341-1 ne sont applicables ni aux immeubles classés ou inscrits au titre des monuments historiques, ni aux immeubles protégés au titre des abords ou situés dans un site patrimonial remarquable définis au livre VI du Code du patrimoine.**

Art. L. 341-1-2 *(L. n° 2016-1087, 8 août 2016 ; mod., L. n° 2018-148, 2 mars 2018)*. **– I. – Les monuments naturels ou les sites inscrits avant la publication de la loi n° 2016-1087 du 8 août 2016 pour la reconquête de la biodiversité, de la nature et des paysages font l'objet, avant le 1er janvier 2026 :**

1° Soit d'une mesure de classement en application de l'article L. 341-2 du présent code ou d'une mesure de protection au titre du Code du patrimoine lorsque leurs caractéristiques justifient ces mesures ;

2° Soit d'un décret mettant fin à leur inscription, pris après mise à la disposition du public, selon les modalités prévues aux II à IV de l'article L. 123-19-1 du présent code, et après consultation de la commission supérieure des sites, perspectives et paysages et de la commission départementale de la nature, des paysages et des sites,

(1) Pour l'application de la loi n° 2016-925 du 7 juillet 2016 à Saint-Barthélemy, les références au Code de l'environnement sont remplacées par les références prévues par le Code de l'environnement applicable localement, L. n° 2016-925, 7 juill. 2016, art. 119, III.

lorsque cette mesure est justifiée par leur état de dégradation irréversible ou par leur couverture par une autre mesure de protection, de niveau au moins équivalent, prévue au présent code ou au Code du patrimoine ;

3° Soit d'un maintien sur la liste mentionnée au premier alinéa de l'article L. 341-1, par arrêté du ministre chargé des sites et, en Corse, par délibération de l'Assemblée de Corse après avis du représentant de l'État.

II. – Jusqu'à l'intervention de l'une des décisions prévues au I du présent article, les monuments naturels ou les sites concernés restent inscrits sur la liste mentionnée au premier alinéa de l'article L. 341-1.

Voir : Instruction du 10 avr. 2017 relative à la désinscription de sites inscrits existants prévue à l'article 168 de la loi n° 2016-1087 du 8 août 2016 pour la reconquête de la biodiversité, de la nature et des paysages (NOR : DEVL1704406J, *BOME* n° 2017/7, 25 avr. 2017). - D. n° 2022-794, 5 mai 2022 mettant fin à l'inscription de sites inscrits au titre de l'article L. 341-1 du Code de l'environnement, en raison de leur état de dégradation irréversible ou de leur couverture par une autre mesure de protection de niveau au moins équivalent, en application de l'article L. 341-1-2 du même code (NOR : TREL2208441D).

Art. L. 341-2 *(Anc. L. n° 1930-05-02, 2 mai 1930 ; mod., Ord. n° 2004-637, 1er juill. 2004 ; L. n° 2005-157, 23 févr. 2005 ; L. n° 2016-1087, 8 août 2016).* **– Les monuments naturels et les sites inscrits ou non sur la liste dressée par la commission départementale peuvent être classés dans les conditions et selon les distinctions établies par la présente section.**

Lorsque la commission supérieure des sites, perspectives et paysages est saisie directement d'une demande de classement, celle-ci est renvoyée à la commission départementale aux fins d'instruction et, le cas échéant, de proposition de classement. En cas d'urgence, le ministre chargé des sites fixe à la commission départementale un délai pour émettre son avis. Faute par elle de se prononcer dans ce délai, le ministre consulte la commission supérieure et donne à la demande la suite qu'elle comporte.

Voir également : la jurisprudence citée sous art. L. 341-1, p. 650 et art. L. 341-6, p. 657.

1) Constitutionnalité. Sont conformes à la Constitution l'article L. 341-1 du Code de l'environnement dans sa rédaction issue de l'ordonnance n° 2004-637 du 1er juillet 2004, les articles L. 341-2, L. 341-6, L. 341-9 et L. 341-10 du Code de l'environnement (▪ Cons. const., 23 nov. 2012, déc. n° 2012-283 QPC : *JO* 24 nov.).

Le Conseil d'État a jugé que le décret de classement du site n'a pas lui-même pour objet de définir une politique publique mais constitue une décision prise en application du régime de protection des monuments naturels et des sites, tel que défini par les articles L. 341-1 et suivants du Code de l'environnement ; eu égard à l'objet et la portée de ce décret, le moyen tiré de la méconnaissance des dispositions de l'article 6 de la Charte de l'environnement ainsi que de celles de l'article L. 110-1 du Code de l'environnement, au motif que le classement du site entraverait les perspectives économiques de développement de la zone considérée, ne peut donc qu'être écarté (▪ CE, 10 juin 2015, n° 371554, *CCI de Rouen et a. : AJDA* 2015, 1185).

2) Libre administration des collectivités territoriales. Les dispositions de l'article L. 341-2 n'ont pas pour effet de dessaisir les communes de leur compétence en matière de délivrance d'autorisations d'urbanisme dans les sites faisant l'objet d'une mesure de classement (▪ CE, 11 juin 2012, n° 357452, *Cne de Hiers-Brouage : AJDA* 2012, 1758 : refus de transmission d'une QPC).

3) Décision de classement. Absence d'obligation de motivation. Un décret de classement d'un site n'a pas à être motivé en application de la loi du 11 juillet 1979, la décision de classement d'un site ne présentant pas le caractère d'une décision administrative individuelle (▪ CE, 26 juill. 1985, *Mme Robert Margat : Dr. adm.* 1985, comm. 510. ▪ CE, 4 juill. 1986, n° 41006, *Sté d'exploitation des Sablières modernes c/ Mme Rabiaux, épse Ribs : Dr. adm.* 1986, comm. 433. ▪ CE, 24 mai 1993, n° 114706, *Mme Felut.* ▪ CE, 31 mars 2004, n° 247924, *SA Blanchiment de Xonrupt et SCI des Lacs : Rec. CE* 2004, tables p. 774 ; *AJDA* 2004, p. 1670 ; *JCP* A 2004, n° 1609, note P. Billet). Mais elle ne présente pas non plus un caractère réglementaire (▪ CE, 22 mars 1999, n° 197589, *SA Dramont : Rec. CE* 1999, p. 76 ; *JCP* 1999, IV, p. 2419, obs. Rouault).

4) Absence d'obligation de concertation préalable au classement. Ni l'article L. 341-1 ni aucune autre disposition législative ou réglementaire n'imposent l'organisation d'une concertation préalable au classement d'un site. Si l'administration a néanmoins engagé une procédure de concertation préalable à un tel classement, elle doit cependant procéder à celle-ci de façon régulière (▪ CE, 4 nov. 2020, n° 416017).

5) Obstacle à la procédure de classement : réalisation de travaux de viabilisation (non). La réalisation par la commune de travaux de viabilisation et l'inscription d'une partie des lieux à l'inventaire supplémentaire des monuments historiques ne s'opposent pas à l'ouverture d'une instance de classement au titre de la loi relative à la protection des monuments naturels et des sites

(■ CE, 8 juill. 1998, n° 153072, *Cne de Sey-Chazelles : RD rur.* 1999, p. 183).

6) Initiative du classement : compétence non exclusive de la commission départementale de la nature, des paysages et des sites. La CDNPS n'a pas le monopole de l'initiative du classement d'un site. Celle-ci peut également émaner de l'administration. Dans cette hypothèse, la commission sera alors conduite à délibérer sur ces propositions (■ CE, 8 déc. 1993, *M. et Mme Charles Amelin et a. : Mon. TP* 29 avr. 1994, p. 53).

7) Consultation de la commission supérieure et de la commission départementale de la nature, des paysages et des sites. Ordre de consultation. Aucune disposition législative ou réglementaire ni aucun principe général n'établit un ordre de consultation entre la commission supérieure des sites lorsqu'elle est compétente et la commission départementale, ni n'exige que ces consultations soient séparées par un délai minimum (■ CE, 8 déc. 1993, n°s 120674 et 120719, *M. et Mme Charles Amelin et a. : Dr. adm.* 1994, comm. 51 ; *RD imm.* janv.-mars 1994, p. 28, chron. Y. Jégouzo et Y. Lamarque. ■ CE, 16 févr. 1994, n° 120261, *Cne d'Aiguines : JurisData* n° 1994-041396).

8) Présence de tiers lors de la délibération de la commission départementale de la nature, des paysages et des sites. La présence de personnes qui ne sont pas membres de la commission lors de la réunion au cours de laquelle cette instance délibère n'a pas pour effet – en soi – de vicier cette délibération (■ CE, 26 juin 1996, n° 119902, *Mme Templier : JurisData* n° 1996-050315 ; *Dr. adm.* 1996, comm. 368).

9) Consultation de la commission départementale de la nature, des paysages et des sites au cours de l'élaboration du plan d'occupation des sols. Si le plan d'occupation des sols doit délimiter les secteurs et sites à protéger, il ne résulte pas du Code de l'urbanisme ni d'aucune autre disposition que la commission départementale doive être obligatoirement consultée au cours de l'instruction du plan, même si une commune intéressée a été inscrite sur l'inventaire des sites (■ CE, 5 déc. 1984, n° 47673, *Maire de la ville d'Andlau : Rec. CE* 1984, p. 394).

10) Déclaration d'utilité publique d'un site. Conséquences : absence de consultation de la commission départementale. S'agissant des sites inscrits uniquement à l'inventaire, aucun avis de la commission départementale de la nature, des paysages et des sites et aucune décision du ministre ne sont requis dès lors que des sites, ainsi qualifiés, ont été pris dans une procédure de déclaration d'utilité publique (s'agissant d'une autoroute : ■ CE, 23 juill. 1974, *Gaulier : Rec. CE* 1974, p. 453 ; *AJPI* 1975, p. 305, concl. Morisot ; *AJDA* 1975, p. 29, note Franc et Boyon. – Pour une station d'épuration : ■ CE, 4 juill. 1980, *Massuelle : Rec. CE* 1980, p. 306 ; *D.* 1980, inf. rap. p. 537, note Bon). De même, la déclaration d'utilité publique d'un chemin construit dans un site inscrit n'a pas à être soumise à la consultation préalable de la commission départementale des sites (■ CE, 29 mai 1987, n° 55615, *Assoc. pour la promotion et la défense du Maynial et de la vallée de la Jonte*).

Art. L. 341-3 *(Anc. L. n° 1930-05-02, 2 mai 1930 ; L. n° 67-1174, 28 déc. 1967 ; rempl., L. n° 2010-788, 12 juill. 2010)* (1). **– Le projet de classement est soumis à une enquête publique réalisée conformément au chapitre III du titre II du livre Ier.**

Non-conformité à la Constitution. L'article L. 341-3 dans sa rédaction issue de l'ordonnance n° 2004-637 du 1er juillet 2004 relative à la simplification de la composition et du fonctionnement des commissions administratives et à la réduction de leur nombre est contraire à la Constitution (■ Cons. const., 23 nov. 2012, n° 2012-283 QPC, *M. Antoine de M. : JO* 24 nov. : L'article L. 341-3 renvoie au pouvoir réglementaire la détermination des conditions dans lesquelles les intéressés sont invités à présenter leurs observations lorsqu'un monument naturel ou un site appartenant en tout ou partie à des personnes autres que l'État, les départements, les communes ou les établissements publics fait l'objet d'un projet de classement. Ni les dispositions contestées ni aucune autre disposition législative n'assurent la mise en œuvre du principe de participation du public à l'élaboration des décisions publiques en cause ; par suite, en s'abstenant de modifier l'article L. 341-3 en vue de prévoir la participation du public, le législateur a méconnu les exigences de l'article 7 de la Charte de l'environnement). V. sur l'absence d'incidence de la déclaration d'inconstitutionnalité (■ CE, 24 avr. 2013, n° 350924, *de Mortemart*).

(1) Dispositions applicables aux projets, plans, programmes ou autres documents de planification pour lesquels l'arrêté d'ouverture et d'organisation de l'enquête publique est publié à compter du premier jour du sixième mois après la publication du décret en Conseil d'État prévu à l'article L. 123-19 du présent code, L. n° 2010-788, 12 juill. 2010, art. 245.

Art. L. 341-4. – (1) **Le monument naturel ou le site compris dans le domaine public ou privé de l'État est classé par arrêté du ministre chargé des sites, en cas d'accord avec le ministre dans les attributions duquel le monument naturel ou le site se trouve placé ainsi qu'avec le ministre chargé du domaine.**

Il en est de même toutes les fois qu'il s'agit de classer un lac ou un cours d'eau susceptible de produire une puissance permanente de 50 kilowatts d'énergie électrique.

Dans le cas contraire, le classement est prononcé par décret en Conseil d'État.

Art. L. 341-5. – **Le monument naturel ou le site compris dans le domaine public ou privé d'un département ou d'une commune ou appartenant à un établissement public est classé par arrêté du ministre chargé des sites s'il y a consentement de la personne publique propriétaire.**

Dans le cas contraire, le classement est prononcé, après avis de la commission supérieure des sites, perspectives et paysages, par décret en Conseil d'État.

Voir : à titre d'exemple, le décret du 1er avril 1997 portant classement parmi les sites du département de la Seine-Maritime de l'ensemble formé par le Fond du val et le Panorama, sur le territoire de la commune de Mont-Saint-Aignan (*JO* 3 avr. 1997).

Art. L. 341-6 *(Mod., Ord. n° 2004-637, 1er juill. 2004)* (2). – **Le monument naturel ou le site appartenant à toute autre personne que celles énumérées aux articles L. 341-4 et L. 341-5 est classé par arrêté du ministre chargé des sites s'il y a consentement du propriétaire. L'arrêté détermine les conditions du classement.**

À défaut du consentement du propriétaire, le classement est prononcé, après avis de la commission supérieure, par décret en Conseil d'État. Le classement peut donner droit à indemnité au profit du propriétaire s'il entraîne une modification à l'état ou à l'utilisation des lieux déterminant un préjudice direct, matériel et certain.

La demande d'indemnité doit être produite dans le délai de six mois à dater de la mise en demeure faite au propriétaire de modifier l'état ou l'utilisation des lieux en application des prescriptions particulières de la décision de classement. À défaut d'accord amiable, l'indemnité est fixée par le juge de l'expropriation.

Si le Gouvernement entend ne pas donner suite au classement d'office dans les conditions ainsi fixées, il peut, à tout moment de la procédure et au plus tard dans le délai de trois mois à compter de la notification de la décision judiciaire, abroger le décret de classement.

Le classement d'un lac ou d'un cours d'eau pouvant produire une énergie électrique permanente d'au moins 50 kilowatts ne peut être prononcé qu'après avis des ministres intéressés. Cet avis doit être formulé dans le délai de trois mois, à l'expiration duquel il peut être passé outre.

En cas d'accord avec les ministres intéressés, le classement peut être prononcé par arrêté du ministre chargé des sites. Dans le cas contraire, il est prononcé par décret en Conseil d'État.

Voir également : la jurisprudence citée sous art. L. 341-1, p. 650 et art. R. 341-4, p. 2136.

1) Constitutionnalité. Sont conformes à la Constitution l'article L. 341-1 du Code de l'environnement dans sa rédaction issue de l'ordonnance n° 2004-637 du 1er juillet 2004, les articles L. 341-2, L. 341-6, L. 341-9 et L. 341-10 du Code de l'environnement (▪ Cons. const., 23 nov. 2012, déc. n° 2012-283 QPC : *JO* 24 nov.).

2) Consentement des propriétaires non requis. Les dispositions de l'article 4 de la loi du 2 mai 1930 ne prévoyant pas que l'inscription d'un monument naturel ou d'un site soit, en cas de désaccord du propriétaire, prononcée par décret en Conseil d'État, cette procédure n'étant applicable, en vertu des articles 7 et 8 de la même loi, qu'aux décisions de classement, le consentement du propriétaire n'est pas requis pour l'inscription d'un site (▪ CE, 18 déc. 1996, n° 129625, *Charbonnages de France*). La mention du consentement des propriétaires aux deux premiers alinéas de l'article L. 341-6 du Code de l'environnement a pour seul objet d'imposer l'intervention d'un décret en Conseil d'État pris après avis de la commission nationale des sites à défaut d'un tel accord (▪ CE, 11 avr. 2012, n° 343769, *Association pour un port de plaisance à Bénouville*).

3) Notification de l'inscription aux propriétaires. La décision d'inscription d'un site doit être notifiée aux propriétaires des parcelles concernées pour leur être opposable (▪ CE, 6 oct. 1975, *Min. Affaires culturelles et Assoc. des habitants*

(1) V. T. appl. : D. n° 69-607, 13 juin 1969 puis C. env., art. R. 341-1 à R. 341-8. – NDLR.

(2) Le Conseil constitutionnel a déclaré le présent article conforme à la Constitution : V. ▪ Cons. const. n° 2012-283 QPC, 23 nov. 2012, art. 3 (*JO* 24 nov. 2012) : *JurisData* n° 2012-027288. – NDLR.

de Roquebrune : Dr. adm. 1976, comm. 351. ▪ CE, 14 déc. 1981, *Sté centrale d'affichage et de publicité : Rec. CE* 1981, p. 466. ▪ CE, 26 mars 1982, *Sté Affichage Dauphin : Dr. adm.* 1982, comm. 203).

I – RECOURS CONTRE LA DÉCISION DE CLASSEMENT : CONTRÔLE DU JUGE ADMINISTRATIF

4) Décision de classement. Nature. Motivation (non). La décision de classement ne présente pas le caractère d'une décision administrative individuelle et n'a pas à être motivée (▪ CE, 26 juill. 1985, *Dame Malgat : Dr. adm.* 1985, comm. 510. ▪ CE, 4 juill. 1986, *Sté d'exploitation des Sablières modernes : Rec. CE* 1986, p. 621 ; *Dr. adm.* 1986, comm. 433. ▪ CE, 24 mai 1993, n° 114706, *Mme Felut.* ▪ CE, 31 mars 2004, n° 247924, *SA Blanchiment de Xonrupt et SCI des Lacs : Rec. CE* 2004, tables p. 774 ; *AJDA* 2004, p. 1670 ; *JCP* A 2004, n° 1609, note P. Billet). Mais elle ne présente pas non plus un caractère réglementaire (▪ CE, 22 mars 1999, n° 197589, *SA Dramont : Rec. CE* 1999, p. 76 ; *JCP* G 1999, IV, p. 2419, obs. Rouault).

5) Point de départ du délai de recours. Le délai de recours contentieux contre la décision de classement court à compter de la publication de la décision de classement au *Journal officiel*, peu important le fait que l'extrait du décret publié au *Journal officiel* annonçait que le texte complet pourrait être consulté en préfecture (▪ CE, 7 nov. 1986, *Geouffre de la Pradelle : Rec. CE* 1986, tables p. 621 ; *AJDA* 1987, p. 124). En revanche, si la décision de classement comporte des prescriptions particulières, tendant à modifier l'état ou l'utilisation des lieux, en application des dispositions des articles L. 341-6 et R. 341-7, le délai de recours contentieux ne court qu'à compter de la notification de la décision de classement au propriétaire (même arrêt). Dès lors, lorsque la décision de classement ne comporte pas de prescriptions particulières tendant à modifier l'état ou l'utilisation des lieux et qu'il a été publié régulièrement au *Journal officiel*, la notification de ce décret à un propriétaire postérieurement à la publication au *Journal officiel* n'a pas pour effet de rouvrir le délai de recours contentieux (▪ CE, 12 déc. 1986, *Assoc. immobilière française : Dr. adm.* 1987, n° 134. ▪ CE, 4 déc. 2014, n° 385793, *Cne de Baisieux*). À noter cependant que le Conseil d'État semble avoir apporté une atténuation de la jurisprudence *Geouffre de la Pradelle* précitée, en jugeant que le délai de recours contentieux contre la décision de classement court au plus tard à compter du jour où le texte complet du décret et les documents annexés, dont la consultation en préfecture a été annoncée dans la publication d'un extrait du décret au *Journal officiel*, sont effectivement déposés à la préfecture (▪ CE, 8 juill. 1992, n° 122262, *Fillon : Rec. CE* 1992, p. 286). Si une décision de classement de site est publiée par voie d'extrait, ainsi qu'il est loisible à l'administration de le faire, il appartient à celle-ci d'indiquer les modalités selon lesquelles il peut être pris connaissance de son texte intégral et des pièces qui y sont annexées. Le délai de recours court, en pareil cas, à compter de la date à laquelle il peut être pris connaissance du texte intégral (▪ CE, 6 juill. 2016, n° 390891, *M. B. : Dr. env.* 2016, 291).

6) Décret de classement. Compétence. Aucune disposition ne prescrit que le décret de classement prévu à l'article 8 de la loi du 2 mai 1930 doive être pris en Conseil des ministres (▪ CE, 10 oct. 1973, *SCI « L'Ajaccienne » : Dr. adm.* 1973, comm. 324).

7) Irrégularité de la procédure suivie. Est illégal le décret pris sans que soit transmise au Premier ministre une note de la section de l'intérieur du Conseil d'État transmise au secrétaire d'État à la Culture (▪ CE, 9 juin 1978, *SCI du 61-67, boulevard Arago : JCP* G 1979, II, 19032, concl. Genevois).

8) Contrôle du juge. Application de la théorie du bilan (non). Il n'appartient pas au Conseil d'État statuant au contentieux d'apprécier suivant la théorie du bilan les inconvénients qui résultent du classement pour les propriétaires intéressés (▪ CE, 2 mai 1975, *Dame Ebri et Union Syndicale de défense des propriétaires du Massif de la Clape : Rec. CE* 1975, p. 280 ; *AJDA* 1975, p. 311, concl. Guillaume).

9) Contrôle normal du juge sur la délimitation d'un site classé. Le juge administratif contrôle la délimitation d'un site classé et se reconnaît le pouvoir d'annuler un décret de classement en tant qu'il exclut certaines parcelles (▪ CE, ass., 16 déc. 2005, n° 261646, *Groupement forestier des ventes de Nonant : Rec. CE* 2005, p. 583 ; *Dr. adm.* mars 2006, n° 3, comm. 44 ; *Environnement* 2006, n° 2, comm. 19, J.-M. Février ; *AJDA* 2006, p. 320, concl. Y. Aguila). Il censure ainsi l'exclusion de parcelles publiques voisines de propriétés privées incluses alors qu'elles présentent les mêmes caractéristiques (▪ CE, 13 juill. 2007, n° 290963, *Yves et Rémi Coulomb et a. : AJDA* 2007, p. 1882, concl. Y. Aguila ; *Environnement* 2007, n° 10, comm. 175, J.-M. Février). Il contrôle également si l'Administration n'a pas commis d'erreur d'appréciation en incluant certaines parcelles dans un site classé (▪ CE, 5 avr. 2004, n° 247645, *Chambre interdépartementale d'agriculture de l'Île-de-France.* ▪ CE, 31 mars 2004, n° 247924, SA *Blanchiment de Xonrupt et a. : Rec. CE* 2004, tables p. 774 ; *AJDA* 2004, p. 1670 ; *JCP* A 2004, n° 1609, note P. Billet. ▪ CE, 17 mars 2008, n° 304050, *Matringhem.* ▪ CE, 11 juill. 2018, n° 411977 : *Rev. jur. env.* 2019, 615, note Makowiak et Michallet) ou en en excluant d'autres (▪ CE, 5 févr. 2004, n° 247645, *Chambre interdépartementale d'agriculture de l'Île-de-France*. ▪ CE, 8 juill. 2005, n° 260513, *Sté Immochan*. ▪ CE, 25 oct. 2017, n° 396815, *Assoc. de sauvegarde de l'église de Castels et du château de Fages : Rev. jur. env.* 2018, 371, note Malkowiak et Michallet). À noter également que le Conseil d'État ne sanctionne pas le décret de classement qui ne dresse pas la liste de l'ensemble des parcelles englobées dans le périmètre du classement, s'il identifie les parcelles qui délimitent le périmètre du classement et que les plans joints au décret permettent de connaître avec précision toutes les parcelles concernées par le classement (▪ CE, 22 mars 1999, n° 178455, *Cne de Théoule-sur-Mer : Rec. CE* 1999, tables p. 895, 896 et 938 ; *Dr. adm.* 1999, n° 153). Enfin, le Conseil d'État a annulé partiellement un décret de classement en tant qu'il prononce le classement de parcelles non comprises dans le périmètre soumis à enquête publique (▪ CE, 28 déc. 1992, *Monti-Rossi : Rec. CE* 1992, tables p. 1128 ; *Dr. adm.* 1993, n° 92 ; *Rev. jur. env.* 1993, p. 629).

10) Contrôle du juge sur les motifs du classement et le caractère du site. Le juge exerce en principe un contrôle normal sur les motifs du classement (▪ CE, 28 déc. 1992, *Monti-Rossi : Rec. CE* 1992, tables p. 1128 ; *Dr. adm.* 1993, n° 92 ; *Rev. jur. env.* 1993, p. 629. ▪ CE, 13 juin 1997, *Cne de La Teste-de-Buch : Rev. jur. env.* 1998, p. 252, note P. Billet). Mais le Conseil d'État a parfois limité son contrôle à la sanction de l'erreur manifeste d'appréciation (▪ CE, 2 avr. 2003, n° 197408, *Cne de Pelvoux : Rev. jur. env.* 4/2005, p. 477, note Négri). Sur la notion de sites dont la conservation ou la préservation présente, au point de vue artistique, historique, scientifique, légendaire ou pittoresque, un intérêt général, V. également, nos commentaires sous art. L. 341-1, p. 650 et la jurisprudence citée.

11) Légalité du classement incluant des bâtiments dénués de tout intérêt architectural ou artistique mais contribuant à la sauvegarde du caractère pittoresque du site. Les dispositions des articles L. 341-1 et suivants du Code de l'environnement confèrent à l'autorité administrative le pouvoir de classer non seulement les parcelles qui présentent en elles-mêmes un intérêt général mais également, dans la mesure où la nature du site le justifie, les parcelles qui contribuent à la sauvegarde de celui-ci. N'est donc pas entaché d'erreur d'appréciation un décret ayant classé la vallée des Lacs des Vosges et les terrains situés à l'entrée de cette vallée où est implanté un bâtiment industriel reconstruit après la Deuxième Guerre mondiale et dénué de tout intérêt architectural ou artistique (▪ CE, 31 mars 2004, n° 247924, *SA Blanchiment de Xonrupt et a. : Rec. CE* 2004, tables p. 774 ; *AJDA* 2004, p. 1670 ; *JCP* A 2004, n° 1609, note P. Billet). Il est donc possible de classer des parcelles bâties si ces parcelles contribuent à la sauvegarde du caractère pittoresque du site (▪ CE, 29 sept. 2003, n° 237909, *Bernière et a. : Rec. CE* 2003, tables p. 869 ; *AJDA* 2004, p. 109 ; *Rev. jur. env.* 4/2005, p. 484, note Négri ; *JCP* A 2004, n° 1267, obs. P. Billet ; *RD imm.* 2004, p. 84, obs. Y. Jégouzo). En incluant, pour délimiter le périmètre de classement, la partie du site située au sud-est de la zone spéciale de conservation Natura 2000 « Plateau d'Arbois » qui comprend notamment les parcelles des requérants consacrées à des activités industrielles, à supposer même que cette partie du site ne présenterait pas la même qualité de paysage, les auteurs du décret, qui ont entendu préserver l'ensemble du massif de l'Arbois, ont pu prononcer légalement le classement du site sur le fondement des dispositions de l'article L. 341-1 du Code de l'environnement (▪ CE, 11 juill. 2018, n° 411977, préc. : *Rev. jur. env.* 2019, 615, note Makowiak et Michallet).

12) Indépendance des législations. La circonstance que des parcelles seraient déjà protégées au titre d'autres législations est sans effet sur la légalité du classement, dès lors que celles-ci n'ont ni le même objet ni le même effet que la législation sur la protection des monuments naturels et des sites dont elles sont distinctes (▪ CE, 29 sept. 2003, n° 237909, *Bernière et a. : Rec. CE* 2003, tables p. 869 ; *AJDA* 2004, p. 109 ; *Rev. jur. env.* 4/2005, p. 484, note Négri ; *JCP* A 2004, n° 1267, obs. P. Billet ; *RD imm.* 2004, p. 84, obs. Y. Jégouzo. ▪ CE, 16 févr. 2005, n° 260553, *Chambre interdépartementale d'agriculture d'Île-de-France, SNC d'aménagement d'Étréchy : JCP* A 2005, n° 1100, concl. Y. Aguila ; *AJDA* 2005, p. 1254).

II – INDEMNISATION

13) Compatibilité de l'article 8 de la loi du 2 mai 1930 avec la Convention européenne de sauvegarde des droits de l'Homme. La possibilité ouverte aux propriétaires concernés par le classement d'un site de ne solliciter l'indemnisation prévue à l'article 8 de la loi du 2 mai 1930 que lorsque ce classement entraînerait une modification à l'état ou à l'utilisation des lieux déterminant un préjudice direct, matériel et certain n'est en rien contraire aux stipulations du protocole additionnel n° 1 à la Convention européenne de sauvegarde des droits de l'Homme et des libertés fondamentales (▪ CE, 22 mars 1999, n°s 178455 et s., *Cne de Théoule-sur-Mer et a.*).

14) Compétence exclusive de la juridiction judiciaire. Il ressort de l'ensemble des dispositions de la loi du 2 mai 1930, en particulier de ses articles 8 et 19 (Abr., L. n° 83-8, 7 janv. 1983, art. 73) que le législateur a entendu confier aux tribunaux judiciaires la connaissance des litiges auxquels peut donner lieu l'indemnisation des servitudes résultant des mesures de protection des sites prises en application de cette loi (■ CE, 2 juin 1972, *Dame Marcuccini : Rec. CE* 1972, p. 411. ■ CE, 8 nov. 1972, *Sté Sylvicole de Saint-Jean-de-Thurigneux : Rec. CE* 1972, p. 712).

15) Point de départ du délai pour réclamer. Notification du décret de classement (■ Cass. 3e civ., 15 janv. 1985, n° 83-70.334 : *Bull. civ.* III, n° 12, p. 9).

16) Préjudice direct, matériel et certain. Réparation du préjudice causé par une mesure de classement. Ne peut prétendre à la réparation du préjudice résultant du refus d'autorisation de mise en exploitation d'une carrière la société dont les terrains avaient été classés antérieurement à ce refus, par un décret ne comportant pas de prescriptions particulières et applicables dès sa publication au *Journal officiel*, date à laquelle aurait pu être apprécié un dommage éventuel, dès lors qu'à cette date les lieux étaient restés dans leur état d'origine (■ Cass. 3e civ., 10 oct. 1984 : *Bull. civ.* III, n° 164 ; *Gaz. Pal.* 1985, 1, pan. jurispr. p. 59, note A. Piédelièvre). Est éventuel le profit pouvant résulter d'un projet de lotissements situé dans un site classé et qui n'avait pas reçu l'autorisation de l'administration (■ Cass. 3e civ., 28 oct. 1987 : *Bull. civ.* III, n° 1777, p. 102 ; *D.* 1987, inf. rap. p. 231).

Art. L. 341-7. – (1) À compter du jour où l'administration chargée des sites notifie au propriétaire d'un monument naturel ou d'un site son intention d'en poursuivre le classement, aucune modification ne peut être apportée à l'état des lieux ou à leur aspect pendant un délai de douze mois, sauf autorisation spéciale et sous réserve de l'exploitation courante des fonds ruraux et de l'entretien normal des constructions.

Lorsque l'identité ou le domicile du propriétaire sont inconnus, la notification est valablement faite au maire qui en assure l'affichage et, le cas échéant, à l'occupant des lieux.

1) Décision ouvrant l'instance de classement. Décision susceptible de recours. La décision par laquelle le ministre ouvre l'instance de classement d'un site constitue une décision pouvant faire l'objet d'un recours pour excès de pouvoir (■ CE, 29 juin 1955, *Sté des Usines « Renault » : Rec. CE* 1955, p. 366). En revanche, la dépêche par laquelle le ministre de la Protection de la nature et de l'environnement invite un préfet à organiser l'enquête publique en vue du classement d'un site présente le caractère d'une mesure d'ordre intérieur non susceptible de faire l'objet d'un recours pour excès de pouvoir (■ CE, 14 mai 1982, *Sté « Grand Hôtel d'Ajaccio » : Rec. CE* 1982, p. 178).

2) Compétence exclusive du ministre. Aucune disposition ne conférant compétence au préfet pour procéder au nom du ministre à la notification de l'instance de classement prévue à l'article 9, un préfet excède ses pouvoirs en procédant lui-même à cette notification (même arrêt).

3) Absence de notification aux propriétaires de l'intention du ministre de poursuivre le classement. L'absence de notification de la décision ministérielle indiquant aux personnes concernées son intention de poursuivre le classement peut constituer un moyen susceptible d'être invoqué à l'appui du recours contre le décret de classement (■ CE, 9 juill. 1980, n° 1682, *SA « Les entreprises Robert Guignon »*). L'absence de notification ministérielle prévue à l'article 9 de la loi du 2 mai 1930 ne peut utilement être invoquée à l'appui d'un recours dirigé contre un refus de renouvellement d'une autorisation du domaine public justifié par l'intérêt de la protection du site (■ CE, 2 févr. 1955, *Batisse : Rec. CE* 1955, p. 749).

4) Forme de la notification. L'article 9 de la loi du 2 mai 1930 n'impose aucune forme particulière quant à la notification du projet de classement qui est valablement faite dès lors que la désignation de l'immeuble à classer parmi les sites ne peut prêter à aucune confusion (■ CE, 10 mars 1961, *Dame de Beausset : Rec. CE* 1961, p. 176 ; *AJDA* 1961, p. 634, note G. Gardies).

5) Notification. Effet sur le délai de péremption d'un permis de construire. Le délai de validité d'un permis de construire est interrompu si l'inexécution ou l'arrêt des travaux est imputable à une décision d'ouverture d'une procédure de classement d'un site (■ CE, 26 juill. 1978, *Comité de défense des sites à Trégastel : JCP* G 1979, II, 19085, note F. Bouyssou ; *Rev. jur. env.* 3/1978, p. 290).

6) Effet de l'expiration du délai de douze mois. Un refus de permis de construire ne peut être justifié, au titre de l'existence d'une procédure de classement, dès lors que le délai de douze mois prévu par cet article est expiré (■ CE, 24 nov. 1978, *Dame Lamarche-Jacomet : Rec. CE* 1978, p. 472).

(1) V. T. appl. : D. n° 88-1124, 15 déc. 1988 devenu C. env., art. R. 341-10 à R.* 341-13. – NDLR.

7) Indemnisation au titre des mesures. Incompétence de la juridiction administrative. Les juridictions de l'ordre judiciaire sont seules compétentes pour connaître des litiges auxquelles les mesures provisoires de la loi du 2 mai 1930 peuvent éventuellement donner lieu (▪ CE, 2 juin 1972, *Dame Marcuccili : Rec. CE* 1972, p. 411).

8) Permis de construire dans un site classé. Nécessité d'un accord exprès de l'Administration. En application des dispositions de l'article R. 425-17 du Code de l'urbanisme, lorsque le projet est situé dans un site classé ou en instance de classement, l'accord exprès du préfet ou du ministre, suivant les cas, est requis avant la délivrance de l'autorisation d'urbanisme. Le juge administratif exerce un contrôle normal sur le refus du ministre d'autoriser le projet, à l'occasion d'un recours dirigé contre un refus de permis de construire (▪ CAA Nantes, 25 mars 2008, n° 07NT02231, *Les héritiers de M. Kergroach*), l'autorité administrative statuant sur la demande de permis de construire étant tenue de refuser le permis en cas de refus du ministre (même arrêt), même dans l'hypothèse d'une reconstruction à l'identique après sinistre (▪ CAA Bordeaux, 31 mai 2007, n° 04BX00013, *Min. Écologie, Développement et Aménagement durables*).

Art. L. 341-8 ***(Mod. à compter du 1er janvier 2013, Ord. n° 2010-638, 10 juin 2010)*** (1). **– Tout arrêté ou décret prononçant un classement est publié, par les soins de l'administration chargée des sites,au fichier immobilier.**

Cette publication, qui ne donne lieu à aucune perception au profit du Trésor, est faite dans les formes et de la manière prescrites par les lois et règlements concernant la publicité foncière.

Effet de la publication. L'obligation faite à l'Administration, dans l'intérêt de l'information des usagers, de publier au bureau des hypothèques les décisions de classement n'est pas une condition de leur opposabilité aux intéressés (▪ CE, 22 nov. 1978, *Épx Moreau : Dr. adm.* 1978, comm. 385).

Voir également : art. R. 341-6, p. 2137 et la jurisprudence citée.

Art. L. 341-9 ***(Mod., L. n° 2016-1087, 8 août 2016).*** **–** (2) **Les effets du classement suivent le monument naturel ou le site classé, en quelques mains qu'il passe.**

Quiconque aliène un monument naturel ou un site classé est tenu de faire connaître à l'acquéreur l'existence de ce classement.

Information de l'acquéreur. Le fait que les vendeurs n'aient pas informé l'acheteur que les parcelles vendues étaient situées dans un site classé constitue une réticence, quoique non intentionnelle, s'analysant en un manquement à l'obligation précontractuelle d'information du vendeur ainsi qu'à l'obligation légale résultant de l'article L. 341-9, alinéa 2 du Code de l'environnement qui impose au vendeur d'un monument ou d'un site classé de faire connaître à l'acquéreur l'existence de ce classement (▪ CA Dijon, 2e ch. civ., n° 14/0007, *Cne de Paris L'Hôpital*).

Art. L. 341-10 ***(Mod., L. n° 2016-1087, 8 août 2016 ; mod. à compter d'une date fixée par décret et au plus tard le 1er janvier 2018, Ord. n° 2017-651, 27 avr. 2017)*** (3). **–** (4) (2) **Les monuments naturels ou les sites classés ne peuvent ni être détruits ni être modifiés dans leur état ou leur aspect sauf autorisation spéciale.**

Lorsque les modifications projetées portent sur un immeuble classé ou inscrit au titre des monuments historiques, les autorisations prévues aux articles L. 621-9 et L. 621-27 du Code du patrimoine valent autorisation spéciale au titre du premier alinéa du présent article si l'autorité administrative chargée des sites a donné son accord.

Lorsque les modifications projetées portent sur un immeuble adossé à un immeuble classé ou sur un immeuble situé dans le champ de visibilité d'un édifice classé ou inscrit au titre des monuments historiques, l'autorisation spéciale prévue au même premier alinéa vaut autorisation au titre des articles L. 621-31 et L. 621-32 du Code du patrimoine si l'architecte des Bâtiments de France a donné son accord.

(1) Dispositions applicables à Mayotte, Ord. n° 2010-638, 10 juin 2010, art. 16.
(2) Le Conseil constitutionnel a déclaré le présent article conforme à la Constitution : V. ▪ Cons. const. n° 2012-283 QPC, 23 nov. 2012, art. 3 (*JO* 24 nov. 2012) : *JurisData* n° 2012-027288. – NDLR.
(3) Les demandes déposées et les procédures engagées avant la date d'entrée en vigueur des présentes dispositions demeurent régies par les dispositions antérieures, Ord. n° 2017-651, 27 avr. 2017, art. 23.
(4) V. T. appl. : D. n° 88-1124, 15 déc. 1988 devenu C. env., art. R. 341-10 à R.* 341-13. – NDLR.

Lorsque les modifications projetées comportent des travaux, ouvrages ou aménagements devant faire l'objet d'une enquête publique en application de l'article L. 123-2 du présent code, l'autorisation spéciale prévue au premier alinéa du présent article est délivrée après cette enquête publique.

Voir : partie réglementaire, spécialement art. R. 341-10 et s., p. 2138.

1) Constitutionnalité. Sont conformes à la Constitution l'article L. 341-1 du Code de l'environnement dans sa rédaction issue de l'ordonnance n° 2004-637 du 1er juillet 2004, les articles L. 341-2, L. 341-6, L. 341-9 et L. 341-10 du Code de l'environnement (■ Cons. const., 23 nov. 2012, déc. n° 2012-283 QPC : *JO* 24 nov.).

2) Décision non créatrice de droit. L'autorisation prévue par l'article 12 de la loi du 2 mai 1930 constitue un acte administratif non créateur de droit et peut être légalement rapportée à tout moment par l'autorité compétente (■ TA Rennes, 9 juill. 1980, *Cne de Plougasnou : Rec. CE*, tables p. 796).

3) Absence d'autorisation spéciale : vice de procédure. À l'occasion d'un recours tendant à l'annulation du refus du préfet d'abroger sa décision prise au titre de ses pouvoirs de police de conservation du domaine public, qui présente un caractère réglementaire, le moyen tiré du vice de procédure tendant à l'absence de délivrance de l'autorisation spéciale prévue à l'article L. 341-10 du Code de l'environnement ne peut être invoqué. Il ne peut l'être que dans le cadre du recours pour excès de pouvoir dirigé contre l'acte réglementaire lui-même et introduit avant l'expiration du délai de recours contentieux (■ CAA Nantes, 11 déc. 2020, n° 19NT03653).

4) Refus d'accord de l'autorité chargée des sites. Si, lorsque la délivrance d'une autorisation administrative est subordonnée à l'accord préalable d'une autre autorité, le refus d'un tel accord, qui s'impose à l'autorité compétente pour statuer sur la demande d'autorisation, ne constitue pas une décision susceptible de recours, des moyens tirés de sa régularité et de son bien-fondé peuvent, quel que soit le sens de la décision prise par l'autorité compétente pour statuer sur la demande d'autorisation, être invoqués devant le juge saisi de cette décision (■ CAA Nantes, 31 janv. 2023, n° 21NT02391).

5) Portée de l'autorisation. Il résulte des dispositions de l'article L. 341-10 du Code de l'environnement, qui ne sont pas contraires aux stipulations du protocole additionnel n° 1 à la Convention européenne de sauvegarde des droits de l'Homme et des libertés fondamentales, que le classement d'un site n'a ni pour objet ni pour effet d'interdire toute réalisation d'équipement, construction ou activité économique dans le périmètre du classement, mais seulement de soumettre à autorisation tout aménagement susceptible de modifier l'état des lieux. Dès lors, un décret de classement, qui n'implique aucune dépossession, a pu procéder au classement de terres agricoles, alors même que ce classement entraînerait des contraintes pour l'exercice de l'activité agricole ; un tel classement n'entraîne pas une rupture d'égalité au détriment des exploitations agricoles incluses dans son périmètre (■ CE, 5 avr. 2004, n° 247645, *Chambre interdépartementale d'agriculture de l'Île-de-France* ; à rapprocher de ■ CE, 27 sept. 1999, n° 183047, *Simoni : Rec. CE* 1999, t. 896. – V. également ■ CAA Bordeaux, 25 mars 2004, n° 01BX01218, *Cne d'Ascain c/ Assoc. Pays basque écologie*).

6) Consultation de la commission départementale de la nature, des paysages et des sites (CDNPS). La CDNPS n'ayant pas été consultée, l'arrêté interpréfectoral qui a déclaré d'utilité publique la réalisation d'une station de pompage au bord du lac de Sainte-Croix et de la route permettant d'accéder à cette station a été pris à la suite d'une procédure irrégulière, ce qui entraîne son annulation par le Conseil d'État (■ CE, 14 oct. 1991, *Assoc. interdépartementale pour la protection du lac de Ste-Croix : JCP* G 1991, IV, 456 ; *Dr. adm.* 1991, comm. 504 ; *RFDA* 1991, p. 1014). Est illégale la décision par laquelle le ministre a autorisé un propriétaire, sans consultation préalable de la Commission départementale des sites, à reprendre l'exécution dans un site classé des travaux faisant l'objet d'un permis de construire interrompu à la suite de la notification de l'ouverture de l'instance de classement (■ CE, 12 oct. 1979, *Cne de Trégastel : Rec. CE* 1979, p. 802). En revanche, si la CDNPS doit rendre un avis sur les travaux en site classé préalablement à l'accord du ministre chargé des sites, cet avis ne lie pas l'autorité ministérielle. Par suite, l'appréciation portée par cette commission ne peut être contestée à l'occasion du recours contre le permis de construire (■ CAA Douai, 15 févr. 2024, n° 23DA00331).

7) Aucune disposition ne prévoit la consultation de la DREAL. L'avis de la DREAL n'entache donc pas d'irrégularité la décision du ministre (■ CAA Douai, 25 avr. 2019, n° 17DA01476).

8) Atteintes équivalant à un déclassement. Illégalité de l'autorisation. La compétence que le ministre tient de l'article 12 de la loi du 2 mai 1930 ne lui permet pas de prendre une mesure qui aurait pour effet de rendre le classement sans objet (■ CE, 11 janv. 1978, *Assoc. Défense d'Auxerre : JCP* G 1979, II, 19093, concl. Genevois ;

AJDA 1978, p. 315, note Dutheillet de Lamothe et Robineau). Ne constitue pas une telle mesure ayant pour effet de rendre le classement sans objet la décision par laquelle le préfet de Paris a autorisé des modifications de l'aspect de la Cour d'honneur du Palais-Royal (■ CE, 28 oct. 1992, *Cusenier : D.* 1993, inf. rap. p. 24 ; *Rec. CE* 1992, tables p. 1126 et 1127). Des aménagements permettant « un mouvement général des sols plus doux », un meilleur respect des courbes naturelles du terrain et le maintien d'un ru dans son cours initial ne sont pas davantage de nature à porter une atteinte à un site classé qui exigerait son déclassement (■ CE, 1er mars 1995, *Sté Golf Européen : Rev. jur. env.* 1-2/1996, p. 179, note Ph. Billet et J. Untermaier).

9) Atteintes n'équivalant pas à un déclassement. Légalité de l'autorisation. La décision du ministre autorisant des travaux permettant l'extension d'un domaine skiable ne constitue pas, eu égard à la superficie utilisée, une mesure de déclassement et apparaît légale dès lors qu'elle est accompagnée de mesures compensatoires fondées sur l'engagement pris par le conseil municipal de réviser le plan d'occupation des sols en vue de réduire de 25 % le nombre de constructions de logement autorisées et la constitution d'un syndicat intercommunal d'études de protection d'aménagement de la vallée de Chamonix (■ CE, 27 nov. 1985, *Cne de Chamonix-Mont-Blanc : Rec. CE* 1985, p. 348 ; *Rev. jur. env.* 4/1986, p. 381, note J. Untermaier). La décision du ministre autorisant l'extension de l'Institut européen d'administration des affaires (INSEAD) ne constitue pas une mesure de déclassement et apparaît légale dès lors qu'elle est accompagnée de compensation : l'INSEAD cédant à l'État, d'une part, une parcelle située au sein de la forêt de Fontainebleau sur laquelle étaient édifiés des abattoirs désaffectés, d'une superficie équivalente au terrain d'assiette de l'opération, d'autre part 16 hectares boisés mitoyens de ladite forêt (■ CE, 29 juill. 2002, n° 232582, *Assoc. Seine-et-marnaise pour la sauvegarde de la nature : Environnement* 2002, n° 11, p. 15, note L. Benoît). Si le ministre chargé des sites peut ainsi, en vertu de l'article L. 341-10 du Code de l'environnement, autoriser la modification d'un site classé, sa compétence ne s'étend pas à des mesures qui auraient pour effet de rendre le classement du site sans objet et seraient l'équivalent d'un véritable déclassement, total ou partiel, déclassement qui, en vertu de l'article L. 341-13 du même code, ne peut être prononcé que par décret en Conseil d'État. Pour juger de la légalité d'une autorisation délivrée par le ministre et apprécier si des travaux ainsi autorisés ont pour effet de faire perdre son objet au classement du site, même sur une partie de celui-ci, il appartient au juge administratif d'apprécier l'impact sur le site de l'opération autorisée, eu égard à sa nature, à son ampleur et à ses caractéristiques, en tenant compte de la superficie du terrain concerné par les travaux à l'intérieur du site ainsi que, le cas échéant, de la nature des compensations apportées à l'occasion de l'opération et contribuant, à l'endroit des travaux ou ailleurs dans le site, à l'embellissement ou l'agrandissement du site (■ CE, 3 oct. 2016, n° 398589, *Féd. française de tennis et Ville de Paris : Dr. env.* 2017, 13). Si l'association Coordination pour la sauvegarde du bois de Boulogne conteste le bien-fondé de l'autorisation accordée pour l'aménagement paysager de la Promenade des étangs (35 000 m²) dans le Bois de Boulogne, en faisant valoir que le projet est contraire à la vocation de promenade publique du bois de Boulogne, qui a justifié son classement, il ressort des pièces du dossier que le projet critiqué, qui prévoit sur 6 700 m² la création d'une aire d'accueil des gens du voyage paysagée et végétalisée, dont les bâtiments de taille réduite sont conçus en vue de leur insertion dans l'environnement et en fonction du caractère réversible de l'aménagement, s'accompagne de la remise en herbe et de la réouverture au public des autres surfaces d'un actuel parking asphalté, clos et désaffecté occupant plus d'un hectare ; que le projet d'aménagement s'inscrit dans un programme global de requalification de la plaine sud de Longchamp et prévoit ainsi la reconstitution de la promenade piétonnière des étangs, la création de prairies et bosquets et la restitution de perspectives sur la Seine et les étangs ; qu'ainsi, eu égard à la configuration des lieux et compte tenu des caractéristiques de l'opération d'aménagement, il ne ressort pas des pièces du dossier que l'autorisation donnée par le ministre chargé de l'environnement aurait pour effet de rendre le classement du site pour partie sans objet et serait ainsi entachée d'incompétence (■ CAA Paris, 27 avr. 2017, n° 15PA01459). Compte tenu, en premier lieu, de la nature du risque que les travaux litigieux sont destinés à prévenir, de l'imprévisibilité de la survenance de celui-ci et des dommages considérables et irréversibles que la réalisation de ce risque pourrait entraîner, en second lieu de la consistance des travaux préservant la majeure partie du site, et enfin des mesures compensatoires aptes à promouvoir la connaissance du site par le public, les travaux de comblement de carrières autorisés par la décision litigieuse, aussi importants soient-ils, ne sauraient être regardés comme portant au site une atteinte telle que le classement de celui-ci se trouverait privé de son objet et de sa portée (■ CAA Versailles, 21 juill. 2021, nos 20VE03457 et 20VE03458).

10) Urbanisme. Indépendance des législations. La législation sur la protection des monuments naturels et des sites classés n'a pas le même objet ni les mêmes effets que la réglementation d'urbanisme dont elle est distincte. Dès lors, le classement d'une parcelle par le POS et la délivrance d'un certificat d'urbanisme positif sont sans incidence sur la légalité d'un refus du ministre d'autoriser des travaux dans un site classé (▪ CAA Bordeaux, 28 oct. 2008, n° 07BX00571, *Luberriaga*). Un POS peut être approuvé sans autorisation préalable du ministre chargé des sites alors même qu'un site classé y est compris (▪ CE, 24 juill. 1981, *Mme Woll-Brett : Rec. CE* 1981, p. 316). La création d'une ZAC qui englobe un site classé n'a pas à faire l'objet de la procédure prévue à l'article 12 de la loi du 2 mai 1930 (▪ CE, 17 oct. 1975, *Guegen : Rec. CE* 1975, p. 517 ; *AJDA* 1976, p. 313 ; *RDP* 1976, p. 1331, concl. Labetoulle). Il a également été jugé que l'inclusion d'un camping dans le périmètre d'un site classé suffit à subordonner la réalisation d'aménagement ayant un impact sur l'aspect du site à la délivrance de l'autorisation spéciale prévue par l'article L. 341-10 du Code de l'environnement. Du fait de l'inclusion du camping dans le périmètre d'un site classé, ces aménagements devaient faire l'objet de l'autorisation spéciale expresse même si le Code de l'urbanisme ne soumet le changement d'implantation de résidences mobiles de loisirs dans un terrain de camping à aucune formalité préalable (▪ CAA Bordeaux, 28 nov. 2013, n° 13BX00591, *Sté Pyla Camping : AJDA* 2014, 596).

11) Demande de permis de construire ou de démolir dans un site classé. Nécessité d'un accord exprès de l'Administration. En application des dispositions de l'article R. 425-17 du Code de l'urbanisme, lorsque le projet est situé dans un site classé ou en instance de classement, l'accord exprès du préfet ou du ministre, suivant les cas, est requis avant la délivrance de l'autorisation d'urbanisme. À défaut d'un tel accord, et dès lors qu'il n'est pas établi que son omission n'aurait pas été susceptible d'exercer une influence sur le sens de la décision prise, il existe un doute sérieux quant à la légalité de l'arrêté accordant un permis de construire, en tant qu'il n'a pas été précédé de l'avis du ministre chargé des sites, justifiant ainsi sa suspension (▪ CAA Marseille, juge des référés, 21 févr. 2019, n° 19MA00502). Le juge administratif exerce un contrôle normal sur le refus du ministre d'autoriser le projet, à l'occasion d'un recours dirigé contre un refus de permis de construire (▪ CAA Nantes, 25 mars 2008, n° 07NT02231, *Les héritiers de M. Kergroach*. ▪ CAA Versailles, 1er déc. 2011, n° 10VE01705, *Cne de Saint-Lambert des Bois*. ▪ CAA Bordeaux, 15 mars 2012, n° 11BX00724, *Cne de Rivadoux-Plage et SARL Hôtel-restaurant La Marée*. ▪ CAA Marseille, 3 avr. 2015, n° 13MA00987, *Cne de Saint-Antonin-sur-Bayon*. ▪ CAA Versailles, 21 nov. 2019, n° 17VE02431), l'autorité administrative statuant sur la demande de permis de construire étant tenue de refuser le permis en cas de refus du ministre (mêmes arrêts), même dans l'hypothèse d'une reconstruction à l'identique après sinistre (▪ CAA Bordeaux, 31 mai 2007, n° 04BX00013, *Min. Écologie, Développement et aménagement durables*). Est également jugé sans objet le recours visant à l'annulation d'un permis de construire tacite prétendument délivré dans un site classé, faute de réponse de l'administration dans les délais requis, l'article R. 424-2 du Code de l'urbanisme précisant que le défaut de notification d'une décision expresse dans le délai d'instruction vaut décision implicite de rejet lorsque les travaux sont soumis à autorisation au titre des sites classés. Aucun permis n'avait donc été délivré (▪ CAA Bordeaux, 15 mars 2012, n° 11BX00724, *Cne de Rivadoux-Plage et SARL Hôtel-restaurant La Marée*). Un permis de démolir sollicité pour un bâtiment situé dans un site classé ne peut légalement intervenir qu'avec l'accord exprès du ministre chargé des sites, et l'exception prévue par l'article R. 424-2 du Code de l'urbanisme est applicable au permis de démolir. Ainsi, le silence gardé par l'autorité compétente pour statuer au terme du délai d'instruction vaut, conformément aux dispositions de l'article R. 424-2 du même code, décision implicite de rejet. Par ailleurs, le rejet d'une demande d'autorisation ne créant aucun droit à l'égard des tiers, lé décision implicite de rejet peut être retirée sans condition de délai (▪ CAA Bordeaux, 8 févr. 2018, n° 16BX00971).

12) Non-opposition à déclaration préalable dans un site classé. Lorsqu'un projet ayant fait l'objet d'une déclaration préalable est situé dans un site classé, la décision de non-opposition à cette déclaration ne peut légalement intervenir que sous réserve de l'accord exprès du préfet, après avis de l'architecte des Bâtiments de France ; nonobstant la circonstance que de tels travaux sont ainsi soumis, en vertu de l'article R. 425-17 du Code de l'urbanisme, à une autorisation au titre des sites classés, l'exception prévue par l'article R. 424-2 de ce code et prévoyant la naissance d'une décision implicite de rejet ne leur est, en vertu de son texte même, pas applicable ; ainsi, le silence gardé par l'autorité compétente pour statuer sur cette déclaration préalable au terme du délai d'instruction vaut, conformément aux dispositions de l'article R. 424-1 du même code, décision tacite de non-opposition (▪ CE, 26 oct. 2012, n° 350737, *Cne de Saint-Jean-Cap-Ferrat : AJDA* 2012, 2033, obs. Grand).

13) Travaux et aménagements dans un site classé. Étendue du contrôle du juge. Saisie d'un recours d'une association de protection de l'environnement aux fins d'indemnisation de son préjudice du fait de travaux de modification autorisés dans un site classé, la cour administrative d'appel de Marseille a jugé que le matériau installé n'étant pas celui initialement choisi et le département – maître d'ouvrage – n'ayant pas pris les dispositions pour veiller au respect des travaux tels que prescrits et ne s'étant pas opposé à leur réception, sa responsabilité est engagée (▪ CAA Marseille, 9 nov. 2009, n° 07MA00537, *Assoc. interdptale et intercomm. pour la protection du lac de Sainte-Croix, de son environnement, des lacs et du site du Verdon*). Il est à noter que les parties naturelles des sites inscrits ou classés en application de la loi du 2 mai 1930 sont présumées constituer des sites ou paysages remarquables. Toutefois, si cette qualification présumée est contestée, leur caractère remarquable doit être justifié (▪ CE, 19 juin 2013, n° 342061, *Cts A. : Dr. env.* 2014, 16 : erreur de droit de la CAA de Bordeaux refusant d'annuler le jugement du TA qui annule un permis de construire 27 logements en site inscrit ; mais sur le fond, confirmation de la décision pour non-respect de la règle de construction en continuité). Le juge fait application de la théorie du bilan. Ainsi, eu égard à ses incidences excessives pour l'environnement et la propriété privée, est annulée la déclaration d'utilité publique autorisant la création d'un sentier pédestre situé en bordure de rivière et visant à permettre au public de découvrir un ensemble paysager et patrimonial (▪ CAA Nantes, 27 sept. 2005, n° 04NT00319, *Savelli : AJDA* 2006, 604, note Hostiou). De même, les mesures prévues par l'arrêté préfectoral d'autorisation de l'enduro du Touquet en 2002 sont, selon la cour administrative d'appel de Douai insuffisantes pour assurer la protection des dunes dont une partie constitue un site classé, tandis qu'une autre a été proposée comme site Natura 2000. L'arrêté est donc annulé (▪ CAA Douai, 18 janv. 2005, *Assoc. Le Moto-Club des Sables : AJDA* 2005, 1060, concl. Lepers ; *Environnement* 2006, n° 1, p. 19, note Podraza-Scripzac ; infirmant partiellement ▪ TA Lille, 5 févr. 2003, n° 021605, *Assoc. France Nature Environnement : AJDA* 2003, 1000, concl. Bauzerand ; *Dr. env.* 2003, n° 107, p. 56, note Busson ; *Rev. jur. env.* 3/2003, 339). Est également annulé le permis de construire un bâtiment agricole d'une surface hors œuvre brute de 980 m² au sein du site de la baie du Mont-Saint-Michel classé au titre de la loi du 2 mai 1930, et donc considéré comme espace remarquable, la cour estimant que le maire a entaché sa décision d'une erreur d'appréciation (▪ CAA Nantes, 11 oct. 2013, n° 12NT02432, *Cne de Genêts : Dr. env.* 2014, 95). À l'inverse, la légalité d'un permis de démolir est confirmée par le Conseil d'État qui relève, d'une part, que la cour administrative d'appel ne s'est pas abstenue de rechercher si la démolition autorisée par le permis en litige était de nature à compromettre la protection et la mise en valeur du site et, en deuxième lieu, que l'appréciation portée par la cour concernant, d'une part, la possibilité de conserver le refuge en l'état et les emplacements susceptibles d'accueillir un nouveau refuge et, d'autre part, l'absence d'erreur manifeste d'appréciation concernant l'intérêt patrimonial du refuge au regard des dispositions de la loi du 2 mai 1930, qui relève du pouvoir souverain des juges du fond, n'est entachée, contrairement à ce qui est soutenu, d'aucune dénaturation (▪ CAA Marseille, 11 juill. 2010, n° 09MA03369, *Féd. fr. des clubs alpins et de la montagne, Cne de La Grave-La Meije : AJDA* 2011, 2256. – Confirmation par ▪ CE, 25 mars 2013, n° 352588, *Les Amis du refuge de l'Aigle*). Lorsque le permis de démolir est demandé pour des motifs liés à la sécurité publique, il appartient à l'autorité administrative d'apprécier si, tant au regard de la qualité intrinsèque des bâtiments que de la gravité des risques auxquels ils sont exposés, leur démolition peut être ordonnée (C. urb., art. L. 421-6). En l'espèce, la qualité architecturale avérée d'un bâtiment situé sur le chenal de la Perrotine à Saint-Pierre d'Oléron et l'éventualité d'un changement d'usage pour exclure l'habitation justifiaient que soit refusé le permis de démolir. Dans ces conditions, et alors qu'il n'apparaît pas que le ministre ait été informé de ce que la situation de la maison en litige n'était plus regardée comme justifiant une zone dite « de solidarité » au regard de l'examen critique des causes d'inondation pendant la tempête Xynthia auquel a procédé la mission du CGEDD désignée en 2011 à cet effet, c'est à tort que le ministre a donné un accord à sa démolition pour assurer « la cohérence de l'action de l'État face à un risque naturel majeur » (▪ CAA Bordeaux, 8 févr. 2018, n° 16BX00971). En estimant, malgré les mesures prises par les requérants (réduction et déplacement de la superficie de la construction, limitation de la hauteur et recours à des matériaux traditionnels, conservation de la haie existante, etc.), que la construction projetée était de nature à porter atteinte à la préservation des espaces agricoles proches des villages car elle ne permet pas le maintien du caractère végétal de l'entrée de ce hameau et que les travaux pour lesquels les requérants sollicitaient une autorisation portaient atteinte au site de l'île d'Oléron, le ministre a fait une inexacte application de l'article L. 341-10 du Code de l'environnement (▪ CAA Bordeaux, 25 sept. 2018, n° 16BX01479). Eu égard à l'ampleur modeste du projet situé sur le bas de la butte d'Itteville et à sa visibilité limitée, à sa nature et à la circonstance que le pétitionnaire s'engage à préserver des boisements masquant les constructions par les permis de construire ultérieurs, l'atteinte au site n'est pas établie. Par suite, l'avis défavorable du ministre est entaché d'erreur d'appréciation (■ CAA Versailles, 3 oct. 2019, n° 18VE00683). À l'inverse, le projet de construction d'une maison d'habitation d'une surface de 125 m² située à l'écart du bourg et jouxtant un espace boisé dont elle fait partie est de nature à porter atteinte à la préservation du caractère naturel des lieux. La présence de quelques habitations éparses et d'un bâtiment de stockage qui se situe toutefois de l'autre côté de la route n'est en outre pas de nature à conférer un caractère urbain et dense au secteur considéré. Par suite, en refusant de donner son accord au projet, le ministre chargé des sites n'a commis aucune erreur d'appréciation des éléments du dossier qui lui était soumis (■ CAA Versailles, 21 nov. 2019, n° 17VE02431). Est également confirmé le refus d'autorisation opposé au projet de construction d'une éolienne sur l'île d'Ouessant (■ CAA Nantes, 31 janv. 2023, n° 21NT02391). Est en revanche annulé le refus d'autorisation spéciale opposé au projet de réalisation d'un lotissement, en partie bâti, destiné à la construction d'une maison individuelle de faible ampleur ne portant pas atteinte au site classé (■ CAA Versailles, 1er juin 2023, n° 21VE02497).

Art. L. 341-11 *(Anc. L. n° 95-101, 2 févr. 1995)*. **– Sur le territoire d'un site classé au titre du présent chapitre, il est fait obligation d'enfouissement des réseaux électriques ou téléphoniques ou, pour les lignes électriques d'une tension inférieure à 19 000 volts, d'utilisation de techniques de réseaux torsadés en façade d'habitation, lors de la création de lignes électriques nouvelles ou de réseaux téléphoniques nouveaux.**

Lorsque des nécessités techniques impératives ou des contraintes topographiques rendent l'enfouissement impossible, ou bien lorsque les impacts de cet enfouissement sont jugés supérieurs à ceux d'une pose de ligne aérienne, il peut être dérogé à titre exceptionnel à cette interdiction par arrêté conjoint du ministre chargé de l'énergie ou des télécommunications et du ministre chargé de l'environnement.

Voir : Sur la dérogation à l'obligation d'enfouissement d'une ligne électrique en site classé, A. 3 mai 2004 (*JO* 8 juin), A. 5 déc. 2005 (*JO* 7 déc., rect. *JO* 24 déc.).

1) Contrôle normal du juge. Annulation d'un arrêté de dérogation. D'une part, l'Administration n'établit pas qu'il est impossible d'enfouir la ligne électrique en raison de nécessités techniques impératives ou de contraintes topographiques, et, d'autre part, il résulte du rapprochement des inconvénients respectifs des solutions de l'enfouissement et de la ligne aérienne que les impacts de la première ne sont pas supérieurs à ceux de la seconde ; dès lors, aucune des deux conditions posées à l'article L. 341-11 du Code de l'environnement n'est remplie (■ CE, 10 juill. 2006, n° 289393, *Assoc. interdépartementale et intercommunale pour la protection du lac de Sainte-Croix, de son environnement, des lacs et des sites du Verdon et a. : Rec. CE* 2006, p. 334 ; *RJEP/CJEG* déc. 2006, n° 637, p. 456, concl. C. Vérot et obs. J.-M. Pilate ; *RFDA* sept.-oct. 2006, p. 990, note M.-F. Delhoste ; *JCP* A 2006, p. 1257, note P. Billet ; *RD imm.* 2006, p. 368, note L. Fonbaustier).

2) Illégalité de la DUP d'une ligne THT aérienne. En l'espèce, il apparaît que la réalisation de l'équipement litigieux se traduira par des atteintes nouvelles et très significatives à l'ensemble environnemental constitué par les gorges du Verdon, le lac de Sainte-Croix, le plateau de Valensole et leurs abords. Les atteintes graves portées à ces zones d'intérêt exceptionnel excèdent l'intérêt de l'opération et sont de nature à lui retirer son caractère d'utilité publique (■ CE, 10 juill. 2006, n° 288108, *Assoc. interdépartementale et intercommunale pour la protection du lac de Sainte-Croix, de son environnement, des lacs et des sites du Verdon et a. : Rec. CE* 2006, p. 332, 909 et 1013 ; *RJEP/CJEG* déc. 2006, n° 637, p. 456, concl. C. Vérot et obs. J.-M. Pilate ; *RFDA* sept.-oct. 2006, p. 990, note M.-F. Delhoste ; *JCP* A 2006, p. 1256, note P. Billet ; *Environnement* 2007, p. 15, concl. Vérot).

3) Légalité de la DUP en vue de l'expropriation des terrains nécessaires à la création et à l'accès à deux postes de transformation. Malgré l'annulation de la DUP principale (V. annot. n° 2, p. 666), il ne ressort pas des pièces du dossier que les inconvénients liés à la réalisation des deux postes de transformation en cause, susceptibles d'être utilisés dans le cadre d'une nouvelle ligne THT, sont d'une importance telles qu'ils aient pour effet de retirer à la réalisation de ces équipements son caractère d'utilité publique (■ CE, 10 juill. 2006, n° 289274, *Assoc. interdépartementale et intercommunale pour la protection du lac de Sainte-Croix, de son environnement, des lacs et des sites du Verdon et a. : JCP* A 2006, p. 1258, note P. Billet ; *RFDA* sept.-oct. 2006, p. 990, note M.-F. Delhoste).

4) Notion de réseau téléphonique. Les retransmetteurs hertziens ne forment pas un réseau téléphonique au sens de l'article L. 341-11 du Code de l'environnement (■ CE, 19 juill. 2010, n° 328687, *Assoc. du quartier « Les Hauts de Choiseul »*).

Art. L. 341-12 *(Abr., L. n° 2016-1087, 8 août 2016).*

La suppression de cet article supprime l'effet d'anticipation que permettait la notification par l'Administration de son intention de procéder à l'expropriation du site ou du monument concerné.

Art. L. 341-13 *(Mod., Ord. n° 2004-637, 1er juill. 2004 ; à compter du 1er janvier 2013, Ord. n° 2010-638, 10 juin 2010* (1) *; mod., L. n° 2016-1087, 8 août 2016 ; L. n° 2018-148, 2 mars 2018).* **– Le déclassement total ou partiel d'un monument ou d'un site classé est prononcé, après avis de la commission supérieure des sites, par décret en Conseil d'État. Le déclassement est notifié aux intéressés et publié au fichier immobilier, dans les mêmes conditions que le classement.**

Le décret de déclassement détermine, sur avis conforme du Conseil d'État, s'il y a lieu ou non à la restitution de l'indemnité prévue à l'article L. 341-6.

Le projet de déclassement est soumis à une enquête publique réalisée conformément au chapitre III du titre II du livre Ier.

Par dérogation au troisième alinéa du présent article, lorsque le déclassement est justifié par la disparition totale de l'objet de la protection, il est prononcé par arrêté du ministre chargé des sites, après mise en œuvre des dispositions des articles L. 123-19-1 et suivants.

Voir : sur la notion de mesure valant déclassement implicite ou déclassement de fait, jurisprudences citées sous art. L. 341-10, p. 661.

1) Inconstitutionnalité. L'article L. 341-13 prévoit que le déclassement total ou partiel d'un monument naturel ou d'un site classé est prononcé, après avis de la commission supérieure des sites, par décret en Conseil d'État et qu'il est notifié aux intéressés et publié au bureau des hypothèques de la situation des biens, dans les mêmes conditions que le classement. Ni les dispositions contestées ni aucune autre disposition législative n'assuraient cependant la mise en œuvre du principe de participation du public à l'élaboration des décisions publiques en cause. Le Conseil constitutionnel saisi de cette question avait ainsi considéré qu'en modifiant l'article L. 341-13 sans prévoir cette participation, le législateur avait méconnu les exigences de l'article 7 de la Charte de l'environnement (■ Cons. const., 23 nov. 2012, n° 2012-283 QPC : *JO* 24 nov.). La loi Biodiversité du 8 août 2016 vient finalement lever cette inconstitutionnalité ; désormais, le déclassement est soumis à enquête publique, sauf dans le cas d'un site dégradé au point d'en rendre la protection inutile. En ce cas, le déclassement est prononcé par simple arrêté, et après information du public (V. art. L. 120-1 et s., p. 67).

2) Décret de déclassement. Les mesures de classement et de déclassement peuvent être prises par un seul et même décret portant nouvelle délimitation du site, dès lors que les parcelles qui font l'objet d'une extension du classement, d'un déclassement ou d'un nouveau classement ont été identifiées avec précision, dans des conditions qui ont assuré la bonne information du public, et que les procédures applicables à ces différentes opérations ont été conduites de manière simultanée mais distincte, en suivant les règles qui leur sont propres (■ CE, 2 avr. 2003, n° 197408, *Cne de Pelvoux*).

3) Impossibilité d'abroger un décret de classement. Nécessité d'une procédure de déclassement. Le législateur a institué à cet article une procédure spécifique encadrant le déclassement total ou partiel d'un site inscrit. Dès lors, une demande tendant à l'abrogation d'un décret de classement ne peut être regardée que comme tendant au déclassement du site, et l'administration n'a l'obligation d'engager une telle procédure que dans le cas où le changement qui s'est produit dans les circonstances de fait a transformé les caractéristiques du site à un point tel qu'il a eu pour effet de retirer son fondement au classement initial (■ CE, 16 oct. 2015, n° 373850, *M. A. B. : Rev. jur. env.* 2016, 389, note Peyen).

Voir : notes sous art. L. 341-3, p. 656.

Art. L. 341-14. **– Aucun monument naturel ou site classé ou proposé pour le classement ne peut être compris dans une enquête aux fins d'expropriation pour cause d'utilité publique qu'après que le ministre chargé des sites a été appelé à présenter ses observations.**

Nul ne peut acquérir par prescription, sur un monument naturel ou sur un site classé, de droit de nature à modifier son caractère ou à changer l'aspect des lieux.

(1) Dispositions applicables à Mayotte, Ord. n° 2010-638, 10 juin 2010, art. 16.

Aucune servitude ne peut être établie par convention sur un monument naturel ou un site classé qu'avec l'agrément du ministre chargé des sites.

1) Forme de l'avis : possibilité pour le ministre d'émettre un avis unique pour plusieurs sites. L'article 13 de la loi du 2 mai 1930 n'impose pas au ministre d'émettre un avis distinct pour chaque site compris dans l'opération d'expropriation (■ CE, 13 févr. 1981, *Assoc. pour la protection de l'eau : Rec. CE* 1981, p. 88 ; *Rev. jur. env.* 3/1981, p. 270, concl. Robineau).

2) Illégalité partielle d'une DUP. Est illégale une DUP qui n'a pas été précédée de l'avis du ministre des sites en tant qu'elle concerne la partie de la zone comprenant le site classé. Mais en l'espèce, l'opération étant divisible et l'exclusion des terrains compris dans le site classé n'ayant pas pour effet de priver d'utilité publique les aménagements prévus sur les autres terrains, l'illégalité partielle de la DUP n'entraîne pas l'annulation de l'arrêté de cessibilité (■ CE, 19 févr. 1982, n° 17287, *Ville d'Aix-en-Provence : AJDA* 1982, p. 391 ; *D.* 1982, inf. rap. 350, obs. Bon).

Art. L. 341-15. – La liste des sites et monuments naturels classés est tenue à jour. Dans le courant du premier trimestre de chaque année est publiée au *Journal officiel* la nomenclature des monuments naturels et des sites classés ou protégés au cours de l'année précédente.

Art. L. 341-15-1 *(L. n° 2010-788, 12 juill. 2010)*. – Le label « Grand site de France » peut être attribué par le ministre chargé des sites à un site classé de grande notoriété et de forte fréquentation. L'attribution du label est subordonnée à la mise en œuvre d'un projet de préservation, de gestion et de mise en valeur du site, répondant aux principes du développement durable.

Le périmètre du territoire concerné par le label peut comprendre d'autres communes que celles incluant le site classé, dès lors qu'elles participent au projet.

Ce label est attribué, à sa demande, à une collectivité territoriale, un établissement public, un syndicat mixte ou un organisme de gestion regroupant notamment les collectivités territoriales concernées. La décision d'attribution fixe la durée du label.

Voir : Circ. 21 janv. 2011 relative à la politique des Grands sites (NOR : DEVL1027436C : *BOME* n° 3/2011).

Périmètre du label « Grand site de France ». Intégration possible de parcelles non incluses dans un site classé. La circonstance que le château de Fages serait inclus dans le périmètre d'étude de l'« opération grand site », en vue de l'attribution éventuelle du label « Grand site de France » en application des dispositions de l'article L. 341-15-1 du Code de l'environnement, est par elle-même sans incidence sur la légalité du décret attaqué, l'article L. 341-15-1 du Code de l'environnement n'imposant pas, au demeurant, que le périmètre des sites recevant le label « Grand site de France » comprenne exclusivement des sites classés (■ CE, 25 oct. 2017, n° 396815, *Assoc. de sauvegarde de l'église de Castels et du château de Fages* : *Rev. jur. env.* 2018, 371, note Malkowiak et Michallet).

Art. L. 341-15-2 *(Créé à compter du 1er janvier 2022, Ord. n° 2021-1843, 22 déc. 2021)*. – Est affecté, le cas échéant, au gestionnaire public du site inscrit ou classé le produit de la taxe sur l'embarquement maritime de passagers à destination d'espaces naturels protégés mentionnée à l'article L. 423-47 du Code des impositions sur les biens et services, à hauteur de la fraction perçue sur les embarquements à destination de ce site.

Section II. – Organismes

Art. L. 341-16 *(Mod., L. n° 2003-591, 2 juill. 2003 ; Ord. n° 2004-637, 1er juill. 2004 ; mod. à compter de la date prévue à l'article 194, L. n° 2005-157, 23 févr. 2005 ; mod., L. n° 2014-366, 24 mars 2014 ; mod. à compter du 1er janvier 2016, Ord. n° 2015-1174, 23 sept. 2015 ; mod. à compter du 1er août 2017, L. n° 2016-1888, 28 déc. 2016)*. – Une commission départementale compétente en matière de nature, de paysages et de sites siège dans chaque département.

Cette commission est présidée par le représentant de l'État dans le département. Lorsqu'elle intervient dans les cas prévus aux articles L. 111-9, L. 121-10, L. 121-12, L. 121-27, L. 121-29, L. 121-39, L. 121-41, L. 122-7, L. 122-11, L. 122-14 et L. 122-21 du Code de l'urbanisme, elle siège dans une formation comprenant des

représentants de l'État, des représentants élus des collectivités territoriales et des établissements publics de coopération intercommunale et des personnalités qualifiées en matière de sciences de la nature ou de protection des sites ou du cadre de vie.

En Corse, les attributions dévolues à la commission des sites, perspectives et paysages sont exercées par le conseil des sites de Corse prévu à l'article L. 4421-4 du Code général des collectivités territoriales.

Voir : *supra*, bibliographie sous-titre IV et observations sous art. L. 341-2, p. 655.

La Commission départementale de la nature, des paysages et des sites (CDNPS) a été créée par l'article 20 du décret n° 2006-665 du 7 juin 2006 relatif à la réduction du nombre et à la simplification de la composition de diverses commissions administratives. Cette instance consultative regroupe les anciennes commissions suivantes :

– la commission départementale des sites, perspectives et paysages, instituée par l'article 1er de la loi du 2 mai 1930 relative à la protection des monuments naturels et des sites de caractère artistique, historique, scientifique, légendaire et pittoresque ;

– la commission départementale des carrières (D. n° 94-486, 9 juin 1994) ;

– le comité départemental de concertation et de suivi « Natura 2000 » (circulaire du 26 juillet 2002 relative à la relance de la concertation Natura 2000).

Art. L. 341-17 ***(Mod., L. n° 2016-1087, 8 août 2016 ; L. n° 2018-699, 3 août 2018).*** **– Une commission supérieure des sites, perspectives et paysages est placée auprès du ministre chargé des sites.**

Cette commission, présidée par le ministre chargé des sites, est composée de représentants des ministres concernés, de deux députés et de deux sénateurs [,] de représentants élus des collectivités territoriales, de personnalités qualifiées en matière de paysage, de protection des sites, du cadre de vie et des sciences de la nature désignées par le ministre chargé des sites.

L'article 169 de la loi Biodiversité a ajouté à la composition de cette commission à vocation pourtant nationale des représentants élus des collectivités territoriales. Les personnalités qualifiées doivent par ailleurs l'être aussi, désormais, en matière de paysage. La loi n° 2018-699 du 3 août 2018 visant à garantir la présence des parlementaires dans certains organismes extérieurs au Parlement et à simplifier les modalités de leur nomination y associe désormais deux députés et deux sénateurs.

Art. L. 341-18. – (1) **Un décret en Conseil d'État fixe les conditions d'application du présent chapitre, notamment la composition, le mode de désignation et les modalités de fonctionnement des commissions prévues aux articles L. 341-16 et L. 341-17.**

Section III. – Dispositions pénales

Art. L. 341-19 ***(Rempl. à compter du 1er juillet 2013, Ord. n° 2012-34, 11 janv. 2012 ; mod., L. n° 2016-1087, 8 août 2016 ; L. n° 2021-1104, 22 août 2021).*** **– I. – Est puni de six mois d'emprisonnement et de 100 000 € d'amende :**

1° Le fait de procéder à des travaux sur un monument naturel ou un site inscrit sans en aviser l'administration dans les conditions prévues au dernier alinéa de l'article L. 341-1 ;

2° Le fait d'aliéner un monument naturel ou un site classé sans faire connaître à l'acquéreur l'existence du classement ;

3° Le fait d'établir une servitude sur un monument naturel ou un site classé sans l'agrément de l'administration dans les conditions prévues à l'article L. 341-14.

II. – Est puni d'un an d'emprisonnement et de 150 000 euros d'amende le fait de modifier l'état ou l'aspect d'un monument naturel ou d'un site en instance de classement ou classé, en méconnaissance des prescriptions édictées par les autorisations prévues aux articles L. 341-7 et L. 341-10. Le montant de l'amende mentionnée au présent II peut être porté jusqu'au double de l'avantage tiré de la méconnaissance des prescriptions.

(1) V. T. appl. : D. n° 98-865, 23 sept. 1998 devenu C. env., art. R. 341-16 et R. 341-18 à R. 341-31. – NDLR.

III. – Est puni de deux ans d'emprisonnement et de 375 000 € d'amende, ce montant pouvant être porté jusqu'au double de l'avantage tiré de la commission de l'infraction :

1° Le fait de modifier l'état ou l'aspect d'un monument naturel ou d'un site en instance de classement sans l'autorisation prévue à l'article L. 341-7 ;

2° Le fait de détruire un monument naturel ou un site classé ou d'en modifier l'état ou l'aspect sans l'autorisation prévue à l'article L. 341-10 ;

3° Le fait de ne pas se conformer aux prescriptions fixées par un décret de création d'une zone de protection pris en application de l'article 19 de la loi du 2 mai 1930 ayant pour objet de réorganiser la protection des monuments naturels et des sites de caractère artistique, historique, scientifique, légendaire ou pittoresque et continuant à produire ses effets en application de l'article L. 642-9 du Code du patrimoine.

IV. – Le premier alinéa de l'article 131-38 du Code pénal s'applique uniquement aux amendes prévues aux I à III du présent article exprimées en valeur absolue.

Bibliographie : D. Guihal, *op. cit.*, n°s 2537 à 2546.

1) Procès-verbal. Délai de prescription. L'autorité administrative est tenue de faire dresser procès-verbal des infractions au Code de l'environnement dont elle a connaissance, à la condition que l'élément matériel de l'infraction soit constitué. Toutefois, lorsque l'action publique ne peut plus être engagée en raison de l'expiration du délai de prescription, qui court à compter de la date à laquelle les travaux en cause sont achevés, c'est-à-dire à compter du jour où les installations sont en état d'être affectées à l'usage auquel elles sont destinées, l'autorité administrative n'est plus tenue de dresser un procès-verbal des délits qui ne peuvent plus être poursuivis ni de le transmettre au ministère public (■ CAA Paris, 9 mai 2019, n° 18PA03075).

2) Abattage d'arbres. Les dommages causés aux arbres d'un site classé constituent un délit (■ CA Orléans, 9 oct. 1989, Plisson : *Dr. env.* 1991, p. 8, obs. J.-H. Robert). V. également, pour l'arrachage de plusieurs centaines de haies bocagères dans un site classé, ■ CA Orléans, 8 févr. 2007, n° 06/00607, confirmé par ■ Cass. crim., 18 mars 2008, n° 07-86.267, et pour l'abattage de 137 pins d'Alep sur une surface de 5 000 m², ■ CA Aix-en-Provence, 9 sept. 2008, n° 1045/M/2008.

3) Extraction de matériaux. Constitue l'infraction prévue par l'article 22 de la loi du 2 mai 1930 l'extraction à l'aide de burins et de massettes de plusieurs tonnes de cristaux de quartz, du sein de la paroi granitique où elles se trouvent dans le massif du Mont-Blanc, dans des filons ou cavités appelés fours, qui a pour effet de dégrader ce site classé en supprimant partie de sa substance, l'intention délictueuse résultant du caractère volontaire de ces dégradations et de l'appropriation des minéraux ainsi obtenus (■ Cass. crim., 9 août 1993, *Ghilini* : *Bull. crim.* 1993, n° 254 ; *D.* 1993, inf. rap. p. 223 ; *Dr. env.* 1993, p. 128, obs. J.-H. Robert). Constitue une infraction l'extraction d'une roche située à l'intérieur d'un site, même en quantité raisonnable (■ Cass. crim., 17 mai 1982 : *Gaz. Pal.* 1982, 2, p. 362).

4) Exploitation d'une décharge. Se rend coupable du délit prévu à l'article 12 de la loi du 2 mai 1930 le maire d'une commune à raison de l'exploitation d'une décharge dans un site classé (■ CA Poitiers, 6 janv. 1995 : *Rev. jur. env.* 4/1996, p. 526).

5) Construction d'un chalet. La construction d'un chalet d'une superficie de 70 m² constitue une modification sans autorisation de l'état ou l'aspect d'un site classé, quand bien même la construction ne serait pas visible du domaine public (■ Cass. crim., 19 mars 2019, n° 18-80.613).

6) Remise en conformité : limite. Le droit moral s'attachant à la réalisation d'un immeuble à usage ornemental sans permis de construire ne saurait faire échec, en tant que tel, à l'exécution des mesures de remise en état prévues par la loi dès lors que ledit immeuble a été édifié en violation directe des règles d'ordre public édictées par la législation relative à la protection des sites et au droit de l'urbanisme (■ Cass. crim., 3 juin 1986 : *Bull. crim.* 1986, n° 194, p. 498).

7) Interruption des travaux. Sur le fondement de l'article L. 480-2 du Code de l'urbanisme, le maire peut ordonner par arrêté motivé l'interruption des travaux dégradant l'ambiance paysagère du site classé et entrepris sous l'autorisation prévue à l'article L. 341-10 du Code de l'environnement ; en l'espèce il s'agissait d'un remblaiement au-delà des limites fixées sans bornage ni remodelage et de coupes et d'abattages d'arbres, en crête de colline, sur une superficie d'environ 9 000 m² (■ TA Nice, 23 avr. 2002, n° 012817, Robilliart : *Environnement* 2002, n° 11, p. 16, note L. Benoît).

8) Élément intentionnel. Un arrêt encourt la cassation au motif que les juges d'appel n'ont pas suffisamment justifié l'absence de connaissance par les prévenus des prescriptions légales à respecter dans un site classé pour décider de la relaxe (■ Cass. crim., 18 sept. 2007, n° 06-87.759 : *Rev. jur. env.* 4/2008, obs. V. Jaworski ; *Environnement* 2007, n° 12, comm. 215, J.-M. Février). De même, encourt la cassation un arrêt qui, pour justifier la relaxe des prévenus, retient la bonne foi de ces derniers sur le seul constat que les dispositions du contrat de bail soumettant les travaux incriminés à une simple autorisation du maire avaient été respectées, alors que dans le même temps un inspecteur des sites avait dressé procès-verbal de constatation de l'infraction et que l'administration compétente avait ordonné l'interruption des travaux illégaux (■ Cass. crim., 18 sept. 2007, n° 06-86.392 : *Rev. jur. env.* 4/2008, obs. V. Jaworski ; *Environnement* 2007, n° 12, comm. 215, J.-M. Février).

9) Appréciation de la nécessité d'une autorisation. Le juge pénal doit apprécier si les constructions litigieuses ont pour effet de modifier l'aspect du site classé et, dès lors, si l'autorisation spéciale prévue par les dispositions de l'article L. 341-10 du Code de l'environnement était nécessaire (■ Cass. crim., 12 sept. 2006, n° 05-83.235 : publié au *Bull.* ; *Dr. pén.* 2006, n° 12, comm. 155, J.-H. Robert). Alors qu'aucune autorisation du ministère de l'Écologie n'a été délivrée préalablement à l'édification de la construction, le prévenu ne peut soutenir avoir agi avec bonne foi, sans savoir que l'édification du chalet modifierait l'état du site classé, dès lors que la construction d'un chalet d'une superficie de 70 m², comprenant l'eau et l'électricité, constituait, par elle-même, une évidente modification des lieux ; le fait que la construction ne soit pas visible du domaine public est à cet égard indifférent ; l'infraction est dès lors constituée (■ Cass. crim., 19 mars 2019, n° 18-80.613 : *Dr. envir.* 2019, 257, note Fossier ; *Rev. jur. env.* 2019, 818, chron. Jolivet et Malet-Vigneaux).

Art. L. 341-20 ***(Rempl. à compter du 1er juillet 2013, Ord. n° 2012-34, 11 janv. 2012).*** **– Outre les officiers et agents de police judiciaire et les inspecteurs de l'environnement mentionnés à l'article L. 172-1, sont habilités à rechercher et constater les infractions au présent titre :**

1° Les agents des services de l'État chargés des forêts commissionnés à raison de leurs compétences en matière forestière et assermentés à cet effet ;

2° ***(Mod., Ord. n° 2022-839, 1er juin 2022)*** (1) **Les agents de l'Office national des forêts mentionnés au I de l'article L. 161-4 du Code forestier et, pour leur seule constatation, les agents mentionnés au II du même article, commissionnés à raison de leurs compétences en matière forestière et assermentés à cet effet ;**

3° Les gardes du littoral mentionnés à l'article L. 322-10-1, agissant dans les conditions prévues à cet article ;

4° Les agents des réserves naturelles mentionnés à l'article L. 332-20, agissant dans les conditions prévues à cet article.

Art. L. 341-21 ***(Abr. à compter du 1er juillet 2013, Ord. n° 2012-34, 11 janv. 2012).***

Voir : art. L. 172-12, p. 278.

Art. L. 341-22. – Les dispositions du présent chapitre sont applicables aux monuments naturels et aux sites régulièrement classés avant le 2 mai 1930 conformément aux dispositions de la loi du 21 avril 1906 organisant la protection des sites et monuments naturels de caractère artistique.

CHAPITRE II. – AUTRES SITES PROTÉGÉS

(Abr., L. n° 2010-788, 12 juill. 2010)

Art. L. 342-1 ***(Abr., L. n° 2010-788, 12 juill. 2010).***

TITRE V. – PAYSAGES

Voir : Droit interne : D. n° 2006-1643, 20 déc. 2006 portant publication de la Convention européenne du paysage, signée à Florence le 20 octobre 2000 et entrée en vigueur le 1er juillet 2006 (*JO* 22 déc.). - Circ. n° 94-88, 21 nov. 1994 prise pour l'application du décret n° 94-283 du 11 avril 1994 relative aux directives de protection et de mise en valeur des paysages (*BOMETT* 30 déc. 1994, n° 34). - Circ. n° 95-23, 15 mars 1995 relative aux instruments de protection et de mise en valeur des paysages (*BOMETT* 20 mai 1995, n° 13). - Circ. 31 mars 2005 relative à la politique du 1 % paysage et développement sur le réseau routier national (*BO agriculture* 2005, n° 32).

(1) Le Conseil constitutionnel a déclaré les mots « et, pour leur seule constatation, les agents mentionnés au II du même article, » figurant au 2° du présent article, dans sa rédaction résultant de l'ordonnance n° 2022-839 du 1er juin 2022, conforme à la Constitution. – V. ■ Cons. const. 31 mars 2023, n° 2023-1042 QPC, art. 1er : *JurisData* n° 2023-004996 ; *JO* 4 avr. 2023. – NDLR.

Voir : L. n° 2016-1087 pour la reconquête de la biodiversité, de la nature et des paysages (DEVL1400720L), promulguée le 8 août 2016 et publiée au *Journal officiel de la République française* du 9 août 2016. Le texte de loi (Titre VII « Paysage ») remanie la politique de traitement des paysages, par la définition d'objectifs de qualité paysagère. Est également consacrée au niveau législatif la création d'atlas de paysages, chargés d'identifier, caractériser et qualifier les différents paysages infrarégionaux, en tenant compte de leurs particularités.

Art. L. 350-1 A *(L. n° 2016-1087, 8 août 2016)*. **– Le paysage désigne une partie de territoire telle que perçue par les populations, dont le caractère résulte de l'action de facteurs naturels ou humains et de leurs interrelations dynamiques.**

1) Par cet article, la loi pour la reconquête de la biodiversité, de la nature et des paysages intègre au Code de l'environnement le terme de paysage tel que défini par la Convention européenne du paysage du 20 octobre 2000.

2) **Portée de l'exigence de protection des paysages. Notion d'atteinte au paysage.** Pour l'application des articles L. 350-1 A et L. 511-1 du Code de l'environnement, le juge des installations classées pour la protection de l'environnement (ICPE) apprécie le paysage et les atteintes qui peuvent lui être portées en prenant en considération des éléments présentant, le cas échéant, des dimensions historiques, mémorielles, culturelles et artistiques, y compris littéraires. Saisie d'un refus d'autorisation environnementale pour l'installation et l'exploitation d'un parc éolien, la Cour a relevé que la réalisation du projet de parc éolien risquerait de porter une atteinte significative notamment à l'intérêt paysager et patrimonial du site remarquable, classé au titre de l'article L. 631-1 du Code du patrimoine, du village d'Illiers-Combray et de ses abords, que le classement de ce site, qui a le caractère d'une servitude d'utilité publique, trouve son fondement dans la protection et la conservation de paysages étroitement liés à la vie et à l'œuvre de Marcel Proust, dont un parcours pédestre favorise la découverte, et que le clocher de l'église d'Illiers-Combray et le jardin du Pré Catelan, dessiné par Jules Amiot, oncle de Marcel Proust, sont classés au titre des monuments historiques. En prenant ainsi en considération des éléments qui ont trait aux dimensions historiques, mémorielles, culturelles, et notamment littéraires du paysage, pour juger que le projet litigieux n'était pas compatible avec l'exigence de protection des paysages résultant des dispositions de l'article L. 511-1 du Code de l'environnement, elle n'a pas commis d'erreur de droit (■ CE, 6e et 5e ch. réunies, 4 oct. 2023, n° 464855).

3) **Mitage paysager et saturation visuelle.** Il appartient au juge de plein contentieux, pour apprécier les inconvénients pour la commodité du voisinage liés à l'effet de saturation visuelle causé par un projet de parc éolien, de tenir compte, lorsqu'une telle argumentation est soulevée devant lui, de l'effet d'encerclement résultant du projet en évaluant, au regard de l'ensemble des parcs installés ou autorisés et de la configuration particulière des lieux, notamment en termes de reliefs et d'écrans visuels, l'incidence du projet sur les angles d'occupation et de respiration, ce dernier s'entendant du plus grand angle continu sans éolienne depuis les points de vue pertinents. La circonstance que les intérêts mentionnés à l'article L. 511-1 du Code de l'environnement incluent la protection des paysages ne fait pas obstacle à ce que l'impact visuel d'un projet, en particulier l'effet d'écrasement des hameaux à proximité et le phénomène de saturation visuelle qu'il est susceptible de générer, puisse être pris en compte pour apprécier ses inconvénients pour la commodité du voisinage au sens du même article (■ CAA Nantes, 25 juin 2024, n° 22NT01665 : validation d'un parc éolien. – V. également ■ CAA Nantes, 16 avr. 2024, n° 22NT02688). À l'inverse, la cour valide le refus de délivrer une autorisation d'exploiter un parc éolien fondé sur l'atteinte que le projet est de nature à porter au paysage et au patrimoine existants, se référant à la perception que la population a du territoire, à l'atlas régional des paysages, sur la charte paysagère, sur le fait que l'implantation des éoliennes d'une hauteur de 180 m à environ 2 km d'un cours d'eau engendre, compte tenu des dénivelés, un rapport d'échelle préjudiciable au paysage et nuit à l'intégrité de la vallée, et sur l'effet de saturation observé dans le secteur d'implantation compte tenu des parcs éoliens déjà existants et autorisés (■ CAA Bordeaux, 4 mai 2021, n° 19BX02187).

Art. L. 350-1 B *(L. n° 2016-1087, 8 août 2016)*. **– L'atlas de paysages est un document de connaissance qui a pour objet d'identifier, de caractériser et de qualifier les paysages du territoire départemental en tenant compte des dynamiques qui les modifient, du rôle des acteurs socio-économiques, tels que les éleveurs, qui les façonnent et les entretiennent, et des valeurs particulières qui leur sont attribuées par les acteurs socio-économiques et les populations concernées. Un atlas est élaboré dans chaque département, conjointement par l'État et les collectivités territoriales. L'atlas est périodiquement révisé afin de rendre compte de l'évolution des paysages.**

Ces atlas de paysages, désormais consacrés au niveau législatif, existent en réalité de longue date. Ils sont élaborés à l'échelle des départements sous la conduite de comités de pilotage composés des autorités publiques, des organismes professionnels et des ONG concernés. Ils sont réalisés par des équipes pluridisciplinaires conduites par un paysagiste. Après vingt ans d'expériences, une nouvelle méthodologie d'élaboration a été publiée par le ministère de l'Écologie en 2014, dont la définition est ici reprise à l'identique par la loi pour la reconquête de la biodiversité, de la nature et des paysages.

Art. L. 350-1 C *(L. n° 2016-1087, 8 août 2016)*. **– Les objectifs de qualité paysagère mentionnés à l'article L. 141-4 du Code de l'urbanisme et à l'article L. 333-1 du présent code désignent les orientations visant à conserver, à accompagner les évolutions ou à engendrer des transformations des structures paysagères, permettant de garantir la qualité et la diversité des paysages à l'échelle nationale.**

Les objectifs de qualité paysagère mentionnés à l'article L. 333-1 visent également à garantir la prévention des nuisances lumineuses définie à l'article L. 583-1.

Art. L. 350-1 *(Anc. L. n° 93-24, 8 janv. 1993 ; mod., L. n° 95-115, 4 févr. 1995 ; L. n° 2014-366, 24 mars 2014 ; rect. JO 30 sept. 2014 ; mod. à compter du 1er janvier 2016, Ord. n° 2015-1174, 23 sept. 2015)*. **– I. – Sur des territoires remarquables par leur intérêt paysager, définis en concertation avec les collectivités territoriales concernées et lorsque lesdits territoires ne sont pas l'objet de directives territoriales d'aménagement prises en application de l'article L. 172-1 du Code de l'urbanisme, l'État peut prendre des directives de protection et de mise en valeur des paysages.**

II. – Ces dernières directives déterminent les orientations et les principes fondamentaux de protection des structures paysagères qui sont applicables à ces territoires. Elles sont élaborées à l'initiative de l'État ou de collectivités territoriales. Elles font l'objet d'une concertation avec l'ensemble des collectivités territoriales intéressées et avec les associations de protection de l'environnement agréées au titre de l'article L. 141-1 et les organisations professionnelles concernées. Elles sont approuvées par décret en Conseil d'État après mise à disposition du public.

III *(III abr. à compter du 1er avril 2021, Ord. n° 2020-745, 17 juin 2020)*.

IV. – Leurs dispositions sont opposables aux demandes d'autorisations de défrichement, d'occupation et d'utilisation du sol :

1° En l'absence de plan local d'urbanisme opposable aux tiers ou de tout document d'urbanisme en tenant lieu ;

2° *(Mod. à compter du 1er avril 2021, Ord. n° 2020-745, 17 juin 2020)* **Lorsqu'un plan local d'urbanisme ou tout document d'urbanisme en tenant lieu n'a pas été mis en compatibilité avec leurs dispositions dans les conditions fixées à l'article L. 131-6 du Code de l'urbanisme.**

V. – Un décret en Conseil d'État fixe les conditions d'application du présent article (1).

Opposabilité aux permis de construire. Eu égard à l'importance et à l'aspect massif du projet, le permis de construire une résidence touristique de 5 527 m² compromet l'orientation de préservation du cône de vue n° 7, méconnaît dès lors la directive de protection et de mise en valeur des paysages des Alpilles et est par suite entaché d'illégalité (■ CAA Marseille, 12 déc. 2019, n° 18MA05548). Censure également d'un permis de construire une extension d'une construction existante située dans le secteur des paysages naturels remarquables identifiés par la directive paysagère des Alpilles (■ CAA Marseille, 22 avr. 2021, n° 20MA00838).

Art. L. 350-2 *(Abr., L. n° 2016-925, 7 juill. 2016)*. (2) (3)

Art. L. 350-3 *(L. n° 2016-1087, 8 août 2016 ; mod., L. n° 2022-217, 21 févr. 2022)* (4) (5). **– Les allées d'arbres et alignements d'arbres qui bordent les voies ouvertes à la circulation publique constituent un patrimoine culturel et une source d'aménités, en plus de leur rôle pour la préservation de la biodiversité et, à ce titre, font l'objet d'une protection spécifique. Ils sont protégés, appelant ainsi une conservation, à savoir leur maintien et leur renouvellement, et une mise en valeur spécifiques.**

(1) V. T. appl. : D. n° 94-283, 11 avr. 1994 devenu C. env., art. R. 350-1 à R. 350-15. – NDLR.

(2) Application à l'outre-mer : V. Ord. n° 2004-178, 20 févr. 2004, art. 9.

(3) Pour l'application de la loi n° 2016-925 du 7 juillet 2016 à Saint-Barthélemy, les références au Code de l environnement sont remplacées par les références prévues par le Code de l'environnement applicable localement, L. n° 2016-925, 7 juill. 2016, art. 119, III.

(4) V. ■ CE avis, 21 juin 2021, n° 446662 (régime de l'abattage autorisé). – NDLR.

(5) Dispositions applicables aux demandes déposées à compter du 1er avril 2022, L. n° 2022-217, 21 févr. 2022.

Le fait d'abattre ou de porter atteinte à un arbre ou de compromettre la conservation ou de modifier radicalement l'aspect d'un ou de plusieurs arbres d'une allée ou d'un alignement d'arbres est interdit.

Toutefois, lorsqu'il est démontré que l'état sanitaire ou mécanique du ou des arbres présente un danger pour la sécurité des personnes ou des biens ou un risque sanitaire pour les autres arbres ou que l'esthétique de la composition ne peut plus être assurée et que la préservation de la biodiversité peut être obtenue par d'autres mesures, les opérations mentionnées au deuxième alinéa sont subordonnées au dépôt d'une déclaration préalable auprès du représentant de l'État dans le département. Ce dernier informe sans délai de ce dépôt le maire de la commune où se situe l'alignement d'arbres concerné.

Par ailleurs, le représentant de l'État dans le département peut autoriser lesdites opérations lorsque cela est nécessaire pour les besoins de projets de travaux, d'ouvrages ou d'aménagements. Le représentant de l'État dans le département informe sans délai le maire de la commune où se situe l'alignement d'arbres concerné du dépôt d'une demande d'autorisation. Il l'informe également sans délai de ses conclusions.

La demande d'autorisation ou la déclaration comprend l'exposé des mesures d'évitement envisagées, le cas échéant, et des mesures de compensation des atteintes portées aux allées et aux alignements d'arbres que le pétitionnaire ou le déclarant s'engage à mettre en œuvre. Elle est assortie d'une étude phytosanitaire dès lors que l'atteinte à l'alignement d'arbres est envisagée en raison d'un risque sanitaire ou d'éléments attestant du danger pour la sécurité des personnes ou des biens. Le représentant de l'État dans le département apprécie le caractère suffisant des mesures de compensation et, le cas échéant, l'étendue de l'atteinte aux biens.

En cas de danger imminent pour la sécurité des personnes, la déclaration préalable n'est pas requise. Le représentant de l'État dans le département est informé sans délai des motifs justifiant le danger imminent et les mesures de compensation des atteintes portées aux allées et alignements d'arbres lui sont soumises pour approbation. Il peut assortir son approbation de prescriptions destinées à garantir l'effectivité des mesures de compensation.

La compensation mentionnée aux cinquième et sixième alinéas doit, le cas échéant, se faire prioritairement à proximité des alignements concernés et dans un délai raisonnable.

Un décret en Conseil d'État précise les modalités d'application du présent article et les sanctions en cas de non-respect de ses dispositions.

1) Ces dispositions, issues de l'article 172 de la loi Biodiversité, instituent un dispositif de préservation des allées et alignements d'arbres en bordure de routes. Il est désormais interdit d'y porter atteinte ou de les couper, sauf dérogation pour des raisons de danger sanitaire ou lorsque l'esthétique de la composition ne peut plus être assurée et que la préservation de la biodiversité peut être obtenue par d'autres mesures. Une dérogation spécifique était prévue pour « les besoins de projets de construction », sans plus de précision.

L'article 194 de la loi 3DS n° 2022-217 du 21 février 2022 est venu modifier et clarifier le régime de protection, en précisant qu'il s'applique aux allées et alignements d'arbres qui bordent les voies ouvertes à la circulation publique. Le décret d'application n° 2023-384 du 19 mai 2023 relatif au régime de protection des allées d'arbres et alignements d'arbres bordant les voies ouvertes à la circulation publique en précise les modalités et les sanctions. **Voir** : art. R. 350-20 à R. 350-31, p. 2146.

Le nouveau dispositif prévoit globalement deux régimes de dérogations, accordées par le préfet :

– une procédure de déclaration préalable lorsqu'il est démontré que l'état sanitaire ou mécanique du ou des arbres présente un danger pour la sécurité des personnes ou des biens ou un risque sanitaire pour les autres arbres ou que l'esthétique de la composition ne peut plus être assurée et que la préservation de la biodiversité peut être obtenue par d'autres mesures (sauf en cas de danger imminent) ;

– une procédure d'autorisation lorsque les opérations sont nécessaires pour les besoins de projets de travaux, d'ouvrages ou d'aménagements.

2) Portée de l'interdiction (avant la loi 3DS). Dans un avis rendu avant l'adoption de la loi 3DS, le Conseil d'État a précisé que le fait d'abattre ou de porter atteinte à un ou à plusieurs des arbres qui composent une allée ou un alignement d'arbres le long des voies de communication est interdit, sauf si l'abattage ou l'atteinte est nécessaire pour des motifs sanitaires, mécaniques ou esthétiques ou s'il a été autorisé, à titre dérogatoire, pour la réalisation d'un projet de construction. L'abattage ou l'atteinte portée à un ou plusieurs arbres composant une allée ou un alignement doit donner lieu à des mesures compensatoires locales. Lorsqu'un permis de construire ou d'aménager ou une décision de non-opposition à déclaration préalable porte sur un projet de construction impliquant l'atteinte ou l'abattage d'un ou de plusieurs arbres composant une allée ou un alignement le long d'une voie de communication, il résulte des dispositions combinées des articles L. 421-6, R. 111-26 et R. 111-27 du Code de l'urbanisme et de l'article L. 350-3 du Code de l'environnement que l'autorisation d'urbanisme ou la décision de non-opposition à déclaration préalable vaut octroi de la dérogation prévue par le troisième alinéa de l'article L. 350-3 du Code de l'environnement. Il appartient à l'autorité administrative compétente pour délivrer l'autorisation d'urbanisme ou statuer sur la déclaration préalable de s'assurer, sous le contrôle du juge de l'excès de pouvoir, de la nécessité de l'abattage ou de l'atteinte portée aux arbres pour les besoins du projet de construction ainsi que de l'existence de mesures de compensation appropriées et suffisantes à la charge du pétitionnaire ou du maître d'ouvrage (▪ CE, avis, 21 juin 2021, n° 446662. – V. également ▪ CE, 7 juill. 2021, n° 445431).

3) Référé-liberté. Le droit de chacun de vivre dans un environnement équilibré et respectueux de la santé, tel que proclamé par l'article 1er de la Charte de l'environnement, lequel présente le caractère d'une liberté fondamentale au sens de l'article L. 521-2 du Code de justice administrative, peut être invoqué pour défendre un alignement d'arbres menacés par les travaux de construction d'une autoroute (▪ CE, ord., 19 avr. 2023, n° 472633 : rejette la demande pour défaut d'urgence). Dans une autre affaire, le juge des référés valide l'autorisation d'abattage d'arbres dans le cadre d'une opération d'aménagement, sur la base d'un bilan phytosanitaire de l'ONF, soulignant que les arbres concernés ne présentaient aucune qualité justifiant leur maintien et n'étaient pas répertoriés dans le PLU comme éléments arborés remarquables (▪ CE, 6 mars 2024, n° 492212).

4) Référé-suspension. Il n'est pas justifié que la réalisation d'un lotissement de neuf lots serait incompatible avec le maintien de l'alignement d'arbres à abattre, de surcroît répertorié au PLU, dès lors que d'autres accès à la parcelle existent (▪ TA Rennes, ord., 14 mars 2024, n° 2401096).

5) Alignements d'arbres qui bordent les voies ouvertes à la circulation publique. Le régime de protection ne s'étend pas à un alignement d'arbres implantés sur le terrain d'assiette du projet, formant une haie, et séparé de la voie publique par un muret en pierre surplombé d'une clôture, ne pouvant donc être regardé comme étant situé le long des voies de communication au sens des dispositions précitées (▪ CAA Nantes, 25 juill. 2023, n° 22NT03854). De même, ces dispositions ne concernent que les allées d'arbres et alignements d'arbres et non toute végétation, et notamment pas les arbres isolés (▪ CAA Nantes, 14 févr. 2023, n° 21NT03557).

6) Abattages justifiés. Validation du motif tiré de ce que l'autorisation est nécessaire pour la réalisation d'un projet de construction en lien avec l'opération d'aménagement des espaces extérieurs d'un viaduc, réalisée dans le cadre de la mise en œuvre d'une ligne de métro (▪ CAA Nantes, 6 déc. 2022, n° 21NT00683). *Idem* pour l'autorisation délivrée eu égard à la situation de danger mise en lumière par l'analyse technique effectuée par le directeur des jardins et de la biodiversité (▪ CAA Nantes, 11 févr. 2022, n° 21NT00166).

7) Abattages non justifiés. Annulation de l'autorisation d'abattage fondée sur un diagnostic phytosanitaire qui préconisait seulement un « abattage de gestion » de la première série d'arbres en raison de leur coût trop élevé au regard de l'intérêt global qu'ils représentaient entre 2023 et 2025, ainsi qu'une surveillance et une taille annuelles pour la seconde série d'arbres, ses conclusions ne permettant pas d'établir la nécessité d'abattre la totalité des vingt arbres pour des motifs « sanitaires ou mécaniques » au sens des dispositions de l'article L. 350-3. Par ailleurs, si le maire faisait valoir que les arbres présentaient un caractère inesthétique, il ne se prévalait pas du caractère inesthétique de la composition, mais seulement de l'aspect individuel de chaque arbre (▪ TA Montreuil, 12 févr. 2024, n° 2202249). Est censurée également l'autorisation dépourvue de précisions quant au nombre et à la nature des arbres replantés ainsi qu'au financement de leur entretien, de telles mesures ne pouvant être regardées comme des mesures compensatoires locales appropriées et suffisantes (▪ TA Cergy-Pontoise, 21 oct. 2022, n° 1912568).

TITRE VI. – ACCÈS À LA NATURE

Bibliographie : Arzul, *La promenade le long des rivières et canaux : Dr. voirie* 2011, n° 152, p. 68. • Ph. Billet, *La préservation des espaces naturels utilisés à des fins sportives : JCP* A 2005, n° 1377 ; *Les sports de nature dans la loi du 13 août 2004 : peu de sport, beaucoup de nature : JCP* A 2005, n° 1012. • Debeaurain, *Guide des chemins et sentiers d'exploitation*, Edilaix, coll. « Point de droit », 2011. • J.-M. Février, *La politique départementale des espaces, sites et itinéraires relatifs aux sports de nature : JCP* A 2005, p. 1113 ; *RD rur.* 2005, n° 331, p. 9. • G. Furthazar, *Quels principes juridiques pour une gestion des risques dans les espaces naturels ?* : *RDP* 2022, 1643. • S. Jolivet, *Utiliser la police de l'accès aux espaces protégés, c'est* *possible ! Des quotas à Bréhat* : AJCT 2023, 393 ; *La police de l'accès aux espaces protégés. Ordre public écologique et politique des « petits pas »* : *Dr. adm.* 2021, étude 15. • P. Le Louarn, *Le droit de la randonnée pédestre*, Éditions Victoires, 2002. • B. Miellet, *Accès à la nature à des fins de loisirs : JCl. Environnement*, Fasc. 3580, 2014. • F. Roux, *Les activités de pleine nature à l'épreuve du droit* : Thèse Nice, 2001. • *Droit de la biodiversité : activités de pleine nature et protection de l'environnement* : RSDA 2022, 659. • Tremeur, *Chemins ruraux : des chemins de campagne aux usages cadrés par les textes* : *Dr. voirie* 2012, 105. • Verly, *L'organisation institutionnelle des sports de nature : ou l'impératif de concertation dans la gestion des sites* : *Dr. env.* 2014, n° 225, p. 267-273. • J. Viera, *Le droit de tout un chacun. Les contours juridiques de l'accès aux communs environnementaux en Europe du Nord* : *Rev. jur. env.* 2022, 223, n° spéc.

Art. L. 360-1 *(L. n° 2021-1104, 22 août 2021)*. **– I. – L'accès et la circulation des personnes, des véhicules et des animaux domestiques aux espaces protégés en application du présent livre ou du livre IV peuvent être réglementés ou interdits, par arrêté motivé, dès lors que cet accès est de nature à compromettre soit leur protection ou leur mise en valeur à des fins écologiques, agricoles, forestières, esthétiques, paysagères ou touristiques, soit la protection des espèces animales ou végétales.**

Les restrictions définies en application du premier alinéa du présent I ne s'appliquent pas lorsque l'accès ou la circulation à ces espaces sont nécessaires à l'exécution d'une mission opérationnelle de secours, de sécurité civile, de police, de douanes ou de la défense nationale.

II *(Modifié à compter du 1er janvier 2023, L. n° 2022-217, 21 févr. 2022)*. **– Sous réserve des pouvoirs dévolus en la matière aux autorités habilitées au titre des espaces mentionnés au I, des pouvoirs de police de la circulation dévolus au président du conseil départemental en application de l'article L. 3221-4 du Code général des collectivités territoriales et des pouvoirs de police de la circulation transférés au président de l'établissement public de coopération intercommunale en application de l'article L. 5211-9-2 du même code, l'autorité compétente pour réglementer ou interdire l'accès ou la circulation mentionnés au I du présent article est :**

1° Le maire ou le président de l'établissement public de coopération intercommunale en application du B du I de l'article L. 5211-9-2 du Code général des collectivités territoriales ;

2° Lorsque la mesure excède le territoire d'une seule commune ou, en cas de transfert des prérogatives mentionnées au I du présent article en application du B du I de l'article L. 5211-9-2 du Code général des collectivités territoriales, d'un seul établissement public de coopération intercommunale, le représentant de l'État dans le département, après avis des autorités concernées qui sont compétentes sur leur territoire en application du 1° du présent II ;

3° Lorsque la mesure concerne des espaces maritimes, le représentant de l'État en mer.

Le représentant de l'État dans le département peut, dans le cas où il n'y aurait pas été pourvu par le maire ou par le président de l'établissement public de coopération intercommunale en application du même 1° et après mise en demeure restée sans résultat, prendre les mesures prévues au I.

Le représentant de l'État dans le département peut, dans le cas où il n'y aurait pas été pourvu par le maire en application du 1° du présent II et après mise en demeure de ce dernier restée sans résultat, prendre les mesures prévues au I.

CHAPITRE Ier. – ITINÉRAIRES DE RANDONNÉES

Art. L. 361-1 *(Anc. L. n° 83-663, 22 juill. 1983 ; L. n° 2005-157, 23 févr. 2005 ; L. n° 2006-436, 14 avr. 2006* (1) *; mod., L. n° 2015-992, 17 août 2015 ; mod. à compter du 1er janvier 2016, Ord. n° 2015-1174, 23 sept. 2015, mod., L. n° 2022-217, 21 févr. 2022)*. **– Le département établit, après avis des communes intéressées, un plan départemental des itinéraires de promenade et de randonnée.**

Les itinéraires inscrits à ce plan peuvent emprunter des voies publiques existantes, des chemins relevant du domaine privé du département ainsi que les emprises de la servitude destinée à assurer le passage des piétons sur les propriétés riveraines du domaine public maritime en application de l'article L. 121-31 du Code de l'*urbanisme*. *Les itinéraires inscrits à ce plan* peuvent emprunter les emprises de la servitude de marchepied mentionnée à l'article L. 2131-2 du Code général de la propriété des personnes publiques. Ils peuvent également,

(1) Conditions d'application : V. L. n° 2006-436, 14 avr. 2006, art. 31.
Dispositions applicables à Mayotte et à Saint-Pierre-et-Miquelon, L. n° 2006-436, 14 avr. 2006, art. 30, I.

après délibération des communes concernées, emprunter des chemins ruraux et, après conventions passées avec les propriétaires intéressés, emprunter des chemins ou des sentiers appartenant à l'État, à d'autres personnes publiques ou à des personnes privées. Ces conventions peuvent fixer les dépenses d'entretien et de signalisation mises à la charge du département.

Tout acte emportant la disparition d'un chemin rural susceptible d'interrompre la continuité d'un itinéraire inscrit sur le plan départemental des itinéraires de promenade et de randonnée doit, à peine de nullité, comporter soit le maintien, soit le rétablissement de cette continuité par un itinéraire de substitution. Toute opération publique d'aménagement foncier doit également respecter ce maintien ou cette continuité.

La circulation des piétons sur les voies et chemins inscrits au plan départemental des itinéraires de promenade et de randonnée, ou ceux identifiés pour les chemins privés, après conventions passées avec les propriétaires de ces chemins, par les communes et les fédérations de randonneurs agréées s'effectue librement, dans le respect des lois et règlements de police et des droits des riverains.

Les maires, en vertu de leur pouvoir de police, peuvent, le cas échéant, réglementer les conditions d'utilisation de ces itinéraires.

Un décret en Conseil d'État fixe les conditions d'application du présent article.

Voir : C. urb., art. L. 121-31 et s. ; Circ. 30 août 1988, relative aux plans départementaux de promenade et de randonnée (*JO* 10 déc. 1988, p. 15463).

Bibliographie : J.-M. Février, *La politique départementale des espaces, sites et itinéraires relatifs aux sports de nature* : *JCP* A 2005, p. 1113 ; *RD rur.* 2005, n° 331, p. 9. • E. Langelier, *Itinéraires de montagne : la motoneige ne passera pas* : *JCP* A 2014, n° 46, act. 912. • P. Le Louarn, *Le droit de la randonnée pédestre*, Victoires, 2e éd., 2010. • D. Lochouarn, *Loi 3DS : l'amélioration de la protection des chemins ruraux est enfin une réalité juridique* : *RD. rur.* 2022, n° 503, 25 ; *Responsabilité des éleveurs du fait de leurs animaux sur un itinéraire de promenade de randonnée* : *RD. rur.* 2022, n° 499, 48. • P. Mousseron et J.-R. Piquet, *Chemins de randonnée : la voie des usages* : *RD. rur.* 2024, n° 4, 13. • L. Peyen, *Par-delà le kaléidoscope juridique : la pratique de la randonnée entre voies et itinéraires* : *Rev. jur. océan Indien* 2015, n° 20, 43.

1) Sentier. La responsabilité d'une commune ne saurait être engagée sur le fondement du défaut d'entretien normal en raison d'un accident survenu sur un sentier, dès lors que le sentier en cause, dont il n'est pas établi qu'il soit le produit du travail humain, ne constitue pas un ouvrage public (▪ CAA Nancy, 20 mars 1997, n° 94NC00827, *M. et Mme Charpin : JurisData* n° 1997-056649).

2) Inapplicabilité en cas d'expropriation. Si les dispositions de l'article L. 361-1 permettent à un département de passer avec les propriétaires intéressés des conventions autorisant le passage par leur propriété d'itinéraires de promenade et de randonnée, elles ne trouvent pas à s'appliquer dans le cas où cette collectivité publique a décidé de recourir à l'expropriation des parcelles nécessaires à un projet d'aménagement d'itinéraires de randonnées (▪ CAA Nancy, 11 mars 2010, n° 09NC00854, *Caisse des dépôts et consignations*).

3) Illégalité de l'inscription d'un chemin privé au PDIRP sans convention avec ses propriétaires. Est jugée illégale la délibération d'un conseil général ayant inscrit au PDIPR un ancien chemin rural devenu privé sans avoir passé de convention avec ses propriétaires (▪ CAA Bordeaux, 10 juill. 2014, n° 13BX03199).

4) Évolution du PDIPR. Modification du tracé des itinéraires par adjonction de parcelles. Il résulte des dispositions de l'article L. 361-1 du Code de l'environnement que le législateur a confié à chaque département la responsabilité d'établir un PDIPR, dans le but de favoriser l'exercice de ces activités sur les itinéraires inscrits à ce plan ; la compétence ainsi confiée aux départements pour établir un tel plan emporte nécessairement, outre celle de pourvoir à l'entretien et à la signalisation des sentiers inscrits au PDIPR, celle de faire évoluer ce PDIPR en modifiant le tracé des itinéraires qu'il comporte, le cas échéant, par adjonction de parcelles qui ne forment au préalable l'assiette d'aucune voie de passage. Un département est donc fondé à mettre en œuvre une procédure d'expropriation dans le but de sécuriser un sentier déjà inscrit au PDIPR afin de garantir un accès à tous les publics dans des conditions satisfaisantes (▪ CAA Nantes, 1er juill. 2016, n° 15NT00425).

5) Responsabilité des propriétaires en cas d'accident. Aucune disposition législative ou réglementaire ni aucun principe général du droit n'impose que les conventions mentionnées aux deuxième et quatrième alinéas de l'article L. 361-1 du Code de l'environnement, dont ces dispositions prévoient qu'elles ne sont conclues qu'avec les propriétaires des chemins privés, dégagent les exploitants des parcelles supportant ces chemins de leur responsabilité civile en tant que gardiens d'animaux ayant causé des accidents à des randonneurs fréquentant ces chemins. Dès lors, un département qui a inscrit un chemin privé au PDIPR et l'a balisé, aménagé et ouvert au public, sans avoir préalablement conclu de convention avec le propriétaire, n'engage pas sa responsabilité à la suite d'un accident survenu à des randonneurs dès lors que cette circonstance n'a pas joué un rôle causal direct dans cet accident (■ CAA Lyon, 18 juin 2020, n° 18LY02829).

Art. L. 361-2. – Le département établit, dans les mêmes conditions qu'à l'article L. 361-1, un plan départemental des itinéraires de randonnée motorisée dont la création et l'entretien demeurent à sa charge.

***(Mod., L. n° 2015-992, 17 août 2015)* Les itinéraires inscrits à ce plan doivent emprunter les voies classées dans le domaine public routier de l'État, des départements et des communes, les chemins ruraux et les voies privées ouvertes à la circulation publique des véhicules à moteur, à l'exclusion de ceux qui ont fait l'objet d'une interdiction de circulation en application des articles L. 2213-4, L. 2213-4-1 et L. 2215-3 du Code général des collectivités territoriales.**

Code général des collectivités territoriales

Art. L. 2213-4 *(Mod., L. n° 96-1236, 30 déc. 1996 ; L. n° 2019-1428, 24 déc. 2019)*. – Le maire peut, par arrêté motivé, interdire l'accès de certaines voies ou de certaines portions de voies ou de certains secteurs de la commune aux véhicules dont la circulation sur ces voies ou dans ces secteurs est de nature à compromettre soit la tranquillité publique, soit la qualité de l'air, soit la protection des espèces animales ou végétales, soit la protection des espaces naturels, des paysages ou des sites ou leur mise en valeur à des fins esthétiques, écologiques, agricoles, forestières ou touristiques.

Dans ces secteurs, le maire peut, en outre, par arrêté motivé, soumettre à des prescriptions particulières relatives aux conditions d'horaires et d'accès à certains lieux et aux niveaux sonores admissibles les activités s'exerçant sur la voie publique, à l'exception de celles qui relèvent d'une mission de service public.

Ces dispositions ne s'appliquent pas aux véhicules utilisés pour assurer une mission de service public et ne peuvent s'appliquer d'une façon permanente aux véhicules utilisés à des fins professionnelles de recherche, d'exploitation ou d'entretien des espaces naturels.

Dans les îles mono-communales, l'interdiction mentionnée au premier alinéa peut couvrir l'ensemble du territoire de la commune.

Art. L. 2215-3. – Les pouvoirs confiés au maire par l'article L. 2213-4 ne font pas obstacle à ce que le représentant de l'État dans le département puisse, pour plusieurs communes ou pour une seule commune après mise en demeure adressée au maire et restée sans résultat, interdire, par arrêté motivé, l'accès de certaines voies ou de certaines portions de voies ou de certains secteurs de la ou des communes aux véhicules dont la circulation sur ces voies ou dans ces secteurs est de nature à compromettre soit la tranquillité publique, soit la protection des espèces animales ou végétales, soit la protection des espaces naturels, des paysages ou des sites ou leur mise en valeur à des fins esthétiques, écologiques, agricoles, forestières ou touristiques.

Dans ces secteurs, le représentant de l'État dans le département peut, en outre, dans les conditions prévues au premier alinéa, soumettre à des prescriptions particulières relatives aux conditions d'horaires et d'accès à certains lieux et aux niveaux sonores admissibles les activités s'exerçant sur la voie publique, à l'exception de celles qui relèvent d'une mission de service public.

Ces dispositions ne s'appliquent pas aux véhicules utilisés pour assurer une mission de service public et ne peuvent s'appliquer d'une façon permanente aux véhicules utilisés à des fins professionnelles de recherche, d'exploitation ou d'entretien des espaces naturels.

Art. L. 361-3 *(Créé à compter du 1er janvier 2015, Ord. n° 2014-1543, 19 déc. 2014)*. – Le département du Rhône et la métropole de Lyon établissent conjointement un plan départemental-métropolitain des itinéraires de promenade et de randonnée ainsi que des itinéraires de randonnée motorisée, dans les conditions prévues aux articles L. 361-1 et L. 361-2.

Les charges et responsabilités afférentes au plan départemental des itinéraires de promenade et de randonnée relèvent de chaque collectivité pour ce qui concerne son territoire.

Par dérogation, le convoyage par ces engins de la clientèle vers les établissements touristiques d'altitude offrant un service de restauration est autorisé, dans des conditions fixées par décret en Conseil d'État.

Voir : art. R. 362-1, p. 2149.

Code de l'urbanisme

Art. L. 421-2 *(Abr., Ord. n° 2005-1527, 8 déc. 2005).*

Voir : D. n° 2011-269, 15 mars 2011 pris pour l'application de l'article L. 362-3 du Code de l'environnement et relatif aux épreuves et compétitions de sports motorisés sur les voies non ouvertes à la circulation publique. - C. sport, art. R. 331-18 à R. 331-45. V. également Circ. 30 nov. 2000 relative aux conditions d'utilisation des « motoneiges » en application de la loi n° 91-2 du 3 janvier 1991, relative à la circulation des véhicules terrestres dans les espaces naturels et portant modification du Code des communes (*BOMATE* 25 févr. 2001, n° 1). - Circ. 6 sept. 2005 relative à la circulation des quads et autres véhicules à moteur dans les espaces naturels (*BOME* 30 oct. 2005, n° 20), partiellement annulée par ▪ CE, 10 janv. 2007, n° 286701, *Collectif pour la défense des loisirs verts et a. : Environnement* févr. 2007, n° 2, comm. 25, J.-M. Février et repère 2, J. de Malafosse.

Bibliographie : B. Busson, *Le régime juridique applicable à la circulation des motoneiges en dehors des voies de circulation : Ann. voirie* juin 2004, n° 87, p. 111 ; *Circulation des quads et autres véhicules à moteur dans les espaces naturels, l'opportun rappel à la loi par une circulaire : Dr. env.* déc. 2005, n° 134, p. 304. • P. Yolka, *Les terrains ouverts aux motosneige : Environnement* 2008, n° 7, étude 8.

1) Application du décret de 2011. Nécessité d'un arrêté. Le Conseil d'État relève que lorsqu'un décret pris pour l'application d'une loi renvoie lui-même à un arrêté la détermination de certaines mesures nécessaires à son application, cet arrêté doit intervenir dans un délai raisonnable. Si, ainsi que le soutient le ministre, en vertu de l'article R. 414-19 du Code de l'environnement, les manifestations sportives qui entrent dans le champ d'application du 24° de son I doivent faire l'objet d'une évaluation de leurs éventuelles incidences sur l'environnement, ces dispositions ne visent que les incidences sur les sites Natura 2000. L'arrêté prévu par l'article R. 331-24-1 du Code du sport est nécessaire à la mise en œuvre de l'obligation d'évaluation des incidences sur l'environnement et de définition des mesures préventives et correctrices qu'il prévoit. Aux dates des 3 et 9 septembre 2014, auxquelles sont nées les décisions de refus implicite des ministres de prendre l'arrêté, ceux-ci avaient disposé d'un temps suffisant pour s'acquitter de leur obligation. Il y a lieu, dès lors, d'enjoindre aux ministres concernés de prendre un tel arrêté dans un délai de six mois (▪ CE, 16 oct. 2015, n° 384650, *Féd. Allier-Nature : Dict. perm. dr. du sport* 26 nov. 2015, note Rémy). *NB* : Cet arrêté a été adopté le 4 mai 2016 (NOR : DEVD1609603A, *JORF* n° 0112, 14 mai 2016).

2) Loisirs. Restaurants d'altitude. Le transport de touristes vers un restaurant d'altitude est une activité exercée à des fins de loisirs, alors que le ravitaillement d'un tel restaurant par son exploitant est une activité simplement professionnelle (▪ Cass. crim., 3 avr. 2001, arrêt n° 0085546, *Desneux : JurisData* n° 2001-009543, note L. Benoît ; *Environnement* 2002, n° 3, p. 19. – V. également, ▪ CE, 30 déc. 2003, n° 229713, *Syndicat national professionnels motoneige et a. : Rec. CE* 2003, p. 874 ; *Environnement* 2004, n° 21, note L. Benoît ; *AJDA* 2004, p. 942, *BJCL* 2004, p. 179, concl. Chauvaux ; *Ann. voirie* juin 2004, n° 87, p. 111, note Busson. ▪ CAA Marseille, 24 nov. 2003, *Préfet Hautes Alpes : AJDA* 2004, p. 838 ; *Environnement* 2004, comm. 21, note L. Benoît). – V. cependant pour une décision récente contraire à la jurisprudence dominante, ▪ CA Grenoble, 21 oct. 2008, *Dessaix, Guion, SARL Napoléon*, note crit. P. Yolka, *Motos-neige : quand le juge dérape* ; *JCP* A 26 janv. 2009, n° 5, p. 2025. – V. également pour une étude d'ensemble, P. Yolka, *Les terrains ouverts aux motoneiges : Environnement* juill. 2008, n° 7, étude 8. Entre donc uniquement dans le champ d'application de l'interdiction posée à l'article L. 362-3 du Code de l'environnement, la participation directe du professionnel à l'activité de loisir constituée par l'utilisation de l'engin motorisé (randonnée ou transport de personnes) ou la satisfaction directe de cette activité (location d'un tel engin, V. ▪ Cass. crim., 23 nov. 1999, arrêt n° 98-88.010, *Périnet-Marquet*) (V. L. Benoît, note préc.).

3) Notion de terrains pour la pratique de sports motorisés. Il résulte des dispositions de l'article L. 362-1, éclairées par les travaux parlementaires préalables à l'adoption de la loi du 3 janvier 1991 relative à la circulation des véhicules terrestres dans les espaces naturels et portant modification du Code des communes, de laquelle sont issues les dispositions ultérieurement codifiées aux articles L. 362-1 et L. 362-3 du Code de l'environnement, que le législateur a entendu encadrer strictement les conditions dans lesquelles peut être autorisé l'aménagement en zone de montagne de « terrains » pour la pratique de sports ou de loisirs motorisés en vue de l'utilisation, à des fins de loisirs, d'engins conçus pour la progression sur neige. Il a, en particulier, entendu empêcher la création d'itinéraires, mêmes balisés, lesquels ne peuvent être regardés comme des « terrains » au sens de la loi (▪ CAA Lyon, 13 nov. 2012, n° 12LY00623. ▪ CE, 5 nov. 2014, n° 365121, *Cne de Saint-Martin-de-Belleville : AJDA* 2014, 2456 ; *Dr. env.* 2014, 430). La création d'un circuit de motoneiges sur le domaine skiable de Valmorel, en Savoie, comprenant deux boucles d'une dizaine de kilomètres sur une emprise de plus de 800 hectares correspondait ainsi à un circuit en espaces naturels, non à un terrain au sens des dispositions de l'article L. 362-3 du Code de l'environnement, nonobstant les circonstances que les itinéraires proposés étaient eux-mêmes balisés et situés, en partie, sur un domaine skiable aménagé (▪ CAA Lyon, 6 déc. 2011, n° 10LY01966, *Cne des Avanchers Valmorel, Cne de La Léchère : JCP* A 2012, n° 9, 2074, *Les circuits de motos-neige hors-la-loi*, comm. P. Yolka, confirmé sur ce point par ▪ TA Grenoble, 30 déc. 2011, n° 0905540, *FRAPNA, Assoc. Mountain Wilderness*, la configuration particulière du terrain étant également de nature à provoquer des nuisances, notamment sonores, sur de très grands espaces).

4) Légalité d'une autorisation préfectorale pour un rallye automobile. Le Conseil d'État a jugé qu'il ne résulte pas de l'instruction, qu'eu égard notamment à la brièveté de la compétition et aux mesures de prévention, destinées à limiter l'impact du rallye sur l'environnement, adoptées par l'arrêté contesté, et tenant compte des observations formulées à la suite du rallye autorisé en 2006, que ces épreuves porteraient, en tout état de cause, une atteinte grave à la protection de l'environnement (▪ CE, ord., 11 mai 2007, n° 305427, *Assoc. interdépartementale et intercommunale pour la protection du lac de Sainte-Croix*. – V. également dans le même sens, s'appuyant également sur les conséquences économiques pour l'organisateur en cas d'annulation, ▪ TA Rennes, 6 mai 2008, n° 0801917, *Assoc. de recherche et de protection de l'environnement*).

5) Légalité d'une autorisation préfectorale pour une activité de moto-cross et quad. *L'épreuve de quads autorisée par l'arrêté litigieux est au nombre de celles visées par l'article* L. 362-3 du Code de l'environnement. Dès lors, le préfet du Pas-de-Calais n'a pas méconnu les dispositions de l'article L. 362-1 du Code de l'environnement (▪ CAA Douai, 18 janv. 2005, n° 03DA00361, *Assoc. « Le moto-club des sables » : AJDA* 2005, p. 1060, concl. Lepers ; *Environnement* 2006, n° 1, p. 19, comm. 1, E. Podraza-Scripzac, ce même arrêt censurant en revanche la course motocycliste, V. *infra*, note 4). Après avoir reconnu le caractère suffisant de l'étude d'évaluation des incidences Natura 2000, la cour administrative d'appel de Marseille considère dans une autre affaire que si le tracé du circuit retenu se situe en totalité à l'intérieur du périmètre du site Natura 2000, il n'est pas établi, eu égard à la nature de la manifestation, à son ampleur en raison du nombre des participants et à la présence du public, que la manifestation était de nature à porter une atteinte à ce site naturel particulièrement protégé (▪ CAA Marseille, 12 mars 2015, n° 14MA00313, *MEDD : championnat de Provence de motocross et quad à Goult*). Si le circuit se situe par ailleurs en zone de massif forestier soumise au risque de feu de forêt en aléa très fort au terme du plan départemental de protection des forêts contre l'incendie, cette seule circonstance ne caractérise pas, dans les circonstances de l'espèce, l'existence d'un risque d'incendie justifiant le refus d'organisation de la manifestation, avant les périodes de forte chaleur (même arrêt).

6) Illégalité d'une autorisation préfectorale pour une course motocycliste. Commet une erreur manifeste d'appréciation le préfet qui autorise une course motocycliste dans des dunes naturelles (Enduro du Touquet) en raison notamment de l'existence d'un site classé et d'une ZNIEFF (▪ TA Lille, 5 févr. 2003, n° 02-1605, *Assoc. FNE : Dr. env.* 2003, p. 56, note B. Busson ; *AJDA* 2003, p. 1000, concl. Bauzerand ; *Rev. jur. env.* 3/2003, p. 339, confirmé sur ce point par ▪ CAA Douai, 18 janv. 2005, n° 03DA00361, *Assoc. « Le moto-club des sables » : AJDA* 2005, p. 1060, concl. Lepers ; *Environnement* 2006, n° 1, p. 19, comm. 1, E. Podraza-Scripzac, ce même arrêt validant en revanche l'épreuve de quads, V. annot. n° 3, p. 681). L'autorité administrative compétente, saisie d'une demande d'autorisation d'une épreuve ou compétition motorisée en milieu naturel non ouvert à la circulation publique (championnat de France d'enduro motos) doit porter une attention toute particulière à la protection des milieux naturels remarquables et vulnérables, comme c'est le cas en l'espèce avec un itinéraire traversant des sites Natura 2000 (sur 4 km environ) et des ZNIEFF (▪ TA Clermont-Ferrand, 17 déc. 2015, n° 14011577, *Féd. Allier-Nature*). Si les recommandations d'un document d'objectifs d'un site Natura 2000 sont dépourvues de toute portée normative, elles n'en constituent pas moins des propositions de mesures permettant d'atteindre les objectifs de développement durable du site permettant d'assurer la conservation, et s'il y a lieu, la restauration des habitats naturels et des espèces qui justifient la désignation dudit site. Le préfet n'est cependant pas lié par le contenu de l'évaluation des incidences sur le site Natura 2000 présentée par le pétitionnaire (même jugement). La CAA de Lyon confirme le jugement en appel, considérant qu'il ne ressort pas des pièces du dossier que l'itinéraire de substitution évitant la zone Natura 2000 ne se justifiait qu'en cas de sol humide ; ainsi, compte tenu notamment du nombre de véhicules engagés dans cette manifestation, estimé à plus de 350, et d'une longueur de parcours en zone Natura 2000 de 4,16 km, et quelles que soient les retombées économiques et médiatiques relatives à l'organisation de ce championnat d'enduro motos, le préfet de l'Allier, en dépit des prescriptions fixées par l'art. 11 de son arrêté, a fait en l'espèce une insuffisante appréciation des intérêts écologiques à protéger (■ CAA Lyon, 15 mars 2018, *Assoc. sportive motocycliste de Villebret*, n° 16LY00546).

7) Illégalité d'une autorisation préfectorale pour une randonnée motorisée se déroulant sur quatre jours et trois cents kilomètres. L'arrêté préfectoral autorisant une randonnée motorisée qui se déroule sur quatre jours, sur plus de 300 kilomètres, en périphérie immédiate du Parc national des Écrins, traversant une zone Natura 2000, une ZICO, deux SIC, et 18 ZNIEFF, est illégal, compte tenu du caractère limité des aménagements apportés au parcours et de l'atteinte aux intérêts écologiques à protéger (■ TA Marseille, 23 déc. 2008, n° 0601683, *Assoc. Mountain Wilderness*, pour l'annulation de l'édition 2006 deux ans après. – V. également pour la suspension de l'édition 2009 de la même randonnée motorisée la veille de son départ, ■ TA Marseille, ord., 26 janv. 2009, n° 0900400, *Assoc. Mountain Wilderness*).

Art. L. 362-4 *(Anc. L. n° 91-2, 3 janv. 1991 ; mod., Ord. n° 2012-34, 11 janv. 2012)*. **– Est interdite toute forme de publicité directe ou indirecte présentant un véhicule en situation d'infraction aux dispositions du présent chapitre.**

Voir : art. R. 362-3, p. 2151.

Illustrations. Est condamné à une amende de 1 300 €, correspondant à une contravention de 5e classe, l'organisateur de raids motorisés, auteur de publicités faisant apparaître des photographies présentant des véhicules circulant dans un espace naturel protégé (■ Cass. crim., 24 avr. 2007, n° 06-87.874 : *Rev. jur. env.* 4/2008, p. 499, note Jaworski ; *Ann. voirie* 2007, p. 127, note D. Guihal). Doit également être condamné l'auteur de publicité contenant des photographies montrant des véhicules en infraction avec les dispositions du Code de l'environnement, peu important que ces photographies aient été prises en France ou ailleurs et montrent éventuellement des véhicules appartenant à des propriétaires des terrains sur lesquels ils circulent, la publicité invitant également les participants à circuler dans des espaces où cette circulation est interdite (■ Cass. crim., 18 nov. 2008, n° 08-83.820). Présentation publicitaire de véhicules en dehors des voies de circulation. Greenwashing. En laissant croire au public que la possession de ce type de véhicule vaut permis de tout faire dans la nature, la diffusion de ce type de publicité fait, d'évidence, la promotion de comportements contraires à la protection de l'environnement et à la préservation des ressources naturelles et viole manifestement la loi (■ TGI Nanterre, ord., 23 oct. 2012, *FNE c/ SA Toyota France : Dr. env.* 2013, 192, note Dubreuil). A contrevenu aux dispositions de l'article L. 362-4 la société qui a diffusé, via son site internet, une publicité présentant un véhicule en situation d'infraction aux dispositions relatives à la circulation d'un véhicule à moteur en dehors des voies définies à l'article L. 362-1 dudit code (■ CA Montpellier, 23 juin 2015, n° 1307587, *Assoc. France Nature Environnement c/ SARL Liberty Quad*). Au vu de la configuration des lieux qui ne comportent aucune habitation, ni aménagement, ni voie réelle clairement matérialisée, chemin goudronné ou piste carrossable, il est incontestable que les véhicules litigieux ne se trouvent pas sur l'une des voies autorisées visées par l'article L. 362-1, aucune voie susceptible d'être qualifiée de voie ouverte à la circulation n'étant même visible à proximité. Il importe peu que les véhicules en cause ne soient pas en train de circuler et qu'aucun conducteur n'apparaisse au volant dès lors qu'au vu de la configuration des lieux et de leur position, ils ont nécessairement circulé sur les espaces non ouverts à la circulation avant de s'arrêter. Les visuels litigieux qui font apparaître des véhicules de la marque Hyundai dans des espaces naturels, sans aucune information sur les dispositions du Code de l'environnement relatives aux conditions de circulation des véhicules à moteur, sont de nature à laisser croire au consommateur qu'ils peuvent être utilisés dans ces espaces sans aucune restriction. Il s'agit d'un argument de vente de nature à induire en erreur le consommateur sur les conditions et possibilités d'utilisation des véhicules en cause, ce qui constitue une pratique commerciale trompeuse (■ TGI Paris, 13 mars 2018, *FNE c/ Hyundai*, n° 17/06330).

Section II. – Dispositions en matière pénale

(Division créée à compter du 1er juillet 2013, Ord. n° 2012-34, 11 janv. 2012)

Art. L. 362-5 *(Rempl. à compter du 1er juillet 2013, Ord. n° 2012-34, 11 janv. 2012 ; mod., L. n° 2014-1545, 20 déc. 2014 ; L. n° 2016-1087, 8 août 2016 ; Ord. n° 2022-839, 1er juin 2022)* (1). **– Outre les officiers et agents de police judiciaire et les inspecteurs de l'environnement mentionnés au 1° du II de l'article L. 172-1, sont habilités à rechercher et à constater les infractions aux dispositions du présent titre ou prises pour son application, ainsi qu'aux dispositions prises en application des articles L. 2213-4 et L. 2215-3 du Code général des collectivités territoriales :**

1° Les agents des services de l'État chargés des forêts commissionnés à raison de leurs compétences en matière forestière et assermentés à cet effet ;

2° Les agents de l'Office national des forêts mentionnés au I de l'article L. 161-4 du Code forestier et, pour leur seule constatation, les agents mentionnés au II du même article, commissionnés à raison de leurs compétences en matière forestière et assermentés à cet effet ;

3° Les gardes champêtres ;

4° Les agents de police judiciaires adjoints mentionnés à l'article 21 du Code de procédure pénale, qui exercent ces missions dans les limites et selon les modalités fixées par le Code de procédure pénale ;

5° Les gardes du littoral mentionnés à l'article L. 322-10-1, agissant dans les conditions prévues à cet article ;

6° Les agents des réserves naturelles mentionnés à l'article L. 332-20, agissant dans les conditions prévues à cet article ;

7° Les fonctionnaires ou agents publics des collectivités territoriales ou de leurs groupements chargés de la protection des espaces ou patrimoines naturels, commissionnés et assermentés à cet effet.

Bibliographie : D. Guihal, *op. cit.*, nos 1989 à 2031.

Art. L. 362-6 *(Abr., Ord. n° 2012-34, 11 janv. 2012).*

Art. L. 362-7 *(Mod., Ord. n° 2000-930, 22 sept. 2000 ; L. n° 2007-297, 5 mars 2007).* **– Les dispositions des articles L. 121-4, L. 234-1, L. 325-2, L. 325-3, L. 325-6 à L. 325-8 et L. 417-1 du Code de la route sont applicables aux véhicules circulant en infraction aux dispositions du présent chapitre et des arrêtés pris pour son application, selon des modalités déterminées par décret en Conseil d'État.**

(Abr. à compter du 1er juillet 2013, Ord. n° 2012-34, 11 janv. 2012).

Art. L. 362-8 *(Abr. à compter du 1er juillet 2013, Ord. n° 2012-34, 11 janv. 2012).*

CHAPITRE III. – ACCÈS PAR AÉRONEFS

(Chap. rempl., L. n° 2021-1104, 22 août 2021)

Bibliographie : P. Yolka, *Vols touristiques en montagne : gare aux turbulences juridiques ! : JCP* A 2022, 357 ; *Encadrement des loisirs aériens en montagne : y a-t-il un pilote dans l'hélico ? : Dr. env.* 2022, 85.

Section 1. – Interdiction des atterrissages à des fins de loisirs

Art. L. 363-1 *(Rempl., L. n° 2021-1104, 22 août 2021 ; mod., L. n° 2022-217, 21 févr. 2022).* **– I. – Dans les zones de montagne, l'atterrissage d'aéronefs motorisés à des fins de loisirs, sans débarquement ni embarquement de passagers est interdit, sauf sur un aérodrome au sens de l'article L. 6300-1 du Code des transports, ainsi que sur les emplacements autorisés par l'autorité administrative.**

L'interdiction prévue au premier alinéa du présent I n'est pas applicable aux aéronefs sans personne à bord.

(1) Le Conseil constitutionnel a déclaré les mots « et, pour leur seule constatation, les agents mentionnés au II du même article, » figurant au 2° du présent article, dans sa rédaction résultant de l'ordonnance n° 2022-839 du 1er juin 2022, conforme à la Constitution. – V. ■ Cons. const. 31 mars 2023, n° 2023-1042 QPC, art. 1er : *JurisData* n° 2023-004996 ; *JO* 4 avr. 2023. – NDLR.

II. – Dans les zones de montagne, le débarquement et l'embarquement de passagers par aéronef motorisé à des fins de loisirs sont interdits, sauf sur un aérodrome au sens de l'article L. 6300-1 du Code des transports.

Art. L. 363-2 ***(L. n° 2021-1104, 22 août 2021).*** **– La publicité, directe ou indirecte, de services faisant usage des pratiques mentionnées à l'article L. 363-1 est interdite.**

Section 2. – Dispositions pénales

Art. L. 363-3 ***(L. n° 2021-1104, 22 août 2021).*** **– Est puni d'un an d'emprisonnement et de 150 000 € d'amende le fait de ne pas respecter l'interdiction mentionnée à l'article L. 363-1.**

Art. L. 363-4 ***(L. n° 2021-1104, 22 août 2021).*** **– Est puni de six mois d'emprisonnement et de 75 000 € d'amende le fait de ne pas respecter l'interdiction mentionnée à l'article L. 363-2.**

CHAPITRE III *(Rédaction antérieure).* – AUTRES MODES D'ACCÈS

Rédaction antérieure. Art. L. 363-1. – Dans les zones de montagne, les déposes de passagers à des fins de loisirs par aéronefs sont interdites, sauf sur les aérodromes dont la liste est fixée par l'autorité administrative.

Bibliographie : B. Busson, *Circulation des quads et autres véhicules à moteur dans les espaces naturels, l'opportun rappel à la loi par une circulaire : Dr. env.* 2005, n° 134, p. 304. • J.-M. Février, *La politique départementale des espaces, sites et itinéraires relatifs aux sports de nature : JCP A* 2005, p. 1113 ; *RD rur.* 2005, n° 331, p. 9. • B. Busson, *Le régime juridique applicable à la circulation des motoneiges en dehors des voies de circulation : Ann. voirie* juin 2004, n° 87, p. 111. • M. Carius, *La police administrative et les activités sportives de pleine nature : Rev. jur. env.* 2/2001, p. 173.

CHAPITRE IV. – ESPACES, SITES ET ITINÉRAIRES RELATIFS AUX SPORTS DE NATURE

Art. L. 364-1 ***(Mod., Ord. n° 2006-596, 23 mai 2006)*** (1). **– Ainsi qu'il est dit à l'article L. 311-10 du Code du sport ci-après reproduit :**

« Le Comité national olympique et sportif français conclut avec les organismes gestionnaires d'espaces naturels, sous réserve du respect de la réglementation propre à chaque espace, des conventions ayant pour objet de fixer les conditions et modalités d'accès à ces sites pour les pratiques sportives en pleine nature, compatibles avec les schémas de services collectifs des espaces naturels et ruraux, d'une part, et du sport, d'autre part. »

NB : l'ordonnance n° 2006-596 du 23 mai 2006 ayant modifié l'article L. 364-1 renvoie par erreur à l'article L. 311-10 du Code du sport, alors que cet article est inexistant. Il s'agit en réalité de l'article L. 311-5 du Code du sport.

CHAPITRE V. – RESPONSABILITÉ EN CAS D'ACCIDENT

(L. n° 2006-436, 14 avr. 2006) (2)

Art. L. 365-1 ***(L. n° 2006-436, 14 avr. 2006*** (2) ***; mod., L. n° 2022-217, 21 févr. 2022).*** **– Sans préjudice de l'article L. 311-1-1 du Code du sport, la responsabilité civile ou administrative des propriétaires de terrains, de la commune, de l'État ou de l'organe de gestion de l'espace naturel, à l'occasion d'accidents survenus dans le cœur d'un parc national, dans une réserve naturelle, sur un domaine relevant du Conservatoire de l'espace littoral et des rivages lacustres ou sur les voies et chemins visés à l'article L. 361-1 du présent code, à l'occasion de la circulation des piétons ou de la pratique d'activités de loisirs, est appréciée au regard des risques inhérents à la circulation dans des espaces naturels ayant fait l'objet d'aménagements limités dans le but de conservation des milieux, et compte tenu des mesures d'information prises, dans le cadre de la police de la circulation, par les autorités chargées d'assurer la sécurité publique.**

(1) Application à Mayotte, à Saint-Pierre-et-Miquelon, dans les îles Wallis-et-Futuna, en Polynésie française et en Nouvelle-Calédonie : V. Ord. n° 2006-596, 23 mai 2006, art. 10.

(2) Conditions d'application : V. L. n° 2006-436, 14 avr. 2006, art. 31.
Dispositions applicables à Mayotte et à Saint-Pierre-et-Miquelon, L. n° 2006-436, 14 avr. 2006, art. 30, I.

Bibliographie : F. Bouin, *Les conditions d'ouverture au public dans les espaces naturels* : *Rev. jur. env.* 2007, p. 163. • M. Canedo-Paris, *Feu le critère de l'aménagement « indispensable »* : *AJDA* 2008, p. 1145 ; *RFDA* 2008, p. 401. • J.-M. Février, *Accès à la nature : détermination des responsabilités* : *Environnement* 2006, n° 6, comm. 65. • C. Latil, *Responsabilité civile des gardiens des sites naturels ouverts au public* : *RD. rur.* 2020, n° 487, 46. • J.-M. Vié, *Peut-il y avoir dommage de travaux publics dans le cas d'un aménagement minimal d'un site naturel ?* : *AJDA* 2008, p. 1438.

1) Service public local. La politique départementale des espaces naturels sensibles constitue un service public local (▪ T. confl., 22 oct. 2007, n° 3625, *Doucedame c/ Dpt des Bouches-du-Rhône : Environnement* 2008, n° 4, comm. 69, J.-M. Février).

2) Application aux parcs naturels régionaux. Bien que les PNR ne soient pas visés par cette disposition, le juge administratif en fait application (▪ CAA Douai, 27 juin 2006, n° 05DA00563, *Masset*). La responsabilité de l'établissement public Parc national, lequel était en charge de la police de la circulation sur le sentier litigieux, doit être appréciée, ainsi que le prévoit l'article L. 365-1 du Code de l'environnement, au regard des risques inhérents à la circulation dans des espaces naturels ayant fait l'objet d'aménagements limités dans le but de conservation des milieux, et compte tenu des mesures d'information prises, dans le cadre de la police de la circulation, par les autorités chargées d'assurer la sécurité publique. Or, il ne résulte pas de l'instruction que le passage sur ce sentier à l'endroit où s'est produit l'accident aurait dû faire l'objet d'une interdiction, ou d'une sécurisation particulière, en raison de risques particuliers de chutes de pierres, excédant les risques naturels inhérents à la randonnée sur un itinéraire de montagne au moment du dégel printanier. Par suite, la requérante n'est pas fondée à soutenir que la responsabilité de l'établissement public Parc national devrait être engagée (▪ TA Nice, 31 déc. 2019, n° 1701312).

TITRE VII. – CONTINUITÉS ÉCOLOGIQUES

(L. n° 2010-788, 12 juill. 2010 ; intitulé rempl., L. n° 2023-54, 2 févr. 2023)

Origine du titre. La loi n° 2010-788 du 12 juillet 2010 portant engagement national pour l'environnement, également appelée loi « Grenelle 2 » prévoit une mise en œuvre de la trame verte et bleue à trois niveaux : au niveau national sont fixées les « orientations nationales pour la préservation et la remise en état des continuités écologiques » (art. L. 371-2), au niveau régional un « schéma régional de cohérence écologique » (art. L. 371-3 : État et région, associés à de nombreux partenaires) et, au niveau local, le SRCE est « pris en compte » dans les documents d'aménagement de l'espace ou d'urbanisme. Dès lors, si le droit de l'urbanisme constitue le vecteur opérationnel principal de la prise en compte de la trame verte et bleue, tous les plans et projets, de niveau national ou local, devront *a minima* la prendre en compte voire, pour les projets et plans de niveau national, être compatibles avec cette dernière.

Voir : L. n° 2016-1087 pour la reconquête de la biodiversité, de la nature et des paysages (DEVL1400720L), promulguée le 8 août 2016 et publiée au *Journal officiel* de la République française du 9 août 2016. Le texte de loi (Titre II « Gouvernance de la biodiversité ») intègre au nouveau Comité national de la biodiversité les missions actuelles du comité national « trames verte et bleue ». Les comités régionaux « trames verte et bleue » se voient ainsi transformés en comités régionaux de la biodiversité.

Voir : Droit international : Conv. Ramsar 2 févr. 1971 sur les zones humides d'importance internationale (D. n° 87-126, 20 févr. 1987 : *JO* 26 févr. 1987, p. 2185). – Conv. Washington 3 mars 1973 sur le commerce international des espèces de faune et de flore sauvages menacées d'extinction (D. n° 78-959, 30 août 1978 : *JO* 17 sept. 1978). – Conv. Bonn 23 juin 1979 relative à la conservation des espèces migratrices appartenant à la faune sauvage (D. n° 90-962, 23 oct. 1990 : *JO* 30 oct. 1990, p. 13167). – Conv. Berne 19 sept. 1979 relative à la conservation de la vie sauvage et du milieu naturel de l'Europe. – Conv. Rio 5 juin 1992 sur la diversité biologique (D. n° 95-140, 6 févr. 1995 : *JO* 11 févr. 1994, p. 2312). V. également le site officiel de la Conférence mondiale sur la diversité biologique : www.cbd.int.

Droit communautaire : Dir. Cons. n° 92/43/CEE, 21 mai 1992, concernant la conservation des habitats naturels ainsi que la faune et la flore sauvages (*JOCE* n° L 206, 22 juill. 1992, p. 7 à 8), mod. – Dir. n° 2009/147/CE du Parlement européen et du Conseil, 30 nov. 2009 concernant la conservation des oiseaux sauvages (*JOUE* n° L 020 du 26 janv. 2010 p. 7).

Droit interne : L. n° 2010-788 portant engagement national pour l'environnement (loi Grenelle 2), 12 juillet 2010, art. 121 et 122 ; L. n° 2009-967 de programmation relative à la mise en œuvre du Grenelle de l'environnement, 3 août 2009, art. 7 et 23 ; C. urb., art. L. 113-1, L. 121-1, L. 121-9, L. 122-1-3, L. 122-1-5, L. 123-1-3, L. 123-12 reproduits ci-dessous ; D. n° 2012-228, 16 févr. 2012 relatif au fonds d'investissement pour la biodiversité et la restauration écologique (NOR : DEVL1201183D) ; mod., D. n° 2014-132, 17 févr. 2014 (NOR : PRMX 1403387D) ; L. n° 2023-54, 2 févr. 2023 visant à limiter l'engrillagement des espaces naturels et à protéger la propriété privée (NOR : TREX2201083L).

Voir également : *infra*, livre IV du présent code.

CHAPITRE Ier. – TRAME VERTE ET BLEUE

(L. n° 2023-54, 2 févr. 2023)

Art. L. 371-1 *(L. n° 2010-788, 12 juill. 2010 ; mod., L. n° 2016-1087, 8 août 2016)*. – **I. – La trame verte et la trame bleue ont pour objectif d'enrayer la perte de biodiversité en participant à la préservation, à la gestion et à la remise en bon état des milieux nécessaires aux continuités écologiques, tout en prenant en compte les activités humaines, et notamment agricoles, en milieu rural ainsi que la gestion de la lumière artificielle la nuit.**

À cette fin, ces trames contribuent à :

1° Diminuer la fragmentation et la vulnérabilité des habitats naturels et habitats d'espèces et prendre en compte leur déplacement dans le contexte du changement climatique ;

2° Identifier, préserver et relier les espaces importants pour la préservation de la biodiversité par des corridors écologiques ;

3° Mettre en œuvre les objectifs visés au IV de l'article L. 212-1 et préserver les zones humides visées aux 2° et 3° du III du présent article ;

4° Prendre en compte la biologie des espèces sauvages ;

5° Faciliter les échanges génétiques nécessaires à la survie des espèces de la faune et de la flore sauvages ;

6° Améliorer la qualité et la diversité des paysages.

II. – La trame verte comprend :

1° Tout ou partie des espaces protégés au titre du présent livre et du titre Ier du livre IV ainsi que les espaces naturels importants pour la préservation de la biodiversité ;

2° Les corridors écologiques constitués des espaces naturels ou semi-naturels ainsi que des formations végétales linéaires ou ponctuelles, permettant de relier les espaces mentionnés au 1° ;

3° Les surfaces mentionnées au I de l'article L. 211-14.

III. – La trame bleue comprend :

1° Les cours d'eau, parties de cours d'eau ou canaux figurant sur les listes établies en application de l'article L. 214-17 ;

2° Tout ou partie des zones humides dont la préservation ou la remise en bon état contribue à la réalisation des objectifs visés au IV de l'article L. 212-1, et notamment les zones humides mentionnées à l'article L. 211-3 ;

3° Les cours d'eau, parties de cours d'eau, canaux et zones humides importants pour la préservation de la biodiversité et non visés aux 1° ou 2° du présent III.

IV. – Les espaces naturels, les corridors écologiques, ainsi que les cours d'eau, parties de cours d'eau, canaux ou zones humides mentionnés respectivement aux 1° et 2° du II et aux 2° et 3° du III du présent article sont identifiés lors de l'élaboration des schémas mentionnés à l'article L. 371-3.

V. – La trame verte et la trame bleue sont notamment mises en œuvre au moyen d'outils d'aménagement visés aux articles L. 371-2 et L. 371-3.

1) Légalité du décret. Le décret n° 2012-1492 du 27 décembre 2012 relatif à la trame verte et bleue, contesté par la Fédération départementale des chasseurs du Pas-de-Calais ne méconnaît ni les dispositions du premier alinéa de l'article L. 371-1 du Code de l'environnement, ni celles de l'article 6 de la Charte de l'environnement (■ CE, 30 juill. 2014, n° 369148, *Fédération départementale des chasseurs du Pas-de-Calais*).

2) Illustration. Inclusion dans une trame verte et bleue. Erreur manifeste d'appréciation (non). Il ne ressort pas des pièces du dossier que l'inclusion dans une trame verte et bleue des parcelles du requérant ne serait pas justifiée, alors qu'il est constant que ces terrains sont constitués de zones humides comprises dans le périmètre d'une zone Natura 2000 marquée par la présence de forêts alluviales caractéristiques, comme l'a justement relevé le tribunal. En outre, ces terrains sont en zone jaune du plan de prévention des risques d'inondation correspondant au champ d'expansion des crues. Les schémas de cohérence territoriale n'ont vocation à définir que des orientations ou prescriptions avec lesquelles les autorisations d'urbanisme, éventuellement ultérieurement sollicitées dans le cadre de la réglementation en vigueur qui prévoit, notamment à l'article L. 111-15 du Code de l'urbanisme, des dispositions spécifiques dans le cas des reconstructions après sinistres, doivent seulement être compatibles. Dans ces conditions, et alors que le requérant ne critique pas la qualité de son environnement, la seule circonstance qu'il existe une habitation sur ces parcelles ne rend donc pas « inadmissible », contrairement à ce qu'il soutient, un tel classement. Celui-ci n'est pas davantage incompatible avec la pérennité d'une exploitation agricole, sur laquelle le requérant n'apporte au demeurant aucune précision. Par suite, le moyen tiré de l'erreur manifeste d'appréciation au regard de l'article L. 371-1 du Code de l'environnement ne peut qu'être écarté (■ CAA Bordeaux, 12 juin 2018, n° 18BX02029).

Art. L. 371-2 *(L. n° 2010-788, 12 juill. 2010 ; mod., D. n° 2012-1219, 31 oct. 2012 ; Ord. n° 2016-1028, 27 juill. 2016 ; mod. à compter d'une date fixée par décret et au plus tard le 1er janvier 2017, Ord. n° 2016-1060, 3 août 2016 ; mod., L. n° 2016-1087, 8 août 2016).* – (1) **Un document-cadre intitulé « Orientations nationales pour la préservation et la remise en bon état des continuités écologiques » est élaboré, mis à jour et suivi par l'autorité administrative compétente de l'État en association avec le Comité national de la biodiversité.**

Les orientations nationales sont adoptées par décret en Conseil d'État.

Ce document-cadre, fondé, en particulier, sur les connaissances scientifiques disponibles, l'inventaire du patrimoine naturel mentionné à l'article L. 411-1 A et des avis d'experts, comprend notamment :

a) **Une présentation des choix stratégiques de nature à contribuer à la préservation et à la remise en bon état des continuités écologiques ;**

b) **Un guide méthodologique identifiant les enjeux nationaux et transfrontaliers relatifs à la préservation et à la remise en bon état des continuités écologiques. Il comporte un volet relatif à l'élaboration du schéma régional de cohérence écologique ou du document régional fixant les orientations et mesures de préservation et de restauration de la biodiversité qui en tient lieu ou s'y substitue..**

Sans préjudice de l'application des dispositions du chapitre II du titre II du livre Ier relatives à l'évaluation environnementale, les documents de planification et projets relevant du niveau national, et notamment les grandes infrastructures linéaires de l'État et de ses établissements publics, sont compatibles avec les orientations nationales pour la préservation et la remise en bon état des continuités écologiques mentionnées au premier alinéa et précisent les mesures permettant d'éviter, de réduire et, le cas échéant, de compenser les atteintes aux continuités écologiques que la mise en œuvre de ces documents de planification et projets, notamment les grandes infrastructures linéaires, sont susceptibles d'entraîner.

À l'expiration d'un délai fixé par décret, l'autorité administrative compétente de l'État procède à une analyse des résultats obtenus du point de vue de la préservation et de la remise en bon état des continuités écologiques par la mise en œuvre du document-cadre mentionné au premier alinéa et décide de son maintien en vigueur ou de procéder à sa révision. Elle procède également à l'analyse du développement du territoire en termes d'activité humaine, notamment en milieu rural. Il est procédé à la révision du document-cadre selon la procédure prévue pour son élaboration.

Voir : D. n° 2014-45, 20 janv. 2014 portant adoption des orientations nationales pour la préservation et la remise en bon état des continuités écologiques (*JO* 22 janv.).

1) Compatibilité. Les documents de planification et projets relevant du niveau national doivent être compatibles avec le document-cadre national. Le rapport de « compatibilité » s'entend généralement comme une obligation de non-contrariété de la norme inférieure par rapport à la norme supérieure. Il s'agit d'une obligation moins contraignante que celle engendrée par le rapport de conformité, mais plus importante que celle résultant d'une simple obligation de prise en compte (V. par ex., ■ CE, 28 juill. 2004, n° 256843, *Cne de Capbreton*).

2) Caractère réglementaire. Saisi le 30 juillet 2012 par le Premier ministre, dans les conditions

(1) Sur le caractère réglementaire des dispositions de la deuxième phrase du présent alinéa : V. ■ Cons. const. n° 2012-232 L, 9 août 2012 (*JO* 11 août 2012). – NDLR.

prévues par le second alinéa de l'article 37 de la Constitution, le Conseil constitutionnel a considéré que les dispositions de la deuxième phrase du premier alinéa de l'article L. 371-2 du Code de l'environnement, relatives à la composition du Comité national « trames verte et bleue », ne mettent en cause aucune règle ou aucun principe placé par la Constitution dans le domaine de la loi, et ont donc un caractère réglementaire (■ Cons. const., 9 août 2012, déc. n° 2012-232 L : *JO* 11 août 2011). Tirant les conséquences de cette décision, le décret n° 2012-1219 du 31 octobre 2012 relatif au Comité national « trames verte et bleue » (*JO* 3 nov.) précise le rôle consultatif du comité ainsi que sa composition (art. D. 371-2 et D. 371-3).

Art. L. 371-3 *(L. n° 2010-788, 12 juill. 2010 ; mod., L. n° 2010-1563, 16 déc. 2010 ; mod. à compter du 1er janvier 2013, L. n° 2012-1460, 27 déc. 2012 ; mod. à compter du 1er janvier 2016, Ord. n° 2015-1174, 23 sept. 2015 ; mod., Ord. n° 2016-1028, 27 juill. 2016 ; mod. à la date prévue au VI de l'article 16 de la loi n° 2016-1087 et au plus tard le 8 février 2017, L. n° 2016-1087, 8 août 2016 ; mod. à compter du 1er janvier 2020, L. n° 2019-773, 24 juill. 2019 ; à compter du 1er avril 2021, Ord. n° 2020-745, 17 juin 2020)* (1). **– I. – Un comité régional de la biodiversité est créé dans chaque région. Ce comité est associé à l'élaboration et au suivi de la stratégie régionale pour la biodiversité. Avec une représentation équilibrée par collège des différentes parties prenantes, il comprend notamment des représentants de l'État et de ses établissements publics, des collectivités territoriales concernées et de leurs groupements, et notamment de l'ensemble des départements de la région** *(Mots aj. six mois avant le premier renouvellement des membres des comités de bassins et des comités régionaux de la biodiversité suivant le 21 février 2022 et au plus tard le 1er janvier 2027, L. n° 2022-217, 21 févr. 2022)* **« , des conseils économiques, sociaux et environnementaux régionaux », des représentants des parcs naturels régionaux de la région, des organismes socio-professionnels intéressés, des propriétaires et des usagers de la nature, des associations, organismes ou fondations œuvrant pour la préservation de la biodiversité et des gestionnaires d'espaces naturels, notamment les parcs nationaux de la région, ainsi que des scientifiques ou représentants d'organismes de recherche, d'études ou d'appui aux politiques publiques et des personnalités qualifiées. Sa composition et son fonctionnement sont fixés par décret.**

Le comité régional de la biodiversité donne son avis sur les orientations stratégiques prises par les agences régionales de la biodiversité prévues au III de l'article L. 131-9. Il organise des concertations régulières avec les autres instances territoriales de consultation et de réflexion dont les missions concernent les questions relatives à la biodiversité.

II. – Le schéma régional d'aménagement, de développement durable et d'égalité des territoires prévu par l'article L. 4251-1 du Code général des collectivités territoriales définit les enjeux régionaux en matière de préservation et de remise en bon état des continuités écologiques, en association avec le comité prévu au I et en prenant en compte les orientations nationales pour la préservation et la remise en bon état des continuités écologiques mentionnées à l'article L. 371-2.

III. – En Île-de-France, un document-cadre intitulé : « Schéma régional de cohérence écologique » est élaboré, mis à jour et suivi conjointement par la région et l'État en association avec le comité prévu au I.

Le schéma régional de cohérence écologique prend en compte les orientations nationales pour la préservation et la remise en bon état des continuités écologiques mentionnées à l'article L. 371-2 ainsi que les éléments pertinents des schémas directeurs d'aménagement et de gestion de l'eau mentionnés à l'article L. 212-1.

Le projet de schéma régional de cohérence écologique est transmis aux communes concernées et soumis pour avis aux départements, aux métropoles, aux communautés urbaines, aux communautés d'agglomération, aux communautés de communes, aux parcs naturels régionaux et aux parcs nationaux situés en tout ou partie dans le périmètre du schéma. Cet avis est réputé favorable s'il n'a pas été rendu par écrit dans un délai de trois mois à compter de leur saisine.

Le projet de schéma régional de cohérence écologique, assorti des avis recueillis, est soumis à enquête publique, réalisée conformément au chapitre III du titre II du livre Ier, par le représentant de l'État dans la

(1) Dispositions d'application particulières et transitoires : V. Ord. n° 2020-745, 17 juin 2020.

région. À l'issue de l'enquête publique, le schéma, éventuellement modifié pour tenir notamment compte des observations du public, est soumis à délibération du conseil régional et adopté par arrêté du représentant de l'État dans la région.

Le schéma adopté est tenu à la disposition du public.

Dans les conditions prévues par l'article L. 132-2 du Code de l'urbanisme, le schéma régional de cohérence écologique est porté à la connaissance des communes ou de leurs groupements compétents en matière d'urbanisme par le représentant de l'État dans le département.

Le schéma régional de cohérence écologique, fondé en particulier sur les connaissances scientifiques disponibles, l'inventaire national du patrimoine naturel et les inventaires locaux et territoriaux mentionnés à l'article L. 411-1 A du présent code, des avis d'experts et du conseil scientifique régional du patrimoine naturel, comprend notamment, outre un résumé non technique :

a) Une présentation et une analyse des enjeux régionaux relatifs à la préservation et à la remise en bon état des continuités écologiques ;

b) Un volet identifiant les espaces naturels, les corridors écologiques, ainsi que les cours d'eau, parties de cours d'eau, canaux ou zones humides mentionnés respectivement aux 1° et 2° du II et aux 2° et 3° du III de l'article L. 371-1 ;

c) Une cartographie comportant la trame verte et la trame bleue mentionnées à l'article L. 371-1 ;

d) *(Mod., L. n° 2023-54, 2 févr. 2023)* Les mesures contractuelles permettant, de façon privilégiée, d'assurer la préservation et, en tant que de besoin, la remise en bon état de la fonctionnalité des continuités écologiques, notamment par la limitation de l'implantation de clôtures dans le milieu naturel ;

e) Les mesures prévues pour accompagner la mise en œuvre des continuités écologiques pour les communes concernées par le projet de schéma.

(1) Les schémas de cohérence territoriale et, en leur absence, les plans locaux d'urbanisme, les documents en tenant lieu et les cartes communales, sont compatibles avec les schémas régionaux de cohérence écologique dans les conditions fixées aux articles L. 131-1 et L. 131-6 du Code de l'urbanisme, et précisent les mesures permettant d'éviter, de réduire et, le cas échéant, de compenser les atteintes aux continuités écologiques que la mise en œuvre de ces documents de planification sont susceptibles d'entraîner.

(1) Sans préjudice de l'application des dispositions du chapitre II du titre II du livre Ier relatives à l'évaluation environnementale, autres que ceux mentionnés à l'alinéa précédent et les projets de l'État, des collectivités territoriales et de leurs groupements prennent en compte les schémas régionaux de cohérence écologique et précisent les mesures permettant d'éviter, de réduire et, le cas échéant, de compenser les atteintes aux continuités écologiques que la mise en œuvre de ces documents de planification, projets ou infrastructures linéaires sont susceptibles d'entraîner. Les projets d'infrastructures linéaires de transport de l'État prennent en compte les schémas régionaux de cohérence écologique.

Au plus tard à l'expiration d'un délai fixé par décret, le président du conseil régional et le représentant de l'État dans la région procèdent conjointement à une analyse des résultats obtenus du point de vue de la préservation et de la remise en bon état des continuités écologiques par la mise en œuvre du schéma mentionné au premier alinéa. À l'issue de cette analyse, le conseil régional délibère sur son maintien en vigueur ou sur sa révision. Le représentant de l'État dans région se prononce par décision dans les mêmes termes. Il est procédé à la révision du schéma selon la procédure prévue pour son élaboration.

Le schéma régional de cohérence écologique peut être adapté dans les conditions définies à l'article L. 300-6-1 du Code de l'urbanisme.

NB : Conformément à l'article 7 de l'ordonnance n° 2020-745 du 17 juin 2020, ces dispositions sont applicables aux schémas de cohérence territoriale, aux plans locaux d'urbanisme, aux documents en tenant lieu et aux cartes communales dont l'élaboration ou la révision est engagée à compter du 1er avril 2021.

Voir : C. urb., art. L. 131-2 et L. 131-6, p. 178.

NB : Le schéma régional de cohérence écologique (SRCE) est absorbé dans le nouveau schéma régional d'aménagement, de développement durable et d'égalité des territoires (SRADDET) créé par la loi n° 2015-991 du 7 août 2015 relative à la nouvelle organisation territoriale de la République (dite loi NOTRe).

---

(1) Dispositions d'application particulières : V. D. n° 2012-1492, 27 déc. 2012, art. 3.

1) Prise en compte. Les documents de planification et les projets de l'État, des collectivités territoriales et de leurs groupements doivent prendre en compte les schémas régionaux de cohérence écologique. Le rapport de « prise en compte » s'entend généralement de la possibilité pour la norme inférieure de s'écarter des orientations de la norme supérieure, à condition de le justifier, sous le contrôle du juge administratif. Il s'agit d'une obligation moins contraignante que celle engendrée par le rapport de compatibilité, lui-même moins contraignant qu'un rapport de conformité (V. par ex., ▪ CE, 28 juill. 2004, n° 256511, *Assoc. de défense de l'environnement* : dans cette affaire, le Conseil d'État a validé le tracé d'une route nationale à travers des champs captants, alors même que le SDAGE prévoyait expressément que les grandes infrastructures devaient éviter de traverser les champs captants). Le SRCE d'Alsace n'est susceptible d'affecter les activités humaines se déroulant sur son territoire que de façon indirecte, du fait de sa prise en compte par les documents d'aménagement de l'espace ou d'urbanisme, ou à travers sa mise en œuvre par les décisions mentionnées à l'article R. 731-28. Il ne peut ainsi pas être regardé comme portant, par lui-même, atteinte à la situation des tiers. Par conséquent, la requérante n'est pas fondée à soutenir que l'identification, par le SRCE, d'un réservoir de biodiversité dans le secteur où elle exploite une station de ski alpin porte une atteinte excessive à son activité (▪ CAA Nancy, 30 juin 2017, n° 16NC01198 : *Rev. jur. env.* 2018. 378).

Il résulte de la combinaison des dispositions des articles L. 371-3 du Code de l'environnement, L. 131-2 et L. 131-7 du Code de l'urbanisme que ce n'est qu'en l'absence de SCOT que le schéma régional de cohérence écologique (SRCE) s'impose au PLU dans un rapport direct de compatibilité. En revanche, en présence d'un SCOT, le PLU n'a pas à « prendre en compte » directement le SRCE. Par suite, le moyen tiré de ce que le plan local d'urbanisme approuvé par la délibération attaquée serait incompatible avec le schéma régional de cohérence écologique est, comme l'ont jugé les premiers juges, inopérant (▪ CAA Nancy, 6 juin 2019, n° 18NC01047).

NB : Le nouveau SRADDET devra prendre en compte les projets de localisation des grands équipements, des infrastructures et des activités économiques importantes en termes d'investissement et d'emploi, dans un rapport de compatibilité.

2) Application avant Grenelle. Le juge des référés du tribunal administratif d'Amiens a suspendu l'exécution d'une délibération de révision d'un PLU au double motif de l'irrégularité du rapport de présentation prenant insuffisamment en compte la préservation d'un corridor écologique et de l'erreur manifeste d'appréciation résultant de la création d'une zone destinée à accueillir une centrale de production d'électricité à proximité du corridor écologique en question (▪ TA Amiens, ord., 25 févr. 2010, n° 1000068, *PNR Oise Pays de France c/ Cne de Verberie*). Une application rigoureuse des nouvelles dispositions de l'article L. 371-3 pourrait entraîner de nombreuses décisions de ce type à l'avenir.

Art. L. 371-4 ***(L. n° 2010-788, 12 juill. 2010 ; mod., n° 2011-1749, 5 déc. 2011 ; mod. à compter du 1er mars 2020, Ord. n° 2019-1170, 13 nov. 2019).*** **– Dans les collectivités de l'article 73 de la Constitution, le schéma d'aménagement régional, mentionné aux articles L. 4433-7 à L. 4433-11 du Code général des collectivités territoriales, prend en compte les orientations nationales pour la préservation et la remise en bon état des continuités écologiques mentionnées à l'article L. 371-2 du présent code et vaut schéma régional de cohérence écologique. Si un schéma d'aménagement régional est approuvé avant l'approbation des orientations nationales, il est, si nécessaire, modifié dans un délai de cinq ans.**

NB : Conformément à l'article 7 de l'ordonnance n° 2019-1170 du 13 novembre 2019, les présentes dispositions entrent en vigueur le 1er mars 2020. Toutefois, elle ne s'applique pas aux procédures d'élaboration ou de révision de schémas d'aménagement régional en cours au 1er mars 2020.

Art. L. 371-5 ***(L. n° 2010-788, 12 juill. 2010 ; mod., Ord. n° 2016-1028, 27 juill. 2016).*** **– Les départements peuvent être maître d'ouvrage ou exercer une mission d'assistance à maître d'ouvrage dans le cadre des règles de la commande publique pour tous les travaux contribuant à la préservation ou à la remise en bon état des continuités écologiques sur la trame verte et la trame bleue d'un schéma régional de cohérence écologique ou d'un schéma régional d'aménagement, de développement durable et d'égalité des territoires adopté. Ils peuvent, pour les missions autres que celles d'assistance à maître d'ouvrage, mobiliser à cet effet le produit de la taxe départementale des espaces naturels sensibles.**

Art. L. 371-6 ***(L. n° 2010-788, 12 juill. 2010).*** **– Les conditions d'application du présent titre sont précisées par décret en Conseil d'État.**

CHAPITRE II. – DISPOSITIONS PROPRES AUX CLÔTURES

(L. n° 2023-54, 2 févr. 2023)

Art. L. 372-1 *(L. n° 2023-54, 2 févr. 2023)*. – **Les clôtures implantées dans les zones naturelles ou forestières délimitées par le règlement du plan local d'urbanisme en application de l'article L. 151-9 du Code de l'urbanisme ou, à défaut d'un tel règlement, dans les espaces naturels permettent en tout temps la libre circulation des animaux sauvages. Elles sont posées 30 centimètres au-dessus de la surface du sol, leur hauteur est limitée à 1,20 mètre et elles ne peuvent ni être vulnérantes ni constituer des pièges pour la faune. Ces clôtures sont en matériaux naturels ou traditionnels définis par le schéma régional d'aménagement, de développement durable et d'égalité des territoires prévu à l'article L. 4251-1 du Code général des collectivités territoriales, par le plan d'aménagement et de développement durable de la Corse prévu aux articles L. 4424-9 à L. 4424-15-1 du même code, par le schéma d'aménagement régional pour la Guadeloupe, la Guyane, la Martinique, Mayotte et La Réunion prévu à l'article L. 4433-7 dudit code ou par le schéma directeur de la région d'Île-de-France prévu à l'article L. 123-1 du Code de l'urbanisme. Les clôtures existantes sont mises en conformité avant le 1er janvier 2027. Tout propriétaire procède à la mise en conformité de ses clôtures dans des conditions qui ne portent pas atteinte à l'état sanitaire, aux équilibres écologiques ou aux activités agricoles ou forestières du territoire. Le présent alinéa ne s'applique pas aux clôtures réalisées plus de trente ans avant la publication de la loi n° 2023-54 du 2 février 2023 visant à limiter l'engrillagement des espaces naturels et à protéger la propriété privée. Il appartient au propriétaire d'apporter par tous moyens la preuve de la date de construction de la clôture, y compris par une attestation administrative. Toute réfection ou rénovation de clôtures construites plus de trente ans avant la promulgation de la loi n° 2023-54 du 2 février 2023 précitée doit être réalisée selon les critères définis au présent article.**

Le premier alinéa du présent article ne s'applique pas :

1° Aux clôtures des parcs d'entraînement, de concours ou d'épreuves de chiens de chasse ;

2° Aux clôtures des élevages équins ;

3° Aux clôtures érigées dans un cadre scientifique ;

4° Aux clôtures revêtant un caractère historique et patrimonial ;

5° Aux domaines nationaux définis à l'article L. 621-34 du Code du patrimoine ;

6° Aux clôtures posées autour des parcelles sur lesquelles est exercée une activité agricole définie à l'article L. 311-1 du Code rural et de la pêche maritime ;

7° Aux clôtures nécessaires au déclenchement et à la protection des régénérations forestières ;

8° Aux clôtures posées autour des jardins ouverts au public ;

9° Aux clôtures nécessaires à la défense nationale, à la sécurité publique ou à tout autre intérêt public.

L'implantation de clôtures dans les espaces naturels et les zones naturelles ou forestières délimitées par le règlement du plan local d'urbanisme en application de l'article L. 151-9 du Code de l'urbanisme est soumise à déclaration.

Les habitations et les sièges d'exploitation d'activités agricoles ou forestières situés en milieu naturel peuvent être entourés d'une clôture étanche, édifiée à moins de 150 mètres des limites de l'habitation ou du siège de l'exploitation.

1) La loi n° 2023-54 du 2 février 2023 visant à limiter l'engrillagement des espaces naturels et à protéger la propriété privée entérine la lutte contre le phénomène des clôtures en milieu naturel (enclos de chasse) et impose, pour assurer la circulation de la faune et préserver les continuités écologiques, une mise en conformité de certaines clôtures avant le 1er janvier 2027, sous réserve des exceptions listées.

2) Conformité à la Constitution. Par un arrêt du 24 juillet 2024, le Conseil d'État a renvoyé au Conseil constitutionnel une question prioritaire de constitutionnalité (QPC) portant sur la conformité de quatre articles du Code de l'environnement issus de la loi du 2 février 2023, dont les règles d'implantation des clôtures prévues à l'article L. 372-1. Le moyen tiré de ce qu'elles méconnaissent le droit au respect de la vie privée et l'inviolabilité du domicile, de ce qu'elles portent une atteinte à l'exercice du droit de propriété disproportionnée par rapport aux objectifs d'intérêt général poursuivis en ce qu'elles ont pour effet d'interdire aux propriétaires d'édifier des clôtures permettant d'éviter l'intrusion de personnes ou d'animaux sur leur propriété privée dans les zones naturelles ou forestières délimitées par un PLU et, à défaut d'un tel plan, dans l'ensemble des espaces naturels, de ce qu'elles portent une atteinte disproportionnée aux situations légalement acquises par leurs propriétaires en prévoyant la mise en conformité obligatoire des clôtures existantes de moins de trente ans avec les nouvelles caractéristiques qu'elles prévoient, et de ce qu'elles méconnaissent le principe d'égalité devant la loi, en traitant différemment les propriétaires de clôtures selon qu'elles ont été édifiées avant ou après le 2 février 1993, alors qu'ils se trouvent dans une situation identique au regard des objectifs tendant à permettre la libre circulation des animaux sauvages, à restaurer les continuités écologiques, à préserver la qualité des espaces ruraux ou à lutter contre les risques sanitaires et d'incendie poursuivis par la loi, soulevait une question présentant un caractère sérieux (■ CE, 24 juill. 2024, n° 493887). Dans une décision rendue le 18 octobre 2024, le Conseil constitutionnel juge conformes à la Constitution les dispositions législatives encadrant l'implantation des clôtures dans les espaces naturels afin de permettre la circulation de la faune sauvage, et admet en l'espèce une application rétroactive de l'obligation de mise en conformité de certaines clôtures (■ Cons. const., 18 oct. 2024, n° 2024-1109 QPC).

LIVRE IV

PATRIMOINE NATUREL

(Intitulé rempl., L. n° 2010-788, 12 juill. 2010)

TITRE Ier. – PROTECTION DU PATRIMOINE NATUREL

(Intitulé mod., L. n° 2010-788, 12 juill. 2010)

Voir : Droit international : Conv. Ramsar du 2 févr. 1971 sur les zones humides d'importance internationale (D. n° 87-126, 20 févr. 1987 : *JO* 26 févr. 1987, p. 2185). – Conv. Washington du 3 mars 1973 sur le commerce international des espèces de faune et de flore sauvages menacées d'extinction (D. n° 78-959, 30 août 1978 : *JO* 17 sept. 1978). – Conv. Bonn du 23 juin 1979 relative à la conservation des espèces migratrices appartenant à la faune sauvage (D. n° 90-962, 23 oct. 1990 : *JO* 30 oct. 1990, p. 13167). – Conv. Berne du 19 sept. 1979 relative à la conservation de la vie sauvage et du milieu naturel de l'Europe. – Conv. Canberra du 20 mai 1980 sur la conservation de la faune et de la flore marines de l'Antarctique (D. n° 82-975, 15 nov. 1982 : *JO* 20 nov. 1982). – Conv. Rio du 5 juin 1992 sur la diversité biologique (D. n° 95-140, 6 févr. 1995 : *JO* 11 févr. 1994, p. 2312). – D. n° 95-143 du 6 févr. 1995 portant publication des amendements à la convention du 2 février 1971 relative aux zones humides d'importance internationale, particulièrement comme habitats des oiseaux, adoptés par la conférence extraordinaire réunie à Régina, Canada, le 28 mai 1987 et entrés en vigueur le 1er novembre 1994 (*JO* 11 févr. 1995).

Ces conventions sont disponibles sur : www.ecolex.org.

Droit européen : Dir. Cons. n° 92/43/CEE du 21 mai 1992, concernant la conservation des habitats naturels ainsi que la faune et la flore sauvages (*JOCE* n° L 206, 22 juill. 1992, p. 7 à 8), mod. – Règl. ■ Cons. UE n° 338/97 du 9 déc. 1996 relatif à la protection des espèces de faune et de flore sauvages par le contrôle de leur commerce (*JOCE* n° L 061, 3 mars 1997 p. 1). – Règl. Comm. CE n° 865/2006 du 4 mai 2006 portant modalités d'application du règlement (CE) n° 338/97 du Conseil relatif à la protection des espèces de faune et de flore sauvages par le contrôle de leur commerce (*JOUE* n° L 166, 19 juin 2006, p. 1), mod. – Règl. Comm. (CE) n° 359/2009 du 30 avr. 2009 suspendant l'introduction dans la Communauté de spécimens de certaines espèces de faune et de flore sauvages (*JOUE*, n° L 110, 1er mai 2009 p. 3). – Règl. Comm. (CE) n° 1007/2009 du Parlement européen et du Conseil du 16 sept. 2009 sur le commerce des produits dérivés du phoque (*JOUE*, n° L 286, 31 oct. 2009). – Dir. n° 2009/147/CE du Parlement européen et du Conseil du 30 nov. 2009 concernant la conservation des oiseaux sauvages (*JOUE* n° L 020 du 26 janv. 2010, p. 7). – Règlement d'exécution (UE) n° 792/2012 de la Commission du 23 août 2012 modifié établissant les règles relatives à la forme des permis, des certificats et autres documents prévus au règlement (CE) n° 338/97 modifié et modifiant le règlement (CE) n° 865/2006. – Règlement (UE) n° 511/2014 du Parlement européen et du Conseil du 16 avril 2014 relatif aux mesures concernant le respect par les utilisateurs dans l'Union du protocole de Nagoya sur l'accès aux ressources génétiques et le partage juste et équitable des avantages découlant de leur utilisation (*JOUE* n° L 150/59, 20 mai 2014). – Règlement (UE) n° 1143/2014 du Parlement européen et du Conseil du 22 octobre 2014 relatif à la prévention et à la gestion de l'introduction et de la propagation des espèces exotiques envahissantes. – Décision (UE) 2015/451 du Conseil du 6 mars 2015 relative à l'adhésion de l'Union européenne à la Convention sur le commerce international des espèces de faune et de flore sauvages menacées d'extinction (*JOUE* n° L 75, 19 mars 2015). – Règlement d'exécution (UE) 2015/736 de la Commission du 7 mai 2015 interdisant l'introduction dans l'Union de spécimens de certaines espèces de faune et de flore sauvages (*JOUE* n° L 117, 8 mai 2015). – Règlement d'exécution (UE) n° 2016/1141 de la Commission du 13 juillet 2016, adoptant une liste des espèces exotiques envahissantes préoccupantes pour l'Union.

Droit interne : Loi n° 2009-967 du 3 août 2009 de programmation relative à la mise en œuvre du Grenelle de l'environnement (*JO* 5 août 2009). – Loi n° 2010-788 du 12 juillet 2010, loi portant engagement national pour l'environnement. – Loi n° 2016-1087 du 8 août 2016 pour la reconquête de la biodiversité, de la nature et des paysages.

Le cadre juridique de la protection du patrimoine naturel a été sensiblement modifié par la loi n° 2016-1087 du 8 août 2016 pour la reconquête de la biodiversité, de la nature et des paysages.

S'agissant du Titre I du Livre IV du Code de l'environnement, les principaux apports de cette loi sont les suivants :

1) la modification du Chapitre Ier relatif à la préservation et à la surveillance du patrimoine naturel, qui est dorénavant divisé en trois Sections : la Section IA relative à l'inventaire du patrimoine naturel (art. L. 411-1 A), la Section I relative à la conservation de sites d'intérêt géologique, d'habitats naturels, d'espèces animales ou végétales et de leurs habitats (art. L. 411-1 à L. 411-3), et la Section II relative au contrôle et à la gestion de l'introduction et de la propagation de certaines espèces animales et végétales (art. L. 411-4 à L. 411-10).

Le nouvel article L. 411-1 A, relatif à l'inventaire du patrimoine naturel crée une obligation, à la charge des maîtres d'ouvrage, publics ou privés, de contribuer à cet inventaire. Cet inventaire remplace l'inventaire des ZNIEFF prévu par l'ancien article L. 411-5 du Code de l'environnement, qui est abrogé (V. jurisprudences sous anc. art. L. 411-5, p. 719).

L'article L. 411-2 est modifié, et il est notamment prévu la possibilité, pour l'autorité instructrice d'une demande de dérogation à l'interdiction de détruire des espèces protégées, de demander la réalisation d'une tierce expertise menée par un organisme extérieur choisi en accord avec elle, aux frais du pétitionnaire. De plus, il est prévu l'intervention d'un décret, à savoir le décret n° 2017-176 du 13 février 2017 (C. env., art. R. 411-17-3 et s. et R. 415-2-1) relatif aux zones prioritaires pour la biodiversité, qui a pour objet de déterminer les conditions dans lesquelles, lorsque l'évolution des habitats d'une espèce protégée est de nature à compromettre le maintien dans un état de conservation favorable d'une population de cette espèce, l'autorité administrative peut mettre en place des zones prioritaires pour la biodiversité. Dans ces zones, les préfets pourront établir des programmes d'actions favorables à ces espèces et si nécessaire, rendre obligatoires certaines pratiques agricoles.

La rédaction des articles L. 411-4 à L. 411-7 est profondément modifiée. La nouvelle rédaction de ces articles organise le contrôle de l'introduction dans le milieu naturel de spécimens appartenant à certaines espèces animales et végétales, en posant le principe de l'interdiction, sauf autorisation pour des motifs d'intérêt général et après évaluation des conséquences de cette introduction. Certaines dispositions particulières sont consacrées aux espèces exotiques envahissantes.

Les articles L. 411-8 à L. 411-10 sont créés, et ont pour objet la lutte contre certaines espèces animales et végétales qui ont été introduites sur le territoire national ;

2) la modification du Chapitre II, désormais intitulé « Encadrement des usages du patrimoine naturel » avec la création des Sections 1 et 2 reprenant les articles L. 412-1 et L. 412-2 et d'une Section 3 relative à l'« Accès aux ressources génétiques et aux connaissances traditionnelles associées et partage des avantages découlant de leur utilisation ».

Ces nouvelles dispositions ont principalement pour objet, dans le prolongement du Règlement (UE) n° 511/2014 du Parlement européen et du Conseil du 16 avril 2014 relatif aux mesures concernant le respect par les utilisateurs dans l'Union du Protocole de Nagoya sur l'accès aux ressources génétiques et le partage juste et équitable des avantages découlant de leur utilisation, de lutter contre la « biopiraterie », avec la création de procédures de déclaration et d'autorisation spécifiques, en instaurant en particulier un partage des avantages découlant de l'utilisation des connaissances traditionnelles associées aux ressources génétiques avec les communautés d'habitants concernés. Les demandes de brevets et d'autorisation de mise sur le marché d'un produit élaboré grâce à l'utilisation de ressources génétiques et de connaissance traditionnelles associées aux ressources génétiques sont encadrées ;

3) le Chapitre III relatif à la détention en captivité d'animaux d'espèces non domestiques est complété avec une Section 2 intitulée « Prescriptions générales pour la détention en captivité d'animaux d'espèces non domestiques », qui prévoit l'identification et le suivi statistique de ces animaux. La cession, à titre gratuit ou onéreux, de ces animaux est encadrée ;

4) le Chapitre IV relatif à la conservation des habitats naturels, de la faune et de la flore sauvages, est complété avec un nouvel article L. 414-9 prévoyant l'élaboration de plans nationaux d'action opérationnels pour la conservation ou le rétablissement des espèces visées aux articles L. 411-1 et L. 411-2 ainsi que des espèces d'insectes pollinisateurs ;

5) le renforcement de la lutte contre le trafic d'espèces, en aggravant les sanctions pénales prévues aux articles L. 415-3 et L. 415-6 du Code de l'environnement.

I – SUR LA DIRECTIVE 79/409/CEE DU 2 AVRIL 1979 CONCERNANT LA CONSERVATION DES OISEAUX SAUVAGES (ABROGÉE PAR LA DIRECTIVE N° 2009/147/CE)

1) Champ d'application. La directive n° 79/409/CEE oblige les États membres à interdire la commercialisation des spécimens appartenant à une espèce d'oiseaux ne figurant pas dans ses annexes, pour autant qu'il s'agit d'une espèce vivant naturellement à l'état sauvage sur le territoire européen des États membres auquel le traité est d'application, sous réserve de la possibilité de dérogation établie par l'article 9. La directive « Oiseaux » ne s'applique pas aux spécimens d'oiseaux nés et élevés en captivité. Elle impose à un État membre d'assurer la protection d'une espèce d'oiseaux vivant naturellement à l'état sauvage sur le territoire européen des États membres auquel le traité est d'application, même si l'espèce considérée n'a pas son habitat naturel sur le territoire de l'État membre concerné (■ CJCE, 8 févr. 1996, aff. C-149/94, *Didier Vergy*).

2) Marge d'appréciation des États pour le choix et la délimitation des ZPS. Les États ont une compétence liée quant au choix des zones de protection spéciale ; ils sont tenus de classer les espaces en ZPS dès lors que les zones concernées entrent dans le champ des critères scientifiques déterminés par la directive (■ CJCE, 2 août 1993, aff. C-355/90, *Commission c/ Royaume d'Espagne*). Un État manque aux obligations qui lui incombent en vertu de la directive s'il a classé en zone de protection spéciale des sites dont le nombre et la superficie totale sont manifestement inférieurs au nombre et à la superficie totale des sites considérés comme les plus appropriés à la conservation des espèces en cause (■ CJCE, 19 mai 1998, aff. C-3/96, *Commission c/ Royaume des Pays-Bas : Dr. env.* 1998, n° 60, p. 11, note L. Le Corre). La zone de protection spéciale est l'instrument principal de protection des habitats naturels et les États ne peuvent pas échapper à l'obligation de classer des ZPS en estimant que d'autres mesures particulières de conservation suffisent à garantir la survie et la reproduction des espèces mentionnées à l'annexe I (même arrêt). V. également (■ CJCE, 11 juill. 1996, aff. C-44/95, *Regina c/ Secretary of State for the Environment, ex parte : Royal Society for the Protection of Birds*).

3) Zone importante pour la conservation des oiseaux sauvages (ZICO). Zone de protection spéciale (ZPS). Directive « Oiseaux ». Arrêtés biotope. Les arrêtés de protection biotope, qui classent en ZPS environ 360 hectares et qui ont pour objectif principal d'assurer la protection de l'aigle de Bonelli, profitent plus largement à toute l'avifaune fréquentant les zones couvertes par cette réglementation, ces mesures de conservation spéciales étant suffisantes au regard des exigences de conservation de l'ensemble des espèces d'oiseaux sauvages visées dans les zones protégées par la directive n° 79/409/CEE du Conseil du 2 avril 1979 concernant la conservation des oiseaux sauvages. En revanche, en considération des propositions d'une association naturaliste indépendante de l'administration, le Groupe ornithologique du Roussillon (GOR), qui a proposé le classement en ZPS de 950 hectares de la zone située dans les ZICO « Basses Corbières », la Cour de justice des communautés européennes admet que les mesures de conservation prises par les autorités françaises sont insuffisantes quant à leur étendue géographique pour préserver les intérêts protégés par l'article 4, § 1, de la directive « Oiseaux » du 2 avril 1979, relatif aux mesures de conservation spéciales de certaines espèces d'oiseaux dans leur aire de distribution. Cependant, le projet d'exploitation d'une carrière dont l'étude d'impact n'évaluerait pas d'une manière appropriée les effets négatifs sur les zones à classer et qui au surplus serait susceptible d'affecter les zones déjà classées en ZPS ne peut être examiné au regard de l'article 6, § 2 à 4, de la directive « Habitats » du 21 mai 1992 qui se substitue à l'article 4, § 4, de la directive « Oiseaux » du 2 avril 1979, l'article 6 ne s'appliquant pas aux zones qui n'ont pas été classées en ZPS alors qu'elles auraient dû l'être (■ CJCE, 7 déc. 2000, aff. C-374/98, *Comm. CE c/ République française*).

4) Mauvaise application. En ne classant pas de manière suffisante en zones de protection spéciale les territoires les plus appropriés à la conservation des espèces d'oiseaux sauvages visées à l'annexe I de la directive n° 79/409/CEE, telle que modifiée par la directive n° 97/49/CE de la Commission du 29 juillet 1997, ainsi que des espèces migratrices et, en particulier, en ne classant pas une superficie suffisante de la Plaine des Maures en zone de protection spéciale, la France a manqué aux obligations qui lui incombent en vertu de l'article 4, § 1 et 2, de cette directive (■ CJCE, 26 nov. 2002, aff. C-202/01, *Commission c/ République française : Dr. env.* 2003, n° 105, p. 10, note L. Le Corre ; *Environnement* 2003, n° 2, p. 17, comm. L. Benoît. – V. également ■ CJCE, 25 oct. 2007, aff. C-334/04, *Commission c/ République hellénique*).

En instaurant un régime réglementaire qui autorise la capture et la détention des espèces Passer italiae, Passer montanus et Sturnus vulgaris, en violation des dispositions combinées des articles 5 et 7 et de l'annexe II de la directive n° 79/409/CEE, la République italienne a manqué aux obligations qui lui incombent en vertu de cette directive (■ CJCE, 17 mai 2001, aff. C-159/99, *Commission c/ République italienne*). En ne prenant pas toutes les mesures nécessaires pour instaurer et mettre en œuvre un régime juridique cohérent, spécifique et complet susceptible d'assurer la gestion durable et la protection efficace des zones de protection spéciale désignées eu égard aux objectifs de conservation fixés par la directive « Oiseaux », la Grèce a manqué aux obligations qui lui incombent en vertu des dispositions combinées de l'article 4, § 1 et 2, de cette directive ainsi que de son article 4, § 4, première phrase, dans sa version résultant de l'article 6, § 2, de la directive n° 92/43/CEE du Conseil, du 21 mai 1992, concernant la conservation des habitats naturels ainsi que de la faune et de la flore sauvages (■ CJCE, 11 déc. 2008, aff. C-293/07, *Commission c/ République hellénique*). En ayant autorisé l'ouverture de la chasse de la caille des blés et de la tourterelle des bois pendant la période de migration printanière des années 2004 à 2007, sans respecter les conditions fixées à l'article 9, § 1, de la directive « Oiseaux », telle que modifiée, pour les années 2004 à 2006, par le règlement (CE) n° 807/2003 du Conseil, du 14 avril 2003, et, pour l'année 2007, par la directive n° 2006/105/CE du Conseil, du 20 novembre 2006, la République de Malte a manqué aux obligations qui lui incombent en vertu de cette directive (■ CJCE, 10 sept. 2009, aff. C-76/08, *Commission c/ République de Malte*. – V. également ■ CJCE, 15 janv. 2009, aff. C-259/08, *Commission c/ République hellénique*).

Les régimes juridiques des directives n°s 79/409 et 92/43 étant distincts, un État membre ne peut se soustraire aux obligations qui lui incombent en vertu de l'article 4, § 1 et 2 de la directive n° 79/409 en se prévalant de mesures autres que celles prévues par celle-ci. Par ailleurs, la circonstance qu'un site, pour lequel un État membre est soumis à une obligation de classement conformément à cette directive, n'a pas subi de détérioration n'est pas de nature à remettre en cause l'obligation imposée aux États membres de classer des sites en zones de protection spéciale (■ CJUE, 14 oct. 2010, aff. C-535/07, *Commission c/ Autriche*).

5) Obstacle au commerce. En soumettant l'importation, la détention et la vente d'oiseaux nés et élevés en captivité, qui ont été légalement mis sur le marché dans d'autres États membres, à des conditions restrictives imposant aux opérateurs concernés du marché de modifier le marquage des spécimens pour qu'il réponde aux conditions spécifiquement requises par la législation belge, en n'admettant pas le marquage accepté dans d'autres États membres ni les certificats délivrés conformément au règlement (CE) n° 338/97 du Conseil, du 9 décembre 1996, relatif à la protection des espèces de faune et de flore sauvages par le contrôle de leur commerce, et en privant les marchands de la faculté d'obtenir des dérogations à l'interdiction de détenir des oiseaux indigènes européens légalement mis sur le marché dans d'autres États membres, la Belgique a manqué aux obligations qui lui incombent en vertu de l'article 28 du traité CE (■ CJCE, 10 sept. 2009, aff. C-100/08, *Commission c/ Royaume de Belgique*).

II – SUR LA DIRECTIVE N° 2009/147/CE DU 30 NOVEMBRE 2009 CONCERNANT LA CONSERVATION DES OISEAUX SAUVAGES

6) La directive n° 79/409/CEE du 2 avril 1979 ayant été modifiée à plusieurs reprises et de façon substantielle, il a été procédé à sa codification dans un souci de clarté. La nouvelle directive n° 2009/147/CE a pour objet la conservation de toutes les espèces d'oiseaux vivant naturellement à l'état sauvage sur le territoire européen des États membres auquel le traité est applicable. Elle a pour objet la protection, la gestion et la régulation de ces espèces et en réglemente l'exploitation. Elle s'applique aux oiseaux ainsi qu'à leurs œufs, à leurs nids et à leurs habitats.

7) Mauvaise transposition. En ne faisant pas porter les mesures nationales de conservation sur toutes les espèces d'oiseaux vivant naturellement à l'état sauvage sur le territoire européen des États membres et qui bénéficient d'une protection en vertu de *la directive n° 2009/147/CE* du 30 novembre 2009, et en ne définissant pas correctement les conditions à respecter pour pouvoir déroger aux interdictions prévues par cette directive, la République de Pologne a manqué aux obligations qui lui incombent en vertu des articles 1er, 5 et 9, paragraphes 1 et 2, de ladite directive (■ CJUE, 26 janv. 2012, aff. C-192/11, *Commission c/ République de Pologne*). L'approbation de projets d'installations éoliennes sur un territoire qui n'a pas été classé en ZPS alors qu'il aurait dû l'être constitue un manquement aux obligations incombant aux États membres, en vertu de l'article 4, paragraphe 4, de la directive oiseaux (■ CJUE, 14 janv. 2016, aff. C-141/14, *Commission c/ République de Bulgarie*).

III – SUR LA DIRECTIVE N° 92/43/CEE DU 21 MAI 1992 CONCERNANT LA CONSERVATION DES HABITATS NATURELS AINSI QUE LA FAUNE ET LA FLORE SAUVAGE

8) Mauvaise transposition. Transposition incomplète de l'article 6 de la directive du 21 mai 1992 (■ CJCE, 6 avr. 2000, aff. C-256/98, *Commission c/ France*). Manquement des États en raison de la non-transmission de la liste des sites mentionnés à l'article 4 de la directive dans les délais prescrits (■ CJCE, 11 sept. 2001, aff. C-67/99, *Commission c/ Irlande* ; aff. C-71/99, *Commission c/ Allemagne* ; aff. C-220/99, *Commission c/ France : Environnement* 2001, p. 14). Condamnation de la France pour n'avoir pas pris de mesure spéciale pour assurer la conservation des habitats d'oiseaux dans le marais poitevin et pour ne pas avoir pris de mesures évitant la détérioration de ces habitats (■ CJCE, 25 nov. 1999, aff. C-96/88, *Commission c/ France*). En adoptant une mesure de transposition de la directive « Habitats » qui exclut du champ d'application des normes relatives à l'évaluation des incidences sur l'environnement les projets qui, susceptibles d'avoir des incidences significatives sur les sites d'importance communautaire, diffèrent de ceux énumérés dans la législation italienne de transposition des directives sur l'étude d'impact environnemental ; ne prévoit nullement la possibilité d'appliquer aux zones de protection spéciale l'obligation d'adopter les mesures appropriées pour éviter la détérioration des habitats naturels et des habitats d'espèces ainsi que les perturbations touchant les espèces pour lesquelles ces zones ont été désignées, pour autant que ces perturbations sont susceptibles d'avoir un effet significatif eu égard aux objectifs de la directive n° 92/43 ; ne prévoit nullement la possibilité d'appliquer les mesures de conservation visées à l'article 6, § 2, de cette directive aux sites visés à l'article 5, § 1, 1, de celle-ci, la République italienne a manqué aux obligations qui lui incombent en vertu des articles 5, 6 et 7 de ladite directive (■ CJCE, 20 mars 2003, aff. C-143/02, *Commission c/ République italienne*). De même, en maintenant certaines dispositions du Wildlife Act de 1976, l'Irlande ne s'est pas conformée aux dispositions de l'article 12, § 1 de la directive « Habitats » (■ CJCE,

11 janv. 2007, aff. C-183/05, *Commission c/ Irlande : Environnement* 2007, n° 3, p. 29, comm. P. Trouilly).

La France a également été condamnée en manquement pour transposition incorrecte des § 2 et 3 de l'article 6 de la directive « Habitats ». En effet, la Cour de justice de l'Union européenne a estimé qu'une législation nationale qui prévoit de manière générale que la pêche, les activités aquacoles, la chasse et les autres activités cynégétiques pratiquées dans les conditions et sur les territoires autorisés par les lois et règlement en vigueur ne constituent pas des activités perturbantes ou ayant de tels effets, sans qu'il soit garanti que lesdites activités n'engendrent aucune perturbation susceptible d'affecter de manière significative les objectifs de la directive « Habitats », ne peut être considérée comme conforme à l'article 6, § 2 de celle-ci (■ CJUE, 4 mars 2010, aff. C-241/08, *Commission c/ France*). De même, manque aux obligations qui lui incombent en vertu de l'article 6, § 3, de la directive « Habitats » un État membre qui exempte systématiquement de la procédure d'évaluation des incidences sur un site les travaux, ouvrages ou aménagements prévus par les contrats Natura 2000 dès lors qu'il ne saurait être exclu que ces travaux, ouvrages ou aménagements, tout en ayant pour objectif la conservation ou le rétablissement d'un site, ne soient pas pour autant directement liés ou nécessaires à la gestion de celui-ci. En effet, la détermination des objectifs de conservation et de rétablissement dans le cadre de Natura 2000 peut exiger la résolution de conflits entre divers objectifs. Afin que la réalisation des objectifs de conservation visés par la directive « Habitats » soit pleinement assurée, il est donc nécessaire que, conformément à l'article 6, § 3, de ladite directive, chaque plan ou projet non directement lié ou nécessaire à la gestion du site susceptible d'affecter celui-ci de manière significative fasse l'objet d'une évaluation individuelle de ses incidences sur le site concerné eu égard aux objectifs de conservation de celui-ci (même arrêt). Manque également aux obligations qui lui incombent en vertu de l'article 6, § 3, de la directive « Habitats », un État membre qui exempte systématiquement de la procédure d'évaluation des incidences sur un site les programmes et projets de travaux, d'ouvrage ou d'aménagement soumis à un régime déclaratif (*même arrêt*, ■ CJUE, 26 mai 2011, aff. C-538/09, *Commission c/ Royaume de Belgique*). L'évaluation appropriée des incidences sur un site, devant être effectuée en vertu de l'article 6, § 3, de la directive « Habitats », concernant la conservation des habitats naturels ainsi que de la faune et de la flore sauvages, implique que doivent être identifiés, compte tenu des meilleures connaissances scientifiques en la matière, tous les aspects du plan ou du projet pouvant, par eux-mêmes ou en combinaison avec d'autres plans ou projets, affecter les objectifs de conservation du site concerné. Une telle évaluation ne comporte donc pas d'examen des alternatives à un plan ou un projet. L'examen des solutions alternatives, prévu à l'article 6, § 4, de ladite directive, ne peut être effectué que si les conclusions résultant de l'évaluation des incidences effectuée en vertu de l'article 6, § 3, de cette directive sont négatives et dans l'hypothèse où le plan ou le projet doit néanmoins être réalisé pour des raisons impératives d'intérêt public majeur. Il ne saurait donc constituer un élément que les autorités nationales compétentes sont tenues de prendre en compte lorsqu'elles effectuent l'évaluation appropriée prévue audit article 6, § 3 (■ CJUE, 4 mars 2010, aff. C-241/08, *commissaire c/ France*). Un plan ou un projet non directement lié ou nécessaire à la gestion d'un site et qui a été autorisé, à la suite d'une étude ne répondant pas aux exigences de l'article 6, § 3 de cette directive, avant l'inscription du site en cause sur la liste des SIC, doit faire l'objet, par les autorités compétentes, d'un examen a posteriori de ses incidences sur ce site si cet examen constitue la seule mesure appropriée pour éviter que l'exécution dudit plan ou projet n'entraîne une détérioration ou des perturbations susceptibles d'avoir un effet significatif eu égard aux objectifs de cette directive (■ CJUE, 14 janv. 2016, aff. C-399/14, *Grüne Liga Sachsen eV e.a.*).

En revanche, les dispositions de la directive 92/43/CEE du 21 mai 1992, de la directive 79/409/CEE du 2 avril 1979, de la directive 2001/77/CE du 27 septembre 2001 et de la directive 2009/28/CE du 23 avril 2009 doivent être interprétées en ce sens qu'elles ne s'opposent pas à une réglementation qui interdit l'installation d'aérogénérateurs non destinés à l'autoconsommation sur des sites appartenant au réseau Natura 2000, sans aucune évaluation des incidences environnementales du projet sur le site spécifiquement concerné, pour autant que les principes de non-discrimination et de proportionnalité sont respectés (■ CJUE, 21 juill. 2001, aff. C-2/10, *Azienda Agro-Franchini sarl e.a.*).

9) Non-respect de la directive du 2 avril 1979 concernant la conservation des oiseaux sauvages et de la directive du 21 mai 1992 concernant la conservation des habitats naturels. Condamnation de l'Irlande pour n'avoir pas pris, en temps utile, les mesures nécessaires pour assurer la sauvegarde d'une diversité et d'une superficie suffisante d'habitats pour le lagopède des saules au sens de son article 3, la constatation du manquement reposant essentiellement sur les observations contenues dans un rapport d'une ONG. L'Irlande est également condamnée pour n'avoir pas pris, avant l'échéance du délai fixé par l'avis motivé, les mesures de nature à éviter la détérioration des mêmes habitats dans une zone de protection spéciale, négligence constitutive d'une méconnaissance de la directive du 21 mai 1992 concernant la conservation des habitats naturels (▪ CJCE, 13 juin 2002, aff. C-117/00, *Commission c/ Irlande : Environnement* 2002, p. 25). L'Irlande a à nouveau été condamnée pour manquement aux obligations lui incombant au titre de l'article 4 de la directive « Oiseaux » et de l'article 6 de la directive « Habitats » (▪ CJCE, 13 déc. 2007, aff. C-418/04, *Commission c/ Irlande*). À propos d'une condamnation de l'Italie pour manquement à ses obligations résultant de l'article 6 de la directive « Habitats » et de l'article 4 de la directive « Oiseaux » (▪ CJCE, 20 sept. 2007, aff. C-304/05, *Commission c/ République Italienne*).

10) Marge d'appréciation des États pour le choix et la délimitation des ZSC. L'article 4, § 1, de la directive n° 92/43/CEE du Conseil du 21 mai 1992, concernant la conservation des habitats naturels ainsi que de la faune et de la flore sauvages, doit être interprété en ce sens qu'un État membre ne peut pas prendre en compte des exigences économiques, sociales et culturelles, ainsi que des particularités régionales et locales, telles que mentionnées à l'article 2, § 3, de ladite directive, lors du choix de la délimitation des sites à proposer à la Commission, en tant que sites susceptibles d'être identifiés comme étant d'importance communautaire (zone spéciale de conservation). En effet, l'article 3, § 1, de la directive « Habitats » prévoit la constitution d'un réseau écologique européen cohérent de ZSC, dénommé « Natura 2000 » qui est formé par des sites abritant des types d'habitats et d'espèces naturels, et la Commission doit pouvoir disposer d'un inventaire exhaustif des sites pour réaliser cet objectif (▪ CJCE, 7 nov. 2000, aff. C-371/98 : question préjudicielle de la High Court of Justice du Royaume-Uni en application de l'article 234 du traité CE). En ce qui concerne les zones de protection spéciale : ▪ CJCE, 11 juill. 1996, aff. C-44/95, *Regina c/ Secretary of State for the Environment, ex parte : Royal Society for the Protection of Birds.* ▪ CJCE, 19 mai 1998, aff. C-3/96, *Commission c/ Royaume des Pays-Bas*.

La directive impose l'adoption de mesures de conservation nécessaires, ce qui exclut toute marge d'appréciation à cet égard dans le chef des États membres et limite les éventuelles facultés réglementaires ou décisionnelles des autorités nationales aux moyens à mettre en œuvre et aux choix techniques à opérer dans le cadre de ces mesures. Ainsi, l'article 9, § 5 du Nö NSchG (loi de la Basse-Autriche relative à la protection de la nature) ne peut être considéré comme transposant de façon suffisante l'obligation de prendre, dans tous les cas, les mesures de conservation nécessaires pour les ZSC (▪ CJCE, 10 mai 2007, aff. C-508/04, *Commission c/ République d'Autriche*).

Les obligations et interdictions prévues par les directives « Habitats » et « Oiseaux » n'imposent pas l'adoption d'actes juridiques qui fixeraient, pour chaque ZPS, les espèces et les habitats protégés tout comme les objectifs de conservation (▪ CJUE, 14 oct. 2010, aff. C-535/07, *Commission c/ Autriche*).

11) Déclassement d'une ZSC. Les États membres ont l'obligation de proposer à la Commission le déclassement d'un site lorsque les autorités nationales sont saisies d'une demande du propriétaire d'un terrain situé dans cette zone faisant état d'une dégradation environnementale irréversible du site (▪ CJUE, 3 avr. 2014, aff. C-301/12, *Cascina Tre Pini : Europe* 2014, n° 6, comm. S. Roset, n° 276).

12) Manquement. Mauvaise application. *Preuve.* Dans le cadre d'un recours en manquement relatif aux obligations énoncées à l'article 6, § 3 de la directive « Habitats », la Commission ne peut se limiter à alléguer la simple existence d'accords de programme mais doit également fournir des éléments suffisamment concrets pour pouvoir conclure que ces accords dépassent le stade d'une réflexion administrative préliminaire et comportent un degré de précision dans la planification exigeant une évaluation environnementale de leurs effets. En l'espèce, la Commission n'a pas satisfait à l'obligation de preuve relative au manquement allégué (▪ CJCE, 4 oct. 2007, aff. C-179/06, *Commission c/ République Italienne : Environnement* 2007, n° 11, p. 20, comm. P. Trouilly. – V. également ▪ CJCE, 6 nov. 2003, aff. C-434/01, *Commission c/ Royaume-Uni*).

Exemples. Les États doivent prendre toutes les mesures concrètes nécessaires pour éviter la perturbation intentionnelle d'espèces protégées. Ainsi, en ne prenant pas, dans le délai prescrit, les mesures nécessaires pour instaurer et mettre en œuvre un système efficace de protection stricte de la tortue marine Caretta caretta à Zante (Grèce), afin d'éviter toute perturbation intentionnelle de cette espèce pendant la période de reproduction ainsi que toute activité de nature à endommager ou à détruire ses aires de reproduction, la République hellénique a manqué aux obligations qui lui incombent en vertu de l'article 12, paragraphe 1, sous *b)* et *d)*, de la directive n° 92/43/CEE du Conseil, du 21 mai 1992, concernant la conservation des habitats naturels ainsi que de la faune et de la flore sauvages (▪ CJCE, 30 janv. 2002, aff. C-103/00, *Commission c/ République hellénique*). En mettant à exécution un projet d'autoroute dont le tracé traverse la ZPS de Castro Verde, malgré les conclusions négatives de l'évaluation de l'impact sur l'environnement et sans avoir démontré l'absence de solutions alternatives, le Portugal a manqué aux obligations qui lui incombent en vertu de l'article 6, § 4 de la directive « Habitats » (■ CJCE, 26 oct. 2006, aff. C-239/04, *Commission c/ République portugaise*). En autorisant la chasse au loup à titre préventif, sans qu'il soit établi qu'elle est de nature à prévenir des dommages importants au sens de l'article 16, § 1, *b)* de la directive « Habitats », la Finlande a manqué aux obligations qui lui incombent en vertu de l'article 12, § 1 et § 16, *b)* de cette directive (■ CJCE, 14 juin 2007, aff. C-342/05, *Commission c/ République de Finlande : Europe* 2007, n° 8, p. 14, note A. Rigaux ; *Environnement* 2007, n° 8-9, p. 21, comm. P. Trouilly). À propos de l'autorisation d'extension d'un terrain de golf situé sur un site Natura 2000 (■ CJCE, 29 janv. 2004, aff. C-209/02, *Commission c/ République d'Autriche*). À propos de la surexploitation d'une décharge dans un site Natura 2000 (■ CJUE, 17 juill. 2014, aff. C-600/12, *Commission c/ Grèce : Environnement* 2014, n° 10, alerte 102). Un projet ayant des incidences négatives sur un type d'habitats affecte l'intégrité du SIC concerné, alors même que la création d'une nouvelle aire, de taille identique ou supérieure de ce type d'habitat sur le même site est envisagée (■ CJUE, 15 mai 2014, aff. C-521/12, *T.C. Briels e.a. c/ Minister van Infrastructuur en Milieu : Environnement* 2014, n°s 8-9, comm. 63, P. Trouilly).

13) Interprétation. L'article 4, § 5 de la directive « Habitats » doit être interprété en ce sens que les mesures de protection prévues à l'article 6, § 2 à 4 de cette directive ne s'imposent qu'en ce qui concerne les sites qui, conformément à l'article 4, § 2, alinéa 3, de ladite directive, sont inscrits sur la liste des sites sélectionnés comme sites d'importance communautaire arrêtée par la Commission des communautés européennes selon la procédure visée à l'article 21 de cette directive. S'agissant des sites susceptibles d'être identifiés comme sites d'importance communautaire, qui figurent sur les listes nationales transmises à la Commission et, en particulier, des sites abritant des types d'habitats naturels prioritaires ou des espèces prioritaires, les États membres sont, en vertu de la directive « Habitats », tenus de prendre des mesures de protection aptes, au regard de l'objectif de conservation visé par ladite directive, à sauvegarder l'intérêt écologique pertinent que ces sites revêtent au niveau national (■ CJCE, 13 janv. 2005, aff. C-117/03, *Dragaggi*).

L'article 6, § 3 et 4 de la directive « Habitats » telle que modifiée par la directive n° 2006/105, doit être interprété en ce sens que des travaux d'entretien continus du chenal navigable d'estuaires, qui ne sont pas liés ou nécessaires à la gestion du site et qui ont déjà été approuvés en vertu du droit national avant l'expiration du délai de transposition de ladite directive, doivent, dans la mesure où ils constituent un projet et sont susceptibles d'affecter le site concerné de manière significative, être soumis à une évaluation de leur incidence sur ce site en application desdites dispositions en cas de poursuite de ces travaux après l'inscription, conformément à l'article 4, § 2, troisième alinéa de cette directive du site sur la liste des sites d'importance communautaire (■ CJUE, 14 janv. 2010, aff. C-226/08, *Stadt Papenburg*). Si, eu égard notamment à la récurrence, à la nature ou aux conditions d'exécution desdits travaux, ceux-ci peuvent être regardés comme constituant une opération unique, en particulier lorsqu'ils ont pour objectif de maintenir en l'état une certaine profondeur du chenal navigable par des dragages réguliers et nécessaires à cet effet, ces travaux d'entretien peuvent être considérés comme un seul et même projet au sens de l'article 6, § 3 de la directive « Habitats » (*même arrêt*).

14) Possibilité pour les États membres de prendre de nouvelles mesures de protection. Le fait que, dans le cadre de la réalisation d'un projet d'aménagement d'un chemin rural, les autorités nationales poursuivent l'étude de nouvelles mesures susceptibles de renforcer encore les conditions de conservation et d'amélioration de l'espèce concernée ne saurait, en tant que tel, conduire à constater que les mesures adoptées sont inappropriées à l'objectif de l'article 12, § 4 de la directive « Habitats » (■ CJUE, 20 mai 2010, aff. C-308/08, *Commission c/ France*).

CHAPITRE Ier. – PRÉSERVATION ET SURVEILLANCE DU PATRIMOINE NATUREL

(Intitulé mod., L. n° 2010-788, 12 juill. 2010)

Section I A. – Inventaire du patrimoine naturel

Art. L. 411-1 A *(L. n° 2016-1087, 8 août 2016)*. – **I. – L'inventaire du patrimoine naturel est institué pour l'ensemble du territoire national terrestre, fluvial et marin. On entend par inventaire du patrimoine naturel, l'inventaire des richesses écologiques, faunistiques, floristiques, géologiques, pédologiques, minéralogiques et paléontologiques.**

L'État en assure la conception, l'animation et l'évaluation.

(Rempl. à compter du 24 février 2022, L. n° 2021-1104, 22 août 2021) Les maîtres d'ouvrage, publics ou privés, des projets, plans et programmes mentionnés aux articles L. 122-1 et L. 122-4 ou bénéficiant d'une dérogation prévue à l'article L. 411-2 contribuent à cet inventaire par la saisie ou, à défaut, par le versement des données brutes de biodiversité acquises à l'occasion des études d'évaluation réalisées préalablement à la décision d'autorisation, d'approbation ou de dérogation appliquée à leur projet, plan ou programme et à l'occasion des mesures de suivi des impacts environnementaux, notamment celles relevant des mesures d'évitement, de réduction ou de compensation définies en application de l'article L. 110-1, réalisées après cette même décision.

On entend par données brutes de biodiversité les données d'observation de taxons, d'habitats d'espèces ou d'habitats naturels, recueillies par observation directe, par bibliographie ou par acquisition de données auprès d'organismes détenant des données existantes.

Les modalités de saisie ou de versement des données sont fixées par décret, pris après concertation avec les organisations représentatives des maîtres d'ouvrage, des bureaux d'études concernés et des associations contribuant ou susceptibles de contribuer à l'inventaire du patrimoine naturel. La saisie ou le versement de données s'effectue au moyen d'une application informatique mise gratuitement à la disposition des maîtres d'ouvrage par l'État.

II. – En complément de l'inventaire du patrimoine naturel, les collectivités territoriales, les associations ayant pour objet l'étude ou la protection de la nature et leurs fédérations, les associations naturalistes et les fédérations de chasseurs et de pêcheurs peuvent contribuer à la connaissance du patrimoine naturel par la réalisation d'inventaires locaux ou territoriaux ou d'atlas de la biodiversité, ayant notamment pour objet de réunir les connaissances nécessaires à l'élaboration du schéma régional de cohérence écologique mentionné à l'article L. 371-3 ou à la mise en œuvre des articles L. 412-7 à L. 412-9 lorsque l'assemblée délibérante concernée a adopté la délibération prévue à l'article L. 412-15.

Le représentant de l'État dans la région ou le département et les autres collectivités territoriales concernées sont informés de ces réalisations.

III. – Il est institué dans chaque région un conseil scientifique régional du patrimoine naturel. Ce conseil est constitué de spécialistes désignés intuitu personae pour leur compétence scientifique, en particulier dans les universités, les organismes de recherche, les sociétés savantes et les muséums régionaux.

Il couvre toutes les disciplines des sciences de la vie et de la terre pour les milieux terrestres, fluviaux et marins.

Ses membres sont nommés par arrêté du représentant de l'État après avis de l'assemblée délibérante.

Il élit en son sein un président.

Il peut être saisi pour avis par le représentant de l'État dans la région ou par le président du conseil régional sur toute question relative à l'inventaire et à la conservation du patrimoine naturel.

Un décret en Conseil d'État définit sa composition et ses domaines d'intervention et précise les conditions dans lesquelles il est saisi.

IV. – Les inventaires mentionnés aux I et II du présent article sont réalisés sous la responsabilité scientifique du Muséum national d'histoire naturelle qui en assure la validation et participe à leur diffusion. Ils sont diffusés conformément aux principes définis aux articles L. 127-4 à L. 127-9.

Les données brutes contenues dans les inventaires mentionnés au présent article sont diffusées comme des données publiques, gratuites et librement réutilisables, sauf si leur diffusion porte atteinte aux intérêts mentionnés aux 1° à 4° du I de l'article L. 124-4. Les conditions dans lesquelles la diffusion des données prévue au présent alinéa peut être restreinte pour des motifs de protection de l'environnement sont précisées par décret.

V. – La loi du 29 décembre 1892 sur les dommages causés à la propriété privée par l'exécution des travaux publics est applicable à l'exécution des opérations nécessaires à la conduite des inventaires mentionnés au présent article. Elle est également applicable à la connaissance du sol, de la végétation et de tout renseignement d'ordre écologique sur les territoires d'inventaires.

Section I. – Conservation de sites d'intérêt géologique, d'habitats naturels, d'espèces animales ou végétales et de leurs habitats

(Intitulé mod., L. n° 2010-788, 12 juill. 2010 ; L. n° 2016-1087, 8 août 2016)

Art. L. 411-1 *(Anc. C. rur. art. L. 211-1 ; mod., L. n° 2010-788, 12 juill. 2010 ; L. n° 2016-1087, 8 août 2016).* – (1) **I. - Lorsqu'un intérêt scientifique particulier, le rôle essentiel dans l'écosystème ou les nécessités de la préservation du patrimoine naturel justifient la conservation de sites d'intérêt géologique, d'habitats naturels, d'espèces animales non domestiques ou végétales non cultivées et de leurs habitats, sont interdits :**

1° La destruction ou l'enlèvement des œufs ou des nids, la mutilation, la destruction, la capture ou l'enlèvement, la perturbation intentionnelle, la naturalisation d'animaux de ces espèces ou, qu'ils soient vivants ou morts, leur transport, leur colportage, leur utilisation, leur détention, leur mise en vente, leur vente ou leur achat ;

2° La destruction, la coupe, la mutilation, l'arrachage, la cueillette ou l'enlèvement de végétaux de ces espèces, de leurs fructifications ou de toute autre forme prise par ces espèces au cours de leur cycle biologique, leur transport, leur colportage, leur utilisation, leur mise en vente, leur vente ou leur achat, la détention de spécimens prélevés dans le milieu naturel ;

3° La destruction, l'altération ou la dégradation de ces habitats naturels ou de ces habitats d'espèces ;

4° La destruction, l'altération ou la dégradation des sites d'intérêt géologique, notamment les cavités souterraines naturelles ou artificielles, ainsi que le prélèvement, la destruction ou la dégradation de fossiles, minéraux et concrétions présents sur ces sites.

5° La pose de poteaux téléphoniques et de poteaux de filets paravalanches et anti-éboulement creux et non bouchés. ;

II. - Les interdictions de détention édictées en application du 1°, du 2° ou du 4° du I ne portent pas sur les spécimens détenus régulièrement lors de l'entrée en vigueur de l'interdiction relative à l'espèce à laquelle ils appartiennent.

I - CLASSEMENT DES ESPÈCES ANIMALES ET VÉGÉTALES PROTÉGÉES

1) Conditions procédurales. Pour établir la liste des espèces végétales à protéger, l'Administration n'est pas soumise à d'autre obligation que celle de consulter le Conseil national de protection de la nature. On ne peut dès lors invoquer une erreur d'appréciation en invoquant la méconnaissance des objectifs de la directive « Habitats » du 21 mai 1992 ou du principe de précaution (■ CE, 5 juill. 1999, n° 194834, *Sté catalane de botanique et d'écologie végétale : JurisData* n° 1999-050712).

2) Injonction d'inscrire une espèce. L'État s'expose au versement d'une astreinte s'il ne respecte pas la décision de justice lui enjoignant d'inscrire une espèce (bruant ortolan) sur la liste des espèces animales protégées (■ CE, 18 janv. 1999, n° 187059, *Rassemblement des opposants à la chasse*. ■ CE, 30 juin 1999, n° 184265, *Rassemblement des opposants à la chasse*).

3) Espèces susceptibles de faire l'objet d'un arrêté de biotope. Condition. Un arrêté préfectoral de biotope ne peut concerner que des espèces protégées figurant sur une liste prévue à l'article R. 211-1 du Code rural (C. env., actuel R. 411-1) et doit fixer une limitation dans le temps de ces mesures (■ TA Versailles, 5 juill. 1994, n° 90-4238, *SCI Planet c/ Préfet des Yvelines*).

4) Directive « oiseaux ». Méconnaît les objectifs de la directive n° 79/409 le ministre qui refuse de faire figurer le bruant ortolan, figurant pourtant à l'annexe I de la directive, parmi les espèces d'oiseaux auxquelles s'appliquent les mesures de protection fixées à l'article 3 de la loi du 10 juillet 1976, repris à l'article L. 211-1 du Code rural (actuel C. env., art. L. 411-1), et visant l'interdiction de la des-

(1) Le Conseil d'État a jugé « qu'il ne ressort ni de l'objet ni des termes de la loi [n° 76-629] du 10 juillet 1976 [ici codifiée], non plus que de ses travaux préparatoires, que le législateur ait entendu exclure que la responsabilité de l'État puisse être engagée en raison d'un dommage anormal que l'application de ces dispositions pourrait causer à des activités – notamment agricoles – autres que celles qui sont de nature à porter atteinte à l'objectif de protection des espèces que le législateur s'était assigné ; qu'il suit de là que le préjudice résultant de la prolifération des animaux sauvages appartenant à des espèces dont la destruction a été interdite en application de ces dispositions doit faire l'objet d'une indemnisation par l'État lorsque, excédant les aléas inhérents à l'activité en cause, il revêt un caractère grave et spécial et ne saurait, dès lors, être regardé comme une charge incombant normalement aux intéressés », ■ CE, sect., 30 juill. 2003, n° 215957, *Assoc. pour le développement de l'aquaculture en région centre et a. : JurisData* n° 2003-065588. – NDLR.

truction ou de l'enlèvement des œufs ou des nids (■ CE, 10 juin 1994, n° 121768, *Rassemblement des opposants à la chasse*).

II – CONVENTIONS INTERNATIONALES

5) Convention de Berne. Si les obligations internationales issues de la convention de Berne du 19 septembre 1979, ratifiée par la France et rendue applicable par le décret du 22 août 1990 imposent à la France la conservation de la flore et de faune sauvages et de leurs habitats et la protection particulière de certaines espèces, notamment par des zones de protection spéciale, les stipulations de cette convention créent seulement des obligations entre États sans ouvrir de droits aux intéressés (■ CE, 17 nov. 1995, n° 159855, *Union juridique Rhône-Méditerranée : Rec. CE* 1995, p. 412 ; *Dr. env.* 1996, n° 43, p. 11, note S. Charbonneau. ■ CE, 9 mai 2001, n° 218263, *Mme Odile X*). Ainsi, le moyen tiré de ce qu'un arrêté ministériel portant énumération des espèces nuisibles violerait les stipulations de la convention de Berne du 19 septembre 1979 ne peut être utilement invoqué devant le juge administratif dès lors que les stipulations de cette convention créent seulement des obligations entre les États parties à la convention et ne produisent pas d'effets directs dans l'ordre juridique interne (■ CE, 3 déc. 2003, n°s 251908, 253318 et 253556, *ASPAS, Fondation Brigitte Bardot et a.* ■ CE, 20 avr. 2005, n° 271216, *ASPAS et a. : Environnement* 2005, n° 6, p. 18, note L. Benoit ; *AJDA* 2005, n° 25, p. 1398, note J.-M. Pontier ; *LPA* 11 août 2006, n° 160, p. 12, concl. Y. Aguila. ■ CE, 20 avr. 2005, n° 261564, *Assoc. pour le développement durable de l'identité des Pyrénées et a. : Dr. env.* 2005, n° 129, concl. Y. Aguila ; *Environnement* 2005, n° 6, p. 18, note L. Benoit. ■ CE, 26 avr. 2006, n°s 274339 et 274737, *ASPAS et a. : Dr. env.* 2006, n° 140, p. 198, concl. Y. Aguila ; *Dr. adm.* 2006, n° 7, p. 27, note J.-M. Février. ■ CE, 26 avr. 2006, n° 271670, *Assoc. FERUS : Environnement* 2006, n° 6, p. 20, comm. 66, note P. Trouilly. ■ CE, 10 juill. 2006, n° 281855, *ASPAS et SPA : Rev. jur. env.* 2007, n° 4, pan. p. 495, comm. V. Gervasoni.). Il en est de même s'agissant de la contestation d'un décret (■ CE, 23 oct. 1995, n°s 154401, 154490, 154493, 154515 et 154524, *Association Artus et a.*) ou d'une délibération d'un conseil municipal (■ CE, 8 déc. 2000, n° 204756, *Cne de Breil-sur-Roya : RD. rur.* 2001, n° 290, p. 77, note C. Pitaud, D. Rochard et B. Grimonprez ; *Europe* 2001, n° 4, p. 21, note P. Cassia et E. Saulnier ; *AJDA 2001*, n° 9, p. 776, note J.-M. Février ; *RD. rur.* 2001, n° 297, p. 545, note M. Carius). Les stipulations du *a)* paragraphe 2 de l'article 11 de la convention de Berne du 19 septembre 1979 ne créent d'obligation qu'entre les États parties à la convention et ne produisent pas d'effet direct dans l'ordre juridique interne (■ CE, 23 févr. 2009, n° 292397, *Fédération transpyrénéenne des éleveurs de montagne et a. : Environnement* 2009, n° 4, p. 17, note P. Trouilly).

6) Convention CITES. Un arrêté préfectoral doit être abrogé dès lors que la levée par la France de la réserve concernant l'espèce de tortue Chelonia mydas rend ses dispositions illégales, celles-ci violant désormais la convention de Washington du 2 mars 1973 (■ TA Saint-Denis-de-la-Réunion, 19 févr. 1997, n° 433-93, *SOPTOM-Réunion et FNE c/ Préfet des DOM-TOM et Min. DOM-TOM : AJDA* 1998, n° 10, p. 825, note E. Le Cornec ; *Rev. jur. env.* 1999, n° 1, p. 103, note E. Le Cornec).

Application par le biais du droit communautaire. Règlement CEE n° 3626/82 (Abr., Règl. CE n° 338/97). Le directeur de la protection de la nature est légalement tenu de refuser l'autorisation d'introduire des vinis peruviana et des vinis ultra marina (oiseaux) dans la Communauté et par suite, en France métropolitaine à partir d'un territoire d'outre-mer, dès lors que, contrairement à ce qu'exigent les dispositions de l'article 10, § 1*b)* du règlement du Conseil du 3 décembre 1982 relatif à l'application dans la Communauté de la convention CITES, il n'est produit aucun document autorisant le prélèvement de ces oiseaux en Polynésie française (■ CE, 19 mars 1990, n° 94477, *Min. Environnement c/ M. Pomarède : Rev. jur. env.* 1991, p. 227, note C. de Klemm). La translation, à partir d'un territoire non communautaire, vers un territoire communautaire, d'espèces protégées par la convention de Washington (CITES) et le règlement CEE n° 3626/82 du 3 décembre 1982 relatif à l'application dans la Communauté de la convention CITES constitue au sens de ces textes une importation ; par conséquent, en prévoyant la possibilité d'importer à des fins exclusivement commerciales des tortues de l'espèce Chelonia mydas, le préfet a méconnu les dispositions du règlement communautaire du 3 décembre 1982 (■ TA Saint-Denis-de-la-Réunion, 19 févr. 1997, n° 433-93, *SOPTOM-Réunion et FNE c/ Préfet des DOM-TOM et Min. DOM-TOM : AJDA* 1998, n° 10, p. 825, note E. Le Cornec ; *Rev. jur. env.* 1999, n° 1, p. 103, note E. Le Cornec). Lorsque des spécimens ont été importés d'un pays tiers sur le territoire d'un État membre, soit avant la date d'entrée en vigueur du règlement CEE n° 3626/82 fixée au 1er janvier 1984, soit même après cette date parce que, à la date de l'importation, l'État dont il s'agit n'était pas encore membre de la CEE, il appartient aux autorités de chacun des États membres d'admettre ou de ne pas admettre sur le territoire de l'État dont elles relèvent les spécimens mentionnés sur le permis d'importation selon qu'elles estiment que leur introduction dans la Communauté a été conforme aux stipulations de la convention. Le ministre de l'Environnement français est par conséquent incompétent pour statuer sur une demande de réexportation vers l'Italie de peaux de « felis geoffroyi » introduites en France via l'Espagne, alors non membre de la CEE (■ CE, 6 nov. 1998, n° 172563, *Min. Environnement c/ Sté des fourrures Maurice : Rev. jur. env.* 1999, n° 4, p. 595, note O. Delfour).

Règlement CE n° 338/97 (applicable depuis le 1er juin 1997). Saisie d'une question préjudicielle, la Cour de justice des communautés européennes a précisé que les articles 2, *w)*, et 8 § 3, *b)* doivent être interprétés en ce sens que des animaux mentionnés à l'annexe A du règlement, mais qui ont été empaillés, sont susceptibles d'être qualifiés de « spécimens travaillés ». Le fait de recevoir des spécimens dans le cadre d'un don ou d'un héritage ainsi que celui de tuer un animal et d'en prendre possession constituent une « acquisition » au sens de l'article 8, § 3, *b)* et il n'est pas nécessaire que celui qui a acquis le spécimen plus de cinquante ans auparavant soit le propriétaire actuel. Nonobstant la disposition figurant à l'article 32, alinéa 2, du règlement CE n° 1808/2001 portant modalités d'application du règlement CE n° 338/97, l'article 8, § 3, *b)* du règlement CE n° 338/97 implique que l'organe de gestion de l'État membre concerné ait pu s'assurer que le spécimen en cause a été acquis conformément à l'article 2, *w)* (■ CJCE, 23 oct. 2003, aff. C-154/02, *Jan Nilsson : Environnement* 2004, n° 2, p. 21, comm. L. Benoit). Les États ne peuvent interdire de manière générale toute utilisation commerciale de spécimens d'espèces protégées figurant à l'annexe B du règlement CE n° 338/97 nés et élevés en captivité, cette interdiction dépassant ce qui est nécessaire pour assurer une protection efficace de ces espèces et constituant une entrave au commerce incompatible avec l'article 28 du traité de Rome (■ CA Rouen, ch. corr., 20 sept. 2006, n° 05/00784 : *JurisData* n° 2006-322636). Le règlement n° 338/97 ne précisant pas les moyens de preuve qu'il convient d'utiliser pour démontrer l'acquisition légale de spécimens d'espèces inscrites à l'annexe B, tous les moyens de preuve que le droit procédural de l'État membre concerné admet dans des procédures similaires sont, en principe, recevables pour juger de la légalité de leur acquisition (■ CJCE, 16 juill. 2009, aff. C-344/08, *T. Rubach*).

7) Convention de Rio sur la diversité biologique. Les stipulations de l'article 8 de la convention sur la diversité biologique adoptée à Rio le 22 mai 1992 créent seulement des obligations entre les États parties à la convention et ne produisent pas d'effet direct dans l'ordre juridique interne (■ CE, 23 févr. 2009, n° 292397, *Fédération transpyrénéenne des éleveurs de montagne et a. : Environnement* 2009, n° 4, p. 17, note P. Trouilly).

8) Protocole de Barcelone. Méconnaît les stipulations du protocole de Barcelone du 10 juin 1995 relatif aux aires spécialement protégées et à la diversité biologique en Méditerranée le préfet maritime de la Méditerranée qui a permis le déroulement d'une manifestation nautique nuisible à une espèce menacée ou en danger protégée par ce protocole et de nature à la perturber gravement pendant une période biologique critique (■ TA Nice, 6 mai 2003, *Assoc. FNE et a. c/ Préfet maritime de Méditerranée : Dr. env.* 2003, n° 110, p. 128, note B. Busson).

9) Convention d'Aarhus. Si les paragraphes 2 et 3 de l'article 6 de la convention d'Aarhus du 25 juin 1998 sont, en raison de leur libellé, d'effet direct, ils ne régissent la participation du public au processus décisionnel en matière d'environnement qu'en ce qui concerne les activités particulières mentionnées à l'annexe I à cette convention, laquelle ne comprend pas les mesures de réintroduction d'espèces animales menacées de disparition. Pour les activités particulières autres que celles énumérées à ladite annexe, la convention laisse au droit interne de chaque État le soin de définir les mesures d'application nécessaires (■ CE, 23 févr. 2009, n° 292397, *Fédération transpyrénéenne des éleveurs de montagne et a. : Environnement* 2009, n° 4, p. 17, note P. Trouilly).

10) Convention européenne de sauvegarde des droits de l'Homme. Premier protocole additionnel. Les interdictions édictées par l'article L. 411-1 du Code de l'environnement, nonobstant l'absence d'indemnisation prévue par la loi, ne sont pas contraires aux stipulations du premier protocole additionnel à la Convention européenne de sauvegarde des droits de l'Homme, dès lors qu'elles n'ont ni pour objet, ni pour effet de priver les propriétaires concernés de leurs biens mais seulement d'en limiter l'usage conformément à l'intérêt général (■ CAA Paris, 10 avr. 2003, n° 01PA01604, *Sté immobilière Morillon-Corvol et Cie*).

III – PROTECTION DES ESPÈCES ANIMALES PROTÉGÉES

A – Droit public

11) Notion d'espèce animale non domestique. V. sous art. R. 411-5, p. 2161.

12) Espèce menacée : éléments d'appréciation. La Directive Habitats ne fait pas obstacle à ce que les États fixent des objectifs de protection d'une espèce au niveau national, alors même que la survie de l'espèce ne serait pas menacée sur le territoire européen (■ CE, 11 févr. 2015, n° 370599, *Assoc. Collectif des éleveurs de la région des Causses, de la Lozère et leur environnement*). Considérant qu'il ressort des pièces du dossier que, compte tenu de leur niveau de population et de reproduction, la survie de la martre et de la belette n'est pas menacée ; qu'ainsi, en procédant à un aménagement limité des mesures de protection qui leur sont applicables, les auteurs de l'arrêté attaqué n'ont pas fait une fausse application des dispositions des articles L. 211-1 et L. 211-2 du Code rural (art. L. 411-1 et L. 411-2 du présent code) (▪ CE, 3 mars 2000, n° 189317, *Assoc. France nature environnement*). Il est ainsi nécessaire d'établir que le projet envisagé entraînera la destruction d'espèces animales ou végétales dont la conservation serait justifiée par un intérêt scientifique particulier ou par les nécessités de la préservation du patrimoine biologique au sens des dispositions de l'article L. 411-1 du présent code (▪ CAA Bordeaux, 29 juin 2006, n°s 02BX02599, 02BX02652, 02BX02665, 02BX02697 et 02BX02723, *Assoc. pour le respect des Bois du Roy et de leur environnement et a.*). V. déjà, à propos d'un projet d'autoroute (▪ CE, 25 mai 1998, n° 159385, *Comité Somport d'opposition totale à l'autoroute Caen-Rennes : LPA* 10 juin 1999, n° 115, pan. p. 7, comm. J. Morand-Deviller). Le classement en espèces faunistiques protégées n'empêche pas l'urbanisation d'un plateau dès lors qu'aucun élément ne permet d'apprécier que l'urbanisation ne pourra qu'entraîner une altération de ces espèces (▪ CAA Paris, 20 mai 2009, n° 07PA05029, *ARNASSEN et Assoc. de sauvegarde de Seine Port et environs*).

13) Interdictions. Les interdictions édictées ne s'imposent que pour autant que les destructions, les altérations ou les dégradations auxquelles elles font référence remettent en cause le bon accomplissement des cycles biologiques de reproduction ou de repos des espèces animales considérées (▪ CAA Bordeaux, 30 mai 2017, n° 15BX01790, *Assoc. « Non à la carrière de Voulgézac et ses environs »*).

14) Mesures de protection. Contenu. Les États doivent prendre toutes les mesures concrètes nécessaires pour éviter la perturbation intentionnelle d'espèces protégées. Ainsi, en ne prenant pas, dans le délai prescrit, les mesures nécessaires pour instaurer et mettre en œuvre un système efficace de protection stricte de la tortue marine Caretta caretta à Zante (Grèce), afin d'éviter toute perturbation intentionnelle de cette espèce pendant la période de reproduction ainsi que toute activité de nature à endommager ou à détruire ses aires de reproduction, la République hellénique a manqué aux obligations qui lui incombent en vertu de l'article 12, paragraphe 1, sous *b)* et *d)*, de la directive n° 92/43/CEE du Conseil, du 21 mai 1992, concernant la conservation des habitats naturels ainsi que de la faune et de la flore sauvages (▪ CJCE, 30 janv. 2002, aff. C-103/00, *Commission c/ République hellénique*).

Quotas. La réglementation de quotas d'espèces animales pouvant être prélevées peut constituer une mesure de protection (▪ CAA Bordeaux, 11 mars 2014, n° 12BX02343, *min. de l'Écologie, du Développement durable et de l'Énergie*).

Mesures de protection insuffisantes. Commet une erreur manifeste d'appréciation le préfet qui autorise une course d'engins motonautiques dans un golfe qui abrite une population remarquable de grands dauphins, qui constitue une espèce protégée, dès lors qu'une compétition dans une zone fréquentée par ces mammifères comporte des risques de collision qui présentent un danger réel pour les compétiteurs et les animaux (▪ TA Nice, 6 mai 2003, *Assoc. FNE et a. c/ Préfet maritime de Méditerranée : Dr. env.* 2003, n° 110, p. 128, note B. Busson). De même, annulation d'une décision implicite de rejet d'une demande d'abrogation d'un arrêté autorisant par exception une compétition de ski de fond dès lors que le rapport de la mission d'inspection de la réserve naturelle des Vosges ainsi que le conseil scientifique du parc régional des ballons des Vosges préconise le déplacement de l'itinéraire de la course et que l'arrêté du 17 avril 1981 énonce que « la quiétude est indispensable au maintien du grand tétras et que toute fréquentation humaine est susceptible d'entraîner, directement ou non, la dégradation d'un milieu particulier à cette espèce » (▪ CAA Nancy, 4 déc. 2006, n° 05NC01448, *Assoc. fédérative régionale pour la protection de la nature Haut-Rhin*). Le dispositif mis en place par l'administration pour protéger l'ours, qui consiste en un simple système de déclaration préalable des battues s'en remettant à l'information et à la responsabilisation des chasseurs et en un schéma de gestion cynégétique ne prévoyant aucune disposition contraignante ne peut être regardé comme contenant les mesures nécessaires pour qu'une battue ne puisse être organisée sur un territoire fréquenté par un ours, seule modalité concrète de protection stricte de l'espèce menacée qui serait de nature à interdire sa « perturbation naturelle » et à éviter sa « destruction ». Par conséquent, les arrêtés préfectoraux méconnaissent tant les objectifs de la directive « Habitats » que l'article L. 411-1 du présent code et doivent être annulés (▪ TA Pau, 27 mars 2008, n°s 06000036, 06011727 et 0701742, *Assoc. SEPANSO Béarn : Rev. jur. env.* 4/2008, p. 429, concl. J.-M. Riou). L'autorisation de la chasse en battue du sanglier dans des secteurs fréquentés par l'ours est illégale si elle n'est pas accompagnée par des mesures de protection suffisantes pour préserver celui-ci de perturbation intentionnelle (▪ CAA Bordeaux, 9 avr. 2014, n° 12BX00392, *min. de l'Écologie, du Développement durable, des Transports et du logement : Environnement* 2014, n° 7, comm. 57, P. Trouilly).

Mesures de protection justifiées. Est légale la décision d'un préfet de refuser d'accorder une autorisation d'exploiter un parc à huîtres, le préfet étant tenu de rejeter la demande d'autorisation d'exploitation des cultures marines dès lors que des espèces protégées en vertu d'un arrêté interministériel complétant la liste nationale sont présentes sur le territoire en question (■ CAA Nantes, 13 déc. 2005, n° 03NT01008, *M. Teyssier*).

Absence d'atteinte au bon accomplissement des cycles biologiques. L'interdiction imposée par les articles L. 411-1 et L. 411-2 du Code de l'environnement ne s'applique que pour autant que cette destruction, cette altération ou cette dégradation remette en cause le bon accomplissement des cycles biologiques de reproduction ou de repos des espèces et végétaux considérés. Bien que l'exploitation d'une carrière aurait un tel impact, il existe dans des secteurs avoisinants des milieux et biotopes équivalents à ceux existant actuellement sur le site, de sorte que cette exploitation n'est pas de nature à remettre en cause le bon accomplissement des cycles biologiques de reproduction et de repos des oiseaux (■ CAA Douai, 15 oct. 2015, n° 14DA00123, *Assoc. « Le râle des genêts »* ; dans le même sens ■ CAA Nantes, 20 mars 2015, n° 13NT00855, *Sté des Carrières de Bray-en-Val*).

15) Déclaration d'utilité publique. Les arrêtés ministériels pris en application des articles R. 411-1 et suivants du Code de l'environnement pour fixer les listes des espèces animales et végétales à protéger n'ont pas pour objet et ne sauraient avoir pour effet d'interdire de déclarer d'utilité publique des travaux ou opérations susceptibles de porter atteinte à des espèces protégées, mais simplement de soumettre leur réalisation à une procédure d'autorisation. Par suite, est inopérante à l'encontre d'un décret déclarant d'utilité publique les travaux de construction d'une liaison autoroutière la méconnaissance alléguée des dispositions de l'article L. 411-1 du Code de l'environnement ainsi que du 4° de l'article L. 411-2 du même code (■ CE, 13 juill. 2011, n° 333718, *Chambre d'agriculture du Rhône et a.*). Eu égard à l'importance de l'opération et dès lors qu'il ressort des pièces du dossier que l'administration a tenu compte du fait que le projet prévoyait la traversée d'une ZNIEFF et a pris des précautions particulières pour le franchissement de ce site protégé, ni les inconvénients pour les régions traversées, notamment en ce qui concerne la faune et la flore protégées, ni les atteintes portées à la propriété de la requérante ne peuvent être regardés comme excessifs par rapport à l'intérêt que présente l'opération contestée (■ CE, 9 mai 2001, n° 218263, *Mme Odile X*). À propos de la légalité de la déclaration d'utilité publique d'un barrage (■ CE, 14 avr. 1999, n° 185935, *Cne de La Petite Marche et a. : LPA* 31 mai 2001, n° 108, p. 20, note M. Staub).

16) Plan local d'urbanisme. Recours contre un plan local d'urbanisme créant une zone carrière située au sein d'une zone naturelle ouverte à l'urbanisation. Ce document local d'urbanisme n'autorisant pas par lui-même l'exploitation de cette carrière, sa mise en œuvre, qui n'était pas susceptible d'entraîner par elle-même un effet quelconque sur l'avifaune présente sur place, n'avait pas à s'accompagner de mesures particulières de protection de l'avifaune, alors même qu'il ressort des pièces du dossier, notamment de l'évaluation environnementale, que les milieux naturels situés à proximité du secteur des carrières présentent des caractéristiques similaires et peuvent ainsi constituer un habitat de substitution pour les espèces d'oiseaux présentes sur place (■ CAA Nantes, 19 févr. 2016, n° 15NT00841, *SCI Le Petit Villemoette*).

17) Autorisation d'urbanisme. Le moyen tiré de la méconnaissance des dispositions de l'article L. 411-1 du Code de l'environnement ne peut être invoqué à l'encontre d'un permis de construire (■ CAA Marseille, 6 juin 2017, n° 15MA04909, *Assoc. de sauvegarde du pays Pézenol*).

18) Référé suspension. Urgence. *a)* La condition d'urgence à laquelle est subordonné le prononcé d'une mesure de suspension doit être regardée comme remplie lorsque la décision administrative contestée préjudicie de manière suffisamment grave et immédiate à un intérêt public, à la situation du requérant ou aux intérêts qu'il entend défendre (■ CE, ord., 10 juin 2005, n° 280890, *Assoc. pour la protection des animaux sauvages [ASPAS]*).

Oui. Une mesure consistant à prélever, à titre dérogatoire, un animal de l'espèce canis lupus dans une zone territoriale définie porte une atteinte suffisamment grave et immédiate aux intérêts d'une association agréée dont l'objet social est notamment la protection de la faune et la réhabilitation des animaux sauvages (■ CE, ord., 10 juin 2005, n° 280890, *Assoc. pour la protection des animaux sauvages (ASPAS)*. ■ TA Marseille, ord., 1er août 2005, n° 0504474, *Assoc. pour la protection des animaux sauvages*). De même, suspension d'un arrêté fixant la période d'ouverture générale de la chasse à tir et de la chasse au vol pour la campagne 2009/2010 dans le département de l'Ariège, en tant que cette décision concerne le grand tétras et le lagopède alpin qui ont subi une diminution d'au moins 30 % entre 1995 et 2009, et en tant que cette décision ne prévoit aucune mesure de protection de l'ours s'appliquant à la chasse en battue (■ TA Toulouse, ord., 17 sept. 2009, n° 0904098, *Comité écologique ariégeois*).

Non. Il n'y a pas urgence à suspendre un décret déclarant d'utilité publique et urgents des travaux de construction d'une autoroute dès lors que le projet contourne les zones « Natura 2000 » et que ses incidences directes et indirectes sur l'état de conservation des habitats et des espèces sont faibles (■ CE, ord., 10 oct. 2007, n° 309286, *Assoc. orni-*

thologique et mammalogique de Saône-et-Loire : Environnement 2007, n° 12, p. 27, note P. Trouilly).

b) Doute sérieux sur la légalité. Il existe un doute sérieux sur la légalité d'un arrêté préfectoral autorisant à prélever, à titre dérogatoire, un animal de l'espèce canis lupus dans une zone territoriale définie dès lors qu'à la date de l'arrêté litigieux, date à laquelle s'apprécie le doute sérieux sur la légalité, seules deux attaques ayant conduit à des victimes indemnisables sur des troupeaux voisins ont eu lieu sur le territoire des communes concernées après la mise en œuvre de l'effarouchement par un arrêté préfectoral antérieur (▪ TA Marseille, ord., 1er août 2005, n° 0504474, *Assoc. pour la protection des animaux sauvages*). De même, il existe un doute sérieux sur la légalité d'un arrêté du préfet de l'Ariège fixant la période d'ouverture générale de la chasse à tir et de la chasse à vol pour la campagne 2009/2010 dans le département, en ce que cette décision autorise la chasse au grand tétras et au lagopède alpin dont la survie est menacée et en ce qu'elle ne prévoit aucune mesure de protection de l'ours brun alors qu'il figure sur la liste des mammifères protégés (▪ TA Toulouse, ord., 17 sept. 2009, n° 0904098, *Comité écologique ariégeois*. – V. également : ▪ TA Toulouse, ord., 13 nov. 2009, n° 0905014, *Fédération départementale des chasseurs de l'Ariège*).

19) Responsabilité de l'État pour les dommages causés par les espèces protégées. Pendant longtemps, le juge administratif a considéré que l'État n'était pas responsable des dégâts causés par les espèces protégées (▪ CE, 29 juill. 1994, n° 115727, *Le Beuf : RD. rur.* 1994, p. 572 ; *Rev. jur. env.* 2/1995, p. 337, comm. P. Billet et J. Untermaier. ▪ CE, 21 janv. 1998, n° 157353, *Min. Environnement c/ Plan : JCP* G 1998, II, 10 164, note J. de Malafosse. ▪ CE, 15 janv. 1999, n° 188180, *Min. Environnement c/ Benoit*). V. également : ▪ CAA Lyon, 16 févr. 1989, n° 89LY00152, *M. Bente*. ▪ CAA Nantes, 2e ch., 3 nov. 1999, n° 97NT00452, *Assoc. des marais d'Olonne : JurisData* n° 1999-106630 ; *Rev. jur. env.* 2/2000, p. 221, concl. R. Lalauze. ▪ CAA Nantes, 2e ch., 3 nov. 1999, n° 97NT01869, *Min. Aménagement du territoire et de l'Environnement c/ Pommereau : JurisData* n° 199-108525. ▪ CAA Nancy, 7 déc. 2000, n° 97NC02577, *M. Couvreux*. La jurisprudence a toutefois évolué depuis un arrêt du Conseil d'État du 30 juillet 2003 (▪ CE, 30 juill. 2003, n° 215957, *Assoc. pour le développement de l'aquaculture en Région Centre et a. : JCP* G 2003, II, 10173, note J.-C. Jobart ; *Environnement* 2003, n° 10, p. 16, note D. Gillig ; *Dr. env.* 2003, n° 112, p. 176, note S. Deliancourt ; *JCP* A 2003, n° 41, p. 1299, note C. Broyelle ; *D.* 2003, n° 37, p. 2527, note C. Guillard ; *LPA* 16 déc. 2003, n° 250, p. 11, note M. Boumediene ; *Gaz. Pal.* 4 févr. 2004, n° 35, p. 23, note M. Boumediene ; *LPA* 16 mars 2004, n° 54, p. 7, note C. Cazcarra ; *LPA* 23 avr. 2004, n° 82, p. 8, note M. Carius ; *Rev. jur. env.* 2004, n° 2, p. 189, note S. Juan ; *Gaz. Pal.* 9 oct. 2004, n° 282, p. 5, note M.-P. Maître. ▪ CAA Douai, 2 avr. 2008, n° 07DA00221, *EARL Agri-Artois*. – V. déjà, ▪ CAA Lyon, 1er févr. 1994, n° 92LY00587, *M. Plan : Rev. jur. env.* 1994, n° 2-3, p. 263, concl. D. Richer. ▪ CAA Bordeaux, 23 avr. 1997, n° 95BX00333, *M. Louis Benoit*). Dans cette décision, la Haute Juridiction a considéré qu'il ne ressort ni de l'objet ni des termes de la loi du 10 juillet 1976, non plus que de ses travaux préparatoires, que le législateur ait entendu exclure que la responsabilité de l'État puisse être engagée en raison d'un dommage anormal que l'application de ces dispositions pourrait causer à des activités – notamment agricoles – autres que celles qui sont de nature à porter atteinte à l'objectif de protection des espèces que le législateur s'était assigné. En conséquence, le préjudice résultant de la prolifération des animaux sauvages appartenant à des espèces dont la destruction a été interdite en application de ces dispositions doit faire l'objet d'une indemnisation par l'État lorsque, excédant les aléas inhérents à l'activité en cause, il revêt un caractère grave et spécial et ne saurait, dès lors, être regardé comme une charge incombant normalement aux intéressés. Cette jurisprudence a été reprise à plusieurs occasions. À propos d'un arrêt admettant la réparation, sur le fondement de la rupture d'égalité devant les charges publiques, du préjudice causé à des exploitants de pisciculture par la prolifération de grands cormorans dont la destruction avait été interdite en application de la loi du 10 juillet 1976 (▪ CAA Bordeaux, 26 févr. 2004, n° 03BX01757, *MEDD : AJDA* 2004, n° 35, pan. p. 1934, comm. D. Chamussy et C. Deffigier. – V. également : ▪ CAA Lyon, 7 janv. 2011, n° 09LY02049, *L'EARL de l'Étang de Galetas*). Dans la continuité de cette jurisprudence, à propos d'un arrêté de biotope privant les requérants du bénéfice de l'exploitation de leur carrière (▪ CAA Paris, 16 mai 2006, n° 03PA03031, *Cts X : Environnement* 2006, n° 8-9, p. 20, comm. 91, note D. Gillig). V. toutefois, pour un arrêt n'admettant pas le caractère grave et spécial du préjudice (▪ CAA Lyon, 22 juin 2006, n° 04LY00224, *M. Vanhamme*). Appréciation du préjudice au regard de l'aléa. Il résulte des principes qui gouvernent l'engagement de la responsabilité sans faute de l'État que le silence d'une loi sur les conséquences que peut comporter sa mise en œuvre ne saurait être interprété comme excluant, par principe, tout droit à réparation des préjudices que son application est susceptible de provoquer. Ainsi, en l'absence même de dispositions de la loi n° 76-629 du 10 juillet 1976 le prévoyant expressément, le préjudice résultant de la prolifération des animaux sauvages appartenant à des espèces dont la destruction a été interdite en application de ces dispositions, désormais codifiées à l'article L. 411-1 du Code de l'environnement, doit faire l'objet d'une indemnisation par l'État lorsque, excédant les aléas inhérents à l'activité en cause, il revêt un caractère grave et spécial et ne saurait, dès lors, être regardé comme une charge incombant normalement aux intéressés. Pour juger que la responsabilité de l'État était engagée sur ce terrain et fixer le montant de l'indemnité, la cour s'est bornée, après avoir relevé que la surpopulation du grand cormoran était la cause unique du préjudice subi par les exploitants de pisciculture, à énoncer que ce préjudice, « qui ne concerne que les pisciculteurs exerçant leur activité dans les zones à forte prolifération de cormorans, notamment, présente, en raison de leur importance, un caractère normal et spécial ». En statuant ainsi, alors que l'évaluation du préjudice allégué était discutée devant elle et qu'il lui appartenait de rechercher dans quelle mesure le préjudice subi dépassait l'aléa inhérent à l'exploitation afin, le cas échéant, de ne prévoir l'indemnisation que de la part de ce préjudice excédant les pertes résultant normalement de cet aléa, la cour n'a pas légalement justifié sa décision (▪ CE, 1er févr. 2012, n°s 347205 et 347446, *Bizouerne : Environnement* mars 2012, n° 3, comm. 3, note P. Trouilly). Seul le préjudice excédant les pertes inhérentes à une activité est indemnisable (▪ CAA Lyon, 3 déc. 2015, n° 12LY00356, *EARL de l'Etang de Galetas*).

20) Conséquences de l'absence de statut d'espèce protégée. Le blaireau n'est pas protégé au sens des articles L. 411-1 et suivants du Code de l'environnement. Il peut donc faire l'objet, en cas de nécessité, de battues administratives décidées par le préfet sur le fondement de l'article L. 427-6 du Code de l'environnement, alors même qu'il n'est plus classé comme animal nuisible au sens de la liste fixée par décret en application de l'article L. 427-8 du Code de l'environnement (▪ CE, 31 mars 2010, n° 316563, *Assoc. française des équipages de vénerie sous terre*).

21) La police de l'ours. Par dérogation et dans des conditions exceptionnelles, les autorités de l'État disposent du pouvoir de police spéciale de décider des opérations de destruction, de capture ou d'effarouchement visant l'ours, espèce protégée. Si le maire peut également exercer ses pouvoirs de police, il ne peut, eu égard au statut de protection et aux caractéristiques de l'ours brun dans les Pyrénées, faire usage à son encontre ni des pouvoirs de police spéciale de destruction des animaux nuisibles, ni des pouvoirs destinés à traiter les animaux dangereux et errants. Il peut par contre, pour assurer la sécurité publique, disposer des pouvoirs de police générale, et notamment le 7° de l'article L. 2212-2 du Code général des collectivités territoriales relatif à la divagation des animaux malfaisants ou féroces. En cas d'échec de ces actions ou dans le cas particulier d'un ours anormalement prédateur sur des élevages protégés, il appartient au préfet ou aux ministres de recourir à des interventions destinées à neutraliser l'animal. Le cumul de l'ensemble des mesures prises ne doit pas nuire à la conservation de l'espèce protégée. Dans des situations exceptionnelles exigeant des réponses immédiates à des menaces imminentes et graves, les maires doivent adopter des dispositions ponctuelles, localisées et proportionnées visant à écarter le danger pour la sécurité des biens et des personnes (▪ CE, avis, 29 juill. 2008, n° 381725). La responsabilité des personnes investies d'un pouvoir de police peut être recherchée pour faute simple résultant soit de l'illégalité de décisions ou d'agissements contraires aux objectifs de protection de l'ours, soit, à l'inverse, d'une carence à prendre des mesures de protection ou de prévention des risques. Leur responsabilité personnelle ne peut être recherchée que pour une faute de personne détachable du service (*même avis*).

L'imprévisibilité de l'ours, les aléas de ses déplacements et de ses rencontres et l'absence de maîtrise en droit comme en fait de l'élu ou de l'agent sur cet animal ne constituent pas des circonstances de nature à caractériser aisément l'infraction de mise en danger de la vie d'autrui. L'obligation du maire d'assurer la sécurité vis-à-vis de l'ours est limitée dans son contenu et fortement conditionnée par des contraintes extérieures (*même avis*).

22) Carence fautive de l'État dans la mise en œuvre du droit de l'Union européenne. Les autorités françaises doivent être regardées comme ayant tardé à mettre en œuvre des actions concrètes au regard du constat d'épisodes récurrents, depuis les années 1990, accentués depuis 2016, de surmortalité de cétacés sur la façade atlantique, en particulier dans le golfe de Gascogne. Ce retard constitue une carence de l'État dans le respect de ses obligations découlant du droit de l'Union européenne, en particulier son obligation de protection des cétacés et de contrôle des activités de pêcherie. Dans ces conditions, l'association Sea Shepherd France est fondée à soutenir que cette carence constitue une faute de nature à engager la responsabilité de l'État (▪ TA Paris, 2 juill. 2020, n° 1901535/4-2).

B – Droit pénal

Voir : sous art. L. 415-3, p. 758.

IV – PROTECTION DES ESPÈCES VÉGÉTALES PROTÉGÉES

A – Droit public

23) Protection des posidonies. Arrêté de biotope (non). Il n'a pas été jugé nécessaire qu'un arrêté de biotope soit pris pour protéger particulièrement les posidonies de la baie d'Agay à Saint-Raphaël (■ CE, 17 mai 1991, n° 108903, *Assoc. SOS environnement Var*).

24) Protection par le droit forestier. L'article L. 311-3, 8° prévoit que l'autorisation de défrichement puisse être refusée notamment lorsque la conservation des bois ou massifs est nécessaire à l'équilibre écologique d'une région. Tenant compte de ce principe, il été jugé que même si les bois faisant l'objet d'une demande de défrichement abritaient une espèce végétale rare protégée par la loi, l'asaret d'Europe, il ressort des pièces du dossier et notamment de l'étude d'impact présentée à l'appui de la demande d'autorisation de défrichement, qu'eu égard à la faible superficie du bois concerné et à la présence d'autres stations d'asaret d'Europe en Île-de-France, le préfet n'a pas commis d'erreur manifeste d'appréciation au regard des prescriptions précitées du 8° de l'article L. 311-3 du Code forestier en délivrant l'autorisation de défrichement (■ CE, 15 oct. 2004, n° 227506, *Cne de la Rochette*).

25) Protection insuffisante. Annulation d'un arrêté préfectoral approuvant un plan d'aménagement et un programme d'équipements publics d'une zone d'aménagement concertée intercommunale et autorisant plusieurs opérations hydrauliques dès lors que les travaux prévus sur un secteur sont susceptibles d'entraîner, en méconnaissance d'un arrêté interministériel, la destruction de spécimens d'une espèce protégée (gentiane pneumonanthe) et que les opérations envisagées ne sont pas divisibles (■ CAA Lyon, 20 déc. 2001, n°s 96LY01380 et 96LY01576, *Syndicat mixte pour l'industrialisation de la Matheysine et des environs*. – Confirme ■ TA Grenoble, 26 avr. 1996, n°s 953546 et 953643, *Assoc. DRAC. Nature et a.*). De même, illégalité d'un arrêté préfectoral autorisant l'exploitation d'une carrière dès lors qu'une expertise floristique fait apparaître que les parcelles en question abritent plusieurs spécimens d'espèces végétales protégées, que le transfert envisagé risque, compte tenu du fait du caractère difficilement détectable des racines d'espèces protégées dans le sol, de provoquer un des actes interdits par le 2° de l'article L. 411-1 du présent code, et qu'il ne ressort pas de manière certaine que le projet pourrait entrer dans un des cas de dérogation envisagés par l'article L. 411-2 (■ CAA Douai, 15 nov. 2007, n° 06DA01325, *SA Pierre Boinet*). V. sur la légalité d'un refus d'autorisation d'extension de carrière (■ CAA Lyon, 9 mai 2000, n° 98LY01114, *Min. Aménagement du territoire et de l'environnement*).

26) Référé civil. Sur une décision du juge judiciaire des référés estimant une association bien fondée à solliciter en référé, sur le fondement de l'article 809 du Nouveau Code de procédure civile (devenu Code de procédure civile), même en présence de contestations sérieuses, des mesures conservatoires pour prévenir un dommage imminent ou pour faire cesser un trouble manifestement illicite causé à une espèce végétale protégée (■ TGI Colmar, ord., 6 oct. 2000, n° 00/00098, *Alsace Nature Haut-Rhin : JurisData* n° 2000-159891 ; *Rev. jur. env.* 2/2001, p. 255, note S. Belier et R. Léost). – V. également ■ CAA Caen, 6 sept. 1994, *Groupement régional des associations de protection de la nature de Basse-Normandie : Dr. env.* déc. 1994-janv. 1995, n° 28, p. 13, comm. X. Braud ; *Rev. jur. env.* 1/1995, p. 124, comm. R. Léost.

B – Droit pénal

Voir : sous art. L. 415-3, p. 758.

Art. L. 411-2 *(Anc. C. rur., art. L. 211-2 ; mod., L. n° 2005-157, 23 févr. 2005 ; L. n° 2006-11, 5 janv. 2006 ; L. n° 2010-788, 12 juill. 2010 ; L. n° 2016-1087, 8 août 2016)* (1). – (2) **I. – Un décret en Conseil d'État détermine les conditions dans lesquelles sont fixées :**

1° La liste limitative des habitats naturels, des espèces animales non domestiques ou végétales non cultivées ainsi que des sites d'intérêt géologique, y compris des types de cavités souterraines, ainsi protégés ;

2° La durée et les modalités de mise en œuvre des interdictions prises en application du I de l'article L. 411-1 ;

(1) Dispositions applicables dans les Terres australes et antarctiques françaises, L. n° 2016-1087, 8 août 2016, art. 105, II.

(2) Le Conseil d'État a jugé « qu'il ne ressort ni de l'objet ni des termes de la loi [n° 76-629] du 10 juillet 1976 [ici codifiée], non plus que de ses travaux préparatoires, que le législateur ait entendu exclure que la responsabilité de l'État puisse être engagée en raison d'un dommage anormal que l'application de ces dispositions pourrait causer à des activités – notamment agricoles – autres que celles qui sont de nature à porter atteinte à l'objectif de protection des espèces que le législateur s'était assigné ; qu'il suit de là que le préjudice résultant de la prolifération des animaux sauvages appartenant à des espèces dont la destruction a été interdite en application de ces dispositions doit faire l'objet d'une indemnisation par l'État lorsque, excédant les aléas inhérents à l'activité en cause, il revêt un caractère grave et spécial et ne saurait, dès lors, être regardé comme une charge incombant normalement aux intéressés », ■ CE, sect., 30 juill. 2003, n° 215957, *Assoc. pour le développement de l'aquaculture en région centre et a. : JurisData* n° 2003-065588. – NDLR.

3° La partie du territoire sur laquelle elles s'appliquent, qui peut comprendre le domaine public maritime, les eaux intérieures, la mer territoriale, la zone économique exclusive et le plateau continental ;

4° *(Abr. à compter du 1er septembre 2013, Cons. const. n° 2012-269 QPC, 27 juill. 2012 : JO 28 juill. 2012* (1) *; JurisData n° 2012-019112 puis rétabli à compter de cette même date, Ord. n° 2013-714, 5 août 2013)* La délivrance de dérogation aux interdictions mentionnées aux 1°, 2° et 3° de l'article L. 411-1, à condition qu'il n'existe pas d'autre solution satisfaisante, pouvant être évaluée par une tierce expertise menée, à la demande de l'autorité compétente, par un organisme extérieur choisi en accord avec elle, aux frais du pétitionnaire et que la dérogation ne nuise pas au maintien, dans un état de conservation favorable, des populations des espèces concernées dans leur aire de répartition naturelle :

a) Dans l'intérêt de la protection de la faune et de la flore sauvages et de la conservation des habitats naturels ;

b) Pour prévenir des dommages importants notamment aux cultures, à l'élevage, aux forêts, aux pêcheries, aux eaux et à d'autres formes de propriété ;

c) Dans l'intérêt de la santé et de la sécurité publiques ou pour d'autres raisons impératives d'intérêt public majeur, y compris de nature sociale ou économique, et pour des motifs qui comporteraient des conséquences bénéfiques primordiales pour l'environnement ;

d) À des fins de recherche et d'éducation, de repeuplement et de réintroduction de ces espèces et pour des opérations de reproduction nécessaires à ces fins, y compris la propagation artificielle des plantes ;

e) Pour permettre, dans des conditions strictement contrôlées, d'une manière sélective et dans une mesure limitée, la prise ou la détention d'un nombre limité et spécifié de certains spécimens ;

5° La réglementation de la recherche, de la poursuite et de l'approche, en vue de la prise de vues ou de son, et notamment de la chasse photographique des animaux de toutes espèces et les zones dans lesquelles s'applique cette réglementation, ainsi que des espèces protégées en dehors de ces zones ;

6° Les règles que doivent respecter les établissements autorisés à détenir ou élever hors du milieu naturel des spécimens d'espèces mentionnés au 1° ou au 2° du I de l'article L. 411-1 à des fins de conservation et de reproduction de ces espèces ;

7° Les mesures conservatoires propres à éviter l'altération, la dégradation ou la destruction des sites d'intérêt géologique mentionnés au 1° et la délivrance des autorisations exceptionnelles de prélèvement de fossiles, minéraux et concrétions à des fins scientifiques ou d'enseignement.

II. – Un décret en Conseil d'État détermine également les conditions dans lesquelles, lorsque l'évolution des habitats d'une espèce protégée au titre de l'article L. 411-1 est de nature à compromettre le maintien dans un état de conservation favorable d'une population de cette espèce, l'autorité administrative peut :

1° Délimiter des zones où il est nécessaire de maintenir ou de restaurer ces habitats ;

2° Établir, selon la procédure prévue à l'article L. 114-1 du Code rural et de la pêche maritime, un programme d'actions visant à restaurer, à préserver, à gérer et à mettre en valeur de façon durable les zones définies au 1° du présent II ;

3° Décider, à l'expiration d'un délai qui peut être réduit compte tenu des résultats de la mise en œuvre du programme mentionné au 2° au regard des objectifs fixés, de rendre obligatoires certaines pratiques agricoles favorables à l'espèce considérée ou à ses habitats. Ces pratiques peuvent bénéficier d'aides lorsqu'elles induisent des surcoûts ou des pertes de revenus lors de leur mise en œuvre.

III *(L. n° 2021-1308, 8 oct. 2021)*. – Un décret en Conseil d'État détermine les conditions et les modalités selon lesquelles est instauré un système de contrôle des captures et des mises à mort accidentelles des espèces animales énumérées au *a* de l'annexe IV à la directive 92/43/CEE du Conseil du 21 mai 1992 concernant la conservation des habitats naturels ainsi que de la faune et de la flore sauvages.

Voir : art. R. 411-1 à R. 411-14, p. 2158.

---

(1) « Considérant que l'abrogation immédiate des dispositions déclarées contraires à la Constitution aurait pour conséquence d'empêcher toute dérogation aux interdictions précitées ; que, par suite, il y a lieu de reporter au 1er septembre 2013 la date d'abrogation de ces dispositions ; que les dérogations délivrées, avant cette date, en application des dispositions déclarées inconstitutionnelles, ne peuvent être contestées sur le fondement de cette inconstitutionnalité ». – V. ■ Cons. const. n° 2012-269 QPC, 27 juill. 2012, consid. 8 : *JO* 28 juill. 2012 ; *JurisData* n° 2012-019112. – NDLR.

Bibliographie : J.-R. Mauzy, *Carrières et biodiversité : quand l'« intérêt général incontestable » s'efface devant l'« intérêt public majeur »* : *BDEI* 2016, n° 65. • Serdeaut, *Colloque du 8 avril 2015 : Construire dans les zones protégées par la directive Habitat* : *BDEI* 2016, n° 61. • X. Braud, *Opérations d'aménagement : le contrôle du juge sur les dérogations à la protection des espèces* : *Dr. env.* 2015, n° 238, p. 334.

1) Abrogation des dispositions du 4° de l'article L. 411-2 à compter du 1er septembre 2013. Ces dispositions renvoyaient à un décret en Conseil d'État le soin de fixer les conditions dans lesquelles sont délivrées des dérogations aux interdictions de toute atteinte aux espèces animales ou domestiques ou végétales non cultivées et de toute destruction, altération ou dégradation de leur milieu, lorsqu'un intérêt scientifique particulier ou les nécessités de la préservation du patrimoine biologique justifient leur conservation, et mentionnées aux 1°, 2° et 3° de l'article L. 411-1 du Code de l'environnement.

Le Conseil constitutionnel a considéré que s'il est loisible au législateur de définir des modalités de mise en œuvre du principe de participation du public, énoncé à l'article 7 de la Charte de l'environnement, qui diffèrent selon qu'elles s'appliquent aux actes réglementaires ou aux autres décisions publiques ayant une incidence sur l'environnement, ni les dispositions contestées ni aucune autre disposition législative n'assurent la mise en œuvre du principe de participation du public à l'élaboration des décisions publiques en cause. En adoptant ces dispositions sans prévoir la participation du public, le législateur a méconnu l'étendue de sa compétence. Les dispositions du 4° de l'article L. 411-2 sont déclarées contraires à la Constitution, et la date de leur abrogation est reportée au 1er septembre 2013 (■ Cons. const., 27 juill. 2012, n° 2012-269 QPC, *Union départementale pour la Sauvegarde de la Vie, de la Nature et de l'Environnement et a.*).

2) La loi n° 2010-788 du 12 juillet 2010 a modifié la rédaction de l'article L. 411-2 du Code de l'environnement de manière similaire aux modifications apportées à l'article L. 411-1. Cette disposition vise dorénavant le Patrimoine naturel dans son ensemble en y incluant la conservation des sites d'intérêt géologique.

3) Compatibilité avec la directive « Habitats ». Les dispositions de la loi du 10 juillet 1976 relatives à la protection de la nature, codifiées sous les articles L. 211-2 et L. 242-1 du Code rural (C. env., actuels art. L. 411-2 et L. 332-1), de même que les mesures prises en vertu de ce code au titre de la police de la chasse permettent d'assurer le respect des objectifs définis à l'article 12 de la directive du 21 mai 1992 (■ CE, 23 oct. 1995, nos 154401, 154490, 154493, 154515 et 154524, *Assoc. Artus et a.*).

4) Compétence des ministres. Les ministres sont compétents pour la nature et la durée des interdictions visées à l'article L. 411-2 du présent code. Ils peuvent également prévoir des dérogations à ces interdictions dans un but d'intérêt général (■ CE, 30 déc. 1998, n° 184310, *Artus*). En confiant aux ministres chargés de la protection de la nature et de l'agriculture la compétence pour fixer la liste des espèces animales non domestiques faisant l'objet des interdictions de mutilation, destruction, capture, transport, vente et achat prévues à l'article L. 411-1, ces dispositions ont nécessairement entendu leur confier la compétence pour y déroger, hors le cas où l'article R. 411-6 renvoie au préfet de département (■ CE, 27 févr. 2019, n° 408118, *Féd. française de la coutellerie*).

5) Champ d'application. Les interdictions prononcées peuvent être permanentes, générales et étendues à l'ensemble du territoire (■ CA Colmar, 27 janv. 1984, n° 148/84).

6) Nécessité d'obtenir une dérogation (deux conditions cumulatives). Afin de déterminer si une dérogation espèces protégées doit ou non être sollicitée dans le cadre d'un projet, l'administration doit vérifier deux conditions. En premier lieu, il convient de vérifier si « des spécimens de l'espèce concernée sont présents dans la zone du projet » ; à ce stade, l'applicabilité de ce régime de protection ne dépend ni du nombre de ces spécimens ni de l'état de conservation des espèces protégées présentes. En second lieu, l'administration doit constater l'existence d'un « risque suffisamment caractérisé » pour les espèces concernées, malgré les mesures d'évitement et de réduction proposées par le pétitionnaire (les mesures de compensation ne pouvant être prises en compte dans le cadre de cette appréciation). Ces mesures doivent par ailleurs présenter deux caractéristiques : elles doivent présenter des « garanties d'effectivité » et permettre de « diminuer le risque » (■ CE, avis, 9 déc. 2022, n° 463563). Une dérogation espèces protégées est ainsi nécessaire dans le cadre d'un projet éolien, dès lors que celui-ci risquait d'impliquer une destruction d'espèces protégées par collisions accidentelles, alors même que des mesures visant à éviter ou réduire ces collisions avaient été prévues (■ CAA Nancy, 26 janv. 2021, n° 20NC00876. – Confirmé par : ■ CE, 27 mars 2023, n° 451112). Pour juger que le projet n'emportait aucune destruction d'espèce ni altération ou dégradation de leurs habitats au sens des dispositions des articles L. 411-1 et L. 411-2, la cour administrative d'appel a notamment pris en compte la mise en place de mesures de compensation, dont il ressort des pièces du dossier qu'elles sont en partie destinées à remédier à des destructions partielles ou totales d'habitats d'espèces protégées. En statuant ainsi, alors qu'il lui appartenait de prendre en compte les seules mesures d'évitement et de réduction, et non les mesures de compensation, pour déterminer si les risques résiduels induits par le projet sur les espèces protégées ou leurs habitats étaient suffisamment caractérisés, la cour a commis une erreur de droit (▪ CE, 28 avr. 2023, n° 460062). S'agissant d'un projet éolien, il ressort de l'étude d'impact que la mise en place d'un dispositif anticollision, avec vérification de son efficacité et mesures de bridage en cas de mortalité d'un individu d'une espèce d'oiseau à fort niveau de sensibilité à l'éolien, ainsi que d'une étude comportementale et d'un suivi comportemental, que l'ouvrage en cause n'aura pas un impact suffisamment caractérisé sur les différentes espèces de l'avifaune ou de chiroptères recensées localement et reconnues comme présentant une valeur patrimoniale, qu'il s'agisse des risques d'atteinte portée directement à l'intégrité de ces animaux, à leur habitat ou leurs cycles biologiques de reproduction ou de repos, de nature à justifier une demande de dérogation ; dès lors, aucune demande de dérogation n'était nécessaire (▪ CAA Lyon, 20 déc. 2022, n° 20LY00753). L'exploitation des éoliennes flottantes est susceptible d'entraîner la destruction de spécimens appartenant à une espèce animale protégée. Contrairement à ce que soutient le ministre, la circonstance que ces destructions seraient réalisées de façon accidentelle n'exempte pas la société pétitionnaire de l'obligation de solliciter une dérogation espèces protégées, dès lors qu'elle n'ignore pas la réalité du risque de destruction, par son activité, de spécimens d'une espèce animale protégée présente dans la zone d'implantation du projet. À supposer même, comme le soutient la société PGL, que le projet litigieux ne soit pas susceptible de nuire au maintien, dans un état de conservation favorable, des populations des espèces concernées dans leur aire de répartition naturelle, une telle appréciation serait seulement de nature à permettre la délivrance de la dérogation, sous réserve que les autres conditions fixées par ce texte soient remplies, sans exempter le pétitionnaire de l'obligation de solliciter une telle dérogation (▪ CAA Nantes, 6 oct. 2020, n° 19NT02389).

7) Principe de proportionnalité des interdictions. Les mesures de protection ne doivent pas porter aux autres intérêts en présence, publics et privés, une atteinte disproportionnée. Annulation d'arrêtés relatifs à la protection du hamster commun et aux conditions dans lesquelles sont accordées des dérogations à ces mesures de protection, leur objet et leurs effets dépassant la seule protection stricte des sites de reproduction ou des aires de repos du hamster commun, et ont pour conséquence d'interdire la réalisation de projets et aménagements économiques ou de construction sur les parcelles protégées, dès lors que ceux-ci sont susceptibles d'entraîner la destruction, l'altération ou la dégradation de ces habitats naturels. Cette interdiction porte ainsi atteinte à l'exercice du droit de propriété, alors que les dérogations visées par l'article L. 411-2 du Code de l'environnement ne visent que des situations très limitées. Les arrêtés contestés portent ainsi une atteinte disproportionnée aux autres intérêts en présence et sont annulés (▪ CE, 15 avr. 2016, n° 363638, *Syndicat mixte du Piémont des Vosges et a.*).

8) Dérogations à l'interdiction de destruction et de capture. *Conditions.* Le ministre de l'Environnement et le ministre de l'Agriculture n'ont prévu la possibilité de déroger à l'interdiction de destruction et de capture du loup, pour prévenir des dommages importants aux cultures ou au bétail, dans l'intérêt de la sécurité publique ou pour assurer la conservation de l'espèce elle-même qu'à condition qu'il n'y ait pas d'autres solutions satisfaisantes et que la dérogation ne nuise pas au maintien dans un état de conservation favorable des populations concernées (▪ CE, 30 déc. 1998, n° 188159, *Chambre d'agriculture des Alpes-Maritimes : JurisData* n° 1998-051504). Cet arrêt est également reproduit pour l'ours (▪ CE, 30 déc. 1998, n° 184310, *Assoc. Artus*. ▪ CE, 31 juill. 1996, n°s 153299, 153313, 153388 et 153453, *Sté nationale de protection de la nature*). Légalité d'un arrêté autorisant la destruction de spécimens de loups dès lors qu'il existe des dommages importants au bétail, qu'il n'existe pas d'autres solutions satisfaisantes pour prévenir ces dommages et que la dérogation ne nuit pas au maintien des populations concernées dans un état de conservation favorable (▪ CE, 20 avr. 2005, n° 271216, *ASPAS et a. : Environnement* 2005, n° 6, p. 18, note L. Benoit ; *AJDA* 2005, n° 25, p. 1398, note J.-M. Pontier ; *LPA* 11 août 2006, n° 160, p. 12, concl. Y. Aguila. ▪ CE, 10 juill. 2006, n° 281855, *ASPAS et SPA : Rev. jur. env.* 2007, n° 4, pan. p. 495, comm. V. Gervasoni. Cette dernière condition doit être appréciée, conformément à l'interprétation qu'en donne la Cour de justice des communautés européennes, par rapport à l'ensemble du territoire européen des États membres où la directive « Habitats » s'applique (▪ CE, 26 avr. 2006, n° 271670, *Assoc. FERUS : Environnement* 2006, n° 6, p. 20, comm. 66, note P. Trouilly). Cependant, la faculté d'apporter des dérogations à l'interdiction de destruction d'animaux d'espèces protégées, en particulier pour prévenir des dommages importants à l'élevage, implique que les dérogations soient étendues lorsque la survie de l'espèce n'est plus menacée

(■ CE, 11 févr. 2015, n° 370599, *assoc. Collectif des éleveurs de la région des Causses, de la Lozère et leur environnement (CERCLE)*.

Exemples. L'article L. 2122-21, 9° du Code général des collectivités territoriales n'est pas par lui-même incompatible avec les objectifs de la directive n° 92/43 CEE du Conseil du 21 mai 1992 dont il résulte que la capture ou la mise à mort de certains animaux sauvages, dont les loups, énumérés à son annexe IV, ne peuvent avoir lieu que dans des cas strictement limités. Toutefois, une délibération du conseil municipal chargeant le maire de prendre les mesures propres à assurer, sans aucune restriction, la destruction des loups présents sur le territoire de la commune est illégale dès lors que ni le but, ni les limites n'étaient précisés (■ CE, 8 déc. 2000, n° 204756, *Cne de Breil-sur-Roya : RD. rur.* 2001, n° 290, p. 77, note C. Pitaud, D. Rochard et B. Grimonprez ; *Europe* 2001, n° 4, p. 21, note P. Cassia et E. Saulnier ; *AJDA* 2001, n° 9, p. 776, note J.-M. Février ; *RD. rur.* 2001, n° 297, p. 545, note M. Carius). Est légal un arrêté qui exclut les zones centrales des parcs nationaux et les réserves nationales du territoire sur lequel l'abattage de loups est autorisé et qui limite les tirs aux zones dans lesquelles les dommages causés par les loups restent importants malgré les mesures de protection mises en place ou dans lesquelles la mise en place de moyens de protection efficaces contraint fortement les conditions d'exploitation au point de remettre en cause le fonctionnement des systèmes pastoraux les plus adaptés (■ CE, 26 avr. 2006, n°s 274339 et 274737, *ASPAS et a. : Dr. env.* 2006, n° 140, p. 198, concl. Y. Aguila ; *Dr. adm.* 2006, n° 7, p. 27, note J.-M. Février). De même, des arrêtés sont légaux dès lors qu'ils limitent strictement tant le nombre de loups susceptibles d'être abattus que la durée et la zone d'application de la mesure et habilitent exclusivement des agents assermentés à la mettre en œuvre (■ CE, 16 juill. 2006, n° 273109, *Fédération départementale ovine des Hautes-Alpes*). Est également légal un arrêté autorisant des opérations d'effarouchement, de tirs de défense et de prélèvement sur les loups, celui-ci ne méconnaissant pas les objectifs de la directive « Habitats », ni de l'arrêté interministériel du 17 avril 1981, dès lors que les attaques et morts d'ovins ont régulièrement crû, entraînant une perturbation de grande ampleur aux activités pastorales, que les autres solutions possibles continuent d'être mises en œuvre et que le recours aux mesures prescrites n'est pas de nature à mettre en péril la présence du loup sur le territoire (■ CE, 4 févr. 2008, n° 294867, *Assoc. pour la protection des animaux sauvages (ASPAS)*. – V. déjà, ■ CE, ord., 24 juill. 2006, n° 294868, *ASPAS* : absence de doute sérieux sur la légalité de l'arrêté interministériel dont la suspension est demandée). Les dispositions du second alinéa de l'article 2 du décret n° 2018-786 du 12 septembre 2018 relatif à certaines attributions du préfet coordonnateur du plan national d'actions sur le loup permettant au préfet coordonnateur d'autoriser des tirs de défense simple au-delà du seuil de 12 % de la population de loups estimée, soit au-delà des plafonds résultant des articles 1er et 2 de l'arrêté du 19 février 2018 fixant le nombre maximum de spécimens de loups dont la destruction pourra être autorisée chaque année, et sans qu'aucune limite quantitative ne soit fixée, non plus qu'ait été prévue aucune autre condition de nature à encadrer cette possibilité, il en résulte que, faute d'un tel encadrement, les dispositions du second alinéa de l'article 2 du décret attaqué ne permettent pas de s'assurer que les dérogations susceptibles d'être accordées sur le fondement de cet article par le préfet coordonnateur ne portent pas atteinte, en l'état des connaissances prévalant à la date du décret attaqué, à l'état de conservation favorable du loup dans son aire de répartition naturelle. L'association requérante est, par suite, fondée à soutenir que ces dispositions méconnaissent les dispositions de l'article L. 411-2 du Code de l'environnement (■ CE, 18 déc. 2019, n° 428811).

V. sur la légalité d'un arrêté interdisant la divagation des ours à moins de 300 mètres d'un village et à moins de 150 mètres des voies de communication, le maire n'ayant pas à rechercher s'il existait une autre solution satisfaisante et si la nature de la mesure de police était de nature à nuire au maintien de la population d'ours dans un état de conservation favorable (■ TA Pau, 18 juill. 2000, *FNE c/ Cne d'Orlu : Dr. env.* 2000, n° 84, p. 10, note R. Romi).

Légalité des tirs d'effarouchement des vautours fauves : les possibilités de dérogations ouvertes par l'article L. 411-2 du Code de l'environnement ne se limitent pas à la protection de la faune sauvage ou de la nature, mais peuvent également obéir à des préoccupations purement humaines, telles que les conditions d'exploitation agricole, la santé ou la sécurité publiques (■ TA Pau, 17 déc. 2013, n° 1201007, *FNE et a.* – Confirmé par : ■ CAA Bordeaux, 1er mars 2016, n° 14BX00589, *Assoc. FNE et a.*).

9) Notion de raison impérative d'intérêt public majeur. *Absence d'intérêt public majeur.* Cette notion, d'interprétation stricte, vise des cas exceptionnels dans lesquels la réalisation d'un projet se révèle indispensable et où aucune autre solution d'implantation ne convient. Ne satisfait pas à cette exigence le projet de zone d'activités élaboré dans le cadre d'un contrat de revitalisation en partenariat avec les acteurs publics et privés du territoire, en vue du développement de la filière bois, qui constitue un objectif prioritaire à l'échelle nationale, et de la création de 120 emplois indirects dans une zone en proie à d'importantes difficultés économiques et sociales, bien qu'il présente un intérêt public incontestable (■ TA Dijon, ord., 27 févr. 2013, n° 1300303, *Meijas de Haro et a.*). De même, l'exploitation d'une carrière, malgré la qualité du gisement en question et des besoins non contestés en graviers alluvionnaires et en sable de cette qualité, ne constitue pas de manière certaine une raison impérative d'intérêt public majeur en particulier de nature sociale ou économique (■ CAA Douai, 15 nov. 2007, n° 06DA01325, *SA X c/ Assoc. Picardie Nature*). L'intérêt public indiscutable qui s'attache à la continuité du service public de stockage de déchets non dangereux ne constitue pas une raison impérative d'intérêt public majeur au sens des articles L. 411-1 et suivants du Code de l'environnement, seule susceptible de permettre de délivrer une dérogation dans les conditions prévues par ces dispositions, de nature à fonder légalement une autorisation d'exploiter un centre de stockage de déchets ultimes non dangereux (■ TA Toulon, 26 août 2010, n° 0805213, *Sté nationale de protection de la nature et a.* – Confirmé par : ■ CAA Marseille, 25 juin 2013, n° 10MA03936, *Sté SOVATRAM*). Le Conseil d'État considère toutefois dans cette affaire que la Cour administrative d'appel n'a pas recherché si la dérogation à l'interdiction de destruction et de déplacement des espèces concernées pouvait être justifiée par une raison impérative d'intérêt public majeur. L'arrêt du 25 juin 2013 est annulé et l'affaire est renvoyée devant la Cour administrative d'appel de Marseille (■ CE, 30 déc. 2015, n° 371748, *min. de l'Écologie, du Développement durable et de l'Énergie*). Saisie à nouveau, la Cour administrative d'appel de Marseille a jugé que la dérogation litigieuse était justifiée en considérant que présentaient le caractère d'une raison impérative d'intérêt public majeur les motifs retenus par l'autorité administrative, à savoir l'extension de capacité de l'installation existante en raison de la pénurie d'alternative existante satisfaisante pour assurer la continuité du service public de stockage et de traitement des déchets non dangereux dans le département du Var, et que par suite, la dérogation poursuivait un objectif de salubrité publique (■ CAA Marseille, 12 juill. 2016, n°s 16MA00071 et 16MA00072, *min. de l'Écologie, du Développement durable et de l'Énergie*). La commune de Plaisance-de-Touch ne constitue qu'un pôle secondaire qui n'a pas été intégré aux nouveaux pôles d'agglomération majeurs. Dans ces conditions, le projet de centre commercial à Plaisance de Touch, qui, eu égard à sa surface commerciale, correspondrait à une offre de niveau 3, ne peut être considéré comme s'inscrivant dans une politique publique de développement de pôle commercial majeur. En tout état de cause, la prescription P 95 applicable au pôle majeur existant prévoit un développement des grandes surfaces dans la limite d'une offre totale de surface commerciale de 75 000 m² maximum lorsque le secteur en cause n'est pas desservi en transport en commun en site propre. Or, le projet en litige qui a fait l'objet d'une autorisation d'exploitation commerciale le 21 octobre 2008 porte sur une surface de vente de 63 251 m² et engendrera, selon le document d'aménagement commercial, la création d'une surface commerciale de 79 063 m² en méconnaissance de cette prescription P95. Dans ces conditions, les requérantes ne sont pas fondées à soutenir que leur projet serait prévu par la politique locale d'aménagement et qu'il présenterait, de ce seul fait, un intérêt public majeur au sens du 4° de l'article L. 411-2 du Code de l'environnement (■ CAA Bordeaux, 13 juill. 2017, n° 16BX01364, *SAS PCR c/ Assoc. Présence les Terrasses de la Garonne*). Pour juger que le moyen tiré de ce que le projet de centre commercial « Val Tolosa » ne répondrait pas aux conditions posées par l'article L. 411-2 du Code de l'environnement était propre à créer, en l'état de l'instruction, un doute sérieux quant à la légalité de l'arrêté attaqué, le juge des référés s'est approprié l'analyse développée par la cour administrative d'appel de Bordeaux relativement à un précédent arrêté de dérogation délivré aux sociétés requérantes concernant le projet en cause qui l'avait conduite à écarter une telle qualification et s'est en outre fondé sur le fait que l'accord-cadre signé le 31 mars 2016 signé entre les sociétés requérantes, le président du conseil départemental et le maire de Plaisance-du-Touch, ainsi que les différentes modifications apportées au projet, venant renforcer son caractère d'intérêt général, ne permettait néanmoins pas de caractériser un intérêt public majeur à la réalisation de ce projet. Eu égard à l'office que lui attribue l'article L. 521-1 du Code de justice administrative, le juge des référés du tribunal administratif de Toulouse n'a, ce faisant, pas commis d'erreur de droit et n'a pas davantage entaché son ordonnance de dénaturation (■ CE, 25 mai 2018, n° 413267, *Assoc. Présence les Terrasses de la Garonne, FNE et a.*). Compte tenu, d'une part, de la liste des espèces protégées affectées par un projet de parc éolien (quatre espèces de reptiles, une espèce d'amphibiens, soixante-dix espèces d'oiseaux dont neuf à forts enjeux de conservation au nombre desquelles figurent notamment l'aigle royal, le circaète Jean-le-Blanc et le minioptère de Schreibers, dites « espèces cibles » et vingt-cinq espèces de mammifères), de ce que l'arrêté a également pour effet d'autoriser des travaux conduisant à la destruction de l'habitat de ces espèces protégées, comportant ainsi des conséquences irréversibles pour les individus de ces espèces, et d'autre part, de ce que la contribution du projet à la production d'énergies renouvelables reste modeste, celui-ci ne participant qu'à hauteur de 1,5 % à la réalisation des objectifs régionaux en cette matière, que s'il doit permettre une production équivalente à la consommation électrique de 26 500 personnes et éviter le rejet annuel de 50 920 tonnes de CO_2, il est constant que le département de l'Hérault et le département proche de l'Aude comptent déjà de nombreux parcs éoliens répartis dans les zones les plus favorables au développement de cette forme d'énergie, alors qu'il n'est pas soutenu que ces départements seraient confrontés en matière de diversification des sources de production d'énergie à des déséquilibres particuliers, il en résulte que, en dépit de la circonstance qu'il revêt un caractère d'intérêt général et qu'il pourrait générer quelques bénéfices sociaux-économiques pour les entreprises régionales ainsi que la création d'une trentaine d'emplois durant les phases de construction et d'exploitation, le projet pour lequel la décision attaquée a permis de déroger aux interdictions résultant de l'article L. 411-1 du Code de l'environnement ne répond pas à une raison impérative d'intérêt public majeur, au sens du *c)* du 4° de l'article L. 411-2 du Code de l'environnement (■ CAA Marseille, 24 janv. 2020, n° 18MA04972). Absence d'intérêt public majeur d'un projet de carrière de sable, dans la mesure où il existait d'autres gisements de sable dans les autres départements normands « de nature et de qualité comparables et en quantité suffisante pour répondre à la demande » du département de la Manche. L'existence et la vitalité de la filière locale d'extraction et de transformation de granulats n'étaient pas mises en péril « du seul fait d'être contrainte de s'approvisionner en dehors du département ». D'autre part, l'acheminement du sable jusqu'aux centrales à béton du département entraînerait nécessairement un accroissement significatif des rejets de dioxyde de carbone et de particules polluantes. Enfin, si l'exploitant soutenait que le projet d'extension permettait de maintenir 3,5 emplois directs et de créer 6 emplois indirects, le fait d'annuler cette extension ne l'empêche pas de poursuivre l'exploitation de sa carrière jusqu'au terme de l'autorisation initiale prévu en 2030 (■ CE, 30 déc. 2021, n° 439766).

Existence d'un intérêt public majeur. La création d'un centre pénitentiaire, en l'absence de solution alternative satisfaisante pour son implantation (■ CAA Marseille, 12 juin 2015, n° 14MA03066, *Assoc. de défense du terrain des Nouradons*) ; d'un Center Parc (■ TA Grenoble, 16 juill. 2015, n°s 1406681, 1407094 et 1407327, *UR FRAPNA et a.*) ; de l'aéroport de Notre-Dame-des-Landes (■ TA Nantes, 17 juill. 2015, n°s 1400329 et 1400339, *ACIPA et a.* et ■ CAA Nantes, 14 nov. 2016, n° 15NT02386, *ACIPA et a.*) ; la réhabilitation d'anciennes friches industrielles dans le cadre d'un programme national de mobilisation de terrains publics pour des opérations d'aménagement durable, et visant à permettre l'extension de l'activité économique dans les quartiers sud de la commune du Havre (■ CAA Douai, 15 oct. 2015, n° 15DA02064, *Écologie pour Le Havre : Dr. adm.* 2016, n° 1, comm. 4, E. Baron). En ce qu'un projet de parc éolien, composé de seize ou dix-sept éoliennes, permet d'accroître la production d'une énergie renouvelable (en permettant l'approvisionnement en électricité de quelque 50 000 personnes), contribue à la réduction de l'émission des gaz à effet de serre et à la lutte contre le réchauffement climatique, et dans la mesure où il n'est pas sérieusement contesté que la Bretagne connaît une situation fragile en matière d'approvisionnement électrique, sa faible production en électricité locale ne couvrant que 8 % de ses besoins alors que ceux-ci connaissent une nette augmentation en raison d'une forte croissance démographique, il en résulte que les dérogations accordées en application de l'article L. 411-2 du Code de l'environnement doivent être regardées comme répondant à des motifs impératifs d'intérêt public majeur (■ CAA Nantes, 5 mars 2019, n°s 17NT02791 et 17NT02794). Répond à une raison d'intérêt public majeur le projet de déviation routière ayant pour objet, d'une part, d'améliorer les conditions de circulation sur une route sous-dimensionnée et, d'autre part, de détourner le trafic routier du centre d'Évreux vers sa périphérie, afin d'améliorer la fluidité du trafic, le cadre de vie des habitants et les risques que ce trafic fait peser sur les usagers et les riverains, et qui permet en outre d'améliorer la desserte de l'hôpital d'Évreux et de deux zones industrielles ou d'activité situées au sud-ouest et à l'ouest de l'agglomération (■ CAA Douai, 5 mars 2019, n°s 17NT02791 et 17NT02794). L'intérêt de nature à justifier la réalisation d'un projet de travaux, d'aménagement ou de construction d'une personne publique ou privée susceptible d'affecter la conservation d'espèces animales ou végétales protégées et de leur habitat doit être d'une importance telle qu'il puisse être mis en balance avec l'objectif de conservation des habitats naturels, de la faune et de la flore sauvage poursuivi par la législation, justifiant ainsi qu'il y soit dérogé. Ce n'est qu'en présence d'un tel intérêt que les atteintes portées par le projet en cause aux espèces protégées sont prises en considération, en tenant compte des mesures de réduction et de compensation prévues, afin de vérifier s'il n'existe pas d'autre solution satisfaisante et si la dérogation demandée ne nuit pas au maintien, dans un état de conservation favorable, des populations des espèces concernées dans leur aire de répartition naturelle. Outre le fait que l'exploitation de la carrière de Nau-Bouques doit permettre la création de plus de quatre-vingts emplois directs dans un département dont le taux de chômage dépasse de près de 50 % la moyenne nationale, il ressort des pièces du dossier que le projet de réouverture de la carrière de Nau Bouques s'inscrit dans le cadre des politiques économiques menées à l'échelle de l'Union européenne visant à favoriser l'approvisionnement durable de secteurs d'industrie en matières premières en provenance de sources européennes, qu'il n'existe pas en Europe un autre gisement disponible de marbre blanc de qualité comparable et en quantité suffisante que celui de la carrière de Nau Bouques pour répondre à la demande industrielle et que ce projet contribue à l'existence d'une filière française de transformation du carbonate de calcium. Eu égard à la nature du projet et aux intérêts économiques et sociaux qu'il présente, la cour a commis une erreur de qualification juridique en estimant qu'il ne répondait pas à une raison impérative d'intérêt public majeur au sens de l'article L. 411-2 (▪ CE, 3 juin 2020, n° 425395, *Sté La Provençale*).

Distinction entre « intérêt général incontestable » et « intérêt public majeur ». Même si l'exploitation d'une carrière peut être considérée comme présentant un intérêt général incontestable dans le département de la Manche, dans la mesure où elle serait importante à la pérennisation de 17 emplois directs, elle ne peut être regardée comme constituant une raison impérative d'intérêt public majeur, eu égard notamment à la portée locale de l'intérêt économique avancé qui porte sur un rayon d'une vingtaine de kilomètres, nonobstant le fait que le projet d'exploitation serait conforme aux dispositions du schéma départemental des carrières (▪ TA Caen, 29 juin 2016, n° 1502165, *Assoc. Manche Nature*). S'agissant du projet du barrage de Sivens, il a été jugé que, en l'absence de justification par l'État de la méthodologie retenue pour déterminer les mesures tendant à la compensation de la destruction des zones humides, si l'irrigation des terres agricoles constitue un intérêt public incontestable, il s'agit d'un intérêt principalement de nature économique, qui ne peut être regardé comme une raison impérative d'intérêt public majeur de nature à justifier la réalisation de la retenue d'eau litigieuse eu égard à l'insuffisance des mesures destinées à compenser les atteintes portées à la zone humide de la Vallée de Tescou (▪ TA Toulouse, 30 juin 2016, n° 1305068, *FNE Midi-Pyrénées et a.*).

Motivation de l'arrêté. L'arrêté préfectoral portant dérogation à l'interdiction de destruction d'espèces et d'habitats d'espèces protégées doit mentionner en quoi la dérogation accordée répond à des raisons impératives d'intérêt public majeur ou à des motifs qui comporteraient des conséquences bénéfiques primordiales pour l'environnement, ni dans quelle mesure aucune autre solution satisfaisante ne serait susceptible d'être mise en œuvre, et ne pas seulement mentionner par référence le dossier de demande de dérogation et les mesures de compensation auxquelles il soumet cette dernière. À défaut, l'arrêté est illégal pour insuffisance de motivation (▪ CAA Marseille, 7 juill. 2015, 9 juin 2015, n° 13MA00788, *LPO PACA*. ▪ CAA Marseille, n° 13MA01348, *Assoc. FNE*. ▪ CAA Marseille, 25 oct. 2016, n° 15MA01400, *Assoc. FRENE 66*).

Raisons d'intérêt public majeur et urgence. Dans la mesure où l'arrêté du préfet de la Dordogne autorisant un projet de contournement routier a pour effet d'autoriser des travaux conduisant à la destruction de l'habitat d'espèces protégées et entraînant des conséquences irréversibles pour les individus de ces espèces, il en résulte que, et alors même que les travaux ont déjà débuté et que des sommes importantes ont déjà été exposées pour leur réalisation, la condition d'urgence prévue à l'article L. 521-1 du Code de justice administrative doit être regardée comme remplie. Le moyen tiré de ce que le projet ne répond pas à une raison impérative d'intérêt public majeur paraît, en l'état de l'instruction, propre à créer un doute sérieux quant à la légalité de l'arrêté contesté (▪ CE, 28 déc. 2018, n° 419918, *Sepanso Dordogne et a.*). Dans la même affaire, annulation au fond : ▪ TA Bordeaux, 9 avr. 2019, n° 1800744 ; ▪ CAA Bordeaux, 10 déc. 2019, n° 19BX02327 ; ▪ CE, 29 juin 2020, n° 438403).

10) Indépendance des législations. L'autorisation délivrée en application de l'article L. 411-2, 4° et l'autorisation de lotir sont accordées en vertu de législations distinctes et suivant des procédures indépendantes (▪ CAA Nantes, 4 mai 2010, n° 09NT01343, *Cne de Belz*).

Art. L. 411-2-1 ***(L. n° 2023-175, 10 mars 2023 ; mod., L. n° 2023-973, 23 oct. 2023)***. **– Sont réputés répondre à une raison impérative d'intérêt public majeur, au sens du *c* du 4° du I de l'article L. 411-2 du présent code, les projets d'installations de production d'énergies renouvelables ou de stockage d'énergie dans le système électrique satisfaisant aux conditions prévues à l'article L. 211-2-1 du Code de l'énergie.**

Le décret, prévu au I de l'article L. 300-6-2 du Code de l'urbanisme, qualifiant un projet industriel de projet d'intérêt national majeur pour la transition écologique ou la souveraineté nationale peut lui reconnaître le caractère de projet répondant à une raison impérative d'intérêt public majeur, au sens du *c* du 4° du I de l'article L. 411-2 du présent code. Cette reconnaissance ne peut être contestée qu'à l'occasion d'un recours

dirigé contre le décret, dont elle est divisible. Elle ne peut être contestée à l'appui d'un recours dirigé contre l'acte accordant la dérogation prévue au même *c*.

Art. L. 411-3 *(Anc. art. L. 414-9, dénum, L. n° 2016-1087, 8 août 2016 ; mod. à compter d'une date fixée par décret et au plus tard le 1er janvier 2017, Ord. n° 2016-1060, 3 août 2016).* **– Des plans nationaux d'action opérationnels pour la conservation ou le rétablissement des espèces visées aux articles L. 411-1 et L. 411-2 ainsi que des espèces d'insectes pollinisateurs sont élaborés, par espèce ou par groupe d'espèces, et mis en œuvre sur la base des données des instituts scientifiques compétents et des organisations de protection de l'environnement lorsque la situation biologique de ces espèces le justifie. Pour les espèces endémiques identifiées comme étant « en danger critique » ou « en danger » dans la liste rouge nationale des espèces menacées, établie selon les critères de l'Union internationale pour la conservation de la nature, ces plans sont élaborés avant le 1er janvier 2020.**

Ces plans tiennent compte des exigences économiques, sociales et culturelles ainsi que des impératifs de la défense nationale.

Les informations relatives aux actions prévues par les plans sont diffusées aux publics intéressés ; les informations prescrites leur sont également accessibles pendant toute la durée des plans, dans les secteurs géographiques pertinents.

Un décret précise, en tant que de besoin, les modalités d'application du présent article.

Rédaction antérieure. Art. L. 411-3 *(Anc. C. rur., art. L. n° 211-3 ; mod., L. n° 2005-157, 23 févr. 2005 ; L. n° 2010-788, 12 juill. 2010).* **–** I. – Afin de ne porter préjudice ni aux milieux naturels ni aux usages qui leur sont associés ni à la faune et à la flore sauvages, est interdite l'introduction dans le milieu naturel, volontaire, par négligence ou par imprudence :

1° De tout spécimen d'une espèce animale à la fois non indigène au territoire d'introduction et non domestique ; dont la liste est fixée par arrêté conjoint du ministre chargé de la protection de la nature et, soit du ministre chargé de l'agriculture soit, lorsqu'il s'agit d'espèces marines, du ministre chargé des pêches maritimes ;

2° De tout spécimen d'une espèce végétale à la fois non indigène au territoire d'introduction et non cultivée, dont la liste est fixée par arrêté conjoint du ministre chargé de la protection de la nature et, soit du ministre chargé de l'agriculture soit, lorsqu'il s'agit d'espèces marines, du ministre chargé des pêches maritimes ;

3° De tout spécimen de l'une des espèces animales ou végétales désignées par l'autorité administrative.

II. – Toutefois, l'introduction dans le milieu naturel de spécimens de telles espèces peut être autorisée par l'autorité administrative à des fins agricoles, piscicoles ou forestières ou pour des motifs d'intérêt général et après évaluation des conséquences de cette introduction.

III. – Dès que la présence dans le milieu naturel d'une des espèces visées au I est constatée, l'autorité administrative peut procéder ou faire procéder à la capture, au prélèvement, à la garde ou à la destruction des spécimens de l'espèce introduite. Les dispositions du II de l'article L. 411-5 s'appliquent à ce type d'intervention.

IV. – Lorsqu'une personne est condamnée pour infraction aux dispositions du présent article, le tribunal peut mettre à sa charge les frais exposés pour la capture, les prélèvements, la garde ou la destruction rendus nécessaires.

IV *bis*. – Lorsque les nécessités de la préservation du patrimoine biologique, des milieux naturels et des usages qui leur sont associés justifient d'éviter leur diffusion, sont interdits le transport, le colportage, l'utilisation, la mise en vente, la vente ou l'achat des espèces animales ou végétales dont la liste est fixée par arrêtés conjoints du ministre chargé de la protection de la nature et soit du ministre chargé de l'agriculture soit, lorsqu'il s'agit d'espèces marines, du ministre chargé des pêches maritimes.

V. – Un décret en Conseil d'État précise les conditions d'application du présent article *(Mots suppr. à compter du 1er septembre 2013, Ord. n° 2013-714, 5 août 2013)* « .... ».

NB : Dispositions applicables aux projets, plans, programmes ou autres documents de planification pour lesquels l'arrêté d'ouverture et d'organisation de l'enquête publique est publié à compter du premier jour du sixième mois après la publication du décret en Conseil d'État prévu à l'article L. 123-19 du présent code, L. n° 2010-788, 12 juill. 2010, art. 245.

Voir : art. R. 411-3 à R. 411-14, p. 2160.

Introduction d'ours slovènes dans les Pyrénées. *a) Capture d'une espèce protégée. Régularité des procédures législative et administrative.* Considérant que l'article 3 de la loi déférée (loi *relative à la chasse : JO 29 juin 2000, p. 6022)* est relatif à la réintroduction volontaire de prédateurs en vue de contribuer à la conservation d'une espèce menacée d'extinction ; qu'il donne compétence au représentant de l'État, au cas où ces prédateurs menacent la sécurité des personnes et des biens, de prendre toute disposition utile et, en cas de perturbations graves, de faire procéder à leur capture. Considérant que les dispositions relatives à la réintroduction volontaire des animaux prédateurs et à son contrôle avaient été adoptées en termes identiques par les deux assemblées avant la réunion de la commission mixte paritaire ; que les modifications apportées après cette réunion n'avaient pour objet ni de mettre ces dispositions en conformité avec la Constitution, ni d'assurer la coordination avec d'autres textes en cours d'examen, ni de corriger une erreur matérielle ; que par suite, l'article 3 a été adopté au terme d'une procédure irrégulière (▪ Cons. const., 30 juill. 2000, déc. n° 2000-434 DC).

b) Légalité de la réintroduction. La demande d'annulation d'une décision par laquelle le ministre de l'Écologie a rejeté une demande tendant à obtenir le retrait des ours introduits à compter de 1996 dans le massif pyrénéen et l'autorisation de leur capture n'est pas fondée, dès lors que le ministre n'a ni méconnu les objectifs de la directive « Habitats », ni le principe de proportionnalité et qu'une autorisation de capture des quelques ours slovènes présents dans le massif pyrénéen et de leurs descendants serait par elle-même de nature à porter atteinte à l'état de conservation de cette population (▪ CE, 20 avr. 2005, n° 261564, *Assoc. pour le développement durable de l'identité des Pyrénées et a. : Dr. env.* 2005, n° 129, p. 124, concl. Y. Aguila ; *Environnement* 2005, n° 6, p. 18, note L. Benoit). Eu égard aux conditions dans lesquelles elle a été prise et aux mesures d'accompagnement qui l'entourent, la décision du ministre de l'Écologie et du Développement durable en date du 13 mars 2006 d'introduire cinq ours slovènes dans les Pyrénées, tout en satisfaisant à l'objectif d'intérêt général qui s'attache à la protection d'une espèce animale menacée d'extinction, ne porte pas une atteinte excessive aux autres intérêts en présence (▪ CE, 23 févr. 2009, n° 292397, *Fédération transpyrénéenne des éleveurs de montagne et a. : Environnement* 2009, n° 4, p. 17, note P. Trouilly. – V. déjà, ▪ CE, ord., 9 mai 2006, n° 292398, *Fédération transpyrénéenne des éleveurs de montagne et a. : Environnement* 2006, n° 6, comm. 67, p. 21 : rejet de la demande de suspension de la décision de réintroduction).

c) Autorité compétente au sens du 3° du I de l'article L. 411-3. Si les dispositions de l'article R. 411-32 et suivants du Code de l'environnement désignent le préfet de département comme étant, en principe, l'autorité administrative mentionnée au II de l'article L. 411-3 du Code de l'environnement afférent aux autorisations d'introduction d'une espèce animale ou végétale, ces dispositions ni aucune autre disposition législative ou réglementaire, ne désignent expressément l'identité de l'autorité administrative visée au 3° du I de cet article. Ainsi, en l'absence de disposition habilitant le préfet de département à désigner les espèces animales ou végétales dont l'introduction dans le milieu naturel est interdite, cette autorité est incompétente pour prendre une mesure sur le fondement du 3° du I de l'article L. 411-3 du Code de l'environnement (▪ CAA Bordeaux, 17 nov. 2011, n° 10BX00680, *Min. Écologie, Énergie, Développement durable et Mer*).

Section II. – Contrôle et gestion de l'introduction et de la propagation de certaines espèces animales et végétales

(Sect. rempl., L. n° 2016-1087, 8 août 2016)

Sous-section 1. – Contrôle de l'introduction dans le milieu naturel de spécimens appartenant à certaines espèces animales et végétales indigènes

Art. L. 411-4 *(Anc. C. rur., art. L. 211-4 ; rempl., L. n° 2016-1087, 8 août 2016).* **– I. – Est interdite l'introduction dans le milieu naturel, qu'elle soit volontaire, par négligence ou par imprudence, de tout spécimen de l'une des espèces animales ou végétales, désignées par l'autorité administrative, susceptibles de porter préjudice aux milieux naturels, aux usages qui leur sont associés ou à la faune et à la flore sauvages.**

II. – Toutefois, l'introduction dans le milieu naturel de spécimens de telles espèces peut être autorisée par l'autorité administrative pour des motifs d'intérêt général et après évaluation des conséquences de cette introduction.

Sous-section 2. – Prévention de l'introduction et de la propagation des espèces exotiques envahissantes

Art. L. 411-5 *(Anc. L. n° 93-24, 8 janv. 1993 ; mod., L. n° 2002-92, 22 janv. 2002 ; rempl., L. n° 2002-276, 27 févr. 2002 ; L. n° 2010-788, 12 juill. 2010 ; rempl., L. n° 2016-1087, 8 août 2016 ; mod., L. n° 2019-773, 24 juill. 2019).* **– I. – Est interdite l'introduction dans le milieu naturel, qu'elle soit volontaire, par négligence ou par imprudence, susceptible de porter préjudice aux milieux naturels, aux usages qui leur sont associés ou à la faune et à la flore sauvages :**

1° De tout spécimen d'espèces animales à la fois non indigènes au territoire d'introduction et non domestiques, dont la liste est fixée par arrêté conjoint du ministre chargé de la protection de la nature et du ministre chargé de l'agriculture ou, lorsqu'il s'agit d'espèces marines, du ministre chargé des pêches maritimes.

Dans la collectivité de Corse, dans les mêmes conditions, la liste de tous les spécimens interdits d'espèces animales à la fois non indigènes au territoire de la Corse et non domestiques est fixée par le président du conseil exécutif, après avis du conseil scientifique régional du patrimoine naturel. Cette liste comprend nécessairement les espèces exotiques envahissantes préoccupantes pour l'Union, déterminées par la Commission européenne en application de l'article 4 du règlement (UE) n° 1143/2014 du Parlement européen et du Conseil du 22 octobre 2014 relatif à la prévention et à la gestion de l'introduction et de la propagation des espèces exotiques envahissantes. Des spécimens pouvant être vecteurs de dangers sanitaires au sens de l'article L. 201-1 du Code rural et de la pêche maritime ou des macro-organismes utiles aux végétaux au sens de l'article L. 258-1 du même code ne peuvent être inscrits sur cette liste qu'après avis conforme du ministre chargé de l'agriculture ;

2° De tout spécimen d'espèces végétales à la fois non indigènes au territoire d'introduction et non cultivées, dont la liste est fixée par arrêté conjoint du ministre chargé de la protection de la nature et du ministre chargé de l'agriculture ou, lorsqu'il s'agit d'espèces marines, du ministre chargé des pêches maritimes.

Dans la collectivité de Corse, dans les mêmes conditions, la liste de tous les spécimens interdits d'espèces végétales à la fois non indigènes au territoire de la Corse et non cultivées est fixée par le président du conseil exécutif, après avis du conseil scientifique régional du patrimoine naturel. Cette liste comprend nécessairement les espèces exotiques envahissantes préoccupantes pour l'Union, déterminées par la Commission européenne en application de l'article 4 du règlement (UE) n° 1143/2014 du Parlement européen et du Conseil du 22 octobre 2014 relatif à la prévention et à la gestion de l'introduction et de la propagation des espèces exotiques envahissantes. Des spécimens pouvant être vecteurs de dangers sanitaires au sens de l'article L. 201-1 du même code ne peuvent être inscrits sur cette liste qu'après avis conforme du ministre chargé de l'agriculture.

II. – Toutefois, l'introduction dans le milieu naturel de spécimens de telles espèces peut être autorisée par l'autorité administrative ou, dans la collectivité de Corse, par le président du conseil exécutif des motifs d'intérêt général et après évaluation des conséquences de cette introduction.

Rédaction antérieure. Art. L. 411-5 *(Mod., L. n° 2010-788, 12 juill. 2010).* – I. – L'inventaire du patrimoine naturel est institué pour l'ensemble du territoire national terrestre, fluvial et marin. On entend par inventaire du patrimoine naturel l'inventaire des richesses écologiques, faunistiques, floristiques, géologiques, minéralogiques et paléontologiques.

L'État en assure la conception, l'animation et l'évaluation. Les régions peuvent être associées à la conduite de cet inventaire dans le cadre de leurs compétences. En outre, les collectivités territoriales peuvent contribuer à la connaissance du patrimoine naturel par la réalisation d'inventaires locaux, ayant notamment pour objet de réunir les connaissances nécessaires à l'élaboration du schéma régional de cohérence écologique mentionné à l'article L. 371-3.

Le préfet de région, les préfets de départements et les autres collectivités territoriales concernées sont informés de ces élaborations.

Ces inventaires sont conduits sous la responsabilité scientifique du Muséum national d'histoire naturelle.

Lors de l'élaboration d'un plan, programme ou projet, le préfet communique à la commune ou à l'établissement public de coopération intercommunale compétent toutes informations contenues dans ces inventaires utiles à cette élaboration.

II. – Les dispositions de la loi du 29 décembre 1892 sur les dommages causés à la propriété privée par l'exécution des travaux publics sont applicables à l'exécution des opérations nécessaires à la conduite de ces inventaires. Ces dispositions sont également applicables à la connaissance du sol, de la végétation et de tout renseignement d'ordre écologique sur les territoires d'inventaires.

III. – Il est institué dans chaque région un conseil scientifique régional du patrimoine naturel. Ce conseil est constitué de spécialistes désignés *intuitu personae* pour leur compétence scientifique, en particulier dans les universités, les organismes de recherche, les sociétés savantes, les muséums régionaux. Il couvre toutes les disciplines des sciences de la vie et de la terre pour les milieux terrestres, fluviaux et marins.

Ses membres sont nommés par arrêté du préfet de région après avis du président du conseil régional.

Il élit en son sein un président.

Il peut être saisi pour avis par le préfet de région ou le président du conseil régional sur toute question relative à l'inventaire et à la conservation du patrimoine naturel.

Un décret en Conseil d'État définit sa composition, ses domaines d'intervention et précise les conditions dans lesquelles il est saisi.

JURISPRUDENCES RELATIVES A L'ANCIEN ARTICLE *L. 411-5, INSTITUANT LES ZNIEFF*

1) Inventaire. *Mise en œuvre.* Irrecevabilité du recours formé contre la circulaire du 2 octobre 2007 concernant l'accès à la propriété privée dans le cadre des inventaires du patrimoine naturel de l'article L. 411-5 du Code de l'environnement dès lors que ses dispositions se bornent à rappeler et expliciter les dispositions législatives permettant la mise en œuvre de ces inventaires et sont par conséquent dépourvues de caractère impératif (■ CE, 23 févr. 2009, n° 312223, *Fédération nationale de la propriété privée rurale*).

2) Valeur juridique des ZNIEFF. Une ZNIEFF est dépourvue de portée normative (■ TA Rouen, 22 sept. 1999, n°s 981642 et 981643, *Assoc. pour la défense et le développement de la presqu'île de Brotonne*). Néanmoins, si la délimitation d'une ZNIEFF correspondant à l'unité forestière d'un massif de montagne répertorié à l'inventaire du patrimoine naturel national dans la catégorie des zones de type II (grands ensembles naturels riches et peu modifiés offrant des potentialités biologiques importantes) est dénuée de portée réglementaire opposable aux tiers, elle n'en traduit pas moins l'intérêt écologique que présentent les terrains inventoriés (■ CAA Lyon, 31 déc. 1996, n° 93LY01323, *Assoc. d'information et de défense de l'environnement [AIDE]*). La définition d'une ZNIEFF, si elle est un élément d'expertise qui signale, le cas échéant, la présence d'habitats naturels et d'espèces remarquables ou protégées par la loi, n'engendre aucune conséquence réglementaire ou juridique directe, ni sur le territoire ainsi délimité, ni sur les activités humaines qui s'y exercent. Ainsi, un préfet peut autoriser la tenue d'une épreuve de moto-cross dans une ZNIEFF de type II dès lors que la vallée n'est pas incluse dans le réseau Natura 2000 et que les espèces animales et végétales rares sont localisées dans des ZNIEFF de type I situées à plus d'un kilomètre (■ CAA Douai, 12 mai 2005, n° 03DA00976, *Moto Club du Val de la Sensée et a.*). Les circonstances qu'un site a été inventorié comme ZNIEFF de type I et se trouve inclus dans l'inventaire des ZNIEFF de type II ainsi que dans une zone d'intérêt communautaire pour la conservation des oiseaux ne démontre pas l'existence d'une erreur de fait mais confirme l'intérêt de cette zone pour la préservation des oiseaux sauvages (■ CAA Paris, 10 avr. 2003, n° 01PA01604, *Sté immobilière Morillon-Corvol et Cie*). Les ZNIEFF constituent un outil d'inventaire scientifique du patrimoine naturel. Si l'implantation d'un projet au sein d'une ZNIEFF constitue l'un des éléments d'appréciation des inconvénients de l'installation projetée pour la protection des intérêts mentionnés à l'article L. 511-1 du Code de l'environnement, un tel inventaire est dépourvu par lui-même de portée juridique et n'est de ce fait pas opposable à une autorisation d'exploiter une installation classée, en l'espèce un centre de stockage de déchets ultimes non dangereux (■ CE, 24 avr. 2013, n° 352592, *Comité de sauvegarde de Clarency-Valensole : Environnement* 2006, n° 6, comm. 48, D. Gillig).

3) Contrôle du juge sur les atteintes potentielles à une ZNIEFF : erreur manifeste d'appréciation. La délibération d'un conseil municipal créant une ZAC, dont le projet prévoit l'édification de 600 à 700 logements, d'un hôtel, d'un golf, d'un plan d'eau et qui induit l'arrivée de plus de 3 000 habitants (doublement de la population permanente du village) sur une superficie de 33 hectares, réalisée intégralement dans la ZNIEFF du massif des Maures, entache sa décision d'une erreur manifeste d'appréciation en autorisant une opération de cette nature et de cette importance au sein d'un espace encore naturel (■ CAA Lyon, 31 déc. 1996, n° 93LY01323, *Assoc. d'information et de défense de l'environnement [AIDE]*). De même, alors que les ZNIEFF sont dépourvues de tout effet juridique et que la Convention de Ramsar ne serait pas opposable aux décisions individuelles, l'intérêt écologique particulier d'une zone, par ailleurs proposée pour le réseau Natura 2000, entache d'illégalité la décision du préfet d'autoriser des travaux d'extension d'un golf qui causerait des dommages irréversibles à un espace qui, pour une partie, doit être regardé comme remarquable au sens des dispositions de l'article L. 146-6 du Code de l'urbanisme (■ TA Caen, 12 mai 1998, n° 97-14, *Assoc. Manche Nature : Rev. jur. env.* 1/1999, p. 167). L'autorisation d'exploitation accordée à une carrière, dont le type de réaménagement causerait un dommage irréversible aux caractéristiques essentielles de la zone d'une vallée dont l'écosystème présente un intérêt faunistique et floristique particulier et faisant ainsi partie d'une ZNIEFF qui proscrit par ailleurs un tel type d'exploitation, constitue une erreur manifeste d'appréciation (■ CE, 22 mai 1996, n° 145755, *Sté Dacheux père et fils*. ■ CE, 30 déc. 1996, n° 160299, *Sté Ballastières de Travecy*). De même, dès lors que les prescriptions mises à la charge de l'exploitant n'assurent pas une prévention suffisante des graves inconvénients que peut présenter l'exploitation d'une carrière à ciel ouvert de matériaux alluvionnaires, la délivrance d'une autorisation d'extension révèle une erreur manifeste d'appréciation (■ TA Besançon, 10 oct. 2002, n° 011753, *Assoc. « Commission de protection des eaux » et a.*). Commet également une erreur manifeste d'appréciation le préfet qui autorise l'exploitation d'une ICPE alors que l'étude d'impact révèle que le projet aura pour conséquence de faire disparaître le biotope et l'écosystème existants et atteste la présence d'espèces végétales et animales raréfiées dans une zone qui fait par ailleurs partie d'une ZNIEFF et a été considérée comme une zone d'intérêt communautaire pour la conservation des oiseaux sauvages en application de la directive « oiseaux » (■ CAA Douai, 4 mars 2004, n° 02DA00666, *Sté des Sablières et Entr. Morillon-Corvol : RD imm.* 2004, p. 531, note L. Fonbaustier).

– *Contra*, l'étude d'impact qui indique que la réalisation d'un projet d'extension de la piste de l'aérodrome de Deauville Saint-Gatien s'inscrit en dehors d'une ZNIEFF, alors que cette étude fait précisément état des conséquences du projet qui provoqueront le déboisement d'une surface de 3 hectares incluse dans une ZNIEFF de type II, n'est pas entachée de l'erreur matérielle alléguée par les associations requérantes, le déboisement constaté résultant directement de l'application des servitudes aéronautiques de dégagement qui relèvent d'une procédure distincte de celle de l'autorisation d'extension de la piste de l'aérodrome elle-même et de la réalisation des travaux d'extension proprement dits (■ CAA Nantes, 16 déc. 1998, n°s 95NT01414 et 95NT01415, *Assoc. de défense des riverains de l'aéroport de Deauville Saint-Gatien-sur-Mer*). De même, la localisation du site d'un projet autorisé de centre d'enfouissement technique (CET) de résidus urbains compris dans les limites d'un parc naturel se trouvant à proximité de zones de marais visées par la Convention de Ramsar et partiellement classées en ZNIEFF n'est pas, par elle-même, de nature à entacher d'illégalité l'autorisation de cette exploitation. En effet, il ne résulte pas de l'instruction et des études réalisées que l'impact paysager du centre, durant son fonctionnement comme après la fin de l'exploitation, serait incompatible avec son environnement, ni que l'enfouissement aux lieux prévus des déchets ultimes non liquides provenant essentiellement d'ordures risquerait de porter atteinte au milieu environnant par infiltration des eaux dans le sol ou ruissellement. Dès lors, c'est à tort que le tribunal administratif de Caen a estimé que l'autorisation préfectorale d'exploitation était entachée d'une erreur d'appréciation compte tenu de la nature du projet autorisé et de l'environnement dans lequel s'inscrit celui-ci (■ CAA Nantes, 4 févr. 1998, n°s 96NT01418 et 96NT01446, *Syndicat mixte du Point-Fort et Min. Environnement : Rev. jur. env.* 1/1999, p. 161).

4) Précautions et mesures de protection suffisantes. Légalité d'un arrêté autorisant l'exploitation d'une carrière sur un site classé ZICO, inclus dans une ZNIEFF de type I et qui se superpose à une ZNIEFF de type II dès lors que, compte tenu des limitations, des mesures compensatoires et de la remise en état des lieux imposées par l'administration, il n'est pas de nature à porter atteinte aux caractéristiques essentielles de cette zone (■ CAA Bordeaux, 19 juin 1997, n°s 95BX01785, 95BX01786, 95BX01787, 95BX01811, 95BX01814 et 95BX01778, *Comité de défense de Vingrau et a.*). De même, légalité d'un arrêté d'autorisation d'une ICPE implantée dans une ZNIEFF de type II dès lors que, l'arrêté étant assorti de précautions et mesures, le projet n'est pas de nature à mettre en cause l'écosystème existant (■ CAA Douai, 22 juill. 2003, n° 00DA00381, *Sté ETC c/ Cne de Saint-Martin-le-Gaillard et a.*). V. également, s'agissant d'un projet d'aménagement d'un ancien aérodrome en zone d'activité principalement tournée vers « l'automobile du futur » : ■ CAA Nancy, 12 juin 2014, n° 13NC00244, *Communauté de Cnes du Pays de Lure*.

5) Théorie du bilan. La nouvelle voie prévue par un décret ayant pour objet d'améliorer la desserte du port de commerce de Cherbourg en le raccordant à la RN 13 et d'accroître la sécurité tout en diminuant les nuisances supportées par les riverains, grâce au contournement de l'agglomération, confère à ce projet un caractère d'utilité publique. Dès lors, compte tenu des mesures adoptées pour remédier à la dangerosité du tracé et pour compenser ou réduire les impacts sur la ZNIEFF traversée, ainsi que sur les espaces protégés, les zones agricoles et le patrimoine architectural et touristique, les inconvénients inhérents à la réalisation du projet ne peuvent être regardés comme excessifs eu égard à l'intérêt qu'il présente (■ CE, 29 déc. 1999, n°s 197720 et 197781, *M. et Mme Mautalent : Rev. jur. env.* 2/2000, p. 285, note P. Billet). V. également ■ CE, 30 juill. 1997, n° 171487, *Assoc. des riverains de Saint-Gervais-Vingt Hanaps*.

6) ZNIEFF et étude d'impact. La notice d'impact doit obligatoirement comporter une analyse des différents aspects de l'environnement et des effets du projet sur ceux-ci, nécessaire à une information complète du public. Dès lors, l'omission de l'existence d'une ZNIEFF dans la notice d'impact figurant dans le dossier d'enquête publique d'extension d'une installation de traitement d'eaux usées, même en l'absence d'arrêté de biotope, entache d'irrégularité la composition du dossier d'enquête publique et les arrêtés du préfet portant déclaration d'utilité publique du projet (■ CAA Bordeaux, 20 avr. 2000, n° 97BX00560, *Cts Roland-Gosselin*). Est insuffisante, compte tenu de la qualité environnementale du site dans lequel s'intègre le projet et à l'ampleur de ce dernier, l'étude d'impact d'un projet de carrière d'une superficie de 151 514 m^2 située pour partie sur une ZNIEFF et à proximité de deux zones Natura 2000 qui, établie au demeurant à la suite d'une seule journée d'observation, d'étude, et de relevés de la part d'un écologue, se limite à décrire de façon très succincte la présence d'espèces animales et végétales, en omettant au surplus toute étude des invertébrés, se contente d'indiquer le caractère favorable du milieu pour la présence de reptiles et amphibiens. Si elle indique que les oiseaux, hormis les hirondelles des rochers, sont communs, elle n'apporte aucune autre précision alors pourtant que cette même étude indique que la vallée de l'Allanche est réputée pour son avifaune. Même si elle mentionne que les espèces végétales recensées sont communes, elle n'apporte cependant aucune autre précision (■ TA Clermont-Ferrand, 16 juill. 2010, n° 0901615, *Cne de Saint-Anastasie et a.*). En revanche, le dossier soumis à enquête publique contient une étude d'impact suffisante dès lors que ni l'omission d'une ZNIEFF, ni celle d'une réserve de chasse n'ont eu pour conséquence une sous-estimation de l'impact d'un tracé dans l'enquête publique et que le requérant ne démontre pas l'erreur qui entacherait le dossier sur l'appréciation des impacts sur les exploitations agricoles des différentes variantes (■ CE, 7 mai 2001, n° 218263, *Mme Divakaran*). Le tribunal qui conclut à une insuffisance de l'étude d'impact ne commet pas d'erreur de droit dès lors qu'il ne fonde pas cette insuffisance sur l'absence de prise en compte de documents établis ultérieurement et qu'il mentionne que l'installation autorisée était située dans une zone dont la qualité était alors attestée par la mise en œuvre d'un classement en tant que ZNIEFF, se bornant ainsi à opérer une constatation de fait (■ CAA Nancy, 21 nov. 1996, n° 95NC01447, *SA Eridania Beghin Say*).

7) ZNIEFF et urbanisme. *a) Élaboration du POS.* Commettent une erreur manifeste d'appréciation en portant atteinte à l'économie générale du POS, les auteurs d'un POS qui n'ont pas classé en zone VI ND certains secteurs de la commune pourtant classés ZNIEFF alors qu'ils ne sont liés, pour déterminer l'affectation future des divers secteurs, ni par les modalités existantes d'utilisation des terrains, ni par l'existence de précédentes zones d'aménagement (■ TA Pau, 18 nov. 1992, n°s 92/359 et 92/439, *Les Amis de la Terre des Landes et a. c/ Cne de Soustons : Rev. jur. env.* 2/1993, p. 201, comm. J.-Y. Madec et J.-L. Rey. ■ TA Orléans, 29 mars 1988, *M. Rommel et a. : Rev. jur. env.* 2/1989, p. 209).

b) Notion d'espace remarquable. En délivrant des permis en vue de construire un village vacances s'étendant pour partie sur des dunes classées en ZNIEFF de type I et qui abritent un patrimoine biologique naturel de grande valeur pour la région, les maires se sont fondés sur une appréciation manifestement erronée des nécessités de la protection des espaces terrestres du littoral telles qu'elles résultent des dispositions de l'article L. 146-6 du Code de l'urbanisme (■ CAA Nancy, 27 mai 1993, n°s 92NC00885, 92NC00886, 92NC00909 et 92NC00910, *Cne de Saint-Étienne au Mont et a. : Rev. jur. env.* 2/1994, p. 255, *comm. J.-P. Piétri*). Deux zones situées aux abords d'une falaise, comportant notamment de la lande et un coteau maritime recouvert d'une végétation dont l'intérêt scientifique n'est pas sérieusement contesté, et inscrites au fichier des ZNIEFF constituent un espace caractéristique du patrimoine naturel au sens des dispositions de l'article L. 146-6 du Code de l'urbanisme. La délibération d'un conseil municipal qui autorise leur urbanisation est par conséquent illégale (■ CE, 12 nov. 1997, n° 170248, *Cne d'Erquy*). La préservation de deux terrains d'une superficie de 32 et 50 hectares, situés dans un espace non urbanisé, et totalement boisé à l'exception de huit parcelles cultivées en vergers, qui abritent un étang et surplombent la mer par une falaise calcaire – cet espace ayant été classé par le schéma d'aménagement de la Corse comme espace naturel exceptionnel au titre des zones humides et des ZNIEFF et constituant par conséquent un paysage remarquable au sens des dispositions précitées – n'est pas conciliable avec le classement retenu par les auteurs du plan d'occupation des sols qui permet leur urbanisation sous forme de constructions individuelles ou de lotissements ne constituant pas des aménagements légers tels que définis au deuxième alinéa de l'article L. 146-6 du Code de l'urbanisme (■ CAA Marseille, 6 janv. 2000, n°s 97MA01265 et 97MA01266, *Préfet de la Corse du Sud, Cne de Bonifacio*). Justifie légalement sa décision la cour d'appel qui retient que l'existence de bâtiments servant de hangar pour des ULM dans une ZNIEFF, c'est-à-dire dans un espace naturel remarquable du fait de caractéristiques écologiques encore préservées ou de la présence d'une flore et d'une faune typique du milieu à protéger, est de nature à créer une nuisance sonore (■ Cass. 3e civ., 27 févr. 2001, n° 99-16.242). Mais V. en sens contraire : alors même qu'un terrain est situé dans une zone à dominante naturelle intéressée par une ZNIEFF, il ne résulte pas de ce seul élément qu'il s'inscrirait dans un site ou un paysage remarquable ou caractéristique au sens de l'article L. 146-6 du Code de l'urbanisme (■ CAA Marseille, 28 juin 2001, n° 98MA01168, *Préfet de la Corse du Sud*).

c) Espace, paysage et milieu caractéristique du patrimoine naturel montagnard. Dès lors qu'un secteur s'insère dans le grand paysage du Mont Agel inscrit à l'inventaire des sites pittoresques du département des Alpes-Maritimes et est en outre situé dans une ZNIEFF, il doit être regardé comme un espace, paysage et milieu caractéristique du patrimoine naturel montagnard au sens de l'article L. 145-3-II du Code de l'urbanisme (■ CAA Marseille, 21 nov. 2002, n°s 01MA00427, 01MA00450, et 01MA00557, *Cne de Peille*).

8) Droit des biens. Expropriation. Dès lors qu'ils sont classés ZNIEFF et ZICO depuis 1979, les biens expropriés constituent un espace naturel et non une unité industrielle (■ Cass. 3e civ., 10 déc. 2003, n° 02-70.094, *Sté Salins Europe*).

9) Défrichement d'un terrain boisé. L'autorisation de défrichement, soumise aux dispositions de l'article L. 311-1 du Code forestier, d'un terrain boisé de 79 ares faisant partie d'une ZNIEFF de catégorie I et constituant le prolongement naturel d'une forêt de protection créée pour fixer des sables, nécessaire à l'équilibre biologique de la région, peut être refusée (■ CE, 8 juill. 1992, n° 119171, *SA La Forêt*).

10) Dépôt de déchets. Dès lors que des travaux de remblaiement réalisés dans un marais classé en ZNIEFF et en ZICO ont eu pour conséquence l'enfouissement de végétaux sous les déchets déposés, il ne saurait être contesté qu'ils ont entraîné des effets nuisibles sur la faune et la flore. L'infraction de dépôt de déchets ayant entraîné des effets nuisibles sur la faune et la flore est donc constituée (■ TGI Nantes, 8 août 2002, n° 9938676).

11) Indépendance des législations. Ne relèvent pas des intérêts protégés par les dispositions des articles 84 et 106 du Code minier, de l'article 22 du décret du 20 décembre 1979, de l'article 2 de la loi sur l'eau de 1992 ainsi que de l'article 1er de la loi du 16 décembre 1964, les nuisances et inconvénients, à les supposer établis, tirés notamment de ce que l'arrêté autorisant l'extension d'une exploitation de carrière aboutirait à la destruction partielle de deux zones classées ZNIEFF et irait à l'encontre de la politique générale qui tend à proscrire l'extraction de graviers dans le lit mineur des rivières et compromettrait la qualité des eaux de l'Adour (■ CE, 12 mars 1999, n° 163117, *Union Midi-Pyrénées Nature et Environnement [UNIMATE]*).

Art. L. 411-6 *(Anc. L. n° 200-698, 26 juill. 2000 ; rempl., L. n° 2016-1087, 8 août 2016 ; mod., L. n° 2019-773, 24 juill. 2019)* (1). – **I. – Lorsque les nécessités de la préservation du patrimoine biologique, des milieux naturels et des usages qui leur sont associés justifient d'éviter la diffusion d'espèces animales ou végétales, sont interdits l'introduction sur le territoire national, y compris le transit sous surveillance douanière, la détention, le transport, le colportage, l'utilisation, l'échange, la mise en vente, la vente ou l'achat de tout spécimen vivant de ces espèces, dont la liste est fixée par arrêté conjoint du ministre chargé de la protection de la nature et du ministre chargé de l'agriculture ou, lorsqu'il s'agit d'espèces marines, du ministre chargé des pêches maritimes.**

Dans la collectivité de Corse, dans les mêmes conditions, la liste d'espèces animales ou végétales interdites est fixée par le président du conseil exécutif, après avis du conseil scientifique régional du patrimoine naturel. Cette liste comprend nécessairement les espèces exotiques envahissantes préoccupantes pour l'Union, déterminées par la Commission européenne en application de l'article 4 du règlement (UE) n° 1143/2014 du Parlement européen et du Conseil du 22 octobre 2014 relatif à la prévention et à la gestion de l'introduction et de la propagation des espèces exotiques envahissantes. Des spécimens pouvant être vecteurs de dangers sanitaires au sens de l'article L. 201-1 du Code rural et de la pêche maritime ou des macro-organismes utiles aux végétaux au sens de l'article L. 258-1 du même code ne peuvent être inscrits sur cette liste qu'après avis conforme du ministre chargé de l'agriculture.

II. – L'introduction sur le territoire national, la détention, le transport, l'utilisation et l'échange de spécimens des espèces mentionnées au I peuvent être autorisés par l'autorité administrative ou, dans la collectivité de Corse, par le président du conseil exécutif, sous réserve que les spécimens soient conservés et manipulés en détention confinée :

1° Au profit d'établissements menant des travaux de recherche sur ces espèces ou procédant à leur conservation hors du milieu naturel ;

2° Au profit d'établissements exerçant d'autres activités que celles mentionnées au 1°, dans des cas exceptionnels, pour des raisons d'intérêt public majeur, y compris de nature sociale ou économique, et après autorisation de la Commission européenne.

III. – Les autorisations mentionnées au II peuvent être retirées ou suspendues à tout moment, en cas de fuite ou de propagation des spécimens concernés ou en cas d'événements imprévus ayant des effets néfastes sur la biodiversité ou sur les services écosystémiques. Les décisions de retrait et de suspension doivent être justifiées sur la base d'éléments scientifiques et, lorsque les informations scientifiques sont insuffisantes, sur la base du principe de précaution.

Art. L. 411-7 *(Rempl., L. n° 2016-1087, 8 août 2016)*. – **I. – Est soumise à un contrôle des agents habilités mentionnés à l'article L. 236-4 du Code rural et de la pêche maritime ou des agents habilités**

(1) Dispositions applicables Sous réserve des dispositions transitoires prévues aux articles 31 et 32 du règlement (UE) n° 1143/2014 du Parlement européen et du Conseil du 22 octobre 2014 relatif à la prévention et à la gestion de l'introduction et de la propagation des espèces exotiques envahissantes, L. n° 2016-1087, 8 août 2016, art. 149, III.

mentionnés à l'article L. 251-14 du même code l'introduction, en provenance de pays tiers, sur le territoire métropolitain, en Guadeloupe, en Guyane, à la Martinique, à La Réunion, à Mayotte et à Saint-Martin :

1° Des animaux vivants, des produits d'origine animale et des autres biens susceptibles de constituer ou de véhiculer des spécimens d'espèces mentionnées au I de l'article L. 411-6 du présent code ;

2° Des végétaux, des produits d'origine végétale et des autres biens susceptibles de constituer ou de véhiculer des spécimens d'espèces mentionnées au même I.

La liste des animaux, végétaux et biens mentionnés aux 1° et 2° du présent article est fixée par arrêté conjoint du ministre chargé de la protection de la nature et du ministre chargé de l'agriculture ou, lorsqu'il s'agit d'espèces marines, du ministre chargé des pêches maritimes.

Pour l'exercice de ces contrôles, les agents habilités peuvent effectuer des prélèvements.

II. – Lorsqu'ils constatent la présence de spécimens vivants des espèces mentionnées au I de l'article L. 411-6, les agents mentionnés au I du présent article peuvent ordonner leur garde, leur refoulement ou leur destruction.

III. – Lorsque l'introduction sur le territoire national de spécimens d'espèces animales ou végétales est autorisée en application du II de l'article L. 411-6, l'autorisation accordée par l'autorité administrative est présentée aux agents des douanes.

Voir : article de renvoi : C. rur., livre II, titre V, chapitre I, art. L. 251-1 et s.

Sous-section 3. – Lutte contre certaines espèces animales et végétales introduites

Art. L. 411-8 *(L. n° 2016-1087, 8 août 2016)*. – Dès que la présence dans le milieu naturel d'une des espèces mentionnées aux articles L. 411-5 ou L. 411-6 est constatée, l'autorité administrative peut procéder ou faire procéder à la capture, au prélèvement, à la garde ou à la destruction des spécimens de cette espèce.

La loi du 29 décembre 1892 sur les dommages causés à la propriété privée par l'exécution des travaux publics est applicable à ces interventions.

Les interdictions prévues à l'article L. 411-6 ne s'appliquent pas au transport des spécimens collectés vers les sites de destruction.

Art. L. 411-9 *(L. n° 2016-1087, 8 août 2016)*. – Des plans nationaux de lutte contre les espèces mentionnées aux articles L. 411-5 ou L. 411-6 sont élaborés et, après consultation du public, mis en œuvre sur la base des données des instituts scientifiques compétents.

Ces plans tiennent compte des exigences économiques, sociales et culturelles ainsi que des impératifs de la défense nationale.

Les informations relatives aux actions prévues par les plans sont diffusées aux publics intéressés ; les informations prescrites leur sont également accessibles pendant toute la durée des plans, dans les secteurs géographiques concernés.

Art. L. 411-10 *(L. n° 2016-1087, 8 août 2016)*. – Un décret en Conseil d'État précise les conditions d'application de la présente section.

CHAPITRE II. – ENCADREMENT DES USAGES DU PATRIMOINE NATUREL

(Intitulé rempl., L. n° 2016-1087, 8 août 2016)

Voir : Droit européen : Directive du Conseil n° 83/129/CEE concernant l'importation dans les États membres de peaux de certains bébés phoques et de produits dérivés (*JOCE* n° L 91, 9 avr. 1983). – Règlement (CE) du Conseil n° 1/2005, 22 déc. 2004 relatif à la protection des animaux pendant le transport et les opérations annexes et modifiant les directives 64/432/CEE et 93/119/CE et le règlement (CE) n° 1255/97 (*JOUE* n° L 003, 5 janv. 2005, p. 1). – Règlement (UE) n° 511/2014 du Parlement européen et du Conseil du 16 avril 2014 relatif aux mesures concernant le respect par les utilisateurs dans l'Union du protocole de Nagoya sur l'accès aux ressources génétiques et le partage juste et équitable des avantages découlant de leur utilisation (*JOUE* n° L 150/59, 20 mai 2014).

Sur l'application de la convention CITES du 3 mars 1973, du règlement CEE n° 3626/82 et du règlement CE n° 338/97 pris pour l'application de cette convention, V. sous art. L. 411-1, p. 703.

Sur la convention CITES, voir également : Décision (UE) 2015/451 du Conseil du 6 mars 2015 relative à l'adhésion de l'Union européenne à la Convention sur le commerce international des espèces de faune et de flore sauvages menacées d'extinction (*JOUE* n° L 75, 19 mars 2015) ; Règlement d'exécution (UE) 2015/736 de la Commission du 7 mai 2015 interdisant l'introduction dans l'Union de spécimens de certaines espèces de faune et de flore sauvages (*JOUE* n° L 117, 8 mai 2015).

Droit français. Circulaire du 2 décembre 2015 relative à la réglementation applicable au commerce des espèces de faune et de flore sauvages menacées.

Section I. – Activités soumises à autorisation ou à déclaration

(Division créée, L. n° 2016-1087, 8 août 2016)

Art. L. 412-1 ***(Mod., L. n° 2016-1087, 8 août 2016 ; mod. à compter du 8 février 2017, L. n° 2016-1087, 8 août 2016).*** **– La production, le ramassage, la récolte, la capture, la détention, la cession à titre gratuit ou onéreux, à travers tout support, y compris numérique, l'utilisation, le transport, l'introduction quelle qu'en soit l'origine, l'importation sous tous régimes douaniers, l'exportation, la réexportation de tout ou partie d'animaux d'espèces non domestiques et de leurs produits ainsi que de tout ou partie de végétaux d'espèces non cultivées et de leurs produits, dont la liste est fixée par arrêtés conjoints du ministre chargé de l'environnement et, en tant que de besoin, du ou des ministres compétents, s'ils en font la demande, sont soumis, suivant la gravité de leurs effets sur l'état de conservation des espèces concernées et des risques qu'ils présentent pour la santé, la sécurité et la salubrité publiques, à déclaration ou à autorisation de l'autorité administrative délivrée dans les conditions et selon les modalités fixées par un décret en Conseil d'État.**

Ce décret précise également :

1° Les cas dans lesquels les récépissés de déclaration et les autorisations ne peuvent être délivrés qu'à des personnes préalablement habilitées par l'autorité administrative ;

2° Les conditions et limites dans lesquelles des personnes préalablement agréées par l'autorité administrative peuvent bénéficier de procédures simplifiées pour les activités auxquelles l'application des procédures prévues au premier alinéa représenterait une charge excessive au regard de leur absence d'effet significatif sur l'état de conservation des espèces.

Voir : art. R. 412-1 à R. 412-10, p. 2179.

1) Il résulte de l'article L. 412-1 du Code de l'environnement, de l'arrêté du 30 juin 1998 fixant les modalités d'application de la Convention sur le commerce international des espèces de faune et de flore sauvages menacées d'extinction et du règlement du Conseil n° 338/97 du 9 décembre 1996, que le détenteur d'un spécimen d'une espèce figurant à l'annexe B du règlement CE n° 338/97 doit prouver que ce spécimen a été acquis et, s'il ne provient pas de la Communauté, qu'il y a été introduit, conformément à la législation en vigueur en matière de conservation de la faune et de la flore sauvages ; la dispense d'autorisation relative aux spécimens travaillés acquis plus de cinquante ans avant l'entrée en vigueur du règlement n'est applicable que pour les spécimens figurant à l'annexe A dudit règlement ; en l'espèce, pour déclarer Mme X. coupable de mise en vente dans le catalogue d'un coq de roche du Pérou, l'arrêt, après avoir relevé que ce spécimen figure en annexe II de la convention de Washington et en annexe B du règlement CE 338/97, retient que les constatations relatives à l'acquisition par un tiers du spécimen en 1988 puis sa revente aux époux Z... en 1990 ne sauraient suffisamment justifier un travail avant le 1er juin 1947 ; par conséquent, encourt la cassation l'arrêt se prononçant ainsi, alors que le spécimen litigieux appartient à une espèce figurant à l'annexe B (■ Cass. crim., 11 sept. 2018, n° 17-84.545).

JURISPRUDENCE SOUS L'ANCIEN ART. L. 412-1

2) Compatibilité avec le droit communautaire. Les dispositions des articles L. 212-1, L. 213-1 à L. 213-4 du Code rural (devenus C. env., art. L. 412-1, L. 413-1 et L. 413-4) et les textes pris pour leur application qui se bornent à réglementer, sans les interdire, la détention, l'élevage et le commerce d'animaux d'espèces non domestiques s'appliquent à tous les spécimens de ces espèces, même nés en captivité, et ne constituent pas une entrave injustifiée aux échanges entre les États membres (■ Cass. crim., 6 févr. 2001, n° 00-80.686, *Poulain : Dr. pén.* 2001, n° 7, p. 16, note J.-H. Robert).

3) Qualité d'animal domestique. Que les oiseaux détenus sans autorisation soient nés et aient été élevés en captivité, ne peut en aucun cas leur conférer la qualité d'animaux domestiques (■ Cass. crim., 3 janv. 1996, n° 95-81.753, *D. Quignon : JurisData* n° 1996-001232). La protection juridique est étendue aux animaux hybrides

(■ CA Paris, ch. corr., 13e sect., 28 janv. 1997 : *JurisData* n° 1997-020190).

Dans la mesure où les obligations légales découlent exclusivement de l'espèce animale, des sangliers, qui appartiennent à la catégorie des animaux sauvages, ne peuvent être considérés comme des animaux domestiques, même s'ils sont apprivoisés, répondant à leur nom et se laissant caresser le groin (■ CA Bordeaux, ch. corr., 8 nov. 1995 : *JurisData* n 1995-052543).

Voir : sur la notion d'espèce animale non domestique, sous art. R. 411-5, p. 2161 ; sur les sanctions pénales, sous art. L. 415-3, p. 758.

Section II. – Utilisation à des fins scientifiques d'animaux d'espèces non domestiques et comprenant l'article L. 412-2

(Division créée, L. n° 2016-1087, 8 août 2016)

Art. L. 412-2 *(Ord. n° 2012-10, 5 janv. 2012)*. – **La réalisation d'expériences biologiques, médicales ou scientifiques sur des animaux d'espèces non domestiques non tenus en captivité, lorsque ces expériences sont susceptibles de leur causer une douleur, une souffrance, une angoisse ou des dommages durables, est soumise à autorisation dans les conditions fixées par décret en Conseil d'État.**

L'autorisation ne peut être accordée que s'il est démontré que l'utilisation de tels animaux est nécessaire aux seules fins de la recherche effectuée.

Section III. – Accès aux ressources génétiques et aux connaissances traditionnelles associées et partage des avantages découlant de leur utilisation

(L. n° 2016-1087, 8 août 2016)

Art. L. 412-3 *(L. n° 2016-1087, 8 août 2016)*. – **La présente section vise à déterminer les conditions d'accès aux ressources génétiques faisant partie du patrimoine commun de la Nation, défini à l'article L. 110-1, en vue de leur utilisation, et à assurer un partage juste et équitable des avantages découlant de leur utilisation et, le cas échéant, de l'utilisation des connaissances traditionnelles associées, conformément à la convention sur la diversité biologique, adoptée à Nairobi le 22 mai 1992.**

Sous-section 1. – Définitions

Art. 412-4 *(L. n° 2016-1087, 8 août 2016)*. – **Au sens de la présente section, on entend par :**

1° Utilisation de ressources génétiques : les activités de recherche et de développement sur la composition génétique ou biochimique de tout ou partie d'animaux, de végétaux, de micro-organismes ou autre matériel biologique contenant des unités de l'hérédité, notamment par l'application de la biotechnologie, ainsi que la valorisation de ces ressources génétiques, les applications et la commercialisation qui en découlent ;

2° Utilisation de connaissances traditionnelles associées aux ressources génétiques : leur étude et leur valorisation ;

3° Partage des avantages : le partage juste et équitable des avantages découlant de l'utilisation des ressources génétiques et des connaissances traditionnelles associées, entendu comme les résultats de la recherche et de la mise en valeur ainsi que les avantages résultant de leur utilisation commerciale ou non commerciale, avec l'État qui exerce la souveraineté sur ces ressources ou avec les communautés d'habitants en ce qui concerne les connaissances traditionnelles associées à ces ressources. Le partage des avantages peut consister en :

***a)* L'enrichissement ou la préservation de la biodiversité in situ ou ex situ, tout en assurant son utilisation durable ;**

***b)* La préservation des connaissances traditionnelles associées aux ressources génétiques par la création, le cas échéant, de bases de données sur les connaissances traditionnelles des communautés d'habitants concernées, avec leur consentement préalable donné en connaissance de cause, ainsi que la préservation des autres pratiques et savoirs traditionnels respectueux de la biodiversité ;**

***c)* La contribution, au niveau local, à la création d'emplois pour la population et au développement de filières associées à l'utilisation durable des ressources génétiques ou des connaissances traditionnelles associées ou permettant la valorisation de la biodiversité, en lien avec les territoires qui ont contribué à la conservation de ces ressources ;**

d) La collaboration, la coopération ou la contribution à des activités de recherche, d'éducation, de formation, de sensibilisation du public et des professionnels locaux, ou de transfert de compétences ou de transfert de technologies ;

e) Le maintien, la conservation, la gestion, la fourniture ou la restauration de services écosystémiques sur un territoire donné ;

f) Le versement de contributions financières. Les actions mentionnées aux *a* à *d* sont examinées en priorité ;

4° Communautés d'habitants : toute communauté d'habitants qui tire traditionnellement ses moyens de subsistance du milieu naturel et dont le mode de vie présente un intérêt pour la conservation et l'utilisation durable de la biodiversité ;

5° Connaissances traditionnelles associées à une ressource génétique : les connaissances, les innovations et les pratiques relatives aux propriétés génétiques ou biochimiques de cette ressource, à son usage ou à ses caractéristiques, qui sont détenues de manière ancienne et continue par une ou plusieurs communautés d'habitants mentionnées au 4°, ainsi que les évolutions de ces connaissances et pratiques lorsqu'elles sont le fait de ces communautés d'habitants ;

6° Espèce domestiquée ou cultivée : toute espèce dont le processus d'évolution a été influencé par l'homme pour répondre à ses besoins ;

7° Espèce sauvage apparentée : toute espèce animale ayant la capacité de se reproduire par voie sexuée avec des espèces domestiquées, ainsi que toute espèce végétale utilisée en croisement avec une espèce cultivée dans le cadre de la sélection variétale ;

8° Collection : un ensemble d'échantillons de ressources génétiques prélevés et les informations y afférentes, rassemblés et stockés, qu'ils soient détenus par des entités publiques ou privées.

Sous-section 2. – Règles relatives à l'accès aux ressources génétiques et aux connaissances traditionnelles associées sur le territoire national, et au partage des avantages découlant de leur utilisation

§ 1. – Champ d'application

Art. L. 412-5 *(L. n° 2016-1087, 8 août 2016 ; mod. Ord. n° 2021-1370, 20 oct. 2021)*. – I. – Sont soumises à la présente section les activités suivantes :

1° L'accès aux ressources génétiques en vue de leur utilisation ;

2° L'utilisation des connaissances traditionnelles associées aux ressources génétiques.

II. La présente section n'est pas applicable :

1° Aux activités mentionnées au I lorsqu'elles portent sur :

a) Les ressources génétiques humaines ;

b) Les ressources génétiques prélevées en dehors du territoire national et des zones sous souveraineté ou juridiction française ;

c) Les ressources génétiques couvertes par des instruments internationaux spécialisés d'accès et de partage des avantages qui répondent aux objectifs de la convention sur la diversité biologique, adoptée à Nairobi le 22 mai 1992, et qui n'y portent pas atteinte ;

d) Les ressources génétiques des espèces utilisées comme modèles dans la recherche et le développement. Un arrêté conjoint des ministres chargés de l'environnement, de l'agriculture, de la recherche, de la santé et de la défense indique la liste de ces espèces modèles ;

e) Les connaissances traditionnelles associées à des ressources génétiques ne pouvant être attribuées à une ou plusieurs communautés d'habitants ;

f) Les connaissances traditionnelles associées à des ressources génétiques dont les propriétés sont bien connues et ont été utilisées de longue date et de façon répétée en dehors des communautés d'habitants qui les partagent ;

g) Les connaissances et les techniques traditionnelles associées aux modes de valorisation définis à l'article L. 640-2 du Code rural et de la pêche maritime dont sont susceptibles de bénéficier les produits agricoles, forestiers ou alimentaires et les produits de la mer ;

2° À l'échange et à l'usage à des fins personnelles ou non commerciales de ressources génétiques et de connaissances traditionnelles associées au sein des communautés d'habitants et entre elles ;

3° Aux activités mentionnées au I du présent article concourant à la sauvegarde des intérêts de la défense et de la sécurité nationale.

III. – Les paragraphes 2 à 5 de la présente sous-section ne sont pas applicables aux ressources génétiques énumérées aux 1° à 5° du présent III, qui relèvent de régimes spécifiques relatifs à l'accès aux ressources génétiques et aux connaissances traditionnelles associées sur le territoire national, et au partage des avantages découlant de leur utilisation :

1° Les ressources génétiques issues d'espèces domestiquées ou cultivées définies au 6° de l'article L. 412-4 ;

2° Les ressources génétiques des espèces végétales sauvages apparentées définies au 7° du même article L. 412-4 ;

3° Les ressources génétiques objets de sylviculture régies par l'article L. 153-1-2 du Code forestier ;

4° Les ressources génétiques collectées par les laboratoires dans le cadre de la prévention, de la surveillance et de la lutte contre les dangers sanitaires concernant les animaux, les végétaux et la sécurité sanitaire des aliments, au sens de l'article L. 201-1 du Code rural et de la pêche maritime ;

5° Les ressources génétiques collectées par les laboratoires au titre de la prévention et de la maîtrise des risques graves pour la santé humaine, régies par l'article L. 1413-8 du Code de la santé publique.

§ 2. – Collections

Art. L. 412-6 *(L. n° 2016-1087, 8 août 2016).* – Dans le cas de collections de ressources génétiques ou de connaissances traditionnelles associées constituées avant la publication de la loi n° 2016-1087 du 8 août 2016 pour la reconquête de la biodiversité, de la nature et des paysages, les procédures d'accès et de partage des avantages sur les ressources génétiques relevant de la souveraineté de l'État et les connaissances traditionnelles associées à ces ressources génétiques s'appliquent :

1° À tout accès ultérieur à la publication de la même loi pour les fins mentionnées au I de l'article L. 412-7 ;

2° À toute nouvelle utilisation pour les autres fins.

Une nouvelle utilisation est définie comme toute activité de recherche et de développement avec un objectif direct de développement commercial et dont le domaine d'activité se distingue de celui précédemment couvert par le même utilisateur avec la même ressource génétique ou connaissance traditionnelle associée.

§ 3. – Procédures déclaratives

Art. L. 412-7 *(L. n° 2016-1087, 8 août 2016 ; mod., L. n° 2018-670, 30 juill. 2018).* – I. – Est soumis à déclaration auprès de l'autorité administrative compétente l'accès aux ressources génétiques en vue de leur utilisation à des fins de connaissance sur la biodiversité, de conservation en collection ou de valorisation sans objectif direct de développement commercial.

Lorsque l'accès aux ressources génétiques mentionné au premier alinéa du présent I a lieu sur le territoire d'une collectivité où sont présentes des communautés d'habitants définies à l'article L. 412-4, l'autorité administrative compétente doit accompagner cette déclaration d'une procédure d'information des communautés d'habitants organisée par la personne morale de droit public mentionnée à l'article L. 412-10.

II. – Le demandeur est tenu de restituer à la personne morale de droit public mentionnée au même article L. 412-10 les informations et connaissances, à l'exclusion des informations confidentielles relevant du secret des affaires, acquises à partir des ressources génétiques prélevées sur le territoire d'une collectivité où une ou plusieurs communautés d'habitants sont présentes.

III. – Est également soumis à déclaration à l'autorité administrative compétente l'accès aux ressources génétiques lorsque des situations d'urgence relatives à la santé humaine, à la santé animale ou à la santé végétale, autres que celles régies par l'article L. 1413-8 du Code de la santé publique, le justifient.

IV. – Lorsque le déclarant estime que les modalités générales de partage des avantages s'appliquant à son activité ne sont pas adaptées au cas particulier de son dossier, il peut demander que son activité soit soumise à autorisation.

§ 4. – Procédures d'autorisation pour l'accès aux ressources génétiques

Art. L. 412-8 *(L. n° 2016-1087, 8 août 2016 ; mod., L. n° 2018-670, 30 juill. 2018).* – I. – Est soumis à autorisation de l'autorité administrative compétente l'accès aux ressources génétiques en vue de leur utilisation à des fins autres que celles mentionnées aux I et III de l'article L. 412-7. À compter de l'accord sur le partage des avantages, le délai d'instruction de la demande d'autorisation ne peut excéder deux mois.

Lorsque l'accès aux ressources génétiques mentionné au premier alinéa du présent I implique un prélèvement in situ dans les limites géographiques d'un parc national défini à l'article L. 331-1, l'autorité compétente transmet pour avis le dossier de la demande d'autorisation pour l'accès aux ressources génétiques reçu en application du présent I au conseil d'administration de l'établissement public du parc national concerné par le prélèvement. L'avis du conseil d'administration est motivé. Cet avis est réputé favorable s'il n'est pas intervenu dans un délai de deux mois à compter de la transmission du dossier au conseil d'administration.

Lorsque l'accès aux ressources génétiques mentionné au premier alinéa du présent I a lieu sur le territoire d'une collectivité où sont présentes des communautés d'habitants définies à l'article L. 412-4, l'autorité administrative compétente doit accompagner cette autorisation d'une procédure d'information des communautés d'habitants organisée par la personne morale de droit public mentionnée à l'article L. 412-10.

II. – L'autorisation précise les conditions d'utilisation des ressources génétiques pour lesquelles elle est accordée, ainsi que les conditions du partage des avantages découlant de cette utilisation, qui sont prévues par convention entre le demandeur et l'autorité compétente.

III. – Le demandeur est tenu de restituer à la personne morale de droit public mentionnée à l'article L. 412-10 les informations et connaissances, à l'exclusion des informations confidentielles relevant du secret des affaires, acquises à partir des ressources génétiques prélevées sur le territoire d'une collectivité où une ou plusieurs communautés d'habitants sont présentes.

IV. – L'autorisation peut être refusée lorsque :

1° Le demandeur et l'autorité compétente ne parviennent pas, le cas échéant après la mise en œuvre de la conciliation prévue au VII du présent article, à un accord sur le partage des avantages ;

2° Le partage des avantages proposé par le demandeur ne correspond manifestement pas à ses capacités techniques et financières ;

3° L'activité ou ses applications potentielles risquent d'affecter la biodiversité de manière significative, de restreindre l'utilisation durable de cette ressource ou d'épuiser la ressource génétique pour laquelle un accès en vue de son utilisation est demandé.

Le refus est motivé.

V. – Les contributions financières susceptibles d'être versées par les utilisateurs sont calculées sur la base d'un pourcentage du chiffre d'affaires annuel mondial hors taxes réalisé et des autres revenus, quelle que soit leur forme, perçus grâce aux produits ou aux procédés obtenus à partir de la ou des ressources génétiques faisant l'objet de l'autorisation.

Ce pourcentage ne dépasse pas 5 %, quel que soit le nombre de ressources génétiques couvertes par l'autorisation.

En dessous d'un seuil fixé par le décret en Conseil d'État prévu à l'article L. 412-19, aucune contribution financière n'est demandée.

VI *(Mod. à compter du 1er janvier 2020, L. n° 2019-773, 24 juill. 2019)*. – Lorsque le partage des avantages découlant de l'utilisation des ressources génétiques comporte un avantage financier, celui-ci est affecté à l'Office français de la biodiversité, qui l'utilise exclusivement pour le financement de projets répondant aux objectifs énoncés aux *a* à *d* du 3° de l'article L. 412-4.

L'Office français de la biodiversité tient compte de la part importante de la biodiversité des outre-mer dans la biodiversité nationale et s'assure d'une redistribution juste et équitable des avantages financiers.

Lorsqu'un avantage financier découle de l'utilisation de ressources génétiques issues d'une collection nationale, d'un laboratoire national de référence, d'un centre de ressources biologiques ou d'une collection mettant gratuitement ses échantillons à disposition et lorsque cette collection n'est pas celle de l'utilisateur, l'Office français de la biodiversité reverse une quote-part, définie par convention, au détenteur de ladite collection, aux fins d'entretien et de conservation.

VII. – Le décret en Conseil d'État prévu à l'article L. 412-19 détermine les modalités d'une procédure de conciliation qui peut être mise en œuvre lorsque le demandeur et l'autorité compétente ne parviennent pas à un accord sur le partage des avantages soit dans un temps déterminé au préalable par les parties, soit sur saisine de l'une ou l'autre des parties.

§ 5. – Procédures d'autorisation pour l'utilisation des connaissances traditionnelles associées aux ressources génétiques

Art. L. 412-9 *(L. n° 2016-1087, 8 août 2016)*. **– I. – L'utilisation de connaissances traditionnelles associées aux ressources génétiques est soumise à une autorisation, qui ne peut être accordée qu'au terme de la procédure définie aux articles L. 412-10 à L. 412-14. Cette procédure vise à recueillir le consentement préalable, en connaissance de cause, des communautés d'habitants concernées.**

II. – Après partage juste et équitable, les avantages découlant de l'utilisation des connaissances traditionnelles associées aux ressources génétiques sont affectés à des projets bénéficiant directement aux communautés d'habitants concernées. Ces projets sont menés en concertation et avec la participation des communautés d'habitants.

Art. L. 412-10 *(L. n° 2016-1087, 8 août 2016 ; mod., L. n° 2017-256, 28 févr. 2017)*. **– Un décret désigne, dans chaque collectivité où est présente une communauté d'habitants définie au 4° de l'article L. 412-4, une personne morale de droit public chargée d'organiser la consultation de la ou des communautés d'habitants détentrices de connaissances traditionnelles associées aux ressources génétiques, dans les conditions définies aux articles L. 412-11 à L. 412-14. Cette personne morale peut être un établissement public de coopération environnementale prévu à l'article L. 1431-1 du Code général des collectivités territoriales, l'établissement public prévu à l'article L. 7124-19 du même code ou, à défaut, l'État ou un de ses établissements publics compétents en matière d'environnement.**

Cette personne morale de droit public est aussi chargée de négocier et de signer, au vu du procès-verbal mentionné au 6° de l'article L. 412-11 du présent code, le contrat de partage des avantages avec l'utilisateur et, en tant que de besoin, de gérer les biens dévolus en application du contrat.

Art. L. 412-11 *(L. n° 2016-1087, 8 août 2016)*. **– Pour chaque demande relative à l'accès et à l'utilisation de connaissances traditionnelles associées aux ressources génétiques, la personne morale de droit public mentionnée à l'article L. 412-10, saisie par l'autorité administrative compétente pour délivrer l'autorisation, définit et notifie au demandeur la durée maximale de la consultation, comportant les étapes énumérées aux 1° à 6° du présent article. La personne morale de droit public :**

1° Identifie la ou les communautés d'habitants concernées par la demande et constate, le cas échéant, l'existence en leur sein de structures de représentation, coutumières ou traditionnelles, pertinentes pour se prononcer sur l'utilisation des connaissances traditionnelles associées aux ressources génétiques qu'elles détiennent et sur le partage des avantages qui en découlent ;

2° Détermine les modalités d'information et de participation adaptées aux communautés d'habitants concernées ;

3° Effectue cette information ;

4° Procède, en tant que de besoin, à la consultation de toute institution, de tout organe ou de toute association ou fondation reconnue d'utilité publique compétents au regard du contenu de la demande ou des communautés d'habitants concernées ;

5° S'assure de la participation de toutes les communautés d'habitants concernées et recherche le consensus ;

6° Consigne dans un procès-verbal le déroulement de la consultation et son résultat, notamment :

***a)* Le consentement préalable donné en connaissance de cause à l'utilisation des connaissances ou le refus de consentement préalable ;**

***b)* Les conditions d'utilisation de ces connaissances ;**

***c)* Le partage ou l'absence d'accord sur un partage des avantages découlant de cette utilisation, ainsi que les conditions de ce partage ;**

7° Transmet une copie du procès-verbal aux structures de représentation des communautés d'habitants concernées.

Art. L. 412-12 *(L. n° 2016-1087, 8 août 2016)*. **– I. – Au vu du procès-verbal, l'autorité administrative accorde ou refuse, en partie ou en totalité, l'utilisation des connaissances traditionnelles associées à des ressources génétiques.**

II. – L'utilisation des connaissances traditionnelles associées est limitée aux fins et conditions expressément mentionnées dans l'autorisation.

Art. L. 412-13 *(L. n° 2016-1087, 8 août 2016).* – I. – La personne morale de droit public mentionnée à l'article L. 412-10 négocie et signe avec l'utilisateur, au vu du procès-verbal mentionné au 6° de l'article L. 412-11, le contrat de partage des avantages traduisant l'accord auquel sont parvenues les parties lors de la consultation.

Des avenants au contrat de partage des avantages peuvent être conclus dans les mêmes conditions.

II. – Dans un contrat de partage des avantages, toute clause d'exclusivité portant sur l'accès ou l'utilisation d'une connaissance traditionnelle associée à des ressources génétiques est réputée non écrite.

III. – Un contrat type de partage des avantages est établi par le décret en Conseil d'État prévu à l'article L. 412-19.

Art. L. 412-14 *(L. n° 2016-1087, 8 août 2016).* – I. – Lorsque des avantages découlant de l'utilisation des connaissances traditionnelles ne sont pas attribués au profit d'un autre bénéficiaire en vertu du contrat de partage des avantages, ils sont apportés par l'utilisateur à la personne morale de droit public mentionnée à l'article L. 412-10, qui en assure la gestion et la dévolution éventuelle au profit de la ou des communautés d'habitants concernées. Ces avantages font l'objet d'une comptabilité séparée. Ils ne peuvent être affectés qu'à des projets bénéficiant directement à la ou aux communautés d'habitants concernées et réalisés en concertation et avec la participation de cette ou de ces dernières.

II. – La personne morale de droit public mentionnée à l'article L. 412-10 veille à ce que le bénéfice des avantages découlant de l'utilisation des connaissances traditionnelles soit conforme aux critères fixés au I du présent article et au contenu du contrat de partage des avantages pendant toute la durée prévue au contrat pour cette utilisation. Elle peut se constituer partie civile en cas de violation de la présente section.

III. – Le contrat de partage des avantages peut prévoir qu'en cas de disparition du bénéficiaire des avantages initialement désigné par le contrat, la personne morale de droit public mentionnée à l'article L. 412-10 peut se substituer à lui.

§ 6. – Dispositions spécifiques aux collectivités territoriales ultramarines en matière d'autorité administrative compétente

Art. L. 412-15 *(L. n° 2016-1087, 8 août 2016).* – S'ils le souhaitent, les conseils régionaux de la Guadeloupe et de La Réunion, les assemblées de Guyane et de Martinique et le conseil départemental de Mayotte délibèrent pour exercer les fonctions de l'autorité administrative mentionnée au I des articles L. 412-7, L. 412-8 et L. 412-9 pour les demandes d'accès et d'utilisation des ressources génétiques et des connaissances traditionnelles associées concernant leur territoire.

§ 7. – Collections

Art. L. 412-16 *(L. n° 2016-1087, 8 août 2016).* – Un décret définit une procédure de déclaration annuelle simplifiée pour les détenteurs de collections scientifiques.

§ 8. – Dispositions communes

Art. L. 412-17 *(L. n° 2016-1087, 8 août 2016 ; mod., L. n° 2018-670, 30 juill. 2018).* – I. – Le déclarant ou le demandeur indique à l'autorité administrative compétente celles des informations fournies dans le dossier de déclaration, dans le dossier de demande d'autorisation ainsi que dans l'accord de partage des avantages conclu avec elle qui doivent rester confidentielles parce que leur diffusion serait de nature à porter atteinte au secret des affaires. Ne sont fournies ni dans les dossiers ni dans la convention précités les informations susceptibles de porter atteinte à la sauvegarde des intérêts de la défense et de la sécurité nationale.

II. – Les autorisations et récépissés de déclaration sont enregistrés par l'autorité administrative dans le centre d'échange créé par la conférence des parties à la convention sur la diversité biologique, adoptée à Nairobi le 22 mai 1992, conformément aux stipulations du paragraphe 3 de l'article 18 de ladite convention. Cet enregistrement confère aux autorisations et récépissés de déclaration les propriétés qui s'attachent au statut de certificat international de conformité, au sens du paragraphe 2 de l'article 17 du protocole de Nagoya sur l'accès aux ressources génétiques et le partage juste et équitable des avantages découlant de leur utilisation relatif à la convention sur la diversité biologique, dès l'entrée en vigueur pour la France de ce protocole.

III. – Le transfert à des tiers, par l'utilisateur, de ressources génétiques ou de connaissances traditionnelles associées pour leur utilisation doit s'accompagner du transfert, par l'utilisateur, de l'autorisation ou du récépissé de déclaration, ainsi que des obligations afférentes si elles s'appliquent au nouvel utilisateur. Ce dernier est tenu de déclarer ce transfert à l'autorité administrative compétente.

Un changement d'utilisation non prévu dans l'autorisation ou la déclaration requiert une nouvelle demande d'autorisation ou une nouvelle déclaration.

IV. – Les avantages sont affectés à la conservation des ressources génétiques et des connaissances traditionnelles associées, ainsi qu'à leur valorisation locale et à leur utilisation durable.

Sous-section 3. – Règles relatives à l'utilisation de ressources génétiques et de connaissances traditionnelles associées

Art. L. 412-18 *(L. n° 2016-1087, 8 août 2016).* – I. – La présente sous-section ne s'applique ni dans le cadre de l'utilisation des ressources génétiques issues des opérations de sélection animale, y compris les opérations de conservation des races animales, réalisées en application du chapitre III du titre V du livre VI du Code rural et de la pêche maritime, ni dans le cadre de l'utilisation de variétés végétales qui sont ou qui ont été légalement commercialisées.

II. – Un décret désigne une ou plusieurs autorités compétentes chargées de l'application du règlement (UE) n° 511/2014 du Parlement européen et du Conseil du 16 avril 2014 relatif aux mesures concernant le respect par les utilisateurs dans l'Union du protocole de Nagoya sur l'accès aux ressources génétiques et le partage juste et équitable des avantages découlant de leur utilisation, en particulier des fonctions décrites aux articles 5, 7, 9 à 13 de ce règlement, ainsi qu'aux articles 3 à 7 du règlement d'exécution (UE) 2015/1866 de la Commission du 13 octobre 2015 portant modalités d'application du règlement (UE) n° 511/2014 du Parlement européen et du Conseil en ce qui concerne le registre des collections, la surveillance du respect des règles par l'utilisateur et les bonnes pratiques.

Les utilisateurs de ressources génétiques et de connaissances traditionnelles associées présentent à la ou aux autorités compétentes mentionnées au premier alinéa du présent II les informations prévues à l'article 4 du règlement (UE) n° 511/2014 du 16 avril 2014 précité, dans les cas suivants :

1° Lorsqu'ils reçoivent un financement pour des travaux de recherche impliquant l'utilisation de ressources génétiques et de connaissances traditionnelles associées aux ressources génétiques.

L'acte administratif accordant le financement public prévoit obligatoirement une clause de remboursement des sommes versées au titre de l'appui aux travaux de recherche utilisant des ressources génétiques ou des connaissances traditionnelles associées en cas de non-respect des obligations définies au présent II ;

2° Lors du développement final d'un produit élaboré grâce à l'utilisation de ressources génétiques et de connaissances traditionnelles associées aux ressources génétiques.

Lorsque cette utilisation conduit à une demande de brevet, les informations mentionnées au premier alinéa du présent II sont adressées à l'Institut national de la propriété industrielle à la seule initiative du déclarant. L'Institut national de la propriété industrielle procède aux démarches normales de l'examen de la demande de brevet et à l'attribution d'une date de dépôt et transmet les informations sans examen à l'autorité compétente chargée de l'application des règles édictées par l'Union européenne visant à ce que chaque État membre contrôle que l'utilisateur sur son territoire de ressources génétiques et, le cas échéant, de connaissances traditionnelles associées à ces ressources y a eu accès dans le respect de toute disposition législative ou réglementaire alors applicable.

Lorsque cette utilisation conduit à une demande d'autorisation de mise sur le marché, les informations mentionnées au même premier alinéa sont recueillies par l'autorité compétente pour la mise sur le marché, qui les transmet sans examen à l'autorité compétente mentionnée à l'avant-dernier alinéa du présent II.

Bibliographie : J.-C. Galloux, *L'obligation de divulgation de l'origine des ressources génétiques dans les demandes de brevet – loi n° 2016-1087 du 8 août 2016 : Rev. UE* 2017, p. 68.

Art. L. 412-19 *(L. n° 2016-1087, 8 août 2016).* – Un décret en Conseil d'État, pris après avis, lorsqu'elles sont concernées, des collectivités territoriales régies par l'article 73 de la Constitution, précise les conditions d'application de la présente section.

Art. L. 412-20 *(L. n° 2016-1087, 8 août 2016).* – I. – Les détenteurs de collection peuvent demander la labellisation par l'État de tout ou partie de leur collection en vue de l'inscription de celle-ci dans un registre européen des collections.

II. – L'utilisateur d'une ressource génétique provenant d'une collection inscrite au registre européen des collections mentionné à l'article 5 du règlement (UE) n° 511/2014 du Parlement européen et du Conseil du 16 avril 2014 relatif aux mesures concernant le respect par les utilisateurs dans l'Union du protocole de Nagoya sur l'accès aux ressources génétiques et le partage juste et équitable des avantages découlant de leur utilisation est réputé avoir fait preuve de la diligence nécessaire en ce qui concerne l'obtention des informations énumérées au paragraphe 3 de l'article 4 du même règlement. Dans le cas d'un accès antérieur à la publication de la loi n° 2016-1087 du 8 août 2016 pour la reconquête de la biodiversité, de la nature et des paysages et à la date de labellisation de la collection, la diligence nécessaire relève du seul utilisateur.

CHAPITRE III. – DÉTENTION EN CAPTIVITÉ D'ANIMAUX D'ESPÈCES NON DOMESTIQUES

(Intitulé mod., L. n° 2016-1087, 8 août 2016)

Art. L. 413-1 A *(L. n° 2021-1539, 30 nov. 2021).* – I. – Parmi les animaux d'espèces non domestiques, seuls les animaux relevant d'espèces dont la liste est fixée par arrêté du ministre chargé de l'environnement peuvent être détenus comme animaux de compagnie ou dans le cadre d'élevages d'agrément.

II. – La liste mentionnée au I est établie et révisée tous les trois ans, après enquête approfondie conduite par le ministre chargé de l'environnement. Cette enquête se fonde sur des données scientifiques disponibles récentes présentant des garanties de fiabilité.

III. – Toute personne physique ou morale peut demander la mise à l'étude de l'inscription d'une espèce d'animal non domestique à la liste mentionnée au I ou le retrait d'une espèce d'animal non domestique de cette même liste.

La demande fait l'objet d'une réponse motivée du ministre chargé de l'environnement au plus tard six mois avant la révision de la liste en application du II. La réponse peut faire l'objet d'un recours devant le juge administratif.

Toute personne ayant présenté une demande en application du premier alinéa du présent III peut solliciter une dérogation au I, accordée par le représentant de l'État dans le département.

IV. – Par dérogation au I, la détention d'un animal d'une espèce ne figurant pas sur la liste mentionnée au même I est autorisée si son propriétaire démontre qu'il a acquis l'animal avant la promulgation de la loi n° 2021-1539 du 30 novembre 2021 visant à lutter contre la maltraitance animale et conforter le lien entre les animaux et les hommes.

V. – Un décret précise les modalités d'application du présent article, ainsi que la notion d'élevage d'agrément au sens du I.

Section I. – Établissements détenant des animaux d'espèces non domestiques

(Division créée, L. n° 2016-1087, 8 août 2016)

Art. L. 413-1 *(L. n° 2016-1087, 8 août 2016).* – Les dispositions du présent chapitre ne s'appliquent pas aux produits de la pêche maritime et de la conchyliculture destinés à la consommation ni aux établissements de pêche et aux instituts chargés de leur contrôle.

Le présent chapitre ne s'applique pas aux établissements détenant exclusivement des espèces d'invertébrés, sauf lorsque ces établissements procèdent à la présentation au public de leurs spécimens ou détiennent des espèces figurant sur une liste fixée par arrêté du ministre chargé de la protection de la nature.

Art. L. 413-1-1 *(L. n° 2021-1539, 30 nov. 2021).* – Un refuge ou sanctuaire pour animaux sauvages captifs est un établissement à but non lucratif accueillant des animaux d'espèces non domestiques, captifs ou ayant été captifs, ayant fait l'objet d'un acte de saisie ou de confiscation, trouvés abandonnés ou placés volontairement par leur propriétaire qui a souhaité s'en dessaisir.

L'exploitant d'un refuge ou sanctuaire pour animaux sauvages captifs doit être titulaire du certificat de capacité prévu à l'article L. 413-2 pour une activité d'élevage des espèces animales présentes sur le site lorsqu'il n'y a pas de présentation au public. Dans l'hypothèse d'une présentation au public, le certificat pour cette activité est requis.

L'établissement doit avoir fait l'objet d'une autorisation d'ouverture prévue à l'article L. 413-3.

Au sein d'un refuge pour animaux sauvages captifs, les animaux doivent être entretenus dans des conditions d'élevage qui visent à satisfaire les besoins biologiques, la santé et l'expression des comportements naturels des différentes espèces en prévoyant, notamment, des aménagements, des équipements et des enclos adaptés à chaque espèce.

Toute activité de vente, d'achat, de location ou de reproduction d'animaux est interdite.

La présentation de numéros de dressage et tout contact direct entre le public et les animaux à l'initiative du visiteur ou du personnel du refuge ou du sanctuaire sont interdits.

Le présent article s'applique sans préjudice des dispositions réglementaires relatives aux animaux d'espèces non domestiques.

Les ministres chargés de l'environnement et de l'agriculture assurent l'exécution du présent article.

Art. L. 413-2 *(Mod., Ord. n° 2008-507, 30 mai 2008 ; Ord. n° 2016-1809, 22 déc. 2016)*. – I. – Les responsables des établissements d'élevage d'animaux d'espèces non domestiques, de vente, de location, de transit, ainsi que ceux des établissements destinés à la présentation au public de spécimens vivants de la faune locale ou étrangère, doivent être titulaires d'un certificat de capacité pour l'entretien de ces animaux.

II. – Par dérogation au I, les professionnels ressortissants d'un État membre de l'Union européenne ou d'un autre État partie à l'accord sur l'Espace économique européen sont dispensés de la possession du certificat de capacité s'ils exercent leur activité de façon temporaire et occasionnelle en France, sous réserve :

1° D'être légalement établis dans un de ces États autre que la France pour y exercer cette activité ;

2° Lorsque ni l'activité ni la formation y conduisant ne sont réglementées dans l'État d'établissement, de l'avoir exercée dans un ou plusieurs États membres pendant au moins une année, ou à temps partiel pendant une durée totale équivalente, au cours des dix années qui précèdent la prestation.

Les professionnels mentionnés au premier alinéa doivent, lorsqu'ils effectuent pour la première fois leur prestation en France, en informer au préalable l'autorité administrative compétente par une déclaration qui peut donner lieu à une vérification des qualifications professionnelles du prestataire. Le contrôle auquel il est procédé doit permettre à l'autorité compétente de s'assurer que la prestation ne portera pas atteinte à la sécurité ou la santé du bénéficiaire du service du fait du manque de qualification professionnelle du prestataire. En cas de différence substantielle entre les qualifications professionnelles du prestataire et la formation exigée de nature à nuire à la santé ou à la sécurité des destinataires du service, l'autorité administrative compétente met le prestataire à même de démontrer qu'il a acquis les compétences et connaissances manquantes.

Les conditions d'application du présent II sont précisées par décret en Conseil d'État.

II *bis*.-Pour l'application du II, l'autorité compétente pour la reconnaissance des qualifications professionnelles accorde un accès partiel à l'activité lorsque toutes les conditions suivantes sont remplies :

1° Le professionnel est pleinement qualifié pour exercer dans un État membre de l'Union l'activité soumise en France à certificat de capacité pour laquelle un accès partiel est sollicité ;

2° Les différences entre l'activité professionnelle légalement exercée dans un État membre de l'Union et l'activité soumise en France à certificat de capacité sont si importantes que l'application de mesures de compensation reviendrait à imposer au demandeur de suivre le programme complet d'enseignement et de formation requis en France pour avoir pleinement accès à ladite activité ;

3° L'activité professionnelle peut objectivement être séparée d'autres activités relevant de la profession soumise à certificat de capacité, dans la mesure où elle peut être exercée de manière autonome dans l'État d'origine.

L'accès partiel peut être refusé pour des raisons impérieuses d'intérêt général, si ce refus est propre à garantir la réalisation de l'objectif poursuivi et si ce refus est proportionné à la protection de cet intérêt.

Les demandes aux fins d'accès partiel sont examinées comme des demandes à fin de libre prestation de services temporaire et occasionnelle de la profession concernée.

III. – Les dispositions du présent article s'appliquent également aux établissements existants au 14 juillet 1976 dans les délais et selon les modalités fixés par décret en Conseil d'État.

Voir : art. R. 413-3 à R. 413-7, p. 2194.

1) Droit communautaire. Compatibilité. Les dispositions des articles L. 212-1, L. 213-1 à L. 213-4 du Code rural (devenus C. env., art. L. 412-1, L. 413-1 à L. 413-4) et les textes pris pour leur application, qui se bornent à réglementer, sans les interdire, la détention, l'élevage et le commerce d'animaux d'espèces non domestiques et s'appliquent à tous les spécimens de ces espèces, même nés en captivité, ne constituent pas une entrave injustifiée aux échanges entre les États membres (■ Cass. crim., 6 févr. 2001, n° 00-80.686, *Poulain : Dr. pén.* 2001, n° 7, p. 16, note J.-H. Robert).

2) Champ d'application. Les dispositions du Code de l'environnement qui imposent aux éleveurs d'animaux sauvages d'être titulaires d'un certificat de capacité, de recevoir une autorisation pour ouvrir leur établissement et de tenir un registre d'entrée et de sortie des animaux, ne distinguent pas selon que ceux-ci aient été élevés en captivité ou fussent restés à l'état sauvage, cette législation ayant pour objet de les protéger dans tous les cas (■ CA Paris, ch. corr., 13e sect., 13 déc. 1996 : *JurisData* n° 1996-023869. – V. ■ Cass. crim., 10 nov. 1999, n° 98-87.306, inédit). Ainsi, la législation relative aux établissements d'élevage d'espèces non domestiques concerne la perdrix « choukar » dès lors que cette espèce n'a pas subi de modification par sélection de la part de l'homme (■ CA Poitiers, ch. corr., 13 sept. 1996 : *JurisData* n° 1996-055020).

3) Espèces nées et élevées en captivité. La Cour de justice des communautés européennes précise que la directive n° 79/409 CEE du Conseil du 2 avril 1979 ne s'applique pas aux spécimens d'oiseaux nés et élevés en captivité. Les États membres demeurent donc compétents pour réglementer cette matière (■ CJCE, 8 févr. 1996, aff. C-149/94, *D. Vergy : Rec. CJCE* 1996, I, p. 0299). La Cour de cassation en déduit que les États membres sont libres de réglementer leur commerce sous réserve du respect des articles 28 et 30 du traité CE, lesquels permettent des restrictions d'importation justifiées par des raisons de protection de la santé et de la vie des animaux, comme en l'espèce s'agissant d'une espèce protégée, l'hybride de tarin des aulnes (■ Cass. crim., 29 mars 2000, n° 98-86.054 : *JurisData* n° 2000-002041). Mais les États ne peuvent interdire de manière générale toute utilisation commerciale de spécimens d'espèces protégées figurant à l'annexe B du règlement CE n° 338/97 nés et élevés en captivité, cette interdiction dépassant ce qui est nécessaire pour assurer une protection efficace de ces espèces et constituant une entrave au commerce incompatible avec l'article 28 du traité de Rome (■ CA Rouen, ch. corr., 20 sept. 2006, n° 05/00784 : *JurisData* n° 2006-322636).

Preuve. Dès lors que les documents en possession du prévenu ne correspondent pas sur plusieurs points avec les oiseaux de son élevage et qu'il ne s'est pas conformé aux obligations réglementaires relatives à leur identification, la preuve que ces oiseaux sont nés et ont été élevés en captivité n'est pas rapportée (■ CA Toulouse, 13 janv. 2009, n° N08/00501, *Christian B.*).

Voir : également sous art. R. 411-5, p. 2161.

4) Établissement d'élevage. La seule détention, dans une propriété qui n'est pas ouverte au public, de deux tigresses du Bengale ne peut être regardée comme constituant un établissement d'élevage (■ CE, 20 oct. 1995, n° 153605, *Min. Environnement c/ P. Ziegler*). Il en est de même de la détention de deux boas constricteurs et deux pythons royaux installés dans une propriété non ouverte au public, au sein d'un local aménagé à cet effet, sans objectif de reproduction ou de cession d'animaux (■ CAA Lyon, 6 nov. 2000, n° 96LY20504, *M. Ducrot*). De même, à propos de la seule détention de deux cygnes tuberculés (■ Cass. crim., 4 oct. 2005, n° 05-82.565 : *JurisData* n° 2005-030564 ; *RD rur.* 2006, n° 1, p. 63, note J.-H. Robert ; *Dr. pén.* 2006, n° 1, p. 18, note J.-H. Robert).

Mais un enclos d'une superficie de 2 hectares, dont le grillage d'une hauteur de 3 mètres a été enterré sur tout son périmètre, doté d'un équipement approprié pour nourrir les suidés, et où sont régulièrement présents des sangliers nourris par les prévenus, caractérise un établissement d'élevage (■ CA Rouen, ch. corr., 17 sept. 2008, n° 07/01135 : *JurisData* n° 2008-007987). De même, la personne qui possède à son domicile de nombreuses cages et terrariums sur un terrain à proximité de son pavillon afin d'y élever des oiseaux granivores se rend coupable d'exploitation d'un établissement d'élevage sans certificat (■ CA Rouen, ch. corr., 11 sept. 2006, n° 06/00136 : *JurisData* n° 2006-316153).

5) Établissement destiné à la présentation au public de spécimens vivants de la faune locale ou étrangère. Un cirque constitue incontestablement un établissement destiné à la présentation au public de spécimens vivants de la faune locale ou étrangère (■ CA Paris, 13e ch., sect. A, 10 janv. 2007, n° 06/06585).

6) Titulaire du certificat. Le propriétaire de l'établissement ou un délégataire doit être certifié en vue d'exercer le pouvoir de décision concernant les modalités de l'entretien courant, la répartition des animaux dans les installations, les interventions sanitaires courantes à effectuer. Le certifié doit en outre pouvoir justifier de sa présence régulière sur les lieux et dès lors, il est indispensable qu'il soit attaché à l'établissement. Est ainsi déclaré coupable du délit d'exploitation d'une animalerie sans certificat un certifié attaché à deux établissements (■ Cass. crim., 16 nov. 2004, n° 04-80.683). C'est le responsable de l'établissement d'élevage d'animaux non domestiques qui doit détenir le certificat de capacité et non un de ses employés (■ CAA Douai, 27 juin 2012, n° 11DA01479, *Bohlmeijer*).

Art. L. 413-3 *(Anc. C. rur., art. L. 213-3).* – **Sans préjudice des dispositions en vigueur relatives aux installations classées pour la protection de l'environnement, l'ouverture des établissements d'élevage d'animaux d'espèces non domestiques, de vente, de location, de transit, ainsi que l'ouverture des établissements destinés à la présentation au public de spécimens vivants de la faune locale ou étrangère, doivent faire l'objet d'une autorisation délivrée dans les conditions et selon les modalités fixées par un décret en Conseil d'État.**

Les dispositions du présent article s'appliquent également aux établissements existants au 14 juillet 1976 dans les délais et selon les modalités fixés par décret en Conseil d'État.

Voir : art. R. 413-8 à R. 413-39, p. 2196.

1) Droit communautaire. Compatibilité. L'article L. 413-3 du Code de l'environnement et les textes pris pour son application qui subordonnent à une autorisation l'ouverture, sur le territoire national, des élevages d'animaux d'espèces non domestiques, ne sont pas contraires à l'article 29 du traité CE dès lors qu'il n'ont pas pour objet ou pour effet de restreindre spécifiquement les courants d'exportation et d'établir ainsi une différence de traitement entre le commerce national et le commerce d'exportation de manière à assurer un avantage particulier à la production nationale. Ces mêmes dispositions ne créent aucune discrimination directe à l'encontre des marchandises importées d'autres États membres, de sorte que la question de leur compatibilité avec l'article 28 du traité ne se pose pas dans une situation où le demandeur n'allègue pas qu'il importe ou entend importer des marchandises (■ Cass. crim., 21 févr. 2006, n° 05-84.916, *Didier V. : Gaz. Pal.* 16 mars 2006, n° 75, p. 12, comm. M. B ; *Environnement* 2006, n° 5, p. 21, note P. Trouilly ; *Dr. env.* 2006, n° 140, note D. Guihal). Dès lors que les dispositions de l'article L. 413-3 du Code de l'environnement ne font aucune distinction selon l'origine des animaux non domestiques élevés, vendus, loués, transportés ou présentés ; que l'exigence d'une autorisation d'ouverture des établissements des animaux non domestiques vise à garantir une qualité minimale du cadre et des conditions d'élevage et de reproduction de ces animaux, dans le but de protection de l'environnement et d'éléments de la faune sauvage, ou de protection de la santé et de la salubrité publiques, et n'a pas pour objet de régir la production ou l'échange de marchandises entre les États membres ; et que l'éventuel effet restrictif des échanges intracommunautaires qu'est susceptible d'entraîner l'exigence d'une autorisation d'ouverture de ces établissements est trop aléatoire et trop indirect, alors cette obligation ne peut être regardée comme une mesure d'effet équivalent à une restriction quantitative à l'importation ou à l'exportation au sens des articles 28 et 29 du traité CE (■ CAA Nantes, 3 mars 2009, n° 07NT02863, *M. Didier Vergy*).

2) Établissements existants au 14 juillet 1976. Les dispositions de l'article 6 de la loi n° 76-629 du 10 juillet 1976, reprises à l'article L. 413-3 du Code de l'environnement, s'appliquent aux établissements existants au 14 juillet 1976 dont les exploitants étaient tenus, en application de l'article 16 du décret n° 77-1297 du 25 novembre 1977, d'effectuer une déclaration au préfet dans les trois mois. Cependant, ce délai n'a pas été prescrit à peine de déchéance, et ce même si l'article 22 du décret n° 77-1297 du 25 novembre 1977 prévoit qu'en cas d'absence de l'autorisation ou de la déclaration prévue, le préfet met en demeure l'exploitant de régulariser sa situation (■ CE, 30 janv. 2013, n° 347177, *Section européenne du fonds international pour la conservation de la nature*).

3) Sanction. L'incrimination définie à l'article L. 413-3 du Code de l'environnement et réprimée par l'article L. 415-3 s'applique à l'inobservation du volume maximum des activités fixé par l'arrêté d'autorisation prévu par l'article R. 413-36 du présent code (■ Cass. crim., 13 nov. 2007, n° 07-84.806 : *Dr. pén.* 2008, n° 2, p. 33, comm. J.-H. Robert).

4) Notion de parc d'élevage. La notion de parc d'élevage implique une finalité de gestion des animaux comportant leur entretien régulier par la nourriture et les soins, la maîtrise de leur reproduction, et ce en vue d'assurer le développement de la population d'un tel parc (■ CA Bourges, 16 déc. 2010, *M. Daniel D.*).

Voir : également sous art. L. 415-3, p. 758.

Sur la notion d'établissement d'élevage, V. sous art. L. 413-2, p. 735.

Art. L. 413-4 *(Anc. C. rur., art. L. 213-4 ; mod., L. n° 2005-157, 23 févr. 2005).* – **I. - Sont soumis au contrôle de l'autorité administrative lorsqu'ils détiennent des animaux d'espèces non domestiques :**

1° Les établissements définis à l'article L. 413-3 ;

2° Les établissements scientifiques ;

3° Les établissements d'enseignement ;

4° Les établissements et instituts spécialisés dans la recherche biomédicale, dans le contrôle biologique et dans les productions biologiques ;

5° Les établissements professionnels de chasse à caractère commercial visés à l'article L. 424-3.

II. – Un décret en Conseil d'État précise les modalités d'application du présent article.

Voir : art. R. 413-42 à R. 413-44, p. 2204.

Droit européen : Dir. Cons. n° 86/609/CEE du 24 nov. 1986, concernant le rapprochement des dispositions législatives réglementaires et administratives des États membres relatives à la protection des animaux utilisés à des fins expérimentales ou à d'autres fins scientifiques (*JOCE* n° L 358, 18 déc. 1986).

Art. L. 413-5 *(Anc. C. rur., art. L. 213-5 ; mod., L. n° 2005-157, 23 févr. 2005).* **– Indépendamment des poursuites pénales qui peuvent être exercées en application du présent titre, des mesures administratives pouvant aller jusqu'à la fermeture de l'établissement peuvent être prescrites par l'autorité administrative.**

Un décret en Conseil d'État précise les modalités d'application du présent article.

Voir : art. R. 413-45 à 413-51, p. 2205.

1) Retrait de l'autorisation d'élevage. Le défaut de marquage de quatre animaux sur dix-sept a été constaté par procès-verbal. Le défaut de marquage des animaux ne s'est pas accompagné d'un défaut de surveillance. En conséquence, le retrait par le préfet de l'autorisation d'élevage d'animaux non domestiques est entachée d'erreur manifeste d'appréciation (▪ CE, 22 févr. 1999, n° 150540, *Brolles : JurisData* n° 1999-050278. – V. ▪ Cass. crim., 31 mars 1993, *Guilbert : Bull. crim.* 1993, n° 141, p. 344).

2) Confiscation. Si les agents des douanes peuvent confisquer les animaux de la personne reconnue coupable du délit douanier de détention sans justification d'origine d'espèces animales protégées, la confiscation ne peut être prononcée qu'une seule fois pour un même objet de fraude. Ainsi, en ordonnant la confiscation réelle de soixante-douze animaux ainsi que le paiement d'une somme pour valoir confiscation, la cour d'appel a méconnu les articles 412, 414 et 435 du Code des douanes (▪ Cass. crim., 20 nov. 1997, n° 96-85.173).

3) Élimination d'office des animaux. Est illégal l'arrêté préfectoral ordonnant l'élimination d'office de sangliers d'élevage en raison de l'absence d'exécution d'un arrêté imposant à l'exploitant de déposer une demande d'autorisation et d'apposer des numéros d'identification sur chaque sanglier, une telle mesure étant subordonnée à l'existence d'une situation d'extrême urgence ou à l'impossibilité absolue d'assurer le placement des animaux (▪ CE, 6 juill. 2007, n° 290376, *Min. Écologie, Développement et aménagement durables c/ Imbert*).

Section II. – Prescriptions générales pour la détention en captivité d'animaux d'espèces non domestiques

(L. n° 2016-1087, 8 août 2016)

Art. L. 413-6 *(L. n° 2016-1087, 8 août 2016).* **– Les mammifères, oiseaux, reptiles et amphibiens d'espèces non domestiques figurant sur les listes établies en application des articles L. 411-1, L. 411-2 et L. 412-1 détenus en captivité doivent être identifiés individuellement dans les conditions précisées par arrêté conjoint des ministres chargés de l'environnement et de l'agriculture.**

II. – Pour assurer le suivi statistique et administratif des animaux dont l'identification est obligatoire en application du I du présent article et pour permettre d'identifier leurs propriétaires, les données relatives à l'identification de ces animaux, le nom et l'adresse de leurs propriétaires successifs et la mention de l'exécution des obligations administratives auxquelles ces derniers sont astreints peuvent être enregistrés dans un fichier national et faire l'objet d'un traitement automatisé dans les conditions fixées par la loi n° 78-17 du 6 janvier 1978 relative à l'informatique, aux fichiers et aux libertés.

Un décret en Conseil d'État, pris après avis de la Commission nationale de l'informatique et des libertés, détermine les modalités d'application du présent article. Il précise les conditions dans lesquelles la collecte des données et leur traitement peuvent être confiés à des personnes agréées par les ministres chargés de l'environnement et de l'agriculture, la durée de conservation et les conditions de mise à jour des données enregistrées et les catégories de destinataires de ces données.

Art. L. 413-7 *(L. n° 2016-1087, 8 août 2016).* – Toute cession, à titre gratuit ou onéreux, d'un animal vivant d'une espèce non domestique doit s'accompagner, au moment de la livraison à l'acquéreur, de la délivrance d'une attestation de cession.

II. – Préalablement à toute cession, à titre gratuit ou onéreux, d'un animal vivant d'une espèce non domestique, le cédant doit s'assurer que le nouveau détenteur dispose, le cas échéant, des autorisations administratives requises pour la détention de l'animal cédé.

III. – Toute publication d'une offre de cession d'animaux mentionnés à l'article L. 413-6, quel que soit le support utilisé, doit mentionner le numéro d'identification de chaque animal.

Art. L. 413-8 *(L. n° 2016-1087, 8 août 2016).* – Toute vente d'un animal vivant d'une espèce non domestique doit s'accompagner, au moment de la livraison à l'acquéreur, de la délivrance d'un document d'information sur les caractéristiques, les besoins et les conditions d'entretien de l'animal.

Section 3. – Dispositions relatives aux animaux d'espèces non domestiques détenus en captivité à des fins de divertissement

(Section créée, L. n° 2021-1539, 30 nov. 2021)

Art. L. 413-9 *(L. n° 2021-1539, 30 nov. 2021).* – Une commission nationale consultative pour la faune sauvage captive est placée auprès du ministre chargé de la protection de la nature, qui en fixe par arrêté l'organisation et le fonctionnement et en nomme les membres.

Elle est composée :

1° De personnalités qualifiées en matière de recherche scientifique relative à l'éthologie, à la reproduction, à la conservation, aux caractéristiques biologiques et aux besoins des animaux non domestiques ;

2° D'un vétérinaire spécialiste de la faune sauvage ;

3° De représentants du ministre chargé de la protection de la nature, d'un représentant du ministre chargé de l'éducation, d'un représentant du ministre chargé de l'agriculture et d'un représentant du ministre chargé de la recherche ;

4° De représentants d'organismes internationaux actifs en matière de conservation des espèces ;

5° De représentants des associations de protection des animaux ;

6° De représentants des associations d'élus locaux ;

7° Et, sur désignation du président de la commission nationale consultative pour la faune sauvage captive, en fonction de l'ordre du jour, des représentants des établissements soumis au présent chapitre.

Ses membres exercent leurs fonctions à titre gratuit.

La commission nationale consultative pour la faune sauvage captive peut être consultée par le ministre sur les moyens propres à améliorer les conditions d'entretien ainsi que de présentation au public des animaux d'espèces non domestiques tenus en captivité.

Art. L. 413-10 *(L. n° 2021-1539, 30 nov. 2021).* – I. – Il est interdit d'acquérir, de commercialiser et de faire se reproduire des animaux appartenant aux espèces non domestiques en vue de les présenter au public dans des établissements itinérants.

Cette interdiction entre en vigueur à l'expiration d'un délai de deux ans à compter de la promulgation de la loi n° 2021-1539 du 30 novembre 2021 visant à lutter contre la maltraitance animale et conforter le lien entre les *animaux et les hommes.*

II. – Sont interdits, dans les établissements itinérants, la détention, le transport et les spectacles incluant des espèces d'animaux non domestiques. Cette interdiction entre en vigueur à l'expiration d'un délai de sept ans à compter de la promulgation de la loi [n° 2021-1539] du 30 novembre 2021 précitée.

III. – Des solutions d'accueil pour les animaux visés par les interdictions prévues aux I et II sont proposées à leurs propriétaires. Ces solutions garantissent que les animaux seront accueillis dans des conditions assurant leur bien-être.

IV. – Un décret en Conseil d'État précise les conditions dans lesquelles le ministre chargé de la protection de la nature peut déroger aux interdictions prévues à compter de leur entrée en vigueur, lorsqu'il n'existe pas de capacités d'accueil favorables à la satisfaction de leur bien-être pour les animaux visés par les interdictions prévues aux I et II.

V. – Les certificats de capacité et les autorisations d'ouverture prévus aux articles L. 413-2 et L. 413-3 ne peuvent être délivrés aux personnes ou aux établissements souhaitant détenir des animaux des espèces non domestiques, en vue de les présenter au public dans des établissements itinérants. Les autorisations d'ouverture délivrées aux établissements réalisant une des activités interdites par le présent article sont abrogées dès le départ des animaux détenus.

VI. – Tout établissement itinérant détenant un animal en vue de le présenter au public procède à son enregistrement dans le fichier national mentionné au II de l'article L. 413-6 dans un délai de six mois à compter de la promulgation de la loi [n° 2021-1539] du 30 novembre 2021 précitée, dans des conditions précisées par arrêté du ministre chargé de l'environnement.

VII. – Les conditions d'application du présent article sont précisées par arrêté du ministre chargé de la protection de la nature.

Art. L. 413-11 *(L. n° 2021-1539, 30 nov. 2021)*. – Les établissements de spectacles fixes présentant au public des animaux vivants d'espèces non domestiques sont soumis aux règles générales de fonctionnement et répondent aux caractéristiques générales des installations des établissements zoologiques à caractère fixe et permanent présentant au public des spécimens vivants de la faune locale ou étrangère. Les modalités d'application du présent article sont précisées par voie réglementaire.

Art. L. 413-12 *(L. n° 2021-1539, 30 nov. 2021)*. – I. – Sont interdits les spectacles incluant une participation de spécimens de cétacés et les contacts directs entre les cétacés et le public. Cette interdiction entre en vigueur à l'expiration d'un délai de cinq ans à compter de la promulgation de la loi [n° 2021-1539] du 30 novembre 2021 précitée.

II. – Il est interdit de détenir en captivité ou de faire se reproduire en captivité des spécimens de cétacés, sauf au sein d'établissements mentionnés à l'article L. 413-1-1 ou dans le cadre de programmes scientifiques dont la liste est fixée par arrêté du ministre chargé de la protection de la nature. Cette interdiction entre en vigueur à l'expiration d'un délai de cinq ans à compter de la promulgation de la loi [n° 2021-1539] du 30 novembre 2021 précitée.

III. – Un arrêté du ministre chargé de la protection de la nature détermine les caractéristiques générales, les modalités de présentation du contenu des programmes scientifiques et les règles de fonctionnement des établissements autorisés à détenir des spécimens vivants de cétacés mentionnés au II.

Art. L. 413-13 *(L. n° 2021-1539, 30 nov. 2021)*. – I. – Il est interdit de présenter des animaux domestiques ou non domestiques en discothèque. Pour l'application du présent I, est considérée comme discothèque tout lieu clos ou dont l'accès est restreint, dont la vocation première est d'accueillir du public, même dans le cadre d'évènements privés, en vue d'un rassemblement destiné principalement à la diffusion de musique et à la danse.

II *(II créé à compter du 30 novembre 2023, L. n° 2021-1539, 30 nov. 2021)*. – Il est interdit de présenter des animaux non domestiques, que ceux-ci soient captifs ou sortis de leur milieu naturel, lors d'émissions de variétés, de jeux et d'émissions autres que de fiction majoritairement réalisées en plateau, en dehors des locaux d'établissements disposant de l'autorisation d'ouverture prévue à l'article L. 413-3, et diffusés sur un service de télévision ou mis à disposition sur un service de médias audiovisuels à la demande, au sens de la loi n° 86-1067 du 30 septembre 1986 relative à la liberté de communication.

Art. L. 413-14 *(L. n° 2021-1539, 30 nov. 2021)*. – I *(I créé à compter du 30 novembre 2023, L. n° 2021-1539, 30 nov. 2021)*. – Il est interdit de détenir des ours et des loups, y compris hybrides, en vue de les présenter au public à l'occasion de spectacles itinérants.

II. – L'acquisition et la reproduction d'ours et de loups, y compris hybrides, en vue de les présenter au public à l'occasion de spectacles itinérants est interdite.

III *(III créé à compter du 30 novembre 2023, L. n° 2021-1539, 30 nov. 2021)*. – Les certificats de capacité et les autorisations d'ouverture prévus aux articles L. 413-2 et L. 413-3 ne peuvent être délivrés aux personnes ou établissements souhaitant détenir, en vue de les présenter au public dans des établissements itinérants, des animaux des espèces non domestiques mentionnées au I du présent article. Les autorisations d'ouverture délivrées aux établissements réalisant une des activités interdites par le présent article sont abrogées dès le départ des animaux détenus.

CHAPITRE IV. – CONSERVATION DES HABITATS NATURELS, DE LA FAUNE ET DE LA FLORE SAUVAGES

(Intitulé rempl., Ord. n° 2001-321, 11 avr. 2001)

Voir : Dir. Cons. n° 92/43/CEE du 21 mai 1992, concernant la conservation des habitats naturels ainsi que la faune et la flore sauvages (*JOCE* n° L 206, 22 juill. 1992, p. 7 à 8) – Dir. n° 2009/147/CE du Parlement européen et du Conseil du 30 nov. 2009 concernant la conservation des oiseaux sauvages (*JOUE* n° L 020 du 26 janv. 2010 p. 7).

Voir également : art. R. 414-1 à R. 414-24, p. 2206.

Section 1. – Sites Natura 2000

(Ord. n° 2001-321, 11 avr. 2001)

Art. L. 414-1 ***(Ord. n° 2001-321, 11 avr. 2001 ; mod., L. n° 2005-157, 23 févr. 2005 ; L. n° 2006-1772, 30 déc. 2006*** (1) ***; L. n° 2010-788, 12 juill. 2010 ; L. n° 2016-1087, 8 août 2016). –*** (2) **I. – Les zones spéciales de conservation sont des sites marins et terrestres à protéger comprenant :**

– soit des habitats naturels menacés de disparition ou réduits à de faibles dimensions ou offrant des exemples remarquables des caractéristiques propres aux régions alpine, atlantique, continentale et méditerranéenne ;

– soit des habitats abritant des espèces de faune ou de flore sauvages rares ou vulnérables ou menacées de disparition ;

– soit des espèces de faune ou de flore sauvages dignes d'une attention particulière en raison de la spécificité de leur habitat ou des effets de leur exploitation sur leur état de conservation ;

II. – Les zones de protection spéciale sont :

– soit des sites marins et terrestres particulièrement appropriés à la survie et à la reproduction des espèces d'oiseaux sauvages figurant sur une liste arrêtée dans des conditions fixées par décret en Conseil d'État ;

– soit des sites marins et terrestres qui servent d'aires de reproduction, de mue, d'hivernage ou de zones de relais, au cours de leur migration, à des espèces d'oiseaux autres que celles figurant sur la liste susmentionnée.

III. – Avant la notification à la Commission européenne de la proposition d'inscription d'une zone spéciale de conservation ou avant la décision de désigner une zone de protection spéciale, le projet de périmètre de la zone est soumis à la consultation des organes délibérants des communes et des établissements publics de coopération intercommunale concernés. L'autorité administrative ne peut s'écarter des avis motivés rendus à l'issue de cette consultation que par une décision motivée.

Avant la notification à la Commission européenne de la proposition d'inscription d'un périmètre modifié d'une zone spéciale de conservation ou avant la décision de modifier le périmètre d'une zone de protection spéciale, le projet de périmètre modifié de la zone est soumis à la consultation des organes délibérants des communes et des établissements publics de coopération intercommunale concernés par la modification du périmètre. L'autorité administrative ne peut s'écarter des avis motivés rendus à l'issue de cette consultation que par une décision motivée.

(Créé à compter du 1er janvier 2023, L. n° 2022-217, 21 févr. 2022) **Pour les sites exclusivement terrestres, l'avis du conseil régional ou, en Corse, de la collectivité de Corse est ajouté aux consultations prévues aux deux premiers alinéas du présent III. Lorsque le projet de périmètre ou de périmètre modifié de la zone recouvre tout ou partie de celui d'un espace naturel sensible, l'avis du conseil départemental concerné est ajouté à la liste des consultations prévues aux mêmes deux premiers alinéas.**

IV. – Les sites désignés comme zones spéciales de conservation et zones de protection spéciale par décision de l'autorité administrative concourent, sous l'appellation commune de « sites Natura 2000 », à la formation du réseau écologique européen Natura 2000.

---

(1) Dispositions applicables à Mayotte, L. n° 2006-1772, 30 déc. 2006, art. 98, IV, 1.

(2) V. D. n° 2004-762, 28 juill. 2004 (opérations de protection de l'environnement dans les espaces ruraux). – NDLR.

V (1). – Les sites Natura 2000 font l'objet de mesures destinées à conserver ou à rétablir dans un état favorable à leur maintien à long terme les habitats naturels et les populations des espèces de faune et de flore sauvages qui ont justifié leur délimitation. Les sites Natura 2000 font également l'objet de mesures de prévention appropriées pour éviter la détérioration de ces mêmes habitats naturels et les perturbations de nature à affecter de façon significative ces mêmes espèces.

Ces mesures sont définies en concertation notamment avec les collectivités territoriales intéressées et leurs groupements concernés ainsi qu'avec des représentants de propriétaires, exploitants et utilisateurs des terrains et espaces inclus dans le site.

Elles tiennent compte des exigences économiques, sociales, culturelles et de défense, ainsi que des particularités régionales et locales. Elles sont adaptées aux menaces spécifiques qui pèsent sur ces habitats naturels et sur ces espèces. Elles ne conduisent pas à interdire les activités humaines dès lors qu'elles n'ont pas d'effets significatifs sur le maintien ou le rétablissement dans un état de conservation favorable de ces habitats naturels et de ces espèces.

Les mesures sont prises dans le cadre des contrats ou des chartes prévus à l'article L. 414-3 ou en application des dispositions législatives ou réglementaires, notamment de celles relatives aux parcs nationaux, aux parcs naturels marins, aux réserves naturelles, aux biotopes ou aux sites classés.

Voir : A. 16 nov. 2001, relatif à la liste des espèces d'oiseaux qui peuvent justifier la désignation de zones de protection spéciale au titre du réseau écologique européen Natura 2000 selon l'article L. 414-1-II (1er al.) du Code de l'environnement (*JO* 29 janv. 2002, p. 1935). – A. 16 nov. 2001, relatif à la liste des types d'habitats naturels et des espèces de faune et de flore sauvages qui peuvent justifier la désignation de zones spéciales de conservation au titre du réseau écologique européen Natura 2000 (*JO* 7 févr. 2002, p. 2518). – A. du 19 avr. 2007 modifiant la liste des types d'habitats naturels et des espèces de faune et de flore sauvages qui peuvent justifier la désignation de zones spéciales de conservation au titre du réseau écologique européen Natura 2000 (*JO* 6 mai 2007).

1) La rédaction du troisième alinéa de l'article L. 414-1-V a été modifiée à la suite de la condamnation en manquement de la France par la Cour de justice de l'Union européenne pour transposition incorrecte de l'article 6, paragraphe 2, de la directive Habitats n° 92/43/CEE du 21 mai 1992, l'ancienne rédaction de cette disposition prévoyant de manière générale que la pêche, les activités aquacoles, la chasse et les autres activités cynégétiques pratiquées dans les conditions et sur les territoires autorisés par les lois et règlements en vigueur ne constituent pas des activités perturbantes ou ayant de tels effets (■ CJUE, 4 mars 2010, aff. C-241/08, *Commission c/ République française*).

2) Valeur législative des sites Natura 2000. En visant les sites Natura 2000 dans la loi du 9 juillet 2001, le législateur a implicitement ratifié l'ordonnance du 11 avril 2001 transposant les directives communautaires « Oiseaux » et « Habitats » et introduisant dans l'ordre juridique national la protection de ces sites (■ CE, 19 mars 2003, nos 234073 et 234688, *Assoc. des élus de la montagne et a., Assoc. Coordination nationale Natura 2000 et a.* : *BJCL* 5/2003, p. 334 et s. ; *Environnement* 2003, n° 6, p. 21, comm. L. Benoit).

3) Transcription de la directive « Habitats » du 21 mai 1992. La circulaire du 11 août 1997 par laquelle le ministre de l'Environnement demande aux préfets de lui transmettre des listes départementales de sites à inscrire dans le réseau Natura 2000 afin qu'elles soient présentées à la Commission européenne est illégale car, en prévoyant la transmission des listes au ministre avant que ne soient recueillis les avis régulièrement prévus – un inventaire scientifique préalable sous l'égide du ministre de l'Environnement et du Muséum d'Histoire naturelle ainsi que des consultations aux niveaux régional et départemental d'une durée de quatre mois – ce processus d'élaboration méconnaît la procédure fixée par le décret du 5 mai 1995 pris en application de la directive

(1) La Cour de justice de l'Union européenne a constaté que :

« – d'une part, en prévoyant de manière générale que la pêche, les activités aquacoles, la chasse et les autres activités cynégétiques pratiquées dans les conditions et sur les territoires autorisés par les lois et règlements en vigueur ne constituent pas des activités perturbantes ou ayant de tels effets, et

– d'autre part, en exemptant systématiquement de la procédure d'évaluation des incidences sur le site les travaux, ouvrages et aménagements prévus par les contrats Natura 2000, et

– en exemptant systématiquement de cette procédure les programmes et projets de travaux, d'ouvrages ou d'aménagements soumis à un régime déclaratif [C. env., art. L. 414-4 dans sa rédaction antérieure, issue de : Ord. n° 2004-489, 3 juin 2004, art. 2],

la République française a manqué aux obligations qui lui incombent en vertu, respectivement, de l'article 6, paragraphe 2, de la directive « habitats » [Dir. n° 92/43/CEE, 21 mai 1992] et de l'article 6, paragraphe 3, de cette directive », ■ CJUE, 4 mars 2010, affaire C-241/08 : *JurisData* n° 2010-003128. – NDLR.

« Habitats » du 21 mai 1992 et fixant la procédure d'établissement de la liste nationale (■ CE, 27 sept. 1999, n° 194468, Assoc. *« coordination nationale Natura 2000 » : Dr. env.* 2000, n° 75, p. 12-13, note R. Romi ; *LPA* 8 févr. 2000, n° 27, p. 11-13, note R. Romi). La décision du 15 juillet 1995 par laquelle le ministre de l'Environnement et de l'Aménagement du territoire a fait parvenir à la Commission européenne les propositions françaises de sites susceptibles d'être reconnus d'importance communautaire au titre de la directive du 21 mai 1992 a été annulée partiellement. En effet, 534 sites de cette liste avaient déjà été transmis à la Commission par des décisions qui ont fait l'objet d'une annulation par le Conseil d'État dans sa décision du 27 septembre 1999 (■ CE, 22 juin 2001, n° 29995, *Assoc. coordination nationale Natura 2000*).

4) Désignation. *a) Désignation d'une ZPS.* Si les autorités administratives disposent d'une marge d'appréciation en ce qui concerne les choix des zones de protection spéciale, elles ne peuvent exclure une partie d'une zone proposée à la Commission en tant que site d'intérêt communautaire qu'en se fondant sur des critères scientifiques, notamment ceux de l'annexe III de la directive « Habitats » du 21 mai 1992, à l'exclusion de considérations tirées d'exigences administratives, économiques, sociales et culturelles ou de particularités régionales ou locales alors même qu'aucune disposition législative ou réglementaire n'a repris ou transposé en droit interne les critères de ladite annexe. Commet ainsi une erreur de droit le ministre de l'Écologie qui décide d'exclure une zone de la proposition de site d'intérêt communautaire sur des critères administratifs et économiques et non sur des critères scientifiques (■ TA Strasbourg, 21 nov. 2005, n° 0402365, *Assoc. Alsace Nature*). En revanche, la circonstance que le périmètre retenu pour la zone de protection spéciale « plateau de l'Arbois » ne soit pas identique au périmètre du projet d'intérêt général « plateau de l'Arbois » arrêté conformément aux dispositions de l'article R. 123-10 du Code de l'urbanisme, est sans influence sur la légalité de l'arrêté portant désignation d'une zone de protection spéciale, qui ne fait pas application des dispositions du Code de l'urbanisme (■ CAA Marseille, 11 mars 2010, n°s 08MA02414 et 08MA02415, *Cne de Cabries et Cne de Ventabren*).

b) Désignation d'une ZSC. Dès lors que le préfet ne dispose pas d'éléments suffisants pour lui permettre de regarder deux sites comme satisfaisants aux critères fixés par l'article L. 414-1 du Code de l'environnement, il ne peut être tenu d'engager la procédure de désignation d'une zone spéciale de conservation (ZSC) en consultant les communes et les établissements publics de coopération intercommunale concernés (■ CE, 16 janv. 2008, n° 292489, *MEDAD : JurisData* n° 2008-072960 ; *Environnement* 2008, n° 3, p. 31, comm. J.-M. Février ; *Dr. env.* 2008, n° 159, p. 19, note X. Braud ; *Rev. Lamy coll. terr.* 2008, n° 37, p. 18, comm. E. Glaser. – Annulation partielle de ■ CAA Nantes, 30 déc. 2005, n° 04NT00958, *Assoc. Manche Nature : JCP* A 2006, n° 19, chron. 1101, p. 589, comm. R. Vandermeeren ; *Dr. env.* 2006, n° 139, p. 169, note X. Braud ; *Rev. jur. env.* 2006, n° 3, p. 309, concl. D. Artus).

c) Appréciation de la légalité de l'arrêté de désignation. Légalité de l'arrêté de désignation d'un site Natura 2000 dès lors qu'il ne ressort pas des pièces du dossier que le projet a été établi à partir de données scientifiques erronées, alors même que l'étude réalisée par la fédération requérante, contestée sur certains points par le Conseil scientifique régional du patrimoine naturel ou le Muséum d'histoire naturelle, aboutirait à une appréciation différente de l'intérêt ornithologique de la zone (■ CAA Bordeaux, 2 juin 2009, n° 08BX01709, *Fédération départementale des chasseurs des Landes*). À propos de la légalité de l'arrêté portant désignation du site Natura 2000 du marais poitevin (■ CE, 2 nov. 2005, n° 269007, *Assoc. Coordination des syndicats de marais de la baie de l'Aiguillon et a. : Environnement* 2005, n° 12, p. 18, note L. Benoit). À propos de la légalité de l'appellation site Natura 2000 Les Cévennes (■ CAA Marseille, 7 févr. 2012, n° 09MA03152, *Groupement forestier du Bois d'Altefage*). En application de l'article L. 414-1 du Code de l'environnement, la prise en compte des exigences économique n'est prévue que pour les mesures de gestion et non la décision de désignation d'un site (■ CAA Marseille, 28 mars 2011, n° 09MA01034, *Communauté d'agglomération Hérault-Méditerranée*).

d) Décision de l'autorité administrative visée par l'article L. 414-1-III. La décision de l'autorité administrative visée par l'article L. 414-1-III est la décision prise par le préfet de s'écarter des avis des organes délibérants des communes et des établissements publics de coopération intercommunale concernés, lors de la transmission du projet au ministre chargé de l'environnement (■ CAA Marseille, 11 mars 2010, n°s 08MA02414 et 08MA02415, *Cne de Cabries et Cne de Ventabren*. –V. également : ■ CAA Lyon, 9 déc. 2010, n° 09LY02048, *GFA de la Tutellerie*).

e) Absence de critère quantitatif. La désignation d'un site en zone de protection spéciale n'est pas soumise au respect de critères quantitatifs établissant la présence suffisante des effectifs des espèces d'oiseaux sauvages (■ CAA Lyon, 9 déc. 2010, n° 09LY02048, *GFA de la Tutellerie*).

f) Consultation des communes et établissements publics. Aucune disposition législative ou réglementaire n'impose au préfet de communiquer aux communes et aux établissements publics auxquels il soumet pour avis un projet de périmètre de zone de protection spéciale la liste exhaustive des espèces qui justifient la désignation du site envisagé (▪ CAA Marseille, 20 déc. 2010, n° 08MA04255, *M. Jean-Pierre Bataillou*). Légalité de l'arrêté retenant un périmètre différent de celui soumis à la consultation, qui correspond au périmètre proposé par l'une des personnes publiques consultées, dans la mesure où ce périmètre ne comprend aucun ajout de nouvelles zones qui aurait rendu nécessaire une nouvelle consultation des communes ou des établissements publics (▪ CAA Douai, 6 mai 2010, n° 09DA00872, *Carlier*).

5) Effets de la désignation. Le fait qu'un site soit en voie d'intégration dans le réseau Natura 2000 et d'homologation en tant que ZNIEFF souligne l'intérêt particulier du milieu en question, de nature à justifier sa préservation (▪ CAA Bordeaux, 6 nov. 2006, n° 02BX00757, *Cne de Claix : Environnement* 2007, n° 1, p. 38, comm. J.-M. Février ; *Rev. jur. env.* 2007, n° 3, pan. p. 405, comm. G. Monédiaire).

6) Opposabilité des ZPS. Selon le Conseil d'État, ne peut être invoqué à l'encontre d'un arrêté préfectoral autorisant des installations portuaires la création d'une zone de protection spéciale si elle n'a fait l'objet d'aucune publication. Il faut cependant souligner que la directive « Habitats » (qui désormais précise le régime juridique de protection des ZPS délimitées au titre de la directive « Oiseaux ») n'exige pas la publication des ZPS désignées (▪ CE, 6 janv. 1999, n° 161403, *SEPRONAS : Dr. env.* 1999, n° 68, p. 7, note L. Le Corre).

7) Étude d'impact. Est régulière une étude d'impact jointe à un arrêté préfectoral qui a pris en compte les effets de l'ouvrage projeté sur la faune et la flore mais qui n'a pas mentionné que le site retenu figurait dans l'inventaire des zones de protection spéciale et dans celui des zones naturelles d'intérêt écologique, faunistique et floristique (▪ CE, 6 janv. 1999, n° 161403, *SEPRONAS : Dr. env.* mai 1999, n° 68, p. 7, note L. Le Corre). De même, aucune disposition n'imposait que l'étude d'impact mentionne le fait que le site où l'ouvrage était projeté aurait vocation à figurer sur la liste des sites d'intérêt communautaire en application du programme Natura 2000 (▪ CE, 16 juin 2000, n° 194495, *Assoc. de défense du cadre de vie du grand Angoulême*). Aucune disposition n'exige également que soit mentionné dans une étude d'impact le fait qu'un aménagement projeté traverse des sites d'intérêt communautaire retenus pour figurer dans le programme Natura 2000 (▪ CE, 9 févr. 2004, n° 223121, *Assoc. Manche Nature*).

V. cependant : la procédure de classement d'un secteur du littoral en zone spéciale de conservation alors que cette procédure, qui a abouti à une décision de la Commission européenne, est très avancée ne peut, eu égard à sa portée juridique, être omise de la notice d'impact sans affecter la régularité de l'enquête publique (▪ TA Caen, 12 juill. 2007, n°s 0401746 et 0500047, *Assoc. Manche Nature : JCP* A 2007, n° 39, p. 19, comm. L. Bordereaux ; *Environnement* 2008, n° 1, p. 26, comm. J.-M. Février).

8) Enquête publique. Dès lors qu'ont été incluses dans le périmètre de l'enquête publique non seulement les communes directement concernées par les aménagements projetés mais aussi, alors même que la seule formalité obligatoire y était celle de l'affichage de l'arrêté ouvrant l'enquête, les communes dans lesquelles l'opération paraissait de nature à faire sentir ses effets de façon notable sur la vie aquatique et sur la qualité, le régime, le niveau ou le mode d'écoulement des eaux, la seule circonstance qu'une commune soit mentionnée à plusieurs reprises dans l'étude d'impact et qu'elle fasse partie d'une ZNIEFF, d'une zone humide au titre de la convention de Ramsar et du pré-inventaire établi au titre de la directive Natura 2000 ne suffit pas, en tout état de cause, à établir que l'opération y ait des effets notables. Par suite, le moyen selon lequel la commune en question aurait été irrégulièrement exclue du périmètre de l'enquête publique doit être écarté (▪ CE, 27 févr. 2004, n° 259223, *Assoc. de sauvegarde du milieu environnemental de la nature, de la santé et de la défense des droits [ASME]*).

9) Contrôle. Le Conseil d'État statuant en référé a estimé que devait être suspendu un arrêté autorisant la plantation de vignes, précédée de travaux de terrassement, sur des parcelles qui avaient été répertoriées par l'État en application de la directive « Habitats » du 21 mai 1992. En effet, la contradiction entre la liste établie pour l'application de la directive et les dispositions de l'arrêté révélait une erreur manifeste d'appréciation présentant le caractère d'un moyen propre à créer un doute sérieux quant à la légalité de ces dispositions (▪ CE, ord., 9 juill. 2001, *Assoc. fédérative régionale pour la protection de la nature Haut-Rhin : Dr. env.* 2001, n° 91, p. 203, note S. Bélier). Mais, statuant au fond dans la même affaire, le Conseil d'État a estimé qu'il ne ressort pas des pièces du dossier que le ministre ait, compte tenu des modalités de détermination du périmètre des ZSC, des mesures de protection dont elles doivent faire l'objet ainsi que de la possibilité d'y réaliser, dans certaines conditions, des projets portant atteinte à leur intégrité, commis d'erreur manifeste d'appréciation en prenant l'arrêté attaqué (▪ CE, 30 déc. 2002, n° 232752, *Assoc. fédérative régionale pour la protection de la nature Haut-Rhin : Environnement* 2003, n° 3, p. 20, note L. Benoit ; *Rev. jur. env.* 2004, n° 1, p. 11, note P. Billet). De même, le moyen tiré de la violation de l'article L. 414-1 du Code de l'environnement doit être écarté dès lors que la nouvelle procédure d'approche organisée par l'arrêté litigieux ne conduira pas au survol direct par les avions d'une zone classée Natura 2000 (■ CE, 19 mars 2008, n° 297860, *Cne de Binningen c/ Min. Écologie : JurisData* n° 2008-073326 ; *JCP* A 2008, n° 30, p. 28, note P. Billet). De même, dès lors que les pièces du dossier ne permettent pas d'établir que le lotissement autorisé par l'arrêté litigieux est susceptible de porter atteinte à l'état de conservation de sites classés Natura 2000, le moyen tiré de la méconnaissance des articles L. 414-1 et suivants du Code de l'environnement doit être écarté (■ CAA Lyon, 30 juin 2009, n° 07BX023000, *SCI ANJE*). En revanche, bien qu'une épreuve d'endurance de quads tout terrain doive se dérouler sur un ancien circuit de moto-cross et sur deux voies communales et non hors-pistes, méconnaît les dispositions des articles L. 411-1 et L. 414-1 du Code de l'environnement l'autorisation délivrée dans la mesure où le circuit est situé au sein d'une zone Natura 2000 qui abrite des espèces protégées à une date ou pour certaines, la période de reproduction a débuté. Les mesures prévues, qui sont pour l'essentiel des mesures de sécurité routière ou de santé publique pour les participants et le public, sont insuffisantes pour limiter l'atteinte portée au site par ce type de manifestation (■ CAA Marseille, 22 nov. 2011, n° 09MA03055, *Moto Club de Roumoules c/ Assoc. pour la protection du lac de Sainte-Croix*).

10) Urbanisme. Ne dénature pas les pièces du dossier la cour administrative d'appel qui juge insuffisantes, au regard de l'article R. 123-17 du Code de l'urbanisme, les mentions du rapport de présentation relatives au classement en zone d'urbanisation NA, en vue de la réalisation d'une zone industrialo-portuaire, d'un secteur inscrit au fichier des ZNIEFF et à l'inventaire scientifique des zones importantes pour la conservation des oiseaux (ZICO), dès lors qu'elles n'analysent pas les incidences de l'urbanisation prévue pour ce site mais se bornent à des considérations générales sur les mesures destinées à en assurer la préservation et la mise en valeur (■ CE, 6 nov. 2006, n° 282539, *Communauté de communes du pays de Honfleur : BJDU* 2006, n° 6, p. 419, concl. L. Touvet ; *Rev. jur. env.* 2008, n° 2, pan. p. 223, comm. B. Drobenko) – en sens inverse, dans une affaire dans laquelle l'évaluation environnementale a été jugée suffisante, V. ■ CAA Bordeaux, 7 mai 2015, n° 14BX00081, *Mme F et a. c/ Cne d'Audenge*).

11) Zone de développement éolien. La création d'une ZDE ne nécessite pas la réalisation d'une évaluation environnementale (■ CAA Nancy, 2 août 2012, n° 11NC01549, *min. de l'Écologie, du Développement durable, des Transports et du Logement*).

Art. L. 414-2 *(Ord. n° 2001-321, 11 avr. 2001 ; rempl., L. n° 2005-157, 23 févr. 2005* (1)*; mod., L. n° 2006-436, 14 avr. 2006 ; L. n° 2006-1772, 30 déc. 2006* (2) *; L. n° 2010-788, 12 juill. 2010 ; L. n° 2016-1087, 8 août 2016).* – (3) **I. – Pour chaque site Natura 2000, un document d'objectifs définit les orientations de gestion, les mesures prévues à l'article L. 414-1, les modalités de leur mise en œuvre et les dispositions financières d'accompagnement.**

Le document d'objectifs est compatible ou rendu compatible, lors de son élaboration ou de sa révision, avec les objectifs environnementaux définis par le plan d'action pour le milieu marin prévu aux articles L. 219-9 à L. 219-18, lorsqu'ils concernent les espèces et les habitats justifiant la désignation du site.

II. – Pour l'élaboration et le suivi de la mise en œuvre du document d'objectifs, un comité de pilotage Natura 2000 est créé par l'autorité administrative.

Ce comité comprend les collectivités territoriales intéressées et leurs groupements concernés ainsi que, notamment, des représentants de propriétaires, exploitants et utilisateurs des terrains et espaces inclus dans le site Natura 2000. Les représentants de l'État y siègent à titre consultatif.

III. – Les représentants des collectivités territoriales et de leurs groupements désignent parmi eux le président du comité de pilotage Natura 2000 ainsi que la collectivité territoriale ou le groupement chargé de l'élaboration du document d'objectifs et du suivi de sa mise en œuvre.

À défaut, la présidence du comité de pilotage Natura 2000 ainsi que l'élaboration du document d'objectifs et l'animation nécessaire à sa mise en œuvre sont assurées par l'autorité administrative.

IV. – Une fois élaboré, le document d'objectifs est approuvé par l'autorité administrative. Si le document d'objectifs n'a pas été soumis à son approbation dans les deux ans qui suivent la création du comité de pilotage Natura 2000, l'autorité administrative peut prendre en charge son élaboration.

(1) Dispositions particulières : V. L. n° 2005-157, 23 févr. 2005, art. 145.
(2) Dispositions applicables à Mayotte, L. n° 2006-1772, 30 déc. 2006, art. 98, IV, 1.
(3) V. D. n° 2004-762, 28 juill. 2004 (opérations de protection de l'environnement dans les espaces ruraux). – NDLR.

IV *bis*. – Pour les sites situés dans le périmètre de l'établissement mentionné à l'article L. 213-12-1, les attributions de l'autorité administrative mentionnées au III et à la seconde phrase du IV du présent article sont assurées par le directeur de l'établissement.

IV *ter (Créé à compter du 1er janvier 2023, L. n° 2022-217, 21 févr. 2022)*. – Pour les sites exclusivement terrestres, les compétences mentionnées aux II, III, IV et V sont exercées par la région ou, en Corse, par la collectivité de Corse. L'autorité administrative est alors le président du conseil régional ou, en Corse, le président de la collectivité de Corse. Dans le cas de sites interrégionaux, une convention est conclue entre les régions concernées pour désigner celle qui assurera le rôle d'autorité administrative.

V *(Mod. à compter du 1er janvier 2023, L. n° 2022-217, 21 févr. 2022)*. – Une convention est conclue entre l'autorité compétente et la collectivité territoriale ou le groupement désigné dans les conditions prévues au III afin de définir les modalités et les moyens d'accompagnement nécessaires à l'élaboration du document d'objectifs et au suivi de sa mise en œuvre.

VI *(Mod. à compter du 1er janvier 2023, L. n° 2022-217, 21 févr. 2022)*. – Nonobstant toutes dispositions contraires, lorsque le site est entièrement inclus dans un terrain relevant du ministère de la défense, la composition du comité de pilotage Natura 2000 est arrêtée conjointement avec l'autorité militaire. Cette dernière préside le comité de pilotage Natura 2000, établit le document d'objectifs et suit sa mise en œuvre en association avec le comité de pilotage.

VII. – Lorsque le site est majoritairement situé dans le périmètre du cœur d'un parc national et par dérogation aux II à V, l'établissement public chargé de la gestion du parc établit le document d'objectifs et en suit la mise en œuvre.

VIII. – Lorsque le site est majoritairement situé dans le périmètre d'un parc naturel marin et par dérogation aux II à V, le conseil de gestion prévu à l'article L. 334-4 élabore le document d'objectifs et en suit la mise en œuvre. L'établissement public chargé de la gestion du parc approuve le document d'objectifs.

Sous réserve de l'alinéa précédent et par dérogation aux III à V, lorsque le site comprend majoritairement des espaces marins, l'autorité administrative établit le document d'objectifs et suit sa mise en œuvre en association avec le comité de pilotage Natura 2000. La présidence du comité de pilotage est assurée par l'autorité administrative qui peut la confier à un représentant d'une collectivité territoriale ou d'un groupement désigné par ses soins.

IX. – Dans tous les cas, aucune mesure de conservation ou de rétablissement des habitats naturels et des espèces qui ont justifié la désignation du site Natura 2000 ne peut figurer dans le document d'objectifs sans l'accord préalable de l'autorité militaire lorsque cette mesure est susceptible d'affecter l'exécution de la politique militaire au sens de l'article L. 1142-1 du Code de la défense.

Art. L. 414-3 *(Ord. n° 2001-321, 11 avr. 2001 ; mod., L. n° 2005-157, 23 févr. 2005 ; L. n° 2006-1772, 30 déc. 2006* (1) *; L. n° 2010-788, 12 juill. 2010 ; L. n° 2012-387, 22 mars 2012)*. – (2) I. – Pour l'application du document d'objectifs, les titulaires de droits réels et personnels portant sur les terrains inclus dans le site ainsi que les professionnels et utilisateurs des espaces marins situés dans le site peuvent conclure avec l'autorité administrative des contrats, dénommés « contrats Natura 2000 ». Les contrats Natura 2000 conclus par les exploitants agricoles peuvent prendre la forme de contrats portant sur des engagements agro-environnementaux.

(Mod. à compter du 1er janvier 2023, L. n° 2022-217, 21 févr. 2022) Le contrat Natura 2000 comporte un ensemble d'engagements conformes aux orientations et aux mesures définies par le document d'objectifs, portant sur la conservation et, le cas échéant, le rétablissement des habitats naturels et des espèces qui ont justifié la création du site Natura 2000. Il n'est conclu que lorsqu'il est exclusivement nécessaire ou directement lié à la gestion d'un site Natura 2000. Il définit la nature et les modalités des aides publiques et les prestations à fournir en contrepartie par le bénéficiaire. En cas d'inexécution des engagements souscrits, les aides publiques font l'objet d'un remboursement selon des modalités fixées par décret.

Les litiges relatifs à l'exécution de ce contrat sont portés devant la juridiction administrative.

(1) Dispositions applicables à Mayotte, L. n° 2006-1772, 30 déc. 2006, art. 98, IV, 1.

(2) V. D. n° 2004-762, 28 juill. 2004 (opérations de protection de l'environnement dans les espaces ruraux). – NDLR.

II. – Les titulaires de droits réels et personnels portant sur les terrains inclus dans le site ainsi que les professionnels et utilisateurs des espaces situés dans le site peuvent adhérer à une charte Natura 2000. La charte Natura 2000 comporte un ensemble d'engagements définis par le document d'objectifs et pour lesquels le document d'objectifs ne prévoit aucune disposition financière d'accompagnement.

La charte peut également déterminer des engagements spécifiques à une activité qui permettent de garantir que celle-ci ne sera pas susceptible de porter atteinte au site de manière significative. Pour la période courant jusqu'à l'approbation du document d'objectifs, l'autorité administrative peut établir une charte comportant de tels engagements spécifiques.

III *(Créé à compter du 1er janvier 2023, L. n° 2022-217, 21 févr. 2022).* – Pour les sites exclusivement terrestres, les compétences mentionnées aux I et II sont exercées par la région ou, en Corse, par la collectivité de Corse. L'autorité administrative est alors le président du conseil régional ou, en Corse, le président de la collectivité de Corse.

Le présent article s'entend sans préjudice des programmes relatifs aux fonds européens.

IV *(Créé à compter du 1er janvier 2023, L. n° 2022-217, 21 févr. 2022).* – Lorsque le périmètre d'un site Natura 2000 inclut en tout ou partie des terrains relevant du ministère de la défense, les compétences mentionnées aux I et II du présent article sont exercées conjointement avec l'autorité militaire.

Valeur juridique du document d'objectifs. Un document d'objectifs contient des dispositions susceptibles de produire des effets juridiques notamment, selon l'article L. 414-3 du présent code, au regard des « contrats Natura 2000 » ; l'arrêté préfectoral l'approuvant peut par conséquent être déféré au juge de l'excès de pouvoir (■ CE, 19 juin 2006, nos 266435, 282702 et 283079, *Fédération départementale des syndicats d'exploitants agricoles de la Vendée et a. : AJDA* 2006, n° 36, p. 2015, note X. Braud).

Art. L. 414-4

***(Rempl., L. n° 2008-757, 1er août 2008 ; L. n° 2010-788, 12 juill. 2010 ; L. n° 2012-387, 22 mars 2012 ; L. n° 2016-1087, 8 août 2016).* – I. – Lorsqu'ils sont susceptibles d'affecter de manière significative un site Natura 2000, individuellement ou en raison de leurs effets cumulés, doivent faire l'objet d'une évaluation de leurs incidences au regard des objectifs de conservation du site, dénommée ci-après « Évaluation des incidences Natura 2000 » :**

1° Les documents de planification qui, sans autoriser par eux-mêmes la réalisation d'activités, de travaux, d'aménagements, d'ouvrages ou d'installations, sont applicables à leur réalisation ;

2° Les programmes ou projets d'activités, de travaux, d'aménagements, d'ouvrages ou d'installations ;

3° Les manifestations et interventions dans le milieu naturel ou le paysage.

II (1). **– Les programmes ou projets d'activités, de travaux, d'aménagements, d'ouvrages ou d'installations ainsi que les manifestations et interventions prévus par les contrats Natura 2000 ou pratiqués selon les engagements spécifiques définis par une charte Natura 2000 sont dispensés de l'évaluation des incidences Natura 2000.**

II *bis*. – Les activités de pêche maritime professionnelle s'exerçant dans le périmètre d'un ou de plusieurs sites Natura 2000 font l'objet d'analyses des risques d'atteinte aux objectifs de conservation des sites Natura 2000, réalisées à l'échelle de chaque site, lors de l'élaboration ou de la révision des documents d'objectifs mentionnés à l'article L. 414-2. Lorsqu'un tel risque est identifié, l'autorité administrative prend les mesures réglementaires pour assurer que ces activités ne portent pas atteinte aux objectifs de conservation du site, dans le respect des règles de la politique commune de la pêche maritime. Ces activités sont alors dispensées d'évaluation d'incidences sur les sites Natura 2000.

(1) La Cour de justice de l'Union européenne a constaté que :

« – d'une part, en prévoyant de manière générale que la pêche, les activités aquacoles, la chasse et les autres activités cynégétiques pratiquées dans les conditions et sur les territoires autorisés par les lois et règlements en vigueur ne constituent pas des activités perturbantes ou ayant de tels effets, et

– d'autre part, en exemptant systématiquement de la procédure d'évaluation des incidences sur le site les travaux, ouvrages et aménagements prévus par les contrats Natura 2000, et

– en exemptant systématiquement de cette procédure les programmes et projets de travaux, d'ouvrages ou d'aménagements soumis à un régime déclaratif [C. env., art. L. 414-4 dans sa rédaction antérieure, issue de : Ord. n° 2004-489, 3 juin 2004, art. 2],

la République française a manqué aux obligations qui lui incombent en vertu, respectivement, de l'article 6, paragraphe 2, de la directive « habitats » [Dir. n° 92/43/CEE, 21 mai 1992] et de l'article 6, paragraphe 3, de cette directive », ■ CJUE, 4 mars 2010, affaire C-241/08 : *JurisData* n° 2010-003128. – NDLR.

III. – Sous réserve du IV *bis*, les documents de planification, programmes ou projets ainsi que les manifestations ou interventions soumis à un régime administratif d'autorisation, d'approbation ou de déclaration au titre d'une législation ou d'une réglementation distincte de Natura 2000 ne font l'objet d'une évaluation des incidences Natura 2000 que s'ils figurent :

1° Soit sur une liste nationale établie par décret en Conseil d'État ;

2° Soit sur une liste locale, complémentaire de la liste nationale, arrêtée par l'autorité administrative compétente.

IV. – Tout document de planification, programme ou projet ainsi que toute manifestation ou intervention qui ne relève pas d'un régime administratif d'autorisation, d'approbation ou de déclaration au titre d'une législation ou d'une réglementation distincte de Natura 2000 peut être soumis à autorisation en application de la présente section et fait alors l'objet d'une évaluation des incidences Natura 2000. Sans préjudice de l'application du IV *bis*, une liste locale des documents de planification, programmes ou projets ainsi que des manifestations ou interventions concernés est arrêtée par l'autorité administrative compétente parmi ceux figurant sur une liste nationale de référence établie par décret en Conseil d'État.

IV *bis*. – Tout document de planification, programme ou projet ainsi que manifestation ou intervention susceptible d'affecter de manière significative un site Natura 2000 et qui ne figure pas sur les listes mentionnées aux III et IV fait l'objet d'une évaluation des incidences Natura 2000 sur décision motivée de l'autorité administrative.

V. – Les listes arrêtées au titre des III et IV par l'autorité administrative compétente sont établies au regard des objectifs de conservation des sites Natura 2000, en concertation notamment avec des représentants de collectivités territoriales et de leurs groupements, de propriétaires, d'exploitants et d'utilisateurs concernés ainsi que d'organisations professionnelles, d'organismes et d'établissements publics exerçant leurs activités dans les domaines agricole, sylvicole, touristique, des cultures marines, de la pêche, de la chasse et de l'extraction. Elles indiquent si l'obligation de réaliser une évaluation des incidences Natura 2000 s'applique dans le périmètre d'un ou plusieurs sites Natura 2000 ou sur tout ou partie d'un territoire départemental ou d'un espace marin.

VI. – L'autorité chargée d'autoriser, d'approuver ou de recevoir la déclaration s'oppose à tout document de planification, programme, projet, manifestation ou intervention si l'évaluation des incidences requise en application des III, IV et IV *bis* n'a pas été réalisée, si elle se révèle insuffisante ou s'il en résulte que leur réalisation porterait atteinte aux objectifs de conservation d'un site Natura 2000.

À défaut pour la législation ou la réglementation applicable au régime d'autorisation, d'approbation ou de déclaration concerné de définir les conditions dans lesquelles l'autorité compétente s'oppose, celles-ci sont définies au titre de la présente section. En l'absence d'opposition expresse dans un délai déterminé, le document de planification, le programme, le projet, la manifestation ou l'intervention entre en vigueur ou peut être réalisé à compter de l'expiration dudit délai.

VII. – Lorsqu'une évaluation conclut à une atteinte aux objectifs de conservation d'un site Natura 2000 et en l'absence de solutions alternatives, l'autorité compétente peut donner son accord pour des raisons impératives d'intérêt public majeur. Dans ce cas, elle s'assure que des mesures compensatoires sont prises pour maintenir la cohérence globale du réseau Natura 2000. Ces mesures compensatoires sont à la charge de l'autorité qui a approuvé le document de planification ou du bénéficiaire du programme ou projet d'activités, de travaux, d'aménagements, d'ouvrages ou d'installations, de la manifestation ou de l'intervention. La Commission européenne en est tenue informée.

VIII. – Lorsque le site abrite un type d'habitat naturel ou une espèce prioritaires qui figurent, au titre de la protection renforcée dont ils bénéficient, sur des listes arrêtées dans des conditions fixées par décret en Conseil d'État, l'accord mentionné au VII ne peut être donné que pour des motifs liés à la santé ou à la sécurité publique ou tirés des avantages importants procurés à l'environnement ou, après avis de la Commission européenne, pour d'autres raisons impératives d'intérêt public majeur.

IX. – L'article L. 122-12 est applicable aux décisions visées aux I à V prises sans qu'une évaluation des incidences Natura 2000 ait été faite.

1) Procédure d'autorisation tacite de documents, projets ou programmes soumis à évaluation préalable d'incidences. La procédure d'autorisation tacite de documents, projets ou programmes susceptibles de porter atteinte aux objectifs de conservation d'un site Natura 2000 n'est pas contraire à la directive 92/43/CEE du 21 mai 1992 (▪ CE, 26 déc. 2012, n°s 340395, 340424 et 340437, *Assoc. FNE* : *Environnement* 2013, n° 3, comm. 13, P. Trouilly).

2) Entrée en vigueur de l'étude d'impact spécifique Natura 2000. En l'absence de désignation, à la date du décret portant renouvellement du classement en parc naturel régional, du site du parc comme site Natura 2000, le décret portant renouvellement du classement du parc naturel régional ne méconnaît pas les dispositions de l'article L. 414-4-I du Code de l'environnement. Il s'ensuit que le moyen tiré du défaut d'étude d'impact spécifique, comportant une évaluation des incidences du classement au regard des objectifs de conservation du site Natura 2000, est inopérant (▪ CE, 24 févr. 2003, n° 236822, *Fédération départementale des chasseurs de Loire-Atlantique*).

3) Évaluation des incidences Natura 2000. Conditions. Les dispositions de l'article L. 414-4 du présent code ne sont pas méconnues dès lors, d'une part, qu'il ressort des pièces du dossier qu'aucun site Natura 2000 ne se trouve dans le périmètre du projet contesté et, d'autre part, qu'il n'est pas établi qu'il affecterait de façon notable les zones de protection spéciales (ZPS) situées à proximité du périmètre (▪ CE, 31 juill. 2009, n°s 314955, 314956, 315022 et 315170, *Assoc. citoyenne intercommunale des populations concernées par le projet d'aéroport de Notre-Dame-des-Landes et a.* ▪ CAA Nantes, 4 mars 2008, n°s 07NT00903 et 07NT00904, *Cne de Donnery et a.*). La modification du tracé de la servitude de passage des piétons le long du littoral correspond à un projet de travaux, d'ouvrages ou d'aménagement au sens des dispositions du I de l'article L. 414-4 du Code de l'environnement. Cependant, en l'espèce, le projet n'affecte pas, de manière significative, une zone Natura 2000. En conséquence, une évaluation préalable de leurs incidences au regard des objectifs de conservation du site n'était pas obligatoire (▪ CAA Nantes, 1er mars 2013, n° 11NT02409, *min. Écologie, Développement durable, Transports et Logement c/ SCI JEAC* : *Environnement* 2013, n° 5, comm. P. Trouilly).

a) Un site Natura 2000. Dès lors que les documents graphiques ne font pas apparaître les parcelles dont le classement, pour partie en zone U et pour partie en zone N, est contesté comme incluses dans le périmètre d'une ZNIEFF ou dans celui concerné par la directive Natura 2000, les requérants ne peuvent se prévaloir des dispositions de l'article L. 414-4 du présent code (▪ CAA Bordeaux, 23 juin 2009, n° 08BX01347, *M. et Mme Sautel*). De même, dans la mesure où il ressort des pièces du dossier qu'à la date de délivrance du permis de construire contesté, les terrains d'assiette du projet n'étaient pas situés dans une ZPS mais seulement à proximité, et qu'ils n'y ont été inclus qu'ultérieurement sans que le requérant établisse que les constructions autorisées par le permis contesté seraient susceptibles de porter atteinte, de façon notable, à l'état de conservation d'un site Natura 2000, alors le projet n'avait pas besoin de faire l'objet d'une étude spécifique des incidences exigée par les dispositions de l'article L. 414-4 du présent code (▪ CAA Nantes, 28 oct. 2008, n° 08NT00426, *Assoc. Vert pays blanc et noir* : *BJDU* 2009, n° 1, p. 12, note E. Geffray). Une cour administrative d'appel a toutefois décidé que le préfet peut demander au pétitionnaire de fournir une évaluation des incidences du projet alors même que l'arrêté ministériel effectuant le classement de certaines parcelles d'implantation du projet en zone Natura 2000 n'est intervenu qu'après le dépôt de la demande d'autorisation, dès lors que lesdites parcelles avaient été proposées à un tel classement avant la demande (▪ CAA Bordeaux, 17 déc. 2008, n° 07BX01929, *SARL SPB* : *Environnement* 2009, n° 2, p. 31, note D. Gillig).

b) Un impact notoire, notable ou significatif sur un site Natura 2000. En l'absence d'impact notoire démontré d'un projet d'aménagement sur un site Natura 2000, le moyen tiré du défaut d'étude d'impact spécifique, comportant une évaluation des incidences du classement au regard des objectifs de conservation du site Natura 2000, ne peut qu'être écarté (▪ CAA Nancy, 21 juin 2007, n°s 06NC00102 et 06NC00103, *Cne de Heidwiller et a.*). À propos d'une installation de rejet des eaux et de l'extension de la zone imperméabilisée de l'aérodrome de La Rochelle-Île de Ré dont les pièces du dossier ne font pas apparaître qu'elles seraient susceptibles de porter atteinte à l'état de conservation de sites visés par les dispositions des articles L. 414-4 et R. 414-19 du présent code (▪ CAA Bordeaux, 27 mai 2008, n° 06BX00512, *Assoc. pour la protection du littoral Rochelais* : *BDEI* 2008, n° 16, pan. p. 10, comm. D. Déprez ; *Environnement* 2008, n° 11, p. 48, note D. Gillig). À propos d'un golf situé en limite sud-ouest du site Natura 2000 mais dont l'impact hydrologique est négligeable sur son équilibre biologique (▪ CAA Nantes, 8 oct. 2010, n° 09NT01117, *Assoc. pour la protection des sites Natura 2000*). S'agissant de la création par un Plan local d'urbanisme d'un emplacement réservé destiné à une zone de lagunage pour l'épuration d'eaux usées (▪ CAA Nantes, 28 déc. 2016, n° 15NT00579, *Assoc. Fermanville Environnement*).

4) Atteinte significative à un site Natura 2000. Compte tenu des interrogations existantes concernant tant l'installation classée envisagée (une plate-forme de compostage) que sa localisation dans une zone karstique, et eu égard aux activités de la société TDS à proximité d'un site classé Natura 2000, il ne peut être exclu que les activités de cette société relatives à l'utilisation de boues de station d'épuration urbaine affectent de manière significative le site classé Natura 2000. Ainsi, et compte tenu en particulier du principe de précaution, c'est à tort que le préfet a considéré qu'une étude d'incidence n'était pas nécessaire (■ TA Besançon, 18 juin 2009, n° 0801696, *Mme Carrey-Robbe et a.* : *AJDA* 2009, n° 32, p. 1775, concl. S. Tissot-Grossrieder ; *Dr. env.* 2009, n° 171, p. 24, comm. A. Roques ; *Europe* 2009, n° 11, p. 36, note D. Simon). Dans le même sens, s'agissant d'une campagne de lutte de confort contre les moustiques nuisants et non vecteurs dans le département des Bouches-du-Rhône (■ CAA Marseille, 2 juin 2016, n° 14MA05169, *Assoc. Union régionale Vie et Nature – FNE PACA c/ min. de l'Écologie et du Développement durable*). De même, s'agissant de l'impact d'une canalisation d'eaux usées devant être réalisée dans le cadre d'un projet de création d'un Center Parc, et située à un kilomètre en amont d'une zone d'importance communautaire (■ CAA Lyon, 16 déc. 2016, n° 14LY03705, *Assoc. pour les Chambaran sans Center Parc*). Le préfet des Pyrénées-Orientales a pu à bon droit apprécier l'atteinte portée aux sites d'intérêt communautaire concernés par le projet sans se prononcer sur le caractère significatif ou non d'une telle atteinte, dès lors que le II de l'article L. 414-4 précité du Code de l'environnement impose à l'autorité administrative de s'opposer à un projet dès lors que sa réalisation « porte atteinte aux objectifs de conservation » d'un site Natura 2000, sans limiter l'interdiction qu'il prévoit aux seules atteintes notables ou significatives, une telle notion ne s'appliquant qu'à l'exigence procédurale d'évaluation environnementale instituée par le I du même article (■ CAA Marseille, 20 juin 2017, n° 16MA03194). L'autorité administrative compétente pour statuer sur un projet de retournement de prairie inscrit sur la liste visée à l'article L. 414-4 du Code de l'environnement doit s'y opposer dès lors que le projet est de nature, compte tenu de sa situation, de ses modalités de mise en œuvre et nonobstant ses dimensions réduites, de porter atteinte aux objectifs de conservation d'un site Natura 2000 (■ CAA Nancy, 30 juin 2016, n° 15NC02258).

5) Contrôle. *a) Principe de proportionnalité.* L'évaluation d'incidence doit être proportionnée à l'importance des habitats et des espèces susceptibles d'être effectivement affectés par le projet (■ CAA Marseille, 17 juin 2014, n° 12MA02526, *SAS Sovatram*).

b) Suffisance de l'étude d'impact. La question des chiroptères est suffisamment approfondie et le projet éolien n'est pas susceptible d'affecter de façon notable le site Natura 2000 dès lors que l'étude d'impact n'a pas éludé la présence de chiroptères dans la région et l'existence des risques encourus par eux, qu'elle mentionne que les caractéristiques locales du milieu ne sont favorables ni au terrain de chasse, ni à l'habitat des chiroptères et que le site des éoliennes est une forêt résineuse pauvre en sol et en biodiversité, ce qui exclut tout habitat ou terrain de chasse des chauves-souris (■ CAA Bordeaux, 9 déc. 2008, n° 07BX01278, *M. Lecoutre et a.*). De même, à propos des travaux nécessaires à la réalisation du canal à grand gabarit Seine-Nord-Europe, l'étude d'impact est jugée suffisante dans la mesure où la richesse de la faune et de la flore de la vallée de la Somme est précisément étudiée et que les mesures de nature à supprimer ou réduire les effets dommageables du projet sur les sites « Natura 2000 » qu'il traverse sont précisément décrites (■ CE, 23 oct. 2009, n° 322327, *M. Normand*).

c) Absence d'obligation de prendre en compte des projets hypothétiques ou dont les caractéristiques ne sont pas définies. Il résulte des articles L. 414-4 et R. 414-21 du Code de l'environnement que si l'étude d'incidences doit tenir compte des effets cumulés du projet sur lequel elle porte avec d'autres projets existants en cours, il n'en va pas de même lorsque la réalisation desdits projets est encore hypothétique ou que les caractéristiques ne sont pas définies. En l'espèce, l'étude d'incidences n'avait pas à prendre en compte la création envisagée à proximité de la résidence de loisirs d'un espace nautique dont la réalisation n'était encore qu'au stade des études préliminaires à la date de la décision contestée (■ CE, 21 févr. 2013, n° 350294, *Assoc. pour la protection du site de Veillas c/ SNC Dhuizon Loisirs*).

d) Erreur manifeste d'appréciation. (non) L'arrêté autorisant le Port autonome de Bordeaux à notamment réaliser des dragages d'entretien et des travaux d'approfondissement du chenal d'accès ne méconnaît pas l'article L. 414-4 du présent code et n'est pas entaché d'erreur d'appréciation dès lors que l'étude d'impact jointe au dossier, et qui n'est pas précisément contredite, analyse de façon détaillée les effets du projet sur les habitats naturels ainsi que sur la faune et la flore estuariennes, en particulier sur l'esturgeon et sur l'angélique à fruits variés, espèces d'intérêt communautaire, et montre que ces travaux ne portent pas atteinte à l'état de conservation du site (■ CE, 27 juill. 2009, n° 307206, *M. et Mme Viallet et a.* – V. déjà en référé : ■ CE, ord., 10 sept. 2007, n° 308460, *M. et Mme Viallet et a.*). Le décret du 19 juillet 2011 accordant à la Compagnie armoricaine de navigation la concession des Duons portant sur les fonds du domaine public maritime en baie de Morlaix n'est pas susceptible de porter atteinte à l'état de conservation de sites protégés par l'article L. 414-1 du Code de l'environnement, dans la mesure où il ressort de l'étude d'impact et de l'évaluation des incidences Natura 2000 en mer, ainsi que des conditions fixées par le cahier des charges spécifiques annexé au décret du 19 juillet 2011 accordant la concession d'exploitation du gisement de sables coquilliers, que les effets du projet sur la zone spéciale de conservation et la zone de protection spéciale de la baie de Morlaix sont réduits, en raison à la fois de la localisation du périmètre d'extraction, de la faible superficie de ce dernier, du caractère peu bruyant des navires utilisés, du caractère limité des perturbations du milieu et des incidences faibles sur la faune et la flore marine (▪ CE, 20 mars 2013, n° 354115, *Assoc. Force 5 : Environnement* 2013, n° 5, comm. 35, P. Trouilly). Est également légale l'autorisation de réaliser des travaux d'aménagement d'une base d'eaux vives en rive droite du Gave de Pau, bien que le site soit situé dans une zone Natura 2000. En effet, le projet présente l'intérêt de réhabiliter un espace dégradé par la pollution, les défrichements sauvages, la présence de décharges et d'une gravière inexploitée, et prévoit également la restauration et l'extension d'une zone de saligues sur plus d'un hectare. De surcroît, des mesures compensatoires ont été prévues pour favoriser le maintien de la cohérence globale du réseau Natura 2000 (▪ CAA Bordeaux, 9 avr. 2013, n° 10BX00624, *Sepanso Bearn Pyrénées*).

e) Insuffisance de l'évaluation d'incidences Natura 2000. Est insuffisante l'évaluation des incidences Natura 2000 qui ne désigne pas l'habitat naturel d'intérêt communautaire concerné, qui ne précise qu'il constitue également l'habitat d'espèces protégées, qui ne fait pas état de l'importance et de la vulnérabilité de l'habitat naturel et des espèces protégées, qui s'abstient d'identifier et de caractériser les possibles incidences du projet sur l'état de conservation du site, qui n'énonce pas les raisons justifiant le choix de la mesure d'atténuation envisagée, à savoir l'établissement d'une zone tampon d'une largeur de 20 mètres, dont il n'est de surcroît pas précisé si elle a pour objet de protéger les eaux du cours Sémillon ou le biotope du fossé, et qui ne permet pas davantage d'apprécier l'adéquation de cette mesure aux incidences qui n'ont, ainsi que cela a été dit, pas été qualifiées, ni de savoir si elle est de nature à supprimer les effets préjudiciables du projet ou seulement les atténuer et, dans ce dernier cas, dans quelle mesure (▪ CAA Nantes, 7 juin 2019, n° 18NT02396).

6) Déclaration d'utilité publique et site Natura 2000. Le moyen tiré de la violation des dispositions des articles L. 414-1 et suivants du présent code doit être écarté dès lors qu'il n'est pas établi que l'ouvrage déclaré d'utilité publique par l'arrêté contesté est susceptible de porter atteinte à l'état de conservation du site (▪ CE, 10 juill. 2006, n°s 289274 et 289275, *Assoc. interdépartementale et intercommunale pour la protection du Lac de Sainte-Croix et de son environnement : JCP A* 2006, n° 44, p. 1427, note P. Billet. ▪ CE, 15 nov. 2006, n° 291056, *Syndicat mixte du « Parc naturel régional de la montagne de Reims » : Environnement* 2007, n° 1, p. 31, comm. J.-M. Février ; *Dr. adm.* 2007, n° 1, p. 22, comm. P. Trouilly ; *RD imm.* 2007, n° 2, pan. p. 134, comm. C. Morel et L. Marion. ▪ CAA Nantes, 4 mars 2008, n°s 07NT00903 et 07NT00904, *Cne de Donnery et a.*). À propos de l'annulation d'un projet de ligne à très haute tension traversant notamment des sites classés ou en cours de classement Natura 2000, au motif qu'il porte des atteintes graves à des zones d'intérêt exceptionnel excédant l'intérêt de l'opération de nature à lui retirer son caractère d'utilité publique (▪ CE, 10 juill. 2006, n°s 288108, 289396, 289777 et 289968, *Assoc. interdépartementale et intercommunale pour la protection du Lac de Sainte-Croix, des Lacs et des sites du Verdon et a. : JCP A* 2006, n° 44, p. 1421, note P. Billet ; *Environnement* 2007, n° 1, p. 15, note C. Vérot ; *Rev. jur. env.* 1/2007, pan. p. 113, comm. B. Drobenko. – V. également ▪ CE, ord., 24 févr. 2006, n°s 289394 et 289815, *Assoc. interdépartementale et intercommunale pour la protection du Lac de Sainte-Croix, des Lacs et des sites du Verdon et a.*).

7) Champ d'application des VII et VIII. Pour déterminer si un projet entre dans le champ des prescriptions des III et IV de l'article L. 414-4 du présent code (devenus VII et VIII), il convient d'apprécier si sa réalisation est de nature à porter atteinte à l'état de conservation d'un site Natura 2000 une fois pris en compte l'impact des mesures de nature à supprimer ou réduire ses effets dommageables prévues au II de l'article R. 414-21 du même code. Ainsi, dès lors qu'il ressort des pièces du dossier que, du fait de la mise en œuvre des mesures d'atténuation décrites dans l'étude d'impact, le projet n'aura pas d'impact significatif sur l'état de conservation d'un site Natura 2000, l'autorité administrative n'est pas tenue de justifier de raisons impératives d'intérêt public pour l'autoriser et l'avis de la Commission européenne n'a pas à être recueilli (▪ CE, 14 nov. 2008, n°s 297557 et 297633, *Cne d'Ambares-et-Lagrave et a. : D.* 2009, n° 36, pan. p. 2448, comm. F.-G. Trébulle. ▪ CE, 7 mai 2008, n° 309285, *Assoc. ornithologique et mammalogique de Saône-et-Loire : Environnement* 2008, n° 6, p. 20, comm. P. Trouilly ; *Environnement* 2008, n° 12, p. 15, comm. L. Fonbaustier).

8) Atteinte aux objectifs de conservation d'un site Natura 2000. L'évaluation des incidences Natura 2000 doit être réalisée au regard des différents objectifs du SIC considéré et ne peut être fondée sur le seul rapport entre la superficie d'habitats naturels affectée et la superficie du site lui-même (▪ CE, 13 déc. 2013, n° 349541, *min. de l'Écologie, du Développement durable, des Transports et du Logement : Environnement* 2014, n° 4, comm. D. Gillig ; *AJDA* 2014, p. 807, comm. C. Roche). Exemples : La réalisation d'un projet qui conduirait à une détérioration de 25 hectares d'habitats naturels, dont 14 d'habitats prioritaires, porterait atteinte à l'état de conservation des habitats qui ont justifié la délimitation du site, alors même qu'ils ne représentent qu'un faible pourcentage de la superficie totale du site (▪ CAA Marseille, 31 juill. 2014, n° 13MA05107, *Sté Résidence Porte des Neiges*). Porte également une atteinte majeure aux objectifs de conservation du site Natura 2000 estuaire de la Loire le projet d'aménagement portuaire du site de Donges-est qui conduirait à la disparition de 26 hectares de vasières et 22 hectares de roselières ainsi qu'à la perte de mares et de sites de nidification de certains oiseaux dans le secteur de l'estuaire de la Loire le plus riche du point de vue écologique (▪ CAA Nantes, 5 mai 2009, n° 06NT01954, *Assoc. Bretagne vivante SEPNB et a. : Environnement* 2009, n° 8-9, p. 30, note L. Le Corre). De même, un projet de parc éolien porte atteinte aux objectifs de conservation du site « Plaine de Niort Nord-Ouest » désigné comme ZPS en raison notamment de la présence d'outardes canepetières. Aucun intérêt public majeur ne justifie la localisation impérative de ce projet dans cette ZPS (▪ CAA Bordeaux, 31 oct. 2013, n° 12BX00988, *min. de l'Écologie, du Développement durable, des Transports et du Logement*). Si l'évaluation des incidences requise au regard des objectifs de conservation des zones de protection spéciale « Camargue », « Îles Marseillaises-Cassidaigne » et « Îles d'Hyères », qui fait état des incertitudes liées à certains éléments du projet et aux lacunes des connaissances scientifiques, peut être regardée comme suffisante quant à son contenu, elle aurait dû conclure que la réalisation du projet porterait atteinte aux objectifs de conservation de plusieurs sites Natura 2000. Il en résulte également que le préfet des Bouches-du-Rhône ne pouvait autoriser le projet litigieux, à titre dérogatoire, qu'après avoir vérifié qu'étaient remplies les conditions prévues par le VII de l'article L. 414-4 du Code de l'environnement, sans que la société PGL puisse utilement se prévaloir du principe de proportionnalité pour s'exonérer de la nécessité d'obtenir une telle dérogation (▪ CAA Nantes, 6 oct. 2020, n° 19NT02389).

En revanche, le projet litigieux n'est pas de nature à porter atteinte à l'état de conservation du site dès lors que l'analyse spécifique des incidences de cet ouvrage sur l'état de conservation des sites Natura 2000 qu'il contourne établit que les incidences directes et indirectes de ce projet sur l'état de conservation des habitats et des espèces, en particulier l'espèce du râle des genêts, ne sont pas significatives compte tenu notamment des mesures prises pour en limiter les incidences sur l'environnement (▪ CE, 7 mai 2008, n° 309285, *Assoc. ornithologique et mammalogique de Saône-et-Loire : Environnement* 2008, n° 6, p. 20, comm. P. Trouilly ; *Environnement* 2008, n° 12, p. 15, comm. L. Fonbaustier. – V. déjà en référé : ▪ CE, ord., 10 oct. 2007, n° 309286, *Assoc. ornithologique et mammalogique de Saône-et-Loire : Environnement* 2007, n° 12, p. 27, comm. P. Trouilly).

9) Mesures compensatoires. *a) Conditions.* Dès lors que l'étude d'impact analyse précisément l'incidence du projet contesté sur le site Natura 2000 et qu'il en résulte qu'il n'aura pas d'incidence significative sur les habitats et les espèces remarquables de cette zone, le préfet n'a pas à prévoir les mesures compensatoires spécifiques dont la Commission européenne doit être tenue informée (▪ CAA Bordeaux, 17 déc. 2008, n° 07BX01363, *M. Revol et a.*). S'il doit être tenu compte, pour évaluer les incidences d'un projet sur l'état de conservation d'un site d'importance communautaire, des mesures prévues par le projet et qui sont de nature à supprimer ou à réduire les effets dommageables de celui-ci sur le site, il n'y a en effet pas lieu de tenir compte, à ce stade, des mesures compensatoires envisagées, le cas échéant, dans l'étude d'incidences, si le projet répond aux conditions posées par le III de l'article L. 414-4 du Code de l'environnement (▪ CE, 13 déc. 2013, n° 349541, *min. de l'Écologie, du Développement durable, des Transports et du Logement : Environnement* 2014, n° 4, comm. D. Gillig ; *AJDA* 2014, p. 807, comm. C. Roche).

b) Appréciation. Illégalité de l'arrêté autorisant la réalisation d'un aménagement portuaire sur le site de Donges-est dans la mesure où, alors même que l'absence de solutions alternatives et les raisons impératives d'intérêt public majeur justifiant de localiser le projet autorisé dans un secteur dépendant d'un site Natura 2000 seraient établies, les mesures compensatoires prévues par l'arrêté d'autorisation, qui ne permettent pas de recréer des zones humides dans des conditions permettant de garantir le respect des principes mentionnés à l'article L. 211-1 du présent code, ne peuvent être regardées comme suffisantes et, en particulier, ne sont pas de nature à maintenir la cohérence globale du réseau Natura 2000 comme l'exigent les dispositions de l'article L. 414-4 du présent code (▪ CAA Nantes, 5 mai 2009, n° 06NT01954, *Assoc. Bretagne vivante SEPNB et a. : Environnement* 2009, n° 8-9, p. 30, note L. Le Corre).

10) Information de la Commission. Dans la mesure où l'étude d'impact fait apparaître que le projet n'aura pas d'incidences significatives sur les habitats et espèces remarquables d'une zone Natura 2000, et ne porte par conséquent pas atteinte à l'état de conservation du site, l'avis de la Commission n'a pas à être recueilli (▪ CE, 27 juin 2005, n°s 262681, 262729 et 262822, *Assoc. jeune canoë kayak avignonnais et a. : Environne-*

ment 2005, n° 11, p. 26, comm. L. Benoit. ▪ CAA Bordeaux, 17 déc. 2008, n° 07BX01363, *M. Revol et a.*). Dès lors qu'il ressort des pièces du dossier que, du fait de la mise en œuvre des mesures d'atténuation décrites dans l'étude d'impact, le projet n'aura pas d'impact significatif sur l'état de conservation d'un site Natura 2000, l'autorité administrative n'est pas tenue de justifier de raisons impératives d'intérêt public pour l'autoriser et l'avis de la Commission européenne n'a pas à être recueilli (▪ CE, 14 nov. 2008, n°s 297557 et 297633, *Cne d'Ambares-et-Lagrave et a. : D.* 2009, n° 36, pan. p. 2448, comm. F.-G. Trébulle. ▪ CE, 7 mai 2008, n° 309285, *Assoc. ornithologique et mammalogique de Saône-et-Loire : Environnement* 2008, n° 6, p. 20, comm. P. Trouilly ; *Environnement* 2008, n° 12, p. 15, comm. L. Fonbaustier).

11) ICPE et site Natura 2000. Le juge devant, pour apprécier si une demande d'autorisation d'exploitation d'une ICPE est de nature à porter atteinte aux intérêts visés à l'article L. 511-1 du présent code, se placer à la date à laquelle il statue, le requérant ne peut utilement soutenir que la première zone Natura 2000 a été créée après le dépôt de sa demande d'autorisation et la seconde après la décision préfectorale en litige (▪ CAA Bordeaux, 17 déc. 2008, n° 07BX01929, *SARL SPB : Environnement* 2009, n° 2, p. 31, note D. Gillig).

Il résulte du 3 de l'article 6 de la directive « Habitats » du 21 mai 1992 que, dès lors qu'un projet est susceptible d'affecter un site classé « Natura 2000 » de façon significative, celui-ci ne peut être réalisé que si les autorités nationales compétentes ont donné leur accord, et ce après s'être assurées qu'il ne portera pas atteinte à l'intégrité du site concerné et après avoir pris, le cas échéant, l'avis du public. Par suite, l'article L. 414-4 du présent code, qui permet l'application d'un régime uniquement déclaratif même en cas de projet susceptible d'affecter de façon significative un site « Natura 2000 », n'est en tout état de cause, et indépendamment de l'existence des listes prévues par le III dudit article, pas compatible avec les objectifs de la directive « Habitats ». Il en est de même de la nomenclature ICPE dans la mesure où elle ne prévoit pas l'application d'un régime d'autorisation lorsque le projet en cause est susceptible de porter une atteinte significative à un site classé « Natura 2000 » (▪ TA Besançon, 18 juin 2009, n° 0801696, *Mme Carrey-Robbe et a. : AJDA* 2009, n° 32, p. 1775, concl. S. Tissot-Grossrieder ; *Dr. env.* 2009, n° 171, p. 24, comm. A. Roques ; *Europe* 2009, n° 11, p. 36, note D. Simon). Toutefois, la seule localisation d'un projet industriel en zone naturelle d'intérêt écologique, faunistique et floristique de type II ainsi qu'à proximité d'un site Natura 2000, n'est pas, par elle-même, de nature à faire obstacle à la délivrance d'une autorisation d'exploiter dès lors qu'il est constant que, dans le périmètre du projet, malgré la diversité de la végétation, aucune espèce végétale rare ou à protéger n'a été répertoriée (▪ CAA Douai, 2 oct. 2008, n° 08DA00161, *Sté BPE Lecieux : BDEI* 2009, n° 21, p. 8, note J. Lepers). La privation d'un important volume d'eau induit par un projet de carrière situé à moins d'un kilomètre d'une zone Natura 2000 dans laquelle se situe l'étang du Corong, et dont les berges abritent la plante dénommée Coléanthe délicat, plante menacée au niveau mondial est de nature, eu égard aux caractéristiques de cette plante, à affecter de manière significative le site Natura 2000 en cause ; par suite, une évaluation des incidences du projet sur ce site était nécessaire en application de l'article L. 414-4 du Code de l'environnement (▪ CAA Nantes, 29 mai 2017, n° 16NT00452).

12) Loi sur l'eau et site Natura 2000. Dès lors que les requérants n'ont pas complété leur dossier de demande d'autorisation de travaux de drainage en produisant notamment, ainsi que le prévoit l'article L. 414-4 du présent code, une évaluation de l'incidence de leur projet d'assainissement au regard des objectifs de conservation du site, le préfet peut les mettre en demeure de déposer un dossier de demande d'autorisation au titre de la loi sur l'eau aux fins d'examen de la demande de régularisation de la situation administrative des parcelles en cause (▪ CAA Nantes, 19 févr. 2008, n° 07NT01129, *EARL « Les Guimauves » et M. Landais.* ▪ CAA Nantes, 19 févr. 2008, n° 07NT01122, *GAEC « Le Margonnais » et M. Laurenceau.* ▪ CAA Bordeaux, 11 avr. 2017, n° 15BX02402, *SCEA Saint-Gilles*). L'absence de réalisation d'une évaluation des incidences d'un projet sur le site Natura 2000 peut être régularisée après la délivrance d'une autorisation délivrée sur le fondement de l'article L. 214-3 du Code de l'environnement, par un dossier de porter à connaissance (▪ CAA Bordeaux, 7 juill. 2016, n° 15BX03180, *SEPANSO Gironde*).

13) Urbanisme et site Natura 2000. Alors même qu'une partie importante du territoire d'une commune est située en zone Natura 2000, le rapport de présentation et le règlement du plan local d'urbanisme n'ont pas à rappeler le régime applicable aux projets de construction envisagés dans les sites Natura 2000 dans la mesure où ce régime découle non du plan local d'urbanisme mais de l'application de l'article L. 414-4 du Code de l'environnement. Aussi, s'il eut été pédagogique de rappeler la teneur de cette disposition dans le plan local d'urbanisme, son omission n'est pas de nature à l'entacher d'irrégularité dès lors qu'aucune disposition relative au contenu des documents contestés ne prévoit la nécessité d'un tel rappel (▪ CAA Nancy, 8 oct. 2009, n° 08NC01195, *Ritter : Environnement* 2009, n° 12,

p. 28, note M. Sousse). Le rapport de présentation d'un Plan local d'urbanisme, qui ne procède à aucune analyse globale de l'impact sur le milieu naturel des différentes occupations et utilisations du sol admises qui, regardées isolément, peuvent apparaître d'effet négligeable, mais dont l'addition peut représenter un impact significatif, ne peut se contenter de mentionner que les pétitionnaires seront invités à produire une étude environnementale aux fins de justifier de la non-incidence sur le site Natura 2000, alors que la production d'un tel document ne peut être exigée d'un pétitionnaire à l'appui d'une demande de permis de construire (▪ CAA Lyon, 18 janv. 2011, n° 09LY01992, *M. A. c/ Cne de Présilly*). NB : Attention, en application de l'article R. 414-19, font l'objet d'une évaluation des incidences les travaux et projets devant faire l'objet d'une étude ou d'une notice d'impact au titre des articles L. 122-1 à L. 122-3 et des articles R. 122-1 à R. 122-16, dispositions visant notamment certains projets soumis à permis de construire. Cependant, dès lors qu'il n'est pas démontré que le Plan local d'urbanisme permettrait la réalisation de travaux, ouvrages ou aménagements de nature à affecter de façon notable, par leur importance ou leurs caractéristiques, un site du réseau Natura 2000, le moyen tiré de ce qu'il aurait dû faire l'objet d'une évaluation environnementale dans les conditions prévues aux articles L. 121-10 et R. 121-14 II du Code de l'urbanisme et L. 414-4 et R. 414-19 du Code de l'environnement est rejeté (▪ CAA Nantes, 20 janv. 2012, n° 11NT01012, *Communauté Urbaine Nantes Métropole*). Recours contre un arrêté préfectoral approuvant une carte communale. La présence de deux sites Natura 2000 situés en limite d'un territoire communal dont le faible besoin en secteurs constructibles a pour conséquence de transformer quelques parcelles en zone constructible dans le périmètre de ces sites ne suffit pas à établir que la carte communale affecte de manière significative un site Natura 2000 (▪ CAA Bordeaux, 17 nov. 2015, n° 15BX01210, *Cne de Saint-Louis en L'Isle*). En revanche, dès lors qu'un plan local d'urbanisme permet la réalisation de projets de nature à porter atteinte à l'intégrité d'un site Natura 2000, il doit, avant son approbation, être précédé d'une étude de leurs incidences sur l'environnement afin de déterminer dans quelles conditions ils sont envisageables et, dans ce cas, quelles sont les prescriptions auxquelles ils doivent être soumis pour que leur impact sur le site ne soit pas disproportionné par rapport au but poursuivi (▪ CAA Marseille, 15 mars 2012, n° 10MA01798, *Préfet de l'Hérault c/ Cne de Cazevieille*). La même solution a été retenue lorsque la modification du plan local d'urbanisme redéfinit les règles d'urbanisme applicables pour permettre une augmentation conséquente de la population de la Commune de Bonifacio (▪ CAA Marseille, 26 sept. 2016, n° 15MA03815, *SCI de la Vierge*. ▪ CAA Marseille, 26 sept. 2016, n° 15MA03849, *Sté Cueva Azul Limited*). De même, est illégal le plan local d'urbanisme, révisé dans le cadre d'un projet de création d'une carrière, qui ne comporte aucune analyse de l'impact environnemental du transfert d'une partie de la zone A, dont le règlement interdit les activités relatives à l'exploitation d'une carrière, vers la zone Nf, alors que ce changement de zonage permet l'extension, en partie Est/Sud-Est, de la surface exploitée pour l'extraction des matériaux et le passage des engins de transport, ce qui doit nécessairement conduire à une altération du paysage à court et moyen terme et à une modification des milieux pour la faune et la flore présentes sur les terrains concernés ainsi que ceux situés à proximité immédiate, ce qui englobe notamment une ZPS au titre de Natura 2000 (▪ CAA Nancy, 26 nov. 2015, n° 15NC00353, *Sté Nouvelles Carrières d'Alsace*).

14) Défrichement et site Natura 2000. Légalité de l'arrêté préfectoral autorisant un défrichement de 9 800 m² pour la création d'une zone d'activité touristique d'environ 1 000 m², cette autorisation portant sur une superficie faible de la zone classée Natura 2000, et représentant une part négligeable de la surface de l'habitat recensé sur le site d'intérêt communautaire, et n'est donc pas de nature à affecter directement le site (▪ CAA Marseille, 8 févr. 2016, n° 13MA03307, *Sté Le Mas de Madier*).

15) Réserve naturelle. L'acte de création de la réserve naturelle nationale de la plaine des Maures, eu égard à son objet et à sa portée, n'a pas à être précédé d'une étude d'incidences Natura 2000 (▪ CE, 26 nov. 2010, n°s 331079, 331079 et 331092, *Sté Groupe Pizzorno environnement*).

16) Parc naturel. Le décret de renouvellement de classement d'un parc naturel régional n'a pas à être précédé d'une étude d'incidences Natura 2000 (▪ CE, 26 avr. 2013, n° 343957, *Assoc. pour le développement durable de la Brenne Tourangelle : Environnement* 2013, n° 7, comm. 56, P. Trouilly).

Art. L. 414-5 *(Rempl. à compter du 1er juillet 2013, Ord. n° 2012-34, 11 janv. 2012)*. **– Le contrôle administratif du document de planification, programme ou projet d'activités, de travaux, d'aménagements, d'ouvrages ou d'installations ou de la manifestation ou de l'intervention devant faire l'objet d'une évaluation des incidences Natura 2000 est effectué dans les conditions prévues dans la section 1 du chapitre Ier du titre VII du livre Ier.**

Les dispositions de la section 2 du chapitre Ier du titre VII du livre Ier s'appliquent lorsqu'un document de planification, un programme ou un projet d'activités, de travaux, d'aménagements, d'ouvrages ou d'installations ou une manifestation ou une intervention est réalisé sans évaluation des incidences Natura 2000, sans l'autorisation ou la déclaration prévue à l'article L. 414-4 ou en méconnaissance de l'autorisation délivrée ou de la déclaration.

Nouveauté. Mise en place de la procédure de contrôle des documents de planification, programmes ou projets d'activités, de travaux, d'aménagements, d'ouvrages ou d'installations devant faire l'objet d'une évaluation des incidences Natura 2000.

Art. L. 414-5-1 et L. 414-5-2 *(Abr., L. n° 2016-1087, 8 août 2016).*

Art. L. 414-6 *(Ord. n° 2001-321, 11 avr. 2001).* **– Un décret en Conseil d'État précise les modalités d'application de la présente section.**

Art. L. 414-7 *(Ord. n° 2001-321, 11 avr. 2001).* **– Les dispositions de la présente section ne sont pas applicables dans les départements d'outre-mer.**

Section II. – Orientations régionales de gestion et de conservation de la faune sauvage et de ses habitats

(Abr., L. n° 2016-1087, 8 août 2016)

Art. L. 414-8 Ancien *(Abr., L. n° 2016-1087, 8 août 2016).*

Section III. – Plans nationaux d'action

(Abr., L. n° 2016-1087, 8 août 2016)

Art. L. 414-9 Ancien *(L. n° 2010-788, 12 juill. 2010 ; mod., L. n° 2016-1087, 8 août 2016 ; dénum., L. n° 2016-1087, 8 août 2016. – V. C. env., art. L. 411-3).*

Section IV. – Conservatoires botaniques nationaux

(L. n° 2010-788, 12 juill. 2010)

Art. L. 414-10 *(L. n° 2010-788, 12 juill. 2010 ; mod. à compter du 1er janvier 2017, L. n° 2016-1087, 8 août 2016 ; mod., L. n° 2019-773, 24 juill. 2019).* **– Les conservatoires botaniques nationaux sont des personnes morales publiques ou privées, sans but lucratif, agréées par l'État, qui exercent une mission de service public.**

Ils contribuent, dans le respect des politiques conduites par l'État, les collectivités territoriales ou leurs groupements, et chacun sur une partie déterminée du territoire national, à la connaissance et à la conservation de la nature dans les domaines de la flore sauvage, de la fonge, des végétations et des habitats naturels et semi-naturels.

Ils participent à l'élaboration et à la mise en œuvre de l'inventaire du patrimoine naturel et procèdent à l'identification et à la conservation des éléments rares et menacés. Ils prêtent leur concours scientifique et technique à l'État, aux établissements publics, aux collectivités territoriales ainsi qu'aux opérateurs qu'ils ont mandatés. Ils informent et sensibilisent le public.

Ils assurent la validation et la gestion durable des données qu'ils produisent, collectent et agrègent pour le compte des pouvoirs publics. Ils contribuent ainsi à la mise en œuvre du système d'information sur la biodiversité mentionnée au 2° du I de l'article L. 131-9 et donnent accès aux données dans le respect des lois et règlements en vigueur.

L'Office français de la biodiversité assure la coordination technique des conservatoires botaniques nationaux.

Un décret en Conseil d'État précise les modalités d'application de ces dispositions. Ce décret précise en particulier les missions d'intérêt général qui sont confiées par l'État aux conservatoires botaniques nationaux.

Section V. – Conservatoires régionaux d'espaces naturels

(L. n° 2010-788, 12 juill. 2010)

Art. L. 414-11 *(L. n° 2010-788, 12 juill. 2010 ; mod., L. n° 2016-1087, 8 août 2016)*. – **I. – Les conservatoires régionaux d'espaces naturels contribuent à la préservation d'espaces naturels et semi-naturels notamment par des actions de connaissance, de maîtrise foncière et d'usage, de gestion et de valorisation du patrimoine naturel sur le territoire régional. Ils mènent également des missions d'expertise locales et des missions d'animation territoriale en appui aux politiques publiques en faveur du patrimoine naturel.**

Conjointement, l'État et la région ou, pour la Corse, la collectivité territoriale de Corse peuvent, pour une période déterminée, agréer les conservatoires régionaux d'espaces naturels.

II. – La fédération des conservatoires d'espaces naturels regroupe l'ensemble des conservatoires régionaux d'espaces naturels. Elle assure leur représentation et leur coordination technique à l'échelon national aux fins de la mise en œuvre des missions visées au I.

III. – Un décret précise les modalités d'application de la présente section.

CHAPITRE V. – DISPOSITIONS PÉNALES

Voir : art. R. 415-1 à R. 415-3, p. 2227.

Bibliographie : A. Gourintin et P. De Hert, *La directive du 19 novembre 2008 relative à la protection de l'environnement par le droit pénal : première réalisation du « nouveau » système de droit pénal européen : JTDE* juin 2009, n° 160, p. 164. • D. Guihal, *Droit répressif de l'environnement*, Économica, 3e éd. 2008. • M.-J. Littmann-Martin, *Protection pénale de l'environnement : JCl. Environnement*, Fasc. 505, 2001.

Section I. – Constatation des infractions

Art. L. 415-1 *(Mod., L. n° 2003-239, 18 mars 2003* (1) *; mod. à compter de la date prévue au II de l'article 88, L. n° 2006-1772, 30 déc. 2006* (2) *; rempl. à compter du 1er juillet 2013, Ord. n° 2012-34, 11 janv. 2012 ; mod., L. n° 2013-619, 16 juill. 2013 ; L. n° 2016-1087, 8 août 2016)*. – **I. – Outre les officiers et agents de police judiciaire et les inspecteurs de l'environnement mentionnés à l'article L. 172-1, sont habilités à rechercher et à constater les infractions aux dispositions du présent titre et des textes pris pour son application :**

1° Les agents des services de l'État chargés des forêts commissionnés à raison de leurs compétences en matière forestière et assermentés à cet effet ;

2° *(Mod., Ord. n° 2022-839, 1er juin 2022)* (3) **Les agents de l'Office national des forêts mentionnés au I de l'article L. 161-4 du Code forestier et, pour leur seule constatation, les agents mentionnés au II du même article, commissionnés à raison de leurs compétences en matière forestière et assermentés à cet effet ;**

3° Les gardes champêtres ;

4° Les agents des douanes ;

5° Les agents de police judiciaires adjoints mentionnés à l'article 21 du Code de procédure pénale, qui exercent ces missions dans les limites et selon les modalités fixées par le Code de procédure pénale ;

6° Lorsque les mesures de protection portent sur le domaine public maritime ou les eaux territoriales, les agents habilités par l'article L. 942-1 du Code rural et de la pêche maritime à constater les infractions à la réglementation sur l'exercice de la pêche maritime ainsi que les fonctionnaires chargés de la police du domaine public maritime et des eaux territoriales ;

7° Les agents des réserves naturelles mentionnés à l'article L. 332-20 agissant dans les conditions prévues à cet article ;

(1) Application à Mayotte : V. L. n° 2003-239, 18 mars 2003.

(2) Dispositions applicables à Mayotte, L. n° 2006-1772, 30 déc. 2006, art. 98, IV, 1.

(3) Le Conseil constitutionnel a déclaré les mots « et, pour leur seule constatation, les agents mentionnés au II du même article, » figurant au 2° du paragraphe I du présent article, dans sa rédaction résultant de l'ordonnance n° 2022-839 du 1er juin 2022, conforme à la Constitution. – V. ■ Cons. const. 31 mars 2023, n° 2023-1042 QPC, art. 1er : *JurisData* n° 2023-004996 ; *JO* 4 avr. 2023. – NDLR.

8° Les gardes du littoral mentionnés à l'article L. 322-10-1, agissant dans les conditions prévues à cet article.

9° Les fonctionnaires ou agents publics des collectivités territoriales ou de leurs groupements chargés de la protection des espaces ou patrimoines naturels, commissionnés et assermentés à cet effet.

II. – Outre les agents mentionnés au I du présent article, sont habilités à rechercher et à constater des infractions aux articles L. 412-7 à L. 412-16, ainsi qu'aux obligations prévues à l'article 4 du règlement (UE) n° 511/2014 du Parlement européen et du Conseil du 16 avril 2014 relatif aux mesures concernant le respect par les utilisateurs dans l'Union du protocole de Nagoya sur l'accès aux ressources génétiques et le partage juste et équitable des avantages découlant de leur utilisation et aux textes pris pour leur application :

1° Les agents de la concurrence, de la consommation et de la répression des fraudes, qui disposent à cet effet des pouvoirs prévus au livre V du Code de la consommation ;

2° Les agents assermentés désignés à cet effet par le ministre de la défense ;

3° Les agents assermentés désignés à cet effet par le ministre chargé de la recherche ;

4° Les agents mentionnés aux L. 1421-1, L. 1435-7 et L. 5412-1 du Code de la santé publique ;

5° Les agents assermentés des parcs naturels régionaux ;

6° Les agents assermentés et commissionnés des collectivités territoriales et de leurs groupements ;

7° Les agents assermentés désignés à cet effet par le ministre chargé de l'agriculture.

JURISPRUDENCE SOUS L'ANCIEN ARTICLE L. 415-1 (AVANT L'ENTRÉE EN VIGUEUR LE 1er JUILLET 2013 DE L'ORDONNANCE N° 2012-34)

1) Agents de l'Office national de la chasse. Les agents de l'Office national de la chasse sont habilités à visiter les élevages où sont détenus des animaux d'espèces non domestiques en vue de vérifier la conformité de la situation à la réglementation en vigueur (■ Cass. crim., 27 mars 1996, n° 95-80.293 : *JurisData* n° 1996-002472 ; *RD rur.* 1996, p. 73). Ils sont habilités à contrôler l'application des dispositions concernant les établissements détenant des animaux d'espèces non domestiques et, notamment, à se faire présenter tous registres que ces établissements doivent tenir. Les visites qu'ils effectuent à cette fin, conformément à la réglementation en vigueur, ne sauraient constituer une perquisition (■ Cass. crim., 27 mars 1996, n° 95-80.293 PF, *Fédération départementale des chasseurs français : JurisData* n° 1996-002472).

2) Parc national. Un parc national, établissement public, peut se constituer partie civile pour demander réparation du préjudice moral que lui cause une infraction commise sur son territoire (■ Cass. crim., 7 avr. 1999 : *JurisData* n° 1999-001675 ; *Bull. crim.* 1999, n° 69 ; *Dr. pén.* 1999, n° 7, comm. 101).

Art. L. 415-2 *(Abr. à compter du 1er juillet 2013, Ord. n° 2012-34, 11 janv. 2012 ; rétabli, L. n° 2016-1087, 8 août 2016).* **– Les agents mentionnés à l'article L. 415-1 communiquent sans délai au ministre chargé de la protection de la nature les procès-verbaux qu'ils dressent pour les infractions aux articles L. 412-1 du présent code ou 215 du Code des douanes, lorsqu'elles concernent des espèces inscrites dans les annexes aux règlements de l'Union européenne relatifs à la protection des espèces de faune et de flore sauvages par le contrôle de leur commerce.**

Les agents placés sous l'autorité du ministre chargé de la protection de la nature peuvent avoir accès à ces informations pour l'exercice de leurs missions. Ils sont astreints au secret professionnel.

JURISPRUDENCE SOUS L'ANCIEN ARTICLE L. 415-2 (AVANT L'ENTRÉE EN VIGUEUR LE 1er JUILLET 2013 DE L'ORDONNANCE N° 2012-34)

1) Nullités des constatations (non). Absence de nullité du procès-verbal tirée du défaut d'assentiment exprès dès lors que la visite exempte de toute constatation et investigation a été faite à partir de l'extérieur de l'élevage (■ Cass. crim., 18 juill. 1995, n° P 94-86.109 D, *Beral : JurisData* n° 1995-002609).

2) Délai de transmission. Les dispositions de l'article L. 415-2 du Code de l'environnement disposant que les procès-verbaux doivent être transmis au procureur de la République dans les trois jours qui suivent leur clôture n'imposent aucun délai entre la constatation de l'infraction et la transmission du procès-verbal. Par suite, le moyen tiré de la tardivité de cette transmission eu égard à la date de constatation des faits est inopérant (■ CA Douai, 6e ch. corr., 14 déc. 2006, n° 06/01529 : *JurisData* n° 2006-331176).

Art. L. 415-2-1 *(L. n° 2016-1087, 8 août 2016).* **– Les agents mentionnés au I de l'article L. 411-7 sont habilités à rechercher et à constater les infractions à l'article L. 411-6 et aux textes pris pour son application.**

Section II. – Sanctions

Art. L. 415-3 *(Anc. C. rur., art. L. 215-1 ; mod., L. n° 2003-591, 2 juill. 2003* (1) *; L. n° 2005-157, 23 févr. 2005 ; L. n° 2006-436, 14 avr. 2006* (2) *; L. n° 2010-788, 12 juill. 2010 ; à compter du 1er juillet 2013, Ord. n° 2012-34, 11 janv. 2012 ; mod., L. n° 2016-1087, 8 août 2016 ; L. n° 2019-773, 24 juill. 2019 ; L. n° 2023-54, 2 févr. 2023).* – **Est puni de trois ans d'emprisonnement et de 150 000 € d'amende :**

1° Le fait, en violation des interdictions ou des prescriptions prévues par les dispositions de l'article L. 411-1 et par les règlements ou les décisions individuelles pris en application de l'article L. 411-2 :

a) De porter atteinte à la conservation d'espèces animales non domestiques, à l'exception des perturbations intentionnelles ;

b) De porter atteinte à la conservation d'espèces végétales non cultivées ;

c) De porter atteinte à la conservation d'habitats naturels ;

d) De détruire, altérer ou dégrader des sites d'intérêt géologique, notamment les cavités souterraines naturelles ou artificielles, ainsi que de prélever, détruire ou dégrader des fossiles, minéraux et concrétions présents sur ces sites.

La tentative des délits prévus aux *a* à *d* est punie des mêmes peines ;

2° Le fait d'introduire volontairement dans le milieu naturel, de transporter, colporter, utiliser, mettre en vente, vendre ou acheter un spécimen d'une espèce animale ou végétale en violation des articles L. 411-4 à L. 411-6 ou des règlements et des décisions individuelles pris pour leur application ;

3° Le fait de produire, ramasser, récolter, capturer, détenir, céder, utiliser, transporter, introduire, importer, exporter ou réexporter tout ou partie d'animaux ou de végétaux en violation des articles L. 411-6 et L. 412-1 et des règlements et des décisions individuelles pris pour leur application ;

4° Le fait d'être responsable soit d'un établissement d'élevage, de vente, de location ou de transit d'animaux d'espèces non domestiques, soit d'un établissement destiné à la présentation au public de spécimens vivants de la faune, sans être titulaire du certificat de capacité prévu à l'article L. 413-2 ;

5° Le fait d'ouvrir ou d'exploiter un tel établissement en violation des dispositions de l'article L. 413-3 ou des règlements et des décisions individuelles pris pour son application ;

6° Le fait d'implanter ou de ne pas mettre en conformité des clôtures dans les espaces ou zones naturels en violation de l'article L. 372-1.

L'amende est doublée lorsque les infractions visées aux 1° et 2° du présent article sont commises dans le cœur d'un parc national ou dans une réserve naturelle.

Lorsqu'une personne est condamnée pour une infraction au présent article, le tribunal peut mettre à sa charge les frais exposés pour la capture, les prélèvements, la garde ou la destruction des spécimens rendus nécessaires.

Voir : Circulaire du 16 décembre 2013 relative aux trafics d'espèces protégées.

1) Destruction, altération ou dégradation du milieu particulier à une espèce protégée. Est jugé coupable de dégradation d'un milieu d'une espèce protégée et condamné à 50 000 F d'amende le gérant d'une société dont les employés avaient opéré des extractions de granulats dans une zone de frayère d'esturgeons, espèce protégée par l'arrêté du 25 janvier 1982 (■ T. corr. Marmande, 25 janv. 1990, Rigo).

Responsabilité du maître d'œuvre. Est justifié l'arrêt qui retient, pour déclarer une personne coupable d'avoir détruit l'habitat d'une espèce végétale protégée non cultivée et pour avoir détruit des pieds de cette même espèce, qu'elle était investie d'une mission de maîtrise d'œuvre comprenant la conception et la direction des ouvrages de construction d'un lotissement, qui incluaient les terrassements d'implantation. Le gérant, qui reconnaît avoir été informé de la présence d'une station de tulipes sauvages protégées dans la zone à construire, a négligé de s'assurer de l'obtention préalable par le maître de l'ouvrage d'une autorisation préfectorale de destruction ou d'enlèvement de l'espèce. La cour d'appel précise que le gérant avait été informé de dispositions prises dans le cadre de la réalisation des travaux de voirie pour limiter les atteintes au milieu et préserver les bulbes de tulipes dans les terres extraites. Dans le cadre des travaux d'implantation des constructions dont il avait la direction, le gérant s'était abs-

(1) Application à l'outre-mer : V. L. n° 2003-591, 2 juill. 2003.
(2) Conditions d'application : V. L. n° 2006-436, 14 avr. 2006.
Dispositions applicables à Mayotte et à Saint-Pierre-et-Miquelon, L. n° 2006-436, 14 avr. 2006.

tenu de prendre des dispositions comparables à l'occasion de travaux de terrassement en cours de réalisation avec stockage de la terre extraite contre un mur de soutènement au risque de provoquer le dépérissement des bulbes (■ Cass. crim., 23 oct. 2012, n° 12-80.414).

Arrêté de biotope. La personne qui, en labourant des terrains spécialement protégés, ne respecte pas un arrêté de protection du biotope fondé sur l'article L. 211-1 du Code rural (devenu C. env., art. L. 411-1) contrevient aux dispositions de cet article et se rend coupable du délit de destruction du milieu particulier d'une espèce protégée (■ Cass. crim., 12 juin 1996, n° 95-85.270 : *Dr. env.* 1997, n° 47, p. 11, comm. J.-H. Robert). Mais la constitution du délit de destruction ou d'altération du milieu particulier à une espèce protégée, défini en termes clairs et précis par les articles L. 411-1, L. 411-2, R. 411-1 et L. 415-3 du présent code ainsi que par les arrêtés ministériels qui dressent la liste des espèces animales et végétales concernées n'est pas subordonnée à l'intervention d'un arrêté préfectoral de biotope (■ Cass. crim., 27 juin 2006, n° 05-84.090 : *Rev. jur. env.* 4/2007, p. 542-543, comm. V. Jaworski ; *Dr. pén.* 2006, n° 11, p. 12, note J.-H. Robert). V. précédemment en sens contraire (■ CA Orléans, 30 mars 2004, n° 03/00608).

Personne responsable. L'infraction de destruction ou d'altération du milieu particulier à une espèce protégée est imputable non seulement à l'entrepreneur qui exécute des travaux mais également au propriétaire qui les ordonne sur son fonds (Cass, crim., 27 juin 2006, n° 05-84.090 : préc.).

2) Destruction d'animal non domestique. Se rend coupable du délit de destruction d'animal non domestique appartenant de surcroît à une espèce protégée, le berger qui attache autour du cou d'un de ses agneaux un bas contenant une capsule de produit toxique pour empoisonner un loup (■ CAA Aix-en-Provence, 21 mars 2005, n° 534M2005 : *JurisData* n° 2005-286648). De même, à propos de l'ourse Cannelle, l'infraction de destruction d'une espèce protégée est constituée (■ Cass. crim., 1er juin 2010, n° 09-87.159).

Tir au jugé. Défaut d'identification. Le tir au jugé, à la tombée de la nuit, sans identification de l'espèce, constitue un manquement grave aux règles de la chasse. Le prévenu sera donc condamné pour avoir ainsi détruit un hibou moyen duc, animal d'une espèce protégée (■ CA Angers, ch. corr., 17 sept. 1998 : *JurisData* n° 1998-046312). De même, tout chasseur étant tenu d'identifier l'animal visé avant de tirer et, en cas de doute, de s'abstenir, est déclaré coupable du délit de destruction d'un animal non domestique appartenant à une espèce protégée, l'auteur d'un coup de feu qui a tué un bouquetin alors qu'il croyait être face à un jeune chamois, la confusion qu'il prétend avoir faite ne pouvant le disculper (■ Cass. crim., 20 mars 2001, n° 00-87.439).

3) Faute d'imprudence. Une faute d'imprudence suffit à caractériser l'élément moral du délit d'atteinte à la conservation d'espèces animales non domestiques protégées prévu par l'article L. 415-3 du Code de l'environnement (■ Cass. crim., 18 oct. 2022, n° 21-86.965, F+B. ■ Cass. crim., 1er juin 2010, n° 09-87.159).

4) Fait justificatif. *a) Exception de légitime défense. Absence de pertinence.* Est coupable de destruction d'une espèce protégée le prévenu qui tire au fusil de chasse une buse variable, espèce protégée venant de capturer un lapin nain, alors qu'ayant commis l'imprudence de pratiquer l'élevage de lapins et poulets nains en liberté, il ne saurait imputer qu'à sa seule négligence le comportement de l'oiseau qui a suivi son instinct et ne peut invoquer la légitime défense de l'élevage (■ CA Paris, 13e ch., 10 mai 1989, Bourdon : *JurisDatat* n° 1989-024854).

b) État de nécessité. Cassation, pour contradiction de motifs, d'un arrêt de relaxe qui énonce d'une part que le délit de destruction d'une espèce protégée, en l'espèce un loup, apparaît établi dans tous ses éléments et retient d'autre part que l'état de nécessité était parfaitement caractérisé, la culpabilité n'étant par conséquent pas susceptible d'être retenue (■ Cass. crim., 5 févr. 2008, n° 07-82.542, *FNE et a.* – Cassation de ■ CA Chambéry, 11 janv. 2007, n° 06/00530 : *JurisData* n° 2007-342148). Il n'y a pas d'état de nécessité lorsqu'une faute du chasseur est à l'origine de la situation de péril dans laquelle il s'est retrouvé (■ Cass. crim., 1er juin 2010, n° 09-87.159).

c) « Tolérance administrative » (Non). Le bruant ortolan étant une espèce protégée sur le territoire national dont les dispositions du Code de l'environnement confirment l'interdiction de capture, de destruction ou d'enlèvement dans le milieu naturel, la prévenue ne saurait se référer à une quelconque tolérance de l'administration dont le but serait de permettre le maintien d'une tradition locale, une telle tolérance étant insusceptible de priver sa démarche de l'élément intentionnel requis pour caractériser le délit qui lui est reproché ; n'étant pas constitutive de droit, et ne pouvant valablement être opposée à une poursuite devant une juridiction correctionnelle que si elle résulte d'une disposition expresse de la loi, la tolérance de l'autorité administrative ne peut constituer un droit ni servir d'excuse à une infraction pénale (■ Cass. crim., 14 mai 2019, n° 18-82.671).

d) Non-respect des prescriptions administratives. Le délit, prévu par le 1° de l'article L. 415-3, d'atteinte à la conservation des habitats naturels ou espèces animales non domestiques, en violation des prescriptions prévues par les règlements ou décisions individuelles pris en application de l'article L. 411-2, peut être consommé par la simple abstention de satisfaire aux dites prescriptions (■ Cass. crim., 18 oct. 2022, n° 21-86.965, F+B).

5) Destruction d'espèces végétales protégées. *Démonstration de l'intention.* Les espèces végétales protégées sont souvent ignorées. En se fondant sur l'article 121-3 du Code pénal, le juge peut estimer qu'il n'y a pas de délit sans intention de le commettre, une condamnation pour les infractions dites matérielles ne pouvant se concevoir qu'en cas d'imprudence ou de négligence. En conséquence, le prévenu qui a ignoré la présence d'une plante protégée détruite par des travaux n'est pas responsable (■ CA Caen, ch. corr., 3 sept. 1997, n° 97534 : *JurisData* n° 1997-047606). Exemple de condamnation : ■ T. corr. Lure, 1er oct. 1999, n° 638/99. *Connaissance du risque.* Le maire d'une commune faisant partie d'un parc national avait décidé de faire des travaux d'élargissement d'un sentier piétonnier pour le transformer en piste pour véhicules de type 4×4, travaux ayant entraîné la destruction de centaines de pieds de cirse, espèce végétale protégée. Dès lors que le prévenu avait bien connaissance du risque de destruction des plantes protégées, il se rend coupable du délit de destruction d'une espèce végétale protégée et du délit de destruction de l'habitat d'une espèce végétale protégée. En l'espèce, il avait été alerté par plusieurs courriers électroniques d'un technicien du parc national sur les conséquences destructrices des travaux en cours sur des stations de l'espèce végétale protégée. La mairie disposait également d'une cartographie descriptive des endroits où cette espèce était implantée. C'est donc en connaissance de cause qu'il a violé les prescriptions légales concernant les espèces végétales protégées (■ CA Chambéry, ch. corr., 30 juin 2011, n° 10/01078).

6) Transport d'un spécimen d'espèce protégée. Selon l'article L. 211-1 du Code rural (C. env., actuel art. L. 411-1), qui ne distingue pas la nature de l'animal non domestique protégé, le transport doit s'entendre du déplacement, même en terrain privé, de l'animal, sans qu'il y ait lieu de rechercher le moyen de transport utilisé, ni l'intention qui en est le mobile. Ainsi, commet le délit de transport d'un spécimen d'une espèce protégée la personne qui déplace une oie de bernache morte en un lieu privé (■ Cass. crim., 23 juin 1993, n° 92-84.834 : *Dr. env.* 1993, n° 20, p. 89, comm. J.-H. Robert).

7) *Utilisation commerciale d'espèces protégées.* Il découle de l'abrogation, par l'arrêté du 1er juillet 1985, de l'article 3 de l'arrêté du 28 février 1962, que les oiseaux nés et élevés en captivité, de même espèce que le gibier ne sont plus considérés comme des animaux domestiques et que leur commercialisation est interdite (■ Cass. crim., 9 janv. 1992, n° 90-87.866, *Vandenberghe*). À l'égard des espèces figurant à l'annexe I de la convention de Washington signée le 3 mai 1973 et à l'annexe A du règlement (CE) n° 338/97, les règlements (CEE) n° 3626/82 et (CE) n° 338/97 ne s'opposent pas à ce que la réglementation d'un État membre interdise sur son territoire toute utilisation commerciale de spécimens nés et élevés en captivité (■ CJCE, 23 oct. 2001, aff. C-510/99, *Tridon : Rev. sc. crim.* 2002, n° 1, p. 165, note L. Idot ; *Dr. env.* 2002, n° 96, p. 53, note R. Romi). Ainsi, à l'égard des espèces figurant à l'annexe I de la convention de Washington, ou à l'annexe A du règlement n° 338/97 CE du Conseil du 9 décembre 1996 relatif à la protection des espèces de faune et de flore sauvages, les interdictions d'utilisation, de mise en vente, de vente et d'achat édictées par l'article L. 411-1 du présent code et par l'arrêté ministériel du 15 mai 1986 s'appliquent aux spécimens issus d'élevage aussi bien qu'à ceux qui sont nés dans le milieu naturel. Cassation de l'arrêt relaxant le prévenu du chef d'utilisation commerciale prohibée de spécimens d'ara macao au motif que l'interdiction d'utilisation à des fins commerciales des animaux protégés ne s'appliquait pas aux sujets nés et élevés en captivité (■ Cass. crim., 22 févr. 2005, n° 04-85.094 : *Dr. env.* 2005, n° 127, p. 70, rapp. D. Guihal ; *AJP* 2005, n° 6, p. 239, note M. Redon ; *Dr. pén.* 2005, n° 5, p. 14, note J.-H. Robert).

Voir également : sous art. R. 411-5, p. 2161.

Utilisation à des fins publicitaires. Si le transport et l'utilisation d'espèces protégées dans un film constituent une infraction, cette circonstance n'est pas de nature à justifier la suppression des séquences représentant les animaux dès lors que les rapaces n'ont couru aucun risque particulier et que les images montrant l'attaque d'un conducteur par des vautours ne sont pas susceptibles d'entraver la campagne de réintroduction de ces espèces (■ TGI Paris, ord., 5 mars 1984, *Assoc. Fonds d'intervention pour les rapaces : JurisData* n° 1984-042151).

8) Détention d'espèces protégées. Le fait, pour un taxidermiste, de détenir dans ses congélateurs des animaux appartenant à des espèces protégées ne correspond à aucun acte visé par la loi du 10 juillet 1976. La tentative d'utilisation ne constitue pas une infraction (■ CA Angers, corr., 20 nov. 1990, *Assoc. Sarthe Nature Environnement : JurisData* n° 1990-047844 ; *Rev. jur. env.* 3/1992, p. 341, comm. M.-J. Littmann-Martin). Mais V. en sens contraire ■ CA Colmar, 7 févr. 1991 : *JurisData* n° 1991-043560 ; *Dr. env.* 1990, n° 10-11, p. 94, comm. J.-H. Robert.

9) Détention d'un animal non domestique sans autorisation. Le prévenu qui ne peut justifier d'une autorisation de détention de sangliers se rend coupable de détention d'un animal non domestique sans autorisation. Aucune mise en demeure préalable n'est nécessaire dans la mesure où l'arrêté du 8 octobre 1992 ne prévoit pas cette condition mais dispose en revanche que l'absence de réponse dans le délai de quatre mois à compter de la réception de la demande d'autorisation vaut décision implicite de rejet (■ CA Toulouse, ch. corr. 3, 20 janv. 2004, n° 03/00235 : *JurisData* n° 2004-237659).

10) Utilisation d'un animal non domestique sans autorisation. L'utilisation d'un animal appartenant à une espèce dangereuse au sens de l'arrêté du 21 novembre 1997 est soumise à autorisation préfectorale préalable en application de l'article L. 412-1 du Code de l'environnement, peu important que l'animal soit pucé, né en captivité et tenu en laisse. Dès lors, se rend coupable d'utilisation d'un animal non domestique sans autorisation administrative, la personne qui promène une panthère en laisse et déclare l'avoir acquise dès sa naissance auprès d'un zoo et l'utiliser dans le cadre de son activité d'illusionniste ou pour des photographies publicitaires (■ CA Montpellier, ch. corr. 3, 24 mai 2007, n° 06/00509 : *JurisData* n° 2007-337218).

11) Absence d'autorisation pour un établissement détenant des animaux d'espèce non domestiques. A été déclaré coupable d'élevage de *sylvilagus floridanus* sans autorisation le prévenu qui a détenu et élevé ces animaux non domestiques (■ CA Bordeaux, 25 janv. 1990 : *JurisData* n° 1990-042189). A été déclaré coupable d'élevage sans autorisation l'éleveur d'animaux non répertoriés comme gibier dans la liste établie par arrêté ministériel du 26 janvier 1987 (■ CA Colmar, 25 oct. 1990, *Jenny*). Il en va de même s'agissant d'un élevage non autorisé de sangliers en infraction à l'arrêté du 8 octobre 1982 (■ CA Paris, 1er déc. 1989 : *JurisData* n° 1989-0270040 ; V. également : ■ CA Bourges, 19 nov. 2009, n° 09/474 : *JurisData* n° 2009-021215). De même, est déclarée coupable d'élevage sans autorisation la personne dont les demandes d'autorisation ont été rejetées, le fait que les spécimens litigieux soient en captivité ne les faisant pas devenir domestiques (■ CA Dijon, 24 mai 2007, n° 06/01095. – V. également ■ CA Bordeaux, 13 nov. 2012, n° 989, 12/00260 : *JurisData* n° 2012-032621). De même, sont constituées les infractions d'ouverture non autorisée d'un établissement pour animaux non domestiques et d'exploitation de cet établissement sans certificat de capacité, même lorsque le prévenu a agi par souci de « protection immodérée des animaux » (■ Cass. crim., 21 oct. 2014, n° 13-84.833). L'infraction d'ouverture sans autorisation et d'exploitation sans certificat de capacité d'un établissement d'élevage d'animaux d'espèces non domestiques prévue par l'article L. 415-3 du Code de l'environnement constatée en 2008 est également constituée lorsque le certificat de capacité a été délivré pour une durée de 5 ans en 2011, cette situation ne faisant pas disparaître les délits constatés en 2008 (■ CA Montpellier, 22 novembre 2011, n° 11/137, *Bier c/ Association France Nature Environnement*). Une cour d'appel justifie sa décision de condamnation dès lors qu'il n'a pas été prétendu que les animaux litigieux appartenaient à des espèces domestiques, ni soutenu que les articles L. 413-2 et suivants du Code de l'environnement seraient contraires au traité des Communautés européennes ou aux règles édictées en application de ce traité (■ Cass. crim., 5 juin 2007, n° 06-87.908 : *Dr. pén.* 2008, n° 7, pan. p. 23, comm. L. Jean). Doit être déclaré coupable d'avoir ouvert sans autorisation administrative un établissement destiné à présenter au public des spécimens vivants de faune, un commerçant en animalerie qui propose à la vente, sur un marché, des oiseaux granivores et admet ne posséder aucun registre ni aucune autorisation (■ CA Rouen, ch. corr., 11 sept. 2006, n° 06/00136 : *JurisData* n° 2006-316153). L'incrimination définie à l'article L. 413-3 du Code de l'environnement et réprimée par l'article L. 415-3 s'applique à l'inobservation du volume maximum des activités fixé par l'arrêté d'autorisation prévu par l'article R. 413-36 du présent code (■ Cass. crim., 13 nov. 2007, n° 07-84.806 : *Dr. pén.* 2008, n° 2, p. 33, comm. J.-H. Robert. – V. également ■ CA Toulouse, 13 janv. 2009, n° 08/00501, *Christian B.*).

Mais n'encourt pas la censure l'arrêt qui a renvoyé le prévenu des fins de la poursuite du chef d'ouverture non autorisée d'un établissement pour animaux non domestiques et exploitation d'un tel établissement sans certificat de capacité dès lors qu'à la date des faits reprochés, la seule détention dans une propriété non ouverte au public de deux cygnes tuberculés ne pouvait être regardée comme permettant de caractériser l'existence d'un établissement d'élevage au sens des dispositions des articles L. 413-2 et L. 413-3 du Code de l'environnement (■ Cass. crim., 4 oct. 2005, n° 05-82.565 : *JurisData* n° 2005-030564 ; *RD rur.* 2006, n° 1, p. 63, note J.-H. Robert ; *Dr. pén.* 2006, n° 1, p. 18, note J.-H. Robert).

Prescription de l'action publique. La prescription de l'action publique en matière d'ouverture sans autorisation d'un élevage d'animaux non domestiques ne court qu'à compter du jour où la situation illicite prend fin, l'infraction s'accomplissant pendant toute la durée de la présence d'animaux dans l'établissement sans qu'ait été obtenue l'autorisation requise par le Code de l'environnement (■ Cass. crim., 21 févr. 2006, n° 05-84.916, *Didier V.* : *Gaz. Pal.* 16 mars 2006, n° 75, p. 12, comm. M. B ; *Environnement* 2006, n° 5, p. 21, note P. Trouilly ; *Dr. env.* 2006, n° 140, note D. Guihal).

Valeur interprétative des arrêtés fixant la liste des espèces protégées sur le droit antérieur. Encourt la cassation l'arrêt qui, pour déclarer coupable de détention illégale dans un élevage d'espèces non domestiques protégées pour des faits constatés en 2007, énonce que, lorsqu'une disposition législative support légal d'une incrimination demeure en vigueur, l'abrogation des textes réglementaires pris pour son application n'a pas de caractère rétroactif et que, si l'arrêté du 29 octobre 2009 fixant la liste des oiseaux protégés dont la détention est interdite prévoit que cette interdiction ne concerne que les oiseaux prélevés dans les milieux naturels du territoire métropolitain ou dans ceux des États membres de l'Union européenne, la réglementation en vigueur au moment des faits ne comportait pas cette restriction. En effet, la précision apportée à la réglementation antérieure par l'arrêté du 29 octobre 2009 et relative au lieu de prélèvement des oiseaux, qui est de nature interprétative, s'applique aux situations antérieures (■ Cass. crim., 5 avr. 2011, n° 10-86.248, *Patrick X.*).

12) Certificat de capacité. L'article L. 415-3-4° du Code de l'environnement prévoit que seul peut être incriminé le responsable d'un établissement destiné à la présentation au public de spécimens vivants de la faune qui n'est pas titulaire du certificat de capacité prévu à l'article L. 413-2 du Code de l'environnement. Cette disposition n'impose pas que la personne physique titulaire du certificat soit présente dans l'établissement. Encourt ainsi la cassation l'arrêt qui, pour déclarer coupable de ce chef une société exploitant un cirque au motif qu'elle en est responsable à raison de l'infraction commise pour son compte par une personne physique, pénalement responsable de l'établissement, qui, s'il disposait bien d'un certificat de capacité pour les éléphants, n'était pas en mesure d'exercer les prérogatives liées à la détention d'un tel certificat puisque non présent dans l'établissement le jour du contrôle (■ Cass. crim., 4 oct. 2011, n° 11-80.198, *Sté Promogil*).

13) Atteinte au milieu d'une espèce protégée. Une société est condamnée pour altération ou dégradation du lieu de l'écrevisse à pattes blanches, espèce protégée, pour avoir fait vidanger le plan d'eau d'une carrière, ce qui a entraîné des rejets polluants dans un cours d'eau et la destruction de spécimens de l'espèce protégée (■ CA Bourges, 6 mai 2010 n° 10/00182 : *JurisData* n° 2010-026728).

14) Cumul d'infraction. *Délit de chasse et destruction d'animaux non domestiques.* Lorsque les faits reprochés à chacun des prévenus constituent une action indivisible, elle ne peut pas entraîner, en raison de la similitude des valeurs sociales protégées, plusieurs déclarations de culpabilité mais doit être exclusivement réprimée sous sa plus haute expression pénale. Toutefois, les peines d'amende et de retrait du permis de chasse prononcées par une cour d'appel sont justifiées dans la mesure où le délit de destruction d'animaux non domestiques appartenant à une espèce protégée et la complicité de ce délit, dont les éléments constitutifs ont été relevés, les prévoient (■ Cass. crim., 16 mai 2006, n° 05-86.860 : *JurisData* n° 2006-034190 ; *Rev. sc. crim.* 2006, n° 4, pan. p. 835, comm. J.-H. Robert ; *Environnement* 2006, n° 10, p. 34, note J.-H. Robert ; *Dr. pén.* 2006, n° 10, p. 14, note J.-H. Robert).

15) CJIP environnementale. Voir en la matière la CIJP environnementale conclue à propos d'un zoo exploité par la *société CERZA* : ■ TJ Lisieux, 3 juill. 2023, n° 18-207-3.

Art. L. 415-3-1 ***(L. n° 2016-1087, 8 août 2016).*** **– I. – Est puni d'un an d'emprisonnement et de 150 000 € d'amende :**

1° Le fait d'utiliser des ressources génétiques ou des connaissances traditionnelles associées, au sens de l'article *(Rect. JO 24 sept. 2016)* « L. 412-4 », sans disposer des documents mentionnés au 3 de l'article 4 du règlement (UE) n° 511/2014 du Parlement européen et du Conseil, du 16 avril 2014, précité lorsqu'ils sont obligatoires ;

2° Le fait de ne pas rechercher, conserver ou transmettre aux utilisateurs ultérieurs les informations pertinentes sur l'accès et le partage des avantages pour les ressources génétiques et les connaissances traditionnelles associées en application du même article 4.

L'amende est portée à un million d'euros lorsque l'utilisation des ressources génétiques ou des connaissances traditionnelles mentionnée au 1° du présent I a donné lieu à une utilisation commerciale.

(L. n° 2021-1104, 22 août 2021) **Le montant de l'amende mentionnée aux premier et avant-dernier alinéas du présent I peut être porté jusqu'au double de l'avantage tiré de la commission de l'infraction. Le premier alinéa de l'article 131-38 du Code pénal s'applique uniquement aux amendes prévues au présent article exprimées en valeur absolue.**

II. – Les personnes physiques ou morales coupables des infractions prévues au I du présent article encourent également, à titre de peine complémentaire, l'interdiction, pendant une durée ne pouvant excéder cinq ans, de

solliciter, en application des articles L. 412-8 et L. 412-9, une autorisation d'accès aux ressources génétiques ou à certaines catégories d'entre elles et aux connaissances traditionnelles associées en vue de leur utilisation commerciale.

Art. L. 415-4 *(Rempl. à compter du 1er juillet 2013, Ord. n° 2012-34, 11 janv. 2012).* – **En cas de constatation de l'infraction prévue au 5° de l'article L. 415-3, le juge des libertés et de la détention peut, sur la requête du procureur de la République agissant d'office ou à la demande de l'autorité administrative, de la victime ou d'une association agréée de protection de l'environnement, ordonner pour une durée de trois mois au plus aux personnes physiques et aux personnes morales concernées toute mesure utile, y compris la suspension ou l'interdiction de l'activité en cause.**

En cas d'ouverture d'une information, le juge d'instruction est compétent pour prendre dans les mêmes conditions les mesures prévues au premier alinéa.

La décision est prise après audition de la personne intéressée ou sa convocation à comparaître dans les quarante-huit heures ainsi que, à leur demande, après audition de l'autorité administrative, la victime, ou l'association agréée de protection de l'environnement.

Elle est exécutoire par provision et prend fin, selon les cas, sur décision du juge des libertés et de la détention ou du juge d'instruction, ou lorsque la décision au fond est devenue définitive.

La personne concernée ou le procureur de la République peut faire appel de la décision du juge des libertés et de la détention dans les dix jours suivant la notification ou la signification de la décision.

Le président de la chambre d'instruction ou de la cour d'appel, saisi dans les vingt-quatre heures suivant la notification de la décision du juge d'instruction ou du tribunal correctionnel, peut suspendre la décision jusqu'à ce qu'il soit statué sur l'appel, sans que ce délai puisse excéder vingt jours.

Art. L. 415-5 *(Abr. à compter du 1er juillet 2013, Ord. n° 2012-34, 11 janv. 2012).*

JURISPRUDENCE SOUS L'ANCIEN ARTICLE L. 415-5 (AVANT L'ENTRÉE EN VIGUEUR LE 1er JUILLET 2013 DE L'ORDONNANCE N° 2012-34)

1) Constatation d'infraction. À propos de poursuites pour exploitation d'un établissement d'élevage d'animaux d'espèces non domestiques sans autorisation, il importe peu que les gardes nationaux aient pénétré sur la propriété avec l'autorisation verbale de l'exploitant, dès lors que leurs constatations ont été faites à partir d'une route et que la visite effectuée par eux n'a donné lieu à aucune investigation et constatation de nature à fonder les poursuites (■ Cass. crim., 18 juill. 1995, *Beral : Dr. pén.* 1996, n° 40 ; *Dr. env.* 1996, n° 35, p. 12).

2) Absence de justification. Exploitation d'un élevage d'animaux non domestiques sans autorisation ni certificat de capacité, absence de justification d'origine des animaux et de registre des effectifs ou autres justificatifs. Dès lors qu'il appartenait au prévenu de justifier de la régularité de la détention des oiseaux saisis dans son établissement et que la seule constatation de la violation, en connaissance de cause, d'une prescription légale ou réglementaire implique de la part de son auteur l'intention coupable exigée par l'article 121-3, alinéa 1er, du Code pénal (■ Cass. crim., 10 nov. 1999, n° 98-87.306 D, *Dreau*).

3) Opération de police judiciaire. Les dispositions des articles L. 415-1 et L. 415-5 du Code de l'environnement qui habilitent les agents assermentés et commissionnés de l'Office national de la chasse et de la faune sauvage et du Conseil supérieur de la pêche à procéder à la saisie de l'objet de l'infraction ainsi que des instruments et véhicules ayant servi à commettre l'infraction, dont les frais de transport, d'entretien et de garde sont supportés par le prévenu, et qui sont, au surplus, insérées dans le chapitre V intitulé « dispositions pénales » du titre relatif à la protection de la faune et de la flore, définissent des pouvoirs de constat des infractions et de saisie qui relèvent de la police judiciaire. Par conséquent, en reconnaissant la compétence du juge administratif pour en connaître, le juge des référés entache sa décision d'une erreur de droit (■ CE, 4 févr. 2005, n° 266150, *Office national de la chasse et de la faune sauvage*).

Art. L. 415-6 *(L. n° 2013-619, 16 juill. 2013 ; mod., L. n° 2016-1087, 8 août 2016).* – **Le fait de commettre les infractions mentionnées aux 1°, 2° et 3° de l'article L. 415-3 du présent code en bande organisée, au sens de l'article 132-71 du Code pénal, est puni de sept ans d'emprisonnement et 750 000 € d'amende.**

Le trafic de rhinocéros noirs organisé entre deux États fédérés des États-Unis est puni de cinq ans d'emprisonnement dans ce pays. Bien que ce trafic ait été opéré en bande organisée, le prévenu résidant en France ne peut être extradé, dans la mesure où les faits sont antérieurs à la loi du 16 juillet 2013 créant le nouvel article L. 415-3 du Code de l'environnement (■ Cass. crim., 14 oct. 2015, n° 15-84.426 : *Dr. pén.* 2015, n° 12, comm. 165, J.-H. Robert).

Art. L. 415-7 *(Anc. L. 414-5-1, dénum. et mod., L. n° 2016-1087, 8 août 2016).* **– I. – Lorsqu'une évaluation des incidences Natura 2000 est prévue au titre du III, du IV ou du IV *bis* de l'article L. 414-4, est puni de six mois d'emprisonnement et de 30 000 euros d'amende le fait de réaliser un programme ou un projet d'activités, de travaux, d'aménagement, d'ouvrage ou d'installation ou une manifestation ou une intervention sans se conformer à la mise en demeure de procéder à l'évaluation exigée, de procéder à la déclaration ou d'obtenir l'autorisation prévue à l'article L. 414-4 ou de respecter l'autorisation délivrée ou la déclaration.**

II. – Ces peines sont doublées lorsque l'infraction mentionnée au I a causé une atteinte aux habitats naturels ou aux espèces végétales ou animales justifiant la désignation du ou des sites Natura 2000 concernés par la réalisation du programme ou projet d'activité, de travaux, d'aménagement, d'ouvrage ou d'installation ou de la manifestation ou de l'intervention.

Art. L. 415-8 *(Anc. L. 414-5-1, dénum. et mod., L. n° 2016-1087, 8 août 2016).* **– Est puni de six mois d'emprisonnement et de 30 000 € d'amende le fait de réaliser un programme ou un projet d'activité, de travaux, d'aménagement, d'ouvrage ou d'installation ou une manifestation ou une intervention en méconnaissance des engagements spécifiques mentionnés au II de l'article L. 414-3. Ces peines sont doublées lorsque cette réalisation a porté atteinte aux habitats naturels ou aux espèces végétales ou animales justifiant la désignation du site Natura 2000 concerné par ces engagements.**

TITRE II. – CHASSE

Bibliographie : Le droit de la chasse, influencé par le droit communautaire et le droit international, fait régulièrement l'objet de modifications.

Droit comparé. *La chasse en droit comparé, Société française pour le droit de l'environnement*, L'Harmattan, 1999.

Droit européen. L. Dubouis, *La chasse et le droit communautaire, directive 74/409 du 2 avril 1979 : RFDA* 1er mars 2000, n° 2, p. 409-414. • C. Huglo, *Le Conseil d'État et le droit communautaire : quelques réflexions à propos des arrêts sur les dates de la chasse : Gaz. Pal.* 7 juin 2000, n° 159/60, p. 29-33. • P. Cassia et E. Saulnier, *La loi du 3 juillet 1998 sur la chasse et le droit communautaire : error communis facit jus ? : Europe* 1999, n° 7, p. 5-8. • E. Saulnier, *La loi du 3 juillet 1998 sur la chasse et le droit communautaire* : error communis facit jus ? : *RD rur.* 1999, n° 275, p. 402-409. • G. Charollois, *La loi dite Verdeille relative à l'organisation des associations de chasseurs à l'épreuve de la Convention européenne des droits de l'Homme et des libertés fondamentales : D.* 1998, chron. p. 174.

Droit interne. A. Bories, *Le droit de chasser du preneur à bail rural : un miroir aux alouettes ? : RD rur.* 2008, étude 12. • Ch. Lagier, *Le maire et la chasse : Journ. maires* 2008, n° 4, p. 68. • J.-P. Camby, *L'article 37, alinéa 2, de la Constitution n'est pas un pouvoir discrétionnaire du Premier ministre : RDP* 2000, n° 1, p. 1-8. • M. Lanord, *Le rapport Lefeuvre, un apport scientifique pour l'application de la directive « Oiseaux » : RD rur.* 2000, n° 282, p. 203-209. • J. de Malafosse, *Propriété, liberté et organisation administrative de la chasse en France : 1789-1964 : RRJ* 1er janv. 2000, n° 1, p. 147-157. • C. Bohbot, *Les battues administratives aux loups mises en échec par la Convention de Berne : Rev. jur. env.* 3/1999, p. 391. • G. Charollois, *Le protecteur de la nature, le droit et le chasseur : D.* 1999, chron. p. 389. • F. Colas-Belcourt, J. Guilbaud, *La chasse et le droit*, Litec, 15e éd. 1999. • Ch. Lambert, note ss CAA Paris, 24 sept. 1998, nos 97PA00918 et 97PA00932, *Min. Environnement et Fédération interdépartementale des chasseurs de Paris* c/ *ASPAC : Rev. jur. env.* 1999, n° 1, p. 61-68. • A. Charlez, *Le droit de chasse, le droit de propriété et l'environnement : Gaz. Pal.* 13 mars 1998, n° 72, p. 2-6. • P. Janin, note ss CE, 6e et 2e ss-sect., 13 juin 1997, *Assoc. Protection des animaux sauvages : Gaz. Pal.* 30 janv. 1998, n° 30, p. 42-45. • S. Bories, *La responsabilité des ACCA : de la destruction des nuisibles à la gestion cynégétique ou vers une responsabilisation objective : RD rur.* 1995, p. 23. • J. Casorati, *Le plan de chasse comme instrument de l'aménagement cynégétique des forêts : Gaz. Pal.* 1er févr. 1995, n° 32, p. 26-28. • V. Levy-Bruhl, note ss CE, 26 mai 1995, nos 118119 et 144839, *Féd. d'intervention écopastorale et a.* • J. de Malafosse, note ss Cass. crim., 5 janv. 1983 ; CE, 26 mai 1995, *Fédération d'intervention écopastorale et a. : RD rur.* 1995, n° 236, p. 439-446. • R. Romi, *Le droit de la chasse de 1991 à 1993 : Rev. jur. env.* 1994, n° 1, p. 41-56 ; note ss TA Orléans, 20 avr. 1995 : *Dr. env.* 1995, n° 32, p. 91-92. • J. Lachaud, *La guerre des ACCA : RD rur.* 1994, p. 23. • J. de Malafosse, *L'enclos et le territoire de chasse, loi du*

10 juillet 1976 relative à la protection de la nature : JCP N 1994, n° 9, p. 143-147. • C. Hermon, *La loi Verdeille au cœur du débat : Études foncières*, sept. 1991, n° 52, p. 33. • P. Waguet et A. Charlez-Coursault, *La chasse en France*, PUF, coll. « Que sais-je ? », 1991. • J. Spach et J.-M. Sonnenmoser, *Les chasses communales et les districts spéciaux de chasse*, Istra, 1984. • P. Astie, *L'association communale de chasse agréée : Guide pratique de gestion*, Berger-Levrault, 1982. • M. Doumencq, *Les associations communales de chasse agréées : Comité national d'information chasse nature, Union nationale des présidents des fédérations départementales des chasseurs*, 1981. • J. de Malafosse, *Droit de la chasse et protection de la nature*, PUF, 1979. • M. Bouche, *La chasse*, Sirey, 1963.

Sur la loi du 15 juillet 1994. S. Evain, note ss CE, 3 juill. 1996 ; CE, 20 oct. 1989 ; CE, 28 févr. 1992 : *JCP* G 24 mai 2000, n° 21, p. 976-976. • R. Romi, note ss CE, 3 déc. 1999, n°s 164-789 et 165-122, *À propos de la loi du 15 juillet 1994 fixant les dates de clôture de la chasse aux oiseaux migrateurs et la loi du 3 juillet 1998 : LPA* 11 févr. 2000, n° 30, p. 1720. • J. Mouly, note ss TGI Cusset, 29 févr. 1996, *Alves c/ Royer : JCP* G 28 mai 1997, n° 22, p. 254-257. • J. Viguier, *Les tribunaux administratifs face à l'application de la loi du 15 juillet 1994 relative aux oiseaux migrateurs : bilan jurisprudentiel : Rev. jur. env.* 3/1997, p. 309 à 340.

Sur la loi du 3 juillet 1998. B. Busson, note ss CE, 3 déc. 1999 : *France nature environnement, à propos de la loi du 3 juillet 1998 relative aux périodes de chasse aux oiseaux migrateurs : Dr. env.* 2000, n° 76, p. 15-16. • M. Genyy-Mothe, *La chasse aux oiseaux migrateurs dans le Sud-Ouest, le droit face aux traditions : Pyrograph*, Aspet, 2000. • P. Lagrange, *Chasse aux oiseaux migrateurs : La France dans l'impasse : Rev. jur. env.* 2000, n° 1, p. 5-29. • A. Roblot, note ss CE, 3 déc. 1999, nos 19996622 et 200124, *Assoc. ornithologique et mammalogique de Saône-et-Loire, Rassemblement des opposants de chasse et Assoc. France nature environnement : LPA* 7 mars 2000, n° 47, p. 16-23 ; *RFDA* 1er févr. 2000, n° 1, p. 59-76, note F. Lamy. • B. Rivaux, note ss TA Amiens, 31 déc. 1998, n° 982412, *Assoc. France-Nature-Environnement c/ Préfet de la Somme : AJDA* 4/1999, p. 376-378.

Sur la loi du 26 juillet 2000. P. Astie, *La nouvelle réglementation de la chasse française : à propos de la loi n° 2000-698 du 26 juillet 2000 relative à la chasse (1re partie) : RD rur.* 2000, n° 286, p. 469 et s. ; (2e partie) : *RD rur.* 2000, n° 287, p. 528-535. • C. Cans, *Chasse : après la loi, le débat contradictoire : Dr. env.* 2000, p. 14. • J. de Malafosse, *La loi relative à la chasse n° 2000-698 du 26 juillet 2000 : JCP* G 2000, n° 47, p. 2103. • J.-E. Schoettl, *Droit de chasse et droit de non-chasse à l'épreuve de la Constitution, note ss Cons. const., 20 juill. 2000 (loi du 28 juin 2000) : LPA* 24 juill. 2000, n° 140, p. 18-27.

Circulaire Natura. V. obs. en tête du livre III du présent code. • S. Charbonneau, *Natura 2000 : La mauvaise méthode : RD rur.* 1996, n° 248, p. 449-451.

Associations de chasse. V. obs. ss section IV, livre II, titre II, chapitre II, Territoire, article L. 422-10.

JurisClasseurs. Fr. Colas-Belcour, *Chasse. - Définition. Sources. - Organisation : JCl. Rural*, Fasc. 10, 2014. • P. Maistre du Chambon, *Conditions générales d'exercice du droit de chasse : JCl. Environnement et dév. durable* 2006. • M. Gizard, Fasc. 20 : bois et forêts. • Organisation et gestion des forêts relevant du régime forestier, 2011 ; N. Rondeau, Fasc. 60 : bois et forêts. • Droit pénal forestier, 2014.

Thèses. C. Privat, *La chasse et la protection des milieux naturels*, Université de Bordeaux, 24 juin 2005. • H. Tripette, *Droit pénal de la chasse ou contribution du droit pénal de la chasse à la protection de la nature*, Université de Lyon, 15 juin 2005. • A. Alfroy, *Droit de chasse et droit de propriété, thèse doctorat en droit*, Université d'Orléans, 16 déc. 2004.

A. 12 janv. 2012 modifiant l'arrêté du 4 novembre 2003 relatif à l'usage des appeaux et des appelants pour la chasse des oiseaux de passage et du gibier d'eau et pour la destruction des animaux nuisibles *JORF* n° 0026, 31 janv. 2012, p. 1748, texte n° 12.

A. 12 janv. 2012 modifiant l'arrêté du 19 janvier 2009 relatif aux dates de fermeture de la chasse aux oiseaux de passage et au gibier d'eau *JORF* n° 0026, 31, janv. 2012, p. 1748, texte n° 13.

A. 13 janv. 2012 relatif à la chasse en temps de neige d'oiseaux issus d'élevage des espèces perdrix grise, perdrix rouge, faisans de chasse *JORF* n° 0026, 31 janv. 2012, p. 1749, texte n° 14.

A. 21 mai 2015 modifiant l'arrêté du 1er août 1986 relatif à divers procédés de chasse, de destruction des animaux nuisibles et à la reprise du gibier vivant dans un but de repeuplement.

Art. L. 420-1 *(Mod., L. n° 2012-325, 7 mars 2012).* **– La gestion durable du patrimoine faunique et de ses habitats est d'intérêt général. La pratique de la chasse, activité à caractère environnemental, culturel, social et économique, participe à cette gestion et contribue à l'équilibre entre le gibier, les milieux et les activités humaines en assurant un véritable équilibre agro-sylvo-cynégétique.**

Le principe de prélèvement raisonnable sur les ressources naturelles renouvelables s'impose aux activités d'usage et d'exploitation de ces ressources. Par leurs actions de gestion et de régulation des espèces dont la chasse est autorisée ainsi que par leurs réalisations en faveur des biotopes, les chasseurs contribuent au maintien, à la restauration et à la gestion équilibrée des écosystèmes en vue de la préservation de la

biodiversité. Ils participent de ce fait au développement des activités économiques et écologiques dans les milieux naturels, notamment dans les territoires à caractère rural.

I – GÉNÉRALITÉS

1) Après avoir souligné que dans le droit de la chasse, « le texte le plus ancien, qui est toujours en vigueur, date du 19 pluviôse an V (arrêté sur la chasse des animaux nuisibles) et le plus important remonte au 3 mai 1844 », le Premier ministre M. Lionel Jospin, dans une lettre du 26 juillet 1999, avait chargé le député François Patriat d'adapter ce droit « aux évolutions de la société, de la gestion des milieux naturels ainsi que de la réglementation européenne » (F. Patriat, *Rapport de mission sur la chasse*, nov. 1999, p. 11).

Si la loi n° 2000-698 du 26 juillet 2000 relative à la chasse devait mettre fin à l'anachronisme du droit de la chasse, force est de constater qu'il n'en a rien été. Conformément à nos traditions, le législateur du 21e siècle a superposé le neuf au vieux. C'est ce dont témoigne le maintien de l'article 1er de la loi du 1er mai 1844 en introduction du chapitre sur le Territoire de chasse (C. env., art. L. 422-1). Le territoire de chasse est, en effet, la pierre angulaire d'une participation des chasseurs à la gestion intégrée de la faune sauvage et de ses habitats.

Au compromis entre la liberté de chasser et le droit de chasse attribut du droit de propriété issu de la loi de 1844, se superpose un autre compromis qui a pour objet « la gestion collective du patrimoine naturel » (Rapp. F. Patriat, préc., p. 108) en organisant une juste répartition, dans le temps et dans l'espace, des divers usages.

Dans la loi du 30 juillet 2003, le législateur a atténué cette complication en effectuant un « toilettage » des textes, mais il a fallu attendre la loi du 23 février 2005 pour avoir un droit de la chasse un peu moins anachronique. Néanmoins, la relève des « sentinelles de la Révolution » qui veillent sur les droits acquis en 1789 se fait toujours attendre.

C'est pourquoi le droit de la chasse demeure un droit réglementaire et ses principes généraux sont surtout l'œuvre de la jurisprudence. Il en va ainsi du droit de chasse, attribut du droit de propriété, comme du territoire de chasse et du gibier qui constituent le trépied d'une participation des chasseurs à la « gestion équilibrée des écosystèmes » conformément à la conclusion de l'article L. 420-1. Dans la loi du 23 février 2005, ce défaut majeur du droit de la chasse est encore accentué avec la *modification de cet article qui lui sert d'introduction*.

En raison de l'absence d'une définition du droit de chasse dans la législation, la Cour suprême doit rappeler que « le principe réglementairement garanti d'un libre exercice du droit de chasse » n'empêche pas une association de chasse maritime « d'édicter des dispositions restrictives destinées à assurer la sécurité des personnes et des biens ». Ce rappel est particulièrement nécessaire pour la chasse maritime qui concerne le gibier de passage (■ Cass. 1re civ., 21 juin 2005 : *JurisData* n° 2005-029045. – V. art. L. 422-28, p. 811).

II – DROIT DE CHASSE ET DROIT DE PROPRIÉTÉ

2) L'article L. 420-1 dresse un tableau de la pratique de la chasse en tant qu'activité à caractère environnemental. Conformément à la politique de compromis du rapport Patriat, dans la loi du 26 juillet 2000, la chasse devait s'exercer « dans des conditions compatibles avec les usages non appropriatifs de la nature, dans le respect du droit de propriété ». Cette disposition a été supprimée en 2003, car la compatibilité avec les usages ne se décrète pas, elle se négocie.

Lors de la discussion de la loi du 23 février 2005, le Sénat a obtenu la suppression de la seule obligation imposée aux chasseurs : « En contrepartie de prélèvements raisonnés... les chasseurs doivent contribuer à la gestion équilibrée des écosystèmes ». Comme l'a expliqué le rapporteur de la loi au Sénat : « L'autorisation de chasser est en quelque sorte concédée aux chasseurs *en contrepartie* de leur contribution à la gestion équilibrée des écosystèmes. *Cela est contraire à la définition du droit de chasse, qui est un attribut du droit de propriété, ainsi que l'a confirmé le Conseil constitutionnel en 2000* » (*JO* Sénat CR, 12 mai 2004, p. 3098).

Précisons que le Conseil constitutionnel ajoutait : « qu'il ne peut être apporté de limitations à l'exercice de ce droit qu'à la double condition que ces limitations obéissent à des fins d'intérêt général et n'aient pas un caractère de gravité tel que le sens et la portée du droit de propriété s'en trouveraient dénaturés » (■ Cons. const., déc., 20 juill. 2000, n° 2000-434 DC : *JO* 27 juill., p. 11552).

Le rapporteur n'en affirmait pas moins : « De manière positive, il importe au contraire d'affirmer que, par des prélèvements raisonnés, les chasseurs contribuent à la gestion des écosystèmes ». Après avoir souligné que la contrepartie s'expliquait car le chasseur s'appropriait le gibier qui n'est la propriété de personne, le ministre n'a pu que regretter la disparition de la seule norme juridique d'un texte qui, en dépit de concepts importants, s'apparente à une pétition de principe.

En 1789, à l'Assemblée nationale, Robespierre partisan de la liberté de chasser s'était opposé à Mirabeau défenseur du droit de chasse attribut de la propriété. Selon une formule célèbre, ce dernier avait juridiquement raison mais politiquement tort. De nos jours, le législateur invoque le droit de propriété pour lutter contre ce que le rapporteur de la loi au Sénat dénonce comme « le règne des interdits », c'est-à-dire une réglementation jugée excessive de l'exercice de la chasse.

Il ne fait pas de doute cependant qu'une telle réglementation relève du pouvoir réglementaire, en l'espèce d'une modification de l'arrêté du 1er août 1986 relatif aux différents procédés de chasse. Si le législateur a donc politiquement raison, il est clair qu'il a juridiquement tort car la définition des principes généraux du droit de la chasse lui incombe.

De nos jours, la propriété rurale a une fonction environnementale comme la propriété urbaine a une fonction sociale, c'est pourquoi le possesseur d'un droit de chasse, attribut d'un droit de propriété rurale a les obligations afférentes à sa fonction.

3) Dans la mesure où le droit de chasse est un attribut de la propriété, il bénéficie, à ce titre, de la protection accordée par la Convention européenne (▪ CEDH, 29 avr. 1999, nos 25088/94, 28331/95 et 29443/95, *Chassagnou c/ France : JurisData* n° 1999-590022 ; *JCP* G 1999, II, 10172, note J. de Malafosse ; *RD rur.* 1999, act. 263).

4) Révision du plan de chasse individuel triennal. *a)* Considérant qu'aux termes de l'article L. 420-1 du Code de l'environnement la gestion durable du patrimoine faunique et de ses habitats est d'intérêt général. La pratique de la chasse, activité à caractère environnemental, culturel, social et économique, participe à cette gestion et contribue à l'équilibre entre le gibier, les milieux et les activités humaines en assurant un véritable équilibre agro-sylvo-cynégétique. / Le principe de prélèvement raisonnable sur les ressources naturelles renouvelables s'impose aux activités d'usage et d'exploitation de ces ressources. Par leurs actions de gestion et de régulation des espèces dont la chasse est autorisée ainsi que par leurs réalisations en faveur des biotopes, les chasseurs contribuent à la gestion équilibrée des écosystèmes. Ils participent de ce fait au développement des activités économiques et écologiques dans les milieux naturels, notamment dans les territoires à caractère rural ; qu'aux termes de l'article L. 425-4 du même code : L'équilibre agro-sylvo-cynégétique consiste à rendre compatible, d'une part, la présence durable d'une faune sauvage riche et variée et, d'autre part, la pérennité et la rentabilité économique des activités agricoles et sylvicoles. / Il est assuré, conformément aux principes définis par l'article L. 420-1, par la gestion concertée et raisonnée des espèces de faune sauvage et de leurs habitats agricoles et forestiers. / L'équilibre agro-sylvo-cynégétique est recherché par la combinaison des moyens suivants : la chasse, la régulation, la prévention des dégâts de gibier ainsi que, le cas échéant, par des procédés de destruction autorisés. La recherche de pratiques et de système de gestion prenant en compte à la fois les objectifs de production des gestionnaires des habitats agricoles et forestiers et la présence de la faune sauvage y contribue. L'indemnisation mentionnée à l'article L. 426-1 peut contribuer à cet équilibre. / L'équilibre sylvo-cynégétique tend à permettre la régénération des peuplements forestiers dans des conditions économiques satisfaisantes pour le propriétaire, dans le territoire forestier concerné. Il prend en compte les principes définis à l'article L. 1er du Code forestier ainsi que les dispositions des orientations régionales forestières ; qu'aux termes de l'article L. 425-6 du même code : Le plan de chasse détermine le nombre minimum et maximum d'animaux à prélever sur les territoires de chasse. Il tend à assurer le développement durable des populations de gibier et à préserver leurs habitats, en conciliant les intérêts agricoles, sylvicoles et cynégétiques. / Pour le grand gibier, il est fixé après consultation des représentants des intérêts agricoles et forestiers, pour une période qui peut être de trois ans et révisable annuellement ; il est fixé pour une année pour le petit gibier (...) ; » (▪ CAA Douai, 3e ch., 3 mars 2011, n° 09DA00667, *Fédération départ. des chasseurs de l'Aisne*, inédit).

b) Considérant qu'aux termes de l'article L. 420-1 du Code de l'environnement la gestion durable du patrimoine faunique et de ses habitats est d'intérêt général. La pratique de la chasse, activité à caractère environnemental, culturel, social et économique, participe à cette gestion et contribue à l'équilibre entre le gibier, les milieux et les activités humaines en assurant un véritable équilibre agro-sylvo-cynégétique. / Le principe de prélèvement raisonnable sur les ressources naturelles renouvelables s'impose aux activités d'usage et d'exploitation de ces ressources. Par leurs actions de gestion et de régulation des espèces dont la chasse est autorisée ainsi que par leurs réalisations en faveur des biotopes, les chasseurs contribuent à la gestion équilibrée des écosystèmes. Ils participent de ce fait au développement des activités économiques et écologiques dans les milieux naturels, notamment dans les territoires à caractère rural ; qu'aux termes de l'article L. 425-4 du même code : L'équilibre agro-sylvo-cynégétique consiste à rendre compatible, d'une part, la présence durable d'une faune sauvage riche et variée et, d'autre part, la pérennité et la rentabilité économique des activités agricoles et sylvicoles. / Il est assuré, conformément aux principes définis par l'article L. 420-1, par la gestion concertée et raisonnée des espèces de faune sauvage et de leurs habitats agricoles et forestiers. / L'équilibre agro-sylvo-cynégétique est recherché par la combinaison des moyens suivants : la chasse, la régulation, la prévention des dégâts de gibier ainsi que, le cas échéant, par des procédés de destruction autorisés. La recherche de pratiques et de système de gestion prenant en compte à la fois les objectifs de production des gestionnaires des habitats agricoles et forestiers et la présence de la faune sauvage y contribue. L'indemnisation mentionnée à l'article L. 426-1 peut contribuer à cet équilibre. / L'équilibre sylvo-cynégétique tend à permettre la régénération des peuplements forestiers dans des conditions économiques satisfaisantes pour le propriétaire, dans le territoire forestier concerné. Il prend en compte les principes définis à l'article L. 1er du Code forestier ainsi que les dispositions des orientations régionales forestières ; qu'aux termes de l'article L. 425-6 du même code : Le plan de chasse détermine le nombre minimum et maximum d'animaux à prélever sur les territoires de chasse. Il tend à assurer le développement durable des populations de gibier et à préserver leurs habitats, en conciliant les intérêts agricoles, sylvicoles et cynégétiques. / Pour le grand gibier, il est fixé après consultation des représentants des intérêts agricoles et forestiers, pour une période qui peut être de trois ans et révisable annuellement ; il est fixé pour une année pour le petit gibier (...) ;

Considérant que l'arrêté du préfet de l'Aisne du 8 novembre 2007 dont l'association requérante demande l'annulation a pour objet d'allouer à l'Office national des forêts, sur les lots 3 et 4 de la forêt domaniale de Saint-Germain, des attributions supplémentaires portant sur 20 biches et 20 jeunes cerfs et biches ...) ;

Considérant qu'il ressort des pièces du dossier que, compte tenu de l'évolution des indices nocturnes d'abondance kilométrique constatée depuis 2004, malgré les prélèvements opérés au cours des années précédentes, ainsi que de l'évolution du montant des dégâts causés par l'espèce cerf dans l'unité de gestion cynégétique de Saint-Gobain depuis 2004, en particulier s'agissant des lots 3 et 4 de la forêt domaniale de Saint-Gobain, le préfet de l'Aisne n'a pas commis d'erreur manifeste d'appréciation en estimant qu'il existait un risque d'atteinte à l'équilibre agro-sylvo-cynégétique justifiant l'allocation au détenteur du droit de chasse sur ces lots de ces attributions supplémentaires ...) ;

Considérant qu'il résulte de l'ensemble de ce qui précède que la Fédération départementale des chasseurs de l'Aisne n'est pas fondée à prétendre que c'est à tort que, par le jugement attaqué, le tribunal administratif d'Amiens a rejeté sa demande ; » (■ CAA Douai, 3e ch., 3 mars 2011, n° 09DA00655, *Fédération départementale de l'Aisne office national des forêts*, inédit).

5) Des magistrats d'appel ont rejeté la demande principale en divorce de la femme dès lors que le fait pour le mari d'avoir une conception traditionnelle du mariage, d'être médecin de campagne et d'aimer la chasse ne peut constituer une cause de divorce (■ CA Paris, ch. 24, sect. A, 18 mai 2005, n° 04/24556 : *JurisData* n° 2005-279747).

6) « Considérant qu'il résulte de la combinaison de ces dispositions [articles L. 420-1 et 425-6 du Code de l'environnement) que le préfet des Pyrénées-Orientales pouvait, pendant la saison cynégétique 2013/2014, attribuer au président de l'association communale de chasse agréée de Llo un plan de chasse pour le prélèvement d'un spécimen de l'espèce grand tétras, figurant à l'annexe II de la directive 2009/147/CE du 30 novembre 2009, en fixant les conditions générales de chasse, et notamment la période de pratique de la chasse, sous réserve que le prélèvement autorisé ne porte pas atteinte aux efforts de conservation entrepris dans l'aire de distribution de cette espèce ; que cette atteinte doit être regardée comme constituée, quel que soit le nombre d'oiseaux concernés par l'arrêté préfectoral, lorsque les efforts de conservation ne suffisent pas à empêcher une diminution sensible des effectifs de grands tétras susceptible de conduire, à terme, à la disparition de l'espèce ; » (■ CAA Marseille, 7e chambre, 30 mars 2017, n° 15MA01921).

III – GRENELLE DE L'ENVIRONNEMENT

Voir : L. n° 2009-967 du 3 août 2009 de programmation relative à la mise en œuvre du Grenelle de l'environnement (*JO* 5 août 2009, p. 13031).

7) Le chapitre III de cette loi de programmation est intitulé : *Une agriculture et une sylviculture diversifiée et de qualité, productives et durables.* L'article 31 de ce texte définit la vocation première et prioritaire de l'agriculture qui est de « répondre aux besoins alimentaires de la population et ce de façon accentuée pour les décennies à venir ». En effet, le changement climatique avec ses aléas et sa rapidité impose à l'agriculture de s'adapter, de se diversifier et de contribuer à la réduction mondiale des émissions de gaz à effet de serre. Pour cela, il est indispensable de préserver les surfaces agricoles notamment en limitant leur consommation et leur artificialisation. « Cependant les processus intensifs de production font peser des risques parfois trop forts sur les milieux menaçant aussi le caractère durable de l'agriculture elle-même. Au-delà des importantes évolutions des pratiques agricoles mises en œuvre depuis une dizaine d'années (*sic*), un mouvement de transformation s'impose à l'agriculture pour concilier les impératifs de production quantitative et qualitative, de sécurité sanitaire, d'efficacité économique, de robustesse au changement climatique et de réalisme écologique : il s'agit de produire suffisamment en utilisant les fonctionnements du sol et des systèmes vivants et en leur garantissant ainsi une pérennité, de sécuriser simultanément les productions et les écosystèmes. » « L'agriculture contribuera ainsi plus fortement à l'équilibre écologique du territoire, notamment en participant à la constitution d'une trame verte et bleue, au maintien et à la restauration de la biodiversité sauvage et domestique, des espaces naturels et des milieux aquatiques et à la réhabilitation des sols » (JO n° L. 13043, 5 août 2009). On remarquera cependant que les importantes évolutions des pratiques agricoles ne sont pas mises en œuvre depuis une dizaine d'années mais depuis plus de trente ans comme le montre notre communication faite le 28 avril 1976 devant l'Académie d'agriculture de France (V. Comptes rendus des séances Année 1978, n° 2, p. 158). Dans cette communication, nous évoquions le rôle bioindicateur du gibier et dans notre conclusion nous lancions un appel au bon sens en rappelant que la protection de l'homme passait par celle de son environnement. Plus concrètement, nous attirions l'attention sur le danger que représentaient les traitements sur les céréales en juin, époque où la nature est particulièrement fragile. Nous évoquions tout particulièrement l'exemple de la perdrix car le « printemps pluvieux » toujours invoqué pour expliquer l'absence de sa reproduction nous paraissait souvent exagéré sinon erroné.

8) **Absence d'un Service de la protection des végétaux.** L'intervention d'un représentant de l'Académie d'agriculture, M. Viennot-Bourgin, explique les carences de notre législation. Ce représentant de l'Académie auprès de la Commission des antiparasitaires a expliqué, en effet, que nos préoccupations étaient « largement partagées par cette Commission. Par ailleurs, la Société française de phytiatrie et de phytopharmacie s'était donné, parmi ses buts, de rechercher les moyens pour réduire les risques des pesticides non seulement à l'égard de l'homme mais aussi vis-à-vis de la faune et de la flore ». Des contrôles, rigoureusement scientifiques, sont accomplis en permanence. Certains produits connus comme dangereux ne sont pas tolérés. D'autres sont progressivement remplacés par des formulations plus efficaces et améliorés dans le sens de l'innocuité.

Mais nous devons reconnaître que, malheureusement, un travail considérable d'information, de recommandations à l'emploi, de respect des dispositions légales n'est pas accompli. Ce travail ne pourra intervenir que si, enfin, se trouve réellement organisé un Service de la protection des végétaux susceptible d'aider la profession dans ses décisions et ses choix. » (CR Académie de France, 1978, n° 2, p. 164).

IV – LE PLAN ECOPHYTO 2018

9) Le plan ECOPHYTO 2018 prévoit le retrait du marché des quarante substances les plus préoccupantes d'ici fin 2010, conformément à la prévision du « Grenelle » et conformément à la demande du président Sarkozy formulée dans son discours de clôture du Grenelle le 25 octobre 2007.

Afin d'éviter toute rupture dans la mise à disposition de produits et de traitements appropriés qui pourraient menacer la pérennité de certaines filières agricoles, il est insisté sur l'effort fourni en matière de recherche et de développement. En outre, en juin 2008, une commission dénommée « usages dits orphelins » a été mise en place. Cette commission est présidée par le directeur général de l'alimentation et composée de représentants de l'administration, des organisations professionnelles agricoles, des instituts techniques et de l'Agence française de sécurité sanitaire de l'alimentation (AFSSA). Cet organisme est chargé d'accélérer la mise à disposition de solutions de protection innovantes pour les usages dits « Orphelins », c'est-à-dire ne disposant pas de solution de protection contre certaines maladies et notamment contre le cancer.

Cela concerne plus particulièrement les filières dites « mineures » dans lesquelles les usages orphelins sont plus nombreux compte tenu de leur moindre rentabilité pour l'industrie phytopharmaceutique. S'il paraît impossible de combler le retard qui a été pris par le législateur depuis plus de trente ans, on peut au moins espérer une prise de conscience générale de la situation qui est favorisée par la terminologie très suggestive des textes d'application du Grenelle.

Art. L. 420-2 *(Anc. C. rur., art. L. 220-2).* **– Le Gouvernement exerce la surveillance et la police de la chasse dans l'intérêt général.**

1) **Exercice de la chasse.** La police de la chasse est une police spéciale dont l'exercice au niveau local est confié à l'autorité préfectorale, mais le maire peut intervenir pour un motif tiré des exigences du bon ordre et de la sécurité publique. C'est pourquoi la Haute juridiction a reconnu la légalité d'un arrêté qui interdisait toute action de chasse, en particulier les tirs, dans

un périmètre fixé à 200 mètres des habitations quelles qu'elles soient (■ CE, 13 sept. 1995, *Fédération départementale des chasseurs de la Loire : JurisData* n° 1995-046922).

2) Liberté d'aller et venir et exercice de la chasse. Est illégale la décision d'un maire refusant tacitement d'abroger un arrêté visant l'interdiction de circulation les jours de chasse en battue aux sangliers sur les chemins privés non ouverts à la circulation publique du massif forestier de la commune.

3) Démonstration de chiens de chasse. Incompétence du préfet pour autoriser des activités de démonstrations de chiens de chasse qui consistent à effectuer des exercices de simulation de chasse, dès lors que ces exercices ne prévoient aucune capture ni menace de gibier vivant. De telles activités relèvent des pouvoirs de police générale appartenant au maire (■ TA Lyon, 3e ch., 6 mai 1998, n° 9204156, *Centre ornithologique Rhône-Alpes c/ Préfet de la Loire*).

4) Usages non appropriatifs de la nature. Considérant qu'il ne ressort pas des pièces du dossier que l'arrêté litigieux aurait porté à la liberté de circulation une atteinte excessive par rapport au but poursuivi ou que ce dernier aurait pu être obtenu par des mesures moins rigoureuses (■ CE, 12 déc. 1997, n° 173231, *Assoc. Les Crapahuteurs de la Colombière*).

5) Compétence du juge judiciaire. « La commune, invoquant l'article L. 420-2 du Code de l'environnement qui confie au « Gouvernement » l'exercice de la police de la chasse, décline la compétence du tribunal judiciaire et revendique une compétence administrative. La Fédération la déclare irrecevable en cette demande et en tout cas mal fondée.

La cour observe que si ce déclinatoire est recevable en cause d'appel aux termes de l'article 92 du Code de procédure civile, dans la mesure où la commune se réclame d'un autre ordre de juridiction, il n'est pour autant pas fondé. En effet, aux termes de l'article L. 426-6 du Code de l'environnement, « Tous litiges nés de l'application des articles L. 426-1 à L. 426-4 sont de la compétence des tribunaux judiciaires » sans que le texte prévoie d'exception pour le cas où le responsable poursuivi serait une personne publique.

Au surplus les faits reprochés à la commune sont relatifs à la prolifération de gibier sur un terrain lui appartenant dont il n'est pas contesté qu'il fait partie de son domaine privé. Ainsi la question de sa responsabilité du fait de ce terrain relève de la compétence judiciaire (TC, 24 mai 1888 : *Rec. CE* 1931, p. 612, Chauvernet. ■ CA Amiens, 1e ch., sect. 2, 21 juin 2011, Confirmation partielle n° 09/04120, *Cne d'Avilly Saint-Léonard c/ Fédération départementale des chasseurs de l'Oise, le parc naturel régional Oise pays de France*).

6) Pouvoirs de police spéciale. Considérant, en premier lieu, que les pouvoirs de police spéciale relatifs à la chasse conférés au préfet par l'article L. 420-2 du Code de l'environnement ne font pas obstacle à ce que le maire use des pouvoirs de police générale qu'il tient des dispositions de l'article L. 2212-2 du Code général des collectivités territoriales pour édicter des mesures plus rigoureuses que celles prises par le préfet ; que, toutefois, les limitations supplémentaires que le maire apporte à l'exercice de la chasse doivent être justifiées par des motifs propres à sa commune et proportionnées à la nécessité de préserver l'ordre et la sécurité publics (■ CAA Bordeaux, 4e ch., 19 mai 2011, n° 10BX01238, *Barreix c/ Cne de musculdy*, inédit).

7) La victime, qui conduisait son véhicule sur l'autoroute, a été tué d'une balle en pleine tête. Le prévenu, chasseur, a été poursuivi des chefs d'homicide involontaire et mise en danger d'autrui. La cour d'appel a retenu que l'ordonnance de renvoi devant le tribunal mentionne l'arrêté préfectoral relatif à l'usage des armes à feu, dont la violation est clairement visée et dont le non-respect a fait l'objet de discussions tout au long de la procédure. Cette décision, dont il résulte que le prévenu était suffisamment informé des faits servant de base à la prévention et qu'il avait été mis en mesure de présenter ses moyens de défense à l'audience, est justifiée. Pour déclarer recevable la constitution de partie civile de la Fédération départementale des chasseurs de la Côte-d'Or, l'arrêt retient que le prévenu a manqué à une obligation de sécurité en contrevenant à l'article 2 de l'arrêté du 15 juin 1999 du préfet de la Côte-d'Or interdisant l'usage d'une arme à moins de 150 mètres d'une autoroute et que la Fédération départementale démontre avoir pour mission l'éducation des chasseurs. Cette décision est justifiée dès lors que cet arrêté préfectoral a été pris en application de l'article L. 420-2, de sorte que les faits rentrent bien, en application de l'article L. 421-6, dans la catégorie des faits constituant une infraction à la police de la chasse justifiant la constitution de partie civile de la Fédération départementale de chasseurs (■ Cass. crim., 21 févr. 2017, n° 15-87.811).

Art. L. 420-3 ***(Mod., L. n° 2005-157, 23 févr. 2005).*** **– Constitue un acte de chasse tout acte volontaire lié à la recherche, à la poursuite ou à l'attente du gibier ayant pour but ou pour résultat la capture ou la mort de celui-ci.**

L'acte préparatoire à la chasse antérieur à la recherche effective du gibier, y compris lorsqu'il consiste en un repérage non armé du gibier sur le territoire où s'exerce le droit de chasse, et l'acte de recherche du gibier accompli par un auxiliaire de la chasse ne constituent pas des actes de chasse. Achever un animal mortellement blessé ou aux abois ne constitue pas un acte de chasse, de même que la curée ou l'entraînement des chiens courants sans capture de gibier sur les territoires où s'exerce le droit de chasse de leur propriétaire durant les périodes d'ouverture de la chasse fixées par l'autorité administrative.

Ne constitue pas non plus un acte de chasse le fait, pour un conducteur de chien de sang, de procéder à la recherche d'un animal blessé ou de contrôler le résultat d'un tir sur un animal.

Les entraînements, concours et épreuves de chiens de chasse ou d'oiseaux de fauconnerie, autorisés par l'autorité administrative, ne constituent pas des actes de chasse.

N'est pas considéré comme une infraction le fait, à la fin de l'action de chasse, de récupérer sur autrui ses chiens perdus.

I - GIBIER - GÉNÉRALITÉS

1) Définition. Lors du vote de la loi n° 76-629 du 10 juillet 1976 relative à la protection de la nature, le ministre de la Qualité de la vie déclarait : « Le mot gibier n'a pas de signification juridique et, par conséquent, les termes exacts sont ceux d'animaux destinés au repeuplement ». À la question d'un parlementaire : « Les animaux qui sont lâchés et destinés au tir sont bien visés par cette disposition ? », le ministre répondait : « Oui, c'est le repeuplement des chasses » (*JO* Sénat CR, 19 mai 1976, p. 1101). C'est pourquoi dans l'article 453 du Code pénal (art. 521-1 nouveau) relatif à l'abandon volontaire d'un animal domestique ou apprivoisé ou tenu en captivité, il est précisé : « à l'exception des animaux destinés au repeuplement ». En matière de chasse, l'euphémisme est de rigueur. En l'absence d'une définition du gibier par le législateur, la jurisprudence ne s'embarrasse pas de subtilités. Elle applique le principe : « Le gibier c'est la chasse et la chasse c'est le gibier » (M. Bouché, *La chasse*, Sirey, 1963, p. 115). « Commet une faute le chasseur qui n'a pas respecté un arrêté réglementaire relatif à la destruction du gibier ou à son repeuplement, prévoyant l'heure de clôture de la chasse à 17 heures. En tant que chasseur expérimenté, il ne pouvait pas ignorer l'appartenance du renard au petit gibier de plaine nonobstant son caractère de nuisible » (■ CA Grenoble, ch. cass., 3 déc. 2004 : *JurisData* n° 2004-267579). Si le gibier peut appartenir à une espèce nuisible, il peut, réciproquement, selon la Cour suprême, appartenir à une espèce protégée comme l'ours (V. art. L. 427-9, p. 869). Le chasseur acquiert la propriété du gibier par l'occupation qui consiste à s'emparer d'une chose qui n'est la propriété de personne : *res nullius*. Si l'appropriation est indépendante de la propriété du fonds sur lequel le gibier a été capturé et donc de l'existence d'un droit de chasse, on soulignera que « nul ne peut prétendre à une indemnité pour des dommages causés par des gibiers provenant de son propre fonds » (art. L. 426-2). Cette disposition contenue dans la loi du 27 décembre 1968 (art. 14-VI) est explicitée par une circulaire ministérielle du 22 janvier 1970 : « Le propriétaire ne saurait, à la fois, tirer parti de l'existence du gibier sur son fonds et prétendre être indemnisé pour les conséquences de son existence ». La notion de *res nullius* est une notion coutumière issue du droit romain (Digeste, 41, 1, 3, 1 principium et 2. – V. J. de Malafosse, *Res nullius : Mél. en hommage à J. Gaudemet*, PUF, 1999, p. 422). Elle a fait la preuve de sa souplesse d'interprétation, c'est pourquoi elle est utilisée sans difficulté pour la gestion du patrimoine faunique.

II - L'ACTE DE CHASSE

2) Les lois de 2000 et 2005 définissent : 1° *l'acte volontaire de chasse* et 2° *l'absence d'acte de chasse* qui sont l'objet d'une jurisprudence abondante. Si le législateur manifeste son intention d'éviter des interprétations trop laxistes, cela ne remet pas en question l'appréciation souveraine des faits et circonstances de la cause par les juges du fond.

III - ACTE VOLONTAIRE DE CHASSE

3) Si l'intention n'est pas une excuse, l'acte incriminé doit être volontaire (■ Cass. crim., 5 janv. 1957 : *D.* 1957, jurispr. p. 463, note P. Bouché).

4) Usage d'un véhicule. La fréquence d'une utilisation d'un véhicule pour la chasse conduit le juge à considérer que la présence dans une automobile dans des circonstances de temps, de lieu et de moyen impliquant la recherche du gibier constitue un acte de chasse (■ Cass. crim., 27 févr. 1966 : *JurisData* n° 1996-001532).

A fortiori, constitue un acte de chasse le fait de circuler en voiture en zigzaguant tous feux allumés à travers champ, même sans arme, recherchant un gibier dans le but évident de le capturer ou de le mettre à mort (■ CA Angers, ch. cass., 7 mai 1996 : *JurisData* n° 1996-0043095). Circuler en voiture, sans arme, avec un phare balayant le bas-côté, alors que les chiens sont à la quête du gibier, est un acte de chasse (■ Cass. crim., 9 oct. 1984, n° 3-93.373 : *JurisData* n° 1984-701784 ; *Gaz. Pal.* 1985, 1, somm. p. 86 ; *Bull. crim.* 1985, n° 292).

5) Rabat à l'aide d'un véhicule. Est constitutif d'un acte de chasse le fait de procéder la nuit, à l'aide d'une automobile, à des manœuvres destinées à débusquer des sangliers, afin de les faire déplacer pour créer une voie chaude permettant aux chiens de les attaquer dès l'aube. Le conducteur de ce véhicule dépourvu de toute arme est assimilé à un « rabatteur agissant de nuit à l'aide d'un véhicule et avec utilisation des phares de celui-ci » (■ Cass. crim., 17 janv. 1996, n° 95-81.836 : *JurisData* n° 1996-001044 ; *RD rur.* 1999, n° 276, p. 472).

6) Attente du gibier. L'attente du gibier est parfois précédée de préparatifs qui permettent de mieux caractériser l'acte de chasse : le prévenu a pénétré avec son véhicule dans une réserve ; il en est sorti l'arme à la main, pour observer la menée des chiens et s'est déplacé en conséquence pour tirer un éventuel gibier (■ Cass. crim., 8 nov. 1998 : *JurisData* n° 1998-004191). Cependant, l'attente à poste fixe est appréciée souverainement par le juge du fond : la preuve de l'action de chasse résulte pour sa part du fait que le prévenu était posté avec un fusil chargé en main en un lieu et à une heure favorables au passage des bécasses (■ CA Grenoble, 7 nov. 1996 : *JurisData* n° 1996-046305).

7) Quête des chiens. Les actes de ce genre portent directement atteinte aux intérêts que la loi a pour intérêt de protéger, alors même qu'ils ne sont pas suivis de la poursuite et de la capture de l'animal recherché, en temps prohibé ou en temps de neige, ils sont un danger pour le gibier inhabile à se défendre par la fuite, et, à l'époque de la reproduction le privant de la sécurité nécessaire à la conservation et à la propagation de l'espèce ; ils sont donc des faits de chasse (■ Cass. crim., 4 janv. 1878 : *S.* 1878, I, p. 190).

8) Excuse absolutoire de suite. Le droit de suite qui existait pour la chasse à courre sous l'Ancien Régime a disparu mais il subsiste une excuse absolutoire de suite lorsque les chiens sont à la poursuite d'un gibier lancé sur la propriété de leur maître (dommages-intérêts pour les dommages sans infraction de chasse : C. rur., art. R. 228-1, al. 3. ■ Cass. crim., 1er mai 1880 : *DP* 1881, 1, p. 94. ■ T. pol. Mont-de-Mars an, 8 août 1978 : *JurisData* n° 1978-761677, *Gaz. Pal.* 27 déc. 1978, N 361, note Alauze. Non seulement le propriétaire des chiens ne doit pas les appuyer (■ Cass. crim., 28 janv. 1875 : *D.* 1875, 1, p. 331 ; *Bull. crim.* 1875, n° 33, p. 68), mais il doit chercher à rompre les chiens et à les rappeler alors qu'il lui était possible d'intervenir (■ Cass. crim., 27 mai 1933 : *DH* 1933, p. 415) et qu'il n'a pas ignoré la poursuite de ses chiens (■ Cass. crim., 26 nov. 1995 : *D.* 1996, 1, p. 236).

9) *A fortiori*, l'excuse absolutoire de suite ne peut être invoquée par le maître de chiens courants qui n'a ni essayé de rompre les chiens partis à la quête de gibier sur le territoire d'autrui, ni prouvé qu'il lui aurait été impossible de le faire (■ Cass. crim., 30 mars 1994 : *JurisData* n° 1994-000790). – La cour relève la contradiction du prévenu qui soutient, d'une part, que le piqueux n'avait pour objectif que de faire revenir les chiens, c'est-à-dire qu'il ne se trouvait pas en action de chasse et, d'autre part, demande le bénéfice de l'excuse légale, ce qui implique le contraire (■ CA Angers, ch. corr., 1er avr. 1999 : *JurisData* n° 1999-043612).

10) À l'inverse, l'excuse de suite est admise au profit d'un maître d'équipage dont la meute chassait dans une réserve dès lors que, selon le témoignage d'un lieutenant de louveterie, celui-ci a rappelé ses chiens à l'aide de sa trompe et de sa voix (■ T. pol., 8 oct. 1996, *Min. publ. c/ Legrand et a.* : *RD rur.* 1999, n° 276, p. 483).

11) Droit de suite. La reconnaissance d'un « droit de non-chasse » permettant de faire opposition à l'insertion de sa propriété, quelle que soit sa superficie, dans le territoire d'une ACCA (C. env., art. L. 422-10, 5°) a pour conséquence la multiplication des enclaves que la loi Verdeille avait pour but de supprimer. Si cela ne gêne pas la chasse à courre pratiquement inexistante dans les départements où s'applique la loi sur les ACCA, la chasse au sanglier avec des chiens courants peut s'avérer difficile, sinon impossible. C'est pourquoi la notion d'excuse absolutoire de suite a été élargie à la suite d'un amendement du Sénat. Tout en reconnaissant que la poursuite des chiens sur le territoire d'autrui constituait une atteinte directe au droit de propriété, pour résoudre ce « vrai problème », le Sénat a voté un amendement qui a été inséré dans l'article L. 422-15 du Code de l'environnement. On ne considère pas comme un acte de chasse sur autrui le passage des chiens courants sur des territoires bénéficiant du statut de réserve ou d'opposition au titre des 3e et 5e de l'article 422-10. Sauf si le chasseur a poussé les chiens à le faire. Il y a donc un renversement de la preuve qui élargit la notion d'excuse absolutoire de suite. Il est rare cependant qu'un « vrai problème » puisse être réglé par la voie d'un amendement a fortiori quand il ne fait que confirmer certaines pratiques. Un récent arrêt de la Cour de cassation suffit à le démontrer (■ Cass. crim., 30 oct. 2000, n° 99-86.229). La Cour suprême a rejeté le pourvoi du président d'une ACCA et de dix-sept chasseurs condamnés par la cour d'appel de Poitiers pour chasse dans une réserve. Les chasseurs ayant pris les postes autour de la réserve, une quarantaine de chiens avaient été « lâchés simultanément à proximité de la réserve dans laquelle une grande partie rentrait presque aussitôt ». Même si des consignes avaient été données aux chasseurs de ne pas pénétrer et de ne pas tirer dans la réserve, aucune disposition n'avait été prise pour éviter la poursuite des sangliers à l'intérieur de la réserve. À l'évidence, la modification de l'article L. 422-15 ne facilitera pas la tâche du juge du fond.

C'est pourquoi il exige la preuve que « les chiens se soient lancés à la poursuite du gibier en dehors de la réserve et qu'ils n'aient fait que traverser celle-ci sur les traces d'un animal levé à l'extérieur de la réserve » (■ CA Toulouse, ch. corr., 1er juill. 2004 : *JurisData* n° 2004-254361).

12) Attitude de chasse. Le pouvoir souverain d'appréciation des juges du fond leur permet de tenir compte d'un faisceau de preuves qui regroupent plusieurs critères de l'acte de chasse qui a pour but ou pour résultat la capture ou la mort du gibier car chaque cas est un cas d'espèce. Encore faut-il que le juge ait la possibilité d'apprécier les faits. C'est pourquoi « La simple mention sur le procès-verbal établi par le garde-chasse qu'il avait vu le prévenu en action de chasse ne suffisait pas à caractériser l'infraction » (■ CA Nîmes, ch. corr., 15 févr. 2000 : *JurisData* n° 2000-114643).

13) Est considéré également comme attitude de chasse le fait d'avoir une arme cassée mais avec des cartouches engagées que l'on retire en apercevant le garde (■ Cass. crim., 9 oct. 1968 : *Bull. off. cons. sup. chasse* 1969, n° 58, p. 35). Il en va de même des prévenus dont l'un portait une carabine, une autre étant dissimulée dans un sac, leurs déclarations étant confuses, ils avaient refusé le contrôle des gardes qui avaient entendu plusieurs coups de feu (■ Cass. crim., 15 nov. 1990, n° 89-85.479 : *JurisData* n° 1990-003771 ; *JCP* G 1991, IV, 70). Ou encore le fait de se promener, la chasse étant fermée, avec un fusil chargé, « pour ramasser des salades » (■ T. pol. Puy, 12 janv. 1978 : *Bull. off. nat. chasse* 12 mars 1978, p. 8).

14) *A contrario*. En revanche, le juge du fond peut considérer que le fait d'avoir dans une attitude gênée cherché à dissimuler une carabine dans les fourrés, ces faits, à défaut de tous autres ayant pour fin la recherche du gibier, étaient insuffisants pour établir que les prévenus se livraient à l'exercice de la chasse, et non pas, comme ils l'affirmaient à l'entraînement au tir (■ Cass. crim., 30 mai 1985, n° 8091427).

15) Importance des précisions contenues dans les procès-verbaux. Attendu qu'il résulte des énonciations de l'arrêt attaqué et du jugement qu'il confirme que Jean Sibilli a été surpris, de nuit, en bordure d'un champ de blé, assis sur une chaise servant d'affût avec une carabine munie d'un silencieux et d'une lampe torche, et garnie de cartouches subsoniques (■ Cass. crim., 28 mars 2000, n° 99-88.038).

16) Le fait de se trouver posté, dans une réserve, avec le fusil chargé à la bretelle et d'observer attentivement et longuement les endroits où passent et se tiennent habituellement des mouflons, constitue à lui seul une action de chasse (■ CA Grenoble, 5 déc. 1996 : *JurisData* n° 1996-048879).

17) Absence d'acte de chasse. Le législateur confirme les solutions de la jurisprudence en ce qui concerne les actes préparatoires ou les actes postérieurs à l'acte de chasse ainsi que pour l'entraînement des chiens.

18) Infractions à la police de la chasse : contravention pour obstruction à un acte de chasse. Le fait d'empêcher le déroulement d'un ou plusieurs actes de chasse tels que définis à l'article L. 420-3 du Code de l'environnement par des actes d'obstruction concertés est puni de l'amende prévue pour les contraventions de cinquième classe (art. R. 428-12-1, issu du D. n° 2010-603, 4 juin 2010 créant une contravention pour obstruction à un acte de chasse : *JO* 6 juin 2010).

19) Élément intentionnel de l'infraction. En matière d'infractions de chasse, la seule constatation de la violation, en connaissance de cause, d'une prescription légale ou réglementaire implique de la part de son auteur l'intention coupable exigée par l'article 121-3 du Code pénal (■ Cass. crim., 8 mars 2016, n° 15-82.627 : *JurisData* n° 2016-004176).

20) Notion d'acte de chasse. La Cour de cassation considère que le fait, en étant muni de talkies-walkies pour échanger des informations sur l'arrivée ou le cheminement des oiseaux, de les guetter ainsi que de les diriger ou de les rabattre à l'aide de divers autres instruments vers un dispositif destiné à la capture, constitue un acte de chasse, peu important que l'accomplissement de cet acte ne soit pas réalisé à l'aide d'une arme. La cour d'appel de Pau, dans son arrêt du 10 février 2011, avait considéré que l'acte de chasse n'était pas caractérisé car les prévenus, qui n'étaient pas armés, ne commandaient pas et occupaient un poste fixe et éloigné. Dès lors, les prévenus étaient assimilés à des auxiliaires de chasse ne réalisant que des actes accessoires à la chasse, et par conséquent non soumis à l'obligation d'être titulaires d'un permis.

Pour la Cour de cassation, tel n'est pas le cas. Elle relève en effet qu'il ne s'agissait ni d'actes préparatoires de repérage non armés, ni d'actes accomplis par des auxiliaires de chasse, mais qu'il existait une action successive et concertée des différents intervenants nécessaire à la capture des palombes. Pour la Haute juridiction judiciaire, il faut donc envisager les actes des différents intervenants dans leur ensemble et non de façon isolée. C'est à ce titre que l'acte de chasse est caractérisé à l'égard de chacun, peu important que son accomplissement ne soit pas réalisé à l'aide d'une arme (▪ Cass. crim., 10 janv. 2012, n° 11-82.441, F-P +B, *Ligue pour la protection des oiseaux c/ M. X et a.* – Cassation partielle ▪ CA Pau, 10 févr. 2011).

21) En laissant les chiens dépendant de leur équipage occuper, même temporairement, le terrain de la demanderesse, à l'occasion d'une chasse à courre, les défendeurs ont porté une atteinte manifestement illicite au droit de propriété d'autrui. Il ne s'agit pas au regard de l'immixtion réitérée des animaux d'un simple trouble de voisinage. Les appelants ne peuvent se prévaloir d'un exercice normal de leur droit de chasse ou d'une « excuse de suite ». Ils ne sauraient davantage utilement invoquer l'article L. 420-3 du Code de l'environnement pour prétendre situer les intrusions hors du domaine de l'exercice de la chasse. Les intrusions illicites avaient été suffisamment nombreuses avant que le juge des référés ne statue pour constituer une situation de trouble manifestement excessif suffisamment actuelle et de dommage imminent. C'est justement parce que le juge des référés a prononcé une injonction sous astreinte que les troubles ont cessé d'être créés et que les dommages imminents ne sont pas advenus, il convient donc de confirmer la décision (▪ CA Caen, 1e ch. civ., 22 janv. 2013, Confirmation n° 09/03249 : *JurisData* n° 2013-002291).

22) Acte ne constituant pas un acte de chasse. Le prévenu est poursuivi pour chasse sur le terrain d'autrui et chasse sans plan de chasse. Ces infractions supposent que le prévenu ait été l'auteur d'une action de chasse. L'article L. 420-3 du Code de l'environnement énonce que le fait d'achever un animal mortellement blessé ou aux abois ne constitue pas un acte de chasse. En l'espèce, le prévenu affirme, sans être contredit par les éléments de l'enquête, qu'il a achevé un cerf qui était aux abois et qui se noyait. Il n'est donc pas établi qu'il ait commis un acte de chasse. De plus, l'infraction de chasse sans le consentement d'autrui ne peut être constituée dès lors que le plan de chasse dont le tiers bénéficie ne contient pas de parcelles à l'endroit où les faits ont été commis. Le prévenu n'avait donc pas besoin de solliciter son assentiment (▪ CA Dijon, ch. corr., 16 mars 2017 : *JurisData* n° 2017-009646).

23) Force probante des procès-verbaux. La condamnation d'un prévenu est justifiée sur la foi des procès-verbaux de constatation dressés par les agents de l'ONCFS, confirmés par leurs déclarations lors de l'enquête puis à l'audience, dès lors que le prévenu n'apporte aucun élément suffisant pour en contrarier sérieusement le contenu, en se contentant d'affirmer qu'il n'était pas présent sur les lieux du contrôle, au moyen d'attestations (▪ Cass. crim., 21 sept. 2016, n° 15-84.367, inédit).

24) Verbalisation. L'Administration ne peut légalement décider de reporter la verbalisation des contrevenants à une date ultérieure à celle de l'interdiction de la chasse d'une espèce, telle que l'oie sauvage (▪ CE, 8 juin 2016, n° 388429, *France Nature Environnement et a. : JurisData* n° 2016-012174).

25) Conducteurs agréés de chiens de sang. La combinaison de cet article avec les dispositions de l'article L. 425-2 laisse au préfet un large pouvoir d'appréciation pour arrêter, après avis de la fédération départementale des chasseurs, la liste des conducteurs de chiens de sang parmi les personnes qui remplissent les conditions fixées à l'annexe 11 du schéma départemental de gestion cynégétique 2019-2025 de la Haute-Savoie (▪ TA Grenoble, 3e ch., 5 août 2024, n° 2107750).

IV – LE BAIL DE CHASSE

26) Section de commune. Une délibération du conseil municipal qui réserve l'usage gratuit du droit de chasse sur les terrains communaux et sectionnaux situés dans le périmètre du territoire de chasse concédé à une société communale de chasse ne saurait être assimilée à un changement d'usage ou à une vente de tout ou partie des biens de la section de commune, en sorte que l'accord préalable de la majorité des électeurs de cette section n'est pas requis (▪ CAA Marseille, ch. 5, 25 janv. 2016, n° 14MA04774, *Cne Fontans*).

27) Domaine communal. Des bois appartenant à une commune, mais qui font l'objet d'un droit d'usage au profit des habitants d'une commune voisine en vertu d'une ordonnance royale ayant donné force exécutoire à une transaction entre ces communes, peuvent être donnés à bail de chasse par la commune propriétaire, car entrant dans la catégorie des biens communaux visés à l'article 542 du Code civil, dès lors que les droits d'usage des habitants de la commune voisine, visés par la transaction, n'englobaient pas le droit de chasse (▪ CAA Marseille, ch. 5, 30 mars 2016, n° 15MA00506, *Cne Artigues c/ Cne Rians*).

28) Domaine public fluvial. Selon l'article D. 422-98 du Code de l'environnement, la chasse sur le domaine public fluvial est, en règle générale, mise en location par voie d'adjudication publique et peut également être exploitée par concession de licences à prix d'argent, ou, lorsque l'adjudication publique a été tentée sans succès, par voie de location amiable. Ces adjudications et locations sont régies par un cahier des charges. Il résulte de l'article D. 422-102 que les candidatures des associations de chasse à l'adjudication en vue d'obtenir la location ne sont recevables que si elles justifient de leur affiliation à la fédération départementale des chasseurs. Tel n'est pas le cas d'une association qui n'a été affiliée que postérieurement à sa candidature. En outre, l'article D. 422-104 impose un délai de quinze jours pour conclure le contrat de location avec le candidat retenu, le lot devant, à défaut, être remis en adjudication. Le fait que les parties auraient constaté leur accord sur les termes du contrat de location est sans incidence sur l'irrégularité du contrat conclu au-delà du délai (■ CAA Lyon, ch. 3, 1er mars 2016, n° 14LY01042, *Ass. dép. des chasseurs de gibier d'eau de l'Allier*).

Art. L. 420-4 ***(Anc. C. rur., art. L. 261-1 ; mod. à compter du 1er juillet 2013, Ord. n° 2012-34, 11 janv. 2012 ; mod., L. n° 2012-325, 7 mars 2012 ; L. n° 2017-256, 28 févr. 2017 ; mod. à compter du 1er janvier 2020, L. n° 2019-773, 24 juill. 2019 ; mod., L. fin. n° 2019-1479, 28 déc. 2019).*** **– Les dispositions du présent titre ne sont pas applicables dans le département de la Guyane, à l'exception des articles L. 423-1, L. 423-1-1, L. 423-2, L. 423-4, L. 423-5, L. 423-6, L. 423-7, L. 423-8, L. 423-8-1, L. 423-9, L. 423-11, L. 423-12, L. 423-15, L. 423-16, L. 423-17, L. 423-18, L. 423-21, L. 423-21-1, L. 423-22, L. 423-23, L. 423-25, L. 428-2, L. 428-3, L. 428-14 et L. 428-20 ainsi que du 4° du I de l'article L. 428-5 en tant que les espaces mentionnés concernent le parc amazonien de Guyane et les réserves naturelles.**

CHAPITRE Ier. – ORGANISATION DE LA CHASSE

Section I. – Conseil national de la chasse et de la faune sauvage

Néant.

Voir : art. R. 421-1 et s., p. 2230.

Section II. – Office national de la chasse et de la faune sauvage

(Section abr. à compter du 1er janvier 2020, L. n° 2019-773, 24 juill. 2019)

Sous-section 1. – Dispositions générales

Art. L. 421-1-A ***(L. n° 2016-1087, 8 août 2016 ; abr. à compter du 1er janvier 2020, L. n° 2019-773, 24 juill. 2019).***

Art. L. 421-1 ***(Mod., L. n° 2003-698, 30 juill. 2003 ; L. n° 2005-157, 23 févr. 2005 ; mod. à compter du 1er septembre 2009, L. n° 2009-526, 12 mai 2009 ; mod., Ord. n° 2015-1242, 7 oct. 2015 ; L. n° 2016-1087, 8 août 2016*** (1) ***; abr. à compter du 1er janvier 2020, L. n° 2019-773, 24 juill. 2019).***

Sous-section 2. – Administration générale

Art. L. 421-2 ***(Abr., L. n° 2005-157, 23 févr. 2005).***

Art. L. 421-3 ***(Anc. C. rur., art. L. 221-12 ; abr. à compter du 1er janvier 2020, L. n° 2019-773, 24 juill. 2019).***

Art. L. 421-4 ***(Anc. C. rur., art. L. 221-13 ; abr. à compter du 1er janvier 2020, L. n° 2019-773, 24 juill. 2019).***

(1) Les nouveaux membres qui siègent au sein du conseil d'administration de l'Office mentionné au présent article ne perçoivent en cette qualité aucune rémunération ni indemnité, L. n° 2016-1087, 8 août 2016, art. 19, II.

Section II *(Rédaction antérieure)*. – Office national de la chasse et de la faune sauvage

Sous-section 1 *(Rédaction antérieure)*. – Dispositions générales

Rédaction antérieure. Art. L. 421-1-A *(L. n° 2016-1087, 8 août 2016)*. – Le Conseil national de la chasse et de la faune sauvage exerce une fonction consultative auprès des ministres chargés respectivement de la chasse et de l'agriculture. Il se prononce sur l'ensemble des textes relatifs à l'exercice de la chasse et la gestion de la faune sauvage, et à la protection de la nature lorsqu'ils ont une incidence directe ou indirecte sur l'exercice de la chasse.

Création d'une réserve naturelle. « Considérant, en troisième lieu, qu'en vertu de l'article R. 421-1 du Code de l'environnement, le Conseil national de la chasse et de la faune sauvage est consulté sur les projets de loi et de décret modifiant les dispositions législatives et réglementaires de ce code, relatives à la chasse ; que par ailleurs, aux termes du I de l'article L. 332-3 du même code, "L'acte de classement d'une réserve naturelle nationale peut soumettre à un régime particulier et, le cas échéant, interdire à l'intérieur de la réserve toute action susceptible de nuire au développement naturel de la faune et de la flore et, plus généralement, d'altérer le caractère de ladite réserve, notamment la chasse (…)" ; que si l'article 19 du décret attaqué dispose que le préfet peut "après avis du conseil scientifique, réglementer l'exercice de la chasse et de la pêche, notamment les périodes et secteurs où elles peuvent être pratiquées et leurs modalités (…)", ces dispositions, prises en application du I de l'article L. 332-3 précité et qui ne s'appliquent qu'au territoire de la réserve, n'ont eu ni pour objet ni pour effet de modifier les dispositions du Code de l'environnement relatives à la chasse ; que par suite, le moyen tiré du défaut de consultation du Conseil national de la chasse et de la faune sauvage n'est pas fondé ; » (■ CE, 26 nov. 2010, n° 331078, *Sté Groupe Pizzorno environnement* : *Dr. env.* 2011, n° 186, p. 9 ; *Environnement* 2011, n° 6, note Trouilly ; *DAUH* 2011, n° 362, obs. Steichen).

Rédaction antérieure. Art. L. 421-1 *(Mod., L. n° 2003-698, 30 juill. 2003 ; L. n° 2005-157, 23 févr. 2005 ; mod. à compter du 1er septembre 2009, L. n° 2009-526, 12 mai 2009 ; mod., Ord. n° 2015-1242, 7 oct. 2015)*. – I. – L'Office national de la chasse et de la faune sauvage est un établissement public de l'État à caractère administratif placé sous la double tutelle des ministres chargés de *(Mots rempl., L. n° 2016-1087, 8 août 2016)* « l'écologie » et de l'agriculture. Il a pour mission de réaliser des études, des recherches et des expérimentations concernant la conservation, la restauration et la gestion de la faune sauvage et ses habitats et la mise en valeur de celle-ci par le développement durable de la chasse ainsi que la mise au point et la diffusion de systèmes et pratiques de gestion appropriée des territoires ruraux. Dans ces domaines, il délivre des formations. Il participe à la mise en valeur et la surveillance de la faune sauvage ainsi qu'au respect de la réglementation relative à la police de la chasse. Ses agents chargés de missions de police en département apportent leur concours au préfet en matière d'ordre public et de police administrative, dans leur domaine de compétence.

(Mod., L. n° 2016-1087, 8 août 2016) Il apporte à l'État son concours pour l'évaluation de l'état de la faune sauvage, pour la surveillance des dangers sanitaires que celle-ci peut présenter et pour le suivi de sa gestion, et sa capacité d'expertise et son appui technique pour l'évaluation des documents de gestion de la faune sauvage et de l'amélioration de la qualité de ses habitats.

Il est chargé, pour le compte de l'État, de l'organisation matérielle de l'examen du permis de chasser ainsi que de la délivrance du permis de chasser et de l'autorisation de chasser accompagné, mentionnée à l'article L. 423-2.

L'Office national de la chasse et de la faune sauvage peut collaborer avec la Fédération nationale des chasseurs et avec les fédérations départementales des chasseurs sur des questions relatives à leurs domaines d'action respectifs. Les activités entreprises conjointement donnent lieu à l'établissement de conventions spécifiques.

II. – *(Mod., L. n° 2016-1087, 8 août 2016)* (1) Le conseil d'administration de l'Office national de la chasse et de la faune sauvage est composé de vingt-six membres dont la moitié sont des représentants issus des milieux cynégétiques. Il comporte des représentants des fédérations des chasseurs, des représentants des associations les plus représentatives de chasse spécialisée nommés à partir d'une liste établie par la Fédération nationale des chasseurs, des représentants de l'État, de ses établissements publics gestionnaires d'espaces naturels et forestiers, un représentant des régions, un représentant des départements, un représentant des communes, des représentants, d'organisations professionnelles agricoles et forestières, d'organismes de protection de la nature, des personnels de l'établissement et des personnes qualifiées dans le domaine de la chasse et de la faune sauvage.

Le conseil scientifique de l'Office national de la chasse et de la faune sauvage, placé auprès du directeur général, donne son avis au directeur général sur la politique de l'établissement en matière de recherche scientifique et technique. Il évalue les travaux scientifiques des chercheurs de l'établissement. Il participe à l'évaluation de l'état de la faune sauvage et assure le suivi de la gestion de celle-ci.

Les services de l'établissement sont dirigés par un directeur général nommé par décret sur proposition des ministres chargés de la chasse et de l'agriculture.

(1) Les nouveaux membres qui siègent au sein du conseil d'administration de l'Office mentionné au présent article ne perçoivent en cette qualité aucune rémunération ni indemnité, L. n° 2016-1087, 8 août 2016, art. 19, II.

III. – Les ressources de l'établissement sont constituées par les produits des redevances cynégétiques, par des subventions et contributions de l'État et d'autres personnes publiques aux missions régaliennes et d'intérêt patrimonial qu'il accomplit, par les redevances pour services rendus, par les produits des emprunts, par les dons et legs et par le produit des ventes qu'il effectue dans le cadre de ses missions. Un arrêté fixe les règles de présentation du budget et de la comptabilité de l'établissement distinguant, en ressources et en charges, les missions régaliennes et d'intérêt patrimonial des missions cynégétiques.

1) On notera que dans la loi n° 2000-698 du 26 juillet 2000, les mots « Office national de la chasse » sont remplacés par les mots « Office national de la chasse et de la faune sauvage » (art. 4-II, *JO* 27 juill.).

2) Les missions régaliennes de l'ONCFS. En plaçant, en 2003, l'ONCFS sous la double tutelle des deux ministres chargés de la chasse et de l'agriculture, le législateur a mis fin à un « vieux fantasme » (*JOAN* CR 12 oct. 2004, p. 7780). Les chasseurs considéraient, en effet, que le ministère de l'Agriculture était plus apte que celui de l'environnement à résoudre les difficultés d'application de la Directive « oiseaux » de 1979.

L'ONCFS, surnommé parfois « le bras armé de la chasse », est à la base de la police de la chasse. Cependant, depuis la création du ministère de l'Environnement, en 1972, il a été chargé par la voie réglementaire de concourir au développement de la chasse mais aussi de la protection de la faune sauvage (C. rur., art. R. 221-9). Dans les deux lois de 2003 et 2005, ses missions ont été considérablement élargies. La capacité d'expertise et l'appui technique de l'ONCFS sont mis au service des différentes formes de gestion et de conservation de la faune sauvage comme de son habitat.

Lors du vote de la loi du 23 février 2005, les parlementaires ont mis en évidence les problèmes soulevés par la définition des ressources de l'établissement. Le rapporteur de la loi au Sénat a demandé que dans le budget de l'Office les missions régaliennes et d'intérêt patrimonial soient distinguées des missions cynégétiques (*JO* Sénat CR, 12 mai 2004, p. 3118) et le ministre a pris l'engagement devant les députés de « procéder à une évaluation fine de la fonction régalienne assurée par l'Office pour le compte de l'État ». Il a précisé que la contribution de l'État ne serait pas une « subvention d'équilibre » mais une rétribution pour missions accomplies (*JOAN* CR 29 janv. 2004, p. 1158).

Dans une réponse à une question écrite, le ministre précisera que « le Gouvernement a voulu marquer son très fort engagement en octroyant, sur le budget 2005, une subvention d'un montant de huit millions d'euros à l'ONCFS pour les actions d'intérêt général et patrimonial à conduire par celui-ci. En 2004, cette contribution était déjà de deux millions d'euros » (*JOANt* Q, 12 avr. 2005, p. 3771).

On remarquera cependant que « les missions cynégétiques » ne se limitent pas à la police de la chasse car, en vertu de l'article L. 420-1, le chasseur participe à la gestion de la faune sauvage et de ses habitats, il est donc concerné par les nouvelles missions de l'ONCFS.

Voir : Circ. 14 août 2009 relative à l'organisation du transfert de compétence des préfectures à l'Office national de la chasse et de la faune sauvage pour la délivrance du permis de chasser, de son duplicata et de l'autorisation de chasser accompagné (*BOME* n° 18/2009).

On notera que le ministère de l'Écologie, du Développement durable, des Transports et du Logement a créé par arrêté du 21 juin 2011 un comité technique de la direction des territoires, de l'alimentation et de la mer et un comité technique de l'Office national de la chasse et de la faune sauvage (*JO* 23 août 2011, n° 194).

On relèvera qu'il résulte des dispositions de l'article L. 132-1 du Code de l'environnement (modifié par l'article 147 de la loi n° 2005-157 du 23 février 2005, dite loi DTR) que l'ONCFS a la possibilité de se constituer partie civile en ce qui concerne les faits portant un préjudice direct ou indirect aux intérêts qu'il a pour objet de défendre et constituant une infraction aux dispositions législatives.

3) Jurisprudence. Est irrecevable l'action civile de l'ONCFS pour un préjudice découlant du délit de refus d'obtempérer à une sommation de s'arrêter, une telle infraction ne relevant pas de la liste de celles pour lesquelles l'Office a été habilité (▪ Cass. crim., 9 nov. 2004, n° 03-83.681 : *JurisData* n° 2004-026130).

Les agents assermentés et commissionnés de l'ONCFS sont, non seulement habilités à constater les infractions mais peuvent également procéder à la saisie de l'objet de l'infraction ainsi qu'à celle des instruments et véhicules ayant servi à la commettre (▪ CE, 6e et 1re ss-sect. réunies, 4 févr. 2005, n° 266150 : *JurisData* n° 2005-068028).

Sous-section 2 *(Rédaction antérieure).* – Administration générale

Rédaction antérieure. Art. L. 421-2 ***(Abr., L. n° 2005-157, 23 févr. 2005).***

Rédaction antérieure. Art. L. 421-3 *(Anc. C. rur., art. L. 221-12)*. – Les fonctions d'agent de l'Office national de la chasse et de la faune sauvage commissionné au titre des eaux et forêts et assermenté sont soumises aux règles d'incompatibilité prévues à l'article L. 341-4 du Code forestier.

Il est à noter que les gardes nationaux sont « dépositaires de l'autorité publique » et ont la qualité d'agents de la force publique.

Rédaction antérieure. Art. L. 421-4 *(Anc. C. rur., art. L. 221-13)*. – I. – À titre exceptionnel, les agents commissionnés et assermentés peuvent, après avis de la commission consultative paritaire, faire l'objet des mesures suivantes :

1° S'ils ont accompli un acte de bravoure dûment constaté ou s'ils ont été grièvement blessés dans l'exercice de leurs fonctions, ils peuvent être promus à l'un des échelons supérieurs de leur grade ou à un grade immédiatement supérieur ;

2° S'ils ont été mortellement blessés dans ces mêmes circonstances, ils peuvent en outre être nommés à titre posthume à un niveau hiérarchique supérieur.

II. – Les agents qui doivent faire l'objet d'une promotion en vertu des dispositions qui précèdent sont, s'ils n'y figurent pas déjà, inscrits à la suite du tableau d'avancement de l'année en cours. En cas de décès, ils sont promus à la date de celui-ci.

III. – À titre exceptionnel, les agents stagiaires peuvent, après avis de la commission consultative paritaire, être titularisés à titre posthume s'ils ont été mortellement blessés dans l'exercice de leurs fonctions.

Section III. – Conseil départemental de la chasse et de la faune sauvage

Néant.

Voir : art. R. 421-29 et s., p. 2238.

Section IV. – Fédérations départementales des chasseurs

Voir : art. R. 421-33 et s., p. 2239.

Bibliographie : P. Larguier, *L'action publique menacée. À propos de l'action civile des associations dans les juridictions répressives : D.* 1962, chron. p. 31.

A. 4 déc. 2003 portant modèle de statuts des fédérations départementales des chasseurs (*JO* 5 déc.), mod. par arrêté du 28 mars 2007 (*JO* 17 avr.).

Art. L. 421-5 *(Anc. C. rur., art. L. 221-2 ; mod., L. n° 2003-698, 30 juill. 2003 ; Ord. n° 2003-719, 1er août 2003 ; L. n° 2005-157, 23 févr. 2005 ; L. n° 2012-325, 7 mars 2012 ; L. n° 2014-1170, 13 oct. 2014 ; mod., L. n° 2019-773, 24 juill. 2019)* (1). – **Les associations dénommées fédérations départementales des chasseurs participent à la mise en valeur du patrimoine cynégétique départemental, à la protection et à la gestion de la faune sauvage ainsi que de ses habitats. Elles assurent la promotion et la défense de la chasse ainsi que des intérêts de leurs adhérents.**

Elles apportent leur concours à la prévention du braconnage. Elles conduisent des actions d'information, de formation, d'éducation et d'appui technique à l'intention des gestionnaires des territoires, du public et des chasseurs et, le cas échéant, des gardes-chasse particuliers. Elles exercent, pour la gestion des associations communales et intercommunales de chasse agréées, les missions qui leur sont confiées par la section 1 du chapitre II du présent titre et coordonnent l'action de ces associations. Elles mènent des actions d'information et d'éducation au développement durable en matière de connaissance et de préservation de la faune sauvage et de ses habitats ainsi qu'en matière de gestion de la biodiversité.

Elles conduisent des actions de prévention des dégâts de gibier et assurent l'indemnisation des dégâts de grand gibier dans les conditions prévues par les articles L. 426-1 et L. 426-5 (2).

(1) L'exercice, par le président de la fédération départementale des chasseurs, des nouvelles missions prévues aux articles L. 421-5, L. 421-11-1, L. 422-3, L. 422-5, L. 422-7 et L. 425-8 du Code de l'environnement, dans leur *rédaction résultant* des 1°, 6°, 13° à 15° et 27° du I de l'article 13 de la loi n° 2019-773 du 24 juillet 2019, fait l'objet d'une convention prévoyant une compensation financière acquittée par l'Office français de la biodiversité, L. n° 2019-773, 24 juill. 2019.

(2) Le Conseil constitutionnel a déclaré les mots : « et assurent l'indemnisation des dégâts de grand gibier dans les conditions prévues par les articles L. 426-1 et L. 426-5 » figurant au troisième alinéa du présent article dans sa rédaction résultant de la loi n° 2019-773 du 24 juillet 2019, conformes à la Constitution. – V. ■ Cons. const., 22 janv. 2022, n° 2021-963 QPC : *JurisData* n° 2022-000664 ; *JO* 21 janv. 2022. – NDLR.

Elles élaborent, en association avec les propriétaires, les gestionnaires et les usagers des territoires concernés, un schéma départemental de gestion cynégétique, conformément aux dispositions de l'article L. 425-1.

Elles conduisent également des actions pour surveiller les dangers sanitaires impliquant le gibier ainsi que des actions participant à la prévention de la diffusion de dangers sanitaires entre les espèces de gibier, les animaux domestiques et l'homme.

Elles conduisent des actions concourant directement à la protection et à la reconquête de la biodiversité ou apportent un soutien financier à leur réalisation. À cette fin, elles contribuent financièrement au fonds mentionné à l'article L. 421-14, pour un montant fixé par voie règlementaire et qui ne peut être inférieur à 5 € par adhérent ayant validé un permis de chasser dans l'année.

Dans l'exercice des missions qui leur sont attribuées par le présent code, les fédérations départementales des chasseurs collectent ou produisent des données pour le compte du ministre chargé de l'environnement. Ces données sont transmises gratuitement à l'Office français de la biodiversité à sa demande et sans délai.

Elles collectent les données de prélèvements mentionnées à l'article L. 425-18.

Elles assurent la validation du permis de chasserainsi que la délivrance des autorisations de chasser accompagné et apportent leur concours à l'organisation des examens du permis de chasser.

Elles contribuent, à la demande du préfet, à l'exécution des arrêtés préfectoraux autorisant des tirs de prélèvement. Elles agissent dans ce cadre en collaboration avec leurs adhérents.

Les associations de chasse spécialisée sont associées aux travaux des fédérations.

Les fédérations peuvent recruter, pour l'exercice de leurs missions, des agents de développement mandatés à cet effet. Ceux-ci veillent notamment au respect du schéma départemental de gestion cynégétique sur tous les territoires où celui-ci est applicable. Dans des conditions fixées par décret en Conseil d'État, leurs constats font foi jusqu'à preuve contraire.

I – NATURE JURIDIQUE

1) Les fédérations départementales des chasseurs relèvent du droit privé et du droit public avec une prédominance de celui-ci sur celui-là, ce qui leur confère un caractère *sui generis*. Depuis l'arrêt *Chevassier* (▪ CE, 4 avr. 1962 : *Rec. CE* 1962, p. 244), la jurisprudence les considère comme des personnes morales de droit privé. C'est pourquoi, en cas de refus d'un président de faire droit à une demande de documents comptables, les juridictions de l'ordre administratif sont incompétentes pour statuer sur le litige (▪ CE, 20 oct. 1995, *Magnien : RD rur.* 1996, p. 92). Cependant, la fédération « concourt à des missions de service public » (A. 18 sept. 1975, art. 4).

2) Le Conseil d'État avait saisi le tribunal des conflits car il avait jugé le contraire en statuant sur les cotisations qui étaient versées par les ACCA (▪ CE, 5 juill. 1985 : *Rec. CE* 1985, p. 495). La Haute juridiction entérine la décision du tribunal des conflits du 24 septembre 2001 (*JurisData* n° 2001-157847) qui déclare seule compétente la juridiction administrative (▪ CE, 20 mars 2002, n° 163638, *M. Bouchot-Plainchant*. – V. Gervasoni : *Rev. jur. env.* 2004, p. 461).

Cet arrêt correspond aux nouvelles prérogatives conférées aux fédérations tout particulièrement pour l'indemnisation des dégâts de grand gibier (art. L. 421-5) et pour l'élaboration du schéma départemental de gestion cynégétique (art. L. 421-7).

3) Recevabilité de leur intervention en appel. « Considérant, d'une part, qu'aux termes de l'article L. 421-5 du Code de l'environnement : Les associations dénommées fédérations départementales des chasseurs participent à la mise en valeur du patrimoine cynégétique départemental, à la protection et à la gestion de la faune sauvage ainsi que de ses habitats. Elles assurent la promotion et la défense de la chasse ainsi que des intérêts de leurs adhérents. / (...) Elles conduisent des actions de prévention des dégâts de gibier et assurent l'indemnisation des dégâts de grand gibier dans les conditions prévues par les articles L. 426-1 et L. 426-5. / Elles élaborent, en association avec les propriétaires, les gestionnaires et les usagers des territoires concernés, un schéma départemental de gestion cynégétique, conformément aux dispositions de l'article L. 425-1. / Elles peuvent apporter leur concours à la validation du permis de chasser. (...) et qu'aux termes de l'article R. 424-6 du même code : La chasse à tir est ouverte pendant les périodes fixées chaque année par arrêté du préfet, pris sur proposition du directeur départemental de l'agriculture et de la forêt après avis de la commission départementale de la chasse et de la faune sauvage et de la fédération des chasseurs, et publié au moins vingt jours avant la date de sa prise d'effet, d'autre part, qu'il résulte de l'instruction que la Fédération départementale des chasseurs de l'Ain a été saisie pour avis par le préfet de ce département durant la phase d'élaboration de l'arrêté attaqué et a été partie en première instance ; que, dès lors, l'intervention en appel de la Fédération départementale des chasseurs de l'Ain est recevable ; » (▪ CAA

Lyon, 5e ch., 21 juill. 2011, n° 10LY01284, *Assoc. de défense des chasseurs de l'AIN* (ACDAIN) *c/ Min. Écologie, Développement durable, Transports et Logement*, inédit).

4) Les fédérations départementales des chasseurs sont des personnes morales de droit privé, qui collaborent à une mission de service public (■ Cons. const., déc. 20 juill. 2000, n° 2000-434 DC : *JO* 27 juill. 2000 ; *RD rur.* 2001, p. 298).

5) Les fédérations départementales de chasseurs qui, dès lors notamment qu'elles contribuent à l'équilibre entre le gibier, les milieux naturels et les activités humaines par application de l'article L. 420-1 du Code de l'environnement, sont éligibles à l'agrément décerné aux associations de protection de l'environnement, doivent être regardées comme exerçant, à titre principal, des activités consacrées à la protection de l'environnement au sens du 3° de l'article R. 141-2 du Code de l'environnement. Par suite, le préfet a pu, sans commettre d'erreur de droit, délivrer à la fédération départementale des chasseurs l'agrément prévu par l'article L. 141-1 du Code de l'environnement, après avoir vérifié qu'elle satisfaisait par ailleurs aux autres conditions posées par l'article R. 141-2 du Code de l'environnement (■ CAA Nantes, 12 oct. 2012, n° 11NT00892, *Assoc. Manche Nature* : *JurisData* n° 2012-029503).

II – ASSOCIATION AGRÉÉE DE PROTECTION DE L'ENVIRONNEMENT

6) Une réforme introduite par la loi du 2 février 1995 relative au renforcement de la protection de la nature (*JO* 3 févr. 1995) modifie le régime de l'agrément : aux termes de l'article R. 252-2-c : « L'association doit effectuer *à titre principal* des activités effectives en faveur de l'environnement ».

7) La cour d'appel administrative de Nantes qui devait se prononcer sur le maintien de la qualification d'association agréée au profit d'une fédération départementale des chasseurs après le vote de la loi de 1995 a constaté que la fédération de la Manche ne remplissait plus les conditions posées par la nouvelle loi. En effet, même si la fédération contribue à la protection de l'environnement, son activité principale est la défense des intérêts des chasseurs et la promotion de la chasse.

8) Dans les travaux parlementaires de la loi *relative au développement des territoires ruraux* votée le 23 février 2005, ce contentieux a été longuement évoqué. Le ministre a déclaré devant l'Assemblée nationale que si le résultat du contentieux était défavorable, il proposerait un texte qui permettrait aux fédérations de recevoir l'agrément mais qu'il lui paraissait exorbitant qu'elle puisse bénéficier « d'un agrément de droit » (*JOAN* CR 29 janv. 2004, p. 1151). On précisera que le Conseil d'État s'est toujours refusé à annuler les agréments octroyés aux fédérations de chasseurs.

9) Par précaution, les députés ont voté un amendement qui complète les dispositions relatives au statut des fédérations régionales des chasseurs. Elles ont désormais pour mission de « conduire des actions en faveur de la faune sauvage et des habitats » (art. L. 421-13). Il n'existe pas, dans les textes, de mention relative à des missions cynégétiques autres que la représentation des fédérations départementales, ce qui laisse aux tribunaux la possibilité de décider que l'activité cynégétique est exercée à titre principal.

III – MISSIONS DE SERVICE PUBLIC

10) Si les décisions prises par les fédérations départementales de chasseurs à l'occasion de leur mission de service public et qui manifestent l'exercice d'une prérogative de puissance publique, telles que celles fixant le montant des cotisations dues par leurs adhérents, constituent des actes administratifs dont l'appréciation de la légalité relève à titre principal ou préjudiciel de la compétence des juridictions administratives, l'action en recouvrement de ces cotisations, qui concerne le fonctionnement interne et la gestion patrimoniale de ces organismes de droit privé, ressortit à la compétence des juridictions de l'ordre judiciaire (■ Cass. 1re civ., 10 juill. 2013, n° 12-23.109).

11) L'action de la Fédération départementale des chasseurs du Jura en recouvrement des cotisations d'affiliation dues par l'Office national des forêts (ONF), qui concernent le fonctionnement interne et la gestion patrimoniale de l'organisme de droit privé, ressortit de la compétence des juridictions de l'ordre judiciaire (■ CA Dijon, ch. civ., 12 mars 2015 : *JurisData* n° 2015-005712).

A – Prévention du braconnage

12) La mission traditionnelle de la fédération départementale était la répression du braconnage qui était assurée par une garderie fédérale départementale. Depuis 1977, les gardes fédéraux sont devenus nationaux et ils sont rattachés à l'Office national de la chasse. Lors du vote de la loi relative à la chasse du 26 juillet 2000, le Gouvernement n'a pas échappé à une discussion sur la « garderie de proximité ». En effet, la concentration de la garderie au sein de l'ONCFS et l'extension de leur fonction dans le domaine de la protection de l'environnement rendent problématique leur défense des territoires de chasse.

13) Le concours de la fédération départementale à la « prévention du braconnage » dans la loi de 2003 et leur action en faveur, « le cas échéant, des gardes-chasse particuliers » dans la loi de 2005 ont suffi à calmer les esprits, car le braconnage a évolué. Il concerne surtout le grand gibier grâce à une organisation de type mafieux, ce qui justifie l'importante augmentation des pénalités dans la loi de 2005 (art. L. 428-45).

B – Permis de chasser

14) Les fédérations qui « peuvent apporter leur concours à la validation du permis de chasser » organisent le « guichet unique » pour la délivrance du permis de chasser. Cela met fin à des formalités (Trésor public et mairie) qui méritaient le nom de parcours du combattant.

15) L'adhésion à la fédération étant obligatoire pour obtenir la validation du permis de chasser, la détermination de la cotisation statutaire, consécutive à cette adhésion constitue un acte administratif faisant grief, susceptible de recours devant le juge administratif (▪ T. confl., 24 sept. 2001, n° 3190 : *JurisData* n° 2001-157847 ; *RD rur.* 2002, p. 559, obs. P. Astié ; *D.* 2001, p. 3018 ; *AJDA* févr. 2002, p. 155, concl. J. Arrighi de Casanova).

C – Indemnisation des dégâts de grand gibier

16) Si les fédérations ont perdu leurs gardes-chasse au profit de l'ONCFS, elles ont hérité de ce dernier la mission d'une indemnisation des dégâts de grand gibier ainsi que des actions de prévention (art. L. 426-1 et L. 426-5).

17) Le juge administratif est compétent pour connaître de l'action tendant à l'indemnisation des dégâts causés par du gibier provenant d'un terrain relevant du domaine public, que cette action soit exercée par la victime ou par une fédération de chasseurs (▪ T. confl., 13 mai 2013, n° 3899).

D – Schéma départemental de gestion cynégétique

18) « Personne n'a encore une idée très claire de la méthodologie d'élaboration d'un schéma départemental de gestion cynégétique » (*JOAN* CR 30 mars 2000, p. 2810). Cet aveu désabusé du ministre chargé de la chasse nous renseigne sur l'importance de la promotion dont ce nouvel « outil » a été l'objet. Dans la loi du 23 février 2005, en effet, il est devenu « l'outil à tout faire » du droit de la chasse car il sert d'introduction au *Chapitre V. – Gestion*, en donnant son nom à la première section.

E – Agents de développement

19) Le rapporteur de la loi du 26 juillet 2000, François Patriat, a déposé en première lecture devant les députés un amendement qui permettait aux fédérations de recruter des agents de développement (*JOAN* CR 30 mars 2000, p. 2798). Les fédérations pouvaient les recruter pour l'exercice de leur mission et ils étaient « mandatés à cet effet ».

20) Si le ministre chargé de la chasse a obtenu de l'Assemblée nationale qu'elle accepte son refus de « commissionner » les agents car cela les aurait dotés de pouvoirs de police judiciaire avec, par voie de conséquence, la création d'une police de la chasse parallèle, il n'a pu cependant empêcher le vote d'une disposition prévoyant que : « Dans les conditions fixées par décret en Conseil d'état leurs constats font foi jusqu'à preuve contraire » (V. art. L. 428-1, p. 870).

21) L'évolution paraît cependant peu probable en raison de la généralisation du « grand braconnage » et surtout parce que les agents de développement à la différence des anciens gardes fédéraux ne connaissent guère les territoires de chasse. Dès lors, reprenant la citation du ministre relative au schéma, on constatera que « personne n'a encore une idée très claire » de leurs attributions.

IV – STATUTS

22) Dans la loi du 26 juillet 2000, la « démocratisation de la chasse » est instaurée conformément au rapport Patriat, avec pour conséquence l'application du principe : « un chasseur une voix » (*Rapport de mission sur la chasse*, nov. 1999, p. 34). Chaque titulaire du permis de chasser, validé par le paiement de la redevance cynégétique qui a pour conséquence l'« adhésion » à la fédération, dispose d'une voix avec possibilité de déléguer son vote. En conséquence la représentation des Territoires de chasse étant supprimée, la fédération ne pouvait exiger qu'une participation personnelle des chasseurs pour assurer la couverture du montant des dégâts de grand gibier (art. L. 426-5 anc.). C'était le principe non formulé : un chasseur un payeur.

23) Lors du « toilettage » effectué dans la loi du 30 juillet 2003, la surface du territoire de chasse donne des voix supplémentaires dans la limite d'un plafond (art. L. 421-9). En outre, dans la loi du 23 février 2005, pour couvrir le montant des dégâts de grand gibier, la fédération peut moduler les participations de ses adhérents en fonction de leurs territoires de chasse qui en signe de « joyeux avènement » ont droit à la qualification d'« unités de gestion » alors qu'ils n'ont pas de « valeur juridique » (V. art. L. 422-1, p. 789).

V – ACTION CIVILE

24) Le caractère *sui generis* des fédérations qui sont des organismes de droit privé mais qui sont régies par un statut particulier et sont investies de missions de service public (■ Cons. const., 20 juill. 2000, n° 2000-434 DC : *JO* 27 juill. 2000, p. 11553) explique les tribulations de l'action civile des fédérations. La Cour suprême a longtemps refusé de l'admettre par crainte de la concurrence d'un « ministère public adjoint », c'est pourquoi le législateur a mis un terme à ses hésitations (art. L. 421-6).

25) Action civile et évaluation du préjudice. Aux termes de l'article 2 du Code de procédure pénale, la réparation du préjudice subi par la victime d'une infraction doit être intégrale. Par ailleurs, il appartient aux juges du fond d'apprécier souverainement le montant du dommage et d'en déterminer le mode de réparation. S'agissant de l'infraction d'utilisation irrégulière de pièges, la gravité des faits résulte des conséquences qui en ont découlé, mais également des conséquences qu'ils auraient pu engendrer, les opérations de piégeage illicites constituant des pratiques dangereuses pour la faune protégée, les animaux domestiques et les usagers de la nature que sont les promeneurs et les enfants. Conformément aux dispositions des articles L. 421-5 et suivants du Code de l'environnement et à leurs statuts, les fédérations départementales de chasse participent à la mise en valeur du patrimoine cynégétique départemental, à la protection et à la gestion de la faune sauvage et de ses habitants. En l'espèce, la Fédération des chasseurs a subi un préjudice aussi bien moral en raison de l'atteinte portée à l'image des chasseurs et des activités cynégétiques que financier en raison du coût engendré par les mesures qu'elle doit prendre pour exercer ses missions légales ou statutaires, et notamment des opérations de formation en matière de piégeage. C'est donc à tort que le premier juge lui a alloué une indemnisation purement symbolique sans rapport avec l'étendue réelle de son dommage qui sera réparé par l'allocation d'une somme de 500 euros (■ CA Bourges, 2e ch. corr., 28 mai 2009 : *JurisData* n° 2009-015517).

VI – TIERCE OPPOSITION

26) Bien que se prévalant de son rôle dans la coordination des ACCA, des missions d'intérêt général qui lui sont dévolues par le législateur et de son rôle de représentation de l'intérêt général de la chasse et des intérêts collectifs de tous les chasseurs, ainsi que de ce qu'elle est étroitement associée à la création, à l'organisation et au fonctionnement des ACCA, une fédération départementale des chasseurs ne peut cependant être regardée comme justifiant d'un droit auquel une décision juridictionnelle relative à la consistance du territoire d'une ACCA aurait préjudicié. Elle n'est donc pas recevable à former tierce opposition à cette décision (■ CAA Nantes, ch. 3, 7 oct. 2016, n° 15NT00506, *Féd. des chasseurs d'Ille-et-Vilaine*).

Art. L. 421-6 ***(Anc. C. rur., art. L. 221-2-1 ; mod., L. n° 2003-698, 30 juill. 2003 ; mod. à compter du 1er juillet 2013, Ord. n° 2012-34, 11 janv. 2012 ; mod., L. n° 2019-773, 24 juill. 2019).*** **– Les fédérations départementales des chasseurs peuvent exercer les droits reconnus à la partie civile en ce qui concerne les faits constituant une infraction aux dispositions du titre Ier du présent livre et du présent titre et des textes pris pour son application et portant un préjudice direct ou indirect aux intérêts collectifs, matériels et moraux qu'elles ont pour objet de défendre.**

Lorsqu'ils portent sur des infractions prévues au présent titre, les procès-verbaux dressés par les fonctionnaires et agents mentionnés à l'article L. 172-4, par les lieutenants de louveterie et par les gardes-chasse particuliers sont adressés en copie au président de la fédération départementale ou interdépartementale concernée.

1) Collaboration à une mission de service public. « Considérant que, si les fédérations des chasseurs sont des organismes de droit privé, elles sont régies par un statut particulier et sont investies de missions de service public (…) qu'ainsi la nécessité pour l'État de contrôler la bonne exécution par les fédérations de chasseurs des diverses missions de service public auxquelles elles participent, ainsi que l'emploi des ressources qu'elles perçoivent à cet effet, sont de nature à justifier l'instauration d'un régime spécifique de contrôle (…) qu'il appartiendra toutefois au pouvoir réglementaire de fixer les modalités spécifiques de mise en œuvre de ces contrôles de manière à respecter le principe constitutionnel de la liberté d'association dans la mesure compatible avec les particularités de la catégorie d'associations en cause » (■ Cons. const., déc., 20 juill. 2000, n° 2000-434 DC : *JO* 27 juill. 2000, p. 11553).

2) Absence de gestion d'un service public. Les fédérations départementales des chasseurs ne sont pas redevables du droit d'accès aux documents administratifs institué par la loi n° 78-753 du 17 juillet 1978 qui ne vise que les organismes de droit privé chargés de la gestion d'un service public (■ CE, 20 oct. 1995, *Mugnier : Rec. CE* 1995, p. 358 ; *Environnement* 2002, p. 17, note L. Benoit).

3) La Haute juridiction rappelle que les fédérations départementales des chasseurs sont habilitées à exercer devant les juridictions tant civiles que répressives les actions en responsabilité civile tendant à la réparation de faits constituant une infraction aux dispositions du Code de l'environnement relatives à la chasse et portant un préjudice direct ou indirect aux intérêts collectifs, matériels et moraux qu'elles ont pour objet de défendre (■ Cass. 2e civ., 15 nov. 2007, n° 06-19.398 : *JurisData* n° 2007-041444).

4) Responsabilité civile. Une fédération départementale de chasseurs ne saurait être amenée à répondre de la responsabilité éventuelle de tiers, sociétés locales de chasse, ni se substituer à ceux-ci que ce soit sur le fondement de l'article 1382 du Code civil ou de l'article 1383 du Code civil. La preuve d'un manquement spécifique de la fédération départementale des chasseurs à sa mission de promotion d'action préventive des dégâts causés par le gibier en relation directe et certaine avec son préjudice n'est pas rapportée. La fédération ne peut donc être tenue pour responsable des dommages causés aux cultures d'un agriculteur d'autant qu'il ne peut être déduit de la mission d'indemnisation des dommages causés par le gros gibier confiée à la Fédération une présomption de responsabilité sur le fondement de l'article 1382 du Code civil. Les offres d'indemnisation effectuées par la fédération à l'agriculteur n'impliquent pas la reconnaissance par la première de sa responsabilité, le gibier étant une *res nullius* : (■ CA Rouen, ch. proximité, 21 oct. 2010 : *JurisData* n° 2010-022992).

Le chasseur qui a tué un sanglier en infraction au plan de chasse a commis une faute engageant sa responsabilité sur le fondement de l'article 1382 du Code civil. Il convient d'infirmer le jugement qui a rejeté la demande de dommages et intérêts d'une fédération départementale de chasse. L'article L. 421-6 du Code de l'environnement donne aux fédérations départementales de chasseurs le pouvoir d'exercer les droits reconnus à la partie civile en ce qui concerne les faits constituant une infraction relative à la chasse et portant un préjudice direct ou indirect aux intérêts collectifs, matériels ou moraux qu'elles ont pour objet de défendre. Compte tenu de l'objet et de la mission de la fédération départementale de chasse d'Ille-et-Vilaine chargée de mettre en œuvre les plans de chasse et d'en assurer le respect, son préjudice est établi. Il est fixé à 100 euros (■ CA Rennes, 12 nov. 2014 : *JurisData* n° 2014-036270).

5) Recevabilité constitution de partie civile. Pour déclarer recevable la constitution de partie civile de la Fédération départementale des chasseurs de la Côte-d'Or, l'arrêt retient que le prévenu a manqué à une obligation de sécurité en contrevenant à l'article 2 de l'arrêté du 15 juin 1999 du préfet de la Côte-d'Or interdisant l'usage d'une arme à moins de 150 mètres d'une autoroute et que la Fédération départementale démontre avoir pour mission l'éducation des chasseurs. Cette décision est justifiée dès lors que cet arrêté préfectoral a été pris en application de l'article L. 420-2 du Code de l'environnement, de sorte que les faits rentrent bien, en application de l'article L. 421-6 du Code de l'environnement, dans la catégorie des faits constituant une infraction à la police de la chasse justifiant la constitution de partie civile de la Fédération départementale de chasseurs (■ Cass. ch. crim., 21 févr. 2017, n° 15-87.811 : *JurisData* n° 2017-002870).

6) Aux termes de l'article L. 421-5 du Code de l'environnement, les associations dénommées fédérations départementales des chasseurs participent à la mise en valeur du patrimoine cynégétique départemental, à la protection et à la gestion de la faune sauvage ainsi que de ses habitats ; elles assurent la promotion et la défense de la chasse ainsi que des intérêts de leurs adhérents. Aux termes de l'article L. 421-6 du même code, les fédérations départementales des chasseurs peuvent exercer les droits reconnus à la partie civile en ce qui concerne les faits constituant une infraction aux dispositions du présent titre et des textes pris pour son application et portant un préjudice direct ou indirect aux intérêts collectifs, matériels et moraux qu'elles ont pour objet de défendre. Dès lors, viole ces textes et l'article 1382 du Code civil la cour d'appel qui, après avoir constaté que le nombre de bracelets autorisés par le plan de chasse avait été dépassé lors d'une battue, retient pour débouter la fédération départementale de chasseurs de sa demande de dommages et intérêts que celle-ci ne prouve pas le caractère certain de son préjudice, alors que du seul fait du dépassement des prélèvements de gibier autorisés, ce préjudice se trouvait établi (■ Cass. 2e civ., 24 oct. 2013, n° 12-14.384).

7) Recevabilité – Fédération départementale de chasseurs – Chasse sur le terrain d'autrui. Une fédération départementale des chasseurs est recevable à se constituer partie civile du chef de chasse sur le terrain d'autrui. D'une part, l'article L. 421-6 du Code de l'environnement prévoit qu'une telle fédération peut exercer les droits reconnus à la partie civile en ce qui concerne les faits constituant une infraction aux dispositions du titre du même code intitulé « Chasse » et des textes pris pour son application, parmi lesquels figure l'article R. 428-1 de ce code qui incrimine et réprime la contravention de chasse sur le terrain d'autrui. D'autre part, depuis l'abrogation de l'article L. 428-33 du Code de l'environnement par l'ordonnance n° 201234 du 11 janvier 2012, la poursuite de cette infraction n'est plus soumise à la condition préalable d'une plainte de la partie intéressée au sens de ce texte (■ Cass. crim., 5 nov. 2024, n° 23-84.742).

Art. L. 421-7 *(Abr., L. n° 2005-157, 23 févr. 2005).*

Art. L. 421-8 *(Anc. C. rur., art. L. 221-3 ; rempl., L. n° 2003-698, 30 juill. 2003 ; mod., L. n° 2019-773, 24 juill. 2019).* **– I. – Il ne peut exister qu'une fédération de chasseurs par département.**

II. – Dans l'intérêt général et afin de contribuer à la coordination et à la cohérence des activités cynégétiques dans le département, chaque fédération départementale des chasseurs regroupe :

1° Les titulaires du permis de chasser ayant validé celui-ci dans le département ;

2° Les personnes physiques et les personnes morales titulaires de droits de chasse sur des terrains situés dans le département et bénéficiaires d'un plan de chasse ou d'un plan de gestion pour tout ou partie de ces terrains.

III. – Peut en outre adhérer à la fédération :

1° Toute autre personne détenant un permis de chasser ou titulaire de droits de chasse sur des terrains situés dans le département ;

2° Sauf opposition de son conseil d'administration, toute personne désirant bénéficier des services de la fédération.

Une même personne peut adhérer à la fédération départementale en qualité de titulaire d'un permis de chasser et de titulaire de droits de chasse.

IV (1). **– L'adhésion est constatée par le paiement à la fédération d'une cotisation annuelle dont les montants, qui peuvent être distincts selon qu'il s'agit de l'adhésion d'un chasseur ou du titulaire de droits de chasse, sont fixés par l'assemblée générale, sur proposition du conseil d'administration.**

Cette cotisation comprend la part forfaitaire destinée au budget de la Fédération nationale des chasseurs mentionnée à la seconde phrase du huitième alinéa de l'article L. 421-14.

Les adhérents sont également redevables des participations éventuelles décidées par la fédération pour assurer l'indemnisation des dégâts de grand gibier, en application de l'article L. 426-5.

1) L'action de la Fédération départementale des chasseurs du Jura en recouvrement des cotisations d'affiliation dues par l'Office national des forêts (ONF), qui concernent le fonctionnement interne et la gestion patrimoniale de l'organisme de droit privé, ressortit de la compétence des juridictions de l'ordre judiciaire.

Le principe de l'affiliation obligatoire de l'Office national des forêts à la Fédération départementale des chasseurs du Jura, en tant que titulaire de droits de chasse sur des terrains situés dans le département du Jura, n'est nullement contesté. Le litige porte sur le montant de la cotisation due par l'ONF. Lors d'une assemblée générale, la Fédération départementale des chasseurs a fixé le montant des cotisations dues par ses différents membres, comportant une cotisation d'affiliation des territoires composée d'une partie fixe et d'une partie variable proportionnelle à l'hectare.

Le juge des référés n'avait pas à accorder une provision ou prononcer une mesure conservatoire (CPC, art. 809) dès lors que la cotisation pour la saison de chasse considérée avait été consignée par l'ONF sur intervention du préfet, et dans la mesure où les contestations opposées par l'ONF, tenant au vu du bulletin de vote de l'assemblée générale et de la circulaire explicative à l'illégalité de la créance de la fédération, ressortent de la compétence des juridictions administratives puisque touchant la légalité d'un acte administratif. L'ONF ayant déféré au tribunal administratif les décisions d'assemblées générales ultérieures ayant reconduit pour les années suivantes la cotisation d'affiliation des territoires litigieuse, il n'appartient pas à la cour, statuant dans les limites des pouvoirs du juge des référés, de soumettre une question préjudicielle à la juridiction administrative (■ CA Dijon, ch. civ, 12 mars 2015 : *JurisData* n° 2015-005712).

2) Si les fédérations départementales de chasseurs sont des organismes de droit privé, elles sont appelées à collaborer à une mission de service public. Dès lors, constituent des actes administratifs susceptibles d'être déférés à la juridiction administrative les décisions prises par elles dans le cadre de leur mission de service public qui manifestent l'exercice d'une prérogative de puis-

(1) Dispositions particulières ou dérogatoires résultant de l'état d'urgence sanitaire dû à l'épidémie de covid-19 : V. L. n° 2020-734, 17 juin 202. – NDLR.

sance publique. Il en va notamment ainsi des délibérations fixant le montant des cotisations dues par leurs adhérents. En revanche, l'action en recouvrement de ces cotisations, qui concerne le fonctionnement interne et la gestion patrimoniale de ces organismes de droit privé, ressortit à la compétence des juridictions de l'ordre judiciaire (■ CAA Nantes, 14 avr. 2014 : *JurisData* n° 2014-008544).

3) Si les décisions prises par les fédérations départementales de chasseurs à l'occasion de leur mission de service public et qui manifestent l'exercice d'une prérogative de puissance publique, telles que celles fixant le montant des cotisations dues par leurs adhérents, constituent des actes administratifs dont l'appréciation de la légalité relève, à titre principal ou préjudiciel, de la compétence des juridictions administratives, l'action en recouvrement de ces cotisations, qui concerne le fonctionnement interne et la gestion patrimoniale de ces organismes de droit privé, ressortit à la compétence des juridictions de l'ordre judiciaire (■ Cass. 1re civ., 10 juill. 2013 : *JurisData* n° 2013-014570).

4) Il résulte des dispositions du IV de l'article L. 421-8 du Code de l'environnement que les tarifs de la cotisation annuelle d'adhésion à une fédération départementale de chasseurs peuvent être différents selon que l'adhérent est un chasseur ou un titulaire de droits de chasse. Par ailleurs, et en l'absence de tout encadrement législatif ou réglementaire des modalités de calcul de la cotisation annuelle d'adhésion, une fédération départementale des chasseurs peut instituer à la charge des titulaires de droits de chasse une cotisation annuelle d'adhésion comprenant une part fixe et une part proportionnelle à la surface. Pour autant, l'alignement décidé par une fédération départementale des chasseurs du tarif de la part proportionnelle de la cotisation d'affiliation des territoires mise à la charge des titulaires de droits de chasse sur le tarif de la part proportionnelle facturée dans le cadre des contrats de service avait pour objet de contraindre les titulaires de droits de chasse ne souhaitant pas conclure de contrats de prestations de service avec la fédération à acquitter, au travers de leur cotisation, un tarif proportionnel équivalent à ce qu'ils auraient versé dans le cadre d'un contrat de prestations de service. Par ailleurs, la fédération départementale des chasseurs n'établit pas que cet alignement du tarif de la part proportionnelle de la cotisation d'affiliation des territoires sur le tarif de la part proportionnelle facturée dans le cadre des contrats de service se justifiait pour financer les seules missions confiées à la fédération par la loi. Dans ces conditions, c'est à juste titre que le tribunal a considéré que la délibération du 17 avril 2010, en ce qu'elle a aligné les tarifs des cotisations dues par les titulaires de droits de chasse sur les tarifs pratiqués en exécution des contrats de prestations de service conclus par la fédération, sans qu'un lien soit établi entre ces tarifs et les missions de service public dont ces cotisations ont pour seule vocation d'assurer le financement, était entachée d'une erreur de droit (■ CAA Nancy, 1re ch., 17 mai 2018, n° 17NC01054).

Art. L. 421-9 (1) ***(Anc. C. rur., art. L. 221-4 ; mod., L. n° 2003-698, 30 juill. 2003).* – Les statuts des fédérations départementales des chasseurs doivent être conformes à un modèle adopté par le ministre chargé de la chasse.**

Leurs assemblées générales statuent à la majorité des suffrages exprimés des membres présents ou représentés.

Chaque titulaire du permis de chasser adhérent d'une fédération dispose d'une voix. Il peut donner procuration à un autre adhérent de la même fédération.

Chaque titulaire de droits de chasse dans le département, adhérent d'une fédération, dispose d'un nombre de voix qui dépend, dans la limite d'un plafond, de la surface de son territoire. Il peut donner procuration à un autre adhérent de la même fédération.

Le nombre maximum de voix dont peut disposer chaque adhérent, soit directement, soit par procuration, est fixé dans le modèle de statuts mentionné au premier alinéa.

Toute personne membre de la fédération et détentrice d'un permis de chasser validé depuis cinq années consécutives peut être candidate au conseil d'administration quel que soit son âge.

On notera l'arrêté du 4 décembre 2003 portant modèle de statuts des fédérations départementales des chasseurs (*JO* 5 déc., mod., A. 28 mars 2007 : *JO* 17 avr.).

On notera l'arrêté du 1er février 2018 portant modèle de statuts des fédérations départementales des chasseurs (*JO* 10 févr.), mod. A. 5 juin 2018, art. 4 (*JO* 14 juin).

(1) Dispositions particulières ou dérogatoires résultant de l'état d'urgence sanitaire dû à l'épidémie de covid-19 : V. L. n° 2020-734, 17 juin 202. – NDLR.

Art. L. 421-9-1 *(L. n° 2003-698, 30 juill. 2003 ; mod. à compter du 1er janvier 2006, L. n° 2005-845, 26 juill. 2005)* (1) (2). – **Chaque fédération départementale des chasseurs désigne, dans les conditions prévues par l'article L. 612-3 du Code de commerce, un commissaire aux comptes, qui exerce ses fonctions selon les modalités prévues par cet article.**

Le rapport spécial mentionné au troisième alinéa de l'article L. 612-3 du Code de commerce est transmis par le commissaire aux comptes au préfet.

Art. L. 421-10 *(Anc. C. rur., art. L. 221-6 ; rempl., L. n° 2003-698, 30 juill. 2003).* – **Le préfet contrôle l'exécution des missions de service public auxquelles participe la fédération départementale des chasseurs.**

Il est destinataire des délibérations de l'assemblée générale, du rapport annuel du commissaire aux comptes et des comptes annuels.

Le budget de la fédération est exécutoire de plein droit dès qu'il a été transmis au préfet.

Si le préfet constate, après avoir recueilli les remarques du président de la fédération, que le budget approuvé ne permet pas à celle-ci d'assurer ses missions d'indemnisation des dégâts de grand gibier et d'organisation de la formation préparatoire à l'examen du permis de chasser, il procède à l'inscription d'office à ce budget des recettes et des dépenses nécessaires.

On notera la note du 26 février 2015 relative à la méthodologie de contrôle de l'exécution des missions de service public des fédérations départementales des chasseurs, NOR : DEVL1504857N, (Texte non paru au *Journal officiel*) BO de l'Écologie, de l'Énergie, du développement durable et de l'Aménagement du territoire du 25 mars 2015 – Numéro 20155.

Art. L. 421-11 *(Anc. C. rur., art. L. 221-7 ; rempl., L. n° 2003-698, 30 juill. 2003).* – **Les fédérations départementales ont la libre utilisation de leurs réserves conformément à leur objet social.**

Art. L. 421-11-1 *(L. n° 2003-698, 30 juill. 2003 ; mod. à compter du 1er janvier 2006, L. n° 2005-845, 26 juill. 2005* (1) (2) *; mod., L. n° 2019-773, 24 juill 2019)* (3). – **En cas de mise en œuvre des dispositions du troisième alinéa de l'article L. 612-3 du Code de commerce, ou de manquement grave et persistant d'une fédération départementale à ses missions d'indemnisation des dégâts de grand gibier, de gestion des associations communales et intercommunales de chasse agréées et d'organisation de la formation préparatoire à l'examen du permis de chasser constaté à l'issue d'une procédure contradictoire, le préfet transmet à la chambre régionale des comptes ses observations. Si la chambre régionale des comptes constate que la fédération départementale n'a pas pris de mesures suffisantes pour rétablir des conditions normales de fonctionnement, elle demande au préfet d'assurer son administration ou la gestion d'office de son budget jusqu'à son exécution.**

Section V. – Fédérations interdépartementales des chasseurs

Art. L. 421-12 *(Mod., L. n° 2003-698, 30 juill. 2003 ; L. n° 2008-1545, 31 déc. 2008 ; L. n° 2012-325, 7 mars 2012 ; rempl., L. n° 2016-1087, 8 août 2016).* – **Des fédérations interdépartementales des chasseurs peuvent être créées à l'initiative de fédérations départementales ou interdépartementales des chasseurs, et par accord unanime entre-elles.**

Les dispositions applicables aux fédérations départementales des chasseurs leur sont applicables, sous réserve des adaptations exigées par leur caractère interdépartemental.

Voir : art. R. 421-40 et s., p. 2241.

---

(1) Dispositions applicables à Mayotte, en Nouvelle-Calédonie et aux îles Wallis-et-Futuna, L. n° 2005-845, 26 juill. 2005, art. 194 à 196.

(2) Dispositions transitoires : V. L. n° 2005-845, 26 juill. 2005, art. 191.

(3) L'exercice, par le président de la fédération départementale des chasseurs, des nouvelles missions prévues aux articles L. 421-5, L. 421-11-1, L. 422-3, L. 422-5, L. 422-7 et L. 425-8 du Code de l'environnement, dans leur rédaction résultant des 1°, 6°, 13° à 15° et 27° du I de l'article 13 de la loi n° 2019-773 du 24 juillet 2019, fait l'objet d'une convention prévoyant une compensation financière acquittée par l'Office français de la biodiversité, L. n° 2019-773, 24 juill. 2019.

On notera l'arrêté du 4 décembre 2003 portant modèle de statuts des fédérations interdépartementales des chasseurs (*JO* 5 déc.).

On notera l'arrêté du 2 février 2018 portant modèle de statuts des fédérations interdépartementales des chasseurs (*JO* 10 févr.), mod. A. 5 juin 2018, art. 2 (*JO* 14 juin).

Section VI. – Fédérations régionales des chasseurs

Art. L. 421-13 ***(Mod., L. n° 2003-698, 30 juill. 2003 ; L. n° 2005-157, 23 févr. 2005 ; L. n° 2012-325, 7 mars 2012 ; L. n° 2016-1087, 8 août 2016).*** **– Les associations dénommées fédérations régionales des chasseurs regroupent l'ensemble des fédérations départementales et interdépartementales d'une même région administrative du territoire métropolitain dont l'adhésion est constatée par le paiement d'une cotisation obligatoire. Elles assurent la représentation des fédérations départementales et interdépartementales des chasseurs au niveau régional. Elles conduisent et coordonnent des actions en faveur de la faune sauvage et de ses habitats. Elles mènent, en concertation avec les fédérations départementales, des actions d'information et d'éducation au développement durable en matière de connaissance et de préservation de la faune sauvage et de ses habitats ainsi qu'en matière de gestion de la biodiversité.**

Les associations de chasse spécialisée sont associées aux travaux de la fédération régionale.

Les dispositions du premier alinéa de l'article L. 421-9, de l'article L. 421-10 et de l'article L. 421-11 sont applicables aux fédérations régionales des chasseurs.

Voir : art. R. 421-43 et s., p. 2241.

On notera l'arrêté du 4 décembre 2003 portant modèle de statuts des fédérations régionales des chasseurs (*JO* 5 déc.), mod. A. 29 févr. 2016 (art. 2, *JO* 10 mars).

On notera l'arrêté du 1er février 2018 portant modèle de statuts des fédérations régionales des chasseurs (*JO* 10 févr. 2018 - Numéro 34), mod. A. 5 juin 2018, art. 3 (*JO* 14 juin).

Section VII. – Fédération nationale des chasseurs

Art. L. 421-14 ***(Mod., L. n° 2003-698, 30 juill. 2003 ; L. n° 2008-1545, 31 déc. 2008 ; L. n° 2019-773, 24 juill. 2019).*** **– L'association dénommée Fédération nationale des chasseurs regroupe l'ensemble des fédérations départementales et régionales des chasseurs dont l'adhésion est constatée par le paiement d'une cotisation obligatoire. Elle assure la représentation des fédérations départementales et régionales des chasseurs à l'échelon national.**

Elle est chargée d'assurer la promotion et la défense de la chasse, ainsi que la représentation des intérêts cynégétiques. Elle coordonne l'action des fédérations départementales et régionales des chasseurs.

(Mod., L. n° 2023-54, 2 févr. 2023) **Elle conduit des actions concourant directement à la protection et à la reconquête de la biodiversité ou apporte un soutien financier à leur réalisation. Ces actions peuvent contribuer à remplacer par des haies composées de différentes espèces locales d'arbres et d'arbustes les clôtures non conformes à l'article L. 372-1.**

Elle gère un fonds dédié à la protection et à la reconquête de la biodiversité qui apporte un soutien financier aux actions des fédérations départementales, régionales et nationale des chasseurs dans le cadre d'une convention avec l'Office français de la biodiversité.

Ce fonds est alimenté par le financement mentionné au sixième alinéa de l'article L. 421-5. L'État ou l'Office français de la biodiversité apportent, selon des modalités définies par convention, un soutien financier à la réalisation des actions mentionnées au même sixième alinéa et au troisième alinéa du présent article pour un montant de 10 € par permis de chasser validé dans l'année.

Dans l'exercice des missions qui lui sont attribuées par le présent code, la Fédération nationale des chasseurs collecte ou produit des données pour le compte du ministre chargé de l'environnement. Ces données sont transmises gratuitement à l'Office français de la biodiversité à sa demande et sans délai.

Les associations de chasse spécialisée sont associées aux travaux de la fédération nationale.

La Fédération nationale des chasseurs détermine chaque année en assemblée générale les montants nationaux minimaux des cotisations dues à la fédération départementale des chasseurs par tout adhérent.

Elle détermine, dans les mêmes conditions, la part forfaitaire de ces cotisations destinée au budget de la Fédération nationale des chasseurs, selon que l'adhérent est demandeur d'un permis de chasser départemental ou national.

Dans des conditions déterminées par voie réglementaire, elle apporte aux fédérations départementales des chasseurs une aide financière dont le montant est fixé en fonction décroissante de leur nombre d'adhérents ; il peut être défini par voie réglementaire un nombre d'adhérents au-delà duquel cette aide n'est pas attribuée. Elle détermine également la réfaction appliquée à la cotisation due par tout chasseur validant pour la première fois son permis de chasser lors de la saison cynégétique qui suit l'obtention du titre permanent dudit permis. De même, elle fixe chaque année le prix unique de la cotisation fédérale que chaque demandeur d'un permis de chasser national doit acquitter.

La Fédération nationale des chasseurs élabore une charte de la chasse en France. Celle-ci expose les principes d'un développement durable de la chasse et sa contribution à la conservation de la biodiversité. Ce document établit un Code de comportement du chasseur et des bonnes pratiques cynégétiques mis en œuvre par chaque fédération départementale des chasseurs et ses adhérents.

FÉDÉRATION NATIONALE DES CHASSEURS

1) La fédération nationale a deux missions fondamentales. D'une part, elle gère un *Fonds cynégétique national*. D'autre part, elle élabore une *Charte de la chasse*.

2) Sa première mission est particulièrement difficile en raison de l'augmentation des dommages du grand gibier et de l'indemnisation des dommages forestiers. Comme le montrent les travaux parlementaires, certaines ACCA auront des difficultés financières car la possibilité qui leur a été accordée par le législateur de procéder à des journées de chasse payantes ne suffira pas toujours à assurer leur équilibre budgétaire.

3) La seconde mission apparaît tout aussi difficile. En effet, la « gestion équilibrée des écosystèmes » qui caractérise la pratique de la chasse *(art. L. 420-1)* a été considérée par le ministre comme une pétition de principe après la suppression par les sénateurs du principe d'une contrepartie. Les parlementaires ont, en effet, voulu se prémunir contre ce qu'ils ont appelé « le règne des interdits » (V. art. L. 424-4, p. 831). Cela réduit considérablement la marge de manœuvre dont dispose la Fédération nationale pour élaborer un « Code de comportement des chasseurs » ainsi que « les bonnes pratiques cynégétiques ».

4) On soulignera que le rôle de la Fédération nationale est encore accru dans la loi de 2005 avec les dispositions relatives aux établissements professionnels de chasse à caractère commercial *(art. L. 424-3)*. En l'absence du décret d'application prévu par les textes, l'encadrement administratif prévu dans les travaux parlementaires repose surtout sur les bonnes pratiques cynégétiques qui doivent être élaborées par la Fédération nationale dans la charte de la chasse française pour être mise en œuvre par les fédérations départementales des chasseurs. Selon l'expression consacrée, cela constitue un « vaste programme ».

5) Jurisprudence. La Fédération nationale des chasseurs ne représente aucun des personnels membres du corps des techniciens de l'environnement ou ayant vocation à y être intégrés, et ne défend pas les intérêts de ces personnels. Quelles que soient les missions de service public qui lui sont conférées par ailleurs par le Code de l'environnement, cette association ne peut être regardée comme justifiant d'un intérêt lui donnant qualité pour demander l'annulation du décret portant statut particulier de ces techniciens (■ CE, 16 mai 2003, n° 237709 : *JCP* A 2003, n° 1715).

6) En vertu de l'article L. 421-14 du Code de l'environnement, la Fédération nationale des chasseurs assure la représentation des fédérations départementales, interdépartementales et régionales des chasseurs à l'échelon national et gère le Fonds cynégétique national assurant notamment l'indemnisation des dégâts de grand gibier par les fédérations départementales des chasseurs. Elle dispose ainsi d'un intérêt lui donnant qualité pour agir contre des notes de la Commission nationale d'indemnisation des dégâts de gibier à l'attention des préfectures, relatives aux conditions d'indemnisation des dégâts causés par le grand gibier aux cultures et aux récoltes agricoles (■ CE, 6e et 1re ch. réunies, 9 oct. 2017, n° 401021).

7) La délibération de l'assemblée générale de la Fédération nationale des chasseurs détermine, de manière générale et impersonnelle, les modalités selon lesquelles les fédérations départementales et interdépartementales de chasseurs contribuent à titre obligatoire, pour l'année en cause, à l'abondement de la section « péréquation » du Fonds cynégétique national. Elle revêt donc un caractère réglementaire. Eu égard aux compétences particulières que confère l'article L. 421-14 du Code de l'environnement à la Fédération nationale des chasseurs en matière de coordination de l'action des fédérations départementales, interdépartementales et régionales de chasseurs, qui collaborent à l'exécution d'une mission de service public, ainsi que de gestion du Fonds cynégétique national, celle-ci doit être regardée comme une autorité à compétence nationale au sens du 2° de l'article R. 311-1 du Code de justice administrative (■ CAA Versailles, 3e ch., 23 janv. 2018 : *JurisData* n° 2018-004280).

Art. L. 421-15 *(L. n° 2003-698, 30 juill. 2003 ; mod. à compter du 1er janvier 2006, L. n° 2005-845, 26 juill. 2005)* (1) (2). – **Les statuts de la Fédération nationale des chasseurs doivent être conformes à un modèle adopté par le ministre chargé de la chasse et le ministre de l'agriculture.**

La Fédération nationale des chasseurs désigne, dans les conditions prévues par l'article L. 612-3 du Code de commerce, un commissaire aux comptes, qui exerce ses fonctions selon les modalités prévues par cet article.

Le rapport spécial mentionné au troisième alinéa de l'article L. 612-3 du Code de Commerce est transmis par le commissaire aux comptes au ministre chargé de la chasse.

On notera l'arrêté du 8 février 2018 portant modèle de statuts de la Fédération nationale des chasseurs (JO 14 févr. 2018 – Numéro 37), mod. A. 5 juin 2018, art. 1er (JO 14 juin).

Art. L. 421-16 *(L. n° 2003-698, 30 juill. 2003)*. – **Le ministre chargé de la chasse contrôle l'exécution des missions de service public auxquelles est associée la Fédération nationale des chasseurs. Il est destinataire des délibérations de l'assemblée générale, du rapport annuel du commissaire aux comptes et des comptes annuels.**

Le budget de la fédération est exécutoire de plein droit dès qu'il a été transmis au ministre chargé de la chasse. Si celui-ci constate, après avoir recueilli les observations du président de la fédération nationale, que le budget approuvé ne permet pas d'assurer le fonctionnement du fonds de péréquation, il procède à l'inscription d'office à ce budget des recettes et des dépenses nécessaires.

Art. L. 421-17 *(L. n° 2003-698, 30 juill. 2003 ; mod. à compter du 1er janvier 2006, L. n° 2005-845, 26 juill. 2005)* (1) (2). – **En cas de mise en œuvre des dispositions du troisième alinéa de l'article L. 612-3 du Code de commerce, ou de manquement grave et persistant de la fédération nationale à sa mission de gestion du fonds mentionné à l'article L. 421-14 du présent code constaté à l'issue d'une procédure contradictoire, le ministre chargé de la chasse transmet à la Cour des comptes ses observations. Si la Cour des comptes constate que la fédération nationale n'a pas pris de mesures suffisantes pour rétablir des conditions normales de fonctionnement, elle demande au ministre d'assurer son administration ou la gestion d'office de son budget jusqu'à son exécution.**

Art. L. 421-18 *(L. n° 2003-698, 30 juill. 2003)*. – **La Fédération nationale des chasseurs a la libre utilisation de ses réserves conformément à son objet social.**

Voir : art. R. 421-45 et s., p. 2241.

On notera l'arrêté du 4 décembre 2003 portant modèle de statuts de la Fédération nationale des chasseurs (JO 5 déc.), mod. A. 12 août 2010 (JO 28 août) et l'arrêté du 29 février 2016, article 1er (JO 10 mars).

Section VIII. – Dispositions diverses

Art. L. 421-19 *(L. n° 2003-698, 30 juill. 2003)*. – **Les modalités d'application du présent chapitre sont fixées par décret en Conseil d'État.**

CHAPITRE II. – TERRITOIRE DE CHASSE

Voir : art. L. 421-8, p. 784 et art. R. 421-8, p. 2232.

Art. L. 422-1 *(Anc. C. rur., art. L. 222-1)*. – **Nul n'a la faculté de chasser sur la propriété d'autrui sans le consentement du propriétaire ou de ses ayants droit.**

(1) Dispositions applicables à Mayotte, en Nouvelle-Calédonie et aux îles Wallis-et-Futuna, L. n° 2005-845, 26 juill. 2005, art. 194 à 196.
(2) Dispositions transitoires : V. L. n° 2005-845, 26 juill. 2005, art. 191.

I – LE DROIT DE CHASSE ATTRIBUT DU DROIT DE PROPRIÉTÉ

1) « Considérant que le droit de chasse sur un bien foncier se rattache au droit d'usage de ce bien, attribut du droit de propriété ; qu'il ne peut être apporté de limitations à l'exercice de ce droit qu'à la double condition que ces limitations obéissent à des fins d'intérêt général et n'aient pas un caractère de gravité tel que le sens et la portée du droit de propriété s'en trouveraient dénaturés » (■ Cons. const., déc., 20 juill. 2000, n° 2000-434 DC : *JO* 27 juill. 2000, p. 11552).

2) Le rapporteur au Sénat de la loi du 23 février 2005 invoque cette définition du *droit de chasse* car il n'existe pas de définition du droit de chasse dans la législation, de même qu'il n'existe pas non plus de définition du *territoire de chasse*.

II – LA NOTION DE TERRITOIRE DE CHASSE N'A PAS D'EXISTENCE JURIDIQUE

3) Lors de la discussion au Sénat de la loi de 2005, il a été proposé par la voie d'un amendement de compléter l'article L. 425-1 par une phrase ainsi rédigée : « Le schéma cynégétique départemental définit pour chaque département la notion de territoire de chasse en fonction des modes et types de chasse pratiqués et des espèces chassées » (*JO* Sénat CR 25 janv. 2005, p. 394). Particulièrement étonnante est la déclaration du rapporteur qui a obtenu le retrait de l'amendement après avoir déclaré : « La notion de territoire de chasse n'a pas de valeur juridique. Il serait donc difficile d'y faire référence dans un article de loi ». Il ajoutait cependant que les rédacteurs du schéma devraient avoir « l'intelligence (*sic*) de tenir compte des territoires même si c'est une notion qui n'a pas d'existence juridique ».

4) On soulignera que le territoire de chasse occupe une place de plus en plus importante dans le droit de la chasse en raison de la contribution des chasseurs à la gestion équilibrée des écosystèmes (art. L. 420-1) et c'est particulièrement évident dans la loi de 2005. Non seulement le territoire de chasse est à la base du plan de chasse qui assure l'équilibre agro-sylvo-cynégétique, mais il sert de fondement au calcul de la contribution financière des chasseurs pour l'indemnisation des dégâts causés par le grand gibier. C'est pourquoi les territoires de chasse sont dans ce cas assimilés à des « unités de gestion » (art. L. 426-5-1).

5) La raison de ces lacunes est d'ordre historique, elle s'explique par les *droits acquis* en 1789.

III – LES DROITS ACQUIS

6) Dans la loi du 11 août 1789 : « Le droit exclusif de la chasse et des garennes ouvertes est aboli et tout propriétaire a le droit de détruire et de faire détruire, seulement sur ses possessions, toute espèce de gibier, sauf à se conformer aux lois de police. » Dans le prolongement de la nuit du 4 août marquée par l'abolition des privilèges, les révolutionnaires ne retiendront que le début de ce texte et ils considèrent la liberté de chasser comme un *droit acquis*.

7) L'Assemblée nationale, dans le préambule de la loi du 3 avril 1790 sur la chasse, reconnaît que « la chasse est devenue une source de désordres qui, s'ils se prolongeaient davantage, pourraient devenir funestes aux récoltes ». Le législateur est cependant incapable d'y mettre fin, comme le constate l'exposé des motifs de la *loi sur la police de la chasse du 3 mai 1844* qui est toujours en vigueur et dont le premier article constitue l'article L. 422-1. Ce texte a été rédigé pour réaliser un compromis entre la liberté de chasser et le droit de chasse du propriétaire grâce à l'autorisation tacite de celui-ci. En effet, dans beaucoup de régions, celui qui s'y opposait était considéré comme faisant preuve de « mauvais gré ».

IV – AUTORISATION TACITE DE CHASSER

8) L'autorisation tacite de chasser découle de l'exercice de la chasse au vu et au su du propriétaire (■ CA Paris, 12 janv. 1963 : *JCP* G 1963, IV, 4083). Elle peut être prouvée par tous les moyens (■ Cass., 21 juin 1846 : *D.* 1846, I, 64) y compris par témoignages et simples présomptions (■ Cass., 23 oct. 1956 : *Bull. civ.*, n° 657, p. 171). Réciproquement, la révocation peut être tacite lorsque le propriétaire conclut un bail de chasse (■ Cass. crim., 24 juin 1925 : *Bull. crim.* 1925, n° 241, p. 468. ■ Cass. crim., 30 mars 1982 : *Bull. crim.* 1982, n° 135, p. 219. ■ CA Douai, 30 mars 2004 : *JurisData* n° 2004-243381) ou décide de faire garder sa chasse (■ Paris, 22 juill. 1896 : *Gaz. Pal.* 1896, 2, 261).

9) *A fortiori*, l'autorisation tacite de chasser est révocable *ad nutum*.

V – GESTION DU TERRITOIRE DE CHASSE

10) Dans le Code de l'environnement, l'article L. 422-1 constitue un véritable paradoxe. En effet, le principe de « la gestion durable du patrimoine faunique et de ses habitats » confère au territoire de chasse une place déterminante, car la gestion du territoire de chasse doit « faire contrepoids aux évolutions induites par les modes de l'agriculture contemporaine » selon la formule suggestive du *Rapport François Patriat* (p. 108). Et « la chasse sera d'autant plus légitime qu'elle aura aidé les propriétaires et les ayants droit à mettre en œuvre une réelle gestion intégrée » (*ibid.*).

11) C'est pourquoi le législateur devrait constater que le droit de chasse est un attribut du droit de propriété, en précisant : *il s'exerce sur un territoire de chasse géré conformément aux principes énoncés à l'article L. 420-1.*

Section I. – Associations communales et intercommunales de chasse agréées

Bibliographie : P. Méheust, *L'association communale de chasse agréée. Voyage au cœur de la cité ACCA : Juris*, 1998. • S. Bories, *La responsabilité des ACCA : de la destruction des nuisibles à la gestion cynégétique ou vers une responsabilisation objective : RD rur.* 1995, p. 23. • J. Lachaud, *La guerre des ACCA : RD rur.* 1994, p. 23. • P. Astie, *L'association communale de chasse agréée : Guide pratique de gestion*, Berger-Levrault, 1982. • M. Doumencq, *Les associations communales de chasse agréées : Comité national d'information chasse nature, Union nationale des présidents des fédérations départementales des chasseurs*, 1981.

Sous-section 1. – Dispositions générales

Art. L. 422-2 *(Mod., L. n° 2005-157, 23 févr. 2005 ; L. n° 2008-1545, 31 déc. 2008 ; L. n° 2016-1087, 8 août 2016).* **– Les associations communales et intercommunales de chasse agréées ont pour but d'assurer une bonne organisation technique de la chasse. Elles favorisent sur leur territoire le développement du gibier et de la faune sauvage dans le respect d'un véritable équilibre agro-sylvo-cynégétique, l'éducation cynégétique de leurs membres, la régulation des animaux susceptibles d'occasionner des dégâts et veillent au respect des plans de chasse en y affectant les ressources appropriées en délivrant notamment des cartes de chasse temporaire. Elles ont également pour objet d'apporter la contribution des chasseurs à la conservation des habitats naturels, de la faune et de la flore sauvages.**

Leur activité s'exerce dans le respect des propriétés, des cultures et des récoltes, et est coordonnée par la fédération départementale des chasseurs. Les associations communales et intercommunales de chasse agréées collaborent avec l'ensemble des partenaires du monde rural.

Bibliographie : V. bibliographie sous la sous-section 4 : Territoire

DISPOSITIONS GÉNÉRALES

I – LA CHASSE DÉMOCRATIQUE ET POPULAIRE

1) La loi n° 64-706 du 10 juillet 1964 relative à l'organisation des associations communales et intercommunales de chasse agréées (ACCA) dite « loi Verdeille » ou encore « loi des vingt hectares » a pour but d'organiser les droits acquis en 1789. Ainsi que le déclarait le sénateur Verdeille, autour du projet de loi : « Jadis quand les rois recevaient d'autres monarques, ils leur offraient de grandes chasses. Aujourd'hui, quand le chef de l'État veut honorer les grands de ce monde, il les reçoit à la chasse dans les tirés de Rambouillet. Mais le peuple aussi mérite sa partie de chasse, nous nous efforcerons de la lui donner » (Rapp. Sénat n° 166, Annexe au PV du 26 avril 1962, p. 14).

2) Le porte-parole du groupe socialiste à l'Assemblée nationale se sert fort justement de l'organisation cynégétique en Alsace-Moselle comme d'un repoussoir en déclarant : « La chasse y a un caractère aristocratique ». En effet, si dans le droit alsacien il existe une sorte de « loi des vingt-cinq hectares », le droit de chasse sur le ban communal est administré par la commune « au nom et pour le compte des propriétaires » (*art. L. 429-2*).

3) Dans la loi relative à la chasse du 26 juillet 2000, le législateur s'efforce de moderniser une législation qui, selon l'exposé des motifs, « a largement perduré ». Cela concerne tout particulièrement la législation relative aux ACCA condamnée par la Cour européenne des droits de l'Homme car la liberté des uns finissant où commence celle des autres, elle contredit le « droit de non-chasse ». C'est pourquoi l'un des buts du rapport Patriat est de « garantir l'avenir d'une chasse démocratique et populaire » (*Rapport de mission sur la chasse*, nov. 1999, p. 36).

4) À la différence de la loi sur le plan de chasse qui est devenue obligatoire, la loi sur les ACCA est restée facultative et elle n'est obligatoire que dans le quart des 36 000 de nos communes (J. Foyer, *La condamnation de la loi Verdeille par la Cour européenne des droits de l'homme : Mél. J.-C. Soyer, L'honnête homme et le droit*, LGDJ, 2001, p. 196). C'est pourquoi le ministre de l'Environnement a eu beau jeu d'ironiser, lors du vote de la loi du 26 juillet 2000, en soulignant le paradoxe qu'il y avait « à saluer avec une si belle régularité l'efficacité et le caractère indispensable d'un outil dont tant de départements n'ont pas jugé utile de se doter » (*JO Sénat CR* 24 mai 2000, p. 3106).

II – LES RESSOURCES APPROPRIÉES

5) Respect des plans de chasse « en y affectant les ressources appropriées ». Cette formule sibylline est le résultat des efforts faits par les sénateurs pour aider, dans la loi du 23 février 2005, les ACCA à faire face au paiement des dégâts forestiers par le grand gibier (*JO Sénat CR* 26 janv. 2005, p. 396).

6) Comme l'explique le rapporteur, en présentant au Sénat le dispositif de la loi qui permet l'indemnisation des dégâts forestiers par les chasseurs (*art. L. 425-12*), les ACCA vont se trouver en présence d'une responsabilité très difficile à assumer. C'est pourquoi il propose, pour les aider, un amendement « qui contribue à l'équilibre d'ensemble de ce texte. Il vise à permettre aux ACCA d'avoir un peu de ressources et de régulariser certaines pratiques (*sic*) : je ne vous le cache pas, mes chers collègues, cela leur permettrait, de temps en temps, d'autoriser des chasseurs extérieurs à l'ACCA à procéder à des prélèvements de gibier sur les territoires moyennant une ressource financière » (*JO Sénat CR* 26 janv. 2005, p. 400).

7) Interrogé, le ministre répondra : « Pour les raisons développées par M. le rapporteur et en pensant aux ACCA, le Gouvernement émet un avis favorable » (*ibid.*).

8) Le législateur espère ainsi faciliter l'adaptation des ACCA à l'évolution de la chasse moderne. Cependant, le rapprochement de la chasse populaire et des chasses commerciales semble assez étonnant.

9) Pour la même raison, le ministre s'oppose à l'autorisation d'introduction dans le milieu naturel de tous les gibiers car cela « poserait des difficultés majeures à de nombreuses ACCA pour un bénéfice en réalité nul » (*JO Sénat CR* 26 janv. 2005, p. 392).

III – ACTUALISATION

10) Alors que les ACCA avaient pour but « d'assurer une meilleure organisation technique de la chasse pour permettre aux chasseurs un meilleur exercice de ce sport » conformément à la partie de chasse qui leur avait été promise par le sénateur Verdeille, le but assigné désormais aux ACCA est conforme à l'article L. 420-1. Il concerne la participation des chasseurs à la gestion intégrée de la faune sauvage et des habitats. Leur collaboration avec l'ensemble des partenaires du monde rural, dans le respect des propriétés leur évitera d'avoir à exercer la chasse « dans des conditions compatibles avec les usages non appropriatifs de la nature ». Cette condition imposée aux autres chasseurs a été supprimée en 2003.

11) Cependant, si le législateur a modifié les dispositions concernant les chasseurs, la loi Verdeille reste *la loi des 20 hectares*, alors qu'en raison de la modernisation de l'agriculture signalée dans le rapport Patriat, cette superficie a perdu le plus clair de sa valeur cynégétique dans les terres agricoles.

12) La jurisprudence ne peut cependant qu'appliquer la loi et les règlements qui donnent une liste limitative des terrains exclus du territoire d'une ACCA (■ CE, 21 oct. 1996, n° 140036, *Champrobert*). L'ACCA ne peut donc exclure un terrain compte tenu de sa faible valeur cynégétique par rapport à la pression cynégétique afférente (■ CE, 5 mars 2003, n° 223948, *ACCA du Saint-Hilaire-la-Palud : Environnement* 2003, p. 14, note L. Benoit). Le législateur qui ignore le territoire de chasse peut encore moins faire évoluer celui des ACCA.

13) Carte de chasse. Un local d'une surface de 9 m², dépourvu de toute commodité, dans lequel on ne peut résider de manière effective et permanente ne peut constituer un domicile. Le refus par l'ACCA de délivrer une carte de chasse à son propriétaire est donc justifié (■ Cass. 1re civ., 25 mai 2016, n° 15-15.754, *ACCA Saint-Gervais-les-Bains*).

14) Mise à disposition d'un local communal. Le conseil municipal peut valablement autoriser le maire à mettre à la disposition d'une ACCA un local dépendant de son domaine public, sans prévoir de contrepartie financière, l'association étant investie par la loi d'une mission de service public (■ CAA Lyon, 1re ch., 16 févr. 2016, n° 15LY00348, *Cne Faverolles*).

A – Convention européenne des droits de l'Homme

15) L'actualisation principale du droit de la chasse en 2000 vise surtout à la prise en compte de son incompatibilité avec la Convention européenne de sauvegarde des droits de l'Homme (■ CEDH, 29 avr. 1999, *Chassagnou c/ France : JurisData* n° 1999-993791 ; *JCP* G 1999, II, 10172, note J. de Malafosse).

16) C'est pourquoi, dans le *rapport Patriat* (préc., p. 109), la perspective d'un « Grenelle de la chasse » a été envisagée. En effet, si les décisions de la Convention européenne de sauvegarde des droits de l'Homme ne lient pas les juridictions nationales, contrairement à celles de la Cour de justice des Communautés européennes, le risque d'une condamnation par cette même

Cour de justice n'était pas exclu car la Cour européenne avait relevé une triple violation des droits de l'homme à l'encontre du *droit de propriété*, de la *liberté d'association* et du *principe de non-discrimination*.

B – Jurisprudence du Conseil d'État

17) À l'inverse, le Conseil d'État avait estimé que les dispositions de la loi du 10 juillet 1964 permettaient l'exercice rationnel de la chasse, ce qui constituait un motif d'intérêt général justifiant l'atteinte portée à la liberté d'association et au droit de propriété (▪ CE, 22 févr. 1995, n° 120407, *Godard : Rec. CE* 1995, tables p. 657) ou encore que les règles édictées par la loi « ne sont pas disproportionnées par rapport à l'objectif d'intérêt général poursuivi » (▪ CE, 30 déc. 1998, n° 160676, *Min. Environnement c/ Assoc. chasse de Haute Jarrie : JurisData* n° 1998-051439 ; *RD rur.* 2000, p. 486).

18) En effet, selon l'article 1er du protocole additionnel à la Convention européenne de sauvegarde des droits de l'Homme et des libertés fondamentales : « Toute personne physique ou morale a droit au respect de ses biens, nul ne peut être privé de sa propriété que pour cause d'utilité publique ». Cependant les États « peuvent réglementer l'usage des biens conformément à l'intérêt général ».

19) Cependant, dans un arrêt du 27 octobre 2000 (▪ CE, 27 oct. 2000, n° 172639, *Vignon : JurisData* n° 2001-061112 ; *RD rur.* 2000, p. 576 ; *RD rur.* 2001, p. 604, P. Astié), la Haute juridiction adopte la solution de la Cour européenne en décidant que l'obligation qui est faite aux propriétaires d'apporter leur terrain à une ACCA constitue « une atteinte importante répétée et prolongée au droit de propriété » et que « même si cette disposition a pour but de favoriser la pratique de la chasse tout en assurant une bonne organisation du contrôle des espèces, d'autres moyens peuvent permettre de parvenir à la réalisation de ces objectifs sans qu'il soit porté une atteinte aussi grave au droit de propriété ».

20) Il convient de préciser que cet arrêt a été rendu à l'occasion d'une demande de retrait (V. art. L. 425-7, p. 847) émanant d'un propriétaire non chasseur qui bénéficiait de l'intervention de l'ASPAS (Association pour la protection des animaux sauvages et du patrimoine naturel). C'est pourquoi même si le Conseil d'État adopte les conclusions de la Cour de justice des communautés européennes, on doit examiner son influence dans les différentes procédures qui concernent les chasseurs.

21) La décision par laquelle une ACCA se prononce sur une demande de retrait de l'un de ses membres est de même un acte administratif (▪ CE Section, 7 juill. 1978, n° 99333, *Ministre de la Qualité de la vie c/ Vauxmoret.* ▪ CE, 28 mars 1983, n° 00486, *Ministre de la Qualité de la vie c/ Boutet et a.*).

Un arrêt du Conseil d'État de 1978 avait posé le principe selon lequel un propriétaire acquérant des parcelles représentant une vingtaine d'hectares, pouvait demander le retrait de ces propriétés, de l'association communale de chasse agréé (ACCA). Cela n'était en revanche pas possible pour plusieurs propriétaires regroupant leurs terrains pour atteindre cette surface (▪ CE, 7 juill. 1978, n° 99333, *Ministre de la Qualité de vie c/ Vauxmoret*).

Par un arrêt du 5 octobre 2018, *Association Saint Hubert*, n° 407715, le Conseil d'État revient sur cette jurisprudence.

Une association de chasseurs, qui n'avaient pu se retirer d'une ACCA avait demandé au Premier ministre le retrait de l'article R. 422-53 du Code de l'environnement interprété à l'aune de la jurisprudence de 1978.

Le Conseil d'État a estimé que le motif d'intérêt général qui s'attache à la constitution des ACCA ne pouvait autoriser un traitement différent manifestement disproportionnée réservant aux seules personnes physiques propriétaires d'un terrain de plus de 20 hectares de demander le retrait d'une ACCA et en exclure la possibilité pour un regroupement de propriétaires.

Le Conseil d'État annule donc le refus du Premier ministre de modifier l'article R. 422-53 et fixe un délai de neuf mois pour sa modification.

C – La cité du compromis

22) Contrairement aux conclusions du rapport Patriat qui recommandait de « réécrire la loi Verdeille » (Rapp. préc., p. 32), le Parlement s'est contenté de voter un « texte d'affichage » reproduisant l'article L. 420-1 suivi de quelques amendements de la législation. C'est pourquoi les « acteurs de terrain » membres de l'ACCA devront prouver qu'elle est bien la « cité du compromis » (P. Méheust, *L'association communale de chasse agréée*, Éd. Juris Lyon, 1998, p. 105).

23) On conçoit, dès lors, l'importance des situations locales car le compromis est moins difficile à réaliser dans les départements où il existe une application obligatoire de la loi que dans ceux où son application est restée facultative et s'est révélée sporadique. Par voie de conséquence, on comprend également que le juge du fond ait une appréciation des textes qui varie selon la situation locale ce qui rend plus difficile de « dire le droit » en dernier ressort et accentue l'incertitude de la jurisprudence.

24) Nous en avons un bon exemple avec un arrêt de la cour d'appel de Toulouse, dans un département où les ACCA sont obligatoires, qui constate que la loi Verdeille modifiée par la loi du 26 juillet 2000 est conforme aux conventions européennes (■ CA Toulouse, 9 mai 2001, *ACCA Pailhès : JurisData* n° 2001-144740).

IV – RESPONSABILITÉ

25) Dans l'hypothèse où des lapins et des lièvres ont provoqué des dégâts sur une jeune plantation de vigne et où la victime recherche la responsabilité de l'association communale de chasse agréée, la victime doit établir la preuve d'un manquement de l'association communale au regard des dispositions de l'article L. 422-2 qui fixe son statut et donc d'une faute, d'un préjudice et d'un lien de causalité entre la faute et le dommage. Il n'existe pas de présomption en la matière, ni d'application possible de la notion de trouble anormal de voisinage. Cela étant, la cour d'appel de Montpellier a considéré qu'il n'en demeure pas moins que l'association a manqué de vigilance en n'anticipant pas cette possibilité de destruction et en ne veillant pas à l'équilibre agro-sylvo-cynégétique visé par le texte ce qui lui incombe même en l'absence de signe visible de surpopulation. Ce défaut de vigilance caractérise la faute d'imprudence. Toutefois, la victime n'a pris aucune disposition de nature à éviter le dommage alors qu'elle plantait une jeune vigne dans une terre qui était en jachère et qui se situait dans la réserve de chasse. La victime a donc participé à la réalisation du préjudice subi dans une proportion identique à l'imprévision de l'association. L'association n'ayant pas à supporter l'enchaînement malheureux des circonstances en l'espèce, mais seulement les conséquences directes et certaines de l'imprudence retenue à son encontre, elle ne sera tenue qu'à hauteur de la moitié du coût de la réfection totale de la parcelle et du dommage, dans la limite de la responsabilité qui lui incombe (■ CA Montpellier, 1re ch., sect. B, 23 févr. 2010 : *JurisData* n° 2010-025674).

26) S'agissant de dégâts causés par des lapins sur des parcelles en nature de vignes, ce risque a fait l'objet d'un arrêté préfectoral, chargeant deux lieutenants de louveterie de prélever 200 lapins de garenne sur la commune concernée, de jour et de nuit, durant plus d'un mois, mesure reconduite la même année. De même, plusieurs propriétaires et fermiers avaient obtenu par arrêté, pendant un mois, l'autorisation de tirs de destruction de lapins de garenne sur la commune, ce qui avait permis la destruction de 66 lapins de garenne.

L'ACCA, de son côté, rapportait que 85 lapins avaient été tués durant la saison de chasse par les chasseurs de cette association et que sur autorisation spéciale, les chasseurs ont participé avec les lieutenants de louveterie à la capture de 39 lapins près des habitations et dans plusieurs secteurs viticoles. Mais la proximité des habitations ne permet pas d'intervenir en certains endroits et la présence de zones boisées et embroussaillées à proximité favorise l'habitat des lapins de garenne. L'ACCA justifie aussi avoir participé à des achats d'équipements de protection en accord avec les viticulteurs, la commune et la fédération départementale de chasse, et met des clôtures électriques à disposition.

Il en résulte que l'ACCA n'est pas restée inactive, a mis en œuvre les moyens qui sont les siens et demeurent limités, de sorte que même avec l'intervention des lieutenants de louveterie pour des opérations spéciales de prélèvements, les attaques sur les vignes n'ont pu être évitées. L'ACCA ayant satisfait à son obligation de moyens, sa responsabilité n'est donc pas engagée (■ CA Chambéry, 2e ch., 22 sept. 2016, n° 15/02395 : *JurisData* n° 2016-020357).

27) Selon la Haute juridiction, c'est à juste titre que la cour d'appel a retenu que la caractérisation d'une faute de l'ACCA supposait de démontrer que la présence en nombre excessif de lapins de garenne, en soi insuffisante pour établir un manquement à son obligation d'empêcher leur prolifération, provenait d'une violation de ses obligations résultant de l'article L. 422-2 du Code de l'environnement (■ Cass. 2e ch. civ., 14 déc. 2017, n° 16-26.361).

V – COMPÉTENCE JURIDICTIONNELLE

28) Les décisions des ACCA prises dans le cadre de leur mission de service public et qui manifestent l'exercice de prérogatives de puissance publique constituent des actes administratifs relevant de la compétence des tribunaux administratifs. Il en va ainsi de la décision relative à l'adoption du règlement de chasse prévu par l'article R. 422-64 du Code de l'environnement, qui s'impose à ses membres, destiné à rationaliser et sécuriser l'exercice de la chasse sur leur territoire (■ CAA Marseille, ch. 5, 19 mai 2016, n° 15MA00507, *ACCA de Riols*).

VI – DISSOLUTION

29) L'annulation de l'arrêté préfectoral qui fixait la liste des terrains sur lesquels devait s'exercer l'action de chasse de l'ACCA prive celle-ci de tout objet et vicie sa constitution même, puisque ses membres de droit ne sont plus déterminables. Il ne s'agit pas d'une simple interruption temporaire d'activité, mais d'une impossibilité objective et irréversible de réaliser le but poursuivi par l'association. La dissolution est donc justifiée, sans porter atteinte au principe de la liberté d'association (■ Cass. 1re civ., 17 févr. 2016, n° 15-11.143, *Ass. Groupement de Bellevue : JurisData* n° 2016-002562 ; *JCP* N 2016, n° 11, act. 392).

Art. L. 422-3. – **Les associations sont constituées conformément à la loi du 1er juillet 1901 relative au contrat d'association.**

L'agrément leur est donné par le *(Mots rempl., L. n° 2019-773, 24 juill. 2019)* (1) **« président de la fédération départementale des chasseurs ».**

1) Loi du 1er juillet 1901. Les décisions de l'ACCA, relatives à la délivrance ou au retrait de la qualité de membres, sont des actes de droit privé qui ne relèvent pas de la juridiction administrative (▪ TA Bordeaux, 16 nov. 1989, *Montion : Rec. CE*, p. 484. ▪ CE, 21 juill. 1989, n° 69130, *Houvert : Rec. CE* 1989, p. 485. ▪ CE, 10 juin 1992, n° 118922, *Dussert*). Il en va de même du montant des cotisations dues par les associés (▪ CE, 5 juill. 1985, n° 35571, *ACCA de Bonvilliard : Rec. CE* 1985, p. 495. ▪ CE, 3 févr. 1993, n° 106329, *Lemoine*. ▪ Cass. 1re civ., 26 janv. 1982 : *Bull. civ.* I, p. 495). D'une façon générale, les tribunaux de l'ordre judiciaire sont compétents pour apprécier la gestion interne de l'association telle que l'appartenance d'un requérant à telle ou telle catégorie de membres (▪ Cass. 1re civ., 26 janv. 1982, *ACCA de Vieux-Vry-sur-Couesnon c/ Fusel : Bull. civ.* I, n° 44, p. 38 ; *JCP* G 1983, II, 19942, note J. de Malafosse).

2) Responsabilité. L'occupant d'une parcelle, située à moins de 150 mètres des maisons d'habitation, a été déclaré fondé à demander à l'ACCA la réparation des dommages causés à des arbres fruitiers par des lapins en provenance de terrains dont les propriétaires avaient délégué à l'association le droit de destruction des animaux nuisibles (▪ Cass. 2e civ., 25 juin 1998, n° 96-19.153 : *JurisData* n° 1998-003159 ; *RD rur.* 1998, p. 449).

3) Agrément. Le représentant de l'État dans le département peut, afin de préserver l'exercice rationnel du droit de chasse, refuser l'agrément sollicité par une association intercommunale. L'extension du territoire peut faire craindre la résurrection d'une chasse banale (▪ CE, 13 juin 1984, *Assoc. intercommunale de chasse Quercy-Gascogne : Rec. CE* 1984, p. 207).

4) Délai. V. art. L. 422-5, p. 796.

5) Groupement d'intérêt cynégétique. « Les associations communales ou intercommunales de chasse agréées ont pour but de favoriser sur leur territoire le développement du gibier et la destruction des animaux nuisibles, la répression du braconnage, l'éducation cynégétique de leurs membres » ; aucune disposition législative ou réglementaire n'autorise les préfets à étendre le plan d'action cynégétique d'un groupement d'intérêt cynégétique au territoire d'une association communale de chasse agréée n'adhérant pas au groupement (▪ CE, 26 mai 1995 : *JurisData* n° 1995-045820).

6) Sur l'action exercée par une association qui regroupe des titulaires de droits de chasse s'exerçant sur le territoire d'une commune, un arrêt d'une cour administrative d'appel, devenu définitif, a annulé l'arrêté préfectoral ayant fixé la liste des terrains soumis à l'action de l'association communale de chasse agréée (ACCA) de la commune, ainsi que l'arrêté ayant ultérieurement agréé celle-ci ; l'association regroupant des titulaires de droits de chasse ainsi que des titulaires de droits de chasse sur la commune ont assigné l'ACCA en vue de voir prononcer sa dissolution. Relevant que l'annulation de l'arrêté préfectoral qui fixait la liste des terrains sur lesquels devait s'exercer l'action de l'ACCA privait celle-ci de tout objet et viciait sa constitution même puisque ses membres de droit n'étaient plus déterminables, l'arrêt retient ainsi, non pas une simple interruption temporaire d'activité, mais une impossibilité objective et irréversible de réaliser le but poursuivi par l'ACCA ; sans porter atteinte à la liberté d'association, la cour d'appel en a déduit l'existence de justes motifs permettant de prononcer la dissolution de l'association ; elle a ainsi légalement justifié sa décision (▪ Cass. 1re civ., 17 févr. 2016 : *JurisData* n° 2016-002562).

7) Une association loi 1901 (Loi du 1er juillet 1901 relative au contrat d'association) rejette deux candidatures au motif que les candidats ne sont pas résidents permanents de la commune. Les statuts prévoient des conditions d'adhésion restrictives dont une condition d'acceptation par le bureau. Cette dernière condition n'est pas remplie. Les candidats invoquent une discrimination et un abus. La cour d'appel confirme le jugement d'avoir validé le refus d'adhésion de deux candidats. La cour d'appel renvoie à la liberté pour une association de choisir ses membres. Les conditions d'adhésion restrictives ne sont en l'espèce pas contraires à l'ordre public et ne portent pas atteinte à la liberté individuelle de contracter. Le refus n'est ni discriminatoire, ni abusif (▪ CA Toulouse, 1re ch., sect. 1, 4 juill. 2016 : *JurisData* n° 2016-013500).

---

(1) L'exercice, par le président de la fédération départementale des chasseurs, des nouvelles missions prévues aux articles L. 421-5, L. 421-11-1, L. 422-3, L. 422-5, L. 422-7 et L. 425-8 du Code de l'environnement, dans leur rédaction résultant des 1°, 6°, 13° à 15° et 27° du I de l'article 13 de la loi n° 2019-773 du 24 juillet 2019, fait l'objet d'une convention prévoyant une compensation financière acquittée par l'Office français de la biodiversité, L. n° 2019-773, 24 juill. 2019.

Art. L. 422-4 *(Anc. C. rur., art. L. 222-4 ; mod., L. n° 2016-1087, 8 août 2016).* **– Il ne peut y avoir qu'une association communale agréée par commune.**

La fusion de communes n'entraîne ni la dissolution ni la fusion des associations communales de chasse agréées préalablement constituées dans les communes concernées, sauf décision contraire de ces associations.

Contrairement à la liberté d'association, l'ACCA a une situation de monopole, en contrepartie elle ne peut empiéter sur l'ACCA voisine de plus d'un sixième de son territoire (art. L. 422-12). L'association qui incarne la « citoyenneté cynégétique communale » (P. Meheust, *op. cit.*, p. 25) est soigneusement encadrée.

Art. L. 422-5 *(Anc. C. rur., art. L. 222-5 ; mod., L. n° 2019-773, 24 juill. 2019)* (1). **– Les associations communales doivent être constituées dans un délai d'un an à partir de la publication des arrêtés ministériels ou des décisions du président de la fédération départementale des chasseurs établissant ou complétant la liste des départements ou des communes mentionnés aux articles L. 422-6 et L. 422-7.**

À l'expiration du même délai, aucune société ou association de chasse existant dans ces départements ou ces communes ne peut prétendre, à défaut de son agrément par le président de la fédération départementale des chasseurs, au bénéfice de la présente section, ni à l'appellation d'association communale de chasse agréée.

Nullité. Le délai ainsi prévu n'est pas prescrit à peine de nullité (▪ Cass. crim., 27 nov. 1975 : *JurisData* n° 1975-798010 ; *Gaz. Pal.* 1976, 1, p. 322, note J. Jenny. ▪ CE, 30 avr. 1975, *Cts Coirre-Celo : Rec. CE* 1975, p. 270. ▪ CE, 30 avr. 1975, *Sieur Valet et a. : Rec. CE* 1975, p. 270). – Un délai n'est prescrit à peine de nullité que s'il constitue une garantie pour les administrés (▪ CE, 10 juill. 1963, *Hôpital-hospice G. Renan : RDP* 1964, p. 440, comm. Waline).

Sous-section 2. – Institution des associations communales de chasse agréées

Voir : art. R. 422-1 et s., p. 2243.

V. observations sous art. L. 422-10, p. 798.

§ 1. – Départements où des associations communales de chasse agréées doivent être créées

Art. L. 422-6 *(Anc. C. rur., art. L. 222-6 ; mod., D. n° 2013-938, 18 oct. 2013).* **– La liste des départements où doivent être créées des associations communales de chasse est arrêtée par le ministre chargé de la chasse sur proposition des préfets après avis conforme des conseils départementaux, les chambres d'agriculture et les fédérations départementales des chasseurs ayant été consultées.**

Voir : art. R. 422-5 et s., p. 2244.

1) La cour d'appel d'Aix-en-Provence a jugé que le département des Alpes-Maritimes dont dépend la commune de Sospel ne faisant pas partie de la liste arrêtée par le ministre, cette commune n'avait pas l'obligation de créer une association de chasse agréée (▪ CA Aix-en-Provence, 11e ch. A, 18 juin 2010, nos 09/02822 et 2010/309).

2) Dissolution. La cour administrative d'appel de Nantes a annulé, par un arrêt du 16 novembre 2012 devenu définitif, l'arrêté préfectoral ayant fixé la liste des terrains soumis à l'action de l'ACCA de la commune de Berné, ainsi que l'arrêté ayant ultérieurement agréé celle-ci ; l'annulation de l'arrêté préfectoral qui fixait la liste des terrains sur lesquels devait s'exercer l'action de l'ACCA privait celle-ci de tout objet et viciait sa constitution même puisque ses membres de droit n'étaient plus déterminables. L'arrêt retient ainsi, non pas une simple interruption temporaire d'activité, mais une impossibilité objective et irréversible de réaliser le but poursuivi par l'ACCA (▪ Cass. 1re civ., 17 févr. 2016 : *JurisData* n° 2016-002562).

(1) L'exercice, par le président de la fédération départementale des chasseurs, des nouvelles missions prévues aux articles L. 421-5, L. 421-11-1, L. 422-3, L. 422-5, L. 422-7 et L. 425-8 du Code de l'environnement, dans leur rédaction résultant des 1°, 6°, 13° à 15° et 27° du I de l'article 13 de la loi n° 2019-773 du 24 juillet 2019, fait l'objet d'une convention prévoyant une compensation financière acquittée par l'Office français de la biodiversité, L. n° 2019-773, 24 juill. 2019.

§ 2. - Départements où des associations communales de chasse agréées peuvent être créées

Art. L. 422-7 (1) *(Anc. C. rur., art. L. 222-7 ; mod., L. n° 2019-773, 24 juill. 2019)* (2). **– Dans les départements autres que ceux mentionnés à l'article L. 422-6, la liste des communes où sera créée une association communale de chasse est fixée par le président de la fédération départementale des chasseurs sur demande justifiant l'accord amiable de 60 % des propriétaires représentant 60 % de la superficie du territoire de la commune, cet accord étant valable pour une période d'au moins cinq années.**

Dans le calcul de cette proportion ne sont pas compris les territoires déjà aménagés au 1er septembre 1963 supérieurs aux superficies déterminées à l'article L. 422-13.

Voir : art. R. 422-12 et s., p. 2245.

1) Règle des 60 %. Mode de calcul. Pour calculer la majorité de 60 % nécessaire à la constitution de l'ACCA, les terrains situés à moins de 150 mètres des habitations n'entrent pas en compte (▪ CE, 19 déc. 1994, *Oudart : RD rur.* 1995, p. 219). C'est à tort qu'un tribunal s'est fondé sur la circonstance que les demandeurs représentaient plus de 60 % des propriétaires de la commune pour radier une ACCA de la liste départementale, en l'absence de la superficie d'ensemble de la commune, du nombre des titulaires d'un droit de propriété sur son territoire et des références cadastrales précises de leurs terrains (▪ CE, 21 oct. 1996, n° 156673, *Assoc. communale de chasse agréée de Chouilly*). Pour obtenir la radiation de l'ACCA, les requérants doivent faire tomber au-dessous de 60 % les pourcentages obtenus de manière erronée (▪ CE, 2 févr. 1974, *Assoc. des propriétaires des communes de Saclas et a. : Rec. CE* 1974, p. 134).

2) Dans les départements autres que ceux mentionnés à l'article L. 422-6 du Code de l'environnement, le préfet dresse une liste des communes où sera créée une ACCA, sur demande justifiant l'accord amiable de 60 % des propriétaires représentant 60 % de la superficie du territoire de la commune, cet accord étant valable pour au moins cinq ans. Cette double condition n'est exigée que pour présenter une demande de création d'une association communale de chasse agréée. Dès lors, le fait que cet accord n'existe plus est sans incidence sur la légalité de l'agrément préfectoral (▪ CAA Lyon, 6 nov. 2012, n° 11LY01476, *ACCA d'Ambierle*, inédit).

3) La création puis le prélèvement d'une parcelle pour être attribuée à une association communale de chasse agréée aux fins de plantation d'une haie vive destinée au développement de la population avicole correspond à un objectif d'aménagement du périmètre de mise en œuvre d'un remembrement et n'est donc pas étrangère à l'objet de la procédure de remembrement (▪ Cass. 3e civ., 30 mai 2012, n° 11-18.369 : *JurisData* n° 2012-032386).

Sous-section 3. - Modalités de constitution

Art. L. 422-8 *(Anc. C. rur., art. L. 222-8 ; mod., L. n° 2019-773, 24 juill. 2019)*. **– Dans les communes où doit être créée une association communale de chasse, une enquête, à la diligence du président de la fédération départementale des chasseurs, détermine les terrains soumis à l'action de l'association communale de chasse par apport des propriétaires ou détenteurs de droits de chasse.**

Les terrains situés dans un rayon de 150 m autour de toute habitation, qui sont exclus de plein droit du ressort des ACCA, ne peuvent être pris en compte pour le calcul de la superficie permettant aux propriétaires ou détenteurs de droit de chasse de former opposition (▪ CAA Bordeaux, 22 oct. 2002, n° 99BX00366, *SCI du Château Lavergne : JCP* A 2003, n° 1412, note Billet).

Art. L. 422-9 *(Anc. C. rur., art. L. 222-9)*. **–** (1) **À la demande de l'association communale, ces apports sont réputés réalisés de plein droit pour une période renouvelable de cinq ans, si dans le délai de trois mois qui suit l'annonce de la constitution de l'association communale par affichage en mairie et par lettre recommandée avec demande d'avis de réception adressée à tout propriétaire ou détenteur de droits de chasse remplissant les conditions prévues à l'article L. 422-13, les personnes mentionnées aux 3° et 5° de l'article L. 422-10**

(1) Entrée en vigueur : V. L. n° 2000-698, 26 juill. 2000, art. 16.

(2) L'exercice, par le président de la fédération départementale des chasseurs, des nouvelles missions prévues aux articles L. 421-5, L. 421-11-1, L. 422-3, L. 422-5, L. 422-7 et L. 425-8 du Code de l'environnement, dans leur rédaction résultant des 1°, 6°, 13° à 15° et 27° du I de l'article 13 de la loi n° 2019-773 du 24 juillet 2019, fait l'objet d'une convention prévoyant une compensation financière acquittée par l'Office français de la biodiversité, L. n° 2019-773, 24 juill. 2019.

n'ont pas fait connaître par lettre recommandée avec demande d'avis de réception leur opposition justifiée à l'apport de leur territoire de chasse.

Voir : art. R. 422-17 et s., p. 2245.

1) Expiration du délai de cinq ans : effets. À l'expiration de chaque période de cinq ans, l'ACCA peut exclure de son territoire des parcelles de terre qui y figuraient (▪ Cass. 3e civ., 16 déc. 1998, *ACCA de Vaite : JurisData* n° 1998-004827).

2) Exclusion de parcelles. Les juridictions administratives, en l'absence d'une intervention du Conseil d'État, sont défavorables à l'exclusion de parcelles car ceci est contraire au but de remembrement cynégétique de la loi Verdeille (▪ TA Besançon, 30 oct. 1985, *Durand et Caritey*. ▪ TA Grenoble, 28 nov. 1990, *ACCA de Quet-en-Beaumont*).

3) Le conseil municipal d'une commune ne saurait, sans méconnaître l'égale vocation de l'ensemble des habitants de la commune à utiliser les biens communaux, en réserver l'usage à une personne ou une catégorie de personnes sans que les différences de traitement en résultant procèdent de différences de situations ou répondent à un but d'intérêt général. En attribuant aux membres de la seule « société de chasse de Beaucourt-sur-l'Ancre », à l'exclusion de tout autre groupement d'habitants ou d'ayants droit, le droit de chasser sur les biens communaux, sans justifier de différences de situations pouvant légalement fonder cette attribution exclusive ou d'un motif d'intérêt général, le conseil municipal de Beaucourt-sur-l'Ancre a méconnu les dispositions de l'article 542 du Code civil ainsi que les règles qui en découlent quant à l'usage des biens concernés (▪ CAA Douai, 28 mai 2014, n° 13DA01549, *Assoc. des Garennières c/ Cne de Beaucourt-sur-l'Ancre*).

Sous-section 4. – Territoire

Bibliographie : E. Alfandari, *L'adhésion forcée à une association de chasse est condamnée par la Cour européenne des droits de l'Homme, 29 avril 1999, Chassagnou : D.* 2000, n° 9, p. 141-145. • C. Jebeili, *Commentaire de l'arrêt de la Cour européenne des droits de l'Homme du 29 avril 1999, Chassagnou et a. c/ France : RD rur.* 2000, n° 281, p. 150-156. • J. de Malafosse, *Propriété, liberté et organisation administrative de la chasse en France : 1789-1964 : RRJ* 1er janv. 2000, n° 1, p. 147-157. • O. Michaud, *La non-conformité de la loi Verdeille à la Convention européenne des droits de l'Homme : à propos de l'arrêt de la Cour européenne des droits de l'Homme du 29 avril 1999, Chassagnou et a. c/ France : Gaz. Pal.* 23 mai 2000, n° 142/44, p. 13-17. • G. Charollois, *La Cour européenne des droits de l'Homme reconnaît le droit de non-chasse (arrêt Chassagnou-Montion et a. c/ France, 29 avr. 1999) : Gaz. Pal.* 14 sept. 1999, n° 257, p. 14-16 ; *Le protecteur de la nature, le droit et le chasseur : D.* 1999, n° 37, p. 389-393. • M. Flores-Lonjou et Ph. Flores, *Vers la rénovation du droit de la chasse ou les dernières tribulations de Nemrod*, CEDH, gde ch., 29 avr. 1999, *Chassagnou et a. c/ France : RTDH* 1er oct. 1999, n° 40, p. 901-946. • J. de Malafosse, note ss CEDH, 29 avr. 1999, nos 25088/94, 28331/95 et 28443/95, *Chassagnou*. • J.-P. Marguenaud, *La loi Verdeille à l'épreuve de la CEDH : Coup de semonce ou coup de grâce ?*, CEDH, 29 avril 1999, *Chassagnou et a. c/ France : Rev. jur. env.* 4/1999, p. 517-530. • F. Priet, note ss CEDH, 29 avr. 1999, nos 25088/94, 28331/95 et 28443/95, *Chassagnou et a. c/ France ; Convention européenne pour la sauvegarde des droits de l'Homme et des libertés fondamentales (CEDH) : AJDA* 20 nov. 1999, n° 11, p. 922-932. • Y. Winisdoerffer, *L'arrêt de la Cour européenne des droits de l'Homme du 29 avril 1999 et la loi Verdeille : vers un droit à l'objection de conscience des propriétaires fonciers non chasseurs ? : Rev. jur. env.* 3/1999, p. 431-460. • A. Charlez, *Le droit de chasse, le droit de propriété et l'environnement : Gaz. Pal.* 13 mars 1998, n° 72, p. 2-6. • G. Charollois, *La loi dite Verdeille relative à l'organisation des associations de chasseurs à l'épreuve de la Convention européenne pour la sauvegarde des droits de l'Homme et des libertés fondamentales (CEDH) : D.* 1998, n° 16, p. 174-176. • R. Gentilhomme, *Droit de chasse et droit de retrait d'une association communale de chasse agréée : JCP* N 1998, I, p. 125. • L. Chabrier, *Le droit de chasse à l'épreuve de la Convention européenne des droits de l'Homme, arrêt de la 6e section du contentieux du Conseil d'État du 30 mars 1995, M. Montion et Sté nationale de protection de la nature, loi « Verdeille » du 10 juillet 1964, Convention européenne de sauvegarde des droits de l'Homme : RD rur.* 1996, n° 243, p. 208-216. • R. Romi, note ss Cass. 3e civ., 16 mars 1994, *Chassenoux c/ ACCA de Tourtoirac : Dr. env.* 8/1994, n° 26, p. 13-15. • A. Balsan, note ss CA Limoges, 1re ch., 19 nov. 1992, *Assoc. communale de chasse de La Cellette, Assoc. communale de chasse de Genouillac c/ Beauvais, Cardinaud et a. : Gaz. Pal.* 3 oct. 1993, n° 276, p. 19. • J. Lachaud et J.-L. Charrier, *Les associations communales de chasse agréées et la Convention européenne des droits de l'Homme : Gaz. Pal.* 26 sept. 1993, n° 269, p. 26-29.

§ 1. – Terrains soumis à l'action de l'association

Art. L. 422-10 *(Anc. C. rur., art. L. 222-10 ; mod., Ord. n° 2019-552, 3 juin 2019)*. – **L'association communale est constituée sur les terrains autres que ceux :**

1° Situés dans un rayon de 150 mètres autour de toute habitation ;

2° Entourés d'une clôture telle que définie par l'article L. 424-3 ;

3° Ayant fait l'objet de l'opposition des propriétaires ou détenteurs de droits de chasse sur des superficies d'un seul tenant supérieures aux superficies minimales mentionnées à l'article L. 422-13 ;

4° Faisant partie du domaine public de l'État, des départements et des communes, des forêts domaniales ou des emprises de la SNCF, de SNCF Réseau et de SNCF Voyageurs ;

5° Ayant fait l'objet de l'opposition de propriétaires, de l'unanimité des copropriétaires indivis qui, au nom de convictions personnelles opposées à la pratique de la chasse, interdisent, y compris pour eux-mêmes, l'exercice de la chasse sur leurs biens, sans préjudice des conséquences liées à la responsabilité du propriétaire, notamment pour les dégâts qui pourraient être causés par le gibier provenant de ses fonds.

Lorsque le propriétaire est une personne morale, l'opposition peut être formulée par le responsable de l'organe délibérant mandaté par celui-ci.

I – TERMINOLOGIE

1) Selon une circulaire n° 2000/5 du 31 juillet 2000 (*BOMEDD* 10 déc. 2000, n° 2000/9, p. 55) le nouveau motif d'opposition à l'inclusion de son terrain dans le territoire de l'ACCA est qualifié par commodité d'opposition de conscience (1°) et il s'ajoute au motif d'opposition cynégétique (2°). La circulaire indique les formalités imposées pour exécuter le retrait (3°) en précisant qu'elles sont établies en se référant au dispositif en vigueur pour les oppositions cynégétiques (C. env., art. R. 222-50).

II – OPPOSITION DE CONSCIENCE

A – Principe

2) Le Conseil constitutionnel considère que l'opposition de conscience ne concerne que les terrains dont l'objecteur de conscience est propriétaire sur le territoire de l'ACCA et non sur le territoire des ACCA voisines (▪ Cons. const., déc., 20 juill. 2000, n° 2000-434 DC : *JO Sénat CR* 23 juin 2000, p. 4290), il n'y a donc pas extension automatique du droit de non-chasse à l'ensemble des propriétés de celui qui l'exerce quelle que soit leur localisation sur le territoire national.

3) En revanche, le permis de chasser n'étant pas délivré à l'opposant de conscience *(art. L. 423-24, 5°)*, il ne peut lui-même « procéder à la destruction des animaux nuisibles et à la régulation des espèces présentes sur son fonds qui causent des dégâts » *(art. L. 422-15)* mais il devra faire procéder à la destruction ou à la régulation. L'équilibre entre les droits contradictoires des citoyens s'avère d'autant plus difficile que certaines espèces animales, comme le sanglier, qui sont souvent classées parmi les nuisibles, peuvent être également protégées par un plan de chasse (*art. L. 425-2*, V. *JO Sénat* Q 7 févr. 2002, p. 365).

B – Responsabilité des dégâts

4) L'opposant de conscience est responsable des dégâts commis par le gibier provenant de ses fonds *(art. L. 422-10, 5°)*. Cette précision, qui est une réciproque du refus d'une indemnisation administrative pour les dommages causés par le grand gibier provenant de son propre fonds *(art. L. 426-2)*, est conforme à l'article 1382 du Code civil utilisé par la jurisprudence pour établir la responsabilité en cas de dégâts commis par un nombre excessif de gibier.

C – Signalisation

5) La personne ayant formé opposition est tenue à la signalisation de son terrain matérialisant de l'interdiction de chasser *(art. L. 422-15)*.

Cette disposition donne lieu à une recommandation de la circulaire du 31 juillet 2000 (préc., n° 54) « de placer un panneau avec la mention : chasse interdite (application de l'article 14 de la loi chasse) tous les 30 mètres sur le périmètre des parcelles ainsi placées en dehors de l'ACCA ».

D – Délais d'application

6) Selon l'article 16 de la loi du 26 juillet 2000, une « opportunité d'opposition », en réalité un retrait de ses terres du territoire de l'ACCA, a été ouverte pour l'exercice du droit de non-chasse durant un an à compter de la promulgation de la loi.

7) Par la suite, le régime du droit commun s'applique, mais la durée des apports à une ACCA est ramenée de six à cinq ans, sauf à respecter la période de six ans en cours à la date de l'entrée en vigueur de la loi. Le délai de cinq ans correspond à la durée des plans de gestion (*JOAN* CR 30 mars 2000, p. 8827). Corrélativement, le préavis est ramené de deux ans à six mois.

E – Droit de chasser du preneur rural

8) Dans le projet de loi relatif à la chasse, le droit de chasser du preneur rural avait été supprimé dans l'article L. 415-7 du Code rural en cas d'opposition de conscience à la chasse du propriétaire. Ce droit, qui a perdu beaucoup de son intérêt car il s'applique exclusivement au gibier naturel, a été rétabli par les députés avec le soutien du Gouvernement, « car dans notre pays, le droit de chasse et le droit de fermage sont intimement liés » (*JOAN CR* 30 mars 2000, p. 2823).

9) Si le fermier conserve son droit de chasser, on ne peut lui imposer, par hypothèse, les restrictions que s'impose le détenteur du « droit de non-chasse ». Dans ce cas, il subira « les mêmes restrictions que celles qui ressortissent des usages locaux » (*art. L. 422-14*).

F – Jurisprudence

10) Motivation des actes administratifs. Aucune disposition législative ou réglementaire n'exige que les arrêtés fixant la liste des terrains soumis ou soustraits à l'action des associations communales de chasse agréées soient motivés (■ CE, 13 nov. 1998, n° 144394 : *JurisData* n° 1998-041164).

11) Principe. Le droit d'opposition appartient à l'usufruitier (■ CE, 30 sept. 1983, n° 19540, *Carré et a. : Rec. CE* 1983, p. 775) ; au bailleur et non au preneur rural (■ CE, 12 févr. 1975, *Min. chargé de l'environnement c/ Sieur Montero*). L'existence du droit de chasser d'une ACCA sur la propriété est une cause de résolution de la vente (■ Cass. 3ᵉ civ., 20 mars 1996, n° 94-12.704, *Kaster*).

12) Terrains situés à moins de 150 mètres d'une habitation. Ces terrains n'entrent pas dans le calcul de la superficie justifiant le droit à faire opposition (■ CE, 22 juin 1987, *Min. chargé de l'environnement c/ ACCA de Latillé : RD rur.* 1987, p. 456).

13) Terrains clôturés. La jurisprudence interprète largement la notion de clôture qui doit être continue, constante dans le temps et empêchant le passage de l'homme et du gibier à poil (■ Cass., 16 nov. 1883 : *Gaz. Pal.* 1884, 1, p. 731 ; *Bull.*, n° 258, p. 430. ■ CE, 11 janv. 1995, n° 149352, *ACCA de St Erblon : JurisData* n° 1995-041553). La présence d'une habitation n'est pas exigée (V. art. L. 424-4, p. 831).

14) Biens communaux. À la différence des terrains faisant partie du domaine public des communes, les parcelles appartenant au domaine privé d'une commune ainsi qu'aux différentes sections de celle-ci sont soumises à l'action de la future ACCA en cas d'absence d'opposition (■ CE, 12 juin 1998, n° 172359, *Cne de Pomayrols*), en revanche, une commune qui a observé les formalités de l'opposition peut apporter ses terrains à une société de chasse de droit privé (■ CE, 25 sept. 1992, n° 50922, *Préfet de Haute-Savoie c/ Anthoine*).

15) Droit de non-chasse. Considérant enfin que, lorsque le propriétaire déclare s'opposer à la pratique de la chasse sur ses biens au nom ou à raison de ses convictions personnelles, son opposition ne saurait faire l'objet d'aucune demande de justification (■ Cons. const., déc., 20 juill. 2000, n° 2000-434 DC : *JO* 27 juill. 2000, p. 1152).

16) Liste des terrains constituant le territoire de chasse d'une ACCA. La loi n'exige pas l'établissement d'une liste positive des terrains constituant le territoire de chasse d'une ACCA, l'énumération des terrains de la commune qui sont exclus est suffisante (■ Cass. crim., 5 mai 1996, *JurisData* n° 1996-003392). Les terrains exclus d'une ACCA sont limitativement fixés par la loi et les règlements (■ CE, 21 oct. 1996, n° 140036, *Champrobert*). L'ACCA ne peut donc exclure un terrain compte tenu de sa faible valeur cynégétique par rapport à la pression cynégétique afférente (■ CE, 5 mars 2003, n° 223948, *ACCA de Saint-Hilaire-la-Palud*). V. *Environnement* mai 2003, p. 14, note L. Benoît.

17) Recours contentieux. Le maire a notifié au préfet la délibération prise en vertu de l'article L. 422-10 du Code de l'environnement, par laquelle le conseil municipal formule son opposition à l'action de l'ACCA sur les forêts appartenant à son domaine privé. Dans la mesure où cette délibération ne peut ni en fait ni en droit recevoir application tant que le préfet ne statue pas sur cette opposition en application de l'article R. 422-52 du même code, elle constitue une mesure préparatoire qui ne fait pas grief à l'association (■ CAA Nancy, 4ᵉ ch., 30, mai 2011, n° 10NC00776, inédit).

18) Membre des ACCA. « Selon l'article L. 422-21 IV du Code de l'environnement, le propriétaire ou le détenteur de droits de chasse ayant exercé un droit à opposition ne peut prétendre à la qualité de membre de l'association, sauf décision souveraine de l'association communale de chasse agréée ; que la loi ne distingue pas selon que l'opposition a été exercée en vertu du 5° de l'article L. 422-10 du Code de l'environnement en raison de convictions personnelles ou en vertu des dispositions du 3° de cet article sur des superficies d'un seul tenant supérieures aux superficies minimales mentionnées à l'article L. 422-13 ; qu'elle ne distingue pas non plus selon que l'opposition n'a porté que sur une partie ou sur la totalité des parcelles concernées ; qu'en l'espèce, Monsieur X..., ayant exercé son droit de retrait sur ses parcelles d'un seul tenant supérieures aux superficies minimales mentionnées à l'article L. 422-13 du Code de l'environnement, ne pouvait prétendre à la qualité de membre de droit de l'association ; qu'en décidant le contraire, la cour d'appel a violé l'article L. 422-21 IV du Code de l'environnement » (■ Cass. 3ᵉ civ., 9 mars 2011 : *JurisData* n° 2011-003307).

19) Des parcelles jouxtant un croisement de chemins ruraux peuvent constituer une superficie « d'un seul tenant » au sens de l'article L. 422-10 du Code de l'environnement. Le droit d'opposition d'un propriétaire foncier à l'apport forcé de ses terres au territoire de chasse d'une association communale de chasse agréée est attaché à une superficie minimale afin que l'exercice de ce droit ne compromette pas la gestion rationnelle des ressources cynégétiques. Pour l'appréciation de cette condition, plusieurs parcelles appartenant au même propriétaire peuvent être agrégées dès lors qu'elles forment un ensemble d'un seul tenant et cette exigence de continuité des fonds est remplie si les différentes parcelles en cause se touchent ne serait-ce que par un seul point. Les voies ferrées, routes, chemins, canaux ou cours d'eau qui ne font que traverser ces parcelles n'interrompent pas la continuité. Mais ces voies ne sauraient créer une continuité entre des parcelles qu'elles relient mais qui ne se touchent en aucun point (▪ CE, 25 juin 2012, n° 335169, *Min. Écologie c/ Fremont : JurisData* n° 2012-014146 ; *Rec. CE* 2012, tables).

20) Pour le calcul de la superficie minimale, il peut être tenu compte de ce que l'intéressé est propriétaire d'autres parcelles déjà retirées de l'association communale de chasse agréée, si le tout atteint la superficie imposée par la loi. La circonstance que deux parcelles sont séparées par un chemin privé appartenant à un tiers n'a pas pour effet d'interrompre la continuité du fonds. En vertu de l'article 1421 du Code civil, chacun des époux communs en biens peut demander le retrait d'une parcelle du territoire de l'ACCA. Par contre, le mari ne peut sans le consentement écrit de son épouse demander le retrait d'une parcelle appartenant en propre à celle-ci (▪ CAA Bordeaux, 26 avr. 2012, n° 10BX-02525, *ACCA de Montaut*, inédit).

21) La question de la constitutionnalité de ces dispositions en ce qu'elles permettent à l'autorité administrative d'augmenter les surfaces minimales prévues ne présente pas de caractère sérieux. Elles ne comportent aucune rupture d'égalité entre les différents propriétaires au regard de leur objectif d'intérêt général qui est de prévenir une gestion désordonnée de la chasse et de favoriser la gestion rationnelle du patrimoine cynégétique (▪ CE, 16 avr. 2012, n° 355919 QPC, *Assoc. chasse privée de bonne rencontre : JurisData* n° 2012-008197 ; *Rec. CE* 2012, tables). Ainsi, la décision du préfet qui a augmenté la surface minimale est pleinement opposable au propriétaire (▪ CAA Nantes, 8 mars 2012, n° 10NT01382, *Min. Écologie*, inédit).

22) L'obligation faite aux petits propriétaires de mettre en commun leurs territoires de chasse au sein d'une l'association communale de chasse agréée (ACCA) ne peut être considérée comme une discrimination sur la fortune foncière dès lors qu'elle est fondée sur des motifs d'intérêt général et proportionnée. Ainsi, s'il n'est pas « opposant éthique à la chasse », le propriétaire ne peut faire obstacle à l'apport de son terrain à l'association communale de chasse agréée dans le périmètre de laquelle il est situé (▪ CEDH, 4 oct. 2012, n° 57412/08, *Chabauty c/ France : JCP* G 2012, p. 2266, note H. Surrel).

23) Le fait de demander le retrait de certaines parcelles du territoire de chasse d'une ACCA, après lui avoir proposé en vain de louer des bois et taillis par bail de chasse, exclut que l'intéressé puisse faire valoir ses convictions personnelles d'opposant à la chasse, de sorte que c'est à tort que le premier juge a refusé d'annuler l'arrêté autorisant l'exclusion (▪ CAA Bordeaux, 4 oct. 2012, n° 11BX01947, *ACCA de Vernon*, inédit).

24) Le parc national des Pyrénées n'entre dans aucune des catégories de terrains sur lesquels une association communale de chasse ne peut être instituée et, par suite, une réserve de chasse constituée. Dès lors, même si la chasse est interdite sur tout le territoire du parc national en vertu de l'article 8 du décret du 23 mars 1967, le préfet a pu à bon droit instituer les réserves de chasse des ACCA d'Etsaut et de Laruns dans le parc national des Pyrénées occidentales (▪ CAA Bordeaux, 31 janv. 2013, n° 11BX01067, *ACCA d'Etsaut et de Laruns*).

25) Il résulte de la réserve d'interprétation émise par le Conseil constitutionnel dans sa décision n° 2000-434 DC du 20 juillet 2000 que, pour l'application des dispositions de l'article L. 422-10, « lorsque le propriétaire déclare s'opposer à la pratique de la chasse sur ses biens au nom ou à raison de ses convictions personnelles, son opposition ne saurait faire l'objet d'aucune demande de justification ». Il n'appartient pas au préfet, saisi d'une demande d'un propriétaire tendant au retrait de ses terres du territoire dévolu à une ACCA en raison de ses convictions personnelles opposées à la chasse, de porter une appréciation sur la sincérité de ces convictions (▪ CE, 3 avr. 2014, n° 364315, *MEDDE c/ ACCA de Vernon*).

26) Le régime des associations de chasse agréées répond à l'objectif d'intérêt général visant à prévenir une pratique désordonnée de la chasse et à favoriser une gestion rationnelle du patrimoine cynégétique. La différence de traitement entre les propriétaires selon la superficie de leurs parcelles répond aussi à cet objectif. Elle est également instituée dans l'intérêt des propriétaires de petites parcelles, qui peuvent, lorsqu'ils sont adeptes de la chasse, se regrouper pour pouvoir disposer d'un territoire de chasse plus grand et ont également la possibilité d'affecter leur terrain à un usage conforme à leur choix de conscience, dans les conditions prévues au 5° de l'article L. 422-10 du Code de l'environnement. S'il résulte d'une jurisprudence établie que, pour apprécier le respect de la condition d'une superficie d'au moins vingt hectares posée par l'article L. 422-13 du Code de l'environnement, il y a lieu d'exclure les terrains situés dans un rayon de 150 mètres autour d'une habitation, la différence de traitement qui en résulte entre propriétaires, selon que leur terrain comporte ou non une habitation, est justifiée par le fait que les terrains ainsi exclus ne peuvent en tout état de cause relever du périmètre de l'association. Dès lors, la question soulevée de la méconnaissance, par le 3° de l'article L. 422-10 et le I de l'article L. 422-1 du Code de l'environnement, du principe d'égalité et du droit de propriété est dépourvue de caractère sérieux.

En prévoyant que pouvaient faire l'objet d'une opposition à leur inclusion dans le territoire d'une association de chasse agréée les étangs de plus de 50 ares dans lesquels existaient des installations fixes, huttes et gabions au 1er septembre 1963, le législateur a entendu préserver les modes de chasse traditionnels locaux s'y rapportant et prendre en compte la situation de propriétaires ayant aménagé leur étang pour la chasse à une époque où l'inclusion de celui-ci dans le territoire d'une association communale n'était pas envisagée. Il a ainsi entendu tenir compte de ce que ces propriétaires se trouvent, au regard de l'objet de la loi, dans une situation différente de celle des propriétaires d'étangs non encore aménagés. La question soulevée de la méconnaissance par les dispositions du 3° de l'article L. 422-10 et du II de l'article L. 422-13 du Code de l'environnement du principe d'égalité ne présente donc pas un caractère sérieux (■ CE, 8 juill. 2015 : *JurisData* n° 2015-017163).

27) Justification du droit de propriété. Aux termes de l'article L. 422-10 du Code de l'environnement, l'association communale est constituée sur les terrains autres que ceux ayant fait l'objet de l'opposition de propriétaires ou détenteurs des droits de chasse, sur des superficies d'un seul tenant supérieures aux surfaces minimales mentionnées à l'article L. 422-13, ou ayant fait l'objet de l'opposition de propriétaires, de l'unanimité des copropriétaires indivis qui, au nom de convictions personnelles opposées à la pratique de la chasse, interdisent, y compris pour eux-mêmes, l'exercice de la chasse sur leurs biens, sans préjudice des conséquences liées à la responsabilité du propriétaire, notamment pour les dégâts qui pourraient être causés par le gibier provenant de ses fonds. Selon l'article R. 422-4, à l'appui de leur opposition, les personnes opposantes doivent joindre toute justification pour la détermination tant de la surface du territoire intéressé que des droits de propriété dont il est l'objet. Le droit de propriété peut être établi, en l'absence de titre, par les avis d'imposition foncière se rapportant précisément aux parcelles en cause, qui constituent un indice suffisant, dès lors notamment que personne n'en revendique la propriété pour lui-même et qu'il n'a pas été porté à la connaissance du préfet l'existence d'un litige relatif au droit de propriété. Dès lors, en l'absence de contestation sérieuse du droit de propriété, l'opposant doit être regardé comme établissant sa propriété sur les terrains dont il demande le retrait du territoire de chasse de l'ACCA (■ CAA Lyon, 3e ch., 17 mai 2016, n° 14LY01107, *Cne Meillerie*).

28) Il résulte notamment des dispositions de l'article L. 422-10 du Code de l'environnement que seuls les propriétaires ou les détenteurs de droits de chasse sur des superficies d'un seul tenant et d'une superficie minimum de 20 hectares peuvent régulièrement faire opposition à l'inclusion de terrains dans la réserve de chasse d'une ACCA, cette qualité s'appréciant au jour où l'opposition est formée (■ CAA Lyon, 3e ch., 4 avr. 2017, n° 14LY02401).

Art. L. 422-11 *(Anc. C. rur., art. L. 222-11).* **– Dans les forêts domaniales, et par dérogation aux dispositions de l'article L. 422-10, certains terrains peuvent, par décision de l'autorité compétente, être amodiés à l'association communale ou intercommunale. Les autres terrains faisant partie du domaine privé de l'État peuvent, par décision de l'autorité compétente, être exclus, quelle que soit leur superficie, du champ d'application de la présente section.**

Art. L. 422-12 *(Anc. C. rur., art. L. 222-12).* **– L'association peut inclure dans sa zone, à la demande des propriétaires ou tenants du droit de chasse, les territoires dépendant de propriétés limitrophes, sous réserve que ces surfaces n'empiètent pas sur la société voisine de plus d'un dixième de son étendue.**

§ 2. – Terrains faisant l'objet d'une opposition

Art. L. 422-13 *(Anc. C. rur., art. L. 222-13).* **– I. – Pour être recevable, l'opposition des propriétaires ou détenteurs de droits de chasse mentionnés au 3° de l'article L. 422-10 doit porter sur des terrains d'un seul tenant et d'une superficie minimum de vingt hectares.**

II. – Ce minimum est abaissé pour la chasse au gibier d'eau :

1° À trois hectares pour les marais non asséchés ;

2° À un hectare pour les étangs isolés ;

3° À cinquante ares pour les étangs dans lesquels existaient, au 1er septembre 1963, des installations fixes, huttes et gabions.

III. – Ce minimum est abaissé pour la chasse aux colombidés à un hectare sur les terrains où existaient, au 1er septembre 1963, des postes fixes destinés à cette chasse.

IV. – Ce minimum est porté à cent hectares pour les terrains situés en montagne au-dessus de la limite de la végétation forestière.

V. – Des arrêtés pris, par département, dans les conditions prévues à l'article L. 422-6 peuvent augmenter les superficies minimales ainsi définies. Les augmentations ne peuvent excéder le double des minima fixés.

Bibliographie : E. Alauze, *Les lacunes de la loi Verdeille : Gaz. Pal.* 1973, 2, p. 557.

1) Superficie d'un seul tenant. Les voies ferrées, routes, chemins, canaux et cours d'eau n'interrompent pas la continuité du fonds (▪ TA Rennes, 24 juin 1992, *ACCA de Sainte-Anne-sur-Vilaine*) mais il n'en va pas de même pour une autoroute bordée d'un grillage (▪ CE, 15 oct. 1990, n° 86733, *Min. Environnement c/ Cts de Viry : Rec. CE* 1990, p. 275). Les limites administratives, communales ou départementales ne constituent pas des frontières cynégétiques modifiant la continuité du territoire de chasse (▪ CE, 10 oct. 1973, *Sieur Barbier : AJDA* 1974, p. 145, note Astié. ▪ CE, 12 oct. 1973, *Sté de chasse La Vauxoise : Rec. CE* 1973, p. 559) et il en va de même des formes particulières de certains territoires (▪ TA Limoges, 29 juin 1972, *Sieur Desgranges c/ Min. Environnement : Gaz. Pal.* 1973, 2, p. 557, note Alauze). Lorsqu'un territoire d'un seul tenant s'étend sur deux zones où la superficie minimale exigée pour faire opposition est différente, on doit pondérer le plancher applicable dans chaque secteur d'un coefficient égal à la fraction de la propriété incluse dans l'un et l'autre périmètre puis additionner les deux résultats obtenus (▪ CE, 10 oct. 1997, nos 153385, 165025 et 160958, *Socquet-Juglard et a. : JurisData* n° 1997-050708).

2) Regroupement des territoires. Le regroupement des territoires est possible pour obtenir la superficie minimale quelque soit le procédé utilisé (association, location, etc.). Il doit avoir lieu grâce à un acte ayant date certaine : acte notarié, enregistré, déclaration à la préfecture ou à la sous-préfecture (▪ CE, 17 avr. 1974, *Sieur Gayet : AJDA* 1974, p. 593, note Astié. ▪ CE, 30 avr. 1975, *Sieur Valet et a. : Rec. CE* 1975, p. 270. ▪ CE, 5 mars 1976, *Sieur Paris : Rec. CE* 1976, p. 134). À l'échéance du terme prévu pour le regroupement, le renouvellement doit s'opérer sans discontinuité (▪ CE, 16 juin 1972, *ACCA de la Graye-sur-mer : AJDA* 1973, p. 90, note P. Astié). La reconduction tacite n'est pas admise (▪ CE, 3 mai 1974, *Sieur Tulasne*).

3) Morcellement des territoires. Pour remédier à l'interruption du regroupement, on ne pouvait constituer une servitude de chasse qui n'était pas admise par la jurisprudence (▪ Cass. 3e civ., 22 juin 1976, *Épx Léaud : Bull. civ.* III, n° 280). On constate une évolution avec la possibilité de créer un droit réel d'usage viager (▪ Cass. 3e civ., 20 oct. 2002, *SCI du domaine de Cairos : JurisData* n° 2002-015723). V. art. L. 420-1, p. 765. En cas de morcellement du territoire, un acte à date certaine est nécessaire ; par exemple un bail passé devant notaire avant la date à laquelle le préfet a statué sur la demande du président de l'ACCA (▪ CE, 30 déc. 1998, n° 172880, *Assoc. communale de chasse agréée de Treffendel*). Une propriété indivise n'est pas morcelée (▪ CE, 12 juin 1998, n° 127554, *Assoc. communale de chasse agréée de la Ferrière d'Allevard*). Le regroupement des territoires de chasse est possible avant le terme prévu pour la formulation de l'opposition (▪ CE, 16 juin 1972, *Min. délégué chargé de la protection de la nature c/ SCI du moulin de Ségères : Rec. CE* 1972, p. 452 ; *AJDA* 1973, p. 83, note P. Astié ; *JCP* G 1973, II, 17274, note J. de Malafosse. ▪ CE, 12 oct. 1972, *Sté de chasse La Vauxoise : Rec. CE* 1972, p. 559).

4) Il résulte des articles L. 422-10, L. 422-13 et R. 422-42 du Code de l'environnement que le droit d'opposition d'un propriétaire foncier à l'apport forcé de ses terrains au territoire de chasse d'une association communale de chasse agréée est attaché à une superficie minimale afin de garantir que l'exercice de ce droit ne compromette pas la gestion rationnelle des ressources cynégétiques. Pour apprécier cette condition, plusieurs parcelles appartenant au même propriétaire peuvent être agrégées, dès lors qu'elles forment un ensemble d'un seul tenant. L'exigence de continuité des fonds doit être regardée comme remplie dès lors que les différentes parcelles en cause se touchent, même par un seul point. En outre, dès lors qu'ils ne font que traverser un fonds d'un seul tenant, les voies ferrées, routes, chemins, canaux et cours d'eau non domaniaux n'en interrompent pas la continuité. En revanche, de telles voies ne sauraient avoir pour effet de créer une continuité entre des parcelles qu'elles relieraient mais qui ne se toucheraient en aucun point (■ CE, 25 juin 2012 : *JurisData* n° 2012-014146).

5) **Parcelles d'un seul tenant.** L'article L. 422-13 exige que pour être recevable, l'opposition porte sur des terrains d'un seul tenant et d'une superficie minimum de 20 hectares. Cette condition n'est pas remplie en présence de deux terrains non jointifs et c'est à bon droit que le retrait de ces parcelles a été refusé (■ CAA Lyon, 3e ch., 17 mai 2016, n° 14LY01107, *Cne Meillerie*).

6) Il résulte notamment des dispositions de l'article L. 422-10 du Code de l'environnement que seuls les propriétaires ou les détenteurs de droits de chasse sur des superficies d'un seul tenant et d'une superficie minimum de 20 hectares peuvent régulièrement faire opposition à l'inclusion de terrains dans la réserve de chasse d'une ACCA, cette qualité s'appréciant au jour où l'opposition est formée (■ CAA Lyon, 3e ch., 4 avril 2017, n° 14LY02401).

Art. L. 422-14 ***(Anc. C. rur., art. L. 222-13-1 ; mod., L. n° 2005-157, 23 févr. 2005 ; Ord. n° 2010-462, 6 mai 2010).*** **–** (1) **L'opposition mentionnée au 5° de l'article L. 422-10 est recevable à la condition que cette opposition porte sur l'ensemble des terrains appartenant aux propriétaires ou copropriétaires en cause.**

Cette opposition vaut renonciation à l'exercice du droit de chasse sur ces terrains. Elle ne fait pas obstacle à l'application de l'article L. 415-7 du Code rural et de la pêche maritime. Dans ce cas, le droit de chasser du preneur subit les mêmes restrictions que celles ressortissant des usages locaux qui s'appliquent sur les territoires de chasse voisins et celles résultant du schéma départemental de gestion cynégétique visé à la section 1 du chapitre V du titre II du livre IV.

1) **Droit de non-chasse.** Compte tenu de son insertion, voulue par le législateur, dans les dispositions du Code rural relatives à la détermination du territoire des associations communales de chasse agréées, ainsi que de l'économie générale de ces dispositions, la condition à laquelle le premier paragraphe de l'article L. 222-13 du Code rural subordonne l'exercice du droit d'opposition ne saurait concerner que les terrains dont l'opposant est propriétaire sur le territoire de l'association communale ou intercommunale de chasse concernée (■ Cons. const., déc., 20 juill. 2000, n° 2000-434 DC : *JO* 27 juill. 2000, p. 11552).

2) **Droit de chasser du preneur rural.** Le droit de chasser est strictement personnel (■ Cass. soc., 13 avr. 1967 : *Bull. civ.* IV, n° 292). Les restrictions au droit de chasser du preneur ne sont assorties d'aucune sanction pénale et leur méconnaissance ne peut donner lieu qu'à un litige civil (■ Cass. crim., 11 oct. 1956 : *D.* 1958, p. 250, note Bouché). Le preneur peut contester les restrictions que le détenteur du droit de chasse s'impose et qui limitent son droit de chasser en invoquant les usages locaux (■ CA Paris, 14 nov. 1949 : *D.* 1950, p. 68. ■ CA Orléans, 15 mai 1964 : *D.* 1966, p. 110).

3) **Opposition.** Il y a expropriation cynégétique de plein droit au profit de l'association communale de chasse agréée sauf si le destinataire de la lettre recommandée fournit, dans un délai de trois mois à compter de la réception de cette lettre les justifications à son droit d'opposition (■ CE, 16 juin 1972, *ACCA de La Graye-sur-Mer* : *AJDA* 1973, p. 83, note P. Astié).

4) **Indication nominative.** L'indication nominative des parcelles sur lesquelles existe le droit de chasse peut être conservée par le propriétaire ou le détenteur. Cette indication n'est cependant pas impérative (■ CE, 30 sept. 1983, *Mme Carre* : *RD rur.* 1984, p. 298).

5) **Motivation.** Les motifs qui justifient l'opposition doivent être indiqués pour qu'une suite favorable soit donnée à l'opposition formulée (■ CE, 5 mars 1976, *Sieur Paris* : *Rec. CE* 1976, p. 134 ; *Rev. adm.* 1976, n° 173, p. 512).

6) **Opposition tardive.** Doit être annulée la délibération d'un conseil municipal décidant du retrait de parcelles appartenant au domaine privé de la commune du territoire de l'association communale de chasse agréée, dès lors que l'opposition n'a pas été formulée dans les délais et les formes prescrites (■ CE, 12 juin 1998, n° 172359, *Cne de Pomayrols*).

7) Il résulte des dispositions combinées des articles L. 422-10 et L. 422-14 que le retrait de terrains du territoire d'une ACCA prononcé sur le fondement d'une demande présentée au nom de convictions personnelles opposées à la pratique de la chasse emporte interdiction du droit de chasser sur lesdits terrains. En conséquence, le rappel par l'autorité préfectorale de cette interdiction ne constitue pas une décision divisible du reste de la décision prononçant ce retrait. Ainsi, la demande de M. et Mme X. tendant à l'annulation des dispositions de l'arrêté préfectoral rappelant cette interdiction n'était pas recevable. Le MEDD et l'ACCA sont, en conséquence, fondés à soutenir que c'est à tort

(1) Réserve d'interprétation : V. ■ Cons. const. n° 2000-434 DC, 20 juill. 2000, cons. 26 : *JO* 27 juill. 2000. – NDLR.

que, par le jugement attaqué, le tribunal administratif de Limoges a annulé cet arrêté en tant qu'il prévoit que le retrait des terrains de M. et Mme X. de l'ACCA emporte renonciation à leur droit de chasser sur ces terrains : il y a lieu en conséquence d'annuler ce jugement et de rejeter la demande de M. et Mme X. comme étant irrecevable (■ CAA Bordeaux, 21 mars 2006, n° 03BX00463, *ACCA de Bussière-Saint-Georges et MEDD*).

Art. L. 422-15 ***(Anc. C. rur., art. L. 222-14).*** **– La personne ayant formé opposition est tenue de procéder à la signalisation de son terrain matérialisant l'interdiction de chasser.**

Le propriétaire ou le détenteur du droit de chasse ayant fait opposition est tenu de procéder ou de faire procéder à la destruction des animaux ***(Mots rempl., L. n° 2016-1087, 8 août 2016)*** **« susceptibles d'occasionner des dégâts » et à la régulation des espèces présentes sur son fonds qui causent des dégâts.**

Le passage des chiens courants sur des territoires bénéficiant du statut de réserve ou d'opposition au titre des 3° et 5° de l'article L. 422-10 ne peut être considéré comme chasse sur réserve ou chasse sur autrui, sauf si le chasseur a poussé les chiens à le faire.

Voir : art. R. 422-42 et s., p. 2249.

Passage des chiens. L'excuse absolutoire de suite (V. art. L. 420-3, p. 770) ne peut être invoquée par le maître de chiens courants qui n'a ni essayé de rompre les chiens partis à la quête de gibier sur le territoire d'autrui, ni prouvé qu'il lui aurait été impossible de le faire (■ Cass. crim., 30 mars 1994 : *JurisData* n° 1994-000790. ■ Cass. crim., 18 janv. 1998 : *RD rur.* 2000, n° 280, p. 483). Avec le rétablissement des enclaves qui sont la conséquence de la reconnaissance du droit de non-chasse, les chiens peuvent traverser l'enclave s'ils n'ont pas été poussés à le faire.

§ 3. – Apports

Art. L. 422-16 ***(Anc. C. rur., art. L. 222-15).*** **– L'apport de ses droits de chasse par le propriétaire ou le détenteur de droits de chasse entraîne l'extinction de tous autres droits de chasser, sauf clause contraire passée entre les parties.**

Défaut d'acquittement de cotisation. À défaut d'acquitter le montant de sa carte de membre de l'association, l'apporteur de terres est privé du droit de chasser, y compris sur son propre fonds (■ CA Poitiers, 19 oct. 1972 : *RD rur.* 1983, p. 490).

Art. L. 422-17 ***(Anc. C. rur., art. L. 222-16).*** **– L'apport donne lieu à indemnité, à charge de l'association, si le propriétaire subit une perte de recettes provenant de la privation des revenus antérieurs.**

Le montant de cette réparation est fixé par le tribunal compétent, de même que celle due par l'association au détenteur du droit de chasse qui a apporté des améliorations sur le territoire dont il a la jouissance cynégétique.

Voir : art. R. 422-45 et s., p. 2250.

La convention passée en 1996 entre la commune et l'association communale de chasse agréée (ACCA) avait fixé l'indemnité due par l'association à la commune en contrepartie de l'apport de son droit de chasse. Cette convention étant parvenue à son terme le 31 juillet 2008, alors qu'elle ne contenait aucune clause de tacite reconduction, le droit à indemnité dont se réclame la commune pour la période du 31 juillet 2008 au 19 mai 2009 est dépourvu de fondement juridique. Aux termes de l'article L. 422-17 du Code de l'environnement, l'apport donne lieu à indemnité, à charge de l'association, si le propriétaire subit une perte de recettes provenant de la privation de revenus antérieurs. Le montant de cette réparation est fixé par le tribunal compétent, de même que celle due par l'association au détenteur du droit de chasse qui a apporté des améliorations sur le territoire dont il a la jouissance cynégétique. Or, en l'espèce, la commune ne justifie pas avoir subi une perte de recettes, ni qu'elle aurait apporté des améliorations au territoire dont elle avait la jouissance cynégétique.

C'est en vain que l'ACCA demande une indemnité pour privation du droit de chasser. L'ACCA a bénéficié d'un permis spécial de chasse pour la saison 2008-2009 et, si les résultats cynégétiques de la saison 2008-2009 n'ont pas été conformes aux objectifs fixés par l'autorité préfectorale, cette situation n'est pas la conséquence d'un comportement fautif de la commune. L'association est donc déboutée de sa demande d'indemnité en réparation de son préjudice résultant du défaut d'organisation de battues sur les territoires communaux durant la saison 2008-2009 (■ CA Nancy, 7 oct. 2014 : *JurisData* n° 2014-027496).

§ 4. – Modification du territoire de l'association

Art. L. 422-18 (1) *(Anc. C. rur., art. L. 222-17 ; mod., L. n° 2019-773, 24 juill. 2019).* **– L'opposition formulée en application du 3° ou du 5° de l'article L. 422-10 prend effet à l'expiration de la période de cinq ans en cours, sous réserve d'avoir été notifiée six mois avant le terme de cette période. À défaut, elle prend effet à l'expiration de la période suivante. La personne qui la formule la notifie au de la fédération départementale des chasseurs.**

L'association peut, dans ce cas, lui réclamer une indemnité fixée par le tribunal compétent et correspondant à la valeur des améliorations apportées par celle-ci.

Le droit d'opposition mentionné au premier alinéa du présent article est réservé aux propriétaires et aux associations de propriétaires ayant une existence reconnue lors de la création de l'association (2).

I – DÉFENSE DE LA PROPRIÉTÉ

1) Le retrait est une forme d'opposition qui participe à la défense de la propriété contre l'expropriation du droit de chasse au profit de l'ACCA. Le retrait bénéficie des nouvelles dispositions de la loi du 26 juillet 2000 qui sont censées réaliser un équilibre entre le droit de propriété, fondement d'un « droit de non-chasse », et le devoir de gestion des chasseurs.

2) Pour ce faire, le retrait qui est une opposition formulée par un propriétaire disposant des surfaces exigées « prend effet à l'expiration de la période de cinq ans en cours » (art. L. 422-18), à condition d'avoir été notifié six mois avant le terme de cette période.

3) Cependant, la loi n'étant pas rétroactive, dans le cas des associations constituées avant la date d'entrée en vigueur de la loi du 26 juillet 2000, cette disposition s'applique à l'expiration de l'ancienne période de six ans en cours.

4) L'exercice du retrait peut donner lieu au versement d'une indemnité à l'ACCA correspondant à la valeur des améliorations qu'elle a apportées. Les tribunaux civils sont compétents pour l'apprécier.

5) Il existe une différence fondamentale entre la procédure de l'opposition et la procédure du retrait. Celle-ci ne peut pas, à la différence de celle-là, donner lieu à un regroupement conventionnel des territoires pour atteindre la superficie minimale exigée par l'article L. 422-13.

6) Le remembrement de la propriété est le seul moyen possible pour effectuer le retrait selon une jurisprudence constante du Conseil d'État (▪ CE, 7 juill. 1978, *De Vauxmoret : Rec. CE* 1978, p. 295 ; *RD rur.* 1979, p. 60, note J. de Malafosse ; *D.* 1979, jurispr. p. 482, note Delvolvé. ▪ CE, 28 mars 1979, *Boutet et a. : Bull. off. nat. chasse* 1979, n° 7, p. 228, note Jenny).

7) Le revirement de la jurisprudence (▪ CE, 27 oct. 2000, *Vignon* ; V. art. L. 422-2, annot. n° 19, p. 793) pourrait permettre une harmonisation des procédures de l'opposition et du retrait. Cela d'autant plus que la constitution des associations syndicales de forestiers pour demander un plan de chasse permettant de lutter contre les dégâts forestiers se situe surtout dans des forêts où le droit de chasse appartient à une ACCA (V. *infra*).

8) On précisera cependant que le ministre a obtenu le rejet par l'Assemblée nationale d'un amendement qui permettait le regroupement en association des propriétaires forestiers afin d'atteindre la superficie minimale pour réserver le droit de chasse. Si l'idée « peut paraître alléchante (...) une telle disposition serait de nature à entraîner le démembrement des ACCA » (*JOAN* CR 12 oct. 2004, p. 7782).

II – PLAN DE CHASSE

9) Le plan de chasse a pour but de réaliser un équilibre entre les populations de grand gibier et leurs habitats (V. art. L. 425-8, p. 848). Au terme de laborieuses délibérations parlementaires, selon l'aveu du ministre, cet équilibre s'est avéré « difficile à trouver » (*JO Sénat* CR 26 janv. 2004, p. 399).

10) Dans l'article L. 425-7, le législateur a adopté deux dispositions qui concernent surtout le territoire des ACCA. D'une part, celles-ci doivent informer les propriétaires de leur demande de plan de chasse et s'il ne leur convient pas, ils peuvent « formuler leur propre demande de plan de chasse ».

(1) Entrée en vigueur : V. L. n° 2000-698, 26 juill. 2000, art. 16.

(2) Le Conseil constitutionnel a déclaré les mots : « ayant une existence reconnue lors de la création de l'association » figurant au dernier alinéa du présent article dans sa rédaction résultant de la loi n° 2019-773 du 24 juillet 2019, conformes à la Constitution. – V. ▪ Cons. const., 4 nov. 2021, n° 2021-944 QPC : *JurisData* n° 2021-018003 ; *JO* 5 nov. 2021. – NDLR.

11) D'autre part, ces propriétaires peuvent recourir à l'article L. 247-8 du Code forestier pour former des associations syndicales qui représentent leurs adhérents auprès de l'autorité compétente en matière d'attribution du plan de chasse (V. art. L. 425-7, p. 847).

12) Cela peut être à l'origine d'un intéressant contentieux. En effet, l'association syndicale de forestiers semble apte à remédier à un « équilibre sylvo-cynégétique fortement perturbé » en appliquant la nouvelle règle du minimum d'un plan de chasse car il est aussi difficile à calculer qu'à contrôler.

III – RECOURS CONTENTIEUX

13) « Considérant qu'en application des dispositions combinées du 3° des articles L. 422-10 et L. 422-18 du Code de l'environnement, le maire de Bertrichamps a notifié au préfet de Meurthe-et-Moselle la délibération en date du 26 septembre 2008 par laquelle le conseil municipal a fait opposition à l'action de l'association communale de chasse agréée de Bertrichamps sur les forêts d'une superficie de 500 hectares environ appartenant à son domaine privé ; que cette délibération, qui ne peut ni en fait, ni en droit, recevoir application tant que le préfet n'a pas pris de décision constitue une mesure préparatoire à cette dernière approuvant ou refusant la demande ; qu'il s'ensuit que cette délibération ne constitue pas un acte faisant grief ; que l'association n'est, par suite, pas fondée à l'attaquer, et que sa demande devant le tribunal administratif devait être rejetée pour ce motif » (■ CAA Nancy, 4e ch., 30 mai 2011, n° 10NC00776, *ACCA de Bertrichamps Cne de Bertrichamps*, inédit).

Art. L. 422-19 *(Anc. C. rur., art. L. 222-17-1).* – **Lorsque des terrains ayant été exclus du territoire de l'association communale en application du 5° de l'article L. 422-10 changent de propriétaire, le nouveau propriétaire peut maintenir l'opposition à raison de ses convictions personnelles dans un délai de six mois courant à compter du changement de propriétaire. À défaut, ces terrains sont intégrés dans le territoire de l'association.**

§ 5. – Enclaves

Art. L. 422-20 *(Anc. C. rur., art. L. 222-18).* – **Dans les chasses organisées telles que les sociétés communales, chasses privées, le droit de chasse dans les enclaves de superficie inférieure aux minima fixés à l'article L. 422-13 doit être obligatoirement cédé à la fédération des chasseurs, qui doit, par voie d'échange, d'accord ou de location, le céder au détenteur du droit de chasse sur le territoire duquel sont comprises ces enclaves ou le mettre en réserve.**

Voir : art. R. 422-59 et s., p. 2253.

Sous-section 5. – Dispositions obligatoires des statuts des associations communales de chasse agréées

Voir : art. R. 422-62 et s., p. 2253.

Art. L. 422-21 *(Anc. C. rur., art. L. 222-19 ; mod., L. n° 2001-602, 9 juill. 2001 ; L. n° 2003-698, 30 juill. 2003 ; L. n° 2012-325, 7 mars 2012).* – **I. – Les statuts de chaque association doivent prévoir l'admission dans celle-ci des titulaires du permis de chasser validé :**

1° Soit domiciliés dans la commune ou y ayant une résidence pour laquelle ils figurent, l'année de leur admission, pour la quatrième année sans interruption, au rôle d'une des quatre contributions directes ;

2° ***Soit propriétaires*** **ou détenteurs de droits de chasse ayant fait apport de leurs droits de chasse ainsi que, s'ils sont titulaires d'un permis de chasser, leurs conjoints, ascendants et descendants, gendres et belles-filles du ou des conjoints apporteurs ;**

3° ***bis*** **Soit personnes ayant fait apport de leurs droits de chasse attachés à une ou des parcelles préalablement au transfert de la propriété de celles-ci à un groupement forestier, ainsi que, s'ils sont titulaires d'un permis de chasser, leurs conjoints, ascendants et descendants, gendres et belles-filles du ou des conjoints apporteurs ;**

4° Soit preneurs d'un bien rural lorsque le propriétaire a fait apport de son droit de chasse ;

5° Soit propriétaires d'un terrain soumis à l'action de l'association et devenus tels en vertu d'une succession ou d'une donation entre héritiers lors d'une période de cinq ans ;

6° Soit acquéreurs d'un terrain soumis à l'action de l'association et dont les droits de chasse qui y sont attachés ont été apportés à cette association à la date de sa création.

I *bis*. – L'acquéreur d'une fraction de propriété dont les droits de chasse qui y sont attachés ont été apportés à l'association à la date de sa création et dont la superficie représente au moins 10 % de la surface des terrains mentionnés à l'article L. 422-13 est membre de droit de cette association sur sa demande.

Les statuts de chaque association déterminent les conditions dans lesquelles l'acquéreur en devient membre si cette superficie est inférieure à 10 % de la surface des terrains mentionnés au même article L. 422-13.

II. – Ces statuts doivent prévoir également le nombre minimum des adhérents à l'association et l'admission d'un pourcentage minimum de chasseurs ne rentrant dans aucune des catégories définies ci-dessus.

III. – Sauf s'il a manifesté son opposition à la chasse dans les conditions fixées par le 5° de l'article L. 422-10, le propriétaire non chasseur dont les terrains sont incorporés dans le territoire de l'association est à sa demande et gratuitement membre de l'association, sans être tenu à l'éventuelle couverture du déficit de l'association. L'association effectue auprès de lui les démarches nécessaires.

IV. – Le propriétaire ou le détenteur de droits de chasse ayant exercé un droit à opposition ne peut prétendre à la qualité de membre de l'association, sauf décision souveraine de l'association communale de chasse agréée.

V. – Outre les dispositions énumérées ci-dessus, les statuts de chaque association doivent comporter des clauses obligatoires déterminées par décret en Conseil d'État.

I – FORME DES STATUTS

1) Statuts écrits. Aucun texte n'exige que les ACCA soient dotées de statuts écrits (TGI Meaux, 20 févr. 1974 : *Gaz. Pal.* 1974, 2, p. 734, note Alauze).

II – MEMBRES DE DROIT

2) Ayants cause à titre particulier. Les ayants cause à titre particulier d'un propriétaire titulaire d'un droit de chasse, par suite de l'apport de ses terres à l'association, ne figurent pas parmi les bénéficiaires pouvant être admis comme membres de l'association (■ Cass. 3e civ., 16 févr. 2000 : *JurisData* n° 2000-000500. ■ Cass. 3e civ., 14 juin 1977, n° 75-14.965 : *JurisData* n° 1977-799258 ; *JCP* G 1978, II, 18933, note J. de Malafosse. ■ Cass. 3e civ., 6 juill. 1983, n° 82-10.335 : *JurisData* n° 1983-701616 ; *JCP* G 1983, IV, p. 293. ■ Cass. 3e civ., 30 oct. 1990, n° 89-14.793 : *JurisData* n° 1990-003048 ; *RD rur.* 1991, p. 87). De même, lors du renouvellement des apports, l'acquéreur d'une parcelle incluse dans le territoire de l'ACCA n'est pas fondé à revendiquer la qualité de membre de droit (■ Cass. 3e civ., 15 mai 1996, n° 94-16.556 : *RD rur.* 1996, n° 243, p. 350).

3) Qualité de membre de droit. La qualité de membre de droit n'appartient qu'aux personnes qui remplissent les conditions définies par la loi, en particulier l'article L. 422-21 du Code de l'environnement. Il s'ensuit que l'intéressé n'est pas membre de droit de l'association concernée dans la mesure où le fait que le conseil d'administration de l'association ait pu, à un moment où il en était d'ailleurs le président, accepter de le prendre comme membre de droit est insusceptible de lui conférer un droit acquis, pour le futur et sans limite de temps, à une qualité pour laquelle il ne démontre pas remplir les conditions légales (■ CA Dijon, 28 mai 2002 : *JurisData* n° 2002-178203).

4) Date de la demande. Une association communale de chasse agréée ne peut se prévaloir pour refuser au donataire d'un fonds inclus dans son territoire de chasse la qualité de membre de l'association et la demande d'action de chasse, du retrait le 4 octobre 1997 du bien litigieux du domaine de l'ACCA dans la mesure où la demande doit s'apprécier au jour de sa formulation, soit le 12 septembre 1997 en l'espèce (■ Cass. 3e civ., 19 juin 2002 : *JurisData* n° 2002-014867).

5) Propriétaire domicilié ou résidant sur la commune. Ne peuvent être membres de droit d'une association communale de chasse agréée les titulaires du permis de chasser qui n'ont pas leur résidence dans la commune pour laquelle ils figurent, l'année de leur admission, pour la quatrième année sans interruption, au rôle des contributions directes. L'admission à une association communale de chasse agréée doit être prévue pour les titulaires du permis de chasser validé ayant dans la commune une résidence pour laquelle ils figurent, pour la quatrième année sans interruption, au rôle d'une des quatre contributions directes. Viole dès lors les dispositions de l'article L. 422-21-I-1° du Code de l'environnement une cour d'appel qui, pour ordonner la délivrance de cartes d'adhérents, retient que les demandeurs justifient d'une inscription pour la quatrième fois consécutive au rôle des contributions directes alors qu'elle a relevé que ceux-ci n'avaient pas de résidence dans la commune (■ Cass. 3e civ., 28 sept. 2011 : *JurisData* n° 2011-020419).

6) Droit à opposition. Par l'exercice de son droit à opposition, le propriétaire ou le détenteur de droits de chasse ne peut prétendre à la qualité de membre de droit de l'association. La loi ne comporte pas de distinction selon que l'opposition a été exercée en raison de convictions personnelles ou pour se constituer à son profit une chasse gardée sur une partie de sa propriété. L'impossibilité de prétendre à la qualité de membre de droit d'une association communale de chasse agréée prévue par l'article L. 422-21 IV du Code de l'environnement s'applique, sans distinction, à tout propriétaire ayant exercé son droit à opposition (■ Cass. 3e civ., 9 mars 2011 : *JurisData* n° 2011-003307).

7) Un propriétaire ayant apporté ses droits de chasse à une association communale de chasse agréée ne peut faire acquérir la qualité de membre de cette association aux personnes désignées par la loi que s'il est lui-même titulaire du permis de chasser. Les statuts de chaque ACCA doivent prévoir l'admission des titulaires du permis de chasser validé, des propriétaires ou détenteurs de droits de chasse ayant fait apport de leurs droits ainsi que, s'ils sont titulaires du permis de chasser, leurs conjoints, ascendants et descendants, gendres et belles-filles du ou des conjoints apporteurs. Il en résulte qu'un propriétaire qui a apporté ses droits de chasse à une ACCA ne peut faire acquérir la qualité de membre de cette association aux personnes désignées par la loi que s'il est lui-même titulaire du permis de chasser. Ainsi ni la mère ni des grands-parents ne peuvent faire attribuer la qualité de membre à un fils ou à un petit-fils, si eux-mêmes ne sont pas détenteurs du permis de chasser. Seul l'apporteur titulaire d'un permis de chasser peut conférer aux proches énumérés par la loi la qualité de membre (■ Cass. 3e civ., 1er févr. 2012, n° 10-14.393 : *JurisData* n° 2012-002083. ■ Cass. 3e civ., 1er févr. 2012, n° 10-14.392 : *JurisData* n° 2012-001355 ; *Bull. civ.* 2012, III, n° 21).

8) La qualité de membre suppose la résidence sur le territoire de la commune (■ Cass. 3e civ., 28 sept. 2011, n° 10-13.848, *ACCA de Lescun c/ Courrèges-Anglas* : *JurisData* n° 2011-020419).

9) Le revendiquant d'une action de chasse expose résider chez son père et avoir déjà bénéficié d'une action en tant que membre de droit de l'association communale de chasse agréée en cause. Au visa de l'article L. 422-21 I du Code de l'environnement, il existe une contestation sérieuse sur le domicile et la résidence du requérant dès lors qu'il ne justifie pas de sa domiciliation dans la commune puisque les attestations des maires produites, l'une reprenant les propos de son père et l'autre indiquant qu'il ne réside pas dans sa commune, ne prouvent pas qu'il est bien domicilié dans la commune de l'ACCA. De la même façon, les copies d'écran du site Internet Facebook produites par l'association ACCA sont insuffisantes à établir un domicile ou même une simple résidence dans une autre commune (■ CA Besançon, ch. civ. 1, 19 oct. 2016 : *JurisData* n° 2016-022732).

10) Il résulte de la lecture intégrale de l'article L. 422-21, I, 2° du Code de l'environnement, rapproché du traitement distinct qui est fait au III aux propriétaires apporteurs qui ne sont pas titulaires du permis de chasser, que pour qu'un propriétaire ayant apporté ses droits de chasse à une association communale de chasse agréée fasse acquérir la qualité de membre de droit aux personnes désignées par la loi (conjoints, ascendants et descendants, gendres et belles-filles du ou des conjoints apporteurs), il doit être établi qu'il était lui-même titulaire d'un permis de chasser validé. Ainsi n'est pas fondé à revendiquer la qualité de membre de droit d'une association le titulaire d'un permis de chasse validé ayant reçu par voie successorale une parcelle soumise à l'action de l'association, qui ne démontre pas que son grand père était lui-même titulaire d'un permis de chasser validé lors de l'apport du terrain à l'association au moment de la création de celle-ci (■ CA Chambéry, ch. civ., 1re sect., 3 janv. 2017, n° 14/02653).

Art. L. 422-22 *(Anc. C. rur., art. L. 222-20).* **– La qualité de membre d'une association communale de chasse confère le droit de chasser sur l'ensemble du territoire de chasse de l'association, conformément à son règlement.**

Ayant constaté que les modalités d'ouverture et de pratique de la chasse de chaque catégorie de gibier étaient prévues par arrêtés préfectoraux annuels, la cour d'appel, qui a retenu que la chasse des gibiers autres que les cervidés était généralement effectuée en battue, ce qui excluait la délivrance d'une autorisation générale de chasse individuelle pour ces autres gibiers, en a exactement déduit que le juge judiciaire ne pouvait accorder, pendant l'exécution du plan de chasse, un droit de chasse individuel sur les autres espèces que les cervidés, qui contreviendrait à la réglementation préfectorale (■ Cass. 3e civ., 28 avr. 2011 : *JurisData* n° 2011-007306).

Sous-section 6. – Réserves et garderie

Voir : art. R. 422-65 et s., p. 2255.

Art. L. 422-23 *(Anc. C. rur., art. L. 222-21 ; mod., L. n° 2019-773, 24 juill. 2019).* **– Les associations communales et intercommunales de chasse agréées sont tenues de constituer une ou plusieurs réserves de chasse communales ou intercommunales en faveur du petit gibier. Par exception, ces réserves peuvent également être constituées en faveur de certaines espèces de grand gibier, lorsque l'état des populations de**

ces espèces le justifie et qu'il est établi que la constitution de la réserve n'aura pas d'incidence négative, même à long terme, sur le maintien de l'équilibre agro-sylvo-cynégétique.

La superficie minimale des réserves est d'un dixième de la superficie totale du territoire de l'association.

1) Mise en réserve. Condition. Dès lors qu'un terrain est soumis à l'action de l'association communale de chasse agréée, il peut être mis en réserve par décision du préfet. Cette décision doit être affichée en mairie et publiée au recueil des actes administratifs de la préfecture (▪ CE, 12 mars 1999, n° 170863, *SCI La montagne des sept Laux, Les petits-fils de Pierre Camus et Belleguardo : RD rur.* 1999, p. 602). L'approbation d'une réserve dont la contenance est inférieure à la superficie minimale est illégale (▪ TA Besançon, 18 juin 1980, *Cne de Pouilly-les-Vignes*. ▪ TA Nantes, 9 juill. 1980, *Assoc. des amis chasseurs du Haut-Casso*. ▪ TA Nantes, 22 juill. 1981, *Assoc. des chasses privées de Loire-Atlantique*). L'approbation d'une réserve incluant des territoires n'appartenant pas à l'ACCA est illégale (▪ TA Toulouse, 18 déc. 1975, *Sté de chasse de Mons*. ▪ TA Poitiers, 7 nov. 1979, *Assoc pour la gestion de la chasse maritime sur le littoral de la Charente-Maritime : Gaz. off. chasse* juill. 1982, p. 27. ▪ TA Besançon, 17 déc. 1986, *ACCA de Damprichard*). Légalité du refus par un préfet d'approuver une réserve inapte à la protection du gibier (▪ TA Besançon, 17 déc. 1986, *ACCA de Damprichard*).

2) Après que l'arrêté d'agrément ait clos la procédure d'institution et de création de l'ACCA, l'exception d'illégalité de ces actes ne peut être invoquée à l'encontre de l'arrêté de constitution de la réserve (▪ TA Nantes, 9 juill. 1980, *Leroux c/ Assoc. des amis chasseurs du Haut-Casso*). Est légale une réserve située dans une zone déclarée constructible par le plan d'occupation des sols (▪ TA Montpellier, 22 avr. 1993, *Assoc. « Les Écarts de Lavanac » : JurisData* n° 1993-000327).

Sous-section 7. – Associations intercommunales de chasse agréées

Art. L. 422-24 *(Anc. C. rur., art. L. 222-22 ; mod., L. n° 2012-325, 7 mars 2012)*. **– Les associations communales de chasse agréées peuvent constituer, y compris par la fusion, une ou plusieurs associations intercommunales de chasse agréées dans des conditions fixées par décret en Conseil d'État.**

Voir : art. R. 422-69 et s., p. 2256.

1) Regroupement illégal. Un préfet n'a pas commis d'erreur manifeste en considérant que le nombre de communes regroupées, en l'espèce quatre-vingts, rendait impossible une gestion cynégétique satisfaisante. C'est pourquoi il a refusé l'agrément (▪ CE, 13 juin 1984, *AICA Quercy-Gascogne : Rec. CE* 1984, p. 207 ; *Gaz. Pal.* 1985, 1, somm. p. 329, note H. Angevin ; *Rev. jur. env.* 1984, p. 218, concl. P.-E. Jeanneney).

2) Dissolution. L'assemblée générale est seule habilitée à décider, dans le respect des statuts, de la dissolution de l'association intercommunale de chasse agréée, laquelle ne peut, en outre, intervenir sans que les comptes aient été apurés et les apports restitués. Le préfet n'a pas le pouvoir de prononcer la dissolution d'une telle association (▪ CAA Lyon, 7 oct. 2010, n° 08LY01541 : *Rev. jur. env.* 2011, 608, note Gervasoni).

Sous-section 8. – Dispositions diverses

Art. L. 422-25 *(Anc. C. rur., art. L. 222-23)*. **– Les associations communales ou intercommunales de chasse sont exonérées de tous droits ou taxes pouvant être perçus sur les chasses gardées.**

Art. L. 422-25-1 *(L. n° 2019-773, 24 juill. 2019)*. **– En cas d'atteinte aux propriétés, aux récoltes ou aux libertés publiques ou de manquement grave aux dispositions du schéma départemental de gestion cynégétique causés par une association communale ou intercommunale de chasse agréée, de violation grave de ses statuts ou de son règlement de chasse ou de dysfonctionnement grave et continu de l'association, le préfet peut, par arrêté, pris après avis du président de la fédération départementale des chasseurs, décider de mesures provisoires, telle que la suspension de l'exercice de la chasse sur tout ou partie du territoire, ainsi que de la dissolution et du remplacement du conseil d'administration par un comité de gestion nommé par arrêté pour une période maximale d'un an, pendant laquelle de nouvelles élections doivent avoir lieu.**

Art. L. 422-26 *(Anc. C. rur., art. L. 222-24)*. **– Un décret en Conseil d'État fixe les modalités d'application de la présente section.**

Voir : art. R. 422-1 et s., p. 2243.

Section II. – Réserves de chasse et de faune sauvage

(Intitulé rempl., L. n° 2005-157, 23 févr. 2005)

Art. L. 422-27 *(Anc. C. rur., art. L. 222-25 ; mod., L. n° 2002-92, 22 janv. 2002 ; L. n° 2005-157, 23 févr. 2005).* **– Les réserves de chasse et de faune sauvage ont vocation à :**

– protéger les populations d'oiseaux migrateurs conformément aux engagements internationaux ;
– assurer la protection des milieux naturels indispensables à la sauvegarde d'espèces menacées ;
– favoriser la mise au point d'outils de gestion des espèces de faune sauvage et de leurs habitats ;
– contribuer au développement durable de la chasse au sein des territoires ruraux.

Elles sont créées par l'autorité administrative à l'initiative du détenteur du droit de chasse ou de la fédération départementale ou interdépartementale des chasseurs lorsqu'il s'agit de conforter des actions d'intérêt général.

Les réserves nationales de chasse et de faune sauvage sont organisées en un réseau national sous la responsabilité de *(Mots rempl. à compter du 1er janvier 2020, L. n° 2019-773, 24 juill. 2019)* **l'« Office français de la biodiversité » et de la Fédération nationale des chasseurs.**

Les autres réserves peuvent être organisées en réseaux départementaux dont la coordination est assurée par les fédérations départementales ou interdépartementales des chasseurs.

Un décret en Conseil d'État fixe les conditions d'institution et de fonctionnement des réserves de chasse. Il détermine notamment les conditions dans lesquelles sont prises les mesures propres à prévenir les dommages aux activités humaines, à favoriser la protection du gibier et de ses habitats, à maintenir les équilibres biologiques.

En Corse, les conditions d'institution et de fonctionnement des réserves de chasse sont fixées par délibération de l'Assemblée corse.

Voir : art R. 422-82 à R. 422-91, p. 2259, art. R. 422-92 à R. 422-94, p. 2260.

ACTUALISATION

1) Le législateur, en 2005, actualise le titre et le texte en les mettant en conformité avec l'article L. 420-1 qui introduit le droit de la chasse.

2) Conformément à nos traditions législatives cynégétiques, il superpose le nouveau texte et l'ancien.

A – Atteinte au droit de propriété

3) Le préfet a le droit d'instituer une réserve de chasse lorsqu'il apparaît nécessaire de conforter des actions de protection et de gestion du gibier effectuées dans l'intérêt général. Cette atteinte au droit de propriété n'est pas contraire à l'article 1er du protocole additionnel de la Convention européenne des droits de l'Homme (▪ CE, 10 juill. 1995, n° 131745, *Montion*). Lorsque le droit de chasse sur un territoire qui est l'objet d'une mise en réserve a été cédé à un tiers, c'est à celui-ci et non au propriétaire que doit être adressé le dossier de constitution de la réserve (▪ CE, 10 oct. 1997, nos 172254 et 173154, *Socquet-Juglard*).

B – Office national des forêts

4) L'ONF peut, à l'instar des propriétaires privés, demander au préfet l'institution d'une réserve de chasse (▪ CE, 6e et 1re ss-sect., 28 juill. 2004 : *Juris-Data* n° 2004-240872).

Section III. – Chasse maritime

Art. L. 422-28 *(Anc. C. rur., art. L. 222-27).* **– I. – La chasse maritime est celle qui se pratique sur :**

1° La mer dans la limite des eaux territoriales ;

2° Les étangs ou plans d'eau salés ;

3° La partie des plans d'eau, des fleuves, rivières et canaux affluant à la mer qui est située en aval de la limite de salure des eaux ;

4° Le domaine public maritime.

II. – Elle a pour objet, dans les zones définies au I, la poursuite, la capture ou la destruction des oiseaux et autres gibiers.

III. – Elle est régie par le présent titre.

Voir : art. R. 422-92 à R. 422-94, p. 2260.

ARCHAÏSME

1) L'actualisation des dispositions relatives aux réserves de chasse et de faune sauvage met en évidence l'archaïsme du texte relatif à la chasse maritime.

La définition de son objet : « la poursuite, la capture ou la destruction des oiseaux et autres gibiers » permet de comprendre les difficultés d'application de la Directive « oiseaux ».

2) Caractère personnel du droit de chasse. La cour d'appel après avoir rappelé que la chasse sur le domaine maritime est réglementée de façon stricte a pu déduire des textes en vigueur que le droit de chasser au gabion, conféré par la carte de membre de l'association, est strictement personnel et ne peut être cédé sous aucune forme, en particulier par le biais d'une cession du droit de jouissance des installations fixes du gabion, et que, *a fortiori*, le droit de chasser ne saurait être cédé à titre onéreux (■ Cass. 1re civ., 19 déc. 1995, n° 94-10.478, *René Freulon c/ Assoc. des chasseurs de gibier d'eau d'Ille-et-Vilaine*).

Section IV. – Exploitation de la chasse sur le domaine de l'État

Voir : art. D. 422-96 et s., p. 2261.

Sous-section 1. – Exploitation de la chasse dans les forêts de l'État

Art. L. 422-29 *(Mod., Ord. n° 2012-92, 26 janv. 2012).* **– Ainsi qu'il est dit à l'article L. 123-6 du nouveau code forestier :**

« En cas d'adjudication publique en vue de la location du droit de chasse, l'autorité compétente pour l'exploitation de la chasse peut accorder au locataire sortant une priorité, au prix de l'enchère la plus élevée, dans les conditions fixées par décret en Conseil d'État. »

Sous-section 2. – Exploitation de la chasse sur le domaine public fluvial

Néant.

Voir : art. D. 422-97 et s., p. 2262.

Sous-section 3. – Exploitation de la chasse sur le domaine public maritime

Néant.

Voir : art. D. 422-115 et s., p. 2264.

CHAPITRE III. – PERMIS DE CHASSER

Art. L. 423-1 *(Anc. C. rur., art. L. 223-1 ; mod., L. n° 2005-157, 23 févr. 2005 ; mod. à compter du 1er septembre 2009, L. n° 2009-526, 12 mai 2009 ; mod., L. n° 2019-773, 24 juill. 2019).* **– Nul ne peut pratiquer la chasse s'il n'est titulaire et porteur d'un permis de chasser valable.**

Le caractère valable du permis de chasser résulte, d'une part, du paiement des redevances cynégétiques et du droit de timbre mentionnés à l'article L. 423-12 et, d'autre part, du paiement des cotisations prévues à l'article L. 423-13 ainsi que des participations prévues à l'article L. 426-5.

Toutefois, les personnes qui ont réussi l'examen du permis de chasser et se sont acquittées des sommes prévues à l'alinéa précédent peuvent pratiquer la chasse jusqu'à la décision prise sur leur demande de permis et au plus tard jusqu'à l'expiration d'un délai fixé par voie réglementaire.

Voir : L. n° 75-347 du 14 mai 1975 relative au permis de chasser (*JO* 15 mai 1975, p. 4899).

Voir : art. R. 423-1 et s., p. 2266.

I – HISTORIQUE

1) Le permis de chasser créé par la loi du 14 mai 1975 sert d'introduction aux dispositions qui régissent l'exercice de la chasse. Ses transformations successives qui contrastent avec l'anachronisme du droit de la chasse prouvent que les préoccupations de sûreté publique intéressent davantage le législateur que la protection de la faune sauvage.

2) Le « *permis de port d'armes de chasse* » valable un an institué par le décret du 11 juillet

1810, et assorti de dispositions pénales par le décret du 4 mai 1812, a été remplacé par le *permis de chasse* dans la loi du 3 mai 1844 (*art. 5 à 8*) qui est toujours en vigueur. Les conditions de délivrance par le préfet répondaient à des préoccupations de sûreté publique qui ont évolué très lentement.

3) Le contrôle des armes à feu est le principal souci des représentants locaux de l'État et, par mesure de précaution, on refuse le permis de chasser aux indigents. L'inscription au rôle des contributions sera exigée pour la délivrance annuelle du permis jusqu'à la loi du 14 mai 1875 qui lui substituera des mesures contre l'alcoolisme. Elles seront remplacées, à leur tour, par un texte plus général qui associe les mesures de précaution à l'encontre des condamnés ou des personnes jugées inaptes à la pratique de la chasse mais aussi aux personnes qui ont fait opposition à la chasse par convictions personnelles.

II – EXAMEN POUR LA DÉLIVRANCE DU PERMIS DE CHASSER

4) C'est une « loi de finances rectificative pour 1974 » du 27 décembre 1974 *(art. 22)* qui a subordonné la délivrance du permis de chasser à l'admission à un examen. En sont dispensés ceux qui avant le 1er juillet 1976 ont eu un permis de chasse ou une autorisation délivrée par l'administration des affaires maritimes *(art. L. 423-5)*. En revanche, sont astreints à l'examen ceux qui sont frappés de l'autorisation temporaire du droit d'obtenir ou de détenir un permis par décision de justice et ceux dont le permis est nul de plein droit en application de l'article L. 423-11.

5) L'examen est organisé par l'État avec le concours de l'ONCFS. Les modalités d'examen ont été légèrement modifiées par arrêté du 19 février 2001. Les fédérations départementales des chasseurs sont chargées de préparer les candidats aux épreuves théoriques et pratiques et elles organisent des formations de perfectionnement *(art. L. 423-8)*. Outre les connaissances de la faune sauvage et de la réglementation, les règles de sécurité ont pris une particulière importance.

6) Pour pouvoir prendre part à l'examen, il faut avoir participé à la formation pratique et avoir quinze ans révolu le jour des épreuves.

III – AUTORISATION DE CHASSER

7) Le législateur de l'an 2000 accentue le parallèle avec le permis de conduire en instaurant l'autorisation de chasser *avec un accompagnateur (art. L. 423-2)*. De son côté, en 2005, le législateur facilite la délivrance de l'autorisation de chasser pour freiner la baisse des effectifs. L'autorisation est accordée gratuitement pour un an et une seule fois aux mineurs de plus de quinze ans et aux majeurs ayant bénéficié d'une formation pratique élémentaire délivrée par la fédération départementale. Il est précisé que n'est autorisé que le port d'une arme pour deux.

IV – LE GUICHET UNIQUE

8) « Le guichet unique signifie que ce n'est plus l'organisme administratif de l'État qui délivre les validations annuelles du permis de chasser mais que ce sont dorénavant les fédérations départementales des chasseurs » (*JO* Sénat CR 26 janv. 2005, p. 35). Cela met fin à une succession de formalités qui rappelait le « parcours du combattant » avec un va et vient du Trésor à la mairie. La fédération vérifie si l'assurance de chasse est adéquate en raison de l'importance des règles de sécurité (V. art. L. 424-15, p. 839).

9) Le volet permanent du permis de chasser est établi par le préfet à partir du certificat de réussite à l'examen établi par l'ONCFS. Le permis est assimilé à une pièce d'identité officielle qui est admise pour justifier de son identité lors des élections.

10) Si, en principe, nul ne peut pratiquer la chasse s'il n'est titulaire et porteur d'un permis de chasser valable *(art L. 421-1)* dans la pratique, selon la coutume, il est accordé vingt-quatre heures pour produire le permis mais il s'agit désormais d'une tolérance.

V – FICHIER CENTRAL A CARACTÈRE NATIONAL

11) Le *fichier national des permis et des autorisations de chasser (art. L. 423-4)* a été remplacé en 2003 par un *fichier national des permis délivrés, des validations, des licences de chasse et des autorisations de chasser* géré par l'ONCFS. En 2005, le fichier national a été remplacé par un *fichier central à caractère national des permis délivrés, des validations et des autorisations de chasser* « dont la gestion est confiée à la Fédération nationale des chasseurs sous le contrôle de l'ONCFS ».

12) Si on laisse de côté les changements terminologiques, la principale transformation qui concerne la gestion du fichier a permis d'apaiser les discussions qui existaient entre l'ONCFS et la Fédération nationale. En effet, la gestion du fichier central implique une collaboration indispensable des deux organismes.

13) Comme le ministre l'a fait observer la gestion grâce à une association de droit privé comme la Fédération nationale des chasseurs

« des éléments permanents personnels nécessite des précautions conduisant à un encadrement strict afin d'éviter d'attenter aux libertés publiques » (*JO Sénat CR 26 janv. 2005, p. 383*).

14) Pour la même raison, le ministre constate que de nombreuses questions resteront à résoudre lors de la rédaction du décret d'application. En effet, le permis de chasser étant une pièce d'identité officielle, la gestion d'un fichier « n'est pas tout à fait anodin » (*ibid.*).

15) On observera enfin que cette disposition a été utilisée par le Gouvernement pour apaiser les tensions qui existaient entre l'ONCFS et la Fédération nationale des chasseurs.

Art. L. 423-1-1 *(L. n° 2017-256, 28 févr. 2017)*. – **Nul ne peut pratiquer la chasse en Guyane s'il n'est titulaire et porteur d'un permis de chasser valable.**

Le caractère valable en Guyane du permis de chasser résulte :

1° De la réussite à l'examen mentionné à l'article L. 423-5 dont les épreuves sont adaptées aux spécificités du territoire de la Guyane en ce qui concerne la chasse, la forêt, les espèces présentes et les règles de sécurité ;

2° De l'accomplissement de l'une des formalités mentionnées a l'article L. 423-23.

Art. L. 423-2 *(Anc. C. rur., art. L. 223-1-1 ; mod., L. n° 2005-157, 23 févr. 2005* (1) *; mod. à compter du 1er septembre 2009, L. n° 2009-526, 12 mai 2009 ; à compter du 1er janvier 2020, L. n° 2019-773, 24 juill. 2019)*. – **Toutefois, les personnes titulaires et porteuses d'une autorisation de chasser peuvent pratiquer la chasse en présence et sous la responsabilité civile d'un accompagnateur titulaire depuis au moins cinq ans du permis de chasser, n'ayant jamais été privé du droit d'obtenir ou de détenir un permis de chasser par décision de justice et ayant suivi une formation à la sécurité à la chasse adaptée à cette responsabilité d'accompagnateur. Le contenu de cette formation est défini par un arrêté du ministre chargé de la chasse pris après avis de la Fédération nationale des chasseurs. Pour la chasse à tir, la personne autorisée et l'accompagnateur ne peuvent disposer, sur le lieu de chasse, que d'une arme pour deux.**

À l'exclusion des personnes visées par l'article L. 423-25, l'autorisation de chasser est délivrée par le président de la fédération départementale des chasseurs, gratuitement, pour un an et une fois par personne, aux mineurs de plus de quinze ans et aux majeurs, ayant bénéficié d'une formation pratique élémentaire délivrée par cette fédération avec le concours de l'Office français de la biodiversité.

Les articles L. 424-4 et L. 424-5 sont applicables aux titulaires de l'autorisation de chasser.

Un décret en Conseil d'État précise les conditions de délivrance de l'autorisation de chasser.

Art. L. 423-3 *(Anc. C. rur., art. L. 223-2)*. – **Pour la pratique de la chasse maritime, les marins-pêcheurs professionnels et les conchyliculteurs assimilés administrativement auxdits marins sont dispensés de validation de leur permis de chasser sous réserve d'être en possession d'une autorisation délivrée gratuitement par l'autorité administrative sur présentation d'une attestation d'assurance établie dans les conditions fixées par le présent chapitre.**

Art. L. 423-4 *(Anc. L. n° 200-698, 26 juill. 2000 ; mod., L. n° 2003-698, 30 juill. 2003 ; rempl., L. n° 2005-157, 23 févr. 2005 ; rempl. à compter du 1er janvier 2020, L. n° 2019-773, 24 juill. 2019)*. – **I. – Il est créé un fichier national du permis de chasser constitué du fichier national du permis de chasser constitué du fichier central des titres permanents du permis de chasser géré par la Fédération nationale des chasseurs.**

Le fichier national du permis de chasser est géré conjointement par l'Office français de la biodiversité et la Fédération nationale des chasseurs.

Les fédérations départementales des chasseurs transmettent quotidiennement à la Fédération nationale des chasseurs la liste de leurs adhérents titulaires d'une validation ou d'une autorisation de chasser.

L'autorité judiciaire informe l'Office français de la biodiversité des peines prononcées en application des articles L. 428-14 et L. 428-15 du présent code ainsi que des retraits du permis de chasser prononcés en vertu des articles 131-14 et 131-16 du Code pénal. L'autorité administrative informe l'Office français de la biodiversité des inscriptions au fichier national automatisé des personnes interdites d'acquisition et de détention d'armes prévu à l'article L. 312-16 du Code de la sécurité intérieure.

L'Office français de la biodiversité et la Fédération nationale des chasseurs mettent à jour leurs fichiers centraux et actualisent quotidiennement le fichier national du permis de chasser pour lequel ils disposent d'un accès permanent.

---

(1) La modification prescrite par l'article 166 (VIII) de la loi n° 2005-157 du 23 février 2005 est rendue impossible du fait du remplacement du présent alinéa précédemment opéré par l'article 165 (II) de cette même loi. – NDLR.

II. – Un décret pris après avis de la Commission nationale de l'informatique et des libertés précise les modalités de constitution et de mise à jour du fichier national mentionné au I du présent article. Il précise également les conditions dans lesquelles les inspecteurs de l'environnement affectés à l'Office français de la biodiversité et les agents de développement commissionnés et assermentés des fédérations départementales des chasseurs consultent le fichier dans le cadre de leurs missions de police de la chasse.

Section I. – Examen pour la délivrance du permis de chasser

Art. L. 423-5 *(Anc. C. rur., art. L. 223-3 ; mod., L. n° 2005-157, 23 févr. 2005 ; mod. à compter du 1er septembre 2009, L. n° 2009-526, 12 mai 2009 ; à compter du 1er janvier 2020, L. n° 2019-773, 24 juill. 2019).* **– La délivrance du permis de chasser est subordonnée à l'admission à un examen. Cet examen porte notamment sur la connaissance de la faune sauvage, sur la réglementation de la chasse ainsi que sur les règles de sécurité qui doivent être respectées lors du maniement des armes dont la maîtrise sera évaluée à l'occasion d'une épreuve pratique. Il comporte des procédures éliminatoires et est organisé, pour le compte de l'État, par l'Office français de la biodiversité avec le concours des fédérations départementales et interdépartementales des chasseurs dans des conditions définies par voie réglementaire.**

Le directeur général de l'Office français de la biodiversité saisi d'un recours concernant la délivrance du permis de chasser consulte avant de statuer sur celui-ci un jury composé pour moitié de représentants de l'État et pour moitié de représentants de la fédération départementale des chasseurs.

Toutefois, les personnes ayant obtenu, antérieurement au 1er juillet 1976, un permis de chasse ou une autorisation délivrée par l'administration des affaires maritimes sont dispensées de l'examen.

On notera l'arrêté du 16 janvier 2018 relatif aux modalités de délivrance à titre gratuit du permis de chasser en Guyane (*JO* 25 janvier).

Les dispositions de l'article L. 423-5 du Code de l'environnement qui subordonnent la délivrance du permis de chasser à l'admission à un examen s'appliquent aux personnes qui ayant obtenu un permis avant le 1er juillet 1976 ont été frappées par une décision judiciaire de privation temporaire du droit d'obtenir ou de détenir un permis de chasser. Il en résulte que celui qui détenait un permis antérieurement au 1er juillet 1976 mais qui a fait l'objet d'une condamnation correctionnelle prononçant le retrait du permis et l'interdiction d'en solliciter la délivrance avant un certain délai, ne peut se voir délivrer le nouveau permis qu'à la condition de satisfaire aux épreuves de l'examen. C'est donc à bon droit que le préfet a refusé la restitution du permis de chasser que l'intéressé avait remis à la gendarmerie (▪ CAA Douai, 14 juin 2012, n° 10DA01540, inédit).

Art. L. 423-6 *(Anc. C. rur., art. L. 223-4 ; mod. à compter du 1er janvier 2002, Ord. n° 2000-916, 19 sept. 2000 ; mod., L. n° 2005-157, 23 févr. 2005 ; mod. à compter du 1er septembre 2009, L. n° 2009-526, 12 mai 2009 ; à compter du 1er janvier 2020, L. n° 2019-773, 24 juill. 2019).* **– Pour l'inscription à l'examen du permis de chasser, le candidat doit présenter à l'Office français de la biodiversité un certificat médical attestant que son état de santé physique et psychique est compatible avec la détention d'une arme. Il doit en outre présenter une déclaration sur l'honneur attestant qu'il n'est pas privé du droit de détention ou de port d'armes par décision préfectorale ou par suite d'une condamnation.**

Il est également perçu un droit d'examen dont le montant est fixé dans la limite de 16 €, par arrêté du ministre chargé de la chasse et du ministre chargé du budget (1).

Le produit de ces droits est reversé à l'Office français de la biodiversité pour être affecté à l'organisation matérielle de l'examen.

Art. L. 423-7 *(Anc. C. rur., art. L. 223-5).* **– Sont astreintes à l'examen prévu à l'article L. 423-5, avant toute nouvelle délivrance d'un permis de chasser, les personnes :**

1° Frappées de la privation temporaire du droit d'obtenir ou de détenir un permis de chasser par décision de justice ;

2° Dont le permis serait nul de plein droit en application de l'article L. 423-11.

Voir : art. R. 423-2 et s., p. 2269.

(1) V. T. appl. : A. 14 déc. 2001, art. 1er. – NDLR.

Le permis de chasser a été instauré par la loi du 14 mai 1975, il remplace le permis de chasse (Loi du 3 mai 1844). La délivrance du permis de chasser est subordonnée à l'admission à un examen (C. env., art. L. 423-5). Ce permis de chasser peut faire l'objet d'un retrait au titre des articles 131-6 (8°) et 131-14 du Code pénal avec interdiction d'en solliciter un nouveau pendant un an au plus si l'infraction commise est une contravention, ou cinq ans s'il s'agit d'un délit. Cette peine peut être prononcée pour toutes les contraventions de la 5e classe et les délits punis de peines d'emprisonnement, sans lien nécessairement avec la police de la chasse. L'article L. 423-7 du Code de l'environnement dispose que « sont astreintes à l'examen prévu à l'article 423-5, avant toute nouvelle délivrance d'un permis de chasser, les personnes frappées de la privation temporaire du droit d'obtenir ou de détenir un permis de chasser par décision de justice ». Ainsi, l'auteur de l'infraction qui se voit privé, en application des articles du Code pénal précités, du droit de conserver son permis de chasser, avec interdiction de solliciter la délivrance d'un nouveau permis pendant un ou cinq ans au plus, devra repasser son permis de chasser à l'issue de l'interdiction. Le permis de chasser peut être retiré soit à titre de peine principale (C. pén., art. 131-6 (8°) et 131-14), soit à titre de peine complémentaire lorsque la loi le prévoit (C. pén., art. 131-10) (AN QE n° 79468, *Garde des Sceaux, ministère de la Justice et des Libertés – Chasse et pêche – Chasse – Permis de chasse. Infractions. Sanctions* : *JOAN* Q 28 sept. 2010).

Art. L. 423-8 *(Anc. C. rur., art. L. 223-5-1).* **– Les fédérations départementales des chasseurs organisent la formation des candidats aux épreuves théoriques et pratiques de l'examen pour la délivrance du permis de chasser. Des armes de chasse sont mises à la disposition des personnes participant à cette formation.**

Les fédérations départementales des chasseurs organisent également des formations ouvertes aux personnes titulaires du permis de chasser et visant à approfondir leurs connaissances de la faune sauvage, de la réglementation de la chasse et des armes.

ORGANISATION DE L'EXAMEN

Si les fédérations des chasseurs sont des associations de droit privé régies par la loi du 1er juillet 1901, elles sont dotées d'un statut législatif particulier et collaborent à l'exécution de missions de service public, pour lesquelles elles perçoivent des cotisations obligatoires et sont soumises à des sujétions particulières. Dans ce cadre, le pouvoir réglementaire a pu, sans méconnaître la liberté d'association, imposer aux fédérations la mise à disposition de leurs installations de formation pour le déroulement des épreuves de l'examen (■ CE, 19 nov. 2004, *Fédération nationale des chasseurs* : *JurisData* n° 2004-067967. – V. L. Benoit, *Organisation de l'examen du permis de chasser* : *Environnement* 2005, p. 15).

Art. L. 423-8-1 *(L. n° 2017-256, 28 févr. 2017).* **– En Guyane, le représentant de l'État dans le territoire :**

1° Désigne les organismes dispensant les formations mentionnées aux articles L. 423-2 et L. 423-8 ;

2° Désigne deux chasseurs siégeant à la place des représentants de la fédération des chasseurs dans le jury mentionné à l'article L. 423-5 ;

3° Peut dispenser les candidats résidant dans les zones mal desservies du certificat médical mentionné à l'article L. 423-6 sous réserve qu'ils produisent une déclaration sur l'honneur qu'ils ne sont pas atteints d'une affection mentionnée au 6° de l'article L. 423-15. Les deux derniers alinéas de l'article L. 423-11 sont applicables en cas de fausse déclaration. En cas de doute sur la déclaration relative aux affections mentionnées au 6° de l'article L. 423-15, le représentant de l'État dans le territoire peut demander un certificat médical.

Section II. – Délivrance, validation, rétention et suspension administratives du permis de chasser

Sous-section 1. – Délivrance

Art. L. 423-9 *(Anc. C. rur., art. L. 223-6 ; mod. à compter du 1er septembre 2009, L. n° 2009-526, 12 mai 2009 ; à compter du 1er janvier 2020, L. n° 2019-773, 24 juill. 2019).* **– Le permis de chasser est délivré à titre permanent par le directeur général de l'Office français de la biodiversité.**

Art. L. 423-10 *(Abr. à compter du 1er mars 2010, L. fin. rect. n° 2009-1674, 30 déc. 2009).*

Art. L. 423-11 *(Anc. C. rur., art. L. 223-8 ; rempl., L. n° 2005-157, 23 févr. 2005 ; mod. à compter du 1er septembre 2009, L. n° 2009-526, 12 mai 2009).* – Ne peuvent obtenir la délivrance d'un permis de chasser :

1° Les personnes âgées de moins de seize ans ;

2° Les majeurs en tutelle, à moins qu'ils ne soient autorisés à chasser par le juge des tutelles ;

3° Ceux qui, par suite d'une condamnation, sont privés du droit de port d'armes ;

4° Ceux qui n'ont pas exécuté les condamnations prononcées contre eux pour l'une des infractions prévues par le présent titre ;

5° Tout condamné en état d'interdiction de séjour ;

6° Ceux qui n'ont pu produire le certificat médical prévu à l'article L. 423-6 ;

7° Les personnes ayant formé l'opposition prévue au 5° de l'article L. 422-10 ;

8° *(Mod., L. n° 2019-773, 24 juill. 2019)* Les personnes privées, en application articles L. 423-25-4 ou L. 428-14, du droit de conserver ou d'obtenir un permis de chasser ;

9° Ceux qui sont inscrits au fichier national automatisé nominatif des personnes interdites d'acquisition et de détention d'armes visé à l'article L. 2336-6 du Code de la défense.

Sous les peines encourues pour le délit prévu par l'article 441-6 du Code pénal, toute personne demandant la délivrance d'un permis de chasser doit déclarer qu'elle n'est pas dans l'un des cas d'incapacité ou d'interdiction prévus ci-dessus.

Le permis de chasser délivré sur une fausse déclaration est nul de plein droit. Dans ce cas, il doit être remis à l'*(Mots rempl. à compter du 1er janvier 2020, L. n° 2019-773, 24 juill. 2019)* « Office français de la biodiversité » à sa demande. Il peut être fait application des peines prévues contre ceux qui ont chassé sans permis valable.

Voir : art. R. 423-9 et s., p. 2271.

Il n'appartient pas au préfet, saisi d'une demande d'un propriétaire tendant au retrait de ses terres du territoire dévolu à une ACCA en raison de ses convictions personnelles opposées à la chasse, de porter une appréciation sur la sincérité de ces convictions ; dès lors, en se fondant sur l'absence de sincérité des convictions personnelles de Mme A. pour censurer la décision préfectorale litigieuse, la cour a commis une erreur de droit (■ CE, 3 avr. 2014, n° 364315).

Sous-section 2. – Validation du permis de chasser

Art. L. 423-12 *(Anc. C. rur., art. L. 223-9 ; rempl., Ord. n° 2003-719, 1er août 2003 ; mod., L. n° 2005-157, 23 févr. 2005 ; L. fin. n° 2005-1719, 30 déc. 2005).* – Le paiement de l'une des redevances cynégétiques prévues par la sous-section 3 et du droit de timbre mentionné à l'article 1635 *bis* N du Code général des impôts vaut validation du permis de chasser sous réserve que le titulaire de celui-ci satisfasse aux conditions définies par les articles L. 423-13, L. 423-15 et L. 423-16.

Art. L. 423-13 *(Anc. C. rur., art. L. 223-10).* – Nul ne peut obtenir la validation du permis de chasser s'il n'est membre d'une fédération des chasseurs et s'il n'a acquitté à celle-ci les cotisations statutaires. Les fédérations des chasseurs ne peuvent rejeter l'adhésion d'une personne titulaire du permis de chasser.

Art. L. 423-14 *(Abr., Ord. n° 2003-719, 1er août 2003).*

Art. L. 423-15 *(Anc. C. rur., art. L. 223-12 ; rempl., L. n° 2005-157, 23 févr. 2005 ; mod., Ord. n° 2012-351, 12 mars 2012).* – Ne peuvent obtenir la validation de leur permis de chasser :

1° Les mineurs non émancipés âgés de plus de seize ans, à moins que la validation ne soit demandée pour eux par leur père, mère ou tuteur ;

2° Les majeurs en tutelle, à moins qu'ils ne soient autorisés à chasser par le juge des tutelles ;

3° Ceux qui, par suite d'une condamnation, sont privés du droit de port d'armes ;

4° Ceux qui n'ont pas exécuté les condamnations prononcées contre eux pour l'une des infractions prévues par le présent titre ;

5° Tout condamné en état d'interdiction de séjour ;

6° Les personnes atteintes d'une affection médicale ou d'une infirmité, dont la liste est fixée par décret en Conseil d'État, rendant dangereuse la pratique de la chasse ;

7° Les personnes ayant formé l'opposition prévue au 5° de l'article L. 422-10 ;

8° *(Mod., L. n° 2019-773, 24 juill. 2019)* Les personnes privées, en application des articles L. 423-25-4 ou L. 428-14, du droit de conserver ou d'obtenir un permis de chasser, ou dont le permis est suspendu en application des articles L. 423-25-2, L. 423-25-4 ou L. 428-15 ;

9° Ceux qui sont inscrits au fichier national automatisé nominatif des personnes interdites d'acquisition et de détention d'armes visé à l'article L. 312-16 du Code de la sécurité intérieure.

Sous les peines encourues pour le délit prévu par l'article 441-6 du Code pénal, toute personne demandant la validation d'un permis de chasser doit déclarer qu'elle n'est pas dans l'un des cas d'incapacité ou d'interdiction prévus ci-dessus.

En cas de fausse déclaration, la validation du permis de chasser est nulle de plein droit. Dans ce cas, le document de validation doit être, à sa demande, remis au préfet. Il peut être fait application des peines prévues contre ceux qui ont chassé sans permis valable.

En cas de doute sur la déclaration relative aux affections mentionnées au 6°, le préfet peut demander un certificat médical.

Voir : A. 14 août 2017 relatif à l'autorisation de port d'arme pour les lieutenants de louveterie, *JO* n° 200, 27 août 2017.

1) Le prévenu est poursuivi du chef de fausse déclaration en vue de l'obtention d'un permis de chasser. Il a présenté, lors d'un contrôle, un permis de chasser et les agents de l'Office national de la chasse savaient qu'il avait fait l'objet d'un jugement du tribunal correctionnel lui interdisant de détenir une arme. La fédération départementale des chasseurs a confirmé avoir délivré au prévenu une validation annuelle de son permis de chasser dans l'ignorance de l'interdiction frappant le prévenu. L'article L. 423-15 du Code de l'environnement interdit la délivrance d'un permis de chasser aux personnes condamnées à une interdiction de port d'armes et le prévenu a rempli un imprimé dans lequel il devait déclarer ne pas se trouver dans un cas d'interdiction. Le délit de fausse déclaration est donc constitué par l'omission de signaler cette interdiction à la fédération, les obligations de déclaration étant applicables lors de la délivrance initiale du permis comme pour la validation ultérieure de celui-ci (■ CA Angers, ch. corr., 27 mai 2008 : *JurisData* n° 2008-365187).

2) « Considérant qu'il est constant que M. A. souffre depuis la naissance d'une atrophie du bras gauche, infirmité qui lui impose de se servir de ce membre comme point d'appui pour son fusil de chasse ; qu'en application des dispositions précitées de l'article L. 423-15 du Code de l'environnement sus-énoncées, le sous-préfet de Lure informé de cette infirmité non déclarée a demandé à l'intéressé de consulter un médecin aux fins de vérification de son aptitude physique à l'exercice de la chasse ; qu'il ressort du certificat médical dressé le 2 décembre 2005 que le médecin consulté n'a pu conclure de façon affirmative à cette capacité physique, renvoyant l'administration au recueil d'un avis médical plus avisé ; que si le requérant fait valoir que son handicap ne serait pas incompatible avec la pratique de la chasse qu'il déclare pratiquer depuis 30 ans, il ne conteste cependant pas avoir omis de déclarer ce handicap lors de ses demandes de validation de son permis de chasse ; qu'ainsi, eu égard aux renseignements en sa possession, le sous-préfet de Lure pouvait inviter M. A à consulter un médecin assermenté en application des dispositions de l'article R. 423-15 du Code de l'environnement ; que, par suite, M. A n'est pas fondé à soutenir que la décision litigieuse a été prise au vu de faits matériellement inexacts ; » (■ CAA Nancy, 4e ch., 22 mars 2010, n° 08NC00699, *BADET / Min. Écologie, Énergie, Développement durable et Mer* : inédit).

3) En vertu notamment des dispositions de l'article L. 423-15 du Code de l'environnement, et dès lors que M. A... faisait l'objet d'une procédure de dessaisissement des armes dont il était détenteur et corollairement d'une interdiction d'acquisition ou de détention d'armes soumises au régime de l'autorisation ou de la déclaration, le préfet du Loiret a pu légalement lui demander de restituer les validations de son permis de chasser de l'année 2010/2011 et de l'année en cours (■ CAA Nantes, 4e ch., 19 déc. 2014, n° 13NT00753 : inédit).

Art. L. 423-16 ***(Anc. C. rur., art. L. 223-13 ; rempl., Ord. n° 2003-719, 1er août 2003 ; mod., L. n° 2016-1087, 8 août 2016).*** **– Le chasseur doit avoir souscrit auprès d'une entreprise admise à pratiquer en France l'assurance des risques liés à l'exercice de la chasse une assurance qui garantisse sa responsabilité civile pour une somme illimitée et sans qu'aucune déchéance soit opposable aux victimes ou à leurs ayants droit, en raison des accidents corporels occasionnés par tout acte de chasse ou tout acte de destruction d'animaux d'espèces non domestiques. L'assurance doit aussi couvrir, dans les mêmes conditions, la responsabilité civile encourue par le chasseur du fait de ses chiens.**

Le chasseur qui, croyant tirer sur un sanglier, a mortellement blessé un ramasseur de champignons doit obtenir la garantie de son assureur au titre des conséquences dommageables de l'accident. Si l'assureur prétend qu'à l'initiative de la fédération de chasse son assuré a décidé de passer d'un contrat individuel à un contrat groupe et de supprimer ainsi la garantie responsabilité civile souscrite désormais auprès de la fédération de chasse, il apparaît que le contrat litigieux prévoit une garantie responsabilité civile et la reconduction tacite d'année en année du contrat sauf dénonciation de la part de l'assuré au moins deux mois avant la date d'échéance. L'assureur qui supporte la charge de la preuve de la dénonciation ou de la modification du contrat qu'il invoque n'en rapporte pas la preuve par la production de documents liant la fédération de chasse et son assureur puisque ces documents sont inopérants à l'égard de l'assuré qui n'est pas partie aux contrats passés entre ces derniers. En outre, si l'assuré a effectivement reçu des appels de cotisations minorées, il convient de noter que les minorations apportées sont très mineures et ne peuvent en cela correspondre à la perte d'une garantie substantielle obligatoire, le numéro de titulaire porté au contrat restant identique comme le nom donné au contrat sous la mention générale de « contrat chasse ». En outre, une attestation « Chasse saison 2009/2010 » délivrée le 8 septembre 2009 à l'intéressé indique garantir celui-ci au titre de sa responsabilité civile chasse pour la période considérée alors même que l'assureur invoque de façon contradictoire une perte de garantie responsabilité civile chasse individuelle dès le mois de septembre 2008 et l'assureur n'apparaît pas avoir délivré un avis au titre de son obligation de conseil, dans le cadre de l'obligation d'assurance existant en matière de chasse en cas de suppression de la garantie responsabilité civile. La résistance abusive de l'assureur justifie enfin sa condamnation au paiement de 2 500 euros en réparation du préjudice subi par l'assuré (■ CA Lyon, ch. civ. 1 A, 4 févr. 2016 : *JurisData* n° 2016-002949).

Art. L. 423-17 ***(Anc. C. rur., art. L. 223-14).*** **– Tout contrat d'assurance couvrant la responsabilité civile des chasseurs est, nonobstant toute clause contraire, réputé comporter des garanties au moins équivalentes à celles qui sont fixées par l'article L. 423-16.**

Art. L. 423-18 ***(Anc. C. rur., art. L. 223-15 ; mod. à compter du 1er septembre 2009, L. n° 2009-526, 12 mai 2009 ; à compter du 1er janvier 2020, L. n° 2019-773, 24 juill. 2019).*** **– Le permis cesse d'être valable, et il est retiré provisoirement par l'[Office français de la biodiversité], si le contrat d'assurance est résilié ou si la garantie prévue au contrat est suspendue pour quelque cause que ce soit.**

La résiliation du contrat ou la suspension de la garantie doivent être notifiées par l'entreprise d'assurance à l'Office français de la biodiversité.

Les peines prévues à l'article L. 428-3 sont appliquées à toute personne qui refuse de remettre son permis de chasser à l'agent de l'autorité compétente par application des dispositions du présent article.

Voir : art. R. 423-12 et s., p. 2272.

Sous-section 3. – Modalités de validation du permis de chasser

Art. L. 423-19 ***(Mod.,, L. n° 2012-325, 7 mars 2012 ; à compter du 1er janvier 2020, L. n° 2019-773, 24 juill. 2019 ; mod., L. fin. rect. n° 2020-473, 25 avr. 2020).*** **– La validation du permis de chasser donne lieu annuellement au paiement d'une redevance cynégétique départementale ou nationale.**

Pour obtenir la validation départementale du permis de chasser, le demandeur doit être membre de la fédération des chasseurs correspondante. La première validation annuelle du permis de chasser qu'il obtient l'habilite à chasser sur l'ensemble du territoire national.

Un décret détermine **les modalités du versement du produit de cette redevance à l'une des agences créées en application de l'article L. 213-8-1** (1).

1) Imposition de toutes natures. Considérant que les redevances cynégétiques versées par les chasseurs lors de la validation de leur permis de chasser en application de l'article L. 223-16 du Code rural ont le caractère d'imposition de toutes natures : qu'il résulte de l'article 1er de l'ordonnance du 2 janvier 1959 portant loi organique relative aux lois de finances susvisée que les dispositions fiscales ne sont pas au nombre de celles qui sont réservées à la compétence exclusive des lois de finances (■ Cons. const., déc., 20 juill. 2000, n° 2000-434 DC : *JO* 27 juill. 2000, p. 11551).

(1) V. T. appl. : D. n° 2020-729, 15 juin 2020. – NDLR.

2) **Acte administratif.** L'adhésion à la fédération départementale des chasseurs étant obligatoire pour obtenir le visa (la validation) du permis de chasser, la fixation du montant de la cotisation statutaire liée à cette adhésion constitue un acte administratif faisant grief susceptible d'un recours devant le juge administratif (■ T. confl., 24 sept. 2001, n° 3190 : *JurisData* n° 2001-157847 ; *RD rur.* 2002, p. 559, note P. Astié).

Art. L. 423-20 *(Anc. C. rur., art. L. 223-16-1 ; rempl., L. n° 2005-157, 23 févr. 2005).* **– Le permis de chasser peut être validé pour une durée de neuf jours consécutifs. Cette validation est subordonnée au paiement d'une redevance cynégétique et d'une cotisation fédérale temporaires. Elle ne peut être obtenue qu'une seule fois par campagne cynégétique.**

Le permis de chasser peut également être validé pour une durée de trois jours consécutifs. Cette validation peut être renouvelée deux fois au cours d'une même campagne cynégétique. Elle donne lieu, chaque fois, au paiement d'une redevance cynégétique et d'une cotisation fédérale temporaires.

Ces deux modalités de validation temporaire ne sont pas cumulables.

Art. L. 423-21 *(Anc. C. rur., art. L. 223-17 ; rempl., L. n° 2005-157, 23 févr. 2005).* **– L'exercice de la chasse en France par des non-résidents, français ou étrangers, détenteurs de permis de chasser délivrés à l'étranger ou de toute autre pièce administrative en tenant lieu, est subordonné à la validation de ces documents dans les conditions applicables aux permis de chasser délivrés en France.**

Art. L. 423-21-1 *(L. fin. rect. n° 2000-1353, 30 déc. 2000 ; mod., L. fin. rect. n° 2000-1353, 30 déc. 2000 ; Ord. n° 2003-719, 1er août 2003 ; rempl., L. fin. n° 2006-1666, 21 déc. 2006 ; mod., L. n° 2008-1545, 31 déc. 2008 ; Ord. n° 2010-420, 27 avr. 2010 ; L. n° 2012-325, 7 mars 2012 ; L. fin. n° 2018-1317, 28 déc. 2018).* **– Le montant des redevances cynégétiques est fixé pour 2019 à :**

1° Pour la redevance cynégétique nationale annuelle : 44,5 € ;

2° Pour la redevance cynégétique nationale temporaire pour neuf jours : 31 € ;

3° Pour la redevance cynégétique nationale temporaire pour trois jours : 22 € ;

4° Pour la redevance cynégétique départementale annuelle : 44,5 € ;

5° Pour la redevance cynégétique départementale temporaire pour neuf jours :31 € ;

6° Pour la redevance cynégétique départementale temporaire pour trois jours : 22 €.

Lorsqu'un chasseur valide pour la première fois son permis de chasser, le montant de ces redevances est diminué de moitié si cette validation intervient moins d'un an après l'obtention du titre permanent dudit permis.

À partir de 2020, les montants mentionnés ci-dessus sont indexés chaque année sur le taux de progression de l'indice des prix à la consommation hors tabac prévu dans le rapport économique, social et financier annexé au projet de loi de finances pour l'année considérée. Ils sont publiés chaque année par arrêté conjoint des ministres chargés de la chasse et du budget.

Les redevances cynégétiques sont encaissées par un comptable public de l'État ou un régisseur de recettes de l'État placé auprès d'une fédération départementale ou interdépartementale des chasseurs et habilité, selon les règles et avec les garanties applicables en matière de droits de timbre.

Voir : art. R. 423-19 et s., p. 2273.

Voir aussi : A. 30 avr. 2015, relatif au montant des redevances cynégétiques (*JO* 6 mai).

V. encore : A. 25 mars 2016, relatif au montant des redevances cynégétiques (*JO* 2 avr.).

Voir également : A. 26 avr. 2017, relatif au montant des redevances cynégétiques (*JO* 30 avr.).

Sous-section 4. – Dispositions propres à l'Île-de-France

Néant.

Voir : art. R. 423-22 et s., p. 2274.

Sous-section 5. – Dispositions propres à la Guyane

(Abr., L. n° 2005-157, 23 févr. 2005 ; rétablie, L. n° 2017-256, 28 févr. 2017)

Art. L. 423-22 *(Anc. C. rur., art. L. 223-18 ; abr., L. n° 2005-157, 23 févr. 2005 ; rétabli, L. n° 2017-256, 28 févr. 2017).* **– La validation pour la Guyane du permis de chasser délivré en France ou des documents**

mentionnés à l'article L. 423-21 n'est possible ou n'est valable que si le détenteur justifie de sa connaissance de la forêt et de la faune sauvage guyanaises et des règles de sécurité et de gestion afférentes.

Cette justification résulte :

1° Soit de l'obtention en Guyane du permis de chasser au titre de la reconnaissance de l'expérience cynégétique des résidents en application du II de l'article 83 de la loi n° 2017-256 du 28 février 2017 de programmation relative à l'égalité réelle outre-mer et portant autres dispositions en matière sociale et économique ;

2° Soit de l'admission à l'examen mentionné à l'article L. 423-5 du présent code passé en Guyane ;

3° Soit de l'admission à un examen de ces connaissances spécifiques organisé suivant les mêmes règles que celles prévues aux articles L. 423-5 à L. 423-8.

Art. L. 423-23 *(Anc. C. rur. Art. L. 223-19 ; mod., L. n° 2017-256, 28 févr. 2017).* – Outre les cas prévus à l'article L. 423-12, le permis des résidents à titre principal en Guyane peut-être validé pour, au plus, deux communes limitrophes.

Les articles L. 423-16 a L. 423-18 ne sont pas applicables a cette validation communale.

La validation résulte du visa annuel du permis par le maire de la commune de résidence de l'intéressé ou d'une des communes du lieu de chasse. La validation ne donne lieu qu'à la perception, par la commune du lieu de visa, d'une taxe qu'elle délibère mais dont le montant ne peut excéder la moitié de celui de la redevance départementale annuelle.

Le représentant de l'État dans le territoire peut accorder un visa irrégulièrement refusé ou annuler un visa irrégulièrement accordé.

Sous-section 6. – Refus et exclusions

Art. L. 423-23 ancien *(Abr., L. n° 2005-157, 23 févr. 2005).*

Art. L. 423-24 *(Abr., L. n° 2005-157, 23 févr. 2005).*

Art. L. 423-25 *(Anc. C. rur., art. L. 223-21 ; rempl., L. n° 2012-325, 7 mars 2012 ; mod., L. n° 2019-773, 24 juill. 2019).* – La délivrance du permis de chasser est refusée et la validation du permis est retirée :

1° À tout individu qui, par une condamnation judiciaire, a été privé de l'un ou de plusieurs des droits énumérés à l'article 131-26 du Code pénal ;

2° À tout condamné à un emprisonnement de plus de six mois pour rébellion ou violence envers les agents de l'autorité publique ;

3° À tout condamné pour délit de fabrication, débit, distribution de poudre, armes et autres munitions de guerre ; de menaces écrites ou de menaces verbales avec ordre ou sous condition.

4° À toute personne faisant l'objet d'une mesure administrative de suspension du permis de chasser ou d'interdiction de sa délivrance en application des articles L. 423-25-2 ou L. 423-25-4 du présent code.

II. – Le refus de délivrer le permis de chasser ou le retrait de la validation du permis de chasser aux condamnés mentionnés aux 2° et 3° du I cesse cinq ans après l'expiration de la peine.

Voir : art. R. 423-24 et s., p. 2274.

Refus de délivrance du permis de chasser. Un préfet peut refuser la délivrance du permis pour des raisons de sécurité publique (■ CE, 20 oct. 1950, *Lauth : Rec. CE* 1950, p. 504).

Sous-section 6 *bis*. – Rétention et suspension administratives

(Sous-sect. créée, L. n° 2019-773, 24 juill. 2019)

Art. L. 423-25-1 *(L. n° 2019-773, 24 juill. 2019).* – En cas de constatation d'un incident matériel grave ayant pu mettre en danger la vie d'autrui, les officiers et agents de police judiciaire ainsi que les inspecteurs de l'environnement mentionnés à l'article L. 172-1 peuvent retenir à titre conservatoire le permis de chasser ou l'autorisation de chasser de l'intéressé. Ces dispositions sont applicables à l'accompagnateur du titulaire de l'autorisation de chasser mentionnée à l'article L. 423-2.

En cas d'accident ayant entraîné la mort d'une personne ou involontairement causé une atteinte grave à l'intégrité physique d'une personne à l'occasion d'une action de chasse ou de destruction, les officiers et agents de police judiciaire ainsi que les inspecteurs de l'environnement retiennent à titre conservatoire le permis de chasser ou l'autorisation de chasser du chasseur.

Art. L. 423-25-2 *(L. n° 2019-773, 24 juill. 2019).* – Sur le fondement du procès-verbal constatant l'événement matériel grave mentionné au premier alinéa de l'article L. 423-25-1, le directeur général de l'Office français de la biodiversité peut, dans les soixante-douze heures de la rétention du permis ou de l'autorisation, prononcer la suspension du permis de chasser ou de l'autorisation de chasser du chasseur impliqué pour une durée qui ne peut excéder six mois.

À défaut de décision de suspension dans le délai de soixante-douze heures prévu au premier alinéa du présent article, le permis de chasser ou l'autorisation de chasser est remis à la disposition de l'intéressé, sans préjudice de l'application ultérieure des articles L. 423-25-4 et L. 423-25-5.

En cas d'accident survenu à l'occasion d'une action de chasse ou de destruction d'animaux d'espèces non domestiques ayant entraîné la mort d'une personne, la durée de la suspension du permis de chasser ou de l'autorisation de chasser peut être portée à un an.

Art. L. 423-25-3 *(L. n° 2019-773, 24 juill. 2019).* – Dans le cas où la rétention du permis de chasser ou de l'autorisation de chasser ne peut être effectuée faute pour le chasseur titulaire d'un tel titre d'être en mesure de le présenter, les articles L. 423-25-1 et L. 423-25-2 s'appliquent. Il lui est fait obligation de mettre à disposition de l'autorité qui le requiert son permis de chasser ou son autorisation de chasser dans un délai de vingt-quatre heures. Ces mesures s'appliquent également à l'accompagnateur d'un titulaire et porteur d'une autorisation de chasser mentionnée à l'article L. 423-2.

Art. L. 423-25-4 *(L. n° 2019-773, 24 juill. 2019).* – Saisi d'un procès-verbal constatant l'événement matériel grave mentionné au premier alinéa de l'article L. 423-25-1, le directeur général de l'Office français de la biodiversité peut, s'il n'estime pas devoir procéder au classement, prononcer à titre provisoire soit un avertissement, soit la suspension du permis de chasser ou l'interdiction de sa délivrance lorsque le chasseur impliqué n'en est pas titulaire. Il peut également prononcer à titre provisoire soit un avertissement, soit la suspension du permis de chasser à l'encontre de l'accompagnateur d'un titulaire et porteur d'une autorisation de chasser mentionnée à l'article L. 423-2.

Art. L. 423-25-5 *(L. n° 2019-773, 24 juill. 2019).* – La durée de la suspension ou de l'interdiction prévue à l'article L. 423-25-4 ne peut excéder six mois. Cette durée est portée à un an en cas d'homicide involontaire ou d'atteinte involontaire à l'intégrité de la personne ayant entraîné une incapacité totale de travail pendant plus de trois mois, survenu à l'occasion d'une action de chasse ou de destruction. Le directeur général de l'Office français de la biodiversité peut également prononcer une telle mesure à l'encontre de l'accompagnateur d'un titulaire et porteur d'une autorisation de chasser mentionnée à l'article L. 423-2.

Art. L. 423-25-6 *(L. n° 2019-773, 24 juill. 2019).* – Quelle que soit sa durée, la suspension du permis de chasser ou de l'autorisation de chasser mentionnée à l'article L. 423-2 ou l'interdiction de leur délivrance ordonnée par le directeur général de l'Office français de la biodiversité en application des articles L. 423-25-2 ou L. 423-25-4 cesse d'avoir effet lorsqu'est exécutoire une décision judiciaire prononçant une mesure restrictive du droit de chasser.

Les mesures administratives prévues à la présente sous-section sont considérées comme non avenues en cas d'ordonnance de non-lieu ou de jugement de relaxe ou si la juridiction ne prononce pas effectivement de mesure restrictive du droit de chasser.

Les modalités d'application du présent article sont fixées par décret en Conseil d'État. La durée des mesures administratives s'impute, le cas échéant, sur celle des mesures du même ordre prononcées par le tribunal.

Sous-section 7. – Dispositions propres à certains agents

Art. L. 423-26 *(Anc. C. rur., art. L. 223-22 ; mod. à compter du 1er juillet 2013, Ord. n° 2012-34, 11 janv. 2012).* – Le préfet peut apporter les limitations qu'il juge nécessaires, dans l'intérêt de la police de la chasse ou du service, à l'exercice de la chasse par les inspecteurs de l'environnement mentionnés à l'article L. 172-1 et par les agents mentionnés du 1° au 4° de l'article L. 428-20.

Section III. – Affectation des redevances cynégétiques

Art. L. 423-27 *(Anc. C. rur., art. L. 223-23 ; mod., L. n° 2005-157, 23 févr. 2005 ; L. n° 2020-473, 25 avr. 2020). – (Mod., L. fin. n° 2023-1322, 29 déc. 2023)* **Le produit des redevances mentionnées aux articles L. 423-19 et L. 423-20 et le produit du droit mentionné à l'article 1635 *bis* N du Code général des impôts sont versés, dans la limite d'un plafond annuel, aux agences de l'eau mentionnées à l'article L. 213-8-1 du présent code.**

Un arrêté conjoint des ministres chargés de l'écologie et du budget fixe la répartition des redevances mentionnées aux articles L. 423-19 et L. 423-20 et du droit de timbre perçu en application de l'article 1635 *bis* N du Code général des impôts entre les agences de l'eau, en fonction du potentiel économique du bassin hydrographique pondéré par l'importance relative de sa population rurale selon les modalités prévues à l'article 135 de la loin° 2017-1837 du 30 décembre 2017 de finances pour 2018.

Section IV. – Dispositions diverses

Néant.

Voir : art. R. 423-26 et s., p. 2276.

CHAPITRE IV. – EXERCICE DE LA CHASSE

Section I. – Protection du gibier

Art. L. 424-1 *(Anc. C. rur., art. L. 224-1).* **– Sans qu'il soit ainsi dérogé au droit de destruction des bêtes fauves édicté à l'article L. 427-9, le ministre chargé de la chasse prend des arrêtés pour :**

– prévenir la destruction ou favoriser le repeuplement des oiseaux ou de toutes espèces de gibier ;

– reporter la date de broyage de la jachère de tous terrains à usage agricole afin de prévenir la destruction ou de favoriser le repeuplement de toutes les espèces de gibier.

Bibliographie : V. Levy-Bruhl, note ss CE, 26 mai 1995, n° 120905, *Comité intervalléen pour la sauvegarde de l'ours et de la faune pyrénéenne dans leur environnement – Fédération dptale des chasseurs des Pyrénées-Atlantiques : Rev. jur. env.* 1996, n° 4, p. 449-468.

1) Protection du gibier. Protection contre destruction. Dans les trois lois de l'an 2000, la gestion se superpose à la protection. Si celle-ci s'oppose à la destruction, elle respecte le droit de destruction des bêtes fauves qui sont pour la plupart des espèces protégées *(art. L. 427-9)*. Ces anomalies s'accordent avec un droit de destruction qui concerne également le gibier sur le terrain de la chasse maritime *(art. L. 422-28)*.

À l'évidence, ces textes n'ont plus leur place dans un Code de l'environnement. Il ne s'agit pas cependant pour le législateur d'opérer une relève des « sentinelles de la Révolution » qui veillent sur « les droits acquis en 1789 ». Ces dispositions concernent, en effet, des pratiques de la chasse en vigueur au siècle dernier comme le notait dans ses souvenirs un Nemrod de la Belle Époque. Les oiseaux migrateurs constituaient une manne tombée du ciel et le rivage de l'océan comme le gibier appartenait à tout le monde. Dans ces conditions la chasse n'avait pas pour but de réaliser un « tableau », comme de nos jours, mais une « tuerie » (A. de Boiville, *Prise de conscience, La Sauvagine*, janv. 1978, n° 169, p. 15). Le commentateur illustrait son propos avec une lithographie tirée du catalogue de la manufacture française d'armes et cycles de Saint-Étienne représentant un « chasseur » qui pointait un canon de 37 mm, car il servait de réclame pour cette « arme de chasse », sur une bande de canards. Le tout sur fond de neige et de glace. Le titre : « La chasse aux canards ».

La jurisprudence fait ce qu'elle peut.

2) Espèces animales protégées. Constituent du gibier, au sens de la législation sur la chasse, les animaux sans maître, appartenant à une espèce non domestique, fût-elle protégée, vivant à l'état sauvage (■ Cass. crim., 12 oct. 1994, *Cts Lucas-Grousset : RD rur.* 1995, n° 236, p. 446. ■ CE, 26 mai 1995, n° 120905, *Comité intervalléen pour la sauvegarde de l'ours et de la faune pyrénéenne dans leur environnement et a. : RD rur.* 1995, n° 236, p. 446, note J. de Malafosse). En conséquence, le ministre chargé de la protection de l'environnement peut prendre des mesures d'interdiction de la chasse afin de créer une zone de tranquillité pour les ursidés.

3) Suite à un contrôle réalisé par l'office de la chasse et de la faune sauvage le 5 décembre 2012, le prévenu, qui était en possession de trois grives qu'il n'avait pas reportées sur son carnet de prélèvement, a été poursuivi pour infraction à un arrêté pris pour prévenir la destruction du gibier et favoriser son repeuplement ; le tribunal de police, statuant sur l'opposition formée par l'intéressé à l'ordonnance pénale dont il avait fait l'objet, l'a déclaré coupable et l'a condamné à une amende.

Pour confirmer le jugement, l'arrêt énonce que l'arrêté ministériel du 17 août 1989 dispose que tout utilisateur de gluaux tient à jour un état de ses captures qui doit pouvoir être présenté à tout instant sur les lieux et que la capture de la grive et du merle est particulièrement réglementée afin d'éviter les abus, ce qui implique de pouvoir vérifier les prises du chasseur à tout instant, au moyen du carnet de prélèvement qui doit donc nécessairement être renseigné au fur et à mesure des captures. Les juges ajoutent que l'arrêté préfectoral du 10 août 2012 portant autorisation de l'emploi de gluaux pour la saison 2012 pris en exécution de l'arrêté précité prescrit que la chasse est soumise à autorisation individuelle et aux spécifications techniques y étant annexées, de sorte que le prévenu, qui a reconnu n'avoir pas reporté les grives capturées dans son carnet de prélèvement, ne peut prétendre qu'il ignorait qu'il devait le faire au fur et à mesure des prises, dès lors que le carnet de prélèvement remis par la préfecture à l'intéressé spécifiait que le tableau journalier devait être rempli ainsi. En statuant ainsi, la cour d'appel a fait l'exacte application des dispositions de l'article L. 424-1 du Code de l'environnement, des arrêtés ministériel et préfectoraux pris pour son application et de l'article R. 428-5 du Code de l'environnement (■ Cass. crim., 24 nov. 2015 : *JurisData* n° 2015-026222).

4) Le ministre chargé de la chasse dispose d'un large pouvoir d'appréciation dans le choix des mesures qu'il prend pour prévenir la destruction ou favoriser le repeuplement des oiseaux en application de l'article L. 424-1 du Code de l'environnement. Le juge des référés du Conseil d'État, dans une décision du 26 août 2019, ordonne la demande de la Ligue pour la protection de l'exécution de l'arrêté du ministre de la Transition écologique et solidaire du 31 juillet 2019 relatif à la chasse du courlis cendré en France métropolitaine pour la saison 2019-2020 au motif notamment « qu'il n'a pas fait reposer ce choix sur les connaissances scientifiques relatives à la population de cette espèce, comme auraient pu le lui permettre les données résultant de la déclaration des prélèvements de limicoles sur le domaine public maritime imposée aux chasseurs par l'arrêté interministériel du 24 février 2014, visé ci-dessus, sans lesquelles le Comité d'experts sur la gestion adaptative prévu à l'article D. 421-51 du Code de l'environnement avait, dans son avis du 13 mai 2019, estimé qu'aucun niveau de prélèvement durable ne pouvait être recommandé. En l'absence de prise en compte des éléments existants quant à l'état de conservation de la population de cette espèce et ainsi que l'administration l'a également admis lors de l'audience, l'arrêté litigieux ne peut d'ailleurs être regardé comme mettant en place une "gestion adaptative" du courlis cendré. Eu égard à l'ensemble de ces circonstances, le moyen tiré de ce que l'arrêté attaqué méconnaît le plan international d'action établi dans le cadre de l'accord sur la conservation des oiseaux d'eau migrateurs d'Afrique-Eurasie et les objectifs résultant des articles 2 et 7 de la directive n° 2009/147/CE du 30 novembre 2009, transposée notamment à L. 424-1 du Code de l'environnement apparaît, en l'état de l'instruction, propre à créer un doute sérieux quant à la légalité de l'arrêté litigieux » (■ CE, Juge des référés, 26 août 2019, n° 433434).

Section II. – Temps de chasse

Art. L. 424-2 *(Anc. C. rur., art. L. 224-2 ; mod., L. n° 2001-602, 9 juill. 2001 ; L. n° 2003-698, 30 juill. 2003 ; L. n° 2005-157, 23 févr. 2005 ; L. n° 2019-773, 24 juill. 2019)*. **– Nul ne peut chasser en dehors des périodes d'ouverture de la chasse fixées par l'autorité administrative selon des conditions déterminées par décret en Conseil d'État.**

Les oiseaux ne peuvent être chassés ni pendant la période nidicole ni pendant les différents stades de reproduction et de dépendance. Les oiseaux migrateurs ne peuvent en outre être chassés pendant leur trajet de retour vers leur lieu de nidification.

Des dérogations peuvent être accordées, s'il n'existe pas d'autre solution satisfaisante et à la condition de maintenir dans un bon état de conservation les populations migratrices concernées :

1° Pour prévenir les dommages importants aux cultures, au bétail, aux forêts, aux pêcheries et aux eaux ;

2° Pour permettre, dans des conditions strictement contrôlées et de manière sélective, la capture, la détention ou toute autre exploitation judicieuse de certains oiseaux en petites quantités ;

3° Dans l'intérêt de la santé et de la sécurité publiques ;

4° Dans l'intérêt de la sécurité aérienne ;

5° Pour la protection de la flore et de la faune ;

6° Pour des fins de recherche et d'enseignement, de repeuplement, de réintroduction ainsi que pour l'élevage se rapportant à ces actions.

Un décret en Conseil d'État fixe les modalités d'application de cette disposition.

I – CHASSE DÉMOCRATIQUE ET POPULAIRE

1) « Le maintien du système d'amodiation du domaine public maritime et fluvial aux associations agréées est souhaité pour offrir des possibilités de chasse à des personnes à faibles revenus ». La proposition de François Patriat (*Rapport de mission sur la chasse*, nov. 1999, p. 36) illustre les difficultés rencontrées par la chasse démocratique car faute de moyens financiers, elle ne peut « faire contrepoids aux évolutions induites par les modes de l'agriculture contemporaine » (*Rapp. Patriat*, préc., p. 108). Si le territoire de chasse est assuré, en revanche le temps de chasse traditionnel ne s'accorde guère avec les principes de la « directive oiseaux ».

2) Sous l'Ancien Régime, en effet, les oiseaux migrateurs étaient l'objet d'une « chasse cuisinière » qui n'était pas concernée par le « droit exclusif de la chasse » aboli en 1789. De nos jours, elle est le symbole de la chasse populaire. Le principal problème que le législateur avait à résoudre était la chasse des migrateurs durant le mois de février, car la période de passage coïncide avec celle de leur trajet de retour vers leur lieu de nidification selon les termes de l'article 7 de la directive du Conseil du 2 avril 1979 dite « directive oiseaux ». Les violations de ce texte ont été abondamment condamnées par la Haute juridiction (V. P. Cassia et E. Saulnier, *La loi du 3 juillet 1998 sur la chasse et le droit communautaire : « error facit jus ? » : Europe* 1999, chron. 8) et par un arrêt du 7 décembre 2000 de la Cour de justice des communautés européennes.

3) Comme toute règle, celle de la « directive oiseaux » comporte des exceptions. Selon l'article 9, il est prévu des dérogations « s'il n'existe pas d'autre solution satisfaisante » pour une série de motifs que l'on peut qualifier d'intérêt général et pour un ultime motif qui a été recopié par le législateur de l'an 2000 dans l'avant dernier alinéa de l'article L. 424-2 (*Toutefois*, etc.). Par précaution, le législateur avait accepté un amendement qui est à l'origine du prélèvement maximal autorisé de l'article L. 425-5 et qui permet « une exploitation judicieuse de certains oiseaux migrateurs terrestres et aquatiques en petites quantités » conformément à la directive.

4) Le Conseil d'État annule l'arrêté du 30 janvier 2019 du ministre de la Transition écologique et solidaire, relatif au prélèvement autorisé de l'oie cendrée, de l'oie rieuse et de l'oie des moissons au cours du mois de février 2019 au motif « qu'en autorisant la chasse d'espèces migratrices en des périodes où celle-ci est prohibée à raison de ce qu'elles reviennent vers leurs lieux de nidification, sans que soient justifiées les conditions d'une dérogation posées par les dispositions précitées de l'article L. 424-2 du Code de l'environnement transposant l'article 9 § 1 de la directive du 30 novembre 2009, l'arrêté du 30 janvier 2019 est entaché d'illégalité » (■ CE, 11 déc. 2019, n° 427513).

II – CJCE, 16 OCT. 2003, N° C-182/02, *LIGUE POUR LA PROTECTION DES OISEAUX ET A.*

5) Rendu aux conclusions contraires de l'avocat général, cet arrêt « reprend d'une main ce qu'il donne de l'autre » (L. Benoit, *Exercice de la chasse : Environnement* 2004, p. 15. – V. D.-C. L., *Pour la détermination des périodes de chasse : RD rur.* 2005, p. 31).

6) En effet, selon la Cour de justice des Communautés européennes, la chasse peut être autorisée par dérogation prévue à l'article 9, s'il n'existe pas d'autre solution satisfaisante mais cette condition n'existe pas afin de prolonger les périodes de chasse. L'avocat général proposait, plus simplement, de dire catégoriquement que la dérogation ne permettait pas de prolonger les périodes de chasse en considération de l'objectif de *protection complète* qui n'existe cependant pas dans la directive.

7) Il apparaît cependant que le rôle des experts est déterminant. Voir l'Observatoire national de la faune sauvage et de ses habitats créé par le décret n° 2002-1000 du 17 juillet 2002 (*JORF* n° 166, 18 juill. 2002, p. 12272. V. C. env., art. R. 221-52 et s.).

III – OBSERVATOIRE NATIONAL DE LA FAUNE SAUVAGE ET DE SES HABITATS

8) « Nous avons voté, à l'unanimité, pour la création d'un Observatoire national de la faune sauvage et de ses habitats... parce que dans notre discussion avec la Commission européenne nous devions absolument nous appuyer sur des bases scientifiques concernant la préservation des espèces, pour fixer de façon objective les dates d'ouverture et de fermeture de la chasse » (*JO Sénat CR* 25 janv. 2005, p. 322).

9) Le ministre s'appuie désormais sur ces bases scientifiques et décide des dates « dans le strict respect de la jurisprudence du Conseil d'État » (*ibid.*). Interrogé au sujet de son arrêté du 17 janvier 2005 relatif aux dates de fermeture de la chasse aux migrateurs (*JO* 19 janv. 2005, p. 927) car il ne prenait pas en compte les possibilités d'un retard de la fermeture préconisées par l'Observatoire, le ministre répondait : « Le rapport de l'Observatoire auquel il est fait allusion émane du secrétariat de ce dernier – c'est bien le problème –, c'est-à-dire de l'Office national de la chasse et de la faune sauvage. Il n'a pas donné lieu à une validation contradictoire par tous les scientifiques de l'Observatoire. Il ne pourrait donc pas être pris en compte par le Conseil d'État » (*JO* Sénat CR 25 janv. 2005, p. 322). Le principe du contradictoire est respecté ce qui est de bon augure pour le sérieux des expertises sans préjuger de leur valeur scientifique.

IV – ACCORD AEWA (AFRICAN-EURASIAN WATER BIRD AGREEMENT)

10) Le décret n° 2003-1112 du 22 novembre 2003 (*JO* 26 nov. 2003, p. 20046) a publié l'accord sur la conservation des oiseaux d'eau migrateurs d'Afrique-Eurasie ouvert à la signature à La Haye le 15 août 1996. Sa notification avait été autorisée par un amendement noté par l'Assemblée nationale à l'article 5 de la loi n° 2003-698 du 30 juillet 2003 relative à la chasse (*JOAN* CR 15 mai 2003, p. 3679).

11) Il est prévu à l'annexe III, 2-1-2-a de ce document, que la réglementation interdira le prélèvement des oiseaux appartenant aux populations concernées « durant les différentes phases de reproduction et de l'élevage des jeunes et pendant leur retour vers les lieux de reproduction » ce qui reproduit les dispositions de la directive. Mais il est ajouté cette disposition restrictive : « dans la mesure où ledit prélèvement a un effet défavorable sur l'état de conservation de la population concernée ». Selon les députés, cette précision devrait permettre une application plus souple de la directive (*JOAN* CR 14 mai 2003, p. 3679).

12) Cependant, les députés ne se font guère d'illusions sur les conséquences que pourrait avoir l'accord AEWA car « en l'état actuel des choses, il semble que ce soit le droit communautaire, plus restrictif, qui l'emporte » (*JOAN* CR 15 mai 2003, p. 3681).

Voir : Droit européen :

– Dir. Cons. n° 79/409/CE, 2 avr. 1979 relative à la conservation des oiseaux sauvages (*JOCE* n° L 103, 25 avr. 1979, p. 1 à 18) ;

– Dir. n° 92/43/CEE, 21 mai 1992 relative à la conservation des habitats naturels ainsi que de la faune et de la flore sauvage (*JOCE* n° L 206, 22 juill. 1992).

Droit interne :

– ▪ CJCE, 19 janv. 1994, *ASPAS*, aff. C-435/92 ;

– ▪ CEDH, 29 avr. 1999, n°s 25088/94, 28331/95 et 2844/95, *Chassagnou* ;

– ▪ CE, ord., 1er août 2002, *Assoc. France Nature Environnement et a.* ;

– ▪ CE, 20 déc. 2002, n°s 250255, 250256 et 250257, *Ligue pour la protection de la faune sauvage et la défense des non chasseurs* ;

– ▪ CE, ord., 10 févr. 2003, n°s 253937 et 253939, *Ligue pour la protection de la faune sauvage et la défense des non chasseurs.*

Bibliographie : V. note J.-M. Février : *Environnement* mai 2003, p. 15. – J. de Malafosse, *Le rituel des dérogations occulte le principe de précaution : Environnement* juin 2003, repères p. 3. – *Accord AEWA : Environnement* janv. 2004, p. 3.

V – OISEAUX DE PASSAGE

13) La protection prévue pour les oiseaux de passage, tant pour la période nidicole et les différents stades de reproduction et de dépendance que pour le trajet de retour des espèces migratrices vers leur lieu de nidification, doit être une protection complète, excluant des risques de confusion entre espèces différentes, et la fixation de dates échelonnées en fonction des espèces ou en fonction des différentes parties du territoire n'est légalement possible que s'il peut être établi, au regard des données scientifiques et techniques disponibles, que cet échelonnement est compatible avec l'objectif de protection complète. Si les périodes de chasse de chaque espèce doivent être fixées en fonction des données propres à cette espèce quant à la période de vulnérabilité, c'est sous réserve que les risques de confusion entre les espèces ne fassent pas obstacle à la fixation de périodes différentes.

L'article 1er de l'arrêté du 19 janvier 2009 relatif aux dates de fermeture de la chasse aux oiseaux de passage et au gibier d'eau, hormis les limicoles et les oies, est annulé en tant qu'il fixe des dates de fermeture de la chasse distinctes et postérieures au 31 janvier, entre les espèces de canards de surface, les canards plongeurs fréquentant les plans d'eau et cours d'eau intérieurs et les rallidés. L'article 1er de l'arrêté du 19 janvier 2009 relatif aux dates de fermeture de la chasse aux limicoles est annulé en tant qu'il fixe une date de fermeture de la chasse postérieure au 31 janvier pour les espèces autres que le vanneau huppé (▪ CE, ss. sect. 6 et 1, Conseil d'État Sous-sections 6 et 1 réunies 23 juillet 2010 (Annulation partielle), n° 324320, *Association pour la protection des animaux sauvages, Min. Écologie, Éner-*

gie, *Développement durable et Mer : JurisData* n° 2010-014850 ; inédit).

14) Pour la mise en œuvre de la dérogation à l'objectif de protection complète de toutes les espèces d'oiseaux sauvages, prévu par l'article 9-1 de la directive 2009/147/ CE du 30 novembre 2009, l'article L. 424-2 du Code de l'environnement a prévu que des dérogations aux règles résultant des dates de clôture de chasse pourront être accordées « pour permettre, dans des conditions strictement contrôlées et de manière sélective, la capture, la détention ou toute autre exploitation judicieuse de certains oiseaux migrateurs terrestres et aquatiques en petites quantités, conformément aux dispositions de l'article L. 425-14 ». Les prélèvements aux fins d'études scientifiques autorisés par l'arrêté du 3 février 2012 du ministre de l'Écologie relatif au prélèvement autorisé de l'oie cendrée, de l'oie rieuse et de l'oie des moussons au cours du mois de février ne s'inscrivent dans aucun programme de recherche, et notamment pas dans le programme d'amélioration des connaissances sur l'oie cendrée en France lancé en 2010 et coordonné par l'Office national de la chasse et de la faune sauvage. Par ailleurs, il ne ressort pas des pièces du dossier qu'il n'existerait pas d'autre solution satisfaisante que des prélèvements par tir pour améliorer les connaissances sur l'origine et les déplacements migratoires des diverses espèces d'oies en cause. Il suit de là que le ministre chargé de la chasse a fait une inexacte application de l'article L. 424-2 du Code de l'environnement en autorisant, par l'arrêté attaqué, les prélèvements contestés en l'absence de tout intérêt scientifique (▪ CE, ss-sect. 6, 7 nov. 2012, n° 356464, inédit, *Association pour la protection des animaux sauvages min. Écologie, Développement durable et Énergie : JurisData* n° 2012-025614).

VI – JURISPRUDENCE

15) En l'absence de mise en cause d'une règle ou d'un principe inhérent à l'identité constitutionnelle de la France, le Conseil constitutionnel n'est pas compétent pour contrôler la conformité aux droits et libertés que la Constitution garantit de dispositions législatives qui se bornent à tirer les conséquences nécessaires de dispositions inconditionnelles et précises d'une directive de l'Union européenne. En ce cas, il n'appartient qu'au juge de l'Union européenne, saisi le cas échéant à titre préjudiciel, de contrôler le respect par cette directive des droits fondamentaux garantis par l'article 6 du traité sur l'Union européenne. Dès lors, une question prioritaire de constitutionnalité contestant la conformité aux droits et libertés garantis par la Constitution de telles dispositions législatives n'est pas sérieuse, sauf s'il peut être sérieusement soutenu qu'elles mettent en cause une règle ou un principe inhérent à l'identité constitutionnelle de la France.

Les dispositions de la directive n° 2009/147/CE du 30 novembre 2009 concernant la conservation des oiseaux sauvages, dont la portée a été éclairée par la Cour de justice des Communautés européennes, poursuivent un objectif d'intérêt général de protection des espèces d'oiseaux sauvages qui doit être concilié, en vertu de son article 2, avec des exigences économiques et récréationnelles. En vertu de l'article 7 de la directive, les espèces concernées peuvent en principe faire l'objet d'actes de chasse, dès lors qu'ils ne compromettent pas les efforts de conservation entrepris dans leur aire de distribution et qu'ils respectent les principes d'une utilisation raisonnée et d'une régulation équilibrée du point de vue écologique des espèces d'oiseaux concernées. Si les dispositions du point 4 de l'article 7 doivent être lues comme instaurant un régime de protection complète des espèces d'oiseaux sauvages pendant certaines périodes circonscrites, durant lesquelles ces espèces sont particulièrement vulnérables, notamment pendant le trajet de retour des espèces migratrices vers leur lieu de nidification, des dérogations à cette protection peuvent être prévues par les États membres dans les conditions prévues par l'article 9 de la directive. Ainsi, les dispositions de la directive n'instaurent pas une interdiction générale et absolue de chasser les espèces migratrices, y compris pendant leur trajet de retour vers leur lieu de nidification. Dans ces conditions, ni la circonstance que les mouvements migratoires des oiseaux sont caractérisés par une certaine variabilité dans leur ampleur et dans leurs dates, ni l'allégation selon laquelle l'identification des périodes de retour vers le lieu de nidification serait malaisée, ni la circonstance que certains États membres auraient recours à des mesures de régulation de certaines espèces migratrices dans les conditions prévues à l'article 9 de la directive, ne sont de nature à établir que le principe d'une protection complète des espèces migratrices pendant leur trajet de retour vers leur lieu de nidification serait disproportionné et injustifié. Sans qu'il soit besoin de saisir la Cour de justice de l'Union européenne d'une question préjudicielle, le moyen mettant en cause la validité de la directive du 30 novembre 2009 concernant la conservation des oiseaux sauvages au regard de l'article 17 de la Charte des droits fondamentaux de l'Union européenne ne peut qu'être écarté (▪ CE, 8 juill. 2015 et 9 nov. 2015, n° 390154 : *AJDA* 2015, 1390, obs. Poupeau).

16) La migration post nuptiale des tourterelles des bois se déroule en Aquitaine de début août à début novembre. Plus de 34 000 tourterelles des bois sont prélevées chaque année en Aquitaine, dont près de 7 000 en août et 17 000 en septembre. L'espèce est dans un état de conservation défavorable au sein de l'Union européenne et la chasse est l'un des principaux facteurs de déclin de l'espèce, en particulier la chasse printanière. Dans ces conditions, en refusant d'accorder pour la tourterelle des bois, durant le mois de mai, la dérogation prévue à l'article L. 424-2 à l'interdiction de chasser les oiseaux migrateurs pendant leur trajet de retour vers leur lieu de nidification, le ministre n'a pas commis d'erreur manifeste d'appréciation ni méconnu, en tout état de cause, les dispositions de l'article 9, § 1, de la directive 2009/147/CE du 30 novembre 2009 concernant la conservation des oiseaux sauvages (▪ CE, 9 avr. 2015, n° 373955, *UGDCT et UNACOM c/ MEDDE*).

Art. L. 424-3 *(Anc. C. rur., art. L. 224-3 ; mod., L. n° 2005-157, 23 févr. 2005 ; L. n° 2012-325, 7 mars 2012 ; L. n° 2019-773, 24 juill. 2019 ; L. n° 2023-54, 2 févr. 2023).* **– I. – Les terrains attenant à une habitation et entourés d'une clôture continue et constante faisant obstacle à toute communication avec les héritages voisins et empêchant complètement le passage des animaux non domestiques et celui de l'homme réalisée plus de trente ans avant la promulgation de la loi n° 2023-54 du 2 février 2023 visant à limiter l'engrillagement des espaces naturels et à protéger la propriété privée font l'objet, dans des conditions définies par décret en Conseil d'État, d'un plan de gestion annuel contrôlé par la fédération départementale des chasseurs et garantissant la prévention de la diffusion des dangers sanitaires entre les animaux non domestiques, les animaux domestiques et l'homme ainsi que la préservation de la biodiversité et des continuités écologiques**

II. – Les établissements professionnels de chasse à caractère commercial peuvent être formés de territoires ouverts ou de terrains clos au sens du I du présent article ou clôturés dans les conditions prévues à l'article L. 372-1. Ils possèdent cette qualité par l'inscription au registre du commerce ou au régime agricole. Leur activité est soumise à déclaration auprès du préfet du département et donne lieu à la tenue d'un registre. L'article L. 425-15 ne s'applique pas à la pratique de la chasse d'oiseaux issus de lâchers dans les établissements de chasse à caractère commercial.

Dans ces établissements, les dates d'ouverture et de fermeture de la chasse des perdrix grises, perdrix rouges et faisans de chasse, issus d'élevage sont les dates d'ouverture générale et de clôture générale de la chasse dans le département.

Voir : art. R. 424-4 et s., p. 2277.

I – CHASSE DANS LES ENCLOS

A – Objet de la chasse

1) Dans son article 2, la loi du 3 mai 1844 permettait de chasser librement dans les enclos attenant à une habitation, cette dérogation s'expliquait par le respect du domicile privé. Dans la loi du 10 juillet 1976, le législateur a voulu protéger les oiseaux migrateurs qui étaient l'objet d'une chasse en tout temps et a limité la chasse au gibier à poil. En contrepartie, il a ajouté la possibilité d'une chasse en tout temps de certains oiseaux d'élevage dans des conditions fixées par décret en Conseil d'État. Ce décret n'a jamais été publié et la Haute juridiction a ordonné que ce décret soit pris dans un délai de six mois à compter du jour de la notification de sa décision (▪ CE, 22 janv. 2003, n° 313912, *Assoc. de loisirs cynégétiques en enclos : Environnement* 2003, p. 16, L. Benoît).

B – Habitation

2) L'habitation est toute construction destinée à être habitée, ce qui est une question de fait laissée à l'appréciation du juge du fond (▪ Cass. crim., 10 nov. 1883 : *Bull crim.* 1883, n° 252, p. 423).

3) Le terrain doit être la dépendance de l'habitation. L'enclos n'est pas attenant à l'habitation s'il en est séparé par un chemin public (▪ CA Bordeaux, 15 mai 1907 : *D.* 1910, 2, p. 138. ▪ CA Montpellier, 11 janv. 1962 : *D.* 1963, p. 197, note M. Bouché). Si un chemin privé ouvert par tolérance à des personnes déterminées ne saurait être considéré comme séparant l'enclos de l'habitation (▪ CA Douai, 9 nov. 1847 : *D.* 1847, 4, p. 75), en revanche, il n'en va pas de même d'un chemin privé muni de portes et barrières qui restent ouvertes sans être gardées (▪ Cass. crim., 15 févr. 1889 : *D.* 1890, I, p. 46 ; *Bull. crim.* 1889, n° 63, p. 91). Les propriétaires d'un terrain attenant à un autre terrain comportant une habitation ne peuvent invoquer le bénéfice de la loi (▪ CA Bordeaux, 4 juill. 1972 : *JCP* G 1972, II, 17352, note J. de Malafosse).

4) La résiliation d'un bail d'un lot de chasse sur adjudication ne prend effet qu'à la date à laquelle le contrat a cessé d'être exécuté. Il s'ensuit que même si le preneur ne paye plus le loyer, la résiliation peut prendre effet à une date postérieure, notamment s'il a continué à user de son droit de chasse et en tout état de cause à partir de la date à laquelle les parties au bail ont cessé d'effectuer aucun acte d'exécution (■ Cass. 3e civ., 31 oct. 2012, n° 11-21.151).

5) Si les parties à un bail portant sur un ensemble immobilier ont entendu expressément soumettre leur convention aux dispositions de la loi du 6 juillet 1989 relative aux baux d'habitation pour ce qui concerne la délivrance d'un congé par le bailleur, le fait que le bail ait pour but premier la location d'un territoire de chasse et ait été consenti pour une durée de 16 ans n'exclut pas cependant l'application des seules dispositions légales qui ont été prévues par les parties pour délivrer congé, sauf à dénaturer le contrat voulu par les parties (■ Cass. 3e civ., 31 mai 2012, n° 11-18.041 : *JurisData* n° 2012-011742).

6) Un bail de chasse de trente ans consenti par le propriétaire est opposable à la commune qui a reçu les parcelles par legs, le bail ne pouvant être considéré comme perpétuel et alors que l'association de chasse titulaire du bail justifie des contreparties mises à sa charge. Il s'ensuit que la commune ne peut rechercher l'annulation du bail au motif d'une prétendue violation de l'interdiction de mise à disposition d'un bien public au profit d'une personne privée à des conditions inférieures au marché. Par son acceptation du legs, le bail de chasse s'impose à la commune (■ Cass. 3e civ., 3 mai 2012, n° 11-10.509 : *JurisData* n° 2012-011470).

7) Ne respecte pas son obligation de délivrance le bailleur mettant à la disposition du locataire des terres louées qui, faute de comporter l'habitation exigée par l'article L. 424-3 du Code de l'environnement, ne pouvaient, dès l'origine, être utilisées conformément à la destination de parc de chasse prévue au bail. La résiliation du bail peut être prononcée dès lors qu'il est constaté que les terres louées, faute de comporter l'habitation exigée par l'article L. 424-3 du Code de l'environnement, ne peuvent, dès l'origine, être utilisées conformément à la destination de parc de chasse prévue au bail (■ Cass. 3e civ., 19 déc. 2012, n° 11-28.170 : *JurisData* n° 2012-030247).

8) Clôture. Comme c'est souvent le cas en matière de chasse, la législation a suivi la jurisprudence en la renforçant. La clôture doit être continue, c'est-à-dire sans brèche ou passage (■ Cass. crim., 16 nov. 1983 : *Gaz. Pal.* 1984, 1, p. 731 ; *Bull. crim.* 1983, n° 258, p. 430). Elle doit empêcher le passage de l'homme et du gibier à poil (■ Cass. crim., 3 mai 1990, n° 89-81.370 : *JurisData* n° 1990-70166 ; *Bull. crim.* 1990, n° 168, p. 432).

C – Contrôle

9) L'absence d'un texte d'application relatif aux modes de contrôle de la chasse dans les enclos n'empêche pas tout contrôle. Celui-ci peut, en effet, être réalisé du dehors (■ Cass. crim., 7 mars 1868 : *Bull. crim.* 1868, n° 67, p. 108). De même, le transport du gibier peut constituer une infraction à la police de la chasse qui sera constatée à la sortie de l'enclos.

10) L'article L. 424-3 du Code de l'environnement, qui figure dans une section dudit code relative au « Temps de chasse » défini à l'article L. 424-2, n'apporte de dérogation, pour la chasse réalisée dans un enclos, qu'aux périodes de chasse et aux dispositions des articles qu'il énumère parmi lesquels ne figurent pas les dispositions incriminant la chasse de nuit. Justifie dès lors sa décision, la cour d'appel qui déclare des prévenus coupables du chef de chasse organisée de nuit dans un tel enclos (■ Cass. crim., 17 déc. 2019, n° 18-86358).

II – ÉTABLISSEMENTS PROFESSIONNELS DE CHASSE À CARACTÈRE COMMERCIAL

11) Une fois n'est pas coutume, en 2005, le législateur rompt avec la tradition en utilisant la superposition des textes pour organiser une forme moderne de la chasse. Lors du vote de la loi du 10 juillet 1976 relative à la protection de la nature, le ministre chargé de la chasse reconnaissait l'absence de différence dans les textes entre « le gibier destiné au tir » et le gibier destiné au « repeuplement des chasses » (*JO Sénat CR* 19 mai 1976, p. 1101). Avec les progrès de l'agriculture moderne et la raréfaction du petit gibier sédentaire, on assiste à l'intensification de ces pratiques.

12) Selon la loi de l'an 2005, les établissements professionnels peuvent être formés « de terrains ouverts ou de terrains clos », leur activité est sujette à certaines formalités et les dates de chasse aux oiseaux d'élevage sont fixées par arrêté ministériel. C'était la principale revendication des professionnels en raison de l'absence de publication d'un décret, c'est pourquoi, dans ce domaine, la pratique a largement devancé le droit, comme le montrent les statistiques publiées dans les travaux parlementaires. Il existerait, en effet, 450 établissements utilisant 4 000 employés et fréquentés par 600 000 chasseurs. Le nombre de chasseurs qui était de 2 millions 200 000 en 1978 est de l'ordre de 1 million 200 000 de nos jours. L'activité de ces établissements génère un chiffre d'affaires annuel de l'ordre de 150 millions d'euros (*JO Sénat CR* 12 mai 2004, p. 3121 et 3123).

13) Dès lors, le souci du Gouvernement est d'encadrer les activités commerciales par le contrôle de l'administration car « ils n'ont pas toujours la réputation d'être de rigoureux gestionnaires » (*ibid.*).

14) Les exploitants doivent observer les bonnes pratiques de la chasse établies par la Fédération nationale des chasseurs (V. art. L. 421-14, p. 787). Il leur est conseillé pour cela de se rapprocher de l'ONCFS et de l'ONF. En effet, « ils ne pratiquent pas des chasses commerciales telles qu'on l'entend, mais avec du gibier lâché. C'est tout à fait honorable, cela se rapproche des conditions de vies ou de comportement du gibier sauvage. Seul ce type de chasse est acceptable sur le plan commercial » (*JO* Sénat CR 12 mai 2004, p. 3124). En revanche, l'organisation de chasses commerciales au grand gibier, notamment au sanglier, est « assez choquant » (*ibid.*).

15) La jurisprudence « encadre » elle aussi la notion de bail commercial car le bailleur n'a pas toujours conscience qu'il s'engage dans un contrat susceptible de donner au preneur la propriété commerciale (▪ Cass. 3e civ., 9 nov. 2004 : *JurisData* n° 2004-0315698).

16) Le bail commercial doit être résilié aux torts du bailleur pour manquement à son obligation de délivrance. Aux termes du bail conclu le 5 juin 1998, le bail porte sur une propriété immobilière constituée d'un ensemble de parcelles en nature de terre, bois et landes pour y exploiter principalement une activité de parc de chasse. Or, la locataire s'est vue notifier l'interdiction d'exploiter par la direction départementale de l'agriculture et la forêt le 3 décembre 2003, au motif que la définition de parc de chasse prévue par l'article L. 424-3 du Code de l'environnement nécessitait l'existence d'une habitation et que, en l'occurrence, il n'existait pas sur les terres louées de construction pouvant être considérée comme une habitation. Il ressort en outre du certificat d'urbanisme négatif qui a été délivré au bailleur le 15 décembre 1998 que le terrain était en réalité inconstructible et qu'il n'était pas desservi par un réseau public d'alimentation en eau potable. La locataire a donc cessé son exploitation le 31 janvier 2004 et a libéré les lieux le 28 février 2004. C'est à juste titre qu'elle demande l'indemnisation du préjudice résultant de l'obligation de cesser totalement son activité. Compte tenu des résultats comptables des trois dernières années d'exploitation, le préjudice est évalué à 20 000 euros (▪ CA Aix-en-Provence, 31 mars 2015 : *JurisData* n° 2015-007427).

III – CHASSES D'AFFAIRES

17) Certains parlementaires ont demandé de mieux utiliser notre système fiscal et social pour favoriser la gestion des espèces et des territoires, en général, et le développement économique de la chasse, en particulier. Un amendement prévoyant la déductibilité fiscale des frais engagés par les entreprises pour les journées de chasse en faveur de leurs clients a été rejeté par les députés. En effet, selon le ministre, même si, en certaines régions, comme la Sologne, la chasse a une fonction sociale et commerciale de première importance, l'exonération d'impôt des « chasses d'affaires » coûterait trop cher au Trésor car la mesure devrait être étendue à d'autres dépenses des entreprises (*JOAN* CR 29 janv. 2004, p. 1154). La commission de l'Assemblée nationale a estimé, de son côté que les tentatives visant à récupérer pour la gestion des territoires français des sommes aujourd'hui dépensées à l'étranger indiquaient des « pistes de réflexion à creuser » (V. J. de Malafosse, *La gestion intégrée des territoires et des populations : Environnement* 2004, p. 3).

Art. L. 424-3-1 *(L. n° 2023-54, 2 févr. 2023)*. **– I. – Tout propriétaire d'un enclos prenant la décision d'en supprimer la clôture ou se conformant à l'article L. 372-1 procède à l'effacement de celle-ci dans des conditions qui ne portent atteinte ni à l'état sanitaire, ni aux équilibres écologiques, ni aux activités agricoles du territoire.**

II. – Dans le cas où une des atteintes mentionnées au I du présent article résulte de l'effacement d'une clôture, celui-ci est soumis à déclaration préalable auprès du représentant de l'État dans le département où l'enclos est situé.

III. – Les modalités de déclaration préalable prévoient notamment d'informer l'administration des mesures qui sont prises préalablement à l'effacement de la clôture en vue de la régulation des populations de grand gibier contenues dans l'enclos.

Un arrêté conjoint des ministres chargés de l'environnement et de l'agriculture détermine ces modalités de déclaration préalable.

Saisi le 25 juillet 2024 par le Conseil d'État d'une question prioritaire de constitutionnalité (QPC) posée par un groupement forestier et plusieurs autres requérants portant sur la conformité aux droits et libertés que la Constitution garantit des articles L. 171-1, L. 372-1, L. 424-3-1 et L. 428-21 du Code de l'environnement, dans leur rédaction résultant de la loi n° 2023-54 du 2 février 2023 visant à limiter l'engrillagement des espaces naturels et à protéger la propriété privée, le Conseil constitutionnel a déclaré conformes à la Constitution : les première, deuxième, quatrième, cinquième, sixième et dernière phrases du premier alinéa de l'article L. 372-1 du Code de l'environnement, dans sa rédaction issue de la loi du 2 février 2023 précitée ; les mots « ou se conformant à l'article L. 372-1 » figurant au paragraphe I de l'article L. 424-3-1 du même code, dans la même rédaction ; et l'avant-dernière phrase du dernier alinéa de l'article L. 428-21 du même code, dans la même rédaction. Le Conseil constitutionnel a également, sous une réserve d'interprétation, déclaré conformes à la Constitution les mots « notamment aux enclos » figurant au 2° du paragraphe I de l'article L. 171-1 du Code de l'environnement, dans la même rédaction (■ Cons. const., 18 oct. 2024, n° 2024-1109 QPC).

Section III. – Modes et moyens de chasse

Bibliographie : M. Geny-Mothe, *La chasse aux oiseaux migrateurs dans le Sud-Ouest*, Pyré Graph, Aspet 2000, p. 300.

Art. L. 424-4 *(Anc. C. rur., art. L. 224-4 ; mod., L. n° 2005-157, 23 févr. 2005 ; L. n° 2012-325, 7 mars 2012)*. **– Dans le temps où la chasse est ouverte, le permis donne à celui qui l'a obtenu le droit de chasser de jour, soit à tir, soit à courre, à cor et à cri, soit au vol, suivant les distinctions établies par des arrêtés du ministre chargé de la chasse. Le jour s'entend du temps qui commence une heure avant le lever du soleil au chef-lieu du département et finit une heure après son coucher.**

Il donne également le droit de chasser le gibier d'eau à la passée, à partir de deux heures avant le lever du soleil au chef-lieu du département et jusqu'à deux heures après son coucher, dans les lieux mentionnés à l'article L. 424-6.

Pour permettre, dans des conditions strictement contrôlées et de manière sélective, la chasse de certains oiseaux de passage en petites quantités, le ministre chargé de la chasse autorise, dans les conditions qu'il détermine, l'utilisation des modes et moyens de chasse consacrés par les usages traditionnels, dérogatoires à ceux autorisés par le premier alinéa.

Tous les moyens d'assistance électronique à l'exercice de la chasse, autres que ceux autorisés par arrêté ministériel, sont prohibés.

Les gluaux sont posés une heure avant le lever du soleil et enlevés avant onze heures.

Tous les autres moyens de chasse, y compris l'avion et l'automobile, même comme moyens de rabat, sont prohibés.

Toutefois, le déplacement en véhicule à moteur d'un poste de tir à un autre est autorisé dès lors que l'action de chasse est terminée et que l'arme de tir est démontée ou placée sous étui.

Par dérogation aux dispositions de l'alinéa précédent, pour la chasse au chien courant, le déplacement en véhicule à moteur d'un poste de tir à un autre peut être autorisé dans les conditions fixées par le schéma départemental de gestion cynégétique dès lors que l'arme de tir est démontée ou placée sous étui.

Les personnes souffrant d'un handicap moteur peuvent faire usage d'un véhicule à moteur pour se rendre à leur poste. Elles ne peuvent tirer à partir de leur véhicule qu'après avoir mis leur moteur à l'arrêt.

Voir : art. R. 424-14 et s., p. 2286.

I – DÉFINITION DE LA CHASSE

1) « Le chasseur est mort quand il a établi sa suprématie » (R. Audrey, *Et la chasse créa l'homme*, Stock, 1976, p. 290). C'est pourquoi après avoir déclaré : « Il faut, en définitive, se poser la question de ce qu'est la chasse », le ministre a estimé que « la notion même de chasse disparaîtrait si le chasseur sortait systématiquement vainqueur » (*JO Sénat CR* 12 mai 2004, p. 3125).

2) En conséquence, les moyens d'assistance électronique à l'exercice de la chasse sont prohibés à l'exception de ceux autorisés par arrêté ministériel. Après avoir suivi leur rapporteur qui dénonçait « le règne des interdits » en soulignant que l'arrêté du 1er août 1986 appliquait la règle inverse, les sénateurs ont voté le texte en seconde lecture.

3) On précisera cependant que le Sénat avait obtenu la suppression de la seule obligation imposée aux chasseurs dans l'article L. 420-1 car elle était le symbole du « règne des interdits ». Si le temps de chasse reste le point névralgique des rapports du droit de la chasse et de la Directive Oiseaux, les modes et moyens de chasse en constituent le prolongement naturel. Surtout la matière a une dimension différente car elle n'est plus nationale mais locale comme le montre l'article L. 424-5 qui concerne la chasse de nuit au gibier d'eau. Dans le projet de loi de l'an 2000, la dérogation pour la chasse au gibier d'eau à la passée était limitée à une heure. L'extension à deux heures résulte d'un amendement déposé à l'Assemblée nationale par le rapporteur François Patriat au nom de la Commission. « Si l'on veut qu'il y ait réellement une chasse à la passée sans chasser la nuit, il faut la permettre aux heures où les oiseaux passent » (*JOAN* CR 30 mars 2000, p. 2869). L'explication laconique du rapporteur s'est attirée une réplique tout aussi laconique : « C'est comme pour les dates de chasse ! »

4) Le ministre a fait observer qu'une dérogation de deux heures n'était autorisée dans aucun pays européen, la dérogation admise oscillant entre trente et quatre-vingt-dix minutes (*ibid.*).

5) Chasse à l'arc. La chasse à tir est expressément autorisée par l'article L. 224-4 du Code rural sans distinction selon la nature de l'arme utilisée. C'est à bon droit que la cour d'appel a rejeté la demande tendant à la déclaration de l'illicéité de l'objet de l'association visant la promotion de la chasse et de la pêche à l'arc (■ Cass. 1re civ., 25 juin 1996, *Assoc. Ligue française des droits de l'animal c/ Assoc. Bow Hunting Club : JurisData* n° 1996-002818). Légalité de l'arrêté ministériel du 15 février 1995 réglementant l'exercice de la chasse à l'arc. Pas plus les textes communautaires relatifs à la protection de la faune (Dir. n° 86/609 CEE, 26 nov. 1986 et n° 91/628 CEE, 19 nov. 1991) que les dispositions de la loi du 10 juillet 1976 (art. 9 à 15) ou des textes réglementaires limitant les souffrances susceptibles d'être infligées aux animaux ne sont à l'origine d'un principe général du droit condamnant l'exercice de la chasse à l'arc (■ CE, 30 déc. 1998, n° 170862, *Ligue française des droits de l'animal, Rassemblement des opposants à la chasse : JurisData* n° 1998-051505).

6) Chasse avec une arme blanche. Le couteau de chasse, la dague et la lance sont utilisés en vénerie (A. 18 mars 1982 : *JO* 25 mai 1982, p. 1652). L'épieu n'est pas prohibé selon la jurisprudence (■ TGI Châlons-en-Champagne, 24 janv. 1977, n° 076, *Chasse Gestion : Bull. Assoc. nat. chass. grand gibier* 1998, p. 22).

II – CHASSES TRADITIONNELLES

7) La Révolution de 1789 n'a guère eu de répercussion sur les chasses traditionnelles car elles faisaient partie de la chasse roturière encore dénommée « chasse cuisinière ». La véritable révolution se produira avec la loi sur la police de la chasse du 3 mai 1844. Comme le prouve, en effet, une circulaire du garde des Sceaux du 3 mai 1844, l'article 1er de la loi exige un permis de chasse pour tous les procédés et moyens de chasse. Alors que le décret du 4 mai 1812, qui avait institué un permis de *port d'armes de chasse*, ne concernait pas la chasse aux oiseaux migrateurs à l'aide de filets et de pièges. Il en va tout autrement avec la nouvelle législation qui, selon la circulaire, est « sans équivoque ».

8) Selon un procédé courant dans un droit qui ne donne lieu à l'intervention du législateur qu'après de longs interludes, c'est donc par ricochet que les chasses traditionnelles sont touchées par une loi qui ne les concernait pas. C'est le point de départ d'une longue série de tolérances et d'exceptions (V. M. Geny-Mothe, *La chasse aux oiseaux migrateurs dans le Sud-Ouest, le droit face aux traditions*, Universatim Pyré Graph, 2000.

9) La Convention de Paris du 19 mars 1902 relative à la protection des « oiseaux utiles à l'agriculture » et signée par la France n'a pas été appliquée. La ligue française de protection des animaux contre les chasses traditionnelles fait alliance cependant avec les agriculteurs contre les chasses traditionnelles car elles nuisent à l'agriculture en faisant disparaître les oiseaux prédateurs des insectes nuisibles. Cinquante ans plus tard, l'épandage des produits phytosanitaires ayant réglé le problème entomologique, ces mêmes oiseaux sont parfois considérés comme nuisibles car faute d'insectes ils nuisent aux récoltes.

10) La directive Oiseaux de 1979 ne provoque pas plus d'émotion parmi les chasseurs traditionnels que ne l'avait fait la convention de 1902. C'est au fil des ans que les problèmes surgissent car les procès envahissent les prétoires.

11) Paradoxalement, c'est à la Cour de Luxembourg que revient le mérite d'avoir porté sur les fonts baptismaux les chasses traditionnelles. Dans un arrêt du 27 avril 1988, la Cour accepte de lever l'interdiction d'utiliser les moyens en usage dans les chasses traditionnelles prévue à l'article 8 de la directive, en utilisant la dérogation figurant à son article 9-c : « pour permettre, dans des conditions strictement contrôlées et de manière sélective la capture, la détention ou toute autre exploitation judicieuse de certains oiseaux en petites quantités ».

12) Comme le constate la cour, il existe, en effet, un dispositif réglementaire français conforme à cette dérogation. Cet arrêt a suscité chez le législateur une réaction qui s'apparente à « l'esprit d'escalier ». Un cavalier législatif a été inséré aussitôt dans une loi sur l'adaptation de l'exploitation agricole du 30 décembre 1988 (art. 55) et il reproduit le texte de la dérogation communautaire à « l'exploitation judicieuse » près. L'auteur de l'amendement a été salué par l'Assemblée nationale comme le « sauveur des chasses traditionnelles ».

13) Tout danger d'une remise en cause de certaines chasses traditionnelles n'est cependant pas écarté. Le Gouvernement, lors du vote de la loi du 23 février 2005, a rejeté une demande des parlementaires qui observaient que plusieurs heures étant nécessaire pour préparer les gluaux, le temps de chasse devait être augmenté. On observera cependant qu'à l'inconvénient d'un temps de chasse trop réduit s'ajoute une remise en cause par la Cour de justice des communautés européennes de la chasse des grives à l'aide de gluaux. En effet, cette méthode de chasse n'est pas sélective, comme l'a constaté la Cour en examinant la méthode du « parany » qui est l'équivalent espagnol de la chasse traditionnelle aux gluaux française (■ CJCE, 9 déc. 2004, aff. C-79/03, *Commission c/ Royaume d'Espagne : Environnement* 2005, p. 23, L. Benoît).

14) On observera que le Conseil d'État avait admis que l'arrêté du 17 août 1989 autorisant la chasse aux gluaux dans certains départements n'était pas contraire à la directive Oiseaux (■ CE, 16 nov. 1992 : *JurisData* n° 1992-048991).

15) En raison de ces incertitudes, on comprend que le juge du fait applique strictement la réglementation, c'est pourquoi un lecteur amplificateur à cassette reproduisant le chant de l'alouette est un engin prohibé (■ CA Grenoble, ch. corr., 1er févr. 1996 : *JurisData* n° 1996-040140). Et le ministre fait preuve de la même rigueur. Le Conseil d'État approuve une mesure de suspension à titre conservatoire de l'autorisation d'une installation utilisée en infraction aux dispositions de l'arrêté déterminant les modalités de la chasse aux colombidés à l'aide de filets (■ CE, 19 nov. 2004 : *JurisData* n° 2004-067701).

III – LA CHASSE MODERNE

16) L'utilisation des moyens d'assistance électronique à l'exercice de la chasse symbolise son caractère artificiel. Comme l'a souligné le ministre, « l'homme acquiert une supériorité qui n'est pas due à son intelligence ou à ses connaissances mais simplement à un instrument sophistiqué contre lequel, il faut bien le dire, le gibier ne peut rien » (*JO Sénat CR* 12 mai 2004, p. 3125). C'est ce qui justifie le principe de l'interdiction sauf exceptions.

17) L'*automobile* reste le moyen privilégié pour le braconnage (■ Cass. crim., 7 avr. 1994, n° 93-80.148, *D. Rouxel et a.* ■ Cass. crim., 17 janv. 1996 : *Bull. crim.* 1996, n° 28 ; *JCP* G 1996, IV, 1009. ■ Cass. crim., 1er juin 1999, n° 98-85-5200, *E. Chagnaud : JurisData* n° 1999-001044). Cependant, la voiture fait partie de la vie quotidienne du chasseur. C'est pourquoi le législateur éprouve les plus grandes difficultés à limiter son utilisation sans contrevenir aux différentes pratiques régionales. En désespoir de cause, le rapporteur de la loi de 2005 au Sénat se référera pour limiter les déplacements en voiture d'un poste de chasse à un autre à une autorisation dans les « conditions fixées par le schéma départemental de gestion cynégétique » (art. L. 424-4) ce qui suscitera une réaction de scepticisme de la part du ministre (*JO Sénat CR* 12 mai 2004, p. 3123).

18) La crainte du « règne des interdits » a eu pour résultat une invasion accrue de textes réglementaires dans le droit de la chasse. Au ministre qui recommandait de l'éviter, un député a répondu avec superbe : « Rien aujourd'hui n'interdit qu'une part du domaine réglementaire intègre le marbre de la loi. Rien en tout cas ne l'interdit dans la Constitution » (*JOAN CR* 12 oct. 2004, p. 7816).

19) Le prévenu est relaxé du chef de chasse à l'aide d'un engin, instrument, mode ou moyen prohibé, en l'espèce à l'aide d'un quad. Selon l'article L. 424-4 du Code de l'environnement, si la chasse est prohibée à l'aide d'un véhicule à moteur, les personnes souffrant d'un handicap moteur peuvent faire usage d'un véhicule à moteur pour se rendre à leur poste. Elles ne peuvent tirer à partir de leur véhicule qu'après avoir mis leur moteur à l'arrêt. Il n'est pas établi, en l'espèce, que le prévenu, circulant sur son quad, dans un champ, en tenue de chasse, se trouvait en action de chasse au moment du contrôle par les agents de l'ONCFS (■ CA Poitiers, 23 oct. 2015 : *JurisData* n° 2015-031295).

Art. L. 424-5 ***(Anc. C. rur., art. L. 224-4-1 ; mod., L. n° 2003-698, 30 juill. 2003 ; L. n° 2012-325, 7 mars 2012).*** **– Dans le temps où la chasse est ouverte, le permis de chasser donne en outre à celui qui l'a obtenu le droit de chasser le gibier d'eau la nuit à partir de postes fixes tels que hutteaux, huttes, tonnes et gabions existants au 1er janvier 2000 dans les départements où cette pratique est traditionnelle. Ces départements sont : l'Aisne, les Ardennes, l'Aube, l'Aude, les Bouches-du-Rhône, le Calvados, la Charente-Maritime, les Côtes-d'Armor, l'Eure, le Finistère, la Haute-Garonne, la Gironde, l'Hérault, l'Ille-et-Vilaine, les Landes, la Manche, la Marne, la Meuse, le Nord, l'Oise, l'Orne, le Pas-de-Calais, les Pyrénées-Atlantiques, les Hautes-Pyrénées, la Seine-Maritime, la Seine-et-Marne et la Somme.**

Le déplacement d'un poste fixe est soumis à l'autorisation du préfet, selon les modalités prévues par le schéma départemental de gestion cynégétique.

Tout propriétaire d'un poste fixe visé au premier alinéa doit déclarer celui-ci à l'autorité administrative contre délivrance d'un récépissé dont devront être porteurs les chasseurs pratiquant la chasse de nuit à partir de ce poste fixe.

La déclaration d'un poste fixe engage son propriétaire à participer, selon des modalités prévues par le schéma départemental de mise en valeur cynégétique, à l'entretien des plans d'eau et des parcelles attenantes de marais et de prairies humides sur lesquels la chasse du gibier d'eau est pratiquée sur ce poste. Lorsque plusieurs propriétaires possèdent des postes fixes permettant la chasse du gibier d'eau sur les mêmes plans d'eau, ils sont solidairement responsables de leur participation à l'entretien de ces plans d'eau et des zones humides attenantes.

Un carnet de prélèvements doit être tenu pour chaque poste fixe visé au premier alinéa.

Voir : art. R. 424-17 et s., p. 2287.

USAGE TRADITIONNEL DE LA CHASSE DE NUIT

A – Origine

1) Sous l'Ancien Régime, l'ordonnance de Colbert de 1669 interdit la chasse de nuit, mais l'interdiction ne sera pas plus respectée que l'interdiction de la chasse roturière. C'est un régime de tolérance qui prévaut car on fait peu de cas des oiseaux de passage qui sont l'objet d'une « chasse cuisinière » (V. M. Geny-Mothe, *La chasse aux oiseaux migrateurs dans le Sud-Ouest, Le droit face aux traditions*, Universatim Pré Graph, Aspect, 2000, p. 103). Avant la loi du 22 juillet 2000, la chasse était interdite la nuit mais tolérée pour les chasses traditionnelles aux oiseaux migrateurs. C'est pourquoi le gouvernement a présenté son projet de loi sous la forme d'une « dépénalisation temporaire et expérimentale » (*JO* Sénat CR 23 juin 2000, p. 4245).

2) Dans le projet de loi relatif à la chasse du 16 février 2000, l'interdiction de la chasse pendant la nuit (*C. rur., art. L. 228-5-2°*) était « suspendue pendant une durée de cinq ans » pour la chasse au gibier d'eau dans les départements où cette pratique était traditionnelle et à partir d'installations spécialisées existant au 1er janvier 2000. Un décret en Conseil d'État devait fixer la liste de ces départements et les modalités d'application de cette disposition.

3) En outre, un prélèvement maximal autorisé devait obligatoirement être institué par l'autorité administrative par dérogation aux dispositions relatives aux PMA qui ne sont que facultatifs (*art. L. 425-14*).

4) Le législateur a utilisé une disposition explicite : « à partir de postes fixes tels que hutteaux, huttes, tonnes et gabions ». On a fait remarquer l'existence d'une législation qui s'applique à deux vitesses. Cela n'est cependant pas contraire à l'égalité devant la loi qui s'applique à situations égales, encore faut-il prouver l'existence d'un usage traditionnel.

B – Assimilation des hutteaux à des abris fixes

5) L'assimilation des hutteaux à des abris fixes a été contestée car ils seraient « par nature mobiles et éphémères ». La Haute juridiction a rejeté la demande d'annulation des dispositions qui les concernaient car : « il résulte toutefois des termes mêmes des dispositions législatives précitées issues de la loi du 26 juillet 2000 relatives à la chasse et reprises à l'article L. 424-5 du Code de l'environnement, que le législateur n'a entendu permettre la chasse de nuit qu'à partir d'abris fixes et qu'il a assimilé les hutteaux à des abris fixes » (■ CE, 5 avr. 2002, n° 225768, *Union nationale des fédérations dptales des chasseurs*).

C – Directive Oiseaux

6) Si la chasse de nuit n'est pas interdite par la directive de 1979, sa conformité aux principes d'une « utilisation raisonnée et d'une régulation équilibrée du point de vue écologique » *(art. 7-4)* soulève les difficultés inhérentes à la perturbation des espèces animales sur leurs zones de nourrissage et au risque de confusion entre les espèces même si, selon les travaux parlementaires, elle se produirait surtout entre les espèces chassables.

D – Gestion des habitats

7) Dans la directive du 2 avril 1979, deux dispositions qui servent d'introduction concernent la protection des habitats des oiseaux migrateurs *(art. 3 et 4)*. Si la régression des zones humides est une des conséquences des « évolutions induites par les modes de l'agriculture contemporaine » (*Rapp. Patriat*, préc., p. 108), leur défaut d'entretien en est le signe précurseur et contribue à l'évolution. C'est pourquoi le législateur oblige le propriétaire d'un poste fixe à participer à « l'entretien des plans d'eau et les parcelles attenantes de marais et de prairies humides ». Cette disposition a permis au Conseil constitutionnel de préciser que si le droit de chasse est un attribut du droit de propriété, des limitations peuvent être apportées à la double condition qu'elles « obéissent à des fins d'intérêt général et n'aient pas un caractère de gravité tel que le sens et la portée du droit de propriété s'en trouveraient dénaturés » (*JO* 27 juill. 2000, p. 11553 ; V. art. L. 420-1, p. 765).

8) À l'évidence, une bonne gestion des habitats nécessite une connaissance des populations d'oiseaux migrateurs. C'est pourquoi l'association nationale des chasseurs de gibier d'eau (ANCGE) réalise des analyses de l'évolution et du comportement de ces oiseaux grâce à l'organisme « Oiseaux migrateurs du paléarctique occidental » (OMPO). En raison de l'insuffisance des moyens mis à sa disposition, un amendement déposé au Sénat prévoyait le paiement d'une taxe par tout propriétaire d'un poste fixe pour la chasse de nuit. Si l'utilité de cette mesure a été reconnue, elle a paru inopportune après la suppression du timbre « gibier d'eau » (*JO Sénat CR*, 26 janv. 2005, p. 381). En outre, certains parlementaires ont constaté que la valeur scientifique de ces études n'était pas reconnue par tous.

9) Il résulte des articles L. 424-4, L. 424-5 et R. 424-17 du Code de l'environnement que les chasseurs souhaitant pratiquer la chasse au gibier d'eau de nuit à partir de postes fixes doivent détenir le récépissé qui leur est délivré lors de la déclaration de leur installation, le législateur ayant entendu n'autoriser cette pratique que dans les départements limitativement énumérés par l'article L. 424-5 du Code de l'environnement pour les seuls postes fixes existants au 1er janvier 2000 qui ont été déclarés. La réglementation du droit de chasser de nuit au gibier d'eau répond à un motif d'intérêt général, visant à prévenir une pratique désordonnée de la chasse de nuit et à favoriser une gestion rationnelle du patrimoine cynégétique en limitant cette pratique aux seuls postes fixes existants au 1er janvier 2000. En contrepartie de la déclaration de leur installation avant le 1er janvier 2001, les propriétaires d'installations fixes ont le droit de pratiquer la chasse de nuit au gibier d'eau. Si le requérant soutient que l'obligation de déclaration des installations existantes avant le 1er janvier 2001 prive les propriétaires n'ayant pas effectué cette déclaration dans le délai imparti par l'article R. 424-17 du Code de l'environnement de l'usage de leur poste fixe de chasse et méconnaît ainsi leur droit de propriété, ce délai, qui assure un juste équilibre des intérêts en présence, ne porte pas une atteinte disproportionnée au droit de propriété tel que protégé par l'article 1er du premier protocole additionnel à la Convention européenne de sauvegarde des droits de l'Homme et des libertés fondamentales. La différence de traitement résultant de l'article R. 424-17 du Code de l'environnement est en rapport avec l'objectif d'intérêt général poursuivi de régulation de la pratique de la chasse de nuit et n'est pas manifestement disproportionnée au regard de la différence de situation entre les propriétaires qui, ayant déclaré un poste fixe de chasse existant avant le 1er janvier 2001, peuvent, par suite, pratiquer la chasse de nuit et ceux qui ne se sont pas soumis à cette obligation de déclaration. Ainsi, le moyen tiré de la méconnaissance du principe d'égalité garanti par l'article 6 de la Déclaration des droits de l'homme et du citoyen doit être écarté (■ CAA Nantes, 26 oct. 2012, n° 11NT00467, *Jean-Pierre X. c/ Préfet du Calvados* : *JurisData* n° 2012-029507).

E – Infractions

10) Les prévenus sont poursuivis pour infractions de chasse. Pour rejeter le moyen, qui lui était proposé, selon lequel « les notes manuscrites » prises par les agents de l'Office national de la chasse et de la faune sauvage lors du contrôle n'auraient pas été versées au dossier, contrairement aux exigences du procès équitable et aux droits de la défense, l'arrêt énonce, à bon droit, que les prescriptions de l'article 66 du Code de procédure pénale ne sont pas édictées à peine de nullité.

Pour rejeter l'exception d'illégalité des actes de l'administration, tirée par les prévenus de ce que la préfecture avait, sans motifs, refusé l'immatriculation de huttes de chasse, dont l'une pourtant était dispensée, la cour d'appel retient que le juge administratif, sur saisine d'un des prévenus, s'est prononcé. Cette décision est justifiée dès lors que l'illégalité prétendue de la décision de refus, à la supposer établie, ne pourrait suppléer l'immatriculation requise et enlever aux faits leur caractère punissable.

Pour déclarer les prévenus coupables des infractions intentionnelles qui leur étaient reprochées, l'arrêt énonce qu'il résulte de l'article L. 424-5 du Code de l'environnement, qui reprend les dispositions de l'article L. 224-4-1 du Code rural en vigueur au moment des contrôles, que tout propriétaire d'un poste fixe visé au premier alinéa doit déclarer celui-ci à l'autorité administrative contre délivrance d'un récépissé dont devront être porteurs les chasseurs pratiquant la chasse de nuit à partir de ce poste fixe. Les juges ajoutent qu'à la demande des agents de l'Office national de la chasse, aucun des chasseurs n'a été en mesure de justifier qu'il détenait un tel récépissé. À supposer leur ignorance établie, il y a lieu de rappeler que nul n'est censé ignorer la loi. Cette décision est justifiée dès lors qu'en matière d'infractions de chasse, la seule constatation de la violation, en connaissance de cause, d'une prescription légale ou réglementaire implique de la part de son auteur l'intention coupable exigée par l'article 121-3, alinéa 1, du Code pénal.

Il s'évince de l'article 121-6 du Code pénal que la complicité n'est caractérisée qu'autant qu'il y a un fait principal punissable dont l'existence est établie en tous ses éléments constitutifs, en l'espèce, pour limiter aux faits du 23 janvier 2011 l'annulation de la procédure d'enquête, fondée sur la violation du domicile d'un des prévenus, et relaxer en conséquence certains prévenus étrangers aux présents pourvois, la cour d'appel énonce que l'une des huttes n'était pas un domicile. Les juges ajoutent que l'autre hutte en était un, tandis qu'on n'y avait pas pénétré le 11 décembre 2009, mais uniquement le 23 janvier 2011. Ils en déduisent que la relaxe doit bénéficier aux prévenus poursuivis pour les faits du 23 janvier 2011. En statuant ainsi, alors qu'il lui appartenait de relaxer aussi le complice des faits du 23 janvier 2011, la cour d'appel n'a pas justifié sa décision (■ Cass. crim., 8 mars 2016 : *JurisData* n° 2016-004176).

Art. L. 424-6 *(Anc. C. rur., art. L. 224-4-2 ; mod., L. n° 2005-157, 23 févr. 2005)*. **– Dans le temps où, avant l'ouverture et après la clôture générales, la chasse est ouverte, les espèces de gibier d'eau ne peuvent être chassées que :**

1° En zone de chasse maritime ;

2° Dans les marais non asséchés ;

3° Sur les fleuves, rivières, canaux, réservoirs, lacs, étangs et nappes d'eau ; la recherche et le tir de ces gibiers ne sont autorisés qu'à distance maximale de trente mètres de la nappe d'eau sous réserve de disposer du droit de chasse sur celle-ci.

1) **Marais non asséchés.** N'est pas un marais non asséché un pré inondé (■ CA Rennes, 26 janv. 1972 : *Bull. off. cons. sup. chasse* 1972, n° 66, p. 89. ■ CA Rennes, 24 sept. 1975 : *Bull. off. cons. sup. chasse* 1976, n° 4, p. 230) ou une rizière (■ CA Nîmes, 8 janv. 1966 : *Bull. off. cons. sup. chasse* 1966, n° 51, p. 78).

2) **Tir à balle.** Le tir à balle de plomb du gibier est autorisé sur les zones humides mentionnées à l'article L. 424-6 du Code de l'environnement. Il n'était précédemment autorisé que pour le grand gibier.

Art. L. 424-7 *(Anc. C. rur., art. L. 224-5)*. **– Nul ne peut détenir, ou être muni ou porteur hors de son domicile, de filets, engins ou autres instruments de chasse prohibés.**

Voir : art. R. 424-14 et s., p. 2286.

1) **Étendue de l'interdiction.** L'interdiction de détenir des engins prohibés concerne les marchands et les fabricants comme les particuliers (■ Cass., 4 avr. 1846 : S. 1846, I, p. 294).

2) **Domicile : notion.** Une hutte de chasse constituant un simple poste d'observation pour le chasseur n'est pas assimilable à un domicile (■ Cass. crim., 9 janv. 1992, n° 90-87.381 P, *Croise* : *JurisData* n° 1992-000784).

Section IV. – Commercialisation et transport du gibier

Sous-section 1. – Interdiction permanente

Art. L. 424-8 *(Anc. C. rur., art. L. 224-6 ; rempl., L. n° 2005-157, 23 févr. 2005 ; mod., Ord. n° 2006-1224, 5 oct. 2006 ; Ord. n° 2010-462, 6 mai 2010 ; L. n° 2019-773, 24 juill. 2019)*. **– I. – Le transport, la vente, la mise en vente, la détention pour la vente et l'achat des animaux vivants d'espèces dont la chasse est autorisée ou des animaux licitement tués à la chasse sont :**

1° Libres toute l'année pour les mammifères, à l'exception des sangliers vivants ;

1° *bis (Mod., L. n° 2023-54, 2 févr. 2023)* Interdits pour les sangliers vivants, sauf pour les établissements professionnels de chasse à caractère commercial, mentionnés au II de l'article L. 424-3, en terrain clos défini au I du même article L. 424-3 ;

2° Interdits pour les oiseaux et leurs œufs, sauf pour :

– leur transport à des fins non commerciales, y compris le transport des appelants et des escaps ;

– les espèces dont la liste est fixée par arrêté du ministre chargé de la chasse.

II. – Toutefois, des restrictions peuvent être apportées par l'autorité administrative à ces dispositions pour prévenir la destruction ou favoriser le repeuplement du gibier.

II *bis*. – Les établissements professionnels de chasse à caractère commercial en terrain clos, au sens de l'article L. 424-3, sont soumis à un contrôle sanitaire et de provenance des sangliers lâchés, sur lesquels ils réalisent un marquage.

III. – Le transport, la vente, la mise en vente, la détention pour la vente et l'achat des animaux vivants ou morts d'espèces dont la chasse est autorisée et qui sont nés et élevés en captivité sont libres toute l'année.

IV. – Outre les dispositions des I et III, la vente, le transport pour la vente, la mise en vente, la détention pour la vente et l'achat des animaux licitement tués à la chasse ou morts provenant d'élevage visés au III doivent

respecter les dispositions relatives à la traçabilité des produits prévues à l'article 18 du règlement (CE) n° 178/2002 du Parlement européen et du Conseil du 28 janvier 2002 et les animaux doivent avoir fait l'objet d'un contrôle officiel conformément aux articles L. 231-1, L. 231-2 et L. 231-3 du Code rural et de la pêche maritime.

V. – Un décret en Conseil d'État précise les conditions d'application du présent article.

1) On relèvera la note du 11 janvier 2016 remplaçant l'annexe X de la circulaire DNP n° 00-2 du 15 février 2000 relative à la déconcentration de décisions administratives individuelles relevant du ministère de l'aménagement du territoire et de l'environnement dans les domaines de la chasse, de la faune et de la flore sauvages, BO de l'Écologie, de l'Énergie, du développement durable et de l'Aménagement du territoire du 10 février 2016, n° 201602.

2) Étendue des interdictions. Le transporteur doit être en mesure de connaître la nature du colis pour que sa responsabilité pénale soit engagée (▪ Cass. crim., 9 déc. 1859 : *D.* 1860, I, p. 144). L'interdiction s'applique au gibier conservé par des procédés frigorifiques (▪ Cass. crim., 8 mars 1962 : *D.* 1962, jurispr. p. 421, note M. B.) mais non pas aux conserves (▪ CA Paris, 14 déc. 1972 : *D.* 1973, somm. p. 66). La même interdiction s'applique pour celui qui transporte ou achète sciemment le gibier capturé à l'aide d'engins ou d'instruments prohibés (▪ Cass., 16 nov. 1888 : *Bull.*, n° 329, p. 513). Le juge exerce son pouvoir souverain d'appréciation (▪ CA Amiens, 14 oct. 1954 : *Bull. off. cons. sup. chasse* 1955, n° 15, p. 36. ▪ CA Aix-en-Provence, 22 avr. 1926 : *Gaz. Pal.* 1926, 2, p. 199).

Art. L. 424-9 *(Anc. C. rur., art. L. 224-7 ; rempl., L. n° 2005-157, 23 févr. 2005 ; mod., Ord. n° 2006-1224, 5 oct. 2006).* **– Le grand gibier tué accidentellement et en tout temps à la suite d'une collision avec un véhicule automobile peut être transporté sous réserve que le conducteur en ait préalablement prévenu les services de la gendarmerie nationale ou de la police nationale.**

Toute cession de ce gibier est interdite.

FUSION DES FONDS DE GARANTIE AUTOMOBILE

1) Une loi n° 2003-706 du 1er août 2003 de sécurité financière, dans ses articles 80 et suivants, a opéré une fusion des fonds de garantie automobile et de chasse qui avait été préconisée depuis longtemps par l'ONCFS (V. A. Charlez, *Grand gibier et collision automobile, ONCFS Faune sauvage* nov. 2004, n° 263, p. 39).

2) L'article 81-V de la loi modifie l'article L. 421-2 du Code des assurances : « Le fonds de garantie est une personne morale de droit privé. Il groupe toutes les entreprises d'assurance agréées en France et soumises au contrôle de l'État. Il groupe également l'ensemble des entreprises qui offrent des garanties en matière d'assurance automobile et de chasse ». Cet organisme de droit privé est donc chargé d'une mission de service public. L'article 82-III de la loi insère après le troisième alinéa de l'article L. 421-1 deux alinéas ainsi rédigés : « Le fonds de garantie indemnise aussi les dommages résultant d'une atteinte à la personne, subis par les victimes ou leurs ayants droit, lorsque ces dommages ont été causés accidentellement par des animaux qui n'ont pas de propriétaires ou dont le propriétaire demeure inconnu ou n'est pas assuré, dans les lieux ouverts à la circulation publique et lorsqu'ils résultent d'un accident de la circulation sur le sol. Le fonds de garantie paie les indemnités qui ne peuvent être prises en charge à aucun autre titre. »

3) Il indemnise également, dans les conditions et limites fixées par décret pris en Conseil d'État, les dommages causés aux biens consécutifs aux événements visés aux troisième et quatrième alinéas. Toutefois lorsque le responsable des dommages est inconnu ou que l'animal n'est pas identifié, ces dommages ne sont couverts que si le conducteur du véhicule accidenté ou tout autre personne a subi un préjudice corporel.

4) Le décret n° 2004-176 du 17 février 2004 (*JO* 24 févr. 2004, p. 3671), dans son article 2, précise les conditions de la prise en charge par le fonds de garantie des dommages aux biens. Il faut pour cela « que le conducteur du véhicule accidenté ou toute autre personne ait été victime d'une atteinte à son intégrité physique ayant entraîné son décès ou une hospitalisation d'au moins sept jours suivie d'une incapacité temporaire égale ou supérieure à un mois ou une incapacité permanente partielle d'au moins 10 % ».

5) La prudence du législateur est inspirée par la crainte de « la spirale des indemnisations » (V. *Environnement* 2003, p. 3). C'est pourquoi l'intervention du fonds de garantie a des limites et la responsabilité des gestionnaires du territoire de chasse ou des voies ouvertes à la circulation publique reste entière. Elle découle des articles 1382 et 1383 du Code civil en raison, dans le premier cas, soit d'une action de chasse, soit de la densité excessive des populations du gibier concerné par l'accident et, dans le second cas, d'un défaut de balisage ou d'entretien et de protection de la voie publique (V. J. de Malafosse, *Collision avec le grand gibier : Environnement* 2005, p. 3).

Art. L. 424-10 *(Anc. C. rur., art. L. 224-8 ; rempl., L. n° 2005-157, 23 févr. 2005 ; mod., L. n° 2016-1087, 8 août 2016).* **– Il est interdit de détruire, d'enlever ou d'endommager intentionnellement les nids et les œufs, de ramasser les œufs dans la nature et de les détenir. Il est interdit de détruire, d'enlever, de vendre, d'acheter et de transporter les portées ou petits de tous mammifères dont la chasse est autorisée, sous réserve des dispositions relatives aux animaux susceptibles d'occasionner des dégâts.**

À condition qu'il n'existe pas d'autre solution satisfaisante, des dérogations aux interdictions prévues au premier alinéa relatives aux nids et aux œufs peuvent être accordées par l'autorité administrative (1) **:**

1° Dans l'intérêt de la protection de la faune et de la flore sauvages et de la conservation des habitats naturels ;

2° Pour prévenir des dommages importants, notamment aux cultures, à l'élevage, aux forêts, aux pêcheries et aux eaux ;

3° Dans l'intérêt de la santé et de la sécurité publiques ;

4° À des fins de recherche et d'éducation, de repeuplement et de réintroduction de certaines espèces et pour des opérations de reproduction nécessaires à ces fins ;

5° Pour permettre, dans des conditions strictement contrôlées, d'une manière sélective et dans une mesure limitée, la prise ou la détention d'un nombre limité et spécifié de certains spécimens.

Les détenteurs du droit de chasse et leurs préposés ont le droit de recueillir, pour les faire couver, les oeufs mis à découvert par la fauchaison ou l'enlèvement des récoltes.

Autorisation permanente de transport. Les dispositions de l'article L. 424-10 du Code de l'environnement s'appliquent au gibier vivant, qu'il soit d'élevage ou non, le prévenu aurait dû solliciter un permis de transport dès lors qu'il n'avait pu obtenir du préfet une autorisation permanente dont la délivrance prévue au dernier alinéa de l'article R. 224-14 du Code rural ne constitue qu'une simple faculté ouverte à cette autorité (■ Cass. crim., 23 oct. 2001, n° 6593, *Dalix*).

Art. L. 424-11 (2) *(Anc. C. rur., art. L. 224-9 ; rempl., L. n° 2005-157, 23 févr. 2005 ; mod., L. n° 2019-773, 24 juill. 2019).* **– L'introduction dans le milieu naturel de cervidéset de lapins, et le prélèvement dans le milieu naturel d'animaux vivants d'espèces dont la chasse est autorisée sont soumis à autorisation préfectorale, dans des conditions et selon des modalités fixées par un arrêté conjoint du ministre chargé de la chasse et du ministre chargé de l'agriculture.**

Voir : art. R. 424-20 et a., p. 2288.

1) Comme l'a remarqué le ministre : « Il ne serait pas souhaitable d'imposer la délivrance d'autorisations pour tous les gibiers qui, traditionnellement, ne provoquent pas de difficultés significatives : M. le rapporteur a eu raison de souligner que cela poserait des difficultés majeures à de nombreuses ACCA pour un bénéfice en réalité nul » (*JO* Sénat CR 26 janv. 2005, p. 392).

2) Le fait de relâcher un animal qui appartient à une espèce dont la chasse est autorisée et qui se trouve captif dans un parc d'élevage, sans disposer de l'autorisation préfectorale prévue à l'article L. 424-11 du Code de l'environnement, constitue la contravention d'introduction sans autorisation de grand gibier dans le milieu naturel visé par l'article R. 428-11, 8° de ce même code (■ Cass. crim., 10 janv. 2012, n° 11-83.523, inédit).

Sous-section 2. – Interdiction temporaire

Art. L. 424-12 *(Anc. C. rur., art. L. 224-10).* **– Dans chaque département pendant le temps où la chasse y est permise, pour sauvegarder certaines espèces particulièrement menacées, le préfet peut, exceptionnellement, pour une période n'excédant pas un mois, en interdire la mise en vente, la vente, l'achat, le transport en vue de la vente ou le colportage.**

Art. L. 424-13 *(Anc. C. rur., art. L. 224-11).* **– Le ministre chargé de la chasse, le Conseil national de la chasse et de la faune sauvage entendu, peut, en vue d'assurer la survivance d'espèces de gibiers de montagne menacées dans leur existence même, interdire totalement, et pour une durée maximum de trois ans, la mise en vente, la vente et l'achat sous toutes leurs formes, et notamment celles de pâtés et conserves, le transport en vue de la vente ou le colportage de ces gibiers.**

(1) Dérogations, V. A. 7 juill. 2006. – NDLR.
(2) V. T. appl. : A. 7 juill. 2006 (*JO* 12 août 2006). – NDLR.

Section V. – Dispositions spéciales à la chasse maritime

Art. L. 424-14 *(Anc. C. rur., art. L. 224-12).* – **En matière de chasse maritime, les autorités compétentes pour exercer les pouvoirs définis aux articles L. 424-1 et L. 424-4 sont déterminées par décret en Conseil d'État.**

Voir : art. R. 424-24 et s., p. 2289.

Section VI. – Règles de sécurité

Art. L. 424-15 *(Anc. C. rur., art. L. 224-13 ; mod., L. n° 2016-1087, 8 août 2016 ; L. n° 2019-773, 24 juill. 2019).* – **Des règles garantissant la sécurité des chasseurs et des tiers dans le déroulement de toute action de chasse ou de destruction d'animaux d'espèces non domestiques doivent être observées, particulièrement lorsqu'il est recouru au tir à balles.**

Les règles suivantes doivent être observées :

1° Le port obligatoire du gilet fluorescent pour les chasseurs en action collective de chasse à tir au grand gibier ;

2° La pose de panneaux de signalisation temporaire sur ou à proximité immédiate des voies publiques lors des actions collectives de chasse à tir au grand gibier ;

3° Une remise à niveau décennale obligatoire portant sur les règles élémentaires de sécurité pour les chasseurs selon un programme défini par la Fédération nationale des chasseurs.

Ces règles générales s'imposent aux schémas départementaux de gestion cynégétique mentionnés à l'article L. 425-1. Ces schémas peuvent les compléter.

Un arrêté du ministre chargé de la chasse, pris après consultation de la Fédération nationale des chasseurs, précise ces règles générales de sécurité. Cet arrêté ne peut porter sur le temps de chasse.

Au sein de chaque fédération départementale des chasseurs, est mise en place une commission départementale de sécurité à la chasse, composée de membres du conseil d'administration de la fédération.

I – COMPÉTENCE DU LÉGISLATEUR

1) Le chef du Gouvernement a des attributions de police générale. L'article 34 de la Constitution ne prive pas le chef du Gouvernement des attributions de police générale qu'il exerce en vertu de ses pouvoirs propres et en dehors de toute habilitation législative ; que relèvent d'un tel pouvoir les mesures de sécurité prévues par la disposition (*JO* 27 juill. 2000, p. 1152).

II – POUVOIRS GÉNÉRAUX DE POLICE DU PRÉFET

2) Atteinte à la sécurité. Le préfet n'a pas le pouvoir de soumettre à autorisation préalable l'utilisation des miradors, il ne peut que réglementer leur installation pour des motifs de sécurité des personnes (■ CAA Douai, 29 avr. 2003 : *JurisData* n° 2003-221702. – P. Astié, *Droit de la chasse : RD rur.* 2004, p. 526).

III – POUVOIRS GÉNÉRAUX DE POLICE DU MAIRE

3) Atteinte à la sécurité et à la tranquillité publique. En vertu de l'article L. 2212-2 du Code général des collectivités territoriales, un maire peut interdire la chasse à courre sur la partie agglomérée de sa commune, dès lors que des atteintes ont été portées à la sécurité et à la tranquillité publique des habitants de la commune (■ CA Douai, ch. 1, 4 juill. 2002 : *JurisData* n° 2002-200289).

IV – RESPONSABILITÉ

4) Responsabilité pénale. *a) Faute de la victime.* Relaxe du chef de blessures involontaires en raison de la faute lourde de la victime qui était postée au rembucher et non pas au débucher (■ Cass. crim., 13 déc. 1995 : *JurisData* n° 1995-004231). – Une cour d'appel n'a pas justifié sa décision en relevant une faute de la victime décédée qui avait quitté son poste de tir sans avertir les autres chasseurs, tout en refusant de la prendre en compte (■ Cass. crim., 1er avr. 1998 : *JurisData* n° 1998-002803).

b) Faute de l'organisateur de la chasse. En raison de l'augmentation des battues de grand gibier, en général, et de sangliers, en particulier, les juges du fond apportent une attention particulière au comportement de celui qui est responsable de l'organisation de la chasse. C'est ainsi que la chambre criminelle approuve une décision de la cour d'appel d'Orléans qui condamne pour homicide involontaire non pas le tireur qui avait mortellement blessé un autre chasseur mais l'organisateur de la chasse. Ce dernier, qui était le locataire du territoire de chasse et connaissait sa configuration, avait placé les tireurs et fourni à l'auteur du coup de feu des indications de tir sans lui préciser la position des autres participants. Cette faute d'imprudence a été considérée comme étant à l'origine de l'accident (▪ Cass. crim., 20 nov. 1996 : *JurisData* n° 1996-005272). Pour la même raison, est coupable de coups et blessures involontaires le prévenu chargé du ramassage des animaux qui a commis une faute d'imprudence en plaçant à un poste dangereux la victime qui l'accompagnait en tant que spectateur à une chasse aux sangliers alors qu'il savait qu'il existait un poste sans danger à un kilomètre du lieu de l'accident (▪ CA Agen, ch. corr., 14 mai 1998 : *JurisData* n° 1998-041175).

D'une façon générale, l'absence de rappel des consignes de sécurité, l'absence de port d'une tenue visible, le caractère mobile de la battue, l'absence de directives sur le positionnement des tireurs, tout cela caractérise l'homicide involontaire (▪ CA Toulouse, ch. corr., 15 févr. 2001 : *JurisData* n° 2001-146575. ▪ CA Montpellier, ch. corr., 15 mai 2002 : *JurisData* n° 2002-196909).

c) Faute d'imprudence du tireur. Les juges du fond condamnent le tir au jugé (▪ CA Nîmes, ch. corr., 24 févr. 2000 : *JurisData* n° 2000-114632), c'est-à-dire le défaut d'identification préalable de la cible (▪ CA Aix en Provence, ch. corr., 6 juin 1997 : *JurisData* n° 1997-046713. ▪ CA Bordeaux, ch. corr., 13 févr. 1997 : *JurisData* n° 1997-043889). – V. art. L. 428-14, al. 2, p. 876.

Est également condamnable le tir dans le sens d'un chemin (▪ CA Agen, ch. corr., 9 févr. 1998 : *JurisData* n° 1998-040687) et le tir en direction d'une voie de circulation qui augmente la possibilité d'un ricochet (▪ CA Bourges, ch. corr., 4 oct. 1997 : *JurisData* n° 1997-049525).

La négligence de l'organisateur de la battue qui n'annonce pas la fin de la battue en dépit d'une visibilité réduite n'exonère pas le tireur de sa faute d'imprudence (▪ CA Agen, ch. corr., 9 févr. 1998 : *JurisData* n° 1998-040687).

De même, la présence d'un accompagnateur inexpérimenté, qui n'a suivi aucune formation préalable à la chasse, doit conduire les chasseurs à se comporter avec la plus grande prudence, particulièrement à l'occasion des phases de tir du gibier. Le fait de tirer dans une direction dans laquelle le chasseur ne dispose pas d'une bonne visibilité, et alors qu'il ignorait l'emplacement exact de l'accompagnateur, caractérise l'existence d'une faute d'imprudence engageant sa responsabilité dans le dommage subi (▪ CA Limoges, ch. civ., 14 janv. 2016, n° 15/00369).

5) Responsabilité civile. *a) Garde de l'arme.* La garde de l'arme, conformément à l'article 1384 du Code civil, rend le chasseur responsable du dommage causé par son fusil. Le transfert de la garde et de la responsabilité afférente s'opère lorsque l'arme est prêtée à un autre chasseur (▪ Cass. 2e civ., 27 oct. 1965 : *Bull. civ.* II, n° 418, p. 273).

Ayant la garde de son arme, le chasseur est responsable en cas de ricochet d'une balle sur une pierre. Compte tenu de l'état du terrain, le juge du fond a pu estimer que l'accident de chasse ne présentait aucun caractère d'imprévisibilité pour le gardien (▪ CA Bordeaux, 11 juin 1996 : *JurisData* n° 1996-043282). Il en va de même en cas de ricochet mortel d'une balle après impact sur l'animal visé. En effet, le projectile mortel était en laiton, alliage dur dont il est connu qu'il favorise le ricochet. Il ne s'agit donc pas d'un cas de force majeure (▪ CA Rennes, 1er mars 2000 : *JurisData* n° 2000-125592).

De même, le ricochet sur un sol gelé ne présente aucun caractère d'imprévisibilité (▪ Cass. 2e civ., 19 mars 1956 : *Bull. civ.* II, n° 197, p. 127. ▪ CA Bordeaux, 11 juin 1996 : *JurisData* n° 1996-043282) pas plus que la chute du chasseur (▪ Cass. 2e civ., 12 juill. 1984 : *Bull. civ.* II, n° 135, p. 94) ou une rafale de vent (▪ CA Aix-en-Provence, 4 janv. 1997 : *JurisData* n° 1997-041500).

b) Tirs simultanés. C'est un type classique de l'accident de chasse dans une battue au petit gibier. La provenance des plombs s'avérant parfois impossible à déterminer, la jurisprudence retient une responsabilité collective (▪ Cass. 2e civ., 15 déc. 1980 : *Bull. civ.* II, n° 269, p. 183. ▪ Cass. 2e civ., 5 juin 1957 : *Bull. civ.* II, n° 418, p. 129).

c) Responsabilité pour faute (C. civ., art. 1382 et 1383). Partage de responsabilité entre l'organisateur de la battue, l'auteur du coup de feu et la victime (▪ CA Nancy, 24 oct. 2000 : *JurisData* n° 2002-192423).

Responsabilité exclusive de l'auteur du coup de feu même si la victime s'est déplacée, sans avertir les autres chasseurs, car elle pensait légitimement pouvoir le faire après la sonnerie annonçant la fin de la chasse (▪ CA Nancy, 15 juin 2000 : *JurisData* n° 2000-146662).

d) Partage de responsabilité. Sans preuve d'une faute de sa part, le président de la société de chasse organisatrice de la battue litigieuse est en cette qualité responsable sur le fondement de l'article 1384 du Code civil des chasseurs dont il doit répondre. Il est donc tenu *in solidum* avec l'auteur du coup de feu d'indemniser le préjudice subi par la victime (▪ CA Dijon, ch. civ., 5 sept. 2002 : *JurisData* n° 2002-6192423).

e) Imprudence manifeste du traqueur. L'armement du traqueur n'est pas en soi constitutif d'une faute même si l'emplacement du traqueur le rend particulièrement dangereux pour les tireurs postés. Le traqueur qui est un chasseur confirmé et tire vers la ligne des chargeurs postés à une trentaine de mètres commet à l'évidence une imprudence manifeste, aucune faute n'étant imputable aux organisateurs de la battue de chasse (■ CA Grenoble, 10 mai 2004 : *JurisData* n° 2004-258293).

f) Qualité de tiers victime du dommage. La mère est civilement responsable, aux termes de l'article 1384 du Code civil, de son enfant mineur qui a accidentellement tué son père au cours d'une partie de chasse. Néanmoins, cette responsabilité du fait d'autrui n'est pas un obstacle à l'action directe intentée par la mère, en qualité de tiers victime, contre l'assurance du fils. En effet, la responsabilité prévue par l'article 1384 est une responsabilité objective qui ne peut s'assimiler à la responsabilité pour faute prévue par l'article 1382 du Code civil. La mère responsable de plein droit du fait de son fils, ne peut donc être considérée comme ayant causé elle-même le dommage, de sorte que l'assureur ne peut lui opposer le principe selon lequel l'assurance de dommage ne couvre pas les dommages que l'accusé cause à lui-même (■ CA Bastia, ch. civ., 6 mai 2003 : *JurisData* n° 2003-257384).

g) Directeur de la battue. L'auteur de l'accident qui connaissait les consignes diffusées par l'ONCFS a admis qu'il ne les avait pas rappelées aux participants alors qu'il était chargé de diriger la battue pour le compte de la Société de chasse (■ Cass. crim., 8 mars 2005 : *JurisData* n° 2005-027794).

h) Responsabilité de l'assureur. Abstention de l'assureur de faire examiner son assuré (■ CA Besançon, ch. civ., 11 mai 2005 : *JurisData* n° 2005-241814).

Art. L. 424-16 ***(Abr., L. n° 2008-1545, 31 déc. 2008).***

CHAPITRE V. – GESTION

Section I. – Schémas départementaux de gestion cynégétique

(Division créée, L. n° 2005-157, 23 févr. 2005)

Art. L. 425-1 ***(Anc. C. rur., art. L. 225-1 ; rempl., L. n° 2005-157, 23 févr. 2005 ; mod., L. n° 2010-874, 27 juill. 2010 ; L. n° 2014-1170, 13 oct. 2014 ; L. n° 2016-1087, 8 août 2016).*** **– Un schéma départemental de gestion cynégétique est mis en place dans chaque département. Ce schéma est établi pour une période de six ans renouvelable. Il peut être prolongé, pour une durée n'excédant pas six mois, par arrêté du représentant de l'État dans le département lorsque les travaux d'élaboration du nouveau schéma n'ont pu être menés à leur terme avant l'expiration du schéma en cours. Il est élaboré par la fédération départementale ou interdépartementale des chasseurs, en concertation notamment avec la chambre d'agriculture, les représentants de la propriété privée rurale et les représentants des intérêts forestiers, en particulier lorsque le programme régional de la forêt et du bois prévu à l'article L. 122-1 du Code forestier fait état de dysfonctionnements au regard de l'équilibre sylvocynégétique. Le schéma est compatible avec le plan régional de l'agriculture durable mentionné à l'article L. 111-2-1 du Code rural et de la pêche maritime et avec les programmes régionaux de la forêt et du bois mentionnés à l'article L. 122-1 du Code forestier. Il est approuvé, après avis de la commission départementale compétente en matière de chasse ou de faune sauvage, par le préfet, qui vérifie notamment qu'il est compatible avec les principes énoncés à l'article L. 420-1 et les dispositions de l'article L. 425-4 du présent code** ***(Mots suppr., Ord. n° 2021-1370, 20 oct. 2021)*** **« .... ».**

I – OUTIL À TOUT FAIRE

1) Selon le ministre chargé de la chasse, lors de la discussion de la loi du 26 juillet 2000 : « personne n'a encore une idée très claire de la méthodologie d'élaboration des schémas de gestion cynégétique par les fédérations » (*JOAN* CR 30 mars 2000, p. 2810). Afin de remédier à cette incertitude, le législateur a modifié en 2005 l'intitulé du schéma. Il concerne désormais la gestion cynégétique alors qu'initialement, il englobait la mise en valeur cynégétique.

2) Les missions assignées au schéma n'en restent pas moins très diversifiées et leur énumération évoquerait plutôt un inventaire à la Prévert.

II – PLAN DE GESTION

3) Les plans de gestion existent dans les arrêtés préfectoraux annuels d'ouverture de la chasse. En l'absence d'un plan de chasse, ils permettent de gérer les populations de petit gibier sédentaire, c'est pourquoi il a été proposé par un amendement de leur donner une base légale (*JOAN* CR 30 janv. 2004, p. 1232).

4) Comme le ministre chargé de la chasse l'a fait remarquer, cependant leur simple mention dans l'arrêté préfectoral est suffisante pour leur conférer une base juridique. En effet, c'est aux chasseurs qu'il incombe de développer des plans de gestion car ils répondent aux besoins réels du terrain.

5) Le ministre, qui ne conteste pas le motif d'annulation retenu par les premiers juges, demande qu'il soit procédé à une substitution de base légale et fait valoir qu'il aurait pu prendre la même décision sur le fondement du pouvoir de police générale qu'il tient des dispositions de l'article L. 2215-1 du Code général des collectivités territoriales, aux termes desquelles « 3° Le représentant de l'État dans le département est seul compétent pour prendre les mesures relatives à l'ordre, à la sûreté, à la sécurité et à la salubrité publiques, dont le champ d'application excède le territoire d'une commune ». Le pouvoir conféré au préfet par les dispositions de l'article L. 425-1 du Code de l'environnement n'est pas de même nature que le pouvoir dont ce dernier dispose, sur le fondement de l'article L. 2215-1 du Code général des collectivités territoriales, pour apprécier si les conditions requises par ce texte sont remplies ainsi que la nature et la portée des mesures qu'il est amené à prendre le cas échéant. Il suit de là qu'il ne peut être fait droit aux conclusions du ministre tendant à ce que l'article L. 2215-1 du Code général des collectivités territoriales soit substitué à l'article L. 425-1 du Code de l'environnement pour fonder la décision attaquée. Le ministre de l'Écologie ne saurait soutenir que le pouvoir de police générale conféré au préfet par les dispositions de l'article L. 2215-1 aurait permis à ce dernier de modifier le plan de gestion départemental relatif à la gestion de l'espèce sanglier intégré au schéma départemental cynégétique dès lors qu'il n'établit pas, par ses seules affirmations, l'ampleur ni la gravité des atteintes à la sécurité et à la salubrité publiques résultant du seul agrainage hivernal des sangliers (■ CAA Nancy, 12 mai 2014, n° 13NC01591 : *Environnement* 2014, n° 56, note Trouilly ; *AJDA* 2014, 2123, note Goujon-Fisher ; *Dr. env.* 2015, 55).

III – SCHÉMA DÉPARTEMENTAL ET ORIENTATION RÉGIONALE

6) Dans le projet de la loi de 2005 *(art. 58)* un schéma départemental devait être mis en place *conformément* à l'orientation régionale. Les députés ont souhaité atténuer le lien juridique entre le département et la région. C'est pourquoi la déclaration du ministre relative à l'existence d'une cohérence entre le schéma et l'orientation a été considérée comme une « trouvaille ». En effet, le département est plus proche que la région du territoire de chasse qui est à la base de la gestion.

7) Comme nous l'avons constaté (V. art. L. 422-1, p. 789), il est paradoxal que dans le droit de la chasse la gestion ait une base légale alors que le territoire de chasse n'en a pas.

IV – SCHÉMA DÉPARTEMENTAL ET AGRAINAGE

8) Équilibre agro-sylvo-cynégétique et agrainage. L'article L. 425-1 du Code de l'environnement prévoit que la pratique de la chasse contribue à l'équilibre entre le gibier, les milieux et les activités humaines en assurant un véritable équilibre agro-sylvo-cynégétique et que par leurs actions de gestion et de régulation des espèces ainsi que par leurs réalisations en faveur des biotopes, les chasseurs contribuent au maintien, à la restauration et à la gestion équilibrée des écosystèmes en vue de la préservation de la biodiversité. L'article L. 425-4 précise que l'équilibre agro-sylvo-cynégétique consiste à rendre compatibles, d'une part, la présence durable d'une faune sauvage riche et variée et, d'autre part, la pérennité et la rentabilité économique des activités agricoles et sylvicoles et que l'équilibre sylvo-cynégétique tend à permettre la régénération des peuplements forestiers. Ces exigences ne sont pas respectées dans le cas d'un schéma départemental qui autorise de façon générale un agrainage à son intensité maximale tout au long de l'année sans imposer des limites strictes définies au regard de la nécessité de respecter l'équilibre agro-sylvo-cynégétique exigé par les textes.

Le syndicat des sylviculteurs producteurs de bois s'est donné pour mission « l'étude et la défense des intérêts économiques, moraux, sociaux, agricoles et forestiers de ses membres ». Cet objet social lui confère un intérêt à agir contre l'approbation du schéma départemental de gestion cynégétique, élaboré par la fédération départementale des chasseurs de la Meuse, en concertation, notamment avec les représentants des intérêts forestiers pour concourir à la réalisation de l'équilibre agro-sylvo-cynégétique.

Le schéma autorise de façon générale un agrainage à son intensité maximale tout au long de l'année et n'impose pas aux intéressés de limites strictes qui seraient définies au regard de la nécessité de respecter l'équilibre agro-sylvo-cynégétique exigé par les textes, notamment en réservant l'apport de nourriture aux sangliers aux seules périodes où ceux-ci sont susceptibles de causer les dégâts les plus importants aux intérêts agricoles et sylvicoles, notamment en tenant compte des périodes de sensibilité particulière des différentes cultures. Il ne prévoit pas davantage de conditions et limites à l'accord que peuvent éventuellement donner les propriétaires des terrains sur lesquels peut se pratiquer l'agrainage et, en conséquence, ne contribue pas à en réduire nécessairement le caractère général.

Ainsi, les préconisations retenues pour l'agrainage sont susceptibles de favoriser une augmentation de la population de sangliers tout au long de l'année, dont rien n'indique au dossier qu'elle serait compensée par les autres dispositions du schéma départemental de gestion cynégétique relative à la chasse. Ce faisant, elles ne respectent pas les exigences de l'article L. 425-1 du Code de l'environnement. Les dispositions du schéma départemental de gestion cynégétique relatives à l'agrainage des sangliers sont annulées (■ CAA Nancy, 18 févr. 2016, n° 15NC01507 : *JurisData* n° 2016-005935).

Art. L. 425-2 ancien *(Abr., L. n° 2005-157, 23 févr. 2005).*

Art. L. 425-2 *(Anc. C. rur., art. L. 225-2 ; anc. II de l'article L. 421-7 devenu le présent article et mod., L. n° 2005-157, 23 févr. 2005 ; mod., L. n° 2008-1545, 31 déc. 2008 ; mod., L. n° 2012-325, 7 mars 2012 ; L. n° 2014-1170, 13 oct. 2014).* **– Parmi les dispositions du schéma départemental de gestion cynégétique figurent obligatoirement :**

1° Les plans de chasse et les plans de gestion ;

2° Les mesures relatives à la sécurité des chasseurs et des non-chasseurs ;

3° Les actions en vue d'améliorer la pratique de la chasse telles que la conception et la réalisation des plans de gestion approuvés, la fixation des prélèvements maximum autorisés, la régulation des animaux prédateurs et déprédateurs, les lâchers de gibier, la recherche au sang du grand gibier et les prescriptions relatives à l'agrainage et à l'affouragement prévues à l'article L. 425-5, à la chasse à tir du gibier d'eau à l'agrainée ainsi que les modalités de déplacement d'un poste fixe ;

4° Les actions menées en vue de préserver, de protéger par des mesures adaptées ou de restaurer les habitats naturels de la faune sauvage ;

5° Les dispositions permettant d'atteindre l'équilibre agro-sylvo-cynégétique ;

6° Les dispositions permettant de surveiller les dangers sanitaires dans les espèces de gibier et de participer à la prévention de la diffusion de dangers sanitaires entre les espèces de gibier, les animaux domestiques et l'homme.

Les territoires de chasse de la commune ont la particularité d'être très morcelés et imbriqués, de taille très réduite ou de configuration ne permettant presque jamais de placer les tireurs de façon à assurer leur sécurité ou la sécurité d'autres chasses voisines, au point qu'il s'avère très difficile pour les chasseurs de ne pas empiéter sur un territoire voisin, le territoire de la commune ne comportant que quelques parcelles propres à permettre la chasse en toute sécurité. Il résulte de ces circonstances, ainsi que des conflits incessants opposant l'association de chasse requérante à une autre association de chasse dont les territoires sont voisins des siens, que la pratique de la chasse est, en l'état, particulièrement dangereuse. L'association requérante n'est pas en mesure, dans un tel contexte, d'assurer la sécurité sur ses territoires de chasse. Dans ces conditions, le préfet n'a commis ni erreur de fait, ni erreur d'appréciation en refusant les plans de chasse de l'association tant qu'elle ne trouverait pas un accord stable de nature à assurer la sécurité de la chasse, sans que la circonstance qu'il n'y a pas encore eu d'accident ait une influence sur la légalité de la décision contestée (■ CAA Nancy, 1re ch, 30 juin 2017, n° 16NC00696 : inédit).

Art. L. 425-3 ancien *(Dénum., L. n° 2005-157, 23 févr. 2005. – V. C. env., art. L. 425-8).*

Art. L. 425-3 *(Anc. C. rur., art. L. 225-3 ; anc. IV de l'article L. 421-7, L. n° 2005-157, 23 févr. 2005).* **– Le schéma départemental de gestion cynégétique est opposable aux chasseurs et aux sociétés, groupements et associations de chasse du département.**

Art. L. 425-3-1 *(Abr., L. n° 2005-157, 23 févr. 2005 ; rétabli dans la version suivante, L. n° 2008-1545, 31 déc. 2008).* **– Les infractions aux dispositions du schéma départemental de gestion cynégétique sont punies des amendes prévues par les contraventions de la première à la quatrième classe selon des modalités fixées par un décret en Conseil d'État.**

Section II. – Équilibre agro-sylvo-cynégétique

(L. n° 2005-157, 23 févr. 2005)

Art. L. 425-4 *(Anc. C. rur., art. L. 225-4 ; mod. à compter du 1er janvier 2002, Ord. n° 2000-916, 19 sept. 2000 ; abr. et rétabli, L. n° 2005-157, 23 févr. 2005 ; Ord., n° 2012-92, 26 janv. 2012 ; mod., L. n° 2014-1170, 13 oct. 2014).* **– L'équilibre agro-sylvo-cynégétique consiste à rendre compatibles, d'une**

part, la présence durable d'une faune sauvage riche et variée et, d'autre part, la pérennité et la rentabilité économique des activités agricoles et sylvicoles.

Il est assuré, conformément aux principes définis à l'article L. 420-1, par la gestion concertée et raisonnée des espèces de faune sauvage et de leurs habitats agricoles et forestiers.

L'équilibre agro-sylvo-cynégétique est recherché par la combinaison des moyens suivants : la chasse, la régulation, la prévention des dégâts de gibier par la mise en place de dispositifs de protection et de dispositifs de dissuasion ainsi que, le cas échéant, par des procédés de destruction autorisés. La recherche de pratiques et de systèmes de gestion prenant en compte à la fois les objectifs de production des gestionnaires des habitats agricoles et forestiers et la présence de la faune sauvage y contribue. L'indemnisation mentionnée à l'article L. 426-1 peut contribuer à cet équilibre.

L'équilibre sylvo-cynégétique tend à permettre la régénération des peuplements forestiers dans des conditions économiques satisfaisantes pour le propriétaire, dans le territoire forestier concerné. Il prend en compte les principes définis aux articles L. 112-1, L. 121-1 à L. 121-5 du nouveau code forestier ainsi que les dispositions des programmes régionaux de la forêt et du bois mentionnés à l'article L. 122-1 du même code.

Voir : Circ. 31 juill. 2009 relative à la mise en œuvre du Plan national de maîtrise du sanglier (*BOME* n° 15/2009).

I – LA SPIRALE DE L'INDEMNISATION ADMINISTRATIVE

1) L'équilibre agro-sylvo-cynégétique est au centre des dispositions de la loi du 23 février 2005 comme elle l'était dans le projet de loi. Ainsi que l'a souligné le ministre chargé de la chasse, l'équilibre est une « formule absconse sauf pour les spécialistes » (*JOAN* 30 janv. 2004, p. 1225), c'est pourquoi le législateur l'a orné d'un qualificatif qui au fil des années est devenu flatteur.

2) Dans le titre de la loi du 30 juillet 1963 sur le plan de chasse, l'équilibre était qualifié de nécessaire car il permettait de sauvegarder le grand gibier objet du droit d'affût des agriculteurs qui défendaient leurs récoltes. Il devenait véritable dans la loi du 26 juillet 2000 *(art. L. 420-1)* ce qui laissait supposer qu'il n'existait pas auparavant. Et enfin harmonieux dans la loi d'orientation sur la forêt du 9 juillet 2001 *(C. for., art. L. 1er)*.

3) Désormais, dans les débats parlementaires, réduit à un équilibre sylvo-cynégétique, il est devenu délicat, voire très difficile ce qui a évité de graver le qualificatif dans le « marbre de la loi ».

4) Comme le souligne le ministre, la composante essentielle de l'équilibre agro-sylvo-cynégétique n'est pas le système d'indemnisation des dégâts causés aux récoltes « puisque les peuplements forestiers n'y sont pas éligibles » (*JOAN* CR 30 janv. 2004, p. 1226). Cependant, la jurisprudence est d'un avis contraire. En effet, selon la Cour de cassation « une plantation forestière destinée à produire un revenu constitue une récolte, tel est le cas des forêts qui font l'objet de coupes réglées » (■ Cass. 2e civ., 24 oct. 1990 : *JCP* G 1990, IV, 411 ; *Gaz. Pal.* 1991, I, p. 54. ■ Cass. 2e civ., 29 janv. 1997 : *JurisData* n° 1997-000424).

5) L'arrêt de principe du 24 octobre 1990 n'a cependant pas mis un terme aux difficultés de l'indemnisation des dégâts forestiers, car le remplacement des plants endommagés, notamment, initie un processus sans fin. C'est pourquoi, en 2005, le législateur s'est employé à résoudre de façon spécifique le problème de l'équilibre sylvo-cynégétique.

II – ÉQUILIBRE SYLVO-CYNEGETIQUE

6) Même si les habitats forestiers sont une composante des habitats de la faune sauvage, il a paru impossible au législateur de ne pas distinguer les habitats forestiers des habitats agricoles. C'est par la voie d'un amendement que le ministre a obtenu que l'équilibre *sylvo-cynégétique* figure à la fin de la disposition relative à *l'équilibre agro-sylvo-cynégétique*.

7) Ces discussions à caractère terminologique n'ont été que le prélude à des délibérations beaucoup plus importantes qui ont concerné le principal objet de l'équilibre qui est l'indemnisation par les chasseurs des dommages forestiers causés par le grand gibier. Dans le projet de loi, l'équilibre vise à permettre la régénération naturelle ou artificielle des peuplements forestiers « sans recourir à des protections artificielles » et le ministre avait obtenu le vote de cette disposition par l'Assemblée nationale en première lecture. Il ressort, en effet, des travaux parlementaires qu'une protection artificielle avait été jugée trop onéreuse pour les forestiers (*JOAN* CR 30 juin 2004, p. 1226).

8) En outre, non seulement les protections artificielles ne s'accordaient pas avec la gestion intégrée de la faune et des habitats *(art. L. 420-1)* mais elles avaient pour conséquence de soustraire des zones de gagnage intéressantes.

9) Dans la séance du Sénat du 12 mai 2004, le rapporteur de la loi qualifiait la définition de l'équilibre sylvo-cynégétique de très délicate avant de rappeler que lors de la discussion relative à la loi d'orientation forestière du 9 juillet 2001, les sénateurs avaient d'abord voté pour « une régénération sans protection artificielle » avant de se rallier, en seconde lecture, à la position de l'Assemblée nationale en faveur d'une régénération « dans des conditions économiques satisfaisantes » qui est insérée dans l'article L. 1er du Code forestier (*JO* Sénat CR 12 mai 2004, p. 3124).

10) C'est la solution proposée par le rapporteur car il observait que la suppression des protections artificielles obligerait les chasseurs à augmenter leur prélèvement dans de telles proportions que cela entraînerait à plus ou moins long terme la disparition du grand gibier. En revanche, il observait que l'appréciation des termes : *conditions économiques satisfaisantes* était certes délicate mais possible : « Les forestiers d'ailleurs savent bien que l'on parle de *plantation tirée d'affaire ou de régénérescence acquise* lorsque, au moment de solder des subventions ou de réceptionner des travaux forestiers, on constate un taux de reprises de 80 % ». Ce seuil pourrait donc servir de critère d'appréciation.

11) Le législateur ne se fait cependant pas d'illusion excessive sur le dispositif qu'il instaure car il reconnaît qu'il ne saurait être pleinement satisfaisant (V. art. L. 425-12, p. 850).

Art. L. 425-5 *(L. n° 2005-157, 23 févr. 2005 ; mod., L. n° 2019-773, 24 juill. 2019 ; L. n° 2023-54, 2 févr. 2023).* **– I. – L'agrainage et l'affouragement sont autorisés dans des conditions définies par le schéma départemental de gestion cynégétique.**

Le nourrissage en vue de concentrer des sangliers sur un territoire est interdit. Le schéma départemental de gestion cynégétique peut autoriser des opérations d'agrainage dissuasives en fonction des particularités locales.

II. – L'agrainage et l'affouragement sont interdits dans les espaces clos empêchant complètement le passage des animaux non domestiques, sauf exceptions inscrites dans le schéma départemental de gestion cynégétique dans les cas et les conditions prévus par décret. Dans les espaces clos permettant le passage des animaux non domestiques, les conditions d'agrainage et d'affouragement sont celles prévues au I.

LA PÉRIODE SENSIBLE

1) Comme le rappelle le ministre : « Ces pratiques doivent être réservées au soutien à des populations naturelles, au repeuplement des petits gibiers, à la protection des cultures en période sensible et à la survie du gibier en cas de circonstances climatiques exceptionnelles » (*JOAN* CR 12 oct. 2004, p. 7806).

2) La notion de période sensible correspond à une « réalité de terrain » qui peut être facilement précisée dans le cadre des schémas départementaux de gestion cynégétique en fonction des pratiques agricoles départementales.

3) Si le ministre juge utile de définir la notion de période sensible c'est parce que certains chasseurs usent et abusent trop souvent de l'agrainage pour maintenir et attirer les sangliers sur leur territoire de chasse sans se soucier de la protection des récoltes.

4) Arrêté préfectoral d'interdiction. Se sont rendus coupables de contravention à un arrêté préfectoral interdisant l'apport de nourriture aux grands ongulés en vue d'endiguer les dégâts aux cultures deux chasseurs qui profitent de leur partie de chasse aux sangliers pour répandre du maïs dans les fourrés afin de nourrir le gibier. Maïs acheté en commun par tous les chasseurs de l'association de chasse, le président de la société de chasse n'ayant pas informé ses membres de l'interdiction de nourrissage (■ CA Grenoble, ch. corr., 29 sept. 2004 : *JurisData* n° 2004-268973).

Art. L. 425-5-1 *(L. n° 2012-325, 7 mars 2012).* **– Lorsque le détenteur du droit de chasse d'un territoire ne procède pas ou ne fait pas procéder à la régulation des espèces présentes sur son fonds et qui causent des dégâts de gibier, il peut voir sa responsabilité financière engagée pour la prise en charge de tout ou partie des frais liés à l'indemnisation mentionnée à l'article L. 426-1 et la prévention des dégâts de gibier mentionnée à l'article L. 421-5.**

Lorsque l'équilibre agro-sylvo-cynégétique est fortement perturbé autour de ce territoire, le représentant de l'État dans le département, sur proposition de la fédération départementale ou interdépartementale des chasseurs ou de la chambre départementale ou interdépartementale d'agriculture, après avis de la commission départementale de la chasse et de la faune sauvage réunie dans sa formation spécialisée pour l'indemnisation des dégâts de gibier aux cultures et aux récoltes agricoles, peut notifier à ce détenteur du droit de chasse un nombre d'animaux à prélever dans un délai donné servant de référence à la mise en œuvre de la responsabilité financière mentionnée au premier alinéa (1).

(1) Le Conseil constitutionnel a déclaré les mots « peut notifier à ce détenteur du droit de chasse un nombre d'animaux à prélever dans un délai donné servant de référence à la mise en œuvre de la responsabilité financière mentionnée au premier alinéa » figurant au second alinéa du présent article dans sa rédaction résultant de la loi n° 2012-325 du 7 mars 2012, conformes à la Constitution. – V. ■ Cons. const., 22 janv. 2022, n° 2021-964 QPC : *JurisData* n° 2022-000665 ; *JO* 21 janv. 2022. – NDLR.

Section III. – Plan de chasse

(Anc. sect. 1 comprenant les articles L. 425-1, L. 425-2 et L. 425-3 anciens, L. 425-3-1 et L. 425-4 mod. à compter du 1er janvier 2002, Ord. n° 2000-916, 19 sept. 2000 ; dénum. et mod., L. n° 2005-157, 23 févr. 2005)

Art. L. 425-6 *(L. n° 2005-157, 23 févr. 2005 ; mod., L. n° 2014-1170, 13 oct. 2014)*. **– Le plan de chasse détermine le nombre minimum et maximum d'animaux à prélever sur les territoires de chasse. Il tend à assurer le développement durable des populations de gibier et à préserver leurs habitats, en prenant en compte les documents de gestion des forêts mentionnés à l'article L. 122-3 du Code forestier et en conciliant les intérêts agricoles, sylvicoles et cynégétiques.**

Pour le grand gibier, il est fixé après consultation des représentants des intérêts agricoles et forestiers pour une période qui peut être de trois ans et révisable annuellement ; il est fixé pour une année pour le petit gibier.

Pour assurer un équilibre agricole, sylvicole et cynégétique, le plan de chasse est appliqué sur tout le territoire national pour certaines espèces de gibier dont la liste est fixée par décret en Conseil d'État. Lorsqu'il s'agit du sanglier, le plan de chasse est mis en œuvre après avis des fédérations départementales ou interdépartementales des chasseurs.

I – PLAN DE CHASSE

1) Principe. Le plan de chasse a pour but de proportionner le prélèvement d'un gibier à la quantité existante sur un territoire de chasse en prenant en considération les dommages que les populations de ce gibier sont susceptibles de causer à l'agriculture et à la forêt. Cette finalité s'exprime grâce à la notion d'équilibre.

Le plan de chasse de l'an 2005 n'a qu'un lointain rapport avec celui de la loi Comte Offenbach du 30 juillet 1963. En effet, selon la jurisprudence, cette législation appliquait les principes de la police de la chasse et non ceux de la gestion du gibier car la loi qui l'avait instituée faisait partie des mesures de protection du gibier prévues à l'article 373 ancien du Code rural (■ Cass. crim., 9 nov. 1994, n° 94-80.375 : *RD rur.* 1995, p. 168).

Non seulement, depuis la loi du 26 juillet 2001, le titre Gestion a été superposé à celui de Plan de chasse mais l'article qui lui sert d'introduction a été modifié en fonction des principes généraux du droit de la chasse contenus dans l'article L. 420-1.

Comme en témoignent les travaux parlementaires, si l'équilibre agro-cynégétique est assuré grâce à l'indemnisation administrative, il n'en va pas de même de l'équilibre sylvo-cynégétique qui reste encore terminologique.

2) Chasse sans plan individuel de chasse. Le juge ne peut déduire la commission de la contravention de chasse sans plan de chasse individuel de la non-détention de bracelets de marquage, sans rechercher l'existence d'un tel plan pour le territoire concerné. Encourt en conséquence la cassation l'arrêt qui a condamné l'organisateur de la chasse qui ne produit aucun bracelet de marquage pour le territoire où ses chiens poursuivent du gibier, dès lors qu'il n'est pas indiqué s'il existait un plan de chasse individuel sur ce territoire (■ Cass. crim., 18 mai 2016, n° 15-84.771, P + B : *JurisData* n° 2016-009381).

II – PLAN DE CHASSE MINIMUM

3) Pour échapper à l'engrenage d'une indemnisation administrative des dégâts forestiers analogue à celle des dégâts agricoles car elle s'avère beaucoup trop onéreuse, le législateur utilise la règle d'un plan de chasse *minimum*. Il existait déjà pour les dégâts agricoles mais il était peu utilisé.

Selon la loi de finances pour 1969 (art. 14-VII), en effet, « le conseil supérieur de la chasse *(fédération départementale des chasseurs)* a toujours la possibilité de demander lui-même au responsable, par voie judiciaire ou à l'amiable, de lui verser le montant de l'indemnité qu'il a lui-même accordée ».

Dans les forêts domaniales, le cahier des charges peut prévoir, si le minimum n'est pas respecté, des « amendes contractuelles ».

Interrogé sur la façon de contrôler la règle du minimum, le ministre n'a eu aucune difficulté à citer la jurisprudence qui reconnaît que le préfet peut instituer pour les titulaires d'un plan de chasse l'obligation de présenter à un agent de l'État ou de ses établissements publics tout ou partie de l'animal prélevé (■ Cass. crim., 3 janv. 1996 : *JurisDatat* n° 1996-001069).

En revanche, le ministre est resté beaucoup plus discret sur la façon de calculer le plan de chasse minimum (JO Sénat CR 12 mai 2004, p. 3134).

Selon les premières applications du plan de chasse, il semblerait que les commissions qui le calculent appliquent le principe de précaution en fixant un minimum assez proche du maximum.

4) Principe d'égalité. Un préfet ne commet pas d'erreur manifeste d'appréciation en répartissant le nombre des bracelets en fonction, d'une part, de la population de chevreuils existante, d'autre part, des superficies boisées des territoires de chasse des demandeurs. Il n'a pas méconnu ainsi le principe d'égalité entre détenteurs de droits de chasse (■ CE, 8 mars 1999, nos 162513 et

162514, *François Cottais*. ▪ CA Nantes, 9 avr. 2002 : *JurisData* n° 2002-200109).

La décision d'un préfet fondée sur l'exiguïté du territoire de chasse, l'estimation du cheptel et la nécessité d'une gestion globale de ce cheptel sur l'ensemble du massif, sans se référer à un seuil minimal d'hectares, n'est pas contraire au principe d'égalité devant la loi (▪ CE, 23 oct. 1995, n° 135892, *Roger Alphonse*).

5) Responsabilité du directeur de la chasse. Le plan de chasse du grand gibier rompt avec le caractère individuel de la police de la chasse. Le bénéficiaire d'un plan de chasse individuel contrevient aux prescriptions de ce plan s'il se met de son propre fait dans l'impossibilité de prendre les mesures qui lui incombent en vue de faire respecter les dispositions de ce plan (▪ Cass. crim., 9 nov. 1993, *Français : Bull. crim.* 1993, n° 330 ; *JurisData* n° 1993-002528. ▪ Cass. crim., 27 févr. 1992, *Fédération dptale des chasseurs de l'Oise : JCP G* 1992, IV, n° 32, p. 2161 ; *Bull. crim.* 1992, n° 91). Le juge du fait exerce en pareil cas son pouvoir souverain d'appréciation (▪ Cass. crim., 1er juin 1994, n° 93-82. 266 D, *Debiais et a.*).

6) Prélèvement en battue. La responsabilité du bénéficiaire d'un plan de chasse est particulièrement retenue si le prélèvement est effectué grâce à une battue. Les attendus soulignent dans ce cas l'absence d'organisation et de rigueur pour caractériser la responsabilité du directeur de la chasse (▪ Cass. crim., 6 mai 1998, n° 97-83.100 : *JurisData* n° 1998-003458).

7) Observation du mode de chasse. Cependant, le commandement de l'autorité légitime est un moyen inopérant si le chasseur n'a pas observé le mode de chasse autorisé. Tel est le cas de celui qui tire sur un cerf lors d'une battue de sangliers (▪ CA Aix-en-Provence, 13e ch., 17 mai 1995, n° 68.795 : *JurisData* n° 1995-047616).

8) Obligation de marquage. Le bracelet qui est le dispositif de marquage ne peut être réutilisé après épuisement des droits de prélèvement fixés par le plan de chasse (▪ Cass. crim., 15 févr. 2000 : *JurisData* n° 2000-001474).

9) Verrouillage du dispositif. La pose du dispositif sans le verrouiller est assimilée à un défaut de marquage (▪ T. pol. Épernay, 24 oct. 1972 : *Bull. Off. nat. chasse* 1974, n° 1, p. 324).

10) Bracelet avant le transport. Le gibier soumis à un plan de chasse doit être muni d'un bracelet avant d'être transporté (▪ Cass. crim., 1er juin 1994, n° 93-82.266, *Debiais et a.*) mais le déplacement de l'animal tué sur une dizaine de mètres, de manière à le rapprocher d'une voie accessible à un véhicule automobile pour qu'il soit chargé, ne constitue pas un transport (▪ CA Bordeaux, 18 janv. 1995 : *JurisData* n° 1995-041594).

11) Exception d'illégalité des actes administratifs. La juridiction pénale n'est pas compétente à apprécier la légalité d'un plan de chasse individuel car, de cet examen ne dépend pas la solution des poursuites dirigées contre le titulaire du plan pour inobservation de ses prescriptions (▪ Cass. crim., 1er oct. 2002, *Fédération dptale des chasseurs de la Nièvre : JurisData* n° 2002-016209 ; V. note J.-H. Robert : *Environnement* 2003).

Art. L. 425-7 ***(L. n° 2005-157, 23 févr. 2005 ; mod., Ord. n° 2012-92, 26 janv. 2012).*** **– Toute personne détenant le droit de chasse sur un territoire et qui désire obtenir un plan de chasse individuel doit en faire la demande. Toutefois, lorsque le contrat de location ou de mise à disposition gratuite du droit de chasse le prévoit expressément, la demande est faite par le propriétaire ou son mandataire.**

Lorsque le titulaire du droit de chasse n'est pas le propriétaire du territoire pour lequel la demande est présentée et que ce dernier ne loue pas son droit de chasse, le titulaire du droit de chasse informe de sa demande de plan de chasse individuel le ou les propriétaires du territoire ou leurs mandataires qui le souhaitent. Ces derniers peuvent alors faire connaître leur désaccord éventuel et formuler leur propre demande de plan de chasse.

Les propriétaires mentionnés au précédent alinéa peuvent recourir aux dispositions de l'article L. 332-5 du « nouveau » code forestier.

I – LE DROIT DE CHASSE EST UN ATTRIBUT DU DROIT DE PROPRIÉTÉ

1) Le premier alinéa est conforme au principe selon lequel le droit de chasse est un attribut du droit de propriété. Le second et le troisième alinéa concernent les territoires qui sont soumis au droit de chasse d'une ACCA, ce qui empêche le propriétaire de louer son droit de chasse alors que son territoire est soumis à des dégâts forestiers du grand gibier. Selon les dispositions de l'article L. 247-8 du Code forestier (Ord. n° 2004-632, 1er juill. 2004, art. 53, III) : afin de « protéger les peuplements forestiers contre les dégâts provoqués par le gibier, il peut être créé des associations syndicales libres dans les conditions prévues par l'ordonnance du 1er juillet 2004 précitée. Les statuts de l'association syndicale prévoient les modalités selon lesquelles celle-ci représente ses adhérents auprès de l'autorité administrative compétente en matière d'attribution du plan de chasse ainsi qu'après des fédérations départementales des chasseurs ».

Il est clair qu'une association syndicale de propriétaires forestiers sera mieux apte qu'un petit propriétaire forestier à veiller à l'élaboration comme à l'application d'un plan de chasse ne serait-ce qu'en raison de l'importance du territoire qu'elle contrôle. Accessoirement, cela pose le problème de la possibilité pour l'association d'exercer un droit de retrait (V. art. L. 422-18, p. 806).

II – PERMIS DE CHASSER

2) « Considérant qu'aux termes de l'article L. 425-7 du Code de l'environnement : Toute personne détenant le droit de chasse sur un territoire et qui désire obtenir un plan de chasse individuel doit en faire la demande. Toutefois, lorsque le contrat de location ou de mise à disposition gratuite du droit de chasse le prévoit expressément, la demande est faite par le propriétaire ou son mandataire ;

Considérant que M. A demande l'annulation du jugement du 21 septembre 2010 du tribunal administratif de Grenoble en tant qu'il a, après avoir relevé l'illégalité de l'arrêté préfectoral en date du 22 mai 2007 lui refusant la délivrance d'un plan de chasse pour la saison cynégétique 2007/2008, rejeté sa demande de condamnation de l'État au paiement à son profit d'une somme de 15 000 euros au titre de la réparation du préjudice qu'il a subi résultant de la perte du produit de la location de son droit de chasse ; qu'il fait valoir que, contrairement à ce qu'ont retenu les premiers juges, son préjudice est certain dès lors qu'il a reçu trois propositions de chasseurs intéressés par l'attribution du plan de chasse, pour des sommes atteignant 15 000 euros par an, ce qui correspond, en ordre de grandeur, au prix de location, adjugé en audience publique par l'Office national des forêts, d'un droit de chasse sur des surfaces apparentées à la sienne ;

Considérant, toutefois, qu'il résulte de l'instruction que la demande de plan de chasse individuel portant sur les propriétés de M. A a été déposée par lui-même, le 8 février 2007, en qualité de propriétaire détenteur du droit de chasse ; qu'aucun élément au dossier ne permet d'établir que M. A ait eu l'intention de procéder à la location de son droit de chasse ; que, s'il produit trois lettres en date respectivement des 28 juin 2007, 3 juillet 2007 et 6 juillet 2007, il ressort de ces courriers qu'ils ont été sollicités par le conseil du requérant postérieurement à la notification de l'arrêté et se contentent de faire part de l'intérêt que leurs rédacteurs porteraient à une éventuelle location ; que, par suite, ils ne sauraient en tant que tels attester de ce que l'arrêté attaqué a privé M. A d'une recette qu'il aurait perçue si le plan de chasse avait été accordé ; que, dès lors, M. A ne justifie pas d'un préjudice certain tiré de ce qu'il a été privé du produit de la location de son droit de chasse ;

Considérant que M. A ne fait pas état d'un autre préjudice ;

Considérant qu'il résulte de ce qui précède que M. A n'est pas fondé à demander l'annulation du jugement attaqué en tant qu'il a rejeté ses conclusions tendant à la condamnation de l'État à lui verser des dommages et intérêts ; » (▪ CAA Lyon, ch. 5, 21 juill. 2011, n° 10LY02576, *Guebey Min. Écologie, Développement durable, Transports et Logement*), inédit.

III – CONVENTION DE CESSION DU DROIT DE CHASSE

3) Dans la mesure où l'adjudicataire ne rapporte pas la preuve d'un dol par négligence, ni d'un défaut de cause et d'objet, puisque la location du droit de chasse lui donnait la possibilité d'obtenir un plan de chasse, sa demande en nullité de la convention de cession du droit de chasse sera rejetée. La convention de cession du droit de chasse ne peut donc être annulée pour dol par réticence et pour défaut de cause et d'objet au seul motif que la Commune propriétaire ait omis d'indiquer à l'adjudicataire qu'aucun plan de chasse n'avait été attribué au détenteur précédent du droit de chasse et qu'au jour de la régularisation du contrat, la Commune ne détenait une autorisation de chasser, laquelle dépend uniquement du plan de chasse (▪ CA Paris, pôle 4, ch. 9, 13 janv. 2011, n° 09/17060, *Confirmation : JurisData* n° 2011-000799).

Art. L. 425-8 *(Anc. art. L. 425-3 mod., L. n° 2002-92, 22 janv. 2002 ; Ord. n° 2004-637, 1er juill. 2004 ; dénum. et mod., L. n° 2005-157, 23 févr. 2005 ; mod., L. n° 2019-773, 24 juill. 2019)* (1). – **Le plan de chasse, qui prend en compte les orientations du schéma départemental de gestion cynégétique, est mis en œuvre après avis de la chambre d'agriculture, de l'Office national des forêts, de l'association départementale des**

(1) L'exercice, par le président de la fédération départementale des chasseurs, des nouvelles missions prévues aux articles L. 421-5, L. 421-11-1, L. 422-3, L. 422-5, L. 422-7 et L. 425-8 du Code de l'environnement, dans leur rédaction résultant des 1°, 6°, 13° à 15° et 27° du I de l'article 13 de la loi n° 2019-773 du 24 juillet 2019, fait l'objet d'une convention prévoyant une compensation financière acquittée par l'Office français de la biodiversité, L. n° 2019-773, 24 juill. 2019.

communes forestières et de la délégation régionale du Centre national de la propriété forestière par le président de la fédération départementale des chasseurs. Dans les départements du Bas-Rhin, du Haut-Rhin et de la Moselle, les organisations représentatives des communes sont également consultées avant la mise en œuvre du plan de chasse. En cas de circonstances exceptionnelles, il peut être fixé un nouveau plan de chasse se substituant au plan de chasse en cours. En Corse, ce plan est établi et mis en œuvre par la collectivité territoriale de Corse.

Pour chacune des espèces de grand gibier soumises à un plan de chasse, le représentant de l'État dans le département fixe, après avis de la commission départementale compétente en matière de chasse et de faune sauvage, le nombre minimal et le nombre maximal d'animaux à prélever annuellement dans l'ensemble du département, répartis par sous-ensembles territorialement cohérents pour la gestion de ces espèces, le cas échéant par sexe ou par catégorie d'âge. Pour déterminer le nombre minimal et le nombre maximal d'animaux à prélever, le représentant de l'État dans le département prend notamment en compte les dégâts causés par le gibier dans le département.

Le représentant de l'État dans le département, après avoir recueilli les observations du président de la fédération, modifie les plans de chasse individuels qui le nécessitent dans l'un des cas suivants :

1° Une défaillance grave dans la prise en compte par le plan de chasse mentionné à l'article L. 425-6 des orientations du schéma départemental de gestion cynégétique ;

2° Une augmentation importante des dégâts de gibier lorsqu'il est établi qu'elle résulte de prélèvements insuffisants. À cette fin, le président de la fédération départementale transmet chaque année au représentant de l'État dans le département un rapport sur les dégâts de gibier dans son département.

Art. L. 425-9 *(Rétabli, L. n° 2012-325, 7 mars 2012).* **– Le transport, par le titulaire d'un permis de chasser valide, d'une partie du gibier mort soumis au plan de chasse est autorisé sans formalités pendant la période où la chasse est ouverte.**

Art. L. 425-10 *(Abr., L. n° 2019-773, 24 juill. 2019).*

Si, selon l'article 3 du décret n° 2014-1627 du 26 décembre 2014, l'information des membres d'un « collège », soit selon l'article 1er de l'ordonnance n° 2014-1329 du 6 novembre 2014 « tout organe à caractère administratif composé de trois personnes au moins et ayant vocation à adopter des avis », sur les dates et heures de début et clôture d'une délibération électronique « suit les règles applicables à la convocation » des réunions, l'article R. 133-8 du Code des relations entre le public et l'administration n'impose pas de délai entre la convocation et la réunion d'une « commission » s'il y a « urgence ». En l'espèce, la gravité des dommages causés par les sangliers aux cultures, alors que la clôture de la chasse n'intervenait que le 28 février 2017, établit l'urgence. Dès lors, si le courriel du 13 janvier 2017 à 16 h 40 a invité les membres de la commission départementale de la chasse et de faune sauvage à formuler leur avis « avant le 16 janvier 2017 », un tel délai n'a pas vicié la procédure.

Eu égard à la forte augmentation, malgré les prélèvements attribués, de la surface des cultures endommagées par le gibier dans les zones cynégétiques et nonobstant l'insuffisance des données chiffrées existant sur les populations de sangliers, l'arrêté préfectoral autorisant l'abattage des sangliers sans limitation de nombre, même s'il n'a pas prévu de compte-rendu des prélèvements, n'a pas fait une inexacte application de l'article L. 425-10 du Code de l'environnement (■ TA Dijon, 1re ch., 5 mars 2018, n° 1700197, inédit).

Art. L. 425-11 *(L. n° 2005-157, 23 févr. 2005).* **– Lorsque le bénéficiaire du plan de chasse ne prélève pas le nombre minimum d'animaux qui lui est attribué, il peut voir sa responsabilité financière engagée pour la prise en charge de tout ou partie des frais liés à l'indemnisation mentionnée à l'article L. 426-1 et la prévention des dégâts de gibier mentionnée à l'article L. 421-5.**

Il en est de même pour les personnes ayant formé l'opposition prévue au 5° de l'article L. 422-10 et qui n'ont pas procédé sur leur fonds à la régulation des espèces de grand gibier.

Doit enfin être déboutée la société exploitante d'une parcelle de tournesols de sa demande en réparation à l'encontre de l'association de chasseurs, fondée sur l'article L. 425-11 du Code de l'environnement. En effet les relevés effectués par l'expert démontrent que le rapport entre animaux attribués et prélevés a été de 95 % à 100 % selon les années. Les dégâts déplorés trouvent alors leur origine dans l'existence d'une parcelle plantée sous la responsabilité de l'exploitant et d'une attribution éventuellement insuffisante de bracelets, imputable à la seule autorité administrative (■ CA Poitiers, 3e ch. civ., 19 févr. 2014 : *JurisData* n° 2014-003163).

Art. L. 425-12 *(L. n° 2005-157, 23 févr. 2005 ; Ord. n° 2012-92, 26 janv. 2012 ; mod., L. n° 2014-1170, 13 oct. 2014).* **– Lorsque l'équilibre sylvo-cynégétique, défini dans le programme régional de la forêt et du bois mentionné à l'article L. 122-1 du Code forestier, est fortement perturbé sur un territoire forestier géré conformément à l'un des documents de gestion visés aux articles L122-1 à L122-3 et L122-6 du nouveau code forestier, le bénéficiaire du droit de chasse qui n'a pas prélevé le nombre minimum d'animaux lui ayant été attribué au titre du plan de chasse est tenu de verser au propriétaire, qui n'est pas titulaire du droit de chasse ou qui ne le loue pas, et qui en fait la demande circonstanciée :**

– soit le montant de tout ou partie des dépenses de protection indispensables qu'il a engagées pour assurer la pérennité des peuplements ;

– soit, si le peuplement forestier a été endommagé de façon significative par une espèce de grand gibier soumise à un plan de chasse, une indemnité forfaitaire dont le montant à l'hectare est fixé par arrêté préfectoral pris après avis de la commission départementale compétente en matière de chasse et de faune sauvage, dans le respect d'un barème interministériel défini conjointement par les ministres chargés de la chasse et de la forêt.

I – HIÉRARCHIE DANS LA RESPONSABILITÉ

1) Cette formule du ministre chargé de la chasse (*JOAN* CR 30 janv. 2004, p. 1230) traduit les dispositions de l'article 58 du projet de loi relatives au remboursement des dommages forestiers. Au bas de l'échelle, on trouve le détenteur du droit de chasse bénéficiaire d'un plan de chasse sur les parcelles endommagées lorsqu'il n'a pas réalisé le prélèvement minimum. Au-dessus de lui, il y a la fédération départementale des chasseurs dont la proposition de plan de chasse retenue par l'autorité administrative était inférieure à la demande formulée par le détenteur du droit de chasse dans la mesure où cette demande était compatible avec le schéma départemental de gestion cynégétique. Enfin, l'État occupe le sommet de la hiérarchie des responsables au cas où la décision d'attribution du plan de chasse prise par le préfet était inférieure à la demande du détenteur de droit de chasse et toujours dans la mesure où cette demande était compatible avec le schéma.

2) Ce bel ordonnancement d'une triple responsabilité successive ne résistera pas aux débats parlementaires. Selon l'Assemblée nationale, si la fédération présente un plan de chasse inadapté, c'est le préfet qui en a pris la responsabilité, tandis que la commission des finances rejettera celle de l'État à l'aide de l'article 40.

II – COMPROMIS ÉQUILIBRÉ

3) Le détenteur du droit de chasse reste donc seul à assumer la responsabilité des dégâts forestiers du grand gibier, mais le législateur le fait bénéficier d'un « compromis équilibré ». Si certains parlementaires ont évoqué l'ouverture d'une « boîte de Pandore » au détriment des chasseurs, la majorité a considéré que cet équilibre était le seul moyen d'avoir une chasse durable et que le texte qui était adopté constituait un compromis équilibré (*JOAN* CR 12 oct. 2004, p. 7807). C'est ce qui explique la pléthore de qualificatifs utilisés dans le texte pour qualifier l'équilibre agro-sylvo-cynégétique.

4) Après la référence à des « circonstances exceptionnelles » dans l'article L. 422-8, d'équilibre « perturbé ou menacé » dans l'article L. 422-10, il devient « fortement perturbé » dans l'article L. 425-12. Enfin, pour écarter un amendement qui proposait de remplacer par « un pourcentage de 70 % » la mention d'un peuplement forestier « endommagé de façon significative », le ministre observera que « fixer arbitrairement un seuil unique d'éligibilité à l'indemnité forfaitaire des dégâts sylvicoles paraît contestable » (*JO* Sénat CR, 26 janv. 2005, p. 399).

5) Comme l'a constaté le ministre, quelques jours avant la promulgation de la loi, l'équilibre n'est pas facile à trouver et il a remercié le rapporteur de la loi au Sénat « d'avoir su l'approcher » en désignant comme bénéficiaire de l'indemnisation des dégâts forestiers le propriétaire justifiant d'une garantie de bonne gestion forestière « qui n'est pas titulaire du droit de chasse ou qui ne le loue pas ». Cela concerne surtout le territoire de chasse des ACCA.

6) À l'évidence, la tâche des rédacteurs des textes d'applications s'avère difficile car leur parution est prévue « avant le 31 décembre 2005 » (*JOAN* Q, 24 mai 2004, p. 5325). On comprend la constatation désabusée d'un parlementaire à la fin des débats à l'Assemblée nationale : « Il faut réécrire la loi d'orientation forestière alors que pendant des mois on a cherché une solution » (*JOAN* 12 oct. 2004, p. 7809).

Art. L. 425-13 *(L. n° 2005-157, 23 févr. 2005).* **– Un décret en Conseil d'État détermine les modalités d'application de la présente section.**

Voir : art. R. 425-1-1 et s., p. 2290.

Section IV. – Prélèvement maximal autorisé

(Anc. sect. 2 dénum., L. n° 2005-157, 23 févr. 2005)

Art. L. 425-14 *(Anc. art. L. 425-5, mod., L. n° 2003-698, 30 juill. 2003 ; dénum., L. n° 2005-157, 23 févr. 2005 ; mod., L. n° 2012-325, 7 mars 2012 ; mod. à compter du 1er janvier 2020, L. n° 2019-773, 24 juill. 2019).* – **Dans des conditions déterminées par décret en Conseil d'État, le ministre peut, sur proposition de la Fédération nationale des chasseurs et après avis de l'Office français de la biodiversité, fixer le nombre maximal d'animaux qu'un chasseur est autorisé à prélever dans une période déterminée sur un territoire donné.**

Dans les mêmes conditions, le préfet peut, sur proposition de la fédération départementale ou interdépartementale des chasseurs, fixer le nombre maximal d'animaux qu'un chasseur ou un groupe de chasseurs est autorisé à prélever dans une période déterminée sur un territoire donné.

Ces dispositions prennent en compte les orientations du schéma départemental de gestion cynégétique.

1) **Exploitation judicieuse en petites quantités.** La directive du Conseil dite « directive Oiseaux » du 2 avril 1979 n'est pas avare d'adjectifs qualitatifs et s'emploie à démontrer s'il en était besoin que le droit de l'environnement est un droit réglementaire. L'article 9-C en est une bonne illustration. Des dérogations aux périodes de chasse autorisées par la directive sont admises « pour permettre dans des conditions strictement contrôlées et de manière sélective la capture, la détention ou toute autre exploitation judicieuse de certains oiseaux en petites quantités ».

Le contrôle prévu dans les textes réglementaires est assuré par la tenue d'un carnet de prélèvement complété par le marquage des oiseaux prélevés.

Le PMA fait partie des « outils » qui prolifèrent dans le droit de la chasse pour déroger le plus souvent aux dispositions de la directive. Cependant, ils sont aussi utilisés à bon escient notamment pour limiter les prélèvements dans les régions où les migrateurs font escale (V. A. 26 mai 2005 relatif au prélèvement autorisé de la bécasse des bois en Bretagne : *JO* 1er juin 2005, p. 9818).

2) **Compétence respective du Parlement et du gouvernement.** Le Conseil constitutionnel considère que l'institution d'une police spéciale de la chasse met en cause les principes fondamentaux du régime de propriété et relève comme telle, en vertu de l'article 34 de la Constitution, de la compétence du législateur. Est en revanche, de nature réglementaire la fixation de règles particulières destinées à assurer, selon les dispositions de l'article L. 220-1 du Code rural (C. env., art. L. 420-1), la conservation du gibier par des prélèvements raisonnés sur les espèces dont la chasse est autorisée. Le grief fondé sur une habilitation excessive donnée au Gouvernement doit donc être rejeté (■ Cons. const., déc., 20 juill. 2000, n° 2000-434 DC : *JO* 27 juill. 2000, p. 11552).

3) Il ressort des pièces du dossier que le ministre chargé de la chasse a disposé, avant de prendre son arrêté, de la synthèse des orientations relatives à l'espèce établie par la Fédération nationale des chasseurs. Alors même qu'il n'était pas tenu de procéder au recueil préalable de données scientifiques, il a tenu compte des résultats des études disponibles pour décider de l'instauration d'un prélèvement maximal et pour en fixer le niveau. Il suit de là que le moyen tiré de l'erreur d'appréciation qu'aurait commise le ministre en fixant le quota maximal du prélèvement, en l'absence d'analyse préalable et de prise en compte de données scientifiques, ne peut être en tout état de cause qu'écarté. Il ne ressort pas non plus des pièces du dossier qu'il ait entaché son arrêté d'erreur d'appréciation, notamment au regard de la population totale des bécasses des bois de l'ensemble du territoire métropolitain, en fixant un quota maximal de 30 prélèvements par saison et par chasseur. L'arrêté contesté définit les modalités de contrôle du prélèvement maximal et celles du marquage qui accompagne le carnet de prélèvement dont le non-respect est puni des contraventions prévues par les articles R. 425-15 et R. 425-16. Il définit également les informations retirées de l'exploitation de ces moyens de contrôle et précise la périodicité et les conditions dans lesquelles il sera procédé à l'évaluation du dispositif mis en œuvre. L'arrêté attaqué n'est entaché d'aucune erreur d'appréciation dans la définition des mesures de contrôle propres à garantir la réalisation des objectifs qu'il fixe. En mettant à la charge des fédérations départementales des chasseurs, sans prévoir de compensations financières, la délivrance aux chasseurs d'un carnet de prélèvement et d'un dispositif de marquage, l'autorité réglementaire, qui ne leur a pas conféré de responsabilités excédant le contenu de leurs attributions, n'a pas fait peser sur les fédérations, qui perçoivent les cotisations obligatoires des chasseurs, des charges financières excessives (■ CE, 16 juill. 2012, n° 351862 : *Rev. jur. env.* 2013, 755, note Gervasoni).

Section V. – Plan de gestion cynégétique

(L. n° 2005-157, 23 févr. 2005)

Art. L. 425-15 *(L. n° 2005-157, 23 févr. 2005)*. **– Sur proposition de la fédération départementale ou interdépartementale des chasseurs, le préfet inscrit, dans l'arrêté annuel d'ouverture ou de fermeture de la chasse, les modalités de gestion d'une ou plusieurs espèces de gibier lorsque celles-ci ne relèvent pas de la mise en œuvre du plan de chasse.**

Section VI. – Gestion adaptative des espèces

(Section créée, L. n° 2019-773, 24 juill. 2019)

Art. L. 425-16 *(L. n° 2019-773, 24 juill. 2019)*. **– La gestion adaptative des espèces consiste à ajuster régulièrement les prélèvements de ces espèces en fonction de l'état de conservation de leur population et de leur habitat, en s'appuyant sur les connaissances scientifiques relatives à ces populations.**

La gestion adaptative repose sur un système de retour d'expérience régulier et contribue à l'amélioration constante des connaissances. Les modalités de cette gestion adaptative sont définies en concertation avec l'ensemble des acteurs concernés.

Un décret détermine la liste des espèces soumises à gestion adaptative.

Art. L. 425-17 *(L. n° 2019-773, 24 juill. 2019)*. **– Le ministre chargé de l'environnement peut déterminer par arrêté le nombre maximal de spécimens des espèces mentionnées à l'article L. 425-16 à prélever annuellement ainsi que les conditions spécifiques de la chasse de ces espèces. Il peut également déterminer, sur proposition de la Fédération nationale des chasseurs et après avis de l'Office français de la biodiversité, le nombre maximal de spécimens qu'un chasseur est autorisé à prélever pendant une période et sur un territoire déterminés. Cet arrêté s'impose aux décisions prises en application du présent chapitre.**

Art. L. 425-18 *(L. n° 2019-773, 24 juill. 2019)*. **– I. – Tout chasseur est tenu de transmettre au fur et à mesure à la fédération départementale des chasseurs dont il est membre les données de prélèvements des spécimens d'espèces soumises à gestion adaptative qu'il a réalisés. Cette obligation ne s'applique pas en cas d'absence de prélèvement.**

II. – Tout chasseur qui n'a pas transmis à la fédération départementale dont il est membre les données de prélèvements sur une espèce mentionnée au I, réalisés au cours d'une campagne cynégétique, ne peut prélever des spécimens de cette espèce lors de la campagne cynégétique en cours ni lors de la suivante. Tout chasseur qui réitère ce manquement au cours d'une des trois campagnes cynégétiques suivant le précédent manquement ne peut prélever des spécimens de cette espèce lors de cette campagne cynégétique ni lors des trois suivantes.

Art. L. 425-19 *(L. n° 2019-773, 24 juill. 2019)*. **– Les fédérations départementales des chasseurs transmettent à l'Office français de la biodiversité et à la Fédération nationale des chasseurs, au fur et à mesure qu'elles leur parviennent, les données de prélèvements de leurs adhérents ayant validé leur permis de chasser.**

Art. L. 425-20 *(L. n° 2019-773, 24 juill. 2019)*. **– Un décret en Conseil d'État, pris après avis de la Commission nationale de l'informatique et des libertés, précise les modalités d'application de la présente section, y compris la nature des informations enregistrées et la durée de leur conservation.**

CHAPITRE VI. – INDEMNISATION DES DÉGÂTS DE GIBIERS (1)

Section I. – Procédure non contentieuse d'indemnisation des dégâts causés par le grand gibier aux cultures et aux récoltes agricoles

(Intitulé rempl., L. n° 2005-157, 23 févr. 2005)

Art. L. 426-1 *(Rempl., L. n° 2005-157, 23 févr. 2005 ; L. n° 2012-325, 7 mars 2012)*. **– En cas de dégâts causés aux cultures, aux inter-bandes des cultures pérennes, aux filets de récoltes agricoles ou aux récoltes agricoles soit par les sangliers, soit par les autres espèces de grand gibier soumises à plan de chasse, l'exploitant qui a subi un dommage nécessitant une remise en état, une remise en place des filets de récolte**

(1) Entrée en vigueur : V. L. n° 2000-698, 26 juill. 2000, art. 48.

ou entraînant un préjudice de perte de récolte peut réclamer une indemnisation sur la base de barèmes départementaux à la fédération départementale ou interdépartementale des chasseurs.

PRINCIPE TERMINOLOGIQUE

1) En 2005, le législateur a modifié les textes en fonction de deux préoccupations. Tout d'abord, et surtout, il a eu le souci d'éviter de « mettre le doigt dans l'engrenage des dégâts forestiers » (*JOAN* CR, 30 janv. 2004, p. 1234). Il a ensuite précisé la terminologie des dégâts agricoles. La Cour de cassation ayant décidé qu'une plantation forestière destinée à produire un revenu constituait une récolte (▪ Cass. 2e civ., 24 oct. 1990, n° 89-18.230 : *JurisData* n° 1990-002683 ; *JCP* G 1990, 15, 411), dans la loi du 23 février 2005, non seulement il est prévu une indemnisation spécifique des dégâts forestiers (V. art. L. 425-12, p. 850), mais dans la procédure non contentieuse d'indemnisation par les fédérations, l'adjectif agricole est largement employé.

Dans la définition des dommages agricoles, il est également tenu compte d'une « jurisprudence selon laquelle des dégâts sur une récolte en devenir ou des prairies permanentes doivent être pris en compte » (*JOAN* CR 30 janv. 2004, p. 1234). C'est la raison de la formule employée : « aux cultures ou aux récoltes agricoles ». Le législateur a pris la précaution d'utiliser les termes d'exploitant et une perte agricole pour indiquer aux tribunaux que les textes ne permettent pas l'indemnisation d'un particulier qui cultive un potager familial.

2) Récoltes séparées du sol. À la différence du droit local d'Alsace-Moselle (V. art. L. 429-23, p. 889), la réparation des dommages ne s'étend pas aux récoltes séparées du sol mais non encore rentrées, tel est le cas d'un ensilage entreposé dans un champ sous des bâches (▪ Cass. 2e civ., 25 juin 1998, n° 96-16.505 : *RD rur.* 1999, p. 188. ▪ Cass. 2e civ., 4 oct. 1995, n° 9317658, *TONC c/ G.*).

3) Dommage. *a) Dommage direct*. Le préjudice subi par la victime d'un dégât causé aux récoltes s'étend à l'ensemble des préjudices directs. C'est le cas de travaux effectués pour renforcer les cultures endommagées (▪ Cass. 2e civ., 3 févr. 1993, *ONC c/ Surga : RD rur.* 1993, p. 283) ou des dégâts causés à une plantation d'abricotiers dont certains ont dû être replantés (▪ Cass. 2e civ., 4 déc. 1996, *ONC c/ Gimond : RD rur.* 1999, p. 479).

b) Dommage futur. Les préjudices futurs qui ne sont pas certains ne sont pas indemnisables (▪ Cass. 2e civ., 13 juill. 2000, n° 98-22.675, *de Servigny c/ ONC*).

c) Dommage potentiel. « Attendu qu'après avoir relevé que la réduction de la population des gibiers à l'origine des dégâts ne peut être envisagée dans un délai bref, tel que les regarnissages ou les plants non atteints seront préservés, la cour d'appel qui retient, outre les pertes de capitalisation et les frais de regarnissage, la prise en charge de la protection individuelle des plants anciens et des plants de regarnissage, a, sans violer les textes visés au moyen, à juste titre décidé, le dommage potentiel paraissant certain, que ces travaux, rendus directement nécessaires par la présence excessive des grands gibiers, constituent, sans qu'il soit nécessaire de caractériser une faute de l'ONC, une modalité de la réparation par ce dernier de l'entier préjudice subi » (▪ Cass. 2e civ., 25 oct. 2001 : *JurisData* n° 2001-011427, note L. Benoit ; *Environnement* 2002, p. 16).

4) Provenance du gibier. Si l'on ne peut opposer à la victime des dégâts l'inexistence d'un plan de chasse sur son propre fonds, le juge doit constater, pour que la demande d'indemnisation soit justifiée, que le grand gibier provenait d'un fonds sur lequel un plan de chasse avait été exécuté (▪ Cass. 2e civ., 29 janv. 1997, *ONC c/ Vigie : JurisData* n° 1997-000424).

5) Action en réparation des dégâts causés aux cultures ou aux récoltes par les sangliers. La loi ne distinguant pas selon que l'action en réparation des dégâts causés aux cultures ou aux récoltes par les sangliers est dirigée contre le responsable du dommage ou contre la fédération départementale ou interdépartementale des chasseurs, il s'ensuit que l'expertise ordonnée par le juge, à défaut de conciliation entre les parties, doit être exécutée dans tous les cas conformément aux prescriptions légales (▪ Cass. 2e civ., 15 déc. 2011 : *JurisData* n° 2011-028364).

6) Responsabilité civile. Une fédération départementale de chasseurs ne saurait être amenée à répondre de la responsabilité éventuelle de tiers, sociétés locales de chasse, ni se substituer à ceux-ci que ce soit sur le fondement de l'article 1382 du Code civil ou de l'article 1383 du Code civil. La preuve d'un manquement spécifique de la fédération départementale des chasseurs à sa mission de promotion d'action préventive des dégâts causés par le gibier en relation directe et certaine avec son préjudice n'est pas rapportée. La fédération ne peut donc être tenue pour responsable des dommages causés aux cultures d'un agriculteur d'autant qu'il ne peut être déduit de la mission d'indemnisation des dommages causés par le gros gibier confiée à la Fédération une présomption de responsabilité sur le fondement de l'article 1382 du Code civil. Les offres d'indemnisation effectuées par la fédération à l'agriculteur n'impliquent pas la reconnaissance par la première de sa responsabilité, le gibier étant une *res nullius* (▪ CA Rouen, 21 oct. 2010 : *JurisData* n° 2010-022992).

7) Dégâts causés aux récoltes par les sangliers. Le coût de la remise en état des clôtures ne constitue pas un dommage causé aux récoltes. Il ne peut donc être mis à la charge de la fédération départementale des chasseurs à la suite des dégâts causés à des prairies par des sangliers (▪ Cass 2e civ., 18 mars 2010 : *JurisData* n° 2010-002190).

8) Caractère exclusif du régime d'indemnisation. Le régime spécial de responsabilité et d'indemnisation des dégâts matériels causés aux cultures et aux récoltes par un gibier quelconque et des dommages qui en découlent, institué et organisé par les articles L. 426-1 à 426-8 du Code de l'environnement, a une portée générale et s'applique à toute action en réparation des dommages de toute nature, y compris celle fondée sur les articles 1382 et 1383 du Code civil et celle fondée sur l'article 544 du Code civil et sur le principe selon lequel nul ne doit causer à autrui un trouble excédant les inconvénients normaux du voisinage. En énonçant que si l'action en réparation du préjudice matériel constitué par les dégâts aux cultures engagée sur le fondement de l'article 1382 du Code civil doit être déclarée irrecevable, en ce qu'elle n'a pas été engagée dans les six mois du dommage, mais qu'en revanche, s'agissant de la réparation de dégâts subis depuis dix ans, l'action en responsabilité pour trouble de voisinage fondée sur l'article 544 du Code civil et l'action en responsabilité fondée sur l'article 1382 du Code civil visant la réparation de son préjudice moral demeurent recevables, la cour d'appel a violé ces dispositions du Code de l'environnement (▪ Cass. 2e civ., 13 déc. 2012, n° 11-27.538 : *JurisData* n° 2012-029216).

9) Compétence du juge administratif. Dès lors que n'est pas en cause la gestion du domaine privé, les conclusions tendant à rechercher la responsabilité de l'État du fait de dégâts causés par du gros gibier provenant d'un terrain militaire relèvent de la juridiction administrative, sans qu'il y ait lieu de distinguer suivant que l'action est exercée par la victime de ces dommages ou par une fédération de chasseurs qui, ayant à verser les indemnités dues à la victime en application des articles L. 426-1 et suivant du Code de l'environnement, entend appeler l'État en garantie (▪ T. confl., 13 mai 2013, n° 3899 : *AJDA* 2013, 1029).

10) En application de l'article L. 426-1 du Code de l'environnement, en cas de dégâts causés aux cultures, aux inter-bandes des cultures pérennes, aux filets de récoltes agricoles ou aux récoltes agricoles soit par les sangliers, soit par les autres espèces de grand gibier soumises à plan de chasse, l'exploitant qui a subi un dommage nécessitant une remise en état, une remise en place des filets de récolte ou entraînant un préjudice de perte de récolte peut réclamer une indemnisation sur la base de barèmes départementaux à la fédération départementale ou interdépartementale des chasseurs. L'article L. 426-4 du Code de l'environnement dispose que la possibilité d'une indemnisation par la fédération départementale des chasseurs laisse subsister le droit d'exercer contre le responsable des dommages une action fondée sur l'article 1382 du Code civil. En l'espèce, des dégâts ont été causés aux vignes par des sangliers ; la victime a opté pour la procédure non contentieuse d'indemnisation. Après réalisation de l'expertise pour estimer l'indemnisation, la victime a saisi le tribunal d'instance, au visa des articles L. 426-1 et suivants du Code de l'environnement et des articles R. 426-20 et suivants du Code de l'environnement, c'est-à-dire dans le cadre en contestation de la procédure non contentieuse d'indemnisation des dégâts causés par le grand gibier aux cultures. Or, en application des articles R. 426-13 et suivants du Code de l'environnement, la contestation de l'expertise ou de l'offre d'indemnisation relève de la commission départementale de la chasse et de la faune sauvage dans sa formation spécialisée pour l'indemnisation des dégâts de gibiers aux cultures et aux récoltes, qui doit statuer dans le délai de 90 jours, le recours contre cette décision s'effectuant devant la Commission nationale d'indemnisation des dégâts de gibiers. Le cours de la procédure non contentieuse d'indemnisation des dégâts n'empêchait pas la victime d'agir contre la Fédération départementale des chasseurs ou d'ailleurs contre un tiers, pour obtenir une indemnisation judiciaire des dégâts causés aux récoltes, mais en application de l'article L. 426-7 du Code de l'environnement, ce qu'il n'a pas fait. L'action est en conséquence irrecevable (▪ CA Bastia, 13 mai 2015 : *JurisData* n° 2015-018540).

11) Les articles L. 426-1 et suivants du Code de l'environnement prévoient, en cas de dégâts causés aux cultures ou aux récoltes agricoles soit par des sangliers, soit par d'autres grands gibiers soumis à plan de chasse, un régime d'indemnisation de l'exploitant qui a subi un dommage nécessitant une remise en état ou entraînant un préjudice de perte de récolte, à la charge des Fédérations départementales ou interdépartementales des chasseurs. Ce régime particulier est la contrepartie à l'exercice de la chasse et ne repose sur aucune responsabilité de droit commun. Toutefois, en application de l'article L. 426-4 du Code de l'environnement, la possibilité d'une indemnisation par la Fédération des chasseurs laisse subsister le droit d'exercer contre le responsable des dommages une action fondée sur l'article 1382 du Code civil. Cette disposition prévoit une alternative légale à l'indemnisation des dégâts de gibiers par la Fédération des chasseurs en ouvrant seulement une action en responsabilité délictuelle autonome qui suppose la preuve d'une faute commise à l'origine de la prolifération du gibier sur le fonds du plaignant pouvant être de nature à justifier la condamnation à réparer le préjudice résultant des dégâts du gibier. Les textes susvisés ne prévoient pas de possibilités d'indemnisation du préjudice résultant des dégâts de gibier sur un autre fondement légal exclusif de la démonstration d'une faute à l'instar de la théorie des troubles anormaux du voisinage pourtant retenue à tort par le jugement déféré qui sera infirmé en ce qu'il a constaté que l'association commettait par son activité un trouble anormal du voisinage au détriment de l'exploitant agricole. Il s'ensuit que le propriétaire d'un fonds ou le titulaire d'un droit de chasse sur lequel vit du gibier n'est responsable des dommages causés par celui-ci que si ce gibier est en nombre excessif et s'il a, soit par sa faute soit par sa négligence, favorisé sa multiplication, ou omis de prendre les mesures propres à sa destruction.

Est responsable l'association titulaire de droits de chasse qui a laissé proliférer sur son territoire les gros gibiers en procédant sur ses parcelles à l'agrainage de sangliers dont l'objectif était de maintenir à un niveau élevé la population de sangliers sur le domaine, diminuant ainsi le mécanisme de la sélection naturelle et favorisant la reproduction dans une région confrontée à cette période à un problème récurrent de surpopulation de sangliers et ce aux dépens de la préservation des parcelles voisines. Le fait que l'agrainage soit une pratique légale encadrée, voire encouragée, ne saurait exonérer l'association de sa responsabilité dès lors qu'elle a poursuivi cet agrainage et n'a pas justifié que des mesures propres à assurer la régulation ou la destruction de sangliers sur le domaine ont été prises afin de limiter les dégâts aux parcelles voisines. Il convient d'observer, à cet égard, que par arrêté du 5 juillet 2010, le préfet a interdit sans limitation de durée tout agrainage sur la zone géographique concernée face à la prolifération des gros gibiers due à l'agrainage intensif. L'association n'a fait valoir aucune action en vue de limiter le nombre de sangliers en stoppant d'elle-même l'agrainage alors que les dégâts avaient déjà été constatés sur les campagnes précédentes, qu'elle ne justifie pas non plus avoir sollicité une augmentation du nombre de bracelets de chasse ou l'organisation de battues lui permettant d'abattre plus de gibier. En conséquence, l'association est condamnée à payer à l'exploitant agricole 8 850 euros à titre de dommages-intérêts (▪ CA Paris, pôle 4, ch. 9, 3 mars 2016 : *JurisData* n° 2016-004320).

12) En l'absence de faute de la fédération départementale des chasseurs, seules trouvent à s'appliquer au cas présent les dispositions des articles L. 426-1 et suivants du Code de l'environnement. La fédération départementale des chasseurs est soumise à un régime d'indemnisation collective et autonome reposant sur une responsabilité de plein droit, excluant toute notion de faute. Ainsi, la victime des dégâts dispose d'une action indemnitaire limitée par un barème administratif complété par l'application d'un abattement proportionnel de 5 %.

S'agissant de l'indemnisation du préjudice de perte agricole, la surface relative aux dégâts principaux causés par les sangliers est évaluée à 169,39 ares, celle relative aux dégâts secondaires dus aux sangliers à 27,98 ares et celle pour les dégâts commis par les cervidés à 4,62 ares, soit une surface totale concernée par les dégâts causés par le gibier égale à 201,99 ares. Le rendement potentiel de la parcelle étant fixé à 87,50 quintaux par hectare, la perte de récolte s'établit à 176,75 quintaux de maïs grain. Le barème national pour la récolte de 2012 étant de 193 euros, la perte financière est chiffrée à 3 411 euros. Après application de l'abattement proportionnel de 5 %, la fédération départementale des chasseurs est condamnée au paiement de 3 240 euros. Il n'y a pas lieu à indemnisation d'un préjudice annexe au titre de la remise en état du champ après récolte, car la remise en état des sols après récolte de la culture n'est pas rendue nécessaire à raison des dégâts subis (▪ CA Dijon, 10 mai 2016 : *JurisData* n° 2016-009329).

13) L'article L. 426-1 du Code de l'environnement prévoit qu'en cas de dégâts causés aux cultures, aux inter-bandes de cultures pérennes, aux filets de récoltes agricoles ou aux récoltes agricoles soit par les sangliers, soit par les autres espèces de grands gibiers soumises à plan de chasse, l'exploitant qui a subi un dommage nécessitant une remise en état, une remise en place des filets de récolte entraînant un préjudice de pertes de récolte peut réclamer une indemnisation sur la base de barèmes départementaux à la fédération départementale ou interdépartementale des chasseurs. L'article L. 426-4 du Code de l'environnement prévoit que l'exploitant peut également obtenir une indemnisation par la fédération départementale des chasseurs sur la base de l'article 1382 du Code civil devant le tribunal d'instance. Les voies administrative et judiciaire sont indépendantes l'une de l'autre et sont toutes deux soumises à la prescription de six mois. En l'espèce, l'agriculteur, dont les vignes ont subi des dégâts causés par des sangliers, a adressé le 14 septembre 2012 à la Fédération départementale des chasseurs de la Haute-Corse une déclaration de dégâts qui a déclenché la procédure administrative amiable prévue par les articles L. 426-1 et suivants du

Code de l'environnement. La proposition d'indemnisation formée par la fédération a été refusée par l'agriculteur. Les articles R. 426-13 et suivants du Code de l'environnement prévoient qu'en pareil cas la commission départementale d'indemnisation est saisie ; un recours peut ensuite être formé devant la commission nationale d'indemnisation des dégâts de gibier. La victime n'a pas suivi cette procédure mais a saisi le tribunal d'instance d'une demande d'indemnisation contre la Fédération départementale des chasseurs. C'est à juste titre que celle-ci soutient l'irrecevabilité de la demande puisque les articles précités prévoient que c'est la commission départementale qui est compétente pour trancher le litige concernant l'évaluation de l'indemnisation, et non la juridiction judiciaire (■ CA Bastia, 2 avr. 2016 : *JurisData* n° 2016-009425).

14) L'exploitant, victime de plusieurs dégâts de grand gibier sur ses cultures, a saisi le tribunal d'instance de chacune de ses demandes sur le fondement des articles L. 426-1 et suivants du Code de l'environnement, étant précisé qu'il avait préalablement adressé au président de la fédération départementale des chasseurs les déclarations de dégâts conformément aux dispositions de l'article R. 426-12 du Code de l'environnement. Or, cette procédure spécifique, qui peut faire l'objet d'un recours judiciaire lorsque l'exploitant agricole n'obtient pas satisfaction à l'issue de sa phase non contentieuse, s'analyse comme une action indemnitaire indépendante de toute notion de faute. L'exploitant agricole n'a pas à rapporter la preuve d'une faute de la fédération départementale des chasseurs pour pouvoir prétendre à l'indemnisation par celle-ci des dégâts causés à ses cultures par les sangliers et cervidés.

La méthode employée par l'expert pour quantifier les pertes de récolte consiste en une prise d'échantillons aléatoires. Cette méthode est utilisée de manière habituelle et est admise en la matière. D'ailleurs, la fédération départementale des chasseurs ne s'est pas opposée à la mise en œuvre de cette méthode. L'expert a même pris attache avec la coopérative locale pour connaître le rendement moyen des cultures concernées et ainsi vérifier la cohérence de ses propres résultats. Il a exclu des déficits de récolte à indemniser ceux apparaissant résulter de phénomènes naturels ou des caractéristiques particulières des fonds. S'agissant de l'évaluation financière des pertes, il y a lieu d'appliquer le barème départemental pour chacune des natures de production concernées et un abattement de 2 % du montant des dommages. Le montant des indemnités s'élève à 45 529 euros avec capitalisation des intérêts. En revanche, les travaux de remise en état ne sont pas justifiés par l'exploitant agricole (■ CA Dijon, 14 juin 2016 : *JurisData* n° 2016-012454).

15) L'introduction d'une instance judiciaire aux fins d'indemnisation des dégâts causés par le gibier dirigée contre une fédération départementale des chasseurs, si elle n'interdit pas la poursuite de la procédure administrative d'indemnisation de ces dégâts préalablement engagée, fait obstacle à la règle selon laquelle, en l'absence de réponse dans le délai d'un mois, la proposition d'indemnisation réitérée par la fédération est considérée comme acceptée ; dès lors, c'est à bon droit que le juge d'instance, ayant relevé que la proposition d'indemnisation de la fédération était intervenue postérieurement à la saisine du tribunal, a procédé à l'indemnisation des dégâts causés aux cultures par des sangliers (■ Cass. 2e civ., 30 juin 2016 : *JurisData* n° 2016-012857).

16) Est irrecevable l'action en indemnisation des dommages causés aux arbres fruitiers par des lièvres dès lors qu'elle a été exercée plus de 6 mois à partir du jour où les dégâts ont été commis. La circonstance que la Fédération de chasseurs partie défenderesse ait accepté d'accorder au demandeur davantage de bracelets en vue de la capture de lièvres, au total 19 bracelets alors qu'il en était demandé 35, ne l'autorise pas à soutenir utilement que la Fédération aurait reconnu le bien-fondé de son action indemnitaire. En effet, si le demandeur peut assurément prétendre que la Fédération de chasseurs a été partiellement convaincue par la pertinence de son propos au sujet de la prolifération anarchique des lièvres, il ne peut légitimement en tirer la conclusion que cette même Fédération aurait reconnu en sa faveur un quelconque principe de créance de dommages et intérêts, l'objet de la reconnaissance par la partie défenderesse ne portant que sur le nombre de bracelets encore que cette reconnaissance n'ait été que partielle puisqu'il n'a jamais soutenu que la Fédération des chasseurs du Nord lui avait accordé 35 bracelets (■ CA Douai, 20 oct. 2016 : *JurisData* n° 2016-029979).

17) La Fédération départementale des chasseurs ne rapporte pas la preuve de dégâts causés exclusivement par des sangliers provenant d'un parc à gibier appartenant à l'un des voisins de la victime dès lors que les dégâts ont été causés par des sangliers et aussi par des cervidés qui sont totalement absents du parc.

Le gérant de l'EARL a agi avec diligence en saisissant les autorités compétentes. En effet, la déclaration de dégâts de gibier a été faite par le requérant sans retard par rapport à leur constatation. En outre, le lieutenant de louveterie a attesté avoir été contacté par la victime à la suite des dégâts causés sur ses parcelles de blé, s'être rendu sur place et avoir constaté la présence d'une quinzaine de sangliers dans un champ fraîchement moissonné. D'ailleurs, un arrêté préfectoral a autorisé les lieutenants de louveterie à prélever les sangliers sur le territoire de la commune concernée.

S'agissant du montant de l'indemnisation, seul peut être pris pour base de dédommagement le barème départemental d'indemnisation prévu à l'article L. 426-5 du Code de l'environnement. Après application d'un abattement de 5 %, la Fédération est condamnée au paiement de 9 395 euros (■ CA Dijon, 10 janv. 2017 : *JurisData* n° 2017-000868).

18) Victime, en septembre 2012, de dégâts causés à ses vignes par des sangliers, la société civile, exploitante d'un domaine viticole dont elle vinifie elle-même la récolte, a demandé réparation de ses préjudices à la Fédération départementale des chasseurs de la Côte-d'Or. C'est en vain que la société fait grief à l'arrêt de limiter à une certaine somme le montant de l'indemnisation. En effet, ayant à juste titre rappelé que la procédure d'indemnisation des dégâts de gibiers, prévue aux articles L. 426-1 et suivants du Code de l'environnement applicables en la cause, n'avait pas pour objet la réparation intégrale du préjudice subi par l'exploitant mais seulement, aux termes du premier de ces textes, l'indemnisation forfaitaire notamment du préjudice de perte de récolte, la cour d'appel, qui a, à bon droit, retenu que la perte de récolte devait s'entendre de la perte des produits effectivement récoltés et non des produits transformés issus de la récolte, en a exactement déduit que le préjudice subi par la société était seulement constitué de la perte des raisins et non de la perte de la commercialisation future par celle-ci du vin en bouteilles obtenu à partir de ces raisins (■ Cass. 2e civ., 8 juin 2017 : *JurisData* n° 2017-011043).

19) Action récursoire et prescription. L'article L. 426-1 du Code de l'environnement institue une possibilité d'indemnisation non judiciaire par la Fédération départementale des chasseurs, laquelle dispose alors, en application de l'article L. 426-4, d'une action récursoire contentieuse contre le propriétaire du fonds ou le titulaire du droit de chasse sur le fonds d'où provient le gibier qui a causé les dommages, s'il est démontré que ce gibier est en nombre excessif et que le propriétaire ou titulaire du droit de chasse a par sa faute ou sa négligence, soit favorisé sa multiplication, soit omis de prendre les mesures propres à en assurer la destruction. Cette action récursoire laisse subsister pour la victime qui s'estimerait insuffisamment indemnisée par la voie non contentieuse la possibilité d'agir elle-même contre le tiers responsable en vue d'obtenir un complément d'indemnisation. L'article L. 426-7 prévoit que les actions en réparation du dommage causé aux cultures et aux récoltes par le gibier se prescrivent par six mois à partir du jour où les dégâts ont été commis. La Cour de cassation a souvent rappelé que ce délai de prescription de six mois est absolument impératif et que la procédure non contentieuse n'était pas une cause de suspension ou d'interruption du délai. Mais elle énonce que lorsque la Fédération, qui a indemnisé, exerce son action récursoire contre le tiers responsable, son recours est par contre soumis au droit commun de la prescription quinquennale et non à la courte prescription de six mois de l'article L. 426-7 du Code de l'environnement. En effet, le recours de la Fédération est fondé sur l'article 1382 du Code civil et obéit au droit commun de la responsabilité pour faute prouvée et se distingue donc du recours en responsabilité pour faute exercée par la victime du dommage, qui, lui, obéit à la courte prescription. Ceci s'explique par le fait que la Fédération des chasseurs qui a indemnisé la victime en application des dispositions légales et réglementaires, n'est pas elle-même une victime de l'auteur de la faute ou de la négligence qui a permis la prolifération du gibier (■ Cass. 2e civ., 4 févr. 2016, n° 15-11.010, *Ste Vieux Château de Clary* : *JurisData* n° 2016-001593 ; *RD rur.* 2016, comm. 110, note M. Redon. ■ Cass. 2e civ., 8 sept. 2016, n° 15-23.564, *Féd. dép. des chasseurs de l'Hérault*, inédit).

20) La responsabilité d'une Fédération départementale de chasseurs dans l'accomplissement des missions qui lui ont été déléguées aux termes d'une convention de gestion cynégétique d'un domaine passée avec le Conseil général est établie par son action insuffisante à juguler le pullulement des lapins sur les terrains appartenant au Conseil général et à assurer la prévention des dommages aux cultures. Sa faute est caractérisée par l'absence de plan de localisation précis des secteurs à terriers à maîtriser, l'absence de définition stable du périmètre de comptage des animaux, l'absence de définition de la période de risque, des interventions trop tardives en saison tant de piégeages que de battues et un programme d'intervention inadapté à l'objectif de prévention des dommages aux cultures d'automne, qui n'a eu pour effet que de déplacer les populations de lapins d'un secteur excédentaire vers un secteur déficitaire (■ Cass. 2e civ., 19 mai 2016, n° 15-19.623, *Féd. dép. des chasseurs d'Ille-et-Vilaine*, inédit).

21) La responsabilité pour faute recherchée par l'action récursoire de la fédération suppose un rapport de causalité certain entre la faute et le dommage. Tel est le cas d'un propriétaire sur les terres duquel existe une population importante de sangliers, qui pratique l'agrainage et est indifférent à la prolifération de ces animaux, sans qu'il puisse utilement invoquer que les sangliers qui causent les dégâts aux cultures proviennent aussi d'autres secteurs, dès lors qu'il n'y a pas eu carence dans la régulation des sangliers dans ces secteurs (■ Cass. 2e civ., 8 sept. 2016, n° 15-23.564, *Féd. dép. des chasseurs de l'Hérault*, inédit).

Art. L. 426-2 *(Anc. C. rur., art. L. 226-2 ; mod., L. n° 2005-157, 23 févr. 2005)*. **– Nul ne peut prétendre à une indemnité pour des dommages causés par des gibiers provenant de son propre fonds.**

I – PRINCIPE

1) Propriété. Constituent des dommages causés par des gibiers provenant de son propre fonds des dommages causés aux cultures par des cerfs provenant d'un fonds appartenant au groupement forestier dont les plaignants étaient membres (■ Cass. 2e civ., 14 janv. 1998, *ONC c/ Grivot et a. : JurisData* n° 1998-000150). La cour d'appel qui constate que les immeubles sont la propriété soit des plaignants, soit celle de la société civile immobilière et du groupement foncier agricole dont ils sont les seuls membres, a pu retenir que les dégâts causés aux cultures des plaignants et du groupement foncier agricole provenaient du propre fonds des demandeurs (■ Cass. 2e civ., 14 janv. 1998 : *JurisData* n° 1998-000149).

2) Preuve. L'ONC (actuellement la Fédération départementale des chasseurs) doit prouver que le grand gibier auteur des dommages provient du propre fonds de la victime (■ Cass. 2e civ., 16 juill. 1982, n° 81-13.246 : *JurisData* n° 1982-701669 ; *Bull. civ.* II, n° 105, p. 78). La victime des dégâts n'avait pas l'obligation de réclamer l'exécution sur son fonds d'un plan de chasse (■ Cass. 2e civ., 29 avr. 1998 : *ONC c/ Jullien : JurisData* n° 1998-002002).

3) Plan de chasse. C'est à la victime des dégâts commis sur un fonds soumis à un plan de chasse impliquant la présence de grand gibier qu'il incombe de démontrer que les dégâts ont été causés par du grand gibier provenant d'un autre fonds que le sien (■ Cass. 2e civ., 19 mars 1997, n° R 95-14.677, *ONC c/ Yves Baron*. ■ Cass. 2e civ., 30 sept. 1998, *Cts Mesplède c/ ONC : RD rur.* 1999, p. 240). En présence de dégâts causés par des sangliers, l'existence d'un plan de chasse n'étant pas alléguée (V. C. env., art. L. 445-2, al. 2), il appartenait à l'ONC (actuellement la Fédération départementale des chasseurs) de prouver que le gibier provenait du propre fonds du plaignant (■ Cass. 2e civ., 10 mai 2001 : *JurisData* n° 2001-009375).

4) Provenance du gibier. La recherche de la provenance d'un grand gibier auteur de dégâts relève du pouvoir souverain d'appréciation du juge du fond (■ Cass. 2e civ., 9 oct. 1996, n° R 95-13.205, *Bacot c/ ONC : JurisData* n° 1996-003818. ■ Cass. 2e civ., 10 juill. 1996, n° X 94-16.128, *ONC c/ GAEC du Bosquet*). Cependant, le juge ne peut se borner à l'évaluation des dommages sans rechercher si le grand gibier ne provient pas du propre fonds de la victime (■ Cass. 2e civ., 11 juin 1998 ; *ONC c/ Groupement forestier Camy : JurisData* n° 198-002697).

II – APPLICATION

5) Gibier de passage. La victime de dégâts commis sur une parcelle soumise au plan de chasse et impliquant la présence de grand gibier peut prouver que les dégâts ont été causés par du gibier provenant d'un autre fonds que le sien. Se fondant sur un rapport d'expertise, le juge peut décider que les dégâts ont été causés par des gibiers de passage entre deux massifs connus pour leur population importante de chevreuils (■ Cass. 2e civ., 19 mars 1997, n° 95-14.677, *ONC c/ Baron*. ■ Cass. 2e civ., 13 juill. 2000, n° 98-22.675, *ONC c/ Servigny*).

6) Preuve de la provenance du gibier. La victime de dégâts causés par les sangliers n'a pas à établir la provenance de ces animaux caractérisés par des mœurs particulièrement erratiques. La Fédération départementale des chasseurs doit donc prouver que les sangliers provenaient du propre fonds de la victime de leurs dégâts (■ CA Bourges, ch. 1, 8 déc. 1997, *SCEA Les Chassignoles c/ Fédération dptale des chasseurs du Cher : JurisData* n° 1997-046047).

Art. L. 426-3 *(Rempl., L. n° 2012-325, 7 mars 2012 ; mod., L. n° 2014-1170, 13 oct. 2014)*. **– L'indemnisation mentionnée à l'article L. 426-1 pour une parcelle culturale n'est due que lorsque les dégâts sont supérieurs à un seuil minimal. Un seuil spécifique, inférieur à ce seuil minimal, peut être fixé pour une parcelle culturale de prairie. S'il est établi que les dégâts constatés n'atteignent pas ces seuils, les frais d'estimation des dommages sont à la charge financière du réclamant.**

En tout état de cause, l'indemnité fait l'objet d'un abattement proportionnel.

En outre, cette indemnité peut être réduite s'il est constaté que la victime des dégâts a une part de responsabilité dans la commission des dégâts. La Commission nationale d'indemnisation des dégâts de gibier, visée à l'article L. 426-5, détermine les principales règles à appliquer en la matière.

Dans le cas où les quantités déclarées détruites par l'exploitant sont excessives par rapport à la réalité des dommages, tout ou partie des frais d'estimation sont à la charge financière du réclamant.

Les conditions d'application du présent article sont fixées par décret en Conseil d'État.

1) Faute de la victime. L'indemnisation administrative repose sur une responsabilité objective qui est favorable à la victime des dégâts, mais elle ne doit pas favoriser l'arrivée du gibier sur son fonds par un procédé quelconque, en particulier par le procédé signalé dans les textes.

2) Le juge du fond a un pouvoir souverain d'appréciation. La culture du maïs est particulièrement attractive pour le sanglier, cependant selon une jurisprudence constante, elle n'est pas considérée comme une faute de l'exploitant quand elle est pratiquée habituellement dans la région (▪ Cass. 2e civ., 20 avr. 2000 : *JurisData* n° 2000-001511 ; *RD rur.* 2000, p. 637).

3) De même, la circonstance que la victime des dégâts ait procédé à des cultures susceptibles d'attirer le gibier le long d'un bois, sans prendre la précaution de clôturer sa parcelle est insuffisante à entraîner la réduction de son indemnisation (▪ Cass. 2e civ., 29 avr. 1998, n° 633 D, *ONC c/ D. J. et a.*).

4) En revanche, le législateur a inséré dans l'article une disposition qui permet de réduire l'indemnité de la victime de dommages agricoles « qui a refusé les modes de prévention qui lui ont été proposés par la fédération ». En effet, la Cour suprême avait jugé le contraire (▪ Cass. 2e civ., 20 avr. 2000 : *JurisData* n° 2000-001511) car l'ancien texte exigeait un acte positif de l'exploitant et non une simple abstention.

5) L'agriculteur, locataire des terres exploitées ayant subi des dégâts causés par des sangliers, est fondé à réclamer réparation du préjudice subi au Fonds départemental d'indemnisation des dégâts de sangliers. Si les dispositions de l'article L. 429-27, alinéa 2, du Code de l'environnement issu de la loi n° 2005-157 du 23 février 2005 autorisent le fonds à exiger la pose de clôtures en vue de protéger les cultures, c'est au propriétaire du fonds de le faire et non pas au locataire, qui n'a pas pouvoir pour autoriser une modification des lieux qui lui ont été donnés à bail. Par ailleurs, le Fonds départemental d'indemnisation des dégâts de sangliers ne peut se prévaloir d'un refus de la victime de mettre en place des clôtures pour réduire son droit à réparation, les juridictions judiciaires ne sauraient instaurer, de manière prétorienne, une sanction que le législateur a expressément voulu écarter en Alsace-Moselle par l'adoption d'un article L. 429-1 du Code de l'environnement, selon lequel les dispositions de l'article L. 426-3 du Code de l'environnement, prévoyant précisément la réduction de l'indemnité due à la victime des dégâts en cas de refus par celle-ci des modes de prévention proposés par la Fédération départementale des chasseurs, ne sont pas applicables dans ces trois départements. C'est en vain que la victime conteste l'évaluation de son préjudice par l'expert judiciaire en se fondant sur les avis de la chambre de l'agriculture et d'un expert privé, ces avis ne présentant pas l'avantage d'être impartiaux, à l'inverse de celui délivré par l'expert judiciaire. Ils seraient tout au plus de nature à justifier la prescription d'une contre-expertise, mesure qu'elle s'abstient de réclamer. Le rapport de l'expert judiciaire apparaît particulièrement précis, détaillé et pertinent, et n'est pas utilement contredit par les calculs opérés par l'expert privé et la chambre de l'agriculture. En effet, l'expert judiciaire a pris soin, contrairement aux auteurs des avis évoqués, de préciser que ses calculs tenaient compte de ce que tous les dégâts constatés n'avaient pas été occasionnés par les sangliers, mais pour partie par les chevreuils et autres gibiers, dégâts qui ne sont alors pas à mettre à la charge du Fonds d'indemnisation des dégâts de sangliers (▪ CA Metz, 22 févr. 2011 : *JurisData* n° 2011-012736).

Art. L. 426-4 *(Anc. C. rur., art. L. 226-4 ; mod. à compter du 1er octobre 2016, Ord. n° 2016-131, 10 févr. 2016)* (1). – **La possibilité d'une indemnisation par la fédération départementale des chasseurs laisse subsister le droit d'exercer contre le responsable des dommages une action fondée sur l'article 1240 du Code civil.**

Celui qui obtient en justice la condamnation du responsable à des dommages-intérêts doit, dans la limite de leur montant, reverser à la fédération départementale des chasseurs l'indemnité déjà versée par celle-ci.

Celui qui obtient du responsable du dommage un règlement amiable, sans l'accord de la fédération départementale des chasseurs, perd le droit de réclamer à celle-ci une indemnité et doit lui rembourser l'intégralité de celle qui lui aurait déjà été versée.

La fédération départementale des chasseurs a toujours la possibilité de demander elle-même au responsable, par voie judiciaire ou à l'amiable, de lui verser le montant de l'indemnité qu'elle a elle-même accordée.

Voir : C. civ., art. 1382.

(1) Les contrats conclus avant le 1er octobre 2016 demeurent soumis à la loi ancienne. Lorsqu'une instance a été introduite avant cette même date, l'action est poursuivie et jugée conformément à la loi ancienne. Cette loi s'applique également en appel et en cassation, Ord. n° 2016-131, 10 févr. 2016, art. 9.

1) Utilité de l'indemnisation judiciaire. En principe, l'indemnisation administrative paraît plus sûre que l'indemnisation judiciaire, car elle évite pour la victime de prouver la faute de celui qui est responsable des dégâts. Cependant, on constate qu'en fait la responsabilité pour faute conserve un intérêt pour la victime car les tribunaux prennent en considération les principes généraux du droit de la chasse en vertu desquels la pratique de la chasse participe à la gestion durable du patrimoine faunique et de ses habitats *(art. L. 420-1)*. De même avec le développement des chasses commerciales (V. art. L. 424-3, p. 828), l'indemnisation judiciaire pourrait être plus rentable que l'indemnisation administrative.

C'est pourquoi, pour les dommages importants, la victime des dégâts peut avoir intérêt à utiliser la voie judiciaire pour obtenir une réparation plus complète.

2) La responsabilité pour faute. La responsabilité civile pour faute d'une fédération départementale des chasseurs est engagée par le nombre excessif de cerfs en raison d'un repeuplement entrepris par l'ONC et une mauvaise gestion du plan de chasse par la fédération (■ CA Aix-en-Provence, ch. 1 A, 16 mars 1999, *Gillard c/ Fédération dptale des chasseurs des Alpes-Maritimes : JurisData* n° 1999-041202).

3) Faute. Constatation. En revanche, en l'absence de constatation d'une faute, une fédération départementale des chasseurs ne saurait être condamnée à réparer les dommages causés par les mouflons introduits à son initiative (■ Cass. 2e civ., 19 mars 1997, *Fédération dptale des chasseurs du Cantal c/ Noël : RD rur.* 1997, p. 272).

4) Prescription. Le délai de prescription est de six mois conformément à l'article L. 426-7 (■ Cass. 2e civ., 13 déc. 2001, n° 00-11.345 : *JurisData* n° 2001-012095 ; *RD rur.* 2002, n° 302, p. 248).

5) Ce délai de prescription de six mois est impératif (■ Cass. 2e civ., 5 juin 2003, n° 02-13.949 : *JurisData* n° 2003-019559).

6) Procédure. Le juge d'instance doit être saisi non pas par acte d'huissier de justice, mais par une déclaration au greffe du tribunal d'instance (■ Cass. 2e civ., 12 juill. 2001, n° 99-19.940 : *JurisData* n° 2001-010599 ; *RD rur.* 2002, n° 307, p. 559).

7) Responsabilité civile. Les dommages dont il est demandé réparation résultent de la prolifération de cervidés sur la parcelle de terrain appartenant à la commune. S'il n'est pas démontré que cette dernière ait eu l'intention, lors de l'acquisition de la parcelle, d'en faire « un lieu de refuge pour les populations de cervidés », elle a commis une faute au sens de l'article 1382 du Code civil puisqu'elle ne justifie aucunement avoir pris des mesures efficaces pour lutter contre la prolifération des cervidés. Par son abstention, elle a contribué à maintenir et même à accroître la prolifération des cervidés en divagation sur son terrain, alors qu'elle était tenue de prendre des initiatives pour la contenir. En effet, le retard dans l'organisation d'une battue d'effarouchement a aggravé la prolifération locale du gibier. Et la survenance des élections municipales pendant la période concernée ne saurait être considérée comme un fait justificatif de l'abstention de la commune. Les déprédations sont donc en relation directe avec la qualité de propriétaire de la parcelle.

L'abstention de la commune présente, eu égard à l'évidence du problème de surpeuplement de cervidés dont elle ne pouvait qu'être au courant, le caractère d'une faute ayant directement concouru à la réalisation des dommages dont la réparation lui est demandée.

Aucune responsabilité des agriculteurs ne peut être retenue du fait de la pose de clôtures car celles-ci n'ont pas amené les animaux à changer leurs habitudes et à séjourner particulièrement sur le terrain de la commune. En outre, le choix des cultures par les agriculteurs relève de leur libre appréciation fondée sur des raisons techniques et économiques.

En conséquence, la commune est condamnée au remboursement des sommes versées par la fédération départementale des chasseurs pour indemniser les agriculteurs, soit 25 343 euros outre intérêts au taux légal avec capitalisation des intérêts (■ CA Amiens, 2e sect., 1re ch., 21 juin 2011 : *JurisData* n° 2011-018586).

Art. L. 426-5 ***(Anc. C. rur., art. L. 226-5 ; mod., Ord. n° 2004-637, 1er juill. 2004 ; L. n° 2005-157, 23 févr. 2005 ; L. n° 2008-1545, 31 déc. 2008 ; L. n° 2012-325, 7 mars 2012 ; mod. à compter du 1er janvier 2020, L. n° 2019-773, 24 juill. 2019).*** **– La fédération départementale des chasseurs instruit les demandes d'indemnisation et propose une indemnité aux réclamants selon un barème départemental d'indemnisation. Ce barème est fixé par la commission départementale compétente en matière de chasse et de faune sauvage qui fixe également le montant de l'indemnité en cas de désaccord entre le réclamant et la fédération départementale des chasseurs. Une Commission nationale d'indemnisation des dégâts de gibier fixe chaque année, pour les principales denrées, les valeurs minimale et maximale des prix à prendre en compte pour l'établissement des barèmes départementaux. Elle fixe également, chaque année, aux mêmes fins, les valeurs minimale et maximale des frais de remise en état. Lorsque le barème adopté par une commission**

départementale ne respecte pas les valeurs ainsi fixées, la Commission nationale d'indemnisation en est saisie et statue en dernier ressort. Elle peut être saisie en appel des décisions des commissions départementales.

La composition de la Commission nationale d'indemnisation des dégâts de gibier et des commissions départementales compétentes en matière de chasse et de faune sauvage, assure la représentation de l'État, et notamment de l'Office français de la biodiversité, des chasseurs et des intérêts agricoles et forestiers dans des conditions déterminées par un décret en Conseil d'État.

(1)**Dans le cadre du plan de chasse mentionné à l'article L. 425-6, il est institué, à la charge des chasseurs de cerfs, daims, mouflons, chevreuils et sangliers, mâles et femelles, jeunes et adultes, une contribution par animal à tirer destinée à financer l'indemnisation et la prévention des dégâts de grand gibier. Le montant de ces contributions est fixé par l'assemblée générale de la fédération départementale ou interdépartementale des chasseurs sur proposition du conseil d'administration.**

(1)**La fédération départementale ou interdépartementale des chasseurs prend à sa charge les dépenses liées à l'indemnisation et à la prévention des dégâts de grand gibier. Elle en répartit le montant entre ses adhérents ou certaines catégories d'adhérents. Elle exige une participation des territoires de chasse ; elle peut en complément exiger notamment une participation personnelle des chasseurs de grand gibier, y compris de sanglier, une participation pour chaque dispositif de marquage ou une combinaison de ces différents types de participation. Ces participations peuvent être modulées en fonction des espèces de gibier, du sexe, des catégories d'âge, des territoires de chasse ou unités de gestion.**

Tout adhérent chasseur ayant validé un permis de chasser national est dispensé de s'acquitter de la participation personnelle instaurée par la fédération dans laquelle il valide son permis.

Un décret en Conseil d'État précise les conditions d'application des articles L. 426-1 à L. 426-4 et du présent article.

Voir : art. R. 426-1 et s., p. 2301.

I – UN CHASSEUR, UNE VOIX

1) Ce principe, qui figurait dans le rapport François Patriat *(p. 34)* qui est à l'origine de la loi relative à la chasse du 30 juillet 2003, avait pour but de moderniser le fonctionnement des fédérations départementales des chasseurs. Il était précisé que « l'adhésion des territoires restera facultative pour ne pas créer de nouvel *impôt foncier* » tandis que « le processus de vote des territoires est à étudier ». Un lustre après, le législateur de l'an 2005 est confronté aux problèmes d'une indemnisation croissante des dégâts de sangliers par les fédérations et à une baisse des effectifs ce qui a engendré le principe : « un chasseur un payeur ».

« Dans les fédérations à faible effectif, il pourra être nécessaire de faire supporter le surplus d'indemnisation par l'ensemble des adhérents, même si c'est un peu injuste. Quand il faut payer des dégâts on va chercher l'argent là où il est et, malheureusement, de temps en temps, les dégâts de grand gibier seront également payés par des chasseurs de petit gibier dans les petits départements » (*JO* Sénat CR 12 mai 2004, p. 3148).

Cette déclaration du rapporteur de la loi au Sénat explique la très grande latitude laissée aux fédérations dans le nouveau texte. Tous les adhérents sont concernés « ou certaines catégories ». En effet, la *modulation des participations* est la règle, c'est pourquoi elles englobent les *territoires de chasse*.

En effet, depuis la loi du 30 juillet 2003, le chasseur possesseur d'un territoire de chasse dispose de voix supplémentaires (V. art. L. 421-9, p. 785). Pour saluer leur contribution financière, le législateur décerne aux territoires de chasse le titre d'« *unités de gestion* ». Si la notion de territoire de chasse n'a pas d'existence juridique (V. art. L. 422-1, p. 789), en revanche, le législateur lui reconnaît une existence financière qui s'avère particulièrement opportune.

II – TAXE FONCIÈRE SUR L'HABITAT DU GRAND GIBIER

2) « Les propriétaires des territoires constituant un habitat de grand gibier et ne donnant pas lieu à acte de chasse au grand gibier sont tenus d'acquitter à la fédération départementale ou interdépartementale des chasseurs une contribution dont les montants sont fixés à l'hectare par la commission départementale compétente en matière de chasse et de faune sauvage. »

(1) Le Conseil constitutionnel a déclaré les troisième et quatrième alinéas du présent article dans leur rédaction résultant de la loi n° 2019-773 du 24 juillet 2019, conformes à la Constitution. – V. ■ Cons. const., 22 janv. 2022, n° 2021-963 QPC : *JurisData* n° 2022-000664 ; *JO* 21 janv. 2022. – NDLR.

Cette nouvelle taxe foncière avait été votée par les députés avec l'avis favorable du Gouvernement (*JOAN* CR 12 oct. 2004, p. 7818). Devant le Sénat, cependant, le ministre qui avait changé d'avis présentait un amendement supprimant cette disposition « dont la portée est très générale et les modalités d'application mal définies (...) car elle s'apparente à l'institution d'une sorte de nouvelle taxe foncière. Cette taxe serait instituée au profit d'une association œuvrant dans le domaine du loisir et non, comme c'est le cas pour le financement des chambres d'agriculture, d'un établissement public (...) Une large majorité de nos concitoyens y verraient indubitablement la création d'une sorte d'impôt de non-chasse très défavorable à l'image même de la chasse. » (V. J. de Malafosse : *Environnement* 2005, repère p. 3) (*JO Sénat* CR 26 janv. 2005, p. 404).

Les sénateurs ont suivi l'avis du ministre mais après que le rapporteur de la loi ait déclaré : « Néanmoins, Monsieur le ministre, il faut que le débat sur la nécessité de gérer la faune sauvage sur tout le territoire – et éventuellement de la réguler – se poursuive. En effet, il y a abondance de gibier et ce gibier peut provoquer des dégâts hors de ces territoires, sur les cultures, voire dans les forêts. Et qui paie les dégâts ? Les chasseurs ! ».

3) La participation réclamée aux seuls chasseurs de grand gibier adhérents ne constitue ni un impôt ni une charge publique de sorte qu'aucune méconnaissance du principe d'égalité les régissant n'est établie. Il a été jugé que les dispositions de l'article L. 426-5, alinéa 4 du Code de l'environnement qui prévoyaient qu'en cas d'insuffisance des contributions des chasseurs pour couvrir le montant des dégâts à indemniser, la Fédération départementale des chasseurs répartit entre ses adhérents ou certaines catégories d'adhérents le surplus d'indemnisation non couvert et qu'elle peut notamment exiger une participation pécuniaire personnelle des chasseurs de grand gibier, ne méconnaissent pas le principe d'égalité devant les charges publiques, car il ne s'agit ni d'un impôt ni d'une charge publique, mais d'une participation demandée par une association de droit privé à certains de ses adhérents (■ Cass. 2e civ., 1er févr. 2012, n° 11-40.098 : *JurisData* n° 2012-001493).

4) Il résulte des dispositions des troisième et quatrième alinéas de l'article L. 426-5 du Code de l'environnement que la délivrance des dispositifs de marquage des animaux abattus au titre du plan de chasse individuel ne peut être légalement refusée à un bénéficiaire de ce plan de chasse dès lors que celui-ci s'est acquitté auprès de la fédération départementale de chasse de la contribution et, le cas échéant, des participations visées dans cet article. En particulier, ces dispositions n'exigent pas que le bénéficiaire du plan de chasse, qui est en cette qualité, de plein droit membre de la fédération départementale de chasse, en application du 2° du II de l'article L. 421-8 du Code de l'environnement, ait en outre payé à cette fédération la cotisation annuelle mentionnée au IV de ce même article. Dès lors, une Fédération départementale des chasseurs n'est pas fondée à soutenir que c'est à tort que, pour annuler la décision en litige, le tribunal s'est fondé sur le moyen tiré de ce que, en refusant la délivrance des dispositifs de marquage au motif que l'adhésion de l'ONF ne pouvait pas être constatée en l'absence de paiement de la cotisation annuelle mentionnée au IV de l'article L. 421-8 du Code de l'environnement, son président a méconnu les dispositions des articles L. 426-5 et R. 425-10 de ce code (■ CAA Nancy, 1re ch., 22 nov. 2018, n° 17NC02878).

Art. L. 426-6 ***(Anc. C. rur., art. L. 226-6 ; mod., L. n° 2005-157, 23 févr. 2005).*** **– Tous les litiges nés de l'application des articles L. 426-1 à L. 426-4 sont de la compétence des tribunaux de l'ordre judiciaire** (1).

1) Recours pour excès de pouvoir. Si, en vertu de l'article L. 426-6 du présent code, les litiges nés de l'application des articles L. 426-1 à L. 426-4 de ce code sont de la compétence des tribunaux de l'ordre judiciaire, cette compétence ne s'étend pas à la connaissance des recours pour excès de pouvoir contre les décisions des commissions administratives d'indemnisation de ces dégâts instituées par les articles R. 226-6 et suivants du Code rural en ce qu'elles en fixent les barèmes d'indemnisation, qui relèvent de la compétence de la juridiction de l'ordre administratif (■ T. confl., 7 juin 1999, *SCEA de Courbevoie* : *JurisData* n° 1999-050607).

2) Il ne résulte ni des dispositions de l'article L. 426-6 du Code de l'environnement ni d'aucune autre disposition législative que le législateur aurait entendu exclure de la compétence des juridictions administratives toute action indemnitaire des exploitants agricoles tendant à rechercher la responsabilité de l'État sur le fondement d'une carence fautive dans le cadre de l'approbation

(1) *Le Tribunal des conflits a jugé que la compétence des tribunaux de l'ordre judiciaire* « ne s'étend pas à la connaissance des recours pour excès de pouvoir contre les décisions des commissions administratives d'indemnisation de ces dégâts (...) en ce qu'elles en fixent les barèmes d'indemnisation », ■ T. confl., 7 juin 1999, n° 3114, SCEA de Courbevoie.

du schéma départemental de gestion cynégétique (■ CAA Nantes, 3e ch., 31 janv. 2025, n° 24NT00386).

3) Faute de la victime. L'appréciation du comportement fautif de la victime des dégâts causés aux récoltes relève des tribunaux de l'ordre judiciaire (■ Cass. 2e civ., 1er avr. 1998, *ONC c/ Gaec Deloche : JurisData* n° 1998-001481).

4) Seuil des dégâts. La victime des dégâts peut saisir l'autorité judiciaire en cas de désaccord sur le montant des dégâts qui sont inférieurs au seuil fixé par arrêté ce qui interdit au préfet de saisir la commission départementale d'indemnisation (■ CE, 22 oct. 1999, 6e et 2e ss-sect. réunies, n° 161164, *Min. Environnement c/ Ginhac : JurisData* n° 1999-051142).

Section II. – Indemnisation judiciaire des dégâts causés aux récoltes

Art. L. 426-7 *(Anc. C. rur., art. L. 226-7 ; mod., L. n° 2005-157, 23 févr. 2005)*. – **Les actions en réparation du dommage causé aux cultures et aux récoltes par le gibier se prescrivent par six mois à partir du jour où les dégâts ont été commis.**

1) Principe. C'est dans l'exercice de son pouvoir souverain d'appréciation des éléments de preuve qui lui étaient soumis que la cour d'appel a décidé que les destructions de plants, qu'il y avait lieu d'indemniser, n'étaient pas atteintes par la prescription (■ Cass. 2e civ., 18 oct. 1995, *ONC c/ Feliu : JurisData* n° 1995-002637).

Les juges du fond doivent cependant préciser la date des dégâts (■ Cass. 2e civ., 18 déc. 1996, *ONC c/ Groupement forestier de Guillemane : JurisData* n° 1996-004976. ■ Cass. 2e civ., 4 déc. 1996, n° R 94-17.525, *ONC c/ Ours*).

2) Renonciation. En raison du renouvellement de son offre d'indemnisation deux mois après l'expiration du délai légal, l'Office national de la chasse a été considéré comme ayant renoncé tacitement à se prévaloir du bénéfice de la prescription (■ Cass. 2e civ., 5 nov. 1998, n° M 96-22.221 : *ONC c/ Comte : RD rur.* 1998, p. 571).

3) Report du délai. La circonstance que l'évaluation définitive des dégâts n'ait pu se faire qu'au moment de la récolte n'a pas pour effet de reporter le point de départ de la prescription (■ Cass. 2e civ., 13 déc. 2001 : *JurisData* n° 2001-012095 ; V. note L. Benoit, *in Environnement* 2002, p. 14).

4) Interruption de la prescription. L'action en réparation des dégâts causés par le gibier aux récoltes (procédure judiciaire ou administrative) n'est interrompue que par la cause prévue par l'article 2248 du Code civil : reconnaissance par le débiteur du droit du créancier. Depuis la loi du 26 juillet 2000, le débiteur est la fédération départementale ou interdépartementale des chasseurs. La mise en œuvre de la procédure amiable d'indemnisation des dégâts de gibier n'est pas constitutive d'une reconnaissance de responsabilité interruptive de la courte prescription de six mois (■ Cass. 2e civ., 5 juin 2003 : *JurisData* n° 2003-1019559 ; V. L. Benoit : *Environnement* 2003, p. 20).

Le juge administratif est incompétent pour connaître du montant d'une indemnité fixée par la commission nationale (L. Benoit : *Environnement* 2005, p. 19).

5) Responsabilité civile. L'action en réparation de l'agriculteur qui subit régulièrement, depuis 10 ans, un préjudice matériel résultant de dégâts causés par des gibiers à ses cultures à l'encontre de la Fédération départementale des chasseurs et de la société de chasse est irrecevable, quel que soit le fondement, car l'article L. 426-7 du Code de l'environnement prévoit que les actions en réparation des dégâts causés aux cultures et aux récoltes se prescrivent par six mois. Cependant, l'action visant la réparation de son préjudice moral reste recevable. L'action en réparation du préjudice moral sur le fondement de l'article 1382 du Code civil ne peut être accueillie car la victime ne parvient pas à prouver l'existence d'une faute de la fédération de chasseurs et de la société de chasse dans l'exécution de leur mission de prévention ou de maîtrise de la prolifération. Par contre, elle est accueillie sur le fondement des troubles anormaux du voisinage qui exige simplement la preuve de l'anormalité du trouble subi (■ CA Pau, 1re ch., 19 sept. 2011 : *JurisData* n° 2011-021146).

6) L'agriculteur victime a procédé à une déclaration de dégâts causés par du gibier dans une parcelle emblavée en maïs. Son action en indemnisation demandée à la Fédération départementale des chasseurs est irrecevable dans la mesure où, après avoir fait délivrer une assignation à l'extrême limite du délai de six mois, prévu par l'article L. 426-7 du Code de l'environnement, compte tenu de la date de réalisation des dégâts, il ne s'est conformé aux modalités de saisine de la juridiction prévues à l'article R. 426-22 du Code de l'environnement en saisissant le tribunal par la voie requise de déclaration au greffe qu'après acquisition de la prescription puisque l'effet interruptif de prescription de la demande en justice ne pouvait opérer par la délivrance d'une assignation, non pas seulement affectée d'une irrégularité, mais impropre à saisir régulièrement la juridiction (■ CA Dijon, 3 mai 2016 : *JurisData* n° 2016-008810).

7) L'action récursoire de la fédération départementale des chasseurs en réparation des dommages causés aux cultures et aux récoltes par le gibier est soumise aux règles de prescription applicables en droit commun, et non à la courte prescription de 6 mois prévue par l'article L. 426-7 du Code de l'environnement (■ Cass. 2e civ., 4 févr. 2016 : *JurisData* n° 2016-001593).

8) Se plaignant de dégâts de sangliers commis le 25 juillet 2010 sur ses vignobles, un exploitant agricole a fait assigner le 2 février 2011 la fédération départementale des chasseurs de Haute-Corse devant un tribunal d'instance en réparation de son préjudice ; la fédération ayant invoqué l'irrecevabilité de la demande compte tenu du mode de saisine du tribunal, l'exploitant agricole a introduit une nouvelle procédure par une déclaration au greffe le 6 avril 2011.

Pour déclarer non prescrite l'action de l'exploitant agricole, l'arrêt énonce que, par lettre du 14 janvier 2011, la fédération a proposé d'allouer à l'exploitant agricole à titre d'indemnité des dégâts suite à sa déclaration du 4 septembre 2010 et aux conclusions de l'expertise du 14 septembre 2010 une somme de 4 662 euros ; si elle a précisé que cette proposition vaut sur le seul fondement des articles L. 426-5 du Code de l'environnement et des articles R. 426-1 à R. 426-18 du Code de l'environnement et qu'elle n'emporte reconnaissance d'aucun autre droit ni aucune renonciation, elle a, sans pouvoir se dérober aux obligations lui incombant au titre du Code de l'environnement, reconnu formellement qu'une indemnité était due à l'exploitant agricole au titre des dégâts du gibier dont il avait été victime, interrompant ainsi au 14 janvier la prescription de six mois qui courait depuis le 25 juillet. En statuant ainsi, alors que les dégâts dont il était demandé réparation avaient été commis plus de six mois avant l'introduction de l'instance et que la mise en œuvre de la procédure amiable d'indemnisation des dégâts de gibiers n'est pas constitutive d'une reconnaissance de responsabilité interruptive de la courte prescription de six mois, la cour d'appel a violé les articles L. 426-5 et L. 426-7 du Code de l'environnement (■ Cass. 2e civ., 26 mars 2015 : *JurisData* n° 2015-006359).

9) Les actions en réparation du dommage causé aux cultures et aux récoltes par le gibier se prescrivent par six mois à partir du jour où les dégâts ont été commis. En l'espèce, les dégâts causés au blé semé en automne ne peuvent être constatés que lorsque celui-ci est bien levé en fin d'hiver. La période hivernale se situant entre le 20 décembre et le 20 mars, l'action engagée le 17 mai n'était pas prescrite puisque lesdits dégâts ne pouvaient pas être apparents avant le 17 novembre, juste après le semis (■ CA Douai, 28 avr. 2016 : *JurisData* n° 2016-008267).

10) L'introduction par un exploitant agricole d'une instance judiciaire aux fins d'indemnisation des dégâts causés par le gibier dirigée contre une Fédération départementale des chasseurs n'interdit pas la poursuite de la procédure administrative d'indemnisation de ces dégâts préalablement engagée. Par contre, elle fait obstacle à la mise en œuvre des dispositions du Code de l'environnement selon lesquelles la proposition d'indemnisation réitérée par la Fédération est considérée comme acceptée par l'exploitant agricole en l'absence de réponse de sa part pendant un mois, dans la mesure où cette proposition intervient postérieurement à la saisine par l'exploitant du juge judiciaire (■ Cass. 2e civ., 30 juin 2016 : *JurisData* n° 2016-012857).

11) Demande de réparation judiciaire prescrite. L'article L. 426-7 du Code de l'environnement prévoit un délai de 6 mois pour saisir la justice à partir de la survenance du dommage. La demande non contentieuse n'interrompt pas ce délai de prescription. En l'espèce, la saisine du tribunal d'instance est intervenue plus de six mois après la survenance du dommage. Le rapport de l'expert fait état de dommages répétitifs et évolutifs se produisant depuis plusieurs années. Les dégâts constatés pendant la phase d'expertise non contentieuse et non couverts par la prescription ne sont que l'aggravation des dégradations commises antérieurement qui sont prescrites (■ CA Toulouse, 3e ch., 7 mars 2018, n° 15/03783).

Art. L. 426-8 *(Anc. C. rur., art. L. 226-8 ; mod., L. n° 2005-157, 23 févr. 2005, art. 172, I).* – **Les indemnités allouées aux exploitants pour dégâts causés à leurs récoltes par un gibier quelconque ne peuvent être réduites dans une proportion quelconque pour motif de voisinage.**

Voir : art. R. 426-20 et s., p. 2311.

Si la victime des dégâts avait procédé à des cultures attirant le gibier à proximité d'un bois, sans prendre la précaution de clôturer sa parcelle, cela est insuffisant à entraîner la réduction de son indemnisation (■ Cass. 2e civ., 29 avr. 1998, n° 96-12.764, n° 633 D., *ONC c/ D. J. et a.*).

On notera qu'il en irait autrement et qu'il n'y aurait lieu à aucune indemnisation si le bois appartenait à l'exploitant (V. art. L. 426-2, p. 858).

CHAPITRE VII. – DESTRUCTION DES ANIMAUX D'ESPÈCES NON DOMESTIQUES ET LOUVETERIE

(Intitulé mod., L. n° 2016-1087, 8 août 2016)

Section I. – Mesures administratives

Sous-section 1. – Louveterie

Art. L. 427-1 *(Anc. C. rur., art. L. 227-1 ; mod., L. n° 2005-157, 23 févr. 2005)*. – **Les lieutenants de louveterie sont nommés par l'autorité administrative et concourent sous son contrôle à la destruction des animaux mentionnés aux articles L. 427-6 et L. 427-8 ou ponctuellement aux opérations de régulation des animaux qu'elle a ordonnées. Ils sont consultés, en tant que de besoin, par l'autorité compétente, sur les problèmes posés par la gestion de la faune sauvage.**

1) On notera l'arrêté du 14 août 2017 relatif à l'autorisation de port d'arme pour les lieutenants de louveterie (JO 27 août).

2) Destruction et légitime défense. Le chapitre VI est la terre d'élection des « sentinelles de la Révolution » qu'aucun législateur n'a osé relever. Le plus beau fleuron de ces antiquailles est sans conteste la catégorie des bêtes fauves (V. art. L. 427-9, p. 869) dont la Cour suprême a pris soin d'exclure « les moineaux même réunis en bande » (▪ Cass. crim., 5 janv. 1883 : *Bull. crim.* 1883, n° 5, p. 8 ; *D.* 1883, 5, p. 55). À l'inverse, un arrêt de cour d'appel a été cassé car l'ours y était considéré comme ne pouvant être assimilé à un gibier même protégé et la Haute juridiction a suivi l'avis de la Cour suprême (▪ Cass. crim., 12 oct. 1994, n° 93-83.341 : *RD rur.* 1995, p. 446. ▪ CE, 26 mai 1995 ; V. J. de Malafosse, *Le pavé de l'ours : RD rur.* 1995, p. 439).

Dans ces conditions, il est à peine besoin de souligner que le terme de destruction est conservé dans l'intitulé du chapitre VI alors qu'il devrait faire place à celui de régulation conformément au principe de protection de la biodiversité.

En l'absence de textes conformes à l'article L. 420-1, le juge du fait donne libre cours à son imagination. C'est ainsi qu'il a été jugé en appel que « les sangliers chassés, eu égard à leur qualification de biens meubles (*sic*), ne pouvaient être les auteurs d'un crime ou d'un délit contre les biens de l'un des chasseurs au sens de l'article 122-5, alinéa 2, du Code pénal » (▪ CA Montpellier, 3e ch. corr., 14 juin 2001 : *JurisData* n° 2001-158986 ; V. J. de Malafosse, *Légitime défense : Environnement* 2002, p. 3).

On constate, dans le droit de la chasse, les mêmes lacunes pour la définition du gibier (V. art. L. 420-3, p. 770).

Le chien viverrin, le vison d'Amérique et le raton laveur peuvent être piégés toute l'année et en tout lieu. Ils peuvent être détruits à tir sur autorisation individuelle délivrée par le préfet entre la date de clôture générale et la date d'ouverture générale de la chasse ; le ragondin et le rat musqué peuvent, toute l'année, être piégés en tout lieu, détruits à tir ou déterrés avec ou sans chien ; la bernache du Canada peut être détruite à tir entre la date de clôture spécifique de la chasse de cette espèce et le 31 mars au plus tard sur autorisation individuelle délivrée par le préfet. Le tir s'effectue à poste fixe matérialisé de main d'homme. Le tir dans les nids est interdit. Le piégeage de la bernache du Canada est interdit sans préjudice de l'application de l'article L. 427-1 du Code de l'environnement.

Dans le territoire métropolitain, l'usage des pièges de catégories 2 et 5 est interdit sur les abords des cours d'eau et bras morts, marais, canaux, plans d'eau et étangs, jusqu'à la distance de 200 mètres de la rive, exception faite du piège à œuf placé dans une enceinte munie d'une entrée de 11 cm par 11 cm, dans les secteurs dont la liste est fixée par arrêté préfectoral annuel, où la présence de la loutre d'Europe ou du castor d'Eurasie est avérée.

Art. L. 427-2 *(Anc. C. rur., art. L. 227-2)*. – **Les lieutenants de louveterie sont assermentés. Ils ont qualité pour constater, dans les limites de leur circonscription, les infractions à la police de la chasse.**

Ils sont porteurs, dans l'exercice de leurs fonctions, de leur commission et d'un insigne défini par le ministre chargé de la chasse.

Art. L. 427-3 *(Anc. C. rur., art. L. 227-3)*. – **Un arrêté du ministre chargé de la chasse fixe les modalités d'application de la présente sous-section.**

Voir : art. R. 427-1 et s., p. 2312.

Sous-section 2. – Battues administratives

Bibliographie : C. Bohbot, *Les battues administratives aux loups mises en échec par la Convention de Berne : Rev. jur. env.* 3/1999, p. 391.

Art. L. 427-4 *(Anc. C. rur., art. L. 227-4).* – **Le maire est chargé, sous le contrôle administratif du préfet, de mettre en œuvre les mesures prévues à l'article L. 2122-21 (9°) du Code général des collectivités territoriales.**

Art. L. 427-5 *(Anc. C. rur., art. L. 227-5).* – **Les battues décidées par les maires en application de l'article L. 2122-21 (9°) du Code général des collectivités territoriales sont organisées sous le contrôle et la responsabilité technique des lieutenants de louveterie.**

Art. L. 427-6 (1) *(Anc. C. rur., art. L. 227-6 ; mod., D. n° 2001-450, 25 mai 2001 ; L. n° 2005-157, 23 févr. 2005 ; L. n° 2014-1170, 13 oct. 2014* (2)*; L. n° 2016-1087, 8 août 2016 ; L. n° 2016-1888, 28 déc. 2016).* – **Sans préjudice du 9° de l'article L. 2122-21 du Code général des collectivités territoriales, chaque fois qu'il est nécessaire, sur l'ordre du représentant de l'État dans le département, après avis du directeur départemental de l'agriculture et de la forêt et du président de la fédération départementale ou interdépartementale des chasseurs, des opérations de destruction de spécimens d'espèces non domestiques sont effectuées pour l'un au moins des motifs suivants :**

1° Dans l'intérêt de la protection de la faune et de la flore sauvages et de la conservation des habitats naturels ;

2° Pour prévenir les dommages importants, notamment aux cultures, à l'élevage, aux forêts, aux pêcheries, aux eaux et à d'autres formes de propriétés ;

3° Dans l'intérêt de la santé et de la sécurité publiques ;

4° Pour d'autres raisons impératives d'intérêt public majeur, y compris de nature sociale ou économique ;

5° Pour des motifs qui comporteraient des conséquences bénéfiques primordiales pour l'environnement.

Ces opérations de destruction peuvent consister en des chasses, des battues générales ou particulières et des opérations de piégeage.

Elles peuvent porter sur des animaux d'espèces soumises à plan de chasse en application de l'article L. 425-6. Elles peuvent également être organisées sur les terrains mentionnés au 5° de l'article L. 422-10.

Ces opérations de destruction ne peuvent porter sur des animaux d'espèces mentionnées à l'article L. 411-1. Le cas échéant, elles peuvent être adaptées aux spécificités des territoires de montagne, en particulier en matière de protection des prairies permanentes, dans le cadre et les limites fixés à l'échelon national.

Pour l'application du présent article au loup, nécessité est constatée, dès lors qu'une attaque avérée survient sur des animaux d'élevage, que celle-ci soit du fait d'un animal seul ou d'une meute et ouvre droit à indemnisation de l'éleveur. En ce cas, le préfet délivre sans délai à chaque éleveur ou berger concerné une autorisation de tir de prélèvement du loup valable pour une durée de six mois.

1) Appréciation de l'arrêté. L'autorité judiciaire a, en matière pénale, le pouvoir d'apprécier la légalité d'un arrêté de battue (■ Cass., 22 mars 1907 : *Gaz. trib.* 1907, 1, I, p. 188). L'arrêté qui autorise, dans un délai déterminé, un certain nombre de battues sur un territoire donné et pour des espèces animales énumérées est régulier (■ Cass. crim., 21 janv. 1864 : *Bull. crim.* 1864, n° 17, p. 31 ; *D.* 1864, 1, p. 321).

2) Délai (absence). Illégalité. Constitue une délégation illégale un arrêté qui prescrit un certain nombre de battues sans délai déterminé (■ Cass., 22 mars 1907 : *Gaz. trib.* 1907, 1, I, p. 188).

3) Appartenance des animaux des chasses et battues. Si l'arrêté n'en fixe pas la destination, les animaux détruits appartiennent aux participants (■ CA Paris, 17 oct. 1895 : *D.* 1896, 2, p. 63).

4) Délibération illégale. En chargeant le maire, par une mesure dont ni le but ni les limites n'étaient précisées, de détruire les loups présents sur le territoire de la commune sans aucune restriction, le conseil municipal a méconnu la portée des règles dans le cadre desquelles s'inscrit la mise en œuvre de l'article L. 2122-21-9 ; sa délibération est donc entachée d'illégalité (■ CE, 8 déc. 2000, n° 204756, *Cne de Breil-sur-Roya* : *JCP* G 20 déc. 2000, p. 2323).

---

(1) Sur la nature législative ou réglementaire de certaines dispositions de cet article dans sa rédaction antérieure aux modifications issues de la loi n° 2014-1170 du 13 octobre 2014 : V. ■ Cons. const. n° 2000-190 L, 7 nov. 2000 : *JO* 10 nov. 2000. – NDLR.

(2) Dispositions d'application : V. L. n° 2014-1170, 13 oct. 2014, art. 44, II.

5) **Battue administrative.** La liste établie par le préfet en application de l'article R. 427-6 du Code de l'environnement sur le fondement d'une liste établie par le ministre chargé de la chasse détermine seulement les espèces d'animaux nuisibles que certains particuliers peuvent détruire sur leurs terres et n'a pas pour objet de limiter le pouvoir du préfet d'ordonner des battues administratives contre des animaux qui, dans des circonstances de lieu et de temps particulières, sont qualifiés par lui de nuisibles. La circonstance que le blaireau ne figure pas sur la liste établie par le ministre chargé de la chasse des animaux nuisibles que des particuliers peuvent détruire sur leurs terres est sans incidence sur la légalité de l'arrêté préfectoral autorisant des battues administratives au blaireau sur le fondement de l'article L. 427-6 du Code l'environnement (■ CE, 6e et 1re ss-sect., 31 mars 2010 : *JurisData* n° 2010-002967).

6) L'article L. 427-6 du Code de l'environnement prévoit que chaque fois qu'il est nécessaire, sur l'ordre du représentant de l'État dans le département, après avis du directeur départemental de l'agriculture et de la forêt et du président de la fédération départementale ou interdépartementale des chasseurs, des opérations de destruction de spécimens d'espèces non domestiques, y compris celles soumises à plan de chasse, sont effectuées, notamment pour prévenir les dommages importants, notamment aux cultures, à l'élevage ou aux forêts. Ces battues sont organisées sous le contrôle et la responsabilité technique des lieutenants de louveterie. Selon l'article L. 421-10, le préfet contrôle en outre l'exécution par la fédération départementale des chasseurs de sa mission de prévention et d'indemnisation des dégâts de gibier. La présence de sangliers qui occasionnent annuellement des dégâts récurrents aux cultures de maïs d'un même agriculteur ne suffit pas justifier une carence des services de l'État, dès lors qu'a été approuvé un schéma départemental de gestion cynégétique prévoyant des mesures de prévention des dégâts, que des arrêtés ont été pris à plusieurs reprises pour autoriser des battues administratives dans ce secteur et que la commission départementale de la chasse et de la faune sauvage a proposé à l'agriculteur concerné de lui fournir gratuitement une clôture et l'a invité à solliciter un plan de chasse sangliers permettant la mise en action des chiens sur ses terres pour éliminer les animaux se réfugiant dans ses cultures (■ CAA Nantes, 7 avr. 2016, n° 14NT02357, *Préfet de la Vendée*).

7) **Protection du loup.** Arrêté du 14 juin 2016 (*JO* 16 juin 2016) fixant un nombre supplémentaire de loups dont la destruction pourra être autorisée pour la période 2015-2016.

– Arrêté du 5 juillet 2016 (*JO* 7 juill. 2016) fixant à trente-six le nombre maximum de spécimens de loups (Canis lupus) dont la destruction pourra être autorisée pour la période 2016-2017.

– Arrêté du 28 novembre 2016 (*JO* 30 nov. 2016) portant dérogation à l'arrêté du 5 juillet 2016 pour les départements des Vosges et de Meurthe-et-Moselle qui prévoit que jusqu'à la date éventuelle à laquelle un spécimen de loups aura été détruit dans le cadre d'une dérogation accordée par le préfet de ces départements, l'interdiction de tirs de prélèvement après trente-deux spécimens ne s'applique pas dans ces départements. Cet arrêté a été déféré en référé au Conseil d'État qui a rejeté la demande de suspension en retenant que le quota total de trente-six prélèvements prévu par l'arrêté du 5 juillet 2016 permet après trente-deux prélèvements de prévoir un animal supplémentaire en raison de l'augmentation des dommages causés par le loup dans ces départements, sans qu'il soit dérogé au plafond de trente-six (CE, réf., 12 déc. 2016, n° 405536, *ASPAS c/ Min. Environnement et Min. Agriculture*).

Art. L. 427-7 *(Anc. C. rur., art. L. 227-7 ; mod., L. n° 2003-698, 30 juill. 2003).* **– Dans les communes situées à proximité des massifs forestiers où les cultures sont menacées périodiquement de destruction par les sangliers ou dans celles où existent des formes d'élevage professionnel menacées périodiquement de destruction par les renards, et dont la liste est établie par arrêté du préfet, celui-ci peut déléguer ses pouvoirs aux maires des communes intéressées. Les battues sont organisées sous le contrôle et la responsabilité technique des lieutenants de louveterie.**

Section II. – Droits des particuliers

Art. L. 427-8 *(Mod., L. n° 2016-1087, 8 août 2016).* **– Un décret en Conseil d'État désigne l'autorité administrative compétente pour déterminer les espèces d'animauxsusceptibles d'occasionner des dégâts que le propriétaire, possesseur ou fermier peut, en tout temps, détruire sur ses terres et les conditions d'ex ercice de ce droit.**

Voir : Conv. Berne, 19 sept. 1979, art. 9. - Dir. Cons. n° 79/409 CEE, 2 avr. 1979, art. 9. - Dir. n° 92/43/CEE, 21 mai 1992.

1) **Prolifération n'est pas nuisance.** « À supposer que le renard, la fouine (...) puissent être regardés comme répandus de façon significative dans le département, il n'est pas établi que ces espèces ont causé ou sont susceptibles de causer de nombreux dégâts aux cultures et aux élevages

ainsi qu'au petit gibier » (■ CAA Bordeaux, 20 nov. 2001 : *JurisDatat* n° 2001-176954 ; V. note P. Trouilly : *Environnement* 2002, p. 12).

2) Légalité externe. L'avis du conseil départemental de la chasse et de la faune sauvage ainsi que celui de la fédération départementale des chasseurs sont nécessaires (■ CE, 10 oct. 1997, n° 133562, *Fédération dptale des chasseurs du Loiret*) mais les arrêtés n'ont pas à être motivés (■ CE, 6 févr. 1998 et 6 mars 1998, n°s 160878 et 173115, *Min. Environnement c/ Aspas*) et ils peuvent être publiés après le 1er décembre (■ CE, 6 mars 1998, n° 173115, *Min. Environnement c/ Aspas*).

3) Légalité interne. Mesures de prévention. La liste des animaux nuisibles est une mesure de prévention qui doit être prise en tenant compte de la situation locale (■ CE, 18 oct. 1989, n° 102812, *Roc.*. ■ CE, 6 févr. 1998, n° 159811, *Station ornithologique du Bec d'Allier*).

4) Étendue. Celle-ci peut s'étendre à tout un département compte tenu des caractéristiques géographiques, économiques et humaines de celui-ci (■ CE, 6 févr. 1998, n° 160878, *Min. Environnement c/ Assoc. pour la protection des animaux sauvages et du patrimoine naturel*. ■ CE, 6 mars 1998, n° 173115, *Min. Environnement c/ Aspas*).

5) Piégeage. En l'absence d'étude scientifique, les comptes rendus de piégeage effectués durant les campagnes précédentes constituent un indicateur fiable pour mesurer l'importance des populations en cause dans le département (■ CE, 20 oct. 1997, n° 121377, *Fédération dptale des chasseurs de l'Aisne*. ■ CE, 6 févr. 1998, n° 160878, *Min. Environnement*).

6) Critères d'appréciation. Pour apprécier la situation locale, le juge se fonde également sur les atteintes significatives qui sont portées aux intérêts protégés, en utilisant les réponses issues de l'enquête effectuée par la fédération notamment auprès des maires (■ CE, 20 oct. 1997, n° 121377, *Fédération dptale des chasseurs de l'Aisne*. ■ CE, 20 oct. 1997, n° 149310, *Assoc. Côte-d'Or Nature environnement*. ■ CE, 6 mars 1998, n° 173115, *Min. Environnement*).

7) Solutions alternatives. Le classement des espèces en cause a été fait « sans que d'autres solutions que la destruction aient été mises en œuvre », ce qui est contraire aux dispositions de l'article 9 de la convention relative à la conservation de la vie sauvage et du milieu naturel de l'Europe dite Convention de Berne (19 sept. 1979). Mais les stipulations de cette convention créent seulement des obligations aux États parties sans produire d'effets directs dans l'ordre juridique interne (■ CE, 6 févr. 1998, n° 160878, *Min. Environnement*).

8) Effet direct des directives. En revanche, la Haute juridiction considère que les dispositions des directives du 2 avril 1979 (art. 9) et du 21 mai 1992 (art. 16) ont des effets directs. Les États peuvent donc déroger aux règles de protection en classant certaines espèces animales sur des listes d'animaux nuisibles à la condition qu'il n'existe pas d'autres solutions satisfaisantes. Cependant, le Conseil d'État constate que l'association requérante (ASPAS) n'apporte aucun élément à l'appui de ses affirmations selon lesquelles il existerait d'autres solutions (■ CE, 6 mars 1998, n° 173115, *Min. Environnement c/ Aspas*).

9) Classement. Erreur de droit. Enfin, selon le dernier état de la jurisprudence, en classant la pie bavarde et le corbeau freux dans la liste des espèces nuisibles sans avoir au préalable mis en œuvre ou étudié des solutions alternatives, le préfet a commis une erreur de droit (■ CE, 4 mai 1998, n° 162420, *Assoc. pour la protection des animaux sauvages et du patrimoine naturel*. ■ CE, 23 mars 1998, n° 148936, *Fédération des sociétés pour l'étude, la protection et l'aménagement de la nature dans le Sud-Ouest*).

10) Qualité pour agir. Une fédération départementale de chasseurs intervenue en défense à un recours dirigé contre un arrêté préfectoral déterminant, par application de l'article R. 427-7 du Code de l'environnement, les espèces nuisibles susceptibles d'être détruites en vertu de l'article L. 427-8 du Code de l'environnement, est sans qualité pour se pourvoir en cassation contre l'ordonnance qui a suspendu l'exécution de cet arrêté, dès lors qu'elle ne justifie d'aucun droit lésé par cette suspension et n'avait donc pas à être mise en cause devant le tribunal administratif (CE, ss-sect. 6, 6 juill. 2011 : *JurisData* n° 2011-014540).

11) Compétence. Il résulte des articles L. 427-8 et R. 427-6 du Code de l'environnement que le ministre chargé de la chasse fixe la liste des espèces d'animaux susceptibles d'être classés nuisibles en fonction de critères qui sont l'intérêt de la santé et de la sécurité publiques, la nécessité de prévenir les dommages importants aux activités agricoles, forestières et aquacoles et la protection de la flore et de la faune. En vertu de l'article R. 427-7 du Code de l'environnement, il appartient ensuite dans chaque département au préfet de déterminer les espèces d'animaux nuisibles parmi celles figurant sur cette liste, en fonction de la situation locale. La martre et la belette étant susceptibles d'être localement nocives au regard de ces critères, en ajoutant ces animaux à la liste nationale par l'arrêté attaqué, lequel ne préjuge pas par lui-même de l'appréciation portée dans chaque département par le préfet, le ministre n'a pas fait une inexacte application des dispositions précitées (■ CE, 6e et 1e ss-sect., 16 juin 2010 : *JurisData* n° 2010-010113).

12) Émetteurs et récepteurs. L'emploi d'émetteurs ou de récepteurs radiophoniques ou radiotéléphoniques pour la chasse collective au grand gibier est désormais également autorisé pour la destruction du sanglier lorsque cette espèce est classée nuisible en application de l'article L. 427-8 du Code de l'environnement *(A. 1er août 1986, mod., art. 7).*

13) Piégeage. Arrêté du 28 juin 2016 modifiant l'arrêté du 29 janvier 2007 fixant les dispositions relatives au piégeage des animaux classés nuisibles en application de l'article L. 427-8 du Code de l'environnement. Tous les pièges doivent être visités tous les matins, au plus tard à midi, par le piégeur ou un préposé désigné par lui et à cet effet. Pour les pièges des catégories 3 et 4 de l'article 2 ci-dessus, cette visite doit intervenir au plus tard dans les deux heures qui suivent le lever du soleil. Toutefois, le piégeur peut utiliser un dispositif de contrôle à distance, tel qu'une balise électronique, lui permettant de constater si le piège a capturé ou non un animal. Ce dispositif doit permettre d'enregistrer la date et l'heure d'activation du piège qui en est équipé.

Art. L. 427-8-1 *(L. n° 2012-325, 7 mars 2012).* **– L'utilisation du grand duc artificiel est autorisée pour la chasse des animaux** *(Mots rempl., L. n° 2016-1087, 8 août 2016)* **« susceptibles d'occasionner des dégâts » et pour leur destruction.**

Art. L. 427-9 *(Anc. C. rur., art. L. 227-9 ; mod., L. n° 2005-157, 23 févr. 2005).* **– Sans préjudice des dispositions prévues à l'article L. 427-8, tout propriétaire ou fermier peut repousser ou détruire, même avec des armes à feu, mais à l'exclusion du collet et de la fosse, les bêtes fauves qui porteraient dommages à ses propriétés ; toutefois, il n'est pas autorisé à détruire les sangliers ni, dans les départements où est institué un plan de chasse en application de la section 3 du chapitre V du titre II du livre IV, les grands gibiers faisant l'objet de ce plan.**

Voir : art. R. 427-6 et s., p. 2313.

1) Le prévenu, berger, a tiré de loin sur un animal qu'il prenait pour un chien s'approchant du troupeau et l'a abattu. L'animal s'est avéré être un loup après examen visuel de près et autopsie. Il est constant que le prévenu, poursuivi pour destruction d'un animal non domestique appartenant à une espèce protégée, n'était pas autorisé à détruire l'animal, l'accident se situant au demeurant hors d'une zone de destruction autorisée. Toutefois, en vertu de l'article L. 427-9 du Code de l'environnement, un propriétaire ou fermier peut repousser ou détruire, même avec des armes à feu, les bêtes fauves portant atteinte à sa propriété. En l'espèce, le prévenu se trouvait isolé en alpage, à la tombée de la nuit, et a tiré sur un animal mal identifié persistant à s'attaquer au troupeau malgré deux tentatives d'éloignement. La situation répond, par conséquent, aux conditions de l'article L. 427-9 du Code de l'environnement et la décision de relaxe doit être confirmée (■ CA Grenoble, ch. corr. 1, 23 févr. 2009 : *JurisData* n° 2009-377043).

2) En estimant qu'il n'existait pas de lien de causalité entre, d'une part, les dommages causés par des sangliers sauvages à l'élevage d'ovins du requérant et, d'autre part, l'impossibilité de détruire les sangliers édictée par l'article L. 427-9 du Code de l'environnement, le tribunal administratif a porté sur les faits de l'espèce une appréciation souveraine exempte de dénaturation (■ CE, 14 juin 2012 : *JurisData* n° 2012-021409).

Section III. – Commercialisation et transport

Art. L. 427-10 *(Anc. C. rur., art. L. 227-10, mod., L. n° 2016-1087, 8 août 2016).* **– Un décret peut réglementer la mise en vente, la vente, l'achat, le transport et le colportage des animaux classés comme susceptibles d'occasionner des dégâts et régulièrement détruits dans les conditions prévues au présent titre.**

Section IV. – Sécurité des ouvrages hydrauliques

(L. n° 2006-1772, 30 déc. 2006) (1)

Art. L. 427-11 *(L. n° 2006-1772, 30 déc. 2006 ; mod., L. n° 2016-1087, 8 août 2016)* (1). **– Sous réserve des dispositions des articles L. 411-1 et L. 411-2, le propriétaire ou le gestionnaire d'un ouvrage**

(1) Dispositions applicables à Mayotte, L. n° 2006-1772, 30 déc. 2006, art. 98, IV, 1.

hydraulique intéressant la sécurité publique peut procéder à la destruction des animaux d'espèces non domestiques logés dans cet ouvrage et menaçant sa stabilité, dans les conditions définies par les articles L. 427-6 et L. 427-8.

CHAPITRE VIII. – DISPOSITIONS PÉNALES

Bibliographie : J.-H. Robert, *Le permis de chasser n'est pas celui de conduire*, note ss Cass. crim., 28 mars 2000, *Jean-Pierre Lelièvre : Dr. pén.* 2000, n° 7, p. 18. • Cass. crim., 29 sept. 1999, *Officier du ministère public près le tribunal de police de Marjevols : Dr. pén.* 2000, n° 3, p. 15. • Cass. crim., 12 oct. 1994, *Jean-Jacques Reboul : Dr. env.* 1995, n° 30, p. 39. • Cass. crim., 9 nov. 1994, *Jean-Louis Lignon et Émile Faivre : Dr. env.* 1995, n° 30, p. 38-39 ; *Infractions contre la qualité de la vie : Rev. sc. crim.* 1995, n° 2, p. 356-360. • Cass. crim., 9 nov. 1993, *Léon Français c/ Patrice Français : Dr. env.* 1994, n° 23, p. 15-16. • Cass. crim., 29 sept. 1993, *Edmond Sibuet-Bizet : Dr. env.* 1993, n° 22, p. 128-128. • A. Charlez, *Pénalités en matière d'infractions de chasse : Bull. off. nat.* n° 231, p. 28. • M. Danti-Juan, *Les infractions de chasse et leur répression : RD rur.* 1988, p. 53.

Section I. – Peines

Sous-section 1. – Territoire

Art. L. 428-1 ***(Anc. C. rur., art. L. 228-1 et L. 228-2 ; mod. à compter du 1er janvier 2002, Ord. n° 2000-916, 19 sept. 2000).*** **– Est puni de trois mois d'emprisonnement et d'une amende de 3 750 € le fait de chasser sur le terrain d'autrui sans son consentement, si ce terrain est attenant à une maison habitée ou servant à l'habitation, et s'il est entouré d'une clôture continue faisant obstacle à toute communication avec les héritages voisins.**

Si le délit est commis pendant la nuit, la peine d'emprisonnement encourue est de deux ans.

(Abr. et recodifié à compter du 6 août 2005, Ord. n° 2000-914, 18 sept. 2000 (1) ***et D. n° 2005-935, 2 août 2005. – V. C. env., art. R. 428-3).***

Voir : art. R. 428-1 et s., p. 2318.

I – LE NETTOYAGE DU CODE PÉNAL

1) « Il s'agit en quelque sorte de nettoyer le Code pénal s'agissant des infractions en matière de chasse ». C'est ainsi que le rapporteur de la loi du 23 février 2005 présente en seconde lecture devant le Sénat les modifications apportées au droit pénal de la chasse (JO Sénat CR, 26 janv. 2005, p. 405).

Outre la suppression de quelques dispositions par trop anachroniques comme les gratifications par condamnation aux gardes qui évoquent les « chasseurs de prime » (art. L. 428-26), on retiendra surtout la forte aggravation des sanctions afin de lutter contre le « grand braconnage » (*art. L. 428-4 et 5* ; V. *RD rur.* 2005, p. 41).

II – L'ENGRENAGE DE LA POLICE DE LA CHASSE

2) Occupé à ne pas mettre le doigt dans l'engrenage de l'indemnisation des dégâts forestiers, le ministre a sous-estimé l'engrenage qui pouvait se produire dans le domaine de la police de la chasse. Cependant, si la superposition des textes est traditionnelle au droit de la chasse, la superposition des polices peut engendrer une « police parallèle ». Les fédérations ont la nostalgie de la police fédérale mais elles n'ont pas les moyens qui correspondent à leur ambition car la police de la chasse a changé de nature avec la disparition de la « chasse cueillette » et l'apparition du « grand braconnage ».

Afin de calmer les esprits, le législateur a prévu, dans la loi de 2005, que les fédérations conduisent des actions d'information, d'éducation et d'appui technique à l'intention des gestionnaires, des territoires et des chasseurs « et, le cas échéant, des gardes-chasse particuliers » (*art. L. 421-5*). Surtout, il n'a pu empêcher le vote d'un texte prévoyant que les *agents de développement* qu'elles recrutent pour assurer leurs missions veillent notamment au respect du *schéma* et de plus : « Dans des conditions fixées par décret en Conseil d'État *leurs constats font foi jusqu'à preuve contraire* ».

Dans le prolongement de cette seconde concession, le ministre a dû en éviter une troisième.

(1) Application à l'outre-mer : V. Ord. n° 2000-914, 18 sept. 2000, art. 13.

Selon l'*article L. 428-29* les chasseurs et ceux qui l'accompagnent « sont tenus d'ouvrir leurs carniers, sacs ou poches à gibier » à toute réquisition des gardes tandis que dans les textes d'application on sanctionne ceux qui se « sont opposés à la visite des carniers, sacs ou poches à gibier ». Si l'harmonie des textes n'est pas parfaite, le juge du fait considère, à juste raison, que le chasseur doit lui-même procéder à l'ouverture de son carnier (▪ CA Grenoble, 15 déc. 1994 ; V. art. L. 428-29, p. 881).

Cependant, un amendement de l'Assemblée nationale permettait aux gardes particuliers de prendre les mesures nécessaires au constat des infractions « notamment en fouillant le carnier des chasseurs ». Comme le commentait un parlementaire : « Si on prend le temps de former les gardes, c'est pour qu'ils servent à quelque chose » (*JOAN* CR 12 oct. 2004, p. 7822). Le ministre a dû montrer que la disposition était « attentatoire aux libertés » pour obtenir le retrait de l'amendement.

Dans une question écrite, un député a attiré l'attention du ministre sur les « problèmes d'incivilité, rébellion, intimidations... » rencontrés par les gardes particulières (*JOAN* Q 24 mai 2005, p. 5328). Le ministre a fait remarquer que la loi du 12 avril 1892 a été abrogée et remplacée par l'article 176 de la loi du 27 février 2005 dont le décret d'application est en cours de rédaction (V. *art. L. 428-21, p. 880*). La fouille des carniers, qui évoque la « fouille au corps » interdite par les textes, ne contribuerait certainement pas à renforcer l'autorité des gardes.

Sous-section 2. – Permis de chasser

Art. L. 428-2 ***(Mod., L. n° 2019-773, 24 juill. 2019).*** **– Est puni des peines prévues à l'article 434-41 du Code pénal le fait de chasser, soit après avoir été privé du droit d'obtenir ou de conserver un permis de chasser ou une autorisation de chasser mentionnée à l'article L. 423-2 par application des articles L. 423-25-4 ou L. 428-14, soit après avoir reçu notification de l'ordonnance prononçant la suspension du permis de chasser ou de l'autorisation de chasser par application des articles L. 423-25-2, L. 423-25-4 ou L. 428-15.**

Art. L. 428-3 ***(Anc. C. rur., art. L. 228-4, L. 228-5, L. 228-6, L. 228-7 et L. 228-8 ; mod. à compter du 6 août 2005, Ord. n° 2000-914, 18 sept. 2000 ; mod., L. n° 2019-773, 24 juill. 2019)*** (1). **– Est puni des peines prévues à l'article 434-41 du Code pénal le fait de refuser de remettre son permis ou son autorisation à l'agent de l'autorité chargé de l'exécution d'une décision de retrait du permis de chasser ou de l'autorisation de chasser mentionnée à l'article L. 423-2 prise par application de l'article L. 428-14 ou d'une décision de suspension du permis de chasser ou de l'autorisation de chasser mentionnée à l'article L. 423-2 prise par application des articles L. 423-25-2, L. 423-25-4 ou L. 428-15.**

II à V ***(Abr. et recodifié à compter du 6 août 2005, Ord. n° 2000-914, 18 sept. 2000*** (1) ***et D. n° 2005-935, 2 août 2005. – V. C. env., art. R. 428-9 et R. 428-13 à R. 428-15).***

Voir : art. R. 428-4 et s., p. 2319.

Bibliographie : E. Alauze, *La chasse la nuit : Gaz. Pal.* 1976, 2, doctr. p. 687.

1) En refusant de remettre son permis de chasser à la demande de l'Office national de la chasse et de la faune sauvage, après avoir reçu de celui-ci les explications utiles sur les conséquences de la sanction de privation du droit de conserver le permis de chasser, le prévenu n'a pas commis l'infraction visée à l'article L. 428-3 du Code de l'environnement, qui vise le fait de refuser de remettre son permis à l'agent de l'autorité chargée de l'exécution d'une décision. En effet, l'autorité chargée de cette mission était la préfecture et, par délégation, la brigade de gendarmerie, et nulle autorité n'avait donné d'instruction à l'Office national de la chasse qui ne pouvait agir d'office (▪ CA Amiens, ch. corr., 21 mars 2008 : *JurisData* n° 2008-364506).

I – TEMPS DE CHASSE

2) La chasse par temps de neige. La chasse par temps de neige est une question de fait souverainement appréciée par les tribunaux (▪ CA Douai, 10 mai 1853 : *D.* 1853, 2, p. 226. ▪ CA Agen, ch. corr., 8 juin 1995 : *JurisData* n° 1995-048865). L'interdiction de chasse en temps de neige concerne une période où le temps est à la neige si certaines zones ne sont pas enneigées, cela

(1) Application à l'outre-mer : V. Ord. n° 2000-914, 18 sept. 2000, art. 13.

n'autorise pas pour autant l'exercice de la chasse (■ CA Aix-en-Provence, 13e ch. corr., 28 juin 2000 : *JurisData* n° 2000-144313).

II – MOYENS DE CHASSE

3) Engins prohibés. L'utilisation de l'automobile pour participer à l'action de chasse est sanctionnée (■ Cass. crim., 17 janv. 1996 : *JurisData* n° 1996-001044). Est déclaré coupable de chasse à l'aide d'engins prohibés le prévenu qui n'a pu fournir d'explication plausible sur la présence dans son véhicule d'un sanglier fraîchement abattu (■ Cass. crim., 22 mars 2005 : *JurisData* n° 2005-028124). V. l'obligation de prévenir la gendarmerie ou la police nationale en cas de transport d'un grand gibier tué accidentellement (art. L. 424-9). – Un véhicule ne peut être utilisé pour rattraper un sanglier blessé à mort (■ T. pol. Amiens, 15 déc. 1994 : *Bull. Off. nat. chasse* 1996, n° 212, p. 34). – L'utilisation pour la chasse d'un bateau à moteur est condamnable (■ T. pol. Mantes-la-Jolie, 24 sept. 1991 : *Bull. off. nat. chasse* n° 165, févr. 1992, p. 5).

4) Instruments prohibés. L'utilisation d'un lecteur amplificateur à cassette reproduisant le chant de l'alouette est prohibé (■ CA Grenoble, ch. corr., 1er févr. 1996 : *JurisData* n° 1996-040140).

III – TRANSPORT ET COMMERCIALISATION DU GIBIER

5) Le transporteur. Le transporteur doit être en mesure de connaître la nature du colis pour que sa responsabilité pénale soit engagée (■ Cass. crim., 9 déc. 1859 : *D.* 1860, I, p. 144).

6) Gibier conservé par des procédés frigorifiques. L'interdiction concernant la mise en vente, la vente, l'achat, le transport ou le colportage du gibier s'applique au gibier conservé par procédés frigorifiques (■ Cass. crim., 8 mars 1962 : *D.* 1962, jurispr. p. 421).

Sous-section 3. – Exercice de la chasse

Voir : art. R. 428-6 et s., p. 2319.

§ 1. – Protection du gibier

Néant.

§ 2. – Temps de chasse

Néant.

Voir : art. R. 428-7, p. 2319.

§ 3. – Plan de chasse

Néant.

Voir : art. R. 428-13 à R. 428-14, p. 2322.

§ 4. – Modes et moyens

Néant.

Voir : art. R. 428-8 à R. 428-12, p. 2320.

§ 5. – Transport et commercialisation du gibier

Néant.

Sous-section 4. – Destruction des animaux d'espèces non domestiques et louveterie

(Intitulé mod., L. n° 2016-1087, 8 août 2016)

Néant.

Voir : art. L. 428-22, p. 880.

Section II. – Circonstances aggravantes

Art. L. 428-4 *(Anc. C. rur., art. L. 228-9 ; rempl., L. n° 2005-157, 23 févr. 2005 ; mod., L. n° 2006-436, 14 avr. 2006* (1) *; L. n° 2019-773, 24 juill. 2019).* **– Est puni d'une peine de trois ans d'emprisonnement et de 30 000 € d'amende le fait de chasser lorsque sont réunies les circonstances suivantes**

1° Pendant la nuit ou en temps prohibé ;

2° Sur le terrain d'autrui ou dans une réserve de chasse approuvée par l'État ou établie en application de l'article L. 422-27 ou dans le cœur ou les réserves intégrales d'un parc national ou dans une réserve naturelle en infraction à la réglementation qui y est applicable ;

3° À l'aide d'engins et d'instruments prohibés ou d'autres moyens que ceux autorisés par les articles L. 424-4 et L. 427-8 ou en employant des drogues et appâts de nature à enivrer le gibier ou à le détruire ;

4° Lorsque l'un des chasseurs est muni d'une arme apparente ou cachée.

II. – Est puni des mêmes peines le fait de mettre en vente, vendre, acheter, transporter ou colporter du gibier en dehors des périodes autorisées en application de l'article L. 424-8, lorsque le gibier provient d'actes de chasse commis dans l'une des circonstances prévues aux 1°, 2° et 3° du I du présent article.

III. – Est puni des mêmes peines le fait, en toute saison, de vendre, mettre en vente, transporter, colporter ou acheter sciemment du gibier tué à l'aide d'engins ou d'instruments prohibés, lorsque ce gibier provient d'actes de chasse commis dans l'une des circonstances prévues au 1° ou 2° du I.

1) Principe. Caractérisation de l'infraction. Doit être cassée la décision de condamnation d'une cour d'appel pour chasse en temps prohibé avec usage d'une automobile du prévenu, lequel a seulement participé à une battue aux sangliers au cours de laquelle un des chasseurs a abattu une biche à une époque où le plan de chasse interdisait le tir des cervidés, alors que le prévenu soutenait avoir seulement aidé à charger dans un véhicule l'animal tué par un autre chasseur, la cour d'appel n'a pas justifié sa décision (■ Cass. crim., 9 nov. 1999 : *JurisData* n° 1999-004790).

Le fait de circuler en voiture et de transporter dans ce véhicule son fusil qui n'a été ni déchargé, ni démonté, ni placé dans une housse ne constitue pas l'infraction aggravée de chasse à l'aide d'un moyen prohibé mais la contravention de transport à bord d'un véhicule d'une arme de chasse non déchargée puisque la circonstance aggravante personnelle d'utilisation d'un véhicule s'applique aux actes de chasse et non pas au transport de l'arme (■ CA Toulouse, 10 nov. 1999 : *JurisData* n° 1999-111744).

2) Moyens prohibés. Se rend coupable de chasse à l'aide de moyen prohibé le propriétaire d'un territoire de chasse qui a grillagé une partie de son territoire de chasse, avec dans le grillage deux trappes basculantes permettant le passage des animaux à l'intérieur de l'enceinte et empêchant leur sortie (■ Cass. crim., 29 mai 2001 : *JurisData* n° 2001-010633).

3) Circonstance aggravante. Pour qu'il y ait circonstance aggravante, le cumul des quatre conditions, chasse de nuit, sur le terrain d'autrui, à l'aide de moyens prohibés et avec une arme est nécessaire (■ Cass. crim., 11 févr. 1899 : *Bull. crim.* 1899, n° 13).

Le juge justifie la circonstance aggravante en précisant les rapports de l'utilisation du véhicule avec l'action de chasse (■ CA Grenoble, ch. corr., 26 sept. 1996 : *JurisData* n° 1996-044168).

Art. L. 428-5 *(Anc. C. rur., art. L. 228-10 ; rempl., L. n° 2005-157, 23 févr. 2005 ; mod., L. n° 2006-436, 14 avr. 2006* (1)*; rempl., L. n° 2008-1545, 31 déc. 2008 ; mod., à compter du 1er juillet 2013, Ord. n° 2012-34, 11 janv. 2012).* **– I. – Est puni d'un an d'emprisonnement et de 15 000 € d'amende le fait de commettre l'une des infractions suivantes en étant déguisé ou masqué, en ayant pris une fausse identité, en ayant usé envers des personnes de violence n'ayant entraîné aucune interruption totale de travail ou une interruption totale de travail inférieure à huit jours ou en ayant fait usage d'un véhicule, quelle que soit sa nature, pour se rendre sur le lieu de l'infraction ou pour s'en éloigner :**

1° Chasser sur le terrain d'autrui sans son consentement, si ce terrain est attenant à une maison habitée ou servant d'habitation et s'il est entouré d'une clôture continue faisant obstacle à toute communication avec les héritages voisins ;

(1) Conditions d'application : V. L. n° 2006-436, 14 avr. 2006.
Dispositions applicables à Mayotte et à Saint-Pierre-et-Miquelon, L. n° 2006-436, 14 avr. 2006.

2° Chasser dans les réserves de chasse approuvées par l'État ou établies en application de l'article L. 422-27 ;
3° Chasser en temps prohibé ou pendant la nuit ;
4° Chasser à l'aide d'engins ou d'instruments prohibés ou par d'autres moyens que ceux autorisés par les articles L. 424-4 et L. 427-8, ou chasser dans le cœur ou les réserves intégrales d'un parc national ou dans une réserve naturelle en infraction à la réglementation qui y est applicable ;
5° Employer des drogues ou appâts qui sont de nature à enivrer le gibier ou à le détruire ;
6° Détenir ou être trouvé muni ou porteur, hors de son domicile, des filets, engins ou instruments de chasse prohibés.

II. – Est puni des mêmes peines le fait de commettre, lorsque le gibier provient d'actes de chasse commis avec l'une des circonstances prévues au premier alinéa du I, l'une des infractions suivantes :
1° Mettre en vente, vendre, acheter, transporter ou colporter du gibier en dehors des périodes autorisées en application de l'article L. 424-8 ;
2° En toute saison, mettre en vente, vendre, transporter, colporter ou acheter sciemment du gibier tué à l'aide d'engins ou d'instruments prohibés.

III. – Est puni des mêmes peines le fait de commettre, sans circonstances aggravantes mais en état de récidive, l'une des infractions prévues aux I et II.

IV *(L. n° 2023-22, 24 janv. 2023)*. – L'action publique peut être éteinte, dans les conditions prévues aux articles 495-17 à 495-25 du Code de procédure pénale, par le versement d'une amende forfaitaire d'un montant de 500 €. Le montant de l'amende forfaitaire minorée est de 400 € et le montant de l'amende forfaitaire majorée est de 1 000 €.

1) **Circonstance aggravante.** La circonstance aggravante qui découle de l'usage d'une automobile ou de tout autre véhicule, pour se rendre sur le lieu de l'infraction de chasse ou pour s'en éloigner, est aussi usuelle que la jurisprudence (▪ Cass. crim., 25 nov. 1970, n° 70-90.548 : *Bull. crim.* 1970, n° 309, p. 753, note Vitu. ▪ Cass. crim., 18 mai 1971 : *Rev. sc. crim.* 1972, p. 105, 22. ▪ Cass. crim., 20 juin 1972 : *Bull. crim.* 1972, n° 209, p. 546. ▪ Cass. crim., 6 juin 1973 : *Bull. crim.* 1973, n° 258, p. 620. ▪ Cass. crim., 26 avr. 1977, n° 76-90.350 : *JurisData* n° 1977-095135 ; *Bull. crim.* 1977, n° 135, p. 337. ▪ Cass. crim., 4 juill. 1978 : *Bull. crim.* 1978, n° 219, p. 584. ▪ Cass. crim., 9 nov. 1999 : *JurisData* n° 1999-004790. ▪ Cass. crim., 15 mai 2001 : *JurisData* n° 2001-010242).

2) **Braconnier déguisé en usager non appropriatif de la nature.** Si un déguisement ou un masque est moins répandu que l'usage de l'automobile, certains braconniers savent profiter de la vogue dont bénéficient les usages de la nature. Des coups de feu avaient été entendus par le témoin et un individu aperçu sortant du bois en tenue de jogging. Suite à l'intervention des gendarmes, un chevreuil fut découvert tué de deux balles à proximité d'une tenue de chasse. Il y a lieu d'augmenter le niveau de la peine dans la mesure où le comportement du prévenu viole l'ensemble des dispositions réglementant la chasse et où les manœuvres tendent à tromper savamment (*sic*) les représentants de la force publique (▪ CA Bourges, ch. corr., 23 sept. 1993 : *JurisData* n° 1991-051913).

Art. L. 428-5-1 *(Issu du remplacement des articles L. 428-4 et L. 428-5, L. n° 2005-157, 23 févr. 2005)*. – I. – Est puni de quatre ans d'emprisonnement et de 60 000 € d'amende le fait de chasser lorsque sont réunies les circonstances suivantes :
1° Pendant la nuit ou en temps prohibé ;
2° En utilisant un véhicule, quelle que soit sa nature, pour se rendre sur le lieu de l'infraction ou s'en éloigner ;
3° En étant muni d'une arme apparente ou cachée ;
4° En réunion.

II. – Est puni des mêmes peines le fait de mettre en vente, vendre, acheter, transporter ou colporter du gibier en dehors des périodes autorisées en application de l'article L. 424-8 lorsque le gibier provient du délit prévu au I du présent article.

III. – Est puni des mêmes peines le fait, en toute saison, de mettre en vente, vendre, transporter, colporter ou acheter sciemment du gibier tué à l'aide d'engins ou d'instruments prohibés lorsque le gibier provient du délit prévu au I.

Art. L. 428-6 à L. 428-7-1 *(Abr. à compter du 1er juillet 2013, Ord. n° 2012-34, 11 janv. 2012)*.

Art. L. 428-8 *(Abr., L. n° 2005-157, 23 févr. 2005)*.

Les gardes particuliers. Seuls les agents habilités à constater les infractions de chasse sont condamnés à une peine portée au maximum. Tel n'est pas le cas des gardes particuliers (■ Cass. crim., 17 août 1860 : *Bull. crim.* 1860, n° 199, p. 351 ; *S.* 1861, 1, p. 299 ; *D.* 1860, 1, p. 423).

Section III. – Peines accessoires et complémentaires

Sous-section 1. – Confiscation

Art. L. 428-9 ***(Abr. à compter du 1er juillet 2013, Ord. n° 2012-34, 11 janv. 2012).***

1) Gibier et trophée. Viole le principe de la légalité des peines la cour d'appel qui a prononcé une peine complémentaire qui n'est pas prévue par les textes en condamnant le prévenu à la confiscation du trophée de chasse (■ Cass. crim., 4 déc. 2001 : *JurisData* n° 2001-012593). – V. cassation partielle de l'arrêt qui a ordonné la confiscation du trophée d'un cerf « coiffé » abattu en contravention des prescriptions d'un plan de chasse (■ Cass. crim., 17 nov. 1993 : *JurisData* n° 1993-704992).

2) Armes et instruments de chasse. La possibilité pour le juge de prononcer la saisie des armes a été généralisée et elle reste générale pour les filets, engins et autres instruments de chasse car elle concerne les accessoires tels que les munitions (T. corr. Corbeil, 6 mars 1963 : *D.* 1964, p. 115. ■ T. pol. Avesne-sur-Helpe, 29 juin 1971 : *Bull. off. cons. sup. chasse* 1971, n° 65, p. 24). Cependant les animaux tels que chiens, furets ou chanterelles ne sont pas concernés (■ CA Paris, 22 janv. 1845 : *Gaz. trib.* 23 janv. 1845. ■ CA Poitiers, 10 mars 1865 : *D.* 1866, 5, p. 57. ■ Cass. crim., 7 mars 1868 : *Bull. crim.* 1868, n° 67, p. 108 ; *D.* 1968, 1, p. 361).

3) Moyens de transport. Les juges peuvent prononcer la confiscation non seulement du véhicule qui a servi lors de la chasse, mais également de celui qui a été utilisé pour atteindre le lieu de chasse ou le quitter (■ Cass. crim., 28 juin 1972 : *D.* 1972, p. 545) qu'il appartienne à un contrevenant ou à un tiers (■ Cass. crim., 6 juin 1973 : *Gaz. Pal.* 1973, 2, p. 953). La notion de véhicule est large, elle s'applique à un cyclomoteur (■ T. pol. Avesne-sur-Helpe, 20 déc. 1962 : *Bull. off. cons. sup. chasse* 1962, n° 35, p. 44), à un tracteur (■ T. pol. Avesne-sur-Helpe, 4 janv. 1961 : *Bull. off. cons. sup. chasse* 1961, n° 31, p. 38. ■ CA Toulouse, 14 févr. 1974 : *Bull. off. nat. chasse* 1975, n° 2, p. 213) ou à un bateau (■ CA Caen, 28 oct. 1976 : *Bull. off. nat. chasse* 1977, n° 5, p. 146).

Art. L. 428-10 ***(Abr. à compter du 1er juillet 2013, Ord. n° 2012-34, 11 janv. 2012).***

Portée des sanctions. La faculté laissée au condamné de remettre l'objet ou d'en payer la valeur n'est possible que s'il n'y a pas eu de saisie fictive ou réelle (■ Cass. crim., 5 mars 1969, n° 68-93.362 : *Bull. crim.* 1969, n° 109, p. 270). Le juge ne peut supprimer la faculté du condamné de payer la valeur de l'objet (■ Cass. crim., 14 nov. 1978, n° 78-91.749 : *JurisData* n° 1978-797315 ; *Bull. crim.* 1978, n° 315, p. 814).

Art. L. 428-11 ***(Abr à compter du 1er juillet 2013, Ord. n° 2012-34, 11 janv. 2012).***

Sous-section 2. – Frais de validation du permis de chasser

Art. L. 428-12 ***(Anc. C. rur., art. L. 228-19 ; mod., L. n° 2003-698, 30 juill. 2003 ; L. n° 2005-157, 23 févr. 2005).*** **– Ceux qui ont chassé sans être titulaires d'un permis de chasser valable et dûment validé sont condamnés au paiement des cotisations statutaires à la fédération départementale des chasseurs et à la Fédération nationale des chasseurs ainsi qu'au paiement des redevances cynégétiques exigibles prévues à l'article L. 423-19. Le président de la juridiction, après le prononcé de la peine, avertit le condamné lorsqu'il est présent des conséquences qu'entraîne cette condamnation sur le paiement de ces cotisations et redevances.**

Le recouvrement du montant de cette condamnation est poursuivi même si la peine principale est assortie du sursis prévu par l'article 734 du Code de procédure pénale.

Nature juridique de la condamnation. La condamnation au paiement des redevances cynégétiques suit les règles applicables aux réparations civiles, elle n'est affectée ni par l'octroi du sursis pour la peine principale ni par l'appel dont les effets sont limités aux dispositions pénales du jugement (■ Cass. crim., 20 nov. 1984 : *Bull. crim.* 1984, n° 356 ; *JurisData* n° 1984-702324).

Art. L. 428-13 *(Anc. C. rur., art. L. 228-20)*. – **Les dispositions de l'article L. 428-12 sont également applicables à ceux qui ont chassé en temps prohibé.**

Sous-section 3. – Retrait et suspension du permis de chasser

§ 1. – Retrait

Art. L. 428-14 *(Anc. C. rur., art. L. 228-21 ; mod., L. n° 2016-1087, 8 août 2016)*. – **En cas de condamnation pour infraction à la police de la chasse ou de condamnation pour homicide involontaire ou pour coups et blessures involontaires survenus à l'occasion d'une action de chasse ou de destruction d'animaux d'espèces non domestiques, les tribunaux peuvent priver l'auteur de l'infraction du droit de conserver ou d'obtenir un permis de chasser ou l'autorisation de chasser mentionnée à l'article L. 423-2 ou l'autorisation mentionnée à l'article L. 423-3 pour un temps qui ne peut excéder cinq ans.**

Lorsque l'homicide involontaire ou les coups et blessures involontaires visés à l'alinéa précédent sont commis par tir direct sans identification préalable de la cible, les tribunaux peuvent ordonner le retrait définitif du permis de chasser de l'auteur de l'infraction ou de son autorisation mentionnée à l'article L. 423-3. Si l'homicide involontaire ou les coups et blessures involontaires sont commis par un titulaire d'une autorisation de chasser visée à l'article L. 423-2, les tribunaux peuvent priver l'auteur de l'infraction du droit d'obtenir un permis de chasser pour un temps qui ne peut excéder dix ans.

1) **Confusion entre le retrait et la suspension du permis de chasser.** Le prévenu a été reconnu coupable de contraventions de chasse en temps prohibé, chasse en méconnaissance du plan de chasse et défaut de marquage d'un animal abattu au titre du plan de chasse. Il a été condamné à la suspension de son permis de chasser pendant un an. Cette décision encourt la cassation. En effet, l'article L. 228-21 du Code rural, devenu l'article L. 428-14 du Code de l'environnement prévoit, en cas de condamnation du chef d'infractions à la police de la chasse, la peine complémentaire du retrait du permis de chasser. En revanche, la suspension de ce permis ne peut être prononcée seulement qu'à titre de mesure provisoire par le juge d'instance dans les cas mentionnés à l'article L. 228-22 du Code rural, devenu l'article L. 428-15 du Code de l'environnement. Par conséquent, la peine prononcée est illégale (▪ Cass. crim., 18 déc. 2001 : *JurisData* n° 2001-013206).

La cour d'appel a substitué à la suspension du permis de chasser, mesure conservatoire qui ne peut être ordonnée que par le juge d'instance, la peine de privation du droit de conserver ou d'obtenir un permis de chasser pendant un an, prévue par l'article L. 228-21 du Code rural (C. env., art. L. 428-14). En se prononçant ainsi, les juges ont méconnu l'article 515 du Code de procédure pénale qui dispose que les juges du second degré ne peuvent aggraver le sort du prévenu sur son seul appel (▪ Cass. crim., 28 mars 2000 : *JurisData* n° 2000-002036).

2) **Privation du droit de conserver ou d'obtenir un permis de chasser.** Le contrevenant au plan de chasse du grand gibier encourt la peine complémentaire de la privation du droit de conserver ou d'obtenir un permis de chasser (▪ Cass. crim., 15 oct. 1985, n° 84-94.631 : *Gaz. Pal.* 1986, p. 669, note E. Alauze. ▪ Cass. crim., 14 janv. 1986, n° 84-94.858 : *JurisData* n° 1986-000145 ; *Bull. crim.* 1985, n° 22. ▪ Cass. crim., 9 nov. 1994 : *RD rur.* 1995, p. 168).

3) **Retrait des armes.** L'article L. 312-9 du Code la sécurité intérieure relatif à la saisie des armes et munitions fixe une durée maximale d'un an après leur remise ou saisie pour que le préfet prenne une décision de restitution ou de saisie définitive. L'expiration de ce délai sans qu'une décision ait été prise n'entraîne pas le droit pour leur propriétaire d'en obtenir restitution dès lors que l'article L. 312-10 du même code crée une interdiction, pour les personnes dont les armes ont été saisies, d'acquérir ou de détenir une arme et des munitions, cette interdiction ne cessant de produire ses effets que si le préfet décide expressément la restitution (▪ CAA Nantes, ch. 4, 1er mars 2016, n° 14NT02271, *Préfet de la Manche*).

4) Le retrait n'a pas à être limité à la seule arme qui a servi à une altercation violente au cours d'une partie de chasse et le préfet peut légalement ordonner la saisie conservatoire de toutes les armes de l'intéressé au motif que son comportement présente un danger grave pour lui-même ou pour autrui, conformément aux articles L. 312-7 et suivants du Code de la sécurité intérieure. Une telle mesure n'est pas une sanction et ne peut donc porter atteinte à la présomption d'innocence, s'agissant d'une mesure de police administrative destinée à préserver l'ordre public (▪ CAA Bordeaux, ch. 2, 22 mars 2016, n° 14BX00094, *Préfet de la Gironde*).

V. art. L. 424-15, p. 839.

§ 2. - **Suspension**

Art. L. 428-15 *(Anc. C. rur., art. L. 228-22 ; mod., L. n 2005-157, 23 févr. 2005 ; L. n° 2006-436, 14 avr. 2006* (1) *; L. n° 2016-1087, 8 août 2016 ; L. n° 2019-773, 24 juill. 2019).* – Le permis de chasser ou l'autorisation de chasser mentionnée à l'article L. 423-2 peut être suspendu par l'autorité judiciaire :

1° En cas d'homicide involontaire ou de coups et blessures involontaires survenus à l'occasion d'une action de chasse ou de destruction d'animaux d'espèces non domestiques ;

1° *bis* En cas de violation manifestement délibérée, à l'occasion d'une action de chasse, d'une obligation particulière de sécurité ou de prudence imposée par la loi ou le règlement, exposant directement autrui à un risque immédiat de mort ou de blessures de nature à entraîner une mutilation ou une infirmité permanente ;

2° *(Mod., L. n° 2023-54, 2 févr. 2023)* Lorsque a été constatée l'une des infractions suivantes :

a) La chasse de nuit sur le terrain d'autrui avec un véhicule à moteur ;

b) La chasse dans les réserves approuvées et dans les cœurs des parcs nationaux où la chasse est interdite ;

c) La chasse dans les enclos, attenant ou non à des habitations, sans le consentement du propriétaire ;

d) La destruction d'animaux des espèces protégées ;

e) Les infractions au plan de chasse du grand gibier ;

f) Les menaces ou violences contre des personnes commises à l'occasion de la constatation d'une infraction de chasse ;

g) La non-conformité des clôtures implantées dans les conditions définies à l'article L. 372-1 ;

h) Le non-respect des règles d'agrainage et d'affouragement définies en application de l'article L. 425-5.

1) Suspension du permis de chasser. En cas de suspension provisoire (cinq ans au maximum) du permis de chasser dans les cas prévus par l'article L. 428-15, les personnes condamnées doivent, selon l'article L. 423-5, se soumettre à l'examen prévu afin de prévenir de nouvelles infractions à la police de la chasse. Les services de police qui refusent de restituer les permis de chasser aux condamnés dont la peine a été accomplie, en invoquant leur obligation de se soumettre préalablement à l'examen du permis de chasser, ne portent pas atteinte à une liberté fondamentale et ne peuvent être considérés comme ayant commis une voie de fait (■ T. confl., 24 févr. 1992, n° 26-87, *Préfet de la Gironde : JCP* G 1992, IV, 167, n° 1533).

2) Légalité des peines. Les juges ne pouvaient, sans excéder leurs pouvoirs, prononcer la suspension du permis de chasser des prévenus condamnés pour chasse à l'aide d'un engin prohibé. Cette infraction ne figure pas au nombre de celles visées par l'article L. 228-24 du Code rural, devenu l'article L. 428-15 du Code de l'environnement (■ Cass. crim., 8 févr. 1995 : *JurisData* n° 1995-004350).

3) Amnistie. Exclusion de l'amnistie. « Délits prévus par le Code de l'environnement ainsi que par les dispositions législatives applicables avant l'entrée en vigueur de l'ordonnance n° 2000-914 du 18 septembre 2000 relative à la partie législative du Code de l'environnement et qui ont été reprises dans ce code à compter de cette date et contraventions de cinquième classe prévues par les textes pris en application du livre V du Code de l'environnement » (L. n° 2002-1062, 6 août 2002 : *JO* 9 août 2002, p. 12651, art. 14-23°).

« Les députés ont refusé logiquement de suivre les sénateurs qui avaient entendu rejeter de l'amnistie les contraventions à la police de la chasse dans la mesure où le refus d'amnistie ne pouvait se limiter aux infractions de chasse » (R. Léost, *Amnistie et délinquance écologique : Dr. env.* 2002, p. 215).

4) Le prévenu a été condamné du chef de chasse en temps prohibé et défaut de marquage d'un animal tué au titre du plan de chasse. Il a prétendu que les faits, commis le 5 septembre, n'étaient pas punissables en raison de l'illégalité de l'arrêté préfectoral fixant le plan de chasse. Le préfet doit fixer celui-ci avant le premier mai précédant la campagne cynégétique et l'arrêté contesté a été pris le 27 juillet. Les juges ont rejeté à bon droit cet argument. En effet, l'arrêté contesté n'est pas celui qui fixe le plan de chasse mais celui qui fixe la durée de la campagne de chasse. Par conséquent la chasse aux cerfs n'a été autorisée dans le département qu'à compter du 13 septembre et l'infraction poursuivie est donc caractérisée. En outre, contrairement aux allégations du moyen, le défaut de marquage d'un animal tué en application du plan de chasse, sur le lieu de la capture, prévu par l'article R. 225-12 du Code rural, constitue une contravention réprimée par l'article R. 228-16 du Code rural.

(1) Conditions d'application : V. L. n° 2006-436, 14 avr. 2006.
Dispositions applicables à Mayotte et à Saint-Pierre-et-Miquelon, L. n° 2006-436, 14 avr. 2006.

Le prévenu a été reconnu coupable de contraventions de chasse en temps prohibé, chasse en méconnaissance du plan de chasse et défaut de marquage d'un animal abattu au titre du plan de chasse. Il a été condamné à la suspension de son permis de chasser pendant un an. Cette décision encourt la cassation. En effet, l'article L. 228-21 du Code rural, devenu article L. 428-14 du Code de l'environnement prévoit, en cas de condamnation du chef d'infractions à la police de la chasse, la peine complémentaire du retrait du permis de chasser. En revanche, la suspension de ce permis ne peut être prononcée seulement qu'à titre de mesure provisoire par le juge d'instance dans les cas mentionnés à l'article L. 228-22 du Code rural, devenu article L. 428-15 du Code de l'environnement. Par conséquent, la peine prononcée est illégale (■ Cass. crim., 18 déc. 2001 : *JurisData* n° 2001-013206).

Art. L. 428-16 *(Anc. C. rur., art. L. 228-23 ; mod., Ord. n° 2019-964, 18 sept. 2019).* **– Dans les cas mentionnés à l'article L. 428-15, une copie certifiée conforme du procès-verbal constatant l'une des infractions énumérées audit article est adressée directement au juge du tribunal judiciaire dans le ressort duquel l'infraction a été commise.**

Le juge peut ordonner immédiatement la suspension du permis de chasser de l'auteur de l'infraction. Cette mesure de suspension est notifiée à l'intéressé par la voie administrative et copie de l'ordonnance lui est laissée.

NB : Conformément à l'article 36 de l'ordonnance n° 2019-964 du 18 septembre 2019, ces dispositions entrent en vigueur au 1er janvier 2020.

Art. L. 428-17 *(Anc. C. rur., art. L. 228-24 ; mod., L. n° 2008-1545, 31 déc. 2008 ; Ord. n° 2019-964, 18 sept. 2019).* **– La suspension n'a d'effet que jusqu'à la décision de la juridiction statuant en premier ressort sur l'infraction constatée. Toutefois, l'auteur de l'infraction peut, à tout moment avant cette décision, demander au juge du tribunal judiciaire la restitution provisoire de son permis. Il peut être entendu à cet effet par le juge.**

NB : Conformément à l'article 36 de l'ordonnance n° 2019-964 du 18 septembre 2019, ces dispositions entrent en vigueur au 1er janvier 2020.

Mesure provisoire. Contrairement au retrait du permis qui est une peine principale (C. pén., art. 131-14), la suspension du permis est une mesure provisoire et conservatoire mais la jurisprudence a tendance à pratiquer l'amalgame (■ Cass. crim., 25 sept. 1997, n° 97-80.948 : *Rev. jur. env.* 1998, p. 441).

Sous-section 4. – Suspension du permis de conduire

Art. L. 428-18 *(Rempl., L. n° 2005-157, 23 févr. 2005).* **– Les personnes coupables des infractions définies aux articles L. 428-1, L. 428-4, L. 428-5 et L. 428-5-1 encourent également la suspension pour une durée de trois ans au plus du permis de conduire, lorsque l'infraction a été commise en faisant usage d'un véhicule à moteur. Cette suspension peut être limitée à la conduite en dehors de l'activité professionnelle.**

Peine complémentaire. La suspension du permis de conduire constitue une peine complémentaire qui peut se cumuler avec la peine principale (■ Cass. crim., 9 nov. 1994 : *JurisData* n° 1994-002673).

Section IV. – Constatation des infractions et poursuites

Sous-section 1. – Constatation des infractions

Art. L. 428-19 *(Abr. à compter du 1er juillet 2013, Ord. n° 2012-34, 11 janv. 2012).*

1) Appréciation souveraine par les juges du fond. Le moyen qui revient à remettre en discussion l'appréciation souveraine par les juges du fond de la valeur et de la portée des éléments de preuve contradictoirement débattus conformément aux articles L. 228-26 et L. 228-27 du Code rural ne saurait être accueilli (■ Cass. crim., 16 mai 1995, n° 2234 D, *Collantes*). Conformément à l'article L. 228-16 du Code rural, *(C. env., art. L. 428-19)*, il est de jurisprudence constante qu'à défaut de procès-verbaux réguliers, le juge peut fonder son intime conviction à partir des témoignages des agents verbalisateurs et de tout autre moyen de preuve. La nullité des procès-verbaux de constatations des infractions raturés au correcteur et surchargés ne saurait donc entraîner celle de la procédure dans son ensemble (■ CA Orléans, ch. corr., 16 déc. 1991 : *JurisData* n° 1991-051514).

2) Preuve. Les procès-verbaux établis par les agents habilités par les textes doivent concerner les infractions prévues par les titres sur la chasse et sur la protection de la faune et de la flore (■ Cass. crim., 18 déc. 1957 : *Bull. crim.* 1957, n° 853, p. 1541. ■ Cass. crim., 21 juill. 1977 : *Bull. crim.* 1977, n° 271, p. 680. ■ Cass. crim., 1er oct. 1987 : *Bull. crim.* 1987, n° 325, p. 873).

Art. L. 428-20 ***(Anc. C. rur., art. L. 228-27 ; mod., L. n° 2005-157, 23 févr. 2005*** (1) ***; mod. à compter de la date prévue au II de l'article 88, L. n° 2006-1772, 30 déc. 2006*** (2) ***; rempl. à compter du 1er juillet 2013, Ord. n° 2012-34, 11 janv. 2012). –*** **Outre les officiers et agents de police judiciaire et les inspecteurs de l'environnement mentionnés à l'article L. 172-1, sont habilités à rechercher et à constater les infractions aux dispositions du présent titre et aux textes pris pour son application :**

1° Les agents des services de l'État chargés des forêts commissionnés à raison de leurs compétences en matière forestière et assermentés à cet effet ;

2° *(Mod., Ord. n° 2022-839, 1er juin 2022)* (3) **Les agents de l'Office national des forêts mentionnés au I de l'article L. 161-4 du Code forestier et, pour leur seule constatation, les agents mentionnés au II du même article, commissionnés à raison de leurs compétences en matière forestière et assermentés à cet effet ;**

3° Les agents du domaine national de Chambord commissionnés pour constater les infractions en matière forestière, de chasse ou de pêche ;

4° Les gardes champêtres ;

5° Les lieutenants de louveterie ;

6° Les agents des réserves naturelles mentionnés à l'article L. 332-20 agissant dans les conditions prévues à cet article ;

7° Les gardes du littoral mentionnés à l'article L. 322-10-1, agissant dans les conditions prévues à cet article.

1) Succession de faits échelonnés dans le temps. Les procès-verbaux font foi jusqu'à preuve contraire conformément au principe énoncé également pour les infractions relatives à la protection de la faune et de la flore. Cela n'exclut pas cependant la possibilité pour le prévenu d'en discuter le contenu et de rapporter la preuve contraire (■ Cass. crim., 4 nov. 1992, n° 91-83.265, *Fédération interdépartementale des chasseurs de l'Essonne, du Val-d'Oise et des Yvelines : JurisData* n° 1992-003316).

2) Sauvegarde des droits de l'homme et des libertés fondamentales (Conv. EDH, art. 8). La Cour de cassation considère que l'observation à l'aide d'une jumelle opérée à l'extérieur de la clôture d'un pavillon de chasse ne constitue pas une ingérence dans la vie privée et le domicile du prévenu. La mesure d'investigation critiquée effectuée sans artifice ni stratagème dans le cadre d'une enquête préliminaire destinée à constater une infraction, à en rassembler les preuves et en rechercher les auteurs, ne méconnaît ni les règles de procédure pénale, ni l'article 8 de la convention précitée (■ Cass. crim., 23 août 1994, n° D 93-84.739 P, *Desneux*).

3) Séparation des pouvoirs. 3) Il ne peut être reproché aux gardes-chasse d'avoir établi un faux en visant des textes illégaux (■ Cass. 2e civ., 19 nov. 1998 : *JurisData* n° 1998-004355).

Le juge répressif ne peut relaxer le prévenu qui n'a pas respecté la réglementation du marquage et du transport du gibier après avoir constaté l'illégalité de l'arrêté fixant le plan individuel de chasse et portant refus d'une partie des attributions sollicitées (■ Cass. crim., 1er oct. 2002 : *JurisData* n° 2002-016209).

4) Selon les articles L. 172-1 et L. 428-20 du Code de l'environnement, les fonctionnaires et agents publics affectés à l'Office national de la chasse et de la faune sauvage sont habilités à rechercher et constater les infractions au Code de l'environnement. Selon l'article 23, alinéa 2, du Code de procédure pénale, ces inspecteurs de l'environnement ne peuvent pénétrer, notamment dans les maisons, qu'en étant assistés d'un officier de police judiciaire. En l'espèce, les agents de l'office de la chasse sont entrés dans une hutte de chasse qui doit être considérée comme un domicile dès lors qu'elle est aménagée en vue d'être habitée, étant notamment raccordée à l'eau et à l'électricité. Les agents sont entrés à l'intérieur à 22 heures 30 sans avoir au préalable recueilli l'assentiment écrit des occupants et hors la présence d'un officier

(1) Entrée en vigueur : V. L. n° 2005-157, 23 févr. 2005, art. 230, VIII.

(2) Dispositions applicables à Mayotte, L. n° 2006-1772, 30 déc. 2006, art. 98, IV, 1.

(3) Le Conseil constitutionnel a déclaré les mots « et, pour leur seule constatation, les agents mentionnés au II du même article, » figurant au 2° du présent article, dans sa rédaction résultant de l'ordonnance n° 2022-839 du 1er juin 2022, conforme à la Constitution. – V. ■ Cons. const. 31 mars 2023, n° 2023-1042 QPC, art. 1er : *JurisData* n° 2023-004996 ; *JO* 4 avr. 2023. – NDLR.

de police judiciaire agissant conformément aux règles de la visite domiciliaire. Cette opération doit donc être annulée.

Les prévenus doivent être condamnés du chef de chasse de nuit, en utilisant un véhicule, avec une arme et en réunion. Ils affirment vainement qu'ils n'étaient pas en action de chasse alors qu'ils se trouvaient dans une hutte de chasse, avec des fusils chargés et que des appelants se trouvaient sur le plan d'eau. En outre, des tirs ont eu lieu depuis la hutte et du gibier mort a été trouvé. Chacun d'eux disposait d'un véhicule stationné à proximité de la hutte, peu important qu'il se trouve à plus de 200 mètres de celle-ci. En outre, la hutte de chasse n'était pas immatriculée et ne constituait donc pas un poste fixe à partir duquel pouvait être exercée la chasse régulière au gibier d'eau. Les prévenus ne peuvent contester leur intention au prétexte qu'ils ignoraient le caractère illégal de la hutte de chasse utilisée. En effet, tout propriétaire d'un poste fixe doit déclarer celui-ci à l'autorité administrative contre délivrance d'un récépissé dont doivent être porteurs les chasseurs pratiquant la chasse de nuit à partir de ce poste fixe. Or les prévenus ne possédaient pas ce récépissé et, en tout état de cause, l'ignorance de la loi n'est pas une cause d'irresponsabilité.

Le prévenu doit être condamné du chef de complicité de chasse de nuit, en utilisant un véhicule, avec une arme et en réunion. Il a sciemment mis à disposition de chasseurs ses huttes de chasse non immatriculées en préfecture et il les a incités à les utiliser en leur affirmant qu'elles ne posaient aucune difficulté du point de vue juridique ou administratif (■ CA Douai, 12 févr. 2015 : *JurisData* n° 2015-009004).

Art. L. 428-21 ***(Anc. C. rur., art. L. 228-28 ; mod., L. n° 2008-1545, 31 déc. 2008 ; L. n° 2019-773, 24 juill. 2019).*** **– Les gardes-chasse particuliers assermentés constatent par procès-verbaux les infractions aux dispositions du présent titre qui portent préjudice aux détenteurs de droits de chasse qui les emploient.**

Leurs procès-verbaux font foi jusqu'à preuve contraire.

Ils sont habilités à procéder à la saisie du gibier tué à l'occasion des infractions qu'ils constatent et ils en font don à l'établissement de bienfaisance le plus proche ou le détruisent.

(Mod., L. n° 2023-54, 2 févr. 2023) **Par ailleurs, les agents de développement mentionnés au dernier alinéa de l'article L. 421-5 constatent par procès-verbaux, dans les conditions prévues aux deuxième et troisième alinéas du présent article, les infractions relatives à la conformité des clôtures mentionnées à l'article L. 372-1, au plan de gestion annuel mentionné au I de l'article L. 424-3, au schéma départemental de gestion cynégétique, au plan de chasse et au permis de chasser, sur tous les territoires du département dont les propriétaires et détenteurs du droit de chasse sont adhérents d'une fédération. Ils disposent à cet effet des mêmes droits d'accès que ceux reconnus aux fonctionnaires et aux agents chargés de la police de l'environnement en application du 1° du I de l'article L. 171-1. Toute infraction constatée est signalée au représentant de l'État dans le département.**

1) Nullité d'ordre public. Le procès-verbal constatant les infractions au droit de la chasse est nul dès lors qu'il a été dressé par une personne n'ayant pas la qualité de garde particulier. L'association de chasse n'a pu en effet commettre un garde particulier pour surveiller le territoire de chasse de ses adhérents car elle n'a pas de personnalité morale. Cette nullité d'ordre public est soulevée d'office par la cour d'appel (■ CA Angers, ch. corr., 12 févr. 1991 : *JurisData* n° 1991-040960).

2) Signature du procès-verbal. La signature du procès-verbal est une formalité substantielle nécessaire à sa validité. La nullité du procès-verbal servant de fondement aux poursuites entraîne celle de toute la procédure (■ CA Rouen, ch. corr., 1er mars 1999 : *JurisData* n° 1999-043286).

Art. L. 428-22 ***(Abr. à compter du 1er juillet 2013, Ord. n° 2012-34, 11 janv. 2012).***

Compétence des juridictions de l'ordre judiciaire. Agent de l'Office national de la chasse. Agissement commis lors de l'établissement d'un procès-verbal. Compétence des juridictions de l'ordre judiciaire (■ T. confl., 21 mars 2005 : *Juris-Data* n° 2005-268794).

Art. L. 428-23 ***(Anc. C. rur., art. L. 228-30).*** **– Font foi, jusqu'à preuve contraire, les procès-verbaux des agents des contributions indirectes, lorsque, dans la limite de leurs attributions respectives, ces agents recherchent et constatent les infractions aux dispositions des articles L. 424-8 et L. 424-12.**

Art. L. 428-24 et L. 428-25 ***(Abr. à compter du 1er juillet 2013, Ord. n° 2012-34, 11 janv. 2012).***

Art. L. 428-26 ***(Abr., L. n° 2005-157, 23 févr. 2005).***

Sous-section 2. – Recherche des infractions

Art. L. 428-27 ***(Abr. à compter du 1er juillet 2013, Ord. n° 2012-34, 11 janv. 2012).***

Art. L. 428-28 ***(Abr. à compter du 1er juillet 2013, Ord. n° 2012-34, 11 janv. 2012).***

JURISPRUDENCE SOUS L'ANCIEN ARTICLE L. 428-27

1) Recherche faite à domicile. Les gardes nationaux de la chasse peuvent, en présence d'un officier de police judiciaire, effectuer des visites domiciliaires pour rechercher, avec l'accord des intéressés, le gibier provenant d'acte de braconnage (▪ Cass. crim., 12 déc. 2000, n° 7463, *Begnis et a.*).

Doit être déclarée régulière la procédure qui a permis une poursuite pour chasse de grand gibier en contravention avec le plan de chasse alors qu'elle a pour origine un constat établi par des gendarmes effectuant un contrôle sanitaire de nuit dans une boulangerie et découvrant un chevreuil mort, non vidé et non bagué (▪ CA Dijon, ch. corr., 12 sept. 1997 : *JurisData* n° 1997-049892). Est régulière la visite domiciliaire de trois gardes nationaux de la chasse assistés de deux officiers de police judiciaire permettant de découvrir des quartiers de viande de chamois en cours de congélation provenant d'actes de braconnage (▪ Cass. crim., 12 déc. 2000 : *JurisData* n° 2000-008241).

Le prévenu qui, après avoir refusé de consentir à la visite de son domicile, a ensuite accepté sous la pressante insistance de l'officier de police judiciaire, n'a pas consenti librement à la perquisition qui est nulle (▪ CA Bordeaux, ch. corr., 1er févr. 1995 : *JurisData* n° 1995-044389). Une simple conversation tenue à l'extérieur du domicile visité entre les gardes et un locataire, conversation au cours de laquelle ce dernier a reconnu la présence du gibier recherché dans la maison du prévenu propriétaire ne saurait s'analyser en autorisation verbale de recherche du gibier à domicile (▪ CA Bourges, ch. corr., 14 sept. 1990 : *JurisData* n° 1990-050535).

Ne constitue pas une nullité de procédure l'annulation d'une saisie faite par des gardes nationaux au domicile des prévenus, dès lors que les constatations qu'ils avaient préalablement effectuées conservent toute leur valeur (▪ CA Paris, 5 juill. 1994 : *JurisData* n° 1994-022129).

2) Investigations dans un véhicule automobile. Les textes répressifs (C. rur., art. L. 228-35 à 40 devenus C. env., art. L. 428-27 à L. 428-32) doivent être interprétés restrictivement. Dès lors qu'ils n'ont pas limité leur action à un simple regard spontané en direction du coffre d'un véhicule automobile mais que, par des sollicitations pressantes, ils ont délibérément cherché à savoir quels étaient les objets déposés dans le coffre, des gardes-chasse ont effectué de véritables investigations non prévues par les textes susvisés (▪ CA Bourges, ch. corr., 13 févr. 1992 : *JurisData* n° 1992-046112).

En revanche, ne constitue pas une investigation illégale la constatation de matériel de chasse alors que les portes et le coffre de la voiture sont ouverts (▪ CA Angers, ch. corr., 22 mars 1990 : *JurisData* n° 1990-040819). Il en va de même s'il n'y a pas eu « fouille », mais ouverture volontaire de son coffre par le prévenu (▪ CA Angers, ch. corr., 17 déc. 1992 : *JurisData* n° 1992-049427).

3) Gabion, hutte, tonne. Une simple tonne utilisée de manière discontinue par différents chasseurs comme poste d'observation et de tir ne constitue pas un domicile (▪ CA Bordeaux, ch. corr., 8 nov. 1994 : *JurisData* n° 1994-052953). Il en va différemment d'un gabion équipé des éléments de confort pour les besoins d'une nuit sauf si, au moment des faits, la hutte n'était ni raccordée au réseau électrique, ni desservie en eau courante (▪ Cass. crim., 6 mai 2002 : *JurisData* n° 2002-015343).

Art. L. 428-29 ***(Anc. C. rur., art. L. 228-37 ; mod., L. n° 2003-591, 2 juill. 2003*** (1) ***; mod. à compter du 1er juillet 2013, Ord. n° 2012-34, 11 janv. 2012 ; L. n° 2013-619, 16 juill. 2013 ; L. n° 2019-773, 24 juill. 2019).*** **– Hors de leur domicile, les chasseurs et les personnes les accompagnant sont tenus d'ouvrir leurs carniers, sacs ou poches à gibier à toute réquisition des officiers et agents de police judiciaire, des inspecteurs de l'environnement mentionnés à l'article L. 172-1 et des agents mentionnés aux 2°, 3°, 4° et 5° de l'article L. 428-20, ainsi que les gardes des fédérations départementales des chasseurs, mentionnés au troisième alinéa de l'article L. 428-21 dans les conditions prévues à cet article.**

1) Fouille. La fouille au corps est assimilée à une perquisition, elle obéit donc aux règles des dispositions du Code de procédure pénale (▪ Cass. crim., 22 janv. 1953 : *Bull. crim.* 1953, n° 24, p. 37, jurispr. constante).

(1) Application à l'outre-mer : V. L. n° 2003-591, 2 juill. 2003.

2) **Ouverture des carniers, sacs ou poches à gibier.** Le chasseur qui se contente de poser son sac à terre pour en permettre le contrôle doit être condamné, dans la mesure où le texte exige que le chasseur procède lui-même à l'ouverture à la demande d'un garde assermenté (▪ CA Grenoble, ch. corr., 15 déc. 1994 : *JurisData* n° 1994-047771).

Art. L. 428-30 *(Abr. à compter du 1er juillet 2013, Ord. n° 2012-34, 11 janv. 2012).*

Art. L. 428-31 *(Abr. à compter du 1er juillet 2013, Ord. n° 2012-34, 11 janv. 2012).*

JURISPRUDENCE SOUS ANCIEN ART. L. 428-31

Saisie du gibier vivant. « Les gardes procédaient à la saisie réelle du filet de pêche d'une longueur de 20 mètres environ et des trois lapins. Ils relâchaient immédiatement ces derniers dans la réserve de la société de chasse » (▪ CA Agen, ch. corr., 27 nov. 1997, n° 491/97, *Goursat*). Lorsque l'objet de l'infraction est un animal vivant récemment capturé, il peut être urgent de le relâcher.

Conformément à une tradition qui remonte à une circulaire du ministre de l'Intérieur de 1846, les animaux sont relâchés par l'agent verbalisateur. L'archaïsme du droit de la chasse n'est pas incompatible avec certaines solutions de bon sens (V. J. Guilbaud, *La chasse et le droit*, Litec, 1994, p. 461).

Art. L. 428-32 *(Abr. à compter du 1er juillet 2013, Ord. n° 2012-34, 11 janv. 2012).*

JURISPRUDENCE SOUS ANCIEN ART. L. 428-32

1) **Emploi de la force.** S'il est constant que l'article L. 228-40 du Code rural (art. L. 428-32 du présent code) dispose que les délinquants ne pourront être désarmés par l'agent vérificateur, il est également constant que la rébellion justifie à elle seule l'emploi de la force. En l'espèce, le prévenu avait jeté violemment à terre le permis de chasse qui lui était demandé, attitude à ce point menaçante que les gardes chasse avaient été contraints de le désarmer par mesure de prudence (▪ CA Nîmes, ch. corr., 25 mai 1999 : *JurisData* n° 1999-103459).

Se rend coupable de rébellion avec arme le prévenu, contrôlé par des gardes nationaux de la chasse, qui refuse de présenter son permis de chasser, se montre agressif et brandit son fusil en direction des gardes (▪ CA Rennes, ch. corr., 21 sept. 2000 : *JurisData* n° 2000-137070).

Selon la chambre criminelle, le désarmement prohibé par l'article L. 228-40 du Code rural implique « l'enlèvement contre leur gré des armes », ce qui n'est pas le cas d'une « saisie opérée régulièrement » (▪ Cass. crim., 30 avr. 1994 : *JurisData* n° 1994-000791). Le désarmement est supprimé dans l'article L. 428-32 du présent code.

2) **Illégalité de l'« arrestation ».** La cour d'appel ayant annulé les actes de la procédure d'enquête à compter de l'heure à laquelle les prévenus ont été appréhendés et conduits à la gendarmerie et ayant fondé la décision de condamnation sur les seules constatations antérieures des gardes de l'Office national de la chasse, le moyen tiré de cette « arrestation » est inopérant (▪ Cass. crim., 14 nov. 2000, n° 6771, *Depuydt et a.* ▪ CA Toulouse, ch. corr., 24 févr. 2000 : *JurisData* n° 2000-115504).

Sous-section 3. – Poursuites

Art. L. 428-33 *(Abr. à compter du 1er juillet 2013, Ord. n° 2012-34, 11 janv. 2012).*

JURISPRUDENCE SOUS ANCIEN ART. L. 428-33

1) **La contravention de chasse sur le terrain d'autrui n'est susceptible de causer un préjudice qu'aux parties intéressées.** Des chasseurs ayant ouvert le feu sur un sanglier se trouvant au milieu d'un troupeau de vaches, dans un terrain dont le droit de chasse appartenait à une association, celle-ci a subi un préjudice direct mais il n'en va pas de même pour la fédération des chasseurs dont l'action civile est rejetée (▪ Cass. crim., 28 mars 2000, n° C 99-82.876 D, *Berthet et a. : JurisData* n° 2000-002033).

2) **La plainte doit émaner du titulaire du droit de chasse.** Lorsque le bailleur s'est réservé le droit de chasse, le locataire n'a pas qualité pour invoquer en justice l'existence d'un acte de chasse sur le terrain d'autrui sans le consentement du propriétaire (▪ Cass. crim., 28 févr. 1983 : *RD rur.* 1984, p. 116).

3) **La fédération départementale des chasseurs.** La fédération départementale des chasseurs n'a pas qualité pour poursuivre les chasseurs qui exercent leur activité sur le terrain d'autrui (▪ Cass. crim., 25 juill. 1956 : *Gaz. Pal.* 1956, 2, p. 121).

4) **L'administration des eaux et forêts.** Lorsque l'infraction est commise dans les bois soumis au régime forestier ou dans les forêts de l'État, les poursuites peuvent être exercées par l'administration des eaux et forêts (▪ Cass. crim., 28 janv. 1897 :

Gaz. Pal. 1897, 2, p. 390. ▪ Cass. crim., 7 déc. 1912 : *D.* 1913, 1, p. 526).

5) Citation directe. Dès lors que le ministère public est intervenu pour prendre des réquisitions, l'infraction de chasse sur le terrain d'autrui est caractérisée malgré l'absence de plainte du propriétaire du terrain ou du détenteur du droit de chasse et la juridiction répressive est valablement saisie de l'action publique par le seul effet de la citation directe délivrée à la requête de celui qui se considère comme victime même si ce dernier est jugé ultérieurement irrecevable à agir (▪ CA Limoges, ch. corr., 15 nov. 1991 : *JurisData* n° 1991-049324).

Sous-section 4. – Dispositions diverses

(Abr., L. n° 2005-157, 23 févr. 2005)

Art. L. 428-34 *(Abr., L. n° 2005-157, 23 févr. 2005).*

CHAPITRE IX. – DISPOSITIONS PARTICULIÈRES AUX DÉPARTEMENTS DU BAS-RHIN, DU HAUT-RHIN ET DE LA MOSELLE

Voir : art. D. 229-1 à R. 229-21, p. 2001.

Art. L. 429-1 *(Anc. C. rur., art. L. 229-1 ; mod., L. n° 2005-157, 23 févr. 2005 ; rempl., L. n° 2008-1545, 31 déc. 2008 ; mod. à compter du 1er juillet 2013, Ord. n° 2012-34, 11 janv. 2012 ; mod., L. n° 2019-773, 24 juill. 2019).* **– Le présent titre est applicable aux départements du Bas-Rhin, du Haut-Rhin et de la Moselle, à l'exception des articles L. 422-2 à L. 422-26, du second alinéa de l'article L. 425-5, des articles L. 426-1 à L. 426-8, L. 427-9 et L. 428-1, et sous réserve des dispositions du présent chapitre.**

Voir : art. R. 429-1, p. 2325.

I – BAN COMMUNAL

1) Selon la loi du 7 février 1881 relative à la chasse, qui s'inspire de la législation allemande, dans les départements du Bas-Rhin, du Haut-Rhin et de la Moselle, le droit de chasse « est administré par la commune *au nom et pour le compte des propriétaires » (art. L. 422-7).* La chasse sur le ban EBQJ communal est louée pour une durée de neuf ans par adjudication publique *(art. L. 422-7).*

À la différence de la loi sur les ACCA qui n'a pas évolué mais que le législateur a dû réformer avec la loi du 26 juillet 2000 pour tenir compte de la condamnation de la France par la Convention européenne des droits de l'Homme, la loi de 1881 a été modernisée par la loi du 26 juin 1996. Dans l'exposé des motifs du projet de loi, il est précisé que le but du législateur est d'actualiser la loi locale en tenant compte de l'évolution des méthodes de gestion cynégétique, mais aussi des transformations géographiques des lots de chasse composant le ban communal ainsi que des « méthodes culturales ».

L'actualisation de la loi locale a deux sortes de conséquences sur la gestion du ban communal. D'une part, la prise en considération de la gestion cynégétique implique une présence régulière des locataires de la chasse ce qui permet de faire une place aux représentants de la chasse locale. D'autre part, le gestionnaire du territoire de chasse doit tenir compte de la raréfaction du petit gibier sédentaire en raison de l'agriculture industrielle ce qui accroît la difficulté d'une intégration de la chasse dans la gestion du patrimoine faunique et de ses habitats tout en diminuant la rentabilité des locations de la chasse sur les territoires de plaine.

II – RÉSERVATAIRES

2) De même qu'il existe un droit d'opposition du propriétaire dans la loi sur les ACCA pour les territoires d'une certaine superficie, de même dans la loi locale, le propriétaire peut se réserver l'exercice du droit de chasse sur les terrains d'une superficie de vingt-cinq hectares au moins d'un seul tenant. Cependant, le regroupement conventionnel des territoires n'est pas possible.

III – INDEMNISATION DES DÉGÂTS DE SANGLIERS

3) À la différence du droit applicable dans les départements de l'intérieur, en Alsace-Moselle, le droit de la chasse repose sur la notion de propriété du territoire de chasse. Il peut donc être adapté aux problèmes de terrain découlant de l'augmentation des dommages de sangliers sans faire appel à des compromis qui pour être qualifiés d'équilibrés ne permettent, en réalité, de satisfaire personne.

L'adaptation opérée dans la loi de 2005 consiste à remplacer le *syndicat général des chasseurs en forêt* par un *fonds départemental d'indemnisation des dégâts* de sanglier ce qui permet une *respon-*

sabilisation locale des possesseurs de territoire de chasse. Dans la loi du 26 juillet 2000, le remplacement de l'ONCFS par les fédérations départementales et interdépartementales des chasseurs avait ouvert la voie à la responsabilisation locale des chasseurs mais le principe « un chasseur une voix » limitait ses effets.

IV – ADJUDICATION OBLIGATOIRE DU DROIT DE CHASSE

4) La commune est le mandataire légal des propriétaires pour l'Administration du droit de chasse sur l'ensemble du ban communal et ce mandat lui confère, sauf cas de force majeure, l'obligation de procéder à l'adjudication de la chasse (▪ Cass. 3e civ., 24 mai 2004 ; V. *art. L. 429-7, p. 885*. ▪ Cass. 3e civ., 19 mars 1997). La Cour suprême considère, en effet, que le maire a une compétence liée. En transposant une formule célèbre, nous dirions que la cour a juridiquement raison mais écologiquement tort car elle ne tient pas compte des « évolutions induites par les modes de l'agriculture contemporaine » (*Rapp. Patriat*, préc., p.108).

V – RESPONSABILITÉ CIVILE

5) L'agriculteur, locataire des terres exploitées, ayant subi des dégâts causés par des sangliers, est fondé à réclamer réparation du préjudice subi au Fonds départemental d'indemnisation des dégâts de sangliers. Si les dispositions de l'article L. 429-27 alinéa 2 du Code de l'environnement issu de la loi n° 2005-157 du 23 février 2005 autorisent le fonds à exiger la pose de clôtures en vue de protéger les cultures, c'est au propriétaire du fonds de faire cette pose et non pas au locataire, qui n'a pas pouvoir pour autoriser une modification des lieux qui lui ont été donnés à bail. Par ailleurs, le Fonds départemental d'indemnisation des dégâts de sangliers ne peut se prévaloir d'un refus de la victime de mettre en place des clôtures pour réduire son droit à réparation, les juridictions judiciaires ne sauraient instaurer, de manière prétorienne, une sanction que le législateur a expressément voulu écarter en Alsace-Moselle par l'adoption d'un article L. 429-1 du Code de l'environnement, selon lequel les dispositions de l'article L. 426-3 du Code de l'environnement, prévoyant précisément la réduction de l'indemnité due à la victime des dégâts en cas de refus par celle-ci des modes de prévention proposés par la Fédération départementale des chasseurs, ne sont pas applicables dans ces trois départements. C'est en vain que la victime conteste l'évaluation de son préjudice par l'expert judiciaire en se fondant sur les avis de la chambre de l'agriculture et d'un expert privé, ces avis ne présentant pas l'avantage d'être impartiaux, à l'inverse de celui délivré par l'expert judiciaire. Ils seraient tout au plus de nature à justifier la prescription d'une contre-expertise, mesure qu'elle s'abstient de réclamer. Le rapport de l'expert judiciaire apparaît particulièrement précis, détaillé et pertinent, et n'est pas utilement contredit par les calculs opérés par l'expert privé et la chambre de l'agriculture. En effet, l'expert judiciaire a pris soin, contrairement aux auteurs des avis évoqués, de préciser que ses calculs tenaient compte de ce que tous les dégâts constatés n'avaient pas été occasionnés par les sangliers, mais pour partie par les chevreuils et autres gibiers, dégâts qui ne sont alors pas à mettre à la charge du Fonds d'indemnisation des dégâts de sangliers (▪ CA Metz, ch. des urgences, 22 févr. 2011 : *JurisData* n° 2011-012736).

Section I. – Administration de la chasse sur le ban communal

Sous-section 1. – Ban communal

Art. L. 429-2 ***(Anc. C. rur., art. L. 229-2).*** **– Le droit de chasse sur les terres et sur les espaces couverts d'eau est administré par la commune, au nom et pour le compte des propriétaires.**

Compétence. Le litige entre une commune et l'association locataire d'un bail de chasse sur le ban communal relève de la compétence des tribunaux de l'ordre judiciaire, dans la mesure où la commune se trouve investie du mandat légal d'organiser, pour le compte des propriétaires fonciers, la location de la chasse sur le territoire communal ; ce mandat étant relatif à l'usage d'un droit attaché à la propriété, les actes d'exécution de mandat relèvent du droit privé (▪ TGI Metz, ch. civ. I, 12 févr. 1997, *Amicale des chasseurs de la Cne de Nitting c/ Cne de Nitting : JurisData* n° 1997-049472).

Art. L. 429-3 ***(Anc. C. rur., art. L. 229-3 ; mod., Ord. n° 2019-552, 3 juin 2019).*** **– Les dispositions de l'article L. 429-2 ne sont pas applicables :**

1° Aux terrains militaires ;

2° Aux emprises de ***(Mots rempl., Ord. n° 2015-855, 15 juill. 2015)*** **« la SNCF, de SNCF Réseau et de SNCF Voyageurs » ;**

3° Aux forêts domaniales ;

4° Aux forêts indivises entre l'État et d'autres propriétaires ;

5° Aux terrains entourés d'une clôture continue faisant obstacle à toute communication avec les propriétés voisines.

Art. L. 429-4 *(Anc. C. rur., art. L. 229-4).* **– Le propriétaire peut se réserver l'exercice du droit de chasse sur les terrains d'une contenance de vingt-cinq hectares au moins d'un seul tenant, sur les lacs et les étangs d'une superficie de cinq hectares au moins.**

Les chemins de fer, voies de circulation ou cours d'eau n'interrompent pas la continuité d'un fonds, sauf en cas d'aménagements empêchant le passage du grand gibier.

L'existence, au 21 juin 1996, d'aménagements mentionnés à l'alinéa précédent n'est pas opposable aux propriétaires ayant exercé leur droit de réserve antérieurement à cette même date.

1) Exercice du droit de chasse. Une collectivité, comme tout propriétaire, peut user de la faculté de se réserver le droit de chasse (■ Cass. 3e civ., 3 juill. 1979 : *Bull. civ.* III, n° 147, p. 113). Un propriétaire est libre de donner en location à un tiers le droit de chasse sur un terrain de plus de 25 hectares sur lequel il s'est réservé l'exercice de ce droit (■ Cass. 3e civ., 16 juin 1999, n° 97-20.769 P : *JurisData* n° 199-002479).

2) Adjudication de chasse. La commune n'étant que mandataire des propriétaires fonciers privés, les adjudications des chasses communales en Alsace-Moselle relèvent des rapports de droit privé (■ CA Metz, ch. civ., 28 oct. 1992, *Scholtus c/ Cne de Freistroff : JurisData* n° 1992-049219).

Art. L. 429-5 *(Anc. C. rur., art. L. 229-4-1).* **– Une commission consultative communale de chasse, représentant les différentes parties intéressées, est placée sous la présidence du maire. Le cas échéant, il peut être institué une commission intercommunale.**

Adjudication. Candidature. En l'absence de motif permettant à la commission communale d'écarter une candidature et alors que la liberté contractuelle des adjudications de chasse n'est pas totale, il convient d'annuler la décision de la commission technique communale qui a écarté la candidature de quelqu'un sans en préciser le motif (■ CA Metz, ch. civ., 18 sept. 1990, *Michel c/ Cne de Cattenon : JurisData* n° 1990-051874). Ne constitue pas un motif légitime, permettant à la commission communale d'écarter une candidature, le fait que le candidat ne soit pas connu pour ses références cynégétiques. En conséquence, et alors que la liberté contractuelle des adjudications n'est pas totale, il faut annuler la décision de la commission technique communale qui a écarté la candidature (■ CA Metz, ch. civ., 18 oct. 1990, *Pirlot c/ Cne de Cattenon : JurisData* n° 1990-051873).

Art. L. 429-6 *(Anc. C. rur., art. L. 229-12).* **– Les propriétaires qui veulent se réserver l'exercice du droit de chasse en application de l'article L. 429-4 ou qui souhaitent bénéficier du droit de priorité pour louer le droit de chasse sur les terrains enclavés en application de l'article L. 429-17 en avisent le maire par une déclaration écrite dans les dix jours suivant la date de publication de la décision prévue à l'article L. 429-13.**

Lorsque les fonds réservés ou enclavés sont situés sur plusieurs territoires communaux, la déclaration est adressée au maire de chacune de ces communes.

Sous-section 2. – Exploitation du droit de chasse

Art. L. 429-7 *(Anc. C. rur., art. L. 229-5 ; mod., L. n° 2001-602, 9 juill. 2001).* **– I. – Sous réserve des dispositions de l'article L. 2541-12 du Code général des collectivités territoriales, la chasse sur le ban communal est louée pour une durée de neuf ans par adjudication publique. Le locataire en place depuis trois ans au moins bénéficie au terme du bail d'un droit de priorité de relocation.**

Toutefois, après avis de la commission consultative communale ou intercommunale de chasse, le bail peut être renouvelé pour une même durée au profit du locataire en place depuis trois ans au moins par une convention de gré à gré conclue au plus tard trois mois avant l'expiration du bail en cours. Le loyer de location ne peut être inférieur à celui calculé sur la base du loyer moyen à l'hectare obtenu à l'occasion de l'adjudication de lots ayant des caractéristiques cynégétiques comparables et situés dans la commune ou s'il y a lieu dans le département. Le loyer fixé par la convention est, le cas échéant, majoré à due concurrence. La non-acceptation par le locataire de cette majoration vaut renonciation à la convention. Dans ce cas, le lot concerné est offert à la location dans les conditions fixées au premier alinéa du présent article.

Lorsque le locataire en place n'a pas fait connaître qu'il entendait solliciter le renouvellement du bail à son profit, la chasse peut aussi être louée, après avis de la commission consultative communale ou intercommunale de chasse, pour une durée de neuf ans par une procédure d'appel d'offres.

Le ban peut être divisé en plusieurs lots d'une contenance d'au moins deux cents hectares.

II. – La location a lieu conformément aux conditions d'un règlement, dénommé cahier des charges type, arrêté par le préfet, après consultation des organisations représentatives des communes, des chasseurs, des agriculteurs et des propriétaires agricoles et forestiers.

Ce règlement fixe notamment les règles de gestion technique de la chasse, le rôle, la composition et les modalités de fonctionnement de la commission consultative communale ou intercommunale de chasse, ainsi que les modalités de révision des baux à la demande du maire.

Bibliographie : G. Teilliais, *Les baux de chasse : Ann. loyers* 1er oct. 1997, n° 10, p. 1265-1276.

1) **Privation du droit de chasse.** Le Conseil constitutionnel considère que les dispositions XI de l'article 14 de la loi relative à la chasse ont pour effet de priver les propriétaires de terrains d'une contenance de vingt-cinq hectares au moins d'un seul tenant du droit de chasse qui leur était reconnu par l'article L. 229-4 du Code rural *(C. env., art. L. 429-4)*, sans que ni les termes de la disposition critiquée, ni les débats parlementaires ne précisent les motifs d'intérêt général justifiant une telle privation du droit de chasse ; qu'il y a lieu, par suite, de les déclarer contraires à la Constitution (■ Cons. const., déc. 20 juill. 2000, n° 2000-434 DC).

2) **Obligation de procéder à l'adjudication du droit de chasse.** La commune est le mandataire légal des propriétaires privés pour l'administration du droit de chasse sur l'ensemble du ban communal et ce mandat lui confère, sauf cas de force majeure, l'obligation de procéder à l'adjudication de la chasse (V. *art. L. 429-1, p. 883*). La loi locale ne permet ni à la commune ni à une majorité qualifiée de propriétaires de refuser de procéder à l'adjudication de la chasse communale sans engager la responsabilité de la commune (■ CA Colmar, 2e ch. civ., 25 nov. 1994, *Cne de Michelbach-le-Bas c/ Schoeffel : JurisData* n° 1994-050945). – V. ■ Cass. civ., 24 mars 2004 : *JurisData* n° 2004-022970 ; V. Ph. Billet, *Contentieux des opérations d'adjudication des bans de chasse en droit alsacien-mosellan : RD rur.* 2004, p. 466.

3) **Trouble de jouissance du droit de chasse.** « Ne constitue ni un trouble de jouissance du droit de chasse ni une diminution du gibier chassable (...) l'arrachage par le bailleur d'une haie en vue de construire à son emplacement un chemin carrossable » (■ CA Metz, ch. 4, 8 janv. 2004 : *JurisData* n° 2004-248825). Selon la cour d'appel, le propriétaire n'a fait que procéder à l'exploitation habituelle et courante de terres agricoles et la surface perdue est inférieure à 5 % de la surface du lot donné à bail prévue dans le cahier des charges. Le tribunal de Metz (22 nov. 1999) avait, au contraire, conclu à un trouble de jouissance en constatant qu'une perte de 0,17 % de la surface louée était préjudiciable au locataire « dès lors que ces modifications ont entraîné la suppression de la faune qui y vivait ou s'y abritait ». Cette jurisprudence prouve les lacunes d'une législation qui repose sur une gestion quantitative du territoire de chasse qui est à la base du cahier des charges. L'étalon des vingt-cinq hectares ne peut plus servir de contrepoids aux évolutions de l'agriculture industrielle. En effet, il ne permet pas une pratique de la chasse qui contribue à « la gestion durable du patrimoine faunique et de ses habitats » (*art. L. 420-1*).

4) **Convention de gré à gré.** Seul un abus de droit par la commune dans l'exercice de son pouvoir d'apprécier l'opportunité de la conclusion d'une convention de gré à gré est susceptible d'être sanctionné par le juge judiciaire (TI Wissembourg, réf., 24 déc. 1996, *Kolb c/ Cne de Wissembourg : JurisData* n° 1996-049703).

5) **Contravention au cahier des charges.** La contravention au cahier des charges des chasses communales relève du pouvoir souverain d'appréciation des juges du fond et échappe, dès lors, au contrôle de la Cour de cassation (■ Cass. crim., 12 oct. 1994, n° 93-85.548 P : *JurisData* n° 1994-002238).

6) **Adjudication – Ban communal.** Il résulte de l'article L. 429-7 du Code de l'environnement que la chasse sur le ban communal est, en principe, louée par adjudication publique, et, par dérogation, le bail peut être renouvelé pour une même durée au profit du locataire en place depuis trois ans au moins par une convention de gré à gré conclue au plus tard trois mois avant l'expiration du bail en cours. Il ne ressort ni du procès-verbal des délibérations du conseil municipal, ni de l'extrait des délibérations du conseil municipal transmis à la préfecture au titre du contrôle de légalité que les droits de chasse seront reloués au même adjudicataire. Il suit de là que la commune n'est pas fondée à soutenir qu'elle pouvait attribuer le bail de location des chasses communales sans recourir à une procédure d'adjudication publique (■ CAA Nancy, 26 nov. 2012, n° 12NC00160, *Cne de Humberville : JurisData* n° 2012-031665).

Art. L. 429-8 *(Anc. C. rur., art. L. 229-5-1)*. – Chaque commune peut s'associer avec une ou plusieurs communes limitrophes pour constituer un ou plusieurs lots de chasse intercommunaux formant un territoire plus homogène ou plus facile à exploiter.

Dans ce cas, il est institué une commission consultative intercommunale de chasse placée sous la présidence du maire de l'une des communes.

Art. L. 429-9 *(Anc. C. rur., art. L. 229-5-2)*. – I. – Peuvent être locataires d'une chasse communale ou intercommunale :

1° Les personnes physiques dont le lieu de séjour principal répond à des conditions de distance par rapport au territoire de chasse. Le cahier des charges type mentionné à l'article L. 429-7 définit ces conditions de distance dans l'intérêt d'une gestion rationnelle de la chasse. Toutefois, ces conditions ne s'appliquent pas aux locataires en place au 21 juin 1996 ;

2° Les personnes morales dûment immatriculées ou inscrites, dont au moins 50 % des membres remplissent cette condition de domiciliation.

II. – Les conditions mentionnées au[x] 1° et 2° du I doivent persister tout au long de la durée du bail de chasse à peine de résiliation de plein droit de ce dernier.

Art. L. 429-10 *(Anc. C. rur., art. L. 229-13)*. – Le choix de la date d'adjudication ou de la date de remise des offres est effectué à l'issue du délai de dix jours prévu à l'article L. 429-6.

La date d'adjudication ou la date de remise des offres est annoncée au moins six semaines à l'avance.

Art. L. 429-11 *(Anc. C. rur., art. L. 229-6)*. – Le produit de la location de la chasse est versé à la commune.

En cas de création de lots intercommunaux, le produit de location de ces lots est réparti au prorata des surfaces apportées par chaque commune.

Art. L. 429-12 *(Anc. C. rur., art. L. 229-7)*. – La répartition du produit de la location de la chasse entre les différents propriétaires a lieu proportionnellement à la contenance cadastrale des fonds compris dans le lot affermé.

Les sommes qui n'ont pas été retirées dans un délai de deux ans à partir de la publication de l'état indiquant le montant de la part attribuée à chaque propriétaire sont acquises à la commune.

Art. L. 429-13 *(Anc. C. rur., art. L. 229-8)*. – Le produit de la location de la chasse est abandonné à la commune lorsqu'il en a été expressément décidé ainsi par les deux tiers au moins des propriétaires représentant les deux tiers au moins des fonds situés sur le territoire communal et soumis aux dispositions de la présente section.

La décision relative à l'abandon du loyer de la chasse à la commune est prise à la double majorité requise à l'alinéa précédent soit dans le cadre d'une réunion de propriétaires intéressés, soit dans le cadre d'une consultation écrite de ces derniers.

La décision d'abandonner ou non le loyer de la chasse est publiée. Elle est valable pour toute la durée de la période de location de la chasse.

1) Abandon du loyer de la chasse. Dans le cas d'une copropriété de plusieurs communes sur une forêt, l'abandon du produit de la location du droit de chasse à la commune nécessite le consentement de tous les coïndivisaires (■ Cass. 3e civ., 18 mars 1987, n° 85-16.357 P, *Cne de Val-de-Gueblange : JurisData* n° 1987-000563).

2) En vertu du droit local, la commune administre le droit de chasse et procède à la location des chasses communales pour le compte des propriétaires à qui elle reverse le loyer de la chasse. En août 2005, elle a consulté les propriétaires fonciers sur l'affectation du produit de la location de chasse pour la période du 2 février 2006 au 1er février 2015. Contestant la régularité de la consultation, un groupement forestier a saisi le tribunal d'instance d'une demande tendant à l'annulation de la décision d'abandon des loyers et au remboursement de la somme de 25 713 euros représentant les loyers des trois exercices écoulés. Aux termes de l'article L. 429-13 du Code de l'environnement, le produit de la chasse est abandonné à la commune lorsqu'il en a été expressément décidé par les deux tiers au moins des propriétaires représentant les deux tiers au moins des fonds situés sur le territoire communal. Il est constant qu'il existe 18 indivisions et que la commune n'a pas consulté tous les indivisaires. Cependant, si l'abandon du loyer de la chasse constitue un acte d'administration, c'est à bon droit que le tribunal a considéré que seuls les indivisaires pouvaient exercer l'action en nullité de la décision de l'un d'eux. Le groupement forestier ne peut donc invoquer cet argument. Le groupement reproche également à la commune d'avoir ajouté la superficie des terrains qui lui appartiennent alors qu'elle n'a pas participé au vote. Cependant, le vote de la commune était inutile car, quelle que soit sa décision, le loyer de la chasse lui revenait. En effet, en cas de refus d'abandon du produit de la chasse par la majorité des deux tiers des propriétaires, ce produit lui aurait été reversé puisqu'il est réparti entre les différents propriétaires dont elle-même. La consultation est donc régulière (▪ CA Colmar, 3e ch. civ., sect. A, 24 oct. 2011 : *JurisData* n° 2011-028987).

3) Au cours de l'année 2005, une commune a consulté les propriétaires fonciers sur l'affectation du produit de la location de chasse pour la période du 2 février 2006 au 1er février 2015 ; contestant la régularité de cette consultation, le Groupement forestier a assigné la commune en annulation de la décision d'abandon des loyers et en remboursement de la somme représentant les loyers des trois exercices écoulés. Pour rejeter les demandes du Groupement forestier, l'arrêt attaqué retient notamment que seuls les indivisaires pouvaient exercer l'action en nullité de la décision de l'un d'eux et que l'article L. 429-13 du Code de l'environnement n'exclut pas qu'il soit tenu compte des terrains appartenant à la commune même si celle-ci ne s'est pas fait connaître à elle-même qu'elle optait pour l'abandon du produit de la chasse qui en tout état de cause lui revenait. En statuant ainsi, alors que la décision relative à l'abandon du loyer de la chasse à la commune ne pouvait être prise sans consulter l'ensemble des indivisaires, qu'elle avait constaté que la commune ne les avait pas tous consultés et sans rechercher si la majorité requise pour que soit décidé l'abandon du produit de la location de la chasse n'avait pas été atteinte grâce à la prise en compte de la superficie des terrains appartenant à la commune, la cour d'appel a violé l'article 815 du Code civil et les articles L. 429-13 et L. 429-14 du Code de l'environnement (▪ Cass. 3e civ., 16 avr. 2013 : *JurisData* n° 2013-007433).

4) Aux termes de l'article L. 429-13 du Code de l'environnement, le produit de la location de la chasse est abandonné à la commune lorsqu'il en a été expressément décidé ainsi par les deux tiers au moins des propriétaires représentant les deux tiers au moins des fonds situés sur le territoire communal. Les deux majorités prévues par ce texte sont cumulatives, de sorte qu'il suffit que l'une d'entre elles ne soit pas atteinte pour que la décision d'abandon du loyer de chasse à la commune ne soit pas prise (▪ CA Colmar, 3e ch. civ., sect. A, 17 nov. 2014 : *JurisData* n° 2014-028796).

Art. L. 429-14 *(Anc. C. rur., art. L. 229-9)*. **– Lorsque la décision prévue à l'article L. 429-13 a été prise, les propriétaires qui se sont réservés l'exercice du droit de chasse, conformément aux dispositions de l'article L. 429-4 sont tenus de verser à la commune une contribution proportionnelle à l'étendue cadastrale des fonds qu'ils se sont réservés. Cette contribution est ajoutée au produit de la location du ban communal.**

Art. L. 429-15 *(Anc. C. rur., art. L. 229-10)*. **– Les communes qui possèdent sur le territoire d'une autre commune des fonds remplissant les conditions mentionnées à l'article L. 429-4 ne sont pas admises à prendre part à la décision prévue à l'article L. 429-13.**

Dans le cas où une telle décision a été prise, et où ces communes se sont réservé l'exercice du droit de chasse, elles ne sont pas astreintes à verser à l'autre commune la contribution fixée à l'article L. 429-14.

Art. L. 429-16 *(Anc. C. rur., art. L. 229-11)*. **– Le maire fixe, par un avis public, la date à laquelle les intéressés prendront la décision prévue à l'article L. 429-13.**

Sous-section 3. – Enclaves

Art. L. 429-17 *(Anc. C. rur., art. L. 229-14)*. **– Lorsque des terrains de moins de vingt-cinq hectares sont enclavés, en totalité ou en majeure partie, dans des terrains ayant fait l'objet de la réserve prévue à l'article L. 429-4, le propriétaire du fonds réservé le plus étendu a la priorité pour louer le droit de chasse sur les terrains enclavés.**

Cette location est consentie, sur sa demande, pour toute la durée du bail, moyennant une indemnité calculée proportionnellement au prix de location de la chasse sur le ban communal.

Si le propriétaire ne manifeste pas l'intention d'user de ce droit dans le délai fixé à l'article L. 429-6 en adressant au maire une déclaration écrite, les terrains enclavés restent compris dans le lot communal de chasse.

1) Notion d'enclave. Une parcelle attenante par une seule largeur à une chasse réservée ne saurait être qualifiée d'enclave permettant au réservataire de revendiquer le rattachement à la chasse réservée (■ CA Metz, ch. civ., 31 mars 1994, *Daubach c/ Cne de Silly-sur-Nied : JurisData* n° 1994-048273).

2) Enclaves dans une réserve de chasse – Droit de priorité. Lorsque des terrains de moins de vingt-cinq hectares sont enclavés, en totalité ou en majeure partie, dans des terrains ayant fait l'objet d'une réserve de chasse prévue à l'article L. 429-4 de ce code, le propriétaire du fonds réservé le plus étendu a priorité pour louer le droit de chasse sur les terrains enclavés. C'est en faisant une exacte application de ce texte que les juges estiment que le droit de priorité suppose que plus de la moitié du périmètre de la parcelle revendiquée se trouve entourée par les parcelles enclavées (■ Cass. 3e civ., 25 sept. 2012, n° 11-19.404, inédit).

Sous-section 4. – Dispositions diverses

Art. L. 429-18 *(Anc. C. rur., art. L. 229-15).* – **Le ministre chargé de la chasse fixe par arrêté les dispositions d'application de la présente section.**

Section II. – Exercice de la chasse

Sous-section 1. – Temps de chasse

Art. L. 429-19 *(Anc. C. rur., art. L. 229-16 ; mod., L. n° 2003-698, 30 juill. 2003).* – **La nuit s'entend du temps qui commence une heure après le coucher du soleil et finit une heure avant son lever.**

Par dérogation à l'article L. 424-4 et dans le temps où la chasse est ouverte pour cette espèce, l'autorité administrative peut autoriser, dans les conditions qu'elle détermine, le tir de nuit du sanglier, à l'affût ou à l'approche, sans l'aide de sources lumineuses.

Résurgence du droit d'affût. Cette disposition qui se justifie par l'augmentation des dommages s'apparente au droit d'affût dont bénéficiait l'agriculteur pour protéger ses récoltes contre le grand gibier avant le vote de la loi du 30 janvier 1963 (V. *art. L. 425-4, p. 843*).

Sous-section 2. – Plan de chasse

Néant.

Voir : C. env.art. R. 429-6, p. 2326.

Sous-section 3. – Modes et moyens de chasse

Art. L. 429-20 *(Anc. C. rur., art. L. 229-17).* – **L'autorité administrative peut interdire tous modes ou engins de chasse ne servant pas à l'exercice régulier de la chasse.**

Voir : art. R. 429-7, p. 2326.

Sous-section 4. – Commercialisation et transport du gibier

Art. L. 429-21 *(Abr., L. n° 2008-1545, 31 déc. 2008).*

Art. L. 429-22 *(Abr., L. n° 2008-1545, 31 déc. 2008).*

Section III. – Indemnisation des dégâts de gibier

Sous-section 1. – Régime général

Art. L. 429-23 *(Anc. C. rur., art. L. 229-20).* – **Si un fonds, sur lequel le droit de chasse n'est pas détenu par celui qui en est le propriétaire, a été endommagé par des sangliers, cerfs, élans, daims, chevreuils, faisans, lièvres ou lapins, le titulaire du droit de chasse est obligé à réparation du dommage envers la personne lésée. Ce devoir de réparation s'étend au dommage que les bêtes ont causé aux produits du fonds déjà séparés du sol, mais non encore rentrés.**

1) Responsabilité. Un locataire de chasse à qui avait été refusé le tir d'un grand gibier en vertu de la législation sur le plan de chasse a été condamné à réparer les dégâts causés sur son territoire de chasse par ce même grand gibier. C'est une application du principe dit de responsabilité objective dont on ne peut s'exonérer qu'en apportant la preuve d'une force majeure ou d'une faute de la victime (■ Cass. 2e civ., 22 nov. 1984, *Lantz c/ Bauer et a. : JCP* G, II, 20479, note J. de Malafosse ; *JurisData* n° 1984-001442).

2) Plan de chasse. La Cour suprême reprend l'attendu de la cour d'appel de Colmar (26 août 1982) selon lequel l'interdiction de tirer une certaine catégorie de gibiers n'est nullement définitive, le plan de chasse pouvant être modifié tous les ans. La possibilité de renouvellement de son bail reconnu au locataire en place par la loi du 20 juin 1996 s'accorde avec la gestion à long terme d'un territoire de chasse (■ Cass. 2e civ., 4 oct. 1995, n° 1317 D, *Roger Jacques et a.*).

3) Association communale de chasse agréée. L'action en réparation du dommage causé aux récoltes par le gibier, fondée sur l'article L. 429-23 du Code de l'environnement, doit être accueillie. En effet, il n'est pas contesté que l'association communale de chasse agréée a réintroduit 20 lapins de garenne sur le territoire de chasse, à proximité d'une exploitation arboricole et que les lapins ont abîmé 150 pommiers, en s'attaquant à l'écorce. Le fait que l'exploitant agricole n'ait pas clôturé son fonds ne constitue pas une imprudence fautive, dans la mesure où l'ACCA ne l'a pas averti de l'introduction des lapins. Le préjudice matériel subi par l'exploitant correspond au coût de remplacement de 150 pommiers, soit 3 000 euros. Le préjudice financier doit être calculé, conformément aux conclusions de l'expert, par le nombre d'arbres replantés multiplié par le nombre d'années nécessaires pour qu'ils soient productifs, par le rendement moyen d'un arbre et le prix moyen de vente, ce qui correspond en l'espèce à 14 126 euros HT (150 arbres × 4 années × 21,82 kilos × 1,079 euros/kg) (■ CA Nancy, 2e ch. civ., 4 oct. 2010 : *JurisData* n° 2010-030927).

Art. L. 429-24 ***(Anc. C. rur., art. L. 229-21).*** **– La responsabilité du détenteur du droit de chasse est substituée à celle du propriétaire si :**

a) **Ce dernier est légalement privé de l'exercice de son droit de chasse ;**

b) **En raison de la situation du fonds qui ne peut être exploité qu'en commun avec le droit de chasse d'un autre fonds, il a affermé son droit de chasse au propriétaire de cet autre fonds.**

Art. L. 429-25 ***(Anc. C. rur., art. L. 229-22).*** **– Le dommage causé aux jardins, vergers, pépinières et arbres isolés ne donne pas lieu à réparation lorsqu'on a négligé d'établir les installations protectrices qui suffisent habituellement à empêcher les dégâts.**

1) Assimilation vignes au vergers (non). Le tribunal énonce que la jurisprudence assimile les vignes aux vergers. En statuant ainsi alors que le texte susvisé ne s'applique pas aux vignes, le tribunal l'a violé (■ Cass. 2e civ., 6 nov. 1996, n° 1055, *Muller c/ Assoc. Trois châteaux : JurisData* n° 1996-004150).

2) Installation protectrice : notion. Des manchons souples et de faible dimension ne constituaient pas des installations protectrices suffisant à empêcher habituellement les dégâts (■ Cass. 2e civ., 15 janv. 1997, n° 33 P-B, *Hauser et a. : JurisData* n° 1997-000094).

3) Dégâts causés à un verger par du gibier. Il ressort du rapport du directeur du Centre départemental d'expérimentation fruitière que 66 mirabelliers sont morts suite à un écorçage causé par des chevreuils et que les dommages peuvent être évalués à la somme de 6 540,06 euros. C'est en vain que le propriétaire du verger réclame l'indemnisation de son préjudice par le titulaire du bail de chasse sur la parcelle ayant subi les dommages. Aux termes de l'article L. 429-25 du Code de l'environnement le propriétaire de la parcelle endommagée n'a droit à réparation que s'il a mis en place des installations protectrices pour empêcher la réalisation des dégâts. Il appartient à l'estimateur, conformément aux dispositions de l'article R. 426-13 du Code de l'environnement anciennement codifié sous l'article R. 226-13 du Code rural, de constater l'état des lieux et éventuellement de vérifier si la victime a favorisé l'arrivée du gibier sur le fond. En l'espèce, bien que la parcelle endommagée se trouve à 2 ou 3 kilomètres de la forêt la plus proche, aucune clôture n'avait été installée par le propriétaire du fond selon l'estimateur. La victime ne peut remettre en cause la force probante du constat réalisé en son absence, aucune disposition légale n'impose la présence de la victime des dégâts de gibier lors des visites de l'estimateur. En outre, celle-ci reconnaît avoir été convoquée par l'estimateur (■ CA Metz, 3e ch., 4 nov. 2010 : *JurisData* n° 2010-025017).

4) L'article L. 429-23 du Code de l'environnement applicable en Alsace et en Moselle pose le principe de l'obligation, pour le titulaire du droit de chasse, de réparer les dommages causés par le gibier sur les fonds dont il n'est pas propriétaire.

Ce principe est tempéré, selon l'article L. 429-25 du Code de l'environnement qui dispose que « le dommage causé aux jardins, vergers, pépinières et arbres isolés ne donne pas lieu à réparation lorsqu'on a négligé d'établir les installations protectrices qui suffisent habituellement à empêcher les dégâts ». La cour précise qu'il n'y a pas lieu de distinguer selon la taille du verger où la nature de ce qui y est planté, la particulière vulnérabilité d'arbres fruitiers est connue face à du gibier qui broute les jeunes pousses et ce d'autant plus lorsque le verger se trouve en pleine campagne. Elle relève de plus qu'en l'espèce les quatre parcelles distinctes de vergers pouvaient facilement être clôturées comme le sont celles d'autres exploitants voisins. La demande en réparation contre le détenteur du droit de chasse de l'EARL propriétaire du verger doit donc être rejetée (▪ CA Colmar, 3e ch. civ., 19 janv. 2015 : *JurisData* n° 2015-010977).

Art. L. 429-26 *(Anc. C. rur., art. L. 229-23).* **– Pour la réparation des dégâts causés par le gibier, à l'exception toutefois de ceux qui sont commis par les sangliers, le locataire de la chasse est substitué à la commune qui a donné la chasse en location, conformément à l'article L. 429-7.**

La commune peut cependant être tenue à la réparation des dégâts causés par d'autres animaux que les sangliers, dans le cas où le locataire de la chasse et la caution sont insolvables, sauf son recours contre ces derniers.

Voir : art. R. 429-8, p. 2327.

Sous-section 2. – Dispositions particulières à l'indemnisation des dégâts causés par les sangliers

Art. L. 429-27 *(Anc. C. rur., art. L. 229-24 ; rempl., L. n° 2005-157, 23 févr. 2005 ; mod., L. n° 2008-1545, 31 déc. 2008).* **– Il est constitué, dans chacun des départements du Bas-Rhin, du Haut-Rhin et de la Moselle, un fonds départemental d'indemnisation des dégâts de sanglier, doté de la personnalité morale.**

Les fonds départementaux d'indemnisation des dégâts de sanglier ont pour objet d'indemniser les exploitants agricoles des dégâts causés aux cultures par les sangliers. Ils peuvent mener et imposer des actions de prévention.

Chaque fonds départemental est composé des titulaires du droit de chasse ainsi définis :

1° Tous les locataires de chasse domaniale ou communale ;

2° Tous les propriétaires qui se sont réservé l'exercice du droit de chasse sur les territoires leur appartenant, conformément à l'article L. 429-4 ;

3° L'Office national des forêts pour les lots exploités en forêt domaniale par concessions de licences ou mis en réserve ;

4° Les titulaires, personnes physiques ou morales, d'une location ou d'une autorisation temporaire de chasser sur le domaine militaire.

1) Réparation des dommages. Il suffit à la victime des dégâts de prouver qu'ils sont causés par des sangliers. Le territoire de chasse loué dans des conditions peu onéreuses est sans incidence. L'exploitant peut demander réparation des dégâts nonobstant le fait que le loyer est payable en nature, par grain destiné à l'affouragement du gibier (▪ CA Colmar, 3e ch., 3 oct. 1991 : *JurisData* n° 1991-049200).

2) Le Fonds départemental d'indemnisation des dégâts de sangliers a demandé la condamnation de l'État à l'indemniser au titre du préjudice qu'il estime avoir subi du fait de l'interdiction de la chasse dans une réserve naturelle, qui l'aurait amené à indemniser des agriculteurs. Toutefois, la création, par le législateur, d'un organisme spécial ayant pour principal objet d'indemniser les exploitants agricoles des dégâts causés aux cultures par les sangliers fait obstacle à l'introduction par ce fonds, à l'encontre de l'État, d'une action en réparation desdits dommages sur le fondement de la responsabilité sans faute (▪ CAA Nancy, 2 juin 2014 : *JurisData* n° 2014-012891).

3) Fonds d'indemnisation des dégâts de sanglier. Aux termes de l'article L. 429-27 du Code de l'environnement, il est constitué dans les départements d'Alsace-Moselle un fonds départemental d'indemnisation des dégâts de sanglier, doté de la personnalité morale, qui a pour objet d'indemniser les exploitants agricoles des dégâts causés aux cultures par les sangliers. Ce texte institue un dispositif de mutualisation entre les titulaires du droit de chasse de la charge de l'indemnisation des dégâts causés par les sangliers aux cultures, dont ils ont la responsabilité collective afin de réguler la population à travers notamment des actions de chasse et de prévention. Ces dispositions n'excluent pas que les fonds départementaux puissent rechercher la responsabilité de l'État sur le fondement de la rupture d'égalité devant les charges publiques, au titre d'un préjudice financier grave et spécial causé par des décisions légales de l'administration, telle que celle interdisant la chasse dans une réserve naturelle qui provoque un accroissement de la charge financière des fonds d'indemnisation (■ CE, 12 oct. 2016, n° 383423, *Fonds dép. d'indemnisation du Bas-Rhin : JurisData* n° 2016-021470).

Art. L. 429-28 *(Anc. C. rur., art. L. 229-25 ; rempl., L. n° 2005-157, 23 févr. 2005).* **– Les fonds départementaux d'indemnisation des dégâts de sanglier s'accordent pour élaborer leurs statuts types. Ces statuts types sont approuvés par arrêtés des préfets du Bas-Rhin, du Haut-Rhin et de la Moselle. En cas de désaccord entre ces préfets et les fonds départementaux, les statuts types sont fixés par décret en Conseil d'État. Chaque fonds départemental réunit ensuite ses membres en assemblée générale pour adopter les statuts types.**

Les décisions de l'assemblée générale sont prises à la majorité des voix des membres présents et représentés. Chaque membre d'un fonds départemental dispose au minimum d'une voix, quelle que soit la surface, et au maximum de dix voix. Les voix sont réparties de la manière suivante : une par tranche entière de 100 hectares boisés, et une par tranche entière de 200 hectares non boisés, pour la surface cumulée de son ou de ses territoires de chasse.

Par surface boisée, on entend celle des forêts, taillis, bosquets, haies et roselières, additionnée et certifiée par la commune pour chaque ban communal.

L'article L. 429-28 ne prévoit pas la convocation d'une assemblée générale du Fonds départemental d'indemnisation des dégâts de sangliers pour élaborer les statuts types avant leur approbation par le préfet. Par conséquent, la loi de « validation » du 7 mars 2012 n'a pas validé un acte « nul » mais a simplement anticipé de façon superfétatoire et en réalité inutile l'interprétation retenue par la Cour de cassation de l'article L. 429-28 ; cette interprétation a vidé de leur objet les critiques vainement formulées à l'encontre de l'assemblée générale constitutive du FDIDS du Haut-Rhin. Ainsi, en retenant que l'article 15 de la loi du 7 mars 2012, en tant qu'il constituait une loi de validation, était contraire à la Convention EDH, le tribunal d'instance de Colmar a violé par fausse application l'article 6, § 1, de la Convention EDH et l'article 15 de la loi du 7 mars 2012 par refus d'application (■ Cass. 2e civ., 15 janv. 2015, n° 13-27.618).

Art. L. 429-29 *(Anc. C. rur., art. L. 229-26 ; rempl., L. n° 2005-157, 23 févr. 2005).* **– L'adhésion aux fonds départementaux d'indemnisation des dégâts de sanglier est obligatoire pour toute personne désignée aux 1°, 2° et 3° de l'article L. 429-27.**

Art. L. 429-30 *(Anc. C. rur., art. L. 229-2 ; rempl., L. n° 2005-157, 23 févr. 2005 ; mod., L. n° 2008-1545, 31 déc. 2008).* **– Les membres des fonds départementaux d'indemnisation des dégâts de sanglier, désignés aux articles L. 429-27 et L. 429-29, versent chaque année avant le 1er avril à la caisse de chaque fonds départemental auquel ils adhèrent, une contribution fixée par leur assemblée générale, ne dépassant pas 12 % du loyer de chasse annuel ou de la contribution définie à l'article L. 429-14, que le propriétaire qui s'est réservé l'exercice du droit de chasse soit tenu ou non au versement de ladite contribution.**

La contribution des titulaires, personnes physiques ou personnes morales, d'une location ou d'une autorisation temporaire de chasser sur le domaine militaire est calculée sur la base du prix moyen à l'hectare des locations dans le département intéressé.

Toute somme due au fonds départemental et non réglée à l'échéance portera intérêt à un taux égal à une fois et demie le taux de l'intérêt légal.

1) La question posée ne présente pas un caractère sérieux, dès lors que les dispositions de l'article L. 429-30 du Code de l'environnement, qui respectent l'autorité de la chose jugée, ne portent pas atteinte aux principes constitutionnels de la séparation des pouvoirs et du droit à un recours effectif et dès lors qu'elles poursuivent un but d'intérêt général en assurant l'indemnisation des victimes des dégâts causés par les sangliers (■ Cass. 2e civ., 28 mars 2013 : *JurisData* n° 2013-005906).

2) En application de l'article L. 429-30 du Code de l'environnement, les membres des fonds départementaux d'indemnisation des dégâts de sanglier, désignés aux articles L. 429-27 et L. 429-29 du Code de l'environnement, versent chaque année avant le 1er avril à la caisse de chaque fonds départemental auquel ils adhèrent une contribution fixée par leur assemblée générale, ne dépassant pas 12 % du loyer de chasse annuel. L'article L. 429-31 du Code de l'environnement dispose par ailleurs que, dans le cas où les ressources d'une année, résultant des dispositions de l'article L. 429-30 et du compte de réserve, ne suffiraient pas à couvrir les dépenses incombant à un fonds départemental d'indemnisation, son assemblée générale fixe pour cette année une ou plusieurs des contributions complémentaires. En l'espèce, l'association de chasse, locataire de droits de chasse, a réglé la cotisation de base mais refuse de régler les contributions complémentaires, en invoquant l'absence de justification de la nécessité de verser ces contributions. Cependant, pour pouvoir remplir sa mission telle que définie par la loi et fixer le montant des contributions annuelles, le Fonds départemental d'indemnisation doit établir un budget prévisionnel et déterminer si les cotisations de base seront suffisantes pour couvrir les coûts des dégâts causés par les sangliers. Il doit ainsi pouvoir bénéficier d'une trésorerie lui permettant de faire face aux demandes d'indemnisation des dégâts prévisibles, dont l'estimation ne peut qu'être prospective et non rétrospective, et légitimement fondée sur les indemnisations versées les années antérieures. Cette interprétation de l'article L. 429-31 du Code de l'environnement est d'ailleurs confirmée par les deux derniers alinéas de ce texte qui prévoient expressément que les excédents de contribution sont versés au compte de réserve qui vient en déduction des contributions les années suivantes, ce qui ne peut se concevoir qu'à la condition que les contributions aient été calculées et versées avant les demandes d'indemnisation. En l'espèce, le fonds départemental produit ses comptes d'exploitation prévisionnels pour 2012 et 2013 et justifie que les ressources de 2012 étaient insuffisantes pour couvrir les indemnisations. Les contributions pour 2013 ont été calculées en se basant sur les indemnisations de 2012. Les contributions complémentaires demandées sont donc justifiées et l'association doit être condamnée à paiement (■ CA Chambéry, ch. civ., 26 juin 2018 : *JurisData* n° 2018-011944).

Art. L. 429-31 *(Anc. C. rur., art. L. 229-28 ; rempl., L. n° 2005-157, 23 févr. 2005 ; mod., L. n° 2008-1545, 31 déc. 2008).* **– Dans le cas où les ressources d'une année, résultant des dispositions de l'article L. 429-30 et du compte de réserve, ne suffiraient pas à couvrir les dépenses incombant à un fonds départemental d'indemnisation, son assemblée générale fixe pour cette année une ou plusieurs des contributions complémentaires suivantes :**

a) **Une contribution complémentaire départementale due par les membres du fonds départemental, en fonction de la surface boisée et non boisée de leur territoire de chasse ;**

b) **Une contribution complémentaire déterminée par secteur cynégétique du département, due par les membres du fonds départemental pour le secteur dont ils font partie, variable en fonction de la surface boisée et non boisée de leur territoire de chasse ;**

c) *(Mod., L. n° 2019-773, 24 juill. 2019)* **Une contribution personnelle modulable selon le nombre de jours de chasse tel que défini par le permis de chasser, due par tout chasseur, le premier jour où il chasse le sanglier dans le département ;**

d) **Une contribution due pour chaque sanglier tué dans le département.**

À l'inverse, au cas où les ressources d'une année, constituées par les versements prévus à l'article L. 429-30, excéderaient les dépenses d'un fonds départemental, l'excédent serait versé au compte de réserve de ce département.

Lorsqu'à la fin d'un exercice, le compte de réserve excède le montant moyen des dépenses des trois derniers exercices, l'excédent vient en déduction des sommes à percevoir l'année suivante en vertu de l'article L. 429-30.

Art. L. 429-32 *(Anc. C. rur., art. L. 229-29 ; rempl., L. n° 2005-157, 23 févr. 2005 ; mod., Ord. n° 2019-964, 18 sept. 2019).* **– Toute demande d'indemnisation pour des dommages causés par les sangliers est adressée, dès la constatation des dégâts, au fonds départemental, qui délègue un estimateur pour examiner de manière contradictoire les cultures agricoles endommagées. L'estimateur remet séance tenante ses conclusions sur l'imputabilité des dégâts aux sangliers, leur ancienneté, la superficie affectée par ces dégâts, le taux d'atteinte de cette superficie et la perte de récolte prévisible.**

À défaut d'accord sur les conclusions de l'estimateur, l'exploitant agricole ou le fonds départemental saisit dans les huit jours suivant la date de l'estimation, et sous peine de forclusion, le tribunal judiciaire du lieu des cultures agricoles endommagées, d'une demande en désignation d'un expert.

En cas de désaccord sur les conclusions de cet expert judiciaire, l'exploitant agricole ou le fonds départemental saisit dans les huit jours suivant la date de dépôt du rapport d'expertise, et sous peine de forclusion, ce même tribunal d'une demande en fixation de l'indemnisation.

Aucune demande d'estimation ou d'expertise judiciaire n'est recevable après la récolte des cultures agricoles endommagées.

NB : Conformément à l'article 36 de l'ordonnance n° 2019-964 du 18 septembre 2019, ces dispositions entrent en vigueur au 1er janvier 2020.

Voir : art. R. 429-16, p. 2327.

Indemnisation. La procédure particulière aux départements du Bas-Rhin, du Haut-Rhin et de la Moselle pour l'indemnisation des dégâts causés par les sangliers n'excluant pas la procédure de préconstitution de preuves de l'article 145 du Nouveau Code de procédure civile, la cour d'appel a, pour décider que la commune, tenue de réparer rapidement le terrain, avait un motif légitime à demander la nomination d'un expert, retenu que le syndicat des chasseurs avait refusé une visite contradictoire des lieux ; que, par ce seul motif, la cour d'appel a légalement justifié sa décision de nommer un expert même si le demandeur réclame à tort réparation de dégâts, il peut demander la désignation d'un expert sauf à être condamné éventuellement au versement de frais irrépétibles (▪ Cass. 3e civ., 25 janv. 1995, confirmant ▪ CA Colmar, 1er févr. 1993 : *Bull. off. nat. chasse* nov. 1995, p. 44 ; *JurisData* n° 1995-000752).

Section IV. – Pénalités

Sous-section 1. – Peines

§ 1. – Territoire

Art. L. 429-33 *(Anc. C. rur., art. L. 229-30)*. – **Il est interdit de poursuivre le gibier blessé ou de s'emparer du gibier tombé sur un domaine de chasse appartenant à autrui, sans l'autorisation de celui à qui le droit de chasse appartient.**

Art. L. 429-34 *(Anc. C. rur., art. L. 229-31 ; mod. à compter du 1er janvier 2002, Ord. n° 2000-916, 19 sept. 2000)*. – **Celui qui chasse sur un terrain où il n'a pas le droit de chasser est puni de trois mois d'emprisonnement et de 3 750 € d'amende.**

Si le coupable est un proche de la personne à qui appartient le droit de chasse, la poursuite n'a lieu que sur plainte. La plainte peut être retirée.

Art. L. 429-35 *(Anc. C. rur., art. L. 229-32)*. – **Pour le délit défini à l'article L. 429-34, les peines peuvent être portées au double s'il a été fait usage non d'armes à feu ou de chiens, mais de lacets, filets, pièges ou autres engins, ou si le délit a été commis en temps prohibé, ou dans les forêts, ou pendant la nuit, ou par plusieurs personnes réunies.**

Art. L. 429-36 *(Anc. C. rur., art. L. 229-33)*. – **Si le coupable du délit défini à l'article L. 429-34 se livre professionnellement à la chasse prohibée, il est puni de trois mois d'emprisonnement. Il peut, en outre, être privé des droits civiques et renvoyé sous la surveillance de la police.**

Voir : art. R. 429-18 et s., p. 2328.

§ 2. – Exercice de la chasse

Art. L. 429-37 *(Anc. C. rur., art. L. 229-34)*. – **L'article L. 428-15 est applicable aux infractions prévues par ledit article telles qu'elles sont définies par les textes relatifs à la chasse et à la protection de la nature en vigueur dans les départements du Bas-Rhin, du Haut-Rhin et de la Moselle.**

Voir : art. R. 429-20 et s., p. 2328.

Sous-section 2. – Récidive

Art. L. 429-38 *(Anc. C. rur., art. L. 229-35)*. – **Il y a récidive au sens du présent chapitre lorsque dans les deux ans qui ont précédé l'infraction le délinquant a été condamné en vertu du présent chapitre.**

Voir : art. R. 429-21, p. 2328.

Sous-section 3. – Peines accessoires et complémentaires

Art. L. 429-39 *(Anc. C. rur., art. L. 229-36).* – **Le fusil, l'attirail de chasse et les chiens que le coupable avait avec lui au moment du délit défini à l'article L. 429-34 sont confisqués, ainsi que les lacets, pièges et autres engins, qu'ils appartiennent ou non au condamné.**

Art. L. 429-40 *(Anc. C. rur., art. L. 229-37).* – **Le tribunal peut prononcer la confiscation des engins prohibés en vertu de l'article L. 429-20, que ceux-ci appartiennent ou non au condamné.**

TITRE III. – PÊCHE EN EAU DOUCE ET GESTION DES RESSOURCES PISCICOLES

Voir : Droit européen : Dir. PE et Cons. UE n° 2000/60/CE, 23 oct. 2000, établissant un cadre pour une politique communautaire dans le domaine de l'eau (*JOUE* n° L 327, 22 déc. 2000) - Dir. PE et Cons. UE n° 2006/44/CE, 6 sept. 2006, concernant la qualité des eaux douces ayant besoin d'être protégées ou améliorées pour être aptes à la vie des poissons (*JOUE* n° L 264, 25 sept. 2006) - Règl. (UE) Parl. et Cons. n° 2017/1004, 17 mai 2017 concernant l'établissement d'un cadre communautaire pour la collecte, la gestion et l'utilisation de données dans le secteur de la pêche et le soutien aux avis scientifiques sur la politique commune de la pêche, et abrogeant le règlement (CE) n° 199/2008 du Conseil (*JOUE* n° L 157, 20 juin 2017).

Droit interne : articles L. 430-1 à L. 438-2, articles R. 431-1 à R. 432-18, articles R. 434-1 à R. 437-13 et articles D. 433-1 à D. 433-9 du Code de l'environnement (D. n° 2005-935, 2 août 2005). - A. 28 mars 2003 portant création de la spécialité « pêche de loisir » du brevet professionnel de la jeunesse, de l'éducation populaire et du sport.

Bibliographie : L. Fonbaustier, *Vers une pêche (en eau douce) durable : les instances de la pêche, miroir des Préoccupations environnementales*, Mélanges en l'honneur du professeur Jehan de Malafosse, Éd. LexisNexis, 2016.

JurisClasseurs. G. Proutière-Maulion, *Gestion des ressources piscicoles* : *JCl. Environnement et dév. durable* 2024, Fasc. 3900.

Art. L. 430-1. – **La préservation des milieux aquatiques et la protection du patrimoine piscicole sont d'intérêt général.**

La protection du patrimoine piscicole implique une gestion équilibrée des ressources piscicoles dont la pêche, activité à caractère social et économique, constitue le principal élément.

Les dispositions du présent titre contribuent à une gestion permettant le développement de la pêche de loisir dans le respect des espèces piscicoles et du milieu aquatique.

Bibliographie : P. Mazzero-Becker, *Les concours de réglementations des activités de loisirs sur les cours d'eau : Dr. env.* 2005, n° 125, p. 36 à 39. • R. Romi, *Du risque d'équilibrisme en droit des eaux, brèves considérations sur le concept de gestion équilibrée : Environnement* 2005, n° 7, p. 9 à 10.

CHAPITRE Ier. – CHAMP D'APPLICATION

Section I. – Dispositions générales

Art. L. 431-1. – **Sont soumis aux dispositions du présent titre tous les pêcheurs qui se livrent à la pêche dans les eaux définies à l'article L. 431-3, en quelque qualité et dans quelque but que ce soit, et notamment dans un but de loisir ou à titre professionnel.**

1) Distinction eaux libres/eaux closes. Cette qualification est déterminante dans la mesure où elle conditionne l'application ou non de la législation de la pêche en eau douce.

2) Définition des eaux closes avant la loi sur l'eau du 30 décembre 2006 : critère de la communication avec les eaux libres. V. Circulaire PN-SPH n° 87/77 du 16 septembre 1987 relative au champ d'application de la législation de la pêche en eau douce et de la gestion des ressources piscicoles (*BOMELAT* n° 28, 10 oct. 1987) ; V. Lettre PN-SPH n° 91/160 du 1er février 1991 – Champ d'application de la législation de la pêche en eau douce et de la gestion des ressources piscicoles [Circ. PN-SPH n° 87/77, 16 sept. 1987].

Compétence juridictionnelle. La décision de classement constitue une décision administrative faisant grief susceptible de faire l'objet d'un recours pour excès de pouvoir. Le juge administratif, tout comme le juge judiciaire, est compétent pour qualifier un plan d'eau, d'eau libre ou d'eau close. Constituent des eaux libres les plans d'eau qui communiquent de manière permanente, naturelle et directe avec les cours d'eau, canaux et ruisseaux dans lesquels la vie piscicole existe de manière continue et dont aucun dispositif du plan d'eau ne vient intercepter la circulation du poisson. Par opposition, sont considérés comme des eaux closes, les plans d'eau qui n'ont pas de communication avec les eaux libres ni en amont, ni en aval ou seulement de façon discontinue. Ainsi, un plan d'eau ne peut être qualifié d'eau libre alors qu'il n'existe aucune communication permanente entre l'étang et les cours d'eau, canaux ou ruisseaux, et ce même si le plan d'eau comporte un déversoir et qu'il est relié à un autre étang par un fossé (■ CAA Bordeaux, 2 oct. 2007, n° 05BX01966, *Richard de Latour c/ Min. Écologie*). Le Conseil d'État confirme la compétence du juge administratif pour apprécier le statut d'eau libre ou close d'un étang, duquel découle l'applicabilité de la législation de la pêche en eau douce, le recours en interprétation étant instruit comme un recours de plein contentieux (■ CE, 9 juill. 2010, n° 313989). Aucune disposition législative ou réglementaire, ni aucun principe général ne fait échapper la qualification d'eau close ou d'eau libre à la compétence du juge administratif. Le silence de l'administration suite à la demande de statuer sur le statut d'un plan d'eau constitue une décision implicite de rejet qui peut être contestée devant le juge administratif (■ TA Marseille, 21 nov. 2011, n° 0801332).

3) Nouvelle définition des eaux closes suite à la loi sur l'eau de 2006 : critère du passage naturel du poisson. V. Circulaire du 29 janvier 2008 relative à la définition des eaux closes (modalités d'application des articles L. 431-4 et R. 431-7 du Code de l'environnement) (*BOMEDAD* n° 2008/3, 15 févr. 2008).

Ne peut être qualifié d'eau close un plan d'eau qui communique en amont et en aval avec un ruisseau, du fait que le poisson peut passer du ruisseau dans l'étang, même si le débit du ruisseau est très faible en période estivale (■ CAA Nancy, 21 févr. 2011, n° 09NC01321). Pour qualifier un étang d'eau libre, le juge administratif se fonde sur la possibilité de dévalaison depuis le plan d'eau notamment pour le frai des espèces piscicoles, et ce quand bien même la circulation du poisson de l'aval du cours d'eau vers le plan d'eau ne serait pas possible. De même, sont examinés les qualités morpho-dynamiques du cours d'eau (hauteur de la lame d'eau, débit et pente moyenne) (■ CAA Lyon, 22 nov. 2011, n° 11LY00481). – Dans le cadre d'un recours en interprétation, pour statuer sur la réglementation applicable à l'étang, la cour administrative d'appel aurait dû se baser sur la rédaction applicable au moment de la décision, c'est-à-dire sur le nouveau critère issu de la LEMA fondé sur le « passage naturel du poisson » (■ CE, 9 juill. 2010, n° 313989).

Sur le statut d'un étang. Un étang ne peut être qualifié d'eaux libres qu'à la condition de justifier du passage naturel du poisson. À défaut, il s'agit d'eaux closes et le passage de grenouilles ou le frai des espèces susceptibles de s'y déverser n'y change rien (■ CE, 4 oct. 2013, n° 356053 : *JurisData* n° 2013-021440. – Sur renvoi, ■ CAA Lyon, 28 mai 2014, n° 13LY02662).

Constitue une eau libre un étang qui est en communication directe par l'amont avec un ruisseau et que ce cours d'eau représenté en trait discontinu sur la carte IGN n'est entravé d'aucun dispositif empêchant le passage naturel des poissons (■ TA Rennes, 7 févr. 2014, n° 1103389).

Notion d'évènement hydraulique exceptionnel : le statut d'eau close du plan d'eau ne peut être établi compte tenu des inondations fréquentes de la Meurthe située à environ 200 mètres. Dès lors, il ne s'agit pas d'un « évènement hydrologique exceptionnel » au sens de l'article R. 431-7 du Code de l'environnement (■ CAA Nancy, 7 févr. 2013, n° 12NC00559).

Statut des lacs de montagne. Eu égard à leur spécificité, les lacs de montagne relèvent du régime des eaux libres (Rép. min. à question n° 1173, 26 juill. 2007 : *JO* Sénat 3 janv. 2008).

Art. L. 431-2. – **Les dispositions du présent titre relatives aux poissons s'appliquent aux crustacés et aux grenouilles ainsi qu'à leur frai.**

1) Espèces soumises à la législation pêche : est condamnée pour infraction à la législation de la pêche en eau douce une personne capturant des *grenouilles rousses à la main* (■ *Cass. crim*, 5 févr. 2008, n° 07-87.083 : *JurisData* n° 2008-043071 ; *RD rur.* 2008, n° 362, comm. 73, préc.).

2) Espèces « pêchables ». Il n'existe pas de liste déterminant les espèces dont la pêche serait licite ou autorisée. À cet égard, l'arrêté du 17 décembre 1985, fixant la liste des espèces de poissons, de crustacés et de grenouilles représentées dans les eaux visées à l'article 413 du Code rural (*JO* 26 janv. 1986, p. 1464), a pour seul objet d'identifier celles des espèces dont l'introduction dans les eaux douces est soumise à autorisation, voire prohibée dans le cadre des dispositions régissant le contrôle des peuplements (V. art. L. 432-10 à

L. 432-12, p. 905). Toutefois, certaines espèces bénéficient d'une protection intégrale ou partielle au titre de la protection de la nature.

3) Espèces protégées. V. arrêté du 21 juillet 1983, relatif à la protection des écrevisses autochtones (*JO* 19 août 1983, p. 7639), modifié par l'arrêté du 18 janvier 2000 (*JO* 28 janv. 2000, p. 1474) et par l'arrêté du 14 février 2018 relatif à la prévention de l'introduction et de la propagation des espèces animales exotiques envahissantes sur le territoire métropolitain (*JO* du 22). – V. *infra*, arrêté du 8 décembre 1988, fixant la liste des espèces de poissons protégées sur l'ensemble du territoire national (*JO* 22 déc. 1988, p. 16036). – V. arrêté du 20 décembre 2004 relatif à la protection de l'espèce Acipenser sturio (esturgeon) (*JO* 5 janv. 2005). – V. circulaire n° 90-95 du 27 juillet 1990, relative à la protection des biotopes nécessaires aux espèces vivant dans les milieux aquatiques (*BO min. Équipement, Logement et Transports* 20 févr. 1991, n° 5). – V. arrêté du 8 janvier 2021 fixant les listes des amphibiens et des reptiles protégés sur l'ensemble du territoire et les modalités de leur protection (*JO* 11 févr.).

Art. L. 431-3. – Le présent titre s'applique à tous les cours d'eau, canaux, ruisseaux et plans d'eau, à l'exception de ceux visés aux articles L. 431-4, L. 431-6 et L. 431-7.

Dans les cours d'eau et canaux affluant à la mer, le présent titre s'applique en amont de la limite de la salure des eaux.

1) Champ d'application de la législation pêche en eau douce.

Voir : commentaires sous C. env.art. L. 431-1, p. 895 sur les eaux soumises à la réglementation pêche.

V. Lettre-circ. MD/ER PN n° 85/3331, 4 déc. 1985 relative au champ d'application de la loi n° 84-512 du 29 juin 1984 modifiée, relative à la pêche en eau douce et à la gestion des ressources piscicoles. – Circ. PN/SPH n° 87-77, 16 sept. 1987, relative au champ d'application de la législation de la pêche en eau douce et de la gestion des ressources piscicoles (*BO min. Équipement, Logement, Aménagement du territoire et Transports*, 10 oct. 1987, n° 28). – Lettre PN/SPH n° 91-160, 1er févr. 1991, relative au champ d'application de la législation de la pêche en eau douce et de la gestion des ressources piscicoles (non publiée). – Circ. 23 juill. 2002 relative à la réglementation de la pêche en eau douce (*BO min. chargé de la protection de l'environnement* n° 2002/10, p. 29-30). – Circ. 6 déc. 2005 relative à l'ordonnance n° 2005-805 du 18 juillet 2005 portant simplification, harmonisation et adaptation des polices de l'eau et des milieux aquatiques, de la pêche et de l'immersion des déchets (*BOMEDD* n° 2/2006, 30 janv. 2006).

2) Notion de cours d'eau. V. Circ. 2 mars 2005 relative à la définition de la notion de cours d'eau (*BOMATE* 2005, n° 9). – V. art. L. 215-7-1 introduit par la loi n° 2016-1087 du 8 août 2016 pour la reconquête de la biodiversité : « Constitue un cours d'eau un écoulement d'eaux courantes dans un lit naturel à l'origine, alimenté par une source et présentant un débit suffisant la majeure partie de l'année. L'écoulement peut ne pas être permanent compte tenu des conditions hydrologiques et géologiques locales. » – Pour une application, V. ▪ Cass. crim., 31 mai 2016, n° 15-81.872 : si le débit est variable selon les saisons, il n'en demeure pas moins que l'écoulement existe, sous réserve le cas échéant de certaines périodes de sécheresse majeure, alors que le lit est permanent et qu'il est constamment alimenté en eau à l'approche de la Dordogne, mais aussi dans certaines parties plus profondes et larges, et que le rôle écologique de cette voie d'eau est important pour sa qualification en cours d'eau.

3) Eaux libres/Eaux closes. V. art. L. 431-1, p. 895 et art. L. 431-4, p. 898, art. L. 431-6 et L. 431-7, p. 898.

4) Limite de salure des eaux. Justifie sa décision la cour d'appel qui se réfère au décret du 4 juillet 1853 pris en application du décret-loi du 21 février 1852 pour fixer la limite de salure des eaux et qui écarte la délimitation du domaine public maritime résultant de l'ordonnance de Colbert d'août 1681 (▪ Cass. crim., 23 nov. 1999, n° 98-87.305). À défaut de fondement légal, la détermination du point de cessation de salure des eaux est fixée par les juges du fond dont l'appréciation souveraine échappe au contrôle de la Cour de cassation (▪ Cass. crim., 20 janv. 1993, n° 92-80.001 : *Dr. env.* 1993, n° 22, p. 127 ; *JCP* G 1993 n° 17, IV, n° 1113, p. 128).

La délimitation de la mer à l'embouchure des cours d'eau repose sur l'observation combinée de plusieurs indices, tels que la configuration des côtes et notamment l'écartement des rives, la proportion respective d'eaux fluviales et d'eaux de mer, l'origine des atterrissements, le caractère fluvial ou maritime de la faune et de la végétation en présence telles que les herbiers de zostère. La part relative de ces indices doit être appréciée en fonction des circonstances de l'espèce (▪ CE, 26 mars 2008, n° 279917, *Assoc. pour la défense et la protection du site de la rivière de Crac'h*. – R. Rezenthel, *Légalité de la délimitation transversale de la mer dans l'embouchure d'une rivière : DMF* juin 2008, n° 693. ▪ TA Rennes, 27 oct. 2022, n° 2002518).

Section II. – Eaux closes

(Division créée, L. n° 2006-1772, 30 déc. 2006) (1)

Art. L. 431-4. – Les fossés, canaux, étangs, réservoirs et autres plans d'eau dans lesquels le poisson ne peut passer naturellement sont soumis aux seules dispositions du chapitre II du présent titre.

Bibliographie : R. de La Selle, *La réforme de la distinction « eaux libres – eaux closes » par la loi du 30 décembre 2006 : BDEI* janv. 2008, n° 13, suppl., La réforme du droit de l'eau, 2e partie. • M.-P. Maître, *De la distinction des eaux libres et des eaux closes : Environnement* 2007, n° 7, comm. 138. • V. Vestur et a., *Eau et milieux aquatiques, eaux libres, eaux closes*, Rapport du groupe de travail au ministre de l'Écologie et du Développement durable, mars 2005.

Voir : art. L. 431-1, p. 895 et art. R. 431-7, p. 2329. - Circ. 29 janv. 2008 relative à la définition des eaux closes (modalités d'application des articles L. 431-4 et R. 431-7 du Code de l'environnement) (*BOMEDAD* 3/2008, 15 févr. 2008).

1) Sur la légalité du décret n° 2007-978 définissant les eaux closes. Le décret n° 2007-978 du 15 mai 2007 relatif aux eaux closes est jugé conforme à l'article L. 431-4 du Code de l'environnement dès lors qu'il fait de la configuration des lieux le seul critère pertinent de la délimitation des eaux closes et qu'il précise qu'un dispositif d'interception du poisson ne peut être retenu comme élément de cette configuration. L'obstacle au passage du poisson ne peut résulter que des caractéristiques physiques pertinentes du fossé, canal, étang, réservoir ou autre plan d'eau, c'est-à-dire soit d'une configuration naturelle, soit d'un aménagement permanent qui transforme durablement la configuration des lieux et non d'un simple dispositif ayant pour seul objet d'empêcher temporairement le passage des poissons (▪ CE, 27 oct. 2008, n° 307546, *Fédération dptale des associations agréées de la pêche et de protection du milieu aquatique de l'Orne : JurisData* n° 2008-074423 ; *Environnement* 2008, note P. Trouilly).

2) Régime d'autorisation et de déclaration. La qualification d'eaux closes des plans d'eau ne fait pas obstacle à ce que le préfet fixe, en application de l'article L. 214-3 du Code de l'environnement, les règles relatives, notamment, à la vidange, à l'évacuation des crues et à l'entretien des étangs, et ce afin d'assurer le respect des intérêts mentionnés à l'article L. 211-1 du même code, et quel que soit l'usage que les intéressés entendent faire des plans d'eau (▪ CAA Bordeaux, 5e ch., 30 juin 2020, n° 18BX04053).

Art. L. 431-5. – Les propriétaires des plans d'eau visés à l'article L. 431-4 peuvent demander pour ceux-ci l'application des dispositions du présent titre pour une durée minimale de cinq années consécutives, dans des conditions fixées par décret en Conseil d'État.

Voir : art. R. 431-1 à R. 431-6, p. 2328 (D. n° 2005-935, 2 août 2005).
art. R. 431-7, p. 2329 (D. n° 2007-978, 15 mai 2007) : critères de délimitation des eaux closes.

Section III. – Piscicultures

(Anc. sect. 2 dénum., L. n° 2006-1772, 30 déc. 2006) (1)

Art. L. 431-6. – Une pisciculture est, au sens du titre Ier du livre II et du titre III du livre IV, une exploitation ayant pour objet l'élevage de poissons destinés à la consommation, au repeuplement, à l'ornement, à des fins expérimentales ou scientifiques ainsi qu'à la valorisation touristique. Dans ce dernier cas, la capture du poisson à l'aide de lignes est permise dans les plans d'eau.

Bibliographie : A. Gaonac'h, *Les piscicultures face aux exigences du droit de l'eau : RD rur.* 2008, n° 361, étude 3. • M.-P. Maître, *Mise en œuvre de la réforme de la nomenclature et des procédures au titre de la police de l'eau : Environnement* 2007, n° 1, comm. 2. • D. Guihal, *Droit répressif de l'environnement*, Économica, 2000, nos 2834 à 2835 et 2839 à 2842.

Voir : Définition. Un plan d'eau relève bien de la définition de la pisciculture donnée à l'article L. 431-6 du Code de l'environnement, soumise au régime de la déclaration en vertu de la rubrique 3.2.7.0 de la nomenclature « eau », bien que le propriétaire ne commercialise pas les poissons qu'il pêche et ne fasse de son plan d'eau qu'un usage privatif de loisir (▪ CAA Lyon, 12 avr. 2016, n° 14LY01055).

Régime juridique. A. 1er avr. 2008 fixant les règles techniques auxquelles doivent satisfaire les piscicultures d'eau douce soumises à autorisation au titre du livre V du Code de l'environnement (rubrique 2130 de la nomenclature des installations classées) (*JO* 12 avr. 2008) modifié par l'arrêté du 8 juin 2017 (*JO* du 15). – A. 1er avr. 2008 fixant les prescriptions générales applicables aux installations, ouvrages,

(1) Dispositions applicables à Mayotte, L. n° 2006-1772, 30 déc. 2006, art. 98, IV, 1.

travaux ou activités soumis à déclaration en application des articles L. 214-1 à L. 214-6 du Code de l'environnement et relevant de la rubrique 3.2.7.0 de la nomenclature annexée au tableau de l'article R. 214-1 du Code de l'environnement (piscicultures d'eau douce mentionnées à l'article L. 431-6) et abrogeant l'arrêté du 14 juin 2000 (*JO* 19 avr. 2008).

Voir : Circ. 4 mai 2007 sur les épandages et les piscicultures (*BOMEDAD* n° 2007/12, 30 juin 2007).

Art. L. 431-7. – À l'exception des articles L. 432-2, L. 432-10, L. 436-9 et L. 432-12, les dispositions du présent titre ne sont pas applicables aux piscicultures régulièrement autorisées ou déclarées ainsi qu'aux plans d'eau existant au 30 juin 1984, établis en dérivation ou par barrage et équipés des dispositifs permanents empêchant la libre circulation du poisson entre ces plans d'eau et les eaux avec lesquelles ils communiquent :

1° Soit s'ils ont été créés en vertu d'un droit fondé sur titre comportant le droit d'intercepter la libre circulation du poisson ;

2° Soit s'ils sont constitués par la retenue d'un barrage établi en vue de la pisciculture avant le 15 avril 1829 en travers d'un cours d'eau non domanial ne figurant pas à la liste prévue au 2° du I de l'article L. 214-17 ;

3° Soit s'ils résultent d'une concession ou d'une autorisation administrative, jusqu'à la fin de la période pour laquelle la concession ou l'autorisation a été consentie. Les détenteurs de ces autorisations ou concessions peuvent en demander le renouvellement en se conformant aux dispositions des articles L. 214-2 à L. 214-4.

Voir : D. 24 oct. 1925, portant règlement d'administration publique pour l'application de l'article 1er de la loi du 18 juin 1923 sur les portions de cours d'eau ou canaux aménagés en enclos (*JO* 30 oct. 1925, p. 10371). - Circ. 6 déc. 2005 relative à l'ordonnance n° 2005-805 du 18 juillet 2005 portant simplification, harmonisation et adaptation des polices de l'eau et des milieux aquatiques, de la pêche et de l'immersion des déchets (*BOMEDD* n° 2/2006, 30 janv. 2006).

1) Droits anciens (1° et 2°). À défaut pour le propriétaire d'un étang de présenter ou de justifier d'un droit fondé sur titre (1°), de l'installation d'un barrage en vue de la pisciculture ou d'une autorisation ou d'une concession administrative, la police de la pêche fluviale s'applique pleinement au plan d'eau considéré (▪ CE, 23 juin 1973, n° 94532, *Ville de Saint-Brieuc*). Faute d'établir que la création d'un étang antérieurement à 1219 a été décidée en vue de la pisciculture, les requérants ne peuvent prétendre au bénéfice du régime prévu au 2° de l'article L. 231-7 du Code rural *(C. env., art. L. 431-7)* (▪ T. pol. Avesnes-sur-Helpe, 24 mars 1995, n° 156/95). La carte de Cassini peut permettre d'apporter la preuve de la détention d'un droit ancien (Institut géographique national : Catalogue des cartes anciennes) ▪ TA Dijon, 4 oct. 1994, n° 92-2916, *MM. Flichy*).

L'article L. 431-7 ne trouve pas à s'appliquer dès lors qu'il n'est pas établi que le plan d'eau était constitué par la retenue d'un barrage établi en vue de la pisciculture avant le 15 avril 1829 (▪ CAA Nancy, 21 févr. 2011, n° 09NC01321). L'application de l'article L. 431-7 est écartée dans la mesure où l'étang n'est pas équipé de dispositifs permanents empêchant la libre circulation du poisson entre ses eaux et les eaux avec lesquelles il communique et que le droit fondé en titre ne comporte pas celui de faire obstacle à la libre circulation du poisson. En outre, la qualification d'eau close n'est pas retenue dès lors qu'il y a communication hydraulique permanente et naturelle entre l'étang et les eaux libres en amont et en aval (▪ CAA Bordeaux, 8 janv. 2008, n° 06BX00647, *Mme Lembezat*).

Un particulier ne peut se prévaloir des dispositions de l'article L. 431-7 du Code de l'environnement pour s'exonérer de l'application de la législation de la pêche en eau douce dès lors que le droit fondé en titre ne concerne que l'usage de l'eau aux fins d'y faire fonctionner un moulin et que celui-ci ne comporte pas le droit d'intercepter le poisson (▪ TA Rennes, 7 févr. 2014, n° 1103389).

2) Enclos piscicoles. Les plans d'eau visés au 3° de l'article L. 431-7 restent régis par les dispositions du décret du 24 octobre 1925 jusqu'à l'expiration de la durée du titre les concernant. Concernant une pisciculture à vocation touristique, le préfet a pu à bon droit prescrire un dispositif non permanent empêchant la libre circulation des poissons, compte tenu du caractère temporaire et épisodique de l'écoulement du cours d'eau (▪ TA Orléans, 18 mars 2008, n° 0603522).

À supposer qu'un étang puisse être regardé comme disposant du statut de pisciculture, ce classement n'exonère pas la propriétaire d'assurer la solidité du barrage de retenue d'eau (▪ TA Limoges, 29 sept. 2022, n° 1902205).

Art. L. 431-8. – À compter du 1er janvier 1992 peuvent seuls bénéficier des dispositions de l'article L. 431-7 les titulaires de droits, concessions ou autorisations qui en ont fait la déclaration auprès de l'autorité administrative.

Voir : Sur les effets de la déclaration, Le récépissé délivré par le préfet suite à la déclaration faite en application de l'article L. 431-8 a pour seul effet d'attester de la validité des droits du déclarant au regard de l'autorisation qui lui a été délivrée pour la construction d'un étang et le classement de ce plan d'eau en étang clos. Il ne constitue pas un acte susceptible de faire grief (▪ CAA Nantes, 22 avr. 2003, n° 02NT00238, *Guillemot*).

CHAPITRE II. – PRÉSERVATION DES MILIEUX AQUATIQUES ET PROTECTION DU PATRIMOINE PISCICOLE

Section I. – Obligations générales

Art. L. 432-1. – Tout propriétaire d'un droit de pêche, ou son ayant cause, est tenu de participer à la protection du patrimoine piscicole et des milieux aquatiques. À cet effet, il ne doit pas leur porter atteinte et, le cas échéant, il doit effectuer les travaux d'entretien, sur les berges et dans le lit du cours d'eau, nécessaires au maintien de la vie aquatique.

Avec l'accord du propriétaire, cette obligation peut être prise en charge par une association agréée de pêche et de protection du milieu aquatique ou par la fédération départementale des associations agréées de pêche et de protection du milieu aquatique qui, en contrepartie, exerce gratuitement le droit de pêche pendant la durée de la prise en charge de cette obligation. Cette durée peut être fixée par convention.

En cas de non-respect de l'obligation de participer à la protection du patrimoine piscicole et des milieux aquatiques, les travaux nécessaires peuvent être effectués d'office par l'administration aux frais du propriétaire ou, si celui-ci est déchargé de son obligation, aux frais de l'association ou de la fédération qui l'a prise en charge.

Entretien normal des cours d'eau. Les travaux de réhabilitation d'un cours d'eau non domanial (dévasement et élimination des boues) ne peuvent être regardés comme s'inscrivant dans les missions légales de protection du patrimoine piscicole et des milieux aquatiques ou d'entretien confiées à une association agréée de pêche et de protection du milieu aquatique. Dès lors, les frais résultant de la réalisation de ces travaux ne constituent pas pour l'association un préjudice de caractère personnel dont elle peut demander réparation (■ CAA Nantes, 14 juin 2007, n°s 06NT01441, 06NT01484, 06NT01599 et 06NT01601, *SA Lyonnaise des eaux France, SA cHaral, SAS Covi, SA Laurial, Communauté d'agglomération du Choletais*).

Section II. – Protection de la faune piscicole et de son habitat

Art. L. 432-2. – Le fait de jeter, déverser ou laisser écouler dans les eaux mentionnées à l'article L. 431-3, directement ou indirectement, des substances quelconques dont l'action ou les réactions ont détruit le poisson ou nui à sa nutrition, à sa reproduction ou à sa valeur alimentaire, est puni de deux ans d'emprisonnement et de 18 000 € d'amende.

Le délai de prescription de l'action publique des délits mentionnés au présent article court à compter de la découverte du dommage.

Voir : art. L. 216-6, p. 420. – Circ. PN-SPH n° 86/3, 31 janv. 1986, application de l'article 407 du Code rural résultant de la loi n° 84-512 du 29 juin 1984 sur la pêche en eau douce et à la gestion des ressources piscicoles. – Circ. 18 janv. 2000 relative à la préservation des milieux aquatiques. Application de l'article L. 232-2 du Code rural. Application de l'article 22 de la loi n° 92-3 du 3 janvier 1992 sur l'eau, modifiée par la circulaire du 30 mars 2005 (*BOMEDD* n° 05/10 du 30 mai 2005). – Circ. 21 mai 2003 plans de contrôle, sanctions administratives et judiciaires dans le domaine de l'eau et de la pêche (non publiée au *JO*). – Circ. 14 mai 2007 relative à la transaction pénale dans le domaine de l'eau et de la pêche en eau douce (texte non paru au *JO*).

Art. L. 431-3 à L. 431-7, p. 897. – L'infraction prévue à l'article L. 432-2 s'applique aux eaux douces et plus précisément : aux cours d'eau et canaux (en amont de la limite de salure des eaux), ruisseaux et plans d'eau, à l'exception : des fossés, canaux, étangs, réservoirs et autres plans d'eau dans lesquels le poisson ne peut passer naturellement, et des piscicultures. Sont ainsi également exclues les nappes phréatiques.

Bibliographie : M. Redon, *Pêche en eau douce, protection et gestion des milieux aquatiques et ressources piscicoles : Rép. pén. Dalloz* 2022. • B. Steinmetz, *La sanction de la faute d'imprudence par l'article L. 432-2 du Code de l'environnement*, note sous CA Angers, 28 avr. 2009, n° 08/00982 : *Dr. env.* 2009, n° 173. • F.-G. Trébulle, *Précisions jurisprudentielles sur le délit de pollution des eaux* : *RDI* 2003, p. 44. • B. Burg, *Pollution des eaux, les nouvelles responsabilités : BDEI* 1999, n° spécial, p. 21 à 28. • R. Léost, *L'article L. 232-2 du Code rural et la chambre criminelle : RD rur.* 1997, n° 253, p. 301 à 304.

I – ÉLÉMENT MATÉRIEL

1) Nature des déversements. Le déversement d'eau chaude (■ Cass. crim., 11 avr. 1970 : *DS* 1972, p. 113, note M. Despax) et celui de truites d'élevage atteintes de septicémie hémorragique virale (■ CA Nancy, 1er oct. 1975 : *Gaz. Pal.* 1976, I, p. 34, note Soulière) sont constitutifs du délit de pollution. Le déversement de boue dans un cours d'eau en aval d'un étang à la suite de la vidange de celui-ci constitue l'élément matériel du délit (■ Cass. crim., 26 févr. 2002, n° 01-86.624). Matières présentes dans le cours d'eau (évolution de la jurisprudence) : amendant sa jurisprudence initiale, selon laquelle l'effondrement des berges d'un cours d'eau provoqué par la vidange d'un barrage ne constitue pas un déversement, au sens de l'article L. 432-2, les berges n'étant pas extérieures au cours d'eau (■ Cass. crim., 23 mai 1986, *Assoc. Loire-Forez et a.* : *JCP* G 1986, II, n° 20667, note J.-H. Robert). Le déversement de sédiments résultant du dragage d'une rivière, et déposé sur un talus proche d'un canal et entraînant la mortalité de poissons rentre dans les prévisions de l'article L. 432-2 (■ Cass. crim., 2 juill. 1998, n° 96-83.344). Condamnation d'un agriculteur sur le fondement de l'article L. 432-2 pour le déversement de la chaux dans un cours d'eau (■ CA Paris, 7 janv. 2009, n° 07/05190) ; La pollution des eaux par émanations de plomb et de cadmium issues d'une installation classée de recyclage de batteries automobiles et de résidus métalliques (■ Cass. crim., 30 oct. 2007, n° 06-89.365 : *JurisData* n° 2007-06-89.365. – J.-H. Robert, *Du particulier au général* : *Dr. pén.* 2008, n° 5, comm. 65. – V. également ■ TGI Épinal, 16 mai 2006, n° 972/06. ■ CA Nancy, 9 mai 2007, n° 425/07). Il est constant que les eaux de lavage de betteraves constituées de pulpes fortement chargées en matière organique constituent des substances quelconques dont l'action a, notamment, détruit le poisson en se déversant dans l'Escaut à la suite de la rupture d'une digue d'un bassin de lagunage d'une usine sucrière (■ T. corr. Lille, 12 janv. 2023, n° P 21270000146, n° minute 2023-219, *Tereos France*).

2) Caractère indirect du déversement. Est coupable du délit de pollution de cours d'eau l'industriel qui rejette dans un réseau d'assainissement des substances de nature à nuire à la faune piscicole de la rivière dans laquelle se jette ce réseau (■ CAA Caen, 4 nov. 1994, *Penguilly Albert* : *Dr. env.* 1995, n° 28, p. 7 ; *Dr. pén.* 1994, n° 12, comm. 264, p. 12). Les juges sont tenus de rechercher si l'effluent polluant a atteint directement ou indirectement un canal, un ruisseau ou un cours d'eau, dont l'écoulement peut être intermittent, ou encore, un plan d'eau avec lequel ils communiquent (■ *Cass. crim.*, 7 nov. 2006, n° 06-85.910).

3) Lien de causalité. Le lien de causalité est nécessairement établi par la mortalité piscicole rapidement constatée, qui ne peut être discutée que dans son ampleur ainsi que par la chronologie de l'arrivée de la pollution à la frontière belge environ 10 jours après l'accident, à la vitesse d'écoulement des eaux, ce que confirme encore une étude de modélisation permettant de retenir le principe du lien de causalité *au-delà du doute raisonnable* dans l'esprit de la convention de Lugano (■ T. corr. Lille, 12 janv. 2023, n° P 21270000146, n° minute 2023-219, *Tereos France*). Pour un exemple de mortalité.

4) Atteinte avérée à la vie piscicole. Il n'est pas nécessaire qu'il y ait eu destruction effective du poisson, il suffit que le déversement soit susceptible de nuire à sa nutrition, à sa reproduction ou à sa valeur alimentaire (■ Cass. crim., 11 juin 1953 : *D.* 1953, 589. – ■ 10 déc. 1969 : *D.* 1970, somm. 92. – ■ 23 févr. 1983 : *Bull. crim.*, n° 65), ainsi pour un déversement d'hydrocarbures sans effet néfaste apparent constaté sur la faune (■ Cass. crim., 26 févr. 2002, n° 01-85.895, *Pontet* : *Bull. crim.* n° 45 ; *RDI* 2003. 44, note F.-G. Trebulle). Une atteinte, même provisoire, à la faune piscicole est suffisante pour caractériser le délit (■ Cass. crim., 26 nov. 2013, n° 12-87.701. ■ Cass. crim., 5 mars 2019, n° 18-81.732).

Les déversements ayant provoqué une atteinte à l'habitat des poissons ou bien à leur nutrition suffisent à constituer le délit prévu par l'article L. 432-2 (■ Cass. crim., 15 mars 1988, n° 87-83.428. ■ Cass. crim., 4 janv. 1995, n° 94-81.244. ■ Cass. crim., 8 sept. 1998 : *Rev. jur. env.* 2/1999, p. 311). Dès lors que les poursuites visent à la fois une pollution ponctuelle ayant porté atteinte à la vie piscicole et une pollution chronique ayant détruit la faune de la rivière, les poursuites sont possibles sur le fondement des articles L. 432-2 et L. 216-6 du Code de l'environnement (■ Cass. crim., 4 déc. 2001, n° 01-80.445). Le délit de destruction de la vie piscicole ne nécessite pas de destruction avérée du poisson. Ainsi, l'absence de constatation de « cadavres de poissons » est indifférente à la constitution de l'infraction. De même, l'absence de poissons dans le milieu affecté par la pollution n'empêche pas la caractérisation du délit (■ Cass. crim., 22 janv. 2008, n° 07-83.041, *Sté Veolia Eau – CGE*. Dans le même sens : ■ CA Paris, 11 déc. 2006, n° 06/02496. ■ CA Orléans, 12 déc. 2006, n° 2006/719. ■ CA Paris, 15 oct. 2007, n° 07/02111. En sens contraire : concernant des rejets thermiques n'ayant pas entraîné une mortalité avérée de poissons, ■ TGI Privas, 20 mars 2008, n° 333/2008, *SAS Arjo-Wiggins Paper*).

5) Vie piscicole. L'article L 432-2 s'applique également aux crustacés et aux grenouilles ainsi qu'à leur frai qui sont susceptibles de pénétrer dans des plans d'eau, quand bien même le poisson ne peut quant à lui y passer naturellement : ■ T. corr. Coutances, 7 mai 2024, n° P 18030000046, n° minute 427/2024, *GAEC Hulmer*.

6) Auteur direct de la pollution. Doit être considéré comme auteur direct du délit de pollution des eaux un professionnel des travaux publics qui n'a pas accompli les diligences normales en procédant au stockage de remblais de terre important à proximité d'un ruisseau, ayant entraîné par ruissellement la pollution des eaux (■ CA Rennes, 15 janv. 2004, n° 03/01109 : *JurisData* n° 2004-230867).

II – ÉLÉMENT MORAL

7) Infraction d'imprudence ou de négligence. Le délit prévu par l'article L. 432-2 est constitué en cas d'imprudence ou de négligence (■ Cass. crim., 25 oct. 1995, n° 94-82.459, *Assoc. Marins pêcheurs de la Prudhomie de Palavas-les-Flots : Bull. crim.* 1995, n° 322 ; *Rev. jur. env.* 1996, p. 196 ; *Dr. pén.* 1996, n° 66, note Véron ; *Dr. env.* 1996, n° 37, p. 7, obs. J.-H. Robert. ■ CA Douai, 14 févr. 1995, *Min. publ. Fédération de pêche et pisciculture c/ Daniel Genton : BDEI* 2/1995, p. 3-9, note J.-P. Boivin ; *Dr. pén.* 1995, n° 127, obs. J.-H. Robert. – Dans le même sens, ■ Cass. crim., 7 nov. 2006, n° 06-85.910. ■ Cass. crim., 5 mai 2015, n° 14-82.177). L'absence d'alerte de la hiérarchie de la survenance d'un accident empêchant la mise en œuvre de toute action préventive ou de sécurisation par la société caractérise la faute d'imprudence ou de négligence ayant directement contribué au déversement d'eau de javel dans le cours d'eau, produit toxique ayant provoqué des effets nuisibles pour la faune et flore aquatiques (■ TGI Rouen, 5 oct. 2010, n° 09160000066). Il ne suffit pas de constater une pollution pour entrer en voie de condamnation, le juge devant caractériser les fautes non intentionnelles commises par le prévenu et relever l'existence d'un fait positif à son encontre (■ Cass. crim., 24 mars 2015, n° 14-81.897). Il en est ainsi du fait fautif du gérant qui, en s'abstenant de donner des consignes suffisantes de prévention, notamment en ne faisant pas vérifier le bon fonctionnement du système de lagunage des eaux de l'aire de lavage des camions de son entreprise, a contribué à créer la situation ayant permis la réalisation du dommage et qui n'a pas pris les mesures permettant de l'éviter (■ Cass. crim., 28 juin 2017, n° 16-82.973). La responsabilité présumée du propriétaire sur le fondement de l'article 1383 (nouvel art. 1241) du Code civil en tant que gardien suite au déversement accidentel de lisier dans un cours d'eau provoquant une mortalité piscicole ne peut être écartée que par la preuve d'une force majeure (■ TGI Pau, 6 août 2014, n° 13/834).

Si les causes de la rupture de la digue ayant entraîné l'écoulement des eaux polluées dans l'Escaut demeurent des hypothèses compte tenu des constatations rendues difficiles par l'effondrement de la digue, pour autant il n'est pas nécessaire d'en connaître le scénario exact dès lors que le défaut d'entretien à charge de l'exploitant est établi et caractérise l'élément moral de l'infraction d'imprudence ou de négligence (■ T. corr. Lille, 12 janv. 2023, n° P 21270000146, n° minute 2023-219, *Tereos France*). La réitération d'épisodes et l'aggravation des phénomènes de pollution, de 1997 à 2021 démontre, à tout le moins, une négligence de l'exploitant agricole qui n'a pas pris les mesures pour assainir (■ T. corr. Coutances, 7 mai 2024, n° P 18030000046, n° minute 427/2024, *GAEC Hulmer*).

8) Faute professionnelle. Doit être cassé pour contradiction de motifs l'arrêt qui retient la faute professionnelle du prévenu et prononce sa relaxe au motif qu'il n'a pas commis d'imprudence ou de négligence au sens des dispositions de l'article 121-3 du Code pénal (■ Cass. crim., 2 juill. 1998, n° 96-83.344).

9) Responsabilité des dirigeants. Le chef d'entreprise, responsable des installations de l'usine, de son organisation générale ainsi que de la compétence des personnels, y compris en période d'activité réduite, a manqué à ses obligations dès lors que le personnel de l'entreprise a aggravé, par son incompétence, les conséquences d'un accident (■ Cass. crim., 4 mai 1999, n° 98-81.799). De même, lorsque la pollution résulte d'une organisation défaillante d'une entreprise, le dirigeant de celle-ci commet le délit prévu par l'article L. 432-2 (■ T. corr. Quimper, 26 févr. 1998 : *Dr. env.* 1998, n° 64, p. 8, note J.-H. Robert).

10) Responsabilité des élus. Doit être condamné pour pollution de cours d'eau le maire qui n'accomplit pas les diligences normales pour doter sa commune d'une station d'épuration performante (■ CA Rennes, 8 déc. 1994 : *Dr. env.* 1995, n° 30, p. 34. ■ Cass. crim., 3 avr. 1996 : *Dr. env.* 1996, n° 39, p. 6). Même si la construction de la station d'épuration n'a pu être entamée, le maire qui justifie avoir entamé les démarches administratives pour la réalisation de celle-ci et s'être heurté à des difficultés doit être relaxé (■ CA Chambéry, 6 sept. 1995 : *Dr. env.* 1996, n° 39, p. 9, comm. B. Guihal). De même, la responsabilité de la commune ne peut être retenue, dès lors que les démarches en vue des études et enquêtes publiques préalables aux travaux d'amélioration du réseau de collecte ont été entreprises bien avant la survenance du sinistre (■ Cass. crim., 1er avr. 2008, n° 07-83.530, *Cne de Saint-Étienne*). La responsabilité pénale du maire est établie lorsque la pollution provenant du réseau communal d'assainissement a pour origine principale les rejets de purin des agriculteurs et qu'il s'est abstenu de faire usage de ses pouvoirs de police pour réglementer ou réduire ces rejets (■ TGI Chaumont, 17 mai 1994 : *Rev. jur. env.* 1995 p. 521 ; *D.* 1995. 191, note D. Guihal).

11) Effet de l'autorisation administrative. Dès lors que les concentrations de substances tolérées en vertu d'un arrêté préfectoral d'autorisation de rejet deviennent toxiques en raison des conditions atmosphériques particulières, le délit est constitué (■ Cass. crim., 19 nov. 1997, n° 96-86.694 : *Dr. env.* 1998, n° 56, p. 2).

En sens contraire : le délit de pollution des eaux n'est pas constitué lorsque l'opération de rejet est autorisée par arrêté préfectoral et que les prescriptions de cet arrêté ont été respectées (■ Cass. crim., 1er avr. 2008, n° 07-83.530, *Cne de Saint Étienne*, préc.).

12) Articulation des articles L. 216-6 et L. 432-2. Des eaux boueuses, volontairement renvoyées vers le milieu naturel par les émissaires réservés aux eaux pluviales, ont souillé la végétation aquatique ; la cour d'appel, qui n'était tenue de répondre ni au moyen inopérant suivant lequel la mortalité des carpes serait due à une algue toxique ni à une simple allégation de conformité de l'installation à son autorisation d'exploitation, a caractérisé en tous leurs éléments les délits reprochés au prévenu ; en effet, l'article L. 216-6 du Code de l'environnement punit les rejets intentionnels ou non intentionnels dans les eaux superficielles ou souterraines qui entraînent des dommages à la faune ou à la flore, à l'exclusion de la destruction du poisson, réprimée par l'article L. 432-2 du même code (■ Cass. crim., 16 janv. 2007, n° 03-86.502).

13) Faute caractérisée. La violation manifestement délibérée de l'arrêté préfectoral d'autorisation prescrivant les limites de rejet de l'installation caractérise l'élément intentionnel du prévenu, directeur d'établissement et auteur indirect de la pollution (■ Cass. crim., 4 déc. 2001, n° 01-80.445). Dans le même sens : ■ CA Versailles, 27 sept. 2006, n° 05/02326.

14) Responsabilité pénale des personnes morales. L'infraction doit avoir été commise par un organe ou un représentant de la personne morale, et pour son compte (■ Cass. crim., 7 juill. 1998, n° 97-81.273, arrêt n° 4145). Cassation de l'arrêt d'une cour d'appel ayant condamné la personne morale exploitant une station d'épuration communale, sans constater l'existence d'une délégation de pouvoirs ni s'expliquer sur le statut et les attributions du directeur propres à en faire un représentant de la personne morale, au sens de l'article 121-2 du Code pénal compte (■ Cass. crim., 13 juin 2023, n° 22-86.126, arrêt n° 745). Le délégataire est assimilé à l'organe de la société (■ Cass. crim., 1er déc. 1998, n° 97-80.360, p. 806, arrêt n° 7052. ■ Cass. crim., 4 déc. 2001, n° 01-80.445). Dès lors, doit être relaxée une société dont les organes ou représentants n'ont pas commis d'infraction (■ Cass. crim., 8 juin 1999, n° 98-84.863). Doit être condamnée, en revanche, la société dont le gérant a commis le délit de pollution de cours d'eau (■ CA Angers, 12 déc. 1996, *Assoc. TOS c/ SARL Alard et a. : Dr. env.* 1997, n° 55, p. 7, note Mistretta) dès lors que la société X a bien mandaté son représentant, Monsieur Y, pour exploiter la station d'épuration de la ville de Y et décidé notamment de l'utilité de la période de travaux, à charge pour lui de la représenter auprès de la ville de Z et de remplir les prescriptions prévues par la réglementation, le délit commis par Monsieur Y a bien été commis pour le compte de la société X qui doit être retenu dans les liens de la prévention (■ CA Montpellier, 3e ch. corr., 18 mai 1999, arrêt n° 748).

La commune propriétaire et la société gestionnaire d'un centre d'enfouissement technique sont condamnées au titre de l'article L. 432-2 du Code de l'environnement pour rejet en eau douce par personne morale de substances nuisibles aux poissons ou à sa valeur alimentaire au paiement d'une amende de 30 000 euros chacune (■ TGI Tarbes, 29 juill. 2014, n° 03000004278).

15) Quantum de la peine. La répétition des faits et la durée de la prévention justifient de fixer le montant de l'amende à 8 000 €, assortie pour moitié du sursis compte tenu de l'absence de mention au casier judiciaire du GAEC (■ T. corr. Coutances, 7 mai 2024, n° P 18030000046, n° minute 427/2024, *GAEC Hulmer*).

16) Transaction pénale. V. art. L. 437-14, p. 921.

III – INDEMNISATION

17) Remise en état. Dans une hypothèse où la remise en état des lieux n'a pas été ordonnée à titre de peine complémentaire car apparaissant inadaptée aux faits de l'espèce, les lieux étant la propriété du voisin victime de la pollution et non du prévenu, il convient de retenir un préjudice lié à la remise en état sur la base du devis par la partie civile, sous déduction des postes non strictement en lien avec les faits de pollution, à hauteur de 90 345,19 € (■ T. corr. Coutances, 7 mai 2024, n° P 18030000046, n° minute 427/2024, *GAEC Hulmer*).

18) Préjudice écologique. Les conséquences de la pollution de l'Escaut constituent sans conteste une atteinte *non négligeable* aux éléments ou aux fonctions de l'écosystème justifiant un droit à réparation, ouvert à toute personne ayant qualité et intérêt à agir, telles des collectivités locales, notamment étrangères, des associations agréées ou créées depuis 5 ans au moins. Pour chiffrer ce préjudice, il est communément fait application de la formule de Léget-Huet & Arrignon (LHA). Un rapport présentant et chiffrant différentes mesures de réparation à mettre en œuvre en Belgique, en cohérence avec la procédure administrative de réparation environnementale envisagée en France, permet au tribunal de valoriser l'indemnité au titre du préjudice environnemental à 9 044 203,27 € (■ T. corr. Lille, 12 janv. 2023, n° P21270000146, n° minute 2023-219, *Tereos France*).

19) Autres préjudices. Indemnisation du préjudice moral et de la perte d'agrément du propriétaire d'un étang pollué de manière récurrente (■ T. corr. Coutances, 7 mai 2024, n° P18030000046, n° minute 427/2024, *GAEC Hulmer*). Indemnisation d'une fédération de pêche du préjudice sur le droit de pêche (■ T. corr. Lille, 12 janv. 2023, n° P21270000146, n° minute 2023-219, *Tereos France*). Pour une collectivité, indemnisation d'un préjudice matériel à hauteur de 129 688,27 € et d'un préjudice moral à hauteur de 50 000 € (■ T. corr. Lille, 12 janv. 2023, n° P21270000146, n° minute 2023-219, *Tereos France*).

Art. L. 432-3. – Le fait de détruire les frayères ou les zones de croissance ou d'alimentation de la faune piscicole est puni de 20 000 euros d'amende, à moins qu'il ne résulte d'une autorisation ou d'une déclaration dont les prescriptions ont été respectées ou de travaux d'urgence exécutés en vue de prévenir un danger grave et imminent.

Un décret en Conseil d'État fixe les critères de définition des frayères et des zones mentionnées au premier alinéa, les modalités de leur identification et de l'actualisation de celle-ci par l'autorité administrative, ainsi que les conditions dans lesquelles sont consultées les fédérations départementales ou interdépartementales des associations agréées de pêche et de protection du milieu aquatique.

Bibliographie : S. Le Briero, *Les inventaires de frayères comme outil juridique de protection des frayères et zones de croissance ou d'alimentation de la faune piscicole : Dr. env.* 2009, n° 165. • A. Gaonac'h, *Critères et délimitation des frayères et des zones de croissance et d'alimentation des poissons* : *RD rur.* 2008, n° 362, comm. 70.

1) Jurisprudence. Ancienne rédaction de l'article L. 432-3. Le fait qu'un décret n'ait pas précisé l'autorité compétente et la procédure d'autorisation des aménagements visés à l'article L. 432-3 n'exonère pas le prévenu de sa responsabilité pénale (■ Cass. crim., 4 déc. 1996, n° 96-81.340). La nouvelle rédaction de l'article L. 432-3 renvoie à l'autorité administrative l'identification des frayères et des zones de croissance et d'alimentation pour l'application de cet article. La notion de frayère est définie à l'article R. 432-1-5. Annulation d'un arrêté préfectoral portant acte de déclaration concernant une activité de randonnée aquatique au titre de la rubrique 3.1.5.0 de la nomenclature IOTA relative à la « destructions de frayères » en l'absence de la publication de la liste des frayères du Verdon. Par ailleurs, les juges constatent que ni le texte de la loi, ni les débats parlementaires qui l'ont précédé ne permettent de conclure que les activités en cause puissent être soumises à déclaration ou autorisation au titre des destructions de frayères (■ TA Marseille, 4 févr. 2013, n°s 1104736 et 1105518).

2) Injonction au préfet par le tribunal administratif d'établir, arrêter et publier les inventaires de frayères piscicoles de son département. Ces inventaires devaient être arrêtés avant le 30 juin 2012 (■ TA Caen, 10 févr. 2015, n° 1401546).

3) Le préfet ne peut soumettre à déclaration la pratique du canyoning dans un cours d'eau en application de l'article L. 214-3 du Code de l'environnement tant qu'il n'a pas établi un inventaire des frayères (■ TA Marseille, 4 févr. 2013, n° 1107333).

4) Textes d'application. V. art. R. 432-1 à R. 432-1-5, p. 2331. – V. art. R. 214-1, rubrique 3.1.5.0., p. 1877 – V. A. 30 sept. 2014 fixant les prescriptions techniques générales applicables aux installations, ouvrages, travaux et activités soumis à autorisation ou à déclaration en application des articles L. 214-1 à L. 214-3 du Code de l'environnement et relevant de la rubrique 3.1.5.0 de la nomenclature annexée à l'article R. 214-1 du Code de l'environnement (*JO* 23 oct. 2014). – V. A. 23 avr. 2008 fixant la liste des espèces de poissons et de crustacés et la granulométrie caractéristique des frayères en application de l'article R. 432-1 du Code de l'environnement (*JO* 8 mai 2008). – V. Circ. 21 janv. 2009 relative aux frayères et aux zones de croissance ou d'alimentation de la faune piscicole (*BOMEEDDAT* n° 3, 25 févr. 2009, p. 23).

5) Procédure. Afin d'invoquer l'infraction prévue à l'article L. 232-3 du Code rural devenu l'article L. 432-3 du Code de l'environnement, la citation transmise au prévenu doit expressément viser la destruction de frayères ou de zones de croissance ou d'alimentation de la faune piscicole (■ CA Douai, 18 sept. 2008, n° 08/788, *M. Becquet : Juris-Data* n° 2008-372491).

Art. L. 432-4 ((1) ***Abr. à compter du 1er juillet 2013, Ord. n° 2012-34, 11 janv. 2012).***

(1) Dispositions applicables à Mayotte, L. n° 2006-1772, 30 déc. 2006, art. 98, IV, 1.

Section III. – Obligations relatives aux plans d'eau

(Intitulé rempl., L. n° 2006-1772, 30 déc. 2006) (1)

Art. L. 432-5 ***(Abr., L. n° 2006-1772, 30 déc. 2006)*** (1).

Voir : comm. sous art. L. 214-18, p. 407 relatif à l'obligation de respecter un débit minimal permettant de garantir la vie, la circulation et la reproduction des espèces vivant dans le cours d'eau.

Art. L. 432-6 (2) ***(Abr. à compter de la date prévue au III de l'article L. 214-17 et au plus tard le 1er janvier 2014, L. n° 2006-1772, 30 déc. 2006 et C. env., art. L. 214-17)*** (1).

Voir : comm. sous art. L. 214-17, p. 404, prévoyant un nouveau classement des cours d'eau au titre de la directive cadre sur l'eau. Les obligations prévues à l'article L. 432-6 demeurent applicables jusqu'à l'entrée en vigueur des nouvelles dispositions de l'article L. 214-17 (▪ CE, 30 janv. 2013, n° 346120).

Art. L. 432-7 ***(Abr., L. n° 2006-1772, 30 déc. 2006)*** (1).

Bibliographie : D. Guihal, *op. cit.*, nos 2836 à 2856.

Sur les sanctions. V. *supra*, articles L. 216-1, L. 216-7, L. 216-8.

Art. L. 432-8 ***(Abr., L. n° 2006-1772, 30 déc. 2006)*** (1).

Art. L. 432-9 ***(Abr. à compter de la date de publication du décret prévu au I de l'article 22 de l'ordonnance n° 2005-805 du 18 juillet 2005, Ord. n° 2005-805, 18 juill. 2005)*** (3).

Voir : art. R. 214-1, rubrique 3.2.4.0 relative aux vidanges de plans d'eau, p. 1877.

Bibliographie : D. Guihal, *op. cit.*, n° 2843. • R. Léost, *Le régime administratif des vidanges de plan d'eau : RD rur.* 1997, p. 543.

Section IV. – Contrôle des peuplements

Voir : art. R. 432-5 à R. 432-18, p. 2332 (D. n° 2005-935, 2 août 2005).

Circ. PN-SPH n° 86/17, 10 mars 1986, relative à l'application de l'article 413 du Code rural (C. env., art. L. 432-10 et L. 432-11), relatif à la protection du patrimoine piscicole.

Art. L. 432-10 ***(Anc. C. rur., art. L. 232-10 ; mod., L. n° 2016-1087, 8 août 2016)*. – Est puni d'une amende de 9 000 € le fait :**

1° D'introduire dans les eaux mentionnées par le présent titre des poissons appartenant à des espèces susceptibles de provoquer des déséquilibres biologiques, et dont la liste est fixée par décret ;

2° D'introduire sans autorisation dans les eaux mentionnées par le présent titre des poissons qui n'y sont pas représentés ; la liste des espèces représentées est fixée par le ministre chargé de la pêche en eau douce ;

3° D'introduire dans les eaux classées en première catégorie, en vertu du 10° de l'article L. 436-5, des poissons des espèces suivantes : brochet, perche, sandre et black-bass ; toutefois, cette disposition n'est pas applicable aux lacs Léman, d'Annecy et du Bourget.

Le présent article ne s'applique pas à la remise à l'eau des poissons pêchés, lorsque celle-ci a lieu immédiatement après la capture et que les poissons concernés n'appartiennent pas à une espèce figurant sur la liste mentionnée au 1° du I de l'article L. 411-5 du présent code.

Bibliographie : B. Guevel, *La « loi pêche » (Code rural) et l'introduction des espèces piscicoles : Bull. fr. pêche piscic.* 1997, n° 344/345, p. 43-51.

Voir : Règl. Cons. (UE) n° 708/2007, 11 juin 2007, relatif à l'utilisation en aquaculture des espèces exotiques et des espèces localement absentes (*JOUE* 28 juin 2007), modifié par le Règl. n° 304/2011 (*JOUE* 4 avr. 2011), modifié par le Règl. délégué (UE) n° 2022/516 de la Commission, 26 oct. 2021 (*JOUE* 1er avr. 2022). – V. art. R. 432-5 à R. 432-18, p. 2332.

---

(1) Dispositions applicables à Mayotte, L. n° 2006-1772, 30 déc. 2006, art. 98, IV, 1.

(2) V. T. appl. : D. n° 89-415, 20 juin 1989 ; D. n° 90-360, 21 mars 1990 ; D. n° 91-327, 25 mars 1991 ; D. 27 avr. 1995 et D. n° 99-1101, 15 déc. 1999 ; D. n° 2002-1027, 1er août 2002 devenus C. env., art. D. 432-4 et ann. – NDLR.

(3) Dispositions applicables à Mayotte, Ord. n° 2005-805, 18 juill. 2005, art. 17.

Voir : Espèces susceptibles de provoquer des déséquilibres biologiques visées au 1° : art. R. 432-5, p. 2332.

Espèces représentées visées au 2° : A. 17 déc. 1985, fixant la liste des espèces de poissons, de crustacés et de grenouilles représentées dans les eaux visées à l'article 413 du Code rural (*JO* 26 janv. 1986, p. 1464). – A. 7 sept. 1999, fixant la liste des espèces de poissons, grenouilles et crustacés représentées dans les cours d'eau et les plans d'eau de la Réunion (*JO* 19 oct. 1999, p. 15610). – A. 12 nov. 2001, fixant la liste des espèces de poissons et de crustacés représentés dans les cours d'eau et les plans d'eau de la Martinique (*JO* 5 déc. 2001, p. 19362). – A. 23 sept. 2005 fixant la liste des espèces de poissons représentés dans les cours d'eau et les plans d'eau de la Guyane (*JO* 13 nov. 2005).

Autorisation d'introduction : V. *infra*, A. 6 août 2013 fixant en application de l'article R. 432-6 du Code de l'environnement la forme et le contenu des demandes d'autorisations prévues au 2° de l'article L. 432-10 et à l'article L. 436-9 du Code de l'environnement (*JO* 28 sept. 2013), abrogeant l'A. 12 janv. 1986, mod. par A. 8 nov. 2016 (*JO* du 19). – A. 20 mars 2013, fixant en application de l'article R. 432-6 du Code de l'environnement la liste des espèces de poissons non représentées dont l'introduction à d'autres fins que scientifiques peut être autorisée par le préfet (*JO* 29 mars 2013), abrogeant l'A. 29 févr. 1988, fixant les conditions d'autorisation d'introduction du saumon coho du Pacifique (Oncorhynchus kisutch) à fins d'élevage dans les eaux visées aux articles L. 231-6 et L. 231-7 du Code rural (C. env., art. L. 431-6 et L. 431-7 : *JO* 12 mars 1988, p. 3305). – A. 23 févr. 2007 fixant les conditions d'autorisation d'introduction d'esturgeons et la procédure d'autorisation des établissements procédant au conditionnement ou au reconditionnement du caviar à des fins d'exportation, de réexportation ou de commerce intracommunautaire (*JO* 6 mai 2007).

1) Transport : A. 17 déc. 1985, fixant la forme et le contenu de la demande de transport à l'état vivant de poissons, de grenouilles et de crustacés appartenant à des espèces susceptibles de provoquer des déséquilibres biologiques (*JO* 31 déc. 1985, p. 15686).

2) Une fédération de pêche obtient réparation du préjudice subi par l'introduction dans un cours d'eau d'espèces susceptibles de provoquer des déséquilibres biologiques suite à une vidange de plan d'eau (▪ TGI Vesoul, 19 juin 2012, n° 12-00110).

Art. L. 432-11 *(Abr., L. n° 2006-1772, 30 déc. 2006)* (1).

Art. L. 432-12 *(Anc. C. rur., art. L. 232-12 ; mod., Ord. n° 200-916, 19 sept. 2000).* **– Est puni d'une amende de 9 000 € le fait d'introduire dans les eaux mentionnées par le présent titre, pour rempoissonner ou aleviner, des poissons qui ne proviennent pas d'établissements de pisciculture ou d'aquaculture agréés dans les conditions fixées par décret en Conseil d'État.**

Voir : Police sanitaire. V. A. 4 nov. 2008 relatif aux conditions de police sanitaire applicables aux animaux et aux produits d'aquaculture et relatif à la prévention de certaines maladies chez les animaux aquatiques et aux mesures de lutte contre ces maladies (*JO* du 7), mod. par A. 20 juin 2011 (*JO* 25 juin 2011) et par A. 27 juin 2018 relatif à la préparation et à la mise en œuvre d'un programme national d'éradication et de surveillance de la septicémie hémorragique virale et la nécrose hématopoïétique infectieuse (*JO* du 29). – Circ. PN-SPH n° 91/8001, 8 mars 1991, relative à l'agrément, délivré au titre de l'article 413 du Code rural (C. env., art. L. 432-12), des établissements de pisciculture ou d'aquaculture.

CHAPITRE III. – GESTION DES MILIEUX AQUATIQUES ET DES RESSOURCES PISCICOLES

(Mod., L. n° 2006-1772, 30 déc. 2006 (1) *; L. n° 2016-1087, 8 août 2016)* (2)

La loi pour la reconquête de la biodiversité d'août 2016 abroge les dispositions relatives aux orientations régionales de gestion et de conservation de la faune sauvage et de ses habitats ainsi que les schémas départementaux de vocation piscicole. En effet, celles-ci apparaissent aujourd'hui redondantes avec les schémas régionaux de cohérence écologique ou le *reporting* dû au titre des directives européennes.

De même, les schémas départementaux de vocation piscicole, créés par une circulaire ministérielle du 27 mai 1982, ne semblent plus élaborés ni mis à jour par les services. Ils ont été remplacés, d'une part, par les schémas directeurs d'aménagement et de gestion des eaux (SDAGE) et, d'autre part, par les plans départementaux de protection du milieu aquatique et de gestion des ressources piscicoles, élaborés par les fédérations départementales d'associations agréées de pêche et de protection du milieu aquatique en application de l'article R. 434-30 du Code de l'environnement.

Art. L. 433-2 *(Abr., L. n° 2016-1087, 8 août 2016).*

(1) Dispositions applicables à Mayotte, L. n° 2006-1772, 30 déc. 2006, art. 98, IV, 1.

(2) Antérieurement aux modifications issues de l'article 144 II, 4° de la loi n° 2016-1087 du 8 août 2016, le présent chapitre était divisé en 3 sous-sections et comprenait les articles 433-1 à 433-3. – NDLR.

Art. L. 433-3. – L'exercice d'un droit de pêche emporte obligation de gestion des ressources piscicoles. Celle-ci comporte l'établissement d'un plan de gestion. En cas de non-respect de cette obligation, les mesures nécessaires peuvent être prises d'office par l'administration aux frais de la personne physique ou morale qui exerce le droit de pêche.

Prise en compte du plan de gestion. Est jugé illégal l'arrêté préfectoral relatif à l'exercice de la pêche réduisant la taille de capture de la truite, en raison de l'absence de certitude suffisante permettant de savoir si la capacité de première reproduction de la truite fario était bien atteinte avant un dépassement de la taille de 0,20 mètre, alors que le plan départemental pour la protection des milieux aquatiques et la gestion des ressources piscicoles élaboré en application de l'article L. 433-3 du Code de l'environnement précisait pour la truite fario que « pour permettre à chacun des individus de se reproduire il faut protéger intégralement la gamme de taille de l'individu le plus grand » (■ CAA Lyon, 18 nov. 2008, n° 06LY01140).

Art. L. 433-4 ***(L. n° 2016-1087, 8 août 2016).*** **– Un plan départemental de protection du milieu aquatique et de gestion des ressources piscicoles, élaboré par la fédération départementale ou interdépartementale des associations agréées de pêche et de protection du milieu aquatique, fixe, pour les associations adhérentes à la fédération, les orientations de protection des milieux aquatiques et de mise en valeur piscicole.**

Il est compatible avec le schéma directeur d'aménagement et de gestion des eaux et, quand ils existent, avec les schémas d'aménagement et de gestion des eaux.

Le plan est approuvé par le représentant de l'État dans le département, qui vérifie sa compatibilité avec les principes énoncés à l'article L. 430-1.

CHAPITRE IV. – ORGANISATION DES PÊCHEURS

Voir : art. R. 434-25 à R. 434-47, p. 2335.

Section I. – Conseil supérieur de la pêche

(Abr. à compter de l'entrée en vigueur des dispositions du I de l'article 88, L. n° 2006-1772, 30 déc. 2006) (1)

Voir : art. L. 213-1 à L. 213-6, p. 356. Suite à la loi sur l'eau et les milieux aquatiques du 30 décembre 2006, le Conseil supérieur de la pêche est transformé en Office national de l'eau et des milieux aquatiques [ONEMA]. À la suite de la loi du 9 août 2016 pour la reconquête de la biodiversité, l'ONEMA est devenu l'Agence française pour la biodiversité [AFB]. À la suite de la loi du 24 juillet 2019 portant création de l'Office français de la biodiversité, modifiant les missions des fédérations des chasseurs et renforçant la police de l'environnement, l'AFB est devenue l'Office français de la biodiversité [OFB]. L'OFB résulte de la fusion, au 1er janvier 2020, de l'AFB et de l'Office national de la chasse et de la faune sauvage [ONCFS].

Art. L. 434-1 et L. 434-2 ***(Abr. à compter de l'entrée en vigueur des dispositions du I de l'article 88, L. n° 2006-1772, 30 déc. 2006)*** (1).

Section II. – Organisation de la pêche de loisir

Voir : art. R. 434-25 à R. 434-47, p. 2335.

V. Loi sur l'eau et les milieux aquatiques du 30 décembre 2006 : instituant d'une part, une Fédération nationale de la pêche et de la protection du milieu aquatique, regroupant les fédérations départementales et institutionnalisant l'Union nationale pour la pêche, et, d'autre part, un comité national de la pêche professionnelle en eau douce.

Art. L. 434-3. – Les associations agréées de pêche et de protection du milieu aquatique contribuent à la surveillance de la pêche, exploitent les droits de pêche qu'elles détiennent, participent à la protection du patrimoine piscicole et des milieux aquatiques et effectuent des opérations de gestion piscicole.

Les associations agréées de pêcheurs amateurs aux engins et aux filets sur les eaux du domaine public ont les mêmes compétences pour les lots de pêche où leurs membres sont autorisés à pêcher.

(1) Dispositions applicables à Mayotte, L. n° 2006-1772, 30 déc. 2006, art. 98, IV, 1.

Dans chaque département, les associations agréées de pêche et de pisciculture et l'association agréée de pêcheurs amateurs aux engins et aux filets sur les eaux du domaine public sont obligatoirement regroupées en une fédération départementale des associations agréées de pêche et de pisciculture.

Les décisions de chacune de ces fédérations, relatives à la pêche amateur aux engins et aux filets, sont prises, à peine de nullité, après avis d'une commission spécialisée créée en leur sein et composée majoritairement de représentants des pêcheurs amateurs aux engins et aux filets sur les eaux du domaine public.

Les conditions d'approbation des statuts des fédérations, les conditions dans lesquelles y sont représentées et prises en compte les différentes pratiques de pêche, les modalités de désignation de leurs organes dirigeants, les modalités du contrôle de l'administration sur les fédérations et sur les associations ainsi que les conditions dans lesquelles l'administration peut se substituer aux fédérations lorsque celles-ci se trouvent dans l'impossibilité de fonctionner sont fixées par décret en Conseil d'État.

V. *infra*, A. 16 janv. 2013 fixant les conditions d'agrément et les statuts types des associations agréées de pêche et de protection du milieu aquatique (*JO* 29 janv. 2013), abrogeant l'A. du 9 déc. 1985 et A. du 27 juin 2008 (*JO* 16 juill. 2008), mod. par A. 25 août 2020 et A. 2 juin 2023. – Circulaire relative à la modification des statuts des associations agréées de pêche et de protection du milieu aquatique et des fédérations départementales des associations agréées de pêche et de protection du milieu aquatique et aux élections de leurs organes dirigeants, non publiée. – A. 2 mars 2012 fixant le contenu du dossier de demande d'agrément prévu à l'article L. 434-3 du Code de l'environnement et les statuts types des associations départementales de pêcheurs amateurs aux engins et aux filets sur les eaux du domaine public (*JO* 10 mars 2012), abrogeant l'A. du 9 déc. 1985 (*JO* 31 déc. 1985, p. 15681), mod. par A. 25 août 2020 et A. 2 juin 2023.

1) Pouvoir du ministre. En raison de l'habilitation ainsi donnée au gouvernement pour imposer aux fédérations et aux associations de pêcheurs amateurs les règles d'organisation et de fonctionnement nécessaires à la bonne exécution du service public dont elles sont chargées, le ministre de l'Environnement est seul compétent pour fixer les conditions d'agrément des associations agréées de pêche et de pisciculture (■ CE, 6e ss-sect., 27 juill. 1988, nos 75468 et 75564, *Assoc. des pêcheurs au filet et engin, Garonne Isle et Dordogne Maritime, Union nationale des intérêts aquacoles et piscicoles*). Le ministre de l'Environnement n'a pas à consulter la commission économique consultative de la pisciculture pour fixer ses règles (même arrêt) et aucune des dispositions des articles 402 et 405 du Code rural (art. L. 434-1 et s.) n'astreint les propriétaires d'eaux closes ou les titulaires de droit de pêche dans ces eaux à adhérer à l'une des catégories d'associations définie aux articles L. 434-3 et suivants (même arrêt) (■ CE, 16 déc. 1988, *Assoc. des pêcheurs aux engins et aux filets de Garonne*).

2) Indemnisation du préjudice de l'AAPPMA. V. art. L. 437-18, p. 922. – Préjudice matériel : indemnisation des sommes engagées pour l'alevinage de la saison en cours au moment des faits et pour le rempoissonnement de la rivière après l'incident ; préjudice moral : disparition d'associés. De son côté, la fédération a été indemnisée pour le préjudice moral et matériel correspondant à la perte justifiée diminuée des participations au rempoissonnement des AAPPMA (■ CA Versailles, 27 sept. 2006, n° 05/02326).

3) Missions légales des AAPPMA. La mise en œuvre de travaux de réhabilitation d'une rivière suite à une pollution ne fait pas partie des missions légales d'une association agréée de pêche et de protection des milieux aquatiques, alors même que ses statuts lui ont donné pour objet de participer activement à la protection des milieux aquatiques par la lutte contre la pollution des eaux (■ CE, 13 nov. 2009, n° 310038, *AAPPMA La sauvegarde de la Moine*. – P. Trouilly, *Associations agréées de pêche et de protection du milieu aquatique et préjudice subi en cas de pollution d'un cours d'eau*, note sous ■ CE, 13 nov. 2009, n° 310038 : *Environnement* 2010, n° 1).

4) Obligation d'adhésion. Les dispositions de l'article L. 434-3, alinéa 3, du Code de l'environnement ne portent pas atteinte au principe de liberté d'association prévu à l'article 11 de la Convention européenne de sauvegarde de droits de l'Homme (■ CE, 4 juill. 2012, n° 359164). L'atteinte portée par l'article L. 434-3 du Code de l'environnement à la liberté d'association n'est pas disproportionnée par rapport aux buts d'intérêt général poursuivis par ces dispositions. L'obligation d'adhésion résultant des dispositions de l'article L. 434-3 du Code de l'environnement a pour but « de concilier différents objectifs d'intérêt général, notamment assurer la coexistence des différentes catégories de pêcheurs et des différents modes de pêche, éviter une pratique anarchique de la pêche, protéger les milieux naturels et permettre une gestion rationnelle du patrimoine piscicole, tendant notamment à la reconstitution des populations de certaines espèces migratoires en voie de disparition ». Les fédérations n'exercent aucun pouvoir de contrainte ou de tutelle vis-à-vis de leurs associations adhérentes. Enfin, toutes les décisions relatives à la pêche aux engins sont prises à peine de nullité après avis de la commission spécialisée composée majoritairement de représentants des pêcheurs amateurs aux engins et aux filets, ce qui constitue une garantie suffisante de prise en compte des intérêts propres de cette catégorie de pêcheurs (■ CE, 5 juill. 2013, n° 359164).

Art. L. 434-4 *(Anc. C. rur., art. L. 234-4 ; mod., L. n° 2006-1772, 30 déc. 2006)* (1). – Les fédérations départementales des associations agréées de pêche et de protection du milieu aquatique ont le caractère d'établissement d'utilité publique. Elles sont chargées de mettre en valeur et de surveiller le domaine piscicole départemental.

À cet effet, elles participent à l'organisation de la surveillance de la pêche, à la protection du patrimoine piscicole et des milieux aquatiques. Elles coordonnent les actions des associations agréées de pêche et de protection du milieu aquatique. Elles exploitent, dans l'intérêt des membres des associations agréées de pêche et de protection du milieu aquatique du département, les droits de pêche qu'elles détiennent. Elles mènent des actions d'information et d'éducation en matière de protection des milieux aquatiques.

Elles peuvent, en outre, être chargées de toute autre mission d'intérêt général en rapport avec leurs activités.

La constitution de fédérations groupant les associations agréées de plusieurs départements peut être autorisée par le ministre chargé de la pêche en eau douce.

Voir : A. 16 janv. 2013 fixant les statuts types des fédérations départementales des associations agréées de pêche et de protection du milieu aquatique (*JO* 29 janv. 2013), abrogeant l'A. du 17 juill. 2008 (*JO* 1er août 2008), mod. par A. 25 août 2020 et A. 2 juin 2023. - Circulaire relative à la modification des statuts des associations agréées de pêche et de protection du milieu aquatique et des fédérations départementales des associations agréées de pêche et de protection du milieu aquatique et aux élections de leurs organes dirigeants, non publiée.

Sur les pouvoir du ministre. V. art. L. 434-3, p. 907.

Sur l'indemnisation du préjudice. V. art. L. 437-18, p. 922.

Art. L. 434-5. – Une Fédération nationale de la pêche et de la protection du milieu aquatique regroupe les fédérations départementales et interdépartementales des associations agréées de pêche et de protection du milieu aquatique pour assurer leur représentation au niveau national et coordonner leurs actions.

Elle a le caractère d'un établissement d'utilité publique.

Elle est chargée de la promotion et de la défense de la pêche de loisir aux lignes, aux engins et aux filets. Elle participe à la protection et à la gestion durable du milieu aquatique et contribue, notamment financièrement, à des actions de gestion équilibrée, de protection et de surveillance du patrimoine piscicole, ainsi qu'à des actions de formation et d'éducation à l'environnement.

Elle est consultée sur les mesures réglementaires concernant la pêche de loisir.

Ses décisions relatives à la pêche amateur aux engins et aux filets sont prises, à peine de nullité, après avis d'une commission spécialisée créée en son sein et composée majoritairement de représentants des pêcheurs amateurs aux engins et aux filets sur les eaux du domaine public.

Ses statuts sont conformes à un modèle arrêté par le ministre chargé de la pêche en eau douce. Ils assurent la représentation et la prise en compte des différentes pratiques de pêche.

La Fédération nationale de la pêche et de la protection du milieu aquatique gère le site internet consacré à l'adhésion des pêcheurs aux associations agréées de pêche et de protection du milieu aquatique et aux associations agréées de pêcheurs amateurs aux engins et aux filets sur les eaux du domaine public et collecte le montant global de leurs cotisations. Elle perçoit la cotisation « pêche et milieux aquatiques » due par les fédérations adhérentes proportionnellement au nombre des pêcheurs que celles-ci regroupent et verse le montant restant des cotisations des pêcheurs aux fédérations adhérentes proportionnellement au nombre de pêcheurs que ces dernières regroupent. Elle assure une péréquation entre ces fédérations en fonction de leurs ressources, de leurs charges et de leurs activités de service public.

Elle peut reprendre les biens, droits et obligations de l'Union nationale pour la pêche en France, à la demande de cette dernière. Cette opération ne donne pas lieu à la perception de droits, impôts ou taxes de quelque nature que ce soit.

Voir : *infra*, A. 5 févr. 2007 fixant le modèle de statuts de la Fédération nationale de la pêche et de la protection du milieu aquatique (*JO* 15 févr. 2007), modifié par A. du 15 mars 2007 (*JO* 25 avr. 2007), A. du 9 juin 2010 (*JO* 22 juin 2010), A. du 22 juin 2012 (*JO* 5 juill. 2012) et par A. du 18 juin 2014 (*JO* 27 juin 2014).

V. A. 13 juill. 2011 portant agrément de l'association Fédération nationale de la pêche et de la protection du milieu aquatique (*JO* 27 juill. 2011). - V. A. 7 févr. 2013 habilitant l'association Fédération nationale de la pêche et de la protection du milieu aquatique à être désignée pour prendre part au débat sur l'environnement se déroulant dans le cadre des instances consultatives nationales (*JO* 16 févr. 2012).

(1) Dispositions applicables à Mayotte, L. n° 2006-1772, 30 déc. 2006, art. 98, IV, 1.

1) Légalité des statuts. Rejet de la requête demandant l'annulation de l'arrêté du 5 février 2007 fixant les statuts de la Fédération nationale de la pêche et de la protection des milieux aquatiques (■ CE, 27 juill. 2009, n°s 311258 et 311259, *Fédération nationale des associations dptales agréées de pêcheurs aux engins et aux filets*).

2) « Permissions » de pêche accordées par une association de pêche. La demande de mesure d'instruction sollicitée en référé repose sur un motif légitime en raison du questionnement juridique réel qui existe autour de la légalité de telles permissions. Il existe donc bien un litige potentiel, dont l'objet et le fondement sont suffisamment caractérisés (■ CA Pau, 10 nov. 2016, n°s 16/4493 et 16/00985, *Fédération départementale des Pyrénées-Atlantiques pour la pêche et la protection du milieu aquatique : JurisData* n° 2016-025702).

Les dispositions de l'article L. 434-5 du Code de l'environnement ne confèrent à la Fédération nationale aucun pouvoir de contrainte ou de tutelle vis-à-vis des fédérations départementales ou de leurs associations adhérentes (■ CE, 30 sept. 2015, n° 375095).

Section III. – Organisation de la pêche professionnelle

Art. L. 434-6. – Les associations agréées de pêcheurs professionnels regroupent, dans le cadre départemental ou interdépartemental, les pêcheurs professionnels exerçant à temps plein ou partiel.

Ces associations contribuent à la surveillance de la pêche et participent à la protection du patrimoine piscicole et des milieux aquatiques.

Les conditions d'adhésion à ces associations, les modalités d'approbation de leurs statuts ainsi que celles du contrôle de l'administration sont fixées par décret en Conseil d'État.

Voir : art. R. 434-38 à R. 434-47, p. 2338. – A. 30 mars 2015 fixant les conditions d'agrément et les statuts types des associations agréées de pêcheurs professionnels en eau douce (*JO* 23 avr. 2015), abrogeant A. 13 déc. 1985 (*JO* 31 déc. 1985).

1) Conditions d'adhésion. En l'absence d'une habilitation expresse, le Gouvernement n'est pas autorisé à soumettre l'accès et l'exercice de l'activité de pêcheur professionnel à d'autres limitations que celles qui découlent des dispositions de l'article L. 434-6 (■ CE, 16 déc. 1988, n° 75544, *Assoc. des pêcheurs au filet et engin, Garonne Isle et Dordogne Maritime : Rec. CE* 1988, p. 447 ; *D.* 1990, p. 201, note Llorens et Solers-Couteaux ; *AJDA* 1989, p. 134, chron. Aubert et de Boisdeffre).

2) Conditions d'agrément. Le ministre chargé de la pêche en eau douce a le pouvoir de fixer des statuts types par arrêté ministériel, et un décret en Conseil d'État peut prévoir que le retrait d'agrément est prononcé par le ministre. Ce même décret en Conseil d'État peut prévoir, sans violer le principe de la liberté d'association, que toute modification des statuts d'une association agréée doit être soumise pour avis au ministre et que la désignation du président et celle du trésorier sont soumises à l'agrément du préfet (même arrêt).

Art. L. 434-7 *(L. n° 2006-1772, 30 déc. 2006)* (1). **– Un comité national de la pêche professionnelle en eau douce regroupe les associations agréées de pêcheurs professionnels en eau douce.**

Il a pour mission de représenter et promouvoir leurs activités au niveau national, de participer à l'organisation de la profession et à la réalisation d'actions économiques et sociales en sa faveur, de participer à la préservation du milieu aquatique et de contribuer à la gestion équilibrée des ressources qu'elle exploite ainsi qu'à l'amélioration des conditions de production.

Il est consulté sur les mesures réglementaires concernant la pêche professionnelle en eau douce.

Voir : A. 5 déc. 2007 fixant les règles d'organisation et de fonctionnement du Comité national de la pêche professionnelle en eau douce (*JO* 22 déc. 2007). – Circ. DPMA/SDAEP n° C 2009-9604, 18 mars 2009 relative à l'accompagnement des pêcheurs professionnels en eau douce touchés par les interdictions de commercialisation des poissons du fait de la pollution par les PCB (*BOMAP* n° 11/2009, 20 mars 2009).

CHAPITRE V. – DROIT DE PÊCHE

Voir : art. R. 435-1 à R. 435-40, p. 2339.

(1) Dispositions applicables à Mayotte, L. n° 2006-1772, 30 déc. 2006, art. 98, IV, 1.

Section I. – Droit de pêche de l'État

Art. L. 435-1. – I. - Le droit de pêche appartient à l'État et est exercé à son profit :

1° Dans le domaine public de l'État défini à l'article 1er du Code du domaine public fluvial et de la navigation intérieure, sous réserve des cas dans lesquels le droit de pêche appartient à un particulier en vertu d'un droit fondé sur titre ;

2° Dans les parties non salées des cours d'eau et canaux non domaniaux affluant à la mer, qui se trouvaient comprises dans les limites de l'inscription maritime antérieurement aux 8 novembre et 28 décembre 1926. Ces parties sont déterminées par décret.

II. - Un décret en Conseil d'État fixe les conditions d'exploitation par adjudication, amodiation amiable ou licence, du droit de pêche de l'État, et les modalités de gestion des ressources piscicoles du domaine et des cours d'eau et canaux mentionnés aux 1° et 2° du I. Il fixe, en particulier, la liste des fonctionnaires, des agents et des membres de leur famille qui ne peuvent prendre part directement ou indirectement à la location de ce droit de pêche.

Voir : art. R. 435-2 à R. 435-33, p. 2339. - A. 28 août 1987, fixant la composition de la commission technique départementale de la pêche, modifié (*JO* 2 sept. 1987). - A. 28 août 1987, fixant le modèle de demande de location du droit de pêche de l'État (*JO* 2 sept. 1987). - A. 27 oct. 1993, fixant la composition de la commission départementale ou interdépartementale des structures de la pêche professionnelle en eau douce (*JO* 10 nov. 1993). - A. 31 mars 2005 fixant la composition et le mode de fonctionnement de la commission de bassin pour la pêche professionnelle en eau douce (*JO* 20 avr. 2005). - Circ. 29 juill. 2005 relative à la Commission de bassin pour la pêche professionnelle en eau douce (*BOME* n° 19/2005). - A. 11 déc. 2015 portant approbation du modèle de cahier des charges pour l'exploitation du droit de pêche de l'État dans les eaux mentionnées à l'article L. 435-1 du Code de l'environnement pour la période du 1er janvier 2017 au 31 décembre 2021 (*JO* 5 janv. 2016) abrogeant l'A. 6 janv. 2011 (*JO* 17 févr. 2011).

Note du 28 janvier 2016 relative au renouvellement général des locations du droit de pêche de l'État au 1er janvier 2017. - D. n° 2010-1773, 31 déc. 2010 modifiant diverses dispositions relatives à la pêche en eau (*JO* 1er janv. 2011).

1) Adjudication du droit de pêche. Un droit de pêche situé sur un département peut être loué par adjudication à une association de pêche et de pisciculture dépendant d'une fédération départementale d'un département voisin avec l'accord de la fédération des départements concernés, ou bien, à défaut, du préfet (▪ CE, 8 juill. 1996, n° 108180, *Féd. Assoc. agréées de pêche et de pisciculture de la Savoie*) et l'établissement du cahier des charges de l'adjudication suppose nécessairement la consultation de la commission technique départementale de la pêche instituée par l'article 13 du décret du 28 août 1987, même si, de ce fait, la notification de ce cahier des charges est tardive (même arrêt).

2) Droit de pêche sur les retenues de barrage. Le droit de pêche détenu par EDF sur les lacs de retenue de barrage est transféré à l'État par une convention du 27 juillet 1954 approuvée par arrêté interministériel du 3 septembre 1954.

Art. L. 435-2. – Les dispositions de l'article 313-6 du Code pénal sont applicables aux adjudications du droit de pêche de l'État.

Toute adjudication prononcée au profit d'une personne condamnée en application desdites dispositions est déclarée nulle.

Art. L. 435-3. – Les contestations entre l'administration et les adjudicataires relatives à l'interprétation et à l'exécution des conditions des baux et adjudications et toutes celles qui s'élèvent entre l'administration ou ses cocontractants et des tiers intéressés à raison de leurs droits ou de leurs propriétés sont portées devant le tribunal judiciaire.

Question préjudicielle. Le juge administratif peut surseoir à statuer jusqu'à ce que la juridiction judiciaire se prononce sur la question préjudicielle de la détention d'un droit de pêche (▪ CE, 11 mars 1998, n° 142259, *Cne d'Alliancelles : Gaz. Pal.* 1999, 2, p. 582).

Section II. – Droit de pêche des collectivités territoriales et de leurs groupements

(L. n° 2016-1087, 8 août 2016)

Art. L. 435-3-1 *(L. n° 2016-1087, 8 août 2016)*. **– Dans le domaine public fluvial d'une collectivité territoriale ou d'un groupement de collectivités territoriales, le droit de pêche appartient à cette collectivité territoriale ou à ce groupement. ;**

Section III. – Droit de pêche des riverains

(Anc. sect. 2 dénum., L. n° 2016-1087, 8 août 2016)

Art. L. 435-4 ***(Mod., L. n° 2016-1087, 8 août 2016).*** **– Dans les cours d'eau et canaux non domaniaux, les propriétaires riverains ont, chacun de leur côté, le droit de pêche jusqu'au milieu du cours d'eau ou du canal, sous réserve de droits contraires établis par possession ou titres.**

Dans les plans d'eau non domaniaux, le droit de pêche appartient au propriétaire du fonds.

Voir : droit de riveraineté : C. civ., art. 561 et C. civ., art. 644. – C. rur., art. 98.

1) Prescription acquisitive. Le droit de pêche des riverains peut être acquis par prescription acquisitive trentenaire et les faits matériels de possession peuvent être prouvés par tout moyen (■ Cass. 3e civ., 15 mars 2000, n° 97-16.159).

2) Compétence juridictionnelle. Il n'appartient qu'à l'autorité judiciaire de statuer sur la question de la détention d'un droit de pêche (■ CE, 11 mars 1998, n° 142259, *Cne d'Alliancelles : Gaz. Pal.* 1999, 2, p. 582).

Art. L. 435-5. – (1) **Lorsque l'entretien d'un cours d'eau non domanial est financé majoritairement par des fonds publics, le droit de pêche du propriétaire riverain est exercé, hors les cours attenantes aux habitations et les jardins, gratuitement, pour une durée de cinq ans, par l'association de pêche et de protection du milieu aquatique agréée pour cette section de cours d'eau ou, à défaut, par la fédération départementale ou interdépartementale des associations agréées de pêche et de protection du milieu aquatique.**

Pendant la période d'exercice gratuit du droit de pêche, le propriétaire conserve le droit d'exercer la pêche pour lui-même, son conjoint, ses ascendants et ses descendants.

Les modalités d'application du présent article sont définies par décret en Conseil d'État.

Voir : art. R. 435-34 à R. 435-39, p. 2346 (D. n° 2008-720, 21 juill. 2008 : *JO* 23 juill. 2008).

A. 5 déc. 2001 fixant un modèle type de convention relative à la mise à disposition gratuite de l'exercice du droit de pêche en application de l'article L. 435-5 du Code de l'environnement (*JO* 14 déc. 2001) : cet arrêté a été annulé en tant qu'il ne fait pas mention, dans le modèle-type de convention qu'il fixe, des obligations respectives des propriétaires et des AAPPMA relatives notamment à la gestion des ressources piscicoles résultant des articles L. 433-3 et L. 435-5 du Code de l'environnement (■ CE, 12 févr. 2003, n° 243170, *Assoc. des riverains de France : RD rur.* 2003, p. 292).

Circ. n° 519, 19 mai 2000 relative aux modalités d'application du Code rural relatif au droit de pêche des riverains (*BOMPE* n° 6/2000, p. 47-51).

Bibliographie : A. Gaonac'h, *Eaux : propriété et usage : Rep. civ. Dalloz*, 2016.

Partage du droit de pêche et droit de propriété. Le partage de l'exercice du droit de la pêche n'est pas de nature à priver les propriétaires riverains de leur propriété et n'est pas contraire à la Convention européenne des droits de l'Homme. « L'obligation faite aux riverains de partager leur droit de pêche est la contrepartie soit d'une subvention qu'ils ont directement sollicitée, soit de leur décision de ne pas rembourser la part de subvention correspondant aux travaux exécutés sur leurs fonds par une collectivité » (■ CE, 27 juill. 2001, nos 217329 et 223037, *Assoc. de riverains de France : JurisData* n° 2001-062859). Le partage de droit de pêche apporte seulement des limitations aux droits d'usage des propriétaires riverains, qui ne sont pas disproportionnées par rapport à l'objectif d'intérêt général poursuivi. Dès lors, cet article n'a pas pour effet d'organiser l'exercice du droit de pêche par des tiers sans contrepartie (■ CE, 26 mars 2010, n° 320998, *Assoc. des riverains de France*). La procédure prévue aux articles R. 435-34 et suivants conduisant à l'attribution, dans le cas d'un financement majoritaire sur fonds publics, d'un droit de pêche à une association ou une fédération de pêche agréée est suffisamment précise pour permettre l'application du dispositif du partage du droit de pêche, sans méconnaître les principes de sécurité juridique et d'égalité devant les charges publiques (■ CE, 23 déc. 2010, n° 320852).

Section IV. – Droit de passage

(Anc. sect. 3 dénum., L. n° 2016-1087, 8 août 2016)

Art. L. 435-6. – **L'exercice du droit de pêche emporte bénéfice du droit de passage qui doit s'exercer, *autant que possible, en suivant la rive* du cours d'eau et à moindre dommage. Les modalités d'exercice de ce droit de passage peuvent faire l'objet d'une convention avec le propriétaire riverain.**

(1) V. T. appl. : C. rur., art. R. 235-34 transféré, D. n° 2003-768, 1er août 2003, art. 1er, II puis C. env., art. R.* 235-34. – NDLR.

1) CGPPP, art. L. 2131-2, sur le droit de passage des pêcheurs le long des cours d'eau appartenant au domaine public. Le maintien d'une clôture grillagée et le dépôt de tas de bois et branchages sur une portion de la bande de 3,25 m à partir de la limite du domaine public fluvial constituent une contravention de grande voirie prévue et réprimée par les dispositions de l'article L. 2131-2 du Code général de la propriété des personnes publiques relatives à la servitude de marchepied (■ CAA Nantes, 29 mai 2015, nos 14NT00482, 14NT00485 et 14NT0048).

2) Exercice de la servitude de passage. La servitude de passage le long d'un cours d'eau ou d'un plan d'eau ne peut être exercée lorsque la berge est encombrée d'arbres et de taillis (■ Cass. 1re civ., 31 janv. 1968 : *Bull. civ.* I, n° 44).

3) Jurisprudence sous l'ancien article L. 435-9 concernant la servitude de passage. Le préfet est tenu d'adresser une injonction au propriétaire riverain de respecter la servitude de passage et de remettre en état les lieux en rétablissant le passage (■ CAA Paris, 21 sept. 2006, n° 03PA02699, *GRAP*).

Art. L. 435-7. – **Lorsqu'une association ou une fédération définie à l'article L. 434-3 exerce gratuitement un droit de pêche, elle est tenue de réparer les dommages subis par le propriétaire riverain ou ses ayants droit à l'occasion de l'exercice de ce droit.**

CHAPITRE VI. – CONDITIONS D'EXERCICE DU DROIT DE PÊCHE

Voir : art. R. 436-3 à R. 436-94, p. 2347. – Circ. 23 juill. 2002 relative à la réglementation de la pêche en eau douce (*BOMPE* n° 10/2002, p. 29-30). – A. 11 janv. 2007 relatif à la perception et à la centralisation du produit de la taxe piscicole (*JO* 3 févr.).

Section I. – Dispositions générales

Art. L. 436-1. – **Toute personne qui se livre à l'exercice de la pêche doit justifier de sa qualité de membre d'une association agréée de pêche et de protection du milieu aquatique, d'une association agréée de pêcheurs amateurs aux engins et aux filets sur les eaux du domaine public ou d'une association agréée de pêcheurs professionnels, avoir versé sa cotisation statutaire et s'être acquittée de la redevance visée à l'article L. 213-10-12.**

Toute personne qui se livre à l'exercice de la pêche lors de la journée annuelle de promotion de la pêche fixée par arrêté du ministre chargé de la pêche en eau douce et dans le cadre des activités organisées à cette occasion par les fédérations départementales ou interdépartementales des associations agréées de pêche et de protection du milieu aquatique est dispensée des justifications prévues au premier alinéa.

Voir : art. R. 436-3, p. 2347 et art. R. 436-5, p. 2347.
art. L. 213-10-12, p. 372 sur la redevance pour protection du milieu aquatique.
A. 30 oct. 2007 relatif à la journée annuelle de promotion de la pêche en eau douce (*JO* 24 nov. 2007)

1) Exercice de la pêche aux engins et aux filets. Il résulte des dispositions de l'article 414 du Code rural (nouvel art. L. 436-1) que les membres des associations agréées de pêche et de pisciculture sont autorisés à pêcher, non seulement aux lignes dans l'ensemble des eaux douces « libres », mais aussi à pratiquer la pêche aux engins et aux filets dans celle de ces eaux qui ne font pas partie du domaine public fluvial (■ CE, 27 mai 1988, n° 76087, *Léger*).

2) Liberté d'association. Si l'obligation d'adhérer à une association de pêche et de pisciculture ou à une association agréée de pêcheurs amateurs aux engins ou aux filets sur les eaux du domaine public ou à une association agréée de pêcheurs professionnels est une restriction à la liberté d'association, elle n'est pas contraire à l'article 11 de la Convention européenne de sauvegarde des doits de l'Homme et des libertés fondamentales (■ CE, 27 mai 1988, *Debonne : JCP* G 1989, II, 21185. ■ Cass. crim., 8 mars 1995, *Mathe Gilles : RD rur.* 1995, p. 360 ; *Dr. pén.* 1995, n° 6, comm. 151, p. 11).

Art. L. 436-4 *(Mod., L. n° 2003-699, 30 juill. 2003 ; L. n° 2006-1772, 30 déc. 2006* (1) *; L. n° 2016-1087, 8 août 2016).* – **I. – Outre les droits individuels ou collectifs qui peuvent lui appartenir par ailleurs, tout membre d'une association agréée de pêche et de protection du milieu**

(1) Dispositions applicables à Mayotte, L. n° 2006-1772, 30 déc. 2006, art. 98, IV, 1.

aquatique ou d'une association départementale agréée de pêcheurs amateurs aux engins et filets a le droit de pêche :

1° De la rive ou en marchant dans l'eau, dans les parties classées en première catégorie, en vertu du 10° de l'article L. 436-5, des cours d'eau du domaine public où le droit de pêche appartient à l'État ;

2° De la rive ou en marchant dans l'eau ou en bateau, dans les parties desdits cours d'eau classés, en vertu du 10° de l'article L. 436-5, en deuxième catégorie ainsi que dans les plans d'eau, quelle que soit leur catégorie, où le droit de pêche appartient à l'État. Dans ce cas, toutefois, le ministre chargé de la pêche en eau douce ou, par délégation, le préfet peut, à titre exceptionnel, interdire à quiconque la pêche à la ligne en bateau ;

3° Et de la rive seulement pour la pêche au saumon, quelle que soit la catégorie du cours d'eau ; toutefois, le ministre chargé de la pêche en eau douce ou, par délégation, le préfet peut autoriser les pêcheurs de saumons à marcher dans l'eau sur des parcours déterminés.

II. – Le droit de pêche défini par le présent article ne peut s'exercer qu'à l'aide d'une seule ligne.

III. – Les dispositions du I et du II sont également applicables dans les eaux qui faisaient partie du domaine public fluvial de l'État à la date de promulgation de la loi n° 2003-699 du 30 juillet 2003 relative à la prévention des risques technologiques et naturels et à la réparation des dommages et qui ont fait l'objet d'un transfert à une collectivité territoriale en application de ladite loi.

Voir : art. R. 436-5, p. 2347.

Art. L. 436-5 *(Mod. à compter de la date prévue au II de l'article 88, L. n° 2006-1772, 30 déc. 2006)* (1). – Des décrets en Conseil d'État, déterminent les conditions dans lesquelles sont fixés, éventuellement par bassin :

1° Les temps, saisons, heures pendant lesquels la pêche est interdite ;

2° Les dimensions au-dessous desquelles les poissons de certaines espèces ne peuvent être pêchés et doivent être rejetés à l'eau ; ces dimensions ne peuvent être inférieures à celles correspondant à l'âge de première reproduction ;

3° Le nombre de captures autorisées pour certaines espèces et, le cas échéant, les conditions de capture ;

4° Les dimensions des filets, engins et instruments de pêche dont l'usage est permis ;

5° Le mode de vérification des mailles des filets autorisés pour la pêche de chaque espèce de poissons ;

6° Les filets, engins et instruments de pêche qui sont interdits comme étant de nature à nuire au peuplement des eaux visées par le présent titre ;

7° Les procédés et modes de pêche prohibés ;

8° Les espèces de poissons avec lesquelles il est défendu d'appâter les hameçons, nasses, filets ou autres engins ;

9° Les cours d'eau ou parties de cours d'eau où la pêche en marchant dans l'eau est interdite en vue de la protection du milieu aquatique ;

10° Le classement des cours d'eau, canaux et plans d'eau en deux catégories :

a) La première catégorie comprend ceux qui sont principalement peuplés de truites ainsi que ceux où il paraît désirable d'assurer une protection spéciale des poissons de cette espèce ;

b) La seconde catégorie comprend tous les autres cours d'eau, canaux et plans d'eau soumis aux dispositions du présent titre.

Voir : art. R. 436-6 à R. 436-43, p. 2347.

D. n° 2016-417, 7 avr. 2016 modifiant diverses dispositions du Code de l'environnement relatives à la pêche en eau douce : *JO* 9 avr. 2016.

1) Nature du contrôle du juge. Le contrôle du juge sur l'acte administratif, prescrivant les dates d'ouverture de la pêche, est un contrôle normal, le juge s'assurant notamment que l'acte n'est pas entaché d'erreur manifeste d'appréciation (■ CE, 30 juill. 1996, n° 164406, *Groupement des pêcheurs sportifs de Vienne et a. : Dr. adm.* 1997, n° 8-9, comm. 279, p. 16).

2) Avis consultatif obligatoire. La consultation du Conseil national de la protection de la nature est facultative pour les textes pris en application de l'article L. 436-5 (■ CE, 27 mai 1988, *Union nationale des intérêts aquatiques : Dr. adm.* 1988, n° 379). En revanche, dès lors qu'un terme de phrase ne figure ni dans le projet de textes soumis à la section des travaux publics du Conseil d'État ni dans le

(1) Dispositions applicables à Mayotte, L. n° 2006-1772, 30 déc. 2006, art. 98, IV, 1.

projet adopté par cette section, il encourt l'annulation comme étant pris par une autorité incompétente faute d'avis du Conseil d'État (▪ CE, 21 juill. 1989, n° 75880, *Assoc. nationale de protection des salmonidés : Rev. jur. env.* 1989, p. 465).

3) Dates de pêche. (▪ CE, 30 juill. 1996, n° 16460, *Groupement des pêcheurs sportifs de Vienne et a.*, préc.).

4) Taille de capture. Est jugé illégal l'arrêté préfectoral relatif à l'exercice de la pêche réduisant la taille de capture de la truite, en raison de l'absence de certitude suffisante permettant de savoir si la capacité de première reproduction de la truite fario était bien atteinte avant un dépassement de la taille de 0,20 mètre, alors que le plan départemental pour la protection des milieux aquatiques et la gestion des ressources piscicoles élaboré en application de l'article L. 433-3 du Code de l'environnement précisait pour la truite fario que « pour permettre à chacun des individus de se reproduire il faut protéger intégralement la gamme de taille de l'individu le plus grand » (▪ CAA Lyon, 18 nov. 2008, n° 06LY01140) ; V. art. R. 436-19, p. 2350. Condamnation d'un pêcheur pour infraction aux dispositions relatives aux tailles légales de capture prévues aux articles R. 436-18 et R. 436-19. Dans cette décision, la juridiction retient le préjudice écologique pour non-respect de la réglementation de la pêche (J. proximité ▪ Limoges, 19 juin 2015, n° 15/00005738).

5) Modes de pêche. Ne revêt pas un caractère général l'interdiction de l'usage d'engins destinés à accrocher le poisson autrement que par la bouche, dont fait partie la pêche à l'arc (▪ Cass. 1re civ., 16 déc. 1992 : *D.* 1993, inf. rap. 8. ▪ Cass. 1re civ., 19 nov. 1991 : *D.* 1991, inf. rap. 283). Le préfet ne peut légalement interdire l'utilisation du filet maillant par les pêcheurs aux engins et aux filets dès lors que cette pratique est explicitement autorisée par l'article R. 436-24 du Code de l'environnement (▪ CAA Lyon, 21 avr. 2009, n° 06LY02498).

Art. L. 436-6 *(Mod., Ord. n° 2012-34, 11 janv. 2012 ; mod. à compter du 1er juillet 2013, Ord. n° 2012-34, 11 janv. 2012)*. **– Le fait de placer un barrage, appareil ou établissement quelconque de pêcherie ayant pour objet d'empêcher entièrement le passage du poisson ou de le retenir captif est puni de 3 750 € d'amende.**

1) Nature de l'infraction. La mise en place d'un barrage est une infraction continue qui se prescrit à compter du jour de la destruction de l'ouvrage (▪ Cass. crim., 22 juin 1955 : *D.* 1955, p. 578).

2) Responsabilité des personnes physiques. La responsabilité personnelle du maire de la commune est retenue pour la construction d'un ouvrage communal de pêcherie constituant un obstacle infranchissable au passage du poisson. La police de la pêche s'applique à un ouvrage fondé en titre concernant l'infraction résultant de la fermeture d'une vanne mobile (▪ Cass. crim., 5 oct. 2004, n° 04-82.272). Responsabilité d'un particulier pour la construction de barrages ayant pour objet d'empêcher le passage du poisson ou de le retenir captif sans autorisation (▪ CA Amiens, 19 sept. 2012, n° 12/00342).

Art. L. 436-7 *(Mod., L. n° 2021-1104, 22 août 2021)*. **– Le fait de jeter dans les eaux définies à l'article L. 431-3 des drogues ou appâts en vue d'enivrer le poisson ou de le détruire est puni de deux ans d'emprisonnement et de 100 000 € d'amende.**

Ceux qui, en vue de capturer ou de détruire le poisson, se servent d'explosifs, de procédés d'électrocution ou de produits ou de moyens non autorisés sont punis des mêmes peines.

Voir : art. R. 436-39, p. 2354.

Art. L. 436-8. **– Les contremaîtres, les employés de balisage et les mariniers qui fréquentent les cours d'eau, canaux et lacs domaniaux ne peuvent avoir, dans leurs bateaux ou équipages, aucun filet ou engin de pêche en dehors de ceux destinés à la pêche à la ligne.**

Ils ne peuvent pêcher de leur bateau qu'à la ligne, pêches au lancer et à la traîne exceptées, et à la condition de se conformer aux prescriptions du présent titre et des textes pris pour son application.

Voir : art. R. 436-42, p. 2355.

Section II. – Autorisations exceptionnelles

Art. L. 436-9 *(Rempl., L. n° 2006-1772, 30 déc. 2006)* (1). **– L'autorité administrative chargée de la pêche en eau douce peut autoriser en tout temps la capture, le transport ou la vente de poissons, à des fins sanitaires,**

(1) Dispositions applicables à Mayotte, L. n° 2006-1772, 30 déc. 2006, art. 98, IV, 1.

scientifiques et écologiques, notamment pour en permettre le sauvetage, le dénombrement, la reproduction, favoriser le repeuplement et remédier aux déséquilibres biologiques.

Voir : art. L. 411-1 et s., p. 703 et art. R. 432-5 et s., p. 2332 du même code. – A. 17 déc. 1985, fixant la forme et le contenu de la demande de transport à l'état vivant de poissons, de grenouilles et de crustacés appartenant à des espèces susceptibles de provoquer des déséquilibres biologiques (*JO* 31 déc. 1985, p. 15686).

V. *infra*, A. 6 août 2013 fixant en application de l'article R. 432-6 du Code de l'environnement la forme et le contenu des demandes d'autorisations prévues au 2° de l'article L. 432-10 et à l'article L. 436-9 du Code de l'environnement (*JO* 28 sept. 2013), abrogeant l'A. 12 janvier 1986.

Section III. – Estuaires

Voir : Règl. ■ Cons. UE n° 1100/2007, 18 sept. 2007 instituant des mesures de reconstitution du stock d'anguilles européennes (*JOUE* 22 sept. 2007). – Plan de gestion anguilles de la France pour l'application du règlement n° 1100/2007, publié le 3 févr. 2010.

Art. L. 436-10. – Dans la zone comprise entre la limite de salure des eaux et les limites de l'inscription maritime fixées le 17 juin 1938, les marins pêcheurs professionnels peuvent exercer la pêche dans les mêmes conditions que les pêcheurs professionnels en eau douce, moyennant une licence.

Dans les cours d'eau et canaux affluant à la mer, en amont de la limite de salure des eaux et jusqu'aux anciennes limites de l'inscription maritime telles qu'elles étaient fixées antérieurement aux 8 novembre et 28 décembre 1926, les marins-pêcheurs professionnels qui, au 1er janvier 1927, exerçaient la pêche dans cette zone à titre d'inscrits maritimes et qui en avaient fait la demande avant le 1er janvier 1928 conservent le droit de pratiquer cette pêche moyennant une licence délivrée à titre gratuit.

Voir : sur la limite de salure des eaux, comm. sous art. L. 431-3, p. 897.

Art. L. 436-11. – En ce qui concerne les cours d'eau et canaux affluant à la mer, des décrets en Conseil d'État règlent, pour la pêche en eau douce et pour la pêche maritime, d'une manière uniforme, les conditions dans lesquelles sont fixées pour les espèces vivant alternativement dans les eaux douces et dans les eaux salées :

1° Les époques pendant lesquelles la pêche de ces espèces de poissons est interdite ;

2° Les dimensions au-dessous desquelles la pêche de ces espèces de poissons est interdite ;

3° Les mesures utiles à la reproduction, au développement, à la conservation et à la circulation de ces espèces ;

4° La liste de celles dont le colportage et la vente sont interdits ;

5° La liste de celles dont l'introduction est interdite ;

6° Le nombre et la dimension des filets, engins et instruments de pêche dont l'usage est permis.

Voir : art. R. 436-44 à R. 436-67, p. 2355 (anc. D. n° 94-157, 16 févr. 1994). – A. 15 juin 1994, fixant la composition des comités de gestion des poissons migrateurs [COGEPOMI] (*JO* 29 juin 1994). – A. 16 oct. 1996, fixant les prescriptions particulières à la pêche du saumon (*JO* 5 nov. 1996). – Circ. 2 sept. 1994, relative aux comités de gestion des poissons migrateurs [COGEPOMI].

Sanctions. Un pêcheur est condamné à payer plusieurs amendes pour pêche de poissons migrateurs en amont de la limite de salure des eaux pendant les heures d'interdiction, pour pêche avec engins à partir d'une écluse, pêche de nuit à l'aide de procédés prohibés, sans s'être acquitté de la taxe piscicole. S'agissant de l'indemnisation de la FDAAPPMA, le tribunal lui a octroyé 1 200 € (■ T. pol. Béziers, 23 oct. 2007, n° 07/00218).

Section IV. – Réserves et interdictions permanentes de pêche

Art. L. 436-12 *(Mod., L. n° 2002-92, 22 janv. 2002)*. – Un décret en Conseil d'État ou, en Corse, une délibération de l'Assemblée de Corse fixe les conditions dans lesquelles la pêche est interdite dans certaines sections de cours d'eau, canaux ou plans d'eau afin de favoriser la protection ou la reproduction du poisson. Les indemnités auxquelles ont droit les propriétaires riverains qui sont privés totalement de l'exercice du droit de pêche plus d'une année entière en vertu du présent article sont fixées, à défaut d'accord amiable, par les juridictions administratives.

Voir : art. R. 436-69 à R. 436-79, p. 2363.

Droit à indemnisation. La disposition de l'article 9 du décret n° 85-542 du 22 mai 1985, prévoit que « Le propriétaire riverain, privé totalement de son droit de pêche, plus d'une année entière, peut adresser une demande d'indemnité au commissaire de la République. Celui-ci propose une indemnité dont le montant doit être accepté par écrit. À défaut d'accord amiable, l'indemnité fixée par le tribunal administratif » n'est pas contraire au principe d'égalité mais vise à prendre en compte la diversité des situations individuelles locales et le commissaire de la République, en tant que représentant du ministre de l'Environnement, est compétent pour proposer cette indemnisation (■ CE, 22 juin 1988, n° 76053, *Union nationale des intérêts aquatiques*).

Section V. – Commercialisation

Art. L. 436-13. – Les pêcheurs professionnels exerçant à temps plein ou partiel sont seuls autorisés à vendre le produit de leur pêche.

Contamination chimique du milieu aquatique dans les produits de la pêche. Entre les poissons d'eau douce susceptibles d'être contaminés par une pollution aux polychlorobiphényles (PCB), il y a lieu de faire la part entre les poissons fortement bioaccumulateurs tels l'anguille, la brème, le barbeau, la carpe ou le silure, et les poissons faiblement bioaccumulateurs tels le gardon, la perche, le brochet, le chevesne et le goujon. Dans ces conditions, la fédération du Val-d'Oise pour la pêche et la protection du milieu aquatique est fondée à soutenir qu'en interdisant, de façon générale, la consommation humaine et animale et la commercialisation de tous les poissons pêchés dans la Seine, l'Oise et l'Esches, pour leurs parties situées dans le département du Val-d'Oise sans distinction entre les espèces, le préfet du Val-d'Oise a méconnu la réglementation communautaire précitée et a pris une mesure de police disproportionnée aux buts en vue desquels elle a été prise (■ TA Cergy-Pontoise, 27 sept. 2012, n° 1009069).

Art. L. 436-14 ***(Rempl., L. n° 2006-1772, 30 déc. 2006)*** (1). **– La commercialisation des poissons appartenant aux espèces inscrites sur la liste du 2° de l'article L. 432-10 est autorisée lorsqu'il est possible d'en justifier l'origine.**

Le fait de vendre ces poissons sans justifier de leur origine est puni de 3 750 € d'amende.

Voir : art. L. 432-10, p. 905.

Espèces visées au 2° de l'article L. 432-10 du Code de l'environnement. V. *supra*, A. 17 déc. 1985, fixant la liste des espèces de poissons, de crustacés et de grenouilles représentées dans les eaux visées à l'article 413 du Code rural (*JO* 26 janv. 1986, p. 1464). – A. 7 sept. 1999, fixant la liste des espèces de poissons, grenouilles et crustacés représentées dans les cours d'eau et les plans d'eau de la Réunion (*JO* 19 oct. 1999, p. 15610). – A. 12 nov. 2001, fixant la liste des espèces de poissons et de crustacés représentés dans les cours d'eau et les plans d'eau de la Martinique (*JO* 5 déc. 2001, p. 19362). – A. 23 sept. 2005 fixant la liste des espèces de poissons représentés dans les cours d'eau et les plans d'eau de la Guyane (*JO* 13 nov. 2005).

Art. L. 436-15 ***(Rempl., L. n° 2006-1772, 30 déc. 2006)*** (1). **– Le fait, pour toute personne, de vendre le produit de sa pêche sans avoir la qualité de pêcheur professionnel en eau douce est puni de 3 750 € d'amende.**

Le fait d'acheter ou de commercialiser sciemment le produit de la pêche d'une personne n'ayant pas la qualité de pêcheur professionnel en eau douce est puni de la même peine.

Voir : Circ. intermin. PMA/SPM/C 2006-9611 du 4 avr. 2006 relative à la protection des civelles – lutte contre le braconnage et la vente illicite (*BOMAP* n° 14/2006, 7 avr. 2006).

Vente illicite de civelles. Condamnation d'un couple ayant procédé à la vente de civelles provenant du braconnage, pour recel et recours au travail dissimulé, achat et exposition ou vente de produits de pêche à pied non professionnelle (TGI Sables d'Olonne, 14 avr. 2005, n° 573/05. ■ CA Poitiers, 7 avr. 2006, n° 06/231).

Art. L. 436-16 ***(Anc. C. rur., art. L. 236-16 ; rempl., L. n° 2006-1772, 30 déc. 2006*** (1)***; L. n° 2016-1087, 8 août 2016).*** **– I. – Est puni de six mois d'emprisonnement et de 50 000 € d'amende,**

(1) Dispositions applicables à Mayotte, L. n° 2006-1772, 30 déc. 2006, art. 98, IV, 1.

lorsque les espèces concernées sont l'anguille européenne (anguilla anguilla), y compris le stade alevin, l'esturgeon européen (acipenser sturio) et le saumon atlantique (salmo salar), le fait :

1° De pêcher ces espèces dans une zone ou à une période où leur pêche est interdite ;

2° D'utiliser pour la pêche de ces mêmes espèces tout engin, instrument ou appareil interdit ou de pratiquer tout mode de pêche interdit pour ces espèces ;

3° De détenir un engin, instrument ou appareil utilisable pour la pêche de ces mêmes espèces à une période et dans une zone ou à proximité immédiate d'une zone où leur pêche est interdite, à l'exclusion de ceux entreposés dans des locaux déclarés à l'autorité administrative ;

4° De vendre, mettre en vente, transporter, colporter ou acheter ces mêmes espèces, lorsqu'on les sait provenir d'actes de pêche effectués dans les conditions mentionnées au 1°.

II. – Sont punis d'une amende de 22 500 €, lorsque l'espèce concernée est la carpe commune (cyprinus carpio) et que la longueur du poisson est supérieure à soixante centimètres, les faits prévus aux 1° à 4° du I ainsi que le fait, pour un pêcheur amateur, de transporter vivant un tel poisson.

III *(L. n° 2021-1104, 22 août 2021).* **– Le montant des amendes mentionnées aux I et II peut être porté jusqu'au double de l'avantage tiré de l'infraction. Le premier alinéa de l'article 131-38 du Code pénal s'applique uniquement aux amendes prévues au présent article exprimées en valeur absolue.**

La loi pour la reconquête de la biodiversité du 8 août 2016 donne un fondement législatif à la liste des espèces dont la pêche en eau douce est prohibée et alourdit les sanctions encourues en cas de non-respect de cette prohibition. La pêche et la commercialisation de l'anguille européenne, y compris le stade alevin, de l'esturgeon européen et du saumon atlantique dans des zones, à des périodes et selon des modalités interdites seront punies de six mois d'emprisonnement et de 50 000 € d'amende. Ces mêmes faits seront punis d'une amende de 22 500 € lorsque l'espèce concernée est la carpe commune et que la longueur du poisson est supérieure à soixante centimètres.

La liste des espèces concernées se trouve ainsi explicitement fixée dans la loi, en distinguant la carpe commune et les espèces en danger (anguille, esturgeon et saumon atlantique), pour lesquelles le quantum de peine est, de surcroît, augmenté.

Section VI. – Dispositions particulières

Néant.

V. art. R. 436-82 à R. 436-94, p. 2364 : dispositions relatives à la pêche dans certains cours d'eau et plans d'eau frontaliers, ainsi que dans ceux des départements et régions d'outre-mer.

CHAPITRE VII. – DISPOSITIONS PÉNALES COMPLÉMENTAIRES

Voir : art. R. 437-1 à R. 437-13, p. 2366.

Section I. – Recherche et constatation des infractions

V. art. R. 437-1 à R. 437-5, p. 2366. – A. 16 avr. 2002, portant création d'un traitement automatisé de données réglementaires comportant des informations nominatives ayant pour finalité le suivi administratif des procédures d'instruction relatives à la loi sur l'eau, des constats de pollution et du non-respect des dispositions de la loi sur l'eau et de la loi « pêche » (*JO* 30 avr. 2002).

Sous-section 1. – Agents compétents

Art. L. 437-1 *(Anc. C. rur., art. L. 237-1 ; mod., L. n° 2005-157, 23 févr. 2005* (1) *; Ord. n° 2005-805, 18 juill. 2005* (2) *; mod. à compter de la date prévue au II de l'article 88, L. n° 2006-1772, 30 déc. 2006* (3) *; modifié, L. n° 2011-525, 17 mai 2011 ; rempl. à compter du 1er juillet 2013, Ord. n° 2012-34, 11 janv. 2012 ; mod. à compter du 1er janvier 2017, L. n° 2016-1087, 8 août 2016).* **– I. – Outre les officiers et agents de police judiciaire et les inspecteurs de l'environnement mentionnés à l'article L. 172-1,**

(1) Entrée en vigueur : V. L. n° 2005-157, 23 févr. 2005, art. 230, VIII.
(2) Dispositions applicables à Mayotte, Ord. n° 2005-805, 18 juill. 2005, art. 17.
(3) Dispositions applicables à Mayotte, L. n° 2006-1772, 30 déc. 2006, art. 98, IV, 1.

sont habilités à rechercher et à constater les infractions aux dispositions du présent titre et des textes pris pour son application :

1° Les agents des services de l'État chargés des forêts commissionnés à raison de leurs compétences en matière forestière et assermentés à cet effet ;

2° *(Mod., Ord. n° 2022-839, 1er juin 2022)* (1) Les agents de l'Office national des forêts mentionnés au I de l'article L. 161-4 du Code forestier et, pour leur seule constatation, les agents mentionnés au II du même article, commissionnés à raison de leurs compétences en matière forestière et assermentés à cet effet ;

3° Les agents du domaine national de Chambord commissionnés pour constater les infractions en matière forestière, de chasse ou de pêche ;

4° Les gardes champêtres ;

5° Les agents de police judiciaire adjoints mentionnés à l'article 21 du Code de procédure pénale, qui exercent ces missions dans les limites et selon les modalités fixées par le Code de procédure pénale ;

6° Les agents des réserves naturelles mentionnés à l'article L. 332-20 agissant dans les conditions prévues à cet article ;

7° Les gardes du littoral mentionnés à l'article L. 322-10-1, agissant dans les conditions prévues à cet article.

II *(Mod. à compter du 1er janvier 2020, L. n° 2019-773, 24 juill. 2019)*. – Les agents commissionnés de l'Office français de la biodiversité peuvent contrôler les conditions dans lesquelles, au-delà de la limite de salure des eaux, est pratiquée la pêche des espèces de poissons vivant alternativement dans les eaux douces et dans les eaux salées.

III. – Peuvent également rechercher et constater les infractions aux dispositions du présent titre et des textes pris pour son application les agents des douanes ainsi que les agents mentionnés à l'article L. 942-1 du Code rural et de la pêche maritime.

Voir : art. R. 437-1 à R. 437-3, p. 2366.

Bibliographie : J.-P. Delvigne, *Les pouvoirs de police judiciaire confiés aux fonctionnaires et agents pour la recherche et la constatation des infractions en matière de pollution et nuisances industrielles*, thèse doctorat en droit, sept. 2000, Université de Strasbourg.

1) **Pouvoir du ministre.** Si le ministre de l'Environnement est incompétent pour édicter des mesures réglementaires concernant les modalités de désignation des agents susceptibles d'être commissionné, il l'est en revanche pour prendre les décisions de nomination individuelle (▪ CE, 28 juill. 1993, n° 78541, *Féd. nationale des syndicats autonomes des producteurs d'électricité : RD rur.* 1994, p. 48).

2) **Visite domiciliaire.** Les agents et fonctionnaires habilités peuvent rechercher les infractions à la police de la pêche « en quelque lieu qu'elles soient commises », exception faite des immeubles affectés à l'habitation (▪ Cass. crim., 10 juin 1992, n° 91-82.872 : *Dr. env.* 1993, n° 17, p. 16). Ils peuvent notamment accéder aux locaux, installations et lieux où sont réalisées les opérations en cause, à l'exclusion des domiciles (▪ Cass. crim., 7 oct. 2008, n° 08-81.176).

Art. L. 437-2 et L. 437-3 *(Abr. à compter du 1er juillet 2013, Ord. n° 2012-34, 11 janv. 2012).*

Sous-section 2. – Procès-verbaux

Art. L. 437-4 *(Anc. C. rur., art. L. 237-4 ; rempl. à compter du 1er juillet 2013, Ord. n° 2012-34, 11 janv. 2012)*. – Lorsqu'ils portent sur des infractions prévues au présent titre, les procès-verbaux dressés par les fonctionnaires et agents mentionnés à l'article L. 172-4 et par les gardes-pêche particuliers sont adressés en copie au président de la fédération départementale des associations agréées de pêche et de protection du milieu aquatique et au président de l'association agréée de pêcheurs professionnels en eau douce.

Art. L. 437-5 *(Abr. à compter du 1er juillet 2013, Ord. n° 2012-34, 11 janv. 2012).*

(1) Le Conseil constitutionnel a déclaré les mots « et, pour leur seule constatation, les agents mentionnés au II du même article, » figurant au 2° du paragraphe I du présent article, dans sa rédaction résultant de l'ordonnance n° 2022-839 du 1er juin 2022, conforme à la Constitution. – V. ▪ Cons. const. 31 mars 2023, n° 2023-1042 QPC, art. 1er : *JurisData* n° 2023-004996 ; *JO* 4 avr. 2023. – NDLR.

Sous-section 3. – Recherche des infractions

Art. L. 437-6 *(Abr. à compter du 1er juillet 2013, Ord. n° 2012-34, 11 janv. 2012).*

Art. L. 437-7 *(Anc. C. rur., art. L. 237-7).* – **Tout pêcheur est tenu d'amener son bateau et d'ouvrir ses loges, réfrigérateurs, hangars, bannetons, huches, paniers et autres réservoirs et boutiques à poisson à toute réquisition des fonctionnaires et agents chargés de la police de la pêche.**

En outre, ces fonctionnaires et agents peuvent procéder à la visite des passages d'eau des moulins ou autre installation fixe implantée sur les cours d'eau.

Voir : art. R. 437-12, p. 2367.

Visite domiciliaire. Un procès-verbal dressé par des gardes-pêche accompagnés d'un officier de police judiciaire, dans un passage d'eau des moulins, n'est pas entaché d'irrégularité dès lors qu'il n'est pas démontré que la visite opérée se soit déroulée dans une partie consacrée à l'habitation du moulin de la résidence du prévenu (■ Cass. crim., 10 juin 1992, n° 91-82.872 : *Dr. env.* janv.-févr. 1993, n° 17, p. 16).

Art. L. 437-8 à L. 437-12 *(Abr. à compter du 1er juillet 2013, Ord. n° 2012-34, 11 janv. 2012).*

Sous-section 4. – Gardes-pêche particuliers

Art. L. 437-13 *(Anc. C. rur., art. L. 237-13 ; mod., L. n° 2006-1772, 30 déc. 2006* (1) *; mod. à compter du 1er juillet 2013, Ord. n° 2012-34, 11 janv. 2012 ; mod., L. n° 2019-773, 24 juill. 2019).* – **Les gardes-pêche particuliers assermentés constatent par procès-verbaux les infractions aux dispositions du présent titre et des textes pris pour son application qui portent préjudice aux détenteurs de droits de pêche qui les emploient.**

Les dispositions de l'article 29 du Code de procédure pénale sont applicables à ces procès-verbaux qui font foi jusqu'à preuve contraire.

Les dispositions du premier alinéa de l'article L. 437-7, des deux premiers alinéas de l'article L. 172-10 et de l'article L. 172-12 en tant qu'il concerne la saisie des instruments de pêche et des poissons, sont applicables aux gardes-pêche particuliers assermentés.

Sur les eaux du domaine public fluvial, les gardes-pêche particuliers assermentés sont commissionnés par chaque association agréée de pêcheurs détenant un droit de pêche sur le lot considéré.

Sur les eaux n'appartenant pas au domaine public fluvial, à la demande des propriétaires et des détenteurs de droits de pêche, une convention peut être passée entre eux et la fédération départementale ou interdépartementale des associations agréées de pêche et de protection du milieu aquatique pour que la garderie particulière de leurs droits de pêche soit assurée par des agents de développement de cette fédération. Les agents ainsi nommés dans cette fonction par la fédération sont agréés par le représentant de l'État dans le département ; ils interviennent conformément aux dispositions des trois premiers alinéas du présent article dans la limite des territoires dont ils assurent la garderie.

Voir : L. 12 avr. 1892, relative aux arrêtés administratifs agréant des gardes-particuliers : *DP* 1892, IV, 43. – CPP, art. R. 15-33-24 à R. 15-33-29-2. – CPP, art. 29. – A. 30 août 2006 relatif à la formation des gardes particuliers et à la carte d'agrément (*JO* 1er sept. 2006). – A. 22 août 2007 portant extension d'un avenant à la convention collective nationale de travail concernant les gardes-chasse et gardes-pêche particuliers (n° 7015) (*JO* 2 sept. 2007). – V. *infra*, Circ. du 9 janv. 2007 relative à l'agrément des gardes particuliers (*BOMEDD* n° 3, 15 févr. 2007), se substituant à la circulaire du 23 juillet 2004.

Voir : Circ. PN-SPH n° 86/3, 31 janv. 1986 relative à l'application de l'article 407 du Code rural résultant de la loi n° 84-512 du 29 juin 1984 sur la pêche en eau douce et à la gestion des ressources piscicoles. – Circ. du 6 déc. 2005 relative à l'ordonnance n° 2005-805 du 18 juillet 2005 portant simplification, harmonisation et adaptation des polices de l'eau et des milieux aquatiques, de la pêche et de l'immersion des déchets (*BOMEDD* n° 2/2006, 30 janv. 2006).

1) Compétences des gardes-pêche particuliers : Les gardes-pêche particuliers n'ont pas compétence générale pour dresser des procès-verbaux à l'encontre des personnes déposant des déchets. Toutefois, lorsqu'ils constatent une infraction à l'environnement, ils peuvent en référer au service de police de l'eau ou à tout agent mentionné à l'article L. 216-3 ou L. 437-1 du Code de l'environnement (Rép. min. à question n° 4385, 18 sept. 2007).

(1) Dispositions applicables à Mayotte, L. n° 2006-1772, 30 déc. 2006, art. 98, IV, 1.

2) Contestation de la qualité des gardes-pêche. Le prévenu ne peut, par une simple allégation, contester la qualité du rédacteur du procès-verbal dès lors que celui-ci mentionne expressément la qualité de garde-pêche commissionné de son rédacteur (▪ Cass. crim., 12 oct. 1988, n° 86-96.800).

3) Preuve. La preuve de l'infraction se fait par tout moyen. Il ne résulte pas de l'article L. 237-4 que les infractions à la police de la pêche ne puissent être constatées que par procès-verbaux des gardes-pêche commissionnés (▪ Cass. crim., 18 mars 1998, n° 97-80.612). En matière civile, afin d'apporter la preuve du comportement dommageable des pêcheurs constitué par la pêche irrégulière, la saisie du poisson est nécessaire afin de conforter les procès-verbaux et établir le dommage subi par la fédération départementale de pêche et de protection des milieux aquatiques (J. proximité Bayonne, 8 janv. 2008, n°s 91-07-000229 et 91-07-000230).

4) Force probante des procès-verbaux. La contestation d'un procès-verbal établi par deux fonctionnaires ne peut se faire que par la procédure en inscription de faux (▪ Cass., 15 nov. 2005, n° 05-83.102). Lorsque qu'ils sont établis par un seul agent, les procès-verbaux font fois jusqu'à preuve contraire, qui peut être rapportée soit par écrit, soit par témoin. Ainsi, le rapport écrit des gendarmes constitue une preuve contraire suffisante (▪ CA Aix-en-Provence, 29 mai 2006, *Syndicats des arrosants c/ FDAAPPMA Bouches-du-Rhône*). Le document établi par les agents verbalisateurs est régulier dès lors que les rédacteurs se sont contentés, sans pénétrer dans un établissement dont il n'était ni allégué, ni établi qu'il ait constitué un domicile, d'en examiner les installations et de consigner le résultat de leurs observations (▪ Cass. crim., 4 mai 1994, n° 93-80.920, *Leblanc*).

5) Recevabilité de l'exception de nullité. L'exception de nullité prise de l'irrégularité de la procédure de constat des infractions relevées par les gardes-pêche du Conseil supérieur de la pêche doit être présentée avant toute défense au fond (▪ Cass. crim., 25 sept. 1997, n° 96-85.712).

6) Délai de transmission des procès-verbaux. Les dispositions de l'article L. 237-5 imposant la transmission des procès-verbaux établis en application des dispositions du titre III du livre IV du Code de l'environnement, dans le délai de cinq jours sous peine de nullité, concernent non pas seulement les gardes-pêche, mais tous les officiers et agents de police judiciaire appelés à constater des infractions et à procéder à des enquêtes en application des textes réglementant la pêche en eau douce, laquelle nullité n'est encourue que s'il est établi que le retard dans la transmission du procès-verbal a porté atteinte aux intérêts du demandeur (▪ Cass. crim., 28 sept. 1999, n° 98-87.893, *Vernay André : Dr. pén.* 2000, n° 2, p. 15, comm. J.-H. Robert).

Section II. – Transaction

Voir : art. R. 437-6 à R. 437-9, p. 2367.

Art. L. 437-14 (1) (2) *(Abr. à compter du 1er juillet 2013, Ord. n° 2012-34, 11 janv. 2012).*

Voir : L. n° 2004-1343, 9 déc. 2004 de simplification du droit (*JO* 10 déc. 2004, p. 20857) : « (...) Art. 50 : Dans les conditions prévues par l'article 38 de la Constitution, le Gouvernement est autorisé à prendre par ordonnance, en matière de police de l'eau et de police de la pêche et du milieu aquatique, les dispositions nécessaires pour : (...) 2° (...) préciser, dans l'article L. 437-14 du Code de l'environnement, les conséquences de la transaction pénale sur l'action publique ».

C. env., art. R. 437-6 à R. 437-7, p. 2367 (D. n° 2007-598, 24 avr. 2007).

Circ. 6 déc. 2005 relative à l'ordonnance n° 2005-805 du 18 juillet 2005 portant simplification, harmonisation et adaptation des polices de l'eau et des milieux aquatiques, de la pêche et de l'immersion des déchets (*BOMEDD* n° 2/2006, 30 janv. 2006).

V. *infra*, Circ. du 14 mai 2007 relative à la transaction pénale dans le domaine de l'eau et de la pêche en eau douce (*BO MEDAD* n° 15, 15 août 2007).

Bibliographie : B. Le Page, *La transaction pénale pour pollution de cours d'eau : RD rur.* 1993, p. 322. • M.-P. Maître, *De la transaction pénale en matière de protection de l'eau et des milieux aquatiques : Environnement* 2007, n° 6, comm. 117. • A. Beziz-Ayache, *La transaction pénale en matière de police de l'eau et de la pêche : BDEI* nov. 2007, n° 12.

(1) Dispositions applicables à Mayotte, L. n° 2006-1772, 30 déc. 2006, art. 98, IV, 1.
(2) Dispositions applicables dans les îles Wallis-et-Futuna, en Polynésie française et en Nouvelle-Calédonie, L. n° 2011-1862, 13 déc. 2011, art. 72.

Section III. – Poursuites

Voir : art. R. 437-10 à R. 437-11, p. 2367.

Art. L. 437-15 à L. 437-17 *(Abr. à compter du 1er juillet 2013, Ord. n° 2012-34, 11 janv. 2012).*

Section IV. – Action civile

Art. L. 437-18 *(Anc. C. rur., art. L. 238-9 ; rempl., L. n° 2006-1772, 30 déc. 2006)* (1). **– Les fédérations départementales ou interdépartementales des associations agréées de pêche et de protection du milieu aquatique, la Fédération nationale de la pêche et de la protection du milieu aquatique, la commission syndicale de la Grande Brière Mottière, les associations agréées de pêcheurs professionnels en eau douce et le Comité national de la pêche professionnelle en eau douce peuvent exercer les droits reconnus à la partie civile en ce qui concerne les faits constituant une infraction au présent titre et aux textes pris pour son application et portant un préjudice direct ou indirect aux intérêts collectifs qu'ils ont pour objet de défendre.**

1) Intérêt à agir de la fédération. Selon la jurisprudence judiciaire, les fédérations ont qualité pour demander réparation du préjudice matériel direct subi par les associations la composant (▪ Cass. crim., 10 avr. 1997, n° N 96-84.230 D, *Fédération de l'Orne pour la pêche et la protection du milieu aquatique : Dr. env.* 1997, n° 52, p. 4-5, note J.-H. Robert). Elles ne peuvent obtenir devant la juridiction administrative que la réparation du préjudice personnel, direct et certain résultant pour elles des faits imputables à la collectivité publique ; la Fédération départementale de la pêche et la protection du milieu aquatique est recevable en sa constitution de partie civile du fait de son action générale de protection du milieu aquatique, dès lors qu'il est relevé que les travaux ont porté atteinte au libre écoulement des eaux avec un impact sur le milieu (▪ CA Rennes, 10 janv. 2008, n° 07/00732. – J.-M. Février, *Contentieux pénal du défaut d'autorisation administrative dans le domaine de l'eau : Environnement* 2008, n° 4, comm. 64).

2) Organe compétent pour engager une action en justice. Conformément aux statuts des fédérations départementales de pêche, le seul organe compétent pour décider de l'engagement d'une action en justice et mandater le Président est le bureau. Dès lors, doit être rejetée la requête d'indemnisation du préjudice subi par la fédération validée par le Conseil d'administration de la fédération (▪ CAA Marseille, 3 oct. 2011, n° 09MA01465).

3) Réparation du préjudice. Détention des droits de pêche. *Le juge administratif* considère qu'à défaut d'être titulaire du droit de pêche, la fédération ne peut demander une indemnité du chef des dommages subis par la faune aquatique ; elle n'est fondée à demander la réparation que des dépenses d'alevinage ou de rempoissonnement consenties à titre exceptionnel, en sus des frais habituellement exposés, et destinées à remédier aux conséquences de la pollution sur la faune piscicole, ainsi, le cas échéant, que des dépenses afférentes aux opérations de prélèvement et d'établissement d'un procès-verbal constatant la pollution aquatique (▪ CAA Lyon, 10 juill. 2001, n° 96LY01886, *Fédération du Puy-de-Dôme pour la pêche et la protection du milieu aquatique : Dr. env.* 2002, n° 98, p. 112. ▪ CAA Lyon, 25 avr. 2002, n° 96LY02602, *Fédération dptale des associations agréées de pêche et de protection du milieu aquatique du Cantal : Dr. env.* 2002, n° 98, p. 111). Dans la mesure où la fédération ne possédait pas les baux de pêche sur le canal, elle ne pouvait prétendre à l'indemnisation du préjudice d'atteinte à son image (▪ TA Pau, 4 avr. 2006, n° 0401597). La fédération ne peut obtenir réparation pour la perte de jouissance, dès lors que les baux de pêche appartiennent à l'AAPPMA et qu'elle ne justifie d'aucune action de rempoissonnement sur les espèces disparues suite à la pollution (▪ TA Pau, 23 juin 2009, n° 0702052).

Au contraire, le juge judiciaire considère que les fédérations peuvent obtenir réparation du préjudice direct ou indirect aux intérêts collectifs qu'elles ont pour objet de défendre en ce qui concerne les faits constituant une infraction à la législation de la pêche, même si elles ne sont pas titulaires du droit de pêche dans les rivières polluées et que le coût du rempoissonnement a été supporté par l'association de pêche titulaire des droits de pêche. Les juges ont l'obligation de réparer intégralement le préjudice résultant des infractions à la charge du prévenu. Dès lors, ils ne peuvent se contenter de la réparation du préjudice moral et financier consécutif à la perte de permis délivrés et des cotisations (▪ Cass. crim., 10 avr. 1997, n° N 96-84.230 D, *Fédération de l'Orne pour*

(1) Dispositions applicables à Mayotte, L. n° 2006-1772, 30 déc. 2006, art. 98, IV, 1.

la pêche et la protection du milieu aquatique, précitée).

Pêcheurs professionnels. Concernant la demande d'indemnisation de l'association agréée interdépartementale des pêcheurs professionnels, le juge administratif considère qu'elle ne justifie pas d'un préjudice propre, dès lors que les adhérents de l'association n'ont pas de droits de pêche sur cette section de la rivière et que celle-ci n'a pas directement œuvré à la réintroduction du saumon atlantique. En outre, cet arrêt réaffirme le principe suivant lequel une association agréée pour la protection de l'environnement est fondée à demander réparation pour le dommage écologique qui lui est propre (▪ CAA Lyon, 23 avr. 2009, n° 07LY02634, *Assoc. Club Mouche saumon Allier et Assoc. agréée interdépartementale des pêcheurs professionnels du bassin de la Loire et des cours d'eau bretons*. Les dommages concernant l'atteinte à l'image de marque du cours d'eau ou de la perte de productivité ne peuvent par eux mêmes ouvrir droit à aucune réparation (▪ TA Orléans, 30 mars 2006, n° 0301023).

4) Indemnisation du « préjudice piscicole ». – Indemnisation du préjudice subi par la fédération suite à une pollution ayant entraîné une mortalité piscicole, le préjudice a été évalué sur la base des indications figurant dans le procès-verbal (▪ CA Orléans, 12 déc. 2006, n° 2006/719). V. également : ▪ TGI Privas, 20 mars 2008, n° 333/2008, *SAS Arjo-Wiggins Paper*. – Refus d'indemnisation d'une FDAAPPMA suite à un assèchement ayant provoqué la mortalité de poissons, dès lors que la fédération n'a effectué aucune action de rempoissonnement ou de restauration de frayères. De plus, dans la mesure où elle ne possédait pas les baux de pêche sur le canal, la fédération ne pouvait prétendre à l'indemnisation du préjudice d'atteinte à son image (▪ TA Pau, 4 avr. 2006, n° 0401597). Les fédérations peuvent prétendre à la réparation des frais d'alevinage engagés sur le cours d'eau (▪ CAA Nantes, 30 mars 2007, n° 06NT01059). – Réparation du préjudice de l'AAPPMA. Préjudice matériel : indemnisation des sommes engagées pour l'alevinage de la saison en cours au moment des faits et pour le réempoissonnement de la rivière après l'incident ; préjudice moral : disparition d'associés. De son côté, la fédération a été indemnisée pour le préjudice moral et matériel correspondant à la perte justifiée diminuée des participations au rempoissonnement des AAPPMA (▪ CA Versailles, 27 sept. 2006, n° 05/02326). Est rejetée la demande d'indemnisation d'une fédération de pêche et de protection du milieu aquatique pour le préjudice subi suite à une pollution en raison de l'absence d'actions de rempoissonnement exceptionnel destiné à remédier aux destructions de poissons consécutives à la pollution (▪ CAA Bordeaux, 10 juin 2008, n° 06BX00747, *Fédération de pêche et de protection du milieu aquatique des Deux-Sèvres*. – P. Trouilly, *Les fédérations ne sont pas fondées à demander la réparation de la perte de richesse biologique d'un cours d'eau consécutive à une pollution : RD rur.* 2008, n° 366, comm. 196). Suite à la pollution d'un cours d'eau par une installation classée ayant entraîné l'asphyxie des zones de ponte et une mortalité piscicole, la fédération de pêche a obtenu réparation du préjudice de jouissance de l'ensemble des pêcheurs privés d'une population et des dépenses d'investissement nécessaires au repeuplement de la rivière, ainsi que du préjudice moral du fait de l'activité importante déployée par la fédération pour maintenir un milieu aquatique sain mis à mal par les pollutions (▪ CA Pau, 6 juin 2011, n° 11/2657).

Suite à une pollution d'un cours d'eau par un centre d'enfouissement technique, la fédération de pêche obtient réparation du préjudice indirect lié à la pollution de la rivière en raison de l'atteinte portée à l'environnement et de son préjudice matériel évalué à 21 000 euros pour les différentes pollutions (▪ TGI Tarbes, 29 juill. 2014, n° 03000004278).

Suite à une pollution accidentelle d'un cours d'eau par de la chaux ayant causé la perte d'écrevisses à pieds blancs, de truites, de goujons, de vairons et d'autres espèces, le tribunal considère qu'il y a atteinte aux missions, à l'objet social et aux intérêts collectifs représentés par la fédération de pêche et lui alloue en réparation de ce préjudice la somme de 500 euros. Par ailleurs, la fédération demande réparation de son préjudice matériel estimé à 3 293 euros. La fédération obtient réparation de son préjudice matériel évalué par le tribunal à 3 900 euros, selon la formule Leger-Huet-Arrignon (▪ TGI Pau, 6 août 2014, n° 13/834).

5) Indemnisation du « préjudice écologique » : (non). La réparation du préjudice piscicole englobant la perte de jouissance du milieu, perte du profit des alevinages et préjudice moral auquel peuvent prétendre les fédérations de pêche est à distinguer de la réparation du préjudice écologique auquel peuvent prétendre les associations agréées de protection de l'environnement au titre de l'article L. 142-2 du Code de l'environnement (▪ TGI Épinal, 14 mars 2006, n° 657/2006). Dans le même sens : ▪ TGI Épinal, 16 mai 2006, 972/06. ▪ CA Nancy, 9 mai 2007, n° 425/07. Les fédérations sont susceptibles d'obtenir réparation des préjudices relatifs aux frais de rempoissonnement de la rivière, ainsi que du préjudice subi en qualité de titulaire du droit de pêche, à l'exception toutefois des dommages consistant dans la perte de richesse biologique du cours d'eau qui ne peuvent par eux-mêmes ouvrir droit à aucune réparation

(■ TA Pau, 23 juin 2009, n° 0702052, préc.). Dans le même sens (■ CAA Bordeaux, 10 juin 2008, n° 06BX00747, *Fédération de pêche et de protection du milieu aquatique des Deux-Sèvres*. – P. Trouilly, *Les fédérations ne sont pas fondées à demander la réparation de la perte de richesse biologique d'un cours d'eau consécutive à une pollution : RD rur.* 2008, n° 366, comm. 196, préc.). La fédération obtient réparation du préjudice moral subi du fait d'actes de braconnage de grenouilles rousses, toutefois elle est déboutée en ce qui concerne la réparation du préjudice écologique faute de preuve permettant de constater « une atteinte à la biodiversité » (■ TI Clermont-Ferrand, 1er févr. 2011, n° 11-10-000708, *Fédération du Puy-de-Dôme pour la pêche et la protection du milieu aquatique*).

(oui). Suite à une pollution industrielle du milieu aquatique, indemnisation d'une fédération départementale pour la pêche et la protection du milieu aquatique pour le préjudice économique (perte d'image, baisse des cartes de pêche et de taxe piscicole, efforts financiers, actions de promotion, travaux de capture et restauration morphologique de la rivière), ainsi que du préjudice écologique, équivalent à la perte de valeur du cours d'eau basé sur la valeur de reconstitution d'un milieu identique, associée à la surface impactée, l'intérêt patrimonial du cours d'eau, le coefficient d'irréversibilité de l'atteinte et la perte de fonctionnalité (■ TGI Tours, 24 juill. 2008, n° 1747 D, *Synthron*. – M. Boutonnet, *Une nouvelle réparation du préjudice écologique par le juge du fond : Environnement* 2008, n° 10, étude 11).

Indemnisation du préjudice écologique prenant en compte le préjudice piscicole de la FDAAPPMA, suite à une pollution d'un cours d'eau ayant entraîné une destruction importante de la faune, ainsi que du préjudice économique correspondant au remboursement des cartes de pêche des pêcheurs privés de leur droit de pêche en raison des interdictions de pêche et de l'impact de la pollution sur la ressource (■ TGI Rouen, 5 oct. 2010, n° 09160000066). Suite à une vidange accidentelle d'un barrage ayant entraîné la pollution d'un cours d'eau, la fédération obtient réparation du préjudice écologique, qui pour le tribunal administratif se rattache, dans les circonstances de l'espèce, au préjudice moral. Pour la détermination du montant d'indemnisation du préjudice écologique le tribunal ne tient pas compte de l'importance de la pollution (■ TA Clermont-Ferrand, 10 mai 2011, n° 1000714, *Fédération du Puy-de-Dôme pour la pêche et la protection du milieu aquatique*).

Section V. – Sanctions

Sous-section 1. – Circonstances aggravantes

Art. L. 437-19 *(Anc. C. rur., art. L. 238-6).* **– Les peines peuvent être doublées lorsque les délits sont commis la nuit.**

Sous-section 2. – Astreinte

Art. L. 437-20 *((1)Abr. à compter du 1er juillet 2013, Ord. n° 2012-34, 11 janv. 2012).*

Sous-section 3. – Confiscation

Art. L. 437-21 *(Abr. à compter du 1er juillet 2013, Ord. n° 2012-34, 11 janv. 2012).*

Sous-section 4. – Exclusion des associations agréées

Art. L. 437-22 *(Anc. C. rur., art. L. 238-8 ; mod. à compter du 1er juillet 2013, Ord. n° 2012-34, 11 janv. 2012 ; mod., L. n° 2021-1104, 22 août 2021).* **– Tout jugement ou arrêt qui prononce une condamnation pour infraction en matière de pêche, à l'exception des infractions à l'interdiction de pêcher sans la permission du détenteur du droit de pêche, peut exclure l'auteur de l'infraction des associations agréées de pêche pour une durée qui ne peut être inférieure à un an ni supérieure à trois ans. En cas de récidive, cette exclusion a une durée minimum de deux ans et ne peut excéder cinq ans. Lorsque l'auteur de l'infraction est un pêcheur professionnel dans l'exercice de son activité, le tribunal peut prononcer son exclusion des associations agréées de pêcheurs professionnels pour une durée qui ne peut excéder deux ans ; en cas de récidive, cette exclusion ne peut excéder cinq ans.**

(1) Dispositions applicables à Mayotte, Ord. n° 2005-805, 18 juill. 2005, art. 17.

Celui qui, durant le temps où il a été exclu, se livre à l'exercice de la pêche, est puni de 30 000 € d'amende, ce montant pouvant être porté jusqu'au double de l'avantage tiré de l'infraction. Le premier alinéa de l'article 131-38 du Code pénal s'applique uniquement aux amendes prévues au présent alinéa exprimées en valeur absolue.

Voir : art. R. 435-1, p. 2339 : incrimination de pêche sans la permission du titulaire du droit de pêche (« pêche sur autrui »).

Sous-section 5. – Responsabilité des personnes morales

Art. L. 437-23 *(Abr. à compter du 1er juillet 2013, Ord. n° 2012-34, 11 janv. 2012).*

CHAPITRE VIII. – DISPOSITIONS DIVERSES

Art. L. 438-1 *(Anc. L. n° 46-936, 7 mai 1946, art. unique).* – Les lois et règlements relatifs à la pêche fluviale sont déclarés exécutoires à compter du 1er janvier 1946 dans les départements du Bas-Rhin, du Haut-Rhin et de la Moselle, sous réserve de l'application des conventions internationales des 30 juin 1885, 18 mai 1887 et 19 décembre 1890.

Art. L. 438-2 *(Anc. C. rur., art. L. 239-1).* – Un décret en Conseil d'État détermine, en tant que de besoin, les modalités d'application du présent titre.

LIVRE V

PRÉVENTION DES POLLUTIONS, DES RISQUES ET DES NUISANCES

TITRE PRÉLIMINAIRE. – CONSEIL SUPÉRIEUR DE LA PRÉVENTION DES RISQUES TECHNOLOGIQUES

(Rempl., L. n° 2021-1104, 22 août 2021)

CHAPITRE UNIQUE. – ENQUÊTES TECHNIQUES

Section I. – La procédure

Art. L. 501-1 *(L. n° 2021-1104, 22 août 2021)*. **– I. – Tout accident survenu dans les installations, mines, réseaux et produits et équipements suivants peut faire l'objet d'une enquête technique, à l'initiative du responsable du bureau d'enquêtes et d'analyses sur les risques industriels mentionné à l'article L. 501-5 ou sur demande du ministre chargé de l'environnement :**

1° Dans une installation classée pour la protection de l'environnement au sens des articles L. 511-1 et L. 511-2 ;

2° Dans une mine au sens des articles L. 111-1 et L. 112-1 du Code minier ;

3° Sur des réseaux souterrains, aériens ou subaquatiques de transport ou de distribution de fluides, au sens de l'article L. 554-5 du présent code ;

4° Sur des produits et équipements à risques, au sens du chapitre VII du titre V du présent livre ;

5° Sur une infrastructure mentionnée à l'article L. 551-2.

Une enquête technique est systématiquement réalisée en cas d'accident majeur entraînant des atteintes graves et durables à la santé, à la flore, à la faune ou à la qualité de l'air, du sol ou de l'eau et devant faire l'objet d'une notification à la Commission européenne, survenu sur une installation mentionnée à l'article L. 515-32.

II. – *(Mod. à compter du 1er janvier 2025, L. n° 2024-450, 21 mai 2024)* **Par dérogation au I du présent article, les installations et activités relevant de la police spéciale de l'Autorité de sûreté nucléaire et de radioprotection sont soumises exclusivement aux enquêtes techniques prévues aux articles L. 592-35 à L. 592-40.**

III. – Les activités, installations, ouvrages et travaux relevant du ministre de la défense ou pour lesquels celui-ci est l'autorité administrative compétente ne sont pas soumis au présent chapitre.

IV. – L'État peut mettre à la charge de l'exploitant de l'installation ou du dispositif concerné les frais d'expertises et d'analyses sur les risques industriels et technologiques ou sur les atteintes à l'environnement sollicitées par le bureau d'enquêtes et d'analyses sur les risques industriels mentionné à l'article L. 501-5, sans préjudice de l'indemnisation des dommages subis par les tiers.

Art. L. 501-2 *(L. n° 2021-1104, 22 août 2021)*. **– L'enquête technique prévue à l'article L. 501-1 a pour seuls objets l'amélioration de la sécurité et la prévention de futurs accidents, sans détermination des fautes ou des responsabilités.**

Sans préjudice, le cas échéant, de l'enquête judiciaire qui peut être ouverte, elle consiste à collecter et analyser les informations utiles, à déterminer les circonstances et les causes certaines ou possibles de l'accident et, s'il y a lieu, à établir des recommandations de sécurité.

Art. L. 501-3 *(L. n° 2021-1104, 22 août 2021).* – Un rapport d'enquête technique est établi par le bureau d'enquêtes et d'analyses sur les risques industriels mentionné à l'article L. 501-5 qui le rend public, au terme de l'enquête, sous une forme appropriée. Toutes les données et tous les témoignages sont présentés de manière anonyme. Ce rapport ne fait état que des informations résultant de l'enquête nécessaires à la détermination des circonstances et des causes de l'accident et à la compréhension des recommandations de sécurité.

Avant que le rapport soit rendu public, les enquêteurs peuvent recueillir les observations des autorités, entreprises et personnels intéressés, qui sont tenus au secret professionnel concernant les éléments de cette consultation.

Art. L. 501-4 *(L. n° 2021-1104, 22 août 2021).* – I. – Le procureur de la République reçoit copie du rapport d'enquête technique en cas d'ouverture d'une procédure judiciaire.

II. – Le ministre chargé de l'environnement et le représentant de l'État territorialement compétent sont informés de l'ouverture de l'enquête.

Section II. – Les pouvoirs d'investigation

Art. L. 501-5 *(L. n° 2021-1104, 22 août 2021).* – L'enquête technique mentionnée à l'article L. 501-1 est effectuée par un organisme permanent spécialisé dénommé bureau d'enquêtes et d'analyses sur les risques industriels.

Ont la qualité d'enquêteur technique pour l'application de la présente section les membres du bureau d'enquêtes et d'analyses sur les risques industriels, les membres d'une commission d'enquête constituée par ce bureau le cas échéant et, lorsque le bureau fait appel à eux, les membres des corps d'inspection et de contrôle ou des experts de nationalité française ou étrangère.

Art. L. 501-6 *(L. n° 2021-1104, 22 août 2021).* – Dans le cadre de l'enquête technique, le bureau d'enquêtes et d'analyses sur les risques industriels et les enquêteurs techniques agissent en toute indépendance et ne reçoivent ni ne sollicitent d'instructions d'aucune autorité ni d'aucun organisme dont les intérêts pourraient entrer en conflit avec la mission qui leur est confiée.

Art. L. 501-7 *(L. n° 2021-1104, 22 août 2021).* – Les enquêteurs techniques peuvent immédiatement accéder au lieu de l'accident pour procéder sur place à toute constatation utile, dans les conditions prévues aux articles L. 171-1 et L. 171-2.

L'autorité judiciaire est préalablement informée de l'intervention des enquêteurs.

Si nécessaire, les enquêteurs techniques prennent toute mesure de nature à assurer la préservation des indices, en tenant compte des nécessités de la mise en sécurité des lieux.

Art. L. 501-8 *(L. n° 2021-1104, 22 août 2021).* – Les enquêteurs techniques ont accès sans délai à l'ensemble des éléments techniques utiles à la compréhension des causes et circonstances de l'accident et peuvent procéder à leur exploitation dans les conditions suivantes :

1° Lorsqu'une enquête ou une information judiciaire est ouverte :

a) Ces éléments ne peuvent être saisis qu'avec l'accord du procureur de la République ou du juge d'instruction ;

b) Les enquêteurs techniques ne peuvent soumettre ces éléments à des examens ou analyses susceptibles de les modifier, de les altérer ou de les détruire qu'avec l'accord du procureur de la République ou du juge d'instruction ;

c) À défaut d'accord, ils sont informés des opérations d'expertise diligentées par l'autorité judiciaire compétente. Ils ont le droit d'y assister et d'exploiter les constatations faites dans le cadre de ces opérations pour les besoins de l'enquête technique ;

d) S'il s'agit d'éléments préalablement saisis par l'autorité judiciaire qui peuvent faire l'objet d'une copie sans altérer les données qu'ils contiennent, ils sont mis, à leur demande, à leur disposition pour réaliser une copie des données qu'ils rassemblent, sous le contrôle d'un officier de police judiciaire ;

2° Lorsqu'aucune enquête judiciaire ni aucune information judiciaire n'est ouverte :

a) Les enquêteurs techniques peuvent prélever, aux fins d'examen ou d'analyse, tous éléments techniques qu'ils estiment propres à contribuer à la détermination des circonstances et des causes de l'accident ;

b) S'ils envisagent d'altérer ou de détruire, pour les besoins de l'enquête, ces éléments, ils en informent préalablement le procureur de la République compétent pour s'assurer qu'aucune ouverture d'enquête n'est envisagée ; si celui-ci ouvre une enquête judiciaire, le régime prévu au 1° s'applique.

Art. L. 501-9 *(L. n° 2021-1104, 22 août 2021).* – Les objets ou les documents retenus par les enquêteurs techniques sont restitués dès lors que leur conservation n'apparaît plus nécessaire à la détermination des circonstances et des causes de l'accident.

Si, entre le moment du prélèvement et le moment de la restitution, une enquête judiciaire a été ouverte, le procureur de la République ou le juge d'instruction saisi de l'éventualité de cette restitution est préalablement avisé et peut s'opposer à cette restitution.

La rétention et, le cas échéant, l'altération ou la destruction, pour les besoins de l'enquête, des objets ou des documents soumis à examen ou à l'analyse n'entraînent aucun droit à indemnité.

Art. L. 501-10 *(L. n° 2021-1104, 22 août 2021).* – Les enquêteurs techniques peuvent rencontrer toute personne concernée et obtiennent, sans que puisse leur être opposé le secret professionnel, communication de toute information ou de tout document concernant les circonstances, entreprises, organismes et matériels en relation avec l'accident et concernant notamment la conception, la construction, la maintenance et l'exploitation de l'installation ou de l'équipement impliqué. Les enquêteurs peuvent organiser ces rencontres en l'absence de toute personne qui pourrait avoir intérêt à entraver l'enquête de sécurité. Les témoignages, informations et documents recueillis ne peuvent être utilisés par les enquêteurs techniques à d'autres fins que l'enquête technique elle-même, à moins qu'un intérêt public supérieur ne justifie leur divulgation.

Dans les mêmes conditions, les enquêteurs techniques peuvent demander communication de toute information ou de tout document à caractère personnel concernant la formation, la qualification ou l'aptitude à la fonction des personnels impliqués. Toutefois, celles de ces informations qui ont un caractère médical ne peuvent être communiquées qu'aux médecins mentionnés à l'article L. 501-11.

Il est établi une copie des documents placés sous scellés par l'autorité judiciaire à l'intention de ces enquêteurs.

Art. L. 501-11 *(L. n° 2021-1104, 22 août 2021).* – Les médecins rattachés à l'organisme permanent ou désignés pour assister les enquêteurs techniques reçoivent, à leur demande, communication des résultats des examens ou prélèvements effectués sur des personnes participant à l'activité impliquée dans l'accident ainsi que des rapports d'expertise médico-légale concernant les victimes.

Section III. – Dispositions relatives au secret de l'enquête judiciaire et au secret professionnel

Art. L. 501-12 *(L. n° 2021-1104, 22 août 2021).* – Les personnels du bureau d'enquêtes et d'analyses sur les risques industriels et les personnes chargées de l'enquête sont tenus au secret professionnel dans les conditions et sous les peines prévues à l'article 226-13 du Code pénal.

Art. L. 501-13 *(L. n° 2021-1104, 22 août 2021).* – I. – Par dérogation à l'article L. 501-12, le responsable du bureau d'enquêtes et d'analyses sur les risques industriels est habilité à transmettre des informations résultant de l'enquête technique, s'il estime qu'elles sont de nature à prévenir un accident :

1° Aux autorités administratives chargées de la sécurité ;

2° Aux personnes physiques et morales exerçant une activité concevant, produisant, exploitant ou entretenant des installations ou équipements tels que ceux mis en œuvre dans le cadre de l'accident.

II. – Le responsable du bureau d'enquêtes et d'analyses sur les risques industriels est habilité, dans le cadre de sa mission, à rendre publiques des informations à caractère technique sur les constatations faites par les enquêteurs, le déroulement de l'enquête technique et, éventuellement, ses conclusions provisoires.

Art. L. 501-14 *(L. n° 2021-1104, 22 août 2021).* – Sur autorisation du procureur de la République ou du juge d'instruction, des éléments des procédures judiciaires en cours permettant de réaliser des recherches ou enquêtes scientifiques ou techniques, destinées notamment à prévenir la survenance d'accidents, peuvent être communiqués, dans les conditions prévues à l'article 11-1 du Code de procédure pénale.

Art. L. 501-15 *(L. n° 2021-1104, 22 août 2021)*. **– Les informations ou documents relevant du secret de l'enquête ou de l'instruction judiciaires peuvent être communiqués aux enquêteurs techniques avec l'accord du procureur de la République.**

Art. L. 501-16 *(L. n° 2021-1104, 22 août 2021)*. **– Au cours de ses enquêtes, le bureau d'enquêtes et d'analyses sur les risques industriels peut émettre des recommandations de sécurité s'il estime que leur mise en œuvre immédiate est de nature à prévenir un accident.**

Section IV. – Sanctions relatives à l'enquête technique

Art. L. 501-17 *(L. n° 2021-1104, 22 août 2021)*. **– Est puni d'un an d'emprisonnement et de 15 000 € d'amende le fait d'entraver l'action des enquêteurs techniques mentionnés à l'article L. 501-5 :**

1° Soit en s'opposant à l'exercice des fonctions dont ils sont chargés ;

2° Soit en refusant de leur communiquer les données, les contenus, les matériels, les informations et les documents utiles, en les dissimulant, en les altérant ou en les faisant disparaître.

Art. L. 501-18 *(L. n° 2021-1104, 22 août 2021)*. **– Les personnes morales reconnues pénalement responsables, dans les conditions prévues à l'article 121-2 du Code pénal, des infractions définies à l'article L. 501-17 du présent code encourent, outre l'amende prévue à l'article 131-38 du Code pénal, les peines mentionnées à l'article 131-39 du même code.**

L'interdiction mentionnée au 2° du même article 131-39 porte sur l'activité dans l'exercice ou à l'occasion de l'exercice de laquelle l'infraction a été commise.

Section V. – Dispositions d'application

Art. L. 501-19 *(L. n° 2021-1104, 22 août 2021)*. **– Un décret en Conseil d'État précise les conditions d'application du présent chapitre et, en particulier, les conditions de commissionnement des enquêteurs techniques non membres du bureau d'enquêtes et d'analyses sur les risques industriels et les conditions de nomination des membres des commissions d'enquête prévues à l'article L. 501-6.**

TITRE Ier. – INSTALLATIONS CLASSÉES POUR LA PROTECTION DE L'ENVIRONNEMENT (1) (2)

Bibliographie : M. Prieur, *Droit de l'environnement*, Dalloz Précis, 8e éd., 2019. • J.-P. Boivin, *Les installations classées*, Éditions Le Moniteur, coll. « Analyse juridique », 2003 ; *Sites et sols pollués*, Éditions Le Moniteur, coll. « Guides juridiques », 2022 ; *Pratique du contentieux des installations classées et des carrières*, Éditions Le Moniteur, coll. « Guides juridiques », 2010. • J.-P. Boivin et C. Lavaire, *Carrières et granulats. Traité pratique de la remise en état. Traité pratique du droit des carrières*, Le Moniteur, 2008.

CHAPITRE Ier. – DISPOSITIONS GÉNÉRALES

Avertissement

L'évolution du droit des ICPE, depuis l'année 2018, a subi des transformations considérables. Pour suivre cette évolution globalement descendante, il convient aujourd'hui de se référer, à côté des textes remis à jour, aux

(1) Sur l'expérimentation d'une autorisation unique en matière d'installations classées pour la protection de l'environnement : V. Ord. n° 2014-355, 20 mars 2014. – NDLR.

(2) Sur l'expérimentation d'un certificat de projet : V. Ord. n° 2014-356, 20 mars 2014. – NDLR.

chroniques de doctrine et aux analyses synthétiques qui en facilitent la compréhension et l'analyse. Nous recommandons vivement aux lecteurs de s'y référer préalablement selon l'ordre suivant :

1 – Évolution générale du droit des ICPE

A. Vermersh, *Droit des installations classées : retour sur l'année 2022-2023* : *Dr. env.* 2023, n° 327.

2 – Les apports des lois nouvelles

– La loi Elan, sur le droit de l'environnement et de l'énergie : L. Descubes et J. Gourdou, *Les apports de la loi ELAN aux droits de l'environnement et de l'énergie* : *Énergie – Env. – Infrastr.* 2019, n° 7.

– La loi ASAP, sur les limites apportées au droit des ICPE : A. Carpentier, *Le volet « installations classées » de la loi ASAP »* : *Énergie – Env. – Infrastr.* 2021, n° 4.

– La loi Industrie verte, sur l'intégration de l'industrie : A. Vermersh, *Droit des installations classées : retour sur l'année 2023-2024* : *Dr. env.* 2024, n° 338. – R. Bonnefont, *Loi « Industrie verte » : l'État creuse le sillon* : *Énergie – Env. – Infrastr.* 2023, n° 12.

– La loi ENR du 10 mars 2023, sur les évolutions relatives aux installations d'énergies renouvelables.

– La règlementation éolienne : O. Valard, L. Pasquier-Mignot et R. Illhé *Règlementation des installations classées pour la protection de l'environnement et implantations d'éoliennes* : *Énergie – Env. – Infrastr.* 2022, n° 7.

– La règlementation sur l'agrivoltaïsme : R. Sageloli et C. Lepage, *Entre ombre et lumière : décryptage du décret relatif au développement de l'agrivoltaïsme* : *Dr. env.*, mai 2024.

– La réindustrialisation : V. à ce sujet, Th. Garancher, *Les Florilèges du droit l'environnement*, éd. La mémoire du droit, 2024, p. 449 et s.

– La loi agricole : nous pouvons nous référer aujourd'hui à la loi n° 56 d'orientation pour la souveraineté alimentaire et le renouvellement des garanties en agriculture, adoptée définitivement par l'Assemblée nationale le 19 février 2025, laquelle qualifie l'agriculture d'intérêt général majeur et neutralise le principe de non-régression et dépénalise certaines infractions protégeant l'environnement.

I – DROIT DE L'UNION

1) Textes de référence. Dir. n° 2012/18/UE du 4 juill. 2012 concernant la maîtrise des dangers liés aux accidents majeurs impliquant des substances dangereuses, modifiant puis abrogeant la directive 96/82/CE du Conseil (*JOUE* n° L 197, 24 juill. 2012) (dite directive « Seveso 3 »).

Dir. n° 2010/75/UE, 24 nov. 2010 relative aux émissions industrielles (prévention et réduction intégrées de la pollution) (refonte) (*JOUE* n° L 334, 17 déc. 2010 ; Rectif. *JOUE* n° L 158, 19 juin 2012) (dite « Directive IED » (*Industrial Emissions Directive*).

2) Présentation des textes. L'accident de Seveso (Italie) du 10 juillet 1982 (libération d'un nuage toxique de dioxine à proximité d'habitations et d'élevages) a été à l'origine d'une prise de conscience des risques liés à la présence humaine à proximité d'établissements industriels et de la nécessité de les prévenir par une gestion raisonnée de l'occupation des sols (rare texte de l'Union sur la question) et de la gestion de ces établissements. La Communauté, puis l'Union européenne, ont adopté une série de directives à ces fins : Dir. n° 82/501/CEE du 24 juin 1982 concernant les risques d'accidents majeurs de certaines activités industrielles (*JOCE n° L 230, 5 août 1982*) (dite « Seveso 1 ») ; abrogée et remplacée par Dir. n° 96/82/CE du 9 décembre 1996 concernant la maîtrise des dangers liés aux accidents majeurs impliquant des substances dangereuses (*JOCE n° L 10, 14 janv. 1997*) (dite « Seveso 2 »), elle-même abrogée et remplacée à compter du 1er juin 2015 par la directive n° 2012/18/UE du 4 juillet 2012 concernant la maîtrise des dangers liés aux accidents majeurs impliquant des substances dangereuses (*JOUE n° L 197, 24 juill. 2012*) dite « Seveso 3 ». La directive « Seveso 3 » s'aligne sur les règles définies par le règlement n° 1272/2008/CE du 16 décembre 2008 relatif à la classification, à l'étiquetage et à l'emballage des substances et des mélanges (dit « règlement CLP » : *Classification, labellisation, packaging*) qui crée de nouvelles classifications et catégories de dangers en s'inspirant du Système général harmonisé de classification et d'étiquetage des produits chimiques adopté par le Conseil économique et social des Nations unies de 2003).

Le droit français n'a fait pas preuve d'une grande originalité dans la transposition des 3 directives Seveso successives, qui en reprend l'essentiel de la philosophie, *a minima* :

– Maîtrise de l'urbanisation péri-industrielle : des servitudes d'utilité publique peuvent être instituées en vue de restreindre l'utilisation du sol : la limitation ou l'interdiction de certains usages susceptibles de porter atteinte aux intérêts de santé et d'environnement, du droit d'implanter des constructions ou des ouvrages ou d'aménager les terrains ; subordination des autorisations de construire au respect de prescriptions techniques tendant à limiter l'exposition des occupants des bâtiments aux phénomènes dangereux ; limitation des effectifs employés dans les installations industrielles et commerciales. Elles ne peuvent cependant pas contraindre à la démolition ou à l'abandon de constructions existantes édifiées en conformité avec les dispositions législatives et réglementaires en vigueur avant l'institution desdites servitudes. Lorsqu'elles entraînent un préjudice direct, matériel et certain, elles ouvrent droit à une indemnité au profit des propriétaires, des titulaires de droits réels ou de leurs ayants droit. À défaut d'accord amiable, l'indemnité est fixée par le juge de l'expropriation. Le paiement des indemnités est à la charge de l'exploitant de l'installation.

– renforcement de l'information des populations et de la participation au processus décisionnel : mise à disposition du public sur internet (par le préfet) des informations relatives aux accidents majeurs susceptibles de se produire et aux moyens mis en œuvre pour en assurer la prévention et la réduction des conséquences. Le public est notamment informé avant la mise en service d'une installation et avant la mise en œuvre des changements notables. Le délai d'information doit être aussi court que possible à compter du jour où l'installation entre dans le champ d'application de la réglementation Seveso, et dans un délai ne pouvant dépasser un mois à compter de la date de disponibilité de cette information. Institution de commissions de suivi de site (en remplacement des comités locaux d'information et de concertation), qui doivent être créées par le préfet pour les installations Seveso « seuil haut ». La commission a notamment pour mission de créer entre ses membres un cadre d'échange et d'information sur les actions menées par les exploitants des installations classées en vue de prévenir les risques ; de suivre l'activité des installations classées pour lesquelles elle a été créée. Elle est tenue régulièrement informée des décisions individuelles dont ces installations font l'objet, des incidents ou accidents survenus à l'occasion du fonctionnement de ces installations (sauf indications susceptibles de porter atteinte au secret de défense nationale ou aux secrets de fabrication ainsi que celles de nature à faciliter la réalisation d'actes de malveillance).

– étude de dangers (rapport de sécurité Seveso). Prévue dès 1977 et modernisée par les directives Seveso, elle est réalisée par l'exploitant sous sa responsabilité. Elle recense les phénomènes dangereux, évalue leurs conséquences, leur probabilité d'occurrence, leur cinétique ainsi que leur prévention et moyens de secours. L'étude de dangers doit donner une description des installations et de leur environnement ainsi que des produits utilisés, identifier les sources de risques internes (organisation du personnel, processus...) et externes (séismes, foudre, effets dominos...) et justifier les moyens prévus pour en limiter la probabilité et les effets, notamment en proposant des mesures concrètes en vue d'améliorer la sûreté. Elle évalue les zones risquant d'être affectées en cas d'accident ainsi que la probabilité d'occurrence et la gravité liées aux phénomènes dangereux identifiés, malgré les moyens de prévention mis en place, même si leur probabilité est très faible. Elle doit enfin comporter une description des moyens de secours publics ou privés disponibles en cas d'accident. (elle justifie que le projet permet d'atteindre, dans des conditions économiquement acceptables, un niveau de risque aussi bas que possible, compte tenu de l'état des connaissances et des pratiques et de la vulnérabilité de l'environnement de l'installation. Le contenu de l'étude de dangers doit être en relation avec l'importance des risques engendrés par l'installation. Dans certains cas, cette étude des dangers réalisée par l'industriel est complétée, à la demande du préfet, par une analyse critique réalisée par un organisme tiers expert extérieur et indépendant. Pour les établissements Seveso « seuil haut », elle doit être réactualisée au moins tous les cinq ans.

– Plans d'urgence. Les études de dangers constituent la base d'établissement des plans de secours avec les plans d'opération interne (POI) qui organisent les moyens, équipements et méthodes d'intervention en cas de sinistre dans une installation, et les plans particuliers d'intervention (PPI) qui permet de gérer les moyens de secours en cas d'accident dans une installation classée dont les conséquences dépassent l'enceinte de l'installation.

Voir : Sur les obligations applicables aux installations Seveso seuil-haut : art. L. 515-8 et s., p. 1032 et art. R. 515-24 et s., p. 2435.

b) Directives IPPC et IED : La directive n° 2010/75/UE du 24 novembre 2010 relative aux émissions industrielles refond la directive 2008/1/CE du 15 janvier 2008 relative à la prévention et à la réduction intégrées de la pollution, dite « directive IPPC » et de six autres directives sectorielles : la directive relative aux grandes installations de combustion (2001/80/CE), la directive sur l'incinération de déchets (2000/76/CE), la directive relative aux émissions de solvants (1999/13/CE) et trois directives relatives à l'industrie du dioxyde de titane (78/176/CEE, 82/883/CEE, 92/112/CEE). En vue de réduire la pollution de l'air, de l'eau et du sol causée par les installations industrielles, elle promeut notamment le recours aux meilleures techniques disponibles (MTD). Elle impose aux États membres :

– de fonder les conditions d'autorisation des installations concernées sur les performances des MTD (ces dernières étant définies dans des documents techniques (dits « BREF » : *Best REference Documents*) : les valeurs limites d'émission doivent, sauf dérogation, garantir que les émissions n'excèdent pas les niveaux d'émission associés aux meilleures techniques disponibles décrits dans les « conclusions sur les meilleures techniques disponibles » ;

– le réexamen périodique des autorisations, ce qui permet de tenir compte de l'évolution des meilleures techniques ;

– la remise en état du site en fin d'activité, en renforçant les obligations antérieures : en complément du principe de remise en état du site « compte tenu de son utilisation future », le dispositif impose la prise en compte de l'état du terrain lors de la demande d'autorisation des installations nouvelles ou lors du premier réexamen des installations existantes ;

– la participation du public, avec un complément de *la participation du public à la procédure d'autorisation (enquête publique, avec une version édulcorée de mise à disposition pour l'enregistrement)*, par une procédure de participation « lors du réexamen de l'autorisation en cas d'utilisation de la possibilité de dérogation [aux niveaux d'émission associés aux meilleures techniques disponibles prévues dans les conclusions sur les MTD] ou lors d'une révision des conditions d'autorisation rendues nécessaires par la pollution causée par l'installation ».

La directive IED a été transposée en droit interne par les décrets n°s 2013-374 et 2013-375 du 2 mai 2013 et par plusieurs arrêtés : A. 2 mai 2013 relatif aux définitions, liste et critères de la directive 2010/75/UE du Parlement européen et du Conseil du 24 novembre 2010 relative aux émissions industrielles (prévention et réduction intégrées de la pollution) ; A. 2 mai 2013 modifiant l'arrêté du 29 juin 2004 relatif au bilan de fonctionnement prévu à l'article R. 512-45 du Code de l'environnement ; A. 2 mai 2013 modifiant l'arrêté du 15 décembre 2009 fixant certains seuils et critères mentionnés aux articles R. 512-33, R. 512-46-23 et R. 512-54 du Code de l'environnement ; A. 29 mai 2017 modifiant l'arrêté du 2 mai 2013 relatif aux définitions, listes et critères de la directive 2010/75/UE du Parlement européen et du Conseil du 24 novembre 2010 relative aux émissions industrielles (prévention et réduction intégrées de la pollution).

V. sur les obligations applicables aux installations « IED » : art. L. 515-28 et s., p. 1052 et art. R. 515-58 et s., p. 2444.

3) Bibliographie.

a) Directives IPPC/IED

1° **Directive IPPC.** C.-M. Alves, *La protection intégrée de l'environnement en droit communautaire*, thèse droit, Bordeaux, 2002 ; *RED env.* 2003, p. 129. – M. Doute et J. Talia, *Des « BREF » pour appliquer la directive IPPC : Face au risque* mars 2008, n° 441, p. 11. – C. Huglo et C. Lepage, *Les innovations du décret n° 94-484 du 9 juin 1994 sur les installations classées pour la protection de l'environnement au regard du projet de directive sur la prévention et la réduction intégrée de la pollution : LPA* 1994, p. 27. – C. Huglo, M.-P. Maitre et E. Miteva, *La refonte des directives existantes sur les activités industrielles : Environnement et technique* 2008, n° 275, p. 51. – C. London, *Non-application, codification et refonte : IPPC, une directive en quête de repères... : BDEI* n° 2008/17, p. 36. – Y. Razafindratandra, *Les apports en droit français de la directive dite IPPC : Dr. env.* 1996, n° 44, p. 19 ; *La nouvelle directive IPPC du 15 janvier 2008 : une codification en trompe-l'œil ? Commentaire de la directive 2008/1 du Parlement et du Conseil du 15 janvier 2008 relative à la prévention et au contrôle intégrés des pollutions : Dr. env.* 2008, n° 158, p. 29. – P. Thieffry, *L'inexorable montée en puissance du droit de l'environnement industriel de l'Union européenne. La nouvelle directive sur la prévention et la réduction intégrées de la pollution (IPPC III) : AJDA* 2011, n° 10/2011, p. 556.

2° **Directive IED.** S. Beauvillard, *Transposition de la directive IED : un bouleversement du paysage réglementaire des installations classées : BDEI* 2013, n° 46, p. 5. – J.-P. Boivin et C. Roger-Lacan, *La directive IED : mise en perspective et enjeux : BDEI* 2013, suppl. au n° 48, p. 20. – J. Bril, *Directive IED : la France peut-elle faire entendre sa voix dans l'élaboration des conclusions sur les MTD ? : BDEI* n° 2014, suppl. au n° 54, p. 5. – C. Caroly et J.-Y. Touboulic, *La difficile mise en œuvre des conclusions sur les meilleures techniques disponibles : BDEI* n° 2015,n° sp., p. 14-37. – D. Deharbe et Y. Borrel, *Le régime du rapport de base des installations IED : un diptyque en voie d'achèvement : Dr. env.* 2014, n° 223, p. 190. – D. Deprez, *Directive « IED » : BDEI* 2013/46, p. 9 ; *Modification de la nomenclature des ICPE : simplification et innovation : BDEI* 2019, p. 10-11 ; *MTD applicables à certaines installations 3642, 3643 ou 3710 : BDEI* 2020, p. 15-16. – I. Empain et M.-P. Maître, *De la délicate transposition de la directive IED : BDEI* 2013,suppl., p. 12-18. – E. Favrie, *La directive IED et les sols : Dr. env.*, HS 2013, p. 19. – P. Kromarek, *Influences réciproques : directive IED et droit des ICPE : BDEI* 2013, suppl. au n° 48, p. 28 ; *Les 30 ans de la loi ICPE. Les fortes incitations au changement issues du droit communautaire : BDEI* 2006, n° spécial,, suppl. au n° 6, p. 17. – Ministère du Développement durable, BRGM, *Guide méthodologique pour l'élaboration du rapport de base prévu par la Directive IED* 2014. – Ph. Merle, *Directive IED, 4 ans après : BDEI* 2017, n° spéc. 72, p. 13 ; *Mise en œuvre de la dérogation-Guide de mise en œuvre de la directive sur les émissions industrielles : BDEI* 2017, n° spéc. 72, p. 18 ; *Réexamen périodique – Guide de mise en œuvre de la directive sur les émissions industrielles : BDEI* 2017, n° spéc. 72, p. 21. – M. Pieyre, *Le chapitre II de la directive IED et sa transposition en France : Dr. env.* 2013, hors-série, p. 7. – Ph. Prudhon et C. Caroly, *L'IED et sa transposition vue par l'industrie : BDEI* 2013, suppl., p. 26-27. – S. Roudier, *De* *l'IPPC à l'IED : évolution des documents BREF et modalités d'adoption : Dr. env.* 2013, hors-série, p. 4. – C. Le Roy-Gleyzes et C. Chevallier, *Émissions industrielles : enjeux de la nouvelle directive IED, Décideurs Stratégie-Finance-Droit*, coll. « Guide annuaire », 2011, p. 136. – A. Souchon, *Le rapport de base issu de la directive IED : changement de paradigme ou simple révolution de papier ? : BDEI* 2013, hors-série, p. 34. – A. Souchon et P. Viterbo, *Réhabilitation des sites et sols pollués : nouveaux enjeux, nouveaux acteurs ? : BDEI* 2013, suppl. au n° 42, p. 50. – S. Strievi et V. Noël, *La genèse et les principales avancées de la directive relative aux émissions industrielles : BDEI* 2013, suppl. au n° 48, p. 4.

b) Directives Seveso. F. Allot et M.-A. Fichet, *La gestion des accidents majeurs : quels dispositifs mettre en place et quelles obligations pour les exploitants d'installations classées : BDEI* 2015/56, p. 5. – M. Darmon, *Seveso 3, ce qui change : face au risque*2014, n° 503. – B. Hagege-Raduta et N. Jouini, *L'adaptation réglementaire du Code de l'environnement aux dispositions tirées de la directive Seveso III : Dr. env.* 2014, n° 224, p. 235. – B. Hagège-Raduta, *La transposition de la directive Seveso III en droit français : quelles réponses aux exigences européennes ? : Dr. env.* 2013, p. 351. – B. Hagège-Raduta et H. Jouini, *L'adaptation réglementaire du Code de l'environnement aux dispositions tirées de la directive Seveso III : Dr. env.* 2014, p. 235. – D. Laperche, *Directive Seveso III : ce qui va changer : Environnement et technique* 2012, n° 316, p. 16. – M.-P. Maitre, *La directive Seveso III : quelle transposition en droit français ? : Environnement et dév. durable* 2012, p. 13. – S. Marmin, *Les principaux apports de la loi du 16 juillet 2013 au droit des installations classées : BDEI* 2013/47, p. 5. – P. Thieffry, *Prévention des accidents majeurs : la directive « Seveso II » est morte, vive la directive « Seveso III », le système général harmonisé de classification des substances dangereuses… et le principe de proportionnalité ! : RTDE* 2/2013, p. 412 ; *Un régime « Seveso » pour les accidents majeurs liés aux opérations pétrolières et gazières en mer : RTDE* 2/2014, p. 553.

II – EN DROIT NATIONAL

4) Sources principales. Loi n° 76-663 du 19 juillet 1976 relative aux installations classées pour la protection de l'environnement (*JO* du 20) et décret d'application n° 77-1133 du 21 septembre 1977 (*JO* 8 oct. 1977). – Loi n° 2003-699 du 30 juillet 2003 relative à la prévention des risques technologiques et naturels et à la réparation des dommages (*JO* du 31) et décret n° 2005-1130 du 7 septembre 2005 relatif aux plans de prévention des risques technologiques (*JO* du 9 2005) ainsi que décret d'application n° 2005-1170 du 13 septembre 2005 (*JO* du 16) (tous ces textes ont été codifiés au Code de l'environnement et abrogés). – Ordonnance n° 2009-663 du 11 juin 2009 relative à l'enregistrement de certaines installations classées pour la protection de l'environnement (*JO* du 12) et décret d'application n° 2010-368 du 13 avril 2010 (*JO* du 14). – Ordonnance n° 2017-80 du 26 janvier 2017 relative à l'autorisation environnementale (*JO* du 27) et décrets d'application n°s 2017-81 et 2017-82 du 26 janvier 2017 relatifs à l'autorisation environnementale (*JO* du 27) et Décret n° 2019-1352 du 12 décembre 2019 portant diverses dispositions de simplification de la procédure d'autorisation environnementale (*JO* du 14) (V. ss art. L. 181-1 s.) – Décret n° 2020-1168 du 24 septembre 2020 relatif aux règles applicables aux installations dans lesquelles des substances dangereuses sont présentes dans des quantités telles qu'elles peuvent être à l'origine d'accidents majeurs (*JO* du 26).

5) Présentation générale. Le droit de l'environnement industriel est né au XIXe siècle, avec le décret impérial du 15 octobre 1810 relatif aux manufactures et ateliers qui répandent une odeur insalubre ou incommode. D'inspiration libérale, ce dispositif était destiné à faciliter l'implantation des installations industrielles en les dotant d'un régime uniforme et en transférant leur police à une autorité d'État, les faisant ainsi échapper aux maires qui tenaient dans leurs mains « la fortune ou la ruine d'un manufacturier » (V. Th. Le Roux, *Le laboratoire des pollutions industrielles. Paris (1770-1830), Albin Michel 2011*). La loi du 19 décembre 1917 relative aux établissements dangereux, insalubres ou incommodes renforce les sanctions initiales et institue une procédure de déclaration parallèlement à celle d'autorisation, simplifiant ainsi l'implantation et le fonctionnement de certaines installations. La loi n° 76-663 du 19 juillet 1976 et son décret d'application n° 77-1133 du 21 septembre 1977 vont réformer en profondeur un régime assez stable pendant un siècle et demi : maintien de quelques principes antérieurs (police spéciale du préfet, plein contentieux spécial…) ; modernisation de la nomenclature des installations classées née du décret n° 53-578 du 20 mai 1953 (et scission ultérieure en trois régimes administratifs par le jeu de l'ordonnance du 11 juin 2009 qui instaure la procédure de l'enregistrement, intermédiaire entre la déclaration et l'autorisation) ; autorisation intégrée qui coordonne tous les aspects du fonctionnement d'une installation (renforcée par la loi du 3 janvier 1992 sur l'eau, qui unifie le régime des autorisations au titre des installations classées et de l'eau, et par l'autorisation environnementale unique de 2017 qui regroupe toute une série d'autorisations en une seule) ; régime de la remise en état (revisité et renforcé par la loi n° 2003-699 du 30 juillet 2003 relative à la prévention des risques technologiques et naturels et à la réparation des dommages). La dernière modification majeure procède du régime de l'autorisation environnementale unique (Ord. n° 2017-80 du 26 janv. 2017) (V. art. L. 181-1 s.).

Si le droit de l'Union n'est pas étranger aux évolutions de la réglementation interne, celles-ci tiennent également compte des demandes réitérées des industriels pour simplifier et accélérer les procédures au prix d'un affaiblissement du droit de participation du public au processus décisionnel et d'une adaptation du régime contentieux (limitation du droit de recours, régularisation en cours d'instance…) mais, surtout, d'insuffisances révélées à l'occasion de catastrophes industrielles majeures (AZF en 2001, à la source de l'instauration des plans de prévention des risques technologiques et le régime de l'indemnisation des catastrophes technologiques par la loi « Bachelot » n° 2003-699 du 30 juillet 2003 relative à la prévention des risques technologiques ; Lubrizol en 2019, avec le décret n° 2020-1168 du 24 septembre 2020 et son arrêté d'application du même jour qui clarifient les obligations d'échange d'informations et de coopération entre établissements Seveso voisins, précisent les catégories d'informations à tenir à la disposition du public, détaillent les programmes d'inspection des établissements Seveso ainsi que les objectifs et le contenu des plans d'opération interne et complètent le contenu des rapports post-accident.

Voir : Régime de l'autorisation environnementale, art. L. 181-1 et s., p. 289.

6) Bibliographie.

a) Ouvrages et études de référence

E. Alfandary, *Les installations classées*, MB éd., 2003, coll. « Droit mode d'emploi ». – M. Baucomont et P. Gousset (†), *Traité de droit des installations classées*, Lavoisier, 1995. – J.-P. Boivin, M. Pennaforte et Y. Verot, *La réglementation des installations classées, Guide méthodologique*, éd. du Moniteur, 2002. – J.-P. Boivin, *Droit des installations classées*, éd. du Moniteur, 2003 ; *Pratique du contentieux des installations classées et des carrières*, éd. du Moniteur, 2010. – S. Charbonneau, *Droit des installations classées*, Sté d'édition Préventique, Bordeaux, 1996. – P. Cherrière, *ICPE Installations classées pour la protection de l'environnement : De la création à la cessation*, éd. France Sélection 2019, 2° éd. – D. Deharbe, *Installations classées pour la protection de l'environnement*, LexisNexis Litec, 2007. – D. Deharbe (dir.), *Les évolutions récentes du droit des installations classées : Cahiers de l'Université d'Artois* n° 20, 2001. – C. Gabolde, *Installations classées pour la protection de l'environnement : JCl Administratif* 2013, Fasc. 365. – D. Gillig et P. Soler-Couteaux, *Les installations classées : Dossier d'Experts/Techni.Cités*, 2002. – C. Huglo, M.-P. Maître et G. Paul, *Installations classées : guide juridique de la demande d'autorisation d'exploiter*, SAP, 2004. – R.-Th. Murat, *Bréviaire des installations classées*, éd. Cogiterra 2019, 6° éd. – M. Pennaforte, *La réglementation des installations classées*, éd. du Moniteur, 2e éd. 2011.

Dossiers : *40 ans après... Bilan et perspectives de la loi ICPE : Rev. jur. env.* 2018, p. 459. – *Les Installations classées pour la protection de l'environnement. De l'accident de la poudrerie de Grenelle au Grenelle de l'Environnement : Annales des Mines – Responsabilité et environnement* 2011/2, n° 62.

***Fascicules JCl. Environnement** : Installations classées pour la protection de l'environnement. – Nomenclature (codifiée à l'article R. 511-9 du Code de l'environnement)*, fasc. 4010 (déc. 2014). – P.-J. Baralle, *Maîtrise de l'urbanisation autour des installations dangereuses*, fasc. 4035 (janv. 2009 – màj mars 2018). – J.-M. Février, *Obligation d'information au titre de l'article L. 514-20 du Code de l'environnement*, fasc. 4025 (déc. 2009 – màj juin 2012). – D. Deharbe, *Installations classées pour la protection de l'environnement. Obligation administrative de remise en état : JCl. Environnement*, fasc. 4020 (2016 – màj 2018) ; *Installations classées soumises à autorisation : JCl. Environnement*, fasc. 4012, 2008 (M. à j. 2018) ; *Installations classées et risques technologiques majeurs*, fasc. 4036 (juin 2013 – janv. 2018). – D. Deharbe et Y. Borrel, *Installations classées pour la protection de l'environnement – Obligation administrative de remise en état*, fasc. 4020 (juin 2016, màj juin 2018). – D. Deharbe et S. Gandet, *Installations classées soumises à enregistrement*, fasc. 4015 (mai 2011 – màj avr. 2017). – M.-P. Maître et E. Miteva, *Nomenclature des installations classées pour la protection de l'environnement*, fasc. 4000 (juill. 2008 – màj déc. 2015). – A. Moustardier et F. Braud, *Fonctionnement des installations classées*, fasc. 4016 (déc. 2006 – màj janv. 2018) ; *Installations classées soumises à déclaration*, fasc. 4014 (juill. 2005 – màj déc. 2016). – P. Savin, *Contentieux répressif des installations classées*, fasc. 4994 (janv. 2017 – màj oct. 2017).

b) Articles

1° Généralités. F. Abauzit, *Plaidoyer pour la loi du 19 juillet 1976 : BDEI* 2000, n° spécial, p. 12. – M. Baucomont, *La qualité d'exploitant d'installation classée : ombres et lumières : BDEI* 2012, suppl. au n° 42, p. 30. – L. Bertrand, *La motivation des actes administratifs individuels en matière d'installations classées : Environnement mag.* août-sept. 2003, nos 8-9, p. 29. – J.-P. Boivin, *1976-2006 : 30 ans de droit des installations classées : BDEI* 2006/5, p. 3 ; *Vers un principe de précarité permanente ? : BDEI* 2006, n° spécial, suppl. au n° 6, p. 6. – M. Boutonnet, *La rencontre fructueuse des contrats de vente et de bail et de la législation environnementale* : *D.* 2009, n° 44, p. 2976. – V. Brenot et J. Peltzman, *Regard optimiste sur l'évolution récente du droit des installations classées* : *Environnement et dév. durable* 2013, n° 11, p. 11. – C. Cans, *La législation des installations classées de 1976 : un exemple de stabilité ? Anatomie d'une loi* : *BDEI* 2006, n° spécial, suppl. au n° 6, p. 7. – I. Compoint-Zoia, *ICPE : les exigences et préconisations pour l'étude des substances dangereuses* : *Environnement et Technique* janv.-févr. 2010, n° 293, p. 48. – D. Deharbe, *Commerce et environnement au travers du prisme des installations classées* : *Dr. env.* 2004, n° 124, n° spécial, p. 261. – D. Deharbe, *Réflexions, sans fétichisme ni désenchantement sur la police des ICPE 40 ans après la loi du 10 juillet 1976* : *Rev. jur. env.* 2016, p. 665. – F. Delachaux, *Nouveaux contrôleurs et nouveaux contrôlés* : *Environnement Magazine* mai 2009, n° 1677, p. 39. – M.-P. Deswarte-Julien, *La nouvelle législation sur les installations classées* : *Mon. TP* 9 oct. 1976, p. 35. – R. Drago, *Liberté d'entreprendre et environnement, la question des installations classées* : *Mél. J.-H. Robert*, Montchrestien, 1998, p. 101 et s. – J. Fromageau, *Introduction : enjeux de la police des ICPE* : *BDEI* déc. 2006, n° spécial, suppl. au n° 6, p. 6. – D. Gillig, *Le volet « Installations classées » de la loi de simplification du droit du 9 décembre 2004* : *Environnement* 2005, n° 3, p. 29 ; *Les conséquences de la qualification d'une activité en installation classée* : *Environnement* 2008, p. 48 ; *L'impact de la loi du 17 février 2009 pour l'accélération des programmes de construction et d'investissement publics et privés sur le droit des installations classées* : *Environnement* 2009, p. 8 ; *Le droit des installations classées : dix ans après* : *Environnement et dév. durable* 2012, n° 11, p. 36. – P. Gousset, *La loi du 19 juillet 1976 : un exemple d'amélioration dans la continuité* : *Nuisances et environnement* 1976, n° 53, p. 56. – G. Gutierrez, *Le régime des installations classées* : *Le Moniteur des installations classées* nov. 2010, p. 89. – C. Huglo, *La loi du 19 juillet 1976 a bientôt 200 ans !* : *Environnement* 2006, n°s 8-9, p. 1 ; *Les 30 ans de la loi ICPE. Rapport de synthèse* : *BDEI* 2006, n° spécial, suppl. au n° 6, p. 69. – Ch. Huglo et J. Coupe, *Installations classées : où en est-on en l'an 2000 ? Étude sur les notions d'exploitant, de mutabilité, de remise en état au regard des règles nouvelles issues du principe de précaution et des modifications apportées au décret du 21 septembre 1977 par le décret n° 2000-258 du 20 mars 2000* : *BDEI* 2000, chron., p. 2. – Ch. Huglo et C. Lepage, *Législation sur les nuisances industrielles* : *Annales mines* 1979 ; *Guide de l'environnement industriel. Recueil de textes*, éd. Formation Entreprise, 1re éd., 1995. – C. Huglo et M.-P. Maître, *Un droit des ICPE en constante adaptation* : *Environnement* 2011, n° 8, p. 1. – C. Lacroix, *Installations dangereuses, catastrophes technologiques et indemnisation : un comparatif franco-belge (prétexte pour un plaidoyer européen)* : *Riseo* avr. 2013, n° 2013-1, p. 33 (http://www.riseo.cerdacc.uha.fr/). – R. Lecomte, *Le droit des installations classées et la recherche de la proportionnalité* : *Dr. env.* 2009, n° 172, p. 29. – M.-J. Littmann-Martin, *Le nouveau régime répressif des installations classées* : *Rev. jur. env.* 1987, p. 25. – L. Manneval, *La notion d'installation classée appréhendée par l'administration des douanes* : *BDEI* 2010, n° 28, p. 5. – S. Marmin, *Réflexions terminologiques en matière d'installations classées* : *Dr. env.* 2010, n° 185, p. 407. – B. Poujade, *Les aspects financiers et fiscaux de la loi de 1976* : *BDEI* 1996, n° spécial, p. 27. – M. Prieur, *Le nouveau régime des installations classées, continuité ou changement* : *JCP G* 1979, I, 2928 ; *Le recours devant les juridictions administratives en matière d'installations classées* : *Rev. jur. env.* 1978, p. 121 ; *Les installations classées pour la protection de l'environnement* : *Rev. jur. env.* 1983, p. 10 ; *La maîtrise de l'urbanisme autour des installations industrielles* : *Rev. jur. env.* 1988, p. 281. – C. Le Roy-Gleizes et C. Jarry, *Incidences des schémas d'aménagement et de gestion des eaux sur les installations classées* : *BDEI* 2011/34, p. 22. – M. Senant, *Installations classées : une réforme, cinq victimes* : *Le Journal des Communes* 14 sept. 2009, n° 2141, p. 36. – R. Schneider, *Panorama de jurisprudence Installations Classées* : *Rev. jur. env.* 2010, n° 1, p. 155.

2° **Décret n° 77-1133 du 21 septembre 1977 et modifications ultérieures.** F. Bavoillot, *Les garanties financières prévues au titre de la législation sur les installations classées (commentaire du décret n° 94-484 du 9 juin 1994)* : *LPA* 1er juill. 1994, n° 78, p. 11. – L. Bertrand, *Installations classées : modalités de constitution des garanties financières* : *Environnement* 2002, p. 24. – M.-P. Deswarte-Julien, *Analyse juridique du décret du 21 septembre 1977* : *Rev. jur. env.* 1978, p. 127. – Ch. Huglo et C. Lepage, *Les innovations du décret du 9 juin 1994* : *LPA* 13 juill. 1994, n° 83, p. 27. – C. Huglo, C. Lepage et E. Miteva, *L'essentiel de la modification du décret n° 77-1133 du 21 septembre 1977 relatif aux ICPE* : *Environnement et Technique* 2005, n° 251, p. 52. – C. Vigouroux, *Sur le droit des installations classées pour la protection de l'environnement* : *AJDA* 1994, p. 596. – B. Wertenschlag, *Les nouvelles contraintes financières imposées aux industriels (commentaire du décret n° 94-484 du 9 juin 1994)* : *LPA* 14 juill. 1995, n° 84, p. 4.

3° **Loi n° 92-646 du 13 juillet 1992.** G. Angely, *L'obligation d'information de l'article 8-1 de la loi du 19 juillet 1976* : *Rev. jur. env.* 1996, p. 51. – F. Bavoillot, *La question du financement de la dépollution des sites* : *LPA* 7 juin 1995, n° 68, p. 19 ; *Quelques réflexions juridiques à propos de la* *remise en état des sites et sols pollués et de la réalisation des études de sols et diagnostics : LPA* 1er avr. 1996, p. 10. – E. Carlier et V. Masset-Branche, *Le droit des sols pollués : nouvelles évolutions, nouvelles problématiques : LPA* 2 juin 1997, n° 66, p. 4. – J.-N. Clément, *La cession d'un site industriel ou d'un terrain pollué : les obligations et responsabilités de l'acheteur et du vendeur : Gaz. Pal.* 1997, 1, doctr. p. 800. – C. Huglo et A.-T.-G. Mafoua-Badinga, *La loi n° 92-646 du 13 juillet 1992, relative à l'élimination des déchets ainsi qu'aux installations classées pour la protection de l'environnement : une loi ambitieuse et/ou efficace ? : LPA* 30 oct. 1992, p. 12. – C. Lepage-Jessua, *Les pouvoirs du préfet au regard des installations classées et les droits de l'exploitant après la loi du 13 juillet 1992 : LPA* 5 févr. 1993, p. 12 ; *La garantie de passif en cas de cessions de terrains contaminés : LPA* 17 févr. 1993, p. 9. – G. Martin, *Les risques tenant à la pollution des sols : RD imm.* 1997, p. 559. – C. Pichard, *Acquisition de terrains pollués : quelles garanties ? : LPA* 27 juin 1997, n° 77, p. 14. – A. Strebelle, *Les principes de base de la politique française de traitement et de réhabilitation des sites pollués : Dr. env.* 1996, n° 40, p. 7.

4° **Loi n° 2003-699 du 30 juillet 2003 (Loi Bachelot).** J. Bigot, *La loi Bachelot et l'assurance : Environnement* 2004, p. 9. – J.-P. Boivin et S. Herce, *La loi du 30 juillet 2003 sur les risques technologiques et naturels majeurs : AJDA* 2003, p. 1765 et 1775. – B. Hagege, *Vers une harmonisation des techniques de prévention des risques majeurs : la loi sur la prévention des risques technologiques et naturels et la réparation des dommages : LPA* 19 oct. 2004, n° 209, p. 3. – C. Huglo et M.-P. Maître, *Les incidences de la loi Bachelot sur le droit des sols pollués : Environnement et technique* oct. 2003, n° 230, p. 53. – L. le Corre, *La prévention du risque naturel et industriel après la loi du 30 juillet 2003 : Constr.-Urb.* 2005, p. 6. – J. Mensah, *De la prévention des risques technologiques à celle de la pollution du sol : Études foncières* janv.-févr. 2004, n° 107, p. 27. – J. Nicolet, *Le risque technologique majeur à l'épreuve du droit*, L'Harmattan, 2012, 2 T. – N. Reboul-Maupin, *La prévention des risques technologiques : aspects juridiques : LPA* 16 déc. 2004, n° 251, p. 6 à 13. – *Risques technologiques et naturels : loi du 30 juillet 2003 : Dr. env.* 2003, n° 113, n° spéc., pp. 201-237. – H. Seillan, *La loi du 30 juillet 2003 sur la prévention des risques technologiques et naturels et la réparation des dommages : Préventique* nov.-déc. 2003, n° 72, p. 38. – P. Trouilly, *Risques naturels et technologiques : Environnement* oct. 2003, p. 22. – F. G. Trébulle et L. Fonbaustier, *Réflexions autour de la loi relative à la prévention des risques technologiques et naturels : RD imm.* 2004, p. 23.

5° **Sur la catastrophe de Lubrizol.** C. Bouillon et D. Adam, *Rapport d'information sur l'incendie d'un site industriel à Rouen, Doc. AN* n° 2689, 12 févr. 2020. – P.-F. Chevet et a., *L'incendie « Lubrizol / NL Logistique » du 26 septembre 2019 à Rouen, Rapport CGEDD* n° 013014-01 – CGE n° 2019/23/CGE/SG, févr. 2020. – H. Maurey et a., *Rapport au nom de la commission d'enquête chargée d'évaluer l'intervention des services de l'État dans la gestion des conséquences environnementales, sanitaires et économiques de l'incendie de l'usine Lubrizol à Rouen, de recueillir des éléments d'information sur les conditions dans lesquelles les services de l'État contrôlent l'application des règles applicables aux installations classées et prennent en charge les accidents qui y surviennent ainsi que leurs conséquences et de tirer les enseignements sur la prévention des risques technologiques : Doc. Sénat* n° 480, 2 juin 2020, 2. T.

6° **Sur l'autorisation environnementale unique :** V. art. L. 181-1, p. 289.

Art. L. 511-1 A ***(L. n° 2021-1104, 22 août 2021).*** **– Au sens du présent titre, l'usage et la réhabilitation s'entendent conformément à la définition qui en est donnée à l'article L. 556-1 A.**

Art. L. 511-1 ***(Anc. L. 19 juill. 1976, n° 76-663 ; mod., L. n° 2001-44, 17 janv. 2001 ; L. n° 2009-179, 17 févr. 2009 ; L. n° 2010-788, 12 juill. 2010 ; mod. à compter du 1er mars 2011, Ord. n° 2011-91, 20 janv. 2011).*** **– Sont soumis aux dispositions du présent titre les usines, ateliers, dépôts, chantiers et, d'une manière générale, les installations exploitées ou détenues par toute personne physique ou morale, publique ou privée, qui peuvent présenter des dangers ou des inconvénients soit pour la commodité du voisinage, soit pour la santé, la sécurité, la salubrité publiques, soit pour l'agriculture, soit pour la protection de la nature, de l'environnement et des paysages,** ***(Mots aj., L. n° 2021-1104, 22 août 2021)*** **« soit pour l'utilisation économe des sols naturels, agricoles ou forestiers, » soit pour l'utilisation rationnelle de l'énergie, soit pour la conservation des sites et des monuments ainsi que des éléments du patrimoine archéologique.**

Les dispositions du présent titre sont également applicables aux exploitations de carrières au sens des articles L. 100-2 et L. 311-1 du Code minier.

Voir : sur les carrières, art. L. 515-1 et s., p. 1019. – Sur les installations mobiles : Circ. 10 mai 1995, relative aux installations classées pour la protection de l'environnement. Réglementation des installations mobiles (non publiée au *JO*) ; Circ. 17 juill. 2008 relative aux règles pour le classement au titre de la nomenclature des installations classées des réservoirs mobiles quasi-permanents sur les sites

(*BO - MEDAD* 2008/16, 30 août 2008). - Sur les éoliennes : Circ. 29 août 2011, relative aux conséquences et orientations du classement des éoliennes dans le régime des installations classées (*BO MEDDTL* n° 2011/16, 10 sept. 2011).

Bibliographie : V. Dobigny, *Installations temporaires : Bâtiments de chantiers et sécurité incendie : Face au Risque* avr. 2012, n° 482, p. 15. • T. Fisson, *Installations temporaires : la sécurité incendie dans le provisoire : Face au Risque* avr. 2012, n° 482, p. 12. • D. Gillig, *Les éoliennes : une nouvelle catégorie d'installations classées ? : Environnement* 2008, n° 10, p. 56. • C. Huglo, G. Brigant et M.-P. Maitre, *La soumission des installations classées mobiles à la législation des installations classées : Environnement et Technique* oct. 2008, n° 280, p. 49.

I – CHAMP D'APPLICATION

A – Inclusions

1) Exercice d'une activité commerciale ou privée.

a) *Élément déterminant du champ d'application (non). Activité commerciale.* Nécessite une autorisation au titre de la présente législation un stockage, sur une superficie d'environ 1 000 m², d'anciens véhicules, d'ustensiles ménagers hors d'usage ainsi que de tas de ferrailles diverses, même si le détenteur ne se livre à aucune activité de commercialisation de pièces ou de déchets métalliques (▪ CAA Lyon, 11 mai 1994, n° 93LY01154, *M. Cassar : JurisData* n° 1994-052636) ; ou un stockage d'épaves, de divers matériels usagés, de cuves et autres pièces métalliques sur une surface excédant 50 m² (▪ TA Amiens, 13 avr. 2006, n° 0301758, *Sieur Gilles Charles*) dès lors que le propriétaire du terrain peut être regardé comme l'exploitant d'une installation classée (▪ CAA Lyon, 17 juin 2008, n° 06LY01502, *Dhivert : Environnement* 2008, n° 11, p. 48, note D. Gillig). Un hangar abritant dans des locaux de tailles diverses des sociétés ou artisans de réparation, d'entretien ou de récupération de matériels de véhicules automobiles constitue une entité économique unique soumise à autorisation au titre des rubriques 286 et 2930 de la nomenclature des installations classées (▪ CAA Versailles, 22 déc. 2005, n° 03VE03581, *M. Moreau et a.*). Le fait d'accueillir une cinquantaine de chiens abandonnés, dans le cadre d'une activité dépourvue du caractère lucratif ou commercial, entre dans le champ d'application de la législation sur les installations classées (▪ CAA Paris, 14 juin 1994, n° 93PA00360, *Mme Dumas-Bonnard : JurisData* n° 1994-052629). L'activité de récupération de pièces mécaniques et de carrosserie en vue de réparer puis vendre des véhicules anciens et de collections relève de la rubrique n° 286 de la nomenclature ICPE, qui concerne en particulier des activités de stockage et de récupération de déchets de métaux et d'alliages, de résidus métalliques, d'objets en métal et carcasses des véhicules hors d'usage et soumet à autorisation toute installation de ce type dont la surface excède 50 m², la superficie de 50 m² visée sous cette rubrique concernant la superficie de l'ensemble du site (▪ CAA Marseille, 26 mars 2009, n° 07MA03442, *Sté AA Garage*).

b) *Activité purement privée.* Les dispositions relatives aux installations classées, notamment en ce qu'elles visent les installations détenues par une personne quelconque et pouvant présenter des inconvénients pour la commodité du voisinage, sont applicables à toute installation. Ce qui peut concerner les bâtiments d'habitation dépourvus de tout but lucratif ; en l'espèce, bâtiments d'habitation abritant un nombre de chiens au moins égal à dix (▪ CAA Lyon, 8 juin 2006, n° 02LY01904, *Mme Gamet : Rev. jur. env.* 2007, n° 3, p. 383, obs. R. Schneider). Entre également dans le champ du régime des ICPE l'installation du chauffage d'immeubles collectifs comportant notamment deux cuves enfouies de 50 m³ de fioul domestique (▪ TA Versailles, 27 févr. 2001, n° 985916, *Assoc. synd. libre du petit Bontemps de Villiers*). Tout comme un dépôt de pommes de terre avariées, qualifiées de déchets (▪ TA Marseille, 17 déc. 1998, *Sté Sainte-Semaine : Dr. env.* 1997, n° 71, p. 11), ou une installation destinée à héberger provisoirement quelques animaux (▪ CE, 5 juin 1942, n° 63445, *M. Gagnepain*).

2) Indifférence de l'innocuité présumée de l'activité. Dès lors qu'une activité relève de l'une des rubriques mentionnées par la nomenclature des ICPE, le seul constat de l'innocuité de certains matériaux faisant l'objet de cette activité ne saurait légitimement l'exclure du champ d'application de ce régime (▪ Cass. crim., 14 mai 1991, n° 90-84.684 : *JurisData Rev. jur. env.* 1992, p. 477, note A. Jeoffroi ; *Rev. sc. crim.* 1991, n° 4).

3) Dangers existants seulement à l'intérieur de l'installation. Les atteintes portées à l'environnement à l'intérieur d'une installation classée ne sont pas réglementées, dès lors qu'aucune répercussion de l'activité n'est constatée sur les milieux environnants (▪ CAA Paris, 19 mai 1994, n° 93PA00298, *Sté nat. pour la défense des animaux : Rev. jur. env.* 1995, p. 161, comm. R. Schneider).

4) Intérêts protégés.

Paysages. Pour statuer sur une demande d'autorisation d'exploitation d'une installation classée pour la protection de l'environnement, il appartient au préfet de s'assurer que le projet ne méconnaît pas, notamment, l'exigence de protection des paysages. Pour rechercher l'existence d'une atteinte à un paysage de nature à fonder un refus d'autorisation ou les prescriptions spéciales accompagnant la délivrance de cette autorisation, il appartient au préfet d'apprécier, dans un premier temps, la qualité du site naturel sur lequel l'installation est projetée et d'évaluer, dans un second temps, l'impact que cette installation, compte tenu de sa nature et de ses effets, pourrait avoir sur le site (▪ CAA Douai, 17 sept. 2019, n°s 17DA01441 et 17DA01462, *Cne de Guiscard et a.*).

Monuments historiques. L'esthétique d'un bâtiment relève des intérêts protégés par l'article 1er de la loi du 19 juillet 1976 (actuel art. L. 511-1, C. env.), justifiant la fermeture d'une installation classée exploitée à proximité d'un site historique (▪ CE, 3 oct. 1986, n°s 53680 et 54167, *Mlle Manceaux : JurisData* n° 1986-046417) ainsi que l'annulation d'un arrêté d'autorisation d'exploiter une décharge de matériaux dans le champ de visibilité d'un château inscrit à l'inventaire des monuments historiques et en affectant l'aspect (▪ CE, 31 janv. 1994, n° 104604, *SCI de la Mauvoisinière et a. : JurisData* n° 1994-044416). Sauf si des mesures particulières, comme la constitution d'un écran végétal, ont été prises (▪ CAA Douai, 3 févr. 2011, n° 09DA00728, *Min. Écologie c/ Sté Gurdebeke*). Ou un accompagnement financier destiné à la réalisation des travaux de mise en valeur du château, d'entretien, de réparation ou de restauration de celui-ci, proposé par la société pétitionnaire, qu'il faut également rapporter au fait que la totalité des monuments classés ou inscrits à l'inventaire des monuments historiques est située, sans aucune covisibilité, à plus de 4 km du parc éolien, à l'exception du château d'Esnes, monument classé, distant de 2,1 km : malgré la circonstance que l'extrémité de l'une des éoliennes est visible depuis le pied du château, le moyen tiré de l'atteinte portée au caractère architectural et patrimonial du château doit, par suite, être écarté (▪ CAA Douai, 17 sept. 2019, n°s 17DA01441 et 17DA01462, *Cne de Guiscard et a.*).

Intérêts économiques et sociaux. Bien que n'étant pas visés par l'article 1er de la loi du 19 juillet 1976 (art. L. 511-1 du présent code), les intérêts économiques et sociaux de l'exploitant doivent néanmoins être pris en compte lors de l'appréciation de la légalité des décisions administratives (▪ TA Nancy, 11 févr. 1997, n°s 941371 et 96236, *Oiseaux-Nature, Assoc. de sauvegarde des vallées et de la prévention des pollutions (ASVPP) : BDEI* 1998/3, p. 33, note L. Lanoy ; *Dr. env.* 1997, n° 54, p. 5, note D. Deharbe). En revanche, la liberté du commerce et de l'industrie n'est pas protégée par l'article 1er de la loi du 19 juillet 1976 (C. env., art. L. 511-1) (▪ CE, 6 mars 1987, n° 50475, *M. Sainte-Rose : Rev. jur. env.* 1988, p. 171). Les atteintes portées aux intérêts des créanciers d'une société exploitante d'une installation classée, en liquidation judiciaire, ne constituent pas un préjudice de nature à entraîner l'annulation d'une mesure de sanction administrative prise sur le fondement de l'article L. 514-1 (▪ CAA Marseille, 30 sept. 1999, n° 97MA11595, *Me Frontil. Sté d'exploitation de la pyrométallurgie de Salsigne [SEPS]*). Lorsqu'il se prononce sur une demande d'autorisation présentée sur le fondement des articles L. 511-1 et L. 512-1 du Code de l'environnement, le préfet ne peut se fonder sur d'autres considérations que celles liées à la protection des intérêts énumérés par l'article L. 511-1 du Code de l'environnement : entache sa décision d'erreur de droit le préfet qui se fonde sur les nuisances susceptibles d'entraver d'autres activités économiques, quand bien même seraient-elles en relation avec la qualité de l'environnement (▪ TA Amiens, 18 mars 2008, n° 0501064, *M. Pamart : Environnement* 2008, n° 7, p. 21, note D. Gillig). De même, le préfet ne peut, pour refuser une autorisation d'exploiter un centre de valorisation et de traitement des déchets, se fonder sur le fait que le projet pourrait porter préjudice à l'image de marque d'activités économiques du département et avoir un impact négatif sur l'emploi (▪ CAA Nancy, 23 avr. 2012, n° 10NC01450, note R. Schneider : *Rev. jur. env.* 2013, n° 1, p. 167).

Principe de dignité humaine. À propos de l'autorisation d'exploiter un centre de traitement et de valorisation des déchets sur un site renfermant les restes de soldats tués au cours de la 1re guerre mondiale, le Conseil d'État a complété la liste des intérêts protégés en considérant que dès lors qu'une procédure reprenant un protocole d'accord a été mise en place en vue du relèvement et de l'inhumation des restes humains qui pourraient être exhumés au cours du chantier et que le préfet a fixé des prescriptions complémentaires qui tirent toutes les conséquences de ce protocole, l'arrêté autorisant l'exploitation ne méconnaît pas le principe du respect de la dignité humaine (▪ CE, 26 nov. 2008, n° 301151, *Synd. Mixte de la Vallée de l'Oise et a. : BDEI* 2009/19, p. 32, concl. M. Guyomar ; *Environnement* 2009, n° 1, p. 18, note D. Gillig ; *Gaz. Pal.* 3 juill. 2009, n° 184-185, p. 32, note H. Cassara ; *Dr. adm.* 2009, n° 1, p. 30 ; *Dr. env.* 2009, n° 169, p. 26, note A. Ziani ; *RFDA* 2008, p. 979, obs. M. Canedo-Paris. – Confirme ▪ CAA Douai, 16 nov. 2006, n°s 05DA01495 et 05DA01506, *MEDD et Sté Valnor : Dr. env.* 2007, n° 148, p. 121, note. D. Deharbe et H. Hicter ; *AJDA* 2007. 1999, note J. Lepers). En revanche, le devoir de mémoire est, par lui-même, dépourvu de portée normative (▪ CAA Douai, 3 févr. 2011, n° 09DA00728, *Min. Écologie c/ Sté Gurdebeke*).

5) Combinaison des articles L. 511-1 et L. 511-2. La suppression d'une catégorie d'installations de la nomenclature des installations classées rend sans objet le refus de l'autoriser (▪ CE, 13 mai 1983, n° 21613, *Sté des cars Midi-Pyrénées*).

B – Exclusions

6) Interprétation stricte de la nomenclature. L'exploitant d'un cabaret qui détient dans son établissement, en vue de leur présentation au cours de ses spectacles, deux dauphins placés dans un bassin, ne peut être considéré comme exploitant une ménagerie ou un parc zoologique : il n'exploite donc pas une ICPE (▪ TA Paris, 12 déc. 1984, *Assoc. Greenpeace : AJDA* 1985, p. 240). Un préfet est incompétent pour agir en application des dispositions de l'article 26 de la loi sur les installations classées, dès lors que l'activité de stockage de farines animales ne ressort d'aucune des rubriques de la nomenclature des installations classées (▪ CAA Nantes, 30 juin 2000, nos 97NT00539 et 97NT00559, *Sté française maritime c/ Préfet des Côtes-d'Armor : Rev. jur. env.* 2001, p. 122 ; *BDEI* 2001, p. 14, concl. Coënt-Bochard. – V. en sens contraire, à propos des farines animales, ▪ TA Châlons-en-Champagne, 13 juin 2001, n° 01-1292, *Cne de Somsois : Rev. jur. env.* 2002, p. 209. ▪ TA Strasbourg, 22 févr. 2002 : *AJDA* 2002, p. 766, concl. R. Collier ; *D.* 2002, n° 32, p. 2501 ; *Rev. jur. env.* 2002, p. 219). Une société exploitant et stockant un terril de cendres, activité qui ne relève pas du régime des installations classées, ne peut être assujettie ni à la redevance annuelle sur les installations classées ni à la TGAP, et ce même si son activité de stockage des cendres provient d'une ICPE (▪ CE, 15 juin 2007, n° 284793, *Sté Surschiste : Environnement* 2007, n° 10, p. 26, comm. D. Gillig ; *Gaz. Pal.* 21 déc. 2007, n° 355, p. 37, comm. B. Berger et G. Brigant). Une installation non classée ne peut être assimilée à une installation classée dont les caractéristiques sont proches, c'est le cas d'un funérarium (▪ CE, 22 avr. 1988, n° 78143, *Comité d'action pour la sauvegarde du canton de Montmorency-Groslay*) et d'un crématorium (▪ TA Nice, 2 oct. 1990, nos 1016891 et 1017891, *Mme Profetta*), avant modification de la nomenclature, qui intègre certaines de ces activités au titre des ICPE. De même, une canalisation transportant du chlorure de vinyle monomère ne constitue pas, par elle-même, une installation employant ou stockant du gaz liquéfié, ni une installation de remplissage ou de distribution de gaz inflammable liquéfié soumise à la police des installations classées et ne figure donc pas parmi les installations classées pour la protection de l'environnement (▪ CE, 24 oct. 2001, n° 228543, *Cne de Marennes et a. : Dr. adm.* 2002, comm. 38, note C. Maugüé ; *Environnement* 2002, comm. 56, note D. Deharbe). Le juge peut déduire le classement d'une activité en tenant compte de tous les éléments d'information disponibles (▪ TA Lille, 28 déc. 1998, n° 971109, *Sté Fertim : BDEI* 1999/4, p. 19, concl. A. Brenne ; *Mon. TP* 30 avr. 1999, p. 43).

7) Aéroports. Si les aérodromes comportent dans leur enceinte certaines installations susceptibles de relever de la loi ICPE (livre V, chapitre I du présent code), ils ne sauraient en revanche être en eux-mêmes qualifiés d'installations classées (▪ CE, 1er juin 1984, nos 9085, 9086 et 10259, *Féd. des assoc. de lutte contre les nuisances des avions* et *Assoc. pour la défense contre les nuisances des aéroports du nord de Paris.* ▪ CE, 15 févr. 1991, nos 109540, 109677, 109678 et 109679, *Assoc. de défense contre les nuisances et pour la qualité de vie de Saint-Mard, M. Bilicki, M. Bruno, M. Serve.* ▪ CE, 23 oct. 1998, n° 167364, *Assoc. Défense contre les nuisances et pour la qualité de vie de Saint-Mard*). Dans le même sens, les aérogares, pistes et aires de stationnement d'un aérodrome ne présentent pas, par elles-mêmes, le caractère d'installations classées (▪ CAA Bordeaux, 27 mai 2008, n° 06BX00512, *Assoc. pour la protection du littoral Rochelais : Environnement* 2008, n° 11, p. 48, note D. Gillig ; *BDEI* 2008/16, p. 10, note D. Déprez).

8) Éoliennes. Avant leur intégration dans le régime des ICPE par la loi Grenelle II du 12 juillet 2010, les éoliennes en étaient exclues ; dès lors, le moyen tiré de ce que les demandes de permis de construire n'auraient pas été accompagnées de la justification d'une demande d'autorisation ou de déclaration au titre de la législation des installations classées était inopérant (▪ CE, 28 nov. 2007, n° 279076, *Stés Jeumont SA et Jeumont Éole : Juris-Data* n° 2007-072799 ; *Environnement* 2008, n° 2, p. 36, comm. 35, note D. Gillig). Sur la légalité du décret n° 2011-984 du 23 août 2011 qui intègre les éoliennes dans la nomenclature ICPE (▪ CE, 13 juill. 2012, nos 353565 et 353577. ▪ CE, 26 déc. 2012, n° 357152, *Assoc. France énergie éolienne : Environnement* 2013, n° 2, p. 31, note A. Fourmon).

9) Installations mobiles. Sous le régime du décret impérial du 15 octobre 1810, puis sous la loi du 19 décembre 1917, seules les installations fixes entraient dans le champ d'application du décret ou de la loi. Ainsi, la qualification d'établissements insalubres ou dangereux était refusée à un fourneau mobile pour l'incinération de varech (▪ Cass., 13 juin 1863 : *D.* 1863, 1, p. 322), à un appareil de distillation ambulant (▪ CE, 27 juill. 1883 : *Rec. CE* 1883, p. 682), à une batteuse à grains mécanique (▪ CE, 12 janv. 1915 : *Rec. CE* 1915, p. 306). Il résulte des dispositions de l'article 1er de la loi du 19 juillet 1976 (art. L. 511-1 du présent code) que seules les installations fixes, à l'exclusion des véhicules, peuvent faire l'objet de mesures prises dans le cadre de la réglementation sur les installations classées (▪ CAA Bordeaux, 4 mai 1993, nos 91BX00537 et 91BX00596, *Min. Environnement :* Rec. CE, tables p. 894). Doit donc être annulé un arrêté de mise en demeure de déposer une demande d'autorisation au titre de la rubrique 2515, dès lors que le préfet a pris en compte non seulement les machines fixes, mais également les machines mobiles telles que les chargeurs alimentant les trémies de stockage, la circonstance que les chargeurs participent en permanence au processus d'exploitation ne suffisant pas à les faire regarder comme des machines fixes (■ CAA Bordeaux, 3 déc. 2007, n° 05BX02376, *Sté GSM : Environnement* 2008, n° 3, p. 37, comm. D. Gillig ; *Rev. jur. env.* 2008, n° 4, p. 473, comm. R. Schneider). Toutefois, la circulaire DPPR/SEI du 10 mai 1995 relative à la réglementation des installations mobiles précise que « la possibilité de déplacer une installation ne modifie en rien les atteintes potentielles qu'elle peut porter aux intérêts (visés à C. env., art. L. 511-1) » et que cette procédure ne peut cependant être systématiquement renouvelée que si la fréquence de passage est trop élevée et/ou si la durée cumulée est trop longue. Ces installations qui reviennent périodiquement au même endroit doivent être réglementées par une autorisation ou déclaration définitive. Ainsi, le stationnement journalier pendant un certain temps de véhicules chargés de boue et d'immondices, à l'effet de les manipuler et d'en opérer le transbordement, peut constituer un dépôt entrant dans le champ d'application de la législation sur les établissements classés (■ CE, 11 mars 1898, *Sieur Thierry : Rec. CE* 1898, p. 201). De même, le dépôt d'explosifs, dans un camion, relève de la rubrique n° 1311 de la nomenclature des installations classées qui n'effectue aucune distinction entre installation fixe ou mobile (■ CAA Nancy, 3 févr. 2000, n° 96NC02341, *Sté de travaux industriels et publics spécialisés [STIPS] : Mon. TP* 19 mai 2000, p. 92 ; *Rev. jur. env.* 2000, p. 488). La circulaire du 17 juillet 2008 relative aux règles pour le classement au titre de la nomenclature des installations classées des réservoirs mobiles quasi permanents sur les sites prévoit que l'adjonction récurrente, permanente ou quasi permanente de stockages mobiles ou le stationnement quasi permanent de citernes mobiles sur des aires dédiées au sein de sites industriels constitue une extension des dépôts fixes pouvant exister sur le site et que, par conséquent, leur capacité totale doit être prise en compte pour le classement du site. Ainsi, à la lecture des articles L. 511-1 et L. 512-8 du Code de l'environnement, les installations pouvant présenter des dangers ou des inconvénients pour les intérêts énoncés à l'article L. 511-1 ne sont pas exclues de la réglementation sur les installations classées au motif que lesdites installations peuvent être déplacées. Un broyeur équipant une remorque susceptible d'être tractée n'est donc pas exclu du champ d'application du régime des installations classées au seul motif qu'il est mobile (■ CAA Lyon, 7 août 2008, n° 06LY01280, *Sté Rhône Environnement : Environnement* 2008, n° 12, p. 30, note D. Gillig).

10) Installations nucléaires de base. Les installations nucléaires de base, telles qu'elles sont définies à l'article 2 du décret n° 63-228 du 11 décembre 1963 modifié par le décret n° 73-405 du 27 mars 1973, ne sont pas soumises à la procédure d'autorisation ou de déclaration concernant les installations classées (■ CE, 20 juin 1984, *Assoc. Les amis de la terre : Rec. CE* 1984, p. 233. ■ CE, 27 mai 1991, *Ville de Genève et a. : AJDA* 1999, p. 519. ■ CE, 16 oct. 1991, n° 88563, *Cne de Roeser et de Dudelange c/ EDF*). Elles ne le sont pas plus sous l'égide des articles L. 593-1 et suivants du Code de l'environnement, sauf à réserver le cas d'installations nucléaires ne dépassant pas certains seuils de radioactivité, la nomenclature ICPE les retenant alors.

11) Engins de chantier. Les engins de chantier ne constituent pas des installations classées au sens de l'article L. 511-1 du présent code ; ils ne peuvent par conséquent faire l'objet de prescriptions sur le fondement de la législation sur les installations classées, et cela d'autant que ces engins relèvent d'une autre réglementation (■ CAA Bordeaux, 4 mai 1993, n°s 91BX00537 et 91BX00596, *Min. Environnement c/ Sté industrielle des Établissements Louis Chaignaud : Rec. CE*, tables décennales 1985-1994, t. V, n° 66, p. 5341).

12) Dépôts de déchets inertes. Un aménagement paysager au moyen du dépôt de déchets inertes ne constitue pas une installation classée (■ CAA Paris, 17 déc. 1996, n°s 95PA03022 et 95PA03084, *Sté Remblais paysagers et Min. Environnement : Rec. CE*, tables, p. 1030 ; *Dr. adm.* 1997, n° 79 ; *Rev. jur. envir.* 1997, p. 449, obs. R. Schneider). V. sur les installations de stockage de déchets inertes : art. L. 541-30-1, p. 1212.

Les installations de stockage de déchets inertes (ISDI) sont désormais soumises à la législation des ICPE, au titre de l'enregistrement. V. D. n° 2014-1501, 12 déc. 2014 (*JO* du 14) et A. 6 déc. 2014 relatif aux conditions d'admission des déchets inertes dans les installations relevant des rubriques 2515, 2516, 2517 et dans les installations de stockage de déchets inertes relevant de la rubrique 2760 de la nomenclature des installations classées (*JO* du 14).

II – LA NOTION D'EXPLOITANT

13) Exploitant de droit. La qualité d'exploitant résulte du titre habilitant à mettre l'installation en service. En l'espèce, l'exploitant doit s'entendre comme le titulaire de l'autorisation d'exploiter, et ce peu important que le titulaire de l'autorisation ait confié à un tiers l'exploitation de l'installation (■ CE, 29 mars 2010, n° 318886, *Cté de cnes de Fécamp : JurisData* n° 2010-002970 ; *AJDA* 2010, n° 29, p. 1655, comm. M. Moliner-Dubost ; *RJEP* 2010, n° 678, p. 15, comm. M. Guyomar ; *JCP* N 2010, n° 29, p. 1247, comm. O. Herrnberger ; *BDEI*

2010/27, p. 33, comm. M. Guyomar). Dès lors que deux sociétés exercent des activités interdépendantes sur un même site et participent à la réalisation d'un objet commun, elles ne peuvent être considérées comme deux exploitants distincts (■ CAA Lyon, 29 avr. 2008, n° 06LY00454, *Sté Tag : BDEI* 2008/16, pan. p. 10, comm. D. Déprez). La confusion de deux installations peut être déduite de la proximité organique entre les deux sociétés (existence d'une identité de siège social, de gérant, d'objets et d'activités étroitement liés) et du fait que l'une d'entre elles se soit présentée comme exploitante à l'égard des tiers et de l'administration (■ CAA Douai, 25 mars 2010, n° 08DA01871, *SARL Vitse, SARL Devarem Développement : Rev. jur. env.* 2011, p. 429), ou de la proximité organique, du lien géographique et de la nature des activités (■ CAA Lyon, 29 juin 2010, n° 08LY00973, *Sté Cultiva*). La liquidation judiciaire du dernier exploitant ne dispense pas celui-ci de veiller au respect de la législation sur les installations classées (■ CAA Nancy, 11 déc. 1997, n°s 93NC0818 et 93NC01121, *Sté SRPB Vycone : Rev. jur. env.* 1998, p. 414, comm. R. Schneider) ; de même que l'irrégularité de l'occupation d'un site industriel (■ CAA Nantes, 6 oct. 1999, n°s 96NT01275 et 98NT00047, *Sté Ecofer Rouen et Sté Rouen Métal : Mon. TP* 4 févr. 2000, p. 69 ; *Rev. jur. env.* 2000, p. 493).

14) Exploitant de fait. La notion « d'exploitant de fait » est appliquée dans l'hypothèse de l'exploitation d'une installation classée sans l'autorisation requise, pénalement sanctionnée (■ Cass. crim., 14 mai 1991, n° 90-84.684), de même qu'un tiers peut être regardé comme gérant de fait et être pénalement sanctionné sur le fondement d'une exploitation sans autorisation, dès lors qu'il exerçait un pouvoir occulte de direction (■ Cass. crim., 25 mai 1994, n° 93-85.158). La personne ayant la qualité d'exploitant, au regard des éléments de fait, est l'utilisateur du site. Le fait que celui-ci n'ait jamais sollicité une autorisation constitue l'infraction d'exploitation sans autorisation (■ Cass. crim., 23 mars 2004, n° 03-83.420, *Sté Laflutte Travaux Publics*). Le débiteur de l'obligation légale de remise en état demeure le titulaire de l'autorisation d'exploiter, et ce même en présence d'un exploitant de fait. En l'espèce, l'existence d'un contrat confiant à un tiers l'exploitation d'une installation classée étant, en l'absence d'une telle autorisation, sans influence sur la qualification d'exploitant, la communauté de communes est restée l'exploitant en titre de l'usine d'incinération des ordures ménagères qu'elle avait été autorisée à créer avant d'en confier l'exploitation à une société (■ CE, 29 mars 2010, n° 318886, *Cté de cnes de Fécamp : JurisData* n° 2010-002970 ; *AJDA* 2010, n° 29, p. 1655, comm. M. Moliner-Dubost ; *RJEP* 2010, n° 678, p. 15, comm. M. Guyomar ; *JCP* N 2010, n° 29, p. 1247, comm. O. Herrnberger). L'absence de déclaration en préfecture du changement d'exploitant fait donc obstacle à ce que le nouvel exploitant de fait puisse être considéré comme le débiteur de l'obligation de remise en état du site après la mise à l'arrêt définitif de l'exploitation (■ CE, 6 déc. 2012, n° 333977, *Sté Arcelormittal France*).

15) Coexploitant. Sont considérés comme coexploitants : le récepteur de déchets provenant d'installations classées, en l'espèce une carrière utilisée comme décharge, et le producteur de déchets industriels, auteur du transfert des déchets (■ CE, 30 avr. 1980, n° 19242, *SARP*).

16) Propriétaire. Dès lors qu'il poursuit l'exploitation d'une installation classée, le propriétaire du terrain d'assiette de l'installation est considéré comme exploitant de l'installation. Ainsi, le fait de déposer des déchets inertes sur son terrain, sur lequel un dépôt anonyme de déchets toxiques avait par ailleurs déjà été effectué, permet de qualifier le propriétaire d'exploitant d'une installation classée (■ CA Grenoble, ch. corr., 3 sept. 1997, n° 821-97, *M. : JurisData* n° 1997-044218). En revanche, un propriétaire ne peut être qualifié d'exploitant de fait d'une décharge dès lors qu'il n'a pas participé aux dépôts ou donné son accord à l'usage de son terrain comme lieu de décharge, notamment contre rémunération (■ CAA Douai, 16 déc. 2004, n° 02DA00091, *Bernard Pion c/ Min. Écologie et Développement durable*). Mais dès lors que le propriétaire d'un terrain est le seul bénéficiaire des dépôts de déchets autorisés par son père, il doit être regardé comme exploitant de fait d'une décharge au sens de la rubrique 167b et peut par conséquent se voir imposer des mesures de surveillance du site (■ CAA Nancy, 2 août 2007, n° 05NC01103, *M. Durrenwaechter*).

17) Crédit bailleur. Une société de crédit-bail, se bornant à gérer son bien, sans exercer sur place aucune activité relevant de la législation applicable aux installations classées, ne peut être assimilée à un exploitant de droit ou de fait (■ CAA Nancy, 11 déc. 1997, n° 93NC00818, *SA SRPB Vycone*). Dans un sens contraire, le crédit bailleur, qui n'a jamais exploité une installation classée, doit prendre à sa charge la surveillance du site à défaut d'exploitant présent et solvable, en sa qualité de détenteur (■ TA Amiens, 30 juin 1999, n° 981976, *Sté Picardie bail : Mon. TP* 22 oct. 1999, p. 77).

18) Locataire. Une société, locataire d'un site, ne peut être regardée comme exploitant de l'installation classée à l'origine du dépôt de déchets antérieure à sa prise à bail. De même, en sa seule qualité de locataire, cette entreprise ne peut être qualifiée de détenteur de l'installation

(▪ CAA Nancy, 6 déc. 2004, n° 01NC00751, *Min. Aménagement du territoire et Environnement c/ Sté TPA Constructions)*.

19) Sous-locataire. Le sous-locataire ne peut être considéré comme exploitant nonobstant le transfert effectif, par contrat, de responsabilité de l'exploitation à son profit et l'existence d'une déclaration de changement d'exploitant, dans la mesure où cette dernière avait été contestée par la société locataire qui en avait obtenu la résiliation (▪ CAA Lyon, 9 déc. 1997, n° 93LY00816, *Sté Elipol : Dr. env.* 1998, n° 57, p. 8, note G. F. – Appel du jugement ▪ TA Lyon, 13 nov. 1996, n° 9603240, *Sté Elipol : JurisData* n° 1996-056064 ; *BDEI* 1998/3, p. 25, note M. Memlouk).

Voir également : Sur les débiteurs de l'obligation de remise en état : annot. ss , art. L. 512-6-1, p. 949 ; sur les destinataires d'une mise en demeure, annot. sous , art. L. 171-8, p. 260.

III – APPLICATION DANS LE TEMPS

20) Cessation d'activité avant l'entrée en vigueur de la loi du 19 juillet 1976. La circonstance qu'une installation n'était pas classée au moment de l'arrêt définitif de son exploitation ne fait pas obstacle à l'application de la loi du 19 juillet 1976, dès lors que l'installation était susceptible de présenter des dangers ou inconvénients mentionnés à l'article 1er de la loi du 19 juillet 1976 (art. L. 511-1) (▪ CE, 16 nov. 1998, n° 182816, *Min. Environnement c/ SA Cie des bases lubrifiantes : JurisData* n° 1998-051279 ; *BDEI* 1999/4, p. 23, concl. A. Seban ; *Dr. env.* 1999, n° 67, p. 6, comm. G. F. ; *Rev. jur. env.* 1999, p. 646, comm. R. Schneider). De même, lorsque l'exploitation de l'installation a définitivement cessé avant l'entrée en vigueur de la loi du 19 juillet 1976, relative aux installations classées (▪ CAA Douai, 4 mai 2000, n° 96DA00851, *Sté Garage Damide*). Ainsi, l'obligation de remise en état du site est applicable aux installations de la nature de celles soumises à autorisation en application du titre Ier du livre V du Code de l'environnement alors même qu'elles auraient cessé d'être exploitées avant l'entrée en vigueur de la loi du 19 juillet 1976, dès lors que ces installations demeurent susceptibles de présenter les dangers ou inconvénients énumérés à l'article L. 511-1 du présent code (▪ CE, 8 juill. 2005, n° 247976, *Sté Alusuisse-Lonza-France : AJDA* 2005, p. 1829, note C. Landais et F. Lenica ; *BDEI* 2005/4, p. 15, note M. Guyomar ; *Environnement* 2005, n° 67, p. 24, note P. Trouilly ; *LPA* 23 sept. 2005, p. 5, obs. F. Braud et A. Moustardier ; *Dr. env.* 2005, n° 132, p. 219, note M. Gros et D. Deharbe ; *D.* 2005, n° 44, p. 3075, note B. Quiriny ; *JCP* G 2006, n° 1, p. 37, note F.-G. Trébulle ; *JCP* A 2006, n° 4, p. 105, note D. Kokoroko ; *Gr. arrêts dr. envir.*, préc., n° 47, obs. Ph. Billet. ▪ Cass. 3e civ., 17 juin 2009, n° 08-14.080, *Cne de Feytiat c/ Sté de valorisation de l'environnement (SVE) : JurisData* n° 2009-048650 ; *Environnement* 2009, nos 8-9, p. 35, note M. Boutonnet ; *JCP* E 2009, n° 36, p. 47, note M. Boutonnet).

Voir : sur la durée de l'obligation de remise en état, V. également *infra*, § IV, ss , art. L. 512-6-1, p. 949.

IV – INDÉPENDANCE DES LÉGISLATIONS

21) Loi Déchets du 15 juillet 1975. Les arrêtés d'autorisation doivent être compatibles avec le plan départemental des déchets, sous peine de nullité (▪ TA Montpellier, 20 mai 1998, nos 97-795, 97-993 et 97-1042, *Les Verts Languedoc-Roussillon, Assoc. pour la protection de l'environnement du Lunellois et a. : BDEI* 2/1999, p. 25 ; V. sous art. L. 541-15, p. 1191). V. également, art. L. 541-4, p. 1155. Les décisions individuelles prises au titre de la législation des installations classées dans le domaine de l'élimination des déchets doivent être compatibles avec le plan d'élimination des déchets, désormais appelé plan de prévention et de gestion des déchets (V. art. L. 541-11, p. 1185). Est ainsi légale l'autorisation d'exploiter une décharge, pourtant annulée par le tribunal administratif pour incompatibilité avec le plan, dès lors que celui-ci a été révisé après le jugement dans un sens favorable à l'autorisation, situation que prend en compte la Cour au jour de son arrêt (▪ CAA Douai, 25 avr. 2002, n° 99DA01536). Est en revanche illégal l'arrêté d'autorisation d'une unité d'incinération de boues d'épuration, au motif que le plan départemental prévoit de privilégier la filière de valorisation agricole pour l'élimination des boues d'épuration (▪ TA Dijon, 17 févr. 2004, n° 021876).

Le plan ne peut pas prévoir, de manière contraignante, des procédures complémentaires de recevabilité des demandes d'autorisation, par exemple la réalisation d'une étude préalable, décrivant les modalités de mise en œuvre de la filière de traitement imposée par le plan ou la consultation de la totalité des collectivités de la zone concernée avant l'instruction administrative du dossier (▪ CAA Marseille, 31 mai 2007, n° 04MA02281).

22) Loi sur l'eau (16 décembre 1964 et 3 janvier 1992). V. art. L. 214-7 et L. 214-8, p. 396 ; V. également art. L. 514-6, p. 985. L'irrégularité de l'exploitation d'une pisciculture et des forages nécessaires au regard de la loi sur l'eau est sans influence sur la régularité de la mise en service de cette installation au regard de la législation ICPE (▪ CAA Bordeaux, 25 mars 2004, n° 00BX01095, *Sté aquacole de l'Île de Ré*).

23) Expropriation. La législation des installations classées est indépendante de la législation de l'expropriation. En conséquence, le défaut d'utilité publique de l'installation ne peut être invoqué en vue de l'annulation d'un arrêté d'autorisation (■ CE, 29 mai 1985, n° 44397, *Min. Environnement c/ Sté SOPA*). Les dispositions du décret du 1er avril 1964, soumettant à autorisation préfectorale l'installation d'établissements incommodes ou insalubres de troisième classe sur le territoire des communes tenues d'avoir un plan d'aménagement, sont étrangères à l'opération même de la déclaration (■ CE, 15 mars 1968, *Cne de Cassis et Bodin et a. : Rec. CE* 1968, p. 189).

Art. L. 511-2 (1) ***(Anc. L. n° 76-663, 19 juill. 1976 ; mod., Ord. n° 2009-663, 11 juin 2009 ; Cons. const., n° 2011-183/184 QPC, 14 oct. 2011). –*** (2) **Les installations visées à l'article L. 511-1 sont définies dans la nomenclature des installations classées établie par décret en Conseil d'État, pris sur le rapport du ministre chargé des installations classées, après avis du Conseil supérieur *(Mots mod., Déc., n° 2011-183/184 QPC, 14 oct. 2011)* de la prévention des risques technologiques. Ce décret soumet les installations à autorisation, à enregistrement ou à déclaration suivant la gravité des dangers ou des inconvénients que peut présenter leur exploitation.**

(Abr. à compter du 1er janvier 2013, Cons. const. n° 2011-183/184 QPC, 14 oct. 2011, art. 1er et 2 : JO 15 oct. 2011 ; JurisData n° 2011-021909) (3).

Rédaction antérieure. *(Mod., L. n° 2011-525, 17 mai 2011)* Les projets de décrets de nomenclature font l'objet d'une publication, éventuellement par voie électronique, avant transmission pour avis au Conseil supérieur de la prévention des risques technologiques.

V. bibliographie sous art. R. 511-9, p. 2375.

1) Vérification par le préfet que le projet relève bien de la nomenclature. Voir : , art. R. 512-48, p. 2404.

2) Déclaration d'inconstitutionnalité du mode d'adoption des décrets de nomenclature. Le Conseil constitutionnel a déclaré contraire au principe de participation du public le second alinéa de l'article L. 511-2 et le III de l'article L. 512-7, lesquels ont été abrogés à compter du 1er janvier 2013. Il a en effet estimé que les projets de décrets de nomenclature et de prescriptions générales devaient être soumis non seulement à publication, mais également à l'ouverture d'un débat public (■ DC n° 2011-183/184 j).

3) Régularité de la consultation. Est régulière la consultation du Conseil supérieur des installations classées relative à un projet de décret de classement des engrais à base de nitrate d'ammonium, même si, postérieurement à cette consultation, le texte de ce projet a été modifié, dès lors que ces modifications, qui ne portaient que sur des précisions rédactionnelles et n'ont pas eu pour objet ou pour effet d'étendre le champ d'application de la rubrique 1332 de la nomenclature des installations classées, tel que défini dans le projet soumis à ce conseil, ne soulevaient pas de questions nouvelles (■ CE, 13 févr. 2012, n° 331885, *Union des industries de la fertilisation : JCP* A 2013, Act. 17, obs. A. Carpentier ; *LPA* 15 oct. 2012, p. 6, n° 206, note R. Bonnefont).

4) Appréciation de la légalité des décrets portant modification de la nomenclature. Le Conseil d'État se limite à l'examen de l'erreur manifeste d'appréciation (■ CE, 15 janv. 1982, n° 15458, *Guillebaud*. ■ CE, 1er juin 1984, n° 10236, *Synd. des pisciculteurs salmoniculteurs de France*). S'agissant de la procédure d'élaboration des décrets, il a été jugé que la circonstance que l'avis du Conseil supérieur n'ait pas été visé par le décret est sans incidence sur la légalité dudit décret, dès lors qu'il ressort des pièces du dossier que cette consultation a bien eu lieu (■ CE, 15 janv. 1982, n° 15458, *Guillebaud*). *À propos du décret du 10 août 2005 modifiant la nomenclature des installations classées.* Pour déterminer les seuils soumettant à autorisation les élevages de volailles et de bovins, le Gouvernement s'est fondé sur le progrès des techniques qui permet de réduire les pollutions générées par les installations en cause. La circonstance qu'il se soit également fondé, pour modifier la nomenclature des installations classées, sur des objectifs de simplification administrative et d'allègement des tâches de l'inspection des installations classées, consis-

(1) V. T. appl. : *D. n° 53-578, 20 mai 1953.* – NDLR.

(2) Le Conseil constitutionnel a déclaré le présent alinéa conforme à la Constitution : V. ■ Cons. const. n° 2011-183/184 QPC, 14 oct. 2011, art. 3 (*JO* 15 oct. 2011 ; *JurisData* n° 2011-021909). – NDLR.

(3) « L'abrogation immédiate des dispositions déclarées contraires à la Constitution aurait des conséquences manifestement excessives ; que, par suite, il y a lieu de reporter au 1er janvier 2013 la date d'abrogation de ces dispositions » : V. ■ Cons. const. n° 2011-183/184 QPC, 14 oct. 2011, consid. 10 (*JO* 15 oct. 2011 ; *JurisData* n° 2011-021909). – NDLR.

tant dans le traitement des demandes d'autorisation pour assurer un meilleur contrôle du respect de la réglementation et des prescriptions par les installations classées fonctionnant régulièrement, est sans influence sur la légalité du décret. Le Gouvernement ne s'est ainsi pas fondé sur des motifs étrangers à l'objet poursuivi par les articles L. 511-1 et L. 511-2 du Code de l'environnement (■ CE, 7 mai 2007, n° 286103, *Assoc. nat. pour la protection des eaux et rivières – TOS : AJDA* 2007. 1589, concl. Y. Aguila ; *RD rur.* 2007, n° 354, p. 55, note M.-C. Rouault ; *BDEI* 2007/10, p. 11, note O. Beineix ; *Dr. env.* 2007, n° 151, p. 219, note G. Romi ; *Europe* 2007, n° 10, p. 14, note obs. D. Simon ; *Rev. jur. env.* 2008, n° 3, p. 359, note R. Schneider). V. sur la question préjudicielle posée par le Conseil d'État concernant notamment la notion de « volaille » (■ CJCE, 22 janv. 2009, aff. C-473/07, *Assoc. nat. pour la protection des eaux et rivières – TOS : Environnement* 2009, n° 2, p. 37, comm. C. Verdure ; *Europe* 2009, n° 3, p. 8, comm. D. Simon ; *BDEI* 2009/20, p. 27, comm. C. Fontaine).

5) Interprétation stricte de la nomenclature. V. comm. ss art. L. 511-1, p. 937.

6) Conflits de classement. Des conflits de classement peuvent survenir entre les juridictions administratives et les juridictions judiciaires ; ainsi, le stockage de scories provenant d'une usine d'incinération de déchets ménagers et assimilés a été considéré comme relevant de la rubrique n° 167 par la Cour de cassation (■ Cass. crim., 14 mai 1991, n° 90-94.684 : *JurisData* n° 1991-001505) et de la rubrique n° 322-B-2 par une cour administrative d'appel (■ CAA Nancy, 27 mai 1993, n°s 92NC00107 et 92NC00108, *M. Decornet*).

7) Règles de classement. Les critères de classement (poids, volume, puissances, etc.) d'installations appartenant à la même rubrique de classement s'additionnent même lorsque les installations d'un même site sont exploitées de part et d'autre d'une route communale et d'un lavoir (■ TA Montpellier, 23 mai 1995, n° 912839, *Assoc. Avenir d'Alet*) ; il en est de même des installations fixes et mobiles relevant de la même rubrique de classement (■ CA Grenoble, ch. corr., 5 janv. 2000, n° 99/00003, arrêt n° 17, *Sté L et L : Mon. TP* 24 nov. 2000, p. 109) ; V. ss art. L. 511-1, annot. n° 4 et 9, p. 938. Le classement d'un atelier de menuiserie, déterminé en fonction des puissances disponibles dans ce seul atelier, ne tient pas compte des puissances disponibles sur l'ensemble de l'établissement (■ CAA Nantes, 26 janv. 1995, n° 93NT00355, *Sté Acibois : JurisData* n° 1995-042445). De plus, les modifications techniques réalisées par l'exploitant d'une installation, au moyen de bridage ou de limiteurs, est sans influence sur son classement (■ TA Nantes, 6 juill. 2000, n° 96.1062, *Sté Nicodis : Mon. TP* 26 janv. 2001, p. 95). Un élevage de vaches réparti sur trois sites différents et autonomes ne forme pas une seule installation soumise à déclaration, alors même que l'effectif total atteindrait le seuil de déclaration, en l'absence de lieu d'épandage en commun (■ TA Montpellier, 12 févr. 2004, n° 981103-013127, *Blanquet et a.*).

8) Coexploitation. Aucune disposition législative n'impose à l'autorité administrative, destinataire d'une démarche de déclaration de création ou modification d'une installation à proximité d'une autre installation ICPE et ayant un exploitant distinct, de cumuler les capacités en présence, pour déterminer si le seuil réglementaire d'une demande d'autorisation est atteint (■ TA Caen, 7 oct. 2003, n° 02729, *Viguier, Vieville*).

9) Modification de la nomenclature. Droits acquis, V. ss art. L. 513-1, annot. n° 1 et s., p. 981.

CHAPITRE II. – INSTALLATIONS SOUMISES À AUTORISATION, À ENREGISTREMENT OU À DÉCLARATION

(Intitulé rempl., Ord. n° 2009-663, 11 juin 2009)

Section I. – Installations soumises à autorisation (1) (2)

Art. L. 512-1 (1) ***(Anc. L. n° 76-663, 19 juill. 1976 ; mod., L. n° 2003-699, 30 juill. 2003 ; L. n° 2006-11, 5 janv. 2006 ; L. n° 2009-526, 12 mai 2009 ; Ord. n° 2009-663, 11 juin 2009 ; mod. à compter du 1er juin 2015, L. n° 2013-619, 16 juill. 2013 ; rempl. à compter du 1er mars 2017, Ord. n° 2017-80, 26 janv. 2017)*** (3). **– Sont soumises à autorisation les installations qui présentent de graves dangers ou inconvénients pour les intérêts mentionnés à l'article L. 511-1.**

(1) Sur l'expérimentation d'une autorisation unique en matière d'installations classées pour la protection de l'environnement : V. Ord. n° 2014-355, 20 mars 2014. – NDLR.
(2) Sur l'expérimentation d'un certificat de projet : V. Ord. n° 2014-356, 20 mars 2014. – NDLR.
(3) Dispositions d'application particulières et transitoires : V. Ord. n° 2017-80, 26 janv. 2017, art. 15.

L'autorisation, dénommée autorisation environnementale, est délivrée dans les conditions prévues au chapitre unique du titre VIII du livre Ier.

Voir : nouveaux art. L. 181-25 à L. 181-27, p. 313. – *Supra*, annotations sous art. L. 511-2, p. 944 pour référence à la nomenclature. V. sur l'application limitée du principe de précaution en matière d'installations classées supra, annotations sous art. L. 110-1, p. 30 du présent code.

Voir : A. du 4 octobre 2010 relatif à la prévention des risques accidentels au sein des ICPE soumises à autorisation (*JO* 16 nov. 2010) qui est applicable, sauf mention contraire, à l'ensemble des ICPE soumises à autorisation. Cet arrêté comporte les principales mesures liées à la mise en œuvre du plan de modernisation du 13 janvier 2010. Ce plan de modernisation, lancé fin 2008, qui fait suite à plusieurs accidents et incidents survenus récemment dans les installations industrielles françaises et a permis de mettre en cause le vieillissement des installations, de leur maintenance et de leur surveillance. L'arrêté parachève le travail en transposant dans la réglementation tous les engagements prévus et fixe, équipement par équipement (certains réservoirs, capacités et tuyauteries, massifs, cuvettes, structures et caniveaux), les obligations qui incombent à l'exploitant en matière de maîtrise des risques liés au vieillissement des installations.

Bibliographie : ***1) ICPE soumise à autorisation / généralités.*** Ph. Arnaud et A. Garans, *Installations classées : prévention du risque et bilan environnemental : Environnement et Technique* avr. 2004, n° 235, p. 51 à 59. • A. Bourret et a., *Installations classées, synthèse juin 2017-juin 2018 : Dr. env.* 2018, p. 244. • F. Buisson, *Projets industriels – Évaluation des impacts économiques et financiers : Préventique Sécurité* sept.-oct. 2013, n° 131, p. 14. • M. Courtin, *La difficulté grandissante de l'octroi des titres et leur fragilité : BDEI* déc. 2006, n° spécial, suppl. au n° 6, p. 36. • F. Defradas, *Le droit à la délivrance de l'autorisation d'exploiter : BDEI* supplément au n° 42 – déc. 2012, p. 43. • S. Deliancourt, *Les relations entre les prescriptions d'un plan local d'urbanisme et les autorisations d'exploiter une ICPE : Dr. env.* 2011, n° 194, p. 287. • R. Drago, *in Mél. J. Robert, Libertés*, Montchrestien, 1998, p. 101 et s. • C. Guenon, *Planification des secours face au risque industriel : BDEI* 2002, n° spécial, p. 28 à 33. • C. Huglo, M.-P. Maître et G. Paul, *Installations classées – Guide juridique de la demande d'autorisation d'exploiter*, SAP, 2004. • L. Peyret, *Le bilan de fonctionnement des installations classées autorisées : Environnement et Technique* nov. 2004, n° 241, p. 4 à 6. • P. Pintat, *L'évolution de la police des installations classées. De la croissance à la métamorphose : BDEI* mai 1996. • Y. Razafindratandra, *Autorisation d'ICPE : un avis sur la conformité avec la convention d'Aarhus : Environnement et Technique* déc. 2009, n° 292, p. 60. • H. Seillan, *La tierce expertise : aspects juridiques : Préventique Sécurité* mars-avr. 2008, n° 98, p. 34. • J.-E. Starlander, *Procédure d'autorisation ICPE : l'indemnisation des industriels en cas de carence de l'État : Environnement et Technique* déc. 2008, n° 282, p. 70. • M. Staub, *Du délai pour statuer sur une demande d'autorisation d'installation classée : LPA* 28 nov. 1997, n° 143, p. 17. • C. Vigouroux, *Chronique sur le droit des installations classées pour la protection de l'environnement : AJDA* 20 sept. 1994, p. 596.

3) Étude de dangers. Étude de danger : exigences nouvelles : *Préventique-Sécurité* janv.-févr. 2004, n° 73. • P. Arnou, *L'étude de dangers : des mesures proportionnées aux risques : Environnement et Technique* déc. 2005, n° 252, p. 73. • B. Berhault, *Arrêté du 29 septembre 2005 : champ d'application élargi pour les études de dangers : L'Hebdo Face au Risque* 28 août 2006, n° 384, p. 3. • P. Billet, *Installations classées : nouvelles dispositions sur les études de dangers et la remise en état : JCP* A 2005, n° 40, p. 1465 ; *JCP* E 2005, n° 41, p. 1675. • P. Castel et P. Crenn, *Installations industrielles à risques : la réglementation française et son application : BDEI* 2002, n° spécial, p. 7 à 18. • D. Deharbe, *L'étude de danger : nouvelle pierre angulaire de la prévention des risques technologiques : BDEI* avr. 2004, p. 19 à 27. • V. de Dianous, *Prise en compte de la probabilité dans les études de dangers : Préventique Sécurité* sept.-oct. 2007, n° 95, p. 32. • B. Hagege-Raduta, *Nitrate d'ammonium et ICPE : vers un contrôle « précautionneux » du juge : Rev. jur. env.* 1/2010, p. 121. • M.-P. Maître, *Étude de dangers : le point depuis la loi sur les risques technologiques et naturels : Environnement* 2004, p. 28 ; *Précisions sur les études de dangers des dépôts de liquides inflammables : Environnement* 2007, n° 4, p. 30. ; *Évaluation des risques et des distances d'effets autour des dépôts de gaz inflammables liquéfiés : Environnement* 2007, n° 10, p. 28. • E. Miteva, C. Huglo et C. Lepage, *L'essentiel de la modification du décret n° 77-1133 du 21 septembre 1977 relatif aux ICPE : Environnement et Technique* nov. 2005, n° 251, p. 46. • A. Remoue, *Étude de dangers, mode d'emploi : L'Usine nouvelle* 21 sept. 2006, n° 3023, p. 58. • Service recherche & veille juridique, SCP Huglo Lepage, *La prise en compte des effets de projection : L'hebdo Face au Risque* 1er oct. 2007, n° 430, p. 3. ; *Évaluation des risques et des distances d'effets autour des dépôts de gaz inflammables liquéfiés : L'hebdo Face au Risque* 15 oct. 2007, n° 432, p. 3 ; *Publication de la liste des ouvrages d'infrastructures de stationnement, chargement ou déchargement de matières dangereuses concernés par l'établissement d'une étude de dangers : L'hebdo Face au Risque* 1er déc. 2008, n° 478, p. 3 ; *De l'établissement des études de dangers des installations pyrotechniques : L'hebdo Face au Risque* 19 janv. 2009, n° 482, p. 3. • Y. Verot, *Prévention, gestion, évaluation et perception du risque : BDEI* 2002, n° spécial, p. 19 à 27.

Art. L. 512-2 *(Abr. à compter du 1er mars 2017, Ord. n° 2017-80, 26 janv. 2017)* (1).

Voir : art. L. 181-10, p. 302.

---

(1) Dispositions d'application particulières et transitoires : V. Ord. n° 2017-80, 26 janv. 2017, art. 15.

Art. L. 512-2-1 *(Abr. à compter du 1er mars 2017, Ord. n° 2017-80, 26 janv. 2017)* (1).

Art. L. 512-3 *(Abr. à compter du 1er mars 2017, Ord. n° 2017-80, 26 janv. 2017)* (1).

Voir : art. L. 181-12, p. 305.

Art. L. 512-4 *(Abr. à compter du 1er mars 2017, Ord. n° 2017-80, 26 janv. 2017)* (1).

Voir : art. L. 181-28, p. 314.

Art. L. 512-5 *(Anc. L. n° 76-663, 19 juill. 1976 ; mod., L. n° 2011-525, 17 mai 2011 ; Cons. const. n° 2012-262 QPC, 13 juill. 2012 ; mod., L. n° 2020-1525, 7 déc. 2020).* **– Pour la protection des intérêts mentionnés à l'article L. 511-1, le ministre chargé des installations classées peut fixer par arrêté, après consultation des ministres intéressés et du « Conseil supérieur de la prévention des risques technologiques »** (2)**, les règles générales et prescriptions techniques applicables aux installations soumises aux dispositions de la présente section., les règles générales et prescriptions techniques applicables aux installations soumises aux dispositions de la présente section. Ces règles et prescriptions déterminent les mesures propres à prévenir et à réduire les risques d'accident ou de pollution de toute nature susceptibles d'intervenir ainsi que les conditions d'insertion dans l'environnement de l'installation et de** *(Mots rempl., L. n° 2021-1104, 22 août 2021)* **« réhabilitation » du site après arrêt de l'exploitation** (3). *(Phrase abr. à compter du 1er janvier 2013, Cons. const. n° 2012-262 QPC, 13 juill. 2012, art. 1 et 2 : JO 14 juill. 2012 ; JurisData n° 016574)* (4) **« ... ».**

> **Rédaction antérieure.** *(Mod., L. n° 2011-525, 17 mai 2011)* Pour la protection des intérêts mentionnés à l'article L. 511-1, le ministre chargé des installations classées peut fixer par arrêté, après consultation des ministres intéressés et du « Conseil supérieur de la prévention des risques technologiques » (2), les règles générales et prescriptions techniques applicables aux installations soumises aux dispositions de la présente section. Ces règles et prescriptions déterminent les mesures propres à prévenir et à réduire les risques d'accident ou de pollution de toute nature susceptibles d'intervenir ainsi que les conditions d'insertion dans l'environnement de l'installation et de remise en état du site après arrêt de l'exploitation (3). Les projets de règles et prescriptions techniques font l'objet d'une publication, éventuellement par voie électronique, avant leur transmission au Conseil supérieur de la prévention des risques technologiques.

Ces arrêtés s'imposent de plein droit aux installations nouvelles. Ils précisent, après avis des organisations professionnelles intéressées, les délais et les conditions dans lesquels ils s'appliquent aux installations existantes.

Sauf motif tiré de la sécurité, de la santé ou de la salubrité publiques ou du respect des engagements internationaux de la France, notamment du droit de l'Union européenne :

1° Ces mêmes délais et conditions s'appliquent aux projets ayant fait l'objet d'une demande d'autorisation complète à la date de publication de l'arrêté ;

2° Les prescriptions relatives aux dispositions constructives concernant le gros œuvre ne peuvent faire l'objet d'une application aux installations existantes ou aux projets ayant fait l'objet d'une demande d'autorisation complète à la date de publication de l'arrêté.

La demande est présumée complète lorsqu'elle répond aux conditions de forme prévues par le présent code.

Ces arrêtés fixent également les conditions dans lesquelles certaines de ces règles peuvent être adaptées aux circonstances locales par l'arrêté préfectoral d'autorisation.

Voir : art. R. 181-45, p. 1735 et art. R. 181-54, p. 1746. – V. arrêtés ministériels pris en application de l'article L. 512-5 du présent code (L. 19 juill. 1976, art. 7), cités aux 5e et 6e colonnes de la nomenclature ICPE, annexe 2. – A. 10 mai 1993 relatif aux règles parasismiques (*JO* 17 juill. 1993). – Circ. DPPR/SEI, 20 août 1996 relative aux modalités de saisine du Conseil supérieur des Installations classées (non publiée au *JO*). – A. 23 janv. 1997 relatif à la limitation des bruits émis dans l'environnement par les *installations classées* (*JO* 27 mars 1997, p. 4785), modifié. – A. 2 févr. 1998, relatif aux prélèvements et à la consommation d'eau ainsi qu'aux émissions de toute nature des installations classées pour la protection de l'environnement soumises à autorisation (*JO* 3 mars 1998), modifié. – Circ. 17 déc. 1998 relative aux installations classées pour la protection de l'environnement (Arrêté ministériel du

(1) Dispositions d'application particulières et transitoires : V. Ord. n° 2017-80, 26 janv. 2017, art. 15.

(2) À compter du 30 avril 2010, Ord. n° 2010-418, 27 avr. 2010, art. 3.

(3) V. T. appl. : A. 10 mai 2000 : *JO* 20 juin 2000 (substances ou préparations dangereuses) ; A. 29 mars 2004 : *JO* 1er avr. 2004 (silos dégageant des poussières inflammables). – NDLR.

(4) L'abrogation immédiate des présentes dispositions, déclarées contraires à la Constitution, aurait pour seul effet de faire disparaître les dispositions permettant l'information du public sans satisfaire aux exigences du principe de participation de ce dernier ; que, par suite, il y a lieu de reporter au 1er janvier 2013 la date d'abrogation de ces dispositions, ■ Cons. const. n° 2012-262 QPC, consid. 9 (*JO* 14 juill. 2012 ; *JurisData* n° 016574).

2 février 1998 relatif aux prélèvements et à la consommation d'eau ainsi qu'aux émissions de toute nature des installations classées pour la protection de l'environnement soumises à autorisation, modifié par l'arrêté du 17 août 1998). – A. 15 janv. 2008 relatif à la protection contre la foudre de certaines installations classées (*JO* 24 avr. 2008). – A. 4 oct. 2010 relatif à la prévention des risques accidentels au sein des ICPE (*JO* 16 nov. 2010). – Circ. 24 avr. 2008 relative à l'arrêté du 15 janvier 2008 relatif à la protection contre la foudre de certaines installations classées (*BO. MEEDDAT* n° 2008/10, 30 mai 2008).

Bibliographie : M. Memlouk, *Vers une interprétation assouplie des prérogatives détenues par le ministre de l'Environnement au titre de l'article 7 de la loi du 19 juillet 1976 : BDEI* 1/2000, p. 7.

I – FORME DES RÈGLES GÉNÉRALES ET PRESCRIPTIONS TECHNIQUES

1) Déclaration d'inconstitutionnalité du mode d'adoption des arrêtés de prescriptions générales. V. sous art. L. 511-2, p. 944.

2) Compétence matérielle. Avant la modification de l'article 7 de la loi ICPE par la loi n° 96-1236 du 30 décembre 1996, le ministre chargé de l'environnement ne pouvait édicter des prescriptions applicables à l'ensemble des rejets des installations classées (■ CE, 21 oct. 1996, n° 153782, *Union des industries chimiques [UIC] : JurisData* n° 1996-051147 ; *Rec. CE* 1996, p. 407 ; *Rec. CE* 1996, tables p. 1031 ; *BDEI* 2/1997, p. 20, note S. Mandelkern ; *CJEG* 1997, p. 237, note L. Matysen ; *Dr. env.* 1996, n° 44, p. 16, note L. Chabanne-Pouzynin), il pouvait en revanche prendre un arrêté commun à des installations relevant de deux rubriques différentes de la nomenclature des installations classées (■ CE, 29 nov. 1999, n°s 201075, 201076 et 201077, *Sté coopérative « 110 Bourgogne » : BDEI* 1/2000, p. 7, note M. Memlouk ; *Rev. jur. env.* 3/2000, p. 485).

3) Étendue des prescriptions. De même, le préfet ne pouvait ni fixer des interdictions trop générales, telle que la fixation de consignes de sécurité destinées à prévenir les incendies et les accidents ou à en limiter les effets, ni interdire l'émission dans l'atmosphère de fumées épaisses, de buées, de suies, de poussières ou de gaz odorants, toxiques ou corrosifs, susceptibles d'incommoder le voisinage, de nuire à la santé, à la salubrité ou à la sécurité publique, alors que la loi du 2 août 1961, relative à la lutte contre les pollutions atmosphériques et les odeurs, alors en vigueur, renvoyait à un décret en Conseil d'État, pris en application de cette loi, le soin de définir ces mesures (■ CE, 25 sept. 1992, n°s 88141, 91714 et 109386, *Union des industries chimiques et a. : JurisData* n° 1992-044729 ; *JCP* G 1992, IV, 2791 ; *Rec. CE* 1992, p. 348) ou bien imposer aux exploitants des mesures d'information du public (■ CE, 26 mai 1995, n° 146668, *Union des industries chimiques [UIC] et a. : JurisData* n° 1995-043220 ; *BDEI* 3/1995, p. 21, concl. B. Du Marais ; *Dr. env.* 1995, n° 33, p. 97, note Y. Razafindratandra ; *JCP* G 1995, IV, 1845 ; *Rec. CE* 1995, tables p. 917 ; *Rev. jur. env.* 1-2/1996, p. 137). Il pouvait en revanche, fixer par voie d'arrêté les distances minimales entre des nouveaux réservoirs de gaz combustibles liquéfiés et les constructions et voies de circulation extérieures (■ CE, 24 mai 1993, n° 113896, *Union des industries chimiques [UIC] et a. : Rec. CE* 1993, p. 920 ; *Rev. jur. env.* 1993, p. 456 ; *Rec. CE* 1993, tables décennales 1985-1999, t. V, p. 5358, n° 109).

4) Limites du pouvoir du ministre chargé de l'environnement. L'arrêté ministériel pris en application de l'article 7 de la loi ICPE (art. L. 512-5 du présent code) n'encourt pas l'annulation dès lors qu'il ne porte pas atteinte au pouvoir du préfet d'apprécier les risques d'une installation déterminée (■ CE, 24 mai 1993, n° 113896, *Union des industries chimiques [UIC] : Rec. CE* 1993, p. 920 ; *Rev. jur. env.* 1993, p. 456 et 621). Les arrêtés ministériels fixant des prescriptions générales de fonctionnement doivent assurer la protection des intérêts mentionnés à l'article L. 511-1 du présent code. En l'espèce, l'arrêté ministériel, en supprimant toute distance particulière d'implantation des bâtiments d'élevage et d'isolement des épandages dans le cas des piscicultures ne relevant pas de la nomenclature des installations classées, n'assure pas la protection des intérêts mentionnés par l'article L. 511-1 du Code de l'environnement (■ CE, 19 juin 2006, n° 282456, *Assoc. eau et rivières de Bretagne et a. : BDEI* 2006, n° 5, p. 41, concl. M. Guyomar ; *AJDA* 2006, n° 29, p. 1584, note C. Landais et F. Lenica ; *Environnement* 2006, n° 12, p. 10, note L. Fonbaustier ; *Rev. jur. env.* 2007, n° 3, pan. p. 383, obs. R. Schneider ; *Gaz. Pal.* 21 déc. 2007, n° 355, p. 5, obs. C. Huglo ; *Environnement* 2008, n° 11, p. 40, obs. P. Trouilly).

5) Prescriptions applicables à plusieurs rubriques. Un arrêté ministériel peut légalement fixer des prescriptions générales applicables à deux rubriques différentes de la nomenclature des installations classées, dès lors qu'elles sont étroitement liées, qu'elles sont susceptibles de se trouver sur un même site et que les différentes catégories de produits concernés se trouvent le cas échéant soumises à des règles distinctes (■ CE, 8 oct. 2012, n° 340486, *Confédération Coop de France : Rev. jur. env.* 2013, n° 1, p. 166, obs. R. Schneider).

II – PROCÉDURE DE CONSULTATION

6) Cause de nullité. L'absence de consultation prévue à l'article 7 de la loi ICPE (art. L. 512-5 du présent code) entache d'illégalité la décision prise (■ CE, 16 nov. 1998, n° 178602, *Syndicat national des concepteurs et constructeurs des industries du déchet et de l'environnement : Rev. jur. env.* 4/1999, p. 628, comm. R. Schneider). Il en est de même en cas de consultation imparfaite du Conseil supérieur des installations classées (■ CE, 16 oct. 1998, n°s 170644, 170645 et 170646, *Assoc. Eaux et rivières de Bretagne : Rev. jur. env.* 1/1999, p. 131, comm. R. Schneider).

III – MARGE DE MANŒUVRE DU PRÉFET

7) Dérogations aux règles techniques d'isolement : sursis à exécution. Le juge administratif peut ordonner le sursis à exécution d'un arrêté préfectoral autorisant l'exploitation d'une installation classée en violation de la distance minimale d'isolement fixée par l'article 4 de l'arrêté ministériel du 4 mai 1992, relatif aux centres d'incinération de cadavres d'animaux de compagnie pris en application de l'article 7 de la loi ICPE (art. L. 512-5 du présent code) (■ CAA Bordeaux, 27 mai 1999, n° 97BX00894, *M. Pierre Tournier*).

8) Renforcement des prescriptions générales. Le préfet ne peut se borner à reprendre les valeurs limites prévues par les arrêtés ministériels mais doit, le cas échéant, les renforcer en tenant compte de la sensibilité de l'environnement (■ TA Rennes, 10 juin 1999, n° 932857, *APPSB : Mon. TP* 3 déc. 1999, p. 111).

IV – ACCORDS VOLONTAIRES

9) Conventions illégales. Les établissements classés sont, pour l'ensemble des objectifs définis par la réglementation, soumis à un pouvoir de police, exercé en principe par le préfet, exceptionnellement par le ministre, par voie de décisions unilatérales, réglementaires ou individuelles, qu'il s'agisse d'établissements nouveaux ou d'établissements existants. Il s'ensuit que les conventions passées entre le ministre chargé de l'environnement, d'une part, et les représentants d'un groupe industriel, d'autre part, afin de mettre en place un programme de réduction progressive des pollutions et nuisances émises par un ensemble de sites de ce groupe, sont dépourvues de valeur juridique et illégales, quand bien même elles comporteraient une clause réservant l'application de la législation des installations classées (■ CE, 8 mars 1985, n° 24557, *Les amis de la terre : Rec. CE* 1985, p. 73).

Art. L. 512-6 *(Abr. à compter du 1er mars 2017, Ord. n° 2017-80, 26 janv. 2017)* (1).

Voir : art. L. 181-17, p. 309.

Art. L. 512-6-1 *(Anc. art. L. 512-17, dénum. en L. 512-7-1 et mod., L. n° 2009-526, 12 mai 2009 ; puis en L. 512-6-1, Ord. n° 2009-663, 11 juin 2009 ; mod. à compter du 1er mars 2017, Ord. n° 2017-80, 26 janv. 2017* (1) *; L. n° 2020-1525, 7 déc. 2020 ; L. n° 2023-973, 23 oct. 2023).* – **Lorsqu'une installation autorisée avant le 1er février 2004 est mise à l'arrêt définitif, son exploitant place son site dans un état tel qu'il ne puisse porter atteinte aux intérêts mentionnés à l'article L. 511-1 et, le cas échéant, à l'article L. 211-1 et qu'il permette un usage futur du site déterminé conjointement avec le maire ou le président de l'établissement public de coopération intercommunale compétent en matière d'urbanisme et, s'il ne s'agit pas de l'exploitant, le propriétaire du terrain sur lequel est sise l'installation.**

À défaut d'accord entre les personnes mentionnées au premier alinéa, lorsque l'installation est mise à l'arrêt définitif, son exploitant place son site dans un état tel qu'il ne puisse porter atteinte aux intérêts mentionnés à l'article L. 511-1 et, le cas échéant, à l'article L. 211-1 et qu'il permette un usage futur du site comparable à celui de la dernière période d'exploitation de l'installation mise à l'arrêt.

Toutefois, dans le cas où la réhabilitation prévue en application de l'alinéa précédent est manifestement incompatible avec l'usage futur de la zone, apprécié notamment en fonction des documents d'urbanisme en vigueur à la date à laquelle l'exploitant fait connaître à l'administration sa décision de mettre l'installation à l'arrêt définitif et de l'utilisation des terrains situés au voisinage du site, le préfet peut fixer, après avis des personnes mentionnées au premier alinéa, des prescriptions de réhabilitation plus contraignantes permettant un usage du site cohérent avec ces documents d'urbanisme.

Pour un nouveau site sur lequel les installations ont été autorisées à une date postérieure de plus de six mois à la publication de la loi n° 2003-699 du 30 juillet 2003 relative à la prévention des risques technologiques et naturels et à la réparation des dommages, l'arrêté d'autorisation détermine, après avis des personnes mentionnées au premier alinéa, l'état dans lequel devra être remis le site à son arrêt définitif. À défaut

(1) Dispositions d'application particulières et transitoires : V. Ord. n° 2017-80, 26 janv. 2017, art. 15.

d'accord entre les personnes mentionnées au même premier alinéa, l'usage retenu pour déterminer l'état dans lequel devra être mis le site est un usage comparable à celui des installations pour lesquelles une autorisation est demandée. Lorsqu'ils estiment que la réhabilitation ainsi prévue est manifestement incompatible avec l'usage futur de la zone et des terrains voisins, le maire ou le président de l'établissement public de coopération intercommunale compétent en matière d'urbanisme le justifient au regard de l'usage futur de la zone, tel qu'il résulte des documents d'urbanisme. Le représentant de l'État dans le département peut alors fixer, après avis des personnes mentionnées au même premier alinéa, des prescriptions de réhabilitation plus contraignantes permettant un usage du site cohérent avec ces documents d'urbanisme.

L'exploitant fait attester, par une entreprise certifiée dans le domaine des sites et sols pollués ou disposant de compétences équivalentes en matière de prestations de services dans ce domaine, de la mise en œuvre des mesures relatives à la mise en sécurité ainsi que de l'adéquation des mesures proposées pour la réhabilitation du site, puis de la mise en œuvre de ces dernières. Un décret en Conseil d'État définit les modalités d'application du présent alinéa.

En ce qui concerne les cessations d'activités notifiées à l'administration avant le 1er juin 2022, pour lesquelles les opérations de mise en sécurité ont été régulièrement menées à leur terme et le représentant de l'État dans le département n'a pas fixé par arrêté des prescriptions particulières imposant des travaux ou des mesures de surveillance, l'exploitant peut demander, jusqu'au 1er janvier 2026, à bénéficier des dispositions de l'avant-dernier alinéa s'agissant des attestations relatives à l'adéquation des mesures proposées pour la réhabilitation du site et à la mise en œuvre de ces mesures. Les conditions d'application du présent alinéa sont précisées par décret.

Voir : article L. 110-1-II. – V. annotations sous art. L. 541-3, p. 1147. – V. art. L. 512-20, p. 977. – V. art. R. 512-39-1 et s., p. 2385.

Bibliographie : *Ouvrages.* E. Terzic Baudrillart, *Étude juridique de l'obligation de remise en état des installations classées à la cessation définitive d'activité*, thèse, U. Strasbourg, 2018. • F. Labelle et D. Thierry (dir.), *Droit des sites et sols pollués. Bilans et perspectives*, L'Harmattan 2018. • Y. Le Corfec, *Sites et sols pollués : Gestion des passifs environnementaux*, Dunod 2011. • J.-P. Boivin et J. Ricour, *Sites et sols pollués*, éd. Le Moniteur, janv. 2006. • C. Huglo et a., *Sites et sols pollués – 30 ans d'application de la loi du 19 juillet 1976 – 1 an d'application de la réforme du droit des sols pollués, les nouvelles responsabilités de la remise en état* : Dossiers Jurisclasseur, oct. 2006, 207 p. • Y. Razafindratandra et J.-L. Seveque, *Sites pollués et potentiellement pollués*, Litec, 1998. • M. Prieur (dir.), *Sites contaminés en droit comparé de l'environnement*, PULIM 1995.

Articles. M. Angignard et D. Ferrieux, *Pollution des sols, Perception des conséquences sanitaires : Préventique Sécurité* janv.-févr. 2007, n° 91, p. 33. • P. Arnaud et A. Garans, *Comment comptabiliser les coûts de démantèlement, d'enlèvement et de remise en état de site ? : Environnement et Technique* avr. 2006, n° 255, p. 56. • J. Attard, *Sites pollués : propriétaire non exploitant et réparation des dommages causés aux tiers ou à l'environnement : LPA* 4 juill. 2000, n° 132, p. 16 à 23. • G. Audrain-Demey, *Directive-cadre sur les sols : une approche innovante pour un texte toujours en jachère : Dr. env.* 2012, n° 205, p. 311. • N. Baillon, *Sols pollués : qui décide de l'expertise ? : Mon. TP* 26 nov. 2004, n° 5270, p. 96. • M. Baucomont, *Vers un principe pollueur-payeur ?, La mise en danger des acquéreurs et loueurs de sols pollués : BDEI* 1/2000, p. 29 à 40 ; *Le nouveau cadre juridique de la remise en état : la loi du 12 mai 2009 : BDEI* déc. 2009, suppl. au n° 24, p. 46. • F. Bavoillot, *Quelques réflexions juridiques à propos de la remise en état des sites et des sols pollués et de la réalisation des études de sols et diagnostics : LPA* 1er avr. 1996, n° 40, p. 7. • M.-Y. Benjamin et S. Williamson, *Obligation de remise en état des sites industriels : les évolutions récentes : Décideurs : Stratégie, Finance, Droit* oct. 2008, n° 98, p. 62. • Ph. Billet, *Installations classées : nouvelles dispositions sur les études de dangers et la remise en état : JCP* A 2005, n° 40, p. 1465 ; *JCP* E 2005, n° 41, p. 1675. ; *Sites et responsabilités nouvelles des communes. Derniers développements en matière de police des sites pollués : Bull. Joly Collectivités locales* 2007, n° 10/07, p. 706 ; *La prescription de la réparation des atteintes à l'environnement*, in Ch. Cans (dir.), *La responsabilité environnementale. Prévention, imputation, réparation*, Dalloz 2009, coll. « Thèmes et commentaires », p. 193 ; *« Le traitement juridique de la question des sites contaminés en droit public, in* M. Mekki et E. Naim-Gesbert (dir.), *Droit public et droit privé de l'environnement : unité dans la diversité ?*, LGDJ 2016, p. 77. • F. Blanchard et C. Bertram, *Management des contaminations et gestion des sols et déchets : Environnement et Technique* janv.-févr. 2006, n° 253, p. 41. • M.-P. Blin-Franchomme, *La nouvelle géographie juridique des sites industriels pollués : points de relief et zones de méandres de l'obligation de remise en état : Dr. et ville* juill. 2007, n° 62, p. 9. • T. Blondel, E. de Vanssay, J.-P. Goettmann et B. Mortgat, *Quand les gaz font surface : Environnement et Technique* mars 2007, n° 264, p. 38. • P. Bodenez, *Quelles avancées du droit des sites et sols pollués à venir ? : Dr. et patrimoine* avr. 2013, n° 224, p. 58. • J.-P. Boivin, *Les bienheureux responsables de l'obligation de remise en état : un cercle qui s'élargit, à propos des arrêts Serachrom, SCI Les Peupliers, Sté Wattelez, M. Zoegger et quelques autres décisions : BDEI* 2/1998, p. 24 à 36. • M. Boutonnet, *Autonomie et effectivité de l'obligation légale de dépollution : Environnement et dév. durable* 2013, p. 40 ; *Le contentieux civil des installations classées (mai 2010-avril 2011) : BDEI* juill. 2011, n° 34, p. 38. • C. Bourdel, I. Ravel, *La recherche de la responsabilité des actionnaires (I & II) : BDEI* 2000, n° spécial, p. 16-24. • D. Bourguignon, *Les difficultés propres aux procédures collectives : BDEI* 2000, n° spécial, p. 25-27. • J.-P. Bus, *La responsabilité de l'auteur d'une étude de sol : AJDI* oct. 2009, n° 10/2009, p. 690. • L. Chabannes-Pouzynin, P. Arnoux et N. Gaudion, *Sites pollués, Les responsables de la remise en l'état : Environnement et Technique* oct. 1998, n° 180, p. 85. • F. Chailloux, *Sites et sols pollués : point d'étape un an après les décrets d'application de la loi Alur : Opérations immobilières* 2016, n° 90, p. 6-7. • E. Chavance, *Bail commercial. Sur la restitution d'une installation classée : JCP* E 2010, n° 27-28, p. 9. • P. Cambot, *Les vicissitudes de l'obligation de remise en état des sites pollués (I & II) : BDEI* févr. 2001, p. 9 ; *BDEI* mars 2001, p. 2. • H. Chatagner, *L'intervention du juge de l'expropriation en présence d'un site pollué : BDEI* janv. 2011, n° 31, p. 41 ; *Friches industrielles, les outils de la reconquête : Environnement Magazine* mars 2011, n° 1695, p. 35. • M.-L. Charpentier, *Le futur de Métaleurop : Valeurs vertes* oct. 2003, n° 64, p. 29. • M.-B. Chevet, *À qui la remise en état d'un site pollué peut-elle être imposée ? : Dr. adm.* 2002, n° 52, p. 24. • J.-N. Clément, – C. Huglo, *Le contrôle exercé par le juge administratif sur les arrêtés de remise en état : BDEI* 1/1999, p. 28. • N. Clément, *ICPE : les pouvoirs de l'administration à la cessation de l'activité : Environnement* 2002, n° 5, p. 24. • J. Coupé, *Installations classées : Qui est responsable de la remise en état des sites pollués ? : Mon. TP* 29 oct. 1999, p. 70. • M. Courtin, *De la remise en état des sols et du bon usage du droit fiscal : BDEI* 2/1998, p. 44 à 48. • F.-J. Coutant et O. Salvador, *Variations autour du passif environnemental : Dr. et patrimoine* 2008, n° 2, p. 32 ; *Quelles techniques pour « suivre » la pollution résiduelle d'un site ? : BDEI* mars 2008, n° 14, p. 57 ; *L'acquéreur peut-il supporter la remise en état d'un site pollué lorsque le vendeur a la qualité d'exploitant ?, Développement durable : un défi pour le droit*, 104e Congrès des notaires de France, Nice, 4-7 mai 2008 : *AJDI*, n° 4/2008, p. 273. • M. Crone, *Trente ans, la quille du pollueur-payeur : Environnement Magazine* nov. 2005, n° 16442, p. 51. • D. Darmendrail, *Pour une politique commune de surveillance des sols : le rôle des indicateurs européens : Environnement et Technique* sept. 2003, n° 229, p. 38 à 41. • S. Defix, *Le coût de la dépollution d'une installation classée est indépendant du préjudice lié à l'expropriation : AJCT* déc. 2010, n° 4, p. 171. • D. Deharbe, *Obligation de remise en état : Nouveaux développements jurisprudentiels : Dr. env.* 2002, n° 100, p. 176 ; *Les apports récents et incertains du droit des installations classées à la remise en état : Environnement* 2005, n° 11, p. 9 ; *La remise en état des ICPE aux risques de la dualité juridictionnelle : Dr. env.* 2009, n° 167, p. 10. • M.-C. Desjardin, *La notion de déchet : une voie de solution adéquate pour combler les lacunes du droit européen en matière de sol : RED env.* 2006, p. 45. • T. Dorléac, *Les obligations des mandataires de justice en matière de protection de l'environnement et d'installation classée : Réseaux du droit* janv.-févr. 2002, p. 20-22. • C. Dupraz, *Les responsabilités en matière de sites et de sols pollués : Environnement et Technique* juin 2000, n° 197, p. 61. • P. Eberentz, *La loi n° 2003-699 du 30 juillet 2003 – Conséquences juridiques et techniques du volet Metaleurop sur la remise en état des sites : Environnement et Technique* janv.-févr. 2004, n° 233, p. 54 à 56. • C. Galvez, *Autonomie des obligations de remise en état pesant sur l'exploitant : BDEI* 4/2002, p. 21 à 24. • D. Girbert, S. Noel, F. Marot, D. Darmendrail, J.-R. Mossman, D. Fauconnier, C. Hulot et B. Hazebrouck, *Sols pollués : refonte des textes et outils de gestion : Environnement et Technique* juill.-août 2006, n° 258, p. 43. • D. Gillig, *Qui est le débiteur de l'obligation de remise en état ? : Environnement et dév. durable* juin 2010, n° 6, p. 26. • M. Gros, *Fin de bail commercial et pollutions potentielles : Dr. et patrimoine* 2004, n° 131, p. 34 à 41. • G. Gutierrez et M. Arnaud, *Remise en état des sites industriels et loi Grenelle 2 : quel impact sur la responsabilité financière des sociétés mères ? : Option fin.* févr. 2011, n° 1111, p. 27. • G. Gutierrez, *Les sites et sols pollués dans un projet immobilier : Opérations immobilières* nov. 2011, n° 40. p. 18. • M. Guyomar, *Sur qui pèse l'obligation de remise en état du site d'une installation classée ? : BJCL* avr. 2010, p. 267. • V. Haïm, *Site pollué : incidence d'une liquidation judiciaire sur l'obligation de remise en état : LPA* 13 déc. 2001, n° 248, p. 14 à 20. • D. Hedary, *Regard du juge administratif sur le droit des sites et sols pollués : Droit et patrimoine* avr. 2013, n° 224, p. 58. • O. Herrnberger, *Loi de modernisation de l'économie du 4 août 2008 : Environnement* 2008, n° 12, p. 31. • C. Huglo, *Les évolutions récentes du droit de la responsabilité du fait des sols contaminés par une activité industrielle : Gaz. Pal.* 9 oct. 1999, n° 119/5, p. 1450 ; *Les nouveaux responsables de la remise en état : échecs du système français et perspectives communautaires : BDEI* mars 2006, n° 2, p. 47 ; *Droit des sols pollués : fin des polices parallèles ? : Environnement* 2011, n° 10, p. 1. • C. Huglo et M.-P. Maitre, *Le droit des sols pollués aujourd'hui : Environormes* 2004, p. 12-13 ; *Le droit des sols pollués : pas de deux entre la législation ICPE et la législation déchets : Environormes* 2005, 8e éd., p. 11 à 13. • Y. Jégouzo, *La réutilisation des sites industriels et le droit de l'urbanisme : Complément Aménagement* juill. 2010, n° 2, p. 39. • F. Karg, *L'application des nouveaux outils de gestion : retour d'expériences et analyse des démarches : Environnement et technique* déc. 2006, n° 262, p. 58 ; *Sites pollués : les bonnes pratiques en matière de diagnostic : Environnement et Technique* avr. 2009, n° 285, p. 50 (1re partie) et n° 286, mai 2009, p. 52 (2e partie) ; *Réhabilitation des sites : retour sur les bonnes pratiques : Environnement et Technique* juin 2009, n° 287, p. 43. • F. Labrousse et F. Karg, *Grenelle : perspectives d'évolution du cadre réglementaire et de la méthodologie technique applicable aux sites pollués : Environnement et technique* mars 2009, n° 284, p. 42. • F. Labrousse et A.-C. Urbain, *Les garanties de passif environnementales en cas de cession de sites industriels : Dr. env.* mai 2010, n° 178, p. 152. • M.-L. Lambert, *Concilier risques sanitaires liés aux sols pollués et renouvellement urbain : Droit et ville* 2014, n° 78, p. 97. • L. Lanoy, *Passif environnemental et responsabilité en droit des sociétés : Dr. env.* 2004, n° 124, n° spécial, p. 269 ; *Les nouvelles obligations dans la remise en état des installations : Droit et Logistique* janv. 2006, n° 6, p. 20 ; *Les friches industrielles : Rev. Droit et affaires* 2008, 5e éd., p. 60 ; *Le juge judiciaire et l'importance de l'expertise dans le domaine des sols pollués : BDEI* avr. 2009, n° 20, p. 5. • D. Laperche, *Quelle valorisation pour les sols pollués ? : Environnement et Technique* janv.-févr. 2009, n° 283, p. 48. • R. Lecomte, *La place du principe pollueur-payeur appliqué à la remise en état :*

JCP G 2007, n° 7, p. 13 ; *De la nécessité d'une législation spécifique à la protection des sols : Dr. env.* mai 2008, n° 158, p. 11. • P. Lefevre, L. Balzano, *Les installations classées et travaux à la charge du bailleur : Décideurs juridiques et financiers* 15 juill.-15 août 2002, n° 36, p. 64. • F. Levy, *Les aménageurs et les terrains pollués par des activités industrielles : BDEI* nov. 2010, n° 30, p. 43. • E. Lesquel, *Le pragmatisme fait tache d'huile : Gaz. cnes.* 2005, n° 31, p. 28. • *Expropriation : le caractère indirect des coûts de dépollution : La lettre Omnidroit* 6 oct. 2010, n° 115, p. 22. • X. Lièvre et A. Dupie, *Le point sur la jurisprudence récente en matière de vente des sites pollués : JCP* N 2006, n° 21, p. 1048. • C. London, *La protection des sols : nouvel enjeu communautaire : Environnement* 2003, n° 7, p. 9 à 11 ; *Remise en état : le droit communautaire en quête de responsable(s) : BDEI* 2/2005, p. 4. • P. Lubeck, *Sites et sols pollués, clarifier les responsabilités : BDEI* 5/2000 (n° spéc.), p. 3. • M.-P. Maitre, *Les incidences de la loi Bachelot sur le droit des sols pollués : Environnement et Technique* oct. 2003 ; *Un sol pollué peut être qualifié de déchet : Mon. TP* 17 déc. 2004, n° 5273, p. 72 ; *Cessation d'activité : quelles obligations pour l'exploitant ? : Environnement* 2006, n° 12, p. 31. • R. Mario, *Le droit des sols, enjeu du développement durable : Mon. TP* 23 mai 2008, n° 5452, p. 98. • J. Martelein, *La forensie environnementale ou la réponse aux questions « qui » et « quand » en matière de pollution des sols et des eaux : Experts* mai 2010, n° 89, p. 37. • P. Mentzinis, J. Coupe et C. Huglo, *Responsabilité administrative en matière de sols pollués : Les systèmes allemands et français : Annales des mines* avr. 2000, p. 51. • S. Moktouf, *Dans quelles conditions le liquidateur d'une entreprise ayant pollué le sol peut-il être tenu par l'obligation de remise en état ? : BDEI* 1/1996, p. 25. • T. Monteran, *Liquidation judiciaire et sites pollués : une action en recherche de maternité : D.* 2010, n° 43, p. 2859. • B. Mortgat, T. Blondel et H. Bonin, *Terres excavées : en attendant la transcription de la directive cadre sur les déchets : Environnement et Technique* sept. 2009, n° 289, p. 45. • M. Mourier, *Remise en état des terrains militaires aliénables : la nouvelle donne introduite par la loi LME : BDEI* avr. 2009, n° 20, p. 5. • S. Musso-Gabai, *Qui prend en charge la dépollution du sol et la remise en état du site ? : Environnement et Technique* nov. 1998, n° 181, p. 48. • A. Noury, *Installations classées : la définition légale de l'étendue de la remise en état des sites : RD imm.* 2003, n° 5, p. 415 à 424. • L. de Palmas, *Les servitudes d'utilité publique alternative à la dépollution ? : Mon. TP* 4 sept. 2009, n° 5519, p. 62. • B. Parance et V. Sol, *Quel avenir pour le droit des sites et sols pollués ? : Dr. et patrimoine* 2013, n° 224, p. 44 ; *Sites et sols pollués : un droit en quête d'identité ? : Dr. et patrimoine* 2013, n° 224, p. 46. • Ch. Pichard, *Acquisitions de terrains pollués : quelles garanties ? : LPA* 27 juin 1997, n° 77, p. 14. • I. Piquemal et B. Galdin-Gastaud, *Sols pollués : quelle indemnité d'expropriation ? : Gaz. cnes.* 11 avr. 2011, p. 48. • I. Ravail, *La recherche de la responsabilité des actionnaires : BDEI* 5/2000 (numéro spécial), p. 21. • Y. Razafindratandra, *La remise en état et la cession de sites pollués : Dr. et ville* 1999, n° 47, p. 22. • B. Rolland, *Les nouvelles obligations des administrateurs judiciaires au regard du droit de l'environnement : Environnement* 2003, p. 28 ; *Les obligations environnementales et la clôture de la liquidation de la société : Dr. env.* 2004, n° 124, n° spécial, p. 275 à 279 ; *Procédures collectives et sites contaminés : Environnement* oct. 2006, n° 10, p. 22 ; *Environnement et procédures collectives : présentation du Guide 2012 à destination des administrateurs judiciaires, mandataires judiciaires et de l'inspection des installations classées : Rev. proc. coll.* mai 2013, n° 3, p. 18 ; *Obligation de vigilance des sociétés mères et entreprises donneuses d'ordre en matière environnementale : Rev. proc. coll.* janv. 2018, comm. 1. • E. Sagalovitsch, *Le maire et la remise en état des sites pollués : Le Courrier des maires et des élus locaux*, sept. 2007, n° 205 Service recherche et veille juridique SCP Huglo Lepage, *Du nouveau sur les sites pollués : L'hebdo Face au Risque*, 23 oct. 2006, n° 392, p. 3. • A. Sandrin-Deforge et A. Grezillier, *Vers une nouvelle remise en état des installations classées ? : Environnement* 2013, n° 8, p. 13. • V. Sol, *Projet de directive sur la protection des sols : de louables intentions mais une approche trop traditionnelle : BDEI* juill. 2007, n° 10, p. 7. • A. Souchon, *Terres excavées, un enjeu majeur des chantiers de réhabilitation : Mon. TP* 18 sept. 2009, n° 5521, p. 104. • A. Souchon et P. Viterbo, *Réhabilitation des sites et sols pollués : nouveaux enjeux, nouveaux acteurs ? : BDEI* déc. 2012, supplément au n° 42, p. 50. • M. Sousse, *La notion de réparation de dommages en droit administratif français*, LGDJ, 1994, p. 357 à 383. • P. Steichen, *Les sites contaminés et le droit*, LGDJ 1996, p. 254 ; *Sites pollués : de la réhabilitation des sites à la réutilisation des sols : BDEI* janv. 2006, n° 1, p. 37 ; *L'évolution de la prise en compte des sites contaminés par le droit : Mélanges en l'honneur de M. Prieur*, Dalloz, 2007, p. 1343 ; *Le principe de responsabilité. Le cas des sites contaminés. Aspects de droit privé* in M. Mekki et E. Naim-Gesbert (dir.), *Droit public et droit privé de l'environnement : unité dans la diversité ?*, LGDJ 2016, p. 101. • F. Terrier, *Regards du juge judiciaire sur les sols pollués : Dr. et patrimoine* 2013, n° 224, p. 52. • F.-G. Trébulle, *Les sites pollués dans la loi relative à la prévention des risques technologiques : Dr. env.* 2003, n° 113, p. 229. • F.-G. Trebulle et Y. Jegouzo, *Conséquences sur le traitement des sols de la loi relative à la prévention des risques technologiques : RD imm.* 2003, p. 447. • F.-G. Trebulle, *Les passifs environnementaux : Gaz. Pal.* mai 2010, n° 139-140, p. 63. • M. Turpin, *Les sites pollués, héritage empoisonné du passé industriel : Préventique Sécurité* juill.-août 2003, n° 70, p. 19 à 21. • V. Vidalens, *Réhabilitation des sites pollués : un exemple d'intégration du développement durable par le droit des affaires : Rev. Lamy dr. aff.* févr. 2008, n° 24, p. 74. ; *Sites et sols pollués : actualité d'un enjeu majeur du développement durable :* BDEI juill. 2009, n° 22, p. 49 ; *Sites et sols pollués : à la recherche d'un nouvel équilibre : Rev. Lamy dr. aff.* juill. 2013, n° 84, p. 66. • M.-L. de la Ville-Bauge, *Sites pollués : les nouvelles responsabilités encourues : Le Moniteur* 17 juin 2005, p. 102 ; *Sols pollués : la théorie des vices cachés à l'épreuve des tribunaux : Mon. TP* 19 déc. 2008, n° 5482, p. 30. • D. Voinot, *Liquidation judiciaire, le sort des créances de l'administration : Dr. env.* 2000, n° 78, p. 4 ; *Le bilan environnemental dans la procédure collective : Dr. env.* 2004, n° 124, n° spécial, p. 280.

• *Sommaire*

1) Dossiers : *Actes du colloque sur la réhabilitation des sites pollués : erreurs du passé, enjeux du futur, balbutiements du droit : Dr. et ville* 2008, n° 65. – *Les sites pollués, un enjeu pour les professionnels de l'immobilier : JCP* N 2014, n° 1103-1114.

2) La remise en état du site en fin d'exploitation. La loi n° 2003-699 relative à la prévention des risques technologiques et naturels et à la réparation des dommages modifie et complète le cadre légal de la remise en état du site, notamment en fin d'exploitation d'une installation classée.

Avant la loi du 30 juillet 2003 : avant même la création de l'article L. 512-17 du Code de l'environnement (devenu art. L. 512-6-1), l'obligation de remise en état était encadrée. Ainsi, l'article 34-1 du décret n° 77-1133 du 21 septembre 1977 imposait à l'exploitant d'une ICPE mise à l'arrêt définitif de remettre son site dans un état tel qu'il ne s'y manifeste aucun des dangers ou inconvénients mentionnés à l'article L. 511-1 du Code de l'environnement. Une circulaire du 10 décembre 1999 précisait que les objectifs de la réhabilitation devaient être fixés en fonction de l'usage futur du site. Il ressort également d'un arrêt de la Cour administrative d'appel de Nancy que la remise en état peut être définie comme un retour à la neutralité de l'impact de l'installation et non à une réparation (▪ CAA Nancy, 25 juin 1998, n° 95NC1139, *Min. Environnement c/ Sté Les Papeteries de Bourbourg : BDEI* janv. 1999, p. 28, note Ch. Huglo).

La loi du 30 juillet 2003 : l'article 27 de la loi n° 2003-699 insère un nouvel article L. 512-17 au Code de l'environnement (art. L. 512-6-1 depuis Ord. n° 2009-663, 11 juin 2009, art. 4, II) afin de renforcer l'obligation de remise en état des sites industriels. Cet article donne quelques indications sur l'étendue de la remise en état en distinguant les ICPE existantes, des nouveaux sites.

En ce qui concerne les ICPE existantes, l'article L. 512-6-1 établit une distinction suivant qu'un accord ait ou non été signé entre l'exploitant ou à défaut le propriétaire et le maire ou le président de l'établissement public de coopération intercommunale compétent en matière d'urbanisme.

En cas d'accord entre les parties, « lorsque l'installation est mise à l'arrêt définitif, son exploitant place son site dans un état tel qu'il ne puisse porter atteinte aux intérêts mentionnés à l'article L. 511-1 et qu'il permette un usage futur du site ». Ainsi un accord entre les parties pourra prévoir les conditions de remise en état du site.

À défaut d'accord, l'article L. 512-17 impose à l'exploitant de placer le site « dans un état tel qu'il ne puisse porter atteinte aux intérêts mentionnés à l'article L. 511-1 et qu'il permette un usage futur comparable à celui de la dernière période d'exploitation de l'installation mise à l'arrêt ». Cette formulation est le fruit de longues discussions. Il faut dire que la notion « d'usage futur comparable » n'est pas des plus précises. Même si la ministre a indiqué que « la responsabilité de dépollution va jusqu'à la remise en état pour un usage industriel ou équivalent. Et, que le terrain doit être restitué dans un état tel qu'une activité professionnelle puisse s'y exercer sans contraintes particulières, étant entendu qu'il faut exclure de ces activités professionnelles celles qui nécessitent un traitement complémentaire, du type jardin d'enfant ou agriculture maraîchère ». On notera, en outre, que dans certains cas le préfet pourra fixer des prescriptions de réhabilitation du site plus contraignantes, en particulier pour permettre un usage du site cohérent avec les documents d'urbanisme existants, et ce après avoir consulté le maire et le président de l'établissement public de coopération intercommunale compétent en matière d'urbanisme.

En ce qui concerne les ICPE autorisées à partir du 31 janvier 2004, l'arrêté d'autorisation doit déterminer « l'état dans lequel devra être remis le site à son arrêt définitif ». Le préfet dispose donc d'un large pouvoir.

Il faut désormais, également, réserver la possibilité pour le préfet comme pour le maire, en fonction de la source de pollution des sols, de mettre en œuvre les pouvoirs qu'ils tiennent de l'article L. 556-3 du Code de l'environnement sur la police des sols pollués ou susceptibles de l'être.

I – SITES ET SOLS POLLUÉS

3) Statut des sols pollués. Le nouvel article L. 541-4-1 du présent code (Ord. n° 2010-1232, 21 oct. 2010 ; rempl., Ord. n° 2010-1579, 17 déc. 2010), qui transpose la directive 2008/98 du 19 novembre 2008 relative aux déchets et abrogeant certaines directives, exclut expressément les terres non excavées du régime juridique des déchets (V. annotations sous art L. 541-4-1, p. 1156). Jurisprudence antérieure : des terres non excavées peuvent être qualifiées de déchets. La CJCE a ainsi estimé que la qualification de déchet s'applique au sol contaminé à la suite d'un déversement accidentel d'hydrocarbures dès lors que ces hydrocarbures ne sont pas séparables des terres qu'ils ont polluées et ne peuvent être valorisés ou éliminés que si ces terres font également l'objet des opérations nécessaires de décontamination (■ CJCE, 7 sept. 2004, aff. C-1/03, *Van de Walle et a. : Environnement* 2004, n° 11, p. 3, comm. C. Huglo ; *AJDA* 2004, n° 44, p. 2454, comm. A. Gossement ; *Europe* 2004, n° 11, p. 25, comm. D. Simon ; *Gr. arrêts dr. env.*, préc., n° 46, obs. Ph. Billet ; *Mon. TP* 17 déc. 2004, n° 5273, p. 72, comm. M.-P. Maître ; *RD imm.* 2005, comm. Y. Jégouzo, F.-G. Trébulle et L. Fonbaustier ; *BDEI* 2005, n° 2, p. 4, comm. C. London ; *JCP* N 2005, n° 8, p. 346, comm. O. Herrnberger ; *Rev. jur. env.* 2005, n° 3, p. 305, comm. Ph. Billet). De même, des terres polluées par des eaux usées du fait d'une fuite dans une canalisation d'eau usée (■ CJCE, 10 mai 2007, aff. C-252/05, *Thames Water Utilities Ltd : Rec. CJCE* I-3883 ; *Environnement* 2007, n° 191, obs. Ph. Billet ; *BDEI* n° 12/2007, p. 15, obs. L.-N. Harada ; *Dr. envir.* 2007, n° 151, p. 217, obs. S. Le Briéro) ou par des métaux lourds (■ CAA Versailles, 10 mai 2007, n° 05VE01492, *Cne de St-Chéron : JCP* A 2007, n° 26, p. 34, comm. Ph. Billet ; *BJCL* 9/2007, p. 653, concl. G. Pélissier). La directive n° 2008/98/CE du 19 novembre 2008 relative aux déchets et abrogeant certaines directives exclut cependant de son champ d'application les sols pollués non excavés (art. 2, 1. *b*).

II – OBJET DE L'OBLIGATION DE REMISE EN ÉTAT

Voir également : annotations sous art. R. 512-39-1 et s., p. 2385.

4) Définition. La remise en état peut être définie comme un retour à la neutralité de l'impact de l'installation et non comme une réparation (■ CAA Nancy, 25 juin 1998, n° 95NC1139, *Min. Environnement c/ Sté Les Papeteries de Bourbourg : BDEI* 1/1999, p. 28, note J.-N. Clément et C. Huglo). Elle n'a toutefois pas pour objet de rétablir les lieux dans l'état qui était le leur avant le début de l'exploitation (■ CE, 16 déc. 2008, n° 294151, *SNC Foncière du Vivarais : Environnement* 2009, n° 2, comm. n° 18, p. 34, note J.-M. Février ; *RD imm.* 2009, n° 5, p. 286, comm. F-G. Trébulle). L'obligation légale de remise en état n'a pas seulement pour objet la protection de l'acquéreur mais un intérêt collectif touchant à la protection générale de l'environnement (■ Cass. 3e civ., 2 déc. 2009, n° 08-16.563, FS-P+B, *SAS Rhodia Chimie c/ SEMCODA : JurisData* n° 2009-050589 ; *Constr.-Urb.* 2010, n° 4, p. 62, comm. C. Sizaire ; *BDEI* 2010, n° 26, p. 7, comm. A. Sandrin-Deforge ; *Environnement et dév. durable* 2010, n° 4, p. 38, note M. Boutonnet ; *ibid.* p. 67, note M. Boutonnet). La dépollution et la remise en état d'un site industriel résultent d'une obligation légale particulière dont la finalité est la protection de la santé publique (■ Cass. 3e civ., 11 sept. 2013, n° 12-15.425 : *Environnement et dév. durable* 2013, p. 40, note M. Boutonnet).

5) Fondement. La décision imposant la remise en état du site ne peut être fondée sur les articles L. 541-1 et suivants du Code de l'environnement (■ CE, 17 nov. 2004, n° 252514, *Sté générale d'archives.* ■ CAA Versailles, 9 déc. 2008, n° 08VE01126, *MEEDDAT c/ Sté Montreil Développement (Modev)). Contra* : la société Modev qui n'a jamais eu la qualité d'exploitant d'une ICPE pouvait être regardée comme détenteur des déchets en cause au sens de l'article L. 541-2 du Code de l'environnement. De ce fait, la dépollution du site opérée par la société Modev doit être laissée à sa charge (■ CE, 23 nov. 2011, n° 325334, *Sté Montreil Développement (Modev)*).

6) Conformité au droit international et communautaire. L'article L. 512-17 (L. 512-6-1 actuel) n'est contraire ni à l'article 6, § 2 de la convention d'Aarhus, ni à l'article 1er de la directive n° 2004/35/CE, ni à la directive n° 75/442/CEE, ni à l'article 3 de la directive IPPC (■ CE, 12 janv. 2009, n° 289080, *France Nature Environnement : BDEI* 2009, n° 19, p. 13 ; *Environnement* 2009, n° 3, p. 50, comm. D. Gillig ; *Environnement* 2009, n° 4, p. 20, comm. F.-X. Fort ; *Dr. adm.* 2009, n° 5, p. 42, comm. F.-X. Fort ; *BDEI* 2009, n° 22, p. 48, comm. V. Vidalens).

7) Mesures susceptibles d'être prescrites. Mesures plus contraignantes. En vertu de l'article L. 512-17, alinéa 3, du présent code (L. 512-6-1, al. 3 actuel), le préfet ne peut prescrire des mesures plus contraignantes que la remise dans un état comparable à celui de la dernière période d'activité, qu'à la condition que cette réhabilitation ne soit pas incompatible avec l'usage futur de la zone apprécié en fonction des documents d'urbanisme en vigueur au jour de la cessation d'activité, et non à la date de la décision de remise en état du préfet (■ TA Amiens 6 mai 2008, n° 0600597, *SARL de l'Esches : Dr. env.* 2008, n° 162, p. 17, comm. R. Lecomte ; *Environnement* 2008, n° 11, comm. 158, obs. D. Gillig ; *Rev. jur. env.* 1/2010, p. 111, note. A. Caron). En revanche, les mesures de protection peuvent concerner des terrains situés au-delà du strict périmètre de l'installation en cause, dans la mesure où ceux-ci présentent des risques de nuisance pour la santé, la sécurité ou la protection de l'environnement (■ CE, 26 nov. 2010, n° 323534, *Sté Arcelormittal France*, préc.).

8) Remise en état et expropriation. Le coût de la dépollution d'un site sur lequel est exploité une installation classée ne constitue pas, même en cas de reprise de l'activité sur un autre site à la suite d'une expropriation, un préjudice trouvant son origine dans la mesure de dépossession forcée, l'obligation légale de dépollution qui pèse sur l'exploitant n'étant liée qu'aux conditions d'exercice de cette activité (▪ Cass. 3e civ., 22 sept. 2010, n° 09-69.050, *Sté SIAG : La lettre Omnidroit, Expropriation* 6 oct. 2010, n° 115, p. 22 ; *AJCT* déc. 2010, n° 4, p. 171, S. Defix ; *Environnement* 2011, n° 7, p. 19, note M. Boutonnet).

Bibliographie : R. Thome et S. Heitzmann, *L'expropriation de sols pollués : questions pratiques (compétence et coût) : RD imm.* 2015, n° 12, p. 573.

III – DÉBITEURS DE L'OBLIGATION DE REMISE EN ÉTAT

Voir également : annotations sous art. L. 511-1, p. 937 (notion d'exploitant). – V. également, annotations sous art. L. 514-1, p. 983 (destinataire de la mise en demeure).

9) Exploitant. *Avant la loi n° 2003-699 du 30 juillet 2003* : Le juge rappelle que les dispositions de l'article 6 de la loi du 19 juillet 1976 (art. L. 512-20 actuel) permettent d'imposer aux exploitants d'installations classées soumises à autorisation des conditions d'élimination de leurs déchets industriels indispensables à la sauvegarde des intérêts visés à l'article 1er de ladite loi, même s'ils ne sont pas propriétaires des terrains sur lesquels s'exerce leur activité ou sur lesquels les dépôts de leurs déchets ont été effectués (▪ CAA Nancy, 9 juill. 1991, n° 90NC00191, *Sté des produits chimiques Ugine-Kuhlmann*). Tel est également le cas de la personne qui exerce une activité relevant de la nomenclature installations classées à l'insu de son frère et associé (▪ CAA Lyon, 20 mars 2001, n° 96LY00431, *Osi : Environnement* 2002, n° 10, 2002, p. 11, note D. Deharbe).

Après la loi n° 2003-699 du 30 juillet 2003. L'obligation de remise en état d'un site constitue une obligation personnelle et pèse sur la seule personne de l'exploitant de l'installation, comme c'est le cas de l'ensemble de la législation relative aux ICPE (▪ Cass. 3e civ., 2 déc. 2009, n° 08-16.563, FS-P +B, *SAS Rhodia Chimie c/ SEMCODA : JurisData* n° 2009-050589 ; *Constr.-Urb.* 2010, n° 4, p. 62, comm. C. Sizaire ; *BDEI* 2010, n° 26, p. 7, comm. A. Sandrin-Deforge ; *Environnement et dév. durable* 2010, n° 4, p. 38, note M. Boutonnet ; *ibid.* p. 67, note M. Boutonnet). L'obligation de remise en état du site d'exploitation d'une installation classée pèse sur l'exploitant, à moins qu'il n'ait cédé son installation et que le cessionnaire se soit régulièrement substitué à lui en qualité d'exploitant (▪ CAA Marseille, 18 mars 2004, n° 01MA00164, *Sté Semaire : Rev. jur. env.* 2006, n° 2, pan. p. 220, comm. R. Schneider. ▪ CAA Paris, 31 janv. 2008, n° 05PA00895, *Sté Bobin : Environnement* 2008, n° 4, p. 50, note P. Trouilly). Il incombe à l'exploitant d'une installation classée, à son ayant droit ou à celui qui s'est substitué à lui, la mise en œuvre des mesures permettant de remettre en état le site qui a été le siège de l'exploitation dans l'intérêt, notamment, de la santé ou de la sécurité publique et de la protection de l'environnement (▪ CAA Douai, 18 oct. 2007, n° 06DA01497, *M. Gérard Rybicki*). Mais la seule circonstance qu'une société s'est engagée à prendre en charge la surveillance d'une nappe phréatique n'est pas de nature à lui conférer la qualité d'exploitant dès lors qu'elle n'en a pas repris les activités et n'est ni détentrice, ni propriétaire des terrains utilisés pour l'exploitation. Par conséquent le préfet ne pouvait lui prescrire des mesures de remise en état (▪ CAA Bordeaux, 2 mai 2006, nos 02BX01828 et 04BX00229, *Sté Unilever France : JCP* E 2007, n° 30, pan. p. 1957, note F. G. Trébulle ; *Dr. env.* 2006, n° 144, p. 367, note D. Deharbe ; *Rev. jur. env.* 2007, n° 7, p. 511, note R. Schneider). De même, la circonstance qu'une collectivité publique a confié l'exploitation d'une usine d'incinération d'ordures ménagères à une personne privée n'est pas de nature à lui faire perdre la qualité d'exploitant, dès lors qu'elle n'a jamais sollicité d'autorisation de changement d'exploitant (▪ CAA Douai, 22 mai 2008, n° 06DA01271, *Sté Novergie : JurisData* n° 2008-366277 ; *Environnement* 2008, n° 11, p. 49, comm. D. Gillig).

10) Dernier exploitant. L'obligation de remise en état pèse sur le dernier exploitant de l'installation, et continue de peser sur lui, peu important qu'au moment de la cessation d'activité aucune prescription administrative particulière n'ait été formulée. En l'espèce, la cour affirme que l'ayant droit ne peut invoquer des dispositions contractuelles pour se décharger de l'obligation de remise en état des lieux que font peser sur lui dans un souci de protection générale de l'environnement, des dispositions législatives et réglementaires impératives (▪ Cass. 3e civ., 22 juin 2010, n° 09-10.215, *Sté Rhodia Chimie c/ SCI de Nemours*. ▪ Cass. 3e civ., 16 mars 2010, n° 08-21.507, *Sté Rhodia Chimie c/ Sté Cottin*). L'obligation de remise en état pèse sur le dernier exploitant ou à défaut son ayant-droit et ne peut être transférée par la voie du contrat (▪ Cass. 3e civ., 3 nov. 2011, nos 10-14.986 et 10-30.549. ▪ Cass. 3e civ., 16 janv. 2013, n° 11-27.101). En effet, lorsque l'exploitant cède à un tiers un terrain sur lequel une ICPE a été exploitée, cette cession ne l'exonère de ses obligations de remise en état que si le cessionnaire s'est substitué à lui en qualité d'exploitant (▪ CAA Lyon, 11 mai 2010, n° 09LY02878, *Sté REPOL*. ▪ CE, 10 janv. 2005, n° 252307, *Sté Sofiservice : JurisData* n° 2005-067846 ; *Environnement* 2005, comm. 24, note P. Trouilly ; *Collectivités-Inter-*

communalité 2005, comm. 40, note L. Erstein ; *JCP A* 2005, 1098, note G. Pélissier ; *Dr. adm.* 2005, comm. 39 ; *Rev. jur. env.* 2006, p. 496, obs. R. Schneider. ▪ CAA Lyon, 9 déc. 2010, n° 09LY00211, *M. X : JurisData* n° 2010-028534 ; *Environnement et dév. durable* 2011, n° 4, p. 28, obs. D. Gillig). Dans l'hypothèse d'une succession d'exploitants sur un même site, la remise en état du site en fin d'exploitation incombe en totalité au dernier exploitant, dès lors que le cessionnaire ne s'est pas substitué à lui en qualité d'exploitant (▪ CE, 21 févr. 1997, n° 160787, *Min. Environnement c/ SA Wattelez : JurisData* n° 050565 ; *Dr. env.* 1997, n° 47, p. 5, note E. Carlier ; *Rec. CE* 1997, tables p. 951 ; *Rev. jur. env.* 4/1997, p. 581, comm. R. Schneider. ▪ CE, 8 sept. 1997, n° 121-904, *Serachrom : Rev. jur. env.* 3/1998, p. 416, comm. R. Schneider. ▪ CE, 8 juill. 2005, n° 247976, *Sté Alusuisse-Lonza-France : préc.*. ▪ CAA Marseille, 7 sept. 2006, n° 02MA00209, *Sté l'Abeille S.A.* ▪ CAA Paris, 9 févr. 2017, n° 15PA00079 : *JurisData* n° 2017-003164). En conséquence, l'obligation de remise en état pèse sur le cessionnaire dès lors qu'il s'est régulièrement substitué au cédant en qualité d'exploitant (▪ CAA Marseille, 24 nov. 2005, n° 01MA02483, *Sté Sud fertilisants : Rev. jur. env.* 3/2006, p. 347, comm. R. Schneider). La transmission universelle de tous les droits par un traité entre différentes sociétés fait de la dernière société exploitante un ayant droit des précédentes (▪ CAA Lyon, 6 juill. 2006, n° 02LY01929, *S.A. Rhodia Chimie : Rev. jur. env.* 2007, n° 4, pan. p. 511, comm. R. Schneider). La cession des terrains d'emprise d'une carrière et les engagements contractuels y afférents ne peuvent être utilement invoqués par l'ancien exploitant pour s'exonérer de l'obligation de remise en état, dès lors que le cessionnaire ne s'est pas régulièrement substitué à lui en qualité d'exploitant (▪ CAA Nancy, 27 sept. 2004, n° 00NC01000, *Consorts Colle*). Est insuffisant pour démontrer qu'une société s'est régulièrement substituée à l'ancien exploitant dans ses obligations de remise en état, le fait que le gérant de la nouvelle société ait été le secrétaire général de la société précédente (▪ CAA Paris, 16 déc. 2003, n° 99PA03085, *SCI de l'Essonne*). De même, le fait que la SCI propriétaire du site ait des liens étroits avec la société exploitante, notamment un siège social et des dirigeants communs, n'établit pas que la première se soit substituée à la seconde et ait repris ses droits et obligations, d'autant plus qu'elle n'avait pas pour objet social l'exercice d'une activité relevant de la législation sur les installations classées (▪ CAA Lyon, 23 mai 2006, n° 02LY00907, *SCI Epinacoise*). Ne s'est pas régulièrement substituée dans l'activité exercée par l'exploitant antérieur une société qui s'est implantée uniquement sur une partie des terrains exploités précédemment, sans utiliser les installations de la société précédente (▪ CAA Nancy, 19 avr. 2004, n° 00NC01468, *Sté Chanzy-Pardoux c/ Ministre de l'Aménagement du territoire et de l'environnement*). De même, le gérant de la société propriétaire du site qui affirme seulement, dans une lettre, faire tout son possible pour remettre l'installation en activité, ne manifeste pas la volonté de se substituer ou de substituer la société propriétaire à l'ancien exploitant (▪ CAA Nantes, 4 déc. 2007, n° 07NT00359, *SCI Ardoisières de Maël-Carhaix : Dr. env.* 2008, n° 157, p. 16, concl. D. Artus). Lorsqu'une cession de fonds d'une carrière n'a pas pour effet de donner à ses acquéreurs la qualité d'ayants droit de la société exploitante et qu'aucune demande de changement d'exploitant n'a été adressée à l'autorité administrative, la mise en demeure est adressée à la société initialement titulaire de l'autorisation, et d'autant que les acquéreurs des fonds n'ont pas repris l'exploitation du site ni eu l'intention de le faire (▪ CAA Douai, 25 mars 2015, n° 12DA00557). Mais la poursuite des activités d'une société placée en liquidation judiciaire emporte transfert de la qualité d'exploitant et par conséquent transfert de l'obligation de remettre en état un site pollué (▪ CAA Bordeaux, 17 nov. 2008, n°s 06BX02000 et 06BX02275, *Me Abbadie et Me Guerin*). De même, le nouvel occupant du site doit être regardé comme s'étant substitué à l'ancien exploitant de l'installation classée dès lors qu'il a admis occuper les locaux qui étaient affectés à l'activité précédemment exploitée au titre de la législation sur les ICPE dans l'attente d'un bail à titre précaire ou de la vente de la propriété par le liquidateur et qu'une visite des lieux par l'inspecteur des ICPE a permis de constater que la majorité du personnel du nouvel occupant réalisait des activités similaires à celles de l'ancien exploitant dans la partie des locaux anciennement occupés par lui (▪ CAA Nancy, 20 juin 2011, n° 10NC01195, *Min. Écologie : JurisData* n° 2011-016649 ; *Environnement* oct. 2011, n° 10, p. 49, note D. Gillig). Conditions d'identification de l'ayant droit du dernier exploitant. L'obligation de remise en état du site est applicable aux installations de la nature de celles soumises à autorisation en application du titre Ier du livre V du Code de l'environnement, alors même qu'elles auraient cessé d'être exploitées avant l'entrée en vigueur de la loi du 19 juillet 1976, dès lors que ces installations demeurent susceptibles de présenter les dangers ou inconvénients énumérés à l'article L. 511-1. Dans cette hypothèse, l'obligation de remise en état du site imposée par l'article 34-1 du décret du 21 septembre 1977, alors en vigueur, aujourd'hui repris à l'article R. 512-39-1, pèse sur l'ancien exploitant ou, si celui-ci a disparu, sur son ayant droit. Lorsque l'exploitant ou son ayant droit a cédé le site à un tiers, cette cession ne l'exonère de ses obligations que si le cessionnaire s'est substitué à lui en qualité d'exploitant. En l'espèce, pour juger que la société Arkema France avait la qualité d'ayant droit du dernier exploitant du site, les juges d'appel se sont fondés sur les stipulations d'un traité d'apport partiel d'actifs par lequel la société Rhône Poulenc Industrie a apporté à la société Activités chimiques, aux droits de laquelle est venue, en dernier lieu, la société Arkema France, l'ensemble des biens, droits et éléments de passif se rapportant à la fabrication, au traitement, à la transformation, au transport, à la recherche, à l'expérimentation et à la vente de produits chimiques, au nombre desquels figurent les activités relatives au chlorure de vinyle monomère à l'origine de la pollution du site. En jugeant que la société Activités chimiques, aux droits de laquelle est venue, en dernier lieu, la société Arkema France, avait été substituée à la société Rhône Poulenc par l'effet de ce traité d'apport partiel d'actifs, et en estimant que ce traité couvrait l'activité d'enfouissement de déchets chlorés, la Cour n'a pas commis d'erreur de droit (▪ CE, 9 nov. 2015, n° 369236 : *Gaz. Pal.* 26 janv. 2016, p. 25, note S. Edlinger).

Indifférence aux contrats de droit privé. L'exploitant, destinataire des obligations créées au titre de la législation sur les installations classées, ne peut, par contrat de droit privé, se décharger de ses obligations d'exploitant sur une société tierce (▪ CE, 24 mars 1978, nos 7959 et 8873, *Sté La Quinoléine et ses dérivés : Rec. CE* 1978, p. 156. ▪ CAA Nancy, 9 juill. 1991, n° 90NC00108, *Sté des produits chimiques Ugine-Kulhmann (PCUK) : JurisData* n° 1991-051228 ; *Rev. jur. env.* 1/1992, p. 78, obs. J.-P. Piétri). Ainsi, l'obligation de remise en état incombe à l'exploitant sans que puissent être invoquées les dispositions contractuelles d'un contrat de vente prévoyant que l'acquéreur prenait le bien en l'état et renonçait à tout recours contre le vendeur (▪ Cass. 3e civ., 16 mars 2005, n° 03-17.875, *Sté Hydro-Agri France : Environnement* 2005, n° 6, p. 23, note D. Gillig ; *JCP* A 2005, n° 17, p. 717, note P. Billet ; *JCP* G 2005, n° 37, p. 1635, note F.-G. Trébulle ; *JCP* N 2005, n° 38, p. 1530, note M. Dagot ; *RTD civ.* 2005, n° 4, p. 784, note P. Jourdain ; *BDEI* 2006, n° 1, p. 49, note A. Sandrin ; *D.* 2006, n° 1, p. 50, note M. Boutonnet). Prive sa décision de base légale la cour d'appel qui ne fait pas la recherche qui lui était demandée sur l'existence d'une faute commise par le dernier exploitant lors de la cessation de son activité, dès lors que l'obligation de dépollution est une obligation légale particulière qui pèse sur le dernier exploitant d'une installation classée et qui doit être exécutée spontanément : elle n'est pas subordonnée aux prescriptions de l'autorité administrative et n'est pas affectée par les stipulations figurant dans les contrats conclus entre vendeurs et acquéreurs successifs du terrain pollué (▪ Cass. 3e civ., 15 déc. 2010, n° 09-70.538, *Sté Pauli Immeubles c/ Sté des pétroles Shell : BDEI* janv. 2011, n° 31, p. 48, note F. Nési ; *Environnement* juill. 2011, n° 7, p. 17, note M. Boutonnet. ▪ Cass. 3e civ., 16 janv. 2013, n° 11-27.101, *SCI LM, SA Cray Valley : Construction et urbanisme* mars 2013, note C. Sizaire, n° 3, p. 33). Toutefois, si le dernier exploitant ne peut s'exonérer de son obligation administrative de remise en état, son coût peut être transféré à l'acquéreur à l'occasion de la vente (▪ CA Paris, 8e ch. sect. B, 31 janv. 2008, *SARL Kappa immobilier c/ SA Comptoir des minéraux et des matières premières « CMMP » : Environnement* 2008, n° 7, p. 23 ; *Environnement* 2009, n° 3, p. 21, note O. Herrnberger).

Chaîne de contrats de vente successifs. Il a été jugé que s'agissant d'une chaîne de contrats de vente successifs portant sur un même bien, l'action dont dispose l'acquéreur final ainsi que l'acquéreur intermédiaire à l'égard du vendeur initial du site, est de nature contractuelle. En l'espèce, la pollution d'une partie vendue par le vendeur initial à l'acquéreur intermédiaire a diminué la valeur et l'usage de l'ensemble du terrain. La cour d'appel estime que la responsabilité du vendeur initial est engagée envers l'acquéreur, tant final qu'intermédiaire, sur le fondement des articles 1641 et suivants du Code civil, la clause excluant la garantie des vices cachés en ce qui concerne la pollution du terrain étant nulle et non avenue, en raison du caractère d'ordre public de l'obligation de remise en état (▪ CA Versailles, 25 janv. 2010, n° 08/06563, *Sté AXA France IARD c/ Sté Réaumur Participations*).

À propos de l'élimination de déchets : la seule circonstance que le propriétaire ou détenteur de déchets a passé un contrat en vue de faire assurer l'élimination de déchets avec un prestataire, ne l'exonère pas de ses obligations légales auxquelles il ne peut être regardé comme ayant satisfait qu'au terme de leur élimination complète (▪ CE, 13 juill. 2006, n° 281231, *Sté minière et industrielle de Rouge (SMIR) : Rec. CE* 2006, p. 961 ; *BDEI* 2006, n° 6, p. 56, concl. Aguila ; *RD imm.* 2006, p. 360, note F.-G. Trébulle ; *BDEI* 2007, n° 9, p. 47, note M.-L. Vergnerie, F. Scanvic. – V. Sol. ▪ CE, 11 janv. 2007, n° 287674, *Ministre de l'Écologie c/ Sté Barbazanges Tri Ouest : Environnement* 2007, n° 3, p. 27, note P. Billet ; *RD imm.* 2007, n° 2, p. 126, note F.-G. Trébulle ; *BDEI* 2007, n° 8, p. 53, note N. Fourneau et A. Hourcabie ; *Dr. env.* 2007, n° 147, p. 84, note D. Deharbe ; *JCP* A 2007, n° 19, p. 25, note P. Billet ; *Gaz. Pal.* 11 juill. 2007, n° 192, p. 17, note P. Graveleau ; *Rev. jur. env.* 2007, n° 3, p. 347, note P. Billet).

Effet d'une procédure collective. Aux termes de l'article L. 641-9 du Code de commerce, « à compter de la date du jugement qui ouvre ou prononce la liquidation judiciaire, le débiteur est dessaisi de l'administration et de la disposition de ses biens » et « les droits et actions du débiteur concernant son patrimoine sont exercés pendant toute la durée de la liquidation judiciaire par le liquidateur ». Dès lors, lorsque les biens du débiteur comprennent une ICPE dont celui-ci est l'exploitant, il appartient au liquidateur judiciaire qui en assure l'administration, de veiller au respect des obligations découlant de la législation sur les installations classées pour la protection de l'environnement. La procédure de mise en demeure de remettre en état peut donc être valablement engagée à l'encontre du liquidateur judiciaire (■ CE, 28 sept. 2016, n° 384315, *Sté A. Production : Act. proc. coll.* 2016, comm. 260, note D. Voinot ; *Act. proc. coll.* 2018, comm. 48, note B. Rolland. – V. aussi, ■ CE, 3 déc. 2003, n° 236901, *Sté Podelval « Les innovations mécaniques » : RD imm.* 2004, p. 427, obs. Y. Jégouzo et a, qui confirme ■ CAA Paris, 23 mai 2001, *Sté Podelval « Les innovations mécaniques » : LPA* 13 déc. 2001, n° 248, p. 14, concl. V. Haïm ; *Environnement* 2002, chron. n° 10, obs. D. Deharbe ; *Dr. env.* 2001, n° 92, p. 219, note Voinot. – V. aussi ■ CE, 29 sept. 2003, *Leblay : RD imm.* 2004, 427, obs. Y. Jégouzo et a. ; *BDEI* 1/2004, p. 34, concl. M. Guyomar). En tout état de cause la prise en compte de la situation financière de l'exploitant n'étant pas prévue par le Code de l'environnement, qui ne peut pas prétendre échapper à ses obligations du fait de son impécuniosité (■ CAA Bordeaux, 9 févr. 2006, n°s 02BX01626 et 02BX01626, *Me Fabrice Mariotti* agissant en qualité de mandataire liquidateur de la SARL Poursines Azalbert et compagnie Delainage : *Rev. jur. env.* 4/2007, pan. p. 511, comm. R. Schneider. ■ TA Strasbourg, 21 oct. 2005, n° 0101129, *Sté Émaillerie alsacienne commerciale et industrielle : Environnement* 2005, n° 12, comm. 90, obs. D. Gillig). Les contraintes liées à une situation de société en liquidation ne peuvent faire obstacle à l'obligation de remise en état (■ CAA Douai, 21 sept. 2006, n° 05DA01185, *SCP Pierre Bruart en qualité de liquidateur judiciaire de la société Pasek France*).

11) Recherche de l'exploitant à l'origine de la pollution. La remise en état du site ne peut être imposée au nouvel exploitant sur le fondement de la législation ICPE, dès lors qu'il ne s'est pas régulièrement substitué à l'ancien exploitant en reprenant la même activité (■ CE, 17 nov. 2004, n° 252514, *Sté générale d'Archives : Environnement* 2004, n° 1, p. 13, note D. Deharbe ; *BDEI* 2/2005, p. 18, concl. Y. Aguila). De même, l'acquéreur n'ayant pas repris l'activité du vendeur, ce dernier apparaît comme seul débiteur de l'obligation de la remise en état, en tant que dernier exploitant de l'installation (■ Cass. 3e civ., 16 mars 2005, n° 03-17.875, *Sté Hydro-Agri France : Environnement* 2005, n° 6, p. 23, note D. Gillig ; *JCP* A 2005, n° 17, p. 717, note Ph. Billet ; *JCP* G 2005, n° 37, p. 1635, note F.-G. Trébulle ; *JCP* N 2005, n° 38, p. 1530, note M. Dagot ; *RTD civ.* 2005, n° 4, p. 784, note P. Jourdain ; *BDEI* 2006, n° 1, p. 49, note A. Sandrin ; *D.* 2006, n° 1, p. 50, note M. Boutonnet. ■ CAA Douai, 11 déc. 2008, n° 06DA01640, *SA Compagnie de FIVES Lille*). Illégalité d'un arrêté préfectoral prescrivant la réalisation d'une étude concernant des produits polluants dans un ouvrage minier, aux motifs que la pollution constatée ne peut résulter des activités menées par l'exploitant visé mais provient de faits d'exploitations antérieurs 1827 (■ CAA Lyon, 30 juill. 2003, n° 99LY02122, *SA La Mure*). Il appartient toutefois au dernier exploitant de démontrer que la pollution ne résulte pas de sa propre activité mais des activités successives antérieures (■ CAA Lyon, 9 juin 2009, n° 07LY01508, *MEDAD*).

En revanche, le fait que des activités semblables aient été exercées sur un même site par d'autres sociétés et aient donné lieu à des pollutions semblables ne fait pas obstacle à ce que l'administration utilise ses pouvoirs de police pour contraindre le dernier exploitant à remettre son site en état (■ CAA Douai, 2 mars 2006, n° 04DA00565, *Sté BM Chimie*). Ainsi, le dernier exploitant ne peut s'opposer à l'obligation de remise en état en faisant valoir que son exploitation n'avait duré que 26 mois et que les techniques industrielles qu'il y avait employées (utilisation du bitume pétrolier à la place de goudron) n'étaient pas à l'origine de l'intégralité de la pollution du site (■ CA Colmar, 29 juin 2012, n° 08/05738, *SA Axter*). De même, une société exploitante ne peut utilement se prévaloir de la double circonstance qu'elle n'a exploité la décharge en litige que pendant quatre ans et que cette décharge subirait une pollution engendrée par l'exploitation, sous forme de décharge, d'autres terrains situés en amont pour contester les mesures de remise en état imposées par arrêté préfectoral (■ CAA Bordeaux, 5 juill. 2007, n° 05BX01095, *Sté ABCCD : Rev. jur. env.* 2008, n° 4, pan. p. 473, obs. R. Schneider). Le préfet peut prescrire à l'exploitant d'une installation classée le traitement des terres polluées issues du site sur lequel il a exercé son activité, même si ces terres ont été déplacées sur un terrain voisin de celui de l'installation par une autre entreprise, ces faits n'étant pas de nature à l'exonérer de sa responsabilité dans le fait générateur du dommage (■ CAA Paris, 28 févr. 2006, n° 01PA01067, *Sté Roux et Bernard : Rev. jur. env.* 2007, n° 4, p. 573, obs. R. Schneider).

12) Propriétaire (conditions). L'obligation de remise en état du site prescrite par les articles R. 512-39-1 et suivants du même code pèse sur le dernier exploitant ou son ayant droit. Le propriétaire du terrain d'assiette de l'exploitation n'est pas, en cette seule qualité, débiteur de cette obligation. Il n'en va autrement que si l'acte par lequel le propriétaire a acquis le terrain d'assiette a eu pour effet, eu égard à son objet et à sa portée, en lui transférant l'ensemble des biens et droits se rapportant à l'exploitation concernée, de le substituer, même sans autorisation préfectorale, à l'exploitant (■ CE, 29 juin 2018, n° 400677, *Min. environnement c/ Sté Akzo Nobel UK Ltd* : *AJDA* 2018, p. 1358 ; *Dr. environnement* 2018, p. 254 ; *JCP A* 2018, act. 582. – V. aussi ■ CE, 21 févr. 1997, n° 160787, *Min. Environnement c/ SA Wattelez* : *JurisData* n° 1997-050565. ■ CE, 21 févr. 1997, n° 160250, *SCI Les Peupliers* : *JurisData* n° 1997-050187 ; *Dr. env.* 1997, n° 47, p. 5, note E. Carlier ; *Rec. CE*, tables p. 951 ; *Rev. jur. env.* 4/1997, p. 581, comm. R. Schneider). Le propriétaire du terrain d'assiette d'exploitation d'une ICPE ne doit pas être confondu avec l'exploitant d'une ICPE. Ainsi, si le préfet a le pouvoir de faire cesser une exploitation illégale ou de consigner les sommes nécessaires aux travaux, il ne peut s'en prévaloir qu'à l'encontre de l'exploitant de l'installation litigieuse (■ CAA Marseille, 18 mai 2006, n° 01MA00163, *M. Semaire et Hoirie Semaire*). Le propriétaire d'un ensemble immobilier constituant le site sur lequel une ICPE était exploitée par une autre société ne peut se voir imposer des mesures de mise en sécurité, d'élimination de déchets de produits toxiques et de remise en état par le préfet, la preuve n'étant pas apportée de la substitution de la société propriétaire des terrains à la société exploitante mise en liquidation judiciaire, même si les deux sociétés avaient un gérant commun (■ CAA Lyon, 13 juill. 2006, n° 02LY001318, *Ministre de l'Écologie et du Développement Durable c/ SCI Ambition*). Un arrêté ne peut légalement imposer au propriétaire de remettre le site en état dès lors qu'il ne s'est pas substitué à l'exploitant, peu importe la circonstance qu'il ait suggéré et donc consenti qu'une telle obligation soit mise à sa charge (■ TA Versailles, 13 févr. 2007, n°s 0604575 et 0605493, *Sté d'économie mixte des Hauts-de-Seine*). Mais dès lors qu'il poursuit l'exploitation d'une installation classée, le propriétaire du terrain d'assiette de l'installation est considéré comme exploitant de l'installation. En l'espèce, le fait de déposer des déchets inertes sur son terrain, sur lequel un dépôt anonyme de déchets toxiques avait par ailleurs déjà été effectué, permet de qualifier le propriétaire, d'exploitant d'une installation classée (■ CA Grenoble, ch. corr., 3 sept. 1997, n° 821-97, *M.* : *JurisData* n° 1997-044218). Un ancien exploitant, resté propriétaire des lieux, ne peut se voir imposer la réalisation d'une étude hydrogéologique sur la contamination des sols en raison de l'insolvabilité du dernier exploitant en titre et de son liquidateur judiciaire (■ CAA Lyon, 30 juill. 2003, n° 99LY01704, *Ministère de l'Aménagement du territoire et de l'environnement*). Une société restée propriétaire d'une station-service exploitée en gérance libre, ne peut être considérée comme redevable de l'obligation d'effectuer une étude de diagnostic de pollution dans la mesure où elle n'était ni exploitante ni coexploitante (■ TA Paris, 10 oct. 2003, nos 0012234/7 et 0103707/7, *Sté BP France* : *RD imm.* 2004, p. 166 ; *Rev. jur. env.* déc. 2004, p. 465). En revanche, le préfet impose à bon droit des prescriptions complémentaires relatives à la remise en état à une société en sa qualité de dernier exploitant du site (■ CAA Versailles, 21 oct. 2004, n° 02VE03238, *Ministre de l'Écologie c/ Sté Paramelt*. ■ CAA Marseille, 18 mars 2004, n° 01MA00164, *Sté Semaire*, préc.). Le propriétaire d'un terrain qui par un contrat de droit privé en avait accordé la jouissance à une société tierce qui y effectuait des dépôts de déchets, ne peut être regardé comme l'exploitant exclusif (■ CE, 30 avr. 1980, n° 19242, *Min. Environnement et du cadre de vie c/ Sté d'assainissement rationnel et de pompage*). En cas d'inexistence d'une ICPE, le propriétaire d'un centre commercial ne peut en cette seule qualité être tenu de remédier à la pollution de la nappe phréatique, même si les travaux de réalisation du centre ont pu contribuer au déplacement des agents polluants (■ CAA Paris, 9 juill. 2003, nos 98PA04241 et 01PA00614, *Sté SOFIMURS et a. c/ Min. de l'Aménagement du territoire et de l'Environnement* : *Environnement* juin 2004, n° 6, p. 14-15, note D. Deharbe). Le redressement judiciaire de l'exploitant fait obstacle à ce que les propriétaires d'un site, terrain d'assiette d'une installation classée, soient mis en cause sur le fondement de l'article 6, alinéa 2, de la loi n° 76-663 du 19 juillet 1976 (art. L. 512-20 du présent code), le liquidateur judiciaire conservant la garde de l'installation (■ CAA Lyon, 6 juill. 1999, n° 98LY01609, *Min. Aménagement du territoire et de l'environnement* : *Mon. TP* 22 oct. 1999, p. 77 ; *Rev. jur. env.* 3/2000, p. 495).

En sens contraire : Il a été admis qu'à défaut d'un exploitant présent et solvable, le préfet pouvait imposer des mesures de remise en état au propriétaire, en sa qualité de détenteur du site d'une installation classée (■ CAA Lyon, 10 juin 1997, nos 95LY01435 et 96LY02017, *M. Zoegger* : *JurisData* n° 1997-046776 ; *Lettre JCl. Environnement* 1997, n° 3, p. 5 ; *Rec. CE*, tables p. 951 ; *Dr. env.* sept. 1997, n° 51, p. 9). Ainsi, en l'absence d'exploitant connu, le propriétaire d'un terrain sur lequel se situe un dépôt de pneumatiques usagés peut être considéré comme le détenteur d'une installation classée et se voir imposer des mesures de remise en état par le préfet (■ CAA Marseille, 25 janv. 2007, n° 05MA0337). De même, une société propriétaire peut être destinataire des prescriptions de remise en état d'un site pollué par une société exploitante d'une installation classée, mise en liquidation judiciaire, dès lors que la mise en demeure de l'exploitant a échoué et que la première était filiale de la seconde (■ CAA Douai, 4 mai 2000, n° 96DA01056, *SCI Courtois* : *Mon. TP* 4 août 2000, p. 49). Suite à la radiation du registre du commerce et des sociétés après une liquidation amiable d'une société exploitante d'une installation classée et en l'absence d'une substitution d'un cessionnaire de l'exploitation, c'est le propriétaire qui est tenu des mesures de surveillance de la pollution alors même qu'il n'avait aucun pouvoir de direction ou de contrôle sur cette exploitation (▪ CAA Douai, 8 mars 2000, n° 96DA00721, *Mme Sylvie Benchétrit*).

13) Mandataire judiciaire. La procédure de consignation et d'exécution d'office des mesures prescrites en vue de la remise en état d'un site peut être engagée à l'encontre du liquidateur judiciaire, alors même que celui-ci ne dispose pas des sommes nécessaires pour assurer la remise en état du site (▪ CAA Douai, 8 juill. 2003, n° 00DA00632, *Tiberghien*). Un arrêté préfectoral peut imposer l'obligation de remise en état d'un site au liquidateur judiciaire d'une installation classée alors même que l'installation est cédée à une nouvelle société dès lors que celle-ci ne s'est pas encore substituée au liquidateur en qualité d'exploitant (▪ CAA Lyon, 1er déc. 2005, n° 01LY01387, *SELARL Jim Sohm*). En effet, si les articles L. 621-40 à L. 621-46 du Code de commerce régissent les conditions dans lesquelles peuvent être produites puis payées les créances détenues sur une entreprise qui fait l'objet d'une procédure collective, elles ne font pas obstacle à ce que l'administration fasse usage de ses pouvoirs, notamment de police administrative, qui peuvent la conduire, dans les cas où la loi le prévoit, à mettre à la charge de particuliers ou d'entreprises, par voie de décision unilatérale, des sommes dues aux collectivités publiques. Le préfet peut par conséquent ordonner une mesure de consignation sur le fondement de la législation relative aux installations classées sans méconnaître les dispositions du Code de commerce concernant les procédures collectives (▪ CAA Nantes, 30 juin 2006, n° 05NT01003, *MEDD c/ Maître P. Briand : Rev. jur. env.* 4/2007, p. 520, comm. R. Schneider). Il résulte de l'article L. 641-9 du Code de commerce qu'à compter de la date du jugement qui ouvre ou prononce la liquidation judiciaire, le liquidateur judiciaire doit veiller au respect des obligations découlant de la législation sur les ICPE et la mise en demeure adressée par l'Administration n'est pas soumise au respect des dispositions de l'article L. 622-17-IV du Code de commerce relatif aux créances privilégiées soumises au délai annuel de déclaration (▪ CE, 28 sept. 2016, n° 384315 : *JurisData* n° 2016-020268 ; *Énergie – Env. – Infrastr.* 2016, n° 12, p. 34-35, comm. M.-A. Fichet ; *Gaz. Pal.* 2017, n° 3, p. 43-44, note M. Guérin). Mais un administrateur judiciaire dont la mission s'est achevée ne peut être considéré comme débiteur de l'obligation de remise en état (▪ CAA Paris, 22 mars 2007, n° 01PA00802, *SCP Laureau-Jeannerot : Environnement* 2007, n° 6, p. 27, note D. Gillig ; *Rev. jur. env.* 2008, n° 4, pan. p. 473, comm. R. Schneider. ▪ TA Versailles, 16 juin 2009, n° 0606646, *Me Souchon*). De même, le liquidateur n'est pas tenu de procéder à la dépollution dans le cas où l'arrêté de fermeture du site ne lui aurait pas été notifié (▪ Cass. com., 19 nov. 2003, n° 00-16.802, *Sté Batinorest*). Mais la remise en état peut être imputée à l'administrateur judiciaire, dès lors que la clôture de la liquidation judiciaire n'a pas été prononcée (▪ CE, 3 déc. 2003, n° 253267, *Min. de l'Écologie et du développement durable c/ SCP Bayle-Geoffroy*). Le commissaire à l'exécution du plan de cession peut être tenu par les prescriptions de remise en état concernant les installations exclues du plan de cession (▪ CAA Douai, 4 déc. 2003, n° 02DA00128, *Min. de l'aménagement du territoire et de l'environnement c/ Sté DEPA : Environnement* janv. 2005, p. 14-15, obs. D. Deharbe). Le fait générateur de l'obligation de dépollution du site à la charge du locataire est l'arrêt de l'exploitation, soit une date postérieure à l'ouverture de la procédure collective. Toutefois, cette créance n'étant pas née pour les besoins du déroulement de la procédure, le bailleur ne bénéficie donc pas d'un paiement préférentiel ; surtout, il devait déclarer sa créance entre les mains du liquidateur (▪ Cass. com., 5 févr. 2020, n° 18-23.961 : *BDEI* 2020, p. 15, obs. P. Ledoux ; *Rev. proc. coll.* 2020, p. 35, obs. B. Rolland).

14) Détenteur de l'installation (oui). À défaut d'exploitant présent et solvable, l'obligation de remise en état est à la charge du détenteur de l'installation (▪ CAA Marseille, 18 mars 2004, n° 01MA00164, *Sté Semaire*, préc. ▪ TA Versailles, 13 févr. 2007, nos 0604575 et 0605493, *Sté d'économie mixte des Hauts-de-Seine*, préc.). À défaut d'exploitant présent et solvable, le propriétaire d'une ICPE peut être tenu responsable de la remise en état d'un site dès lors qu'il est considéré comme le détenteur de ladite installation, si celle-ci ne relève pas de la garde d'une autre personne. En effet, ni le « principe du pollueur-payeur » posé par l'article L. 110-1 du Code de l'environnement, ni les dispositions de l'article L. 512-17 du Code de l'environnement (art. L. 512-6-1 actuel) ne font obstacle à ce que de telles mesures soient mises en œuvre à l'encontre du détenteur de l'installation (▪ CAA Bordeaux, 7 mai 2007, n° 03BX01955, *SCI CVG Immobilier : RD. imm.* 2008, n° 2, p. 91, note F.-G. Trébulle). En revanche, un port autonome, personne morale, ne peut être considéré comme détenteur d'une installation classée s'il n'a jamais assuré l'exploitation d'une installation classée sur le terrain en cause, d'autant qu'il n'existe plus aucune installation classée sur ce terrain (▪ TA Paris, 7 oct. 2004, n° 01017019, *Port autonome de Paris*).

15) Locataire. Le propriétaire d'un terrain ne peut être tenu de rembourser les travaux effectués d'office par une commune, dès lors que le terrain a été mis en location et que le contrat de bail met à la charge du locataire le respect des prescriptions relatives à l'hygiène, la salubrité et la sécurité des personnes et des biens (■ CAA Paris, 8 juill. 2004, nos 03PA00690 et 03PA00691, *Cne de Garges-les-Gonesse*). Lorsque le site a été exploité successivement par le bailleur, le locataire puis le cessionnaire du fonds de commerce, le bailleur a sa part de responsabilité. Cependant quand une clause prévoyait l'absence de recours du cessionnaire contre le cédant, la charge du coût de dépollution est alors à partager entre le bailleur et le cessionnaire (■ CA Paris, 26 mars 2009, n° 377137, *SARL Recyclage 94 c/ Terreil Vergnes*). La remise en état d'un site résultant d'une obligation légale particulière dont la finalité est la protection de l'environnement et de la santé publique, est à la charge de la locataire (■ Cass. 3e civ., 2 avr. 2008, n° 07-12.155, *Sté Interfertil : Environnement* 2008, n° 5, p. 28, note M. Boutonnet ; *JCP* G 2008, n° 39, p. 34, note B. Parance ; *D.* 2008, n° 35, p. 2472, note F.-G. Trébulle). Le preneur à bail d'une installation classée est tenu comme dernier exploitant de prendre toutes les dispositions utiles afin d'assurer la mise en sécurité du site. Ce dernier exploitant est tenu de verser au bailleur une indemnité d'occupation jusqu'à la date à laquelle il justifie avoir pris les mesures (■ Cass. 3e civ., 19 mai 2010, n° 09-15.255, *Sté Garage du parc Monceau*). À l'obligation de remise en état s'ajoute l'obligation de restitution prévue à l'article 1732 du Code civil, en vertu duquel le preneur à bail est présumé avoir commis une faute en cas de pollution découverte par le bailleur après la cessation d'activité sur le site loué (■ Cass. 3e civ., 17 nov. 2016, n° 15-21940, *Sté Riondel investissements c/ Sté Mediaco Aquitaine Sud : Gaz. Pal.* 2017, n° 3, p. 42-43, note V. Saintaman). En matière de baux commerciaux, le réaménagement du site sur lequel a été exploitée une installation classée fait partie intégrante de l'activité exercée ; l'indemnité d'occupation due pendant la remise en état d'un site, après cessation de l'activité, doit être fixée par référence au loyer prévu au bail (■ Cass. 3e civ., 23 juin 2016, n° 15-11.440 : *JurisData* n° 2016-012215 ; *D.* 2016, p. 1435 ;*JCP* N 2016, n° 49, p. 50, note J. Monéger). Bien qu'une créance de dépollution soit née postérieurement à la liquidation judiciaire, ce critère chronologique est sans incidence sur la solution du litige dès lors que pour donner lieu à un paiement à échéance, la créance postérieure doit en outre être « méritante », c'est-à-dire être née pour les besoins du déroulement de la procédure collective ou en contrepartie d'une prestation fournie dans le cadre du maintien exceptionnel de l'activité pour favoriser l'adoption d'un plan de cession de la société placée en liquidation judiciaire. Dès lors, peu importe la date de naissance de la créance d'indemnité du propriétaire du terrain ayant pris à sa charge la dépollution du site : une telle créance non utile à la procédure collective, ne répond pas aux conditions de l'article L. 641-13-I du Code de commerce de sorte que le liquidateur judiciaire ne peut être condamné au paiement de cette créance (■ Cass. com., 8 janv. 2020, n° 18-15.027 : *JCP* E 2020, Aff. 1520, obs. Th. Stefania).

16) Locataire-gérant. Il n'y a pas lieu de mettre à la charge du dernier locataire-gérant les frais de dépollution lorsqu'il n'est pas établi que la fin de la location-gérance implique une cessation définitive d'activité, par exemple si le loueur souhaite poursuivre l'activité et recherche un nouvel exploitant (■ CA Poitiers, 18 oct. 2016, n° 416, 15/03581, *SARL SESOA : JurisData* n° 2016-026315).

17) Actionnaire (non). L'actionnaire minoritaire d'une société mise en liquidation amiable ne peut en sa seule qualité d'actionnaire faire l'objet d'un arrêté lui prescrivant en application de l'article 6 de la loi du 19 juillet 1976, de mettre en place un système de prévention de la pollution des eaux et des sols ainsi que la surveillance, pendant 10 ans, de l'impact de la décharge sur la qualité des eaux superficielles et souterraines de la zone. La circonstance que cet actionnaire aurait, dans le passé, déjà accepté de réaliser différents travaux et de faire effectuer une série de prélèvements et d'analyses, ne permet pas de le considérer comme exploitant de fait (■ TA Versailles, 6 juill. 1999, n° 98895, *Sté Fayolle et fils : Mon. TP* 7 janv. 2000, p. 61). Il en va de même d'un actionnaire majoritaire (■ TA Dijon, 23 janv. 2001, n° 99-946, *SA CG holding c/ Préfet de la Nièvre*). L'obligation de remise en état pèse en effet sur l'exploitant, c'est-à-dire la société et non sur ses actionnaires (■ Cass. 3e civ., 23 mai 2012, n° 10-25.414, *SA Établissements Cozigou*).

18) Société mère. Une société mère n'est pas tenue de financer sa filiale pour lui permettre de remplir ses obligations même si celle-ci est chargée d'un service public pouvant présenter un risque pour l'intérêt général. En l'espèce, la société mère n'ayant pas commis de faute dans la gestion de sa filiale, elle n'était pas tenue de la financer pour lui permettre de remplir ses obligations en matière de remise en état (■ Cass. com., 26 mars 2008, n° 07-11.619 : *Rev. sociétés* n° 2008-4, p. 812, note B. Rolland ; *Bull. Joly Sociétés* 2008, n° 11, p. 908, note F.-G. Trébulle). La seule circonstance qu'une société contrôle indirectement une société détentrice de l'autorisation et par conséquent exploitante en titre, ne confère pas pour autant la qualité d'exploitante à la société contrôlante (■ CAA Lyon, 25 avr. 2013, n° 12LY00339, *Sté Anciennes Briqueteries de Limonest*).

19) Débiteur de la remise en état dans le cadre d'opérations sociétaires. Dans le cadre d'une cession des titres d'une société, le cessionnaire des titres de la société exploitant une ICPE n'acquiert pas pour autant la qualité d'exploitant, même lorsque la société acquise est ensuite liquidée. Le transfert des titres n'opère pas de plein droit celui de la qualité d'exploitant au cessionnaire (■ CA Paris, 1er févr. 2012, n° 10/15521, *SCI Dufour Paris*). À l'inverse, dans le cadre d'une fusion-absorption, l'obligation de remise en état qui pesait sur la société absorbée a été transmise à l'absorbante par l'effet de la fusion (■ Cass. 3e civ., 23 mai 2012, n° 10-25.414, *SA Établissements Cozigou*).

20) Conjoint du dernier exploitant. Lorsqu'il est également propriétaire du terrain assiette de l'exploitation, le conjoint du dernier exploitant ne peut être tenu pour responsable de la remise en état du site dès lors qu'il n'a jamais exploité l'installation classée (■ CAA Douai, 15 févr. 2001, n° 97DA00024, *M. et Mme Joveneaux : Environnement* 2002, n° 1, p. 15, note D. Deharbe).

21) Repreneur de fonds de commerce. Le repreneur d'un fonds de commerce ne peut être regardé comme le dernier exploitant devant évacuer un dépôt de pneumatiques dès lors qu'il n'est ni devenu propriétaire des stocks, ni exploitant de ce dépôt et qu'il n'a utilisé d'aucune façon ce terrain pour lequel il ne disposait par ailleurs ni d'un bail ni d'une autorisation d'occupation (■ CAA Nancy, 16 nov. 2000, n° 00NC00774, *SA Lips*).

22) Débiteur d'une clause de garantie de passif. La qualité de débiteur d'une clause de garantie de passif ne confère ni la qualité d'exploitant ou celle de détenteur, ni ne transfère les obligations de remise en état du site d'exploitation (■ CAA Paris, 7 août 2003, n° 98PA02345, *Sté Elf Atochem c/ M. le préfet de l'Essonne*).

23) Conformité avec la Charte de l'environnement. Il résulte des articles L. 511-1, L. 514-1 et L. 512-17 (actuellement L. 512-6-1) que la charge financière des mesures à prendre au titre de la remise en état d'un site ne peut être légalement imposée au détenteur d'un bien qui n'a pas la qualité d'exploitant, d'ayant droit de l'exploitant ou qui ne s'est pas substitué à lui en qualité d'exploitant. Ces dispositions ne sont en tout état de cause contraires, ni à celles de l'article 2 de la Charte de l'environnement, suivant lesquelles toute personne a le devoir de prendre part à la préservation et à l'amélioration de l'environnement, ni à celles de l'article 4 de la même Charte, selon lesquelles toute personne doit contribuer à la réparation des dommages qu'elle cause à l'environnement, dans les conditions définies par la loi (■ CE, 23 mars 2011, n° 325618, *SA Progalva : JurisData* n° 2011-004457).

IV – DURÉE DE L'OBLIGATION

Voir également : § IV, sous art. L. 511-1, p. 937.

24) Principe de la prescription trentenaire. Les principes dont s'inspire l'article 2262 du Code civil font obstacle à ce que le préfet impose à l'exploitant, à son ayant-droit ou à la personne qui s'est substituée à lui la charge financière des mesures à prendre au titre de la remise en état d'un site lorsque plus de trente ans se sont écoulés depuis la date à laquelle la cessation d'activité a été portée à la connaissance de l'administration, sauf dans le cas où les dangers ou inconvénients présentés par le site auraient été dissimulés (■ CE, 8 juill. 2005, n° 247976, *Sté Alusuisse-Lonza-France*, préc. ■ CAA Bordeaux, 14 févr. 2006, n° 99BX01151, *Mme Doucede et a. : Environnement* 2006, n° 5, p. 31, note D. Deharbe. ■ CAA Douai, 8 févr. 2007, n° 06DA00202, *Sté SFDPI-Laboratoires Melgad : Rev. jur. env.* 4/2008, p. 473, note R. Schneider. ■ CAA Nancy, 11 mai 2009, n° 07NC01788, *Sté d'usinage des tubes pour l'électricité*. ■ CE, 12 avr. 2013, n° 363282, *SCI Chalet des Aulnes*, préc.). L'expiration de la prescription trentenaire se vérifie à compter de la date réelle à laquelle la déclaration de la cessation d'activité par l'exploitant a été portée à la connaissance de l'Administration. Dans la perspective d'une interprétation stricte, c'est ainsi le cas de la date d'établissement du rapport du service de l'inspection des installations classées, et non pas la date de l'assignation de la société (■ Cass. 3e civ., 27 mai 2010, n° 09-13.438, FS-D, *Sté Segvama c/ Sté Aventis Pharma : Environnement et dév. durable* 2010, n° 8, note. P. Cuba-Sichler et M.-B. Lahorgue). Est prescrite l'action aux fins de remise en état intervenant plus de trente ans après la cessation d'activité dès lors que l'autorité compétente à cette date ne pouvait qu'en avoir connaissance et que le plaignant a lui-même effectué certains travaux de remise en état (■ CAA Paris, 18 avr. 2008, n° 05PA03735, *Gaz de France*). Est également prescrite l'action aux fins de remise en état intervenant plus de trente ans après la déclaration de cessation d'activité à la DRIRE lorsqu'il n'est pas démontré que l'ancien exploitant aurait dissimulé la situation du site par rapport aux exigences légales d'information en matière de pollution (■ CA Versailles, 22 sept. 2011, n° 10/08199, *SARL Segvama : JurisData* n° 2011-024497). Toutefois, lorsque l'installation a cessé de fonctionner avant l'entrée en vigueur du décret du 21 septembre 1977 pris pour l'application de la loi ICPE du 19 juillet 1976, qui a créé l'obligation d'informer le préfet de cette cessation, et hors le cas où les dangers ou inconvénients présentés par le site ont été dissimulés, le délai de prescription trentenaire court à compter de la date de la cessation effective de l'activité (■ CE, 13 nov. 2019, n° 416860, *Préfet de la Charente-Maritime : JurisData* n° 2019-020283 ; *EEI* 2020, janv. 2020, n° 1, Alerte 1, obs. Ph. Billet ; *AJDI* 2020, n° 4, p. 291, obs. M. Vervynck ; *LPA* 11 mars 2020, n° 51, p. 6, obs. M.-Ch. Rouault ; *Dr. adm.* 2020, comm. 13, obs. M. Deffairi et concl. L. Dutheillet de Lamothe ; *Defrénois* 2020, n° 1-2, p. 31, obs. S. Royer ; *Dr. env.* 2020, p. 27, obs. D. Deharbe ; *BDEI* 2020/1, p. 7, concl. L. Dutheillet de Lamothe).

25) Prescription des actions civiles. Le délai de prescription des actions en responsabilité civile contractuelle ou extracontractuelle court à compter de la connaissance par l'exploitant du site de la pollution et de ses conséquences, qui peut notamment résulter d'un premier arrêté préfectoral lui prescrivant la réalisation d'études de nature à déterminer l'état de contamination du site, l'aggravation du dommage résultant d'une même pollution ne faisant pas courir un nouveau délai (■ Cass. com., 20 sept. 2016, n° 14-23.774, *Sté Arkema France c/ Sté Rhodia Chimie : Gaz. Pal.* 2017, n° 3, p. 34-35, note E. Jacob).

26) Imprescriptibilité de l'ordre public et intemporalité de l'exercice par le préfet de ses pouvoirs de police. La prescription trentenaire susceptible d'affecter l'obligation de prendre en charge la remise en état du site pesant sur l'exploitant d'une installation classée, son ayant droit ou celui qui s'est substitué à lui, est sans incidence sur l'exercice, à toute époque, par l'autorité administrative des pouvoirs de police spéciale conférés par la loi en présence de dangers ou inconvénients se manifestant sur le site où a été exploitée une telle installation, non plus que sur l'engagement éventuel de la responsabilité de l'État à ce titre (■ CE, 12 avr. 2013, n° 363282, *SCI Chalet des Aulnes : JCP* A 2013, n° 2209, note Ph. Billet ; *Dr. adm.* juill. 2013, n° 7, p. 36, note D. Gillig ; *Environnement* juill. 2013, comm. 59, obs. B. Parance ; *Gaz. Pal.* 11-12 sept. 2013, n°s 254-255, p. 19, S. Edlinger ; *Rev. jur. env.* 1/2014, p. 175, note R. Schneider, qui confirme sur cette question ■ CE, 8 sept. 1997, n° 121904, *SARL Serachrom : Rec. CE* 1997, tables, p. 950 ; *Dr. adm.* 1997, n° 347 ; *Rev. jur. env.* 3/ 1998, p. 416). V. aussi ■ CE, 13 nov. 2019, n° 416860, *Préfet de la Charente-Maritime*, préc.).

27) Dissimulation. L'exploitant qui n'a pas porté à la connaissance de l'administration l'existence d'une cuve enterrée lors du transfert de son exploitation n'a pas eu la volonté de dissimuler des pollutions dès lors qu'il n'existait alors aucune obligation en ce sens (■ CAA Nancy, 11 mai 2009, n° 08NC00629, *MEEDDAT c/ Sté d'usinage des tubes pour l'électricité (SUTE)*). En revanche, caractérise la volonté de dissimulation le comblement de déchets enfouis sous une couche de remblai sur laquelle de la végétation s'est développée (■ CAA Bordeaux, 14 févr. 2006, n° 99BX01151, *Mme Doucede et a. : Environnement* 2006, n° 5, p. 31, note D. Deharbe. ■ CAA Douai, 8 févr. 2007, n° 06DA00202, *Sté SFDPI- Laboratoires Melgad : Rev. jur. env.* 2008, n° 4, pan. p. 473, note R. Schneider).

28) Interruption du délai de prescription. Le délai de trente ans au-delà duquel la charge financière de mesures de remise en état d'un site pollué ne peut plus être mise à la charge du dernier exploitant peut être interrompu, même en l'absence de décision expresse de l'administration imposant à l'exploitant la remise en état du site. Pour la réalisation de travaux de sécurisation du site sous le contrôle des services de l'État est de nature à interrompre le délai de prescription (■ TA Montpellier, 15 juin 2007, n°s 0304938, 0402076 et 0600829, *Sté Metaleurop*).

29) Prescription de la responsabilité en matière environnementale. La prescription trentenaire instituée par l'article L. 152-1 du Code de l'environnement, qui court à compter du fait générateur du dommage, est distincte de celle également trentenaire résultant des obligations de remise en état d'un site qui incombent à l'exploitant d'une installation classée pour la protection de l'environnement, déclenchée par la cessation de l'activité ; que, par suite, les obligations étant imposées à la société Hutchinson au titre de la remise en état d'un site, celle-ci ne peut utilement se prévaloir de l'exception de prescription trentenaire prévue par l'article L. 152-1 du Code de l'environnement (■ CAA Douai, 28 mai 2015, n° 13DA02130, *Sté Hutchinson : Rev. jur. env.* 1/2016, p. 172, note R. Schneider ; *BDEI* mai 2016, p. 22, note D. Gillig).

30) Prescription en matière commerciale. Par application de l'article L. 110-4 du Code de commerce, est prescrite par dix ans l'action contractuelle de l'acheteur contre le vendeur, eu égard à la pollution du site qu'il a acquis, dès lors que ce texte ne distingue pas les obligations selon qu'elles sont de caractère civil ou commercial et donne ainsi aux actes mixtes, tels que le transfert d'un site pollué à un non commerçant, le statut d'acte de commerce relevant de la prescription décennale (■ CA Rouen, 29 mars 2006, n°s 03/ 04603 et 04/1727, *CNPP c/ BP France*).

V – RESPONSABILITÉ

31) Faute de l'exploitant. Le manquement de l'exploitant à son obligation de remise en état constitue une faute au sens de l'article 1382 du

Code civil (■ Cass. 3e civ., 16 mars 2005, n° 03-17.875, *Sté Hydro-Agri France : Environnement* 2005, n° 6, p. 23, note D. Gillig ; *JCP* A 2005, n° 17, p. 717, note P. Billet ; *JCP* G 2005, n° 37, p. 1635, note F.-G. Trébulle ; *JCP* N 2005, n° 38, p. 1530, note M. Dagot ; *RTD civ.* 2005, n° 4, p. 784, note P. Jourdain ; *BDEI* 2006, n° 1, p. 49, note A. Sandrin ; *D.* 2006, n° 1, p. 50, note M. Boutonnet), peu important que l'arrêté préfectoral n'impose que de simples mesures de sécurisation et de surveillance dès lors que le fait générateur de responsabilité est le mauvais état du site (■ Cass. 3e civ., 9 sept. 2009, n° 08-13.050, *Sté Assainissement Estève Patrick (AEP) : Gaz. Pal.* 18 oct. 2009, n° 291, comm. C. Quézel-Ambrunaz ; *Rev. Lamy dr. civ.* 2009, n° 65, p. 23, comm. J.-P. Bugnicourt ; *D.* 2009, n° 44, p. 2976, note M. Boutonnet). Dès lors que la charge de la dépollution d'un site industriel incombe au dernier exploitant et non au vendeur dans la mesure où cette obligation légale de remise en état n'a pas seulement pour objet la protection de l'acquéreur mais un intérêt collectif touchant à la protection générale de l'environnement, l'exploitant en titre auquel le préfet a imposé des prescriptions relatives à la remise en état du site, peut invoquer la responsabilité délictuelle de l'exploitant à l'origine de la pollution, ou de son ayant droit, sans que puisse lui être opposée la clause de non-recours figurant au contrat de vente conclu avec un vendeur intermédiaire (■ Cass. 3e civ., 2 déc. 2009, n° 08-16.563, *SEMCODA c/ Rhodia Chimie : Rev. Lamy dr. civ.* 2010, n° 68, p. 22, comm. J.-P. Bugnicourt ; *Dr. sociétés* 2010, n° 2, p. 24, comm. H. Hovasse. – Approuve ■ CA Lyon, 5 juin 2008, n° 06/07219, *SEMCODA*). Alors même que l'exploitant n'est pas tenu d'une obligation légale au titre de la remise en état, celui-ci commet une faute délictuelle à l'égard des tiers acquéreurs, dès lors qu'il n'a pas respecté ses engagements envers l'acquéreur initial du terrain, tendant à la prise en charge des terres polluées (■ CA Paris, 10 févr. 2010, n° 08/06682, *GDF SUEZ*).

32) Fraude. La création d'une nouvelle société avec liquidation concomitante d'une société détenue et dirigée par les mêmes personnes physiques, laissant à l'abandon un site sans remise en état, constitue une fraude. Un tel montage constitue un artifice juridique dissimulant la continuité de l'entreprise à seule fin d'échapper aux contraintes administratives et constitue une faute qui engage la responsabilité de cette société à l'égard de la commune propriétaire du terrain (■ CA Paris, 6 nov. 2012, n° 11/16281, *Sté Meple SA*).

33) Engagement de la responsabilité de l'État (non). La remise en état n'ayant pas pour objet de rétablir les lieux dans l'état qui était le leur avant le début de l'exploitation, il incombe à l'acquéreur, averti de ce qu'une installation classée a fonctionné sur le fonds qu'il se propose d'acheter, de se renseigner sur sa contamination ; dès lors, la surestimation du prix n'est imputable qu'à son imprudence, et n'a donc pas de lien de causalité directe avec les carences alléguées du préfet (■ CE, 16 déc. 2008, n° 294151, *SNC Foncière du Vivarais : Environnement* 2009, n° 2, comm. 18, p. 34, note J.-M. Février ; *RD imm.* 2009, n° 5, p. 286, comm. F.-G. Trébulle). Dans le même sens, à la suite de travaux n'ayant pas permis une remise en état complète du site par l'ancien exploitant, le propriétaire du terrain d'assiette d'une installation classée qui a assuré lui-même, et à ses frais, les travaux de remise en état complète du site, n'est pas fondé, en l'absence de faute de l'État, à demander réparation de son préjudice du fait de la carence des services de l'État (■ CE, 11 juill. 2011, n° 328245, *M. de Schonen : JurisData* n° 2011-015810 ; *Environnement* 2011, n° 10, p. 50, obs. D. Gillig). L'abstention du préfet de faire usage de ses pouvoirs de police à l'encontre de l'ancien exploitant ne traduit aucune carence fautive susceptible d'engager la responsabilité de l'État, dès lors qu'il n'est pas établi que le préfet aurait reçu, avant la première étude de sols réalisée en 2001 à l'initiative de la commune de Marennes et, en tout état de cause, avant l'expiration du délai de prescription, des informations relatives à l'existence, sur le site, de dangers ou d'inconvénients visés à l'article L. 511-1 du Code de l'environnement imposant la mise en œuvre des pouvoirs de police spéciale que lui confère la loi (■ CE, 13 nov. 2019, n° 416860, *Préfet de la Charente-Maritime*, préc.).

34) Engagement de la responsabilité de l'État (oui). Eu égard au risque de migration des substances polluantes hors du site via la nappe souterraine, à sa persistance, et au caractère fortement urbanisé de l'aval du terrain, le manque de diligence du préfet révèle, en l'espèce, un manquement fautif de l'administration à son obligation, dans l'exercice du pouvoir spécial dont elle dispose, d'assurer la protection des intérêts mentionnés à l'article L. 511-1 du Code de l'environnement et de prévenir les risques qui s'attachent à l'exploitation des installations classées (■ CAA Lyon, 3 nov. 2015, n° 14LY00255 : *BDEI* mai 2016, n° 63, note D. Gillig).

Cependant, cette faute reconnue n'entraîne une indemnisation qu'à la condition de pouvoir démontrer un lien de causalité direct avec le préjudice allégué. En l'espèce, l'immobilisation du terrain pendant la période en litige, qui le rendait impropre à toute utilisation, ne peut être regardée comme présentant un tel lien direct avec le manque de diligence de l'administration pour faire assurer l'exécution des travaux de remise en état mais est la conséquence directe de la pollution du site générée par l'activité de l'exploitant auquel ce terrain était loué. Le préjudice allégué au titre de la perte de loyers subie pendant quinze mois ne trouve pas son origine directe dans la carence de l'État, dont elle ne constitue pas la conséquence nécessaire et immédiate (même arrêt).

35) Imputation des frais. En cas de pollution des sols due à l'activité d'une ancienne ICPE pour laquelle l'État ne peut plus mettre en demeure l'ancien exploitant ou une personne s'y étant substituée, ou le cas échéant toute autre personne qui y serait tenue, de procéder à la dépollution du site, en raison soit de la disparition ou de l'insolvabilité de ce dernier, soit de l'expiration du délai de prescription de l'obligation de remise en état reposant sur lui, l'État peut, sans y être tenu, financer lui-même, avec le concours financier éventuel des collectivités territoriales, des opérations de dépollution au regard de l'usage pris en compte, dont il confie la réalisation à l'Agence de l'environnement et de la maîtrise de l'énergie (ADEME) ou à un autre établissement public compétent. Dans le cas toutefois où il apparaît que la pollution d'un sol présente un risque grave pour la santé, la sécurité et la salubrité publiques ou pour l'environnement, il incombe à l'État de faire usage de ses pouvoirs de police en menant notamment des opérations de dépollution du sol, pour assurer la mise en sécurité du site, compte tenu de son usage actuel, et remédier au risque grave ayant été identifié (■ CE, 13 nov. 2019, n° 416860, *Préfet de la Charente-Maritime*, préc.).

36) Ordre juridictionnel compétent. Les juridictions de l'ordre judiciaire ont compétence pour se prononcer sur l'action en responsabilité exercée par le propriétaire privé d'un terrain, sur lequel une ICPE est implantée, contre l'exploitant de droit privé de cette installation et qui tend à obtenir l'exécution, en nature ou par équivalent, de l'obligation légale de remise en état du site pesant sur ce dernier. Doit être cassé l'arrêt qui, pour déclarer les juridictions de l'ordre judiciaire incompétentes, après avoir relevé que la demande de la société, même si elle pouvait être en lien avec des relations contractuelles entre sociétés commerciales, tendait à une condamnation à la dépollution du site litigieux et au retirement des déchets industriels, énonce que l'administration, qui est en charge de la police des installations classées, contrôle de telles opérations, dont le contentieux est de la compétence exclusive de la juridiction administrative (■ Cass. 1re civ., 18 févr. 2015, n° 13-28.488 : *Dr. env.* sept. 2015, n° 237, p. 304, note Y. Borrel).

Section II. – Installations soumises à enregistrement

(Ord. n° 2009-663, 11 juin 2009)

La loi n° 2009-179 du 17 février 2009 pour l'accélération des programmes de construction et d'investissement publics et privés *(JO 18 févr. 2009, p. 2841)* a tiré prétexte de la crise économique pour modifier très sensiblement le régime des installations classées. Sur la base du rapport « Barthélémy et Grimot » *(Rapport relatif à la simplification de la réglementation des installations classées, Inspection gén. environnement, IGE/05/032, 11 janv. 2006)*, elle a autorisé le Gouvernement à créer par voie d'ordonnance une procédure administrative intermédiaire en matière d'installations classées, qui trouve sa place entre le régime de l'autorisation et celui de la déclaration, en vue de « réduire les délais d'instruction, et de dégager des moyens humains pour les consacrer à la réalisation de davantage de contrôles et d'information des différentes parties prenantes ».

Ce nouveau régime a été formalisé par l'ordonnance n° 2009-633 du 11 juin 2009 relative à l'enregistrement de certaines installations classées pour la protection de l'environnement et son décret d'application n° 2010-368 du 13 avril 2010 (*JO* 14 avr. 2010), validé par le Conseil d'État (■ CE, 26 déc. 2012, n° 340538, *FNE : BDEI* mars 2013, p. 5, note H. Brunet-Lecomte ; *Rev. jur. env.* 1/2013, p. 174, obs. R. Schneider). La différence avec la définition de l'autorisation de droit commun tient au critère de la gravité des dangers et inconvénients pour les intérêts de l'article L. 511-1 et au fait que ceux-ci peuvent être prévenus par des prescriptions standardisées définies à l'échelon ministériel, et non par des mesures spécifiques définies par le préfet. Aux fins de l'accélération et de la simplification des procédures souhaitées, la participation du public au processus décisionnel est réduite à la portion congrue : l'enquête publique est supprimée au profit d'une simple « mise à disposition du public » du dossier de demande d'enregistrement et le public est informé « des modalités selon lesquelles sont possibles la consultation du dossier et l'émission, en temps utile, d'observations ». L'absence de production d'une étude d'impact de droit commun renforce cette simplification. Toutefois, et c'est une autre particularité de ce régime, le préfet peut décider d'un retour à la procédure de droit commun et imposer au pétitionnaire le dépôt d'un dossier de demande d'autorisation, pour tenir compte – notamment – de la localisation du projet et de la sensibilité de son environnement (richesse de la zone, qualité et capacité de régénération des ressources naturelles de la zone, capacité de charge de l'environnement naturel....), ou du cumul des incidences du projet avec celles d'autres projets d'installations, ouvrages ou travaux situés dans la zone. C'est également le cas si l'aménagement des prescriptions générales applicables à l'installation, sollicité par l'exploitant, le justifie. Le décret n° 2015-1614 du 9 décembre 2015 modifiant et simplifiant le régime des installations classées pour la protection de l'environnement et relatif à la prévention des risques a complété le dispositif : le pétitionnaire doit désormais joindre à l'appui de sa demande une description des incidences notables que son installation est susceptible d'avoir sur l'environnement, sous la forme d'une « description des incidences notables qu'il est susceptible d'avoir sur l'environnement, en fournissant les informations demandées à l'annexe II A de la directive 2011/92/ UE du Parlement européen et du Conseil du 13 décembre 2011 concernant l'évaluation des incidences de certains projets publics et privés sur l'environnement ».

Voir : Ord. n° 2009-663, 11 juin 2009 relative à l'enregistrement de certaines installations classées pour la protection de l'environnement (*JO* 12 juin 2009). – D. n° 2010-368, 13 avr. 2010 portant diverses dispositions relatives aux installations classées pour la protection de l'environnement et fixant la procédure d'enregistrement applicable à certaines de ces installations (*JO* 14 avr. 2010). – Circ. 22 sept. 2010 relative à la mise en œuvre du régime d'enregistrement de certaines catégories d'installations classées introduit par l'ordonnance n° 2009-663 du 11 juin 2009 (*BO MEEDDM* 25 oct. 2010). – Notice explicative pour la demande d'enregistrement pour une ou plusieurs installations classées pour la protection de l'environnement

Bibliographie : *Sur les projets de simplification du régime d'autorisation.* . Ph. Billet, *Urbanisme, environnement et patrimoine au risque de la relance économique (à propos de la loi n° 2009-179 du 17 février 2009 pour l'accélération des programmes de construction et d'investissement publics et privés) : JCP* A 2009, act. n° 291. – C. Huglo, C. Lepage et M.-P. Maître, *Le rapport sur la simplification de la réglementation des installations classées – Appréciation critique : Environnement et Technique* mars 2007, n° 264, p. 53. – C. Huglo, M.-P. Maître, G. Brigant, *Vers la création d'un troisième régime Installation Classée : Environnement et Technique* juin 2008, n° 277, p. 42. – D. Gillig, *La réforme des installations classées pour la protection de l'environnement est-elle enterrée ? : Environnement* 2008, n° 10, p. 56 ; *Réforme du droit des installations classées, observations sur le projet de loi adopté par l'Assemblée nationale en première lecture pour l'accélération des programmes de construction et d'investissements publics et privés : Environnement* 2009, n° 2, p. 36 ; *Vers une nouvelle réforme du droit des installations classées ? : Environnement* 2009, n° 5, p. 17 ; *L'impact de la loi du 17 février 2009 pour l'accélération des programmes de construction et d'investissement publics et privés sur le droit des installations classées : Environnement* 2009, étude n° 5. – M.-B. Lahorgue, *Troisième régime ICPE : mais où va se nicher le droit de l'environnement industriel ? : Dr. env.* 2009, n° 165, p. 3. – B. Mortgat, *Vers une simplification des procédures d'autorisation : Environnement et Technique* déc. 2006, n° 262, p. 7. – E.-C. Rebeiz, *À propos de la simplification de la législation sur les installations classées : Préventique-Sécurité* juill.-août 2006, n° 86, p. 76. – J. Vernier, *Les 30 ans de la loi ICPE. Les réformes en cours : BDEI* déc. 2006, n° spécial, suppl. au n° 6, p. 64.

Sur le régime de l'enregistrement. . Ph. Billet, *L'enregistrement, nouveau régime d'autorisation des installations classées. À propos de l'ordonnance n° 2009-663 du 11 juin 2009 relative à l'enregistrement de certaines ICPE : JCP* G 2009, n° 27, p. 49. – J.-P. Boivin, *Le régime de l'enregistrement : une troisième voie entre attentes et déceptions ? : BDEI* déc. 2009, suppl. au n° 24, p. 5. – J.-P. Boivin, *Le régime de l'enregistrement des installations classées : les fruits passeront-ils la promesse des fleurs ? : AJDA* 2010, p. 1070. – S. Dyens, *L'enregistrement des installations classées : Le Courrier des Maires et des Élus locaux*, sept. 2009, n° 227, p. 20. – D. Guihal, *Le nouveau régime de l'enregistrement des installations classées – Première mise en œuvre : RJEP* août 2010, n° 678, p. 9 à 11. – B. Hagege-Raduta, *La mise en place d'un nouveau régime d'enregistrement applicable aux installations classées pour la protection de l'environnement : LPA* 11-12 août 2009, n° 159-160, p. 5. – C. Huglo, *Installations classées, troisième régime : simplification et/ou appauvrissement ? : Environnement* 2009, n° 7, p. 1 ; *Installations classées : le troisième régime résultant de l'ordonnance du 11 juin 2009, entre perspective de simplification ou risque de complication : LPA* 27-28 août 2009, n° 171-172, p. 3 ; *Création d'un 3e régime du droit des installations classées : qu'est-ce qui va changer ? : Prévention et Sécurité* sept.-oct. 2009, n° 107, p. 58. – C. Huglo et M.-P. Maître, *La mise en place du régime d'enregistrement : une fausse réponse à un vrai problème : Environnement* 2009, n° 8-9, p. 9. – H. Kaltembacher, *Une réforme majeure du droit des installations classées : le régime de l'enregistrement : Annales des Mines – Responsabilité et environnement* 2011/2, p. 89. – R. Lecomte, *Le droit des installations classées et la recherche de la proportionnalité : Dr. env.* 2009, n° 172, p. 29. – M.-P. Maître, *Nouveau régime ICPE : des difficultés restent en suspens : Environnement et Technique* sept. 2009, n° 289, p. 52. – J. Makowiak, *L'évolution du droit des ICPE : entre tentation du libéralisme et renforcement des contraintes : JCP* A 2013, étude n° 2015. – N. Parot, *Régime allégé pour risques intermédiaires : Face au risque* nov. 2009, n° 457, p. 7. – D. Perchirin, *La procédure simplifiée des installations classées : Gaz. cnes.* 13 juill. 2009, n° 28, p. 43. – J.-L. Pissaloux, *Des installations classées d'un troisième type : les installations soumises à enregistrement : BDEI* juill. 2009, n° 22, p. 5. – C. Puel, *Le régime d'enregistrement, une simplification de façade ? : BDEI* nov. 2010, n° 30, p. 8. – R. Schlegel, *Aspects contentieux de la réforme : quel recours contre l'enregistrement ? : BDEI* sept. 2009, n° 23, p. 41. – Y. Razafindratandra et N. Garderes, *Un régime intermédiaire pour les installations classées : l'enregistrement : Mon. TP* 24 juill. 2009, n° 5513, p. 50.

Art. L. 512-7 ***(Ord. n° 2009-663, 11 juin 2009 ; mod., Ord. n° 2012-7, 5 janv. 2012).*** **– I. - Sont soumises à autorisation simplifiée, sous la dénomination d'enregistrement, les installations qui présentent des dangers ou inconvénients graves pour les intérêts mentionnés à l'article L. 511-1, lorsque ces dangers et inconvénients peuvent, en principe, eu égard aux caractéristiques des installations et de leur impact potentiel, être prévenus par le respect de prescriptions générales édictées par le ministre chargé des installations classées.**

Les activités pouvant, à ce titre, relever du régime d'enregistrement concernent les secteurs ou technologies dont les enjeux environnementaux et les risques sont bien connus, lorsque les installations ne sont soumises ni à la directive 2010/75/UE du Parlement européen et du Conseil du 24 novembre 2010 relative aux émissions industrielles au titre de son annexe I, ni à une obligation d'évaluation environnementale systématique au titre de l'annexe I de la directive 85/337/CEE du 27 juin 1985 concernant l'évaluation des incidences de certains projets publics et privés sur l'environnement.

I *bis (I bis créé à compter du 1er mars 2017, Ord. n° 2017-80, 26 janv. 2017)* (1). **– L'enregistrement porte également sur les installations, ouvrages, travaux et activités relevant de l'article L. 214-1 projetés par le pétitionnaire que leur connexité rend nécessaires à l'installation classée ou dont la proximité est de nature à en modifier notablement les dangers ou inconvénients. Ils sont regardés comme faisant partie de l'installation et ne sont pas soumis aux dispositions des articles L. 214-3 à L. 214-6 et du chapitre unique du titre VIII du livre Ier.**

II. – Les prescriptions générales peuvent notamment prévoir :

1° Des conditions d'intégration du projet dans son environnement local ;

2° L'éloignement des installations des habitations, des immeubles habituellement occupés par des tiers, des établissements recevant du public, des cours d'eau, des voies de communication, des captages d'eau ou des zones destinées à l'habitation par des documents d'urbanisme opposables aux tiers.

III *(III mod. à compter du 30 avril 2010, Ord. n° 2010-418, 27 avr. 2010 ; abr. à compter du 1er janvier 2013, Cons. const. n° 2011-183/184 QPC, 14 oct. 2011, art. 1er et 2 : JO 15 oct. 2011 ; JurisData n° 2011-021909 ; rempl. à compter du 1er janvier 2013, L. n° 2012-1460, 27 déc. 2012 ; mod., L. n° 2020-1525, 7 déc. 2020).* – Les prescriptions générales sont fixées par arrêté du ministre chargé des installations classées après avis du Conseil supérieur de la prévention des risques technologiques et consultation des ministres intéressés.

La publication d'un arrêté de prescriptions générales est nécessaire à l'entrée en vigueur du classement d'une rubrique de la nomenclature dans le régime d'enregistrement.

L'arrêté fixant des prescriptions générales s'impose de plein droit aux installations nouvelles. Il précise, après avis des organisations professionnelles intéressées, les délais et les conditions dans lesquels il s'applique aux installations existantes.

Sauf motif tiré de la sécurité, de la santé ou de la salubrité publiques ou du respect des engagements internationaux de la France, notamment du droit de l'Union européenne :

1° Ces mêmes délais et conditions s'appliquent aux projets ayant fait l'objet d'une demande d'enregistrement complète à la date de publication de l'arrêté ;

2° Les prescriptions relatives aux dispositions constructives concernant le gros œuvre ne peuvent faire l'objet d'une application aux installations existantes ou aux projets ayant fait l'objet d'une demande d'enregistrement complète à la date de publication de l'arrêté.

La demande est présumée complète lorsqu'elle répond aux conditions de forme prévues par le présent code.

Voir : Sur l'inconstitutionnalité du III de l'article L. 512-7, V. sous art. L. 511-2, annot. n° 2, p. 944.

(1) Dispositions d'application particulières et transitoires : V. Ord. n° 2017-80, 26 janv. 2017, art. 15.

Consultation du CSPRT. Si le Conseil supérieur de la prévention des risques technologiques doit disposer de tous les éléments utiles pour se prononcer sur le bien-fondé du classement d'une catégorie d'installations dans le régime d'enregistrement, il peut être régulièrement consulté avant que ne soient arrêtées les prescriptions générales qui seront applicables à cette catégorie. Par suite, le requérant n'est pas fondées à soutenir que la consultation du CSPRT sur le projet de décret modifiant la nomenclature aurait été irrégulière, faute de transmission à cet organisme du projet d'arrêté fixant les prescriptions générales (■ CE, 17 avr. 2015, n° 375961, *Assoc. Eau et Rivières de Bretagne et France Nature Environnement*).

Art. L. 512-7-1 *(Ord. n° 2009-663, 11 juin 2009 ; mod., L. n° 2011-525, 17 mai 2011).* **– La demande d'enregistrement est accompagnée d'un dossier permettant au préfet d'effectuer, au cas par cas, les appréciations qu'implique l'article L. 512-7-3.**

Le dossier de demande d'enregistrement est mis à disposition du public. Le public est informé des modalités selon lesquelles sont possibles la consultation du dossier et l'émission, en temps utile, d'observations. Cette information est faite par voie d'un affichage sur le site et dans les mairies de la commune d'implantation et des communes situées à proximité de l'installation projetée et par les soins du préfet, le cas échéant, par voie électronique.

Le demandeur peut indiquer au préfet celles des informations fournies dans le dossier de demande d'enregistrement dont il justifie qu'elles devraient rester confidentielles, parce que leur diffusion serait de nature à entraîner la divulgation des secrets de fabrication ou de secrets de la défense nationale dans le domaine militaire ou industriel.

(L. n° 2020-1525, 7 déc. 2020) **Ne peuvent ni figurer dans le dossier de la demande d'enregistrement mis à la disposition du public, ni être communiqués des éléments soumis à des règles de protection du secret de la défense nationale ou nécessaires à la sauvegarde des intérêts de la défense nationale.**

Art. L. 512-7-2 *(Ord. n° 2009-663, 11 juin 2009 ; mod. à compter du 1er mars 2017, Ord. n° 2017-80, 26 janv. 2017)* (1). **– Le préfet peut décider que la demande d'enregistrement sera instruite selon les règles de procédure prévues par le chapitre unique du titre VIII du livre Ier pour les autorisations environnementales :**

1° *(Mod., L. n° 2019-1147, 8 nov. 2019)* **Si, au regard de la localisation du projet, en prenant en compte les critères mentionnés à l'annexe III de la directive 2011/92/UE du 13 décembre 2011 concernant l'évaluation des incidences de certains projets publics et privés sur l'environnement, la sensibilité environnementale du milieu le justifie ;**

2° Ou si le cumul des incidences du projet avec celles d'autres projets d'installations, ouvrages ou travaux situés dans cette zone le justifie ;

3° Ou si l'aménagement des prescriptions générales applicables à l'installation, sollicité par l'exploitant, le justifie.

Dans les cas mentionnés au 1° et au 2°, le projet est soumis à évaluation environnementale. Dans les cas mentionnés au 3° et ne relevant pas du 1° ou du 2°, le projet n'est pas soumis à évaluation environnementale.

Le préfet notifie sa décision motivée au demandeur, en l'invitant à déposer le dossier correspondant. Sa décision est rendue publique.

Soumission à étude d'impact. La procédure de basculement du régime de l'enregistrement vers le régime de l'autorisation prévue par l'article L. 512-7-2 correspond à la procédure d'examen au cas par cas des projets potentiellement soumis à étude d'impact en vertu de l'article R. 122-3 du présent code (V. comm. sous art. R. 122-3, p. 1504).

La répartition entre ces différents régimes est opérée, en référence à la nomenclature, en fonction de seuils et de critères qui sont au nombre de ceux qui sont mentionnés à l'annexe III de la directive de la directive 85/337/CEE du 27 juin 1985 concernant l'évaluation des incidences de certains projets publics et privés sur l'environnement, prenant en compte notamment les caractéristiques de ces installations et leur impact potentiel sur l'environnement. Les activités relevant du régime des ICPE concernent les secteurs ou technologies dont les enjeux environnementaux et les risques sont bien connus, lorsque les installations ne sont soumises ni à la directive du 15 janvier 2008 relative à la prévention et à la réduction inté-

(1) Dispositions d'application particulières et transitoires : V. Ord. n° 2017-80, 26 janv. 2017, art. 15.

grée de la pollution, ni à une obligation d'évaluation environnementale systématique au titre de l'annexe I de la directive du 27 juin 1985 : si les installations soumises à enregistrement sont, en principe, dispensées d'une évaluation environnementale préalable à leur enregistrement, le préfet, saisi d'une demande d'enregistrement d'une installation, doit, en application de l'article L. 512-7-2 du code, se livrer à un examen particulier du dossier afin d'apprécier, notamment au regard de la localisation du projet et de la sensibilité environnementale de la zone d'implantation ou du cumul des 384315 incidences du projet avec celles d'autres projets d'installations, ouvrages ou travaux situés dans la même zone, qui constituent également des critères mentionnés à l'annexe III de la directive, si une évaluation environnementale donnant lieu, en particulier, à une étude d'impact, est nécessaire (▪ CE, 23 oct. 2013, n° 340550, *France Nature Environnement*. Dans le même sens, ▪ CE, 25 sept. 2019, n° 427145, *Assoc. France Nature Environnement : JCP* A 2020, n° 24, p. 31, obs. M. Burg). Si la sensibilité environnementale du milieu est avérée, une demande d'enregistrement ICPE doit être « basculée » en autorisation, quelles que soient les mesures prises pour limiter l'impact sur le milieu (▪ TA Caen, 6 déc. 2017, n° 1600220 : *Énergie – Env. – Infrastr.* 2018, comm. 10, ob. H. Brasnu).

Art. L. 512-7-3 *(Ord. n° 2009-663, 11 juin 2009 ; mod. à compter du 1er mars 2017, Ord. n° 2017-80, 26 janv. 2017* (1) *; mod., L. n° 2020-1525, 7 déc. 2020)* (2). **– L'arrêté d'enregistrement est pris par le préfet après avis des conseils municipaux intéressés.**

En vue d'assurer la protection des intérêts mentionnés à l'article L. 511-1 et, le cas échéant, à l'article L. 211-1, le préfet peut assortir l'enregistrement de prescriptions particulières complétant ou renforçant les prescriptions générales applicables à l'installation. Dans les limites permises par la protection des intérêts mentionnés à l'article L. 511-1, ces prescriptions particulières peuvent aussi inclure des aménagements aux prescriptions générales justifiés par les circonstances locales. Dans ces deux cas, le préfet en informe l'exploitant préalablement à la clôture de l'instruction de la demande. Dans le second cas, il consulte la commission départementale consultative compétente.

Le préfet ne peut prendre l'arrêté d'enregistrement que si le demandeur a justifié que les conditions de l'exploitation projetée garantiraient le respect de l'ensemble des prescriptions générales, et éventuellement particulières, applicables. Il prend en compte les capacités techniques et financières que le pétitionnaire entend mettre en œuvre, à même de lui permettre de conduire son projet dans le respect des intérêts mentionnés à l'article L. 511-1 et, le cas échéant, à l'article L. 211-1, et d'être en mesure de satisfaire aux obligations de l'article L. 512-7-6 lors de la cessation d'activité.

Si un permis de construire a été demandé, il peut être accordé mais les travaux ne peuvent être exécutés avant que le préfet ait pris l'arrêté d'enregistrement.

La disposition de l'article L. 512-7-3, selon laquelle les travaux de construction autorisés par un permis de construire ne peuvent pas être exécutés tant que le préfet n'a pas pris l'arrêté d'enregistrement, est reprise par l'article L. 425-10 du Code de l'urbanisme.

En tout état de cause, le maire ne peut pas assortir la délivrance du PC à des prescriptions spéciales en assortissant le permis de construire de prescriptions « *relatives à son exploitation et aux nuisances que* [l'exploitation] *est susceptible d'occasionner* » (notre arrêt). Le maire n'est en mesure d'encadrer les atteintes portées à l'environnement que pour autant qu'elles résultent de l'infrastructure même et que, en cela, elles ressortissent à la police de l'urbanisme. En revanche, il lui appartient de « *tenir compte des prescriptions édictées au titre de la police des installations classées ou susceptibles de l'être* ». En l'espèce, la CAA ne commet aucune erreur de droit en écartant le moyen d'après lequel le permis de construire permettrait d'agrandir l'usine d'élevage, si bien que le surcroît de porcs « *générerait des nuisances supplémentaires, notamment en ce qui concerne le volume du lisier et la teneur en nitrates des milieux aquatiques* » (▪ CE, 6 déc. 2017, n° 398537 : *JurisData* n° 2017-024826 ; *JCP* A 2017, act. 848, obs. C. Friedrich).

Art. L. 512-7-4 *(Ord. n° 2009-663, 11 juin 2009).* **– Pour les installations dont l'exploitation pour une durée illimitée créerait des dangers ou inconvénients inacceptables pour les intérêts mentionnés à l'article L. 511-1, du fait d'une utilisation croissante du sol ou du sous-sol, l'enregistrement fixe la durée maximale de l'exploitation ou de la phase d'exploitation concernée et, le cas échéant, le volume maximal de produits stockés ou extraits.**

(1) Dispositions d'application particulières et transitoires : V. Ord. n° 2017-80, 26 janv. 2017, art. 15.
(2) Dispositions applicables aux procédures engagées après le 8 décembre 2020, L. n° 2020-1525, 7 déc. 2020.

Art. L. 512-7-5 *(Ord. n° 2009-663, 11 juin 2009 ; mod. à compter du 1er mars 2017, Ord. n° 2017-80, 26 janv. 2017* (1) *; mod., L. n° 2020-1525, 7 déc. 2020)* (2). **– Si, après la mise en service de l'installation, les intérêts mentionnés à l'article L. 511-1 et, le cas échéant, à l'article L. 211-1 ne sont pas protégés par l'exécution des prescriptions générales applicables à l'exploitation d'une installation régie par la présente section, le préfet peut imposer, par arrêté complémentaire, toutes prescriptions nécessaires.**

Art. L. 512-7-6 *(Ord. n° 2009-663, 11 juin 2009 ; mod. à compter du 1er mars 2017, Ord. n° 2017-80, 26 janv. 2017* (1) *; L. n° 2020-1525, 7 déc. 2020 ; L. n° 2023-973, 23 oct. 2023).* **– Lorsque l'installation est mise à l'arrêt définitif, son exploitant place son site dans un état tel qu'il ne puisse porter atteinte aux intérêts mentionnés à l'article L. 511-1 et qu'il permette un usage futur du site déterminé conjointement avec le maire ou le président de l'établissement public de coopération intercommunale compétent en matière d'urbanisme et, s'il ne s'agit pas de l'exploitant, le propriétaire du terrain sur lequel est sise l'installation.**

À défaut d'accord entre les personnes mentionnées au premier alinéa, lorsque l'installation est mise à l'arrêt définitif, son exploitant place son site dans un état tel qu'il ne puisse porter atteinte aux intérêts mentionnés à l'article L. 511-1 et, le cas échéant, à l'article L. 211-1 et qu'il permette un usage futur du site comparable à celui de la dernière période d'exploitation de l'installation mise à l'arrêt.

Toutefois, dans le cas où la réhabilitation prévue en application de l'alinéa précédent est manifestement incompatible avec l'usage futur de la zone, apprécié notamment en fonction des documents d'urbanisme en vigueur à la date à laquelle l'exploitant fait connaître à l'Administration sa décision de mettre l'installation à l'arrêt définitif et de l'utilisation des terrains situés au voisinage du site, le préfet peut fixer, après avis des personnes mentionnées au premier alinéa, des prescriptions de réhabilitation plus contraignantes permettant un usage du site cohérent avec ces documents d'urbanisme.

Pour un nouveau site, l'arrêté d'enregistrement détermine, après avis des personnes mentionnées au premier alinéa, l'état dans lequel devra être remis le site à son arrêt définitif. À défaut d'accord entre les personnes mentionnées au même premier alinéa, l'usage retenu pour déterminer l'état dans lequel devra être mis le site est un usage comparable à celui des installations pour lesquelles un enregistrement est demandé. Lorsqu'ils estiment que la réhabilitation ainsi prévue est manifestement incompatible avec l'usage futur de la zone et des terrains voisins, le maire ou le président de l'établissement public de coopération intercommunale compétent en matière d'urbanisme le justifient au regard de l'usage futur de la zone, tel qu'il résulte des documents d'urbanisme. Le représentant de l'État dans le département peut alors fixer, après avis des personnes mentionnées audit premier alinéa, des prescriptions de réhabilitation plus contraignantes permettant un usage du site cohérent avec ces documents d'urbanisme.

L'exploitant fait attester, par une entreprise certifiée dans le domaine des sites et sols pollués ou disposant de compétences équivalentes en matière de prestations de services dans ce domaine, de la mise en œuvre des mesures relatives à la mise en sécurité ainsi que de l'adéquation des mesures proposées pour la réhabilitation du site, puis de la mise en œuvre de ces dernières. Un décret en Conseil d'État définit les modalités d'application du présent alinéa.

En ce qui concerne les cessations d'activités notifiées à l'administration en application du présent article avant le 1er juin 2022, pour lesquelles les opérations de mise en sécurité ont été régulièrement menées à leur terme et le représentant de l'État dans le département n'a pas fixé par arrêté des prescriptions particulières imposant des travaux ou des mesures de surveillance, l'exploitant peut demander, jusqu'au 1er janvier 2026, à bénéficier des dispositions de l'avant-dernier alinéa s'agissant des attestations relatives à l'adéquation des mesures proposées pour la réhabilitation du site et à la mise en œuvre de ces mesures. Les conditions d'application du présent alinéa sont précisées par décret.

Art. L. 512-7-7 *(Ord. n° 2009-663, 11 juin 2009).* **– Un décret en Conseil d'État définit les conditions d'application de la présente section.**

(Al. créé à compter du 1er mars 2017, Ord. n° 2017-80, 26 janv. 2017) (1) **Il définit notamment les cas et conditions dans lesquels le changement d'exploitant est soumis à une autorisation préfectorale délivrée en**

(1) Dispositions d'application particulières et transitoires : V. Ord. n° 2017-80, 26 janv. 2017, art. 15.
(2) Dispositions applicables aux procédures engagées après le 8 décembre 2020, L. n° 2020-1525, 7 déc. 2020.

considération des capacités techniques et financières nécessaires pour mettre en œuvre l'activité ou remettre en état le site dans le respect de la protection des intérêts mentionnés à l'article L. 511-1 et, le cas échéant, à l'article L. 211-1.

Section III. – Installations soumises à déclaration

(Anc. sect. 2, dénum., Ord. n° 2009-663, 11 juin 2009)

Bibliographie : P. Arnoux, *Les installations soumises à déclaration : Environnement et Technique* 2006, n° 258, p. 56. • E. Bornecque-Winandy, *La simple déclaration des établissements classés : LPA* 2 sept. 1980, n° 101, p. 3 à 5. • M. Durousseau, *Installations classées déclarées : Nouvelle donne pour la prévention des pollutions ? : Rev. jur. env.* 2/1995, p. 287 à 298. • D. Gillig, *Quels sont les moyens qui sont susceptibles d'être invoqués contre un récépissé d'exploiter une installation classée ?*, note sous arrêt : *Environnement* 2012, n° 10, p. 40. • M.-B. Lahorgue, *Le régime déclaratif des ICPE, un régime de « semi-liberté » à l'épreuve de la crise économique et de la démocratie participative : Riseo* 2013-1, p. 47 (http://www.riseo.cerdacc.uha.fr/).

Art. L. 512-8. – Sont soumises à déclaration les installations qui, ne présentant pas de graves dangers ou inconvénients pour les intérêts visés à l'article L. 511-1, doivent néanmoins respecter les prescriptions générales édictées par le préfet en vue d'assurer dans le département la protection des intérêts visés à l'article L. 511-1.

(Al. créé à compter du 1er mars 2017, Ord. n° 2017-80, 26 janv. 2017) (1) **La déclaration inclut les installations, ouvrages, travaux et activités relevant du II de l'article L. 214-3 projetés par le pétitionnaire que leur connexité rend nécessaires à l'installation classée ou dont la proximité est de nature à en modifier notablement les dangers ou inconvénients. La déclaration vaut application des dispositions des articles L. 214-3 à L. 214-6.**

1) Installations proches ou connexes. Le droit des installations classées ne s'applique pas aux installations proches ou connexes d'installations soumises à déclaration (▪ CE, 12 juin 1985, nos 26550 et 35335, *M. Boucher et a. : Dr. adm.* 1985, n° 377 ; *JurisData* n° 1985-005574), sauf s'il s'agit d'une installation inséparable telle qu'un poste de distribution d'essence et un stockage de liquide inflammable (▪ TA Lyon, 29 sept. 1993, n° 92-00274, *Mantiaux*). Lorsque des installations classées soumises à autorisation sont isolées parmi des installations classées relevant du régime de la déclaration, ce dernier demeure applicable à ces dernières (▪ CE, 17 janv. 1979, n° 02815, *Dillaire*). Il en va de même d'activités, non classées, concourant directement à l'exploitation d'activités principales classées, exploitées sur un terrain voisin (▪ CE, 9 juin 2000, n° 209641, *Entr. Delabre : Mon. TP* 15 déc. 2000, p. 75).

2) Compétence du pétitionnaire. La preuve de la délégation de pouvoir d'effectuer une déclaration au titre du régime juridique des installations classées doit être rapportée. À défaut, c'est le chef d'entreprise qui est tenu pour responsable pénalement du défaut de déclaration préalable (▪ CA Douai, 26 oct. 1999, n° 99/00959, *B : JurisData* n° 1999-127613).

Art. L. 512-9. – *(Mod., L. n° 2011-525, 17 mai 2011 ; mod. à compter du 1er janvier 2013, L. n° 2012-1460, 27 déc. 2012)* Les prescriptions générales prévues à l'article L. 512-8, sont édictées par arrêtés préfectoraux, pris après avis de la commission départementale consultative compétente et, pour les ateliers hors sol, de la commission départementale d'orientation de l'agriculture. Elles s'appliquent automatiquement à toute installation nouvelle ou soumise à nouvelle déclaration.

Les modifications ultérieures de ces prescriptions générales peuvent être rendues applicables aux installations existantes selon les modalités et selon les délais prévus dans l'arrêté préfectoral qui fixe également les conditions dans lesquelles les prescriptions générales peuvent être adaptées aux circonstances locales.

Les établissements soumis à déclaration sous le régime de la loi du 19 décembre 1917 et ayant obtenu, en vertu de l'article 19, alinéa 1er ou 4, de ladite loi, la suppression ou l'atténuation d'une ou plusieurs prescriptions résultant d'arrêtés préfectoraux conservent le bénéfice de ces dérogations. Il peut toutefois y être mis fin par arrêté préfectoral pris après avis de la commission départementale consultative compétente, selon les modalités et dans le délai fixés par ledit arrêté.

Voir : art. R. 512-47 et s., p. 2402. - V. sur le CODERST (ancien Comité départemental d'hygiène) : C. env., art. R. 512-25 ; C. santé publ., art.L. 1416-1, C. santé publ., art. R. 1416-16 à R. 1416-21.

(1) Dispositions d'application particulières et transitoires : V. Ord. n° 2017-80, 26 janv. 2017, art. 15.

1) Étendue du pouvoir d'appréciation du préfet. *Compétence liée.* Le préfet doit se limiter à délivrer le récépissé de déclaration assorti de prescriptions générales applicables à l'installation dès lors que le dossier de déclaration est régulier et complet (▪ TA Rennes, 16 nov. 1995, n° 91417, *Mme Marie-Noëlle Boulanger : Rev. jur. env.* 1-2/1996, p. 165) ; il n'a pas à examiner le contenu du dossier de demande de permis de construire ou celui relatif à la convention d'occupation du domaine public (▪ CAA Nantes, 23 juin 1999, n° 95NT00560, *Assoc. pour la défense des habitants des Essarts et autres riverains : BDEI* 2/2000, p. 32, note I. Bernet et F. Labrousse ; *Rev. jur. env.* 3/2000, p. 488, comm. R. Schneider ; *Mon. TP* 10 sept. 1999, p. 46) ; et ce quand bien même l'installation objet de la déclaration ne respecte pas la distance minimale réglementaire d'implantation par rapport aux habitations (▪ CAA Nancy, 31 déc. 1997, n° 94NC00889, *M. et Mme De Preester*) ; il ne peut refuser de délivrer le récépissé en se fondant sur les risques qu'aurait présenté l'épandage du lisier, produit par l'installation classée agricole soumise à déclaration, tel que prévu dans le dossier de déclaration pour des captages d'eau potable (▪ TA Châlons-en-Champagne, 15 juin 1999, n° 98.1626, *Assoc. Nouvelle Cataulanie.* ▪ CAA Nantes, 28 févr. 2001, n° 99NT00466, *Assoc. Préaux-Environnement : Environnement* 2002, n° 3, p. 14, note D. Deharbe). Tout comme il ne peut subordonner la délivrance du récépissé à la conformité de l'installation aux règlements d'urbanisme (▪ CAA Marseille, 10 déc. 1998, n°s 97MA01715 et 97MA02210, *Min. Aménagement du territoire et Environnement, Éts Deschamps père et fils, Assoc. Lacovar et a.*). De même, le préfet ne peut subordonner la délivrance du récépissé à la conformité de l'installation à d'autres prescriptions légales ou réglementaires (▪ TA Limoges, 13 mars 2003, n° 98-1060, *EARL des Trois étangs c/ Préfet de la Creuse*, préc.). Le préfet est tenu de refuser de donner récépissé d'une déclaration irrégulière ou incomplète. Il n'est tenu qu'à un contrôle de forme des pièces au stade du dépôt de la déclaration (▪ CAA Douai, 16 déc. 2004, n° 02DA00690, *G. Stopin*).

2) Étendue du pouvoir d'appréciation du préfet. *Refus justifié.* À l'inverse, le refus du préfet de délivrer le récépissé de déclaration, lorsque le refus est motivé par un article du POS interdisant l'installation en question, est fondé (▪ TA Grenoble, 31 mai 2000, *Sté SLMC : Rev. jur. env.* 4/2000, p. 625, concl. C. Sogno). N'encourt pas non plus l'annulation l'arrêté préfectoral portant récépissé de déclaration obtenu sur le fondement d'un dossier de déclaration qui omettait de mentionner le volume de l'activité déclarée (▪ TA Strasbourg, 4 mars 1999, n° 973385, *Assoc. Défense de l'environnement de Dinsheim et environs c/ Préfet du Bas-Rhin, Sté Alsapan : Rev. jur. env.* 4/1999, p. 626, comm. R. Schneider). Le refus du préfet de délivrer le récépissé est justifié, s'il estime que l'installation projetée n'est pas comprise dans la nomenclature des installations classées ou qu'elle ne relève pas du régime de déclaration (▪ TA Limoges, 13 mars 2003, n° 98-1060, *EARL des Trois Étangs c/ Préfet de la Creuse*, préc.).

3) Pluralité d'exploitants. Lorsqu'elles sont exploitées par des personnes différentes, les installations classées doivent faire l'objet d'autorisations ou de déclarations distinctes (▪ TA Strasbourg, 4 mars 1999, n° 973385, *Assoc. Défense de l'environnement de Dinsheim et environs c/ Préfet du Bas-Rhin, Sté Alsapan : Rev. jur. env.* 4/1999, p. 626, comm. R. Schneider).

Art. L. 512-10 *(Mod., L. n° 2011-525, 17 mai 2011 ; mod. à compter du 1er janvier 2013, L. n° 2012-1460, 27 déc. 2012).* **– Pour la protection des intérêts mentionnés à l'article L. 511-1, le ministre chargé des installations classées peut fixer par arrêté, après consultation des ministres intéressés et du Conseil supérieur de la prévention des risques technologiques** (1)**, les prescriptions générales applicables à certaines catégories d'installations soumises à déclaration.**

Ces arrêtés s'imposent de plein droit aux installations nouvelles.

Ils précisent, après avis des organisations professionnelles intéressées, les délais et les conditions dans lesquels ils s'appliquent aux installations existantes. Ils précisent également les conditions dans lesquelles ces prescriptions peuvent être adaptées par arrêté préfectoral aux circonstances locales.

Voir : art. R. 512-50 et s, p. 2405. – V. textes réglementaires pris en application de l'article L. 512-10 du présent code (loi du 19 juillet 1976, art. 10-1), cités aux 5e et 6e colonnes de la nomenclature ICPE, annexe 2.

1) Valeur juridique des arrêtés-types. Les arrêtés-types sont de simples documents dépourvus en eux-mêmes de valeur juridique, qui n'ont pas pour effet de limiter les pouvoirs dont disposent les préfets (▪ CE, 25 sept. 1992, n°s 88141, 91714 et 109386, Union des industries *chimiques [UIC] et a. : JurisData* n° 1992-044729 ; *JCP* G 1992, IV, p. 303 ; *Rec. CE* 1992, p. 348 ; *Rec.*

(1) À compter du 30 avril 2010, Ord. n° 2010-418, 27 avr. 2010, art. 3.

CE, tables décennales 1985-1994, t. V, p. 5348, n° 84).

2) Conditions d'application. Les prescriptions générales peuvent être adaptées dans leur substance mais également dans leurs délais d'application (■ TA Nice, 19 juin 1987, n° 706-87-II, *Syndicat de producteurs et éleveurs de sangliers*).

Art. L. 512-11 ***(Anc. L. n° 76-663, 19 juill. 1976 ; mod., L. n° 2010-788, 12 juill. 2010).*** **– Certaines catégories d'installations relevant de la présente section, définies par décret en Conseil d'État en fonction des risques qu'elles présentent, peuvent être soumises à des contrôles périodiques permettant à l'exploitant de s'assurer que ses installations fonctionnent dans les conditions requises par la réglementation. Ces contrôles sont effectués aux frais de l'exploitant par des organismes agréés.**

Un décret en Conseil d'État précise les conditions d'application du présent article. Il fixe notamment la périodicité, les modalités de fonctionnement du système de contrôle et, en particulier, les conditions d'agrément des organismes contrôleurs et les conditions dans lesquelles les résultats sont tenus à la disposition de l'administration ou, lorsque certaines non-conformités sont détectées, transmis à l'autorité administrative compétente.

Voir : D. n° 2009-835, 6 juill. 2009 relatif au premier contrôle périodique de certaines catégories d'installations classées soumises à déclaration (*JO* 8 juill. 2009). V. sous art. R. 512-58, p. 2408.

Voir également : A. 22 mai 2015 portant extension du périmètre d'agrément d'un organisme pour effectuer le contrôle périodique de certaines catégories d'installations classées soumises à déclaration, publié au *JO* du 31 mai 2015.

Voir : art R. 512-55 et s., p. 2407.

Bibliographie : M. Baucomont, *Le contrôle des installations classées soumises à déclaration : renaissance ou naissance ? : BDEI* janv. 2007, n° 7, p. 7. • D. Deharbe, *Contrôle périodique de certaines installations soumises à déclaration : Environnement* juill. 2006, n° 7, p. 23. • G. Mottard, *Contrôles périodiques des installations classées soumises à déclaration : BDEI* déc. 2009, suppl. au n° 24, p. 30. • Service recherche et veille juridique SELARL Huglo Lepage et associés, *Contrôle des ICPE soumises à déclaration : Environnement et Technique* avr. 2008, n° 275, p. 50 ; *Contrôle périodique des installations classées : agrément des organismes : Environnement et Technique* janv.-févr. 2009, n° 283, p. 56.

Art. L. 512-12 ***(Anc. L. n° 76-663, 19 juill. 1976 ; mod., Ord. n° 2009-663, 11 juin 2009 ; mod. à compter du 1er mars 2017, Ord. n° 2017-80, 26 janv. 2017)*** (1) ***; mod. L. n° 2020-1525, 7 déc. 2020)*** (2). **– Si les intérêts mentionnés à l'article L. 511-1 ne sont pas garantis par l'exécution des prescriptions générales contre les inconvénients inhérents à l'exploitation d'une installation soumise à déclaration, le préfet, éventuellement à la demande des tiers intéressés, peut imposer par arrêté toutes prescriptions spéciales nécessaires.**

Dans le cas prévu au second alinéa de l'article L. 512-8, ces prescriptions spéciales fixent le cas échéant les règles nécessaires à la protection des intérêts mentionnés à l'article L. 211-1, notamment en ce qui concerne les rejets et prélèvements.

Voir : art. R. 512-52, p. 2405. - Sur le contentieux administratif, sous art. L. 514-6, p. 985.

1) Rejet d'une demande de QPC. Le Conseil d'État a estimé qu'il n'y avait pas lieu de renvoyer au Conseil Constitutionnel la QPC selon laquelle le législateur, en édictant les articles L. 512-2, L. 512-20 et L. 514-1 I 3° du Code de l'environnement, n'aurait pas institué les garanties permettant qu'il ne soit pas porté atteinte à la liberté d'entreprendre et au droit de propriété garantis par les articles 4 et 17 de la Déclaration des droits de l'Homme et du citoyen du 26 août 1789 et selon laquelle les dispositions de ces articles porteraient une atteinte disproportionnée à cette liberté et à ce droit. En effet, ces dispositions obéissent à des motifs d'intérêt général visés à l'article L. 511-1 du Code de l'environnement, et en confiant au préfet le pouvoir d'ordonner des mesures nécessaires à la protection de ces intérêts, le législateur n'a pas porté une atteinte excessive à la liberté d'entreprendre (■ CE, 23 déc. 2011, n° 353113, *Sté Dialog : JurisData* n° 2011-030566).

I – CONDITIONS D'ÉDICTION DES PRESCRIPTIONS SPÉCIALES

2) Destinataire des prescriptions spéciales. Le dernier exploitant de l'installation soumise à déclaration reste destinataire des prescriptions spéciales, sans pouvoir opposer l'arrêt définitif de son activité, au demeurant intervenu de façon

(1) Dispositions d'application particulières et transitoires : V. Ord. n° 2017-80, 26 janv. 2017, art. 15.
(2) Dispositions applicables aux procédures engagées après le 8 décembre 2020, L. n° 2020-1525, 7 déc. 2020.

irrégulière, la résiliation de son bail ou encore sa mise en liquidation judiciaire (■ CAA Nancy, 14 mai 1998, n° 96NC01796, *SARL Macofa : Rev. jur. env.* 1/1999, p. 139, comm. R. Schneider). Est entaché d'illégalité l'arrêté préfectoral qui impose des prescriptions spéciales à l'acheteur d'un terrain sur lequel une installation classée était exploitée, en l'absence de reprise régulière de l'activité (■ CAA Nancy, 14 avr. 2004, n° 00NC01468, *Sté Chanzy-Pardoux*).

3) Condition d'une insuffisance des prescriptions générales. Des prescriptions spéciales peuvent être prises dès lors qu'il résulte des rapports établis par l'inspecteur des installations classées que les prescriptions générales prévues par l'arrêté-type se révèlent insuffisantes pour sauvegarder les intérêts visés à l'article 1er de la loi ICPE (art. L. 511-1 du présent code) et notamment la santé des populations avoisinantes (■ CAA Nantes, 5 mai 1994, n° 92NT00140, *Sté Leporq : BDEI* 4/1995, p. 23, note M. Chamard). Il résulte de la combinaison des dispositions des articles L. 511-1 et L. 512-12 du présent code que le préfet a la faculté d'édicter des prescriptions particulières applicables à une installation classée relevant d'un régime de déclaration, en application du premier alinéa de l'article L. 512-12, lorsque ces mesures visent à remédier à tout inconvénient touchant un intérêt visé à l'article L. 511-1, ce qui inclut nécessairement la prévention des dangers mettant en cause un tel intérêt (■ CE, 23 avr. 2009, n° 303616, *min. d'État, min. de l'Écologie, de l'Énergie, du Développement durable et de l'Aménagement du territoire c/ Sté des pétroles Shell : BDEI* 2009, n° 22, p. 45, concl. I. de Silva ; *Dr. adm.* 2009, nos 8-9, p. 27, note P. Grimaud ; *Environnement* 2009, n° 10, p. 27, comm. D. Gillig. – Annule ■ CAA Lyon, 18 janv. 2007, n° 03LY00232, *Sté des Pétroles Shell : Gaz. Pal.* 21 déc. 2007, n° 355, pan. p. 37, obs. B. Berger et G. Brigant).

4) Indifférence de l'absence d'accident préalable. L'exploitant ne peut pas invoquer le fait qu'aucun accident ne soit intervenu sur son site pour contester la légalité des prescriptions spéciales adoptées par le préfet (■ CAA Lyon, 8 déc. 2009, n° 09LY00959, *Sté des pétroles Shell : Environnement et dév. durable* 2010, n° 4, p. 32, note D. Gillig).

5) Diversité des prescriptions spéciales. Les prescriptions spéciales peuvent fixer la superficie du terrain d'assiette de l'activité, une obligation d'imperméabilisation, la récupération des eaux ainsi que la clôture et le gardiennage du site (■ CAA Paris, 5 nov. 1998, n° 96PA04205, *Assoc. de défense de l'environnement de Val-de-Gally : Dr. env.* 1999, n° 69, p. 7 ; *Rev. jur. env.* 4/1999, p. 635, comm. R. Schneider). Le préfet peut également, sans commettre d'erreur de droit, édicter des valeurs limites d'émission, dans le cadre de prescriptions spéciales, alors que ces émissions ne faisaient l'objet d'aucune norme (■ CAA Nantes, 5 mai 1994, n° 92NT00140, *Sté Leporq : BDEI* 4/1995, p. 23). Des prescriptions spéciales peuvent également permettre une dérogation légale aux règles de distance (■ CAA Nantes, 6 nov. 2012, n° 11NT00799, *EARL Les Alleux : Environnement* févr. 2013, n° 10, obs. D. Gillig).

6) Prescriptions spéciales excessives. Le préfet excède les pouvoirs qu'il tient en accueillant favorablement une demande de dérogation pour qu'un bâtiment d'élevage soit implanté à 25 m d'un immeuble d'habitation, alors que l'arrêté ministériel fixant les prescriptions générales à cette installation impose une implantation à plus de 100 m de toute habitation occupée par des tiers, cette distance pouvant exceptionnellement être réduite à 50 m en vertu dudit arrêté (■ CAA Bordeaux, 12 mai 1999, n° 97BX00695, *GAEC de Quincampoix : Rev. jur. env.* 1999, 637, note R. Schneider. ■ TA Strasbourg, 5 févr. 2010, n° 0605635, *Steinmetz : Environnement* 2010, n° 45, obs. D. Gillig).

7) Prescriptions postérieures à l'exploitation de l'établissement. Le préfet ne peut imposer de prescriptions spéciales aux exploitants d'installations relevant de la déclaration qu'après l'ouverture de l'établissement (■ CAA Nancy, 6 juin 1996, n° 94NC00715, *Sté Cristal Lalique : Juris-Data* n° 1996-050596). Ainsi le préfet ne peut prendre des prescriptions spéciales à l'encontre de l'exploitant, même si l'installation est susceptible d'être à l'origine de risques ou d'inconvénients, dès lors que l'exploitation de l'installation n'a pas commencé et que l'on ne se situe pas dans un cas d'accident ou d'incident ou bien d'inobservation de conditions de fonctionnement (■ CAA Nantes, 23 juin 1999, n° 95NT00560, *Assoc. pour la défense des habitants des Essarts et autres riverains et a. : BDEI* févr. 2000, p. 32, note I. Bernet et F. Labrousse ; *Mon. TP* 10 sept. 1999, p. 46 ; *Rev. jur. env.* mars 2000, p. 488). V. dans un sens contraire (■ CAA Paris, 5 nov. 1998, n° 96PA04205, *Assoc. de défense du Val-de-Gally : Dr. env.* 1999, n° 69, p. 7 ; *Rev. jur. env.* avr. 1999, p. 625, comm. R. Schneider).

8) Consultation du CDH. Sauf cas d'urgence, un préfet ne peut pas imposer de prescriptions spéciales portant sur une dépollution sans avoir préalablement consulté le Conseil départemental d'hygiène et de sécurité (■ CAA Nantes, 15 oct. 2002, n° 99NT00290, *SNCF : Environnement mag.* mai 2003, n° 5, p. 13, note D. Deharbe).

9) Motivation. En application de la loi du 11 juillet 1979, relative à la motivation des actes administratifs et à l'amélioration des relations entre l'administration et les usagers (C. relations publ. et adm., art. L. 211-1 et s.), le défaut de motivation d'un arrêté préfectoral imposant des prescriptions spéciales entache celui-ci d'illégalité de nature à entraîner son annulation (■ TA Lille, 17 oct. 2002, n° 99-5248, *Sté de fabrication et de distribution de produits industriels*).

10) Le rôle des tiers. La demande de prescriptions spéciales peut émaner de tiers (■ CAA Nancy, 2 avr. 1997, n° 94NC00737, *SIPPE*).

11) Annulation des prescriptions spéciales. L'annulation du récépissé de déclaration par le juge administratif entraîne l'annulation des prescriptions spéciales (■ CE, 27 mai 1964, *Ville de Viroflay : Rec. CE* 1964, p. 301).

12) Prescriptions en rapport avec les activités de l'installation classée. L'exploitant d'une installation classée ne peut se voir imposer que des prescriptions en rapport avec ses activités d'exploitant et avec les atteintes qu'elles sont susceptibles de porter aux intérêts mentionnés à l'article L. 511-1 du Code de l'environnement. En particulier, le préfet ne peut pas exiger de l'exploitant d'une installation classée de contrôler la présence dans les eaux rejetées par son installation de substances qui ne peuvent, ni directement, ni indirectement par réaction chimique, être issues de cette installation (■ CE, 17 avr. 2015, n° 368397, *Sté Porteret Beaulieu Industrie : Énergie – Env. – Infrastr.* 2015, comm. 54, note D. Gillig ; *BDEI* mars 2016, p. 34, note D. Gillig ; *Rev. jur. env.* 1/2016, p. 170, note R. Schneider).

II – RECOURS EN RÉFÉRÉ

13) Remise en état. *Prescriptions trop importantes.* La condition d'urgence nécessaire en vue du prononcé de la suspension d'un arrêté préfectoral est remplie lorsque l'exécution de ces prescriptions implique pour l'exploitant, soit la réalisation de travaux importants, soit l'arrêt de l'exploitation de l'installation, alors que selon les études de dangers, les risques de nuisances, pour lesquelles les prescriptions spéciales avaient été prises, étaient extrêmement improbables (■ CE, 22 févr. 2002, n° 235345, *Sté des Pétroles Shell*).

III – RESPONSABILITÉ CIVILE

Voir : sous art. L. 514-19, annot. n°s 1 et s., p. 1009.

IV – RESPONSABILITÉ DE L'ÉTAT

14) Conditions. Le préfet qui s'abstient de prendre par arrêté les prescriptions spéciales nécessaires pour limiter les nuisances d'une installation soumise à déclaration lorsque celle-ci a été effectivement déclarée, mais fonctionne dans des conditions telles qu'elle porte atteinte à l'environnement, commet une faute de nature à engager la responsabilité de l'État (■ CAA Bordeaux, 25 févr. 1993, n° 90BX00349, *Cne de Saint-Pée-sur-Nivelle*). En revanche, la responsabilité de l'État ne peut être engagée lorsque les nuisances proviennent d'une installation qui n'a pas été déclarée en infraction des dispositions de la loi sur les installations classées et dès lors qu'il n'est pas établi que l'édiction de prescriptions spéciales aurait pu en atténuer les effets (■ CE, 6 juin 1984, n° 43525, *Mlle Artaud*).

Art. L. 512-12-1 *(L. n° 2009-526, 12 mai 2009 ; L. n° 2020-1525, 7 déc. 2020).* **– Lorsque l'installation soumise à déclaration est mise à l'arrêt définitif, l'exploitant place le site dans un état tel qu'il ne puisse porter atteinte aux intérêts mentionnés à l'article L. 511-1 et qu'il permette un usage futur comparable à la dernière période d'activité de l'installation. Il en informe le propriétaire du terrain sur lequel est sise l'installation ainsi que le maire ou le président de l'établissement public de coopération intercommunale compétent en matière d'urbanisme.**

Selon les modalités et dans les cas définis par décret en Conseil d'État, l'exploitant fait attester de la mise en œuvre des mesures relatives à la mise en sécurité du site par une entreprise certifiée dans le domaine des sites et sols pollués ou disposant de compétences équivalentes en matière de prestations de services dans ce domaine.

Voir : annotations sous art. L. 512-6-1, p. 949. – V. nouveaux art. R. 512-66-1 et s., p. 2410 (ancien art. R. 512-74 et s.).

Art. L. 512-13 *(Anc. L. n° 76-663, 19 juill. 1976).* **– Les installations qui, soumises à déclaration en vertu du présent titre, bénéficiaient d'une autorisation régulière avant la date d'entrée en vigueur de la loi du 19 décembre 1917 sont dispensées de toute déclaration ; elles sont soumises aux dispositions des articles L. 512-9 et L. 512-12.**

Voir également : art. L. 513-1, p. 981.

Limites au principe des droits acquis. L'inscription à la nomenclature ouvre à l'administration les pouvoirs d'intervention technique qu'elle tient de la réglementation ICPE ; toutefois, ces prescriptions doivent prendre en compte l'antériorité de l'installation et ne peuvent avoir ni pour objet ni pour effet d'imposer des prescriptions qui seraient applicables à une installation nouvelle (■ CE, 9 déc. 1983, *La liquéfaction de l'air du Sud-Est : Dr. adm.* 1984, n° 30). Dans ces conditions, le préfet ne peut imposer à une installation déjà existante le respect d'un arrêté type pris en application de la nouvelle nomenclature (■ CE, 23 déc. 1964, *Burlot : Dr. adm.* 1964, n° 42). Ces mesures sont limitées à celles qui ne touchent ni le gros œuvre, ni les conditions d'exploitation de l'installation (■ CE, 29 mai 1981, n° 16477, *MM. Soidez*). Le bénéfice de l'antériorité n'est conservé que si l'installation ne subit aucune modification substantielle (■ CE, 7 nov. 1974, n° 25642, *Sté d'intérêt collectif du « Val-de-Gennes »*).

Section IV. – Dispositions communes à l'autorisation (1) (2), à l'enregistrement et à la déclaration

(Anc. sect. 3 dénum. et intitulé rempl., Ord. n° 2009-663, 11 juin 2009)

Art. L. 512-14 *(Anc. L. n° 76-663, 19 juill. 1976).* **– Les dispositions prises en application du présent titre doivent, lorsqu'elles intéressent les déchets, prendre en compte les objectifs visés à l'article L. 541-1.**

Voir : art. L. 541-1, p. 1128.

Art. L. 512-15 *(Anc. L. n° 76-663, 19 juill. 1976 ; mod., Ord. n° 2009-663, 11 juin 2009 ; rempl. à compter du 1er mars 2017, Ord. n° 2017-80, 26 janv. 2017)* (3). **– L'exploitant doit renouveler sa demande d'enregistrement ou sa déclaration en cas de déplacement de l'activité, en cas de modification substantielle du projet, qu'elle intervienne avant la réalisation de l'installation, lors de sa mise en œuvre ou de son exploitation, ou en cas de changement substantiel dans les circonstances de fait et de droit initiales.**

Voir également : annotations sous art. R. 181-46, p. 1736.

Art. L. 512-16 *(Anc. L. n° 76-663, 19 juill. 1976 ; rempl. à compter du 1er mars 2017, Ord. n° 2017-80, 26 janv. 2017)* (3). **– Les installations sont soumises aux dispositions des articles L. 211-1, L. 212-1 à L. 212-11, L. 214-8, L. 216-6** *(Mots rempl., L. n° 2021-1104, 22 août 2021)* **« , L. 216-13, L. 231-1 et L. 231-2 », ainsi qu'aux mesures prises en application des décrets prévus au 1° du II de l'article L. 211-3.**

Les prescriptions générales mentionnés aux articles L. 512-5, L. 512-7 et L. 512-10 fixent les règles applicables aux installations ayant un impact sur le milieu aquatique pour la protection des intérêts mentionnés à l'article L. 211-1, notamment en ce qui concerne leurs rejets et prélèvements.

Art. L. 512-17 ancien *(Dénum., L. n° 2009-526, 12 mai 2009 puis Ord. n° 2009-663, 11 juin 2009. – V. C. env., art. L. 512-7-1 puis art. L. 512-6-1).*

Art. L. 512-17 *(L. n° 2010-788, 12 juill. 2010 ; mod., L. n° 2016-1691, 9 déc. 2016 ; mod. à compter du 1er mars 2017, Ord. n° 2017-80, 26 janv. 2017* (3) *; L. n° 2021-1104, 22 août 2021).* **– Lorsque l'exploitant est une société filiale au sens de l'article L. 233-1 du Code de commerce et qu'une procédure de liquidation judiciaire a été ouverte ou prononcée à son encontre, le liquidateur, le ministère public ou le représentant de l'État dans le département peut saisir le tribunal ayant ouvert ou prononcé la liquidation judiciaire pour faire établir l'existence d'une faute caractérisée commise par la société mère qui a contribué à une insuffisance d'actif de la filiale et pour lui demander, lorsqu'une telle faute est établie, de mettre à la charge de la société mère tout ou partie du financement des mesures de réhabilitation du ou des sites en fin d'activité.**

Lorsque la société condamnée dans les conditions prévues au premier alinéa n'est pas en mesure de financer les mesures de réhabilitation en fin d'activité incombant à sa filiale, l'action mentionnée au premier alinéa peut être engagée à l'encontre de la société dont elle est la filiale au sens du même article L. 233-1 si l'existence d'une faute caractérisée commise par la société mère ayant contribué à une insuffisance d'actif de la filiale est établie. Ces dispositions s'appliquent également à la société dont la société condamnée en application du présent alinéa est la filiale au sens du même article L. 233-1 dès lors que cette dernière société n'est pas en mesure de financer les mesures de réhabilitation du ou des sites en fin d'activité incombant à sa filiale.

(1) Sur l'expérimentation d'une autorisation unique en matière d'installations classées pour la protection de l'environnement : V. Ord. n° 2014-355, 20 mars 2014. – NDLR.

(2) Sur l'expérimentation d'un certificat de projet : V. Ord. n° 2014-356, 20 mars 2014. – NDLR.

(3) Dispositions d'application particulières et transitoires : V. Ord. n° 2017-80, 26 janv. 2017, art. 15.

Lorsque le 1° du II de l'article L. 171-8 du présent code a été mis en œuvre, les sommes consignées, au titre des mesures de réhabilitation en fin d'activité, sont déduites des sommes mises à la charge des sociétés condamnées en application des alinéas précédents.

Bibliographie : A. Delsaux, *Grenelle 2 et gouvernance des entreprises : Environnement et dév. durable* oct. 2010, p. 35. • S. Dupouy, *La responsabilisation environnementale des groupes de sociétés par le Grenelle : enjeux et perspectives : Dr. sociétés* 2012, n° 11, p. 6. • G. Gutierrez et A. Molinier, *L'obligation de remise en état des sites industriels par les sociétés mères en cas de défaillance de leurs filiales : mythe ou réalité : BDEI* oct. 2010, suppl. Grenelle 2, p. 57. • T. Montéran, *Liquidation judiciaire et sites pollués ; une action en recherche de maternité : D.* 2010, n° 43, p. 2859. • V. Saintaman, *La responsabilité environnementale des sociétés mères après la loi Grenelle II : Gaz. Pal.* sept. 2010, n°s 267-268, p. 10.

Créé par la loi Grenelle 2 du 12 juillet 2010, cet article permet au préfet de saisir le tribunal compétent (celui ayant ouvert ou prononcé la liquidation judiciaire) pour faire établir l'existence d'une faute caractérisée commise par la société mère, qui aura contribué à une insuffisance d'actif de la filiale, et de lui demander de mettre à la charge de la société mère tout ou partie du financement des mesures de remise en état du ou des sites en fin d'activité. Cette responsabilité, pour faute caractérisée et établie par la société mère, n'a vocation à jouer qu'en cas de liquidation judiciaire de la filiale, soit l'application à la responsabilité environnementale de l'action en responsabilité pour insuffisance d'actif prévue à l'article L. 651-1 du Code de commerce.

Art. L. 512-18 *(L. n° 2003-699, 30 juill. 2003).* – **L'exploitant d'une installation classée relevant des catégories visées à l'article L. 516-1 est tenu de mettre à jour à chaque changement notable des conditions d'exploitation un état de la pollution des sols sur lesquels est sise l'installation. Cet état est transmis par l'exploitant au préfet, au maire de la commune concernée et, le cas échéant, au président de l'établissement public de coopération intercommunale compétent en matière d'urbanisme concerné ainsi qu'au propriétaire du terrain sur lequel est sise l'installation. Le dernier état réalisé est joint à toute promesse unilatérale de vente ou d'achat et à tout contrat réalisant ou constatant la vente des terrains sur lesquels est sise l'installation classée.**

Les modalités d'application du présent article sont définies par décret en Conseil d'État.

1) Catégories visées à l'article L. 516-1 : V. art. R. 516-1, p. 2469.

2) Notion de changement notable : V. art. R. 181-46, p. 1736.

Art. L. 512-19 *(L. n° 2003-699, 30 juill. 2003).* – **Lorsqu'une installation n'a pas été exploitée durant trois années consécutives, le préfet peut mettre en demeure l'exploitant de procéder à la mise à l'arrêt définitif.** *(L. n° 2023-973, 23 oct. 2023)* **Il peut appliquer cette procédure à une partie d'installation située sur un terrain qu'il détermine et qui n'a pas été exploitée durant trois années consécutives.**

Voir : art. R. 512-74, p. 2414.

Art. L. 512-20 *(Anc. art. L. 512-7, dénum., Ord. n° 2009-663, 11 juin 2009).* – **En vue de protéger les intérêts visés à l'article L. 511-1, le préfet peut prescrire la réalisation des évaluations et la mise en œuvre des remèdes que rendent nécessaires soit les conséquences d'un accident ou incident survenu dans l'installation, soit les conséquences entraînées par l'inobservation des conditions imposées en application du présent titre, soit tout autre danger ou inconvénient portant ou menaçant de porter atteinte aux intérêts précités. Ces mesures sont prescrites par des arrêtés pris, sauf cas d'urgence, après avis de la commission** ***départementale*** **consultative compétente.**

Bibliographie : B. Bernabeu, *L'appréciation de l'urgence au regard de l'article L. 512-7 du Code de l'Environnement : BDEI* juill. 2006, n° 4, p. 39.

I – REMISE EN ÉTAT DES SITES ET SOLS POLLUÉS

1) Débiteurs de l'obligation de remise en état. V. sous art. L. 512-6-1, p. 949.

2) Étendue de la remise en état. V. sous art. L. 512-6-1, p. 949 et sous art. R. 512-39-1, p. 2385.

II – CARACTÈRE D'URGENCE

3) Consultation (non). Des prescriptions, visant à faire cesser le risque que constituait pour la santé publique la présence de fûts de déchets toxiques et de produits chimiques dangereux conditionnés, trouvés dans le sol d'une installation classée, peuvent être prises sans consultation du conseil départemental d'hygiène (■ CAA Bordeaux, 28 juill. 1994, n° 92BX00709, *Maître Guillemonat*). De même, le simple soupçon que des déchets dangereux soient enfouis clandestinement à proximité d'une décharge peut justifier la prise d'un arrêté complémentaire sur le fondement de l'article 6 de la loi du 19 juillet 1976, sans qu'il soit nécessaire de solliciter au préalable l'avis du conseil départemental d'hygiène (■ CAA Nancy, 2 avr. 1991, n° 90NC00359, *Min. Environnement c/ Sté Elipol : Rec. CE*, p. 1084).

III – CONDITIONS D'ÉDICTIONS DES PRESCRIPTIONS

4) Respect du contradictoire. Il résulte des articles L. 514-5, R. 512-25 et R. 512-26 du Code de l'environnement que, préalablement à l'édiction de prescriptions complémentaires prises sur le fondement de l'article L. 512-20 du Code de l'environnement, l'exploitant d'une installation classée pour la protection de l'environnement (IPCE) doit être destinataire du rapport du contrôle le cas échéant réalisé par l'inspection des installations classées, des propositions de l'inspection tendant à ce que des prescriptions complémentaires lui soient imposées et du projet d'arrêté du préfet comportant les prescriptions complémentaires envisagées. Il résulte des articles L. 512-20, L. 514-5, R. 512-25, R. 512-26 et R. 512-31 du Code de l'environnement et de l'article L. 121-1 du Codes des relations entre le public et l'administration que l'exploitant doit être mis à même de présenter des observations et d'obtenir également communication, s'il le demande, de celles des pièces du dossier utiles à cette fin (■ CE, 16 oct. 2017, n° 395303, *Sté chimique de Oissel : AJDA* 2017, p. 1988 ; *Dr. Environnement* nov. 2017, p. 400).

5) Procédure. L'édiction d'un simple arrêté complémentaire n'est pas subordonnée à la réalisation d'une étude d'impact et d'une enquête publique (■ CAA Nancy, 31 déc. 1992, n° 91NC00568, *Assoc. de sauvegarde des vallées et de prévention des pollutions c/ Min. Environnement et Stés Rhône-Poulenc Chimie et Solvay*). L'arrêté peut intervenir, que l'installation soit autorisée ou non (■ CAA Nancy, 2 août 2001, n° 98NC00528, *Min. de l'Aménagement du territoire et de l'Environnement : Environnement* févr. 2002, p. 13, note D. Deharbe). En outre, il ne ressort pas des dispositions du Code de l'environnement applicables, et notamment de son article L. 512-7 (désormais art. L. 512-20) que le préfet est tenu de prendre en compte les propositions de la société requérante : il n'est donc pas lié par celles-ci (■ CE, 4 août 2006, n° 287668, *Sté Imporgal*).

6) Motivation. Les prescriptions édictées par l'autorité administrative sur le fondement de l'article L. 512-7 du Code de l'environnement au titre de la police des installations classées sont soumises à l'obligation de motivation prévue par les dispositions des articles 1 et 2 de la loi n° 79-587 du 11 juillet 1979 (C. relations publ. et adm., art. L. 211-1 et s.). L'arrêté préfectoral pris en application de l'article 6 de la loi du 19 juillet 1976 (devenu C. env., art. L. 512-20) doit être motivé. Est insuffisamment motivé l'arrêté qui se réfère d'une manière générale à des objectifs de qualité d'une rivière, sans préciser ni ces objectifs, ni en quoi les prescriptions initiales étaient insuffisantes. Cette absence de motivation ne peut être couverte par le visa de l'arrêté litigieux, qui fait référence à des documents qui n'étaient pas joints à ce texte par la simple citation de documents dans le visa (■ CAA Nantes, 4 févr. 1998, n° 96NT00536, *Sté Lefèvre surgelés : Rev. jur. env.* 3/1998, p. 411, comm. R. Schneider).

7) Liens avec l'activité de l'installation en cause. Dès lors que la présence de matières polluantes sur le site de l'usine et ses abords ne pourrait avoir une origine autre que l'exploitation de celle-ci, le préfet peut, sans commettre d'erreur d'appréciation, d'une part, estimer que cette situation provoquait des dangers ou inconvénients, au sens de l'article L. 511-1 du Code de l'environnement, et que ceux-ci devaient être regardés comme se rattachant directement à l'activité passée de l'usine en cause et, d'autre part, prescrire à la Sté exploitante la réalisation, dans un rayon de 500 mètres autour de l'enceinte de l'usine, d'un diagnostic systématique de la contamination des sols par le plomb. En prévoyant que, si la présence de métaux polluants autres que le plomb était détectée dans l'atmosphère, il conviendrait de procéder à des investigations complémentaires, le préfet ne fait pas une inexacte application des pouvoirs qu'il tient de l'article R. 512-78 du Code de l'environnement (■ CE, 26 nov. 2010, n° 323534, *Sté Arcelormittal France*, préc.). Le fait que des activités similaires aient été exercées sur un même site par d'autres sociétés et aient généré des pollutions semblables, ne fait pas obstacle à ce que l'administration utilise ses pouvoirs de police pour contraindre le dernier exploitant à remettre son site en état (■ CAA Douai, 2 mars 2006, n° 04DA00565, *Sté BM Chimie*). En revanche, des prescriptions complémentaires de remise en état d'un site ne peuvent être imposées à une société titulaire d'une autorisation d'exploiter une installation classée dès lors que la remise en état est liée à des déchets provenant d'une autre installation classée (■ CAA Marseille, 29 juin 2006, n° 02MA00581, *Min. de l'Aménagement du Territoire et de l'Environnement*).

8) Mesures susceptibles d'être prescrites. Le préfet ne peut prescrire des moyens d'intervention en cas de sinistre dès lors que la remise en état du site après une pollution accidentelle de l'eau par du PCB avait déjà été effectuée par l'exploitant, ce qu'atteste notamment un rapport de la DRIRE, et dès lors que la pollution avait été ramenée à des valeurs inférieures au milligramme par kilogramme dans les sols et dans l'eau et alors que l'administration n'allègue pas que ces taux constituent un danger pour les intérêts visés à l'article 1er de la loi ICPE (art. L. 511-1 du présent code) (▪ TA Lille, 11 juin 1998, n° 95448, *Sté Clecim c/ Préfet du Nord*). En prononçant la suspension de l'activité de l'installation dans l'attente de la réalisation de l'étude portant à la fois sur les causes de l'accident et sur les mesures à prendre pour la remise en état, le préfet n'a pas entaché son arrêté d'incompétence (▪ CAA Bordeaux, 30 juill. 2001, n° 97BX01735, *Sté Colas, Midi Méditerranée : Environnement* juill. 2002, p. 13, note D. Deharbe). Il peut prendre des prescriptions de nature à prévenir le risque d'accident à la source (▪ CE, 4 août 2006, n° 287668, *Sté Imporgal*). C'est à bon droit que le préfet a pu enjoindre à l'exploitant de réaliser une étude de sol en raison de la seule constatation de la nature des matériaux entreposés sur le site, en l'espèce du cadmium-nickel (▪ CAA Lyon, 12 mars 2002, n° 00LY00636, *Min. Environnement c/ M. Dicholt*) ou ordonner l'évacuation de véhicules stationnés présentant un danger pour les propriétés limitrophes, compte tenu de la quantité de déchets inflammables stockés et de l'impossibilité pour les secours d'accéder à ce stock en cas de sinistre (▪ CAA Nancy, 23 mars 2009, n° 07NC00152, *Locatelli : Environnement* 2009, n° 6, p. 53, note D. Gillig).

IV – APPLICATION DANS LE TEMPS

9) V. également § IV, sous art. L. 511-1, p. 937 et § IV, sous art. L. 512-6-1, p. 949.

V – APPLICATION DANS L'ESPACE

10) L'autorité administrative peut prendre à tout moment, à l'égard de l'exploitant d'une installation classée, les mesures qui se révéleraient nécessaires à la protection des intérêts énumérés à l'article L. 511-1 du Code de l'environnement, y compris après sa mise à l'arrêt définitif ; que de telles mesures peuvent concerner, le cas échéant, des terrains situés au-delà du strict périmètre de l'installation en cause, dans la mesure où ceux-ci présentent des risques de nuisance pour la santé publique ou la sécurité publique ou la protection de l'environnement, se rattachant directement à l'activité présente ou passée de cette installation. Ne commet pas une erreur de droit le préfet qui impose, postérieurement à la mise à l'arrêt définitif de l'installation, la réalisation d'études portant sur un périmètre plus vaste que celui de l'usine elle-même (▪ CE, 26 nov. 2010, n° 323534, *Sté Arcelormittal France, préc.*).

VI – RESPONSABILITÉ DE L'ÉTAT

11) Réparation du préjudice. L'État doit réparer l'intégralité du préjudice direct et certain résultant de la réalisation, par un industriel, d'une étude-diagnostic sur le fondement d'un arrêté préfectoral annulé (▪ TA Lille, 10 nov. 1999, n° 97-124, *Sté Case France : Mon. TP* 21 avr. 2000, p. 95).

Art. L. 512-21 *(L. n° 2014-366, 24 mars 2014 ; mod., L. n° 2016-1087, 8 août 2016 ; L. n° 2020-1525, 7 déc. 2020 ; L. n° 2023-973, 23 oct. 2023).* **– I. – Dès la notification de la cessation d'activité d'une installation classée pour la protection de l'environnement, un tiers intéressé peut demander au représentant de l'État dans le département à se substituer à l'exploitant, avec l'accord de celui-ci, pour réaliser les travaux de réhabilitation en fonction de l'usage que ce tiers envisage pour le terrain concerné.**

Ce tiers intéressé peut également demander, selon les mêmes modalités, à se substituer à l'exploitant pour réaliser, outre la réhabilitation, tout ou partie des mesures de mise en sécurité de l'installation.

Avec l'accord de l'exploitant, un tiers intéressé peut également demander au représentant de l'État dans le département, par anticipation, l'autorisation de se substituer à l'exploitant en cas de future cessation d'activité.

II. – Lorsque l'usage ou les usages envisagés par le tiers demandeur **sont d'une autre nature que ceux définis, selon le cas, en application des articles L. 512-6-1, L. 512-7-6 ou L. 512-12-1, le tiers demandeur recueille l'accord du dernier exploitant, du maire ou du président de l'établissement public de coopération intercommunale compétent en matière d'urbanisme et, s'il ne s'agit pas de l'exploitant, du propriétaire du terrain sur lequel est sise l'installation.**

III. – Le tiers demandeur adresse au représentant de l'État dans le département un mémoire de réhabilitation définissant les mesures permettant d'assurer la compatibilité entre l'usage futur envisagé et l'état des sols et, le cas échéant, la liste des mesures prévues pour la mise en sécurité de l'installation.

IV. – Le représentant de l'État dans le département se prononce sur l'usage proposé dans le cas mentionné au II et peut prescrire au tiers demandeur les mesures de réhabilitation nécessaires pour l'usage envisagé et, le cas échéant, les mesures de mise en sécurité de l'installation.

V. – Le tiers demandeur doit disposer de capacités techniques suffisantes et de garanties financières couvrant la réalisation des travaux de réhabilitation définis au IV pour assurer la compatibilité entre l'état des sols et l'usage défini et, le cas échéant, la réalisation des travaux de mise en sécurité de l'installation mentionnés au IV.

Toute modification substantielle des mesures prévues dans le mémoire de réhabilitation rendant nécessaires des travaux de réhabilitation supplémentaires pour assurer la compatibilité entre l'état des sols et le nouvel usage envisagé ou, le cas échéant, des mesures prévues pour la mise en sécurité de l'installation peut faire l'objet d'une réévaluation du montant des garanties financières.

Lorsqu'un autre tiers intéressé souhaite se substituer au tiers demandeur, avec l'accord de celui-ci et de l'exploitant, il adresse une demande au représentant de l'État dans le département. Le représentant de l'État dans le département s'assure que l'usage prévu est identique à celui sur lequel il s'est prononcé. Si tel est le cas, seule la vérification des conditions prévues au présent V est effectuée, sans nouvelle application des II à IV, en vue de prendre une nouvelle décision.

VI. – Les arrêtés préfectoraux prévus au présent article peuvent faire l'objet des mesures de police prévues au chapitre Ier du titre VII du livre Ier.

VII. – En cas de défaillance du tiers demandeur et de l'impossibilité de mettre en œuvre les garanties financières mentionnées au V, le dernier exploitant demeure responsable de la mise en sécurité de l'installation concernée.

VIII. – Un décret en Conseil d'État définit les modalités d'application du présent article. Il prévoit, notamment, les modalités de substitution du tiers et le formalisme de l'accord de l'exploitant ou du propriétaire.

La loi ALUR du 24 mars 2014 a consacré la possibilité de transférer l'obligation de remise en état d'une ICPE à un tiers intéressé, rompant avec une jurisprudence qui n'admettait jusqu'alors la responsabilité que du seul dernier exploitant, nonobstant quelques adaptations (exploitant antérieur à l'exploitant en titre à défaut de succession dans une activité similaire, mandataire liquidateur...). De son côté, la loi du 8 août 2016 pour la reconquête de la biodiversité a supprimé la mention « Ces garanties sont exigibles à la première demande », afin de permettre le recours au cautionnement et de faciliter l'adhésion au mécanisme du tiers intéressé. La loi n° 2020-1525 du 7 décembre 2020 d'accélération et de simplification de l'action publique, dite « Loi ASAP » a complété le dispositif en prévoyant qu'un autre tiers demandeur puisse se substituer au tiers intéressé initial.

Bibliographie : L. Balzano et C. Billmann, *Les apports de la loi ALUR dans le domaine des sites et sols pollués : RD imm.* sept. 2014, n° 9, p. 432. – Ph. Billet, *La loi ALUR et les sols pollués : JCP A* 2014, n° 2262. – M.-P. Blin-Franchomme, *Sites pollués : les apports de la loi ALUR : Rev. Lamy dr. aff.* juin 2014, n° 94, p. 62. – J.-P. Boivin et A. Souchon, *Les sols pollués dans la loi Alur : vers le printemps d'une nouvelle police ? : JCP N* 2014, n° 19, act. 575. – X. Couton, *Les modifications apportées au traitement des sols et sites pollués par la loi ALUR : Constr.-Urb.* juin 2014, n° 6, p. 15. – D. Desforges, *Sites et sols pollués : la simplification c (e n)'est (pas) maintenant, Acteurs publics et entreprises Énergie, infrastructures et environnement*, Guide 2014, p. 172. – A. Gossement et M. Renouf, *La loi « Alur » décryptée [2]. La réforme des sites et sols pollués : Gaz. Pal.* 14 juill. 2014, n° 28/2230, p. 46. – C. Goupillier et C. Facelina, *La loi ALUR : âge de raison du droit des sols pollués ? : Dr. env.* mai 2014, n° 223, p. 194. – J. Ibanez, *Un cadre rénové pour les sols pollués : Mon. TP* 1er avr. 2016, p. 88. – S. Lapprand et Ph. Peynet, *La gestion des sites pollués après la loi ALUR : Gaz. cnes.* 24 nov. 2014, p. 72. – M. Mekki, *Le volet « sites pollués » de la loi ALUR et ses décrets d'application : la substitution d'un tiers intéressé et la mise en place du secteur d'information sur les sols : RD imm.* févr. 2016, n° 2, p. 68. – B. Parance, *L'article 173 de la loi ALUR : l'émancipation du droit des sites et sols pollués ? : Gaz. Pal.* 2-3 juill. 2014, nos 183-184, p. 6. – B. Rolland, *Précisions en matière de procédure de substitution pour la réhabilitation d'un site occupé par une ICPE : Rev. proc. coll.* janv. 2018, comm. 50. – A. Souchon, *Le tiers demandeur : l'émergence d'un nouveau débiteur de l'obligation de remise en état : BDEI* NS déc. 2014, p. 33. – F.-G. Trebulle, *Sols pollués : le clair-obscur de la loi ALUR : Environnement* août 2014, nos 8-9, étude 13. – B. Wertenschlag et T. Geib, *Le volet « environnement » de la loi ALUR : AJDI* mai 2014, p. 372.

Voir : art. R. 512-76 à R. 512-81, p. 2418.

Art. L. 512-22 *(L. n° 2020-1525, 7 déc. 2020).* **– Lors de la mise à l'arrêt définitif d'une installation classée pour la protection de l'environnement, le représentant de l'État dans le département peut, après consultation de l'exploitant, du maire ou du président de l'établissement public de coopération intercommunale compétent en matière d'urbanisme et, s'il ne s'agit pas de l'exploitant, du propriétaire du terrain sur lequel est sise l'installation, fixer un délai contraignant pour la réhabilitation du site et l'atteinte des objectifs et obligations mentionnés aux articles L. 512-6-1, L. 512-7-6 et L. 512-12-1.**

(*L. n° 2023-973, 23 oct. 2023*) La décision mentionnée au premier alinéa du présent article peut porter sur une partie d'installation, située sur un terrain déterminé par le représentant de l'État dans le département, qui fait l'objet d'une mise à l'arrêt définitif. Les objectifs et les obligations mentionnés aux articles L. 512-6-1, L. 512-7-6 et L. 512-12-1 s'appliquent, selon les cas concernés, à cette partie d'installation.

CHAPITRE III. – INSTALLATIONS FONCTIONNANT AU BÉNÉFICE DES DROITS ACQUIS

Art. L. 513-1 *(Anc. L. n° 76-663, 19 juill. 1976 ; mod., Ord. n° 2009-663, 11 juin 2009 ; L. n° 2013-619, 16 juill. 2013 ; L. n° 2015-1567, 2 déc. 2015).* – **Les installations qui, après avoir été régulièrement mises en service, sont soumises, en vertu d'un décret relatif à la nomenclature des installations classées, à autorisation, à enregistrement ou à déclaration peuvent continuer à fonctionner sans cette autorisation, cet enregistrement ou cette déclaration, à la seule condition que l'exploitant se soit déjà fait connaître du préfet ou se fasse connaître de lui dans l'année suivant l'entrée en vigueur du décret.**

Le premier alinéa s'applique également lorsque l'origine du changement de classement de l'installation est un changement de classification de dangerosité d'une substance, d'un mélange ou d'un produit utilisés ou stockés dans l'installation. Le délai d'un an est, dans ce cas, calculé à partir de la date d'entrée en vigueur de ce changement de classification.

Les modalités de changement de classification des substances, mélanges ou produits, notamment celles tenant à la date d'entrée en vigueur de ce changement, les renseignements que l'exploitant doit transmettre au préfet ainsi que les mesures que celui-ci peut imposer afin de sauvegarder les intérêts mentionnés à l'article L. 511-1 sont précisés par décret en Conseil d'État.

Bibliographie : H. Brunet-Lecomte, *Les conditions du droit d'antériorité : état des lieux de la jurisprudence : BDEI* janv. 2011, n° 31, p. 9. • H. Cogne, *Le droit d'antériorité des installations classées : Environnement et Technique* nov. 2004, n° 241, p. 62 à 63. • D. Gillig, *Dans quelles conditions l'exploitant d'une installation classée peut-il revendiquer des droits acquis à l'exploitation de son activité ? : Environnement et dév. durable* 2010, n° 7, p. 34, note D. Gillig. • M. Guyomar, *Une installation classée peut-elle prétendre au bénéfice de l'antériorité postérieurement à son déménagement ? : BJCL* juill.-août 2010, n°s 7-8, p. 513. • T. Soleilhac, *De la sédentarité des droits acquis : AJDA* 2010, p. 1837. • H. Brunet-Lecompte, *Les conditions du droit d'antériorité : état des lieux de la jurisprudence : BDEI* janv. 2011, n° 31, p. 9.

V. sur la bibliographie relative à la nomenclature des ICPE : sous art. R. 511-9, p. 2375.

V. sur l'application du régime : art. R. 513-1 et s., p. 2422.

1) Conditions du bénéfice des droits acquis.
a) Installation régulièrement mise en service. Afin que son exploitant puisse bénéficier des droits acquis, l'installation doit avoir régulièrement été mise en service (■ CE, 7 mai 1969, *Sieur Spasaro : Rec. CE* 1969, p. 244. ■ CE, 26 nov. 1980, n° 16990, *Min. Environnement c/ Épx Bouvier.* ■ CAA Nantes, 27 févr. 1998, n° 95NT00392, *Gabriel Marie : Rev. jur. env.* 3/1998, p. 413, comm. R. Schneider. ■ CAA Nantes, 28 févr. 2006, n° 04NT00849, *M. et Mme Belliard : JurisData* n° 2006-312754 ; *Environnement* 2006, n° 11, p. 25, note D. Gillig ; *Rev. jur. env.* 3/2007, p. 399, obs. R. Schneider. ■ CAA Lyon, 30 nov. 2010, n° 09LY00252 : *Environnement et dév. durable* févr. 2011, p. 38, note D. Gillig). L'installation classée doit être exploitée au moment du changement de nomenclature (■ CE, 21 févr. 1969, *Sté industrielle Pyrénées-Orientales : Rec. CE* 1969, p. 113. ■ CAA Bordeaux, 20 déc. 2001, n° 98BX00053, *M. Meralikan : Environnement* juill. 2002, n° 7, p. 12, note D. Deharbe). Le bénéfice des droits acquis est subordonné à une démarche auprès du préfet afin de se faire connaître (■ CAA Bordeaux, 7 mai 2002, n° 98BX01191, *Min. Aménagement du territoire et Environnement : Environnement* août-sept. 2003, n°s 8-9, p. 17, note D. Deharbe). Ainsi, une installation régulièrement déclarée ne constitue pas une « installation régulièrement mise en service » au sens de l'article L. 513-1 du présent code si elle ne fonctionne pas encore à la date d'entrée en vigueur du décret modifiant la nomenclature des installations classées. Annulation du récépissé de déclaration simplifiée (■ CAA Bordeaux, 3 juill. 2006, n° 02BX01316, *Assoc. Eau et terres du Berry : JurisData* 2006-312754 ; *Gaz. Pal.* 21 déc. 2007, n° 355, pan. p. 38, comm. B. Berger et G. Brigant ; *Rev. jur. env.* 3/2007, p. 383, comm. R. Schneider ; *Environnement* 2006, n° 11, p. 25, note D. Gillig). Dès lors qu'une activité d'élevage de bovins, exercée depuis au moins les dernières années du premier tiers du XXe siècle, s'est poursuivie sans changement notable lors de l'entrée en vigueur de la loi du 19 juillet 1976 et sans qu'aucun élément de l'exploitation n'ait été dissimulé à l'administration, l'autorité administrative n'aurait pas pu, dans les années soixante et jusqu'à la date d'entrée en

vigueur de la loi de 1976, imposer à l'exploitant des mesures d'application de la loi du 19 décembre 1917 relative aux établissements dangereux, insalubres ou incommodes, à supposer même que l'activité dont il s'agit aurait pu être regardée comme entrant dans le champ d'application de cette loi ; l'installation doit donc être considérée comme régulièrement mise en service (▪ CAA Bordeaux, 14 févr. 2006, n° 99BX01151, *Mme Doucede et a. : Environnement* 2006, n° 5, p. 31, note D. Deharbe).

b) Poursuite de l'exploitation dans les mêmes conditions. Le bénéfice des droits acquis ne peut être conservé qu'en l'absence de modification apportée, postérieurement à son classement, aux conditions d'exploitation de l'activité en cause. Le déménagement d'une exploitation dans une autre commune exige l'obtention d'une nouvelle autorisation et fait perdre à l'exploitant le bénéfice de ses droits acquis (▪ CE, 14 juin 2010, n° 306249, *Sté Ennemond Preynat : JurisData* n° 2010-009527 ; *Environnement et dév. durable* 2010, n° 11, p. 28-29, note D. Gillig ; *BDEI* 2010, n° 29, p. 23, obs. M. Guyomar ; *BDEI* 2011, n° 31, p. 9, comm. H. Brunet-Lecomte).

c) Installation nouvellement inscrite dans la nomenclature. L'article L. 513-1 du Code de l'environnement ne permet à une activité d'échapper à la réglementation des ICPE que pour autant qu'elle n'était pas inscrite à la nomenclature avant l'entrée en vigueur, le 1er janvier 1977, de la loi du 19 juillet 1976. L'exploitant d'une fonderie ne peut se prévaloir du bénéfice des droits acquis dès lors que l'activité de fonderie était déjà inscrite à la nomenclature par le décret du 20 mai 1953 et qu'elle n'a pas, depuis, fait l'objet d'un classement qui l'aurait soumise à un nouveau régime (▪ CA Douai, 25 mai 2004, n° 03/00583, *M. Molon*).

d) Formalités. La possibilité, pour une installation existant antérieurement à l'entrée en vigueur de la loi du 19 juillet 1976, de poursuivre son exploitation, sans autorisation ou déclaration, est subordonnée à une démarche auprès du préfet afin de se faire connaître (▪ CAA Bordeaux, 7 mai 2002, n° 98BX01191, *Min. de l'Aménagement du territoire et de l'Environnement : Environnement* août-sept. 2003, nos 8-9, p. 17, note D. Deharbe ; *Rev. jur env.* 4/2002, p. 688, obs. R. Schneider). Mais l'inscription dans la nomenclature des installations classées d'une activité dont l'exploitation a débuté avant l'entrée en vigueur de la loi du 19 juillet 1976 et qui n'entrait pas dans le champ d'application de la loi du 19 décembre 1917 n'entraîne pas la déchéance des droits acquis à poursuivre l'exploitation alors même que l'exploitant n'a pas effectué de déclaration simplifiée d'existence auprès du préfet dans les délais prévus (▪ CAA Paris, 4 mars 2003, n° 01PA00068, *Cne de Bièvre*). Des installations de stockage de céréales édifiées entre 1947 et 1950 et qui n'ont, depuis, pas subi de transformation de leurs capacités, peuvent continuer à fonctionner, dans les mêmes conditions, sans autorisation ou déclaration, nonobstant l'erreur matérielle entachant la déclaration, néanmoins effectuée en 1986 (▪ CAA Nancy, 11 mai 2009, n° 07NC00057, *Coopérative agricole Champagne céréales : BDEI* 2011, n° 31, p. 9, comm. H. Brunet-Lecomte). Les exploitants d'installations devenant soumises à la législation ICPE devaient, jusqu'à la loi n° 2015-1790 du 2 décembre 2015 portant diverses dispositions d'adaptation au droit de l'Union européenne dans le domaine de la prévention des risques, se faire connaître auprès du préfet dans un délai d'un an à compter de la publication du décret modifiant la nomenclature ICPE et ayant occasionné ce nouveau classement. Cependant, l'entrée en vigueur de certains décrets de nomenclature a pu être différée, parfois de plus d'un an (ex. : décret n° 2014-285 du 3 mars 2014 transposant la directive 2012/18/UE dite Seveso III, entré en vigueur le 1er juin 2015). Il convient désormais de se référer non pas à la date de publication du décret de nomenclature, mais à sa date d'entrée en vigueur.

2) Hypothèse du déclassement. En cas de passage du régime de l'autorisation à celui de la déclaration, l'arrêté d'autorisation vaut récépissé de déclaration et arrêté de prescriptions spéciales (▪ CE, 22 mars 1985, n° 33661, *Flammary*). Dès lors qu'un déclassement résulte d'une cessation partielle d'activité, l'installation demeure soumise au régime d'autorisation tant que le récépissé de déclaration n'a pas été délivré et que les arrêtés autorisant son fonctionnement n'ont pas été abrogés (▪ TA Amiens, 15 avr. 2008, nos 05.02532 et 07.02434, *Sté Ecoval : JurisData* n° 2008-366291 ; *Environnement* 2008, n° 10, p. 55, note D. Gillig).

3) Étendue des droits acquis. L'exploitant qui bénéficie de droits acquis est néanmoins tenu d'observer les dispositions de l'article 25 de la loi du 19 décembre 1917 (L. 19 juill. 1976, art. 4, al. 2) en cas d'accroissement de la capacité de son installation classée ; à défaut, le préfet est fondé à le mettre en demeure sur le fondement des articles 35 et 36 de la loi de 1917 (L. 1976, préc., art. 24) (▪ CE, 23 févr. 1979, *Secr. d'Ét. auprès du ministre de la Qualité de la vie chargé de l'environnement c/ Sté nouvelle des Éts Bébélange : Rev. jur. env.* 2/1979, p. 127) ; V. art. L. 512-2, p. 946.

Une installation ne bénéficiant pas des droits acquis ne peut se prévaloir du principe de mise en conformité progressive des installations existantes (▪ TA Marseille, 25 mai 2004, n° 9907587, *Cozza, Martin et Assoc. Écolog'Istres*).

4) Procédure. La production de la copie de la déclaration d'immatriculation d'une entreprise au greffe du tribunal de commerce avec la mention de l'autorisation préfectorale dont le préfet n'a pas trouvé la trace dans les registres de ses services est insuffisante pour prouver le bénéfice des droits acquis. En l'absence de production du récépissé de déclaration, c'est à bon droit le juge des référés a considéré que l'exploitant ne pouvait prétendre au bénéfice des droits acquis (▪ CE, 7 févr. 2007, n° 293101, *Mme Barcena : JurisData* n° 2007-071504 ; *Gaz. Pal.* 21 déc. 2007, n° 355, pan. p. 38, obs. B. Berger et G. Brigant ; *BDEI* 2007, n° 10, pan. p. 11, obs. O. Beineix ; *Environnement* 2007, n° 4, p. 31, obs. D. Gillig). Une déclaration d'antériorité notifiée par l'exploitant d'une installation classée, dans l'année qui suit l'entrée en vigueur du décret relatif à la modification de la nomenclature, fait échec à une mise en demeure, par le préfet de ce même exploitant, de déposer un dossier de régularisation (▪ TA Amiens, 8 oct. 1996, n° 961099, *Sté Mauser Emballages c/ Préfet de l'Oise : Rev. jur. env.* 4/1997, p. 579, comm. R. Schneider).

5) **Application dans le temps du bénéfice des droits acquis.** Il ne résulte pas des dispositions de l'article L. 513 du Code de l'environnement, issues de l'article 16 de la loi n° 76-629 du 19 juillet 1976, que le législateur aurait entendu remettre en cause les droits d'antériorité acquis sous l'empire des textes antérieurs. Il appartient au juge administratif, pour se prononcer sur l'existence de ces droits, de rechercher si, au regard des règles alors en vigueur et compte tenu de la date de mise en service régulière de l'installation, l'exploitant peut se prévaloir, à la date à laquelle elle est entrée dans le champ de la législation relative aux établissements dangereux, insalubres ou incommodes ou de celle relative aux ICPE par l'effet d'une modification de la nomenclature, d'une situation juridiquement constituée le dispensant de solliciter l'autorisation ou de déposer la déclaration prévue par les dispositions régissant une telle installation (▪ CE, 30 janv. 2013, n° 347177, *Sect. européenne du Fonds international pour la conservation de la nature*, concl. X. Lesquen ; *BDEI* mai 2013, n° 45, p. 29 ; note D. Necib ; *AJDA* 2013, p. 266).

6) **Sanction.** L'obligation de fournir les renseignements énumérés à l'article 35 du décret du 21 septembre 1977, codifié à l'article R. 513-1 du Code de l'environnement, n'est pas de nature à entraîner la déchéance de son droit à poursuivre l'exploitation mais est seulement sanctionnée par l'amende prévue à l'article R. 514-4 du Code de l'environnement (▪ CAA Bordeaux, 29 oct. 2009, n° 08BX01479, *M. Labardacq : Environnement* 2010, n° 1, p. 23, comm. D. Gillig).

CHAPITRE IV. – CONTRÔLE ET CONTENTIEUX DES INSTALLATIONS CLASSÉES

Section I. – Contrôle et sanctions administratifs

Constatation des infractions et sanctions. L'ordonnance n° 2012-34 du 11 janvier 2012 portant simplification, réforme et harmonisation des dispositions de police administrative et de police judiciaire du Code de l'environnement a consacré aux articles L. 172-1 et suivants du Code de l'environnement, dans un souci de simplification et d'harmonisation, les mesures et sanctions administratives et pénales applicables en violation de diverses réglementations environnementales, y compris en cas de non-respect du régime des installations classées.

Voir : art. L. 171-1 et s., p. 248.

D. Delcour et M. Simone, *Utilisation des sanctions administratives introduites par l'ordonnance n° 2012-34 dans le domaine des installations classées*, CGEDD, rapport n° 011110-01, nov. 2017.

Voir également : Circulaire du 19 juillet 2013 relative à la mise en œuvre des polices administratives et pénales en matière d'installations classées pour la protection de l'environnement.

Art. L. 514-1 *(Abr. à compter du 1er juillet 2013, Ord. n° 2012-34, 11 janv. 2012).*

Voir : art. L. 171-8, p. 260.

Voir également : Circ. 19 juillet 2013 relative à la mise en œuvre des polices administratives et pénales en matière d'installations classées pour la protection de l'environnement.

Art. L. 514-2 *(Abr. à compter du 1er juillet 2013, Ord. n° 2012-34, 11 janv. 2012).*

Voir : art. L. 171-7, p. 251.

Voir également : Circ. 19 juillet 2013 relative à la mise en œuvre des polices administratives et pénales en matière d'installations classées pour la protection de l'environnement.

Art. L. 514-3 *(Abr. à compter du 1er juillet 2013, Ord. n° 2012-34, 11 janv. 2012).*

Art. L. 514-4. – **Lorsque l'exploitation d'une installation non comprise dans la nomenclature des installations classées présente des dangers ou des inconvénients graves pour les intérêts mentionnés à l'article L. 511-1, le préfet, après avis – sauf cas d'urgence – du maire et de la commission départementale consultative compétente, met l'exploitant en demeure de prendre les mesures nécessaires pour faire disparaître les dangers ou les inconvénients dûment constatés. Faute par l'exploitant de se conformer à cette injonction dans le délai imparti, il peut être fait application des mesures prévues** *(Mots rempl. à compter du 1er juillet 2013, Ord. n° 2012-34, 11 janv. 2012)* **« à l'article L. 171-8 ».**

Voir : Circ. 19 juill. 2013 relative à la mise en œuvre des polices administratives et pénales en matière d'installations classées pour la protection de l'environnement (*BO MEDDE* n° 2013/14, 10 août 2013) – CGCT, art. L. 2212-1 et s.

Bibliographie : Coënt-Bochard, *Les pouvoirs du maire en matière de stockage de farines animales : BDEI* 1/2001, p. 14. • M.-P. Maître, *ICPE : articulation entre les pouvoirs de police du préfet et les pouvoirs de police du maire : Environnement* févr. 2004, p. 26.

I – POUVOIR DE POLICE SPÉCIALE DU PRÉFET

1) Installations non classées. Les dispositions de l'article L. 514-4 sont applicables à la fois aux installations qui, bien que mentionnées dans la nomenclature, ne sont pas soumises au régime de la déclaration ou de l'autorisation car les seuils ne sont pas atteints, ainsi qu'à celles qui ne sont pas mentionnées dans ladite nomenclature, lorsque l'installation présente des dangers ou des inconvénients graves pour les intérêts de l'article L. 511-1 du présent code (■ CE, 7 janv. 1983, n° 26725, *Min. Industrie c/ Sté Sogeba.* ■ CE, 12 juin 1989, nos 74945, 74946 et 74947, *Sté Alsace Récupération*). Ainsi, pour imposer des prescriptions à une installation concernant le stockage de déblais de roches amiantées, le préfet ne peut se fonder sur l'article L. 514-4 du Code de l'environnement, celle-ci relevant du régime d'autorisation spécifique prévu par les dispositions de l'article L. 541-30-1 du Code de l'environnement (■ CAA Marseille, 17 déc. 2009, n° 07MA00456, *Assoc. U Levante : Rev. jur. env.* 4/2010, p. 673-68, comm. F. Dieu). Ces dispositions ne sont pas applicables dès lors que l'installation est classée (■ CE, 9 déc. 1988, n° 66464, *M. et Mme Bataille : JurisData* n° 1988-046422. ■ TA Grenoble, 3 févr. 1999, n° 971320, *Féd. dptale des associations agréées de pêche et de pisciculture de la Haute-Savoie et a.* ■ TA Strasbourg, 30 déc. 1998, n° 962314, *M. Parpinel : Mon. TP* 28 mai 1999, p. 55. ■ CE, 15 janv. 1986, n° 54.785, *Secr. d'Ét. auprès du Premier ministre chargé de l'environnement et de la qualité de la vie c/ M. et Mme Roger*).

2) Installations connexes à une installation classée. En cours de fonctionnement de l'installation classée, le préfet peut mettre l'exploitant en demeure de cesser des activités non classées exploitées de façon connexe à une activité classée ou de prendre des mesures destinées à assurer la protection des intérêts protégés (■ CAA Lyon, 27 avr. 1999, n° 98LY01402, *Min. Aménagement du territoire et Environnement : JurisData* n° 1999-044612 ; *Rev. jur. env.* 4/1999, p. 647, comm. R. Schneider).

3) Protection des intérêts visés à l'article L. 511-1 du Code de l'environnement. L'installation non classée doit présenter de graves dangers ou inconvénients pour le voisinage de nature à motiver l'intervention préfectorale (■ CAA Bordeaux, 4 juill. 1989, n° 89BX00311, *M. Djoudi.* ■ CE, 26 juill. 1985, n° 61057, *M. Chevalier et Mlle Chevalier.* ■ CAA Paris, 3 juin 1997, n° 96PA00287, *Comité de défense des riverains de l'aéroport de Paris-Nord*) ou bien porter atteinte à la salubrité publique (■ CAA Lyon, 25 févr. 1991, n° 89LY00976, *M. Fouret*).

II – POUVOIR DU MAIRE

4) Péril imminent. Le maire n'a aucun pouvoir, sauf péril imminent, de se substituer au préfet pour faire respecter la législation sur les installations classées (■ CE, 14 déc. 1981, n° 16229, *Cne de Montmorot : JurisData* n° 1981-041518. ■ TA Amiens, 10 mars 1998, nos 971099, 971101 et 9829, *Préfet de l'Aisne c/ Cne de Versigny, Cne de Nouvion-le-Comte et Cne de Mont-d'Origny.* – TA Châlons-en-Champagne, 13 juin 2001, n° 01-1292, *Préfet de la Marne*). Le péril imminent est défini par rapport à la gravité de la menace pour la santé et la salubrité publiques (■ CE, 15 janv. 1986, n° 47836, *Sté Pec-engineering : Rec. CE* 1986, tables p. 626 ; *AJDA* 1986, p. 191, note L. Richer ; *Dr. adm.* 1986, comm. 117 ; *Gaz. Pal.* 1986, 2, pan. dr. adm. p. 290) et s'apprécie en tenant compte à la fois des nuisances et des prescriptions préfectorales applicables à l'activité (■ TA Amiens, 10 mars 1998, n° 971103, *Préfet de l'Aisne c/* Cne Nouvion-le-Comte : Rev. jur. env. 1/1999, p. 137, comm. R. Schneider).

Il appartient au maire d'établir que l'installation litigieuse présente un péril grave et imminent justifiant son intervention (■ CAA Paris, 28 janv. 1999, n° 97PA01710, *Cne de Domont*).

En vertu de ses pouvoirs de police générale, le maire peut prendre des mesures nécessaires au bon ordre, à la sûreté, à la sécurité et à la salubrité publiques. Toutefois, il ne lui appartient de s'immiscer dans l'exercice de la police spéciale des installations classées qu'en cas de péril imminent. Dans ce cadre, il appartient à la commune de justifier les éléments de fait susceptibles de caractériser l'existence d'un péril imminent (■ CAA Bordeaux, 18 mars 2010, n° 09BX01338, *Cne Bectave-Aguin : JurisData* n° 2010-004585 ; *Environnement et dév. durable* 2010, n° 6, p. 25, note D. Gillig).

5) Pouvoir de police générale. Un maire peut légalement, au titre de son pouvoir de police générale ainsi qu'au titre des polices de l'urbanisme et des déchets, ordonner à l'exploitant d'une installation non classée de remettre en état son dépôt de déchets (■ TA Lyon, 19 mars 1996, *Cne de Vaulx-en-Velin : Dr. env.* 1996, n° 37, p. 8, note Y. Razafindratandra).

Art. L. 514-5 *(Anc. L. n° 76-663, 19 juill. 1976 ; mod., L. n° 2006-11, 5 janv. 2006). – (Abr. à compter du 1er juillet 2013, Ord. n° 2012-34, 11 janv. 2012).*

L'exploitant est informé par l'inspecteur des installations classées des suites du contrôle. L'inspecteur des installations classées transmet son rapport de contrôle au préfet et en fait copie simultanément à l'exploitant. Celui-ci peut faire part au préfet de ses observations.

(Abr. à compter du 1er juillet 2013, Ord. n° 2012-34, 11 janv. 2012).

1) Personnel assermenté. À défaut d'avoir prêté serment devant le tribunal de grande instance territorialement compétent, l'inspecteur des installations classées n'est pas habilité à visiter les installations, ni à établir un rapport constatant des infractions à la législation. Ainsi, un arrêté de mise en demeure de respecter des prescriptions générales pris par un inspecteur des installations classées non assermenté est annulé (■ TA Dijon, 6 juill. 2004, n° 031130, *Guillermain c/ Préfet de la Nièvre*).

2) Pouvoir d'investigation. Par dérogation aux dispositions de l'article 76 du Code de procédure pénale, les personnes chargées de l'inspection d'une installation classée peuvent, sans assentiment préalable de l'exploitant, visiter à tout moment un local professionnel proche du domicile de l'exploitant (■ CA Versailles, 17 déc. 1998, n° 958, *J.-F. F. : Dr. env.* 1999, n° 67, p. 10, note L.-C. P. ; *Mon. TP* 26 mars 1999, p. 53. ■ Cass. crim., 26 avr. 2000 (2 arrêts), nos 99-91.683 et 98-87.869). L'exploitant ne peut justifier son opposition au contrôle par un emploi du temps trop chargé dès lors qu'il se trouvait sur les lieux au moment du contrôle. Il devait se rendre disponible compte tenu du fait que deux autres personnes se trouvaient alors sur l'exploitation (■ T. corr. Quimper, 21 sept. 2000 : *JurisData* n° 2000-159608). La visite ayant précédé la sanction administrative étant un contrôle inopiné au sens des anciennes dispositions de l'article L. 514-5, l'inspecteur des installations classées n'était pas tenu d'en informer préalablement l'exploitant. Aucune disposition législative ou réglementaire n'imposait à l'administration d'informer le requérant qu'il avait la faculté de se faire assister d'une tierce personne (■ CAA Marseille, 29 sept. 2015, n° 14MA00221). Ce qui n'est désormais plus le cas.

3) Devoir. Il appartient aux services de l'État chargés du contrôle des installations classées d'adapter la fréquence et la nature de leurs visites à la nature, la dangerosité et à la taille des installations. Il, leur revient de tenir compte des indications dont ils disposent sur les facteurs de risques particuliers affectant les installations ou sur d'éventuels manquements commis par l'exploitant (■ CE, 17 déc. 2014, nos 367202 et 367203, *MEDDE c/ Gilbert : Environnement et dév. durable* 2015, p. 50, note S. Edlinger et C. Huglo).

4) Respect du contradictoire. En l'absence de respect par l'inspecteur des installations classées de la procédure de l'article L. 514-5, l'arrêté de mise en demeure fondé sur la constatation de l'inobservation des prescriptions imposées à l'exploitant est entaché d'un vice substantiel de nature à affecter sa légalité (■ CAA Marseille, 4 juill. 2011, n° 08MA04008, *Sté Granulats Montero : JurisData* n° 2011-019159 ; *AJDA* 35/2011, p. 2018, concl. S. Deliancourt. ■ CAA Nancy, 6 nov. 2014, n° 13NC02246). Le fait que l'inspecteur des installations classées accorde à l'exploitant un délai pour présenter ses observations, fait obstacle à ce que le préfet édicte un arrêté de mise en demeure avant l'expiration de ce délai, sauf cas d'urgence (■ CAA Marseille, 9 avr. 2013, n° 11MA00972, *Min. de l'Écologie, du Développement durable, des Transports et du Logement*.

Art. L. 514-6 *(Mod., L. n° 2002-276, 27 févr. 2002 ; L. n° 2003-591, 2 juill. 2003* (1) *; mod. à compter de la date prévue à l'article 41 de l'ordonnance n° 2005-1527 du 8 décembre 2005, Ord. n° 2005-1527, 8 déc.*

(1) Application à l'outre-mer : V. L. n° 2003-591, 2 juill. 2003, art. 31, IV.

2005 (1) ***; mod., L. n° 2006-11, 5 janv. 2006 ; Ord. n° 2009-663, 11 juin 2009 ; mod. à compter de la date de la publication du décret visé au I du présent article et au plus tard le 1er janvier 2011, L. n° 2010-788, 12 juill. 2010 ; mod. à compter du 1er juillet 2013, Ord. n° 2012-34, 11 janv. 2012 ; mod., L. n° 2015-992, 17 août 2015 ; mod. à compter du 1er janvier 2016, Ord. n° 2015-1174, 23 sept. 2015 ; mod. à compter du 1er mars 2017, Ord. n° 2017-80, 26 janv. 2017)*** (2). **– I. – Les décisions prises en application des articles L. 512-7-3 à L. 512-7-5, L. 512-8, L. 512-12, L. 512-13, L. 512-20, L. 513-1, L. 514-4, du I de l'article L. 515-13 et de l'article L. 516-1 sont soumises à un contentieux de pleine juridiction.**

Par exception, la compatibilité d'une installation classée avec les dispositions d'un schéma de cohérence territoriale, d'un plan local d'urbanisme, d'un plan d'occupation des sols ou d'une carte communale est appréciée à la date de l'autorisation, de l'enregistrement ou de la déclaration (3).

Un décret en Conseil d'État précise les délais dans lesquels les décisions mentionnées au premier alinéa du présent article peuvent être déférées à la juridiction administrative.

II ***(Abr. à compter de la date de la publication du décret visé au I du présent article et au plus tard le 1er janvier 2011, L. n° 2010-788, 12 juill. 2010).***

III. – Les tiers qui n'ont acquis ou pris à bail des immeubles ou n'ont élevé des constructions dans le voisinage d'une installation classée que postérieurement à l'affichage ou à la publication de l'acte portant autorisation ou enregistrement de cette installation ou atténuant les prescriptions primitives ne sont pas recevables à déférer ledit arrêté à la juridiction administrative.

IV. – Le permis de construire et l'acte de vente, à des tiers, de biens fonciers et immobiliers doivent, le cas échéant, mentionner explicitement les servitudes afférentes instituées en application de l'article L. 112-2 du Code de l'urbanisme.

Voir : L. n° 2003-591, 2 juill. 2003, article 31-IV, application à Mayotte, à la Nouvelle-Calédonie, à la Polynésie française, à Saint-Pierre-et-Miquelon, aux Terres australes et antarctiques françaises et aux îles Wallis-et-Futuna. – Circ. DPPR/SEI, 16 oct. 1997 relative à la notion de tiers par rapport à l'exploitation. Notion de maison d'habitation (non publiée au *JO*). – Action en justice des associations, article L. 142-1. – V. *supra*, décisions prises en application des articles L. 211-5, L. 211-6, L. 214-10, L. 216-2 du présent code (livre II, titre I : Eau).

NB : – Le deuxième alinéa de l'article L. 514-6, ajouté par la loi n° 2015-992 du 17 août 2015 relative à la transition énergétique pour la croissance verte, exclut l'opposabilité des dispositions des schéma de cohérence territoriale, plan local d'urbanisme, plan d'occupation des sols ou carte communale et limite ainsi les effets du régime spécifique du plein contentieux spécial des installations classées, qui permet au juge administratif, statuant sur le fond, de prendre en compte les règles applicables au jour de son jugement ou de son arrêt et non les règles de fond en vigueur au jour où l'acte litigieux a été pris. Désormais, la légalité de la décision liée au fonctionnement d'une installation classée est appréciée en fonction des documents d'urbanisme opposables à la date de l'autorisation, de la déclaration ou de l'enregistrement.

Bibliographie : *Études et Ouvrages.* D. Bailleul, *L'efficacité comparée des recours pour excès de pouvoir et de plein contentieux objectif en droit public français*, LGDJ 2002. • O. Fremeau, *Industrie et environnement. Les données du contentieux*, Éd. Marketing SA, 1994. • E. Guillaume, *Installations classées (contentieux des) : Rép. Contentieux administratif*, Dalloz. • C. Huglo, *Le juge, la prévention et la résolution des litiges en matière d'environnement*, thèse Université Panthéon-Assas, Paris II, 1994. • C. Huglo et G. Paul, *Contentieux administratif de l'environnement : JCl. Environnement*, Fasc. 4980, 02/2016. • TOS, *Contentieux des installations classées pour la protection de l'environnement. Guide juridique pratique*, Éd. de Tos, Alfortville, 1995.

Articles. Ph. Billet, *La réforme du contentieux des installations classées et des IOTA : JCP A* 2011, n° 17, p. 35. • F. Braud, *Les pouvoirs spéciaux du juge administratif pour garantir le droit d'exploiter une installation classée : Gaz. Pal.* 24 sept. 2011, n° 267, p. 15. • A. Carpentier, *Double compétence « autorité environnementale » et « autorité décisionnaire » des préfets de région. Quelles conséquences dans le contentieux des installations classées ? : JCP A* 2018, act. 516. • E. Chelma, *Les sanctions administratives dans la loi de 1976 : BDEI* 5/1996, p. 20. • M. Courtin, *Le contentieux des installations classées, un contentieux à repenser ? : Rev. jur. env.* 1995, n° spécial, p. 53 ; *Le contrôle juridictionnel des décisions relatives aux*

(1) Dispositions applicables à Mayotte : V. Ord. n° 2005-1527, 8 déc. 2005, art. 40.

(2) Dispositions d'application particulières et transitoires : V. Ord. n° 2017-80, 26 janv. 2017, art. 15.

(3) Le Conseil d'État a jugé que « ces dispositions, qui ont pour finalité, ainsi qu'il ressort des travaux parlementaires préalables à leur adoption, d'empêcher que l'exploitation d'une installation classée légalement autorisée, enregistrée ou déclarée soit rendue irrégulière par une modification ultérieure des règles d'urbanisme, ne sont pas applicables aux refus d'autorisation, d'enregistrement ou de délivrance d'un récépissé de déclaration », ■ CE, 29 janv. 2018, n° 405706, *Sté d'assainissement du parc automobile niçois : JurisData* n° 2018-000939. – NDLR.

10) Incompétence du juge judiciaire. Le juge judiciaire est incompétent pour ordonner la fermeture d'une installation classée (▪ Cass. 1re civ., 23 janv. 1996, n° 95-11.055, arrêt n° 169, *Bouvet et a. c/ Cts Brazzolotto : JurisData* n° 1996-000120 ; *D.* 1996, jurispr. p. 266, note D. Guihal ; *Dr. adm.* 1996, comm. 128 ; *JCP* G 1996, IV, 596). Le juge judiciaire est incompétent pour connaître d'un litige lié aux installations classées, même si la demande au principal pourrait être en lien avec des relations contractuelles entre sociétés commerciales du fait de la compétence exclusive de la juridiction administrative (▪ Cass. 1re civ., 18 févr. 2015, n° 13-28.488).

III – INTRODUCTION DE L'INSTANCE

A – Intérêt et qualité pour agir

11) L'exploitant. *Sur la notion d'exploitant* : V. annotations sous art. L. 511-1, p. 937.

Une société qui vient aux droits d'une précédente société, bénéficiaire de l'autorisation ICPE annulée, dont les actions lui ont été cédées et qui a, à la suite du changement de la dénomination et l'adoption de nouveaux statuts, transmis une déclaration de changement d'exploitant à l'administration préfectorale, est habilitée à faire appel du jugement qui a mis à néant l'autorisation en question (▪ CAA Marseille, 2 mars 2006, n° 05MA003028, *Sté BASF ELECTRONIC MATERIALS*).

12) Tiers. Les tiers doivent justifier d'un intérêt qui leur donne qualité à agir (▪ CAA Nantes, 3 juill. 1990, n° 89NT01579, *Secr. d'Ét. chargé de l'environnement*). *Proximité de l'installation.* La localisation de l'immeuble du requérant à proximité immédiate de l'installation donne intérêt à agir (▪ CE, 26 juill. 1985, n° 61242, *Min. Environnement c/ M. Brillet et a.*). De même, la qualité d'habitant à proximité d'une installation classée donne intérêt à agir à un tiers contre l'extension d'une installation classée (▪ CAA Nancy, 6 juin 2002, n° 97NC01898, *SA RTR Industries : Environnement* févr. 2003, n° 2, p. 11, note D. Deharbe ; *AJDA* déc. 2002, p. 856). Il en est de même pour un exploitant dépourvu d'autorisation, voisin d'une installation de stockage de déchets (▪ CAA Marseille, 14 mai 2009, n° 07MA03288, *SARL Gérard Pagès*). Tel peut également être le cas s'agissant de communes étrangères situées à proximité de l'installation en cause (▪ TA Strasbourg, 18 juin 1991, *Cne de Schliengen et a. c/ Préfet du Haut-Rhin et SA Sté Euroglas : AJDA* 1991, p. 824), mais l'exigence de proximité n'est pas absolue dès lors qu'une distance de plusieurs kilomètres peut séparer le requérant de l'installation (▪ CE, 15 oct. 1990, n° 80523, *Province de la Hollande septentrionale : JurisData* n° 1990-644756 ; *Rec. CE* 1990, p. 278 ; *CJEG* 1991, p. 133, concl. de La Verpillière ; *JCP* G 1990, IV, p. 406. ▪ CE, 20 juin 1997, n° 172761, *Assoc. de sauvegarde des vallées et de prévention des pollutions*). D'une façon générale, les tiers doivent *justifier d'un intérêt suffisamment direct leur donnant qualité à agir, compte tenu des inconvénients et dangers que présente pour eux l'installation en cause, appréciés notamment en fonction de la situation des intéressés et de la configuration des lieux* ; en l'espèce les requérants disposaient bien d'une qualité leur donnant intérêt à agir dès lors que, d'une part, leur habitation se situait face au site d'exploitation à 375 mètres et, d'autre part, que l'installation présentait des risques pour la salubrité et la santé publiques susceptibles d'affecter un périmètre étendu (▪ CE, 13 juill. 2012, n° 339592, *Sté Moulin Soufflet : JurisData* n° 2012-015607 ; *Environnement* n° 10, p. 40, note D. Gillig. ▪ CAA Versailles, 26 mars 2013, n° 12VE02888, *Sté Moulins Soufflet*. ▪ CAA Nantes, 26 sept. 2014, 12NT02631). Le fait que le requérant demeure sur le territoire de la commune d'implantation d'une installation classée n'est pas de nature à lui conférer un quelconque intérêt pour agir à l'encontre de l'autorisation ; par ailleurs, le fait qu'il réside dans le quartier à proximité de l'installation en question et qu'il soit fortement impliqué dans la vie de ce secteur en tant que président d'un comité de quartier ne permet pas d'estimer qu'il justifie d'un intérêt suffisamment direct lui donnant qualité pour demander l'annulation de l'arrêté préfectoral d'autorisation, ces circonstances étant dépourvues de toute précision sur les inconvénients et dangers que présente effectivement pour lui l'installation en cause. De même, la qualité de contribuable communal, notamment au regard de la taxe d'enlèvement des ordures ménagères, est dépourvue d'incidence sur l'intérêt à agir à l'encontre d'une décision préfectorale prise au titre de la police des installations classées, quand bien même l'installation en cause est exploitée par la commune (▪ CAA Marseille, 7 mai 2013, n° 11MA03672, M. X.). Les tiers ne sont pas plus recevables à intervenir au soutien d'une demande d'annulation valablement formée s'ils sont dans la situation visée par l'article L. 514-6, II du Code de l'environnement (▪ CE, 16 mars 2018, n° 408182, *Assoc. « Le chabot » et a. : AJDA* 2018, p. 602 ; *Dr. env.* avr. 2018, p. 134.

Atteinte à des intérêts protégés. Les atteintes portées à des intérêts financiers, menacés par le jeu de clauses de garantie de passif consenties envers la société débitrice de l'obligation de remise en état, ne confèrent pas d'intérêt à agir (▪ CAA Paris, 7 août 2003, n° 98PA02345, *Sté ELF ATOCHEM : Environnement* janv. 2004, n° 1, p. 24, note P. Trouilly ; *Environnement* juin 2004, n° 6, p. 16, note D. Deharbe ; *AJDA* 2003, n° 41, p. 2213-2214, note V. Haïm). Le seul fait pour une société d'être en infraction avec les prescriptions techniques relatives aux ICPE confère aux associations requérantes un intérêt à agir (■ Cass. 3e civ., 8 juin 2011, n° 10-15.500, *France Nature Environnement c/ Sté Alvéa : D.* 2011, n° 38, p. 2635, comm. G. Forest).

La préoccupation. V., sous les présents commentaires, CCH, art. L. 112-16. Un tiers, installé postérieurement à l'exécution des formalités de publicité de l'arrêté d'autorisation, n'est pas recevable à former un recours contre l'arrêté d'autorisation (■ CAA Nancy, 6 juin 1996, n° 94NC00715, *Sté Cristal Lalique : JurisData* n° 1996-050596 ; *Dr. adm.* 1996, comm. 487 ; *Dr. env.* 1996, n° 43, p. 11, note E. Carlier ; *Lettre JCl. Environnement* 1996, n° 4, p. 4 ; *Rec. CE*, tables p. 1032 ; *Rev. jur. env.* 1997, p. 55, concl. J.-P. Piétri). En revanche, les actes intervenus postérieurement à son installation complétant ou modifiant les prescriptions déjà en vigueur pourront faire l'objet d'un recours (■ CAA Lyon, 15 mars 2005, n° 01LY00573, *M. Lavallée et Mme Lecuyot*).

De même, la requête de tiers, s'étant installés postérieurement au début de l'exploitation d'une ICPE, est recevable contre le refus du préfet de prendre des mesures complémentaires en vue de supprimer ou de réduire les nuisances engendrées par cette installation, dans la mesure où des changements substantiels sont intervenus tant en ce qui concerne la réglementation applicable que la consistance des installations de l'établissement (■ CAA Douai, 26 juin 2003, n° 00DA01250, *Sté nouvelle des Forges de Bourth Estampage : Environnement* janv. 2005, p. 13, note D. Deharbe). Est recevable la requête contre un arrêté concernant des inconvénients ou des dangers nouveaux pour les intéressés installés postérieurement à la date d'autorisation d'exploiter initiale. Toutefois, n'est pas justifiée la circonstance que les nuisances causées à l'environnement se seraient aggravées depuis la mise en service de l'installation soumise à autorisation, dès lors qu'il résulte de l'instruction que les rejets toxiques dans l'atmosphère et les bruits produits par l'installation se situent en deçà des valeurs limites autorisées (■ CAA Nancy, 26 juin 2003, n° 97NC01146, *Min. Environnement).* S'agissant des actes postérieurs à leur établissement, les tiers sont toujours recevables à les contester, dès lors qu'ils ont un intérêt, sans qu'il y ait lieu de distinguer selon que les prescriptions renforcent la protection des tiers ou au contraire accroissent leur exposition aux risques et nuisances engendrés par l'installation (■ CE, 22 oct. 2004, n° 242323, *Sté française de meunerie : Environnement* déc. 2004, n° 12, p. 16-17, note P. Trouilly ; *BDEI* 2004, n° spécial, p. 22 à 31, concl. M. Guyomar).

Voir également : sur la préoccupation, sous art. L. 514-19, annot. n° 7, p. 1010.

13) Les associations. Elles ont la qualité de tiers si la décision litigieuse porte atteinte aux intérêts pour la protection desquels elles ont été constituées (■ CE, 4 déc. 1964, n° 60069, *Min. Industrie c/ Syndicat de défense des intérêts des quartiers Arciveaux et a. : Rec. CE* 1964, p. 614) ; leur intérêt à agir s'apprécie par rapport aux fins poursuivies et aux conséquences éventuelles du projet litigieux (■ CE, 22 mars 1996, n° 128923, *GAEC du vieux Bougy : JurisData* n° 1996-050296 ; *Dr. env.* 1996, n° 40, p. 9, note R. R. ; *JCP* G 1996, IV, p. 173, note M.-C. Rouault ; *Rev. jur. env.* 3/1996, p. 325, concl. M. Denis-Linton), en tenant compte de l'adéquation entre l'objet de l'association et le caractère limité et local d'une installation litigieuse (■ CAA Nantes, 26 sept. 2014, n° 12NT02631) ; s'agissant de l'irrecevabilité de la demande d'une association à vocation nationale, qui pourtant dispose de délégations locales, mais dont l'objet social est trop général, à l'encontre d'un arrêté d'autorisation d'une installation classée d'importance locale et limitée (V. ■ CAA Nantes, 29 mars 1995, n° 93NT00170, *Synd. intercommunal d'élimination des ordures ménagères du groupement de mer : JurisData* n° 1995-043093). Une association n'est pas recevable à déférer devant un tribunal les arrêtés par lesquels le préfet proroge le délai d'instruction d'instauration de servitudes d'utilité publique, ceux-ci étant dépourvus de tout effet à l'égard des tiers (V. ■ CAA Bordeaux, 25 janv. 2010, n° 08BX00516, *Assoc. pour la protection de l'environnement et de la santé du pays de Broussac : JurisData* n° 2010-001798).

14) Les communes. Il résulte de l'application des dispositions de l'article L. 514-6 du présent code que la seule collectivité territoriale habilitée à contester une décision prise par le préfet en matière d'autorisation d'exploiter une installation classée pour la protection de l'environnement est la commune intéressée ou un groupement (■ TA Strasbourg, 26 oct. 2006, nos 0502320 et 0600284, *Conseil régional de Lorraine : Environnement* 2007, n° 3, p. 32, comm. D. Gillig). Sur la recevabilité d'une commune étrangère (ville d'Amsterdam) à attaquer les arrêtés du préfet du Haut-Rhin relatif aux déversements des Mines de potasse d'Alsace dans le Rhin (■ CE, 18 avr. 1986, n° 53934, *Sté de Mines de potasse d'Alsace*). Toutefois, si les communes peuvent, en vertu des dispositions de l'article L. 514-6 du présent code, déférer à la juridiction administrative, notamment les décisions préfectorales d'autorisation d'exploitation des installations classées pour la protection de l'environnement en raison des inconvénients ou des dangers que le fonctionnement de l'installation présente pour les intérêts visés à l'article L. 511-1, le droit qui leur est ainsi reconnu par la loi ne leur permet pas d'exercer un tel recours contre les décisions prises en cette matière par le juge administratif dans le cadre de son contrôle de pleine juridiction (■ CAA Nancy, 10 déc. 2007, n° 06NC00059, *Cne de Servigny-lès-Raville : AJDA* 2008, n° 13, p. 691, concl. P. Rousselle ; *JCP* A 2008, n° 8, p. 34, comm. P. Billet. ■ CAA Nancy, 10 déc. 2007, n° 05NC00687, *Assoc. Qualité de vie en milieu rural : AJDA* 2008, n° 13, p. 691, concl. P. Rousselle). Une commune qui exerce son droit de recours sur le fondement des dispositions de l'article L. 514-6 I, 2° du Code de l'environnement ne commet pas une faute de nature à engager sa responsabilité à l'égard de l'exploitant. Ainsi, le simple exercice de ce droit de recours, dès lors qu'il est justifié par un but de protection des intérêts publics tel que visés à l'article L. 511-1 du Code de l'environnement, n'est pas constitutif d'une faute. En revanche, la faute pourrait être établie s'il était prouvé que la commune avait agi dans un but étranger à la protection des intérêts visés à l'article L. 511-1 du Code de l'environnement (■ CAA Bordeaux, 30 nov. 2009, n° 09BX00760 : *JurisData* n° 2009-018578 ; *Environnement et dév. durable* 2010, n° 3, p. 18, note D. Gillig). Sur le défaut d'intérêt à agir d'une commune : il a été jugé que l'éventuelle pollution accidentelle n'étant pas susceptible d'avoir des effets nuisibles sur les captages d'eau potable de la ville, la protection des intérêts visés à l'article L. 511-1 du Code de l'environnement n'étaient pas menacés, et que par conséquent, la commune n'est pas considérée comme ayant un intérêt à agir (■ CAA Nancy, 21 juin 2010, n° 09NC00253, *Ville de Metz c/ Sté Solvay Carbonate France*). Sur l'intérêt à agir d'un syndicat intercommunal des eaux à l'encontre d'un arrêté préfectoral autorisant l'exploitation d'une carrière de sables et graviers, compte tenu de l'objet social du syndicat visant à assurer la création, le fonctionnement et l'entretien d'un service commun d'alimentation en eau potable ainsi que de la proximité entre le site prévu pour l'exploitation de la carrière et le point de captage d'eau potable existant et celui envisagé, la cour considère que le syndicat justifie d'un intérêt qui lui confère une qualité pour agir (■ CAA Nancy, 22 mai 2014, n° 12NC00427).

15) Les régions (non). La région ne constitue pas un tiers au sens de l'article L. 514-6. Elle est donc dépourvue de toute qualité pour demander l'annulation de l'autorisation de procéder à des forages d'eau potable (■ TA Strasbourg, 26 oct. 2006, n°s 0502320 et 0600284, *Conseil régional de Lorraine : Environnement* 2007, n° 3, p. 32, comm. D. Gillig).

16) Les établissements commerciaux. S'agissant du recours d'un établissement commercial, voisin de l'installation classée, il convient d'établir que les inconvénients générés par l'installation rendent plus difficiles, par eux-mêmes, les conditions d'exploitation de l'entreprise, ceci apprécié notamment en fonction des conditions de fonctionnement, de la situation des personnes qui fréquentent l'entreprise, ainsi que de la configuration des lieux (■ CE, 30 janv. 2013, n° 347347, *Sté Nord Broyage : BJCL* févr. 2013, n° 2/13, p. 147 ; *RJEP* juill. 2013, n° 710, p. 35, note X. de Lesquen ; *Environnement et dév. durable* 2013, p. 26, note D. Gillig. ■ CAA Douai, 28 mai 2014, n° 13DA00022). Perd l'intérêt pour agir l'établissement commercial voisin qui cesse son activité (■ CAA Lyon, 7 janv. 2014, n° 12LY02451). Un objet social qui ne se confond pas avec la défense de l'environnement ne suffit pas pour conférer un intérêt à agir. En outre, l'établissement requérant voisin ne saurait utilement invoquer des considérations économiques pour justifier d'un intérêt suffisant pour agir ; peu importe que l'activité de son concurrent risque de menacer sa propre activité (■ CAA Douai, 30 janv. 2014, n° 12DA01185).

B – Formalités

17) Ministère d'avocat. Il est obligatoire en première instance et pour un appel interjeté dans le cadre du contentieux spécial des installations classées (■ CE, 6 juin 1975, *Froment : Rec. CE* 1975, tables p. 1080. ■ CAA Bordeaux, 6 janv. 1997, n° 93BX00769, *Féd. limousine d'étude et de protection de la nature : JurisData* n° 1997-040350).

C – Les délais

18) Recours de l'exploitant (délai de deux mois). *Le délai de deux mois* court à compter de la première notification de l'arrêté litigieux ; l'existence d'une seconde notification de la même décision ne rouvre pas un nouveau délai de recours contentieux (■ CE, 4 févr. 1933, n° 20620, *M. Tacheau*).

Absence d'effet d'un recours gracieux ou hiérarchique. Les recours gracieux ou hiérarchiques dirigés contre les décisions prises en application des articles 3, 6, 11, 12, 16, 23, 24 et 26 de la loi de 1976, n'interrompent pas le délai de recours prévu à l'article L. 514-6 (■ CE, 19 mars 1993, n° 122012, *M. Ollitrault : Rec. CE* 1993, p. 78 ; *Rec. CE*, tables décennales 1985-1994, t. V, p. 5364, n° 123 ; *Rev. jur. env.* 3/1993, p. 455. ■ CE, 16 nov. 1998, n° 182816, *Min. Environnement c/ SA Cie des bases lubrifiantes : JurisData* n° 1998-051279 ; *BDEI* 4/1999, p. 23, concl. A. Seban ; *Dr. env.* 1999, n° 67, p. 6, comm. G. F. ; *Lettre JCl. Environnement* 1/1999, p. 6 ; *Rev. jur. env.* 4/1999, p. 649, comm. R. Schneider. ■ CAA Nantes, 22 nov. 1995, n° 93NT00647, *Sté d'application de moulages industriels (SAMI) : JurisData* n° 1995-049757 ; *AJDA* 1996, p. 891, note P. Cadenat ; *Rec. CE*, tables p. 919. ■ CAA Nancy, 31 déc. 1997, n° 94NC00364, *Sté de réparation des wagons foudres de Touraine (SRWFT) : Rec. CE*, tables p. 951 ;

Rev. jur. env. 1/1999, p. 146, comm. R. Schneider. – Dans le même sens, V. ■ CE, 3 déc. 2003, n° 242115, *Roels : Environnement* mars 2004, p. 21, note D. Gillig ; *AJDA* sept. 2004, p. 463).

19) Recours des tiers (délai de quatre ans, de un an, ou de six mois). L'introduction d'un recours gracieux contre un arrêté d'autorisation ne prive pas les tiers de former un recours contentieux contre ce même arrêté ; le recours gracieux n'interrompt pas le délai de quatre ans (■ CE, 8 juill. 1987, n° 60202, *M. Selle : Rec. CE* 1987, p. 248 ; *Rec. CE* 1987, tables décennales 1985-1994, t. V, p. 5363, n° 120 ; *AJDA* 1988, p. 70, note X. Prétot ; *Dr. adm.* 1987, comm. 501).

Voir : sur les délais de recours en matière d'ICPE et IOTA : D. n° 2010-1701, 30 déc. 2010 portant application de l'article L. 514-6 du Code de l'environnement et relatif aux délais de recours en matière d'installations classées et d'IOTA visés à l'article L. 214-1 du Code de l'environnement. Les tiers, les communes ou leurs groupements disposent désormais d'un délai d'un an, et non plus de quatre ans, pour contester les décisions mentionnées à l'article L. 514-6 du Code de l'environnement, à compter de leur publication ou de leur affichage. Ce délai est, le cas échéant, prorogé de six mois à compter de la mise en service de l'installation.

Le décret n° 2017-81 relatif à l'autorisation environnementale réduit ce délai à quatre mois à compter de la publication ou de l'affichage de la décision, étant précisé que le délai de recours commence à courir à compter de la dernière formalité accomplie.

20) Recours contre les autorisations d'exploitation de carrière. Les dispositions de la première phrase du II de l'article L. 514-6 ont seulement pour objet de créer, dans le régime du délai de recours contentieux en matière d'installations classées, une exception pour les autorisations d'exploitation de carrière dont le juge ne peut plus être saisi par les tiers, les communes intéressées et leurs groupements au-delà d'un délai spécifique de six mois à compter de l'achèvement des formalités de publicité. Mais la détermination, ainsi prévue par la loi, du point de départ de ce délai de recours contentieux ne saurait avoir pour effet de faire obstacle à l'exercice de leur droit de recours par les tiers intéressés dès que la décision litigieuse a été portée à leur connaissance. Ainsi, en estimant que la recevabilité d'un recours contre une autorisation d'exploitation de carrière n'est pas subordonnée à l'achèvement des formalités de publicité, le juge des référés n'a pas inexactement interprété les dispositions de l'article L. 514-6 du Code de l'environnement (■ CE, 30 mai 2007, n° 297035, *Sté Morillon Corvol Rhône Méditerranée : BDEI* 2007, n° 11, p. 7, concl. Y. Aguila ; *Environnement* 2007, n° 7, p. 25, note D. Gillig ; *Rev. jur. env.* 2008, n° 4, p. 487, obs. R. Schneider). Le Conseil d'État a refusé de transmettre une question prioritaire de constitutionnalité (QPC) portant sur la conformité de l'article L. 514-6 prévoyant un délai de recours spécifique pour les carrières, par rapport au principe constitutionnel d'égalité de traitement devant la justice et le droit au recours effectif, considérant que la question n'est pas nouvelle et ne présente pas de caractère sérieux (■ CE, 17 avr. 2012, n° 356452, *M. Jean-Pierre D.*).

IV – LA DEMANDE DE SUSPENSION DE LA DÉCISION

A – La jurisprudence antérieure à la loi n° 2000-597 du 15 juin 2000 : le sursis à exécution

21) Des moyens sérieux. L'insuffisance de l'étude d'impact constitue un moyen sérieux de nature à entraîner l'annulation de l'acte attaqué (■ TA Amiens, 18 mars 1997, n° 962525, *Comité de défense de Vron c/ Préfet de la Somme : JurisData* n° 1997-046628). Mais le sursis peut être refusé, en dépit de moyens sérieux et de nature à entraîner l'annulation, dès lors que les intérêts en présence, et plus particulièrement l'intérêt général qui s'attache à la nécessité de préserver la salubrité publique, le justifient (■ TA Caen, 3 févr. 1998, n° 971415, *Assoc. de sauvegarde du pays d'Isigny-le-Buat : Rev. jur. env.* 1/1999, p. 144, comm. R. Schneider).

22) Le caractère difficilement réparable. Ne présente pas un caractère difficilement réparable, le préjudice résultant de l'ouverture d'une porcherie de 449 animaux (■ CE, 8 nov. 1985, n° 45417, *Mlles Cavel et Gillet : Rec. CE* 1985, p. 318), de l'exploitation d'un élevage de 55 000 poulets de chair (■ CAA Nantes, 18 déc. 1996, n°s 96NT01610 et 96NT02004, *GAEC de Kervoasdoué : JurisData* n° 1996-047934) ou celle d'une usine d'incinération de déchets industriels (■ CE, 20 mai 1987, n° 80876, *Sté Soredi*). Le préjudice économique résultant de la consignation d'une somme de 300 000 F par demi-mois de fonctionnement d'une usine ne présente pas un caractère de nature à justifier le sursis à exécution de ces mesures (■ CE, 5 nov. 1984, n° 56101, *Secr. d'Ét. chargé de l'environnement c/ Sté Laboratoire Flork : JurisData* n° 1984-042311). Présentent un caractère difficilement réparable pour le fonctionnement de l'usine, compte tenu des techniques de production utilisées, les conséquences d'un jugement interdisant les rejets en milieu naturel (■ CE, 27 janv. 1978, n°s 2349 et 9163, *Sté Thann et Mulhouse*).

23) Les décisions négatives. La demande de sursis à exécution d'une décision négative est recevable dès lors que la décision litigieuse est de nature à entraîner une modification de la situation de fait ou de droit du requérant (■ CE, 23 janv. 1970, *Min. d'État chargé des affaires sociales c/ Amoros et a.* : *Rec. CE* 1970, p. 51). N'entraîne pas une modification de la situation de droit du requérant, le refus du préfet de réexaminer la situation d'une installation dont la fermeture avait été ordonnée (■ CE, 10 oct. 1986, n° 65635, *Chevalerias*).

24) Moyens inopérants. La circonstance que l'exploitation de l'installation classée ait déjà commencé ne fait pas obstacle au prononcé du sursis dès lors que les deux conditions sont réunies (■ TA Toulouse, 8 juill. 1999, n° 991873, *Assoc. élevage et a. c/ Préfet de l'Aveyron* : *Mon. TP* 10 sept. 1999, p. 46).

B – La jurisprudence postérieure à la loi n° 2000-597 du 15 juin 2000

Voir : CJA, art. L. 521-1 et s.

Bibliographie : B. Busson, *L'urgence en matière de protection de l'environnement : Avancées et limites du référé administratif* : *Dr. env.* mai 2001, n° 88, p. 93. – C. Dupraz, *Premières applications du référé en matière d'environnement* : *Environnement et technique* sept. 2001, n° 209, p. 59. – Ch. Huglo et M.-P. Maître, *Le juge des référés et la suspension des décisions en matière d'ICPE* : *Environnement et technique* juill.-août 2002, n° 218, p. 48. – D. Gillig, *ICPE : demande de référé suspension* : *Environnement et dév. durable* 2011, n° 11, p. 50.

1° Les référés sursis automatiques

Voir : annotations sous art. L. 122-2 et L. 123-12, p. 100.

2° Le référé suspension (CJA, art. L. 521-1)

25) L'urgence. L'urgence justifie que soit prononcée la suspension d'un acte administratif lorsque l'exécution de celui-ci porte atteinte de manière suffisamment grave et immédiate aux intérêts publics, à la situation ou aux intérêts du requérant. Toutefois, il n'y a pas urgence à suspendre un arrêté préfectoral d'autorisation d'une installation classée alors même qu'il est fait état de manquements dans les données techniques du dossier, d'un manquement du préfet qui n'a pas pris en compte la sensibilité écologique du secteur, et d'une insuffisance de l'étude d'impact, ces éléments ne constituant pas des précisions et justifications suffisantes sur le risque environnemental de nature à établir que l'arrêté porte une atteinte suffisamment grave et immédiate à la situation de l'association requérante ou aux intérêts qu'elle défend (■ TA Amiens, ord., 19 juill. 2006, n° 0601681, *Assoc. de lutte pour l'environnement en Picardie*). Il n'y a pas non plus urgence à suspendre un arrêté d'autorisation d'exploiter une installation classée, dans la mesure où, en l'espèce, le permis de construire de l'usine en cause a précédemment été suspendu et dans la mesure où, par ailleurs, le requérant se borne à invoquer les risques existants à proximité de certaines zones d'habitation, pour justifier l'urgence (■ TA Rouen, 6 mars 2001, n° 01241, *Assoc. de sauvegarde du site de Port-Mort*. ■ TA Montpellier, 25 févr. 2002, ord. n° 02159, *Cne de Pujaut*), ou lorsque de nombreuses incertitudes sur les choix des modes d'exploitation de l'installation demeurent (■ TA Toulouse, 10 juill. 2002, ord. n° 02/1930, *Mme Alonso et a. c/ Préfet de Haute-Garonne* : *Environnement* déc. 2002, n° 12, p. 21-23, note J.-P. Barale), ou lorsque l'arrêté de consignation ne tenait pas compte des travaux de dépollution déjà entrepris sur le site (■ TA Versailles, 19 févr. 2001, ord. n° 01/0565, *Sté Amidis et Cie*) ou lorsque les risques d'atteinte au patrimoine naturel ne sont pas avérés (■ TA Nancy, ord., 7 mars 2011, n°s 1100144 et 1100258, *Cademovi et ASVPP* : *Environnement* juin 2011, n° 6, p. 25, note M. Berthelon). De même, en vertu du principe d'indépendance des législations relatives à l'environnement et à l'urbanisme, l'engagement de travaux de construction autorisés par un permis de construire et les nuisances susceptibles de résulter de ces travaux ne peuvent être utilement invoqués pour justifier de l'urgence à suspendre l'exécution d'une autorisation d'exploiter une installation classée (■ CE, 15 févr. 2007, n°s 294186, 294217 et 294279, *MEDD et a.* : *Dr. adm.* 2007, n° 5, p. 34, comm. P. Lignières et J. Duval ; *Dr. env.* 2007, n° 150, p. 179, comm. X. Braud). En revanche, la condition d'urgence est remplie dès lors que les arrêtés relatifs à la remise en état d'un site, dont la suspension est demandée, impliquent la réalisation d'obligations qui, si elles ne sont pas exécutées, exposent le requérant aux sanctions administratives et pénales prévues par le Code de l'environnement (■ TA Strasbourg, 19 déc. 2002, n°s 02-04151 et 02-04153, *SCP Bayle-Geoffroy c/ Préfet de la Moselle*). De même, il y a urgence à suspendre un arrêté préfectoral de suspension d'activité d'une installation classée qui met l'entreprise exploitante dans une situation sociale et économique difficile (■ TA Amiens, 11 janv. 2002, ord. n° 01/4328, *Sté X c/ Préfet de l'Aisne*). Concernant l'autorisation d'une cimenterie à traiter et à incinérer de nouveaux déchets, la condition d'urgence n'est pas remplie dès lors que la modification de la situation antérieure du point de vue du droit des déchets n'est pas profondément modifiée (■ TA Clermont-Ferrand, 25 mars 2005, n° 0500389, *Allier Nature*).

Pour apprécier l'urgence, le juge des référés doit rechercher si l'exécution de l'arrêté en cause porte atteinte de façon suffisamment grave et immédiate aux intérêts de l'exploitant ou à d'autres intérêts publics ou privés. Ainsi, il y a urgence à suspendre un arrêté préfectoral de suspension s'appliquant au traitement de déchets non autorisés mais également aux déchets autorisés (■ CE, 1er juill. 2009, n° 322275, *Sté Paprec Île-de-France : Environnement* 2009, nos 8-9, p. 39, comm. P. Trouilly). La condition d'urgence est remplie eu égard aux impacts financiers pour la société requérante de l'exécution de l'arrêté préfectoral qui prononce notamment l'arrêt définitif de l'exploitation de l'installation de stockage des déchets inertes et la remise en état du site, à ses conséquences en termes d'emploi, ainsi qu'à l'intérêt public lié à l'insuffisance de tels sites dans la région, ainsi qu'au préjudice écologique susceptible d'être causé par report de sa clientèle vers des sites plus éloignés (■ CE, 31 mars 2017, n° 403297, *Sté Commercialisation Décharge et Travaux Publics (CDTP) : JurisData* n° 2017-009041 ; *Énergie – Env. – Infrastr.* 2017, n° 6, comm. L. Dutheillet de Lamothe).

26) Un doute sérieux quant à la légalité de l'acte attaqué. Le moyen tiré de la violation des dispositions de l'article L. 514-1 du présent code est propre à créer un doute sérieux sur la légalité de l'acte en cause (■ TA Amiens, 11 janv. 2002, ord. n° 014328, *Sté ARF*). La vulnérabilité du milieu naturel est de nature à créer un doute sérieux sur la légalité d'un arrêté autorisant l'exploitation d'un élevage de palmipèdes (■ TA Pau, 12 févr. 2001, ord. n° 01123, *Cne de Rion des Landes*). L'absence d'étude d'impact n'est pas de nature à créer un doute sérieux quant à la légalité du permis de construire, en raison de l'application du principe de l'indépendance des législations des autorisations d'urbanisme et celles relatives aux installations classées (■ TA Nice, ord. réf., 28 déc. 2004, *G. Hervé*). La perte de valeur patrimoniale de la propriété ainsi que le préjudice visuel subis par un requérant ne sont pas des moyens recevables pour contester la légalité d'une dérogation accordée aux prescriptions générales ou spéciales applicables à une installation. Dans cette affaire, le tribunal administratif de Strasbourg précise quels sont les moyens de légalité susceptibles d'être invoqués par un tiers à l'encontre d'un arrêté préfectoral accordant à l'exploitant d'une installation déclarée une dérogation aux prescriptions applicables au fonctionnement de son installation. Les tiers lésés ne peuvent donc invoquer le moyen tiré de l'atteinte portée par une autorisation de mise en service d'une installation à leur droit de propriété (■ TA Strasbourg, 5 févr. 2010, n° 0605635, *Steinmetz : Environnement et dév. durable* 2010, n° 4, p. 31, *D. Gillig). Ne constitue* pas non plus un tel moyen celui tiré de l'insuffisance des prescriptions de fonctionnement, dès lors que, notamment, s'agissant d'une activité d'affouillement inhérente au développement de l'exploitation d'un centre de stockage de déchets ont été pris en compte la collecte et le traitement de lixiviats dont les modalités techniques de mise en œuvre figurent dans le guide technique relatif aux centres de stockage de déchets ménagers et assimilés ■ CE, 14 janv. 2009, n° 320543, *Association espérance environnement : BDEI* 2010, n° 25, p. 15, obs. O. Carton).

3° Le référé liberté (CJA, art. L. 521-2)

27) Appréciation de l'atteinte à une liberté fondamentale. L'atteinte grave à une liberté fondamentale est appréciée de façon objective par le juge des référés compte tenu des circonstances de l'espèce (■ CE, 25 avr. 2002, n° 245414, *Sté Saria industrie : Environnement* août-sept. 2002, nos 8-9, p. 19). C'est dans ces conditions que le juge des référés a ordonné la suspension d'un arrêté préfectoral ayant prononcé la suspension de l'activité d'une installation, dans la mesure où l'incertitude qui pèse depuis plusieurs mois sur la pérennité de l'entreprise impose aux salariés de cette dernière des sacrifices d'ordre personnel et patrimonial constitutifs d'une atteinte grave et manifestement illégale à leur droits fondamentaux à mener une vie familiale et personnelle normale ainsi qu'à leur droit d'entreprendre (■ TA Toulouse, 24 oct. 2002, ord. n° 02/2870, *M. Abad et a. c/ Préfet de la Haute-Garonne*. ■ TA Toulouse, 25 juin 2002, ord. n° 02/1672, *M. Ardouin et a. c/ Préfet de la Haute-Garonne*).

V – INSTRUCTION ET INCIDENTS DE PROCÉDURE

A – Instruction : les pouvoirs du juge

28) Ordonner une expertise. Le juge peut ordonner une expertise (■ CE, 14 mai 1948, *Courtial : Rec. CE* 1948, p. 210) mais il ne s'agit que d'une faculté (■ CE, 19 juin 1959, *Lemore : Rec. CE* 1959, p. 387. ■ CE, 26 avr. 1985, n° 39321, *Comité de défense de l'environnement de Freneuse et a. : JurisData* n° 1985-040487). Pour une ordonnance de référé accueillant la demande d'associations d'être parties aux opérations d'expertise (■ TA Cergy-Pontoise, ord., 13 févr. 2006, n° 0511051, *Assoc. départementale de défense des victimes de l'amiante 93 et a.*).

Condition d'utilité. Est utile l'expertise tendant à vérifier si les prescriptions d'un nouvel arrêté d'autorisation ont été observées, même avant l'expiration du délai de mise en conformité des installations (■ CAA Nantes, 17 déc. 1997, n° 97NT00542, *Sté Caillaud : Rev. jur. env.* 3/1998, p. 418, note R. Schneider) ; en revanche, est inutile la désignation d'un expert tendant à la constatation des conditions de stockage de déchets industriels toxiques dans une décharge (■ CE, 29 déc. 1997, n° 54922, *M. Havrez et a.*). De même, le juge ne peut ordonner d'expertise lorsqu'il est saisi d'un recours contre une décision de refus de délivrer une autorisation dès lors que le préfet avait compétence liée pour prendre une telle décision (▪ CE, 7 mai 1969, n° 73879, *Spasaro : Rec. CE* 1969, p. 244). En outre, n'est pas fondée la requête en référé-instruction visant à établir le lien entre une éventuelle pollution due à une installation et le préjudice subi par un exploitant agricole lorsque des analyses ont été menées dans le cadre du suivi « post exploitation » et n'ont pas mis de pollution en évidence (▪ CAA Nantes, 25 oct. 2016, n° 16NT01701 : *RD rur.* févr. 2017, n° 450, note G. Bailly). Le juge peut ordonner une expertise relative à l'usage de l'entrepôt dès lors qu'il est démontré au cours de la procédure que l'usage aurait été effectué non conformément à l'autorisation administrative (▪ CA Orléans, 3 mars 2005, n° 14/00156, *Sté civile X/SASY*).

29) Consulter. Saisi d'un recours contre un arrêté complémentaire d'autorisation d'extension, dont l'instruction démontre qu'elle est de nature à porter atteinte aux intérêts protégés, le juge peut ordonner une expertise diligentée avec le concours technique des services déconcentrés de l'État et avec la participation de l'exploitant, de la SNCF et des collectivités territoriales concernées (▪ CAA Nantes, 31 déc. 1991, n°s 90NT00509 et 90NT00513, *Comité de défense de la basse vallée de l'Iton : Rec. CE*, tables décennales 1985-1994, t. V, p. 5368, n° 135) ; en outre, il peut consulter le Conseil départemental d'hygiène par un jugement avant dire droit (▪ CE, 27 mai 1988, n° 57894, *Sté industrielle armoricaine de légumes (SIALE) : JurisData* n° 1988-644625 ; *Rec. CE* 1988, p. 221).

B – Incidents de procédure

30) Intervention. Sont recevables les interventions d'une commune dès lors qu'elle a un intérêt à l'annulation de la décision litigieuse (▪ CE, 1er juin 1984, nos 9085, 9086 et 10259, *Féd. des associations de lutte contre les nuisances des avions (FALNA)* et *Assoc. pour la défense contre les nuisances des aéroports du Nord de Paris (ADNAP), Ville de Saint-Leu-la-Forêt : JurisData* n° 1984-600896), ou bien dès lors qu'elle a un intérêt au maintien de la décision attaquée (▪ CE, 20 mai 1987, n° 80876, *Sté Soredi*). Est également recevable l'intervention de l'assemblée des CCI dès lors qu'elle invoque un droit personnel (▪ CE, 26 juill. 1978, *Tissandier : Rec. CE* 1978, tables p. 841 et 915).

31) Incidents conduisant au non-lieu à statuer. La disparition de l'acte attaqué (▪ CE, 1er févr. 1985, nos 41634 et 41900, *Cne d'Ons-en-Bray, Assoc. pour la défense de l'environnement d'Ons-en-Bray : Rec. CE* 1985, tables p. 698 ; *Rec. CE*, tables décennales 1985-1994, t. V, p. 5361, n° 114), l'intervention d'une nouvelle décision qui fait droit à la demande du requérant (▪ CE, 31 mai 1989, nos 76236 et 76500, *Socopy : JurisData* n° 1989-643194), la disparition de l'objet de la demande d'annulation d'une décision implicite de rejet du préfet de prescrire des mesures complémentaires à un arrêté d'autorisation d'une installation classée, suite à la cessation de l'activité litigieuse (▪ CE, 4 nov. 1987, n° 48370, *Assoc. pour la défense de la qualité de la vie à Bondy)* ou bien la caducité de l'arrêté d'autorisation (▪ CE, 22 mars 1985, n° 31941, *M. Girault*). La modification de la nomenclature dès lors qu'elle entraîne le déclassement d'une installation, dans l'hypothèse d'un recours formé contre un arrêté d'autorisation (▪ CE, 26 juill. 1978, *Tissandier*, préc.) ou bien son passage du régime de l'autorisation vers celui de la déclaration, dans le cas d'un recours contre un arrêté d'autorisation, dès lors que le récépissé de déclaration a été délivré (▪ CE, 22 mars 1985, n° 33661, *Flammary : Rec. CE*, tables décennales 1985-1994, t. V, p. 5361, n° 115). Si, lorsque l'autorité administrative prend, pour l'exécution d'une décision juridictionnelle d'annulation, une nouvelle décision d'autorisation d'exploiter ayant un caractère provisoire, le recours dirigé contre cette décision juridictionnelle conserve son objet, il en va autrement en cas d'intervention d'une nouvelle autorisation définissant entièrement les conditions d'exploitation de l'installation et dépourvue de caractère provisoire, se substituant à l'autorisation initialement contestée. L'intervention de cette nouvelle autorisation, qu'elle ait ou non acquis un caractère définitif, prive d'objet la contestation de la première autorisation, sur laquelle il n'y a dès lors plus lieu de statuer (▪ CE, 17 déc. 2014, n° 364779, *min. de l'Écologie, du Développement durable et de l'Énergie : BDEI* mars 2015, p. 28, note D. Gillig ; *Le non-lieu dans le contentieux des installations classées : BDEI* févr. 2015, p. 10, concl. X. de Lesquen).

32) Intervention d'un jugement au fond lors de l'appel du sursis. Le juge d'appel prononce le non-lieu lorsque, saisi d'une demande d'annulation d'un jugement prononçant le sursis, le juge se prononce sur le fond pendant l'instance d'appel (▪ CE, 3 févr. 1984, nos 19153 et 19162, *Soadexa*).

33) Tierce opposition. Lorsque le juge administratif annule un refus d'autoriser une IPCE et accorde lui-même l'autorisation aux conditions qu'il fixe ou, le cas échéant, en renvoyant le bénéficiaire devant le préfet pour la fixation de ces conditions, la voie de la tierce opposition est ouverte aux tiers contre cette décision, pour autant qu'ils justifient d'un intérêt suffisant pour demander l'annulation de la décision administrative d'autorisation, en invoquant tout moyen et sans qu'ils aient à justifier d'un droit lésé. En vue de garantir la sécurité juridique du bénéficiaire de l'autorisation, il est loisible au juge, lorsqu'il délivre une autorisation d'exploiter une installation classée, d'ordonner dans son jugement la mise en œuvre des mesures de publicité prévues par le I de l'article R. 512-39 du Code de l'environnement. Le préfet peut également décider la mise en œuvre de ces mesures portant sur une autorisation délivrée par le juge administratif. Lorsque la publicité prescrite par le juge ou ordonnée par le préfet a été assurée, les tiers ne sont plus recevables à former tierce opposition au jugement après écoulement des délais prévus par les dispositions de l'article R. 514-3-1 du Code de l'environnement (▪ CE, avis, 29 mai 2015, n° 381560, *Assoc. Nonant Environnement : AJDA* 2015, p. 1805, note T. Pouthier ; *BDEI* sept. 2015, p. 5, concl. S. Von Coester ; *Dr. adm.* 2015, comm. 63, note G. Eveillard).

VI – JUGEMENT

A – Pouvoirs du juge à l'égard des installations classées

34) Indépendance des sanctions pénales et administratives. Les faits constatés par le juge pénal, saisi de poursuites pour exploitation sans autorisation d'une installation classée, qui commandent nécessairement le dispositif d'un jugement ayant acquis force de chose jugée, s'imposent à l'administration et au juge administratif. Pour autant, le juge administratif n'est pas lié par le jugement de relaxe prononcé par le juge pénal. Il appartient au juge administratif d'apprécier si les mêmes faits sont suffisamment établis et s'ils peuvent donner lieu à des sanctions administratives (▪ CAA Douai, 25 janv. 2007, n° 06DA00511, *Éts Despeghel-Lamarque*).

35) Les pouvoirs à l'égard de l'acte. *Contrôle de l'excès de pouvoir*. Le juge examine successivement la compétence de l'auteur de l'acte (▪ CE, 21 oct. 1996, n° 153782, *Union des industries chimiques (UIC) : JurisData* n° 1996-051147 ; *Rec. CE* 1996, p. 407 ; *BDEI* 2/1997, p. 20, note S. Mandelkern ; *CJEG* 1997, p. 237, note L. Matysen ; *Dr. env.* 1996, n° 44, p. 16, note L. Chabanne-Pouzynin), l'ensemble de la procédure suivie par le préfet et qui a conduit à l'adoption de l'acte, en particulier la procédure d'enquête publique (▪ CE, 13 oct. 1976, n° 94464, *MM. Tarit et Cognet : Rec. CE* 1976, p. 412) et le fond.

L'adaptation des prescriptions. Le juge peut assortir l'autorisation d'ouverture d'établissements classés en première ou en seconde catégorie, de prescriptions qu'il juge indispensables à la protection des intérêts visés à l'article L. 511-1 (▪ CE, 9 oct. 1981, n° 4006, *Assoc. de défense des sites de Sainte-Radegonde et de ses environs*). Il peut également renforcer ou compléter les prescriptions de l'arrêté d'autorisation (▪ CAA Bordeaux, 20 avr. 1994, n° 92BX01168, *M. Doublet et a.*), en ordonnant la pose d'un compteur destiné à contrôler le fonctionnement d'un dispositif d'oxygénation du lisier (▪ CE, 11 déc. 1987, n° 73570, *SARL Soderapor*). Cette adaptation peut également intervenir à la demande de l'exploitant et conduire à l'allégement des prescriptions (▪ CE, 11 mai 1988, n°s 66490 et 66575, *Comité de défense du site de Kervoazou : JurisData* n° 1988-645225 ; *Rec. CE* 1988, tables p. 847 ; *Rec. CE* 1988, tables décennales 1985-1994, t. V, p. 5366, n° 130) ; elle peut également intervenir en appel dans la mesure où l'insuffisance du dossier de demande d'autorisation n'y fait pas obstacle (▪ CAA Nantes, 14 juin 2000, n° 95NT00867, *SCAO et SOCASO : Mon. TP* 15 déc. 2000, p. 75 ; *BDEI* janv. 2001, p. 8, concl. M. Lalauze). Le juge administratif ne commet pas d'erreur manifeste d'appréciation en modifiant les prescriptions de l'arrêté d'autorisation et en fixant une nouvelle limite de bruit, conformément à un arrêté ministériel auquel est annexée une instruction relative aux bruits aériens émis dans l'environnement par les installations classées, l'installation étant située dans une zone résidentielle urbaine (▪ CAA Bordeaux, 14 nov. 2006, n° 03BX01988, *Sté Toupnot : Environnement* 2007, n° 2, p. 32, note D. Gillig ; *BDEI* 2007, n° 8, p. 14).

Autorisation d'exploitation. Le juge peut annuler la décision de refus du préfet de délivrer l'autorisation sollicitée et délivrer lui-même l'autorisation d'exploiter (▪ CE, 7 févr. 1873, *Bourgeois : Rec. CE* 1873, p. 124 ; *Gr. arrêts dr. env.*, éd. Dalloz 2017, n° 43, obs. G. Kalflèche. – Dans le même sens V. ▪ CAA Nancy, 21 juin 2004, n° 99NC02239, *SARL Kaibacker : Environnement* févr. 2005, n° 2, p. 12-14, note D. Deharbe et *Environnement* nov. 2004, n° 11, p. 27, note D. Gillig), en l'assortissant des conditions qu'il juge indispensables pour la protection de l'environnement (▪ CAA Nancy, 5 févr. 1998, n° 93NC00739, *Assistance et travaux pour l'environnement et la propreté (ATEP) : JurisData* n° 1998-050062 ; *Rev. jur. env.* 1/1999, p. 142, comm. R. Schneider). Dans cette hypothèse, il est tenu d'observer les mêmes règles de procédures qui s'imposent pour la délivrance de l'autorisation d'exploiter, en particulier celles relatives à l'information du public (▪ CE, 15 déc. 1989, n° 70316, *Min. Environnement c/ Sté Spéchinor : Rec. CE* 1989, p. 254 ; *Rev. adm.* 1990, p. 45, note P. Terneyre ; *Rev. jur. env.* 2/1990, p. 244, concl. M. de la Verpillière). Lorsqu'il prononce l'annulation d'une décision d'autorisation d'exploiter une ICPE, le juge de pleine juridiction des installations classées a toujours la faculté, au titre de son office, d'autoriser lui-même, à titre provisoire, et le cas échéant sous réserve de prescriptions et pour un délai qu'il détermine, la poursuite de l'exploitation de l'installation en cause, dans l'attente de la régularisation de sa situation par l'exploitant. Il lui appartient de prendre en compte, pour déterminer l'opportunité d'une telle mesure, l'ensemble des éléments de l'espèce, notamment la nature de l'illégalité ayant conduit à l'annulation de la décision contestée, les considérations d'ordre économique et social ou tout autre motif d'intérêt général pouvant justifier la poursuite de l'exploitation et l'atteinte éventuellement causée par l'exploitation aux intérêts visés par l'article L. 511-1 du Code de l'environnement ou à d'autres intérêts publics et privés. Parmi les éléments que le juge peut prendre en compte figure la possibilité, reconnue à l'administration par l'article L. 514-2 du même code, d'autoriser elle-même, dans un tel cas de figure, la poursuite de l'exploitation jusqu'à ce qu'il soit statué à nouveau sur la demande d'autorisation (▪ CAA Douai, 3 mai 2018, n° 16DA00908, *Sté Industrial et Environmental Platform SAS*).

Dès lors que le dossier de déclaration est complet, le juge administratif est tenu d'autoriser la société à exploiter l'installation classée, en conformité avec le projet d'arrêté préfectoral donnant récépissé et aux prescriptions spéciales qui y sont annexées (▪ TA Limoges, 13 mars 2003, n° 98-1060, *EARL des Trois Étangs c/ Préfet de la Creuse*, préc.).

Le juge est compétent pour apprécier si aucune mesure ne peut, en pratique, être mise en œuvre pour assurer la protection des intérêts protégés par les dispositions de l'article L. 511-1 du Code de l'environnement. La charge de la preuve montrant que les circonstances justifient un refus d'autorisation appartient au ministre (▪ CAA Nancy, 19 avr. 2004, n° 02NC00869, *MEDD*).

Il résulte de la compétence liée du préfet que lorsque le juge administratif a autorisé l'exploitation d'une installation classée, tous les vices de légalité externe ou interne à l'encontre de l'arrêté préfectoral fixant les prescriptions applicables au fonctionnement de cette installation sont inopérants (▪ TA Strasbourg, 3 mars 2010, n° 0701187, *Cne Munchlouse : Environnement et dév. durable* juill. 2010, n° 7, p. 34, note D. Gillig).

Lorsqu'il statue en vertu de l'article L. 514-6 du Code de l'environnement, le juge administratif a le pouvoir d'autoriser la création et le fonctionnement d'une installation classée pour la protection de l'environnement en l'assortissant des conditions qu'il juge indispensables à la protection des intérêts mentionnés à l'article L. 511-1. Il a, en particulier, le pouvoir d'annuler la décision par laquelle l'autorité administrative a refusé l'autorisation sollicitée et, après avoir, si nécessaire, régularisé ou complété la procédure, d'accorder lui-même cette autorisation aux conditions qu'il fixe ou, le cas échéant, en renvoyant le bénéficiaire devant le préfet pour la fixation de ces conditions. Dans le cas où le juge administratif fait usage de ses pouvoirs de pleine juridiction pour autoriser le fonctionnement d'une installation classée, la décision d'autorisation ainsi rendue présente le caractère d'une décision juridictionnelle et se trouve en conséquence revêtue de l'autorité de chose jugée (▪ CE, avis, 29 mai 2015, n° 381560, *assoc. Nonant Environnement : BDEI* sept. 2015, p. 5, concl. S. Von Coester ; *Dr. adm.* 2015, comm. 63, note G. Eveillard ; *AJDA* 2015, p. 1805, note T. Pouthier).

Autorisation temporaire avant régularisation. Le juge peut accorder une autorisation temporaire dans l'attente d'une régularisation de l'exploitation de l'installation classée (▪ CE, 4 mai 1998, n° 161336, *M. Téallier : BDEI* 4/1998, p. 21, note M. Courtin, concl. F. Lamy ; *Rev. jur. env.* 1/1999, p. 150, comm. R. Schneider). Cette solution a été confirmée par le Conseil d'État qui considère que lorsqu'il prononce l'annulation d'une décision d'autorisation d'exploiter, le juge de pleine juridiction a toujours la faculté d'autoriser lui-même, à titre provisoire, et le cas échéant sous réserve de prescriptions et pour un délai qu'il détermine, la poursuite de l'installation en cause, dans l'attente de la régularisation de sa situation par l'exploitant (▪ CE, 15 mai 2013, n° 353010, *Sté ARF : BDEI* n° 46/2013, n° 1617, note D. Gillig). Pour des exemples de cas dans lesquels le juge autorise la poursuite de l'exploitation dans l'attente de la régularisation de la situation de l'exploitant (▪ CAA Douai, 28 mai 2014, n° 13DA00022. ▪ CAA Nantes, 13 juin 2014, n° 12NT00974. ▪ CAA Nantes, 2 mai 2014, n° 13NT00704. ▪ CAA Nancy, 22 mai 2014, n° 12NC00427). V. également annotations sous art. L. 171-7, p. 251.

Abrogation de l'acte. Le juge, lorsqu'il est saisi d'une requête en annulation d'un arrêté préfectoral de mise en demeure de remise en état, par des exploitants ayant cessé leur activité, peut être amené à constater que les mesures prescrites, qui étaient légalement justifiées lorsqu'elles ont été prises, ne sont plus nécessaires à la date où il statue ; il doit alors, non pas annuler l'arrêté attaqué car une telle annulation revêt un caractère rétroactif, mais seulement l'abroger pour l'avenir (▪ TA Strasbourg, 18 févr. 2000, *SAS Cummins Wartsila c/ Préfet du Haut-Rhin : Rev. jur. env.* 2001, p. 142. ▪ CE, 21 janv. 2002, n° 234227, *Min. de l'Aménagement du territoire et de l'Environnement c/ Sté Schweppes France.* ▪ CAA Bordeaux, 10 nov. 2010, n° 10BX00062 : *JurisData* n° 2010-025136 ; *Environnement et dév. durable* 2011, n° 2, p. 37, note D. Gillig. ▪ CAA Douai, 28 nov. 2012, n° 10DA00448, *Sté les Établissements Bara.* ▪ CAA Douai, 13 juin 2013, n° 11DA00408, *Sté de Gestion Hôtelière MDC : AJDA* 2013, n° 26/2013, p. 1504, note D. Moreau). Il en est de même lorsque, à l'occasion d'un recours de plein contentieux formé contre un arrêté préfectoral ayant pour objet de définir les modalités de remise en état d'un site de carrière dont l'exploitation a cessé, le juge constate que les mesures de remise en état sont entièrement satisfaites. Dès lors, il n'y a pas lieu d'annuler l'arrêté mais de l'abroger pour l'avenir (■ CAA Nancy, 15 févr. 2007, n° 05NC00867, *Assoc. pour la défense de l'environnement et de la sécurité du secteur de Rouveroye : Environnement* 2007, n° 4, p. 27, comm. D. Gillig. ■ CAA Douai, 30 nov. 2006, n° 06DA00013, *SAS ICI et P France*. ■ CAA Bordeaux, 6 juin 2006, n° 02BX00719, *Sté des établissements Brange : Rev. jur. env.* 2007, n° 4, p. 524, obs. R. Schneider. ■ CAA Bordeaux, 3 déc. 2007, n° 05BX02376, *Sté GSM : Environnement* 2008, n° 3, p. 37, obs. D. Gillig ; *Rev. jur. env.* 2008, n° 4, p. 473, obs. R. Schneider). Dans la mesure où la clôture des opérations de liquidation judiciaire d'une société a été prononcée, le liquidateur judiciaire ne la représente plus et ne peut se voir imposer des prescriptions au titre de la législation sur les ICPE. Par conséquent l'arrêté le mettant en demeure d'éliminer des produits chimiques présents sur le site et l'arrêté lui enjoignant de consigner une somme d'argent doivent être abrogés (■ TA Versailles, 16 juin 2009, n° 0606646, *Me Souchon*).

Modulation dans le temps des effets de l'annulation de l'acte : Application de la jurisprudence AC ! (■ CE, 11 mai 2004, n°s 255886 à 225892, *Association AC et a.*) au droit des ICPE : La demande d'application de cette jurisprudence a été rejetée au motif que les arguments invoqués par l'exploitante n'avaient pas été étayés par des éléments permettant à la cour de s'assurer de la gravité des conséquences liées à l'annulation de l'arrêté d'autorisation (■ CAA Bordeaux, n° 03BX000973, *Assoc. pour la préservation des sites menacés en Bouriane et a. c/ Sté Denain Anzin Matériaux*) ou que les nécessités invoquées, résultant de la nécessité d'assurer dans les meilleures conditions possibles le fonctionnement du service public et le maintien des emplois en cause, ne permettent pas de démontrer que l'annulation de l'arrêté préfectoral attaqué serait de nature à emporter des conséquences manifestement excessives justifiant qu'il soit dérogé à titre exceptionnel au principe de l'effet rétroactif des annulations contentieuses (■ CAA Douai, 5 mai 2011, n° 08DA00183, *Sté Ikos Environnement*) ; dans le même sens (■ CAA Douai, 30 juin 2011, n°s 09DA00764 et 09DA00961, *Sté ARF*). Depuis l'intervention de l'autorisation unique issue de l'ordonnance n° 2017-80 du 26 janvier 2017 réserve cette possibilité de modulation dans le temps des effets de l'annulation, ■ TA Lille, 25 avr. 2017, *J. et a. : AJDA* 2017, p. 1733, obs. S. Becue.

Les limites du pouvoir du juge à l'égard de l'acte. Il ne peut ordonner la suspension ou le transfert de l'établissement de la société requérante (■ CE, 7 nov. 1984, n°s 25642 et 25978, *Sté d'intérêt collectif agricole du Val de Gennes, Mme Burny Saint-Macé et M. Peterse*). Une mise en demeure du juge administratif à l'égard d'un exploitant privé de présenter une demande d'autorisation ne peut être assortie d'une astreinte en application de l'article L. 911-3 du Code de justice administrative (■ CAA Lyon, 4 juill. 2003, n° 01LY00853, *Herault et Unappe c/ Préfet de la Nièvre et SARL Éts Weber*). Par ailleurs, si l'acte attaqué pris pour l'application de la législation relative aux installations classées est rapporté par l'autorité compétente avant que le juge ait statué, il n'y a pas lieu pour celui-ci de se prononcer sur le mérite de la demande dont il est saisi, que ce retrait ait ou non acquis un caractère définitif ; il en va de même lorsque ce retrait intervient au cours de l'instance de cassation (■ CE, 5 juill. 2006, n° 259061, *SARL entreprise H. Olivo : Rec. CE* 2006, p. 324 ; *AJDA* 2006, n° 31, p. 1728, concl. M. Guyomar ; *Dr. adm.* 2006, n° 8, p. 3 ; *Environnement* 2006, n°s 8-9, p. 21, comm. D. Deharbe ; *RFDA* 2006, p. 1091). En effet, il appartient au juge de plein contentieux des installations classées pour la protection de l'environnement de se prononcer au regard des circonstances de fait et de droit existant à la date à laquelle il statue. Ainsi, le juge d'appel ne peut se prononcer sur la demande d'annulation du jugement de première instance ayant annulé le refus d'autorisation d'exploiter un centre d'élimination de déchets et enjoint au préfet de se prononcer à nouveau sur cette demande dans un délai de 3 mois à compter de la notification du jugement, dès lors que le préfet, à la suite de l'annulation de son premier refus par le jugement attaqué, a de nouveau refusé de faire droit à la demande d'autorisation ; les conclusions du MEDD relatives au jugement du tribunal administratif sont devenues sans objet (■ CAA Nancy, 25 févr. 2008, n° 07NC00121, *MEDD c/ Sté Edinord : Dr. env.* 2008, n° 157, pan. p. 1). De même, le juge des installations classées doit prononcer un non-lieu à statuer sur les conclusions dirigées contre une mise en demeure qui a épuisé l'ensemble de ses effets à la date à laquelle il statue (■ CAA Douai, 16 juin 2011, n° 09DA01754, *Sté Établissement Fabien Vandamme : JurisData* n° 2011-016727 ; *Environnement* oct. 2011, n° 10, p. 47, note D. Gillig).

36) Les pouvoirs à l'égard de la demande. Le juge doit apprécier la légalité de l'acte et examiner si les prescriptions dont il est assorti sont suffisantes (■ CE, 8 févr. 1930, n° 84288, *Cne de Tonnay-Charente c/ Ville de Rochefort*) ou interpréter, même en appel, les intentions du requérant (■ CE, 4 mai 1998, n° 161336, *M. Téallier : BDEI* 4/1998, p. 21, note M. Courtin, concl. F. Lamy). Il doit faire application des dispositions législatives et réglementaires en vigueur à la date de sa décision lorsqu'il est saisi d'une demande dirigée contre une décision autorisant ou refusant d'autoriser l'ouverture d'un établissement classé pour la protection de l'environnement (■ CAA Paris, 14 nov. 1995, n° 94PA00510, *Sté d'exploitation des pompes funèbres pour animaux*).

37) Pouvoirs à l'égard de l'exploitant. Le juge peut, sur le fondement de l'article L. 514-2, mettre l'exploitant en demeure de régulariser sa situation (■ TA Amiens, 19 avr. 1983, *Cne de Cuffies : Rec. CE*, p. 552) en déposant une demande d'autorisation (■ CE, 26 juill. 2011, n° 324728, *Sté Lanvin : JurisData* n° 2011-015380 ; *Environnement* oct. 2011, n° 10, p. 45, note D. Gillig ; *Dr. env.* 2012, n° 201, p. 163, note S. Marmin) ; il peut également, sur le fondement de l'article L. 514-1, mettre l'exploitant en demeure de se conformer, dans un délai déterminé, aux prescriptions applicables à son installation (■ TA Amiens, 22 avr. 1986, n° 10171, *Féron*) ; en revanche, il ne peut ordonner la fermeture de l'installation (■ CE, 5 mai 1972, n° 77448, *Épx Audigier : Rec. CE* 1972, p. 345. ■ TA Bordeaux, 2 oct. 1986, *Sepanso c/ Min. Environnement et Cadre de vie : Rev. jur. env.* 3/1987, p. 367). V. également annotations sous art. L. 171-7 et L. 171-8, p. 251. Le juge peut ordonner la suspension des activités d'une installation classée régulièrement autorisée, si l'exploitant ne met pas en œuvre les mesures nécessaires pour cesser toutes nuisances et dans la mesure où la contrariété de cette sanction avec les prescriptions administratives n'est pas démontrée par le tiers plaignant (■ Cass. 1re civ., 13 juill. 2004, n° 02-15.176, *Lacroix : Environnement* nov. 2004, n° 11, p. 26-27, note D. Gillig). Le juge peut enjoindre à l'exploitant de régulariser sa situation en se conformant à l'arrêté d'autorisation ainsi qu'aux mises en demeure qui lui ont été adressées (■ CAA Marseille, 12 janv. 2008, n° 04MA02470, *Sté SESA Pet Food : Rev. jur. env.* 2008, n° 4, p. 525, obs. R. Schneider). Lorsque les risques sanitaires constatés dans le rapport d'un inspecteur des installations classées fondant un arrêté de mise en demeure annulé n'ont pas été éliminés, le juge, en vertu des pouvoirs de pleine juridiction qu'il tient de l'article L. 514-6, peut suspendre le fonctionnement de l'installation jusqu'à l'exécution des prescriptions techniques (■ CAA Nancy, 9 janv. 2006, n° 04NC00704, *M. Duval c/ Préfet de la Meurthe et Moselle : Gaz. Pal.* 2007, n° 355, p. 39, comm. B. Berger et G. Brigant ; *Rev. jur. env.* 4/2007, pan. p. 511, comm. R. Schneider).

38) Pouvoirs à l'égard de l'administration. Le juge peut mettre le préfet en demeure, dans un délai déterminé, de réunir le Comité départemental d'hygiène (actuel CODERST) sur la question des prescriptions spéciales à appliquer à une installation classée (■ TA Toulouse, 21 févr. 1986, n° 85855, *M. Marty*), enjoindre au préfet de créer, dans un délai déterminé, une commission locale d'information et de surveillance (CLIS) en application de l'article 3-1 de la loi n° 75-633 du 15 juillet 1975, dite loi « déchets » (art. L. 124-1 du présent code) (■ TA Poitiers, 17 juin 1999, n° 951416, *Assoc. pour la sauvegarde de la Gartempe c/ Préfet de la région Poitou-Charentes, Préfet de la Vienne, Communauté de communes du Montmorillonnais*) ou enjoindre le préfet d'accorder l'autorisation sollicitée et de l'assortir des prescriptions de nature à prévenir les dangers ou inconvénients que peut présenter l'installation projetée (■ TA Grenoble, 31 mai 2011, n° 0701493, *Sté Barbaz*). Le juge ne peut en revanche ordonner à l'administration, sous peine d'astreinte, de constater par procès-verbal les irrégularités de l'exploitation d'une installation classée et de mettre en demeure son exploitant de déposer un dossier de régularisation (■ CAA Lyon, 21 juin 1994, n° 92LY01579, *Terolle : JurisData* n° 1994-000311). Il peut également enjoindre le préfet de mettre en œuvre les pouvoirs qu'il tient de l'article L. 514-2 du présent code, tendant à la régularisation ou la suspension d'une activité irrégulièrement exploitée (■ CAA Lyon, 6 mars 2012, n° 10LY01945, *SAS Cheval Frères*). D'une façon générale, le juge ne peut prescrire au préfet une mesure qu'il n'était pas formellement tenu d'ordonner (■ TA Lille, 7 août 1995, n° 94640, *M. Philippe Tassart*).

39) Interprétation de la nomenclature des installations classées. V. sous art. L. 511-2, annot. nos 3 et s., p. 944.

40) Pouvoir du juge de réparer le préjudice subi par l'annulation de l'autorisation d'exploiter. Le juge peut indemniser l'exploitant qui s'est vu annuler une autorisation d'exploiter sur le fondement de l'article L. 514-6 (■ CAA Marseille, 13 mars 2003, n° 97MA05436, *SITOM du Val de Durance*).

B – Droit applicable

41) Les règles de fond. *Généralités.* En vertu de l'article L. 514-6 du présent code, les décisions par lesquelles le préfet accorde ou refuse l'autorisation d'exploiter une installation classée pour la protection de l'environnement sont soumises à un contentieux de pleine juridiction ; il revient au juge de faire application des dispositions législatives et réglementaires en vigueur à la date de sa décision (■ CE, 15 oct. 1990, n° 67279, *Min. Environnement c/ Assoc. Aquitaine Alternatives et Sepanso : CJEG* avr. 1991, p. 133, concl. de La Verpillère ; *Gr. arrêts dr. envir*, préc., n° 26, obs. Ph. Billet. V. aussi ■ CE, 25 janv. 1967, n° 62350, *Massilia*. ■ CE, 7 févr. 1986, n° 36746, *Colombet : : Rec. CE* 1986, p. 29 ; *Dr. env.* 1994, n° 26, p. 17, note J. Thalineau). La motivation d'une décision s'apprécie au jour du jugement (■ CE, 27 nov. 1985, n° 48883, *Sté Provence Enrobés : JurisData* n° 1985-605143 ; *Dr. adm.* 1986, comm. 48). Le juge prononce le non-lieu à statuer si l'installation classée litigieuse n'entre plus, au moment où il statue, dans le champ d'application de la loi sur les ICPE (■ CE, 26 nov. 1980, n° 16990, *Min. Environnement et Cadre de vie c/ Épx Bouvier*. ■ CE, 13 mai 1983, n° 21613, *Stés des cars Midi-Pyrénées*). Mais si le juge des ICPE doit apprécier la légalité d'une décision en se plaçant à la date de son jugement, le juge saisi de conclusions en indemnité ne peut, sans erreur de droit, estimer que des actes ou actions de l'administration sont fautifs, lorsqu'ils sont intervenus parce que la réglementation applicable a changé ultérieurement (■ TA Lille, 15 déc. 2005, n° 0302142, *Laboratoire Melgad*).

Règles d'urbanisme

a) Jurisprudence intervenue avant la loi relative à la transition énergétique et la modification subséquente de l'article L. 514-6, II. Le juge applique les règles d'urbanisme en vigueur à la date de son jugement (■ CE, 25 janv. 1967, *Massilia : Rec. CE* 1967, tables p. 825. ■ CE, 12 nov. 1980, n°s 2738 et 4155, *Mlle Legras*. ■ CE, 7 févr. 1986, n° 36746, *M. Colombet, préc.* ■ TA Dijon, 16 juin 1981, *D. Bonnel c/ Min. Environnement : DS* 1982, jurispr. p. 81, note J.-P. Gilli. ■ CAA Lyon, 10 nov. 1998, n° 95LY00242, *M. Jean : Mon. TP* 26 févr. 1999, p. 50 ; *Rev. jur. env.* 4/1999, p. 649, comm. R. Schneider. ■ CE, 29 janv. 2018, n° 405706, *Sté d'assainissement du parc automobile niçois (SAPAN) : AJDA* 2018, p. 194 ; *Dr. environnement*, févr. 2018, p. 49 ; *Énergie – Env. – Infrastr.* avr. 2018, comm. 25, obs. J.-N. Clément). Une modification ultérieure de la réglementation d'urbanisme est de nature à créer, en l'état de l'instruction, un doute sérieux sur la légalité du refus d'autorisation opposé par le préfet (■ CE, 7 août 2007, n° 302021, *Sté Garnier et Fils : Environnement* 2008, n° 11, p. 21, obs. D. Gillig ; *Gaz. Pal.* 21 déc. 2007, n° 355, p. 39, note B. Berger et G. Brigant ; *Rev. jur. env.* 4/2008, pan. p. 473, obs. R. Schneider). Comme elle permet de « régulariser » la décision administrative qui n'était pas légale le jour où elle a été édictée (■ CE, 18 nov. 1994, *Sté Clichy Dépannage : Rec. CE* 1994, p. 505 ; *RFDA* 1995, p. 679, concl. B. du Marais. ■ CE, 15 sept. 2004, n° 230665, *SARL Lecouffe Darras : Rec. CE* 2004, p. 777 ; *AJDA* 2004, p. 2471 ; *Environnement* 2004, comm. n° 110, obs. D. Gillig ; *RD imm.* 2005, p. 139, obs. P. Soler-Couteaux ; *BJDU* 2004. 428, concl. D. Piveteau ; *Rev. jur. env.* 1/2006, p. 21, obs. R. Schneider)

b) Jurisprudence depuis la modification de l'article L. 514-6 du Code de l'environnement. La légalité de l'autorisation ICPE doit désormais être appréciée au regard des règles d'urbanisme applicables au jour de son édiction (■ CE, 16 déc. 2016, n° 391452, *Sté Ligérienne Granulats SA : JurisData* n° 2016-027614 ; *AJDA* 2017 p. 694, note J.-C. Rotouillé ; *Constr.-Urb.* avr. 2017, note T. Geib et M. Vervynck : *Dr. environnement* mai 2017, p. 185, obs. D. Labouysse). Il résulte de l'article L. 600-12 du Code de l'urbanisme que la déclaration d'illégalité d'un document d'urbanisme a, au même titre que son annulation pour excès de pouvoir, pour effet de remettre en vigueur le document d'urbanisme immédiatement antérieur et, le cas échéant, en l'absence d'un tel document, les règles générales d'urbanisme rendues alors applicables, en particulier celles de l'article L. 111-1-2 du Code de l'urbanisme. Dès lors, il peut être utilement soutenu devant le juge qu'une autorisation d'exploiter une installation classée a été délivrée sous l'empire d'un document d'urbanisme illégal – sous réserve, en ce qui concerne les vices de forme ou de procédure, des dispositions de l'article L. 600-1 du même code –, à la condition que le requérant fasse en outre valoir que l'autorisation méconnaît les dispositions d'urbanisme pertinentes remises en vigueur du fait de la constatation de cette illégalité et, le cas échéant, de celle du document remis en vigueur *(Même arrêt)*.

Influence de la Charte de l'environnement. La légalité des décisions administratives prises avant l'entrée en vigueur de la loi constitutionnelle n° 2005-205 du 1er mars 2005 s'apprécie par rapport aux dispositions législatives qui ont été prises antérieurement à l'entrée en vigueur de la Charte de l'environnement, dès lors qu'elles ne sont pas incompatibles avec cette dernière (■ CE, 19 juin 2006, n° 282456, *Assoc. Eau et rivières de Bretagne et autres : BDEI* 2006, n° 5, p. 41, concl. M. Guyomar ; *AJDA* 2006, n° 29, p. 1584, note C. Landais et F. Lenica ; *Environnement* 2006, n° 12, p. 10, note L. Fonbaustier ; *Rev. jur. env.* 2007, n° 3, pan. p. 383, obs. R. Schneider ; *Gaz. Pal.* 21 déc. 2007, n° 355, p. 5, obs. C. Huglo ; *Environnement* 2008, n° 11, p. 40, obs. P. Trouilly).

42) Les règles de procédures et les sanctions. Pour apprécier la régularité de la forme d'un acte attaqué, le juge se place au jour où la décision litigieuse a été prise et non au jour auquel la juridiction administrative statue (■ CE, 5 mai 1972, n° 77803, *Sieur Guillebaud : Rec. CE* 1972, p. 340. ■ CE, 4 juill. 1984, n° 16022, *M. Forgue et a. : Rec. CE* 1984, p. 256. ■ CAA Lyon, 22 juin 2010, n° 07LY01964, *Sté Morillon Corvol Rhône Méditerranée : JurisData* n° 2010-020651 ; *Environnement et dév. durable* déc. 2010, n° 12, p. 31, comm. D. Gillig). Le juge applique le droit en vigueur au moment où il statue, sauf si les modifications intervenues postérieurement à la décision attaquée concernent les garanties de forme ou de procédure et les sanctions ; auquel cas, il tient compte du droit applicable au moment de la décision attaquée (▪ TA Clermont-Ferrand, 30 janv. 1986, *Lambert : AJDA* 1986, p. 522). Enfin, il appartient au juge du plein contentieux des installations classées de se prononcer sur l'étendue des obligations mises à la charge des exploitants par l'autorité compétente au regard des circonstances de fait et de droit à la date à laquelle il statue (▪ CAA Douai, 24 oct. 2013, n° 12DA00536 : *BDEI* n° 50/2014, n° 1737, note D. Gillig. ▪ CAA Nantes, 23 déc. 2014, n° 13NT02931. ▪ CAA Nantes, 12 déc. 2014, n° 13NT01592).

43) Règles de procédure contentieuse spéciales. Le juge du plein contentieux des installations classées apprécie le mérite des conclusions dont il est saisi au regard des circonstances de fait et de droit existantes à la date à laquelle il rend sa décision (▪ CE, 1er juill. 1987, n° 69948, *Hardy*. ▪ CAA Nantes, 28 mars 2014, n° 12NT01901. ▪ CAA Bordeaux, 11 févr. 2014, n° 12BX03210. ▪ CAA Nantes, 24 oct. 2014, n° 12NT00901. ▪ CA, 17 déc. 2014, n° 364779 : *BDEI* n° 55/2015, n° 1859, concl. Lesquen X. ▪ CE, 22 sept. 2014, n° 367889, *Synd. mixte pour l'enlèvement et le traitement des ordures ménagères [SIETOM] de la région de Tournan-en-Brie : BDEI* n° 54/2014, concl. Lesquen X. ; T. Pouthier ; *AJDA* 2015, n° 2, p. 106, D. Gillig ; *Énergie – Env. – Infrastr.* 2015, n° 1, p. 49, S. Hourson ; *BJCL* févr. 2015, p. 121, n° 2/2015). Le juge du plein contentieux des installations classes apprécie le caractère suffisant des capacités techniques et financières suffisantes du demandeur à la date à laquelle il statue (▪ CAA Bordeaux, 8 sept. 2008, n° 06BX01509, *EARL Groussin : Environnement* 2008, comm. 166, note D. Gillig. ▪ CAA Douai, 29 déc. 2010, n° 09DA00640, *Asso. FNE : Environnement* 2008, comm. 166, note D. Gillig. ▪ CAA Nantes, 2 mai 2014, n° 13NT00704). ▪ CAA Nantes, 17 avr. 2015, n° 14NT00056, *Sté Minier Carrières : BDEI* mars 2016, p. 34, note D. Gillig).

Art. L. 514-7 *(Anc. L. n° 76-663, 19 juill. 1976 ; mod., Ord. n° 2009-663, 11 juin 2009 ; Ord. n° 2010-418, 27 avr. 2010).* **– S'il apparaît qu'une installation classée présente, pour les intérêts mentionnés à l'article L. 511-1, des dangers ou des inconvénients qui n'étaient pas connus lors de son autorisation, de son enregistrement ou de sa déclaration, le ministre chargé des installations classées peut ordonner la suspension de son exploitation pendant le délai nécessaire à la mise en œuvre des mesures propres à faire disparaître ces dangers ou inconvénients. Sauf cas d'urgence, la suspension intervient après avis des organes consultatifs compétents et après que l'exploitant a été mis à même de présenter ses observations.**

Un décret en Conseil d'État, pris après avis du Conseil supérieur de la prévention des risques technologiques, peut ordonner la fermeture ou la suppression de toute installation, figurant ou non à la nomenclature, qui présente, pour les intérêts mentionnés à l'article L. 511-1, des dangers ou inconvénients tels que les mesures prévues par le présent titre ne puissent les faire disparaître.

Voir : annotations sous art. L. 512-20, p. 977.

I – COMPÉTENCE DU GOUVERNEMENT

1) Compétence exclusive. Le pouvoir de fermeture ou de suppression de l'installation classée relève de la compétence exclusive du Gouvernement (▪ CE, 27 juin 1947, *Leplus : Rec. CE* 1947, p. 291), sans que sa légalité soit subordonnée à une proposition du préfet (▪ CE, 23 févr. 1977, n° 84334, *Dlles Picon : Rec. CE* 1977, p. 56 ; *Rev. jur. env.* 2/1979, p. 119, note P. Deswarte-Julien).

2) Incompétence du juge administratif. Le juge administratif ne peut ordonner la fermeture d'une installation classée (▪ CE, 5 mai 1972, *Audigier : Rec. CE* 1972, p. 345). Est donc régulière la décision d'un tribunal administratif, saisi d'un recours tendant à la suppression d'un dépôt de ferrailles irrégulièrement ouvert, de renvoyer le dossier au ministre de l'Environnement afin qu'il puisse apprécier s'il y a lieu de saisir le Conseil supérieur des installations classées d'un décret de suppression (▪ TA Paris, 7 mai 1986, n° 43419/4, *Giannelli*). En revanche, le tribunal administratif est compétent pour apprécier la légalité d'une telle mesure (▪ CE, 16 déc. 1955, *Sté Morai : Rec. CE* 1955, p. 595). Un tiers est donc recevable à déférer au juge administratif le refus du ministre chargé des installations classées de faire application des dispositions de l'article L. 514-7, alinéa 2 du Code de l'environnement, le juge ne se livrant qu'à un « contrôle minimum » sur la décision attaquée (▪ TA Nantes, 10 août 1982, n° 414/82, *Foucher et a.*).

II – CONDITIONS D'APPLICATION

3) Champ d'application. Les dispositions de l'article L. 514-4 ne sont pas applicables dès lors que la suppression de l'installation litigieuse entre dans le champ d'application des dispositions d'une autre loi, comme la loi n° 65-543 du 8 juillet 1965, relative aux conditions nécessaires à la modernisation du marché de la viande (▪ CE, 30 juin 1995, n° 147937, *M. Dessert : Rev. jur. env.*

1-2/1996, p. 160, comm. R. Schneider). V. annotations sous art. L. 514-4, p. 984.

4) Caractère non contradictoire. Les décrets pris en application de l'article L. 514-7 peuvent intervenir sans que la procédure ait présenté un caractère contradictoire (▪ CE, 2 févr. 1977, *Dlles Picon : Rec. CE* 1977, p. 56).

III – RESPONSABILITÉ DE L'ÉTAT

Voir également : annotations sous art. L. 514-19, p. 1008.

5) Conditions. La législation des installations classées ayant été édictée dans un intérêt général et prééminent, la responsabilité de l'État ne peut être engagée, du fait des mesures d'application de cette législation, que si ces mesures sont illégales. Rejet d'un recours intenté contre l'État du fait des lois (▪ TA Amiens, 30 avr. 2002, n° 992479, *Coopérative agricole du Soissonais c/ Min. Aménagement du territoire et Environnement : BDEI* févr. 2003, p. 22, note M. Memlouk).

6) Faute de l'administration (non). La responsabilité pour faute de l'État ne peut être engagée du fait de l'annulation pour incompétence d'un arrêté d'autorisation, dès lors que la décision annulée ne pouvait par ailleurs être maintenue en raison des dangers et inconvénients pour le voisinage et que dans ces circonstances l'administration eut été fondée à mettre en œuvre la procédure prévue à l'article L. 514-7 du Code de l'environnement (▪ CAA Paris, 26 oct. 1993, n° 93PA00330, *SA Serre et Andrieu*). Il n'y a pas non plus faute de l'État dès lors qu'aucune mesure alternative n'aurait pu être prescrite en lieu et place de la fermeture des installations compromettant gravement la sécurité publique (▪ CAA Douai, 12 févr. 2004, n° 02DA00575, *Coopérative agricole Ax'ion c/ Min. Environnement et Développement durable : Environnement* août-sept. 2004, p. 17, note D. Gillig ; *RD imm.* 2006, p. 426, comm. F.-G. Trébulle).

7) Droit à indemnité (oui). Le silence d'une loi sur les conséquences que peut emporter sa mise oeuvre ne saurait être interprété comme excluant, par principe, tout droit à indemnisation que son application est susceptible d'avoir provoqué. Ainsi, même en l'absence de dispositions le prévoyant, l'exploitant d'une installation classée dont la fermeture ou la suppression a été ordonnée sur le fondement de la loi du 19 juillet 1976 en raison de ses dangers ou inconvénients, est fondé à demander réparation du dommage qu'il a subi de ce fait lorsque, excédant les aléas que comporte nécessairement une telle exploitation, il revêt un caractère grave et spécial et ne saurait, dès lors, être regardé comme une charge incombant normalement à l'intéressé (▪ CE, 2 nov. 2005, n° 266564, *Sté coopérative agricole Ax'ion : Rec. CE* 2005, p. 468 ; *RFDA* 2006, p. 349, concl. M. Guyomar, comm. C. Guettier ; *Environnement* 2005, n° 12, p. 23, note P. Trouilly ; *AJDA* 2006, n° 3, p. 142, note C. Landais et F. Lenica ; *RDP* 2006, n° 5, p. 1428, comm. C. Broyelle, concl. M. Guyomar ; *RDP* 2006, n° 2, pan. p. 487, obs. C. Guettier ; *JCP* G 2006, n° 10, pan. p. 490 ; *Dr. env.* 2006, n° 137, note E. Naim-Gesbert. – Arrêt confirmé par la juridiction de renvoi : ▪ CAA Douai, 19 oct. 2006, n° 02DA00575, *Sté coopérative agricole Ax'ion : Environnement* 2007, n° 2, p. 34, note D. Gillig). L'arrêt du 2 novembre 2005 a donc annulé l'arrêt d'appel qui avait estimé que, sur le terrain de la responsabilité sans faute de l'État, il n'existe pas de droit à l'indemnité, en l'absence de dispositions législatives le prévoyant expressément (▪ CAA Douai, 12 févr. 2004, n° 02DA00575, *Coopérative agricole Ax'ion*). L'existence des aléas anormaux d'exploitation doit être impérativement vérifiée par les juges du fond, sans quoi leur décision encourt l'annulation (▪ CE, 26 juill. 2007, n° 291874, *min. de l'Écologie c/ Sté Lepicard : BDEI* 2007, n° 12, p. 44, concl. M. Guyomar ; *Environnement* 2007, n° 11, p. 25, note D. Gillig). À défaut de pouvoir démontrer de tels aléas, aucune indemnisation n'est due à l'exploitant (▪ CE, 27 juill. 2009, n° 300040, *Sté Coopérative Agricole Ax'ion*). L'urbanisation progressive autour de l'installation peut constituer un aléa justifiant, au moins en partie, l'indemnisation des préjudices subis par l'exploitant du fait de la fermeture de l'installation (▪ CE, 9 mai 2012, n° 335613, *Sté Godet Frères : BDEI* nov. 2012, n° 42, p. 37, concl. C. Roger-Lacan ; *Gaz. Pal.* 2012, n° 256-257, p. 20, note G. Paul).

b) Évaluation du préjudice. Il revient aux juges du fond, afin de mettre le juge de cassation à même d'exercer son contrôle, d'exposer les éléments de droit et de fait sur lesquels ils se fondent pour juger qu'un préjudice revêt un caractère grave et spécial ainsi que de déterminer la part du préjudice qui, revêtant un tel caractère, ouvre droit à indemnisation (▪ CE, 26 juill. 2007, n° 291874, *Min. de l'écologie c/ Sté Lepicard*, préc.). La suppression des installations ainsi que les frais que la société exploitante a dû exposer afin de construire de nouvelles installations équivalentes à celles qui ont été supprimées constituent un préjudice anormal et spécial dont elle est fondée à demander l'indemnisation. Si la cour de renvoi admet la responsabilité sans faute de l'État et ordonne une expertise afin d'évaluer le montant du préjudice subi par l'exploitant (▪ CAA Douai, 19 oct. 2006, n° 02DA00575, *Sté coopérative agricole Ax'ion*, préc.), sa décision doit être annulée pour insuffisance de motivation et erreur de droit, comme n'ayant pas tenu compte des aléas que comportait l'installation. Le Conseil d'État estime qu'en l'espèce, la suppression par décret de l'installation litigieuse ne peut être regardée comme un aléa excédant nécessairement ceux que comporte l'exploitation d'une telle installation (■ CE, 27 juill. 2009, n° 300040, *MEDDAT c/ Sté coopérative agricole Ax'ion : Environnement* 2009, n° 10, p. 32, note D. Gillig ; *Rev. jur. de l'économie publique* 2010, n° 672, p. 27, concl. I. de Silva). L'indemnisation couvre uniquement les frais en relation directe avec le fait générateur de responsabilité, tels que des frais de conseil juridique et d'huissier liés à l'opération de transfert d'exploitation, les frais liés à la fermeture de l'ancien site, les frais de majoration temporaire de loyer, des frais de transport et de remontage des équipements, des frais d'étude et de réalisation de l'installation des outillages, ainsi que des frais liés à l'installation dans de nouveaux locaux (■ CE, 9 mai 2012, n° 335613, *Sté Godet Frères*, préc.) et exclut les frais d'études sur l'ancien site, les frais normaux d'exploitation (personnel, entretien, chauffage...) et les frais couvrants des prestations supplémentaires par rapport à l'exploitation précédente (même arrêt).

Art. L. 514-8 *(Anc. L. n° 76-663, 19 juill. 1976 ; mod., L. n° 2020-1525, 7 déc. 2020).* **– Les dépenses correspondant à l'exécution des analyses, expertises ou contrôles nécessaires pour l'application du présent titre, y compris les dépenses que l'État a engagées ou fait engager dans le cadre de la gestion ou du suivi des impacts et conséquences d'une situation accidentelle, sont à la charge de l'exploitant.**

Voir : art. R. 512-71, p. 2413.

Avant l'entrée en vigueur de l'article L. 514-8. Les dépenses correspondant au coût des contrôles inopinés effectués par l'inspection des installations classées pouvaient déjà être valablement mises à la charge de l'exploitant (■ TA Toulouse, 29 juin 1994, n°s 92994, 921528 et 922843, *Sté nationale des poudres et explosifs [SNPE]*).

Section II. – Dispositions pénales

Constatation des infractions et sanctions. L'ordonnance n° 2012-34 du 11 janvier 2012 portant simplification, réforme et harmonisation des dispositions de police administrative et de police judiciaire du Code de l'environnement a consacré aux articles L. 172-1 et suivants du Code de l'environnement, dans un souci de simplification et d'harmonisation, les mesures et sanctions administratives et pénales applicables en violation de diverses réglementations environnementales, y compris en cas de non-respect du régime des installations classées.

Voir : art. L. 172-1 et s., p. 274.

Voir également : Circulaire du 19 juillet 2013 relative à la mise en œuvre des polices administratives et pénales en matière d'installations classées pour la protection de l'environnement. Circulaire ministérielle du 21 avril 2015 relatives aux orientations de politique pénale en matière d'atteintes à l'environnement, non publiée.

Bibliographie : *Avant la réforme issue de l'ordonnance du 11 janvier 2012.* F. Agostini et M. Guyomar, *Le rôle du juge pénal : BDEI* 2005, NS, p. 20. • M. Bayle, *La responsabilité pénale des personnes morales. L'incidence de la réforme en droit de l'environnement : LPA* 6 oct. 1993, n° 120, p. 40. • L. Chabanne-Pouzynin, *Les pouvoirs des inspecteurs des installations classées en matière pénale : Dr. env.* 2000, n° 76, p. 18. • C. Courtaigne-Deslandes, *La portée des nouvelles dispositions pénales du Code de l'environnement applicables aux activités industrielles : BDEI* mai 2012, n° 39, p. 5. • D. Guihal, *Le droit répressif de l'environnement*, Économica, 2008, 3e éd. • Jeoffroi, *Installations classées, jurisprudence de la Cour de cassation*, Service de l'environnement industriel, juin 1990. • C. Lepage-Jessua, *Droit pénal de l'environnement. Une logique du vivant : Études foncières* juin 1990, n° 47. • M.-J. Littmann-Martin, *Le nouveau régime répressif des installations classées : Rev. jur. env.* 1/1987, p. 25. • R. Mesa, *Droit pénal et risques inhérents à l'exploitation des installations classées pour la protection de l'environnement : Riseo* 2013-1, p. 94 (http://www.riseo.cerdacc.uha.fr/). • J.-H. Robert, *Droit pénal et environnement : AJDA* 1994, p. 583 ; *Environnement, du mou dans la théorie de l'intention présumée : Dr. pén.* 2000, n°s 8-9, p. 17 ; *La crainte des écologistes est une faute pénale : Dr. pén.* 1er oct. 2004, n° 10, p. 21-22. • P. Savin, *Contentieux répressif des installations classées : JCl. Environnement*, Fasc. 4994 (1, 2010) ; *Évolution de l'aspect répressif de la loi du 19 juillet 1976 : BDEI* 1996, n° spécial, p. 14. • H. Seillan, *De la responsabilité pénale des dirigeants : Préventique-Sécurité* 1995, n° 19.

Après la réforme issue de l'ordonnance du 11 janvier 2012. J.-N. Clément et A. Boulanger, *Rubrique de jurisprudence de droit pénal de l'environnement : BDEI* 2017, n° 68, p. 23. • D. Denis, *Libre propos sur la circulaire d'orientation de politique pénale en matière d'atteintes à l'environnement du 21 avril 2015 : Énergie – Env. – Infrastr.* juin 2015, n° 6, p. 33. • D. Guihal et a., *Le droit répressif de l'environnement*, Économica, 2016, 4e éd. • A. Gogorza, *Le droit pénal de l'environnement : Dr. pén.* 2013, p. 23, n° 9. • M.-H. Gozzi, *Harmonisation et simplification des dispositions administratives et répressives en matière d'environnement : l'ordonnance n° 2012-34 du 11 janvier 2012 est entrée en vigueur : Rev. Lamy dr. aff.* déc. 2013, n° 88, p. 55. • V. Jaworski, *Le volet pénal de l'ordonnance n° 2012-34 du 11 janvier 2012 : Rev. jur. env.* 2/2013, p. 221. • C. Laronde-Clerac, *Droit pénal de l'environnement : Rev. jur. env.* 4/2014, p. 651. • E. Monteiro, *Les orientations de la politique criminelle actuelle en matière d'atteintes à l'environnement : Rev. sc. crim.* 2014, p. 49. • L. Neyret, *Des écocrimes à l'écocide : le droit pénal au secours de l'environnement*, Bruylant 2015 ; *Le Droit répressif : Quelles perspectives pour le droit de l'environnement ?, Actes du colloque de la Société Française pour le Droit de l'Environnement, La Rochelle, 21-22 novembre 2013 : Rev. jur. env.* 2014, n° spécial.

Art. L. 514-9 *(Mod., Ord. n° 2009-663, 11 juin 2009 ; rempl. à compter du 1er juillet 2013, Ord. n° 2012-34, 11 janv. 2012 ; mod., Ord. n° 2016-128, 10 févr. 2016)*. **– Outre les officiers et agents de police judiciaire et les inspecteurs de l'environnement mentionnés à l'article L. 172-1, les inspecteurs de la sûreté nucléaire dans les conditions prévues au chapitre VI du titre IX, sont habilités à rechercher et à constater les infractions aux dispositions du présent titre.**

I – ÉLÉMENT LÉGAL DE L'INFRACTION

1) Exploitation sans autorisation préalable. *Délit d'exploitation d'une installation sans l'autorisation requise.* Constitue une infraction pénale le fait de stocker une grande quantité de véhicules hors d'usage sans avoir sollicité et obtenu d'agrément pour exploiter un tel entrepôt de véhicules. Condamnation du prévenu à une peine d'amende avec sursis pour l'exploitation d'une installation classée sans l'autorisation préfectorale et la poursuite de cette exploitation non-conforme à la mise en demeure (▪ CA Grenoble, 17 nov. 2009, n° 09/00796, *Catalano*).

Exploitation d'installations classées relevant d'autres rubriques. Constitue une exploitation sans autorisation préalable le fait d'exploiter une installation classée relevant d'autres rubriques de la nomenclature que celles au titre desquelles l'exploitation a été autorisée (▪ Cass. crim., 28 sept. 1999, n° 98-85.553, *F. V. : Mon. TP* 7 janv. 2000, p. 61).

Inobservation des prescriptions techniques. L'inobservation des prescriptions techniques, voire des limitations de production prescrites dans l'arrêté d'autorisation, équivaut à une exploitation sans autorisation (▪ Cass. crim., 13 avr. 1999, n° M 98-82.236 D, « *H. C. et a.* » : *JurisData* n° 1999-002883 ; *Dr. env.* 1999, n° 71, p. 9, note J.-H. Robert).

Inobservation des prescriptions administratives. (V. ▪ CA Amiens, 23 mars 2010, n° 09/01234, *SAS EDIVAL c/ Assoc. Vie et Paysages et Assoc. FNE*).

2) Extension ou modification d'une installation classée sans autorisation préalable. La modification de l'installation ne peut intervenir avant l'information complète du préfet sous peine d'infraction à l'article 18 de la loi ICPE (C. env., art. L. 514-9) (▪ Cass. crim., 29 mars 1996, n° E-95-81.896 PF, *F. : JurisData* n° 1996-003186).

Transformations ou extensions sans autorisation préalable. Exploite une installation sans autorisation préalable l'exploitant qui, sans renouveler sa demande d'autorisation, a effectué des transformations ou extensions d'une installation classée entraînant des dangers ou inconvénients pour les intérêts mentionnés à l'article 1er de la loi ICPE (C. env., art. L. 511-1) (▪ Cass. crim., 11 mars 1998, n° 97-81.584, *G. : JurisData* n° 1998-001966 ; *Dr. env.* 1998, n° 63, p. 6, note J.-H. Robert. ▪ Cass. crim., 7 févr. 2012, n° 10-84.453 : *Rev. jur. env.* 4/2012, p. 731, note V. Jaworski), ainsi que celui qui exploite une installation classée hors du périmètre autorisé (TGI Châlon-sur-Saône, 27 avr. 1998, n° 90002244, *Épx L. c/ Décharge de Montchanin*). Le fait de commencer l'exécution de travaux d'extraction avant que le préfet ne statue sur la demande d'extension de l'activité constitue l'infraction d'exploitation d'une ICPE sans autorisation. Dans ce cas, la qualité d'exploitant au titre de l'article L. 514-9 du présent code appartient à la société qui a demandé l'extension et non à la société à laquelle elle a sous-traité les travaux d'extraction (▪ Cass. crim., 13 déc. 2005, n° 05-82.161 : *Dr. env.* 2006, n° 138, p. 124, note D. Guihal ; *BDEI* 2006, n° 3, p. 45, note A. Beziz-Ayache).

Modifications sans autorisation préalable. La modification de la composition d'un élevage entraînant une augmentation de 30 % de la production d'azote autorisée a nécessairement une incidence sur l'environnement puisqu'elle requiert, d'une part, l'augmentation corrélative des surfaces d'épandage de lisiers dont l'exploitant ne disposait pas (▪ TGI Quimper, 26 févr. 1998, n° 520.98), d'autre part, le dépassement des seuils pour lesquels l'exploitation avait été autorisée ; à propos d'un élevage dont le nombre de porcs excède le niveau autorisé par l'arrêté d'autorisation (▪ Cass. crim., 11 mars 1998, n° 97-81.584, *G.*, préc.). Dans le même sens, V. ▪ CA Rennes, 6 févr. 2003, *Gasnier : JurisData* n° 2003-216056, à propos du changement notable dans la provenance des déchets stockés dans un centre d'enfouissement des déchets (▪ Cass. crim., 29 févr. 2000, n° 99-81.559, *M. : Mon. TP* 27 oct. 2000, p. 97). La circulaire du 1er février 1993, qui prévoyait un seuil d'extension de 25 % au-delà duquel l'autorisation aurait été nécessaire, ne pouvait ajouter de quelconques restrictions à ces dispositions ni s'imposer aux juridictions répressives pour caractériser l'élément légal d'une infraction (▪ Cass. crim., 14 oct. 1998, nos 97-85.260 et 5809, *Charles D. : Rev. jur. env.* 2/1999, p. 312, comm. V. Jaworski).

3) Exploitation sans autorisation préalable : infraction continue. Le délit de l'article L. 514-9 constitue une infraction continue qui se prolonge aussi longtemps qu'une régularisation n'est pas intervenue ou que l'activité n'a pas cessé ; à propos de l'enfouissement de déchets hors site autorisé (■ TGI Châlons-sur-Saône, 27 avr. 1998, n° 90002244, *Épx L. c/ Décharge de Montchanin*). Ainsi, la prescription de l'action publique en matière d'ouverture sans autorisation d'une installation classée, en l'occurrence un élevage d'animaux d'espèces non domestiques, ne court qu'à compter du jour où la situation illicite a pris fin (■ Cass. crim., 21 févr. 2006, n° 05-84.916, *Sieur Didier V : Gaz. Pal.* 2006, n° 74, p. 12 ; *Environnement* 2006, n° 5, p. 21, note P. Trouilly ; *Dr. env.* 2006, n° 140, p. 197, note D. Guihal ; *Rev. jur. env.* 2007, n° 4, p. 543, comm. V. Jaworski). La personne ayant la qualité d'exploitant, au regard des éléments de fait, est l'utilisatrice du site. Le fait que celui-ci n'ait jamais sollicité une autorisation constitue l'infraction d'exploitation sans autorisation (■ Cass. crim., 23 mars 2004, n° 03-83.420, *Sté Laflutte Travaux Publics*). L'existence de l'infraction s'apprécie à la date visée par la prévention ; aussi, le fait que l'installation passe sous les seuils fixés par la nomenclature n'entraîne pas nécessairement la relaxe du prévenu ; à propos d'un stockage de véhicules (■ Cass. crim., 18 oct. 2005, n° 05-84.258 : *Rev. jur. env.* 2006, n° 4, p. 506, comm. V. Jaworski).

4) Exploitation tardive. *Autorisation affectée de péremption.* Le fait d'exploiter tardivement une installation classée dont l'autorisation est affectée de péremption est constitutif du délit d'exploitation sans autorisation (■ Cass. crim., 24 févr. 2004, n° 03-84.550 : *Environnement* août-sept. 2004, n°s 8-9, p. 16, note D. Gillig).

5) Infractions parallèles. L'exploitation d'une installation classée en violation des règles du POS/PLU justifie la condamnation de l'exploitant par le juge civil à une peine d'amende et à réparer le dommage causé à la commune par une mise en conformité de ses locaux et des lieux, sous astreinte de 50 euros par jour de retard (■ Cass. crim., 27 févr. 2018, n° 17-80.537 : *Dr. pén.* 2018, comm. 81, obs. J.-H. Robert).

II – LA RESPONSABILITÉ PÉNALE

6) L'intention. *L'intention se présume (oui).* La seule constatation de la violation en connaissance de cause d'une prescription légale ou réglementaire implique de la part de son auteur l'intention coupable (■ Cass. crim., 25 mai 1994, n° 93-85.158, *L. : Bull. crim.* 1994, n° 203 ; *Dr. env.* 1994, n° 27, p. 75 ; *Rev. sc. crim.* 1995, p. 97, obs. B. Bouloc. – À propos de l'exploitation non autorisée d'une carrière : ■ Cass. crim., 16 juin 2009, n° 08-87.911). La constatation d'une simple négligence caractérisée par l'ignorance de la part des exploitants des limites exactes des sites autorisés par l'arrêté, qualifie l'intention (■ TGI Châlons-sur-Saône, 27 avr. 1998, *Épx L. c/ Décharge de Montchanin*, préc.). La régularisation de l'exploitation en cours n'altère pas la culpabilité de l'exploitant (■ Cass. crim., 23 oct. 1996, *L. B. : Dr. env.* 1997, n° 46, p. 9, note R. Léost).

L'intention se présume (non). Dans un sens contraire, l'intention n'est pas démontrée par la constatation du dépassement des volumes autorisés (■ Cass. crim., 1er mars 2000, n° 98-86.464, *L. : Dr. env.* 2000, n° 79, p. 6, note J.-H. Robert). V. art. L. 513-1, p. 981.

7) Personnes responsables. Il incombe personnellement aux dirigeants des sociétés dont les activités sont soumises à des réglementations de police de veiller au respect des prescriptions qui leur sont applicables (■ Cass. crim., 16 janv. 2007, n° 06-85.487 : *Environnement* 2008, n° 2, chron. p. 17, comm. M.-O. Bertella-Geffroy ; *Rev. jur. env.* 2007, n° 4, p. 544, comm. V. Jaworski). Notons toutefois qu'une délégation de pouvoir est possible dans les conditions du droit commun.

8) Causes exonératoires de responsabilité. *Droit acquis.* Si l'infraction d'exploitation sans autorisation n'est pas constituée lorsque l'exploitation se fait en vertu des dispositions de l'article L. 513-1 du présent code, l'extension de l'installation classée soumet l'exploitant aux dispositions de l'article L. 512-15 du présent code, lui imposant de renouveler sa demande d'autorisation. À propos d'une décharge utilisée par une commune puis par tout un canton (■ Cass. crim., 30 oct. 2007, n° 07-81.505 : *Dr. env.* 2008, n° 155, p. 7, note D. Guihal ; *Dr. pén.* 2008, n° 7, pan. p. 23, obs. L. Jean ; *Rev. jur. env.* 2008, n° 4, pan. p. 501, obs. V. Jaworski) ; à propos d'un élevage de bovins (■ CAA Douai, 7 juin 2007, n° 06DA00942, *M. et Mme X. : Rev. jur. env.* 2008, n° 3, p. 375, obs. R. Schneider).

Les installations qui ont fait l'objet d'une mise en service irrégulière ne peuvent se prévaloir de droits acquis en application de l'article L. 513-1 (■ Cass. crim., 22 janv. 1997, n° 96-82.437 : *Rev. jur. env.* 4/1997, p. 598, comm. V. Jaworski).

III – LIMITE DE L'APPRÉCIATION DU JUGE PÉNAL

9) Pouvoirs du juge pénal. L'office du juge pénal doit se limiter à la constatation des infractions pénales et ne saurait consister en une quelconque appréciation du domaine de l'autorisation. En effet, si le juge pénal est tenu de constater la violation des prescriptions techniques assortissant l'autorisation d'exploiter, il ne lui appartient pas de se prononcer sur la légitimité de l'autorisation administrative (■ CA Amiens, ch. corr., 6 janv. 2010, n° 09/00500).

Art. L. 514-10 *(Abr. à compter du 1er juillet 2013, Ord. n° 2012-34, 11 janv. 2012).*

Art. L. 514-11 *(Mod., L. n° 2003-699, 30 juill. 2003 ; Ord. n° 2009-663, 11 juin 2009 ; mod. à compter du 1er juillet 2013, Ord. n° 2012-34, 11 janv. 2012).* **– I. – Le fait de ne pas se conformer à l'arrêté de mise en demeure pris en application de l'article L. 512-19 est puni de deux ans d'emprisonnement et de 150 000 euros d'amende.**

II. – Le fait de ne pas se conformer aux dispositions du premier alinéa de l'article L. 516-2 est puni de six mois d'emprisonnement et de 75 000 euros d'amende.

Voir : action en justice des associations, article L. 142-2. - V. art. R. 514-4, p. 2425.

I – GÉNÉRALITÉS

1) Caractère continu de l'exploitation. Le délit de l'article L. 514-11 constitue une infraction continue qui se prolonge aussi longtemps qu'une régularisation n'est pas intervenue ou que l'activité n'a pas cessé (■ T. corr. Brest, 1er déc. 1987 : *Rev. jur. env.* 3/1989, p. 319).

II – INFRACTION À UNE MESURE DE FERMETURE, DE SUPPRESSION, DE SUSPENSION OU D'INTERDICTION

2) Conditions. L'infraction à une mesure de fermeture ou d'interdiction suppose l'existence d'un arrêté de fermeture ou d'interdiction et son inobservation : l'exploitant ne peut être condamné en raison de la poursuite de l'exploitation d'installations non visées dans l'arrêté de fermeture ou d'interdiction (■ Cass. crim., 17 juin 1998, n° Z97-84.705, *L. H. : Rev. jur. env.* 2/1999, p. 314, comm. V. Jaworski). L'infraction est constituée dès lors que l'installation classée est exploitée en violation d'un arrêté de suspension (■ Cass. crim., 21 sept. 2004, n° 04-80.239, *M. Jean X*). Elle n'est toutefois pas constituée dès lors que l'arrêté ne renvoie pas directement aux prescriptions techniques imposées dans l'arrêté d'autorisation et les éventuels arrêtés complémentaires. À propos d'un arrêté de mise en demeure enjoignant de faire cesser des nuisances olfactives sans que cette obligation ait été spécifiquement prescrite à l'exploitant avant sa mise en demeure (■ Cass. crim., 26 sept. 2006, n° 05-87.259, *Sté Avilande : Dr. pén.* 2006, n° 12, p. 16, comm. J.-H. Robert ; *RTD com.* 2007, n° 1, chron. p. 251, comm. B. Bouloc ; *Dr. env.* 2007, n° 145, p. 11, comm. D. Guihal ; *Rev. jur. env.* 2007, n° 4, p. 547, comm. V. Jaworski).

III – INOBSERVATION D'UN ARRÊTE DE MISE EN DEMEURE

3) Conditions. Le délit d'inobservation de l'arrêté de mise en demeure suppose l'existence préalable d'un arrêté de mise en demeure et la poursuite de l'exploitation litigieuse après l'expiration du délai de régularisation (■ CA Rennes, 27 déc. 1988 : *Rev. jur. env.* 1989, p. 322, note M.-J. Littmann-Martin) et est constitué toutes les fois que la poursuite de l'exploitation de l'installation classée a lieu dans des conditions autres que celles qui sont mentionnées dans l'arrêté préfectoral (■ Cass. crim., 22 févr. 2011, n° 10-81.015, *Mme Y : Dr. env.* juill.-août 2011, n° 192, p. 220, note R. Mesa).

4) Typologie. L'inobservation d'un arrêté de mise en demeure, pris notamment sur le fondement de l'article L. 512-7 du présent code, de procéder à des analyses et de constituer une réserve artificielle d'eau pour éviter un risque d'incendie, peut entraîner des poursuites pénales sur le fondement de l'article L. 514-11 (■ CA Amiens, 23 mars 1999, n° 286, *M. G. c/ MP*). Il en est de même en cas de refus ou d'abstention persistante de l'exploitant de déposer un dossier de demande d'autorisation, en dépit d'une mise en demeure du préfet (■ CA Rennes, ch. corr., 24 juin 1999, *C : JurisData* n° 1999-044268). Un arrêté de mise en demeure de régulariser ne fait pas disparaître l'infraction constatée par un précédent arrêté, d'objet identique, dès lors que l'exploitant n'a pas satisfait au premier arrêté (■ Cass. crim., 18 juin 1997, n° 96-83.344 : *BDEI* 2/1998, p. 20, note P. Savin ; *Dr. env.* 1997, n° 53, p. 7, note J.-H. Robert ; *Rev. jur. env.* 4/1997, p. 599, comm. V. Jaworski). Une activité de fonderie est, dès son inscription, soumise au régime déclaratif, dès lors que celle-ci était inscrite à la nomenclature par le décret du 20 mai 1953. Ainsi l'infraction d'exploitation d'une ICPE non conforme à la mise en demeure de respecter l'arrêté type est caractérisée (■ CA Douai, 25 mai 2004, n° 03/00583, *M. Molon*). De même, se rend coupable du délit prévu à l'article L. 514-11 III l'acquéreur d'un terrain sur lequel une installation classée a été exploitée qui n'a pas respecté une mise en demeure de respecter des prescriptions complémentaires de surveillance du site, dès lors que l'ancien exploitant a disparu et qu'il a acquis le site pour une somme symbolique en connaissance de son passif environnemental, en s'engageant dans l'acte de cession à faire son affaire des arrêtés préfectoraux prescrivant les mesures nécessaires (■ Cass., crim., 1er avr. 2008, n° 07-86.096, *Sylvie X : Environnement* 2009, n° 2, p. 21, note M.-O. Bertella-Geffroy ; *BDEI* 2008, n° 16, p. 10, note D. Déprez). Le délit de non-respect d'arrêtés de mise en demeure est caractérisé dès lors que les travaux prescrits dans l'arrêté complémentaire tendant notamment à éviter la pollution des eaux souterraines n'ont pas été réalisés et que le préfet avait sommé la société exploitante d'effectuer ces travaux dans un délai précis. Relevant l'inertie persistante des prévenus, la chambre criminelle de la Cour de cassation a condamné la société à une peine d'amende de 5 000 euros et son gérant à une peine de 3 mois d'emprisonnement avec sursis (▪ Cass. crim., 24 janv. 2012, n° 11-84.521 : *Rev. jur. env.* 2012, n° 4, p. 731, note V. Jaworski).

5) Opposabilité des arrêtés-types non transcrits dans l'arrêté préfectoral (oui). En contradiction avec les juridictions administratives (V. sous art. L. 512-10, annot. n°s 1 et s., p. 972), le juge répressif estime qu'un exploitant qui méconnaît les conditions d'un arrêté-type et ne se plie pas à la mise en demeure préfectorale lui enjoignant de les respecter, bien que leur contenu n'ait pas été transcrit dans l'arrêté préfectoral portant récépissé de déclaration, se rend coupable du délit prévu par l'article L. 514-11 (▪ Cass. crim., 7 avr. 1999 : *Dr. env.* 1999, n° 71, p. 10, note J.-H. Robert).

IV – ARTICULATION AVEC LE DROIT COMMUN

6) Risque causé à autrui. *Une obligation particulière de sécurité ou de prudence prévue par la loi ou le règlement.* L'article 223-1 du Code pénal ne vise que la violation des obligations de sécurité ou de prudence imposées par la loi ou le règlement, et ne saurait s'appliquer aux prévisions d'un acte administratif individuel, tel qu'un arrêté préfectoral d'autorisation d'exploiter une installation classée. Il appartient cependant au juge, saisi de poursuites du chef de risque causé à autrui, de rechercher si l'arrêté d'autorisation ne se borne pas à appliquer à l'installation des prescriptions techniques fixées par des arrêtés ministériels à caractère réglementaire (▪ Cass. crim., 30 oct. 2007, n° 06-89.365, *Sté Métal Blanc : Gaz. Pal.* 28 nov. 2007, n° 332, p. 12 ; *JCP* E 2007, n° 51, p. 27 ; *Rev. sc. crim.* 2008, n° 1, chron. p. 75, comm. Y. Mayaud ; *RD imm.* 2008, n° 2, p. 96, comm. G. Roujou de Boubée ; *BDEI* 2008, n° 14, p. 7, comm. A. Beziz-Ayache ; *Dr. env.* 2008, n° 157, p. 18, M. Lobe Fouda ; *Dr. pén.* 2008, n° 5, p. 36, comm. J.-H. Robert ; *Environnement* 2008, n°s 8-9, p. 11, comm. C. Huglo et A. Le Goff ; *D.* 2008, n° 34, chron. p. 2390, comm. F.-G. Trébulle ; *Rev. jur. env.* 4/2008, p. 501, comm. V. Jaworski).

Risque immédiat. Si l'article 223-1 du Code pénal punit le fait d'exposer directement autrui à un risque immédiat de mort ou de blessures de nature à entraîner une mutilation ou une infirmité permanente par la violation manifestement délibérée d'une obligation particulière de sécurité ou de prudence prévue par la loi ou le règlement, il n'exige pas que les fautes reprochées au prévenu soient la cause exclusive du danger. Ainsi les juges du fond ne peuvent écarter le risque immédiat de blessures susceptibles de provoquer une infirmité dès lors qu'ils relèvent qu'une usine est située à proximité du centre d'un village en face d'une aire de jeux qui a dû fermer en raison de la contamination du sol et que les matières rejetées favorisent le cancer du rein (▪ Cass. crim., 30 oct. 2007, n° 06-89.365, *Sté Métal Blanc*, préc.).

Art. L. 514-12 ***(Abr. à compter du 1er juillet 2013, Ord. n° 2012-34, 11 janv. 2012).***

JURISPRUDENCE SOUS ANCIEN ARTICLE L. 514-12

Condition. Le délit est constitué par le simple refus de laisser l'inspecteur procéder au contrôle de l'installation (▪ T. corr. Quimper, 8 juin 1980, cité par M. Baucomont et P. Gousset, *Traité de droit des installations classées*, Éd. Lavoisier Tec & doc., 1994, p. 283 et 406).

Art. L. 514-13 à L. 514-15 ***(Abr. à compter du 1er juillet 2013, Ord. n° 2012-34, 11 janv. 2012).***

Art. L. 514-16 *(Anc. L. n° 76-663, 19 juill. 1976).* **– Lorsque les personnes morales de droit public interviennent, matériellement ou financièrement, pour atténuer les dommages résultant d'un incident ou d'un accident causé par une installation mentionnée à l'article L. 511-2 ou pour éviter l'aggravation de ces dommages, elles ont droit au remboursement, par les personnes responsables de l'incident ou de l'accident, des frais qu'elles ont engagés, sans préjudice de l'indemnisation des autres dommages subis. À ce titre, elles peuvent se constituer partie civile devant les juridictions pénales saisies de poursuites consécutives à l'incident ou à l'accident.**

Cette action s'exerce sans préjudice des droits ouverts par l'article L. 142-2 aux associations répondant aux conditions de cet article.

1) Remboursement des frais engagés. Un établissement public départemental d'incendie et de secours peut, afin d'obtenir remboursement des frais qu'il a engagés lors de son intervention pour atténuer les dommages résultant d'un incendie survenu à l'intérieur d'une ICPE, se constituer partie civile à l'encontre des auteurs d'une infraction à l'origine de cet incendie (▪ CA Rennes, ch.

corr., 10 mars 2000, n° 99/01162, arrêt n° 509, *F. : Juris-Data* n° 2000-114782 ; *Mon. TP* 24 nov. 2000, p. 109). Est recevable la constitution de partie civile d'un établissement public lorsque ce dernier est intervenu pour atténuer les dommages que l'incendie pouvait causer à des locaux constituant une installation classée et à leur environnement immédiat, ou pour éviter l'aggravation de ces dommages (■ Cass. crim., 13 mars 2001, n° 00-82.581). Les anciens responsables d'une usine dépolluée par l'ADEME peuvent être condamnés à lui rembourser les frais de la remise en état, ordonnée par l'administration (■ CA Paris, 9 juin 2004, n° 2003/03676, *Legarda c/ ADEME et a.*). V. sous art. L. 132-1, annot. n°s 1 et s., al. 2, p. 185. Mais la responsabilité de l'exploitant d'une installation classée dans un incendie doit être démontrée pour obtenir le remboursement des frais de secours, le législateur n'ayant pas entendu mettre à la charge de l'exploitant d'une installation classée une obligation de remboursement des frais de secours uniquement fondée sur la nature de cette installation et des risques qu'elle génère (■ Cass. 3e civ., 23 mai 2007, n° 06-11.647, *SDIS de Meurthe-et-Moselle : Bull. civ.* III, n° 88 ; *Environnement* 2007, n° 7, comm. n° 146, note D. Gillig ; *Dr. env.* 2008, n° 156, p. 11, note F. Nési).

2) Régularité de la mise en service de l'installation (non). La circonstance que l'installation était mise en service irrégulièrement, faute pour la société détentrice de l'avoir déclarée et d'avoir été autorisée à l'exploiter, ne saurait l'exclure du champ d'application de l'article L. 514-16 (■ CAA Bordeaux, 28 juin 2011, n° 10BX03099, *Sté Mulot : Environnement* oct. 2011, p. 48, note D. Gillig).

3) Compétence des juridictions judiciaires. Les dispositions de l'article L. 514-16 du Code de l'environnement ont pour objet d'étendre le régime de l'indemnisation des dommages subis par des personnes privées, résultant d'un incident ou d'un accident causé par une installation classée, qui est un régime de droit privé, au remboursement des frais supportés par les personnes publiques intervenues pour atténuer ces dommages ou éviter leur aggravation. La créance du service départemental d'incendie et de secours ne trouvant pas son fondement dans la qualité d'usager du service public administratif de lutte contre l'incendie de l'exploitant de l'ICPE, il n'appartient, dès lors, qu'aux juridictions de l'ordre judiciaire de se prononcer sur le bien-fondé d'une telle créance (■ CAA Bordeaux, 28 juin 2011, n° 10BX03099, *Sté Mulot*, préc.).

Art. L. 514-17 *(Anc. L. n° 76-663, 19 juill. 1976).* **– Les pénalités prévues à la présente section sont applicables aux justiciables des juridictions militaires des forces armées conformément au Code de justice militaire, et notamment en ses articles 165 et 171.**

Art. L. 514-18 ***(Abr. à compter du 1er juillet 2013, Ord. n° 2012-34, 11 janv. 2012).***

Section III. – Protection des tiers

Art. L. 514-19 *(Mod., Ord. n° 2009-663, 11 juin 2009).* **– Les autorisations et enregistrements sont accordées sous réserve des droits des tiers.**

Voir : annotations sous article L. 514-6. – V. CCH, art. L. 112-16. – Articles L. 128-1 à L. 128-4 du Code des assurances tels que modifiés par la loi n° 2003-699 du 30 juillet 2003 et les articles L. 421-16 et L. 421-17 du Code des assurances tels que modifiés par la loi n° 2003-706 du 1er août 2003. – V. Circ. DPPR/SEI, 25 mars 1997, relative à la responsabilité de l'État pour faute dans l'exercice des pouvoirs de police au titre de la législation relative aux installations classées pour la protection de l'environnement (non publiée au *JO*). – Chapitre IV de la loi n° 65-557, 10 juill. 1965 fixant le statut de la copropriété des immeubles bâtis, tel que modifié par la loi n° 2003-699 du 30 juillet 2003. – Circ. DPPR/SEI, 16 oct. 1997, relative à la notion de tiers par rapport à l'exploitation. Notion de maison d'habitation (non publiée au *JO*).

Bibliographie : M. Boutonnet, *Contentieux civil – Responsabilité délictuelle*, Fasc. 4960 (2006) ; *Contentieux civil – Responsabilité contractuelle*, Fasc. 4965 (2014). • E. Carlier, *Application de la « théorie de la pré-occupation » : Dr. env.* 1er nov. 1996, n° 43, p. 10. • J.-N. Clément, *Responsabilité sans faute de l'administration : JCl. Environnement*, Fasc. 5010 (2011) ; *Responsabilité pour faute de l'administration*, Fasc. 5020 (2011). • D. Deharbe et A. Boudeweel, *L'action en troubles industriels de voisinage : Dr. environnement* juill.-août 2017, p. 260. • J.-P. Demouveaux, *Responsabilité en matière d'environnement : JCl. Environnement*, Fasc. 5000, 2006. • A. Dircks-Dilly, *Quand un arrêté préfectoral imposant un nouveau process peut-il donner lieu à indemnisation de la part de l'État ? : BDEI* mai 2010, n° 27, p. 10. • J.-F. Flauss, *La Convention européenne des droits de l'Homme au secours des voisins des installations classées : LPA* 8 févr. 1989, n° 17, p. 4. • G. Godfrin, *Troubles de voisinage et responsabilité environnementale : Constr.-Urb.* déc. 2010, n° 12, p. 10. • Ch. Huglo, *Le juge, la prévention et la résolution des litiges en matière d'environnement*, thèse Université Paris II, 1994. • Y. Karoutchi, *L'installation classée face à ses nouveaux voisins : le principe de pré-occupation individuelle : Environnement et technique* juin 2002, n° 217, p. 63. • M.-P. Maître, *Délimitation de l'étendue du droit de recours des tiers en cas de pré-occupation : Environnement* févr. 2005, n° 2, p. 25 à 26. • R. Mesa et S. Marmin, *L'action en indemnisation dirigée contre une ICPE par* *deux associations : Dr. env.* oct. 2010, n° 183, p. 340. • R. Namiech, *Vingt ans d'interprétation restrictive de l'article L. 112-16 du Code de la construction et de l'habitation : Rev. jur. env.* 2001, p. 47. • J.-P. Papin, *La responsabilité de la puissance publique dans le contentieux des installations classées : CJEG* 1984, p. 365. • *Protection de l'environnement : de la contrainte au contrat*, 90e Congrès des notaires de France, Nantes 8-11 mai 1994, 2 vol., Éd. Crédit foncier de France, 1994. • F. Scanvic et C. le Roy-Gleyzes, *Législation sur les installations classées : la responsabilité sans faute de l'État : Décideurs juridiques et financiers*, Guide-annuaire 2007, p. 166. • M. Sousse, *Responsabilité civile de l'exploitant d'une installation classée pour la protection de l'environnement : LPA* 29 juill. 2009, n° 150, p. 6. • P. Steichen, *Les sites contaminés et le droit*, LGDJ, 1996, coll. « Bibliothèque de droit privé », t. 269. • G. Viney, *Les principaux aspects de la responsabilité civile des entreprises pour atteinte à l'environnement en droit français : JCP* G 1996, I, 3900 ; note sous Cass. 1re civ., 9 juin 1993, *Ville de Montigny-les-Metz : JCP* G 1994, II, 22202. • X. Volmerange, *La responsabilité de l'État en matière d'installations classées : LPA* 11 nov. 2002, n° 225, p. 4.

I – RESPONSABILITÉ CIVILE

A – Règles de compétence

1) Compétence matérielle. Le juge judiciaire est compétent tant pour fixer les indemnités dues aux tiers lésés par le voisinage d'une installation classée que pour prescrire les mesures propres à faire cesser le préjudice que cet établissement pourrait causer dans l'avenir, à condition que ces mesures ne contrarient pas les prescriptions édictées par l'Administration dans l'intérêt de la société et de la salubrité publique (▪ T. confl., 23 mai 1927, *Consorts Neveux et Kohler c/ Sté métallurgique de Knutange : Rec. CE*, p. 589 ; *S.* 1927, 3, p. 161, *Gr. arrêts dr. env.*, préc, n° 24, obs. Ph. Billet). Si les tribunaux judiciaires ont le pouvoir de suspendre en totalité ou en partie l'exploitation d'un établissement dangereux, insalubre ou incommode ne justifiant pas de l'autorisation ou de la déclaration à laquelle il est légalement soumis, le cas échéant sous astreinte, l'interdiction qui leur est faite de s'immiscer dans le domaine réservé à l'autorité administrative ne leur permet pas de porter atteinte à une réglementation régulièrement édictée (▪ Cass. 3e civ., 17 nov. 1971, n° 70-12.744 : *Bull. civ.* III, n° 566. ▪ Cass. 3e civ., 17 oct. 2007 : *JCP* A 2007, n° 2344, note O. Renard-Payen), comme d'ordonner la fermeture de l'installation régulièrement autorisée ou déclarée (▪ Cass. 1re civ., 13 juill. 2004 : *Bull. civ.* I, p. 174 ; *Environnement* 2004, comm. 111, note D. Gillig ; *RD imm.* 2005, 40, obs. F.-G. Trébulle), même s'il s'agit de mettre fin aux nuisances liées à cette activité (▪ Cass. 1re civ., 23 janv. 1996, *Bull. civ.* I, n° 43 ; *Dr. adm.* 1996, n° 128 ; *D.* 1996, 266, note D. Guihal. Pour une éolienne qui relève du régime des installations classées, V. ▪ Cass. 1re civ., 25 janv. 2017, n° 15-25.526 : *D.* 2017, p. 303, ainsi que ▪ Cass. 1re civ., 14 févr. 2018, n° 17-14.703 : *AJDA* 2018, p. 371 ; *Dr. env.* juill.-août 2018, p. 264, obs. G. Dode et L. Deldique ; *D.* 2018, p. 419). La compétence exclusive du préfet en matière d'installation classée ne fait pas obstacle à la mise en jeu de la responsabilité de l'exploitant pour trouble anormal du voisinage devant le juge judiciaire. Il en va de même de la constatation d'un trouble manifestement illicite par le juge des référés (▪ Cass. 1re civ., 15 mai 2001, arrêt n° 770, n° 99-20.339 : *RD imm.* sept.-oct. 2002, p. 370). Ne méconnaît pas les limites de la compétence judiciaire la cour d'appel qui donne l'ordre à une société protectrice d'animaux autorisée par le préfet à implanter sur le territoire d'une commune un refuge pour animaux abandonnés, d'évacuer les animaux du refuge où ils sont hébergés, dès lors que le champ d'application dudit arrêté s'étend à l'ensemble du territoire de la commune et que la société possède sur ce territoire des terrains d'une surface suffisante pour implanter, en un autre lieu, un nouveau refuge, et ainsi, ne pas interrompre son activité (▪ Cass. 1re civ., 18 avr. 1989, n° 158, n° 85-14.757). En revanche, l'autorité judiciaire ne peut ni juger qu'un établissement ne remplit pas les conditions pour être classé au titre de la réglementation des ICPE, ni enjoindre à l'exploitant de modifier son installation industrielle tant qu'un nouveau classement effectué par voie administrative n'est pas intervenu (▪ Cass. 2e civ., 22 nov. 1984, n° 1077, n° 82-15.602). De même, la juridiction judiciaire ne peut ordonner la fermeture d'un établissement relevant du régime ICPE (▪ Cass. 1re civ., 23 janv. 1996, n° 95-11.055). Compétence des tribunaux judiciaires pour réparer les conséquences des troubles occasionnés et pour faire cesser les causes du préjudice, à condition de respecter les prescriptions administratives. Toutefois, le respect de l'arrêté d'autorisation n'est pas une cause exonératoire de responsabilité (▪ Cass. crim., 13 juill. 2004, n° 02-15.176, *Lacroix c/ Chassaly et a.*). Les conclusions à fin d'expertise dirigées exclusivement contre la personne morale de droit privé exploitant une installation classée en raison des nuisances que le fonctionnement de cette installation génère, qui se rapportent à la responsabilité encourue le cas échéant par cette personne morale à ce titre, relèvent de la compétence des juridictions de l'ordre judiciaire (▪ T. confl., 13 oct. 2014, n° C 3964, *EURL Pharmacie Cornuel*).

2) Compétence de la juridiction commerciale. Le juge commercial peut être compétent si le litige oppose des sociétés commerciales (■ CA Amiens, 22 oct. 1996, n° 9603041).

3) Compétence territoriale. Le tribunal compétent est celui dans le ressort duquel le fait dommageable s'est produit ou bien celui dans le ressort duquel le dommage a été subi (■ Cass. 2e civ., 3 avr. 1978, *Sté Montedison c/ Préfet de la Haute-Corse et préfet de la Corse du Sud, Prud'homies des pêcheurs de Bastia* : *D.* 1978, inf. rap. p. 367).

B – La recevabilité de l'action

4) L'intérêt à agir, en général. Les actions en réparation d'un préjudice sont recevables même s'il a pour origine une activité polluante réglementée par le présent titre (■ Cass. 2e civ., 28 avr. 1993, n° 91-21.691, *Assoc. de pêche et de pisciculture du Haut-Jura, Comité de défense du Moyen Bassin de l'Ain* : *Bull. civ.* II, n° 156).

5) Associations. Les associations doivent justifier d'une atteinte portée à l'intérêt collectif qu'elles défendent (■ CA Pau, 1re ch., 28 mars 1991, *Sté Laussu SA c/ Lesbats* : *JurisData* n° 1991-040401).

6) Causes d'exonération. *Principe.* Aucune autorisation ou réglementation ne peut faire échec aux droits des tiers et aux dispositions du droit commun (■ Cass. crim., 4 mars 1964, n° 63-90.678 : *Bull. crim.* 1964, n° 81, p. 186).

7) Cause d'exonération – exception : l'application de la théorie de la préoccupation. L'activité exercée par l'exploitant doit être identique à celle qu'il exploitait au moment où le bien a été acquis par le tiers (■ Cass. 2e civ., 7 nov. 1990, *Maciosyck* : *JurisData* n° 1990-002914 ; *RD imm.* janv.-mars 1991, p. 35). L'activité à l'origine des dommages ne doit pas avoir subi d'importantes transformations se traduisant par un changement dans l'activité dominante (■ Cass. crim., 15 juin 2000, n° 98-19.030, *M. et Mme Mullineris* : *Mon. TP* 22 sept. 2000, p. 91). Les nuisances émises par l'installation ne doivent pas avoir augmenté (■ Cass. 2e civ., 3 févr. 1993, n° 91-14.715, *Sté La Milanaise c/ Lapprand* : *JurisData* n° 1993-000144 ; *JCP* G 1993, IV, p. 100) et l'activité doit avoir été exploitée dans le respect des dispositions réglementaires en vigueur (■ Cass. 3e civ., 11 févr. 1998, n° 95-22.112, *Mme Bitan*). Ainsi les dommages causés aux occupants d'un bâtiment par des nuisances dues à une entreprise dont les activités préexistaient et qui se sont poursuivies en conformité avec les dispositions législatives et réglementaires ne sauraient entraîner droit à réparation dans le cas où le permis de construire afférent au bâtiment exposé auxdites nuisances a été demandé, ou l'acte authentique constatant l'aliénation ou la prise de bail a été établi, postérieurement à l'existence des activités incriminées (■ Cass. 3e civ., 13 déc. 2005, n° 04-19.420, *Sté France Charbons* : *RD imm.* 2008, n° 3, p. 188, note F.-G. Trébulle). Mais à défaut d'une déclaration régulière de son activité, un requérant ne peut se prévaloir de l'antériorité de son exploitation alors même que les nouvelles habitations auraient été édifiées sans permis de construire (■ CAA Bordeaux, 30 déc. 2008, n° 06BX00222, *Marsault*).

Voir également : § III, sous art. L. 514-6, p. 985.

C – Le fondement de la demande

8) Article 1384, alinéa 1er, du Code civil. Le gardien d'un bien engage sa responsabilité à l'égard d'un tiers à raison de tout fait de pollution (■ CA Paris, 7e ch., 19 juin 1985, *SA Massy Automobile* : *JurisData* n° 1985-024110), ainsi en est-il de l'ancien propriétaire d'un terrain dont les eaux de la nappe phréatique sous-jacente, sont polluées par les rejets d'une ancienne usine (■ Cass. 2e civ., 5 mars 1975, n° 72-14.320 : *JurisData* n° 1975-099073 ; *Bull. civ.* II, n° 73). Le propriétaire d'une carrière a été considéré comme gardien des déchets déposés, avec son accord, par un tiers (■ Cass. 2e civ., 1er mars 1989, n° 88-11.181, arrêt n° 385, *M. Dorbeau*).

9) Obligation de résultat. L'exploitant d'une ICPE est tenu d'une obligation de résultat de ne pas excéder les seuils fixés dans son arrêté d'autorisation (■ CA Paris, 2 avr. 2008, *SAS Helio Corbeil Quebecor c/ Assoc. FNE*).

D – Les pouvoirs du juge

10) Respect des prescriptions préfectorales et législatives. Le juge judiciaire peut ordonner la mise en conformité de l'installation avec les arrêtés complémentaires intervenus postérieurement à l'arrêté d'autorisation, et interdire, sous astreinte, la réception de déchets autres qu'ultimes après le 1er juillet 2002 (■ Cass. 1e civ., 25 oct. 2005, n° 03-17.224, *Sté Coved Centre Est* : *Environnement* 2005, n° 12, p. 15, comm. Ph. Billet ; *Environnement* 2006, n° 6, p. 23, comm. D. Deharbe).

11) Réparation et prévention. Le juge judiciaire peut condamner l'exploitant à verser des dommages-intérêts et ordonner des mesures et précautions techniques afin de faire cesser les troubles dès lors qu'elles ne mettent pas en cause la poursuite de l'exploitation (■ Cass. 2e civ., 12 févr. 1974 : *JCP* 1975, II, 18106. ■ Cass. 3e civ., 11 mai 1993, n° 91-16.372 : *JurisData* n° 1993-000947 ; *JCP* N 1994, II, p. 59, note Moreau).

12) Un pouvoir limité. Le juge judiciaire est incompétent pour ordonner la fermeture ou la cessation de l'exploitation autorisée (■ Cass. 1re civ., 5 nov. 1963. ■ Cass. 1re civ., 9 févr. 1972 : *JCP* G 1972, IV, p. 70) ; il ne peut porter d'appréciation sur la légalité des actes administratifs individuels (■ T.

confl., 16 juin 1923, *Septfonds : Rec. CE*, p. 498), sauf s'ils portent atteinte au droit de propriété ou à la liberté individuelle (▪ T. confl., 30 oct. 1947, *Barinstein : Rec. CE*, p. 511).

E – Le préjudice

13) Troubles de voisinage. Les troubles aux conditions de jouissance et d'habitation sont réparables sans qu'il soit systématiquement tenu compte du caractère de l'environnement économique et géographique (▪ Cass. 2e civ., 7 nov. 1990, *Maciosyck : JurisData* n° 1990-002914 ; *RD imm.* janv.-mars 1991, p. 35. – V. sur la réparation simultanée du trouble de jouissance et de la perte vénale qui n'est pas reliée à une éventuelle revente, ▪ Cass. 2e civ., 30 janv. 1985, *Pechiney c/ Cts Larroque : Bull. civ.* II, n° 24, p. 16).

II – RESPONSABILITÉ ADMINISTRATIVE

Voir également : sous art. L. 514-7, p. 1001.

A – Responsabilité administrative dans l'exercice d'un pouvoir de police

1° Une faute

14) Responsabilité pour faute. La responsabilité de l'État qui a ordonné la fermeture d'une installation soumise à autorisation ne peut être recherchée que sur le fondement de la faute (▪ TA Amiens, 30 avr. 2002, n° 992479, *Coopérative agricole du Soissonais c/ Min. Aménagement du territoire et Environnement*).

2° Typologie des fautes

15) Carence dans la surveillance de l'observation des prescriptions. La carence est établie dès lors que le préfet ne prend pas les mesures qui s'imposaient afin de faire respecter une prescription dans les délais impartis et qu'il en résulte une persistance et une aggravation du préjudice (▪ CAA Paris, 21 janv. 1997, n° 94PA00119, *Cne de Saint-Chéron : Dr. env.* 1997, n° 48, p. 6, note E. Carlier ; *Rev. jur. env.* 4/1997, p. 588, comm. R. Schneider ; *Rec. CE*, tables p. 951). Il est tenu compte de l'importance et de la durée de l'émission des nuisances (▪ CAA Paris, 29 déc. 1992, n° 91PA00556, *Assoc. de défense de la qualité de la vie à Bondy, M. Kirschner et a.*), ainsi que de l'existence de procédés techniques éprouvés et faciles à mettre en œuvre afin de les prévenir (▪ TA Caen, 17 oct. 1972, *Synd. de défense contre la pollution atmosphérique autour de la zone portuaire de Caen c/ Min. Industrie : JCP* G 1972, II, 17351). Cependant, la mise en cause, par le juge administratif, de la responsabilité de l'État à raison des conditions dans lesquelles le préfet exerce ses pouvoirs de police des installations classées n'exclut pas que la faute de la victime puisse, le cas échéant, présenter un caractère exonératoire ; ainsi, la faute d'un maire, compétent en matière de police des déchets, qui n'a pas porté à la connaissance du préfet des manquements graves et répétés de l'exploitant à ses obligations est de nature à exonérer l'État d'une partie de sa responsabilité (▪ CE, 13 juill. 2007, n° 293210, *Cne de Taverny : AJDA* 2007, n° 41, p. 2266, note M.-F. Delhoste ; *Environnement* 2007, nos 8-9, p. 18, note P. Billet ; *JCP* A 2007, n° 31, p. 21, note P. Billet ; *Rev. Lamy coll. terr.* 2007, n° 29, p. 15, note O. Carton ; *BDEI* n° 12/2007, p. 47, concl. Y. Aguila ; *RDP* 2007, p. 1140 ; *Rev. jur. env.* 2008, p. 490, note R. Schneider).

Absence de faute. La responsabilité de l'État n'est pas retenue, dès lors qu'informé du fonctionnement irrégulier, l'État a mis en œuvre ses pouvoirs de police (▪ CE, 19 févr. 1982, n° 9899, *Comité de défense du quartier Saint-Paul*), même si les mesures prises ne permettent pas de mettre fin à tous les inconvénients (▪ CAA Nancy, 15 juin 1995, n° 93NC00669, *Épx Pauporte*). Il en va de même si les inconvénients résultant de l'exploitation ne présentent pas un caractère de gravité tel que l'administration aurait commis une faute en n'enjoignant pas à l'exploitant de prendre des dispositions pour les réduire (▪ CE, 27 juill. 1988, n° 55847, *M. Carrère*). Ainsi, une association ne peut invoquer la carence du préfet à mettre en œuvre ses pouvoirs de police, ce dernier ayant assuré un suivi régulier de l'ICPE en cause en prenant de nombreuses mesures destinées à faire respecter les normes environnementales par l'exploitant et en veillant au respect par celui-ci de ses obligations, peu importe le fait que ces mesures n'aient pas permis de mettre fin à toutes les nuisances causées par l'installation (▪ CAA Bordeaux, 21 mai 2007, n° 03BX02106, *Assoc. pour l'environnement de souilles et alentours : Environnement* 2007, n° 10, comm. 180, obs. D. Gillig). À propos d'un préfet ayant effectué les diligences nécessaires dans le cadre des pouvoirs de police des installations classées qu'il détient en vertu des articles L. 514-1 et suivants du Code de l'environnement, bien qu'elles n'aient pas permis de mettre fin aux nuisances (▪ CAA Marseille, 15 oct. 2009, n° 07MA04675, *M. Fernandez : Environnement* 2010, n° 1, p. 23, comm. D. Gillig).

Faute. Les mises en demeure successives adressées à l'exploitant, dont certaines ont abouti à une amélioration, ne font pas obstacle à la condamnation de l'État, dès lors que les critères énoncés ci-dessus sont réunis (▪ CE, 22 mars 1978, n° 4505, *Secr. d'Ét. auprès du ministre de la Qualité de la vie (Environnement) c/ Sieur Brelivet : Rev. jur. env.* 1/1980, p. 45. ▪ TA Nancy, 5 mai 1998, n° 97.887, *Assoc. de défense de l'environnement du Centre Ornain*). La responsabilité de l'État peut être engagée pour avoir laissé fonctionner une installation sans déclaration ou autorisation. Cette responsabilité court à compter du délai donné à l'installation, par arrêté préfectoral, de se mettre en conformité avec le régime des ICPE (■ CE, 18 oct. 1989, n° 84932, *M. Casier*). L'État commet également une faute de nature à engager sa responsabilité en raison de la carence des services de l'inspection des installations classées dans leur mission de contrôle (■ TA Toulouse, 12 nov. 1997, n° 95.1618, *Gandon* ; annulé par la Cour administrative d'appel qui considère que le préfet n'a pas commis de faute lourde de nature à engager la responsabilité de l'État en ne s'assurant pas de l'exécution matérielle des prescriptions accompagnant l'arrêté autorisant l'ouverture d'une décharge : ■ CAA Bordeaux, 21 mai 2002, n°s 98BX00205 et 98BX00334, *Gandon : Environnement* févr. 2003, n° 2, p. 18 ; *ibid* août-sept. 2003, n°s 8-9, p. 15). Le préfet commet une faute de nature à engager la responsabilité de l'État en laissant se poursuivre l'exploitation d'une installation dans des conditions non conformes aux prescriptions imposées et en s'abstenant d'user des pouvoirs que lui confère l'article L. 514-1 du Code de l'environnement (■ CE, 5 juill. 2004, n° 243801, *Lescure : Rec. CE* 2004, tables, p. 838 ; *AJDA* 2005, p. 610, obs. F.-G. Trébulle ; *AJCT* 2004, n° 187, obs. L. Erstein ; *Environnement* déc. 2004, comm. 119, note D. Gillig). De même, constitue une faute de nature à engager la responsabilité de l'État le fait que, eu égard aux emplois concernés dans un secteur difficile, ses services aient privilégié, durant quatre ans, le dialogue à la mise en œuvre de moyens coercitifs, ce choix ne pouvant être valablement opposé aux requérants (■ CAA Nancy, 22 oct. 2007, n° 06NC00161, *M. et Mme Boisseau : Environnement* 2008, n° 1, comm. 11, obs. D. Gillig ; *D.* 2008, n° 34, p. 2390, obs. F.-G. Trébulle) ou encore le fait d'accorder une autorisation d'exploiter déclarée par la suite illégale pour incompatibilité avec le PLU (■ CAA Marseille, 25 juin 2009, n° 07MA03217, *EURL Fuss Rénovation : Environnement* 2009, n° 10, p. 34, comm. D. Gillig).

16) Refus de faire cesser une exploitation illégale. Le refus de mettre en œuvre ses pouvoirs de police afin de faire cesser l'exploitation illégale d'une installation classée constitue une faute de nature à engager sa responsabilité (■ CAA Lyon, 6 oct. 1998, n° 94LY00217, *M. Roy*). De plus, en matière d'installations classées, si le préfet conserve le choix des moyens à employer, sa carence dans l'emploi des pouvoirs qu'il tient des textes est de nature à engager la responsabilité de la puissance publique sur la base de la faute simple (■ CAA Paris, 21 janv. 1997, n° 94PA00119, *Cne de Saint-Chéron : Dr. env.* mai 1997, n° 48, note E. Carlier, p. 7).

17) Violation de la loi. L'État engage sa responsabilité pour faute en méconnaissant les dispositions de l'article L. 512-11 et en faisant obstacle à ce qu'un tiers fasse valoir ses arguments contre l'exploitation d'une installation classée ; ce dernier perd ainsi une possibilité de convaincre l'administration de refuser l'autorisation d'extension de l'installation litigieuse (■ CE, 20 janv. 1989, n° 83623, *Min. délégué chargé de l'environnement c/ M. Arbet : Rec. CE* 1989, tables décennales 1985-1994, t. V, p. 5359, n° 110). Il en est de même en cas d'extension du périmètre d'une décharge sans que soit lancée une nouvelle enquête publique, conformément aux dispositions de l'article L. 512-2 (■ CE, 20 janv. 1989, n° 83623, *Min. délégué chargé de l'environnement : Rec. CE* 1989, p. 801 et 907). En revanche, elle ne commet aucune faute en ne faisant pas engager des poursuites contre l'exploitant dès lors qu'aucune disposition législative ne lui en faisait l'obligation (■ CE, 27 juill. 1988, n° 55847, *M. Carrère*).

18) Violation du droit européen. La carence de l'État dans la prise de mesures destinées à assurer l'information et la protection effective des personnes, dans le cas d'une installation présentant de graves dangers pour l'environnement, est de nature à constituer une violation de l'article 8 de la Convention européenne des droits de l'Homme, et ce même en dépit de tout dommage matériel (■ CEDH, 19 févr. 1998, n° 116/1996/735/932, *A. M. Guerra et a. c/ Italie : RGDI publ.* 1998, comm. S. Maljean-Dubois, p. 995 ; *RTDH* 1998, comm. P. Frumer, p. 813. – J. Cohen, *Quelques observations à propos du contentieux des droits de l'homme à Strasbourg : Gaz. Pal.* 19 juill. 1998, doctr. p. 5. – J.-P. Marguénaud, *Convention européenne pour la sauvegarde des droits de l'Homme et des libertés fondamentales (CEDH) : JTDE*, n° 54-1988, p. 217). La carence de l'État dans la mise en œuvre des réglementations européenne et nationale, constitue également une faute de nature à engager la responsabilité de l'État ; à propos de la pollution nitratée des eaux, à l'origine de phénomènes de marées vertes (■ TA Rennes, 25 oct. 2007, n°s 0400630, 0400631, 0400636, 0400637 et 0400640, *Assoc. Halte aux marées vertes et a. : Rev. jur. env.* 2008, n° 3, p. 353, obs. J. Sironneau ; *AJDA* 2008, n° 9, p. 470, note D. Rémy).

3° *Un préjudice*

19) Nature du préjudice. Le demandeur doit établir l'existence d'un préjudice (■ CAA Nantes, 29 mars 1995, n° 93NT00419, *Assoc. nationale de protection des salmonidés*). La suppression de l'installation litigieuse à l'origine de dangers ou inconvénients ne supprime pas le droit des tiers à obtenir réparation du préjudice subi dans leurs conditions d'existence (■ CAA Lyon, 30 juin 1994, n° 94LY00622, *M. Perez et Mme Vallot*). Toutefois, une faute de l'administration n'emporte droit à indemnisation que lorsqu'elle se trouve directement à l'origine du préjudice dont il est demandé réparation. Aussi, faute d'établir un préjudice précis résultant de la carence du préfet dans l'utilisation de ses pouvoirs de police des installations classées, un requérant ne peut obtenir réparation (▪ TA Strasbourg, 2 déc. 2009, n° 0404347, *Moroff c/ Préfet du Bas-Rhin : Environnement* 2010, n° 2, p. 11, comm. D. Gillig).

4° Un lien de causalité

20) Un caractère direct. Un préjudice directement imputable à une faute doit être démontré (▪ TA Lille, 6 oct. 1998, nos 963583 et 963584, *4e section des Wateringues du Pas-de-Calais c/ Préfet du Pas-de-Calais*). La faute de l'État, qui a refusé dans un premier temps de prendre des prescriptions à l'encontre d'un exploitant dont l'exploitation est à l'origine de dommage, doit être la cause directe du préjudice subi par les tiers (▪ CAA Lyon, 12 mars 1991, nos 89LY01728 et 89LY01729, *M. et Mme Brochu*). L'importance et la durée de l'émission des nuisances doivent trouver leur origine dans le manquement de l'administration à une obligation d'assurer le respect de la législation sur les installations classées et à la prise de prescriptions insuffisantes (▪ CAA Paris, 29 déc. 1992, n° 91PA00556, *Assoc. de défense de la qualité de la vie à Bondy, M. Kirschner et a.*). L'engagement de la responsabilité de l'État ne peut résulter que d'un lien direct de causalité entre la faute de l'administration et le préjudice allégué. La responsabilité de l'État n'est donc pas engagée dès lors que l'abandon d'un projet d'installation classée n'est pas la conséquence directe des arrêtés préfectoraux édictant des prescriptions spéciales et additionnelles aux prescriptions générales et reconnus ultérieurement illégaux (▪ CE, 9 juill. 2008, n° 296023, *Sté Intertitan Emporiki Diethnis : BDEI* 2008, n° 18, p. 7, concl. Y. Aguila). Elle n'est pas non plus engagée en cas d'abandon d'un projet de construction d'une usine d'incinération d'ordures ménagères figurant précédemment dans un plan d'élimination des déchets ménagers, l'inscription d'un projet dans un tel plan ne constituant pas une garantie de sa réalisation (▪ CE, 22 févr. 2008, n° 280931, *Synd. mixte central de traitement des ordures ménagères de l'agglomération parisienne : Rev. Lamy coll. terr.* 2008, n° 35, p. 17, comm. E. Glaser ; *Dr. adm.* 2008, n° 5, p. 28).

5° La réparation

21) Préjudices réparables. Indemnisation des seuls préjudices qui présentent un lien de causalité direct avec la faute commise par l'État (▪ CE, 22 févr. 2008, n° 252514, *Sté générale d'archives : Environnement* 2008, n° 5, p. 31, note D. Gillig ; *Dr. env.* 2008, n° 157, pan, p. 1 et n° 166, p. 18 ; *JCP N* 2009, n° 13, pan. p. 21, obs. X. Lièvre et F. Müller). À propos de la réparation du préjudice moral d'une association tenant à son impossibilité de participer à une enquête publique (▪ CAA Marseille, 8 janv. 2008, n° 06MA00796, *Assoc. nationale pour la protection des eaux et des rivières*). Il a été jugé qu'une situation non conforme à la législation relative aux installations classées était génératrice d'un préjudice moral indirect pour des associations de protection de l'environnement. En l'espèce, la Cour de cassation relève qu'une faute a été commise par l'exploitant, et ce même si ce dernier a régularisé sa situation ultérieurement. L'infraction commise aux règles relatives à la protection de l'eau, de la nature et de l'environnement a causé aux associations un préjudice moral indirect eu égard à l'objet qu'elles avaient la charge de défendre (▪ Cass. 3e civ., 9 juin 2010, n° 09-11.738, *Sté Cray Valley : Dr. env.* oct. 2010, n° 183, p. 340, note. R. Mésa et S. Marmin).

22) Étendue de l'indemnisation. Le juge peut limiter l'indemnisation du préjudice moral subi par une association du fait de son impossibilité de participer à une enquête publique, eu égard à sa faculté d'intervention lors de la prise de décision (▪ CAA Marseille, 8 janv. 2008, n° 06MA00796, *Assoc. nationale pour la protection des eaux et des rivières*).

23) *Faute de nature à atténuer la responsabilité de l'État.*. En négligeant de s'assurer préalablement, par elle-même, qu'elle aurait eu la possibilité d'installer son activité dans une zone, une société a commis une faute de nature à atténuer la responsabilité de l'État dans une proportion de 50 % (▪ CAA Marseille, 25 juin 2009, n° 07MA03217, *EURL Fuss Rénovation : Environnement* 2009, n° 10, p. 34, comm. D. Gillig).

B – Responsabilité administrative en matière d'ouvrage public

24) Préoccupation. La préoccupation constitue un fait exonératoire de la responsabilité administrative du fait du fonctionnement d'un ouvrage public (▪ CE, 25 nov. 1988, n° 74009, *Sté Citroën c/ SECIP-UIOM et a. : Rev. jur. env.* 2/1989, p. 195). Même si les dispositions de l'article L. 112-16 du Code de la construction et de l'habitation ne peuvent utilement être invoquées (même arrêt). V. également sous art. L. 514-6, annot. n° 3 et s., p. 988.

Art. L. 514-20 *(Anc. L. n° 76-663, 19 juill. 1976 ; mod., L. n° 2003-699, 30 juill. 2003 ; Ord. n° 2009-663, 11 juin 2009 ; rempl., L. n° 2014-366, 24 mars 2014).* – **Lorsqu'une installation soumise à autorisation ou à enregistrement a été exploitée sur un terrain, le vendeur de ce terrain est tenu d'en informer par écrit l'acheteur ; il l'informe également, pour autant qu'il les connaisse, des dangers ou inconvénients**

importants qui résultent de l'exploitation. Si le vendeur est l'exploitant de l'installation, il indique également par écrit à l'acheteur si son activité a entraîné la manipulation ou le stockage de substances chimiques ou radioactives. L'acte de vente atteste de l'accomplissement de cette formalité.

À défaut, et si une pollution constatée rend le terrain impropre à la destination précisée dans le contrat, dans un délai de deux ans à compter de la découverte de la pollution, l'acheteur a le choix de demander la résolution de la vente ou de se faire restituer une partie du prix ; il peut aussi demander la réhabilitation du site aux frais du vendeur, lorsque le coût de cette réhabilitation ne paraît pas disproportionné par rapport au prix de vente.

Voir : sur les obligations spécifiques en cas d'aliénation à titre onéreux d'une installation de stockage de déchets, annotations sous art. L. 541-25, p. 1206.

Bibliographie : G. Angeli, *L'obligation d'information de l'article 8-1 de la loi du 19 juillet 1976 : Rev. jur. env.* 1-2/1996, p. 51-65 ; *La garantie du passif dans les cessions de sites industriels : Rev. jur. env.* 3/1996, p. 307-316. • J. Asscher, *L'article L. 514-20 du Code de l'environnement : une obligation d'information tronquée : Gaz. Pal.* n° spécial, Droit de l'environnement, 21-22 déc. 2007, n° 355-356, p. 15. • R. Bizet et B. Malleus, *La responsabilité du vendeur d'un terrain pollué : Préventique* mai-juin 1992, n° 45. • M. Boutonnet, *L'obligation de délivrance confrontée à la vente d'immeubles pollués, une nouvelle technique de gestion du risque environnemental ? : Environnement et dév. durable* 2013, n° 11, p. 17 ; *La complémentarité de l'article L. 514-20 du Code de l'environnement et du droit commun des contrats : Environnement et dév. durable* avr. 2010, n° 4, p. 38. • M.-P. Camproux-Duffrene, *La prise en charge par le vendeur de la réhabilitation d'un terrain pollué sur le fondement de l'article L. 514-20 du Code de l'environnement : JCP G* 2006, n° 28, p. 1383. • J.-N. Clément, *La cession d'un site industriel ou d'un terrain pollué : les obligations et responsabilités de l'acheteur et du vendeur : Gaz. Pal.* 28-29 mai 1997, p. 800. • J.-M. Février, *Obligation d'information au titre de l'article L. 514-20 du Code de l'environnement : JCl. Environnement*, Fasc. 4025, 2010. • C. Galvez, *Nature de l'obligation de remise en état des sols pollués et obligations d'information et de garantie dans le contrat de vente : BDEI* févr. 2002, p. 2 à 13. • W. Granpre, *L'obligation d'information du vendeur d'un terrain dans la loi sur les installations classées : Dr. env.* 2000, n° 75, p. 15. • O. Herrnberger, *Vente d'un immeuble ayant supporté une installation classée : la réglementation de la remise en état facteur d'insécurité pour l'acquéreur : Environnement* mai 2003, n° 5, p. 8-11. • C. Huglo, *Quelle stratégie adopter en tant que vendeur et/ou acheteur d'un sol contaminé ? : BDEI* 1995, n° spécial, p. 26. • C. Leroy-Gleizes, *Quelles précautions dans la rédaction des clauses ? : Dr. et patrimoine* avr. 2013, n° 224, p. 65. • X. Lièvre et A. Dupie, *Teneur de l'obligation d'informer de l'article L. 514-20 du Code de l'environnement : « rien que le texte mais tout le texte » : JCP E* 2005, n° 48, p. 2062. • M.-P. Maître, *Les obligations d'information en matière de vente d'un terrain sur lequel a été exploitée une ICPE soumise à autorisation : Environnement* mai 2005, n° 5, p. 35-36. • M. Mekki, *Obligations d'informations : JCP N* 2017, n° 16, p. 33. • J.-L. Peru et I. Piquemal, *Vente de terrains pollués : une obligation d'information : Gaz. cnes.* 16 mai 2005, p. 52. • P. Thieffry, *La responsabilité civile du pollueur. Les projets communautaires et la Convention du Conseil de l'Europe : Gaz. Pal.* 1993, 2, doctr. p. 965. • 90e Congrès des notaires de France, Nantes, 8-11 mai 1994 ; *Protection de l'environnement : de la contrainte au contrat*, 2 vol., Éd. Crédit foncier de France, 1994. • V. Saintaman, *Liquidation judiciaire et vente de gré à gré d'un site pollué, La Gazette du Palais spécialisée : Dr. env.* sept. 2011, n° 266/267, p. 35.

I – OBLIGATION D'INFORMATION DU VENDEUR

1) Conditions.

a) Cessation antérieure de l'exploitation. L'obligation d'information suppose que l'exploitation antérieure ait cessé et ne saurait être étendue à l'hypothèse où l'exploitation se poursuit, circonstance que l'acquéreur peut constater par lui-même (■ CA Colmar, 14 nov. 2003, n° 02/01377, *Siffert c/ SA Alsabail : JurisData* n° 2003-232845). Elle ne s'applique donc pas en cas de vente d'un terrain sur lequel l'exploitation est en cours (■ Cass. 3e civ., 9 avr. 2008, *SCI Coignières Logistic : JCP N* 2008, nos 25-26, p. 17, note F.-G. Trébulle ; *JCP E* 2008, n° 43, p. 20, note L. Leveneur ; *Dr. env.* 2008, n° 163, p. 16, note F. Nési ; *JCP N* 2009, nos 1-2, p. 34, note S. Piédelièvre ; *Environnement* 2009, n° 3, p. 20, note O. Herrnberger), y compris lorsque celui-ci fait l'objet d'un plan de cession (■ Cass. 3e civ., n° 07-12.966, *Sté C et V Cosserat International : BDEI* 2008, n° 16, p. 10, comm. D. Déprez ; *Gaz. Pal.* 27 juill. 2008, n° 209, p. 39, comm. D. Voinot ; *Gaz. Pal.* 7 nov. 2008, n° 312, p. 51, comm. P. Steichen ; *AJDI* 2009, n° 6, p. 472, comm. F. Cohet-Cordey ; *AJDI* 2009, n° 7, p. 566, comm. F.-G. Trébulle). Le vendeur ne peut prétendre que l'activité était effectivement en cours au jour de la signature de la promesse dans l'hypothèse où les bâtiments objets de la cession étaient désaffectés (■ CA Douai, 3 juin 2013, n° 12/07448, *SNC Ateliers Caloin c/ SNC Eiffage*). Il appartient au vendeur qui conteste son obligation d'information de prouver que l'exploitation n'a pas cessé (■ Cass. 3e civ., 26 janv. 2011, n° 09-71.486).

b) Dès lors qu'il n'est pas établi qu'une installation classée soumise à autorisation aurait été exploitée sur le site, il n'y a pas lieu à satisfaire les obligations de l'article L. 514-20 (■ Cass. 3e civ., 22 nov. 2018 : *D.* 2018, p. 2310).

c) Un contrat de vente : L'obligation d'information issue de l'article L. 514-20 du Code de l'environnement n'est pas applicable aux conventions d'occupation du domaine public et ne concerne que les contrats de vente (▪ CAA Douai, 19 juill. 2011, n° 09DA00608, *Lille Métropole Communauté Urbaine*).

d) Exploitation d'une installation classée soumise à autorisation. L'activité exercée à la date de cessation de l'activité doit être soumise à autorisation au titre des ICPE, au regard de la législation en vigueur à cette date (▪ Cass. 3e civ., 17 nov. 2004, nos 03-14.038 et 03-14.213, *Sté Dassault Aviation : BDEI* févr. 2005, p. 17 à 22, note C. London (▪ CA Paris, pôle 4, ch. 1, 19 nov. 2009, *SCI Windsor Corbeil 1 c/ CCEI : JurisData* n° 2009-380147 ; *Environnement et dév. durable* 2010, n° 4, p. 38, comm. M. Boutonnet ; *Constr.-Urb.* 2010, n° 4, p. 62, comm. C. Sizaire). Le fait que la base de donnée BASIAS ne mentionne pas l'installation soumise à autorisation présente sur le siège du terrain vendu ne suffit pas à démontrer son inexistence (▪ CA Amiens, 18 oct. 2012, n° 11/02401, *Sté Prodeco*). Mais l'obligation d'information ne concerne pas les cas où l'installation exploitée sur le terrain était soumise à déclaration. Ainsi, un arrêt qui affirme qu'un vendeur a manqué à son obligation d'information, sans vérifier si l'ancienne installation était soumise à déclaration ou à autorisation, doit être annulé pour défaut de base légale (▪ Cass. 3e civ., 20 juin 2007, n° 06-15.663, *Sté Biscuiterie du Nord : Environnement* 2007, nos 8-9, p. 30, comm. M. Boutonnet ; *RD imm.* 2007, n° 5, p. 399, comm. F.-G. Trébulle ; *BDEI* 2007, n° 11, p. 10, comm. D. Déprez ; *JCP* E 2007, n° 38, p. 20 ; *Rev. Lamy dr. civ.* 2007, n° 42, p. 11, comm. S. Doireau ; *Contrats, conc. consom.* 2007, n° 11, p. 19, comm. L. Leveneur ; *JCP* N 2007, n° 47, p. 290, comm. O. Herrnberger ; *Rev. Lamy dr. aff.* 2008, n° 24, p. 74, comm. V. Vidalens). Justifie l'annulation du contrat de vente sur le fondement de l'article 1116 du Code civil la réticence dolosive du vendeur d'informer le cessionnaire des conséquences sur le voisinage d'une installation classée (servitudes, arrêté portant autorisation d'exploiter...) (▪ TGI Soissons, 15 janv. 2004, n° 02/01036, *M. Gauer*).

2) Étendue de l'obligation d'information. Le vendeur est tenu de garantir l'acquéreur contre les pollutions dont il n'avait que la connaissance *du risque* (▪ *CA Versailles, 13 janv.* 2000, n° 1807-97, *Sté Discodis : Mon. TP* 9 juin 2000, p. 89). Cet arrêt a cependant été cassé au motif que rien ne prouvait que la société venderesse, qui n'avait pas la qualité de vendeur professionnel de biens immobiliers, savait, au moment de la revente du bien, que le sous-sol du terrain était pollué (▪ Cass. 3e civ., 19 déc. 2001, n° 00-12.022, *Sté Discodis c/ Sté Profidis et Cie : RD imm.* juill.-août 2002, p. 310, note F.-G. Trébulle). La mauvaise foi du vendeur n'est pas établie lorsque celui-ci n'est pas considéré comme un vendeur professionnel et qu'il ignorait les vices affectant le site, alors qu'il avait fait des recherches en ce sens (▪ Cass. 3e civ., 27 janv. 2015, n° 13-28.012). Mais responsabilité du cédant d'un terrain qui, à l'occasion d'une cession d'actions, a omis d'avertir l'acquéreur du risque résultant des obligations de dépollution d'un terrain prescrites par arrêté préfectoral. En tant que professionnel du transport et négoce de carburant, le cédant ne peut ignorer les dispositions applicables en matière d'environnement et a l'obligation de révéler au cessionnaire l'information relative à l'existence d'un puits pollué sur un terrain appartenant à l'entreprise (▪ CA Lyon, 10 avr. 2003, n° 01/06915, *Sté La mure bianco SA c/ Sté Total Fina Elf France SA*). Les dispositions de l'article L. 514-20 du présent code, qui distinguent entre l'affectation du terrain et les dangers ou inconvénients de cette affectation, établissent pour le premier volet une obligation objective à la charge du vendeur, tenu d'informer l'acquéreur, et ne subordonnent cette obligation à sa connaissance effective que relativement aux dangers ou inconvénients de l'usage qui a été fait du terrain vendu (▪ CA Nîmes, 4 mars 2008, n° 06/00516, *SA Citadis c/ SA Bouisse Finance : Environnement* 2008, n° 6, p. 23, note J.-M. Février ; *JCP* N 2009, n° 13, pan. p. 17, obs. X. Lièvre et X. Müller). ▪ Cass. 3e civ., 11 mars 2014, n° 12-29.556).

Information environnementale et droit de préemption. La Cour de cassation rejette le pourvoi d'une commune qui, après avoir exercé son droit de préemption sur des immeubles vendus par une SCI, avait refusé de signer l'acte de vente en invoquant un problème de pollution du terrain constitutif de réticence dolosive et de vice caché. La Cour affirme : « ayant relevé que l'acquéreur initial avait été informé de la pollution du terrain par un rapport annexé à l'acte sous seing privé de vente, qu'aucune obligation n'imposait aux venderesses d'annexer ce compromis à la déclaration d'intention d'aliéner et que la commune disposait de services spécialisés et de l'assistance des parties de l'État » (▪ Cass. 3e civ., 7 nov. 2012, n° 11-22907, FS-P+B : *Constr.-Urb.* janv. 2013/1, comm. 12, Sizaire V. et comm. 5, Santoni L. ; *BDEI* n° 43/2013, n° 1434, Dupie L. ; *Environnement et dév. durable* 2013, chron. 4, Butonnet M. et Herrnberger O.).

En application de l'article L. 213-2 du Code de l'urbanisme, dans sa rédaction antérieure à la loi du 24 mars 2014, le vendeur n'avait pas l'obligation formelle d'informer le titulaire du droit de préemption, dans la déclaration d'intention d'aliéner, qu'une installation classée avait été antérieurement exploitée sur le terrain (▪ Cass. 3e civ., 15 sept. 2016, n° 15-21.916, FSP+B : *JurisData* n° 2016-018596 ; *Constr.-Urb.* 2016, n° 10, p. 16-17, note X. Couton ; *Gaz. Pal.* 2017, n° 3, p. 38-39, note S. Edlinger ; *AJDI* 2017, n° 2, p. 130, note T. Geib et M. Vervynck).

Manque à son obligation d'information le vendeur qui n'a pas informé l'acheteur par écrit, alors même que ce dernier n'ignorait pas l'existence de l'installation classée (■ Cass. crim., 12 janv. 2005, n° 03-18.055, *Cne de Dardilly c/ Sté des Anciennes briqueteries de Limonest : JurisData* n° 2005-026452 : *JCP* N 2005, n° 1394, p. 1574, comm. X. Lièvre et A. Dupie ; *Dr. env.* juill.-août 2005, p. 158, note D. Voinot ; *JCP* A 2005, n° 1127, p. 515, comm. P. Billet ; *Environnement* 2005, n° 3, p. 27, note D. Gillig. – Repris par la cour d'appel de renvoi, ■ CA Dijon, 20 déc. 2005, n° 05.00354, *S.A. Anciennes briqueteries de Limonest c/ Cne de Dardilly : Environnement* 2006, n° 5, p. 30, note D. Gillig). En revanche, l'acquéreur qui a été informé de façon complète par le vendeur sur l'état de pollution d'un site et qui l'achète en toute connaissance de cause ne peut pas demander réparation des préjudices causés du fait du retard de sa commercialisation. Le lien de cause à effet, direct et certain, du retard de commercialisation des appartements avec l'allongement du chronogramme des travaux de dépollution du terrain par l'ancien acquéreur n'est pas établi. Le juge conclut qu'en signant l'acte de vente, la société a entériné le fait que la dépollution du site n'avait pas été effectuée et qu'elle avait accepté la procédure administrative mise en place et encore en cours pour aboutir à cette dépollution (■ CA Versailles, 12e ch., 15 oct. 2009, n° 08/05847, *SARL Pauli Immeubles – Sté Foncière et Financière « SOFI »*).

3) En cas de prescriptions de remise en état par le préfet. Le préfet peut prescrire qu'un site industriel devra faire l'objet d'un usage ultérieur compatible avec la nature des terrains après remise en état et que les propriétaires successifs devront être informés de cette situation (■ CAA Lyon, 23 juin 1998, n° 97LY00469, *Min. Environnement c/ Cts Floret-Roulet : Rev. jur. env.* 1/1999, p. 140, comm. R. Schneider). Dans la mesure où la remise en état n'a pas pour objet de rétablir les lieux dans l'état qui était le leur avant le début de l'exploitation, l'obligation d'information ne dispense pas l'acquéreur de se renseigner sur la contamination (■ CE, 16 déc. 2008, n° 294151, *SNC Foncière du Vivarais : Environnement* 2009, n° 2, comm. 18, p. 34, note J.-M. Février ; *RD imm.* 2009, n° 5, p. 286, comm. F.-G. Trébulle).

4) Débiteurs de l'obligation d'information. Engage sa responsabilité personnelle l'administrateur judiciaire qui n'a pas informé le repreneur de l'irrégularité de l'entreprise au regard de la législation relative aux installations classées pour la protection de l'environnement (■ Cass. com., 30 nov. 2010, n° 09-71.954 : *JCP* E 2011, n° 8, p. 11). Sont de mauvaise foi les héritiers du dernier exploitant ICPE, en l'occurrence sa veuve et son fils, qui soutenaient l'ignorance des contraintes pesantes sur l'exploitation au moment de la cession des terrains d'assiette (■ Cass. 3e civ., 21 mai 2014, n° 12-21.890).

II – LES LIMITES DE L'OBLIGATION D'INFORMATION

5) Du vendeur. L'article L. 514-20 n'impose pas au vendeur de supporter les coûts des analyses aux fins de recherche d'une pollution du terrain (■ CA Paris, 16 janv. 2003, n° 2002/08882, *Sté Messer c/ SA Entr. Industrielle*).

6) Du notaire. Dans une opération de *lease-back*, le notaire n'est pas tenu d'informer l'acquéreur du fait qu'une installation est toujours exploitée sur le terrain objet de la vente (■ CA Colmar, 14 nov. 2003, n° 02/01377, *Siffert c/ SA Alsabail : JurisData* n° 2003-232845, préc.). Ne peut voir sa responsabilité engagée le notaire qui a donné l'information utile concernant la nécessité d'une attestation préfectorale sur le site classé, dès lors que c'est l'acquéreur, parfaitement conscient de ce que l'autorisation préfectorale restait en suspens, qui voulait absolument régulariser la vente, avant même que ne soit connue la décision de la préfecture (■ Cass. 3e civ., 9 avr. 2008, n° 07-10.795, *SCI Coignières Logistic c/ Geodis Logistics IDF : Bull. civ.* III, n° 70).

III – MODALITÉS DE RÉPARATION

7) Violation de l'obligation d'information. L'acquéreur d'un terrain sur lequel a été exploitée une installation soumise à autorisation a le choix de poursuivre la résolution de la vente ou de se faire restituer un partie du prix (■ CA Paris, 8 déc. 2005, n° 05/14510, *Épx Léonard c/ Épx Picard*. ■ CA Dijon, 20 déc. 2005, n° 05.00354, *SA Anciennes briqueteries de Limonest c/ Cne de Dardilly : Environnement* 2006, n° 5, p. 30, note D. Gillig). Il peut aussi demander la remise en état du site aux frais du vendeur, lorsque le coût de cette remise en état ne paraît pas disproportionné par rapport au prix de vente (■ Cass. 3e civ., 20 juin 2007, n° 06-15.663, *Sté Biscuiterie du Nord : Environnement* 2007, n°s 8-9, p. 30, comm. M. Boutonnet ; *RD imm.* 2007, n° 5, p. 399, comm. F.-G. Trébulle ; *BDEI* 2007, n° 11, p. 10, comm. D. Déprez ; *JCP* E 2007, n° 38, p. 20 ; *Rev. Lamy dr. civ.* 2007, n° 42, p. 11, comm. S. Doireau ; *Contrats, conc. consom.* 2007, n° 11, p. 19, comm. L. Leveneur ; *JCP* N 2007, n° 47, p. 290, comm. O. Herrnberger ; Rev. Lamy dr. aff. 2008, n° 24, p. 74, comm. V. Vidalens. ■ CA Amiens, 18 oct. 2012, n° 11/02401, *Sté Prodeco*). Le coût de dépollution et de remise en état du site par des hydrocarbures incombe au vendeur qui n'a pas satisfait à son obligation spéciale d'information

(▪ CA Paris, 24 févr. 2017, n° 15/00665 : *JurisData* n° 2017-003942).

8) Vice caché. L'ampleur d'une pollution constitue un vice caché rendant l'immeuble impropre à sa destination dès lors que toute construction reste risquée pour la santé ou la sécurité tant des participants du chantier que des futurs utilisateurs (▪ Cass. 3e civ., 8 juin 2006, n° 04-19.069, *Sté Total fluides c/ Sté SEM Plaine cne développement et a.* : *Environnement* 2006, n° 12, p. 27, comm. M. Boutonnet ; *BDEI* 2007, n° 7, p. 45, comm. F.-G. Trébulle ; *JCP* N 2007, n° 15, étude p. 10, comm. X. Lièvre et A. Dupie ; *Gaz. Pal.* 21 déc. 2007, n° 355, p. 15, comm. J. Ascher). De même, constitue un vice caché la pollution importante d'un terrain pouvant présenter un risque pour la santé publique et l'environnement, même si l'ampleur exacte de la pollution et ses conséquences ne sont pas déterminées avec précision, dès lors que le terrain n'est pas constructible en l'état et ne pourra l'être qu'après des travaux de décontamination dont le coût peut s'avérer élevé ; une société obtient ainsi la résolution de la vente pour vice caché sur le fondement de l'article 1646 du Code civil. La vente ne peut cependant pas être annulée pour dol en l'absence de texte législatif ou réglementaire imposant la réalisation, avant la vente, d'études de sol et de sous-sol, sauf si des éléments peuvent lui laisser suspecter l'existence de vices, ce qui n'était pas le cas en l'espèce (▪ TGI Bourg-en-Bresse, 22 déc. 2005, n° 04/00919, *SCI Les jardins de Marion*). *A contrario*, la qualification de vice est rejetée, malgré l'existence de pollution, lorsque celle-ci ne rend pas la chose inapte à sa destination (▪ Cass. 3e civ., 24 sept. 2013, n° 11-26.642, V. : *D.* 2013, p. 2964, note Fériel L.). En revanche, est irrecevable à exercer une action estimatoire plus de quatre ans après son acquisition une commune qui acquiert par préemption un terrain en état de friche industrielle. En effet, dès lors que des photographies anciennes montraient que le terrain servait depuis plusieurs dizaines d'années avant l'acquisition du terrain par la commune de dépôt de ferrailles et matériaux industriels divers, la commune ne pouvait ignorer qu'il était sérieusement pollué et que cela entraînerait un coût de dépollution dans l'hypothèse où elle déciderait de l'utiliser ou de le revendre comme terrain à bâtir (▪ Cass. 3e civ., 10 sept. 2008, n° 07-17.086, *Cne de Marseille* : *BJDU* 2008, n° 5, p. 338, comm. F. Nési ; *JCP* N 2008, n° 47, p. 21, comm. F.-G. Trébulle ; *Environnement* 2009, n° 1, p. 25, comm. M. Boutonnet ; *JCP* N 2009, nos 1-2, chron. p. 35, comm. S. Piédelièvre ; *Environnement* 2009, n° 3, p. 20, comm. O. Herrnberger ; *Dr. env.* 2009, n° 166, p. 21, comm. F. Nési ; *AJDI* 2009, n° 5, p. 386, comm. B. Wertenschlag et T. Geib). En principe, si le caractère du vice caché s'apprécie au regard des faits, le juge peut tenir compte de la qualité des parties (▪ Cass. 3e civ., 9 oct. 2013, n° 12-14.502). Toutefois, si le vendeur n'est pas tenu des vices apparents et dont l'acheteur a pu se convaincre lui-même, encore faut-il que cette connaissance de l'acquéreur de l'existence des vices soit effective. Le vendeur de mauvaise foi ne saurait se prévaloir de la qualité de professionnel de son cocontractant pour éluder la garantie des vices cachés et ne saurait invoquer à son profit les clauses de non-garantie figurant dans l'acte de vente. En l'espèce, la cour estime cependant que l'acquéreur avait été suffisamment informé et n'avait pas pris toutes les mesures requises pour s'assurer de l'ampleur du problème de pollution du sol (▪ Cass. 3e civ., 18 nov. 2009, n° 08-19.052, *Sté Caprim*).

Le vendeur ne peut s'exonérer de son obligation de garantie des vices cachés sur le fondement selon lequel l'acquéreur aurait dû avoir connaissance de la probabilité de pollution du site, car il ne pèse sur l'acheteur aucune obligation de recherche des éventuels vices affectant le site vendu. Il s'agit ici d'une interprétation restrictive de la clause de non-garantie des vices cachés, qui est favorable à l'acquéreur. Cette décision est topique car elle reflète à elle seule une tendance de la jurisprudence dans ce domaine consistant à délimiter le champ d'application de l'article L. 514-20 du Code de l'environnement tout en rappelant l'application possible du droit commun des contrats (▪ CA Paris, pôle 4, ch. 1, 19 nov. 2009, *SCI Windsor Corbeil 1 c/ CCEI* : *JurisData* n° 2009-380147 ; *Environnement et dév. durable* 2010, n° 4, p. 38, comm. M. Boutonnet ; *Constr.-Urb.* 2010, n° 4, p. 62, comm. C. Sizaire).

Sous l'influence du principe de précaution, les vices incertains doivent être connus de l'acheteur au risque de lui permettre d'engager une action contractuelle fondée sur le manquement à la garantie des vices cachés et d'obtenir la résolution du contrat (▪ Cass. 3e civ., 24 oct. 2012, n° 11-25.899 : *Environnement et dév. durable* 2013, chron. 4, Boutonnet M. et Hernberger O.).

9) Obligation de délivrance. Un bien présenté comme dépollué lors de la vente doit être délivré conforme à cette caractéristique (▪ Cass. 3e civ., 29 févr. 2012, n° 11-10.318 : *Environnement et dév. durable* 2012, comm. 56, Boutonnet M. ; *Contrats, conc. consom.* 2012, comm. 117, Leveneur L. ; *RDC* 2012, p. 1306, Mekki M. ▪ Cass. 3e civ., 22 oct. 2014, n° 13-22.305). Le vendeur manque à son obligation de délivrance conforme lorsque l'absence de pollution importante est rentrée dans le champ contractuel et que le vendeur avait connaissance de la destination à usage d'équipements publics des parcelles vendues en question, s'il est découvert après la vente l'existence de métaux lourds ; la question de la connaissance étant superfétatoire (▪ Cass. 3e civ., 12 nov.

2014, n° 13-25.079 ; *JCP* N 2015, n° 16, note M. Hautereau-Boutonnet). En revanche, l'acquéreur qui a été informé des risques de pollution du bien vendu ne peut pas invoquer un manquement à l'obligation de délivrance (■ Cass. 3e civ., 5 déc. 2012, n° 11-20.689. ■ Cass. 3e civ., 16 janv. 2013, n° 11-27.101).

Bibliographie : L. Esteve de Palmas et X. Lièvre, *Vendeurs, attention à l'obligation de délivrance dans les ventes de sites pollués : JCP* N 2016, n° 6, p. 29-30.

10) L'usage de la chose. Lorsque le vendeur est clairement informé de l'usage du terrain vendu, mais que l'acquéreur doit engager des frais importants pour dépolluer ledit terrain afin de le rendre conforme à la chose promise, ce dernier doit être indemnisé par son vendeur (■ CA Aix-en-Provence, 16 mai 2013, n° 11/21515).

CHAPITRE V. – DISPOSITIONS PARTICULIÈRES À CERTAINES INSTALLATIONS

Section I. – Carrières

Voir : Droit interne : *Dispositions générales.* D. n° 80-331, 7 mai 1980 portant règlement général des industries extractives (Mod. D n° 84-993, 22 oct. 1984 : *JO* 10 nov. 1984 ; D. n° 98-588, 9 juill. 1998 : *JO* 11 juill. 1998 ; D. n° 2009-235, 27 févr. 2009 : *JO* 28 févr. 2009 ; D. n° 2011-1521, 14 nov. 2011 : *JO* 16 nov. 2011). – A. 22 septembre 1994 relatif aux exploitations de carrières et aux installations de premier traitement des matériaux de carrières (*JO* 22 oct. 1994) (Mod. A. 24 janv. 2001 : *JO* 14 févr. 2001 ; A. 5 mai 2010 : *JO* 27 août 2010 ; A. 30 sept. 2016 : *JO* 12 oct. 2016 ; A. 24 avr. 2017 : *JO* du 26) ; Circ. n° 96-52, 2 juill. 1996 relative à l'application de l'arrêté du 22 septembre 1994 relatif aux exploitations de carrières et aux installations de premier traitement des matériaux de carrières (mise à jour après annulation partielle par ■ CE, 13 mars 1998, n° 182894, *Union nat. des industries de carrières et matériaux de constructions [UNICEM]*).

Bruit. A. 23 janvier 1997 relatif à la limitation des bruits émis dans l'environnement par les installations classées pour la protection de l'environnement : *JO* du 27 (Mod. A. 26 août 2011 : *JO* du 27).

Déchets. A. 19 avr. 2010 relatif à la gestion des déchets des industries extractives : *JO* 6 août 2010 (Mod. A. 24 avr. 2017 : *JO* du 26). – Circ. 22 août 2011 relative à la définition des déchets inertes pour l'industrie des carrières au sens de l'arrêté du 22 sept. 1994 relatif aux exploitations de carrières et aux installations de premier traitement des matériaux de carrières. – A. 12 déc. 2014 relatif aux conditions d'admission des déchets inertes dans les installations relevant des rubriques 2515, 2516, 2517 et dans les installations de stockage de déchets inertes relevant de la rubrique 2760 de la nomenclature des installations classées (*JO* du 14).

Garanties financières. A. du 9 févr. 2004 relatif à la détermination du montant des garanties financières de remise en état des carrières prévues par la législation des installations classées : *JO* 31 mars 2004 (Mod. A. 24 déc. 2009 : *JO* 16 janv. 2010). – A. 5 févr. 2014 encadrant la constitution de garanties financières par le biais d'un fonds de garantie privé prévue au I de l'article R. 516-2 du Code de l'environnement : *JO* du 28 du 28. – Circ. 9 mai 2012 relative aux garanties financières pour la remise en état des carrières et au stockage des déchets de l'industrie des carrières (*BO MEDDE* n° 10 du 10 juin 2012). V. Dispositions ss L. 516-1.

Instruction des demandes. Circ. 19 févr. 2004, relative aux évolutions législatives récentes influant sur l'instruction des demandes d'autorisation d'exploitation de carrières et l'élaboration des schémas départementaux des carrières. – Circ. 19 juill. 2004, relative à la motivation de l'avis de la commission départementale des carrières.

Nomenclature. D. n° 94-485, 9 juin 1994, modifiant la nomenclature des installations classées (*JO* du 12). Circ. 10 déc. 2003 relative à l'application de la rubrique n° 2510 de la nomenclature des installations classées (*BOMEDD* n° 05/2004 du 15 mars 2004). – A. 26 déc. 2006, relatif aux prescriptions générales applicables aux exploitations de carrières soumises à déclaration sous la rubrique n° 2510 de la Nomenclature des installations classées. : *JO* 25 janv. 2007. – A. 12 déc. 2014 relatif aux prescriptions générales applicables aux installations du régime de l'enregistrement relevant de la rubrique n° 2760 de la nomenclature des installations classées pour la protection de l'environnement : *JO* du 14 (Mod. D. n° 2015-1614 du 9 déc. 2015 modifiant et simplifiant le régime des installations classées pour la protection de l'environnement et relatif à la prévention des risques : *JO* du 11 et mod. A. 15 févr. 2016 relatif aux installations de stockage de déchets non dangereux (*JO* 22 mars 2016).

Planification. Circ. 4 mai 1995, relative à l'articulation entre les schémas directeurs d'aménagement et de gestion des eaux, les schémas d'aménagement et de gestion des eaux et les schémas départementaux des carrières. – D. n° 97-181, 28 févr. 1997 relatif à l'institution des zones définies aux articles 109 et 109-1 du Code minier, aux autorisations de recherche de substances de carrières et aux permis exclusifs de carrières délivrés sur ces zones : *JO* 2 mars 1997 (D. n° 2003-1264, 23 déc. 2003 : *JO* du 28 ; Mod. D. n° 2006-665, 7 juin 2006 : *JO* du 8 ; Mod. D. n° 2009-235, 27 févr. 2009 : *JO* du 28).

Voir : Droit de l'Union : Dir. n° 2006/21/CE du 15 mars 2006 concernant la gestion des déchets de l'industrie extractive et modifiant la directive 2004/35/CE (*JOUE* n° L. 102 du 11 avr. 2006) ainsi que Décision 2009/335/CE de la Commission du 20 avril 2009 définissant les orientations techniques relatives à la constitution de la garantie financière prévue à la directive 2006/21/CE du Parlement européen et du Conseil concernant la gestion des déchets de l'industrie extractive (*JO* n° L. 101, 21 avr. 2009).

Bibliographie : *(Depuis la loi n° 93-3 du 4 janvier 1993).* C. Atias, *À la recherche du régime juridique du fortage : Ann. loyers* 1er nov. 2000, n° 11, p. 1817. • Ph. Billet, *Loi ALUR et carrières : JCP A* 2014, n° 2263. • Th. Boillot, *Le nouveau régime juridique des carrières : Gaz. Pal.* 1993, 1, doctr. p. 957. • J.-P. Boivin, *Droit des installations classées*, Éd. Le Moniteur, 1994. • E. Carlier et J.-N. Clément, *À quelle date la loi du 4 janvier 1993, relative aux carrières est-elle entrée en vigueur ? : BDEI* 1995, n° 2, p. 21. • J.-N. Clément, *La fin d'exploitation des carrières et la remise en état des sites : LPA* 30 août 1993, n° 104, p. 6 ; *Carrières et environnement : JCl. Environnement*, Fasc. 4018 (2010) ; *Le régime juridique des carrières conserve-t-il des spécificités au sein du droit des installations classées ? : BDEI* 1er janv. 2002, p. 17-19 ; *Le décret du 15 décembre 2015 et les nouveaux schémas régionaux des carrières : Énergie - Env. - Infrastr.* 2016, n° 2, comm. 14. • C. Guillemin, *Mines et carrières : JCl. Public*, Fasc. 10 (2005). • S. Hercé, *La prise en compte des carrières par les documents d'urbanisme : état des lieux et propositions pour préserver l'accès à la ressource : BDEI*, suppl. n° 36, p. 12. • Ch. Huglo, *Le nouveau régime juridique des carrières (1re partie) : Les traits généraux de la loi n° 93-3 du 4 janvier 1993, relative aux carrières, le régime juridique applicable à la demande d'autorisation : LPA* 28 juill. 1993, p. 7 ; *Le Code minier, les carrières et le droit de l'environnement après la loi du 15 juillet 1994 : LPA* 2 oct. 1994, n° 131, p. 5 ; *La réforme du droit des carrières ou la partie émergée de l'iceberg : Gaz. Pal.* 1993, doctr. p. 956 ; *L'obligation de constitution des garanties financières et le droit des carrières : LPA* 7 oct. 1994, n° 120, p. 11. • Ch. Huglo et B. Berger, *L'articulation du droit des carrières avec d'autres réglementations : Mines et carrières* avr. 2004, n° 104, p. 44 à 45. • Y. Jégouzo et J. Lamarque, *Chronique environnement : RD imm.* 1993, p. 487. • B. Jorion, *Les risques souterrains : DA* 1997, chron. 5, p. 4 à 7. • M. Lalauze, *L'application aux carrières des règles du droit des installations classées : BDEI* 1/2001, p. 8. • C. Lepage-Jessua, *Le nouveau régime juridique des carrières : l'autorisation du préfet et son contrôle : LPA* 28 juill. 1993, n° 90, p. 13. • M.-P. Maître, *Évaluation préalable des incidences de l'exploitation d'une carrière : Mon. TP* 5 mars 2004, n° 5232, p. 99. • C. Pitaud et D. Rochard, *Environnement et espace rural : RD rur.* 1999, p. 334. • Y. Razafindratandra, *Les contraintes environnementales dans la gestion des friches minières après la loi du 15 juillet 1994 : BDEI* 2/1995, p. 54 ; *Cavités souterraines et marinières : une nouvelle extension de la catégorie des risques naturels, dossier spécial loi n° 2002-276 du 27 février 2002, relative à la démocratie de proximité : Dr. env.* mai 2002, n° 98, p. 126 à 128 ; *Le contenu réglementaire du dossier de déclaration d'arrêt des travaux miniers : arrêté ministériel du 8 septembre 2004, définissant les modalités techniques d'application de l'article 44 du décret n° 95-696 modifié relatif à l'ouverture des travaux miniers et à la police des mines : Dr. env.* nov. 2004, n° 123, p. 209 à 211. • J. Untermaier, *Les carrières, l'environnement et la loi du 4 janvier 1993 : Rev. jur. env.* 1/1994, p. 5 ; *ibid.*, 2-3/1994, p. 175. • R. Verachten et M. Buzot, *Règlement général des industries extractives : évolution de la réglementation en matière d'hygiène et de sécurité applicable aux carrières : BDEI* déc. 2011, suppl. n° 36, p. 45. • S. Vestin, *La qualité d'exploitant en titre peut-elle être retenue malgré une déclaration de changement d'exploitant ? : BDEI* 3/1998, p. 25. • P. Yolka, *Nouvelles perspectives du droit minier et loi du 30 mars 1999 : CJEG* 1er janv. 2000, n° 561.

Art. L. 515-1 ***(Anc. L. n° 76-663, 19 juill. 1976, art. 16-1 ; mod., L. n° 2003-591, 2 juill. 2003*** (1) ***; Ord. n° 2004-637, 1er juill. 2004 ; L. n° 2005-157, 23 févr. 2005 ; Ord. n° 2005-1129, 8 sept. 2005*** (2) ***; Ord. n° 2009-325, 25 mars 2009 ; rempl., Ord. n° 2009-663, 11 juin 2009 ; mod., L. n° 2012-387, 22 mars 2012 ; mod. à compter du 1er mars 2017, Ord. n° 2017-80, 26 janv. 2017*** (3) ***; mod., L. n° 2020-1525, 7 déc. 2020).*** **– La durée de validité de l'autorisation administrative prévue à l'article L. 512-1 ou de l'enregistrement prévu à l'article L. 512-7 des exploitations de carrières ne peut excéder trente ans. L'autorisation administrative ou l'enregistrement initial est renouvelable dans les mêmes limites.**

La durée nécessaire à la réalisation des diagnostics et des opérations de fouilles d'archéologie préventive interrompt la durée d'exploitation de la carrière fixée par l'arrêté d'autorisation ou d'enregistrement.

Voir : art. L. 512-1 à L. 512-16, p. 945 et art. L. 514-1 à L. 514-20, p. 983, et plus particulièrement article L. 514-6-II concernant le contentieux administratif. - V. art. R. 515-1 à R. 515-8, p. 2427. - V. art. R. 341-23, p. 2142. - V. également, Loi d'orientation agricole n° 99-574, 9 juill. 1999, article 106 (*JO* 10 juill. 1999, p. 10231). - V. références précitées, section I.

1) Définition d'une carrière. Sur la définition des carrières, notamment au regard de celles des mines, V. Nouveau Code minier, article L. 100-2, selon lequel « *Toute substance minérale ou fossile qui n'est pas qualifiée par le livre Ier du présent code de substance de mine est considérée comme une substance de carrière* » qui reprend le principe de l'article 4 du Code minier antérieur qui disposait « Sont considérés comme carrières les gîtes non mentionnés aux articles 2 et 3 ». V. pour une exploitation de gypse (▪ CE, 27 juill. 1990, *Cne de Coubron c/ SA de matériels de la construction : Rec. CE* 1990, p. 239). Sur la distinction entre mines et carrières, fondée sur le critère de la substance extraite (▪ CE, 22 mai 1996, nos 119538 et 119539, *Sté Stamm Béton*).

---

(1) Application à l'outre-mer : V. L. n° 2003-591, 2 juill. 2003, art. 31, IV.
(2) Application à Mayotte : V. Ord. n° 2005-1129, 8 sept. 2005, art. 4.
(3) Dispositions d'application particulières et transitoires : V. Ord. n° 2017-80, 26 janv. 2017, art. 15.

2) Extraction de sables sur le littoral. L'activité d'extraction de sables est soumise au Code minier, conformément aux dispositions de l'article 1er de la loi n° 76-646 du 16 juillet 1976 relative à la prospection, à la recherche et à l'exploitation des substances minérales non visées à l'article 2 du Code minier et contenues dans les fonds marins de domaine public métropolitain. Dès lors qu'une activité d'extraction de sables et de graviers ne rentra dans aucune des exceptions à l'application de ce texte (petites exploitations terrestres de carrières prolongées en mer, exploitations d'amendement marins et travaux maritimes de gestion du domaine public conduits à des fins non commerciales), elle doit être soumise aux dispositions du Code minier (■ CAA Nantes, 6 juill. 2004, n° 00NT00050, *Assoc. Manche Nature*) (Loi abrogée pour l'essentiel et codifiée ss. art. L. 123-5 s. du nouveau Code minier).

3) Notion d'exploitation. Doivent être regardés comme une exploitation de carrières subordonnée à autorisation : des travaux nécessitant l'extraction d'environ 320 000 mètres cubes de tourbe qui doivent être commercialisés, et qui portent sur une surface totale de 16 hectares, en vue de la création de quatre bassins piscicoles de 4 hectares chacun (■ CE, 12 mars 1999, n° 151240, *Sté Moter et a.*) ; des travaux consistant à creuser les berges d'un canal sur une profondeur de 4 mètres afin d'en extraire des substances minérales (■ CE, 22 mai 1996, nos 1195338 et 119539, *Sté Stamm Béton*). Les travaux de stockage font partie intégrante de l'exploitation d'une carrière (■ CE, 9 mars 1999, n° 180728, *Sté d'aménagement et d'exploitation de terrains agricoles SEATA*). En revanche, ne constituent pas une carrière nécessitant une autorisation des travaux comportant l'extraction de matériaux d'une carrière qui ont pour objet essentiel le dégagement de l'espace nécessaire à la réalisation d'un ouvrage dès lors que ceux-ci ne constituent qu'une opération accessoire nécessaire à la réalisation du projet (■ TA Dijon, 12 mai 1981, *Cne de Saint-Denis-les-Sens : Rec. CE*, p. 527) ou encore des travaux de création d'un plan d'eau, bien que nécessitant des fouilles importantes (■ CE, 16 mars 1983, *SA Pont-à-Mousson : Gaz. Pal.* 1983, 2, somm. p. 437). Ne constitue pas un affouillement nécessitant une autorisation la création d'un plan d'eau pour lequel une partie minime des extractions effectuées a été employée pour une autre fin que la réalisation de l'ouvrage (■ TA Grenoble, 20 mai 1996, nos 966699 et 966700, *M. André Brunet*). Le préfet ne peut légalement refuser une autorisation d'exploiter une carrière pour la totalité des terrains concernés lorsque seule une partie des terrains objet de la demande ne pouvait être exploitée en raison des dispositions du POS : il appartient alors au préfet de déterminer les limites territoriales de l'autorisation (■ CAA Nancy, 26 juin 2003, n° 98NC01306, *Cie des Sablières de la Seine : Envir.* 2004, chron. n° 4, obs. D. Deharbe).

4) Défrichement. Sur l'articulation entre le régime des carrières et des procédures d'autorisation de défrichement (V. note DERF, n° 93.3028, 29 déc. 1993 : *Mon. TP* 4 févr. 1994, p. 37 ; Circ. 11 déc. 2003 relative au défrichement ; Instruction technique du 29 août 2017 relative aux règles applicables en matière de défrichement suite à la loi biodiversité, à la loi montagne II, aux ordonnances relatives à la recodification du livre Ier du Code de l'urbanisme, à l'autorisation environnementale, à la participation du public aux décisions ayant un impact sur l'environnement, à l'évaluation environnementale et à leurs décrets d'application).

5) Plan de prévention des risques naturels. Les prescriptions d'un plan de prévention des risques naturels prévisibles sont opposables aux autorisations relatives aux ICPE. Dès lors, ne commet pas d'erreur de droit la cour administrative d'appel qui juge que les prescriptions du plan de prévention des risques d'incendie de forêt qui déterminent les occupations et utilisations du sol admises en zone dite rouge, c'est-à-dire de danger fort, sont opposables à la demande d'autorisation d'exploitation d'une carrière (■ CE, 9 oct. 2017, n° 397199, *SARL les carrières de Mougins : AJDA* 2017, p. 1922 ; *Dr. environnement* oct. 2017, p. 329). Dans le même sens, à propos d'un plan de prévention des risques inondation qui autorise les installations liées à l'exploitation du sous-sol et les constructions liées à cette activité (■ CAA Nantes, 17 avr. 2015, n° 14NT00056, *Sté Minier Carrières*).

6) Ne constitue pas un intérêt public majeur justifiant un arrêté dérogeant au régime des espèces protégées le maintien en activité d'une carrière nonobstant le risque d'augmentation des importations de granulats du département, et les effets néfastes sur l'environnement en raison de la circulation accrue de camions que sa fermeture occasionnerait, dès lors que d'autres carrières sont à proximité de celle-ci, qu'elles bénéficient d'autorisation d'extraction d'un fort tonnage et que s'il y avait un report de trafic sur un carrière au cœur d'un parc naturel régional, celui-ci serait compensé par la diminution de trafic de la carrière exploitée par le requérant. Cette situation caractérise également l'existence de solution alternative satisfaisante ne permettant pas de déroger aux interdictions mentionnées à l'article L. 411-1 du Code de l'environnement sur les espèces protégées (■ CAA Lyon, 21 mars 2017, n° 14LY03096, *Carrières de Cusy Mathieu Fils : Dr. env.* mai 2017, p. 171). Toutefois, répond à une raison impérative d'intérêt public majeur au sens du *c)* du I de l'article L. 411-2 du Code de l'environnement. le projet d'exploitation d'une carrière qui devrait permettre la création de plus de 80 emplois directs dans un département dont le taux de chômage dépasse de près de 50 % la moyenne nationale et qui s'inscrit dans le cadre des politiques économiques menées à l'échelle de l'Union Européenne qui visent à favoriser l'approvisionnement durable de secteurs d'industrie en matières premières en provenance de sources européennes, dès lors qu'il n'existe pas en Europe un autre gisement disponible de marbre blanc de qualité comparable et en quantité suffisante que celui de la carrière de Nau Bouques pour répondre à la demande industrielle et que ce projet contribue à l'existence d'une filière française de transformation du carbonate de calcium (■ CE, 3 juin 2020, n° 425395, *Féd. pour les espaces naturels et l'environnement des Pyrénées-Orientales (FRENE 66) et a.*).

7) Avis du ministre chargé de l'agriculture. La saisine pour avis du ministre de l'Agriculture a été supprimée par l'ordonnance n° 2005-1129 du 8 septembre 2005 et les organismes qui doivent être consultés ont été modifiés par l'ordonnance n° 2009-663 du 11 juin 2009. En conséquence, le préfet qui se borne à produire au contentieux l'avis du ministre de l'Agriculture rendu « en accord avec l'INAO » sans produire l'avis de cet institut alors que c'est la consultation de cet organisme qui est exigée et non celle du ministre ne justifie pas du caractère régulier de la procédure suivie et l'arrêté d'autorisation d'exploiter doit donc être annulé (■ TA Marseille, 24 nov. 2008, n° 0604543, *Sté 2CV Mehari Club de Cassis et a.*). Si la consultation de l'INAO n'est pas requise, notamment lorsqu'aucun vignoble classé n'existe dans le périmètre de la carrière autorisée, mais que le préfet décide néanmoins de consulter cet organisme, une irrégularité dans cette consultation, telle que l'absence de consultation de l'ONIV, entache l'arrêté d'illégalité (■ CAA Marseille, 24 janv. 2011, n° 09MA00432, *Sté 2CV Mehari Club de Cassis et a.*).

8) Avis de l'Institut national des appellations d'origine. Des lors que des éléments figurant dans l'avis de l'INAO ressortaient déjà des observations du public ainsi que du rapport du commissaire enquêteur, l'absence de l'avis de l'INAO au dossier d'enquête n'a pas été, dans les circonstances de l'espèce, de nature à nuire à la bonne information du public (■ CE, 14 juin 2017, n° 12MA04547, *Synd. Viticole AOC Languedoc*). Dans le même sens, l'absence de l'avis de l'INAO n'est pas nécessairement de nature à avoir nui à l'information du public et donc à rendre la procédure irrégulière lorsque cet avis ne faisait que reprendre les observations déjà formulées par le syndicat viticole, que l'étude d'impact exposait les nuisances pour l'activité viticole et que le commissaire enquêteur a fait ressortir dans son rapport les observations sur ce point de plusieurs riverains du projet (■ CE, 30 nov. 2016, n° 391848, *Synd. viticole du cru Minervois et a.*). Il en va de même lorsque les observations de l'INAO portent sur des éléments qui ont déjà fait l'objet d'observations de la part d'un organisme de défense de l'AOP en cause et que l'avis a de surcroît été reçu trop tardivement pour être joint au dossier soumis à enquête (■ CAA Marseille, 10 mai 2016, n° 14MA04490, *Organisme de défense et de gestion de l'AOP Châteauneuf-du-Pape et a.*).

9) Période maximum d'exploitation d'une carrière. Validation (implicite) par le Conseil d'État de la décision d'appel qui invalide le jugement de première instance qui avait ramené à 15 ans la durée d'exploitation d'une carrière initialement fixée à 20 ans (■ CE, 10 janv. 2011, n° 317076, *Assoc. Oiseaux Nature et a.*).

10) Obligation de délivrer l'autorisation d'exploiter. Lorsqu'elle est saisie d'une demande d'autorisation d'exploiter une carrière, l'autorité préfectorale est tenue, sous le contrôle du juge, de délivrer l'autorisation sollicitée si les dangers ou inconvénients que présente cette installation peuvent être prévenus par les prescriptions particulières spécifiées par un arrêté d'autorisation. En l'espèce, annulation de l'arrêté de refus et injonction de délivrer l'autorisation dans un délai de 3 mois (■ CAA Douai, 2 avr. 2008, n° 07DA00104, *SA Carrières Chouvet*).

11) Obligation de refuser l'autorisation. Lorsqu'une demande de renouvellement d'exploitation d'une carrière porte sur des périmètres de protection rapprochés de captages d'eau dans lesquels, à la date à laquelle le juge statue, l'exploitation de telles installations est interdite, le préfet est tenu de refuser l'autorisation sollicitée et n'a donc pas à poursuivre l'instruction du dossier dès lors que celui-ci est inévitablement voué à un refus (■ CAA Marseille, 3 avr. 2008, n° 05MA03133, *SARL Alfonsi Frères*. ■ CE, 11 févr. 2011, n° 317432, *Min. Écologie et SARL Alfonsi Frères*).

12) Motivation. La décision par laquelle est accordée l'autorisation d'exploiter une carrière n'est pas au nombre de celles qui doivent être motivées en application de la loi du 11 juillet 1979 (■ CE, 15 mars 2006, n° 264699, *Assoc. pour l'étude et la protection de l'Allier et de sa nappe alluviale : Rev. jur. envir.* 1/2007. 89, obs. J. Sironneau).

Art. L. 515-2 *(Abr., Ord. n° 2004-637, 1er juill. 2004).*

1) La commission départementale des carrières a été supprimée par le jeu conjugué de la loi n° 2003-591 du 2 juillet 2003 habilitant le Gouvernement à simplifier le droit qui a habilité le Gouvernement à « simplifier la composition et le fonctionnement des commissions administratives et réduire le nombre des commissions à caractère consultatif » et de l'ordonnance n° 2004-637 du 1er juillet 2004 relative à la simplification de la composition et du fonctionnement des commissions administratives et à la réduction de leur nombre. Les attributions de la commission départementale des carrières, qui est supprimée, sont transférées à la commission départementale compétente en matière de nature, de paysages et de sites (V. rép. min. écologie quest. écrite n° 14881 : *JO Sénat, Q,* 10 févr. 2005, p. 382). Ce transfert a été rendu effectif par D. n° 2006-665 du 7 juin 2006 relatif à la réduction du nombre et à la simplification de la composition de diverses commissions administratives (*JO* du 8). (C. envir., art. R. 341-16 : « III. – Au titre de la gestion équilibrée des ressources naturelles, la commission, dans les cas et selon les modalités prévus par les dispositions législatives ou réglementaires, élabore le schéma des carrières lorsqu'il est départemental ou rend son avis sur le projet de schéma des carrières lorsqu'il est régional. Elle se prononce sur les projets de décisions relatifs aux carrières. »).

La jurisprudence antérieure, rendue dans le cadre de la commission départementale des carrières peut être maintenue dans ses grandes lignes, *mutatis mutandis*.

Voir : D. n° 94-486, 9 juin 1994, relatif à la commission départementale des carrières (*JO* 12 juin 1994, p. 8521). – Circ. 22 juin 1994, relative à la commission départementale des carrières (non publiée). – Circ. 19 juill. 2004, relative à la motivation de l'avis de la commission départementale des carrières (non publiée).

2) Consultation du conseil départemental d'hygiène. Le conseil départemental d'hygiène n'étant pas compétent en matière de carrière, sa consultation au lieu et place de la commission départementale des carrières entache d'irrégularité la décision prise (▪ TA Grenoble, 24 avr. 1997, nos 9749 et 9750, *Sté René Apprin*).

3) Régularité de l'avis. Le juge contrôle la régularité de l'avis émis par la commission, et censure notamment le cas dans lequel un des membres de la commission a pris part à une délibération ayant pour objet une affaire à laquelle il était intéressé (▪ TA Nantes, 13 oct. 2005, n° 04.04520, *Sté Guintoli*). Constitue une irrégularité de nature à vicier l'avis émis par la commission départementale des carrières préalable à la délivrance d'une autorisation d'exploitation la participation au vote du représentant suppléant de la profession des exploitants de carrières, alors que le représentant titulaire était présent lors de la séance de la commission, dès lors que l'avis a été acquis à une voix de majorité (▪ CE, 7 avr. 1999, nos 151937 et 151938, *SA Castille* : *Rev. jur. envir.* 1999, 657, obs. R. Schneider). L'irrégularité commise dans le déroulement d'une procédure même facultative, en l'occurrence les procédures de consultation de la commission départementale des carrières et de convocation du représentant des maires du département, est de nature à vicier la validité de l'autorisation (▪ CAA Paris, 25 sept. 1997, n° 96PA00908, *Sté Plâtres Lafarge : Mon. TP* 13 févr. 1996, 4916).

4) Composition. Délibère valablement la commission départementale des carrières où était présentes dix personnes sur les dix-huit composant normalement la commission, le quorum prévu par les dispositions du décret du 28 novembre 1983 étant atteint. Invalidation du jugement qui voyait une irrégularité dans la présence de fonctionnaires non membres et le défaut de convocation de certains membres de droit, ce qui aurait eu pour conséquence d'entraîner une sur-représentation de l'administration, alors que cette commission doit être composée à parts égales de représentants de personnes publiques et de représentants de personnes privées (▪ TA Versailles, 13 févr. 1996, nos 95172 et 95175, *Cne de Forges-les-Bains.* ▪ CAA Paris, 23 mars 1999, n° 96PA01757, *Min. Environnement*). La présence à la commission des carrières d'un exploitant d'une carrière située à proximité de celle dont la demande est examinée entache la procédure d'irrégularité (▪ TA Nantes, 13 oct. 2005, n° 01.4520, *Sté Guintoli*, préc.).

5) Membre de droit. Si le maire de la commune sur le territoire de laquelle l'exploitation d'une carrière est projetée est membre de droit de la commission lorsque celle-ci examine la demande d'autorisation de cette exploitation, son absence lors de la réunion de la commission n'est pas de nature à affecter la régularité de la procédure d'octroi de l'autorisation dès lors qu'il a régulièrement été convoqué (▪ CAA Bordeaux, 19 juin 1997, n° 95BX01785, *Comité de défense de Vingrau : AJDA* 1997, p. 915). La circonstance que le conseil municipal aurait démissionné préalablement à la séance de la commission départementale des carrières est sans influence sur la décision, le président de la délégation spéciale, remplissant les fonctions de maire, ayant régulièrement été convoqué, aucune disposition législative ou réglementaire n'imposant, en outre, au préfet de différer l'examen de la demande d'autorisation en commission dans l'attente de l'élection du nouveau maire devant siéger au sein de cette commission (même arrêt).

6) Quorum. En l'absence des dispositions législatives ou réglementaires fixant le quorum applicable aux délibérations de la commission départementale des carrières, celle-ci peut valablement délibérer dès lors que la moitié des membres sont présents ou régulièrement représentés et que tous ont été convoqués (▪ CE, 19 janv. 1994, n° 116267, *SARL La Pouzzolane d'Auvergne*. ▪ CE, 6e et 2e ss-sect., 30 juill. 1997, n° 119897, *Sté « Carrière de la 113 »*). Cette solution rendue sous l'empire du Code minier apparaît également applicable à la commission départementale des carrières régie par l'article L. 515-2 et le décret du 9 juin 1994 précité (même arrêt).

7) Auditions. Le préfet a la possibilité d'appeler à siéger toute personne dont l'avis lui paraît devoir être recueilli (▪ CE, 19 janv. 1994, n° 116267, *SARL La Pouzzolane d'Auvergne*, préc.).

8) Assistance. Les membres de la commission peuvent se faire assister par des rapporteurs ou secrétaires (▪ CE, 19 janv. 1994, n° 116267, *SARL La Pouzzolane d'Auvergne*, préc.).

9) Principe du contradictoire. Lorsque le préfet envisage de prendre un arrêté imposant des prescriptions complémentaires à l'exploitant d'une carrière, celui-ci a la possibilité de se faire entendre par la commission départementale des carrières ou de désigner à cet effet un mandataire, et doit être informé 8 jours au moins avant la réunion en recevant un exemplaire des propositions de l'inspection des installations classées. Cette procédure permet de s'assurer du respect du principe du contradictoire et son non-respect entache donc d'irrégularité la procédure suivie. En l'espèce, la convocation avait été adressée à l'exploitant le 15 juillet 2003 et reçue le 17 juillet 2003 alors que la réunion de la commission avait lieu le 22 juillet, de sorte que c'est à tort que le tribunal administratif a estimé qu'il n'existait pas de doute sérieux quant à la légalité de la décision (▪ CE, 12 oct. 2005, n° 277300, *Sté Placoplatre* : *Rev. jur. envir.* 2006, 484, obs. R. Schneider).

10) Motivation de l'avis. Le défaut de motivation de l'avis donné par la commission départementale des carrières constitue un moyen sérieux de nature à vicier la procédure préalable à la délivrance de l'autorisation d'exploiter et peut, par conséquent, constituer un moyen sérieux entraînant le sursis à exécution de ladite autorisation (▪ CAA Lyon, 11 mai 1999, n° 98LY01862, *Cne d'Arches*). N'ayant assorti son avis d'aucune considération relative notamment à la protection des intérêts mentionnés à l'article 1er de la loi du 19 juillet 1976 relative aux ICPE, la commission départementale des carrières n'a pas satisfait aux exigences de motivation qui résultent de l'article L. 515-2-III du Code de l'environnement, en dépit des différentes observations présentées par les membres de la commission (▪ CAA Nantes, 18 févr. 2003, nos 01NT00882 et 01NT00888, *Cne de Cesny-aux-Vignes-Ouézy* : *Rev. jur. envir.* 2004. 338, obs. R. Schneider. ▪ CAA Bordeaux, 4 déc. 2003, n° 97BX30653, *Assoc. de sauvegarde du patrimoine martiniquais*, confirmé par ▪ CE, 19 nov. 2004, n° 263444, *SARL Centrale des carrières* : *Rev. jur. env.* 2006. 98, obs. R. Schneider. ▪ CAA Nantes, 31 oct. 2006, n° 05NT01712, *Sté Pigeon Carrières SAS*. ▪ CAA Nantes, 30 sept. 2008, n° 07NT02374, *Sté GSM*). Le fait que les membres de la commission aient formulé différentes observations au cours de la réunion de cette commission ne peut être considéré comme satisfaisant à l'obligation de motivation prévue par l'article L. 515-2 (▪ CAA Bordeaux, 3 avr. 2007, n° 04BX01045, *Larigaldie*. ▪ TA Orléans, 5 juin 2007, nos 0602423 et 0602543, *Assoc. Saulnières préservation et valorisation du cadre de vie et Mme Nomdedeu*. ▪ TA Marseille, 18 déc. 2008, nos 0608666 et 0708250, *Assoc. Comité de sauvegarde du site de Clarensy Valensole*. ▪ CE, 26 juill. 2011, n° 322828, *Sté GSM*). Dans le même sens, le fait que la commission ait débattu du projet et émis un avis favorable ne suffit pas à considérer que sa décision serait motivée dès lors que les considérations de droit sur lesquelles se fonde son avis ne ressortent pas du compte-rendu de la réunion ni de tout autre document (▪ CAA Bordeaux, 16 nov. 2009, n° 08BX02081, *Sté Maroni transport international*. ▪ CAA Nantes, 18 févr. 2011, n° 09NT02464, *Sté Carrières de Brandefert*) et le fait que les membres de la commission auraient souhaité « s'approprier les motifs du rapport présenté par la DRIRE » ne suffit pas davantage à considérer que l'avis serait motivé (▪ CAA Marseille, 28 mars 2011, n° 09MA00289, *Sté Carrières Gontero*. ▪ CAA Marseille, 17 oct. 2011, n° 08MA05226, *Assoc. Action sauvegarde des Alpilles*. ▪ CE, 9 nov. 2011, n° 325478, *Sté Carrières et ballastières de Normandie*). En sens contraire : les reproches émis contre le projet dans le compte-rendu de la réunion de la commission ont été considérés comme constituant la motivation de l'avis défavorable (▪ CAA Bordeaux, 17 déc. 2008, n° 07BX0199929, *SARL SPB*). Si la commission doit en principe émettre un avis motivé distinct du procès-verbal de la séance, la motivation de l'avis émis par la commission peut être regardée comme figurant au procès-verbal de la réunion lors de laquelle elle a examiné le projet d'autorisation si les informations délivrées et les positions exprimées dans ce procès-verbal contiennent, au regard notamment de la compatibilité du projet avec les intérêts mentionnés à l'article L. 511-1 du Code de l'environnement, les éléments de droit et de fait sur lesquels s'est fondée la commission pour adopter son avis (▪ CE, 30 mai 2011, n° 323243, *Sté des carrières de Voutre*. ▪ CE, 8 juill. 2011, n° 337027, *Sté des gravières du Maroni*). Le moyen tiré du défaut de motivation de l'avis de la commission a été considéré comme un moyen de nature à créer un doute sérieux sur la légalité de la décision en matière de référé (▪ CE, ord., 7 mai 2008, n° 306333, *Assoc. Comité de sauvegarde du site de Clarency Valensol.* ▪ TA Marseille, 5 juill. 2007, n° 0600213 et a., *Mme Benet et a.*). S'agissant d'une règle de procédure, son respect est apprécié à la date de la décision, et le fait que l'obligation de motivation de la décision de la commission ait depuis disparu ne permet pas de considérer que l'absence de motivation n'entache pas la procédure d'irrégularité (▪ CAA Douai, 22 déc. 2008, n° 06DA01722, *Sté Carrières et Ballastières de Normandie.* ▪ CAA Marseille, 7 janv. 2010, n° 09MA00537, *SNC Perasso*). En conséquence, les dispositions procédurales qui ont été abrogées postérieurement à la délivrance de l'arrêté d'autorisation sont prises en compte par le juge (▪ CAA Lyon, 22 juin 2010, n° 07LY01964, *Sté Morillon Corvol Rhône Méditerranée*). Mais l'arrêté d'autorisation, quand bien même est-il assorti de prescriptions s'imposant à l'exploitant, n'a pas le caractère d'une décision défavorable au sens de la loi du 11 juillet 1979 (C. relations publ. et adm., art. L. 211-1 s.) et n'a pas en conséquence à être motivé (▪ CAA Lyon, 28 juill. 1999, n° 95LY00114, *SCEA Grand Bois et a.*). Les dispositions qui imposaient la motivation de la décision de la CDNPS n'étant plus en vigueur à la date de l'arrêté contesté, le moyen tiré de l'absence de motivation est inopérant (▪ CAA Nantes, 15 févr. 2013, n° 11NT00154, *SARL Guignard c/ Assoc. de protection de la nature du Boischaut Sud.* ▪ CAA Bordeaux, 16 déc. 2016, n° 14BX01825, *Assoc. « Le Chabot »*). Seul l'avis défavorable de la commission implique le rejet de la demande d'autorisation, mais le fait que la commission n'ait pas elle-même qualifié son avis de « conforme » est sans incidence sur la régularité de l'autorisation dès lors que cet avis était bien favorable (▪ CAA Bordeaux, 9 juill. 2015, n°s 13BX01672 et 13BX01664, *SAS Carrières du Sud-ouest*). Le fait que, lorsqu'elle est sollicitée pour une durée de trente ans, l'autorisation nécessite l'avis conforme de la commission ne constitue pas une dérogation qui imposerait que l'arrêté d'autorisation soit motivé (même arrêt).

11) Communication de l'avis à l'exploitant. L'absence de communication de l'avis de la commission départementale des carrières (ou du conseil départemental d'hygiène) n'a pas pour conséquence de vicier la procédure d'élaboration d'un arrêté complémentaire, aucune disposition législative ou réglementaire ne l'imposant postérieurement à sa réunion (▪ TA Melun, 12 févr. 2004, n°s 014130/4 et 015382/4, *Sté Progalva c/ Préfet de Seine-et-Marne*).

12) Arrêtés complémentaires. Les dispositions de l'article L. 515-2, III s'appliquent uniquement à un arrêté d'autorisation et non à un simple arrêté complémentaire (▪ CAA Marseille, 7 févr. 2012, n° 09MA03064, *Comité Collectif de défense des riverains des départementales D101 et D951*).

Art. L. 515-3 *(Anc. L. n° 76-663, 19 juill. 1976 ; mod., Ord. n° 2004-637, 1er juill. 2004 ; L. n° 2006-1772, 30 déc. 2006 ; Ord. n° 2009-663, 11 juin 2009 ; rempl., L. n° 2014-366, 24 mars 2014 ; Ord. n° 2020-1395, 18 nov. 2020).* **– I. – Le schéma régional des carrières définit les conditions générales d'implantation des carrières et les orientations relatives à la logistique nécessaire à la gestion durable des granulats, des matériaux et des substances de carrières dans la région. Il prend en compte l'intérêt économique national et régional, les ressources, y compris marines et issues du recyclage, ainsi que les besoins en matériaux dans et hors de la région, la protection des paysages, des sites et des milieux naturels sensibles, la préservation de la ressource en eau, la nécessité d'une gestion équilibrée et partagée de l'espace, l'existence de modes de transport écologiques, tout en favorisant les approvisionnements de proximité, une utilisation rationnelle et économe des ressources et le recyclage. Il identifie les gisements potentiellement exploitables d'intérêt national ou régional et recense les carrières existantes. Il fixe les objectifs à atteindre en matière de limitation et de suivi des impacts et les orientations de remise en état et de réaménagement des sites.**

II. – Le schéma régional des carrières est élaboré par le préfet de région.

Le contenu du schéma, les modalités et les conditions de son élaboration, de sa révision et, le cas échéant, de sa modification sont précisés par décret en Conseil d'État.

Le schéma régional des carrières est élaboré après consultation :

1° Du plan régional de l'agriculture durable mentionné à l'article L. 111-2-1 du Code rural et de la pêche maritime ;

2° Des schémas départementaux ou interdépartementaux des déchets de chantier du bâtiment et de travaux publics ou, pour l'Île-de-France, du schéma régional de ces déchets prévus à l'article L. 541-14 du présent code.

Il est soumis à l'avis :

a) Des formations « carrières » des commissions départementales de la nature, des paysages et des sites des départements de la région ;

b) De l'organisme de gestion de tout parc naturel régional se trouvant dans l'emprise de la région tel que prévu à l'article L. 333-1 ;

c) De l'établissement public d'un parc national en tant qu'il s'applique aux espaces inclus dans ce parc conformément à l'article L. 331-3.

Il est également soumis, conformément à l'article L. 112-3 du Code rural et de la pêche maritime, en cas de réduction des espaces agricoles ou forestiers, à l'avis :

– de la chambre régionale d'agriculture ;

– de l'Institut national de l'origine et de la qualité dans les zones d'appellation d'origine contrôlée ;

– le cas échéant, du Centre national de la propriété forestière.

Le schéma régional des carrières est ensuite concomitamment soumis à l'avis :

– du conseil régional ;

– des conseils départementaux des départements de la région ;

– des préfets de région des autres régions identifiées comme consommatrices de granulats ou de substances d'intérêt régional ou national extraits dans la région ;

– des formations « carrières » des commissions départementales de la nature, des paysages et des sites des départements, hors de la région, identifiés comme consommateurs de granulats ou de substances d'intérêt régional ou national extraits dans la région ;

– des conseils régionaux des autres régions identifiées comme consommatrices de granulats ou de substances d'intérêt régional ou national extraits dans la région.

Les avis sont rendus dans un délai de deux mois suivant la réception de la demande. En l'absence de réponse, ils sont réputés favorables.

Le schéma régional des carrières est mis à disposition du public en application de l'article L. 122-8 du présent code.

Il est approuvé par le préfet de région puis rendu public dans les conditions définies à l'article L. 122-10.

Les autorisations et enregistrements d'exploitations de carrières délivrés en application *(Mots aj. à compter du 1er mars 2017, Ord. n° 2017-80, 26 janv. 2017)* (1) « du titre VIII du livre Ier et » du présent titre doivent être compatibles avec ce schéma.

III. – Le schéma régional des carrières prend en compte le schéma régional de cohérence écologique et précise les mesures permettant d'éviter, de réduire et, le cas échéant, de compenser les atteintes aux continuités écologiques que sa mise en œuvre est susceptible d'entraîner.

(Créé à compter de la date prévue au VI de l'article 16 de la loi n° 2016-1087, 8 août 2016, L. n° 2016-1087, 8 août 2016) Le schéma régional des carrières prend en compte le schéma régional d'aménagement, de développement durable et d'égalité des territoires mentionné à l'article L. 4251-1 du Code général des collectivités territoriales.

(Rempl. à compter du 1er avril 2021, Ord. n° 2020-745, 17 juin 2020) (2) Les schémas de cohérence territoriale et, en leur absence, les plans locaux d'urbanisme, les documents en tenant lieu et les cartes communales sont compatibles avec les schémas régionaux des carrières dans les conditions fixées aux articles L. 131-1 et L. 131-6 du Code de l'urbanisme.

IV. – Toutefois, les schémas départementaux des carrières continuent à être régis par le présent article, dans sa rédaction antérieure à la loi n° 2014-366 du 24 mars 2014 pour l'accès au logement et un urbanisme rénové, jusqu'à l'adoption d'un schéma régional des carrières, qui au plus tard doit intervenir dans un délai de cinq ans à compter du 1er janvier suivant la date de publication de la même loi.

En Guadeloupe, en Guyane, en Martinique, à La Réunion, à Mayotte, à Saint-Martin et à Saint-Pierre-et-Miquelon, ce délai est porté à dix ans.

1) L'obligation de compatibilité avec les schémas régionaux des carrières prévue au II de l'article L. 515-3 du Code de l'environnement ne s'applique pas aux autorisations et aux enregistrements délivrés par l'autorité administrative sur le fondement du titre VIII du livre Ier et du titre Ier du livre V du même code, lorsque ces décisions ont pour seul objet de permettre l'ouverture de nouvelles carrières ainsi que la réouverture ou l'extension de carrières existantes dont la production est nécessaire à

(1) Dispositions d'application particulières et transitoires : V. Ord. n° 2017-80, 26 janv. 2017, art. 15.

(2) Dispositions d'application particulières et transitoires : V. Ord. n° 2020-745, 17 juin 2020.

l'approvisionnement du chantier de conservation et de restauration de la cathédrale Notre-Dame de Paris.

2) La loi n° 2014-366 du 24 mars 2014 pour l'accès au logement et un urbanisme rénové (dite « loi ALUR ») a réformé la planification en matière de gestion des extractions de matériaux relevant du régime des carrières, en l'élevant d'un échelon territorial, aux motifs que, « avec la diminution du nombre de carrières en activité, les flux de granulats, matériau pondéreux, sont de plus en plus interdépartementaux. Une vision plus globale permettra de mieux appréhender les impacts liés au transport, d'orienter celui-ci vers des modes plus écologiques et de privilégier une utilisation rationnelle de la ressource en facilitant l'adéquation qualité/distance ». Elle a ainsi remplacé le schéma départemental des carrières par le schéma régional des carrières. Le décret n° 2015-1676 du 15 décembre 2015 relatif aux schémas régionaux et départementaux des carrières ainsi qu'à l'application du Code de l'environnement outre-mer en a précisé le régime. Les dispositions relatives aux schémas départementaux restent cependant applicables jusqu'à l'adoption d'un schéma régional qui doit intervenir avant le 1er janvier 2020 en métropole et avant le 1er janvier 2025 outre-mer.

Voir : D. n° 94-603, 11 juill. 1994, relatif au schéma départemental des carrières (*JO* 20 juill. 1994, p. 10470), texte abrogé et codifié aux articles R. 512-2 et suivants du Code de l'environnement par l'article 4 du décret n° 2007-1467 du 12 octobre 2007 relatif au livre V de la partie réglementaire du Code de l'environnement (*JO* n° 240, 16 oct. 2007). – Circ. 4 mai 1995, relative à l'articulation des schémas directeurs d'aménagement et de gestion des eaux, des schémas d'aménagement et de gestion des eaux et des schémas départementaux des carrières (non publiée). – C. rur., art. L. 112-1. – Circ. 11 janv. 1995, relative au schéma départemental des carrières (non publiée). – Loi d'orientation agricole n° 99-574, 9 juill. 1999, article 108, qui introduit un article L. 112-2 au Code rural (*JO* 10 juill. 1999, p. 10321).

3) C. rur., art. L. 112-2. *Il est établi, dans chaque département, une carte des terres agricoles qui, une fois approuvée par l'autorité administrative, fait l'objet d'une publication dans chaque commune du département. Elle doit être consultée à l'occasion de l'élaboration des documents d'urbanisme et des études précédant les opérations susceptibles d'entraîner* une réduction grave de l'espace agricole ou d'affecter gravement l'économie agricole de la zone concernée, et notamment lors de l'élaboration des schémas d'exploitation coordonnée des carrières prévus à l'article 109-1 du Code minier (Code minier (nouveau), art. L. 334-1 s. (nouveau)).

4) La jurisprudence relative aux schémas départementaux des carrières reste d'actualité, jusqu'à leur substitution par le schéma régional des carrières.

Bibliographie : Ph. Billet, *Loi ALUR et carrières : JCP* A 2014, n° 2263. – J.-N. Clément, *Le décret du 15 décembre 2015 et les nouveaux schémas régionaux des carrières : Énergie – Env. – Infrastr.* 2016, comm. 14. – D. Gillig, *Autorisation d'exploiter une carrière et schéma départemental des carrières, sur l'opposabilité des documents graphiques du schéma départemental des carrières aux demandes d'autorisation d'exploiter : Environnement* juin 2006, comm. 68 ; *Autorisation d'exploiter une carrière et schéma départemental des carrières : Environnement* févr. 2009, p. 33.

I – ARRÊTÉ D'AUTORISATION ET SDC

5) Dès lors que le juge administratif doit, dans le domaine des installations classées, faire application des dispositions réglementaires en vigueur à la date de son jugement, lorsque le schéma départemental des carrières est adopté postérieurement à la délivrance d'une autorisation d'exploiter, la légalité de celle-ci doit être appréciée au regard de ce schéma (■ TA Besançon, 22 octobre 1998, n° 980686, *Assoc. Haute-Saône Nature-Environnement c/ Préfet de la Haute-Saône*. ■ CAA Lyon, 2 déc. 2008, n° 07LY01364, *Sté Sables Graviers Services*. ■ CE, 10 janv. 2011, n° 317076, *Assoc. de sauvegarde des vallées et de la prévention des pollutions*). Le juge de plein contentieux doit apprécier la compatibilité d'une autorisation d'exploiter une carrière avec les règles de fond posées par un schéma départemental ou régional des carrières à la date à laquelle il statue (■ CAA Marseille, 10 mai 2016, n° 14MA04490, *Organisme de défense et de gestion de l'AOC Châteauneuf-du-Pape*, préc. ■ CAA Marseille, 12 juill. 2016, n° 15MA00264, *Assoc. « Protégeons le site de la vallée de l'Hérault »*). Le fait que le schéma départemental indique que les gisements départementaux de roches massives présentent des caractéristiques correspondant à celles requises pour les ballasts de la nouvelle ligne ferroviaire à grande vitesse envisagée fait que le projet de carrière, qui permettra de satisfaire ce besoin, est compatible avec le schéma, comme d'ailleurs les autres carrières qui devront être ouvertes pour répondre à cette demande (■ CAA Nantes, 22 sept. 2015, n° 13NT02579, *Assoc. les Bruants*). Les dispositions du schéma départemental des carrières ne sont pas opposables à une demande d'autorisation qui ne concerne pas directement l'exploitation ou l'extension d'une carrière mais l'exploitation d'activités annexes, en l'espèce une bande transporteuse et une zone d'appontement (■ CAA

Douai, 7 avr. 2016, n° 14DA00173, *Sté des carrières Stret*). Le fait qu'un projet d'exploitation de carrière prévoit que la remise en état consistera en la création d'un plan d'eau, l'aménagement d'espaces agricoles, des espaces herbacés et un parking n'est pas incompatible avec les dispositions du schéma départemental des carrières dès lors que celui-ci n'interdit pas de manière générale la création de plans d'eau (▪ CAA Nantes, 17 avr. 2015, n° 14NT00056, *Assoc. Agir pour la qualité de vie*). Un projet autorisant la production annuelle de 400 000 tonnes de granulats sur une durée de 18 ans est compatible avec le schéma eu égard au projet de ligne grande vitesse, même si ce projet n'était pas visé par le schéma dès lors que ce dernier précisait que les besoins pour les « grands projets » nécessitant des apports exceptionnels en matériaux n'avaient pas été intégrés dans l'estimation des besoins (▪ CAA Bordeaux, 30 mai 2017, n° 15BX01790, *Assoc. « Non à la carrière de Voulgézac et ses environs »*). Le fait que le schéma recommande d'éviter le mitage de la nappe alluviale par de multiples plans d'eau n'a pas pour effet d'interdire un projet de carrière qui prévoit la création d'un unique plan d'eau artificiel, quand bien même il existe déjà trois autres plans d'eau à proximité issus de l'exploitation de gravières (▪ CAA Marseille, 12 juill. 2016, n° 15MA00264, *Assoc. « Protégeons le site de la vallée de l'Hérault »*). Le fait qu'un projet de carrière ne prévoit pas le transport des granulats par voie d'eau n'est pas de nature à le rendre incompatible avec le schéma dès lors que ce dernier ne fait qu'encourager ce mode de transport, sans l'imposer (▪ CAA Marseille, 10 mai 2016, n° 14MA04490, *Organisme de défense et de gestion de l'AOP Châteauneuf-du-Pape*, préc.). Une autorisation d'exploiter une zone d'appontement liée à l'exploitation d'une carrière n'est pas en elle-même relative à l'ouverture ou l'exploitation d'une carrière et n'a donc pas à être compatible avec le schéma départemental des carrières (▪ CAA Douai, 7 avr. 2016, n° 14DA00173, *Sté des carrières Stref*). *Compétence liée.* Le préfet est tenu de refuser l'autorisation d'exploiter une carrière dont le projet est incompatible avec les dispositions du schéma départemental des carrières (▪ CAA Nantes, 28 juin 2002, n° 00NT00037, *SA Carrières du Maine et de la Loire*). Le schéma départemental des carrières n'a pas pour objet de déterminer à l'avance les sites d'exploitation des carrières, et le fait qu'il ne prévoit pas que l'exploitation d'une carrière est autorisée dans un emplacement donné ne permet pas de considérer que l'autorisation d'exploiter une carrière sur cet emplacement serait entachée d'illégalité (▪ TA Caen, 30 mars 2007, nos 0500923, 0500928, 051713 et 051714, *Assoc. de défense du site de Maizeret et a.*). Si le schéma prévoit que les réserves sont excédentaires par rapport aux besoins prévisibles et que les ouvertures de carrières doivent donc répondre à des « impératifs d'approvisionnement justifiés », est illégale l'autorisation délivrée pour une production de 70 000 tonnes par an alors que, sur l'ensemble du secteur géographique pertinent, les besoins sont inférieurs aux capacités de production (▪ TA Clermont-Ferrand, 17 mai 2005, n° 0401916, *Cne d'Arches : Rev. jur. envir.* 2007. 386, obs. R. Schneider). Le juge se livre à une appréciation précise : par exemple, le fait que le schéma départemental des carrières limite à 10 ha la superficie des « plans d'eau à vocation de pratiques de loisirs au niveau local » ne signifie pas que cette limitation soit applicable aux « plans d'eau à vocation paysagère et écologique » ou aux « plans d'eau à vocation de loisirs et de tourisme » (▪ CE, 10 janv. 2011, n° 317076, *Assoc. de sauvegarde des vallées et de la prévention des pollutions*, préc.). C'est à bon droit que l'autorisation d'exploiter une nouvelle carrière est annulée lorsque le schéma départemental des carrières prévoit que seules des extensions de carrières existantes peuvent être autorisées et que, par exception, seules les nouvelles carrières qui ont pour objectif de permettre et de développer un processus de substitution dans un secteur où il y a des difficultés pourront être autorisées, alors que la nouvelle carrière en cause ne répond pas à cette condition et que l'exploitant n'a d'ailleurs pas produit, à l'appui de sa demande, l'étude technique et économique exigée par le schéma départemental des carrières (▪ CAA Nancy, 1er févr. 2011, nos 09NC01396 et 09NC01397, *SARL Les carrières comtoises*).

II – PRISES EN COMPTE DE L'ENVIRONNEMENT ET D'AUTRES DOCUMENTS DE PLANIFICATION

6) Schéma départemental des carrières et charte de parc naturel régional. L'activité d'extraction de matériaux étant susceptible de provoquer des nuisances environnementales et paysagères, une charte de parc naturel régional peut légalement comporter des mesures précises et imposer, en particulier, une localisation de cette activité dans des zones qui lui sont affectées. Dans le cas où le zonage d'un schéma départemental des carrières serait différent de celui de la charte d'un PNR, il appartient à l'État de veiller à ce que les décisions qu'il prend dans l'exercice de ses autres compétences soient cohérentes avec les prescriptions de la charte. Toutefois, la charte d'un PNR ne peut légalement imposer par elle-même des obligations aux tiers, indépendamment de décisions administratives prises par les autorités publiques à leur égard et ne peut davantage subordonner légalement les demandes d'autorisations d'ICPE à des obligations de procédure autres que celles prévues par les différentes législations en vigueur (■ CE, 25 juin 2014, n° 366007, *Union nat. des industries de carrières et des matériaux de construction – UNICEM : Dr. envir.* 2014, p. 264 ; *BDEI* 2014/1830, concl. X. de Lesquen). L'activité d'extraction de matériaux étant susceptible de provoquer des nuisances environnementales et paysagères, une charte de PNR peut légalement comporter des mesures précises et imposer, en particulier, une localisation de cette activité dans des zones qui lui sont affectées : dans le cas où le zonage de ce schéma départemental serait différent de celui de la charte d'un PNR, il appartient à l'État de veiller à ce que les décisions qu'il prend dans l'exercice de ses autres compétences soient cohérentes avec les prescriptions de la charte (■ Même arrêt).

7) Schéma départemental des carrières et protection des sites. Constatant que la protection des sites est au nombre des intérêts que doit prendre en compte le schéma départemental des carrières, est jugée légale la décision du préfet de rejeter la demande d'une société tendant à ce qu'un gisement de granulats soit inscrit au schéma départemental des carrières, dès lors que ce site classé présente un intérêt particulier (■ CAA Paris, 9 mars 2006, n° 01PA003394, *Sté SAGED*).

8) Carrières et SDAGE. L'autorisation d'exploiter une carrière peut être refusée si elle est susceptible de faire obstacle à l'application d'une disposition d'intérêt général telle qu'un schéma d'aménagement et de gestion des eaux : refus de l'autorisation en raison du risque de pollution des eaux souterraines dont l'adduction vers l'agglomération parisienne était projetée par le SDAGE (■ CAA Douai, 28 nov. 2002, n° 00DA01448, *Chiapperin : Environnement* 2004, chron. n° 2, obs. D. Deharbe). Est illégal le schéma départemental des carrières qui ne comporte aucun développement sur son articulation avec le SDAGE (■ CAA Lyon, 11 mai 2010, n° 08LY02557, *Féd. de la région Auvergne pour la nature et l'environnement et a.*). L'autorisation d'exploiter une carrière ne constitue pas une autorisation au titre de la loi sur l'eau, de sorte qu'elle n'est pas soumise à l'obligation de compatibilité avec le SDAGE. Il n'est en tout état de cause pas possible d'exciper de l'illégalité du SDAGE à l'encontre d'une autorisation d'exploiter une carrière dès lors que l'article L. 515-3 impose seulement la compatibilité du schéma départemental des carrières avec le SDAGE mais ne pose aucun rapport de compatibilité des autorisations individuelles d'exploitation avec ce dernier (■ CAA Douai, 15 oct. 2015, n° 14DA00123, *SARL Aisne Granulats*. Dans le même sens, CE, 15 mars 2006, n° 264699, *Assoc. pour l'étude et la protection de l'Allier et de sa nappe alluviale*, préc.).

9) Schéma départemental des carrières et PLU. Le fait que le schéma départemental des carrières préconise le développement de l'extraction de l'ophite n'a pas pour effet d'obliger une commune à maintenir en activité un site d'extraction d'ophite inexploité (■ CAA Bordeaux, 20 déc. 2012, n° 11BX02656, *SNC Merle-Peyroux*). Les orientations générales du schéma départemental des carrières ne suffisent pas à attester de l'incompatibilité d'un PLU avec ce schéma (■ CAA Bordeaux, 10 mars 2015, n° 14BX01670, *ASSAUPAMAR*).

Art. L. 515-4 ***(Rempl., Ord. n° 2009-663, 11 juin 2009).*** **– Tout exploitant de carrière qui n'a pas satisfait aux obligations de remise en état d'une carrière autorisée ou enregistrée** ***(Mots suppr. à compter du 1er mars 2017, Ord. n° 2017-80, 26 janv. 2017)*** (1) « ... » **peut se voir refuser une nouvelle autorisation ou un nouvel enregistrement.**

Voir : sur la notion de remise en état, art. L. 110-1-II, annot. nos 1 et s. sous livre I, titre I, p. 31.

1) Remise en état (régime antérieur). Le préfet peut fonder sa décision de refus d'autorisation d'exploiter une nouvelle carrière au vu des conditions dans lesquelles l'intéressé a exploité et remis en état d'autres carrières dans le même département (■ CE, 15 avr. 1996, n° 94944, *Pereira Dos Santos : Rev. jur. env.* 1996, comm. R. Schneider, p. 484). Ou du fait que le pétitionnaire a procédé à des extractions illégales et n'a pas respecté ses obligations de remise en état (■ TA Grenoble, 4 juill. 2002, n° 9903715, *Sté Moulin TP : Rev. jur. env.* 2003, 239, obs. R. Schneider. ■ TA Limoges, 19 mai 2004, n° 011614, *Sté Carrières Guignard c/ Préfet de l'Indre et a.*). Le fait que la société pétitionnaire, qui n'a pas réalisé les mesures de remise en état pour deux sites, justifie cette circonstance par le fait que l'une des carrières est toujours en exploitation et qu'une demande de renouvellement est déposée pour l'autre ne justifie par l'absence de remise en état lorsque celle-ci devait être réalisée au fur et à mesure de l'exploitation, et le préfet peut donc légalement refuser l'autorisation d'exploiter (■ CAA Bordeaux, 28 juin 2007, nos 06BX01233 et 06BX01234, *Sté Somera*). L'article L. 515-4 n'oblige pas le préfet à refuser toute autorisation à une société qui n'aurait pas respecté des obligations antérieures de remise

(1) Dispositions d'application particulières et transitoires : V. Ord. n° 2017-80, 26 janv. 2017, art. 15.

en état, dès lors que cette société justifie de capacités techniques et financières suffisantes (▪ CAA Nantes, 17 avr. 2015, n° 14NT00056, *Sté Minier Carrières*). Les dispositions de l'article L. 515-4 ne jouent qu'en l'absence de remise en état suite à la fermeture du site, mais pas lorsque l'exploitant, qui n'a pas encore procédé à la remise en état, a sollicité une autorisation pour poursuivre l'exploitation de la carrière (▪ CAA Bordeaux, 10 mars 2015, n° 14BX01670, *Sté Centrale des Carrières*). Les dispositions de l'article L. 515-4 n'imposent pas nécessairement au préfet de refuser une autorisation d'exploiter à un pétitionnaire qui n'aurait pas respecté des obligations antérieures de remise en état lorsque la société justifie de capacités techniques et financières suffisantes (▪ CAA Nantes, 17 avr. 2015, n° 14NT00056, *Assoc. Agir pour la qualité de la vie*). Une société qui exploite une carrière et sollicite le renouvellement ou l'extension de cette autorisation n'a pas à satisfaire immédiatement à l'ensemble des mesures de remise en état, de sorte que le moyen tiré de la méconnaissance des dispositions de l'article L. 515-4 est infondé (▪ CAA Bordeaux, 10 mars 2015, n° 14BX01670, *ASSAUPAMAR*). Pour apprécier les capacités techniques et financières de l'exploitant, il appartient au juge de statuer, à la date de sa décision, au vu de l'ensemble des pièces qui lui sont soumises (▪ CAA Nantes, 17 avr. 2015, n° 14NT00056, *Sté Minier Carrières*).

2) Non-respect de ses obligations par l'exploitant. Le refus de l'exploitant de se conformer à un arrêté de mise en demeure, l'obligeant à mettre sa carrière en conformité avec la législation relative aux installations classées, est un moyen sérieux de nature à justifier l'annulation de la nouvelle autorisation délivrée et justifie le sursis à exécution de ladite autorisation (▪ CAA Lyon, 11 mars 1997, n° 96LY01603, *Cne d'Arches*). Dans un sens contraire, les circonstances que l'accès à l'installation était libre et que certaines bornes étaient recouvertes par des monticules de cailloux ne permettent pas de caractériser l'insuffisance des capacités techniques de l'exploitant ; l'arrêt prononçant le sursis à exécution de son arrêté d'autorisation doit dès lors être déclaré non avenu (▪ CAA Lyon, 20 oct. 1998, n° 97LY00794, *M. Bergheaud*). Le préfet peut se fonder, pour refuser une demande d'autorisation d'exploiter une nouvelle carrière, sur la façon dont l'exploitant a exploité d'autres carrières sans se conformer aux prescriptions applicables, malgré plusieurs injonctions à cet effet mais, également, en commençant l'extraction sans autorisation et en exploitant lesdites carrières par minage, sans posséder la qualification nécessaire et sans justifier que les tirs de mine sont exécutés par des tiers (▪ CE, 4 mars 1988, n° 78771, *Min. Industrie c/ M. Urbino Carneiro : Dr. adm.* 1988, n° 253).

3) Application aux demandes de renouvellement ou d'extension. Les dispositions de l'article L. 515-4 sont applicables aux demandes de renouvellement ou d'extension des carrières, et non pas seulement aux demandes de première exploitation, le moyen étant toutefois rejeté en l'espèce comme manquant en fait (▪ CAA Bordeaux, 18 mai 2009, n° 08BX00252, *Mme Annie Sers*).

4) Application à des personnes morales distinctes. Doit être pris en compte le fait que la société qui dépose la demande de renouvellement d'autorisation, bien qu'étant une personne morale distincte de celle qui n'avait pas satisfait à ses obligations de remise en état, est la filiale en location-gérance de l'ancien exploitant fautif et réunit d'ailleurs les mêmes dirigeants, de sorte que les dispositions de l'article L. 515-4 peuvent trouver à s'appliquer (▪ TA Orléans, 22 juin 2000, n° 982713 et a., *SARL SAEP et SA Loireumat*).

5) Non-respect des prescriptions et capacités techniques. Le préfet peut se fonder sur le fait qu'une société a antérieurement exécuté des travaux d'extraction sans autorisation pour lui refuser l'autorisation au motif de l'insuffisance de ses capacités techniques, sur le fondement du Code minier (▪ CAA Bordeaux, 15 avr. 1996, n° 94BX00673, *SARL Gravière Mendribil*).

6) Déchets d'exploitation. « Le détenteur de débris de pierres provenant de l'exploitation d'une carrière de pierres, qui sont stockés pour une durée indéterminée dans l'attente d'une utilisation éventuelle, se défait ou a l'intention de se défaire de ces débris, lesquels doivent, par voie de conséquence, être qualifiés de déchets au sens de la directive 75/442 » (▪ CJCE, 18 avr. 2002, aff. C-9/00, *Palin Granit Oy et a. : Rec. CJCE*, p. I-3533 ; *Environnement* oct. 2002, p. 14).

7) Moyen inopérant en cas d'extension. Le moyen tiré de ce que le préfet aurait dû faire application des dispositions de l'article L. 515-4 est inopérant à l'encontre d'un arrêté autorisant uniquement l'extension d'une carrière existante et non pas l'exploitation d'une nouvelle carrière (▪ CAA Nancy, 4 juin 2012, n° 11NC01526, *Assoc. Riverains responsables*. ▪ CAA Marseille, 7 févr. 2012, n° 09MA03064, *Comité collectif de défense des riverains des dptales D101 et D951*).

Art. L. 515-4-1 *(Créé à compter du 25 janvier 2011, Ord. n° 2011-91, 20 janv. 2011).* – **Les travaux de recherches et d'exploitation des carrières doivent respecter, outre les intérêts énoncés à l'article L. 511-1, les contraintes et les obligations nécessaires à la bonne utilisation du gisement et à sa conservation, notamment en ce qui concerne les techniques d'exploitation.**

Les dispositions de l'article L. 514-4-1 ne sont pas méconnues lorsqu'il ressort de l'étude d'impact que l'exploitation du gisement pourra être réalisée en garantissant la protection des eaux souterraines et la tranquillité et la sécurité du voisinage et que l'arrêté d'autorisation encadre ainsi correctement les conditions d'exploitation du gisement (■ CAA Bordeaux, 9 juill. 2015, n° 13BX01664, *Assoc. Vivre au Sud du Parc*).

Art. L. 515-4-2 ***(Créé à compter du 25 janvier 2014, Ord. n° 2011-91, 20 janv. 2011).*** **– Si les travaux de recherche ou d'exploitation d'une carrière sont de nature à compromettre sa conservation ou celle d'un autre établissement d'extraction de minerais, il y est pourvu par l'autorité administrative, au besoin d'office et aux frais de l'explorateur ou de l'exploitant.**

Art. L. 515-4-3 ***(Créé à compter du 25 janvier 2014, Ord. n° 2011-91, 20 janv. 2011).*** **– L'autorité administrative peut, lors de l'exécution d'une suspension, d'une interdiction ou d'une action d'office, autoriser, sur le fondement des dispositions de l'article L. 515-4-2, le recours à la force publique.**

Art. L. 515-5 ***(Anc. L. n° 76-663, 19 juill. 1976).*** **– Les exploitations de carrières existantes à la date du décret rangeant les carrières dans la nomenclature prévue à l'article L. 511-2 doivent être mises en conformité avec les obligations de garanties financières prévues à l'article L. 516-1, dans un délai de cinq ans à compter du 14 juin 1994.**

Voir : sous art. L. 515-6, annot. nos 1 et s., p. 1031.

Bibliographie : C. Huglo, *L'obligation de constitution des garanties financières et le droit des carrières : LPA* 7 oct. 1994, n° 120, p. 11. ● C. Lepage, *Garanties financières : Quelles perspectives d'évolution ? : Gaz. Pal.* 8-9 oct. 1999, p. 1440.

1) Nouvelle autorisation et délai de mise en conformité. L'arrêté renouvelant une autorisation de carrière après expiration de la durée d'autorisation initiale constituant une nouvelle autorisation d'exploiter, et non une continuité de l'autorisation précédente, l'exploitant ne peut pas, dès lors, bénéficier du délai de mise en conformité de cinq ans (■ TA Grenoble, 16 janv. 1996, nos 953184 et 953195, *Sté Morel*).

2) Impossibilité d'invoquer les droits acquis. Il résulte des dispositions combinées des articles L. 515-5 et L. 515-6 que les exploitants de carrière en situation régulière à la date d'intervention du décret du 9 juin 1994 étaient tenus de constituer des garanties financières avant le 14 juin 1999, sans que le respect des droits acquis puisse être opposé à la mise en œuvre d'une telle obligation (■ CAA Nancy, 25 mai 2004, n° 03LY00088, *SNC Sablières du Val d'Allier : Rev. jur. env.* 2006, 96, obs. R. Schneider).

3) Capacités techniques et financières. Doit être écarté le moyen tiré de ce que la demande d'autorisation ne mentionnait pas les garanties techniques et financières présentées par le pétitionnaire, lesquelles seraient insuffisantes pour un projet tel que celui en litige, dès lors que le dossier de demande d'autorisation mentionnait ces capacités techniques et que tant l'expérience de la société La Provençale dans le domaine de l'exploitation de carrières, couvrant plusieurs dizaines d'années, que ses résultats financiers la mettent à même de mener à bien le projet d'exploitation de carrière faisant l'objet de l'autorisation contestée et d'assumer l'ensemble des exigences susceptibles de découler de son fonctionnement (■ CE, 17 oct. 2016, n° 388006, *Sté La Provençale : Dr. env.* janv. 2017, p. 11).

Art. L. 515-6 ***(Anc. L. n° 93-3, 4 janv. 1993 ; mod., Ord. n° 2009-663, 11 juin 2009 ; à compter du 1er mars 2017, Ord. n° 2017-80, 26 janv. 2017)*** (1). **– I. – Un décret en Conseil d'État détermine les conditions particulières d'autorisation applicables aux carrières.**

II. – Par dérogation aux dispositions de l'article L. 513-1, les carrières en situation régulière relativement aux dispositions de l'article 106 dans sa rédaction issue de la loi n° 70-9 du 2 janvier 1970 et des articles L. 341-1, L. 342-1 et L. 343-1 du Code minier peuvent continuer à être exploitées dans le respect des prescriptions qui leur étaient applicables antérieurement à l'inscription des carrières à la nomenclature des installations classées.

Les prescriptions mentionnées à l'alinéa précédent sont, à compter de l'inscription des carrières à la nomenclature des installations classées, soumises aux conditions et sanctions du présent titre et de ses textes d'application et régies par les dispositions des articles L. 181-12, L. 181-14 et L. 512-20.

Voir : C. minier, art. 106, C. minier, art. 109 et 109-1.

(1) Dispositions d'application particulières et transitoires : V. Ord. n° 2017-80, 26 janv. 2017, art. 15.

Bibliographie : E. Carlier et J.-N. Clément, *À quelle date la loi du 4 janvier 1993 relative aux carrières est-elle entrée en vigueur ? : BDEI* 2/1995, p. 10. • B. Dumarais, *À partir de quelle date le contentieux des carrières rejoint-il le droit commun des installations classées ? : BDEI* 4/1995, p. 15.

1) Entrée en vigueur du nouveau régime des carrières. Les carrières ont été inscrites à la nomenclature des installations classées par le décret n° 94-485 du 9 juin 1994, publié au *Journal officiel* le 12 juin 1994 et dès lors, nonobstant les dispositions de l'article 31 de la loi du 4 janvier 1993 selon lesquelles « les dispositions de la présente loi entrent en vigueur au plus tard 6 mois après sa publication », les demandes d'autorisation d'exploitation de carrières présentées avant le 12 juin 1994 n'étaient pas soumises à la législation sur les installations classées ; en l'espèce, le préfet a pu, légalement, par son arrêté du 13 mai 1994, instruire la demande conformément aux dispositions de l'article 106 du Code minier, et accorder à la société pétitionnaire une autorisation d'exploiter une carrière sans que l'enquête prévue par la législation sur les installations classées ait été préalablement instruite et organisée (▪ CE, 29 juill. 1998, n°s 169194 et 182903, *Min. Économie et Industrie c/ Assoc. Sepanso-Landes : Rev. jur. env.* 1999, p. 128, comm. R. Schneider). Les demandes d'autorisation d'exploiter des carrières déposées avant l'entrée en vigueur du décret du 9 juin 1994 étaient instruites selon les dispositions du Code minier, et notamment son article 106 (▪ CE, 18 janv. 1999, n° 165021, *Assoc. Gessienne de défense de la nature*), de même que les demandes de renouvellement présentées avant l'entrée en vigueur de la loi (▪ CAA Bordeaux, 19 juin 1997, n° 97BX01785, *Comité de défense de Vingrau*). Si l'article 30-II de la loi du 4 janvier 1993 prévoit que les carrières en situation régulière pourraient continuer à être exploitées « dans le respect des prescriptions qui leur étaient applicables antérieurement à la date d'entrée en vigueur de la présente loi », cette disposition vise les prescriptions techniques applicables aux installations et non le régime juridique de l'autorisation qui est fixé par le décret du 21 septembre 1977 ; dès lors, les conditions de péremption applicables dans le cas de défaut d'exploitation sont celles de l'article 24 du décret du 21 septembre 1977 qui retient une durée de deux ans et non celles de l'article 106 du Code minier qui a été abrogé par l'article 11 de la loi du 4 janvier 1993 (▪ CE, 17 mai 2002, n° 235062, *Sté Entr. Jean Lefebvre*). De même, les demandes de prorogation de titres miniers délivrés en application du Code minier avant l'entrée en vigueur de la loi du 4 janvier 1993 et expirant après cette date sont instruites suivant la procédure prévue par la loi du 19 juillet 1976, relative aux installations classées (▪ CAA Paris, 12 juill. 2000, n° 98PA02010, *Sté GSM*. – V. en sens contraire, ▪ TA Marseille, 13 déc. 2001, n°s 97-2675 et 97-3280, *Assoc. Fare Sud et Union dép. pour la protection de la vie, de la nature et de l'environnement dans les Alpes-de-Haute-Provence*).

2) Impossibilité d'invoquer les droits acquis. V. ▪ CAA Nancy, 25 mai 2004, n° 03LY00088, *SNC Sablières du Val d'Allier*, préc.

3) Application du nouveau régime et nomenclature. Les opérations de dragage des cours d'eau, non soumises à la législation des installations classées avant le décret du 9 juin 1994, lorsqu'elles ont été entreprises avant cette date, peuvent continuer à s'exécuter sans autorisation ni déclaration dans le cadre de l'application des dispositions de l'article L. 515-1 (▪ TA Grenoble, 3 févr. 1999, n° 971320, *Féd. dptale des assoc. agréées de pêches et de pisciculture de la Haute-Savoie et a.*).

4) Contentieux des carrières. L'inscription des carrières dans la nomenclature des installations classées n'a pas eu pour effet de modifier le régime contentieux des autorisations délivrées sous l'empire du Code minier et, par conséquent, un recours contre un arrêté d'autorisation d'exploiter une carrière intervenu avant la date d'entrée en vigueur de la loi, soit le 5 juillet 1993, continue à relever du contentieux de l'excès de pouvoir et donc, des délais de droit commun et ce, malgré la publication du décret du 9 janvier 1994, inscrivant les carrières à la nomenclature des installations classées (▪ CE, 4 déc. 1995, n° 156934, *Féd. pour les espaces naturels et l'environnement Catalan et a. : Rev. jur. env.* 1996, p. 488, comm. R. Schneider). Même solution, mais retenant le 6 juillet 1993 comme date avant laquelle les recours formés contre les arrêtés d'autorisation d'ouverture de carrières continuent à relever du contentieux de l'excès de pouvoir (▪ CE, 22 mai 1996, n° 145755, *Sté Dacheux père et fils : Rev. jur. env.* 1996, p. 485, comm. R. Schneider). Avant l'uniformisation du régime contentieux des installations classées, le Conseil d'État a considéré que la différence de délai de recours contentieux pour les tiers concernant les autorisations d'exploitation de carrières par rapport au droit commun des installations classées correspond à une différence de situation, liée notamment à la spécificité du régime des carrières, dont l'autorisation d'exploitation n'est délivrée que pour une durée limitée. La différence de traitement qui en résulte est en rapport direct avec l'objet de la loi en cause et elle n'a pas ni pour objet ni pour effet de porter atteinte au droit des tiers intéressés d'exercer un recours effectif contre les autorisations d'exploitation de carrières ou contre les nuisances générées par l'exploitation d'une carrière (▪ CE, 17 avr. 2012, n° 356452).

Voir : notes sous art. L. 512-1, p. 945.

Section II. – Stockage souterrain de produits dangereux

Art. L. 515-7 ***(Mod., L. n° 2004-105, 3 févr. 2004 ; L. n° 2006-739, 28 juin 2006). –*** **Le stockage souterrain en couches géologiques profondes de produits dangereux, de quelque nature qu'ils soient, est soumis à autorisation administrative. Cette autorisation ne peut être accordée ou prolongée que pour une durée limitée et peut en conséquence prévoir les conditions de réversibilité du stockage. Les produits doivent être retirés à l'expiration de l'autorisation.**

À l'issue d'une période de fonctionnement autorisé de vingt-cinq ans au moins, ou si l'apport de déchets a cessé depuis au moins un an, l'autorisation peut être prolongée pour une durée illimitée, sur la base d'un bilan écologique comprenant une étude d'impact et l'exposé des solutions alternatives au maintien du stockage et de leurs conséquences (1). **Le renouvellement s'accompagne d'une nouvelle évaluation des garanties financières prévues à l'article L. 541-26 ou à l'article L. 552-1.**

Pour les stockages souterrains de déchets ultimes, l'Agence de l'environnement et de la maîtrise de l'énergie peut conclure avec l'exploitant, avant l'octroi de l'autorisation visée au premier alinéa, une convention qui détermine les conditions techniques et financières de l'engagement et de la poursuite de l'exploitation, compte tenu de l'éventualité du refus de sa prolongation. Cette convention est soumise pour avis au représentant de l'État.

Les dispositions du présent article ne s'appliquent pas au stockage des déchets radioactifs.

Voir : articles R. 5157 à R. 515-23. - Ord. n° 58-1132, 25 nov. 1958, relative au stockage souterrain des gaz combustibles (*JO* 26 nov. 1958). - Ord. n° 58-1332, 23 déc. 1958, relative au stockage souterrain d'hydrocarbures liquides ou liquéfiés dans les cavités souterraines naturelles (*JO* 26 déc. 1958). - L. n° 70-1324, 31 déc. 1970, relative au stockage de produits chimiques de base (*JO* 3 janv. 1971). - V. L. n° 2003-699, 30 juill. 2003 (*JO* 31 juill. 2003). - V. D. n° 2006-283, 10 mars 2006, relatif à la prolongation pour une durée illimitée de l'autorisation de stockage de produits souterrains dangereux dont l'exploitation a cessé depuis au moins un an (*JO* n° 61, 12 mars 2006).

Bibliographie : Ineris, rapport d'étude, *État des connaissances sur les risques, impacts et nuisances potentiels liés à la géothermie profonde*, 10 juill. 2017, mise en ligne sept. 2017, 139 p. • F. Chaptal et M. Deroubaix, *Le stockage souterrain de gaz naturel : une activité stratégique soumise à un régime juridique complexe : BDEI* juill. 2008, n° 16, p. 43-51. • P. Billet, *Les incidences en matière d'urbanisme de la loi sur les risques, Code pratique de l'urbanisme : Bull.* A sept. 2003, p. 4-9. • P. Savin et Y. Martinet, *Risques technologiques et réparation des dommages : les points saillants de la loi du 30 juillet 2003 : LPA* 10 oct. 2003, n° 203, p. 4-8 ; *Loi sur la prévention des risques technologiques et naturels : Environnement mag.* sept. 2003, p. 6-9.

Cette disposition qui s'inscrit en opposition à toute la réglementation concernant les déchets et qui ne peut donc concerner que des déchets ultimes dangereux trouve peu de cas d'application, d'autant plus que sont exclus les déchets radioactifs qui font l'objet d'une réglementation spécifique. De plus, c'est désormais le Code minier (art. R. 104 à R. 104-8) qui s'applique à ces autorisations particulières.

Section III. – Installations susceptibles de donner lieu à des servitudes d'utilité publique

Art. L. 515-8 ***(Mod., L. n° 2003-699, 30 juill. 2003 ; mod. à compter du 30 avril 2010, Ord. n° 2010-418, 27 avr. 2010 ; rempl. à compter du 1er juin 2015, L. n° 2013-619, 16 juill. 2013). –*** **I. - Des servitudes d'utilité publique peuvent être instituées concernant l'utilisation du sol ainsi que l'exécution de travaux soumis au permis de construire. Elles peuvent comporter, en tant que de besoin :**

1° La limitation ou l'interdiction de certains usages susceptibles de porter atteinte aux intérêts mentionnés à l'article L. 511-1, du droit d'implanter des constructions ou des ouvrages ou d'aménager les terrains ;

2° La subordination des autorisations de construire au respect de prescriptions techniques tendant à limiter l'exposition des occupants des bâtiments aux phénomènes dangereux ;

3° La limitation des effectifs employés dans les installations industrielles et commerciales.

II. - Les servitudes d'utilité publique **ne peuvent contraindre à la démolition ou à l'abandon de constructions existantes édifiées en conformité avec les dispositions législatives et réglementaires en vigueur avant l'institution desdites servitudes.**

(1) V. T. appl. : D. n° 2006-283, 10 mars 2006. – NDLR.

Voir : C. env.art. R. 515-24 à R. 515-31, p. 2435. - Dir. Cons. n° 82/501/CEE, 24 juin 1982 concernant les risques d'accidents majeurs de certaines activités industrielles (*JOCE*, 5 août 1982), modifiée par la directive n° 87/216/CEE du Conseil, du 19 mars 1987 (*JOCE*, n° L 85, 28 mars 1987), la directive n° 88/610/CEE du Conseil, du 24 novembre 1988 (*JOCE*, n° L 336, 7 déc. 1988) et la directive n° 91/692/CEE du Conseil, du 23 décembre 1991 (*JOCE*, n° L 377, 31 déc. 1991). - Dir. Cons. n° 96/82, 9 déc. 1996, concernant la maîtrise des dangers liés aux accidents majeurs impliquant des substances dangereuses, dite directive Seveso II (*JOCE*, n° L 10, 14 janv. 1997). - D. n° 77-1133, 21 sept. 1977, art. 3. - A. 10 mai 2000, relatif à la prévention des accidents majeurs impliquant des substances ou des préparations dangereuses présentes dans certaines catégories d'installations classées pour la protection de l'environnement soumises à autorisation (*JO* 20 juin 2000). - D. n° 2005-82, 1er févr. 2005, créant les Comités locaux d'information et de concertation auprès des installations classées soumises à autorisation avec servitude d'utilité publique. - A. 17 juill. 2000 pris pour l'application de l'article 17-2 du décret n° 77-1133 du 21 septembre 1977 modifié (*JO* 14 oct. 2000, p. 16370). - Circ. DPPR/SEI, 12 juill. 2000, relative au programme triennal d'action de l'inspection des installations classées des DRIRE. - Note de doctrine de la DPPR sur les établissements prioritaires. - Circ. n° 86-38, 24 nov. 1986, relative aux installations classées pour la protection de l'environnement : Maîtrise de l'urbanisation autour des sites industriels à haut risque. - Circ. DPPR/SEI/AG.SD, 24 juin 1992, relative à la maîtrise de l'urbanisation autour des installations industrielles à hauts risques. - Circ. 2 oct. 2003, précisant les mesures d'application immédiate issues des dispositions de la loi n° 2003-699 du 30 juillet 2003 et notamment l'extension du champ d'application des servitudes d'utilités publiques. - Instr. 6 C-1-12, 6 févr. 2012 relative à la taxe foncière sur les propriétés bâties.

Bibliographie : N. Boukheloua, *Une nouvelle servitude d'utilité publique : la servitude en tréfonds : AJDA* 2016, p. 661. • J. Martin, *La légalité du permis de construire appréciée à l'aune des risques de submersion révélés par la tempête Xynthia : AJDA* 2016, p. 504. • P. Planchet, *Quand les droits de l'urbanisme et de l'environnement font cause commune : AJDA* 2015, p. 2193. • X. Larrouy-Castera, *Politique de prévention des risques industriels, actualité des servitudes : BDEI* juill. 2009, p 11. • Marmin, *Les principaux apports de la loi du 16 juillet 2013 au droit des installations classées : BDEI* sept. 2013, n° 1620.

Bibliographie d'intérêt historique concernant la rédaction antérieure de l'article L. 515-8. *Traité et ouvrages.* Brunel, Chabanol et Lopez, *Le maire, les immeubles dangereux ou insalubres et les installations classées*, Berger-Levrault, 1978. • S. Charbonneau, *La gestion de l'impossible : la protection contre les risques techniques majeurs*, Économica, 1992. • P. Gousset, *Le droit de l'incendie et de l'explosion, prévention responsabilité civile et pénale*, Éd. Technique et documentation, 1976-1977, 2 volumes.

Loi 1987. M. Baucomont, *La directive Seveso II concernant la maîtrise des dangers liés aux accidents majeurs impliquant des substances dangereuses : BDEI* 1/1999, p. 11. • F. Bouyssou, *Maîtrise de l'urbanisation et risques technologiques majeurs : BDEI* 1996, n° spécial, p. 33. • P. Castel, *Installations françaises à risques : la réglementation française et son application : BDEI* 2002, n° spécial, p. 7. • S. Charbonneau, *La nature du droit de la prévention des risques techniques : RFDA* mai-juin 1988, p. 529 ; *L'acceptabilité du risque d'accident technique majeur : Rev. jur. env.* 3/1989, p. 269 ; *La nature du droit de la prévention des risques techniques : RFDA* 1988, p. 529. • D. Deharbe, *Installations classées et risques technologiques majeurs : JCl. Environnement*, Fasc. 4036 (2013). • F. Demarq, *Le risque technologique majeur*, La Documentation française, sept. 1988. • M. Despax, *Servitudes autour des installations classées : Dr. et ville* 1990, n° 30, p. 199. • S. Deswarte, *Le danger technologique majeur – évolution législative : Rev. jur. env.* 1988, p. 261. • Ch. Huglo et J. Coupe, *Mieux prévenir les risques industriels : Mon. TP* 12 mai 2000, p. 100 ; *La notion de services, des plans et moyens d'intervention contre les conséquences résultant d'une catastrophe selon les travaux préparatoires de la loi du 22 juillet 1987 sur les risques majeurs : Annonces Seine* 1992. • M. Lagarde, *Commentaire de la loi n° 87-565 du 22 juillet 1987, relative à l'organisation de la sécurité civile, à la protection de la forêt contre l'incendie et à la prévention des risques majeurs : D.* 1988, act. jurispr. p. 19. • M. Prieur, *La directive Seveso sur les risques d'accidents majeurs : Rev. jur. env.* 1989, p. 269. • M. Prieur, *La réorganisation de la sécurité civile et la prévention des risques majeurs : RFDA* 1987, p. 926 ; *La directive Seveso sur les risques majeurs : Rev. jur. env.* 3/1989, p. 261. • H. Smets, *Risques industriels et le droit à l'information : L'observateur de l'OCDE* juin-juill. 1989 ; *Le droit international des accidents industriels majeurs : Préventique* janv.-févr. 1991, n° 37. • J.-P. Vallauri, *L'information du public : Rev. jur. env.* 3/1989, p. 293.

Loi 2003. P. Billet, *Les incidences en matière d'urbanisme de la loi sur les risques, Code pratique de l'urbanisme : Bull.* A sept. 2003, p. 4-9. • P. Savin et Y. Martinet, *Risques technologiques et réparation des dommages : les points saillants de la loi du 30 juillet 2003 : LPA* 10 oct. 2003, n° 203, p. 4-8. • D. Gillig, *Indemnisation des servitudes d'utilité publique instituées en application des dispositions des articles L. 515-8 et suivants du Code de l'environnement : Environnement.* mars 2009, n° 3, comm. 38. • D. Gillig, *Vers une nouvelle réforme du droit des installations classées ? : Environnement* mai 2009, n° 5, comm. 62. • R. Mésa, *Prévention et traitement de la pollution des sols : Dr. env.* avr. 2013, n° 211, p. 151-153. • F. Ferrand, *Indemnisation des servitudes d'utilité publique relatives aux terrains pollués : RTDI* déc. 2012, n° 4, p. 27-29.

Fiscalité. Exonération facultative de taxe foncière sur les propriétés bâties en faveur des logements situés en zone « Seveso » : Dr. fisc. 24 avr. 2008, n° 17, instruction 13894.

1) Les dispositions de l'article L. 515-8 ont été totalement refondues dans leur philosophie par la loi du 16 juillet 2013. En effet, dans sa première rédaction résultant de la loi du 19 juillet 1976 la loi du 30 juillet 2003, les servitudes d'utilité publique étaient liées à l'autorisation d'une nouvelle installation classée ou à l'existence de risques supplémentaires créés par une installation sur un site existant. La bibliographie et la jurisprudence existantes sont fondées sur ses dispositions anciennes qui ont pris fin en 2015.

Les nouvelles dispositions sont beaucoup plus générales et ne sont pas liées à l'installation classée mais au permis de construire et aux différentes autorisations d'utilisation du sol susceptibles d'être confrontées à des risques de nature industrielle.

2) Étendue du contrôle du juge sur les études de danger exigées pour les établissements figurant sur la liste énumérée à l'article L 515-8. Caractère suffisant d'une étude de danger pour un établissement pyrotechnique (■ CAA Lyon, 11 janv. 2018, n° 15LY03958) pour une centrale biomasse en raison c de l'absence de risque d'explosion des silos (■ CAA Lyon, 10 avr. 2018, n° 15LY03041).

3) Obligation de fournir les éléments nécessaires à la mise en place d'un PPI propos d'une exploitation de carrière soumise à l'article L. 515-8. Obligation pour l'exploitant de fournir les éléments nécessaires à la mise en place d'un PPI. Obligations satisfaites (■ CAA Marseille, 9 mars 2018, n° 16MA01010 étude de danger suffisante).

4) Défaut de base légale. Le préfet ne peut, sur le fondement de l'article 3 de la loi du 19 juillet 1976 (art. L. 512-1), imposer à l'exploitant d'une installation classée, des distances d'isolement minimales prises à partir du point de référence d'un risque majorant et restreindre le développement de l'urbanisation autour de ladite installation ; ces prescriptions doivent faire l'objet de la procédure spécifique prévue à l'article 7-1 de la loi ICPE (art. L. 515-8) (■ CAA Lyon, 13 mai 1997, n° 94LY01010, *Min. Environnement c/ GEI Géométhane*).

5) Illégalité de l'institution de servitudes d'utilité publique. L'illégalité d'un arrêté d'autorisation d'exploiter une installation classée pour la protection de l'environnement entraîne par voie de conséquence, pour défaut de base légale, l'illégalité de l'arrêté pris pour l'institution de servitudes d'utilité publique autour de cette installation (■ CAA Nantes, 28 déc. 2006, n° 05NT01185, *Sté de propreté et d'environnement de Normandie*. ■ TA Amiens, 21 avr. 2005, n° 0602591, *Sté ARF*). Illégalité d'un arrêté instituant des servitudes d'utilité publique autour d'une installation existante, au motif que seules les installations à créer sur un site nouveau permettent leur institution (■ CE, 21 févr. 1997, n° 150628, *Sté de production de gaz liquéfié*).

6) Servitudes d'utilité publique et Projet d'intérêt général. L'institution d'un périmètre de protection autour d'une installation (Métaleurop) peut être qualifié de PIG au sens des anciens articles R. 121-12 et 121-13 du Code de l'urbanisme et revêt un caractère d'utilité publique lié à la protection de la santé (■ CAA Douai, 18 déc. 2003, n° 01DA00732, *SIVOM des communes de Courcel-les-les-Lens, Dourges et Evin Malmaison*). Le projet de création d'une zone de protection d'un rayon de 200 mètres autour d'une sphère de stockage d'ammoniac revêt un caractère d'utilité publique et constitue un PIG, même s'il ne prévoit pas de travaux particuliers (■ CE, 3 févr. 1992, n° 107037, *Cne de Soulon*). Il a toutefois été jugé qu'en application du principe d'indépendance des législations, le moyen tiré du non-respect des articles L. 515-8 à L. 515-12 du Code de l'environnement est inopérant à l'encontre d'un arrêté du préfet qualifiant une demande de renouvellement d'autorisation d'exploiter un centre de stockage de PIG (■ CAA Bordeaux, 25 janv. 2010, n°s 08BX00281 et 08BX0378, *Assoc. pour la protection de l'environnement et de la santé du pays de Boussac*).

7) Étude d'impact et servitudes d'utilité publique. Le moyen tiré de l'insuffisance ou des inexactitudes de l'étude d'impact produite à l'appui de la demande d'autorisation d'exploiter est inopérant à l'appui du recours dirigé contre l'arrêté de servitudes d'utilité publique (■ CAA Marseille, 9 avr. 2013, n° 11MA00233, *Serin c/ min. Écologie*).

8) Objet des servitudes. La circonstance que les servitudes, qui ne peuvent légalement contraindre à l'abandon des constructions légalement édifiées et ne sauraient avoir d'autres objets que ceux énumérés par l'article L. 515-8 du Code de l'environnement, ne soient pas de nature à lever tout risque à l'égard des populations ou activités existantes avant leur institution n'est pas de nature à les priver de leur utilité (■ CAA Nantes, 7 déc. 2012, n° 11NT00235, *SCI du Paradis*).

9) Servitudes et capacités financières. Le moyen tiré de l'insuffisance des capacités financières de l'exploitant est inopérant à l'appui d'un recours contre l'arrêté instituant les servitudes d'utilité publique dès lors que l'institution de ces servitudes prend en compte uniquement les risques que présentent l'installation exploitée et les zones de dangers en résultant (■ CAA Nantes, 22 oct. 2010, n° 09NT01230, *Assoc. Koad Bihan c/ min. Écologie*).

10) Prise en compte des effets domino. Lorsque deux installations Seveso figurent sur le même site, l'une d'entre elles ne peut être examinée de manière isolée (■ CE, 19 mai 2017, n° 400678).

Art. L. 515-9 *(Mod., L. n° 2010-788, 12 juill. 2010 ; mod. à compter du 1er juin 2015, L. n° 2013-619, 16 juill. 2013).* **– L'institution de servitudes d'utilité publique est décidée à l'intérieur d'un périmètre délimité autour de l'installation soit à la requête du demandeur de l'autorisation ou du maire de la commune d'implantation, soit sur l'initiative du préfet.**

Un décret en Conseil d'État détermine les conditions de délimitation du périmètre, qui tiennent compte notamment des équipements de sécurité de l'installation et des caractéristiques du site.

Le projet définissant les servitudes et le périmètre est soumis à enquête publique, conformément aux dispositions du chapitre III du titre II du livre Ier, et à l'avis des conseils municipaux des communes sur lesquelles s'étend le périmètre.

Les servitudes et leur périmètre sont arrêtés par l'autorité compétente pour la délivrance de l'autorisation de l'installation classée.

Voir : D. n° 77-1133, 21 sept. 1977, art. 24-1, 24-2, 24-3, 24-4, 24-5, 24-6, 24-7 et 24-8.

Bibliographie : Ph. Billet, *Charte constitutionnelle de l'environnement et déconstruction du régime de la démolition : Énergie – Env. – Infrastr.* 2017, n° 11, alerte 257. • L. Dutheillet de Lamothe, *Précisions sur les installations soumises à PPRT : Énergie – Env. – Infrastr.* 2017, nos 8-9, comm. 47. • X. Couton, *Règles d'élaboration d'un PPRI : Constr.-Urb.* 2017, n° 1, comm. 2. • P. Vesseron, *Qui indemnise les servitudes : Énergie – Env. – Infrastr.* 2015, n° 1, p. 22-23. • R. Schneider, *Servitudes d'utilité publique : Rev. jur. env.* déc. 2013, n° 4, p. 758-759. • M. Moliner, *Maîtrise spatiale des nuisances et des risques : le droit des installations classées : Études foncières* 2003, n° 105, p. 34-39. • C. Huglo et B. Lacaille, *Site Seveso et urbanisation, vers la fin d'une équation impossible ? : Environnement et technique* janv.-févr. 2003, p. 50. • P.-J. Baralle, *Intervention foncière et maîtrise de l'urbanisation aux abords des établissements dangereux : Dr. env.* nov. 2003, n° 113, n° spécial, p. 220-228. • S. Charbonneau, *À propos de la catastrophe d'AZF à Toulouse : Préventique* mars-avr. 2002, n° 62, p. 46. • J.-P. Boivin, *Maîtrise de l'urbanisation autour des sites à risques : bilan et perspectives ouvertes par les futurs PPRT : BDEI* 2002, n° spécial, p. 4. • X. Larrouy-Castera, *Réglementation des installations à haut risque et maîtrise de l'urbanisation : des insuffisances majeures : Dr. env.* déc. 2001, n° 94, p. 272. • M. Pennaforte, *Le préfet peut-il imposer à l'exploitant de veiller à la maîtrise de l'urbanisation autour de ses installations ? : BDEI* 3/1997, p. 18. • S. Deswarte, *Le droit français de l'urbanisation autour des industries à risques : Dr. et ville* 1994, n° 38, p. 71. • D. Baricheff et D. Lehot, *Maîtrise de l'urbanisation autour des sites industriels à risques. Initiatives et réalisations des industriels : Dr. et ville* 1994, n° 38, p. 102. • V. Laflèche, *La maîtrise de l'urbanisation à l'heure du bilan : Préventique* juill.-août-sept. 1992, p. 18. • N. Martin et P. Roumieux, *La réduction des risques en zones urbaines : Préventique* janv.-févr. 1991, n° 37, p. 43. • P. Rocard et H. Smets, *Risques majeurs et urbanisation : l'économie du risque : Préventique* 1990, n° 36, p. 14. • STU, *Maîtrise de l'urbanisation autour des sites industriels à risques : Fiches de cas-expériences* 1990, nos 151 à 155. • M. Despax, *Servitudes autour des installations classées : Dr. et ville* 1990, n° 30, p. 127. • F. Abauzit, *La maîtrise de l'urbanisation. Outils juridiques : Préventique* juill.-août 1989, p. 12. • M. Mousel et P. Rocard, *La maîtrise de l'urbanisation autour des sites industriels à haut risque : Préventique* 1989, n° 28, p. 7. • M. Prieur, *La maîtrise de l'urbanisation autour des installations industrielles : Rev. jur. env.* 3/1988, p. 281.

Notification des recours contre les servitudes d'utilité publique. Les servitudes d'utilité publique prévues par les articles L. 515-8 à L. 515-12 du Code de l'environnement ont pour objet et pour effet de délimiter des zones présentant des risques pour la santé des hommes et pour l'environnement, zones à l'intérieur desquelles s'appliquent des contraintes d'urbanismes importantes et qui s'imposent directement aux personnes publiques et aux personnes privées, et comprennent ainsi des prescriptions pouvant fonder le refus ou l'octroi d'une autorisation d'occupation du sol ; par suite elles entrent dans le champ d'application de l'article R. 600-1 du Code de l'urbanisme qui prévoit que les recours dirigés contre des « documents d'urbanisme » doivent être notifiés à l'auteur de ce document dans un délai de 15 jours suivant le dépôt de la requête (▪ TA Cergy-Pontoise, 13 sept. 2007, *Sté Prysmian Énergie Câbles et Systèmes France*. – Confirmé par ▪ CAA Versailles, 30 avr. 2009, n° 07VE02861, *Sté Prysmian Énergie Câbles et Systèmes France*. – Confirmé par ▪ CE, 10 janv. 2011, n° 329239, *Sté Prysmian Énergie Câbles et Systèmes France*. ▪ TA Amiens, 17 mars 2009, n° 0601315, *Sté Gurdebeke* confirmé par ▪ CAA Douai, 25 mars 2010, n° 09DA00643, *M. Leullier*. ▪ CAA Douai, 3 juin 2010, nos 09DA00845, 09DA00851 et 09DA00960, *Sté ARF*. ▪ CE, 10 janv. 2011, n° 329239, *Sté Prysmian Énergie Câbles et Systèmes France*).

NB : les dispositions de l'article R. 600-1 du Code de l'urbanisme ont été modifiées et précisent désormais limitativement les documents concernés par l'obligation de notification, et les recours contre les servitudes d'utilité publique ne sont donc plus concernés par cette formalité.

Art. L. 515-10 *(Mod. à compter du 1er juin 2015, L. n° 2013-619, 16 juill. 2013 ; à compter du 1er janvier 2016, Ord. n° 2015-1174, 23 sept. 2015).* **– Les servitudes sont annexées au plan local d'urbanisme de la commune dans les conditions prévues à l'article L. 153-60 du Code de l'urbanisme.**

Bibliographie : P. Tronchon, *Risques majeurs, environnement et collectivités locales*, Éd. Berger-Levrault, 1991 ; *Risques majeurs et protection de l'environnement : LPA* 23 sept. 1994, n° 114, p. 7.

Plan de prévention des risques naturels et servitudes d'urbanisme. Les servitudes instaurées par les plans de prévention des risques naturels n'entrent pas dans le champ d'application du régime des servitudes d'urbanisme (▪ CE, 29 déc. 2004, n° 257804, *Sté d'aménagement des coteaux de Saint-Blaine*).

Art. L. 515-11. – **Lorsque l'institution des servitudes prévues à l'article L. 515-8 entraîne un préjudice direct, matériel et certain, elle ouvre droit à une indemnité au profit des propriétaires, des titulaires de droits réels ou de leurs ayants droit.**

La demande d'indemnisation doit être adressée à l'exploitant de l'installation dans un délai de trois ans à dater de la notification de la décision instituant la servitude. À défaut d'accord amiable, l'indemnité est fixée par le juge de l'expropriation.

Le préjudice est estimé à la date de la décision de première instance. Toutefois, est pris en considération l'usage possible des immeubles et droits immobiliers un an avant l'ouverture de l'enquête publique prévue à l'article L. 515-9. La qualification éventuelle de terrain à bâtir est appréciée conformément aux dispositions de l'article *(Réf. rempl. à compter du 1er janvier 2015, Ord. n° 2014-1345, 6 nov. 2014)* (1) « L. 322-3 du Code de l'expropriation pour cause d'utilité publique ».

Le juge limite ou refuse l'indemnité si une acquisition de droits sur un terrain a, en raison de l'époque à laquelle elle a eu lieu ou de toute autre circonstance, été faite dans le but d'obtenir une indemnité.

Le paiement des indemnités est à la charge de l'exploitant de l'installation.

1) Conditions d'indemnisation. Lorsque l'institution de zones de danger entraîne un préjudice direct, matériel et certain consistant en la diminution de la valeur vénale du bien, ce préjudice ouvre droit à indemnisation du propriétaire du bien en cause (▪ Cass. 3e civ., 3 déc. 2008, n° 07-17.879, *SAS Titanite c/ Termeau et a.*). À titre d'exemple sur le montant de l'indemnisation : l'institution de zones de dangers sur un terrain d'une valeur vénale de 207 000 € justifie l'octroi d'une indemnité de 15 000 € (▪ CA Poitiers, 23 sept. 2005, n° 04/00003, *Sté Titanite SAS*). Sur l'application des nouvelles dispositions issues de la loi du 30 juillet 2003 : dans la mesure où l'institution de servitudes d'utilité publique ne pouvait, avant la loi du 30 juillet 2003, donner lieu à indemnisation, et que, depuis cette loi, non rétroactive, seuls les risques supplémentaires créés par une installation nouvelle sur un site existant ou par la modification d'une installation existante donnant lieu à une nouvelle autorisation peuvent permettre une indemnisation, c'est à bon droit que la cour d'appel rejette la demande d'indemnisation d'une société qui ne démontre pas l'existence d'un préjudice résultant d'un risque supplémentaire créé par de nouvelles installations de la société exploitante (▪ Cass. 3e civ., 1er oct. 2008, n° 07-15.717, *SAS SMII c/ Sté Couronnaise de raffinage Shell*). L'indemnisation est due dès lors que le terrain a été acquis avant l'institution des servitudes et que la demande d'indemnisation a été formulée dans le délai légal de trois ans à compter de la notification de la décision d'institution des servitudes (▪ CA Bordeaux, 24 nov. 2010, n° 02/05659, *SA Everite*). Pour être indemnisé du préjudice lié à l'impossibilité d'exercer une activité sur les terrains concernés par la servitude, il n'est pas nécessaire de justifier que cette activité aurait été effectivement exercée avant l'institution des servitudes dès lors qu'il est prouvé que des aménagements avaient été réalisés à cet effet (▪ CA Aix-en-Provence, 5 mars 2009, n° 07/00046, *Sté Titanite*, confirmé par ▪ Cass. 3e civ., 15 déc. 2010, n° 05-19.171, *Sté Titanobel*). Les clauses limitatives de garantie ou de responsabilité contenues dans les actes de ventes d'un site industriel trouvent leur application dans le cadre d'une action en responsabilité contractuelle ou délictuelle en cas de faute commise par un cocontractant, mais sont sans portée sur l'indemnisation d'un préjudice résultant de l'instauration de servitudes sur le terrain vendu (▪ CA Bordeaux, 24 nov. 2010, n° 02/05659, *SA Everite c/ SNC Foncière du Vivarais*).

2) Non-rétroactivité de la loi du 27 février 2002. La loi du 27 février 2002 modifiée par la loi du 12 mai 2009 a étendu le champ de l'indemnisation des servitudes en incluant les risques supplémentaires créés par des installations nouvelles (article L. 515-8 modifié) et en intégrant l'extension des servitudes sur des terrains pollués. Ces dispositions ne sont pas rétroactives ; ainsi, ne constitue pas un préjudice indemnisable au titre des servitudes avant l'entrée en vigueur de la loi de 2003 le préjudice résultant de risques supplémentaires créés par

(1) Dispositions particulières d'application : V. Ord. n° 2014-1345, 6 nov. 2014, art. 7.

une installation nouvelle sur un site ancien (■ CA Rouen, Chambre des expropriations, 20 Mars 2007, n°s 06/00464, 06/630, 06/633). De même, ne peuvent être indemnisées les servitudes instituées avant l'entrée en vigueur de la loi du 27 février 2002 (■ Cass. 3e civ., 12 sept. 2012, n° 11-1.687, *Sté Everite*). Cette position sévère prise par la Cour de cassation était contraire à l'arrêt rendu par la Cour d'appel de Bordeaux, Chambre des expropriations, dans cette même affaire, la date d'ouverture des droits à indemnisation est celle de l'arrêté instaurant les servitudes d'utilité publique (■ CA Amiens, 1re civ., 27 nov. 2014, n° 13/01776, *SA Vidam*).

3) Définition du préjudice. La perte de valeur vénale de biens subie dans une zone voisine est un préjudice ouvrant droit à indemnité même si ce sont des zones de danger faibles qui ont été instituées ■ Cass. 3e civ., 3 déc. 2008, *Sté Titanite*, n° 07-17.879 *P* : *AJDI* 2009, 226 ; *Environnement* 2009, n° 38, note Gillig. L'impossibilité d'exercer des activités qui ouvre, au titre de l'article L. 515-11, droit à indemnité, n'est pas subordonnée à un exercice effectif desdites activités avant l'arrêté de mise en servitudes ■ Cass. 3e civ., 15 déc. 2010, n° 09-15.171 P, *Sté Titanobel* : *Dr. env.* févr. 2011, p. 50, obs. Mésa.

Art. L. 515-12 ***(Rempl., L. n° 2002-276, 27 févr. 2002 ; mod., L. n° 2009-526, 12 mai 2009 ; Ord. n° 2010-1232, 21 oct. 2010 ; L. n° 2014-366, 24 mars 2014).*** **– Afin de protéger les intérêts mentionnés à l'article L. 511-1, les servitudes prévues aux articles L. 515-8 à L. 515-11 peuvent être instituées sur des terrains pollués par l'exploitation d'une installation, sur l'emprise des sites de stockage de déchets ou dans une bande de 200 mètres autour de la zone d'exploitation, ou sur l'emprise des sites d'anciennes carrières ou autour de ces sites sur des surfaces dont l'intégrité conditionne le respect de la sécurité et de la salubrité publiques ou dans le voisinage d'un site de stockage géologique de dioxyde de carbone. Ces servitudes peuvent, en outre, comporter la limitation ou l'interdiction des modifications de l'état du sol ou du sous-sol, la limitation des usages du sol, du sous-sol et des nappes phréatiques, ainsi que la subordination de ces usages à la mise en œuvre de prescriptions particulières, et permettre la mise en œuvre des prescriptions relatives à la surveillance du site.**

Dans le cas des installations de stockage des déchets, ces servitudes peuvent être instituées à tout moment. Elles cessent de produire effet si les déchets sont retirés de la zone de stockage.

Sur les terrains pollués par l'exploitation d'une installation classée ou constituant l'emprise d'un site de stockage de déchets, lorsque les servitudes envisagées ont pour objet de protéger les intérêts mentionnés au premier alinéa et concernent ces seuls terrains, le représentant de l'État dans le département peut, lorsque le petit nombre des propriétaires ou le caractère limité des surfaces intéressées le justifie, procéder à la consultation écrite des propriétaires des terrains par substitution à la procédure d'enquête publique prévue au troisième alinéa de l'article L. 515-9.

Ces servitudes sont indemnisées dans les conditions prévues à l'article L. 515-11. Pour l'application de cet article, la date d'ouverture de l'enquête publique est, lorsqu'il n'est pas procédé à une telle enquête, remplacée par la date de consultation des propriétaires.

Dans le cas des terrains pollués par l'exploitation d'une installation classée, lorsqu'une servitude d'utilité publique est devenue sans objet, elle peut être supprimée, à la demande de l'ancien exploitant, du maire, du propriétaire du terrain, ou à l'initiative du représentant de l'État dans le département.

Dans les cas où la demande d'abrogation est faite par l'exploitant, le maire ou le propriétaire, cette demande doit être accompagnée d'un rapport justifiant que cette servitude d'utilité publique est devenue sans objet.

Lorsqu'ils ne sont pas à l'origine de la demande, le propriétaire du terrain et l'exploitant sont informés par le représentant de l'État dans le département du projet de suppression de la servitude.

Voir : D. annoté n° 77-1133, 21 sept. 1977, art. 24-1, 24-2, 24-3, 24-4, 24-5, 24-6, 24-7 et 24-8. - Circ. 17 juin 2002, relative à l'article 9 de l'arrêté ministériel du 9 septembre 1997, relatif aux décharges existantes et aux nouvelles installations de stockage des déchets ménagers et assimilés. - Arrêt du Conseil d'État du 5 avril 2002 (MEDD 2002/9 - 4 déc. 2002 : *BO* 4 déc. 2002).

Cette disposition a été doublement modifiée d'une part pour prévoir une procédure allégée sans enquête publique avec simplement une consultation lorsque les terrains et/ou les propriétaires sont en nombre limité, d'autre part par la loi de 2014 pour prévoir les conditions de l'abrogation de la servitude.

1) Servitudes d'utilité publique et « bande des 200 mètres ». Le fait que le POS de la commune prévoit que le secteur dans lequel les terrains situés dans la bande des 200 mètres autour de la zone d'exploitation est inconstructible ne suffit pas à respecter les dispositions de l'article 9 de l'arrêté du 9 septembre 1997 relatif aux installations de stockage de déchets non dangereux qui prévoient que la limite de la zone à exploiter doit être à plus de 200 mètres de la limite du site, sauf si l'exploitant apporte des garanties équivalentes en termes de protection des tiers, notamment car cette garantie doit être apportée pendant tout la durée de l'exploitation du suivi post exploitation alors qu'un POS peut être modifié à tout moment. En conséquence, la Cour enjoint au préfet, avant de statuer sur la légalité de l'autorisation, d'instituer dans un délai de 6 mois une servitude non aedificandi sur les parcelles en cause (■ CAA Marseille, 27 avr. 2005, n° 01MA02460, *Assoc. Saint Saturnin Environnement et a.*). Statuant au fond et constatant que la servitude a été instituée, la Cour rejette le recours (■ CAA Marseille, 1er juin 2006, n° 01MA02460, *Assoc. Saint Saturnin Environnement et a.*). La notion de « zone à exploiter » visée par l'arrêté du 9 septembre 1997 ne concerne que les installations de stockage de déchets à proprement parler, et il n'y a donc pas lieu d'y inclure d'autres parties de l'installation (■ TA Caen, 30 mars 2007, nos 0500923, 0500928, 051713 et 051714, *Assoc. de défense du Site de Maizeret*. ■ CE, 26 nov. 2008, nos 301151 et 301180, *Synd. Mixte de la Vallée de l'Oise*). Si la presse à déchets et la zone de stockage sont situées à moins de 200 mètres de l'habitation la plus proche, le fait que les opérations de réception et de conditionnement des déchets s'effectuent dans des bâtiments clos et dotés de dispositifs de désodorisation permet de réduire les nuisances dans des conditions comparables à celles qui auraient résulté de l'implantation desdites installations à une distance de 200 mètres et permet de considérer que les dispositions de l'article 9 de l'arrêté du 9 septembre 1997 sont respectées (■ CAA Douai, 12 juill. 2001, nos 00DA01284 et 00DA01285, *Assoc. qualité de la vie à la Bistade et Fédération*). Lorsque ni des servitudes d'utilité publique ni des servitudes conventionnelles ne peuvent être instituées autour de la zone d'exploitation pour garantir la zone des 200 mètres, l'autorisation d'exploiter doit être refusée (■ CAA Nantes, 20 mai 2016, n° 12NT02190, *Sté Guy Dauphin Environnement*).

2) Cohérence des législations : bail rural et Code de l'environnement. Dans la mesure où les activités agricoles n'entrent pas dans le champ des activités soumises à éloignement, l'existence d'un bail rural dans la zone des 200 m du périmètre de protection est donc sans incidence sur la légalité de l'arrêté d'autorisation ■ CE, 26 nov. 2008, n° 301151, *Synd. mixte de la Vallée de l'Oise : AJDA* 2008, 2252, obs. Jégouzo ; *Environnement* 2009, n° 5, obs. Gillig ; *DAUH* 2009, 416, n° 412.

3) Cohérence des législations : législation sur l'eau et mise en servitude. L'existence d'un périmètre de protection des eaux de captage n'est pas incompatible avec la bande d'isolement instaurés autour d'un CET dans la mesure où aucune disposition ni issue de l'article L. 515-12 du Code de l'environnement ni aucune autre ne l'interdit.

4) Servitudes d'utilité publiques et remise en état. Il résulte de la combinaison des dispositions des articles L. 515-8 et L. 515-12 du Code de l'environnement que les servitudes d'utilité publique peuvent être instituées notamment sur les terrains pollués par l'exploitation d'une installation : est légal l'arrêté qui assortit les mesures de remise en état de servitudes d'utilité publique ayant pour objet d'interdire tout utilisation du sol qui nécessiterait des travaux d'affouillement (■ CE, 26 déc. 2008, n° 294151, *SNC Foncière du Vivarais*).

Section IV. – Installations où s'effectuent des opérations soumises à agrément

Art. L. 515-13 *(Mod., L. n° 2003-591, 2 juill. 2003* (1) *; L. n° 2008-595, 25 juin 2008).* **– I. – La mise en œuvre, dans certaines catégories d'installations classées, de substances, de produits, d'organismes ou de procédés de fabrication peut, pour l'application de directives communautaires relatives à la protection de l'environnement, être subordonnée à un agrément. Un décret en Conseil d'État fixe les conditions d'application du présent alinéa, et notamment les conditions de délivrance de l'agrément, ainsi que les délais dans lesquels il est accordé ou à l'expiration desquels il est réputé accordé.**

II. – La mise en œuvre, dans certaines catégories d'installations classées, d'organismes génétiquement modifiés est soumise aux dispositions des chapitres Ier, II et VI du titre III du présent livre.

Un décret en Conseil d'État détermine les conditions d'application de ces dispositions dans le domaine de la production industrielle.

Voir : art. R. 515-32 à R. 515-36, p. 2438. – V. Circ. 15 mai 2003 relative à la procédure de délivrance d'agrément pour la mise en œuvre d'organismes génétiquement modifiés en milieu confiné à des fins de production industrielle ou commerciale à l'exception des activités relevant du ministre chargé de la défense (non publiée au *JO*). – Circ. DPPR/SEI, 24 juin 2002, Installations classées. Conditions de délivrance de l'agrément nécessaire à la mise en œuvre d'organismes génétiquement modifiés (OGM) en milieu confiné (non publiée au *JO*).

(1) Application à l'outre-mer : V. L. n° 2003-591, 2 juill. 2003, art. 31, IV.

1) Procédures d'agrément et d'autorisation. La procédure d'agrément prévue à l'article 4, alinéa 3, de la loi du 19 juillet 1976 (art. L. 515-13-I du présent code) constitue une procédure distincte de la procédure d'autorisation prévue à l'article 3, alinéas 1 à 3, de la loi ICPE (art. L. 512-1 du présent code) (▪ CE, sect. cont., 18 déc. 1996, n° 160823, *Assoc. France Nature-Environnement : Dr. env.* 1997, n° 51, p. 4, note J.-H. Robert).

2) Exemples d'agréments. V. D. n° 2002-1563, 24 déc. 2002 relatif à l'élimination des pneumatiques usagés, article 10. Tout exploitant d'une installation d'élimination des pneumatiques usagés doit être agréé à cet effet. – V. A. intermin., 8 déc. 2003 (*JO* 20 déc. 2003) qui décrit les conditions de délivrance des agréments et prévoit la possibilité de délivrer des agréments provisoires. – V. A. 23 juill. 2004, relatif à la communication d'informations relatives à la mise sur le marché et l'élimination des pneumatiques (*JO* 7 sept. 2004). – V. Circ. 4 mars 2004 (*BOMEDD*, 15 mai 2004, n° 9, p. 49) qui précise la procédure d'agrément.

– V. D. n° 2003-727, 1er août 2003, relatif à l'élimination des véhicules hors usage (*JO* 5 août 2003). Les installations de stockage, de dépollution, de démontage, de découpage ou de broyage devront désormais être titulaires d'un agrément délivré dans des conditions prévues par le décret n° 77-1133 du 21 septembre 1977 et au vu du respect par l'exploitant d'un cahier des charges inspiré des dispositions des dispositions techniques de la directive européenne relative aux véhicules hors d'usage.

– V. A. 20 déc. 2004, modifiant l'arrêté du 20 août 1996 modifié relatif au contrôle de qualité auquel doivent satisfaire les organismes sollicitant un agrément pour le contrôle de certains risques chimiques prévu à l'article R. 231-55 du Code du travail (*JO* 28 déc. 2004).

– L'emballage des colis radioactifs est soumis à agrément et obéit aux législations nationales et internationales en vigueur.

3) Organismes soumis à agrément. L'arrêté d'autorisation d'exploiter une pisciculture n'ayant pas eu pour effet d'autoriser l'élevage de « néomâles de truites arc-en-ciel », le groupement requérant ne peut utilement se prévaloir de la méconnaissance de l'article L. 515-13 du Code de l'environnement (▪ CAA Bordeaux, 13 nov. 2007, n° 05BX01608, *Groupement foncier agricole des sources de Sorgues*). Lorsque des organismes utilisés dans le cadre de l'exploitation sont obtenus par des techniques qui rentrent dans la liste des techniques prévues par le décret n° 93-774 du 27 mars 1993 modifié, il résulte de l'article L. 531-2 du Code de l'environnement que ces organismes ne sont pas des organismes génétiquement modifiés dont l'utilisation est soumise à agrément, de sorte que le moyen tiré de la violation de l'article L. 515-13 du Code de l'environnement doit être rejeté (▪ CAA Bordeaux, 18 déc. 2007, n° 06BX00216, *Groupement foncier agricole pisciculture des sources de Sorgues*).

4) Contentieux de pleine juridiction. Comme les décisions prises en application des articles L. 512-1, L. 512-3, L. 512-7, L. 512-8, L. 512-12, L. 512-13, L. 513-1 à L. 514-2, L. 514-4 et L. 516-1, les décisions prises en application de l'article L. 515-13 sont soumises à un contentieux de pleine juridiction (▪ CAA Douai, 25 mars 2010, n° 08DA01871, *SARL VITS*).

Section V. – Installations d'élimination de déchets

Art. L. 515-14 ***(Mod., Ord. n° 2005-1129, 8 sept. 2005)*** **(1). – Les décisions relatives aux installations d'élimination des déchets prises en application du présent titre doivent comporter les mesures prévues à l'article L. 516-1.**

Dispositions suffisamment claires. Il a été jugé que s'il est vrai que les décrets d'application relatifs aux garanties financières à constituer au titre des installations d'élimination des déchets et aux modalités d'actualisation de ce montant, qui doivent figurer dans l'arrêté d'autorisation, n'étaient pas parus à la date de l'arrêté, l'application de ces dispositions n'est pas manifestement impossible en l'absence de parution des décrets d'application et elles doivent donc être mises en œuvre. Injonction au ministre de compléter l'arrêté en y incluant les garanties financières (▪ CAA Marseille, 11 févr. 2010, n° 08MA00145, *Synd. d'agglomération nouvelle Ouest Provence*).

Bibliographie : *Bilan et perspectives de la politique de gestion des déchets.* B. Mortgat, *Roseline Bachelot présente sa politique déchets : Environnement et technique* juill.-août 2003, n° 228, p. 4-5. – Ch. Huglo et A.-T.-G. Mafoua-Badinga, *La loi n° 92-646 du 13 juillet 1992, relative à l'élimination des déchets ainsi qu'aux installations classées pour la protection de l'environnement : une loi ambitieuse et/ou efficace ? : LPA* 30 oct. 1992, p. 131

(1) Application à Mayotte : V. Ord. n° 2005-1129, 8 sept. 2005, art. 4.

Section VI. – Installations soumises à un plan de prévention des risques technologiques

(L. n° 2003-699, 30 juill. 2003)

Art. L. 515-15 ***(L. n° 2003-699, 30 juill. 2003 ; mod., L. n° 2010-788, 12 juill. 2010 ; mod. à compter du 1er juin 2015, L. n° 2013-619, 16 juill. 2013).*** **– L'État élabore et met en œuvre des plans de prévention des risques technologiques qui ont pour objet de délimiter les effets d'accidents susceptibles de survenir dans les installations figurant sur la liste prévue à l'article L. 515-36 et qui y figuraient au 31 juillet 2003, et pouvant entraîner des effets sur la salubrité, la santé et la sécurité publiques directement ou par pollution du milieu.**

L'État peut élaborer et mettre en œuvre de tels plans pour les installations mises en service avant le 31 juillet 2003 et ajoutées à la liste prévueà l'article L. 515-36 postérieurement à cette date.

Ces plans délimitent un périmètre d'exposition aux risques en tenant compte de la nature et de l'intensité des risques technologiques décrits dans les études de dangers et des mesures de prévention mises en œuvre.

Voir : V., concernant l'élaboration des études de dangers : circulaire du 4 mars 2010 relative aux études de dangers remises en application de l'article L. 551-2 du Code de l'environnement ; Circ. du 10 mai 2010 récapitulant les règles méthodologiques applicables aux études de dangers, à l'appréciation de la démarche de réduction du risque à la source et aux plans de prévention des risques technologiques (PPRT) dans les installations classées en application de la loi du 30 juillet 2003 (*BOMEEDDM* n° 12, 10 juill. 2010). – Circ. n° BRTICP/2009-326/CD, 22 juill. 2009, relative à la modélisation au moyen de modèles CFD de la dispersion atmosphérique pour l'évaluation des zones d'effets dans le cadre de l'élaboration des Plans de Prévention des Risques Technologiques (PPRT). – V., concernant les mesures d'accompagnement des tiers en faveur touchés par un PPRT : Instr. 23 déc. 2005, BOI 5 B-30-05 (Crédit d'impôt pour dépenses d'équipements de l'habitation principale en faveur de l'aide aux personnes) ; Instr. 18 oct. 2005, BOI 6 C-8-05 (Taxe foncière sur les propriétés bâties : dégrèvement pour travaux prescrits en application d'un plan de prévention des risques technologiques) et article 1585 C du Code général des impôts. – V., concernant les compétences préfectorales : Circ. du 20 juillet 2010 relative à l'exercice du droit d'évocation par le préfet de région – V. concernant le financement des PPRT : Loi n° 2010-1645 du 28 décembre 2010 de programmation des finances publiques pour les années 2011 à 2014, annexe. – Circ. 19 nov. 2012 relative aux mesures de maîtrise des risques et au porter à connaissance à mettre en œuvre dans le cadre des études de dangers remises en application de l'article L. 551-2 du Code de l'environnement. – Circ. 25 juin 2013 relative au traitement des plates-formes économiques dans le cadre des Plans de Prévention des Risques Technologiques (PPRT). – Circ. 11 avr. 2013 relative à l'élaboration et la mise en œuvre des plans de prévention des risques technologiques (PPRT).

Bibliographie : J.-M. Pastor, *Les effets « dominos » d'un plan de prévention des risques : AJDA* juin 2017, p. 1089. • J.-M. Pastor, *Les effets dominos d'un plan de prévention des risques technologiques : D.* 31 mai 2017. • M. Defeiri, *L'ordonnance n° 2015-1324 du 22 octobre 2015 : l'acte II de la prévention des risques technologiques : Énergie – Env. – Infrastr.* 2016, n° 5, comm. 42. • A. Muller-Curzydlon, *PPRT et dispense d'évaluation environnementale : Énergie – Env. – Infrastr.* 2016, n° 6, alerte 211. • Y. Rouquet, *État des risques naturels et technologiques : prise en compte du radon : D.* 12 févr. 2016. • R. Jeannel, *Les entreprises riveraines, oubliées des Plans de Prévention des Risques Technologiques : BDEI* sept. 2014, n° 53, p. 5-10. • D. Gillig, *Annulation d'un plan de prévention des risques technologiques : Environnement* mai 2013, n° 5, p. 35-36. • S. Défix, *La procédure et les finalités du plan de prévention des risques technologiques : AJDA* mars 2013, n° 11, p. 635-639. • R. Schneider, *Réglementation des installations classées : Rev. jur. env.* janv. 2013, n° 1, p. 155-157. • S. Défix, *La procédure et les finalités du plan de prévention des risques technologiques : AJDA* 2013, n° 11, p. 635-639. • B. Denis, *Risques industriels et mise en danger de la vie d'autrui : Gaz. Pal.* 24 sept. 2011, n° 267, p. 24. • M. Mousse, *Grenelle 2 : le traitement des risques industriels et naturels : Environnement* oct. 2010, n° 10, étude 25. • D. Gillig, *Droit de reconstruire à l'identique après sinistre et risques : Environnement* n° 2, févr. 2009, comm. 23. • Ph. Billet, *Le report de la réforme du régime des servitudes d'isolement autour des établissements de poudres et d'explosifs : JCP* A 2008, n° 25, act. 538. • J.-M. Février, *Installations classée et obligation d'information de l'acquéreur d'un immeuble voisin : Environnement* janv. 2008, n° 1, comm. 11. • M. Baucomont, *Maîtrise des risques technologiques : l'accélération réglementaire : BDEI* 2006 n° 2. • Ph. Billet, *Installations classées : nouvelles dispositions sur les études de danger et la remise en état (D. n° 2005-1170, 13 sept. 2005 : JO 16 sept. 2005) : JCP* E 2005, n° 41, act. 282. • Ph. Billet, *Les plans de prévention des risques technologiques : vers une reconfiguration du voisinage des installations à risques : Dr. env.* 2003, n° 113, p. 215. • S. Traoré, *La nature juridique des plans de prévention : AJDA* 2003, n° 41, p. 2185-2194. • R. Romi, *La prévention des risques naturels, aspects matériels : du discours écologique aux actes raisonnables : Dr. env.* nov. 2003, n° 113, n° spécial, p. 202-203. • Min. Environnement et Développement durable, *Rapport 2002 du délégué aux risques majeurs*, 15 sept. 2003. • INERIS, *Loi sur les risques, une prise de conscience collective : INERIS* magazine août 2003, p. 5-8. • IHESI (Institut des hautes études de sécurité intérieure), *Un renforcement de la politique publique de prévention des risques environnementaux : Préventique-Sécurité* juill.-août 2003, n° 70, p. 40-44. • L. Chabanne Pouzynin, *Information et évaluation sur les risques technologiques : Dr. env.* nov. 2003, n° 113, n° spécial, p. 204-209. • *Loi relative à la prévention des risques technologiques et naturels : Code permanent Environnement et nuisances*, Bull. spécial sept. 2003, n° 313, p. 4373-4390.

1) Ces nouvelles dispositions relatives aux plans de prévention des risques sont entrées en vigueur au 1er juin 2015. Il n'en demeure pas moins que la jurisprudence antérieure relative aux plans de prévention mais également aux servitudes d'isolement visées à l'article L. 515-8 et rappelée sous cet article dans la jurisprudence historique s'applique.

2) Plan de Prévention des Risques et droit de reconstruction à l'identique. Les prescriptions d'un Plan de Prévention des Risques Naturels interdisant les constructions dans une zone d'avalanche et annexé au PLU peuvent s'opposer à la mise en œuvre du droit à la reconstruction à l'identique en cas de sinistre prévu par l'article L. 111-3 du Code de l'urbanisme, cette jurisprudence paraissant tout à fait transposable aux PPRT (▪ CE, 17 déc. 2008, n° 305409, *M. Falcoz*).

3) PPRT et évaluations complémentaires. La possibilité pour le Préfet de prescrire l'élaboration d'un PPRT s'applique sans préjudice des dispositions de l'article L. 512-7 du Code de l'environnement lui permettant de prescrire la réalisation des évaluations ou la mise en œuvre des remèdes que rendent nécessaires soit les conséquences d'un accident, d'un incident ou le non-respect des prescriptions (▪ CE, 4 août 2006, n° 287668, *Sté Imporgal*).

4) PPRT et information des acquéreurs et locataires. Conformément aux dispositions de l'article L. 125-5 du Code de l'environnement, les acquéreurs ou locataires de biens immobiliers situés dans des zones couvertes par un plan de prévention des risques technologiques (PPRT) prescrit ou approuvé doivent être informés par le vendeur ou le bailleur de l'existence des risques visés par le plan (Rép. min. n° 64558 : *JOAN* Q 11 mai 2010. ▪ CA Rouen, 21 avr. 2010, n° 09/01130, *Épx Briard*).

5) PPRT et CEDH. Les dispositions de l'article L. 515-15 ne sont pas contraires aux stipulations de l'article 2 de la convention européenne de sauvegarde des droits de l'homme et des libertés fondamentales qui garantissent le droit à la vie (▪ CAA Douai, 30 janv. 2014, n° 12DA00449, *Sté Autoimpianti Marini France*).

6) PPRT et évaluation environnementale. Si la décision par laquelle l'autorité compétente décide de soumettre un PPRT à évaluation environnementale est une décision susceptible de recours, en revanche la décision de ne pas soumettre un PPRT à cette évaluation est une décision insusceptible de faire l'objet d'un recours pour excès de pouvoir (▪ CE, 6 avr. 2016, n° 395916, *min. de l'Environnement*).

7) PPRT et portée des prescriptions. Il résulte des dispositions des articles L. 515-15, L. 515-16 et R. 515-41 que si les auteurs d'un PPRT peuvent régir les conditions d'utilisation et d'exploitation des constructions nouvelles et l'extension des constructions existantes implantées dans le périmètre de ce plan, elles ne permettent pas en revanche de déterminer les conditions d'utilisation des bâtiments existants au sein de ce périmètre, de sorte qu'est irrégulier le règlement du PPRT qui prévoit que, dans un secteur donné, seule les activités directement liées avec le site de l'établissement source pourront être exploitées (▪ CAA Bordeaux, 27 avr. 2017, n° 16BX02126, *SCI L'oiseau migrateur*).

8) Effet domino. Il résulte des dispositions combinées des articles L. 515-15 et L. 515-18 que pour établir le PPRT, le Préfet doit prendre en compte les effets d'accidents susceptibles de survenir dans les installations Seveso en relation avec tout autre facteur de nature à interagir avec elles et en particulier les effets dits « *dominos* » dus aux interactions entre les différentes installations de l'établissement (▪ CE, 19 mai 2017, n° 400678, *Sté Collet*).

9) Absence de lien de causalité. Le retard dans l'élaboration des PPS (retard mis par le préfet à approuver un PPRT) et la possibilité de louer un local ne peut pas fonder une demande de référé provision en raison de l'impossibilité de louer un local concerné par ledit PPRT (▪ CE, 7 juin 2017, n° 403843).

Art. L. 515-16 ***(L. n° 2003-699, 30 juill. 2003 ; mod., L. n° 2010-788, 12 juill. 2010 ; L. n° 2013-619, 16 juill. 2013 ; mod. à compter du 1er janvier 2015, Ord. n° 2014-1345, 6 nov. 2014*** (1) ***; rempl., Ord. n° 2015-1324, 22 oct. 2015)*** (2). **– À l'intérieur du périmètre d'exposition aux risques, les plans de prévention des risques technologiques peuvent, en fonction du type de risques, de leur gravité, de leur probabilité et de leur cinétique, délimiter :**

1° Des zones dites de maîtrise de l'urbanisation future, soumises aux dispositions de l'article L. 515-16-1 ;

2° Des zones dites de prescription, relatives à l'urbanisation existante, soumises aux dispositions de l'article L. 515-16-2, à l'intérieur desquelles les plans peuvent délimiter :

***a)* Des secteurs dits de délaissement, soumis aux dispositions des articles L. 515-16-3 et L. 515-16-5 à L. 515-16-7 en raison de l'existence de risques importants d'accident à cinétique rapide présentant un danger grave pour la vie humaine ;**

(1) Dispositions particulières d'application : V. Ord. n° 2014-1345, 6 nov. 2014, art. 7.
(2) Dispositions d'application particulières et transitoires : V. Ord. n° 2015-1324, 22 oct. 2015, art. 6.

b) **Des secteurs dits d'expropriation, soumis aux dispositions des articles L. 515-16-3 à L. 515-16-7 en raison de l'existence de risques importants d'accident à cinétique rapide présentant un danger très grave pour la vie humaine.**

Au sein d'une même zone ou d'un même secteur, les mesures prises en application des articles L. 515-16-1 à L. 515-16-4 peuvent différer en fonction des critères mentionnés au premier alinéa.

Textes complémentaires Ordonnance n° 2015-1324 du 22 octobre 2015, relative aux plans de prévention des risques technologiques (*JO* 23 oct. 2015).

Bibliographie : M. Michel : *Seconde loi de finances rectificative pour 2017 – Les dispositions de la seconde loi de finances rectificative pour 2017 concernant les particuliers et la fiscalité du patrimoine* : *RFP* 2018, n° 1, étude 2. • J.-M. Pastor, *Contrôle du juge en matière de prévention des risques technologiques* : *AJDA* 2016, p. 1949. • L. Erstein, *Le plan protecteur des populations* : *Énergie – Env. – Infrastr.* déc. 2016. • D. Gerbeau, *Les élus locaux, acteurs de prévention des risques* : *Gaz. cnes.* 15 sept. 2003, p. 5-8. • P. Billet, *Les incidences en matière d'urbanisme de la loi sur les risques, Code pratique de l'urbanisme*, Bull. d'actualité. ; *Les plans de prévention des risques technologiques : vers une reconfiguration du voisinage des installations à risques* : *Dr. env.* nov. 2003, n° 113, n° spécial, p. 215-219.

1) Doctrine administrative. BOFIP – IF – Taxe foncière sur les propriétés bâties – Dégrèvement en faveur de certains propriétaires de logements sociaux – Travaux prescrits par un plan de prévention des risques technologiques (CGI, art. 1391 D) – version(s) : BOFIP – IR – Crédit d'impôt afférent aux dépenses en faveur de l'aide aux personnes – Champ d'application du crédit d'impôt : 15 juin 2018 (en vigueur) 6 C-8-05. – L'article 1391 D du Code général des impôts (issu de l'article 37 de la loi n° 2003-699 du 30 juillet 2003 relative à la prévention des risques technologiques et naturels et à la réparation des dommages) a institué un dégrèvement de taxe foncière sur les propriétés bâties égal aux dépenses payées à raison des travaux prescrits par un plan de prévention des risques technologiques sur les cotisations afférentes.

2) Droit de préemption. En application de l'article L. 211-1 du Code de l'urbanisme, une commune peut valablement déléguer le droit de préemption qu'elle détient en application du I de l'article L. 515-16 à un établissement de coopération intercommunal (▪ CAA Marseille, 12 févr. 2010, n° 07MA04741, *Cne de Lattes*).

3) Principe d'égalité devant les charges publiques. Les dispositions du IV de l'article L. 515-16 du Code de l'environnement ne méconnaissent pas le principe d'égalité devant les charges publiques (▪ CE, 23 sept. 2011, n° 350384, *Sté Autoimpianti Marini France*) et ne sont pas contraires aux dispositions de la CEDH (▪ CAA Douai, 30 janv. 2014, n° 12DA00449, *Sté Autoimpianti Marini France*). Le PPRT qui prévoit des travaux de protection qui demeurent dans les seuils prescrits par la réglementation n'est pas entaché d'une erreur d'appréciation et ne porte pas atteinte au principe d'égalité devant les charges publiques au seul motif qu'il impose des travaux de protection aux riverains (▪ CE, 12 oct. 2016, n° 390489, *Assoc. Dongeoise des zones à risque et du PPRT*).

4) Contenu du PPRT. Le plan qui ne définit pas clairement les secteurs soumis à des risques importants de cinétique rapide présentant un danger grave pour la vie humaine mais identifie seulement les différents immeubles à exproprier méconnaît les dispositions du III de l'article L. 515-16 et est donc entaché d'illégalité (▪ TA Toulouse, 15 nov. 2012, n°s 1001280, 1003126, 1003199 et 1003241, *Sté Esso ASF*). Les dispositions du III de l'article L. 515-16 du Code de l'environnement n'interdisent pas au préfet de définir les secteurs prévus par ce texte en considération de l'emprise des bâtiments dont l'étude de vulnérabilité révèle la grande difficulté de renforcement (▪ CAA Bordeaux, 6 mai 2014, n° 13BX00167, *Min. Écologie*). Le fait qu'un PPRT prévoit la possibilité d'effectuer des aménagements de l'activité à l'origine des risques, justifiée par le souci de ne pas priver cet établissement de bénéficier à l'avenir de nouvelles techniques permettant de réduire les risques actuels, n'est pas révélateur d'une erreur manifeste d'appréciation du Préfet (▪ TA Caen, 20 oct. 2016, n° 1502259, *Cne d'Hérouville Saint-Clair*).

5) Violation de la Convention européenne des droits de l'homme (article 14). Le fait que le droit de délaissement soit ouvert aux seuls propriétaires de biens immobiliers et non aux propriétaires de fonds de commerce ne constitue pas une violation de l'article 14 de la Convention Européenne des Droits de l'Homme, les situations n'étant pas comparables (▪ CAA Marseille, 7e ch., 29 juin 2018, n° 17MA00970) l'exposition d'une pharmacie à un risque de mort du fait de la proximité d'un site dangereux et l'impossibilité financière pour cette dernière de déménager sont sans incidence sur la légalité de l'arrêté créant le PPRT (même arrêt)

6) Contrôle exercé par le juge sur les PPRT. Le juge de l'excès de pouvoir exerce un entier contrôle des mesures prescrites par un plan de prévention des risques technologiques mais il n'exerce qu'un contrôle restreint sur le périmètre et la délimitation des zones d'un PPRT (▪ CE, 12 oct. 2016, n° 390489).

Art. L. 515-16-1 *(L. n° 2010-788, 12 juill. 2010 ; rempl., Ord. n° 2015-1324, 22 oct. 2015 ; L. n° 2019-1147, 8 nov. 2019).* – Dans les zones de maîtrise de l'urbanisation future mentionnées à l'article L. 515-16, les plans de prévention des risques technologiques peuvent interdire la réalisation d'aménagements ou d'ouvrages, ainsi que les constructions nouvelles et l'extension des constructions existantes, ou les subordonner au respect de prescriptions relatives à leur construction, leur utilisation ou leur exploitation.

Dans ces zones, le droit de préemption urbain peut être exercé dans les conditions définies au chapitre Ier du titre Ier du livre II du Code de l'urbanisme.

Le représentant de l'État dans le département peut, après avis de la commune et de l'établissement public de coopération intercommunale concernés, accorder des dérogations aux interdictions et prescriptions fixées par les plans de prévention des risques technologiques mentionnées au premier alinéa du présent article pour permettre l'implantation d'installations de production d'énergie renouvelable. Ces dérogations fixent les conditions particulières auxquelles est subordonnée la réalisation du projet.

Art. L. 515-16-2 *(Ord. n° 2015-1324, 22 oct. 2015 ; mod., L. fin. n° 2020-1721, 29 déc. 2020).* – I. – Dans les zones de prescription mentionnées à l'article L. 515-16, les plans de prévention des risques technologiques peuvent prescrire des mesures de protection des populations contre les risques encourus, relatives à l'aménagement, l'utilisation ou l'exploitation des constructions, des ouvrages, des installations et des voies de communication existant à la date d'approbation du plan, qui doivent être prises par les propriétaires, exploitants et utilisateurs dans les délais que le plan détermine.

(Mod., L. fin. n° 2023-1322, 29 déc. 2023) Ces mesures peuvent notamment être relatives aux mouvements et au stationnement des véhicules de transport de matières dangereuses et, pour les seuls logements, porter sur la réalisation de travaux de protection. Les prescriptions portant sur la réalisation de travaux peuvent être formulées sous forme d'objectifs de performance. Les travaux de protection prescrits pour les logements sont réalisés dans un délai de onze ans à compter de l'approbation du plan, ou avant le 1er janvier 2027 si le plan a été approuvé avant le 1er janvier 2016.

Pour les biens autres que les logements, l'autorité administrative compétente informe leurs propriétaires ou gestionnaires, ainsi que les responsables des activités qui y sont implantées, du type de risques auxquels leur bien ou activité est soumis, ainsi que de la gravité, de la probabilité et de la cinétique de ces risques, afin que ceux-ci, chacun en ce qui le concerne, mettent en œuvre leurs obligations en matière de sécurité des personnes, dans le cadre des réglementations qui leur sont applicables. Ces mesures peuvent consister en des mesures de protection, de réduction de la vulnérabilité ou d'organisation de l'activité.

Les plans ou consignes de sécurité en vigueur au sein de ces biens prennent en compte les mesures de protection définies par les plans particuliers d'intervention mentionnés à l'article L. 741-6 du Code de la sécurité intérieure, y compris celles incombant à l'exploitant des installations à l'origine du risque.

II. – Lorsque le coût des travaux de protection d'un logement prescrits en application du I excède un pourcentage, fixé par décret en Conseil d'État, de la valeur vénale du bien ou 20 000 €, l'obligation de réalisation des travaux est limitée au plus petit de ces montants.

Pour satisfaire à ses obligations dans une telle hypothèse, le propriétaire définit les travaux à réaliser en priorité. Pour ce faire, il peut se fonder sur l'usage actuel ou prévu du bien, la recherche d'une protection à un niveau d'aléa moindre ou les synergies avec d'autres objectifs d'amélioration de l'habitat.

Art. L. 515-16-3 *(Ord. n° 2015-1324, 22 oct. 2015).* – I. – Dans les secteurs de délaissement et d'expropriation mentionnés à l'article L. 515-16, les propriétaires d'immeubles ou de droits réels immobiliers peuvent mettre en demeure la collectivité territoriale ou l'établissement public de coopération intercommunale compétent en matière d'urbanisme de procéder à leur acquisition.

Ce droit de délaissement est ouvert pendant une durée de six ans à compter de la date de signature de la convention mentionnée au II de l'article L. 515-19-1 ou de la mise en place de la répartition par défaut des contributions prévue à l'article L. 515-19-2, ou, si cette date est antérieure au 23 octobre 2015, jusqu'au 23 octobre 2021.

II. – L'acquisition est réalisée dans les conditions définies au titre III du livre II du Code de l'urbanisme, sous réserve des dispositions du présent II.

Pour la détermination du prix d'acquisition, la valeur du bien est appréciée sans tenir compte de la dépréciation supplémentaire éventuelle découlant des servitudes et prescriptions instituées en application des articles L. 515-16-1 et L. 515-16-2.

Par dérogation aux dispositions de l'article L. 230-5 du Code de l'urbanisme, pour les biens faisant l'objet d'une location ou d'un affermage, la collectivité territoriale ou l'établissement public de coopération intercommunale compétent en matière d'urbanisme peut, sur demande du locataire ou du fermier, se substituer dans les droits du bailleur initial et poursuivre le contrat de location ou d'affermage pour une durée maximale de trois ans à compter du transfert de propriété.

Lorsque le propriétaire d'un local à usage commercial ou artisanal faisant l'objet d'une location envisage d'exercer le droit de délaissement, il en informe le locataire par lettre recommandée avec demande d'avis de réception, ou remise en main propre contre récépissé ou émargement. Cette notification doit, à peine de nullité de la mise en demeure mentionnée au I, être effectuée au plus tard concomitamment avec celle-ci et indiquer le prix d'acquisition souhaité par le propriétaire dans le cadre du délaissement. Elle vaut offre de vente au profit du locataire. Ce dernier dispose d'un délai d'un mois à compter de la réception de cette offre pour se prononcer. En cas d'acceptation, le locataire dispose, à compter de la date d'envoi de sa réponse au bailleur, d'un délai de deux mois pour la réalisation de la vente. Si, dans sa réponse, il notifie son intention de recourir à un prêt, l'acceptation par le locataire de l'offre de vente est subordonnée à l'obtention du prêt et le délai de réalisation de la vente est porté à quatre mois. Si, à l'expiration de ce délai, la vente n'a pas été réalisée, l'acceptation de l'offre de vente est sans effet. L'acquisition du bien par le locataire met fin à la procédure de délaissement si celle-ci a été engagée.

III. – Le financement des délaissements est réalisé dans les conditions prévues aux articles L. 515-19-1 et L. 515-19-2.

IV. – Au vu de la notification mentionnée au III de l'article 18 de la loi n° 65-557 du 10 juillet 1965 fixant le statut de la copropriété des immeubles bâtis, l'autorité administrative compétente peut déclarer d'utilité publique l'expropriation des immeubles ou droits réels immobiliers non délaissés, lorsque les charges nécessaires à l'entretien des lots délaissés sont, pour les collectivités territoriales ou les établissements publics de coopération intercommunale compétents en matière d'urbanisme, disproportionnées au regard de l'intérêt qui s'attache à cet entretien.

Il est procédé à la déclaration d'utilité publique dans les conditions prévues aux I et II de l'article L. 515-16-4.

Pour la fixation du prix d'acquisition, la valeur du bien est déterminée sans tenir compte de la dépréciation supplémentaire éventuelle découlant des servitudes et prescriptions instituées en application des articles L. 515-16-1 et L. 515-16-2.

Bibliographie : N. Gonzalez-Gharbi, *Cessions consécutives à l'exercice d'un droit de délaissement – Commentaires administratifs de l'article 27 de la loi de finances rectificative pour 2017 : Constr.-Urb.* 2018, n° 6, L'administration fiscale a publié le 9 mai 2018 ses commentaires des dispositions de l'article 27 de la loi n° 2017-1775 du 28 décembre 2017 de finances rectificative pour 2017 qui ont consacré en modifiant le 4° du II de l'article 150 U du Code général des impôts l'application de l'exonération prévue en cas d'expropriation pour cause d'utilité publique aux cessions faites consécutivement à l'exercice de l'un des droits de délaissement prévus par le Code de l'urbanisme et par le Code de l'environnement (BOI-RFPI-PVI-10-40-60-20180509. • BOI-RFPI-TPVIE-10-20180509, n° 230).

Art. L. 515-16-4 *(Ord. n° 2015-1324, 22 oct. 2015)*. – I. – Dans les secteurs d'expropriation mentionnés à l'article L. 515-16, l'État peut déclarer d'utilité publique l'expropriation des immeubles et droits réels immobiliers au profit des collectivités territoriales ou établissements publics de coopération intercommunale compétents en matière d'urbanisme, dans les conditions prévues par le Code de l'expropriation pour cause d'utilité publique.

II. – L'enquête publique mentionnée à l'article L. 515-22 peut être menée conjointement à celle prévue au titre de l'article L. 1 du Code de l'expropriation pour cause d'utilité publique, dans les conditions fixées par l'article L. 123-6 du présent code, le délai d'un an prévu à l'article L. 121-2 du Code de l'expropriation pour cause d'utilité publique étant alors toutefois porté à deux ans.

La déclaration d'utilité publique est prononcée par l'autorité administrative compétente après l'approbation du plan de prévention des risques technologiques.

III. – Pour la détermination du prix d'acquisition ou du montant des indemnités, il n'est pas tenu compte de la dépréciation supplémentaire éventuelle découlant des servitudes et prescriptions instituées en application des articles L. 515-16-1 et L. 515-16-2.

IV. – Le financement des expropriations est réalisé dans les conditions prévues aux articles L. 515-19-1 et L. 515-19-2.

Art. L. 515-16-5 *(Ord. n° 2015-1324, 22 oct. 2015).* – Pendant six ans à compter de la date de signature de la convention mentionnée au II de l'article L. 515-19-1 ou de la mise en place de la répartition par défaut des contributions prévues à l'article L. 515-19-2, ou, si cette date est antérieure au 23 octobre 2015, jusqu'au 23 octobre 2021, l'acquisition de biens situés dans les secteurs de délaissement ou d'expropriation par exercice du droit de préemption urbain par les collectivités territoriales ou leurs établissements publics de coopération intercommunale bénéficie d'un financement dans les conditions prévues aux articles L. 515-19-1 et L. 515-19-2.

Art. L. 515-16-6 *(Ord. n° 2015-1324, 22 oct. 2015).* – Pendant six ans à compter de la date de signature de la convention mentionnée au II de l'article L. 515-19-1 ou de la mise en place de la répartition par défaut des contributions prévue à l'article L. 515-19-2, ou, si cette date est antérieure au 23 octobre 2015, jusqu'au 23 octobre 2021, dans les secteurs de délaissement et d'expropriation, et pour les biens autres que les logements, l'autorité administrative compétente peut prescrire au propriétaire la mise en œuvre de mesures apportant une amélioration substantielle de la protection des populations. Elles peuvent notamment consister en des mesures de protection des populations, de réduction de la vulnérabilité ou d'organisation de l'activité.

Ces mesures sont prescrites dans la limite des dépenses mentionnées au I de l'article L. 515-19-1 qui seraient engagées en cas de délaissement ou d'expropriation. Elles bénéficient d'un financement dans les conditions prévues aux articles L. 515-19-1 et L. 515-19-2.

Ces prescriptions peuvent être assorties de mesures mentionnées au I de l'article L. 515-8, qui valent alors servitudes d'utilité publique et sont communiquées au maire. Elles sont annexées au document d'urbanisme applicable, dans les conditions prévues à l'article L. 126-1 du Code de l'urbanisme. Elles n'ouvrent pas droit à indemnisation.

Les articles L. 515-16-3 à L. 515-16-5 ne s'appliquent pas aux biens ayant fait l'objet des mesures mentionnées aux précédents alinéas.

Art. L. 515-16-7 *(Ord. n° 2015-1324, 22 oct. 2015).* – Les dispositions suivantes s'appliquent aux biens faisant l'objet d'une acquisition par délaissement, expropriation ou exercice du droit de préemption urbain en application des articles L. 515-16-3 à L. 515-16-5.

I. – La collectivité territoriale ou l'établissement public de coopération intercommunale peut, par convention passée avec un établissement public ou une entreprise publique locale, lui confier le soin de réaliser l'acquisition des biens.

II. – L'accès aux biens est limité ou ils sont démolis. Toutefois, ils peuvent continuer à être utilisés pour un usage autre que d'habitation, sous réserve du respect des dispositions du plan de prévention des risques technologiques qui sont applicables dans le secteur aux constructions nouvelles.

III. – En cas de cession ultérieure du bien, sa valeur est appréciée en tenant compte de son état ainsi que des restrictions et prescriptions l'affectant du fait des dispositions du présent chapitre et du plan de prévention des risques technologiques. Le produit de la vente est reversé aux collectivités et établissements publics de coopération intercommunale, à l'État et aux industriels à l'origine du risque, déduction faite des dépenses engagées par le vendeur et non financées au titre de l'article L. 515-19-1, au prorata de leur participation au financement mis en œuvre en application de cet article.

IV. – Les articles L. 515-16-3 à L. 515-16-6 ne peuvent s'appliquer à nouveau aux biens objets du présent article.

Art. L. 515-16-8 *(Ord. n° 2015-1324, 22 oct. 2015).* – Les plans de prévention des risques technologiques peuvent également comporter des recommandations pouvant servir d'orientations à l'occasion de projets ultérieurs de travaux, d'aménagement, d'utilisation ou d'exploitation des constructions, des ouvrages, des voies de communication et des terrains de camping ou de stationnement de caravanes. Ces recommandations n'ont pas de caractère prescriptif.

Art. L. 515-17 *(L. n° 2003-699, 30 juill. 2003 ; rempl., Ord. n° 2015-1324, 22 oct. 2015).* – Outre les obligations mises à la charge de l'exploitant par l'autorité administrative compétente en application des articles L. 512-1 à L. 512-5 et de l'article L. 512-7, les plans de prévention des risques technologiques peuvent également prévoir des mesures supplémentaires de prévention des risques permettant de réduire le périmètre des zones et secteurs mentionnés à l'article L. 515-16, et bénéficiant des conditions de financement précisées à l'article L. 515-19-3, lorsque le coût de ces mesures supplémentaires est inférieur à celui des mesures prévues aux articles L. 515-16-3 et L. 515-16-4 qu'elles permettent d'éviter.

Ces mesures supplémentaires font l'objet d'une convention prévue à l'article L. 515-19-3 avant l'approbation des plans et sont prescrites par un arrêté préfectoral complémentaire prévu à l'article L. 512-3.

Lorsque ces mesures supplémentaires portent sur le transfert de tout ou partie des installations à l'origine du risque vers un autre emplacement, l'autorisation de les exploiter mentionnée à l'article L. 512-1 expire à l'échéance arrêtée pour le transfert, sans que l'exploitant ne puisse prétendre à indemnisation de ce seul fait, et sans préjudice de l'application des dispositions de l'article L. 512-6-1. Toutefois, lorsque le transfert n'a pu être réalisé à l'échéance prévue pour un motif sérieux indépendant de la volonté de l'exploitant, l'autorité administrative compétente peut autoriser, pour une durée maximale de deux ans, la poursuite du fonctionnement de cette installation.

Art. L. 515-18 *(L. n° 2003-699, 30 juill. 2003 ; mod., Ord. n° 2015-1324, 22 oct. 2015).* – Les mesures prévues par les plans de prévention des risques technologiques, en particulier aux articles L. 515-16-3 et L. 515-16-4, sont mises en œuvre progressivement en fonction notamment de la probabilité, de la gravité et de la cinétique des accidents potentiels ainsi que du rapport entre le coût des mesures envisagées et le gain en sécurité attendu.

Art. L. 515-19 *(L. n° 2003-699, 30 juill. 2003 ; mod., Ord. n° 2009-663, 11 juin 2009 ; L. fin. n° 2009-1673, 30 déc. 2009 ; L. n° 2010-788, 12 juill. 2010 ; L. fin. n° 2011-1977, 28 déc. 2011* (1) *; L. n° 2013-619, 16 juill. 2013* (2) *; rempl., Ord. n° 2015-1324, 22 oct. 2015 ; L. fin. n° 2020-1721, 29 déc. 2020 ; L. n° 2021-1104, 22 août 2021 ; mod. à compter du 1er janvier 2024, L. fin. n° 2022-1726, 30 déc. 2022 ; mod., L. fin. n° 2023-1322, 29 déc. 2023).* – I. – Les exploitants des installations à l'origine du risque et les collectivités territoriales ou établissements publics de coopération intercommunale, dès lors qu'ils perçoivent tout ou partie de la cotisation foncière des entreprises dans le périmètre couvert par le plan de prévention des risques technologiques au titre de l'année de son approbation, participent au financement des diagnostics préalables et des travaux de protection prescrits aux personnes physiques et contribuables propriétaires de logements au titre de l'article L. 515-16-2, sous réserve que ces dépenses soient payées dans un délai de onze ans à compter de l'approbation du plan, ou avant le 1er janvier 2027 si le plan a été approuvé avant le 1er janvier 2016.

La participation minimale, répartie en deux parts égales entre les exploitants des installations à l'origine du risque, d'une part, et les collectivités territoriales et établissements publics de coopération intercommunale, d'autre part, est de 50 % du coût des diagnostics et travaux, sans pouvoir excéder 10 000 € par logement.

D'autres participations peuvent également être apportées à ce financement sur une base volontaire, sans toutefois que le montant total des participations et du crédit d'impôt versé en application du 1 *bis* de l'article 200 *quater* A du Code général des impôts ne dépasse le coût des diagnostics et des travaux obligatoires.

II. – En l'absence d'accord des collectivités territoriales ou des établissements publics de coopération intercommunale sur leur contribution respective, celle leur incombant est répartie au prorata de la part de cotisation foncière des entreprises qu'ils perçoivent des exploitants des installations à l'origine du risque au titre de l'année d'approbation du plan.

Lorsque plusieurs exploitants figurent dans le périmètre couvert par le plan et en l'absence d'accord sur leur contribution respective à cette participation, l'autorité administrative compétente fixe, par arrêté, la répartition de la contribution incombant à chacun d'entre eux.

III. – Ces différentes contributions sont versées aux propriétaires des logements au plus tard deux mois après réception des factures correspondant au montant des diagnostics et travaux prescrits.

Voir : Circ. 3 mai 2007, relative aux modalités de financement, de suivi et de contrôle de la mise en œuvre des mesures foncières et supplémentaires prévues par les PPRT (non publiée). – V., sur cette circulaire, Razafindratandra : *Dr. env.* 2007, n° 151, p. 228.

Art. L. 515-19-1 *(Ord. n° 2015-1324, 22 oct. 2015).* – I *(Mod. à compter du 1er janvier 2024, L. fin. n° 2022-1726, 30 déc. 2022).* – Le financement des délaissements et expropriations mis en œuvre en

(1) Dispositions d'application particulières : V. L. fin. n° 2011-1977, 28 déc. 2011, art. 125, II.
(2) Dispositions d'application particulières : V. L. n° 2013-619, 16 juill. 2013, art. 9, III.

application des articles L. 515-16-3 et L. 515-16-4 est assuré par l'État, les exploitants des installations à l'origine du risque et les collectivités territoriales ou les établissements publics de coopération intercommunale percevant tout ou partie de la cotisation foncière des entreprises au titre de l'année d'approbation du plan de prévention des risques technologiques dans le périmètre qu'il couvre.

Le montant de ce financement couvre le prix d'acquisition des biens, y compris les indemnités accessoires éventuelles, ainsi que les frais annexes et les dépenses liées à la limitation de l'accès ou à la démolition de ces biens.

II. – Les personnes et organismes mentionnés au premier alinéa du I concluent une convention fixant leurs contributions respectives, couvrant les dépenses mentionnées à l'alinéa précédent, estimées à la date de la signature de cette convention, pour les expropriations et les délaissements possibles, prévus par le plan de prévention des risques technologiques. À défaut de convention, les contributions de chacun sont fixées suivant les modalités fixées à l'article L. 515-19-2.

Les dépenses mentionnées au deuxième alinéa du I et non prévues par la convention ou excédant les montants qu'elle prévoit font l'objet d'un avenant. À défaut d'un tel avenant dans les six mois suivant la demande de la collectivité territoriale ou de l'établissement public de coopération intercommunale compétent en matière d'urbanisme, les modalités de répartition fixées au I de l'article L. 515-19-2 s'appliquent.

III. – Les mesures prescrites en application de l'article L. 515-16-6, ainsi que les études préalables, bénéficient d'un financement dans les mêmes conditions que celles mentionnées au I et prévues par la convention ou la répartition par défaut des contributions mentionnées au II pour les biens concernés. Ce financement ne peut toutefois excéder le montant des dépenses mentionnées au deuxième alinéa du présent article qui seraient engagées en cas de mise en œuvre du délaissement ou de l'expropriation pour ces biens.

IV. – Les acquisitions par exercice du droit de préemption urbain mentionnées à l'article L. 515-16-5, ainsi que les frais annexes et les dépenses liées à la limitation de l'accès et à la démolition éventuelle de ces biens, bénéficient d'un financement assuré dans les mêmes conditions que celles mentionnées au I et prévues par la convention ou la répartition par défaut des contributions mentionnées au II pour les biens concernés. Ce financement ne peut toutefois excéder le montant des dépenses mentionnées au deuxième alinéa du présent article qui seraient engagées en cas de mise en œuvre du délaissement ou de l'expropriation pour ces biens.

V. – Si des travaux de protection prescrits ont été réalisés et bénéficient de tout ou partie des financements mentionnés à l'article L. 515-19 ou du crédit d'impôt mentionné au 1 *bis* de l'article 200 *quater* A du Code général des impôts, l'indemnité versée au titre du délaissement ou de l'expropriation, ainsi que le plafond de financement mentionné au IV du présent article, sont diminués du montant des financements perçus ou à percevoir.

Art. L. 515-19-2 *(Ord. n° 2015-1324, 22 oct. 2015)*. – I. – Lorsque le montant du financement mentionné au I de l'article L. 515-19-1 est inférieur ou égal à trente millions d'euros et que la convention qui prévoit le financement de ces mesures n'est pas signée dans un délai de douze mois suivant l'approbation du plan, ce délai pouvant être prolongé de quatre mois par décision motivée de l'autorité administrative compétente, les contributions de chacun sont fixées comme suit :

1° L'État contribue à hauteur d'un tiers du coût total ;

2° *(Mod. à compter du 1er janvier 2024, L. fin. n° 2022-1726, 30 déc. 2022)* Les collectivités territoriales ou établissements publics de coopération intercommunale percevant tout ou partie de la cotisation foncière des entreprises au titre de l'année de l'approbation du plan contribuent à hauteur d'un tiers du coût total, au prorata de *la cotisation foncière des entreprises* qu'ils perçoivent des exploitants des installations à l'origine du risque au titre de l'année de l'approbation du plan ;

3° Les exploitants des installations à l'origine du risque contribuent à hauteur d'un tiers du coût total, selon une répartition fixée par arrêté de l'autorité administrative compétente lorsque plusieurs exploitants figurent dans le périmètre couvert par le plan.

II. – Lorsque le montant du financement mentionné au I de l'article L. 515-19-1 est supérieur à trente millions d'euros et que la convention qui prévoit le financement de ces mesures n'est pas signée dans un délai de douze mois suivant l'approbation du plan, ce délai pouvant être prolongé de six mois par décision motivée de l'autorité administrative compétente, les contributions de chacun sont fixées comme suit :

1° *(Mod. à compter du 1er janvier 2024, L. fin. n° 2022-1726, 30 déc. 2022)* Les collectivités territoriales ou établissements publics de coopération intercommunale percevant tout ou partie de la cotisation foncière des

entreprises au titre de l'année de l'approbation du plan contribuent à hauteur d'un tiers du coût total, au prorata de la cotisation foncière des entreprises qu'ils perçoivent des exploitants des installations à l'origine du risque au titre de l'année de l'approbation du plan ; la contribution due par chaque collectivité territoriale ou établissement public de coopération intercommunale compétent est néanmoins limitée à 15 % de la cotisation foncière des entreprises totale perçue sur l'ensemble de son territoire au titre de l'année d'approbation du plan ;

2° L'État contribue à hauteur de la moitié du coût résiduel des mesures, établi après déduction de la contribution due par les collectivités et établissements publics de coopération intercommunale au titre du 1° ;

3° Les exploitants des installations à l'origine du risque contribuent à la même hauteur que l'État, selon une répartition fixée par arrêté de l'autorité administrative compétente lorsque plusieurs exploitants figurent dans le périmètre couvert par le plan.

Art. L. 515-19-3 ***(Ord. n° 2015-1324, 22 oct. 2015).*** **– Une convention conclue entre toutes ou certaines des personnes et organismes mentionnés au premier alinéa de l'article L. 515-19-1 fixe leurs contributions respectives au financement des mesures supplémentaires mentionnées à l'article L. 515-17.**

Art. L. 515-20 ***(Abr., Ord. n° 2015-1324, 22 oct. 2015).***

Bibliographie : J.-M. Talau, *La modification de la loi n° 65-557 du 10 juillet 1965 par la loi « Grenelle II » : Loyers et copr.* 2010, n° 10, étude 11. • M. Moliner-Dubost, *Expropriation et environnement : JCP A* 2011, n° 8.

Art. L. 515-21 ***(L. n° 2003-699, 30 juill. 2003).*** **– Le plan de prévention des risques technologiques mentionne les servitudes d'utilité publique instituées en application de l'article** ***(Réf. rempl. à compter du 1er juin 2015, L. n° 2013-619, 16 juill. 2013)*** **« L. 515-37 » autour des installations situées dans le périmètre du plan.**

Art. L. 515-22 ***(L. n° 2003-699, 30 juill. 2003 ; mod., L. n° 2010-788, 12 juill. 2010). – (Mod. à compter du 1er janvier 2016, Ord. n° 2015-1174, 23 sept. 2015)*** **Le préfet définit les modalités de la concertation relative à l'élaboration du projet de plan de prévention des risques technologiques dans les conditions prévues au chapitre III du titre préliminaire du livre Ier du Code de l'urbanisme.**

Sont notamment associés à l'élaboration du plan de prévention des risques technologiques les exploitants des installations à l'origine du risque, les communes sur le territoire desquelles le plan doit s'appliquer, les établissements publics de coopération intercommunale compétents en matière d'urbanisme et dont le périmètre d'intervention est couvert en tout ou partie par le plan ainsi que la commission de suivi de site créée en application de l'article L. 125-2-1.

Le préfet recueille leur avis sur le projet de plan, qui est ensuite soumis à enquête publique réalisée conformément au chapitre III du titre II du livre Ier.

Le plan de prévention des risques technologiques est approuvé par arrêté préfectoral.

(Abr., Ord. n° 2015-1324, 22 oct. 2015).

Bibliographie : M. Moliner-Dubost : *JCE et DD fasc. 42 mise à jour juin 2018 : Droit à l'information et principe de participation en droit de l'environnement.* • J.-F. Struillou : *JCl. Géomètre expert – Foncier V° Urbanisme, Fasc. 42 participation du public aux procédures d'urbanisme. – concertation – débat public.* • F. Tesson, *JCP A* 2017, n° 50, act. 839.

1) L'ordonnance du 22 octobre 2015 a modifié profondément les règles de la concertation en renvoyant aux dispositions des articles L. 103-2 à L. 103-6 du Code de l'urbanisme. Il convient donc de se référer à la jurisprudence sous ses dispositions pour apprécier les modalités actuelles de la concertation.

2) **Jurisprudence sur les modalités de concertation *antérieures à la modification du texte* par l'ordonnance de 2015.** Les modalités de la concertation préalablement définie par le préfet doivent être parfaitement respectées, conformément à la transposition à la jurisprudence existant en matière d'élaboration des documents d'urbanisme (■ TA Toulouse, 15 nov. 2012, n° 1001280, *Sté Esso SAF* : *JurisData* n° 2012-033809, comm. Gillig ; *Environnement* mai 2013, n° 5, comm. 37 ; mais encore faut-il que la concertation soit suffisante et qu'elle ait permis durant toute la durée de l'élaboration du projet d'associer les habitants et les associations (même jugement) confirmé par (■ CAA Bordeaux, 6 mai 2014, n° 13BX00167, *Min. Écologie*).

En application de l'article L. 300-2 du Code de l'urbanisme, l'irrégularité de la procédure qui méconnaît les modalités de la concertation peut être invoquée à l'encontre de la décision finale, mais en revanche l'illégalité de l'arrêté par lequel le préfet fixe les modalités de la concertation ne peut être excipée devant le juge de l'excès de pouvoir (■ CE, 6 déc. 2017, n° 400735, *Min. de l'Environnement, de l'Énergie et de la Mer : JurisData* n° 2017-024816). Cette jurisprudence peut être rapprochée de celle selon laquelle la délibération d'un conseil municipal fixant les modalités de la concertation peut faire l'objet d'un recours pour excès de pouvoir mais ne peut pas être invoquée à l'encontre de la délibération approuvant le document final (■ CE, 5 mai 2017, n° 388902, *Cne de Saint-Bon-Tarentaise : JurisData* n° 2017-008399 ; *Rec. CE* 2017 ; *JCP* A 2017, act. 344).

3) Concertation suffisante. Le fait qu'une réunion publique ait eu lieu seulement quelques jours avant l'enquête publique n'est pas de nature à rendre irrégulière la concertation (■ CAA Marseille, 1er juin 2018, n° 16MA04471).

Aucune disposition législative ou réglementaire n'impose que les propriétaires riverains d'une installation pour laquelle un PPRT doit être adopté soient à peine d'irrégularité associés de façon particulière à la procédure de concertation organisée pour l'élaboration du projet de plan (■ CAA Nancy, 10 mars 2016, n° 15NC00267, *Sté Raffinerie de Strasbourg*).

4) Responsabilité de l'État pour un PPRT annulé en raison de l'illégalité de la procédure de concertation. N'engage pas la responsabilité de l'État en raison de l'absence de lien de causalité, l'impossibilité dans laquelle s'est trouvée une société de louer son bien du fait de l'annulation du PPRT dans la mesure où ces vices de légalité externe n'ont pas eu d'incidence sur la capacité de louer le bien (■ CAA Bordeaux, 27 avr. 2017, n° 16BX02126). Informations erronées données par le préfet sur les caractéristiques du bien au regard des exigences du PPRT. Absence de lien de causalité avec le préjudice invoqué (même arrêt).

Art. L. 515-22-1 ***(Ord. n° 2015-1324, 22 oct. 2015).*** **– I. – En cas de changement significatif et pérenne des risques ou de leur évaluation, le plan de prévention des risques technologiques peut être révisé dans les mêmes conditions que celles de son élaboration. Si nécessaire, une nouvelle déclaration d'utilité publique tenant compte de cette révision est prononcée dans les mêmes conditions.**

II. – Le plan de prévention des risques technologiques peut être modifié suivant une procédure simplifiée si la modification envisagée ne porte pas atteinte à l'économie générale du plan ou si la portée des mesures qu'il prévoit est revue à la baisse. Il n'y a pas lieu dans ce cas d'organiser une enquête publique. Une consultation du public est organisée selon les modalités prévues au II de l'article L. 120-1-1.

III. – En cas de disparition totale et définitive du risque, et après avoir organisé une consultation du public selon les modalités prévues au II de l'article L. 120-1-1, l'autorité administrative compétente abroge le plan de prévention des risques technologiques ainsi que, le cas échéant, la déclaration d'utilité publique mentionnée au I de l'article L. 515-16-4. Il n'y a pas lieu d'organiser une enquête publique.

IV. – Pendant la procédure de révision, de modification ou d'abrogation d'un plan de prévention des risques technologiques, l'autorité administrative compétente peut suspendre totalement ou partiellement l'application des mesures prévues par le plan. Les délais mentionnés à l'article L. 515-16-2, au I de l'article L. 515-16-3, aux articles L. 515-16-5 et L. 515-16-6 et au I de l'article L. 515-19 sont alors suspendus.

Doctrine administrative. Avis du 8 février 2017 relatif au réexamen quinquennal des études de dangers des installations classées pour la protection de l'environnement de statut Seveso seuil haut (NOR : DEVP1631704V).

Bibliographie : *Aménagements des plans de prévention des risques technologiques : JCP* A 2015, n° 44, act. 888.

Art. L. 515-22-2 ***(Ord. n° 2015-1324, 22 oct. 2015).*** **– I. – Les nouvelles règles et mesures prévues par la révision ou la modification d'un plan de prévention des risques technologiques portant renforcement des règles et mesures qu'il prévoit produisent les mêmes effets que ceux attachés à un nouveau plan.**

II. – En cas de révision ou de modification d'un plan de prévention des risques technologiques portant allègement des règles et mesures qu'il prévoit, ou en cas d'abrogation d'un plan, les dispositions qui suivent s'appliquent.

En ce qui concerne les biens cessant d'être soumis à une prescription portant sur la réalisation de travaux de protection, les financements prévus à l'article L. 515-19 cessent d'être applicables. Toutefois, les diagnostics et travaux ayant fait l'objet d'une commande avant la révision, modification ou abrogation du plan continuent de bénéficier de ces financements.

En ce qui concerne les biens cessant d'être situés en secteur de délaissement ou d'expropriation, il est mis fin aux procédures de délaissement engagées. Toutefois, si la collectivité territoriale ou l'établissement public de coopération intercommunale mis en demeure d'acquérir en application du I de l'article L. 515-16-3 s'est

prononcé en application du premier alinéa de l'article L. 230-3 du Code de l'urbanisme avant la révision, modification ou abrogation du plan, la procédure de délaissement se poursuit, sauf si le propriétaire y renonce avant le versement de l'indemnité. Le II de l'article L. 515-16-7 ne s'applique pas aux biens concernés.

En ce qui concerne les biens cessant d'être situés en secteur d'expropriation, il est mis fin aux procédures d'expropriation engagées. Toutefois, si l'ordonnance d'expropriation a été rendue avant la révision, modification ou abrogation du plan, la procédure d'expropriation se poursuit et le II de l'article L. 515-16-7 ne s'applique que si les biens concernés se situent en secteur de délaissement à l'issue de la révision ou de la modification du plan. Toutefois, sur demande de l'exproprié, si l'indemnité n'a pas été payée ou consignée, le juge de l'expropriation peut rapporter l'ordonnance d'expropriation.

En ce qui concerne les biens cessant d'être situés en zone de maîtrise de l'urbanisation future, si, pour l'exercice du droit de préemption urbain mentionné à l'article L. 515-16-5, le titulaire du droit a notifié sa décision d'acquérir le bien avant la révision, modification ou abrogation du plan, la procédure d'acquisition se poursuit et, si le bien était situé en secteur de délaissement ou d'expropriation, le financement de l'acquisition dans les conditions prévues à l'article L. 515-19-1 reste acquis, sauf si le propriétaire du bien demande qu'il soit mis fin à la procédure. Le II de l'article L. 515-16-7 ne s'applique pas aux biens concernés s'ils cessent d'être situés en secteur de délaissement ou d'expropriation.

III. – En cas de suspension de l'application des mesures d'un plan de prévention des risques technologiques, les dispositions du II s'appliquent. L'application du II de l'article L. 515-16-7 est suspendue pour les biens dont la procédure d'acquisition est menée à terme.

En l'absence de changements dans les circonstances de fait ou de droit ayant modifié l'appréciation des risques, un préfet ne peut prendre un arrêté complémentaire prescrivant des transferts d'installation en se fondant uniquement sur des propositions de l'exploitant dans le cadre de la préparation du PPRT (▪ CAA Nantes, 5e ch., 17 oct. 2016, n° 15NT01671).

Art. L. 515-23 ***(L. n° 2003-699, 30 juill. 2003 ; mod. à compter du 1er janvier 2016, Ord. n° 2015-1174, 23 sept. 2015).*** **– Le plan de prévention des risques technologiques approuvé vaut servitude d'utilité publique. Il est porté à la connaissance des maires des communes situées dans le périmètre du plan en application de l'article L. 132-2 du Code de l'urbanisme. Il est annexé aux plans locaux d'urbanisme, conformément à l'article L. 153-60 du même code.**

1) Plan de prévention des risques naturels et servitudes d'urbanisme. Les servitudes instaurées par les plans de prévention des risques naturels n'entrent pas dans le champ d'application du régime des servitudes d'urbanisme (V. ▪ CE, sect., 29 déc. 2004, n° 257804, *Sté d'aménagement des coteaux de Saint-Blaine*).

2) Plan de prévention des risques technologiques et permis de construire (hangar). Un permis de construire en cours d'exécution est suspendu, au visa de l'article R. 111-2 du Code de l'urbanisme, au motif qu'un PPRT en cours d'étude fait apparaître que l'emplacement concerné est situé dans une zone exposée à des risques thermiques et de surpression (▪ TA Strasbourg, 27 janv. 2009, n° 0900120, *Préfet du Haut-Rhin c/ Cne Village-Neuf*). L'information relative aux risques technologiques donnée à une commune par le préfet au moyen de fiches effectuant une synthèse des études des dangers établis par les industriels, et non par la communication intégrale desdites études, constitue une information suffisante de la consistance du risque au sens de l'article L. 121-2 du Code de l'urbanisme (▪ CAA Lyon, 27 sept. 2011, n° 10LY02100, *Cne de Champ-sur-Drac*).

3) PPRT et PLU. Les prescriptions édictées par le PPRT ne font pas obstacle à ce que le PLU adopte le cas échéant des règles plus contraignantes quant aux possibilités de construction (▪ CAA Nancy, 10 mars 2016, n° 15NC00267, *Sté Raffinerie de Strasbourg*. ▪ CAA Bordeaux, 28 avr. 2016, n° 14BX02168). Le fait qu'un plan local d'urbanisme définisse, pour une zone, des règles de construction plus strictes que celles prévues pour la même zone par le PPRT n'est pas de nature à entacher le plan local d'urbanisme d'illégalité, lequel peut légalement prévoir des règles de construction plus contraignantes (▪ CAA Bordeaux, 28 avr. 2016, n° 14BX02168, *Sté Étienne Lacroix Tous Artifices*).

Art. L. 515-23-1 ***(Ord. n° 2015-1324, 22 oct. 2015).*** **– Les plans de prévention des risques technologiques approuvés relatifs à des installations cessant de figurer sur la liste prévue à l'article L. 515-36 restent en vigueur.**

Toutefois, si le risque occasionné par une installation ou l'exposition aux risques ont diminué sensiblement par rapport à ceux existant lors de l'approbation du plan, l'autorité administrative compétente peut réviser, modifier ou abroger ce plan dans les conditions prévues à l'article L. 515-22-1.

Art. L. 515-24 *(L. n° 2003-699, 30 juill. 2003 ; mod. à compter de la date prévue à l'article 41 de l'ordonnance n° 2005-1527 du 8 décembre 2005, Ord. n° 2005-1527, 8 déc. 2005* (1) *; mod., L. n° 2010-788, 12 juill. 2010 ; Ord. n° 2015-1324, 22 oct. 2015).* **– I. – Les infractions aux prescriptions édictées en application de l'article L. 515-16-1 du présent code sont punies des peines prévues à l'article L. 480-4 du Code de l'urbanisme.**

II. – Les dispositions des articles L. 461-1, L. 480-1, L. 480-2, L. 480-3 et L. 480-5 à L. 480-12 du Code de l'urbanisme sont également applicables aux infractions visées au I, sous la seule réserve des conditions suivantes :

1° Les infractions sont constatées, en outre, par les fonctionnaires et agents commissionnés à cet effet par l'autorité administrative compétente en matière d'installations classées pour la protection de l'environnement et assermentés ;

2° Le droit de visite prévu à l'article L. 461-1 dudit code est également ouvert aux représentants de l'autorité administrative compétente en matière d'installations classées pour la protection de l'environnement.

III. – Le non-respect des mesures prévues à l'article L. 515-17 fait l'objet des sanctions administratives et pénales prévues pour le non-respect des prescriptions prises en application de l'article L. 512-3.

Bibliographie : Sur la délivrance d'un permis de construire effectuée en violation de la loi Bachelot et de ses dispositions relatives aux plans de prévention des risques technologiques (Rép. min. n° 42142 : *JOAN* Q 14 déc. 2004). • Y. Razafindratandra, *La prévention des risques technologiques et la réparation des dommages : BJCL* 1/2004, p. 5-8.

Art. L. 515-25 (2) *(Rempl., L. n° 2020-1525, 7 déc. 2020).* **– Un décret en Conseil d'État précise les modalités générales d'application des articles L. 515-15 à L. 515-24 ainsi que les délais d'élaboration et de mise en œuvre des plans de prévention des risques technologiques, sous réserve des dispositions particulières prévues au présent article.**

Pour les installations classées relevant du ministère de la défense et pour celles nécessaires à la réalisation des opérations mentionnées à l'article L. 733-1 du Code de la sécurité intérieure, ne peuvent figurer dans un dossier soumis à enquête publique ou à une procédure de participation du public, ni être mis à la disposition du public ou communiqués des éléments soumis à des règles de protection du secret de la défense nationale ou nécessaires à la sauvegarde des intérêts de la défense nationale et de la sécurité publique.

Pour les installations relevant du ministre de la défense dont certains éléments sont soumis à des règles de protection du secret de la défense nationale lorsque ces éléments sont essentiels à la compréhension du dossier ou pour les opérations relatives à des installations relevant du ministère de la défense ayant reçu la qualification d'opération sensible intéressant la défense nationale en application de l'article L. 2391-1 du Code de la défense ainsi que pour les lieux de stockage de munitions anciennes, le projet de plan de prévention des risques technologiques n'est pas soumis à enquête publique et les mesures d'information ou de consultation prévues à la présente section ne sont pas effectuées.

Au cours de la période transitoire, le maire peut toujours faire application de l'article R. 111-2 du Code de l'urbanisme pour refuser un permis de construire dès lors qu'il a connaissance de risques incompatibles avec la vulnérabilité du projet (Rép. min. n° 42142 : *JOAN* Q 14 déc. 2004).

Art. L. 515-26 *(L. n° 2003-699, 30 juill. 2003 ; mod., L. n° 2010-788, 12 juill. 2010 ; mod. à compter du 1er mars 2011, Ord. n° 2011-91, 20 janv. 2011 ; mod. à compter du 1er juin 2015, L. n° 2013-619, 16 juill. 2013 ; mod., L. n° 2015-1567, 2 déc. 2015).* **– Tout exploitant d'un établissement comportant au moins une installation figurant sur la liste prévue à l'article L. 515-36 est tenu de faire procéder à une estimation de la probabilité d'occurrence et du coût des dommages matériels potentiels aux tiers en cas d'accident survenant dans cette installation et de transmettre le rapport d'évaluation au préfet ainsi qu'au président de la commission de suivi de site créée en application de l'article L. 125-2-1.**

(1) Dispositions applicables à Mayotte : V. Ord. n° 2005-1527, 8 déc. 2005, art. 40.
(2) V. T. appl. : D. n° 2005-1130, 7 sept. 2005. – NDLR.

Cette estimation est réalisée pour chacun des accidents majeurs identifiés dans l'étude de dangers de l'établissement réalisée au titre de la réglementation des installations classées. Elle est révisée à l'occasion des révisions de l'étude de dangers précitée.

Cette estimation n'est pas opposable à l'exploitant par les tiers en cas de litige lié à un accident survenant dans l'installation.

Un décret en Conseil d'État précise les conditions d'application du présent article.

Section VII. – Installations d'élevage

(Abr. à compter du 1er mars 2017, Ord. n° 2017-80, 26 janv. 2017) (1)

Art. L. 515-27 *(Abr. à compter du 1er mars 2017, Ord. n° 2017-80, 26 janv. 2017).*

Bibliographie : S. Beauvillard et D. Ronzy Brun, *Concurrence et procédures trop lourdes : les installations d'élevage mises au régime simplifié : BDEI* mars 2011, n° 32, p. 5-7.

Section VIII. – Installations mentionnées à l'annexe I de la directive n° 2010/75/UE du 24 novembre 2010 relative aux émissions industrielles

(Ord. n° 2012-7, 5 janv. 2012)

Commentaire. *V. comm. ss. Dispositions générales – Droit de l'Union.*

Bibliographie : *V. Bibliographie ss. Dispositions générales – Droit de l'Union.*

Voir : Directive 2010/75/UE du Parlement européen et du Conseil du 24 novembre 2010 relative aux émissions industrielles (*JOUE* n° L. 334 du 17 déc. 2010 ; rectif. *JOUE* n° L 158 du 19 juin 2012).

Art. L. 515-28 *(Ord. n° 2012-7, 5 janv. 2012).* **– Pour les installations énumérées à l'annexe I de la directive mentionnée ci-dessus et dont la définition figure dans la nomenclature des installations classées prévue à l'article L. 511-2, les** *(Mots rempl. à compter du 1er mars 2017, Ord. n° 2017-80, 26 janv. 2017)* (1) **« prescriptions nécessaires au respect des dispositions des articles L. 181-3 et L. 181-4 mentionnées à l'article L. 181-12 » sont fixées de telle sorte qu'elles soient exploitées en appliquant les meilleures techniques disponibles et par référence aux conclusions sur ces meilleures techniques.**

Il est procédé périodiquement au réexamen et, si nécessaire, à l'actualisation de ces conditions pour tenir compte de l'évolution de ces meilleures techniques.

Art. L. 515-29 *(Ord. n° 2012-7, 5 janv. 2012 ; mod., L. n° 2018-727, 10 août 2018).* **– I. – Les informations, fournies par l'exploitant, nécessaires au réexamen des conditions d'autorisation de l'installation sont** *(Mots rempl., L. n° 2018-727, 10 août 2018)* **« mises à disposition du public, dans les conditions prévues au II, » dans les cas suivants :**

– lors d'un réexamen périodique prévu à l'article L. 515-28 si l'exploitant sollicite une dérogation permettant de fixer des valeurs limites d'émission qui excèdent les niveaux d'émission associés aux conclusions sur les meilleures techniques disponibles ;

– lors d'un réexamen à l'initiative de l'autorité administrative si la pollution causée par l'installation est telle qu'il convient de réviser les valeurs limites d'émission indiquées dans l'autorisation ou d'inclure de nouvelles valeurs limites d'émission.

À l'issue de cette *(Mots rempl., L. n° 2018-727, 10 août 2018)* **« mise à disposition du public », un arrêté complémentaire est pris en application** *(Mots rempl. à compter du 1er mars 2017, Ord. n° 2017-80, 26 janv. 2017)* (1) **« du dernier alinéa de l'article L. 181-14 ».**

Si une dérogation est accordée, l'autorité compétente met à la disposition du public, y compris par les moyens de communication électroniques, la décision qui mentionne les raisons spécifiques pour lesquelles cette dérogation a été accordée et les conditions dont elle a été assortie.

(1) Dispositions d'application particulières et transitoires : V. Ord. n° 2017-80, 26 janv. 2017, art. 15.

II. – Les informations mentionnées au I font l'objet *(Mots suppr., L. n° 2018-727, 10 août 2018)* « ... » d'une mise à disposition du public. Celui-ci est informé des modalités selon lesquelles il peut les consulter et formuler des observations avant qu'une décision ne soit prise. Cette information est faite par voie d'affichage sur le site de l'installation par l'exploitant et, à la diligence du préfet, dans les mairies de la commune d'implantation et des communes situées à proximité de cette installation ou par tous autres moyens appropriés tels que les moyens de communication électroniques.

Les observations recueillies font l'objet d'une synthèse, rendue publique, indiquant celles dont il a été tenu compte.

Art. L. 515-30 *(Ord. n° 2012-7, 5 janv. 2012).* **– L'état du site d'implantation de l'installation est décrit, avant sa mise en service ou, pour les installations existantes, lors du premier réexamen conduit en application de l'article L. 515-28 après le 7 janvier 2013, dans un rapport de base établi par l'exploitant dans les cas et selon le contenu minimum prévus par le décret mentionné à l'article L. 515-31.**

Sans préjudice des dispositions de l'article L. 512-6-1, les arrêtés prévus *(Mots rempl. à compter du 1er mars 2017, Ord. n° 2017-80, 26 janv. 2017)* (1) « à l'article L. 181-12 et au dernier alinéa de l'article L. 181-14 » précisent lors de la mise à l'arrêt définitif de l'installation les conditions de remise du site dans l'état constaté dans ce rapport.

Art. L. 515-31 *(Ord. n° 2012-7, 5 janv. 2012).* **– Un décret en Conseil d'État définit les conditions d'application de la présente section. Il fixe notamment les modalités du réexamen des conditions d'exploitation des installations visées par la présente section ainsi que les conditions dans lesquelles le site est remis en état et dans lesquelles il peut être tenu compte de la faisabilité technique des mesures de remise en état.**

Section IX. – Installations classées pour la protection de l'environnement susceptibles de créer des accidents majeurs impliquant des substances dangereuses

(Créée à compter du 1er juin 2015, L. n° 2013-619, 16 juill. 2013)

Commentaire. V. comm. ss. Dispositions générales, Droit de l'Union.

Bibliographie : V. bibliographie ss. Dispositions générales, Droit de l'Union.

Sous-section 1. – Dispositions communes

Art. L. 515-32 *(Créé à compter du 1er juin 2015, L. n° 2013-619, 16 juill. 2013).* **– I. – La présente section s'applique aux installations, dont la liste est fixée par décret en Conseil d'État, dans lesquelles des substances, préparations ou mélanges dangereux sont présents dans des quantités telles qu'ils peuvent être à l'origine d'accidents majeurs.**

II. – L'exploitant procède au recensement régulier des substances, préparations ou mélanges dangereux susceptibles d'être présents dans ses installations et le tient à jour.

III. – L'information du préfet prévue à l'article L. 513-1 comporte également les informations relatives au recensement des substances, préparations ou mélanges dangereux susceptibles d'être présents sur le site.

Art. L. 515-33 *(Créé à compter du 1er juin 2015, L. n° 2013-619, 16 juill. 2013).* **– L'exploitant élabore un document écrit définissant sa politique de prévention des accidents majeurs.**

Cette politique est conçue pour assurer un niveau élevé de protection de la santé publique et de l'environnement et est proportionnée aux risques d'accidents majeurs. Elle inclut les objectifs globaux et les principes d'action de l'exploitant, le rôle et l'organisation des responsables au sein de la direction, ainsi que l'engagement d'améliorer en permanence la maîtrise des dangers liés aux accidents majeurs.

Cette politique est mise à jour et réexaminée périodiquement.

(1) Dispositions d'application particulières et transitoires : V. Ord. n° 2017-80, 26 janv. 2017, art. 15.

V. arr. du 26 mai 2014 relatif à la prévention des accidents majeurs dans les installations classées mentionnées à la section IX, chapitre V, titre Ier du livre V du Code de l'environnement (*JO* 11 juin 2014) ; Circ. 10 mai 2000 relative à la prévention des accidents majeurs impliquant des substances ou des préparations dangereuses présentes dans certaines catégories d'installations classées pour la protection de l'environnement soumises à autorisation (application de la directive Seveso II) (*JO* 30 août 2000).

Art. L. 515-34 *(Créé à compter du 1er juin 2015, L. n° 2013-619, 16 juill. 2013).* **– Sans préjudice des dispositions de l'article L. 124-7, l'autorité administrative compétente met à la disposition du public, par voie électronique, les informations relatives aux accidents majeurs susceptibles de se produire et aux moyens mis en œuvre pour en assurer la prévention et la réduction des conséquences. Elle précise également le lieu où toute autre information pertinente peut être obtenue.**

Art. L. 515-35 *(Créé à compter du 1er juin 2015, L. n° 2013-619, 16 juill. 2013).* **– Sans préjudice des dispositions de l'article L. 124-4, le préfet peut rejeter une demande de communication ou ne pas divulguer une information relative à une installation soumise à la présente section dans le cas où sa consultation ou sa communication porterait atteinte à la confidentialité des informations industrielles et commerciales ou à des droits de propriété intellectuelle.**

Sous-section 2. – Dispositions spécifiques aux installations présentant des dangers particulièrement importants pour la sécurité et la santé des populations voisines et pour l'environnement

Art. L. 515-36 *(Créé à compter du 1er juin 2015, L. n° 2013-619, 16 juill. 2013).* **– Sans préjudice des dispositions de la sous-section 1, la présente sous-section s'applique aux installations, dont la liste est fixée par décret en Conseil d'État, dans lesquelles des substances, préparations ou mélanges dangereux sont présents dans des quantités telles qu'ils engendrent des dangers particulièrement importants pour la sécurité et la santé des populations voisines et pour l'environnement.**

Les installations de raffinage de produits pétroliers figuraient au 31 juillet 2003 sur la liste prévue à l'article L. 515-36 du Code de l'environnement, de sorte qu'eu égard à la nature des risques ainsi encourus du fait de la présence de ces installations industrielles, l'autorité administrative a pu légalement, et sans commettre d'erreur d'appréciation, décider d'élaborer un plan de prévention des risques technologiques (■ CE, 12 oct. 2016, n° 390489).

Art. L. 515-37 *(Créé à compter du 1er juin 2015, L. n° 2013-619, 16 juill. 2013).* **– I. – Lorsqu'une demande d'autorisation concerne une installation classée à implanter sur un site nouveau, les servitudes d'utilité publique prévues à l'article L. 515-8 peuvent être instituées.**

Le premier alinéa du présent I est également applicable à raison des risques supplémentaires créés par une installation nouvelle sur un site existant ou par la modification mentionnée *(Mots rempl. à compter du 1er mars 2017, Ord. n° 2017-80, 26 janv. 2017)* (1) **« au premier alinéa de l'article L. 181-14 ».**

II. – Ces servitudes tiennent compte de la probabilité et de l'intensité des aléas technologiques et peuvent, dans un même périmètre, s'appliquer de façon modulée suivant les zones concernées.

III. – En cas d'institution ou de modification des servitudes d'utilité publique mentionnées à l'article L. 515-8, la durée de l'enquête publique est portée à six semaines. Durant cette période, une réunion publique est organisée par le commissaire enquêteur.

IV. – Les servitudes et leur périmètre sont arrêtés par l'autorité compétente pour la délivrance de l'autorisation de l'installation classée.

Art. L. 515-38 *(Créé à compter du 1er juin 2015, L. n° 2013-619, 16 juill. 2013).* **– Les personnes susceptibles d'être touchées par un accident majeur identifié dans l'étude de dangers mentionnée à l'article** *(Réf. rempl. à compter du 1er mars 2017, Ord. n° 2017-80, 26 janv. 2017)* (1) **« L. 181-25 » reçoivent régulièrement, sans qu'elles aient à le demander, des informations sur les mesures de sécurité et la conduite à tenir en cas d'accident majeur. Ces actions d'information sont menées aux frais des exploitants.**

(1) Dispositions d'application particulières et transitoires : V. Ord. n° 2017-80, 26 janv. 2017, art. 15.

Art. L. 515-39 *(Créé à compter du 1er juin 2015, L. n° 2013-619, 16 juill. 2013).* **– L'étude de dangers mentionnée à l'article** *(Réf. rempl. à compter du 1er mars 2017, Ord. n° 2017-80, 26 janv. 2017)* (1) **« L. 181-25 » est réexaminée périodiquement et mise à jour.**

Art. L. 515-40 *(Créé à compter du 1er juin 2015, L. n° 2013-619, 16 juill. 2013).* **– L'exploitant met en place un système de gestion de la sécurité.**

Ce système de gestion de la sécurité est proportionné aux dangers liés aux accidents majeurs et à la complexité de l'organisation ou des activités de l'établissement.

L'exploitant tient à jour ce système.

Art. L. 515-41 *(Créé à compter du 1er juin 2015, L. n° 2013-619, 16 juill. 2013).* **– L'exploitant élabore un plan d'opération interne en vue de :**

1° Contenir et maîtriser les incidents de façon à en minimiser les effets et à limiter les dommages causés à la santé publique, à l'environnement et aux biens ;

2° Mettre en œuvre les mesures nécessaires pour protéger la santé publique et l'environnement contre les effets d'accidents majeurs.

Le projet de plan est soumis à la consultation du personnel travaillant dans l'établissement au sens du Code du travail, y compris le personnel sous-traitant, dans le cadre du comité d'hygiène, de sécurité et des conditions de travail élargi prévu à l'article L. 4523-11 du Code du travail.

L'exploitant tient à jour ce plan.

Art. L. 515-42 *(Créé à compter du 1er juin 2015, L. n° 2013-619, 16 juill. 2013).* **– Un décret en Conseil d'État définit les modalités d'application de la présente section.**

Section X. – Activités nucléaires

(Ord. n° 2016-128, 10 févr. 2016)

Art. L. 515-43 *(Ord. n° 2016-128, 10 févr. 2016).* **– Les activités nucléaires soumises à autorisation ou à enregistrement au titre de la nomenclature prévue à l'article L. 511-2 sont soumises aux dispositions suivantes :**

1° L'exploitant procède périodiquement au réexamen et, si nécessaire, à l'actualisation des conditions d'exploitation mentionnées à l'article L. 512-3, en vue de l'amélioration continue de la protection des intérêts mentionnés à l'article L. 511-1 ;

2° L'exploitant établit et met en place un système de gestion intégré des substances radioactives sous forme non scellée, des déchets radioactifs et des effluents radioactifs, comportant une garantie de la qualité et assurant la protection des intérêts mentionnés à l'article L. 511-1.

Les règles générales, prescriptions et mesures prises en application du présent titre assurent la prise en compte des obligations prévues par le chapitre III du titre III du livre III de la première partie du Code de la santé publique, dans les conditions prévues au III de l'article L. 1333-9 de ce code.

Les modalités d'application du présent article sont précisées par voie réglementaire.

Section XI. – Éoliennes

(Division créée à compter du 1er mars 2017, Ord. n° 2017-80, 26 janv. 2017) (1)

Le 25° de l'article 5 de l'ordonnance n° 2017-80 du 26 janvier 2017 complète le chapitre V du titre Ier par une section 11 intitulée « Éoliennes », comprenant les articles L. 515-44 à L. 515-47 reprenant respectivement les dispositions des articles L. 553-1 à L. 553-5. Ces dispositions, auparavant contenues dans le titre V du livre V relatif aux dispositions particulières à certains ouvrages et installations, sont désormais présentes dans le titre relatif aux installations classées. Les ZDE ont été supprimées par la loi Brottes, elle-même validée par le Conseil constitutionnel.

L'article L. 181-1 regroupe désormais les autorisations et dérogations au titre des espèces protégées (Déc. n° 2013-66 DC, 11 avr. 2013).

(1) Dispositions d'application particulières et transitoires : V. Ord. n° 2017-80, 26 janv. 2017, art. 15.

La loi n° 2015-992 du 17 août 2015 relative à la transition énergétique pour la croissance verte a soumis les éoliennes au régime contentieux des ICPE et étendu le régime du permis environnemental délivré en 10 mois à l'ensemble du territoire. L'autorisation environnementale unique (Ord. n° 2017-80, 26 janv. 2017 relative à l'autorisation environnementale, concerne donc :

– les autorisations prévues par le Code forestier ;

– l'autorisation d'exploiter une installation de production d'électricité en application de l'article L. 311-1 du Code de l'énergie ;

– les autorisations requises au titre des obstacles à la navigation aérienne et des servitudes militaires : (C. défense, art. L. 5111-6, L. 5112-2 et L. 5114-2 ; article L. 5113-1 du même code et L. 54 du Code des postes et des communications électroniques ; article L. 6352-1 du Code des transports). Quand on sait que près de 40 % du territoire est de ce fait interdit à la construction d'éoliennes, on mesure l'importance de cette autorisation ;

– les autorisations prévues, lorsque le projet se situe aux abords de monuments historiques ou de sites patrimoniaux remarquables, aux articles L. 621-32 et L. 632-1 du Code du patrimoine. En revanche, en application des dispositions de l'article R. 425-9-2 du Code de l'urbanisme l'obligation des permis de construire est supprimée. Seules sont désormais soumises au permis de construire, les éoliennes soumises à déclaration et comprises entre 12 m et 50 m de hauteur (et de puissance totale installée < 20 MW.

Art. L. 515-44 *(Anc. art. L. 553-1, dénum. et mod. à compter du 1er mars 2017, Ord. n° 2017-80, 26 janv. 2017 ; mod., L. n° 2023-175, 10 mars 2023)*. **– Sans préjudice des dispositions de l'article L. 513-1, les installations de production d'électricité utilisant l'énergie mécanique du vent classées au titre de l'article L. 511-2, ayant fait l'objet de l'étude d'impact et de l'enquête publique prévues à l'article L. 553-2, dans sa rédaction en vigueur jusqu'au 12 juillet 2010, et bénéficiant d'un permis de construire, peuvent être mises en service et exploitées dans le respect des prescriptions qui leur étaient applicables antérieurement à la date de leur classement au titre de l'article L. 511-2.**

Les installations visées au premier alinéa sont, à cette date, soumises au chapitre unique du titre VIII du livre Ier, au présent livre et à leurs textes d'application.

L'exploitant de ces installations doit se faire connaître du préfet dans l'année suivant la publication du décret portant modification de la nomenclature des installations classées. Les renseignements que l'exploitant doit transmettre au préfet ainsi que les mesures que celui-ci peut imposer afin de sauvegarder les intérêts mentionnés à l'article L. 511-1 sont précisés par décret en Conseil d'État.

Les demandes déposées pour des installations avant leur classement au titre de l'article L. 511-2 et pour lesquelles l'arrêté d'ouverture d'enquête publique a été pris sont instruites selon les dispositions qui leur étaient antérieurement applicables. Au terme de ces procédures, les installations concernées sont soumises au chapitre unique du titre VIII du livre Ier, au présent livre et à leurs textes d'application.

Les installations terrestres de production d'électricité utilisant l'énergie mécanique du vent dont la hauteur des mâts dépasse 50 mètres sont soumises à autorisation au titre de l'article L. 511-2, au plus tard le 12 juillet 2011. La délivrance de l'autorisation d'exploiter est subordonnée au respect d'une distance d'éloignement entre les installations et les constructions à usage d'habitation, les immeubles habités et les zones destinées à l'habitation définies dans les documents d'urbanisme en vigueur au 13 juillet 2010 et ayant encore cette destination dans les documents d'urbanisme en vigueur, cette distance étant appréciée au regard de l'étude d'impact prévue à l'article L. 122-1. Elle est au minimum fixée à 500 mètres. L'autorisation d'exploiter tient compte des parties du territoire régional favorables au développement de l'énergie éolienne définies par le schéma régional éolien mentionné au 3° du I de l'article L. 222-1, si ce schéma existe (1). **L'autorisation environnementale tient également compte, le cas échéant, du nombre d'installations terrestres de production d'électricité utilisant l'énergie mécanique du vent déjà existantes dans le territoire concerné, afin de prévenir les effets de saturation visuelle en vue de protéger les intérêts mentionnés à l'article L. 511-1.**

Bibliographie : A. Gence et E. Meiller, *Champ d'éoliennes et ferme photovoltaïque : JCP* N 2018. • F. Schneider, *Un régime contentieux spécial pour les projets d'énergies marines renouvelables : AJDA* 2016, p. 485. • C. Le Bihan Graf et L. Rosenblieh, *Les enseignements des premiers jugements rendus par les tribunaux administratifs concernant les décisions d'attribution et les autorisations d'exploiter des éoliennes en mer : Énergie – Env. – Infrastr.* 2016, étude, 11. • E. Paillard et J. Vuagnoux-Gauch, *Fausse alerte sur l'éolien off-shore : Rev. env.* 2011, n° 10, comm. 107. • S. Nataf, *Les éoliennes terrestres désormais inscrites à la nomenclature des ICPE : Gaz. Pal.* 23 sept. 2011, p. 20. • L. Wolffet et C. Puel, *La*

(1) Dispositions d'application particulières et transitoires : V. L. n° 2010-788, 12 juill. 2010, art. 90, IX et XI.

soumission des éoliennes terrestres au régime des installations classées : obligations et conséquences : JCP G 2011, n° 39, 1032. • L. Le Corre, *Nouveau durcissement du régime juridique des éoliennes en perspective. – (À propos du rapport d'information sur l'énergie éolienne* : Rapp. AN n° 2398, 31 mars 2010) : *JCP* A 2010, n° 19, 2165. • E. Ravanas, *Quelques réflexions autour de problématiques immobilières rencontrées dans les projets éoliens et photovoltaïques : JCP* N 2009, n° 40, p. 1275. • J. Lepers, *Éoliennes : quelle insertion dans l'environnement ? Conclusions sur CAA Douai, 1er déc. 2005, Sté d'exploitation du parc éolien du Mont d'Hezecques et a. : Environnement* avr. 2006, n° 4, étude 7. • J.-M. Berly, *La situation juridique des éoliennes : RD imm.* 2003, n° 3, p. 215. • B. Lilian, *À propos du jugement du tribunal administratif de Rennes du 17 juin 2002, A / Préfet du Finistère, Implantation des Éoliennes : Environnement* 2002, n° 10, comm. 120, p. 19.

1) Doctrine administrative. Sur le bilan environnemental des éoliennes, V. Question écrite n° 669 de Courteau et Réponse METES, *JO Sénat* 21 sept. 2017, p. 2336. BOMEDAT – Note technique du 28 juillet 2017 établissant les principes permettant d'assurer l'organisation des usages maritimes et leur sécurité dans et aux abords immédiats d'un champ éolien en mer 28 juillet 2017 BO – Écologie, de l'énergie, du développement durable et de l'aménagement du territoire.

2) Les éoliennes soumises au régime des ICPE. L'assujettissement des éoliennes au régime des installations classées constitue l'une des nouveautés de la Loi portant engagement national pour l'environnement dite « Grenelle 2 ». L'application du régime des ICPE aux éoliennes est conditionnée par une modification de la nomenclature des installations classées, prise par décret (▪ CE, 26 déc. 2012, n° 357152, *Assoc. France Énergie Éolienne*. ▪ CE, 13 juill. 2012, nos 353565 et 353577, *Sté Volkswind France*. ▪ CE, 26 déc. 2012, n° 357152, *Assoc. France Énergie Éolienne* ▪ CE, 1re ss-sect., 13 juill. 2012, n° 353577, *Sté Innovent : Gaz. Pal.* 12 sept. 2012, nos 256-257, p. 22).

V. en ce sens : D. n° 2011-984, 23 août 2011 modifiant la nomenclature des installations classées : *JORF* n° 0196, 25 août 2011, p. 14368.

3) Les éoliennes soumises à autorisation. Le législateur prévoit d'ores et déjà, que les éoliennes terrestres dont la hauteur du mât dépasse les 50 mètres sont soumises au régime de l'autorisation au plus tard un an à compter de la date de publication de la loi Grenelle, soit au plus tard le 13 juillet 2011. Ainsi, le législateur n'hésite pas à empiéter sur le pouvoir réglementaire, et prévoit nécessairement que le décret portant modification de la nomenclature ICPE sera pris dans le délai d'un an à compter de la publication de la loi Grenelle 2.

4) Pouvoirs du premier ministre en matière d'implantation d'éoliennes. S'il résulte des dispositions combinées des articles L. 553-1 du Code de l'environnement et 10 de la loi n° 2000-108 du 10 février 2000 que le législateur a entendu que les installations terrestres de production d'électricité utilisant l'énergie mécanique du vent constituant des unités de production composées d'un nombre de machines électrogènes au moins égal à cinq et dont la hauteur des mâts dépasse cinquante mètres soient soumises à autorisation, il ne résulte ni de ces dispositions, ni des travaux parlementaires, que le législateur ait entendu priver le Premier ministre de l'exercice du pouvoir de police spéciale qu'il détient en vertu de l'article L. 511-2 du Code de l'environnement pour soumettre à autorisation, enregistrement ou déclaration les autres installations classées pour la protection de l'environnement (▪ CE, 13 juill. 2012, nos 353565 et 353577, *Sté Volkswind France*).

5) Sur la mise en place d'un dispositif de droit acquis. Le législateur prévoit une entrée en vigueur échelonnée dans le temps de cette disposition, en mettant en place, comme en matière d'ICPE, un dispositif de droit acquis. Les installations éoliennes déjà en service à la date de publication de la loi Grenelle 2, doivent faire l'objet d'une déclaration auprès du préfet dans l'année qui suivra la publication du décret modifiant la nomenclature des ICPE. À titre transitoire, les projets éoliens en cours, ayant déjà fait l'objet d'une enquête publique, de l'étude d'impact et ayant obtenu le permis de construire, à la date de la modification de la nomenclature ICPE, peuvent poursuivre la procédure conformément aux dispositions applicables avant cette modification. Aucune autre formalité propre à l'application du régime ICPE ne leur est donc imposée. Toutefois, au terme de cette procédure, ces installations éoliennes seront soumises au droit applicable aux ICPE.

6) Sur la distance d'éloignement. La distance d'éloignement des éoliennes par rapport aux zones habitées, fixée à 500 mètres, par la loi n° 2010-788 du 12 juillet 2010 portant engagement national pour l'environnement, devient une distance minimale que le préfet pourra augmenter « au regard de l'étude d'impact » réalisée pour le projet. Lorsqu'un projet de plan local d'urbanisme a été arrêté, leur implantation est en outre subordonnée à l'obtention d'une délibération favorable du conseil communautaire ou municipal compétent.

La délivrance de l'autorisation est conditionnée par son éloignement par rapport à certaines constructions et zones, notamment celles d'habitations, telles qu'elles sont définies dans les documents d'urbanisme en vigueur à la date de publication de la loi. Cette disposition appelle plusieurs observations. D'une part, en fixant une distance minimum, le législateur a tranché une question laissée jusque-là à l'appréciation des juges administratifs et confère ainsi une certaine sécurité juridique à ce type d'implantation. En effet, il existe un contentieux important relatif soit, aux troubles anormaux du voisinage, soit à la conformité d'un permis de construire une éolienne au zonage. Le juge administratif admet, sur le fondement des dispositions de l'article R. 111-2 du Code de l'urbanisme que l'implantation d'éoliennes en zone U ou AU est exclue, en raison de l'incompatibilité de ce type d'installation avec le voisinage habité. Une telle disposition confirme l'analyse du juge. D'autre part, compte tenu de l'absence de définition par les dispositions du Code de l'urbanisme des notions utilisées par le législateur, telles que celle de « zones destinées à l'habitation », l'appréciation de ces notions devra certainement être laissée à l'appréciation du juge administratif. En effet, la question de savoir si le législateur a entendu viser tant les zones urbanisées que celles à urbaniser, reste entière. Enfin, cette disposition, en visant les zones définies dans les documents d'urbanisme en vigueur à la date de publication de la loi, tend à éviter que les communes modifient les documents d'urbanisme pour empêcher l'implantation de telles installations.

En zone littorale, celui-ci peut également leur permettre de déroger au principe d'extension de l'urbanisation en continuité avec l'existant, après avis de la commission départementale compétente en matière de nature, de paysages et de sites. Les règles régissant leur implantation vis-à-vis des installations militaires, météorologiques et aériennes seront précisées.

7) Constitutionnalité de la loi n° 2015-992. L'article L. 553-1, relatif aux autorisations d'exploiter les installations terrestres de production d'électricité utilisant l'énergie mécanique du vent dont la hauteur des mâts dépasse cinquante mètres, prévoit que la distance d'éloignement entre ces installations et les constructions à usage d'habitation, les immeubles habités et les zones destinées à l'habitation définies dans les documents d'urbanisme, au respect de laquelle est subordonnée la délivrance de l'autorisation d'exploiter, est au minimum de cinq cents mètres et doit être appréciée au regard de l'étude d'impact prévue à l'article L. 122-1. Ces dispositions ne méconnaissent ni le principe de la participation du public aux décisions ayant une incidence sur l'environnement ni aucune autre exigence constitutionnelle et sont conformes à la Constitution, ■ Cons. const., 13 août 2015, n° 2015-718 DC : *JO* 18 août (consid. 43 à 46).

Soumise à autorisation préfectorale, l'installation d'un parc éolien, situé en deçà des distances d'éloignement d'un radar météorologique, nécessite d'obtenir, en amont, l'accord de Météo France, en ce que les éoliennes ne doivent pas perturber le radar. Cependant, une réponse négative de l'autorité de sécurité météorologique peut créer une situation préjudiciable pour l'exploitant, car, entravant l'instruction de la demande d'autorisation d'exploitation, elle conduit à son rejet. Le refus d'accord de Météo France à l'implantation d'éoliennes fait grief (■ CE, 11 mai 2016, n° 387484, *Météo France*).

8) Démantèlement. La prescription relative au démantèlement du site n'est pas une condition susceptible d'affecter la légalité du permis de construire, dès lors qu'elle est uniquement liée aux conditions futures d'exploitation de l'installation. Elle ne relève pas de dispositions dont le permis de construire aurait pour objet d'assurer le respect. La requérante (ADEF) fait valoir qu'en vertu de l'article L. 553-3 du Code de l'environnement, l'exploitant des éoliennes doit prévoir le démantèlement en procédant à la consignation d'une somme suffisante au démontage. Or l'association souligne que le préfet ne précise ni le montant des fonds à consigner, ni les modalités de cette consignation ; qu'ainsi, un doute subsiste sur l'existence d'une quelconque garantie du démantèlement du site à terme. En l'espèce, les sommes nécessaires au démantèlement sont bloquées sur un compte par les investisseurs qui sont en l'occurrence des banques, des groupes pétroliers et des entreprises industrielles (■ CAA Douai, 15 déc. 2005, n°s 05DA00438 à 05DA00539, *Sté d'exploitation du parc éolien du mont d'Hezecques et a. : JurisData* n° 2005-296673). Le moyen tiré de ce qu'une obligation légale de remise en état des lieux, au terme de l'exploitation des installations en cause, induirait nécessairement la réversibilité des travaux à cette échéance est sans incidence sur l'appréciation du caractère difficilement réversible de ces derniers à laquelle doit procéder le juge des référés pour regarder la condition d'urgence comme étant remplie ; que pour justifier, en l'espèce, l'urgence de la suspension sollicitée, après avoir relevé que la construction de sept aérogénérateurs était de nature à créer, du fait de leur caractère difficilement réversible, s'agissant notamment des massifs de fondation qui en constituent le socle, et alors même que ces installations sont en principe démontables et soumises à l'obligation de démantèlement en fin d'exploitation prévue par l'article L. 553-3 du Code de l'environnement, le juge des référés s'est, sans commettre d'erreur de droit, livré à une appréciation souveraine des faits qui n'est pas entachée de dénaturation ; qu'il n'a pas davantage dénaturé les faits, dans l'appréciation de cette condition, en jugeant que ces installations étaient de nature à porter une atteinte grave à la situation de l'association requérante au regard de l'objet social qu'elle défend, nonobstant les circonstances qu'elles présentaient à la fois un intérêt public national et un intérêt public local pour la commune de Joncels et qu'un effort particulier d'insertion des aérogénérateurs dans le site avait été effectué (■ CE, 29 janv. 2008, n° 307870). Il n'est pas établi que lors du démantèlement du site, les travaux de remise en état initial ne seraient pas réalisables et que partant les travaux autorisés revêtiraient un caractère irréversible ; que pour ce motif et en les admettant suffisamment précis, les moyens tirés de la violation de l'article R. 111-14-2 du Code de l'urbanisme, qui ne peut fonder légalement une décision de refus, et de l'article 2 de la Charte de l'environnement (■ CAA Marseille, 19 juill. 2013, n° 11MA00431, inédit au Recueil Lebon).

Voir : les débats sur le projet de loi sur la transition énergétique et la croissance verte, notamment les propositions d'amendements et les débats relatifs à la distance minimale de parcs éoliens de 1 000 mètres, ramenée à 500 mètres.

9) Éoliennes offshore et principe d'égalité. L'établissement d'éoliennes sur le domaine public maritime entraîne des contraintes particulières liées tant aux règles relatives à l'occupation de ce domaine qu'à l'importance, à la durée et au coût des travaux de démantèlement et de remise en état du site en fin d'exploitation ; que par suite, le législateur a pu soumettre les exploitants de telles installations à des obligations plus strictes ; que le grief tiré de la violation du principe d'égalité doit, dès lors, être écarté (■ Cons. const., déc. 7 juill. 2005, n° 2005-516 DC, *Loi de programme fixant les orientations de la politique énergétique*, consid. 21).

10) Sur la suppression des zones de développement de l'éolien. La loi visant à préparer la transition vers un système énergétique sobre et portant diverses dispositions sur la tarification de l'eau et sur les éoliennes (■ Cons. const., déc. 11 avr. 2013, n° 2013-666 DC).

11) Indépendance des législations. La circonstance que le projet litigieux méconnaîtrait les dispositions de l'article L. 553-1 du Code de l'environnement, lesquelles sont relatives aux conditions régissant la délivrance des autorisations d'exploiter des installations terrestres de production d'électricité utilisant l'énergie mécanique du vent, est sans incidence sur la légalité de l'autorisation de construire prévue (■ CAA Nantes, 15 janv. 2016, n° 14NT02264, *Garrec, SAS La Compagnie du vent*).

12) Autorisation unique et éoliennes. L'avis donné par le ministre de la Défense refusant l'implantation d'une éolienne n'est pas une décision susceptible de recours, indépendamment du refus du préfet, fondé sur cet avis, de délivrer l'autorisation (■ CAA Douai, 29 sept. 2017, n° 17DA00972, *SARL Senev*.

13) Caractère communicable des documents relatifs à un parc éolien. CADA, avis avr. 2017 Référence : n° 20170873.

14) Éoliennes et troubles de voisinage. En application du principe de séparation des autorités administratives et judiciaires, le juge judiciaire n'est compétent que pour se prononcer sur des dommages intérêts et sur des mesures propres à faire cesser le préjudice à la condition qu'elles n'aient aucune incidence sur les prescriptions administratives. En effet, le juge judiciaire ne peut substituer sa propre appréciation à celle de l'autorité administrative sur les dangers et risques d'une installation et ne peut donc ordonner sa suppression (■ Cass. 1re civ., 25 janv. 2017, n° 15-25.526 : *AJDA* 2017, 201, obs. Pastor.

15) Rép. min. n° 52071 : *JOAN* Q 16 juin 2009, p. 5736. L'application du régime ICPE aux installations éoliennes implique nécessairement la réalisation d'une étude d'impact et d'une enquête publique. Dès lors, cette disposition n'a plus lieu d'être, à compter de la modification de la nomenclature ICPE, laquelle doit être réalisée par décret avant le 13 juillet 2011 (■ CAA Nantes, 26 juill. 2013, n° 12NT00082, *Assoc. Cadre de vie et environnement Melgven-Rosporden*. ■ CAA Marseille, 19 juill. 2013, n° 11MA00431, *Nouvelles Énergies Dynamiques*. ■ CE, 17 juill. 2013, n° 362022, *Cne d'Ollières*. ■ CE, 7 nov. 2012, n° 351411, *Sté Énergie renouvelable du Languedoc*. ■ CE, 28 sept. 2012, nos 340285 et 340524, *SNC Parc éolien Guern*).

16) Contentieux des éoliennes : intérêt pour agir. – S'agissant des voisins et des particuliers, disposent d'un intérêt pour agir des requérants situés 1,06 km d'éoliennes prévues de 132 m dans une zone plate (■ CAA Douai 19 mai 2011, n° 10DA01 594) ; en revanche, les propriétaires d'un château situé à 2,05 km n'ont pas intérêt pour agir même si l'éolienne est visible d'une façade du château (■ CE, 18 mai 2018, n° 408950). Il en va de même du propriétaire d'un château situé entre 4 et 5 km d'un parc de six éoliennes de 120 m de haut (■ CAA Douai, 28 mai 2014, n° 12DA01849). Ne justifie pas davantage de son intérêt pour agir, le voisin de huit éoliennes situées à des distances comprises entre 1000 et 2000 mètres en raison de l'absence de valeur probante du photomontage réalisé (■ CAA Douai, 2 juin 2016, n° 14DA00881, *Sté Elicio France SAS*). De manière plus générale, il revient au requérant d'apporter les éléments de preuve suffisants pour attester que l'atteinte dont il se prévaut affecte directement ses conditions d'occupation, d'utilisation ou de jouissance (■ CE, 28 avr. 2017, n° 393 801 ; V. également ■ CE, 30 juin 2016, n° 386 932).

– S'agissant des collectivités territoriales, la commune d'implantation d'un projet refusé par le préfet n'a pas intérêt pour agir (■ CAA Douai, 24 oct. 2013, n° 12DA00464, *Cne de Iron et CDC région de guise : Dr. env.* 2013, 376 ; *Environnement* 2014, n° 7, obs. Gillig). Il en va de même d'une commune limitrophe qui se plaint d'un projet de ferme éolienne située sur la commune voisine (■ CAA Douai, 11 juill. 2013, n° 12DA00923, *Cne d'Étalondes*). En revanche, une commune riveraine d'un parc qui se plaint d'une atteinte à l'attractivité touristique de son territoire a intérêt pour intervenir en appel contre le titulaire d'une autorisation annulée en première instance (■ CAA Nancy, 3 avr. 2014, n° 13NC00842).

17) Contentieux des éoliennes : compatibilité avec le zonage. La construction en zone naturelle d'éoliennes n'est pas impossible (■ CAA Lyon, 22 juin 2010 commune de Marsanne, n° 09LY00260). La création d'une zone Ne dans une ZNIEFF de type 1 mais permettant la sauvegarde de tous les espaces boisés classés est légale. L'appréciation de la valeur agricole ou de la richesse du sous-sol ne sont pas les critères uniques de classement zone de richesses naturelles ; l'exposition au vent doit également être prise en compte. Des éoliennes qui répondent à la production d'électricité vendue au public constituent des ouvrages d'intérêt public qui peuvent être implantés dans une zone du POS réservée aux équipements publics (■ CE, 13 juill. 2012, n° 345970, *assoc. Engoulevent : AJDA* 2013, 755, note Martin).

18) Contentieux des éoliennes et référé suspension. La condition d'urgence est remplie compte tenu de l'impact sur l'environnement des éoliennes (■ CE, 3 mars 2004, n° 345970, *Sté Ploudalmézeau Breiz Avelx : Rec* p. 123 ; *JCP* A 2004, n° 1607, obs. Billet ; *RFDA* 2004, 637 ou encore ■ CE, 29 janv. 2008, n°s 307870 et 307876, *Sté EDF énergies nouvelle : BJDU* 2008, 63 ; *AJDA* 2008, 221 ; *JCP* A 2008, act. 139 ; *Dr. env.* 2008, n° 161, p. 21, obs. Fayolle).

19) Éoliennes et permis de construire. Les dispositions d'un permis de construire concernant plusieurs éoliennes sont divisibles (■ CAA Lyon, 5 avr. 2005, n° 04LY00431, *Assoc. pour la préservation des paysages exceptionnels du Mezenc : JCP* A 2005, n° 1316, obs. Ellenberg ; *RD imm.* 2006, 112, obs. Fonbaustier ; *Rev. jur. env.* 2006, 49, obs. Monédiaire ; *BJDU* 2006, 151, chron. Phémolant et Raunet). Une annulation partielle du permis de construire est donc possible (■ CE, 1er mars 2013, n° 350306 : *Dr. env.* 2013, 227, obs. Deldique et Deharbe).

En revanche, s'agissant des rapports entre les éoliennes et leurs postes de livraison, un préfet ne peut autoriser les éoliennes et refuser le poste de livraison indispensable au fonctionnement des éoliennes (■ CAA Bordeaux, 16 avr. 2015, n° 13BX03243). Pour autant, il ne s'agit pas d'un ensemble immobilier unique (■ CAA Bordeaux, 27 avr. 2017, n° 16BX03357 : *Énergies – Env. – Infrastr.* 2017, n° 46, note Guérin). Les dispositions de l'article R. 111-2 du Code de l'urbanisme relatives à la sécurité publique sont applicables aux éoliennes et permettent de justifier un refus permis de construire (■ CAA Lyon, 5 avr. 2005, n° 04LY00431, *assoc. pour la préservation des sites exceptionnels de Mezenc*, confirmé par ■ CE, 6 nov. 2006, n° 281072 : *AJDA* 2006, 2151, note Jegouzo).

La notion de risque de rupture ou de chute de pale a été appliquée à des éoliennes qui devaient être implantées à une distance comprise entre 200 et 450 m d'habitation (■ CA Lyon, 12 avr. 2011, n° 09LY02 777, ou en raison de risques de chute de givre (■ CAA Bordeaux, 13 mai 2008, n° 06BX01050, *Cne de Monferrand : Environnement* août-sept. 2008, n° 130, obs. Gillig ; *JCP* A 2008, n° 2235, obs. Billet).

En revanche, une certification de la solidité de l'ouvrage (■ CAA Douai, 16 nov. 2006, n°s 05DA00480 et 05DA01404, *Sté française d'éoliennes, SA Infinivent : Environnement* févr. 2007, n° 24, obs. Lepers) ou de l'existence d'un système de sécurité puissant (■ CAA Nantes, 12 mai 2010, n° 09NT01114, *Assoc. Donquichotte et a.*), ou encore de l'éloignement au de plus de 400 m des habitations (■ CAA Douai, 8 févr. 2007, n° 06DA00896, *Cne de Bernienville et a.*) ne sont pas des circonstances justifiant le recours à l'article 111-2 du Code de l'urbanisme ; de la même manière, l'éloignement de 175 m d'une route ne permet pas de considérer l'existence d'un risque suffisant (■ CAA Douai, 15 févr. 2018, n° 15DA01903).

20) Éoliennes et étude d'impact. L'insuffisance de l'étude d'impact et surtout le non-respect de ses conclusions justifie l'annulation d'un permis de construire (■ CAA, Douai, 1re ch., 16 nov. 2017, n° 15DA01131). En l'espèce, il s'agissait du non-respect de l'éloignement des zones d'espèces protégées recommandées par l'étude d'impact. *A contrario* pour une étude d'impact suffisante (■ CAA Bordeaux, 15 mars 2018, n°s 16BX022023, 16BX022024 et 16BX020256).

Art. L. 515-45 *(Anc. art. L. 553-2, dénum. à compter du 1er mars 2017, Ord. n° 2017-80, 26 janv. 2017).* **– Un décret en Conseil d'État précise les règles d'implantation des installations de production d'électricité à partir de l'énergie mécanique du vent vis-à-vis des installations militaires et des équipements**

de surveillance météorologique et de navigation aérienne, sans préjudice des articles L. 6350-1 à L. 6352-1 du Code des transports. (1)

Art. L. 515-45-1 *(L. n° 2023-175, 10 mars 2023)* (2). **– Le représentant de l'État dans le département peut subordonner la construction ou la mise en service de nouvelles installations de production d'électricité utilisant l'énergie mécanique du vent soumises à autorisation environnementale à la prise en charge par l'exploitant de l'acquisition, de l'installation, de la mise en service et de la maintenance d'équipements destinés à compenser la gêne résultant de cette installation pour le fonctionnement des moyens de détection militaires ou pour le fonctionnement des radars et des aides à la navigation utilisés en support de la navigation aérienne civile.**

Le montant et les modalités de cette prise en charge par l'exploitant sont définis par une convention conclue, selon le cas, avec l'autorité militaire ou avec le ministre chargé de l'aviation civile.

II. – Le représentant de l'État dans le département peut subordonner la construction ou la mise en service de nouvelles installations de production d'électricité utilisant l'énergie mécanique du vent soumises à autorisation environnementale à la fourniture de données d'observation afin de compenser la gêne résultant de cette installation pour le fonctionnement des installations de l'établissement public chargé des missions de l'État en matière de sécurité météorologique des personnes et des biens.

Art. L. 515-46 *(Anc. art. L. 553-3, dénum. à compter du 1er mars 2017, Ord. n° 2017-80, 26 janv. 2017).* **– L'exploitant d'une installation produisant de l'électricité à partir de l'énergie mécanique du vent ou, en cas de défaillance, la société mère est responsable de son démantèlement et de la remise en état du site, dès qu'il est mis fin à l'exploitation, quel que soit le motif de la cessation de l'activité. Dès le début de la production, puis au titre des exercices comptables suivants, l'exploitant ou la société propriétaire constitue les garanties financières nécessaires.** *(Mots aj., L. n° 2023-175, 10 mars 2023)* **« Le montant de ces garanties financières est réévalué périodiquement, en tenant compte notamment de l'inflation. »**

Pour les installations produisant de l'électricité à partir de l'énergie mécanique du vent, classées au titre de l'article L. 511-2, les manquements aux obligations de garanties financières donnent lieu à l'application de la procédure de consignation prévue au II de l'article L. 171-8, indépendamment des poursuites pénales qui peuvent être exercées.

Un décret en Conseil d'État détermine, avant le 31 décembre 2010, les prescriptions générales régissant les opérations de démantèlement et de remise en état d'un site ainsi que les conditions de constitution et de mobilisation des garanties financières mentionnées au premier alinéa du présent article. Il détermine également les conditions de constatation par le préfet de département de la carence d'un exploitant ou d'une société propriétaire pour conduire ces opérations et les formes dans lesquelles s'exerce dans cette situation l'appel aux garanties financières.

Bibliographie : *Réglementation applicable au démantèlement des éoliennes : JCP* N 2018, n° 23, act. 524).

1) Doctrine administrative. Démantèlement des éoliennes, Rép. min. n° 3531 : *JO* Sénat 10 mai 2018, p. 2281.

2) Sur le démantèlement et de la remise en état du site. Avant la loi Grenelle 2, l'article L. 553-3 du Code de l'environnement prévoyait que l'exploitant d'une installation produisant de l'électricité à partir de l'énergie mécanique du vent est responsable de son démantèlement et de la remise en état du site à la fin de l'exploitation.

Le nouvel article L. 553-3 issu de l'article 90, VII de la loi Grenelle 2 étend l'obligation à la société-mère en cas de défaillance de l'exploitant. Pour garantir la bonne exécution de ces obligations, l'exploitant est tenu de constituer, dès le début de la production, puis au titre des exercices comptables suivants, les garanties financières nécessaires.

3) Le législateur prévoit un dispositif de remise en état distinct des autres catégories d'installations classées.

4) L'exploitant d'une installation éolienne est désormais soumis aux obligations de démantèlement et de remise en état du site, quel que soit le motif de la cessation de l'activité. La circonstance que le législateur prévoit une obligation de

(1) Application à Mayotte : V. L. n° 2005-781, 13 juill. 2005, art. 110.
(2) Dispositions applicables aux installations pour lesquelles la demande d'autorisation environnementale n'a pas fait l'objet d'un avis d'enquête publique au 11 mars 2023, L. n° 2023-175, 10 mars 2023.

démantèlement distincte de celle de la remise en état du site, résulte vraisemblablement de la particularité d'une installation éolienne. Par cette distinction, le législateur met en exergue la nécessité de remédier à l'impact paysager d'une telle installation.

5) Le dispositif de responsabilité subsidiaire de la société-mère pour le démantèlement et la remise en état du site. Une telle responsabilité est également prévue pour la remise en état des autres ICPE, mais à l'inverse de celle-ci, le régime de responsabilité applicable en matière d'éoliennes ne prévoit aucune condition relative à une procédure de liquidation ou à la caractérisation d'une faute de la société mère.

6) La constitution de garanties financières par l'exploitant ou la société propriétaire de l'installation dès le début de la production, puis au titre des exercices comptables suivants. L'article L. 553-3 du Code de l'environnement prévoit qu'un décret en Conseil d'État devra déterminer avant le 31 décembre 2010 les prescriptions générales régissant les opérations de démantèlement et de remise en état d'un site ainsi que les conditions de constitution et de mobilisation des garanties financières. Le même décret doit également préciser les conditions de constatation par le préfet de département de la carence d'un exploitant ou d'une société propriétaire pour conduire ces opérations et les formes dans lesquelles s'exerce dans cette situation l'appel aux garanties financières. En cas de manquement à ces obligations, le mécanisme de la consignation, auquel sont déjà soumises les ICPE, devra être appliqué. Ne constitue pas des garanties financières suffisantes la production des business plan et le renvoi à la nécessité de recourir à un emprunt à hauteur de 80 % sans justification supplémentaire (■ CAA Nancy, 14 déc. 2017, n° 16NC02173).

7) Sur l'étude d'impact. Il ne résulte pas de ces dispositions que les éléments relatifs au démantèlement des éoliennes doivent être indiqués dans l'étude d'impact (■ CAA Marseille, 15 mars 2012, n° 10MA01595, *EDF*). Sur l'évaluation du produit de la vente des éoliennes démantelées et le coût de remise en état du site d'implantation (■ CAA Bordeaux, 2 févr. 2012, n° 10BX00612, *Sté Compagnie du Vent*). L'absence de motivation, même sommaire, de l'avis du commissaire-enquêteur est de nature à priver le public de la garantie dans le déroulement de l'enquête publique (■ CAA Nantes, 5e ch., 15 avr. 2016, n° 14NT00255). Pour caractériser l'insuffisance d'une étude d'impact, le juge ne peut pas se fonder sur la méconnaissance des protocoles d'observation de l'avifaune recommandés par le « guide sur l'étude d'impact des parcs éoliens » du ministère de l'Écologie, car il est dépourvu de toute portée normative. Il peut seulement prendre en compte les recommandations figurant dans ces documents pour soutenir son appréciation (■ CE, 7e ch., 8 juin 2016, n° 387593, Inédit au recueil Lebon).

Voir : – le décret n° 2011-985 du 23 août 2011 pris pour l'application de l'article L. 553-3 du Code de l'environnement (*JO* 25 août 2011) ;

– l'arrêté du 26 août 2011 relatif à la remise en état et à la constitution des garanties financières pour les installations de production d'électricité utilisant l'énergie mécanique du vent (*JO* 27 août 2011).

8) Rép. min. n° 15168 : *JO* Sénat Q 12 janv. 2012 ; *JO* Sénat Q 16 sept. 2010 et Rép. min. n° 12530 : *JO* Sénat Q 18 mars 2010.

9) Démantèlement et contentieux de l'urgence. « Le moyen tiré de ce que l'article L. 553-3 du Code de l'environnement impose aux exploitants d'éoliennes le démantèlement des installations et une remise en état des lieux à la fin de l'exploitation, donc la réversibilité des travaux à cette échéance est sans incidence sur l'appréciation du caractère difficilement réversible de ces derniers à laquelle doit procéder le juge des référés, saisi d'une demande de suspension d'un permis de construire, pour regarder la condition d'urgence comme remplie » (■ CE, 8e/3e ss-sect. réunies, 29 janv. 2008, n° 307870). La demande tendant à obtenir l'enlèvement et le démontage d'éoliennes, au motif que leur implantation et leur fonctionnement seraient à l'origine d'un préjudice visuel et esthétique et de nuisances sonores, implique une immixtion du juge judiciaire dans l'exercice des pouvoirs de police spéciale de l'Administration en matière d'installations classées ; la juridiction judiciaire est donc incompétente pour en connaître (■ Cass. 1re civ., ch., 25 janv. 2017, n° 15-25.526).

10) Compétence du juge judiciaire pour ordonner le démantèlement (■ Cass. 1re civ., 14 févr. 2018, n° 17-14.703). « Le principe de la séparation des autorités administratives et judiciaires s'oppose seulement à ce que le juge judiciaire substitue sa propre appréciation à celle que l'autorité administrative a portée, dans l'exercice de ses pouvoirs de police spéciale, sur les dangers ou inconvénients que peuvent présenter des installations classées pour la protection de l'environnement. Ainsi, il n'appartient qu'à la juridiction administrative de connaître de la demande tendant à l'enlèvement d'une éolienne, au motif que son implantation ou son fonctionnement serait susceptible de compromettre la commodité du voisinage, la santé, la sécurité, la salubrité publiques, l'agriculture, la protection de la nature, de l'environnement et des paysages, l'utilisation rationnelle de l'énergie, ou la conservation des sites et des monuments ainsi que des éléments du patrimoine archéologique. En revanche, lorsque le permis autorisant la construction d'une telle installation est annulé par la juridiction administrative, le juge judiciaire est compétent pour ordonner la démolition de l'éolienne implantée en méconnaissance des règles d'urbanisme. »

Art. L. 515-47 *(Abr., L. n° 2021-1104, 22 août 2021).*

> **Rédaction antérieure.** Art. L. 515-47 *(Anc. art. L. 553-5, dénum. à compter du 1er mars 2017, Ord. n° 2017-80, 26 janv. 2017).* – Lorsqu'un établissement public de coopération intercommunale ou une commune a arrêté un projet de plan local d'urbanisme, l'implantation d'installations de production d'électricité à partir de l'énergie mécanique du vent incompatibles avec le voisinage des zones habitées est soumise à délibération favorable de l'organe délibérant de l'établissement public de coopération intercommunale compétent en matière de plan local d'urbanisme ou, à défaut, du conseil municipal de la commune concernée.

Section XII. – Plateformes industrielles

(Sect. créée, L. n° 2019-486, 22 mai 2019)

Art. L. 515-48 *(L. n° 2019-486, 22 mai 2019).* – **Une plateforme industrielle se définit comme le regroupement d'installations mentionnées à l'article L. 511-1 sur un territoire délimité et homogène conduisant, par la similarité ou la complémentarité des activités de ces installations, à la mutualisation de la gestion de certains des biens et services qui leur sont nécessaires.** *(Mots aj., L. n° 2023-175, 10 mars 2023)* **« Ces biens et services peuvent comprendre les études et les ouvrages liés aux installations de production d'hydrogène renouvelable ou bas-carbone, au sens de l'article L. 811-1 du Code de l'énergie, ainsi qu'à leurs raccordements ou à leurs réseaux. La liste des plateformes est fixée par un arrêté du ministre chargé des installations classées pour la protection de l'environnement. »**

Les dispositions réglementaires prises au titre du présent code peuvent être adaptées à la situation des installations présentes sur une plateforme industrielle.

Les modalités d'application du présent article sont précisées par voie réglementaire.

CHAPITRE VI. – DISPOSITIONS FINANCIÈRES

Art. L. 516-1 *(Anc. L. n° 76-663, 19 juill. 1976 ; mod. à compter du 1er juillet 2013, Ord. n° 2012-34, 11 janv. 2012 ; mod., L. n° 2016-1087, 8 août 2016 ; L. n° 2021-1104, 22 août 2021).* – **La mise en activité, tant après l'autorisation initiale qu'après une autorisation de changement d'exploitant, des installations** *(Mots rempl., L. n° 2023-973, 23 oct. 2023)* **« mentionnées aux articles L. 229-32 et L. 515-36 », des carrières et des installations de stockage de déchets est subordonnée à la constitution de garanties financières.**

Ces garanties sont destinées à assurer, suivant la nature des dangers ou inconvénients de chaque catégorie d'installations, la surveillance du site et le maintien en sécurité de l'installation, les interventions éventuelles en cas d'accident avant ou après la fermeture, et la réhabilitation après fermeture. Elles ne couvrent pas les indemnisations dues par l'exploitant aux tiers qui pourraient subir un préjudice par fait de pollution ou d'accident causé par l'installation.

Un décret en Conseil d'État détermine la nature des garanties et les règles de fixation de leur montant. Ce décret fixe les conditions dans lesquelles les sommes versées au titre des garanties financières sont insaisissables, au sens de l'article L. 112-2 du Code des procédures civiles d'exécution, par dérogation aux articles 2284 et 2285 du Code civil, et les conditions de leur utilisation en cas d'ouverture d'une procédure collective.

Sans préjudice de la procédure d'amende administrative prévue au 4° du II de l'article L. 171-8, les manquements aux obligations de garanties financières donnent lieu à l'application de la procédure de consignation prévue au 1° du II de l'article L. 171-8, indépendamment des poursuites pénales qui peuvent être exercées.

Voir : Généralités : V. art. R. 516-1 à 516-6, p. 2469. – D. n° 77-1133, 21 sept. 1977, art. 23-2, 23-3, 23-4, 23-5, 23-6 et 23-7. – A. 31 juill. 2012 relatif aux modalités de constitution de garanties financières prévues aux articles R. 516-1 et suivants du Code de l'environnement ; A. 31 mai 2012 relatif aux modalités de détermination et d'actualisation du montant des garanties financières pour la mise en sécurité des installations classées et des garanties additionnelles en cas de mise en œuvre de mesures de gestion de la pollution des sols et des eaux souterraines ; A. du 31 mai 2012 fixant la liste des installations classées soumises à l'obligation de constitution de garanties financières en application du 5° de l'article R. 516-1 du Code de l'environnement. – Circ. 9 juin 1994, relative au décret n° 94-484 du 9 juin 1994 modifiant le décret n° 77-1133 du 21 septembre 1977 pris pour l'application de la loi n° 76-663 du 19 juillet 1976, relative aux installations classées pour la protection de l'environnement et du titre Ier de la loi n° 64-1245 du 16 décembre 1964, relative au régime et à la répartition des eaux et à la lutte contre leur pollution et modifiant le livre IV du Code de l'urbanisme (*JO* 12 juin 1994) (art. 5). – A. 31 mai 2012 fixant la liste des installations classées soumises à l'obligation de constitution de garanties financières en application du 5° de l'article R. 516-1 du Code de l'environnement. – A. 31 mai 2012 relatif aux modalités de détermination et d'actualisation du montant des garanties financières pour la mise en sécurité des installations classées et des garanties additionnelles en cas de mise en œuvre de mesures de gestion de la pollution des sols et des eaux souterraines. – A. 20 sept. 2013 modifiant les annexes de l'arrêté du 31 mai 2012 fixant la liste des installations classées soumises à l'obligation de constitution de garanties financières en application du 5° de l'article R. 516-1 du Code de l'environnement. – A. 5 févr. 2014 encadrant la constitution de garanties financières par le biais d'un fonds de garantie privé prévue au I de l'article R. 516-2 du Code de l'environnement. – A. 6 nov. 2014 modifiant l'arrêté du 26 août 2011 relatif aux installations de production d'électricité utilisant l'énergie mécanique du vent au sein d'une installation soumise à autorisation au titre de la rubrique 2980 de la législation des installations classées pour la protection de l'environnement et l'arrêté du 26 août 2011 relatif à la remise en état et à la constitution des garanties financières pour les installations de production d'électricité utilisant l'énergie mécanique du vent. – Note n° 2013-265/EF du 20 novembre 2013 relative aux garanties financières pour la mise en sécurité des installations définies au 5° du R. 516-1 du Code de l'environnement. – A. 12 mai 2015 modifiant l'arrêté du 31 mai 2012 fixant la liste des installations classées soumises à l'obligation de constitution de garanties financières en application du 5° de l'article R. 516-1 du Code de l'environnement.

Installations donnant lieu à des servitudes : Circ. n° 97-103, 18 juill. 1997, relative aux installations classées pour la protection de l'environnement. Garanties financières pour les installations figurant sur la liste prévue à l'article 7-1 de la loi du 19 juillet 1976 (*BOMELT* n° 1234-97/24, 10 janv. 1998).

Installations de stockage de déchets : Circ. DPPR/SDPD/BGTD/SD/SD n° 96-858, 28 mai 1996, relative aux garanties financières pour l'exploitation d'installations de stockage de déchets, modifiée par la circulaire DPPR/SDPD/BGTD/SD, n° 532 du 23 avril 1999, relative aux garanties financières pour les installations de stockage de déchets. – Sur la légalité de cette circulaire, ■ TA Lille, 12 févr. 2004, n° 00-4448, *Communauté urbaine de Dunkerque*. – V. Circ. DPPR/SDPD/BGTD/Conseil d'État n° 000203, 14 févr. 2002 relative aux garanties financières pour les installations de stockage de déchets.

Carrières : D. n° 2010-1172, 5 oct. 2010 modifiant l'article R. 516-2 du Code de l'environnement. – A. 10 févr. 1998, relatif à la détermination du montant des garanties financières de remise en état des carrières prévues par la législation des installations classées (*JO* 13 mars 1998) : arrêté abrogé à compter du 1er janvier 2010 par l'article 7 de l'arrêté du 9 février 2004 relatif à la détermination du montant des garanties financières de remise en état des carrières prévues par la législation des installations classées (*JO* n° 77, 31 mars 2004). – A. 30 avr. 1998, modifiant le modèle d'attestation de la constitution de garanties financières prévues à l'article 23-3 du décret n° 77-1131 du 21 septembre 1977 (*JO* 28 mai 1998, p. 8113). – A. 9 févr. 2004, relatif à la détermination du montant des garanties financières de remise en état des carrières prévues par la législation des installations classées (*JO* 31 mars 2004). – A. 24 déc. 2009 modifiant l'arrêté du 9 février 2004 et relatif à la détermination du montant des garanties financières de remise en état des carrières. – Circ. 9 mai 2012 relative aux garanties financières pour la remise en état des carrières et au stockage des déchets de l'industrie des carrières. – Décision du 6 septembre 2013 approuvant la méthode de calcul forfaitaire pour la détermination et l'actualisation du montant des garanties financières de l'industrie cimentière.

La loi n° 2016-1087 du 8 août 2016 a prévu qu'un décret fixerait les conditions d'insaisissabilité des sommes versées au titre des garanties financières, au sens de l'article L. 112-2 du Code des procédures civiles d'exécution, par dérogation aux articles 2284 et 2285 du Code civil.

Bibliographie : B. Rolland, *Précisions relatives aux garanties financières en matière d'ICPE placées en procédures collectives : Rev. proc. coll.* nov.-déc. 2016, n° 216. • B. Rolland, *Charge de la créance en matière environnementale – Précisions relatives aux garanties financières en matière d'ICPE placées en procédures collectives : Rev. proc. coll.* 1er nov. 2016. • J.-N. Clément, D. Gillig et N. Kugler, *L'actualité des garanties financières dans le droit des ICPE : l'évolution du régime des garanties financières constituées en application du 5° de l'article R. 516-1 du Code de l'environnement : Énergie – Env. – Infrastr.* mai 2015, n° 5, p. 55-56. • P. Hili, *L'échéance de l'obligation de constitution des garanties financières : BDEI* mars 2015, n° 56, p. 17-18. • D. Déprez, *Note du Ministère sur les garanties de l'article R. 516-1, 5° du Code de l'environnement : BDEI* févr. 2014, n° 49, p. 13. • D. Gillig, *Attestation de garanties financières en matière d'installations classée : Environnement* juill. 2013, n° 7, p. 38-39. • C. Lepage, *Garanties financières : quelles perspectives d'évolution ? : Gaz. Pal.* 8-9 oct. 1999. • Ch. Huglo, *L'obligation de constituer des garanties financières et le droit des carrières : LPA* 1994, n° 120, p. 11. • A. Barthez, *Environnement, assurance et garantie : Environnement* juin 2009, n° 6, dossier 8.

1) Moment de la constitution. Les garanties financières n'ont pas à être effectivement constituées au moment de l'autorisation, mais doivent l'être au moment de la mise en activité de l'installation envisagée (■ CAA Nantes, 2e ch., 30 déc. 1999, n° 95NT00625, *Assoc. « Les Amis du Val Négron » et Syndicat de défense des vins de Chinon*. ■ CAA Nantes, 2e ch., 8 déc. 1999, n° 94NT00239, *Assoc. de défense du Pays de Prudemanche et de l'Avre et de la Meuvette*). Les garanties financières n'ayant à être constituées qu'à compter de la mise en exploitation du site, c'est en vain qu'une société réclame à l'exploitant le paiement d'une redevance pour exploitation pour les années antérieures à celle au cours de laquelle ont été constituées ces garanties (■ CA Caen, 3 juin 2010, n° 08/04519, *SARL Les Pierres Bleues du Cotentin*). Eu égard à l'objet des servitudes et au stade de la procédure auquel elles s'appliquent, est suffisant le dossier de demande qui précise en ce qui concerne le délai d'institution des servitudes que celui-ci est « *généralement d'un an* » (■ CE, 24 avr. 2013, n° 352592, *Comité de Sauvegarde de Clarency-Valensole*). La présentation effective des garanties financières imposées par le Préfet ne conditionne pas la délivrance de l'autorisation d'exploiter mais uniquement la mise en œuvre de celle-ci (■ CAA Bordeaux, 15 nov. 2016, n° 14BX02063, *Assoc. Châtillon développement durable*, préc.).

L'existence de garanties financières est une condition suspensive de l'autorisation d'exploiter : la cour d'appel qui considère que la constitution de ces garanties n'est pas un préalable à la délivrance de l'autorisation mais une condition obligatoire à la mise en activité de la carrière entache son arrêté d'une erreur de droit. Cette décision paraît critiquable au regard de la jurisprudence administrative (■ Cass. 3e civ., 19 sept. 2007, n° 06-12.915, *Sté MRM*). Un centre intégré de traitement de déchets qui comprend une déchetterie, une plate-forme de tri sommaire, un centre de tri des déchets secs et une unité de valorisation énergétique constituée de deux incinérateurs ne constitue pas une installation de stockage de déchets et n'est donc pas soumis à la constitution de garanties financières (■ CAA Paris, 20 déc. 2007, n° 04PA00665, *Cne de Maincy*). Si les décrets d'application relatifs aux garanties financières à constituer au titre des installations d'élimination des déchets et aux modalités d'actualisation de ce montant, qui doivent figurer dans l'arrêté d'autorisation, n'étaient pas parus à la date de l'arrêté, l'application de ces dispositions n'est pas manifestement impossible en l'absence de parution des décrets d'application et elles doivent donc être mises en œuvre. Injonction au ministre de compléter l'arrêté en y incluant les garanties financières (■ CAA Marseille, 11 févr. 2010, n° 08MA00145, *Synd. d'agglomération nouvelle Ouest Provence*).

2) Constitution de garanties financières et substitution de base légale. Les circulaires relatives à la mise en place de garanties financières pour les installations de stockage de déchets étant inopposables à la société, le tribunal administratif procède à une substitution de base légale pour fonder la décision du préfet imposant sa constitution de garanties financières à propos d'une décharge. La cour n'annule pas le jugement attaqué, aux motifs que la société requérante n'invoque pas le moyen de la substitution de base légale (■ CAA Douai, 18 nov. 2004, n° 03DA00328, *Sté d'électricité et de thermique du Nord-Est*).

3) Précision de la nature et du montant des garanties financières. Le dossier de demande d'autorisation doit fournir une estimation du coût des mesures compensatoires et une attestation d'un organisme financier faisant état de la bonne santé financière de la société (■ TA Caen, 10 déc. 1998, n° 97-1414, *Assoc. de sauvegarde du pays d'Isigny-le-Buat : BDEI* 2/1999, p. 29 ; *Mon. TP* 30 avr. 1999, p. 43). L'absence ou l'insuffisance de précisions, dans le dossier de demande d'autorisation, d'indications sur la nature, le montant et le délai de constitution des garanties financières, constitue une cause d'annulation de l'arrêté d'autorisation (■ TA Nantes, 21 déc. 1999, n° 971977, *Assoc. de défense des riverains de Montcruchet*). Quand bien même les documents figurant dans le dossier soumis à enquête publique ne comportaient pas la mention des capacités financières, cette omission est jugée, dans les circonstances de l'espèce, eu égard notamment à la nature et à l'importance de l'exploitation – exploitation d'une porcherie de 810 têtes – sans conséquence sur la légalité de l'autorisation (■ CAA Bordeaux, 6 nov. 2003, n° 99BX02112, *Viguier*). Le fait que le montant des garanties financières pour une nouvelle autorisation soit moins important que celui préalablement constitué, pour l'autorisation précédente, alors que la surface exploitée en carrière était moindre, n'est pas irrégulier dès lors que cette circonstance résulte de l'application, pour chaque autorisation, de règles de calcul applicables résultant de la réglementation applicable au jour de la demande (■ CAA Nantes, 24 mars 2009, n° 07NT02274, *Carrière du Gué Morin c/ M. Denis*). Les garanties financières, dont le montant est fixé par l'arrêté d'autorisation et qui sont constituées par l'exploitant après la mise en activité de l'installation, ne peuvent être mentionnées dans la demande d'autorisation ; cette dernière devant seulement préciser les modalités des garanties financières (■ CAA Marseille, 10 mai 2016, n° 14MA04491, *Organisme de défense Appellation contrôlée Châteauneuf-du-Pape*).

4) Contrôle du montant et de la durée des garanties financières. Ont été jugées suffisantes les garanties financières dont le montant et la durée sont adaptés à la nature des risques des pollutions éventuelles (■ TA Strasbourg, 15 oct. 1998, nos 97-837 à 97-839, *Assoc. Maison Europe des régions et a. c/ Préfet du Haut-Rhin et a.*). Il appartient à l'exploitant de s'informer sur les différents modes de calcul de la garantie financière prévue par la loi, et dès lors, le préfet peut légalement fixer un montant forfaitaire, sans informer l'exploitant sur les autres modalités existantes (■ CAA Lyon, 25 mai 2004, n° 03LY00088, *SNC Sablières du Val d'Allier*). La circonstance que le tableau de calcul des garanties financières figurant dans le dossier de demande d'autorisation comporte des différences avec celui annexé à l'arrêté d'autorisation n'est pas en elle-même de nature à affecter la légalité de cet arrêté (▪ CAA Nantes, 12 juin 2007, n° 06NT00544, *Assoc. de défense des riverains de Montcruchet*). Dans le cadre des pouvoirs qu'il tient de la législation relative aux installations classées pour la protection de l'environnement, le juge peut modifier le montant des garanties financières dont la constitution est exigée par l'arrêté d'autorisation d'exploiter (▪ CAA Paris, 4 oct. 2007, n° 05PA02318, *Sté Marchetto*). La demande du requérant tendant à ce que soit désigné un expert si les garanties financières dont dispose le pétitionnaire sont conformes aux règles issues du Code de l'environnement n'est pas au nombre des mesures qui sont susceptibles d'être prescrites par le juge administratif en application de l'article R. 531-1 du Code de justice administrative, relatif au référé-expertise (▪ CAA Bordeaux, 17 sept. 2008, *Assoc. de défense de la qualité de la vie dans les vallées de la Céphons et du Nahon*).

5) **Garanties financières et capacités financières.** Une caution bancaire permettant la constitution des garanties financières ne suffit pas à attester des capacités financières de la Société pétitionnaire, dès lors qu'aux termes de l'article L. 516-1 du Code de l'environnement, ces garanties ne couvrent pas les indemnisations dues par l'exploitant aux tiers qui pourraient subir un préjudice par fait de pollution ou d'accident causé par l'installation (▪ CAA Nantes, 28 déc. 2006, n° 05NT01185, *Sté de propreté et d'environnement de Normandie*). Lorsqu'il est prévu que le projet sera principalement financé par un recours à l'investissement mais que les lettres bancaires produites au dossier ne comportent aucun engagement précis de financement, le pétitionnaire ne justifie pas de ses capacités financières. En outre, lorsque les capacités techniques du pétitionnaire dépendent d'un accord de coopération avec une autre société mais qu'il ne ressort pas des pièces produites que les négociations entre les sociétés auraient atteint un stade d'avancement suffisant pour que leur issue puisse être regardée comme suffisamment certaine, le pétitionnaire n'établit pas qu'il disposera des capacités techniques suffisantes (▪ CE, 22 févr. 2016, n° 384821, *Cne d'Herbizheim*). Les garanties financières apportées par l'exploitant sont à prendre en compte dans l'appréciation globale portée sur ses capacités financières au regard des finalités poursuivies par la législation des installations classées (▪ CAA Marseille, 9 févr. 2017, n° 15MA00895, *Cne de Fos-sur-Mer*). Sont suffisantes les garanties financières constituées par une caution du crédit agricole du montant exigé par l'administration. La constitution de la garantie financière elle-même n'a à intervenir qu'après la délivrance de l'autorisation (▪ CAA Marseille, 15 sept. 2017, n° 16MA04478). L'insuffisance de précision sur les garanties financières est sans incidence dès lors que le groupe auquel appartient la société et dont la capacité financière est indéniable a donné sa garantie au projet (▪ CAA Bordeaux, 16 juin 2018, n° 15BX02192). *A contrario* pour un manque de précision non compensé par la bonne réputation et l'appartenance à un groupe solide (▪ CAA Lyon, 3e ch., 10 juill. 2018, n° 16LY02858).

6) **Pouvoirs de plein contentieux.** Compte tenu des pouvoirs dont dispose le juge de plein contentieux des installations classées, celui-ci ne peut pas se borner à relever que le dossier ne permet pas d'établir la capacité financière du pétitionnaire ou la constitution de garanties en sa faveur mais doit rechercher si cette capacité et ces garanties ressortent des pièces qui lui sont soumises (▪ CAA Nantes, 29 juin 2010, n° 10NT00044, *SAS Guintoli*).

Référé Libertés publiques : n'est pas fondée la demande de référé libertés formée par une entreprise contre un arrêté de suspension du préfet fondé notamment sur la non constitution de garantie financière (▪ CE, 30 juin 2017, n° 411483).

7) **Champ d'application. Installations soumises à enregistrement.** Eu égard à l'objet de l'article L. 516-1, sont susceptibles de se voir imposer des garanties financières non seulement les installations autorisées mentionnées à l'article L. 512-1 du Code de l'environnement mais également celles soumises à autorisation simplifiée, sous la dénomination d'enregistrement, telles que définies à l'article L. 512-7 du Code de l'environnement (▪ CE, 24 avr. 2012, n° 340538, *Assoc. France Nature Environnement*). Ne méconnaît pas les dispositions de l'article L. 516-1 le 5° de l'article R. 516-1 qui prévoit que les installations tenues de constituer des garanties financières sont les installations soumises à autorisation au titre de l'article L. 512-2 ainsi que les installations de transit, regroupement, tri ou traitement de déchets soumises à autorisation simplifiée au titre de l'article L. 512-7 et qui renvoie à un arrêté le soin de fixer la liste de ces installations (▪ CE, 12 juin 2013, n° 360702, *Fédération des Entreprises du Recyclage*).

Art. L. 516-2 ***(L. n° 2003-699, 30 juill. 2003 ; mod. à compter du 1er mars 2017, Ord. n° 2017-80, 26 janv. 2017)*** (1). **– Pour les installations relevant des catégories visées à l'article L. 516-1, l'exploitant est**

(1) Dispositions d'application particulières et transitoires : V. Ord. n° 2017-80, 26 janv. 2017, art. 15.

tenu d'informer le préfet en cas de modification substantielle des capacités techniques et financières visées à l'article L. 181-27.

S'il constate que les capacités techniques et financières ne sont pas susceptibles de permettre de satisfaire aux obligations de l'article L. 181-27, le préfet peut imposer la constitution ou la révision des garanties financières visées à l'article L. 516-1.

Un décret en Conseil d'État définit les modalités d'application de l'article L. 516-1 et du présent article ainsi que les conditions de leur application aux installations régulièrement mises en service ou autorisées avant le 31 juillet 2003.

CHAPITRE VII. – DISPOSITIONS DIVERSES

Art. L. 517-1 *(Anc. L. n° 76-663, 19 juill. 1976 ; mod., Ord. n° 2016-982, 20 juill. 2016 ; mod. à compter du 1er mars 2017, Ord. n° 2017-80, 26 janv. 2017* (1) *; L. n° 2018-607, 13 juill. 2018 ; Ord. n° 2020-7, 6 janv. 2020). – (Mod., L. n° 2023-175, 10 mars 2023)* **En ce qui concerne les installations appartenant aux services et organismes dépendant de l'État qui sont inscrites sur une liste établie par décret, les pouvoirs attribués au préfet par le chapitre unique du titre VIII du livre Ier et le présent titre sont exercés soit par le ministre chargé des installations classées, soit par le ministre chargé de la défense pour les installations qui relèvent de son département.**

Les dispositions du chapitre unique du titre VIII du livre Ier et du présent titre ne sont pas applicables aux installations mises en œuvre à titre temporaire, sur une période inférieure à six mois consécutifs sur un même site, à partir de matériels et d'équipements opérationnels des forces armées déployés pour des missions de la défense nationale. Toutefois, ces installations sont mises en œuvre en limitant les atteintes aux intérêts mentionnés à l'article L. 511-1.

Afin de tenir compte des impératifs de la défense nationale liés à l'exécution de missions opérationnelles menées sur ou à partir du territoire national et à la réalisation de missions de service public en situation de crise sur le territoire national, l'augmentation exceptionnelle et temporaire de capacité d'une installation déjà autorisée relevant du ministère de la défense peut être dispensée d'une nouvelle demande d'autorisation telle que prévue au chapitre unique du titre VIII du livre Ier et au présent titre. Cette installation est exploitée, pendant la durée des missions opérationnelles ou de la situation de crise, en limitant les atteintes portées à la protection des intérêts mentionnées à l'article L. 511-1.

Pour l'application des dispositions du chapitre unique du titre VIII du livre Ier et du présent titre aux installations classées pour la protection de l'environnement relevant du ministère de la défense, ne peuvent figurer dans un dossier soumis à enquête publique, ni être communiqués, mis à disposition du public ou soumis à consultation ou à participation du public :

1° Des éléments soumis à des règles de protection du secret de la défense nationale ;

2° Des éléments nécessaires à la sauvegarde des intérêts de la défense nationale et de la sécurité publique.

Voir : D. n° 80-813, 15 oct. 1980, relatif aux installations classées pour la protection de l'environnement relevant du ministre de la Défense nationale ou soumises à des règles de protection du secret de la défense nationale (*JO* 17 oct. 1970). – V. C. défense, art. L. 2313-3 – V. A. 15 mai 2000, fixant les modalités d'exercice des polices administratives de l'eau et des installations classées pour la protection de l'environnement au sein des organismes relevant du ministère de la Défense (*JO* 7 juin). – A. 24 mars 2003, relatif aux modalités particulières d'exercice des polices de l'eau et des installations classées pour la protection de l'environnement ; A. du 10 avr. 2015 relatif à l'exercice des attributions confiées au pôle environnement du groupe des inspections spécialisées du contrôle général des armées (*JO* 23 avr.). BOMEDAT – Instruction du Gouvernement du 6 novembre 2017 relative à la mise à disposition et aux conditions d'accès des informations potentiellement sensibles pouvant faciliter la commission d'actes de malveillance dans les installations classées pour la protection de l'environnement. Arrêté du 21 novembre 2017 relatif aux prescriptions générales applicables aux installations classées pour la protection de l'environnement soumises à déclaration sous la rubrique n° 2793-3a ; Décret n° 2018-484 du 13 juin 2018 modifiant diverses dispositions relatives au secrétariat général pour l'administration et au contrôle général des armées (*JO* 15 juin 2018).

Bibliographie : J.-C. Videlin, *Le régime juridique dérogatoire du ministère de la Défense en matière de police de l'environnement : Gaz. Pal.* 2001, 1, doctrine 881.

(1) Dispositions d'application particulières et transitoires : V. Ord. n° 2017-80, 26 janv. 2017, art. 15.

Art. L. 517-2 *(Anc. L. n° 76-663, 19 juill. 1976)* (1). **– Les modalités d'application du présent titre sont fixées par décrets en Conseil d'État.**

Voir : art. R. 517-1 à R. 517-10, p. 2474.

L'article 28 de la loi du 19 juillet 1976 n'impose pas au gouvernement de soumettre à l'avis du Conseil supérieur des installations classées l'ensemble des dispositions du décret fixant les modalités d'application de cette loi (■ CE, 1er juin 1984, n° 10236, *Synd. des pisciculteurs de France*).

TITRE II. – PRODUITS CHIMIQUES, BIOCIDES ET SUBSTANCES À L'ÉTAT NANOPARTICULAIRE

(Intitulé rempl., Ord. n° 2001-321, 11 avr. 2001 ; L. n° 2010-788, 12 juill. 2010)

CHAPITRE Ier. – CONTRÔLE DES PRODUITS CHIMIQUES (2)

(Anc. chap. unique numéroté et mod., Ord. n° 2001-321, 11 avr. 2001 ; mod., Ord. n° 2009-229, 26 févr. 2009)

Bibliographie : A. Rigaux, *Publicité des produits biocides* : *Europe* 2024, n° 8-9, comm. 324. • M. Glinel, *Produit biocide* : *Europe* 2024, n° 10, comm. 352. • A. Rigaux, *Réglementation des biocides* : *Europe* 2023, n° 3, comm. 98. • I. Bouchema, *Pesticides : les chartes d'engagement de la région Centre-Val de Loire annulées, les ZNT renforcées* : *Énergie – Env. – Infrastr.* 2024, n° 4, comm. 39. • L. Peyen, *Néonicotinoïdes : le juge européen au secours des abeilles* : *Énergie – Env. – Infrastr.* 2023, n° 3, comm. 27. • P. Bruyas, *Produits chimiques* : *Europe* 2023, n° 5, comm. 188. • É. Gaillard, *La CJUE revient sur l'autorisation de mise sur le marché néonicotinoïdes* : *Énergie – Env. – Infrastr.* 2021, nos 8-9, comm. 73. • C. Lepage, *Interdiction des néocotinoïdes, une coopération loyale entre la France et la Commission européenne selon la Cour de justice* : *RD rur.* 2022, n° 500, comm. 40. • D. Gadbin, *Quelle marge d'appréciation du juge national face aux dossiers d'approbation européenne des substances actives ?* : *Énergie – Env. – Infrastr.* 2020, n° 12, comm. 48. • V. Bassani-Winckler, *Interdiction de mise sur le marché* : *Europe* 2024, n° 3, comm. 133. • A. Fourmon, *Les PFAS dans l'environnement* : *Énergie – Env. – Infrastr.* 2023, n° 5, étude 13. • S. Brimo, : *RD rur.* 2024, n° 1, alerte 13. • D. Guinard, *Les pesticides saisis par le droit. Regards croisés et pluridisciplinaires – Suite, mais toujours pas fin, de la saga des néonicotinoïdes – Retour sur l'arrêt du 19 janvier 2023 de la CJUE Pesticide Action Network e.a.* : *JCP A* 2023, n° 15, 2127. • Y.-M. Allain et G. Grivault, *Interdiction des épandages aériens de produits phytopharmaceutiques sauf dérogation : situation actuelle, proposition de mise en œuvre des dérogations*, CGEDD rapp. n° 0066772-01, févr. 2010. • J.-C. Amiard, *Risques chimiques environnementaux*, Lavoisier, 2011. • H. Belrhali, *Pesticides : qui a (encore) peur du juge administratif ?* : *AJDA* 2022, 713. • S. Brimo (dir.), *Les pesticides saisis par le droit. Regards croisés et pluridisciplinaires*, LexisNexis, 2024. • A.Clerc, *PFAS : du risque environnemental au risque juridique* : *Dr. env.* 2024, 73. • O. Delmas, *Leçons sur la mise en œuvre des présomptions en matière d'autorisation des produits phytosanitaires* : *Dr. env.* 2020, 313. • Fourmon, *Les PFAS dans l'environnement* : *Énergie – Env. – Infrastr.* 2023, étude 13. • É. Gaillard, *Quel avenir durable en cas d'autorisation temporaire de pesticides aux effets toxiques persistants ? Retours sur la saga des néonicotinoïdes (partie 1)* : *Énergie – Env. – Infrastr.* 2022, étude 9 ; *Saga des néonicotinoïdes : le champ des possibles, quelle(s) politique(s) et droit(s) transgénérationnel(s) en présence de pesticides aux effets toxiques systémiques et persistants ? (partie 2)* : *Énergie – Env. – Infrastr.* 2022, étude 19. • S. Gallage-Alwis et A. Boret, *Pesticides : vers une judiciarisation de leur utilisation ?* : *Dr. env.* 2014, 206. • S. Gallage-Alwis et Texier, *Biocides : 1er septembre 2015, une date cruciale* : *Dr. env.* 2015, 150. • Goutille, Candeau et Lambert (dir.), *Exposition aux pesticides : ce qu'en disent les sciences humaines et sociales*, Éditions Octares, 2024. • Grimonprez, *Réintroduction des néonicotinoïdes dans l'environnement : la nécessité fait-elle loi ?* : *Dr. env.* 2021, 24 ; *La normativité des alternatives aux pesticides* : *Dr. env.* 2021, 399 ; *Alternatives aux pesticides conventionnels : les voies de la normalisation* : *Dr. env.* 2022, 88. • Guinard, *Interdiction des pesticides : la surtransposition, du mythe à la réalité* : *Dr. env.* 2023, 225 ; *Renouvellement du glyphosate : où est passé le principe de précaution ?* : *Dr. env.* 2024, 18. • Jamay, *La feuille de route de la Commission sur les restrictions applicables aux substances chimiques les plus nocives : un espoir pour la réduction de la pollution chimique ?* : *Dr. env.* 2022, 158. • Lami, *Le fonds d'indemnisation pour les victimes de produits phytosanitaires : une chimère tant espérée* : *Dr. env.* 2018, 333 ; *Les produits phytopharmaceutiques en question(s)* : *Dr. env.* 2019, 120. • Lanoy, *La prise en compte progressive par la réglementation des conséquences des pollutions par les per- et*

(1) V. T. appl. : D. n° 77-1133, 21 sept. 1977. – NDLR.
(2) V. T. appl. : D. n° 85-217, 13 févr. 1985. – NDLR.

polyfluoroalkyliques-PFAS : *BDEI* 2022, n° 2939. • Lanoy et Rodde, *Les enjeux des substances per- et polyfluoroalkylées (PFAS) : état de la réglementation et gestion des pollutions* : *BDEI* 2023, n° 3085. • Leca, *REACH est-il mature ?* : *Énergie – Env. – Infrastr.* 2015, étude 9. • London, *Substances et produits chimiques* : *JCl. Environnement*, Fasc. 750 ; *Substances chimiques dans l'entreprise* : *JCl. Environnement*, Fasc. 750-10. • Lucas, *Les données scientifiques dans le contentieux pesticide* : *Dr. env.* 2016, 182. • Margossian, *Glossaire risque chimique*, Dunod, 2011. • Potier, *Pesticides et agroécologie. Les champs du possible* : *Rapport au Premier ministre* nov. 2014 (rapp. parlementaire en ligne sur les sites des ministères de l'Agriculture et de l'Écologie). • Roulette, *Arrêtés anti-pesticides : la valse-hésitation des juges des référés* : *Énergie – Env. – Infrastr.* 2020, étude 12. • Thieffry, *La refonte du régime de la classification, de l'étiquetage et de l'emballage des substances dangereuses* : *Environnement* 2009, étude 7. • Trébulle, *Où l'on reparle des pesticides…* : *Environnement et dév. durable* 2013, repère 11. • *Les risques liés aux pesticides pour la santé et l'environnement. Enjeux juridiques* : *Énergie – Env. – Infrastr.* 2018, dossiers 10 et s. • *Analyse des risques de présence de per- et polyfluoroalkyles (PFAS) dans l'environnement*, Rapp. IGEDD (Ayphassorho et Schmitt) n° 014323, 1er déc. 2022.

Reach. D. Simon, *Application du règlement Reach* : *Europe* 2023, n° 6, comm. 229. • J. Tribout, *Réexamen d'une décision d'autorisation dans le cadre du règlement Reach* : *Europe* 2021, n° 12, comm. 457. • Brosset, *Le règlement communautaire en matière de produits chimiques. Petite explication de texte* : *Rev. jur. env.* 2008, 5. • Gardères, *Rôle et statut juridique d'un représentant exclusif au sens du règlement Reach* : *Environnement* 2008, étude 7. • Garrigue, *La modernisation du cadre réglementaire des produits chimiques dans l'Union européenne, dit système Reach* : *JO Doc. Ass. nat.* 2004-2005, n° 2549. • Heikkila, *Une nouvelle ère en matière de réglementation sur les substances chimiques, le règlement Reach est entré en vigueur* : *RED env.* 2007, 839. • Herschtel et Harrouët, *Reach, conséquences du défaut d'enregistrement, « Quand le mieux » reste « l'ennemi du bien »* : *BDEI* 2010, p. 1073. • Leca, *Étude du règlement Reach : gestion du risque juridique*, thèse Bordeaux IV, 2011. • Maitre et Miteva, *Reach, Industriels, faites-vous ce qu'il faut ? Comprendre la nouvelle réglementation sur les produits chimiques*, Éditions SAP, 2009. • Margossian, *Le règlement Reach. La réglementation européenne sur les produits chimiques*, Dunod, 2007. • Ollier et Pelletreau, *Contrôles et sanctions liés au règlement Reach* : *BDEI* 2009, n° 23, p. 48. • Puel et autres, *Reach, point d'étape à moins d'un an avant la première échéance d'enregistrement et précautions pour l'avenir* : *Environnement* 2010, étude 10. • Romi, *À propos du projet Reach, quel rythme pour quelle révolution sanitaire ?* : *RDSS* 2006, 238. • Rouillier, *L'encadrement juridique de l'utilisation des pesticides : de la réglementation à la concertation. À propos de l'arrêté et du décret du 27 décembre 2019* : *Rev. jur. env.* 2021, 559. • Simon, *Législation déchets et Reach : une articulation délicate* : *BDEI* 2016, n° 2025 ; *Reach, état des lieux et perspectives* : *BDEI* 2019, n° 2502. • Thieffry, *Reach, l'enregistrement, l'évaluation et l'autorisation des substances chimiques en Europe* : *Environnement* 2007, étude 4. • Van Stratum et Lecloux, *L'enregistrement des substances chimiques sous Reach et ses implications sur les échanges entre l'Europe et ses partenaires commerciaux* : *RMCUE* 2008, 245. • Varnoux, *Reach, avancées et insuffisances de la nouvelle législation en matière de substances chimiques* : *Dr. env.* 2007, n° 147, p. 97.

Substances à l'état nanoparticulaire. Berger, *Accès à l'information du public et protection des secrets d'affaires : le cas des nanotechnologies* : *Rev. jur. env.* 2022, 121. • Gazagne, *État de l'art des nanotechnologies et cadre juridique européen et français* : *Gaz. Pal.* 2009, nos 112-113, p. 23 ; *Gaz. Pal.* 2009, nos 203-204, p. 15. • Kervennic, *Quelques problèmes juridiques posés par les nanosciences et les nanotechnologies* : *LPA* 2 juill. 2008, n° 132, p. 5. • Lacour, *L'impossible définition des substances à l'état nanoparticulaire. Éléments d'analyse du décret n° 2012-232 du 17 février 2012 relatif à la déclaration annuelle des substances à l'état nanoparticulaire pris en application de l'article L. 523-4 du Code de l'environnement* : *Environnement et dév. durable* 2012, étude n° 8. • Lacour (dir.), *Droit et nanotechnologies* : *Cahiers Droit, Sciences et Technologies* n° 1, CNRS 2008 ; *La régulation des nanotechnologies. Clair-obscur normatif*, Larcier 2010. • Naim-Gesbert, *Nanosciences et droit : axiomes pour définir l'acceptabilité des risques*, in *Les nanotechnologies et nano-objets à l'épreuve des droits, de la santé et de l'éthique* : *RGDM* 2016, 55. • *Évaluation des risques liés aux nanomatériaux pour la population générale et pour l'environnement* : *AFSSET* mars 2010. • *Aspects réglementaires des nanomatériaux*, COM (2008) 366 final, Bruxelles, 17 juin 2008. • *Rapport sur les nanotechnologies, Conseil national de la consommation* juin 2010. • *Nanotechnologies : sciences, marché, réglementation et société. Quelles avancées ?, Conseil supérieur de la recherche et de la technologie* : *Doc. fr.* 2010. • *Nanomatériaux. Prévention des risques*, Le Moniteur, Cahier pratique, 2012.

Généralités sur les produits chimiques. E. Lambert Abdelgawad, *La Cour européenne des droits de l'Homme et le traitement de la connaissance scientifique sur la nocivité des ondes électromagnétiques, produits chimiques et autres activités polluantes*, Vertigo HS n° 27, déc. 2016. • L. Grinfogel, *Le droit des substances chimiques s'invite dans la stratégie des entreprises, Acteurs publics et entreprises Énergie, infrastructures et environnement*, Guide 2014, p. 174. • F.-G. Trébulle, *Vers une amélioration de la prise en compte des chaînes d'approvisionnement ?* : *Environnement* févr. 2014, n° 2, p. 1. • J.-P. Mingasson et F. Puel, *Comment préserver les produits européens d'une concurrence faussée en provenance des pays tiers ?* : *Rev. Lamy dr. aff.* juin 2012, n° 72, p. 59. • P. Billet, *La chimie, bienfaitrice de l'environnement ?* : *Environnement et dév. durable* avr. 2011, n° 4, p. 3. • A. Lattes, *Les risques chimiques et leur gestion* : *Responsabilité et environnement* janv. 2010, n° 57, p. 52. • C. Barat et P. Roux, *Produits chimiques : l'évaluation du risque sanitaire des salariés* : *Préventique Sécurité* 2009, n° 107, p. 32. • L. Fonbaustier, *Droit communautaire en matière de substances chimiques : adaptation des dispositions législatives françaises, à propos de l'ordonnance du 26 février 2009 : JCP* 2009, n° 13, p. 7. • C. Garro, *Réglementation des produits chimiques : SGH/CLP/Reach, une approche globale : Dr. env.* avr. 2009, n° 167, p. 32. • C. Banet, *Élaborer aujourd'hui les outils réglementaires pour la chimie de demain : vers la promotion de la chimie verte : Gaz. Pal.* nov. 2005, n°s 327-328, p. 35.

• *Sommaire*

I – NOTION DE PRODUIT CHIMIQUE

1) La notion de produit chimique. L'appréhension juridique du produit chimique se manifeste à toutes les étapes de son cycle de vie : depuis sa fabrication jusqu'à son élimination. Il prend ainsi en compte la classification, l'étiquetage, l'emballage, la mise sur le marché, la détention, la cession, l'importation et l'exportation, le transport et l'utilisation. Il est à noter qu'eu égard aux impacts sanitaires des produits chimiques, il convient d'étudier les règles applicables aux produits chimiques parallèlement aux règles applicables en droit du travail en matière de santé et de sécurité au travail.

2) La distinction entre la notion de déchet et de produit.

a) Textes, rapports et guides. Dir. n° 2008/98, 19 nov. 2008, sur les déchets. – Rapport final de la Commission européenne sur les critères de la fin du statut de déchets, JRP-IPTS, 2008. – *La production et l'utilisation du compost dans l'Union européenne*, rapport commun de la Commission européenne, ORBIT et ECN, 29 févr. 2008. – Guide de l'ECHA sur les déchets et substances valorisés.

b) Jurisprudence. Articulation entre la législation déchets et la législation REACH : Rien ne fait obstacle à ce qu'il soit tenu compte du fait qu'un déchet dangereux cesse d'être un déchet parce que sa valorisation se fait sous la forme d'une utilisation autorisée au titre de l'annexe XVII du règlement REACH et que son détenteur n'a dès lors plus l'obligation de s'en défaire (▪ CJUE, 7 mars 2013, aff. C-358/11, *Lapin luonnonsuojelupiiri*. Note par M.-P. Maître : *Gaz. Pal.* sept. 2013, n°s 254 à 255, p. 22).

c) Doctrine. H. Renout, *Les concours de qualifications en droit pénal de l'environnement : l'exemple des lois déchets et produits chimiques : Dr. env.* mars 2001, n° 86, p. 54.

II – DROIT INTERNATIONAL DES PRODUITS CHIMIQUES

Voir : Textes internationaux sur les substances chimiques (non exhaustif) : Conv. Rotterdam, 10 sept. 1998, sur la procédure de consentement préalable en connaissance de cause applicable à certains produits chimiques et pesticides dangereux qui font l'objet d'un commerce international. – Système général harmonisé de classification et d'étiquetage des produits chimiques (SGH), 3e révision, juill. 2009. – Conv. Stockholm, 22 mai 2001, sur les polluants organiques persistants. – Prot. Montréal, 16 sept. 1987. – Conv. sur l'interdiction de la mise au point, de la fabrication, du stockage et de l'emploi des armes chimiques, 13 janv. 1993.

Bibliographie : E. Brosset, *Droit international et produits chimiques : JCl. Environnement et dév. durable*, Fasc. 4050, 2010.

III – DROIT EUROPÉEN DES PRODUITS CHIMIQUES

Voir : Législation européenne transversale sur les substances chimiques (non exhaustif) :

REACH et CLP : Règl. n° 1907/2006, 18 déc. 2006, concernant l'enregistrement, l'évaluation et l'autorisation des substances chimiques, ainsi que les restrictions applicables à ces substances (REACH) (*JOUE* 30 déc. 2006). – Règl. n° 340/2008 modifié, 16 avr. 2008, relatif aux redevances et aux droits dus à l'Agence européenne des produits chimiques en application du règlement (CE) n° 1907/2006 du Parlement européen et du Conseil concernant l'enregistrement, l'évaluation et l'autorisation des substances chimiques, ainsi que les restrictions applicables à ces substances (REACH) (*JOUE* 17 avr. 2006). – Règl. n° 440/2008 modifié, 30 mai 2008, établissant des méthodes d'essai conformément au règlement (CE) n° 1907/2006 (*JOUE* 31 mai 2008). – Règl. n° 771/2008 modifié, 1er août 2008, établissant les règles d'organisation et de procédure de la chambre de recours de l'Agence européenne des produits chimiques (*JOUE* 2 août 2008). – Règl. n° 1272/2008 modifié, 16 déc. 2008, relatif à la classification, l'étiquetage et à l'emballage des substances et des mélanges (CLP) (*JOUE* 31 déc. 2008). – Guides techniques relatifs aux différentes procédures des règlements REACH et CLP de l'Agence européenne des produits chimiques (ECHA).

3) Importance du droit européen. Le droit des substances chimiques est essentiellement régi par le droit européen qui se traduit par des règlements européens, directement applicables au sein des États membres.

A – Commentaires sur le règlement REACH

4) Objet du règlement REACH. Le règlement REACH a pour objet d'assurer un niveau élevé de protection de la santé humaine et de l'environnement, tout en permettant la libre circulation des substances chimiques dans la Communauté européenne et l'amélioration de la compétitivité et de l'innovation (R. Haddad, *L'exigence d'un niveau élevé de protection de l'environnement dans la réglementation REACH*, sous Trib. UE 25 sept. 2015, aff. T-360/13, *VECCO c/ Commission de l'UE : Énergie – Env. – Infrastr.* 2016, comm. 16. – R. Haddad, *L'objectif prépondérant de la préservation de la santé humaine dans le règlement REACH*, sous Trib. UE, 30 avr. 2015, aff. T-135/13 : *Énergie – Env. – Infrastr.* 2015, p. 60. – S. Roset, *Quelques précisions sur le régime d'exemption prévu à l'article 58, paragraphe 2 : existe t'il une obligation d'exempter ?*, note sous Trib. UE 25 sept. 2015, aff. T-360/13, *VECCO c/ Commission de l'UE : Europe* n° 11, 2015, p. 42). Il vise à appréhender la quasi-totalité des substances chimiques circulant dans la Communauté européenne, afin de mieux en maîtriser les risques et les dangers. Le règlement REACH concerne toutes les entreprises productrices, importatrices, utilisatrices et distributrices de substances chimiques, de mélanges ou d'articles contenant des substances chimiques. Il prévoit quatre procédures pour atteindre les objectifs qu'il s'est fixés : l'enregistrement, l'évaluation, l'autorisation et les restrictions.

5) Notion d'article.

a) Rappel du contexte. Il existait une divergence d'interprétation sur la notion d'« article » entre la Commission européenne soutenue par l'Agence (ECHA) et certains États membres « dissidents » (France, Belgique, Danemark, Allemagne, Autriche, Suède et Norvège). Pour rappel un article est défini au sens du règlement REACH comme « *un objet auquel sont donné, au cours du processus de fabrication, une forme, une surface ou un dessin particuliers qui sont plus déterminants pour sa fonction que sa composition chimique* » (Art. 3.3). La position retenue par la Commission et reprise dans les guides de l'ECHA consistait, en présence d'un article dit « complexe », de retenir une « approche globale » de la notion d'article, alors que les États dissidents et notamment la France retenaient une approche par « sous-ensemble homogène » (V. Avis aux opérateurs économiques sur l'obligation de communiquer des informations sur les substances contenues dans les articles en application des articles 7.2 et 33 du règlement n° 1907/2006 (REACH) – Interprétation du seuil de 0,1 % (masse/masse) cité aux articles 7.2 et 33 publié le 8 juin 2011).

b) Recours devant le Conseil d'État. Deux fédérations professionnelles françaises ont introduit un recours devant le Conseil d'État à l'encontre de l'avis ministériel français du 8 juin 2011. L'enjeu consistait à déterminer si les obligations de notification (Art. 7.2 du règlement REACH) et d'information (Art. 33 du règlement REACH) liées aux substances extrêmement préoccupantes (SVHC) contenues dans les articles, devaient s'appliquer à l'article dans sa globalité ou bien à chaque sous-ensemble homogène composant l'article. Par une décision en date du 26 février 2014, le Conseil d'État a décidé de poser une question préjudicielle à la CJUE portant sur l'application du seuil de concentration dans l'article de 0,1 % m/m (■ CE, 26 févr. 2014, n° 354603, *Fédération des entreprises du commerce et de la distribution (FCD) et la Fédération des magasins de bricolage et de l'aménagement de la maison (FMB)*).

c) La CJUE, dans une décision du 10 septembre 2015 a donné son interprétation de la notion d'article au sens du règlement REACH et s'est positionnée sur la façon dont les obligations liées à cette notion devaient s'appliquer. Dans un premier temps, la CJUE précise que REACH ne contient aucune disposition régissant de manière spécifique la situation d'un produit complexe contenant plusieurs articles. Aussi, la qualification d'article reste applicable à tout objet répondant aux critères posés dans la définition d'article qui entre dans la composition d'un produit complexe. Dans un deuxième temps, concernant les obligations, la CJUE considère que :

(i) Sur l'obligation de notification : Pour le producteur d'article, l'obligation de notification concerne tous les articles dont il assure lui-même la fabrication ou l'assemblage. Dès lors, l'obligation de notification est bien applicable au niveau de chaque article dont le producteur d'article assure la fabrication ou l'assemblage et pas uniquement de l'article global final. Toutefois, cette obligation n'est pas applicable à un article qui, bien qu'utilisé par ce producteur comme un intrant, a été fabriqué par un tiers. Pour l'importateur d'article, la CJUE précise qu'aux fins de l'application de l'obligation de notification, il appartient à l'importateur d'un produit composé de plusieurs articles de déterminer pour chaque article si une SVHC est présente dans une concentration supérieure à 0,1 % m/m. Ainsi, l'obligation de notification incombant à l'importateur doit s'interpréter non pas au niveau de l'article global, mais de chaque article composant l'article global. À noter que la circonstance qu'il peut être difficile pour les importateurs d'obtenir de leurs fournisseurs établis dans des pays tiers les informations requises, n'est pas de nature à altérer leur obligation de notification.

(ii) Sur l'obligation d'information : il appartient au fournisseur d'un produit, dont l'un ou plusieurs des articles qui le composent, contiennent une SVHC dans une concentration supérieure à 0,1 % m/m par article d'en informer systématiquement le destinataire et le consommateur lorsque celui-ci en fait la demande (▪ CJUE, 10 sept. 2015, aff. C-106/14, *Fédération des entreprises du commerce et de la distribution (FCD) et fédération des magasins de bricolage et de l'aménagement de la maison (FMB)*).

d) Suite à la décision de la CJUE, le Conseil d'État rejette sans surprise le recours en annulation des deux fédérations professionnelles (▪ CE, 30 déc. 2015 n° 354603, *FCD et FMB*).

6) Principales modifications apportées au règlement REACH. Il convient de noter que le règlement REACH a été modifié à de nombreuses reprises par le biais de règlements d'exécution (actes non législatifs). Ces modifications portent essentiellement sur ses annexes et en particulier les annexes XIV (autorisation) et XVII (restrictions).

7) Concernant l'autorisation (annexe XIV). *a)* Règlements modifiant l'annexe XIV. À ce jour, l'annexe XIV compte 31 substances inscrites : ces substances dites extrêmement préoccupantes (« SVHC ») doivent faire l'objet d'une autorisation expresse préalable accordée par la Commission pour pouvoir être mises sur le marché et utilisées. Cette annexe XIV est par essence évolutive et la liste des substances qui y sont inscrites a vocation à s'allonger. Voici la liste des règlements ayant ajouté les substances au sein de l'annexe XIV :

– Le règlement n° 143/2011 de la Commission du 17 février 2011 (*JOUE* 18 févr. 2011) a inscrit à l'annexe XIV du règlement REACH 6 substances soumises à autorisation : 5-tert-butyl-2,4,6-trinitro-m-xylène (n° CAS : 81-15-2 ; 4,4) ; diaminodiphénylméthane (n° CAS : 101-77-9) ; Hexabromocyclododécane (n° CAS : 3194-55-6 25637-99-4) ; alpha-hexabromocyclododécane (n° CAS : 134237-50-6) ; bêta-hexabromocyclododécane (n° CAS : 134237-51-7) ; gamma-hexabromocyclododécane (n° CAS : 134237-52-8) ; Phtalate de *bis* (2-éthylhexyle) (n° CAS : 117-81-7) ; Phtalate de benzyle et de butyle (n° CAS : 85-68-7) ; Phtalate de dibutyle (n° CAS : 84-74-2).

– De la même façon le règlement n° 125/2012 de la Commission du 14 février 2012 (*JOUE* 15 févr. 2012) a ajouté 8 nouvelles substances soumises à autorisation : Phtalate de diisobutyle (n° CAS : 84-69-5) ; Trioxyde de diarsenic (n° CAS : 1327-53-3) ; Pentaoxyde de diarsenic (n° CAS : 1303-28-2) ; Chromate de plomb (n° CAS : 7758-97-6) ; Jaune de sulfochromate de plomb (n° CAS : 1344-37-2) ; Rouge de chromate, de molybdate et de sulfate de plomb (n° CAS : 12656-85-8) ; Phosphate de tris (2-chloroéthyle) (n° CAS : 115-96-8) ; 2,4-dinitrotoluène (2,4-DNT) (n° CAS : 121-14-2).

– Le règlement n° 348/2013 de la Commission du 17 avril 2013 (*JOUE* 18 avr. 2013) est venu ajouter 8 nouvelles substances à l'annexe XIV : Trichloroéthylène (n° CAS : 79-01-6) ; Trioxyde de chrome (n° CAS : 1333-82-0) ; Acides générés du trioxyde de chrome et leurs oligomères (groupe comprenant : acide chromique, n° CAS : 7738-94-5 ; acide dichromique, n° CAS 13530-68-2 ; oligomères de l'acide chromique et de l'acide dichromique) ; Dichromate de sodium (n° CAS : 7789-12-0) ; Dichromate de potassium (n° CAS : 7778-50-9) ; Dichromate d'ammonium (n° CAS : 7789-09-5) ; Chromate de potassium (n° CAS : 7789-00-6) ; Chromate de sodium (n° CAS : 7775-11-3).

– Enfin, le règlement n° 895/2014 de la Commission du 14 août 2014 (*JOUE* 19 avr. 2014) est venu ajouter 9 nouvelles substances à l'annexe XIV : le formaldéhyde, l'acide arsénique, l'éther de *bis* (2-méthoxyéthyle), le 1,2-dichloroéthane (EDC), le 2,5'-dichloro-4,4',-méthylènedianiline (MOCA), le tri(chromate) de dichrome, le chromate de strontium, l'hydroxyoctaoxodizincatédichromate de potassium, le chromate octahydroxyde de pentazinc.

– Décision d'exécution (UE) 2017/1210 de la Commission du 4 juillet 2017 sur l'identification du phtalate de *bis*(2-éthylhexyle) (DEHP), du phtalate de dibutyle (DBP), du phtalate de benzyle et de butyle (BBP) et du phtalate de diisobutyle (DIBP) en tant que substances extrêmement préoccupantes conformément à l'article 57, point *f)*, du règlement (CE) n° 1907/2006 du Parlement européen et du Conseil [notifiée sous le numéro C(2017) 4462] (Texte présentant de l'intérêt pour l'EEE) ;

– Décision d'exécution (UE) 2018/636 de la Commission du 17 avril 2018 sur l'identification du phtalate de dicyclohexyle en tant que substance extrêmement préoccupante au titre de l'article 57, points *c)* et *f)*, du règlement (CE) n° 1907/2006 du Parlement européen et du Conseil [notifiée sous le numéro C(2018) 2167] (Texte présentant de l'intérêt pour l'EEE).

b) Décisions d'autorisation. Plusieurs décisions octroyant des autorisations d'utilisations de substances incluses à l'annexe XIV ont été rendues par la Commission européenne. Exemples : Décision d'exécution de la Commission du 29 mai 2015 portant autorisation d'une utilisation du trioxyde de diarsenic au titre du règlement REACH, C(2015) 3524 du 29 mai 2015 ; Décision d'exécution de la Commission du 8 janvier 2016 portant autorisation de certaines utilisations de l'hexabromocyclododécane (HBCDD) au titre du règlement REACH, C (2015) 9812 final du 8 janvier 2016.

8) Modifications concernant les restrictions (annexe XVII).

a) Substances ôtées de l'annexe XVII. Le règlement n° 552/2009 de la Commission du 22 juin 2009 porte modifications de l'annexe XVII qui fixe les restrictions applicables à la mise sur le marché et à l'utilisation de certaines substances, mélanges ou articles dangereux (*JOUE* 26 juin 2009). Il a essentiellement pour but d'alléger cette annexe concernant certaines substances d'ores et déjà régies par d'autres réglementations (ex : suppression des dispositions relatives aux appareils contenant des PCT dans la mesure où ceux-ci sont appréhendés par la directive 96/59/CE). De la même façon, le règlement (UE) n° 207/2011 de la Commission du 2 mars 2011 (*JOUE* 3 mars 2011) porte sur la suppression de l'annexe XVII des restrictions concernant le diphényléther, le dérivé pentabromé et les SPFO. En effet, ces substances correspondent aux critères permettant de les qualifier de polluants organiques persistants (POP's) et doivent par conséquent figurer à l'annexe I du règlement n° 850/2004. Le règlement n° 317/2014 de la Commission du 27 mars 2014 (*JOUE* 28 mars 2014) modifie les restrictions applicables aux substances listées à l'annexe XVII et ajoute un certain nombre d'entrées à l'annexe XVII.

b) Substances ajoutées à l'annexe XVII. Le règlement n° 276/2010 de la Commission du 31 mars 2010 (*JOUE* 1er avr. 2010) a modifié l'annexe XVII pour y introduire des limitations concernant le dichlorométhane, les huiles lampantes et allume-feu liquides et les composés organostanniques. Par ailleurs, le règlement n° 366/2011 de la Commission du 14 avril 2011 (*JOUE* 15 avr. 2011) a ajouté l'acrylamide (n° CAS 79-06-1) à l'annexe XVII, en raison de sa nature CMR (cancérogènes, mutagènes ou toxiques pour la reproduction). Ainsi, à compter du 5 novembre 2012, l'acrylamide ne pourra plus être mis sur le marché ni utilisé en tant que substance ou constituant de mélanges à des concentrations égales ou supérieures à 0,1 % en poids pour les applications d'étanchéisation. En outre, le cadmium dans les mélanges et les articles a également été ajouté à l'annexe XVII : les nouvelles restrictions applicables à l'utilisation et la mise sur le marché du cadmium dans les mélanges et les articles sont entrées en vigueur le 10 janvier 2012 (Règlement n° 494/2011 de la Commission du 20 mai 2011 : *JOUE* 21 mai 2011). Enfin, le règlement n° 109/2012 du 9 février 2012 de la Commission européenne (*JOUE* 10 févr. 2012) a mis à jour l'annexe XVII du règlement REACH en incluant un certain nombre de substances nouvellement classées CMR dans le règlement relatif à la classification, à l'étiquetage et à l'emballage des substances et des mélanges (CLP). Le nouveau règlement vient adapter la liste des substances CMR du règlement REACH concernées par l'interdiction de vente au grand public afin de les aligner sur les entrées correspondantes du règlement CLP. La modification vise notamment à réduire l'exposition du grand public au bore, en particulier par la limitation de l'utilisation des perborates dans les détergents et les produits de nettoyage ménagers. À noter que jusqu'au 1er juin 2013, une dérogation est toutefois accordée aux fabricants de détergents afin qu'ils puissent s'adapter et remplacer les composés du bore par des produits de substitution. Le règlement n° 317/2014 de la Commission du 27 mars 2014 (*JOUE* 28 mars 2014) modifie les restrictions applicables aux substances listées à l'annexe XVII et supprime également une entrée à l'annexe XVII. Le règlement n° 2015/268 de la Commission du 22 avril 2015 modifie le règlement REACH en ce qui concerne le plomb et ses composés (*JOUE* 23 avr. 2015). Le règlement 2015/1494 de la Commission du 4 septembre 2015 a modifié l'annexe XVII du règlement REACH en ce qui concerne le benzène (*JOUE* 5 sept. 2015). Le règlement n° 2016/26 a également modifié l'annexe XVII du règlement REACH en ce qui concerne les éthoxylates de nonylphénol (*JOUE* 14 janv. 2016). Le règlement 2016/217 de la Commission du 16 février 2016 a également modifié l'annexe XVII du règlement REACH en ce qui concerne le cadmium (*JOUE* 17 févr. 2016).

c) Autres modifications. D'autres règlements sont venus modifier l'annexe XVII du règlement REACH : le règlement n° 412/2012 de la Commission du 15 mai 2012 (*JOUE* 16 mai 2012) concernant le fumarate de diméthyle (DMF) ; le règlement n° 835/2012 de la Commission du 18 septembre 2012 (*JOUE* 19 sept. 2012) concernant le cadmium ; le règlement n° 836/2012 de la Commission du 18 septembre 2012 (*JOUE* 19 sept. 2012) concernant le plomb ; le règlement n° 126/2013 de la Commission du 13 février 2013 (*JOUE* 14 févr. 2013) et le règlement n° 2015/326 de la Commission du 2 mars 2015 (*JOUE* 3 mars 2015) modifiant les restrictions applicables aux hydrocarbures aromatiques polycycliques et les phtalates. Règlement n° 301/2014 de la Commission du 25 mars 2014 modifiant l'annexe XVII du règlement REACH, en ce qui concerne les composés du chrome VI.

9) Modifications concernant l'identification des substances persistantes, bioaccumulables et toxiques (PBT), et des substances très persistantes et très bioaccumulables (vPvB). V. Règlement n° 253/2011 de la Commission du 15 mars 2011 qui a modifié l'annexe XIII du règlement REACH.

10) Fiches de Données de Sécurité (FDS). Le contenu de la FDS prévue à l'article 31 du règlement REACH doit impérativement respecter les exigences fixées par l'annexe II du règlement REACH, modifié par le règlement n° 453/2010 du 20 mai 2010, règlement qui a pris en compte les nouveautés introduites par le règlement CLP (règlement (CE) n° 1272/2008 du Parlement européen et du Conseil du 16 décembre 2008). Alors qu'au 1er juin 2015, deux modifications contradictoires, l'une apportée par l'article 59, § 5 du règlement CLP et l'autre par le règlement 453/2010, allaient entrer en vigueur, un règlement 2015/830 du 28 mai 2015 a remplacé l'annexe II afin d'éviter toute confusion.

11) Autres modifications. Le règlement n° 987/2008 de la Commission du 8 octobre 2008 portant modification des annexes IV et V. Le règlement n° 134/2009 de la Commission du 16 février 2009 portant modification de l'annexe XI. Le règlement n° 2015/282 de la Commission du 20 février 2015 modifiant les annexes VIII, IX et X du règlement REACH concernant l'étendue de toxicité pour la reproduction sur une génération.

12) Absence de valeur juridique des Guides techniques de l'ECHA. Les guides de l'ECHA ne sont pas contraignant juridiquement (■ CJUE, 10 sept. 2015, aff. C-106/14, *Fédération des entreprises du commerce et de la distribution (FCD) et fédération des magasins de bricolage et de l'aménagement de la maison (FMB)*).

B – Jurisprudences sur le règlement REACH

13) Décisions d'inclusion de substances sur la liste des substances extrêmement préoccupantes (SVHC). Le Tribunal de l'Union européenne a rendu quatre arrêts jugeant recevables mais rejetant au fond des recours déposés par des opérateurs à l'encontre de décisions rendues par l'ECHA incluant des substances sur la liste candidate (SVHC) (■ TUE, 7 mars 2013, aff. T-93/10, T-94/10, T-95/10 et T-96/10, *Bilbaína de Alquitranes e.a. c/ ECHA*, note M. Beaudoin, *Règlement REACH : rejet par le Tribunal de l'Union européenne de recours contre des décisions d'inclusion de substances sur la liste des substances « extrêmement préoccupantes » : Environnement et dév. durable* juill. 2013, n° 7, p. 33). D'une façon générale, le Tribunal de l'UE rejette les recours tendant à contester les décisions identifiant certaines substances chimiques comme SVHC (V. pour exemple une décision concernant des sensibilisants respiratoires : ■ TUE, 30 avr. 2015, aff. T-134/13, *Polynt SpA et Sitre Srl c/ ECHA* (note S. Roset, *Europe* juin 2015, p. 23) ; autre exemple concernant le brai de goudron de houille à haute température : ■ CJUE, 22 mai 2014, aff. C-287/13, *Bilbaina e Alquitranes SA c/ ECHA*). L'ECHA ne dispose d'aucun pouvoir relatif au choix de la substance à identifier, cette prérogative incombant exclusivement à la Commission et aux États membres en application de l'article 59 du règlement REACH (■ CJUE, 4 sept. 2014, aff. C-288/13, C-289/13 et C-290/13 : *Europe* nov. 2014, comm. 489, obs. E. Roset ; C. Clément, V. Delpiano et V. Lesson ; *Revue générale de droit médical* mars 2015, n° 54, p. 223).

14) Décisions concernant les restrictions. Plusieurs requérants ont formé des recours tendant à l'annulation du règlement (UE) n° 366/2011 de la Commission du 14 avril 2011, modifiant le règlement REACH, en ce qui concerne l'annexe XVII (acrylamide) (■ CJUE, 27 mars 2014, aff. C-199/13, *Polyelectrolyte Producers Group et a. c/ Commission européenne*) d'une part ; et contre les restrictions applicables à la fabrication, à la mise sur le marché et à l'utilisation du cadmium et de ses composés (■ TUE, 14 nov. 2013, aff. T-456/11, *International cadmium Association et autres c/ Commission européenne*) d'autre part.

15) Conséquences du paiement tardif de la redevance d'enregistrement. La chambre des recours de l'Agence, qui statue sur les recours formés contre les décisions de l'Agence (ECHA) a rendu deux décisions portant sur le retard dans le paiement de la redevance d'enregistrement prévue par le règlement REACH :

– Dans la première affaire, la chambre des recours a donné droit à l'appelant qui cherchait à se faire rembourser la redevance d'enregistrement payée tardivement, au motif selon lequel l'ECHA avait commis des manquements dans la gestion administrative du dossier, et en particulier n'avait pas été claire dans les informations communiquées à l'appelant (Decision of the Board of Appeal of the European Chemicals Agency, 10 oct. 2011, n° A-001-2010) ;

– Dans la seconde affaire, la chambre des recours a en revanche débouté l'appelant qui contestait la décision de refus d'enregistrement prise par l'ECHA en raison du paiement tardif de la redevance. L'appelant soutenait notamment que le rejet d'enregistrement était disproportionné par rapport au retard dans le paiement de la redevance. La chambre des recours a appliqué strictement le principe selon lequel le non-paiement de la redevance dans les délais prévus emporte le refus de la demande d'enregistrement sans remboursement de la redevance payée tardivement (Decision of the Board of Appeal of the European Chemicals Agency, 7 oct. 2011, n° A-004-2011).

16) Redevances. Dans une affaire où le montant de 20 700 euros correspondant au droit administratif imposé à la requérante était plus de 17 fois supérieur au montant de la redevance dont elle devait s'acquitter pour enregistrer la substance en cause, le Tribunal de l'UE a estimé que le montant du droit administratif imposé à la requérante était en l'espèce, manifestement disproportionné par rapport à l'objectif poursuivi par la réglementation (■ TUE, 2 oct. 2014, aff. T-177/12, *Spraylat GmbH c/ ECHA* : comm. S. Roset : *Europe* 2014, n° 12, p. 32). Le Tribunal de l'Union européenne a en outre examiné une série d'affaires relatives aux recours exercés à l'encontre des redevances pour l'enregistrement des produits chimiques (■ TUE, 15 sept. 2016 ; aff. T-587/14, *Crosfield Italia* ; aff. T-392/13, *Leone La Ferla SpA* ; aff. T-620/13, *Marchi Industriale SpA* ; aff. T-675/13, *K Chimica Srl*, comm. S. Roset, *Règlement REACH et redevances : Europe* nov. 2016, n° 11, p. 40-41).

17) Sanctions en cas de non-respect du règlement REACH. L'article 126 du règlement REACH impose aux États membres de déterminer le régime des sanctions applicables aux violations du règlement REACH, et de prendre toute mesure nécessaire pour assurer la mise en œuvre de celles-ci. Les sanctions prévues doivent être effectives, proportionnées et dissuasives. À travers l'ordonnance n° 2009-229 du 26 février 2009 et le décret n° 2010-150 du 17 février 2010, la France a mis en place ce régime de sanctions, et a ainsi satisfait à l'obligation prévue à l'article 126. Toutefois, la Belgique a été condamnée pour manquement à l'obligation prévue à l'article 126 du règlement REACH (■ CJUE, 5 mai 2011, aff. 265-10, *Commission européenne c/ Royaume de Belgique*).

18) Règlement REACH et droit des contrats. Le non-respect des exigences du règlement REACH est susceptible d'emporter des conséquences en matière de responsabilité contractuelle. À cet égard, le défaut de conformité des produits livrés (en l'espèce, des bâtonnets d'encens, facilement inflammables) à la réglementation, par le manquement aux obligations des articles 31, 32 et 33 prévues au règlement REACH, a eu pour conséquence d'entraîner la résolution du contrat. En l'espèce, cette résolution a été prononcée aux torts partagés des parties en raison de la non-délivrance conforme des produits par le vendeur d'une part, et de la négligence de l'acheteur d'autre part (■ CA Versailles, 31 janv. 2012, n° 10/09073, *SARL MID OCEAN France*).

19) Articulation entre les législations. Par exemple, en ce qui concerne les alicaments, ■ Cass. crim., 30 oct. 2007, n° 06-87.556 : *Dr. pén.* janv. 2008. ■ Cass. crim., 23 mars 2004, n° 03-84.228 : *Dr. pén.* juin 2004, comm. J.-H. Robert.

20) Annexe XVII du règlement REACH. Le Tribunal de l'Union européenne a rendu un arrêt rejetant le recours formé par plusieurs opérateurs contre le règlement (UE) n° 366/2011 du 14 avril 2011 relatif à la restriction concernant la mise sur le marché et l'utilisation de l'acrylamide en tant que substance ou constituant de mélanges à des concentrations égales ou supérieures à 0,1 % en poids pour les applications d'étanchéisation après le 5 novembre 2012 (■ TUE, 1er févr. 2013, aff. T-368/11, *Polyelectrolyte Producers Group e. a. c/ Commission : Rev. jur. env.* 2013, p. 377, obs. A. Ndiaye). Par un arrêt en date du 14 novembre 2013, le Tribunal de l'Union européenne a annulé le règlement (UE) n° 494/2011 du 20 mai 2011 modifiant le règlement REACH en ce qui concerne l'annexe XVII (cadmium), dans la mesure où il restreint l'utilisation de l'orange de sulfoséléniure de cadmium, du rouge de sulfoséléniure de cadmium et du sulfure de zinc de cadmium dans les mélanges et les articles à base de polymères organiques synthétiques autres que ceux pour lesquels cette utilisation était limitée avant l'adoption du règlement n° 494/2011.

21) Confidentialité des documents détenus par l'ECHA contenant des informations soumises par une entreprise dans le cadre de sa demande d'autorisation d'une substance chimique. Dans une affaire où le requérant estimait que l'accès par des tiers au rapport sur la sécurité chimique et une analyse des solutions de remplacement conduisait à mettre en péril ses intérêts commerciaux et ses droits de propriété intellectuelle, dont la protection s'étendrait à son droit au secret commercial. Dans cette affaire, où le Tribunal de l'union européenne statuait en référé, il a été enjoint à l'ECA de s'abstenir de divulguer lesdits documents (rapport sur la sécurité chimique et analyse des solutions de remplacement de la substance phtalate de *bis* (2-éthylhexyle) (DEHP) (■ TUE, aff. T-189/14 R, *Déza a.s c/ ECHA*). Dans une autre affaire, le Tribunal a jugé qu'il « *ne saurait ainsi être admis que [...] les documents communiqués à l'ECHA soient considérés comme étant, dans leur intégralité, manifestement couverts par l'exception relative à la protection des intérêts commerciaux des demandeurs d'autorisation.* » (■ TUE, 13 janv. 2017, aff. T-189/14, *Deza c/ ECHA : Europe* 2017, n° 3, p. 12-13, comm. V. Burck).

22) Soumission de l'ECHA au régime linguistique de l'UE. Dans le cadre d'une procédure de vérification de sa qualité de PME, une entreprise a saisi la chambre des recours de l'ECHA invoquant la violation du principe de bonne administration en raison de la non-utilisation du français durant la procédure de vérification. La chambre des recours de l'ECHA, dans une décision du 21 mai 2014, considère que l'Agence européenne des produits chimiques a violé l'article 3 du règlement du 15 avril 1958 fixant le régime linguistique de la CEE disposant que « les textes adressés par les institutions à un État membre ou à une personne relevant de la juridiction d'un État membre sont rédigés dans la langue de cet État ». Ce règlement, applicable à l'ECHA, lui impose d'adresser des documents en français à l'entreprise installée en France. Tous les documents pris dans le cadre de cette procédure sont donc viciés (Décision de la chambre des recours de l'ECHA du 21 mai 2014, n° A-002-2013, *Distillerie de la Tour*).

23) Exemptions. En vertu de l'article 58, § 2 du règlement REACH, des utilisations ou des catégories d'usage peuvent être exemptées de l'obligation d'autorisation, à condition que, compte tenu de la législation européenne spécifique existante, qui impose des exigences minimales en ce qui concerne la protection de la santé humaine ou de l'environnement, en cas d'utilisation de la substance, le risque soit bien maîtrisé. Lors de l'octroi d'une exemption, il est notamment tenu compte du rapport existant entre le risque pour la santé humaine et l'environnement et la nature de la substance comme lorsque le risque est modifié par la forme physique. Pour une application stricte des conditions du régime de l'exemption (▪ TUE, 25 sept. 2015, aff. T-360/13, *VECCO : Énergie – Env. – Infrastr.* 2016, comm. 16, obs. R. Haddad ; S. Roset, *Europe* nov. 2015, comm. 452).

24) Notion de substances intermédiaires, de substances extrêmement préoccupantes et interprétation restrictive du champ d'application de la clause d'exemption. ▪ CJUE, 1re ch., 25 oct. 2017, aff. C-650/15 P, *Polyelectrolyte Producers Group GEIE (PPG) et SNF SAS c/ ECHA*, note S. Roset ; *Europe* n° 12, déc. 2017, comm. 48.

25) Articulation du règlement REACH avec d'autres dispositifs nationaux. Dans cette affaire, la CJUE devait répondre à une question préjudicielle qui lui était posée sur le point de savoir si le règlement REACH pouvait s'opposer à une réglementation nationale qui oblige un importateur de produits chimiques à enregistrer les produits auprès de l'autorité nationale compétente, alors qu'il y est déjà tenu en application de ce règlement auprès de l'ECHA. Le juge européen a considéré que dans la mesure où « le système REACH » ne conduit qu'à une réglementation partielle de certaines questions, il laisse place à des dispositifs nationaux de protection. La CJUE a considéré que l'harmonisation réalisée à travers REACH n'est pas considérée comme un obstacle à la réglementation nationale qui oblige un importateur de produits chimiques à enregistrer ces produits auprès de l'autorité nationale compétente, à condition que ce ne soit pas une condition préalable à la mise sur le marché des produits, que l'enregistrement porte sur des informations différentes de celles requises par le règlement et qu'elle contribue à la réalisation d'un niveau élevé de protection de la santé humaine et de l'environnement ainsi que la libre circulation de telles substances dans le marché intérieur (▪ CJUE, 17 mars 2016, aff. C-472/14, *Canadian Oil Company and Ranten : JCP G* 2016, n° 13, obs. F. Picod ; A. Rigaux : *Europe* 2016, n° 5, comm. 158, p. 18-19).

Bibliographie : *Sur le règlement REACH. Ouvrages et fascicule.* N. Margossian, *Le règlement REACH : la réglementation européenne sur les produits chimiques*, Dunod/L'usine Nouvelle, 2007.

Doctrine. E. Simon, *Législation déchets et REACH : une articulation délicate : BDEI* févr. 2016, n° 61, p. 13. – N. Léca, *REACH est-il mature ? : Énergie – Env. – Infrastr.* mai 2015, n° 5, p. 21. – S. Catoire, *Dossier sur la réglementation REACH : Responsabilité et Environnement* juill. 2013, n° 71. – INFOREG, *La gestion des fiches de données de sécurité : CDE* 2013, p. 67. – N. Léca, *REACH : vers l'âge de raison : BDEI* juill. 2013, n° 46, p. 46. – C. Musset, *REACH a créé une communication tout au long de la chaîne d'approvisionnement : Actu-Environnement* avr. 2013. – A. Ndiaye, *Produits chimiques : Rev. jur. env.* 1er juin 2013, n° 2, p. 377. – C. Verdure et C. Zakine, *La mise en œuvre du règlement REACH : examen des principaux développements intervenus : Journal de droit européen* mars 2013, p. 174. – C. Zakine, *Les risques suscités par la mise en œuvre du règlement REACH : à la recherche d'une protection juridique adéquate : REDC* 2013, p. 317. – H. Bastos, *Le règlement REACH : Experts* déc. 2012, p. 46. – R. Lefèvre, *Cinq ans de mise en œuvre du règlement REACH par l'Agence européenne des produits chimiques : bilan d'étape et perspectives : Rev. UE*, 2012, p. 295. – M. Baudoin et R. Rard, *État des lieux et perspectives du contentieux européen relatif au règlement REACH*, L'observateur de Bruxelles janv. 2012, n° 87, p. 39. – F. Delachaux, *REACH : à plein régime : Environnement Magazine* sept. 2012, n° 1710, p. 39. – P. Drapeau et J. Oosterbaan, *Comprendre et se conformer au règlement REACH : le cas de l'article 33 : Dr. env.* mai 2012, n° 201, p. 170. – S. Fabregat, *REACH 5 ans après : un premier bilan : Environnement et technique* juin 2012, n° 315, p. 35. – N. Léca, *REACH : au milieu du gué : Environnement et dév. durable* août 2012, n° 8, p. 17. – S. Pugnet et C. Zolesi, *Réglementation « REACH » des substances chimiques et agroalimentaires : incidences et illustration de l'emballage : Option qualité* juin 2012, n° 316, p. 17. – C. Zakine, *Le règlement REACH protège-t-il le consommateur ? : REDC* 2012, p. 429. – V. Hinc, *REACH : La diffusion d'informations sur les substances par l'ECHA : BDEI* juill. 2011, n° 34. – E. Lacombe, *Les matériaux polymères : Experts* févr. 2011, n° 94, p. 30. – J. Herschtel et F. Harrouet, *REACH, conséquences du défaut d'enregistrement : « Quand le mieux » reste l'Ennemi du bien ! : BDEI* sept. 2010, n° 29, p. 38. – O. Lantrès et A.-C. Masnier, *L'application du règlement REACH dans les domaines des dispositifs médicaux : RD sanit. soc.* mai 2010, n° 3, p. 463. – G. Pezzali, *Reach et CLP, des échéances imminentes pour les entreprises : risques et enjeux : Décideurs juridiques et financiers* déc. 2010, n° 122, p. 94. – F. Puel, T. Titone et G. Pezzali, *REACH : point d'étape à moins d'un an avant la première échéance d'enregistrement et précautions pour l'avenir : Environnement et dév. durable* mai 2010, n° 5, p. 16. – F. Puel et G. Pezzali, *Règlement REACH : les contrôles arrivent... les sanctions aussi : LJA* mai 2010, n° 977, p. 1. – T. Rosset, *REACH : la coopération chimique européenne en route : BDEI* juill. 2010, n° 28, p. 34. – P. Bianchi, *Pas à pas, Reach poursuit sa révolution : Face au Risque* mai 2009, n° 453, p. 9. – M.-P. Maître et D. Courilleau, *Aspects pratiques du partage de données dans Reach : Environnement et technique* nov. 2009, n° 292, p. 64. – M.-P. Maître et E. Miteva, *Reach et commerce international des produits chimiques : subtile articulation : Environnement et technique* janv.-févr. 2009, n° 283, p. 60 ; *REACH : Quelles obligations pour demain ?* avr. 2009, n° 285, p. 56. – M.-P. Maître, *Structuration de la réglementation sur les produits chimiques : l'articulation des règlements Reach et CLP : Gaz. Pal.* 3-4 juill. 2009 ; n° spécial *Droit de l'environnement*, n°s 184-185, p. 6. – J.-Y. Ollier et S. Pelletreau, *Contrôle et sanctions liés au règlement Reach : BDEI* sept. 2009, n° 23, p. 48. – P. Savin, *Point d'actualité sur la mise en œuvre du règlement Reach : Gaz. Pal.* nov. 2009, Dossier : environnement et santé, n°s 326 à 328, p. 17. – P. Thieffry, *La refonte du régime de la classification, de l'étiquetage et de l'emballage des substances dangereuses : Environnement* juill. 2009, n° 7. – A. Ballereau-Boyer, *Produits chimiques : la mutation Reach : Gaz. Pal.* 6-7 avr. 2007, n° 96. – P. Billet, *Reach : le règlement enfin adopté : Environnement et dév. durable* févr. 2007, p. 3 et 4. – O. Guichardaz, *Reach : les substances doivent montrer patte blanche : Environnement et technique* janv.-févr. 2007, n° 263, p. 6. – Y. Martinet et B. Mazel-Souchier, *Reach : identifier et gérer les risques juridiques : Décideurs Juridiques et Financiers*, Guide-Annuaire 2007, p. 140. – M. A. Orellana, *Reach : un nouveau chapitre dans le droit international des produits chimiques : Sustainable Development Law & Policy*, Vol. VII, Issue 4, Summer 2007. – J. Pelin, *Après l'adoption de Reach, l'heure est à la mise en œuvre : Environnement et technique* mars 2007, n° 264, p. 3. – H. Seillan, *Reach : la France s'organise : Préventique Sécurité* mars 2007, n° 92. – P. Thieffry, *Reach : l'enregistrement, l'évaluation et l'autorisation des substances chimiques en Europe : Environnement* mars 2007, n° 3, p. 9. – P. Arnaud et A. Garans, *L'industrie chimique se prépare aux impacts de Reach : Environnement et technique* sept. 2006, n° 259, p. 51. – J. Bonnemains, *Le mythe de Reach : Responsabilité et Environnement* juill. 2006, n° 43, p. 77. – B. de Guillebon, *Chimie : les enjeux de Reach : Environnement et technique* janv.-févr. 2006, n° 253, p. 46 – C. Lepage, *Que faut-il penser de Reach ? : Responsabilité et Environnement* juill. 2006, n° 43, p. 80. – P. Libreros, *Reach ou comment gérer le risque chimique à l'horizon 2020 : Responsabilité et environnement* juill. 2006, n° 43, p. 74. – J.-F. Robert, *Reach : l'Europe au pied du mur : Valeurs vertes* nov.-déc. 2006, n° 83, p. 4. – R. Romi, *À propos du projet Reach : quel rythme pour quelle révolution sanitaire ? : RD sanit. soc.* mars-avr. 2006, n° 2, p. 238. – C. Tissot-Cole et C. Lequime, *Reach : des objectifs légitimes, des adaptations indispensables : Responsabilité et environnement* juill. 2006, n° 43, p. 71. – A. Gossement, *L'incidence du projet Reach sur la responsabilité du producteur de produits chimiques : Gaz. Pal.* nov. 2005, n°s 327-328, p. 30.

C – Commentaire sur le règlement CLP

26) Le règlement CLP établit un nouveau système de classification et d'étiquetage dans l'Union européenne, pour mieux identifier les dangers des substances chimiques et mieux protéger les travailleurs.

Bibliographie : *Sur le règlement CLP. Doctrine.* B. Rajot, *Amélioration de l'information sur les produits chimiques dangereux : plus de 3 millions de notifications concernent la classification et l'étiquetage : Resp. civ. et assur.* févr. 2011, n° 2, p. 4. – G. Pezzali, *REACH et CLP, des échéances imminentes pour les entreprises : risques et enjeux : Décideurs juridiques et financiers* déc. 2010, n° 122, p. 94-95. – C. Garro, *Réglementation des produits chimiques : SGH/CLP/REACH, une approche globale : Dr. env.* avr. 2009, n° 167, p. 32. – N. Parot, *Classifier et étiqueter les produits chimiques en Europe : Face au Risque* mai 2009, n° 453, p. 12. – P. Thieffry, *La refonte du régime de la classification, de l'étiquetage et de l'emballage des substances dangereuses : Environnement* juill. 2009, n° 7, p. 10.

D – Jurisprudences sur le règlement CLP

27) Classifications litigieuses. La CJUE a eu l'occasion de préciser que les substances à base de borate devaient être classifiées comme reprotoxiques de catégorie 2. À cet égard, elle a jugé que c'était à bon droit que la Commission avait décidé d'intégrer les classifications litigieuses dans le tableau 3.1 de l'annexe VI (relative aux classifications et étiquetages harmonisés pour certaines substances dangereuses) partie 3 du règlement CLP, à l'aide du tableau de conversion contenu dans l'annexe VII de ce règlement (■ CJUE, 21 juill. 2011, aff. C-15/10, *Etimine SA*). Une autre décision a été rendue dans le même sens le même jour concernant la classification des carbonates de nickel, des hydroxydes de nickel ainsi que de plusieurs substances groupées à base de nickel en tant que substances dangereuses (■ CJUE, 21 juill. 2011, aff. C-14/10, *Nickel Institute*).

E – Commentaire sur le règlement PIC

28) Le règlement PIC administre les importations et les exportations de certains produits chimiques dangereux et impose des obligations aux entreprises qui souhaitent exporter ces produits chimiques vers des pays hors de l'UE. Il met en œuvre, dans l'UE, la convention de Rotterdam sur la procédure de consentement préalable informé pour certains produits chimiques et pesticides dangereux qui font l'objet d'un commerce international.

Voir : PIC : Règl. n° 649/2012 du 4 juillet 2012 concernant les exportations et importations de produits chimiques dangereux (refonte) (*JOUE* 27 juill. 2012).

Voir : Législation européenne sectorielle sur les substances chimiques (non exhaustif) : Règl. n° 2003/2003/CE modifié, 13 oct. 2003, relatif aux engrais. – Règl. n° 648/2004/CE, modifié, relatif aux détergents. – Règl. n° 273/2004/CE, relatif aux précurseurs de drogues. – Dir. n° 93/15/CEE, 15 avr. 1993, relative à l'harmonisation des dispositions concernant la mise sur le marché et le contrôle des explosifs à usage civil. – Dir. n° 2007/23/CE, 23 mai 2007, relative à la mise sur le marché d'articles pyrotechniques. – Dir. n° 91/414/CEE modifiée, 15 juill. 1991, concernant la mise sur le marché des produits phytopharmaceutiques. – Dir. n° 2002/95/CE modifiée, 27 janv. 2003, relative à la limitation de l'utilisation de certaines substances dangereuses dans les équipements électriques et électroniques. – Règl. n° 2037/2000, 29 juin 2000, relatif à des substances qui appauvrissent la couche d'ozone. – Rapport du 17 juin 2008 sur les aspects réglementaires des nanomatériaux (Doc. COM [2008], 366 final). – Règl. n° 850/2004/CE, 29 avr. 2004, concernant les polluants organiques persistants. – Règl. n° 842/2006, 17 mai 2006, relatif à certains gaz à effet de serre fluorés. – Règl. n° 178/2002/CE, 28 janv. 2002, établissant les principes généraux et les prescriptions générales de la législation alimentaire. – Dir. n° 2009/32/CE, 23 avr. 2009, relative au rapprochement des législations des États membres concernant les solvants d'extraction utilisés dans la fabrication des denrées alimentaires et de leurs ingrédients. – Dir. cadre n° 89/107/CE, 21 déc. 1988, concernant les additifs pouvant être employés dans les denrées destinées à l'alimentation humaine. – Dir. n° 76/768, 27 juill. 1976, relative aux produits cosmétiques.

F – Perturbateurs endocriniens

29) Absence de définition claire en droit européen. La carence de la Commission a été constatée sur ce point : en effet, l'article 5 du règlement n° 528/2012, du 22 mai 2012, concernant la mise à disposition sur le marché et l'utilisation des produits biocides énonce, en recourant au présent de l'indicatif, l'obligation pour la Commission d'adopter un acte délégué visant à spécifier des critères scientifiques pour la détermination des propriétés perturbant le système endocrinien, et ce au plus tard le 13 décembre 2013 (Trib. UE [3e ch.], 16 déc. 2015, aff. T-521/14, *Royaume de Suède c/ Commission européenne : JCP* A 2016, n° 15, p. 22-23, note E. Chevalier). Pour l'heure, la définition des perturbateurs endocriniens la plus communément admise est celle proposée par l'OMS en 2002 : « Un perturbateur endocrinien est une substance ou un mélange de substances, qui altère les fonctions du système endocrinien et de ce fait induit des effets néfastes dans un organisme intact, chez sa progéniture ou au sein de (sous)–populations ». Le Règlement délégué (UE) 2017/2100 de la Commission du 4 septembre 2017 a défini des critères scientifiques pour la détermination des propriétés perturbant le système endocrinien, conformément au règlement (UE) n° 528/2012 du Parlement européen et du Conseil (Texte présentant de l'intérêt pour l'EEE). Il faut noter également la proposition de DIRECTIVE DU PARLEMENT EUROPÉEN ET DU CONSEIL relative à la qualité des eaux destinées à la consommation humaine (janvier 2018) pour y intégrer notamment les perturbateurs endocriniens (Numéro CELEX 52017PC0753).

G – Pesticides et glyphosate

30) Règlement d'exécution (UE) 2017/660 de la Commission du 6 avril 2017 concernant un programme de contrôle, pluriannuel et coordonné, de l'Union pour 2018, 2019 et 2020, destiné à garantir le respect des teneurs maximales en résidus de pesticides dans et sur les denrées alimentaires d'origine végétale et animale et à évaluer l'exposition du consommateur à ces résidus (Texte présentant de l'intérêt pour l'EEE).

31) Une associations est recevable à solliciter la communication d'informations ayant trait à l'environnement sur la base de la convention d'Aarhus – en l'espèce, la demande concernait le glyphosate (■ CJUE, 23 nov. 2016, aff. C-673/13, *Green-*

peace Nederland, Pesticide Action Network Europe, note F. Jamay : *Un accès à l'information élargi concernant les effets des pesticides sur l'environnement et la santé : vers une définition plus stricte du secret industriel et commercial : Énergie – Env. – Infrastr.* 2017, n° 4, comm. 23).

Art. L. 521-1 ***(Rempl., Ord. n° 2001-321, 11 avr. 2001 ; Ord. n° 2009-229, 26 févr. 2009 ; Ord. n° 2010-1232, 21 oct. 2010 ; L. n° 2015-1567, 2 déc. 2015 ; L. n° 2021-1308, 8 oct. 2021).*** **– I. – Les dispositions du présent chapitre tendent à protéger la santé humaine et l'environnement contre les risques qui peuvent résulter des substances et mélanges chimiques.**

II *(Mod., L. n° 2024-364, 22 avr. 2024).* – Sans préjudice du respect des obligations issues des règlements (CE) n° 1005/2009, (UE) n° 649/2012 [du 4 juillet 2012], (UE) n° 2019/1021, (UE) n° 517/2014 [du 16 avril 2014], (UE) 2017/852 [17 mai 2017] et (UE) 2023/1542 12 juillet 2023], la fabrication, la mise sur le marché, l'utilisation des substances, telles quelles ou contenues dans des mélanges ou des articles, et la mise sur le marché des mélanges, sont soumises aux dispositions du règlement (CE) n° 1907/2006 du Parlement européen et du Conseil du 18 décembre 2006 concernant l'enregistrement, l'évaluation et l'autorisation des substances chimiques, ainsi que les restrictions applicables à ces substances (REACH), instituant une agence européenne des produits chimiques, modifiant la directive 1999/45/CE et abrogeant le règlement (CEE) n° 793/93 du Conseil et le règlement (CE) n° 1488/94 de la Commission ainsi que la directive 76/769/CEE du Conseil et les directives 91/155/CEE, 93/67/CEE, 93/105/CE et 2000/21/CE de la Commission et aux dispositions du règlement (CE) n° 1272/2008 du Parlement européen et du Conseil du 16 décembre 2008 relatif à la classification, à l'étiquetage et à l'emballage des substances et des mélanges, modifiant et abrogeant les directives 67/548/CEE et 1999/45/CE et modifiant le règlement (CE) n° 1907/2006.

III. – Si les intérêts de la défense nationale l'exigent, l'autorité administrative peut accorder des exemptions au règlement (CE) n° 1907/2006, dans des cas spécifiques pour certaines substances, telles quelles ou contenues dans un mélange ou un article ou au règlement (CE) n° 1272/2008 dans des cas spécifiques pour certaines substances ou certains mélanges.

Voir : PE, résol. 1er mars 2018 sur les perspectives et défis pour le secteur apicole de l'Union européenne (2017/2115(INI)) ; Communication de la Commission du 1er juin 2018, Initiative européenne sur les pollinisateurs, COM(2018) 395 final ; Décret n° 2012-530 du 19 avril 2012 relatif à la mise sur le marché et au contrôle des substances et mélanges (*JO* 21 avr. 2012). Question écrite sans réponse n° 23364, 19 avril 2012 - Cruiser OSR. - M. Alain Fauconnier - Ministère de l'Agriculture, de l'Alimentation, de la Pêche, de la Ruralité et de l'Aménagement du territoire. Question écrite avec réponse n° 16998, 25 juin 2015 - Demandes des apiculteurs pour la mise en place de méthodes d'évaluation des produits phytosanitaires. - M. Roland Courteau - Ministère de l'Agriculture, de l'Agroalimentaire et de la Forêt. Pollution de l'eau par les perturbateurs endocriniens, Rép. min. n° 1988 : *JOAN* Q 14 nov. 2017, p. 5599. Question écrite avec réponse n° 18631, 29 oct. 2015 - Impact néfaste des perturbateurs endocriniens sur la santé. - M. Cyril Pellevat - Ministère des Affaires sociales et de la Santé. 3 novembre 2016 Sénat.

Bibliographie : M. Bacache, *La mise en œuvre des différents mécanismes de responsabilité liés à l'usage de pesticides en agriculture – La responsabilité civile à l'épreuve des risques sanitaires liés aux pesticides : Énergie – Env. – Infrastr.*2018, n° 6, dossier 17. • P. Billet, *L'Union européenne au chevet des pollinisateurs : Énergie – Env. – Infrastr.* 2018, n° 7, alerte 124. • B. Parance, *Les défis soulevés par la régulation des perturbateurs endocriniens : D.* 2018, 1449. • G. Thévenot, *L'encadrement juridique des incertitudes scientifiques liées aux pesticides : l'exemple des produits phytopharmaceutiques : Énergie – Env. – Infrastr.* 2018, n° 6, dossier 13. • F.-G. Trébulle, *Propos conclusifs : Énergie – Env. – Infrastr.* 2018, n° 6, dossier 20. • B. Parance, *Définition européenne des perturbateurs endocriniens : un progrès ? : D.* 2017, p. 1752. • B. Parance, *Les enjeux de santé environnementale : Énergie – Env. – Infrastr.* 2017, n° 12, dossier 27. • Y. Petit, *Accès à des documents relatifs aux perturbateurs endocriniens : RD rur.* 2017, n° 452, comm. 13 ; *Accès aux documents relatifs à la mise sur le marché des produits phytopharmaceutiques et biocides dont le glyphosathe : RD rur.* 2017, n° 453, comm. 155 ; *Chronologie de l'impéritie de la Commission européenne : Dr. rur.* 2016, n° 446, p. 88. • M. Lucas, *Les données scientifiques dans le contentieux pesticide : Dr. env.* févr. 2016, 182 ; *Les risques liés aux pesticides pour la santé et l'environnement, Enjeux juridiques : EEI* 2018, dossiers 10 et s.

1) Jurisprudence européenne. Demande de décision préjudicielle, introduite par le Conseil d'État (France). Les articles 34 TFUE et 36 TFUE doivent être interprétés en ce sens qu'ils s'opposent à une réglementation nationale qui exclut la délivrance d'une autorisation d'importation parallèle pour un produit phytopharmaceutique qui ne bénéficie pas, dans l'État membre d'exportation, d'une autorisation de mise sur le marché délivrée sur le fondement de la directive 91/414/CEE du Conseil, du 15 juillet 1991, concernant la mise sur le marché des produits phytopharmaceutiques, alors que ce produit bénéficie d'une autorisation d'importation parallèle et peut être considéré comme identique à un produit bénéficiant d'une autorisation de mise sur le marché délivrée conformément à cette directive dans l'État membre d'importation (■ CJUE, 6 nov. 2014, aff. C-108/13, *Mac GmbH c/ Ministère de l'Agriculture, de l'Agroalimentaire et de la Forêt*). En application du le principe de précaution, les exigences liées à la protection de la santé publique, de la sécurité et de l'environnement doivent prévaloir sur des intérêts économiques et par voie de conséquence, la seule solution pour assurer l'effet utile des restrictions apportées à l'approbation des semences consiste en l'interdiction d'utilisation pour éviter l'usage des stocks existants (■ TUE, 17 mai 2018, aff. T 429/13 et T 451/13, *Bayer CropScience AG et Syngenta Crop Protection AG et alii*. – ■ TUE, 17 mai 2018, aff. T 584/13, *BASF Agro BV*).

2) Constitutionnalité de la loi du 24 décembre 2012 concernant le bisphénol A. Si le Conseil Constitutionnel valide la loi en ce qui concerne la suspension de l'importation et de la mise sur le marché de tout conditionnement alimentaire contenant du BPA, en revanche il sanctionne l'interdiction de fabrication et d'exportation de ces produits « sur le territoire de la République ou à partir de ce territoire » (■ Cons. const., 17 sept. 2015, déc. n° 2015-480 QPC : *JurisData* n° 2015-020577).

3) Conditions de retrait d'une autorisation. La décision de retrait du Gaucho, qui est une mesure individuelle de police sanitaire doit être motivée (■ CE, 29 déc. 1999, *Sté Rustica Prograin génétique et société Bayer* : recueil T p. 979 ; *Rev. jur. env.* 2000 p. 229. Le retrait provisoire est légal en application du principe de précaution compte tenu des études et des avis exprimés par différents comités (même arrêt) ; le retrait définitif est fondé si l'absence d'innocuité fait l'objet de doutes sérieux (■ CE, 27 févr. 2008, n° 277127). Le Conseil d'État exerce un contrôle sur le refus d'abroger l'autorisation du Gaucho si l'intégralité des éléments nécessaires à la preuve de l'innocuité n'a pas été prise en compte (■ CE, 9 oct. 2002 *Union de l'apiculture française : AJDA* 2002, p. 1180 conclusions Seners ; *Rev. jur. env.* 1/2003 p. 113 note Romi). Cependant, dans la mesure où le risque ne concerne que des situations spécifiques et que le produit présent un intérêt économique fort, les apiculteurs ne sont pas fondés à demander la de l'exécution de la décision du ministre de l'Agriculture refusant d'abroger l'autorisation de mise sur le marché du Gaucho (■ CE, 31 mars 2003, n° 254638, *Union national de l'apiculture française* ; *AJDA* 2003 p. 1388, note Boussard). La procédure de retrait n'est pas la même que celle de la délivrance d'une autorisation et le ministre peut suspendre une autorisation de l'AMM du Gaucho pour tous usages en attendant la décision communautaire d'inscription à l'annexe de la directive 91/414/ CE. La procédure de retrait doit être contradictoire et permettre au titulaire de l'autorisation de présenter ses observations avant la décision finale (■ CE, 4 avr. 2005, n° 266665, *Sté BASF–Agro*).

4) Pouvoirs de police du maire. Un maire peut interdire l'utilisation de produits phytopharmaceutiques malgré une AMM s'il établit que les circonstances propres à son territoire le justifient (■ TA Nancy, 2 mars 1994, n° 031105, *Préfet des Vosges*). Tel n'est pas le cas si les considérations sont générales (■ TA Lyon, 12 déc. 2012, n° 1200196, *Préfet du Rhône*).

5) Responsabilité à l'égard des tiers. Engage sa responsabilité l'exploitant qui utilise un procédé déconseillé (épandage par avion) et parvent défavorable pour épandre des désherbants. Le vendeur et le fabricant des produits ainsi que la société spécialiste d'épandage par avion peuvent être appelés en garantie (■ TGI Nîmes, 6 févr. 1973 : *RJ* 1976, p. 57). De même, une coopérative agricole qui épand sans avoir au préalable prévenu les apiculteurs voisins engage sa responsabilité (■ Cass. 2e civ., 14 juin 1972 : *Bull. civ.* n° 180).

6) Intérêt pour agir. Un département qui ne possède pas de ruches n'a pas intérêt à agir pour se constituer partie civile en raison de la destruction des abeilles car il ne défend pas l'intérêt général et ne représente pas une partie de sa population (■ Cass. crim., 19 déc. 2006, *Département de la Vendée : JCP* 2007, IV, 1335).

7) Référé suspension. Fait l'objet d'un référé suspension un arrêté préfectoral permettant par dérogation, la pulvérisation aérienne de produits phytosanitaires la condition liée à l'avantage manifeste pour la santé l'environnement n'étant pas remplie (■ CE, Juge des référés, 6 mai 2014, n° 376812, *Assoc. pour la sauvegarde et la réhabilitation de la faune des Antilles*).

Art. L. 521-2 *(Abr., Ord. n° 2009-229, 26 févr. 2009 ; rétabli, L. n° 2020-1525, 7 déc. 2020). – (Mod. à compter du 1er janvier 2024, L. fin. n° 2022-1726, 30 déc. 2022)* **Le Comité français d'accréditation contrôle la conformité aux bonnes pratiques de laboratoire des laboratoires d'essai situés sur le territoire français et déclarant appliquer les bonnes pratiques de laboratoire pour la réalisation d'essais non cliniques portant sur les produits chimiques autres que les produits mentionnés à l'article L. 5311-1 du Code de la santé publique, les produits cosmétiques mentionnés à l'article L. 5131-1 du même code, les produits de tatouage mentionnés à l'article L. 513-10-1 dudit code et les médicaments vétérinaires mentionnés à l'article L. 5141-1 du même code.**

Le Comité français d'accréditation prend, au nom de l'État, les décisions relatives à la conformité de ces laboratoires et des essais qu'ils effectuent aux bonnes pratiques de laboratoires.

Les décisions prises par le Comité français d'accréditation en application du présent article ne sont susceptibles d'aucun recours hiérarchique. Toutefois, en cas de risque grave pour la santé publique, l'autorité administrative peut s'opposer, par arrêté motivé, à une décision du Comité français d'accréditation et lui demander de procéder, dans un délai de trente jours, à un nouvel examen du dossier ayant servi de fondement à ladite décision. Cette opposition est suspensive de l'application de cette décision.

Les modalités d'application du présent article sont fixées par décret.

Art. L. 521-3 et L. 521-4 *(Abr., Ord. n° 2009-229, 26 févr. 2009).*

Section I. – Dispositions communes aux substances chimiques

(Ord. n° 2009-229, 26 févr. 2009)

1) Précisions terminologiques. L'ordonnance n° 2011-1922 du 22 décembre 2011 est venue adapter certaines dispositions législatives contenues dans le Code de l'environnement afin que celles-ci cadrent davantage avec divers textes européens encadrant la mise sur le marché, la fabrication et l'utilisation des produits chimiques. À cet égard, le rapport au Président de la République relatif à cette ordonnance n° 2011-1922 (NOR : ETSX1131975P, *JORF* n° 0297, 23 déc. 2011, p. 21993 texte n° 37) précise que l'ordonnance a modifié certains termes du Code de l'environnement afin de lever les ambiguïtés découlant de l'usage, par les textes européens, de termes parfois différents pour désigner des notions pourtant similaires (notamment les règlements REACH et les règlements n° 517/2014 sur les gaz à effet de serre fluorés et n° 1005/2009 sur les substances appauvrissant la couche d'ozone).

2) Exemple à travers la notion de mise sur le marché. La notion de mise sur le marché est définie différemment au titre du règlement REACH (Art. 3.12 : « Le fait de fournir un produit ou de le mettre à disposition d'un tiers, à titre onéreux ou non. Toute importation est assimilée à une mise sur le marché. »), du règlement biocides (Art. 3.1 *j*) : « La première mise à disposition sur le marché d'un produit biocide ou d'un article traité ») ou encore du règlement relatif aux gaz à effet de serre fluorés (Art. 2.10 : « La fourniture à un tiers ou la mise à disposition d'un tiers dans l'Union, pour la première fois, à titre onéreux ou à titre gratuit, ou l'utilisation pour son propre compte dans le cas d'un producteur, y compris la mise en libre pratique dans l'Union »).

Art. L. 521-5 ***(Rempl., Ord. n° 2001-321, 11 avr. 2001 ; Ord. n° 2009-229, 26 févr. 2009 ; mod., Ord. n° 2010-1232, 21 oct. 2010 ; Ord. n° 2011-1922, 22 déc. 2011).*** **– I. – Tout fabricant ou importateur d'une substance, telle quelle ou contenue dans un mélange, un article, un produit ou un équipement, se tient informé de l'évolution des connaissances de l'impact sur la santé humaine et l'environnement lié à l'exposition à cette substance.**

Les fabricants et importateurs de substances, telles quelles ou contenues dans des mélanges, des articles, des produits ou des équipements, indiquent à l'autorité administrative compétente les informations nouvelles sur les propriétés dangereuses de ces substances et de leurs usages, découlant soit de l'amélioration des connaissances scientifiques et techniques, soit de l'observation des effets de ces substances et révélant l'existence de nouveaux dangers ou risques graves pour la santé humaine ou pour l'environnement, si ces informations ne font pas l'objet d'une communication au titre du règlement (CE) n° 1907/2006.

II. – Tout fabricant, importateur ou utilisateur en aval d'une substance, telle quelle ou contenue dans un mélange, un article, un produit ou un équipement, rassemble toutes les informations dont il a besoin pour s'acquitter des obligations imposées par les règlements communautaires régissant les produits chimiques. Sur demande, ce fabricant, importateur ou utilisateur en aval transmet ou met à disposition cette information à l'autorité administrative compétente.

III *(Ord. n° 2020-920, 29 juill. 2020)*. – Afin de favoriser la réduction de la teneur en substances dangereuses des matériaux et des produits, tout fournisseur d'un article au sens du règlement (CE) n° 1907/2006 du Parlement européen et du Conseil communique, à compter du 5 janvier 2021, les informations prévues à l'article 33, paragraphe 1, de ce règlement à l'Agence européenne des produits chimiques.

Les informations dont la divulgation serait susceptible de porter atteinte aux intérêts essentiels de la défense nationale ne sont pas communiquées.

Art. L. 521-6 *(Rempl., Ord. n° 2001-321, 11 avr. 2001 ; mod., Ord. n° 2009-229, 26 févr. 2009 ; Ord. n° 2010-1232, 21 oct. 2010 ; Ord. n° 2011-1922, 22 déc. 2011 ; L. n° 2015-1567, 2 déc. 2015 ; L. n° 2021-1308, 8 oct. 2021).* **– I. – Les ministres chargés de l'environnement, de la santé et du travail prennent par arrêté conjoint les mesures d'application nécessaires pour mettre en œuvre les articles 49, alinéa *b*, et 129 du règlement (CE) n° 1907/2006.**

II. – Lorsque des substances, telles quelles ou contenues dans des mélanges, des articles, des produits ou des équipements, présentent des dangers graves ou des risques non valablement maîtrisés pour les travailleurs, la santé humaine ou l'environnement, les ministres chargés de l'environnement, de la santé et du travail peuvent par arrêté conjoint :

1° *(Mod., L. n° 2024-364, 22 avr. 2024)* **Lorsque les règlements (CE) n° 1005/2009, (UE) n° 649/2012 [du 4 juillet 2012], (UE) n° 2019/1021, (UE) n° 517/2014 [du 16 avril 2014], (CE) n° 1907/2006, (CE) n° 1272/2008, (UE) 2017/852 [17 mai 2027] et (UE) 2023/1542 [12 juillet 2023] n'harmonisent pas les exigences en matière de fabrication, de mise sur le marché ou d'utilisation de substances, telles quelles ou contenues dans des mélanges, des articles, des produits ou des équipements :**

***a)* Interdire de façon provisoire ou permanente, totale ou partielle leur fabrication, leur importation, leur exportation, leur mise sur le marché, leur détention en vue de la vente ou certains de leurs usages, ou ordonner leur retrait ou leur rappel ;**

***b)* Imposer des prescriptions relatives à la fabrication, l'importation, l'exportation, la mise sur le marché, l'emploi pour certains usages, la composition, l'étiquetage, l'emballage, la dénomination commerciale, la publicité, le stockage, la récupération, la régénération, le recyclage, et la destruction, ainsi que toute autre condition nécessaire à la préservation de la santé humaine ou de l'environnement ;**

2° Lorsque des substances, telles quelles ou contenues dans des mélanges, des articles, des produits ou des équipements sont transportées par voie ferrée, routière, fluviale, maritime ou aérienne :

***a)* Interdire de façon provisoire ou permanente, totale ou partielle leur transport ;**

***b)* Imposer des prescriptions relatives à leur transport.**

1) Motivation. L'arrêté d'interdiction, de restriction ou de réglementation pris par le ministre chargé de l'environnement doit être motivé en application des dispositions de la loi du 11 juillet 1979, relative à la motivation des actes administratifs (▪ CE, 7 juin 1985, *Sté « ACOPASA » : Rec. CE* 1985, p. 176. ▪ CE, 28 mars 1990, *Sté « ACOPASA » : Rec. CE* 1990, p. 80). Est jugée suffisante l'interdiction qui précise les raisons pour lesquelles elle a été prononcée (▪ CE, 28 oct. 1991, *Sté « J.-M. Lorcy » et a. : Rec. CE* 1991, tables p. 1084). Eu égard à son objet, l'arrêté interministériel relatif à l'interdiction de la mise sur le marché, de l'importation, de la détention en vue de la vente ou de la distribution et de la fabrication d'isolants, pris sur le fondement de l'article 129 du règlement REACH et l'article L. 521-6, a un caractère réglementaire. Dès lors, il n'est pas au nombre des décisions administratives dont la loi n° 79-587 du 11 juillet 1979 exige la motivation. L'arrêt implique également que « la décision de validation par la Commission d'un arrêté d'interdiction de mise sur le marché d'un produit pris par les autorités nationales fait obstacle à ce que soient contestées, autrement que selon les voies de droit propres du droit de l'UE, le caractère d'urgence et l'adéquation aux risques identifiés des mesures prises » (▪ CE, 19 juin 2015, n°s 371517 et 371861, *Sté Cellaouate c/ min. de l'Écologie : JurisData* n° 2015-014677). Une lettre portant déclaration de non-conformité adressée par l'ECHA au Ministère de l'Écologie constituait bien un acte attaquable (▪ TUE, 8 mai 2018, aff. T 283/15, *ESSO Raffinage c/ ECHA*). L'application classique du contrôle de légalité en matière de classement des substances dangereuses (▪ TUE, 11 mai 2017, aff. T-115/15, *DESA c/ ECHA*).

2) Contrôle restreint. Le juge administratif ne contrôle que l'erreur manifeste d'appréciation dans le cadre d'un recours pour excès de pouvoir contre l'arrêté d'interdiction, de restriction ou de réglementation (▪ CE, 28 mars 1990, *Sté « ACOPASA »*, préc. ▪ CE, 20 mai 1994, *Sté « DTN-FRANCE » et a. : BID* 9/1994, p. 49). En décidant de suspendre pour un an la fabrication, l'importation et la mise sur le marché des gommes à effacer rappelant des produits alimentaires et facilement ingérables, et en prévoyant le retrait et la destruction de ces produits en tout lieu où ils se trouvaient, les auteurs de l'arrêté attaqué n'ont pas adopté une mesure excessive et disproportionnée au regard des risques pour la santé des jeunes enfants que représentaient les objets en cause (▪ CE, 27 avr. 1988, n° 63772, *Sté Bernard Carant et Cie c/ Min. d'État chargé de l'économie, des finances et de la privatisation : Rec. CE* 1988, p. 171).

3) Principe de précaution. En estimant, à la date d'intervention de l'arrêté attaqué et compte tenu des précautions qui s'imposent en matière de protection de la santé publique, que la fabrication, l'importation, la mise sur le marché et l'utilisation du produit artecoll-arteplast contenant du collagène bovin et utilisé sur le corps humain devait être suspendu pour une durée d'un an, les signataires de l'arrêté attaqué n'ont pas entaché leur décision d'une appréciation manifestement erronée (■ CE, 21 avr. 1997, n° 180274, *Mme Barbier : D.* 1997, inf. rap. p. 123). Tenant compte des résultats d'évaluations scientifiques récentes qui ont conclu aux effets nuisibles et aux caractères potentiellement dangereux de certains phtalates, substances destinées à rendre le caoutchouc plus souple, sur la santé des jeunes enfants, essentiellement par migration de ces substances suite à la mise en bouche prolongée, la Haute juridiction a considéré que la mesure prise n'était effectivement pas disproportionnée au regard des risques que représentent les produits considérés pour la santé des jeunes consommateurs (■ CE, 28 juill. 2000, n°s 212115 et 212135, *Assoc. Force ouvrière Consommateurs et a.*).

4) Responsabilité du fabricant. Le fabricant d'un produit ayant causé des dommages à des cultures est responsable même s'il a précisé dans les documents accompagnant la livraison les conditions d'utilisation (■ Cass. civ. 2e, 6 mars 1975 : *D.* 1975, IR 124). Il est également responsable si les informations données sont insuffisantes en particulier en raison d'un besoin d'arrosage très important (■ Cass. 1re civ., 9 déc. 1975 : *D.* 1978, 205, note Savatier), ou s'il ne précise pas les plants pour lesquels le traitement est contre-indiqué (■ Cass. 1re civ., 22 nov. 1978 : *Bull. civ.* I, n° 358 ; *D.* 1979, IR 350, obs. Larroumet ; *JCP* 1979, II. 19139, note Viney), ou encore s'il ne précise pas les dangers du produit pour la peau ou pour les yeux (■ Cass. 1re civ., 14 déc. 1982 : *Bull. civ.* I, n° 361). Le juge contrôle la qualité de brochures techniques et met la charge de la preuve du manquement à l'obligation d'information et de conseil au détriment de la victime (■ CA Orléans, 27 mars 2008, n° 07/00894, *Earl Domaine de la Commanderie*).

Le fabricant d'un produit phytosanitaire autorisé n'est pas responsable en application de la responsabilité du fait des produits défectueux, pour des problèmes de santé à type de neuropathie imputés à la toxicité des bulbes et oignons à fleurs acquis pour l'exploitation en horticulture, en l'absence de preuve clinique ou expérimentale de tremblement ou de neuropathie sensitive associée à l'exposition aux matières actives (■ CAA Aix-en-Provence, 21 avr. 2016, n° 2016/175). En revanche, est responsable pour défaut d'information la société Monsanto qui a fabriqué et vendu le Lasso sans pleinement informer des dangers d'inhalation d'un produit et gravement compromis la santé de l'agriculteur utilisateur (■ CA Lyon, 6e ch., 10 sept. 2015, n° 12/02717).

Art. L. 521-7 ***(Rempl., Ord. n° 2001-321, 11 avr. 2001 ; mod., Ord. n° 2009-229, 26 févr. 2009 ; Ord. n° 2010-1232, 21 oct. 2010 ; L. n° 2018-670, 30 juill. 2018).*** **– I. – La personne ayant transmis à l'autorité administrative des informations pour lesquelles elle revendique le secret des affaires peut indiquer celles de ces informations qu'elle considère comme commercialement sensibles, dont la diffusion pourrait lui porter préjudice, et pour lesquelles elle demande le secret vis-à-vis de toute personne autre que l'autorité administrative. Dans ce cas, des justifications devront être fournies à l'autorité administrative qui apprécie le bien-fondé de la demande.**

La personne ayant transmis des informations est tenue d'informer l'autorité administrative lorsqu'elle rend elle-même publiques des informations pour lesquelles le secret des affaires avait été reconnu par l'autorité administrative.

II. – L'autorité administrative prend toutes dispositions utiles pour que les informations reconnues par elle ou par l'autorité compétente d'un État membre de la Communauté européenne ou par l'Agence européenne des produits chimiques comme relevant du secret des affaires ne soient accessibles qu'aux personnes qu'elle a désignées. Ces personnes sont astreintes au secret professionnel selon les modalités prévues aux articles 126-13 et 226-14 du Code pénal, sauf à l'égard des autorités judiciaires agissant dans le cadre d'une procédure pénale.

Un décret fixe les conditions permettant la protection du secret de la formule intégrale des mélanges.

Art. L. 521-8 (1) ***(Rempl., Ord. n° 2001-321, 11 avr. 2001 ; Ord. n° 2009-229, 26 févr. 2009 ; mod., Ord. n° 2010-1232, 21 oct. 2010).*** **– Les fabricants, importateurs ou utilisateurs en aval fournissent sur demande de l'autorité administrative compétente des dossiers techniques sur les** ***(Mots rempl., Ord. n° 2011-1922, 22 déc. 2011)*** **« substances, telles quelles ou contenues dans des mélanges, des articles, des produits ou**

(1) V. T. appl. : D. n° 99-55, 26 janv. 1999. – NDLR.

des équipements, » lesquelles peuvent faire l'objet des mesures prévues à l'article L. 521-6 et aux titres VI, VII et VIII du règlement (CE) n° 1907/2006.

Art. L. 521-9 *(Rempl., Ord. n° 2001-321, 11 avr. 2001 ; Ord. n° 2009-229, 26 févr. 2009).* – Les règles de classement, d'emballage et d'étiquetage des substances et *(Mot rempl., Ord. n° 2010-1232, 21 oct. 2010)* « mélanges » sont définies par des règlements communautaires ou, en tant que de besoin, par des décrets en Conseil d'État pris pour l'application des directives communautaires.

Art. L. 521-10 *(Rempl., Ord. n° 2001-321, 11 avr. 2001 ; mod., Ord. n° 2009-229, 26 févr. 2009 ; Ord. n° 2010-1232, 21 oct. 2010).* – Tous renseignements complémentaires ou essais de vérification nécessaires à l'application des articles L. 521-5 et L. 521-8 peuvent être demandés par l'autorité administrative aux fabricants, importateurs ou utilisateurs en aval de *(Mots rempl., Ord. n° 2011-1922, 22 déc. 2011)* « substances, telles quelles ou contenues dans des mélanges, des articles, des produits ou des équipements, » et mis à leur charge.

Art. L. 521-11 *(Rempl., Ord. n° 2001-321, 11 avr. 2001 ; Ord. n° 2009-229, 26 févr. 2009 ; mod., Ord. n° 2010-1232, 21 oct. 2010).* – Les dépenses résultant de la conservation, de l'examen, de l'exploitation et de l'expertise des informations communiquées au titre de l'article L. 521-5 ou contenues dans les dossiers techniques mentionnés à l'article L. 521-8 peuvent être mises à la charge des fabricants, importateurs ou utilisateurs en aval des *(Mots rempl., Ord. n° 2011-1922, 22 déc. 2011)* « substances, telles quelles ou contenues dans des mélanges, des articles, des produits ou des équipements. »

Art. L. 521-11-1 *(Créé à compter du 1er juillet 2013, Ord. n° 2012-34, 11 janv. 2012 ; mod., Ord. n° 2019-964, 18 sept. 2019).* – I. – Pour les besoins de leurs missions de contrôle des mesures prévues au présent chapitre, les agents chargés du contrôle peuvent prélever des échantillons en vue de faire effectuer par un laboratoire des analyses ou des essais.

Les prélèvements d'échantillons sont réalisés en présence du directeur d'établissement ou de son représentant si le contrôle a lieu dans une installation de fabrication ou de stockage ou si les substances ou produits faisant l'objet du prélèvement sont conditionnés en vrac. Les substances ou produits faisant l'objet du prélèvement sont inventoriés et laissés à la garde du détenteur. Ces opérations font l'objet d'un rapport dont une copie est remise au détenteur.

II. – Pour les besoins de leurs missions de contrôle des mesures prévues par le présent chapitre, les agents chargés du contrôle peuvent ordonner la consignation des substances ou mélanges, ou des produits manufacturés ou équipements les contenant, dans l'attente des résultats des contrôles de leur conformité aux dispositions du présent chapitre et à celles prises pour son application.

Les substances, mélanges, les produits manufacturés ou équipements consignés sont laissés à la garde de leur détenteur. La mesure de consignation ne peut excéder quinze jours.

Si l'intéressé refuse d'obtempérer ou si le délai de consignation se révèle d'une durée insuffisante, le juge des libertés et de la détention du tribunal judiciaire dans le ressort duquel est situé le lieu où les substances, les mélanges, les produits manufacturés ou les équipements sont détenus peut, sur saisine du chef de service compétent et par ordonnance motivée, décider de passer outre au refus de l'intéressé ou accorder une prorogation du délai de consignation.

Le juge des libertés et de la détention peut ordonner la mainlevée de la mesure de consignation à tout moment. La consignation est levée de plein droit par l'agent habilité dès lors que la conformité des substances ou mélanges, ou des produits manufacturés ou équipements consignés aux réglementations auxquelles ils sont soumis est établie.

III. – Un décret en Conseil d'État précise les conditions d'application du présent article.

Section II. – Recherche et constatation des infractions

(Anc. sect. 3, dénum., Ord. n° 2009-229, 26 févr. 2009 ; intitulé rempl. à compter du 1er juillet 2013, Ord. n° 2012-34, 11 janv. 2012)

Art. L. 521-12 *(Rempl., Ord. n° 2001-321, 11 avr. 2001 ; mod., Ord. n° 2009-229, 26 févr. 2009 ; mod. à compter de la date prévue au II de l'article 29 de l'ordonnance n° 2010-177 du 23 février 2010, Ord.*

n° 2010-177, 23 févr. 2010 ; mod., Ord. n° 2010-1232, 21 oct. 2010 ; L. n° 2011-525, 17 mai 2011 ; Ord. n° 2011-1922, 22 déc. 2011 ; mod. à compter de la date prévue au III de l'article 41 de la loi n° 2011-2012 du 29 décembre 2011, L. n° 2011-2012, 29 déc. 2011 (1) *; mod. à compter du 1er juillet 2013, Ord. n° 2012-34, 11 janv. 2012 ; mod. L. n° 2015-1567, 2 déc. 2015 ; Ord. n° 2016-128, 10 févr. 2016 ; mod. à compter du 1er juillet 2016, Ord. n° 2016-301, 14 mars 2016 ; L. n° 2021-1308, 8 oct. 2021).* – I. – Outre les officiers et agents de police judiciaire et les inspecteurs de l'environnement mentionnés à l'article L. 172-1, sont habilités à rechercher et à constater les infractions aux dispositions du présent chapitre et des textes pris pour son application :

1° Les agents de la concurrence, de la consommation et de la répression des fraudes, qui disposent à cet effet des pouvoirs prévus au I de l'article L. 511-22 du Code de la consommation ;

2° Les inspecteurs et contrôleurs du travail ;

3° Les agents des douanes ;

4° Les autres agents mentionnés à l'article L. 1312-1 du Code de la santé publique ;

5° Les inspecteurs de l'Agence française de sécurité sanitaire des produits de santé mentionnés à l'article L. 5313-1 du Code de la santé publique ;

6° Les vétérinaires-inspecteurs ;

7° Les fonctionnaires et agents publics habilités pour le contrôle de la protection des végétaux mentionnés à l'article L. 250-2 du Code rural et de la pêche maritime ;

8° Les agents habilités à effectuer des contrôles techniques à bord des aéronefs ;

9° Les administrateurs des affaires maritimes, les officiers du corps technique et administratif des affaires maritimes, les fonctionnaires affectés dans les services exerçant des missions de contrôle dans le domaine des affaires maritimes sous l'autorité ou à la disposition du ministre chargé de la mer, les commandants, les commandants en second et les officiers en second des bâtiments de l'État ainsi que les commandants de bord des aéronefs de l'État chargés de la surveillance en mer ;

10° *(Mod. à compter du 1er janvier 2025, L. n° 2024-450, 21 mai 2024)* Les inspecteurs de la sûreté nucléaire de l'Autorité de sûreté nucléaire et de radioprotection, dans les conditions prévues au chapitre VI du titre IX ;

11° Les agents assermentés et désignés à cet effet par le ministre de la Défense.

II. – Les agents mentionnés au I du présent article sont également habilités à procéder aux contrôles nécessaires en vue de vérifier le respect des dispositions des règlements ci-dessous et des règlements et décisions communautaires qui les modifieraient ou seraient pris pour leur application :

– Règlement (CE) n° 1907/2006 du Parlement européen et du Conseil, du 18 décembre 2006, concernant l'enregistrement, l'évaluation et l'autorisation des substances chimiques, ainsi que les restrictions applicables à ces substances (REACH), instituant une agence européenne des produits chimiques, modifiant la directive 1999/45/CE et abrogeant le règlement (CEE) n° 793/93 du Conseil et le règlement (CE) n° 1488/94 de la Commission ainsi que la directive 76/769/CEE du Conseil et les directives 91/155/CEE, 93/67/CEE, 93/105/CE et 2000/21/CE de la Commission ;

– Règlement (UE) n° 517/2014 du Parlement européen et du Conseil, du 16 avril 2014, relatif aux gaz à effet de serre fluorés et abrogeant le règlement (CE) n° 842/2006 ;

– Règlement (UE) n° 2019/1021 du Parlement européen et du Conseil du 20 juin 2019 concernant les polluants organiques persistants ;

– Règlement (CE) n° 1272/2008 du Parlement européen et du Conseil du 16 décembre 2008 concernant la classification, l'étiquetage et l'emballage des substances et des mélanges, modifiant et abrogeant les directives 67/548/CEE et 1999/45/CE et modifiant le règlement (CE) n° 1907/2006 ;

– Règlement (UE) n° 649/2012 du Parlement européen et du Conseil, du 4 juillet 2012 concernant les exportations et importations de produits chimiques dangereux ;

– Règlement (CE) n° 1005/2009 du Parlement européen et du Conseil du 16 septembre 2009 relatif à des substances qui appauvrissent la couche d'ozone.

– Règlement (UE) n° 2017/852 du Parlement européen et du Conseil du 17 mai 2017 relatif au mercure et abrogeant le règlement (CE) n° 1102/2008.

---

(1) Dispositions d'application particulières et transitoires : V. L. n° 2011-2012, 29 déc. 2011, art. 41, III.

– *(L. n° 2024-364, 22 avr. 2024)* **Règlement (UE) 2023/1542 [12 juillet 2023] du Parlement européen et du Conseil du 12 juillet 2023 relatif aux batteries et aux déchets de batteries, modifiant la directive 2008/98/CE et le règlement (UE) 2019/1020, et abrogeant la directive 2006/66/CE.**

L'article 3 de l'ordonnance n° 2010-1232 du 21 octobre 2010 modifie l'article L. 521-12 du Code de l'environnement en vue, d'une part, d'habiliter de nouveaux agents à procéder aux contrôles en matière de produits chimiques et à la recherche et à la constatation des infractions notamment au titre du règlement REACH, et, d'autre part, de prévoir que les agents habilités à procéder aux contrôles en vue de vérifier le respect des obligations des dispositions du Code de l'environnement en matière de produits chimiques sont également habilités à procéder aux contrôles nécessaires en vue du respect des dispositions du règlement (CE) n° 1272/2008 du 16 décembre 2008 concernant la classification, l'étiquetage et l'emballage des substances et des mélanges, modifiant et abrogeant les directives n°s 67/548/CEE et 1999/45/CE et modifiant le règlement (CE) n° 1907/2006.

Voir : Circulaire interministérielle DGPR/DGCCRF/DGT/DGS/DGDDI du 25 juin 2013 relative aux contrôles des substances et produits chimiques (*BO MEDDE*, n° 13/2013, 25 juill. 2013).

Art. L. 521-13 *(Rempl., Ord. n° 2001-321, 11 avr. 2001 ; mod., Ord. n° 2009-229, 26 févr. 2009 ; Ord. n° 2010-1232, 21 oct. 2010 ; Ord. n° 2011-1922, 22 déc. 2011 ; rempl. à compter du 1er juillet 2013, Ord. n° 2012-34, 11 janv. 2012).* **– Les opérations de recherche et constatation prévues à l'article L. 521-12 portent sur les substances telles quelles ou contenues dans mélange, un article, un produit ou un équipement.**

Art. L. 521-14 *(Rempl., Ord. n° 2001-321, 11 avr. 2001 ; mod., Ord. n° 2009-229, 26 févr. 2009 ; Ord. n° 2010-1232, 21 oct. 2010 ; Ord. n° 2011-1922, 22 déc. 2011 ; mod. à compter de la date prévue au III de l'article 41 de la loi n° 2011-2012 du 29 décembre 2011, L. n° 2011-2012, 29 déc. 2011* (1) *; rempl. à compter du 1er juillet 2013, Ord. n° 2012-34, 11 janv. 2012).* **– L'ensemble des frais induits par les analyses ou essais pratiqués sur les échantillons qui ont fait l'objet de prélèvements en application de l'article L. 172-14 sont, en cas de condamnation, à la charge du détenteur des substances telles quelles ou contenues dans mélange, un article, un produit ou un équipement.**

Art. L. 521-15 *(Abr. à compter du 1er juillet 2013, Ord. n° 2012-34, 11 janv. 2012).*

Art. L. 521-16 *(Anc. L. n° 77-771, 12 juill. 1977 ; rempl., Ord. n° 2001-321, 11 avr. 2001 ; mod., Ord. n° 2009-229, 26 févr. 2009). – (Mots abr., L. n° 2018-727, 10 août 2018)* « ... ».

Sans préjudice de l'application aux contrôles et à la constatation des infractions des articles 4, 12 et 17 de la convention n° 81 de l'OIT concernant l'inspection du travail dans l'industrie et le commerce (2)**, le procureur de la République est préalablement informé des opérations envisagées en vue de la recherche des infractions** *(Mots aj., L. n° 2018-727, 10 août 2018)* **« aux dispositions du présent chapitre ». Il peut s'opposer à ces opérations.**

Section III. – Sanctions administratives

(Anc. sect. 4, dénum., Ord. n° 2009-229, 26 févr. 2009)

Art. L. 521-17 *(Ord. n° 2001-321, 11 avr. 2001 ; mod., L. n° 2005-1319, 26 oct. 2005* (3) *; rempl., Ord. n° 2009-229, 26 févr. 2009 ; mod., Ord. n° 2010-1232, 21 oct. 2010 ; Ord. n° 2011-1922, 22 déc. 2011 ; L. n° 2015-1567, 2 déc. 2015 ; L. n° 2021-1308, 8 oct. 2021). – (Mod., L. n° 2024-364, 22 avr. 2024)* **Sans préjudice de l'application aux contrôles et à la constatation des infractions des articles 4, 12 et 17 de la convention n° 81 de l'OIT concernant l'inspection du travail dans l'industrie et le commerce, les agents procédant à un contrôle et constatant un manquement aux obligations du présent chapitre ou à celles des règlements (CE) n° 1005/2009, (UE) n° 649/2012 [du 4 juillet 2012], (UE) n° 2019/1021, (UE) n° 517/2014 [du 16 avril 2014], (CE) n° 1907/2006 [du 18 décembre 2006], (CE) n° 1272/2008 [du 16 décembre 2008], (UE) 2017/852 [17 mai 2017] et (UE) 2023/1542 [12 juillet 2023] établissent un rapport qu'ils transmettent à l'autorité administrative compétente.**

(1) Dispositions d'application particulières et transitoires : V. L. n° 2011-2012, 29 déc. 2011, art. 41, III.
(2) Conv. n° 81 de l'OIT publiée par D. n° 51-193, 16 févr. 1951. – NDLR.
(3) Dispositions applicables à Mayotte à compter du 1er janvier 2006, L. n° 2005-1319, 26 oct. 2005, art. 7.

Au plus tard six mois après la constatation d'un manquement, à l'exception d'un manquement aux obligations relatives au respect des quotas alloués prévu à l'article 15 du règlement (UE) n° 517/2014 du Parlement européen et du Conseil du 16 avril 2014 précité, l'autorité administrative compétente, après avoir invité la personne concernée à prendre connaissance du dossier et à présenter ses observations dans un délai n'excédant pas trois mois, peut mettre en demeure le fabricant ou importateur ou l'utilisateur industriel ou professionnel des substances, mélanges, articles, produits ou équipements de satisfaire, dans un délai donné, aux obligations du présent chapitre.

Voir : Circulaire interministérielle DGPR/DGCCRF/DGT/DGS/DGDDI du 14 mars 2012 relative aux contrôles des substances et produits chimiques.

Légalité de la mise en demeure adressée au liquidateur d'une entreprise détentrice de produits chimiques stockés irrégulièrement (▪ CAA Paris, 1re ch., 14 juin 2018, n° 17PA01405).

Art. L. 521-18 *(Ord. n° 2001-321, 11 avr. 2001 ; rempl., Ord. n° 2009-229, 26 févr. 2009 ; mod., Ord. n° 2010-1232, 21 oct. 2010 ; Ord. n° 2011-1922, 22 déc. 2011 ; L. n° 2015-1567, 2 déc. 2015 ; L. n° 2021-1308, 8 oct. 2021 ; L. n° 2024-364, 22 avr. 2024).* **– Si, à l'expiration du délai imparti, l'intéressé n'a pas déféré à la mise en demeure prévue à l'article L. 521-17, l'autorité administrative compétente peut :**

1° Ordonner le paiement d'une amende au plus égale à 15 000 € et une astreinte journalière de 1 500 € ;

2° Ordonner une mesure d'interdiction d'importation, de fabrication ou de mise sur le marché ou une mesure de retrait du marché des substances, des mélanges, des articles, des produits ou des équipements.

En cas d'urgence justifiée par des risques sanitaires ou environnementaux, l'autorité administrative peut procéder à l'interdiction ou au retrait de la mise sur le marché des substances, des mélanges, des articles, des produits ou des équipements sans mise en demeure mentionnée à l'article L. 521-17 ;

3° Enjoindre à l'importateur des substances, mélanges, articles, produits ou équipements importés en méconnaissance des règlements (CE) n° 1005/2009 [du 16 septembre 2009], (UE) n° 517/2014 [du 16 avril 2014] et (UE) 2023/1542 [12 juillet 2023], des titres II, III et IV du règlement (CE) n° 1272/2008 [du 16 décembre 2008] et des titres II, VII et VIII du règlement (CE) n° 1907/2006 [du 18 décembre 2006] d'effectuer leur retour en dehors du territoire de l'Union européenne ou d'assurer leur élimination dans les conditions prévues au titre IV du présent livre. En cas d'inexécution, l'autorité compétente prend toutes les dispositions utiles pour assurer ce retour ou cette élimination. Les dépenses correspondantes sont mises à la charge de l'importateur ;

4° Enjoindre au fabricant des substances, mélanges, articles, produits ou équipements fabriqués en méconnaissance des règlements (CE) n° 1005/2009 [du 16 septembre 2009], (UE) n° 517/2014 [du 16 avril 2014] et (UE) 2023/1542 [12 juillet 2023], des titres II, III et IV du règlement (CE) n° 1272/2008 [du 16 décembre 2008] et des titres II, VII et VIII du règlement (CE) n° 1907/2006 [du 18 décembre 2006] d'assurer leur élimination dans les conditions prévues au titre IV du présent livre. En cas d'inexécution, l'autorité compétente prend toutes les dispositions utiles pour assurer cette élimination. Les dépenses correspondantes sont mises à la charge du fabricant ;

5° Obliger :

– le fabricant, ou importateur, à consigner entre les mains d'un comptable public une somme correspondant au montant de l'établissement des données, tests et études à réaliser avant une date qu'elle détermine pour procéder à l'enregistrement ou pour compléter un dossier d'enregistrement d'une substance telle que ou contenue dans un mélange ou destinée à être rejetée d'un article dans des conditions normales ou raisonnablement prévisibles d'utilisation ;

– le fabricant, l'importateur ou l'utilisateur en aval à consigner entre les mains d'un comptable public une somme correspondant au montant de l'établissement des données, tests et études à réaliser avant une date qu'elle détermine pour classer une substance ou un mélange ;

– l'utilisateur en aval à consigner entre les mains d'un comptable public une somme correspondant au montant de l'établissement des données, tests et études à réaliser avant une date qu'elle détermine pour établir une demande d'autorisation ou pour élaborer un rapport sur la sécurité chimique dans le cas prévu à l'article 37.4 du règlement (CE) n° 1907/2006 ;

La somme consignée est restituée au fur et à mesure de l'exécution des tests et études ou de la production des données demandées.

Précision sur la procédure de l'enregistrement. Le rapport au Président de la République relatif à l'ordonnance n° 2011-1922 du 22 décembre 2011 portant adaptation du Code du travail, du Code de la santé publique et du Code de l'environnement au droit de l'Union européenne en ce qui concerne la mise sur le marché des produits chimiques (NOR : ETSX1131975P : *JORF* n° 0297, 23 déc. 2011, p. 21993, texte n° 37) précise que l'enregistrement peut être effectué en deux phases : le dépôt d'un dossier d'abord, puis un complément de ce dossier par la suite. Dès lors, la même sanction administrative doit être prévue, qu'il s'agisse de procéder au dépôt d'un dossier ou de le compléter, pour obliger l'opérateur devant se soumettre à la procédure d'enregistrement à consigner entre les mains d'un comptable public une somme correspondant au montant de l'établissement des données, tests et études nécessaires. La sanction qui était déjà prévue pour l'enregistrement pourra ainsi être appliquée jusqu'à ce que l'enregistrement soit complet.

Art. L. 521-18-1 *(L. n° 2021-1308, 8 oct. 2021 ; mod., Ord. n° 2021-1843, 22 déc. 2021 et Rect. JO 27 mars 2022).* **– I. – Au plus tard six mois après la constatation d'un manquement aux obligations prévues à l'article 15 du règlement (UE) n° 517/2014 du Parlement européen et du Conseil du 16 avril 2014 relatif aux gaz à effet de serre fluorés et abrogeant le règlement (CE) n° 842/2006, l'autorité administrative compétente, après avoir invité la personne concernée à prendre connaissance du dossier et à présenter ses observations dans un délai n'excédant pas trois mois, peut ordonner au fabricant ou à l'importateur ayant dépassé le quota de mise sur le marché d'hydrofluorocarbures qui lui a été alloué conformément à l'article 16 du règlement (UE) n° 517/2014 du Parlement et du Conseil du 16 avril 2014 précité le paiement d'une amende au plus égale au produit de la quantité équivalente en tonne équivalent dioxyde de carbone du dépassement de quota par un montant de 75 €. Cette amende est revalorisée corrélativement l'évolution du tarif normal de l'accise sur les énergies prévu pour la catégorie fiscale des essences à l'article L. 312-35 du Code des impositions sur les biens et services.**

II. – Au plus tard six mois après la constatation d'un manquement aux obligations prévues à l'article 15 du règlement (UE) n° 517/2014 du Parlement et du Conseil du 16 avril 2014 précité, l'autorité administrative compétente, après avoir invité la personne concernée à prendre connaissance du dossier et à présenter ses observations dans un délai n'excédant pas trois mois, peut ordonner au fabricant ou à l'importateur d'un ou de plusieurs équipements pré-chargés ayant dépassé l'autorisation de quota de mise sur le marché d'hydrofluorocarbures qui lui a été alloué conformément à l'article 18 du règlement (UE) n° 517/2014 du Parlement européen et du Conseil du 16 avril 2014 précité le paiement d'une amende au plus égale au produit de la quantité équivalente en tonne équivalent dioxyde de carbone du dépassement de l'autorisation de quota par un montant de 75 €. Cette amende est revalorisée corrélativement à l'évolution du tarif normal de l'accise sur les énergies prévu pour la catégorie fiscale des essences à l'article L. 312-35 du Code des impositions sur les biens et services.

Art. L. 521-19 *(Ord. n° 2001-321, 11 avr. 2001 ; rempl., Ord. n° 2009-229, 26 févr. 2009).* **– Les amendes et les astreintes prévues au 1° de l'article L. 521-18 ne peuvent porter sur des faits remontant à plus de trois ans s'il n'a été accompli dans ce délai aucun acte tendant à leur recherche, leur constatation ou leur sanction.**

Les amendes et les astreintes prévues au 1° de l'article L. 521-18 et les sommes consignées en application du 5° du même article sont recouvrées selon les modalités prévues pour les créances mentionnées à l'article 80 du décret n° 62-1587 du 29 décembre 1962 portant règlement général sur la comptabilité publique.

Les sommes consignées bénéficient d'un privilège de même rang que celui prévu à l'article 1920 du Code général des impôts. Le comptable peut engager la procédure *(Mots rempl. à compter d'une date fixée par décret, et au plus tard le 1er janvier 2019, L. fin. rect. n° 2017-1775, 28 déc. 2017)* **« de saisie administrative à tiers détenteur prévue à l'article L. 262 du Livre des procédures fiscales ».**

(Créé à compter du 1er juillet 2013, Ord. n° 2012-34, 11 janv. 2012) **L'opposition à l'état exécutoire pris en application d'une mesure de consignation ou d'astreinte ordonnée par l'autorité administrative devant le juge administratif n'a pas de caractère suspensif.**

Un décret en Conseil d'État précise les garanties de procédure visant à assurer les droits de la défense lors du prononcé de l'amende prévue au 1° de l'article L. 521-18 et, le cas échéant, pour les mesures mentionnées au 2° à 4° du même article. Ce décret prévoit également les modalités de liquidation de l'astreinte visée à l'article L. 521-18.

Art. L. 521-20 *(Ord. n° 2001-321, 11 avr. 2001).* – Les décisions de l'autorité administrative peuvent faire l'objet de recours de pleine juridiction.

Section IV. – Sanctions pénales

(Anc. sect. 5, dénum., Ord. n° 2009-229, 26 févr. 2009)

Art. L. 521-21 *(Ord. n° 2001-321, 11 avr. 2001 ; mod., L. n° 2005-1319, 26 oct. 2005* (1)*; Ord. n° 2009-229, 26 févr. 2009 ; mod. à compter du 1er juillet 2013, Ord. n° 2012-34, 11 janv. 2012 ; Ord. n° 2010-1232, 21 oct. 2010 ; Ord. n° 2011-1922, 22 déc. 2011 ; L. n° 2015-1567, 2 déc. 2015 ; mod., L. n° 2021-1308, 8 oct. 2021).* – I. – Est puni de deux ans d'emprisonnement et de 75 000 € d'amende le fait de :

1° Fournir sciemment des renseignements inexacts susceptibles d'entraîner pour les substances considérées ou les mélanges, articles, produits ou équipements les contenant, des prescriptions moins contraignantes que celles auxquelles ils auraient normalement dû être soumis, ou de dissimuler des renseignements connus ;

2° Ne pas respecter les mesures d'interdiction ou les prescriptions édictées en application de l'article L. 521-6 ;

3° Ne pas satisfaire dans le délai imparti aux obligations prescrites par la mise en demeure prévue à l'article L. 521-17 ;

4° Fabriquer ou importer sans enregistrement préalable une substance, telle quelle ou contenue dans un mélange ou destinée à être rejetée d'un article au sens du règlement n° 1907/2006 dans des conditions normales ou raisonnablement prévisibles d'utilisation, soumise à enregistrement en méconnaissance du titre II du règlement (CE) n° 1907/2006 ;

5° Pour le fabricant ou l'importateur, obtenir ou tenter d'obtenir la délivrance d'un numéro d'enregistrement de substance par fausse déclaration ou par tout autre moyen frauduleux ;

6° Fabriquer, importer, détenir en vue de la vente ou la distribution à titre gratuit, mettre en vente, vendre, distribuer à titre gratuit ou utiliser, sans la décision d'autorisation correspondante, une substance, telle quelle ou contenue dans un mélange ou un article, en méconnaissance du titre VII du règlement (CE) n° 1907/2006 ;

7° Fabriquer, importer, détenir en vue de la vente ou la distribution à titre gratuit, mettre en vente, vendre, distribuer à titre gratuit ou utiliser des substances, mélanges ou articles en méconnaissance des restrictions édictées au titre VIII du règlement (CE) n° 1907/2006 [du 18 décembre 2006] ;

8° Pour un utilisateur en aval, ne pas avoir communiqué à l'Agence européenne des produits chimiques les informations prévues à l'article 38 du règlement (CE) n° 1907/2006 dans les conditions prévues à cet article ;

9° Ne pas respecter les mesures d'interdiction ou les prescriptions édictées en application des règlements (CE) n° 1005/2009, (UE) n° 649/2012 [du 4 juillet 2012], (UE) n° 2019/1021, (UE) n° 517/2014 [du 16 avril 2014] et (UE) n° 2017/852 [du 17 mai 2017] ;

10° Importer, détenir en vue de la vente ou la distribution à titre gratuit, mettre en vente, vendre ou distribuer à titre gratuit une substance ou un mélange sans classification préalable, conformément aux exigences prévues à l'article 4, paragraphes 1 et 3 du règlement (CE) n° 1272/2008 ;

11° Importer, détenir en vue de la vente ou la distribution à titre gratuit, mettre en vente, vendre ou distribuer à titre gratuit une substance ou un mélange classé comme dangereux sans étiquetage et emballage préalable, conformément aux exigences prévues à l'article 4, paragraphe 4, et à l'article 29, paragraphe 3, du règlement (CE) n° 1272/2008.

12° *(L. n° 2024-364, 22 avr. 2024)* Ne pas respecter les restrictions applicables aux substances prévues à l'annexe I du règlement (UE) 2023/1542 du Parlement européen et du Conseil du 12 juillet 2023 relatif aux batteries et aux déchets de batteries, modifiant la directive 2008/98/CE et le règlement (UE) 2019/1020, et abrogeant la directive 2006/66/CE.

II. – Est puni de trois mois d'emprisonnement et de 20 000 € d'amende le fait de :

1° Ne pas fournir au destinataire d'une substance ou mélange une fiche de données de sécurité ainsi que ses annexes, établies et mises à jour conformément aux exigences prévues à l'article 31 du règlement (CE) n° 1907/2006 ;

(1) Dispositions applicables à Mayotte à compter du 1er janvier 2006, L. n° 2005-1319, 26 oct. 2005, art. 7.

2° Pour le fabricant ou l'importateur, ne pas avoir communiqué à l'Agence européenne des produits chimiques les informations prévues à l'article 40 du règlement (CE) n° 1272/2008 dans les conditions prévues à cet article.

Fiches de données de Sécurité (FDS). Une liste de contrôle de la FDS, développée en coopération avec le Forum des inspecteurs (Enforcement forum) est disponible en 23 langues sur le site de l'ECHA. Le but de ce document est d'aider les inspecteurs dans leur examen des FDS, mais il peut également être utile aux entreprises afin d'améliorer la qualité des FDS dans la chaîne d'approvisionnement.

Bibliographie : *Sur la répression en matière de produits chimiques.* V. D. Guihal, *Droit répressif de l'environnement*, Economica, 2016.

Art. L. 521-22 *(Abr. à compter du 1er juillet 2013, Ord. n° 2012-34, 11 janv. 2012).*

Art. L. 521-23 *(Ord. n° 2001-321, 11 avr. 2001).* **– Des décrets en Conseil d'État fixent les conditions d'application du présent chapitre.**

Art. L. 521-24 *(Rempl., Ord. n° 2009-229, 26 févr. 2009 ; mod., Ord. n° 2010-1232, 21 oct. 2010 ; L. n° 2015-1567, 2 déc. 2015 ; L. n° 2021-1308, 8 oct. 2021 ; L. n° 2024-364, 22 avr. 2024).* **– Lorsqu'un règlement ou une décision de la Communauté européenne contient des dispositions prises pour l'application des règlements (CE) n° 1005/2009, (UE) n° 649/2012 [du 4 juillet 2012], (UE) n° 2019/1021, (UE) n° 517/2014 [du 16 avril 2014], (CE) n° 1907/2006 [du 18 décembre 2006], (CE) n° 1272/2008 [du 16 décembre 2008], (UE) n° 2017/852 [du 17 mai 2017] et (UE) 2023/1542 [12 juillet 2023] et qui entrent dans le champ d'application du présent chapitre, il est constaté par décret en Conseil d'État qu'elles constituent des mesures d'exécution prévues dans le présent chapitre.**

CHAPITRE II. – CONTRÔLE DE LA MISE SUR LE MARCHÉ DES SUBSTANCES ACTIVES BIOCIDES ET AUTORISATION DE MISE SUR LE MARCHÉ DES PRODUITS BIOCIDES (1)

(Ord. n° 2001-321, 11 avr. 2001) (2)

Bibliographie : S. Gallage-Alwis et C. Texier, *Biocides : 1er septembre 2015, une date cruciale : Dr. env.*, avr. 2015, n° 233, p. 150. • E Claudel et D.Dero-Bugny et C.Nourissat, *Cour de justice et Tribunal de l'Union européenne – Chronique, Journal du droit international* (Clunet) n° 2, avr. 2015, chron. 4. • S. Fabreget, *La réglementation européenne a déjà fait le ménage... : Environnement et Technique*, sept. 2013, n° 328, p. 43. • Y. Martinet, *Le cadre réglementaire des produits biocides : point d'actualité et perspectives d'évolution : Journal de Droit de la santé et de l'Assurance Maladie (JDSAM)*, avr. 2013, n° 2, p. 120. • R. Romi, *La nouvelle organisation de la mise sur le marché des produits biocides : Dr. env.*, avr. 2004, n° 117, p. 67.

I – EN DROIT EUROPÉEN

Voir : Dir. PE et Cons. n° 98/8/CE, 16 févr. 1998, concernant la mise sur le marché des produits biocides.

Règl. UE n° 528/2012 du PE et Cons., 19 avr. 2012, concernant la mise à disposition sur le marché et l'utilisation des produits biocides (*JOUE*, 27 juin 2012). Règl. d'exécution (UE) n° 354/2013 du 18 avril 2013 relatif aux modifications de produits biocides autorisés conformément au règlement (UE) n° 528/2012. Règl. d'exécution (UE) n° 414/2013 du 6 mai 2013 précisant une procédure relative à l'autorisation des mêmes produits biocides conformément au règlement (UE) n° 528/2012 du Parlement européen et du Conseil. Règl. d'exécution (UE) n° 564/2013, Comm., 18 juin 2013, relatif aux redevances et aux droits dus à l'Agence européenne des produits chimiques en application du règlement (UE) n° 528/2012 du Parlement européen et du Conseil concernant la mise à disposition sur le marché et l'utilisation des produits biocides (*JOUE*, 19 juin 2012). Règlement délégué (UE) n° 736/2013 du 17 mai 2013 modifiant le règlement n° 528/2012 en ce qui concerne la durée du programme de travail de l'examen des substances actives biocides existantes ; Règlement délégué (UE) n° 837/2013 du 25 juin 2013 modifiant l'annexe III du règlement n° 528/2012 en ce qui concerne les exigences en matière d'informations à fournir pour l'autorisation des produits

(1) V. T. appl. : D. n° 2004-187, 26 févr. 2004. – NDLR.

(2) Les dispositions du présent chapitre issues de l'ordonnance n° 2001-321 du 11 avril 2001 s'appliquent aux produits visés au I de l'article 9 de la loi n° 2008-757 du 1er août 2008, à l'exception des 1° et 2° du I et du 1° du II de l'article L. 522-16 du Code de l'environnement, L. n° 2008-757, 1er août 2008, art. 9. – V. cet article. – NDLR.

biocides ; Règlement d'exécution (UE) n° 88/2014 du 31 janvier 2014 spécifiant la procédure à suivre pour la modification de l'annexe I du règlement (UE) n° 528/2012 du Parlement européen et du Conseil concernant la mise à disposition sur le marché et l'utilisation des produits biocides ; Règlement (UE) n° 334/2014 du Parlement européen et du Conseil du 11 mars 2014 modifiant le règlement (UE) n° 528/2012 concernant la mise à disposition sur le marché et l'utilisation des produits biocides, en ce qui concerne certaines conditions d'accès au marché. Règlement délégué (UE) n° 1062/2014 du 4 août 2014 relatif au programme de travail pour l'examen systématique de toutes les substances actives existantes contenues dans des produits biocides visé dans le règlement (UE) n° 528/2012. Résolution du Parlement européen du 6 octobre 2016 sur la mise en œuvre du règlement ((CE) n° 1935/2004) concernant les matériaux destinés à entrer en contact avec des denrées alimentaires (2015/2259 (INI) ;). Règlement d'exécution (UE) 2018/614 de la Commission du 20 avril 2018 approuvant l'azoxystrobine en tant que substance active destinée à être utilisée dans les produits biocides des types 7, 9 et 10. Règlement d'exécution (UE) 2018/613 de la Commission du 20 avril 2018 approuvant le PHMB (1415 ; 4.7) en tant que substance active existante destinée à être utilisée dans les produits biocides relevant des types de produits 2 et 4. Règlement (UE) 2018/782 de la Commission du 29 mai 2018 établissant les principes méthodologiques applicables à l'évaluation du risque et aux recommandations pour la gestion du risque visés dans le règlement (CE) n° 470/2009.

1) Sur la réforme de la réglementation applicable aux biocides. Le règlement n° 528/2012 du 22 mai 2012 abroge la directive 98/8 à compter du 1er septembre 2013. Il conserve l'économie générale de la directive, et notamment le principe d'une prise de décision en deux temps, avec une approbation des substances actives au niveau européen, puis uns autorisation des produits biocides contenant ces substances au niveau national. Trois nouveautés importantes sont introduites par le texte. En premier lieu, le règlement prévoit la possibilité, pour les produits biocides, d'obtenir une autorisation directement au niveau de l'Union. Cette disposition permettra une mise sur le marché de produits dans les vingt-huit États membres sans nécessiter d'autorisation nationale. Une première série de produits fera l'objet d'une autorisation au niveau de l'Union dès 2013. À partir de 2020, ce devrait être le cas de la plupart des produits biocides. En deuxième lieu, l'Agence européenne des produits chimiques (ECHA) se voit transférer le rôle de coordination de l'évaluation des substances actives biocides, afin de faciliter l'harmonisation des pratiques tout en accélérant l'évaluation des substances concernées. En troisième lieu, de nouvelles obligations sont introduites pour les articles traités par les produits biocides, et notamment des obligations d'étiquetage adapté ainsi que l'interdiction de mettre sur le marché des articles traités avec des biocides non autorisés.

Dans ce contexte, il est apparu nécessaire d'introduire dans le Code de l'environnement les mesures prévues par le nouveau règlement, de supprimer les règles relevant de la directive de 1998, enfin, de prévoir à titre transitoire des dispositions applicables aux produits dont les substances n'ont pas encore fait l'objet d'une décision.

2) Sur la notion de produits biocides. Les produits, même n'agissant qu'indirectement sur les organismes nuisibles cibles, dès lors qu'ils contiennent une ou plusieurs substances actives entraînant une action chimique ou biologique, faisant partie d'une chaîne de causalité dont l'objectif est de produire un effet inhibiteur à l'égard desdits organismes doivent être considérés comme des biocides (▪ CJUE, 1er mars 2012, aff. C-420/10, *Soll GmbH c/ Tertra GmbH*).

3) Accès aux documents. Le traitement des demandes de confidentialité relève de l'article 14 de la directive 91/414/CEE, de l'article 19 de la directive 98/8/CE ainsi que des articles 33, § 4 et 63 du règlement (CE) n° 1007/2009. Sur le fondement de ces textes, le demandeur d'une autorisation de mise sur le marché d'un produit phytopharmaceutique ou biocide peut solliciter, dans le cadre de la procédure prévue pour l'obtention de cette autorisation, le traitement confidentiel de certaines données. Mais ces textes s'appliquent sans préjudice de la directive 2003/4/CE, qui permet à un État de rejeter une demande d'accès si la divulgation de l'information porte atteinte au secret industriel et commercial. Le sort de la confidentialité n'est pas scellé au moment de la demande d'autorisation de mise sur le marché. Dans cette affaire, la Cour estime que le législateur de l'Union a souhaité soumettre les demandes d'accès à des informations contenues dans les dossiers de demande d'autorisation à cette directive générale, laquelle comporte un droit pour les États de s'opposer à la divulgation desdites informations (▪ CJUE, 23 nov. 2016, aff. n° C-673/13 P, *Com. c/ Stichting Greenpeace Nederland et PAN Europe*. ▪ CJUE, 23 nov. 2016, aff. n° C-442/14, *Bayer CropScience et Stichting De Bijenstichting* : note par S. Cazet : *Europe* n° 1, p. 11-12, et Y. Petit : *RD rur.* 2017, n° 453, p. 42-44).

II – EN DROIT NATIONAL

Voir : L. n° 2013-619, 16 juill. 2013 portant diverses dispositions d'adaptation au droit de l'Union européenne dans le domaine du développement durable. L. n° 2015-1567, 2 déc. 2015 portant diverses dispositions d'adaptation au droit de l'Union européenne dans le domaine de la prévention des risques.

4) Le nouveau contexte européen a nécessité d'introduire dans le Code de l'environnement les mesures prévues par le nouveau règlement, de supprimer les règles relevant de la directive de 1998, et enfin, de prévoir à titre transitoire des dispositions applicables aux produits dont les substances n'ont pas encore fait l'objet d'une décision. Ces nouvelles dispositions sont entrées en vigueur depuis le 1er septembre 2013. Opération de démoustication : absence de prise en compte suffisante de l'évaluation des biocides, annulation (■ CAA Marseille, 2 juin 2016 n° 1405169).

Art. L. 522-1 ***(Ord. n° 2001-321, 11 avr. 2001 ; mod. à compter du 21 mars 2010, Ord. n° 2010-250, 11 mars 2010 ; mod., Ord. n° 2011-1922, 22 déc. 2011 ; rempl. à compter du 1er septembre 2013, L. n° 2013-619, 16 juill. 2013).*** **– I. – Les conditions dans lesquelles la mise à disposition sur le marché et l'utilisation des produits biocides et des articles traités par ces produits et leur expérimentation sont autorisées ainsi que les conditions dans lesquelles sont approuvées les substances actives contenues dans ces produits sont définies par le règlement (UE) n° 528/2012 du Parlement européen et du Conseil du 22 mai 2012 concernant la mise à disposition sur le marché et l'utilisation des produits biocides et par le présent chapitre.**

II ***(Mod., L. n° 2015-1567, 2 déc. 2015).*** **– Si les intérêts de la défense nationale l'exigent, le ministre chargé de l'environnement et le ministre de la Défense peuvent accorder, par arrêté conjoint, des exemptions au règlement (UE) n° 528/2012 du Parlement européen et du Conseil du 22 mai 2012 précité dans des cas spécifiques pour certains produits biocides, tels quels ou contenus dans un article traité. Les modalités d'application de ces exemptions sont déterminées par décret en Conseil d'État.**

Voir : A. du 19 mai 2004 relatif au contrôle de la mise sur le marché des substances actives biocides et à l'autorisation de mise sur le marché des produits biocides (*JO* 29 juin 2004, NOR : DEVP0430135A). – A. du 17 juillet 2012 modifiant l'arrêté du 19 mai 2004 relatif aux contrôle de la mise sur le marché des substances actives biocides et à l'autorisation de mise sur le marché des produits biocides aux fins de l'inscription de plusieurs substances actives aux annexes dudit arrêté (*JO* 1 août 2012, NOR : DEVP1229046A). – A. du 31 janvier 2013 modifiant l'arrêté du 19 mai 2004 relatif au contrôle de la mise sur le marché des substances actives biocides et à l'autorisation de mise sur le marché des produits biocides, aux fins de l'inscription de plusieurs substances actives aux annexes dudit arrêté (*JO* 16 févr. 2013, NOR : DEVP1303287A). – A. du 5 avril 2013 modifiant l'arrêté du 19 mai 2004 relatif au contrôle de la mise sur le marché des substances actives biocides et à l'autorisation de mise sur le marché des produits biocides (*JO* 20 avr. 2013, NOR : AFSP1309083A). – A. 14 juin 2010 pris en application de l'article 7 du décret n° 2009-1685 du 30 décembre 2009 fixant les conditions d'utilisation des fumigants à base d'acide cyanhydrique comme produits mentionnés à l'article L. 522-1 du Code de l'environnement.– A. du 21 octobre 2011 fixant les conditions d'utilisation de certains produits de lutte contre les termites comme produits mentionnés à l'article L. 522-1 du Code de l'environnement (*JO* 7 déc. 2011, n° 283, NOR : DEVP1105830A). Règlement délégué (UE) 2017/2100 de la Commission du 4 septembre 2017 définissant des critères scientifiques pour la détermination des propriétés perturbant le système endocrinien, conformément au règlement (UE) n° 528/2012 du Parlement européen et du Conseil Journal Officiel du 17 novembre 2017 – Numéro L301 – Règlement d'exécution (UE) 2017/2326 de la Commission du 14 décembre 2017 approuvant l'imiprothrine en tant que substance active existante destinée à être utilisée dans les produits biocides relevant du type de produits 18 (14 déc. 2017) ; Règlement d'exécution (UE) 2017/1278 de la Commission du 14 juillet 2017 approuvant la 2-méthylisothiazol-3(2 H)-one en tant que substance active existante destinée à être utilisée dans les produits biocides du type de produits 11 (*JO* 14 juill. 2017). Règlement d'exécution (UE) 2018/614 de la Commission du 20 avril 2018 approuvant l'azoxystrobine en tant que substance active destinée à être utilisée dans les produits biocides des types 7, 9 et 10 Règlement d'exécution (UE) 2018/613 de la Commission du 20 avril 2018 approuvant le PHMB (1415 ; 4.7) en tant que substance active existante destinée à être utilisée dans les produits biocides relevant des types de produits 2 et 4 (*JO* 20 avr. 2018) ; Règlement d'exécution (UE) 2018/183 de la Commission du 7 février 2018 concernant le refus d'autorisation du formaldéhyde en tant qu'additif pour l'alimentation animale appartenant aux groupes fonctionnels des conservateurs et des améliorateurs des conditions d'hygiène (*JO* 7 févr. 2018). Doctrine administrative : Question écrite avec réponse n° 3580, 5 décembre 2017 – Produits dangereux, M. Yves Daniel – Ministère de l'Agriculture et de l'Alimentation. 5 juin 2018 Réponses Ministérielles Assemblée nationale ; entrée en vigueur du nouveau système d'AMM.

Bibliographie : M. Bacache, *La mise en œuvre des différents mécanismes de responsabilité liés à l'usage de pesticides en agriculture – La responsabilité civile à l'épreuve des risques sanitaires liés aux pesticides : Énergie – Env. – Infrastr.* 2018, n° 6, dossier 17. • G. Thévenot, *L'encadrement juridique des incertitudes scientifiques liées aux pesticides :* l'exemple des *produits phytopharmaceutiques : Énergie – Env. – Infrastr.* 2018, n° 6, dossier 13. • C. Laurent, *La qualité de l'expertise destinée à éclairer la décision publique et le public : question à partir du cas de l'expertise sur les expositions professionnelles aux pesticides en agriculture : Énergie – Env. – Infrastr.* 2018, n° 6, dossier 15. • F. Jamay, *Un accès à l'information élargi concernant les effets des pesticides sur l'environnement et la santé : vers une définition plus stricte du secret industriel et commercial : Énergie – Env. – Infrastr.* 2017, n° 4, comm. 23.

Section I. – Dispositions générales

(Rempl. à compter du 1er septembre 2013, L. n° 2013-619, 16 juill. 2013) (1)

La loi n° 2015-1567 du 2 décembre 2015 procède à une simplification dans l'organisation administrative française. L'Anses se voit confier l'ensemble des missions d'évaluation et d'autorisation, en lieu et place du partage entre l'Anses et le ministère en charge de l'écologie. La compétence de gestion du ministère de l'Écologie, en lien avec les ministères de la Santé, du Travail, de l'Économie et des Finances et de la Défense continuera toutefois de s'exercer sur la définition des risques acceptables, sur la définition des règles générales dans l'intérêt de la santé publique ou de l'environnement, sur la possibilité de dérogations temporaires pour autoriser par arrêté la mise à disposition sur le marché ou l'utilisation d'un produit biocide interdit ou sur la possibilité de dérogations pour préserver les intérêts de la Défense nationale. Le transfert de compétence a eu lieu le 1er juillet 2016.

Art. L. 522-2 ***(Ord. n° 2001-321, 11 avr. 2001 ; rempl. à compter du 1er septembre 2013, L. n° 2013-619, 16 juill. 2013).*** **– I. – Le responsable de la mise à disposition sur le marché d'un produit biocide déclare ce produit *(Mots rempl., L. n° 2015-1567, 2 déc. 2015)* « à l'Agence nationale chargée de la sécurité sanitaire de l'alimentation, de l'environnement et du travail mentionnée à l'article L. 1313-1 du Code de la santé publique » préalablement à la première mise à disposition sur le marché.**

II. – Nonobstant les dispositions prévues à l'article L. 1342-1 du Code de la santé publique, le responsable de la mise à disposition sur le marché d'un produit biocide fournit les informations nécessaires sur ce produit, notamment sa composition, aux organismes mentionnés à l'article L. 1341-1 du même code en vue de permettre de prévenir les effets sur la santé ou de répondre à toute demande d'ordre médical destinée au traitement des affections induites par ce produit ou émanant des services d'urgence relevant de l'autorité administrative.

III. – Le responsable de la mise à disposition sur le marché d'une substance ou d'un produit biocide déclare à *(Mots rempl., L. n° 2015-1567, 2 déc. 2015)* « l'Agence nationale chargée de la sécurité sanitaire de l'alimentation, de l'environnement et du travail mentionnée à l'article L. 1313-1 dudit code » les informations dont il a connaissance ou peut raisonnablement avoir connaissance et qui peuvent avoir des conséquences sur le maintien de cette substance ou de ce produit sur le marché.

Art. L. 522-3 ***(Ord. n° 2001-321, 11 avr. 2001 ; rempl. à compter du 1er septembre 2013, L. n° 2013-619, 16 juill. 2013).*** **– Le responsable de la mise à disposition sur le marché d'un produit biocide tel que défini à l'article 3 du règlement (UE) n° 528/2012 du Parlement européen et du Conseil du 22 mai 2012 précité déclare chaque année les quantités de ce produit mises sur le marché l'année précédente.**

Art. L. 522-4 ***(Ord. n° 2001-321, 11 avr. 2001 ; transféré à la présente section et rempl. à compter du 1er septembre 2013, L. n° 2013-619, 16 juill. 2013).*** **– Les conditions d'exercice de l'activité de vente et de l'activité d'application à titre professionnel de produits biocides et d'articles traités, d'une part, et les conditions d'utilisation de certaines catégories de produits biocides, d'autre part, peuvent être *(Mots rempl., L. n° 2015-1567, 2 déc. 2015)* « fixées par arrêté conjoint des ministres chargés de l'environnement, du travail et de la santé » en vue d'assurer l'efficacité de ces produits et de prévenir les risques pour l'homme et l'environnement susceptibles de résulter de ces activités.**

Art. L. 522-5 ***(Ord. n° 2001-321, 11 avr. 2001 ; transféré à la présente section et rempl. à compter du 1er septembre 2013, L. n° 2013-619, 16 juill. 2013).*** **– Les dépenses résultant de la conservation, de l'examen, de l'exploitation et de l'expertise des informations fournies dans le cadre de l'une des procédures prévues par le règlement (UE) n° 528/2012 du Parlement européen et du Conseil du 22 mai 2012 précité ou par le présent chapitre peuvent, dans des conditions fixées *(Mots rempl., L. n° 2015-1567, 2 déc. 2015)* « par arrêté conjoint des ministres chargés de l'environnement et du budget », être mises à la charge des producteurs, des importateurs ou des responsables de la mise sur le marché.**

Art. L. 522-5-1 ***(L. n° 2015-1567, 2 déc. 2015).*** **– Sans préjudice des missions confiées à l'Agence nationale de sécurité sanitaire de l'alimentation, de l'environnement et du travail mentionnée à l'article L. 1313-1 du Code de la santé publique, le ministre chargé de l'environnement peut, s'il existe des raisons**

(1) Dispositions d'application particulières et transitoires : V. L. n° 2013-619, 16 juill. 2013, art. 13.

d'estimer qu'un produit mentionné à l'article L. 522-1 du présent code présente un risque inacceptable pour la santé humaine ou animale ou pour l'environnement ou qu'il est insuffisamment efficace, prendre toute mesure d'interdiction, de restriction ou de prescription particulière concernant la mise sur le marché, la délivrance, l'utilisation et la détention de ce produit. Il en informe sans délai le directeur général de l'agence.

Art. L. 522-5-2 *(Créé à compter du 1er janvier 2019, L. n° 2018-938, 30 oct. 2018)* (1). – Certaines catégories de produits biocides telles que définies par le règlement (UE) n° 528/2012 du Parlement européen et du Conseil du 22 mai 2012 précité ne peuvent être cédées directement en libre-service à des utilisateurs non professionnels.

Un décret en Conseil d'État précise les catégories de produits concernés en fonction des risques pour la santé humaine et pour l'environnement.

Pour la cession de produits biocides à des utilisateurs non professionnels, les distributeurs fournissent des informations générales sur les risques pour la santé humaine et l'environnement liés à l'utilisation des produits biocides, notamment sur les dangers, l'exposition, les conditions appropriées de stockage et les consignes à respecter pour la manipulation, l'application et l'élimination sans danger ainsi que sur les solutions de substitution présentant un faible risque.

Art. L. 522-5-3 *(Créé à compter du 1er janvier 2019, L. n° 2018-938, 30 oct. 2018)* (1). – Toute publicité commerciale est interdite pour certaines catégories de produits biocides définies par le règlement (UE) n° 528/2012 du Parlement européen et du Conseil du 22 mai 2012 précité.

Par dérogation au premier alinéa du présent article, la publicité destinée aux utilisateurs professionnels est autorisée dans les points de distribution de produits à ces utilisateurs et dans les publications qui leur sont destinées.

Un décret en Conseil d'État définit les catégories de produits concernés en fonction des risques pour la santé humaine et pour l'environnement ainsi que les conditions dans lesquelles les insertions publicitaires sont présentées. Ces insertions publicitaires mettent en avant les bonnes pratiques dans l'usage et l'application des produits pour la protection de la santé humaine et animale et pour l'environnement ainsi que les dangers potentiels pour la santé humaine et animale et pour l'environnement.

Section II. – Dispositions nationales applicables en période transitoire

(Rempl. à compter du 1er septembre 2013, L. n° 2013-619, 16 juill. 2013) (2)

Art. L. 522-6 *(Ord. n° 2001-321, 11 avr. 2001 ; rempl. à compter du 1er septembre 2013, L. n° 2013-619, 16 juill. 2013).* – La présente section s'applique aux produits mis à disposition sur le marché en application de dispositions nationales, applicables à titre transitoire, conformément au 2 de l'article 89 du règlement (UE) n° 528/2012 du Parlement européen et du Conseil du 22 mai 2012 précité.

Art. L. 522-7 *(Abr., L. n° 2015-1567, 2 déc. 2015).*

Art. L. 522-8 *(Ord. n° 2001-321, 11 avr. 2001 ; mod., L. n° 2006-1772, 30 déc. 2006* (3) *; transféré à la présente section et rempl. à compter du 1er septembre 2013, L. n° 2013-619, 16 juill. 2013).* – Sans préjudice des dispositions de l'article L. 521-9, les mentions obligatoires à apposer sur l'étiquette des produits sont précisées par décret en Conseil d'État.

Voir : D. n° 2009-1685, 30 déc. 2009, fixant les modalités de ces autorisations transitoires de mise sur le marché. – A. 13 juill. 2010 pris en application de l'article 2 du décret n° 2009-1685 du 30 décembre 2009 fixant la composition et les modalités de présentation des dossiers relatifs aux demandes d'autorisation transitoire de mise sur le marché de certains produits biocides (*JO* 29 sept. 2010).

Autorisation de mise sur le marché. La cour administrative d'appel de Versailles a considéré que le fait de refuser de délivrer une autorisation de commercialiser un procédé d'ionisation de cui-

(1) Dispositions applicables aux contrats conclus ou renouvelés à compter du 1er janvier 2019, L. n° 2018-938, 30 oct. 2018.

(2) Dispositions d'application particulières et transitoires : V. L. n° 2013-619, 16 juill. 2013, art. 13.

(3) Dispositions applicables à Mayotte, L. n° 2006-1772, 30 déc. 2006, art. 98, IV, 1.

vre-argent, en raison d'un dépassement de la limite de qualité en ce qui concerne la concentration en cuivre ne méconnaissait pas les dispositions de la directive et ne portait pas atteinte à ses objectifs (■ CAA Versailles, 28 sept. 2010, n° 08VE03006, *Sté Sanichem*).

Section III. – Dispositions applicables sous le régime du règlement (UE) n° 528/2012 du Parlement européen et du Conseil du 22 mai 2012 concernant la mise à disposition sur le marché et l'utilisation des produits biocides

(Rempl. à compter du 1er septembre 2013, L. n° 2013-619, 16 juill. 2013)

Art. L. 522-9 ***(Ord. n° 2001-321, 11 avr. 2001 ; rempl. à compter du 1er septembre 2013, L. n° 2013-619, 16 juill. 2013 ; mod., L. n° 2015-1567, 2 déc. 2015).*** **– Les procédures applicables aux demandes d'autorisation de mise sur le marché, de restriction ou d'annulation d'autorisation, d'autorisation de commerce parallèle des produits biocides, d'approbation, de modification et de renouvellement des substances actives prévues par le règlement (UE) n° 528/2012 du Parlement européen et du Conseil du 22 mai 2012 précité et par les règlements pris pour son application, ainsi qu'aux demandes de dérogation prévues à l'article 56 du même règlement, sont précisées par voie réglementaire.**

Art. L. 522-10 ***(Ord. n° 2001-321, 11 avr. 2001 ; rempl. à compter du 1er septembre 2013, L. n° 2013-619, 16 juill. 2013 ; rempl., L. n° 2015-1567, 2 déc. 2015).*** **– Le ministre chargé de l'environnement peut autoriser, par arrêté, la mise à disposition sur le marché ou l'utilisation d'un produit biocide interdit dans les conditions prévues à l'article 55 du règlement (UE) n° 528/2012 du Parlement européen et du Conseil, du 22 mai 2012, précité, lorsque cela est strictement nécessaire à la protection de la santé et de la vie des personnes et des animaux et à la préservation des végétaux et conformément à la poursuite d'un but légitime d'intérêt général.**

Art. L. 522-11 ***(Ord. n° 2001-321, 11 avr. 2001 ; rempl. à compter du 1er septembre 2013, L. n° 2013-619, 16 juill. 2013).*** **– La durée du délai de grâce prévu à l'article 52 du règlement (UE) n° 528/2012 du Parlement européen et du Conseil du 22 mai 2012 précité et les conditions dans lesquelles il est mis en œuvre sont précisées par** ***(Mots rempl., L. n° 2015-1567, 2 déc. 2015)*** **« voie réglementaire ».**

Art. L. 522-12 ***(Abr., L. n° 2015-1567, 2 déc. 2015).***

Voir : A. du 1er août 2011, concernant l'interdiction d'utilisation de certains produits biocides (*JO* 23 août 2011). - Avis aux producteurs, importateurs et distributeurs de substances actives et de produits biocides et autres responsables de la mise sur le marché de produits biocides, et aux utilisateurs de produits biocides concernant l'interdiction d'utilisation de certains produits biocides (*JO* 14 sept. 2011).

Art. L. 522-13 à L. 522-14-2 ***(Implicitement abr. à compter du 1er septembre 2013, L. n° 2013-619, 16 juill. 2013).***

Section IV. – Contrôles et sanctions

Art. L. 522-15 (1) ***(Ord. n° 2001-321, 11 avr. 2001 ; mod. à compter du 1er juillet 2013, Ord. n° 2012-34, 11 janv. 2012 ; mod. à compter du 1er septembre 2013, L. n° 2013-619, 16 juill. 2013).*** **– Les dispositions des articles L. 521-12 à L. 521-20 du présent code sont applicables aux contrôles, à la recherche et à la constatation des infractions aux dispositions du présent chapitre.**

Pour l'application de ces dispositions, les mots : « mélange, un article » sont remplacés par les mots : « mélange, un article traité tels que définis à l'article 3 du règlement (UE) n° 528/2012 du Parlement européen et du Conseil du 22 mai 2012 précité », les mots : « mélanges, articles » sont remplacés par les mots : « mélanges, articles traités tels que définis à l'article 3 du règlement (UE) n° 528/2012 du Parlement européen et du Conseil du 22 mai 2012 précité », les mots : « mélanges, des articles » sont remplacés par les mots : « mélanges, des articles traités tels que définis à l'article 3 du règlement (UE) n° 528/2012 du Parlement européen et du Conseil du 22 mai 2012 précité » et, au deuxième alinéa du 5° de l'article L. 521-18, le mot : « article » est remplacé par les mots : « article traité tels que définis à l'article 3 du règlement (UE) n° 528/2012 du Parlement européen et du Conseil du 22 mai 2012 précité ».

(1) Dispositions d'application particulières et transitoires : V. L. n° 2013-619, 16 juill. 2013, art. 13.

Sans préjudice des dispositions du premier alinéa du présent article, si, à l'expiration du délai imparti prévu à l'article L. 521-17, l'intéressé n'a pas déféré à la mise en demeure, l'autorité administrative peut ordonner une mesure d'interdiction d'utilisation des substances, produits et articles traités. Elle peut enjoindre au responsable de la mise à disposition sur le marché d'assurer la récupération et l'élimination des substances, produits et articles mis à disposition sur le marché en méconnaissance du présent chapitre.

Pour les besoins de leurs missions de recherche et de constatation des infractions aux dispositions du présent chapitre, les fonctionnaires et agents mentionnés à l'article L. 521-12 peut procéder aux opérations prévues à l'article L. 521-11-1 dans les conditions définies par ce même article.

Art. L. 522-16 *(Ord. n° 2001-321, 11 avr. 2001 ; mod., Ord. n° 2009-229, 26 févr. 2009 ; L. n° 2009-526, 12 mai 2009* (1) *; Ord. n° 2011-1922, 22 déc. 2011 ; mod. à compter du 1er juillet 2013, Ord. n° 2012-34, 11 janv. 2012 ; rempl. à compter du 1er septembre 2013, L. n° 2013-619, 16 juill. 2013)* (2). – I. – Est puni de deux ans d'emprisonnement et de 75 000 € d'amende le fait de :

1° Mettre à disposition sur le marché une substance active biocide, un produit biocide ou un article traité interdit par le règlement (UE) n° 528/2012 du Parlement européen et du Conseil du 22 mai 2012 précité ou, dans le cas d'un produit biocide, en méconnaissance des articles L. 522-4, *(Réf. rempl., L. n° 2015-1567, 2 déc. 2015)* « L. 522-5-1 ou L. 522-11 » ;

2° Mettre à disposition sur le marché une substance active biocide, un produit biocide ou un article traité en méconnaissance des conditions de mise sur le marché prévues par le règlement d'exécution visé au *a* du 1 de l'article 9 du règlement (UE) n° 528/2012 du Parlement européen et du Conseil du 22 mai 2012 précité ou par l'autorisation de mise sur le marché ou l'autorisation de commerce parallèle applicable au produit ;

3° Fournir sciemment à l'autorité administrative des renseignements inexacts susceptibles d'entraîner, pour la substance active biocide considérée, le produit biocide la contenant ou l'article traité avec cette substance, des prescriptions moins contraignantes que celles auxquelles ils auraient normalement été soumis ou de dissimuler des renseignements connus de l'entreprise ;

4° Détenir en vue de la mise à disposition sur le marché des produits en méconnaissance du 4 de l'article 19 du règlement (UE) n° 528/2012 du Parlement européen et du Conseil du 22 mai 2012 précité ou de l'article *(Réf. rempl., L. n° 2015-1567, 2 déc. 2015)* « L. 522-5-1 ».

II. – Est puni de six mois d'emprisonnement et de 7 500 € d'amende le fait :

1° D'utiliser un produit biocide en méconnaissance des conditions prévues par l'autorisation de mise sur le marché ou par l'autorisation de commerce parallèle applicable au produit en application du règlement (UE) n° 528/2012 du Parlement européen et du Conseil du 22 mai 2012 précité ou de l'article *(Réf. rempl., L. n° 2015-1567, 2 déc. 2015)* « L. 522-5-1 » ;

2° De ne pas transmettre à l'autorité administrative le registre des produits biocides prévu à l'article 68 du règlement (UE) n° 528/2012 du Parlement européen et du Conseil du 22 mai 2012 précité.

Section V. – Mise en œuvre

(Créée à compter du 1er septembre 2013, L. n° 2013-619, 16 juill. 2013)

Art. L. 522-17 *(Créé à compter du 1er septembre 2013, L. n° 2013-619, 16 juill. 2013)*. – Les modalités d'application du présent chapitre sont définies par décret en Conseil d'État.

Section VI. – Pratiques commerciales prohibées

(Sect. créée à compter du 1er janvier 2019, L. n° 2018-938, 30 oct. 2018) (3)

Art. L. 522-18 *(Créé à compter du 1er janvier 2019, L. n° 2018-938, 30 oct. 2018 ; mod., Ord. n° 2019-698, 3 juill. 2019)*. – À l'occasion de la vente de produits biocides définis à l'article L. 522-1, les

(1) Application sur l'ensemble du territoire de la République y compris dans les collectivités d'outre-mer, en Nouvelle-Calédonie et dans les Terres australes et antarctiques françaises : V. L. n° 2009-526, 12 mai 2009, art. 137.

(2) Dispositions d'application particulières et transitoires : V. L. n° 2013-619, 16 juill. 2013, art. 13.

(3) Dispositions applicables aux contrats conclus ou renouvelés à compter du 1er janvier 2019, L. n° 2018-938, 30 oct. 2018.

remises, les rabais, les ristournes, la différenciation des conditions générales et particulières de vente au sens de l'article L. 441-1 du Code de commerce ou la remise d'unités gratuites et toutes pratiques équivalentes sont interdits. Toute pratique commerciale visant à contourner, directement ou indirectement, cette interdiction par l'attribution de remises, de rabais ou de ristournes sur une autre gamme de produits qui serait liée à l'achat de ces produits est prohibée.

Un décret en Conseil d'État précise les catégories de produits concernés en fonction des risques pour la santé humaine et pour l'environnement.

NB : Conformément aux dispositions du VI de l'article 96 de la loi n° 2018-938 du 30 octobre 2018, ces dispositions entrent en vigueur le 1er janvier 2019 et s'appliquent aux contrats conclus ou renouvelés à compter de cette date.

Art. L. 522-19 *(Créé à compter du 1er janvier 2019, L. n° 2018-938, 30 oct. 2018).* **– I. – Tout manquement aux interdictions prévues à l'article L. 522-18 est passible d'une amende administrative dont le montant ne peut excéder 15 000 € pour une personne physique et 75 000 € pour une personne morale.**

II. – Le montant de l'amende prévue au I est doublé en cas de réitération du manquement dans un délai de deux ans à compter de la date à laquelle la première décision de sanction est devenue définitive.

Cette amende peut être assortie d'une astreinte journalière d'un montant maximal de 1 000 € lorsque l'auteur de l'infraction n'a pas mis fin au manquement à l'issue d'un délai fixé par une mise en demeure.

III. – L'autorité administrative compétente avise préalablement l'auteur du manquement des faits relevés à son encontre, des dispositions qu'il a enfreintes et des sanctions qu'il encourt. Elle lui fait connaître le délai dont il dispose pour faire valoir ses observations écrites et, le cas échéant, les modalités selon lesquelles il peut être entendu s'il en fait la demande. Elle l'informe de son droit à être assisté du conseil de son choix.

La décision de sanction ne peut être prise plus d'un an après la constatation des faits. Elle peut faire l'objet d'un recours de pleine juridiction devant la juridiction administrative.

CHAPITRE III. – PRÉVENTION DES RISQUES POUR LA SANTÉ ET L'ENVIRONNEMENT RÉSULTANT DE L'EXPOSITION AUX SUBSTANCES À L'ÉTAT NANOPARTICULAIRE

(L. n° 2010-788, 12 juill. 2010)

Bibliographie : E. Drais, *La prévention des risques émergents à l'épreuve du principe de précaution : le cas des nanomatériaux, Dr. société* 2017, n° 96, p. 305. • Anses, *Méthode d'évaluation des niveaux de risques sanitaires et des dangers écotoxicologiques des produits contenant des nanomatériaux manufacturés*, avis, avr. 2016. • B. Debray, *Incendie : small is not (so) beautiful, Nanotechnologies : amies ou ennemies ?, Dossier spécial Face au Risque* déc. 2014, n° 508, p. 12. • V. Dobigny, *Protéger les salariés face aux dangers de l'infiniment petit. Nanotechnologies : amies ou ennemies ? Dossier spécial Face au Risque* déc. 2014, n° 508, p. 9. • D. Kapp, *Déclaration : entre transparence et confidentialité, Nanotechnologies : amies ou ennemies ? Dossier spécial Face au Risque*, déc. 2014, n° 508, p. 14. • L. Lanoy, *Le droit des nanomatériaux : entre réglementation et précaution, Dr. env.* mars 2014, n° 221, p. 98. • M. Ricaud, *Opportunités et risque du nanomonde, Dossier spécial Face au Risque* déc. 2014, n° 508, p. 7. • L. Radisson, *Nanomatériaux : une réglementation encore émergente : Environnement et Technique* mai 2013, n° 16 325, p. 54. • L. El Badawi, *Les nanotechnologies et la protection de la santé des travailleurs, Semaine sociale Lamy*, 14 janv. 2013, n° 1567, p. 7. • M.-C. Amauger-Lattes, *Développement durable et substances à l'état nanoparticulaire... les obligations des entreprises enfin précisées ! : Rev. Lamy dr. aff.* sept. 2012, n° 74, p. 78. • S. Lacour, *Le régime de déclaration de substances à l'état nanoparticulaire : JCP E* 2012, n° 16, p. 37 ; *L'impossible définition des substances à l'état nanoparticulaire : Environnement et dév. durable* 2012, n° 5, p. 14. • M. Bary, *La responsabilité de l'employeur à l'épreuve des risques liés aux nanoparticules et aux nanomatériaux : Rev. Lamy dr. civ.* mai 2011, n° 82, p. 19. • D. Desforges, *Nanotechnologies : plus petite est la matière, plus vaste est le champ juridique... : Environnement et technique* juin 2011, n° 307, p. 50. • S. Lacour, *Nanotechnologies : réguler l'incertitude ? : Dr. et société* 2011, n° 78, p. 429. • O. Soria, *L'environnement juridique des nanotechnologies : Préventique sécurité* mai-juin 2011, n° 117, p. 47. • M.-C. Amauger-Lattes, *Développement durable et substances à l'état nanoparticulaire : quelle protection pour les travailleurs ? : Rev. Lamy dr. aff.* juill. 2010, n° 51, p. 83. • C. Coulon, *L'appréhension des risques nanotechnologiques par le droit de la responsabilité civile : le poids de l'ignorance : Rev. jur. Ouest* avr. 2010, n° 2, p. 159. • T. Rosset, *Nanotechnologies, l'heure est au bilan : BDEI* mai 2010, n° 27, p. 14. • E. Naim-Gesbert, *Nanosciences et droit : axiomes pour définir l'acceptabilité des risques*, in *Les nanotechnologies et nano-objet à l'épreuve des droits, de la santé et de l'éthique*, TGDM 2016, 55.

Voir : Règlement (UE) 2016/1416 de la Commission du 24 août 2016 portant modification et rectification du règlement (UE) n° 10/2011 concernant les matériaux et objets en matière plastique destinés à entrer en contact avec des denrées alimentaires (*JO* 24 août 2016).

1) Définition du nanomatériau en droit européen. Le règlement REACH, norme de référence en matière de substances chimiques, ignore les nanoparticules et leurs propriétés particulières. Toutefois, la recommandation n° 2011/696 de la Commission du 18 octobre 2011 a donné une définition du « nanomatériau ». Il s'agit d'« *un matériau naturel, formé accidentellement ou manufacturé contenant des particules libres, sous forme d'agrégat ou sous forme d'agglomérat, dont au moins 50 % des particules, dans la répartition numérique par taille, présentent une ou plusieurs dimensions externes se situant entre 1 nm et 100 nm* ». La recommandation précise que les fullerènes, les flocons de graphène et les nanotubes de carbone à paroi simple présentant une ou plusieurs dimensions externes inférieures à 1 nm sont à considérer comme des nanomatériaux. Il convient de noter que la définition du terme « nanomatériau » dans la législation de l'Union se fonde uniquement sur la taille des particules constitutives du matériau, à l'exclusion de toute considération relative aux risques ou aux dangers qu'il peut présenter. La recommandation de la commission fournit également les définitions de « particule » : « *un minuscule fragment de matière possédant des contours physiques bien définis* » ; d'« agglomérat » : « *un amas friable de particules ou d'agrégats dont la surface externe globale correspond à la somme des surfaces de ses constituants individuels* » ; et d'« agrégat » : « *une particule constituée de particules soudées ou fusionnées* »...

2) Présentation du cadre juridique applicable aux nanomatériaux en droit français. La question du cadre réglementaire applicable aux nanoparticules a fait l'objet de nombreux débats lors du Grenelle de l'environnement, et a finalement abouti à la création d'un droit français des nanotechnologies, aux articles L. 523-1 et suivants du Code de l'environnement. Le nouveau régime comporte essentiellement une obligation déclarative pesant sur les fabricants, les importateurs et les distributeurs de substances à l'état nanoparticulaire ou de matériaux destinés à rejeter de telles substances. Il est à noter que l'information à destination du consommateur n'est pas prévue par les textes.

Art. L. 523-1 ***(L. n° 2010-788, 12 juill. 2010).*** **– Les personnes qui fabriquent, importent ou distribuent des substances à l'état nanoparticulaire, en l'état ou contenues dans des mélanges sans y être liées, ou des matériaux destinés à rejeter de telles substances dans des conditions normales ou raisonnablement prévisibles d'utilisation déclarent périodiquement à l'autorité administrative, dans un objectif de traçabilité et d'information du public, l'identité, les quantités et les usages de ces substances, ainsi que l'identité des utilisateurs professionnels à qui elles les ont cédées à titre onéreux ou gratuit.**

Les informations relatives à l'identité et aux usages des substances ainsi déclarées sont mises à disposition du public dans les conditions fixées par l'article L. 521-7.

L'autorité administrative peut prévoir des dérogations au deuxième alinéa du présent article lorsque cela est nécessaire à la sauvegarde des intérêts de la défense nationale.

Les informations concernant l'identité des utilisateurs professionnels sont reconnues comme relevant du secret ***(Mots rempl., L. n° 2018-670, 30 juill. 2018)*** **« des affaires » et sont traitées conformément au II de l'article L. 521-7.**

Art. L. 523-2 ***(L. n° 2010-788, 12 juill. 2010).*** **– Les personnes qui fabriquent, importent ou utilisent des substances mentionnées à l'article L. 523-1 transmettent, à la demande de l'autorité administrative, toutes les informations disponibles relatives aux dangers de ces substances et aux expositions auxquelles elles sont susceptibles de conduire, ou utiles à l'évaluation des risques sur la santé et l'environnement. Ces informations sont mises à la disposition du public dans les conditions fixées à l'article L. 521-7.**

Voir : Décret n° 2017-765 du 4 mai 2017 relatif à la mise à disposition des informations obtenues en application des articles L. 523-1 et L. 523-2 du Code de l'environnement.

Art. L. 523-3 ***(L. n° 2010-788, 12 juill. 2010).*** **– Les informations obtenues en application des articles L. 523-1 et L. 523-2 sont mises à la disposition des autorités de contrôle mentionnées à l'article L. 521-12, ainsi qu'à des organismes désignés par décret, notamment à des fins d'évaluation des risques.**

1) Organismes pouvant être destinataires des informations relatives aux dangers des substances à l'état nanoparticulaire et aux expositions auxquelles elles exposent. Le décret désigne les organismes auxquels l'ANSES peut transmettre les informations contenues dans

les déclarations qui lui ont été transmises par le ministre en charge de l'environnement. Ce texte crée ainsi dans la partie réglementaire du Code de l'environnement un nouvel article D. 523-22 qui énumère ces organismes :
– l'Agence française de sécurité sanitaire des produits de santé ;
– l'Institut national de veille sanitaire ;
– l'Institut national de recherche et de sécurité ;
– l'Institut national de l'environnement industriel et des risques ;
– les organismes chargés de la toxicovigilance mentionnés à l'article L. 1341-1 du Code de la santé publique.

Cette mise à disposition des informations est effectuée à la demande de l'un ou plusieurs de ces organismes, dans un but d'évaluation des risques et dans la limite des informations correspondant à leur domaine d'expertise. À noter que les informations ainsi transmises sont soumises aux règles de protection et de confidentialité des données applicables en matière de substances chimiques. Toutefois, cet article n'entrera en vigueur qu'à compter du 1er janvier 2013.

Voir : D. n° 2012-233, 17 févr. 2012, relatif à la désignation des organismes mentionnés à l'article L. 523-3 du Code de l'environnement.

2) Les articles L. 523-1 à L. 523-3 du Code de l'environnement prévoient l'obligation de déclarer les quantités et les usages de substances à l'état nanoparticulaire produites, distribuées ou importées en France. Le dispositif a pour objet de mieux connaître ces substances et leurs usages, de disposer d'une traçabilité des filières d'utilisation, d'une meilleure connaissance du marché et des volumes commercialisés et enfin de collecter les informations disponibles sur leurs propriétés toxicologiques et écotoxicologiques.

Art. L. 523-4 *(L. n° 2010-788, 12 juill. 2010 ; rempl. à compter du 1er juillet 2013, Ord. n° 2012-34, 11 janv. 2012).* **– En cas de manquement aux obligations prévues aux articles L. 523-1 et L. 523-2, l'autorité administrative peut ordonner le paiement d'une amende au plus égale à 3 000 € et une astreinte journalière de 300 € courant à partir de la notification de la décision la fixant et jusqu'à la satisfaction de l'obligation.**

L'amende ne peut être prononcée plus d'un an à compter de la constatation des manquements.

L'opposition à l'état exécutoire pris en application d'une astreinte ordonnée par l'autorité administrative devant le juge administratif n'a pas de caractère suspensif.

Bibliographie : S. Lacour, *Produit chimique et substance dangereuse – L'impossible définition des substances à l'état nanoparticulaire* : Éléments d'analyse du décret n° 2012-232 du 17 février 2012 relatif à la déclaration annuelle des substances à l'état nanoparticulaire pris en application de l'article L. 523-4 du Code de l'environnement, *Environnement* n° 5, mai 2012, étude 8.

Art. L. 523-5 *(L. n° 2010-788, 12 juill. 2010).* **– Les articles L. 523-1 à L. 523-4 s'appliquent aux substances entrant dans la composition des produits mentionnés à l'article L. 522-1.**

Art. L. 523-6 *(Créé à compter du 1er juillet 2013, Ord. n° 2012-34, 11 janv. 2012).* **– Les dispositions de l'article L. 521-11-1 sont applicables aux contrôles des substances à l'état nanoparticulaire mentionnées à l'article L. 523-1.**

Art. L. 523-7 *(Créé à compter du 1er juillet 2013, Ord. n° 2012-34, 11 janv. 2012).* **– Les dispositions des articles L. 521-12 à L. 521-20 sont applicables à la recherche et à la constatation des infractions aux dispositions du présent chapitre.**

Pour les besoins de leurs missions de recherche et de constatation de ces infractions, les fonctionnaires et agents mentionnés à l'article L. 521-12 peuvent procéder aux opérations prévues à l'article L. 521-11-1 dans les conditions définies par ce même article.

Art. L. 523-8 *(Créé à compter du 1er juillet 2013, Ord. n° 2012-34, 11 janv. 2012).* **– Un décret en Conseil d'État précise les conditions et modalités d'application du présent chapitre.**

TITRE III. – ORGANISMES GÉNÉTIQUEMENT MODIFIÉS

Bibliographie : P. Billet, *L'interdiction de la mise en culture du maïs génétiquement modifié (loi du 2 juin 1994) : Environnement et dév. durable* 2014. • D. Castronuovo, *Les défis de la politique criminelle face aux générations futures et au principe de précaution : le cas des OGM : Rev. sc. crim.* 2014, n° 3, pp. 523-541. • E. Juet, *Autorisation du maïs 1507 : carence de la Commission : RD rur.* 2014, p. 59. • B. Parance, *Le printemps agité des OGM : Journal de Droit de la Santé et de l'Assurance*

Maladie (JDSAM), juill. 2014, n° 3, pp. 100-102. • P. Billet, *Consécration de la police spéciale des OGM et principe de précaution*, note sous CE, 24 sept. 2012, n° 342990, *Cne de Valence* : *JCP A* 2013, n°s 1-2, p. 49. • D. Gadbin, *Chronique de jurisprudence 2012 de la Cour de justice de l'Union européenne : Environnement et dév. durable* 2013, n° 10, p. 23. • E. Juet, *Absence d'obligation de solliciter une autorisation nationale pour la mise en culture d'OGM régulièrement autorisés au niveau européen et inscrits au catalogue des variétés : Environnement* oct. 2013. • C. Lepage, *L'économie, instrument de la transition écologique, Vraiment durable* Hiver 2012 – Printemps 2013, n° 3, p. 111. • C. Moiroud, *La réglementation des OGM nous entraîne-t-elle vers la voie de l'insensé ? : RD sanit. soc.* 2013, n° 5, pp. 771-778. • M.-A. Ngo, *Le choix du non-OGM dans un contexte de coexistence : Rev. jur. env.* 2013, n° 4, pp. 613-623 ; *L'encadrement juridique des OGM, illustration des forces et faiblesses du droit économique : RID éco.* 2013, n° 4, pp. 589-595. • M. Aubert, E. Broussy, F. Donnat, *Organismes génétiquement modifiés : AJDA* 2012, n° 41, p. 2341-2343. • L. Bodiguel, *Droit des OGM : contestations ardentes, tiède réforme : RMCUE* 2012, n° 554, p. 51. • C. Hermon, *Nouveaux éclairages sur l'articulation des compétences en matière de cultures d'OGM* – commentaire des arrêts de la CJUE et du CE des 6 et 24v septembre 2012, *RD dural*, 2012, étude 14. • S. Roset, *OGM : Europe* nov. 2012, n° 11, comm. 456. • F. G. Trébulle, *Compétence en matière de précaution : toujours plus haut ? : Environnement* janv. 2012, p. 1. • N. Bouche, *Variété essentiellement dérivée-Entre ombre et lumière : Propr. industr.* 2011, n° 1, p. 11-18. • C. Lepage, *À propos du projet de règlement modifiant la directive 2001/18 sur les OGM : Environnement* 1er mars 2011, n° 3, p. 1-2. • G. Memeteau, *Environnement et droit de la santé : JCl. Environnement et Développement durable*, Fasc. 2310, 2012. • M. Meister, *Organismes génétiquement modifiés : Europe* nov. 2011, n° 11, comm. 434. • M.-A. Ngo, *Le droit de la responsabilité en matière d'OGM : de la prévention à la réparation : Dr. env.* déc. 2011, n° 196, p. 352. • L. Pignataro, *La politique de l'Union européenne en matière d'OGM : RDUE* 2011, n° 3, p. 361-380. • C. Charlier, *Agriculture des signes de qualité et agriculture Organismes Génétiquement Modifiés : les enjeux de la coexistence : RD rur.* nov. 2010, p. 7. • P. Mattera, *La nouvelle approche de la Commission européenne en matière d'OGM : RDUE* sept. 2010, p. 625. • F. Lesieur, *Réflexions sur les risques sanitaires liés aux organismes génétiquement modifiés : entre principe de précaution et ordre public : Rev. gén. dr. méd.* déc. 2009, p. 339. • C. Noiville, *Organismes génétiquement modifiés (OGM) : JCl. Environnement et Développement durable*, Fasc. 4100 (2009). • Y. Petit, *NTG (Nouvelles techniques génomiques) et OGM : chou vert et vert chou ? : RD rur.* 2023, n° 10, alerte 170 ; *Statut de la mutagenèse aléatoire in* vitro *au regard de la directive 2001/18 : RD rur.* 2023, n° 4, comm. 55. • D. Simon, *Solution. – Précisions importantes sur les exemptions possibles au regard de la « directive OGM » s'agissant des formes de mutagenèse utilisant des méthodes in* vitro : *Europe* 2023, n° 4, comm. 142.

Loi n° 2008-595 du 25 juin 2008 et la décision du Conseil constitutionnel n° 2008-564 DC du 19 juin 2008. E. Juet, *Interdiction ou restriction nationale de la culture d'un OGM autorisé : quelle mise en œuvre en France ? : RD rur.* 2017, n° 449. • Office parlementaire d'évaluation des choix scientifiques et technologiques, J.-Y. Le Déaut et C. Procaccia, *Les enjeux économiques, environnementaux, sanitaires et éthiques des biotechnologies à la lumière des nouvelles pistes de recherche*, Rapport EPECST, 29 mars 2017. • P. Billet, *Consécration du droit de restreindre ou d'interdire la culture d'OGM : Énergie – Env. – Infrastr.* 2015, n° 10, comm. 81. • N. de Sadeleer, Terroir et génie génétique : la réglementation des OGM à l'épreuve de forces centrifuges et centripètes : *RTD Eur.* 2015. • Office parlementaire d'évaluation des choix scientifiques et technologiques, *Quelles leçons tirer sur l'étude maïs transgénique NK603 ? : Rapp. Sénat*, 27 févr. 2013, n° 409. • P. Billet, *Régime de l'information en matière de localisation des cultures d'organismes génétiquement modifiés : RD rur.* juill. 2009, n° 374, p. 44. • E. Brosset, *Le législateur, la Charte de l'environnement et le droit communautaire devant le Conseil constitutionnel : RDP* 2009, p. 1181. • J.-P. Camby, *Le Conseil constitutionnel, l'Europe, son droit et ses juges : RDP* 2009, p. 1216. • J.-M. Panoff et M.-P. Baudin-Maurin, *Étude transdisciplinaire de la réglementation des OGM : Dr. env.* juin 2009, n° 169, p. 12. • A. Van Lang, *Les OGM : en avoir ou pas : Rev. jur. env.* juin 2009, n° 2, p. 181. • P. Billet, *Index raisonné de la loi OGM du 25 juin 2008 : RD rur.* déc. 2008, n° 368, étude 13. • F. Barque, *Le Conseil constitutionnel et la censure différée : LPA* 3 déc. 2008, n° 242, p. 8. • D.-A. Camous, *De la loi du 25 juin 2008 et de l'assaut des OGM sur les campagnes : Dr. env.* déc. 2008, n° 164, p. 26. • O. Dord, *La loi OGM devant le Conseil constitutionnel ou la dissémination de la jurisprudence AC ! : AJDA* sept. 2008, n° 29, p. 1614. • L. Fontaine, *La lutte anti-OGM : désobéissance civile ou acte délinquant ? Les frontières du système juridique à l'épreuve de la question scientifique et de la contestation : Dr. env.* juill. 2008, n° 160, p. 34. • A. Levade, *La décision OGM ou les implicites d'une décision à lire dans son environnement : JCP G* 2008, n° 30, II, 10138. • B. Peignot, *OGM : quelles perspectives après la transposition des directives ? Quel contrôle de la réglementation sur les OGM par le juge français ? : Gaz. Pal.* 20 juill. 2008, n° 202, p. 3 ; *Présentation de la loi relative aux organismes génétiquement modifiés : AJDI* sept. 2008, p. 646. • F.-G. Trébulle, *Note sous L. n° 2008-595 du 25 juin 2008 relative aux organismes génétiquement modifiés : JCP E* 2008, n° 37, p. 3 ; *JCP G* 2008, n° 36, act. 526. • P. Trouilly, *Loi du 25 juin 2008 : Environnement* août 2008, n° 8, comm. 123. • S. Bringuy et A. Gossement, *Réflexions engagées sur le projet de loi relatif aux OGM : l'oubli des principes directeurs du droit de l'environnement : Dr. env.* juin 2006, n° 139, p. 176.

Voir : Textes utiles de droit européen : ▪ CJUE, 6 sept. 2011, aff. C-442/09, *Bablok* : *Europe*, 1er nov. 2011, n° 11, p. 43-44, comm. 434, note M. Meister ; *Environnement*, 1er nov. 2011, n° 11, *Gênes autour des OGM*, note P. Billet, p. 3-4. – S. Jolivet, *Agriculture-Organismes génétiquement modifiés (OGM) : Rev. jur. env.* 2015, n° 1, p. 178. – E. Chevalier, Note sous ▪ CJUE, 2 oct. 2014, aff. C-478/13, *Commission c/ Pologne* : *JurisData* n° 2014-027823 ; Directive Européenne n° 2001-18 du 12 mars 2001, 2001/18/CE du Parlement européen et du Conseil du 12 mars 2001 relative à la dissémination volontaire d'organismes génétiquement modifiés dans l'environnement et abrogeant la directive 90/220/CE du Conseil : *JCP* A, 2015, n° 5, p. 22. - D. Corona, Note sous TUE, 13 déc. 2013, aff. T-240/10, *Hongrie versus Commission : RDUE* 2014, n° 1, pp. 155-160. - S. Denys, *Directive : portée de l'obligation de transposition*, Note sous *CJUE*, 19 déc. 2013, aff. C-281/11, *Commission c/ Pologne : Europe* 2014, n° 2, pp. 12-13. En ne transposant pas les articles 3, paragraphe 3, 7, 8, paragraphes 2 et 3, 9, paragraphe 2, sous *a)*, ainsi que 18, paragraphes 1, second alinéa, 3 et 4, de la directive 2009/41/CE du Parlement européen et du Conseil, du 6 mai 2009, relative à l'utilisation confinée de micro-organismes génétiquement modifiés, la République de Pologne a manqué aux obligations qui lui incombent en vertu de cette directive. - E. Juet, *Autorisation du maïs 1507 : carence de la Commission : RD rur.* 2014, n° 421, pp. 47-48. - S. Jolivet, *Agriculture-Organismes génétiquement modifiés : Rev. jur. env.* 2014, n° 2, pp. 379-382. ; *Agriculture-Organismes génétiquement modifiés : Rev. jur. env.* 2014, n° 1, pp. 179-180. La CJUE a jugé que la Commission européenne a été trop lente dans la gestion d'une demande d'autorisation de mise en culture du maïs TC1507 déposée par Pioneer [1]. Le jugement impose seulement à la Commission *de facto* à revoir son calendrier de procédure, mais aucun délai ni pénalité n'ont été fixés. - V. Michel, *Du relevé d'office de l'illégalité pour violation des formes substantielles : Europe* 2014, n° 2, p. 45. Annulation des décisions de la Commission européenne sur l'autorisation de la mise sur le marché de la pomme de terre génétiquement modifiée Amflora en raison de la violation par la Commission des règles procédurales des régimes d'autorisation des OGM dans l'Union. - S. Roset, *OGM : Europe* 2014, n° 12, p. 32. La CJUE a jugé que la Pologne avait mal transposé la directive 2001/18 sur le point de la transparence en matière de localisation des cultures d'OGM. En effet, la règlementation polonaise ne prévoyait pas d'obligation d'informer les autorités compétentes quant à la localisation des OGM, ne rendait pas obligatoire l'établissement d'un registre de cette localisation et ne rendait pas publiques les informations relatives à ce registre. - P. Thieffry, *La Commission condamnée en carence pour défaut d'autorisation d'un organisme génétiquement modifié, un maïs transgénique résistant aux insectes* ; Note sous Tribunal de l'Union européenne, 26 sept. 2013, aff. T-164/10, *Pioneer Hi-Bred International Inc.* c/ *Commission : RTDE* 2014, n° 2, pp. 545-546. - P. Billet, *Gênes autour des OGM* ; note sous ▪ CJUE, 6 sept. 2011, aff. C-442/09, *Bablok : Environnement* 1er nov. 2011, n° 11, p. 3-4. - G. Dufour, *Les OGM et l'OMC, Analyse des accords SPS, OTC et du GATT*, éd. Bruylant, oct. 2011, 616 pages. - C. Lepage, *À propos du projet de règlement modifiant la directive 2001/18 sur les OGM : Environnement* 1er mars 2011, n° 3, p. 1-2. - M. Meister, *Organismes génétiquement modifiés*, note sous ▪ CJUE, 6 sept. 2011, aff. C-442/09, *Bablok : Rev.* 1er nov. 2011, *Europe*, n° 11, p. 43-44, comm. 434. - V. Michel, *Procédure d'autorisation des mesures de protection renforcée dans un secteur harmonisé* (TFUE, art. 114), note sous Trib. UE 9 déc. 2010, aff. T-69/08, *Pologne c/ Commission : Europe* 2011, n° 2, p. 18-19. - L. Pignataro, *La politique de l'Union européenne en matière d'OGM : RDUE* 2011, n° 3, p. 361-380.

Directive (UE) n° 2015/412 du Parlement européen et du Conseil du 11 mars 2015 modifiant la directive 2001/18/CE en ce qui concerne la possibilité pour les États membres de restreindre ou d'interdire la culture d'organismes génétiquement modifiés (OGM) sur leur territoire (*JOUE* n° L 68, 13 mars 2015). La directive n° 2015/412 du 11 mars 2015 vient compléter la directive 2001/18 relative à la possibilité pour les États membres de restreindre ou d'interdire la culture d'OGM sur leur territoire. Jusqu'à présent, seule la clause de sauvegarde permettait de faire obstacle à la commercialisation et à la culture d'un OGM ayant obtenu une autorisation de mise sur le marché.

Les États se voient ainsi reconnaître la possibilité de réglementer sur leur territoire la culture des OGM selon deux procédés :

1) Le premier procédé lors de la procédure d'autorisation ou de renouvellement d'OGM, pendant laquelle l'État peut demander que son territoire soit exclu de la mise en culture (si le pétitionnaire modifie sa demande, l'autorisation est alors délivrée au vu d'une portée géographique réduite, sinon dans l'hypothèse d'un maintien de la demande initiale, l'État membre peut édicter des mesures restrictives) ;

2) Le second procédé permet l'édiction de telles mesures à tout moment, les motifs justificatifs devant être relatifs à des objectifs de politique environnementale, à l'aménagement du territoire, à l'affectation des sols, aux incidences socio-économiques, à la volonté d'éviter la présence d'OGM dans d'autres produits, à des objectifs de politique agricole ou à l'ordre public. Les États membres ont 75 jours pour mettre en place des mesures d'interdiction ou de restriction à compter de la date à laquelle ils ont communiqué à la Commission les mesures envisagées. Une période transitoire du 2 avril au 3 octobre 2015 permet à un État membre de requérir la modification de la portée géographique d'une demande présentée ou d'une autorisation octroyée avant l'entrée en vigueur de ces nouvelles dispositions. Dix-neuf États membres ont demandé l'interdiction de cultiver le maïs MON 810 sur tout ou partie de leur territoire, en application de l'article 26 *quater* ainsi modifié de la directive 2001/18/CE. Monsanto n'ayant pas contesté ces requêtes dans le délai de trente jours qui lui était imparti, la portée géographique de l'autorisation initialement octroyée à Monsanto pour la culture du maïs MON 810 a donc été modifiée (Déc. d'exécution (UE) 2016/321 de la Commission, 3 mars 2016 : *JOUE* n° L 60, 5 mars).

Voir : E. Brosset, *Flexible droit de l'Union européenne... en matière d'OGM. À propos de la directive 2015/412 du 11 mars 2015 en ce qui concerne la possibilité pour les États membres de restreindre ou d'interdire la culture OGM sur leur territoire : Cah. dr. eur.* 2015.

Sur la méthode d'analyse socioéconomique et éthique du Haut Conseil des biotechnologies dans le cadre de la directive 2015/412 du 11 mars 2015 : M. Morin, *Alimentation - L'arrivée du saumon génétiquement modifié dans les assiettes des consommateurs : RD rur.* 2018. - E. Juet, *Interdiction ou restriction nationale de la culture d'un OGM autorisé : quelle mise en œuvre en France ? : RD rur.* 2017. - *Haut Conseil des biotechnologies, Recommandation du CEES, 27 sept. 2016.*

Voir : Textes utiles en droit international : Convention du 25 janvier 1924 créant l'Office international des épizooties ; Codex Alimentarius (16e Assemblée mondiale de la santé approuvant la création du programme mixte FAO/OMS sur les normes alimentaires en mai 1963) ; Convention internationale pour la protection des végétaux (IPPC, Rome, 6 déc. 1951) ; Protocole de Carthagène sur la prévention des risques biotechniques du 29 janvier 2000 adopté dans le cadre de la Convention sur la diversité biologique de Rio de 1992, entré en vigueur le 11 septembre 2003 et fixant des procédures pour renforcer la sécurité des échanges d'OGM entre pays ;

Accord du 15 avril 1994 de l'Organisation mondiale du commerce ; Protocole additionnel de Nagoya d'octobre 2010 sur la responsabilité et la réparation visant à contribuer à la conservation et à l'utilisation durable de la biodiversité et à fournir des règles et procédures internationales en matière de responsabilité et de réparation en lien avec l'alimentation humaine ou animale.

Au sein de l'Union européenne, les organismes génétiquement modifiés (OGM) ne peuvent être disséminés dans l'environnement ou mis sur le marché que s'ils font l'objet d'une autorisation, soumise à des conditions spécifiques et accordée en vue d'utilisations déterminées, après une évaluation scientifique des risques. Le régime d'autorisation comporte deux procédures différentes qui sont appliquées en fonction de l'utilisation envisagée des OGM. La première, dont les règles sont établies par la directive 2001/18/CE, a pour objectif d'autoriser des OGM en vue de leur dissémination volontaire dans l'environnement. Dans le cadre de cette procédure, il incombe, en principe, à l'État membre auprès duquel une entreprise a notifié une demande à cette fin d'émettre une autorisation. Toutefois, les autres États membres ainsi que la Commission peuvent soulever des objections vis-à-vis de la décision d'autorisation envisagée (par le biais de la clause de sauvegarde instaurée à l'article 23 de la directive), cette possibilité a été renforcée avec la directive n° 2015/412 du 11 mars 2015 qui permet de modifier la portée géographique de l'autorisation accordée. La seconde procédure d'autorisation, instaurée par le règlement 1829/2003 du 22 septembre 2003, concerne les denrées alimentaires et les aliments pour animaux génétiquement modifiés. Dans ce cas, la demande d'autorisation est évaluée au niveau de l'Union. L'article 34 du Règlement prévoit la possibilité pour les États membres d'instaurer des mesures d'urgence lorsqu'un produit autorisé en vertu du Règlement est susceptible de présenter un risque grave pour la santé humaine, la santé animale ou l'environnement. Enfin, la directive n° 2009/41/CE du Parlement européen et du Conseil du 6 mai 2009, abrogeant et remplaçant la directive n° 90/219/CE du 23 avril 1990, encadre l'utilisation confinée des micro-organismes génétiquement modifiés.

La clause de sauvegarde et les mesures d'urgence, respectivement prévus par la directive 2001/18/CE et le Règlement 1829/2003, se sont avérés difficiles à mettre en œuvre en France. Le Conseil d'État a en effet annulé à deux reprises – en 2011 et en 2013 – le moratoire français visant à interdire la culture du MON810, au motif d'une absence de fondement scientifique (■ CE, 28 nov. 2011, n°s 312921, 313546, 313548, 313605, 313614, 313616, 313620, 313624 et 313683, *Monsanto SAS et a.* ■ CE, 1er août 2013, n°s 358103, 358615 et 359078, *Assoc. générale des producteurs de maïs (AGPM) et a.*). Suite à l'annulation de ces arrêtés par le Conseil d'État, le législateur est intervenu par une loi n° 2014-567 du 2 juin 2014 relative à l'interdiction de la mise en culture des variétés de maïs génétiquement modifié, dont la constitutionnalité a été confirmée par le Conseil constitutionnel par une décision n° 2014-694 DC du 28 mai 2014. Après avoir rappelé que la mise en culture de maïs génétiquement modifié soulève un ensemble de questions complexes et portant sur des enjeux à la fois environnementaux, économiques et sanitaires, que les études disponibles n'apparaissent pas en mesure de garantir l'innocuité de ces cultures à long terme et que l'impartialité même de ces études était discutée, le législateur a décidé l'interdiction conservatoire des cultures de maïs génétiquement modifié dans un article unique.

En droit interne, le sujet des OGM, qui est à la croisée des chemins entre préoccupations environnementales, sanitaires et économiques, est non seulement réglementé par le droit de l'environnement mais également par le droit de la santé, le droit rural, le droit des transports, le droit commercial, le droit du travail etc. S'agissant de la partie qui leur est dédiée dans le Code de l'environnement, la loi n° 92-654 du 13 juillet 1992 a constitué la base de cette codification. Elle a été largement modifiée par la loi n° 2008-595 du 25 juin 2008, elle-même modifiée par la loi n° 2008-757 du 1er août 2008 relative à la responsabilité environnementale et à diverses dispositions d'adaptation au droit communautaire dans le domaine de l'environnement. Il est ainsi distingué l'utilisation confinée, la dissémination et la mise sur le marché d'OGM. L'utilisation confinée touche principalement au droit des installations classées avec un régime spécial d'agrément (C. env., art. L. 532-1 et s.) et le sujet de la dissémination porte d'une part sur la dissémination à d'autres fins que la mise sur le marché (C. env., art. L. 533-3 et L. 533-3-2) et d'autre part sur la mise sur le marché elle-même (C. env., art. L. 533-4 à L. 533-9). Les articles L. 535-1 et suivants du Code de l'environnement régissent quant à eux les modalités du contrôle et de la surveillance administrative, tandis que les articles L. 536-1 et suivants régissent la répression pénale des manquements aux exigences textuelles. Il est à noter que le Haut Conseil des biotechnologies a remplacé la Commission du génie génétique et la Commission d'étude de la dissémination des produits issus du génie biomoléculaire (C. env, art. L. 531-3 à L. 531-5).

Rappelons enfin que toute personne a le droit d'être informée sur les effets que la dissémination volontaire d'organismes génétiquement modifiés peut avoir pour la santé publique ou l'environnement, dans le respect de la confidentialité des informations protégées par la loi en vertu de l'article L. 125-3 du Code de l'environnement (V. commentaires et jurisprudences sous cet article). Sous réserve des informations reconnues confidentielles en application de l'article L. 535-3 du même code, les rapports d'évaluation, les décisions d'autorisation ou de refus d'autorisation, les avis du Haut Conseil des biotechnologies ainsi que les décisions de l'autorité communautaire, au cas où une objection a été formulée par un État membre ou la Commission européenne, sont rendus publics à l'issue de la procédure d'autorisation. Les résultats des observations menées en application des obligations en matière de surveillance sont également rendus publics. Les informations rendues publiques sont regroupées dans un registre accessible par la voie électronique et auprès de l'autorité administrative compétente pour délivrer les autorisations.

Voir : Règlement (UE) 2017/625 du Parlement européen et du Conseil du 15 mars 2017 concernant les contrôles officiels et les autres activités officielles servant à assurer le respect de la législation alimentaire et de la législation relative aux aliments pour animaux ainsi que des règles relatives à la santé et au bien-être des animaux, à la santé des végétaux et aux produits phytopharmaceutiques, modifiant les règlements du Parlement européen et du Conseil (CE) n° 999/2001, (CE) n° 396/2005, (CE) n° 1069/2009, (CE) n° 1107/2009, (UE) n° 1151/2012, (UE) n° 652/2014, (UE) 2016/429 et (UE) 2016/2031, les règlements du Conseil (CE) n° 1/2005 et (CE) n° 1099/2009 ainsi que les directives du Conseil 98/58/CE, 1999/74/CE, 2007/43/CE, 2008/119/CE et 2008/120/CE, et abrogeant les règlements du Parlement européen et du Conseil (CE) n° 854/2004 et (CE) n° 882/2004, les directives du Conseil 89/608/CEE, 89/662/CEE, 90/425/CEE, 91/496/CEE, 96/23/CE, 96/93/CE et 97/78/CE ainsi que la décision 92/438/CEE du Conseil (règlement sur les contrôles officiels) ; Règlement européen (UE) n° 2018/848 du Parlement européen et du Conseil du 30 mai 2018 relatif à la production biologique et à l'étiquetage des produits biologiques, et abrogeant le règlement (CE) n° 834/2007 du Conseil (*JOUE* n° L 150, 14 juin 2018).

CHAPITRE Ier. – DISPOSITIONS GÉNÉRALES

Art. L. 531-1 *(Mod., L. n° 2003-591, 2 juill. 2003* (1) *; L. n° 2008-595, 25 juin 2008).* **– Au sens du présent titre, on entend par :**

1° *Organisme* : toute entité biologique non cellulaire, cellulaire ou multicellulaire, capable de se reproduire ou de transférer du matériel génétique ; cette définition englobe les micro-organismes, y compris les virus, les viroïdes et les cultures de cellules végétales et animales ;

2° *Organisme génétiquement modifié* : organisme dont le matériel génétique a été modifié autrement que par multiplication ou recombinaison naturelles ;

3° *Utilisation* : toute opération ou ensemble d'opérations au cours desquelles des organismes sont génétiquement modifiés ou au cours desquelles des organismes génétiquement modifiés sont cultivés, stockés, transportés, détruits, éliminés ou mis en œuvre de toute autre manière.

Art. L. 531-2 *(Mod., L. n° 2003-591, 2 juill. 2003* (1) *; L. n° 2008-595, 25 juin 2008).* **– Ne sont pas soumis aux dispositions du présent titre et des articles L. 125-3 et L. 515-13 les organismes génétiquement modifiés obtenus par des techniques qui ne sont pas considérées, de par leur caractère naturel, comme entraînant une modification génétique ou par celles qui ont fait l'objet d'une utilisation traditionnelle sans inconvénient avéré pour la santé publique ou l'environnement.**

La liste de ces techniques est fixée par décret après avis *(Mots rempl. à compter du 1er janvier 2022, Ord. n° 2021-1325, 13 oct. 2021)* **« de l'Agence nationale de sécurité sanitaire, de l'alimentation, de l'environnement et du travail »** (2).

Bibliographie : H. Gaumont-Prat *Biotechnologie – France : le Haut conseil des biotechnologies rend son avis sur les NPBT (New Plant Breeding Techniques) : Propr. industr.* 2018, n° 1alerte 5. • E. Juet, *Interdiction ou restriction nationale de la culture d'un OGM autorisé : quelle mise en œuvre en France ? : RD rur.* 2017 ; *Le renforcement de l'insécurité juridique en matière de mise sur le marché d'OGM : RD rur.* 2017, étude 16.

1) Techniques donnant lieu à modification génétique. Dès lors qu'ils ne figurent pas sur la liste des techniques qui ne sont pas considérées comme donnant lieu à une modification génétique, fixée par l'article 2 du décret n° 93-774 du 27 mars 1993 l'induction polyploïde et la mutagénèse, les néomâles utilisés à des fins reproductives obtenus par gynogénèse et triploïdisation entrent ainsi dans le champ d'application de cet article. Ils ne sont donc pas des OGM dont la mise en œuvre est subordonnée à la délivrance d'un agrément, ▪ CAA Bordeaux, 18 déc. 2007, n° 06BX00216, *GFA des Sources de Sorgues*.

2) Brevetabilité et OGM ; les États membres doivent protéger les inventions biotechnologiques par les brevets pour assurer l'unité du marché intérieur (▪ CJCE, 9 oct. 2001, n° C-377/98, *Pays-Bas c/ Parlement européen : D.* 2002, 2925, obs. Galloux). Toutefois, ne peuvent être brevetées que les espèces végétales dont un seul gène a été modifié ou dont un ensemble plus large qu'une espèce l'a été (même arrêt). Voir : E. R.-M. Borges, *Brevetabilité – Les nouvelles règles de brevetabilité des végétaux à la lumière des modifications du règlement d'exécution de la Convention sur le brevet européen : Propr. industr.* 2017.

3) Les variétés de plantes obtenues par mutagenèse doivent-elles être regardées comme des OGM ? le sujet de la mutagénèse considérée ou non comme un OGM a fait l'objet de débats (▪ CE, 3 oct. 2016, n° 388649, *Conféd. paysanne et a. : JurisData* n° 2016-005322, comm. E. Cortot-Boucher). Le CE a renvoyé devant la cour de justice de l'Union européenne la question de savoir comment interpréter la directive 2001/19 et de savoir notamment si la directive OGM n'était pas devenue contraire au principe de précaution (C. Hermon, *L'adaptation du droit aux évolutions technologiques – le cas de la mutagénèse. : RD rur.* janv. 2017). Les conclusions de l'Avocat général le 18 janvier 2018 sous l'affaire n° C-528/16 sont claires : « Dans l'affaire n° C-528/16 – pour autant qu'ils remplissent les critères matériels

(1) Application à l'outre-mer : V. L. n° 2003-591, 2 juill. 2003, art. 31, IV.
(2) V. T. appl. : D. n° 93-774, 27 mars 1993. – NDLR.

de l'article 2, point 2, de la directive 2001/18, les organismes obtenus par mutagénèse sont des OGM au sens de cette directive – l'exemption prévue à l'article 3, paragraphe 1, de la directive 2001/18, lu conjointement avec l'annexe I B, couvre l'ensemble des organismes obtenus par toutes les techniques de mutagénèse, indépendamment de leur utilisation à la date d'adoption de cette directive, à condition que ces techniques n'impliquent pas l'emploi de molécules d'acide nucléique recombinant ou d'OGM autres que ceux obtenus par une ou plusieurs des méthodes énumérées à l'annexe I B. »

La cour de justice de l'Union européenne valide l'interprétation de son avocat général et interprète l'article de la directive 2018 en ce sens que les organismes obtenus au moyen de techniques ou de méthodes de mutagenèse constituent des OGM au sens de cette disposition. Toutefois, lorsque les organismes ont été obtenus moyens de techniques de méthodes de mutagenèse traditionnellement utilisée et dont la sécurité est avérée ils sont exemptés des obligations de cette disposition (■ CJUE, 25 juill. 2018, aff. C-528 /16, *Confédération paysanne et a.* : *AJDA* 2018, p. 1523). Le Conseil d'État en a tiré les conséquences en considérant que les associations étaient fondées à demander l'abrogation du *a)* du 2° de l'article D. 531-2 qui exclut la mutagenèse des OGM (■ CE, 7 févr. 2020, n° 388649, *Confédération paysanne* : *Lebon* 2020, V. Y. Petit, *Les OGM obtenus par mutagenèse doivent respecter la réglementation relative aux OGM* : *RD rur.* 2020, n° 483, comm. 97 ; A. Muller-Curzidlo, *Conseil d'État : organismes obtenus par mutagenèse* : *EEI* 2020/3, alerte 41).

4) Les OGM ont une empreinte environnementale incontestable. Dès lors, c'est à tort que la Commission a rejeté les griefs portés à l'appui de la demande de réexamen interne de la décision portant autorisation de mise sur le marché (TUE, 14 mars 2018, T-33/16, *TestBioTech V Commission européenne*).

Art. L. 531-2-1 (1) *(L. n° 2008-595, 25 juin 2008)*. – **Les organismes génétiquement modifiés ne peuvent être cultivés, commercialisés ou utilisés que dans le respect de l'environnement et de la santé publique, des structures agricoles, des écosystèmes locaux et des filières de production et commerciales qualifiées « sans organismes génétiquement modifiés », et en toute transparence. La définition du « sans organismes génétiquement modifiés » se comprend nécessairement par référence à la définition communautaire. Dans l'attente d'une définition au niveau européen, le seuil correspondant est fixé par voie réglementaire, sur avis** ***(Mots rempl. à compter du 1er janvier 2022, Ord. n° 2021-1325, 13 oct. 2021)*** **« de l'Agence nationale de sécurité sanitaire, de l'alimentation, de l'environnement et du travail », espèce par espèce.**

Les décisions d'autorisation concernant les organismes génétiquement modifiés ne peuvent intervenir qu'après une évaluation préalable indépendante et transparente des risques pour l'environnement et la santé publique. Cette évaluation est assurée par une expertise collective menée selon des principes de compétence, pluralité, transparence et impartialité.

Les études et les tests sur lesquels se fonde cette évaluation en vue des autorisations prévues aux articles L. 533-3 et L. 533-5 sont réalisés dans des laboratoires agréés par les pouvoirs publics.

Les conclusions de toutes les études et tests réalisés dans ces laboratoires sont mises à la disposition du public sans nuire à la protection des intérêts énumérés aux I de l'article L. 124-4 et II de l'article L. 124-5 et à la protection de la propriété intellectuelle lorsque l'organisme génétiquement modifié ne fait pas encore l'objet d'une protection juridique à ce titre.

La liberté de consommer et de produire avec ou sans organismes génétiquement modifiés, sans que cela nuise à l'intégrité de l'environnement et à la spécificité des cultures traditionnelles et de qualité, est garantie dans le respect des principes de précaution, de prévention, d'information, de participation et de responsabilité inscrits dans la Charte de l'environnement de 2004 et dans le respect des dispositions communautaires.

Voir : Sur le point de l'information du public sur les OGM commentaires et bibliographie sous art. L. 125-3, p. 160.

1) Sur la constitutionnalité des dispositions de l'article L. 532-2-1 et le respect du principe de précaution : ■ Cons. const., 19 juin 2008, n° 2008-564-DC.

2) Autorisation de dissémination. Eu égard à l'importance que revêtent, dans la procédure d'examen de la demande d'autorisation, ces informations et l'avis de la commission émis au vu du dossier technique qui lui est transmis, la décision du ministre chargé de l'agriculture autorisant une opération de dissémination après avis de cette commission pris sur la base d'un dossier technique qui ne comporte pas d'autre indication, en ce qui concerne la localisation des sites de dissémination, que la liste des régions envisagées pour la conduite des essais, doit être regardée comme

(1) V. T. appl. : D. n° 2012-128, 30 janv. 2012. – NDLR.

irrégulière, nonobstant la circonstance que le ministre, avant de prendre cette décision et alors que la commission avait déjà rendu son avis, a fait procéder à une enquête de terrain par ses services après que la société en cause lui a communiqué la liste précise des sites envisagés. Annulation de l'autorisation ministérielle de procéder à la dissémination volontaire de deux variétés de maïs génétiquement modifié (▪ CE, 28 avr. 2006, n°s 274458 et 274459, *Féd. des synd. agricoles MODEF*). V. aussi ▪ TA Clermont-Ferrand, 4 mai 2006, Assoc. *Comité de recherches et d'informations indépendant sur le génie génétique et a.* : *Environnement* juin 2006, n° 75, obs. Gossement ; *AJDA* 2006, 2224, obs. Chappuis et Blanchet ; *RD rur.* mars 2007, n° 102, obs. Deliancourt.

3) Impact environnemental. « *Toute disposition législative de l'Union, portant sur la réglementation des organismes génétiquement modifiés, qui a pour objectif de gérer un risque pour la santé humaine ou animale, qui trouve son origine dans ces organismes génétiquement modifiés ou dans des facteurs environnementaux susceptibles d'avoir des répercussions sur lesdits organismes lors de leur culture ou de leur élevage dans l'environnement naturel* ». « Le caractère *catch all* ou englobant d'une telle définition prive de fondement le « morcellement », opéré par la Commission, des différentes parties de l'autorisation de mise sur le marché d'un organisme génétiquement modifié en éléments environnementaux d'une part, et en éléments non environnementaux d'autre part. Les griefs soulevés par la requérante relevant donc bien du champ de l'article 10, c'est donc à tort que la Commission a rejeté les griefs portés à l'appui de la demande de réexamen interne de la décision portant autorisation de mise sur le marché (TUE, 14 mars 2018, aff. T-33/16, *TestBioTech c/ Commission* : *Europe* mai 2018, n° 5, comm. S. Roset ; *RD rur.* avr. 2018, *Interdiction italienne du MON 810 : le principe de précaution ne suffisait pas !*, comm. D. Gadbin).

4) Sur les mesures d'urgence et l'application restrictive du principe de précaution lorsque l'autorisation a été après avis de l'EFSA, CJUE, 3e ch., 13 sept. 2017, aff. C-111/16, *Fidenato* : *Europe* nov. 2017, n° 11, note S. Roset.

Art. L. 531-3 ***(Anc. n° 92-654, 13 juill. 1992 ; rempl., L. n° 2008-595, 25 juin 2008 ; à compter d'une date et dans les conditions fixées par décret et au plus tard le 1er juillet 2010, Ord. n° 2010-18, 7 janv. 2010 ; rempl. à compter du 1er janvier 2022, Ord. n° 2021-1325, 13 oct. 2021).*** **– La mission d'évaluation des risques pour l'environnement et la santé publique que peut présenter la dissémination volontaire d'organismes génétiquement modifiés, d'analyse des impacts socio-économiques liés aux organismes génétiquement modifiés ainsi que celle d'expertise et d'appui scientifique et technique relatifs aux biotechnologies sont confiées à l'Agence nationale chargée de la sécurité sanitaire, de l'alimentation, de l'environnement et du travail créée par l'article L. 1313-1 du Code de la santé publique.**

À ce titre, l'agence procède à l'évaluation des demandes d'autorisation en vue de la dissémination volontaire d'organismes génétiquement modifiés prévue par les articles L. 533-3 et L. 533-5 du présent Code, dans le respect des délais fixés par les dispositions applicables du droit de l'Union européenne. Cette évaluation comporte une évaluation des risques pour l'environnement et la santé publique et peut également comporter une analyse des impacts socio-économiques liés à la dissémination volontaire d'organismes génétiquement modifiés.

Lorsqu'une demande en vue de la dissémination volontaire d'organismes génétiquement modifiés est susceptible de répondre à un besoin urgent de santé publique, cette évaluation peut, à la demande du Gouvernement, faire l'objet d'une procédure d'examen prioritaire.

L'agence est consultée sur les protocoles et méthodologies d'observation nécessaires à la mise en œuvre de la surveillance biologique du territoire définie à l'article L. 251-1 du Code rural et de la pêche maritime, en tant qu'elle concerne les organismes génétiquement modifiés. Elle est, à ce titre, rendue destinataire du rapport annuel de surveillance prévu au même article. Elle peut formuler des recommandations aux pouvoirs publics.

1) Sur la dissémination volontaire. ▪ CE, 17 oct. 2008, n°s 295388 et 295760, *Assoc. France Nature Environnement* : *JurisData* n° 2008-074306 ; *Rev. env.* déc. 2008, n° 12, note P. Trouilly, p. 33.

2) Sur la commission d'étude de la dissémination des produits issus du génie biomoléculaire. La commission d'étude de la dissémination des produits issus du génie biomoléculaire ne se prononce pas seulement sur l'effet de la dissémination d'organismes génétiquement modifiés sur les plantes sexuellement compatibles mais sur l'ensemble des éléments déterminants de l'évaluation des risques, ce qui implique nécessairement la connaissance de l'implantation géographique précise de chacun des sites concernés. Eu égard à l'importance que revêtent, dans la procédure d'examen de la demande d'autorisation, ces informations et l'avis de la commission émis au vu du dossier technique qui lui est transmis, la décision du ministre chargé de l'agriculture autorisant une opération de dissémination après avis de cette commission pris sur la base d'un dossier technique qui ne comporte pas d'autre indication, en ce qui concerne la localisation des sites de dissémination, que la liste des régions envisagées pour la conduite des essais, c'est-à-dire Pays de la Loire, Poitou-Charentes, Centre, Rhône-Alpes, Midi-Pyrénées, Aquitaine, doit être regardée comme irrégulière, nonobstant la circonstance que le ministre, avant de prendre cette décision et alors que la commission avait déjà rendu son avis, a fait procéder à une enquête de terrain par ses services après que la société en cause lui a communiqué la liste précise des sites envisagés (▪ CE, 28 avr. 2006, n°s 274458 et 274459, *Féd. des synd. agricoles MODEF*. ▪ TA Clermont-Ferrand, 4 mai 2006, *Assoc. Comité de recherches et d'informations indépendant sur le génie génétique et a.*).

3) Les comptes rendus de la réunion de la commission relative au bilan et perspectives d'évolution du Haut Conseil des biotechnologies (▪ CADA, avis, 25 juin 2020, n° 20195774).

Art. L. 531-3-1 *(Créé à compter du 1er janvier 2022, Ord. n° 2021-1325, 13 oct. 2021).* **– Dans le cadre de la mission qui lui est impartie par l'article L. 1412-1 du Code de la santé publique et conformément à son champ de compétence, le comité consultatif national d'éthique pour les sciences de la vie et de la santé peut traiter les problèmes éthiques et les questions de société soulevés par les progrès dans les domaines des biotechnologies.**

Art. L. 531-3-2 *(Créé à compter du 1er janvier 2022, Ord. n° 2021-1325, 13 oct. 2021).* **– Dans le cadre de ses missions et conformément à son champ de compétence, le Conseil économique, social et environnemental peut éclairer le Gouvernement sur toute question relative aux biotechnologies.**

Art. L. 531-4 *(Rempl., L. n° 2008-595, 25 juin 2008 ; mod., L. n° 2010-838, 23 juill. 2010 ; L. n° 2015-1567, 2 déc. 2015 ; rempl. à compter du 1er janvier 2022, Ord. n° 2021-1325, 13 oct. 2021).* **– Un décret en Conseil d'État précise les conditions d'application des dispositions du présent chapitre.**

Voir : sur le Haut Conseil des biotechnologies ▪ CE, 3 oct. 2011, n° 328326, *Comité de recherche et d'information indépendante sur le génie génétique*.

Art. L. 531-4-1 *(L. n° 2008-595, 25 juin 2008).* – *(Mod., L. n° 2015-1567, 2 déc. 2015 ; à compter du 1er janvier 2022, Ord. n° 2021-1325, 13 oct. 2021)* **Le comité scientifique du Haut Conseil des biotechnologies est composé de personnalités désignées, après appel à candidatures, notamment auprès des organismes publics de recherche, en raison de leur compétence scientifique et technique reconnue par leurs pairs, dans les domaines se rapportant notamment au génie génétique, à la protection de la santé publique, aux sciences agronomiques et aux sciences appliquées à l'environnement.**

Le comité économique, éthique et social est composé notamment de représentants des associations visées au 1° de l'article L. 531-3, de représentants d'organisations professionnelles, d'un membre du Comité consultatif national d'éthique pour les sciences de la vie et de la santé, d'un député et d'un sénateur membres de l'Office parlementaire d'évaluation des choix scientifiques et technologiques, et de représentants des associations de collectivités territoriales.

Le Conseil d'État, saisi d'une demande d'annulation du décret n° 2008-1273 du 5 décembre 2008 au motif qu'il attribuerait trop peu de compétences au Comité économique, éthique et social, a rejeté ce recours estimant que les règles encadrant le fonctionnement de ce comité permettaient d'éviter les conflits d'intérêt susceptibles de s'élever en son sein (▪ CE, 3 oct. 2011, *Comité de recherche et d'information indépendante sur le génie génétique et a.*).

Art. L. 531-4-1 *(Abr., Ord. n° 2021-1325, 13 oct. 2021).*

CHAPITRE II. – UTILISATION CONFINÉE DES ORGANISMES GÉNÉTIQUEMENT MODIFIÉS

Voir : Dir. PE et Cons. n° 2009/41, 6 mai 2009 relative à l'utilisation confinée de micro-organismes génétiquement modifiés (refonte) (*JOUE* n° L 125, 21 mai 2009). Loi n° 2014-567 du 2 juin 2014 relative à l'interdiction de la mise en culture des variétés de maïs génétiquement modifié (*JO* n° 1, 3 juin 2014).

Bibliographie : P. Trouilly, *Utilisation confinée. Condamnation en manquement de la France*, note sous CJCE, 27 nov. 2003, aff. C-429/01, *Commission CE c/ République française*, manquement de la France à l'obligation de transposition de la directive n° 90/219/CE : *Environnement mag.* févr. 2004, p. 24. • Rapport Royer, *La sécurité des applications industrielles des biotechnologies*, La Documentation française, 1981.

Art. L. 532-1 *(Mod., L. n° 2008-595, 25 juin 2008 ; mod. à compter du 1er janvier 2022, Ord. n° 2021-1325, 13 oct. 2021).* – Les organismes, en particulier les micro-organismes, génétiquement modifiés sont classés en groupes distincts en fonction des risques qu'ils présentent pour la santé publique ou l'environnement, et notamment de leur pathogénicité. Les critères de ce classement sont fixés par décret pris après avis d'un comité d'expertise placé auprès du ministre chargé de la recherche.

Conformément aux dispositions communautaires, les utilisations confinées d'organismes génétiquement modifiés font l'objet d'un classement en classes de confinement en fonction du groupe de l'organisme génétiquement modifié et des caractéristiques de l'opération.

En cas d'hésitation quant à la classe la mieux adaptée à l'utilisation confinée prévue, les mesures de protection les plus strictes sont appliquées, à moins que des preuves suffisantes soient apportées, en accord avec l'autorité administrative, pour justifier l'application de mesures moins strictes.

Les critères de ce classement sont fixés par décret après avis du comité mentionné au premier alinéa (1).

Art. L. 532-1-1 *(Créé à compter du 1er janvier 2022, Ord. n° 2021-1325, 13 oct. 2021).* – Le comité d'expertise mentionné à l'article L. 532-1 met en œuvre une expertise scientifique indépendante en matière d'utilisation confinée d'organismes génétiquement modifiés.

À ce titre, le comité exerce des missions d'évaluation des risques que peuvent présenter ces utilisations pour la santé humaine et pour l'environnement dans le cadre de la procédure d'autorisation prévue à l'article L. 532-3 et, à la demande des autorités compétentes, dans le cadre de la procédure de déclaration prévue à ce même article.

Il peut, en outre, être saisi, pour avis, par les autorités compétentes, sur toute question de fond relevant de son domaine de compétence.

À son initiative, il peut réaliser, à l'attention des pouvoirs publics et des utilisateurs d'organismes génétiquement modifiés, des études, des consultations, des guides ou des recommandations visant à la bonne mise en œuvre des utilisations de ces organismes en milieu confiné.

Les experts membres du comité ainsi que, le cas échéant, les personnes qui lui apportent occasionnellement leur concours exercent leurs missions de manière impartiale et indépendante.

Les membres du comité ainsi que chacun de ses collaborateurs occasionnels effectuent, lors de leur prise de fonctions ou avant le début de leur collaboration, la déclaration d'intérêts prévue à l'article L. 411-5 du Code de la recherche.

Le comité accède, à sa demande et dans des conditions préservant la confidentialité des données à l'égard des tiers, aux informations nécessaires à l'exercice de ses missions qui sont détenues par toute personne physique ou morale sans que puisse lui être opposé le secret médical, le secret professionnel ou le secret des affaires. Lui sont communiquées, à sa demande, les données, les synthèses et les statistiques qui en sont tirées mais aussi toute information utile à leur interprétation.

Les membres du comité et, le cas échéant, les personnes qui lui apportent occasionnellement leur concours sont astreints au secret professionnel pour les informations dont ils ont pu avoir connaissance en raison de leurs fonctions, dans les conditions et sous les peines prévues aux articles 226-13 et 226-14 du Code pénal.

La composition du comité et les modalités d'application du présent article sont précisées par voie réglementaire.

Art. L. 532-2 *(Rempl., L. n° 2008-595, 25 juin 2008 ; mod. à compter du 1er janvier 2022, Ord. n° 2021-1325, 13 oct. 2021).* – I. – Toute utilisation, notamment à des fins de recherche, de développement, d'enseignement ou de production industrielle, d'organismes génétiquement modifiés qui peut présenter des dangers ou des inconvénients pour l'environnement ou pour la santé publique est réalisée de manière confinée, sans préjudice de l'application des dispositions contenues au chapitre III du présent titre.

Les modalités de ce confinement, qui met en œuvre des barrières physiques, chimiques ou biologiques pour limiter le contact des organismes avec les personnes et l'environnement et assurer à ces derniers un niveau élevé de sécurité, sont définies par l'autorité administrative en fonction du classement des organismes génétiquement modifiés utilisés, après avis du comité mentionné à l'article L. 532-1, sans préjudice du respect des dispositions relatives à la protection du secret de la défense nationale.

(1) Dispositions d'application transitoires : V. L. n° 2008-595, 25 juin 2008, art. 20.

II. – Ne sont pas soumises aux dispositions des articles L. 532-3 à L. 532-6 :

1° Les utilisations confinées mettant en œuvre des organismes génétiquement modifiés dont l'innocuité pour l'environnement et la santé publique a été établie en fonction de critères définis par décret après avis du comité mentionné à l'article L. 532-1 conformément aux dispositions communautaires ;

2° Le transport d'organismes génétiquement modifiés.

III. – Les organismes génétiquement modifiés, mis à la disposition de tiers à l'occasion d'une utilisation confinée, sont soumis à étiquetage dans des conditions définies par décret.

Voir : D. n° 2009-45, 13 janv. 2009, relatif à l'étiquetage des organismes génétiquement modifiés mis à disposition de tiers à l'occasion d'une utilisation confinée (*JO* 15 janv. 2009).

Art. L. 532-3 *(Rempl., L. n° 2008-595, 25 juin 2008 ; mod., Ord. n° 2012-8, 5 janv. 2012 ; rempl. à compter du 1er janvier 2022, Ord. n° 2021-1325, 13 oct. 2021).* – I. – Toute utilisation confinée, notamment à des fins de recherche, de développement, d'enseignement ou de production industrielle d'organismes génétiquement modifiés, ne peut être mise en œuvre que dans une installation agréée. L'utilisation est précédée par une évaluation des risques qu'elle peut présenter pour la santé publique et pour l'environnement, conformément au classement mentionné à l'article L. 532-1.

Avant de procéder, pour la première fois, à une utilisation confinée, l'exploitant de l'installation adresse une demande d'autorisation à l'autorité administrative compétente. L'autorisation, délivrée après avis du comité mentionné à l'article L. 532-1, vaut agrément de l'installation pour la classe de confinement mentionnée dans l'autorisation et, le cas échéant, pour les classes de niveau inférieur.

Toutefois, préalablement à sa mise en œuvre, la première utilisation n'est soumise qu'à déclaration, si elle présente un risque nul ou négligeable pour l'environnement et la santé publique. En l'absence d'opposition de l'autorité administrative compétente dans un délai fixé par voie réglementaire, l'installation est réputée agréée pour les utilisations confinées de risque nul ou négligeable.

Dans une installation agréée, de nouvelles utilisations confinées de risque nul ou négligeable peuvent être entreprises sans réitérer de déclaration. L'exploitant de l'installation constitue et tient à disposition de l'autorité administrative compétente un dossier d'évaluation des risques pour chacune de ces utilisations.

Dans une installation agréée au titre d'une autorisation d'utilisation confinée de risque faible à élevé, toute nouvelle utilisation confinée de risque faible est soumise à déclaration auprès de l'autorité administrative compétente, préalablement à sa mise en oeuvre.

Dans une installation agréée pour ces catégories de risques, toute utilisation confinée de risque modéré ou élevé est soumise à autorisation délivrée par l'autorité administrative compétente, après avis du comité mentionné à l'article L. 532-1.

II. – Par dérogation aux dispositions du I, les utilisations confinées d'organismes génétiquement modifiés, dans le cadre d'une recherche impliquant la personne humaine telle que définie au 1° de l'article L. 1121-1 du Code de la santé publique, sont soumises aux dispositions du présent II.

Les utilisations confinées, présentant un risque nul ou négligeable, de produits composés, en tout ou partie, d'organismes génétiquement modifiés, sont soumises à déclaration auprès de l'autorité administrative préalablement à leur mise en œuvre. La déclaration comporte une évaluation des risques que peut présenter cette utilisation pour la santé publique et pour l'environnement, conformément au classement mentionné à l'article L. 532-1. L'autorité administrative compétente peut saisir, pour qu'il rende un avis sur cette déclaration, le comité mentionné à l'article L. 532-1. La mise en œuvre de l'utilisation déclarée est subordonnée à l'autorisation de la recherche impliquant la personne humaine.

Chacune des utilisations confinées de risque faible à élevé est soumise à une autorisation délivrée sur avis conforme du comité mentionné à l'article L. 532-1 sans que les dispositions du I soumettant à déclaration les utilisations de risque faible mises en oeuvre dans une installation agréée pour une utilisation de risque faible à élevé puissent s'appliquer.

III. – L'autorisation est subordonnée au respect de prescriptions techniques définissant, notamment, les mesures de confinement nécessaires à la protection de l'environnement et de la santé publique ainsi que les moyens d'intervention en cas de sinistre.

L'évaluation des risques ainsi que les mesures de confinement et autres mesures de protection appliquées sont régulièrement revues.

Une nouvelle autorisation est nécessaire en cas de modification notable des conditions de l'utilisation d'organismes génétiquement modifiés correspondant à l'autorisation en cours.

IV. – Dans les cas où une défaillance des mesures de confinement pourrait entraîner un danger grave, immédiat ou différé pour le personnel, la population ou l'environnement, l'autorisation est subordonnée à la production par l'exploitant d'un plan d'urgence.

V. – Un décret en Conseil d'État détermine les conditions d'application du présent article (1).

Voir : 1) Sur les OGM et les installations classées pour la protection de l'environnement, annotations sous art. L. 515-13, p. 1038. - Circ., 16 avr. 1996, relative aux utilisations confinées d'organismes génétiquement modifiés à des fins de recherches, de développement ou d'enseignement.

2) Sur le dossier de demande d'autorisation : C. santé publ., art. R. 1125-1.

Agrément et autorisation ICPE. L'agrément préalable à toute utilisation d'OGM est distinct de l'autorisation d'exploiter délivrée aux installations classées pour la protection de l'environnement (■ CE, 18 déc. 1996, *Assoc. France Nature-Environnement : Dr. env.* 9/1997, n° 51, p. 4, note J.-H. Robert).

Art. L. 532-4

(Rempl., L. n° 2008-595, 25 juin 2008 ; mod. à compter du 1er janvier 2022, Ord. n° 2021-1325, 13 oct. 2021). – **I. – Lorsque l'autorisation pour l'utilisation confinée d'organismes génétiquement modifiés porte sur la première utilisation de tels organismes dans une installation, l'exploitant met à la disposition du public un dossier d'information.**

Ce dossier comporte au moins les informations qui ne peuvent être considérées comme confidentielles en application de l'article L. 532-4-1.

II. – Le présent article ne s'applique pas si l'autorisation porte sur l'utilisation d'organismes génétiquement modifiés ne présentant qu'un risque faible pour l'environnement ou la santé publique, conformément au classement mentionné à l'article L. 532-1.

III. – Un décret en Conseil d'État fixe les conditions d'application du présent article (1).

Art. L. 532-4-1

(L. n° 2008-595, 25 juin 2008 ; mod., L. n° 2008-757, 1er août 2008 (2) *; mod. à compter du 1er janvier 2022, Ord. n° 2021-1325, 13 oct. 2021).* – **L'exploitant peut indiquer à l'autorité administrative celles des informations fournies dans le dossier de demande d'autorisation dont il justifie qu'elles devraient rester confidentielles, parce que leur communication ou leur divulgation porterait atteinte aux intérêts énumérés aux I de l'article L. 124-4 et II de l'article L. 124-5 ou parce que l'organisme génétiquement modifié ne fait pas l'objet d'une protection juridique au titre de la propriété intellectuelle.**

L'autorité administrative décide des informations qui sont tenues confidentielles et en informe l'exploitant.

Ne peuvent être considérées comme confidentielles les informations suivantes transmises à l'appui de la demande d'autorisation et portant sur :

***a)* Les caractéristiques générales du ou des organismes génétiquement modifiés ;**

***b)* Le nom et l'adresse de l'exploitant ;**

***c)* Le lieu de l'utilisation confinée ;**

***d)* La classe de l'utilisation confinée ;**

***e)* Les mesures de confinement ;**

***f)* L'évaluation des effets prévisibles, notamment des effets nocifs pour la santé humaine et l'environnement.**

Art. L. 532-5

(Rempl., L. n° 2008-595, 25 juin 2008 ; mod. à compter du 1er janvier 2022, Ord. n° 2021-1325, 13 oct. 2021). – **Lorsque l'autorité administrative dispose d'éléments d'information qui pourraient remettre en cause l'évaluation des risques pour l'environnement et la santé publique ou les conditions de l'utilisation confinée, elle peut :**

1° Soumettre à autorisation l'utilisation déclarée ;

2° Modifier les prescriptions initiales ou imposer des prescriptions nouvelles ;

(1) V. T. appl. : D. n° 93-773, 27 mars 1993. – NDLR.

(2) En modifiant le présent article, la loi n° 2008-757 du 1er août 2008 corrige l'incompétence négative constatée par le Conseil constitutionnel, déclaration d'inconstitutionnalité dont les effets avaient été reportés au 1er janvier 2009. – V. ■ Cons. const. n° 2008-564 DC, 19 juin 2008, art. 1er et consid. 56 à 58 (*JO* 26 juin 2008). – NDLR.

3° Suspendre l'autorisation ou les effets de la déclaration pendant le délai nécessaire à la mise en œuvre des mesures propres à faire disparaître ces risques ;
4° Retirer l'autorisation ou mettre fin aux effets de la déclaration si ces risques sont tels qu'aucune mesure ne puisse les faire disparaître.
Ces décisions sont prises, sauf urgence, après avis du comité mentionné à l'article L. 532-1.

CHAPITRE III. – DISSÉMINATION VOLONTAIRE D'ORGANISMES GÉNÉTIQUEMENT MODIFIÉS (1)

(Intitulé rempl., L. n° 2008-595, 25 juin 2008)

Voir : Dir. n° 2001/18/CE, 12 mars 2001, relative à la dissémination volontaire d'organismes génétiquement modifiés dans l'environnement abrogeant la directive n° 90/220/CE du 23 avril 1990, à compter du 17 octobre 2002, modifiée par le Règl. n° 1830/2003, 22 sept. 2003 et par Dir. PE et Cons. n° 2008/27, 11 mars 2008, en ce qui concerne les compétences d'exécution conférées à la Commission. – Règl. PE et Cons. n° 1829/2003, 22 sept. 2003, concernant les denrées alimentaires et les aliments pour animaux génétiquement modifiés, abrogeant notamment les règlements n°s 1139/98, 49/2000 et 50/2000 et modifiant certains textes. – Règl. PE et Cons. n° 1830/2003, 22 sept. 2003 concernant la traçabilité et l'étiquetage des organismes génétiquement modifiés et la traçabilité des produits destinés à l'alimentation humaine ou animale produits à partir d'organismes génétiquement modifiés, et modifiant la Dir. n° 2001/18/CE. – Règl. (CE) n° 1831/2003, 22 sept. 2003 relatif aux additifs destinés à l'alimentation des animaux.

Bibliographie : L. Pignataro, *La politique de l'Union européenne en matière d'OGM : RDUE* 2011, n° 3, p. 361-380. • I. Cassin, *La dissémination volontaire dans l'environnement d'organismes génétiquement modifiés : vers quelle responsabilité civile ? : BDEI* 2/1998, p. 2 à 15. • O. Gulli, *organismes génétiquement modifiés (OGM) et supports de culture : une information du public encore insuffisante ? : Dr. env.* 1998, n° 62, p. 3-4. • C. Lepage, *L'utilisation des organismes génétiquement modifiés (OGM) pour les matières fertilisantes et les supports de culture : Gaz. Pal.* 20 mai 1998, p. 25-29 ; *Révolution gadget dans le processus de prise de décision : les conférences de consensus : Gaz. Pal.* 1998, 1, doctr. p. 635. • V. Le Roy, *La dissémination d'OGM, la prudence est-elle possible ? : Les dossiers de l'environnement* 1996, éd. INRA, n° 12.

Voir : décrets cités *supra*, sous art. L. 533-3, p. 1110.

Section I. – Dispositions générales

(Division créée, L. n° 2008-595, 25 juin 2008)

Art. L. 533-1. – Le transport d'organismes génétiquement modifiés, sous toutes ses formes, n'est pas soumis aux dispositions du présent chapitre et des chapitres V, VI et VII.

Art. L. 533-2 *(Rempl., L. n° 2008-595, 25 juin 2008).* **– Au sens du présent chapitre, on entend par dissémination volontaire toute introduction intentionnelle dans l'environnement d'un organisme génétiquement modifié ou d'une combinaison d'organismes génétiquement modifiés pour laquelle aucune mesure de confinement particulière n'est prise pour en limiter le contact avec les personnes et l'environnement et pour assurer à ces derniers un niveau élevé de sécurité.**

Bibliographie : E. Naim-Gesbert, *Du concours de polices administratives en matière de dissémination d'OGM : Rev. juridique de l'océan Indien* nov. 2008, n° 8, p. 295-296.

Section II. – Dissémination volontaire à toute autre fin que la mise sur le marché

(Division créée, L. n° 2008-595, 25 juin 2008)

Art. L. 533-3 *(Anc. n° 92-654, 13 juill. 1992 ; mod., L. n° 2008-595, 25 juin 2008 ; partiellement transféré, Ord. n° 2012-8, 5 janv. 2012).* **–** (2) **Toute dissémination volontaire d'organismes génétiquement modifiés à toute autre fin que la mise sur le marché, ou tout programme coordonné de telles disséminations, est subordonné à une autorisation préalable.**

V. art. L. 533-3-3, p. 1115.

(1) V. T. appl. : D. n° 2007-358, 19 mars 2007 et D. n° 2007-359, 19 mars 2007. – NDLR.
(2) V. T. appl. : D. n° 94-46, 5 janv. 1994 ; D. n° 96-850, 20 sept. 1996 ; D. n° 98-318, 28 avr. 1998 ; C. rur., art. R.* 255-8 à R.* 255-33 puis D. n° 2007-358, 19 mars 2007 et D. n° 2007-359, 19 mars 2007. – NDLR.

Art. L. 533-3-1 *(Ord. n° 2012-8, 5 janv. 2012)*. – **La demande d'autorisation est accompagnée d'un dossier technique, d'un résumé de ce dossier ainsi que d'une fiche d'information du public indiquant notamment :**

1° Le but et les utilisations prévues de la dissémination ;

2° Le nom et l'adresse du demandeur ;

3° La description synthétique et la localisation de la dissémination ;

4° La description générale du ou des organismes génétiquement modifiés ;

5° Les méthodes et plans de surveillance des opérations et d'intervention en cas d'urgence ;

6° Le résumé de l'évaluation des effets et des risques pour l'environnement.

La composition du dossier de demande d'autorisation est précisée par la voie réglementaire.

1) Manquement de la France dans la transposition du droit communautaire. Condamnation de la France pour transposition incomplète de la directive n° 90/220/CEE du 23 avril 1990 relative à la dissémination volontaire d'organismes génétiquement modifiés dans l'environnement au motif que les circonstances dans lesquelles une seule notification peut être acceptée pour diverses disséminations, une dissémination d'une combinaison d'OGM pour un même site ou d'un seul OGM pour une pluralité de sites, ne sont pas énoncées de façon précise, claire et transparente (▪ CJCE, 20 nov. 2003, aff. C-296/01, *Commission c/ France*). Le droit interne français ne reprend pas avec précision les éléments permettant d'évaluer l'impact des disséminations sur la santé publique et l'environnement que le demandeur a l'obligation de fournir (même décision). De même, aucune disposition interne ne prévoit explicitement qu'un notifiant doit fournir une justification véritable s'il demande le traitement confidentiel de certaines informations (même décision).

Pour une procédure d'autorisation compatible avec les objectifs de la directive n° 2001/18/CE du 12 mars 2001, malgré l'absence de transposition en droit français (▪ TA Toulouse, ord., 22 juill. 2005, n° 0502600, *Assoc. France Nature Environnement*).

Fin du contentieux communautaire sur le retard de transposition de la directive n° 2001/18 : la France est condamnée à payer une amende forfaitaire de 10 millions d'euros. Une astreinte ne s'impose pas, dans la mesure où la loi du 25 juin 2008 a transposé la directive de façon complète (▪ CJCE, 9 déc. 2008, aff. C-121/07, *Commission c/ France : Environnement* janv. 2009, n° 1, p. 31, note P. Trouilly ; *LPA* 2 déc. 2009, p. 15, note T. Papadopoulos ; *JDI (Clunet)* mars 2010, p. 583, note F. Chaltiel).

2) Intervention des municipalités. Incompétence d'un conseil municipal à édicter une délibération interdisant la culture de plantes génétiquement modifiées à des fins commerciales ou expérimentales sur le territoire de la commune, au regard des articles L. 2212-1 et L. 2212-2 du Code général des collectivités territoriales relatifs aux pouvoirs de police du maire (▪ TA Nice, ord., 4 oct. 2001, n° 013523, *Préfet du Var*). L'arrêté municipal interdisant la culture en plein champ de toute espèce végétale génétiquement modifiée sur l'ensemble du territoire d'une commune, résultant d'un usage par ce dernier de ses pouvoirs de police doit être suspendu en ce qu'il est disproportionné à ce qui est nécessaire au maintien de la tranquillité, de la sécurité, et de la salubrité publiques, nonobstant le principe de précaution consacré à l'article L. 110-1 du Code de l'environnement, alors que ladite autorité n'établit l'existence d'aucun danger potentiel clairement identifié qui menacerait réellement soit les habitants, soit les cultures de la commune en cause (▪ TA Poitiers, ord., 22 oct. 2002, n° 021677, *Préfet des Deux-Sèvres : AJDA* 2002, p. 1351).

3) Incompétence du maire en cas d'absence de péril imminent. Le maire d'une commune est compétent, au titre de ses pouvoirs de police générale, pour interdire les cultures d'OGM, s'il rapporte la preuve d'un risque imminent de pollution génétique ayant son origine sur le territoire communal (▪ TA Limoges, 27 mars 2003, n°s 011060 et 011457, *Préfet de l'Indre c/ Cne de Coings : Environnement* juill. 2003, p. 31, comm. 73). Suspension d'un arrêté municipal anti-OGM pour incompétence du maire, dès lors qu'il n'y a pas une urgente nécessité de faire face à des risques graves et caractérisés (▪ CAA Bordeaux, ord., 12 oct. 2004, n° 04BX01698, *Cne de Cerizay : Quinzaine jur.* 31 janv. 2005 n° 288, p. 12). Le moyen tiré de l'incompétence du maire à prendre un arrêté interdisant sur le territoire de la commune, la culture d'OGM, sauf en cas de péril imminent, est propre à créer en l'état de l'instruction un doute sérieux quant à sa légalité (▪ CAA Bordeaux, 22 sept. 2004, n° 04BX1452, *Préfet de Haute Garonne c/ Cne de Bax : BJCL* oct. 2004, p. 697 ; infirme. ▪ TA Toulouse, ord., 3 août 2004, n° 0402397, *Préfet de la Haute-Garonne : JCP* A 2004, n° 47, p. 1498. ▪ TA Poitiers, 13 sept. 2004 4 jugements, n°s 0402222, 0402227, 0402220 et 0402225, *Préfet des Deux-Sèvres)*. Suspension d'un arrêté anti-OGM pour incompétence du maire, en l'absence d'atteintes avérées à la santé publique (▪ CAA Bordeaux, ord., 13 févr. 2004, n° 04BX00067, *Préfet du Gers*). La prévention des risques de manifestation hostile aux cultures de végétaux génétiquement modifiés n'est pas constitutive d'une urgente nécessité (▪ CAA Bordeaux, ord., 12 oct.

2004, n° 04BX01698, *Cne de Cerizay : Quinzaine jur.* 31 janv. 2005, n° 288, p. 12). De même, l'existence d'exploitations se livrant à l'agriculture biologique ou adhérant à une charte de qualité ne justifie pas l'urgente nécessité permettant de légitimer un arrêté anti-OGM (▪ CAA Bordeaux, ord., 12 oct. 2004, n° 04BX01698, *Cne de Cerizay : Quinzaine jur.* 31 janv. 2005, n° 288, p. 12). Le maire, agissant en qualité d'autorité de police générale, n'est habilité à intervenir en la matière que pour autant que les mesures qu'il serait alors amené à prendre sont justifiées par une situation de péril imminent, sans pouvoir invoquer à cet égard ni les perspectives du développement local de l'agriculture traditionnelle, ni le principe de précaution (▪ CAA Lyon, 26 août 2005, n° 03LY00696, *Cne de Ménat : Environnement* nov. 2005, n° 11, p. 31, note P. Trouilly ; *AJDA* 2006, p. 38, note E. Kolbert). Le maire prenant un arrêté d'interdiction de culture en plein champ de plantes génétiquement modifiées sans se fonder ni sur l'urgente nécessité de faire face à des dangers graves et caractérisés ni sur la prévention de risques de manifestations hostiles aux cultures de végétaux génétiquement modifiés, n'a pu se prévaloir d'une situation de danger imminent (▪ CAA Bordeaux, 14 nov. 2006, n° 04BX00265, *Cne d'Ardin.* ▪ CAA Bordeaux, 15 mai 2007, n° 05BX02080, *Cne de Saint-Paul* ; n° 04BX02001, *Cne de Mouchan* ; n° 05BX02259, *Dpt du Gers* ; n° 06BX01555, *Cne de Londigny.* ▪ CAA Bordeaux, 26 juin 2007, n° 05BX00570, *Cne de Montgeard*). Le régime d'autorisation administrative relève de la compétence exclusive du ministre de l'Agriculture. Le maire, en l'absence de péril imminent, ne peut s'immiscer dans l'exercice de cette police spéciale (▪ TA Toulouse, 18 janv. 2005, n° 042388, *Préfet de la Haute-Garonne c/ Cne de Bax*, concl. comm. Gouv. M. Fabien : *Rev. jur. env.* 2005, n° 3, p. 349 ; *AJDA* 2005, p. 1188. ▪ TA Bordeaux, 7 juin 2005, n°s 0403817, 0403840, 0403948, 0404166, 0404197 et 0500005, *Préfet de la Dordogne.* ▪ TA Strasbourg, 27 avr. 2006, n° 0504767, *Préfet du Haut-Rhin.* ▪ CAA Bordeaux, 12 juin 2007, n° 05BX01360, *Cne de Tonnay-Boutonne*). Un arrêté municipal d'interdiction de cultures OGM est annulé aux motifs que le risque pour la santé publique n'est pas établi ; la protection du droit de propriété des exploitants riverains ne peut être considérée comme une composante de la sûreté publique, donc de l'ordre public ; en l'absence de tout projet précis d'implantation de cultures transgéniques en un lieu déterminé du territoire communal, le principe de précaution, auquel se réfère l'article 5 de la Charte de l'environnement, ne peut être invoqué (▪ TA Rennes, 3 nov. 2009, n° 090507, *Préfet des Côtes d'Armor*). Suite à l'annulation de l'arrêté municipal interdisant sur le territoire de la commune la culture d'OGM dans un rayon de 400 mètres autour de parcelles biologiques, le maire demande au ministre de l'Agriculture d'instaurer des périmètres de protection autour de ces cultures. Le tribunal administratif de Strasbourg juge qu'à l'époque des faits (avant la loi de 2008), et compte tenu du droit communautaire applicable, le ministre n'avait aucune obligation d'instituer un tel périmètre puisque les cultures n'étaient pas destinées à la commercialisation et ne requéraient de fait aucune autorisation spécifique. Par ailleurs, le maire n'a pas démontré la présence d'un risque sur la parcelle biologique voisine (▪ TA Strasbourg, 17 févr. 2010, n° 0604601).

4) Compétence du maire (oui). Indépendamment des pouvoirs de police spéciale appartenant au ministre chargé de l'agriculture, le maire est compétent pour réglementer, au titre de ses pouvoirs de police générale, les essais et la mise en culture de plantes génétiquement modifiées en cas de danger grave ou imminent, ainsi que, d'une manière générale, pour assurer l'ordre public (▪ TA Rennes, ord. réf., 10 mars 2005, n° 0500757, *Préfet d'Ille-et-Vilaine c/ Cne d'Etrelles.* ▪ TA Rennes, ord. réf., 10 mars 2005, n° 0500742, *Préfet d'Ille-et-Vilaine c/ Cne de Torcé : Collectivités-Intercommunalité* 2006, n° 6, comm. 121, note J.-F. Rouhaud). Un conseil municipal peut demander au maire l'interdiction de la culture d'OGM. Est dans sa compétence le conseil municipal qui émet le souhait que le maire use de ses prérogatives pour interdire des OGM. L'assemblée délibérante s'est bornée à rendre publique une position de principe sur la question de la culture des OGM, sans édicter d'interdiction de ce type de culture dans la commune (▪ TA Nîmes, 5 déc. 2008, n° 0802882, *Préfet du Vaucluse c/ Cne de Le Thor*).

5) Prise en compte des circonstances locales. En sus des évaluations scientifiques des OGM, les circonstances locales doivent être prises en compte dans les autorisations délivrées au niveau ministériel et en particulier l'impact des cultures en plein champ sur l'agriculture biologique (▪ CE, 24 sept. 2012, n° 342990, *Ville de Valence : RD rur.* 2012, étude 14, obs. Hermon ; *AJDA* 2012, 2122, note Untermaier ; *Dr. env.* 2012, 293 ; *Environnement* 2012, alerte 108, obs. Dubreuil ; *Environnement* 2012, n° 92, note Trouilly ; *RD publ.* 2013, 477, chron. Pauliat ; *BDEI* 2013, n° 1434, note Rouault). Et en particulier, le ministre de l'Agriculture doit s'assurer que les circonstances locales sont bien prises en considération (▪ CAA Lyon, 8 oct. 2009, n° 07LY00757, *Cne de Grigny*). En conséquence, en l'absence d'exercice de cette compétence et de prise en considération des intérêts locaux, les pouvoirs de police générale du maire s'appliquent (▪ TA Toulouse, 19 sept. 2006, *Préfet de la Haute-Garonne c/ Cne de Bax : AJDA* 2006, 2406, concl. Truilhé. ▪ CAA Versailles, 18 mai 2006, *Cne de Dourdan : BJCL* 2006, 566, note Pélissier). Mais, le juge administratif se montre particulièrement rigoureux pour admettre l'existence de tels intérêts qui ne sont pas réunis par des exploitations d'agriculture biologique, des bassins ostréicoles (■ CAA Bordeaux, 12 juin 2007, n° 05BX01360, *Cne de Tonnay-Boutonne*. De manière plus générale, la proximité d'exploitation agriculture biologique ne constitue pas un motif de santé publique susceptible de fonder l'intervention d'un maire sur la base de ses pouvoirs de police générale (■ TA Pau, 14 oct. 2004, *Préfet du Gers c/ Cne de Mouchan : Environnement* 2004, n° 123, obs. Gossement).

6) Application du principe de précaution (non). À l'opposé de ce qu'avait jugé le tribunal administratif, le conseil d'État considère qu'il n'y a pas lieu d'appliquer le principe de précaution et de prendre en considération les risques soulevés par un certain nombre d'études dès lors que la commission du génie biomoléculaire et le ministre se sont prononcés positivement (■ CE, 9 févr. 2007, *Min. agriculture et pêche c/ Confédération paysanne du Gers : AJDA* 2007, 444 ; *Environnement* avr. 2007, n° 81, obs. Trouilly ; *RD rur.* 2007, n° 114, obs. Rouault). Le principe de précaution ne permet pas de changer l'ordre des compétences et ne donne donc pas compétence un maire pour intervenir dans cinq domaines de compétences qui celui du ministre s'agissant de l'évaluation des risques des OGM (■ CE, 24 sept. 2012, *Ville de Valence*, précité).

7) Compétence du conseil général (non). Le conseil général qui exprime son opposition de principe aux essais et cultures d'OGM en plein champ de plantes génétiquement modifiées et qui forme le vœu que, dans les communes concernées, les maires interdisent de tels essais et cultures, délibère sur un objet étranger à ses attributions (■ CAA Bordeaux, 12 juin 2007, n° 05BX00848, *Dpt du Gers : Dr. adm.* 2007, n° 10, p. 19). **(oui).** Est légale la délibération par laquelle le Conseil Général du Gers a exprimé son opposition aux essais et cultures en plein champ de plantes génétiquement modifiées sur le territoire départemental : sur le fondement de l'article L. 3211-1 du Code général des collectivités territoriales, il est loisible aux conseils généraux de prendre des délibérations qui se bornent à des vœux, des prises de position ou des déclarations d'intention ; de telles délibérations peuvent porter sur des objets à caractère politique et sur des objets qui relèvent de la compétence d'autres personnes publiques, dès lors qu'ils présentent un intérêt départemental ; par suite, en relevant, pour juger illégale la délibération déférée, que les textes en vigueur confient à l'État seul un pouvoir de police spéciale en ce qui concerne les organismes génétiquement modifiés et aux maires un pouvoir de police générale, et par suite, le conseil général du Gers a délibéré sur un objet étranger à ses attributions, la cour a entaché son arrêt d'une erreur de droit (■ CE, 30 déc. 2009, n° 308514, *Dpt du Gers : Environnement et dév. durable* 2010, p. 36, note P. Trouilly ; note J.-M. Février ; *Dr. env.* févr./mars 2010, n° 176, p. 106 ; *LPA* 17 mars 2010, p. 11, note F. Lesieur).

8) Insuffisance du dossier technique. Est annulée une décision du ministre chargé de l'agriculture autorisant la dissémination volontaire dans l'environnement de maïs génétiquement modifié, à toute autre fin que la mise sur le marché, le dossier technique soumis à la commission du génie biomoléculaire ne comportant pas de données suffisantes sur la localisation des opérations de dissémination envisagées (■ CE, 28 avr. 2006, n°s 274458 et 274459, *Fédération des syndicats agricoles MODEFCE : Environnement* juin 2006, n° 6, p. 31, note A. Gossement ; *RD sanit. soc.* 2006, n° 6, p. 1019, note H. Boualili ; *RD rur.* 2006, n° 343, comm. 152, note M.-C. Rouault ; *Collectivités-Intercommunalité* 2006, n° 7, p. 10, note J. Moreau. ■ CE, 25 juin 2008, n°s 293702 et 293709, *Assoc. Champs Libres, Sté Confédération paysanne*. ■ CE, 17 oct. 2008, n°s 295388 et 295760, *Assoc. FNE : Environnement* déc. 2008, n° 12, p. 33, note P. Trouilly).

9) Annulation de mesures d'interdiction. Urgence (non). Le Conseil d'État prononce l'annulation de deux ordonnances suspendant l'exécution de décisions autorisant la dissémination du maïs génétiquement modifié aux motifs qu'aucun effet indésirable n'a été révélé, que la commission du génie biomoléculaire avait conclu à l'absence de risque pour la santé et l'environnement, et que la poursuite des expérimentations en cause présente un intérêt public dans la mesure où elles tendent au développement de cultures de maïs de nature à assurer une meilleure compétitivité de la filière agricole concernée. En l'absence d'urgence, la décision de suspension d'autorisation doit être annulée (■ CE, 9 févr. 2007, n° 295918, *Confédération paysanne du Gers*. ■ CE, 9 févr. 2007, n° 296479, *Confédération paysanne de la Moselle : Environnement* avr. 2007, n° 4, comm. 81, note P. Trouilly ; *Gaz. Pal.* 6 juin 2007, n° 157, p. 54, note B. Xiste). Recours d'un particulier. Le Conseil d'État rejette la requête d'un particulier d'une demande de suspension pour atteinte à la protection de la santé d'une décision du ministère de l'Agriculture autorisant la culture de maïs transgénique. Le particulier est condamné à 1 000 € d'amende pour recours abusif (■ CE, 29 juin 2005, n° 281929, *Hoffer*).

10) Conditions de légalité des autorisations de dissémination d'OGM. Sur l'annulation d'une autorisation d'expérimentation au champ d'une variété de maïs génétiquement modifié (■ TA Toulouse, 15 déc. 2000, n° 001493, *Assoc.*

Europe-France). – Le tribunal administratif annule des autorisations de dissémination d'OGM sur le fondement de la violation des obligations d'information figurant dans une directive communautaire non transposée (▪ TA Clermont-Ferrand, 4 mai 2006, n° 0500998 ; *Assoc. Comité de recherche et d'information sur le génie génétique et a. : Europe* 2007, n° 2, p. 9, note D. Simon ; *RD rur.* 2007, n° 351, p. 45, note S. Deliancourt ; *AJDA* 2006, p. 2224, note M.-M. Chappuis et B. Blanchet ; conf. par ▪ CAA Lyon, 18 nov. 2008, n° 06LY01430, *Min. Agriculture et Pêche c/ Assoc. CRII-GEN*).

11) Champ de compétence du Conseil d'État. La décision par laquelle le ministre chargé de l'agriculture accorde une autorisation de dissémination volontaire à toute fin autre que mise sur le marché, n'a pas le caractère d'un acte administratif réglementaire. Ainsi, le Conseil d'État n'est pas compétent pour en connaître (▪ CE, 20 juin 2006, n° 293731, *Dr. env.* sept. 2006, n° 141, p. 231, note J.-V. Borel). La décision d'autorisation de dissémination a le caractère d'un acte administratif dont le champ d'application s'étend au-delà du ressort d'un seul tribunal administratif au sens de l'article R. 311-1 du Code de justice administrative. Un recours dirigé contre cette décision relève donc de la compétence du premier et dernier ressort du Conseil d'État alors même que seule serait recherchée l'annulation partielle de cette décision, en tant qu'elle concerne des sites implantés dans le ressort d'un même tribunal administratif (▪ CE, 9 févr. 2007, n° 295918, *Confédération paysanne du Gers* et ▪ CE, 9 févr. 2007, n° 296479, *Confédération paysanne de la Moselle : Dr. adm.* 2007, n° 11, comm. 158, note M. Staub).

12) Sur le fauchage volontaire. Poursuivis à la suite de destructions volontaires de parcelles ensemencées de maïs génétiquement modifiés, neuf faucheurs volontaires sont condamnés, n'apportant pas la preuve que le péril est à la fois inévitable, imminent et que la réaction de sauvegarde était nécessaire et mesurée (▪ CA Toulouse, ch. corr., 15 nov. 2005, n° 04/01065, *Min. public c/ Bové et a. : D.* 2006, p. 352, note M. Royo). **État de nécessité (non). Principe de précaution (non).** Poursuivis pour avoir volontairement détruit des plantations de maïs génétiquement modifié, les prévenus invoquent l'état de nécessité, arguant de ce que les poursuites dirigées contre eux sont contraires aux articles 2 et 8 de la Convention européenne de sauvegarde des droits de l'Homme, article 1er du Protocole additionnel à ladite Convention, ainsi qu'au principe de précaution, affirmé, à l'époque des faits, par le seul droit communautaire. C'est à juste titre que la cour d'appel a écarté cette argumentation, la Charte de l'environnement ne pouvant être invoquée, en l'espèce, pour fonder l'existence d'un état de nécessité (▪ Cass. crim., 7 févr. 2007, n° 08-80.108 : *JCP E* 2007, II, 10059, note F.-G. Trébulle ; *AJDA* 2007, p. 133, note C. Saas ; *D.* 2007, p. 573, note A. Darsonville ; *LPA* 27 sept. 2007, n° 194, p. 3, note J. Lasserre Capdeville et Y. Strickler. – V. ▪ Cass. crim., 31 mai 2007, n° 06-86.628 : *Rev. jur. env.* 2008, n° 4, p. 509, note V. Jaworski). Les actes commis par les prévenus ne sont nullement nécessaires à la sauvegarde d'une personne ou d'un bien, alors qu'il existe des procédures simples et rapides, comme le référé administratif, qui leur auraient permis de demander la suspension puis le retrait de l'autorisation de dissémination (▪ CA Orléans, 26 févr. 2008, n° 08/117). **Relaxe (oui).** Le tribunal correctionnel juge, sur le fondement de l'article 122-7 du Code pénal, que la diffusion de gènes dans l'environnement constitue un danger actuel ou imminent. En raison de ce danger, de la carence des autorités de polices et des contraintes du recours au juge administratif, l'acte de fauchage présente, dans les circonstances de l'espèce, un caractère nécessaire (▪ T. corr. Orléans, 9 déc. 2005, n° 2345/S3/2005, *Sté Mosanto c/ Dufour : RD rur.* 2006, n° 339, comm. 35, note A. Gossement ; *Rev. jur. env.* 2007, n° 1, p. 53, note S. Monteillet ; *D.* 2006, p. 814, note J.-P. Feldman). La cour d'appel infirme cette décision et condamne les faucheurs volontaires à deux mois de prison et 1 000 € d'amende par personne pour délit de dégradation et détérioration grave du bien d'autrui (▪ CA Orléans, 27 juin 2006, n° 06/00422, *Alliot et a. : RRJ* juill. 2006, n° 3, p. 1723, note S. Monteillet). **Amnistie (oui).** Confirme l'application de la loi d'amnistie dont ont bénéficié des faucheurs volontaires condamnés, les délits commis étant en relation avec un conflit de caractère agricole et la circonstance aggravante de pluralités d'auteurs n'ayant pas été retenue à l'encontre des prévenus (▪ Cass. crim., 31 oct. 2006, n° 06-80.083). **Responsabilité de l'État (non).** Suite à des fauchages volontaires sur deux sites distants de trente kilomètres, ne commet aucune faute lourde susceptible d'engager la responsabilité de l'État pour carence dans l'exercice de ses pouvoirs de police, le préfet ayant été dans l'impossibilité matérielle de rassembler le nombre de gendarmes suffisants. L'interdiction de la manifestation annoncée n'aurait pas constitué une réponse adaptée à la prévention et au traitement des risques d'atteinte à la sécurité publique (▪ TA Clermont-Ferrand, 17 nov. 2005, n° 050099, *Préfet du Puy-de-Dôme c/ Biogemma*). **Sur le contrôle du juge pénal.** L'Institut national de la recherche agronomique ayant été autorisé, par décision ministérielle, à implanter un essai de dissémination volontaire dans l'environnement de portes greffes de vigne génétiquement modifiées dans le cadre d'un programme expérimental pour induire une résistance à la maladie du court noué, des personnes ont procédé à la destruction des soixante-dix pieds de vigne transgénique. Les prévenus ont été cités pour avoir dégradé une parcelle de culture autorisée, en application des dispositions de l'article L. 533-3 du Code de l'environnement, et pour s'être introduit ou maintenu dans un domicile, à l'aide de manœuvre, menaces, voies de fait ou contrainte, en l'espèce en pénétrant par effraction d'une clôture, sur le terrain clos attenant aux locaux de l'institut susdit. Pour déclarer illégale l'autorisation délivrée par le ministre de l'Agriculture en application de l'article L. 671-15 du Code rural et de la pêche maritime et relaxer les prévenus du chef de destruction ou dégradation volontaire d'une parcelle de culture génétiquement modifiée, l'arrêt énonce que, conformément à l'article R. 533-3 du Code de l'environnement, le dossier technique déposé en vue d'obtenir une autorisation de dissémination volontaire dans l'environnement d'organismes génétiquement modifiés doit comprendre les éléments mentionnés aux annexes II et III de la directive 2001-18-CE du 12 mars 2001. Les juges procèdent ensuite à l'examen dudit dossier technique, en ses composantes formelles et scientifiques, dont ils déduisent l'absence manifeste d'une véritable étude d'impact de l'essai, répondant aux exigences réglementaires. Cette décision encourt la cassation dès lors qu'elle ne procède pas à une analyse de l'ensemble des éléments du dossier de demande d'autorisation. En outre, elle a écarté, sans s'en expliquer, l'avis du Haut conseil des biotechnologies et a retenu certaines études scientifiques ciblant le risque de recombinaison des virus sans aucune référence. La cour d'appel n'a pas mis la Cour de cassation en mesure d'exercer son contrôle sur les conditions d'examen de la légalité de l'acte administratif querellé (■ Cass. crim., 5 mai 2015, n° 14-83.738).

13) Sur le délit. Sur le délit codifié à l'article L. 671-15 du Code rural et de la pêche maritime sanctionnant le fait de détruire ou de dégrader une parcelle de culture autorisée par application des articles L. 533-5 et L. 533-6 du Code de l'environnement (deux ans d'emprisonnement et 75 000 euros d'amende), V. les poursuites engagées à l'encontre des faucheurs volontaires : Rép. min., n° 7350 : *JOAN* Q 25 déc. 2012. **Qualification des faits.** Sur la requalification des faits en destruction d'une parcelle de culture ayant obtenu une autorisation de dissémination volontaire d'organismes génétiquement modifiés (■ Cass. crim., 26 mars 2013, n° 12-82.145).

Art. L. 533-3-2 *(Abr., L. n° 2015-1567, 2 déc. 2015).*

Art. L. 533-3-3 (1) ***(Anc. deuxième et troisième alinéas de l'article L. 533-3 mod., L. n° 2008-595, 25 juin 2008** (2) **; devenus le présent article et mod., Ord. n° 2012-8, 5 janv. 2012).*** **– L'autorisation est délivrée par l'autorité administrative après avis *(Mots rempl. à compter du 1er janvier 2022, Ord. n° 2021-1325, 13 oct. 2021)* « de l'Agence nationale de sécurité sanitaire de l'alimentation, de l'environnement et du travail » qui examine les risques que peut présenter la dissémination pour l'environnement et la santé publique. Elle peut être assortie de prescriptions. Elle ne vaut que pour l'opération pour laquelle elle a été sollicitée.**

Ne peut être autorisée la dissémination volontaire à toute autre fin que la mise sur le marché d'organismes génétiquement modifiés qui contiennent des gènes codant des facteurs de résistance aux antibiotiques utilisés pour des traitements médicaux ou vétérinaires, pour lesquels l'évaluation des risques conclut qu'ils sont susceptibles d'avoir des effets préjudiciables sur l'environnement ou la santé publique.

Art. L. 533-3-4 ***(Ord. n° 2012-8, 5 janv. 2012).*** **– L'autorité administrative compétente transmet la fiche d'information destinée au public aux préfets des départements et aux maires des communes dans lesquels se déroulera la dissémination.**

Cette fiche est affichée en mairie dans les huit jours qui suivent sa réception.

Elle est mise à disposition du public par voie électronique par les préfets des départements concernés.

Art. L. 533-3-5 ***(Anc. art. L. 533-3-1, dénum., Ord. n° 2012-8, 5 janv. 2012).*** **– Après la délivrance d'une autorisation en application de l'article L. 533-3, si l'autorité administrative vient à disposer d'éléments d'information susceptibles d'avoir des conséquences significatives du point de vue des risques pour l'environnement et la santé publique, si de nouveaux éléments d'information sur ces risques deviennent disponibles ou si une modification, intentionnelle ou non, de la dissémination volontaire est susceptible d'avoir des conséquences pour l'environnement et la santé publique, elle soumet ces éléments d'information pour évaluation *(Mots rempl. à compter du 1er janvier 2022, Ord. n° 2021-1325, 13 oct. 2021)* « à l'Agence**

(1) V. T. appl. : D. n° 94-46, 5 janv. 1994 ; D. n° 96-850, 20 sept. 1996 ; D. n° 98-318, 28 avr. 1998 ; C. rur., art. R.* 255-8 à R.* 255-33 puis D. n° 2007-358, 19 mars 2007 et D. n° 2007-359, 19 mars 2007. – NDLR.

(2) Dispositions d'application transitoires : V. L. n° 2008-595, 25 juin 2008, art. 19.

nationale de sécurité sanitaire de l'alimentation, de l'environnement et du travail » et les rend accessibles au public.

Elle peut exiger du bénéficiaire de l'autorisation qu'il modifie les conditions de la dissémination volontaire, qu'il la suspende ou qu'il y mette fin, et elle en informe le public.

Art. L. 533-3-6 *(Anc. art. L. 533-3-2, dénum., Ord. n° 2012-8, 5 janv. 2012).* **– S'agissant de plantes, semences et plants génétiquement modifiés, l'autorité administrative compétente au titre de l'article L. 533-3 organise, à la demande des maires des communes dans lesquelles se déroulent les essais et pendant la durée de ceux-ci, une ou plusieurs réunions d'information en association avec les détenteurs des autorisations de dissémination concernés.**

Section III. – Mise sur le marché

(Division créée, L. n° 2008-595, 25 juin 2008)

Art. L. 533-4. – Au sens du présent chapitre, on entend par mise sur le marché la mise à disposition de tiers, à titre gratuit ou onéreux, de produits composés en tout ou partie d'organismes génétiquement modifiés.

Art. L. 533-5 (1) *(Partiellement transféré, Ord. n° 2012-8, 5 janv. 2012. – V. C. env., art. L. 533-5-1).* **– La mise sur le marché doit faire l'objet d'une autorisation préalable.**

(Ord. n° 2012-8, 5 janv. 2012) **La demande d'autorisation est accompagnée d'un dossier technique comprenant notamment l'évaluation des risques pour la santé publique et l'environnement et les conclusions concernant les incidences potentielles sur l'environnement et la santé humaine de la dissémination ou de la mise sur le marché du produit, les conditions pour la mise sur le marché du produit, la durée proposée pour l'autorisation dans la limite de dix ans, les projets d'étiquetage et d'emballage et une synthèse du dossier destinée à être transmise à la Commission européenne et aux États membres pour information.**

(Ord. n° 2012-8, 5 janv. 2012) **Le dossier comprend également un plan de surveillance, y compris une proposition relative à la durée de ce plan qui peut être différente de la durée de l'autorisation.**

(Ord. n° 2012-8, 5 janv. 2012) **La composition du dossier technique, le contenu du plan de surveillance et les règles auxquelles doivent satisfaire l'étiquetage et l'emballage sont précisés par décret en Conseil d'État.**

Un arrêté préfectoral déclarant non conforme des semences de maïs en raison de la présence d'OGM non autorisés est parfaitement légale (■ CAA Bordeaux, 22 sept. 2020, n° 18BX01910).

Art. L. 533-5-1 (1) *(Anc. deuxième et troisième alinéas de l'article L. 533-5 mod., L. n° 2008-595, 25 juin 2008 ; devenus le présent article et mod., Ord. n° 2012-8, 5 janv. 2012 ; mod., L. n° 2015-1567, 2 déc. 2015).* **– L'autorisation est délivrée par l'autorité administrative après examen des risques que présente la mise sur le marché pour la santé publique ou pour l'environnement et après avis** *(Mots rempl. à compter du 1er janvier 2022, Ord. n° 2021-1325, 13 oct. 2021)* **« de l'Agence nationale de sécurité sanitaire de l'alimentation, de l'environnement et du travail ». Elle peut être assortie de prescriptions. Elle ne vaut que pour l'usage qu'elle prévoit et, le cas échéant, se limite à un champ géographique qu'elle précise.**

Ne peut être autorisée la mise sur le marché de produits composés en tout ou partie d'organismes génétiquement modifiés qui contiennent des gènes codant des facteurs de résistance aux antibiotiques utilisés pour des traitements médicaux ou vétérinaires, pour lesquels l'évaluation des risques conclut qu'ils sont susceptibles d'avoir des effets préjudiciables sur l'environnement ou la santé publique.

1) Sursis à exécution. Le principe de précaution et le moyen sérieux tiré de la méconnaissance de la procédure d'autorisation de mise sur le marché dans la phase initiale doivent conduire à prononcer le sursis à exécution de l'arrêté du ministre de l'Agriculture inscrivant trois variétés de maïs génétiquement modifié au *Catalogue officiel des espaces et variétés de plantes cultivées en France* (■ CE, 25 sept. 1998, n° 194348, *Assoc. Greenpeace France* : *Gaz. Pal.* 23 janv. 1999, note M. Rémond-Gouilloud ; *LPA* 16 août 1999, p. 12-13, note R. Romi ; *Rev. jur. env.* 4/1999, p. 561 à 576, note C. Hermon ; *D.* 1999,

(1) V. T. appl. : D. n° 94-46, 5 janv. 1994 ; D. n° 96-850, 20 sept. 1996 ; D. n° 98-318, 28 avr. 1998 ; C. rur., art. R.* 255-8 à R.* 255-33 puis D. n° 2007-358, 19 mars 2007 et D. n° 2007-359, 19 mars 2007. – NDLR.

n° 39, p. 339-341, note J.-C. Galloux ; *LPA* 18 août 1999, n° 164, p. 12 à 16, note J. Léone).

2) Procédure d'autorisation préalable. Par le biais d'une question préjudicielle, le Conseil d'État a demandé à la Cour de justice des communautés européennes si l'administration nationale a compétence liée pour délivrer le consentement écrit, ou si elle conserve un pouvoir d'appréciation lui permettant de ne pas donner un tel consentement suite à une décision favorable de la commission (■ CE, 11 déc. 1998, n°s 194348 et 195511, *Assoc. Greenpeace France : Rev. jur. env.* 4/1999, p. 561 à 576, note C. Hermon ; *BDEI* 1/1999, p. 18, note. J.-N. Clément ; *D.* 1999, n° 38, p. 341-342, note J.-C. Galloux).

3) Combinaison de la police du ministre et de la police du maire en matière d'OGM. Si le régime d'autorisation de mise sur le marché des produits composés d'OGM modifiés défini par la directive n° 90/220/CEE relève exclusivement de la compétence partagée du ministre de l'Agriculture et de la Commission des Communautés européennes, l'absence d'examen par ces deux autorités de l'ensemble des écosystèmes particuliers au sein desquels le produit concerné est susceptible d'être mis en culture autorise le maire à intervenir, dans le cadre de son pouvoir de police générale, non seulement en cas de péril imminent, mais encore en cas de circonstances locales particulières de nature sanitaire ou environnementale (■ TA Toulouse, 19 sept. 2006, n° 0503972, *Préfet de la Haute-Garonne c/ Cne de Bax : AJDA* 2006, p. 2406, concl. J.-C. Truilhé).

4) Destruction de plants et de semences. Doit être pénalement sanctionnée la destruction de semences transgéniques détenues légalement au titre de la demande et de la délivrance des autorisations de dissémination et de mise sur le marché d'organismes génétiquement modifiés (■ TGI Agen, 18 févr. 1998, *Min. public c/ Bové : Gaz. Pal.* 20-21 mai 1998, p. 259, note M.-A. Hermitte). La Cour de cassation a considéré que l'état de nécessité ne pouvait être appliqué au fauchage de plants transgéniques, les plantes transgéniques ne présentant pas un danger mais seulement un risque, lui seul ne pouvant justifier l'acte de destruction (■ Cass. crim., 3 mai 2011, n° 10-81.529).

5) Obligation d'étiquetage. Aucun texte communautaire, aucune disposition législative ou réglementaire n'impose de mentionner la présence d'OGM sur l'étiquetage des denrées destinées à l'alimentation animale ou à l'alimentation humaine après transformation, il en résulte que des prescriptions administratives à caractère réglementaire édictant l'obligation de mentionner la présence d'OGM sur l'étiquetage de récoltes sont illégales (■ CE, 20 nov. 2002, n° 229017, *Sté Golden-Harvest-Zelder : JurisData* n° 2002-016209). **Obligation de déclaration de la présence d'OGM.** Il résulte de la combinaison des articles L. 212-1 et L. 213-1 du Code de la consommation qu'un fournisseur qui vendrait en connaissance de cause des denrées contenant des OGM à un acheteur qui lui aurait préalablement signifié qu'une telle présence constituerait un motif de refus d'achat, méconnaîtrait les prescriptions relatives à la loyauté des transactions commerciales, de telle sorte que l'instruction prescrivant aux acheteurs de semences de ne pas vendre les récoltes à des entreprises appartenant à une filière « sans ou non OGM », qui ne peuvent trouver à s'appliquer que lorsque ces dernières entreprises ont préalablement signifié à leurs fournisseurs leurs refus d'acheter des produits contenant des OGM, ne fait que rappeler la réglementation applicable et est, par suite, insusceptible de recours (*même décision*) ; les dispositions des articles L. 212-1 et L. 213-1 du Code de la consommation imposant aux agriculteurs dont une partie des récoltes contient des OGM de procéder, en vue d'assurer la loyauté des transactions, aux contrôles permettant d'assurer qu'ils ne vendront pas ces produits à des acheteurs pour lesquels la présence de tels organismes constituerait un motif de refus d'achat, il en résulte que l'instruction demandant aux responsables des services déconcentrés chargés de veiller au respect des dispositions précitées d'enjoindre aux professionnels concernés de mettre en place un « dispositif d'autocontrôle » destiné à assurer la loyauté des transactions, se borne à rappeler la réglementation applicable et est, par suite, insusceptible de recours (*même décision*).

6) Contamination accidentelle. Les règles d'étiquetage qui n'imposent la mention de la présence d'OGM que si une telle présence résulte d'une contamination accidentelle et ne dépasse pas un seuil de 1 % s'appliquent également aux aliments pour nourrissons et enfants en bas âge (■ CJCE, 26 mai 2005, aff. C-132/03, *Min. della Salute c/ Codacons : Europe* juill. 2005, n° 7, p. 16, note F. Kauff-Gazin ; *L'Observateur de Bruxelles* sept. 2005, n° 62, p. 58).

La CJUE, saisie d'une question préjudicielle relative au statut juridique de denrées alimentaires telles que du miel à base de pollen, dans lequel est constatée, en faibles quantités, une présence involontaire de pollen provenant de plantes génétiquement modifiées, a considéré que la notion d'organisme génétiquement modifié au sens du règlement n° 1829/2003, concernant les denrées alimentaires et les aliments pour animaux génétiquement modifiés, « *doit être interprétée en ce sens qu'une substance telle que du pollen issu d'une variété de maïs génétiquement modifié, qui a perdu sa capacité de reproduction et qui est dépourvue de toute capacité de transférer du matériel génétique qu'elle contient, ne relève plus de cette notion* ». Elle a rappelé que, bien que ne pouvant être considérés comme un OGM, des produits comme du miel et des compléments alimentaires contenant une telle substance constituent, au sens du règlement n° 1829/2003, des denrées alimentaires contenant des ingrédients produits à partir d'OGM et donc nécessitent une autorisation délivrée conformément audit règlement (■ CJUE, 6 sept. 2011, aff. C-442/09, *Bablok*, note Ph. Billet ; *Rev. env.* 1er nov. 2011, n° 11, p. 3-4, note M. Meister, n° 11, p. 43-44).

Art. L. 533-5-2 *(L. n° 2015-1567, 2 déc. 2015)*. **– Après le dépôt auprès de l'autorité administrative compétente pour statuer sur la demande, auprès d'un autre État membre de l'Union européenne ou auprès de l'autorité européenne compétente d'une demande d'autorisation incluant la mise en culture d'un organisme génétiquement modifié, l'autorité administrative peut requérir la modification du champ géographique de l'autorisation afin d'exclure de la culture tout ou partie du territoire national.**

Art. L. 533-6 *(Rempl., L. n° 2008-595, 25 juin 2008)*. **– Les autorisations de mise sur le marché délivrées par les autres États membres de l'Union européenne ou […]** *(Mots rempl., L. n° 2015-1567, 2 déc. 2015)* **« la Commission européenne en application de la réglementation européenne » valent autorisation au titre du présent chapitre.**

La directive n° 90-220 (CEE) du 23 avril 1990 a été abrogée et remplacée par la directive n° 2001/18/CE du 12 mars 2001, à compter du 17 octobre 2002, elle-même modifiée par le règlement (CE) n° 1830/2003 du 22 septembre 2003 concernant la traçabilité et l'étiquetage des organismes génétiquement modifiés et la traçabilité des produits destinés à l'alimentation humaine ou animale produits à partir d'organismes génétiquement modifiés. Sur l'application de la « clause de sauvegarde » permettant, à titre préventif, de restreindre provisoirement ou suspendre la commercialisation sur le territoire d'un État membre d'OGM autorisés dans d'autres États (■ CJCE, 9 sept. 2003, aff. C-236/01, *Monsanto Agricoltura Italia*). V. obs. sous art. L. 533-8, p. 1119. Annulation des dispositions nationales autrichiennes interdisant la dissémination d'OGM sur son territoire (TPI, 5 oct. 2005, nos T-366/03 et T-235/04, *République d'Autriche c/ Commission : Environnement* nov. 2005, n° 11, p. 30, note A. Gossement et P. Trouilly ; *Europe* déc. 2005, n° 12, p. 17, note A. Bouveresse).

Art. L. 533-7 *(Anc. n° 92-654, 13 juill. 1992)*. **– Le décret en Conseil d'État prévu à l'article L. 537-1 précise les conditions dans lesquelles, pour les catégories de produits faisant l'objet de procédures spécifiques d'autorisation ou d'homologation préalablement à leur mise sur le marché, une seule autorisation est délivrée au titre de ces procédures spécifiques et du présent chapitre.**

Art. L. 533-7-1 *(L. n° 2015-1567, 2 déc. 2015)*. **– I. – Après la délivrance des autorisations mentionnées aux articles L. 533-5 et L. 533-6, l'autorité administrative compétente peut adopter des mesures restreignant ou interdisant, sur tout ou partie du territoire national, la mise en culture d'un organisme génétiquement modifié ou d'un groupe d'organismes génétiquement modifiés définis par culture ou caractère, dans les conditions prévues au paragraphe 3 de l'article 26 *ter* de la directive 2001/18/CE du Parlement européen et du Conseil, du 12 mars 2001, relative à la dissémination volontaire d'organismes génétiquement modifiés dans l'environnement et abrogeant la directive 90/220/CEE du Conseil.**

II. – L'autorité nationale compétente communique à la Commission européenne, pour avis, les projets de mesure concernés et les motifs les justifiant. Cette communication peut intervenir avant l'achèvement de la procédure d'autorisation de l'organisme génétiquement modifié.

Ces mesures ne peuvent être adoptées avant l'expiration d'un délai de soixante-quinze jours à compter de la communication des projets de mesure prévue au premier alinéa du présent II.

La mise en culture est interdite pendant le délai mentionné au deuxième alinéa du présent II.

III. – À compter de l'expiration du délai mentionné au II, au plus tôt à compter de la date d'entrée en vigueur de l'autorisation dans l'Union européenne et pendant toute la durée de l'autorisation, l'autorité nationale compétente peut mettre en œuvre les mesures telles qu'elles ont été initialement proposées ou modifiées compte tenu des observations de la Commission européenne.

L'autorité nationale compétente communique ces mesures à la Commission européenne, aux autres États membres de l'Union européenne et au titulaire de l'autorisation. Elle porte ces mesures à la connaissance des opérateurs concernés et du public, le cas échéant par voie électronique.

IV. – Le présent article s'applique également à tout organisme génétiquement modifié pour lequel une notification ou une demande a été présentée auprès de l'autorité nationale compétente ou auprès de l'autorité compétente d'un autre État membre de l'Union européenne où une autorisation mentionnée aux articles L. 533-5 ou L. 533-6 a été octroyée préalablement à la publication de la loi n° 2015-1567 du 2 décembre 2015 portant diverses dispositions d'adaptation au droit de l'Union européenne dans le domaine de la prévention des risques.

Art. L. 533-8 *(L. n° 2008-595, 25 juin 2008)*. **– I. – Après la délivrance d'une autorisation en application des articles L. 533-5 ou L. 533-6, lorsque l'autorité administrative a des raisons précises de considérer qu'un organisme génétiquement modifié autorisé présente un risque pour l'environnement ou la santé publique en raison d'informations nouvelles ou complémentaires devenues disponibles après la délivrance de l'autorisation et qui affectent l'évaluation des risques pour l'environnement et la santé publique, ou en raison de la réévaluation des informations existantes sur la base de connaissances scientifiques nouvelles ou complémentaires, elle peut :**

1° Limiter ou interdire, à titre provisoire, l'utilisation ou la vente de cet organisme génétiquement modifié sur son territoire, après avis ***(Mots rempl. à compter du 1er janvier 2022, Ord. n° 2021-1325, 13 oct. 2021)*** **« de l'Agence nationale de sécurité sanitaire de l'alimentation, de l'environnement et du travail » ;**

2° En cas de risque grave, prendre des mesures d'urgence consistant notamment à suspendre la mise sur le marché ou à y mettre fin et en informer le public.

II. – L'autorité administrative informe sans délai la Commission européenne et les autres États membres des mesures prises au titre du I et indique les motifs de sa décision, en fournissant sa réévaluation des risques pour l'environnement et la santé publique et en indiquant si les conditions de l'autorisation doivent être modifiées et comment, ou s'il convient de mettre fin à l'autorisation et, le cas échéant, les informations nouvelles ou complémentaires sur lesquelles elle fonde sa décision.

1) Suspension de la mise sur le marché d'OGM au titre de la clause de sauvegarde. Par arrêté du 5 décembre 2007 (*JO* 6 déc. 2007), la vente de semences issues de la lignée du maïs MON 810 (seul OGM cultivé en France à des fins commerciales) est suspendue jusqu'au vote de la loi OGM, et au plus tard jusqu'au 9 février 2008. Par arrêté du 7 février 2008 (*JO* 9 févr. 2008), la mise en culture, en vue de la mise sur le marché ou non, des variétés de semences de maïs issues de la lignée de maïs génétiquement modifié MON 810 est interdite en France jusqu'à ce qu'il soit statué sur la demande de renouvellement de l'autorisation de mise sur le marché de cet organisme. Alors même que le maïs MON 810 a été autorisé par décision de la Commission européenne du 22 avril 1998 et par arrêté du ministre de l'Agriculture du 3 août 1998, les décisions relatives à cet organisme, y compris celles qui tendent à son interdiction ou qui recourent, sous l'effet de l'urgence, à une clause de sauvegarde, ne peuvent être prises que sur le fondement du règlement n° 1829/2003. Le ministre chargé de l'agriculture n'a pas commis d'erreur manifeste d'appréciation en estimant que le maïs MON 810 paraissait présenter un risque grave pour l'environnement en s'appuyant sur l'avis du comité de préfiguration d'une Haute autorité sur les organismes génétiquement modifiés, lequel faisait état de plusieurs données nouvelles relatives aux atteintes à l'environnement résultant du MON 810. Le Conseil d'État rejette le recours des agriculteurs, des producteurs et des semenciers contre l'arrêté de suspension provisoire de la culture du MON 810 (▪ CE, ord. réf., 19 mars 2008, n° 313547, *Assoc. générale des producteurs de maïs* : *RD rur.* mai 2008, n° 363, comm. 98, note M. Le Prat et L. Verdier ; *Dr. adm.* mai 2008, n° 5, comm. 70, note M. Bazex ; *JCP* E 2008, n° 21, p. 37). L'Autorité européenne de sécurité des aliments a émis en août 2009 un avis favorable sur la demande de renouvellement de l'autorisation du MON 810.

2) La dissémination volontaire pratiquée en l'absence de tout risque ou menaces particuliers ne crée pas de situation d'urgence justifiant la suspension des autorisations (▪ CE, 27 avr. 2007, n° 304402, *Cne de Bourgoin-Jallieu* : *Dr. env.* juill. 2007, n° 150, p. 186, note L. Verdier).

3) Suite à la demande de renouvellement de l'autorisation de mise sur le marché du maïs MON 810, la France a adopté, à titre de mesures d'urgence, un arrêté suspendant sur son territoire national la cession et l'utilisation des semences ainsi que deux arrêtés interdisant la mise en culture des semences de cet OGM. Des recours en annulation de ces arrêtés ont été formés par Monsanto et plusieurs sociétés productrices de semences devant le Conseil d'État français, dans le cadre desquels s'est posée la question de savoir si des mesures d'urgence pouvaient être arrêtées par la France sur le fondement de la directive 2001/18/CE, Le Conseil d'État a alors saisi la Cour de justice de l'Union européenne d'une question préjudicielle relative aux règles applicables aux mesures d'urgence régissant les autorisations de mise sur le marché relatives aux produits OGM en cause. La Cour relève que le maïs MON810, autorisé notamment en tant que semence à des fins de culture en application de la directive 90/220/CEE sur la dissémination volontaire des OGM dans l'environnement a été notifié en tant que « produit existant » conformément au règlement n° 1829/2003, puis a fait l'objet d'une demande de renouvellement d'autorisation en cours d'examen, au titre de ce règlement. La Cour considère que, dans de telles circonstances, un État membre ne peut recourir à la clause de sauvegarde prévue par la directive 2001/18/CE pour adopter des mesures suspendant puis interdisant provisoirement l'utilisation ou la mise sur le marché d'un OGM tel que le maïs MON810. La CJUE précise en revanche que des mesures d'urgence peuvent être adoptées par l'État membre en vertu du règlement n° 1829/2003. À cet égard, elle souligne que, lorsqu'un État membre entend adopter des mesures d'urgence sur le fondement de ce dernier règlement, il doit respecter tant les conditions de fond prévues par celui-ci que les conditions de procédure prévues par le règlement n° 178/2002, auquel le premier règlement renvoie sur ce point. Ces mesures ne peuvent être adoptées que si elles sont fondées sur une évaluation des risques aussi complète que possible compte tenu des circonstances particulières du cas d'espèce, qui révèlent que des mesures s'imposent (▪ CJUE, 8 sept. 2011, aff. C-58/10 à C-68/10, *Monsanto SAS et a. c/ Min. de l'Agriculture et de la Pêche*, question préjudicielle).

Position du Conseil d'État : le Conseil d'État, suite à l'arrêt de la CJUE du 8 septembre 2011, Monsanto SAS et autres, a annulé les arrêtés du ministre de l'Agriculture et de la Pêche suspendant la cession et l'utilisation des semences de maïs OGM MON 810 et interdisant la mise en culture de ces variétés de semences. Il a considéré que le ministre de l'Agriculture n'avait pu justifier de sa compétence pour prendre les arrêtés, faute d'avoir apporté la preuve de l'existence d'un niveau de risque particulièrement élevé pour la santé ou l'environnement conformément à l'article 34 du règlement (CE) n° 1829/2003 (▪ CE, 28 nov. 2011, n° 312921, *Sté Monsanto SAS et a.*). Le feuilleton a continué puisque par arrêté en date du 14 mars 2014 le ministre de l'Agriculture a interdit la commercialisation, l'utilisation et la culture de maïs génétiquement modifié Zea mays L. lignée MON 810 (*JO* 15 mars). Le Conseil d'État a jugé que les études produites par le ministre à l'appui de sa décision étaient insuffisantes pour établir un risque important mettant en péril la santé humaine et il a donc annulé pour erreur manifeste d'appréciation sa mesure d'interdiction (▪ CE, 15 avr. 2016, n°s 376809, 377134 et 377625).

Art. L. 533-8-1 *(Ord. n° 2012-8, 5 janv. 2012)*. **– Compte tenu des rapports que le titulaire d'une autorisation mentionnée aux articles L. 533-5 ou L. 533-6 lui transmet pour satisfaire à ses obligations en matière de surveillance, l'autorité administrative compétente peut adapter le plan de surveillance après la première période de surveillance ou, lorsque l'autorisation a été délivrée dans un autre État membre, demander son adaptation.**

Art. L. 533-8-2 *(L. n° 2015-1567, 2 déc. 2015)*. **– Lorsqu'elle souhaite réintégrer tout ou partie du territoire national à une autorisation de culture prise en application de l'article L. 533-5, après que ce territoire en a été exclu en application de l'article L. 533-5-2, ou si elle reçoit une demande d'un autre État membre de l'Union européenne de réintégrer tout ou partie du territoire de celui-ci dans le champ géographique d'une autorisation prise en application de ce même article L. 533-5-2, l'autorité administrative modifie le champ géographique de l'autorisation et en informe la Commission européenne, les États membres de l'Union européenne et le titulaire de l'autorisation.**

Lorsqu'elle souhaite réintégrer tout ou partie du territoire national à une autorisation de culture mentionnée à l'article L. 533-6, après que ce territoire en a été exclu en application de l'article L. 533-5-2, l'autorité nationale compétente en formule la demande auprès de l'autorité compétente de l'État membre qui a délivré l'autorisation ou auprès de la Commission européenne.

Section IV. – Participation du public

(Division créée, L. n° 2015-1567, 2 déc. 2015)

Art. L. 533-9 *(L. n° 2008-595, 25 juin 2008 ; transféré à la présente section et rempl., L. n° 2015-1567, 2 déc. 2015)*. **– I. – Font l'objet d'une information et d'une participation du public par voie électronique :**

1° Les projets de décision autorisant ou non la dissémination volontaire d'organismes génétiquement modifiés à toute autre fin que la mise sur le marché ou tout programme coordonné de telles disséminations ;

2° Les projets de décision autorisant ou non la dissémination volontaire dans l'environnement ainsi que la mise sur le marché d'organismes génétiquement modifiés ;

3° Les projets de décision modifiant le champ géographique d'une autorisation concernant la mise en culture d'un organisme génétiquement modifié pour y inclure tout ou partie du territoire national, ou les demandes faites aux autres États membres de l'Union européenne ou auprès de la Commission européenne en application de l'article L. 533-8-2 ;

4° Les projets de mesure restreignant ou interdisant la culture d'organismes génétiquement modifiés en application de l'article L. 533-7-1.

II. – Le projet d'une décision ou d'une mesure mentionnée au I du présent article ou, lorsque la décision est prise sur demande, le dossier de demande est mis à la disposition du public par voie électronique. Lorsque le volume ou les caractéristiques du projet de décision ou du dossier de demande ne permettent pas sa mise à disposition par voie électronique, le public est informé, par voie électronique, de l'objet de la procédure de participation et des lieux et horaires où l'intégralité du projet ou du dossier de demande peut être consultée.

Au plus tard à la date de la mise à disposition ou de l'information prévue au premier alinéa du présent II, le public est informé, par voie électronique, des modalités retenues pour la procédure de participation.

Le projet de décision ou de mesure ne peut être définitivement adopté ou la demande ne peut être définitivement formulée avant l'expiration d'un délai permettant la prise en considération des observations déposées par le public. Sauf en cas d'absence d'observations, ce délai ne peut être inférieur à trois jours à compter de la date de clôture de la consultation.

Dans le cas prévu au 1° du I, la période pendant laquelle se déroule la procédure de participation du public ne peut être inférieure à quinze jours et ne peut excéder une durée de trente jours. Cette période n'est pas prise en compte pour le calcul du délai de quatre-vingt-dix jours imposé à l'autorité nationale compétente pour notifier sa décision au demandeur.

Dans les cas prévus aux 2° à 4° du même I, la durée de la procédure de participation du public ne peut être inférieure à quinze jours. Dans le cas prévu au 2° dudit I, la procédure de participation du public se déroule après l'établissement du rapport d'évaluation mentionné à l'article 14 de la directive 2001/18/CE du Parlement européen et du Conseil, du 12 mars 2001, relative à la dissémination volontaire d'organismes génétiquement modifiés dans l'environnement et abrogeant la directive 90/220/CEE du Conseil.

1) Sur le droit d'accès du public aux informations relatives à la dissémination. Le Conseil d'État juge que le lieu de dissémination est confidentiel afin de protéger les intérêts des demandeurs de dissémination et la sécurité publique. En revanche, la possibilité de communiquer la référence cadastrale des parcelles sur lesquelles sont pratiquées les disséminations soulève une difficulté sérieuse qui justifie de saisir la Cour de justice des communautés européennes (▪ CE, 21 nov. 2007, n° 280969, *Cne de Sausheim : Environnement* janv. 2008, n° 1, p. 31, note P. Trouilly ; *JCP* E 2008, n° 1, p. 30 ; *RD rur.* janv. 2008, n° 359, p. 83 ; *Dr. env.* mars 2008, n° 156, p. 12, note S. Le Briéro). Les États membres ne peuvent invoquer une exception d'ordre public pour s'opposer à *la divulgation* du lieu de la dissémination d'OGM. Le public intéressé peut demander communication de toute information transmise par le notifiant (▪ CJCE, 17 févr. 2009, aff. C-552/07, *Cne de Sausheim c/ Azelvandre : Environnement* avr. 2009, n° 4, p. 28, note P. Trouilly ; *Environnement* juin 2009, n° 6, p. 60, note M. Sousse ; *BDEI* avr. 2009, n° 20, p. 48, note L.-N. Harada ; *Études foncières* mars 2009, n° 138, p. 48, note F. Haumont et P. Steichen ; *Europe* avr. 2009, n° 4, p. 15, note E. Bernard ; *JCP* A 2009, n° 16, p. 39, note P. Billet). L'autorité administrative qui détient des informations relatives à la localisation de la dissémination est tenue de communiquer, sans délai et sans condition, à toute personne qui en fait la demande, l'ensemble des données en sa possession relatives à la localisation, telles qu'elles lui ont été transmises par le demandeur de l'autorisation de procéder à la dissémination afin de permettre l'examen des conséquences du projet pour l'environnement (▪ CE, 9 déc. 2009, n° 280969, *Cne de Sausheim : Dr. env.* avr. 2010, p. 136, obs. B. Steinmetz ; *Environnement et dév. durable* mars 2010, p. 36, obs. P. Trouilly ; *Dr. adm.* févr. 2010, p. 18).

La circonstance que, depuis l'année 2000, l'information relative à la localisation des disséminations ne soit plus accessible, pour les demandeurs, auprès des maires des communes concernées et ne puisse être obtenue qu'auprès du ministre chargé de l'agriculture constitue une modalité de diffusion des informations qui ne méconnaît pas le droit à une information complète reconnu par le droit communautaire (▪ CE, 16 avr. 2010, n° 279814, *Azelvandre : Environnement et dév. durable* juill. 2010, p. 40, note P. Trouilly).

2) Violation des dispositions de la Convention européenne des droits de l'homme (oui) : constituent une violation de l'article 6 et de l'article 13 de la CEDH (▪ CEDH, 26 juin 2018, n° 28766/06,

Kips Doo and Dreakalovic c/ Montenegro) le refus d'information sur des plantations d'OGM.

3) Droit d'action des associations : est recevable une association devant le tribunal de l'union européenne pour contester le refus de nouvel examen par la commission d'une autorisation concernant le maïs OGM, en application de la convention d'Aarhus (■ TUE, 7e ch., 14 mars 2018, *TestBioTech eV c/ Commission européenne*, préc.).

CHAPITRE IV. – SURVEILLANCE BIOLOGIQUE DU TERRITOIRE

Art. L. 534-1 *(Mod., Ord. n° 2010-462, 6 mai 2010).* **– Les dispositions relatives à la surveillance des végétaux, y compris les semences, des produits antiparasitaires à usage agricole et des produits assimilés, des matières fertilisantes et des supports de cultures composés en tout ou partie d'organismes génétiquement modifiés disséminés dans l'environnement ou mis sur le marché, sont énoncées au Code rural et de la pêche maritime (livre II, titre V, chapitre Ier).**

Voir : C. rur., art. L. 251-1 à L. 251-21 (surveillance biologique du territoire au titre de la protection des végétaux).

CHAPITRE V. – CONTRÔLE ET SANCTIONS ADMINISTRATIFS

Voir : sur la théorie des sanctions administratives et les recours contre les contrôles administratifs.

Art. L. 535-1. – Toute personne ayant obtenu une autorisation mentionnée aux articles L. 533-3 et L. 533-5 est tenue d'informer l'administration de tout élément nouveau susceptible de modifier l'appréciation du risque pour la santé publique ou pour l'environnement.

Le cas échéant, elle prend les mesures nécessaires pour protéger la santé publique ou l'environnement.

....

Art. L. 535-3 *(Mod., L. n° 2008-595, 25 juin 2008 ; L. n° 2008-757, 1er août 2008* (1) *; Ord. n° 2012-8, 5 janv. 2012 ; rempl. à compter du 1er janvier 2022, Ord. n° 2021-1325, 13 oct. 2021).* **– I. – Le demandeur de l'autorisation prévue aux articles L. 533-3 et L. 533-5 peut soumettre à l'autorité administrative une demande de traitement confidentiel de certaines parties des informations soumises en vertu du chapitre III du présent titre, accompagnée d'une justification vérifiable démontrant comment la divulgation au public des informations en question cause un préjudice sérieux aux intérêts concernés, conformément aux III et VI du présent article.**

II. – L'autorité administrative évalue la demande de traitement confidentiel soumise par le demandeur.

III. – Pour l'application du présent article, l'autorité administrative ne peut accorder un traitement confidentiel qu'en ce qui concerne les informations identifiées aux 1°, 2° et 3° sur justification vérifiable, lorsqu'il est démontré par le demandeur que leur divulgation est susceptible de porter significativement atteinte à ses intérêts :

1° Les informations énumérées aux points *a*, *b* et *c* du paragraphe 2 de l'article 39 du règlement (CE) n° 178/2002 du Parlement européen et du Conseil du 28 janvier 2002 ;

2° Les informations relatives aux séquences d'ADN, exception faite des séquences utilisées à des fins de détection, d'identification et de quantification de l'événement de transformation ;

3° Les modèles et stratégies de sélection.

IV. – Après échanges avec le demandeur, l'autorité administrative décide des informations qui sont traitées de façon confidentielle et l'en informe. Avant de refuser, le cas échéant, de reconnaître la confidentialité de certaines informations, l'autorité administrative chargée de statuer sur la demande met le demandeur en mesure de présenter ses observations.

V. – L'autorité administrative et l'Agence nationale de sécurité sanitaire de l'alimentation, de l'environnement et du travail prennent les mesures nécessaires afin de s'assurer que les informations confidentielles notifiées ou échangées en vertu du chapitre III du présent titre ne sont pas rendues publiques.

(1) En modifiant le présent article, la loi n° 2008-757 du 1er août 2008 corrige l'incompétence négative constatée par le Conseil constitutionnel, déclaration d'inconstitutionnalité dont les effets avaient été reportés au 1er janvier 2009. – V. ■ Cons. const. n° 2008-564 DC, 19 juin 2008, art. 1er et consid. 56 à 58 (*JO* 26 juin 2008). – NDLR.

VI. – Les dispositions pertinentes de l'article 39 *sexies* du règlement (CE) n° 178/2002 du Parlement européen et du Conseil du 28 janvier 2002 ainsi que celles du chapitre IV du titre II du livre Ier s'appliquent.

VII. – Nonobstant les dispositions des III, V et VI du présent article :

Lorsqu'une action urgente est indispensable pour protéger la santé publique, la santé animale ou l'environnement, notamment dans des situations d'urgence, l'autorité administrative peut divulguer les informations énumérées au III.

Les informations qui font partie des conclusions de l'évaluation réalisée par le ou les comités scientifiques compétents mentionnés à l'article 28 de la directive 2001/18/CE du Parlement européen et du Conseil du 12 mars 2001 ou des conclusions des rapports d'évaluation mentionnés à l'article 14 de la même directive et qui ont trait aux effets prévisibles sur la santé publique, la santé animale ou l'environnement sont néanmoins rendues publiques. Dans ce cas, l'article 39 *quater* du règlement (CE) n° 178/2002 s'applique.

VIII. – En cas de retrait de la demande d'autorisation par le demandeur, l'autorité administrative doit respecter la confidentialité telle qu'elle a été accordée conformément au présent article. Si le retrait de la demande d'autorisation a lieu avant que l'autorité administrative ait rendu sa décision sur la demande de traitement confidentiel concernée, l'autorité administrative et l'Agence nationale de sécurité sanitaire de l'alimentation, de l'environnement et du travail ne rendent pas publiques les informations pour lesquelles un traitement confidentiel a été demandé.

IX. – Les dispositions du présent article ne sont pas applicables aux activités couvertes par le secret de la défense nationale.

Voir : Jurisprudence sous ancien art. L. 535-3.

1) Sur la nécessité de justifier une demande de traitement confidentiel. Condamnation de la France pour défaut de transposition de la directive n° 90/220/CEE du 23 avril 1990, aucune disposition interne ne prévoyant explicitement qu'un notifiant doit fournir une justification véritable s'il demande le traitement confidentiel de certaines informations (▪ CJCE, 20 nov. 2003, aff. C-296/01, *Commission c/ France*).

2) Sur le caractère communicable des informations relatives à la dissémination volontaire des OGM. Jugé qu'il résulte de l'article L. 535-3-II qu'en vue de la préservation de la santé publique et de l'environnement, évoquée à l'article L. 531-2, le législateur a entendu édicter des règles particulières permettant une large information du public sur les effets que la dissémination volontaires d'organismes génétiquement modifiés peut avoir pour la santé publique ou l'environnement, et qu'il a notamment limité à cette fin les informations pouvant être regardées comme confidentielles pour la protection des intérêts des demandeurs ou pour celle des secrets protégés par la loi, sans que le ministre soit autorisé à édicter des règles de confidentialité qui excéderaient celles prévues à l'article L. 535-3-II (▪ TA Paris, 1er mars 2001, *Assoc. France Nature-Environnement : DA* juin 2001, p. 13).

a) Communicabilité en vertu de la loi du 17 juillet 1978 (oui). Sont communicables, en vertu des dispositions de la loi n° 78-753 du 17 juillet 1978, les fiches d'information destinées au public ainsi que le nom des communes sur les territoires desquelles des cultures expérimentales d'organismes génétiquement modifiées ont été autorisées sans que ne puisse être opposée l'existence d'un risque d'atteinte à la sécurité publique (▪ TA Paris, 1er mars 2001, *Assoc. France Nature-Environnement : DA* juin 2001, p. 13).

b) Communicabilité en vertu de la loi du 17 juillet 1978 (non). De tels documents ne sont pas communicables en vertu des dispositions de la loi du 17 juillet 1978, ces dernières ne pouvant faire échec aux règles particulières prévues par les dispositions de la loi du 13 juillet 1992 et du décret du 18 octobre 1993 pris pour son application, qui organisent une procédure spécifique d'accès aux fiches d'information destinées au public, incluses dans le dossier de demande d'autorisation préalable à la dissémination volontaire d'organismes génétiquement modifiés (▪ TA Melun, 5 juill. 2001, *Laval : DA* août-sept. 2001, p. 14). Sont communicables en vertu des seules dispositions de l'article 12 de la loi n° 92-654 du 13 juillet 1992 et du décret n° 93-1177 du 18 octobre 1993, qui dérogent à celles de la loi du 17 juillet 1978, les fiches d'information destinées au public (▪ TA Amiens, 16 juill. 2002, n° 003047, *Laval*, non publié). – Consultation en mairie après justification de l'identité du demandeur des fiches d'information relatives à des essais de dissémination de culture de produits génétiquement modifiés effectués sur le territoire communal, la demande n'ayant pas à être transmise au ministre en vertu de la loi du 17 juillet 1978, les fiches ne pouvant de toute façon pas contenir d'informations dont la divulgation porterait atteinte à un secret protégé par la loi (▪ CAA Nantes, 18 déc. 2003, n° 02NT01248, *Cne de Germignonville*).

3) Modalités de communication. Les fiches destinées au public ne peuvent être sollicitées qu'auprès du secrétariat de la commission d'étude de la dissémination des produits issus du génie biomoléculaire, placée auprès du ministre de l'Agriculture, à l'exclusion de toute autre administration (■ TA Amiens, 16 juill. 2002, n° 003047, *Laval*, non publié). Mais rien n'autorise le ministre à refuser la communication des lieux d'implantation au motif d'atteinte à la sécurité publique ou de secret commercial (■ CE, 21 nov. 2007, n° 280969, *Cne de Sausheim et a. : AJDA* 2007, 2229 ; *RFDA* 2008, 195 ; *RD rur.* 2008, n° 12 ; *Environnement* 2008, n° 15, obs. Trouilly ; *Dr. env.* 2008, n° 156, p. 12, obs. Le Briéro). La question de savoir si la confidentialité s'attache à une parcelle ou à un lieu pose une question d'interprétation du droit communautaire à laquelle la cour de justice a répondu en considérant que le « lieu de la dissémination », au sens de l'art. 25, § 4, premier tiret, de la Directive n° 2001/18/CE, est déterminé par toute information relative à la localisation de la dissémination soumise par le notifiant aux autorités compétentes de l'État membre sur le territoire duquel cette dissémination doit avoir lieu dans le cadre des procédures visées aux articles 6 à 8, 13, 17, 20 ou 23 de la même directive (■ CJCE, 17 févr. 2009, n° C-552/07, *Cne de Sausheim c/ Pierre Azelvandre : Environnement* 2009, n° 52, note Trouilly ; *Environnement* 2009, n° 82, note Sousse ; *JCP* A 2009, n° 2091, obs. Billet ; *RD rur.* 2009, n° 121, obs. Billet ; *RD rur.* 2010, chron. 1, p. 38, obs. Gadbin et a.). En revanche aucune réserve ne saurait être faite à la communication des informations visées à l'article 25, § 4 de la directive. En conséquence, la totalité des documents demandés est communicable.

4) Limites du droit à l'information en matière d'OGM au regard des textes européens. Refus d'effectuer un lien entre la directive n° 90/313/CEE (*JOCE* n° L 158, p. 56) et la réglementation européenne en matière d'OGM, en attendant le remplacement de la directive précitée par la directive n° 2003/4/CE du 28 janvier 2003 (*JOCE* n° L 041, 14 févr. 2003), concernant l'accès du public à l'information en matière d'environnement (■ CJCE, 12 juin 2003, aff. C-316/01, *Éva Glawishing et Bundesminister für soziale Sicherheit und Generationen : Dr. env.* sept. 2003, n° 111, p. 152).

5) Information du public. Aucune disposition de la directive 2001/18/CE, complétée par la décision 2002/623/CE de la Commission du 24 juillet 2002, ne fait obligation à l'Administration de faire connaître au public la localisation précise de l'expérimentation (■ TA Toulouse, ord., 22 juill. 2005, n° 05022600, *Assoc. France Nature Environnement : AJDA* 34/2005, p. 1918).

6) Caractère substantiel des lieux d'implantation des OGM. La question de l'implantation précise des lieux de dissémination des OGM est un élément de la procédure d'examen de la demande d'autorisation tant par la commission du génie biomoléculaire que par l'administration. La simple référence des régions concernées par les expérimentations est insuffisante (■ CE, 28 avr. 2006, n° 274458, *Féd. des synd. agricoles MODEF : JCP* A 2006, 376, obs. Rouault). Et, la décision d'autorisation est illégale si les caractéristiques des sites n'ont pas été prises en compte (■ CE, 17 oct. 2008, n° 295388, *Assoc. France Nature Environnement et a. : AJDA.* 2008, 2401, concl. Séners ; *Environnement* 2008, n° 170, note Trouilly).

Art. L. 535-4 ***(Mod. à compter du 1er janvier 2002, Ord. n° 2000-916, 19 sept. 2000*** **(1)** ***; rempl., L. n° 2008-595, 25 juin 2008).*** **– Toute demande d'autorisation de dissémination volontaire est assortie du versement d'une taxe à la charge du demandeur. Le montant de cette taxe est fixé par arrêté du ou des ministres compétents en fonction de la nature de la demande et de la destination, lucrative ou non, de la dissémination, dans la limite de 15 000 €.**

Le recouvrement et le contentieux du versement institué au présent article sont suivis par les comptables ***(Mots rempl. à compter du 30 avril 2010, Ord. n° 2010-420, 27 avr. 2010)*** **« publics compétents » selon les modalités fixées aux articles 81 à 95 du décret n° 62-1587 du 29 décembre 1962 portant règlement général sur la comptabilité publique.**

Art. L. 535-5 ***(Abr. à compter du 1er juillet 2013, Ord. n° 2012-34, 11 janv. 2012).***

Sur l'abrogation des textes due à l'entrée en vigueur de l'ordonnance n° 2012-34, 11 janv. 2012 portant simplification, réforme et harmonisation des dispositions de police administrative et de police judiciaire du Code de l'environnement (Cf. également Chap. VI), V. le titre VII du livre I du Code de l'environnement (art. L. 171-1 et s.).

Art. L. 535-6 ***(Anc. L. n° 92-654, 13 juill. 1992).*** **– Indépendamment des poursuites pénales qui peuvent être exercées, lorsqu'une dissémination volontaire a lieu sans avoir fait l'objet de l'autorisation requise par le présent titre** ***(Mots aj., L. n° 2015-1567, 2 déc. 2015)*** **« ou en méconnaissance des mesures restreignant ou interdisant sur tout ou partie du territoire national la mise en culture d'un organisme génétiquement modifié ou**

(1) Application à l'outre-mer : V. Ord. n° 2000-916, 19 sept. 2000, art. 18.

d'un groupe d'organismes génétiquement modifiés prises conformément à l'article L. 533-7-1 », l'autorité administrative en ordonne la suspension.

En cas de menace grave pour la santé publique ou l'environnement, elle peut fixer les mesures provisoires permettant de prévenir les dangers de la dissémination ou, si nécessaire, faire procéder d'office, aux frais du responsable de la dissémination, à la destruction des organismes génétiquement modifiés.

Art. L. 535-7 *(Anc. L. n° 92-654, 13 juill. 1992).* **– Indépendamment des poursuites pénales qui peuvent être exercées, l'autorité administrative peut ordonner la consignation des produits mis sur le marché sans autorisation ou leur saisie.**

En cas de menace grave pour la santé publique ou l'environnement, elle peut imposer toute mesure provisoire pour assurer la protection de la santé publique ou de l'environnement ou, si nécessaire, faire procéder d'office à la destruction des produits ainsi mis sur le marché. Ces mesures sont à la charge du responsable de la mise sur le marché.

Obligation pour l'État sous astreinte de respecter les injonctions mises à sa charge par un arrêt du 7 février 2020 pour la mise en œuvre de conditions de culture appropriées liées à l'évaluation des risques liés à la mutagenèse (■ CE, 8 nov. 2021, n° 451264). Depuis lors, l'Union européenne a élaboré un nouveau texte qui autorise sous le titre de nouveaux OGM la mutagenèse sous certaines conditions, cette technologie n'étant pas considérée comme produisant un OGM. Le texte est en phase conclusive, mais n'a pas encore été voté.

Art. L. 535-8 ***(Abr. à compter du 1er juillet 2013, Ord. n° 2012-34, 11 janv. 2012).***

CHAPITRE VI. – DISPOSITIONS PÉNALES

Voir : Circ. n° CRIM 04-5/E1, 4 juin 2004, relative à la réponse pénale aux actes de destruction de plants génétiquement modifiés et aux manquements à la réglementation relative à ces cultures. – Circ. n° CRIM 05-13/E1, 30 mai 2005, précisant diverses questions procédurales relatives aux enquêtes et aux poursuites en matière d'actes de destruction de plants génétiquement modifiés.

Sur l'abrogation des textes due à l'entrée en vigueur de l'ordonnance n° 2012-34, 11 janv. 2012 portant simplification, réforme et harmonisation des dispositions de police administrative et de police judiciaire du Code de l'environnement (Cf. également Chap. V), V. le titre VII du livre I du Code de l'environnement (art. L. 171-1 et s.).

Aussi, depuis l'entrée en vigueur, le 1er juillet 2013, de nombreuses dispositions du Code de l'environnement concernant :

- la police administrative ;
- la police judiciaire ;
- les sanctions pénales.

Ont été abrogées et réunies dans un titre VII du livre Ier intitulé « Dispositions communes relatives aux contrôles et aux sanctions ».

Bibliographie : Sur les dispositions répressives en matière d'OGM : D. Guihal, *Droit répressif de l'environnement*, Économica, 2008, nos 699 et s.

Section I. – Constatation des infractions

Art. L. 536-1 ***(Mod., L. n° 2003-591, 2 juill. 2003*** (1) ***; L. n° 2008-595, 25 juin 2008 ; rempl. à compter du 1er juillet 2013, Ord. n° 2012-34, 11 janv. 2012).*** **– Outre les fonctionnaires et agents mentionnés à l'article L. 172-4, sont habilités à rechercher et à constater les infractions aux dispositions du présent titre et des textes pris pour son application les fonctionnaires des corps techniques de l'État, les officiers titulaires d'un brevet technique ou les agents commissionnés à cet effet et assermentés dans des conditions fixées par décret en Conseil d'État.**

Voir : Rép. min. n° 05602 : *JO* Sénat Q 27 juin 2013. – Rép. min. n° 5602 : *JO* Sénat 28 mars 2013. – Rép. min. n° 22608 : *JOAN* Q 9 juill. 2013. *Compétences de verbalisation des gardes champêtres* : *Procédures* août 2013, n° 8, alerte 54.

– A. 11 févr. 2013 portant habilitation d'agents à rechercher et constater des infractions aux dispositions relatives à la dissémination volontaire dans l'environnement de produits phytopharmaceutiques, de plantes, semences ou plants composés en tout ou partie d'organismes génétiquement modifiés.

(1) Application à l'outre-mer : V. L. n° 2003-591, 2 juill. 2003, art. 31, IV.

Art. L. 536-2 *(Anc. L. n° 92-654, 13 juill. 1992).* – **La recherche et la constatation des infractions aux dispositions des articles L. 533-4 à** *(Réf. rempl., L. n° 2008-595, 25 juin 2008)* **« L. 533-8 » et des textes pris pour leur application sont effectuées, selon les produits considérés, par les agents compétents en vertu des lois applicables à ces produits et dans les conditions prévues par ces lois.**

Section II. – Sanctions

Art. L. 536-3 *(Mod., L. n° 2008-595, 25 juin 2008 ; mod. à compter du 1er janvier 2022, Ord. n° 2021-1325, 13 oct. 2021).* – **Le fait d'exploiter une installation utilisant des organismes génétiquement modifiés à des fins de recherche, de développement, d'enseignement ou de production industrielle sans l'autorisation requise en application de l'article L. 532-3, ou en violation des prescriptions techniques auxquelles cette autorisation est subordonnée, est puni d'un an d'emprisonnement et de 75 000 € d'amende.**

En cas de condamnation, le tribunal peut interdire le fonctionnement de l'installation. L'interdiction cesse de produire effet si une autorisation est délivrée ultérieurement dans les conditions prévues par le présent titre. L'exécution provisoire de l'interdiction peut être ordonnée.

Le fait d'exploiter une installation utilisant des organismes génétiquement modifiés à des fins de recherche, de développement, d'enseignement ou de production industrielle en violation des prescriptions imposées en application du 2° de l'article L. 532-5 ou en violation d'une mesure de suspension ou de retrait d'autorisation prise en application des 3° ou 4° de l'article L. 532-5 est puni de deux ans d'emprisonnement et de 150 000 € d'amende

En cas de condamnation, le tribunal peut interdire le fonctionnement de l'installation.

V. A. Gallois, *Quelle place pour le principe de précaution dans le droit de la responsabilité pénale ? : RDSS* 2013, p. 801. Alexandre Gallois qualifie l'infraction instaurée à l'article L. 536-3 du Code de l'environnement d'« infraction obstacle de précaution » et affirme que ce type d'infractions apparaît comme le cadre juridique « adapté » pour l'épanouissement du principe de précaution et de la logique de raisonnement qui le sous-tend.

Art. L. 536-4 *(Anc. L. n° 92-654, 13 juill. 1992).* – **Est puni d'un an d'emprisonnement et de 75 000 € d'amende le fait sans l'autorisation requise :**

1° De pratiquer une dissémination volontaire *(Mots aj., L. n° 2008-595, 25 juin 2008)* **« à toute autre fin que la mise sur le marché » d'organismes génétiquement modifiés ou d'une combinaison d'organismes génétiquement modifiés ;**

2° De mettre sur le marché un produit consistant en organismes génétiquement modifiés ou contenant de tels organismes.

La commercialisation d'OGM sans autorisation est ainsi constitutive d'un délit. À cet égard, le juge pénal assimile la commercialisation de semences traditionnelles de soja contaminées par des OGM à une mise sur le marché sans autorisation (T. corr. Carcassonne, 13 déc. 2006, n° 00005833 confirmé par ▪ Cass. crim., 30 juin 2009, n° 08-81.859).

Art. L. 536-5 *(Anc. L. n° 92-654, 13 juill. 1992).* – *(Mod., L. n° 2008-595, 25 juin 2008 ; L. n° 2015-1567, 2 déc. 2015)* **Le fait de ne pas respecter une mesure de suspension, de retrait, d'interdiction, de restriction ou de consignation prise en application des articles L. 533-3-5, L. 533-7-1, L. 533-8 ou L. 535-6 est puni de deux ans d'emprisonnement et de 150 000 € d'amende.**

Le fait de poursuivre une dissémination volontaire ou une mise sur le marché sans se conformer à une décision de mise en demeure prise en application du I de l'article L. 535-5 est puni de six mois d'emprisonnement et de 75 000 € d'amende.

Art. L. 536-6 et L. 536-7 *(Abr. à compter du 1er juillet 2013, Ord. n° 2012-34, 11 janv. 2012).*

CHAPITRE VII. – DISPOSITIONS DIVERSES

Art. L. 537-1. – **Les modalités d'application des chapitres III, V et VI du présent titre sont fixées par décret en Conseil d'État** (1).

(1) V. T. appl. : D. n° 95-1172, 6 nov. 1995 ; D. n° 95-1173, 6 nov. 1995 ; D. n° 96-317, 10 avr. 1996 ; D. n° 97-685, 30 mai 1997 devenu C. rur., art. R.* 235-3 à R.* 235-17. – NDLR.

Bibliographie : P. Trouilly, *OGM : information du public – Illégalité partielle du décret du 19 mars 2007*, note sous CE, 24 juill. 2009, n° 305315, *Comité de recherche et d'information indépendantes sur le génie génétique CRII GEN : JurisData* n° 2009-007655 ; *Rev. env.* oct. 2009, n° 10, p. 36-37.

TITRE IV. – DÉCHETS

Bibliographie : *Ouvrages et études. Droit européen et international.* P. Thieffry, *Droit européen des déchets : JCl. Environnement et Développement durable*, Fasc. 4200 (2017). • R. Romi, *Droit international et européen de l'environnement*, 3ème éd., 2017, Montchrestien. • N. De Sadeleer, *Droit des déchets de l'UE, de l'élimination à l'économie circulaire*, Bruylant, 2016. • P. Thieffry, *Traité de droit européen de l'environnement*, 3e éd., Bruylant, 2015. • C. Verdure, *La conciliation des enjeux économiques et environnementaux en droit de l'Union Européenne : analyse appliquée au secteur des déchets*, LGDJ, 2014. • Commission Européenne, *Rapport de la Commission au Conseil et au Parlement Européen sur la mise en œuvre de la législation communautaire en matière des déchets*, COM (2006) 406 final, 2006.

Droit interne. P. Billet, *Déchets dangereux : JCl. Environnement et Développement durable*, Fasc. 4240 (2018) ; *Emballages et déchets d'emballages : JCl. Environnement et Développement durable*, Fasc. 4260 (2018). • M. Moliner-Dubost, *Déchets – généralités : JCl. Environnement et Développement durable*, Fasc. 4190, 2018. • T. Turlan, *Les déchets – Collecte, traitement, tri, recyclage*, 2e éd., Dunod, 2018. • P. Billet, *Déchets ménagers et assimilés : JCl. Environnement et Développement durable*, Fasc. 812 (2017). • DEMOCLES, *Guide d'accompagnement de la Maîtrise d'ouvrage et de la Maîtrise d'œuvre – Intégration des prescriptions « déchets » dans les CCTP et les contrats cadres de chantiers de réhabilitation lourde et de démolition*, nov. 2017. • P. Billet, *Déchets industriels : JCl. Environnement et Développement durable*, Fasc. 814 (2016) ; *Huiles usagées : JCl. Environnement et Développement durable*, Fasc. 4250 (2016) ; *Installations d'élimination des déchets : JCl. Environnement et Développement durable*, Fasc. 4280 (2016). • A. Damien, *Guide du traitement des déchets*, 7e éd., Dunod, 2016. • D. Guihal, T. Frossier et J.-H. Robert, *Le droit répressif de l'environnement*, 4e éd., Économica, 2016. • Notion de déchet. V. sous art. L. 541-1-1, p. 1132. • Déchets ménagers. V. sous art. L. 541-21, p. 1202. • Déchets ultimes. V. sous art. L. 541-2-1, p. 1146. • Déchets dangereux. V. sous art. R. 541-8, p. 2596. • Déchets de chantier. V. sous art. L. 541-14-1, p. 1191. • Déchets radioactifs. V. sur art. L. 542-1, p. 1228. • Autorité de police. V. sous art. L. 541-3, p. 1147. • Plans de gestion des déchets. V. sur art. L. 541-11, p. 1185. • Gestion des déchets. Traitement (élimination et incinération) V. sur art. L. 541-22, p. 1205. • Gestion des déchets. Valorisation et recyclage V. sur art. L. 541-31, p. 1213. • Gestion des déchets. Stockage V. sur art. L. 541-16, p. 1201. • Transferts et circulation des déchets. V. sur art. L. 541-40, p. 1215. • Responsabilité élargie du producteur. V. sur art. L. 541-10, p. 1168. • Déchets d'activité de soins et assimilés. V. sur art. R. 543-1, p. 2700. • V. sur art. R. 543-42, p. 2709. • Piles et accumulateurs. V. sur art. R. 543-124, p. 2728. • Déchets de pneumatiques. V. sur art. R. 543-137, p. 2736. • Véhicules hors d'usage. V. sur art. R. 543-153, p. 2739. • Déchets d'équipements électriques et électroniques. V. sur art. R. 543-171-1, p. 2749. • Déchets d'imprimés papiers. V. sur art. D. 543-207, p. 2766.

CHAPITRE Ier. – PRÉVENTION ET GESTION DES DÉCHETS

(Intitulé rempl., Ord. n° 2010-1579, 17 déc. 2010)

Le régime des déchets a connu de nombreuses modifications depuis la loi du n° 75-633 du 15 juillet 1975 relative à l'élimination des déchets et à la récupération des matériaux. Ce régime est largement encadré par le droit européen qui a connu plusieurs évolutions. Le régime actuel résulte de la directive cadre relative aux déchets du 19 novembre 2008 (Dir. n° 2008/98/CE) modifiée, notamment à la suite de l'adoption du paquet « économie circulaire » (*JOUE* n° L 150, 14 juin 2018) composé des quatre directives suivantes :

– Directive (UE) 2018/849 du Parlement européen et du Conseil du 30 mai 2018 modifiant la directive 2000/53/CE relative aux véhicules hors d'usage, la directive 2006/66/CE relative aux piles et accumulateurs ainsi qu'aux déchets de piles et d'accumulateurs, et la directive 2012/19/UE relative aux déchets d'équipements électriques et électroniques ;

– Directive (UE) 2018/850 du Parlement européen et du Conseil du 30 mai 2018 modifiant la directive 1999/31/CE ;

– Directive (UE) 2018/851 du Parlement européen et du Conseil du 30 mai 2018 modifiant la directive 2008/98/CE relative aux déchets ;

– Directive (UE) 2018/852 du Parlement européen et du Conseil du 30 mai 2018 modifiant la directive 94/62/CE relative aux emballages et aux déchets d'emballages.

Ces directives ont modifié la directive cadre 2008/98/CE relative aux déchets du 19 novembre 2008, la directive 94/62/CE du 20 décembre 1994 relative aux emballages et aux déchets d'emballages, la directive 1999/31/CE du 26 avril 1999 concernant la mise en décharge des déchets, la directive 2000/53/CE du 18 septembre 2000 relative aux véhicules hors d'usage, la directive 2006/66/CE du 6 septembre 2006 relative aux piles et accumulateurs ainsi qu'aux déchets de piles et d'accumulateurs, et la directive 2012/19/UE du 4 juillet 2012 relative aux déchets d'équipements électriques et électroniques. L'objectif de ces modifications est notamment d'améliorer la gestion des déchets, d'en assurer une gestion qui soit durable et de promouvoir les principes de l'économie circulaire.

La transposition de ces directives a été effectuée en 2020 par la loi n° 2020-105 du 10 février 2020 relative à la lutte contre le gaspillage et à l'économie circulaire et par l'ordonnance n° 2020-920 du 29 juillet 2020 relative à la prévention et à la gestion des déchets. 103 mesures d'applications étaient attendues et une vingtaine demeure encore en attente de publication pour 2025.

L'objectif annoncé est de diminuer la quantité de déchets produits et d'augmenter leur taux de valorisation notamment celui de recyclage afin de passer d'une économie dite « linéaire » à une économie circulaire. Les différents objectifs sectoriels qui en découlent sont inscrits dans la loi. Si la volonté d'accélérer la transition vers une économie circulaire tend à faciliter la valorisation des déchets, leur gestion relève toujours d'un régime de police administrative strict afin d'assurer qu'elle se fait sans mettre en danger la santé humaine et sans nuire à l'environnement.

Section I. – Dispositions générales

Art. L. 541-1 *(Mod., L. n° 2003-591, 2 juill. 2003* (1) *; rempl., Ord. n° 2010-1579, 17 déc. 2010 ; mod., L. n° 2015-992, 17 août 2015 ; L. n° 2020-105, 10 févr. 2020 ; Ord. n° 2020-920, 29 juill. 2020).* **– I. – La politique nationale de prévention et de gestion des déchets est un levier essentiel de la transition vers une économie circulaire. Ses objectifs, adoptés de manière à respecter la hiérarchie des modes de traitement des déchets définie au II, sont les suivants :**

1° Donner la priorité à la prévention et à la réduction de la production de déchets, en réduisant de 15 % les quantités de déchets ménagers et assimilés produits par habitant et en réduisant de 5 % les quantités de déchets d'activités économiques par unité de valeur produite, notamment du secteur du bâtiment et des travaux publics, en 2030 par rapport à 2010. Dans cette perspective, des expérimentations peuvent être lancées sur la base du volontariat afin de développer des dispositifs de consigne, en particulier pour réemploi, pour certains emballages et produits, afin de favoriser la conception écologique des produits manufacturés et d'optimiser le cycle de seconde vie des produits. Le développement d'installations de broyeurs d'évier de déchets ménagers organiques peut faire partie de ces expérimentations. À ce titre, la France se dote d'une trajectoire nationale visant à augmenter la part des emballages réemployés mis en marché par rapport aux emballages à usage unique, de manière à atteindre une proportion de 5 % des emballages réemployés mis en marché en France en 2023, exprimés en unité de vente ou équivalent unité de vente, et de 10 % des emballages réemployés mis en marché en France en 2027, exprimés en unité de vente ou équivalent unité de vente. Les emballages réemployés doivent être recyclables. Les pratiques d'économie de fonctionnalité font l'objet de soutiens afin d'encourager leur mise en œuvre, qui peut permettre d'optimiser la durée d'utilisation des matériels et ainsi présenter un gain de productivité globale, tout en préservant les ressources dans une logique de consommation sobre et responsable ;

2° Lutter contre l'obsolescence programmée des produits manufacturés grâce à l'information des consommateurs. Des expérimentations peuvent être lancées, sur la base du volontariat, sur l'affichage de la durée de vie des produits afin de favoriser l'allongement de la durée d'usage des produits manufacturés grâce à l'information des consommateurs. Elles contribuent à la mise en place de normes partagées par les acteurs économiques des filières concernées sur la notion de durée de vie. La liste des catégories de produits concernés ainsi que le délai de mise en œuvre sont fixés en tenant compte des temps de transition technique et économique des entreprises de production ;

3° Développer le réemploi et augmenter la quantité de déchets faisant l'objet de préparation à la réutilisation, notamment des équipements électriques et électroniques, des textiles et des éléments d'ameublement afin d'atteindre l'équivalent de 5 % du tonnage de déchets ménagers en 2030. Les cahiers des charges des filières à responsabilité élargie des producteurs définissent des objectifs en ce sens adaptés à chaque filière ;

(1) Application à l'outre-mer : V. L. n° 2003-591, 2 juill. 2003, art. 31, IV.

4° Augmenter la quantité de déchets faisant l'objet d'une valorisation sous forme de matière, notamment organique, en orientant vers ces filières de valorisation, respectivement, 55 % en 2020 et 65 % en 2025 des déchets non dangereux non inertes, mesurés en masse ;

4° *bis* Augmenter la quantité de déchets ménagers et assimilés faisant l'objet d'une préparation en vue de la réutilisation ou d'un recyclage en orientant vers ces filières 55 % en 2025, 60 % en 2030 et 65 % en 2035 de ces déchets mesurés en masse ;

4° *ter* Tendre vers l'objectif de 100 % de plastique recyclé d'ici le 1er janvier 2025 ;

5° Étendre progressivement les consignes de tri à l'ensemble des emballages plastique sur l'ensemble du territoire avant 2022, en vue, en priorité, de leur recyclage ;

6° Valoriser sous forme de matière 70 % des déchets du secteur du bâtiment et des travaux publics en 2020 ;

7° Réduire de 30 % les quantités de déchets non dangereux non inertes admis en installation de stockage en 2020 par rapport à 2010, et de 50 % en 2025. Dans ce cadre, la mise en décharge des déchets non dangereux valorisables est progressivement interdite ;

7° *bis* Réduire les quantités de déchets ménagers et assimilés admis en installation de stockage en 2035 à 10 % des quantités de déchets ménagers et assimilés produits mesurées en masse ;

8° Réduire de 50 % les quantités de produits manufacturés non recyclables mis sur le marché avant 2020 ;

8° *bis* Développer les installations de valorisation énergétique de déchets de bois pour la production de chaleur, afin d'exploiter pleinement le potentiel offert par les déchets de bois pour contribuer à la décarbonisation de l'économie, sous réserve du respect des critères de durabilité et de réduction des émissions de gaz à effet de serre ;

9° *(Mod., L. n° 2021-1104, 22 août 2021)* Assurer la valorisation énergétique d'au moins 70 % des déchets ne pouvant faire l'objet d'une valorisation matière d'ici 2025. Cet objectif est atteint notamment en assurant la valorisation énergétique des déchets qui ne peuvent être recyclés en l'état des techniques disponibles et qui résultent d'une collecte séparée ou d'une opération de tri, y compris sur des ordures ménagères résiduelles, réalisée dans une installation prévue à cet effet. Dans ce cadre, la préparation et la valorisation de combustibles solides de récupération font l'objet d'un cadre réglementaire adapté. Afin de ne pas se faire au détriment de la prévention ou de la valorisation sous forme de matière, la valorisation énergétique réalisée à partir de combustibles solides de récupération doit être pratiquée soit dans des installations de production d'énergie telle que la production de chaleur, d'électricité ou de gaz intégrées dans un procédé industriel de fabrication, soit dans des installations ayant pour finalité la production d'énergie telle que la production de chaleur, d'électricité ou de gaz, présentant des capacités de production d'énergie telle que la production de chaleur, d'électricité ou de gaz dimensionnées au regard d'un besoin local et étant conçues de manière à être facilement adaptables pour brûler de la biomasse ou, à terme, d'autres combustibles afin de ne pas être dépendantes d'une alimentation en déchets. L'Agence de l'environnement et de la maîtrise de l'énergie remet tous les trois ans un rapport au Gouvernement sur la composition des combustibles solides de récupération et sur les pistes de substitution et d'évolution des techniques de tri et de recyclage ;

10° Réduire le gaspillage alimentaire, d'ici 2025, de 50 % par rapport à son niveau de 2015 dans les domaines de la distribution alimentaire et de la restauration collective et, d'ici 2030, de 50 % par rapport à son niveau de 2015 dans les domaines de la consommation, de la production, de la transformation et de la restauration commerciale.

Le service public de gestion des déchets décline localement les objectifs visés au 4° et au 4° *bis* du présent I pour réduire les quantités d'ordures ménagères résiduelles après valorisation. L'autorisation de nouvelles installations de tri mécano-biologiques, de l'augmentation de capacités d'installations existantes ou de leur modification notable est conditionnée au respect, par les collectivités territoriales et établissements publics de coopération intercommunale, de la généralisation du tri à la source des biodéchets. Ces installations ne font pas l'objet d'aides de personnes publiques. À compter du 1er janvier 2027, il est interdit d'utiliser la fraction fermentescible des déchets issus de ces installations dans la fabrication de compost. Les collectivités territoriales progressent vers la généralisation d'une tarification incitative en matière de déchets, avec pour objectif que quinze millions d'habitants soient couverts par cette dernière en 2020 et vingt-cinq millions en 2025. (1)

(1) Le Conseil constitutionnel a déclaré les deuxième et troisième phrases du présent alinéa, dans sa rédaction résultant de l'ordonnance n° 2020-920 du 29 juillet 2020, conformes à la Constitution. – V. ■ Cons. const., 22 avr. 2022, n° 2022-990 QPC ; *JO* 23 avr. 2022. – NDLR.

Les soutiens et les aides publiques respectent la hiérarchie des modes de traitement des déchets définie au II du présent article et la hiérarchie de l'utilisation dans les ressources définie à l'article L. 110-1-2.

Les politiques publiques promeuvent le développement de l'écologie industrielle et territoriale, qui consiste, sur la base d'une quantification des flux de ressources, et notamment des matières, de l'énergie et de l'eau, à optimiser les flux de ces ressources utilisées et produites à l'échelle d'un territoire pertinent, dans le cadre d'actions de coopération, de mutualisation et de substitution de ces flux de ressources, limitant ainsi les impacts environnementaux et améliorant la compétitivité économique et l'attractivité des territoires.

Afin de lutter contre la pollution des plastiques dans l'environnement et de réduire l'exposition des populations aux particules de plastique, les politiques publiques fixent les actions à mettre en œuvre pour atteindre les objectifs mentionnés au présent I, en prenant en compte les enjeux sanitaires, environnementaux et économiques. Elles favorisent la recherche et développement, s'appuyant chaque fois que cela est possible sur le savoir-faire et les ressources ou matières premières locales, et les substituts ou alternatives sains, durables, innovants et solidaires. Elles intègrent une dimension spécifique d'accompagnement dans la reconversion des entreprises concernées par les obligations résultant des objectifs mentionnés au présent I. Un rapport d'évaluation est remis au Parlement en même temps que le plan prévu à l'article L. 541-11.

La commande publique durable est mise au service de la transition vers l'économie circulaire et de l'atteinte des objectifs mentionnés au présent I. Par son effet d'entraînement, elle contribue à faire émerger et à déployer des pratiques vertueuses, notamment en matière d'économie de la fonctionnalité, de réemploi des produits et de préparation à la réutilisation des déchets, et de production de biens et services incorporant des matières issues du recyclage.

II. – Les dispositions du présent chapitre et de l'article L. 125-1 ont pour objet :

1° En priorité, de prévenir et de réduire la production et la nocivité des déchets, notamment en agissant sur la conception, la fabrication et la distribution des substances et produits et en favorisant le réemploi, ainsi que de diminuer les incidences globales de l'utilisation des ressources et d'améliorer l'efficacité de leur utilisation ;

2° De mettre en œuvre une hiérarchie des modes de traitement des déchets consistant à privilégier, dans l'ordre :

a) La préparation en vue de la réutilisation ;

b) Le recyclage ;

c) Toute autre valorisation, notamment la valorisation énergétique ;

d) L'élimination ;

3° D'assurer que la gestion des déchets se fait sans mettre en danger la santé humaine et sans nuire à l'environnement, notamment sans créer de risque pour l'eau, l'air, le sol, la faune ou la flore, sans provoquer de nuisances sonores ou olfactives et sans porter atteinte aux paysages et aux sites présentant un intérêt particulier ;

4° D'organiser le transport des déchets et de le limiter en distance et en volume selon un principe de proximité ;

5° D'assurer l'information du public sur les effets pour l'environnement et la santé publique des opérations de production et de gestion des déchets, sous réserve des règles de confidentialité prévues par la loi, ainsi que sur les mesures destinées à en prévenir ou à en compenser les effets préjudiciables ;

6° D'assurer, notamment par le biais de la planification relative aux déchets, le respect du principe d'autosuffisance ;

7° De contribuer à la transition vers une économie circulaire ;

8° D'économiser les ressources épuisables et d'améliorer l'efficacité de l'utilisation des ressources ;

9° De retirer, avant ou pendant la valorisation, les substances dangereuses, les mélanges et les composants de déchets dangereux lorsque cela est nécessaire au respect des dispositions mentionnées aux 2° et 3° du présent II.

Le principe de proximité mentionné au 4° consiste à assurer la prévention et la gestion des déchets de manière aussi proche que possible de leur lieu de production et permet de répondre aux enjeux environnementaux tout en contribuant au développement de filières professionnelles locales et pérennes. Le respect de ce principe, et notamment l'échelle territoriale pertinente, s'apprécie en fonction de la nature des déchets considérés, de l'efficacité environnementale et technique, de la viabilité économique des modes de traitement envisagés et disponibles à proximité pour ces déchets, des débouchés existant pour ces flux et des conditions techniques et économiques associées à ces débouchés, dans le respect de la hiérarchie de la gestion des déchets et des règles de concurrence et de libre circulation des marchandises. Les collectivités et établissements mentionnés à l'article

L. 2224-13 du Code général des collectivités territoriales veillent à l'application de ce principe en déterminant, au besoin par convention, les modalités permettant à tout producteur de déchets dont la collecte relève de la compétence de ces collectivités et établissements d'accéder au lieu de collecte pertinent le plus proche du lieu de production desdits déchets.

Le principe d'autosuffisance mentionné au 6° consiste à disposer, à l'échelle territoriale pertinente, d'un réseau intégré et adéquat d'installations d'élimination de déchets ultimes.

III. – Afin d'atteindre les objectifs nationaux de réemploi des emballages fixés au 1° du I, un décret définit la proportion minimale d'emballages réemployés à mettre sur le marché annuellement en France. Ces proportions peuvent être différentes pour chaque flux d'emballages et catégories de produits afin de prendre en compte les marges de progression existantes dans chaque secteur, la nécessité de respecter l'environnement et les impératifs d'hygiène ou de sécurité du consommateur. À cet effet, les personnes appartenant à un secteur d'activité concerné et mettant collectivement sur le marché français annuellement plus d'une certaine quantité d'emballages sont tenues de respecter en moyenne cette proportion minimale d'emballages réemployés pour leurs propres produits, quels que soient le format et le matériau de l'emballage utilisés, ou le consommateur final auquel ces produits sont destinés.

IV *(IV créé, L. n° 2021-1104, 22 août 2021)*. **– Le Conseil national de l'économie circulaire est institué auprès du ministre chargé de l'environnement.**

Le Conseil national de l'économie circulaire comprend parmi ses membres un député, un sénateur et leurs suppléants.

Les missions, la composition, l'organisation et le fonctionnement du conseil sont précisés par décret.

Bibliographie : P. Durand, *Durée de vie des produits : « nous sommes entrés dans une société du jetable » : Dr. env.* juin 2017, n° 257, p. 210. • P. Hili, *La lutte contre l'obsolescence programmée : insuffisance et difficultés d'une réponse juridique : BDEI* juill. 2017, n° 2239. • V. du Pontavice et B. Mata Bouza, *Réemploi et réutilisation : quelles implications juridiques ? : Environnement & Technique* avr. 2017, n° 368, p. 64. • N. de Sadeleer, *De la décharge à l'économie circulaire : Journal de droit européen* 2017, n° 242, p. 317. • C. Enckell et E. Gelot, *Réforme de la planification des déchets : un échelon régional pour simplifier le millefeuille administratif : Dr. env.* 2016, n° 250, p. 386.

1) Objectifs et impératifs. L'article L. 541-1 fixe des objectifs, chiffrés pour certains types de déchets, et des impératifs hiérarchisés, en premier lieu, la prévention et la réduction de la production et de la nocivité des déchets. Il définit les grandes étapes de la gestion des déchets en les hiérarchisant dans l'ordre de priorité suivant : prévention, réutilisation, recyclage, valorisation notamment énergétique et en dernier lieu, si aucun des modes de traitement visés aux trois points précédents n'est possible, l'élimination qui constitue en principe une solution ultime.

Les objectifs ainsi fixés devront être modifiés pour tenir compte des objectifs fixés par les directives européennes composant le paquet « économie circulaire » (*JOUE* n° L 150, 14 juin 2018) qui doivent être transposées avant le 5 juillet 2020.

2) Principe de proximité. S'agissant d'un plan départemental de gestion et de prévention des déchets non dangereux, le principe de proximité exige que le territoire de référence pris en compte soit les bassins de vie ou le département. Le respect du principe s'apprécie au regard des données géographiques et démographiques du territoire de référence, des installations de gestion de déchets qui s'y trouvent et de la politique de gestion des déchets qui doit y être élaborée (▪ TA Rennes, 24 mai 2017, n° 1404871). Les compétences d'une collectivité locale relatives aux transports de déchets doivent respecter la réglementation et la jurisprudence européennes, selon lesquelles les déchets doivent être éliminés dans les centres d'élimination les plus proches du lieu de leur production utilisant les technologies les plus appropriées. En revanche, les déchets valorisables échappent à l'emprise des principes de proximité et d'autosuffisance, car ils sont soumis à la loi du marché commun matérialisée par la libre circulation des déchets valorisables (▪ CJUE, 12 déc. 2013, aff. C-292/12, *Ragn-Sells AS*, R. Haddad, *Les compétences d'une collectivité locale dans le domaine du transfert des déchets à l'aune du droit européen*, note sous ▪ CJUE, 12 déc. 2013, aff. C-292/12 : *Environnement et dév. durable* 2014, p. 29, n° 4. S. Roset, *Déchets*, note sous ▪ CJUE, 12 déc. 2013, aff. C-292/12 : *Europe* 2014, p. 22, n° 2). Conformité au principe de proximité tel qu'il résulte de la directive n° 75/442/CEE du 15 juillet 1975 relative aux déchets (▪ CE, 15 avr. 1996, *M. Freymuth et a. : Rec. CE* 1996, p. 772, 775 et 778 ; *Dr. env.* juill.-août 1996, n° 40, p. 4, obs. R. Romi ; *AJDA* 1996, p. 440, concl. Piveteau). Est légal le refus opposé par un préfet, au nom du principe de proximité, à l'adhésion d'une commune à un syndicat mixte de tri et de valorisation de déchets situés dans un autre département au regard des inconvénients qui résulteraient de ce transport de déchets vers une usine de traitement située à 70 km de la commune (■ CE, 17 nov. 1999, n° 203182, *Synd. mixte installations de tri et valorisation « SITRIVAL » : Collectivités- Intercommunalités* 2000, comm. 54). V. en sens contraire, écartant l'application du principe de proximité pour les mouvements de déchet à l'intérieur d'un état membre : ■ TA Melun, 17 mai 2000, *Préfet du Val-de-Marne : Dr. env.* sept. 2000, n° 81, p. 7, note D. Deharbe.

3) Principe de proximité et provenance des déchets. Le préfet doit circonscrire, dans l'arrêté d'autorisation d'une installation de stockage de déchets, l'origine de ces déchets afin de limiter une provenance trop lointaine dans le respect du principe de proximité (■ TA Lyon, 18 oct. 1995, *Assoc. pour réfléchir et a. : Rev. jur. env.* 1-2/1996, p. 155, confirmé par ■ CAA Lyon, 21 juill. 1998, *Min. Aménagement du territoire et de l'Environnement, Syndicat mixte intercommunal de gestion des déchets de Faucigny-Genevoy : Dr. env.* oct. 1998, n° 62, p. 9 et s., note Y. Razafindratandra). Un arrêté d'autorisation d'exploiter un centre de stockage de déchets peut prévoir un tonnage de déchets, ici limité à 35 000 tonnes, susceptibles de provenir des départements limitrophes (■ CAA Nancy, 29 sept. 2008, n° 05NC00069, *Cne de Faverney*). La règle de gestion localisée des déchets prévue à un plan départemental d'élimination des déchets est conforme au principe de proximité, qui implique d'organiser le transport des déchets et de le limiter en distance et en volume (■ TA Dijon, 6 févr. 2007, n° 0501620, *SARL STS Puisaye*). En revanche, ce principe n'exige pas que le tonnage de déchets traités par un centre d'enfouissement technique soit limité au tonnage d'un seul département (■ CAA Nantes, 28 mai 2002, n° 97NT01911, *Assoc. pour la sauvegarde de l'environnement et du patrimoine de la Sologne (ASEM) : Dr. env.* déc. 2002, n° 104, p. 291).

4) Objectifs et orientations de l'article L. 541-1 et autorisation d'exploiter une installation de traitement de déchets. L'article L. 541-1 s'impose aux dispositions réglementaires prises dans le champ d'application de la réglementation relative aux déchets, et non aux décisions individuelles prises pour son application et notamment pas aux décisions individuelles prises dans le cadre de la législation relative aux installations classées pour la protection de l'environnement (■ CAA Paris, 5 août 2024, n° 22PA04120, *Collectif 3R, Zéro Waste France, et a.*). *A contrario*, spécifiquement pour les installations de tri mécano-biologique : Une demande d'autorisation d'exploiter une installation de traitement des déchets non dangereux mettant en œuvre un procédé de tri mécano-biologique est à bon droit refusée par le préfet eu égard à l'objectif de généralisation du tri à la source des biodéchets posé par le point 4° de l'article L. 541-1 (■ CAA Lyon, 4 juill. 2017, n° 14LY02514, *SICTOM*). Cet objectif n'est toutefois pas opposable à une autorisation d'installations de tri mécano-biologique délivrée avant l'entrée en vigueur de la loi de transition énergétique du 17 août 2015 (■ CE, 26 juin 2019, n° 416924, *Assoc. Pays Rochefortais Alert'et a.*).

5) Hiérarchie des modes de traitement. Annulation d'un arrêté préfectoral autorisant l'exploitation d'un centre de tri mécano-biologique de déchets qui n'est pas compatible avec la hiérarchie des modes de traitement des déchets et la préférence accordée dans ce cadre au tri à la source (■ CAA Bordeaux, 14 nov. 2017, n°s 16BX00688, 16BX00690 et 16BX00700). Censure d'un plan départemental de gestion et de prévention des déchets pour méconnaissance de la hiérarchie des modes de traitement (■ TA Rennes, 24 mai 2017, n° 1404871). Respect de la hiérarchie des modes de traitement des déchets par un arrêté qui ne limite pas l'utilisation des mâchefers à un seul mode de valorisation (■ CE, 14 nov. 2014, n° 356205, *Sté Yprema*). L'obtention de l'attestation de conformité requise au titre de la procédure de sortie du statut de déchet ne constitue pas une contrainte excessive de nature à méconnaître le principe de hiérarchie des modes de traitement des déchets (■ CE, 30 avr. 2014, n° 363166, *Sté Yprema*).

Art. L. 541-1-1 ***(Ord. n° 2010-1579, 17 déc. 2010 ; mod., Ord. n° 2020-920, 29 juill. 2020).*** **– Au sens du présent chapitre, on entend par :**

Déchet : toute substance ou tout objet, ou plus généralement tout bien meuble, dont le détenteur se défait ou dont il a l'intention ou l'obligation de se défaire ;

Prévention : toutes mesures prises avant qu'une substance, une matière ou un produit ne devienne un déchet, lorsque ces mesures concourent à la réduction d'au moins un des items suivants :

– la quantité de déchets générés, y compris par l'intermédiaire du réemploi ou de la prolongation de la durée d'usage des substances, matières ou produits ;

– les effets nocifs des déchets produits sur l'environnement et la santé humaine ;

– la teneur en substances dangereuses pour l'environnement et la santé humaine dans les substances, matières ou produits ;

Réemploi : toute opération par laquelle des substances, matières ou produits qui ne sont pas des déchets sont utilisés de nouveau pour un usage identique à celui pour lequel ils avaient été conçus ;

Gestion des déchets : le tri à la source, le transport, la valorisation, y compris le tri, et, l'élimination des déchets et, plus largement, toute activité participant de l'organisation de la prise en charge des déchets depuis leur production jusqu'à leur traitement final, y compris la surveillance des installations de stockage de déchets après leur fermeture, conformément aux dispositions relatives aux installations classées pour la protection de l'environnement, ainsi que les activités de négoce ou de courtage et la supervision de l'ensemble de ces opérations ;

Producteur de déchets : toute personne dont l'activité produit des déchets (producteur initial de déchets) ou toute personne qui effectue des opérations de traitement des déchets conduisant à un changement de la nature ou de la composition de ces déchets (producteur subséquent de déchets) ;

Détenteur de déchets : producteur des déchets ou toute autre personne qui se trouve en possession des déchets ;

Collecte : toute opération de ramassage des déchets en vue de leur transport vers une installation de traitement des déchets ;

Traitement : toute opération de valorisation ou d'élimination, y compris la préparation qui précède la valorisation ou l'élimination ;

Réutilisation : toute opération par laquelle des substances, matières ou produits qui sont devenus des déchets sont utilisés de nouveau ;

Préparation en vue de la réutilisation : toute opération de contrôle, de nettoyage ou de réparation en vue de la valorisation par laquelle des substances, matières ou produits qui sont devenus des déchets sont préparés de manière à être réutilisés sans autre opération de prétraitement ;

Recyclage : toute opération de valorisation par laquelle les déchets, y compris les déchets organiques, sont retraités en substances, matières ou produits aux fins de leur fonction initiale ou à d'autres fins. Les opérations de valorisation énergétique des déchets, celles relatives à la conversion des déchets en combustible et les opérations de remblayage ne peuvent pas être qualifiées d'opérations de recyclage ;

Valorisation : toute opération dont le résultat principal est que des déchets servent à des fins utiles en substitution à d'autres substances, matières ou produits qui auraient été utilisés à une fin particulière, ou que des déchets soient préparés pour être utilisés à cette fin, y compris par le producteur de déchets ;

Élimination : toute opération qui n'est pas de la valorisation même lorsque ladite opération a comme conséquence secondaire la récupération de substances, matières ou produits ou d'énergie.

Biodéchets : les déchets non dangereux biodégradables de jardin ou de parc, les déchets alimentaires ou de cuisine provenant des ménages, des bureaux, des restaurants, du commerce de gros, des cantines, des traiteurs ou des magasins de vente au détail, ainsi que les déchets comparables provenant des usines de transformation de denrées alimentaires ;

Déchets alimentaires : toutes les denrées alimentaires au sens de l'article 2 du règlement (CE) n° 178/2002 du 28 janvier 2002 qui sont devenues des déchets ;

Collecte séparée : une collecte dans le cadre de laquelle un flux de déchets est conservé séparément en fonction de son type et de sa nature afin de faciliter un traitement spécifique. Cette collecte peut également porter sur des déchets de type et nature différents tant que cela n'affecte pas leur capacité à faire l'objet d'une préparation en vue de la réutilisation, d'un recyclage ou d'autres opérations de valorisation ;

Déchets de construction et de démolition : les déchets produits par les activités de construction et de démolition, y compris les activités de rénovation, des secteurs du bâtiment et des travaux publics, y compris ceux produits par les ménages à titre privé ;

Remblayage : toute opération de valorisation par laquelle des déchets appropriés non dangereux sont utilisés à des fins de remise en état dans des zones excavées ou, en ingénierie, pour des travaux d'aménagement paysager. Les déchets utilisés pour le remblayage doivent remplacer des matières qui ne sont pas des déchets, être adaptés aux fins mentionnées ci-dessus et limités aux quantités strictement nécessaires pour parvenir à ces fins ;

Tri : l'ensemble des opérations réalisées sur des déchets qui permettent de séparer ces déchets des autres déchets et de les conserver séparément, par catégories, en fonction de leur type et de leur nature ;

Tri à la source : tri ayant lieu avant toute opération de collecte, ou avant toute opération de valorisation lorsque cette opération de valorisation est effectuée sur le site de production des déchets ;

Valorisation matière : toute opération de valorisation autre que la valorisation énergétique et le retraitement en matières destinées à servir de combustible ou d'autre moyen de produire de l'énergie. Elle comprend notamment

la préparation en vue de la réutilisation, le recyclage, le remblayage et d'autres formes de valorisation matière telles que le retraitement des déchets en matières premières secondaires à des fins d'ingénierie dans les travaux de construction de routes et d'autres infrastructures.

1) Le nouvel article L. 541-1-1 est en partie issu du II de l'ancien article L. 541-1. Il définit les notions de base relatives à la gestion des déchets, telles que celles de producteur, de détenteur, de réemploi, de recyclage, de valorisation ou d'élimination... qui ont été particulièrement discutées au moment de la transposition de la directive cadre relative aux déchets du 19 novembre 2008 (Dir. n° 2008/98/CE) et dont certaines sont modifiées par la directive 2018/851 du Parlement européen et du Conseil du 30 mai 2018 modifiant la directive 2008/98/CE relative aux déchets (*JOUE* n° L 150, 14 juin 2108).

Ces définitions, jusqu'alors fixées par la jurisprudence, nécessiteront de nouvelles précisions quant aux limites et contours précis entre les notions de réemploi, de valorisation, notamment énergétique, de réutilisation et d'élimination, qui restent à définir tant leurs implications seront une nouvelle fois considérables pour le traitement des déchets.

Bibliographie : *Notion de déchet.* Commissariat général au développement durable : Lexique à l'usage des acteurs de la gestion des déchets, mai 2012.

Déchets et REFIOM. S. Le Briero, *Le fait de stocker des REFIOM en mines de sel équivaut à éliminer des déchets* : *BDEI* avr. 2009, n° 20, p. 15. – C. London, *L'exportation des REFIOM en mines de sel : valorisation ou élimination ?* : *BDEI* juin 2007, n° 9, p. 18. – B. Vedry, *Problématique des boues de stations d'épuration*, éd. Johanet, mai 2004, « L'eau, l'industrie, les nuisances », n° 272.

Voir : Circulaire DPPR/SPDP n° 050055 du 17 janvier 2005 relative à la gestion des résidus d'épuration des fumées d'incinération d'ordures ménagères (REFIOM) (non publiée).

Déchets et boues d'épuration. C. Etrillard, *L'agriculteur, acteur de la politique environnementale : le cas de l'épandage de boues d'épuration* : *RD rur.* 2014, étude 8, n° 4.

Déchets agricoles. A. Langlais, *La notion de déchets assimilés dans l'incertitude : l'exemple des déchets agricoles* : *LPA* 31 janv. 2002, n° 23, p. 17 ; *Les critères de définition du déchet appliqués aux effluents d'élevage* : *RD rur.* 2002, n° 305, p. 410.

I – JURISPRUDENCE DE DROIT EUROPÉEN

A – Jurisprudence rendue sous les directives 75/442/CEE et 2006/12/CE relatives aux déchets

2) Réutilisation économique. Il ressort des dispositions des directives n°s 75/442 du 15 juillet 1975, relative aux déchets et 78/319, relative aux déchets toxiques et dangereux, qu'une substance dont le détenteur se défait peut constituer un déchet au sens de ces directives alors même qu'elle est susceptible de réutilisation économique. Ainsi, la notion de déchets est indépendante de la valeur économique de la substance et de la volonté ou de l'intention de son détenteur, et il s'agit uniquement de déterminer s'il existe une menace pour la santé de l'homme ou la protection de l'environnement (▪ CJCE, 28 mars 1990, aff. jtes C-206/88 et C-207/88, *Vessoso et Zanetti* : *Rec. CJCE* 1990, I, p. 1509 ; *Dr. adm.* 1990, comm. 350. ▪ CJCE, 25 juin 1997, aff. C-304/94, C-330/94, C-342/94 et C-224/95 : *Euro Tombesi et Adino Tombesi et a.* : *Rec. CJCE* 1994, I, p. 3561 ; *D.* 1997, inf. rap. p. 172). Pour une décision identique, assimilant les sacs en plastique à des déchets, V. ▪ CJCE, 13 juill. 1989, aff. C-380/87, *ENICHEM BASE* : *Rec. CJCE* 1987, I, p. 2491. V. *a contrario* : une substance telle que du fioul lourd vendu en tant que combustible ne constitue pas un déchet au sens de la directive n° 75/442/CEE du Conseil, du 15 juillet 1975, relative aux déchets, telle que modifiée par la décision n° 96/350/CE de la Commission, du 24 mai 1996, dès lors qu'elle est exploitée ou commercialisée dans des conditions économiquement avantageuses et qu'elle est susceptible d'être effectivement utilisée en tant que combustible sans nécessiter d'opération de transformation préalable (▪ CJCE, 24 juin 2008, aff. C-188/07, *Cne de Mesquer c/ Sté Total France SA et Sté Total international Ltd* : *Rec. CJCE* 2008, I, p. 4501. – C. London, *Affaire Érika : l'interprétation des magistrats communautaires* : *Dr. env.* sept. 2008, n° 161, p. 15 ; *La marée noire de l'Érika : le déchet et son détenteur face au juge communautaire* : *BDEI* sept. 2008, n° 17, p. 15. – D. Simon, *Notion de déchet* : *Europe* 2008, n°s 8-9, p. 32. – A. Chaminade, *Notion de déchet et mise en œuvre du principe pollueur-payeur* : *JCP G* 2009, n° 19, II 10079, p. 31 ; *Environnement* nov. 2008, comm. 154, Ph. Billet). Le coke de pétrole ne répond pas à la notion de déchets en ce qu'il est largement utilisé comme matière première ou comme carburant (▪ CJCE, 15 janv. 2004, aff. C-235/02, *Saetti et Frediani*).

3) Déchets et libre circulation des marchandises. Les déchets doivent être considérés comme des marchandises dont la libre circulation peut être limitée en raison de l'exigence impérative que constitue la protection de l'environnement sous réserve de respecter le principe de non-discrimination (▪ CJCE, 10 mai 1995, aff. C-442/92, *Commission c/ République fédérale d'Allemagne* :

Rec. CJCE 1992, I, p. 1124). La protection de l'environnement constitue une exigence impérative pouvant limiter l'application de l'article 130 et, par conséquent, la libre circulation des déchets. Si la priorité est donnée à la libre circulation des marchandises, et donc des déchets en tant que tels, les contingences écologiques doivent être regardées comme de nature à fonder une dérogation aux règles du marché intérieur (■ CJCE, 7 févr. 1985, aff. C-240/83, *Procureur de la République c/ Assoc. Défense des brûleurs d'huiles usagées : Rec. CJCE* 1985, I, p. 531. ■ CJCE, 20 sept. 1988, aff. 302/86, *Commission c/ Danemark : Rec. CJCE* 1988, I, p. 4607).

4) Qualification. *Liste des déchets.* L'annexe I de la directive n° 75/442/CEE mentionne une liste non exhaustive de substances et d'objets pouvant recevoir la qualification de déchets. Le fait qu'une matière y figure ne signifie pas nécessairement que celle-ci est un déchet, la qualification de déchet résultant du comportement de son détenteur et notamment de son intention de s'en défaire (■ CJCE, 18 déc. 1997, aff. C-129/96, *Inter-Environnement Wallonie ASBL c/ Région wallonne.* – CJCE, 8 sept., aff. C-121/03, *Commission c/ Espagne : Rec. CJCE* 2005, I, p. 7569). *Notion de « se défaire ».* Le terme « se défaire » qui figure dans la directive englobe, à la fois, l'élimination et la valorisation d'une substance ou d'un objet. La notion « déchet » n'exclut ainsi aucun type de résidus, de sous-produit industriel ou d'autre substance résultant de processus de production (■ CJCE, 18 déc. 1987, aff. C-129/96, *Inter-environnement Wallonie ASBL c/ Région wallonne : Rec. CJCE* 1996, I, p. 7411 ; *Dr. env.* 1998, n° 57, p. 5-6, note J.-H. Robert). Les circonstances qu'une substance utilisée comme combustible soit le résidu d'un processus de fabrication d'une autre substance, qu'aucun autre usage de cette substance que l'élimination ne puisse être envisagée, et que la composition de la substance ne soit pas adaptée à l'utilisation qui en est faite, ou que cette utilisation doive se faire dans des conditions particulières de production pour l'environnement, peuvent être considérées comme des indices d'une action, d'une intention ou d'une obligation de se défaire de ladite substance (■ CJCE, 15 juin 2000, aff. C-418/97, *ARCO Chemie Nederland Ltd c/ Pays-Bas : Rec. CJCE* 2000).

5) Notion de déchet et substances intégrées dans un processus de production industrielle. Le simple fait qu'une substance soit intégrée, directement ou indirectement, dans un processus de production industrielle ne l'exclut pas de la notion « déchet » au sens de l'article 1er, sous *a)*, de la directive n° 75/442/CEE du 15 juillet 1975 relative aux déchets (■ CJCE, 18 déc. 1987, aff. C-129/96, *Inter-environnement Wallonie ASBL c/ Région wallonne : Rec. CJCE* 1996, I, p. 7411 ; *Dr. env.* 1998, n° 57, p. 5-6, note J.-H. Robert). *Terres polluées.* Des hydrocarbures déversés non intentionnellement dans la terre et à l'origine d'une pollution des terres et des eaux souterraines sont des déchets au sens de la directive n° 75/442/CEE du Conseil du 15 juillet 1975 relative aux déchets, ainsi que les terres polluées par des hydrocarbures, y compris lorsque ces terres n'ont pas été excavées (■ CJCE, 7 sept. 2004, aff. C-1/03 ; *Van de Walle et a., Texaco Belgium SA*, comm. A. Gossement, *Un sol pollué est un déchet dont le détenteur doit assurer la décontamination : AJDA* 2004, n° 44, p. 2454 à 2457, et note M.-P. Maître ; *Mon. TP* 17 déc. 2004, n° 5273, p. 72. – Y. Jégouzo, F.-G. Trébulle et L. Fonbaustier, *Le sol pollué, même accidentellement, peut être qualifié de déchet : RD imm.* 2005, n° 1, p. 31 à 36. – F. Haumont et P. Steichen, *Notion de déchet – Terre infiltrée par des hydrocarbures provenant d'une fuite : Études foncières* 2005, n° 113, p. 42 à 43. ■ CJCE, 11 nov. 2004, aff. C-457/02, *Antonio Niselli*). À noter que l'article L. 514-4-1 exclut dorénavant les terres polluées non excavées des déchets. Les matériaux provenant de la démolition de machines et de véhicules ou de la collecte d'objets mis au rebut doivent être considérés comme des substances ou des objets dont leurs détenteurs se sont débarrassés, donc des déchets au sens du droit communautaire. *Matériaux de démolition de machines et de véhicules.* Les déchets recyclables et réutilisables, éventuellement après traitement, ont une valeur commerciale intrinsèque et constituent des marchandises aux fins de l'application du traité, et relèvent, par conséquent, du champ d'application des articles 30 et suivants de celui-ci (■ CJCE, 9 juill. 1992, aff. C-2/90, *Commission c/ Royaume de Belgique : Rec. CJCE* 1992, I, p. 4431 ; *D.* 1993, jurispr. p. 297, note G. Sébastien ; *Dr. adm.* 1992, comm. 418 ; *Le Marché commun des ordures ménagères : LPA* 30 sept. 1992, n° 118, p. 16, obs. L. Cartou). *Eaux usées.* Les eaux usées s'échappant d'un réseau de traitement des eaux usées exploité par une entreprise publique de traitement des eaux usées en application de la directive n° 91/271/CEE du Conseil, du 21 mai 1991, relative au traitement des eaux urbaines résiduaires, et de la législation édictée pour sa transposition constituent des déchets au sens de la directive n° 75/442/CEE du Conseil, du 15 juillet 1975, relative aux déchets, telle que modifiée par la directive n° 91/156/CEE du Conseil, du 18 mars 1991 (■ CJCE, 10 mai 2007, aff. C-252-05, *Thames Water Utilities Ltd : Rec. CJCE* 2007, I, p. 3883. – L.-N. Harada, *Farines animales et eaux usées : matières premières ou déchets ? : BDEI* nov. 2007, n° 12, p. 15). *Effluents d'élevage.* Les effluents d'élevage échappent à la qualification de déchets s'ils sont utilisés comme fertilisants des sols dans le cadre d'une pratique légale d'épandage sur des terrains bien identifiés, faisant ou non partie de l'exploitation d'où proviennent les effluents, et si le stockage est limité aux besoins de ces opérations d'épandage (▪ CJCE, 8 sept. 2005, aff. C-121/03, *Commission c/ Espagne* : *Rec. CJCE* 2005, I, p. 7569).

6) Distinction des déchets et des résidus. Outre le critère tiré de la nature de résidu de production d'une substance, le degré de probabilité de réutilisation de cette substance, sans opération de transformation préalable, constitue un critère pertinent aux fins d'apprécier si elle est ou non un déchet (▪ CJCE, 18 avr. 2002, aff. C-9/00, *Palin Granit Oil* : *Environnement* oct. 2002, comm. 115, p. 14, note P. Trouilly). Extension aux résidus d'activités minières et confirmation de ce critère (▪ CJCE, 11 sept. 2003, aff. C-114/01, *Avestapolarit Chrome Oy* : *Environnement* déc. 2003, p. 20, comm. 102, note P. Trouilly). Le terme « se défaire » qui figure dans la directive englobe, à la fois, l'élimination et la valorisation d'une substance ou d'un objet. La notion « déchet » n'exclut ainsi aucun type de résidus, de sous-produit industriel ou d'autre substance résultant de processus de production (▪ CJCE, 18 déc. 1987, aff. C-129/96, *Inter-environnement Wallonie ASBL c/ Région wallonne* : *Rec. CJCE* 1996, I, p. 7411 ; *Dr. env.* 1998, n° 57, p. 5-6, note J.-H. Robert). Lorsque la matière concernée est le résultat d'un choix technique visant délibérément à la produire, elle ne peut être considérée comme un résidu de production il s'agit alors d'un produit (▪ CJCE, ord., 15 janv. 2004, aff. C-235/02, *Saetti et Frediani* : *Rec. CJCE* 2004, I, p. 1005). *Résidus d'activité minière*. Si les résidus d'activités minières doivent être considérés comme des déchets au sens de la directive n° 75/442/CEE, il appartient cependant à l'autorité compétente d'apprécier si la durée de stockage des résidus préalablement à leur réinjection dans la mine n'est pas d'une longueur telle que la garantie de certitude de réutilisation ne peut réellement être apportée (▪ CJCE, 11 sept. 2003, aff. C-114/01, *AvestaPolarit Chrome Oy* : *Environnement* déc. 2003, p. 20, comm. 102, note P. Trouilly). *Résidus de production agricole*. Dans le cas particulier de l'amidonnerie de maïs, des résidus – au sens commun du terme – non traités restent des déchets par application de la nomenclature tarifaire et statistique et du tarif du douanier commun, tandis que les produits traités deviennent des résidus qui ne sont plus des déchets (▪ CJCE, 14 déc. 1995, aff. C-267/94, *République française c/ Commission* : *Rec. CJCE* 1994, I, p. 4868).

7) Déchets et produits/sous-produits. S'il apparaît, au-delà de la simple possibilité de réutiliser la substance, qu'il existe un avantage économique pour le détenteur à le faire, la probabilité d'une telle réutilisation est forte ; dans cette hypothèse, la qualification de déchet est écartée au profit de celle de produit, l'avantage financier de la réutilisation devant être pris en compte et constituant un indice supplémentaire d'une réutilisation certaine (V. notamment : ▪ CJCE, 18 avr. 2002, aff. C-9/00, *Palin Granit*. ▪ CJCE, 11 nov. 2004, aff. C-457/02, *Niselli*. ▪ CJCE, 18 déc. 2007, aff. C-263/05, *Commission c/ Italie*). Ce critère n'est toutefois pas en lui-même suffisant, des déchets pouvant avoir une valeur commerciale (dans ce sens, V. par ex. : ▪ CJCE, 25 juin 1997, aff. C-304/94, C-330/94, C-342/94 et C-224/95, *Euro Tombesi et Adino Tombesi et a.* : *Rec. CJCE* 1994, I, p. 3561 ; *D.* 1997, inf. rap. p. 172). Il convient toutefois de préciser que si une opération de valorisation est nécessaire avant la réutilisation d'une matière, même lorsque cette réutilisation est certaine, il y a lieu de considérer la matière comme un déchet jusqu'à l'achèvement de cette opération (▪ CJCE, 11 sept. 2003, aff. C-114/01, *AvestaPolarit Chrome Oy*). – V. également sur la distinction déchets/sous-produits et la qualification de déchets des farines animales : ▪ CJCE, 1er mars 2007, aff. C-176/05, *Retec GmbH c/ République d'Autriche* : *Rec. CJCE* 2007, I, p. 1721. – L.-N. Harada, *Farines animales et eaux usées : matières premières ou déchets ?* : *BDEI* nov. 2007, n° 12, p. 15). Qualification du lisier agricole en sous-produit lorsque son producteur entend le commercialiser dans des conditions économiquement avantageuses pour lui, dans un processus ultérieur, à condition que cette réutilisation ne soit pas seulement éventuelle mais certaine, sans transformation préalable, et dans la continuité du processus de production (▪ CJUE, 3 oct. 2013, aff. C-113/12, *Brady*. – S. Roset, *Déchets*, note sous ▪ CJUE, 3 oct. 2013, aff. C-113/12, *Brady* : *Europe* 2013, n° 12, p. 49).

B – Jurisprudence postérieure à l'expiration du délai de transposition de la directive cadre relative aux déchets du 19 novembre 2008 n° 2008/98/CE

8) Déchet et obligation de s'en défaire. La qualification de « déchet » résulte avant tout du comportement du détenteur et de la signification des termes « se défaire ». Tant ces termes que la notion de « déchet » ne sauraient être interprétés de manière restrictive compte tenu des objectifs poursuivis par la directive et par la politique de l'Union européenne dans le domaine de l'environnement (▪ CJUE, 14 oct. 2020, aff. C-629/19, *Sappi Austria Produktion et Wasserverband Region Gratkorn-Gratwein*. – Et ▪ CJUE, 17 nov. 2022, aff. C-624/17, *Porr Bau*). L'annexe XVII du règlement REACH n° 1907/2006 du 18 décembre 2006 qui peut autoriser l'utilisation de certaines substances sous certaines conditions présente un intérêt pour déterminer si un déchet dangereux peut cesser d'être un déchet dans la mesure où son détenteur n'aurait pas l'obligation de s'en défaire si ces conditions de l'annexe XVII s'avéraient remplies (■ CJCE, 7 mars 2013, aff. C-358/11, *Lapin elinkeino-, liikenne- ja ympäristökeskuksen liikenne ja infrastruktuuri -vastuualue c/ Lapin luonnonsuojelupiiri ry*. – B. Berger, *La valorisation d'un déchet lui fait-il perdre son caractère de déchet ? : La lettre droit & réglementation – supplément à Face au Risque*, juin 2013, n° 6, p. 3. – R. Haddad, *Comment et à quelles conditions un bois traité valorisé peut-il cesser d'être un déchet dangereux ?* Note sous ■ CJUE, 7 mars 2013, aff. C-358/11 : *JCP* G 2013, n° 21, p. 1001. – M.-P. Maitre, *De l'interprétation de la sortie du statut de déchet à l'aune du règlement Reach : Gaz. Pal.* 11-12 sept. 2013, n°s 254 à 255, p. 22. – S. Roset, *Déchets*, note sous ■ CJUE, 7 mars 2013, aff. C-358/11, *Lapin ELY-keskus : Europe* 2013, n° 5, p. 34). E. Simon, *Législation Déchets et REACH : une articulation délicate : BDEI* févr. 2016, n° 61, p. 13.

9) Déchet et sous-produit. Une substance ou un objet issu d'un processus de production dont le but premier n'est pas la production de cette substance ou de ce produit peut être considéré comme étant non pas un « déchet » mais un « sous-produit », uniquement si les conditions cumulatives suivantes sont remplies. Premièrement, l'utilisation ultérieure de la substance ou de l'objet doit être certaine. Deuxièmement, la substance ou l'objet doit pouvoir être utilisé directement sans traitement supplémentaire autre que les pratiques industrielles courantes. Troisièmement, la substance ou l'objet doit être produit en faisant partie intégrante d'un processus de production. Quatrièmement, l'utilisation ultérieure doit être légale, c'est-à-dire que la substance ou l'objet doit répondre à toutes les prescriptions pertinentes relatives au produit, à l'environnement et à la protection de la santé prévues pour l'utilisation spécifique et n'aura pas d'incidences globales nocives pour l'environnement ou la santé humaine. La qualité de « sous-produit » et le statut de « déchet » s'excluent mutuellement (■ CJUE, 14 oct. 2020, C-629/19 *Sappi Austria Produktion et Wasserverband « Region Gratkorn-Gratwein »*. ■ CJUE, 17 nov. 2022, aff. C-624/17, *Porr Bau*).

II – JURISPRUDENCE DE DROIT INTERNE

10) Notion de déchet et absence de valorisation. Les huiles usagées doivent être regardées comme des déchets au sens du présent titre tant qu'elles n'ont pas fait l'objet d'un traitement en vue de leur régénération alors même que leur détenteur aurait l'intention de les céder en vue de leur vente et non de les destiner à l'abandon (■ CE, 13 mai 1983, n° 37030, *SA « René Moline » : Rec. CE* 1983, p. 191 ; *AJDA* 1983, p. 623-625, note M. Bazex. ■ CE, 18 nov. 1983, n°s 43111 et 43112, *SA « SPUR »*. ■ CE, 18 nov. 1983, n° 42354, *Sté Charente-Maritime Assainissement*. ■ CE, 18 nov. 1983, n° 42355, *M. Delvert*. ■ CE, 18 nov. 1983, n° 42429, *M. Bouhouris*. ■ CE, 18 nov. 1983, n° 43110, *M. Mercurol*. ■ CE, 18 nov. 1983, n° 37795, *Min. Environnement*. ■ CE, 30 mars 1984, n° 48237, *GIE Rhône-Alpes Huiles et a.*. ■ CE, 30 mars 1984, n° 36808, *SARL « Recyclage, Produits chimiques et huileux »*. ■ CE, 20 févr. 1985, n°s 46412 et 46413, *Sté Ramso*. ■ CE, 23 mars 1988, *Groupement professionnel pour la revalorisation des lubrifiants usagés et a. : Rec. CE* 1988, p. 589, 641 et 644). Il en est de même pour le dépôt hétérogène de matériaux divers, d'une superficie de 6 614 mètres cubes, entreposés dans les locaux d'une société, composé à 98,06 % de morceaux usagés de bois vernis et peints, de bois ordinaires, de papiers, de morceaux de bois agglomérés mélanisés de feuillards plastiques et de cylindres constitués de filtres de cigarettes pressés, et à 1,94/1 000 de déchets métalliques divers tant qu'ils n'ont pas fait l'objet d'un traitement en vue de leur transformation et alors même que la société requérante avait l'intention de les valoriser en vue de leur utilisation comme combustible (■ CAA Nancy, 7 mars 2002, n° 98NC01165, *Sté Hummer Plastiques : Dr. env.* févr. 2003, n° 2, p. 11 ; *Rev. jur. env.* 2002, p. 663-664, note R. Schneider). Alors même qu'il ne serait pas destiné par son producteur à l'abandon, compte tenu de sa valeur économique, mais qu'il serait confié à une autre société pour qu'elle procède à son retraitement, l'acide sulfurique usé doit être regardé comme un déchet au sens du présent texte tant qu'il n'a pas fait l'objet d'un traitement en vue de sa régénération (■ TA Rouen, 7 juill. 1995, n° 93865, *Sté Esso Raffinage SAF*). Des résidus cobaltifères, de bioxyde de manganèses, de sable de flottation, et de cément de cuivre pauvre stockés en vue d'une valorisation notamment pour le cobalt qu'ils contiennent, sont, en tant que résidus de processus de production industrielle, des déchets nonobstant la circonstance qu'ils fassent l'objet d'une transaction commerciale (■ CAA Douai, 4 mai 2000, n° 96DA02030, *SA Midax : Environnement* 2001, n° hors-série, comm. 259). Différents matériaux composés à 98,06 % de morceaux usagés de bois doivent être regardés comme des déchets tant qu'ils n'ont pas fait l'objet d'un traitement en vue de leur transformation et alors même que la société requérante avait l'intention de les valoriser en vue de leur utilisation comme combustible (■ CAA Nancy, 7 mars 2002, n° 98NC011265, *Sté Hummer Plastiques : Dr. env.* févr. 2003, n° 2, p. 11). Constitue une installation classée de stockage de déchets industriels une installation de stockage de farines animales, dès lors que les farines animales constituent des déchets provenant d'installations classées, à savoir les établissements d'équarrissage

(■ TA Châlons-en-Champagne, 13 juin 2001, n° 011292, *Cne de Somsois : Rev. jur. env.* 2002, p. 219). – V. en sens contraire : ■ CAA Nantes, 30 juin 2000, *Sté française maritime, préfet des Côtes-d'Armor : Rev. jur. env.* 2001, p. 123. Les matériaux de rénovation des bâtiments et les résidus de carton entreposés sur un terrain doivent être regardés comme des déchets dès lors qu'ils n'ont pas fait l'objet d'un traitement en vue de leur transformation et ce, alors même que le requérant avait l'intention de les valoriser en les utilisant pour la rénovation d'un bâtiment agricole et non de les destiner à l'abandon (■ TA Amiens, 30 mars 2010, n° 0802456, *Cne de Meru*). Doivent être qualifiés de déchets les résidus de construction dès lors que par leur mise en centre d'enfouissement leur détenteur manifeste son intention de s'en défaire sans contrepartie (■ CA Montpellier, 5 juin 2014, n° 12/00453, *Ville de Nîmes*). Des hydrocarbures accidentellement déversés en mer à la suite d'un naufrage, se retrouvant mélangés à l'eau ainsi qu'à des sédiments et dérivant le long des côtes d'un État membre jusqu'à s'échouer sur celles-ci, constituent des déchets au sens de l'article 1er, sous *a)*, de la directive n° 75/442, telle que modifiée par la décision n° 96/350, dès lors que ceux-ci ne sont plus susceptibles d'être exploités ou commercialisés sans opération de transformation préalable (■ Cass. 3e civ., 17 déc. 2008, n° 04-12.315, *Cne de Mesquer*. – F. Chaltiel, *L'affaire Érika devant la Cour de cassation. Le droit communautaire bienfaiteur de l'environnement : LPA* 25-26 déc. 2008, n° 258, p. 7. – B. Steinmetz, *Articles L. 541-1 et suivants du Code de l'environnement versus déchet et principe du pollueur-payeur en droit communautaire : Dr. env.* janv.-févr. 2009, n° 165, p. 14. – V. également : ■ CE, 10 avr. 2009, n° 304803, *Cne de Batz-sur-Mer : LPA* 26 juin 2009, n° 127, p. 10, concl. I. de Silva. – M. Bourrel, *Pollution marine : le principe de responsabilité élargie de la société productrice du produit générateur de déchets : Dr. env.* juin 2009, n° 169, p. 23). À l'inverse, un déchet ayant fait l'objet d'un processus de valorisation n'est pas un déchet brut (■ TA Dijon, 31 déc. 2003, nos 0200587 et 021645, *Clinique Ker Yonnec c/ Préfet du département de l'Yonne*).

11) Notion de déchet et notion de « se défaire ». Les pneus usagés acquis auprès de centres de véhicules usagés et de garages qui s'en défont ont la qualité de déchets. La circonstance qu'ils aient une valeur commerciale et soient susceptibles de donner lieu à une réutilisation économique est sans incidence sur leur qualification de déchets (■ CE, 24 nov. 2021, n° 437105, *Min. de la Transition écologique et solidaire*). Les déblais résultant de travaux réalisés sur la voie publique constituent des déchets et les intervenants sous la maîtrise d'ouvrage desquels ces travaux sont réalisés doivent être regardés comme les producteurs de ces déchets (■ CE, 29 juin 2020, n° 425514, *Sté Orange France*). L'ex-porte-avions *Clémenceau* doit être considéré comme un déchet dès lors que le lancement d'un appel d'offres et la conclusion d'un contrat de cession aux fins de désamiantage et de démolition manifestent l'intention de l'État de se défaire de la coque de l'ex-porte-avions Clémenceau (■ CE, 15 févr. 2006, n° 288801, *Assoc. Ban Asbestos et comité anti-amiante Jussieu : Dr. env.* 2006, n° 136, p. 53-61, concl. Y. Aguila. – A. Iliopoulou, *À propos des tribulations du Clémenceau : RDP* 2006, n° 6, p. 1687 à 1713). Dans le cadre d'une procédure de référé, il a été jugé qu'un stockage en vrac d'objets hétéroclites sous une enseigne mentionnant une activité de « récupération métallique » démontre que ces objets sont destinés à la revente dans le cadre de cette activité et traduit ainsi une intention de s'en défaire ; ces objets peuvent donc être qualifiés à juste titre de déchets (■ CA Chambéry, 11 déc. 2011, n° 11/01152). Le stockage d'objets hors d'usage, pour une durée indéterminée en vue d'une utilisation éventuelle peut caractériser le fait de s'en défaire ou une intention de s'en défaire et ainsi entrainer leur qualification de déchets (■ Cass. crim., 16 avr. 2019, n° 18-83.183).

12) Notion de déchet et abandon. Sous certaines conditions, un bien meuble abandonné – ou « bien sans maître » – peut être considéré comme un déchet et ainsi être appréhendé par une commune qui doit ensuite procéder à sa destruction (Rép. min. n° 2161 : *JO Sénat Q* 20 mars 2008, p. 562). Les déblais de roches naturellement amiantées détachés du sol lors d'opérations de démolition de bâtiments, qui ne peuvent être regardés comme étant des résidus d'un processus de production, ni comme des résidus d'un processus de transformation, constituent toutefois des déchets au sens de l'article L. 541-1 du Code de l'environnement puisqu'ils sont des biens meubles et qu'en l'espèce ils sont destinés à être abandonnés (■ CAA Marseille, 17 déc. 2009, n° 07MA00456, *Assoc. « U Levante » et Assoc. « L'Erbaghju » : Environnement et dév. durable* 2010, comm. 38, note F. Dieu. Des matériaux et matériels relatifs à l'exploitation de gravières, laissés à l'état d'abandon sur une parcelle, sans aucune surveillance, ce qui a d'ailleurs permis qu'y soient commis des déprédations sur les véhicules et des vols de matériaux, doivent être regardés comme des déchets au sens du présent texte (■ CAA Nancy, 7 mars 2002, n° 96NC03074, *M. et Mme Wojcik*). De même pour des pneumatiques usagés laissés sur un terrain par l'ancien exploitant d'une usine de régénération de pneumatiques (■ CAA Bordeaux, 6 avr. 2009, n° 08BX00315, *SA Wattelez*). Abandon de déchets sur un terrain par un tiers (■ CA Orléans, 20 nov. 2018, n° 17/00404, *SA VALLOGIS*).

13) Notion de déchet et absence d'utilisation. La notion doit être interprétée largement, et cette qualification ne peut être écartée que lorsque la réutilisation du bien ou de la substance en question est non pas seulement éventuelle, mais certaine (■ Cass. crim., 18 sept. 2024, n° 23-83.847). Afin d'apprécier si un bien constitue ou non un déchet, il faut prendre en compte le caractère suffisamment certain de sa réutilisation sans opération de transformation préalable. Des biens qui se trouvent en état d'abandon sur un terrain, compte tenu en particulier de leur état matériel, de leur perte d'usage et de la durée et des conditions de leur dépôt, doivent être regardés comme des biens dont la réutilisation n'est pas suffisamment certaine et dont le détenteur s'est effectivement défait. Ils sont qualifiés de déchets malgré les dénégation du propriétaire du terrain (■ CE, 26 juin 2023, n° 457040, *M. B.* – Dans le même sens, ■ CAA Toulouse, 3e ch., 30 avr. 2024, n° 22TL21894). Des machines et objets hors d'usage, stockés pour une durée indéterminée en vue d'une utilisation éventuelle, sont des déchets dès lors que leur détenteur se défait ou a l'intention de se défaire de ces objets (■ Cass. crim., 16 avr. 2019, n° 18-83.183). Compte tenu de leur durée d'inutilisation et de l'absence de perspective de leur usage, des fûts contenant des produits de traitement de peaux, utilisés autrefois par une tannerie, corrodés et dont certains fuient, doivent être considérés comme des déchets (■ CAA Nancy, 4 déc. 2006, n° 05NC00996, *SA Manulor*. – L. Lanoy, *Notion de détenteur de déchets : nouvelle illustration jurisprudentielle : BDEI* mars 2007, n° 8, p. 22 à 23). Constituent des déchets des épaves de matériel agricole et des ferrailles dès lors qu'elles sont anciennes, qu'elles présentent des traces de rouille et sont entreposées en l'état sur une parcelle et en bordure du domaine public depuis de nombreuses années, et qu'elles constituent ainsi un dépôt de déchets dans des conditions contraires à l'ensemble des dispositions du Code de l'environnement relatives à l'élimination des déchets (■ TA Dijon, 9 août 2007, n° 0602067, *Morle*). Ce qui caractérise la notion de déchets, et en particulier de déchets radioactifs, c'est l'absence, pour la matière concernée, de toute utilisation ultérieure prévue ; dès lors qu'un combustible nucléaire est déjà lui-même le résidu d'un processus de transformation ou d'utilisation, puisqu'il a été irradié dans un réacteur de recherche, et que le seul traitement auquel il est destiné dans ses deux composantes essentielles que sont les résidus et les matières nucléaires est un traitement terminal, il ne peut donc être considéré comme un produit obtenu à un stade intermédiaire d'un processus de transformation, de telle sorte que la seule qualification qui lui est applicable est celle de déchet au sens du présent texte (■ CA Rouen, 12 avr. 2005, n° 03/00512, *Assoc. Greenpeace France*, confirmé par ■ Cass. 3e civ., 7 déc. 2005, n° 05-16.350, *Cogema c/ Assoc. Greenpeace France : JCP* G 2006, II, 1003).

14) Notion de déchets et résidus de production. Un dépôt de résidus miniers qui n'ont pas vocation à être réutilisés sans transformation préalable et qui ne sont pas incorporés au sol constituent des déchets (■ CAA Toulouse, 16 mars 2023, n° 21TL00695, *Cne de Saint-Félix-de Pallières*). Doivent être considérés comme des déchets les matériaux et véhicules à l'état d'épave entreposés sur un terrain dès lors qu'ils constituent des résidus d'un processus de production, de transformation ou d'utilisation et présentent un risque de pollution des sols, notamment du fait des différents liquides et fluides contenus dans les organes des véhicules (■ CAA Lyon, 9 avr. 2009, n° 07LY02733, *Delorme*). Les Plastisols de PVC plastifiés doivent être regardés comme des résidus d'un processus de production au sens de l'article L. 541-1 du Code de l'environnement et présentent ainsi le caractère de déchet (■ CAA Marseille, 10 juin 2010, n° 08MA01668, *SARL Seolane*). Le PVC-plastisol, les DEHP (diethyl-hexyl-phtalates) et les solvants qui proviennent de la fabrication de cuirs artificiels et qui sont inutilisables dans leur industrie constituent bien des résidus de production, le fait que ces produits puissent être réutilisés et entrer dans la fabrication, notamment de tuyaux d'arrosage ou de semelles de chaussures est sans incidence sur la qualification de déchet (■ CA Nîmes, 7 mai 2010, n° 10/00564). Le fait que des terres végétales et argiles cédées par des exploitants de carrières à un centre de stockage de déchets ultimes soient issues d'une couche stérile décapée avant l'extraction de granulat dans une carrière, et qu'ainsi ils ne constituent pas un résidu d'extraction, ne suffit pas à leur ôter le caractère de déchets (■ Cass., 8 déc. 2009, n° 08-15.231). Une substance telle que le fioul lourd n° 2 transporté par l'Érika qui était vendue en tant que combustible, était un produit issu du processus de raffinage qui répondait aux spécifications de l'acquéreur et était destinée à une utilisation directe comme combustible pour les besoins de production électrique, ne constitue pas un déchet au sens de la directive n° 75/442/CEE du Conseil du 15 juillet 1975 relative aux déchets, dès lors qu'elle est exploitée ou commercialisée dans des conditions économiquement avantageuses et qu'elle est susceptible d'être effectivement utilisée en tant que combustible sans nécessiter d'opération de transformation préalable (■ Cass. 3e civ., 17 déc. 2008, n° 04-12.315, *Cne de Mesquer* [cassation de ■ CA Rennes, 13 févr. 2002, *Cne de Mesquer c/ SA Total Raffinage Distribution, Sté Total, International LTD : BDEI* mars 2002, p. 21, retenant que la circonstance que la loi n° 92-1443 du 31 décembre 1992, qui transpose en droit interne la directive communautaire modifiée du 20 décembre

1968, relative aux stocks stratégiques, comprenne le fuel lourd est clairement incompatible avec toute idée d'abandon nécessaire à la qualification de déchet] : F. Chaltiel, *L'affaire Érika devant la Cour de cassation. Le droit communautaire bienfaiteur de l'environnement : LPA* 25-26 déc. 2008, n° 258, p. 7. – B. Steinmetz, *Articles L. 541-1 et suivants du Code de l'environnement versus déchet et principe du pollueur-payeur en droit communautaire : Dr. env.* janv.-févr. 2009, n° 165, p. 14. – V. également : ▪ CE, 10 avr. 2009, n° 304803, *Cne de Batz-sur-Mer : LPA* 26 juin 2009, n° 127, p. 10, concl. I. de Silva. – M. Bourrel, *Pollution marine : le principe de responsabilité élargie de la société productrice du produit générateur de déchets : Dr. env.* juin 2009, n° 169, p. 23). La réutilisation par leur détenteur de matériaux, résidus de production qu'il n'a pas produits, ne peut être regardée comme ayant été réalisée « *dans la continuité du processus de production* » qui leur a donné naissance et permet d'écarter leur qualification de sous-produits, ils constituent ainsi des déchets (▪ CA Paris, 1er févr. 2011, nos 08/06959 et 09/15563). La seule circonstance qu'une substance puisse être réutilisée ne fait pas obstacle à sa qualification de déchet ; une substance qui n'a pas été recherchée comme telle dans le processus de production dont elle est issue doit ainsi être considérée comme un déchet à moins que son utilisation ultérieure soit certaine sans qu'elle subisse une transformation pour ce faire (▪ CE, 26 juill. 2011, n° 324728, *Sté Lanvin c/ Préfet de la Somme*. – M. Guyomar, *Quelle est la définition du déchet dans la législation relative aux installations classées ?* Conclusions sur ▪ CE, 26 juill. 2011, *Sté Lanvin SA : BJCL* oct. 2011, p. 667. Dans le même sens, V. ▪ CAA Marseille, 29 mai 2012, n° 10MA01496, *SARL Seolane*. ▪ CE, 1er mars 2013, n° 348912, *Hussong c/ Cne de Coutiches*. – Ph. Billet, *Substance réutilisable, déchet et responsabilité subséquente : Revue Environnement et dév. durable* juin 2013, n° 6, comm. 43. – X. de Lesquen, *Du régime de responsabilité du producteur et du détenteur de déchets à l'origine de la pollution des sols : Revue Environnement et dév. durable* juin 2013, n° 6, p. 36).

15) Terres polluées. Constituent des déchets des terres polluées dès lors que les métaux lourds qui se trouvent dans les sols d'un lotissement ne sont pas séparables de ces terres qu'ils ont polluées et ne peuvent être éliminés que si ces dernières font l'objet de mesures de décontamination (▪ CAA Versailles, 10 mai 2007, n° 05VE01492, *Cne de Saint-Chéron : JCP* A 2007, 2169, note Ph. Billet). Des terres polluées doivent être considérées comme des déchets lorsque le détenteur est tenu de les excaver en raison de la pollution, et que la qualité de déchets est présumée, sauf preuve contraire, lorsque, du fait de la pollution, ces terres ne peuvent être utilisées conformément à leur vocation (▪ CA Paris, 20 nov. 2008, n° 04/05959, *SA Lyonnaise des Eaux France c/ SA Veninov*). Des sols pollués par des hydrocarbures peuvent être qualifiés de déchets dès lors qu'ils ne sont pas séparables des terres qu'ils ont polluées et ne peuvent être valorisés ou éliminés que si ces terres font également l'objet des opérations nécessaires de décontamination et alors même que ces terres ne sont pas excavées. Cette décision qui impose l'excavation de sols pollués sur le fondement de la réglementation déchets est légale dans la mesure où elle a été adoptée antérieurement à la transposition de la directive 2008/98/CE et à l'expiration de son délai de transposition (▪ CE, 18 juill. 2011, n° 339452, *Cne de Nîmes c/ Sté GDF Suez*). À noter que l'article L. 541-1-1 exclut dorénavant les terres polluées non excavées de la catégorie des déchets.

16) Navire en fin de vie. Voir : décret n° 87-830 du 6 octobre 1987 portant application de la loi n° 85-662 du 3 juillet 1985 relative aux mesures concernant dans les eaux territoriales et les eaux intérieures les navires et engins flottants abandonnés. Un navire construit avec des matériaux contenant de l'amiante en faible proportion n'est pas un déchet dangereux au regard de la réglementation européenne (Règl. n° 259/93/CEE) qui interdit l'exportation de certains déchets destinés à être éliminés sans le consentement de l'État destinataire (▪ TA Lille, 10 févr. 2005, n° 0202312, *Assoc. Greenpeace France*, annulé pour insuffisance de motivation par ▪ CAA Douai, 30 mars 2006, n° 05DA00498, *Assoc. Greenpeace France*, rejetant la demande de l'association tendant à l'annulation de l'ajournement de départ du Sea Beirut du Port de Dunkerque qui ne constitue pas une autorisation d'exportation de déchets ; arrêt confirmé par ▪ CE, 10 avr. 2009, n° 293884, *Assoc. Greenpeace*). Doit être considéré comme un déchet, relevant du règlement (CEE) n° 259/93 du Conseil, du 1er février 1993, concernant la surveillance et le contrôle des transferts de déchets à l'entrée et à la sortie de la Communauté européenne, et qui renvoie, pour la définition des déchets, aux substances ou objets définis à l'article 1er, point *a)* de la directive n° 75/442/CEE du Conseil, du 15 juillet 1975, relative aux déchets, qui vise « toute substance ou tout objet qui relève des catégories figurant à l'annexe I, dont le détenteur se défait ou dont il a l'intention ou l'obligation de se défaire », l'ex-porte-avions Clémenceau dès lors que, d'une part, l'annexe I de la directive identifie notamment une catégorie « Q 13 Toute matière, substance ou produit dont l'utilisation est interdite par la loi » et que l'utilisation de toutes variétés de fibres d'amiante et de tout produit en contenant est interdite par l'article 1er du décret du 24 décembre 1996 relatif à l'interdiction de l'amiante, et que d'autre part, le lancement d'un appel d'offre et la conclusion d'un contrat de cession aux fins de désamiantage et de démolition manifestent l'intention de l'État de se défaire de la coque de l'ex-porte-avions Clémenceau (▪ CE, 15 févr. 2006, n° 288801, *Assoc. Ban Asbestos et comité anti-amiante Jussieu : Dr. env.* 2006, n° 136, p. 53-61, concl. Y. Aguila. – M.-C. de Montecler, *Le Clémenceau devant le Conseil d'État : AJDA* 2006, n° 7, p. 346. – A. Iliopoulou ; *À propos des tribulations du Clémenceau : RDP* 2006, n° 6, p. 1687 à 1713. – H. Seillan, *Les tribulations juridico-médiatiques de l'ex-Clémenceau : Préventique-Sécurité* mars-avr. 2006, n° 86, p. 61 à 64).

17) Boues d'épuration. Si les boues d'épuration utilisées en agriculture ne sont pas normalement soumises aux dispositions de la directive du 15 juillet 1975, en tant qu'elles sont utilisées comme matières fertilisantes par épandage sur les sols agricoles, elles n'en répondent pas moins à la définition de la notion de déchets donnée par cette directive, ce qui entraîne, par-là même, leur soumission à la législation « Déchets » (▪ CE, 3 mars 2000, n° 188328, *Wastec-Strobel : BDEI* sept. 2000, comm. Geizes. – P. Graveleau : *Gaz. Pal.* 9 mars 2001, n° 68, p. 27).

18) Mâchefers. Sont des déchets les mâchefers issus d'une usine d'incinération de déchets : V. ▪ Cass. crim., 14 mai 1991, *Lorban : Bull. crim.* 1991, p. 527, n° 205 ; *Dr. env.* oct. 1991, n° 9, p. 61, obs. J.-H. Robert, infirmant ▪ CA Douai, 22 sept. 1989 : *JurisData* n° 1989-050998 ; *Dr. env.* mars 1991, p. 3, obs. J.-H. Robert.

19) Ruines de bâtiments. Les ruines de bâtiments ne sont pas des déchets en raison de leur caractère immobilier (▪ CAA Nancy, 3 avr. 2014, n° 13NC00630, *M. A.*).

20) Compost. Nécessité d'établir la conformité du dépôt à la norme N FU 44-051 (▪ CAA Marseille, 11 mars 2014, n° 12MA00756, *MEDDE c/ GFA*).

21) Absence d'obligation de recyclage ou de valorisation des déchets. Les articles L. 514-1 et suivants se bornent à favoriser l'emploi de matériaux valorisables soit en recyclage soit en utilisation énergétique sans instaurer d'obligation (▪ CAA Lyon, 22 oct. 2009, n° 07LY01393, *Sté Titanair*).

22) Amiante. Compte tenu de l'interdiction de l'amiante posée par le décret n° 96-1133 du 24 décembre 1996, les déblais amiantés présents dans la voirie routière, issus de l'excavation des sols, liés à des travaux réalisés sur le domaine public routier ne peuvent être réutilisés et constituent des déchets (▪ CAA Lyon, 20 sept. 2018, n°s 16LY02156, 16LY02158 et 16LY02157, *Sté Orange*. ▪ CAA Lyon, 20 sept. 2018, n° 16LY02141, *Sté GRDF*).

23) Notion de recyclage. Le compostage doit être regardé comme relevant du recyclage dès lors qu'il permet de produire une matière fertilisante ou un support de culture conforme aux normes permettant son utilisation à cette fin (▪ CE, 30 mai 2018, n° 406667, *Fédération nationale des collectivités de compostage*).

24) Exportation sans déclaration de marchandises dangereuses (infraction douanière). Voir sous art. L. 541-46, p. 1221.

Art. L. 541-2 (1) ***(Rempl., Ord. n° 2010-1579, 17 déc. 2010).*** **– Tout producteur ou détenteur de déchets est tenu d'en assurer ou d'en faire assurer la gestion, conformément aux dispositions du présent chapitre.**

Tout producteur ou détenteur de déchets est responsable de la gestion de ces déchets jusqu'à leur élimination ou valorisation finale, même lorsque le déchet est transféré à des fins de traitement à un tiers.

Tout producteur ou détenteur de déchets s'assure que la personne à qui il les remet est autorisée à les prendre en charge.

1) Le nouvel article L. 541-2 apparaît à première vue comme une reprise de l'ancien article L. 541-2. Il n'est cependant plus nécessaire de produire ou détenir des déchets « dans des conditions de nature à produire des effets nocifs sur le sol, la flore et la faune, à dégrader les sites ou les paysages, à polluer l'air ou les eaux, à engendrer des bruits et des odeurs et, d'une façon générale, à porter atteinte à la santé de l'homme et à l'environnement », mais uniquement d'être producteur ou détenteur de déchets sans autre considération, pour être tenu d'en assurer ou d'en faire assurer la gestion. Reprenant la hiérarchie en matière de traitement des déchets définie à l'article L. 541-1, cet article identifie les opérations d'élimination et les opérations de valorisation conformément aux

(1) Le Conseil d'État a jugé que « le propriétaire du terrain sur lequel ont été entreposés des déchets peut, en l'absence de détenteur connu de ces déchets, être regardé comme leur détenteur au sens de l'article L. 541-2 du Code de l'environnement, notamment s'il a fait preuve de négligence à l'égard d'abandons sur son terrain », ▪ CE, 26 juill. 2011, n° 328651, *Commune de Palais-sur-Vienne : JurisData* n° 2011-015394 puis ▪ CE, 25 sept. 2013, n° 358923, *Sté G. ... et a. : JurisData* n° 2013-020586. – NDLR.

nouvelles définitions précisées par les articles L. 541-1 et L. 541-1-1.

2) **Principe d'obligation d'élimination des déchets.** Dès lors qu'un déchet résultant d'une activité présente un risque de nature à porter atteinte à la santé de l'homme et à l'environnement, le producteur ou le détenteur dudit déchet doit en assurer ou en faire assurer l'élimination. Ainsi, les déchets résultant de l'activité des infirmiers libéraux présentent un risque infectieux suffisant pour qu'ils doivent assurer ou en faire assurer l'élimination (▪ CE, 5 oct. 1998, n° 193362, *Féd. nationale des infirmiers*).

3) **Notion de producteur ou de détenteur.** L'exploitant ou l'ancien exploitant d'un site minier peut recevoir la qualité de producteur des déchets générés par son activité et se voir en imposer la gestion à ce titre après la cessation d'exploitation de la mine (▪ CAA Toulouse, 16 mars 2023, n° 21TL00690). L'État ne peut être considéré comme le détenteur d'un déchet placé sous scellés (▪ Cass. 3e civ., 19 janv. 2017, n° 15-25230, *The Green Airliner*). La société qui récupère et stocke temporairement des pneumatiques usagés en est détentrice et, à ce titre, est tenue d'en assurer l'élimination sans pouvoir se prévaloir du fait qu'elle aurait perdu cette qualité en concluant un contrat aux fins de leur élimination avec un tiers (▪ CAA Bordeaux, 1er mars 2016, n° 14BX00118, *Sté Saica Natur Sud*). La société qui recueille des déchets au cours des chantiers qu'elle effectue et les transporte jusqu'à un centre de traitement en est détentrice (▪ CAA Nancy, 10 mars 2016, n° 15NC00697, *Sté nouvelle BOYON*). Le responsable des déchets visé par l'article L. 541-3 qui renvoie aux dispositions de la directive du 15 juillet 1975 telles qu'interprétées par la Cour de justice des communautés européennes dans l'affaire C-188/07 du 24 juin 2008 et par le Conseil d'État dans sa décision n° 304803 du 10 avril 2009 s'entend des seuls détenteurs et producteurs des déchets et non des anciens détenteurs des déchets. Ainsi la société ancienne locataire d'un terrain sur lequel sont présents des déchets ne peut faire l'objet d'une mise en demeure de les éliminer dès lors qu'il n'est pas établi que son activité est à l'origine de ces déchets et qu'elle ne peut être regardée comme leur détentrice dans la mesure où elle n'a jamais été propriétaire du terrain (▪ CAA Lyon, 19 juin 2012, n° 11LY02236, *Sté Transport Garnier*. – L. Lanoy, *Les pouvoirs de l'administration à l'égard de l'ancien détenteur de déchets : BDEI janv. 2013, n° 43, p. 13)*. La responsabilité d'un tiers qui détient un déchet est écartée dès lors que le propriétaire dudit déchet, bien que le confiant à un tiers, ne cesse d'en être responsable que s'il est établi que ce tiers a corrélativement reçu toute possibilité de prévenir lui-même le préjudice que cette chose peut causer, notamment en étant informé de l'existence de cette chose (▪ CA Bordeaux, 30 mai 2012, *Cts X c/ SCP Silvestri & Baujet et Cne d'Audange*). Le vendeur d'hydrocarbures et affréteur du navire les transportant peut être considéré comme détenteur antérieur des déchets s'il est établi qu'il a contribué au risque de survenance de la pollution occasionnée par le naufrage, et le producteur du produit générateur des déchets peut être tenu de supporter les coûts liés à l'élimination des déchets si, par son activité, il a contribué au risque de survenance de la pollution occasionnée par le naufrage (▪ Cass. 3e civ., 17 déc. 2008, n° 04-12.315, *Cne de Mesquer c/ Total France et a. : JurisData* n° 2008-046288. – F. Chaltiel, *L'affaire Érika devant la Cour de cassation. Le droit communautaire bienfaiteur de l'environnement : LPA* 25-26 déc. 2008, n° 258, p. 7. – B. Steinmetz, *Articles L. 541-1 et suivants du Code de l'environnement versus déchet et principe du pollueur-payeur en droit communautaire : Dr. env.* janv. févr. 2009, p. 14. – A. Chaminade, *Notion de déchet et mise en œuvre du principe pollueur-payeur : JCP G* 2009, n° 19, II, 10079, p. 31. ▪ CJCE, 24 juin 2008, aff. C-188/07, *Cne de Mesquer c/ Total France et a.* – C. London, *Affaire Érika : l'interprétation des magistrats communautaires : Dr. env.* sept. 2008, n° 161, p. 15 ; *La marée noire de l'Érika : le déchet et son détenteur face au juge communautaire : BDEI* sept. 2008, n° 17, p. 15. – D. Simon, *Notion de déchet : Europe* août-sept. 2008, n° 8-9, p. 32. – A. Chaminade, *Notion de déchet et mise en œuvre du principe pollueur-payeur : JCP G* 2009, n° 19, II, 10079, p. 31 ; *Environnement* nov. 2008, comm. 154, P. Billet). Le simple collecteur des pneumatiques chargé du transport des pneumatiques entre le producteur et l'éliminateur n'a pas à supporter la charge de l'élimination des déchets abandonnés, laquelle n'est imposée par l'article L. 541-2 qu'aux seuls producteurs ou détenteurs de déchets (▪ TA Pau, 5 juin 2008, n° 0701026, *Sté Bab Assainissement*). Les maîtres d'ouvrage de travaux effectués sur le domaine public routier de la métropole de Lyon en vue d'accéder aux réseaux souterrains qu'ils exploitent ont la qualité de producteur des déchets amiantés résultant desdits travaux (▪ CAA Lyon, 20 sept. 2018, nos 16LY02156, 16LY02158 et 16LY02157, *Sté Orange*. ▪ CAA Lyon, 20 sept. 2018, n° 16LY02141, *Sté GRDF*).

4) **Notion de détenteur et responsabilité subsidiaire du propriétaire d'un terrain supportant des déchets.** Un préfet ne peut mettre en demeure sur le fondement du présent texte le propriétaire et détenteur d'un dépôt de matériaux, de véhicules automobiles, de pièces de rechange ainsi que de pneus, de réaliser une étude de sol, quand bien même les déchets entreposés pourraient être à l'origine de pollution du sol et du sous-sol, cette étude de

sol ne pouvant être assimilée à une opération d'élimination au sens de la loi du 15 juillet 1975 (■ TA Strasbourg, 30 déc. 1998, n° 962314, *M. Raymond Parpinel*). Le maire est en mesure de mettre en demeure le propriétaire de procéder à la dépollution de son terrain avant, le cas échéant, d'assurer d'office l'élimination des déchets aux frais des responsables ; les terres polluées par des métaux lourds et ne pouvant en être séparés que par décontamination constituent des déchets (■ CAA Versailles, 10 mai 2007, n° 05VE01492, *Cne de Saint-Chéron*. – Ph. Billet, *Statut des sols pollués et police spéciale de la remise en état : JCP* A 2007, n° 26, 2169). Dans le même sens et jugeant l'obligation pour le propriétaire, détenteur des déchets de plomb incorporés dans les terres, de rembourser l'ADEME du coût des travaux de réhabilitation sollicités par le préfet au titre de L. 541-3, étant précisé que le propriétaire connaissait la situation environnementale des terrains (■ CA Bordeaux, 27 févr. 2007, n° 05/004619, *M. X c/ ADEME : Environnement* avr. 2008, p. 43, obs. Ph. Billet). Le nouveau propriétaire d'un ancien site industriel comportant des déchets d'hydrocarbures devient débiteur de l'obligation d'élimination des déchets en sa seule qualité de propriétaire et ne peut se prévaloir de la mise en location de ce bien auprès d'une autre société, ni de ce que ces déchets résulteraient de l'activité d'une installation classée, laquelle n'aurait pas donné lieu à remise en état lors de sa cessation d'activité (■ CAA Nantes, 25 juin 2008, n° 07NT02864, *SCI Tuilargences*). L'ancien propriétaire d'un terrain sur lequel est constatée la présence d'émail comportant de fortes teneurs en chrome et en plomb avec un risque pour l'environnement résultant de son ancienne activité de décapage, est tenu de prendre en charge l'évacuation de ces déchets même s'il a vendu le terrain sur lequel ils sont entreposés, puisqu'il est responsable de leur abandon (■ CAA Douai, 28 oct. 2010, n° 10DA01076, *M. Gérard Hussong*). Le propriétaire d'un terrain sur lequel ont été entreposés des déchets peut, en l'absence de détenteur connu de ces déchets, être regardé comme leur détenteur, notamment s'il a fait preuve de négligence à l'égard d'abandon sur son terrain (■ CE, 26 juill. 2011, n° 328651, *Cne du Palais-sur-Vienne*. – M. Guyomar, *Le propriétaire d'un terrain sur lequel ont été entreposés des déchets peut-il être regardé comme leur détenteur ?* Conclusions sur ■ CE, 26 juill. 2011, *Cne du Palais-sur-Vienne : BJCL* oct. 2011, n°s 10/11, p. 663. – M. Guyomar, *Précision sur la notion de « détenteur de déchets »*, conclusions sur ■ CE, 26 juill. 2011, n° 328651, *Cne de Palais-sur-Vienne : RJEP* mai 2012, n° 5, p. 18. – P. Billet, *Propriété et détention des déchets*, note sous ■ CE, 26 juill. 2011, n° 328651, *Cne du Palais-sur-Vienne : Environnement et dév. durable* 2011, n° 12, p. 27. – M. Moliner-Dubost, *La notion de détenteur de déchets précisée par le Conseil d'État*, note sous ■ CE, 26 juill. 2011, n° 328651, *Cne du Palais-sur-Vienne : AJCT* déc. 2011, n° 12, p. 572. ■ CAA Lyon, 22 févr. 2011, n° 09LY01887, *SCI Marquet*. ■ CAA Lyon, 20 sept. 2011, n° 09LY00514, *Commune d'Issoire*. ■ CE, 23 nov. 2011, n° 325334, *Min. Écologie, Énergie, Développement durable et Aménagement du territoire c/ Sté Montreuil Développement*. ■ CA Orléans, 12 sept. 2011, n° 10/01566, *SCI de Champatay*. ■ CAA Bordeaux, 1er mars 2012, n° 11BX01933, *Wattelez*. – Pour un exemple de propriétaire jugé détenteur des déchets présents sur son terrain ■ CE, 25 sept. 2013, n° 358923, *Consorts G et Sté G*). – X. de Lesquen, *Wattelez III*, Conclusions sur ■ CE, 25 sept. 2013, n° 358923, *Sté Wattelez et a. : BDEI* févr. 2014, p. 30, n° 49. – M.-P. Maitre, *Droit des déchets : de l'affirmation d'une responsabilité subsidiaire du propriétaire négligent*, note sous ■ CE, 25 sept. 2013, n° 358923 : *Gaz. Pal.* 8-9 janv. 2014, n°s 8-9, p. 20. – C. Le Roy-Gleizes, *L'arrêt Wattelez III : une première application de la notion de négligence dégagée par l'arrêté Wattelez II : BDEI* févr. 2014, n° 49, p. 33 – V. également pour une caractérisation de la négligence des propriétaires à l'égard d'abandon de déchets sur leur terrain (■ CAA Marseille, 15 déc. 2015, n° 14MA00600, *M. et Mme B*). L'acquisition d'un terrain a donné au nouveau propriétaire la qualité de détenteur des boues polluantes présentes l'obligeant ainsi à les éliminer ; cette obligation résultant de la loi, elle existe indépendamment de toute mise en demeure de l'administration (■ CA Douai, 14 nov. 2011, n° 06/02651, *SCP Patrick Delerue et Alain Delmotte*). En revanche, les propriétaires d'un terrain sur lequel sont abandonnés des déchets ne peuvent être déclarés détenteurs de ces déchets même s'ils avaient repris possession du site à la suite de la liquidation judiciaire de l'entreprise locataire puisque l'abandon de ces déchets a pour origine la cessation d'activité d'une installation classée et que cet abandon est intervenu alors que les propriétaires n'avaient aucun pouvoir de direction et de contrôle sur les locaux litigieux ainsi que sur les produits qui y étaient entreposés, et que les propriétaires n'ont pas par leur propre activité contribué à un risque de survenance de pollution (■ CA Toulouse, 18 oct. 2010, n° 09/03811, *ADEME c/ E. et a. – A contrario* : ■ CA Grenoble, 9 janv. 2012, n° 09/01417, *Cts Chabroud*). Le propriétaire d'un terrain sur lequel sont entreposés des déchets ne saurait être regardé comme ayant la qualité de détenteur de ceux-ci dans la mesure où le site et les hangars avec leur contenu ont été loués à un tiers (■ CAA Marseille, 16 mai 2011, n° 08MA04332, *SCI Niko Immobilier*). Le responsable de déchets s'entend des seuls producteurs ou autres détenteurs de déchets. En l'absence de tout producteur ou autre détenteur connu de déchets, le propriétaire de terrain sur lequel ont été entreposés des déchets peut être regardé comme leur détenteur notamment s'il a fait preuve de négligence à l'égard d'abandon sur son terrain. Toutefois, cette responsabilité du propriétaire du terrain ne présente qu'un caractère subsidiaire par rapport à celle encourue par le producteur ou les autres détenteurs des déchets en cause ; elle ne peut donc être recherchée que s'il apparaît que tout autre détenteur est inconnu ou a disparu (▪ CE, 1er mars 2013, n° 348912, *Hussong c/ Cne de Coutiches*. ▪ CE, 1er mars 2013, n° 354188, *Sté Natiocrédimurs et Sté Finamur*, mentionné au recueil – Ph. Billet, *Responsabilité subsidiaire du propriétaire du terrain du fait de l'abandon de déchets : Revue Environnement et dév. durable* juin 2013, n° 6, comm. 42. – F. Braud, *L'obligation d'élimination des déchets présents sur un terrain incombe au propriétaire mais de façon subsidiaire à celle du producteur des déchets : Gaz. Pal.* 11-12 sept. 2013, nos 254 à 255, p. 23. – X. de Lesquen, *Du régime de responsabilité du producteur et du détenteur de déchets à l'origine de la pollution des sols : Rev. Environnement et dév. durable* juin 2013, n° 6, p. 36. – J. Makowiak, *Responsabilité subsidiaire du propriétaire des déchets : Dr. adm.* juin 2013, n° 6, p. 34. – B. Parance, *La responsabilité subsidiaire du propriétaire d'un terrain pollué à l'aune du principe du pollueur payeur : D.* 2013, p. 1194). En l'absence de producteur ou de détenteur connu des déchets qui se trouvent sur un terrain, son propriétaire peut également être considéré comme leur détenteur et assujetti à l'obligation de les éliminer s'il ne pouvait ignorer, à la date à laquelle il est devenu propriétaire de ce terrain, d'une part, l'existence de ces déchets, d'autre part, que la personne y ayant exercé une activité productrice de déchets ne serait pas en mesure de satisfaire à ses obligations (▪ CE, 24 oct. 2014, n° 361231, *Sté Unibail-Rodamco* – X. de Lesquen, *Extension de la responsabilité du propriétaire au regard de l'élimination des déchets, le cas de l'achat d'un terrain en connaissance de cause*, conclusions sur ▪ CE, 24 oct. 2014, n° 361234, *Sté Unibail Rodamco : BDEI* févr. 2015, n° 55, p. 17. – B. Parance, *Nouvelles précisions sur la responsabilité du propriétaire négligent pour les déchets abandonnés sur son site : JCP G* 2014, n° 51, p. 2326. – F. Braud, *Nouvelle condition pour appréhender le propriétaire d'un terrain comme détenteur des déchets présents, en attendant le décret : Gaz. Pal.* 7-8 janv. 2015, nos 7-8, p. 21. – J.-S. Boda, *Le Conseil d'État et l'imprécision de la notion de « détenteur de déchets » : Énergie – Env. – Infrastr.* 2015, n° 2, p. 43. ▪ CE, 29 juin 2018, n° 400677, *Sté Akzo Nobel Uk Ltd*. – V. également pour le caractère subsidiaire de la responsabilité du propriétaire ▪ CAA Bordeaux, 7 avr. 2015, nos 13BX03295, 13BX003321 et 13BX03321. ▪ CAA Marseille, 20 janv. 2015, n° 13MA01888. – Sur la notion de caractère négligent du propriétaire d'un terrain sur lequel des déchets sont stockés ▪ CE, 27 mars 2023, n° 462947). Responsabilité de la SCI propriétaire du terrain des déchets qui y ont été déposés par la société locataire liquidée au regard de la complaisance dont elle a fait preuve à l'égard desdits déchets dont elle avait nécessairement connaissance dans la mesure où la SCI et la société locataire avaient eu le même dirigeant (▪ CAA Paris, 14 juin 2018, n° 17PA01405). Responsabilité d'une SCI pour la gestion des déchets entreposés par des occupants sans droit ni titre successifs de l'immeuble dont la nouvelle adresse n'est pas connue (▪ CAA Nantes, 23 nov. 2018, n° 17NT03343, *SCI Voltaire-Sellières*). Par un arrêt de principe, la Cour de cassation décide qu'en l'absence de tout autre responsable, le propriétaire d'un terrain sur lequel se trouvent des déchets est à ce seul titre leur détenteur au sens de la réglementation relative aux déchets sauf à ce qu'il démontre qu'aucun comportement fautif ne peut lui être reproché. Pour renverser cette présomption de responsabilité, le propriétaire doit donc établir qu'il est étranger à l'abandon des déchets sur son terrain, et qu'il ne l'a pas permis ou facilité par négligence ou complaisance (▪ Cass. 3e civ., 11 juill. 2012, n° 11-10.478, arrêt n° 860, publié au bulletin – M.-P. Blin-Franchomme, *Propriété foncière et détention de déchets : de nouveaux « risques immobiliers » après l'arrêt du 11 juillet 2012 : BDEI* nov. 2012, n° 42. – M. Boutonnet, *Le droit de propriété confronté à l'obligation d'éliminer les déchets via la qualification de détenteur : D.* 2012, n° 33, p. 2208. – B. Parance, *Le droit de propriété face à la protection de l'environnement au sujet de déchets : Rev. Lamy dr. civ.* oct. 2012, n° 97. – B. Parance, *La Cour de cassation affirme de façon surprenante un principe de responsabilité du propriétaire d'un terrain où des déchets ont été entreposés : Gaz. Pal.* 5 et 6 sept. 2012, nos 249-250, p. 8. – B. Parance, *Regard judiciaire sur l'étendue de la responsabilité d'un propriétaire pour les déchets abandonnés sur son site : D.* 2012, n° 33, p. 2182). La CJUE confirme la possibilité, pour les États-membres, de mettre en cause un propriétaire non exploitant afin d'assurer la remise en état d'un site (▪ CJUE, 4 mars 2015, aff. C-534/13, *Fipa Group et a.* – M.G. de La Ville-Baugé, *L'éclairage communautaire sur la responsabilité du propriétaire non exploitant d'un site pollué ou encombré par des déchets : BDEI* mai 2015, n° 57).

5) Notion de détenteur et qualité de propriétaire d'une ancienne décharge. Le propriétaire du site d'emprise d'une ancienne décharge peut, sous conditions, être débiteur de l'obligation de remise en état du site au titre de la réglementation relative aux installations classées pour la protection de l'environnement et/ou débiteur de l'obligation d'élimination des déchets au titre de la réglementation relative aux déchets. Cela peut notamment être le cas si l'acte par lequel le propriétaire a acquis le terrain d'assiette a eu pour effet, eu égard à son objet et à sa portée, en lui transférant l'ensemble des biens et droits se rapportant à l'exploitation concernée, de le substituer, même sans autorisation préfectorale, à l'exploitant (■ CE, 29 juin 2018, n° 400677, *Sté Akzo Nobel Uk Ltd*).

6) Élimination des déchets et rôle du service public communal. Si les habitants de communes membres d'un SICTOM peuvent assurer eux-mêmes l'élimination de leurs déchets sans utiliser les services du SICTOM, et dès lors ne pas être assujettis à la redevance perçue par la collectivité pour financer le service de collecte des déchets, il leur appartient en revanche de démontrer qu'en leur qualité de producteur ou de détenteur de déchets, ils ont assuré ou fait assurer l'élimination desdits déchets conformément aux dispositions du présent titre dans des conditions propres à éviter les effets nocifs pour l'homme et son environnement (■ Cass. com., 9 nov. 1993, *M. René Besard et a. : Gaz. Pal.* 1994, 2, p. 513 ; *RJF* 1994, n° 49. ■ Cass. com., 9 juill. 2002, arrêt n° 1412 F-D : *Environnement* janv. 2003, p. 15). Il résulte de la combinaison des dispositions de l'article 2 de la loi du 15 juillet 1975, de l'article 7 du décret n° 77-151 du 7 février 1977 et des articles L. 2224-13 à L. 2224-15 du Code général des collectivités territoriales que si, en principe, la personne qui produit ou détient des déchets doit en assurer l'élimination, il revient en revanche aux communes, par exception, de traiter directement ou par délégation les déchets des ménages ainsi que ceux qui, par leur nature et leur quantité, peuvent y être assimilés (■ TA Strasbourg, 8 avr. 1997, *Werner : Rev. jur. env.* 3/1997, p. 391, concl. Portail). L'exploitant d'une activité commerciale qui n'établit pas que les quantités et la nature des déchets produits par son activité permettent d'assimiler ceux-ci aux déchets d'un ménage ne peut utilement soutenir que la commune, ou son délégué, était tenue d'en assurer la collecte et que c'est à tort que cette collecte lui aurait été refusée (même jugement). L'utilisation du service des déchets est facultative, le producteur ou le détenteur des déchets n'étant tenu que d'une obligation d'éliminer n'impliquant pas de passer par le service de la collectivité locale (■ Cass. com., 3 oct. 2006, n° 04-11.661 : *Bull. civ.* IV, n° 198). Une commune non membre d'un syndicat intercommunal de traitement doit acquitter le montant des prestations d'incinération sur le fondement de l'enrichissement sans cause (■ CE, 25 oct. 2004, n° 249090, *Cne du Castellet*).

7) Remise du déchet à un tiers et information. La responsabilité d'un producteur de déchets ne peut être retenue pour un éventuel non-respect de son obligation d'élimination lorsque, après avoir signé un contrat d'enlèvement et de valorisation de ses déchets avec une entreprise spécialisée dans le négoce et le recyclage des déchets, cette dernière ne fournissant pas au producteur, alors même que celui-ci les lui réclame, des informations réelles et suffisantes quant aux modalités d'élimination des déchets et aux centres d'accueil des produits (■ Cass. 3e civ., 1er déc. 2010, n° 09-16.516).

8) Remise du déchet à un tiers et responsabilités. Le propriétaire ou le détenteur des déchets a la responsabilité de leur élimination, la seule circonstance qu'il ait passé un contrat en vue d'assurer celle-ci ne peut l'exonérer de ses obligations légales auxquelles il ne peut être regardé comme ayant satisfait qu'au terme de l'élimination des déchets (■ CE, 2 juin 2023, n° 450086 : *Lebon* T.). *Absence d'exonération de responsabilité du fait de la défaillance d'un cocontractant.* La seule circonstance que le propriétaire ou détenteur d'un déchet a passé un contrat en vue d'assurer son élimination ne l'exonère pas de ses obligations légales auxquelles il ne peut être regardé comme ayant satisfait qu'au terme de l'élimination des déchets (■ CE, 13 juill. 2006, n° 281231, *Sté minière et industrielle de rouge*. Y. Aguila, *Quel est le détenteur des déchets au sens de l'article L. 541-2 ? : BDEI* nov. 2006, n° 6, p. 56 et 57, concl. Dans le même sens : ■ CAA Bordeaux, 18 mai 2009, n° 08BX02156, *Sté Feu Vert Tarbes*, dans le même sens : ■ CAA Bordeaux, 10 avr. 2012, n° 11BX01602, *Sté LEHM*. ■ CAA Bordeaux, 1er mars 2016, n° 14BX00118, *Sté Saica Natur Sud*). Sont responsables d'une pollution causée par le déversement d'un transformateur au PCB devant être détruit, le détenteur du transformateur, la société à qui la destruction avait été confiée par contrat et son sous-traitant qui ne disposaient pas de l'agrément requis en application de l'article R. 543-33 du Code de l'environnement (■ CA Paris, 17 oct. 2012, n° 10/08002, *SA Electro Team*). Pour être exempté de la redevance des ordures ménagères, il convient de démontrer que les déchets en cause sont gérés conformément à l'article L. 541-2 du Code de l'environnement (■ Cass. 3e civ., 26 sept. 2012, n° 11-20.393). *Inopposabilité d'un contrat de droit privé.* Les dispositions du contrat de droit privé par lesquelles la société s'était déchargée sur un tiers, moyennant une rémunération forfaitaire, de la responsabilité du stockage des résidus de son exploitation ne sont pas opposables à l'administration (■ CE, 24 mars 1978, *Sté La quinoléine : Rec. CE* 1978, p. 156. ■ CE, 11 avr. 1986, *Sté des produits chimiques Ugine-Kuhlman : Rec. CE* 1986, p. 89. ■ CAA Bordeaux, 7 avr. 2015, n° 13BX03295, *SARL Éts Monmaneix Père et Fils*).

9) Exclusion de la qualité de détenteur ou de producteur pour le transporteur des déchets sous conditions. Une société dont l'activité a uniquement consisté à collecter et transporter des déchets pour le compte de tiers jusqu'à un centre de tri autorisé, conformément aux règles régissant son activité et sans commettre de négligence, ne peut être regardée comme ayant la qualité de producteur ou de détenteur des déchets (■ CE, 2 juin 2023, n° 450086 : *Lebon* T.).

Art. L. 541-2-1 *(Ord. n° 2010-1579, 17 déc. 2010 ; mod., L. n° 2015-992, 17 août 2015 ; L. n° 2020-105, 10 févr. 2020 ; Ord. n° 2020-920, 29 juill. 2020).* **– I. – Les producteurs de déchets, outre les mesures de prévention des déchets qu'ils prennent, et les détenteurs de déchets en organisent la gestion en respectant le principe de proximité et la hiérarchie des modes de traitement définis au II de l'article L. 541-1.**

L'ordre de priorité du mode de traitement peut notamment être modifié pour certains types de déchets si cela est prévu par un plan institué en application des articles L. 541-11-1, L. 541-13, L. 541-14 ou L. 541-14-1 couvrant le territoire où le déchet est produit.

Cet ordre de priorité peut également être modifié si cela se justifie compte tenu des effets sur l'environnement et la santé humaine, et des conditions techniques et économiques. La personne qui produit ou détient les déchets tient alors à la disposition de l'autorité compétente les justifications nécessaires.

II. – Les producteurs ou les détenteurs de déchets ne peuvent éliminer ou faire éliminer dans des installations de stockage de déchets que des déchets ultimes.

Est ultime au sens du présent article un déchet qui n'est plus susceptible d'être réutilisé ou valorisé dans les conditions techniques et économiques du moment, notamment par extraction de la part valorisable ou par réduction de son caractère polluant ou dangereux.

Les producteurs ou les détenteurs de déchets ne peuvent éliminer ou faire éliminer leurs déchets dans des installations de stockage ou d'incinération de déchets que s'ils justifient qu'ils respectent les obligations de tri prescrites au présent chapitre.

Le troisième alinéa du présent II n'est pas applicable aux résidus de centres de tri.

III. – Les dispositions du présent article ne sont pas applicables aux ménages.

Bibliographie : *Déchets ultimes.* P. Billet, obs. *in La relativité dans l'espace de la notion de déchet ultime : Environnement* mars 2008, n° 3, comm. 44 ; *De l'instabilité géographique du caractère ultime du déchet*, avec l'avis de l'avocat général O. Guérin : *Rev. jur. env.* 2008, n° 3, p. 313. • F. Nési, *La notion de déchet ménager ultime est-elle variable dans l'espace ? : Dr. env.* juin 2008, n° 159, p. 11.

1) Hiérarchisation des modes de traitement. L'article L. 541-2-1 rappelle et précise les obligations du producteur et du détenteur de déchets de respecter les principes hiérarchisés fixés par l'article L. 541-1-1 pour assurer la « gestion » des déchets, bien qu'un régime dérogatoire puisse être envisagé « *si cela se justifie compte tenu des effets sur l'environnement et la santé humaine, et des conditions techniques et économiques* », et sous le contrôle bien entendu de l'autorité compétente. Censure d'un plan départemental de gestion et de prévention des déchets qui déroge à la hiérarchie des modes de traitement sans que les conditions prévues par l'article L. 541-2-1 soient remplies. Le caractère proportionné de la dérogation à la hiérarchie du mode de traitement au regard du gisement de déchets concerné apparaît également pris en compte par le juge. Il est ainsi jugé qu'une telle dérogation ne devrait pas pouvoir concerner 69 % de la population du territoire concerné (■ TA Rennes, 24 mai 2017, n° 1404871).

2) Notion de déchet ultime. La définition du déchet ultime qui figurait au III de l'ancien article L. 541-1 est ici reprise aux termes d'une définition relativement proche mais toutefois modifiée.

Doit être regardé comme ultime un déchet qui n'est plus susceptible d'être réutilisé ou valorisé dans les conditions techniques ou économiques du moment, notamment par extraction de la part valorisable ou par réduction de son caractère polluant ou dangereux (■ CE, 21 juin 2013, n° 352427, *Communauté d'agglomération du Pays de Martigues*). La circonstance que l'utilisation future, par une société, d'oxyde d'uranium appauvri puisse être différée en considération de données, notamment économiques, n'est pas de nature à faire regarder ce dernier comme un déchet ultime (■ CAA Bordeaux, 5 nov. 1998, n° 98BX01320, *Cie générale des matières nucléaires [COGEMA]*. – Razafindratandra, *Résidus d'uranium et notion de déchets : Dr. env.* mai 1999, n° 68, p 4. – Confirmé par ■ CE, 23 mai 2001, n° 201938, *Assoc. pour la défense de l'environnement du pays Arédien et du Limousin : CJEG* déc. 2001, n° 582, p. 474, concl. M. Lamy). – V. sous ■ TA Limoges, 9 juill. 1998, *Assoc. Défense du pays Arédien et du Limousin c/ Préfet Haute-Vienne : Dr. env.* sept. 1998, n° 61, p. 5, note contraire Y. Razafindratandra, selon lequel l'oxyde d'uranium appauvri entreposé dans l'attente de son utilisation devait être regardé comme un déchet ultime, nonobstant la circonstance que son détenteur ne le destinerait pas à l'abandon, mais dès lors qu'il n'est pas établi qu'il serait susceptible d'être traité dans les conditions techniques et économiques du moment, en vue d'une utilisation comme matière première dans le cycle du combustible nucléaire). L'interdiction de stockage de déchets non ultimes s'apprécie dans un contexte local évolutif du processus de valorisation et de gestion des déchets ; le législateur a défini le déchet ultime de manière essentiellement évolutive qui doit être appréciée au regard des conditions techniques et économiques « du moment », tant au niveau national que départemental (■ TA Dijon, 31 déc. 2003, n°s 0200587 et 021645, *Clinique Ker Yonnec c/ Préfet du département de l'Yonne*). V. Réponse à question parlementaire précisant la notion de déchet ultime du 21 janvier 2001, n° 71873 : *JOAN* Q 15 avr. 2002, p. 1997.

3) **Déchet ultime et tri sélectif.** L'extraction de la part valorisable résulte d'un processus de tri sélectif effectué par les particuliers et mis en œuvre par les collectivités publiques, selon l'organisation et les objectifs retenus par les plans départementaux ; dès lors, l'obligation pour les installations de stockage de ne recevoir que des déchets ultimes ne saurait être interprétée comme leur imposant de procéder elles-mêmes à un tri déchet par déchet, mais seulement de s'assurer que les déchets qui leur parviennent ont préalablement fait l'objet d'une valorisation (■ TA Dijon, 31 déc. 2003, n°s 0200587 et 021645, *Clinique Ker Yonnec c/ Préfet du département de l'Yonne*).

4) **Installation de stockage de déchets.** Méconnaît l'interdiction d'accueillir des déchets non ultimes l'arrêté qui autorise l'exploitation d'une installation de stockage de déchets sans comporter des prescriptions de garantir que ne seront effectivement stockés dans celle-ci que des déchets devant être regardés comme ultimes (■ CE, 21 juin 2013, n° 352427, *Communauté d'agglomération du Pays de Martigues* confirme (■ CAA Marseille, 4 juill. 2011, n° 09MA00154, *Communauté d'agglomération du Pays de Martigues*). Admettre en stockage des déchets autres qu'ultimes postérieurement au 1er juillet 2002 constitue un trouble manifestement illicite (■ CA Paris, 23 mai 2003, n° 2002/19257, *SA Clinique Ker Yonnec*).

Art. L. 541-3 ***(Mod., L. n° 2003-699, 30 juill. 2003 ; L. n° 2010-788, 12 juill. 2010 ; rempl., Ord. n° 2010-1579, 17 déc. 2010 ; mod. à compter du 1er juillet 2013, Ord. n° 2012-34, 11 janv. 2012 ; à compter d'une date fixée par décret, et au plus tard le 1er janvier 2019, L. fin. rect. n° 2017-1775, 28 déc. 2017 ; mod., L. n° 2020-105, 10 févr. 2020 ; L. n° 2023-973, 23 oct. 2023).*** **– I. – Lorsque des déchets sont abandonnés, déposés ou gérés contrairement aux prescriptions du présent chapitre et des règlements pris pour leur application, à l'exception des prescriptions prévues au I de l'article L. 541-21-2-3 et de celles prévues à la section 4 du présent chapitre, l'autorité titulaire du pouvoir de police compétente avise le producteur ou détenteur de déchets des faits qui lui sont reprochés ainsi que des sanctions qu'il encourt et, après l'avoir informé de la possibilité de présenter ses observations, écrites ou orales, dans un délai d'un mois, le cas échéant assisté par un conseil ou représenté par un mandataire de son choix, peut lui ordonner le paiement d'une amende au plus égale à 15 000 € et le mettre en demeure d'effectuer les opérations nécessaires au respect de cette réglementation dans un délai déterminé.**

Au terme de cette procédure, si la personne concernée n'a pas obtempéré à cette injonction dans le délai imparti par la mise en demeure, l'autorité titulaire du pouvoir de police compétente peut, par une décision motivée qui indique les voies et délais de recours :

1° L'obliger à consigner entre les mains d'un comptable public une somme correspondant au montant des mesures prescrites, laquelle est restituée au fur et à mesure de l'exécution de ces mesures.

Cette somme bénéficie d'un privilège de même rang que celui prévu à l'article 1920 du Code général des impôts. Il est procédé à son recouvrement comme en matière de créances de l'État étrangères à l'impôt et au domaine. Le comptable peut engager la procédure de saisie administrative à tiers détenteur prévue à l'article L. 262 du Livre des procédures fiscales.

L'opposition à l'état exécutoire pris en application d'une mesure de consignation ordonnée par l'autorité administrative devant le juge administratif n'a pas de caractère suspensif ;

2° Faire procéder d'office, en lieu et place de la personne mise en demeure et à ses frais, à l'exécution des mesures prescrites. Les sommes consignées en application du 1° peuvent être utilisées pour régler les dépenses ainsi engagées ;

3° Suspendre le fonctionnement des installations et ouvrages, la réalisation des travaux et des opérations, ou l'exercice des activités qui sont à l'origine des infractions constatées jusqu'à l'exécution complète des mesures imposées et prendre les mesures conservatoires nécessaires, aux frais de la personne mise en demeure ;

4° Ordonner le versement d'une astreinte journalière au plus égale à 1 500 € courant à compter d'une date fixée par la décision jusqu'à ce qu'il ait été satisfait aux mesures prescrites par la mise en demeure. Le montant maximal de l'astreinte mise en recouvrement ne peut être supérieur au montant maximal de l'amende applicable pour l'infraction considérée ;

5° Ordonner le paiement d'une amende au plus égale à 150 000 €. La décision mentionne le délai de paiement de l'amende et ses modalités. L'amende ne peut être prononcée plus d'un an à compter de la constatation des manquements.

L'exécution des travaux ordonnés d'office peut être confiée par le ministre chargé de l'environnement à l'Agence de l'environnement et de la maîtrise de l'énergie ou à un autre établissement public compétent. Les sommes consignées leur sont alors reversées à leur demande.

II. – En cas d'urgence, l'autorité titulaire du pouvoir de police compétente fixe les mesures nécessaires pour prévenir les dangers graves et imminents pour la santé, la sécurité publique ou l'environnement.

III. – Est réputé abandon tout acte tendant, sous le couvert d'une cession à titre gratuit ou onéreux, à soustraire son auteur aux prescriptions du présent chapitre et des règlements pris pour son application.

IV. – Lorsque l'exploitant d'une installation de traitement de déchets fait l'objet d'une mesure de consignation en application du présent article ou de l'article L. 171-8, il ne peut obtenir d'autorisation pour exploiter une autre installation de traitement de déchets avant d'avoir versé la somme consignée.

V. – Si le producteur ou le détenteur des déchets ne peut être identifié ou s'il est insolvable, l'État peut, avec le concours financier éventuel des collectivités territoriales, confier la gestion des déchets et la remise en état du site pollué par ces déchets à l'Agence de l'environnement et de la maîtrise de l'énergie ou à un autre établissement public compétent.

VI. – Les amendes administratives et l'astreinte journalière mentionnées au I sont recouvrées au bénéfice :

1° De la commune, lorsque l'autorité titulaire du pouvoir de police compétente mentionnée au même I est le maire ;

2° Du groupement de collectivités, lorsque l'autorité titulaire du pouvoir de police compétente mentionnée audit I est le président d'un groupement de collectivités, en application de l'article L. 5211-9-2 du Code général des collectivités territoriales ;

3° De la collectivité de Saint-Martin, lorsque l'autorité titulaire du pouvoir de police compétente mentionnée au I du présent article est le président du conseil territorial de Saint-Martin.

• ***Sommaire***

1) **Police administrative, procédure et sanction.** L'article L. 541-3 précise les règles applicables de police administrative et introduit un régime de sanctions administratives.

La procédure de mise en demeure préalable est encadrée. Il est prévu que l'autorité titulaire du pouvoir de police compétente avise le producteur ou détenteur de déchets des faits qui lui sont reprochés ainsi que des sanctions qu'il encourt. Puis après l'avoir informé de la possibilité de présenter ses observations, écrites ou orales, dans un délai d'un mois, le cas échéant assisté par un conseil ou représenté par un mandataire de son choix, elle peut le mettre en demeure d'effectuer les opérations nécessaires au respect de cette réglementation dans un délai déterminé.

La fixation d'un délai précis est de nature à permettre le déroulement d'une procédure plus rigoureuse pour l'autorité compétente et plus protectrice pour le producteur ou le détenteur, en permettant ainsi un rapprochement de l'ensemble des intervenants.

Bibliographie : M. Bahouala, *La police des dépôts sauvages, tentons de déblayer sans se salir les mains ! : AJCT* 2018, p. 87. – J.-S. Boda et a., *Le renforcement du contrôle juridictionnel sur l'exercice du pouvoir de police des déchets : Éner-*

gie – Env. – Infrastr. 2018, n° 2, p. 32. – O. Didriche et M. Bahouala, *Les transferts de pouvoirs de police entre les communes et les établissements publics de coopération intercommunale (EPCI) : AJCT* 2018, p. 203. – A. Jully, *Police de déchets : renforcement du contrôle opéré sur l'obligation d'agir des autorités de police : Dr. adm.* 2018, n° 1, p. 41. – C. Huglo, *Droit des sols pollués : fin des polices parallèles ? : Environnement* oct. 2011, n° 10. – P. Grimaud, *L'article L. 541-3 du Code de l'environnement ne constitue pas une base légale pour facturer le ramassage de prospectus sur la voie publique : AJDA* 2009, p. 1105. – J-B. Auby, *Concours de police et déchets : Dr. adm.* 2007, n° 2, p. 1 et 2. – P. Billet, *Police spéciale des déchets : le maire en concours avec le préfet : Environnement* mars 2007, comm. 45 ; *Filiation de déchets et responsabilité de leur dépôt illégal : Environnement* avr. 2007, n° 4, comm. 68 ; *Statut des sols pollués et police spéciale de la remise en état : JCP* A 2007, n° 26, 2169. – M.-A. Vincent et R. Cléac'h, *Le transfert de la compétence « déchets » : Gaz. cnes.* 2005, n° 21, p. 50 à 53.

I – CONDITION D'EXERCICE DE LA « POLICE DES « DÉCHETS »

A – Objet

2) Déchets susceptibles de faire l'objet d'une mesure de police. Le préfet ne peut mettre en demeure le propriétaire d'un transformateur et de gravats enfermés dans des fûts et imprégnés par le liquide qui s'est échappé dudit transformateur hors d'usage lors de son enlèvement, de procéder à l'élimination de ces déchets contenant des PCB, qu'à la condition que la teneur en PCB de ces déchets soit supérieure aux valeurs minimales prévues par le décret n° 87-59 du 2 février 1987 fixant le seuil au-delà duquel peuvent être considérés comme déchets contenant des PCB, les PCB et les appareils en contenant (▪ CAA Nantes, 27 févr. 1998, n° 96NT00534, *Sté Clinique de l'Espérance et Sté Approchim.* ▪ CAA Nantes, 6 juin 2001, n° 96NT00534, *Min. Aménagement du territoire et Environnement c/ SA Clinique de l'Espérance : BDEI* 1/2002, p. 22). Constituent des déchets des pneumatiques usagés engendrant un risque élevé d'incendie pouvant entraîner de graves dangers pour les populations et une pollution de l'environnement (▪ CAA Bordeaux, 18 mai 2009, n° 08BX02156, *Sté Feu Vert Tarbes*).

3) Terres polluées. Constituent des déchets les terres polluées par des métaux lourds qui ne peuvent en être séparés que si ces terres font l'objet de mesures de décontamination, le maire étant en mesure de mettre en demeure le propriétaire de procéder à la dépollution de leur terrain avant, le cas échéant, d'assurer d'office l'élimination des déchets aux frais des responsables (▪ CAA Versailles, 10 mai 2007, n° 05VE01492, *Cne de Saint-Chéron*. – Ph. Billet, *Statut des sols pollués et police spéciale de la remise en état : JCP* A 2007, n° 26, 2169). Dans le même sens et jugeant l'obligation pour le propriétaire, détenteur des déchets de plomb incorporés dans les terres, de rembourser l'ADEME du coût des travaux de réhabilitation sollicités par le préfet au titre de l'article L. 541-3, étant précisé que le propriétaire connaissait la situation environnementale des terrains (▪ CA Bordeaux, 27 févr. 2007, n° 05/004619, *M. X c/ ADEME : Environnement* avr. 2008, p. 43, obs. Ph. Billet). À noter que l'article L. 514-4-1 exclut dorénavant les terres polluées non excavées des déchets.

B – Existence d'un risque

4) Risque pour l'environnement ou la santé. L'article L. 541-3 confère à l'autorité investie des pouvoirs de police municipale la compétence pour prendre les mesures nécessaires pour assurer l'élimination des déchets dont l'abandon, le dépôt ou le traitement porte atteinte à la santé de l'homme et à l'environnement (▪ CE, 11 janv. 2007, n° 287674, *Min. Écologie et Développement durable c/ Sté Barbazanges Tri Ouest*). En l'absence d'élément permettant d'établir qu'une pollution générerait effectivement un risque pour l'environnement ou pour la santé humaine, le maire n'a pas à prononcer de mesures sur le fondement des pouvoirs qu'il détient au titre de la police des déchets. La pollution faisait en l'espèce l'objet d'une gestion par l'ADEME (▪ CAA Lyon, 25 avr. 2013, n° 12LY00337, *Sté Anciennes Briqueteries de Limonest*). Illégalité du refus du maire de faire usage de ses pouvoirs de police générale pour mettre fin à la présence de matériaux combustibles, de matières plastiques et d'épaves de véhicules présentant un risque de pollution des sols, un risque avéré d'incendie (▪ CAA Bordeaux, 16 janv. 2014, n° 13BX00105, *Cne d'Ambès*). Lorsqu'il n'est pas établi qu'il résulte de l'abandon de déchets une atteinte à la santé humaine ou à l'environnement n'est établie, un maire peut légalement refuser de faire usage des pouvoirs de police dont il dispose au titre de l'article L. 541-3 (▪ CAA Nantes, 29 mars 2017, n° 16NT00438).

C – Destinataire des mesures de police

5) Producteur ou détenteur des déchets. V. sous art. L. 541-2, annot. n° 2, p. 1142. Le producteur ou le détenteur des déchets peuvent être indifféremment actionnés sur le fondement de l'article L. 541-3 (▪ CAA Douai, 4 mai 2000, n° 96DA02030, *SA Midax*). La circonstance que les déchets industriels présents sur le site d'un dépôt de déchets exploité sans autorisation n'auraient pas été déversés par l'exploitant de la décharge est inopposable à l'administration ; dès lors, l'arrêté de consignation pris à l'encontre du propriétaire du site, et correspondant à l'enlèvement desdits déchets peut être légalement fondé sur les dispositions de l'article 3 de la loi du 15 juillet 1975 (■ CAA Nantes, 5 oct. 1994, n° 92NT01089, *SARL « Transports Gelin »*). Jugé que la découverte de documents nominatifs au sein de détritus illégalement déposés sur la voie publique ne suffit pas à établir que la personne dont le nom figure sur ces documents est responsable de ce dépôt illicite, la notion de producteur ou de détenteur du déchet étant indépendante de celle de responsable du dépôt illégal (■ CAA Paris, 21 déc. 2006, n° 03PA03566, *Ville de Paris c/ SCI Paris XV Vouillé Nanteuil : Environnement* avr. 2007, comm. 68, note Ph. Billet). Une personne n'étant pas responsable du dépôt du transformateur sur un terrain, elle ne peut être mise en demeure d'éliminer ce déchet sur le fondement de l'article L. 541-3 (■ CAA Nancy, 6 mars 2003, n° 98NC01461, *Lachaux*). Également, les anciens exploitants d'une installation déclarée par une société tierce ne peuvent être tenus pour responsables des déchets demeurés sur le terrain du seul fait qu'ils ont conservé la propriété de ce terrain, leur qualité d'associés de ladite société ne permettant pas davantage de les regarder comme responsables au sens des dispositions susmentionnées des déchets abandonnés sur le site par suite de la défaillance de ladite société, quelles que soient par ailleurs les conditions dans lesquelles cette installation avait été précédemment exploitée (■ CAA Paris, 25 oct. 2001, n° 98PA01021, *Min. Aménagement du territoire et de l'Environnement c/ M. et Mme Manoil*). Peut également faire l'objet des mesures prévues par l'article L. 541-3 le détenteur antérieur des déchets si celui-ci en a méconnu les dispositions en abandonnant, gérant ou déposant des déchets contrairement aux dispositions du Code de l'environnement (■ CAA Paris, 9 févr. 2017, n° 15PA01423, *Sté Billy*). Aussi bien le détenteur actuel de déchets que tout détenteur antérieur peuvent être destinataires des mesures de police visées par l'article L. 541-3 dès lors qu'ils ont méconnu les prescriptions du Code de l'environnement relatives à la gestion des déchets (■ CAA Nancy, 12 déc. 2019, n° 18NC02100, *Stés Est Environnement et Arches Démolition*).

6) Auteur du dépôt de déchets. *Action positive.* Sur la nécessité d'une action positive du destinataire dans l'abandon, le dépôt et le traitement des déchets (■ CJCE, 7 sept. 2004, aff. C-01/03, *Van de Walle et a., Texaco Belgium SA*, comm. A. Gossement, *Un sol pollué est un déchet dont le détenteur doit assurer la décontamination : AJDA* 2004, n° 44, p. 2454 à 2457). Dans le même sens, jugé que le seul fait de découvrir des déchets sur la voie publique appartenant ou ayant appartenu à une personne identifiée ne permet pas de démontrer que cette personne est l'auteur du dépôt illégal du déchet, en particulier si cette personne a cessé toute activité au niveau de la voie publique considérée plus d'un mois avant la découverte du dépôt des déchets (■ CAA Paris, 21 déc. 2006, n° 03PA03566, *Ville de Paris c/ SCI Paris XV Vouillé Nanteuil : Environnement* avr. 2007, comm. 68, note Ph. Billet). En revanche, la maîtrise des déchets peut être rapportée par le fait qu'ils portent le nom de l'entreprise qui les a fournis et utilisés, qu'une série d'éléments démontrent qu'ils n'ont jamais été cédés ou utilisés par un tiers et ce, nonobstant le fait que ces déchets soient stockés dans des locaux ne lui appartenant pas (■ CAA Nancy, 4 déc. 2006, n° 05NC00996, *SA Manulor*. – L. Lanoy, *Notion de détenteur de déchets : nouvelle illustration jurisprudentielle : BDEI* mars 2007, n° 8, p. 22 à 23. – V. également ■ CA Metz, 22 avr. 2008, n° 06/02717, *SA Manulor*. ■ Cass. com., 7 juill. 2009, n° 08-18.115, *Sté Manulor*).

7) Notion de détenteur et propriétaire d'un terrain supportant des déchets. Le nouveau propriétaire d'un ancien site industriel comportant des déchets d'hydrocarbures devient débiteur de l'obligation d'élimination des déchets en sa seule qualité de propriétaire et ne peut se prévaloir de la mise en location de ce bien auprès d'une autre société, ni de ce que ces déchets résulteraient de l'activité d'une installation classée, laquelle n'aurait pas donné lieu à remise en état lors de sa cessation d'activité (■ CAA Nantes, 25 juin 2008, n° 07NT02864, *SCI Tuilargences*). De même, une société ayant donné en location un terrain à une autre société ne peut être regardée comme étant la responsable du dépôt des déchets encombrant ledit terrain (■ CAA Paris, 8 juill. 2004, n° 03PA00691, *Cne de Garges-les-Gonesses*). À l'inverse, le maire peut mettre en demeure le propriétaire d'un terrain de procéder à l'enlèvement des déchets entreposés par des occupants sans droits ni titre dès lors qu'il n'est pas établi d'une part qu'il aurait eu connaissance avant leur départ de la présence des déchets et d'autre part de la nouvelle adresse de ceux-ci après leur évacuation des lieux (■ CAA Nantes, 23 nov. 2018, n° 17NT03343, *SCI Voltaire-Sellières*). V. également sous art. L. 541-2, annot. n° 3, p. 1142.

8) Absence de responsabilité du simple collecteur de déchets. Après avoir poursuivi sans succès les exploitants d'un dépôt de pneumatiques usagés, l'arrêté du maire mettant en demeure le collecteur des pneumatiques est annulé au motif que le collecteur n'a pas à supporter la charge de l'élimination des déchets abandonnés, laquelle n'est imposée qu'aux seuls producteurs ou détenteurs de déchets (▪ TA Pau, 5 juin 2008, n° 0701026, *Sté Bab Assainissement*).

9) Absence de responsabilité du transporteur de déchets. L'autorité administrative compétente ne peut faire usage des pouvoirs de police spéciale qu'elle détient de l'article L. 541-3 qu'à l'égard du producteur ou du détenteur de déchets, qualité que ne possède pas le transporteur des déchets (▪ TA Melun, 5 févr. 2014, *Sté SOS Bennes*. – S. Nourisson, *Police de déchets*, Note sur ▪ TA Melun, 5 févr. 2014, n° 1202994/4 : *JurisData* n° 2014-016021 ; *Environnement et dév. durable* 2014, n°s 8-9, p. 25). Toutefois, la qualité de transporteur et de collecteur de déchets n'exclut pas celle de détenteur antérieur de déchets qui peut être poursuivi sur le fondement de l'article L. 541-3 s'il a abandonné, géré ou déposé lesdits déchets contrairement à ses dispositions (▪ CAA Paris, 9 févr. 2017, n° 15PA01423).

10) Réalisation matérielle des opérations de valorisation ou d'élimination et prise en charge financière. Il convient de distinguer la réalisation matérielle des opérations de valorisation ou d'élimination, qui sont à la charge des seuls détenteur et producteur des déchets, de la prise en charge financière de ces opérations, susceptible d'être imposée, conformément au principe pollueur-payeur, non seulement au détenteur et au producteur, mais encore aux personnes qui, par leur comportement, sont à l'origine des déchets, qu'elles soient anciennes détentrices des déchets ou productrices du produit générateur des déchets (▪ CE, 10 avr. 2009, n° 304803, *Cne de Batz-sur-Mer*. – M. Bourrel, *Pollution marine : le principe de responsabilité élargie de la société productrice du produit générateur de déchets : Dr. env.* juin 2009, n° 169, p. 23. – I. de Silva, *Naufrage de l'Érika et droit des déchets*, conclusions sur ▪ CE, 10 avr. 2009, n° 304803 : *JurisData* n° 2009-075236 ; *LPA* 26 juin 2009, n° 127, p. 10 ; *JCP* A 2009, n° 17, act. 512). Jugé que le producteur des produits générateurs des déchets, qui n'est pas le producteur ou le détenteur des déchets, même s'il peut être tenu d'une obligation subsidiaire de prise en charge financière, ne saurait, en cette seule qualité, faire l'objet d'une mise en demeure selon l'article L. 541-3 d'avoir à éliminer ou faire éliminer lesdits déchets (▪ CE, 10 avr. 2009, n° 304803, *Cne de Batz-sur-Mer*).

D – Responsabilité de l'État et de la commune

11) Faute du maire. La faute commise par le maire qui s'est abstenu de faire usage de ses pouvoirs de police des déchets et qui n'a pas porté à la connaissance du préfet les manquements graves et répétés d'un exploitant d'installation classée à ses obligations exonère partiellement la responsabilité de l'État pour carence dans l'exercice de ses pouvoirs de police des installations classées (▪ CE, 13 juill. 2007, n° 293210, *Cne Taverny : Environnement* août 2007, n° 8, comm. 154, Ph. Billet). Constitue une faute de nature à engager la responsabilité de la commune l'absence de mise en œuvre de ses pouvoirs de police des déchets, alors qu'il avait été sollicité à plusieurs reprises aux fins notamment d'identifier les auteurs de dépôts illicites de déchets. Constitue également une faute lourde de nature à engager la responsabilité de l'État l'absence de diligence du préfet, alors qu'il avait connaissance de l'inertie des autorités communales (▪ CE, 18 déc. 2020, n° 420569).

12) Incompétence du préfet. L'État n'engage pas sa responsabilité pour avoir imposé illégalement l'élimination de déchets dès lors que si le préfet était effectivement incompétent pour ce faire, une telle mesure aurait pu être imposée pareillement par le maire de la commune (▪ CAA Nantes, 25 juin 2008, n° 07NT02864, *SCI Tuilargences*, à comparer avec ▪ CE, 17 nov. 2004, n° 252514, *Sté Générale d'Archives : BDEI* févr. 2005, p. 18. ▪ CE, 22 févr. 2008, n° 252514, *Sté Générale d'Archives*. ▪ CAA Versailles, 9 déc. 2008, n°s 08VE01126 et 08VE01127, *Min. Écologie c/ Sté Montreuil Développement [Modev]*. ▪ CAA Nantes, 22 févr. 2013, n° 11NT01558, *SCI Tuilargences*).

II – MOYENS D'ACTION

A – Mise en demeure

13) Mise en demeure. Le maire est fondé à mettre en demeure le propriétaire d'un pavillon qui entreposait des déchets de différentes sortes (entre autres pneumatiques, métaux, bonbonnes de gaz, ordures ménagères, denrées périssables) de procéder à la dépollution de son terrain ; ces mises en demeure restant infructueuses, le maire, sans commettre d'illégalité, pouvait faire procéder d'office à l'enlèvement des déchets, le propriétaire se voyant ainsi dans l'obligation de rembourser la société qui a réalisé cette dépollution (▪ CAA Versailles, 18 mai 2010, n° 09VE02625, *M. Michel Coutard*).

14) Combinaison avec la loi du 25 janvier 1985. Les règles relatives à la déclaration de créance sont sans influence sur le bien-fondé d'une mise en demeure (▪ CAA Lyon, 5 févr. 2002, n°s 96LY00204 et 96LY00395, *Me Bourguignon, ès qualité de liquidateur de la société d'utilisation du phénol*).

B – Consignation

15) Titre exécutoire. Est annulé le titre de recette émis en vue du paiement des frais exposés lors de l'exécution d'office par la commune des travaux d'enlèvement et d'élimination des déchets abandonnés sur un terrain ne permettant pas au redevable de déterminer les bases et les éléments de calcul du montant mis à sa charge. N'est pas considérée comme suffisante à ce titre la mention du montant dû et de sa cause, le remboursement des travaux d'enlèvement des déchets (■ CAA Paris, 18 oct. 2010, n° 08PA04500, *Mme Jacqueline A. : Environnement et dév. durable* 2011, comm. 16, note Ph. Billet). Annulation partielle d'un titre exécutoire correspondant au montant à consigner des travaux d'élimination des déchets dès lors que le montant initialement réclamé était excessif (■ TA Amiens, 30 mars 2010, n° 0802456, *M. Majchrzak*).

16) Destinataire et montant de la consignation. L'autorité de police ne peut engager la procédure de consignation qu'à l'égard de la personne regardée comme responsable de l'abandon et du dépôt des déchets, en méconnaissance des prescriptions du présent titre et de ses décrets d'application ; et elle ne peut le faire qu'à concurrence du montant des frais correspondants aux mesures qu'exigent l'élimination desdits déchets (■ CAA Lyon, 6 juin 1995, n° 94LY00481, *Sté « Comptoir Lyonnais des Métaux »*). Le préfet, s'il a l'obligation de rechercher l'origine exacte de la pollution et par conséquent le détenteur initial des déchets avant l'édiction de la sanction prévue par l'article 3 de la loi du 15 juillet 1975, doit utiliser une procédure technique et scientifique présentant toutes les garanties de fiabilité nécessaire (même décision). Une cour d'appel a justement estimé que la preuve n'était pas rapportée de ce qu'il existait un lien entre la teneur très importante en pyralène constatée au fond des fûts de la Société d'application de moulages industriels dix jours après la collecte et la pollution des 47 000 litres transportés et que faute de rapporter cette preuve, ladite société ne pouvait être déclarée responsable de cette pollution et enjointe de consigner une somme de 220 000 F répondant de la destruction du lot en question (■ CE, 9 juin 2000, n° 178780, *Sté d'application de moulages industriels*). La somme consignée ne doit pas être excessive eu égard aux travaux à réaliser (■ CE, 4 mars 1998, n° 76766, *M. Duvernay*. ■ CAA Lyon, 10 juin 1997, n° 97LY00017, *Sté Lanvers Matériaux*).

C – Exécution d'office

17) Ramassage de prospectus sur la voie publique et imputation du coût. L'article L. 541-3 du Code de l'environnement ne constitue pas une base légale pour facturer le ramassage de prospectus sur la voie publique (■ TA Versailles, 6 mars 2009, n° 0702022, *Sté Lady Fitness : AJDA* 2009, n° 20, p. 1105).

18) Travaux d'office aux frais du responsable et responsabilité de l'État. Le sous-préfet, qui avait entrepris de faire assurer d'urgence et d'office l'élimination de déchets aux frais du responsable et qui est intervenu téléphoniquement auprès d'une entreprise qualifiée et agréée dans le traitement des PCB pour lui demander de procéder à l'enlèvement et à l'élimination desdits déchets toxiques entrant dans le champ d'application des dispositions du présent article, doit être considéré comme ayant passé à cet effet commande verbale de la prestation correspondante en vertu des dispositions de l'article 2 de la loi du 15 juillet 1975 prévoyant la substitution de l'autorité de police au producteur ou au détenteur des déchets en cas de carence de celui-ci. Par suite, et nonobstant ces dernières dispositions prévoyant que l'élimination d'office des déchets abandonnés, déposés ou traités, contrairement aux prescriptions du présent titre est assurée aux frais du responsable, l'entreprise chargée de l'élimination est fondée à obtenir la condamnation de l'État au paiement du montant des frais entraînés par la prestation effectuée (■ CAA Lyon, 29 juin 1994, *Sté « TREDI » : Rec. CE*, p. 1057).

D – Procédure

19) Mise en demeure préalable. Est légal l'arrêté municipal ordonnant l'exécution d'office de travaux de reconditionnement et d'enlèvement de produits toxiques sur un site classé ayant cessé son activité, les services de la commune intervenant alors que le préfet a informé le maire de la mise en demeure infructueuse adressée au liquidateur judiciaire de la société (■ TA Nice, 8 juill. 1999, n° 953212, *Mme Viano c/ Ville de Nice*). Est légal l'arrêté d'un maire mettant en demeure le propriétaire d'une parcelle supportant des épaves de matériels agricoles et ferrailles qu'il a lui-même déposées d'avoir à les éliminer sous peine de voir cette opération menée d'office directement par le maire aux frais du destinataire (■ TA Dijon, 9 août 2007, n° 0602067, *Morle*).

20) Illégalité d'une procédure d'enlèvement d'office. Dans le cadre d'une procédure de référé, il a été jugé qu'une commune qui n'apportait pas la preuve du respect de la procédure fixée par l'article L. 541-3 ne pouvait être autorisée à intervenir d'office pour l'enlèvement et l'élimination des déchets en cause (■ CA Chambéry, 1er déc. 2011, n° 11/01152, *M. Sébastien X.*).

21) Illégalité d'un arrêté de mise en demeure du maire. Un maire ne saurait fonder sur les dispositions de l'article 2 de la loi du 15 juillet 1975 un arrêté mettant en demeure une société de cesser ses dépôts de matériaux sur son terrain et de procéder, dans un délai de deux mois, à l'enlèvement des dépôts et matériaux, dès lors que la décision a été prise, en réalité, sur la base d'un motif tiré de la méconnaissance de la réglementation de l'urbanisme en vigueur (■ CAA Nantes, 22 avr. 1998, n° 95NT01342, *Cne d'Ouvreuer-les-Champs*). En matière de référé liberté, l'illégalité éventuelle d'un arrêté municipal enjoignant l'exploitant d'une installation de stockage et de traitement de déchets d'animaux de cesser son activité, au regard de la combinaison des pouvoirs de police spéciale du préfet et de police générale du maire, ne saurait justifier que le juge suspende ladite décision, dès lors que n'est pas en cause l'exercice d'une liberté fondamentale (■ CE, 25 avr. 2002, n° 245414, *Sté SARIA Industries*).

22) Procédure contradictoire préalable. La décision d'imposer l'enlèvement d'office des déchets postérieurement à une mise en demeure demeurée infructueuse doit être notifiée préalablement à son exécution effective afin de permettre aux intéressés d'être informés de la programmation de cette intervention et éventuellement de s'y opposer (■ CAA Paris, 22 févr. 2018, n° 16PA00101).

23) Référé mesure d'urgence. Pour un exemple de procédure de référé judiciaire pour mesures d'urgence ordonnant l'enlèvement de déchets à l'initiative d'une commune (■ CA Paris, pôle 1, ch. 2, 19 oct. 2023, n° 23/03177).

III – ARTICULATION « POLICE DES DÉCHETS » ET « POLICE DES INSTALLATIONS CLASSÉES »

A – Compétence du maire

24) Compétence de principe. L'article L. 541-3 confère à l'autorité investie des pouvoirs de police municipale la compétence pour prendre les mesures nécessaires pour assurer l'élimination des déchets dont l'abandon, le dépôt ou le traitement présentent des dangers pour la santé de l'homme et l'environnement (■ CE, 11 janv. 2007, n° 287674, *Min. Écologie et Développement durable c/ Sté Barbazanges Tri Ouest*. ■ CAA Nantes, 18 avr. 2006, n° 05NT00316, *SMICTOM de la Vallée de l'Authion*). En présence de déchets constitués de terres polluées par des métaux lourds ne pouvant être éliminés que si ces terres font l'objet de mesures de décontamination, le maire ne peut, en l'absence d'urgence, faire usage de ses pouvoirs de police générale, mais seulement de son pouvoir de police spéciale de l'article L. 541-3 lui permettant de mettre en demeure les propriétaires de procéder à la dépollution de leurs terrains avant, le cas échéant, d'assurer d'office l'élimination des déchets aux frais des responsables (■ CAA Versailles, 10 mai 2007, n° 05VE01492, *Cne de Saint-Chéron*).

25) Déchets et urbanisme. Il appartient au maire de s'assurer, sur le fondement de l'article R. 111-2 du Code de l'urbanisme, que les terrains d'assiette d'une demande d'autorisation de lotir se trouvent dans un état compatible avec l'implantation des constructions projetées. Le maire doit, en cas de pollution, refuser l'autorisation, nonobstant le fait que le préfet est compétent dès lors que la pollution du site résulte de l'exploitation d'une installation classée, pour ordonner au dernier exploitant la remise en état de ce site sur le fondement de l'article 23 de la loi du 19 juillet 1976 (■ CAA Paris, 27 avr. 1999, *Cne de Saint-Chéron et a.* : *Dr. env.* 10/1999, n° 72, p. 9, obs. Y. Razafindratandra. ■ CE, 9 mai 2001, n°s 209991 et 210626, *Cne de Saint-Chéron et a.*).

26) Combinaison des dispositions de la loi « Déchets » ou « Installations classées ». Il existe deux régimes distincts visant à appréhender d'une part les dangers générés par les déchets et d'autre part les dangers générés par l'exploitation des installations classées. En conséquence, si le préfet est intervenu au titre de ses pouvoirs de police des installations classées pour assurer le respect de l'obligation de remise en état à l'encontre de l'exploitant d'une installation classée, il appartient au maire de la commune, lorsqu'il entend intervenir au titre de la police spéciale des déchets, d'établir que les mesures prises par l'autorité chargée du contrôle de l'installation n'ont pas été suffisantes pour assurer le respect des objectifs que comporte la police des déchets (■ CAA Lyon, 22 juill. 2014, n° 12LY20357, *Cne de Nîmes*). Le maire peut, au même titre que le préfet, mettre en demeure l'exploitant d'une installation classée de cesser tout stockage de déchets sur le fondement de l'article 3 de la loi du 15 juillet 1975, cette mesure n'étant pas exclusive d'une mise en demeure, dans le même sens, prise par le préfet au titre de la loi du 19 juillet 1976 (■ CAA Lyon, 14 déc. 2004, n° 02LY00103, *Sté BGT*). La circonstance que des déchets se trouvent sur le site d'une ancienne installation classée n'est pas, par elle-même, de nature à faire obstacle à l'exercice, par le maire, des pouvoirs qu'il tient des dispositions de l'article L. 541-3 (■ CAA Bordeaux, 18 mai 2009, n° 08BX02156, *Sté Feu Vert Tarbes*). Sur la compétence du maire en matière d'élimination de déchets, le code ayant institué un régime juridique distinct de celui relatif aux installations classées pour la protection de l'environnement (■ CE, 11 janv. 2007, n° 287674, *Min. Écologie et Développement durable c/ Sté Barbazanges Tri Ouest*. – P. Billet : *Environnement* mars 2007, comm. 45 ; *Élimination des déchets : polices et responsabilités d'élimination en concours* : *JCP* E 2007, n° 23, p. 34. – Y. Jégouzo, F.-G. Trébulle et L. Fonbaustier, *Précisions sur le pouvoir du préfet en matière de déchets d'installations classées* : *RD imm.* mars-avr. 2007, n° 2, p. 126. – P. Billet, *Partages des polices et des responsabilités en matière d'élimination de déchets* : *Rev. jur. env.* 2007, n° 3, sept. 2007, p. 347.

– D. Deharbe, *La compétence du maire en matière de déchets est première, celle du préfet secondaire ! : Dr. env.* avr. 2007, n° 147, p. 8. – Et V. ■ CAA Nantes, 10 juin 2008, n° 07NT01123, *SAS Barbazanges Tri Ouest*. – D. Artus, *Qui est détenteur de déchets ? : AJDA* 21 juill. 2008, n° 26, p. 1430). Si le maire d'une commune, sur le territoire de laquelle est situé un dépôt de déchets qui n'a fait l'objet d'aucune autorisation ou déclaration au titre de la législation « installations classées », n'est pas compétent pour retirer ou suspendre une autorisation de traiter des déchets qui aurait été régulièrement accordée par le préfet sur le fondement de ladite législation « installations classées », il peut, en revanche, sur le fondement des articles 3 et 4 de la loi du 15 juillet 1975, mettre en demeure le propriétaire du dépôt d'éliminer les déchets (■ CE, 18 nov. 1998, n° 161612, *M. Jaeger : BDEI* 2/1999, p. 16, obs. M. Courtin. ■ CAA Nancy, 24 oct. 2002, n° 97NC02458, *Cne de Hegenheim*). Ni la circonstance que le propriétaire du dépôt aurait informé la préfecture de l'existence du dépôt de déchets exploité sur son terrain, ni celle que le dépassement du volume de 50 mètres cubes de déchets n'aurait pas été son fait ne sauraient, à les supposer établies, faire obstacle à la mise en œuvre des procédures prévues par l'article 3 de la loi du 15 juillet 1975 (■ CE, 18 nov. 1998, n° 161612, *M. Jaeger*, préc.).

B – Compétence du préfet

27) Installations classées. L'article R. 541-12-16 introduit par le décret n° 2013-301 du 10 avril 2013 précise que lorsque les dispositions du Code de l'environnement relatives aux déchets s'appliquent sur le site d'une installation classée, l'autorité titulaire du pouvoir de police des déchets est l'autorité administrative chargée du contrôle de ce type d'installations, soit le préfet. Le maire est donc incompétent pour prendre des mesures en application de l'article L. 541-3 sur le site d'une installation classée (■ CAA Versailles, 6 déc. 2018, n° 16VE02841, *SCI Yerres Développement*). La compétence du préfet, autorité de police des installations classées, s'étend également aux dépôts sauvages de déchets lorsqu'ils se trouvent sur le site d'une telle installation dès lors que l'article R. 541-12-16 n'opère aucune distinction entre les différents types de déchets entrant dans son champ d'application (■ Cass. 3e civ., 1er avr. 2021, n° 19-23.695). La compétence dérogatoire du préfet s'éteint avec la cessation définitive d'exploitation de l'installation classée (■ CAA Toulouse, 4e ch., 19 oct. 2023, n° 21TL04816).

28) Compétence du préfet. *Limites.* Le préfet est incompétent pour imposer des mesures de dépollution du sol résultant de l'activité d'une installation classée sur le fondement de la loi déchets du 15 juillet 1975 (■ CE, 17 nov. 2004, n° 252514, *Sté Générale d'Archives : BDEI* 2/2005, p. 18).

29) Compétence du préfet et carence du maire. L'article L. 541-3 confère à l'autorité investie des pouvoirs de police municipale la compétence pour prendre les mesures nécessaires pour assurer l'élimination des déchets dont l'abandon, le dépôt ou le traitement présentent des dangers pour la santé et l'environnement, sans que ces dispositions fassent obstacle à ce que le préfet, en cas de carence de l'autorité municipale à ce titre, prenne sur le fondement de celle-ci les mesures propres à prévenir toute atteinte à la santé de l'homme et à l'environnement, ni, lorsque les déchets sont issus de l'activité d'une ICPE, à ce qu'il exerce à l'encontre de l'exploitant ou du détenteur de celle-ci, pour assurer le respect de l'obligation de remise en état, les compétences qu'il tire de l'article L. 514-1 (■ CE, 11 janv. 2007, n° 287674, *Min. Écologie et Développement durable c/ Sté Barbazanges Tri Ouest : Environnement* mars 2007, comm. 45, Ph. Billet ; *Élimination des déchets : polices et responsabilités d'élimination en concours : JCP E* 2007, n° 23, p. 34. – Y. Jégouzo, F.-G. Trébulle et L. Fonbaustier, *Précisions sur le pouvoir du préfet en matière de déchets d'installations classées : RD imm.* 2007, n° 2, p. 126. – P. Billet, *Partages des polices et des responsabilités en matière d'élimination de déchets : Rev. jur. env.* sept. 2007, n° 3, p. 347. – D. Deharbe, *La compétence du maire en matière de déchets est première, celle du préfet secondaire ! : Dr. env.* avr. 2007, n° 147, p. 8. – Et V. ■ CAA Nantes, 10 juin 2008, n° 07NT01123, *SAS Barbazanges Tri Ouest*. – D. Artus, *Qui est détenteur de déchets ? : AJDA* 2008, n° 26, p. 1430. ■ CAA Lyon, 22 févr. 2011, n° 09LY01887, *SCI Marquet*. ■ CAA Lyon, 25 avr. 2013, n° 12LY00338, *Sté Anciennes Briqueteries de Limonest*). Face à un refus du maire compétent d'édicter des mesures en application de l'article L. 541-3, le préfet, mis en demeure à cette fin, doit se substituer au maire et édicter les mesures de police qui s'imposent en application du texte précité (■ CAA Toulouse, 4e ch., 16 mars 2023, n° 21TL00691. ■ CAA Lyon, 17 juin 2008, n° 06LY01502, *Dhivert*). Constitue une carence du maire donnant compétence au préfet d'agir, la demande effectuée par le maire au préfet de mettre en œuvre les démarches administratives nécessaires au respect de la réglementation relative aux déchets justifiée par le fait qu'il ne dispose pas des compétences et moyens nécessaires (■ CAA Nancy, 10 mars 2016, n° 15NC00697, *Sté nouvelle BOYON*).

30) Décharge communale. Le préfet est compétent pour prescrire à une commune de faire procéder à diverses investigations sur une décharge communale, aux motifs que cette décharge constituait une installation classée pour la protection de l'environnement, que la commune n'avait pas pris toutes les précautions nécessaires et était responsable des déchets, que le site n'était pas géologiquement apte à recevoir des déchets générateurs de nuisances, qu'il existait un risque de pollution des eaux et qu'un arrêté de mise en demeure n'avait pas totalement été respecté par le maire (■ CAA Nancy, 5 août 2004, n° 01NC00028, *Cne de Celles-sur-Ource*).

31) Épandage des boues. Si le préfet est compétent au titre de la police spéciale en matière d'épandage des boues de stations d'épuration, en revanche le maire est incompétent en l'absence de péril imminent (■ CAA Nancy, 5 août 2004, n° 02NC00787, *Préfet de la Haute Saône c/ Cne de Vellechevreux*).

32) Combinaison des dispositions de la loi « Déchets » et « Installations classées ». *Destruction d'huiles usagées.* Alors même que la destruction d'un lot d'huiles usagées et contaminées pouvait être également imposée sur le fondement du présent titre et le refus sanctionné dans les conditions prévues par cette dernière loi, le préfet a pu régulièrement prendre un arrêté de mise en demeure en application de l'article 23 de la loi du 19 juillet 1976 dès lors qu'il avait antérieurement pris un arrêté de mise en demeure soumettant la société exploitante aux prescriptions de la rubrique n° 120-II de la nomenclature des installations classées, lesquelles imposent, notamment, l'élimination dans les conditions fixées par la réglementation, des déchets produits par l'installation (■ CAA Nantes, 22 nov. 1995, *Sté d'application des moulages industriels (SAMI) : AJDA* 1996, p. 946, chron. Cadenat). – V. également sur le caractère distinct des régimes juridiques applicables en matière d'installations classées d'une part et de déchets d'autre part, sans possibilité pour le préfet de se prévaloir d'une substitution de base légale : (■ CAA Douai, 16 déc. 2004, n° 02DA00091, *Pion c/ Min. Aménagement du Territoire et de l'Environnement.* ■ CAA Versailles, 9 déc. 2008, n° 08VE01126, *Min. Écologie : Dr. adm.* 2009, n° 2, comm. 27. ■ CAA Nantes, 10 juin 2008, n° 07NT01123, *SAS Barbazanges Tri Ouest*, préc. ■ CAA Lyon, 17 juin 2008, n° 06LY01502, *Dhivert*). Dans la mesure où la dépollution d'un terrain imposée par le préfet à son propriétaire sur le fondement de la réglementation relative aux installations classées pour la protection de l'environnement aurait dû être imposée par le préfet sur le fondement de la réglementation relative aux déchets en substitution du maire défaillant, l'engagement de la responsabilité de l'État pour illégalité fautive de l'arrêté préfectoral doit être écartée (■ CE, 23 nov. 2011, n° 325334, *Min. Écologie, Énergie, Développement durable et Aménagement du territoire c/ Sté Montreuil Développement*, publié au recueil. ■ CAA Versailles, 28 déc. 2012, n° 11VE03939, *Min. Écologie, Énergie, Développement durable et Aménagement du territoire*).

IV – CONTRÔLE DU JUGE

33) Étendue du contrôle du juge. Il appartient au juge d'exercer un plein contrôle, et non un contrôle de l'erreur manifeste d'appréciation, sur le respect de l'obligation qui pèse sur l'autorité investie du pouvoir de police municipale de prendre les mesures nécessaires pour assurer l'élimination des déchets dont l'abandon, le dépôt ou le traitement présente des dangers pour l'environnement (■ CE, 13 oct. 2017, n° 397031. L. Marion, *Plein contrôle du juge sur la carence de l'administration à appliquer la réglementation relative à l'enlèvement des déchets : JCP* A 2018, n° 5, 2045 ; J.-S. Boda, *Déchets – Le renforcement du contrôle juridictionnel sur l'exercice du pouvoir de police des déchets : Énergie – Env. – Infrastr.* 2018, n° 2, comm. 9).

Art. L. 541-4 ***(Mod., Ord. n° 2010-1579, 17 déc. 2010).*** **– Les dispositions du présent chapitre s'appliquent sans préjudice des dispositions spéciales concernant notamment les installations classées pour la protection de l'environnement, les déchets radioactifs, les eaux usées dans la mesure où elles sont acheminées sans rupture de charge de l'installation génératrice vers l'installation de traitement ou le milieu récepteur, les cadavres d'animaux, les épaves d'aéronefs, les épaves maritimes, les immersions ainsi que les rejets provenant des navires. Elles ne font pas échec à la responsabilité que toute personne encourt en raison des dommages causés à autrui, notamment du fait de la gestion des déchets qu'elle a détenus ou transportés ou provenant de produits qu'elle a fabriqués.**

1) Champ d'application. À noter. Premièrement, seules les eaux usées « acheminées sans rupture de charge de l'installation génératrice vers l'installation de traitement ou le milieu récepteur » se voient appliquées les règles applicables aux déchets, ce qui limite le champ d'application tout en mettant néanmoins l'accent sur la soumission des effluents liquides faisant l'objet d'un assainissement au régime juridique des déchets.

Deuxièmement, conformément aux dispositions des articles L. 541-1 et L. 541-1-1, l'« *élimination* » est remplacée par la « *gestion* », terme moins restrictif en ce qu'il comprend l'ensemble des modes de traitement (valorisation...).

Voir : sur la responsabilité encourue en raison des dommages causés du fait de l'élimination des déchets ou provenant de produits fabriqués, V. application des C. civ., art. 1240 et s.

2) Responsabilité pour faute. *Manquement à un arrêté de police.* Un exploitant d'une installation d'élimination de déchets a été déclaré fautif pour avoir commis de nombreux manquements aux prescriptions fixées par arrêté préfectoral (▪ Cass. crim., 2 déc. 1986, n° 85-91.947). *Mise en œuvre.* Le juge reconnaît implicitement la responsabilité d'un particulier ayant déposé sur la voie publique un sac poubelle contenant des morceaux de verre à l'occasion de la contestation du titre exécutoire émis à son encontre, pour un montant correspondant aux salaires versés à l'agent blessé pendant son incapacité et aux frais médicaux et pharmaceutiques engagés (▪ Cass. 2e civ., 3 juin 2004, n° 02-14.128, *Communauté urbaine du Mans*). *Absence.* Ne peut être considéré comme responsable du dépôt de déchets le bailleur d'un terrain faisant l'objet d'un contrat de crédit-bail dès lors que le contrat stipulait que le preneur doit respecter toute prescription de l'autorité concernant l'hygiène et la salubrité ainsi que toute réglementation de ville ou de police (▪ CAA Paris, 8 juill. 2004, n° 03PA00690, *Cne de Garges-lès-Gonesse c/ Sté Sélectibanque : Environnement* oct. 2004, p. 20, note P. Trouilly).

3) Responsabilité sans faute (anc. art. 1384, al. 1er). Reste gardienne des déblais de grain d'orge et, par conséquent, demeure responsable au sens de l'article 1384, alinéa 1er, des troubles qu'ils produisent, la société qui, en sa qualité de professionnelle, n'a pas attiré l'attention de la société chargée de l'évacuation de ceux-ci sur le risque de fermentation dangereuse qu'elle était susceptible de rencontrer (▪ Cass. 1re civ., 9 juin 1993, *Ville de Montigny-les-Metz : JCP* 1994, n° IV, 22202, note Viney).

4) Troubles anormaux de voisinage. Le transporteur qui fait procéder au remplissage de ses camions et à leur vidange sur la voie publique, souillant celle-ci avec du gasoil et de l'huile, provoque pour le propriétaire du fond voisin un dommage dépassant le désagrément ordinaire du voisinage (▪ CA Rennes, 6 déc. 1983 : *JurisData* n° 1983-043705). Le juge reconnaît la responsabilité sans faute de la commune dès lors que les troubles excèdent les inconvénients normaux de voisinages. En l'espèce, les inconvénients constitués par les nuisances apportées à une habitation proche du local poubelles s'avèrent inférieures à l'intérêt général « évident et important en permettant d'entreposer les ordures ménagères du quartier dans de bonnes conditions » alors qu'auparavant un dépôt à l'air libre avait conduit les mêmes représentants à se plaindre auprès du maire (▪ TA Grenoble, 27 nov. 2002, n° 99-820, *Cne de Veurey-Voroize*, confirmé par ▪ CAA Lyon, 18 déc. 2003, n° 03LY00122, *Cne de Veurey-Voroize*).

Art. L. 541-4-1 *(Ord. n° 2010-1232, 21 oct. 2010 ; rempl., Ord. n° 2010-1579, 17 déc. 2010 ; mod., Ord. n° 2016-128, 10 févr. 2016 ; L. n° 2018-938, 30 oct. 2018 ; L. n° 2020-105, 10 févr. 2020 ; Ord. n° 2020-920, 29 juill. 2020).* – Ne sont pas soumis aux dispositions du présent chapitre :

– les sols non excavés, y compris les sols pollués non excavés et les bâtiments reliés aux sols de manière permanente ;

– les sédiments déplacés au sein des eaux de surface aux fins de gestion des eaux et des voies d'eau, de prévention des inondations, d'atténuation de leurs effets ou de ceux des sécheresses ou de mise en valeur des terres, s'il est prouvé que ces sédiments ne sont pas dangereux ;

– les effluents gazeux émis dans l'atmosphère ;

– le dioxyde de carbone capté et transporté en vue de son stockage géologique et effectivement stocké dans une formation géologique conformément aux dispositions de la section 6 du chapitre IX du livre II du titre II ;

– la paille et les autres matières naturelles non dangereuses issues de l'agriculture ou de la sylviculture et qui sont utilisées dans le cadre de l'exploitation agricole ou sylvicole ;

– les matières radioactives, au sens de l'article L. 542-1-1.

– les sous-produits animaux ou les produit dérivés, y compris les produits transformés couverts par le règlement (CE) n° 1069/2009 du Parlement européen et du Conseil du 21 octobre 2009 établissant des règles sanitaires applicables aux sous-produits animaux et produits dérivés non destinés à la consommation humaine et abrogeant le règlement (CE) n° 1774/2002 (règlement relatif aux sous-produits animaux), à l'exception de ceux qui sont destinés à l'incinération, à la mise en décharge ou à l'utilisation dans une usine de biogaz ou de compostage ;

– les explosifs déclassés placés sous la responsabilité du ministère de la défense qui n'ont pas fait l'objet d'opérations de démilitarisation dans des conditions prévues par décret.

– les substances qui sont destinées à être utilisées comme matières premières pour aliments des animaux au sens de l'article 3, paragraphe 2, point *g*, du règlement (CE) n° 767/2009 du Parlement européen et du Conseil du 13 juillet 2009 concernant la mise sur le marché et l'utilisation des aliments pour animaux et qui ne sont pas constituées de sous-produits animaux ou ne contiennent pas de sous-produits animaux.

1) Champ d'application – exclusions. L'article L. 541-4-1 exclut notamment les sites et sols pollués du régime juridique des déchets, lorsque les terres n'ont pas été excavées, afin de limiter les conséquences de la jurisprudence de la CJCE *Paul van de Walle* du 7 septembre 2004 *(préc.)* et ce, conformément aux dispositions de la directive cadre déchets du 19 novembre 2008 (n° 2008/98/CE). Il en va de même pour les sédiments déplacés au sein des eaux de surface qui sont ainsi exclus de la réglementation sur les déchets dès lors qu'ils ne sont pas dangereux.

2) Résidus d'activité minière. Des résidus issus des opérations d'extraction, spécifiquement identifiés, et présents en surface, au-dessus du sol naturel, sans y être incorporés ne constituent pas des sols pollués non excavés exclus du champ d'application de la police des déchets en vertu de l'article L. 541-4-1 du Code de l'environnement (■ CAA Toulouse, 16 mars 2023, n° 21TL00688).

Art. L. 541-4-2 *(Ord. n° 2010-1579, 17 déc. 2010 ; mod. L. n° 2015-992, 17 août 2015)*. **– Une substance ou un objet issu d'un processus de production dont le but premier n'est pas la production de cette substance ou cet objet ne peut être considéré comme un sous-produit et non comme un déchet au sens de l'article L. 541-1-1 que si l'ensemble des conditions suivantes est rempli :**

– l'utilisation ultérieure de la substance ou de l'objet est certaine ;

– la substance ou l'objet peut être utilisé directement sans traitement supplémentaire autre que les pratiques industrielles courantes ;

– la substance ou l'objet est produit en faisant partie intégrante d'un processus de production ;

– la substance ou l'objet répond à toutes les prescriptions relatives aux produits, à l'environnement et à la protection de la santé prévues pour l'utilisation ultérieure ;

– la substance ou l'objet n'aura pas d'incidences globales nocives pour l'environnement ou la santé humaine.

Les opérations de traitement de déchets ne constituent pas un processus de production au sens du présent article.

1) Distinction des déchets et sous-produits. Le nouvel article L. 541-4-2 intègre en droit français la notion de sous-produit et la distinction fondamentale, notamment pour le traitement, qui en résulte avec le déchet. Cette qualification de sous-produit permet à un résidu de production d'échapper à la réglementation des déchets sous réserve de remplir les cinq conditions cumulatives énoncées qui sont issues de la jurisprudence communautaire.

2) Boues de station d'épuration urbaine. Des boues de station d'épuration urbaine sont des déchets dans la mesure où les critères dégagés par la Cour de justice des Communautés européennes pour les qualifier de sous-produit ne sont pas remplis. Ainsi, l'autorisation de les utiliser a été demandée postérieurement à leur génération ce qui illustre seulement une volonté de s'en défaire et non une réutilisation certaine ; elles ont de plus fait l'objet de deux traitements de stabilisation qui constituent une transformation préalable incompatible avec la définition de sous-produit ; leur utilisateur n'est pas leur producteur, il n'y a donc pas réutilisation de ces boues dans la continuité d'un même processus de production (■ Cass. com., 26 juin 2012, n° 11-10.770, *Communauté d'agglomération de Bourg-en-Bresse*).

Art. L. 541-4-3 *(Ord. n° 2010-1579, 17 déc. 2010 ; L. n° 2020-105, 10 févr. 2020 ; Ord. n° 2020-920, 29 juill. 2020 ; L. n° 2023-973, 23 oct. 2023)*. **– I. – Un déchet cesse d'être un déchet après avoir été traité et avoir subi une opération de valorisation, notamment de recyclage ou de préparation en vue de la réutilisation, s'il remplit l'ensemble des conditions suivantes :**

– la substance ou l'objet est utilisé à des fins spécifiques ;

– il existe une demande pour une telle substance ou objet ou elle répond à un marché ;

– la substance ou l'objet remplit les exigences techniques aux fins spécifiques et respecte la législation et les normes applicables aux produits ;

– son utilisation n'aura pas d'effets globaux nocifs pour l'environnement ou la santé humaine.

I *bis*. – L'autorité administrative compétente définit des critères permettant de répondre aux conditions mentionnées au I. Ils comprennent le cas échéant des teneurs limites en substances polluantes et sont fixés en prenant en compte les effets nocifs des substances ou de l'objet sur l'environnement.

Afin de s'assurer du respect des conditions précitées, les critères peuvent prévoir, dans certains types d'installations ou pour certains flux de déchets, un contrôle par un tiers, le cas échéant, accrédité. Un tel contrôle est mis en œuvre pour les déchets dangereux, les terres excavées ou les sédiments qui cessent d'être des déchets.

I *ter*. – Une substance ou un objet élaboré dans une installation de production qui utilise pour tout ou partie des déchets comme matière première n'a pas le statut de déchet si cette substance ou cet objet est similaire à la

substance ou à l'objet qui aurait été produit sans avoir recours à des déchets, sous réserve que l'exploitant de l'installation de production respecte les conditions mentionnées au I.

L'exploitant de l'installation de production mentionnée au présent I *ter* transmet à l'autorité administrative compétente les éléments de justification nécessaires, notamment les essais réalisés lorsque l'exploitant utilise comme matière première des déchets susceptibles d'être dangereux.

II. – Les objets ou composants d'objets qui sont devenus des déchets et qui font l'objet d'une opération de préparation en vue de la réutilisation pour un usage identique à celui pour lequel ils avaient été conçus sont réputés remplir l'ensemble des conditions mentionnées au I du présent article, dès lors qu'ils respectent la législation et les normes applicables aux produits. Ils cessent alors d'être des déchets à l'issue de l'opération de préparation en vue de la réutilisation.

III. – Toute personne physique ou morale qui met pour la première fois sur le marché une matière ou un objet après qu'il a cessé d'être un déchet ou qui utilise pour la première fois une matière ou un objet qui a cessé d'être un déchet et qui n'a pas été mis sur le marché veille à ce que cette matière ou cet objet respecte les exigences pertinentes de la législation applicable sur les substances chimiques et les produits.

IV. – Les substances ou objets ayant cessé d'être des déchets au titre du présent article restent soumis au régime des déchets pour l'application des dispositions du règlement (CE) n° 1013/2006 du Parlement européen et du Conseil du 14 juin 2006 concernant les transferts de déchets, sauf si l'exportateur apporte la preuve que l'autorité compétente de destination au sens de ce règlement, sollicitée sur la classification de la substance ou de l'objet faisant l'objet du transfert, n'a pas émis d'objection.

Les modalités d'application du présent article sont fixées par décret.

Voir : Règlement 333/2011 du Conseil du 31 mars 2011 établissant les critères permettant de déterminer à quel moment certains types de débris métalliques cessent d'être des déchets au sens de la directive 2008/98 du Parlement européen et du Conseil (*JOUE* n° L 94, 8 avr. 2011). Règlement 715/2013 du 25 juillet 2013 établissant les critères permettant de déterminer à quel moment les débris de cuivre cessent d'être des déchets au sens de la directive 2008/98/CE du Parlement européen et du Conseil (*JOUE* n° L 201, 26 juill. 2013). Règlement n° 1179/2012 de la Commission du 10 décembre 2012 établissant les critères permettant de déterminer à quel moment le calcin de verre cesse d'être un déchet au sens de la directive 2008/98/CE du Parlement européen et du Conseil (*JOUE* n° L 337, 11 déc. 2012).

Voir : Arrêté du 29 juillet 2014 fixant les critères de sortie du statut de déchet pour les broyats d'emballages en bois pour usage comme combustibles de type biomasse dans une installation de combustion (*JO* 8 août 2014).

Arrêté du 10 juillet 2017 fixant les critères de sortie du statut de déchet pour les résidus de distillation des huiles usagées pour un usage comme plastifiant de bitumes dans la fabrication de membranes d'étanchéité pour toiture (*JO* 30 août 2017).

Cet article fixe le cadre d'une sortie du statut de déchet, transpose les dispositions de la directive 2008/98/CE relative aux déchets et abrogeant certaines directives. Il a été modifié pour assurer la transposition de la directive n° 2018/851/UE du 30 mai 2018 modifiant la directive 2008/98/CE dans l'objectif de faciliter cette sortie du statut de déchet et ainsi d'améliorer l'efficacité des ressources et de donner plus de certitude aux acteurs des marchés des matières premières secondaires s'agissant notamment des déchets faisant l'objet de processus innovants de valorisation ou des déchets utilisés ultérieurement dans d'autres États membres.

Il consacre également la sortie implicite du statut de déchet. Le champ d'application de cette sortie implicite est toutefois limité aux processus dans lesquels le déchet vient remplacer une matière première vierge sans modification du produit final. Il faut noter qu'elle a une efficacité qui est conditionnée, dans le cas d'une exportation du produit, à l'accord de l'État de destination.

Bibliographie : M.-P. Maître, *Comment sortir un déchet du statut déchet ? : Énergie – Env. – Infrastr.* 2016, n° 3, p. 54-56. • A. Canto, *Statut de déchet, quelle porte de sortie ? : Environnement magazine* déc. 2014, n° 1733, p. 32. • L. Radisson, *La sortie du statut de déchet (Journée d'étude du 11 oct. 2013, Université Paris-Sud) : BDEI* juin 2014, suppl. 51.

1) Le nouvel article L. 541-4-3 introduit la possibilité pour un déchet de sortir du statut de déchet et de redevenir un produit. Les implications de cet article, comme du précédent, sont fondamentales. Si les modalités de l'application de cet article doivent être fixées par décret, il est remarquable de relever le changement d'approche que cela impliquera pour les autorités compétentes amenées à se prononcer sur les notions de déchets, sous-produits et produits.

2) Sortie du statut de déchet et déchets dangereux. Un déchet considéré comme dangereux peut cesser d'être un déchet si une opération permet de le rendre utilisable sans mettre en danger la santé humaine et sans nuire à l'environnement et si son détenteur ne s'en défait pas et n'a ni l'intention ni l'obligation de s'en défaire (▪ CJCE, 7 mars 2013, aff. C-358/11, *Lapin elinkeino-, liikenne- ja ympäristökeskuksen liikenne ja infrastruktuuri -vastuualue c/ Lapin luonnonsuojelupiiri ry.* – B. Berger, *La valorisation d'un déchet lui fait-elle perdre son caractère de déchet ? : La lettre droit & réglementation* juin 2013, n° 6, p. 3. – C. Enckell, *Recyclage des déchets dangereux : le juge européen et REACH au secours du statut de produit : Rev. Environne-*

ment et technique févr. 2013, n° 322, p. 52. – R. Haddad, *Comment et à quelles conditions un bois traité valorisé peut-il cesser d'être un déchet dangereux ?* Note sous ▪ CJUE, 7 mars 2013, aff. C-358/11 : *JCP G* 2013, n° 21, p. 1001. – M.-P. Maitre, *De l'interprétation de la sortie du statut de déchet à l'aune du règlement Reach* : *Gaz. Pal.* 11 et 12 sept. 2013, n°s 254 à 255, p. 22. – S. Roset, *Déchets*, note sous ▪ CJUE, 7 mars 2013, aff. C-358/11, *Lapin ELY-keskus* : *Europe* 2013, n° 5, p. 34).

Art. L. 541-4-4 *(L. n° 2020-105, 10 févr. 2020)*. **– Dans le cadre d'un chantier de réhabilitation ou de démolition de bâtiment, si un tri des matériaux, équipements ou produits de construction est effectué par un opérateur qui a la faculté de contrôler les produits et équipements pouvant être réemployés, les produits et équipements destinés au réemploi ne prennent pas le statut de déchet.**

Art. L. 541-4-5 *(L. n° 2023-973, 23 oct. 2023)*. **– Une substance ou un objet qui est produit au sein d'une plateforme industrielle définie à l'article L. 515-48 et dont la production n'était pas le but premier du processus de production ne prend pas le statut de déchet si l'ensemble des conditions suivantes est rempli :**

1° L'utilisation de la substance ou de l'objet au sein de cette même plateforme industrielle est certaine ;

2° La substance ou l'objet n'a pas d'incidence globale nocive pour l'environnement ou la santé humaine ;

3° L'exploitant de l'installation ayant produit la substance ou l'objet a transmis à l'autorité administrative compétente les éléments justifiant le respect du 2°, notamment les essais réalisés, lorsque la substance ou l'objet est susceptible d'être dangereux.

Art. L. 541-5 *(Mod., Ord. n° 2010-1579, 17 déc. 2010)*. **– Les dépenses correspondant à l'exécution des analyses, expertises ou épreuves techniques nécessaires pour l'application du présent chapitre sont à la charge, selon le cas, du détenteur, du collecteur, du transporteur, du producteur, de l'exploitant d'une installation de traitement, du négociant, du courtier, de l'exportateur ou de l'importateur.**

Débiteurs des analyses, expertises et épreuves techniques. L'article L. 541-5 élargit le cercle des débiteurs des dépenses correspondant à l'exécution des analyses, expertises ou épreuves techniques, au-delà des seuls producteurs et détenteurs, puisque sont désormais également visés par les dispositions de cet article le collecteur, le transporteur, l'exploitant d'une installation de traitement, le négociant, le courtier, l'exportateur et l'importateur.

Il reste que cet élargissement à tous les acteurs de la filière pourrait rendre plus complexe un éventuel partage de responsabilité en cas de contentieux, même si le texte prévoit *a priori* une responsabilité unique et non solidaire, en précisant « *selon le cas* », et « *ou* ».

Art. L. 541-6 *(Mod., Ord. n° 2010-1579, 17 déc. 2010)*. **– Lorsque les personnes morales de droit public interviennent, matériellement ou financièrement, pour atténuer les dommages causés par un incident ou un accident lié à une opération de gestion de déchets ou pour éviter l'aggravation de ces dommages, elles ont droit au remboursement par les personnes responsables de cet incident ou accident des frais qu'elles ont engagés, sans préjudice de l'indemnisation des autres dommages subis. À ce titre, elles peuvent se constituer partie civile devant les juridictions pénales saisies de poursuites consécutives à l'incident ou à l'accident.**

Cette action s'exerce sans préjudice des droits ouverts aux associations de protection de l'environnement agréées au titre de l'article L. 141-1.

1) Collectivité publique et associations ; actions en justice ; recevabilité. Constituées parties civiles, une commune et une association ont obtenu la condamnation du responsable aux versements de dommages et intérêts, respectivement 500 000 F et 20 000 F pour les risques et les troubles engendrés par une décharge et les frais engagés dans cette affaire, tant par la commune que l'association (▪ T. pol. Lyon, 13 mars 1985, n° 2214, *Min. public et a. c/ H. Vallier et SA Sopaluna*).

2) Commune. *Remboursement des frais de dépollution.* Une commune ne pouvait obtenir le remboursement des frais de dépollution engagés suite au naufrage d'un pétrolier que dans la mesure où le produit pétrolier en cause a la nature de déchet et que l'incident est lié à une opération d'élimination du produit pétrolier transporté (▪ Cass. 3e civ., 17 déc. 2008, n° 04-12.315, *Cne de Mesquer c/ Total France et a.* [cassation de ▪ CA Rennes, 13 févr. 2002, *Cne de Mesquer c/ SA Total Raffinage Distribution, Sté Total International LTD* : *BDEI* 3/2002, p. 21 ; *JurisData* n° 2008-046288. – F. Chaltiel, *L'affaire Érika devant la Cour de cassation. Le droit communautaire bienfaiteur de l'environnement* : *LPA* 25-26 déc. 2008, n° 258, p. 7. – B. Steinmetz, *Articles L. 541-1 et suivants du Code* *de l'environnement versus déchet et principe du pollueur-payeur en droit communautaire : Dr. env.* janv.-févr. 2009, p. 14. – A. Chaminade, *Notion de déchet et mise en œuvre du principe pollueur-payeur : JCP G* 2009, n° 19, II 10079, p. 31. ▪ CJCE, 24 juin 2008, aff. C-188/07, *Cne de Mesquer c/ Total France et a.* – C. London, *Affaire Érika : l'interprétation des magistrats communautaires : Dr. env.* sept. 2008, n° 161, p. 15 ; *La marée noire de l'Érika : le déchet et son détenteur face au juge communautaire : BDEI* sept. 2008, n° 17, p. 15. – D. Simon, *Notion de déchet : Europe* août-sept. 2008, n° 8-9, p. 32. – A. Chaminade, *Notion de déchet et mise en œuvre du principe pollueur-payeur : JCP G* 2009, n° 19, II, 10079, p. 31 ; *Environnement* nov. 2008, comm. 154, P. Billet). – V. également : ▪ CE, 10 avr. 2009, n° 304803, *Cne de Batz-sur-Mer : LPA* 26 juin 2009, n° 127, p. 10, concl. I. de Silva. – M. Bourrel, *Pollution marine : le principe de responsabilité élargie de la société productrice du produit générateur de déchets : Dr. env.* juin 2009, n° 169, p. 23.

3) Responsabilité du détenteur et indemnisation d'une collectivité publique et de l'ADEME. Une personne reconnue coupable de l'infraction d'exploitation irrégulière d'une installation classée malgré une mesure de suspension administrative et pour l'infraction d'abandon ou dépôt illégal de déchets générateurs de nuisances, est condamnée à dix mois d'emprisonnement et à payer à la commune et à l'ADEME des dommages intérêts correspondants au coût de leurs interventions aux fins de réhabilitation du site ainsi pollué par le dépôt illégal de déchets (▪ TGI Marseille, 29 mars 2002, n° 2002/2968, *Ville de La Ciotat et ADEME*).

Art. L. 541-7 *(Rempl., L. n° 2020-105, 10 févr. 2020).* **– I. – Les personnes qui produisent, importent, exportent, traitent, collectent, transportent ou se livrent à des opérations de courtage ou de négoce des déchets tiennent à disposition de l'autorité administrative toutes informations concernant :**

1° La quantité, la nature et l'origine des déchets qu'elles produisent, remettent à un tiers ou prennent en charge ;

2° La quantité de produits et de matières issus de la préparation en vue de la réutilisation, du recyclage ou d'autres opérations de valorisation de ces déchets ;

3° Et, s'il y a lieu, la destination, la fréquence de collecte, le moyen de transport et le mode de traitement ou d'élimination envisagé pour ces déchets.

Ces informations sont déclarées à l'autorité administrative pour :

a) Les déchets dangereux ;

b) Les déchets contenant des substances figurant sur la liste de l'annexe IV du règlement (UE) 2019/1021 du Parlement européen et du Conseil du 20 juin 2019 concernant les polluants organiques persistants, ou contaminés par certaines d'entre elles ;

c) Les installations d'incinération et de stockage de déchets non dangereux non inertes ;

d) Les installations dans lesquelles les déchets perdent leur statut de déchet.

II. – Sans préjudice du I du présent article, les personnes qui produisent, importent, exportent, traitent, collectent, transportent ou se livrent à des opérations de courtage ou de négoce des terres excavées et des sédiments tiennent à disposition de l'autorité administrative toutes informations concernant :

1° La quantité, la nature, l'origine de ces terres excavées et sédiments et leur destination ;

2° Et, s'il y a lieu, le moyen de transport et le mode de traitement ou d'élimination envisagé.

Sont concernés par le présent II les terres excavées et les sédiments dès lors qu'ils sont extraits de leur emplacement d'origine et ne sont pas utilisés sur le site même de leur excavation, qu'ils aient ou non le statut de déchet.

Ces informations sont déclarées à l'autorité administrative à compter du 1er janvier 2021 pour :

a) Les personnes qui produisent des terres excavées et sédiments ;

b) Les personnes qui traitent des terres excavées et sédiments, y compris les personnes les utilisant en remblayage.

III. – Les informations obtenues en application des I et II du présent article sont mises à la disposition des autorités de contrôle mentionnées à l'article L. 541-44 du présent code.

IV. – Les conditions d'application du présent article sont fixées par décret en Conseil d'État.

Voir : Arrêté du 31 janvier 2008 relatif au registre et à la déclaration annuelle des émissions et de transferts de polluants et des déchets, modifié – Circulaire du 13 mars 2008 relative à l'application de l'arrêté du 31 janvier 2008 relatif au registre et à la déclaration annuelle des émissions polluantes et des déchets.

Infraction à l'article 8 de la loi du 15 juillet 1975 (devenu L. 541-7 du Code de l'environnement). Doit être condamnée par application de l'article 8 de la loi du 15 juillet 1975 la société qui a refusé de fournir à l'administration des informations, ou fourni des informations inexactes relatives à la nature, l'origine, les caractéristiques, les quantités, la destination et les modalités d'élimination des déchets produits, remis ou pris en charge (T. corr. Saint-Quentin, 26 juin 1985 : *Rev. jur. env.* 4/1985, p. 480).

Art. L. 541-7-1 *(Ord. n° 2010-1579, 17 déc. 2010 ; rempl., L. n° 2015-992, 17 août 2015 ; mod., L. n° 2020-105, 10 févr. 2020).* – Tout producteur ou, à défaut, tout détenteur de déchets est tenu de caractériser ses déchets et en particulier de déterminer s'il s'agit de déchets dangereux ou de déchets qui contiennent des substances figurant sur la liste de l'annexe IV du règlement (UE) 2019/1021 du Parlement européen et du Conseil du 20 juin 2019 concernant les polluants organiques persistants, ou qui sont contaminés par certaines d'entre elles.

Tout producteur ou détenteur de déchets dangereux est tenu d'emballer ou de conditionner les déchets dangereux et d'apposer un étiquetage sur les emballages ou contenants conformément aux règles internationales et européennes en vigueur.

Tout producteur ou détenteur de déchets est tenu de fournir les informations nécessaires à leur traitement lorsque les déchets sont transférés à des fins de traitement à un tiers.

Le présent article n'est pas applicable aux ménages.

Caractérisation des déchets. Cet article introduit l'obligation pour les producteurs et les détenteurs de déchets de caractériser leurs déchets, d'emballer et d'étiqueter leurs déchets dangereux selon des règles qui sont définies par décret.

Art. L. 541-7-2 *(Ord. n° 2010-1579, 17 déc. 2010 ; mod., Ord. n° 2020-920, 29 juill. 2020).* – Le mélange de déchets dangereux de catégories différentes, le mélange de déchets dangereux avec des déchets non dangereux et le mélange de déchets dangereux avec des substances, matières ou produits qui ne sont pas des déchets sont interdits.

Par dérogation à l'alinéa précédent, des opérations de mélanges peuvent être autorisées si elles sont réalisées dans une installation visée à l'article L. 511-1 soumise à autorisation ou à enregistrement, si l'opération de mélange s'effectue selon les meilleures techniques disponibles et, sans mettre en danger la santé humaine ni nuire à l'environnement, n'en aggrave pas les effets nocifs sur l'une et l'autre.

Lorsqu'un mélange de déchets dangereux a été réalisé en méconnaissance des alinéas précédents, une opération de séparation doit être effectuée si le mélange a pour conséquence de mettre en danger la santé humaine ou de nuire à l'environnement, dans la mesure où elle est techniquement possible, dans une installation visée à l'article L. 511-1 soumise à autorisation ou à enregistrement.

Les modalités d'application du présent article sont fixées par décret.

Les dispositions du présent article ne sont pas applicables aux ménages.

À noter : Interdiction des mélanges de déchets. Cet article pose le principe de l'interdiction de mélange des déchets, en particulier s'agissant des déchets dangereux, tout en prévoyant des dérogations dont les modalités seront définies par décret. L'ordonnance n° 2020-920 a supprimé la possibilité de ne pas procéder, pour un motif économique, à une opération de séparation d'un mélange de déchets dangereux proscrit ayant pour conséquence de mettre en danger la santé humaine ou de nuire à l'environnement.

Art. L. 541-8 *(Mod., Ord. n° 2010-1579, 17 déc. 2010).* – La collecte, le transport, le courtage et le négoce de déchets sont, dans des conditions fixées par décret en Conseil d'État, réglementés et soumis soit à autorisation de l'autorité administrative dès lors que les déchets présentent de graves dangers ou inconvénients pour les intérêts protégés par la présente section, soit à déclaration s'ils ne présentent pas de tels dangers ou inconvénients.

Les collecteurs, les transporteurs, les négociants et les courtiers respectent les objectifs visés à l'article L. 541-1.

Voir : Directive n° 2008/68/CE du 24 septembre 2008 relative au transport intérieur des marchandises dangereuses (*JOUE* n° L 260, 30 sept. 2008) modifiée.

Section II. – Conception, production et distribution de produits générateurs de déchets

Sous-section 1. – Dispositions générales

(Division créée, L. n° 2020-105, 10 févr. 2020)

Art. L. 541-9 *(Mod., Ord. n° 2010-1579, 17 déc. 2010 ; rempl. à compter du 1er janvier 2021, L. n° 2020-105, 10 févr. 2020).* – I. – La fabrication, la détention en vue de la vente, la mise en vente, la vente et la mise à la disposition de l'utilisateur, sous quelque forme que ce soit, de produits générateurs de déchets peuvent être réglementées en vue de faciliter la gestion desdits déchets ou, en cas de nécessité, interdites.

II. – Afin d'atteindre les objectifs de recyclage fixés par la loi ou le droit de l'Union européenne et de soutenir les filières de recyclage, la mise sur le marché de certaines catégories de produits et matériaux peut être subordonnée au respect d'un taux minimal d'incorporation de matière recyclée dans ces produits et matériaux, à l'exception des matériaux issus des matières premières renouvelables, sous réserve que l'analyse du cycle de vie de cette obligation soit positive. Ces catégories et taux, leur trajectoire pluriannuelle d'évolution et les caractéristiques des matières premières renouvelables exemptées sont précisés par décret, en tenant compte des caractéristiques techniques des produits, notamment en matière environnementale, sanitaire et de sécurité, et après consultation des représentants des secteurs concernés. Ce décret précise aussi la méthode retenue pour le calcul du taux ainsi que les modalités de contrôle du respect de l'obligation prévue au présent II.

III. – Les producteurs, importateurs ou exportateurs doivent justifier que les déchets engendrés, à quelque stade que ce soit, par les produits qu'ils fabriquent, importent ou exportent sont de nature à être gérés dans les conditions prescrites au présent chapitre. L'autorité administrative est fondée à leur réclamer toutes informations utiles sur les modes de gestion et sur les conséquences de leur mise en œuvre.

L'autorité administrative peut demander la communication aux personnes mentionnées au premier alinéa du présent III ainsi qu'à leur éco-organisme de tout élément justifiant le taux d'incorporation de matière recyclée de leurs produits et de toutes informations relatives à la présence éventuelle dans leurs produits de substances dangereuses, aux modes de gestion des déchets qui en sont issus et aux conséquences de leur mise en œuvre.

Lorsque ces personnes sont soumises au principe de responsabilité élargie du producteur en application de l'article L. 541-10, l'autorité administrative a accès aux données quantitatives et aux caractéristiques relatives aux produits mis sur le marché ainsi qu'aux informations économiques détenues par les producteurs ou leur éco-organisme qui sont relatives aux mesures de prévention et de gestion des déchets issus de leurs produits prévues en application de la présente section ou des textes réglementaires pris pour son application.

IV. – Au plus tard le 1er janvier 2030, les producteurs, metteurs sur le marché ou importateurs, responsables de la mise sur le marché d'au moins 10 000 unités de produits par an et déclarant un chiffre d'affaires supérieur à 10 millions d'euros, doivent justifier que les déchets engendrés par les produits qu'ils fabriquent, mettent sur le marché ou importent sont de nature à intégrer une filière de recyclage. Cette obligation ne s'applique pas aux produits qui ne peuvent intégrer aucune filière de recyclage pour des raisons techniques, y compris en modifiant leur conception. Les producteurs, metteurs sur le marché ou importateurs de ces produits doivent alors justifier de cette impossibilité et sont tenus de réévaluer tous les cinq ans la possibilité de revoir la conception des produits concernés pour qu'ils puissent intégrer une filière de recyclage.

Un décret en Conseil d'État définit les conditions d'application du premier alinéa du présent IV et les sanctions pour les producteurs, metteurs sur le marché et importateurs dont les produits ne peuvent être intégrés dans aucune filière de recyclage et qui ne sont pas en mesure de démontrer l'impossibilité d'intégrer leurs produits dans une telle filière de recyclage.

V. – L'autorité administrative a accès aux données et informations économiques et environnementales relatives à la gestion des déchets auprès des collectivités territoriales et des établissements publics qui assurent le service public de gestion des déchets, lorsqu'ils prennent en charge des opérations de gestion des déchets issus des produits relevant du principe de responsabilité élargie du producteur.

VI. – Lorsqu'un éco-organisme établit une convention avec une collectivité territoriale ou un établissement public mentionné à l'article L. 2224-13 du Code général des collectivités territoriales pour assurer la collecte ou le traitement de déchets issus de produits relevant de la responsabilité élargie du producteur au titre de l'article L. 541-10 du présent code, les données relatives à la gestion des déchets qui font l'objet de la convention et aux coûts associés sont rendues publiques. Ne sont pas concernées par la publicité les données dont la divulgation est susceptible de porter atteinte au secret des affaires et au secret commercial.

Art. L. 541-9-1 (1) *(Créé à compter du 1er janvier 2022, L. n° 2020-105, 10 févr. 2020).* – Afin d'améliorer l'information des consommateurs, les producteurs et importateurs de produits générateurs de déchets informent les

(1) V. aussi : L. n° 2020-105, 10 févr. 2020 (dispositif d'affichage environnemental ou environnemental et social volontaire). – NDLR.

consommateurs, par voie de marquage, d'étiquetage, d'affichage ou par tout autre procédé approprié, sur leurs qualités et caractéristiques environnementales, notamment l'incorporation de matière recyclée, l'emploi de ressources renouvelables, la durabilité, la compostabilité, la réparabilité, les possibilités de réemploi, la recyclabilité et la présence de substances dangereuses, de métaux précieux ou de terres rares, en cohérence avec le droit de l'Union européenne. Ces qualités et caractéristiques sont établies en privilégiant une analyse de l'ensemble du cycle de vie des produits. Les consommateurs sont également informés des primes et pénalités mentionnées à l'article L. 541-10-3 versées par le producteur en fonction de critères de performance environnementale. Les informations prévues au présent alinéa doivent être visibles ou accessibles par le consommateur au moment de l'acte d'achat. Le producteur ou l'importateur est chargé de mettre les données relatives aux qualités et caractéristiques précitées à disposition du public par voie électronique, dans un format aisément réutilisable et exploitable par un système de traitement automatisé sous une forme agrégée. Un accès centralisé à ces données peut être mis en place par l'autorité administrative selon des modalités précisées par décret.

Les produits et emballages en matière plastique dont la compostabilité ne peut être obtenue qu'en unité industrielle ne peuvent porter la mention « compostable ».

Les produits et emballages en matière plastique compostables en compostage domestique ou industriel portent la mention « Ne pas jeter dans la nature ».

Il est interdit de faire figurer sur un produit ou un emballage les mentions « biodégradable », « respectueux de l'environnement » ou toute autre mention équivalente.

Lorsqu'il est fait mention du caractère recyclé d'un produit, il est précisé le pourcentage de matières recyclées effectivement incorporées.

Un décret en Conseil d'État fixe les modalités d'application du présent article, notamment la définition des qualités et caractéristiques environnementales, les modalités de leur établissement, les catégories de produits concernés ainsi que les modalités d'information des consommateurs. Un décret, pris après avis de l'Agence nationale de sécurité sanitaire de l'alimentation, de l'environnement et du travail, identifie les substances dangereuses mentionnées au premier alinéa (1).

Art. L. 541-9-2 *(Créé à compter du 1er janvier 2021, L. n° 2020-105, 10 févr. 2020).* – I. – Les producteurs, importateurs, distributeurs ou autres metteurs sur le marché d'équipements électriques et électroniques communiquent sans frais aux vendeurs de leurs produits ainsi qu'à toute personne qui en fait la demande l'indice de réparabilité de ces équipements ainsi que les paramètres ayant permis de l'établir. Cet indice vise à informer le consommateur sur la capacité à réparer le produit concerné.

Les vendeurs d'équipements électriques et électroniques ainsi que ceux utilisant un site internet, une plateforme ou toute autre voie de distribution en ligne dans le cadre de leur activité commerciale en France informent sans frais le consommateur, au moment de l'acte d'achat, par voie de marquage, d'étiquetage, d'affichage ou par tout autre procédé approprié de l'indice de réparabilité de ces équipements. Le fabricant ou l'importateur est chargé de mettre ces informations à la disposition du public par voie électronique, dans un format aisément réutilisable et exploitable par un système de traitement automatisé sous une forme agrégée. Un accès centralisé à ces données peut être mis en place par l'autorité administrative selon des modalités précisées par décret. Le vendeur met également à la disposition du consommateur les paramètres ayant permis d'établir l'indice de réparabilité du produit, par tout procédé approprié.

Un décret en Conseil d'État définit les modalités d'application du présent I selon les catégories d'équipements électriques et électroniques, notamment les critères et le mode de calcul retenus pour l'établissement de l'indice. Les critères servant à l'élaboration de l'indice de réparabilité incluent obligatoirement le prix des pièces détachées nécessaires au bon fonctionnement du produit et, chaque fois que cela est pertinent, la présence d'un compteur d'usage visible par le consommateur.

II. – À compter du 1er janvier 2024, les producteurs ou importateurs de certains produits communiquent sans frais aux vendeurs et à toute personne qui en fait la demande l'indice de durabilité de ces produits, et les paramètres ayant permis de l'établir. Cet indice inclut notamment de nouveaux critères tels que la fiabilité et la robustesse du produit et vient compléter ou remplacer l'indice de réparabilité prévu au I du présent article lorsque celui-ci existe.

(1) V. T. appl. : D. n° 2021-1285, 1er oct. 2021. – NDLR.

Les vendeurs des produits concernés ainsi que ceux utilisant un site internet, une plateforme ou toute autre voie de distribution en ligne dans le cadre de leur activité commerciale en France informent sans frais le consommateur, au moment de l'achat du bien, par voie de marquage, d'étiquetage, d'affichage ou par tout autre procédé approprié de l'indice de durabilité de ces produits. Le vendeur met également à disposition du consommateur les paramètres ayant permis d'établir l'indice de durabilité du produit, par tout procédé approprié.

Un décret en Conseil d'État fixe la liste des produits et équipements concernés ainsi que les modalités d'application du présent II.

Art. L. 541-9-3 *(Créé à compter du 1er janvier 2022, L. n° 2020-105, 10 févr. 2020).* – Tout produit mis sur le marché à destination des ménages soumis au I de l'article L. 541-10, à l'exclusion des emballages ménagers de boissons en verre, fait l'objet d'une signalétique informant le consommateur que ce produit fait l'objet de règles de tri.

Cette signalétique est accompagnée d'une information précisant les modalités de tri ou d'apport du déchet issu du produit. Si plusieurs éléments du produit ou des déchets issus du produit font l'objet de modalités de tri différentes, ces modalités sont détaillées élément par élément. Ces informations figurent sur le produit, son emballage ou, à défaut, dans les autres documents fournis avec le produit, sans préjudice des symboles apposés en application d'autres dispositions. L'ensemble de cette signalétique est regroupé de manière dématérialisée et est disponible en ligne pour en faciliter l'assimilation et en expliciter les modalités et le sens.

L'éco-organisme chargé de cette signalétique veille à ce que l'information inscrite sur les emballages ménagers et précisant les modalités de tri ou d'apport du déchet issu du produit évolue vers une uniformisation dès lors que plus de 50 % de la population est couverte par un dispositif harmonisé.

Les conditions d'application du présent article sont précisées par décret en Conseil d'État.

Art. L. 541-9-3-1 *(L. n° 2021-1485, 15 nov. 2021).* – Les distributeurs d'équipements informatiques communiquent sans frais aux consommateurs de leurs produits, au cours de leur utilisation, des alertes et conseils d'usage ou d'opérations d'entretien, de maintenance ou de nettoyage informatique afin d'optimiser leur performance, notamment la gestion de la mémoire et du stockage, dans le but d'allonger leur durée de vie.

Art. L. 541-9-4 *(Créé à compter du 1er janvier 2022, L. n° 2020-105, 10 févr. 2020).* – Tout manquement aux obligations d'information mentionnées aux articles L. 541-9-2 et L. 541-9-3 est passible d'une amende administrative dont le montant ne peut excéder 3 000 € pour une personne physique et 15 000 € pour une personne morale.

Cette amende est prononcée dans les conditions prévues au chapitre II du titre II du livre V du Code de la consommation.

Art. L. 541-9-4-1 *(Créé à compter du 1er janvier 2023, L. n° 2021-1104, 22 août 2021).* – Tout manquement aux obligations d'information mentionnées à l'article L. 541-9-1 est passible d'une amende administrative dont le montant ne peut excéder 3 000 € pour une personne physique et 15 000 € pour une personne morale.

Cette amende est prononcée dans les conditions prévues au chapitre II du titre II du livre V du Code de la consommation.

Art. L. 541-9-5 *(Créé à compter du 1er janvier 2021, L. n° 2020-105, 10 févr. 2020 ; mod., L. n° 2021-1104, 22 août 2021).* – En cas d'inobservation d'une prescription définie à la présente section, le ministre chargé de l'environnement avise la personne intéressée des faits qui lui sont reprochés et de la sanction qu'elle encourt. La personne intéressée est mise à même de présenter ses observations, écrites ou orales, dans un délai d'un mois et peut être, le cas échéant, assistée d'un conseil ou représentée par un mandataire de son choix.

Au terme de cette procédure, le ministre chargé de l'environnement peut, par une décision motivée qui indique les voies et délais de recours, prononcer une amende administrative dont le montant tient compte de la gravité des manquements constatés et des avantages qui en sont retirés. Ce montant ne peut excéder, par unité ou par tonne de produit concerné, 1 500 € pour une personne physique et 7 500 € pour une personne morale. La décision mentionne le délai et les modalités de paiement de l'amende. Le ministre chargé de l'environnement peut également, dans les mêmes conditions, ordonner le paiement d'une astreinte journalière au plus égale à 20 000 € à compter d'une date fixée par la décision jusqu'à ce qu'il ait été satisfait aux mesures prescrites.

Lorsque le manquement concerne l'inobservation de l'obligation de responsabilité élargie du producteur prévue à l'article L. 541-10, les montants mentionnés au deuxième alinéa du présent article sont déterminés en tenant compte, d'une part, de la quantité annuelle moyenne estimée de produits mis sur le marché par le producteur rapportée à la durée du manquement et, d'autre part, de la contribution financière unitaire maximale établie par les éco-organismes agréés de la filière concernée et, le cas échéant, des coûts de gestion des déchets supportés par les systèmes individuels agréés sur la même filière.

Outre le montant mentionné au deuxième alinéa du présent article, lorsqu'une personne soumise au principe de responsabilité élargie du producteur en application de l'article L. 541-10 n'est pas inscrite sur un registre de suivi mis en place par l'établissement public défini à l'article L. 131-3, qu'elle ne l'a pas renseigné, qu'elle a fourni des données erronées ou qu'elle n'a pas fait apparaître parmi ses mentions obligatoires, sur des supports définis par voie règlementaire, l'identifiant unique mentionné au dernier alinéa de l'article L. 541-10-13, le ministre chargé de l'environnement peut ordonner le paiement d'une amende administrative au plus égale à 30 000 €. La décision mentionne le délai et les modalités de paiement de l'amende administrative.

Les sanctions définies au présent article ne s'appliquent pas aux mesures prévues aux articles L. 541-9-1 à L. 541-9-3 dont les sanctions sont définies à l'article L. 541-9-4 ainsi qu'aux prescriptions applicables aux éco-organismes et systèmes individuels mis en place en application de l'article L. 541-10 dont les sanctions sont définies à l'article L. 541-9-6.

Art. L. 541-9-6 *(Créé à compter du 1er janvier 2021, L. n° 2020-105, 10 févr. 2020).* – I. – En cas d'inobservation d'une prescription définie à la présente section ou résultant d'un texte réglementaire pris pour son application par un éco-organisme ou un producteur qui a mis en place un système individuel, à l'exception des prescriptions relatives aux objectifs mentionnés au II, le ministre chargé de l'environnement avise l'éco-organisme ou le producteur concerné des faits qui lui sont reprochés ainsi que des sanctions qu'il encourt et, après l'avoir informé de la possibilité de présenter ses observations, écrites ou orales, dans un délai d'un mois, le cas échéant assisté par un conseil ou représenté par un mandataire de son choix, peut le mettre en demeure de se conformer à cette prescription dans un délai déterminé.

Au terme de cette procédure, si l'éco-organisme ou le producteur concerné n'a pas obtempéré à cette mise en demeure dans le délai imparti, le ministre chargé de l'environnement peut, par une décision motivée qui indique les voies et délais de recours :

1° Ordonner le paiement d'une amende administrative déterminée en fonction de la gravité des manquements constatés, ne pouvant excéder soit 10 % du montant annuel total des charges relatives à la gestion des déchets, déduction faite des recettes éventuelles issues de la gestion de ces déchets ou des contributions perçues dans le cadre de l'activité agréée lorsqu'il s'agit d'un éco-organisme, soit 10 % du montant annuel du budget prévisionnel déterminé dans la demande d'approbation lorsqu'il s'agit d'un système individuel. La décision mentionne le délai de paiement de l'amende administrative et ses modalités. Le ministre chargé de l'environnement peut également ordonner la publication, la diffusion ou l'affichage de sa décision ou d'un extrait de celle-ci selon les modalités qu'il précise et aux frais de la personne intéressée ;

2° Obliger la personne intéressée à consigner entre les mains d'un comptable public une somme correspondant au montant des mesures nécessaires au respect des mesures prescrites avant une date qu'il détermine et dans les conditions prévues au 1° du I de l'article L. 541-3 ;

3° Faire procéder d'office, en lieu et place de la personne mise en demeure et à ses frais, à l'exécution des mesures prescrites en utilisant les sommes consignées en application du 2° du présent I pour régler les dépenses ainsi engagées ;

4° Ordonner le paiement d'une astreinte journalière au plus égale à 20 000 € à compter d'une date fixée par la décision jusqu'à ce qu'il ait été satisfait aux mesures prescrites ou que les objectifs de prévention et de gestion des déchets aient été atteints ;

5° Suspendre ou retirer son agrément à l'éco-organisme ou au système individuel.

II. – Lorsque l'éco-organisme ou le producteur qui a mis en place un système individuel n'atteint pas les objectifs de prévention et de gestion des déchets fixés par la présente section ou résultant d'un texte réglementaire pris pour son application, notamment les objectifs mentionnés au II de l'article L. 541-10, il en est avisé par le ministre chargé de l'environnement, qui lui propose de prendre des engagements de nature à compenser les écarts constatés et satisfaisant au moins les conditions suivantes :

1° Un montant financier est alloué à la réalisation des engagements proposés et celui-ci correspond au nombre de points d'écart par rapport à l'objectif fixé multiplié par le coût moyen d'un point d'objectif atteint majoré d'au moins 50 % ;

2° Les engagements proposés et les dépenses correspondantes font l'objet d'une comptabilité analytique dédiée et sont destinés à être réalisés dans un délai inférieur à dix-huit mois.

Si la personne concernée propose des engagements, le ministre chargé de l'environnement lui indique, dans un délai de deux mois, si ceux-ci peuvent être acceptés. Si les engagements sont acceptés, ils sont rendus publics.

Si l'éco-organisme ou le producteur qui a mis en place un système individuel n'a pas proposé d'engagements, que ceux-ci n'ont pas été acceptés ou qu'il ne les a pas respectés, le ministre chargé de l'environnement peut, après l'avoir informé de la possibilité de présenter ses observations, écrites ou orales, dans un délai d'un mois, le cas échéant assisté par un conseil ou représenté par un mandataire de son choix, prendre les mesures mentionnées aux 1°, 4° et 5° du I, par une décision motivée qui indique les voies et délais de recours.

Art. L. 541-9-7 *(Créé à compter du 1er janvier 2021, L. n° 2020-105, 10 févr. 2020)*. – Les agents habilités par le ministre chargé de l'environnement sur proposition du directeur de l'établissement public défini à l'article L. 131-3 disposent des pouvoirs prévus à la section 1 du chapitre Ier du titre VII du livre Ier pour constater les manquements aux dispositions de la présente section ou d'un texte réglementaire pris pour son application. Ils accèdent aux données et informations nécessaires dans les conditions prévues à l'article L. 541-9.

Art. L. 541-9-8 *(Créé à compter du 1er janvier 2021, L. n° 2020-105, 10 févr. 2020)*. – Les sanctions administratives mentionnées à la présente sous-section sont recouvrées comme des créances étrangères à l'impôt et au domaine. Elles sont rendues publiques.

Art. L. 541-9-9 *(L. n° 2020-105, 10 févr. 2020)*. – Les étapes de réparation des pannes les plus courantes peuvent être intégrées dans le mode d'emploi ou la notice d'utilisation.

Art. L. 541-9-10 *(L. n° 2021-1104, 22 août 2021)*. – Il est institué un observatoire du réemploi et de la réutilisation au plus tard six mois après la publication de la loi n° 2021-1104 du 22 août 2021 portant lutte contre le dérèglement climatique et renforcement de la résilience face à ses effets. L'observatoire du réemploi et de la réutilisation est chargé de collecter et de diffuser les informations et les études liées au réemploi et à la réutilisation des produits soumis au principe de responsabilité élargie du producteur en application de l'article L. 541-10 du présent code et pour lesquels des objectifs de réemploi et de réutilisation sont fixés dans les cahiers des charges mentionnés au II du même article L. 541-10. Il propose une trajectoire nationale visant à augmenter la part des emballages réutilisés et réemployés mis sur le marché par rapport aux emballages à usage unique. Il peut mener dans son domaine de compétence, en lien avec les éco-organismes mentionnés audit article L. 541-10, toute étude nécessaire à l'évaluation de la pertinence des solutions de réemploi et de réutilisation d'un point de vue environnemental et économique. Il peut accompagner, en lien avec les éco-organismes, la mise en œuvre d'expérimentations dans son domaine de compétence. Il assure l'animation des acteurs concernés par ces mesures.

Sous-section 1 *bis*. – Affichage de l'impact environnemental des biens et services

(Sous-sect. créée, L. n° 2021-1104, 22 août 2021)

Art. L. 541-9-11 *(L. n° 2021-1104, 22 août 2021)*. – Un affichage destiné à apporter au consommateur une information relative aux impacts environnementaux ou aux impacts environnementaux et au respect de critères sociaux d'un bien, d'un service ou d'une catégorie de biens ou de services mis sur le marché national est rendu obligatoire, dans les conditions et sous les réserves prévues à l'article L. 541-9-12.

Cet affichage s'effectue par voie de marquage ou d'étiquetage ou par tout autre procédé adapté. Il est visible ou accessible pour le consommateur, en particulier au moment de l'acte d'achat.

L'information apportée fait ressortir, de façon fiable et facilement compréhensible pour le consommateur, l'impact environnemental des biens et services considérés sur l'ensemble de leur cycle de vie. Elle tient

compte des impacts environnementaux des biens et services considérés, pris en compte selon leur pertinence pour une catégorie donnée, notamment en termes d'émissions de gaz à effet de serre, d'atteintes à la biodiversité et de consommation d'eau et d'autres ressources naturelles. Elle tient également compte des externalités environnementales des systèmes de production des biens et services considérés, évaluées scientifiquement, en particulier pour les produits agricoles, sylvicoles et alimentaires.

Cet affichage fait également ressortir, de façon fiable et facilement compréhensible pour les consommateurs, l'impact spécifique en termes d'émissions de gaz à effet de serre des biens et services sur l'ensemble de leur cycle de vie.

Art. L. 541-9-12 *(L. n° 2021-1104, 22 août 2021)*. **– Un décret fixe la liste des catégories de biens et de services pour lesquelles, au terme et après évaluation des expérimentations mentionnées au II de l'article 2 de la loi n° 2021-1104 du 22 août 2021 portant lutte contre le dérèglement climatique et renforcement de la résilience face à ses effets, l'affichage environnemental mentionné à l'article L. 541-9-11 du présent code est rendu obligatoire.**

Il définit, pour chaque catégorie de biens et de services concernés, la méthodologie à utiliser ainsi que les modalités d'affichage retenues et prévoit des conditions adaptées à la nature des biens et services concernés et à la taille de l'entreprise, en particulier pour les très petites, petites et moyennes entreprises, sous réserve de tenir compte des volumes qu'elles traitent.

Pour les autres catégories de biens et de services, l'affichage volontaire se conforme aux prescriptions prévues au même décret.

Art. L. 541-9-13 *(L. n° 2021-1104, 22 août 2021)*. **– Sous réserve du respect de l'article L. 151-1 du Code de commerce, lorsqu'un motif d'intérêt général le justifie, un décret définit les biens et services dont les metteurs sur le marché mettent à disposition, dans un format ouvert librement utilisable et exploitable par un système de traitement automatisé, les données prises en compte dans l'affichage environnemental prévu à l'article L. 541-9-11 du présent code ainsi que les critères de taille applicables aux metteurs sur le marché assujettis à cette obligation.**

Art. L. 541-9-14 *(L. n° 2021-1104, 22 août 2021)*. **– Tout manquement aux obligations d'affichage prévues à l'article L. 541-9-11 est passible d'une amende administrative dont le montant ne peut excéder 3 000 € pour une personne physique et 15 000 € pour une personne morale. Cette amende est prononcée dans les conditions prévues au chapitre II du titre II du livre V du Code de la consommation.**

Art. L. 541-9-15 *(L. n° 2021-1104, 22 août 2021)*. **– L'utilisation ou la publication d'un affichage ne remplissant pas les conditions prévues aux articles L. 541-9-11 et L. 541-9-12 sont interdites.**

Tout manquement à cette interdiction est passible d'une amende administrative dont le montant ne peut excéder 3 000 € pour une personne physique et 15 000 € pour une personne morale. Cette amende est prononcée dans les conditions prévues au chapitre II du titre II du livre V du Code de la consommation.

Sous-section 2. – Filières soumises à la responsabilité élargie du producteur

(Division créée, L. n° 2020-105, 10 févr. 2020)

La loi n° 2020-105 du 10 février 2020 relative à la lutte contre le gaspillage et à l'économie circulaire a refondu le régime des filières de responsabilité élargie du producteur (dites « REP ») qui comporte désormais un régime général (articles L. 541-10 à L. 541-10-17) et des dispositions propres à certaines filières (art. L. 541-10-18 à L. 541-10-25).

Son article 130 prévoit un régime d'application différée pour les systèmes individuels approuvés et les éco-organismes agréés lors de son entrée en vigueur. Leurs modalités d'exercice antérieures à l'adoption de la loi Économie circulaire restent dans l'ensemble inchangées et demeurent ainsi régies, jusqu'au 1er janvier 2023, ou jusqu'à l'échéance de leur agrément si celle-ci intervient plus tôt, par les dispositions qui leur étaient applicables jusqu'alors. Ces dispositions sont les anciens articles L. 541-10 à L. 541-10-11 du Code de l'environnement. Par exception toutefois, les nouveaux articles L. 541-10-3 et L. 541-10-7, ainsi que le quatrième alinéa de l'article L. 541-10-2, leur seront applicables dès le 1er janvier 2021.

Les nouvelles dispositions viennent clarifier le régime de ces filières REP et accentuent leur rôle dans la prévention des déchets. Elles posent ainsi un régime législatif de l'écomodulation des contributions versées par les producteurs et leur participation à un système de réparation de leurs produits. En parallèle, elles imposent aux producteurs d'adopter un plan de prévention et d'écoconception. Elles généralisent des modalités de collecte des déchets jusque-là applicables uniquement à certaines filières en en créant de nouvelles. Il en existe désormais 23 en France. Les caractéristiques de chacune sont détaillées dans les dispositions réglementaires qui leur sont dédiées.

Art. L. 541-10 (1) *(Rempl., L. n° 2020-105, 10 févr. 2020).* – **En application du principe de responsabilité élargie du producteur, il peut être fait obligation à toute personne physique ou morale qui élabore, fabrique, manipule, traite, vend ou importe des produits générateurs de déchets ou des éléments et matériaux entrant dans leur fabrication, dite producteur au sens de la présente sous-section, de pourvoir ou de contribuer à la prévention et à la gestion des déchets qui en proviennent ainsi que d'adopter une démarche d'écoconception des produits, de favoriser l'allongement de la durée de vie desdits produits en assurant au mieux à l'ensemble des réparateurs professionnels et particuliers concernés la disponibilité des moyens indispensables à une maintenance efficiente, de soutenir les réseaux de réemploi, de réutilisation et de réparation tels que ceux gérés par les structures de l'économie sociale et solidaire ou favorisant l'insertion par l'emploi, de contribuer à des projets d'aide au développement en matière de collecte et de traitement de leurs déchets et de développer le recyclage des déchets issus des produits.**

Les producteurs s'acquittent de leur obligation en mettant en place collectivement des éco-organismes agréés dont ils assurent la gouvernance et auxquels ils transfèrent leur obligation et versent en contrepartie une contribution financière. Il peut être dérogé à ce principe de gouvernance par décret lorsqu'aucun éco-organisme agréé n'a été mis en place par les producteurs.

Des représentants des collectivités territoriales compétentes en matière de gestion des déchets, d'associations de protection de l'environnement agréées en application de l'article L. 141-1 et d'associations de protection des consommateurs ainsi que des personnes morales exerçant une activité dans le secteur du réemploi et de la réutilisation peuvent être associés à la préparation de certaines décisions, à la demande de l'instance de direction de l'éco-organisme.

Chaque éco-organisme crée un comité des parties prenantes, composé notamment de producteurs, de représentants des collectivités territoriales compétentes en matière de gestion des déchets, d'associations de protection de l'environnement agréées en application de l'article L. 141-1 et d'associations de protection des consommateurs ainsi que d'opérateurs de la prévention et de la gestion des déchets, dont ceux de l'économie sociale et solidaire.

Ce comité rend un avis public préalable à certaines décisions de l'éco-organisme, en particulier celles qui portent sur les engagements pris en application du II de l'article L. 541-9-6, sur le montant de la contribution financière mentionnée à l'article L. 541-10-2 et sur le barème prévu au même article L. 541-10-2, sur les modulations prévues à l'article L. 541-10-3, sur l'attribution de financements en application de l'article L. 541-10-5 et sur les conditions des marchés initiés par l'éco-organisme en application de l'article L. 541-10-6. En l'absence d'avis dans un délai d'un mois, l'avis est réputé avoir été rendu.

Le comité peut également émettre des recommandations à destination de l'éco-organisme portant notamment sur l'écoconception des produits relevant de la filière.

Le comité a accès aux informations détenues par l'éco-organisme pour l'accomplissement de sa mission, dans le respect des secrets protégés par la loi.

La composition du comité, la procédure suivie devant lui et les types de projets de décisions préalablement soumis pour avis au comité sont précisés par décret. Ils peuvent être adaptés pour tenir compte des spécificités de chaque filière.

Le producteur qui met en place un système individuel de collecte et de traitement agréé peut déroger au deuxième alinéa du présent I lorsque ses produits comportent un marquage permettant d'en identifier l'origine, qu'il assure une reprise sans frais des déchets en tout point du territoire national accompagnée, si elle permet d'améliorer l'efficacité de la collecte, d'une prime au retour visant à prévenir l'abandon des déchets et qu'il dispose d'une garantie financière en cas de défaillance.

(Rempl., L. n° 2024-364, 22 avr. 2024) **Peut être considérée comme producteur toute personne qui, à titre professionnel, met à disposition sur le marché pour la première fois sur le territoire national un produit relevant du principe de responsabilité élargie du producteur et résultant d'une opération de réemploi, de préparation en vue**

(1) V. L. n° 2020-105, 10 févr. 2020 (expérimentation d'un dispositif de médiation). – NDLR.

de la réutilisation ou de réutilisation. Un décret en Conseil d'État définit les modalités d'application du présent alinéa, notamment les filières de responsabilité élargie du producteur concernées

II. – Les éco-organismes et les systèmes individuels sont agréés pour une durée maximale de six ans renouvelable s'ils établissent qu'ils disposent des capacités techniques, de la gouvernance et des moyens financiers et organisationnels pour répondre aux exigences d'un cahier des charges fixé par arrêté du ministre chargé de l'environnement, après avis de la commission inter-filières. Ce cahier des charges précise les objectifs et modalités de mise en œuvre des obligations mentionnées à la présente section, les projets sur lesquels la commission inter-filières est consultée ou informée et, lorsque la nature des produits le justifie, fixe des objectifs distincts de réduction des déchets, de réemploi, de réutilisation, de réparation, d'intégration de matière recyclée, de recyclabilité et de recyclage. Ces objectifs doivent être en cohérence avec les objectifs mentionnés à l'article L. 541-1. Les éco-organismes et les systèmes individuels sont également soumis à un autocontrôle périodique reposant sur des audits indépendants réguliers réalisés au moins tous les deux ans, permettant notamment d'évaluer leur gestion financière, la qualité des données recueillies et communiquées ainsi que la couverture des coûts de gestion des déchets. La synthèse des conclusions de ces audits fait l'objet d'une publication officielle, dans le respect des secrets protégés par la loi.

Dans les collectivités régies par l'article 73 de la Constitution, à Saint-Martin et à Saint-Pierre-et-Miquelon, le cahier des charges mentionné au premier alinéa du présent II prévoit la consultation des collectivités concernées, pour un déploiement adapté à chaque territoire de la prévention, de la collecte, du traitement et de la valorisation des déchets issus des produits visés par l'agrément. Il prévoit également la possibilité pour les éco-organismes de pourvoir temporairement à la collecte, au tri ou au traitement, ou à plusieurs de ces missions, des déchets soumis au principe de responsabilité élargie du producteur dans les collectivités territoriales qui en font la demande.

Lorsque plusieurs éco-organismes sont agréés pour une même catégorie de produits, il peut être imposé aux producteurs de mettre en place un organisme coordonnateur agréé dans les conditions prévues au même premier alinéa.

III. – Les éco-organismes sont tenus de traiter les producteurs dans des conditions objectives, transparentes et non discriminatoires, de mettre à leur disposition une comptabilité analytique pour les différentes catégories de produits et de déchets qui en sont issus, de transférer la part de leurs contributions qui n'a pas été employée en cas de changement d'éco-organisme et de leur permettre d'accéder aux informations techniques des opérateurs de gestion de déchets afin de faciliter l'écoconception de leurs produits.

Dans le respect des secrets protégés par la loi, les producteurs de produits générateurs de déchets et leur éco-organisme sont également tenus de permettre aux opérateurs de gestion des déchets d'accéder aux informations techniques relatives aux produits mis sur le marché, et notamment à toutes informations sur la présence de substances dangereuses, afin d'assurer la qualité de leur recyclage ou leur valorisation.

Pour leurs activités agréées, les éco-organismes sont chargés d'une mission d'intérêt général, ne peuvent procéder qu'à des placements financiers sécurisés et leurs statuts précisent qu'ils ne poursuivent pas de but lucratif pour leurs activités agréées. Un censeur d'État est chargé de veiller à ce que les éco-organismes disposent des capacités financières suffisantes pour remplir les obligations mentionnées à la présente section et à ce que ces capacités financières soient utilisées conformément aux dispositions du présent alinéa.

IV. – Il peut être fait obligation aux producteurs de prêter leur concours, moyennant une juste rémunération, à la gestion des déchets provenant de produits identiques ou similaires mis en vente ou distribués antérieurement à la date d'entrée en vigueur de leurs obligations prévues au I du présent article.

V. – Les producteurs qui mettent en place un système individuel de collecte et de traitement ainsi que les éco-organismes sont considérés, lorsqu'ils pourvoient à la gestion des déchets issus de leurs produits, comme étant les détenteurs de ces déchets au sens du présent chapitre.

VI. – Les cahiers des charges définissent les modalités de reprise gratuite des déchets issus des activités des acteurs du réemploi et de la réutilisation.

VII. – Tout éco-organisme élabore et met en œuvre un plan de prévention et de gestion des déchets dans les collectivités régies par l'article 73 de la Constitution, à Saint-Martin et à Saint-Pierre-et-Miquelon ayant pour objectif d'améliorer les performances de collecte et de traitement des déchets dans ces territoires afin qu'elles soient identiques à celles atteintes, en moyenne, sur le territoire métropolitain dans les trois ans qui suivent la mise en œuvre du plan. Ce plan est présenté à la commission inter-filières et aux collectivités concernées avant sa mise en œuvre par l'éco-organisme. Il est rendu public par ce dernier.

NB : Conformément à l'article 130 de la loi n° 2020-105 du 10 février 2020, les modalités d'exercice des éco-organismes agréés et des systèmes individuels approuvés pour les produits soumis à la responsabilité élargie du producteur à la date de publication de la présente loi restent régies par les dispositions des articles L. 541-10 à L. 541-10-11 du Code de l'environnement, sauf celles du deuxième alinéa du même article L. 541-10-11, dans leur rédaction en vigueur à la date de publication de la présente loi, jusqu'au 1er janvier 2023, ou à l'échéance de leur agrément ou approbation lorsque celle-ci est antérieure à cette date. Toutefois, les articles L. 541-10-3 et L. 541-10-7 ainsi que le quatrième alinéa de l'article L. 541-10-2 du même code, dans leur rédaction résultant de la présente loi, leur sont applicables dès le 1er janvier 2021.

Voir : D. n° 2011-429, 19 avr. 2011 relatif à la désignation et aux missions du censeur d'État auprès des éco-organismes agréés par l'État en vue de la gestion de certains déchets.

Directive 2008/98/CE relative aux déchets et notamment ses articles 8 et 8bis tels que modifiés par la directive (UE) 2018/851 du Parlement européen et du Conseil du 30 mai 2018.

Bibliographie : F. Scanvic, *L'autorité de la concurrence préconise les REP opérationnelles pour une plus grande ouverture : BDEI* mai 2017, n° 2189.

1) La « *Feuille de route pour l'économie circulaire* » rendue publique le 23 avril 2018 par le premier ministre a retenu la création de nouvelles filières de responsabilité élargie du producteur (REP) pour : les jouets, les articles de sport et de loisir, les articles de bricolage et de jardin et les cigarettes. Il a également été décidé d'étendre certaines filières REP existantes comme par exemple d'étendre celle des véhicules aux motos et quads ou celle des déchets chimiques des ménages aux déchets chimiques assimilés des artisans.

I – JURISPRUDENCE INTERNE

2) Qualification de la prestation fournie par les éco-organismes agréés. Dans le cadre de l'obligation du producteur de produits commercialisés dans des emballages de les éliminer, l'élimination des emballages effectuée par un prestataire agréé est une prestation de services qui ne saurait être assimilée à une imposition ou une taxe instituée par l'autorité publique quand bien même elle serait rattachée à la mission d'intérêt général consistant en la collecte sélective, le tri, le recyclage et la valorisation énergétique des emballages ménagers (▪ CE, 11 juill. 2011, n° 346698, *Sté Candia*. – Réponse à question préjudicielle de la ▪ CAA Versailles, 10 févr. 2011, n° 09VE03412).

3) Droit de la concurrence et éco-organismes. (Autorité de la concurrence, avis n° 12-A-17, 13 juill. 2012).

4) Infraction. Il résulte des dispositions du présent texte ainsi que de celles de l'article 4 du décret du 1er avril 1992 que si ces dispositions permettent de faire peser l'obligation de contribution ou d'élimination aussi bien sur le producteur ou l'importateur que sur le distributeur du produit, les rédacteurs du décret ont choisi de ne faire peser cette obligation sur le responsable de la première mise sur le marché que dans le cas où le producteur ou l'importateur ne pourrait être identifié (▪ T. corr. Paris, 30 sept. 1996, *Groupe Intermarché : Dr. env.* 1996, n° 43, p. 5, note J.-H. Robert et chron. J.-H. Robert : *Rev. sc. crim.* avr.-juin 1978, p. 387. – D. Guihal, *Droit répressif de l'environnement*, Économica, 2000, livre II, titre I, chapitre 2).

5) Responsabilité élargie du producteur et libre circulation. Les exigences minimales pesant sur les entreprises et les collectivités chargées de leur collecte et non sur les producteurs de produits emballés ou d'emballage, l'allégation d'une entrave aux échanges et d'une discrimination ne s'avèrent pas fondées dans la mesure où les exigences essentielles sur les emballages pèsent de la même manière sur les producteurs nationaux que sur les importateurs (▪ Cass. com., 1er juill. 2003, n° 98-11.543, *Sté Sapod Audic c/ Éco-Emballages*).

6) Objectifs de l'article L. 541-1. Le soutien financier aux collectivités locales par les éco-organismes peut tenir compte des objectifs de valorisation et de la hiérarchie des modes de traitement de l'article L. 541-1 ainsi que des objectifs fixés par l'article 46 de la loi du 3 août 2009 relative à la mise en œuvre du Grenelle de l'environnement (▪ CE, 30 mai 2018, n° 406667, *Fédération nationale des collectivités de compostage*).

7) Aides d'État. Le Conseil d'État a interrogé la CJUE sur la possible qualification d'aide d'État du soutien versé aux opérateurs de tri et de valorisation par un éco-organisme (▪ CE, 12 juill. 2019, n° 416103, *Sté Eco TLC*). La CJUE répond par la négative pour autant que ces subventions ne demeurent pas constamment sous contrôle public (▪ CJUE, 21 oct. 2020, aff. C-556/19, *Eco TLC*).

8) Procédure d'adoption du cahier des charges des filières REP. Annulation partielle de l'arrêté du 1er décembre 2020 modifiant le cahier des charges des éco-organismes de la filière de responsabilité élargie des producteurs pour les déchets diffus spécifiques (DDS) ménagers en l'absence de consultation préalable de la commission interfilières de responsabilité élargie des producteurs (▪ CE, 6e ch., 20 mars 2024, n° 450282).

9) Agrément d'un éco-organisme. Le juge administratif saisi de la contestation de l'arrêté d'agrément d'un éco-organisme procède à un contrôle de l'erreur manifeste d'appréciation (■ CAA Paris, 29 mars 2019, n° 16PA02763, *ERP France*).

10) **Qualification du contrat entre éco-organisme et collectivités.** Est de droit privé le contrat conclu pour la collecte des déchets ménagers issus de produits chimiques pouvant présenter un risque significatif pour la santé et l'environnement entre la collectivité en charge de cette collecte et l'éco-organisme auquel les producteurs desdits produits ont transféré leur obligation de gestion des déchets ménagers qui en sont issus (■ TC, 1er juill. 2019, n° C4162, *Sté EcoDDS*).

II – JURISPRUDENCE EUROPÉENNE

11) **Primauté des dispositions relative aux REP sur le droit commun des déchets.** La directive n° 94/62/CE du 20 décembre 1994 sur les emballages et déchets d'emballage doit être considérée comme une loi spéciale par rapport à la directive n° 75/442/CEE sur les déchets, de sorte que ses dispositions priment celles de cette dernière directive dans les situations qu'elle vise spécifiquement à régler (■ CJCE, 19 juin 2003, aff. C-444/00, *Mayer Parry Recycling Ltd c/ Environment Agency et a.*).

Art. L. 541-10-1 (1) (2) *(Rempl., L. n° 2020-105, 10 févr. 2020 ; mod., L. n° 2021-1104, 22 août 2021)*. – **Relèvent du principe de responsabilité élargie du producteur en application du premier alinéa du I de l'article L. 541-10 :**

1° *(Rempl., L. n° 2023-305, 24 avr. 2023)* (3) (4) **Les emballages servant à commercialiser les produits consommés ou utilisés par les ménages, y compris ceux susceptibles de l'être et ceux consommés hors foyer, les imprimés papiers, à l'exception des livres, émis, y compris à titre gratuit, par des donneurs d'ordre ou pour leur compte et les papiers à usage graphique, à destination des utilisateurs finaux qui produisent des déchets ménagers et assimilés ;**

2° Les emballages servant à commercialiser les produits consommés ou utilisés par les professionnels et qui ne sont pas déjà couverts par le 1° du présent article, à compter du 1er janvier 2025, à l'exception de ceux qui sont consommés ou utilisés par les professionnels ayant une activité de restauration, pour lesquels ces dispositions s'appliquent à compter du 1er janvier 2023. Un organisme qui remplit les obligations de responsabilité élargie du producteur pour le secteur de l'agrofourniture conformément à un accord conclu avec le ministre chargé de l'environnement avant le 31 décembre 2019 n'est pas soumis à agrément tant que cet accord est renouvelé. Les clauses de cet accord valent cahier des charges au sens du II de l'article L. 541-10. Les autres dispositions de la présente sous-section applicables à l'organisme sont précisées dans l'accord, sous réserve des articles L. 541-10-13 à L. 541-10-16, qui lui sont applicables de plein droit ;

3° *(Abr., L. n° 2023-305, 24 avr. 2023)* (3) ;

4° Les produits ou matériaux de construction du secteur du bâtiment destinés aux ménages ou aux professionnels, à compter du 1er janvier 2022, afin que les déchets de construction ou de démolition qui en sont issus soient repris sans frais lorsqu'ils font l'objet d'une collecte séparée et afin qu'une traçabilité de ces déchets soit assurée. Un décret en Conseil d'État définit les modalités d'application du présent 4° ainsi que les conditions minimales du maillage des points de reprise ;

5° Les équipements électriques et électroniques, qu'ils soient destinés à être utilisés par les particuliers ou les professionnels, afin que les composants et déchets générés par ces équipements, y compris les métaux rares des appareils électroniques de haute technologie, particulièrement les téléphones et tablettes, puissent être collectés et réemployés après utilisation ;

6° *(Rempl., L. n° 2024-364, 22 avr. 2024)* **Les batteries ;**

7° Les contenus et contenants des produits chimiques pouvant présenter un risque significatif pour la santé et l'environnement dont les déchets issus de ces produits sont des déchets ménagers et, à compter du 1er janvier 2021, l'ensemble des déchets issus de ces produits qui sont susceptibles d'être collectés par le service public de gestion des déchets ;

8° Les médicaments au sens de l'article L. 5111-1 du Code de la santé publique ;

9° Les dispositifs médicaux perforants utilisés par les patients en autotraitement et les utilisateurs des autotests mentionnés à l'article L. 3121-2-2 du même code, y compris, à compter du 1er janvier 2021, les

(1) V. T. appl. : D. n° 2006-1766, 23 déc. 2006. – NDLR.
(2) V. T. appl. : D. n° 2006-239, 1er mars 2006. – NDLR.
(3) Dispositions applicables à compter du 1er janvier 2023, L. n° 2023-305, 24 avr. 2023.
(4) Dispositions d'application particulières et transitoires : V. L. n° 2023-305, 24 avr. 2023.

équipements électriques ou électroniques associés à un tel dispositif et qui ne sont pas soumis au 5° du présent article ;

10° Les éléments d'ameublement ainsi que les produits rembourrés d'assise ou de couchage et, à compter du 1er janvier 2022, les éléments de décoration textile ;

11° Les produits textiles d'habillement, les chaussures ou le linge de maison neufs destinés aux particuliers et, à compter du 1er janvier 2020, les produits textiles neufs pour la maison, à l'exclusion de ceux qui sont des éléments d'ameublement ou destinés à protéger ou à décorer des éléments d'ameublement ;

12° Les jouets, hormis ceux qui relèvent du principe de responsabilité élargie du producteur au titre d'une autre catégorie, à compter du 1er janvier 2022 ;

13° Les articles de sport et de loisirs, hormis ceux qui relèvent du principe de responsabilité élargie du producteur au titre d'une autre catégorie, à compter du 1er janvier 2022 ;

14° Les articles de bricolage et de jardin, hormis ceux qui relèvent du principe de responsabilité élargie du producteur au titre d'une autre catégorie, à compter du 1er janvier 2022 ;

15° Les voitures particulières, les camionnettes, les véhicules à moteur à deux ou trois roues et quadricycles à moteur, à compter du 1er janvier 2022, afin d'en assurer la reprise sur tout le territoire ;

16° Les pneumatiques, associés ou non à d'autres produits, les modalités d'agrément des éco-organismes et des systèmes individuels étant applicables à compter du 1er janvier 2023 ;

17° Les huiles minérales ou synthétiques, lubrifiantes ou industrielles, à compter du 1er janvier 2022 ;

18° Les navires de plaisance ou de sport ;

19° Les produits du tabac équipés de filtres composés en tout ou partie de plastique et les produits qui sont destinés à être utilisés avec des produits du tabac, à compter du 1er janvier 2021. Il peut être fait obligation aux metteurs sur le marché de ces produits d'organiser un mécanisme de reprise financée des déchets qui en sont issus ;

20° Les gommes à mâcher synthétiques non biodégradables, à compter du 1er janvier 2024 ;

21° Les textiles sanitaires à usage unique, y compris les lingettes préimbibées pour usages corporels et domestiques, à compter du 1er janvier 2024 ;

22° Les engins de pêche contenant du plastique à compter du 1er janvier 2025. Un organisme qui remplit les obligations de responsabilité élargie du producteur conformément à un accord conclu avec le ministre chargé de l'environnement avant le 31 décembre 2024 n'est pas soumis à agrément tant que cet accord est renouvelé. Les clauses de cet accord valent cahier des charges au sens du II de l'article L. 541-10. Les autres dispositions de la présente sous-section applicables à l'organisme sont précisées dans l'accord, sous réserve des articles L. 541-10-13 à L. 541-10-16 qui lui sont applicables de plein droit.

Les aides techniques mentionnées à l'article L. 245-3 du Code de l'action sociale et des familles, hormis celles qui relèvent du principe de responsabilité élargie du producteur au titre d'une autre catégorie, peuvent également relever du principe de responsabilité élargie du producteur en application du premier alinéa du I de l'article L. 541-10 du présent code. Dans ce cas, un décret fixe les catégories de produits concernés et les dispositions de l'article L. 5212-1-1 du Code de la santé publique s'appliquent à ces aides techniques dès lors qu'elles ont le statut de dispositif médical.

NB : Conformément à l'article 130 de la loi n° 2020-105 du 10 février 2020, les modalités d'exercice des éco-organismes agréés et des systèmes individuels approuvés pour les produits soumis à la responsabilité élargie du producteur à la date de publication de la présente loi restent régies par les dispositions des articles L. 541-10 à L. 541-10-11 du Code de l'environnement, sauf celles du deuxième alinéa du même article L. 541-10-11, dans leur rédaction en vigueur à la date de publication de la présente loi, jusqu'au 1er janvier 2023, ou à l'échéance de leur agrément ou approbation lorsque celle-ci est antérieure à cette date. Toutefois, les articles L. 541-10-3 et L. 541-10-7 ainsi que le quatrième alinéa de l'article L. 541-10-2 du même code, dans leur rédaction résultant de la présente loi, leur sont applicables dès le 1er janvier 2021.

1) Imprimés papiers. V. article 266 *sexies* du Code des douanes, créé par la loi de finances rectificative pour 2003, n° 2003-1312 du 30 décembre 2003, article 20 (*JO* 31 déc., p. 22594). **Jurisprudence rendue sur les dispositions antérieures à la loi n° 2020-105 du 10 février 2020. Constitutionnalité de cette contribution.** Déclarée une première fois inconstitutionnelle (■ Cons. const., déc. 27 déc. 2002, n° 2002-464 DC : *JO* 31 déc. 2002 ; *Dr. env.* 2003, n° 109, p. 117, obs. Ayrault), le Conseil constitutionnel a estimé, cette fois, que le législateur a pu, sans porter atteinte au principe d'égalité, limiter le champ d'application du dispositif aux seuls producteurs et distributeurs de ces imprimés. En revanche, l'exemption des imprimés gratuits faisant l'objet d'une distribution nominative instaurait une différence de traitement injustifiée avec ceux distribués de façon non nominative (■ Cons.

const., déc. 29 déc. 2003, n° 2003-488 DC : *JO* 31 déc. 2003 ; *Dr. env.* 2004, n° 116, p. 41, obs. Romi). **Emballages. Refus de la publicité postale.** Les enveloppes polyéthylène entrent dans la catégorie des emballages plastiques à destination des ménages et sont, à ce titre, soumises à la contribution au point vert géré par les sociétés Adelphe et Éco-Emballages. Le syndicat de la distribution directe, La Poste et le syndicat de la presse gratuite ont assuré qu'ils respecteraient ce dispositif. En application de l'article 20 de la loi de finances pour 2004, toute personne physique ou morale qui mettra gratuitement à disposition des particuliers des imprimés dans leurs boîtes aux lettres devra contribuer à « la collecte, la valorisation et l'élimination des déchets ainsi produits », et ce à compter du 1er janvier 2005. Les modalités de cette contribution seront définies dans un décret (Rép. min. n° 24860 : *JOAN Q* 7 sept. 2004, p. 7007).

2) Produits chimiques. V. Avis modifiant l'avis relatif au champ d'application de la filière de responsabilité élargie du producteur des produits chimiques pouvant présenter un risque significatif pour la santé et l'environnement (*JORF* n° 0280, 2 déc. 2016, texte n° 149).

Arrêté du 16 août 2012 fixant la liste des produits chimiques pouvant présenter un risque significatif pour la santé et l'environnement prévue aux I et III de l'article R. 543-228 du Code de l'environnement ainsi que les critères prévus au 1° du II du même article.

3) Jurisprudence rendue sur les dispositions antérieures à la loi n° 2020-105 du 10 février 2020. Nature du contrat entre éco-organisme et collectivité locale. Est de droit privé le contrat conclu pour la collecte des déchets ménagers issus de produits chimiques pouvant présenter un risque significatif pour la santé et l'environnement entre la collectivité en charge de cette collecte et l'éco-organisme auquel les producteurs desdits produits ont transféré leur obligation de gestion des déchets ménagers qui en sont issus (■ TC, 1er juill. 2019, n° C4162, *Sté EcoDDS*). **Champ d'application de la filière.** Annulation des termes « aérosols d'extinction » figurant dans la liste des produits exclus de la catégorie 2, et les termes « aérosols et fumigènes d'extinction », « aérosols extincteurs » et « fumigènes d'extinction de feux de cheminée » figurant entre les catégories 6 et 7 de l'avis modifiant l'avis relatif au champ d'application de la filière de responsabilité élargie du producteur des produits chimiques pouvant présenter un risque pour la santé et l'environnement (■ CE, 11 avr. 2018, n° 407247, *Sté EcoDDS*).

Art. L. 541-10-2 (1) (2) *(Rempl., L. n° 2020-105, 10 févr. 2020).* – **Les contributions financières versées par le producteur à l'éco-organisme couvrent les coûts de prévention, de la collecte, du transport et du traitement des déchets, y compris les coûts de ramassage et de traitement des déchets abandonnés, déposés ou gérés contrairement aux prescriptions du présent chapitre, lorsque le cahier des charges mentionné à l'article L. 541-10 le prévoit, les coûts relatifs à la transmission et la gestion des données nécessaires au suivi de la filière ainsi que ceux de la communication inter-filières et, le cas échéant, les autres coûts nécessaires pour atteindre les objectifs quantitatifs ou qualitatifs fixés par le cahier des charges. Les revenus tirés de la valorisation des déchets sont pris en compte et viennent en déduction de l'ensemble des coûts pour le calcul des contributions financières. Une partie de ces coûts peut être partagée avec les producteurs initiaux de déchets ou les distributeurs.**

Lorsque cela est nécessaire pour atteindre les objectifs de réemploi ou de réutilisation qui leur sont fixés en application de la présente section, les producteurs ou leur éco-organisme contribuent à la prise en charge des coûts des opérations de réemploi et de réutilisation mises en œuvre par les collectivités territoriales dans le cadre du service public de gestion des déchets.

Lorsque le cahier des charges mentionné à l'article L. 541-10 le prévoit, les contributions financières versées par les producteurs à l'éco-organisme peuvent couvrir les coûts de collecte des déchets collectés parmi les encombrants, sous réserve que cette collecte concoure à la réutilisation ou au recyclage de ces déchets.

La prise en charge des coûts supportés par le service public de gestion des déchets est définie par un barème national. Dans chaque collectivité régie par l'article 73 de la Constitution, à Saint-Martin et à Saint-Pierre-et-Miquelon, ce barème est majoré pour assurer, tant que les performances de collecte et de traitement constatées

(1) Aux termes de l'article 16, A, 2°, *b* de l'ordonnance n° 2012-34 du 11 janvier 2012, le remplacement du mot « article » par le mot « alinéa » ne devait intervenir qu'à compter 1er juillet 2013. – NDLR.

(2) Dispositions applicables à compter du 1er janvier 2017 pour les déchets d'équipements électriques et électroniques professionnels, L. n° 2015-992, 17 août 2015, art. 77, V.

dans la collectivité sont inférieures à la moyenne nationale, une couverture de la totalité des coûts optimisés de prévention, de collecte, de transport et de traitement des déchets, y compris les coûts de ramassage et de traitement des déchets abandonnés, déposés ou gérés contrairement aux prescriptions du présent chapitre, lorsque le cahier des charges mentionné à l'article L. 541-10 du présent code le prévoit, supportés par ces collectivités, en tenant compte de l'éloignement, l'insularité et la maturité des dispositifs de collecte et de traitement des déchets propres à chaque territoire.

NB : Conformément à l'article 130 de la loi n° 2020-105 du 10 février 2020, les modalités d'exercice des éco-organismes agréés et des systèmes individuels approuvés pour les produits soumis à la responsabilité élargie du producteur à la date de publication de la présente loi restent régies par les dispositions des articles L. 541-10 à L. 541-10-11 du Code de l'environnement, sauf celles du deuxième alinéa du même article L. 541-10-11, dans leur rédaction en vigueur à la date de publication de la présente loi, jusqu'au 1er janvier 2023, ou à l'échéance de leur agrément ou approbation lorsque celle-ci est antérieure à cette date. Toutefois, les articles L. 541-10-3 et L. 541-10-7 ainsi que le quatrième alinéa de l'article L. 541-10-2 du même code, dans leur rédaction résultant de la présente loi, leur sont applicables dès le 1er janvier 2021.

Art. L. 541-10-2-1 ***(Ord. n° 2020-920, 29 juill. 2020).*** **– Le ministre chargé de l'environnement met en œuvre des actions de communication inter-filières associant tout ou partie des filières mentionnées à l'article L. 541-10-1 afin d'informer le public sur la prévention et la gestion des déchets et de concourir à l'atteinte des objectifs mentionnés au I de l'article L. 541-10.**

Un décret en Conseil d'État précise les modalités selon lesquelles les éco-organismes et les systèmes individuels des filières supportent les coûts correspondants en versant une redevance.

Les modalités de consultation de la commission inter-filières sont précisées par décret.

Art. L. 541-10-3 ***(Rempl., L. n° 2020-105, 10 févr. 2020 ; mod., L. n° 2021-1104, 22 août 2021).*** **– Les contributions financières versées par les producteurs qui remplissent collectivement les obligations mentionnées à l'article L. 541-10 sont modulées, lorsque cela est possible au regard des meilleures techniques disponibles, pour chaque produit ou groupe de produits similaires, en fonction de critères de performance environnementale, parmi lesquels la quantité de matière utilisée, l'incorporation de matière recyclée, l'emploi de ressources renouvelables gérées durablement, la durabilité, la réparabilité, les possibilités de réemploi ou de réutilisation, la recyclabilité, la visée publicitaire ou promotionnelle du produit, l'absence d'écotoxicité et la présence de substances dangereuses telles que définies par le décret prévu à l'article L. 541-9-1, en particulier lorsque celles-ci sont susceptibles de limiter la recyclabilité ou l'incorporation de matières recyclées. Elles sont également modulées pour les emballages consignés pour réemploi qui respectent les standards d'emballage définis par les éco-organismes, en application de l'article 65 de la loi n° 2020-105 du 10 février 2020 relative à la lutte contre le gaspillage et à l'économie circulaire.**

La modulation prend la forme d'une prime accordée par l'éco-organisme au producteur lorsque le produit remplit les critères de performance et celle d'une pénalité due par le producteur à l'éco-organisme lorsque le produit s'en s'éloigne. Les primes et pénalités sont fixées de manière transparente et non discriminatoire.

Les primes et pénalités peuvent être supérieures au montant de la contribution financière nécessaire à la gestion des déchets. L'application des primes et pénalités peut en particulier conduire la contribution financière d'un producteur au sein d'un des éco-organismes mentionnés à l'article L. 541-10 à devenir nulle ou négative. Elles doivent permettre d'atteindre les objectifs mentionnés au II du même article L. 541-10. La modulation est soumise à l'avis du ministre chargé de l'environnement. Elle peut être fixée par arrêté du ministre chargé de l'environnement après avis de la commission inter-filières. Dans un délai de trois ans à compter de l'agrément d'un éco-organisme conformément au même II, une évaluation de la trajectoire d'atteinte des objectifs est menée afin de renforcer le niveau des modulations, si cela est nécessaire pour atteindre les objectifs. Sur demande motivée du producteur, l'éco-organisme est tenu de limiter le montant de la prime ou de la pénalité à 20 % du prix de vente hors taxe de son produit.

Au plus tard le 1er janvier 2022, le montant de la pénalité applicable aux emballages plastiques qui ne peuvent intégrer une filière de recyclage en fin de vie est fixé par arrêté, selon une trajectoire progressive.

Les signalétiques et marquages pouvant induire une confusion sur la règle de tri ou d'apport du déchet issu du produit sont affectés d'une pénalité qui ne peut être inférieure au montant de la contribution financière

nécessaire à la gestion des déchets. Ces signalétiques et marquages sont définis par arrêté du ministre chargé de l'environnement (1).

NB : Conformément à l'article 130 de la loi n° 2020-105 du 10 février 2020, les modalités d'exercice des éco-organismes agréés et des systèmes individuels approuvés pour les produits soumis à la responsabilité élargie du producteur à la date de publication de la présente loi restent régies par les dispositions des articles L. 541-10 à L. 541-10-11 du Code de l'environnement, sauf celles du deuxième alinéa du même article L. 541-10-11, dans leur rédaction en vigueur à la date de publication de la présente loi, jusqu'au 1er janvier 2023, ou à l'échéance de leur agrément ou approbation lorsque celle-ci est antérieure à cette date. Toutefois, les articles L. 541-10-3 et L. 541-10-7 ainsi que le quatrième alinéa de l'article L. 541-10-2 du même code, dans leur rédaction résultant de la présente loi, leur sont applicables dès le 1er janvier 2021.

Signalétiques sur la règle de tri – « Point vert ». Annulation de l'arrêté du 30 novembre 2020 relatif aux signalétiques et marquages pouvant induire une confusion sur la règle de tri ou d'apport du déchet issu du produit et le 4° du II de l'annexe à l'arrêté du 25 décembre 2020 portant modification du cahier des charges des éco-organismes. Ces arrêtés désignaient la signalétique « point vert » comme pouvant induire une confusion sur la règle de tri d'un déchet et, à ce titre, entraînait l'imposition d'une pénalité aux producteurs de produits relevant d'un régime de responsabilité élargie du producteur. Il demeure donc possible d'utiliser le logo « point vert » sans s'exposer à une pénalité (■ CE, 6e-5e ch., 30 juin 2023, n° 449872).

Art. L. 541-10-4 *(Rempl., L. n° 2020-105, 10 févr. 2020).* **– Dans le cadre de leur objectif de prévention des déchets mentionné à l'article L. 541-10, les éco-organismes et les systèmes individuels des filières concernées participent au financement des coûts de réparation effectuée par un réparateur labellisé des produits détenus par des consommateurs.**

À cette fin, chaque éco-organisme et chaque producteur en système individuel créent un fonds dédié au financement de la réparation. Ces fonds peuvent faire l'objet d'une mutualisation au sein d'une même filière et entre filières sur décision des éco-organismes et des producteurs en système individuel concernés.

Chaque fonds est doté des ressources nécessaires à l'atteinte de l'objectif de réparation prévu au II de l'article L. 541-10. Lorsque cet objectif n'est pas atteint, les engagements proposés par l'éco-organisme ou le producteur en système individuel en application du II de l'article L. 541-9-6 comprennent une augmentation de la dotation du fonds à proportion des objectifs non atteints.

Les filières concernées, les catégories de produits pouvant bénéficier de ce financement, la part minimale de ce financement ainsi que les modalités de labellisation des réparateurs, d'information du consommateur et d'emploi des fonds sont déterminées par décret.

NB : Conformément à l'article 130 de la loi n° 2020-105 du 10 février 2020, les modalités d'exercice des éco-organismes agréés et des systèmes individuels approuvés pour les produits soumis à la responsabilité élargie du producteur à la date de publication de la présente loi restent régies par les dispositions des articles L. 541-10 à L. 541-10-11 du Code de l'environnement, sauf celles du deuxième alinéa du même article L. 541-10-11, dans leur rédaction en vigueur à la date de publication de la présente loi, jusqu'au 1er janvier 2023, ou à l'échéance de leur agrément ou approbation lorsque celle-ci est antérieure à cette date. Toutefois, les articles L. 541-10-3 et L. 541-10-7 ainsi que le quatrième alinéa de l'article L. 541-10-2 du même code, dans leur rédaction résultant de la présente loi, leur sont applicables dès le 1er janvier 2021.

Art. L. 541-10-5 *(L. n° 2020-105, 10 févr. 2020 ; mod., L. n° 2021-1104, 22 août 2021).* **– Dans le cadre des objectifs de prévention des déchets et de développement du réemploi et de la réutilisation prévus à l'article L. 541-10, chaque éco-organisme et chaque producteur en système individuel créent un fonds dédié au financement du réemploi et de la réutilisation. Ces fonds peuvent faire l'objet d'une mutualisation au sein d'une même filière et entre filières sur décision des éco-organismes et des producteurs en système individuel concernés.**

La création d'un tel fonds concerne les producteurs de produits susceptibles d'être réemployés ou réutilisés, en particulier les producteurs des produits mentionnés aux 5° et 10° à 14° de l'article L. 541-10-1. Le fonds est doté des ressources nécessaires à l'atteinte des objectifs de réemploi et de réutilisation prévus au II de l'article L. 541-10, lesquelles ne peuvent être, pour les filières mentionnées à la première phrase du présent alinéa, inférieures à 5 % du montant des contributions reçues. Lorsque ces objectifs ne sont pas atteints, les

(1) V. T. appl. : A. 30 nov. 2020 (*JO* 24 déc. 2020). – NDLR.

engagements proposés par l'éco-organisme ou le producteur en système individuel en application du II de l'article L. 541-9-6 comprennent une augmentation de la dotation du fonds à proportion des objectifs non atteints.

Sont éligibles aux crédits versés par ce fonds les entreprises relevant de l'article 1er de la loi n° 2014-856 du 31 juillet 2014 relative à l'économie sociale et solidaire qui interviennent dans le champ de la prévention, du réemploi et de la réutilisation et qui répondent à des conditions qui peuvent être fixées par un cahier des charges élaboré par arrêté du ministre chargé de l'environnement.

Le fonds attribue les financements à toute personne éligible dont les activités respectent un principe de proximité. Ces financements sont versés sur le fondement d'une convention établie entre le fonds et ses bénéficiaires. La liste des financements attribués est rendue publique.

Chaque année, les bénéficiaires du fonds rendent compte des actions entreprises grâce aux financements reçus et des résultats obtenus.

Un décret précise les conditions de mise en œuvre du présent article.

NB : Conformément à l'article 130 de la loi n° 2020-105 du 10 février 2020, les modalités d'exercice des éco-organismes agréés et des systèmes individuels approuvés pour les produits soumis à la responsabilité élargie du producteur à la date de publication de la présente loi restent régies par les dispositions des articles L. 541-10 à L. 541-10-11 du Code de l'environnement, sauf celles du deuxième alinéa du même article L. 541-10-11, dans leur rédaction en vigueur à la date de publication de la présente loi, jusqu'au 1er janvier 2023, ou à l'échéance de leur agrément ou approbation lorsque celle-ci est antérieure à cette date. Toutefois, les articles L. 541-10-3 et L. 541-10-7 ainsi que le quatrième alinéa de l'article L. 541-10-2 du même code, dans leur rédaction résultant de la présente loi, leur sont applicables dès le 1er janvier 2021.

Art. L. 541-10-6 *(Rempl., L. n° 2020-105, 10 févr. 2020)*. **– I. – Lorsque les éco-organismes passent des marchés relatifs à la prévention ou à la gestion des déchets avec des opérateurs économiques selon une procédure fondée sur des critères d'attribution, ceux-ci comprennent obligatoirement des critères relatifs à la prise en compte du principe de proximité et au recours à l'emploi de personnes bénéficiant du dispositif d'insertion par l'activité économique prévu à l'article L. 5132-1 du Code du travail. La pondération de chacun de ces critères peut être au maximum égale aux deux tiers du critère des prix prévu dans le cadre des marchés considérés.**

II. – L'éco-organisme est tenu de passer les marchés relevant de son activité agréée selon des procédures d'appel d'offres non discriminatoires et des critères d'attribution transparents, en recherchant des modalités d'allotissement suscitant la plus large concurrence. Dès qu'il a fait son choix, l'éco-organisme rend publique, par tout moyen approprié, la liste des candidats retenus et la communique aux candidats dont la candidature ou l'offre n'a pas été retenue. L'éco-organisme fait figurer, en annexe de cette liste, la part des entreprises ayant candidaté et la part des entreprises retenues, par catégories d'entreprises énumérées à l'article 51 de la loi n° 2008-776 du 4 août 2008 de modernisation de l'économie. Lorsque les marchés portent sur le recyclage ou le traitement de déchets en vue de leur recyclage, dans le cas où l'éco-organisme n'est pas détenteur du déchet, l'éco-organisme propose de reprendre les matières issues du traitement à un prix positif ou nul, ou de prendre en charge les risques financiers relatifs aux variations des prix de revente des matières issues du traitement ; dans le cas où l'éco-organisme est détenteur du déchet, le contrat entre l'éco-organisme et l'opérateur économique organise le partage du risque et de la valeur concernant les variations des prix des matières issues du traitement.

III. – Les éco-organismes sont tenus d'assurer une traçabilité des déchets dont ils ont assuré, soutenu ou fait assurer la collecte dans l'exercice de la responsabilité élargie du producteur, jusqu'au traitement final de ces déchets. Lorsque ces déchets quittent le territoire national pendant tout ou partie des étapes jusqu'au traitement final, les éco-organismes sont tenus de déclarer auprès du ministre chargé de l'environnement la nature, la quantité et la destination des déchets exportés. Un décret en Conseil d'État fixe les modalités de cette déclaration.

NB : Conformément à l'article 130 de la loi n° 2020-105 du 10 février 2020, les modalités d'exercice des éco-organismes agréés et des systèmes individuels approuvés pour les produits soumis à la responsabilité élargie du producteur à la date de publication de la présente loi restent régies par les dispositions des articles L. 541-10 à L. 541-10-11 du Code de l'environnement, sauf celles du deuxième alinéa du même article L. 541-10-11, dans leur rédaction en vigueur à la date de publication de la présente loi, jusqu'au 1er janvier 2023, ou à l'échéance de leur agrément ou approbation lorsque celle-ci est antérieure à cette date. Toutefois, les articles L. 541-10-3 et L. 541-10-7 ainsi que le quatrième alinéa de l'article L. 541-10-2 du même code, dans leur rédaction résultant de la présente loi, leur sont applicables dès le 1er janvier 2021.

NB : Cet article vient renforcer les exigences de transparence, notamment financière, qui pèsent sur la mission des éco-organismes.

Bibliographie : D. Voinot, *Les appels d'offres des éco-organismes* : *Actu-environnement*, 3 juin 2024.

Au vu de ces bilans annuels et si les performances cibles ne sont pas atteintes, le Gouvernement définit après la publication du bilan réalisé en 2023, après évaluation des impacts économiques et environnementaux et concertation avec les parties prenantes, notamment les collectivités en charge du service public des déchets, les modalités de mise en œuvre d'un ou plusieurs dispositifs de consigne pour recyclage et réemploi. Ce bilan environnemental est rendu public.

II *(Mod., L. n° 2021-1104, 22 août 2021)*. – Il peut être fait obligation aux producteurs de produits mis sur le marché sur le territoire national ou à l'éco-organisme dont ils relèvent de mettre en œuvre d'autres dispositifs de consigne lorsque ces dispositifs sont nécessaires à l'atteinte des objectifs nationaux ou européens de prévention ou de gestion des déchets, sous réserve que le bilan environnemental global de ces dispositifs soit positif. Des dispositifs de consigne pour réemploi peuvent être mis en œuvre pour les emballages en verre lorsque le bilan environnemental global est positif. Le bilan environnemental de ces dispositifs tient compte de la distance de transport parcourue par les emballages pour être réemployés. Ces dispositifs de consigne pour réemploi du verre sont mis en œuvre sur la base d'une évaluation réalisée avant le 1er janvier 2023, en concertation avec les professions concernées, par l'observatoire du réemploi et de la réutilisation prévu à l'article L. 541-9-10.

III. – Sans préjudice d'initiatives volontaires individuelles tendant à la mise en place de consigne pour réemploi, des dispositifs supplémentaires de consigne pour réemploi et recyclage sont mis en œuvre à l'échelle régionale, y compris dans le département de la Guadeloupe, dès lors que les deux conditions suivantes sont cumulativement remplies :

1° Au moins 90 % des collectivités et de leurs groupements exerçant la compétence prévue à l'article L. 2224-13 du Code général des collectivités territoriales, représentant plus des deux tiers de la population régionale, en font la demande ;

2° La collectivité en charge de la planification régionale de la prévention et de la gestion des déchets émet un avis favorable.

IV. – Un décret en Conseil d'État définit les modalités de mise en place et de gestion de la consigne, notamment les emballages et les produits concernés, les responsabilités associées à la collecte des emballages et produits consignés, ainsi que les modalités d'information du consommateur. Il détermine les conditions dans lesquelles les collectivités et leurs groupements exerçant la compétence prévue à l'article L. 2224-13 du Code général des collectivités territoriales peuvent assurer eux-mêmes la gestion du réseau de collecte ou, lorsque cette gestion ne leur incombe pas, les conditions dans lesquelles ces collectivités et groupements sont consultés sur l'implantation des points de collecte du réseau envisagé.

Art. L. 541-10-12 *(L. n° 2020-105, 10 févr. 2020)*. – Tout producteur mentionné à l'article L. 541-10-1 est tenu d'élaborer et de mettre en œuvre un plan de prévention et d'écoconception ayant pour objectif de réduire l'usage de ressources non renouvelables, d'accroître l'utilisation de matières recyclées et d'accroître la recyclabilité de ses produits dans les installations de traitement situées sur le territoire national.

Ce plan est révisé tous les cinq ans. Il peut être individuel ou commun à plusieurs producteurs. Il comporte un bilan du plan précédent et définit les objectifs et les actions de prévention et d'écoconception qui seront mises en œuvre par le producteur durant les cinq années à venir. L'éco-organisme mis en place par les producteurs peut élaborer un plan commun à l'ensemble de ses adhérents.

Les plans individuels et communs sont transmis à l'éco-organisme mis en place par les producteurs, qui en publie une synthèse accessible au public, après présentation à l'instance représentative des parties prenantes de la filière.

Art. L. 541-10-13 *(L. n° 2020-105, 10 févr. 2020)*. – Les producteurs soumis au principe de responsabilité élargie du producteur en application de l'article L. 541-10 s'enregistrent auprès de l'autorité administrative, qui leur délivre un identifiant unique. Ils transmettent annuellement à l'autorité administrative, pour chaque catégorie de produits relevant de cette responsabilité élargie :

1° Le justificatif de leur adhésion à un éco-organisme ou de la création d'un système individuel ;

2° Les données sur les produits mis sur le marché, y compris le taux d'incorporation de matière recyclée dans ces produits ;

3° Les données sur la gestion des déchets issus de ces produits en précisant, le cas échéant, les flux de matières ;

4° Les données pertinentes pour suivre et déterminer les objectifs quantitatifs et qualitatifs de prévention et de gestion des déchets.

Les producteurs concernés peuvent procéder à cette transmission par l'intermédiaire de leur éco-organisme. L'autorité administrative publie la liste des producteurs enregistrés ainsi que leur identifiant unique.

Art. L. 541-10-14 *(L. n° 2020-105, 10 févr. 2020)*. – I. – Au moins une fois par an, l'autorité administrative met à la disposition du public par voie électronique, dans un format ouvert, aisément réutilisable et exploitable par un système de traitement automatisé, les informations suivantes pour chaque éco-organisme et système individuel :

1° Les quantités de produits mis sur le marché et le niveau de réalisation des objectifs de prévention et de gestion des déchets mentionnés au II de l'article L. 541-10 ;

2° Les quantités de déchets collectés et traités ainsi que leur répartition selon les modalités de traitement de ces déchets ;

3° Les zones géographiques où sont réalisées chacune des étapes de traitement des différents flux de matières réalisées par eux ou pour leur compte en mentionnant, pour chaque zone, la nature et les quantités de déchets ainsi traités.

II. – S'agissant des éco-organismes, l'autorité administrative met à disposition dans les mêmes conditions :

1° La liste de leurs propriétaires et membres adhérents ;

2° Les contributions financières versées par les producteurs par unité vendue ou par tonne de produits mis sur le marché ;

3° La procédure de sélection des opérateurs de gestion de déchets.

III. – Les informations mentionnées aux I et II sont transmises, par les éco-organismes et par les producteurs ayant mis en place un système individuel, à l'autorité administrative par l'intermédiaire d'un téléservice.

Art. L. 541-10-15 *(L. n° 2020-105, 10 févr. 2020)*. – Lorsque la nature des produits visés par l'agrément le justifie, les éco-organismes mettent à disposition du public par voie électronique, dans un format ouvert, aisément réutilisable et exploitable par un système de traitement automatisé, les informations suivantes :

1° Les coordonnées des opérateurs qui proposent des services de réparation lorsque ces opérateurs en formulent la demande ;

2° Les coordonnées des centres de réemploi et des centres de préparation en vue de la réutilisation ;

3° Les coordonnées des lieux de collecte ou de reprise des déchets, y compris ceux qui relèvent du service public de gestion des déchets ou des distributeurs en application de l'article L. 541-10-8 ;

4° Les données relatives aux modulations des contributions financières mentionnées à l'article L. 541-10-3, appliquées selon le type de produits, pour chacun des critères de performance environnementale qui leur sont applicables.

Art. L. 541-10-16 *(L. n° 2020-105, 10 févr. 2020)*. – La nature des données concernées par les articles L. 541-10-13 à L. 541-10-15 et les modalités de leur mise à disposition sont précisées par arrêté du ministre chargé de l'environnement.

Art. L. 541-10-17 *(L. n° 2020-105, 10 févr. 2020)*. – La France se donne pour objectif d'atteindre la fin de la mise sur le marché d'emballages en plastique à usage unique d'ici à 2040.

Un objectif de réduction, un objectif de réutilisation et de réemploi et un objectif de recyclage sont fixés par décret pour la période 2021-2025, puis pour chaque période consécutive de cinq ans.

Une stratégie nationale pour la réduction, la réutilisation, le réemploi et le recyclage des emballages en plastique à usage unique est définie par voie réglementaire avant le 1er janvier 2022. Cette stratégie détermine les mesures sectorielles ou de portée générale nécessaires pour atteindre les objectifs mentionnés au deuxième alinéa. Ces mesures peuvent prévoir notamment la mobilisation des filières à responsabilité élargie du producteur et de leurs éco-modulations, l'adaptation des règles de mise sur le marché et de distribution des emballages ainsi que le recours à d'éventuels outils économiques.

Cette stratégie nationale est élaborée et révisée en concertation avec les filières industrielles concernées, les collectivités territoriales et les associations de consommateurs et de protection de l'environnement.

Voir : D. n° 2021-517, 29 avr. 2021 relatif aux objectifs de réduction, de réutilisation et de réemploi, et de recyclage des emballages en plastique à usage unique pour la période 2021-2025 (*JO* du 30).

D. n° 2022-549, 14 avr. 2022 relatif à la Stratégie nationale pour la réduction, la réutilisation, le réemploi et le recyclage des emballages en plastique à usage unique (*JO* du 15). Stratégie consultable sur https://www.ecologie.gouv.fr/politiques-publiques/lutte-contre-pollution-plastique.

Sous-section 3. – Dispositions propres à certaines filières soumises à la responsabilité élargie du producteur

(Division créée à compter du 1er janvier 2021, L. n° 2020-105, 10 févr. 2020)

Art. L. 541-10-18 *(L. n° 2020-105, 10 févr. 2020 ; mod., L. n° 2021-1104, 22 août 2021)*. – I. – Un dispositif harmonisé de règles de tri sur les emballages ménagers est défini par décret en Conseil d'État.

Tout établissement de vente au détail de plus de 400 mètres carrés proposant en libre-service des produits alimentaires et de grande consommation se dote, à la sortie des caisses, de bacs de tri sélectif pour récupérer les déchets d'emballages issus des produits achetés dans cet établissement. L'établissement informe de manière visible les consommateurs de l'existence de ce dispositif.

II. – Pour contribuer à l'efficacité du tri, les collectivités territoriales et leurs groupements veillent à ce que la collecte séparée des déchets d'emballages et des papiers à usage graphique soit organisée selon des modalités harmonisées sur l'ensemble du territoire national. Des panneaux d'affichage explicatifs sont installés à proximité des contenants ou des affichages sont apposés sur ces derniers.

À cette fin, l'Agence de l'environnement et de la maîtrise de l'énergie met à la disposition des collectivités territoriales et de leurs groupements des recommandations fondées sur un nombre restreint de schémas types harmonisés d'organisation de la séparation des flux de déchets, de consignes de tri correspondantes et de couleurs des contenants associés.

La transition vers un dispositif harmonisé se fait progressivement, en s'appuyant sur le renouvellement naturel des parcs de contenants de collecte, avec pour objectif un déploiement effectif de ce dispositif sur l'ensemble du territoire national au plus tard le 31 décembre 2022. Les éco-organismes des filières à responsabilité élargie du producteur concernés accompagnent cette transition.

III *(Mod., L. n° 2023-305, 24 avr. 2023)*. – Les coûts supportés par le service public de gestion des déchets d'emballages ménagers et de papiers mentionnés au 1° de l'article L. 541-10-1 sont pris en charge selon les modalités prévues à l'article L. 541-10-2 en fonction des coûts de référence d'un service de gestion des déchets optimisé tenant compte de la vente des matières traitées.

Le niveau de prise en charge de ces coûts est fixé par décret.

La couverture de ces coûts pour les collectivités régies par l'article 73 de la Constitution, à Saint-Martin et à Saint-Pierre-et-Miquelon est fixée à 100 %.

Chaque année, tant que les objectifs de recyclage des déchets des produits mentionnés au 1° de l'article L. 541-10-1 ne sont pas atteints, le montant correspondant à l'écart entre les dépenses de soutien au fonctionnement constatées et celles qui auraient dû être réalisées par les éco-organismes si ces objectifs avaient été atteints est réaffecté l'année suivante à des dépenses de soutien à l'investissement. Cette obligation s'applique sans préjudice des dispositions prévues au II de l'article L. 541-9-6

IV. – Les producteurs relevant du 1° de l'article L. 541-10-1 et leur éco-organisme prennent en charge, dans les conditions prévues au III du présent article, les coûts afférents à la généralisation d'ici au 1er janvier 2025 de la collecte séparée pour recyclage des déchets d'emballages pour les produits consommés hors foyer, notamment par l'installation de corbeilles de tri permettant cette collecte séparée.

V. – Le cahier des charges des éco-organismes ou des systèmes individuels agréés et mis en place par les producteurs des produits mentionnés aux 1° et 2° de l'article L. 541-10-1 prévoit des objectifs de réduction de la mise sur le marché d'emballages, notamment d'emballages plastiques à usage unique. La non-atteinte de ces objectifs est sanctionnée conformément aux dispositions du présent chapitre.

Dans le cadre des filières de responsabilité élargie du producteur telles que définies aux mêmes 1° et 2°, les éco-organismes titulaires de l'agrément consacrent annuellement au moins 5 % du montant des contributions qu'ils perçoivent au développement de solutions de réemploi et réutilisation des emballages. Dans le but d'atteindre l'objectif d'emballages réemployés fixé au 1° du I de l'article L. 541-1, ces sommes sont consacrées à l'accompagnement des producteurs tenus de mettre sur le marché des emballages réemployés en application du III du même article L. 541-1 ainsi qu'au financement d'infrastructures facilitant le déploiement du réemploi sur l'ensemble du territoire national.

VI. – Au plus tard le 1er janvier 2022, les éco-organismes créés en application du 1° de l'article L. 541-10-1 mettent à la disposition des consommateurs un dispositif de signalement par voie électronique permettant à ces derniers de signaler les produits comportant un emballage qu'ils jugent excessif. Les éco-modulations mentionnées à l'article L. 541-10-3 prennent en compte les signalements ainsi effectués. Chaque année, les éco-organismes concernés publient un bilan des signalements remontés l'année précédente ainsi que les actions qui en ont découlé.

VII *(L. n° 2023-305, 24 avr. 2023)*. – Sans préjudice des autres critères de modulation prévus à l'article L. 541-10-3, la modulation des contributions financières versées par les producteurs dont les produits sont soumis au régime de responsabilité élargie du producteur en application du 1° de l'article L. 541-10-1 prend la forme d'une prime accordée par les éco-organismes agréés lorsque ces produits contribuent à une information d'intérêt général du public sur la prévention et la gestion des déchets, en particulier sur le geste de tri, notamment par la mise à disposition gratuite d'encarts d'information, sous réserve que ces produits respectent des critères de performance environnementale et que les dispositifs d'information d'intérêt général du public prévus au présent alinéa ne conduisent pas à augmenter la quantité d'emballages ou de papier graphique mis sur le marché. Les critères de performance environnementale portent notamment sur l'écoconception, sur l'incorporation de matières recyclées et sur l'élimination de substances susceptibles de limiter la recyclabilité ou l'incorporation de matières recyclées.

Les dispositifs d'information d'intérêt général du public sur la prévention et la gestion des déchets prévus au premier alinéa du présent VII ne peuvent avoir de visée publicitaire ou promotionnelle, y compris en faveur des entités bénéficiaires de ces dispositifs.

Les modalités de mise à disposition gratuite des encarts d'information, leurs caractéristiques techniques et les critères de performance environnementale mentionnés au même premier alinéa sont définis par décret.

Art. L. 541-10-19 *(L. n° 2020-105, 10 févr. 2020 ; abr., L. n° 2023-305, 24 avr. 2023* (1) *; rétabli à compter du 1er janvier 2026, L. n° 2024-364, 22 avr. 2024)*. – Les opérateurs de gestion de déchets ne peuvent gérer des déchets de batteries que s'ils disposent de contrats conclus en vue de la gestion de ces déchets avec les éco-organismes agréés ou avec les systèmes individuels mis en place par les personnes mentionnées à l'article L. 541-10 pour la catégorie de batteries concernée.

Art. L. 541-10-20 *(L. n° 2020-105, 10 févr. 2020 ; mod., L. n° 2021-1485, 15 nov. 2021)*. – I. – Les opérateurs de gestion de déchets ne peuvent gérer des déchets d'équipements électriques et électroniques que s'ils disposent de contrats passés en vue de la gestion de ces déchets avec les éco-organismes agréés ou avec les systèmes individuels mis en place par les personnes mentionnées à l'article L. 541-10.

Toute personne qui fabrique, importe ou introduit sur le marché national à titre professionnel des équipements électriques et électroniques ménagers ainsi que les acheteurs successifs de ces équipements font apparaître, jusqu'à l'utilisateur final, sur les factures de vente de tout nouvel équipement électrique et électronique ménager, en sus du prix unitaire du produit, le coût unitaire supporté pour la gestion des déchets collectés séparément issus des équipements électriques et électroniques ménagers.

Ce coût unitaire est égal au coût de la gestion de ces déchets. Il ne peut faire l'objet de réfaction. Les acheteurs répercutent à l'identique ce coût jusqu'au client final. Ce dernier en est informé sur le lieu de vente ou, en cas de vente à distance, par tout procédé approprié.

Un décret en Conseil d'État précise les conditions d'application du présent I et les sanctions applicables en cas d'infraction.

II. – Lorsque cela est nécessaire pour atteindre les objectifs de collecte qui leur sont fixés en application de la présente section et afin de réduire les stocks d'équipements usagés inutilisés, les producteurs d'équipements électriques et électroniques ou leur éco-organisme mènent, chaque année, des opérations de collecte nationale accompagnées d'une prime au retour pour les particuliers qui rapportent les équipements dont ils souhaitent se défaire, pour les téléphones, les tablettes et les ordinateurs portables.

III. – Les objectifs de recyclage, de réemploi et de réparation fixés par les cahiers des charges des éco-organismes ou des systèmes individuels agréés en application de l'article L. 541-10 sont déclinés de manière spécifique pour certains biens comportant des éléments numériques, au plus tard le 1er janvier 2028.

Exclusion du traitement des DEEE ménagers par un opérateur qui n'appartiendrait pas à la filière agréée. Les articles L. 541-10 et L. 541-10-2 du Code de l'environnement, tels qu'éclairés par les travaux parlementaires qui ont précédé leur adoption, ont pour effet d'interdire le

(1) Dispositions applicables à compter du 1er janvier 2023, L. n° 2023-305, 24 avr. 2023.

traitement de déchets électriques et électroniques (DEEE) ménagers qui serait effectué en dehors de la filière agréée qu'ils établissent. Il en résulte que le traitement de ces DEEE ménagers ne peut être effectué par un opérateur en dehors de cette filière (■ CE, 12 juin 2013, n° 360648, *Féd. des entreprises du recyclage*).

Art. L. 541-10-21 *(L. n° 2020-105, 10 févr. 2020).* **– Jusqu'au 1er janvier 2026, toute personne qui fabrique, importe ou introduit sur le marché national à titre professionnel des produits mentionnés au 10° de l'article L. 541-10-1 ainsi que les acheteurs successifs de ces produits font apparaître, jusqu'au consommateur final, sur les factures de vente de tout élément d'ameublement, en sus du prix unitaire du produit, le coût unitaire supporté pour la gestion des déchets d'éléments d'ameublement. Ce coût unitaire est strictement égal au coût de la gestion de ces déchets. Il ne peut faire l'objet de réfaction. Les acheteurs répercutent à l'identique ce coût jusqu'au client final. Ce dernier en est informé sur le lieu de vente ou, en cas de vente à distance, par tout procédé approprié.**

Un décret en Conseil d'État précise les conditions d'application du présent article.

Art. L. 541-10-22 *(Anc. art. L. 541-10-7, dénum., L. n° 2020-105, 10 févr. 2020).* **– Toute personne physique ou morale qui met sur le marché national des bouteilles de gaz destinées à un usage individuel les assortit d'une consigne ou d'un système équivalent favorisant leur réemploi. Elle prend également en charge la reprise à titre gratuit des déchets de bouteilles de gaz dont le détenteur s'est défait hors des circuits de consigne ou de système équivalent mis en place par les producteurs.**

Un décret détermine les conditions d'application du présent article.

Art. L. 541-10-23 *(L. n° 2020-105, 10 févr. 2020).* **– I. – Les éco-organismes agréés en application du 4° de l'article L. 541-10-1 couvrent notamment les coûts supportés par toute personne assurant la reprise des déchets de construction et de démolition faisant l'objet d'une collecte séparée. En outre, ils pourvoient à cette reprise lorsque cela est nécessaire afin d'assurer le maillage territorial prévu au II du présent article.**

Les contributions financières versées par le producteur à l'éco-organisme couvrent notamment les coûts liés au ramassage et au traitement des déchets de construction et de démolition mentionnés au 4° de l'article L. 541-10-1 qui sont abandonnés, déposés ou gérés contrairement aux prescriptions du présent chapitre, y compris lorsque les déchets concernés ont été abandonnés antérieurement à la date d'entrée en vigueur des obligations des producteurs.

Les éco-organismes peuvent déduire des contributions financières des producteurs mentionnées au deuxième alinéa du présent I les sommes correspondant aux quantités de déchets faisant l'objet d'une collecte séparée, d'une reprise sans frais et d'une gestion participant à l'atteinte des objectifs fixés à l'éco-organisme, organisées par le producteur ou pour son compte. Cette déduction est réalisée sans préjudice des contributions nécessaires pour assurer une gestion des déchets qui ne se limite pas à ceux pour lesquels elle est la moins coûteuse.

Les éco-organismes peuvent s'organiser avec les producteurs pour accompagner les initiatives visant à atteindre les objectifs de traitement fixés et, lorsque cela est nécessaire pour atteindre ces objectifs, pourvoir au développement des filières de traitement dans les conditions prévues à l'article L. 541-10-6.

II. – En tenant compte du plan régional de prévention et de gestion des déchets, les éco-organismes établissent un maillage territorial des installations qui reprennent sans frais les déchets issus des produits ou matériaux de construction du secteur du bâtiment destinés aux ménages ou aux professionnels dans les conditions prévues au 4° de l'article L. 541-10-1. À cet effet, les cahiers des charges des éco-organismes déterminent notamment les conditions dans lesquelles les producteurs de ces produits et matériaux contribuent à l'ouverture de nouveaux points de reprise ainsi qu'à l'extension des horaires d'ouverture des points de reprise existants. Ce maillage est défini en concertation avec les collectivités territoriales chargées de la collecte des déchets ménagers et assimilés et avec les opérateurs des installations de reprise.

III. – Tout distributeur de produits ou matériaux de construction à destination des professionnels s'organise, en lien avec les pouvoirs publics et les collectivités compétentes, pour reprendre, sur ses sites de distribution ou à proximité de ceux-ci, les déchets issus des mêmes types de produits ou matériaux de construction à destination des professionnels qu'il vend. Un décret précise les modalités d'application du présent III, notamment la surface de l'unité de distribution à partir de laquelle les distributeurs sont concernés par cette disposition.

L'obligation mentionnée au premier alinéa du présent III n'est plus applicable lorsqu'au moins un éco-organisme prend en charge les produits ou matériaux de construction en application du 4° de l'article L. 541-10-1. L'article L. 541-10-8 devient alors applicable à ces produits et matériaux.

Art. L. 541-10-24 *(L. n° 2020-105, 10 févr. 2020).* – Toute personne physique ou morale qui met sur le marché national des bouteilles de gaz destinées à un usage individuel assortit cette mise sur le marché de la mise en place d'une consigne ou d'un système équivalent favorisant le réemploi de ces bouteilles. Elle prend également en charge la reprise à titre gratuit des déchets de bouteilles de gaz dont le détenteur s'est défait hors des circuits de consigne ou de système équivalent mis en place par les producteurs, y compris lorsque ces déchets sont collectés par les collectivités compétentes lors du nettoyage de dépôts sauvages.

Un décret détermine les conditions d'application du présent article.

Art. L. 541-10-25 *(L. n° 2020-105, 10 févr. 2020).* – Les producteurs de produits mentionnés au 7° de l'article L. 541-10-1 ou leur éco-organisme sont tenus de prendre en charge les coûts supportés par les collectivités territoriales relatifs aux déchets issus de ces produits qui seraient collectés dans le cadre de la collecte mentionnée au II de l'article L. 541-10-18.

(Mod., L. n° 2023-305, 24 avr. 2023) (1) Les producteurs ou leur éco-organisme reversent la part correspondante des contributions financières aux éco-organismes mis en place par les producteurs des produits mentionnés au 1° de l'article L. 541-10-1 afin que ces éco-organismes couvrent les coûts mentionnés au premier alinéa du présent article.

Art. L. 541-10-25-1 *(Créé à compter du 1er janvier 2022, Ord. n° 2021-1843, 22 déc. 2021 ; L. fin. rect. n° 2022-1157, 16 août 2022).* – Est affecté aux éco-organismes agréés en application du 18° de l'article L. 541-10-1 le produit de la taxe annuelle sur les engins maritimes à usage personnel mentionnée à l'article L. 423-4 du Code des impositions sur les biens et services, à hauteur de 3 % de la fraction perçue sur les engins battant pavillon français autres que ceux relevant du tarif propre à la Corse prévu à l'article L. 423-21 du même code.

Il est réparti entre ces deniers au prorata des mises sur le marché de leurs adhérents.

Le pourcentage mentionné au premier alinéa est abaissé à 2 % lorsque les objectifs de traitement des déchets fixés pour l'année précédente par le cahier des charges mentionné au II de l'article L. 541-10 ne sont pas atteints.

Art. L. 541-10-26 *(Créé à compter du 1er janvier 2024, L. n° 2020-105, 10 févr. 2020 ; mod. à compter de cette même date, L. n° 2021-1104, 22 août 2021).* – I. – Les opérateurs de gestion de déchets ne peuvent procéder aux opérations de gestion des véhicules hors d'usage suivantes que s'ils ont passé des contrats en vue de cette gestion avec les éco-organismes ou les systèmes individuels créés en application de l'article L. 541-10 :

1° La reprise sur le territoire national des véhicules hors d'usage ;

2° La dépollution des véhicules ;

3° Le traitement des déchets dangereux issus des véhicules.

II. – En vue de favoriser la réutilisation des pièces détachées issues des véhicules usagés, les producteurs ou leur éco-organisme assurent la reprise sans frais de ces véhicules auprès des particuliers sur leur lieu de détention.

Cette reprise est accompagnée d'une prime au retour, si elle permet d'accompagner l'efficacité de la collecte.

Art. L. 541-10-27 *(Créé à compter du 1er janvier 2022, L. n° 2020-105, 10 févr. 2020).* – Les éco-organismes créés par les producteurs des produits mentionnés au 11° de l'article L. 541-10-1 sont tenus d'assurer une couverture de la totalité des coûts de collecte et de tri des opérateurs de gestion de déchets, avec lesquels ils établissent une convention, ainsi que de la totalité des coûts liés à la réutilisation sur le territoire national des déchets collectés, dans les conditions prévues par le cahier des charges mentionné à l'article L. 541-10. La prise en charge de ces coûts tient compte des recettes tirées de la réutilisation et n'excède pas la fourniture de services de gestion des déchets présentant un bon rapport coût-efficacité.

La convention prévue au premier alinéa du présent article prévoit que l'éco-organisme assure la reprise à un prix positif ou nul des déchets triés, lorsque l'opérateur le demande, en vue de pouvoir à leur recyclage dans les conditions prévues à l'article L. 541-10-6.

(1) Dispositions applicables à compter du 1er janvier 2023, L. n° 2023-305, 24 avr. 2023.

Les éco-organismes pourvoient également à la collecte et au tri des déchets lorsque cela est nécessaire pour remplir les objectifs fixés par le cahier des charges mentionné à l'article L. 541-10.

Art. L. 541-10-28 *(L. n° 2023-580, 10 juill. 2023).* **– Les éco-organismes créés par les producteurs des produits mentionnés au 19° de l'article L. 541-10-1 consacrent annuellement une part des contributions qu'ils perçoivent au financement d'actions de communication visant à sensibiliser au risque d'incendie lié à l'abandon de déchets issus de ces produits. Ces actions sont notamment conduites dans les territoires réputés particulièrement exposés aux risques d'incendie et dans les bois et forêts classés à risque d'incendie.**

Lorsque le ministère chargé de l'environnement met en œuvre des actions de communication relatives à la prévention des incendies de forêt, les éco-organismes et les systèmes individuels agréés en application du même 19° supportent tout ou partie des coûts correspondants en versant une redevance.

Les modalités d'application du présent article sont précisées par décret en Conseil d'État.

Section III. – Prévention et gestion des déchets

(Intitulé rempl., Ord. n° 2010-1579, 17 déc. 2010)

Sous-section 1. – Plans de prévention et de gestion des déchets

(Intitulé rempl., Ord. n° 2010-1579, 17 déc. 2010)

Bibliographie : B. Eglie-Richters, *Approbation du plan national de prévention des déchets : BDEI* nov. 2014, n° 1837. • C. Cans, *Respect des objectifs de planification en matière de gestion des déchets : AJDA* 2017 p. 1505. • B. Eglie-Richters, *La force obligatoire des plans de gestion des déchets et le principe de compatibilité : BDEI* juill. 2013, n° 46, p. 13. • P. Billet, *La gestion des déchets dans la loi de réforme des collectivités locales : Environnement et dév. durable* 2011, n° 3, p. 54. • M. Moliner-Dubost, *Les plans de prévention et de gestion des déchets : AJCT* mai 2011, n° 5, p. 214.

L'ordonnance n° 2010-1579 du 17 décembre 2010 a intégré à la planification de la gestion des déchets la nouvelle hiérarchie dans leur mode de traitement. La nouvelle distinction déchets dangereux – déchets non dangereux est aussi prise en compte, dans l'intitulé des différents plans notamment. L'éventail des plans existants est élargi, notamment par la création d'un plan national de prévention des déchets et d'un plan départemental de prévention et de gestion des déchets issus du bâtiment et des travaux publics.

Le paquet de directives en date du 30 mai 2018 dit paquet « économie circulaire » fixe de nouveaux objectifs de recyclage, et de réduction de la mise en décharge modifiant ceux fixés par l'article L. 541-1. Les échéances de ces nouveaux objectifs coïncident avec celles des plans régionaux de prévention et de gestion des déchets qui devraient par conséquent les prendre en compte.

Art. L. 541-11 *(Ord. n° 2010-1579, 17 déc. 2010 ; mod., Ord. n° 2020-920, 29 juill. 2020).* **– I. – Un plan national de prévention des déchets est établi par le ministre chargé de l'environnement.**

II. – Pour atteindre les objectifs visés à l'article L. 541-1, le plan comprend :

1° Les objectifs nationaux et les orientations des politiques de prévention des déchets ;

2° L'inventaire des mesures de prévention mises en œuvre ;

3° Une évaluation de l'impact de ces mesures sur la conception, la production et la distribution de produits générateurs de déchets, ainsi que sur la consommation et l'utilisation de ces produits ;

4° ***L'énoncé des mesures de prévention*** **qui doivent être poursuivies et des mesures nouvelles à mettre en œuvre, notamment celles permettant d'éviter la production de déchets et celles visant à prévenir et réduire l'incidence de certains produits en plastique sur l'environnement, en particulier le milieu aquatique, et sur la santé humaine ;**

5° La détermination des situations de référence, des indicateurs associés aux mesures de prévention des déchets et la méthode d'évaluation utilisée.

III. – Le plan national de prévention des déchets est établi par le ministre en charge de l'environnement en concertation avec les ministres et des organismes publics intéressés, les représentants des organisations professionnelles concernées, des collectivités territoriales responsables respectivement de la gestion des déchets et de la planification de la prévention et gestion des déchets, des associations nationales de protection de l'environnement agréées au titre des dispositions de l'article L. 141-1, des organisations

syndicales représentatives et des associations nationales de défense des consommateurs agréés au titre de l'article L. 411-1 du Code de la consommation.

IV. – Sont compatibles avec les mesures du plan national de prévention des déchets qui visent à prévenir et à réduire l'incidence de certains produits en plastique sur l'environnement, en particulier le milieu aquatique, et sur la santé humaine, les plans et schémas suivants :

- les plans régionaux de prévention et de gestion des déchets mentionnés à l'article L. 541-13 ;
- les programmes pluriannuels de mesures mentionnés à l'article L. 212-2-1 ;
- les programmes de mesures mentionnés au 5° du I de l'article L. 219-9 ;
- les schémas régionaux d'aménagement, de développement durable et d'égalité des territoires mentionnés à l'article L. 4251-1 du Code général des collectivités territoriales.

V. – Le projet de plan est mis à la disposition du public pendant deux mois. Il est le cas échéant modifié pour tenir compte des observations formulées, approuvé par le ministre en charge de l'environnement et publié.

Voir : A. 2 mars 2023 relatif au Plan national de prévention des déchets 2021-2027 (*JO* du 25, *BO* du ministère chargé de la protection de l'environnement, 7 avr. 2023).

Art. L. 541-11-1 *(Anc. art. L. 541-11, dénum. et mod., Ord. n° 2010-1579, 17 déc. 2010).* – (1) Des plans nationaux de prévention et de gestion doivent être établis, par le ministre chargé de l'environnement, pour certaines catégories de déchets dont la liste est établie par décret en Conseil d'État, à raison de leur degré de nocivité ou de leurs particularités de gestion.

Des représentants des collectivités territoriales concernées, des organisations professionnelles concernées et des associations de protection de l'environnement agréées au titre de l'article L. 141-1 participent à l'élaboration de ces plans avec les représentants de l'État et des organismes publics concernés, au sein d'une commission du plan.

Les plans ainsi élaborés sont mis à la disposition du public pendant deux mois.

Ils sont ensuite modifiés, pour tenir compte, le cas échéant, des observations formulées et publiés.

Ces plans tendent à la création d'ensembles coordonnés d'installations de traitement des déchets et énoncent les priorités à retenir pour atteindre les objectifs définis à l'article L. 541-1.

Manquement de la France. ▪ CJCE, 2 mai 2002, aff. n° C-292/99 A, *Commission c/ France : Environnement* juill. 2002, p. 15.

Art. L. 541-11-2 *(L. n° 2015-992, 17 août 2015).* – Le plan national de prévention des déchets intègre l'enjeu particulier du matériau bois et la nécessité de coordonner la gestion des déchets de bois et des produits dérivés du bois. Il programme les conditions dans lesquelles les déchets de bois, en particulier ceux issus des filières de responsabilité élargie du producteur, peuvent être réutilisés sous forme de matières premières. Afin de favoriser la valorisation de ces matériaux, les dispositions du plan national précité relatives aux déchets de bois sont prises en compte par les plans locaux de prévention et de gestion des déchets mentionnés à la présente section, les schémas régionaux biomasse et les filières de responsabilité élargie du producteur.

Art. L. 541-12 *(Mod., Ord. n° 2010-1579, 17 déc. 2010).* – La région et le département participent à la politique de gestion des déchets dans les conditions fixées par le présent chapitre.

À ce titre, ils peuvent faciliter toutes opérations de gestion de déchets et, notamment, prendre, dans les conditions prévues par le Code général des collectivités territoriales (première partie, livre V, titre II), des participations dans des sociétés constituées en vue de la réalisation ou de la gestion d'installations de traitement de déchets.

Compétence du département. La compétence conférée aux départements en matière de gestion de déchets par l'article L. 541-12 du Code de l'environnement consiste en une simple participation aux politiques menées en matière de gestion de déchets (▪ CAA Lyon, 4 oct. 2016, n° 15LY01099).

(1) Sur les modalités de la révision des plans visés au présent article et établis à la date du 1er juillet 2008 : V. L. n° 2010-788, 12 juill. 2010, art. 194, V.

Art. L. 541-13 *(Anc. L. n° 75-633, 15 juill. 1975 ; mod., L. n° 2002-276, 27 févr. 2002 ; mod. à compter du 1er janvier 2005, L. n° 2004-809, 13 août 2004 ; mod., L. n° 2009-526, 12 mai 2009 ; mod. à compter de la date prévue au II de l'article 29 de l'ordonnance n° 2010-177 du 23 février 2010, Ord. n° 2010-177, 23 févr. 2010* (1) *; mod., Ord. n° 2010-1579, 17 déc. 2010 ; L. n° 2015-991, 7 août 2015 ; Ord. n° 2016-1028, 27 juill. 2016 ; L. n° 2018-727, 10 août 2018* (2) *; Ord. n° 2020-920, 29 juill. 2020 ; L. n° 2021-1104, 22 août 2021).* **– I. – Chaque région est couverte par un plan régional de prévention et de gestion des déchets. Le plan concourt, à l'échelle régionale, à l'atteinte des objectifs nationaux mentionnés à l'article L. 541-1.**

I *bis*. – Le plan est compatible avec les programmes établis en application des articles L. 212-2-1 et L. 212-2-2 et les plans établis en application de l'article L. 219-9.

II. – Pour atteindre les objectifs mentionnés à l'article L. 541-1, le plan comprend :

1° Un état des lieux de la prévention et de la gestion des déchets selon leur origine, leur nature, leur composition et les modalités de leur transport ;

2° Une prospective à termes de six ans et de douze ans de l'évolution tendancielle des quantités de déchets à traiter ;

3° Des objectifs en matière de prévention, de recyclage et de valorisation des déchets, déclinant les objectifs nationaux de manière adaptée aux particularités territoriales ainsi que les priorités à retenir pour atteindre ces objectifs ;

4° Une planification de la prévention et de la gestion des déchets à termes de six ans et de douze ans, comportant notamment la mention des installations qu'il apparaît nécessaire de créer ou d'adapter afin d'atteindre les objectifs fixés au 3° du présent II, dans le respect de la limite mentionnée au IV ;

5° Un plan régional d'action en faveur de l'économie circulaire ;

6° Une synthèse des actions menées par les autorités compétentes pour prévenir et empêcher les abandons de déchets et pour faire disparaître les dépôts illégaux de déchets ;

7° Un maillage équilibré des dispositifs de consigne pour réemploi ou réutilisation, notamment des dispositifs de collecte mis en place par les producteurs ou leur éco-organisme, ainsi que des laveuses et lieux de stockage des emballages consignés, en tenant compte des fonctions urbaines sur les territoires et de manière à garantir un service de proximité.

III. – Certains flux de déchets, dont la liste est fixée par décret, font l'objet d'une planification spécifique dans le cadre du plan régional.

IV. – Le plan fixe, en fonction des objectifs mentionnés au II, une limite aux capacités annuelles d'élimination des déchets non dangereux non inertes, qui ne peut être supérieure à une valeur établie par décret en Conseil d'État. Cette valeur peut varier selon les collectivités territoriales. Cette limite s'applique lors de la création de toute nouvelle installation d'élimination des déchets non dangereux non inertes, lors de l'extension de capacité d'une installation existante ou lors d'une modification substantielle de la nature des déchets admis dans une telle installation.

V. – Sans préjudice du IV, le plan prévoit, parmi les priorités qu'il retient, une ou plusieurs installations de stockage de déchets non dangereux et une ou plusieurs installations de stockage de déchets inertes, en veillant à leur répartition sur la zone géographique qu'il couvre en cohérence avec le 4° de l'article L. 541-1.

VI. – Le plan peut prévoir, pour certains types de déchets spécifiques, la possibilité, pour les producteurs et les détenteurs de déchets, de déroger à la hiérarchie des modes de traitement des déchets définie à l'article L. 541-1, en la justifiant compte tenu des effets globaux sur l'environnement et la santé humaine, et des conditions techniques et économiques.

VII. – Le plan prévoit les mesures permettant d'assurer la gestion des déchets dans des situations exceptionnelles, notamment celles susceptibles de perturber la collecte et le traitement des déchets, sans préjudice des dispositions relatives à la sécurité civile.

VIII. – Le plan tient compte, en concertation avec l'autorité compétente des zones limitrophes, de leurs besoins hors de son périmètre d'application et des installations de gestion des déchets implantées dans ces zones afin de prendre en compte les bassins économiques et les bassins de vie.

---

(1) Sur les modalités de la révision des plans visés au présent article et établis à la date du 1er juillet 2008 : V. L. n° 2010-788, 12 juill. 2010, art. 194, V.

(2) Dispositions d'application (concernant notamment le délai dans lequel doivent être approuvés nouveaux plans) et dispositions transitoires : V. L. n° 2015-991, 7 août 2015, art. 8, III et IV.

Rédaction future. Art. L. 541-13 *(Anc. L. n° 75-633, 15 juill. 1975 ; mod., L. n° 2002-276, 27 févr. 2002 ; mod. à compter du 1er janvier 2005, L. n° 2004-809, 13 août 2004 ; mod., L. n° 2009-526, 12 mai 2009 ; mod. à compter de la date prévue au II de l'article 29 de l'ordonnance n° 2010-177 du 23 février 2010, Ord. n° 2010-177, 23 févr. 2010* (1) *; mod., Ord. n° 2010-1579, 17 déc. 2010 ; L. n° 2015-991, 7 août 2015 ; Ord. n° 2016-1028, 27 juill. 2016 ; L. n° 2018-727, 10 août 2018* (2) *; Ord. n° 2020-920, 29 juill. 2020 ; L. n° 2021-1104, 22 août 2021).* – I. *(Mots rempl. à compter de la date prévue au I de l'article 64 de la loi n° 2018-727 du 10 août 2018, Ord. n° 2016-1028, 27 juill. 2016)* Les régions d'Île-de-France, de Guadeloupe, de La Réunion, les collectivités territoriales de Guyane et de Martinique ainsi que les collectivités territoriales à statut particulier exerçant les compétences d'une région sont couvertes par un plan régional de prévention et de gestion des déchets. Le plan concourt, à l'échelle régionale, à l'atteinte des objectifs nationaux mentionnés à l'article L. 541-1.

I *bis*. – Le plan est compatible avec les programmes établis en application des articles L. 212-2-1 et L. 212-2-2 et les plans établis en application de l'article L. 219-9.

II. – Pour atteindre les objectifs mentionnés à l'article L. 541-1, le plan comprend :

1° Un état des lieux de la prévention et de la gestion des déchets selon leur origine, leur nature, leur composition et les modalités de leur transport ;

2° Une prospective à termes de six ans et de douze ans de l'évolution tendancielle des quantités de déchets à traiter ;

3° Des objectifs en matière de prévention, de recyclage et de valorisation des déchets, déclinant les objectifs nationaux de manière adaptée aux particularités territoriales ainsi que les priorités à retenir pour atteindre ces objectifs ;

4° Une planification de la prévention et de la gestion des déchets à termes de six ans et de douze ans, comportant notamment la mention des installations qu'il apparaît nécessaire de créer ou d'adapter afin d'atteindre les objectifs fixés au 3° du présent II, dans le respect de la limite mentionnée au IV ;

5° Un plan régional d'action en faveur de l'économie circulaire ;

6° Une synthèse des actions menées par les autorités compétentes pour prévenir et empêcher les abandons de déchets et pour faire disparaître les dépôts illégaux de déchets ;

7° Un maillage équilibré des dispositifs de consigne pour réemploi ou réutilisation, notamment des dispositifs de collecte mis en place par les producteurs ou leur éco-organisme, ainsi que des laveuses et lieux de stockage des emballages consignés, en tenant compte des fonctions urbaines sur les territoires et de manière à garantir un service de proximité.

III. – Certains flux de déchets, dont la liste est fixée par décret, font l'objet d'une planification spécifique dans le cadre du plan régional.

IV. – Le plan fixe, en fonction des objectifs mentionnés au II, une limite aux capacités annuelles d'élimination des déchets non dangereux non inertes, qui ne peut être supérieure à une valeur établie par décret en Conseil d'État. Cette valeur peut varier selon les collectivités territoriales. Cette limite s'applique lors de la création de toute nouvelle installation d'élimination des déchets non dangereux non inertes, lors de l'extension de capacité d'une installation existante ou lors d'une modification substantielle de la nature des déchets admis dans une telle installation.

V. – Sans préjudice du IV, le plan prévoit, parmi les priorités qu'il retient, une ou plusieurs installations de stockage de déchets non dangereux et une ou plusieurs installations de stockage de déchets inertes, en veillant à leur répartition sur la zone géographique qu'il couvre en cohérence avec le *(Mots rempl. à compter de la date prévue au I de l'article 64 de la loi n° 2018-727 du 10 août 2018, Ord. n° 2016-1028, 27 juill. 2016)* 4° et 6° du II de l'article L. 541-1.

VI. – Le plan peut prévoir, pour certains types de déchets spécifiques, la possibilité, pour les producteurs et les détenteurs de déchets, de déroger à la hiérarchie des modes de traitement des déchets définie à l'article L. 541-1, en la justifiant compte tenu des effets globaux sur l'environnement et la santé humaine, et des conditions techniques et économiques.

VII. – Le plan prévoit les mesures permettant d'assurer la gestion des déchets dans des situations exceptionnelles, notamment celles susceptibles de perturber la collecte et le traitement des déchets, sans préjudice des dispositions relatives à la sécurité civile.

VIII. – Le plan tient compte, en concertation avec l'autorité compétente des zones limitrophes, de leurs besoins hors de son périmètre d'application et des installations de gestion des déchets implantées dans ces zones afin de prendre en compte les bassins économiques et les bassins de vie.

À noter : en application de la loi NOTRe n° 2015-991 du 7 août 2015 et de l'ordonnance n° 2016-1028, du 27 juillet 2016, le plan régional de prévention et de gestion des déchets sera absorbé par le schéma régional d'aménagement, de développement durable et d'égalité des territoires dans la plupart des régions à l'exception des régions d'Île-de-France, de Guadeloupe, de La Réunion, les collectivités territoriales de Guyane et de Martinique ainsi que les collectivités territoriales à statut particulier exerçant les compétences d'une région.

La prise en compte des objectifs nationaux de prévention et de valorisation des déchets par les plans est désormais prévue par la loi.

Voir : jurisprudence citée sous l'article L. 541-14 qui porte sur les plans départementaux de gestion des déchets élaborés en application de l'ancien article L. 541-14 dans ses dispositions applicables jusqu'au 8 août 2015. En effet, ces plans départementaux ont été remplacés depuis par les plans régionaux de prévention et de gestion des déchets et les décisions rendues à ce sujet

(1) Sur les modalités de la révision des plans visés au présent article et établis à la date du 1er juillet 2008 : V. L. n° 2010-788, 12 juill. 2010, art. 194, V.

(2) Dispositions d'application (concernant notamment le délai dans lequel doivent être approuvés nouveaux plans) et dispositions transitoires : V. L. n° 2015-991, 7 août 2015, art. 8, III et IV.

peuvent constituer un guide de lecture pour certaines des exigences d'élaboration de ces nouveaux plans régionaux de prévention et de gestion des déchets.

Art. L. 541-14 (1) ***(Anc. L. n° 75-633, 15 juill. 1975 ; mod., Ord. n° 2004-637, 1er juill. 2004 ; mod. à compter du 1er janvier 2005, L. n° 2004-809, 13 août 2004*** (2) ***; mod., L. n° 2010-788, 12 juill. 2010*** (3) ***; mod., Ord. n° 2010-1579, 17 déc. 2010 ; L. n° 2015-991, 7 août 2015)*** (4). **– I. – Le projet de plan est élaboré à l'initiative et sous la responsabilité du président du conseil régional.**

II. – Le projet de plan est élaboré en concertation avec des représentants des collectivités territoriales et de leurs groupements compétents en matière de collecte et de traitement de déchets, de l'État, des organismes publics concernés, des organisations professionnelles concernées, des éco-organismes et des associations agréées de protection de l'environnement. Le projet de plan est soumis pour avis à la conférence territoriale de l'action publique, au représentant de l'État dans la région et au conseil régional des régions limitrophes. Il est éventuellement modifié pour tenir compte de ces avis, qui sont réputés favorables s'ils n'ont pas été formulés dans un délai de quatre mois à compter de la réception du projet. Si, dans les conditions prévues à l'article L. 541-15, l'État élabore le plan, l'avis du conseil régional est également sollicité.

Le projet de plan est arrêté par le conseil régional. Lorsque, à l'expiration du délai prévu au premier alinéa du présent II, au moins trois cinquièmes des autorités organisatrices en matière de traitement des déchets, représentant au moins 60 % de la population, ont émis un avis défavorable au projet de plan, le représentant de l'État dans la région peut demander au conseil régional d'arrêter un nouveau projet de plan dans un délai de trois mois, en tenant compte des observations formulées.

III. – Le projet de plan est ensuite soumis à enquête publique, réalisée conformément au chapitre III du titre II du livre Ier, puis approuvé par délibération du conseil régional et publié.

I – JURISPRUDENCE RELATIVE AUX PLANS RÉGIONAUX DE PRÉVENTION ET DE GESTION DES DÉCHETS

1) Évaluation environnementale préalable. Annulation de la délibération du conseil régional de Provence-Alpes-Côte d'Azur approuvant le plan régional de prévention et de gestion des déchets en raison de l'insuffisance de l'évaluation environnementale, et sursis à statuer dans l'attente de la régularisation par la réalisation d'une nouvelle étude environnementale et l'organisation d'une enquête publique complémentaire (▪ CAA Marseille, 5e ch. – formation à 3, 26 janv. 2024, n° 22MA02934).

II – JURISPRUDENCE RELATIVE AUX PLANS DÉPARTEMENTAUX DE GESTION DES DÉCHETS POUVANT ÊTRE TRANSPOSÉE AU PLAN DE GESTION DES DÉCHETS DÉSORMAIS ADOPTÉS AU NIVEAU RÉGIONAL

A – Légalité du plan de gestion et de prévention – censure

2) Transport des déchets. Est annulé un plan départemental d'élimination des déchets ménagers dès lors qu'il ne reconnaît pas comme un objectif clairement identifié la limitation en distance et en volume du transport des déchets, et n'énonce pas les mesures propres à atteindre cet objectif d'une part, et d'autre part qu'il ne comporte aucune information relative aux effets sur la santé publique et l'environnement de toutes les opérations existantes ou envisagées de transports et d'élimination des déchets d'autre part (▪ TA Nice, 28 mars 2000, n° 985819, *Comité de sauvegarde des sites et de l'environnement de Roquefort-les-Pins c/ Préfet des Alpes-Maritimes : LPA* 5 juill. 2001, n° 33, p. 19). Est annulé également le plan départemental d'élimination des déchets ménagers et assimilés en ce qu'il ne contient pas, pour les différentes catégories de déchets, les inventaires prospectifs à terme de cinq et dix ans des proportions relatives aux déchets destinés aux différentes filières de valorisation et d'élimination, exigés par l'article 2 du décret du 18 novembre 1996, *infra* (▪ TA Lyon, 9 juin 1999, nos 9804625 et 9804626, *Assoc. pour l'amélioration du plan départemental d'élimination des déchets ménagers et assimilés du département de l'Ain et le développement d'une gestion écologique des déchets*).

(1) V. T. appl. : D. n° 96-1008, 18 nov. 1996 puis C. env., art. R. 541-13 à R. 541-27. – NDLR.
(2) Dispositions transitoires : V. L. n° 2004-809, 13 août 2004, art. 48.
(3) Sur les modalités de la révision des plans visés au présent article et établis à la date du 1er juillet 2008 : V. L. n° 2010-788, 12 juill. 2010, art. 194, V.
(4) Dispositions d'application (concernant notamment le délai dans lequel doivent être approuvés nouveaux plans) et dispositions transitoires : V. L. n° 2015-991, 7 août 2015, art. 8, III et IV.

3) Recensement incomplet des installations d'élimination. Est annulé le plan départemental d'élimination des déchets de l'Orne au motif qu'il ne comportait pas le recensement complet des installations d'élimination des déchets en service, ni de celles dont la création est envisagée (▪ TA Caen, 7 oct. 2003, n° 02-201, *Communauté de communes du pays Mélois*).

4) Absence de chapitre spécifique sur la gestion des déchets d'emballages. Est annulé le plan départemental d'élimination des déchets ménagers et assimilés de la Manche au motif qu'il ne comporte pas de chapitre spécifique sur la gestion des déchets d'emballages et méconnaît ainsi l'objectif de la directive n° 94/62/CE relative aux emballages et déchets d'emballages (▪ TA Caen, 7 oct. 2003, n° 01-2033, *Assoc. Manche Nature*).

5) Absence d'indication quant aux secteurs géographiques. L'annulation du plan départemental de l'Aveyron est confirmée en appel au motif qu'il ne comporte aucune indication quant aux secteurs géographiques prévus pour implanter les installations d'élimination de déchets (▪ CAA Bordeaux, 20 nov. 2003, n° 99BX02174, *Min. Aménagement du Territoire et de l'Environnement : Environnement* juill. 2004, n° 7, comm. D. Deharbe, *Plans départementaux de gestion des déchets : le planificateur doit revoir sa copie !*).

6) Absence d'indication quant à la localisation des installations. Un plan d'élimination des déchets ménagers et assimilés qui prévoit le stockage de résidus ultimes dans une décharge fermant un an plus tard est illégal, d'autant plus que la localisation préconisée pour les centres de stockage de déchets ultimes issus du traitement des déchets ménagers et assimilés après la fermeture de ladite installation n'est pas précisée (▪ CAA Marseille, 10 nov. 2004, n° 00MA00928, *Min. Aménagement du Territoire et de l'Environnement*). Un plan départemental d'élimination des déchets qui comporte une incertitude sur la définition des sites particuliers d'implantation, laissée à la seule appréciation des collectivités, et ne précise pas les installations dont la création sera nécessaire pour faire face aux besoins estimés, ni leur localisation préconisée, est illégal (J.-V. Borel, *Les plans départementaux d'élimination des déchets ménagers et assimilés : simples outils de coordination ou véritables instruments de programmation ?*, note sous ▪ TA Marseille, 2 oct. 2007, n°s 0601072 et 0602089, *Sté Evere et préfet des Bouches-du-Rhône : Dr. env.* déc. 2007, n° 154, p. 315).

7) Précision des informations. Les plans de gestion des déchets doivent fournir des informations précises sur les sites appropriés pour l'autorisation éventuelle de nouvelles installations d'élimination, les plans de gestion doivent ainsi comporter soit une carte géographique déterminant le lieu précis d'implantation des sites d'élimination des déchets, soit des critères de localisation suffisamment précis (▪ CJCE, 1er avr. 2004, aff. C-53/02 et C-217/02, *Cne de Braine-le-Château et a. c/ Région wallonne*).

8) Révision du plan d'élimination des déchets. Est illégale la révision d'un plan départemental d'élimination des déchets ménagers et assimilés qui ne fixe pas, pour certaines catégories de déchets, les proportions de déchets devant, à terme de cinq ans et à terme de dix ans, faire l'objet d'un traitement ou d'une élimination (▪ CAA Bordeaux, 2 nov. 2010, n°s 09BX01289 et 09BX01290, *M. Raymond Klein, Assoc. pour le respect des bois du Roy et de leur environnement : Environnement et dév. durable* 2011, comm. 15, note Ph. Billet). Est illégale la révision d'un plan départemental d'élimination des déchets ménagers et assimilés qui ne permet pas, en l'absence de regroupement dans un chapitre spécifique, de connaître les mesures prises pour atteindre l'objectif de recyclage des déchets d'emballage plastiques fixé au 31 décembre 2008 et ne définit pas les critères retenus pour déterminer la localisation d'une installation de stockage de déchets (même décision).

9) Exigences procédurales en matière d'installations classées. Doit être annulé un plan d'élimination des déchets ménagers et assimilés dans la mesure où il ajoute de nouvelles conditions de procédure à celles prévues pour la délivrance des autorisations d'installations classées (▪ CE, 30 déc. 2011, n° 336383, *Conseil régional d'Île-de-France* – D. Guihal, *Quelques précisions sur les plans d'élimination des déchets ménagers*, note sous ▪ CE, 30 déc. 2011, n° 336383, *Sté Terra 95 : RJEP* mai 2012, n° 5, p. 21).

10) Procédure irrégulière. L'absence de réunion de la commission départementale entache la légalité du plan d'élimination des déchets ménagers et assimilés du département des Landes, l'invitation à transmettre des observations en retour du projet de plan communiqué ne suffit pas (▪ TA Pau, 19 juin 2003, n° 011713, *Assoc. Aquitaine Alternatives*). Est irrégulière la procédure d'élaboration d'un plan départemental d'élimination des déchets ménagers et assimilés en l'absence d'affichage de l'avis d'ouverture de l'enquête publique dans certaines des communes concernées par le plan départemental d'élimination des déchets ménagers et assimilés en cours d'élaboration et en l'absence d'information actualisée dans le dossier d'enquête publique permettant d'estimer avec un degré de précision raisonnable les gisements de déchets industriels banals existants (▪ CAA Lyon, 25 avr. 2013, n° 12LY00718, *Dpt de la Loire*) (V. également ▪ CAA Marseille, 26 nov. 2013, n° 11MA00433, *Dpt de l'Aude*. – S. Deliancourt,

Annulation contentieuse d'un PDEDMA pour vice de procédure : quelles conséquences sur la reprise de la procédure d'élaboration ? : BDEI mai 2014, n° 51, p. 15).

11) Méconnaissance des objectifs et principes de l'article L. 541-1. Censure d'un plan départemental de gestion et de prévention des déchets pour méconnaissance du principe de proximité et de la hiérarchie des modes de traitement (▪ TA Rennes, 24 mai 2017, n° 1404871).

12) Inventaires prospectifs des quantités de déchets. Le point de départ des échéances de six et douze ans prévues par les dispositions précitées de l'article R. 541-14 du Code de l'environnement doit être fixé à la date à laquelle le plan est approuvé par délibération du conseil général et non à la date à laquelle il a mis en révision le plan départemental d'élimination des déchets ménagers et assimilés (▪ CAA Marseille, 29 juin 2018, n° 16MA01826, *Dpt des Pyrénées-Orientales*).

B – Légalité du plan de gestion et de prévention – validation

13) Le plan départemental d'élimination des déchets ménagers et assimilés du Lot retient une proportion de 20 % de déchets à recycler par la voie du compostage et donne priorité à l'incinération. Cette proportion n'est pas de nature à retirer au plan son caractère d'utilité publique. Même en admettant l'exactitude des coûts comparés des deux filières allégués par les requérants (520 F/t pour l'incinération et 340 F/t pour le compostage), le recours doit être rejeté car l'appréciation de la qualité des dispositions du plan ne saurait être faite sur le seul critère des coûts respectifs des procédés (▪ TA Toulouse, 25 mars 1999, n° 96-10003, *MM. A. Soto et J.-L. Morestin c/ Préfet du Lot*). La circonstance que l'inventaire prospectif des quantités de déchets à éliminer compris dans un plan d'élimination se fonde sur une hypothèse d'augmentation ne saurait, à elle seule, constituer une méconnaissance de l'objectif, de prévenir ou réduire la production et la nocivité des déchets. La contestation du choix de la filière d'incinération avec récupération d'énergie s'avère inopérante au plan juridique : le jugement relève que la part de 48 % réservée à ce mode de valorisation « n'est pas telle que l'objectif visant à » prévenir ou réduire la production et la nocivité des déchets « puisse être regardé comme méconnu » (▪ TA Poitiers, 8 avr. 1999, n° 96-1769, *Assoc. Défense pour la protection des sites et de l'environnement en Poitou-Charentes c/ Préfet des Deux-Sèvres*). Un plan départemental d'élimination des déchets n'interdit pas tout transfert de déchets entre les zones qu'il définit alors même qu'il exige une gestion globale comportant toutes les phases du traitement à l'intérieur de chaque zone dès lors qu'il ne fixe que des orientations générales ; il est ainsi conforme à l'objectif d'organisation du transport des déchets et de limitation en distance et en volume de ce transport fixé par l'article L. 541-1 (▪ CAA Lyon, 21 avr. 2009, n° 07LY00874, *Sarl STS Puisaye*). Un plan peut légalement définir des secteurs géographiques dans lesquels peuvent être autorisées ou exclues les créations ou extensions d'installations classées de stockage de déchets ; le juge exerce ici un contrôle restreint sur l'objectif de réduction de la production de déchets par habitants (▪ CE, 30 déc. 2011, n° 336383, *Conseil régional d'Île de France*). Un équipement de gestion de déchets dont le procédé, par tri mécano biologique, présente des incertitudes techniques et réglementaires et à ce titre peut être écarté des équipements pris en compte dans l'élaboration d'un plan départemental de gestion des déchets (▪ CAA Lyon, 4 juill. 2017, n° 14LY02514, *SICTOM*).

Art. L. 541-14-1 *(Abr., L. n° 2015-991, 7 août 2015)* (1).

Art. L. 541-15 ***(Mod., L. n° 2002-276, 27 févr. 2002 ; mod. à compter du 1er janvier 2005, L. n° 2004-809, 13 août 2004*** (2) ***; mod., L. n° 2010-788, 12 juill. 2010 ; Ord. n° 2010-1579, 17 déc. 2010 ; L. n° 2015-991, 7 août 2015*** (1) ***; L. n° 2015-992, 17 août 2015 ; Ord. n° 2016-1028, 27 juill. 2016 ; mod. à compter du 1er mars 2017, Ord. n° 2017-80, 26 janv. 2017*** (3) ***; mod., L. n° 2020-105, 10 févr. 2020 ; Ord. n° 2020-920, 29 juill. 2020 ; mod. à compter du 1er janvier 2023, L. n° 2020-105, 10 févr. 2020).*** **– I. – Les décisions prises par les personnes morales de droit public et leurs concessionnaires dans le domaine de la prévention et de la gestion des déchets et, notamment, les décisions prises en application du chapitre unique du titre VIII du livre Ier, du titre Ier du présent livre et les délibérations d'approbation des plans et des programmes prévus à la présente sous-section sont compatibles :**

1° Avec les plans prévus aux articles L. 541-11, L. 541-11-1 et L. 541-13 ;

(1) Dispositions d'application (concernant notamment le délai dans lequel doivent être approuvés nouveaux plans) et dispositions transitoires : V. L. n° 2015-991, 7 août 2015, art. 8, III et IV.
(2) Dispositions transitoires : V. L. n° 2004-809, 13 août 2004, art. 48.
(3) Dispositions d'application particulières et transitoires : V. Ord. n° 2017-80, 26 janv. 2017, art. 15.

2° Avec les objectifs et règles générales du schéma régional d'aménagement, de développement durable et d'égalité des territoires.

(Al. créé à compter du 1er janvier 2025, L. fin. n° 2023-1322, 29 déc. 2023) **Après consultation du président du conseil régional ou, pour la Corse, de la commission mentionnée à l'article L. 4424-37 du Code général des collectivités territoriales et sous réserve de motivation, les décisions prises en application du chapitre unique du titre VIII du livre Ier du présent code ou du titre Ier du présent livre dans les domaines du traitement et de l'élimination des déchets peuvent déroger aux plans et aux schémas mentionnés à l'article L. 541-13 et au 2° du présent I.**

II. – Ces plans font l'objet d'une évaluation tous les six ans. Ils sont révisés, si nécessaire, selon une procédure qui, à l'exception de l'enquête publique mentionnée au III de l'article L. 541-14 qui n'a pas à être réalisée, est identique à celle de leur adoption. Le conseil régional définit, par délibération, les modalités de consultation du public sur le projet de révision du plan, dans le respect des modalités prévues par l'article L. 123-19-1. La consultation du public ne peut être d'une durée inférieure à deux mois. Elle peut être organisée concomitamment aux concertations prévues avec les divers acteurs et instances mentionnés à l'article L. 541-14.

Les modalités et procédures d'élaboration, de publication, de suivi, d'évaluation et de révision des plans sont déterminées par décret en Conseil d'État. Ce décret prend en compte les spécificités économiques et techniques de la gestion des déchets des territoires, dont ceux de l'outre-mer. Ce décret fixe notamment les mesures de publicité à prendre lors de l'élaboration et de l'évaluation des plans après leur adoption et la procédure simplifiée de révision des plans applicable dès lors que les modifications projetées n'en remettent pas en cause l'économie générale. Ce décret fixe également les conditions dans lesquelles le représentant de l'État peut demander au président du conseil régional une nouvelle délibération sur les projets de plan mentionnés à l'article L. 541-14 ou l'élaboration ou la révision de ces plans, puis les élaborer ou les réviser lorsque, après avoir été invités à y procéder, les conseils régionaux ne les ont pas adoptés dans un délai de dix-huit mois.

NB : La modification introduite par la loi n° 2020-105 du 10 février 2020 permet expressément de déroger au principe de proximité posé par l'article L. 541-1, sous réserve cependant du respect de deux conditions cumulatives.

1) Autorisation d'exploitation. Incompatibilité. – Les hypothèses relatives à l'évaluation du gisement de déchets à incinérer pour la zone Est, telles qu'elles ont été retenues pour l'objectif à dix ans, dans le document de synthèse du plan départemental, et validées dans l'arrêté préfectoral approuvant ledit plan, fixent à environ 50 000 tonnes/an la quantité de déchets à incinérer pour cette zone ; dès lors, en autorisant l'exploitation d'une usine d'incinération de 120 000 tonnes/an, le préfet de l'Hérault a méconnu les dispositions de son arrêté du 1er février 1996 approuvant le plan départemental d'élimination des déchets (▪ TA Montpellier, 20 mai 1998, nos 97795, 97993 et 971042, *Les Verts Languedoc-Roussillon – Assoc. Protection de l'environnement de Lunellois et a. c/ Préfet de l'Hérault. – L'autorisation d'exploitation doit-elle être compatible avec le plan départemental d'élimination des déchets ménagers ? : BDEI* 2/1999, p. 25 et s.). Le préfet est fondé à refuser un arrêté d'autorisation de stockage de déchets d'une capacité de 35 000 tonnes de déchets par an du fait du surdimensionnement des capacités en résultant par rapport au plan départemental d'élimination des déchets et donc incompatibilité du projet avec ledit plan, qui prévoyait pour sa part un gisement de 12 000 tonnes de déchets pour le secteur considéré (▪ TA Dijon, 6 févr. 2007, n° 0501620, *SARL STS Puisaye.* ▪ TA Dijon, 21 avr. 2009, n° 07LY00874, *SARL STS Puisaye*). L'arrêté qui autorise l'installation de stockage à recevoir des déchets autres que ceux produits dans un rayon de proximité du site se révèle dès lors incompatible avec le plan départemental d'élimination des déchets et doit être annulé (▪ TA Lille, 13 déc. 2007, n° 0505496, *Cne de Hucqueliers.* – D. Deharbe, *La compatibilité des installations de stockage avec le plan départemental d'élimination des déchets : Dr. env.* mai 2008, n° 158, p. 16). Le juge administratif annule un arrêté d'extension d'un CET pour incompatibilité dans l'espace, dans le temps et en volume, avec les objectifs du plan départemental (▪ TA Amiens, 29 avr. 1999, *Assoc. Sauvegarde de l'environnement d'Yvilliers Villeneuve c/ Préfet de l'Oise : Dr. env.* 3/2000, n° 76, p. 6 et s.). N'est pas compatible avec le plan départemental d'élimination des déchets ménagers et assimilés l'arrêté préfectoral autorisant l'exploitation d'une installation de traitement de déchets dont la capacité méconnaît le zonage et le tonnage prévus par ce plan (▪ CAA Lyon, 5 avr. 2012, n° 10LY02466, *Sté Ecopole Services*). Refus d'annuler un arrêté préfectoral rejetant une demande d'autorisation d'exploiter un centre de stockage de déchets ultimes dont la localisation n'est pas compatible avec les dispositions du plan départemental d'élimination des déchets ménagers et assimilés tel qu'il est en vigueur à la date de la décision (▪ CAA Nantes, 7 juin 2013, n° 12NT00062, *Sté Normande de Nettoiement* sur renvoi de ▪ CE, 30 déc. 2011, n° 335309, *MEDDTL c/ Sté normande de nettoiement*). **Compatibilité** – Dès lors que ce n'est qu'à titre exceptionnel qu'un arrêté d'autorisation prévoit l'admission des boues d'épuration et des ordures ménagères et qu'est prévue la possibilité de reprise ultérieure des mâchefers compte tenu de l'enfouissement des déchets par catégories, cet arrêté n'est pas incompatible avec le plan départemental d'élimination des déchets ménagers qui prévoit la valorisation totale des déchets (▪ TA Marseille, 20 sept. 2001, n° 0005542, *Assoc. Saint-Saturnin Environnement et a.*). Absence d'incompatibilité de l'autorisation d'un centre de stockage de déchets avec le plan d'élimination, la surcapacité ainsi autorisée étant prévue pour permettre de pallier les carences techniques des autres centres et accueillir, dans une certaine limite, les déchets des départements limitrophes (▪ CAA Nancy, 29 sept. 2008, n° 05NC00069, *Cne de Faverney*). N'est pas incompatible avec le plan départemental d'élimination des déchets ménagers et assimilés l'arrêté préfectoral autorisant l'exploitation d'une installation d'incinération de déchets dont la capacité de traitement est appréciée au regard des objectifs du plan et non uniquement de ses prévisions chiffrées (▪ CAA Marseille, 15 avr. 2004, n° 98MA01233, *Sté Ocreal*). N'est pas incompatible avec le plan départemental d'élimination des déchets ménagers et assimilés l'arrêté préfectoral autorisant l'exploitation d'un centre de traitement de déchets auquel ce plan faisait expressément référence sans mettre en cause l'opportunité de son exploitation ni faire état d'une incompatibilité entre son potentiel de stockage de déchets et les évaluations des besoins à terme du département (▪ CE, 26 nov. 2008, n° 301151, *Synd. Mixte de la Vallée de l'Oise*). Il n'y a pas d'urgence pour le juge des référés à suspendre une autorisation de création d'un centre d'enfouissement technique dès lors qu'au contraire, selon le plan départemental des déchets, la création d'un tel centre dans une zone non pourvue apparaît indispensable (▪ TA Caen, 17 févr. 2005, n° 0500292, *Assoc. de sauvegarde de la vallée de la Dives*).

2) **Droit à l'information.** Le public doit pouvoir apprécier la compatibilité d'un projet d'installation de traitement avec les dispositions du plan départemental applicable à la zone concernée et en vigueur (▪ TA Amiens, 30 déc. 2003, n° 002140, *Bonte et a. c/ Préfet de la Somme*).

3) **Responsabilité.** En raison de la nature des plans d'élimination des déchets ménagers, qui se bornent à réaliser le recensement des documents d'orientation et des programmes des personnes morales de droit public et de leurs concessionnaires dans le domaine des déchets et de la circonstance qu'ils font l'objet d'une approbation par le représentant de l'État, la responsabilité de l'État ne peut être engagée du seul fait de l'abandon dans un tel plan d'une opération qui y était précédemment inscrite (▪ CE, 22 févr. 2008, n° 280931, *Syndicat mixte central de traitement des ordures ménagères de l'agglomération parisienne : Dr. adm.* 2008, n° 5, comm. 72. – E. Glaser, *Plan départemental d'élimination des déchets et responsabilité de l'État : Rev. Lamy coll. terr.* mai 2008, n° 35, p. 17 ; *Pas de responsabilité de l'État du fait de l'abandon d'une opération inscrite dans un plan d'élimination des déchets : JCP* A 2008, n° 12, p. 9).

4) **Permis de construire.** Le moyen tiré de l'incompatibilité du permis de construire en litige avec le plan départemental d'élimination des déchets élaboré sur le fondement de l'article L. 514-14 du Code de l'environnement n'est pas opérant à l'encontre d'une autorisation d'urbanisme, dès lors que ce plan n'a ni pour objet, ni pour effet, de sanctionner des règles d'urbanisme (▪ CAA Marseille, 20 nov. 2009, n° 07MA03601, *Synd. d'agglomération nouvelle ouest Provence*).

5) **Projet d'intérêt général.** L'arrêté qualifiant de projet d'intérêt général un centre de stockage de déchets a pour seul objet sa prise en compte dans un document d'urbanisme et ne constitue pas une décision prise dans le domaine de l'élimination des déchets au sens de l'article L. 541-15 (▪ CE, 30 mars 2015, n° 375117, *SITA Île-de-France* – P. Soler-Couteaux, *pas de rapport entre un projet d'intérêt général et un plan d'élimination des déchets : RD imm.* 2015, p. 371).

Art. L. 541-15-1 ***(L. n° 2010-788, 12 juill. 2010).*** **– Les collectivités territoriales responsables de la collecte ou du traitement des déchets ménagers et assimilés doivent définir, au plus tard le 1er janvier 2012, un programme local de prévention des déchets ménagers et assimilés indiquant les objectifs de réduction des quantités de déchets et les mesures mises en place pour les atteindre.**

Ce programme doit faire l'objet d'un bilan annuel afin d'évaluer son impact sur l'évolution des quantités de déchets ménagers et assimilés collectés et traités.

Le programme local de prévention des déchets ménagers et assimilés est mis à la disposition du public ainsi que les bilans annuels d'évaluation.

Bibliographie : P. Billet, *Les programmes locaux de prévention des déchets ménagers et assimilés : JCP* A 2015, n° 46, p. 37-39.

Art. L. 541-15-2 ***(L. n° 2015-991, 7 août 2015 ; mod., n° 2016-1028, 27 juill. 2016). – (Rempl., L. n° 2020-105, 10 févr. 2020)*** **Les acteurs concernés transmettent à titre gratuit au conseil régional les**

informations nécessaires pour l'élaboration et le suivi des plans relatifs aux déchets dont la région a la charge en application des articles L. 541-13 et L. 541-14 du présent code ainsi que des schémas régionaux d'aménagement, de développement durable et d'égalité des territoires prévus à l'article L. 4251-1 du Code général des collectivités territoriales.

Un décret fixe la liste des acteurs concernés mentionnés au premier alinéa du présent article.

Sous-section 1 *bis*. – Lutte contre le gaspillage alimentaire

(L. n° 2016-138, 11 févr. 2016 ; intitulé rempl., L. n° 2020-105, 10 févr. 2020)

Cette sous-section comporte des dispositions de nature variée et destinées à limiter le gaspillage et la production de déchets. Elles portent sur un large éventail de produits et, principalement, les produits alimentaires et non alimentaires neufs, les emballages ménagers et les produits en plastique à usage unique, le matériel médical, l'utilisation des granulés de plastiques industriels, la mise sur le marché de substances à l'état de microplastiques, les prospectus.

Art. L. 541-15-3 *(L. n° 2015-992, 17 août 2015 ; rempl., Ord. n° 2019-1069, 21 oct. 2019* (1) *; L. n° 2020-105, 10 févr. 2020)*. **– Les opérateurs de la restauration collective mettent en place une démarche de lutte contre le gaspillage alimentaire. Ils engagent une telle démarche à l'issue de la réalisation d'un diagnostic préalable comprenant, outre une estimation des quantités de denrées alimentaires gaspillées et de leur coût, une estimation des approvisionnements en produits issus de l'agriculture biologique ou autres produits mentionnés à l'article L. 230-5-1 du Code rural et de la pêche maritime que les économies liées à la réduction de ce gaspillage leur auraient permis de financer.**

Les opérateurs agroalimentaires mettent en place, avant le 1er janvier 2021, une démarche de lutte contre le gaspillage alimentaire, qui comprend notamment la réalisation d'un diagnostic.

NB : Conformément aux dispositions prévues à l'article 3-I de l'ordonnance n° 2019-1069 du 21 octobre 2019, les opérateurs de la restauration collective qui ne sont pas engagés dans une démarche de lutte contre le gaspillage alimentaire à la date de publication de ladite ordonnance disposent d'un délai d'un an à compter de cette date pour effectuer le diagnostic préalable mentionné à l'article L. 541-15-3, dans sa rédaction issue de la même ordonnance, et engager une telle démarche.

Art. L. 541-15-4 *(L. n° 2016-138, 11 févr. 2016 ; L. n° 2020-105, 10 févr. 2020)*. **– Toute nourriture destinée à la consommation humaine qui, à une étape de la chaîne alimentaire, est perdue, jetée ou dégradée constitue le gaspillage alimentaire.**

La lutte contre le gaspillage alimentaire implique de responsabiliser et de mobiliser les producteurs, les transformateurs et les distributeurs de denrées alimentaires, les consommateurs et les associations. Les actions de lutte contre le gaspillage alimentaire sont mises en œuvre dans l'ordre de priorité suivant :

1° La prévention du gaspillage alimentaire ;

2° L'utilisation des invendus propres à la consommation humaine, par le don ou la transformation ;

3° La valorisation destinée à l'alimentation animale ;

4° L'utilisation à des fins de compost pour l'agriculture ou la valorisation énergétique, notamment par méthanisation.

La lutte contre le gaspillage alimentaire comprend la sensibilisation et la formation de tous les acteurs, la mobilisation des acteurs au niveau local et une communication régulière auprès des consommateurs, en particulier dans le cadre des programmes locaux de prévention des déchets.

Art. L. 541-15-5 *(L. n° 2016-138, 11 févr. 2016 ; mod., L. n° 2018-938, 30 oct. 2018 ; rempl., Ord. n° 2019-1069, 21 oct. 2019)* (1). **– Les distributeurs du secteur alimentaire,** *(Mots aj., L. n° 2020-105, 10 févr. 2020)* **les opérateurs de commerce de gros, les opérateurs de l'industrie agroalimentaire produisant des denrées alimentaires pouvant être livrées en l'état à un commerce de détail alimentaire et les opérateurs de la restauration collective assurent la commercialisation de leurs denrées alimentaires ou leur valorisation conformément à la hiérarchie établie à l'article L. 541-15-4. Sans préjudice des règles relatives à la sécurité sanitaire des aliments, ils ne peuvent délibérément rendre leurs invendus alimentaires encore consommables impropres à la consommation humaine ou à toute autre forme de valorisation prévue au même article L. 541-15-4.**

(1) Dispositions transitoires : V. Ord. n° 2019-1069, 21 oct. 2019.

Art. L. 541-15-6 *(L. n° 2016-138, 11 févr. 2016 ; mod., L. n° 2018-938, 30 oct. 2018 ; Ord. n° 2019-1069, 21 oct. 2019 ; L. n° 2020-105, 10 févr. 2020).* **– I. – Le don de denrées alimentaires par les personnes mentionnées au II à une association habilitée en application de l'article L. 266-2 du Code de l'action sociale et des familles fait l'objet d'une convention, qui en précise les modalités. Ces personnes s'assurent de la qualité du don lors de la cession et mettent en place des procédures de suivi et de contrôle de la qualité du don.**

Au plus tard un an à compter de leur début d'activité ou de la date à laquelle elles atteignent les seuils mentionnés au II, ces personnes sont tenues de proposer la conclusion d'une telle convention à une ou plusieurs associations mentionnées au premier alinéa.

II. – Sont soumis aux obligations mentionnées au I :

1° Les commerces de détail alimentaire dont la surface de vente est supérieure au seuil mentionné au premier alinéa de l'article 3 de la loi n° 72-657 du 13 juillet 1972 instituant des mesures en faveur de certaines catégories de commerçants et artisans âgés (1) **;**

2° Les opérateurs de l'industrie agroalimentaire mentionnés à l'article L. 541-15-5 dont le chiffre d'affaires annuel est supérieur à cinquante millions d'euros (1) **;**

3° Les opérateurs de la restauration collective dont le nombre de repas préparés est supérieur à trois mille repas par jour (1) **;**

4° Les opérateurs de commerce de gros alimentaire dont le chiffre d'affaires annuel est supérieur à cinquante millions d'euros.

II *bis*. – Les commerces de détail alimentaires dont la surface de vente est inférieure au seuil mentionné au premier alinéa de l'article 3 de la loi n° 72-657 du 13 juillet 1972 précitée peuvent conclure avec au moins une personne mentionnée à l'article L. 266-2 du Code de l'action sociale et des familles qui en formule la demande une convention précisant les modalités selon lesquelles les denrées alimentaires lui sont cédées à titre gratuit. Les commerçants non sédentaires et les traiteurs et organisateurs de réceptions peuvent conclure des conventions dans les mêmes conditions.

III. – Aucune stipulation contractuelle, conclue entre un opérateur de l'industrie agroalimentaire et un distributeur, ne peut faire obstacle au don de denrées alimentaires vendues sous la marque de ce distributeur à une association habilitée en application de l'article L. 266-2 du Code de l'action sociale et des familles.

IV. – Les dispositions du présent article ne sont pas applicables aux denrées impropres à la consommation.

V. – Le non-respect de l'obligation prévue au I est puni de l'amende prévue pour les contraventions de la cinquième classe.

NB : Conformément aux dispositions prévues par l'article 3 de l'ordonnance n° 2019-1069 du 21 octobre 2019, les opérateurs mentionnés aux 2° et 3° du II de l'article L. 541-15-6, dans leur rédaction issue de l'ordonnance, disposent d'un délai d'un an à compter de la date de sa publication, et les commerces de détail ayant débuté leur activité ou atteint le seuil mentionné au 1° du II du même article depuis moins d'un an à cette même date conservent le délai d'un an dont ils disposaient en application du I du même article, dans sa rédaction antérieure à la même ordonnance, chacun pour proposer, à une ou plusieurs associations habilitées en application de l'article L. 266-2 du Code de l'action sociale et des familles, la conclusion de la convention mentionnée à ce I.

Conformément aux dispositions prévues au IV du même article 3, les dispositions de l'article L. 541-15-6, issues de l'ordonnance, s'appliquent aux opérateurs de l'industrie agroalimentaire et de la restauration collective mentionnés par cet article à compter du 1er janvier 2020.

Art. L. 541-15-6-1 *(Ord. n° 2019-1069, 21 oct. 2019* (1) *; mod. à compter du 1er janvier 2021, Ord. n° 2020-1142, 16 sept. 2020 ; à compter du 1er janvier 2025, Ord. n° 2023-1142, 6 déc. 2023).* **– [L]es opérateurs mentionnés aux 2° et 3° du II de l'article L. 541-15-6 rendent publics chaque année, par tout moyen de communication, leurs engagements en faveur de la lutte contre le gaspillage alimentaire, les procédures de contrôle interne qu'ils mettent en œuvre et les résultats obtenus, qui intègrent le volume des dons alimentaires réalisés.**

Cette obligation ne s'applique pas aux opérateurs suivants :

1° Les sociétés soumises à l'article L. 232-6-3 du Code de commerce, ainsi que celles dispensées de son application conformément au second alinéa du V de cet article ;

(1) Dispositions transitoires : V. Ord. n° 2019-1069, 21 oct. 2019.

2° Les sociétés soumises à l'article L. 233-28-4 du Code de commerce, ainsi que celles dispensées de son application conformément au V de cet article.

NB : Conformément aux dispositions de l'article 3 IV de l'ordonnance n° 2019-1069 du 21 octobre 2019, les dispositions de l'article L. 541-15-6-1, issues de l'ordonnance, s'appliquent aux opérateurs de l'industrie agroalimentaire et de la restauration collective mentionnés par cet article à compter du 1er janvier 2020.

Art. L. 541-15-6-1-1 *(L. n° 2020-105, 10 févr. 2020)*. – I. – Il est institué un label national « anti-gaspillage alimentaire » pouvant être accordé à toute personne morale contribuant aux objectifs nationaux de réduction du gaspillage alimentaire.

II. – Les modalités d'application du présent article sont fixées par décret.

Art. L. 541-15-6-2 *(Ord. n° 2019-1069, 21 oct. 2019)*. – Les modalités d'application des articles L. 541-15-3 à L. 541-15-6-1 sont fixées par décret.

Art. L. 541-15-7 *(Créé à compter du 1er juillet 2021, L. n° 2018-938, 30 oct. 2018)*. – Les établissements de restauration commerciale et les débits de boissons à consommer sur place mettent à la disposition de leurs clients qui en font la demande des contenants réutilisables ou recyclables permettant d'emporter les aliments ou boissons non consommés sur place, à l'exception de ceux mis à disposition sous forme d'offre à volonté.

Le premier alinéa ne s'applique pas en ce qui concerne les boissons dont le contenant est soumis à un système de consigne.

Les établissements de restauration commerciale et les entreprises qui distribuent des produits alimentaires dans le cadre d'une activité de vente à emporter utilisent à cet effet des contenants réutilisables ou recyclables.

Art. L. 541-15-8 *(L. n° 2020-105, 10 févr. 2020)*. – I. – Les producteurs, importateurs et distributeurs de produits non alimentaires neufs destinés à la vente sont tenus de réemployer, notamment par le don des produits de première nécessité à des associations de lutte contre la précarité et des structures de l'économie sociale et solidaire bénéficiant de l'agrément « entreprise solidaire d'utilité sociale » tel que défini à l'article L. 3332-17-1 du Code du travail, de réutiliser ou de recycler leurs invendus, dans le respect de la hiérarchie des modes de traitement mentionnée à l'article L. 541-1 du présent code. Les conditions dans lesquelles ils contribuent aux frais de stockage des produits invendus donnés *(Mots rempl., L. n° 2021-1104, 22 août 2021)* « doivent être » définies par les conventions établies à cet effet. Ces obligations ne s'appliquent cependant pas :

1° Aux produits dont la valorisation matière est interdite, dont l'élimination est prescrite ou dont le réemploi, la réutilisation et le recyclage comportent des risques sérieux pour la santé ou la sécurité ;

2° Aussi longtemps que les conditions nécessaires pour réaliser le réemploi, la réutilisation ou le recyclage ne répondent pas à l'objectif de développement durable mentionné à l'article L. 110-1. Les conditions d'application du présent 2° sont précisées par le décret en Conseil d'État prévu au dernier alinéa du III du présent article.

Les produits d'hygiène et de puériculture, dont la liste est fixée par décret, demeurés invendus doivent nécessairement être réemployés, sauf pour les produits dont la date de durabilité minimale est inférieure à trois mois et à l'exception des cas où aucune possibilité de réemploi n'est possible après une prise de contact avec les associations et structures mentionnées au premier alinéa du présent I.

II. – Les personnes mentionnées à l'article L. 541-10-9 sont tenues de gérer les produits invendus lorsqu'elles en assurent la détention en application du présent article.

III. – Tout manquement aux obligations de gestion des produits non alimentaires neufs invendus mentionnées au présent article est passible d'une amende administrative dont le montant ne peut excéder 3 000 € pour une personne physique et 15 000 € pour une personne morale. En application de l'article L. 522-6 du Code de la consommation, la décision peut être publiée aux frais de la personne sanctionnée.

Cette amende est prononcée dans les conditions prévues au chapitre II du titre II du livre V du même code.

Les conditions d'application du présent article sont précisées par décret en Conseil d'État.

NB : Conformément à l'article 35-VI de la loi n° 2020-105 du 10 février 2020, les dispositions s'appliquent à une date fixée par décret en Conseil d'État, et au plus tard le 1er janvier 2022, s'agissant de l'ensemble des produits qui étaient soumis au principe de responsabilité élargie du producteur antérieurement à la publication de la présente loi. À des dates fixées par décret en Conseil d'État en considération des délais nécessaires pour mettre en place les filières de réemploi, réutilisation ou recyclage adaptées aux produits concernés dans les autres cas, et au plus tard le 31 décembre 2023.

Art. L. 541-15-9 *(Créé à compter du 1er janvier 2021, L. n° 2020-105, 10 févr. 2020).* – Toute publicité ou action de communication commerciale visant à promouvoir la mise au rebut de produits doit contenir une information incitant à la réutilisation ou au recyclage.

Est interdite toute publicité ou action de communication commerciale incitant à dégrader des produits en état normal de fonctionnement et à empêcher leur réemploi ou réutilisation.

(Créé à compter du 1er janvier 2022, L. n° 2021-1104, 22 août 2021) Tout manquement aux dispositions du présent article est passible d'une amende administrative dont le montant ne peut excéder 3 000 € pour une personne physique et 15 000 € pour une personne morale. En application de l'article L. 522-6 du Code de la consommation, la décision peut être publiée, aux frais de la personne sanctionnée. Cette amende est prononcée dans les conditions prévues au chapitre II du titre II du livre V du même code.

Art. L. 541-15-10 *(Anc. art. L. 541-10-5, créé, L. n° 2010-788, 12 juill. 2010 ; mod., L. n° 2014-1, 2 janv. 2014 ; L. n° 2015-992, 17 août 2015 ; L. n° 2018-938, 30 oct. 2018 ; dénum. et mod., L. n° 2020-105, 10 févr. 2020).* – I. – Au plus tard le 1er janvier 2011, un dispositif harmonisé de consignes de tri sur les emballages ménagers est défini pour être mis en œuvre au plus tard au 1er janvier 2015 par décret en Conseil d'État après avis de la commission d'harmonisation et de médiation des filières de collecte sélective et de traitement des déchets du Conseil national des déchets.

À l'exclusion des emballages ménagers en verre, tout produit recyclable soumis à un dispositif de responsabilité élargie des producteurs mis sur le marché à compter du 1er janvier 2015 fait l'objet d'une signalétique commune informant le consommateur que ce produit relève d'une consigne de tri. Un décret en Conseil d'État précise les conditions d'application du présent alinéa.

Au plus tard le 1er juillet 2011, tout établissement de vente au détail de plus de 2 500 mètres carrés proposant en libre-service des produits alimentaires et de grande consommation se dote, à la sortie des caisses, d'un point de reprise des déchets d'emballage issus des produits achetés dans cet établissement.

II. – Il est mis fin à la mise à disposition, à titre onéreux ou gratuit :

1° À compter du 1er janvier 2016, de sacs de caisse en matières plastiques à usage unique destinés à l'emballage de marchandises au point de vente ;

2° À compter du 1er janvier 2017, de sacs en matières plastiques à usage unique destinés à l'emballage de marchandises au point de vente autres que les sacs de caisse, sauf pour les sacs compostables en compostage domestique et constitués, pour tout ou partie, de matières biosourcées.

À compter du 1er janvier 2021, sont également interdites l'importation et la fabrication à des fins de mise à disposition sur le territoire national ainsi que la cession auprès de personnes physiques et morales établies sur le territoire national, des sacs en plastique à usage unique mentionnés aux 1° et 2° du présent II.

Tout manquement aux dispositions du présent II est passible d'une amende administrative dont le montant ne peut excéder 3 000 € pour une personne physique et 15 000 € pour une personne morale, prononcée dans les conditions prévues au chapitre II du titre II du livre V du Code de la consommation.

Un décret en Conseil d'État détermine les conditions d'application du présent II. Il fixe notamment la teneur biosourcée minimale des sacs en matières plastiques à usage unique mentionnés au 2° et les conditions dans lesquelles celle-ci est progressivement augmentée. Il fixe également les modalités d'information du consommateur sur la composition et l'utilisation des sacs vendus ou mis à sa disposition.

III. – Il est mis fin à la mise à disposition des produits en plastique à usage unique suivants :

1° À compter du 1er janvier 2020, pour les gobelets et verres ainsi que les assiettes jetables de cuisine pour la *table* ;

2° À compter du 1er janvier 2021, pour les pailles à l'exception de celles destinées à être utilisées à des fins médicales, confettis en plastique, piques à steak, couvercles à verre jetables, assiettes autres que celles mentionnées au 1° du présent III y compris celles comportant un film plastique, couverts, bâtonnets mélangeurs pour boissons, contenants ou récipients en polystyrène expansé destinés à la consommation sur place ou nomade, bouteilles en polystyrène expansé pour boissons ainsi que les tiges de support pour ballons et leurs mécanismes, à l'exception des tiges et mécanismes destinés aux usages et applications industriels ou professionnels et non destinés à être distribués aux consommateurs.

À compter du 1er janvier 2020, la mise sur le marché des bâtonnets ouatés à usage domestique dont la tige est en plastique est interdite. Cette interdiction ne s'applique pas aux dispositifs définis aux articles L. 5211-1 et L. 5221-1 du Code de la santé publique.

Les vendeurs de boissons à emporter adoptent une tarification plus basse lorsque la boisson est vendue dans un récipient réemployable présenté par le consommateur par rapport au prix demandé lorsque la boisson est servie dans un gobelet jetable.

Au plus tard le 1er janvier 2025, il est mis fin a l'utilisation de contenants alimentaires de cuisson, de réchauffe et de service en matière plastique dans les services de restauration collective des établissements scolaires et universitaires ainsi que des établissements d'accueil des enfants de moins de six ans. Dans les collectivités territoriales de moins de 2 000 habitants, le présent alinéa est applicable au plus tard le 1er janvier 2028.

Au plus tard le 1er janvier 2020, il est mis fin à l'utilisation de bouteilles d'eau plate en plastique dans le cadre des services de restauration collective scolaire. Le présent alinéa n'est pas applicable aux services situés sur des territoires non desservis par un réseau d'eau potable ou lorsqu'une restriction de l'eau destinée à la consommation humaine pour les usages alimentaires est prononcée par le représentant de l'État dans le département.

À compter du 1er janvier 2022, l'État n'achète plus de plastique à usage unique en vue d'une utilisation sur les lieux de travail et dans les évènements qu'il organise. Un décret précise les situations dans lesquelles cette interdiction ne s'applique pas, notamment afin de prévenir les risques pour la santé ou pour la sécurité.

Les modalités d'application du présent III sont fixées par décret, notamment la teneur biosourcée minimale des gobelets, verres et assiettes et les conditions dans lesquelles cette teneur est progressivement augmentée.

La production, la distribution, la vente, la mise à disposition et l'utilisation d'emballages ou de sacs fabriqués, en tout ou partie, à partir de plastique oxodégradable sont interdites.

À compter du 1er janvier 2021, la mise sur le marché des produits fabriqués à base de plastique oxodégradable est interdite.

À compter du 1er janvier 2021, il est mis fin à la distribution gratuite de bouteilles en plastique contenant des boissons dans les établissements recevant du public et dans les locaux à usage professionnel. Cette disposition ne s'applique pas aux établissements non desservis par un réseau d'eau potable, à la distribution gratuite de bouteilles en plastique lorsqu'elle répond à un impératif de santé publique, ou lorsqu'une restriction de l'eau destinée à la consommation humaine pour les usages alimentaires est prononcée par l'autorité administrative compétente.

À compter du 1er janvier 2021, les clauses contractuelles imposant la fourniture ou l'utilisation de bouteilles en plastique à usage unique dans le cadre d'évènements festifs, culturels ou sportifs sont réputées non écrites, à l'exception des cas où la substitution de ces bouteilles par des produits réutilisables est impossible.

À compter du 1er janvier 2022, les établissements recevant du public sont tenus d'être équipés d'au moins une fontaine d'eau potable accessible au public, lorsque cette installation est réalisable dans des conditions raisonnables. Cette fontaine est raccordée au réseau d'eau potable lorsque l'établissement est raccordé à un réseau d'eau potable. Un décret précise les catégories d'établissements soumis à cette obligation et les modalités d'application du présent alinéa.

Les établissements de restauration et débits de boisson sont tenus d'indiquer de manière visible sur leur carte ou sur un espace d'affichage la possibilité pour les consommateurs de demander de l'eau potable gratuite. Ces établissements doivent donner accès à leurs clients à une eau potable fraîche ou tempérée, correspondant à un usage de boisson.

À compter du 1er janvier 2022, tout commerce de détail exposant à la vente des fruits et légumes frais non transformés est tenu de les exposer sans conditionnement composé pour tout ou partie de matière plastique. Cette obligation n'est pas applicable aux fruits et légumes conditionnés par lots de 1,5 kilogramme ou plus ainsi qu'aux fruits et légumes présentant un risque de détérioration lors de leur vente en vrac dont la liste est fixée par décret (1).

À compter du 1er janvier 2022, la mise sur le marché de sachets de thé et de tisane en plastique non biodégradable au sens du 16 de l'article 3 de la directive (UE) 2019/904 du Parlement européen et du Conseil du 5 juin 2019 relative à la réduction de l'incidence de certains produits en plastique sur

(1) Le Conseil d'État a jugé que « cette annulation [de l'article D. 541-334 du Code de l'environnement] rend inapplicable l'interdiction prévue au 16e alinéa du III de l'article L. 541-15-10 du Code de l'environnement », ■ CE, 9 déc. 2022, n° 458440, *Synd. Alliance Plasturgie et Composites du futur (Plastalliance) et a.* : *JurisData* n° 2022-021008.

l'environnement est interdite. Les modalités d'application de cette interdiction sont définies par décret en Conseil d'État.

À compter du 1er janvier 2023, les établissements de restauration sont tenus de servir les repas et boissons consommés dans l'enceinte de l'établissement dans des gobelets, y compris leurs moyens de fermeture et couvercles, des assiettes et des récipients réemployables ainsi qu'avec des couverts réemployables. Les modalités de mise en œuvre du présent alinéa sont précisées par décret.

À compter du 1er janvier 2022, les gobelets, les couverts, les assiettes et les récipients utilisés dans le cadre d'un service de portage quotidien de repas à domicile sont réemployables et font l'objet d'une collecte. Les modalités de mise en œuvre du présent alinéa ainsi que les exceptions motivées pour des raisons de protection de la santé publique sont précisées par décret.

Au plus tard le 1er janvier 2025, il est mis fin à l'utilisation de contenants alimentaires de cuisson, de réchauffage et de service en plastique, dans les services de pédiatrie, d'obstétrique et de maternité, les centres périnataux de proximité ainsi que les services mentionnés au chapitre Ier du titre Ier du livre Ier de la deuxième partie du Code de la santé publique. Cette interdiction peut faire l'objet d'une dérogation dans des conditions définies par décret en Conseil d'État.

(L. n° 2021-1104, 22 août 2021) **À compter du 1er janvier 2025, les emballages constitués pour tout ou partie de polymères ou de copolymères styréniques, non recyclables et dans l'incapacité d'intégrer une filière de recyclage, sont interdits.**

(L. n° 2021-1104, 22 août 2021) **À compter du 1er janvier 2025, les services de restauration collective proposant des services de vente à emporter proposent au consommateur d'être servi dans un contenant réutilisable ou composé de matières recyclables.**

IV. *(L. n° 2020-105, 10 févr. 2020)* **Au plus tard le 1er janvier 2023, sauf demande contraire du client, sont interdites :**

1° L'impression et la distribution systématiques de tickets de caisse dans les surfaces de vente et dans les établissements recevant du public ;

2° L'impression et la distribution systématiques de tickets de carte bancaire ;

3° L'impression et la distribution systématiques de tickets par des automates ;

4° L'impression et la distribution systématiques de bons d'achat et de tickets visant à la promotion ou à la réduction des prix d'articles de vente dans les surfaces de vente.

Un décret fixe les modalités d'application du présent IV.

V *(L. n° 2021-1104, 22 août 2021).* **– Au plus tard le 1er juillet 2022, il est interdit de fournir à un consommateur, sans demande de sa part, un échantillon de produit dans le cadre d'une démarche commerciale.**

L'acte d'achat ou d'abonnement à une publication de presse, au sens de l'article 1er de la loi n° 86-897 du 1er août 1986 portant réforme du régime juridique de la presse, emporte présomption de demande de la part du consommateur des éventuels échantillons que cette publication peut contenir, dès lors que cette présence est indiquée ou visible.

Une publication de presse, au sens du même article 1er, ou son fac-similé ne sont pas considérés comme des échantillons.

Un décret définit les modalités d'application du présent V.

Bibliographie : P. Billet, *Que banni soit le plastique ! : Énergie – Env. – Infrastr.* 2018, n° 12, alerte 209. • L. Peyen, *La pollution plastique : Énergie – Env. – Infrastr.* 2018, n° 11, étude 14.

Déchets de plastique. Constitutionnalité de l'extension de l'interdiction de mise à disposition de certains objets en plastique à usage unique (pailles, couverts, piques à steak, couvercles à verre jetables, plateaux-repas, pots à glace, saladiers, boîtes et bâtonnets mélangeurs pour boissons) à compter du 1er janvier 2020 (▪ Cons. const., 25 oct. 2018, n° 2018-771 ; F.-G. Trébulle, *Pailles et piques à viande..., la guerre est déclarée ! : Énergie – Env. – Infrastr.* 2018, n° 12, repère 11). Conventionnalité de l'interdiction de mise à disposition de gobelets, verres et assiettes jetables en matière plastique (▪ CE, 28 déc. 2018, n° 404792, *Sté. Dopla et a.*).

Art. L. 541-15-11 *(Créé, L. n° 2020-105, 10 févr. 2020).* **– I. – À compter du 1er janvier 2022, les sites de production, de manipulation et de transport de granulés de plastiques industriels sont dotés d'équipements et de procédures permettant de prévenir les pertes et les fuites de granulés dans l'environnement.**

II. – À compter du 1er janvier 2022, les sites mentionnés au I font l'objet d'inspections régulières, par des organismes certifiés indépendants, afin de s'assurer de la mise en œuvre des obligations mentionnées au même I

et de la bonne gestion des granulés sur l'ensemble de la chaîne de valeur, notamment s'agissant de la production, du transport et de l'approvisionnement.

III. – Les modalités d'application du présent article sont précisées par décret.

Art. L. 541-15-12 *(Créé, L. n° 2020-105, 10 févr. 2020)*. – I. – Il est mis fin à la mise sur le marché de toute substance à l'état de microplastique, telle quelle ou en mélange, présente de manière intentionnelle en concentration égale ou supérieure à 0,01 %, considérée comme le rapport entre la masse de microplastique et la masse totale de l'échantillon de matière considéré contenant ce microplastique. Les microplastiques naturels qui n'ont pas été modifiés chimiquement ou biodégradables ne sont pas concernés.

1° *(Mod., L. n° 2024-364, 22 avr. 2024)* Cette interdiction s'applique :

a) Aux produits cosmétiques rincés à usage d'exfoliation ou de nettoyage comportant des particules plastiques solides, à l'exception des particules d'origine naturelle non susceptibles de subsister dans les milieux, d'y propager des principes actifs chimiques ou biologiques ou d'affecter les chaînes trophiques animales ;

b) Aux dispositifs médicaux, à compter du 17 octobre 2029 ;

c) Aux produits cosmétiques à rincer autres que ceux mentionnés au *a*, à compter du 17 octobre 2027, ou du 17 octobre 2029 ;

d) Aux produits détergents, aux produits d'entretien et aux autres produits relevant du règlement (UE) 2023/2055 de la Commission du 25 septembre 2023 modifiant l'annexe XVII du règlement (CE) n° 1907/2006 du Parlement et du Conseil concernant l'enregistrement, l'évaluation et l'autorisation des substances chimiques, ainsi que les restrictions applicables à ces substances (REACH), en ce qui concerne les microparticules de polymère synthétique, à compter des dates fixées par le même règlement ;

2° Cette interdiction ne s'applique pas aux substances et mélanges :

a) Lorsqu'ils sont utilisés sur un site industriel ;

b) Lorsqu'ils sont utilisés dans la fabrication de médicaments à usage humain ou vétérinaire ;

c) Lorsque les microplastiques sont rigoureusement confinés par des moyens techniques tout au long de leur cycle de vie pour éviter leur rejet dans l'environnement et que les microplastiques sont contenus dans des déchets destinés à être incinérés ou éliminés comme déchets dangereux ;

d) Lorsque les propriétés physiques des microplastiques sont modifiées de façon permanente quand la substance ou le mélange sont utilisés de telle manière que les polymères ne correspondent plus à la définition de microplastique ;

e) Lorsque les microplastiques sont incorporés de façon permanente dans une matrice solide lors de leur utilisation.

II. – À compter du 1er janvier 2023, tout producteur, importateur ou utilisateur d'une substance ou d'un mélange mentionné au 2° du I s'assure que toutes les instructions d'emploi pertinentes visant à éviter le rejet de microplastiques dans l'environnement, y compris lors de leur fin de vie, figurent sur ces produits. Les instructions sont visibles, lisibles et indélébiles.

III. – Un décret en Conseil d'État fixe les modalités d'application des I et II du présent article.

Art. L. 541-15-13 *(Créé, L. n° 2020-105, 10 févr. 2020)*. – Les acteurs de la filière de distribution et les établissements de santé peuvent conclure une convention précisant les modalités selon lesquelles le matériel médical dont ils comptent se défaire est cédé à titre gratuit à une ou plusieurs associations et structures de l'économie sociale et solidaire bénéficiant de l'agrément « entreprise solidaire d'utilité sociale », défini à l'article L. 3332-17-1 du Code du travail, dont au moins l'un des objets est de reconditionner ce matériel en développant des activités de préparation à la réutilisation et au réemploi.

Un décret détermine les conditions d'application du présent article.

Art. L. 541-15-14 *(Créé à compter du 1er janvier 2020, L. n° 2020-105, 10 févr. 2020)*. – Pour permettre le traitement informatique des stocks, la date limite de consommation, la date de durabilité minimale et le numéro de lot peuvent être intégrés dans les codifications d'information des denrées alimentaires.

Un décret précise les modalités d'application du présent article.

Art. L. 541-15-15 *(L. n° 2020-105, 10 févr. 2020)*. – À compter du 1er janvier 2021, le non-respect d'une mention apposée faisant état du refus de la part de personnes physiques ou morales de recevoir à leur domicile ou à leur siège social des publicités non adressées est punie de l'amende prévue pour les contraventions de la 5e classe.

Art. L. 541-15-16 *(Créé à compter du 1er janvier 2021, L. n° 2020-105, 10 févr. 2020)*. – I. – Le dépôt d'imprimés publicitaires à visée commerciale sur les véhicules est interdit.

II. – La distribution dans les boîtes aux lettres de cadeaux non sollicités visant à faire de la promotion commerciale à l'attention des consommateurs est interdite.

III. – La méconnaissance des dispositions prévues au présent article est punie de l'amende prévue pour les contraventions de la 5e classe.

Art. L. 541-15-17 *(Créé à compter du 1er janvier 2023, L. n° 2020-105, 10 févr. 2020)*. – Les prospectus publicitaires et catalogues visant à faire de la promotion commerciale à l'attention des consommateurs sont imprimés sur du papier recyclé ou issu de forêts gérées durablement.

La méconnaissance des dispositions du présent article est punie de l'amende prévue pour les contraventions de la 5e classe.

Sous-section 2. – Stockages souterrains des déchets

Bibliographie : O. Carton, *De l'usage du référé à l'encontre d'une autorisation d'exploitation d'une installation de stockage de déchets : BDEI* sept. 2007, n° 11, p. 15. • V. Mansuy, *Champ d'application et calcul du montant des garanties financières pour les installations de stockage de déchets : JCP* E 2002, n° 51, p. 2044-2045. • J.-P. Boivin, *Le principe de réversibilité du stockage des déchets : BDEI* déc. 1998, n° spécial, p. 34.

Art. L. 541-16 *(Mod., Ord. n° 2016-128, 10 févr. 2016)*. – Les déchets radioactifs sont exclus de l'application des dispositions de la présente sous-section.

Art. L. 541-17 *(Mots rempl., Ord. n° 2005-1129, 8 sept. 2005)* (1). – I. – Les travaux de recherche de formations ou de cavités géologiques susceptibles d'être utilisées pour le stockage souterrain de déchets ultimes ne peuvent être entrepris que :

1° Soit par le propriétaire du sol ou avec son consentement, après déclaration au préfet ;

2° Soit, à défaut de ce consentement, par autorisation de l'autorité administrative, après que le propriétaire a été invité à présenter ses observations, dans les conditions fixées par décret en Conseil d'État.

II. – Cette autorisation de recherches confère à son titulaire, à l'intérieur d'un périmètre défini par l'arrêté, le droit d'effectuer des travaux de recherches à l'exclusion de toute autre personne, y compris le propriétaire du sol.

III. – Cette autorisation fait l'objet d'une concertation préalable, permettant à la population, aux élus et aux associations de protection de l'environnement concernées de présenter leurs observations.

Art. L. 541-18 *(Anc. L. n° 75-633, 15 juill. 1975)*. – Dans le cas des stockages souterrains de déchets, le propriétaire de la cavité souterraine ne peut être que l'exploitant ou une personne de droit public.

Toutefois, lorsque le stockage doit être aménagé dans un gisement minier couvert par une concession de durée illimitée, la cavité reste propriété du concessionnaire. Dans ce cas, le titulaire de la concession minière et le titulaire de l'autorisation d'exploiter conviennent des modalités de mise à disposition de la cavité.

L'autorisation prise en application du titre Ier du présent livre fixe toutes prescriptions de nature à assurer la sûreté et la conservation du sous-sol.

Elle fixe également les mesures de surveillance à long terme et les travaux de mise en sécurité imposés à l'exploitant.

Voir : sur la notion d'installation de stockage sous art. L. 541-25, annot. nos 1 et s., p. 1207.

Art. L. 541-19 *(Anc. L. n° 75-633, 15 juill. 1975)*. – En cas d'exploitation concomitante d'un gisement minier et d'une installation de stockage de déchets, le titulaire de l'autorisation d'exploiter l'installation de stockage et le titulaire des titres miniers conviennent des conditions d'utilisation d'éventuelles parties communes. Cette convention est soumise au contrôle de l'autorité administrative compétente.

Art. L. 541-20. – *(Mots rempl. à compter du 1er mars 2011, Ord. n° 2011-91, 20 janv. 2011)* « Les articles L. 151-1 et L. 153-3 à L. 155-7 du Code minier » sont applicables aux travaux de recherche visés à l'article L. 541-17 et à l'exploitation d'installations de stockage souterrain de déchets ultimes.

(1) Application à Mayotte : V. Ord. n° 2005-1129, 8 sept. 2005, art. 4.

Sous-section 3. – Collecte des déchets

Art. L. 541-21 *(Rempl., Ord. n° 2020-920, 29 juill. 2020).* – I. – Les déchets collectés séparément afin de faire l'objet d'une opération de préparation en vue de la réutilisation, de recyclage ou d'autres opérations de valorisation ne sont pas mélangés avec d'autres déchets ou matériaux ayant des propriétés différentes.

II. – Outre les dispositions du présent livre, les dispositions relatives à la gestion des déchets ménagers et assimilés par les collectivités territoriales sont énoncées au Code général des collectivités territoriales (deuxième partie, livre II, titre II, chapitre IV, sections 1 et 3).

Les « déchets municipaux » font l'objet d'une nouvelle définition introduite par la directive (UE) n° 2018/851 du 30 mai 2018 *modifiant la directive 2008/98/CE relative aux déchets.*

Bibliographie : *Ouvrages.* J.-L. Dufeigneux, A. Tetu, R. Risser et M. Renon-Beaufils, *Le service public des déchets ménagers*, vol. I et II, éd. La Documentation française, 2004. – Gouillard et A. Legendre, *Déchets ménagers*, Économica, 2003, p. 250.

Articles. Général. P. Billet, *Les déchets dans la loi NOTRe : Énergie – Env. – Infrastr.* 2016, comm. 6. – C. London, *Déchets d'amiante-ciment : quel stockage ? : BDEI* 2012, n° 40, p. 12. – P. Billet, *La fiscalité des déchets ménagers : les voies de l'incitation : RF fin. publ.* avr. 2011, n° 114, p. 115. – K. Branellec, *Le financement du service public d'élimination des déchets : AJCT* mai 2011, n° 5, p. 222. – J. Graindorge, *Piloter la gestion des déchets, De la prévention à la tarification incitative : Gaz. cnes.* 2011, Cah. détaché n° 2. – C. Hodara, *La gestion des déchets ménagers et assimilés (1) : Gaz. cnes.* 2011, p. 48 ; *Le service public de collecte et de traitement : Gaz. cnes.* 2011, p. 46 ; *Valorisation des déchets ménagers et assimilés : Gaz. cnes.* 2011, p. 54. – R. Noguellou, *La gestion des déchets ménagers : Dr. adm.* 2011, n° 11. – M.-L. Vergnerie et C. Jarry, *La gestion des déchets ménagers dans le cadre des filières « REP » : AJCT* 2011, p. 218.

Art. L. 541-21-1 *(L. n° 2010-788, 12 juill. 2010 ; mod., L. n° 2015-992, 17 août 2015 ; L. n° 2020-105, 10 févr. 2020 ; Ord. n° 2020-920, 29 juill. 2020).* – I. – Les personnes qui produisent ou détiennent des quantités importantes de déchets composés majoritairement de biodéchets sont tenues de mettre en place un tri à la source de ces biodéchets et :

– soit une valorisation sur place ;

– soit une collecte séparée des biodéchets pour en permettre la valorisation et, notamment, favoriser un usage au sol de qualité élevée.

À compter du 1er janvier 2023, cette obligation s'applique aux personnes qui produisent ou détiennent plus de cinq tonnes de biodéchets par an.

Cette obligation s'applique également à tous les producteurs de biodéchets conditionnés dans des emballages, y compris si ces emballages sont non compostables. Leurs modalités de gestion et de valorisation sont précisées par décret.

Les biodéchets entrant dans un traitement aérobie ou anaérobie ne peuvent être considérés comme recyclés que lorsque ce traitement génère du compost, du digestat ou un autre résultat ayant une quantité similaire de contenu recyclé par rapport aux intrants, qui doit être utilisé comme produit, matière ou substance recyclés. À compter du 1er janvier 2027, les biodéchets entrant dans un traitement aérobie ou anaérobie ne sont considérés comme recyclés que si, conformément au présent article L. 541-21-1, ils ont été triés à la source.

Les biodéchets qui ont fait l'objet d'un tri à la source ne sont pas mélangés avec d'autres déchets.

Par dérogation aux dispositions précédentes et aux dispositions prévues à l'article L. 541-21 :

– les déchets présentant des propriétés de biodégradabilité et de compostabilité similaires, qui sont conformes aux normes européennes pertinentes ou aux normes nationales équivalentes applicables aux emballages valorisables par compostage et biodégradation définies par décret, peuvent être collectés conjointement avec les biodéchets ayant fait l'objet d'un tri à la source ;

– les biodéchets contenus dans des emballages non compostables ou non biodégradables peuvent être collectés conjointement avec les biodéchets ayant fait l'objet d'un tri à la source jusqu'au 31 décembre 2023, sous réserve qu'ils fassent ensuite l'objet d'un déconditionnement qui permette une valorisation de qualité élevée, dans des conditions précisées par décret ;

– les biodéchets contenus dans des emballages non compostables ou non biodégradables, une fois déconditionnés, peuvent être traités conjointement avec les biodéchets ayant fait l'objet d'un tri à la source, sous réserve de permettre une valorisation de qualité élevée, dans des conditions précisées par décret.

(Créé à compter du 1er janvier 2021, L. n° 2020-105, 10 févr. 2020) Au plus tard le 31 décembre 2023, cette obligation s'applique à tous les producteurs ou détenteurs de biodéchets, y compris aux collectivités territoriales dans le cadre du service public de gestion des déchets et aux établissements privés et publics qui génèrent des biodéchets.

L'État prend les mesures nécessaires afin de développer les débouchés de la valorisation organique des déchets et de promouvoir la sécurité sanitaire et environnementale des composts et des digestats.

Les modalités d'application du présent article sont fixées par décret en Conseil d'État.

II. – Afin de favoriser leur compostage, les biodéchets au sens du présent code, notamment ceux issus de jardin ou de parc, ne peuvent être éliminés par brûlage à l'air libre ni au moyen d'équipements ou matériels extérieurs.

À titre exceptionnel et aux seules fins d'éradication d'épiphytie ou d'élimination d'espèces végétales envahissantes, des dérogations individuelles peuvent être délivrées par le représentant de l'État dans le département dans des conditions prévues par décret.

La mise à disposition, à titre onéreux ou gratuit et l'utilisation d'équipements ou matériels mentionnés au premier alinéa du présent II sont interdites.

Voir : Circulaire du 10 janvier 2012 relative aux modalités d'application de l'obligation de tri à la source des biodéchets par les gros producteurs NOR : DEVP1131009C. ADEME, *Guide pratique : Réduire, trier et valoriser les biodéchets des gros producteurs* nov. 2013.

Art. L. 541-21-2 *(Ord. n° 2010-1579, 17 déc. 2010 ; mod., L. n° 2015-992, 17 août 2015 ; L. n° 2020-105, 10 févr. 2020)*. – Tout producteur ou détenteur de déchets doit mettre en place un tri des déchets à la source et, lorsque les déchets ne sont pas traités sur place, une collecte séparée de leurs déchets, notamment du papier, des métaux, des plastiques, du verre et du bois.

Rédaction future. *(Rempl. à compter du 1er janvier 2025, L. n° 2020-105, 10 févr. 2020)* Tout producteur ou détenteur de déchets met en place un tri des déchets à la source et, lorsque les déchets ne sont pas traités sur place, une collecte séparée de ses déchets, notamment du papier, des métaux, des plastiques, du verre, du bois et des textiles.

Tout producteur ou détenteur de déchets de construction et de démolition met en place un tri des déchets à la source et, lorsque les déchets ne sont pas traités sur place, une collecte séparée des déchets, notamment pour le bois, les fractions minérales, le métal, le verre, le plastique et le plâtre.

Les modalités d'application du présent article sont fixées par décret, qui précise notamment les modalités selon lesquelles les producteurs ou détenteurs de déchets de papiers de bureau s'acquittent de l'obligation prévue au premier alinéa.

Les dispositions du présent article ne sont pas applicables aux ménages.

Art. L. 541-21-2-1 *(L. n° 2020-105, 10 févr. 2020)*. – Tout producteur ou détenteur de déchets met en place, dans ses établissements, des dispositifs de collecte séparée des déchets, adaptés aux différentes activités exercées dans ces établissements et, lorsque cela est pertinent, accessibles au personnel, afin de permettre un tri à la source, y compris pour les déchets générés par la consommation par son personnel de produits de consommation courante.

Art. L. 541-21-2-2 *(L. n° 2020-105, 10 févr. 2020)*. – Les exploitants des établissements recevant du public, au sens de l'article L. 123-1 du Code de la construction et de l'habitation, organisent la collecte séparée des déchets du public reçu dans leurs établissements ainsi que des déchets générés par leur personnel. Pour cela, ils mettent à la disposition du public des dispositifs de collecte séparée des déchets d'emballages ménagers constitués majoritairement de plastique, acier, aluminium, papier ou carton ainsi que des déchets d'imprimés papiers et de papiers à usage graphique, d'une part, et des biodéchets, d'autre part.

Art. L. 541-21-2-3 *(L. n° 2020-105, 10 févr. 2020)*. – I. – Les devis relatifs aux travaux de construction, de rénovation et de démolition de bâtiments ainsi que les devis relatifs aux travaux de jardinage mentionnent les modalités d'enlèvement et de gestion des déchets générés par les travaux ainsi que les coûts associés. Ils précisent notamment les installations dans lesquelles il est prévu que ces déchets soient collectés.

II. – La personne en charge de l'installation de collecte des déchets est tenue de délivrer à titre gracieux à l'entreprise ayant réalisé les travaux mentionnés au I un bordereau de dépôt précisant l'origine, la nature et la quantité des déchets collectés.

L'entreprise ayant réalisé les travaux mentionnés au même I doit pouvoir prouver la traçabilité des déchets issus des chantiers dont elle a la charge en conservant les bordereaux délivrés par l'installation de collecte des déchets.

L'entreprise ayant réalisé les travaux transmet les bordereaux au commanditaire des travaux ou à l'autorité compétente mentionnée à l'article L. 541-3, à la demande de ceux-ci.

III. – Tout manquement au I du présent article est passible d'une amende administrative dont le montant ne peut excéder 3 000 € pour une personne physique et 15 000 € pour une personne morale.

Cette amende est prononcée dans les conditions prévues au chapitre II du titre II livre V du Code de la consommation.

IV. – Les obligations prévues au présent article ne s'appliquent pas aux travaux soumis à l'obligation de diagnostic prévue à l'article L. 111-10-4 du Code de la construction et de l'habitation.

V. – Un décret précise les modalités d'application du présent article.

Art. L. 541-21-3 *(L. n° 2015-992, 17 août 2015 ; mod., L. n° 2019-1461, 27 déc. 2019).* – I. – Lorsqu'il est constaté qu'un véhicule stocké sur la voie publique ou sur le domaine public semble privé des éléments indispensables à son utilisation normale et semble insusceptible de réparation immédiate à la suite de dégradations ou de vols, le maire met en demeure le titulaire du certificat d'immatriculation de ce véhicule de le remettre en état de circuler dans des conditions normales de sécurité ou de le transférer à un centre de véhicules hors d'usage agréé, dans un délai qui ne peut être inférieur à dix jours, sauf en cas d'urgence.

Lorsque le véhicule concerné présente un risque pour la sécurité des personnes ou constitue une atteinte grave à l'environnement, la décision de mise en demeure peut prévoir que le titulaire du certificat d'immatriculation du véhicule est redevable d'une astreinte par jour de retard en cas de non-exécution des mesures prescrites.

II. – Si la personne concernée n'a pas obtempéré à cette injonction dans le délai imparti par la mise en demeure, le maire a recours à un expert en automobile, au sens de l'article L. 326-4 du Code de la route, pour déterminer, aux frais du titulaire du certificat d'immatriculation lorsqu'il est connu, si le véhicule est techniquement réparable ou non.

Dans le cas où le véhicule est techniquement irréparable, le maire procède à l'évacuation d'office du véhicule vers un centre de véhicules hors d'usage agréé, aux frais du titulaire du certificat d'immatriculation lorsqu'il est connu.

Dans le cas où le véhicule est techniquement réparable, le maire procède à la mise en fourrière du véhicule, dans les conditions prévues aux articles L. 325-1 à L. 325-13 du même code.

III. – Si la personne concernée ne s'est pas conformée aux mesures prescrites dans le délai imparti par la mise en demeure et que celle-ci a prévu le paiement d'une astreinte en cas de non-exécution, le titulaire du certificat d'immatriculation est redevable d'une astreinte d'un montant maximal de 50 € par jour de retard. Son montant est modulé en tenant compte de l'ampleur des conséquences de la non-exécution des mesures prescrites.

L'astreinte court à compter de la date de notification de la décision la prononçant et jusqu'à exécution complète des mesures prescrites. Le recouvrement des sommes est engagé par trimestre échu.

Le maire peut, lors de la liquidation trimestrielle de l'astreinte, consentir une exonération partielle ou totale de son produit si le redevable établit que la non-exécution de l'intégralité de ses obligations est due à des circonstances qui ne sont pas de son fait.

Le montant total des sommes demandées ne peut être supérieur au montant de l'amende pénale encourue en cas d'abandon, en un lieu public ou privé, d'une épave.

L'astreinte est recouvrée dans les conditions prévues par les dispositions relatives aux produits communaux.

L'application de l'astreinte et sa liquidation ne font pas obstacle à la mise en fourrière ou à l'évacuation d'office du véhicule dans les conditions prévues au II du présent article.

Art. L. 541-21-4 *(L. n° 2015-992, 17 août 2015 ; mod., L. n° 2019-1461, 27 déc. 2019 ; L. n° 2020-105, 10 févr. 2020).* – I. – Lorsqu'il est constaté qu'un véhicule stocké sur une propriété privée semble être privé des éléments indispensables à son utilisation normale et semble insusceptible de réparation immédiate à la suite de dégradations ou de vols, et que ce véhicule peut constituer une atteinte grave à la santé ou à la salubrité publiques, notamment en pouvant servir de gîte à des nuisibles susceptibles de générer une telle atteinte, peut contribuer à la survenance d'un risque sanitaire grave ou peut constituer une atteinte grave à l'environnement, le maire met en demeure le maître des lieux de faire cesser l'atteinte à l'environnement, à la santé ou à la salubrité publiques, notamment en remettant le véhicule à un centre de véhicules hors d'usage agréé, dans un délai qui ne peut être inférieur à dix jours, sauf en cas d'urgence.

La décision de mise en demeure peut prévoir que le titulaire du certificat d'immatriculation du véhicule est redevable d'une astreinte par jour de retard en cas de non-exécution des mesures prescrites.

II. – Si la personne concernée n'a pas obtempéré à cette injonction dans le délai imparti par la mise en demeure, le titulaire du certificat d'immatriculation du véhicule est considéré comme ayant l'intention de se défaire de son véhicule et le maire peut avoir recours aux sanctions prévues à l'article L. 541-3 pour faire enlever et traiter ledit véhicule aux frais du maître des lieux.

III. – Si la personne concernée ne s'est pas conformée aux mesures prescrites dans le délai imparti par la mise en demeure et que celle-ci a prévu le paiement d'une astreinte en cas de non-exécution, le titulaire du certificat d'immatriculation est redevable d'une astreinte d'un montant maximal de 50 € par jour de retard. Son montant est modulé en tenant compte de l'ampleur des conséquences de la non-exécution des mesures prescrites.

L'astreinte court à compter de la date de notification de la décision la prononçant et jusqu'à exécution complète des mesures prescrites. Le recouvrement des sommes est engagé par trimestre échu.

Le maire peut, lors de la liquidation trimestrielle de l'astreinte, consentir une exonération partielle ou totale de son produit si le redevable établit que la non-exécution de l'intégralité de ses obligations est due à des circonstances qui ne sont pas de son fait.

Le montant total des sommes demandées ne peut être supérieur au montant de l'amende pénale encourue en cas d'abandon, en un lieu public ou privé, d'une épave.

L'astreinte est recouvrée dans les conditions prévues par les dispositions relatives aux produits communaux.

L'application de l'astreinte et sa liquidation ne font pas obstacle à la mise en fourrière ou à l'évacuation d'office du véhicule dans les conditions prévues au II du présent article.

Art. L. 541-21-5 *(L. n° 2020-105, 10 févr. 2020)*. – À l'exclusion des cas prévus aux articles L. 541-21-3 et L. 541-21-4, lorsqu'il est constaté que plusieurs véhicules ou épaves ne sont pas gérés conformément aux dispositions du présent chapitre et que ces véhicules ou épaves peuvent constituer une atteinte à l'environnement, à la santé ou à la salubrité publiques, ou peuvent contribuer à la survenance d'un risque sanitaire, l'autorité compétente met en demeure le titulaire du certificat d'immatriculation du véhicule, s'il est connu, ou, à défaut, le maître des lieux de faire cesser l'atteinte à l'environnement, à la santé ou à la salubrité publiques, notamment en remettant le véhicule à un centre de traitement de véhicules hors d'usage agréé, dans un délai qui ne peut être inférieur à dix jours, sauf en cas d'urgence.

La notification de la mise en demeure au titulaire du certificat d'immatriculation du véhicule est valablement faite à l'adresse indiquée par le traitement automatisé mis en œuvre pour l'immatriculation des véhicules. Dans le cas où le véhicule fait l'objet d'un gage régulièrement inscrit, cette notification est également faite au créancier gagiste.

Si la personne concernée n'a pas obtempéré à cette injonction dans le délai prévu par la mise en demeure, elle est considérée comme ayant l'intention de se défaire de son véhicule. L'autorité compétente peut alors considérer que le véhicule ou l'épave est un déchet et :

1° Demander au centre de traitement de véhicules hors d'usage agréé ayant donné son accord et en mesure de les traiter le plus proche de reprendre les véhicules ou épaves à ses frais ;

2° Mettre en œuvre la procédure prévue à l'article L. 541-3 pour faire enlever et traiter lesdits véhicules ou épaves. Dans ce cas, la mise en demeure prévue au premier alinéa du présent article peut valoir mise en demeure au titre du premier alinéa du I de l'article L. 541-3.

Sous-section 4. – Installations de traitement des déchets

Bibliographie : P. Hili, *La limitation de capacité des installations d'incinération et d'enfouissement confrontée à la réalité juridique et pratique : BDEI* sept. 2011, n° 35, p. 15. • A. Babled, *La refonte de la nomenclature ICPE relative aux déchets : BDEI* mai 2010, n° 27, p. 17. • M. Morcet et D. Blain, *Incinération de déchets et impacts sanitaires : du passé au présent : BDEI* mai 2008, n° 15, p. 21. • H.-H. Seillan, *Incinération des déchets : un rapport étonnant : Préventique-Sécurité* nov.-déc. 2007, n° 96, p. 33.

Art. L. 541-22 (1) ***(Mod., Ord. n° 2010-1579, 17 déc. 2010)***. – **Pour certaines des catégories de déchets précisées par décret, l'administration fixe, sur tout ou partie du territoire national, les conditions d'exercice de l'activité de gestion des déchets.**

(1) Sur la conformité à la Constitution du premier alinéa du présent article dans sa rédaction issue de l'ordonnance n° 2010-1579 du 17 décembre 2010 : V. ▪ Cons. const., 18 nov. 2016, n° 2016-595 QPC ; *JO* 20 nov. 2016. – NDLR.

Ces mêmes catégories de déchets ne peuvent être traitées que dans les installations pour lesquelles l'exploitant est titulaire d'un agrément de l'administration. Elles cessent de pouvoir être traitées dans les installations existantes pour lesquelles cet agrément n'a pas été accordé à la date d'entrée en vigueur fixée par le décret prévu au précédent alinéa.

1) Conditions d'exercice de l'activité d'élimination. Si le législateur n'a expressément soumis à agrément que les exploitants d'installation de traitement de déchets et matériaux, il a donné en revanche au gouvernement le pouvoir d'organiser et de contrôler l'ensemble du processus d'élimination dont fait partie, aux termes mêmes des articles 2 et 9 de la loi du 15 juillet 1975, la collecte de transport de déchets et matériaux afin d'atteindre les objectifs qu'il s'était fixés (▪ CE, 13 mai 1983, *SA « René Moline » : Rec. CE* 1983, p. 191).

2) Qualité d'exploitant et agrément. Seul l'exploitant d'une installation de traitement d'huiles usagées peut prétendre à un agrément en qualité d'éliminateur. Dès lors, une société qui n'exploitait elle-même aucune installation de régénération des huiles usagées noires ne pouvait prétendre à un agrément pour l'élimination de ses déchets (▪ CE, 5 juill. 1985, n° 43473, *Sté des Éts « Roche »*).

3) Agrément pour l'exploitation d'une installation de traitement des véhicules hors d'usage. La délivrance de l'agrément est subordonnée à la seule consultation du Conseil départemental d'hygiène (▪ CAA Nancy, 5 déc. 2011, n° 10NC01929, *Cne d'Amneville*).

4) QPC. Le premier alinéa de l'article L. 541-22 du Code de l'environnement dans ses dispositions en vigueur entre le 3 mars 2005 et le 13 juillet 2010 a été déclaré contraire à la Constitution et plus spécifiquement à l'article 7 de la Charte de l'environnement dès lors que n'était pas organisée de procédure d'information du public pour l'élaboration des décisions réglementaires fixant les conditions d'exercice de l'activité d'élimination de certaines catégories de déchets (▪ Cons. const., 18 nov. 2016, n° 16-595 QPC, *L'appel rétroactif à la Vox populi : Dr. pén.* 2017, n° 1, p. 34-36, J.-H. Robert).

Art. L. 541-23 *(Mod., Ord. n° 2010-1579, 17 déc. 2010).* **– Toute personne qui remet ou fait remettre des déchets à tout autre qu'une personne autorisée à les prendre en charge est solidairement responsable avec lui des dommages causés par ces déchets.**

Voir également : sous art. L. 541-2, annot. n°s 5 et 7, p. 1144, que le propriétaire ou le détenteur des déchets a la responsabilité de leur élimination et que la seule circonstance qu'il a passé un contrat en vue d'assurer celle-ci ne l'exonère pas de ses obligations légales auxquelles il ne peut être regardé comme ayant satisfait qu'au terme de l'élimination des déchets (▪ CAA Bordeaux, 18 mai 2009, n° 08BX02156, *Sté Feu Vert Tarbes*).

Art. L. 541-24 *(Abr., Ord. n° 2010-1579, 17 déc. 2010. – V. C. env., art. L. 541-2-1, II ; rétabli, L. n° 2020-105, 10 févr. 2020).* **– Le ministre chargé des installations classées fixe par arrêté des prescriptions applicables aux installations qui réalisent un tri de déchets dans l'objectif de favoriser une valorisation matière de qualité élevée de ces déchets, en application des 3° à 7° du I de l'article L. 541-1.**

Les dispositions prises par arrêté s'imposent de plein droit aux installations nouvelles. Elles précisent, après avis des organisations professionnelles intéressées, les délais et les conditions dans lesquels elles s'appliquent aux installations existantes. Elles fixent également les conditions dans lesquelles certaines de ces règles peuvent être adaptées aux circonstances locales par l'arrêté préfectoral d'autorisation de l'installation.

Art. L. 541-25 *(Abr., Ord. n° 2005-1129, 8 sept. 2005 ; rétabli dans la rédaction suivante à la suite de l'annulation partielle du I de l'article 2 de l'ordonnance n° 2005-1129 du 8 septembre 2005, CE, 13 juill. 2006, n° 286711, France Nature Environnement : JurisData n° 2006-070527)* (1). **–** (2) **L'étude d'impact d'une installation de stockage de déchets, établie en application du titre Ier du présent livre, indique les conditions de remise en état du site du stockage et les techniques envisageables destinées à permettre une éventuelle reprise des déchets dans le cas où aucune autre technique ne peut être mise en œuvre.**

Bibliographie : S. Le Briero, *Le retour du principe de réversibilité dans les décharges* (CE, 13 juill. 2006, n° 286711, *France Nature Environnement : Dr. env.* nov. 2006, n° 143, p. 331 à 332).

(1) Par la même décision, le Conseil d'État a jugé que cette disposition relevait « d'une matière réglementaire ». – NDLR.

(2) Cf D. n° 77-1133, 21 sept. 1977, art. 3, 4°, spéc. son e. – NDLR.

Voir : directive n° 99/31 du 26 avr. 1999 sur la mise en décharge des déchets modifiée. - Circulaire du 14 avril 2005 relative à l'impact sanitaire des installations de stockage de déchets ménagers et assimilés ; Guide pour l'évaluation du risque sanitaire dans le cadre de l'étude d'impact d'une installation de stockage de déchets ménagers et assimilés (Impact sanitaire des installations de stockage de déchets ménagers et assimilés).

1) L'étude d'impact d'une installation de stockage de déchets, établie en application du titre Ier du présent livre, indique les conditions de remise en état du site de stockage et les techniques envisageables destinées à permettre une éventuelle reprise des déchets dans le cas où aucune autre technique ne pourrait être mise en œuvre.

I – NOTION D'INSTALLATION DE STOCKAGE

2) Distinction entre centre de transit et installation de stockage. Une installation de transit, regroupement, prétraitement et stockage temporaire de déchets toxiques en quantité dispersée et d'huiles doit être qualifiée de centre de transit de déchets et non d'installation de stockage dès lors que les produits stockés ne doivent pas séjourner plus de trois mois dans l'installation (▪ TA Nancy, 24 nov. 1998, nos 98650 et s., *Assoc. Défense de l'environnement Plaine Vezouze*).

3) Centre de stockage de déchets industriels. Les cendres stockées sur le terril d'une ancienne centrale thermique, qui était une installation classée, constituent un centre de stockage de déchets industriels au sens de la rubrique 167, quand bien même elles seraient en attente de valorisation (▪ CAA Douai, 23 oct. 2003, n° 00DA01326, *SA Surchiste*).

4) Soumission au régime installations classées. *Denrées avariées.* La présence de plusieurs centaines de tonnes de pommes de terre avariées constatée par un rapport circonstancié de l'inspecteur des installations classées, visé par la mise en demeure préfectorale, motive correctement le constat d'une activité de stockage de déchets sans autorisation, l'ordre de cesser tout apport de déchets et de mettre en conformité l'installation avec la législation des installations classées (▪ TA Marseille, 17 déc. 1998, n° 975928, *Sté Semaire*). *Dépôt de déchets.* Le constat de l'utilisation comme remblai d'un dépôt de mâchefers et de cendres provenant d'une usine d'incinération motive la mise en demeure du propriétaire du terrain de déposer une autorisation d'exploiter un dépôt de déchets (▪ CAA Paris, 22 oct. 1998, n° 97PA00496, *SCI Les Moulins à vent : BDEI* 3/1999, p. 32, concl. M. Lambert). *Boues.* La présence de boues dans une station d'épuration (1 000 tonnes), d'écorces et d'une grue automatique utilisée pour procéder au mélange de ces éléments permet de qualifier l'activité en cause de compostage relevant de la rubrique 322-B de la nomenclature des installations classées et de la soumettre à ce régime, alors même que l'exploitant soutenait qu'il s'agissait d'une installation de revalorisation de boues non comprises dans la nomenclature (▪ TA Lille, 28 déc. 1998, n° 971109, *Sté Fertim : Mon. TP* 30 avr. 1999, p. 43). *Déchets verts.* Le remblaiement d'une excavation servant à l'extraction de matériaux de carrières par du bois et des déchets verts broyés constitue une activité soumise à autorisation dans la mesure où ces déchets ne sont pas inertes. Dès lors, le préfet est fondé à mettre en demeure le propriétaire du terrain de procéder à leur enlèvement au titre de la législation sur les installations classées (▪ TA Grenoble, 16 juin 1999, n° 973039, *Armand : Mon. TP* 30 déc. 1999, p. 111). *Farines animales.* Constitue une installation classée de stockage de déchets industriels, une installation de stockage de farines animales, dès lors que les farines animales constituent des déchets provenant d'installations classées, à savoir, les établissements d'équarrissage (▪ TA Châlons-en-Champagne, 13 juin 2001, n° 01-1292, *Cne de Somsois : Rev. jur. env.* 2002, n° 2, p. 219) ; en sens contraire (V. ▪ CAA Nantes, 30 juin 2000, *Sté française maritime c/ Préfet des Côtes-d'Armor : Rev. jur. env.* 2001, p. 123).

5) Stockage temporaire. Le stockage temporaire de déchets ne relève pas des dispositions s'appliquant aux centres de stockage de déchets (▪ CAA Douai, 8 juill. 2004, n° 02DA00799, *Assoc. Guichainville environnement*). Le stockage temporaire est une opération qui précède une opération de gestion et, notamment, l'opération de collecte de déchets, et constitue une opération préparatoire à l'une des opérations de valorisation ou d'élimination énumérées aux annexes de la directive n° 75/442/CEE. Cette notion se distingue de celle de stockage préalable et ne relève pas de la notion d'opération de gestion au sens de l'article 1er, sous *d)* de la directive n° 75/442 (▪ CJCE, 5 oct. 1999, aff. C-175/98 et C-177/98, *Procédures pénales c/ Paolo Lirussi et Francesca Bizzaro : Rec. CJCE* 1999, I, p. 6881 (73) ; *RD rur.* 2002, n° 308, p. 623).

6) Installation de stockage et changement d'exploitant. En matière d'installation de stockage de déchets, depuis le 31 décembre 1995, tout changement d'exploitant doit faire l'objet d'une nouvelle autorisation. Le Conseil d'État précise également que l'abrogation de l'autorisation initiale, qui ne concerne qu'une partie de l'activité de l'ancien exploitant et non l'activité de stockage et de récupération, ne fait pas obstacle à la possibilité pour l'exploitant de se prévaloir d'une simple déclaration pour rendre effectif le changement d'exploitation relatif à cette seule dernière activité (■ CE, 11 févr. 2005, n° 237870, *Sté Refinal Industries SA*).

II – ÉTUDES D'IMPACT ET RÉVERSIBILITÉ

7) Abrogation de l'article L. 541-25. Sur l'arrêt du Conseil d'État du 13 juillet 2006 annulant l'abrogation de l'article L. 541-25 : *JCP* A 2006, act. 757. – M.-P. Maître, *Précisions sur le contenu des études d'impact des installations de stockage de déchets : Environnement* févr. 2007, n° 2, comm. 30. – M.-C. Rouault, *Abrogation illégale d'une partie de l'article L. 541-25 du Code de l'environnement : Environnement* oct. 2006, n° 10, comm. 101.

8) Exclusion des centres de tri d'emballages ménagers. Les centres de tri d'emballages ménagers n'entrent pas dans le champ d'application de cet article (■ CAA Paris, 10 févr. 2011, n° 09PA03923, *Sté Gima*).

A – Contenu de l'étude d'impact

9) Interrogé sur l'opportunité d'une étude sur l'impact des centres d'enfouissement technique sur la santé des riverains ou sur la faune ou la flore environnantes, dans la mesure où ce type d'étude n'a jamais été réalisé en France, le ministre de l'Écologie et du Développement durable rappelle qu'étant des installations classées, ces centres doivent faire l'objet d'une autorisation préalable. Le dossier de demande d'autorisation envisage un large éventail d'impacts et de risques, notamment les risques sur la santé que peut présenter l'installation (Rép. min. n° 49980 : *JOAN* Q 8 févr. 2005, p. 1335).

10) Contenu. Le contenu de l'étude d'impact doit comporter des indications sur les effets directs et indirects que pourrait avoir le rejet accidentel dans l'environnement des déchets que l'installation est autorisée à accueillir (■ TA Lyon, 7 juin 2000, n°s 9905560 et a., *Assoc. pour la préservation des sites du Mont d'Or et a.*).

11) Contenu insuffisant. Le moyen tiré de l'insuffisance de l'étude d'impact au regard des exigences de la loi du 10 juillet 1976, modifiée par la loi du 30 décembre 1996, en ce qui concerne l'étude des effets du projet sur la santé et les mesures envisagées pour supprimer, réduire et, si possible, compenser ses conséquences dommageables pour la santé, est de nature à créer un doute sérieux et justifier la suspension de l'autorisation préfectorale d'exploiter un centre de tri et d'enfouissement de déchets (■ CAA Nantes, 30 juill. 2002, n°s 99NT02615 et a., *SARL TREE c/ Préfet d'Ille-et-Vilaine*).

12) Contenu suffisant. Est jugé légal l'arrêté autorisant un centre de tri et de valorisation de l'agglomération parisienne en raison du caractère suffisant de l'étude d'impact quant à l'analyse du sous-sol ainsi que sur le stockage et l'écoulement des crues (■ CE, 16 juin 2004, n°s 254172 et 264448, *Sté Laboratoire de biologie végétale Yves Rocher*).

13) Déchets industriels spéciaux. Sur l'obligation de préciser dans l'étude d'impact d'un dossier de demande d'autorisation d'exploiter un centre de traitement de déchets, la dangerosité des effluents résultant du process de traitement et les modalités d'élimination des déchets industriels spéciaux (■ CAA Marseille, 2 oct. 2008, n° 07MA01524, *Sté Ocréal*. – F. Dieu, *Contenu du dossier d'étude d'impact : Environnement* mars 2009, n° 3, comm. 34).

14) Étude d'impact et modifications ultérieures. L'illégalité d'une autorisation délivrée au regard d'une étude d'impact ne mentionnant pas les techniques envisageables destinées à permettre une éventuelle reprise des déchets ne peut être couverte par des études complémentaires fournies postérieurement à l'autorisation (■ TA Nantes, 24 déc. 1996, n°s 941402 et 941965, *Assoc. Défense de l'environnement des coteaux saumurois et a.*).

15) Reprise des déchets et autres partis envisagés dans l'étude d'impact. Le pétitionnaire d'une demande d'autorisation d'un centre d'enfouissement technique doit étudier les conditions de reprise ou, du moins, expliquer les raisons techniques qui justifieraient que cette préoccupation d'avenir n'ait pas à être envisagée (■ CAA Nantes, 15 juin 1995, *SICTDMA : BDEI* 3/1996, p. 2, concl. Isaïa). Dès lors que l'étude d'impact mentionne, dans une rubrique intitulée « Reprise des déchets » la possibilité d'organiser un chantier de déstockage et précise les précautions à prendre pour prévenir à cette occasion les risques d'incendie, cette mention constitue bien une technique envisageable de reprise des déchets au sens des dispositions de la loi relative à l'élimination des déchets eu égard au mode de fonctionnement particulier de l'installation autorisée où les déchets sont entreposés dans des alvéoles étanches et peu profondes avec récupération et traitement des lixiviats (■ TA Nantes, 9 avr. 1999, *Assoc. contre l'implantation de la décharge de la Guibarderie c/ Mmes Lefebvre et Gohier : BDEI* 3/1999, p. 19, note F. Cassin). L'étude d'impact qui mentionne une remise en état du site prévoyant le maintien des déchets sur le site rend sans objet la mention par le pétitionnaire des techniques envisageables destinées à en permettre une éventuelle reprise (■ TA Orléans, 31 déc. 1993, n° 93225, *Assoc. ADEPPAM et a.*).

16) Principe de réversibilité et contenu de l'étude d'impact. Le contenu d'une étude d'impact d'une installation de stockage des déchets doit comporter des précisions sur les conditions et les possibilités de réversibilité du site et indiquer les techniques envisageables en vue d'une éventuelle reprise des déchets dans le cas où une autre technique ne peut être mise en œuvre. Cette étude doit permettre à l'administration, dans le cadre tant de la revalorisation des déchets, de leur réutilisation et de leur recyclage que de celui de la protection de l'environnement et de la santé publique, d'apprécier si les techniques proposées par l'exploitant garantissent une reprise des déchets satisfaisante au cas où celle-ci serait décidée (▪ TA Amiens, 5 oct. 1993, *Assoc. Je respecte mon village et a. c/ Préfet de la Somme : Rec. CE*, tables p. 894). Ainsi, l'acheminement exceptionnel de déchets vers un autre centre de traitement agréé, quand leur intégration dans le processus de production s'avère impossible, constitue une technique envisageable de reprise des déchets (▪ TA Orléans, 20 janv. 2000, n° 99324, *Assoc. de défense des Pérons et de son environnement*). Cependant, est insuffisante une étude d'impact qui se borne à constater que les déchets seront enfouis, et qui n'évoque l'éventualité d'une reprise de déchets et leur évacuation consécutive vers d'autres sites de stockage que dans la seule hypothèse d'un accident, sans que cette étude ni aucun autre document soumis à l'enquête publique ne prenne en compte un possible recyclage de ces déchets par valorisation ou simple réemploi, ni ne détermine les conditions dans lesquelles ceux-ci pourraient être repris (▪ TA Nice, 12 mai 2000, n°s 994982, 995136, 994979, 994985, 000724 et 000725, *Cne de Villeneuve-Loubet et a. : LPA* 5 juill. 2001, n° 133, p. 19).

B – Principe de réversibilité

17) Principe de réversibilité et application à toutes les installations de stockage de déchets. Il résulte des dispositions de l'article 7 de la loi du 15 juillet 1975, éclairées par les travaux préparatoires de la loi n° 92-646 du 13 juillet 1992 dont elles sont issues, que l'obligation qu'elles prévoient d'indiquer les techniques envisageables de reprise des déchets dans l'étude d'impact s'impose pour tout projet de stockage de déchets, quelle qu'en soit la nature. La circonstance invoquée par le syndicat mixte que le centre ne doit recevoir que des déchets ultimes, qu'il est prévu de stocker à demeure sur le site d'exploitation, est sans influence sur l'obligation qui pesait sur les auteurs de l'étude d'impact en application des dispositions précitées (▪ CAA Nantes, 4 févr. 1998, *Syndicat Mixte du Point Fort c/ Min. Environnement : Rev. jur. env.* 3/1998, p. 367). En revanche, dès lors que l'installation concernée n'est pas une installation de stockage définitif de déchets mais uniquement de traitement, ici de compostage de boues d'épuration en vue de leur recyclage, l'entrepôt des déchets n'étant que transitoire, le pétitionnaire n'a pas à produire dans l'étude d'impact, des éléments sur les conditions de remise en état du site et les techniques de reprise des déchets (▪ CAA Marseille, 31 mai 2007, n° 04MA02281, *Sté Actisol*).

18) Principe de réversibilité et arrêtés complémentaires. Aucune disposition législative ou réglementaire n'impose au préfet de demander au bénéficiaire de l'autorisation, dans le cadre d'un arrêté destiné à imposer des prescriptions complémentaires pour un centre d'enfouissement technique, de prévoir les mesures destinées à permettre une éventuelle reprise des déchets (▪ CAA Lyon, 7 déc. 1999, n° 98LY00059, *Comité d'Izeaux pour la défense de la qualité de la vie*).

19) Principe de réversibilité et nature des déchets. Est sans objet la mention par le pétitionnaire des techniques destinées à permettre une éventuelle reprise des déchets, dans l'étude d'impact, dès lors que cette dernière adopte le parti de la remise en état du site prévoyant le maintien des déchets sur place dans des conditions qu'elle décrit, et compte tenu de la nature des déchets ménagers biodégradables, rendus inertes notamment par la pose de torchères destinées à éliminer les gaz de fermentation (▪ TA Toulouse, 28 oct. 1999, n°s 991129 et 991130, *Cne de Manses : Lettre JCl. Environnement*, 2000, n° 1, p. 3).

III – DIVERS

20) Installations d'élimination de déchets. *Parc naturel régional. Implantation.* L'implantation d'un projet de centre d'enfouissement technique de résidus urbains dans les limites d'un parc naturel régional à proximité de zones de marais, lesquelles seraient au nombre de celles visées par la Convention de Ramsar et qui sont partiellement classées en zone naturelle d'intérêt écologique, faunistique et floristique, n'est pas, par elle-même, de nature à entacher d'illégalité l'autorisation d'exploiter (▪ CAA Nantes, 4 févr. 1998, n° 96NT01418, *Synd. mixte du Point Fort : Gaz. Pal.* 15 avr. 1999, n° 105, p. 20 ; *Dr. env.* 1998, n° 61, p. 3 ; *Rev. jur. env.* mars 1998, p. 367, concl. Devillers).

21) Installations d'élimination de déchets. *Installation classée. Consultation.* En revanche, le défaut de consultation du directeur du parc régional préalablement à l'intervention de l'arrêté préfectoral d'autorisation entache d'illégalité ladite autorisation (▪ CAA Douai, 25 oct. 2001, n° 99DA00232, *Assoc. Opale environnement : JurisData* n° 2001-172328 ; *Environnement* juin 2002, p. 13).

22) Installations d'élimination de déchets. *Installation classée. Enquête publique.* L'avis défavorable du commissaire enquêteur ne lie pas le préfet pour délivrer son autorisation (■ CAA Bordeaux, 2 déc. 2004, n° 03BX01237, *M. Jacques Maret*).

Art. L. 541-25-1 *(L. n° 2010-788, 12 juill. 2010 ; mod., L. n° 2015-992, 17 août 2015 ; L. n° 2020-105, 10 févr. 2020).* – I. – L'autorisation d'exploiter une installation d'incinération ou une installation de stockage de déchetsfixe une limite de la capacité de traitement annuelle. Cette limite ne s'applique pas en cas de transfert de déchets en provenance d'une installation provisoirement arrêtée en raison de circonstances exceptionnelles et située dans un département, une commune, un syndicat ou un établissement public de coopération intercommunale limitrophe.

Un décret en Conseil d'État précise les conditions d'application du présent article, et notamment les modalités de calcul de la capacité de traitement annuelle susceptible d'être autorisée.

II. – L'autorité administrative peut réviser la capacité annuelle de stockage, à la demande du président du conseil régional ou, pour la Corse, de l'autorité prévue à l'article L. 4424-37 du Code général des collectivités territoriales, dans le but d'améliorer la prise en compte des objectifs définis aux 4° et 6° du II de l'article L. 541-1 du présent code. Cette révision prend effet au plus tôt trois ans après la date de la notification de la décision de l'autorité administrative à l'exploitant.

La révision ne peut être engagée qu'aux conditions suivantes :

1° Son périmètre couvre l'ensemble des installations de stockage de déchets non dangereux non inertes d'un même département. La capacité d'une installation couverte par cette révision peut cependant ne pas être modifiée si l'application des critères ci-après aboutit à une variation de moins de 10 % de la capacité annuelle autorisée ;

2° Des révisions similaires, utilisant les mêmes critères, ont été prescrites dans les autres départements de la même région, ou le seront dans un délai de moins d'un an ;

3° Pour chaque installation couverte par le périmètre de la révision, les critères permettant de définir la capacité révisée de l'installation sont les suivants :

a) La nature des déchets admis dans l'installation ;

b) Pour les capacités de stockage de déchets ménagers et assimilés, le nombre d'habitants et la typologie d'habitat du bassin de vie dans lequel est située l'installation, en tenant compte des variations saisonnières et de la présence d'autres installations d'élimination et d'incinération avec valorisation énergétique pouvant accueillir ces déchets ;

c) Pour les capacités de stockage de déchets d'activité économique, l'activité économique du bassin de vie dans lequel est située l'installation, en tenant compte de la présence d'autres installations d'élimination et d'incinération avec valorisation énergétique pouvant accueillir ces déchets.

Cette révision ne peut donner lieu à aucune indemnité.

Le présent II ne s'applique pas aux installations relevant du ministère de la défense.

Encadrement de la capacité de traitement annuelle. Intégration à l'arrêté d'autorisation de l'objectif de limitation de la capacité de traitement annuelle fixée par le plan départemental ou interdépartemental de prévention et de gestion des déchets non dangereux.

Art. L. 541-25-2 *(Ord. n° 2020-920, 29 juill. 2020).* – La réception de déchets ayant fait l'objet d'une collecte séparée pour une préparation en vue de la réutilisation ou un recyclage est interdite dans les installations d'élimination de déchets par stockage ou incinération et dans les installations d'incinération de déchets avec valorisation énergétique, à l'exception des déchets issus d'opérations de traitement ultérieures de ces déchets collectés séparément pour lesquels le stockage ou l'incinération produit le meilleur résultat sur le plan de l'environnement, conformément à la hiérarchie des modes de traitement définie au 2° du II de l'article L. 541-1.

Pour faire face à des circonstances exceptionnelles, l'autorité compétente peut, sur demande dûment justifiée du détenteur des déchets ou de l'exploitant de l'installation concernée, autoriser à déroger de façon temporaire à ces dispositions pour la réception de certains déchets.

Art. L. 541-26 *(Mod., Ord. n° 2010-1579, 17 déc. 2010).* – Lorsqu'elle constate que les garanties financières exigées en application de l'article L. 516-1 ne sont plus constituées, l'autorité administrative compétente met en demeure l'exploitant de les reconstituer. Tout manquement constaté un mois après la

mise en demeure peut donner lieu au prononcé d'une amende administrative par le ministre chargé de l'environnement. Le montant de l'amende est égal à trois fois la valeur de la différence entre le montant des garanties exigées et celui des garanties réellement constituées, dans la limite de 30 millions d'euros. Le ministre ne peut infliger une amende plus d'un an après la mise en demeure.

Le recouvrement est effectué au profit du Trésor public comme en matière de créances étrangères à l'impôt et au domaine. Le produit de l'amende est affecté à l'Agence de l'environnement et de la maîtrise de l'énergie pour des opérations de réaménagement ou de surveillance d'installations de stockage de déchets.

Un décret en Conseil d'État précise les garanties de procédure visant à assurer les droits de la défense lors du prononcé de l'amende.

Les installations existantes doivent avoir été mises en conformité avec les dispositions du présent article à la date du 14 juin 1999.

Le décret susvisé détermine les conditions dans lesquelles un versement à l'Agence de l'environnement et de la maîtrise de l'énergie peut en tout ou partie tenir lieu de garantie, notamment pour les installations dont l'exploitation est achevée et celles dont la fin d'exploitation intervient durant le délai prévu à l'alinéa précédent.

Voir : sur les garanties financières, sous l'article art. L. 516-1, annot. nos 1 et s., p. 1064.

Art. L. 541-27 *(Anc. L. n° 75-633, 15 juill. 1975)*. – **La demande d'autorisation d'une installation de stockage de déchets est présentée par le propriétaire du terrain ou avec l'accord exprès de celui-ci. Cet accord doit être produit dans le dossier de demande et viser les éléments de l'étude d'impact relatifs à l'état du sol et du sous-sol. Le propriétaire est destinataire, comme le demandeur, de l'ensemble des décisions administratives intéressant l'installation.**

1) **Propriété des terrains et expropriation.** La propriété des terrains destinés à accueillir une installation d'élimination ou de traitement de déchets peut être acquise par voie d'expropriation dès lors que son activité présente un caractère public. Tel est le cas du projet d'extension et d'aménagement d'une décharge municipale ayant pour objet d'une part, la remise en état de la décharge existante, et d'autre part, la mise à disposition des services de voirie de la commune d'un lieu de décharge de matériaux facilement accessible, qui répond ainsi à un but d'intérêt général, les atteintes portées à la propriété privée n'étant pas de nature à faire échec au caractère d'utilité publique de l'opération (▪ CE, 22 févr. 1995, n° 125583, *M. Bernard*). Même solution pour la construction d'un incinérateur d'ordures ménagères (▪ CE, 18 déc. 1992, n° 102635, *M. Gaulin et Mme Gras*). En revanche, a pu être déclarée illégale la réquisition d'un site par un préfet (▪ TA Toulouse, 4 juin 1998, *Cne de Manses c/ Préfet de l'Ariège : LPA* 11 juin 1999, n° 116, p. 19, obs. J. Morand-Deviller ; *Lettre JCl. Environnement* 2000, n° 1, p. 3, confirmé par ▪ CAA Bordeaux, 16 juill. 1998, n° 98BX00634, *Préfet de l'Ariège : Dr. adm.* 1998, comm. 369). La parcelle destinée à recevoir un centre de compostage pour traiter les déchets collectés sur le territoire d'un établissement public appartient au domaine public de cette collectivité, en raison des aménagements spéciaux permettant le fonctionnement des installations de traitement des déchets et de son affectation au service public de traitement des ordures ménagères (▪ TA Nancy, 20 févr. 2001, n° 01464, *Dumont : Dr. env.* mai 2001, n° 88, pan. p. II, PA).

2) **Accord du propriétaire et usufruitiers.** Les dispositions du présent texte ne prévoient pas que l'accord de l'usufruitier doit obligatoirement figurer au dossier de demande d'autorisation d'une installation de stockage de déchets présentée par une personne autre que le propriétaire du terrain (▪ TA Orléans, 15 oct. 1996, nos 952014 et s., *Groupement foncier agricole (GFA) de la Gasnerie*).

3) **Accord du propriétaire et communes.** La condition d'accord du propriétaire n'est pas remplie lorsqu'une installation de stockage de déchets est traversée par un chemin communal et que l'accord de la commune ne figure pas dans la demande d'autorisation d'exploiter (▪ TA Melun, 15 oct. 1998, nos 981453, 981727, 981729 et 982625, *Assoc. Protection de l'environnement Val-du-Rû-d'Ancoeur c/ Cne de Granpuits – Bailly – Carrois*). En revanche, si l'attestation par laquelle une société a affirmé être notamment, en ce qui concerne des chemins ruraux enclavés entre des parcelles, titulaire de contrats de fortage, est dépourvue de valeur probante, cette circonstance n'est cependant pas de nature à entacher d'illégalité l'autorisation d'exploiter, dès lors que la société produit en appel une délibération, antérieure à la délivrance de l'arrêté d'autorisation, par laquelle le conseil municipal a décidé de passer des contrats de fortage pour l'abaissement desdits chemins ruraux avec les entreprises – dont cette société – signataires du protocole d'accord sur la mise en œuvre du schéma général d'aménagement du pôle de loisirs de la

zone des carrières qui seraient titulaires d'autorisations d'exploiter (■ CAA Lyon, 28 juin 2002, n°s 01LY02603 et 02LY00014, *Sté des bétons et granulats du Centre*). Une attestation du maire et une convention conclue avec la commune pour le financement de travaux justifient de la maîtrise foncière par un exploitant des terrains objets de l'attestation et de la voie objet de la convention (■ CAA Bordeaux, 15 nov. 2016, n° 14BX02063, *Assoc. Châtillon développement durable*).

4) **Attestation foncière implicite.** L'attestation foncière n'était pas nécessaire dès lors qu'un terrain d'assiette d'un CET appartenait au ministère de la Défense et qu'un texte conférait au préfet, représentant de l'État, la compétence pour assurer la gestion du terrain d'assiette du projet. L'autorisation préfectorale devant être regardée comme une attestation foncière implicite (■ TA Marseille, 16 nov. 2000, n°s 003857 et 003858, *Sté Guedj*).

Art. L. 541-28 ***(Mod., Ord. n° 2010-1579, 17 déc. 2010).*** **– En cas d'aliénation à titre onéreux d'une installation de stockage de déchets, le vendeur ou le cédant est tenu d'en informer le préfet et le maire. À défaut, il peut être réputé détenteur des déchets qui y sont stockés et détenteur de l'installation au sens de l'article L. 511-1.**

Art. L. 541-29 ***(Mod., Ord. n° 2010-1579, 17 déc. 2010 ; L. n° 2015-992, 17 août 2015).*** **– Afin de prévenir les risques et nuisances mentionnés au 3° du II de l'article L. 541-1, la commune où se trouve le bien peut exercer le droit de préemption, dans les conditions prévues aux chapitres Ier et III du titre Ier du livre II du Code de l'urbanisme, sur les immeubles des installations de stockage arrivées en fin d'exploitation. Le prix d'acquisition est fixé en tenant compte, le cas échéant, du coût de la surveillance et des travaux qui doivent être effectués pour prévenir les nuisances.**

Toute aliénation volontaire d'immeubles d'une installation de stockage de déchets arrivée en fin d'exploitation est subordonnée, à peine de nullité, à la déclaration préalable prévue à l'article L. 213-2 du Code de l'urbanisme.

Art. L. 541-30 ***(Mod., Ord. n° 2010-1579, 17 déc. 2010).*** **– Si un détenteur de déchets n'obtient pas, sur le territoire national, en raison de refus opposés par les exploitants d'installations autorisées à cet effet, de faire traiter ses déchets dans une installation autorisée, le ministre chargé de l'environnement peut imposer à un ou plusieurs exploitants d'une installation autorisée à cet effet le traitement de ces déchets, sous réserve du respect des conditions d'exploitation prescrites. La décision mentionne la nature et la quantité des déchets à traiter et la durée de la prestation imposée. Les frais de traitement, appréciés sur des bases normalement applicables aux opérations analogues, sont à la charge du détenteur.**

Art. L. 541-30-1 (1) ***(Abr., L. n° 2015-992, 17 août 2015 ; rétabli, L. n° 2016-41, 26 janv. 2016).*** **– La liste des installations de stockage des déchets pouvant accueillir de l'amiante ainsi que les informations relatives à la collecte des déchets amiantés auprès des particuliers sont rendues publiques par le ministre chargé de l'environnement.** (2)

Art. L. 541-30-2 ***(Abr. à compter du 12 février 2022, Cons. const., 11 févr. 2022, n° 2021-968 QPC : JO 12 févr. 2022).***

> **Rédaction antérieure.** Art. L. 541-30-2 *(L. n° 2020-105, 10 févr. 2020)*. – Tout exploitant d'une installation de stockage de déchets non dangereux non inertes est tenu d'y réceptionner les déchets produits par les activités mentionnées aux *a*, *b* et *c* du 2° du II de l'article L. 541-1 ainsi que les résidus de tri qui en sont issus, lorsqu'elles traitent des déchets issus d'une collecte séparée et satisfont à des critères de performance définis par arrêté du ministre chargé des installations classées.
>
> L'obligation définie au premier alinéa du présent article est soumise aux conditions suivantes :
>
> 1° Le producteur ou le détenteur des déchets a informé l'exploitant de l'installation de stockage de la nature et de la quantité des déchets à réceptionner avant le 31 décembre de l'année précédente et au moins six mois avant leur réception effective ;
>
> 2° La réception des déchets dans l'installation de stockage est, au regard de leur nature, de leur volume et de leur origine, conforme à l'autorisation prévue au 2° de l'article L. 181-1 ;
>
> 3° La quantité de déchets à réceptionner, répondant aux critères prévus au premier alinéa du présent article, est justifiée par le producteur ou le détenteur des déchets au moyen de données chiffrées en prenant notamment en compte la capacité autorisée et la performance de son installation.
>
> Le producteur ou détenteur des déchets est redevable du prix de traitement des déchets pour les quantités réservées.

(1) V. T. appl. : D. n° 2006-302, 15 mars 2006. – NDLR.

(2) Pour les installations de stockage de déchets inertes en service au 28 octobre 2005 : V. L. n° 2005-1319, 26 oct. 2005, art. 5, II.

L'exploitant de l'installation de stockage ne peut facturer au producteur des déchets un prix hors taxes supérieur au prix habituellement facturé pour des déchets de même nature, selon des modalités définies par décret.

La mise en œuvre de l'obligation définie au premier alinéa n'ouvre droit à aucune indemnisation ni de l'exploitant de l'installation de stockage soumis aux dispositions du présent article, ni des producteurs ou détenteurs dont le contrat avec cet exploitant n'aurait pu être exécuté en tout ou partie pour permettre l'admission de déchets répondant aux critères et aux conditions posés, respectivement, au même premier alinéa ainsi qu'aux 1° et 2°, quelle que soit la date de conclusion du contrat.

Art. L. 541-30-3 *(L. n° 2020-105, 10 févr. 2020).* **– Le déchargement des déchets non dangereux non inertes dans une installation de stockage ou d'incinération fait l'objet d'un dispositif de contrôle par vidéo visant à permettre le contrôle du respect des dispositions du présent chapitre, du chapitre unique du titre VIII du livre Ier ou du titre Ier du présent livre et des textes pris pour leur application.**

Un décret, pris après avis de la Commission nationale de l'informatique et des libertés, précise les modalités d'application du premier alinéa, s'agissant en particulier des procédés de mise en œuvre du contrôle vidéo, de ses modalités de maintenance et d'utilisation ainsi que des règles de recueil, d'archivage et de mise à disposition des données collectées à des fins de contrôles.

Le présent article ne s'applique pas aux installations accueillant exclusivement des déchets inertes.

Sous-section 5. – Valorisation des déchets

Bibliographie : C. Enckell et E. Gelot, *Valorisation des déblais du BTP : la CJUE fixe les règles : Dr. env.* mars 2017, n° 254, p. 99-102. • C. Krolik, *Du mouvement naturel à la production énergétique : Rev. jur. env.* déc. 2016, n° 4, p. 708-728. • F.-G. Trébulle, *L'effectivité du contrôle de la CJCE sur les mesures prises par les États membres pour assurer la valorisation ou l'élimination des déchets : RD imm.* mars-avr. 2005, n° 2, p. 102 à 104.

Art. L. 541-31 *(Mod., Ord. n° 2010-1579, 17 déc. 2010).* **– Des décrets en Conseil d'État peuvent réglementer les modes d'utilisation de certains matériaux, éléments ou formes d'énergie afin de faciliter leur valorisation ou celle des matériaux ou éléments qui leur sont associés dans certaines fabrications.**

La réglementation peut porter notamment sur l'interdiction de certains traitements, mélanges ou associations avec d'autres matériaux ou sur l'obligation de se conformer à certains modes de fabrication.

Art. L. 541-32 *(Abr., Ord. n° 2005-1129, 8 sept. 2005 ; rétabli, L. n° 2015-992, 17 août 2015).* **– Toute personne valorisant des déchets pour la réalisation de travaux d'aménagement, de réhabilitation ou de construction doit être en mesure de justifier auprès des autorités compétentes de la nature des déchets utilisés et de l'utilisation de ces déchets dans un but de valorisation et non pas d'élimination.**

Dans le cadre de ces travaux, l'enfouissement et le dépôt de déchets sont interdits sur les terres agricoles, à l'exception de la valorisation de déchets à des fins de travaux d'aménagement ou de la valorisation de déchets autorisés à être utilisés comme matières fertilisantes ou supports de culture.

Art. L. 541-32-1 *(L. n° 2015-992, 17 août 2015).* **– Toute personne recevant sur un terrain lui appartenant des déchets à des fins de réalisation de travaux d'aménagement, de réhabilitation ou de construction ne peut recevoir de contrepartie financière pour l'utilisation de ces déchets. Ces dispositions ne s'appliquent ni aux utilisations des déchets dans des ouvrages supportant un trafic routier, ni aux carrières en activité.**

(Al. créé, L. n° 2018-1021, 23 nov. 2018) **Le premier alinéa ne s'applique pas aux personnes publiques ou aux personnes chargées de missions de service public ou de la gestion d'un service public, dès lors que les projets d'aménagement auxquels sont destinés ces déchets sont soumis à autorisation environnementale au titre de l'article L. 181-1 ou à un permis d'aménager au titre du Code de l'urbanisme et que la contrepartie financière reçue pour l'utilisation de ces déchets est exclusivement utilisée en vue de la conduite et de la réalisation dudit projet d'aménagement.**

Art. L. 541-33 *(Mod., Ord. n° 2010-1579, 17 déc. 2010 ; L. n° 2015-992, 17 août 2015).* **– Est réputée non écrite toute stipulation créant une discrimination en raison de la présence de matériaux ou éléments issus de déchets valorisés ou de produits issus du réemploi et de la réutilisation dans les produits qui satisfont aux règlements et normes en vigueur, pour un même niveau de performance compte tenu de l'usage envisagé.**

Art. L. 541-34 *(Mod., Ord. n° 2010-1579, 17 déc. 2010 ; mod. à compter du 1er juillet 2016, Ord. n° 2016-301, 14 mars 2016).* – Lorsque l'absence de matériaux issus de déchets valorisés ou la faible teneur en matériaux de cette sorte n'est pas de nature à modifier les qualités substantielles d'un produit, toute publicité fondée sur cette caractéristique est interdite.

L'infraction est recherchée et constatée par les agents mentionnés aux articles L. 511-3 et L. 511-21 du Code de la consommation, dans les conditions prévues à l'article L. 511-5 du même code. Elle est punie par les peines prévues aux articles L. 132-2 et L. 132-3 du Code de la consommation. Les dispositions des articles L. 132-4 à L. 132-9 du même code sont applicables.

Art. L. 541-35 *(Abr., Ord. n° 2010-1579, 17 déc. 2010).*

Art. L. 541-36 *(Abr., Ord. n° 2005-1129, 8 sept. 2005).*

Art. L. 541-37 *(Anc. L. n° 75-633, 15 juill. 1975).* – Les établissements industriels produisant des rejets thermiques dans le milieu naturel doivent, si un bilan économique d'ensemble en démontre l'utilité et suivant des modalités fixées par décret en Conseil d'État, pris sur le rapport des ministres intéressés, permettre l'utilisation d'une fraction de leur production de chaleur par des tiers à des fins d'usages domestiques collectifs ou industriels dans le but de limiter le volume desdits rejets.

Art. L. 541-38 (1) *(Abr., Ord. n° 2010-1579, 17 déc. 2010 ; rétabli, L. n° 2020-105, 10 févr. 2020).* – Afin de garantir un haut niveau de protection de l'environnement et de la santé, les référentiels réglementaires sur l'innocuité environnementale et sanitaire applicables, en vue de leur usage au sol, aux boues d'épuration, en particulier industrielles et urbaines, seules ou en mélanges, brutes ou transformées, sont révisés au plus tard le 1er juillet 2021, afin de prendre en compte, en fonction de l'évolution des connaissances, notamment les métaux lourds, les particules de plastique, les perturbateurs endocriniens, les détergents ou les résidus pharmaceutiques tels que les antibiotiques. À compter de la même date, l'usage au sol de ces boues, seules ou en mélanges, brutes ou transformées est interdit dès lors qu'elles ne respectent pas lesdits référentiels réglementaires et normatifs.

L'autorité administrative compétente détermine par voie réglementaire les conditions dans lesquelles les boues d'épuration peuvent être traitées par compostage seules ou conjointement avec d'autres matières utilisées comme structurants et issues de matières végétales, dès lors que l'opération permet d'améliorer les caractéristiques agronomiques des boues.

L'autorité administrative compétente détermine par voie réglementaire les conditions dans lesquelles les digestats issus de la méthanisation de boues d'épuration peuvent être traités par compostage conjointement avec d'autres matières utilisées comme structurants et issues de matières végétales, dès lors que l'opération permet d'améliorer les caractéristiques agronomiques des digestats.

(Abr., L. n° 2024-364, 22 avr. 2024).

Art. L. 541-39 *(Mod., L. n° 2005-781, 13 juill. 2005 ; Ord. n° 2010-1579, 17 déc. 2010 ; rempl., L. n° 2015-992, 17 août 2015)* (2). – I. – Les installations de méthanisation de déchets non dangereux ou de matières végétales brutes peuvent être approvisionnées par des cultures alimentaires, dans la limite de seuils définis par décret. Les résidus de cultures associés à ces cultures alimentaires et les cultures intermédiaires à vocation énergétique sont autorisés.

II. – Un décret fixe les conditions d'application du présent article, notamment les seuils mentionnés au I.

Section IV. – Dispositions particulières aux mouvements transfrontaliers de déchets

La loi n° 2023-973, 23 octobre 2023 relative à l'industrie verte a soustrait au régime de droit commun des déchets la sanction des manquements aux règles encadrant les transferts transfrontaliers de déchets. C'est désormais la section 4 du chapitre « Prévention et gestion des déchets » qui fixe le régime des sanctions administratives applicables aux dispositions parti-

(1) V. T. appl. : D. n° 79-981, 21 nov. 1979. – NDLR.

(2) Dispositions applicables qu'aux installations mises en service après l'entrée en vigueur du décret mentionné au I, L. n° 2015-992, 17 août 2015, art. 112, II.

culières des mouvements transfrontaliers de déchets.

La création d'un régime spécifique aux transferts transfrontaliers de déchets est justifiée par la volonté d'assurer un respect effectif de la réglementation, en particulier le respect de l'obligation de reprise et de l'obligation de respecter la procédure de notification prévue par le droit européen. Ce régime de sanction vient compléter la procédure spécifique aux transferts transfrontaliers de mise en œuvre de la garantie financière, ou de consignation d'office, en cas de transfert illicite ou de non-respect des conditions posées par l'État à l'importation de déchets. Une procédure contradictoire préalable à l'édiction des sanctions est instituée.

Bibliographie : *Ouvrages.* M. Faure, A. Lawogni et M. Dehoumon, *Les mouvements transfrontières de déchets dangereux*, Bruylant, 2015.

Voir : Droit international : Convention de Bâle du 22 mars 1989, précitée.

Droit européen : Règlement (UE) 2024/1157 du Parlement européen et du Conseil du 11 avril 2024 relatif aux transferts de déchets, modifiant les règlements (UE) n° 1257/2013 et (UE) 2020/1056 et abrogeant le règlement (CE) n° 1013/2006. À noter que le règlement n° 1013/2006 du 14 juin 2006 concernant les transferts de déchets demeure applicable jusqu'au 21 mai 2026 de façon transitoire. - Règlement du Parlement européen et du Conseil n° 1013/2006 du 14 juin 2006 concernant les transferts de déchets, modifié (*JOUE* n° L 190, 12 juill. 2006), modifié. - Règlement n° 1418/2007 du 29 novembre 2007 concernant l'exportation de certains déchets destinés à être valorisés, énumérés à l'annexe III ou III A du Règlement (CE) n° 1013/2006, vers certains pays auxquels la décision de l'OCDE sur le contrôle des mouvements transfrontières de déchets ne s'applique pas, modifié (*JOUE* n° L 316, 4 déc. 2007), modifié. - Règlement du Conseil n° 1420/1999 du 29 avr. 1999, établissant les règles et procédures communes applicables au transfert de certains déchets vers certains pays non membres de l'OCDE (*JOCE* n° L 166, 1er juill. 1999), modifié par le Règlement (CE) de la Commission n° 2243/2001 du 16 novembre 2001 (*JOCE* n° L 303, 20 nov. 2001).

Droit interne : loi n° 2003-623 du 8 juill. 2003, autorisant la ratification par la France de l'amendement de la convention de Bâle interdisant l'exportation de déchets dangereux à destination de pays non membres de l'OCDE (*JO* 9 juill. 2003, p. 11601).

Art. L. 541-40 *(Rempl., Ord. n° 2009-894, 24 juill. 2009).* **– I. – L'importation, l'exportation et le transit de déchets sont soumis aux dispositions du règlement (CE) n° 1013/2006 du Parlement européen et du Conseil du 14 juin 2006 concernant les transferts de déchets.**

II (1). **– En cas d'exportation de déchets soumise à notification, le notifiant est établi en France. Il en va de même pour la personne, visée au 1 de l'article 18 du règlement mentionné ci-dessus, qui organise un transfert de déchets dispensé de notification en application du 2 et du 4 de l'article 3 du même règlement.**

La notification couvre le transfert des déchets depuis un lieu d'expédition unique.

Le notifiant est défini à l'article 2. 15 du règlement mentionné ci-dessus.

(L. n° 2015-992, 17 août 2015) **Le présent article et l'article L. 541-42-2 peuvent être adaptés par la prise d'un accord bilatéral entre les gouvernements des États d'expédition et de destination des déchets, dans les limites prévues par le règlement (CE) n° 1013/2006 du Parlement européen et du Conseil, du 14 juin 2006, concernant les transferts de déchets.**

I – DROIT EUROPÉEN

1) Compatibilité. Les décrets d'application ne sont pas contraires au droit communautaire (▪ CE, sect., 15 avr. 1996, nos 142020, 142022 et 142053, *M. Freymuth et a. : Dr. env.* 1996, n° 40, p. 4, obs. Romi ; *AJDA* 1996, 440, concl. Piveteau). Le refus d'entrer en France opposé à un véhicule transportant des ordures ménagères provenant d'Allemagne est compatible avec l'article 30 du traité de Rome interdisant aux États membres toutes restrictions quantitatives à l'importation, ainsi que toutes mesures d'effet équivalent (même arrêt et ▪ CE, 5 mai 1999, n° 151820, *M. Freymuth : Dr. env.* juill.-août 1999).

2) Interprétation stricte du règlement n° 259/93. Interprétation stricte du règlement n° 259/93 concernant la surveillance et le contrôle des transferts de déchets par la Cour de justice des communautés européennes (▪ CJCE, 14 oct. 2004, aff. C-113/02, *Comm. c/ Pays-Bas*). La cour estime que lorsqu'un État recourt à la procédure particulière de notification (art. 6-8) par l'autorité compétente d'expédition, du document de suivi établi aux fins d'un transfert de déchets destinés à être valorisés, cette autorité, si elle estime devoir soulever une objection au transfert en raison du caractère erroné de la qualification ainsi donnée à cette opération par le notifiant, ne peut requalifier d'office ce transfert et est tenue de notifier le document aux

(1) L'obligation d'établissement en France du notifiant ou de l'organisateur du transfert de déchets s'applique à compter du 1er janvier 2010, Ord. n° 2009-894, 24 juill. 2009, art. 7.

autres autorités compétentes et au destinataire. Il lui appartient alors, par tous moyens, et au plus tard à l'expiration du délai prévu à l'article 7-2, de faire connaître son objection au notifiant et aux autres autorités compétentes (▪ CJCE, 19 oct. 2004, aff. C-472/02, *Siomab*). La cour reconnaît la compétence de l'objection des autorités d'expédition dans le cas d'un transfert de déchets destinés à être valorisés (▪ CJCE, 16 déc. 2004, aff. C-277/02, *EU-Wood-Trading GmbH*).

3) Autorité compétente. La décision par laquelle le chef du centre de sécurité des navires a mis fin à l'ajournement du départ d'un navire ne saurait avoir pour effet d'autoriser l'exportation de déchets (▪ CAA Douai, 30 mars 2006, n° 05DA00498, *Assoc. Greenpeace France*).

4) Suspension judiciaire d'une autorisation administrative d'exportation. Doit être suspendue pour méconnaissance du règlement (CE) n° 259/93 relatif aux transferts transfrontaliers de déchets, la décision d'autoriser l'exportation d'un navire aux fins de démantèlement (▪ CE, 15 févr. 2006, n° 288801, *Assoc. Ban Asbestos France : Dr. env.* 2006, n° 136, p. 53-61, concl. Y. Aguila. – M.-C. de Montecler, *Le Clemenceau devant le Conseil d'État : AJDA* 2006, n° 7, 20 févr. 2006, p. 346. – A. Iliopoulou, *À propos des tribulations du Clemenceau : RDP* nov.-déc. 2006, n° 6, p. 1687 à 1713. – H. Seillan, *Les tribulations juridico-médiatiques de l'ex-Clemenceau : Préventique-Sécurité* mars-avr. 2006, n° 86, p. 61 à 64).

5) Possibilité pour l'État destinataire de refuser un transfert. L'État d'origine des déchets peut s'opposer à leur transfert si les conditions pour leur valorisation dans l'État de destination nuisent à la santé de l'homme ou à l'environnement (concl. av. gén. Ph. Léger présentées le 23 septembre 2004 sous l'arrêt ▪ CJCE, 16 déc. 2004, aff. C-277/02, *EU-Wood Trading GmbH*).

6) Notion de déchets au sens du règlement n° 1013-2006. Ne constitue pas un déchet au sens du règlement (CE) n° 1013-2006 une cargaison de gazole accidentellement mélangée à une autre substance, à condition que son détenteur ait réellement l'intention de remettre sur le marché cette cargaison mélangée à un autre produit (▪ CJUE, 12 déc. 2013, aff. C-241/12 et C-242/12, *Shell Nederland Verkoopmaatschappij BV*).

II – DROIT INTERNE

A – Refus de transfert

7) Compétence. Le juge administratif est compétent pour connaître de la légalité de la décision du directeur adjoint des douanes refusant l'entrée, sur le territoire français, d'un camion de l'entreprise Freymuth transportant des déchets ménagers (▪ CE, 31 juill. 1996, n° 151820, *M. Freymuth*. ▪ T. confl., 16 mars 1998, n° 3053, *M. Patrick Freymuth*. ▪ CE, 5 mai 1999, *M. Freymuth*, préc.).

8) Légalité du refus d'entrer en France. Est légal le refus d'entrer en France opposé à un véhicule transportant des ordures ménagères en provenance d'Allemagne fondé sur les dispositions du présent chapitre permettant d'organiser le transport de déchets et de le limiter en distance ou en volume (▪ CE, 5 mai 1999, *M. Freymuth*, préc.). Le règlement (CEE) n° 259-93 s'applique bien aux transferts de fientes de volailles ; ainsi le motif de refus opposé par le préfet correspond à l'une des objections prévues par l'article 7-4 *a)* du règlement (▪ CAA Douai, 30 déc. 2003, n° 99DA00540, *Min. Aménagement du territoire et de l'Environnement c/ Sté Kennes-Deprez*).

9) Transfert illicite et retour sur le territoire. Est légal l'arrêté préfectoral engageant une procédure de consignation afin de garantir le retour sur le territoire national de déchets dont le transfert vers l'Inde est interdit ; ce, que ce transfert soit réalisé en vue de leur élimination ou bien qu'il soit réalisé en vue de leur valorisation dans la mesure où il s'agit de déchets dangereux (▪ CAA Marseille, 29 mai 2012, n° 10MA01496, *SARL Seolane*. – Cl. Extraits : S. Deliancourt, *Le régime juridique du transport des déchets dangereux : BDEI* sept. 2012, n° 41, p. 11).

B – Qualification de l'opération justifiant le transfert transfrontalier : élimination ou valorisation ?

10) Exportation des résidus d'incinération d'ordures ménagères (REFIOM) vers les mines d'Allemagne. Sur la qualification d'opération de valorisation liée à la fonction utile du comblement de galeries souterraines d'anciennes mines de sel, comblement rendu nécessaire à court terme en raison des affaissements constatés (▪ CJCE, 27 févr. 2002, aff. C-6/00, *Afbal service AG*). En revanche, ont été jugés comme légaux des arrêtés de refus d'autorisation de transferts transfrontaliers de REFIOM vers des mines de sel en Allemagne au motif que l'opération de comblement des mines concernées ne pouvait être considérée comme une opération de valorisation mais d'élimination, compte tenu de l'absence de nécessité de combler les galeries désaffectées et du fait que les opérations d'inertage des déchets, nécessaires à la prévention de la dispersion des polluants, consomment des matières premières, atténuant ainsi la fonction « utile » des déchets en comparaison de l'utilisation de ressources naturelles, l'autorité compétente de l'État d'exportation des déchets n'étant pas tenu par la qualification retenue par l'autorité compétente de l'État d'importation (■ CE, 12 janv. 2009, n° 308711, *SIAVED*, concl. I. de Silva, *Les risques pour l'environnement et pour la salubrité publique d'une opération de traitement de déchets peuvent-ils être pris en compte pour apprécier la fonction utile des déchets ? : BJCL* avr. 2009, n° 4, p. 247 ; *Qualification des dépôts de REFIOM dans des mines de sel : BDEI* juin 2009, n° 21, p. 29. ■ CE, 29 avr. 2009, n° 312344, *SIDOMPE*, concl. M. Guyomar, *Qualification des dépôts de REFIOM dans des mines de sel : BDEI* juin 2009, n° 21, p. 29). En sens contraire (■ TA Rennes, 26 mars 2009, n° 064355, *Communauté urbaine de Brest métropole océane*. ■ CAA Versailles, 16 nov. 2007, n° 06VE00994, *Fédér. nat. des activités du déchet et de l'env. (FNADE) : BDEI* janv. 2008, n° 13, p. 17, concl. Davesne).

C – Responsabilité de l'État

11) Absence de responsabilité de l'État. Le principe de confiance légitime ne trouvant à s'appliquer dans l'ordre juridique national que dans le cas où la situation juridique dont a à connaître le juge administratif français est régie par le droit communautaire, est inopérant le moyen tiré de la méconnaissance du principe de confiance légitime dès lors que le préjudice dont il est demandé réparation résulte de l'application d'un texte réglementaire qui n'a pas été pris pour la mise en œuvre du droit communautaire et qui a été pris antérieurement à l'intervention du règlement n° 259/38 CE du Conseil du 1er février 1993 (■ CE, 9 mai 2001, n° 211162, *Sté Mosellane de Tractions* ; infirmant ■ CAA Nancy, 17 juin 1999, nos 95NC00226, 96NC01927 et 96NC01928, *Min. Environnement c/ Entr. Transports Freymuth*. ■ CAA Nancy, 17 juin 1999, nos 95NC00225, 96NC0179296 et 96NC01929, *Min. Environnement c/ Sté Mosellane de Tractions (SMT)*).

12) Responsabilité de l'État. Commet une faute de nature à engager la responsabilité de l'État le service des douanes qui a refoulé systématiquement les camions d'une société sans s'être préalablement assuré de la présence de déchets générateurs de nuisances dans les ordures ménagères transportées (■ CAA Nancy, 26 sept. 2002, n° 97NC00953, *Sté Ourry : JCP* A 2002, n° 11-12, p. 378 ; *Environnement* juill. 2003, p. 15, note J. Moreau – V. aussi, ■ TA Amiens, 10 déc. 2002, n° 981397, *Sté Edeween Fourages*).

13) Renvoi du règlement du Conseil n° 259/93 à l'article 2 de la directive n° 442/75 CE. Aucune contradiction n'existe entre l'annexe III du règlement n° 259/93 qui inclut le lisier de porc dans les déchets et son article 2, lequel renvoie aux dispositions de la directive modifiée n° 442/75/CE desquels sont exclus « les matières fécales » et « autres substances naturelles et non dangereuses utilisées dans le cadre de l'exploitation agricole » de telle sorte que le transfert de lisier de porc d'un État membre à un autre entre dans le champ d'application du règlement n° 259/93/CE (■ CA Douai, 16 mars 2000, confirmé par ■ Cass. crim., 21 mars 2001, *Derycke : Bull. crim.* 2001, n° 77 ; *JCP* 2001, IV, 2060 ; *Dr. pén.* 2001, n° 116, note J.-H. Robert). Articulation entre le règlement CEE n° 259/93 du 1er février 1993 concernant la surveillance et le contrôle des transferts de déchets à l'entrée et à la sortie de la Communauté européenne et l'article L. 541-41 du Code de l'environnement (■ CAA Nancy, 4e ch., 6 déc. 2004, n° 98NC02307, *Min. Aménagement du territoire et de l'Environnement c/ Sté Dürr Erdbau GmbH*). Les dispositions du règlement (CEE) n° 259/93 s'appliquent aux transferts transfrontaliers de boues destinées à être épandues pour valorisation agricole, y compris lorsqu'elles sont conformes à une norme technique (■ CAA Nancy, 19 avr. 2004, n° 99NC00980, *Min. Aménagement du territoire et de l'Environnement c/ Sté Wastec-Strobel*).

14) Préjudice lié à l'entrée illégale. La constitution de partie civile d'une fédération départementale des syndicats d'exploitants agricoles est recevable dès lors que le défaut d'autorisation préalable au transfert des déchets fait peser des risques sur la profession que cette fédération représente (■ Cass. crim., 21 mars 2001, *Derycke : Bull. crim.* 2001, n° 77 ; *JCP* 2001, IV, 2060 ; *Dr. pén.* 2001, n° 116, note J.-H. Robert).

Art. L. 541-41 *(Anc. L. n° 75-633, 15 juill. 1975 ; rempl., Ord. n° 2009-894, 24 juill. 2009)*. **– I. – Dans le cas, prévu à l'article 22 du règlement (CE) n° 1013/2006, où le transfert ne peut être mené à son terme, l'autorité compétente prescrit au notifiant, désigné conformément à l'article 2. 15 de ce règlement, la reprise ou le traitement des déchets dans un délai compatible avec celui prévu par ce règlement.**

II. – Dans le cas de transfert illicite, prévu à l'article 24 du règlement mentionné ci-dessus, l'autorité compétente prescrit la reprise ou le traitement des déchets, dans un délai compatible avec celui prévu par ce règlement :

1° En cas d'exportation et dans l'hypothèse où le transfert illicite est le fait du notifiant, au notifiant de fait, c'est-à-dire à la personne qui a procédé à la notification, ou, à défaut d'une telle notification, au notifiant de droit, désigné conformément à l'article 2. 15 de ce règlement ;

2° En cas d'importation, au destinataire, si le transfert illicite est de son fait.

III. – Les dispositions du II relatives au notifiant s'appliquent à l'organisateur du transfert dans les cas de transfert illicite visé au 35 *g* de l'article 2 du règlement mentionné ci-dessus.

IV *(Mod., L. n° 2015-992, 17 août 2015)*. – Lorsqu'est découverte la présence de déchets provenant soit d'un transfert qui n'a pu être mené à son terme, soit d'un transfert illicite, l'autorité compétente sur le territoire où les déchets sont immobilisés prescrit, selon le cas, au notifiant, au destinataire ou à l'organisateur désignés au 2 de l'article 22, au 2 de l'article 24, ou au 1 de l'article 18, de procéder dans un délai déterminé au stockage temporaire des déchets dans les conditions prévues aux titres Ier et IV du livre V.

V. – Lorsqu'un transfert de déchets est illicite au sens du règlement mentionné ci-dessus et que l'imputation du caractère illicite de ce transfert ne peut être établie entre le destinataire et le notifiant ou l'organisateur, l'autorité compétente française concernée peut, en coopération avec les autorités compétentes étrangères dans les conditions prévues au 5 de l'article 24 du règlement, prescrire, selon les cas, au notifiant, au destinataire ou à l'organisateur désignés au 2 de l'article 22, au 2 de l'article 24, au 3 de l'article 24 ou au 1 de l'article 18, de procéder à la reprise ou au traitement des déchets dans un délai déterminé et compatible, le cas échéant, avec une nouvelle notification.

1) Cet article et le suivant instaurent une procédure de police administrative en cas de non-respect de la législation relative aux transferts transfrontières de déchets.

2) **Autorité administrative.** Le directeur adjoint des douanes, chef du poste, peut s'opposer à l'entrée en France d'un véhicule d'une entreprise transportant des déchets ménagers en provenance d'Allemagne au motif que l'importation de tels déchets était interdite (■ T. confl., 16 mars 1998, n° 3053, *M. Patrick Freymuth*).

3) **Légalité d'un arrêté préfectoral de consignation.** Jugé légal un arrêté de consignation imposé à une société allemande, notifiant des déchets au sens de l'ancien règlement (CE) n° 259/93 du 1er février 1993, en vue du transport et de l'élimination des déchets de chantier illégalement exportés en France, sans autorisation (■ CAA Nancy, 6 déc. 2004, n° 98NC02307, *Sté Durr Erdbau GmbH*).

4) **Compétence de l'autorité imposant le rapatriement de déchets exportés dans le cadre d'un transfert illicite.** La demande de rapatriement avait été effectuée sur papier à en-tête du préfet de région et à la signature de la DREAL, elle a été jugée illégale pour incompétence de son auteur (■ CAA Lyon, 3e ch. – formation à 3, 10 avr. 2024, nos 22LY02552 et 22LY2551).

Art. L. 541-42 *(Rempl., Ord. n° 2009-894, 24 juill. 2009 ; mod., L. n° 2020-105, 10 févr. 2020 ; L. n° 2023-973, 23 oct. 2023.* – I. – À défaut d'exécution d'une prescription prise en application de l'article L. 541-41 ou en cas de non-respect de l'une des conditions au consentement prévues par le *b* du 1 de l'article 9 du règlement (CE) n° 1013/2006 du Parlement européen et du Conseil du 14 juin 2006 concernant les transferts de déchets, l'autorité compétente met en demeure la personne défaillante de s'exécuter dans un délai compatible avec les délais imposés par le règlement (CE) n° 1013/2006 du Parlement européen et du Conseil du 14 juin 2006 concernant les transferts de déchets.

II. – En cas d'inexécution d'une mise en demeure prise en application du I, l'autorité compétente met en œuvre la garantie financière ou l'assurance équivalente constituée en application de l'article 6 du règlement mentionné ci-dessus. Elle prend toutes les mesures pour assurer l'exécution des mesures prescrites, y compris l'exécution d'office.

Lorsque l'inexécution est le fait d'un courtier ou d'un négociant, l'autorité compétente peut prescrire, en outre, l'exécution des mesures inexécutées au notifiant désigné conformément à l'article 2. 15 du règlement mentionné ci-dessus.

III. – Lorsqu'une garantie financière ou une assurance équivalente n'a pas été constituée en application de l'article 6 du règlement mentionné ci-dessus, l'autorité compétente peut obliger la personne qui ne s'est pas conformée à une mise en demeure à consigner entre les mains d'un comptable public une somme répondant du montant des opérations à réaliser, laquelle sera restituée au fur et à mesure de l'exécution des travaux. Les dispositions du troisième alinéa de l'article L. 541-3 sont applicables à l'état exécutoire pris en application d'une mesure de consignation.

IV. – La garantie financière ou l'assurance équivalente constituée en application de l'article 6 du règlement mentionné ci-dessus et les sommes consignées en application du III sont affectées au règlement des dépenses entraînées par l'exécution d'office.

Les sommes engagées par l'État dans le cadre d'une telle exécution d'office et non couvertes par la garantie ainsi que les sommes consignées sont recouvrées dans les conditions mentionnées au deuxième alinéa de l'article L. 541-3.

V. – Pour l'exécution d'office, l'autorité compétente peut, par arrêté motivé et dans les conditions du 4° de l'article L. 2215-1 du Code général des collectivités territoriales, réquisitionner tout bien ou service, requérir toute personne nécessaire au fonctionnement de ce service ou à l'usage de ce bien et prescrire toute mesure utile pour assurer la reprise, le stockage temporaire ou le traitement des déchets.

Art. L. 541-42-1 *(Ord. n° 2009-894, 24 juill. 2009 ; mod., Ord. n° 2015-1341, 23 oct. 2015 ; L. n° 2023-973, 23 oct. 2023).* – Les dispositions de l'article L. 121-1 du Code des relations entre le public et l'administration ne s'appliquent pas aux décisions prises en application des articles L. 541-41 et L. 541-42.

Les sanctions prises en application des articles L. 541-42-2 et L. 541-42-3 interviennent après que la personne concernée a été informée des faits qui lui sont reprochés, des sanctions encourues et de la possibilité de présenter ses observations, écrites ou orales, dans un délai qui lui est précisé, le cas échéant assistée par un conseil ou représentée par un mandataire de son choix.

Art. L. 541-42-2 *(Ord. n° 2009-894, 24 juill. 2009).* – Si la garantie qui doit être constituée au bénéfice d'une autorité compétente française en application de l'article 6 du règlement (CE) n° 1013/2006 du Parlement européen et du Conseil du 14 juin 2006 concernant les transferts de déchets n'est pas effective alors que le transfert de déchets a commencé, le ministre chargé de l'environnement peut prononcer une amende administrative à l'encontre du notifiant de fait ou, à défaut, de droit, au sens du II de l'article L. 541-41. Le montant de l'amende est égal à trois fois la valeur de la différence entre le montant des garanties exigées et celui des garanties réellement constituées. Le ministre ne peut infliger une amende plus d'un an après la réception par l'autorité compétente du certificat attestant que l'opération de valorisation ou d'élimination non intermédiaire a été menée à son terme.

Le recouvrement est effectué comme en matière de créances de l'État étrangères à l'impôt et au domaine.

Art. L. 541-42-3 *(L. n° 2023-973, 23 oct. 2023).* – Sans préjudice des poursuites pénales qui peuvent être engagées sur le fondement de l'article L. 541-46, le ministre chargé de l'environnement peut prononcer une amende administrative à l'encontre du notifiant de fait ou, à défaut, du notifiant de droit, au sens du II de l'article L. 541-41, qui :

1° A procédé ou a fait procéder à un transfert de déchets alors que le transfert n'est pas accompagné des documents de notification ou de mouvement prévus à l'article 4 du règlement (CE) n° 1013/2006 du Parlement européen et du Conseil du 14 juin 2006 concernant les transferts de déchets ;

2° A procédé ou a fait procéder à un transfert de déchets pour lequel le producteur, le destinataire ou l'installation de destination des déchets ne sont pas ceux mentionnés dans les documents de notification ou de mouvement prévus au même article 4 ;

3° A procédé ou a fait procéder à un transfert de déchets d'une nature différente de celle indiquée dans les documents de notification ou de mouvement prévus audit article 4 ou portant sur une quantité de déchets significativement supérieure à celle indiquée dans ces documents ;

4° A procédé ou a fait procéder à un transfert de déchets dont la valorisation ou l'élimination est réalisée en méconnaissance de la réglementation européenne ou internationale ;

5° A exporté des déchets en méconnaissance des articles 34, 36, 39 et 40 du même règlement ;

6° A importé des déchets en méconnaissance des articles 41 et 43 dudit règlement ;

7° A procédé à un mélange de déchets au cours du transfert en méconnaissance de l'article 19 du même règlement.

Le ministre chargé de l'environnement ne peut prononcer une amende plus de trois ans après le constat du transfert illicite.

Le montant de l'amende tient compte de la gravité des manquements constatés et est au plus égal à cinq fois le coût de traitement des déchets concernés par le transfert illicite, calculé sur la base de la valeur des tarifs forfaitaires de traitement des déchets servant au calcul des garanties financières des transferts transfrontaliers de déchets.

Le recouvrement est effectué comme en matière de créances de l'État étrangères à l'impôt et au domaine.

Section V. – Dispositions financières

Art. L. 541-43 *(Anc. L. n° 75-633, 15 juill. 1975 ; mod., Ord. n° 2010-1579, 17 déc. 2010 ; L. n° 2011-525, 17 mai 2011* (1)*).* **– Un groupement d'intérêt public peut être constitué dans les conditions prévues par le chapitre II de la loi n° 2011-525 du 17 mai 2011 de simplification et d'amélioration de la qualité du droit, en vue de faciliter l'installation et l'exploitation de toute nouvelle installation de traitement de déchets.**

Ce groupement d'intérêt public peut, à ce titre, mener des actions d'accompagnement, comprenant notamment la réalisation d'aménagements paysagers, d'information et de formation du public et gérer des équipements d'intérêt général, au bénéfice des riverains des installations, des communes d'implantation et des communes limitrophes.

La constitution d'un groupement d'intérêt public tel que défini au présent article est obligatoire dans le cas d'un stockage souterrain de déchets ultimes en couches géologiques profondes.

Outre l'État et le titulaire de l'autorisation délivrée en vertu des dispositions du titre Ier du présent livre, la région et le département où est situé le nouveau centre collectif, les communes d'accueil des installations et les communes limitrophes, ainsi que tout organisme de coopération intercommunale dont l'objectif est de favoriser le développement économique de la zone concernée, peuvent adhérer de plein droit à ce groupement.

Participation aux GIP. Pour adhérer à un groupement d'intérêt public, la commune d'accueil d'un centre de stockage souterrain des déchets doit approuver la convention de participation au GIP (■ TA Strasbourg, 15 oct. 1998, n° 973498, *M. Moschenross et a. c/ Cne de Wittelsheim et Sté Stocamine*).

Section VI. – Dispositions pénales

L'ordonnance 2012-34 du 11 janvier 2012 portant simplification, réforme et harmonisation des dispositions de police administrative et de police judiciaire du Code de l'environnement a modifié les dispositions relatives au constat des infractions et aux sanctions pénales. Les sanctions applicables aux personnes morales sont désormais précisées aux articles L. 173-8 et suivants du Code de l'environnement.

Sous-section 1. – Constatation des infractions

Art. L. 541-44 *(Mod. à compter de la date prévue au II de l'article 29 de l'ordonnance n° 2010-177 du 23 février 2010, Ord. n° 2010-177, 23 févr. 2010 ; rempl. à compter du 1er juillet 2013, Ord. n° 2012-34, 11 janv. 2012 ; L. n° 2013-619, 16 juill. 2013 ; L. n° 2015-992, 17 août 2015* (2) *; Ord. n° 2016-128, 10 févr. 2016 ; à compter du 1er juillet 2016, Ord. n° 2016-301, 14 mars 2016 ; L. n° 2019-1461, 27 déc. 2019 ; L. n° 2021-1104, 22 août 2021).* **– Outre les officiers et agents de police judiciaire et les inspecteurs de l'environnement mentionnés à l'article L. 172-1, sont habilités à rechercher et à constater les infractions aux dispositions du présent chapitre et des textes pris pour son application :**

1° Les agents de la concurrence, de la consommation et de la répression des fraudes, qui disposent à cet effet des pouvoirs prévus au I de l'article L. 511-22 du Code de la consommation ;

2° Les agents des douanes ;

3° Les autres agents mentionnés à l'article L. 1312-1 du Code de la santé publique ;

4° Les chercheurs, ingénieurs et techniciens assermentés de l'Institut français de recherche pour l'exploitation de la mer ;

5° Les agents de police judiciaire adjoints mentionnés à l'article 21 du Code de procédure pénale, qui exercent ces missions dans les limites et selon les modalités fixées par le Code de procédure pénale ;

5° *bis* Les gardes champêtres ;

(1) Dispositions d'application transitoires : V. L. n° 2011-525, 17 mai 2011, art. 120.

(2) Deux versions différentes du 7° coexistent, la première issue de la loi n° 2015-992 du 17 août 2015 et la seconde issue de l'ordonnance n° 2016-128 du 10 février 2016. – NDLR.

6° *(Mod., Ord. n° 2022-839, 1er juin 2022)* (1) **Les agents de l'Office national des forêts mentionnés au I de l'article L. 161-4 du Code forestier et, pour leur seule constatation, les agents mentionnés au II du même article, commissionnés à raison de leurs compétences en matière forestière et assermentés à cet effet ;**

7° **Les agents chargés du contrôle du transport ;**

8° **Les inspecteurs de la sûreté nucléaire, dans les conditions prévues au chapitre VI du titre IX du livre V.**

9° **Les agents des réserves naturelles mentionnés à l'article L. 332-20 agissant dans les conditions prévues au même article L. 332-20.**

1) **Officier de police judiciaire.** V. CPP, art. 16, pour l'identification des personnes ayant la qualité d'officier de police judiciaire.

2) **Agents de police judiciaire.** V. CPP, art. 20, pour l'identification des personnes ayant la qualité d'agent de police judiciaire.

3) V. CPP, art. 21-2.

4) **Agence de l'environnement et de la maîtrise de l'énergie.** Les dispositions relatives à l'élimination des déchets et à la récupération des matériaux limitent aux faits constituant une infraction prévue par ce texte l'exercice, par l'agence de l'environnement et de la maîtrise de l'énergie, des droits reconnus à la partie civile (■ Cass. crim., 30 mars 1994 : *Dr. env.* juin-juill. 1994, n° 25, p. 52 et s.).

Art. L. 541-44-1 *(L. n° 2020-105, 10 févr. 2020)*. – **Les personnels, fonctionnaires et agents mentionnés à l'article L. 130-4 du Code de la route ainsi que des agents des collectivités territoriales** *(Mots aj., L. n° 2021-1104, 22 août 2021)* **« et de leurs groupements » habilités et assermentés dans des conditions fixées par décret en Conseil d'État sont habilités à constater les infractions relatives aux déchets prévues par le Code pénal.**

Art. L. 541-45 *(Rempl. à compter du 1er juillet 2013, Ord. n° 2012-34, 11 janv. 2012)*. – **Les dispositions de l'article L. 172-5 pour la recherche et la constatation des infractions aux prescriptions du présent chapitre ne sont pas applicables aux locaux d'habitation.**

Sous-section 2. – Sanctions

Art. L. 541-46 *(Mod., Ord. n° 2004-691, 12 juill. 2004 ; Ord. n° 2005-1129, 8 sept. 2005 ; L. n° 2005-1319, 26 oct. 2005* (2) *; L. n° 2007-224, 21 févr. 2007 ; L. n° 2008-757, 1er août 2008 ; Ord. n° 2009-894, 24 juill. 2009 ; L. n° 2010-788, 12 juill. 2010 ; Ord. n° 2010-1579, 17 déc. 2010 ; L. n° 2011-267, 14 mars 2011* (3) *; mod. à compter du 1er juillet 2013, Ord. n° 2012-34, 11 janv. 2012 ; L. n° 2015-992, 17 août 2015 ; L. n° 2020-105, 10 févr. 2020)*. – **I** *(Mod., L. n° 2023-973, 23 oct. 2023)*. **– Est puni de quatre ans d'emprisonnement et de 150 000 € d'amende le fait de :**

1° **Refuser de fournir à l'administration les informations mentionnées au III de l'article L. 541-9 ou fournir des informations inexactes ;**

2° **Méconnaître les prescriptions des I et II de l'article L. 541-9, du IV de l'article L. 541-10 ou de l'article L. 541-10-22 ;**

3° **Refuser de fournir à l'administration les informations visées à l'article L. 541-7 ou fournir des informations inexactes, ou se mettre volontairement dans l'impossibilité matérielle de fournir ces informations ;**

4° **Abandonner, déposer ou faire déposer, dans des conditions contraires aux dispositions du présent chapitre, des déchets ;**

5° **Effectuer la collecte, le transport ou des opérations de courtage ou de négoce de déchets sans satisfaire aux prescriptions prises en vertu de l'article L. 541-8 et de ses textes d'application ;**

6° **Remettre ou faire remettre des déchets à tout autre que l'exploitant d'une installation agréée, en méconnaissance de l'article L. 541-22 ;**

(1) Le Conseil constitutionnel a déclaré les mots « et, pour leur seule constatation, les agents mentionnés au II du même article, » figurant au 6° du présent article, dans sa rédaction résultant de l'ordonnance n° 2022-839 du 1er juin 2022, conforme à la Constitution. – V. ■ Cons. const. 31 mars 2023, n° 2023-1042 QPC, art. 1er : *JurisData* n° 2023-004996 ; *JO* 4 avr. 2023. – NDLR.

(2) Dispositions applicables à Mayotte à compter du 1er janvier 2006, L. n° 2005-1319, 26 oct. 2005, art. 7.

(3) Dispositions applicables sur l'ensemble du territoire de la République, à l'exception des îles Wallis-et-Futuna, de la Polynésie française et de la Nouvelle-Calédonie, L. n° 2011-267, 14 mars 2011, art. 125, 4° à 6°.

7° Gérer des déchets au sens de l'article L. 541-1-1 sans être titulaire de l'agrément prévu à l'article L. 541-22 ;

8° Gérer des déchets, au sens de l'article L. 541-1-1, sans satisfaire aux prescriptions concernant les caractéristiques, les quantités, les conditions techniques et financières de prise en charge des déchets et les procédés de traitement mis en œuvre fixées en application des articles L. 541-2, L. 541-2-1, L. 541-7-2, L. 541-21-1, L. 541-21-2 et L. 541-22 ;

9° Méconnaître les prescriptions des articles L. 541-10-23, L. 541-31, L. 541-32 ou L. 541-32-1 ;

10° *(Abr.)* ;

11° *a)* De procéder ou faire procéder à un transfert de déchets sans avoir notifié ce transfert aux autorités compétentes françaises ou étrangères ou sans avoir obtenu le consentement préalable desdites autorités alors que cette notification et ce consentement sont requis ;

b) De procéder ou faire procéder à un transfert de déchets alors que le consentement des autorités compétentes concernées a été obtenu par fraude ;

c) De procéder ou faire procéder à un transfert de déchets alors que le transfert n'est pas accompagné des documents de notification et de mouvement prévus à l'article 4 du règlement (CE) n° 1013/2006 du Parlement européen et du Conseil du 14 juin 2006 concernant les transferts de déchets ;

d) De procéder ou faire procéder à un transfert de déchets pour lequel le producteur, le destinataire ou l'installation de destination des déchets ne sont pas ceux mentionnés dans les documents de notification ou de mouvement prévus par l'article 4 du règlement mentionné ci-dessus ;

e) De procéder ou faire procéder à un transfert de déchets d'une nature différente de celle indiquée dans les documents de notification ou de mouvement prévus par l'article 4 du règlement mentionné ci-dessus, ou portant sur une quantité de déchets significativement supérieure ;

f) De procéder ou faire procéder à un transfert de déchets dont la valorisation ou l'élimination est réalisée en méconnaissance de la réglementation communautaire ou internationale ;

g) D'exporter des déchets en méconnaissance des dispositions des articles 34, 36, 39 et 40 du règlement mentionné ci-dessus ;

h) D'importer des déchets en méconnaissance des dispositions des articles 41 et 43 du règlement mentionné ci-dessus ;

i) De procéder à un mélange de déchets au cours du transfert en méconnaissance de l'article 19 du règlement mentionné ci-dessus ;

j) De ne pas déférer à une mise en demeure prise sur le fondement de l'article L. 541-42.

12° Méconnaître les obligations d'information prévues à l'article L. 343-3 du Code des ports maritimes ;

13° *(Mod., L. n° 2021-1308, 8 oct. 2021)* Ne pas respecter les prescriptions édictées en application de l'article 7 du règlement (UE) n° 2019/1021 du Parlement européen et du Conseil du 20 juin 2019 concernant les polluants organiques persistants ;

14° *(Rempl., L. n° 2021-1308, 8 oct. 2021)* Ne pas respecter les interdictions et prescriptions du règlement (UE) n° 2017/852 du Parlement européen et du Conseil du 17 mai 2017 relatif au mercure et abrogeant le règlement (CE) n° 1102/2008 ;

15° Abandonner un véhicule privé des éléments indispensables à son utilisation normale et insusceptible de réparation immédiate à la suite de dégradations ou de vols sur le domaine public ou le domaine privé de l'État ou des collectivités territoriales ;

16° Ne pas respecter les exigences du règlement (UE) n° 1257/2013 du Parlement européen et du Conseil, du 20 novembre 2013, relatif au recyclage des navires et modifiant le règlement (CE) n° 1013/2006 et la directive 2009/16/CE ;

17° Méconnaître les prescriptions du II de l'article L. 541-21-2-3 du présent code.

18° *(L. n° 2024-364, 22 avr. 2024)* Ne pas respecter les restrictions applicables aux substances prévues à l'annexe I du règlement (UE) 2023/1542 du Parlement européen et du Conseil du 12 juillet 2023 relatif aux batteries et aux déchets de batteries, modifiant la directive 2008/98/CE et le règlement (UE) 2019/1020, et abrogeant la directive 2006/66/CE.

II. – En cas de condamnation prononcée pour les infractions visées aux 4°, 6° et 8° du I, le tribunal peut ordonner, sous astreinte, la remise en état des lieux endommagés par les déchets qui n'ont pas été traités dans les conditions conformes à la loi.

III. – En cas de condamnation prononcée pour les infractions visées aux 7° et 8° du I, le tribunal peut, en outre, ordonner la fermeture temporaire ou définitive de l'installation et interdire à son exploitant d'exercer l'activité d'éliminateur ou de récupérateur.

IV. – En cas de condamnation prononcée pour les infractions visées aux 6°, 7°, 8° et 11° du I et commises à l'aide d'un véhicule, le tribunal peut, de plus, ordonner la suspension du permis de conduire pour une durée n'excédant pas cinq ans.

V. – En cas de condamnation prononcée pour les infractions mentionnées au 11° du I, le tribunal peut, en outre, ordonner l'interdiction, suivant les modalités prévues par l'article 131-27 du Code pénal, d'intervenir dans un transfert transfrontalier de déchets à titre de notifiant ou de personne responsable d'un transfert au sens du règlement (CE) n° 1013/2006 du Parlement européen et du Conseil du 14 juin 2006 concernant les transferts de déchets.

VI *(Abr.)*.

VII *(Mod., L. n° 2023-973, 23 oct. 2023)*. – La peine mentionnée au I est portée à huit ans d'emprisonnement et à 500 000 € d'amende lorsque l'infraction est commise en bande organisée, au sens de l'article 132-71 du Code pénal.

VIII. – Dans les conditions prévues aux articles 495-17 à 495-25 du Code de procédure pénale, pour l'infraction mentionnée au 4° du I du présent article, l'action publique peut être éteinte par le versement d'une amende forfaitaire d'un montant de 1 500 €. Le montant de l'amende forfaitaire minorée est de 1 000 € et le montant de l'amende forfaitaire majorée de 2 500 €.

IX. – Lorsqu'un véhicule a été utilisé pour commettre une infraction mentionnée au I, la personne constatant l'infraction peut, avec l'autorisation préalable du procureur de la République donnée par tout moyen, faire procéder, dans les conditions prévues aux trois derniers alinéas de l'article L. 325-1-1 du Code de la route, à l'immobilisation et à la mise en fourrière du véhicule dont la confiscation est encourue en application de l'article 131-21 du Code pénal.

X *(L. n° 2021-1104, 22 août 2021)*. – Lorsqu'il expose directement la faune, la flore ou la qualité de l'eau à un risque immédiat d'atteinte grave et durable, le non-respect d'une mise en demeure au titre du I de l'article L. 541-3 est puni de trois ans d'emprisonnement et de 250 000 € d'amende, ce montant pouvant être porté jusqu'au triple de l'avantage tiré de la commission de l'infraction.

Sont considérées comme durables, au sens du présent article, les atteintes susceptibles de durer au moins sept ans.

Voir : Rapport du 25 juill. 2009 relatif à l'ordonnance n° 2009-894 relative aux mesures de police et aux sanctions applicables aux transferts transfrontaliers de déchets (*JO* 25 juill. 2009).

I – PEINE PRINCIPALE

1) Obligation d'information. L'industriel, qui a stocké sans autorisation dans l'enceinte de son usine, puis dispersé dans le milieu naturel, des gravières notamment, et dans des décharges d'ordures ménagères, est condamné à un an d'emprisonnement avec sursis, à une amende de 70 000 F pour ne pas s'être soumis à l'obligation d'information concernant les produits figurant dans l'annexe du décret du 19 août 1977 (■ T. corr. Strasbourg, 11 mars 1983 : *Rev. jur. env.* 3/1983, p. 244, note M.-J. Littmann-Martin ; confirmé par ■ Colmar, 27 janv. 1984 : *Rev. jur. env.* 4/1985, p. 484, note M.-J. Littmann-Martin ; *Rev. sc. crim.* 1985, p. 333, obs. J.-H. Robert). La même infraction a été imputée à un industriel poursuivi pour stockage clandestin et illicite des fûts de dioxine en provenance de Séveso et refusant d'informer l'administration, il fut condamné à dix-huit mois de prison dont dix-sept avec sursis et une amende de 100 000 F (T. corr. Saint-Quentin, 26 juin 1985 : *Rev. jur. env.* 4/1985, p. 487, note M.-J. Littmann-Martin). Même solution (■ T. corr. Rennes, 26 juin 1992 : *Dr. env.* 1992, p. 105, note J.-H. Robert). Le délit, pour être constitué, doit être précédé d'une demande d'informations formulée par l'administration (■ T. corr. Rennes, 14 mai 1990 : *JCP* 1991, II, 21, p. 737, note D. Guihal. ■ T. corr. Rennes, 26 juin 1992 : *Dr. env.* 1992, p. 105, note J.-H. Robert). Le prévenu, une SARL, est condamné pour avoir refusé, en tant qu'exportateur vers la Belgique, de fournir à l'administration des informations sur l'élimination des déchets engendrés par les produits PVC-plastisol, des Di-Ethyl-Hexyl-Phtalates (DEHP) et des solvants, il est condamné à 3 mois d'emprisonnement avec sursis, 30 000 € d'amende et 3 000 € de dommages et intérêts (■ CA Nîmes, 7 mai 2010, n° 10/00564).

2) Agrément spécifique. Le défaut d'agrément pour le ramassage des huiles usagées est constitutif d'une infraction (■ Cass. crim., 21 mai

1997, n° 96-81.776 : *D.* 1997, inf. rap. p. 203 ; *JCP* G 1997, IV, 2076). Le défaut d'agrément pour l'élimination des véhicules hors d'usage est également constitutif d'infraction (■ Cass. crim., 15 oct. 2013, n° 12-86.588). L'autorisation obtenue, au titre de la législation relative aux installations classées, ne peut tenir lieu d'autorisation spécifique prévue par les dispositions relatives aux déchets (■ Cass. crim., 21 juin 1990, *Renaudier*, préc.).

3) Abandon de déchets et pollution des sols. Est coupable d'abandon de déchets nuisibles à l'environnement l'ancien exploitant d'une activité industrielle ayant entraîné une pollution du local, du terrain, ainsi que des parcelles voisines, spécialement par des déchets non-ferreux, alors même que les propriétaires du local et l'administration des installations classées lui ont vainement demandé de remettre en état les lieux en enlevant ces déchets (■ Cass. crim., 18 févr. 2003, n° 02-81.883). Est constitutive d'un abandon et d'un dépôt de déchets l'accumulation sur une propriété privée de véhicules et de matériels divers hors d'usage, ce alors que le prévenu avait négligé d'entreprendre les travaux de récupération qu'il prétendait avoir le projet de réaliser (■ Cass. Crim., 16 avril 2019, n° 18-83.183 : *JurisData* n° 2019-006093 ; *Le désordre est écologiquement incorrect* : *Dr. pén* 2019, comm. J.-H. Robert, 131).

4) Importation de déchets. Est constitutif d'une infraction, l'importation d'Allemagne, sans autorisation préfectorale préalable, de déchets hospitaliers (T. corr. Chaumont, 10 oct. 1995, n° 4102/93). Est constitutif d'une infraction, l'importation de boues d'épuration (■ T. corr. Metz, 23 mai 1995, n° M.2247/95).

5) Remblai au moyen de déchets inertes. Au regard de la nature des travaux litigieux qui ont consisté à remblayer un terrain agricole exploité au moyen d'un apport de matériaux inertes sur une hauteur de moins de deux mètres, pour assurer sa mise à niveau en vue de sa mise en culture, il est avéré que ceux-ci relèvent comme l'ont justement relevé les premiers juges du deuxième alinéa de l'article L. 541-32 dans sa version en vigueur au moment des faits et qu'ils ne nécessitaient donc pas d'autorisation particulière et ne violaient pas la réglementation « déchets », justifiant ainsi la relaxe (■ CA Rennes, 11e ch. corr., 22 mai 2024, n° 24/787, *SAS des Gillières*).

6) Gestion irrégulière de déchets. Cassation de l'arrêt qui, pour relaxer les prévenus des chefs de gestion irrégulière de déchets, énonce qu'il est établi et non contesté qu'ils se sont mis d'accord pour déplacer des déchets, qu'ils pensaient inertes, en limite parcellaire du chantier pour un traitement postérieur par la commune. Les juges retiennent que la prévention ne précise pas les règles qui auraient dû être appliquées et qu'en matière d'évacuation de déchets inertes, il n'existe ni dispositions spécifiques ni textes sanctionnés pénalement imposant à une entreprise de travaux ou à un maire d'évacuer les déchets dont il serait le détenteur ou le producteur. Ils relèvent qu'il résulte des auditions que la ferraille et le béton ont été confiés à des entreprises de recyclage et que l'absence d'évacuation de déchets inertes non dangereux constitue l'inexécution d'une obligation contractuelle qui, si elle entraînait un préjudice direct et certain aux riverains et à l'environnement, relèverait de la responsabilité administrative (■ Cass. crim., 6 févr. 2024, n° 22-87.472 : *JurisData* n° 2024-001346).

7) Exploitation d'une ISDI. Lors de la reprise de l'exploitation des parcelles aucun état des lieux n'a été effectué afin de déterminer précisément quelles parcelles étaient polluées par un précédent exploitant et que les déchets non inertes enfouis par ce dernier n'ont pas alors été retirés. En outre, le nouvel exploitant justifie du bénéfice d'une l'antériorité, s'est vu notifier des arrêtés de mise en demeure non fondés, ou disproportionnés et dont la date de notification n'était pas toujours attestée. Enfin, il existe une tolérance eu égard à la présence de déchets non inertes dans une ISDI, dont la poursuite d'activité n'avait pas été remise en cause par l'administration qui en avait pourtant le pouvoir. Toutes circonstances justifiant ainsi la relaxe (■ CA Versailles, 9e ch. corr., 19 janv. 2023, n° 21/03679, *Recycleo* et *Luxo Bennes*).

II – PEINE COMPLÉMENTAIRE

8) Suspension du permis de conduire. La peine complémentaire doit avoir un lien avec l'infraction, ainsi la suspension du permis de conduire peut être prononcée à condition que l'infraction ait été commise à l'aide d'un véhicule (■ CA Colmar, 27 janv. 1984 : *Rev. sc. crim.* 1985, p. 334, note J.-H. Robert).

III – IMPUTABILITÉ

9) Caractère intentionnel. Est relaxé un récupérateur de déchets industriel qui ignorait que, mêlées aux matières qu'il enlevait chez ses clients, se trouvaient des huiles usagées, opération pour laquelle il faut être titulaire d'un agrément (■ Cass. crim., 12 janv. 1994 : *Dr. env.* avr. 1994, n° 24, p. 26, note J.-H. Robert ; *Dr. pén.* 1994, comm. 114, obs. J.-H. Robert). À l'inverse, la responsabilité pénale est admise lorsque le prévenu était parfaitement au courant en intervenant dans les activités d'un entrepôt de déchets industriels ou d'élimination de déchets industriels (■ Cass. crim., 25 mai 1994, n° 93-85.158 : *JurisData* n° 1994-002899 ; *Dr. env.* oct.-nov. 1994, n° 27, p. 75, note J.-H. Robert). La responsabilité pénale est également retenue dans la mesure où les prévenus ne peuvent pas sérieusement soutenir que les dépôts auraient été constitués à leur insu (■ T. corr. Grenoble, 15 mai 1995, n° 2147/95). Un exploitant professionnel qui importe illégalement des déchets ne peut ignorer qu'il existe, en la matière, une législation rigoureuse qui limite le mouvement transfrontalier de certains déchets, eu égard aux risques qu'ils sont susceptibles de faire courir (T. corr. Chaumont, 10 oct. 1995, n° 4102/93). – Les poursuites d'un prévenu sont renvoyées dès lors qu'aucun élément permettant d'établir que le brûlage de déchets concernait des substances relevant du décret du 19 août 1977 en l'absence de procès-verbal, la plainte du voisinage ne valant pas preuve de l'infraction (■ CA Poitiers, 26 mars 2004, n° 04/341, *Min. public et P*). Relaxe des prévenus du chef d'importations sans déclaration de marchandises prohibées et de transfert transfrontalier de déchets non autorisé dès lors que le transfert litigieux de déchets médicaux était accidentel et faible en quantité, le sérieux des entreprises de collecte et de transport des déchets étant attesté par la délivrance de certificats ISO 9002 (■ Cass. crim., 10 juin 2005, n° 04-84.180, *Administration des Douanes*). La Cour considère ainsi que s'il a été effectivement constaté la présence de déchets épars autres qu'inertes non dangereux disséminés sur le site, il n'est nullement démontré que ces déchets « en mélange » ne proviennent pas en réalité de l'exploitation du précédent exploitant et que c'est intentionnellement que les prévenus auraient été défaillants dans leurs obligations relatives à la gestion des déchets compte tenu des améliorations qu'ils n'ont cessé d'apporter après chaque contrôle effectué par l'administration (■ CA Versailles, 9e ch. corr., 19 janv. 2023, n° 21/03679, *Recycleo* et *Luxo Bennes*).

IV – EXIGENCE DE CLARTÉ ET DE PRÉCISION DE LA NORME

10) Caractère technique de la norme. Ne méconnaît par l'exigence de clarté et de précision de la loi pénale l'article L. 541-40 du Code de l'environnement qui renvoie, pour son application, à un règlement communautaire directement applicable dont le caractère technique est inhérent à son objet, et qui détermine de façon claire et précise, en fonction du type de déchet, les éléments constitutifs de l'infraction poursuivie (■ Cass. crim., 22 mars 2016, n° 15-80.944 : *JurisData* n° 2016-005334 ; La complexité n'est pas l'obscurité ; *Dr. pén.* 2016, n° 5, p. 38-39, comm. J.-H. Robert)

V – PRESCRIPTION

11) Retard du point de départ en cas de dissimulation (faits antérieurs à la loi n° 2017-242 du 27 février 2017 sur la prescription). Si, en principe, le point de départ doit être fixé au jour de la commission de l'infraction, il en va différemment en cas d'infractions occultes ou dissimulées. Ainsi, le délai de prescription de l'action publique ne commence à courir, en cas de dissimulation destinée à empêcher la connaissance de l'infraction, qu'à partir du jour où celle-ci est apparue et a pu être constatée dans des conditions permettant l'exercice des poursuites. Par exemple : en cas de déversement, pendant plusieurs années, de résidus de broyage automobile dans des sites non habilités pour les recevoir, cette activité ayant un caractère occulte se traduisant par la dissimulation du dépôt de ces déchets dangereux, certains étant enfouis comme sur le premier site visé par la plainte, d'autres dissimulés sous une quarantaine de centimètres de remblais, d'autres encore servant eux-mêmes de remblais sur un terrain destiné à être cultivé, l'existence de ces déchets étant ignorée des utilisateurs de ces terrains, leur présence dans les remblais n'apparaissant pas sur les factures et les enquêteurs n'ayant pu retracer leur cheminement et leur importance qu'à travers la comptabilité analytique de la société. (■ Cass. crim., 12 avr. 2022, n° 21-83.696 : *JurisData* n° 2022-005785 ; *Procédures* 2022, n° 6, comm. 153, A.-S. Chavent-Leclère).

12) Article 9-1 du Code de procédure pénale. Consacre et généralise, dans sa rédaction issue de la loi n° 2017-242 du 27 février 2017, la théorie des infractions occultes. Pour l'application dans le temps de cette loi, voir (■ Cass. crim., 13 oct. 2020, n° 19-87.787).

VI – BANDE ORGANISÉE ET DÉLIT DOUANIER

13) L'article 706-73-1, 9° du Code de procédure pénale rend expressément applicable aux infractions « déchets » prévues au I de l'article L. 541-46 du Code de l'environnement les techniques spéciales d'enquête : opérations d'infiltration ; surveillance nationale et poursuite des opérations de surveillance à l'étranger ; perquisitions en dehors des heures légales ; accès à distance aux communications électroniques ; sonorisation et captation d'image en lieu privé (à l'exception de la garde à vue de quatre jours).

14) L'article 706-73 du Code de procédure pénale a quant à lui été récemment modifié (par l'article 29 de la loi n° 2023-610 du 18 juillet 2023 visant à donner à la douane les moyens de faire face aux nouvelles menaces) pour être rendu applicable aux délits douaniers commis en bande organisée, en particulier l'article 414 du Code des douanes.

15) Qualification en concours. L'article 414 du Code des douanes peut s'appliquer en concours en matière de transport transfrontalier irrégulier et justifie des peines maximales de 10 ans d'emprisonnement en cas de transport de marchandises dangereuses pour la santé, commis en bande organisée (QPC rejetée par ▪ CA Paris, 12 déc. 2022, n° 22/13984).

16) Notion de déchet. L'article 38 (4. 14°) du Code des douanes vise expressément les déchets (nonobstant l'exclusion de principe des marchandises communautaires du régime douanier : exception à l'exception).

17) Exportation sans déclaration de marchandises dangereuses. Le troisième alinéa de l'article 414 du Code des douanes punit le fait d'exporter sans déclaration des marchandises dangereuses pour la santé, la moralité ou la sécurité publiques, dont la liste est fixée par arrêté du ministre chargé des douanes. Cet arrêté prévoit que constituent des marchandises dangereuses les déchets définis à l'article L. 541-1-1 du Code de l'environnement. En l'espèce étaient qualifiables de déchets des moteurs découverts dans un conteneur exporté, empilés les uns sur les autres, sans conditionnement ni étiquetage, des taches d'huile sur le sol étaient visibles et en l'absence des documents nécessaires à un tel envoi, notamment la liste de colisage reprenant le contenu spécifique du conteneur (▪ Cass. crim., 18 sept. 2024, n° 23-83.847).

Art. L. 541-47 *(Abr. à compter du 1er juillet 2013, Ord. n° 2012-34, 11 janv. 2012 ; rétabli, Ord. n° 2019-1069, 21 oct. 2019 ; mod., L. n° 2020-105, 10 févr. 2020).* **– Est puni d'une amende qui peut atteindre un montant maximal de 0,1 % du chiffre d'affaires hors taxes du dernier exercice clos réalisé par l'établissement coupable de l'infraction le fait, pour toute personne mentionnée à l'article L. 541-15-5, de rendre délibérément impropres à la consommation humaine les denrées alimentaires invendues encore consommables. Cette amende peut être assortie de la peine complémentaire d'affichage ou de diffusion de la décision prononcée, dans les conditions prévues à l'article 131-35 du Code pénal. Le montant de l'amende est proportionné à la gravité des faits constatés, notamment au nombre et au volume des produits en infraction.**

Art. L. 541-48 *(Anc. L. n° 75-633, 15 juill. 1975).* **– L'article L. 541-46 est applicable à tous ceux qui, chargés à un titre quelconque de la direction, de la gestion ou de l'administration de toute entreprise ou établissement, ont sciemment laissé méconnaître par toute personne relevant de leur autorité ou de leur contrôle les dispositions mentionnées audit article.**

1) Direction. La responsabilité pénale peut peser sur le chef d'entreprise (▪ CA Paris, 19 oct. 1987, *Wou : JurisData* n° 1987-027929). La responsabilité d'un syndic de liquidation peut également être engagée (▪ CA Caen, 30 juill. 1987, *Labrely : JurisData* n° 1987-046598. ▪ Cass. crim., 25 mai 1994, préc. ▪ Cass. crim., 15 mars 1995, n° 94-80.932 : *Préventive-Sécurité* juill.-août 1996, n° 28, p. 47). – Responsabilité des dirigeants d'un abattoir à l'origine d'une pollution des eaux ayant entraîné une surmortalité des poissons (▪ CA Rennes, 6 févr. 2003, n° 288/03, *J. S.*). – Responsabilité de la personne qui a reçu une délégation portant expressément sur les questions d'environnement, de pollution et d'installations classées (▪ Cass. crim., 21 oct. 2014, n° 31-85.406). Mise en cause du dirigeant de l'entreprise qui a laissé sciemment de fausses informations être adressées *à la DRIRE, et a notamment fait usage* de BSDI falsifiés pour obtenir des subventions (▪ Cass. Crim., 25 juin 2019, n° 17-84.753 : *JurisData* n° 2019-011389).

2) Producteur. Dans la mesure où les producteurs ou importateurs étaient identifiables, il n'appartient pas au responsable de la première mise sur le marché de contribuer ou de pourvoir à l'élimination de déchets d'emballage (▪ CA Paris, 28 janv. 1998 : *JurisData* n° 1998-020166 ; *Dr. adm.* avr. 1998, p. 15).

3) Élu local. Le maire encourt personnellement une responsabilité pénale en cas d'exploitation illicite d'une décharge d'ordures ménagères en régie direct sur le territoire de sa commune, ressort dans lequel il exerce son pouvoir de police, même si le maire a été dispensé de sa peine dans la mesure où la fermeture effective du site, sa remise en état et la réalisation d'une étude hydrogéologique ont été effectuées (▪ T. corr. Nancy, 31 janv. 1996, n° 410/96). Dans le même sens (▪ CA Poitiers, 6 janv. 1995, n° 01/95 : *Rev. jur. env.* 3/1995, p. 527. ▪ CA Montpellier, 12 nov. 1996, n° 1170 : *Rev. jur. env.* 2/1997, p. 255).

4) Nécessité d'une participation du dirigeant à l'infraction. La cour d'appel, qui ne s'est pas bornée à déduire la culpabilité du prévenu de celle des sociétés dont il était le gérant, a, sans insuffisance ni contradiction, justifié sa décision sans méconnaître les dispositions légales et conventionnelles invoquées en relevant que le dirigeant avait directement contribué à la commission de l'infraction (■ Cass. crim., 23 juin 2020, n° A Poitiers, 6 janv. 1995, n° 19.84-744).

Section VII. – Dispositions diverses

Art. L. 541-49 *(Anc. L. n° 75-633, 15 juill. 1975 ; anc. L. n° 92-646, 13 juill. 1992).* **– Le Gouvernement présente chaque année au Parlement un rapport sur l'application du présent chapitre.**

Ce rapport porte notamment sur les interventions administratives en matière de transferts transfrontaliers de déchets.

Il est rendu public.

Art. L. 541-49-1 *(L. n° 2020-105, 10 févr. 2020).* **– À compter du 1er janvier 2022, les publications de presse, au sens de l'article 1er de la loi n° 86-897 du 1er août 1986 portant réforme du régime juridique de la presse, ainsi que la publicité, adressée ou non adressée, sont expédiées sans emballage plastique.**

Art. L. 541-50 *(Anc. L. n° 75-633, 15 juill. 1975 ; anc. L. n° 95-101, 2 févr. 1995)* (1). **– Les conditions d'application du présent chapitre sont fixées par décret en Conseil d'État.**

CHAPITRE II. – DISPOSITIONS PARTICULIÈRES À LA GESTION DURABLE DES MATIÈRES ET DES DÉCHETS RADIOACTIFS (2)

(Intitulé rempl., L. n° 2006-739, 28 juin 2006)

Voir : Droit international et européen : Convention du 5 septembre 1997, Sur la sûreté de la gestion du combustible usé et sur la sûreté de la gestion des déchets radioactifs (dite « Convention commune »), faite à Vienne le 5 septembre 1997 et entrant en vigueur pour la France le 18 juin 2001. – Directive 2011/70/EURATOM du Conseil du 19 juillet 2011, Établissant un cadre communautaire pour la gestion responsable et sûre du combustible usé et des déchets radioactifs (*JOUE* n° L 199, 2 août). – Directive 2003/122/EURATOM du 22 déc. 2003 relative au contrôle des sources radioactives scellées de haute activité et des sources orphelines (*JOUE* n° L 346, 31 déc., p. 57).

Bibliographie : *Ouvrages et études.* M. Pontier et E. Roux, *Droit Nucléaire, Les déchets nucléaires*, 2014, PUAM. • M. Montjoie, *Droit international et gestion des déchets radioactifs*, LGDJ, 2011. • S. Gatabin, *Implantation d'un site de stockage de déchets nucléaires : Sécurité et problèmes urbanistiques*, L'Harmattan, 2008. • CEA, *Droit nucléaire. Volume 2, Matières nucléaires et sources de rayonnements ionisants, déchets*, Direction des Journaux officiels, 2006. • Y. Barthe, *Le pouvoir d'indécision : la mise en politique des déchets nucléaires*, Économica, 2006. • A. Le Dars, *Pour une gestion durable des déchets nucléaires*, PUF, janv. 2004, p. 280. • *Rapport d'évaluation n° 10 de la commission nationale d'évaluation relative aux recherches sur la gestion des déchets radioactifs*, juin 2004.

Articles. Déchets radioactifs. P. Bringuier, *L'absence d'utilisation future comme critère de définition du déchet radioactif : réflexions à partir d'une décision du Conseil d'État : Environnement et dév. durable* 2010, n° 11, p. 22. • M.-B. Lahorgue, *Le PNG-MDR. Un outil au service de la loi du 28 juin 2006 relative à la gestion durable des matières et déchets radioactifs : Dr. env.* 2008, n° 159, p. 27-31. • M. Prieur, *L'irréversibilité et la gestion des déchets radioactifs dans la loi du 30 décembre 1991 : Rev. jur. env.* 1er déc. 1998, p. 125 à 130. • Y. Razafindratandra, *Résidus d'uranium et notions de déchets : Dr. env.* 5/1999, n° 68, p. 4 ; note sous TA Limoges, 9 juill. 1998, n° 96217, *Assoc. pour la défense du pays Arédien et du Limousin c/ Préfet de la Haute-Vienne : Dr. env.* 9/1998, n° 61, p. 5. • *L'évolution de la recherche sur la gestion des déchets nucléaires en activité, t. I : Les déchets civils ; t. II : Les déchets militaires*. Rapport pour l'Office parlementaire d'évaluation des choix scientifiques et technologiques, n° 2689, Ass. nat. et n° 299, Sénat, t. I, et 541, Ass. nat. et 179, Sénat.

Transfert. Ph. Billet, *Autorisation temporaire de séjour pour les déchets radioactifs et combustibles usagés étrangers : Environnement* avr. 2008, n° 4, p. 3. • H. Chertier, *Les déchets radioactifs : un problème qui ignore les frontières : Environnement et technique* oct. 2007, n° 270, p. 55. • M.-B. Lahorgue, *Le contrôle des circuits de traitement de déchets radioactifs : Dr. env.* janv.-févr. 2007, n° 145, p. 29 et 30.

(1) V. T. appl. : D. n° 2005-635, 30 mai 2005. – NDLR.
(2) V. T. appl. : D. n° 93-940, 16 juill. 1993. – NDLR.

Gestion des déchets très faiblement radioactifs. J.-Y. Le Déaut, *Rapport sur la gestion des déchets très faiblement radioactifs*, L'Office parlementaire d'évaluation des choix scientifiques et technologiques, rapport 2624, Ass. nat. et 309, Sénat. • D. Deprez, *Suivi des déchets très faiblement radioactifs : le dispositif se met en place : BDEI* janv. 2007, n° 7, p. 20 à 21.

Retraitement ou stockage des déchets nucléaire. M. Rivasi, *Rapport sur les conséquences des installations de stockage des déchets nucléaires sur la santé publique et l'environnement*, l'Office parlementaire d'évaluation des choix scientifiques et technologiques, n° 2257, Ass. nat. et 272, Sénat. • *Les déchets nucléaires, un problème mondial*, La Documentation française, 1er févr. 1991, n° 649. • Sur la question du stockage en surface, compromis envisageable entre le stockage en surface et celui en couche profonde : Réponse ministre de l'Environnement à Question Assemblée nationale, 2e séance, 3 févr. 1998 : *JOAN* CR 4 févr. • Sur le coût du retraitement : Rapport de la Cour des comptes, *Le coût du retraitement des déchets radioactifs*, La Documentation française, 1998. • C. Jarlier-Clément et R. Barrault, *La consultation du public sur les projets de stockage des déchets radioactifs : BDEI* 4/1999, p. 10 à 16. • A. Caignol, *Les risques nucléaires : du dialogue constructif à la réglementation : Dr. env.* 1er sept. 2009, n° 171, p. 17-19. • M. Rambour, *L'intérêt à agir des tiers face aux risques potentiels du stockage des déchets radioactifs*, note sous CE, 24 mars 2014, n° 358882 : *LPA* 21 mai 2014, n° 101, p. 18. • P. Billet, *Modifications du régime de la fiscalité des INB : Énergie – Env. – Infrastr.* 2017, n° 3, p. 35-37. • J.-M. Pastor, *L'arrêté relatif au coût du projet d'enfouissement des déchets nucléaires à Bure fait grief : AJDA* 2018, p. 826. • *6e rapport de la France sur la mise en œuvre des obligations de la Convention commune*, Autorité de sûreté nucléaire, oct. 2017. • P. Hili, *Que faire des déchets radioactifs de haute activité (HA) et de moyenne activité à vie longue (MA-VL) ? La solution controversée du projet Cigéo : BDEI* sept. 2015, n° 59, p. 13. • M. Pontier, *Le droit du nucléaire, droit à penser : AJDA* 2015, p. 1680. • M. Rambour, *Les « encombrants » déchets du nucléaire civil : Dr. env.* 2015, p. 255.

Art. L. 542-1 ***(Rempl., L. n° 2006-739, 28 juin 2006*** (1) ***; mod., Ord. n° 2016-128, 10 févr. 2016).* – La gestion durable des matières et des déchets radioactifs de toute nature, résultant notamment de l'exploitation ou du démantèlement d'installations utilisant des sources ou des matières radioactives, est assurée dans le respect de la protection de la santé des personnes, de la sécurité et de l'environnement.**

La recherche et la mise en œuvre des moyens nécessaires à la mise en sécurité définitive des déchets radioactifs sont entreprises afin de prévenir ou de limiter les charges qui seront supportées par les générations futures.

Les producteurs de combustibles usés et de déchets radioactifs sont responsables de ces substances, sans préjudice de la responsabilité de leurs détenteurs en tant que responsables d'activités nucléaires. En cas de défaillance de leurs producteurs ou de leurs détenteurs, l'État est responsable en dernier ressort de ces substances lorsqu'elles ont été produites sur le territoire national et peut charger l'Agence nationale pour la gestion des déchets radioactifs d'en assurer la gestion en application de l'article L. 542-12.

Le responsable d'une activité de gestion du combustible usé ou de déchets radioactifs dispose des capacités techniques et financières lui permettant de respecter les obligations qui lui incombent en vertu du présent chapitre.

Voir : sur l'application de la loi du 15 juillet 1975, relative aux déchets radioactifs et l'application des règles de droit commun des déchets : *infra*, titre IV : Déchets, chapitre I, art. L. 541-4, p. 1155.

1) Définition par le juge administratif. Le juge administratif considère que les résidus de traitement des minerais d'uranium sont des substances naturelles, même s'ils ont été traités chimiquement ; c'est à tort, selon M. Prieur, qu'il privilégie le critère tiré de l'activité massique, au lieu de l'activité totale, en se refusant à prendre en compte l'activité des produits filiation (V. réf. avis du Conseil d'État du 11 décembre 1991 cité par Prieur, notes ■ TA Limoges, 23 juill. 1992, n° 91777, *Flepna c/ Simo*. ■ TA Limoges, 4 févr. 1993, n° 92642, *Flepna c/ Simo*).

***2) Déchets radioactifs, application de la loi* « Déchets ».** La loi « Déchets » du 15 juillet 1975 s'applique aux déchets radioactifs (■ CE, 3 juin 1994, *Collectif national information, opposition à l'usine Melox : Rec. CE* 1994, p. 284 ; *CJEG* 1994, p. 530, concl. Dael ; *JCP* G 1994, IV, 1983/6. ■ TA Limoges, 9 juill. 1998, n° 96217, *Assoc. pour la défense du pays Arédien et du Limousin c/ Préfet de la Haute-Vienne*).

3) Déchets radioactifs et pouvoirs du maire. Suspension de l'exécution d'un arrêté municipal interdisant le passage et le transit de convois ferroviaires de déchets nucléaires sur le territoire de la commune de Bègles, à compter du 18 décembre 2003 (■ TA Bordeaux, 6 janv. 2004, n° 034426, *Préfet de la Gironde c/ Cne de Bègles*).

4) Déchets d'oxyde d'uranium appauvri, déchets ultimes. La circonstance que l'utilisa-

(1) Dispositions complémentaires particulières : V. L. n° 2006-739, 28 juin 2006, art. 3 et 4.

tion des déchets d'oxyde d'uranium appauvri puisse être différée en considération de données notamment économiques, n'est pas de nature à les faire regarder comme un déchet, et à plus forte raison comme un déchet ultime dès lors que ce produit reste susceptible d'être à son tour enrichi par un procédé de même nature et pour le même usage, c'est-à-dire à titre de combustible des radioacteurs à eau pressurisée (▪ CAA Bordeaux, 5 nov. 1998, n° 98BX01320, *COGEMA*).

5) **Responsabilité pour pollution, abandon ou dépôts de déchets radioactifs.** Rejet du pourvoi contre l'arrêt de la chambre de l'instruction de la Cour d'appel de Limoges qui, confirmant l'ordonnance rendue par le juge d'instruction, a renvoyée Cogema devant le tribunal correctionnel sous la prévention d'abandon de déchets contenant des substances radioactives et de pollution de cours d'eau par substances radioactives dont l'action a détruit le poisson ou nui à sa nutrition, sa reproduction ou à sa valeur alimentaire. Le tribunal correctionnel de Limoges jugera donc bien la société Cogema pour « pollution, abandon ou dépôts de déchets contenant des substances radioactives » (▪ Cass. crim., 3 nov. 2004, n° 04-82.743, *Sté Cogema*).

6) **Responsabilité pour pollution, abandon ou dépôts de déchets radioactifs.** *Condamnation.* Condamnation de la société Cogema pour stockage illégal de déchets nucléaires à payer 10 000 € de dommages et intérêts à une association (▪ CA Rouen, 12 avr. 2005, *Sté Cogema*).

7) **Essais techniques sur des déchets radioactifs.** Refus du juge de suspendre l'arrêté préfectoral autorisant une société de fonderie de pièces en acier moulé (installation classée soumise à autorisation) à fonctionner provisoirement afin de faire des essais sur des matériaux issus de l'activité nucléaire, au motif que les risques sérieux et immédiat que cette activité pourrait présenter pour la santé humaine et l'environnement, ne sont pas établis (▪ TA Lyon, 20 janv. 2005, *Petit et a.*).

8) **Centre de déchets radioactifs.** *Légalité.* V. sur la légalité du décret n° 2006-1006 du 10 août 2006 modifiant le décret du 4 septembre 1989 autorisant le Commissariat à l'énergie atomique (Agence nationale pour la gestion des déchets radioactifs) à créer le centre de stockage de déchets radioactifs de l'Aube, ▪ CE, 27 juill. 2009, n° 301385, *Comité interprofessionnel du vin de champagne*.

Art. L. 542-1-1 *(L. n° 2006-739, 28 juin 2006 ; mod., Ord. n° 2016-128, 10 févr. 2016).* **– Le présent chapitre s'applique aux substances radioactives issues d'une activité nucléaire visée à l'article L. 1333-1 du Code de la santé publique ou d'une activité comparable exercée à l'étranger** *(Mots suppr. à compter d'une date fixée par décret en Conseil d'État et au plus tard le 1er juillet 2017, Ord. n° 2016-128, 10 févr. 2016)* **« ... ». Il ne s'applique pas aux rejets autorisés.**

Une substance radioactive est une substance qui contient des radionucléides, naturels ou artificiels, dont l'activité ou la concentration justifie un contrôle de radioprotection.

Une matière radioactive est une substance radioactive pour laquelle une utilisation ultérieure est prévue ou envisagée, le cas échéant après traitement.

Un combustible nucléaire est regardé comme un combustible usé lorsque, après avoir été irradié dans le cœur d'un réacteur, il en est définitivement retiré.

Les déchets radioactifs sont des substances radioactives pour lesquelles aucune utilisation ultérieure n'est prévue ou envisagée ou qui ont été requalifiées comme tels par l'autorité administrative en application de l'article L. 542-13-2.

Les déchets radioactifs ultimes sont des déchets radioactifs qui ne peuvent plus être traités dans les conditions techniques et économiques du moment, notamment par extraction de leur part valorisable ou par réduction de leur caractère polluant ou dangereux.

La gestion des déchets radioactifs comprend toutes les activités liées à la manipulation, au prétraitement, au traitement, au conditionnement, à l'entreposage et au stockage des déchets radioactifs, à l'exclusion du transport hors site.

La gestion du combustible usé comprend toutes les activités liées à la manipulation, à l'entreposage, au retraitement ou au stockage des combustibles usés, à l'exclusion du transport hors site.

Une installation de gestion du combustible usé ou de déchets radioactifs est une installation ayant pour objet principal la gestion de ces substances.

Le retraitement des combustibles usés est un traitement dont l'objet est d'extraire les substances fissiles ou fertiles des combustibles usés aux fins d'utilisation ultérieure.

L'entreposage de matières ou de déchets radioactifs est l'opération consistant à placer ces substances à titre temporaire dans une installation spécialement aménagée en surface ou en faible profondeur à cet effet, avec intention de les retirer ultérieurement.

Le stockage de déchets radioactifs est l'opération consistant à placer ces substances dans une installation spécialement aménagée pour les conserver de façon potentiellement définitive dans le respect des principes énoncés à l'article L. 542-1, sans intention de les retirer ultérieurement.

Le stockage en couche géologique profonde de déchets radioactifs est le stockage de déchets radioactifs dans une installation souterraine spécialement aménagée à cet effet, dans le respect du principe de réversibilité.

La fermeture d'une installation de stockage de déchets radioactifs est l'achèvement de toutes les opérations consécutives au dépôt de déchets radioactifs dans l'installation, y compris les derniers ouvrages, ou autres travaux requis pour assurer, à long terme, la maîtrise des risques et inconvénients que l'installation présente pour les intérêts mentionnés à l'article L. 593-1.

Distinction entre matières ou substances radioactives et déchets radioactifs. Une substance radioactive ajoutée à un bien de consommation ou un produit de construction constitue une matière radioactive et non un déchet radioactif (■ CE, 23 mars 2011, n°s 329642 et 329679, *M. Avrillier*). L'exclusion de la qualification de déchet radioactif résulte notamment des perspectives d'utilisation de la matière en cause qui sont encadrées par un délai à l'issue duquel ces matières seront considérées comme des déchets en l'absence d'utilisation (■ CE, 30 juin 2010, n° 315980, *Assoc. Greenpeace France*).

Art. L. 542-1-1-1 *(Ord. n° 2012-6, 5 janv. 2012)*. **– Les orientations et l'échéancier de la politique nationale de recherches et d'études mise en œuvre pour assurer, dans le respect des principes définis à l'article L. 542-1, la gestion des déchets radioactifs à vie longue de haute ou de moyenne activité figurent à l'article 3 de la loi n° 2006-739 du 28 juin 2006 de programme relative à la gestion durable des matières et déchets radioactifs.**

Les orientations et l'échéancier de la politique nationale de recherche et d'études mise en œuvre pour assurer, dans le respect des mêmes principes, la gestion des matières et des déchets radioactifs autres que ceux mentionnés à l'alinéa précédent figurent à l'article 4 de la même loi.

Voir : Déchet à vie longue, Vocabulaire de l'ingénierie nucléaire (*JO* 25 juill. 2012).

Art. L. 542-1-2 *(L. n° 2006-739, 28 juin 2006* (1) *; mod., Ord. n° 2016-128, 10 févr. 2016)*. **– I. – Un plan national de gestion des matières et des déchets radioactifs dresse le bilan des modes de gestion existants des matières et des déchets radioactifs et des solutions techniques retenues, recense les besoins prévisibles d'installations d'entreposage ou de stockage et précise les capacités nécessaires pour ces installations et les durées d'entreposage.**

Il fixe les objectifs généraux à atteindre, les principales échéances et les calendriers permettant de respecter ces échéances en tenant compte des priorités qu'il définit. Il détermine les objectifs à atteindre pour les déchets radioactifs qui ne font pas encore l'objet d'un mode de gestion définitif. Il organise la mise en œuvre des recherches et études sur la gestion des matières et déchets radioactifs. Il détermine les personnes responsables de sa mise en œuvre ainsi que les indicateurs permettant de surveiller l'avancement de sa mise en œuvre.

Il comporte une estimation des coûts de la gestion des combustibles usés et des déchets radioactifs, assortie d'un calendrier et mentionnant les hypothèses selon lesquelles cette estimation a été établie. Il précise les mécanismes de financement en vigueur.

Conformément aux orientations définies à l'article L. 542-1-1-1, le plan national organise la mise en œuvre des recherches et études sur la gestion des matières et des déchets radioactifs en fixant des échéances pour la mise en œuvre de nouveaux modes de gestion, la création d'installations ou la modification des installations existantes de nature à répondre aux besoins et aux objectifs définis au premier alinéa.

Il comporte un état des solutions techniques et des mesures à prévoir pour la période postérieure à la fermeture des installations de stockage, y compris pour la préservation de la mémoire à long terme.

Y sont en outre annexées une synthèse des réalisations et des recherches conduites par les pays étrangers et la liste des accords conclus avec les pays tiers en matière de gestion des combustibles usés et des déchets radioactifs.

(1) Le plan national prévu au présent article est établi pour la première fois avant le 31 décembre 2006, L. n° 2006-739, 28 juin 2006, art. 6, II.

II. - Le plan national et le décret qui en établit les prescriptions respectent les orientations suivantes :

1° La réduction de la quantité et de la nocivité des déchets radioactifs est recherchée notamment par le retraitement des combustibles usés et le traitement et le conditionnement des déchets radioactifs ;

2° Les matières radioactives en attente de traitement et les déchets radioactifs ultimes en attente d'un stockage sont entreposés dans des installations spécialement aménagées à cet usage ;

3° Après entreposage, les déchets radioactifs ultimes ne pouvant pour des raisons de sûreté nucléaire ou de radioprotection être stockés en surface ou en faible profondeur font l'objet d'un stockage en couche géologique profonde.

III. - Le plan national est établi et mis à jour tous les *(Mot rempl., L. n° 2020-1525, 7 déc. 2020)* « cinq » ans par le Gouvernement. Cette mise à jour tient compte, le cas échéant, du progrès technique, de l'évolution des connaissances scientifiques et des résultats des évaluations réalisées au plan national et international. Il est transmis au Parlement, qui en saisit pour évaluation l'Office parlementaire d'évaluation des choix scientifiques et technologiques, et rendu public.

IV. - Les décisions prises par les autorités administratives, notamment les autorisations mentionnées à *(Réf. rempl. à compter d'une date fixée par décret en Conseil d'État et au plus tard le 1er juillet 2017, Ord. n° 2016-128, 10 févr. 2016)* « l'article L. 1333-8 du Code de la santé publique », doivent être compatibles avec les prescriptions du décret prévu au II du présent article.

Voir : art. D. 542-74 et s., p. 2694.

Arrêté du 23 février 2017 pris pour application du décret n° 2017-231 du 23 février 2017 pris pour application de l'article L. 542-1-2 du Code de l'environnement et établissant les prescriptions du Plan national de gestion des matières et des déchets radioactifs (*JO* 25 févr. 2017).

Décision de l'Autorité de sûreté nucléaire n° 2017-DC-0587 du 23 mars 2017 relative au conditionnement des déchets radioactifs et aux conditions d'acceptation des colis de déchets radioactifs dans les installations nucléaires de base de stockage (homologuée par A. 13 juin 2017) (*JO* 23 juin 2017).

Art. L. 542-1-3 *(Ord. n° 2012-6, 5 janv. 2012).* – Les propriétaires de déchets de moyenne activité à vie longue produits avant 2015 les conditionnent au plus tard en 2030.

Art. L. 542-1-4 *(Ord. n° 2016-128, 10 févr. 2016).* – L'importation et l'exportation de déchets radioactifs et de combustible usé, ainsi que leur transit sur le territoire national et leur transfert avec emprunt du territoire national dans le cadre d'échanges entre États étrangers sont soumis à une autorisation préalable ou à un consentement de l'autorité administrative dans des conditions précisées par décret.

Ces dispositions ne sont pas applicables aux transferts :

1° De sources scellées périmées ou en fin d'utilisation, effectués en application de l'article L. 1333-15 du Code de la santé publique ;

2° De déchets qui ne contiennent que des radionucléides d'origine naturelle, qui n'ont pas été utilisés pour leur propriété radioactive, fissile ou fertile et dont l'activité ou la concentration ne nécessite pas un contrôle de radioprotection.

Art. L. 542-2 *(Rempl., L. n° 2006-739, 28 juin 2006 ; mod., Ord. n° 2016-128, 10 févr. 2016).* – I. - Est interdit le stockage en France de déchets radioactifs en provenance de l'étranger ainsi que celui des déchets radioactifs issus du traitement de combustibles usés et de déchets radioactifs provenant de l'étranger.

Les déchets mentionnés au précédent alinéa, ou l'équivalent déterminé dans des conditions fixées par décret, sont expédiés à l'étranger conformément aux dispositions du I de l'article L. 542-2-1.

II. - L'interdiction prévue au premier alinéa du I ne s'applique pas :

1° Aux sources scellées qui sont expédiées en France en application de l'article L. 1333-15 du Code de la santé publique ;

2° Aux déchets radioactifs issus de substances ou d'équipements radioactifs expédiés depuis la France à l'étranger à des fins de traitement ou de recherche, lorsque ces substances ou équipements ne provenaient pas, à l'origine, de l'étranger.

III. - Par dérogation au I, le stockage des déchets radioactifs produits dans la principauté de Monaco est autorisé en France dans les conditions définies par l'accord du 9 novembre 2010 entre le Gouvernement de la République française et le Gouvernement de la principauté de Monaco relatif à la prise en charge sur le territoire français de déchets radioactifs monégasques.

Voir : Directive 2011/70/EURATOM du Conseil du 19 juillet 2011 établissant un cadre communautaire pour la gestion responsable et sûre du combustible usé et des déchets radioactifs (*JOUE* 2 août 2011).

1) **Création du centre de Soulaines.** *Légalité.* V. sur la légalité du décret de déclaration d'utilité publique du centre de stockage de Soulaines, ▪ CE, 24 janv. 1990, n° 91517, *Union régionale Champagne-Ardenne pour la nature et l'environnement.*

2) **Centre de déchets radioactifs.** *Légalité.* V. sur la légalité du décret du 10 janvier 2003 autorisant la compagnie générale des matières nucléaires à modifier l'installation nucléaire de base UP 2-800 de la Hague, ▪ CE, 4 août 2006, n° 254945, *Assoc. le réseau sortir du nucléaire et association Greenpeace.*

3) **Interdiction de stocker des déchets radioactifs importés.** *Décret d'application.* L'interdiction légale de stocker en France des déchets radioactifs importés au-delà des délais techniques imposés par le retraitement, même si leur retraitement a été effectué sur le territoire national, est suffisamment précise pour être entrée en vigueur sans attendre l'intervention d'un décret d'application (▪ CE, 6 avr. 2006, n° 262163, *Comité de réflexion, d'information et de lutte anti-nucléaire : Environnement* juill. 2006, comm. 77, Ph. Billet). La définition des déchets radioactifs introduite par la loi n° 2006-739 du 28 juin 2006 ne méconnaît pas les objectifs de la directive n° 92/3/Euratom du 3 février 1992 dès lors que seules les substances pour lesquelles il existe de véritables perspectives d'utilisation ultérieure sont exclues de la catégorie des déchets (▪ CE, 30 juin 2010, n° 315980, *Assoc. Greenpeace France Dr. Administratif* nov. 2010, comm. 143, P. Trouilly ; *Environnement* nov. 2010, note P. Bringuier). Les matières « valorisables » mentionnées dans le décret n° 2008-209 du 3 mars 2008 sont des déchets soumis à l'obligation de réexpédition dans le pays d'origine dans la mesure où à l'issue du délai fixé par les accords intergouvernementaux prévus par la loi, les perspectives d'utilisation ultérieure n'ont pas été réalisées (même arrêt).

4) **Exception à l'interdiction de stockage de déchets radioactifs importés.** *Ancien article L. 542-2.* Ne peut entrer dans l'exception prévue à l'article L. 542-2 le stockage depuis quatre ans de déchets radioactifs dans des conditions injustifiées au regard de la législation applicable, dès lors que, le stockage en France de déchets radioactifs importés étant interdit au-delà des délais techniques imposés par le retraitement, et la seule exception au principe se trouvant donc dans le nécessaire respect de ces délais techniques, le traitement, qui constitue une opération s'exerçant sur la matière elle-même, et l'entreposage en tant que tel, même s'il est nécessaire au refroidissement, ne pouvant être considéré comme une phase du retraitement, opération qui constitue la seule justification du stockage des déchets radioactifs importés (▪ CA Rouen, 12 avr. 2005, n° 03/00512, *Assoc. Greenpeace France*, confirmé par ▪ Cass. 3e civ., 7 déc. 2005, n° 05-16.350, *Cogema c/ Assoc. Greenpeace France : JCP G* 2006, II, 10032 : l'article L. 542-2 n'opérant aucune distinction entre le déchet et le déchet ultime au sens de l'article L. 541-1 I et II du même code, n'exclut pas le combustible nucléaire usé de son champ d'application, de sorte que, ayant relevé que la Convention de Vienne du 5 septembre 1997 invoquée par la Cogema définissait le retraitement comme le processus ou l'opération ayant pour objet d'extraire des isotopes radioactifs du combustible usé aux fins d'utilisation ultérieure, la cour d'appel qui, répondant aux conclusions de la Cogema, a retenu que le retraitement était une opération qui s'exerçait sur la matière elle-même et que l'entreposage en tant que tel, même s'il était nécessaire au refroidissement, ne pouvait être considéré comme une phase du retraitement, en a exactement déduit, sans violer le principe de la séparation des pouvoirs, qu'en l'absence de production d'une autorisation opérationnelle de traitement, sans laquelle ce dernier ne pouvait être mis en œuvre, la Cogema qui ne justifiait pas des délais techniques imposés par le retraitement, ne s'exonérait pas de l'interdiction de principe posée par l'article L. 542-2 du Code de l'environnement de stocker des déchets radioactifs importés).

Art. L. 542-2-1 *(L. n° 2006-739, 28 juin 2006 ; mod., Ord. n° 2010-1579, 17 déc. 2010 ; Ord. n° 2016-128, 10 févr. 2016).* – (1) **I. – Des combustibles usés ne peuvent être introduits sur le territoire national qu'à des fins de retraitement, de recherche ou de transfert entre États étrangers. Des déchets radioactifs ne peuvent être introduits sur le territoire national qu'à des fins de traitement ou de transfert entre États.**

L'introduction de déchets radioactifs ou de combustibles usés à des fins de traitement ou de retraitement ne peut être autorisée que dans le cadre d'accords intergouvernementaux et qu'à la condition que les déchets

(1) V. T. appl. : D. n° 2008-209, 3 mars 2008. – NDLR.

radioactifs issus après traitement de ces substances ne soient pas entreposés en France au-delà d'une date fixée par ces accords. L'accord indique les périodes prévisionnelles de réception et de traitement ou de retraitement de ces substances et, s'il y a lieu, les perspectives d'utilisation ultérieure des matières radioactives séparées lors du traitement.

Le texte de ces accords intergouvernementaux est publié au *Journal officiel*.

II. – Les exploitants d'installations de traitement et de recherche établissent, tiennent à jour et mettent à la disposition des autorités de contrôle les informations relatives aux opérations portant sur les déchets radioactifs et les combustibles usés en provenance de l'étranger mentionnés au I, ainsi que sur les substances radioactives importées à des fins de recherche. Ils remettent chaque année au ministre chargé de l'énergie un rapport comportant l'inventaire des combustibles usés et des déchets radioactifs en provenance de l'étranger ainsi que des matières et des déchets radioactifs, qui en sont issus après retraitement ou traitement ou qui sont issus des opérations de recherche, qu'ils détiennent, et leurs prévisions relatives aux opérations de cette nature. Ce rapport est rendu public.

III. – Le I du présent article ne s'applique pas à l'introduction des déchets radioactifs mentionnés aux 1° et 2° du II et au III de l'article L. 542-2, ni à l'introduction des combustibles usés expédiés depuis la France à l'étranger à des fins de recherche, lorsque ceux-ci ne provenaient pas, à l'origine, de l'étranger.

Voir : annot. sous art. L. 542-2, p. 1231.

Le point I de l'article L. 542-2-1 n'est pas applicable à la décision par laquelle le ministre de l'Écologie, de l'Énergie, du Développement durable et de la Mer a autorisé le transport de déchets radioactifs de l'Allemagne vers la France en vue de leur traitement puis de leur retour vers l'Allemagne qui trouve son fondement dans un accord entre les gouvernements de la République française et de la République fédérale d'Allemagne (■ CE, 8 mars 2013, n° 364462, *Assoc. Réseau « Sortir du Nucléaire »*).

Art. L. 542-2-2 ***(Ord. n° 2016-128, 10 févr. 2016).*** **– Sauf dans le cas prévu au I de l'article L. 542-2, les déchets radioactifs produits sur le territoire national sont stockés sur le territoire national. Cette règle s'applique également aux déchets radioactifs issus de combustibles usés irradiés sur le territoire national et expédiés à l'étranger à des fins de recherche ou de traitement. Ces déchets, ou l'équivalent déterminé dans des conditions fixées par décret, sont expédiés vers le territoire national.**

L'obligation prévue à l'alinéa précédent ne s'applique pas :

1° Aux sources scellées qui sont expédiées au fournisseur ou au fabricant étranger ;

2° Aux déchets radioactifs issus de substances radioactives étrangères ou d'équipements radioactifs étrangers expédiés vers la France à des fins de traitement, lorsque ces substances ou équipements provenaient à l'origine de l'étranger.

Art. L. 542-2-3 ***(Anc. art. L. 542-2-2, dénum. et mod., Ord. n° 2016-128, 10 févr. 2016).*** **– I. – Les infractions aux prescriptions des articles L. 542-2, L. 542-2-1 et L. 542-2-2 sont recherchées et constatées par les fonctionnaires et agents mentionnés à l'article L. 541-44, par les inspecteurs de la sûreté nucléaire ainsi que par des fonctionnaires et agents publics commissionnés à cet effet par le ministre chargé de l'énergie et assermentés.**

II. – Est puni des peines prévues à l'article L. 541-46 :

1° Le fait de ne pas respecter les prescriptions de l'article L. 542-2, des premier et deuxième alinéas du I de l'article L. 542-2-1 ou de l'article L. 542-2-2 ;

2° Le fait de procéder ou de faire procéder à une exportation ou une importation de déchets radioactifs ou de combustible usé, à leur transit sur le territoire national ou leur transfert avec emprunt du territoire national dans le cadre d'échanges entre États étrangers, sans avoir obtenu l'autorisation ou le consentement requis par l'article L. 542-1-4 ou en méconnaissance des conditions imposées par cette autorisation ou ce consentement.

III. – Sans préjudice de l'application des sanctions prévues au 8° de l'article L. 541-46, l'autorité administrative peut prononcer une sanction pécuniaire au plus égale, dans la limite de dix millions d'euros, au cinquième du revenu tiré des opérations réalisées irrégulièrement. La décision prononçant la sanction est publiée au *Journal officiel*.

Les sommes sont recouvrées comme les créances de l'État étrangères à l'impôt et au domaine.

Art. L. 542-2-4 *(Ord. n° 2016-128, 10 févr. 2016).* – Les dispositions des articles L. 541-41 et L. 541-42 s'appliquent aux transferts de déchets radioactifs ou de combustible usé effectués en méconnaissance des règles prévues par l'article L. 542-1-4 et ses textes d'application.

Art. L. 542-3 *(Anc. L. n° 91-1381, 30 déc. 1991 ; mod., L. n° 2006-739, 28 juin 2006* (1) *; Ord. n° 2016-128, 10 févr. 2016 ; à compter du 1er janvier 2025, L. n° 2024-450, 21 mai 2024).* – I. – Une commission nationale est chargée d'évaluer annuellement l'état d'avancement des recherches et études relatives à la gestion des matières et des déchets radioactifs par référence aux orientations fixées par le plan national prévu à l'article L. 542-1-2. Cette évaluation donne lieu à un rapport annuel qui fait également état des recherches effectuées à l'étranger (2). Il est transmis au Parlement, qui en saisit l'Office parlementaire d'évaluation des choix scientifiques et technologiques, et il est rendu public.

L'Office parlementaire d'évaluation des choix scientifiques et technologiques peut demander à la commission de lui présenter une expertise sur un sujet relevant de son domaine de compétence.

La commission est composée des membres suivants, nommés pour six ans :

1° Huit personnalités qualifiées, dont au moins deux experts internationaux, désignées à parité par l'Assemblée nationale et par le Sénat, sur proposition de l'Office parlementaire d'évaluation des choix scientifiques et technologiques ;

2° Deux personnalités qualifiées désignées par le Gouvernement sur proposition de l'Académie des sciences morales et politiques ;

3° Quatre experts scientifiques, dont au moins un expert international, désignés par le Gouvernement sur proposition de l'Académie des sciences.

Le mandat des membres de la commission est renouvelable une fois.

La commission est renouvelée par moitié tous les trois ans. Pour la constitution initiale de la commission, le mandat de six de ses membres, désignés par tirage au sort, est fixé à trois ans.

Le président de la commission est élu par les membres de celle-ci lors de chaque renouvellement triennal.

Les membres de la commission exercent leurs fonctions en toute impartialité. Ils ne peuvent, directement ou indirectement, exercer de fonctions ni recevoir d'honoraires au sein ou en provenance des organismes évalués et des entreprises ou établissements producteurs ou détenteurs de déchets.

Les organismes de recherche fournissent à la commission tout document nécessaire à sa mission.

II. – Les ministres chargés de l'énergie et de la sûreté nucléaire organisent l'évaluation, au moins tous les dix ans, du dispositif juridique et organisationnel en matière de gestion des matières et déchets radioactifs et sa mise en œuvre, comportant notamment le dispositif d'autorisation et de contrôle applicable aux activités et installations de gestion des matières et déchets radioactifs, les dispositions existantes en matière d'information et de participation du public, le plan national de gestion des matières et des déchets radioactifs ainsi que l'organisation des autorités administratives compétentes en la matière. Ils en informent l'Autorité de sûreté nucléaire et de radioprotection et l'autorité compétente en matière de sûreté nucléaire et de radioprotection pour les installations et activités nucléaires intéressant la défense, qui effectuent l'évaluation des dispositions qui relèvent d'elles et leur transmettent les résultats de leur évaluation.

Le Gouvernement sollicite, après avis de l'Autorité de sûreté nucléaire et de radioprotection, au moins tous les dix ans, une évaluation internationale de ce dispositif et de sa mise en œuvre par des pairs. Les résultats de l'évaluation internationale, lorsqu'ils sont disponibles, sont communiqués à la Commission européenne et aux autres États membres et mis à la disposition du public, sous réserve de la protection des intérêts mentionnés au I de l'article L. 124-4.

Le Gouvernement veille à améliorer le dispositif juridique et organisationnel en matière de gestion des matières et déchets radioactifs, le cas échéant, en tenant compte du retour d'expérience, des résultats des évaluations ainsi que de l'évolution technique et scientifique dans ce domaine.

Art. L. 542-4 *(Anc. L. n° 91-1381, 30 déc. 1991 ; mod., L. n° 2006-739, 28 juin 2006).* – Les conditions dans lesquelles sont mis en place et exploités les laboratoires souterrains destinés à étudier les formations

(1) Sur le caractère législatif (premier alinéa) et réglementaire (deuxième à dixième alinéas) du présent VI : V. ■ Cons. const. n° 2015-256 L, 21 juill. 2015 (*JO* 24 juill. 2015). – NDLR.

(2) La commission nationale mentionnée au présent article établit son premier rapport avant le 30 juin 2007, L. n° 2006-739, 28 juin 2006, art. 9, II.

géologiques profondes où seraient susceptibles d'être stockés ou entreposés les déchets radioactifs à haute activité et à vie longue sont déterminées par les articles L. 542-5 à L. 542-11.

Recours contre la décision de réaliser des travaux de prospection ; recevabilité. Recevabilité du recours admise (■ CE, sect., 28 nov. 1997, *Thiebaut : Dr. adm.* 1998, n° 10, obs. D. P. ; *JCP* G 1998, IV, 1434).

Art. L. 542-5 *(Anc. L. n° 91-1381, 30 déc. 1991 ; mod., L. n° 2006-739, 28 juin 2006).* – Tout projet d'installation d'un laboratoire souterrain donne lieu, avant tout engagement des travaux de recherche préliminaires, à une concertation avec les élus et les populations des sites concernés, dans des conditions fixées par décret (1).

Bibliographie : P. Strohl, *Stockage définitif des déchets radioactifs : la question du rôle du public à la lumière du droit international : Bull. dr. nucléaire* 1er déc. 1999, n° 64, p. 29 à 41.

Art. L. 542-6 *(Anc. L. n° 91-1381, 30 déc. 1991 ; mod., L. n° 2006-739, 28 juin 2006).* – Les travaux de recherche préalables à l'installation d'un laboratoire souterrain ou d'un centre de stockage en couche géologique profonde sont exécutés dans les conditions prévues par la loi du 29 décembre 1892 sur les dommages causés à la propriété privée par l'exécution des travaux publics.

Art. L. 542-7 *(Anc. L. n° 91-1381, 30 déc. 1991 ; mod., L. n° 2013-403, 17 mai 2013).* – Sans préjudice de l'application des dispositions du titre Ier du présent livre, l'installation et l'exploitation d'un laboratoire souterrain sont subordonnées à une autorisation accordée par décret en Conseil d'État, après étude d'impact, avis des conseils municipaux, des conseils départementaux et des conseils régionaux intéressés et après enquête publique *(Mots rempl., L. n° 2010-788, 12 juill. 2010)* « réalisée conformément au chapitre III du titre II du livre Ier ».

Cette autorisation est assortie d'un cahier des charges.

Le demandeur d'une telle autorisation doit posséder les capacités techniques et financières nécessaires pour mener à bien de telles opérations.

Art. L. 542-8 *(Anc. L. n° 91-1381, 30 déc. 1991 ; mod., L. n° 2006-739, 28 juin 2006).* – L'autorisation confère à son titulaire, à l'intérieur d'un périmètre défini par le décret constitutif, le droit exclusif de procéder à des travaux en surface et en sous-sol et celui de disposer des matériaux extraits à l'occasion de ces travaux.

Les propriétaires des terrains situés à l'intérieur de ce périmètre sont indemnisés, soit par accord amiable avec le titulaire de l'autorisation, soit comme en matière d'expropriation.

Il peut être procédé, au profit du titulaire de l'autorisation, à l'expropriation pour cause d'utilité publique de tout ou partie de ces terrains.

Art. L. 542-9 *(Anc. L. n° 91-1381, 30 déc. 1991 ; mod., L. n° 2006-739, 28 juin 2006).* – Le décret d'autorisation institue en outre, à l'extérieur du périmètre mentionné à l'article précédent, un périmètre de protection dans lequel l'autorité administrative peut interdire ou réglementer les travaux ou les activités qui seraient de nature à compromettre, sur le plan technique, l'installation ou le fonctionnement du laboratoire.

Art. L. 542-10 *(Anc. L. n° 91-1381, 30 déc. 1991 ; mod., L. n° 2006-739, 28 juin 2006).* – Des sources radioactives peuvent être temporairement utilisées dans ces laboratoires souterrains en vue de l'expérimentation.

Dans ces laboratoires, l'entreposage ou le stockage des déchets radioactifs est interdit.

Art. L. 542-10-1 *(L. n° 2006-739, 28 juin 2006 ; mod., L. n° 2010-788, 12 juill. 2010 ; L. n° 2016-1015, 25 juill. 2016 ; mod. à compter du 1er janvier 2025, L. n° 2024-450, 21 mai 2024).* – Un centre de stockage en couche géologique profonde de déchets radioactifs est une installation nucléaire de base.

(1) V. T. appl. : D. n° 99-687, 3 août 1999. – NDLR.

La réversibilité est la capacité, pour les générations successives, soit de poursuivre la construction puis l'exploitation des tranches successives d'un stockage, soit de réévaluer les choix définis antérieurement et de faire évoluer les solutions de gestion.

La réversibilité est mise en œuvre par la progressivité de la construction, l'adaptabilité de la conception et la flexibilité d'exploitation d'un stockage en couche géologique profonde de déchets radioactifs permettant d'intégrer le progrès technologique et de s'adapter aux évolutions possibles de l'inventaire des déchets consécutives notamment à une évolution de la politique énergétique. Elle inclut la possibilité de récupérer des colis de déchets déjà stockés selon des modalités et pendant une durée cohérentes avec la stratégie d'exploitation et de fermeture du stockage.

Le caractère réversible d'un stockage en couche géologique profonde doit être assuré dans le respect de la protection des intérêts mentionnés à l'article L. 593-1. Des revues de la mise en œuvre du principe de réversibilité dans un stockage en couche géologique profonde sont organisées au moins tous les cinq ans, en cohérence avec les réexamens périodiques prévus à l'article L. 593-18.

Afin de garantir la participation des citoyens tout au long de la vie d'une installation de stockage en couche géologique profonde, l'Agence nationale pour la gestion des déchets radioactifs élabore et met à jour, tous les cinq ans, en concertation avec l'ensemble des parties prenantes et le public, un plan directeur de l'exploitation de celle-ci.

L'exploitation du centre débute par une phase industrielle pilote permettant de conforter le caractère réversible et la démonstration de sûreté de l'installation, notamment par un programme d'essais *in situ*. Tous les colis de déchets doivent rester aisément récupérables durant cette phase. La phase industrielle pilote comprend des essais de récupération de colis de déchets.

Par dérogation aux règles applicables aux autres installations nucléaires de base :

– la demande d'autorisation de création doit concerner une couche géologique ayant fait l'objet d'études au moyen d'un laboratoire souterrain ;

– les deux dernières phrases du III de l'article L. 593-6, le second alinéa du III de l'article L. 593-7 et l'article L. 593-17 ne s'appliquent qu'à compter de la délivrance de l'autorisation de mise en service mentionnée à l'article L. 593-11. Celle-ci ne peut être accordée que si l'exploitant est propriétaire des terrains servant d'assiette aux installations de surface et des tréfonds contenant les ouvrages souterrains ou s'il a obtenu l'engagement du propriétaire des terrains de respecter les obligations qui lui incombent en application de l'article L. 596-5 ;

– pour l'application du titre IX du présent livre, les tréfonds contenant les ouvrages souterrains peuvent tenir lieu de terrain servant d'assiette pour ces ouvrages ; »

– le dépôt de la demande d'autorisation de création du centre est précédé d'un débat public au sens de l'article L. 121-1 sur la base d'un dossier réalisé par l'Agence nationale pour la gestion des déchets radioactifs créée à l'article L. 542-12. Le délai de cinq ans mentionné à l'article L. 121-12 est porté à dix ans. Le présent alinéa ne s'applique pas aux nouvelles autorisations mentionnées à l'article L. 593-14 relatives au centre ;

– la demande d'autorisation de création du centre donne lieu à un rapport de la commission nationale mentionnée à l'article L. 542-3, à un avis de l'Autorité de sûreté nucléaire et de radioprotection et au recueil de l'avis des collectivités territoriales situées en tout ou partie dans une zone de consultation définie par décret ;

– la demande est transmise, accompagnée du compte rendu du débat public, du rapport de la commission nationale mentionnée à l'article L. 542-3 et de l'avis de l'Autorité de sûreté nucléaire et de radioprotection, à l'Office parlementaire d'évaluation des choix scientifiques et technologiques, qui l'évalue et rend compte de ses travaux aux commissions compétentes de l'Assemblée nationale et du Sénat ;

– lors de l'examen de la demande d'autorisation de création, la sûreté du centre est appréciée au regard des différentes étapes de sa gestion, y compris sa fermeture définitive. Seule une loi peut autoriser celle-ci. L'autorisation fixe la durée minimale pendant laquelle, à titre de précaution, la réversibilité du stockage doit être assurée. Cette durée ne peut être inférieure à cent ans. L'autorisation de création du centre est délivrée par décret en Conseil d'État, pris selon les modalités définies à l'article L. 593-8, sous réserve que le projet respecte les conditions fixées au présent article ;

– l'autorisation de mise en service mentionnée à l'article L. 593-11 est limitée à la phase industrielle pilote.

Les résultats de la phase industrielle pilote font l'objet d'un rapport de l'Agence nationale pour la gestion des déchets radioactifs, d'un avis de la commission mentionnée à l'article L. 542-3, d'un avis de l'Autorité de sûreté

nucléaire et de radioprotection et du recueil de l'avis des collectivités territoriales situées en tout ou partie dans une zone de consultation définie par décret.

Le rapport de l'Agence nationale pour la gestion des déchets radioactifs, accompagné de l'avis de la commission nationale mentionnée au même article L. 542-3 et de l'avis de l'Autorité de sûreté nucléaire et de radioprotection est transmis à l'Office parlementaire d'évaluation des choix scientifiques et technologiques, qui l'évalue et rend compte de ses travaux aux commissions compétentes de l'Assemblée nationale et du Sénat ;

– le Gouvernement présente un projet de loi adaptant les conditions d'exercice de la réversibilité du stockage et prenant en compte, le cas échéant, les recommandations de l'Office parlementaire d'évaluation des choix scientifiques et technologiques ;

– l'Autorité de sûreté nucléaire et de radioprotection délivre l'autorisation de mise en service complète de l'installation. Cette autorisation ne peut être délivrée à un centre de stockage en couche géologique profonde de déchets radioactifs ne garantissant pas la réversibilité de ce centre dans les conditions prévues par la loi.

Les dispositions des articles L. 542-8 et L. 542-9 sont applicables à l'autorisation.

Pour les ouvrages souterrains des projets de centres de stockage en couche géologique profonde de déchets radioactifs, l'autorisation de création prévue au présent article dispense de la déclaration préalable ou du permis de construire prévus au chapitre Ier du titre II du livre IV du Code de l'urbanisme.

Bibliographie : M. Rambour, *Le stockage des déchets radioactifs dans la loi Macron. Un cavalier législatif débusqué par le Conseil constitutionnel*, note sous Décision du 5 août 2015, n° 2015-715-DC : *Dr. env.* oct. 2015, n° 238, p. 340.

Conformité à la constitution de l'article L. 542-10-1. Cet article précise les modalités de création d'une installation de stockage réversible en couche géologique profonde des déchets radioactifs de haute et moyenne activité à vie longue. Le Conseil constitutionnel a été saisi de sa constitutionnalité au regard de l'article 1er de la Charte de l'environnement dont il découle le principe selon lequel le législateur peut prendre des mesures susceptibles de porter une atteinte grave et durable à un environnement équilibré et respectueux de la santé, à condition que les choix destinés à répondre aux besoins du présent ne compromettent pas la capacité des générations futures et des autres peuples à satisfaire leurs propres besoins, en préservant leur liberté de choix à cet égard. Le Conseil constitutionnel a confirmé le risque pour l'environnement afférent au stockage de déchets radioactifs dans une installation souterraine. Il a en revanche considéré que les mesures encadrant la création et l'exploitation d'une telle installation présentait des garanties de nature à assurer le respect des exigences constitutionnelles. Il s'agit de la réversibilité de l'installation, de la procédure d'autorisation spécifique à la création de cette installation qui comporte plusieurs étapes et de la procédure législative de fermeture définitive ; et de l'organisation d'une participation régulière des citoyens. Il a donc déclaré conforme à la constitution ces dispositions (■ Cons. const., 27 oct. 2023, n° 2023-1066 QPC).

Art. L. 542-11 *(Rempl., L. n° 2006-739, 28 juin 2006 ; mod., L. n° 2011-525, 17 mai 2011* (1) *; L. fin. n° 2016-1917, 29 déc. 2016).* **– Dans tout département sur le territoire duquel est situé tout ou partie du périmètre d'un laboratoire souterrain ou d'un centre de stockage en couche géologique profonde défini à l'article L. 542-9, un groupement d'intérêt public est constitué en vue :**

1° De gérer des équipements ou de financer des actions et des équipements ayant vocation à favoriser et à faciliter l'installation et l'exploitation du laboratoire ou du centre de stockage ;

2° De mener, dans les limites de son département, particulièrement dans la zone de proximité du laboratoire souterrain ou du centre de stockage dont le périmètre est défini par décret pris après consultation des conseils départementaux concernés, des actions d'aménagement du territoire et de développement du tissu industriel et économique ;

3° De soutenir des actions de formation ainsi que des actions en faveur du développement, de la valorisation et de la diffusion de connaissances scientifiques et technologiques.

Les actions conduites dans le cadre des 2° et 3° le sont notamment dans les domaines industriels utiles au laboratoire souterrain, au centre de stockage, aux nouvelles technologies de l'énergie et à la transition énergétique.

(1) Dispositions d'application transitoires : V. L. n° 2011-525, 17 mai 2011, art. 120.

(L. fin. n° 2019-1479, 28 déc. 2019) Les ressources engagées par le groupement d'intérêt public, en particulier en ce qui concerne les actions mentionnées aux mêmes 2° et 3°, sont affectées prioritairement au financement des actions définies dans le cadre du projet de développement du territoire pour l'accompagnement de l'implantation du centre de stockage.

À compter du 1er janvier 2018, les ressources engagées par le groupement d'intérêt public dans le cadre du 1°, d'une part, et des 2° et 3°, d'autre part, le sont à parité. Cette exigence peut être satisfaite en moyenne sur trois ans.

Le groupement d'intérêt public remet annuellement au ministre chargé de l'énergie et au commissaire du Gouvernement placé auprès du groupement d'intérêt public un rapport d'activité dans lequel il présente :

a) Un État descriptif et financier des engagements et des dépenses effectivement réalisées pendant l'année écoulée ;

a bis) (L. fin. n° 2019-1479, 28 déc. 2019) La contribution de ces engagements et dépenses à la réalisation des actions définies dans le cadre du projet de développement du territoire pour l'accompagnement de l'implantation du centre de stockage ;

b) La justification de la répartition à parité des engagements entre le 1°, d'une part, et les 2° et 3°, d'autre part, en moyenne sur les trois dernières années à partir du 1er janvier 2018.

Outre l'État et le titulaire des autorisations prévues aux articles L. 542-7 ou L. 542-10-1, peuvent adhérer de plein droit au groupement d'intérêt public la région, le département, les communes ou leurs groupements en tout ou partie situés dans la zone de proximité mentionnée au 2°.

Les membres de droit du groupement d'intérêt public peuvent décider l'adhésion en son sein de communes ou de leurs groupements situés dans le même département et hors de la zone de proximité définie au 2°, dans la mesure où lesdits communes ou groupements justifient d'être effectivement concernés par la vie quotidienne du laboratoire ou du centre de stockage.

Les dispositions du chapitre II de la loi n° 2011-525 du 17 mai 2011 de simplification et d'amélioration de la qualité du droit sont applicables au groupement.

Pour financer les actions mentionnées aux 1°, 2° et 3° du présent article, le groupement bénéficie d'une partie du produit de la taxe additionnelle dite « d'accompagnement » à la taxe sur les installations nucléaires de base prévue au V de l'article 43 de la loi de finances pour 2000 (n° 99-1172 du 30 décembre 1999).

Les personnes redevables de cette taxe additionnelle publient un rapport annuel sur les activités économiques qu'elles conduisent dans les départements mentionnés au premier alinéa du présent article.

Art. L. 542-12 *(Mod., L. n° 2006-739, 28 juin 2006 ; Ord. n° 2016-128, 10 févr. 2016 ; L. n° 2016-1015, 25 juill. 2016).* – L'Agence nationale pour la gestion des déchets radioactifs, établissement public industriel et commercial, est chargée des opérations de gestion à long terme des déchets radioactifs, et notamment :

1° D'établir, de mettre à jour tous les *(Mot rempl., L. n° 2020-1525, 7 déc. 2020)* « cinq » ans et de publier l'inventaire des matières et déchets radioactifs présents en France ou destinés à y être stockés ainsi que leur localisation sur le territoire national, les déchets visés à l'article L. 542-2-1 étant listés par pays ;

2° De réaliser ou faire réaliser, conformément au plan national prévu à l'article L. 542-1-2, des recherches et études sur l'entreposage et le stockage en couche géologique profonde et d'assurer leur coordination ;

3° De contribuer, dans les conditions définies à l'avant-dernier alinéa du présent article, à l'évaluation des coûts afférents à la mise en œuvre des solutions de gestion à long terme des déchets radioactifs de haute et de moyenne activité à vie longue, selon leur nature ;

4° De prévoir, dans le respect des règles de sûreté nucléaire, les spécifications pour le stockage des déchets radioactifs et de donner aux autorités administratives compétentes un avis sur les spécifications pour le conditionnement des déchets ;

5° De concevoir, d'implanter, de réaliser et d'assurer la gestion de centres d'entreposage ou des centres de stockage de déchets radioactifs compte tenu des perspectives à long terme de production et de gestion de ces déchets ainsi que d'effectuer à ces fins toutes les études nécessaires ;

6° D'assurer la collecte, le transport et la prise en charge de déchets radioactifs, d'assurer la remise en état et, le cas échéant la gestion, de sites pollués par des substances radioactives, sur demande et aux frais de leurs responsables ;

7° De mettre à la disposition du public des informations relatives à la gestion des déchets radioactifs et de participer à la diffusion de la culture scientifique et technologique dans ce domaine ;

8° De diffuser à l'étranger son savoir-faire.

Lorsque le détenteur ou producteur de déchets radioactifs ou de combustibles usés ou le responsable d'un site pollué par des substances radioactives ne peut être identifié ou s'il est insolvable, l'État peut confier la gestion de ces substances, la remise en état du site pollué et, le cas échéant, sa gestion, à l'Agence nationale pour la gestion des déchets radioactifs. L'agence peut obtenir le remboursement des frais exposés auprès des responsables qui viendraient à être identifiés ou qui reviendraient à meilleure fortune.

(Mod. à compter du 1er janvier 2025, L. n° 2024-450, 21 mai 2024) L'agence propose au ministre chargé de l'énergie une évaluation des coûts afférents à la mise en œuvre des solutions de gestion à long terme des déchets radioactifs de haute et de moyenne activité à vie longue selon leur nature. Elle communique cette évaluation aux présidents des commissions parlementaires compétentes en matière de finances, d'énergie et de développement durable. Après avoir recueilli les observations des redevables des taxes additionnelles mentionnées au V de l'article 43 de la loi de finances pour 2000 (n° 99-1172 du 30 décembre 1999) et l'avis de l'Autorité de sûreté nucléaire et de radioprotection, le ministre chargé de l'énergie arrête l'évaluation de ces coûts et la rend publique.

L'agence peut conduire, avec toute personne intéressée, des actions communes d'information du public et de diffusion de la culture scientifique et technologique.

Voir : Arrêté du 15 janvier 2016 relatif au coût objectif afférent à la mise en œuvre des solutions de gestion à long terme des déchets radioactifs de haute activité et de moyenne activité à vie longue.

Exactitude des études de l'ANDRA. N'est pas caractérisé un manquement de l'ANDRA à son obligation légale d'information dès lors que ses travaux avaient été validés par tous ses partenaires, que les inexactitudes alléguées n'étaient pas établis avec une certitude suffisante et que l'existence d'une divergence d'appréciation sur les éléments techniques et l'éventualité d'une exploitation géothermique dans le futur ne suffisait pas à démontrer qu'elle aurait fait preuve d'incompétence, de négligence ou de partialité (■ Cass. 3e civ., 24 mai 2018, n° 17-18.866, S. Prigent, *Une faute pour le futur de l'humanité ? : Dalloz actualité* 14 juin 2018 ; Ph. Brun, *Extraits des conclusions de l'avocat général : JCP* G 2018, nos 30-35, 856).

Art. L. 542-12-1 A *(L. n° 2018-699, 3 août 2018).* – I. – Le conseil d'administration de l'Agence nationale pour la gestion des déchets radioactifs comprend parmi ses membres un député et un sénateur désignés par l'Office parlementaire d'évaluation des choix scientifiques et technologiques.

II. – Les missions, la composition, l'organisation et le fonctionnement du conseil d'administration sont précisés par décret.

Art. L. 542-12-1 *(L. n° 2006-739, 28 juin 2006).* – Il est institué, au sein de l'Agence nationale pour la gestion des déchets radioactifs, un fonds destiné au financement des recherches et études sur l'entreposage et le stockage en couche géologique profonde des déchets radioactifs. Les opérations de ce fonds font l'objet d'une comptabilisation distincte permettant d'individualiser les ressources et les emplois du fonds au sein du budget de l'agence. Le fonds a pour ressources le produit de la taxe dite de « recherche » additionnelle à la taxe sur les installations nucléaires de base prévue au V de l'article 43 de la loi de finances pour 2000 (n° 99-1172 du 30 décembre 1999).

L'agence dispose d'une subvention de l'État qui contribue au financement des missions d'intérêt général qui lui sont confiées en application *(Mots suppr., Ord. n° 2016-128, 10 févr. 2016)* « ... » de l'article L. 542-12.

Bibliographie : P. Billet, *Modifications du régime de la fiscalité des INB : Énergie – Env. – Infrastr.* 2017, n° 3, comm. 15.

Art. L. 542-12-2 *(L. n° 2006-739, 28 juin 2006).* – Il est institué, au sein de l'Agence nationale pour la gestion des déchets radioactifs, un fonds destiné au financement de la construction, de l'exploitation, *(Mots rempl., Ord. n° 2016-128, 10 févr. 2016)* « de la fermeture », de l'entretien et de la surveillance des installations d'entreposage ou de stockage des déchets de haute ou de moyenne activité à vie longue construites ou exploitées par l'agence. Les opérations de ce fonds font l'objet d'une comptabilisation distincte permettant d'individualiser les ressources et les emplois du fonds au sein du budget de l'agence. Le fonds a pour ressources les contributions des exploitants d'installations nucléaires de base définies par des conventions.

Si l'autorité administrative constate que l'application des dispositions des articles L. 594-1 à L. 594-8 et L. 594-10 à L. 594-13 est susceptible d'être entravée, elle peut imposer, le cas échéant sous astreinte, à l'exploitant d'une installation nucléaire de base de verser au fonds les sommes nécessaires à la couverture des charges mentionnées à l'article L. 594-1.

Art. L. 542-12-3 *(L. fin. rect. n° 2013-1279, 29 déc. 2013).* – Il est institué, au sein de l'Agence nationale pour la gestion des déchets radioactifs, un fonds destiné à financer les études nécessaires à la conception des installations de stockage des déchets radioactifs de haute et moyenne activité à vie longue construites par l'agence, ainsi que les opérations et travaux préalables au démarrage de la phase de construction de ces installations. Les opérations de ce fonds font l'objet d'une comptabilisation distincte permettant d'individualiser les ressources et les emplois du fonds au sein de l'agence. Le fonds a pour ressources le produit de la contribution spéciale prévue au I de l'article 58 de la loi n° 2013-1279 du 29 décembre 2013 de finances rectificative pour 2013.

Art. L. 542-13 (1) *(Mod., L. n° 2006-739, 28 juin 2006 ; Ord. n° 2012-6, 5 janv. 2012 ; L. n° 2013-403, 17 mai 2013).* – Il est créé, auprès de tout laboratoire souterrain, un comité local d'information et de suivi chargé d'une mission générale de suivi, d'information et de concertation en matière de recherche sur la gestion des déchets radioactifs et, en particulier, sur le stockage de ces déchets en couche géologique profonde.

Ce comité comprend des représentants de l'État *(Mots aj. à compter de la date prévue au II de l'article 29 de l'ordonnance n° 2010-177 du 23 février 2010, Ord. n° 2010-177, 23 févr. 2010)* « et de l'agence régionale de santé », deux députés et deux sénateurs *(Mots suppr. L. n° 2018-699, 3 août 2018)* « ... », des élus des collectivités territoriales consultées à l'occasion de l'enquête publique ou concernées par les travaux de recherche préliminaires prévus à l'article L. 542-6, des représentants d'associations de protection de l'environnement, de syndicats agricoles, d'organisations professionnelles, d'organisations syndicales de salariés représentatives et de professions médicales, des personnalités qualifiées ainsi que le titulaire de l'autorisation prévue à l'article L. 542-10-1.

Il peut être doté de la personnalité juridique avec un statut d'association. Il est présidé par un de ses membres, élu national ou local, nommé par décision conjointe des présidents des conseils départementaux des départements sur lesquels s'étend le périmètre du laboratoire.

Le comité se réunit au moins deux fois par an. Il est informé des objectifs du programme, de la nature des travaux et des résultats obtenus. Il peut saisir la commission nationale visée à l'article L. 542-3 et le Haut Comité pour la transparence et l'information sur la sécurité nucléaire mentionné à l'article L. 125-34. La commission nationale présente chaque année, devant le comité local d'information et de suivi, son rapport d'évaluation sur l'état d'avancement des recherches dans les trois axes de recherche définis par l'article 3 de la loi n° 2006-739 du 28 juin 2006 de programme relative à la gestion durable des matières et des déchets radioactifs.

(Mots rempl., Ord. n° 2016-128, 10 févr. 2016) « Le comité local d'information et de suivi » et le Haut Comité pour la transparence et l'information sur la sécurité nucléaire créé par l'article 23 de la loi n° 2006-686 du 13 juin 2006 précitée se communiquent tous les renseignements utiles à l'exercice de leurs missions et concourent à des actions communes d'information.

Le comité est consulté sur toutes questions relatives au fonctionnement du laboratoire ayant des incidences sur l'environnement et le voisinage. Il peut faire procéder à des auditions ou des contre-expertises par des laboratoires agréés.

Les frais d'établissement et le fonctionnement du comité local d'information et de suivi sont financés à parité d'une part par des subventions de l'État, d'autre part par des subventions des entreprises concernées par l'activité de stockage des déchets radioactifs en couche géologique profonde.

Voir : D. n° 93-1410, 29 déc. 1993, préc. – D. n° 99-686, 3 août 1999, préc.

Art. L. 542-13-1 *(Ord. n° 2012-6, 5 janv. 2012).* – Tout responsable d'activités nucléaires définies au *(Mots rempl. à compter d'une date fixée par décret en Conseil d'État et au plus tard le 1er juillet 2017, Ord. n° 2016-128, 10 févr. 2016)* « 1° » de l'article L. 1333-1 du Code de la santé publique *(Mots suppr. à compter d'une date fixée par décret en Conseil d'État et au plus tard le 1er juillet 2017, Ord. n° 2016-128, 10 févr. 2016)* « ... » doit établir, tenir à jour et mettre à la disposition de l'autorité administrative et, pour ce qui relève de sa compétence, de l'Agence nationale pour la gestion des déchets radioactifs, les informations nécessaires à l'application et au contrôle du respect des dispositions du présent chapitre et du chapitre IV du

(1) V. T. appl. : D. n° 99-686, 3 août 1999. – NDLR.

titre IX du présent livre ainsi que les informations nécessaires à la mise en œuvre des programmes de recherches et d'études figurant aux articles 3 et 4 de la loi n° 2006-739 du 28 juin 2006 de programme relative à la gestion durable des matières et déchets radioactifs.

Sans préjudice des dispositions des articles L. 594-4 et L. 594-5 du présent code, un décret en Conseil d'État précise celles de ces informations qui font l'objet d'une transmission périodique à l'autorité administrative ou à l'Agence nationale pour la gestion des déchets radioactifs.

Art. L. 542-13-2 *(Ord. n° 2016-128, 10 févr. 2016).* **– Les propriétaires de matières radioactives, à l'exclusion des matières nucléaires nécessaires à la défense, informent les ministres chargés de l'énergie et de la sûreté nucléaire des procédés de valorisation qu'ils envisagent ou, s'ils ont déjà fournis ces éléments, des changements envisagés.**

(Mod.à compter du 1er janvier 2025, L. n° 2024-450, 21 mai 2024) **Après avis de l'Autorité de sûreté nucléaire et de radioprotection, l'autorité administrative peut requalifier des matières radioactives en déchets radioactifs si les perspectives de valorisation de ces matières ne sont pas suffisamment établies. Elle peut également annuler cette requalification dans les mêmes formes.**

Un décret définit les modalités d'application du présent article.

Art. L. 542-13-3 *(Anc. art. L. 542-13-2, dénum., Ord. n° 2016-128, 10 févr. 2016).* **– En cas de manquement aux obligations d'information prévues à l'article L. 542-13-1, l'autorité administrative peut prononcer une sanction pécuniaire au plus égale à 150 000 €.**

Les sommes sont recouvrées comme les créances de l'État étrangères à l'impôt et au domaine.

Les sanctions prévues au présent article peuvent faire l'objet d'un recours de pleine juridiction.

Art. L. 542-14 *(Anc. L. n° 91-1381, 30 déc. 1991).* **– Un décret en Conseil d'État fixe, en tant que de besoin, les modalités d'application du présent chapitre.**

TITRE V. – DISPOSITIONS PARTICULIÈRES À CERTAINS OUVRAGES OU INSTALLATIONS

CHAPITRE Ier. – ÉTUDE DE DANGERS

La loi n° 2010-788 du 12 juillet 2010 portant engagement national pour l'environnement, dite Loi Grenelle II, a considérablement modifié les dispositions du Code de l'environnement notamment en matière de prévention des risques liés à la création d'une installation ou d'un ouvrage nécessitant l'élaboration d'un plan particulier d'intervention.

Ainsi, la Loi Grenelle II a bouleversé la physionomie du présent chapitre, modifiant l'article L. 552-2 et créant quatre autres articles relatifs à l'étude de dangers, mettant en exergue le souci du législateur de prévenir les éventuels risques résultant de la création de certaines installations ou de certains ouvrages.

Bibliographie : M. Sousse, *Grenelle 2 : le traitement des risques industriels et naturels : Environnement et dév. durable* 2010, n° 10, étude 25.

Art. L. 551-1 *(Mod., L. n° 2004-811, 13 août 2004 ; Ord. n° 2012-351, 12 mars 2012).* **– Les projets de création d'une installation ou d'un ouvrage pour lesquels doit être établi un plan particulier d'intervention en application de l'article L. 741-6 du Code de la sécurité intérieure et qui nécessitent une autorisation ou une décision d'approbation, doivent comprendre une étude de dangers.**

Un décret en Conseil d'État détermine, en tant que de besoin, les modalités d'application du présent article.

L'évaluation des risques du projet de création d'une installation ou d'un ouvrage soumis à l'élaboration d'un plan particulier d'intervention. Cette évaluation des risques est impérative, nécessite la réalisation d'une étude de dangers et doit démontrer que le projet permet d'atteindre « dans des conditions économiquement acceptables, un niveau de risque aussi bas que possible, compte tenu de l'état des connaissances et des pratiques et de la vulnérabilité de l'environnement de l'installation », pour reprendre les termes de l'article D. 181-15-2 du Code de l'environnement relatif au dossier de demande d'autorisation environnementale pour les ouvrages soumis à autorisation ICPE ou IOTA. Les modalités de mise en œuvre de l'étude de dangers sont définies à l'article R. 551-1 du présent code.

La loi « Grenelle 2 » n° 2010-788 du 12 juillet 2010 est venue modifier certains aspects du régime de l'étude de dangers, notamment en ce qui concerne les prescriptions préfectorales (art. L. 551-3), le constat des infractions et les sanctions administratives (art. L. 551-4), les avis préalables (art. L. 551-5) et le régime contentieux auquel sont soumis certains arrêtés préfectoraux (art. L. 551-6). Ceux prescrivant des mesures ou imposant des sanctions administratives sont ainsi soumis à un contentieux de pleine juridiction.

L'article L. 551-1 renvoie à un décret en Conseil d'État le soin de fixer les critères selon lesquels les installations et ouvrages sont soumis à l'élaboration d'un plan particulier d'intervention (PPI), et partant à l'étude de dangers. Le décret n° 2014-1253 du 27 octobre 2014 relatif aux dispositions des livres III, VI et VII de la partie réglementaire du Code de la sécurité intérieure codifie et abroge les décrets n° 92-997 du 15 septembre 1992 relatif aux PPI concernant certains aménagements hydrauliques et n° 2005-1158 du 13 septembre 2005 relatif aux PPI concernant certains ouvrages ou installations fixes.

Art. L. 551-2 *(L. n° 2003-699, 30 juill. 2003 ; mod., L. n° 2010-788, 12 juill. 2010)*. **– Lorsque du fait du stationnement, chargement ou déchargement de véhicules ou d'engins de transport contenant des matières dangereuses, l'exploitation d'un ouvrage d'infrastructure routière, ferroviaire, portuaire ou de navigation intérieure ou d'une installation multimodale peut présenter de graves dangers pour la sécurité des populations, la salubrité et la santé publiques, directement ou par pollution du milieu, une étude de dangers est réalisée et fournie à l'autorité administrative compétente. Un décret en Conseil d'État précise selon les ouvrages d'infrastructure si cette étude est réalisée par le maître d'ouvrage, le gestionnaire de l'infrastructure, le propriétaire, l'exploitant ou l'opérateur lorsque ceux-ci sont différents. Cette étude est mise à jour au moins tous les cinq ans. Lorsqu'il s'agit d'un ouvrage ou d'une installation faisant l'objet d'un rapport sur la sécurité ou d'un diagnostic au titre des articles L. 118-1 et suivants du Code de la voirie routière, 13-1 et 13-2 de la loi n° 82-1153 du 30 décembre 1982 d'orientation des transports intérieurs, 30 du Code du domaine public fluvial et de la navigation intérieure ou L. 155-1 du Code des ports maritimes, cette étude de dangers est intégrée à ce rapport ou à ce diagnostic.**

Pour les ouvrages et installations en service à la date de publication de la loi n° 2003-699 du 30 juillet 2003 relative à la prévention des risques technologiques et naturels et à la réparation des dommages, cette étude est fournie, au plus tard, dans les trois années suivant l'entrée en vigueur de ladite loi.

Les modalités d'application du présent article, et notamment les catégories d'ouvrages concernés, sont déterminées, pour chaque mode de transport, par décret en Conseil d'État.

Voir : D. n° 2011-609, 30 mai 2011, relatif aux études de dangers des ouvrages d'infrastructures de stationnement, chargement ou déchargement de matières dangereuses portant application des articles L. 551-2 et suivants du Code de l'environnement, D. n° 2007-700, 3 mai 2007, relatif aux études de dangers des ouvrages d'infrastructures de stationnement, chargement ou déchargement de matières dangereuses portant application de l'article L. 551-2 du Code de l'environnement (*JO* 5 mai 2007, n° 105) codifié aux articles R. 551-1 à R. 551-14 du Code de l'environnement. – D. n° 2013-4, 2 janv. 2013 (*JO* 4 janv. 2013). – A. 3 mai 2007, modifiant les arrêtés relatifs aux transports terrestres de matières dangereuses. – A. 9 mai 2008 fixant la liste des aires de stationnement ouvertes à la circulation publique et les gares de triage ou faisceaux de relais soumis aux dispositions du décret n° 2007-700 du 3 mai 2007 relatif aux études de dangers des ouvrages d'infrastructures de stationnement, chargement ou déchargement de matières dangereuses portant application de l'article L. 551-2 du Code de l'environnement. – A. 18 déc. 2009 relatif aux critères techniques et méthodologiques à prendre en compte pour les études de dangers des ouvrages d'infrastructures de transport où stationnent, sont chargés ou déchargés des véhicules ou des engins de transport contenant des matières dangereuses. – A. 9 déc. 2010 modifiant l'arrêté du 29 mai 2009 relatif aux transports de marchandises dangereuses par voie terrestre (dit « arrêté TMD »). – Circ. BRTICP/2008-347/CBO, 21 oct. 2008, relative à l'instruction des études de dangers sur les ouvrages d'infrastructures de transport de matières dangereuses. – Circ. 4 mars 2010 relative aux études de dangers remises en application de l'article L. 551-2 du Code de l'environnement (*BO MEEDDM* n° 2010/6, 10 avr. 2010), modifiée par Circ. 15 nov. 2012 (*BO MEDDE* n° 2012/22, 10 déc. 2012).

Sur les barrages : A. 12 juin 2008, définissant le plan de l'étude de dangers des barrages et des digues et en précisant le contenu (*JO* 19 juin 2008, n° 142). – A. 21 mai 2010 définissant l'échelle de gravité des événements ou évolutions concernant un barrage ou une digue ou leur exploitation et mettant en cause ou étant susceptibles de mettre en cause la sécurité des personnes ou des biens et précisant les modalités de leur déclaration (*JO* n° 133, 11 juin 2010). – Circ. 31 oct. 2008, relative aux études de dangers des barrages – Circ. 16 avr. 2010 relative aux études de dangers des digues de protection contre les inondations fluviales (*BO* min. Écologie n° 2010/10, 10 juin 2010).

Sur les ports intérieurs et les ports maritimes : A. 15 juin 2012 fixant la liste des ouvrages d'infrastructures routières, ferroviaires, portuaires ou de navigation intérieure et des installations multimodales soumis aux dispositions de la partie réglementaire du Code de l'environnement portant application de l'article L. 551-2 du Code de l'environnement (*JO* n° 179, 3 août 2012). Circulaire BRTICP/

2008-347/CBO du 21 octobre 2008 relative à l'instruction des études de dangers sur les ouvrages d'infrastructures de transport de matières dangereuses.

D. n° 88-622, 6 mai 1988, relatif aux plans d'urgence, pris en application de la loi n° 87-565 du 22 juillet 1987, relative à l'organisation de la sécurité civile, à la protection de la forêt contre l'incendie et à la prévention des risques majeurs (*JO* 2 juill. 1988, p. 8770), modifié par D. n° 2001-470, 28 mai 2001. - Circ. n° 86-38, 24 nov. 1986, relative aux installations classées pour la protection de l'environnement : Maîtrise de l'urbanisation autour des sites industriels à haut risque (*BOMET* n° 1180-86/49, 19 déc. 1986). - D. n° 90-78, 19 janv. 1990, modifiant le décret n° 63-1228 du 11 décembre 1963, relatif aux installations nucléaires, article 1er - A. 29 juill. 1998 (*JO* 30 août 1998), et Circ. n° 98-83, 29 juill. 1998 (*BOMATA* 99/1) pour l'étude de dangers des silos. A. du 15 juin 2012 fixant la liste des ouvrages d'infrastructures routières, ferroviaires, portuaires ou de navigation intérieure et des installations multimodales soumis aux dispositions de la partie réglementaire du Code de l'environnement portant application de l'article L. 551-2 du Code de l'environnement (*JO* 3 août 2012, n° 179, p. 12756 à 12757). - Circ. 19 nov. 2012 relative aux mesures de maîtrise des risques et au porter à connaissance à mettre en œuvre dans le cadre des études de dangers remises en application de l'article L. 551-2 du Code de l'environnement (NOR : DEVP1237179C) JOBO 2012-23, 25 déc. 2012. - Circ. 15 nov. 2012 relative à la rédaction des études de dangers remises en application de l'article L. 551-2 du Code de l'environnement (NOR : DEVP1237235C) BO min. Écologie n° 2012/22, 10 déc. 2012. Arrêté du 26 mai 2014 relatif à la prévention des accidents majeurs dans les installations classées mentionnées à la section 9, chapitre V, titre Ier du livre V du Code de l'environnement (*JO* 11 juin 2014).

Note technique du 22 juin 2015 relative aux études de dangers remises en application de l'article L. 551-2 du Code de l'environnement et au porter-à-connaissance concernant les gares de triage. Il vise à préciser et à modifier, pour ce qui concerne les gares de triage, les circulaires du 4 mars 2010 et du 19 novembre 2012 afin de tirer les conséquences d'une récente étude relative à l'accidentologie dans les triages européens, qui conduit à revoir notamment les probabilités d'apparition de certains phénomènes dangereux. Les études de danger devront limiter l'origine des phénomènes dangereux étudiés à la zone de formation des trains du triage et à la zone de débranchement pour les gares de triage « à butte ». La note intègre les dispositions du règlement relatif au transport international ferroviaire de marchandises dangereuses (RID), qui impose depuis le 1er janvier 2015 de nouveaux dispositifs de sécurité sur la structure des wagons-citernes transportant des marchandises toxiques.

Bibliographie : S. Edlinger et C. Huglo, *Installations classées - Au-delà de l'arrêt du Conseil d'État sur l'affaire AZF, nouvelle réflexion sur la responsabilité : Énergie - Env. - Infrastr.* 2015, n° 3, comm. 27. • D. Déprez, *Installations classées : BDEI* janv. 2010, n° 25, p. 10 et s. • M. Sousse, *Grenelle 2 : le traitement des risques industriels et naturels : Environnement et dév. durable* 2010, n° 10, étude 25. • O. Beinex, *Les installations classées ne sont plus les seules concernées : BDEI* juin 2007, n° 9, p. 11 et s. • F. Duval, *La sécurisation des infrastructures de stationnement : Ann. voirie* juill.-août 2007, n° 118, p. 112. • J.-M. Fabre, *Stationnements pluriels : Lamy Transports* juill. 2007, t. 3, n° 123, p. 1 et s. • M. Kohler, *Chargement ou déchargement de matières dangereuses et protection de la santé et de la salubrité publiques : Rev. dr. transp.* 2007, n° 6, comm. 132. • D. Deharbe, *L'étude de dangers : nouvelle pierre angulaire de la prévention des risques technologiques : BDEI* sept. 2004, chron. 4. • M.-P. Maître, *Études de dangers, le point depuis la loi sur les risques technologiques et naturels : Environnement* 2004, n° 4, p. 28. • J.-P. Boivin, *Droit des installations classées pour la protection de l'environnement*, Éd. Le Moniteur, 2e éd., 2003, chapitre 3, nos 27 et s. • M. Laverie, J.-P. Pineau et J.-F. Raffoux, *Aspects méthodologiques des études de dangers : BDEI* avr. 1996, p. 35. • S. Deswarte, *Le danger technologique majeur, évolution législative : Rev. jur. env.* mars 1988, p. 261.

Avertissement : Les études de dangers visées par les articles L. 551-1 et L. 551-2 du Code de l'environnement doivent être distinguées de celles exigées sur le fondement des articles L. 181-25 (installations classées soumises à autorisation environnementale), R. 542-20 (laboratoires souterrains soumis à autorisation) et R. 214-115 (ouvrages hydrauliques autorisés, déclarés et concédés) du Code de l'environnement. En l'absence de jurisprudence spécifique aux articles L. 551-1 et L. 551-2, seront citées ci-dessous les décisions rendues relatives aux installations classées soumises à autorisation qui présentent un intérêt au regard des articles L. 551-1 et L. 551-2 du Code de l'environnement.

1) Distinction étude de dangers/étude d'impact. L'analyse des dangers que peut présenter une installation classée soumise à autorisation en cas d'accident doit faire l'objet d'un document particulier, l'étude de dangers, en vertu des dispositions des articles R. 512-6 et R. 512-9 du Code de l'environnement, anciennement 3-5° de l'article 3 du décret du 21 septembre 1977. En revanche, l'analyse de ces dangers ne fait pas partie des informations qui doivent obligatoirement figurer dans une étude d'impact, laquelle doit seulement faire ressortir les effets prévisibles du projet sur l'environnement (▪ CE, 7 juill. 1999, n° 135519, *Cie générale des matières nucléaires (COGEMA)*).

2) Champ d'application. L'absence d'étude de dangers dans un dossier de demande d'autorisation, déposé avant l'entrée en vigueur du décret n° 90-78 du 19 janvier 1990, modifiant le décret n° 63-1228 du 11 décembre 1963 relatif aux installations nucléaires, n'entache pas d'irrégularité l'arrêté d'autorisation (▪ CE, 3 juin 1994, n° 118518, *Collectif national d'information et d'opposition à l'usine Mélox.* ▪ CE, 27 mai 1991, *Ville de Genève : Rev. jur. env.* 1991, p. 519, note J.-P. Colson).

Les dispositions combinées des articles L. 551-2, R. 551-1, R. 551-4 et R. 551-8 du Code de l'environnement précisent que les inexactitudes, omissions ou insuffisances d'une étude de dangers d'un ouvrage d'infrastructure de transport sont susceptibles de vicier la procédure et d'entraîner l'illégalité de la décision en donnant acte et édictant des prescriptions d'aménagement et d'exploitation de l'installation, si elles ont été de nature à exercer une influence sur la décision de l'autorité administrative en la conduisant à sous-estimer l'importance des risques engendrés par l'ouvrage sur son environnement (▪ CE, 11 déc. 2014, n° 1310196, *Communauté d'agglomération de l'aéroport du Bourget, Cne de Drancy, Cne du Bourget*).

3) Contenu de l'étude de dangers. *a) Insuffisant (oui).* Est insuffisante une étude de dangers ne comportant aucune indication sur la consistance des équipes d'intervention, leur localisation et leur disponibilité et sur la nature et le nombre des moyens matériels dont elles disposaient et sur l'organisation d'éventuels secours (▪ CE, 7 juill. 1999, n° 135519, *COGEMA*). Le contenu de l'étude de dangers doit être en corrélation avec l'importance des dangers de l'installation et de leurs conséquences prévisibles en cas de sinistre. Ainsi, au regard des risques potentiels, l'étude de dangers relative à l'exploitation d'un terminal méthanier doit, sous peine d'entacher la procédure d'irrégularité, être détaillée et préciser les modalités de protection contre la foudre, la résistance des équipements en cas de séismes et développer les moyens de lutte contre les incendies (▪ CAA Marseille, 8 nov. 2011, n° 09MA02499). Une étude de dangers ne comportant pas de précisions sur les effets des risques que l'installation est susceptible de créer est irrégulière lorsque l'étude d'impact mentionne de son côté l'installation prochaine, à proximité du site de l'exploitation, de deux entreprises industrielles (▪ TA Orléans, 28 févr. 1995, n° 94-1366, *ASEM c/ Préfet du Loir-et-Cher*). Il en va de même lorsqu'elle ne précise pas les mesures de prévention et d'intervention à prendre en cas d'incendie alors que cette étude était préconisée par les services de la DRIRE (▪ TA Marseille, 22 mars 2001, n° 00.02997, *Assoc. Action Environnement et a.*). Est également insuffisante une étude de dangers présentée à l'appui d'une demande d'autorisation d'exploiter une installation de traitement de déchets industriels qui ne prend pas en compte le risque d'incendie lié aux dégagements d'hydrogène lors du traitement de certains de ses déchets (▪ CAA Marseille, 4 mai 2006, n° 01MA01773, *Sté Duclos Environnement*). Il en est de même s'agissant de l'étude de dangers qui se borne à mentionner les mesures de sécurité habituellement prévues pour prévenir un incendie, telles que la conformité des bâtiments aux normes en vigueur, le respect des règles de sécurité et la mise en place d'un dispositif de détection automatique du feu, ainsi que les moyens de lutte contre l'incendie auxquels il est habituellement recouru, sans décrire les risques d'incendie spécifiquement liés au traitement et au stockage provisoire des déchets secs et les moyens à mettre en œuvre pour lutter contre la propagation du feu au milieu environnant, du fait de la spécificité des risques (▪ CAA Bordeaux, 1er déc. 2008, n° 06BX01899, *Assoc. Contacts, Rencontre et Communication*). *b) Insuffisant (non).* En revanche, une étude de dangers ne doit prendre en compte que les risques d'accidents plausibles suscités par le fonctionnement de l'usine (▪ CAA Lyon, 17 nov. 1992, *Sté Agrishell : RD imm.* 1993, p. 356). L'étude de dangers n'impose pas à l'exploitant d'exposer de manière exhaustive tous les dangers pouvant hypothétiquement survenir en relation avec certains évènements climatiques (▪ TA Strasbourg, 11 juin 1998, nos 961713 et 962238, *Sté GMA Ville de Modelange c/ Préfet de la Moselle et Sté CCI*). L'absence d'analyse des risques liés aux transports hors de l'enceinte d'exploitation n'entache pas l'étude de dangers d'irrégularité (▪ CAA Bordeaux, 5 nov. 1998, n° 98BX01320, *COGEMA*). Elle n'a pas à comporter d'informations sur les chutes d'aéronefs alors que ce risque est faible compte tenu de la localisation du site (▪ CE, 23 mai 2001, n° 201.938, *Assoc. pour la défense de l'environnement du pays Arédien et du Limousin*). N'est pas plus entachée d'insuffisance l'étude de dangers n'appréciant pas le risque sismique, dès lors qu'un tel risque n'est pas en l'espèce susceptible d'être décelé ▪ CE, 26 nov. 2008, nos 301151 et 301180, *Syndicat mixte de la Vallée de l'Oise*. Les dangers liés au déminage qui ne concernent pas l'installation, mais le chantier, n'ont pas à figurer dans l'étude de dangers (même arrêt). N'est pas entachée d'insuffisance l'étude de dangers qui a pris en considération de manière proportionnée des risques et qui n'est pas illégale du fait de n'avoir pas pris en compte des risques de chutes d'avions du fait d'un aérodrome situé à plus de 10 km (▪ CAA Lyon, 11 janv. 2018, n° 15LY03958).

4) Étude de dangers, arrêté de mise en demeure et sanction administrative. L'arrêté prescrivant à l'exploitant de produire les études de dangers requises par l'article 8.1 de l'arrêté du 10 mai 2000 dans le délai de quatre jours est annulé, la nature des études en cause rendant matériellement impossible la mise en œuvre d'une telle prescription dans un délai aussi bref (▪ CE, 14 nov. 2008, n° 297275, *MEDAD c/ Sté Soferti*). Est légal un arrêté prononçant la suspension d'une activité motivée par le danger immédiat que constituait, eu égard à la localisation de la société, la poursuite de son exploitation sans que l'on dispose d'une étude de dangers actualisée. En l'espèce, un très grave accident venait d'intervenir quelques jours plus tôt sur le site de la société Grande Paroisse, à Toulouse, impliquant du nitrate d'ammonium technique, et un produit de même nature, en provenance de l'usine de Toulouse, était utilisé par la société Soferti sur son site de Bordeaux. En l'absence de connaissance des causes de l'accident de Toulouse, et en l'absence des études de dangers concernant l'exploitation de Bordeaux, qui auraient permis d'en mesurer les risques, la continuation du fonctionnement des installations exploitées par la société Soferti sur son site de Bordeaux, impliquant directement le produit en cause, créait une situation de péril grave et imminent (même arrêt).

5) **Contrôle du sérieux de l'étude de dangers.** L'étude de danger du dossier suscite le même type de contrôle juridictionnel que dans le cas de l'étude d'impact (▪ TA Orléans, 28 févr. 1995, n°s 94-1366 et 94-1368, *assoc. pour la sauvegarde du patrimoine et de l'environnement de la Sologne [ASEM] c/ préfet Loir-et-Cher*).

6) **Compétence du préfet.** Le juge s'appuie sur l'étude de dangers pour confirmer la légalité de l'arrêté préfectoral qui prescrit le remplacement de l'ammoniac par un autre fluide frigorigène (▪ CAA Lyon, 6 juill. 1999, n° 97LY00084, *SA STEF*).

7) **Responsabilité de l'État (affaire AZF).** Ne commet pas de faute l'État qui se contente d'une étude de dangers datant de 1990 et qui ne relevait pas de risque d'explosion du nitrate d'ammonium sans avoir fait de visites sur place et bien qu'une nouvelle étude de dangers ait été réclamée entretemps (▪ CE, 17 déc. 2014, n°s 367202 et 367203, *MEDDE c/ Gilbert* et *c/ Épx Molin* : *JurisData* n° 2014-031311).

Art. L. 551-3 *(L. n° 2010-788, 12 juill. 2010).* **– Le représentant de l'État dans le département peut, par arrêté, fixer les prescriptions d'aménagement et d'exploitation des ouvrages d'infrastructure jugées indispensables pour préserver la sécurité des populations, la salubrité et la santé publiques directement ou indirectement par pollution du milieu. Ces prescriptions peuvent respectivement s'appliquer, selon leur nature, au maître d'ouvrage, au gestionnaire de l'infrastructure, au propriétaire, à l'exploitant ou à l'opérateur.**

Art. L. 551-4 *(L. n° 2010-788, 12 juill. 2010 ; rempl. à compter du 1er juillet 2013, Ord. n° 2012-34, 11 janv. 2012).* **– Outre les officiers et agents de police judiciaire et les inspecteurs de l'environnement mentionnés à l'article L. 172-1, sont habilités à rechercher et à constater les infractions aux dispositions du présent chapitre :**

1° Les agents mentionnés à l'article L. 1252-2 du Code des transports ;

2° Les agents mentionnés à l'article L. 5336-3 du Code des transports.

Art. L. 551-5 *(L. n° 2010-788, 12 juill. 2010).* **– Pour les ouvrages ferroviaires, les arrêtés mentionnés à l'article L. 551-3 sont soumis, sauf urgence, à l'avis préalable de l'Établissement public de sécurité ferroviaire. En cas d'avis défavorable, l'arrêté est soumis à l'avis du ministre chargé du transport des matières dangereuses.**

Pour ces mêmes ouvrages, figurent également dans la liste des agents mentionnés au I de l'article L. 551-4 les agents mentionnés au III de l'article 2 de la loi n° 2006-10 du 5 janvier 2006 relative à la sécurité et au développement des transports et les agents du ministre chargé des transports chargés du contrôle des transports guidés.

Art. L. 551-6 *(L. n° 2010-788, 12 juill. 2010).* **– Les décisions prises en application des articles L. 551-2 et L. 551-3 sont soumises à un contentieux de pleine juridiction. Un décret en Conseil d'État précise les délais dans lesquels elles peuvent être déférées à la juridiction administrative.**

Voir : sur les délais de recours, art. R. 551-6-4, p. 2807.

1) La loi dite « Grenelle 2 » a modifié le régime applicable aux études de dangers réalisées pour l'exploitation de certaines infrastructures.

2) **Sur la réalisation de l'étude de dangers.** Avant la réforme, l'étude de dangers était fournie par le maître de l'ouvrage au préfet, et sa mise à jour communiquée tous les cinq ans par l'exploitant. Désormais, ces obligations relèvent, en fonction des situations définies par décret, du maître de l'ouvrage, du gestionnaire de l'infrastructure, du propriétaire, de l'exploitant ou de l'opérateur de l'infrastructure. Cette réforme tend à sécuriser l'évaluation des dangers plusieurs années après la construction.

3) **Sur le renforcement des pouvoirs du préfet.** Les prescriptions préfectorales peuvent désormais s'appliquer au maître d'ouvrage, au gestionnaire de l'infrastructure, au propriétaire, à l'exploitant ou à l'opérateur.

4) **Sur la constatation des infractions.** Un dispositif de constatation des infractions par les personnes expressément compétentes est mis en place. Le législateur prévoit également un dispositif de mise en demeure similaire à celui existant en matière d'installations classées.

5) **Contrôle du juge du plein contentieux.** Le législateur confère au juge administratif un pou-

voir étendu quant à l'appréciation des décisions de l'administration en ce domaine, en soumettant ces décisions au régime du plein contentieux.

CHAPITRE II. – GARANTIES FINANCIÈRES

Art. L. 552-1. – Pour les ouvrages ou installations présentant des risques dont les éventuelles conséquences financières sont manifestement disproportionnées par rapport à la valeur du capital immobilisé, l'autorité chargée de délivrer l'autorisation d'exploitation peut en subordonner la délivrance à la constitution de garanties financières. Des décrets en Conseil d'État déterminent les catégories d'ouvrages concernés, les règles de fixation du montant de la garantie qui devra être adaptée aux conséquences prévisibles de la réalisation du risque, ainsi que les modalités de sa mise en œuvre.

Voir : annotations nos 1 et s. et références citées sous les articles L. 516-1, R. 516-1, D. 181-15-2 et R. 515-101 et s. – Références citées sous les art. L. 515-5 et L. 515-7, p. 1030. – Sous les art. L. 515-8 et s., annot. nos 1 et s., p. 1034.

Avertissement : Le champ d'application de l'article L. 552-1 du Code de l'environnement doit être distingué de celui des garanties financières pour les installations classées pour la protection de l'environnement prévu aux articles L. 516-1, R. 516-1 et D. 181-15-2 du Code de l'environnement qui ne visent que certaines installations. Les dispositions de l'article L. 552-1 du Code de l'environnement visent d'autres installations, dont la liste n'a pas à ce jour été fixée par décret.

Voir : les nouvelles dispositions, commentaires, bibliographie et jurisprudence sur les éoliennes aux art. L. 515-44 et s., p. 1056.

CHAPITRE III. – ÉOLIENNES

(Abr. à compter du 1er mars 2017, Ord. n° 2017-80, 26 janv. 2017) (1)

Voir : les nouvelles dispositions, commentaires, bibliographie et jurisprudence sur les éoliennes aux art. L. 515-44 et s., p. 1056.

Art. L. 553-1 *(Abr. à compter du 1er mars 2017, Ord. n° 2017-80, 26 janv. 2017. – V. C. env., art. L. 515-44).*

Art. L. 553-2 *(Abr. à compter du 1er mars 2017, Ord. n° 2017-80, 26 janv. 2017. – V. C. env., art. L. 515-45).*

Art. L. 553-3 *(Abr. à compter du 1er mars 2017, Ord. n° 2017-80, 26 janv. 2017. – V. C. env., art. L. 515-46).*

Art. L. 553-4 *(Abr., L. n° 2015-992, 17 août 2015).*

Art. L. 553-5 *(Abr. à compter du 1er mars 2017, Ord. n° 2017-80, 26 janv. 2017. – V. C. env., art. L. 515-47).*

CHAPITRE IV. – SÉCURITÉ DES OUVRAGES SOUTERRAINS, AÉRIENS OU SUBAQUATIQUES

(L. n° 2010-788, 12 juill. 2010 ; intitulé mod., Ord. n° 2016-282, 10 mars 2016)

Créé par l'article 219 de la loi Grenelle 2 *(L. n° 2010-788, 12 juill. 2010 portant engagement national pour l'environnement, JORF, 13 juill. 2010, p. 12905)*, le présent chapitre concerne les maîtres d'ouvrage et exécutants de travaux à proximité des réseaux aériens, enterrés ou subaquatiques de toutes catégories (réseaux électriques, de gaz, de communications électroniques, d'eau potable, d'assainissement, de matière dangereuse, de chaleur, ferroviaires ou guidés). Il a tout d'abord été précisé par un décret n° 2011-1241 du 5 octobre 2011 relatif à l'exécution de travaux à proximité de certains ouvrages souterrains, aériens ou subaquatiques de transport ou de distribution *(D. n° 2011-1241, 5 oct. 2011, JO 7 oct. 2011, p. 16952)*. Ce dispositif a ensuite été précisé par un arrêté du 15 février 2012, entré en vigueur le 1er juillet 2012, et pris en application du chapitre IV du titre V du livre V du Code de l'environnement relatif à l'exécution de travaux à proximité de certains ouvrages souterrains, aériens ou

(1) Dispositions d'application particulières et transitoires : V. Ord. n° 2017-80, 26 janv. 2017, art. 15.

subaquatiques de transport ou de distribution *(A. 15 févr. 2012, JO 22 févr. 2012, NOR : DEVP1116359A)*. Il vise la réduction des endommagements de réseaux lors de travaux effectués dans leur voisinage et la prévention de leurs conséquences néfastes pour la sécurité des personnes et des biens, la protection de l'environnement et la continuité des services aux usagers de ces réseaux. Cet arrêté a été modifié par un arrêté du 19 février 2013 encadrant la certification des prestataires en géoréférencement et en détection des réseaux et mettant à jour des fonctionnalités du téléservice « réseaux-et-canalisations.gouv.fr » *(A. 19 févr. 2013, JO 9 mars 2013, NOR : DEVP1238562A)*.

L'arrêté du 15 février 2012 abroge et remplace l'arrêté du 16 novembre 1994 d'application du décret n° 91-1147 du 14 octobre 1991 relatif à l'exécution de travaux à proximité de certains ouvrages souterrains, aériens ou subaquatiques de transport ou de distribution *(A. 16 nov. 1994, JO 30 nov. 1994, NOR : INDG9400773A)*.

L'ordonnance du 10 mars 2016 *(Ord. n° 2016-282, 10 mars 2016 relative à la sécurité des ouvrages de transport et de distribution, JORF, 11 mars 2016, texte n° 2)* est venue instituer, au sein du Code de l'environnement, pour l'ensemble des canalisations à risques, un socle transverse destiné à servir de support aux règlements de sécurité qui leur sont applicables. Si l'article 219 de la loi Grenelle 2 a créé le présent chapitre, pour ce qui est des règles de sécurité, les canalisations de distribution de gaz relevaient de l'article L. 433-13 du Code de l'énergie, les réseaux de chaleur du décret du 2 avril 1926 portant réglementation des appareils à vapeur ou à liquide surchauffé utilisés à terre, et les canalisations destinées à l'utilisation du gaz dans les bâtiments du décret du 23 mai 1962 fixant les règles techniques et de sécurité applicables aux installations de gaz combustibles pris en application de la loi du 15 février 1941 sur le gaz.

Compte tenu de l'habilitation donnée par les 5° et 6° de l'article 167 de la loi de transition énergétique *(L. n° 2015-992, 17 août 2015 relative à la transition énergétique pour la croissance verte, JORF, 18 août 2015, p. 14263)*, l'ordonnance du 10 mars 2016 a procédé à une nouvelle mesure d'harmonisation. Le chapitre IV susvisé du Code de l'environnement s'intitule désormais « Sécurité des ouvrages souterrains, aériens ou subaquatiques » et il est créé, au sein de ce chapitre, une section 1, intitulée « Travaux à proximité des ouvrages » (regroupant des articles désormais numérotés L. 554-1 à L. 554-4) et une section 2, intitulée « Sécurité des canalisations de transport et de distribution à risques » formée des nouveaux articles L. 554-5 à L. 554-9, les dispositions du chapitre V, concernant les canalisations de transport de gaz, d'hydrocarbures et de produits chimiques, faisant l'objet d'un certain nombre de mesures d'actualisation et de mise en cohérence, mesures concernant également le Code de l'énergie.

Le rapport au Président de la République relatif à l'ordonnance du 10 mars 2016 *(Rapp., 10 mars 2016, JORF, 11 mars 2016, texte n° 1)* indique que les dispositions concernant la sécurité des canalisations de transport et de distribution à risques vise à instituer « un socle transverse aux canalisations intéressant le secteur de l'énergie » à savoir, comme le précise le nouvel article L. 554-5, les canalisations de transport de gaz naturel ou assimilé (cette assimilation visant le biogaz qui peut, désormais, être injecté dans ces canalisations), les canalisations d'hydrocarbures ou de produits chimiques, de distribution de gaz, les canalisations assurant le transport et la distribution d'énergie thermique ainsi que celles destinées à l'utilisation du gaz dans les bâtiments. Un décret en Conseil d'État doit préciser les canalisations précisément concernées en fonction de leurs caractéristiques techniques, l'article L. 554-7 excluant immédiatement celles qui constituent l'accessoire indissociable d'installations telles que les mines, les installations nucléaires de base ou les installations classées. Celles qui seront ainsi désignées pourront désormais faire l'objet, par voie réglementaire, de prescriptions techniques « proportionnées aux enjeux de sécurité » portant sur leur conception et construction (y compris en vue de limiter leurs dimensions et caractéristiques), leur mise en service, leur exploitation, surveillance et maintenance, leur modification ainsi que leur arrêt temporaire ou définitif et ce : « en raison des risques ou inconvénients qu'elles peuvent présenter soit pour la commodité du voisinage, soit pour la santé, la sécurité et la salubrité publiques, soit pour l'agriculture, soit pour la protection de la nature, de l'environnement et des paysages, soit pour la conservation des sites et des monuments ainsi que des éléments du patrimoine archéologique », l'article L. 554-5, ainsi rédigé, s'inspirant étroitement de la formulation utilisée par l'article L. 511-1 du Code de l'environnement s'agissant des installations classées.

Les nouveaux articles L. 554-8 et 554-9 prévoient également : d'une part, que ces prescriptions pourront le cas échéant être aménagées, localement, par l'autorité administrative compétente (en pratique le préfet) et prévoir la réalisation de contrôles techniques, d'analyses ou d'expertises, à la charge de l'exploitant, avant mise en service, durant l'exploitation ou lors de l'arrêt de ces ouvrages ; d'autre part, qu'en cas d'urgence « lié à la sécurité », diverses mesures pourront être prises par cette même autorité : mise hors service temporaire, abaissement de la pression, voire, après mise en demeure de l'exploitant, remplacement ou retrait de la canalisation.

Le rapport au Président de la République ajoute que « ce socle permettra d'asseoir les règlements de sécurité existants relatifs à la conception, la construction et l'exploitation de ces canalisations ». En réalité, la mise en application de ces mesures est subordonnée à l'adoption du décret en Conseil d'État devant préciser les canalisations effectivement concernées. Les arrêtés actuellement en vigueur, adoptés sur la base de dispositions législatives qui ne sont pas dans l'immédiat abrogées, demeurent applicables. Certains de ces arrêtés sont d'ailleurs récents ou ont été mis à jour durant ces dernières années (A. 4 août 2006 portant règlement de sécurité des canalisations de transport de gaz combustibles, d'hydrocarbures liquides ou liquéfiés et de produits chimiques modifié par l'arrêté du 20 décembre 2010 ; A. 8 août 2013 portant règlement de sécurité des canalisations de transport de vapeur d'eau ou d'eau surchauffée ; A. 13 juillet 2000 portant règlement de sécurité de la distribution de gaz combustibles par canalisations, actualisé en 2003, 2008 et 2009 ; A. 2 août 1977 relatif aux règles techniques et de sécurité applicables aux installations de gaz combustible et d'hydrocarbures liquéfiés situés à l'intérieur des bâtiments d'habitation ou de leurs dépendances ; A. 15 juillet 1980 rendant obligatoires des spécifications techniques relatives à la réalisation et à la mise en œuvre des canalisations de gaz à l'intérieur des bâtiments d'habitation ou de leurs dépendances, modifié en dernier lieu par un arrêté du 22 décembre 2015).

Ces réglementations devraient, lors de leur mise à jour, conserver leurs spécificités, tout en relevant désormais de ce socle commun, dans la mesure où les risques liés à la fuite de canalisations d'hydrocarbures, de gaz ou d'eau surchauffée ne sont pas de même nature et nécessitent des règles spécifiques.

Pour ce qui est des règles concernant les travaux exécutés à proximité des réseaux souterrains, aériens ou subaquatiques de transport et de distribution, il ne s'agit, comme le précise le rapport au Président de la République, que d'un « toilettage » des dispositions codifiées dans le Code de l'environnement depuis l'année 2010, aux articles L. 554-1 à L. 554-5, et déjà actualisées par l'article 58-I-1° de la loi n° 2014-58 du 27 janvier 2014. De cette législation est issue une réglementation abondante faisant l'objet des articles R. 554-1 à R. 554-38 du Code de l'environnement et d'arrêtés d'application dont un arrêté du 15 février 2012 (*A. 15 févr. 2012 : JORF, 22 févr. 2012, p. 2988*) modifié récemment par un arrêté du 12 janvier 2016 (*A. 12 janv. 2016 : JORF, 29 Janv. 2016, texte n° 3*).

Le « toilettage » opéré par l'ordonnance a essentiellement pour effet de préciser, à l'article L. 554-1, le champ d'application de cette législation en visant non plus les « réseaux » mais les « ouvrages constituant les réseaux » afin d'y inclure leurs installations annexes (telles que des stations de compression) et d'y remplacer l'ajout des « ouvrages construits en vue de prévenir des inondations et les submersions » (réalisé par l'art. 58-I-, L. n° 2014-58, 27 janv. 2014) par un renvoi à l'article L. 562-8-1 du Code de l'environnement, concernant ces ouvrages, étant précisé que cet article avait également été complété, par la même loi du 27 janvier 2014, par la mention expresse de l'application des dispositions des articles L. 554-2 à L. 554-5 du Code de l'environnement sur « les travaux à proximité des ouvrages ». Relevons que l'ordonnance a oublié d'actualiser la rédaction de cet article afin de viser désormais les articles L. 554-2 à L. 554-4 dudit code et non les articles L. 554-2 à L. 554-5. En outre, l'ordonnance vise à énoncer, à l'article L. 554-1 précité, les mesures mises en œuvre : consultation du « guichet unique » prévu à l'article L. 554-2, déclaration préalable des travaux, investigations nécessaires, mise en place de précautions particulières, déclaration des dommages et dégradations. Elle a également pour objet de préciser les sanctions pénales applicables en cas de non-respect des obligations imposées par cette législation et de prévoir, après mise en demeure, le paiement d'amendes administratives dans les conditions à préciser par décret en Conseil d'État. Enfin, elle vient préciser les conditions de recherche et de constatations des infractions.

Bibliographie : P. Sablière, *La réglementation des canalisations à risques : Énergie – Env. – Infrastr.* 2016, n° 5, comm. 35.

Section I. – Travaux à proximité des ouvrages

(Division créée, Ord. n° 2016-282, 10 mars 2016)

Art. L. 554-1 *(L. n° 2010-788, 12 juill. 2010 ; mod., L. n° 2014-58, 27 janv. 2014 ; Ord. n° 2016-282, 10 mars 2016)*. **– I. – Les travaux réalisés à proximité des ouvrages constituant les réseaux souterrains, aériens ou subaquatiques de transport ou de distribution ou à proximité des ouvrages mentionnés à l'article L. 562-8-1 sont effectués dans des conditions qui ne sont pas susceptibles de porter atteinte à leur intégrité, sécurité ou continuité de fonctionnement, à l'environnement, à la sécurité des travailleurs et des populations situées à proximité du chantier ou à la vie économique.**

II. – Lorsque des travaux sont réalisés à proximité d'un ouvrage mentionné au I, des dispositions techniques et organisationnelles sont mises en œuvre, dès le début du projet et jusqu'à son achèvement, sous leur responsabilité et à leurs frais, par le responsable du projet de travaux, par les exploitants des ouvrages et par les entreprises exécutant les travaux.

Ces dispositions peuvent comprendre :

– la consultation du guichet unique mentionné à l'article L. 554-2 ;

– la déclaration préalable des travaux par le responsable du projet et les exécutants des travaux auprès des exploitants des ouvrages ;
– des investigations ou actions de localisation des ouvrages en amont des travaux lorsque la position des ouvrages n'est pas connue avec une précision suffisante ;
– la mise en place de précautions particulières à l'occasion des travaux ;
– la déclaration, par son auteur, de tout dommage ou dégradation causé à un ouvrage auprès de son exploitant.

III. – Des mesures contractuelles sont prises par les responsables de projet de travaux pour que les entreprises exécutant les travaux ne subissent pas de préjudice lié au respect des obligations prévues au II, notamment en cas de découverte fortuite d'un ouvrages durant le chantier ou en cas d'écart notable entre les informations relatives au positionnement des ouvrages communiquées avant le chantier par le responsable du projet de travaux et la situation constatée au cours du chantier.

Le responsable du projet de travaux supporte toutes les charges induites par la mise en œuvre de ces mesures, y compris en ce qui concerne le déroulement du chantier et sauf en ce qui concerne les dispositions du second alinéa du II qui sont appliquées conformément au IV.

III *bis (L. n° 2022-217, 21 févr. 2022)*. – En cas d'endommagement accidentel au-delà de la zone dans laquelle des précautions particulières doivent être mises en place au cours des travaux, définie à partir des données de localisation fournies par l'exploitant ou, le cas échéant, des résultats des investigations mentionnées au II, selon une distance fixée par arrêté du ministre chargé de la sécurité des réseaux de transport et de distribution, et en l'absence de tout autre indice de la présence d'un ouvrage à l'endroit de l'endommagement, la prise en charge de la réparation de l'ouvrage endommagé ne peut être imputée ni à l'exécutant des travaux ni au responsable du projet, sauf si le dommage résulte directement d'une imprudence ou d'une négligence caractérisées. Elle peut néanmoins être imputée au responsable du projet si celui-ci n'a pas transmis à l'exploitant ou à l'exécutant des travaux le résultat des investigations mentionnées au même II lorsqu'elles étaient obligatoires.

L'exécutant des travaux ne peut se voir imposer la prise en charge de la réparation lorsque l'endroit de l'endommagement est situé au-delà de la zone dans laquelle des précautions particulières doivent être mises en place au cours des travaux mentionnée au premier alinéa du présent III *bis*, définie à partir des données de localisation fournies par le responsable du projet et en l'absence de tout autre indice de la présence d'un ouvrage à l'endroit de l'endommagement.

IV. – Un décret en Conseil d'État précise les modalités de mise en œuvre du présent article, et notamment :

1° Les catégories d'ouvrages, y compris les équipements qui leur sont fonctionnellement associés, auxquelles s'applique le présent chapitre, ainsi que la sensibilité de ces ouvrages ;

2° Les dispositions techniques et organisationnelles mentionnées au II en relation, le cas échéant, avec le guichet unique mentionné à l'article L. 554-2 ;

3° Les modalités de répartition, entre le responsable du projet de travaux et les exploitants des ouvrages, des coûts associés à la mise en œuvre des dispositions du second alinéa du II ;

4° Les dispositions qui sont portées dans le contrat qui lie le responsable du projet de travaux et les entreprises de travaux pour l'application du présent article ;

Renouvellement de la déclaration. Le responsable de projet qui envisage de réaliser des travaux à proximité d'ouvrages doit procéder, sauf exceptions prévues au V de l'article R. 554-22, à une nouvelle déclaration si le marché de travaux ou la commande des travaux ne sont pas signés dans les trois mois suivant la date de la consultation du guichet unique prévu à l'article R. 554-20. Le défaut de renouvellement est passible de sanction administrative (■ CE, 6-5 ch., 10 juill. 2023, n° 452045 : *Lebon* T.).

Art. L. 554-1-1 *(Ord. n° 2016-282, 10 mars 2016)*. – En cas d'urgence liée à la sécurité lors de travaux ou activités effectués à proximité des canalisations mentionnées à l'article L. 554-5, l'autorité administrative compétente peut décider leur suspension, dans des conditions prévues par décret en Conseil d'État.

II. – Le fait de ne pas satisfaire à l'obligation de déclaration prévue au quatrième alinéa du II de l'article L. 554-1 préalablement à des travaux à proximité de canalisations parmi celles mentionnées à l'article L. 554-5 est puni d'une amende de 15 000 €.

Le fait d'omettre la déclaration de dégradation d'une canalisation à son exploitant parmi celles mentionnées à l'article L. 554-5, prévue au septième alinéa du II de l'article L. 554-1, est puni d'une amende de 30 000 €.

Art. L. 554-2 *(L. n° 2010-788, 12 juill. 2010 ; mod., Ord. n° 2016-282, 10 mars 2016).* – **Il est instauré, au sein de l'Institut national de l'environnement industriel et des risques, dans le cadre d'une mission de service public qui lui est confiée pour contribuer à la préservation de la sécurité des ouvrages mentionnés au I de l'article L. 554-1, un guichet unique rassemblant les éléments nécessaires à l'identification des exploitants de ces ouvrages et mettant à la disposition du public et des collectivités territoriales des informations et moyens électroniques permettant de remplir les obligations prévues par le présent chapitre ou nécessaires à l'exercice de missions de service public. Les exploitants de ces ouvrages communiquent à l'Institut national de l'environnement industriel et des risques les informations nécessaires à la préservation de leurs ouvrages suivant des modalités définies par décret en Conseil d'État.**

Voir : D. n° 2011-1241 du 5 oct. 2011 relatif à l'exécution de travaux à proximité de certains ouvrages souterrains, aériens ou subaquatiques de transport ou de distribution (*JO* 7 oct. 2011, n° 0233, p. 16952). A. du 12 octobre 2011 modifiant l'arrêté du 22 décembre 2010 fixant les modalités de fonctionnement du guichet unique prévu à l'article L. 554-2 du Code de l'environnement et A. du 23 décembre 2010 relatif aux obligations des exploitants d'ouvrages et des prestataires d'aide envers le téléservice « reseaux-et-canalisations.gouv.fr » (*JO* 31 déc. 2011, n° 0303, p. 22990).

1) Consultation du guichet unique. Le décret n° 2011-1241 du 5 octobre 2011 relatif à l'exécution de travaux à proximité de certains ouvrages souterrains, aériens ou subaquatiques de transport ou de distribution vient encadrer les modalités de réalisation de travaux près de ces ouvrages. Si son entrée en vigueur est fixée au 1er juillet 2012, le décret précise que dès le 1er avril 2012, les maîtres d'ouvrages ainsi que les exécutants de travaux consultant le guichet unique, sont dispensés de consulter en mairie la liste des exploitants ayant des réseaux implantés au sein de la commune du lieu d'exécution des travaux.

2) Institut national de l'environnement industriel et des risques (INERIS). Cet institut crée en 1990 est un établissement public à caractère industriel et commercial placé sous la tutelle du ministère de l'Écologie, du Développement Durable, des Transports et du Logement.

Art. L. 554-2-1 *(Anc. art. L. 554-5, dénum. et mod., Ord. n° 2016-282, 10 mars 2016).* – **Afin de couvrir les dépenses afférentes à la création, l'exploitation, la mise à jour et la maintenance du guichet unique mentionné à l'article L. 554-2, l'Institut national de l'environnement industriel et des risques perçoit les redevances suivantes :**

1° Une redevance annuelle pour services rendus aux exploitants au titre de la prévention des endommagements de leurs ouvrages mentionnés au I de l'article L. 554-1 et de la limitation des conséquences qui pourraient en résulter pour la sécurité des personnes et des biens, pour la protection de l'environnement ou pour la continuité de leur fonctionnement ;

2° Une redevance annuelle pour services rendus aux personnes qui demandent à l'Institut national de l'environnement industriel et des risques un accès annuel aux données du guichet unique mentionné à l'article L. 554-2, afin d'offrir des prestations de services moyennant rémunération.

Le montant de la redevance prévue au 1° est fonction de la sensibilité de l'ouvrage exploité pour la sécurité et la vie économique, de ses dimensions et du nombre de communes sur lesquelles il est implanté.

Le montant de la redevance prévue au 2° est fonction du nombre de régions administratives couvertes par les services de prestation offerts.

Un décret en Conseil d'État fixe les obligations déclaratives des personnes soumises au versement des redevances susmentionnées, l'assiette des redevances, les modalités de paiement et les sanctions consécutives à un défaut de déclaration ou un retard de paiement (1).

Le total du produit des redevances perçues annuellement par l'Institut national de l'environnement industriel et des risques ne peut excéder les dépenses occasionnées par la création, l'exploitation, la mise à jour, la maintenance et l'amélioration du guichet unique mentionné à l'article L. 554-2.

Art. L. 554-2-2 *(Anc. art. L. 554-3, dénum., Ord. n° 2016-282, 10 mars 2016).* – **Les personnes offrant des prestations de services moyennant rémunération ne peuvent utiliser les données du guichet unique mentionné à l'article L. 554-2 sans avoir préalablement demandé à l'Institut national de l'environnement industriel et des risques un accès annuel à ces données. Le manquement à cette obligation est puni d'une peine de six mois d'emprisonnement et d'une amende de 75 000 €.**

(1) V. T. appl. : D. n° 2011-762, 28 juin 2011. – NDLR.

Art. L. 554-3 *(Ord. n° 2016-282, 10 mars 2016).* **– En cas d'inobservation des exigences de la présente section et des textes pris pour son application, l'autorité administrative compétente peut, dans les cas et conditions fixés par décret en Conseil d'État et sans avoir procédé préalablement à une mise en demeure, ordonner le paiement d'une amende administrative.**

Accès aux données. Ces personnes peuvent solliciter, dans le cadre prévu par les articles L. 554-3 et R. 554-6 du Code de l'environnement, l'accès aux données enregistrées et mises à jour dans le guichet unique par l'INERIS. Il en résulte que les dispositions du *a)* du 3° de l'article 1er du décret n° 2012-970 du 20 août 2012 ne sont contraires ni au principe de la liberté du commerce et de l'industrie ni, en tout état de cause, au droit de la concurrence (■ CE, 11 juin 2014, n° 362878, *SAS Sogelink : Mise à disposition gratuite d'outils dématérialisés et liberté du commerce et de l'industrie : AJDA* 2014, p. 2225).

Art. L. 554-4 *(L. n° 2010-788, 12 juill. 2010 ; mod. à compter du 1er juillet 2013, Ord. n° 2012-34, 11 janv. 2012 ; rempl., Ord. n° 2016-282, 10 mars 2016).* **– Outre les officiers et agents de police judiciaire et les inspecteurs de l'environnement mentionnés à l'article L. 172-1, les fonctionnaires et agents dûment commissionnés et assermentés des services de l'État chargés de la surveillance de la sécurité des ouvrages mentionnés au I de l'article L. 554-1 sont habilités à rechercher et à constater les infractions aux dispositions de la présente section et des textes pris pour son application.**

Section II. – Sécurité des canalisations de transport et de distribution à risques

(Ord. n° 2016-282, 10 mars 2016)

Art. L. 554-5 *(Ord. n° 2016-282, 10 mars 2016).* **– En raison des risques ou inconvénients qu'elles peuvent présenter soit pour la commodité du voisinage, soit pour la santé, la sécurité et la salubrité publiques, soit pour l'agriculture, soit pour la protection de la nature, de l'environnement et des paysages, soit pour la conservation des sites et des monuments ainsi que des éléments du patrimoine archéologique, sont soumises aux dispositions de la présente section les canalisations mentionnées aux 1° à 4° et répondant à des caractéristiques et des conditions fixées par décret en Conseil d'État :**

1° Les canalisations de transport de gaz naturel ou assimilé, d'hydrocarbures ou de produits chimiques ;
2° Les canalisations de distribution de gaz ;
3° Les canalisations assurant le transport et la distribution d'énergie thermique ;
4° Les canalisations destinées à l'utilisation du gaz dans les bâtiments.

En insérant un nouveau chapitre relatif à la « sécurité des réseaux souterrains, aériens ou subaquatiques de transport ou de distribution », le législateur vise à préserver notamment les réseaux d'eau, d'électricité, de gaz, de téléphonie ou encore d'accès à Internet. Certaines obligations sont mises à la charge des responsables du projet de travaux, des exploitants des réseaux et des entreprises exécutant les travaux. Un décret en Conseil d'État précise les modalités de mise en œuvre de ces dispositions. Le législateur a également entendu améliorer la connaissance des réseaux. Désormais, l'Institut national de l'environnement industriel et des risques (INERIS) est seul chargé de rassembler les informations nécessaires à la préservation de ces réseaux : il est créé un « guichet unique » de collecte de ces données. Les personnes réalisant des travaux sont donc tenues de communiquer les informations qu'elles détiennent sur ces réseaux. Elles sont également chargées de s'adresser à l'INERIS avant tout travaux pour obtenir les informations permettant de préserver les réseaux. L'INERIS perçoit, en contrepartie de cette prestation de service public, des redevances annuelles. Un contrôle de l'ensemble de ces nouvelles obligations est opéré par les agents de l'État expressément qualifiés par les dispositions de la loi.

Art. L. 554-6 *(Ord. n° 2016-282, 10 mars 2016).* **– Une canalisation comprend une ou plusieurs conduites ou sections de conduites ainsi que les installations annexes qui contribuent, le cas échéant, à son fonctionnement.**

Une canalisation de transport achemine des produits liquides ou gazeux à destination de réseaux de distribution, d'autres canalisations de transport, d'entreprises industrielles ou commerciales ou de sites de stockage ou de chargement.

Une canalisation de distribution est une canalisation, autre qu'une canalisation de transport, desservant un ou plusieurs usagers ou reliant une unité de production de biométhane au réseau de distribution.

(Al. créé, L. n° 2018-938, 30 oct. 2018) Les canalisations reliant une unité de production de biométhane au réseau de transport sont soumises aux dispositions du présent code applicables aux canalisations de distribution, dès lors qu'elles respectent les caractéristiques et conditions mentionnées à l'article L. 554-5 fixées pour de telles canalisations, ainsi qu'aux dispositions de la section 4 du chapitre V du présent titre.

Art. L. 554-7 *(Ord. n° 2016-282, 10 mars 2016).* – Sont exclues des canalisations mentionnées à l'article L. 554-5 :

1° Les canalisations mentionnées aux articles L. 153-8 et L. 153-15 du Code minier implantées à l'intérieur du périmètre défini par le titre minier ;

2° Les canalisations constitutives des ouvrages hydrauliques tels que les barrages hydroélectriques, les réseaux d'adduction d'eau potable, d'assainissement, d'eaux pluviales ou d'irrigation et les conduites forcées ;

3° Les conduites et sections de conduites faisant partie :

a) D'installations nucléaires de base ;

b) D'installations classées pour la protection de l'environnement autres que des installations annexes au sens de l'article L. 554-6 ;

c) D'installations annexes au sens de l'article L. 554-6, soumises à autorisation en tant qu'installation classée pour la protection de l'environnement ; toutefois, les canalisations qui, au sein d'une installation annexe, véhiculent le fluide transporté sont conçues, construites, mises en service, exploitées, surveillées, maintenues et arrêtées suivant les mêmes prescriptions que celles applicables aux canalisations de transport en vertu de l'article L. 554-8 et des textes pris pour son application.

Art. L. 554-8 *(Ord. n° 2016-282, 10 mars 2016).* – Les canalisations mentionnées à l'article L. 554-5 peuvent faire l'objet de prescriptions techniques, fixées par voie réglementaire et proportionnées aux enjeux de sécurité, portant sur :

– leur conception et construction, y compris limitant leurs dimensions et caractéristiques ;
– leur mise en service ;
– leur exploitation, surveillance et maintenance ;
– leur modification ;
– leur arrêt temporaire ou définitif.

Ces dispositions peuvent prévoir des délais et conditions d'application particuliers pour les canalisations existantes.

Elles précisent les conditions dans lesquelles certaines règles de sécurité peuvent être aménagées par l'autorité administrative compétente, dans les limites permises par la protection des intérêts mentionnés à l'article L. 554-5 et lorsque les circonstances locales le justifient.

Elles peuvent prévoir la réalisation de contrôles techniques, d'analyses ou d'expertises, le cas échéant sous la surveillance de l'État, à la charge de l'exploitant, préalablement à la mise en service de la canalisation, durant son exploitation ou lors de son arrêt.

Ces prescriptions techniques peuvent prévoir, pour les canalisations mentionnées aux 1°, 2° et 3° de l'article L. 554-5, la mise en œuvre des programmes de surveillance et de maintenance et des plans de sécurité et d'intervention nécessaires pour assurer, tant pour le fonctionnement normal qu'en cas d'accident, la protection des intérêts mentionnés à cet article.

Art. L. 554-9 *(Ord. n° 2016-282, 10 mars 2016).* – I. – En cas d'urgence liée à la sécurité, l'autorité administrative compétente peut décider la mise hors service temporaire d'une canalisation mentionnée à l'article L. 554-5 ou un abaissement de sa pression de service.

II. – Lorsqu'une canalisation menace les intérêts mentionnés à l'article L. 554-5, l'autorité administrative compétente impose à l'exploitant de prendre les mesures pour faire cesser le danger dans un délai déterminé. Si, à l'expiration de ce délai, l'exploitant n'a pas satisfait à cette obligation, l'autorité administrative compétente peut faire application des dispositions de l'article L. 171-8. Sans préjudice des dispositions du II de cet article, si l'exploitant n'a pas obtempéré dans les délais prévus à la mise en demeure, elle peut prescrire le remplacement ou le retrait de la canalisation ou d'éléments de la canalisation qui ne présenteraient pas de garanties suffisantes en matière de sécurité.

III – Le fait de ne pas se conformer à une mise en demeure prononcée en application du II est passible des peines prévues au 5° du II de l'article L. 173-1.

Section III. – Risques propres aux canalisations de gaz et sanctions des atteintes à ces canalisations ou aux installations de production, de distribution, de transport ou de stockage de gaz, de biogaz ou d'hydrocarbures

(L. n° 2017-227, 24 févr. 2017 ; intitulé rempl., L. n° 2022-217, 21 févr. 2022)

Art. L. 554-10 *(L. n° 2017-227, 24 févr. 2017 ; mod., L. n° 2022-217, 21 févr. 2022).* **– L'exploitant d'une canalisation de transport ou de distribution de gaz naturel ou assimilé peut interrompre la livraison du gaz à tout consommateur final qui est raccordé à cette canalisation dès lors que ce consommateur s'oppose à un contrôle réglementaire de ses appareils à gaz ou équipements à gaz prévu à l'article L. 554-8, à une opération réglementaire de surveillance ou de maintenance, prévue au même article L. 554-8, d'une canalisation destinée à l'utilisation du gaz dans les bâtiments, mentionnée au 4° de l'article L. 554-5, ou aux opérations de contrôle, d'adaptation et de réglage, mentionnées à l'article L. 432-13 du Code de l'énergie, nécessaires en cas de changement de nature du gaz acheminé. Il peut également interrompre la livraison du gaz aux consommateurs finals alimentés par le biais d'une canalisation destinée à l'utilisation du gaz dans les bâtiments, mentionnée au 4° de l'article L. 554-5 du présent code, dès lors qu'une opération réglementaire de surveillance ou de maintenance prévue à l'article L. 554-8 ou que la visite des parties de canalisation, prévue à l'article L. 432-18 du Code de l'énergie, n'a pu être effectuée du fait de l'opposition du propriétaire, de son mandataire ou de l'occupant d'un local ou terrain traversé par cette canalisation, sous réserve pour cette visite d'un refus à deux reprises de l'accès à ces parties de canalisation. Il interrompt la livraison du gaz à un consommateur final lorsqu'il a connaissance du danger grave et immédiat pour la sécurité des personnes et des biens que présentent les appareils et équipements du consommateur ou une canalisation destinée à l'utilisation du gaz dans les bâtiments, mentionnée au 4° de l'article L. 554-5 du présent code, utilisée pour l'alimenter.**

Art. L. 554-11 *(L. n° 2017-227, 24 févr. 2017).* **– I. – En cas de modification de la nature du fluide acheminé, l'exploitant d'une canalisation de transport ou de distribution met en œuvre les dispositions nécessaires pour assurer à tout moment, dans le cadre de ses missions, la sécurité des biens et des personnes.**

II. – L'exploitant d'une canalisation de transport ou de distribution de gaz concernée par une modification de la nature du gaz acheminé s'assure auprès de tout consommateur final qui est raccordé à la canalisation concernée que les opérations de contrôle, d'adaptation et de réglage des appareils et équipements rendues nécessaires par cette modification ont été réalisées. Dans le cas d'une canalisation de distribution de gaz, l'exploitant ainsi que, le cas échéant, les entreprises sélectionnées par cet exploitant pour réaliser les opérations de contrôle, d'adaptation et de réglage des appareils et équipements en application de l'article L. 432-13 du Code de l'énergie accèdent au domicile ou aux locaux industriels ou commerciaux du consommateur final afin de garantir la sécurité de ses installations intérieures, sous réserve du consentement du consommateur.

Art. L. 554-12 *(L. n° 2022-217, 21 févr. 2022 ; mod., L. n° 2023-22, 24 janv. 2023).* **– Est puni des peines prévues au I de l'article 322-1 et à l'article 322-3 du Code pénal le fait de porter atteinte volontairement au bon fonctionnement des ouvrages et installations de distribution ou de transport de gaz naturel, aux installations de production de biogaz, aux installations de stockage souterrain de gaz, aux installations de gaz naturel liquéfié ou aux ouvrages et installations de distribution ou de transport d'hydrocarbures liquides et liquéfiés.**

CHAPITRE V. – CANALISATIONS DE TRANSPORT DE GAZ NATUREL OU ASSIMILÉ, D'HYDROCARBURES ET DE PRODUITS CHIMIQUES

(Créé à compter de la date de publication des décrets prévus par l'ordonnance n° 2010-418 du 27 avril 2010, et au plus tard le 1er janvier 2012, Ord. n° 2010-418, 27 avr. 2010 ; intitulé mod., Ord. n° 2016-282, 10 mars 2016)

1) La multiplicité des dispositions applicables aux canalisations de transport posait de nombreuses difficultés d'application et d'articulation. L'ordonnance n° 2010-418 du 27 avril 2010, publiée au *Journal officiel* du 30 avril 2010, harmonise les dispositions relatives aux canalisations de transport de gaz, d'hydrocarbures et de produits chimiques, en application de la loi n° 2009-526 du 12 mai 2009 de simplification et de clarification du droit et d'allégement des procédures. Ces dispositions n'entreront toutefois en vigueur qu'une fois publiés leurs décrets d'application.

Voir : A. 5 mars 2014 définissant les modalités d'application du chapitre V du titre V du livre V du Code de l'environnement et portant règlement de la sécurité des canalisations de transport de gaz naturel ou assimilé, d'hydrocarbures et de produits chimiques (A. 5 mars 2014 : *JO* 25 mars 2014, n° 71, p. 5753 à 5761, NOR : DEVP1306197A).

Cet arrêté définit les règles applicables à la conception, la construction, la mise en service, l'exploitation et l'arrêt des canalisations de transport mentionnées au I de l'article L. 555-1 du Code de l'environnement. Il définit également les modalités de réalisation et d'instruction des analyses de compatibilité mentionnées à l'article R. 555-31 du même code et fixe les modèles de documents à utiliser pour ces analyses.

Il précise, en application de l'article R. 555-50 du Code de l'environnement, les conditions d'habilitation des organismes effectuant les expertises des analyses de compatibilité et de ceux surveillant les épreuves mentionnées à l'article R. 555-40 du même code.

Pour l'application du présent arrêté, outre celles mentionnées aux articles L. 555-1 et R. 555-1 du Code de l'environnement, des définitions complémentaires sont apportées par son article 2 (accessoires, Gaz, liquide, inflammable, nocif, toxique, installation annexe, mesures compensatoires de sécurité, phénomène dangereux, point singulier, pression maximale en service, surface de projection au sol d'une canalisation, terminaison d'une canalisation de transport, zones d'effets des phénomènes dangereux). Les normes de conception, construction et exploitation sont précisées par les dispositions de ses articles 3 et 4.

Les articles suivants de cet arrêté viennent encadrer la conception et la construction de ces canalisations (art. 5 : établissements sensibles, art. 6 : cœfficient de sécurité, art. 7 : dispositions constructives essentielles, art. 8 : pose à l'air libre, art. 9 : règles parasismiques,...). S'agissant de la mise en service et l'exploitation des canalisations, les règles sont précisées par les articles 14 à 30 de l'arrêté du 5 mars 2014.

2) L'ordonnance du 23 septembre 2015 *(Ord. n° 2015-1174, 23 sept. 2015 relative à la partie législative du livre Ier du Code de l'urbanisme : JORF*, 24 sept. 2015, p. 16803) portant recodification de la partie législative du Code de l'urbanisme impacte les dispositions du Code de l'environnement comportant un renvoi aux articles du Code de l'urbanisme. Elle modifie en ce sens les dispositions des articles L. 555-16 et L. 555-27 du présent chapitre.

L'ordonnance du 10 mars 2016 *(Ord. n° 2016-282, 10 mars 2016 relative à la sécurité des ouvrages de transport et de distribution : JORF*, 11 mars 2016, texte n° 2), suivant l'habilitation donnée par les 5° et 6° de l'article 167 de la loi de transition énergétique *(L. n° 2015-992, 17 août 2015 relative à la transition énergétique pour la croissance verte : JORF*, 18 août 2015, p. 14263), a également modifié les conditions dans lesquelles l'autorisation de transport relative à certaines canalisations de gaz naturel et d'hydrocarbures ou assimilés confère à son titulaire le droit d'occuper le domaine public et ses dépendances et actualisé les règles concernant les travaux exécutés à proximité des réseaux souterrains, aériens ou subaquatiques de transport et de distribution.

Sur le premier point, l'article L. 555-25 du Code de l'environnement est modifié et complété afin de prévoir que l'autorisation de transport pour les canalisations de transport de gaz naturel ou assimilé relevant de la mission du service public de l'énergie confère désormais au titulaire le droit d'occuper le domaine public et ses dépendances au même titre que la déclaration d'utilité publique. En outre, ce droit s'applique également aux projets, non soumis à enquête publique, de canalisations reliant une unité de production de biométhane et un réseau de transport ou de distribution de gaz naturel ou assimilé et aux modifications, non soumises à enquête publique, de canalisations de transport d'hydrocarbures déclarées d'utilité publique. Par ailleurs, l'article L. 555-29 est complété par une disposition aux termes de laquelle l'exploitant d'une canalisation de distribution de gaz résultant de la renonciation à l'usage d'une canalisation de transport de gaz naturel ou assimilé et de sa cession conserve les droits d'occupation du domaine public ainsi que ceux attachés aux servitudes existantes.

Bibliographie : P. Sablière, *La réglementation des canalisations à risques : Énergie – Env. – Infrastr.* 2016, n° 5, comm. 35.

Section I. – Dispositions générales

Art. L. 555-1 ***(Créé à compter de la date de publication des décrets prévus par l'ordonnance n° 2010-418 du 27 avril 2010, et au plus tard le 1er janvier 2012, Ord. n° 2010-418, 27 avr. 2010 ; mod., Ord. n° 2016-282, 10 mars 2016 ; Ord. n° 2016-282, 10 mars 2016 ; L. n° 2020-1525, 7 déc. 2020).* – Sont soumises à autorisation la construction et l'exploitation de celles des canalisations de transport mentionnées au 1° de l'article L. 554-5 qui présentent des risques ou inconvénients notables pour les intérêts mentionnés au même article. Un décret en Conseil d'État fixe les caractéristiques des canalisations concernées.**

L'autorisation ne peut être accordée que si ces dangers et inconvénients peuvent être prévenus par des mesures spécifiées par l'arrêté pris par l'autorité administrative compétente.

L'autorisation est précédée d'une étude d'impact et d'une enquête publique lorsque la nécessité en résulte des dispositions du chapitre II ou du chapitre III du titre II du livre Ier du Code de l'environnement.

Art. L. 555-2 *(Abr., Ord. n° 2016-282, 10 mars 2016 ; rétabli à compter du 1er mars 2017, Ord. n° 2017-80, 26 janv. 2017* (1) *; mod., L. n° 2021-1104, 22 août 2021).* – Les canalisations mentionnées à l'article L. 555-1 sont soumises aux dispositions des articles L. 211-1, L. 212-1 à L. 212-11, L. 214-2, L. 214-8, L. 214-17, L. 214-18, L. 216-6, L. 216-13, L. 231-1 et L. 231-2 », ainsi qu'aux mesures prises en application des décrets prévus au 1° du II de l'article L. 211-3.

Elles ne sont pas soumises aux dispositions des articles L. 214-3 à L. 214-6 et du chapitre unique du titre VIII du livre Ier.

Les prescriptions techniques générales et individuelles prises en application du présent chapitre et de la section 2 du chapitre IV fixent les règles nécessaires à la protection des intérêts mentionnés à l'article L. 211-1, notamment en ce qui concerne les rejets et prélèvements.

Art. L. 555-3 et L. 555-4 *(Abr., Ord. n° 2016-282, 10 mars 2016).*

Art. L. 555-5 *(Créé à compter de la date de publication des décrets prévus par l'ordonnance n° 2010-418 du 27 avril 2010, et au plus tard le 1er janvier 2012, Ord. n° 2010-418, 27 avr. 2010).* – Les décisions individuelles prises en application du présent chapitre sont soumises à un contentieux de pleine juridiction.

Un décret en Conseil d'État précise les délais dans lesquels ces décisions peuvent être déférées à la juridiction administrative.

Art. L. 555-6 *(Créé à compter de la date de publication des décrets prévus par l'ordonnance n° 2010-418 du 27 avril 2010, et au plus tard le 1er janvier 2012, Ord. n° 2010-418, 27 avr. 2010 ; à compter du 1er janvier 2013, L. n° 2012-1460, 27 déc. 2012 ; mod., Ord. n° 2020-7, 6 janv. 2020).* – I. – Les décrets d'application des dispositions du présent chapitre sont pris sur le rapport du ministre chargé de la sécurité des canalisations de transport, après avis du Conseil supérieur de la prévention des risques technologiques.

II. – Un décret en Conseil d'État fixe, le cas échéant, les dispositions spécifiques applicables aux canalisations qui relèvent de la défense nationale ou qui présentent un intérêt pour la défense nationale. Il précise les modalités selon lesquelles les éléments soumis à des règles de protection du secret de la défense nationale sont soustraits des dossiers destinés à l'information ou la participation du public.

Section II. – Canalisations soumises à autorisation (2)

Art. L. 555-7 *(Créé à compter de la date de publication des décrets prévus par l'ordonnance n° 2010-418 du 27 avril 2010, et au plus tard le 1er janvier 2012, Ord. n° 2010-418, 27 avr. 2010).* – Le demandeur de l'autorisation fournit un dossier comportant notamment une étude de dangers qui précise les risques auxquels la canalisation peut exposer en cas d'accident, directement ou indirectement, les *(Mots rempl., Ord. n° 2016-282, 10 mars 2016)* « intérêts mentionnés à l'article L. 554-5 », que la cause soit interne ou externe à la canalisation de transport.

Cette étude comporte une analyse de risques qui prend en compte la probabilité d'occurrence, la cinétique et la gravité des accidents potentiels selon une méthodologie normalisée ou qu'elle explicite.

Elle définit et justifie les mesures propres à réduire la probabilité et les effets de ces accidents.

Art. L. 555-8 *(Créé à compter de la date de publication des décrets prévus par l'ordonnance n° 2010-418 du 27 avril 2010, et au plus tard le 1er janvier 2012, Ord. n° 2010-418, 27 avr. 2010).* – Lorsque l'autorisation de construction et d'exploitation d'une canalisation mentionnée à l'article L. 555-1 est précédée d'une enquête publique, conformément aux dispositions du III de l'article L. 555-1, et que le demandeur de

(1) Dispositions d'application particulières et transitoires : V. Ord. n° 2017-80, 26 janv. 2017, art. 15.
(2) Dispositions d'application transitoires : V. Ord. n° 2010-418, 27 avr. 2010, art. 14.

l'autorisation sollicite une déclaration d'utilité publique en application de l'article L. 555-25, l'enquête publique est réalisée conjointement et conformément aux dispositions du chapitre III du titre II du livre Ier.

Art. L. 555-9 *(Créé à compter de la date de publication des décrets prévus par l'ordonnance n° 2010-418 du 27 avril 2010, et au plus tard le 1er janvier 2012, Ord. n° 2010-418, 27 avr. 2010 ; mod., Ord. n° 2016-282, 10 mars 2016).* – I. – La délivrance de l'autorisation peut être subordonnée notamment :

– au respect d'une distance minimale d'éloignement entre la ou les canalisations et les habitations, immeubles habituellement occupés par des tiers, établissements recevant du public, cours d'eau, voies de communication, captages d'eau, ou des zones destinées à l'habitation par des documents d'urbanisme opposables aux tiers ;

– à la mise en œuvre de plans de sécurité ou de programmes de surveillance nécessaires pour assurer, tant pour le fonctionnement normal qu'en cas d'accident, la protection des intérêts mentionnés à l'article L. 554-5.

La délivrance de l'autorisation prend en compte les capacités techniques et financières dont dispose le demandeur, à même de lui permettre de conduire son projet dans le respect des intérêts mentionnés à l'article L. 554-5 et de procéder, lors de la cessation d'activité, à la remise en état et, le cas échéant, au démantèlement de la ou des canalisations, conformément aux dispositions de l'article L. 555-13.

Pour les canalisations de transport de gaz naturel ou assimilé, elle prend également en compte la compatibilité du projet avec les principes et les missions du service public.

II. – L'arrêté d'autorisation fixe les conditions de construction et d'exploitation indispensables pour la protection des intérêts mentionnés à l'article L. 554-5, les moyens d'analyse et de mesure liés à l'exploitation et la surveillance de la ou des canalisations et les moyens d'intervention en cas de sinistre.

Il précise le ou les titulaires de l'autorisation ainsi que le tracé et les caractéristiques principales de la ou des canalisations et du ou des produits transportés pour lesquels l'autorisation est délivrée.

III. – Les droits conférés par l'autorisation peuvent être transférés à un nouveau titulaire dans les conditions prévues par décret en Conseil d'État.

Art. L. 555-10 *(Créé à compter de la date de publication des décrets prévus par l'ordonnance n° 2010-418 du 27 avril 2010, et au plus tard le 1er janvier 2012, Ord. n° 2010-418, 27 avr. 2010 ; mod., Ord. n° 2016-282, 10 mars 2016).* – Les modalités de délivrance et de modification de l'autorisation sont précisées par un décret en Conseil d'État qui fixe notamment :

1° Le contenu et les modalités de fourniture et de mise à jour du dossier de demande d'autorisation, qui comporte notamment l'étude de dangers mentionnée à l'article L. 555-7 et une étude d'impact lorsque celle-ci est requise en vertu du chapitre II du titre II du livre Ier ;

2° Les modalités selon lesquelles cette autorisation est délivrée ou refusée ;

3° Les consultations, autres que celle du public prévue au troisième alinéa de l'article L. 555-1, préalables à cette autorisation ;

4° Les modalités selon lesquelles les demandes d'autorisation au titre de réglementations différentes relatives à une même canalisation peuvent faire l'objet d'une procédure commune ;

5° Les dispositions applicables à toute modification de cette autorisation et à l'arrêt temporaire ou définitif d'exploitation de la canalisation ;

Art. L. 555-11 *(Abr., Ord. n° 2016-282, 10 mars 2016).*

Art. L. 555-12 *(Créé à compter de la date de publication des décrets prévus par l'ordonnance n° 2010-418 du 27 avril 2010, et au plus tard le 1er janvier 2012, Ord. n° 2010-418, 27 avr. 2010 ; mod., Ord. n° 2016-282, 10 mars 2016 ; L. n° 2020-1525, 7 déc. 2020)* (1). – Des arrêtés complémentaires peuvent être pris par l'autorité administrative compétente. Ils peuvent fixer toutes les prescriptions additionnelles que la protection des intérêts mentionnés à l'article L. 554-5 rend nécessaires. Ils peuvent également prescrire des analyses, expertises ou contrôles durant les phases de construction, d'exploitation et de cessation d'activité des canalisations de transport. Ces arrêtés sont pris après avis de l'exploitant.

(1) Dispositions applicables aux procédures engagées après le 8 décembre 2020, L. n° 2020-1525, 7 déc. 2020.

Art. L. 555-13 *(Créé à compter de la date de publication des décrets prévus par l'ordonnance n° 2010-418 du 27 avril 2010, et au plus tard le 1er janvier 2012, Ord. n° 2010-418, 27 avr. 2010).* – Lorsque le titulaire de l'autorisation d'exploiter une canalisation, ou un tronçon de canalisation, prévoit sa mise à l'arrêt définitif, il fait connaître sa décision à l'autorité administrative compétente.

Il applique le cas échéant les conditions de remise en état des terrains traversés prévues par les conventions d'occupation du domaine public.

Si la canalisation n'est pas démantelée, il place celle-ci dans un état tel qu'elle ne puisse porter atteinte aux *(Mots rempl., Ord. n° 2016-282, 10 mars 2016)* « intérêts mentionnés à l'article L. 554-5 » et qu'elle permette, après l'extinction des servitudes légales éventuelles, un usage futur des terrains traversés compatible avec les documents d'urbanisme en vigueur à la date de la mise à l'arrêt définitif.

Le cas échéant, l'autorité administrative compétente fixe les prescriptions de réhabilitation nécessaires pour atteindre ces objectifs par un arrêté complémentaire pris selon la procédure prévue à l'article L. 555-12 et après avis des maires ou présidents d'établissement public de coopération intercommunale compétents en matière d'urbanisme.

En cas de non-démantèlement de la canalisation lors de la mise à l'arrêt définitif, le titulaire de l'autorisation en informe *(Mots rempl., Ord. n° 2016-282, 10 mars 2016)* « le guichet unique mentionné à l'article L. 554-2. ».

Art. L. 555-14 *(Créé à compter de la date de publication des décrets prévus par l'ordonnance n° 2010-418 du 27 avril 2010, et au plus tard le 1er janvier 2012, Ord. n° 2010-418, 27 avr. 2010).* – I. – Les canalisations qui, soumises à autorisation en vertu du présent chapitre, bénéficiaient d'une autorisation ou d'un récépissé de déclaration réguliers *(Mots rempl., Ord. n° 2016-282, 10 mars 2016)* « le 4 mai 2012 » sont dispensées de solliciter une nouvelle autorisation.

II. – Les canalisations qui, après avoir été régulièrement mises en service sans relever d'aucun régime d'autorisation ou de déclaration, sont soumises à autorisation en vertu *(Mots rempl., Ord. n° 2016-282, 10 mars 2016)* « des dispositions de la partie réglementaire du présent chapitre. », peuvent continuer à fonctionner sans celle-ci à condition que l'exploitant se fasse connaître de l'autorité administrative compétente dans les douze mois suivant la publication de ce décret. Les renseignements que l'exploitant transmet à l'autorité administrative compétente sont précisés par décret en Conseil d'État.

III. – Les canalisations mentionnées aux I et II sont soumises aux autres dispositions du présent chapitre dans la mesure où l'application de celles-ci ne remet pas en cause de manière substantielle le tracé et les dispositions constructives originelles de la ou des canalisations.

Art. L. 555-15 *(Créé à compter de la date de publication des décrets prévus par l'ordonnance n° 2010-418 du 27 avril 2010, et au plus tard le 1er janvier 2012, Ord. n° 2010-418, 27 avr. 2010 ; mod. Ord. n° 2016-282, 10 mars 2016).* – Tout changement de la nature du produit transporté par une canalisation de transport régulièrement mise en service en application des articles L. 555-9 ou L. 555-14 est soumis à autorisation, dans les conditions fixées par décret en Conseil d'État.

(Mod., L. n° 2023-175, 10 mars 2023) Cette autorisation est délivrée après enquête publique, lorsque la nécessité en résulte des dispositions du chapitre II ou du chapitre III du titre II du livre Ier.

Art. L. 555-16 *(Créé à compter de la date de publication des décrets prévus par l'ordonnance n° 2010-418 du 27 avril 2010, et au plus tard le 1er janvier 2012, Ord. n° 2010-418, 27 avr. 2010).* – Lorsqu'une canalisation de transport en service est susceptible de créer des risques, notamment d'incendie, d'explosion ou d'émanation de produits toxiques, menaçant gravement la santé ou la sécurité des personnes, les dispositions suivantes sont applicables.

(Mod. à compter du 1er janvier 2016, Ord. n° 2015-1174, 23 sept. 2015) Dans le respect des dispositions prévues aux articles L. 101-2 et L. 132-1 du Code de l'urbanisme ainsi que des dispositions des schémas de cohérence territoriale, des plans locaux d'urbanisme et des documents d'urbanisme en tenant lieu, l'autorité compétente en matière d'urbanisme peut interdire l'ouverture ou l'extension à proximité de la canalisation de tout type d'urbanisation.

La construction ou l'extension de certains établissements recevant du public ou d'immeubles de grande hauteur sont interdites ou subordonnées à la mise en place de mesures particulières de protection par le maître d'ouvrage du projet en relation avec le titulaire de l'autorisation.

Un décret en Conseil d'État précise les catégories de canalisations et la nature des constructions et aménagements concernées par ces dispositions, les critères de détermination des périmètres à l'intérieur desquels elles s'appliquent, ainsi que les modalités de mise en œuvre des mesures particulières de protection prévues à l'alinéa précédent en cas de désaccord entre le maître d'ouvrage du projet et le titulaire de l'autorisation.

Dans des conditions fixées par le décret mentionné au précédent alinéa, et en raison des risques présentés par la canalisation, le titulaire de l'autorisation prend en compte l'évolution de l'urbanisation à proximité de celle-ci et met en place, en cas de besoin, des mesures compensatoires destinées à diminuer ces risques.

Section III. – Contrôles applicables aux canalisations de transport et sanctions

(Abr., Ord. n° 2016-282, 10 mars 2016)

Sous-section 1. – Contrôles et sanctions administratives

§ 1. – Contrôles et sanctions concernant le maître d'ouvrage ou l'exploitant

Art. L. 555-17 et L. 555-18 *(Abr., Ord. n° 2016-282, 10 mars 2016).*

§ 2. – Contrôles et sanctions concernant les travaux à proximité des canalisations de transport

Art. L. 555-19 *(Abr., Ord. n° 2016-282, 10 mars 2016).*

Sous-section 2. – Dispositions pénales

Art. L. 555-20 à L. 555-23 *(Abr., Ord. n° 2016-282, 10 mars 2016).*

Art. L. 555-24 *(Abr. à compter du 1er juillet 2013, Ord. n° 2012-34, 11 janv. 2012).*

Section IV. – Déclaration d'utilité publique et servitudes (1)

Art. L. 555-25 *(Créé à compter de la date de publication des décrets prévus par l'ordonnance n° 2010-418 du 27 avril 2010 et au plus tard le 1er janvier 2012, Ord. n° 2010-418, 27 avr. 2010 ; mod., Ord. n° 2016-282, 10 mars 2016). – I. – (Mod., L. n° 2023-175, 10 mars 2023)* Lorsque la construction et l'exploitation d'une canalisation de transport présentent un intérêt général parce qu'elles contribuent à l'approvisionnement énergétique national ou régional, ou à l'expansion de l'économie nationale ou régionale, ou à la défense nationale ou à l'atteinte de l'objectif mentionné au 1° du I de l'article L. 100-4 du Code de l'énergie, et lorsque le demandeur de l'autorisation en fait la demande, les travaux correspondants peuvent être déclarés d'utilité publique.

II. – La déclaration d'utilité publique, ou l'autorisation de transport pour les canalisations de transport de gaz naturel ou assimilé, confère aux travaux de construction de la canalisation de transport le caractère de travaux publics.

Présentent également ce caractère les travaux d'exploitation et de maintenance de toute canalisation de transport en service qui a donné lieu à déclaration d'utilité publique ou à déclaration d'intérêt général.

III. – La déclaration d'utilité publique ou l'autorisation de transport pour les canalisations de transport de gaz naturel ou assimilé relevant de la mission du service public de l'énergie confère au titulaire le droit d'occuper le domaine public et ses dépendances.

Ce droit s'applique également aux projets, non soumis à enquête publique, de canalisations reliant une unité de production de biométhane et un réseau de transport ou de distribution de gaz naturel ou assimilé et aux modifications, non soumises à enquête publique, de canalisations de transport d'hydrocarbures déclarées d'utilité publique.

(1) Dispositions d'application transitoires : V. Ord. n° 2010-418, 27 avr. 2010, art. 14.

Les occupations du domaine public sont limitées à celles qui sont nécessaires aux travaux de construction, de maintenance et d'exploitation de la canalisation.

Utilité publique du projet de canalisation de gaz « Bretagne Sud ». La finalité d'intérêt général de la canalisation de gaz peut être examinée au regard de celle de la centrale projetée, dès lors qu'elle alimentera cette dernière. L'intérêt général du projet en cause réside également en la réponse aux besoins de l'ensemble des industriels intéressés par les nouvelles capacités de transport de gaz naturel mises à leur disposition et l'offre de nouvelles alternatives énergétiques pour les particuliers de la région, alors même qu'à ce stade de la procédure les besoins des industriels et des particuliers n'auraient pas été formalisés, la commission d'enquête ayant précisé que les communes concernées par le tracé avaient tout de même évoqué oralement lors des permanences leur intérêt du raccordement éventuel une fois les travaux terminés (■ CAA Nantes, 26 nov. 2018, n° 17NT02619).

Art. L. 555-26 *(Créé à compter de la date de publication des décrets prévus par l'ordonnance n° 2010-418 du 27 avril 2010 et au plus tard le 1er janvier 2012, Ord. n° 2010-418, 27 avr. 2010 ; mod., L. n° 2023-175, 10 mars 2023).* **– En cas de changement du fluide transporté, la déclaration d'utilité publique ou la déclaration d'intérêt général dont bénéficie une canalisation existante vaut déclaration d'utilité publique pour le nouveau fluide transporté.**

Art. L. 555-27 *(Créé à compter de la date de publication des décrets prévus par l'ordonnance n° 2010-418 du 27 avril 2010 et au plus tard le 1er janvier 2012, Ord. n° 2010-418, 27 avr. 2010).* **– I. – Le titulaire de l'autorisation de construire et d'exploiter une ou plusieurs canalisations dont les travaux sont déclarés d'utilité publique est autorisé :**

1° Dans une bande de terrain appelée « bande étroite » ou « bande de servitudes fortes », à enfouir dans le sol les canalisations avec les accessoires techniques nécessaires à leur exploitation ou leur protection, à construire en limite de parcelle cadastrale les bornes de délimitation et les ouvrages de moins d'un mètre carré de surface nécessaires à leur fonctionnement et à procéder aux enlèvements de toutes plantations, aux abattages, essartages et élagages des arbres et arbustes nécessités pour l'exécution des travaux de pose, de surveillance et de maintenance des canalisations et de leurs accessoires ;

2° Dans une bande appelée « bande large » ou « bande de servitudes faibles », dans laquelle sera incluse la bande étroite, à accéder en tout temps audit terrain notamment pour l'exécution des travaux nécessaires à la construction, l'exploitation, la maintenance et l'amélioration continue de la sécurité des canalisations.

(Mod. à compter du 1er janvier 2016, Ord. n° 2015-1174, 23 sept. 2015) **Les servitudes définies aux 1° et 2° ci-dessus s'appliquent dès la déclaration d'utilité publique des travaux. Elles sont annexées aux plans locaux d'urbanisme des communes concernées en application de l'article L. 151-43 du Code de l'urbanisme.**

Après exécution des travaux, les terrains de culture et la voirie sont remis en état, à la charge du titulaire de l'autorisation de construire et d'exploiter.

II. – Les servitudes donnent droit à indemnisation des propriétaires des terrains et des titulaires de droits réels ou de leurs ayants droit concernés, par accord amiable entre le titulaire de l'autorisation et les propriétaires du sol ou, à défaut, *(Mots rempl. à compter du 1er janvier 2015, Ord. n° 2014-1345, 6 nov. 2014)* (1) **« conformément aux dispositions en vigueur en matière d'expropriation pour cause d'utilité publique ».**

Les contestations éventuelles relèvent de la juridiction compétente en matière d'expropriation pour cause d'utilité publique.

III. – Dans le cas où la mise en œuvre des servitudes rend impossible l'utilisation normale d'un terrain, le propriétaire peut requérir l'acquisition par le titulaire de la déclaration d'utilité publique de tout ou partie de ce terrain. La requête porte au maximum sur la bande large définie au I, à moins que le propriétaire ne démontre l'impossibilité d'utilisation de l'ensemble du terrain.

Sans préjudice de l'indemnité d'expropriation visant l'établissement des servitudes mentionnées au II, les conditions de mise en œuvre de l'alinéa précédent sont, quelle que soit la destination du terrain faisant l'objet de la requête, celles fixées par *(Réf. rempl. à compter du 1er janvier 2015, Ord. n° 2014-1345, 6 nov. 2014)* (1) **« [le] chapitre II du titre IV du livre II du Code de l'expropriation pour cause d'utilité publique ».**

(1) Dispositions particulières d'application : V. Ord. n° 2014-1345, 6 nov. 2014, art. 7.

Art. L. 555-28 *(Créé à compter de la date de publication des décrets prévus par l'ordonnance n° 2010-418 du 27 avril 2010 et au plus tard le 1er janvier 2012, Ord. n° 2010-418, 27 avr. 2010).* – I. – *(Mod., Ord. n° 2016-282, 10 mars 2016)* Les propriétaires des terrains traversés par une ou plusieurs des bandes de servitudes mentionnées à l'article L. 555-27, ou leurs ayants droit, s'abstiennent de tout fait de nature à nuire à la construction, l'exploitation et la maintenance des canalisations concernées. Dans la bande étroite, ils ne peuvent édifier aucune construction durable et ils s'abstiennent de toute pratique culturale dépassant 0,60 mètre de profondeur et de toute plantation d'arbres ou d'arbustes. Lorsque la profondeur réelle d'enfouissement de la canalisation le permet, en tenant compte du risque d'érosion des terrains traversés, la déclaration d'utilité publique peut fixer une profondeur maximale des pratiques culturales supérieure à 0,60 mètre mais ne dépassant pas un mètre et permettre, dans les haies, vignes et vergers traversés, des plantations d'arbres et arbustes de basses tiges ne dépassant pas 2,70 mètres de hauteur.

II. – Le contrôle de l'application du I est exercé conformément aux dispositions des articles L. 555-17 et L. 555-23.

Art. L. 555-29 *(Créé à compter de la date de publication des décrets prévus par l'ordonnance n° 2010-418 du 27 avril 2010 et au plus tard le 1er janvier 2012, Ord. n° 2010-418, 27 avr. 2010 ; Ord. n° 2016-282, 10 mars 2016).* – L'exploitant d'une canalisation existante, définie à l'article L. 555-14, conserve les droits d'occupation du domaine public, ainsi que ceux attachés aux servitudes existantes, découlant d'une déclaration d'utilité publique ou d'une déclaration d'intérêt général prise en application des dispositions législatives antérieures abrogées par l'ordonnance n° 2010-418 du 27 avril 2010 harmonisant les dispositions relatives à la sécurité et à la déclaration d'utilité publique des canalisations de transport de gaz naturel ou assimilé, d'hydrocarbures et de produits chimiques.

Un décret en Conseil d'État établit la liste des dispositions législatives instituant les servitudes maintenues en application de l'alinéa précédent.

L'exploitant d'une canalisation de distribution de gaz résultant de la renonciation à l'usage d'une canalisation de transport de gaz naturel ou assimilé et de sa cession conserve les droits d'occupation du domaine public ainsi que ceux attachés aux servitudes existantes établies en application de l'article L. 555-27 ou prorogées en application du premier alinéa.

Art. L. 555-30 *(Créé à compter de la date de publication des décrets prévus par l'ordonnance n° 2010-418 du 27 avril 2010 et au plus tard le 1er janvier 2012, Ord. n° 2010-418, 27 avr. 2010).* – Un décret en Conseil d'État fixe :

1° Les consultations préalables à la déclaration d'utilité publique ;

2° Les modalités et l'autorité compétente pour déclarer l'utilité publique ;

3° La largeur des bandes d'instauration des servitudes, en prenant en compte les impératifs de sécurité pour la construction, la protection et l'entretien des canalisations ;

4° Les modalités d'établissement et de modification des servitudes ;

5° Les modalités d'occupation du domaine public, notamment le régime des redevances dues en raison de l'occupation du domaine public de l'État.

CHAPITRE VI. – SITES ET SOLS POLLUÉS

(Anc. chap. V, dénum., Ord. n° 2011-253, 10 mars 2011)

Le Code de l'environnement ne comportait pas de dispositions spécifiques aux sites et sols pollués avant l'ordonnance n° 2010-1579 du 17 décembre 2010 portant diverses dispositions d'adaptation au droit de l'Union européenne dans le domaine des déchets et la création d'un article L. 555-1. L'ordonnance n° 2011-253 du 10 mars 2011 portant modification du titre V du livre V du Code de l'environnement a eu le double effet suivant : le chapitre V « *Sites et sols pollués* » est devenu le chapitre VI quand l'article L. 555-1 est devenu l'article L. 556-1 du code.

Cette absence de droit uniforme en matière de sites et de sols pollués s'explique par la difficile articulation entre plusieurs législations (ICPE, déchets, eau, responsabilité environnementale et sites et sols pollués).

La création du présent chapitre s'est justifiée par la nécessité de prévoir un dispositif spécifique pour les sites et sols pollués non couverts par les législations ICPE ou déchets.

Inspiré du dispositif prévu par l'ancien article L. 541-3 du code, les présentes dispositions permettent à l'administration d'intervenir pour exiger ou assurer d'office les travaux nécessaires à la réhabilitation. L'article L. 556-1 concerne les sols pollués et le nouvel article L. 541-3 n'est désormais applicable qu'aux seuls déchets (à l'exclusion des sols).

Ce nouvel article prévoit qu'en cas de pollution ou de risque de pollution des sols, l'autorité titulaire du pouvoir de police peut, après avoir mis en demeure le responsable : assurer d'office l'exécution des travaux nécessaires aux frais du responsable (cette mission peut éventuellement être confiée à l'ADEME), ou obliger le responsable à consigner entre les mains d'un comptable public une somme répondant du montant des travaux à réaliser, laquelle sera restituée au fur et à mesure de l'exécution des travaux. En cas de disparition ou d'insolvabilité de l'exploitant du site pollué ou du responsable de la pollution, l'État peut, avec le concours financier éventuel des collectivités territoriales, confier la remise en état du site pollué à l'ADEME.

Enfin, ce nouveau chapitre ne répondait pas, en l'état, aux questions relatives au destinataire des mesures de réhabilitation (les notions d'exploitant du site pollué et de responsable de la pollution ne sont pas définies) et à la qualité de l'autorité administrative compétente qui n'est pas non plus définie (V. dans ce sens, comm. ss art. R. 556-1, p. 2852).

Dès lors, un cadre législatif dédié à la pollution des sites et des sols figure désormais aux articles L. 556-1, L. 556-2 et L. 556-3 du Code de l'environnement et une partie de ces dispositions sont issues de la loi ALUR du 24 mars 2014 pour l'accès au logement et un urbanisme rénové (L. n° 2014-366, 24 mars 2014 : *JO* 26 mars).

Ces nouveaux articles couvrent respectivement les hypothèses suivantes :

• Lorsque, sur les terrains ayant accueilli une installation classée mise à l'arrêté définitif et régulièrement réhabilitée pour permettre l'usage défini dans les conditions prévues par les articles L. 512-6-1, L. 512-7-6 et L. 512-12-1, un usage différent est ultérieurement envisagé par un maître d'ouvrage (art. L. 556-1) ;

• Lorsque des projets de construction ou de lotissement sont prévus dans un secteur d'information sur les sols (art. L. 556-2) ;

• Les cas de pollution des sols ou de risques de pollution des sols présentant des risques pour la santé, la sécurité, la salubrité publiques et l'environnement au regard de l'usage pris en compte (mesures de police et hiérarchisation des responsables introduites par la loi ALUR, art. L. 556-3).

Si la loi ALUR a apporté de nombreux changements notables au droit de l'immobilier (garantie universelle des loyers, encadrement dans certains secteurs géographiques,...), elle est également venue réformer le droit de l'environnement et plus particulièrement le domaine de la pollution des sols.

Ce sont les dispositions de l'article 173 de la loi du 24 mars 2014 qui prévoient un nouvel article L. 556-3 relatif à la police administrative des sols pollués, qui instaure une hiérarchie des responsables, permettant ainsi de rechercher subsidiairement la responsabilité du propriétaire du terrain.

L'innovation réside en ce qu'avant la réforme de la loi ALUR, le droit des sols refusait de connaître un autre responsable que le dernier exploitant d'une installation classée (police des ICPE). Le propriétaire du site n'était en principe jamais inquiété au titre de la remise en état d'une ICPE. Cette assertion est néanmoins à nuancer au regard des évolutions récemment intervenues en matière de police des déchets, qui reconnaissent le propriétaire d'un terrain où des déchets ont été entreposés comme leur détenteur ou leur producteur, et donc responsable potentiel de leur élimination (▪ CE, 26 juill. 2011, n° 328651, *Cne de Palais-sur-Vienne*. - ▪ Cass. 3e civ., 11 juill. 2012, n° 11-10.478. - ▪ CE, 1er mars 2014, n° 354188, *Sté Natiocrédimurs*. - ▪ CE, 25 sept. 2013, n° 358923, *Sté Wattelez c/ Cne de Palais-sur-Vienne* : M. Guérin, *La responsabilité confirmée du propriétaire négligent d'un terrain pollué par des déchets : Environnement et dév. durable* déc. 2013, n° 12, p. 35). Cœxistent ainsi encore un régime de responsabilité exclusive du dernier exploitant en matière d'ICPE et une hiérarchie des responsables impliquant potentiellement le propriétaire en matière de police des déchets.

Avec la réforme de la loi ALUR, le principe de hiérarchisation des responsables est étendu à l'ensemble des sols pollués. Le II de l'article L. 556-3 du Code de l'environnement, qui n'entrera en vigueur que lors de l'adoption de son décret d'application, prévoit ainsi l'instauration d'une hiérarchie des responsables de la remise en état des sites pollués : « II. - Au sens du I, on entend par responsable, par ordre de priorité :

1° Pour les sols dont la pollution a pour origine une activité mentionnée à l'article L. 165-2, une installation classée pour la protection de l'environnement ou une installation nucléaire de base, le dernier exploitant de l'installation à l'origine de la pollution des sols, ou la personne désignée aux articles L. 512-21 et L. 556-1, chacun pour ses obligations respectives. Pour les sols pollués par une autre origine, le producteur des déchets qui a contribué à l'origine de la pollution des sols ou le détenteur des déchets dont la faute y a contribué ;

2° À titre subsidiaire, en l'absence de responsable au titre du 1°, le propriétaire de l'assise foncière des sols pollués par une activité ou des déchets tels que mentionnés au 1°, s'il est démontré qu'il a fait preuve de négligence ou qu'il n'est pas étranger à cette pollution. »

La nouveauté issue de l'article L. 556-3-II précité consiste donc en l'instauration d'une responsabilité subsidiaire du propriétaire de l'assise foncière du site dont le sol a été pollué.

Cette réforme pourrait se heurter aux délicates conditions de sa mise en œuvre (subsidiarité de la responsabilité du propriétaire, difficile démonstration de l'implication du propriétaire dans la pollution des sols, limitation du dispositif à certains types de sols ; ICPE, installation nucléaire de base, activité relevant de l'article L. 165-2 du Code de l'environnement).

Il convient néanmoins de souligner que, si la loi ALUR a entériné la jurisprudence reconnaissant la responsabilité subsidiaire du propriétaire négligent pour des déchets abandonnés sur son site, le Conseil d'État a ouvert cette responsabilité dans l'hypothèse où le propriétaire a eu connaissance, lors de l'acquisition, de l'existence de déchets et de l'incapacité du responsable à satisfaire à ses obligations de gestion de la pollution (▪ CE, 24 oct. 2014, n° 361231, *Sté Unibail-Rodamco* : B. Parance, *Nouvelles précisions sur la responsabilité du propriétaire négligent pour les déchets abandonnés sur son site : JCP* G 2014, n° 51, 1320).

La loi ASAP et la loi Industrie verte ont ensuite profondément modifié les dispositions réglementaires applicables aux sites et sols pollués (V. comm. ss les art. R. 556-1 et s., p. 2852).

Bibliographie : *Ouvrages et articles généraux.* L. Legrain, *Environnement et pratique notariale de la vente et du bail : JCP* N 2016, n° 1, 1001. • L. Esteve de Palmas et X. Lièvre, *Droit de l'environnement et pratique : JCP* N 2016, n° 6, 1080. • A. Souchon, *La gestion des problématiques de pollution à l'épreuve des polices administratives (ICPE, déchets et sols pollués) : quels risques pour le bailleur et pour le preneur ? : Énergie - Env. - Infrastr.* 2016, n° 4, dossier 7. • X. Couton, *Publication du décret d'application des secteurs d'information sur les sols : Constr.-Urb.* déc. 2015, n° 12, comm. 162. • C. Lafeuille et P. Steichen, *La politique de réutilisation du foncier des friches industrielles stimulée par la loi ALUR : RJE* févr. 2015. • A. Muller-Curzydlo, *Élaboration des secteurs d'information sur les sols : Énergie - Env. - Infrastr.* 2015, n° 12, alerte 295. • M.-L. de la Ville-Baugé, *L'éclairage communautaire sur la responsabilité du propriétaire non exploitant d'un site pollué ou encombré par des déchets : BDEI* 2015, 57. • X. Couton, *Les modifications apportées au traitement des sols et sites pollués par la loi ALUR : Constr.-Urb.* juin 2014, n° 6, comm. 78. • B. Eglie-Richters et M. Mattiussi-Poux, *Les propriétaires de terrains, futurs responsables potentiels de la pollution des sols : BDEI* 2014, n° 52. • M.-A. Fichet, *La reconversion des friches industrielles : les nouvelles perspectives offertes par la loi ALUR : BDEI* 2014, n° 12. • R. Lecomte, *Réflexions sur la police des sites et sols pollués : Dr. env.* févr. 2014, n° 220, p. 50. • B. Parance, *Nouvelles précisions sur la responsabilité du propriétaire négligent pour les déchets abandonnés sur son site : JCP* G 2014, n° 51, 1320. • F.-G. Trébulle, *Sols pollués : le clair-obscur de la loi ALUR : Environnement et dév. durable* août 2014, n°s 8-9, étude 13 ; *La restructuration du droit des sols pollués opérée par la loi ALUR : CDE* 2014, n° 5, prat. 21.

Art. L. 556-1 A *(L. n° 2021-1104, 22 août 2021)*. **– I. – Au sens du présent chapitre, l'usage est défini comme la fonction ou la ou les activités ayant cours ou envisagées pour un terrain ou un ensemble de terrains donnés, le sol de ces terrains ou les constructions et installations qui y sont implantées.**

Les types d'usages au sens du présent chapitre sont définis par décret.

II. – Au sens du présent chapitre, la réhabilitation d'un terrain est définie comme la mise en compatibilité de l'état des sols avec, d'une part, la protection des intérêts mentionnés à l'article L. 511-1 et, le cas échéant, à l'article L. 211-1 et, d'autre part, l'usage futur envisagé pour le terrain.

Textes. « Guide sur les différents types d'usages définis dans le cadre des cessations d'activité des installations classées pour la protection de l'environnement et de projets d'aménagement », mai 2023, INERIS.

Le code de l'environnement définit désormais la notion d'« usage », qui est prise en compte dans différents contextes :

– dans le cadre du dossier de demande d'autorisation ou d'enregistrement ICPE ;

– dans le cadre de la détermination de l'usage futur lors des cessations d'activité ICPE ;

– dans le cadre de l'usage défini par un tiers-demandeur ;

– dans le cadre des évaluations de demandes de permis de construire ou d'aménager (changement d'usage prévu par l'article L. 556-1 du Code de l'environnement) ;

– et, le cas échéant, dans le cadre des restrictions d'usage par arrêté préfectoral.

La réhabilitation d'un terrain correspond, de façon classique, non pas à sa « dépollution », mais à la mise en compatibilité avec les différents intérêts protégés par les articles L. 511-1 et 211-1 du code, et avec l'usage futur qui a été prévu pour le terrain.

Art. L. 556-1 *(Anc. art. L. 555-1, dénum., Ord. n° 2011-253, 10 mars 2011 ; rempl., L. n° 2014-366, 24 mars 2014)*. **– Sans préjudice des articles L. 512-6-1, L. 512-7-6 et L. 512-12-1, sur les terrains ayant accueilli une installation classée mise à l'arrêt définitif et régulièrement réhabilitée pour permettre l'usage défini dans les conditions prévues par ces mêmes articles, lorsqu'un usage différent est ultérieurement envisagé, le maître d'ouvrage à l'initiative du changement d'usage doit définir des mesures de gestion de la pollution des sols et les mettre en œuvre afin d'assurer la compatibilité entre l'état des sols et la protection de la sécurité, de la santé ou de la salubrité publiques, l'agriculture et l'environnement au regard du nouvel usage projeté.**

Ces mesures de gestion de la pollution sont définies en tenant compte de l'efficacité des techniques de réhabilitation dans des conditions économiquement acceptables ainsi que du bilan des coûts, des inconvénients et avantages des mesures envisagées. Le maître d'ouvrage à l'initiative du changement d'usage fait attester de cette *(Mots rempl., L. n° 2016-1087, 8 août 2016)* « prise en compte » par un bureau d'études certifié dans le domaine des sites et sols pollués, conformément à une norme définie par arrêté du ministre chargé de l'environnement, ou équivalent. Le cas échéant, cette attestation est jointe au dossier de demande de permis de construire ou d'aménager.

(L. n° 2023-973, 23 oct. 2023) (1) Dans le cas où le maître d'ouvrage à l'initiative d'un projet de construction ou d'aménagement sur un terrain ayant accueilli une installation classée ne dispose pas d'éléments montrant que l'installation classée a été régulièrement réhabilitée, les deux premiers alinéas du présent article sont applicables.

Le cas échéant, s'il demeure une pollution résiduelle sur le terrain concerné compatible avec les nouveaux usages, le maître d'ouvrage à l'initiative du changement d'usage en informe le propriétaire et le représentant de l'État dans le département. Le représentant de l'État dans le département peut créer sur le terrain concerné un secteur d'information sur les sols.

En cas de modification de la consistance du projet initial, le maître d'ouvrage à l'initiative de cette modification complète ou adapte, si nécessaire, les mesures de gestion définies au premier alinéa.

Les modalités d'application du présent article sont définies par décret en Conseil d'État.

Voir : M. Moliner-Dubost, *JCl. Administratif*, Fasc. 381 (2012) : « *Protection des sols* ». Étude « Sites et sols pollués », *Dictionnaire Permanent Environnement et nuisances, Éditions législatives*. A. Bouillé et J.-N. Clément, *Le décret n° 2013-5 du 2 janvier 2013 relatif à la prévention et au traitement de la pollution des sols : Environnement* avr. 2013, n° 4, comm. 26.

1) Exécution des travaux aux frais du responsable. L'acquéreur ne peut réaliser les travaux aux frais du vendeur qu'après mise en demeure de ce dernier (■ CA Versailles, 30 mars 2011, n° 10/02470, *SCI Mélodie c/ Indivision X*).

2) Validité de l'arrêté fixant les modalités de certification des bureaux d'études « sites et sols pollués ». Le Conseil d'État a rejeté le recours dirigé contre l'arrêté fixant les modalités de certification des bureaux d'étude (■ CE, 17 juin 2024, n° 463488).

Art. L. 556-2 *(L. n° 2014-366, 24 mars 2014)*. – Les projets de construction ou de lotissement prévus dans un secteur d'information sur les sols tel que prévu à l'article L. 125-6 font l'objet d'une étude des sols afin d'établir les mesures de gestion de la pollution à mettre en œuvre pour assurer la compatibilité entre l'usage futur et l'état des sols.

Pour les projets soumis à permis de construire ou d'aménager, le maître d'ouvrage fournit dans le dossier de demande de permis une attestation garantissant la réalisation de cette étude des sols et de sa prise en compte dans la conception du projet de construction ou de lotissement. Cette attestation doit être établie par un bureau d'études certifié dans le domaine des sites et sols pollués, conformément à une norme définie par arrêté du ministre chargé de l'environnement, ou équivalent.

L'attestation n'est pas requise lors du dépôt de la demande de permis d'aménager par une personne ayant qualité pour bénéficier de l'expropriation pour cause d'utilité publique, dès lors que l'opération de lotissement a donné lieu à la publication d'une déclaration d'utilité publique.

L'attestation n'est pas requise lors du dépôt de la demande de permis de construire, lorsque la construction projetée est située dans le périmètre d'un lotissement autorisé ayant fait l'objet d'une demande comportant une attestation garantissant la réalisation d'une étude des sols et sa prise en compte dans la conception du projet d'aménagement.

Le présent article s'applique sans préjudice des dispositions spécifiques sur la pollution des sols déjà prévues dans les documents d'urbanisme.

Un décret en Conseil d'État définit les modalités d'application du présent article.

Adéquation entre le projet et l'usage prévu. Le juge administratif ne porte pas d'appréciation sur le contenu de l'attestation fournie avec le permis d'aménager (■ CE, 25 oct. 2018, n° 412542 : *Lebon* T. – ■ TA Paris, 10 janv. 2022, n° 2013641/4-2).

(1) Dispositions applicables aux permis de construire et aux permis d'aménager dont la demande est déposée à partir du 1er juillet 2024, L. n° 2023-973, 23 oct. 2023, art. 9, II.

Art. L. 556-3 *(L. n° 2014-366, 24 mars 2014)*. – I. – En cas de pollution des sols ou de risques de pollution des sols présentant des risques pour la santé, la sécurité, la salubrité publiques et l'environnement au regard de l'usage pris en compte, l'autorité titulaire du pouvoir de police peut, après mise en demeure, assurer d'office l'exécution des travaux nécessaires aux frais du responsable. L'exécution des travaux ordonnés d'office peut être confiée par le ministre chargé de l'environnement et par le ministre chargé de l'urbanisme à un établissement public foncier ou, en l'absence d'un tel établissement, à l'Agence de l'environnement et de la maîtrise de l'énergie. L'autorité titulaire du pouvoir de police peut également obliger le responsable à consigner entre les mains d'un comptable public une somme répondant du montant des travaux à réaliser, laquelle sera restituée au fur et à mesure de l'exécution des travaux. Les sommes consignées peuvent, le cas échéant, être utilisées pour régler les dépenses entraînées par l'exécution d'office. Lorsqu'un établissement public foncier ou l'Agence de l'environnement et de la maîtrise de l'énergie intervient pour exécuter des travaux ordonnés d'office, les sommes consignées lui sont réservées à sa demande.

Il est procédé, le cas échéant, au recouvrement de ces sommes comme en matière de créances étrangères à l'impôt et au domaine. Pour ce recouvrement, l'État bénéficie d'un privilège de même rang que celui prévu à l'article 1920 du Code général des impôts. Le comptable peut engager la procédure *(Mots rempl. à compter d'une date fixée par décret, et au plus tard le 1er janvier 2019, L. fin. rect. n° 2017-1775, 28 déc. 2017)* « de saisie administrative à tiers détenteur prévue à l'article L. 262 du Livre des procédures fiscales ».

Rédaction antérieure. Il est procédé, le cas échéant, au recouvrement de ces sommes comme en matière de créances étrangères à l'impôt et au domaine. Pour ce recouvrement, l'État bénéficie d'un privilège de même rang que celui prévu à l'article 1920 du Code général des impôts. Le comptable peut engager la procédure d'avis à tiers détenteur prévue à l'article L. 263 du Livre des procédures fiscales.

L'opposition à l'état exécutoire pris en application d'une mesure de consignation ordonnée par l'autorité administrative devant le juge administratif n'a pas de caractère suspensif.

Lorsque, en raison de la disparition ou de l'insolvabilité de l'exploitant du site pollué ou du responsable de la pollution, la mise en œuvre des dispositions du premier alinéa du présent I n'a pas permis d'obtenir la réhabilitation du site pollué, l'État peut, avec le concours financier éventuel des collectivités territoriales, confier cette réhabilitation à l'Agence de l'environnement et de la maîtrise de l'énergie.

Les travaux mentionnés au quatrième alinéa du présent I et, le cas échéant, l'acquisition des immeubles peuvent être déclarés d'utilité publique à la demande de l'État. La déclaration d'utilité publique est prononcée après consultation des collectivités territoriales intéressées et enquête publique menée dans les formes prévues par le Code de l'expropriation pour cause d'utilité publique. Lorsque l'une des collectivités territoriales intéressées, le commissaire enquêteur ou la commission d'enquête a émis un avis défavorable, la déclaration d'utilité publique est prononcée par arrêté conjoint du ministre chargé de l'écologie et du ministre chargé de l'urbanisme.

II. – Au sens du I, on entend par responsable, par ordre de priorité :

1° Pour les sols dont la pollution a pour origine une activité mentionnée à l'article L. 165-2, une installation classée pour la protection de l'environnement ou une installation nucléaire de base, le dernier exploitant de l'installation à l'origine de la pollution des sols, ou la personne désignée aux articles L. 512-21 et L. 556-1, chacun pour ses obligations respectives. Pour les sols pollués par une autre origine, le producteur des déchets qui a contribué à l'origine de la pollution des sols ou le détenteur des déchets dont la faute y a contribué ;

2° À titre subsidiaire, en l'absence de responsable au titre du, le propriétaire de l'assise foncière des sols pollués par une activité ou des déchets tels que mentionnés au, s'il est démontré qu'il a fait preuve de négligence ou qu'il n'est pas étranger à cette pollution.

III. – Un décret en Conseil d'État définit les modalités d'application du présent article. Il définit notamment l'autorité de police chargée de l'application du présent article.

Risque grave pour la santé et l'environnement. L'État a une obligation de mener des opérations de dépollution du sol en cas de risque grave pour la santé et l'environnement afin de remédier au risque identifié, s'il ne peut pas mettre en demeure l'ancien exploitant (■ CE, ch. réunies, 13 nov. 2019, n° 416860, *Cne de Marennes* : *Lebon* T.,). La pollution des sols peut concerner tant le site même de l'installation classée que tout site dont la pollution résulterait directement de l'activité de cette installation classée (■ CAA Douai, 23 mai 2024, n° 22DA00360). Cependant, dans le cas où, d'une part, les résultats des dépistages organisés ne révèlent pas de liens de causalité entre la pollution observée et l'état de santé des habitants, et d'autre part, la pollution ne présente de risque pour la santé publique qu'en cas d'ingestion ou de consommation des végétaux, risque pouvant être jugulé par des mesures de précaution, l'État n'était pas tenu de faire usage de ses pouvoirs de police en menant des opérations de dépollution du terrain des appelants, opérations qui en tout état de cause n'auraient pu viser qu'à la mise en sécurité du terrain (■ même arrêt).

CHAPITRE VII. – PRODUITS ET ÉQUIPEMENTS À RISQUES

(Créé à compter du 1er juillet 2013, L. n° 2013-619, 16 juill. 2013 ; mod., L. n° 2015-1567, 2 déc. 2015)

Le présent chapitre a été créé par l'article 14 de la loi n° 2013-619 du 16 juillet 2013 **portant diverses dispositions d'adaptation au droit de l'Union européenne dans le domaine du développement durable** *(L. n° 2013-619, 16 juill. 2013, JO 17 juill. 2013, p. 11890, NOR : DEVP1240259L)*. Un décret, en cours d'élaboration, complétera la partie réglementaire du code et précisera les conditions d'application au régime juridique des produits et équipements à risques, notamment au sujet de leur surveillance.

Le site internet de l'Inspection des installations classées (http://www.installationsclassees.developpement-durable.gouv.fr/consultation.html) a mis en ligne le projet de décret soumis à consultation. À destination des utilisateurs, opérateurs économiques et organismes d'évaluation de la conformité et de suivi en service, ce décret serait en principe relatif à la mise sur le marché de produits et équipements à risques, opérations de suivi en service et surveillance de marché.

Transposant et codifiant les directives européennes nos 2009/142/CE, 2010/35/UE, 2013/29/UE, 2014/28/UE, 2014/29/UE, 2014/34/UE, 2014/58/UE et 2014/68/UE, ce décret fixerait les conditions de fabrication et de mise sur le marché des produits et équipements à risques ainsi que les opérations de suivi en service. Il définirait notamment les responsabilités des différents opérateurs économiques (fabricant, mandataire, distributeur, importateur), dans le cadre européen sur la surveillance du marché.

Il ressort également du site internet que certaines exigences, propres à un type de produits et équipements, ou aux organismes habilités évaluant la conformité de ces produits seraient reprises dans des projets d'arrêtés, également en cours de consultation (arrêté relatif aux organismes habilités à réaliser les évaluations de la conformité et les opérations de suivi en service des produits et équipements à risques, arrêté relatif à la mise sur le marché de produits explosifs, arrêté relatif au suivi en service des équipements sous pression transportables, arrêté relatif au suivi en service des équipements sous pression nucléaires).

La loi du 2 décembre 2015 portant diverses dispositions d'adaptation au droit de l'Union européenne dans le domaine de la prévention des risques, dite « loi DADDUE » *(L. n° 2015-1567, 2 déc. 2015 portant diverses dispositions d'adaptation au droit de l'Union européenne dans le domaine de la prévention des risques : JORF,* 3 déc. 2015, p. 22299) est une loi de transposition des dispositions de plusieurs directives dans le domaine de la prévention des risques. Qu'il s'agisse des Codes minier, de l'environnement, rural, de la santé publique ou encore des transports, cette loi, modifiant certaines dispositions existantes ou en intégrant de nouvelles, transpose fidèlement les textes européens et adapte le droit français pour tenir compte d'une législation européenne renforcée en la matière.

Cette loi est notamment venue modifier, par l'intermédiaire de son Titre II (art. 12 à 14), certaines dispositions relatives aux produits et équipements à risques. Plus précisément, l'article 12 de la loi du 2 décembre 2015 a modifié en profondeur le présent Chapitre VII afin de transposer la directive 2014/68/UE du Parlement européen et du Conseil du 15 mai 2014 relative à l'harmonisation des législations des États membres concernant la mise à disposition sur le marché des équipements sous pression. Les règles désormais en vigueur en la matière sont davantage précises et contraignantes, puisque la loi DADDUE a pour objectif, dans une dynamique de développement durable, de renforcer la sécurité autour des activités présentant des risques.

En plus de transposer deux directives européennes importantes relatives à la mise en culture des organismes génétiquement modifiés (OGM) et à la sécurité des opérations de forage d'hydrocarbures en mer, la loi comprend des dispositions précisant le champ de contrôle des autorités et les sanctions applicables en matière de produits et équipements à risque et de produits chimiques.

Concernant la mise à disposition sur le marché des équipements à risques, la conformité de ces produits aux exigences essentielles de sécurité doit être attestée par un marquage (sauf exceptions pour raisons techniques) et par des attestations. Pour ce faire, le fabricant suit une procédure d'évaluation de la conformité en s'adressant à un organisme habilité. Il est désormais précisé que le fabricant ne peut choisir qu'un seul organisme habilité pour une même étape d'évaluation. Cependant, certains produits ou équipements peuvent être soustraits à l'évaluation de conformité sur demande justifiée du fabricant ou de son mandataire, ou s'ils s'avèrent conformes aux exigences des réglementations antérieures dans les cas et conditions fixés par voie réglementaire. D'autre part, jusqu'à présent, la mise à disposition sur le marché de certains produits pouvait être limitée à des conditions de connaissances techniques particulières ou d'âge. Désormais, la détention, la manipulation, l'utilisation et l'acquisition de ces produits peuvent non seulement être subordonnées à ces conditions, mais également être interdites. Enfin, certains produits et équipements sont soumis au respect d'exigences complémentaires en ce qui concerne leur installation, leur mise en service, leur entretien et leur exploitation. Certaines de ces opérations de contrôle sont désormais réalisées par des organismes habilités. L'ensemble de ces dispositions est pris en compte dans l'actualisation des mesures et sanctions administratives (C. env., art. L. 171-8 et s.). Parmi les évolutions, il est à noter que l'autorité administrative compétente est en mesure de procéder à la destruction de produits et équipements non conformes, notamment lorsqu'ils présentent un risque pour la santé ou la sécurité publiques, ou d'en suspendre le fonctionnement tant que cela s'avère nécessaire. Elle est également en mesure de prescrire un arrêt d'exploitation en cas de danger grave ou imminent. Sont également passibles de sanctions :

– le fait de ne pas apposer le numéro d'identification délivré par la Commission européenne lorsqu'un organisme habilité intervient dans la phase de contrôle de la production d'un produit ;

– pour un fabricant ou un importateur, le fait de ne pas indiquer clairement les informations permettant de le contacter sur un produit, sur son emballage ou sur un document l'accompagnant.

Bibliographie : C. Huglo et B. Berger, *Prévention des risques : le droit français s'adapte aux directives européennes : Énergie – Env. – Infrastr.* 2016, n° 1, comm. 7.

Section I. – Dispositions générales

Art. L. 557-1 *(Créé à compter du 1er juillet 2013, L. n° 2013-619, 16 juill. 2013 ; mod., L. n° 2015-1567, 2 déc. 2015)*. – **En raison des risques et inconvénients qu'ils présentent pour la sécurité, la santé et la salubrité publiques ou pour la protection de la nature et de l'environnement, sont soumis au présent chapitre les produits et les équipements mentionnés aux 1° à 4° et répondant à des caractéristiques et des conditions fixées par décret en Conseil d'État :**

1° Les produits explosifs ;

2° Les appareils et les systèmes de protection destinés à être utilisés en atmosphères explosibles ;

3° Les appareils et matériels concourant à l'utilisation des gaz combustibles.

4° Les appareils à pression ;

Art. L. 557-2 *(Rempl., Ord. n° 2021-957, 19 juill. 2021)*. – **Pour l'application du présent chapitre, les définitions de l'article 3 du règlement (UE) 2019/1020 du Parlement européen et du Conseil du 20 juin 2019 s'appliquent et l'exploitant d'un équipement est le propriétaire, sauf convention contraire.**

Art. L. 557-3 *(Créé à compter du 1er juillet 2013, L. n° 2013-619, 16 juill. 2013)*. – **Un importateur ou un distributeur est considéré comme un fabricant et est soumis aux obligations incombant à ce fabricant lorsqu'il met sur le marché sous son nom et sa marque ou lorsqu'il modifie un produit ou un équipement déjà mis sur le marché de telle sorte que la conformité aux exigences du présent chapitre peut en être affectée.**

Art. L. 557-4 *(Créé à compter du 1er juillet 2013, L. n° 2013-619, 16 juill. 2013)*. – **Les produits ou les équipements mentionnés à l'article L. 557-1 ne peuvent être mis à disposition sur le marché, stockés en vue de leur mise à disposition sur le marché, installés, mis en service, utilisés, importés ou transférés que s'ils sont conformes à des exigences essentielles de sécurité relatives à leurs performance, conception, composition, fabrication et fonctionnement et à des exigences d'étiquetage.**

Cette conformité à ces exigences est attestée par un marquage, apposé avant la mise sur le marché du produit ou de l'équipement, ainsi que par l'établissement d'attestations.

Pour des raisons techniques ou de conditions d'utilisation, certains produits ou équipements peuvent faire l'objet d'une dispense de marquage.

Art. L. 557-5 *(Créé à compter du 1er juillet 2013, L. n° 2013-619, 16 juill. 2013 ; mod., L. n° 2015-1567, 2 déc. 2015)*. – **Pour tout produit ou équipement mentionné à l'article L. 557-1, le fabricant suit une procédure d'évaluation de la conformité en s'adressant à un organisme mentionné à l'article L. 557-31. Il ne s'adresse qu'à un seul organisme habilité de son choix pour une même étape d'évaluation d'un produit ou d'un équipement.**

Il établit également une documentation technique permettant l'évaluation de la conformité du produit ou équipement.

Art. L. 557-6 *(Créé à compter du 1er juillet 2013, L. n° 2013-619, 16 juill. 2013 ; rempl., L. n° 2015-1567, 2 déc. 2015)*. – **Certains produits ou équipements peuvent être mis à disposition sur le marché, stockés en vue de leur mise à disposition sur le marché, installés, mis en service, utilisés, importés ou transférés sans avoir**

satisfait aux articles L. 557-4 et L. 557-5, sur demande dûment justifiée du fabricant ou, le cas échéant, de son mandataire, ou s'ils sont conformes aux exigences des réglementations antérieures ou en vigueur en France ou dans un État membre de l'Union européenne ou de l'Association européenne de libre-échange, dans les cas et les conditions fixés par voie réglementaire.

Art. L. 557-7 *(Créé à compter du 1er juillet 2013, L. n° 2013-619, 16 juill. 2013 ; rempl., L. n° 2015-1567, 2 déc. 2015).* **– En raison des risques spécifiques qu'ils présentent, certains produits et équipements sont classés en catégories, groupes ou niveaux distincts, en fonction de leur niveau de risque, de leur type d'utilisation, de leur destination ou de leur niveau sonore.**

Art. L. 557-8 *(Créé à compter du 1er juillet 2013, L. n° 2013-619, 16 juill. 2013 ; rempl., L. n° 2015-1567, 2 déc. 2015).* **– Pour des motifs d'ordre public, de sûreté, de santé, de sécurité ou de protection de l'environnement, et en raison des risques spécifiques qu'ils présentent, la détention, la manipulation ou l'utilisation, l'acquisition ou la mise à disposition sur le marché de certains produits et équipements peuvent être interdites ou subordonnées à des conditions d'âge ou de connaissances techniques particulières des utilisateurs.**

Annulation partielle du décret interdisant la vente de certains articles pyrotechniques. Dans un contexte spécifique d'« émeutes urbaines » ayant permis d'observer le recours à certains articles pyrotechniques (chandelles romaines) contre les forces de l'ordre, la mesure interdisant la vente de ces articles pendant la période du 14 juillet pour prévenir des troubles graves à l'ordre public était nécessaire, adéquate et proportionnée. En revanche, l'interdiction d'autres articles pyrotechniques n'est pas justifiée en l'absence d'éléments démontrant qu'ils sont utilisés comme des armes par destination (■ CE, 5e-6e ch., 30 avr. 2024, n° 475816).

Art. L. 557-8-1 *(Ord. n° 2021-957, 19 juill. 2021).* **– Les prestataires de services de la société de l'information coopèrent avec l'autorité administrative compétente et les agents mentionnés à l'article L. 557-46, à leur demande et dans des cas particuliers, en vue de faciliter l'exécution de toute mesure prise en vue d'éliminer ou, si cela n'est pas possible, d'atténuer les risques posés par un produit qui est ou a été proposé à la vente en ligne par l'intermédiaire de leurs services.**

Section II. – Obligations des opérateurs économiques

Art. L. 557-9 *(Créé à compter du 1er juillet 2013, L. n° 2013-619, 16 juill. 2013 ; mod., L. n° 2015-1567, 2 déc. 2015).* **– Les opérateurs économiques ne mettent pas à disposition sur le marché aux personnes physiques ne possédant pas les connaissances techniques particulières ou ne répondant pas aux conditions d'âge mentionnées à l'article L. 557-8 les produits ou les équipements faisant l'objet des restrictions mentionnées à ce même article.**

Art. L. 557-10 *(Créé à compter du 1er juillet 2013, L. n° 2013-619, 16 juill. 2013 ; mod., Ord. n° 2021-957, 19 juill. 2021).* **– Les opérateurs économiques tiennent à jour et à disposition de l'autorité administrative compétente et des agents compétents mentionnés à l'article L. 557-46 la liste des opérateurs économiques de la chaîne d'approvisionnement leur ayant fourni ou auxquels ils ont fourni un produit ou un équipement mentionné à l'article L. 557-1, les détails du réseau de distribution et les quantités de produits mis sur le marché.**

Ces informations sont tenues à jour et à disposition pendant une durée de dix ans à compter de la date où le produit ou l'équipement leur a été fourni et de la date où ils ont fourni le produit ou l'équipement.

Les opérateurs économiques fournissent sur demande de l'autorité administrative compétente et des agents mentionnés à l'article L. 557-46, les informations pertinentes permettant l'identification du propriétaire d'un site internet, dès lors que cette information a trait à l'objet d'un contrôle.

Art. L. 557-10-1 *(Créé à compter d'une date fixée par décret en Conseil d'État, et au plus tard le 1er juillet 2021, L. n° 2021-646, 25 mai 2021).* **– Lorsqu'une personne physique acquiert auprès d'un opérateur économique des articles pyrotechniques destinés au divertissement relevant des catégories définies par arrêté du ministre de l'intérieur, l'opérateur est tenu d'enregistrer la transaction et l'identité de l'acquéreur. Les documents consignant cet enregistrement sont tenus à la disposition des agents habilités de l'État.**

Art. L. 557-10-2 *(Créé à compter d'une date fixée par décret en Conseil d'État, et au plus tard le 1er juillet 2021, L. n° 2021-646, 25 mai 2021).* – Les personnes physiques ou morales commercialisant des articles pyrotechniques destinés au divertissement peuvent refuser de conclure toute transaction visant à acquérir de tels articles s'il est raisonnable de considérer que cette transaction présente un caractère suspect, en raison notamment de sa nature ou des circonstances.

Toute tentative de transaction suspecte fait l'objet d'un signalement auprès d'un service désigné par décision du ministre de l'intérieur.

Art. L. 557-11 *(Créé à compter du 1er juillet 2013, L. n° 2013-619, 16 juill. 2013 ; rempl., L. n° 2015-1567, 2 déc. 2015).* – Lorsque cela semble approprié au vu des risques que présente un produit ou un équipement, les fabricants et les importateurs, dans un souci de protection de la santé et de la sécurité des utilisateurs finals ou sur demande dûment justifiée de l'autorité administrative compétente, effectuent des essais par sondage sur les produits ou équipements mis à disposition sur le marché, examinent les réclamations, les produits ou les équipements non conformes et les rappels de produits ou d'équipements et, le cas échéant, tiennent un registre en la matière et informent les distributeurs du suivi des essais et des rappels des produits ou des équipements.

Si un produit ou un équipement présente un risque pour la santé ou la sécurité publiques, l'utilisateur final en informe immédiatement l'exploitant ainsi que l'autorité administrative compétente et l'exploitant en informe immédiatement le fabricant, l'importateur, le distributeur et, le cas échéant, le propriétaire.

Art. L. 557-12 *(Créé à compter du 1er juillet 2013, L. n° 2013-619, 16 juill. 2013 ; mod., Ord. n° 2021-957, 19 juill. 2021).* – Sur requête motivée d'une autorité compétente d'un État membre de l'Union européenne ou de l'autorité administrative compétente, les opérateurs économiques lui communiquent toutes les informations et tous les documents nécessaires pour démontrer la conformité d'un produit ou d'un équipement, dans la langue officielle du pays de l'autorité concernée, y compris un accès aux logiciels intégrés dans la mesure où cet accès est nécessaire pour évaluer la conformité du produit. À la demande de ces autorités, ils coopèrent à toute mesure adoptée en vue d'éliminer ou de réduire les risques présentés par un produit ou un équipement mis à disposition sur le marché.

Art. L. 557-13 *(Créé à compter du 1er juillet 2013, L. n° 2013-619, 16 juill. 2013 ; Ord. n° 2021-957, 19 juill. 2021).* – Les importateurs et les distributeurs, et le cas échéant, les prestataires de services d'exécution de commandes, s'assurent que, tant qu'un produit ou un équipement est sous leur responsabilité, les conditions de stockage, d'entreposage, de conditionnement ou de transport ne compromettent pas sa conformité aux exigences essentielles de sécurité et aux exigences d'étiquetage mentionnées à l'article L. 557-4.

Sous-section 1. – Obligations spécifiques aux fabricants

Art. L. 557-14 *(Créé à compter du 1er juillet 2013, L. n° 2013-619, 16 juill. 2013 ; L. n° 2015-1567, 2 déc. 2015).* – Les fabricants s'assurent, lorsqu'ils mettent un produit ou un équipement sur le marché, que celui-ci a été conçu et fabriqué conformément aux exigences essentielles de sécurité mentionnées à l'article L. 557-4.

En établissant l'attestation de conformité et en apposant le marquage mentionnés à l'article L. 557-4, le fabricant assume la responsabilité de la conformité du produit ou de l'équipement à ces exigences essentielles de sécurité.

Art. L. 557-15 *(Créé à compter du 1er juillet 2013, L. n° 2013-619, 16 juill. 2013).* – Les fabricants s'assurent que le produit ou l'équipement respecte les exigences en termes d'étiquetage et de marquage mentionnées à l'article L. 557-4.

Ils veillent à ce que le produit ou l'équipement soit également accompagné des instructions et informations de sécurité requises, qui sont rédigées dans la langue officielle du pays des utilisateurs finaux.

Art. L. 557-16 *(Créé à compter du 1er juillet 2013, L. n° 2013-619, 16 juill. 2013).* – Les fabricants conservent la documentation technique mentionnée à l'article L. 557-5 et les attestations mentionnées à l'article L. 557-4 pendant une durée minimale de dix ans à compter de la date de mise sur le marché du produit ou de l'équipement.

Art. L. 557-17 *(Créé à compter du 1er juillet 2013, L. n° 2013-619, 16 juill. 2013 ; mod., Ord. n° 2021-957, 19 juill. 2021).* – Les fabricants ou leurs mandataires qui ont connaissance du fait ou qui ont des raisons objectives de soupçonner qu'un produit ou un équipement qu'ils ont mis sur le marché n'est pas conforme aux exigences du présent chapitre prennent sans tarder les mesures correctives nécessaires pour le mettre en conformité, le retirer ou le rappeler, si nécessaire. En outre, si le produit ou l'équipement présente un risque de nature à porter gravement atteinte aux intérêts mentionnés à l'article L. 557-1, le fabricant ou son mandataire en informe immédiatement l'autorité administrative compétente ainsi que les autorités compétentes des États membres de l'Union européenne dans lesquels le produit ou l'équipement a été mis à disposition sur le marché, en fournissant des précisions, notamment, sur la non-conformité et toute mesure corrective adoptée.

Art. L. 557-18 *(Créé à compter du 1er juillet 2013, L. n° 2013-619, 16 juill. 2013 ; mod., L. n° 2015-1567, 2 déc. 2015 ; Ord. n° 2021-957, 19 juill. 2021).* – Les fabricants peuvent désigner un mandataire par mandat écrit.

Les obligations du fabricant prévues à l'article L. 557-14 et l'établissement de la documentation technique prévue à l'article L. 557-5 ne peuvent relever du mandat confié au mandataire.

Le mandat autorise au minimum le mandataire à coopérer avec les autorités mentionnées à l'article L. 557-12, à leur communiquer les informations et documents de nature à démontrer la conformité des produits et équipements couverts par leur mandat et à conserver l'attestation de conformité et la documentation technique relatives à ces produits et équipements à disposition de ces autorités pendant une durée minimale de dix ans à compter de la date de mise sur le marché du produit ou de l'équipement.

Le mandataire fournit une copie du mandat à l'autorité administrative compétente et aux agents mentionnés à l'article L. 557-46 à leur demande, dans la langue précisée par ceux-ci.

Sous-section 2. – Obligations spécifiques aux importateurs

Art. L. 557-19 *(Créé à compter du 1er juillet 2013, L. n° 2013-619, 16 juill. 2013).* – Les importateurs ne mettent sur le marché que des produits ou des équipements conformes aux exigences du présent chapitre.

Art. L. 557-20 *(Créé à compter du 1er juillet 2013, L. n° 2013-619, 16 juill. 2013).* – Avant de mettre un produit ou un équipement sur le marché, les importateurs s'assurent que la procédure appropriée d'évaluation de la conformité mentionnée à l'article L. 557-5 a été respectée par le fabricant. Ils s'assurent que le fabricant et le produit ou l'équipement respectent les exigences mentionnées aux articles L. 557-5 et L. 557-15.

Ils veillent à ce que le produit ou l'équipement soit également accompagné des instructions et informations de sécurité requises, qui sont rédigées dans la langue officielle du pays des utilisateurs finaux.

Art. L. 557-21 *(Créé à compter du 1er juillet 2013, L. n° 2013-619, 16 juill. 2013).* – Les importateurs qui ont connaissance du fait ou qui ont des raisons objectives de soupçonner qu'un produit ou un équipement n'est pas conforme aux exigences essentielles de sécurité mentionnées à l'article L. 557-4 ne mettent ce produit ou cet équipement sur le marché qu'après qu'il a été mis en conformité. En outre, si le produit ou l'équipement présente un risque de nature à porter gravement atteinte aux intérêts mentionnés à l'article L. 557-1, l'importateur en informe immédiatement le fabricant ainsi que l'autorité administrative compétente et les autorités chargées de la surveillance du marché des États membres de l'Union européenne.

Art. L. 557-22 *(Créé à compter du 1er juillet 2013, L. n° 2013-619, 16 juill. 2013).* – Les importateurs qui ont connaissance du fait ou qui ont des raisons objectives de soupçonner qu'un produit ou un équipement qu'ils ont mis sur le marché n'est pas conforme aux exigences du présent chapitre prennent sans tarder les mesures correctives nécessaires pour le mettre en conformité, le retirer ou le rappeler, si nécessaire. En outre, si le produit ou l'équipement présente un risque de nature à porter gravement atteinte aux intérêts mentionnés à l'article L. 557-1, l'importateur en informe immédiatement l'autorité administrative compétente ainsi que les autorités compétentes des États membres de l'Union européenne dans lesquels le produit ou l'équipement a été mis à disposition sur le marché, en fournissant des précisions, notamment, sur la non-conformité et toute mesure corrective adoptée.

Art. L. 557-23 *(Créé à compter du 1er juillet 2013, L. n° 2013-619, 16 juill. 2013).* – Les importateurs indiquent leur nom et l'adresse à laquelle ils peuvent être contactés sur le produit ou l'équipement qu'ils mettent sur le marché ou, lorsque ce n'est pas possible, sur son emballage ou dans un document accompagnant le produit ou l'équipement.

Art. L. 557-24 *(Créé à compter du 1er juillet 2013, L. n° 2013-619, 16 juill. 2013).* – Les importateurs tiennent à disposition de l'autorité administrative compétente et des autorités chargées de la surveillance du marché des États membres de l'Union européenne une copie des attestations mentionnées à l'article L. 557-4 et s'assurent que la documentation technique mentionnée à l'article L. 557-5 peut être fournie à ces personnes pendant une durée minimale de dix ans à compter de la date de mise sur le marché du produit ou de l'équipement.

Sous-section 3. – Obligations spécifiques aux distributeurs

Art. L. 557-25 *(Créé à compter du 1er juillet 2013, L. n° 2013-619, 16 juill. 2013).* – Avant de mettre à disposition sur le marché un produit ou un équipement, les distributeurs s'assurent que le fabricant et l'importateur respectent les exigences d'étiquetage mentionnées aux articles L. 557-4, L. 557-15, L. 557-20 et L. 557-23, que le produit ou l'équipement porte le marquage mentionné à l'article L. 557-4 et qu'il est accompagné des documents mentionnés aux articles L. 557-15 et L. 557-20.

Art. L. 557-26 *(Créé à compter du 1er juillet 2013, L. n° 2013-619, 16 juill. 2013).* – Les distributeurs qui ont connaissance du fait ou qui ont des raisons objectives de soupçonner qu'un produit ou un équipement n'est pas conforme aux exigences essentielles de sécurité mentionnées à l'article L. 557-4 ne mettent ce produit ou cet équipement à disposition sur le marché qu'après qu'il a été mis en conformité avec ces exigences de sécurité. En outre, si le produit ou l'équipement présente un risque de nature à porter gravement atteinte aux intérêts mentionnés à l'article L. 557-1, le distributeur en informe immédiatement le fabricant et l'importateur ainsi que l'autorité administrative compétente et les autorités chargées de la surveillance du marché des États membres de l'Union européenne.

Art. L. 557-27 *(Créé à compter du 1er juillet 2013, L. n° 2013-619, 16 juill. 2013).* – Les distributeurs qui ont connaissance du fait ou qui ont des raisons objectives de soupçonner qu'un produit ou un équipement qu'ils ont mis à disposition sur le marché n'est pas conforme aux exigences du présent chapitre prennent sans tarder les mesures correctives nécessaires pour le mettre en conformité, le retirer ou le rappeler, si nécessaire. En outre, si le produit ou l'équipement présente un risque de nature à porter gravement atteinte aux intérêts mentionnés à l'article L. 557-1, le distributeur en informe immédiatement l'autorité administrative compétente ainsi que les autorités compétentes des États membres de l'Union européenne dans lesquels le produit ou l'équipement a été mis à disposition sur le marché, en fournissant des précisions, notamment, sur la non-conformité et toute mesure corrective adoptée.

Sous-section 4. – Obligations des prestataires de services d'exécution de commandes

(Sous-sect. créée, Ord. n° 2021-957, 19 juill. 2021)

Art. L. 557-27-1 *(Ord. n° 2021-957, 19 juill. 2021).* – Un prestataire de services d'exécution de commandes ne se voit imposer les obligations mentionnées au présent chapitre et dans les textes pris pour son application qu'à défaut pour les produits ou les équipements qu'il traite, d'être fournis par un fabricant, un importateur ou un mandataire établi dans l'Union européenne.

Art. L. 557-27-2 *(Ord. n° 2021-957, 19 juill. 2021).* – Le prestataire de services d'exécution de commandes vérifie que les attestations mentionnées à l'article L. 557-4 et la documentation technique mentionnée à l'article L. 557-5 ont été établies.

Il tient à disposition de l'autorité administrative compétente les attestations mentionnées à l'article L. 557-4 pendant une durée minimale de dix ans à compter de la date de mise sur le marché du produit ou de l'équipement.

Il garantit que la documentation technique mentionnée à l'article L. 557-5 peut être mise à la disposition de l'autorités administrative compétente à sa demande.

Section III. – Suivi en service

Art. L. 557-28 *(Créé à compter du 1er juillet 2013, L. n° 2013-619, 16 juill. 2013 ; L. n° 2015-1567, 2 déc. 2015)*. – En raison de leurs risques spécifiques *(Mots rempl., L. n° 2015-1567, 2 déc. 2015)* « et de leurs conditions d'utilisation », certains produits et équipements sont soumis au respect d'exigences complémentaires en ce qui concerne leur installation, leur mise en service, leur entretien et leur exploitation, afin de garantir la sécurité du public et du personnel et la protection des biens.

Ils sont, en fonction de leurs caractéristiques, soumis à l'une ou plusieurs des opérations de contrôle suivantes :

1° La déclaration de mise en service ;

2° Le contrôle de mise en service ;

3° L'inspection périodique ;

4° La requalification périodique ou le contrôle périodique ;

5° Le contrôle après réparation ou modification.

Certaines de ces opérations sont réalisées par des organismes mentionnés à l'article L. 557-31.

Art. L. 557-29 *(Créé à compter du 1er juillet 2013, L. n° 2013-619, 16 juill. 2013)*. – L'exploitant est responsable de l'entretien, de la surveillance et des réparations nécessaires au maintien du niveau de sécurité du produit ou de l'équipement. Il retire le produit ou l'équipement du service si son niveau de sécurité est altéré.

Art. L. 557-30 *(Créé à compter du 1er juillet 2013, L. n° 2013-619, 16 juill. 2013 ; rempl., L. n° 2015-1567, 2 déc. 2015)*. – L'exploitant d'un produit ou d'un équipement mentionné à l'article L. 557-28 détient et met à jour un dossier comportant les éléments relatifs à sa fabrication et à son exploitation.

Section IV. – Organismes habilités

(Intitulé rempl., L. n° 2015-1567, 2 déc. 2015)

Art. L. 557-31 *(Créé à compter du 1er juillet 2013, L. n° 2013-619, 16 juill. 2013 ; mod., L. n° 2015-1567, 2 déc. 2015)*. – Les organismes autorisés à réaliser les évaluations de la conformité mentionnées à l'article L. 557-5 et certaines des opérations de suivi en service mentionnées à l'article L. 557-28 sont habilités par l'autorité administrative compétente.

Pour pouvoir être habilités, les organismes respectent des critères relatifs notamment à leur organisation, à leur indépendance ou à leurs compétences. Ils sont titulaires du certificat d'accréditation prévu à l'article L. 557-32.

Sont également considérés comme organismes habilités au titre du présent chapitre, dans la limite du champ de leur notification, les organismes notifiés à la Commission européenne par les États membres de l'Union européenne ou de l'Association européenne de libre-échange.

Art. L. 557-32 *(Créé à compter du 1er juillet 2013, L. n° 2013-619, 16 juill. 2013)*. – Les organismes sollicitant une habilitation auprès de l'autorité administrative compétente se font évaluer préalablement par le Comité français d'accréditation ou un organisme d'accréditation reconnu équivalent. Cette évaluation prend en compte le respect des exigences mentionnées aux articles L. 557-33 à L. 557-38 et L. 557-44. Le respect de ces exigences est attesté par la délivrance d'un certificat d'accréditation.

Art. L. 557-33 *(Créé à compter du 1er juillet 2013, L. n° 2013-619, 16 juill. 2013)*. – Tout organisme habilité souscrit une assurance couvrant sa responsabilité civile.

Art. L. 557-34 *(Créé à compter du 1er juillet 2013, L. n° 2013-619, 16 juill. 2013)*. – Sans préjudice des dispositions des articles L. 171-3, L. 171-4, L. 172-8 et L. 172-11, le personnel d'un organisme habilité est lié par le secret professionnel pour toutes les informations dont il prend connaissance dans l'exercice de ses fonctions dans le cadre de la mise en œuvre des procédures d'évaluation de la conformité mentionnées à l'article L. 557-5.

Art. L. 557-35 *(Créé à compter du 1er juillet 2013, L. n° 2013-619, 16 juill. 2013)*. – Les organismes habilités assument l'entière responsabilité des tâches effectuées, dans le cadre de la mise en œuvre des procédures d'évaluation de la conformité mentionnées à l'article L. 557-5, par leurs sous-traitants ou filiales, quel que soit leur lieu d'établissement.

Art. L. 557-36 *(Créé à compter du 1er juillet 2013, L. n° 2013-619, 16 juill. 2013).* – Les organismes habilités réalisent les évaluations dans le respect des procédures d'évaluation de la conformité mentionnées à l'article L. 557-5 et de conditions minimales portant sur la disponibilité des moyens humains, techniques et administratifs ainsi que sur leur gestion documentaire.

Art. L. 557-37 *(Créé à compter du 1er juillet 2013, L. n° 2013-619, 16 juill. 2013).* – Les organismes habilités tiennent à disposition de l'autorité administrative compétente *(Mots aj., L. n° 2015-1567, 2 déc. 2015)* « et des agents compétents mentionnés à l'article L. 557-46 » toutes informations ou documents liés aux activités pour lesquelles ils sont habilités.

Art. L. 557-38 *(Créé à compter du 1er juillet 2013, L. n° 2013-619, 16 juill. 2013).* – Les organismes habilités communiquent à l'autorité administrative compétente et aux organismes notifiés à la Commission européenne *(Mots suppr., L. n° 2015-1567, 2 déc. 2015)* « ... » les informations relatives à leurs activités d'évaluation de la conformité et aux conditions de leur habilitation.

Art. L. 557-39 *(Créé à compter du 1er juillet 2013, L. n° 2013-619, 16 juill. 2013).* – Le respect des exigences mentionnées aux articles L. 557-33 à L. 557-38 et L. 557-44 est contrôlé par l'instance d'accréditation mentionnée à l'article L. 557-32.

Art. L. 557-40 *(Créé à compter du 1er juillet 2013, L. n° 2013-619, 16 juill. 2013).* – L'organisme concerné ne peut effectuer les activités propres à un organisme habilité que si aucune objection n'est émise par la Commission européenne ou les autres États membres dans les deux semaines qui suivent sa notification par l'autorité administrative compétente.

Art. L. 557-41 *(Créé à compter du 1er juillet 2013, L. n° 2013-619, 16 juill. 2013).* – L'autorité administrative compétente peut restreindre, suspendre ou retirer l'habilitation d'un organisme dès lors que les exigences mentionnées aux articles L. 557-31 à L. 557-38 et L. 557-44 ne sont pas respectées ou que l'organisme ne s'acquitte pas de ses obligations en application du présent chapitre. Dans ce cas, l'organisme habilité tient *(Mots rempl., L. n° 2015-1567, 2 déc. 2015)* « à la disposition de l'autorité administrative compétente tous ses dossiers afin que celle-ci puisse les transmettre à tout autre organisme habilité à réaliser les opérations concernées en application du présent chapitre ou notifié à la Commission européenne, ainsi qu'à la disposition des autorités compétentes des États membres de l'Union européenne ou de l'Association européenne de libre-échange. »

En cas de restriction, de suspension ou de retrait de l'habilitation, les documents délivrés par l'organisme attestant la conformité des produits et des équipements demeurent valides, sauf si l'existence d'un risque imminent et direct pour la santé ou la sécurité publiques est établie.

Art. L. 557-42 *(Créé à compter du 1er juillet 2013, L. n° 2013-619, 16 juill. 2013 ; mod., L. n° 2015-1567, 2 déc. 2015).* – Lorsqu'un organisme habilité pour l'évaluation de la conformité constate que les exigences essentielles de sécurité mentionnées à l'article L. 557-4 n'ont pas été respectées par un fabricant, il invite celui-ci à prendre les mesures correctives appropriées. Si les mesures correctives ne sont pas prises en compte par le fabricant, il ne délivre pas le certificat de conformité et en informe l'autorité administrative compétente.

Art. L. 557-43 *(Créé à compter du 1er juillet 2013, L. n° 2013-619, 16 juill. 2013).* – Lorsque, au cours d'un contrôle de la conformité postérieur à la délivrance d'un certificat, un organisme habilité pour l'évaluation de la conformité constate qu'un produit ou un équipement n'est plus conforme aux exigences du présent chapitre, il invite le fabricant à prendre les mesures correctives appropriées et suspend ou retire le certificat de conformité, si nécessaire.

Lorsque les mesures correctives ne sont pas adoptées ou n'ont pas l'effet requis, l'organisme habilité soumet à des restrictions, suspend ou retire le certificat, selon le cas.

Art. L. 557-44 *(Créé à compter du 1er juillet 2013, L. n° 2013-619, 16 juill. 2013).* – L'organisme habilité met en place une procédure de recours à l'encontre de ses décisions pour ses clients.

Art. L. 557-45 *(Créé à compter du 1er juillet 2013, L. n° 2013-619, 16 juill. 2013).* – Pour les opérations qui ne sont pas exigées par la directive 97/23/CE du Parlement européen et du Conseil du 29 mai 1997 relative au rapprochement des législations des États membres concernant les équipements sous pression, la directive 2009/105/CE du Parlement européen et du Conseil du 16 septembre 2009 relative aux récipients à pression simples ou la directive 2010/35/UE du Parlement européen et du Conseil du 16 juin 2010 relative aux équipements sous pression transportables et abrogeant les directives du Conseil 76/767/CEE, 84/525/CEE, 84/526/CEE, 84/527/CEE et 1999/36/CE, les organismes habilités peuvent être dispensés du certificat d'accréditation mentionné à l'article L. 557-31 et ne pas être soumis aux articles L. 557-32 et L. 557-38 à L. 557-41.

Section V. – Contrôles administratifs et mesures de police administrative

Sous-section 1. – Contrôles administratifs

Art. L. 557-46 *(Créé à compter du 1er juillet 2013, L. n° 2013-619, 16 juill. 2013).* – Les agents mentionnés à l'article L. 172-1 ainsi que les agents des douanes *(Mots suppr., L. n° 2014-344, 17 mars 2014)* « ... » et de l'autorité administrative compétente sont habilités à procéder aux contrôles nécessaires en vue de vérifier le respect des exigences du présent chapitre et des textes pris pour son application.

(Al. abr., L. n° 2015-1567, 2 déc. 2015).

Art. L. 557-47 et L. 557-48 *(Abr., L. n° 2015-1567, 2 déc. 2015).*

Art. L. 557-49 *(Créé à compter du 1er juillet 2013, L. n° 2013-619, 16 juill. 2013).* – Tout opérateur économique, tout exploitant et tout organisme habilité porte, dès qu'il en est informé, à la connaissance de l'autorité administrative concernée :

1° Tout accident occasionné par un produit ou un équipement ayant entraîné mort d'homme ou ayant provoqué des blessures ou des lésions graves ;

2° Toute rupture accidentelle en service d'un produit ou d'un équipement soumis à au moins une opération de contrôle prévue à l'article L. 557-28.

Sauf en cas de nécessité technique ou de sécurité justifiée, il est interdit de modifier l'état des lieux et des installations intéressées par l'accident avant d'en avoir reçu l'autorisation de l'autorité administrative concernée.

Art. L. 557-50 *(Créé à compter du 1er juillet 2013, L. n° 2013-619, 16 juill. 2013 ; mod., L. n° 2015-1567, 2 déc. 2015 ; Ord. n° 2021-957, 19 juill. 2021).* – I. – Pour l'application du présent chapitre, les agents mentionnés à l'article L. 557-46 peuvent prélever ou faire prélever des échantillons de tout produit ou de tout équipement, aux fins d'analyse et d'essai, le cas échéant, par un laboratoire qu'ils désignent. Ils peuvent également acquérir ou faire acquérir par des personnes désignées à cet effet des échantillons.

Ces échantillons, détenus par un opérateur économique, sont placés sous scellés. Ils sont prélevés ou acquis au moins en triple exemplaire, sauf disposition particulière fixée par l'autorité administrative compétente, et un nombre d'échantillons nécessaire est conservé aux fins de contre-expertise.

Les échantillons sont adressés par l'opérateur économique en cause au laboratoire désigné dans un délai de deux jours à compter de la date de prélèvement.

II. – Pour le contrôle de la vente de biens sur internet, les agents mentionnés à l'article L. 557-46 peuvent faire usage d'une identité d'emprunt.

Art. L. 557-51 *(Créé à compter du 1er juillet 2013, L. n° 2013-619, 16 juill. 2013 ; mod., Ord. n° 2019-964, 18 sept. 2019).* – Pour l'application du présent chapitre et dans l'attente des résultats des analyses et essais mentionnés à l'article L. 557-50, les agents mentionnés à l'article L. 557-46 peuvent consigner les produits ou les équipements soumis au contrôle et, éventuellement, les véhicules qui les transportent.

La mesure de consignation ne peut excéder un mois. Ce délai peut être prorogé par ordonnance motivée du juge des libertés et de la détention du tribunal judiciaire dans le ressort duquel est situé le lieu où les produits ou équipements sont détenus ou d'un magistrat délégué à cet effet.

Le magistrat compétent est saisi sans forme par les agents mentionnés à l'article L. 557-46. Il statue par ordonnance exécutoire à titre provisoire dans les vingt-quatre heures au vu de tous les éléments d'information de nature à justifier cette mesure de consignation.

Les produits, les équipements et les véhicules consignés sont confiés à la garde de l'opérateur économique ou de toute autre personne désignée par ses soins dans des locaux professionnels adaptés et proposés par l'opérateur économique ou, dans le cas contraire, dans tout autre lieu que l'opérateur économique ou la personne désignée par ses soins désignent ou, à défaut, dans tout autre lieu désigné par les agents mentionnés à l'article L. 557-46.

L'ordonnance de prorogation de la mesure de consignation est notifiée par tout moyen au détenteur des produits ou équipements consignés.

Le juge des libertés et de la détention peut ordonner la mainlevée de la mesure de consignation à tout moment. La mesure de consignation est levée de plein droit par l'agent habilité dès lors que la conformité des produits ou équipements consignés aux réglementations auxquelles ils sont soumis est établie.

NB : Conformément à l'article 36 de l'ordonnance n° 2019-964 du 18 septembre 2019, ces dispositions entrent en vigueur au 1er janvier 2020.

Art. L. 557-52 *(Rempl., Ord. n° 2021-957, 19 juill. 2021)*. – L'ensemble des frais induits par le contrôle, les frais d'analyse des échantillons, de leurs essais, stockage ou transport, le cas échéant de consignations prévus à la présente sous-section sont mis à la charge de l'opérateur économique concerné en cas d'infraction ou de non-conformité.

Sous-section 2. – Mesures et sanctions administratives

Art. L. 557-53 *(Créé à compter du 1er juillet 2013, L. n° 2013-619, 16 juill. 2013 ; rempl., L. n° 2015-1567, 2 déc. 2015 ; mod., Ord. n° 2021-957, 19 juill. 2021)*. – Les mises en demeure, les mesures conservatoires et les mesures d'urgence mentionnées à l'article L. 171-7 et au I de l'article L. 171-8 peuvent, au regard des manquements constatés au présent chapitre et aux textes pris pour son application, porter sur la mise en conformité, le rappel ou le retrait de tous les produits ou équipements présentant une ou plusieurs non-conformités ou pouvant présenter les mêmes non-conformités que celles constatées ou suspectées, notamment les produits ou les équipements provenant des mêmes lots de fabrication et sur toute mesure énumérée à l'article L. 557-53-1.

Lorsqu'un opérateur économique est concerné par la mise en conformité, le rappel ou le retrait d'un produit ou d'un équipement, il informe les autres opérateurs économiques auxquels il a fourni ces produits ou équipements, ainsi que les exploitants et les utilisateurs de ces produits ou équipements.

Art. L. 557-53-1 *(Ord. n° 2021-957, 19 juill. 2021)*. – Dans les cas où les produits sont susceptibles de ne présenter qu'un risque limité à certaines conditions d'utilisation ou à certaines catégories d'utilisateurs finals, l'autorité administrative compétente peut imposer une ou plusieurs mesures appropriées et proportionnées choisies parmi les mesures suivantes :

1° Faire apposer sur tous les produits ou équipements concernés des avertissements adéquats, rédigés de façon claire et facilement compréhensible, concernant les risques qu'ils peuvent présenter, dans la ou les langues désignées par l'autorité de l'État membre compétente sur le marché duquel ils sont mis à disposition ;

2° Fixer des conditions préalables à leur mise à disposition sur le marché ;

3° Procéder à une mise en garde immédiate et appropriée des utilisateurs finals exposés au risque, y compris en publiant des avertissements spécifiques dans la ou les langues désignées par l'autorité de l'État membre compétente sur le marché duquel le produit est mis à disposition.

Art. L. 557-54 *(Créé à compter du 1er juillet 2013, L. n° 2013-619, 16 juill. 2013 ; rempl., L. n° 2015-1567, 2 déc. 2015)*. – Outre les mesures prévues aux 1° à 4° du II de l'article L. 171-8, l'autorité administrative compétente peut, suivant les mêmes modalités :

1° Faire procéder d'office, au lieu et place de l'opérateur économique en cause et à ses frais, à la destruction des produits ou des équipements non conformes, notamment lorsque ces produits ou ces équipements présentent un risque pour la santé ou la sécurité publiques ; les sommes qui seraient consignées en application du 1° du II du même article L. 171-8 peuvent être utilisées pour régler les dépenses ainsi engagées ;

2° Suspendre le fonctionnement du produit ou de l'équipement jusqu'à l'exécution complète des conditions imposées.

Art. L. 557-55 *(Créé à compter du 1er juillet 2013, L. n° 2013-619, 16 juill. 2013).* – L'autorité administrative compétente peut également recourir aux dispositions *(Réf. rempl., L. n° 2015-1567, 2 déc. 2015)* « des articles L. 557-53 et L. 557-54 » dès lors qu'elle constate qu'un produit ou qu'un équipement, bien que satisfaisant aux exigences du présent chapitre, présente un risque pour la santé ou la sécurité des personnes ou pour d'autres aspects liés à la protection des intérêts mentionnés à l'article L. 557-1. Elle peut également autoriser l'opérateur économique en cause à prendre des mesures visant à supprimer ce risque.

Art. L. 557-56 *(Créé à compter du 1er juillet 2013, L. n° 2013-619, 16 juill. 2013 ; mod., L. n° 2015-1567, 2 déc. 2015).* – L'autorité administrative compétente peut prescrire toute condition de vérification, d'entretien, d'expertise ou d'utilisation d'un produit ou d'un équipement en vue de remédier au risque constaté, aux frais de l'opérateur économique, de l'exploitant ou de l'utilisateur concerné.

Elle peut également prescrire l'arrêt de l'exploitation du produit ou de l'équipement en cas de danger grave et imminent.

Art. L. 557-57 *(Abr., L. n° 2015-1567, 2 déc. 2015 ; rétabli, Ord. n° 2021-957, 19 juill. 2021).* – Dans les cas où il n'existe pas d'autre moyen efficace pour éliminer un risque grave, l'autorité administrative compétente peut ordonner le retrait d'une interface en ligne, des contenus qui mentionnent les produits concernés ou l'affichage d'une mise en garde claire et explicite sur celle-ci lorsque les utilisateurs finals y accèdent.

S'il n'a pas été, à l'expiration du délai imparti, déféré à ladite injonction, l'autorité administrative compétente, peut notifier aux personnes mentionnées à l'article L. 557-8-1 et aux personnes mentionnées au I de l'article 6 de la loi n° 2004-575 du 21 juin 2004 pour la confiance dans l'économie numérique, les adresses électroniques des interfaces en ligne dont les contenus sont illicites, afin qu'ils prennent toute mesure utile destinée à en restreindre l'accès.

Art. L. 557-58 *(Créé à compter du 1er juillet 2013, L. n° 2013-619, 16 juill. 2013 ; mod., L. n° 2015-1567, 2 déc. 2015 ; Ord. n° 2021-957, 19 juill. 2021).* – Sans préjudice de l'article L. 171-8, l'autorité administrative peut ordonner le paiement, sans mise en demeure préalable, d'une amende, qui ne peut être supérieure à 15 000 € assortie, le cas échéant, d'une astreinte journalière qui ne peut dépasser 1 500 € applicable à partir de la décision la fixant et jusqu'à satisfaction de la mise en demeure, pour le fait de :

1° Exploiter un produit ou un équipement lorsque celui-ci n'a pas fait l'objet des opérations de contrôle prévues à l'article L. 557-28 ;

2° Ne pas adresser les échantillons prélevés au laboratoire désigné dans le délai de deux jours mentionné à l'article L. 557-50 ;

3° Valider une opération de contrôle prévue à l'article L. 557-28 si ses modalités n'ont pas été respectées ou si elle a conclu à la non-conformité du produit ou de l'équipement ;

4° Mettre à disposition sur le marché, stocker en vue de sa mise à disposition sur le marché, installer, mettre en service, utiliser, importer ou transférer, en connaissance de cause, un produit ou un équipement soumis au présent chapitre non muni du marquage mentionné à l'article L. 557-4 ;

5° Mettre à disposition sur le marché, stocker en vue de sa mise à disposition sur le marché, installer, mettre en service, utiliser, importer ou transférer, en connaissance de cause, un produit ou un équipement soumis au présent chapitre sans les attestations mentionnées au même article L. 557-4 ;

6° Adresser une demande d'évaluation de la conformité dans le cadre de la procédure mentionnée à l'article L. 557-5 auprès de plusieurs organismes habilités pour une même étape d'évaluation d'un produit ou d'un équipement ;

7° Pour un opérateur économique, ne pas être en mesure de ou ne pas communiquer aux personnes mentionnées à l'article L. 557-10 les informations mentionnées au même article pendant la durée fixée ;

8° Pour un opérateur économique, ne pas communiquer aux personnes mentionnées à l'article L. 557-12 les informations et documents mentionnés au même article, y compris, le cas échéant, via un accès aux logiciels intégrés, et ne pas coopérer avec ces personnes ;

9° Pour un organisme habilité, ne pas souscrire une assurance couvrant sa responsabilité civile ;

10° Pour un organisme habilité, ne pas respecter les dispositions mentionnées à l'article L. 557-42 en cas de constatation de non-respect des exigences de sécurité par un fabricant ;

11° Pour un organisme habilité, ne pas respecter les dispositions mentionnées à l'article L. 557-43 en cas de constatation de non-conformité d'un produit ou d'un équipement ;

12° Délivrer une attestation de conformité lorsque la procédure d'évaluation prévue à l'article L. 557-5 n'a pas été respectée ;

13° Pour un opérateur économique :

a) Omettre d'apposer le marquage mentionné à l'article L. 557-4 ;

b) Omettre d'établir les attestations mentionnées au même article L. 557-4 ou ne pas les établir correctement ;

c) Ne pas rendre disponible ou ne pas compléter la documentation technique mentionnée à l'article L. 557-5 ;

d) Ne pas apposer les marquages et symboles, définis par décret en Conseil d'État, spécifiques à un type de produit ou d'équipement mentionné au présent chapitre ;

e) Ne pas fournir les informations pertinentes aux fins d'identification du propriétaire du site internet prévues à l'article L. 557-10 ;

14° Pour un importateur ou un distributeur ou un prestataire de services d'exécution de commandes, ne pas garantir la conformité d'un produit ou d'un équipement aux exigences essentielles de sécurité au cours de son stockage, son entreposage, son conditionnement ou de son transport en application de l'article L. 557-13 ;

15° Pour un fabricant, ne pas respecter les obligations lui incombant en application des articles L. 557-14 à L. 557-17 ;

16° Pour un importateur, ne pas respecter les obligations lui incombant en application de la sous-section 2 de la section 2 du présent chapitre ;

17° Pour un distributeur, ne pas respecter les obligations lui incombant en application de la sous-section 3 de la même section 2 ;

18° Pour un prestataire de services d'exécution de commandes ne pas respecter les obligations lui incombant en application de la sous-section 4 de la section 2 ;

19° Ne pas déclarer, dans les conditions prévues à l'article L. 557-49, les accidents susceptibles d'être imputés à un produit ou à un équipement ;

20° Apposer le marquage ou établir l'attestation mentionnés à l'article L. 557-4 en violation du présent chapitre ;

21° Pour un organisme habilité, ou sur instruction de ce dernier pour un fabricant ou son mandataire, ne pas apposer le numéro d'identification délivré par la Commission européenne, lorsque l'organisme habilité intervient dans la phase de contrôle de la production ;

22° Pour un fabricant ou un importateur, ou, lorsqu'il y est tenu, un prestataire de services d'exécution de commandes, indiquer de manière fausse ou incomplète ou omettre d'indiquer son nom, sa raison sociale ou sa marque déposée et l'adresse postale à laquelle il peut être contacté sur le produit ou, lorsque ce n'est pas possible, sur son emballage ou dans un document accompagnant le produit.

Les amendes et astreintes sont proportionnées à la gravité des manquements constatés.

L'amende administrative ne peut être prononcée qu'après que l'opérateur économique a été mis à même de présenter, dans un délai n'excédant pas un mois, des observations écrites et, le cas échéant, sur sa demande, des observations orales. Il peut se faire assister par un conseil ou représenter par un mandataire de son choix.

Section VI. – Recherche et constatation des infractions et sanctions pénales

(Intitulé rempl. et mod., L. n° 2015-1567, 2 déc. 2015)

Art. L. 557-59 *(Créé à compter du 1er juillet 2013, L. n° 2013-619, 16 juill. 2013).* – Outre les officiers et agents de police judiciaire et les inspecteurs de l'environnement mentionnés à l'article L. 172-1, sont habilités à rechercher et à constater les infractions au présent chapitre :

1° Les agents des douanes ;

2° *(Abr., L. n° 2014-344, 17 mars 2014 ; rétabli, L. n° 2015-1567, 2 déc. 2015)* Les inspecteurs de la sûreté nucléaire, dans les conditions prévues au chapitre VI du titre IX.

(Al. abr., L. n° 2015-1567, 2 déc. 2015).

Art. L. 557-60 *(Créé à compter du 1er juillet 2013, L. n° 2013-619, 16 juill. 2013 ; mod. et transféré à la présente section, L. n° 2015-1567, 2 déc. 2015).* **– Sans préjudice des sanctions pénales prévues aux articles L. 173-1 à L. 173-12, est puni de deux ans d'emprisonnement et de 75 000 € d'amende le fait de :**

1° Mettre à disposition sur le marché, stocker en vue de sa mise à disposition sur le marché, installer, mettre en service, utiliser, importer ou transférer, en connaissance de cause, un produit ou un équipement soumis au présent chapitre ne satisfaisant pas aux exigences essentielles de sécurité mentionnées à l'article L. 557-4 ou n'ayant pas été soumis à la procédure d'évaluation de la conformité mentionnée à l'article L. 557-5 ;

2° Exploiter un produit ou un équipement lorsque les opérations de contrôle prévues à l'article L. 557-28 ont conclu à la non-conformité du produit ou de l'équipement ;

3° Délivrer une attestation de conformité lorsque la procédure d'évaluation prévue à l'article L. 557-5 n'a pas été respectée ;

4° Ne pas satisfaire dans le délai imparti aux obligations prescrites par une mise en demeure prise au titre du présent chapitre ;

5° Paralyser intentionnellement un appareil de sûreté réglementaire présent sur le produit ou l'équipement ou aggraver ses conditions normales de fonctionnement.

Art. L. 557-60-1 *(L. n° 2021-646, 25 mai 2021).* **– Est puni de six mois d'emprisonnement et de 7 500 € d'amende le fait :**

1° Pour les opérateurs économiques, de mettre des articles pyrotechniques à disposition des personnes physiques ne possédant pas les connaissances techniques particulières ou ne répondant pas aux conditions d'âge exigées par la réglementation pour les acquérir, les détenir, les manipuler ou les utiliser, en violation de l'article L. 557-9 ;

2° D'acquérir, de détenir, de manipuler ou d'utiliser des articles pyrotechniques sans posséder les connaissances techniques particulières exigées par la réglementation à cet effet, en violation de l'article L. 557-8.

Les infractions définies au présent article sont punies d'un an d'emprisonnement et de 15 000 € d'amende lorsqu'elles sont commises au moyen de l'utilisation d'un réseau de communications électroniques.

Section VII. – Mise en œuvre

(Anc. sect. 8 dénum., L. n° 2015-1567, 2 déc. 2015)

Art. L. 557-61 *(Créé à compter du 1er juillet 2013, L. n° 2013-619, 16 juill. 2013).* **– Les modalités d'application du présent chapitre sont définies par décret en Conseil d'État.**

TITRE VI. – PRÉVENTION DES RISQUES NATURELS

Bibliographie : *Traités et ouvrages.* C. Cans, I. Diniz, J.-M. Pontier et T. Touret, *Traité de droit des risques naturels*, 2014, Éd. du Moniteur. • C. Laronde-Clérac, A. Mazeaud et A. Michelot, *Les risques naturels en zones côtières, Xynthia : enjeux politiques, questionnements juridiques*, Presses Universitaires de Rennes, 2015. • CNRS, *Comptes rendus du séminaire du programme : risques collectifs et situations de crise*, 1999. • P.-P. Danna (ss dir.), *Les plans d'exposition aux risques naturels : échec ou réussite ?*, SFDE/CREDECO, Presses de l'Université de Nice-Sophia Antipolis, sept. 1993, p. 89. • DATAR, *L'aménagement du territoire face aux risques : Rev. Territoires 2020*, 4e trim. 2003, n° 9, La Documentation française. • G. Deneufbourg, *L'État et les politiques de prévention des risques naturels : Cah. CNFPT* août 1993, n° 39, p. 67. • J. Devedjian, *Risques naturels : jouer la bonne carte : Diagonal* avr. 1986, p. 12. • B. Florin, *L'indemnisation des catastrophes naturelles : Rev. Administrer* mars 1995, n° 265, p. 3. • J.-P. Gout, *Prévention et gestion des risques majeurs : les risques d'origine naturelle*, Les Éditions de l'environnement, 1993, coll. « Écoscience et technologie ». • *Instance d'évaluation : la prévention des risques naturels*, Rapport, Commissariat du Plan, La Documentation française, nov. 1997. • R. Laufer, *L'entreprise face aux risques majeurs*, L'Harmattan, 1992. • B. Ledoux, *Les catastrophes naturelles en France*, Documents Payot, janv. 1995.

JurisClasseurs. M. Sousse, *Dispositifs de prévention des risques naturels : JCl. Environnement et Développement durable* 2011, Fasc. 4510 ; *Mesures de prévention des risques naturels des collectivités locales, M. Sousse : JCl. Environnement et Développement durable* 2013, Fasc. 4520 ; *Risques naturels. – Gestion de crise, 2014 : JCl. Environnement et Développement durable*, Fasc. 4540. • J.-P. Demouveaux, *Responsabilité en matière d'environnement : JCl. Environnement et Développement durable* 2006, Fasc. 5000.

Revues spécialisées. « Risque et aménagement » au cœur du 42e congrès des géomètres-experts : *JCP* N 2014, n° 28, act. 814 ; *Rev. Préventique-Sécurité*, notamment n° 58 (*Prévision et plan d'action*) ; n° 50 (*Urbanisme et sécurité, mieux maîtriser les risques dans la ville*) ; n° 48 (*Crues du Languedoc*) ; n° 39 (*Risques naturels*) ; n° 37 (*Les vérités d'Haroun Tazieff*). • *Rev. Responsabilité et environnement*, série des Annales des mines, notamment n° 26 (*Les registres de justification dans l'instruction des plans de prévention des risques inondation*) ; nos 16-17 (*Inondations*, nov. 1999) ; n° 4 (*Risques et société*, oct. 1996) ; nos 1, 2 et 3 (*Risque sismique*, janv. 1996, avr. 1996 et juill. 1996).

Généralités. F. Allaire, *Risque naturel et droit : AJDA* 2012, p. 1316. • M.-F. Steinle-Feuerbach, *Risques naturels et technologiques : mars 2009-mars 2010 : Dr. env.* 2010, n° 180, p. 235 et s. ; *Risques naturels et technologiques : décembre 2007-mars 2009 : Dr. env.* 2009, n° 168, p. 15 et s. • M. Sousse, *Grenelle 2 : le traitement des risques industriels et naturels : Environnement et dév. durable* 2010, n° 10, étude 25, p. 41 et s. • Ph. Billet, *La lettre et le néant : de l'inconsistance de la codification dans le domaine des pollutions, des nuisances et des risques : Dr. env.* janv.-févr. 2001, n° 85, p. 21 ; *La rénovation et le renforcement des mesures de prévention des risques naturels : JCP A* 24 janv. 2005, n° 4, 1036. BUISSON, *Audit de la mise en œuvre de la politique nationale de prévention des risques naturels et technologiques à la Réunion, CGEDD, CGEIET et CGAAER févr. 2015.* • N. Calderaro, *Le juge administratif et la prévention des risques naturels : LPA* 24 mai 1996, n° 63, p. 7 ; *Le juge administratif et la prévention des risques naturels : BJDU* 2/1999, p. 36 ; *Le juge administratif et la prévention des risques naturels : Gaz. cnes.* 26 avr. 1999, n° 17, p. 43 ; *Le juge administratif et la prévention des risques naturels : RFDA* juill.-août 2001, p. 895 ; *Le juge administratif et la prévention des risques naturels : Dr. env.* 2004, n° 115, p. 23. • J.-M. Février, *Actualité de la prévention des risques naturels : Environnement* mars 2005, n° 3, étude 4 ; *La soumission des plans de prévention des risques aux règles du contentieux de l'urbanisme : Environnement* nov. 2006, n° 117. • B. Hagege, *La reconnaissance de la force majeure à l'occasion de catastrophes naturelles : mythe ou réalité ? : LPA* 6 sept. 2002, n° 179, p. 3. • C. Huglo, *Les délits liés au manque de précaution : risques et environnement : LPA* 15 févr. 1995, n° 20, p. 7. • C. Huglo, *Le nouveau projet de loi sur les risques naturels majeurs : Décideurs juridiques et financiers* 15 janv. 2003, n° 42, p. 74-75. • E. Le Cornec, *Les risques naturels et le droit de construire ou d'aménager, aspects de la responsabilité administrative et pénale : LPA* 15 août 1997, n° 98 ; *Responsabilité administrative et force majeure. Les autorités de l'urbanisme face aux risques naturels : AJDI* 1999, p. 198. • F. Leduc, *Catastrophe naturelle et force majeure : RGDA* 1997, n° 2, p. 409 à 427. • C. Lienhard, *Pour un droit des catastrophes : D.* 1995, chron. p. 91 à 98. • Ministère de l'Aménagement du territoire et de l'Environnement, Jurisques, jurisprudence commentée, prévention des risques naturels, 1re éd., 2000. • P. Planchet, *Le précédent, moyen d'évaluation du risque naturel : Rev. jur. env.* 1998, n° 4, p. 485. • J. Pontier, *La puissance publique et la prévention des risques : AJDA* 2003, p. 1752. • R. Romi, *La prévention des risques naturels, aspects matériels : du discours écologiste aux actes raisonnables ? : Dr. env.* 2003, n° 113, p. 202. • Ph. Ségur, *La catastrophe et le risque naturel : essai de définition juridique : RDP* 1997, p. 1693. • Van Lang, *L'émergence d'une approche intégrée du risque d'inondation : AJDA* 2012. 1320.

Loi de 1982. D. Tomasin, *La loi du 13 juillet 1982 sur les catastrophes naturelles : Dr. et ville* 1986, n° 21, p. 213.

Loi de 1987. M. Lagarde, *Commentaire de la loi n° 87-565 du 22 juillet 1987, relative à l'organisation de la sécurité civile, à la protection de la forêt contre l'incendie et à la prévention des risques majeurs : ALD* 1988, p. 19. • C. Huglo, *La notion de services, plan moyen d'intervention contre les conséquences résultant d'une catastrophe (analyse des travaux préparatoires de la loi du 22 juillet 1987 : Annonces Seine* 17 et 21 déc. 1992.

Avant loi Barnier. J. Brenot, B. de Ryck, Ph. Hubert et S. Mignaval, *Recherche de critères d'acceptation du risque : recevabilité dans le public des critères quantitatifs de gestion*, CEA/IPSN, févr. 1993, p. 22. • C. Huglo et P. Joly, *Le droit contre les risques naturels majeurs : Aménagement et nature* 1993-1994, n° 112, p. 2. • J. Marion et X. Prétot, *Les risques naturels majeurs et les responsabilités publiques : évolution ou révolution ? : Administration* 1987, n° 136, p. 76. • C. Sanson, *Le renforcement de la prévention des risques naturels : Aménagement et nature* 1993-1994, n° 112.

Loi Barnier. R. Hostiou, *Loi Barnier, protection de l'environnement et droit de l'expropriation pour cause d'utilité publique : Rev. jur. env.* 1995, p. 235. • Y. Jégouzo, *La loi n° 95-101 du 2 février 1995, relative au renforcement de la protection de l'environnement : RD imm.* 1995, p. 201. • H. Legrand, *La loi du 2 février 1995 et la prévention des risques naturels : RFDA* 1996, p. 228.

Loi Bachelot. Bigot, *La loi Bachelot et l'assurance : Environnement mag.* 2004, n° 2, p. 9. • Boivin et Herce, *La loi du 30 juillet 2003 sur les risques technologiques et naturels majeurs : AJDA* 2003, p. 1765. • Ch. Cans, *La loi du 30 juillet 2003 et la prévention des risques naturels : réelles avancées et cruels constats d'inefficacité : Dr. env.* 2003, n° 113, p. 204. • Lévy, *Risques technologiques et naturels majeurs : ce qui change en matière de droit de préemption, de délaissement et d'expropriation, à propos de la loi n° 2003-699 du 30 juillet 2003 : AJDA* 2004, p. 101. • Trouilly, *Prévention des risques naturels et technologiques (loi n° 2003-699) : Environnement* 2003, n° 10, p. 22.

Assurances. D. Ajdenweber, *Fréquence, amplitude et coût des catastrophes naturelles : Risques* avr.-juin 2000, n° 42, p. 75. • Bigot, *La loi Bachelot et l'assurance : Environnement mag.* 2004, n° 2, p. 9. • G. Courtieu, *La garantie des catastrophes naturelles : Assur. fr.* 1982, p. 592. • R. Enz, *Perspectives de la réassurance des catastrophes naturelles : Risques* avr.-juin 2000, n° 42, p. 116. • C. Fichot, *L'assurance des catastrophes naturelles*, mémoire, Paris II, 1985. • K. Gerathewohl et

F. Nierhaus, *Les limites d'assurabilité des risques catastrophiques : Argus international* 1981, p. 315. • C. Gollier, *Robinson Crusoë, l'assureur et le petit peuple : Risques* avr.-juin 2000, n° 42, p. 102. • J.-L. Guigou et G. Ribere, *Construire de nouvelles solidarités territoriales pour prévenir les risques naturels : Risques* avr.-juin 2000, n° 42, p. 94. • J.-M. Lamère, *Assurance et catastrophes : aujourd'hui et demain : Risques* avr.-juin 2000, n° 42, p. 107. • P. Picard, *Les frontières de l'assurance : Risques* avr.-juin 2000, n° 42, p. 73. • M. Serror Fienberg, *L'état des risques naturels, miniers et technologiques : un risque financier trop souvent oublié par les bailleurs : AJDI* 2016, p. 420. • J.-P. Terreaux et M. Bouzit, *Risques naturels : la spirale protection-aménagement : Risques* déc. 2000, n° 44, p. 122.

Indemnisation. N. Andermahr, *Les fonds catastrophes débarquent en France : Option fin.* 10 janv. 2000, n° 578, p. 6. • P. Bidan, *Indemnisation des catastrophes naturelles : de la naissance vers l'âge adulte : Risques* avr.-juin 2000, n° 42, p. 80. • P. Bidan, *Le régime d'indemnisation des catastrophes naturelle a-t-il un avenir ? : RGDA* 2001, n° 2, p. 243. • D. Charras et J. Chiappa, *Indemnisation des conséquences de la sécheresse sur les constructions : Rev. Administrer* juin 1998, n° 301, p. 10. • C. Guettier, *Indemnisation des victimes de catastrophes naturelles et socialisation du risque : RGDA* 1997, n° 3, p. 672 à 696. • G.-J. Martin, *Risques naturels, logique assurantielle et solidarité : Risques* avr.-juin 2000, n° 42, p. 411. • B. de Vanssay, *Système d'assurance et plans d'exposition aux risques : des outils efficaces de la prévention aux catastrophes naturelles*, in *La société vulnérable*, Presses de l'École normale supérieure, 1987, p. 539. • M. Zavaro, *L'évolution récente de la garantie des catastrophes : Ann. loyers* 2002, n° 1, p. 24. • Poupeau, *Le très cher fonds de prévention des risques naturels majeurs : AJDA* 2017, 495.

Inondations. Drobenko, *Inondations, aux risques de la complexité : Rev. jur. env.* 4/2002, p. 629. • F. Duval, *Dommages causés par les inondations : Ann. voirie* janv.-févr. 1999, n° 45, p. 16 (1re partie) ; *ibid.* mars-avr. 1999, n° 46, p. 9 (2e partie). • N. Lesage, *Les inondations : à chacun sa responsabilité : LPA* 27 avr. 1994, n° 50, p. 51 à 53. • J. Lelong, *Élaborer un plan pour prévenir les inondations : Gaz. cnes.* 23 sept. 2002, p. 24. • R. Romi, *Inondations et juridictions administratives : juste sévérité : Dr. env.* avr. 2001, n° 87, p. 67. • J. Sironneau, *Les responsabilités en matière d'inondation et de réparation des dommages : Dr. env.* nov. 1998, n° 63, p. 15. • Centre international de droit comparé de l'environnement, *Le contentieux des inondations : les responsabilités*, étude réalisée pour le compte du ministère de l'Aménagement du territoire et de l'Environnement, déc. 1999. • Touret, *La maîtrise du risque inondation : Journ. maires* 15 févr. 2004, n° 2. • A. Van Lang, *L'émergence d'une approche intégrée du risque d'inondation : AJDA* 2012, p. 1320.

Maires et collectivités locales. Y. Goutal, *La compétence GEMAPI des EPCI : une compétence à risques : AJCT* 2016, p. 497. • Ph. Billet, *Risque naturel et articulation entre elles des mesures de protection de la personne exposée – À propos de CE, 21 oct. 2009, n° 310470 : JCP* A 2009, n° 48, 2280, p. 37. • Champon et a., *Les collectivités locales et les risques naturels*, Imprimerie nationale, 2003, coll. « Action locale ». • M.-B. Crescenzo D'Auriac, *Sécurité : les maires en première ligne : Dpt et cnes* févr. 1988, p. 35. • C. Gilbert, *La catastrophe, l'élu et le préfet*, PUF, 1990. • J. Lelong, *Prévention des risques : élaborer un plan de secours communal : Gaz. cnes.* 14 oct. 2002, p. 32. • P. Tronchon, *Risques majeurs, environnement et collectivités*, Berger-Levrault, 1991. • F. Braud, *L'éventualité de la responsabilité pénale : AJDA* 2012, p. 1342. • M.-C. de Montecler, *Tempête Xynthia : condamnation pénale d'un maire et de son adjointe*, Trib. corr. des Sables d'Olonne, 12 déc. 2014, n° 877/2014 : *Rec. Dalloz* 2015, p. 14. • Calvet et Manable : Xynthia, 5 ans après : pour une véritable culture du risque dans les territoires, *Rapport d'information Sénat* n° 536, 18 juin 2015. • C. Cans, J.-M. Pontier et T. Touret, *Xynthia, ou l'incurie fautive d'un maire obstiné : AJDA* 2015, n° 7/2015. • C. Cans et T. Touret, *Les « zones de solidarité » de l'après Xynthia, une technique administratives pertinente dépourvue d'effets juridiques : AJDA* 2016, 392. • Lalonde-Clerac-Mazeaud-Michelot *Les risques naturels en zones côtières. Xynthia : enjeux politiques, questionnements juridiques*, PUR 2015. • Y. Mayaud, *La responsabilité pénale du maire de La Faute-sur-Mer est confirmée par la Cour d'appel de Poitiers*, Cour d'appel de Poitiers, 4 avr. 2016, n° 16/00199 : *AJCT* 2016, p. 325. • H. Arbousset, *Recherche de responsabilité et causes d'exonération* et Y. Mayaud, *La responsabilité pénale liée aux catastrophes naturelles : quelle défense pour les décideurs locaux ?*, Mulot, *L'incorporation des terres submergées au domaine public maritime : entre atteinte à la propriété privée et respect de l'intérêt général : Ann. voirie* févr.-mars 2010, n° 142, p. 33. • M.-F. Steinlé-Feuerbach, *La responsabilité pénale des collectivités territoriales à l'épreuve des catastrophes naturelles, Colloque : Rev. Lamy coll. terr.* 2013, n° 88. *Submersion marine et érosion côtière. Connaître, prévenir et gérer les risques naturels sur la façade atlantique, Association des CESER de l'Atlantique* sept. 2015.

Montagne. L. de Crecy, *Les risques en montagne : Aménagement et nature* 1988, n° 90, p. 10 ; *Le risque en montagne : une notion ambiguë : Aménagement et nature* 1988, n° 91, p. 10. • P.-P. Danna, *Risques naturels et gestion de l'espace : Rev. jur. env.* 1995, p. 419. • C. Langello, *Inclusion des risques naturels montagnards dans les documents d'urbanisme : LPA* 21 févr. 1996, n° 23, p. 35. • M. Mayo, *Risques en montagne, responsabilités communales : Études foncières* hiver 1998, n° 81, p. 8. • F. Servoin, *La sécurité civile en montagne : RFDA.* 1985, p. 805 ; *Les risques naturels en montagne et le droit de l'urbanisme : LPA* 21 févr. 1996, n° 23, p. 29.

PER. F. Bouyssou, *Les plans d'exposition aux risques naturels : Dr. et ville* 1985, p. 237. • J. Hermann, *Les décisions administratives à l'épreuve des risques naturels : les sanctions du juge administratif*, in *Les plans d'exposition aux risques naturels : échec ou réussite ?*, SFDE/CREDECO, Presses de l'Université de Nice-Sophia Antipolis, sept. 1993, p. 89. • L. Peyret, *Les risques majeurs : les plans d'exposition aux risques : Rev. gén. sécurité* 1986, n° 57, p. 32. • G. Plouchard,

Les plans d'exposition aux risques naturels : Études foncières sept. 1984, p. 18. • R. Romi, *Réflexions sur les plans d'exposition aux risques : L'élu écologiste* janv. 1991, p. 10 ; *Réflexions sur la nature juridique des plans d'exposition aux risques : LPA* 18 juill. 1990, p. 18.

PPR. Ph. Billet, *Permis de construire – Les prescriptions d'un PPRN valent dispositions d'urbanisme – À propos de CE, 17 déc. 2008, n° 305409, Falcoz : JCP* A 2009, n° 9, 2047, p. 43 et s. • S. Defix, *L'existence d'un plan de prévention des risques naturels prévisibles ne garantit pas la constructibilité d'une parcelle*, Conseil d'État, 15 févr. 2016, n° 389103 : *AJCT* 2016, p. 343. • S. Defix, *La procédure d'application anticipée d'un projet de plan de prévention des risques naturels est conforme à la Constitution : Énergie – Env. – Infrastr.* 2015, n° 1, comm. 11. • F. Nesi, *Un plan de prévention des risques naturels prévisibles peut-il être assimilé à un document d'urbanisme pour fixer le montant d'une indemnité d'expropriation ? – À propos de Cass. 3e civ., 11 févr. 2009, n° 07-13.853, Cne de Jausiers c/ Ocelli : BJDU* 2009, n° 1, jurispr. p. 27. • M. Sousse, *Contrôle du zonage d'un plan de prévention des risques naturels prévisibles – À propos de CAA Bordeaux, 5e ch., arrêt, 17 nov. 2008, n° 07BX00225, Cne des Mathes c/ SA Parc de la côte sauvage et la SARL Holding Parc de la côte sauvage : Environnement et dév. durable* 2009, n° 4, comm. 50, p. 26. • D. Canepa, *Catastrophes et sécurité civile : complexité et coordination : Administration* 1995, p. 87. • J. Carton, *Les plans de prévention des risques naturels prévisibles : quelles améliorations du dispositif juridique de prévention ? : Rev. jur. env.* 1995, p. 247. • E. Le Cornec, *Les plans de prévention des risques naturels prévisibles : Assur. fr.* déc. 1995, n° 716, p. 6. • L. Halna du Fretay, *Les plans de prévention des risques : un contre-exemple de la décentralisation ? : Gaz. Pal.* 1998, p. 793-796. • H. Jacquot, *Les plans de prévention des risques naturels sont des documents d'urbanisme au sens de l'article R. 600-1 du Code de l'urbanisme : AJDA* 2002, p. 177. • Traoré, *La nature juridique des plans de prévention : AJDA* 2003, p. 2185. • J. Vinet, *La refonte des plans de prévention des risques naturels : Dr. env.* déc. 1995-janv. 1996, n° 34, p. 132 ; *Dr. env.* févr. 1996, n° 35, p. 17.

Responsabilité de l'État. C. Deffigier, note sous CE, 2 oct. 2002, n° 232720, *Min. Équipement, Transports et Logement c/ M. et Mme G. : AJDA* 27 janv. 2003, p. 143 et concl. I. de Silva ; *BJDU* 4/2002, p. 309 et note J.-C. B., p. 314). • F. Moderne, *La responsabilité de l'État et des communes en cas de réalisation des risques naturels et technologiques : Dr. et ville* 1986, n° 21, p. 255. • P. Planchet, *La maîtrise de l'urbanisation des zones exposées à des risques naturels : LPA* 7 oct. 1994, n° 120, p. 17 et 14 oct. 1994, n° 123, p. 8. • J.-M. Pontier, *La responsabilité du fait des risques naturels prévisibles : AJDA* 2012, n° 24/2012, p. 1335.

Tempête. Ph. Masson, *La tempête, les immeubles et le droit : LPA* 27 mars 2000, n° 61, p. 3 (1re partie) ; *LPA* 3 avr. 2000, n° 66, p. 4 (2e partie).

Expertise. B. Peckels, *Catastrophes naturelles. Quelles problématiques expertales ? : Experts* 2010, n° 89, chron. p. 20.

CHAPITRE Ier. – MESURES DE SAUVEGARDE DES POPULATIONS MENACÉES PAR CERTAINS RISQUES NATURELS MAJEURS

Art. L. 561-1 (1) *(Mod., L. n° 2002-276, 27 févr. 2002 ; L. n° 2003-699, 30 juill. 2003 ; L. n° 2010-788, 12 juill. 2010 ; mod. à compter du 1er janvier 2015, Ord. n° 2014-1345, 6 nov. 2014* (2) *; mod., L. fin. n° 2020-1721, 29 déc. 2020 ; Ord. n° 2022-489, 6 avr. 2022). – (Mod., L. fin. n° 2023-1322, 29 déc. 2023)* **Sans préjudice des dispositions prévues au 5° de l'article L. 2212-2 et à l'article L. 2212-4 du Code général des collectivités territoriales, lorsqu'un risque prévisible de mouvements de terrain ou d'affaissements de terrain dus à une cavité souterraine, d'avalanches, de crues torrentielles ou à montée rapide ou de submersion marine menace gravement des vies humaines, l'État peut déclarer d'utilité publique l'expropriation par lui-même, les communes ou leurs groupements et les établissements publics fonciers, des biens exposés à ce risque, dans les conditions prévues par le Code de l'expropriation pour cause d'utilité publique et sous réserve que les moyens de sauvegarde et de protection des populations s'avèrent plus coûteux que les indemnités d'expropriation. Lorsque le bien est situé dans une zone exposée au recul du trait de côte mentionnée au 1° de l'article L. 121-22-2 du Code de l'urbanisme, les modalités d'évaluation de sa valeur sont celles prévues à l'article L. 219-7 du même code. L'expropriation par les agences pour la mise en valeur des espaces urbains de la zone dite des cinquante pas géométriques, créées par l'article 4 de la loi n° 96-1241 du 30 décembre 1996 relative à l'aménagement,**

(1) Le Conseil constitutionnel a déclaré les mots : « lorsqu'un risque prévisible de mouvements de terrain, ou d'affaissements de terrain dus à une cavité souterraine ou à une marnière, d'avalanches, de crues torrentielles ou à montée rapide ou de submersion marine menace gravement des vies humaines » figurant au présent alinéa, dans sa version résultant de la loi n° 2010-788 du 12 juillet 2010, conformes à la Constitution. – V. ■ Cons. const., 6 avr. 2018, n° 2018-698 QPC, art. 2 : *JO* 7 avr. 2018 ; *Juris-Data* n° 2018-005939. – NDLR.

(2) Dispositions particulières d'application : V. Ord. n° 2014-1345, 6 nov. 2014, art. 7.

la protection et la mise en valeur de la zone dite des cinquante pas géométriques dans les départements d'outre-mer, peut également être déclarée d'utilité publique par l'État, dans les mêmes conditions.

Ces dispositions ne s'appliquent pas aux cavités souterraines d'origine naturelle ou humaine résultant de l'exploitation passée ou en cours d'une mine.

La procédure prévue par les articles L. 521-1 à L. 521-8 du Code de l'expropriation pour cause d'utilité publique est applicable lorsque l'extrême urgence rend nécessaire l'exécution immédiate de mesures de sauvegarde.

Toutefois, pour la détermination du montant des indemnités qui doit permettre le remplacement des biens expropriés, il n'est pas tenu compte de l'existence du risque. Les indemnités perçues en application du quatrième alinéa de l'article L. 125-2 du Code des assurances viennent en déduction des indemnités d'expropriation, lorsque les travaux de réparation liés au sinistre n'ont pas été réalisés et la valeur du bien a été estimée sans tenir compte des dommages subis.

Voir : D. n° 95-1115, 17 oct. 1995, relatif à l'expropriation des biens exposés à certains risques naturels majeurs menaçant gravement des vies humaines ainsi qu'au fonds de prévention des risques naturels majeurs, modifié en dernier lieu par le décret n° 2005-29 du 12 janvier 2005. - Circ. n° 96-53, 10 juill. 1996 (NOR : ENVP9650233C, non publiée au *JO*). - C. urb., art. 460-1 et s. et L. 461-1 et s., tels que modifiés par la loi n° 2003-699 du 30 juillet 2003. - C. dom. publ. fluv., art. 1er, 2-1, 4, 7, 10, 14, 16, 35, 37 et 39, tels que modifiés par la loi n° 2003-699 du 30 juillet 2003. - Articles L. 114-1 à L. 114-3, L. 151-36, L. 151-37, L. 151-37-1, L. 411-53, L. 411-79 et L. 511-3, tels que modifiés par la loi n° 2003-699 du 30 juillet 2003. - Articles L. 424-5 et L. 424-6 du Code forestier, tels que modifiés par la loi n° 2003-699 du 30 juillet 2003. - Article L. 2335-11 du CGCT, tels que modifiés par la loi n° 2003-699 du 30 juillet 2003. - Articles L. 125-1, L. 125-2, L. 125-6 et L. 128-4 du Code des assurances, tels que modifiés par la loi n° 2003-699 du 30 juillet 2003. - A. 12 janv. 2005, relatif aux subventions accordées au titre du financement par le fonds de prévention des risques naturels majeurs de mesures de prévention des risques naturels majeurs. - D. n° 90-918, 11 oct. 1990, relatif à l'exercice du droit à l'information sur les risques majeurs, pris en application de l'article 21 de la loi n° 87-565 du 22 juillet 1987 relative à l'organisation de la sécurité civile, à la protection de la forêt contre l'incendie et à la prévention des risques majeurs, modifié en dernier lieu par décret n° 2004-554 du 9 juin 2004.

Bibliographie : M.-P. Billet, *Relèvement du taux de prélèvement au profit du Fonds Barnier : Environnement* nov. 2008, n° 155. • M. Denis-Linton, *L'expropriation pour cause de sécurité publique (commentaire du décret du 1er octobre 1995) : RD imm.* 1996, p. 165. • V. Inserguet-Brisset, *Le renforcement de la protection de l'environnement par l'appropriation publique, les dispositions de la loi n° 95-101 du 2 février 1995 : LPA* 14 avr. 1995, n° 45, p. 9 à 13. • R. Hostiou, *Les risques naturels majeurs prévisibles : Dr. et ville* juin 1996, n° 41, p. 75 ; *À propos de l'expropriation pour cause de risque naturel : AJDI* 1999. • R. Hostiou, *Xynthia : refus d'acquisition par l'État de terrains situés en « zone de solidarité » : AJDI* 2012, p. 363. • A. Levy, *La procédure spéciale en cas de risques naturels majeurs : AJPI* 1996, n° 12, p. 1002 à 1005. • Poupeau, *Le très cher fonds de prévention des risques naturels majeurs : AJDA* 2017, 495. • Y. Razafindratandra, *Cavités souterraines et marnières : une nouvelle extension de la catégorie des risques naturels : Dr. env.* avr. 2002, n° 98, p. 126. • Silie, *Le nouveau dispositif marnières de l'article 159 de la loi du 27 février 2002 : RD rur.* 2003, p. 374. • P. Billet, *Risques naturels et application de la Charte de l'environnement en Polynésie française : Énergie - Env. - Infrastr.* 2015, n° 7, comm. 64.

1) Contenu du dossier mis à l'enquête. Dès lors qu'aucun moyen de sauvegarde et de protection des populations n'est réalisable, compte tenu des difficultés, voire des dangers présentés par l'exécution de telles mesures, il n'y a pas lieu d'en chiffrer le coût dans le dossier d'expropriation pour risques naturels (▪ CE, 7 avr. 1999, n° 189263, *Assoc. Vivre et rester au pays et a. : AJPI* 1999, p. 766, note R. Hostiou).

2) Exemples de risques naturels. À titre d'exemple (affaire de la Séchilienne et premier cas d'application de la loi Barnier), est légal le décret portant déclaration d'utilité publique pour l'expropriation par l'État de biens exposés aux risques naturels majeurs d'éboulement dès lors que les travaux déjà réalisés pourraient se révéler insuffisants en cas de mouvements de grande ampleur, dès lors que des incertitudes persistent sur le comportement de la partie instable du massif, les conditions d'un effondrement éventuel et les conséquences de phénomène climatique ou sismique, et lorsque les délais nécessaires au déclenchement de l'alerte et à l'évacuation complète des personnes se trouvant sur les lieux exposés au risque sont incertains (▪ CE, 7 avr. 1999, n° 189263, *Assoc. Vivre et rester au pays et a. : AJPI* 1999, p. 766, note R. Hostiou). Le risque minier permet l'expropriation de biens qui sont exposés indépendamment des dispositions de l'article 75-1 du Code minier qui permet aux victimes de travaux miniers d'être indemnisés ▪ CE, 17 juill. 2009, n° 288559 : *Dr. env.* sept. 2009, pan. 5. Est justifiée le classement en zone d'aléa fort d'une zone dans laquelle la hauteur d'eau peut atteindre plus de 50 cm. En l'espèce, une ancienne gendarmerie ne peut être classée en zone d'aléa modérée permettant la construction d'une école ▪ CAA Marseille, 2 févr. 2016, n° 14MA02496, *Cne d'Aimargues*. En revanche, constitue une évaluation manifestement exagérée d'un risque le classement en zone rouge d'une parcelle qui jouxte un simple talweg et non un cours d'eau (■ CAA Lyon, 25 oct. 2011, n° 10LY01273, *M.G. : Dr. env.* 2012, 333.

3) **Référé suspension.** Le Conseil d'État a jugé que le refus d'engager la procédure d'expropriation pour risque naturel majeur prévue par l'article L. 561-1 du Code de l'environnement peut caractériser la condition d'urgence prévue par l'article L. 521-1 du Code de justice administrative, « *alors même que l'indemnité d'expropriation ne pourrait être versée qu'au terme d'une procédure de longue durée* », si elle était engagée (■ CE, 15 févr. 2012, n° 352259, *Sté Le Richelieu*).

Refus d'expropriation. Suspension (oui). Est suffisamment motivée l'ordonnance de suspension d'un arrêté préfectoral opposant un refus à la demande d'un exploitant de terrain de camping de voir ses biens expropriés, au motif que seuls les terrains supportant des constructions à usage d'habitation entreraient dans les prévisions de l'article L. 561-1 (■ CE, 16 févr. 2004, n° 260811, *Min. Écologie et Développement durable c/ SARL Le Panoramic*).

4) **Irrecevabilité de la procédure d'expropriation.** Lorsque les indemnités d'expropriation s'avèrent plus coûteuses que les moyens de sauvegarde et de protection des populations – ce qui peut être démontré par le biais d'une expertise – la procédure d'expropriation est irrecevable (2 arrêts : ■ CAA Bordeaux, 5 juin 2007, n° 04BX01338, *André c/ Cne de Foix*, et n° 04BX01431, *Garcette c/ Cne de Foix*).

5) **Les biens visés.** L'article L. 561-1 n'est pas applicable aux seuls terrains supportant des constructions à usage d'habitation (■ CE, 27 juill. 2005, n° 267195, *Constancis et Castinel c/ Préfet des Yvelines*). Le fait qu'aucune cavité ne soit recensée sous l'assiette d'une maison d'habitation ne permet pas de caractériser une erreur manifeste d'appréciation si d'autres éléments font penser qu'un risque existe bel et bien (■ CE, 27 juill. 2005, n° 267195, *Constancis et Castinel c/ Préfet des Yvelines*). Même jurisprudence à propos d'un terrain à bâtir situer en zone rouge et ne mettant en cause aucune vie humaine (■ CAA Nantes, 2e ch., 15 juin 2018, n° 16NT02786). Ne sont prises en compte que les parcelles figurant dans le périmètre soumis à enquête publique ; l'arrêté de cessibilité ne peut reprendre que les parcelles ainsi déterminées. Dès lors, le tribunal administratif ne peut pas faire droit à des conclusions de propriétaires exclus de la procédure d'expropriation même si leurs parcelles étaient soumises aux mêmes risques d'éboulement que les autres (■ CAA Marseille, 29 avr. 2010, n° 08MA01238, *Min. Écologie : AJDA* 2010, 1715, concl. Marcovici en sens contraire). De la même manière, sont à juste titre exclus de la procédure d'expropriation à L'Aiguillon-sur-Mer des terrains ne comportant qu'un simple cabanon (■ CAA Nantes, 20 juin 2019, n° 18NT00262).

6) **La Tempête Xynthia.** Pour prendre en compte les dommages subis à la suite de la tempête Xynthia, la loi dite Grenelle II a ajouté un cas de recours à la procédure d'expropriation en cas de montée rapide ou de submersion marine. Les documents de zonage établis et diffusés par l'État après la tempête Xynthia, notamment la circulaire des ministres de l'Écologie et de l'intérieur du 7 avril 2010 déterminant des « zones noires » devenues « zones de solidarité » qui délimitent les secteurs de dangers extrêmes où les risques pouvaient être mortels, n'affectent pas le droit de propriété, sont dépourvus de tout effet juridique et ne constituent pas des décisions susceptibles de faire l'objet d'un recours pour excès de pouvoir (■ CAA Bordeaux, 17 janv. 2013, n° 12BX02581, *Association de défense des intérêts des victimes de Xynthia*).

Sur les dépenses engagées à la suite de la tempête Xynthia par le fonds de prévention des risques naturels majeurs (FPRNM) (*JOAN* Q n° 106414, 5 juill. 2011).

7) Légalité d'un arrêté déclarant d'utilité publique l'expropriation par l'État de biens exposés à un risque de submersion marine menaçant gravement des vies humaines : risque de submersion brutale par rupture de digue pouvant entraîner une inondation soudaine d'une hauteur de 4,50 m, menace grave sur les vies humaines que l'expropriation vise à protéger, coût de l'opération non excessif par rapport à l'intérêt qu'elle présente (indemnités d'expropriation de 9,2 millions d'euros pour de grands travaux de protection estimés à 38,7 millions d'euros) (■ TA Nantes, 22 déc. 2014, n° 1302457, *Cne de l'Aiguillon-sur-Mer (touchée par la tempête Xynthia)*). La cour d'appel de Bordeaux a validé les arrêtés d'expropriation à Aytré (■ CAA Bordeaux, 5 févr. 2019, n° 17BX00068) et à Fouras (■ CAA Bordeaux, 18 déc. 2018, n° 16BX04270).

La cour d'appel de Bordeaux a annulé le jugement rendu par le TA de Poitiers annulant la DUP de parcelles sur l'île de Ré en considérant que cette parcelle avait été entièrement submergée lors de Xynthia, qu'une protection viable de cette propriété est hors de portée et que des évènements plus graves peuvent se produire (■ CAA Bordeaux, 20 févr. 2020, n° 18BX00341) : solution analogue avec le contrôle du respect du droit à l'information (■ CAA Bordeaux, 5 févr. 2019, nos 17BX00068 et 17BX00074).

Refus d'expropriation. La réalisation d'un puits d'arrosage domestique a provoqué un effondrement entraînant la mort d'un voisin et affecté une zone de 1 100 mètres carrés autour du forage sur le lotissement. Le recours à l'expropriation des biens exposés à des risques naturels est une simple faculté offerte à l'État. Son opportunité s'apprécie au regard du coût de la mesure par rapport à d'autres moyens de protection, en cas de menace grave pour les vies humaines « exclusivement imputable aux éléments naturels ». Le Préfet justifie son refus s'il est démontré que l'approfondissement du forage à 37 mètres a déclenché le sinistre (▪ CAA Bordeaux, 13 déc. 2016, n° 15BX01289).

8) L'impossibilité d'interdire toute occupation. Si un maire peut demander au préfet d'engager la procédure d'expropriation prévue par l'article L. 561-1 ou mettre en œuvre les pouvoirs de police qu'il détient au titre des dispositions des articles L. 2212-2 et L. 2212-4 du Code général des collectivités territoriales, il ne peut pas légalement interdire toute occupation de l'immeuble dans l'attente d'une éventuelle acquisition amiable par la commune (▪ CE, 21 oct. 2009, n° 310470, *Roger c/ Cne de Collias*).

9) Compétence judiciaire. En l'absence de travail ou d'ouvrage public, la responsabilité d'une commune littorale à raison des dommages consécutifs à l'érosion d'une falaise côtière de son domaine privé doit être recherchée devant la juridiction judiciaire. C'est à tort que le préfet a élevé le conflit (▪ T. confl., 12 oct. 2015, *M. Toledo*, n° 4030 : *AJDA* 2016, 1406, note Yolka).

10) Refus d'expropriation. Légalité. L'expropriation des biens exposés à des risques naturels est une simple faculté offerte à l'État. Son opportunité s'apprécie notamment au regard du coût de la mesure d'acquisition par rapport à la mise en œuvre d'autres moyens de protection, en cas de menace grave pour les vies humaines « exclusivement imputable aux éléments naturels » (▪ CAA Bordeaux, 13 déc. 2016, n° 15BX01289 : *AJDA* 2017, 210). En outre, et dès lors que tout risque peut être évité par des mesures de police suffisantes pour protéger la population, alors la mise en œuvre de l'expropriation prévue par cet article n'est pas une obligation (▪ CAA Marseille, 4 oct. 2022, n° 20MA01171. – ▪ CE, 4 août 2021, n° 431287).

11) Réutilisation des biens expropriés. Interrogé par le sénateur Jean-Louis Masson, le ministère de l'Écologie, du Développement durable, des Transports et du Logement a précisé que les terrains expropriés sur le fondement de l'article L. 561-1 du Code de l'environnement pouvaient être réutilisés dans la mesure où cette réutilisation était compatible avec l'objectif d'utilité publique de l'expropriation. En pratique, cette réutilisation est très limitée et dépend nécessairement du risque naturel en présence. L'usage temporaire de parcs de stationnement de jour non aménagés n'est ainsi pas exclu par principe. Leur autorisation dépendra nécessairement d'un examen au cas par cas, en fonction du risque naturel en présence, des conditions dans lesquelles il est susceptible de se produire, et de l'évaluation des délais nécessaires à l'alerte des populations exposées et à leur complète évacuation. Ce type d'occupation pourrait, par exemple s'envisager pour le risque d'inondation, lors des périodes de basses eaux avec une faible probabilité d'occurrence. En revanche, face à un risque important de chutes de blocs, une telle occupation, même temporaire, paraît nécessairement exclue (Q. n° 15180 : *JO Sénat* 23 déc. 2010, p. 2396).

12) Le Fonds de prévention des risques naturels majeurs (FPRNM), dit fonds Barnier, bénéficie d'une ressource annuelle qui dépasse désormais les 200 M€, (dépenses de 170 M€ en 2013 et 156 M€ en 2014, toutes mesures confondues). Le montant varie d'une année sur l'autre pour s'adapter aux différentes situations.

Le rapport 2017 de la Cour des comptes rappelle que les dépenses du FPRNM, limitées à 10 M€ par an jusqu'en 2004, ont atteint 100 M€ dès 2007 et se sont élevées à 158 M€ en 2014 en raison d'un champ d'intervention régulièrement élargi. Le FPRNM est devenu la principale source de financement de la politique de prévention des risques naturels. La Cour des comptes estime critiquable cette débudgétisation de dépenses ordinaires de l'État. La Cour a formulé trois recommandations : subordonner tout nouvel élargissement des missions du FPRNM à une évaluation précise du coût de la mesure et de son impact sur la soutenabilité des engagements du fonds ; simplifier le mode de gestion et clarifier les responsabilités des différents acteurs dans des conditions conformes aux règles de la comptabilité publique (désignation d'un comptable assignataire) ; redéfinir la procédure de délocalisation et les conditions d'indemnisation, en excluant du bénéfice du FPRNM les biens non assurés et/ou illégaux (V. https://www. ccomptes.fr/fr/documents/34323).

Le ministère de l'Environnement a répondu à ces recommandations par courrier du 23 janvier 2017 (V. http://www.maire-info.com/upload/files/Barnier Reponse SR.pdf). Un groupe de travail doit étudier l'intérêt de maintenir les trois procédures distinctes : acquisition amiable de biens exposés, acquisition amiable de biens sinistrés et expropriation.

13) Avec le réchauffement climatique, la question de l'érosion dunaire se pose de manière de plus en plus critique. L'affaire du Signal à Soulac-sur-Mer en est le parfait symbole. Cet immeuble construit à l'origine à plus de 200 m de la côte est désormais à moins de 20 m. Le maire a interdit de manière définitive l'occupation de l'immeuble. Le tribunal administratif de Bordeaux confirmé par la cour administrative d'appel ont considéré que les dispositions de l'article L. 561-1 n'étaient pas applicables dans la mesure où les risques d'y aller aux eaux côtières n'étaient assimilables ni aux risques de submersion marine ni au risques de mouvements de terrain (■ CAA Bordeaux, 9 févr. 2016, n° 14BX03289). Saisi en cassation, le Conseil d'État a considéré que la question de la conformité à la Constitution et plus précisément aux articles 6 et 17 de la Déclaration des Droits de l'Homme, méritaient une question prioritaire de constitutionnalité ■ CE, 17 janv. 2018, n° 398671, *Syndicat secondaire Le Signal*. Le Conseil constitutionnel a rejeté le recours considérant que le législateur n'avait pas entendu instituer un dispositif de solidarité pour tous les propriétaires exposés à un risque naturel et qu'il pouvait traiter de manière différenciée les propriétaires de biens exposés à différents types de risques naturels. Le conseil constitutionnel n'a pas davantage vu d'atteinte aux droits de propriété dans la privation définitive du bien par ses propriétaires du fait du maire. ■ Cons. const., 6 avr. 2018, n° 2018-698 QPC, *Synd. secondaire Le Signal* : *JO* 7 avr. 2018 ; *AJDA* 2018, 771, obs. Pastor ; *ibid.* 1109, note Radiguet. Question prioritaire de constitutionnalité – Jurisprudence relative à la question prioritaire de constitutionnalité 15 décembre 2017 – 22 juin 2018 – Chronique par Bertrand Mathieu et Anne-Laure Cassard-Valembois : *JCP* A 2018 ; L'exclusion de la procédure d'expropriation pour risques naturels majeurs en cas d'érosion dunaire est conforme – Veille par Fabien Tesson : *JCP* A 2018, n° 16, act. 385. René Hostiou, *Expropriation des biens exposés à un risque naturel majeur prévisible : constitutionnalité de l'article L. 561-1 du Code de l'environnement* : *RD imm.* 2018, 330. Rémi Radiguet, *Mauvais signal pour les propriétaires de biens en bord de mer !* : *AJDA* 2018, 1109, 4 juin 2018 : N. Le Rudulier, *AJDI* 2018, p. 794. Le Parlement est actuellement saisi d'une proposition de loi permettant l'indemnisation au moins partielle des propriétaires du signal (proposition de loi *visant à instaurer un régime transitoire d'indemnisation pour les interdictions d'habitation résultant d'un risque de recul du trait de côte voté en première lecture par le Sénat (Texte n° 948) et transmis à l'Assemblée nationale le 16 mai 2018)*. J.-C. Le Coustumer, *Littoral et constructibilité* : *RDI* 2019, p. 544. Le Conseil d'État a rendu un arrêt rejetant le pourvoi (■ CE, 16 août 2018, n° 398671).

Art. L. 561-2. **– Sans préjudice des dispositions de l'article** ***(Réf. rempl. à compter du 1er janvier 2015, Ord. n° 2014-1345, 6 nov. 2014)*** (1) **« L. 322-1 du Code de l'expropriation pour cause d'utilité publique », les acquisitions d'immeubles peuvent ne donner lieu à aucune indemnité ou qu'à une indemnité réduite si, en raison de l'époque à laquelle elles ont eu lieu, il apparaît qu'elles ont été faites dans le but d'obtenir une indemnité supérieure au prix d'achat.**

Sont présumées faites dans ce but, sauf preuve contraire, les acquisitions postérieures à l'ouverture de l'enquête publique préalable à l'approbation d'un plan de prévention des risques naturels prévisibles rendant inconstructible la zone concernée ou, en l'absence d'un tel plan, postérieures à l'ouverture de l'enquête publique préalable à l'expropriation.

Art. L. 561-3 ***(Rempl., L. fin. n° 2020-1721, 29 déc. 2020 ; mod., Ord. n° 2022-489, 6 avr. 2022*** (2) ***; L. n° 2021-1520, 25 nov. 2021 ; L. fin. n° 2023-1322, 29 déc. 2023).*** **– I. – Le fonds de prévention des risques naturels majeurs est chargé de financer les indemnités allouées en vertu des dispositions de l'article L. 561-1 ainsi que les dépenses liées à la limitation de l'accès et à la remise en état des terrains accueillant les biens exposés, le cas échéant en s'appuyant sur un établissement public foncier ou sur les agences pour la mise en valeur des espaces urbains de la zone dite des cinquante pas géométriques, créées par l'article 4 de la loi n° 96-1241 du 30 décembre 1996 relative à l'aménagement, la protection et la mise en valeur de la zone dite des cinquante pas géométriques dans les départements d'outre-mer, afin de les confier après remise en état aux collectivités compétentes en matière d'urbanisme.**

Il peut contribuer à l'acquisition amiable des biens couverts par un contrat d'assurance mentionné au premier alinéa de l'article L. 125-1 du Code des assurances selon les conditions suivantes : acquisition d'un bien exposé à un risque prévisible de mouvements de terrain ou d'affaissements de terrain dus à une cavité souterraine, d'avalanches, de crues torrentielles ou à montée rapide, de submersion marine menaçant gravement des vies humaines, sous réserve que le prix de l'acquisition amiable s'avère moins coûteux que les moyens de sauvegarde et de protection des populations, ou à l'acquisition d'un bien sinistré à plus de la moitié de sa valeur et indemnisé en application de l'article L. 125-2 du même code. Il

(1) Dispositions particulières d'application : V. Ord. n° 2014-1345, 6 nov. 2014, art. 7.

(2) Le I de l'article 85 de la loi de finances n° 2020-1721 du 29 décembre 2020 abroge le II du présent article à compter du 1er janvier 2021 dans sa version antérieure à celle issue du remplacement de ce même article par l'article 224 de cette même loi (lequel est entré en vigueur le 31 décembre 2020). – NDLR.

contribue également aux dépenses liées à la limitation de l'accès et à la remise en état des terrains accueillant les biens exposés.

En outre, il peut financer les dépenses de relogement des personnes exposées mentionnées aux deux premiers alinéas du présent I.

Pour la détermination du montant qui doit permettre l'acquisition amiable des biens exposés ou sinistrés, il n'est pas tenu compte de l'existence du risque. Lorsque le bien est situé dans une zone exposée au recul du trait de côte mentionnée au 1° de l'article L. 121-22-2 du Code de l'urbanisme, les modalités d'évaluation de sa valeur sont celles prévues à l'article L. 219-7 du même code.

Le fonds peut contribuer au financement de l'aide financière et des frais de démolition définis à l'article 6 de la loi n° 2011-725 du 23 juin 2011 portant dispositions particulières relatives aux quartiers d'habitat informel et à la lutte contre l'habitat indigne dans les départements et régions d'outre-mer ainsi qu'aux dépenses afférentes à la libération et à la remise en état des terrains concernés. L'aide financière peut être versée par l'agence pour la mise en valeur des espaces urbains de la zone dite des cinquante pas géométriques mentionnée au premier alinéa du présent I. Dans ce cas, les conditions de versement de cette aide font l'objet d'une convention entre l'agence et la personne bénéficiaire, sous réserve de la signature préalable d'une convention-cadre entre l'État, l'autorité administrative ayant ordonné la démolition de l'ensemble des installations et l'agence.

Lorsqu'une mesure mentionnée au présent I est menée, aucune nouvelle construction de nature à engendrer une mise en danger de la vie humaine ne peut être opérée sur les terrains concernés.

II. – Le fonds peut contribuer au financement des études et actions de prévention des risques naturels majeurs dont les collectivités territoriales ou leurs groupements assurent la maîtrise d'ouvrage dans les communes couvertes par un plan de prévention des risques naturels prévisibles approuvé ou prescrit en application de l'article L. 562-1. Ces dispositions s'appliquent également aux études et actions réalisées sur le territoire de communes qui ne sont pas couvertes par un tel plan mais qui bénéficient à des communes couvertes par ce type de plan.

Le fonds peut contribuer, dans la zone du territoire français la plus exposée au risque sismique, aux études et travaux de prévention du risque sismique pour les bâtiments, équipements et installations nécessaires au fonctionnement des services départementaux et territoriaux d'incendie et de secours et dont ces services assurent la maîtrise d'ouvrage, y compris lorsque les travaux portent sur des biens mis à disposition par les collectivités territoriales ou leurs groupements, ainsi que pour les immeubles domaniaux utiles à la gestion de crise, les établissements scolaires et les habitations à loyer modéré mentionnées au livre IV du Code de la construction et de l'habitation.

Il peut contribuer aux opérations de reconnaissance et travaux de comblement des cavités souterraines menaçant gravement les vies humaines, dès lors que ce traitement est moins coûteux que l'expropriation prévue à l'article L. 561-1 du présent code sur des biens couverts par un contrat d'assurance mentionné au premier alinéa de l'article L. 125-1 du Code des assurances.

Il peut contribuer au financement des études et des actions de prévention des risques naturels majeurs dont les agences pour la mise en valeur des espaces urbains de la zone dite des cinquante pas géométriques mentionnées au I du présent article assurent la maîtrise d'ouvrage.

III. – Le fonds contribue à la prise en charge des études et travaux de prévention rendus obligatoires par un plan de prévention des risques naturels prévisibles approuvé en application du 4° du II de l'article L. 562-1 du présent code. Il peut contribuer à la prise en charge des études de diagnostic de vulnérabilité dont la maîtrise d'ouvrage est assurée par une collectivité territoriale ou un groupement de collectivités territoriales et des travaux identifiés par l'étude, dans les programmes d'actions de prévention contre les inondations et dans la zone du territoire français la plus exposée au risque sismique, sur des biens couverts par un contrat d'assurance mentionné au premier alinéa de l'article L. 125-1 du Code des assurances.

IV. – Le fonds prend en charge les études menées pour le compte de l'État pour l'évaluation des risques naturels et les mesures de prévention à mener pour prévenir ces risques ainsi que l'élaboration des plans de prévention des risques naturels prévisibles.

Il peut prendre en charge les actions d'information préventive sur les risques majeurs.

Il peut contribuer au financement des études et travaux de mise en conformité des digues domaniales de protection contre les crues et les submersions marines, ainsi que des digues dont la gestion a été transférée de l'État à une collectivité territoriale après le 1er janvier 2018.

V. – Les dispositions du présent article sont applicables aux départements et régions d'outre-mer.

VI. – Un décret fixe les modalités d'application du présent article, notamment le taux maximal des interventions du fonds prévues aux I à IV.

Rédaction antérieure. Art. L. 561-3 (1) ***(Mod., L. n° 2002-276, 27 févr. 2002*** (2) ***; L. fin. rect. n° 2002-1576, 30 déc. 2002 ; L. n° 2003-699, 30 juill. 2003 ; L. fin. n° 2007-1822, 24 déc. 2007 ; L. fin. n° 2008-1425, 27 déc. 2008 ; L. fin. rect. n° 2009-1674, 30 déc. 2009 ; L. n° 2010-788, 12 juill. 2010 ; L. n° 2014-58, 27 janv. 2014 ; L. fin. n° 2017-1837, 30 déc. 2017 ; L. fin. n° 2018-1317, 28 déc. 2018).*** **–** I. – Le fonds de prévention des risques naturels majeurs est chargé de financer, dans la limite de ses ressources, les indemnités allouées en vertu des dispositions de l'article L. 561-1 ainsi que les dépenses liées à la limitation de l'accès et à la démolition éventuelle des biens exposés afin d'en empêcher toute occupation future. En outre, il finance, dans les mêmes limites, les dépenses de prévention liées aux évacuations temporaires et au relogement des personnes exposées.

Il contribue, en outre, au financement des études et travaux de prévention contre les risques naturels dont les collectivités territoriales assurent la maîtrise d'ouvrage dans les communes couvertes par un plan de prévention des risques naturels prévisibles approuvé ou prescrit, ainsi qu'au financement des opérations menées dans le cadre des programmes d'actions de prévention contre les inondations validés par la commission mixte inondation.

Il peut également, sur décision préalable de l'État et selon des modalités et conditions fixées par décret en Conseil d'État, contribuer au financement des mesures de prévention intéressant des biens couverts par un contrat d'assurance mentionné au premier alinéa de l'article L. 125-1 du Code des assurances. Les mesures de prévention susceptibles de faire l'objet de ce financement sont :

1° L'acquisition amiable par une commune, un groupement de communes ou l'État d'un bien exposé à un risque prévisible de mouvements de terrain ou d'affaissements de terrain dus à une cavité souterraine ou à une marnière, d'avalanches, de crues torrentielles ou à montée rapide, de submersion marine menaçant gravement des vies humaines ainsi que les mesures nécessaires pour en limiter l'accès et en empêcher toute occupation, sous réserve que le prix de l'acquisition amiable s'avère moins coûteux que les moyens de sauvegarde et de protection des populations ;

2° L'acquisition amiable, par une commune, un groupement de communes ou l'État, de biens à usage d'habitation ou de biens utilisés dans le cadre d'activités professionnelles relevant de personnes physiques ou morales employant moins de vingt salariés et notamment d'entreprises industrielles, commerciales, agricoles ou artisanales et de leurs terrains d'assiette ainsi que les mesures nécessaires pour en limiter l'accès et en empêcher toute occupation, sous réserve que les terrains acquis soient rendus inconstructibles dans un délai de trois ans, lorsque ces biens ont été sinistrés à plus de la moitié de leur valeur et indemnisés en application de l'article L. 125-2 du Code des assurances ;

3° Les opérations de reconnaissance des cavités souterraines et des marnières, dont les dangers pour les constructions ou les vies humaines sont avérés, ainsi que le traitement ou le comblement des cavités souterraines et des marnières qui occasionnent des risques d'effondrement du sol menaçant gravement des vies humaines, dès lors que ce traitement est moins coûteux que l'expropriation prévue à l'article L. 561-1 ;

4° Les études et travaux de prévention définis et rendus obligatoires par un plan de prévention des risques naturels prévisibles approuvé en application du 4° du II de l'article L. 562-1 sur des biens à usage d'habitation ou sur des biens utilisés dans le cadre d'activités professionnelles relevant de personnes physiques ou morales employant moins de vingt salariés et notamment d'entreprises industrielles, commerciales, agricoles ou artisanales ;

5° Les campagnes d'information, notamment celles menées en application du *(Mot rempl., L. n° 2020-1525, 7 déc. 2020)* « II » de l'article L. 125-2 du présent code, portant sur les garanties visées à l'article L. 125-1 du Code des assurances ;

6° Sans préjudice du 4° du présent I, les études et les travaux de réduction de la vulnérabilité aux inondations des biens à usage d'habitation et des biens utilisés dans le cadre d'activités professionnelles relevant de personnes physiques ou morales employant moins de vingt salariés et notamment d'entreprises industrielles, commerciales, agricoles ou artisanales, sous réserve des conditions cumulatives suivantes :

a) Les travaux à entreprendre par les propriétaires, exploitants ou utilisateurs des biens à usage d'habitation ou à usage professionnel sont préalablement identifiés par une étude de diagnostic de vulnérabilité aux inondations dont la maîtrise d'ouvrage est assurée par une collectivité territoriale ou un groupement de collectivités territoriales. Ces études sont prévues dans les programmes d'actions de prévention contre les inondations validés par les instances de bassin ou par la commission mixte inondation. Les travaux sont prévus dans les programmes d'actions de prévention contre les inondations validés par les instances de bassin ou par la commission mixte inondation ;

b) Le montant de la participation du fonds est plafonné à :

– 80 % des 10 % de la valeur vénale ou estimée du bien, s'agissant d'un bien à usage d'habitation ou à usage mixte ;

– 20 % des 10 % de la valeur vénale ou estimée du bien, s'agissant d'un bien utilisé dans le cadre d'activités professionnelles.

La valeur vénale ou estimée du bien est constatée à la date de réalisation de l'étude de diagnostic de vulnérabilité aux inondations ;

c) Les conventions relatives aux programmes d'actions de prévention contre les inondations d'intention et aux programmes d'actions de prévention contre les inondations définissent les objectifs en termes de nombre d'habitations et d'entreprises de moins de vingt salariés devant faire l'objet d'études de diagnostic de vulnérabilité ainsi que, dans le cas des conventions de programmes d'actions de prévention contre les inondations, les objectifs en termes de nombre d'habitations et d'entreprises de moins de vingt salariés devant faire l'objet de travaux.

(1) V. également L. fin. n° 2003-1311, 30 déc. 2003, art. 128.

(2) Dispositions dérogatoires et temporaires : V. L. fin. rect. n° 2002-1576, 30 déc. 2002, art. 75, II et III. – NDLR.

Une liste des types de travaux de réduction de la vulnérabilité aux inondations des biens à usage d'habitation et des biens utilisés dans le cadre d'activités professionnelles relevant de personnes physiques ou morales employant moins de vingt salariés éligibles au fond est fixé par arrêté des ministres chargés des finances et des risques naturels.

Le financement par le fonds des acquisitions amiables mentionnées au 1° et au 2° est subordonné à la condition que le prix fixé pour ces acquisitions n'excède pas le montant des indemnités calculées conformément au quatrième alinéa de l'article L. 561-1. Lorsqu'une collectivité publique autre que l'État a bénéficié d'un financement en application du 2° et que les terrains acquis n'ont pas été rendus inconstructibles dans le délai de trois ans, elle est tenue de rembourser le fonds.

Le financement par le fonds des opérations de reconnaissance et des études et travaux mentionnés au 3° et au 4° est réalisé déduction faite du montant des indemnités perçues, le cas échéant en application de l'article L. 125-2 du Code des assurances pour la réalisation d'études ou de travaux de réparation susceptibles de contribuer à ces opérations de reconnaissance ou à ces études et travaux de prévention.

La contribution du fonds aux études et travaux mentionnés au 6° du présent I s'élève, dans la limite d'un plafond global de 5 millions d'euros par an, à 20 % des dépenses éligibles réalisées sur des biens utilisés dans le cadre d'activités professionnelles, à 80 % des dépenses éligibles réalisées sur des biens à usage d'habitation ou à usage mixte et à 50 % pour les études de diagnostic de la vulnérabilité des biens.

II *(Abr. à compter du 1er janvier 2021, L. fin. n° 2020-1721, 29 déc. 2020)*

III *(Créé à compter du 1er janvier 2020, L. n° 2019-486, 22 mai 2019)*. – Pour l'application du présent article, l'effectif salarié et le franchissement du seuil de vingt salariés sont déterminés selon les modalités prévues à l'article L. 130-1 du Code de la sécurité sociale.

NB : Conformément au XIV de l'article 11 de la loi n° 2019-486 du 22 mai 2019, les dispositions entrent en vigueur le 1er janvier 2020.

Voir : Circ. 23 juin 2014 portant réforme du dispositif d'indemnisation des victimes de catastrophes naturelles codifié aux articles L. 125-1 et suivants du Code des assurances. Et visant à accélérer l'indemnisation (NOR : INTK1405282C) ; D. n° 95-1115, 17 oct. 1995, relatif à l'expropriation des biens exposés à certains risques naturels majeurs menaçant gravement des vies humaines ainsi qu'au fonds de prévention des risques naturels majeurs, modifié en dernier lieu par décret n° 2005-29 du 12 janvier 2005. – A. 28 avr. 2010 fixant le montant maximal des subventions accordées pour les acquisitions amiables de biens sinistrés et les mesures mentionnés au 2° du I de l'article L. 561-3 du Code de l'environnement (art. 1er) : *JO* 16 mai 2010. L'arrêté du 12 janvier 2005 est abrogé (art. 2).

1) Réforme Loi « Macron ». L'article 4 de la loi n° 2014-1662 du 30 décembre 2014 dite « Macron » habilite le gouvernement pour transposer par voie d'ordonnance, dans un délai de 12 mois, la directive 2009/138/CE du 25 novembre 2009 sur l'accès aux activités de l'assurance et de la réassurance et leur exercice, dite « solvabilité II », relative à l'accès aux activités de l'assurance et de la réassurance et leur exercice.

Ordonnance n° 2015-378 du 2 avril 2015 transposant la directive n° 2009/138/CE du Parlement européen et du Conseil du 25 novembre 2009 sur l'accès aux activités de l'assurance et de la réassurance et leur exercice (solvabilité II).

Résolution du Parlement européen du 5 février 2014 sur les assurances contre les catastrophes naturelles ou d'origine humaine (2013/2174(INI)).

Instruction gouvernementale du 14 janvier 2015 (NOR : DEVP1429994J, *BOMEDDE* n° 2015/1, 25 janv.) : le versement du solde de la subvention au titre du fonds de prévention des risques naturels majeurs (FPRNM) relative à des travaux de gestion du risque d'inondation ou de submersion marine au respect, par les maires, de leurs obligations d'information préventive et de réalisation des plans communaux de sauvegarde (PCS). Les conventions relatives aux PAPI (programme d'actions de prévention des inondations) et aux opérations prévues dans les » plans de submersion rapides » sont soumises à la même règle.

En application de l'article 72 de la loi n° 2015-1785 du 29 décembre 2015 de finances pour 2016 (*JO* 30 déc.), les mesures prescrites par un PPRN annulé pour vice de forme peuvent être financées à la condition que la demande de subvention soit présentée dans le délai d'un an à compter de la lecture du jugement. Cette politique qui conduit à faire supporter par le FPRNM l'essentiel de la politique de prévention des risques naturels est critiqué par la Cour des Comptes dans son rapport de 2017 (V. http://www. ccomptes.fr/Publications/Publications/Le-fonds -de-prevention-des-risques-naturels-majeurs). Voir les explications note 12 sous L. 561-1. La loi de finances pour 2018 renforça nouveau les possibilités d'intervention du fonds de prévention des risques naturels majeurs en en particulier en ce qui concerne le financement des études et des travaux concernant des territoires non couverts par un PPRNI mais par un PAPI.

2) La loi de finances (n° 2017-10837 du 30 déc. 2017, article 136-II) a augmenté très sensiblement les possibilités d'intervention du fonds de prévention des risques naturels ; elle permet notamment d'utiliser le fonds pour financer des études et des travaux concourant à la réduction de la vulnérabilité dans les territoires non couverts par un plan de prévention des risques naturels inondations mais relevant d'un PAPI. Cet article est à nouveau modifié dans le même sens par la loi de finances pour 2019 (n° 2018-13117, article 238-III). La participation du fonds est plafonnée à 80 % des 10 % de la valeur vénale ou estimée du bien s'agissant d'un bien à usage d'habitation ou à usage mixte et à 20 % des 10 % s'agissant d'un bien utilisé dans le cadre d'activités professionnelles. Le taux de participation du fonds est haussé de 40 à 80 %.

Le décret n° 2019-1301 du 5 décembre 2019 modifiant l'article R. 561-15 (V. ci-dessous) introduit une hausse du taux de financement des travaux de réduction de la vulnérabilité aux inondations des habitations par le fonds de prévention des risques naturels.

Le montant budgétaire alloué à ce fonds et le taux de soutien du fonds varient pour s'adapter aux réalités concrètes.

Actuellement, les taux de soutien fluctuent en fonction l'approbation ou de la prescription d'un plan de prévention des risques naturels (PPRN) dans la commune concernée ou non.

Si la commune est couverte par un tel plan approuvé, la prise en charge est de :

- 50 % pour les études ;
- 40 à 50 % pour les travaux ou équipements.

Si la commune est couverte par un plan de prévention des risques naturels (PPRN) prescrit, la prise en charge est de :

- 50 % pour les études ;
- 25 à 40 % pour les travaux ou équipements.

Il doit être ajouté que, en complément de ces fonds et des crédits mobilisés par les collectivités territoriales, un financement européen peut être mobilisé : il s'agit du Fonds européen de développement régional (FEDER).

Bibliographie : *JurisClasseurs.* M. Sousse, *Dispositifs de prévention des risques naturels : JCl. Environnement et Développement durable* 2011, Fasc. 4510 ; *Mesures de prévention des risques naturels des collectivités locales, M. Sousse 2008 : JCl. Environnement et Développement durable* 2013, Fasc. 4520 ; *Risques naturels. – Gestion de crise*, 2014 : *JCl. Environnement et Développement durable*, Fasc. 4540.

Loi de 1982. B. Fischer, *La loi du 13 juillet 1982, relative à l'indemnisation des victimes de catastrophes naturelles : RD rur.* 1984, p. 175. – S. Magnan, *L'assurance des catastrophes naturelles en France et la loi du 13 juillet 1982 : Argus* 1983, p. 331 ; *Le point sur l'assurance des catastrophes naturelles : RGAT* 1984, p. 484. – S. Margeat et J.-M. Michel, *La loi sur les catastrophes naturelles : Gaz. Pal.* 1984, 2, doctr. p. 50. – B. Olagnier, *L'assurance des catastrophes naturelles*, mémoire Institut des assurances, Aix-Marseille, 1984.

Loi Bachelot. Bigot, *La loi Bachelot et l'assurance : Environnement mag.* 2004, n° 2, p. 9. – Boivin et Herce, *La loi du 30 juillet 2003 sur les risques technologiques et naturels majeurs : AJDA* 2003, p. 1765. – Ch. Cans, *La loi du 30 juillet 2003 et la prévention des risques naturels : réelles avancées et cruels constats d'inefficacité : Dr. env.* 2003, n° 113, p. 204. – Levy, *Risques technologiques et naturels majeurs : ce qui change en matière de droit de préemption, de délaissement et d'expropriation, à propos de la loi n° 2003-699 du 30 juillet 2003 : AJDA* 2004, p. 101. – Trouilly, *Prévention des risques naturels et technologiques (L. n° 2003-699) : Environnement* 2003, n° 10, p. 22.

Généralités. J.-P. Conoscente et A. Gonzalez-Revilla, *L'avènement des modèles CAT pour la gestion des risques : Risques* avr.-juin 2000, n° 42, p. 120. – S. Magnan, *Solidarité et catastrophes naturelles : Risques* avr.-juin 2000, n° 42, p. 89. – R. Nussbaum, *Pourquoi une mission risques naturels : Risques* avr.-juin 2000, n° 42, p. 125. – P. Vesseron et P. Douard, *Prévention et solidarité : Risques* avr.-juin 2000, n° 42, p. 98.

Assurances. D. Ajdenweber, *Fréquence, amplitude et coût des catastrophes naturelles : Risques* avr.-juin 2000, n° 42, p. 75. – Bigot, *La loi Bachelot et l'assurance : Environnement* 2004, n° 2, p. 9. – G. Courtieu, *La garantie des catastrophes naturelles : Assur. fr.* 1982, p. 592. – R. Enz, *Perspectives de la réassurance des catastrophes naturelles : Risques* avr.-juin 2000, n° 42, p. 116. – C. Fichot, *L'assurance des catastrophes naturelles*, mémoire Paris II, 1985. – K. Gerathewohl et F. Nierhaus, *Les limites d'assurabilité des risques catastrophiques : Argus international* 1981, p. 315. – K. Grathewohl et F. Nierhaus, *Les limites d'assurabilité des risques catastrophiques : Argus international* 1981, p. 315. – C. Gollier, *Robinson Crusoë, l'assureur et le petit peuple : Risques* avr.-juin 2000, n° 42, p. 102. – J.-L. Guigou et G. Ribère, *Construire de nouvelles solidarités territoriales pour prévenir les risques naturels : Risques* avr.-juin 2000, n° 42, p. 94. – J.-M. Lamère, *Assurance et catastrophes : aujourd'hui et demain : Risques* avr.-juin 2000, n° 42, p. 107. – P. Picard, *Les frontières de l'assurance : Risques* avr.-juin 2000, n° 42, p. 73. – V. Roulet, *L'obligation d'assurance contre les risques naturels : LPA* 1er déc. 1982, p. 19. – J.-P. Terreaux et M. Bouzit, *Risques naturels : la spirale protection-aménagement : Risques* déc. 2000, n° 44, p. 122.

Indemnisation. N. Andermahr, *Les fonds catastrophes débarquent en France : Option fin.* 10 janv. 2000, n° 578, p. 6. – P. Bidan, *Indemnisation des catastrophes naturelles : de la naissance vers l'âge adulte : Risques* avr.-juin 2000, n° 42, p. 80. – P. Bidan, *Le régime d'indemnisation des catastrophes naturelle a-t-il un avenir ? : RGDA* 2001, n° 2, p. 243. – C. Cans et T. Touret, *Les « zones de solidarité » de l'après-Xynthia. Une technique administrative pertinente dépourvue d'effets juridiques : AJDA* 2016, 392 – D. Charras et J. Chiappa, *Indemnisation des conséquences de la sécheresse sur les constructions : Rev. Administrer* juin 1998, n° 301, p. 10. – Neyla Gonzalez-Gharbi, Cessions *consécutives à l'exercice d'un droit de délaissement – Commentaires administratifs de l'article 27 de la loi de finances rectificative pour 2017 : Constr.-Urb.* ; *Fiscalité – Première cession d'un terrain devenu constructible depuis moins de 18 ans : qui taxe mal, taxe deux fois ! (1re partie) : Cons-*

tr.-Urb. – C. Guettier, *Indemnisation des victimes de catastrophes naturelles et socialisation du risque : RGDA* 1997, n° 3, p. 672 à 696. – T. Hubert, *Le fonds de prévention des risques naturels majeurs : AJDA* 2012, p. 1332. – G.-J. Martin, *Risques naturels, logique assurantielle et solidarité : Risques* avr.-juin 2000, n° 42, p. 411. – B. de Vanssay, *Système d'assurance et plans d'exposition aux risques : des outils efficaces de la prévention aux catastrophes naturelles*, in *La société vulnérable*, Presses de l'École normale supérieure, 1987, p. 539. – M. Zavaro, *L'évolution récente de la garantie des catastrophes : Ann. loyers* 2002, n° 1, p. 24.

3) **Remboursement.** Postérieurement à l'octroi de la contribution du fonds de prévention des risques naturels, le Préfet est fondé à demander le remboursement de la subvention octroyée à la commune, si le projet a été modifié sans accord préalable, et que le projet n'entre plus dans le champ des dépenses éligibles au fonds. Les dispositions n'imposent pas la démolition systématique des biens acquis par des personnes publiques en raison du risque qu'ils présentent, mais subordonnent l'éligibilité des dépenses au financement des mesures de prévention visant à réduire l'accès et l'occupation des immeubles concernés et le danger qu'ils causent pour la sécurité des personnes (▪ CAA Marseille, 22 févr. 2016, n° 14MA03256, *Cne de Sommières*).

4) **Exonération des plus-values réalisées.** Les plus-values éventuellement réalisées par les particuliers lors de la cession de biens immobiliers exposés à un risque naturel majeur sont exonérées en application du 4° du II de l'article 150 U du Code général des impôts sur l'intégralité de l'indemnité et réemployées pour l'acquisition, la construction, la reconstruction ou l'agrandissement d'un ou de plusieurs immeubles dans un délai de douze mois à compter de la perception de l'indemnité (Rép. min. n° 21007 : *JO Sénat* Q, 20 avr. 2006, p. 1129).

5) **Utilisation du fond.** Selon le ministre de l'Écologie, de l'Énergie, du Développement durable et de la Mer « le fonds de prévention des risques naturels majeurs mentionné à l'article L. 561-3 du Code de l'environnement peut contribuer au financement d'études et travaux de prévention ou de protection contre les risques naturels dont les collectivités territoriales ou leurs groupements assurent la maîtrise d'ouvrage, dans les communes couvertes par un plan de prévention des risques prescrit ou approuvé » (Q n° 55681 : *JOAN* 1er déc. 2009, p. 11419).

6) **Refus de l'offre amiable.** Le rejet de l'offre d'acquisition de l'État faite au titre de l'article L. 561-3 du Code de l'environnement met fin à la phase d'acquisition amiable. La demande tendant à ce qu'une nouvelle proposition amiable soit faite ne donne pas naissance à une décision susceptible d'être contestée au contentieux (▪ CE, 15 févr. 2012, n° 352259, *Sté Le Richelieu*).

7) **Bénéficiaire de l'assurance.** Sauf clause contraire, l'acquéreur d'un immeuble a qualité à agir en paiement des indemnités d'assurance contre l'assureur des vendeurs garantissant les risques de catastrophe naturelle, même pour les dommages nés antérieurement à la vente (▪ Cass. 3e civ., 7 mai 2014, n° 13-16.400, n° 596 FS-P+B).

8) **Définition des zones de solidarité après la catastrophe Xynthia.** La décision du préfet de Charente-Maritime de définir les zones qui pourraient être permettre l'acquisition de biens après la catastrophe Xynthia ne constitue pas un acte susceptible de recours puisqu'elle n'exclut pas que des personnels extérieurs de ces zones puissent bénéficier de la solidarité nationale ▪ CE, 1er juin 2015, *Assoc. de défense des intérêts des victimes de Xynthia*, n° 367101 : *AJDA* 2016. 392, note Cans et Touret elle se ; *DAUH* 2016, n° 430, note A. R.

9) **Absence de faute de l'État.** Seules doivent être prises en compte les habitations et le préfet n'a commis aucune faute en rejetant la prise en compte d'un simple hangar ; de plus, responsabilité sans faute de l'État n'est pas engagée en raison du refus de prise en compte de la non constructibilité s'agissant d'une zone noire dans laquelle de très nombreuses personnes ont pu être classées (▪ CAA Bordeaux, 19 déc. 2017, n° 15BX01661) dans le même sens (▪ CAA Bordeaux, 12 déc. 2017, 15BX00471).

10) **Responsabilité de l'État** (oui) erreur manifeste d'appréciation dans l'élaboration d'un PPR y excluant un risque lié au ruissellement torrentiel pourtant identifié lors de l'élaboration du document. ▪ TA Montpellier, 9 nov. 2006, n° 0206214, *Cts Vanardois*. Retard mis à approuver un PPRI ayant permis la délivrance de permis de construire. Responsabilité de l'État (oui) ▪ CAA Marseille, 7 févr. 2008, n° 05MA1729, *M et Mme Pierre X. : Environnement* 2008, n° 151, note Février ; *DAUH* 2009, n° 410.

Art. L. 561-4 *(Anc. L. n° 95-101, 2 févr. 1995 ; mod., L. fin. n° 2020-1721, 29 déc. 2020).* **– À compter de la publication de l'arrêté d'ouverture de l'enquête publique préalable à l'expropriation réalisée en application de l'article L. 561-1, aucun permis de construire ni aucune autorisation administrative susceptible d'augmenter la valeur des biens à exproprier ne peut être délivré jusqu'à la conclusion de la**

procédure d'expropriation dans un délai maximal de cinq ans, si l'avis du Conseil d'État n'est pas intervenu dans ce délai.

La personne morale de droit public au nom de laquelle un permis de construire ou une autorisation administrative a été délivré en méconnaissance des dispositions du premier alinéa ci-dessus, ou en contradiction avec les dispositions d'un plan de prévention des risques naturels prévisibles rendues opposables, est tenue de rembourser à l'État le coût de l'expropriation des biens ayant fait l'objet de ce permis ou de cette autorisation.

Art. L. 561-5 *(Abr., L. fin. n° 2019-1479, 28 déc. 2019).*

> **Rédaction antérieure.** Art. L. 561-5 *(Anc. L. n° 95-101, 2 févr. 1995).* – Le Gouvernement présente au Parlement, en annexe à la loi de finances de l'année, un rapport sur la gestion du fonds de prévention des risques naturels majeurs.
> Un décret en Conseil d'État précise les modalités d'application du présent chapitre.

CHAPITRE II. – PLANS DE PRÉVENTION DES RISQUES NATURELS PRÉVISIBLES

Art. L. 562-1 (1) *(Mod., L. n° 2003-699, 30 juill. 2003 ; mod. à compter du 1er janvier 2013, L. n° 2012-1460, 27 déc. 2012 ; mod., L. n° 2010-788, 12 juill. 2010).* – I. – L'État élabore et met en application des plans de prévention des risques naturels prévisibles tels que les inondations, les mouvements de terrain, les avalanches, les incendies de forêt, les séismes, les éruptions volcaniques, les tempêtes ou les cyclones.

II. – Ces plans ont pour objet, en tant que de besoin :

1° De délimiter les zones exposées aux risques en tenant compte de la nature et de l'intensité du risque encouru, d'y interdire tout type de construction, d'ouvrage, d'aménagement ou d'exploitation agricole, forestière, artisanale, commerciale ou industrielle, notamment afin de ne pas aggraver le risque pour les vies humaines, ou, dans le cas où des constructions, ouvrages, aménagements ou exploitations agricoles, forestières, artisanales, commerciales ou industrielles pourraient y être autorisés, prescrire les conditions dans lesquelles ils doivent être réalisés, utilisés ou exploités ;

2° De délimiter les zones qui ne sont pas directement exposées aux risques mais où des constructions, des ouvrages, des aménagements ou des exploitations agricoles, forestières, artisanales, commerciales ou industrielles pourraient aggraver des risques ou en provoquer de nouveaux et y prévoir des mesures d'interdiction ou des prescriptions telles que prévues au 1° ;

3° De définir les mesures de prévention, de protection et de sauvegarde qui doivent être prises, dans les zones mentionnées au 1° et au 2°, par les collectivités publiques dans le cadre de leurs compétences, ainsi que celles qui peuvent incomber aux particuliers ;

4° De définir, dans les zones mentionnées au 1° et au 2°, les mesures relatives à l'aménagement, l'utilisation ou l'exploitation des constructions, des ouvrages, des espaces mis en culture ou plantés existants à la date de l'approbation du plan qui doivent être prises par les propriétaires, exploitants ou utilisateurs.

5° *(L. n° 2023-175, 10 mars 2023)* (2) De définir, dans les zones mentionnées aux mêmes 1° et 2°, des exceptions aux interdictions ou aux prescriptions afin de ne pas s'opposer à l'implantation d'installations de production d'énergie solaire dès lors qu'il n'en résulte pas une aggravation des risques.

III. – La réalisation des mesures prévues aux 3° et 4° du II peut être rendue obligatoire en fonction de la nature et de l'intensité du risque dans un délai de cinq ans, pouvant être réduit en cas d'urgence. À défaut de mise en conformité dans le délai prescrit, le préfet peut, après mise en demeure non suivie d'effet, ordonner la réalisation de ces mesures aux frais du propriétaire, de l'exploitant ou de l'utilisateur.

IV. – Les mesures de prévention prévues aux 3° et 4° du II, concernant les terrains boisés, lorsqu'elles imposent des règles de gestion et d'exploitation forestière ou la réalisation de travaux de prévention concernant les espaces boisés mis à la charge des propriétaires et exploitants forestiers, publics ou privés, sont prises conformément aux dispositions du titre II du livre III et du livre IV du Code forestier.

---

(1) Concernant les mesures prescrites par un plan de prévention annulé à compter du 1er janvier 2015 pour vice de forme ou de procédure : V. L. fin. n° 2005-1719, 30 déc. 2005. – NDLR.

(2) Dispositions d'application particulières : V. L. n° 2023-175, 10 mars 2023.

V. – Les travaux de prévention imposés en application du 4° du II à des biens construits ou aménagés conformément aux dispositions du Code de l'urbanisme avant l'approbation du plan et mis à la charge des propriétaires, exploitants ou utilisateurs ne peuvent porter que sur des aménagements limités.

VI. – Les plans de prévention des risques d'inondation sont compatibles ou rendus compatibles avec les dispositions du plan de gestion des risques d'inondation défini à l'article L. 566-7.

VII. – Des décrets en Conseil d'État définissent en tant que de besoin les modalités de qualification des aléas et des risques, les règles générales d'interdiction, de limitation et d'encadrement des constructions, de prescription de travaux de réduction de la vulnérabilité, ainsi que d'information des populations, dans les zones exposées aux risques définies par les plans de prévention des risques naturels prévisibles.

Les projets de décret sont soumis pour avis au conseil d'orientation pour la prévention des risques naturels majeurs.

Voir : Circ. 24 avr. 1996, relative aux dispositions applicables au bâti et ouvrages existants en zones inondables (*JO* 14 juill. 1996, p. 10643 à 10645).

Bibliographie : V. Zalewski-Sicard, *L'étude géotechnique préalable et l'article 19 ter du projet de loi ELAN : Constr.-Urb.* 2018, n°s 7-8, alerte 35. • X. Couton, *Permis de construire – PPRNP : ne pas confondre prescription et préconisation : Constr.-Urb.* 2018, n°s 7-8, comm. 99. • D. Gillig, *L'urbanisme à l'épreuve du risque inondation : Constr.-Urb.* 2017, n° 12, alerte 88. • S. Defix, *Combinaisons entre un plan de prévention des risques naturels prévisibles et l'article R. 111-2 du Code de l'urbanisme : JCP* A 2016. • F. Tesson *Prescriptions des plans de prévention des risques naturels prévisibles : JCP* N 2018. *Précisions sur la procédure d'adoption des PPRN : AJDA* 2020, p. 582, concl. B. Henry.

1) Champ d'application. Est considéré comme un risque naturel le risque d'instabilité du sous-sol généré par la présence d'une ancienne mine de bitume (▪ CAA Lyon, 28 juill. 1999, n° 92LY00107, *Sté « SMAC ACIEROID », Sté mutuelle assurance du Bâtiment des travaux publics*). Un plan de prévention des risques d'inondation peut se fonder sur le risque de survenance d'une crue centenale reconstituée par modélisation (▪ CE, 14 févr. 2007, n° 290327, *Communauté de communes de Blagny Pont-L'Évêque*). – Est également légal le plan qui se fonde sur la défaillance concomitante ou successive de différents ouvrages hydrauliques et aménagements dès lors que la survenance de telles hypothèses n'est pas dénuée de probabilité (▪ TA Amiens, 12 févr. 2008, n° 0500291, *Weremme : RJ env.* 2009, 457, conc. Caron). Le plan de prévention des risques est un document divisible ; il peut donc être partiellement annulé si les illégalités ne sont pas, de par leur nombre et leur importance, de nature à remettre en cause l'économie générale du plan (▪ TA Nice, 27 juin 2000, n° 99762, *Cne de Mandelieu-la-Napoule : Dr. env.* avr. 2001, n° 87, p. 67, note R. Romi). – L'élaboration de ces plans est indépendante de l'origine des risques qui est souvent multiple, en conséquence l'État doit prendre en compte des inondations, même si celles-ci trouvent en partie leur origine dans la modification du système de drainage qu'a entraîné la construction d'un aéroport même si des décisions illégales ont concouru à leur aggravation (▪ CAA Marseille, 18 déc. 2009, n° 07MA00887, *Edmond A. et SAI du Ceinturon*).

2) Procédure. *PPR commune par commune : légalité.* Le préfet n'a pas l'obligation d'établir un plan d'exposition aux risques pour l'ensemble des communes d'un bassin d'inondation. Dès lors que les études et l'impact pris en compte sont ceux intéressant l'ensemble des facteurs de la vallée, le préfet peut légalement ordonner l'élaboration de plans d'exposition aux risques commune par commune (▪ CE, 22 mai 1996, n° 162745, *Comité de sauvegarde du patrimoine du pays de Montpellier*. ▪ TA Nice, 18 mars 2003, n° 00-4125, *Panisse et Passis et a. : Environnement* 2003, n° 7, p. 29, note Trouilly). Il peut couvrir plusieurs communes, voire plusieurs départements ▪ TA Caen, 7 juill. 1998, n° 97645, *Cne de Gonneville-sur-Mer*. ▪ CAA Nantes, 29 déc. 2000, n° 98NT02099. ▪ CE, 14 nov. 2003, n° 231798, *Étienne X. : JCP* A 2004, 275, note Billet. Il doit correspondre à un bassin de risques pré-identifiés ▪ CAA Nantes, 31 janv. 2006, n° 04NT01472, *Assoc. Synd. agricole des propriétaires fonciers de l'Anjou*, plan. Mais *a contrario*, le préfet peut élaborer qu'un plan partiel intéressant une seule commune ▪ CAA Marseille, 21 mai 2010, n° 07MA02250, *SARL Les Ondines*. L'auteur d'un PPR est libre de déterminer le périmètre du plan, pourvu qu'il intègre les éléments extérieurs ayant une incidence sur le secteur concerné. *Autorité compétente en matière d'urbanisme :* La compétence pour l'élaboration des documents d'urbanisme au sens de l'article R. 562-2 du Code de l'environnement doit être entendue comme la compétence pour élaborer les documents ayant pour objet de déterminer les prévisions et règles touchant à l'affectation des sols, opposables aux personnes publiques ou privées. Les schémas de cohérence territoriale, dont le rôle et la portée sont fixées par l'article L. 122-1 du Code de l'urbanisme et qui définissent notamment des objectifs relatifs à la prévention des risques, sont des documents d'urbanisme au sens de ces dispositions.

Une communauté de communes, qui était à la date de l'arrêté prescrivant l'élaboration du plan de prévention des risques d'inondation compétente en matière d'élaboration du schéma de cohérence territoriale, devait dès lors être regardé comme un établissement public de coopération intercommunale compétent pour l'élaboration des documents d'urbanisme et relevait à ce titre du champ d'application des articles L. 562-2 et R. 562-2 du Code de l'environnement qui imposait son association à l'élaboration du projet de plan de prévention des risques d'inondation. (■ CE, 5 déc. 2016, n° 395499). ***Documents graphiques ne portant pas sur l'ensemble de la zone couverte : illégalité.*** La procédure d'élaboration d'un plan de prévention des risques naturels prévisibles d'inondations incluant plusieurs communes est entachée d'illégalité car, contrairement à ce que prévoit la lettre du décret du 5 octobre 1995, les documents graphiques déposés dans chacune des communes concernées lors de l'enquête publique ne portaient pas sur l'ensemble de la zone couverte, mais seulement sur les parties de la zone concernant chaque commune. Or, cette irrégularité revêt un caractère substantiel car le contenu d'un plan de prévention des risques de par sa nature doit pouvoir s'apprécier globalement (■ CE, 22 juin 2001, n°s 214421, 214613 et 215360, *Assoc. des professionnels de la zone portuaire et a. : RD imm.* nov.-déc. 2001). ***Avis du CE (non).*** Aucune disposition législative ou réglementaire ne prévoit l'obligation pour le préfet de recueillir l'avis du Conseil d'État en raison de l'avis défavorable du conseil municipal de la commune sur le projet de PPR (■ TA Caen, 7 juill. 1998, n° 97645, *Cne de Gonneville-sur-Mer*).

Délimitation. Zonage. Depuis l'entrée en vigueur de la loi dite Grenelle II, les termes « zones de danger » et « zones de précaution » ont été supprimés. Les zones de précaution ne sont pas des zones exposées à un risque de moindre intensité que les zones dites de danger (■ CAA Marseille, 20 juin 2013, n° 11MA02932, *Cne de Saint Léger du Ventoux*). Le critère déterminant est maintenant celui de l'aggravation du risque pour les vies humaines. Aucune disposition réglementaire n'impose au bureau d'étude chargé de délimiter les zones d'aléa du risque d'employer une méthode particulière pour établir le zonage (■ TA Clermont-Ferrand, 26 mai 1998, n° 971157, *Mme Affidi*. ■ TA Nice, 18 mars 2003, n° 00-4125, *Panisse et Passis et a. : Environnement* 2003, n° 7, p. 29, note Trouilly). Lorsque les terrains sont situés derrière un ouvrage de protection, l'autorité compétente doit prendre en compte non seulement la protection qu'un tel ouvrage est susceptible d'apporter, eu égard notamment à ses caractéristiques et aux garanties données quant à son entretien, mais aussi le risque spécifique que la présence même de l'ouvrage est susceptible de créer, en cas de sinistre d'une ampleur supérieure à celle pour laquelle il a été dimensionné ou en cas de rupture, dans la mesure où la survenance de tels accidents n'est pas dénuée de toute probabilité (■ CE, 6 avr. 2016, n°s 386000 et 386001, *PPRI du Gardon d'Alès*). ***Inclusion de rivières n'étant pas à l'origine des inondations.*** Un plan de prévention des risques naturels prévisibles d'inondation peut légalement inclure des rivières n'étant pas à l'origine des inondations, le but de ce plan étant de s'intéresser à toutes les inondations qui surviennent sur le territoire des communes incluses dans le périmètre qu'il a défini (■ CAA Marseille, 18 déc. 2009, n° 07MA00887, *Lalou et SAI du Ceinturon*). Est illégal un PPRN qui ne comporte pas un certain nombre de communes pourtant initialement inscrites dans le périmètre de plan prescrit (■ TA Lyon, 4 juill. 2019, n° 18000153). **Cartographie des aléas.** Une cartographie des aléas a une valeur informative. Pour autant, un telle carte accompagnée d'un commentaire du préfet selon lequel « dès lors qu'elle est communiquée à la collectivité, cette nouvelle connaissance du risque doit être prise en compte par la commune et l'État, notamment pour ce qui concerne la planification et les autorisations d'urbanisme », en fait un document phare dont les nouvelles informations qu'il contient doivent « être prises en compte [...] pour l'application du droit des sols (■ CE, 13 juill. 2023, n° 455800).

3) Application anticipée. La loi Grenelle II a supprimé le délai de validité de l'application anticipée du plan qui était limité à trois ans. Les mesures tirées de l'application anticipée seront dorénavant applicables jusqu'à l'approbation définitive du plan. – L'application anticipée des plans de prévention des risques naturels prévisibles ne peut concerner que les dispositions mentionnées aux 1° et 2° du II de l'article L. 562-1, c'est-à-dire les dispositions applicables aux travaux décidés par les propriétaires, ce qui exclut les 3° et 4° du II de l'article L. 562-1 relatif aux travaux de mise en conformité imposés aux collectivités publiques (■ CE, 24 juill. 2006, n° 283297, *Cne d'Andresy-en-Yvelines et a.*).

4) Pouvoir de l'administration. *Périmètre.* Ne constitue pas une erreur manifeste d'appréciation l'inclusion d'une parcelle dans le périmètre délimitant les terrains sur lesquels les constructions sont interdites du fait de leur exposition à des risques naturels malgré la préexistence d'une construction dès lors que les travaux qui ont déjà été entrepris laissent subsister un risque (■ CAA Bordeaux, 14 oct. 1999, n° 96BX00604, *M. Laporte*). – Un plan de prévention des risques qui interdit en zone rouge tous les travaux, ouvrages, aménagements et constructions mais qui prévoit des exceptions, notamment les travaux d'entretien et de gestion courants des bâtiments n'interdit pas le développement des activités agricoles (■ TA Nice, 7 avr.

2000, n° 99128, *Gaec de la Levade : DAUH* 2001, p. 430). – Le plan de prévention des risques, de par sa nature, doit distinguer des zones où les possibilités de construire sont différentes. Si cette distinction ne repose pas sur une erreur manifeste d'appréciation, elle ne porte alors pas d'atteinte illégale au principe d'égalité (▪ TA Nice, 27 juin 2000, n° 99356, *Mme Carbone c/ Préfet des Alpes-Maritimes : Dr. env.* avr. 2001, n° 87, p. 68, note R. Romi). – L'imprécision du périmètre du plan de prévention des risques naturels, à la supposer établie, est sans incidence sur la légalité de ce plan ; un périmètre établi en suivant les courbes de niveau n'est pas entaché d'erreur manifeste d'appréciation (▪ TA Caen, 7 juill. 1998, n° 97645, *Cne de Gonneville-sur-Mer*, confirmé par ▪ CAA Nantes, 29 déc. 2000, n° 98NT02099). – Le préfet a commis une erreur manifeste d'appréciation en ne soumettant pas certains terrains aux mêmes interdictions que ceux inclus dans la zone rouge alors qu'ils étaient exposés à un risque d'inondation (▪ TA Lille, 23 avr. 2001, *Mlle Vandroy c/ Préfet du Pas-de-Calais : LPA* 31 août 2001). – Aucune disposition législative ou réglementaire ne fait obstacle à ce que le périmètre d'un PPR soit limité au territoire d'une seule commune ou au contraire soit étendu à l'ensemble des communes d'un bassin hydrographique (▪ CE, 22 mai 1996, n° 162745, *Comité de sauvegarde du patrimoine du pays de Montpellier*. ▪ TA Nice, 18 mars 2003, n° 00-4125, *Panisse et Passis et a. : Environnement* 2003, n° 7, p. 29, note Trouilly). Constitue une erreur manifeste d'appréciation le fait d'instituer une zone rouge naturelle « R » de risque indifférencié entre la zone de précaution et la zone de danger (▪ CAA Marseille, 15 mai 2008, n° 05MA03273, *Durra*. – V. également ▪ CAA Marseille, 9 nov. 2006, n° 05MA03110, *Jeanjean*). – Lorsqu'il ressort d'éléments sérieux portés à sa connaissance qu'il existe un danger à la fois grave et imminent exigeant une intervention urgente qui ne peut être différée, l'autorité de police ne commet pas d'illégalité en prenant les mesures qui paraissent nécessaires au vu des informations dont elle dispose à la date de sa décision ; la circonstance que ces mesures se révèlent ensuite inutiles est sans incidence sur leur légalité mais entraîne seulement l'obligation de les abroger ou de les adapter (▪ CE, 31 août 2009, n° 296458, *Cne de Crégols*). Absence d'erreur manifeste pour un plan d'exposition à des mouvements de terrain ▪ CAA Bordeaux, 5 juill. 2018, n° 16BX01201.

5) Erreur manifeste d'appréciation. Le juge administratif sanctionne le classement de terrains en zone de danger lorsque le risque allégué n'est pas établi (▪ CAA Marseille, 8 févr. 2007, n° 06MA00353, *Giroud*). Est entaché d'une erreur manifeste d'appréciation le classement en zone 2B2, soit dans une zone urbanisée, d'un vaste espace entièrement boisé qui présente le caractère d'une zone naturelle (▪ CAA Bordeaux, 17 nov. 2008, n° 07BX00225, *Cne de Mathes c/ SA Parc de la côte sauvage et SARL Holding Parc de la côte sauvage*. – M. Sousse, *Contrôle du zonage d'un plan de prévention des risques naturels prévisibles : Environnement et dév. durable* avr. 2009, n° 4, comm. 50) – Le juge administratif annule le classement en zone rouge d'une parcelle par un PPRN lorsqu'il ressort d'une étude hydraulique, non contestée par le ministre, que la parcelle considérée jouxte un simple talweg et non un cours d'eau, même non pérenne, que l'étendue et la vitesse d'écoulement de la masse d'eau transitant en fond de talweg ne serait pas suffisante, en cas de précipitations centennales, pour atteindre la propriété du requérant et y provoquer un phénomène d'érosion (▪ CAA Lyon, 25 oct. 2011, n° 10LY01273, *Gaude*). – Classement irrégulier de parcelles en zone rouge inconstructible (▪ CAA Lyon, 7 mars 2011, n° 09LY02522, *Martin*). Est entaché d'une erreur manifeste d'appréciation le classement d'une réserve d'animaux accueillant du public en zone Ri 3, zone de prévention, sans que le préfet n'ait défini de mesures de prévention, de protection et de sauvegarde adaptées devant être prises par les collectivités publiques, les particuliers et les activités économiques (▪ CAA Marseille, 14 févr. 2013, n° 10MA04629, *SA la Réserve Africaine de Sigean*). Constitue une erreur manifeste d'appréciation le fait pour la commune de l'Aiguillon-sur-Mer d'avoir délivré un certificat d'urbanisme positif dans une zone dangereuse nonobstant le fait que cette zone avait été classée en zone bleu clair correspondant à une zone constructible sous conditions (▪ CE, 13 mars 2020, n° 423501, *Sté Pharmacie centrale de la gare*). De la même manière, le maire de Saint-Malo avait délivré un permis de construire pour l'édification d'un immeuble de quatre logements collectifs. Le projet se situe à quelques dizaines de mètres de la digue de protection, soit dans la zone dite de « dissipation d'énergie » à l'arrière des systèmes de protection connus. C'est une zone exposée à des écoulements violents en cas de rupture de la digue ; la digue de Saint-Malo présente des faiblesses structurelles et a été, dans la période récente et à plusieurs reprises, submergée ou endommagée lors de tempêtes ou de grandes marées particulièrement violentes. La cour administrative d'appel de Nantes a entaché son arrêt de dénaturation des pièces du dossier en estimant que le maire de Saint-Malo n'avait pas commis d'erreur manifeste d'appréciation au regard des dispositions précitées de l'article R. 111-2 du Code de l'urbanisme (▪ CE, 23 mars 2016, n° 390853. – Annulant ▪ CAA Nantes, 3 avr. 2015, n° 13NT03430, *Préfet d'Île-et-Vilaine*).

6) Pas d'erreur manifeste d'appréciation. S'agissant du classement en zone rouge d'un lotissement en raison du risque élevé d'incendies de forêt (■ CAA Marseille, 21 oct. 2010, n° 08MA03190, *Blanchard c/ Min. Écologie, Développement durable et Mer*). – Le classement en zone d'aléa fort à très fort de risque d'incendie de forêt est justifié si, pour atteindre la propriété en cas d'incendie de grande ampleur, il est nécessaire de traverser des zones densément boisées susceptibles d'être la proie des flammes. Cela exposerait aux risques les occupants des parcelles en litige et les services de secours. Peu importe qu'il existe, à proximité immédiate, une retenue d'eau de 15 000 m^3 permettrait d'assurer la défense contre l'incendie d'une partie de l'exploitation (■ CAA Marseille, 1er juin 2017 n° 15MA03208). S'agissant du classement en zone inondable non urbanisée ou peu urbanisée et peu aménagée, en aléa faible (■ CAA Nantes, 7 avr. 2010, n° 09NT00592, *Boileau c/ Cne de Saint Patrice*) – La nature et l'intensité du risque encouru sont appréciés en fonction de la hauteur d'eau, de la vitesse d'écoulement, ainsi que de la configuration des lieux en conséquence, des mesures similaires peuvent être prescrites dans des zones dont les caractéristiques sont différentes au regard de la hauteur d'eau et de la vitesse d'écoulement, si la configuration des lieux le justifie (■ CAA Marseille, 12 janv. 2012, n° 09MA03016, *Cne de la Londe-les-Maures*). – Le préfet peut interdire en zone R2, au regard de la vocation agricole de la commune, la plupart des constructions, dans la mesure où y sont néanmoins autorisés les cultures, les serres plastiques sur arceaux, l'implantation de hangars sous certaines conditions, les plantations permanentes arboricoles, les réseaux d'irrigation et de drainage, les clôtures (■ CAA Marseille, 12 janv. 2012, n° 09MA03016, *Cne de la Londe-les-Maures*). – La préservation de la capacité des champs d'expansion des crues, qui permet de limiter leur impact en aval, présente un caractère d'intérêt général et justifie que puissent être déclarées inconstructibles ou enserrées dans des règles de constructibilité limitée, des zones ne présentant pas un niveau d'aléa fort. En conséquence, n'est pas entaché d'erreur manifeste d'appréciation le classement dans des zones différentes de terrains situés à une même hauteur d'eau selon qu'ils sont situés à plus ou moins trente mètres des berges de la Seine (■ CE, 30 déc. 2011, n° 324310, *Vacher c/ Cne de Neuilly-sur-Seine*). De même, peuvent être regroupés dans une même zone de danger rouge des secteurs d'aléa fort, submersibles par plus d'un mètre d'eau en cas de survenance d'une *crue centennale*, et des secteurs de moindre aléa mais qui correspondent à des champs naturels d'expansion des crues permettant l'étalement des eaux de crue et le stockage des quantités d'eau importantes (■ CAA Nantes, 14 déc. 2012, n° 11NT02208, *M. Paul A. c/ Min. Écologie*). – Pas d'erreur manifeste d'appréciation du classement en zone rouge même lors qu'il existe des ouvrages de protection, construits de longue date, dès lors qu'aucun élément de justification précis quant à l'efficacité de ces ouvrages en cas de crue n'est apporté (■ CE, 30 déc. 2011, n° 324310). – La circonstance que des moyens supplémentaires de lutte contre les incendies pourraient être mis en place par les propriétaires ou les collectivités ne peut être prise en compte pour évaluer le niveau de l'aléa dès lors que ces moyens n'étaient ni prévus ni déployés à la date à laquelle le plan a été arrêté (■ CAA Marseille, 24 nov. 2011, n° 09MA04511, *Massin*). *Absence d'erreur manifeste d'appréciation* : La commune d'Aimargues contestait le classement des bâtiments de l'ancienne gendarmerie en zone soumise à un aléa fort, faisant obstacle à son projet de transformation du bâtiment en école primaire. L'aléa est qualifié de fort lorsque la hauteur d'eau est susceptible d'atteindre plus de 50 centimètres et de modéré lorsqu'elle reste inférieure à 50 centimètres. Compte tenu de l'objectif assigné à un tel plan, à savoir protéger les personnes et les biens, le préfet n'a pas commis d'erreur en classant ce terrain en zone soumise à un aléa fort, quand bien même le bâtiment allait être surélevé et que la classe envisagée se situerait à l'étage. La majeure partie, comprenant notamment les bâtiments, est exposée à des hauteurs d'eau supérieures à 50 centimètres, pouvant même atteindre jusqu'à 2 mètres, en particulier au niveau des voies de circulation qui constituent les principaux axes d'évacuation (■ CAA Marseille, 2 févr. 2016, n° 14MA02496, *Cne d'Aimargues*).

7) Pas d'atteinte au principe d'égalité. Le classement des zones différentes de terrains situés à une même hauteur d'eau selon qu'ils sont situés à plus ou moins trente mètres des berges de la Seine (■ CAA Lyon, 13 déc. 2011, n° 10LY01472, *Mahe*). – Pas d'atteinte au principe d'égalité devant la loi entre deux plans de prévention qui auraient pris un niveau de crue de référence différent (■ CAA Marseille, 14 avr. 2011, n° 09MA02409, *Cne d'Amélie-les-Bains*).

8) Conséquences liées à l'annulation d'un PPRNP. L'annulation d'un PPRI, au motif qu'il ne prévoit pas les mesures de prévention, de protection et de sauvegarde, qui doivent être prescrites dans les zones exposées aux risques d'inondation a nécessairement pour conséquence l'obligation pour le préfet de prendre, dans un délai raisonnable, un arrêté complémentaire afin de déterminer ces mesures manquantes (■ CAA Marseille, 10 juill. 2009, n° 09MA00849, *GFA Marogalie, Préfet de la Région Languedoc-Roussillon, Préfet de l'Hérault*). – Le préfet ne méconnaît pas un arrêt lui enjoignant de modifier un PPRI en vue de déclasser une parcelle située en zone rouge, si de nouvelles études permettent de démontrer que cette parcelle est bien située en zone inondable (▪ CAA Marseille, 10 nov. 2010, n° 08MA01037, *Marcille c/ Préfet du Gard*).

9) PPR et application de l'article R. 600-1 du Code de l'urbanisme. Le Conseil d'État avait tranché en faveur de l'application de l'article R. 600-1 du Code de l'urbanisme en considérant que les PPR constituent des documents d'urbanisme auxquels s'applique la formalité de notification prévue à l'article R. 600-1 du Code de l'urbanisme et reprise à l'article R. 411-7 du Code de justice administrative (▪ CE, avis, 3 déc. 2001, *SCI des 2 et 4 rue de la Poissonnerie et a.* : *BJDU* janv. 2002, p. 54, concl. P. Fombeur ; *AJDA* 2002, p. 177, note Jacquot ; *RD imm.* 2002, p. 36, obs. Durry ; *RFDA* 2002, p. 982, note Chauvin). Depuis le 1er octobre 2007, et l'entrée en vigueur de la nouvelle rédaction de cette disposition, cette formalité n'est plus applicable aux documents d'urbanisme (▪ CAA Douai, 3 févr. 2011, n° 09DA01579, *Cne de Héricourt-sur-Thérain*). Les plans de prévention des risques naturels sont des documents d'urbanisme au sens de l'article L. 600-2 du Code de l'urbanisme et ainsi leurs dispositions sont inopposables au pétitionnaire de l'annulation d'un précédent refus de permis de construire (▪ CE, avis, 12 juin 2002, *Préfet de la Charente Maritime* : *BJDU* mars 2002, p. 220, concl. Boissard ; *Environnement et technique* oct. 2002, n° 220, p. 52, note C. Huglo et C. Lepage ; *AJDA* 2002, p. 1080, note Lebreton ; *Constr.-Urb.* 2002, n° 10, n° 251, obs. Benoît-Cattin ; *RD imm.* 2002, p. 427, obs. Derepas ; *Environnement* 2002, n° 8-9, p. 17, note Trouilly. ▪ CAA Nancy, 6 févr. 2003, n° 02NC01035, *Cne de Belfort*).

10) PPR et exception d'illégalité de l'article L. 600-1 du Code de l'urbanisme. Le mécanisme relatif aux vices de forme et de procédure soulevés par voie d'exception, prévu par l'article L. 600-1 du Code de l'urbanisme, est applicable aux PPR (▪ CAA Bordeaux, 31 août 2006, n° 04BX00807, *Sté arboricole et fruitière de l'agenais*). ▪ CE, 30 déc. 2011, n° 324310, *Neuilly-sur-Seine*, C. Roger-Lacan, concl. sous ▪ CE, 30 déc. 2011, n° 324310 : *BJDU* mai 2012, n° 2/2012, J.-P. Strebler ; *AJCT* 2012, 107. ▪ CAA Nantes, 14 déc. 2012, n° 11NT02208.

11) PPR et servitude. Indemnisation (non). Les servitudes instituées par les PPR ne sont pas au nombre de celles visées par les dispositions du Code de l'urbanisme, alors même que le PPR approuvé vaut servitude d'utilité publique. Les servitudes affectant les parcelles concernées par un PPR ne sauraient être regardées comme faisant supporter une charge spéciale et exorbitante, hors de proportion avec l'objectif d'intérêt général poursuivi et ainsi de nature à ouvrir droit à indemnisation (▪ CE, sect., 29 déc. 2004, n° 257804, *Sté d'aménagement des coteaux de Saint-Blaine* : *AJDA* 2005, n° 8, p. 423-427, – confirmant ▪ CAA Nancy, 10 avr. 2003, *Sté Le nid* : *AJDA* 2003, p. 1619, note I. Cassin ; *Environnement* 2003, n° 7, p. 28, note Trouilly ; *RD imm.* 2003, p. 248, note Y. Jégouzo. ▪ CAA Lyon, 17 févr. 2010, n° 07LY01010 et a., *Cornier c/ Cne de Ferternes*). À défaut d'accomplissement des mesures de publicité du plan de prévention des risques naturels prévisibles (PPRI) requises par les dispositions de l'article R. 562-9 du Code de l'environnement, une servitude qu'il institue n'est pas opposable à une autorisation de construire alors même qu'elle a été annexée au plan local d'urbanisme de la commune. Ainsi, le PPRI, qui a fait l'objet d'une publication dans le recueil des actes administratifs de la préfecture mais pas dans un journal local, en méconnaissance des dispositions de l'article R. 562-9 du Code de l'environnement, n'est pas opposable à la demande de permis de construire alors même qu'il a été annexé au plan local d'urbanisme. ▪ CAA Marseille, 9 févr. 2017 n° 15MA02991. Engage la responsabilité de la commune le fait d'avoir délivré en 2006 et 2007 des permis de construire dans une zone où par la suite du fait du PPRN il a été impossible de construire. La responsabilité de l'État est également engagée en ce qu'il a commis une faute en sous-évaluant le risque. En revanche, le détenteur du permis de construire ne peut avoir sa responsabilité partiellement engagée que pour autant qu'il ait eu connaissance du risque et qu'il ait commis une imprudence fautive (▪ CE, 18 déc. 2019, n° 423681, *Sté LDA*).

12) Délivrance d'un permis de construire et articulation avec le risque inondation. Ne commet pas une erreur manifeste d'appréciation le maire qui délivre un permis de construire sur une parcelle partiellement incluse dans le périmètre d'une zone inondable faisant l'objet d'un plan d'exposition aux risques naturels en cours d'élaboration dès lors, d'une part, que le risque de submersion est faible et n'excède pas quelques centimètres et, d'autre part, qu'il n'est nullement établi que le bâtiment existant ou son extension aurait porté une atteinte significative au libre écoulement des eaux (▪ CAA Bordeaux, 16 oct. 1997, n° 95BX01121, *SA « Deval »*). – Le maire a commis une erreur manifeste d'appréciation en délivrant des permis de construire, sans les assortir de prescriptions spéciales, sur un terrain exposé à un risque d'inondation ; et cela alors même que le terrain d'implantation du projet n'était pas compris dans une zone de risque d'inondation délimitée dans les conditions prévues par le second alinéa de l'article R. 111-3 du Code de l'urbanisme alors en vigueur (▪ CE, 23 déc. 1996, n°s 124932 et 124997, *M. Iogna et a. et Cne de Bourg-Saint-Maurice*). – Le permis de construire délivré par le maire de La Colle-sur-Loup est illégal car le terrain d'assiette du projet de construction est situé dans le Massif de la Sine, caractérisé par un boisement dense constitué d'espèces hautement combustibles et considéré, dans le cadre des études menées pour l'élaboration du PPRNP et portées à la connaissance du maire, comme étant un secteur soumis à risque fort en matière d'incendie (■ TA Nice, 26 juin 2003, n° 0301187, *Préfet des Alpes-Maritimes*). – Est légal le refus du maire de délivrer un permis de construire pour la transformation d'un dépôt en maison d'habitation sur un terrain situé en zone inondable caractérisé par l'établissement du PPR, quand bien même le pétitionnaire aurait obtenu un certificat d'urbanisme positif (■ CAA Lyon, 27 juill. 2004, n° 02LY01552, *Cne de Cébazat*). Les prescriptions d'un PPR annexé à un document d'urbanisme constituent des dispositions qui peuvent s'opposer à la reconstruction à l'identique d'un bâtiment détruit, l'article L. 111-3 du Code de l'urbanisme n'ayant pas pour objet ni pour effet d'y faire obstacle (■ CE, 17 déc. 2008, n° 305409, *Falcoz*). – Est entaché d'une erreur manifeste d'appréciation le PPRN qui classe en zone rouge la totalité d'une parcelle alors qu'une partie seulement de cette parcelle est réellement soumise à un risque d'inondation (■ CAA Nancy, 2 août 2007, n° 06NC00626, *Taverne*).

13) Délivrance d'un permis de construire et dent creuse. Lorsqu'un plan de prévention des risques d'inondation autorise les constructions nouvelles « dans une « dent creuse » de l'urbanisation actuelle », il convient de se référer à l'urbanisation existante lors de l'adoption du plan, et non à l'urbanisation existante à la date à laquelle il est statué sur une demande de permis de construire. Dans le cas d'une « dent creuse » de l'urbanisation apparue postérieurement à l'adoption du plan, seules sont applicables les dispositions sur les reconstructions (■ CE, 12 oct. 2016, n° 395089).

14) Délivrance d'un permis de construire et zone de refuge. « Si en cas de montée des eaux dans la partie minoritaire des espaces verts située en zone rouge du plan de prévention des risques naturels d'inondation, il est possible de trouver aisément et rapidement refuge dans la partie de ces espaces verts située en zone bleue ou, au besoin, dans l'un des deux immeubles attenants à ces espaces verts, qui sont intégralement situés en zone bleue, et qui sont de nature à tenir lieu de l'aire de refuge exigée par le plan de prévention des risques naturels prévisibles d'inondation », alors l'édile qui a délivré le permis de construire n'a commis aucune erreur en accordant ladite autorisation (■ CE, 24 juin 2022, n° 453542).

15) Prescription du PPRN. Les prescriptions d'un PPRN s'imposent directement aux « *autorisations de construire, qui ne sauraient être légalement accordées lorsque ces prescriptions sont méconnues* ». Mais, s'agissant des mesures de prévention de protection et de sauvegarde incombant aux particuliers en application « *du 3° du II du même article, que lorsque leur réalisation a été rendue obligatoire dans les conditions prévues au III de cet article* ». Le conseil d'État considère en effet que les dispositions qui ne sont pas rendues obligatoires « *font seulement partie des éléments que l'autorité chargée de délivrer les autorisations de construire peut, en fonction de leur objet, prendre en considération pour apprécier le respect du règlement national d'urbanisme ou des dispositions ayant un objet similaire d'un plan local d'urbanisme ou d'un document d'urbanisme en tenant lieu* ». ■ CE, 20 juin 2018, n° 412650 : *JurisData* n° 2018-010666. Dans le même sens et pour une application directe des dispositions de l'article R. 111-2 du Code de l'urbanisme (■ CAA Marseille, 10 juill. 2018, n° 17MA01746). Le juge administratif, s'il doit s'assurer de la production par le pétitionnaire d'un document établi par l'architecte du projet ou par un expert attestant qu'une étude a été menée conformément aux exigences du PPRN et que ces résultats ont été pris en compte, ne peut porter en revanche une appréciation sur le contenu de l'étude et son caractère suffisant au regard des exigences du PPRN (■ CE, 25 oct. 2018, n° 412542 : *RDI* 2019, p. 115, obs. P. Soler-Couteaux).

16) Refus de permis de construire sur le fondement de l'article R. 111-2 du Code de l'urbanisme. Le ministre de l'Écologie et du Développement durable a précisé, dans une réponse ministérielle en date du 10 février 2005, qu'en l'absence de dispositions appliquées de manière anticipée, « le recours par les autorités compétentes en matière d'urbanisme à l'article R. 111-2 du Code de l'urbanisme est toujours possible pour refuser une demande de permis de construire ou assortir la délivrance du permis à la réalisation, par le pétitionnaire, des prescriptions nécessaires à la prise en compte des risques dans son projet de construction » (Q n° 13609 : *JO* Sénat 10 févr. 2005, p. 380). Le fait qu'une commune soit dotée d'un plan d'occupation des sols approuvé et couverte par un plan de prévention des risques ne fait pas obstacle à ce qu'un permis de construire puisse être refusé sur le fondement de l'article R. 111-2 du Code de l'urbanisme (■ CAA Marseille, 4 juin 2010, n° 08MA03403, *Joël c/ Cne de Montfaucon*). Légalité d'un refus de permis de construire fondé sur l'article R. 111-2 du Code de l'urbanisme (■ CAA Bordeaux, 15 nov. 2010, n° 10BX00787, *Cne de Saintes*). Un permis de construire peut être refusé sur le fondement de l'article R. 111-2 du Code de l'urbanisme même si le terrain d'assiette n'est pas classé à risque (■ CE, 15 févr. 2016, n° 389103, *Cne d'Ingersheim*). *État de l'urbanisation à la date de l'adoption du PPR inondation.* Pour l'application des dispositions d'un plan de prévention des risques d'inondation autorisant les constructions nouvelles dans une « dent creuse », il y a lieu de se référer à l'urbanisation existante lors de l'adoption du plan. Le tribunal administratif a commis une erreur de droit en se fondant, pour écarter le moyen tiré de ce que le permis de construire avait été délivré en méconnaissance du règlement du PPRi, sur la circonstance que le terrain d'assiette du projet n'était pas bâti à la date à laquelle l'arrêté litigieux a été pris et que, par suite, l'arrêté avait autorisé une construction nouvelle dans une « dent creuse » de l'urbanisation actuelle au sens de l'article B.A-9. Il aurait dû, dans l'application de ces dispositions, se fonder sur les données de l'urbanisation existantes à la date de l'adoption du plan (▪ CE, 12 oct. 2016, n° 395089, *MLETE c/ Cne de Viry-Chatillon : AJDA* 2017, 447).

17) Permis d'aménager. Doit être annulé un permis d'aménager délivré par le maire d'une commune en raison de l'existence d'un fort aléa de risques d'inondation, à la suite des intempéries de la tempête Xynthia (▪ CAA Nantes, 31 mai 2013, n° 12NT00462, *Saint-Jean-de-Monts : AJCT* 2013, p. 467).

18) Installations classées (oui) est légal le refus d'autorisation considérée comme une première installation d'une entreprise irrégulièrement installée dans une zone de risque d'inondation (▪ CAA Marseille, 16 oct. 2008, n° 07MA00715, *Sté Gazignaire : Rev. jur. env.* 2009, 500, note Schneider). Dans le même sens, il résulte de l'article L. 562-1 du Code de l'environnement que les prescriptions d'un plan de prévention des risques naturels prévisibles sont opposables aux autorisations relatives aux installations classées pour la protection de l'environnement. Au nombre des plans de prévention des risques naturels prévisibles figurent les plans de prévention des risques d'incendies de forêt. Les prescriptions du plan de prévention des risques d'incendie de forêt qui déterminent les occupations et utilisations du sol admises en zone dite rouge, c'est-à-dire de danger fort, sont opposables à la demande d'autorisation d'exploitation d'une carrière (▪ CE, 9 oct. 2017, n° 397199).

19) Responsabilité de l'État (non). *Risques naturels en général.* L'absence de mise en œuvre d'une procédure de délimitation des zones exposées à des risques naturels n'engage pas la responsabilité de l'État compte tenu des caractéristiques de la zone et de l'état des connaissances au moment de la délivrance du permis de construire (▪ CE, 25 oct. 1985, n° 39288, *M. Guy Poinsignon*. – V. aussi ▪ CAA Lyon, 20 déc. 2001, n° 96LY00537, *Min. Équipement, Logement, Transports et Tourisme c/ Sté Bréguet Construction*) – Le législateur a entendu exclure la responsabilité de l'État à raison des conséquences dommageables pour les propriétaires dont les terrains se trouvent situés dans les secteurs déclarés inconstructibles par les PPR (▪ CE, sect., 29 déc. 2004, n° 257804, *Sté d'aménagement des coteaux de Saint-Blaine : AJDA* 2005, n° 8, p. 423-427, confirmant ▪ CAA Nancy, 10 avr. 2003, *Sté Le nid : AJDA* 2003, p. 1619, note I. Cassin ; *Environnement* 2003, n° 7, p. 28, note Trouilly ; *RD imm.* 2003, p. 248, note Y. Jégouzo). – L'État n'a pas commis de faute en s'abstenant d'élaborer un plan d'exposition aux risques prévisibles s'agissant de la présence de marnières, dès lors qu'un recensement général des effondrements et des cavités souterraines avait d'ores et déjà été réalisé (▪ CE, 16 juin 2010, n° 312331, *Amoyal, Mutuelle des architectes français*). – Exonération de la responsabilité de l'État du fait de l'imprudence commise par la commune (▪ CAA Lyon, 29 juin 2010, n° 07LY02063, *MEDAD*). Un restaurateur installé dans une ancienne cabane ostréicole a vu son bâtiment détruit par la tempête Xynthia. La responsabilité de l'État n'a pas été retenue en raison du retard pris par le préfet à prescrire un PPRN. La Cour retient qu'avaient été portés à la connaissance des maires et du public : une zone de submersion marine répertoriée dans le document intitulé « Éléments de mémoire sur la tempête du 27 décembre 1999 », l'atlas départemental des risques littoraux rédigé en 2001 et le dossier départemental des risques majeurs de 2007. Avant la tempête Xynthia, le territoire de la commune de Bourcefranc-le-Chapus n'avait pas connu des phénomènes de submersion d'une telle ampleur (▪ CAA Bordeaux, 4 mai 2017, n° 15BX00341, *Sarl le grand bleu*).

20) Responsabilité de l'État (oui). *Risques naturels en général.* Un plan de prévention des risques naturels, s'il s'applique sur le territoire d'une seule commune, constitue un document élaboré à l'initiative de l'État sous sa responsabilité, pour son propre compte, et non pour le compte de la commune (▪ TA Melun, 11 juin 1998, n° 975504, *Assoc. « Il faut agir à Thorigny et dans ses environs »*). Le retard pris par le préfet dans l'approbation du plan de prévention des risques naturels d'inondation alors qu'il avait connaissance des dangers et la délivrance d'un permis de construire est de nature à engager la responsabilité de l'État (▪ CAA Marseille, 7 févr. 2008, n° 05MA01729, *Cne de Collias*).

21) Responsabilité de la commune (oui). En l'absence de force majeure, le retard fautif pris par le préfet dans l'élaboration d'un plan de prévention des risques n'exonère pas la commune de sa part de responsabilité (à propos d'un risque d'avalanche : ▪ CE, 16 mars 1986, n° 96272, *Cne de Val d'Isère c/ Mme Bosvy et a.* – À propos d'un risque d'inondation : ▪ CAA Marseille, 20 mai 1999, n° 97MA00858, *Cne de Corté.* ▪ CAA Bordeaux, 8 avr. 1993, n° 91BX00268, *Desfougères.* ▪ CAA Lyon, 13 mai 1997, n° 94LY000923, *M. Balusson et a.*, précité à propos de l'affaire du *Grand Bornand*). Le maire commet une faute dans l'exercice des pouvoirs de police qu'il tient de l'article L. 2212-2 du Code général des collectivités territoriales lorsqu'il ne prévient pas le sinistre par des précautions convenables (brèche importante et ancienne de la digue) (▪ CE, 14 mai 2008, n° 291440, *Cne de Pertuis*) En délivrant un permis de construire alors qu'il n'ignorait pas que le terrain d'assiette de la construction était exposé à un risque d'inondation, le maire commet une faute de nature à engager la responsabilité de la commune (▪ TA Bastia, 9 févr. 2012, n° 1100025). Commet une faute simple le maire de la commune qui retarde volontairement la mise en œuvre d'un PPRI, refuse d'informer ses administrés sur les risques et d'élaborer un PCS Tribunal administratif, Nantes, 6e chambre, 12 février 2018, n° 1504909 à affaire de la Faute sur mer et de la tempête Xynthia ; de même engage sa responsabilité le maire d'une commune qui délivre un permis de construire dans une zone à risque puis le retire à la suite de la tempête Xynthia ; partage de responsabilité avec le propriétaire acquéreur qui est un professionnel de l'immobilier (▪ CAA Nantes, 2e ch., 28 juin 2018, n° 16NT01402). Responsabilité de la commune pour la délivrance d'un certificat d'urbanisme alors que le projet se situe dans une zone dangereuse, mais 20 % mis à la charge du vendeur qui ne pouvait ignorer que le terrain était exposé à un tel risque (▪ CE, 13 mars 2020, n° 123501).

22) Responsabilité de la commune (non). La commune ne peut être regardée comme ayant fait preuve d'une carence constitutive d'une faute lourde de nature à engager sa responsabilité dès lors qu'elle a fait procéder à un certain nombre d'études et demandé au préfet la mise en place d'un plan d'exposition aux risques naturels (▪ CAA Bordeaux, 1er août 1994, n° 93BX00418, *M. Paul Bedat*). N'est pas davantage constitutive d'une erreur manifeste d'appréciation des risques géologiques, la délivrance d'une autorisation de construire, par le maire, dès lors qu'il a fait réaliser, à l'occasion de l'élaboration du plan d'occupation des sols, une étude dite de « géotechnique » et de stabilité des sols qui a été prise en compte par les auteurs dudit plan d'occupation des sols (▪ CE, 4 févr. 1994, n° 116225, *M. Michel Ablain*). L'article L. 2212-2 du Code général des collectivités territoriales : « *La police municipale a pour objet d'assurer le bon ordre, la sûreté, la sécurité et la salubrité publiques. Elle comprend notamment : / (...) / 5° Le soin de prévenir, par des précautions convenables, et de faire cesser, (...) les pollutions de toute nature, tels que (...), les inondations (...)* » n'a pas pour objet de rendre constructibles des parcelles à l'état naturel en obligeant le maire à prendre toutes mesures pour obvier au ruissellement des eaux (▪ CAA Douai, 28 nov. 2012, n° 12DA00534, *M. Vatinel*).

23) Responsabilité du pétitionnaire. L'imprudence commise par le pétitionnaire s'il ne s'assure pas lui-même que son terrain est ou non exposé à un risque connu et dont il ne pouvait ignorer l'existence atténue la responsabilité de l'administration dont la carence est par ailleurs considérée comme fautive (▪ CE, 27 juill. 1979, *Blanc et Min. Équipement : Rec. CE* 1979, p. 352. ▪ CE, 22 févr. 1989, n° 82298, *Épx Faure, Margerit, Blanc et Chaldival.* ▪ CE, 13 mars 1989, *Bousquet et a. : Rec. CE* 1989, p. 89. ▪ CE, 14 déc. 1990, n° 46796, *Sté provençale d'équipements et a..* ▪ CAA Lyon, 9 déc. 1992, n° 91LY00327, *M. et Mme Gire : Dr. adm.* 1992, comm. 127. ▪ CAA Bordeaux, 8 avr. 1993, n° 91BX00268, *Desfougères*). À propos d'un risque d'inondation : ▪ CE, 2 oct. 2002, *Min. Équipement, Transports et Logement c/ M. et Mme G. : AJDA* 27 janv. 2003, p. 143, note C. Deffigier ; concl. I. de Silva : *BJDU* 4/2002, p. 309 et note J.-C. B., p. 314).

24) Responsabilité et avalanches. L'absence de mise en œuvre, à la date de la délivrance du permis de construire, de la procédure de délimitation des zones exposées à des risques naturels d'avalanche n'engage pas la responsabilité de l'État dès lors que le terrain d'implantation du chalet n'avait jamais été atteint par des avalanches à la date de délivrance du permis (▪ CE, 19 mai 1989, n° 41541, *M. Vidal et a*). N'engage pas non plus la responsabilité de l'État l'absence de mise en œuvre d'une procédure de délimitation des zones exposées à des risques naturels au moment de la délivrance du permis de construire dès lors que les informations possédées par l'administration, à cette date, montraient qu'aucune avalanche n'avait franchi la forêt située en contre-haut de cette zone depuis plus d'un demi-siècle, et quand bien même la zone avait été incluse dans un périmètre considéré comme présentant des risques d'avalanches par un arrêté du préfet postérieur de dix ans à la délivrance du permis de construire (▪ CE, 16 juin 1989, n° 59616, *Assoc. « Le Ski Muroisk ».* ▪ CE, 16 juin 1989, n° 59552, *M. et Mme Christin.* ▪ CE, 16 juin 1989, n° 59650, *M. Mastromauro*). C'est donc l'imprévisibilité de la réalisation du risque (▪ CE, 16 juin 1989, n° 59617, *André Serain*) ou son caractère de force majeure (*a contrario*, ▪ CE, 16 mars 1986, n° 96272, *Cne de Val d'Isère c/ Mme Bosvy et a.*) qui sont susceptibles d'exonérer l'administration de sa responsabilité.

25) Responsabilité et inondations. La connaissance du risque d'inondation à l'époque de la délivrance du permis de construire rend fautive l'abstention du préfet dans la mise en œuvre de la procédure de délimitation des zones exposées aux risques naturels (■ CE, 22 févr. 1989, n° 82298, *Min. Équipement, Logement, Aménagement du territoire et Transports c/ Épx Faure, Margerit, Blanc et Chaldival*). L'absence de délimitation d'un plan de prévention des risques n'exonère pas l'État de son obligation de prescrire des mesures particulières susceptibles de protéger les installations qu'il autorise (■ CAA Lyon, 13 mai 1997, n° 94LY00923, *Balusson c/ Mutuelles du Mans* : *D.* 1998, jurispr. p. 11 ; *LPA* 14 nov. 1997, n° 137, p. 21 à 24, *Responsabilité administrative et catastrophe naturelle, l'affaire du Grand-Bornand*, note F. Maillol). À la suite d'inondations, le maire a commis une faute de nature à engager la responsabilité de l'État en accordant un permis de construire, sans prescriptions spéciales au titre de l'article R. 111-3 du Code de l'urbanisme alors en vigueur, alors qu'il avait une connaissance suffisamment précise des risques d'inondation auxquels la parcelle en cause était de longue date exposée, eu égard notamment au caractère cyclique du débit d'un cours d'eau. En outre, un plan cadastral ancien mentionnait le caractère inondable de la zone et il n'était pas démontré que celui-ci était obsolète (■ CE, 2 oct. 2002, n° 232720, *Min. Équipement, Transport et Logement c/ M. et Mme Grondin* : *AJDA* 27 janv. 2003, p. 143, note C. Deffigier ; *AJDA* janv. 2003, p. 7, note H. Arbousset ; concl. I. de Silva : *BJDU* 4/2002, p. 309 et note J.-C. B., p. 314).

26) Responsabilité et instabilité du sous-sol. L'absence d'élaboration par le préfet d'un plan d'exposition à des risques naturels tenant compte du risque d'instabilité du sous-sol généré par la présence d'une ancienne mine de bitume engage la responsabilité de l'État (■ CAA Lyon, 28 juill. 1999, n° 92LY00107, *Sté « SMAC ACIEROID », Sté mutuelle assurance du Bâtiment des travaux publics*). La circonstance que les informations sur les caractéristiques de la mine étaient détenues par des services relevant d'un autre ministère ne peut exonérer les services de l'État de leur carence (même arrêt). Cette faute est de nature à engager la responsabilité de l'État à l'égard de l'ancien exploitant, propriétaire du tréfonds, qui a été condamné à indemniser les propriétaires de la surface par autorité judiciaire (même arrêt).

27) Évaluation valeur d'un terrain (expropriation). En l'absence de plan local d'urbanisme, un PPRN ne peut être assimilé à un document d'urbanisme au sens de l'article L. 13-15 du Code de l'expropriation (■ Cass. 3e civ., 11 févr. 2009, n° 07-13.853, *Cne de Jausiers : Environnement* mai 2009, n° 67, note Sousse).

28) Mesures pouvant être adoptées. Un plan de prévention des risques d'incendies de forêt peut imposer, et mettre à la charge des propriétaires des constructions pour la protection desquelles la servitude est établie, dans les zones rouges, le débroussaillement et le maintien en état débroussaillé des terrains aux abords des constructions sur une distance de 100 mètres sans déclaration d'utilité publique préalable (■ CAA Marseille, 11 juill. 2011, n° 09MA02100, *Cherrey*). – La création d'une coupure de combustible, le débroussaillement intégral des terrains bâtis ou non, la création de deux jonctions routières et d'une issue supplémentaire pour les services de secours, la mise en place d'un dispositif permettant l'accès en tout temps des services de secours et l'installation de deux poteaux à incendie supplémentaires ainsi que la mise aux normes des poteaux existants défectueux sont au nombre des mesures de prévention qui ont vocation à être prises en charge par les collectivités publiques mais peuvent également incomber aux particuliers (■ CAA Marseille, 16 juin 2011, *Min. de l'écologie et du développement durable, des transports et du logement c/ ASL secondaire des propriétaires du domaine résidentiel de l'Estérel*).

29) Le recours contre une note technique du 29 juillet 2015 du ministre de l'Écologie, relative à la prise en compte du risque incendie de forêt dans les documents de prévention et d'aménagement du territoire, a été rejeté. Le Conseil d'État a jugé que le débroussaillement, dont l'efficacité est reconnue notamment dans les zones d'habitat dense et groupé, est au nombre des actions préventives qui peuvent être légalement prises en compte par ces autorités compétentes, lorsqu'elles élaborent des plans de prévention des risques d'incendie de forêt. Elles doivent apprécier les aléas et dangers auxquels sont exposées les zones qu'ils délimitent, en tenant compte de la nature et de l'intensité des risques courus par les personnes et les biens. Cette appréciation dépend nécessairement des capacités et délais d'intervention des services d'incendie et de secours, qui sont eux-mêmes tributaires des caractéristiques de ces zones, telles que le relief, la végétation et les moyens d'accès (■ CE, 17 mars 2017, n° 394241, *Assoc. des communes forestières du VAR*).

Art. L. 562-2 (1) ***(Mod., L. n° 2010-788, 12 juill. 2010).* – Lorsqu'un projet de plan de prévention des risques naturels prévisibles contient certaines des dispositions mentionnées au 1° et au 2° du II de l'article**

(1) Le Conseil constitutionnel a déclaré le présent article conforme à la Constitution : V. ■ Cons. const. n° 2014-411 QPC, 9 sept. 2014 (*JO* 12 sept. 2014). – NDLR.

L. 562-1 et que l'urgence le justifie, le préfet peut, après consultation des maires concernés, les rendre immédiatement opposables à toute personne publique ou privée par une décision rendue publique.

Ces dispositions cessent d'être opposables si elles ne sont pas reprises dans le plan approuvé.

1) Question prioritaire de constitutionnalité (oui). La décision de rendre opposables par anticipation certaines dispositions du projet ne peut être adoptée que si « l'urgence le justifie » et a pour seul effet d'interdire ou de restreindre, à titre provisoire et conservatoire, des constructions, ouvrages, aménagements ou exploitations. Elle ne constitue pas une décision publique ayant une incidence sur l'environnement au sens de l'article 7 de la Charte de l'environnement.

La décision du préfet justifiée par l'urgence peut être contestée devant la juridiction compétente. Le législateur n'a pas exclu toute indemnisation dans le cas exceptionnel où le propriétaire d'un bien supporterait une charge spéciale et exorbitante, hors de proportion avec l'objectif d'intérêt général poursuivi. Ainsi, les pouvoirs conférés au préfet en application des dispositions contestées ne portent pas aux conditions d'exercice du droit de propriété, une atteinte disproportionnée au regard de l'objectif poursuivi. Cette atteinte ne méconnaît donc pas l'article 2 de la Déclaration de 1789. L'article L. 562-2 du Code de l'environnement est conforme à la Constitution (■ Cons. const., 9 sept. 2014, n° 2014-411 QPC, *Cne de Tarascon* ; S. Defix, *« La procédure d'application anticipée d'un projet de plan de prévention des risques naturels est conforme à la Constitution » : Énergie – Env. – Infrastr.* 2015, n° 1/2015).

2) Question prioritaire de constitutionnalité (non). Dans un litige concernant l'application anticipée d'un PPRN d'incendies de forêt, le Conseil d'État a refusé de renvoyer une QPC au Conseil constitutionnel, considérant que la conformité à la Constitution des articles L. 562-1 et L. 562-2 du Code de l'environnement n'est pas une question nouvelle et qu'elle ne présente pas un caractère sérieux. Pour le Conseil d'État, ces dispositions n'ont pas pour objet ou effet d'autoriser une dépossession au sens de l'article 17 de la Déclaration des droits de l'homme et du citoyen (DDHC) et ne portent pas une atteinte disproportionnée au droit de propriété garanti par l'article 2 de la DDHC, eu égard au but recherché, et sont assorties de garanties suffisantes (■ CE, 26 avr. 2013, n° 365646, *M. Deguine et a.* ; P. Trouilly, *Constitutionnalité des articles législatifs permettant de rendre immédiatement opposables, en cas d'urgence, certaines dispositions d'un projet de plan : Environnement* juill. 2013, n° 7).

Charte de l'environnement : Une loi du pays permettant de modifier les plans de prévention des risques naturels prévisibles doit respecter les exigences imposées par la Charte de l'environnement (■ CE, 13 févr. 2015, n° 384447, *Les plans de prévention des risques naturels en Polynésie française : AJDA* 2015, p. 1190).

3) Suppression du délai de trois ans. La loi Grenelle II a supprimé le délai maximal de trois ans qui était initialement posé par le second alinéa de l'article L. 562-2. Les dispositions appliquées de manière anticipée ne cessent d'être opposables que si elles ne sont pas reprises dans le plan approuvé.

4) Application anticipée d'un PPR. L'urgence justifie l'application anticipée d'un plan de prévention des risques d'inondation en cours (■ CAA Versailles, 3 nov. 2005, n° 04VE003238, *Assoc. synd. autorisée des propriétaires de l'île de Vaux-sur-Seine*. – V. également dans le même sens ■ CAA Bordeaux, 28 mai 2003, n° 02BX00088, *SCI du Fier Les portes la grande jetée*. – L'application anticipée des PPRN ne peut concerner que les dispositions mentionnées aux 1° et 2° du II de l'article L. 562-1, c'est-à-dire les dispositions applicables aux travaux décidés par les propriétaires ce qui exclut les 3° et 4° du II de l'article L. 562-1 relatif aux travaux de mise en conformité imposés aux collectivités publiques (■ CE, 24 juill. 2006, n° 283297, *Cne d'Andresy-en-Yvelines et a.*). L'arrêté préfectoral portant décision d'application par anticipation d'un PPRI n'est opposables aux tiers que pour autant qu'il été rendu public (■ CAA Marseille, 11 déc. 2008, n° 07MA00204, *Min. équipement*). Un permis de construire doit être annulé en raison de l'existence de risques connus d'inondation, au regard notamment de travaux préparatoires du plan de prévention des risques d'inondation et des caractéristiques du bâtiment susceptibles d'en aggraver les effets alors même qu'aucune mesure d'application anticipée n'avait été prise (■ CAA Marseille, 19 mars 2010, n° 08MA00139, *Cne de Piolenc*). Un permis de construire est régulièrement annulé lorsque le projet en cause est situé dans un secteur classé en zone rouge d'aléa fort du plan de prévention des risques qui a fait l'objet d'une application anticipée (■ CAA Marseille, 5 mars 2010, n° 08MA00542, *Cne de Jonquières*). Un permis de construire est régulièrement annulé dès lors que cet arrêté est contraire aux dispositions d'un projet de plan de prévention des risques miniers, dont le préfet a prescrit l'opposabilité immédiate (■ CAA Nancy, 8 oct. 2009, n° 08NC01112, *EPCI bassin de Landres*).

5) Urgence. L'application anticipée peut être justifiée par la nécessité urgente de ne pas compromettre l'application ultérieure du plan par une aggravation des risques ou la création de risques nouveaux du fait, notamment, de l'acquisition de droits à construire sur un nombre significatif de parcelles situées en zone d'aléa fort (■ CAA Marseille, 6 oct. 2011, n° 09MA03403, *Rubino*).

Le risque de retour d'incendies peut caractériser une situation d'urgence de nature à justifier, en application des dispositions de l'article L. 562-2 du Code de l'environnement, l'édiction d'un arrêté préfectoral rendant immédiatement opposables certaines dispositions d'un projet de plan de prévention des risques naturels prévisibles. La préservation de la capacité d'intervention des services de lutte contre l'incendie présente un caractère d'intérêt général et justifie que puissent être prohibée au sein du massif forestier toute construction à usage d'habitation y compris celles destinées aux exploitants agricoles. Ainsi, l'autorité administrative a pu légalement, et sans commettre d'erreur d'appréciation, prescrire une telle interdiction au règlement de la zone forestière (■ CAA Marseille, 7e ch. 9, mars 2018, n° 16MA02690). Voir également ■ CAA Marseille, 1er déc. 2015, nos 14MA01978 et 14MA02082, *APIFOVAR et Cne de Plan-de-la-Tour*. *A contrario*, Ne constitue pas une situation d'urgence la simple entrée en vigueur d'un arrêté qui permet la délivrance ultérieure de permis (■ TA Rennes, ord., 23 janv. 2006, n° 0505330, *Assoc. DRIRE*).

Art. L. 562-3 ***(Mod., L. n° 2003-699, 30 juill. 2003 ; L. n° 2010-788, 12 juill. 2010).*** **– Le préfet définit les modalités de la concertation relative à l'élaboration du projet de plan de prévention des risques naturels prévisibles.**

Sont associés à l'élaboration de ce projet les collectivités territoriales et les établissements publics de coopération intercommunale concernés.

Après enquête publique réalisée conformément au chapitre III du titre II du livre Ier, et après avis des conseils municipaux des communes sur le territoire desquelles il doit s'appliquer, le plan de prévention des risques naturels prévisibles est approuvé par arrêté préfectoral. Au cours de cette enquête, sont entendus, après avis de leur conseil municipal, les maires des communes sur le territoire desquelles le plan doit s'appliquer.

Voir : Instruction du Gouvernement du 23 octobre 2015 relative à l'achèvement de l'élaboration ou de la révision des plans de prévention des risques naturels littoraux prioritaires.

BO de l'Écologie, de l'Énergie, du développement durable et de l'Aménagement du territoire du 10 novembre 2015 - n° 201520.

Bibliographie : S. Defix, *De l'évaluation environnementale des plans de prévention des risques naturels prévisibles : JCP* N 2014. • Deliancourt, *À qui s'adresse la concertation prévue par l'article L. 562-3 du Code de l'environnement ? : LPA* 30 sept. 2015, n° 195, p. 15.

1) PPR commune par commune : légalité. Le préfet n'a pas l'obligation d'établir un plan d'exposition aux risques pour l'ensemble des communes d'un bassin d'inondation. Dès lors que les études et l'impact pris en compte sont ceux intéressant l'ensemble des facteurs de la vallée, le préfet peut légalement ordonner l'élaboration de plans d'exposition aux risques commune par commune (■ CE, 22 mai 1996, n° 162745, *Comité de sauvegarde du patrimoine du pays de Montpellier*. ■ TA Nice, 18 mars 2003, n° 00-4125, *Panisse et Passis et a. : Environnement* 2003, n° 7, p. 29, note Trouilly). Le projet de plan de prévention, mis à l'étude à l'échelle d'un bassin, peut être approuvé par une commune, dès lors que cela n'a ni pour objet ni pour effet de remettre en cause l'échelle d'étude des aléas d'inondation et la pertinence des zonages et prescriptions élaborés sur chaque territoire concerné (■ CAA Marseille, 20 juin 2013, n° 11MA02932, *Cne de Saint Léger du Ventoux*).

2) Documents graphiques ne portant pas sur l'ensemble de la zone couverte : illégalité. La procédure d'élaboration d'un plan de prévention des risques naturels prévisibles d'inondations incluant plusieurs communes est entachée d'illégalité car contrairement à ce que prévoit la lettre du décret du 5 octobre 1995, les documents graphiques déposés dans chacune des communes concernées lors de l'enquête publique ne portaient pas sur l'ensemble de la zone couverte, mais seulement sur les parties de la zone concernant chaque commune. Or, cette irrégularité revêt un caractère substantiel car le contenu d'un plan de prévention des risques de par sa nature doit pouvoir s'apprécier globalement (■ CE, 22 juin 2001, nos 214421, 214613 et 215360, *Assoc. des professionnels de la zone portuaire et a. : RD imm.* nov.-déc. 2001. ■ CAA Douai, 10 déc. 2009, n° 08DA00673, *Weremme c/ Min. Écologie et Développement durable et Mer*).

3) Avis du CE (non). Aucune disposition législative ou réglementaire ne prévoit l'obligation pour le préfet de recueillir l'avis du Conseil d'État en raison de l'avis défavorable du conseil municipal de la commune sur le projet de PPR (■ TA Caen, 7 juill. 1998, n° 97645, *Cne de Gonneville-sur-Mer*).

4) Délimitation. *Zonage.* Aucune disposition réglementaire n'impose au bureau d'études chargé de délimiter les zones d'aléa du risque d'employer une méthode particulière pour établir le zonage

(▪ TA Clermont-Ferrand, 26 mai 1998, n° 971157, *Mme Affidi*. ▪ TA Nice, 18 mars 2003, n° 00-4125, *Panisse et Passis et a. : Environnement* 2003, n° 7, p. 29, note Trouilly). Une même zone peut regrouper des secteurs soumis aux mêmes interdictions, prescriptions et mesures, sans qu'il soit nécessaire que les motifs différents qui ont pu conduire à les soumettre à des règles identiques soient identifiables par un zonage différencié (▪ CAA Lyon, 6 juin 2017, n° 16LY01284, *Cne d'Alès*). Le zonage du PPR doit être justifié par des éléments attestant de l'importance du risque : justifié par un rapport du CETE, une partie d'un vallon exposée au même aléa que les falaises en façade peut être classée en zone rouge du PPR, partie littorale qui se trouve directement affectée par les mouvements de recul de la falaise et instabilité des pentes du vallon accentuée par la nature particulière des sols en argiles et se manifeste par de profondes fissures dans le chemin piétonnier qui le longe (▪ CAA Douai, 10 juill. 2014, n° 13DA00506). Si les terrains se situent derrière un ouvrage de protection, le PPRI doit prendre en compte non seulement la protection qu'un tel ouvrage est susceptible d'apporter, eu égard à ses caractéristiques et aux garanties données quant à son entretien, mais aussi le risque spécifique que la présence même de l'ouvrage est susceptible de créer, en cas de sinistre d'une ampleur supérieure à celle pour laquelle il a été dimensionné ou en cas de rupture, dans la mesure où la survenance de tels accidents n'est pas dénuée de toute probabilité (▪ CE, 6 avr. 2016, n°s 386000 et 386001, *PPRI du Gardon d'Alès*. ▪ CAA Lyon, 6 juin 2017, n° 16LY01284, *Cne d'Alès*).

5) Concertation. Procédure de concertation jugée suffisante (▪ CAA Marseille, 9 déc. 2010, n° 08MA03526, *Salzat c/ Min. Écologie et Développement durable, Transports et Logement*). Inapplication de l'article L. 562-3, alinéa 1 relatif à la concertation compte tenu de la date à laquelle l'élaboration du plan a été prescrite (▪ CAA Marseille, 2 avr. 2010, n° 09MA03186, *Min. Écologie et Développement durable et Mer c/ Bousquie* – ou ▪ CAA Douai, 29 déc. 2009, n° 08DA01082, *Sabes c/ Min. Écologie et Développement durable et Mer*). – L'article 2 du décret n° 2005-3 du 4 janvier 2005 qui est une disposition transitoire fait obstacle à l'application immédiate l'alinéa 1er de l'article L. 562-3 (▪ CAA Marseille, 26 janv. 2012, n° 09MA04242, *Min. de l'écologie et du développement durable, des transports et du logement c/ Reynard*). Les modalités de la concertation définies par le préfet étaient suffisantes étant ont été convenablement respectées (▪ CAA Lyon, 10 Mai 2012, n° 11LY0071). Les modalités de la concertation ne peuvent se confondre avec celles de l'enquête publique. La notion de concertation renvoie à des modalités d'associations de la population à l'élaboration d'un projet qui vont au-delà d'une simple information (▪ CAA Marseille, 9 juin 2015, n° 12MA03429 ; S. Deliancourt, *À qui s'adresse la concertation prévue par l'article L. 562-3 du Code de l'environnement ?*, – concl. sous ▪ CAA Marseille, 9 juin 2015, n° 12M03429 : *LPA* 30 sept. 2015, n° 195). La concertation est insuffisante si elle se limite à une seule réunion publique et à une exposition (▪ CAA Bordeaux, 5e ch., 26 juin 2018, n° 16BX00500). Les dispositions des articles L. 562-3 et R. 562-2 du Code de l'environnement doivent être lues comme conférant au préfet le pouvoir de réglementer les modalités de la concertation à destination du public qui doit porter sur la nature et les options essentielles du projet de PPRI et se dérouler avant que celui-ci ne soit arrêté. Il incombe à l'autorité administrative de veiller au bon déroulement de la consultation dans le respect des modalités qu'elle a elle-même fixées. Le moyen tiré de l'irrégularité de la concertation avec le public tenant à la méconnaissance des exigences rappelées au point précédent peut être utilement invoqué à l'encontre de la décision préfectorale approuvant un plan de prévention des risques naturels prévisibles. Toutefois, en l'absence de renvoi exprès par les articles L. 562-3 et R. 562-2 du Code de l'environnement aux dispositions de l'article L. 300-2 du Code de l'urbanisme, celles-ci ne sauraient être regardées comme applicables à la concertation avec le public menée sur un projet de PPRI. La méconnaissance des dispositions de l'article L. 300-2 du Code de l'urbanisme ne peut donc être utilement excipée à l'appui d'un recours contre la décision préfectorale approuvant ce plan (▪ CAA Marseille, 7e ch., 1er juin 2018, n° 16MA04471). Pour une concertation reconnue comme suffisante (▪ CAA Nantes, 12 mars 2018, n° 16NT02451). La concertation est suffisante malgré les regrets de la commission d'enquête alors que 5 réunions ont été organisées et que les questions débattues ont été particulièrement complexes (▪ CAA Nantes, 24 janv. 2020, n° 18NT03231).

6) Concertation et collectivités locales. Est illégale une procédure qui n'associe pas à l'élaboration du projet de plan, les communautés de communes concernées puisque le SCOT doit être compatible avec le PPR (▪ CAA Nantes, 23 oct. 2015, *Demars*, n° 14NT01335.)

7) Enquête publique. Le dossier soumis à enquête doit comprendre l'ensemble des documents graphiques relatifs à son périmètre. Même si d'autres communes sont également concernées par les risques de crue du Gardon, le dossier d'enquête publique mis à disposition dans la commune d'Alès pouvait, sans entacher la procédure d'irrégularité, ne comporter que les plans couvrant le territoire de cette commune (▪ CAA Lyon, 6 juin 2017, n° 16LY01284, *Cne d'Alès*). Sur le caractère non substantiel des insuffisances du projet de PPRI et des modifications du projet après l'enquête publique qui concernaient moins de 4 % du territoire couvert et étaient liées à la seule rectification d'éléments d'ordre factuels afin de tenir compte de la réalité des lieux (▪ CAA Douai, 11 juill. 2013, n° 12DA00946, *Min. Écologie – PPRI de la Vallée de la Lys Aval*). Le périmètre du plan de prévention des risques d'inondation peut être réduit au cours de la procédure d'élaboration et inclure un nombre plus faible de communes au stade de l'enquête publique et, le cas échéant, au stade de l'approbation du projet de plan (▪ CAA Marseille, 20 juin 2013, n° 11MA02932, *Cne de Saint Léger du Ventoux*).

8) Motivation (non). Ni le Code de l'environnement, ni la loi du 11 juillet 1979 ne prévoient la motivation de l'arrêté approuvant un plans de prévention des risques quant aux raisons pour lesquelles il n'est pas tenu compte des avis de la commission d'enquête publique et de la commune (▪ CAA Marseille, 20 juin 2013, n° 11MA02932, *Cne de Saint Léger du Ventoux*).

9) Erreur manifeste d'appréciation : absence (▪ CAA Nantes, 24 janv. 2020, n° 18NT03231). Également à propos d'un classement dans un péri en risque sévère sur un secteur à enjeu de développement communal (▪ CAA Marseille, 20 janv. 2020, n° 18MA03974). Est légal un classement d'un terrain en zone rouge interdisant la construction même si antérieurement le PLU avait retenu un classement en zone constructible du fait de son appartenance à un champ d'expansion de crues (▪ CAA Marseille, 6 déc. 2019, n° 17MA017152).

10) Bien fondé. Est légal un arrêté rendant immédiatement opposables les dispositions d'un projet de plan de prévention de risques naturels d'incendie de forêt dans la mesure où restent possibles les exploitations agricoles, l'implantation de bâtiments à usage agricole et l'aménagement d'une coupure verte. Contrôle normal du juge (▪ CAA Marseille, 9 mars 2018, n° 16MA02690). Par ailleurs, le service instructeur doit s'assurer de la production de la pièce requise (attestation établie par l'architecte ou par un expert), mais il n'a pas à porter une appréciation sur le contenu de l'étude et son caractère suffisant (▪ CE, 25 oct. 2018, n° 412542 : *RDI* 2019, 915 ; *AJDA* 2018, 2108). Les prescriptions mises par le préfet pour l'élaboration du plan ont été suffisantes pour satisfaire aux exigences des dispositions de l'article L. 562-3 (▪ CAA Marseille, 6 déc. 2019, n° 17MA017152). La procédure de constat de concertation ne peut pas justifier l'annulation de l'arrêté de PPRNP sauf irrégularités susceptibles d'avoir exercé une influence sur le sens de la décision prise (▪ CAA Nantes, 24 janv. 2020, n° 18NT03231).

11) Contenu. Les plans de prévention des risques naturels prévisibles doivent comprendre dans le règlement des prescriptions prouvant notamment l'octroi ou le refus d'une autorisation d'occupation où d'utilisation du sol (▪ CAA Marseille, 20 janv. 2020, n° 18MA039174).

Art. L. 562-4 ***(Mod. à compter du 1er janvier 2016, Ord. n° 2015-1174, 23 sept. 2015).*** **– Le plan de prévention des risques naturels prévisibles approuvé vaut servitude d'utilité publique. Il est annexé au plan local d'urbanisme, conformément à l'article L. 153-60 du Code de l'urbanisme.**

Le plan de prévention des risques naturels prévisibles approuvé fait l'objet d'un affichage en mairie et d'une publicité par voie de presse locale en vue d'informer les populations concernées.

Bibliographie : S. Defix, *L'articulation entre le droit des risques naturels et le droit de l'urbanisme : AJCT* 2012, p. 425. • S. Defix, *Combinaisons entre un plan de prévention des risques naturels prévisibles et l'article R. 111-2 du Code de l'urbanisme : JCP* A 2016 ; *Ouvrages de protection contre le risque d'inondation et zonage des plans de prévention des risques naturels : JCP* A 2016.

1) PPR et article R. 600-1 du Code de l'urbanisme. Le Conseil d'État avait tranché en faveur de l'application de l'article R. 600-1 du Code de l'urbanisme en considérant que les PPR constituent des documents d'urbanisme auxquels s'applique la formalité de notification prévue à l'article R. 600-1 du Code de l'urbanisme et reprise à l'article R. 411-7 du Code de justice administrative, (▪ CE, avis, 3 déc. 2001, *SCI des 2 et 4 rue de la Poissonnerie et a. : BJD* janv. 2002, p. 54, concl. P. Fombeur ; *AJDA* 2002, p. 177, note Jacquot ; *RD imm.* 2002, p. 36, obs. Durry ; *RFDA* 2002, p. 982, note Chauvin). Depuis le 1er octobre 2007, et l'entrée en vigueur de la nouvelle rédaction de cette disposition, cette formalité n'est plus applicable aux documents d'urbanisme (▪ CAA Douai, 3 févr. 2011, n° 09DA01579, *Cne de Héricourt-sur-Thérain*).

2) PPR et article L. 600-2 du Code de l'urbanisme. Les plans de prévention des risques naturels sont des documents d'urbanisme au sens de l'article L. 600-2 du Code de l'urbanisme et ainsi leurs dispositions sont inopposables au pétitionnaire de l'annulation d'un précédent refus de permis de construire (▪ CE, avis, 12 juin 2002, *Préfet de la Charente Maritime : BJDU* mars 2002, p. 220, concl. Boissard ; *Environnement et technique* oct. 2002, n° 220, p. 52, note C. Huglo et C. Lepage ; *AJDA* 2002, p. 1080, note Lebreton ; *Constr.-Urb.*

2002, n° 10, n° 251, obs. Benoît Cattin ; *RD imm.* 2002, p. 427, obs. Derepas ; *Environnement* 2002, n° 8-9, p. 17, note Trouilly. ▪ CAA Nancy, 6 févr. 2003, n° 02NC01035, *Cne de Belfort*).

3) PRNP, document d'urbanisme au sens de l'article L. 600-4-1 du Code de l'urbanisme. Les plans de prévention des risques naturels prévisibles constituent des documents d'urbanisme auxquels s'applique l'article L. 600-4-1 du Code de l'urbanisme en cas de litige (exclusion de la technique de l'économie de moyen), nonobstant la circonstance que ces plans sont établis en application de dispositions législatives qui n'ont pas été incorporées dans le Code de l'urbanisme (▪ CE, 9 oct. 2015, n° 387619, *Min. de l'Écologie*).

4) PPR et servitude. *Indemnisation (non).* Les servitudes instituées par les PPR ne sont pas au nombre de celles visées par les dispositions du Code de l'urbanisme, alors même que le PPR approuvé vaut servitude d'utilité publique. Les servitudes affectant les parcelles concernées par un PPR ne sauraient être regardées comme faisant supporter une charge spéciale et exorbitante, hors de proportion avec l'objectif d'intérêt général poursuivi et ainsi de nature à ouvrir droit à indemnisation (▪ CE, sect., 29 déc. 2004, n° 257804, *Sté d'aménagement des coteaux de Saint-Blaine : AJDA* 2005, n° 8, p. 423-427, – confirmant ▪ CAA Nancy, 10 avr. 2003, *Sté Le nid : AJDA* 2003, p. 1619, note I. Cassin ; *Environnement* 2003, n° 7, p. 28, note Trouilly ; *RD imm.* 2003, p. 248, note Y. Jégouzo).

5) Opposabilité. Il résulte de l'article L. 562-4 du Code de l'environnement et de l'article L. 126-1 du Code de l'urbanisme que l'ensemble des servitudes instituées par un plan de prévention des risques naturels prévisibles sont immédiatement opposables, pendant une durée d'un an à compter de l'approbation de ce plan, aux décisions d'occupation du sol, seules les servitudes expressément annexées au plan local d'urbanisme demeurant opposables au-delà de ce délai (▪ CE, 19 nov. 2010, n° 331640, *Min. Écologie, Énergie, Développement durable et Mer, en charge des technologies vertes et des négociations sur le climat c/ Herpe*). Le PPRN, destiné à assurer la sécurité des personnes et des biens exposés, vaut servitude d'utilité publique et s'impose directement aux autorisations de construire. L'autorité administrative n'est pas tenue d'en reprendre les prescriptions dans le permis de construire, mais il lui incombe de vérifier si, au regard des particularités de la situation qu'il lui appartient d'apprécier, que la construction ne sera pas de nature à porter atteinte à la salubrité ou à la sécurité publique, de refuser si nécessaire l'autorisation (▪ CAA Bordeaux, 4 févr. 2016, n° 14BX00525, *Cne de Saint-Clément-des-Baleines*). Comme les autres servitudes d'utilité publique, les plans de prévention des risques doivent effectivement être annexés au plan d'occupation des sols pour être opposables aux tiers. Encore faut-il, par ailleurs, que les mesures de publicité du PPR aient été accomplies (▪ CE, sect., 13 déc. 1974, *Min. Aménagement du territoire c/ Dlle de Gratet du Bouchage : Rec. CE* 1974, p. 630. ▪ CE, 20 janv. 1978, n° 01800, *Cardiou et Lacroix*. ▪ CE, 10 févr. 1982, n° 19846, *Min. Environnement et Cadre de vie c/ Sté Affichage Giraudy*). Un document d'urbanisme peut légalement classer en zone constructible et en zone inconstructible des terrains tous soumis à un risque d'inondation identique (▪ CAA Versailles, 22 déc. 2005, n° 03VE02902, *Atlani*). Les contraintes d'urbanisme prévues par le règlement du PPRNP s'imposent directement à tout projet de construction (▪ CAA Bordeaux, 31 mars 2009, n° 08BX00051, *M. Valentin X.* ; *Environnement* juin 2009, n° 81, note Gillig ; *Environnement* juill. 2009, n° 91, note Sousse). Un permis de construire n'a pas à respecter les dispositions non obligatoires d'un PPRN (▪ CE, 20 juill. 2018, n° 412650).

6) Procédure. La mise à jour du POS constitue la procédure adaptée à l'annexe ou du PPR au POS. L'arrêté de mise à jour n'est pas une mesure faisant grief dès lors qu'il ne s'agit pas d'une mesure qui, en elle-même, fait grief (▪ CE, 5 févr. 1988, *Assoc. Ouest-Varoise pour la protection de l'environnement et de l'habitat : Dr. adm.* 1988, p. 215. ▪ CE, 7 oct. 1988, *Bienvenu : Rec. CE* 1988, p. 330). L'autorité qui reporte la servitude du POS a compétence liée pour reporter les périmètres soumis à des risques sur les documents graphiques du POS à moins que les risques n'aient pu être raisonnablement décelés à l'époque (▪ TA Clermont-Ferrand, 20 mai 1977, *Bayle et a.*). Quand une commune élabore un POS alors que le préfet a préalablement délimité des terrains exposés aux risques, le conseil municipal doit attribuer aux terrains en cause un classement comportant des sujétions au moins égales à celles de l'arrêté préfectoral (▪ CE, 9 avr. 1993, n° 89300. ▪ CAA Lyon, 2 mai 2001, n° 96LY02603).

7) Documents graphiques. Certains arrêts ont jugé que le document graphique du PPR doit permettre d'identifier précisément chaque parcelle afin de déterminer les éventuelles servitudes dont chacune des parcelles est grevée, même s'il faut, pour cela, procéder à un agrandissement du document (▪ CAA Marseille, 21 oct. 2010, n° 08MA03190, *Blanchard c/ Min. Écologie, Énergie, Dév. durable et Mer*. ▪ CAA Marseille, 15 janv. 2010, n° 07MA00918, *Chambre d'agriculture du Var c/ Min. Écologie, Dév. durable et Mer*. ▪ CAA Douai, 31 mai 2012, n° 11DA00277, *Assoc. SOS défense des propriétaires de la vallée de la selle*).

Le Conseil d'État a censuré l'arrêt de la CAA Marseille du 15 janvier 2010 précité (n° 07MA00918) et a adopté une position moins restrictive en considérant que les dispositions du Code de l'environnement n'ont ni pour objet ni pour effet d'imposer que les documents graphiques fassent apparaître eux-mêmes le découpage parcellaire existant. Dans cette espèce, le plan donnait un tracé suffisamment précis des limites des différentes zones qu'il avait pour objet de délimiter. En estimant que les documents graphiques ne permettaient pas de reporter sur chaque parcelle cadastrale les éventuelles servitudes dont elle était grevée, la Cour avait donc dénaturé les pièces du dossier (▪ CE, 7 nov. 2012, n° 337755, *Min. Écologie c/ Chambre d'agriculture du Var*).

Les documents graphiques, dont les prescriptions s'imposent directement aux autorisations de construire, doivent être suffisamment précis pour permettre de déterminer les parcelles concernées par les mesures d'interdiction et les prescriptions qu'ils édictent. Elles n'ont ni pour objet, ni pour effet, d'imposer que ces documents fassent apparaître eux-mêmes le découpage parcellaire ou l'ensemble des immeubles existant. Un plan de zonage réglementaire établi à l'échelle 1/5000e définit un tracé suffisamment précis des limites des différentes zones qu'il a pour objet de délimiter (▪ CAA Lyon, 6 juin 2017, n° 16LY01284, *Cne d'Alès*).

8) Zonage du POS. Rien n'interdit de classer des terrains compris dans le périmètre d'un PPRI en zone NA urbanisable ou en zone U si le règlement comprend des prescriptions adaptées à la nature du risque (V. *a contrario*, ▪ CE, 15 mai 1995, *Cne de Soisy-sous-Montmorency : Dr. adm.* 1995, comm. p. 482). Un permis de construire délivré dans une zone classée en zone d'aléa fort dans le projet de PPR, puis dans le PPR approuvé, est légal dès lors que la commune apporte la preuve de l'existence d'un aléa faible (▪ CAA Marseille, 23 oct. 2009, n° 07MA02818, *Cne de Vaison-la-Romaine : JCP* A. 2009, n° 2281, obs. Billet). Une réduction du risque inondation dont la constatation est fondée sur des études sérieuses est légale (▪ CAA Lyon, 3e ch. 15 mai 2018, n° 15LY03075).

9) Lien entre PPR et document d'urbanisme. Lorsqu'un PLU délimite une zone inconstructible en raison d'un risque d'inondation en reprenant purement et simplement le périmètre de la zone rouge d'un PPR, l'illégalité entachant le PPR entache également la légalité du PLU sur ce point (▪ CAA Lyon, 13 oct. 2005, n° 04LY00136, *Cne de Reyssouze*. – Un requérant ne peut utilement invoquer à l'encontre d'un PPR une éventuelle discordance avec le document d'urbanisme auquel il doit être annexé dès lors que le PPR vaut servitude d'utilité publique et devient de ce fait opposable à toute demande d'occupation ou d'utilisation du sol (▪ CAA Bordeaux, 30 juin 2008, nos 05BX01417, 05BX01830, 05BX01831 et 05BX01345, *SA Bonne Anse plage camping caravaning international et a.*). – N'est pas illégal le fait de compléter le règlement du document d'urbanisme en édictant des dispositions similaires à celles figurant dans le PPR projeté (▪ CAA Nantes, 4 févr. 2011, n° 09NT02772, *Cne de Neuville-sur-Sarthe c/ Laniece*).

10) PPRNP et article R. 111-2 du Code de l'urbanisme. L'autorité compétente pour apprécier l'étendue des risques d'atteinte à la salubrité et la sécurité publique est fondée à appliquer l'article R. 111-2 du Code de l'urbanisme même si le projet respecte les règles posées par le PPRNP (▪ CAA Bordeaux, 6 oct. 2015, n° 14BX03682, *Préfet de la Charente-Maritime c/ Cne de Portes-en-Ré : AJDA* 2016, 504, note Martin). Solution confirmée par ▪ CE, 15 févr. 2016, n° 389103, *M. A. B. : Lebon T.*; *BJDU* 3/2016, p. 2011, concl. Bourgeois-Machureau, obs. X. de I. Le maire peut prendre en considération les éléments PPRI en cours de révision pour faire application de l'article R. 111-2 du Code de l'urbanisme (▪ CAA Marseille, 5 mars 2010, n° 08MA00542 : *Environnement* 2010, n° 127, note Sousse. ▪ CAA Bordeaux, 15 nov. 2010, n° 10BX00787, *Cne de Saintes : Environnement* 2010, n° 22, note Gillig).

11) Étendue des dispositions directement opposables du PPRN. Seules les prescriptions prévues par un plan de prévention des risques naturels prévisibles sont directement opposables aux demandes de permis de construire. À l'inverse, les mesures de prévention, de protection et de sauvegarde définies par ce plan ne font pas obstacle, en elles-mêmes, à ce que le permis de construire puisse être légalement accordé. ▪ CE, 20 juin 2018, n° 412650, *Cne La Gaude : JurisData* n° 2018-010666 (note Xavier Couton : ne pas confondre prescription et préconisation *Constr.-Urb.* nos 7-8, juill. 2018, comm. 99). De même, les mesures de prévention, de protection et de sauvegarde définies par un tel plan comme incombant aux particuliers dans ces mêmes zones en application du 3° du II du même article ne s'imposent, que lorsque leur réalisation a été rendue obligatoire dans les conditions prévues au III de cet article. Si leur réalisation n'a pas été rendue obligatoire, ces mesures font seulement partie des éléments que l'autorité chargée de délivrer les autorisations de construire peut, en fonction de leur objet, prendre en considération pour apprécier le respect du règlement national d'urbanisme ou des dispositions ayant un objet similaire d'un plan local d'urbanisme ou d'un document d'urbanisme en tenant lieu (▪ CAA Marseille, 9e ch., 10 juill. 2018, n° 17MA01746). Le préfet peut sous contrôle du juge prendre en considération les dispositions d'un PPR en cours d'élaboration pour déférer un PLU (■ CAA Marseille, 19 mars 2010, n° 08MA00139, *Cne de Piolenc : Environnement* 2010, n° 136, note Sousse.)

12) Responsabilité du notaire (oui) est reconnue la responsabilité du notaire qui n'a pas pris en compte un PPRI publié même s'il n'en était fait qu'une mention lacunaire dans les documents d'urbanisme transmis (■ Cass. 1re civ., *Une note d'urbanisme lacunaire n'excuse pas le notaire d'ignorer un arrêté préfectoral publié ! : JCP* A 2018, n° 12, act. 280, 14 févr. 2018, n° 16-27.263 : *JurisData* n° 2018-001970) ; Ph. Pierre, *Peut-on encore alourdir le devoir de conseil du notaire ? : JCP* N 2018 ; S. Grignon Dumoulin, *Formation du contrat et obligation d'information du notaire : le point de vue de l'Avocat général à la Cour de cassation : JCP* N 2018.

13) Police générale du maire sur la sécurité routière et police spéciale de la publicité. La réglementation de l'implantation des panneaux dans l'intérêt de la sécurité routière relève des prérogatives de police administrative générale du maire ; mais ceci ne fait pas obstacle à ce que l'autorité de police spéciale de la publicité, ici le conseil de communauté de l'agglomération, prenne aussi en compte outre la protection du cadre de vie, l'intérêt de la sécurité routière (■ CAA Bordeaux, 4 déc. 2018, n° 16BX03856 : C. Friedrich, *La réglementation de la publicité dans l'espace public : concours de polices spéciales : JCP*, act. 926.

Art. L. 562-4-1 *(L. n° 2010-788, 12 juill. 2010 ; mod. compter du 1er janvier 2014, Ord. n° 2013-888, 3 oct. 2013).* **– I. – Le plan de prévention des risques naturels prévisibles peut être révisé selon les formes de son élaboration. Toutefois, lorsque la révision ne porte que sur une partie du territoire couvert par le plan, la concertation, les consultations et l'enquête publique mentionnées à l'article L. 562-3 sont effectuées dans les seules communes sur le territoire desquelles la révision est prescrite.**

II *(Mod., L. n° 2021-1104, 22 août 2021).* **– Le plan de prévention des risques naturels prévisibles peut également être modifié. La procédure de modification est utilisée à condition que la modification envisagée ne porte pas atteinte à l'économie générale du plan ou à condition que la modification envisagée consiste à abroger les dispositions relatives au recul du trait de côte de ce plan dans une ou plusieurs communes à la suite de l'entrée en vigueur d'un document d'urbanisme intégrant les dispositions relatives au recul du trait de côte en application du paragraphe 3 de la sous-section 3 de la section 1 du chapitre Ier du titre II du livre Ier du Code de l'urbanisme. Le dernier alinéa de l'article L. 562-3 du présent code n'est pas applicable à la modification. Aux lieu et place de l'enquête publique, le projet de modification et l'exposé de ses motifs sont portés à la connaissance du public en vue de permettre à ce dernier de formuler des observations pendant le délai d'un mois précédant l'approbation par le préfet de la modification.**

Lorsqu'un document d'urbanisme intégrant les dispositions relatives au recul du trait de côte, en application du paragraphe 3 de la sous-section 3 de la section 1 du chapitre Ier du titre II du livre Ier du Code de l'urbanisme, entre en vigueur dans une ou plusieurs communes et lorsqu'un ou plusieurs plans de prévention des risques naturels prévisibles approuvés sur cette ou ces mêmes communes inclut le recul du trait de côte, le représentant de l'État dans le département modifie ce ou ces plans de prévention des risques naturels prévisibles selon la procédure prévue au premier alinéa du présent II pour en abroger les dispositions relatives au recul du trait de côte portant sur cette ou ces communes, ou les abroge si ce ou ces plans de prévention des risques naturels prévisibles ne portent que sur le recul du trait de côte. Cette procédure de modification aboutit dans l'année qui suit l'entrée en vigueur des dispositions relatives au recul du trait de côte dans le document d'urbanisme.

III. – Le plan de prévention des risques naturels prévisibles peut également être adapté dans les conditions définies à l'article L. 300-6-1 du Code de l'urbanisme.

Bibliographie : S. Defix, *De l'évaluation environnementale des plans de prévention des risques naturels prévisible : JCP* A 2014.

1) Loi Grenelle II. La loi Grenelle II a institué une procédure de révision des plans de prévention des risques naturels prévisibles qui n'existait pas auparavant. Elle a également inséré dans la partie législative du Code la procédure de modification qui était jusque-là prévue par l'article R. 562-10.

2) Procédure de modification. La procédure de modification doit être utilisée lorsque les modifications envisagées ne portent pas atteinte à l'économie générale du plan.

3) Procédure de révision. La procédure de révision doit être utilisée lorsque le les modifications envisagées portent atteinte à l'économie générale du plan.

4) Procédure de révision partielle. Si une modification ne concerne qu'une partie du territoire couvert par le plan, une révision partielle ne concernant que les communes visées par ces modifications peut être organisée. Alors qu'une procédure de modification partielle est prévue par l'article R. 562-10 mais n'est pas reprise à l'article L. 562-4-1 qui n'envisage que la possibilité d'une révision partielle.

Une loi du pays permettant de modifier les plans de prévention des risques naturels prévisibles doit respecter les exigences imposées par la Charte de l'environnement (■ CE, 13 févr. 2015, n° 384447, *Les plans de prévention des risques naturels en Polynésie française : AJDA* 2015, p. 1190).

5) Dispositions inapplicables à une date postérieure au 5 juillet 2007 « et qui au demeurant prévoit expressément la possibilité de procéder à une révision partielle des plans de prévention des risques naturels prévisibles, parmi lesquels figurent les plans de prévention des risques d'inondation, faculté qui était déjà prévue par l'article 8 du décret susvisé du 5 octobre 1995 en vigueur à la date du 5 juillet 2007 (■ CAA Nantes, 2e ch. 12 mars 2018, n° 16NT02451).

Art. L. 562-4-2 *(L. n° 2023-175, 10 mars 2023).* **– Lorsqu'un plan de prévention des risques naturels prévisibles d'inondation opposable ne définit pas d'exceptions au sens du 5° du II de l'article L. 562-1, le représentant de l'État dans le département peut, après consultation des maires et des présidents d'établissements publics de coopération intercommunale concernés, définir de telles exceptions et les rendre immédiatement opposables à toute personne publique ou privée, par une décision motivée rendue publique.**

Ces exceptions cessent d'être opposables si elles ne sont pas reprises au terme de la procédure de modification du plan, prévue au II de l'article L. 562-4-1, achevée dans un délai de dix-huit mois à compter de la publication de la décision du représentant de l'État dans le département mentionnée au premier alinéa du présent article.

Art. L. 562-5 *(Anc. L. n° 87-565, 22 juill. 1987 ; mod., L. n° 2003-699, 30 juill. 2003 ; mod. à compter de la date prévue à l'article 41 de l'ordonnance n° 2005-1527 du 8 décembre 2005, Ord. n° 2005-1527, 8 déc. 2005 ; Ord. n° 2019-964, 18 sept. 2019)* (1). **– I. – Le fait de construire ou d'aménager un terrain dans une zone interdite par un plan de prévention des risques naturels prévisibles approuvé ou de ne pas respecter les conditions de réalisation, d'utilisation ou d'exploitation prescrites par ce plan est puni des peines prévues à l'article L. 480-4 du Code de l'urbanisme.**

II. – Les dispositions des articles L. 460-1, L. 480-1, L. 480-2, L. 480-3, L. 480-5 à L. 480-9, L. 480-12 et L. 480-14 du Code de l'urbanisme sont également applicables aux infractions visées au I du présent article, sous la seule réserve des conditions suivantes :

1° Les infractions sont constatées, en outre, par les fonctionnaires et agents commissionnés à cet effet par l'autorité administrative compétente et assermentés ;

2° Pour l'application de l'article L. 480-5 du Code de l'urbanisme, le tribunal statue au vu des observations écrites ou après audition du maire ou du fonctionnaire compétent, même en l'absence d'avis de ces derniers, soit sur la mise en conformité des lieux ou des ouvrages avec les dispositions du plan, soit sur leur rétablissement dans l'état antérieur ;

3° Le droit de visite prévu à l'article L. 461-1 du Code de l'urbanisme est ouvert aux représentants de l'autorité administrative compétente.

4° Le tribunal judiciaire peut également être saisi en application de l'article L. 480-14 du Code de l'urbanisme par le préfet.

NB : Conformément à l'article 36 de l'ordonnance n° 2019-964 du 18 septembre 2019, ces dispositions entrent en vigueur au 1er janvier 2020.

Voir : art. L. 461-1, L. 480-1, L. 480-2, L. 480-3, L. 480-5 à L. 480-9, L. 480-12 et L. 480-14 du Code de l'urbanisme.

Bibliographie : D. Moreno, *Le juge judiciaire et le droit de l'urbanisme*, thèse, LGDJ, 1991, p. 285. • M. Mandeville, *La protection pénale de la forêt, un droit pénal instrumentaliste : RD rur.* 2018. • V. Zalewski-Sicard, *Le droit de visite et l'article 23 du projet de loi ELAN : Constr.-Urb.* 2018, n° 6, p. 3.

1) Personnes recevables à agir. La voie de l'action civile est ouverte aux communes, aux établissements publics de coopération intercommunale compétents (par l'article L. 480-14 du Code de l'urbanisme) ainsi qu'au préfet (par l'article L. 562-5 II 4° du Code de l'environnement). La voie de l'action civile est ouverte alors même que l'action publique est prescrite.

(1) Dispositions applicables à Mayotte : V. Ord. n° 2005-1527, 8 déc. 2005, art. 40.

2) Pénal. Doit être condamné pour construction ou aménagement de terrain dans une zone interdite par un plan de prévention des risques naturels, le prévenu qui a transformé un ancien atelier situé en zone rouge selon le plan de prévention des risques d'inondation en habitation étant précisé que, si un changement d'affectation des constructions existantes pouvait être admis sous certaines conditions, il ne pouvait donner lieu à la création de surfaces habitables (▪ CA Amiens, ch. corr., 3 juin 2009, n° 08/01386). Est également condamné le propriétaire qui a installé une habitation légère et deux caravanes sur des parpaings sur un terrain classé par le plan de prévention du risque d'inondation, en zone submersible. Il ne peut pas se prévaloir du fait qu'il était copropriétaire du terrain et qu'il était le seul à être mis en cause, dès lors que le ministère public peut ne faire citer que l'un des propriétaires. L'intention frauduleuse résulte du fait que le prévenu a été informé de la réglementation applicable lors de l'achat du terrain et qu'il a été mis, sans succès, en demeure par la commune de quitter les lieux (▪ CA Bordeaux, ch. corr., 5 févr. 2008, n° 07/00759). Est condamné à une amende de 1 000 € et à remettre les lieux en état en raison d'une construction bâtie sans déclaration, ni autorisation, en zone rouge du plan de prévention des risques d'inondation, zone dans laquelle tous les travaux étaient interdits. La situation litigieuse n'est pas régularisable, au regard des dispositions du plan d'occupation des sols, secteur naturel non aménagé, et du classement en zone rouge du PPRI (▪ CA Montpellier, 3 juill. 2008, n° 07/01842). Condamnation pour construction ou aménagement de terrain dans une zone interdite par un plan de prévention des risques naturels (▪ Cass. crim., 23 sept. 2014, n° 13-85.458). Une société doit être condamnée du chef de construction ou aménagement de terrain dans une zone interdite par un plan de prévention des risques naturels. La société a fait aménager une plate-forme de stockage de matériaux sur une parcelle située dans une zone inondable dans laquelle un tel aménagement était interdit. ▪ CA Chambéry ch. corr., 28 juin 2018, n° 17/01017 : *JurisData* n° 2018-011844. Le fait de construire ou d'aménager un terrain dans une zone interdite par le PPR ou de ne pas respecter ses dispositions constitue un délit. Les communes peuvent également se constituer partie civile en cas d'atteinte au cadre de vie de leurs résidents (▪ Cass. crim., 2 mai 2018, n° 17-82 854).

3) Civil. Engage sa responsabilité à l'égard de son voisin celui qui fait construire de manière illégale un bâtiment en zone rouge renforçant ainsi les risques supportés par le voisin. La condamnation à la démolition est confirmée (Cour d'appel, ▪ Bordeaux, 1re ch. civ., 26 juin 2018, n° 17/06747). La Cour de cassation exerce un contrôle de proportionnalité sur une demande de démolition et recherche si la cour d'appel a bien évalué le besoin social impérieux de préserver la sécurité des personnes exposées à un risque naturel d'inondation et d'éviter toute construction nouvelle (▪ Cass. civ., 16 janv. 2020, n° 19-13.945 : *AJDA* 2020, p. 143 ; *RDI* 2020, p. 150).

Art. L. 562-6 *(Anc. L. n° 87-565, 22 juill. 1987).* **– Les plans d'exposition aux risques naturels prévisibles approuvés en application du I de l'article 5 de la loi n° 82-600 du 13 juillet 1982 relative à l'indemnisation des victimes de catastrophes naturelles valent plan de prévention des risques naturels prévisibles. Il en est de même des plans de surfaces submersibles établis en application des articles 48 à 54 du Code du domaine public fluvial et de la navigation intérieure, des périmètres de risques institués en application de l'article R. 111-3 du Code de l'urbanisme, ainsi que des plans de zones sensibles aux incendies de forêt établis en application de l'article 21 de la loi n° 91-5 du 3 janvier 1991 modifiant diverses dispositions intéressant l'agriculture et la forêt. Leur modification ou leur révision est soumise aux dispositions du présent chapitre.**

Les plans ou périmètres visés à l'alinéa précédent en cours d'élaboration au 2 février 1995 sont considérés comme des projets de plans de prévention des risques naturels, sans qu'il soit besoin de procéder aux consultations ou enquêtes publiques déjà organisées en application des procédures antérieures propres à ces documents.

1) Consultations antérieurement effectuées. L'article 40-6 [L. 562-6] ne dispense que des consultations déjà effectuées dans le cadre de plans antérieurs remplacés par les plans de prévention des risques. Ces dispositions ne dispensaient pas le préfet de procéder aux consultations de la chambre d'agriculture et du centre régional de la propriété forestière qui constituaient des consultations nouvelles non prévues dans le cadre des procédures antérieures. Le plan de prévention des risques naturels a ainsi été pris à l'issue d'une procédure irrégulière (▪ TA Strasbourg, 23 févr. 1999, n° 97711, *Cne de Lomerange c/ Préfet de la Meuse*).

2) Nécessité d'une nouvelle enquête publique (non). Le projet de plan d'exposition aux risques naturels prévisibles pour la commune de Gonneville-sur-Mer était en cours d'élaboration au sens de l'article 40-6 de la loi du 22 juillet 1987 modifiée [L. 562-6 du Code de l'environnement] à la date de la promulgation de la loi du 2 février 1995, et pouvait en conséquence être regardé comme projet de plan de prévention des risques naturels prévisibles sans qu'il soit besoin de procéder à une nouvelle enquête publique (▪ CE, 14 nov. 2003, *Millet c/ Min. Écologie et Développement durable : Environnement* 2004, n° 1, p. 26, note Trouilly ; *JCP* A 2004, n° 1136, note Billet).

Sur le caractère non substantiel des insuffisances du projet de PPRI et des modifications du projet après l'enquête publique (▪ CAA Douai, 11 juill. 2013, n° 12DA00946, *Min. Écologie – PPRI de la Vallée de la Lys Aval).*

3) Plans de surfaces submersibles. Les plans de surfaces submersibles s'ils doivent être annexés au PLU ne sont pas des documents d'urbanisme avec lesquels les PLU doivent être compatibles (▪ CAA Nantes, 20 janv. 2011, n° 11NT01012).

4) Prise en considération de l'Atlas des zones inondables. (oui). L'Atlas des zones inondables peut être pris en considération pour déterminer le périmètre et l'étendue de l'aléa (▪ CAA Nantes, 2e ch. 12 Mars 2018, n° 16NT02451). Le classement de terrain en zone d'aléa fort dans l'Atlas des zones inondables, même en l'absence de PPRN exclut un classement en zone constructible dans un PLU et constitue un moyen sérieux justifiant en référé la suspension de la délibération approuvant le PLU (▪ CAA Bordeaux, Juge des référés, 7 mars 2018, n° 18BX00515).

Art. L. 562-7 *(Mod., L. n° 2010-788, 12 juill. 2010).* **– Un décret en Conseil d'État précise les conditions d'application des articles L. 562-1 à L. 562-6. Il définit notamment les éléments constitutifs et la procédure d'élaboration, de modification et de révision des plans de prévention des risques naturels prévisibles, ainsi que les conditions dans lesquelles sont prises les mesures prévues aux 3° et 4° du II de l'article L. 562-1.**

Art. L. 562-8 *(Anc. L. n° 92-3, 3 janv. 1992).* **– Dans les parties submersibles des vallées et dans les autres zones inondables, les plans de prévention des risques naturels prévisibles définissent, en tant que de besoin, les interdictions et les prescriptions techniques à respecter afin d'assurer le libre écoulement des eaux et la conservation, la restauration ou l'extension des champs d'inondation.**

Le préfet n'a pas commis d'erreur de droit en classant un étang en zone verte, compte tenu de son emplacement et du rôle que cette étendue peut jouer dans la prévention des inondations en aval. Les constructions lacustres ou sur pilotis dans l'étang ne seraient pas de nature à les rendre moins vulnérables et à faciliter l'évacuation des personnes mises en danger par les crues. Par suite, le règlement de la zone verte, qui interdit ce type de construction, ne présente pas de caractère illégal (▪ CAA Douai, 24 sept. 2015, n° 14DA00642, *SCI étangs du Parc*). Est légal le classement en zone R de terrain servant de zones d'expansion des crues, « lorsque les terrains sont situés derrière un ouvrage de protection, il appartient à l'autorité compétente de prendre en compte non seulement la protection qu'un tel ouvrage est susceptible d'apporter, eu égard notamment à ses caractéristiques et aux garanties données quant à son entretien, mais aussi le risque spécifique que la présence même de l'ouvrage est susceptible de créer, en cas de sinistre d'une ampleur supérieure à celle pour laquelle il a été dimensionné ou en cas de rupture, dans la mesure où la survenance de tels accidents n'est pas dénuée de toute probabilité (▪ CAA Marseille, 7e ch., 30 mars 2018, n° 16MA03198). De même, est légal l'interdiction, au sein des zones classées « R » correspondant aux zones d'aléa fort et aux zones d'expansion des crues d'aléa faible et moyen, de toutes nouvelles implantations d'habitat et autres activités non liées à la préservation du caractère naturel ou agricole afin de maintenir et conforter les possibilités d'expansion des crues, ainsi que des mesures de sauvegarde des personnes et des biens et activités au sein de ces zones (▪ CAA Marseille, 7e ch., 16 mars 2017, n° 15MA01967). La préservation de la capacité des champs d'expansion de crue présente un caractère d'intérêt général et justifie que puissent être déclarées inconstructibles ou enserrées dans des règles de constructibilité limitées des zones ne présentant pas un niveau d'aléa fort (▪ CAA Marseille, 6 mars 2020, n° 17MA033100). La circonstance qu'un POS n'aurait pas pris en compte les servitudes d'utilité publique déduites du PPRI n'est pas de nature à justifier l'urbanisation d'une parcelle située en zone inondable (▪ CAA Marseille, 6 déc. 2019, 17MA1752). Le fait que des parcelles n'aient pas été par le passé inondées et que des attestations le prouvent ne suffit pas à remettre en cause le caractère inondable de la zone (même arrêt).

Art. L. 562-8-1 *(L. n° 2010-788, 12 juill. 2010 ; mod., L. n° 2014-58, 27 janv. 2014 ; L. n° 2017-1838, 30 déc. 2017).* **– Les ouvrages construits en vue de prévenir les inondations et les submersions doivent satisfaire à des règles aptes à en assurer l'efficacité et la sûreté. Pour éviter les atteintes que pourraient leur porter des travaux réalisés à proximité, ces ouvrages bénéficient des dispositions prévues à l'article L. 554-1**

au profit des réseaux souterrains, aériens ou subaquatiques de transport ou de distribution, dans les conditions fixées aux articles L. 554-2 à L. 554-5.

La responsabilité d'un gestionnaire d'ouvrages ne peut être engagée à raison des dommages que ces ouvrages n'ont pas permis de prévenir dès lors que les obligations légales et réglementaires applicables à leur conception, leur exploitation et leur entretien ont été respectées.

Un décret en Conseil d'État fixe les obligations de conception, d'entretien et d'exploitation auxquelles doivent répondre les ouvrages en fonction des enjeux concernés et des objectifs de protection visés. Il précise également le délai maximal au-delà duquel les ouvrages existants doivent être rendus conformes à ces obligations ou, à défaut, doivent être neutralisés. Il définit les modalités selon lesquelles le représentant de l'État dans le département est informé des actions contribuant à la mise en œuvre de la prévention des inondations par une collectivité territoriale ou un groupement de collectivités territoriales, du niveau de protection apporté et des territoires qui en bénéficient.

Lorsqu'une commune ou un établissement public de coopération intercommunale à fiscalité propre s'est vu mettre à disposition un ouvrage en application de l'article L. 566-12-1, si un sinistre survient avant l'expiration du délai maximal fixé par le décret en Conseil d'État mentionné au troisième alinéa du présent article, à l'échéance duquel l'ouvrage n'est plus constitutif d'une digue au sens du I de l'article L. 566-12-1 ou est réputé ne pas contribuer à la prévention des inondations et submersions, la responsabilité du gestionnaire de l'ouvrage ne peut être engagée à raison des dommages que celui-ci n'a pas permis de prévenir, dès lors que ces dommages ne sont pas imputables à un défaut d'entretien de l'ouvrage par le gestionnaire au cours de la période considérée.

La loi n° 2014-58 du 27 janvier 2014 « Métropole » confie aux communes et à leurs EPCI à fiscalité propre, à compter du 1er janvier 2016, une nouvelle compétence obligatoire de gestion des milieux aquatiques et de prévention des inondations (« GEMAPI »).

Le décret n° 2015-526 du 12 mai 2015 relatif aux règles applicables aux ouvrages construits ou aménagés en vue de prévenir les inondations et aux règles de sûreté des ouvrages hydrauliques a introduit les articles R. 562-12 à R. 562-20 du Code de l'environnement. Elles concernent tant le parc d'ouvrages existants que les nouveaux ouvrages à construire. À compter du 1er janvier 2016, les communes et EPCI compétents établissent et gèrent les ouvrages de prévention des risques, en particulier les digues. La régularisation des ouvrages existants est fixée au 31 décembre 2019 si ces derniers sont de classe A ou B et au 31 décembre 2021 s'ils sont de classe C.

La modification apportée par la loi du 30 décembre 2017 vise à limiter la responsabilité du nouveau gestionnaire dans l'hypothèse de dommages survenus avant l'échéance du délai fixé pour que l'ouvrage ne soit plus réputé être une digue ou contribué à la prévention des inondations, en l'absence de faute de gestion liée à l'entretien de l'ouvrage. Mais, le texte précise pas qui alors est responsable ce qui signifie soit qu'il n'y en a pas de particulier, soit que le responsable se trouve être le précédent propriétaire et/ou gestionnaire de l'ouvrage.

Un décret du 21 février 2019 (N° 2019-119) a précisé les dispositions contenues dans la loi GEMAPI du 30 décembre 2017 ; en particulier, les ouvrages obéissent à des règles différentes selon qu'ils sont considérés comme des systèmes d'endiguement ou des aménagements hydrauliques.

Art. L. 562-9 *(Indirectement abr., L. n° 2001-602, 9 juill. 2001 ; abr., L. n° 2023-580, 10 juill. 2023).*

Afin de définir les mesures de prévention à mettre en œuvre dans les zones sensibles aux incendies de forêt, le préfet élabore, en concertation avec les conseils régionaux et conseils départementaux intéressés, un plan de prévention des risques naturels prévisibles (■ CE, 17 mars 2017, n° 394241, *Assoc. COFOR et a. : Urbanisme-Aménagement complément* juin 2017, p. 32).

CHAPITRE III. – AUTRES MESURES DE PRÉVENTION

Guide. Ministère du Développement durable, Direction générale de la Prévention des Risques, SRNH, « *Les séismes* », Collection Prévention des risques naturels, juillet 2012 ; Conseil d'orientation pour la prévention des risques naturels majeurs – COPRNM, « *Cadre d'actions pour la prévention du risque sismique* », sept. 2013.

Art. L. 563-1 *(Anc. L. n° 87-565, 22 juill. 1987 ; mod., L. n° 2003-699, 30 juill. 2003).* **– Dans les zones particulièrement exposées à un risque sismique ou cyclonique, des règles particulières de construction parasismique ou paracyclonique peuvent être imposées aux équipements, bâtiments et installations.**

Si un plan de prévention des risques naturels prévisibles est approuvé dans l'une des zones mentionnées au premier alinéa, il peut éventuellement fixer, en application de l'article L. 562-1, des règles plus adaptées.

Un décret en Conseil d'État définit les modalités d'application du présent article.

Voir : D. n° 91-461, 14 mai 1991, relatif à la prévention du risque sismique, modifié en dernier lieu par décret n° 2004-1413 du 23 décembre 2004.

A. 19 mai 2015 modifiant l'arrêté du 4 oct. 2010 relatif à la prévention des risques accidentels au sein des ICPE régime SEVESO : aménagement de l'échéancier d'application des prescriptions relatives aux règles parasismiques, de remise des études et réalisations des travaux de protection parasismique (NOR : DEVP1415856A : *JO* 28 mai 2015). La loi de finances pour 2018 a prorogé la réduction d'impôt pour travaux de réhabilitation ou de confortation contre le risque sismique des logements anciens situés outre-mer *(CGI, art. 199 undecies A)* jusqu'au 31 décembre 2020 et a étendu le dispositif aux travaux de confortation contre le risque cyclonique (Art. 39 *ter* nouveau) achevés à compter du 1er janvier 2018.

1) Objet et portée. Pour les risques sismiques ou cycloniques, l'article L. 563-1 du Code de l'environnement prévoit que des règles de construction parasismiques ou paracycloniques peuvent être imposées aux équipements, bâtiments et installations.

Dans les cas prévus par les 4° et 5° de l'article R. 111-38 du Code de la construction et de l'habitation (zones de sismiscité I *a*, I *b*, II et III), le dossier de demande de permis de construire doit comprendre un document, établi par un contrôleur technique, attestant qu'il a fait connaître au maître d'ouvrage son avis sur la prise en compte, au stade de la conception, des règles parasismiques et paracycloniques prévues par l'article L. 563-1 du Code de l'environnement. Le dossier de demande de permis de construire doit comprendre un document établi par le contrôleur technique attestant qu'il a fait connaître au maître d'ouvrage son avis sur la prise en compte, au stade de la conception, des règles parasismiques (C. urb., art. R. 431-16, *e*).

Cette pièce est obligatoire et l'absence de cet avis vicie la procédure de délivrance du permis de construire même si l'arrêté accordant le permis précise que le projet est situé dans une zone de sismicité et que les travaux sont soumis aux règles parasismiques (▪ CAA Lyon, 12 juin 2012, n° 11LY01780, *Sté FD LES ALPES*). Le décret du 2 mai 2014 relatif à l'expérimentation d'une autorisation unique en matière d'installations classées pour la protection de l'environnement ne méconnaît pas les dispositions de l'article L. 563-1 du Code de l'environnement dans la mesure où des pièces complémentaires peuvent exigées par le préfet (CE, sect. S, 30 déc. 2015, n° 380503).

2) Prise en considération obligatoire d'un changement de classement de zone zéro en zone modérée. Un préfet qui a connaissance d'un nouveau classement intervenu entre le dépôt la demande et son autorisation doit en tenir compte en raison de règles de construction spécifiques pour les constructions neuves situées dans cette zone (▪ CAA Bordeaux, 5e ch., 12 juin 2018, n° 15BX02192).

3) Application au permis de construire. Non. La norme relevant d'une autre législation que celle des autorisations délivrées en application du Code de l'urbanisme ne s'applique pas à un permis de construire situé en zone de sismicité (▪ CAA Lyon, 7 mai 2019, n° 18Y016132).

De même, l'attestation d'un contrôle technique sur les risques parasismiques et paracycloniques n'a pas à être produite dans le dossier de PC (▪ TA Cergy-Pontoise, 5 avr. 2019, n° 1701510 : *JCP* 2019).

Art. L. 563-2 ***(Mod., L. n° 2005-157, 23 févr. 2005*** (1) ***; mod. à compter de la date prévue à l'article 41 de l'ordonnance n° 2005-1527 du 8 décembre 2005, Ord. n° 2005-1527, 8 déc. 2005*** (2) ***; à compter du 1er janvier 2016, Ord. n° 2015-1174, 23 sept. 2015 ; à compter de la date prévue au VI de l'article 71 de la loi n° 2016-1888 du 28 déc. 2016, L. n° 2016-1888, 28 déc. 2016).*** **– Dans les zones de montagne, en l'absence de plan de prévention des risques naturels prévisibles, les documents d'urbanisme ainsi que les projets de travaux, constructions ou installations soumis à une demande d'autorisation ou à une décision de prise en considération tiennent compte des risques naturels spécifiques à ces zones, qu'il s'agisse de risques préexistants connus ou de ceux qui pourraient résulter des modifications de milieu envisagées.**

Cette prise en compte s'apprécie en fonction des informations dont peut disposer l'autorité compétente.

Sans préjudice des dispositions des deux alinéas ci-dessus, l'autorité administrative compétente de l'État mentionnée aux articles L. 122-20 ou L. 122-21 du Code de l'urbanisme pour les unités touristiques nouvelles et aux articles L. 472-1 à L. 472-5 du même code pour les remontées mécaniques tiennent compte des risques naturels pour la délivrance des autorisations correspondantes.

(1) Entrée en vigueur : V. L. n° 2005-157, 23 févr. 2005, art. 194.
(2) Dispositions applicables à Mayotte : V. Ord. n° 2005-1527, 8 déc. 2005, art. 40.

Bibliographie : *Montagne.* Ph. Billet, *Le droit de l'urbanisme dans la loi Macron : JCP* A 2016. • L. de Crécy, *Les risques en montagne : Aménagement et nature* 1988, n° 90, p. 10. • L. de Crécy, *Le risque en montagne : une notion ambiguë : Aménagement et nature* 1988, n° 91, p. 10. • P.-P. Danna, *Risques naturels et gestion de l'espace : Rev. jur. env.* 1995, p. 419. • C. Langello, *Inclusion des risques naturels montagnards dans les documents d'urbanisme : LPA* 21 févr. 1996, n° 23, p. 35. • M. Mayo, *Risques en montagne, responsabilités communales : Études foncières* hiver 1998, n° 81, p. 8. • G. Mollion, *Tourisme et aménagement, quelques apports de la loi Montagne II : JCP* A 2017. • F. Servoin, *La sécurité civile en montagne : RFDA* 1985, p. 805 ; *Les risques naturels en montagne et le droit de l'urbanisme : LPA* 21 févr. 1996, n° 23, p. 29.

La prise en compte de ces risques naturels spécifiques à la montagne s'apprécie en fonction des informations dont peut disposer l'autorité compétente notamment lors de la délivrance des autorisations concernant des unités touristiques nouvelles prévues aux articles L. 145-9 et suivants du Code de l'urbanisme ou des remontées mécaniques prévues à l'article L. 445-1 du même code.

Art. L. 563-3 ***(L. n° 2003-699, 30 juill. 2003).*** **– I. – Dans les zones exposées au risque d'inondations, le maire, avec l'assistance des services de l'État compétents, procède à l'inventaire des repères de crues existant sur le territoire communal et établit les repères correspondant aux crues historiques, aux nouvelles crues exceptionnelles ou aux submersions marines. La commune ou le groupement de collectivités territoriales compétent matérialisent, entretiennent et protègent ces repères.**

II. – Les dispositions de la loi n° 43-374 du 6 juillet 1943 relative à l'exécution des travaux géodésiques et cadastraux et à la conservation des signaux, bornes et repères sont applicables.

III. – Un décret en Conseil d'État fixe les conditions d'application du présent article (1).

Voir : art. R. 563-11 et s., p. 2932. – D. n° 2005-233, 14 mars 2005, pris pour l'application de l'article L. 563-3 du Code de l'environnement et relatif à l'établissement des repères de crues. – A. 16 mars 2006 relatif au modèle des repères de crues. – A. 14 mars 2005, relatif à l'information des propriétaires ou gestionnaires concernés par l'établissement des repères de crues. – Circ. 14 oct. 2003, relative à la politique de l'État en matière d'établissement des atlas des zones inondables (*BOME* n° 24/2003, p. 75).

Bibliographie : Touret, *La maîtrise du risque inondation : Journ. maires* 15 févr. 2004, n° 2. • B. Magois, *Zone inondable : JCP* N 14 mai 2004, n° 20, 1238, p. 822.

1) Responsabilité. Il appartient à la commune d'entretenir et protéger les repères correspondant aux crues historiques, qui constituent une véritable mémoire des événements de la commune.

Même si le fait de n'avoir pas posé de repères de crues constitue une faute, il n'y a pas de lien de causalité entre cette faute à la supposer établi et le préjudice moral subi par les requérants (▪ CAA Bordeaux, 5ᵉ ch., 14 juin 2016, n° 14BX02616).

Toutefois, dans l'affaire Xynthia, le tribunal administratif de Nantes à estimé que la violation de l'article L. 563-3 n'avait pas un lien de causalité avec les dommages subis en l'espèce (▪ TA Nantes, 12 févr. 2018, n° 1504909 : *AJDA* 2018, note Berhali). Même solution à propos de la perte de bénéfices issus de l'exploitation d'un camping abandonné après la tempête Xynthia (▪ CAA Bordeaux, 20 juin 2019, n° 17BX01632).

2) Portée et compétence. L'article L. 563-1 ne s'applique pas à un phénomène de submersion marine, mais seulement à une crue d'un cours d'eau. L'inventaire relève de la compétence du maire agissant au nom de la collectivité territoriale et non des services de l'État (▪ CAA Bordeaux, 24 juin 2019, n° 17BX01819).

Art. L. 563-4 ***(L. n° 2003-699, 30 juill. 2003 ; mod., L. n° 2004-669, 9 juill. 2004).*** **– Les dispositions prévues aux articles L. 54 à L. 56-1 du Code des postes et des communications électroniques s'appliquent également aux radars hydrométéorologiques dont la liste est fixée par arrêté conjoint du ministre chargé des transports et du ministre chargé de l'environnement.**

1) Le Code des postes et télécommunications est remplacé par le Code des postes et des communications électroniques.

2) La notion de « zone de coordination » créée par l'Agence nationale des fréquences dans un rapport « Perturbations du fonctionnement des radars météorologiques par les éoliennes », qui n'est pas une norme juridique et ne constitue pas une servitude pour la protection des communications électroniques radioélectriques, au sens des dispositions de l'article L. 54 du Code des postes et des communications électroniques, ne pouvait pas fonder une interdiction de construire des éoliennes (▪ CAA Nancy, 7 nov. 2013, n° 12NC01484, *EIDEN SAS*).

(1) V. T. appl. : D. n° 2005-233, 14 mars 2005. – NDLR.

Art. L. 563-5 *(L. n° 2003-699, 30 juill. 2003)*. **– I. – Sur demande des collectivités territoriales ou de leurs groupements motivée par la sécurité des personnes et des biens sur les territoires de leur compétence, l'État et ses établissements publics communiquent à cette seule fin gratuitement à ces collectivités et à leurs groupements les données dont ils disposent. Toutefois, ils peuvent mettre à la charge des demandeurs les frais de reproduction et de transmission de ces données.**

II. – Un décret en Conseil d'État précise les modalités de mise en œuvre du présent article. Ce décret précise notamment les informations produites par l'État ou par ses établissements publics qui peuvent être accessibles gratuitement par les collectivités territoriales.

Les collectivités territoriales ou leurs groupements ont gratuitement accès, sur leur demande motivée par la sécurité des personnes et des biens aux données dont disposent l'État et ses établissements publics pour mettre en œuvre les mesures de prévention des risques naturels majeurs relevant de leurs compétences.

Art. L. 563-6 *(L. n° 2003-699, 30 juill. 2003 ; mod., L. n° 2013-403, 17 mai 2013)*. **– I. – Les communes ou leurs groupements compétents en matière de documents d'urbanisme élaborent, en tant que de besoin, des cartes délimitant les sites où sont situées des cavités souterraines et des marnières susceptibles de provoquer l'effondrement du sol.**

II. – Toute personne qui a connaissance de l'existence d'une cavité souterraine ou d'une marnière dont l'effondrement est susceptible de porter atteinte aux personnes ou aux biens, ou d'un indice susceptible de révéler cette existence, en informe le maire, qui communique, sans délai, au représentant de l'État dans le département et au président du conseil départemental les éléments dont il dispose à ce sujet.

La diffusion d'informations manifestement erronées, mensongères ou résultant d'une intention dolosive relatives à l'existence d'une cavité souterraine ou d'une marnière est punie d'une amende de 30 000 €.

III. – Le représentant de l'État dans le département publie et met à jour, selon des modalités fixées par décret en Conseil d'État, la liste des communes pour lesquelles il a été informé par le maire de l'existence d'une cavité souterraine ou d'une marnière et de celles où il existe une présomption réelle et sérieuse de l'existence d'une telle cavité.

1) Même si la présence de marnières nécessite la réalisation d'une carte délimitant les sites où sont situées des cavités souterraines et des marnières susceptibles de provoquer l'effondrement du sol, cette omission n'entache pas la légalité de la délibération approuvant un document d'urbanisme – en l'espèce une carte communale (▪ CAA Douai, 29 mars 2007, n° 06DA01252, *Fauquemberghe c/ Cne de Ligny sur Canche*). La déclaration de l'existence d'un indice de cavité souterraine constitue une obligation légale. La Cour d'appel de Rouen n'a pas reconnu la mauvaise foi des vendeurs, le fait de ne pas avoir informé l'acquéreur de leur maison des rumeurs concernant la présence de marnières, rumeurs contredites par la fiche de renseignements de l'administration qui mentionnait simplement l'existence d'une excavation située à proximité de la propriété, ne constituant pas une réticence dolosive qui aurait vicié le consentement de l'acquéreur (▪ CA Rouen, 8 sept. 2010, n° 09/02964, *Le Meur c/ Buée*). – La déclaration de l'existence de cavité souterraine constitue une obligation légale dont l'abus est pénalement sanctionné et la responsabilité civile de son auteur. La Cour d'appel de Rouen a estimé, dans cette affaire, que la déclaration de suspicion de marnière ne pouvait être considérée comme faite de mauvaise foi ou dans l'intention de nuire dès lors que son existence a été confirmée par un témoignage précis (▪ CA Rouen, 24 févr. 2010, n° 09/00699, *Bardou c/ Hardy*). – La suspicion de l'existence d'une cavité souterraine et les mesures de protection prises au regard de l'existence de ce risque ne peuvent constituer un trouble anormal de voisinage. La particularité géologique du terrain est un élément totalement indépendant de la volonté de son propriétaire qui revêt les caractéristiques de la force majeure (▪ CA Rouen 13 janv. 2010, n° 08/05579, *Dechen c/ Cacheleux*).

Une base de données nationale (www.cavites.fr) permet de prendre connaissance, à l'échelle de la commune, de la liste et de la cartographie des cavités inventoriées en France (Rép. min. n° 22302 : *JOAN* Q, 3 sept. 2013, p. 9236 ; *JCP* N 20 sept. 2013, n° 38, act. 916).

2) Responsabilité de l'État (non). N'est pas fautif le défaut de recensement des risques présentés par l'existence de marnières sur une commune, dès lors que le préfet a fait réaliser un recensement général des effondrements et des cavités souterraines sur celle-ci. Cet inventaire rendait, en outre, inutile l'élaboration d'un plan de prévention des risques naturels (▪ CE, 16 juin 2010, n° 312331, *Mutuelle des architectes français*).

3) Étendue des obligations du plan. Le fait de recommander aux propriétaires de carrière un suivi tous les deux ans ne constituent pas une obligation ni une charge excessive pour les propriétaires (■ CAA Bordeaux, 5e ch., 5 juill. 2018, n° 16BX01201).

4) Intégration dans un PLU d'un recensement des cavités souterraines. Légalité (oui). C'est à bon droit qu'un PLU a intégré un recensement des cavités souterraines relevées sur son territoire sur la base d'un rapport solide ; les droits des propriétaires sont respectés dans la mesure où une étude contradictoire peut lever ce classement et les conséquences qui s'y attachent (■ CAA Douai, 1re ch., 29 déc. 2017, n° 15DA01158).

Voir : sur l'ensemble du problème, annotations sous CGCT, art. L. 2212-2.

CHAPITRE IV. – PRÉVISION DES CRUES

(L. n° 2003-699, 30 juill. 2003)

Voir : article 1er de la loi n° 99-574, 9 juill. 1999 d'orientation agricole, modifié par la loi n° 2003-699 du 30 juillet 2003. – D. n° 2005-28, 12 janv. 2005, pris pour l'application des articles L. 564-1, L. 564-2 et L. 564-3 du Code de l'environnement et relatif à la surveillance et à la prévision des crues ainsi qu'à la transmission de l'information sur les crues. – D. n° 2016-1110 du 11 août 2016 relatif à la modification des règles applicables à l'évaluation environnementale des projets, plans et programmes Arrêté du 7 avril 2017 précisant le plan de l'étude de dangers des digues organisées en systèmes d'endiguement et des autres ouvrages conçus ou aménagés en vue de prévenir les inondations et les submersions (*JO* 19 avr. 2017).

BOMEDAT – Instruction du Gouvernement du 20 février 2018 relative aux thèmes prioritaires d'actions nationales en matière de risques naturels et hydrauliques pour 2018.

Bibliographie : ***Loi Bachelot.*** Bigot, *La loi Bachelot et l'assurance : Environnement* 2004, n° 2, p. 9. • Boivin et Herce, *La loi du 30 juillet 2003 sur les risques technologiques et naturels majeurs : AJDA* 2003, p. 1765. • Ch. Cans, *La loi du 30 juillet 2003 et la prévention des risques naturels : réelles avancées et cruels constats d'inefficacité : Dr. env.* 2003, n° 113, p. 204. • Levy, *Risques technologiques et naturels majeurs : ce qui change en matière de droit de préemption, de délaissement et d'expropriation, à propos de la loi n° 2003-699 du 30 juillet 2003 : AJDA* 2004, p. 101. • Trouilly, *Prévention des risques naturels et technologiques (L. n° 2003-699) : Environnement* 2003, n° 10, p. 22.

Art. L. 564-1 ***(L. n° 2003-699, 30 juill. 2003).*** **– L'organisation de la surveillance, de la prévision et de la transmission de l'information sur les crues est assurée par l'État.**

1) Réseau Vigicrue. Créé en 2006 et piloté par le ministère de l'écologie, le réseau Vigicrue assure une mission de service public en surveillant les principaux cours d'eau français, soit 23 000 km, et couvre 75 % de la population vivant en zone inondable. Les prévisions sont consultables sur vigicrues.gouv.fr.

2) Cas d'absence de responsabilité de l'État. Rejet de l'appel en garantie dirigée par une commune jugée responsable pour n'avoir pas interdit une route menacée par des crues et des risques de ravines. Absence de faute de l'État les informations météo avec une alerte orange ayant été suffisante pour permettre la prise de décision même si l'importance des intempéries avait été sous-estimée et la gestion de la crise adaptée (■ CAA, Bordeaux, 1re ch., 16 mai 2017, n° 15BX00859).

3) Dommages indemnisables. L'article L. 564-1 ne s'applique pas à des phénomènes de submersion marine, mais à des phénomènes de crues (■ CAA Bordeaux, 20 sept. 2018, n° 16BX000987).

Art. L. 564-2 ***(L. n° 2003-699, 30 juill. 2003).*** **– I. – Un schéma directeur de prévision des crues est arrêté pour chaque bassin par le préfet coordonnateur de bassin en vue d'assurer la cohérence des dispositifs que peuvent mettre en place, sous leur responsabilité et pour leurs besoins propres, les collectivités territoriales ou leurs groupements afin de surveiller les crues de certains cours d'eau ou zones estuariennes, avec les dispositifs de l'État et de ses établissements publics.**

II. – Les collectivités territoriales ou leurs groupements peuvent accéder gratuitement, pour les besoins du fonctionnement de leurs systèmes de surveillance, aux données recueillies et aux prévisions élaborées grâce aux dispositifs de surveillance mis en place par l'État, ses établissements publics et les exploitants d'ouvrages hydrauliques.

III. – Les informations recueillies et les prévisions élaborées grâce aux dispositifs de surveillance mis en place par les collectivités territoriales ou leurs groupements sont transmises aux autorités détentrices d'un pouvoir de police. Les responsables des équipements ou exploitations susceptibles d'être intéressés par ces informations peuvent y accéder gratuitement.

Le schéma directeur de prévision des crues fixe les principes selon lesquels s'effectuent la surveillance et la prévision des crues ainsi que la transmission de l'information sur ces crues. Ce schéma a pour objet d'organiser, au niveau local, l'exercice de la compétence dévolue à l'État. Ce schéma est inclus, le cas échéant, dans le schéma de prévention des risques naturels majeurs (C. env., art. L. 565-2).

Art. L. 564-3 *(L. n° 2003-699, 30 juill. 2003).* **– I. – L'organisation de la surveillance, de la prévision et de la transmission de l'information sur les crues par l'État, ses établissements publics et, le cas échéant, les collectivités territoriales ou leurs groupements fait l'objet de règlements arrêtés par le préfet.**

II. – Un décret en Conseil d'État précise les modalités de mise en œuvre du présent chapitre (1).

Bibliographie : B. Magois, *Zone inondable : JCP* N 2004, n° 20, 1238, p. 822.

CHAPITRE V. – COMMISSIONS DÉPARTEMENTALES ET SCHÉMAS DE PRÉVENTION DES RISQUES NATURELS MAJEURS

(L. n° 2003-699, 30 juill. 2003)

Voir : D. n° 2005-4, 4 janv. 2005, relatif aux schémas de prévention des risques naturels. - D. n° 2005-117, 7 févr. 2005, relatif à la prévention de l'érosion et modifiant le Code rural.

Bibliographie : *Loi Bachelot.* Bigot, *La loi Bachelot et l'assurance : Environnement* 2004, n° 2, p. 9. • Boivin et Herce, *La loi du 30 juillet 2003 sur les risques technologiques et naturels majeurs : AJDA* 2003, p. 1765. • Ch. Cans, *La loi du 30 juillet 2003 et la prévention des risques naturels : réelles avancées et cruels constats d'inefficacité : Dr. env.* 2003, n° 113, p. 204. • Levy, *Risques technologiques et naturels majeurs : ce qui change en matière de droit de préemption, de délaissement et d'expropriation, à propos de la loi n° 2003-699 du 30 juillet 2003 : AJDA* 2004, p. 101. • Trouilly, *Prévention des risques naturels et technologiques (L. n° 2003-699) : Environnement* 2003, n° 10, p. 22. • J.-M. Février, *Actualité de la prévention des risques naturels : Environnement et dév. durable* mars 2005, n° 3, étude 4. • Ph. Billet, *La rénovation et le renforcement des mesures de prévention des risques naturels : JCP* A 24 janv. 2005, n° 4, p. 1036.

Art. L. 565-1 *(Abr., Ord. n° 2004-637, 1er juill. 2004)* (2).

Art. L. 565-2 *(L. n° 2003-699, 30 juill. 2003 ; mod., L. n° 2010-788, 12 juill. 2010).* **– I. – Le préfet, en concertation avec les collectivités territoriales compétentes, peut élaborer des schémas de prévention des risques naturels, tenant compte des documents interdépartementaux portant sur les risques existants. Ces schémas précisent les actions à conduire dans le département en matière :**

- **de connaissance du risque ;**
- **de surveillance et prévision des phénomènes ;**
- **d'information et éducation sur les risques ;**
- **de prise en compte des risques dans l'aménagement du territoire ;**
- **de travaux permettant de réduire le risque ;**
- **de retours d'expériences.**

II. – Un décret en Conseil d'État (3) **précise les modalités de mise en œuvre du présent article.**

Le préfet a la possibilité d'élaborer des schémas de prévention des risques naturels, tenant compte des documents interdépartementaux portant sur les risques existants. Ce schéma constitue, à l'échelle du département, un document exhaustif recensant l'ensemble des actions en matière de prévention des risques naturels, incluant notamment le schéma directeur de prévision des crues prévu à l'article L. 564-2 du Code de l'environnement.

Ni la portée juridique de ces schémas, ni leurs modalités d'articulation avec les plans de prévention des risques ou avec les schémas directeurs de prévision des crues ne sont précisées.

CHAPITRE V *BIS*. – CONSEIL D'ORIENTATION POUR LA PRÉVENTION DES RISQUES NATURELS MAJEURS

(L. n° 2018-699, 3 août 2018)

Art. L. 565-3 *(L. n° 2018-699, 3 août 2018).* **– I. – Le Conseil d'orientation pour la prévention des risques naturels majeurs comprend parmi ses membres trois députés et trois sénateurs.**

II. – Les missions, la composition, l'organisation et le fonctionnement du conseil sont précisés par décret.

(1) V. T. appl. : D. n° 2005-28, 12 janv. 2005. – NDLR.
(2) Dispositions transitoires : V. Ord. n° 2004-637, 1er juill. 2004, art. 41.
(3) V. T. appl. : D. n° 2005-4, 4 janv. 2005. – NDLR.

CHAPITRE VI. – ÉVALUATION ET GESTION DES RISQUES D'INONDATION

(L. n° 2010-788, 12 juill. 2010)

Bibliographie : P. Galan, *La réforme des documents d'urbanisme par la loi engagement national pour l'environnement : JCP A* 25 oct. 2010, n° 43, p. 2322. • F. Lesigne, *De la loi Littoral à la prévention du risque d'inondation : AJDA* 2011, p. 1767. • M. Sousse, *Grenelle 2 : le traitement des risques industriels et naturels : Environnement et dév. durable* 2010, n° 10, étude 25.

Art. L. 566-1 *(L. n° 2010-788, 12 juill. 2010)*. **– I. – Au titre du présent chapitre, une inondation est une submersion temporaire par l'eau de terres émergées, quelle qu'en soit l'origine, à l'exclusion des inondations dues aux réseaux de collecte des eaux usées, y compris les réseaux unitaires.**

Sur le littoral, l'inondation par submersion marine s'étend au-delà des limites du rivage de la mer définies à l'article L. 2111-4 du Code général de la propriété des personnes publiques.

II. – Le risque d'inondation est la combinaison de la probabilité de survenue d'une inondation et de ses conséquences négatives potentielles pour la santé humaine, l'environnement, les biens, dont le patrimoine culturel, et l'activité économique.

Cette disposition donne une définition du terme inondation et de la notion de risque d'inondation en s'inspirant de la directive n° 2007/60/CE du Parlement européen et du Conseil du 23 octobre 2007 relative à l'évaluation et la gestion des risques.

Les eaux de ruissellement doivent être prises en compte dans l'élaboration d'un PPRI en plus des eaux de débordement, ces eaux de ruissellement émanant d'un réseau pluvial composé de fossés d'assainissement agricole et routier, de canalisations enterrées ainsi que des eaux de voirie, celle-ci n'étant pas équipée d'un réseau de collecte des eaux pluviales (▪ CAA Marseille, 12 avr. 2019, n° 18MA00441).

Art. L. 566-2 *(L. n° 2010-788, 12 juill. 2010)*. **– I. – L'évaluation et la gestion des risques d'inondation visent à réduire les conséquences négatives potentielles associées aux inondations pour les intérêts définis à l'article L. 566-1 dans les conditions fixées par le présent chapitre, conformément à la directive 2007/60/CE du Parlement européen et du Conseil du 23 octobre 2007 relative à l'évaluation et à la gestion des risques d'inondation dans un objectif de compétitivité, d'attractivité et d'aménagement durable des territoires exposés à l'inondation.**

II. – L'État, les collectivités territoriales et leurs groupements, par leurs actions communes ou complémentaires, concourent à la gestion des risques d'inondation.

La commune est fondée à réaliser l'étude hydraulique qui sert de fondement au PPRI dès lors qu'elle le fait sur une méthodologie approuvée par les services de l'État et conforme à la réglementation (▪ CAA Marseille, 12 avr. 2019, n° 18MA00441).

Art. L. 566-3 *(L. n° 2010-788, 12 juill. 2010)*. **– L'autorité administrative réalise une évaluation préliminaire des risques d'inondation pour chaque bassin ou groupement de bassins délimité en application du I de l'article L. 212-1, avant le 22 décembre 2011, selon les règles d'évaluation fixées au plan national. Une évaluation préliminaire des risques d'inondation est effectuée nationalement, à partir des évaluations produites dans chaque bassin ou groupement de bassins, après consultation du conseil d'orientation pour la prévention des risques naturels majeurs, désignant en particulier des événements d'un impact national, voire européen. Ces évaluations sont mises à jour une première fois avant le 22 décembre 2018 puis, par la suite, tous les six ans.**

Voir : Circulaire du 5 juillet 2011 relative à la mise en œuvre de la politique de gestion des risques d'inondation (NOR DEVP1114677C), BO MEDDTL n° 2011/15, 25 août 2011, p. 75.

Art. L. 566-4 *(L. n° 2010-788, 12 juill. 2010)*. **– L'État, en s'appuyant sur le conseil d'orientation pour la** ***prévention*** **des risques naturels majeurs et en concertation avec les parties prenantes concernées au niveau national, dont les associations nationales représentatives des collectivités territoriales, élabore une stratégie nationale de gestion des risques d'inondation qui définit les grands objectifs de réduction des conséquences négatives potentielles associées aux inondations pour les intérêts définis à l'article L. 566-1, les orientations et le cadre d'action, et les critères nationaux de caractérisation de l'importance du risque d'inondation. Le projet de stratégie, en particulier ces critères, est soumis à l'avis du conseil d'orientation pour la prévention**

des risques naturels majeurs. L'État arrête cette stratégie, dont les critères nationaux de caractérisation de l'importance du risque d'inondation, à l'issue de l'évaluation préliminaire des risques d'inondation.

Le Comité national de l'eau mentionné à l'article L. 213-1 donne son avis sur la stratégie nationale de gestion des risques d'inondation avant son approbation par l'État.

Voir : Le projet de « Stratégie nationale de gestion des risques d'inondation » de juin 2013 est en consultation publique jusqu'au 31 octobre 2013 et disponible sur le site internet : http://www.consultations-publiques.developpement-durable.gouv.fr/strategie-nationale-de- gestion-des-risques-inondation.

Art. L. 566-5 *(L. n° 2010-788, 12 juill. 2010)*. **– I. – Sur la base de l'évaluation préliminaire des risques d'inondation nationale et de la stratégie nationale, l'autorité administrative, associant le conseil d'orientation pour la prévention des risques naturels majeurs, identifie des territoires dans lesquels il existe un risque d'inondation important ayant des conséquences de portée nationale.**

II. – À l'échelon du bassin ou groupement de bassins, sur la base de l'évaluation préliminaire des risques d'inondation et de la stratégie nationale, l'autorité administrative, associant les parties prenantes au premier rang desquelles les collectivités territoriales et leurs groupements chargés de l'aménagement du territoire, décline les critères nationaux pour sélectionner les territoires dans lesquels il existe un risque d'inondation important.

Art. L. 566-6 *(L. n° 2010-788, 12 juill. 2010)*. **– L'autorité administrative arrête pour les territoires mentionnés à l'article L. 566-5 les cartes des surfaces inondables et les cartes des risques d'inondation, avant le 22 décembre 2013. Ces cartes sont mises à jour tous les six ans. Elles peuvent être modifiées autant que de besoin par l'autorité administrative.**

Voir : Circulaire 16 juillet 2012 relative à la mise en œuvre de la phase « cartographie » de la directive européenne relative à l'évaluation et à la gestion des risques d'inondation (BOME n° 14/2012).

Art. L. 566-7 *(L. n° 2010-788, 12 juill. 2010)*. **– L'autorité administrative arrête, avant le 22 décembre 2015, à l'échelon de chaque bassin ou groupement de bassins, un plan de gestion des risques d'inondation pour les territoires définis à l'article L. 566-5. Ce plan fixe les objectifs en matière de gestion des risques d'inondation concernant le bassin ou groupement de bassins et les objectifs appropriés aux territoires mentionnés au même article L. 566-5. Ces objectifs doivent permettre d'atteindre les objectifs de la stratégie nationale mentionnée à l'article L. 566-4.**

Pour contribuer à la réalisation des objectifs du plan de gestion des risques d'inondation, des mesures sont identifiées à l'échelon du bassin ou groupement de bassins. Ces mesures sont intégrées au plan de gestion des risques d'inondation. Elles comprennent :

1° Les orientations fondamentales et dispositions présentées dans les schémas directeurs d'aménagement et de gestion des eaux, concernant la prévention des inondations au regard de la gestion équilibrée et durable de la ressource en eau en application de l'article L. 211-1 ;

2° Les dispositions concernant la surveillance, la prévision et l'information sur les phénomènes d'inondation, qui comprennent notamment le schéma directeur de prévision des crues prévu à l'article L. 564-2 ;

3° Les dispositions pour la réduction de la vulnérabilité des territoires face aux risques d'inondation, comprenant des mesures pour le développement d'un mode durable d'occupation et d'exploitation des sols, notamment des mesures pour la maîtrise de l'urbanisation et la cohérence du territoire au regard du risque d'inondation, des mesures pour la réduction de la vulnérabilité des activités économiques et du bâti et, le cas échéant, des mesures pour l'amélioration de la rétention de l'eau et l'inondation contrôlée ;

4° Des dispositions concernant l'information préventive, l'éducation, la résilience et la conscience du risque.

Les objectifs du plan de gestion des risques d'inondation sont déclinés au sein de stratégies locales de gestion des risques d'inondation pour les territoires à risque d'inondation important mentionnés à l'article L. 566-5.

Le plan de gestion des risques d'inondation comporte une synthèse de ces stratégies locales et des mesures mentionnées à l'article L. 566-8.

(Mod. à compter du 1er janvier 2016, Ord. n° 2015-1174, 23 sept. 2015) **Le plan de gestion des risques d'inondation peut identifier les travaux et mesures relatifs à la gestion des risques d'inondation qui doivent être qualifiés de projet d'intérêt général en application de l'article L. 102-1 du Code de l'urbanisme, et fixer les délais de mise en œuvre des procédures correspondantes par l'autorité administrative compétente.**

Il est accompagné des dispositions afférentes aux risques d'inondation des plans ORSEC, applicables au périmètre concerné.

Il est compatible avec les objectifs de qualité et de quantité des eaux que fixent les schémas directeurs d'aménagement et de gestion des eaux en application du IV de l'article L. 212-1 du présent code.

Il est compatible avec les objectifs environnementaux que contiennent les plans d'action pour le milieu marin mentionnés à l'article L. 219-9.

Le plan de gestion des risques d'inondation est mis à jour tous les six ans.

Les programmes et les décisions administratives dans le domaine de l'eau doivent être compatibles ou rendus compatibles avec les dispositions des plans de gestion des risques d'inondation.

Voir : Circulaire du 14 août 2013 relative à l'élaboration des plans de gestion des risques d'inondation et à l'utilisation des cartes de risques pour les territoires à risque important d'inondation.

1) **Rapport de compatibilité.** Lorsqu'un plan de gestion des risques d'inondation est approuvé, les schémas de cohérence territoriale *(C. urb., art. L. 122-1-13)*, le SDRIF *(C. urb., art. L. 141-1)* et les plans locaux d'urbanisme *(C. urb., art. L. 123-1-10)* doivent être compatibles avec les objectifs de gestion des risques d'inondation et les orientations fondamentales définis par ce plan.

2) **Application du principe d'indépendance des législations.** En raison de l'indépendance des législations de l'urbanisme et de celle du domaine de l'eau, le préfet ne peut invoquer utilement la violation par les arrêtés contestés des dispositions du PPRI (■ CAA Marseille, 28 mars 2019, n° 19MA00844).

Le principe d'indépendance des législations fait que les dispositions d'un plan de gestion des risques d'inondation ne sont pas directement applicables à un permis de construire (■ TA Montpellier, 9 juill. 2019, n° 1805923 : *AJCT* 2019, comm. F. Belacel : le principe d'indépendance des législations fait obstacle à l'application directe d'un PPRI à un permis de construire ; *AJCT* 2019, p. 590 : la juridiction fait prévaloir le principe d'indépendance des législations sur le principe de précaution).

3) **Compatibilité SCOT/PGRI.** Le juge doit rechercher si le plan ne contrarie pas les objectifs qu'impose le schéma compte tenu des orientations adoptées et de leur degré de précision sans rechercher l'adéquation du plan à chaque disposition où objectif particulier (■ CAA Nancy, 17 mars 2020, n° 19NC013101).

Art. L. 566-8 *(L. n° 2010-788, 12 juill. 2010)*. – Des stratégies locales sont élaborées conjointement par les parties intéressées pour les territoires mentionnés à l'article L. 566-5, en conformité avec la stratégie nationale et en vue de concourir à sa réalisation ; elles conduisent à l'identification de mesures pour ces derniers.

Art. L. 566-9 *(L. n° 2010-788, 12 juill. 2010)*. – Le plan visé à l'article L. 566-7 peut être modifié par l'autorité administrative, après avis du comité de bassin, si cette modification ne porte pas atteinte aux objectifs de ce plan. Le projet de modification fait l'objet d'une information et d'une consultation du public.

Art. L. 566-10 *(L. n° 2010-788, 12 juill. 2010)*. – Les établissements publics territoriaux de bassin mentionnés à l'article L. 213-12 assurent à l'échelle du bassin ou sous-bassin hydrographique de leur compétence la cohérence des actions des collectivités territoriales et de leurs groupements visant à réduire les conséquences négatives des inondations sur les territoires mentionnés à l'article L. 566-5, par leur rôle de coordination, d'animation, d'information et de conseil pour des actions de réduction de la vulnérabilité aux inondations.

Art. L. 566-11 *(L. n° 2010-788, 12 juill. 2010 ; mod. à compter d'une date fixée par décret et au plus tard le 1er janvier 2017, Ord. n° 2016-1060, 3 août 2016)*. – Les évaluations préliminaires des risques d'inondation, les cartes des surfaces inondables, les cartes des risques d'inondation et les plans de gestion du risque d'inondation sont élaborés et mis à jour avec les parties prenantes identifiées par l'autorité administrative, au premier rang desquelles les collectivités territoriales et leurs groupements compétents en matière d'urbanisme et d'aménagement de l'espace, ainsi que le comité de bassin et les établissements publics territoriaux de bassin et la collectivité territoriale de Corse pour ce qui la concerne.

L'autorité administrative organise la participation du public à l'élaboration et la mise à jour du plan de gestion des risques d'inondation. Elle met à la disposition du public, pendant une durée minimale de six mois par voie électronique afin de recueillir ses observations :

– trois ans au moins avant la date prévue d'entrée en vigueur du plan de gestion des risques d'inondation, l'évaluation préliminaire des risques d'inondation visée à l'article L. 566-3, les territoires à risque important

d'inondation mentionnés à l'article L. 566-5, ainsi que le calendrier, et le programme de travail indiquant les modalités d'élaboration ou de mise à jour du plan de gestion ;

– deux ans au moins avant la date prévue d'entrée en vigueur du plan de gestion des risques d'inondation, les cartes des surfaces inondables et les cartes des risques d'inondation des territoires à risques important d'inondation du district visées à l'article L. 566-6 ainsi qu'une synthèse provisoire des questions importantes qui se posent dans le district en matière de gestion des risques d'inondation ;

– un an au moins avant la date prévue de son entrée en vigueur, le projet de plan de gestion des risques d'inondation pour une durée minimale de six mois.

Un exemplaire du dossier est consultable en un lieu déterminé du district lors de l'ouverture de la participation par voie électronique.

Ces mises à disposition sont annoncées, au moins quinze jours avant leur début, par la publication, dans un journal de diffusion nationale et dans un ou plusieurs journaux régionaux ou locaux du district, d'un avis indiquant les dates et lieux de la mise à disposition ainsi que l'adresse du site internet.

L'autorité administrative peut modifier le projet pour tenir compte des avis et observations formulés. Elle publie, au plus tard à la date d'adoption du plan de gestion des risques d'inondation, une synthèse des avis et observations recueillies et la manière dont elle en a tenu compte.

Art. L. 566-12 *(L. n° 2010-788, 12 juill. 2010).* **– I. – Les évaluations préliminaires des risques d'inondation, les cartes des surfaces inondables, les cartes des risques d'inondation et les plans de gestion des risques d'inondation sont mis à disposition du public, notamment des chambres consulaires, des commissions locales de l'eau, des conseils économiques, sociaux et environnementaux régionaux ainsi que, lorsqu'ils existent, des organes de gestion des parcs nationaux, des parcs naturels régionaux et du domaine relevant du Conservatoire de l'espace littoral et des rivages lacustres, en tant qu'ils les concernent, par l'autorité administrative.**

II. – L'autorité administrative recueille les observations du public sur les projets de plan de gestion des risques d'inondation. Elle soumet les projets de plan de gestion des risques d'inondation, éventuellement modifiés, à l'avis des parties prenantes au sens de l'article L. 566-11.

Art. L. 566-12-1 *(L. n° 2014-58, 27 janv. 2014).* **– I. – Les digues sont des ouvrages construits ou aménagés en vue de prévenir les inondations et les submersions. Les digues appartenant à une personne morale de droit public et achevées avant la date d'entrée en vigueur de la loi n° 2014-58 du 27 janvier 2014 de modernisation de l'action publique territoriale et d'affirmation des métropoles sont mises gratuitement à la disposition, selon le cas, de la commune ou de l'établissement public de coopération intercommunale à fiscalité propre compétent pour la défense contre les inondations et contre la mer, par voie de conventions.**

La digue n'est pas mise à disposition si son influence hydraulique dépasse le périmètre de la commune ou de l'établissement public de coopération intercommunale à fiscalité propre compétent et s'il existe un gestionnaire.

II. – Lorsqu'un ouvrage ou une infrastructure qui n'a pas exclusivement pour vocation la prévention des inondations et submersions appartenant à une personne morale de droit public s'avère, eu égard à sa localisation et à ses caractéristiques, de nature à y contribuer, il est mis à la disposition de la commune ou de l'établissement public de coopération intercommunale à fiscalité propre compétent pour la défense contre les inondations et contre la mer par le propriétaire ou le gestionnaire de cet ouvrage ou infrastructure pour permettre de l'utiliser et d'y apporter des aménagements nécessaires pour ce faire.

***L'ouvrage ou l'infrastructure* n'est pas mis à disposition si celle-ci ou les travaux nécessaires à la réalisation des aménagements projetés ou leur exploitation ne sont pas compatibles avec la fonctionnalité de l'ouvrage ou de l'infrastructure. Dans ce cas, la responsabilité du propriétaire ou du gestionnaire de l'ouvrage ne peut être engagée du fait que l'ouvrage ou l'infrastructure n'a pas permis d'éviter l'action naturelle des eaux, mais uniquement lorsque les dommages subis ont été provoqués ou aggravés soit par l'existence ou le mauvais état d'entretien de l'ouvrage ou de l'infrastructure, soit par une faute commise par le propriétaire ou le gestionnaire.**

Une convention précise les modalités de la mise à disposition et de la maîtrise d'ouvrage des travaux ainsi que les responsabilités de la commune ou de l'établissement public de coopération intercommunale à fiscalité propre compétent, du propriétaire et du gestionnaire dans l'exercice de leurs missions respectives. La responsabilité liée à la prévention des inondations et submersions est transférée à la commune ou à l'établissement public de

coopération intercommunale à fiscalité propre compétent dès la mise à disposition, sans que le propriétaire ou le gestionnaire de l'ouvrage ne soient tenus de réaliser quelques travaux que ce soit en vue de permettre à l'ouvrage de remplir un rôle de prévention des inondations et submersions.

La mise à disposition est gratuite. Toutefois, la convention prévoit, s'il y a lieu, une compensation financière au profit du propriétaire ou du gestionnaire de l'ouvrage ou de l'infrastructure à raison des frais spécifiques exposés par lui pour contribuer à la prévention des inondations et des submersions.

En cas de désaccord sur l'intérêt de la mise à disposition ou la compatibilité de celle-ci avec la fonctionnalité de l'ouvrage ou de l'infrastructure, le représentant de l'État dans le département peut être saisi d'une demande tendant à ce qu'il soit enjoint au propriétaire ou au gestionnaire de procéder à la mise à disposition ou à ce que soit constatée une incompatibilité. Il se prononce après avis de la commission départementale des risques naturels majeurs. Sa décision peut fixer un délai pour la conclusion de la convention prévue au troisième alinéa du présent II.

Art. L. 566-12-2 *(L. n° 2014-58, 27 janv. 2014)*. – I. – Des servitudes peuvent être créées, à la demande d'une commune ou d'un établissement public de coopération intercommunale à fiscalité propre compétent pour la défense contre les inondations et contre la mer, sur les terrains d'assiette ou d'accès à des ouvrages construits en vue de prévenir les inondations et les submersions, au sens de l'article L. 562-8-1, ainsi qu'à des ouvrages ou infrastructures qui y contribuent, au sens du II de l'article L. 566-12-1.

II. – Ces servitudes peuvent avoir un ou plusieurs des objets suivants :

1° Assurer la conservation des ouvrages existants construits en vue de prévenir les inondations et les submersions ;

2° Réaliser des ouvrages complémentaires ;

3° Effectuer les aménagements nécessaires à l'adaptation des ouvrages et des infrastructures qui contribuent à la prévention des inondations et des submersions ;

4° Maintenir ces ouvrages ou les aménagements effectués sur les ouvrages et les infrastructures en bon état de fonctionnement ;

5° Entretenir les berges.

Le bénéficiaire de la servitude est subrogé au propriétaire du fonds dans l'accomplissement de toutes les formalités nécessaires à l'obtention des autorisations administratives requises pour les ouvrages, travaux et aménagements liés à l'objet de celle-ci.

III. – La servitude est créée par décision motivée de l'autorité administrative compétente, sur proposition de l'organe délibérant de la commune ou de l'établissement public de coopération intercommunale à fiscalité propre compétent, après enquête parcellaire et enquête publique, effectuées comme en matière d'expropriation. Le dossier de la servitude est tenu à la disposition du public pendant un mois à la mairie de la commune concernée.

La décision créant une servitude en définit le tracé, la largeur et les caractéristiques. Elle peut obliger les propriétaires et les exploitants à s'abstenir de tout acte de nature à nuire au bon fonctionnement, à l'entretien et à la conservation des ouvrages construits en vue de prévenir les inondations et les submersions ou des aménagements destinés à permettre aux ouvrages ou aux infrastructures de contribuer à cette prévention.

IV. – La servitude ouvre droit à indemnité s'il en résulte pour le propriétaire du terrain ou l'exploitant un préjudice direct, matériel et certain. Cette indemnité est à la charge du bénéficiaire de la servitude. La demande d'indemnité doit, sous peine de forclusion, parvenir à l'autorité mentionnée au premier alinéa du III dans un délai d'un an à compter de la date où le dommage a été causé ou révélé.

L'indemnité est fixée, à défaut d'accord amiable, par le juge de l'expropriation, d'après :

1° La consistance des biens à la date de la décision instituant la servitude en fonction des atteintes portées à leur utilisation habituelle et des modifications apportées à l'état des lieux antérieur ;

2° Leur qualification éventuelle de terrain à bâtir, au sens de l'article *(Réf. rempl. à compter du 1er janvier 2015, Ord. n° 2014-1345, 6 nov. 2014)* (1) « L. 1 du Code de l'expropriation pour cause d'utilité publique », à la date d'institution de la servitude.

Art. L. 566-13 *(L. n° 2010-788, 12 juill. 2010)*. – Un décret en Conseil d'État fixe les conditions d'application du présent chapitre.

(1) Dispositions particulières d'application : V. Ord. n° 2014-1345, 6 nov. 2014, art. 7.

Plan Submersions Rapides. Sur la période 2011-2016, l'État mobilisera 500 millions d'euros pour la mise en œuvre de ce Plan, financé par le fonds de prévention des risques naturels majeurs. Le Plan Submersions Rapides est consultable sur le site : http://www.developpement-durable.gouv.fr/IMG/pdf/Le plan submersion rapide.pdf.

CHAPITRE . – PRÉVENTION DES INCENDIES DE FORÊT ET DE VÉGÉTATION

(L. n° 2023-580, 10 juill. 2023)

Art. L. 567-1 *(L. n° 2023-580, 10 juill. 2023)*. – I. – Le ministre chargé de la prévention des risques élabore, conjointement avec les ministres chargés de la forêt et de la sécurité civile, une carte, mise à la disposition du public et révisée au moins tous les cinq ans, analysant la sensibilité du territoire européen de la France au danger prévisible de feux de forêt et de végétation (1).

II. – Sur le fondement notamment de la carte prévue au I, un arrêté conjoint des ministres chargés de la forêt, de la prévention des risques et de la sécurité civile établit la liste des communes exposées à un danger élevé ou très élevé de feux de forêt et de végétation. Cette liste est rendue publique, après consultation d'associations représentant les communes.

Art. L. 567-2 *(L. n° 2023-580, 10 juill. 2023)*. – Dans les conditions définies au chapitre II du présent titre, le représentant de l'État dans le département élabore les plans de prévention des risques naturels prévisibles d'incendies de forêt en concertation avec les conseils régionaux et les conseils départementaux intéressés.

Art. L. 567-3 *(L. n° 2023-580, 10 juill. 2023)*. – I. – Lorsque, en application des 3° ou 4° du II de l'article L. 562-1, un plan de prévention des risques naturels prévisibles d'incendies de forêt approuvé rend obligatoire, pour une collectivité territoriale ou une association syndicale autorisée, la réalisation de mesures particulières et prévoit leurs incidences sur le zonage réglementaire et lorsque ces mesures ont été réalisées conformément au plan, le représentant de l'État dans le département peut faire évoluer le plan approuvé, selon une procédure de modification simplifiée.

La modification simplifiée ne peut pas avoir pour effet de porter atteinte à l'économie générale du plan approuvé au-delà des conséquences qui avaient été prévues dans le rapport de présentation.

II. – Le projet de modification simplifiée du plan est soumis à l'avis des conseils municipaux des communes et, le cas échéant, des organes délibérants des établissements publics de coopération intercommunale compétents pour l'élaboration des documents d'urbanisme concernés, en tout ou partie, par la modification ainsi qu'à l'avis du service départemental d'incendie et de secours, de la chambre d'agriculture et du Centre national de la propriété forestière. Tout avis demandé en application du présent alinéa qui n'est pas rendu dans un délai de deux mois à compter de la réception de la demande est réputé favorable.

Lorsque le plan approuvé a fait l'objet d'un examen au cas par cas en application de la section 2 du chapitre II du titre II du livre Ier, le projet de modification n'est pas soumis à une évaluation environnementale. Dans ce cas, le projet de modification fait l'objet d'une consultation du public selon les modalités prévues à l'article L. 123-19-1. La durée de cette consultation est d'au plus un mois.

Après réception des avis mentionnés au premier alinéa du présent II et dans un délai de deux mois à compter du terme de la consultation du public, le représentant de l'État dans le département approuve la modification *simplifiée* du plan par une décision motivée, qu'il rend publique.

Le plan ainsi modifié est immédiatement opposable.

Art. L. 567-4 *(L. n° 2023-580, 10 juill. 2023)*. – Lorsque le territoire d'une commune inscrite sur la liste mentionnée au II de l'article L. 567-1 n'est pas couvert, à la publication de cette liste, par un plan de prévention des risques naturels prévisibles d'incendies de forêt approuvé, le représentant de l'État dans le département peut, sur le fondement de la carte mentionnée au I du même article L. 567-1, délimiter une

(1) La première version de la carte prévue au I du présent article est arrêtée au plus tard le 31 décembre 2026, D. n° 2024-405, 29 avr. 2024, art. 4, II. – NDLR.

partie du territoire de la commune, dite « zone de danger », qui est exposée à un danger élevé ou très élevé de feux de forêt et de végétation.

Dans cette zone de danger, le représentant de l'État dans le département peut rendre immédiatement opposables les interdictions et les prescriptions prévues à l'article L. 567-5 à toute personne publique ou privée, par une décision rendue publique.

Art. L. 567-5 *(L. n° 2023-580, 10 juill. 2023)*. – I. – Dans les espaces urbanisés de la zone de danger mentionnée à l'article L. 567-4 :

1° Sont interdits tous les ouvrages, les aménagements, les installations ou les constructions nouveaux, de quelque nature qu'ils soient, à l'exception de ceux mentionnés aux 2° et 3° du présent I ;

2° Peuvent être autorisés, sous réserve du respect de prescriptions et à condition de ne pas créer ni aggraver des risques naturels prévisibles d'incendies de forêt :

a) Les travaux de réfection et d'adaptation des constructions existantes à la plus récente des décisions mentionnées au second alinéa de l'article L. 567-4 et au premier alinéa du III de l'article L. 567-6 ;

b) Les constructions ou les installations nouvelles nécessaires à des services publics ;

c) Les locaux techniques nécessaires à la gestion et à l'exploitation des forêts ;

d) Les extensions limitées de constructions existantes à la plus récente des décisions mentionnées au second alinéa de l'article L. 567-4 et au premier alinéa du III de l'article L. 567-6 ;

3° Peuvent être autorisés, sans prescriptions, les aménagements, les travaux, les ouvrages, les équipements et les locaux techniques nécessaires à la prévention et à la lutte contre les incendies de forêts et de végétation ainsi que l'aménagement de plans d'eau ou de retenues collinaires.

II. – En dehors des espaces urbanisés de la zone de danger mentionnés au I du présent article et à la condition de ne pas créer ni aggraver des risques, notamment de ne pas augmenter le nombre de personnes exposées au danger, seuls peuvent être autorisés :

1° Les aménagements, les travaux, les ouvrages, les équipements et les locaux techniques nécessaires à la prévention et à la lutte contre les incendies de forêts et de végétation ;

2° L'aménagement de plans d'eau ou de retenues collinaires ;

3° Les constructions ou les installations nouvelles nécessaires à des services publics ;

4° Les locaux techniques nécessaires à la gestion et à l'exploitation des forêts.

Art. L. 567-6 *(L. n° 2023-580, 10 juill. 2023)*. – I. – Le projet de délimitation de la zone de danger élaboré en application de l'article L. 567-4 est soumis, par le représentant de l'État dans le département, à l'avis du conseil municipal de la commune et, le cas échéant, de l'organe délibérant des établissements publics de coopération intercommunale compétents pour l'élaboration des documents d'urbanisme ainsi qu'à l'avis du service départemental d'incendie et de secours, de la chambre d'agriculture et du Centre national de la propriété forestière.

Tout avis demandé en application du présent I qui n'est pas rendu dans un délai de deux mois à compter de la réception de la demande est réputé favorable.

II. – Le projet de délimitation de la zone de danger et les dispositions qui y sont applicables ne sont pas soumis à la section 2 du chapitre II du titre II du livre Ier du présent code.

Ils font l'objet d'une enquête publique réalisée selon les modalités prévues au chapitre III du même titre II, dont la durée ne peut être inférieure à trente jours.

III. – Le représentant de l'État dans le département arrête la zone de danger et les dispositions qui y sont applicables par une décision motivée rendue publique.

La zone de danger arrêtée vaut servitude d'utilité publique et est annexée au plan local d'urbanisme, au document en tenant lieu applicable ou à la carte communale.

La zone de danger arrêtée peut être révisée selon les mêmes formes que celles de son élaboration.

Art. L. 567-7 *(L. n° 2023-580, 10 juill. 2023)*. – L'article L. 562-5 est applicable au fait de construire ou d'aménager un terrain en méconnaissance de l'article L. 567-5.

Art. L. 567-8 *(L. n° 2023-580, 10 juill. 2023)*. – Un décret en Conseil d'État fixe les modalités d'application des articles L. 567-1 à L. 567-7.

TITRE VII. – PRÉVENTION DE LA POLLUTION SONORE

(Intitulé rempl., Ord. n° 2004-1199, 12 nov. 2004 ; mod., L. n° 2019-1428, 24 déc. 2019)

Art. L. 571-1 A *(L. n° 2019-1428, 24 déc. 2019)*. **– L'État et ses établissements publics, les collectivités territoriales et leurs établissements publics ainsi que les personnes privées concourent, chacun dans son domaine de compétence et dans les limites de sa responsabilité, à une politique dont l'objectif est la mise en œuvre du droit reconnu à chacun de vivre dans un environnement sonore sain.**

Cette action d'intérêt général consiste à prévenir, surveiller, réduire ou supprimer les pollutions sonores et à préserver la qualité acoustique.

CHAPITRE Ier. – LUTTE CONTRE LE BRUIT

Voir : CGCT, art. L. 2212-1 et L. 2215-3. - CCH, art. L. 111-12 et s., R. 111-23-1 et s., et L. 112-16. - C. santé publ., art. L. 1311-1 et L. 1311-2, R. 1336-6 et R. 1336-10. - C. civ., art. 1382 à 1384, 1713 et s., 1792 à 1792-4, et 2270. - C. urb., art. L. 147-6, R. 111-3 à R. 111-6, R. 123-12 à R. 123-14, R. 147-1 à R. 147-11. - C. route, art. L. 234-1, L. 325-1 et L. 417-1, R. 416-1 à R. 416-1, R. 318-1 à R. 318-4, R. 313-33 et R. 313-34, R. 321 et s., R. 318-1 et s., R. 313-22, et R. 321-15 et s. - Pour les installations classées, A. 23 janv. 1997, relatif à la limitation des bruits émis dans l'environnement par les installations classées (*JO* 27 mars 1997) et A. 20 août 1985 relatif aux bruits aériens émis par les installations classées soumises à déclaration (*JO* 10 nov. 1985).

Bibliographie : *Droit international.* A. Alexandre et J.-P. Barde, *Le bruit, une pollution sans écho : Observateur de l'OCDE*, 1990-1991, n° 167.

Droit européen. M. Clair, *La lutte contre le bruit en droit communautaire*, éd. Aopgée, Rennes, 1997. • G. Bossis, *La directive 2002/49/CE sur le bruit environnemental : vers une globalisation de la lutte européenne contre le bruit : Dr. env.* janv.-févr. 2003, n° 105, p. 16. • P. Valentin, *La directive européenne 2002/49/CE et l'intégration du bruit dans les opérations d'urbanisme : Écho Bruit*, n° 136, 2012, p. 25. • Moliner, *L'évaluation et la gestion du bruit dans l'environnement. Commentaire de l'ordonnance n° 20041199 du 12 novembre 2004 prise pour la transposition de la directive 2002/49/CE du 25 juin 2002 relative à l'évaluation et à la gestion du bruit dans l'environnement : Ann. voirie* 2005, n° 93, p. 17 ; *Évaluation et gestion du bruit dans l'environnement : collectivités en situation de non-conformité concernant la mise en œuvre de la directive 2002/49/CE : Environnement* avr. 2014, n° 4, alerte 42 ; *JCP* A 2014, n° 9, act. 219 ; *JCP* E 2014, n°s 9-10, act. 170. • P. Kromarek, *Les droits nationaux du bruit en Europe, étude comparée réalisée avec le concours de la Commission des communautés européennes et du ministère français de l'Environnement : Rev. Silence* 1981, n°s 78 et 79. • S. Traoré, *Les cartes de bruit et les plans de prévention du bruit d'origine communautaire : Dr. env.* 2006, n° 138, p. 133.

JurisClasseurs. V. Jaworski, *Lutte contre le bruit. – Prévention et réglementation : JCl. Environnement et Développement durable* 2007, Fasc. 4600. • D. Courtieu, *Troubles de voisinage : JCl. Environnement et Développement durable* 2008, Fasc. 4995.

Droit interne (généralités). M. Leroy-Deval-Bigard et Garnier, *Aménagement du territoire et développement régional*, n° spécial : *L'environnement, le bruit : Revue* 2000, p. 30 et s. • D. Pipard et J.-P. Gualezzi, *La lutte contre le bruit*, Éd. Le Moniteur, 2002. • C. Roche, *Beaucoup de bruit... : AJDA* 2008, p. 1209. • T. Touret, *Lutte contre le bruit. 4. La prévention du bruit des activités : Journ. maires* nov. 2002. • Jobart, *Les bruits et les odeurs : un nouveau patrimoine rural. Commentaire de la loi n° 2021-85 du 29 janvier 2021 visant à définir et protéger le patrimoine sensoriel des campagnes françaises : Rev. jur. env.* 2021, 727. • Romi, « *Engagements de bonnes pratiques* » et « *chartes* », « *nouveaux* » *instruments de lutte contre le bruit : LPA* août 2003, n° 163, p. 4.

Commentaires sur la loi du 31 décembre 1992. I. Créteaux, *Lutte contre le bruit : la nouvelle loi n° 92-1444 du 31 décembre 1992 : ALD* 1993, législ. p. 231-239. • J. Lamarque, *La loi du 31 décembre 1992, relative à la lutte contre le bruit : RD imm.* 1992, p. 357.

Troubles du voisinage. Z. Sekaï, *Troubles de voisinage – Panorama de décisions : Environnement* août 2014, n°s 8-9. • A. Chaibou, *L'application de l'article 1143 du Code civil et la théorie des troubles anormaux de voisinage : JCP* N 1998, I, p. 761 à 765. • C.-H. Gallet, *Troubles de voisinage, nuisances acoustiques : AJPI* 1997, jurispr. p. 208. • Reboul-Maupin, *Voisinage et environnement : le trouble anormal à l'honneur ! : Environnement* oct. 2008, étude 10. • C. Viard, *La croissance des nuisances routières : une source d'inégalités non reconnues : Rev. jur. env.* 2003, n° 3. • V. Jaworski, *Les bruits de voisinage*, LGDJ, 2004.

Bruits spécifiques. D. Gillig, *Réglementation des sonneries de cloches : Environnement* déc. 2009, n° 12, comm. 136. • R. Hanicotte, *L'édile, la cloche et le prétoire : AJCT* 2012, p. 140. • V. Levy-Bruhl, *La réglementation de la pratique des sports motorisés en pleine nature : Rev. jur. env.* 2/1989, p. 121 à 159. • F. Malan et A. Voisard, *Scooters de mer et de montagne : JCP* G 1991, I, 3488. • J.-J. Mulard, *Protection des travailleurs contre le bruit et l'organisation du travail : Rev.*

gén. sécurité mai 1988, n° 74. • Tomasin, *Le droit de la responsabilité et le droit contre le bruit : Vie jud.* 21-27 juin 1982 ; *Chronique de l'environnement : RD imm.* 1983, n° 1, p. 41 ; *Comment remédier aux bruits engendrés par le fonctionnement des ascenseurs : AJPI* 10 janv. 1984, n° 1. • J.-C. Videlin, *Le régime juridique des rave parties : AJDA* 24 mai 2004, n° 20. • Schneider et Glotin (dir.), *Le bruit en mer. Développement des activités maritimes et protection de la faune marine*, Éditions Quæ, 2022. • Conseil national de bruit (CNB) : Guide n° 5, *Qualité acoustique des établissements d'accueil d'enfants de moins de 6 ans – Crèches, jardins d'enfants, haltes-garderies.* • Conseil national de bruit (CNB) : guide n° 2, déc. 2011, *Pour une implantation et une gestion avisées des aires de sports de plein air en milieu habité* et guide n° 3 *Vie nocturne et bruit : éléments constitutifs d'un projet de charte*, juin 2013. • A. Graboy-Grobesco, *Les nuisances sonores causées par les équipements commerciaux et les droits des riverains : Dr. et ville* 2006, n° 62, p. 61. • Azileau *et a.*, *Bruit ambiant : réglementation et perspectives, BDEI 2003/4, 27. – La protection juridique contre le bruit dans l'habitat : Administrer* 2003, n° spécial.

Bruits et police municipale. J. Clerembaux, *Le maire et la lutte contre le bruit*, Territorial Éditions 2012. • R. Hanicotte, *Bruits nocturnes, nuits blanches des maires : JCP* A 2014, n° 17, 2134. • PIPARD *et a.*, *Les communes et le bruit*, Le Moniteur, 2004. • Wolff, *La tranquillité publique et les polices administratives, Thèse droit Paris-I 2008. – Dix ans de la loi « bruit » : Écho Bruit* 2002, n° 100. • F. Pillet et R. Vandierendonck, *De la police municipale à la police territoriale : mieux assurer la tranquillité publique : Rapp. inf. Sénat* n° 782, 26 sept. 2012. • CIDB et ministère de la Santé : *Bruits de voisinage : guide du maire*, 2009. • CIDB, *Guide sur l'isolation acoustique dans l'habitat ancien*, 2010.

Bruits et préoccupation. Y. Trémorin, *Le privilège de pré-occupation et la réparation des troubles de voisinage : RD rur.* avr. 2004, n° 322. • D. Gillig, *Lutte contre le bruit : Environnement* déc. 2014, n° 12, form. 4.

Bruits et santé publique. E. Reniez, *Application à une autorisation environnementale du Code la santé publique réglementant les bruits de voisinage Association lyonnaise du droit administratif 10 janvier 2023).* • Guide CIDB, *Bruit et santé : guide de synthèse des connaissances actuelles de l'impact du bruit sur la santé*, 2013. • *Enjeux et santé-environnement en France, Haut Conseil de la santé publique : Doc. fr.* 2014, coll. « Avis et rapports ». • Agence française de sécurité sanitaire environnementale, *Impacts sanitaires du bruit. État des lieux. Impacts sanitaires du bruit*, AFSSE, mai 2004. • O. Legendre, *Grenelle 2. Un engagement national pour la santé environnementale ? : Environnement et dév. durable* 2010, étude 27.

Bruit et contentieux. J.-E. Schöettl et S. Hubac, *Le contentieux du bruit devant le juge administratif : AJDA* 20 déc. 1984, chron. jurispr. adm. p. 677. • J.-M. Pontier, *Crissements de roues et responsabilité sans faute : JCP A* 2014, n° 5, 2030.

Bruit et construction. D. Tomasin, *La responsabilité des constructeurs en matière d'isolation phonique : Dr. et ville* 1982, p. 53 ; *ibid.* 1981, p. 12. • E.-P. Luce, *Les dommages de travaux publics provenant d'odeurs ou de bruits désagréables : ALD* 1964, comm. p. 109. • Y. Joncheray, *Réglementation applicable au bruit des chantiers dans l'environnement, in Dossier « Colloque chantiers » : Écho Bruit*, n° 143, 3e trimestre 2014, p. 14-16.

Guides, rapports et ouvrages. *Rapport d'information parlementaire sur les nuisances sonores*, 28 juin 2011, n° 3592, par M.-P. Meunier et M.-C. Bouillon. • *L'expertise acoustique gagne du terrain : Environnement et technique*, hors-série juill.-août 2017. • Acoustique – Paysage sonore – Partie 1 : définition et cadre conceptuel, AFNOR NF ISO 12913-1, oct. 2014. • D. Courtieu, *Troubles de voisinage : JCl. Environnement et Développement durable* 2008, Fasc. 4995. • V. Jaworski, *Lutte contre le bruit. – Prévention et réglementation : JCl. Environnement et Développement durable* 2007, Fasc. 4600.

Art. L. 571-1 *(Mod., L. n° 2019-1428, 24 déc. 2019).* **– Les dispositions du présent chapitre ont pour objet, dans les domaines où il n'y est pas pourvu, de prévenir, supprimer ou limiter la pollution sonore, soit l'émission ou la propagation des bruits ou des vibrations de nature à présenter des dangers, à causer un trouble excessif aux personnes, à nuire à leur santé ou à porter atteinte à l'environnement.**

1) Compatibilité des actes de police des règlements sanitaires. Le règlement sanitaire départemental devant prévoir le minimum des conditions sanitaires exigibles, ne sont pas incompatibles les dispositions qui, d'une part, instituent un seuil de gêne au-delà duquel des infractions seraient constituées, et d'autre part, prévoient que « tout bruit causé de jour comme de nuit, sans nécessité ou dû à un défaut de précautions est interdit » (▪ CE, 2e et 6e ss-sect., 8 nov. 1989, n° 89540, *M. Sourine*).

2) Règlements sanitaires : portée de l'interdiction absolue. Doit être annulée la décision du tribunal de police prononçant une sanction contre un particulier n'ayant pas respecté l'interdiction faite par le règlement sanitaire d'utiliser, à l'extérieur, tous engins électriques, thermiques, pneumatiques ou à moteur, les dimanches et jours fériés, alors que le caractère absolu de cette interdiction, sans référence à la nécessité d'assurer la protection de la santé publique, est entaché d'illégalité (▪ Cass. crim., 4 mars 1992, n° 90-86.546).

3) Illégalité d'un arrêté municipal interdisant les sports bruyants non soumis à autorisation. Les sports motonautiques ne faisant pas partie des sports soumis à autorisation figurant à l'article 6 de la loi du 31 décembre 2002 relative à la lutte contre le bruit, l'arrêté du maire interdisant toute pratique de tels sports a été annulé par le tribunal administratif à bon droit (■ CAA Nancy, 7 févr. 2002, n° 97NC01816, *Cne Vandières*). Est illégal l'arrêté d'un maire, usant de ses pouvoirs de police qui interdit de manière générale, sur le fondement de l'article L. 571-1, la circulation de véhicules sonorisés (■ CE, 3 mai 2007, n° 305203, *Cne de Saint-Leu c/ Robert*).

4) **Compétence.** La Nouvelle-Calédonie est compétente pour édicter une réglementation en matière de **lutte contre le bruit** ou de prévention des nuisances sonores à des fins de protection de la santé publique (■ CE, 7 déc. 2015, n° 393473, *assoc. « Ensemble pour la planète » : Rec. CE* 2015).

5) Cette disposition ne crée aucune obligation pour le maire de mettre en œuvre ses pouvoirs de police (■ CAA Bordeaux, 14 déc. 2023, n° 21BX03603).

6) Validation par le Conseil d'État d'un arrêté du 6 mai 1995 relatif aux aérodromes en tant qu'il ne prévoit pas de dispositions particulières en ce qui concerne les hélisurfaces (■ CE, 7 nov. 2022, n° 461152).

Art. L. 571-1-1 ***(L. n° 2018-699, 3 août 2018).*** **– I. – Le Conseil national du bruit comprend parmi ses membres un député et un sénateur.**

II. – Les missions, la composition, l'organisation et le fonctionnement du conseil sont précisés par décret.

Section I. – Émissions sonores des objets

Bibliographie : J.-L. Garcin, *Les alarmes sonores, textes*, Conseil national du bruit, 15 déc. 1987.

Art. L. 571-2 ***(Mod., Ord. n° 2004-1199, 12 nov. 1994 ; Ord. n° 2004-1199, 12 nov. 2004).*** **– Sans préjudice des autres dispositions législatives et réglementaires applicables, des décrets en Conseil d'État, pris après avis du Conseil national du bruit, définissent, pour les objets susceptibles de provoquer des nuisances sonores élevées ainsi que pour les dispositifs destinés à réduire les émissions sonores :**

1° Les prescriptions relatives aux niveaux sonores admissibles, aux conditions d'utilisation, aux méthodes de mesure du bruit, au marquage des objets et dispositifs et aux modalités d'information du public ;

2° Les règles applicables à la fabrication, l'importation et la mise sur le marché ;

3° Les procédures d'homologation et de certification attestant leur conformité aux prescriptions relatives aux niveaux sonores admissibles ;

4° Les conditions de délivrance et de retrait par l'autorité administrative de l'agrément des organismes chargés de délivrer les homologations et certifications ;

5° Les conditions dans lesquelles l'autorité administrative peut vérifier ou faire vérifier par ces organismes, aux frais du détenteur, la conformité des objets et dispositifs aux prescriptions mentionnées au 1° du présent article.

Voir : Directive n° 2000/14/CE du Parlement européen et du Conseil du 8 mai 2000, Concernant le rapprochement des législations des États membres relatives aux émissions sonores dans l'environnement des matériels destinés à être utilisés à l'extérieur des bâtiments (*JOCE* n° L 162 du 3 juill.). – Mod. par Dir. n° 2005/88/CE du 14 déc. 2005 (*JOUE* n° L 344 du 27 déc., Rect. *JOUE* n° L 165 du 17 juin 2006).

1) Le délit de fabrication, d'importation, de mise sur le marché d'objets non homologués ou non certifiés est puni d'un an d'emprisonnement et de 75 000 euros d'amende (C. env., art. L. 173-1).

2) **Législation des ICPE.** *Limites.* Doivent être annulées les dispositions de l'arrêté préfectoral réglementant le bruit de véhicules et engins de manutention sur le fondement de la réglementation des ICPE ; seules, en effet, les installations fixes relèvent de la législation des installations classées pour la protection de l'environnement (■ CAA Bordeaux, 4 mai 1993, n°s 91BX00537 et 91BX00596, *Min. Environnement c/ SILAC* Le juge judiciaire est compétent pour ordonner le déplacement des activités d'une ICPE à l'intérieur de son site en raison des trouble anormal de voisinage lié au bruit de cette installation (■ CA Poitiers, 18 juill. 2017, n° 17/000 67 *Sté Baudon Rouvreau Recyclage c/ M. et Mme Y*).

Art. L. 571-3 ***(Mod., Ord. n° 2004-1199, 12 nov. 1994 ; Ord. n° 2004-1199, 12 nov. 2004).*** **– Tout vendeur ou loueur professionnel d'objets ou de dispositifs de protection contre le bruit réglementés en application de l'article L. 571-2 est tenu d'en faire connaître les caractéristiques acoustiques à l'acheteur ou au preneur.**

Voir : sur le devoir d'information du vendeur dans d'autres hypothèses, sous art. L. 514-20 et L. 541-28, annot. n°s 1 et s., p. 1014.

Carence du maire (non). Les dispositions des articles L. 571-3, L. 571-17 et L. 571-23 du Code de l'environnement ne peuvent pas invoquer pour établir une carence du maire dans l'exercice de ses pouvoirs de police car elles concernent la réglementation, le contrôle et les sanctions pénales applicables aux activités bruyantes soumises à autorisation, figurant dans une nomenclature établie par décret en Conseil d'État (▪ CAA Paris, 31 déc. 2013, n° 12PA03932, *Cne de Thiais*).

Art. L. 571-4 *(Mod., Ord. n° 2004-1199, 12 nov. 1994).* **– Tout contrat tendant à transférer la propriété ou la jouissance d'un objet ou d'un dispositif non pourvu de l'homologation ou de la certification prévues par l'article L. 571-2 ou ne satisfaisant pas aux prescriptions établies en application de cet article est nul de plein droit.**

Art. L. 571-5 *(Mod., Ord. n° 2004-1199, 12 nov. 1994 ; Ord. n° 2004-1199, 12 nov. 2004).* **– Les dispositions de la présente section ne sont pas applicables aux objets et dispositifs conçus pour l'accomplissement des missions de défense nationale.**

Elles ne peuvent pas se substituer aux dispositions plus protectrices contenues dans les codes de l'aviation civile, de la route ou du travail.

Voir : art. L. 571-6, annot. n°s 1 et s., p. 1326.

Section II. – Activités bruyantes

Art. L. 571-6 *(Mod., Ord. n° 2004-1199, 12 nov. 1994 ; Ord. n° 2004-1199, 12 nov. 2004).* **– Sans préjudice des autres dispositions législatives et réglementaires applicables, les activités bruyantes, exercées dans les entreprises, les établissements, centres d'activités ou installations publiques ou privées établis à titre permanent ou temporaire, et ne figurant pas à la nomenclature des installations classées pour la protection de l'environnement, peuvent être soumises à des prescriptions générales ou, lorsqu'elles sont susceptibles, par le bruit qu'elles provoquent, de présenter les dangers ou de causer les troubles mentionnés à l'article L. 571-1, à autorisation.**

Peuvent être soumises aux mêmes dispositions les activités bruyantes sportives et de plein air susceptibles de causer des nuisances sonores.

La liste des activités soumises à autorisation est définie dans une nomenclature des activités bruyantes établie par décret en Conseil d'État pris après avis du Conseil national du bruit.

Les prescriptions générales visées au premier alinéa et les prescriptions imposées aux activités soumises à autorisation précisent les mesures de prévention, d'aménagement ou d'isolation phonique applicables aux activités, les conditions d'éloignement de ces activités des habitations ainsi que les modalités selon lesquelles sont effectués les contrôles techniques.

Un décret en Conseil d'État précise les modalités d'application du présent article, notamment la procédure de délivrance de l'autorisation, les documents à fournir à l'appui de la demande d'autorisation et les modalités d'information ou de consultation du public.

La délivrance de l'autorisation visée au premier alinéa est subordonnée à la réalisation d'une étude d'impact dans les conditions fixées par les articles L. 122-1 à L. 122-3 et soumise à consultation du public dans des conditions fixées par décret.

Les délais et conditions de mise en conformité des activités existantes aux prescriptions établies en application du présent article sont fixés par décret en Conseil d'État.

Voir : Dir. PE et Cons. UE n° 2002/49/▪ CE, 25 juin 2002, relative à l'évaluation et à la gestion du bruit dans l'environnement (*JOCE* n° L 189, 18 juill. 2002, p. 12).

Sur l'obligation de réaliser une étude d'impact ou de procéder à une enquête publique, V. art. L. 122-1 et s., p. 93 ; V. également la jurisprudence citée, sous art. L. 571-9, p. 1330. - D. n° 98-1143, 15 déc. 1998, relatif aux prescriptions applicables aux établissements ou locaux recevant du public et diffusant à titre habituel de la musique amplifiée à l'exclusion des salles dont l'activité est réservée à l'enseignement de la musique et de la danse (*JO* 16 déc. 1998) et Circ. 15 déc. 1998, relative au bruit des discothèques : *Dr. env.* 4/ 1999, p. 5.

1) **Tranquillité publique.** Doit être annulé un arrêté préfectoral homologuant une piste aménagée pour la pratique du « speedway » pour atteinte à la tranquillité publique en ce qu'il n'a pas suffisamment pris en considération le droit à la tranquillité des habitations avoisinantes (▪ CAA Bordeaux, 15 févr. 1999, n° 96BX02477, *Assoc. Moto-Club Marmandais*. ▪ CE, 14 févr. 1996, n° 119435, *Assoc. Moto-*

cross de Boseville). De même, c'est à bon droit que l'arrêté autorisant la société Eurodisney à procéder à des tirs de feux d'artifices durant la période estivale a été annulé, aucune mesure n'étant de nature à en réduire la nuisance (▪ CAA Paris, 8 avr. 2003, n° 00PA00129, *Min. Intérieur c/ Cne de Chessy*). Légalité des arrêtés refusant d'autoriser l'ouverture tardive d'un restaurant afin de préserver l'ordre et la tranquillité publiques (▪ CAA Douai, 4 juill. 2008, n° 07DA00726, *Plaisser c/ Préf. région Nord Pas-de-Calais*). V. également ▪ CAA Marseille, 16 juin 2008, n° 07MA00592, *SARL Lou Marseilloui*.

2) Troubles anormaux de voisinage, règle de l'antériorité ou dite de la préoccupation. Le fait que l'article L. 112-16 du Code de la construction et de l'habitation prévoit la nécessité de l'antériorité de la victime par rapport à l'installation à l'origine des nuisances sonores pour pouvoir prétendre à une indemnisation, ne fait pas obstacle à l'attribution de dommages et intérêts là où les nuisances sonores engendrées par cette installation ont sensiblement augmenté et que l'installation, outre le manquement aux diverses dispositions du règlement sanitaire départemental, ne pouvait plus être considérée comme fonctionnant dans les conditions initiales de l'autorisation (▪ CA Nîmes, 19 févr. 2002, n° 2000/1034, *Cts Delfranc et a. c/ Fournier*). La préoccupation de l'éleveur et l'absence de preuve d'une violation des obligations réglementaires constituent une contestation sérieuse à l'action en référé des voisins se plaignant des nuisances causées par les clochettes au cou des vaches (▪ CA Chambéry, 21 févr. 2013, n° 12/01556).

De même, est annulé le refus d'un maire de réduire le nombre et la durée des sonneries de la cloche d'église d'une commune, augmentés après l'installation des requérants (▪ TA Lille, 15 janv. 2004, n° 03-2844, *Duavrant et a.*). Par ailleurs, l'absence d'arrêté d'autorisation à la date d'installation des particuliers permet de fonder l'absence d'antériorité (▪ Cass. 2e civ., 13 janv. 2005, n° D04-12.623, *Sté DB Karting*). Les tiers sont fondés à contester tout acte postérieur à leur installation et cela même si l'arrêté d'autorisation quant à lui était antérieur à leur arrivée (▪ CE, sect., 22 oct. 2004, n° 242323, *Sté française de meunerie*).

Application du principe d'antériorité (non) à propos d'un chenil qui avait modifié ses conditions de fonctionnement sans aucune autorisation (▪ CAA Lyon, 1re ch. civ. B, 26 juin 2018, n° 16/04965).

3) Troubles anormaux de voisinage, présomption. Il existe une présomption de nuisance sonore lorsque l'émergence excède de 3 décibels A. le niveau sonore initial (▪ Cass. 2e civ., 18 mars 1999, arrêt n° 399, n° 97-12.618).

4) Troubles anormaux de voisinage. (oui). *Nuisances nocturnes prouvées par des attestations* (▪ CA Paris, ch. 4-9, 5 mars 2015, n° 13/21326). Une seule attestation n'établit pas la fréquence des aboiements (▪ CA Poitiers, 1er oct. 2014, n° 13/03443). *Travaux de construction d'une voie départementale* : donne lieu à réparation de préjudice la réalisation de travaux de construction d'une voie départementale engendrant un bruit aggravé et rendant une maison inhabitable pendant plusieurs mois (▪ CE, 1re et 4e ss-sect., 9 juill. 1980, nos 10358 et 12150, *Sté Guintoli Frères c/ M. Lopez*).

RER : les vibrations et le bruit intenses engendrés par le passage des rames du RER à quelques mètres d'une habitation, contraignant les propriétaires de ladite maison de la mettre en vente pour un prix inférieur à ce qu'ils auraient pu légitimement espérer obtenir en l'absence de telles nuisances, sont constitutifs de troubles anormaux de voisinage (▪ CE, 2e et 6e ss-sect., 20 janv. 1989, n° 49204, *RATP c/ Épx Estienne*).

Postes et télécommunication : le bruit et les vibrations engendrés par une chambre de tirage et de raccordement de câbles téléphoniques au droit de la propriété des plaignants excèdent les nuisances que les riverains de voies publiques doivent subir sans indemnité (▪ CAA Bordeaux, 12 févr. 1991, n° 89BX01172, *Min. Postes et Télécommunications c/ Mme Isson*).

Ball-trap : le fait qu'une activité de ball-trap était déjà exercée sur des lieux avant l'installation d'un particulier n'empêche pas ce particulier d'invoquer un trouble anormal de voisinage, surtout au vu de l'accroissement de la fréquentation de cette activité (▪ Cass. civ., 29 avr. 1997, arrêt 431, n° 95-16.724) ; de même, pour la maison contiguë au site d'implantation d'une route à quatre voies (▪ CE, 4 oct. 2000, n° 198417, *Dpt de la Haute-Garonne : JurisData* n° 2000-060943).

Stand de tir : Un propriétaire, même non résident, est recevable à demander qu'il soit mis fin aux troubles anormaux de voisinage provenant d'un stand de tir voisin (▪ Cass. civ., 3 mars 2016, n° 14-14.534, *assoc. SVTP*). En cas de dépassement des valeurs d'émergence, l'exploitant du stand s'expose à plusieurs types de sanctions, le juge civil peut ordonner la cessation des nuisances, condamner l'association à procéder à la modification de l'orientation des tirs et/ou à l'édification d'un merlon sous peine d'une astreinte journalière. (▪ CA Dijon, 1re ch. civ., 27 mai 2014, n° 12/01849).

Concerts de musique rock : les bruits et vibrations résultant des concerts de musique rock organisés toutes les fins de semaine dans un café constituent des nuisances sonores dépassant les niveaux habituels (▪ Cass. 3e civ., 1er déc. 1999, n° 98-14.040, *Sté Raid*).

Concert dans un restaurant : application d'un régime particulier d'autorisation en raison de l'ouverture des connexions avec la possibilité que l'absence d'autorisation et d'aménagement acoustique entraîne l'existence d'un trouble illicite (▪ CA Bordeaux, 10 déc. 2018, n° 18/00324).

Sport : Limitation du droit d'organiser des rencontres de basket-ball dans un gymnase (▪ Cass. 3e civ., 2 déc. 2014, n° 12-24.609 : *AJDI* 2015, p. 219). Le fonctionnement de courts de tennis peut causer un dommage grave et spécial aux voisins (▪ CE, 16 déc. 2013, n° 355077 : *AJDA* 2014, p. 1133).

Sport mécanique à moteur : Le Code du sport (art. R. 331-26, R. 331-35 et R. 331-37) soumet les activités de sport mécanique terrestre à des conditions d'exercice relatives au bruit dans le but de prévenir ou limiter l'émission ou la propagation des bruits causés par les véhicules à moteur. L'article L. 571-6 du Code de l'environnement n'imposait donc pas d'édicter un décret pour les sports mécaniques (▪ CE, 30 mars 2016, n° 388189, *Assoc. antibruit de voisinage (AABV)*). L'autorisation administrative (ici l'homologation des installations d'un terrain permanent de motocross) ne constitue pas un fait justificatif au trouble anormal de voisinage. Le respect de la réglementation administrative, attesté par la délivrance d'arrêtés, préfectoraux ou municipaux, n'exonère nullement de la responsabilité encourue, même sans faute, pour trouble anormal causé aux voisins. La cour enjoint l'association de justifier de la réalisation, sur toute machine admise à pénétrer sur le circuit, de la mesure de bruit prescrite par la Fédération française de motocyclisme limitant le niveau sonore d'émission des machines conformément au manuel technique édité par la fédération pour chaque classe de machine et à consigner sur un registre spécial les résultats permettant l'identification de chaque machine admise dans l'enceinte du circuit (▪ CA Caen, 24 janv. 2017, n° 15/00691, *Assoc. motoclub Bellemois*).

Salle des fêtes : le bruit provenant régulièrement de la salle des fêtes située à 20 mètres d'une habitation construite antérieurement donne lieu au paiement des dommages-intérêts et à la compensation de la moins-value de l'habitation (▪ CAA Lyon, 16 mars 2000, nos 96LY02054 et 96LY02112, *Cne de Saint-Laurent-du-Pont c/ Cts Raymond*. – Encore ▪ CAA Douai, 18 sept. 2008, n° 07DA01270, *Cne de Nampty c/ Hurtebise*. ▪ CAA Nancy, 5 mai 2008, n° 06NC01185, *Cne de Blodelsheim c/ Brun*. ▪ CAA Douai, 10 mai 2007, n° 06DA00490, *Cne de Berry-au-Bac*. ▪ CAA Douai, 8 juin 2006, n° 05DA01034, *Bontemps c/ Cne de Caumont*. ▪ CAA Bordeaux, 4 avr. 2006, n° 03BX00841, *Cne de Villeneuve-sur-Vere*. – En sens contraire : ▪ CAA Douai, 26 mars 2009, n° 08DA00985, *Cne de Tourmignes c/ Épx Karoly*).

Compresseur de boulangerie : le fait que les vibrations et le bruit provenant du compresseur d'une boulangerie située dans un immeuble voisin respectent les seuils fixés par le règlement sanitaire ne suffit pas en lui-même à ôter aux troubles engendrés leur caractère de trouble anormal de voisinage (▪ Cass. 2e civ., 18 mars 1999, arrêt 400, n° 97-12.736). Métiers à tisser : pour un cas analogue dans le cadre de fonctionnement nocturne des métiers à tisser (V. ▪ Cass. 2e civ., 6 nov. 1996, arrêt 1062, n° 95-12.646).

Serrurerie : le fait qu'une entreprise de serrurerie soit implantée dans une zone de bruit ne fait pas obstacle à l'attribution de dommages-intérêts pour troubles de jouissance et à l'indemnisation des moins-values si les nuisances sonores, peuvent, en impulsion, largement excéder les limites de l'émergence par rapport au bruit ambiant (▪ Cass. 3e civ., 10 juill. 2001, n° 00-12.768, *Dubet et a. c/ Grégoire et a.*).

Séchoir à maïs : carence de la commune (▪ CAA Bordeaux, 27 mai 2008, n° 06BX02382, *Cne de Mielan c/ Plancade*). *Scierie* : les nuisances sonores causées par une activité ICPE soumise à déclaration, dépassant largement les seuils d'émergence réglementaires, constituent un trouble anormal de voisinage ouvrant droit à la réparation des préjudices passés et actuels, et permettant au juge d'imposer les mesures permettant d'y mettre fin (▪ CA Riom, 30 janv. 2013, n° 11/02760, *SCIAGES 43*). *Sonneries de cloches* : ▪ TA Strasbourg, ord. réf., 2 juill. 2008, n° 0802657, *Épx Ducottet*. ▪ CAA Bordeaux, 19 juin 2007, n° 05BX01912, *Cne de Biran*. ▪ CAA Douai, 26 mai 2005, n° 04DA00251, *Cne de Férin*. *Chenil* : ▪ CAA Nancy, 19 mars 2007, nos 05NC01521 et 06NC00073, *Schwarz*.

5) Méconnaissance d'un arrêté anti-bruit. La responsabilité de l'État est engagée en raison d'arrêtés annuels dérogatoires autorisant des fêtes foraines, ôtant à ces nuisances leur caractère exceptionnel (▪ CAA Nantes, 25 mai 2004, nos 00NT01606 et 00NT01633, *Min. Intérieur et Ville de Lorient*).

Violation de l'article 8 de la Convention européenne des droits de l'Homme : la responsabilité de l'État espagnol a été reconnue pour inaction en matière de pollution acoustique, dans la mesure où la ville de Valencia avait continué à accorder des licences aux bars de la zone où résidait la plaignante malgré l'existence d'une étude et d'un procès-verbal dressé par la police qui faisaient état des niveaux trop élevés du bruit (▪ CEDH, 16 nov. 2004, *Moreno Gomez c/ Espagne*).

6) Désordres acoustiques immobiliers. Le caractère suffisant des mesures d'isolation phonique ne s'apprécie pas au regard du respect des normes réglementaires applicables, mais par l'efficacité concrète des mesures (▪ Cass. 3e civ., 16 sept. 2003, n° 02-15.031, *Scorzato et Vandenhende*).

7) Sur l'astreinte en matière civile. V. sous C. env., art. L. 571-25, annot. n°s 1 et s.

8) Troubles anormaux de voisinage, remplacement d'une moquette par du parquet (non). La moquette d'un appartement ayant été remplacée par du parquet, l'augmentation du bruit en résultant n'est pas constitutive d'un trouble anormal de voisinage (▪ Cass. 3e civ., 21 juill. 1999, n° 97-21.008, *M. Pustoch c/ M. Pavard et a.*). Le bruit engendré par la proximité d'une base aérienne militaire ne saurait donner lieu à réparation de préjudice, les demandeurs ayant eu connaissance de cette situation avant l'achat de leur appartement. Par ailleurs, s'agissant d'une installation de défense nationale, elle échappe aux dispositions des articles L. 571-2 et suivants (▪ CAA Marseille, 13 avr. 2000, n° MA011762, *Épx Bastet*).

9) Absence de préjudice anormal. N'est pas considérée comme créant un préjudice anormal donnant droit à indemnisation l'augmentation limitée des nuisances sonores dans une zone située dans un environnement déjà particulièrement bruyant (▪ CAA Douai, 30 sept. 2003, n° 02DA00281, *Sté Grill Motel*).

10) Troubles anormaux de voisinage, carence administrative. Le maire d'une commune qui refuse d'utiliser ses pouvoirs de police pour prendre les mesures appropriées dans le but de mettre un terme aux nuisances sonores engendrées par l'utilisation de la salle polyvalente de la commune, engage la responsabilité de la commune pour carence (▪ CAA Bordeaux, 11 juin 2002, n° 99BX01257, *M. Dupré et Mme Polach*). Il en va de même pour le défaut de réglementation de l'accès à un terrain de basket-ball communal, source de nuisances sonores (▪ CE, 28 nov. 2003, n° 238349, *Cne de Moissy-Cramayel*). La responsabilité d'une commune est engagée si le maire a autorisé les bars à organiser des événements musicaux durant l'été, la sonorisation pouvant y être amplifiée, mais sans limiter, dans son arrêté d'autorisation le volume sonore (▪ CAA Lyon, 2 févr. 2012, n° 11LY01003, *Cne des Vans*).

11) Responsabilité du constructeur. Une commune, maître de l'ouvrage, peut rechercher la responsabilité décennale des constructeurs de sa salle des fêtes causant des nuisances sonores importantes aux voisins du fait d'un défaut de conception et d'exécution des travaux qui empêche le fonctionnement normal de l'ouvrage et le rend impropre à sa destination (▪ CE, 9 mai 2012, n° 346757, *Cne de Prouvy*).

12) Bruit des éoliennes. Absence d'erreur manifeste d'appréciation absence de violation du principe de précaution (▪ CAA Bordeaux, 27 avr. 2017, n° 16BX03357).

13) Bruits liés à la construction et à l'exploitation. Les arguments qui ne reposent sur aucune disposition du Code de l'urbanisme ne sont pas recevables à l'encontre d'un permis de construire (▪ TA Poitiers, 15 févr. 2024, n° 2102808. – *Idem* ▪ CAA Lyon, 15 janv. 2021, n° 16LY04210).

14) Illégalité d'une autorisation environnementale. qui ne respecte pas les valeurs maximales de bruit fixées par le Code de la santé publique auxquelles renvoient les dispositions combinées des articles L. 571-6 et R. 571-6 (▪ TA Lyon, 9 déc. 2022, n° 2101920).

Voir également : sous l'article L. 371-1, p. 687.

Art. L. 571-7 *(Rempl., L. n° 2013-431, 28 mai 2013).* **– En vue de limiter les nuisances résultant du trafic d'hélicoptères dans les zones à forte densité de population, il est interdit d'effectuer des vols d'entraînement au départ ou à destination d'aérodromes situés dans ces zones ainsi que, au-dessus des mêmes zones, des vols touristiques circulaires sans escale ou avec escale de moins d'une heure. Un décret en Conseil d'État détermine les limitations que peut fixer le ministre chargé de l'aviation civile au trafic d'hélicoptère au départ ou à destination d'aérodromes situés dans ces zones ou au-dessus de ces zones, en termes notamment de nombre de mouvements, de plages horaires, de répartition des survols dans le temps, de niveau sonore, de type d'appareils ou de procédures de décollage ou d'atterrissage.**

À l'occasion des survols des agglomérations qui ne sont pas situées dans des zones à forte densité de population, les hélicoptères doivent se maintenir à une hauteur minimum au-dessus du sol.

Les deux premiers alinéas ne sont pas applicables aux aéronefs effectuant une mission de caractère sanitaire ou humanitaire, aux aéronefs effectuant une mission de protection des personnes ou des biens, aux aéronefs effectuant une mission d'État ou aux aéronefs militaires

Un décret en Conseil d'État fixe les modalités d'application de cet article (1).

Règlement (UE) n° 2016/5 de la Commission du 5 janvier 2016 modifiant le règlement (UE) n° 748/2012 en ce qui concerne la mise en œuvre d'exigences essentielles en matière de protection de l'environnement (Texte présentant de l'intérêt pour l'EEE) *Journal Officiel* du 6 janvier 2016 - Numéro L003 - Page 0003.

(1) V. T. appl. : D. n° 2010-1226, 20 oct. 2010. – NDLR.

Voir : annotations sous art. L. 571-12, p. 1335 et D. n° 2010-1226, 20 oct. 2010 portant limitation du trafic des hélicoptères dans les zones à forte densité de population.

1) **Responsabilité administrative.** Doivent donner lieu à indemnisation, les nuisances occasionnées par un aérodrome affecté, à titre principal, à l'aviation de tourisme et, à titre secondaire, à l'aviation légère d'observation d'artillerie, et qui a accueilli deux unités d'hélicoptères engendrant une aggravation sensible des nuisances sonores, dépassant les sujétions normales résultant du voisinage d'ouvrages de cette nature (▪ CAA Paris, 29 juin 1999, n° 96PA04531, *Mme Charbonnier*. – Q n° 85479 : *JOAN* 23 nov. 2010. – Q n° 14329 : *JOAN* 1er déc. 2009).

2) **Compétence du juge.** Pour la Cour de cassation, le juge administratif est seul compétent pour connaître d'une action en réparation des dommages résultant des nuisances sonores provoquées par les vols d'aéronefs atterrissant et décollant d'une base aéronautique navale. La cause déterminante du préjudice est l'existence et les conditions de fonctionnement de l'ouvrage public (▪ Cass. 1re civ., 23 févr. 2012, n° 10-27.336, *Juridiction compétente pour apprécier les nuisances causées par le fonctionnement d'un aéroport : AJDA* 2012, 404).

3) **Incompétence du préfet pour réglementer les mouvements d'hélicoptères.** ▪ TA Toulon, 8 févr. 2024, n° 2101972.

Art. L. 571-8 ***(Mod. à compter d'une date fixée par décret en Conseil d'État et au plus tard le 1er juillet 2021, Ord. n° 2020-71, 29 janv. 2020).*** **– Les dispositions de l'article L. 571-6 ne sont pas applicables aux activités et installations relevant de la défense nationale, des services publics de protection civile et de lutte contre l'incendie, ainsi qu'aux aménagements et infrastructures de transports terrestres soumis aux dispositions des articles L. 571-9 et L. 571-10 du présent code et aux bâtiments d'habitation, aux ouvrages et locaux autres que d'habitation et aux travaux mentionnés à l'article L. 154-3 du Code de la construction et de l'habitation, qui sont soumis à une réglementation acoustique en application de ce code, ainsi qu'aux aérodromes dont la création est soumise à arrêté ministériel.**

Toutefois, les prescriptions visant à limiter les nuisances sonores imposées à ces activités et installations par l'autorité administrative dont elles relèvent sont portées à la connaissance du public.

Section III. – Aménagements et infrastructures de transports terrestres

Bibliographie : M.-F. Dehoste, *Nuisances sonores routières : vers un abandon par les juges de la référence exclusive à l'expertise technique ? : AJDA* 2009, p. 653. • Delcampe *et a.*, *Dispositif de lutte contre le bruit des transports terrestres : BDEI* 2003/4, n° 41. • S. Traoré, *La réglementation des nuisances sonores dues aux infrastructures autoroutières anciennes : Dr. env.* mai 2007, n° 148, p. 135. • B. Simon, M. Pinet et M. Sandrin, *Le bruit du fret ferroviaire. Une stratégie pour en limiter les impacts*, Rapport final : CGEDD, Rapp. n° 009254-01, 74 p., mars 2014. • Moliner-Dubost, *L'isolation des « points noirs » du bruit des réseaux routiers et ferroviaires : Ann. Voirie* 2004, n° 83, p. 15. • J.-M. Gradt, *Lutte antibruit. Routes, rail. La cartographie détaillée se met en place*, Le Moniteur, 2003, p. 54.

Art. L. 571-9 ***(Mod., Ord. n° 2004-1199, 12 nov. 2004 ; L. n° 2010-788, 12 juill. 2010).*** **– I. – La conception, l'étude et la réalisation des aménagements et des infrastructures de transports terrestres prennent en compte les nuisances sonores que la réalisation ou l'utilisation de ces aménagements et infrastructures provoquent à leurs abords.**

II. – Des décrets en Conseil d'État précisent les prescriptions applicables :

1° Aux infrastructures nouvelles ;

2° Aux modifications ou transformations significatives d'infrastructures existantes ;

3° Aux transports guidés et, en particulier, aux infrastructures destinées à accueillir les trains à grande vitesse ;

4° Aux chantiers.

III. – Le dossier de demande d'autorisation des travaux relatifs à ces aménagements et infrastructures, soumis à enquête publique réalisée conformément au chapitre III du titre II du livre Ier du présent code, comporte les mesures envisagées pour supprimer ou réduire les conséquences dommageables des nuisances sonores.

Voir : Infrastructures en général : L. n° 82-1153, 30 déc. 1982, relative à l'orientation des transports intérieurs (*JO* 31 déc. 1982), modifiée notamment par la loi n° 99-533 du 25 juin 1999 (*JO* 25 juin 1999). – D. n° 84-617, 17 juill. 1984, pris pour l'application de l'article 14 de la loi n° 82-1153 du 30 décembre 1982.

Infrastructures ferroviaires (textes particuliers) : D. n° 92-355, 1er avr. 1992, portant adoption du schéma directeur national des liaisons ferroviaires à grande vitesse (*JO* 2 avr. 1992).

Droit européen : Dir. 2006/42 du 20 oct. 2023 dite « directive machine » remplacée par le règlement 2023/1230 du 14 juin 2023 ; **bruit des engins de chantier :** Dir. 2000/14/CE du 8 mai 2000 (*JO* 3 juill.) amendée par la directive 2005/88/CE.

Droit interne : article R. 111-3-1 du Code de l'urbanisme, relatif aux nuisances sonores dues au TGV.

1) Étude d'impact suffisante. L'étude réalisée par comparaison avec les situations existantes ou des situations similaires permet d'établir le préjudice éventuel pouvant résulter de la nouvelle implantation sur le voisinage (▪ CAA Nancy, 30 avr. 1992, n° 91NC00672, *SARL Grill Motel*. – CE, sect. cont., 6ᵉ et 2ᵉ ss-sect. réunies, 29 nov. 1999, n° 193495, *Féd. Protection de la nature de la Haute-Loire et a.*). De même, pour une étude d'impact ayant consacré des développements détaillés à l'analyse des effets d'une installation en matière de bruit et des règles de conception et d'utilisation mises en œuvre pour en réduire les effets dommageables sur l'environnement (▪ CAA Nancy, 9 mars 1993, n° 89NC01448, *Assoc. Défense contre une usine d'incinération dans l'agglomération urbaine du district urbain du pays de Montbéliard*). Dans le même sens, est considéré suffisant un projet où des protections acoustiques sont prévues aux endroits les plus exposés (▪ CAA Douai, 3 avr. 2003, nᵒˢ 01DA00066 et 01DA00175, *Cne de Proville*). Est encore estimée suffisante l'étude de l'état initial du site contenu dans une étude d'impact qui a effectué une analyse cohérente des hypothèses de flux de véhicules pour un tronçon considéré sans que le soumissionnaire ait à apprécier des impacts sur l'environnement de l'augmentation prévisible du trafic à long terme (▪ CE, 21 mars 2001, n° 211461, *Assoc. contre l'extension et les nuisances de l'aéroport de Lyon-Satolas et M. Lacarelle*).

2) Plan d'exposition au bruit et PLU. Encourt l'annulation la délibération ayant entraîné l'adoption d'un PLU qui méconnaît, *inter alia*, les termes de l'article R. 123-24 du Code de la construction et de l'habitation en n'annexant pas au PLU le plan d'exposition au bruit de l'aérodrome situé sur le territoire de la commune (▪ CAA Marseille, 14 juin 2001, n° 98MA00279, *Féd. pour les espaces naturels et l'environnement catalan, Assoc. Notre terre*).

3) Étude d'impact insuffisante. Est insuffisante, l'étude d'impact qui se borne à indiquer que « les systèmes de climatisation et de production de froid alimentaire sont isolés phonétiquement » et qui ne prend pas en compte le bruit causé par le trafic lié aux livraisons de l'établissement (▪ CE, 10 juin 1983, n° 46877, *M. Decroix : AJDA* 1983, p. 537 et 550, concl. Mlle Laroque).

4) Gêne excessive d'une autoroute et défaut du projet. Perte du caractère d'utilité publique. Les nuisances importantes,. qu'est susceptible de provoquer la réalisation d'un projet d'autoroute en zone urbaine de forte densité, sont de nature à retirer à un tel projet son caractère d'intérêt général et justifient l'annulation de l'arrêté déclarant le projet d'intérêt comment vas-tu général (▪ CE, 7ᵉ et 10ᵉ ss-sect. réunies, 21 juin 1999, n° 179612, *Cne de La Courneuve : Rec. CE* 1999, p. 208). En revanche, la prise en compte des nuisances sonores et la mise en place de protections contre le bruit éliminent le caractère excessif des inconvénients, le projet conservant son caractère d'utilité publique (▪ CE, 2ᵉ et 6ᵉ ss-sect. réunies, 15 janv. 1996, n° 111667, *Épx Dellinger et a.* – CE, 2ᵉ et 6ᵉ ss-sect. réunies, 29 nov. 1999, n° 193495, *Féd. de protection de la nature de la Haute-Loire et a.*).

5) Préjudice anormal (oui). La construction d'une déviation, à 15 mètres seulement d'une maison, constitue un préjudice anormal et spécial dépréciant la valeur vénale, les conditions d'habitation ayant été sensiblement modifiées, la zone étant calme avant la mise en service (▪ TA Nantes, 20 avr. 2004, n° 0103355, *Brebion et Charrier c/ Dpt Maine-et-Loire*).

6) Préjudice anormal (non). L'absence de travaux faits sur une route préexistante après 1995 ne permet pas de bénéficier des dispositions de l'arrêté du 5 mai 1995 ; le fait que la maison ait été reconnue comme point noir de bruit permet de bénéficier d'une aide à hauteur de 80 % pour insonoriser mais ne permet pas une indemnisation (▪ CAA Nancy, 19 juill. 2018, n° 17NC01017). Une faible augmentation des nuisances sonores ne justifie pas la caractérisation d'un préjudice anormal et spécial lié à l'extension d'une route nationale (▪ TA Dijon, 21 sept. 2023, n° 2100650).

7) Prévention des nuisances sonores (oui). Le conseil d'État considère comme suffisamment prise en compte la prévention des nuisances sonores par les obligations faites à la société du Grand Paris de mettre en place des dispositifs d'atténuation des nuisances sonores (▪ CE, 9 juill. 2018, n° 410917).

M.-C. de *Montecler*, *Portée du principe de prévention à l'égard des déclarations d'utilité publique : AJDA* 2018 p 1423. O. Renaudie, *Le Grand Paris : RFDA* 2016. 490. Il en va de même de la ligne D du tramway de Bordeaux les mesures de prévention représentant 10 % du projet étant jugée suffisantes (▪ CAA Bordeaux, 21 juill. 2015, n° 14BX03468). D. de Paz, *Légalité de la déclaration d'utilité publique relative à la création d'une ligne de tramway : AJDA* 2015. p 2089. Légalité d'une déviation qui réduit les nuisances des uns et comporte divers aménagements permettant de réduire les nuisances phoniques, dans 14 secteurs identifiés, avec notamment la mise en place de protections phoniques. « L'autorité environnementale, dans son avis du 16 novembre 2010, considère que le parti d'aménagement qui privilégie l'aménagement sur place et minimise l'ampleur des déviations rendues nécessaires par la présence d'habitats agglomérés en bourg ou hameau, permet de limiter les impacts de ce projet routier tant pour les habitants limitrophes que pour les milieux et espèces » (■ CAA Nantes, 1er juin 2018, n° 16NT02311).

8) **Lien de causalité.** Nécessité de produire une expertise acoustique pour prouver le lien de causalité (■ CAA Lyon, 8 nov. 2019, n° 18LY00241).

9) **Applicabilité.** Des travaux de modification de traverses de bois destinés à accroître le trafic ne constituent pas la réalisation d'une infrastructure nouvelle en l'absence de lien avec le TGV (■ TA Bordeaux, 5 déc. 2023, n° 2103294) ; de même, ces dispositions sont sans effet sur un permis de construire même si le PLU prévoit que des dispositions devront être prises sur la base de ces dispositions pour les constructions affectées par le bruit (■ TA Versailles, 26 mai 2023, n° 2207175).

Art. L. 571-10 *(Mod., Ord. n° 2004-1199, 12 nov. 2004).* **– Dans chaque département, le préfet recense et classe les infrastructures de transports terrestres en fonction de leurs caractéristiques sonores et du trafic. Sur la base de ce classement, il détermine, après consultation des communes, les secteurs situés au voisinage de ces infrastructures qui sont affectés par le bruit, les niveaux de nuisances sonores à prendre en compte pour la construction de bâtiments et les prescriptions techniques de nature à les réduire.**

Les secteurs ainsi déterminés et les prescriptions relatives aux caractéristiques acoustiques qui s'y appliquent sont reportés dans les plans d'occupation des sols des communes concernées.

Un décret en Conseil d'État précise les modalités d'application du présent article, et notamment les conditions de l'information des constructeurs et du classement des infrastructures en fonction du bruit.

Permis de construire. Il n'appartient pas à un maire de s'assurer du respect des prescriptions incombant au constructeur lors de la délivrance d'un permis de construire, quand bien même le terrain se situe dans un secteur situé au voisinage d'une infrastructure terrestre qui a été reportée dans le plan d'occupation des sols (■ CAA Bordeaux, 3 déc. 2007, n° 05BX00424, *Sté Mc Donald's France SA*. – D. Gillig, *Le permis de construire n'a pas pour objet de sanctionner les règles d'isolement acoustique définies par le Code de la construction et de l'habitation : Environnement* mars 2008, n° 3, somm. 58).

Art. L. 571-10-1 *(L. n° 2010-788, 12 juill. 2010).* **– Les entreprises ferroviaires faisant circuler des trains sur le réseau ferré contribuent à la réduction du bruit dans l'environnement, en adaptant notamment les dispositifs de roulage et de freinage de leur matériel roulant.**

Un décret en Conseil d'État précise les modalités d'application du présent article.

Art. L. 571-10-2 *(L. n° 2019-1428, 24 déc. 2019).* **– Les indicateurs de gêne due au bruit des infrastructures de transport ferroviaire prennent en compte des critères d'intensité des nuisances ainsi que des critères de répétitivité, en particulier à travers la définition d'indicateurs de bruit événementiel tenant compte notamment des pics de bruit.**

Un arrêté conjoint des ministres chargés des transports, de l'environnement et du logement précise les modalités d'évaluation des nuisances sonores des transports ferroviaires en fonction des critères mentionnés au même premier alinéa.

Art. L. 571-10-3 *(L. n° 2019-1428, 24 déc. 2019).* **– Les nuisances générées par les vibrations que la réalisation ou l'utilisation des infrastructures de transport ferroviaire provoquent aux abords de celles-ci font l'objet d'une évaluation et de la détermination d'une unité de mesure spécifique.**

L'État engage une concertation avec les parties prenantes concernées pour définir, d'ici au 31 décembre 2020, les méthodes d'évaluation des nuisances vibratoires mentionnées au premier alinéa, pour déterminer une unité de mesure spécifique de ces nuisances, pour fixer des seuils de vibration aux abords des infrastructures ferroviaires ainsi que pour déterminer les responsabilités de chacune des parties prenantes.

Un arrêté conjoint des ministres chargés des transports, de l'environnement et du logement précise les modalités d'évaluation et de mesure des nuisances vibratoires en fonction des indicateurs mentionnés au même premier alinéa.

Ces nouvelles dispositions qui résultent de la loi du 24 décembre 2019 trouvent largement leur source dans la situation très préjudiciable dans laquelle se trouvent les riverains d'infrastructures de transport ferroviaire, confrontés à des émergences sonores proches de 90 DB et pour lesquels aucune solution n'est en réalité envisagée.

Section IV. – Bruit des transports aériens

Voir : Droit européen : CES, avis, 13 juill. 2000, relatif à la limitation à la source du bruit des aéronefs (*JOCE* n° C 268, 19 sept. 2000, p. 62).

Droit interne : C. aviation, art. L. 110-2, L. 131-1 et L. 131-3, L. 141-2, R. 211-3 à R. 211-5, R. 133-2 et R. 133-3, R. 226-1 à R. 226-6. - A. 24 févr. 2012, relatif au bruit émis par mes aéronefs ultralégers motorisés.

Une Mission parlementaire d'information sur la réduction des nuisances aéroportuaires a remis son Rapport le 16 mars 2016 (députés J.-A. Bénisti et Ch. Bouillon Rapp. AN n° 3580, 16 mars 2016). Les 46 recommandations formulées vise notamment à :
- Mettre en place un schéma national des infrastructures aéroportuaires ;
- Remédier aux lacunes dans la production des données ;
- Améliorer l'information des riverains en incluant les informations sur les nuisances sonores aéroportuaires dans la promesse de vente ou le bail locatif ;
- Revoir l'aide à l'insonorisation et son financement ;
- Limiter les vols de nuit à Paris-CDG et optimiser les trajectoires ;
- Alourdir les pénalités en cas de non-respect des trajectoires et des couvre-feux ;
- Revoir les CCE pour organiser une vraie gouvernance entre l'État, ADP et les collectivités concernées ;
- Réduire les nuisances des hélicoptères.

Bibliographie : CEDRE, *Le bruit des avions. Aspects juridiques, Actes du colloque organisé à Bruxelles le 14 juin 2001*, Bruylant, 2002. • E. du Pontavice, *Le bruit aux abords des aérodromes dans la jurisprudence et la législation française récente : Ann. dr. aérien et spatial* 1985, p. 115 à 146 ; *Bruit des aéroports : informations aux riverains sur l'aide financière aux travaux d'insonorisation des logements et bâtiments situés au voisinage des principaux aéroports : Agence de l'environnement et de la maîtrise de l'énergie* 10/1999, p. 11. • S. Traoré, *Les plans de prévention du bruit : à propos de la loi du 26 octobre 2005 : Dr. env.* avr. 2006, n° 137, p. 105. • *Bruit et CEDH.* Arrêt *Powell et Rayner c/ Royaume-Uni*, 21 févr. 1990, n° 3/1989/163/219, vol. 172, série A : *RUDH* 1990, p. 64. • Arrêt *Hatton c/ Royaume-Uni*, 2 oct. 2001 (V. sous art. L. 571-11, annot. n° 1, p. 1334). • H. Boucard, *Troubles anormaux de voisinage et Convention européenne des droits de l'Homme : AJDI* 2004, n° 3. • M. Dejeant-Pons, *L'insertion du droit de l'homme à l'environnement dans les systèmes régionaux de protection des droits de l'homme : RUDH* 30 nov. 1991, p. 461 et s. • J.-F. Flauss, *Actualités de la CEDH : AJDA* 1992, p. 15 ; *Commentaire sous l'arrêt Powell et Rayner : LPA* 6 mars 1991, n° 26, p. 21 ; *La Convention européenne des droits de l'Homme au secours des voisins des installations classées ? : LPA* 8 févr. 1989, n° 17, p. 4. • R. Goy, *Le bruit des aéronefs devant la Commission et la Cour européenne des droits de l'homme : Rev. jur. env.* 4/1987, p. 475. • Ch. Pettiti, *Les riverains de l'aéroport d'Heathrow et la CEDH : RFD aérien* 1990, p. 395. • Bénisti et Ch. Bouillon, *Les nuisances aéroportuaires* : Rapp. inf. AN n° 3580, 16 mars 2016. • Ch. Assailly et J.-P. Decourcelle, *Étude pour une optimisation de l'insonorisation des locaux au voisinage des aéroports : CGEDD*, Rapp. n° 009392-01, 92 p., mai 2014. • D. David et É. Sesboüé, *Prise en compte de l'environnement par la Direction générale de l'aviation civile : CGEDD*, Rapp. n° 007857-01, 166 p., févr. 2012. • M. Sousse, *Nuisances dues au bruit des aéronefs : Environnement et dév. durable* 2010, n° 7, comm. 92.

1) Dans un nouvel arrêt *Hatton*, la Cour européenne des droits de l'Homme a jugé en sens contraire par rapport à l'arrêt cité ci-dessus, en jugeant que les autorités anglaises n'ont pas dépassé leurs pouvoirs en réglementant le nombre maximum global de mouvements d'aéronefs autorisés durant la nuit et, partant, instaurant un juste équilibre entre d'une part, le droit des personnes à voir respecter leur vie privée et leur domicile, et d'autre part, les intérêts concurrents des tiers. On ne peut alors imputer aux autorités une violation de l'article 8 de la Convention européenne des droits de l'Homme (▪ CEDH, 8 juill. 2003, *aff. Hatton et a. c/ Royaume-Uni*).

2) Police de la circulation aérienne. Le préfet peut légalement refuser de prendre un arrêté interdisant tout décollage ou tout atterrissage d'aéronef sur l'aéroport de Roissy-Charles-de-Gaulle entre 22h30 et 6h00, en se fondant sur des considérations liées à l'activité économique (▪ CE, 26 oct. 2007, n° 297301, *Assoc. de défense contre les nuisances aériennes : Environnement* 2007, comm. 206, note P. Trouilly).

R. Grand, *Irrégularité de la consultation préalable à la modification du dispositif de la circulation aérienne à Roissy*, Arrêt ▪ CE, 10 juin 2013, n° 355791 : *AJDA* 2013, p. 1248. – D. Botteghi, *Intérêt général et refus de suspension dans un référé spécial*, concl. sur ▪ CE, sect., 16 avr. 2012, n°s 355792 et 355867, *Cne de Conflans-Sainte-Honorine et autres : RFDA* 2012, p. 719.

Contrôle normal du juge administratif sur les mesures visant à réduire les nuisances sonores pour les riverains d'un aérodrome : mesures jugées proportionnées, compte tenu de l'ensemble des intérêts en présence, et ne comportant pas de sujétions excessives pour les usagers de l'aérodrome (▪ CE, 29 avr. 2013, n°s 353220 et 353274, *Comité régional aéronautique d'Île-de-France et a., concernant l'aérodrome de Toussus-le-Noble*).

3) Liberté du commerce et de l'industrie. Le ministre peut, sans porter atteinte au principe de liberté du commerce et de l'industrie, imposer des restrictions d'exploitation d'un aéroport, dans un but de protection des riverains (▪ CE, 7 déc. 2005, n° 270424, *Ryan Air : BDEI* 2006, n° 3).

4) ULM. Une autorisation préfectorale est entachée d'excès de pouvoir lorsqu'elle n'est assortie d'aucune prescription de nature à limiter les nuisances sonores (▪ CE, 30 déc. 1998, n° 172807, *Dugardin*). Ces prescriptions doivent, par exemple, prendre la forme de limitation des horaires d'utilisation de la plate-forme (▪ CE, 27 févr. 1995, n° 139710, *Synd. national des pilotes professionnels d'ULM : Rec. CE* 1995, tables p. 241).

5) Compétence juridictionnelle. Incompétence des juridictions judiciaires pour connaître d'une action en trouble anormal de voisinage provoquées par les vols d'aéronefs atterrissant et décollant d'une base aéronautique navale. Le préjudice invoqué trouve sa cause déterminante dans l'existence et les conditions de fonctionnement de l'ouvrage public (▪ Cass. 1re civ., 23 févr. 2012, *M. Sartral et autres c/ Agent judiciaire du Trésor*).

6) PLU. Mise à jour du PLU pour tenir compte d'un arrêté préfectoral édicté sur le fondement du Code de l'environnement sur les nuisances sonores. Caractère irrecevable d'un moyen tiré de l'illégalité de la décision approuvant la modification du PLU pris sur une autre base juridique (▪ CAA Nancy, 25 avr. 2019, n° 18NC00748).

Sous-section 1. – Plan d'exposition au bruit

Art. L. 571-11 ***(Mod. à compter du 1er janvier 2016, Ord. n° 2015-1174, 23 sept. 2015).*** **– Les dispositions relatives à l'utilisation des sols exposés aux nuisances dues au bruit des aéronefs, sont énoncées à la section 2 du chapitre II du titre Ier du livre Ier du Code de l'urbanisme.**

Voir : Dir. PE et Cons. UE n° 2002/30/ ▪ CE, 26 mars 2002, relative à l'établissement de règles et de procédures concernant l'introduction de restrictions d'exploitation liées au bruit dans les aéroports de la Communauté (*JOCE* n° L 85, 28 mars 2002, p. 40 à 44).

1) Constitue une restriction d'exploitation une mesure prohibitive totale ou temporaire interdisant l'accès d'un aéronef à un aéroport d'un État membre de l'Union. Pour la CJUE, une réglementation environnementale qui impose des limites maximales de nuisance sonore mesurée au sol, lors du survol des territoires proches de l'aéroport n'est pas une restriction d'exploitation car elle n'interdit pas l'accès à l'aéroport concerné (▪ CJUE, 8 sept. 2001, aff. C-120/10, *European Air Transport SA c/ Collège d'environnement de la région de Bruxelles-Capitale : JOUE* n° C 311, 22 oct. 2011, p. 10).

I – ÉLABORATION : FINALITÉ

2) Augmentation des nuisances nocturnes, absence d'enquête. La responsabilité de l'État est engagée pour avoir autorisé, contrairement aux dispositions de l'article 8 de la Convention européenne des droits de l'Homme, une augmentation du niveau des nuisances sonores pour des vols de nuit sans avoir au préalable justifié de l'intérêt économique que pouvait en tirer le pays, en l'absence de toute étude d'impact ou d'étude analysant des solutions alternatives éventuelles (▪ CEDH, 2 oct. 2001, n° 36022/97, *Hatton et a. c/ Royaume-Uni*). Le PEB n'a pas pour objet la réduction du trafic aérien et des effets sonores qu'il engendre, le moyen tiré de ce que le plan approuvé n'est pas de nature à réduire efficacement les nuisances sonores et le trafic aérien ne peut donc être utilement invoqué (▪ CE, 7 août 2008, n° 306109, *Collectif inter-associatif refus nuisances aériennes Nord-Ouest et a.*).

3) Révision du plan d'exposition au bruit et extension des aéroports. Aucun texte n'impose que l'enquête publique relative à la révision du PEB soit réalisée concomitamment à celle nécessitée par l'extension de l'aéroport ou en raison des aménagements routiers à ses abords (▪ CE, 30 déc. 2003, n° 249908, *Assoc. Contre l'extension et les nuisances de l'aéroport de Lyon-Satolas*).

4) Irrégularité du dossier d'enquête. Le fait de ne pas transmettre avec le dossier d'enquête publique tout document apportant des précisions utiles à la conduite de cette enquête et permettant d'établir le plan d'exposition au bruit rend le dossier d'enquête irrégulier et de nature à entacher d'illégalité l'arrêté préfectoral approuvant un plan d'exposition au bruit (▪ CE, 10e et 7e ss-sect., 8 juill. 1998, n° 161587, *Min. Équipement, Transports et Logement c/ Mme Geangey*).

5) Mesures restrictives, incompétence du maire. Le maire n'est pas compétent pour prendre des mesures interdisant le survol du territoire de la commune par des avions tous les jours de 22 heures à 6 heures, même dépassant le seuil de 45 décibels au-delà duquel il est considéré qu'il y a nuisance dans les appartements. Il s'agit d'une mesure de police spéciale relevant de la seule compétence du ministre chargé de l'aviation civile ou, en cas d'urgence uniquement, au préfet ou au préfet maritime (▪ CAA Paris, 7 oct. 2002, n° 02PA01634, *Cne de Deuil-la-Barre*. ▪ CE, 10 avr. 2002, n° 238212, *Min. Équipement, Transports et Logement*).

6) Plan d'exposition au bruit, document d'urbanisme. Il doit prémunir les populations contre les nuisances sonores en établissant un zonage définissant des secteurs où le volume des nuisances sonores implique des mesures particulières de prévention. Dans la mesure où les contraintes relatives aux plans d'exposition du bruit s'imposent directement aux personnes publiques qui sont tenues de réviser le plan d'occupation des sols pour prendre en compte ses prescriptions impératives, le plan d'exposition au bruit constitue un document d'urbanisme (▪ CE, 7 juill. 2000, n° 200949, *Secr. d'Ét. au Logement*). À ce titre, les PEB sont soumis aux formalités de notification prévues à l'article L. 600-1 du Code de l'urbanisme (▪ CAA Nancy, 27 juin 2002, n° 02NC00057, *Cne de Colmar*). L'illégalité d'un PEB, résultant de l'absence de rapport de présentation, peut être invoquée par voie d'exception à l'appui d'un recours dirigé contre la délibération approuvant un PLU (▪ CAA Nancy, 19 avr. 2007, n° 05NC00632, *Cne Réguisheim : Environnement* 2007, comm. 132, note D. Gillig).

7) Plan d'exposition au bruit et transmission aux communes. L'absence de notification aux communes de la décision de mise en œuvre anticipée d'un PEB n'a aucune influence sur l'arrêté attaqué, la notification ayant pour seul objectif de recueillir des observations avant soumission à l'enquête publique (▪ CE, 22 janv. 2003, n° 235174, *Cne de Jonage*).

8) Plan d'exposition au bruit et compatibilité avec PGS (non). Le PEB et le plan de gêne sonore relevant de législations différentes, la compatibilité du PEB avec le PGS n'est pas nécessaire (▪ CE, 30 déc. 2003, n° 249908, *Assoc. Contre l'extension et les nuisances de l'aéroport de Lyon-Satolas*).

9) Obligation pour l'État de réviser un plan d'exposition au bruit (non). (▪ CE, 7 mars 2018, rec. Lebon 2018 ; *AJDA* 2018, p. 537).

II – PERMIS DE CONSTRUIRE

10) Appréciation des nuisances sonores. Il appartient au maire de la commune de déterminer si la construction projetée dans les zones définies par les plans d'exposition au bruit est de nature à augmenter de manière significative l'exposition au bruit des populations concernées (▪ CAA Paris, 1re ch. B, 18 févr. 1999, n° 96PA02992, *Cne de Villeneuve-le-Roi*. ▪ CAA Paris, 1re ch., 28 juill. 1998, nos 96PA02969 et 96PA02991, *Épx Chrétien et Cne de Villeneuve-le-Roi*). L'extension d'un pavillon d'une surface de 24 mètres carrés en un pavillon de plusieurs pièces avec étage d'une surface hors œuvre nette de 99,10 mètres carrés ne peut être regardée comme n'entraînant qu'un « faible accroissement de la capacité d'accueil d'habitants exposés aux nuisances », le permis de construire devait donc être refusé (▪ CE, 21 juill. 1989, *Cne de Villeneuve Saint-Georges c/ Violet : Rec. CE* 1989, p. 167).

11) Méthode de calcul de l'exposition. Il ne ressort pas du texte de l'article R. 147-1 du Code de l'urbanisme que le relief du terrain doit être pris en considération pour le calcul du niveau d'exposition au bruit (▪ CE, 30 déc. 2003, n° 249908, *Assoc. Contre l'extension et les nuisances de l'aéroport de Lyon-Satolas*).

12) Imprécision et inopposabilité. L'imprécision des limites des zones A, B et C et l'absence de toute indication, dans le PEB concernant les prescriptions d'urbanisme applicables dans ces zones d'incertitude rend ce plan inopposable aux demandeurs de permis de construire dont les terrains sont situés dans les parties grisées de ce plan (▪ CE, 29 déc. 2000, n° 206685, *Grele*. ▪ CAA Paris, 21 mars 2003, n° 99PA01538, *Assoc. de sauvegarde de l'environnement des Côteaux d'Ablon*).

13) Répartition des compétences juridictionnelles. Le bruit causé par des hélicoptères qui trouvent sa source dans l'existence et le fonctionnement d'un aérodrome relève de la compétence des juridictions administratives ▪ Cass. 1re civ., 23 févr. 2012, n° 10-27.336 : *AJDA* 2012, 404 ; *Dr. adm.* mai 2012, n° 5, obs. Melleray ; *JCP* A. 2012, n° 51, p. 2414, note Renard-Payen.

Sous-section 2. – Environnement des aérodromes

Art. L. 571-12 ***(Mod. à compter du 1er janvier 2022, Ord. n° 2021-1843, 22 déc. 2021).*** **– Les dispositions relatives à l'Autorité de contrôle des nuisances aéroportuaires sont énoncées au chapitre Ier du titre VI du livre III de la sixième partie du Code des transports.**

Voir : articles L. 227-1 et suivants du Code de l'aviation civile. – A. n° EQU A 9500544 A, 6 mai 1995, relatif aux aérodromes et tous autres emplacements utilisés pour les hélicoptères (*JO* 7 mai 1995) et Circ. 6 mai 1995, relative aux hélistations et aux hélisurfaces (*JO* 7 mai 1995).

Les restrictions d'exploitation de l'aérodrome de Paris-Charles de Gaulle prévues par l'arrêté du 20 septembre 2011 « sont exclusivement définies par référence à la certification établie par l'autorité compétente de l'État membre d'immatriculation, soit, en l'espèce, l'office de l'aviation civile polonais et que le niveau de bruit pris en compte pour l'application de cet arrêté est le niveau de bruit ainsi certifié ». Confirmation des 61 amendes infligées en raison du dépassement, des heures limites d'atterrissage ou de décollage applicables aux aéronefs de la Sté ENTER AIR (▪ CAA Paris, 23 mai 2016, n° 15PA02269, *ACNUSA c/ Sté ENTER AIR*).

Sous-section 3. – Commission consultative de l'environnement

Art. L. 571-13 ***(Mod., L. fin. rect. n° 2003-1312, 30 déc. 2003 ; Ord. n° 2004-637, 1er juill. 2004*** **(1)** ***; mod. à compter du 1er novembre 2010, L. n° 2010-788, 12 juill. 2010 ; à compter du 1er janvier 2016, Ord. n° 2015-1174, 23 sept. 2015 ; mod., L. fin. rect. n° 2022-1157, 16 août 2022).*** **– I. – L'autorité administrative peut créer, pour tout aérodrome visé à l'article L. 112-5 du Code de l'urbanisme, une commission consultative de l'environnement. Cette création est de droit lorsque la demande en est faite par une commune dont une partie du territoire est couverte par le plan d'exposition au bruit de l'aérodrome. La création est de droit, également, pour les aérodromes relevant de l'un des groupes mentionnés à l'article L. 6360-1 du Code des transports.**

II. – La commission est consultée sur toute question d'importance relative à l'aménagement ou à l'exploitation de l'aérodrome qui pourrait avoir une incidence sur l'environnement. Elle peut également, de sa propre initiative, émettre des recommandations sur ces questions. Lorsque l'un des aérodromes relevant de l'un des groupes mentionnés à l'article L. 6360-1 du Code des transports est concerné, les recommandations relatives au bruit sont transmises à l'Autorité de contrôle des nuisances aéroportuaires. La commission consultative de l'environnement coordonne, le cas échéant, la rédaction des documents écrits qui formalisent les engagements pris par les différentes parties intéressées à l'exploitation de l'aérodrome en vue d'assurer la maîtrise des nuisances liées à cette exploitation.

III. – Notamment pour les chartes de qualité de l'environnement, elle assure le suivi de leur mise en œuvre. En matière de bruit dû au transport aérien, elle peut saisir l'Autorité de contrôle des nuisances aéroportuaires de toute question relative au respect de ces chartes et de toute demande d'étude ou d'expertise.

IV et V *(Abr.)*.

VI. – Les moyens de fonctionnement de la commission sont mis à sa disposition par l'exploitant de l'aérodrome.

VII à X *(Abr.)*.

XI. – Cette commission comprend :

1° Pour un tiers de ses membres, des représentants des professions aéronautiques ;

2° Pour un tiers, des représentants des collectivités locales intéressées ;

3° Pour un tiers, des représentants des associations de riverains de l'aérodrome et des associations de protection de l'environnement et du cadre de vie concernées par l'environnement aéroportuaire.

XII. – Elle est présidée par le représentant de l'État.

XIII. – Un décret en Conseil d'État détermine les modalités d'application du présent article (2).

Voir : D. n° 88-315, 28 mars 1988, pris pour l'application de la loi n° 85-696 du 11 juillet 1985, relative à l'urbanisme, au voisinage des aérodromes et déterminant l'autorité administrative chargée d'établir la liste prévue à l'article 147-2 du Code de l'urbanisme.

1) Composition. Les communes concernées par des nuisances sonores peuvent être représentées collectivement par des représentants désignés par des organes représentatifs et aucun texte n'interdit la « surreprésentation » au sein de la commission consultative de l'environnement (▪ CAA Nantes, 1re ch., 5 oct. 1995, n° 93NT00405, *Assoc. de défense des riverains de l'aéroport de Deauville-Saint-Gatien*).

La composition irrégulière de la commission entraîne l'annulation de l'arrêté ministériel modifiant le dispositif de la circulation aérienne lorsqu'elle est susceptible d'exercer une influence sur le sens de la délibération, notamment en raison de l'expiration des mandats de ses membres et de leur absence (▪ CE, 10 juin 2013, n° 355791, *Cne de Conflans-Sainte-Honorine et a.*, sur la circulation aérienne en région parisienne et la trajectoire d'arrivée de l'aérodrome de Paris-Charles de Gaulle).

À titre exceptionnel, le Conseil d'État avait refusé de suspendre cet arrêté, malgré des moyens « de *nature à créer un doute sérieux quant à sa légalité* », au motif que la suspension aurait compromis la continuité et la sécurité du trafic aérien et portait à l'intérêt général une atteinte d'une particulière gra-

(1) Dispositions transitoires : V. Ord. n° 2004-637, 1er juill. 2004, art. 41.

(2) V. T. appl. : D. n° 87-341, 21 mai 1987 ; D. n° 88-315, 28 mars 1988 ; D. n° 2000-128, 16 févr. 2000. – NDLR.

vité (■ CE, 16 avr. 2012, n°s 355792 et 355867, *Cne de Conflans-Sainte-Honorine et a.*).

2) Consultation : absence d'incidence sur l'urbanisme (non). Un décret déclarant d'utilité publique et urgent les travaux nécessaires à l'aménagement des infrastructures aéronautiques ne saurait être considéré comme relevant d'une question se rapportant aux incidences sur l'urbanisme et ne nécessite pas la consultation préalable de la commission consultative de l'environnement (■ CE, 8e et 9e ss-sect., 29 avr. 1998, n° 188007, *Assoc. Val d'Oise Environnement et a.*).

3) Délai de consultation. L'article 11 du décret du 28 novembre 1983 concernant les relations entre l'administration et les usagers, sont applicables à cette commission. En conséquence, sauf urgence, les membres des organismes consultatifs reçoivent, cinq jours au moins avant la date de leur réunion, une convocation écrite comportant l'ordre du jour et, éventuellement, les documents nécessaires à l'examen des affaires qui y sont inscrites ce qui n'a pas été le cas en l'espèce (■ CE, 28 mai 2003, n° 230388, *Assoc. des Amis du Vexin Français*).

4) Valeur normative d'une « charte de l'environnement » (non). La charte de l'environnement de l'aérodrome d'Aix-Les Milles, fixant des objectifs aux acteurs concernés, est dépourvue de portée normative et constitue une simple déclaration d'intentions des signataires. Le refus de reconnaître son illégalité ne peut pas faire l'objet d'un recours devant le juge administratif (■ CAA Marseille, 8 avr. 2014, n° 12MA01035, *assoc. les 1000 Décibels*).

5) Qualité de représentant. La qualité de représentants au titre des salariés de l'aéroport ne confère pas la qualité de représentant du personnel au sens du droit du travail (■ CA Paris, 9 avr. 2019, n° 17/06408).

Sous-section 4. – Aide aux riverains et financement des travaux de réduction des nuisances sonores (1)

(Intitulé mod. à compter du 1er janvier 2022, Ord. n° 2021-1843, 22 déc. 2021)

Art. L. 571-14 (2) ***(Rempl., L. fin. rect. n° 2003-1312, 30 déc. 2003 ; mod. à compter du 1er janvier 2022, Ord. n° 2021-1843, 22 déc. 2021).* – Les exploitants des aérodromes des groupes 1 à 3 au sens de l'article L. 6360-1 du Code des transports contribuent aux dépenses engagées par les riverains de ces aérodromes pour la mise en œuvre des dispositions nécessaires à l'atténuation des nuisances sonores dans des conditions fixées par décret en Conseil d'État.**

Voir : article R. 147-2 du Code de l'urbanisme et D. n° 2014-287, 3 mars 2014 relatif à l'aide à l'insonorisation des logements des riverains des aérodromes mentionnés au I de l'article 1609 *quatervicies* A du Code général des impôts. Circulaire du 3 juillet 2018 : taxe générale sur les activités polluantes (NOR : CPAD1815446C) (BO douanes, 3 juill. 2018, n° 7246).

1) Décret d'application, légalité. Si le décret fixant la composition et les règles de fonctionnement lors de la création de chaque commission consultative de l'environnement doit contenir les règles relatives à la composition de cet organisme, aucune obligation n'est faite au gouvernement de suivre les conclusions et recommandations faites au préalable par la commission d'enquête (■ CE, 8e et 9e ss-sect., 29 avr. 1998, n° 188007, *Assoc. Val d'Oise Environnement et a.*).

2) Taxe d'aéroport. Une taxe d'aéroport est perçue auprès des compagnies de transport aérien pour contribuer aux dépenses engagées par les riverains d'aérodromes dont le trafic s'élève au cours de la dernière année civile à plus de 5 000 unités de trafic (UDT).

3) Annulation du refus opposé par Aéroports de Paris à la demande d'aide financière instituée par l'article L. 571-14 du Code de l'environnement pour l'insonorisation des trois groupes d'immeubles d'habitation collective qui se trouvent hors zone définie par le plan d'exposition aux bruits (■ CA Paris, 27 avr. 2017, n° 15PA02128). Dans le même sens droit à l'aide des riverains de l'aéroport de Orly situés dans une zone grise (■ CAA Paris, 29 mars 2018, n° 17PA00493).

4) Contentieux issu d'un litige autour d'une subvention versée par ADP à un hôpital pour assurer des dépenses d'insonorisation (■ CE, 19 juill. 2017, n° 401426, *Aéroports de Paris c/ centre hospitalier intercommunal de Villeneuve-Saint-Georges*).

5) Sont exclues du bénéfice de l'aide à l'insonorisation les constructions situées dans les zones de bruit mais autorisées après l'entrée en vigueur du plan d'exposition au bruit (■ CE, 11 avr. 2019, n° 411903, *Sté ADP c/ Min. de la Transition écologique* : V. Farrugia, Portée juridique des parties grisées séparant les différentes zones définies

(1) Concernant le financement des aides aux riverains : V. L. fin. rect. n° 2003-1312, 30 déc. 2003, art. 19, II, 2.
(2) V. T. appl. : D. n° 94-503, 20 juin 1994. – NDLR.

par un plan d'exposition au bruit d'un aérodrome : *JCP* A 2019, n° 27 ; *AJDA* 2019, 1620).

6) Compétence administrative. La convention qui fixe le montant et les conditions d'attribution et d'utilisation de l'aide financière accordée aux riverains par Aéroports de Paris est de nature administrative et relève de la compétence du juge administratif (▪ CA Paris, 22 nov. 2018, n° 18/05211.)

Voir aussi : sous art. L. 571-13, annot. n°s 1 et s., p. 1336. et CGI, art. 1609 *quatervicies* et art. R. 571-86, p. 2966.

Art. L. 571-15 ***(Mod., L. fin. rect. n° 2003-1312, 30 déc. 2003 ; mod. à compter du 1er janvier 2011, L. fin. rect. n° 2010-1658, 29 déc. 2010 ; mod., L. fin. rect. n° 2022-1157, 16 août 2022).*** **– Pour définir les riverains pouvant prétendre à l'aide, est institué, pour chaque aérodrome relevant de l'un des groupes mentionnés à l'article L. 6360-1 du Code des transports, un plan de gêne sonore, constatant la gêne réelle subie autour de ces aérodromes, dont les modalités d'établissement et de révision sont définies par décret** (1).

1) Étendue du plan de gêne sonore. Le fait que le plan de gêne sonore doit inclure dans son périmètre toutes les zones exposées aux nuisances sonores réelles imputables à la proximité d'un aérodrome, n'exige pas que ce plan couvre nécessairement l'ensemble du territoire des communes riveraines (▪ CE, 23 oct. 1998, n° 167364, *Assoc. Défense contre les nuisances et pour la qualité de la vie de Saint-Mard*).

2) Justification du contenu. Comporte des informations suffisantes, quant aux conséquences d'un projet d'extension, un plan de gêne sonore, même s'il ne mentionne pas les éléments de calcul retenus (▪ CE, 8e et 9e ss-sect., 29 avr. 1998, n° 187801, *Cne de Gonesse et a.*).

3) Erreur manifeste d'appréciation. Le juge administratif sanctionne le PGS entaché d'une erreur manifeste d'appréciation (▪ TA Strasbourg, 27 mars 2008, n° 0401214, *Assoc. pour la promotion et la défense du cadre de vie à Bartenheim. – Confirmation de l'annulation.* ▪ CAA Nancy, 21 mars 2005, n° 02NC00322, *Min. Équipement, Transports et Logement*). – Pour un rejet (▪ CE, 6 avr. 2006, n° 281663, *Cne de Sucy-en-Brie*).

4) Plan de gêne sonore commun. La loi Grenelle II a institué la possibilité de créer un PGS commun à plusieurs aérodromes lorsque les zones de bruit sont même partiellement communes. Cette disposition peut s'appliquer même si l'un de ces aérodromes n'est pas soumis à l'institution d'un PGS.

Art. L. 571-16 ***(Anc. L. n° 92-1444, 31 déc. 1992 ; mod., L. fin. rect. n° 2003-1312, 30 déc. 2003 ; Ord. n° 2004-1199, 12 nov. 2004).*** **– Pour chaque aérodrome concerné, il est institué une commission qui est consultée sur le contenu du plan de gêne sonore et sur l'affectation des aides destinées à atténuer les nuisances subies par les riverains.**

Elle est composée de représentants de l'État, des collectivités territoriales intéressées, des exploitants d'aéronefs, des associations de riverains et du gestionnaire de l'aérodrome.

La composition et les règles de fonctionnement de cette commission sont définies par décret en Conseil d'État.

Voir : D. n° 2000-903, 18 sept. 2000, relatif aux fonds de compensation des nuisances aéroportuaires (*JO* 20 sept. 2000, p. 14706). - V. CGI, art. 1648 AC.

La responsabilité d'Aéroport de Paris a été reconnue en raison d'une aide financière octroyée illégalement au centre hospitalier intercommunal de Villeneuve-Saint-Georges pour la réalisation de travaux d'insonorisation, sur avis conforme de la commission consultative d'aide aux riverains. La convention signée par Aéroport de Paris a été jugée illégale car les bâtiments à insonoriser se situaient en dehors du périmètre du plan de gêne sonore de l'aéroport de Paris Orly. ADP a signé cette convention en ayant connaissance de son illégalité, ainsi qu'en attestait le procès-verbal de la commission consultative d'aide aux riverains (▪ CAA Paris, 12 mai 2016, n° 14PA00758).

Art. L. 571-17 ***(Créé à compter du 1er janvier 2022, Ord. n° 2021-1843, 22 déc. 2021).*** **– Les exploitants d'aérodromes relevant des groupes 1 à 3 au sens de l'article L. 6360-1 du Code des transports utilisent les recettes qui leur sont affectés en application de l'article L. 6360-2 du même code dans les conditions suivantes :**

1° Pour financer la contribution mentionnée à l'article L. 571-14 ;

2° Dans la limite de deux tiers des recettes annuelles, pour rembourser à des personnes publiques les annuités des emprunts qu'elles ont contractés ou les avances qu'elles ont consenties pour financer des travaux de réduction des nuisances sonores prévus par des conventions passées avec l'exploitant de l'aérodrome sur avis conformes de la commission prévue à l'article L. 571-16 et du ministre chargé de l'aviation civile.

(1) V. T. appl. : D. n° 94-236, 18 mars 1994. – NDLR.

Section V. – Contrôles et sanctions administratifs

Bibliographie : F. Goyard, *Le juge administratif et le contentieux de la lutte de la puissance publique contre le bruit : Rev. jur. env.* 1996, p. 261 à 392 ; *La responsabilité de l'État, commentaire du jugement du tribunal administratif de Strasbourg du 22 septembre 1997 : Rev. jur. env.* 1998, p. 349 à 354. • D. Soulage, *POS et environnement, application à la maîtrise du bruit dans l'environnement urbain : Écho bruit* juin 2000, n° 93, p. 39.

Art. L. 571-17 *(Abr. à compter du 1er juillet 2013, Ord. n° 2012-34, 11 janv. 2012).*

1) Une proposition de loi a été déposée en octobre 2015 devant le Sénat visant à récréer l'article L. 571-17 du Code de l'environnement afin de permettre à l'exploitant de l'aéroport de racheter, sous conditions, les immeubles d'habitation situés dans les zones où le plan d'exposition au bruit interdit désormais les constructions à usage d'habitation (*Prop. de loi Sénat* n° 116, 28 oct. 2015).

2) Jurisprudence rendue sous l'ancien article L. 571-17 (avant l'entrée en vigueur le 1er juillet 2013 de l'ordonnance n° 2012-34 du 11 janvier 2012).

Voir : art. L. 171-1 et s., p. 248.

Voir : C. santé publ., art. R. 1334-37 et R. 1337-6 1°.

3) Exemples de sanctions. ▪ CE, 13 janv. 2007, n° 290567, *Cie Corse Air : Environnement* 2007, comm. 64, note D. Gillig ; *RFDA* 2007, p. 757, concl. I. De Silva. ▪ CE, 19 janv. 2009, nos 315886, 315887 et 315888, *Sté Air France SA : AJDA* 2009, p. 528, note P.-A. Jeanneney). – Prise en compte de considérations extérieures pour moduler l'amende (▪ CE, 7 mai 2008, n° 305815, *Sté Air France*). ▪ CAA Nantes, 29 sept. 2009, n° 08NT03364, *Mella Duran c/ Préfet d'Indre et Loire* : légalité de l'arrêté interdisant toute diffusion de musique amplifiée dans un débit de boisson jusqu'à la production de l'étude d'impact des nuisances sonores et la réalisation des travaux éventuellement nécessaires pour assurer la conformité de l'établissement à la réglementation. Carence du maire au regard de ses pouvoirs de police spéciale constitutive d'une faute engageant la responsabilité de la commune (▪ CAA Marseille, 20 déc. 2010, n° 09MA03494, *Corbière c/ Cne de Saint-Tropez*). ▪ CAA Versailles, 19 févr. 2013, n° 12VE01598 : Annulation de la décision retirant un arrêté préfectoral ayant suspendu l'activité de diffusion de musique amplifiée d'un studio aux motifs d'absence de l'étude d'impact des nuisances sonores. ▪ CAA Versailles, 15 mai 2012, n° 11VE03616, *Cne d'Ezanville* : la responsabilité de la commune est engagée lorsque le maire a refusé illégalement de mettre en œuvre les pouvoirs de police pour faire cesser les nuisances sonores liées à l'exploitation d'un atelier de tôlerie ferronnerie. ▪ CAA Versailles, 16 déc. 2014, n° 13VE03669, *Cne de Mours* : sauf urgence avérée, le Maire doit permettre aux intéressés de présenter des observations avant d'interdire l'utilisation nocturne d'un local.

4) Faute reconnue sans indemnisation : nuisances sonores émanant d'une salle de réception très supérieures aux normes autorisées. Obligation pour le maire de faire cesser le trouble, faute de nature à engager la responsabilité. Mais lien de causalité avec les préjudices allégués non prouvé (▪ CAA Douai, 4 févr. 2020, n° 18DA01137).

Section VI. – Dispositions pénales

Voir : C. pén., art. 222-16 et C. pén., art. R. 610-5.

Bibliographie : V. D. Guihal, *Droit répressif de l'environnement*, Économica, 2016. • V. Jaworski, *Lutte contre le bruit – Répression des nuisances sonores : JCl Pénal des Affaires*, Fasc. 20, 2013.

Sous-section 1. – Constatation des infractions

Art. L. 571-18 *(Mod. à compter de la date prévue au II de l'article 29 de l'ordonnance n° 2010-177 du 23 février 2010, Ord. n° 2010-177, 23 févr. 2010).* **– I** *(Rempl. à compter du 1er juillet 2013, Ord. n° 2012-34, 11 janv. 2012).* **– Outre les officiers et agents de police judiciaire et les inspecteurs de l'environnement mentionnés à l'article L. 172-1, sont habilités à rechercher et à constater les infractions aux dispositions du présent chapitre ainsi que des textes et décisions pris pour son application :**

1° Les agents de la concurrence, de la consommation et de la répression des fraudes, qui disposent à cet effet des pouvoirs prévus *(Mots rempl. à compter du 1er juillet 2016, Ord. n° 2016-301, 14 mars 2016)* **« au I de l'article L. 511-22 » du Code de la consommation ;**

2° Les agents des douanes ;

3° Pour l'application de la section 2 du présent chapitre et à l'exclusion des opérations prévues aux articles L. 172-14 et L. 172-15, les agents mentionnés à l'article L. 1312-1 du Code de la santé publique.

II. – En outre, les fonctionnaires et agents des collectivités territoriales, mentionnés à l'article L. 1312-1 du Code de la santé publique ***(Mots rempl. à compter du 1er juillet 2013, Ord. n° 2012-34, 11 janv. 2012)*** **« sont chargés » de procéder à la recherche et à la constatation des infractions aux règles relatives à la lutte contre les bruits de voisinage, telles que définies par décret en Conseil d'État.**

Qualité d'agent habilité. Les agents nommés par les collectivités territoriales et chargés de procéder à la recherche et à la constatation des infractions aux règles relatives aux bruits de voisinage doivent être assermentés et remplir les conditions définies par le décret du 18 avril 1995 (■ Cass. crim., 15 sept. 1999, n° 98-86.066, *Assoc. Tir national de Petit x*).

Sur le contrôle des procès-verbaux de constat d'infraction (■ CAA Paris, 1er oct. 2015, n° 14PA01349, *ACNUSA c/ Sté Polaris*, et 3 déc. 2015, n° 14PA02411, *ACNUSA c/ Sté Darta*, n° 14PA02369, *ACNUSA c/ Sté Ixair*, et n° 14PA02370, *Sté Brussels Airlines*).

Validité de constats d'huissiers constatant des infractions au bruit (■ CA Aix-en-Provence, 24 sept. 2020, n° 19/13980).

Art. L. 571-19 ***(Rempl. à compter du 1er juillet 2013, Ord. n° 2012-34, 11 janv. 2012).*** **– Les dispositions de l'article L. 172-5 pour la recherche et la constatation des infractions aux prescriptions du présent chapitre ne sont pas applicables aux locaux d'habitation.**

Art. L. 571-20 ***(Abr., L. n° 2018-727, 10 août 2018).***

Art. L. 571-21 ***(Abr. à compter du 1er juillet 2013, Ord. n° 2012-34, 11 janv. 2012).***

Sous-section 2. – Sanctions

Art. L. 571-22 à L. 571-26 ***(Abr. à compter du 1er juillet 2013, Ord. n° 2012-34, 11 janv. 2012).***

CHAPITRE II ANCIEN. – PRÉVENTION DES NUISANCES VISUELLES

(Transféré, Ord. n° 2004-1199, 12 nov. 2004. – V. titre VIII, chap. II)

Art. L. 572-1 ancien ***(Dénum., Ord. n° 2004-1199, 12 nov. 2004. – V. C. env., art. L. 582-1).***

CHAPITRE II. – ÉVALUATION, PRÉVENTION ET RÉDUCTION DU BRUIT DANS L'ENVIRONNEMENT (1)

(Ord. n° 2004-1199, 12 nov. 2004)

Bibliographie : A. Milvoy, *Du diagnostic à la définition des zones calmes* : *Écho Bruit*, n° 136 2012, p. 29. • M. Boëdec, *Des cartes de bruit sans écho* : *Environnement et dév. durable* 2012, n° 1712, p. 46.

Art. L. 572-1 ***(Ord. n° 2004-1199, 12 nov. 2004).*** **– Le bruit émis dans l'environnement aux abords des principales infrastructures de transport ainsi que dans les grandes** ***(Mots rempl., L. n° 2005-1319, 26 oct. 2005)*** **(2) « agglomérations » est évalué et fait l'objet d'actions tendant à le prévenir ou à le réduire, dans les conditions prévues par le présent chapitre.**

. Transposition de la directive n° 2002/49 du Parlement européen et du Conseil, du 25 juin 2002, relative à l'évaluation et la gestion du bruit dans l'environnement.

Instruction du 28 novembre 2011 relative à l'application de la directive européenne 2002/49/CE sur l'évaluation et la gestion du bruit dans l'environnement (NOR : DEVP1131330J) et Instruction du 11 février 2014 relative aux collectivités en situation de non-conformité concernant la mise en œuvre de la directive 2002/49/CE.

Art. L. 572-2 ***(Ord. n° 2004-1199, 12 nov. 2004 ; rempl., L. n° 2005-1319, 26 oct. 2005)*** **(2). – Une carte de bruit et un plan de prévention du bruit dans l'environnement sont établis :**

1° Pour chacune des infrastructures routières, autoroutières et ferroviaires dont les caractéristiques sont fixées par décret en Conseil d'État ;

(1) V. T. appl. : D. n° 2006-361, 24 mars 2006. – NDLR.
(2) Dispositions applicables à Mayotte à compter du 1er janvier 2006, L. n° 2005-1319, 26 oct. 2005, art. 7.

2° Pour les agglomérations de plus de 100 000 habitants dont la liste est fixée *(Mots rempl., L. n° 2015-992, 17 août 2015)* « par arrêté conjoint des ministres chargés de l'environnement et de l'intérieur. Cet arrêté est mis à jour au moins tous les cinq ans ».

1) **Carte de bruit.** Rép. min. Écologie, Énergie, Développement durable et Mer, en charge des technologies vertes et des négociations sur le climat : JO Sénat Q 7 oct. 2010, p. 2608. – Nuisances sonores et autoroute. Rép. min. Écologie, Développement durable, Énergie, n° 14220 : JO Sénat Q 18 déc. 2014.

Voir : A. 4 avr. 2006 relatif à l'établissement des cartes de bruit et des plans de prévention du bruit dans l'environnement.

A. 14 avr. 2017 établissant les listes d'agglomérations de plus de 100 000 habitants pour application de l'article L. 572-2 du Code de l'environnement (JO 29 avr. 2017).

2) **Compétence de la communauté d'agglomération pour élaborer une carte de bruit.** Mise en demeure par le préfet d'en approuver une. Délai non respecté. Substitution légale par le préfet (▪ TA Cergy-Pontoise, 18 nov. 2022, n° 2002428).

3) Illégalité d'un arrêté préfectoral approuvant une carte de bruit en tant que les zones calmes aux abords des infrastructures routières n'avaient pas été identifiées et que la notion de points noirs de bruit avait été utilisée alors qu'elle n'a pas de définition juridique (▪ CAA Bordeaux, 17 déc. 2020, n° 18BX04485).

Art. L. 572-3 *(Ord. n° 2004-1199, 12 nov. 2004 ; mod., L. n° 2005-1319, 26 oct. 2005)* (1). **– Les cartes de bruit sont destinées à permettre l'évaluation globale de l'exposition au bruit dans l'environnement et à établir des prévisions générales de son évolution.**

Elles comportent un ensemble de représentations graphiques et de données numériques. Elles sont établies en fonction d'indicateurs évaluant le niveau sonore fixés dans des conditions définies par décret en Conseil d'État.

Les cartes relatives aux agglomérations prennent en compte le bruit émis par le trafic routier, ferroviaire et aérien ainsi que par les activités industrielles et, le cas échéant, d'autres sources de bruit.

Voir : Circulaire du 10 mai 2011 relative à l'organisation et au financement des cartes du bruit et des plans de prévention du bruit dans l'environnement.

Art. L. 572-4 *(Ord. n° 2004-1199, 12 nov. 2004 ; mod., L. n° 2005-1319, 26 oct. 2005)* (1). **– I. – Les cartes de bruit sont établies :**

1° Par le représentant de l'État lorsqu'elles sont relatives aux infrastructures de transport visées au 1° de l'article L. 572-2 ;

2° Par les communes situées dans le périmètre des agglomérations de plus de 100 000 habitants ou, s'il en existe, par les établissements publics de coopération intercommunale compétents en matière de lutte contre les nuisances sonores.

II. – Les autorités ou organismes gestionnaires des infrastructures mentionnées au 1° de l'article L. 572-2 transmettent, s'il y a lieu, aux autorités mentionnées au I du présent article les éléments nécessaires à l'établissement des cartes de bruit dans des délais compatibles avec les échéances fixées par les articles L. 572-5 et L. 572-9.

Voir : ci-dessus art. L. 572-2, p. 1340.

Art. L. 572-5 *(Ord. n° 2004-1199, 12 nov. 2004).* **– Les cartes de bruit sont réexaminées et, le cas échéant, révisées, au moins tous les cinq ans.**

Les cartes sont rendues publiques, le cas échéant par voie électronique.

Art. L. 572-6 *(Ord. n° 2004-1199, 12 nov. 2004).* **– Les plans de prévention du bruit dans l'environnement tendent à prévenir les effets du bruit, à réduire, si nécessaire, les niveaux de bruit, ainsi qu'à protéger les zones calmes. Les zones calmes sont des espaces extérieurs remarquables par leur faible exposition au bruit, dans lesquels l'autorité qui établit le plan souhaite maîtriser l'évolution de cette exposition compte tenu des activités humaines pratiquées ou prévues.**

Ils comportent une évaluation du nombre de personnes exposées à un niveau de bruit excessif et identifient les sources des bruits dont les niveaux devraient être réduits.

(1) Dispositions applicables à Mayotte à compter du 1er janvier 2006, L. n° 2005-1319, 26 oct. 2005, art. 7.

Ils recensent les mesures prévues par les autorités compétentes pour traiter les situations identifiées par les cartes de bruit et notamment lorsque des valeurs limites fixées dans des conditions définies par décret en Conseil d'État sont dépassées ou risquent de l'être.

Le fait qu'il soit possible de passer d'une méthode acoustique à une autre.

Art. L. 572-7 *(Ord. n° 2004-1199, 12 nov. 2004 ; mod., L. n° 2005-1319, 26 oct. 2005)* (1). **– I. – Les plans de prévention du bruit dans l'environnement relatifs aux autoroutes et routes d'intérêt national ou européen faisant partie du domaine public routier national et aux infrastructures ferroviaires sont établis par le représentant de l'État.**

II. – Les plans de prévention du bruit dans l'environnement relatifs aux infrastructures routières autres que celles mentionnées au I ci-dessus sont établis par les collectivités territoriales dont relèvent ces infrastructures.

III. – Les plans de prévention du bruit dans l'environnement relatifs aux agglomérations de plus de 100 000 habitants sont établis par les communes situées dans le périmètre de ces agglomérations ou, s'il en existe, par les établissements publics de coopération intercommunale compétents en matière de lutte contre les nuisances sonores.

IV. – L'autorité qui élabore le plan s'assure au préalable de l'accord des autorités ou organismes compétents pour décider et mettre en œuvre les mesures qu'il recense.

1) **Dommage anormal (crissement des rames du métro).** Indemnisation du préjudice causé aux habitants d'un immeuble classé « points noirs du bruit » par le plan de prévention du bruit dans l'environnement (PPBE), relatif aux infrastructures ferroviaires établi par le préfet de la région d'Île-de-France (▪ CAA Paris, 4 juill. 2013, n° 12PA01912, *RATP*).

2) La méconnaissance des articles L. 572-4 et L. 572-7 du Code de l'environnement ne peut être utilement invoquée à l'encontre d'une déclaration d'intérêt général (ici l'aménagement de deux aires de repos le long de l'A35). Ces dispositions ne sont pas une mesure préparatoire de la décision contestée et ne forment pas, non plus, avec elle une opération complexe (▪ CAA Nancy, 21 mai 2015, n° 4NC00992, *Assoc. des riverains de l'A35 pour la réduction des nuisances*).

Art. L. 572-8 *(Ord. n° 2004-1199, 12 nov. 2004)*. **– Les projets de plans de prévention du bruit dans l'environnement font l'objet d'une consultation du public, dans des conditions fixées par décret en Conseil d'État.**

Les plans de prévention du bruit dans l'environnement sont publiés.

Ils sont réexaminés et, le cas échéant, révisés en cas d'évolution significative des niveaux de bruit identifiés, et en tout état de cause au moins tous les cinq ans.

Art. L. 572-9 *(Ord. n° 2004-1199, 12 nov. 2004 ; mod., L. n° 2005-1319, 26 oct. 2005)* (1). **– I. – Les cartes de bruit relatives aux agglomérations de plus de 250 000 habitants, aux infrastructures routières dont le trafic annuel est supérieur à 6 millions de véhicules et aux infrastructures ferroviaires dont le trafic annuel est supérieur à 60 000 passages de trains sont publiées le 30 juin 2007 au plus tard. Les plans de prévention du bruit dans l'environnement correspondants sont publiés le 18 juillet 2008 au plus tard.**

II. – Les autres cartes de bruit sont publiées le 30 juin 2012 au plus tard, et les plans d'action correspondants le 18 juillet 2013 au plus tard.

Art. L. 572-10 *(Ord. n° 2004-1199, 12 nov. 2004)*. **– Les cartes de bruit et plans de prévention du bruit dans l'environnement dont l'établissement incombe à des autorités autres que l'État sont transmis au représentant de l'État.**

Lorsque celui-ci constate qu'une autorité n'a pas établi, réexaminé ou publié une carte ou un plan dans les délais prescrits par les dispositions des articles L. 572-5 et L. 572-9, il y procède au lieu et place et aux frais de cette autorité, après mise en demeure.

Art. L. 572-11 *(Ord. n° 2004-1199, 12 nov. 2004 ; rempl., L. n° 2005-1319, 26 oct. 2005)* (1). **– Un décret en Conseil d'État précise les conditions d'application du présent chapitre.**

(1) Dispositions applicables à Mayotte à compter du 1er janvier 2006, L. n° 2005-1319, 26 oct. 2005, art. 7.

TITRE VIII. – PROTECTION DU CADRE DE VIE

CHAPITRE Ier. – PUBLICITÉ, ENSEIGNES ET PRÉENSEIGNES

(Anc. chap. unique devenu chapitre Ier, Ord. n° 2004-1199, 12 nov. 2004)

Les dispositions du présent chapitre (art. L. 581-1 à L. 581-45), pour partie modifiées par la loi n° 2010-788 du 12 juillet 2010 « portant engagement national pour l'environnement », dite loi Grenelle 2, forment les fondements du droit applicable en matière d'affichage publicitaire (V. en ce sens Rép. min. n° 76014 : *JOAN* Q 28 sept. 2010, p. 10617).

Bibliographie : *Ouvrages et articles généraux. Affichage, publicité et enseignes : brochure JO*, n° 1081. • P. Bonfils, *La nouvelle procédure de référé administratif du 30 juin 2000 et le référé suspensif d'astreinte en matière de publicité extérieure, ibid.* 2001. 773 ; *Affichage publicitaire : les obligations de prise en compte de l'environnement : Dr. env.* sept. 2003, n° 111, Éd. Victoires ; *Analyse critique du rapport de M. Dupont du 17 juin 2009 sur la publicité extérieure, les enseignes et les préenseignes : Dr. env.* juill.-août 2009, n° 170. • M. Moritz, *Les communes et la publicité commerciale extérieure pour une valorisation environnementale et économique de l'espace public*, LGDJ, coll. « Thèses », 2010. • H. Clœz, *Les nouvelles règles d'implantation publicitaires : Le Moniteur* 19 nov. 2010, n° 5582. • D. Danielo, *La police de la publicité, des enseignes et des préenseignes : Territorial, 2e éd.*, 2013. • Strebler, *La police de l'affichage publicitaire : Rev. jur. env.* 2014, n° spéc. 147. • H. Hœpffner, *L'affichage publicitaire et la commande publique : de quelques problèmes de frontières : AJDA* 2015, p. 1107. • Y. Jégouzo, *La nouvelle répartition des rôles entre l'État et les collectivités territoriales dans l'élaboration des règles de publicité : AJDA* 2012, n° 32/2012. • R. Léost, *Le droit de l'affichage publicitaire dernier invité de la loi Grenelle 2 : RJE n° spécial 2010*, déc. 2011. • M.-C. de Montecler, *Élaboration des anciens règlements de publicité : AJDA* 2013, p. 376. • J. Morange, *Publicité et esthétique : Dr. et ville* 1979, n° 7, p. 101. • M. Moritz, *L'application dans le temps de la réforme : AJDA* 2012, n° 32/2012. • *De l'affichage publicitaire aux abords des agglomérations : JCP* A 2003, p. 50 à 56 ; *L'affichage publicitaire : Guide juridique et pratique 2005*, 2e éd., EFE ; *Affichage publicitaire. Actualité juridique et pratique : Efe éditions, 2e éd.*, 2005 ; *Réforme du droit de la publicité et des enseignes – Décryptage du décret du 30 janvier 2012 : RD imm.* 2012, nos 11/2012 et 12/2012 ; *Affichage publicitaire : pour qui sonne le glas ? : AJDA* 2015, n° 24/2015, p. 1351 ; *Précisions relatives aux délais transitoires de mise en conformité des publicités devenues irrégulières : AJDA* 2015, p. 767. • M.-L. Walle, *La réglementation de l'affichage publicitaire, Territorial Éditions, coll. Dossier d'experts*, 2010. • P. Wauquier, *Les pouvoirs de police du maire en matière de publicité par voie d'affichage : Gaz. cnes.* 6 sept. 2004, p. 52 à 57 (I) ; *ibid.* 13 sept. 2004, n° 34, p. 56 à 61 (II). • P. Zavoli, *Le droit de l'affichage*, L'Harmattan, 2001 ; *Réglementation de l'affichage publicitaire : Le Moniteur Éditions, coll. Guides juridiques*, 2007 ; *Le régime de la publicité, des enseignes et des préenseignes depuis le décret n° 2012-118 du 30 janvier 2012 ou les contradictions du nouveau droit de l'affichage : Rev. jur. env.* 2012, n° 3/2012 ; *Les ambivalences du nouveau régime national de la publicité : AJDA* 2012, n° 32/2012. • *Publicité : l'appartenance à une unité urbaine ne devrait qu'être présumée : AJDA* 2017, 2390. • Jean-Marc Pastor *La nouvelle donne de la protection du patrimoine : JAC* 10 sept. 2017, n° 49, p. 35. • J.-P. Strebler, *Protection des paysages contre intérêts financiers : les batailles perdues : AJDA* 2018, 1530. • Ch.-A. Dubreuil, *L'e-démocratie au service de la démocratie locale : AJDA* 2018, 1383. • L.-M. Augagneur, *Les fondements constitutionnels et économiques de la réglementation sur la publicité extérieure : JCP* A 2013, étude 1153, p. 27. • S. Austry, *Police spéciale de l'affichage et droit de la concurrence : RFDA* 2001, p. 872. • Sportouche, *Publicité le long des autoroutes : des placards et un ruban : Dr. de la voirie et du domaine public*, oct.-nov. 2011, n° 156, p. 157. • L. Boulet et L. Frossard, *Publicité – Un an de droit de la publicité : Comm. com. électr.* 2018, chron. • L. L'honnen-Frossard, *Un an de droit de la publicité : Comm. com. électr.* 2020, n° 7-8 ; *idem* 2021, n° 7-8 ; *idem* 2022, n° 7-8 ; *idem* 2023, n° 10 ; *idem* 2024, n° 10, 11.

Documents publiés par le ministère de l'Environnement. *La loi du 29 décembre 1979 et ses textes d'application*, Paris, 2000 (brochure). • *Réforme de la publicité*, janv. 2012. *Présentation du décret du 30 janvier 2012 relatif à la publicité extérieure, aux enseignes et aux préenseignes*, févr. 2012. *Note : RLP : Règlement local de publicité. Délais d'application de la nouvelle réglementation publicitaire*, avr. 2012. • *Guide pratique : la règlementation de la publicité extérieure*, Ministère de l'Écologie, du Développement durable et de l'Énergie, 9 mai 2014. • Publicité extérieure, guide pratique, *Direction générale de l'aménagement, du logement et de la nature janv. 2024.*

Document parlementaire. A. Dupont, *Publicité extérieure, enseignes et préenseignes : Rapport à la secrétaire d'État à l'écologie*, juin 2009 ; *Publicité extérieure : de nouvelles propositions pour lutter contre la pollution visuelle : Mon. TP* 2 oct. 2009, cah. détaché n° 2.

Études de la jurisprudence. X. Domino, *Publicité : derrière le maire, l'État : JCP* A 2016, n° 15, 2102. • T. Dubreuil, *Droit de la consommation et allégations environnementales : une pierre à l'édifice d'un droit en construction*, note sous TGI Nanterre, 26 oct. 2012, n° 12/2673 : *Dr. env.* mai 2013, n° 2012 ; *Définition des enseignes et préenseignes*, note sous CE, 4 mars 2013, n° 353423 : *Environnement et dév. durable* mai 2013, n° 5. • J.-H. Robert, *Une médaille d'or en chinoiseries* *juridiques : Dr. pén.* oct. 2008, n° 10, comm. 131. • E. Royer, *L'interdiction des affichages publicitaires visibles des voies hors agglomération : AJDA* 14 oct. 2002, p. 963. • J.-P. Strebler, *Affichage publicitaire : les apports récents de la jurisprudence administrative : BJDU* 5/1999, p. 326 ; *L'affichage publicitaire : Guide juridique et pratique*, EFE, 2e éd. 2005 ; *Le règlement local de publicité sauvé par l'arrêt Danthony : RD imm.* 2014, p. 66 ; *La réduction du délai transitoire de mise en conformité des publicités et divers compléments et corrections : RD imm.* 2013, p. 575 ; *Précisions relatives aux délais transitoires de mise en conformité des publicités devenues irrégulières : AJDA* 2015, p. 767. *Les délais transitoires de mise en conformité des publicités devenues irrégulières : AJDA* 2017, 1412. • P. Trouilly, *Publicité lumineuse en agglomération : Environnement* juin 2003, p. 25, n° 59. • P. Zavoli, *Affichage publicitaire : panorama de la jurisprudence : Rev. jur. env.* 3/2000, p. 471 à 481 ; *Qu'est-ce qu'une agglomération au sens de la réglementation de l'affichage ?* note sous TA Nantes, 25 mai 2009, n° 092441 : *AJDA* 2009, n° 30/2009 ; *Des bienfaits de la jurisprudence Danthony appliquée au contentieux des règlements locaux de publicité : AJDA* 2014, p. 634.

Grenelle 2. *L'affichage publicitaire : Gaz. cnes.* 15 nov. 2010, p. 63. • *Le règlement local de publicité : Gaz. cnes.* 10 janv. 2011, p. 45. • P. Cadieu, *Le Grenelle de l'environnement ou la fin de la pollution visuelle ? : Rev. Lamy coll. terr.* déc. 2010, n° 63, p. 47. • G. Godfrin, *Grenelle, affichage publicitaire et entrées de villes : Constr.-Urb.* sept. 2010, repère p. 1. • M. Moritz, *La loi Grenelle 2 et le droit de la publicité extérieure, premier bilan d'une réforme attendue : JCP* A 2010, n° 39, p. 47. • J.-P. Strebler, *La réforme du droit environnemental de l'affichage (1re partie) : BJCL* 9/2010, p. 572 ; (2e partie) : *BJCL* 10/2010, p. 650 ; *Grenelle 2 et affichage publicitaire : Environnement et dév. durable* oct. 2010, p. 58. • R. Leost, *Le droit de l'affichage publicitaire, dernier invité de la loi Grenelle 2 : Rev. jur. env.* 2010, n° spéc., p. 177. • M. Moritz, *La loi Grenelle II et le droit de la publicité extérieure : JCP* A 2010, p. 2295.

Section I. – Principes généraux

Art. L. 581-1 *(Anc. L. n° 79-1150, 29 déc. 1979 ; mod., Ord. n° 2004-1199, 12 nov. 2004).* **– Chacun a le droit d'exprimer et de diffuser informations et idées, quelle qu'en soit la nature, par le moyen de la publicité, d'enseignes et de préenseignes, conformément aux lois en vigueur et sous réserve des dispositions du présent chapitre.**

Voir : D. n° 76-148, 11 févr. 1976, relatif à la publicité et aux enseignes visibles des voies ouvertes à la circulation publique (*JO* 14, rect. 25 févr. 1976). – Circ. DNP/SP, n° 2001-1, 5 avr. 2001, relative à la mise en œuvre des textes sur la publicité, les enseignes et les préenseignes.

D. n° 2012-118, 30 janv. 2012, relatif à la publicité extérieure, aux enseignes et aux préenseignes.

Instruction du Gouvernement relative à la réglementation nationale des publicités, des enseignes et préenseignes du 25 mars 2014 (NOR : DEVL1401980J, texte non paru au *JO*). Cette instruction précise les modalités d'application du décret n° 2012-118 du 30 janvier 2012. À cette fin, elle apporte des précisions sur les changements introduits par cette nouvelle réglementation, des instructions détaillées sur les modalités d'entrée en vigueur de la réforme, et précise le rôle et les missions des services déconcentrés.

D. n° 2013-606, 9 juill. 2013, portant diverses modifications des dispositions du Code de l'environnement relatives à la publicité, aux enseignes et préenseignes.

I – LE PRINCIPE DE LIBERTÉ

1) Illégalité des interdictions générales et absolues d'affichage. En l'absence de circonstances particulières communales, l'interdiction générale et absolue d'affichage sur les emplacements appartenant à des particuliers est illégale (■ CE, 10 oct. 1980, n° 165081, *Min. Environnement et Cadre de vie c/ Union des Chambres syndicales d'affichage et de publicité extérieure : Rec. CE* 1980, p. 595).

2) Liberté sur le contenu même de l'affichage. Une affiche représentant une religieuse et un prêtre s'embrassant n'apparaît pas de nature à justifier l'intervention de l'autorité administrative (Rép. min. à Mme Boutin par le ministre de l'Intérieur, n° 47363, 9 sept. 1991 : *JOAN Q*, 18 nov. 1991, p. 4709).

3) Absence de circonstances locales particulières. En l'absence de circonstances locales particulières, le caractère immoral de « messagerie rose », à le supposer établi, ne peut fonder une interdiction de toute publicité en leur faveur (■ CE, 2e et 6e ss-sect., 8 déc. 1997, n° 171134, *Cne d'Arcueil c/ Régie publicitaire des transports parisiens : Dr. adm.* 1998, comm. 57. ■ CE, 2e et 6e ss-sect., 8 avr. 1998, n° 165034, *Cne de Lattes*. ■ CAA Lyon, 2e ch., 10 févr. 2000, n° 96LY00430, *Ville de Saint-Étienne*. ■ CAA Marseille, 1re ch., 22 mars 2001, n° 98MA00377, *Assoc. Promouvoir, M. Thes c/ Cne de Vaison-la-Romaine*).

4) Champ d'application (affichage politique). Tout affichage est concerné : l'affichage publicitaire comme l'affichage politique. Constituent donc une forme de publicité au sens de l'article L. 581-1 du Code de l'environnement des affiches de propagande à caractère politique (■ CAA Nantes, 2e ch., 29 sept. 2009, n° 08NT02733, *Assoc. Front National*). De même, des affiches à caractère diffamatoire apposées par un parti politique, hors période électorale, sur des éléments de mobilier urbain, constituent une publicité au sens de l'article L. 581-3 du Code de l'environnement (■ TA Clermont-Ferrand, 29 mars 2011, n° 1000461).

II – LIMITES À LA LIBERTÉ D'AFFICHAGE

5) Sécurité publique.

a) Concurrence police générale – police spéciale : la police spéciale de l'affichage et de la publicité ne fait pas obstacle à l'exercice, par les autorités de police générale, des pouvoirs qu'elles détiennent en vue d'assurer la sécurité publique et la sûreté des personnes et des biens. Ainsi, le décret du 11 février 1976 est légal (■ CE, 17 févr. 1978, n° 01671, *Union des syndicats nationaux des cadres et techniciens d'affichage et de publicité extérieure : Rec. CE* 1978, p. 81. ■ CE, 17 févr. 1978, n° 02633, *Assoc. dite « Comité pour léguer l'esprit de la résistance » (CLER) : Rec. CE* 1978, p. 82). Cependant est annulé l'article 7 dudit décret en tant qu'il permet à l'autorité investie du pouvoir de police d'accorder des dérogations pour la publicité placée sur le mobilier urbain (■ CE, 22 déc. 1978, *Union des Chambres syndicales d'affichage et de publicité extérieure : Rec. CE* 1978, p. 530). La législation relative à l'urbanisme et les servitudes esthétiques permettent réglementation de l'affichage. Ou ■ Cass. crim., 22 oct. 1936 : *DP* 1937, 1, 43, note Monsarrat. En revanche, le maire n'a pas le droit de soumettre à déclaration préalable régime d'autorisation sauf cas particulier l'affichage publicitaire (■ TA Marseille, 12 oct. 2006, n° 0203780, *SARL RDD Affichage : RJ env.* 2007, 485, obs. Zavoli

b) *Prévention des accidents :* le maire d'une commune est compétent pour pourvoir à la sécurité des usagers par des mesures concernant l'installation et l'emplacement des dispositifs publicitaires en application de ses pouvoirs de police générale pour tenir compte de la violence des intempéries dans ladite commune (■ CE, 16 oct. 1981, n°s 12582 et 12583, *Union des Chambres syndicales d'affichage et de publicité extérieure*). Un arrêté interdisant l'implantation de panneaux publicitaires en bordure de la voie publique à une distance inférieure à leur hauteur totale en vue d'éviter les accidents qui pourraient être occasionnés par la chute éventuelle n'est pas illégal (■ CE, 21 janv. 1983, n° 25394, *Union des Chambres syndicales d'affichage et de publicité extérieure*).

c) Signalisation routière : le maire peut prescrire l'enlèvement de simples peintures murales qui, par leur taille et leur graphisme et leur couleur, sont de nature à nuire à l'efficacité de la signalisation routière et à détourner l'attention des automobilistes empruntant un carrefour important situé à proximité (■ CE, 19 avr. 1985, n° 42648, *Sté Excelsior : Gaz. Pal.* 1985, 2, pan. dr. adm. p. 337). Le maire peut exiger la suppression d'une enseigne lumineuse qui, par son emplacement, sa surface et son intensité lumineuse, est de nature à nuire à l'efficacité de la signalisation routière, sur un chemin départemental classé « voie à grande circulation » et supportant un trafic de 4 000 à 6 000 véhicules par jour (■ CE, 11 mai 1987, n° 53749, *M. Van Lœnen*). Des panneaux d'affichage nuisant à l'efficacité de la signalisation routière et détournant l'attention des usagers automobilistes peuvent être interdits par le maire exerçant la police de la circulation sans que la circonstance que ces panneaux soient implantés depuis plusieurs mois fasse disparaître l'urgence de mettre fin à cette situation dangereuse pour la sécurité publique (■ CE, 10 juin 1998, n° 147907, *Sté Sopremo*). L'implantation de panneaux sollicitant l'attention des usagers de la voie publique dans des conditions dangereuses pour la sécurité routière peut être interdite par le maire en vertu de ses pouvoirs de police de la circulation à l'intérieur des agglomérations, l'urgence justifiant que soit ordonnée leur dépose immédiate (■ CE, 23 juin 1999, n° 148671, *Sté Long*. ■ CE, 23 juin 1999, n° 148672, *Sté Marignan Publicité*). La requérant qui se borne à invoquer la méconnaissance de l'article R. 418-5 du Code de la route proscrivant la publicité sur les voies ouvertes à la circulation, sans démontrer que ces publicités contreviennent aux dispositions du Code de l'environnement régissant la publicité à l'intérieur des agglomérations, n'est pas fondée à demander l'annulation de la décision du maire refusant de faire usage de ses pouvoirs de police qu'il détient qu'en cas d'urgence (■ CAA Marseille, 19 mai 2016, n° 14MA04451, *Assoc. de lutte contre l'affichage publicitaire illégal en Provence-Alpes-Côte d'Azur : Dr. env.* 2016, 425, obs. Zavoli).

6) Gestion du domaine public. Il appartient à l'autorité chargée du domaine public de fixer, tant dans l'intérêt de ce domaine et de son affectation que dans l'intérêt général, les conditions auxquelles doit satisfaire l'affichage sur les immeubles communaux et sur les palissades privées établies temporairement sur le domaine public (■ CE, 2 mai 1969, n° 60932, *Sté d'affichage Giraudy : Rec. CE* 1969, p. 238). Est abusif un recours indemnitaire de plus de 200 000 € – Deux décisions prétendument illégales du maire interdisant l'affichage publicitaire, alors que les panneaux étaient situés hors agglomération et que les bases de la décision étaient parfaitement légales (■ CAA Lyon, 17 mai 2022, n° 20LY01079).

7) Lutte contre le tabagisme et l'alcoolisme. Toute propagation ou publicité en faveur du tabac ou des produits du tabac est interdite (L. n° 91-32, 10 janv. 1991, art. 3, relative à la lutte contre le tabagisme et l'alcoolisme : *JO* 12 janv. 1991, p. 615). La propagande ou la publicité en faveur des boissons alcooliques est limitée (L. n° 91-32,

10 janv. 1991, art. 10, relative à la lutte contre le tabagisme et l'alcoolisme : *JO* 12 janv. 1991, p. 615).

8) Santé publique. Toute publicité en faveur d'un don d'éléments ou de produits du corps humain est interdite (C. santé publ., art. L. 1211-3). De même pour la propagande ou la publicité concernant les établissements pratiquant les IVG (C. santé publ., art. L. 2221-1), ou la distribution du sang humain ou de ses composants (C. santé publ., art. L. 1221-11).

9) Application de la loi dans le temps. La légalité des décisions administratives, en matière de publicité et d'affichage, doit être appréciée à la date où ces décisions ont été prises. Ainsi, la circonstance que l'implantation d'un certain nombre des dispositifs litigieux n'est plus aujourd'hui en infraction avec la législation sur l'affichage compte tenu de l'intervention, notamment, de la loi du 29 décembre 1979 et de ses textes d'application est sans influence sur la légalité desdites décisions attaquées (▪ CE, 5 juin 1989, n°s 51282 et 51416, *Sté J.-C. Decaux-Ville de Paris c/ Assoc. SOS Paris*).

10) Liberté du commerce et de l'industrie. Les mesures prises par l'autorité de police doivent respecter le liberté du commerce et de l'industrie dès lors qu'elles affectent une activité économique (▪ CE, avis, 22 nov. 2000, *Sté L et P Publicité : Rec. CE* 2000, p. 525 ; *RFDA* 2001, p. 872, concl. S. Austry ; *D.* 2001, p. 110, note N. Albert ; *AJDA* 2001, p. 198, note MC Rouault).

III – AUTRES FONDEMENTS POUR RÉGLEMENTER LA PUBLICITÉ

11) Autres fondements. Outre les dispositions du Code de l'environnement, le maire peut agir également sur le fondement du Code de la route (V. C. route, art R. 418-1 et s.) et du Code général des collectivités territoriales (▪ CAA Nantes, 27 déc. 2007, n° 07NT01187, *Sté Publicom SARL*). À l'inverse, l'usage par le maire des dispositions du Code de l'environnement pour un dispositif portant atteinte à la sécurité routière constitue un détournement de procédure (▪ TA Rennes, 17 déc. 2009, n° 0701647, *Sté Espace Com : Rev. jur. env.* 4/2010, p. 718, note Ph. Zavoli). Certains auteurs prônent la suppression des dispositions du Code de la route, source de confusion (V. en ce sens, J.-Ph. Strebler, *Affichage publicitaire : il faut abroger le décret du 11 février 1976 ! : AJDI* 2000, p. 403). Pour un contrôle du juge sur la motivation de l'atteinte à la sécurité routière pour justifier un refus d'autorisation ▪ CAA Nancy, 18 mai 2017, n° 16NC00986, *Cne de Vandœuvre-lès-Nancy* note J.-P. Strebler, *la sécurité routière n'est pas la panacée pour refuser les autorisations d'installation d'écrans publicitaires numériques : RD imm.* 2017 p. 373.

12) Répartition des compétences. Réglementation de la publicité dans l'espace public : concours de police spéciale.

Si le Code de l'environnement ne fait pas obstacle à ce que l'autorité de police spéciale de la publicité, en l'espèce le conseil de la communauté de l'agglomération, prenne aussi en compte la protection du cadre de vie et l'intérêt de la sécurité routière, cet intérêt ne peut pas légalement constituer le but déterminant de la réglementation. Annulation dans le règlement local de publicité de l'agglomération de l'interdiction des publicités numériques à proximité de certains carrefours. (▪ CAA Bordeaux, 4 déc. 2018, n° 16BX03856 : C. Friedrich, *JCP* A 2018, n° 50, act. 1926).

Art. L. 581-2 (1) ***(Mod., Ord. n° 2004-1199, 12 nov. 2004).* – Afin d'assurer la protection du cadre de vie, le présent chapitre fixe les règles applicables à la publicité, aux enseignes et aux préenseignes, visibles de toute voie ouverte à la circulation publique, au sens précisé par décret en Conseil d'État. Ses dispositions ne s'appliquent pas à la publicité, aux enseignes et aux préenseignes situées à l'intérieur d'un local, sauf si l'utilisation de celui-ci est principalement celle d'un support de publicité.**

Voir : D. n° 80-923, 21 nov. 1980, portant règlement national de la publicité en agglomération et déterminant les conditions d'application à certains dispositifs publicitaires d'un régime d'autorisation pour l'application de la loi n° 79-1150 du 29 décembre 1979, relative à la publicité, aux enseignes et préenseignes (*JO* 25 nov. 1980, mod.).

1) Voie ouverte à la circulation publique. Les voies ouvertes à la circulation publique sont les voies publiques ou privées qui peuvent être librement empruntées à titre gratuit ou non par toutes personnes circulant à pied ou par un moyen de transport individuel ou collectif ; ainsi, les pistes de remontée mécanique et de télésiège des stations de sport d'hiver ainsi que les pistes de ski sont au nombre des voies ouvertes à la circulation publique (▪ CE, 4 mars 1994, n° 118233, *SARL Régineige : Rec. CE* 1994, p. 108), les voies ferrées (▪ TA Grenoble, 9 mars 1994, n° 9103401, *SARL Transaffichage*), les quais de gare (▪ TA Versailles, 24 oct. 1994, n° 8604746, Union des chambres *syndicales de la publicité extérieure c/ Cne de Juvisy-sur-Orge*. ▪ Cass. com., 12 nov. 1986,

(1) Disposition dérogatoire : V. C. patr., art. L. 621-29-8.

vité sont des enseignes soumises à la taxe locale sur la publicité extérieure (■ CA Lyon, 2 févr. 2016, n° 14/06594, *Ville de Saint-Étienne*. ■ CA Lyon, 10 mai 2016, n° 14/08991, *Ville de Saint-Étienne*).

Art. L. 581-3-1 ***(Créé à compter du 1er janvier 2024 sous réserve de l'adoption en loi de finances de dispositions compensant les charges résultant, pour les collectivités concernées, des compétences transférées par l'article 17 de la loi n° 2021-1104 du 22 août 2021, L. n° 2021-1104, 22 août 2021).*** **– Les compétences en matière de police de la publicité sont exercées par le maire au nom de la commune.**

Les compétences mentionnées au premier alinéa peuvent être transférées au président de l'établissement public de coopération intercommunale dans les conditions et selon les modalités prévues à l'article L. 5211-9-2 du Code général des collectivités territoriales.

La conférence des maires prévue à l'article L. 5211-11-3 du même code peut être réunie dans les conditions prévues au même article L. 5211-11-3, afin d'assurer la cohérence de l'exercice du pouvoir de police de la publicité.

Section II. – Publicité

Sous-section 1. – Dispositions générales

Art. L. 581-4 ***(Mod., L. n° 2006-436, 14 avr. 2006*** (1) ***; L. n° 2016-925, 7 juill. 2016)*** (2). **– I. – Toute publicité est interdite :**

1° Sur les immeubles classés ou inscrits au titre des monuments historiques ;

2° Sur les monuments naturels et dans les sites classés ;

3° Dans les cœurs des parcs nationaux et les réserves naturelles ;

4° Sur les arbres.

II. – Le maire ou, à défaut, le préfet, sur demande ou après avis du conseil municipal et après avis de la commission départementale compétente en matière de sites, peut en outre interdire par arrêté toute publicité sur des immeubles présentant un caractère esthétique, historique ou pittoresque.

III. – L'avis de la commission départementale compétente en matière de sites est réputé acquis s'il n'est pas intervenu dans un délai de deux mois à compter de la saisine par le préfet ou de la demande d'avis de la commission adressée par le maire au préfet.

Voir : D. n° 80-923, 21 nov. 1980, art. 8 et s., préc.

Bibliographie : G. Clamour, *Publicité sur les trottoirs : Contrats-Marchés publ.* 2018. • G. Cagnon, *Le mobilier urbain, un vecteur incertain de rentabilité de la voirie publique : JCP* A 2016.

1) Application. *Les monuments historiques :* est condamné à la suppression d'un dispositif de publicité lumineuse installé sans autorisation à moins de 100 mètres d'un monument inscrit à l'inventaire supplémentaire, M. X qui a fait placer un panneau publicitaire lumineux sur un immeuble situé non loin d'une chapelle dont deux portails en hémicycle sont inscrits à l'inventaire supplémentaire des monuments historiques (■ Cass. crim., 31 mai 1995, n° 94-84.371).

2) Calcul de la distance d'éloignement. La distance se calcule depuis l'immeuble classé lui-même et non de son terrain d'assiette (■ TA Caen, 6 juill. 2007, n° 0601127, *Sté Sopa : Environnement* oct. 2007, n° 10, comm. 186, J.-M. Février).

3) Les arbres. L'article L. 581-4-4° du Code de l'environnement s'applique à l'afficheur qui, pour installer un panneau de publicité scellé dans le sol et non apposé sur un arbre, élague plusieurs branches d'arbres, ce qui « conduit à une altération apportée à l'aspect d'un arbre » (■ CE, 14 févr. 2001, n° 209103, *Sté centrale d'espaces publicitaires : Rev. jur. env.* 2001, n° 3 ; – dans le même sens, V. ■ CAA Bordeaux, 17 déc. 2008, n° 07BX01588, *Sté Promovil : JurisData* n° 2008-007048). Illégalité de l'affichage de la coupe de football UEFA euro

(1) Conditions d'application : V. L. n° 2006-436, 14 avr. 2006, art. 31.
Dispositions applicables à Mayotte et à Saint-Pierre-et-Miquelon, L. n° 2006-436, 14 avr. 2006, art. 30, I.

(2) Pour l'application des présentes dispositions à Saint-Barthélemy, les références au Code de l'environnement sont remplacées par les références prévues par le Code de l'environnement applicable localement, L. n° 2016-925, 7 juill. 2016, art. 119, III.

2016 sur les murs de la Ville de Paris en violation de l'article L. 581-4 – du Code de l'environnement et du règlement local de la Ville de Paris (■ TA Paris, 15 juin 2017, n° 1609703).

4) Inopposabilité. L'arrêté portant inscription d'un site à l'inventaire départemental est inopposable aux tiers, faute de publication au *Journal officiel* alors même qu'il serait annexé au POS, et à ce titre, opposable aux constructeurs et aux personnes visées à l'article L. 123-5 du Code de l'urbanisme (■ CE, 14 oct. 1987, n° 70227, *Min. Urbanisme, Logement et Transports c/ SA Affichage Giraudy : Gaz. Pal.* 1988, 1, pan. dr. adm. p. 20. ■ CE, 12 mai 1989, n° 86729, *Min. Équipement, Logement, Aménagement du territoire et Transports c/ SA Affichage Giraudy : Rec. CE* 1989, p. 125).

5) Inapplication de la théorie des opérations complexes. L'exception d'illégalité de la décision de classement ou d'inscription aux monuments historiques devenue définitive ne peut être soulevée dans le cadre d'un recours contre un arrêt prescrivant l'enlèvement d'une publicité (■ CE, 25 juill. 1980, n° 20100, *Min. Environnement et Cadre de vie c/ Sté centrale d'affichage et de publicité : Rec. CE* 1980, p. 318. ■ CE, 14 déc. 1981, n° 23888, *Sté centrale d'affichage et de publicité : Rec. CE* 1981, p. 466).

6) Commission départementale compétente en matière de sites. La suppression de la commission départementale des sites, perspectives et paysages par l'article 28 de l'ordonnance du 1er juillet 2004 (Ord. n° 2004-637, 1er juill. 2004 *relative à la simplification de la composition et du fonctionnement des commissions administratives et à la réduction de leur nombre*, art. 28 : *JO*, 2 juill. 2004) laisse un temps d'adaptation jusqu'à la précision par le pouvoir réglementaire de la composition de la commission départementale compétente en matière de nature, des paysages et des sites à laquelle il est désormais fait référence.

7) Publicité sur les échafaudages des monuments historiques. La publicité est autorisée sur les échafaudages dressés à l'occasion de travaux sur les monuments historiques (D. n° 2007-645, 30 avr. 2007 : *Environnement* juin 2007, n° 6, comm. 128, J.-M. Février).

8) Illégalité de l'interdiction. Un arrêté du maire qui, en application de l'article L. 581-4 du Code de l'environnement, interdit l'implantation de dispositifs publicitaires à moins de 100 mètres du bord extérieur de chaussée de l'anneau extérieur des giratoires (150 mètres hors agglomération) et à moins de 20 mètres autour des feux tricolores et autres signalisations est illégal. En effet, outre le fait que ces interdictions localisées en dehors de l'agglomération relevaient de la compétence du préfet, elles étaient trop générales et avaient pour effet de réduire de manière très significative, à l'échelle de l'agglomération, les possibilités d'implantation de dispositifs publicitaires (■ TA Grenoble, 9 mars 2010, n° 0604897). Est illégale l'interdiction prononcée par le maire de Marseille de faire de la publicité sur les cadrans de vélo au motif que certaines stations de vélo étaient situées dans des sites classés. Impossibilité de procéder à une interdiction sélective (■ CAA, Marseille, 6e ch., 12 déc. 2016 n° 15MA01229).

9) Obligation d'agir. Le maire a l'obligation d'agir en matière de publicité. Son refus engage sa responsabilité et expose la commune à devoir payer une indemnisation si le maire a agi au nom de la commune, ce qui est le cas si la commune est couverte par un règlement local de publicité et, depuis le 1er janvier 2024, dans tous les cas de figure (■ CAA Bordeaux, 7 nov. 2023, n° 20BX04093).

Art. L. 581-5 ***(Mod., L. n° 2004-1199, 12 nov. 2004).*** **– Toute publicité doit mentionner, selon le cas, le nom et l'adresse ou bien la dénomination ou la raison sociale, de la personne physique ou morale qui l'a apposée ou fait apposer.**

Présomption simple. Même si le fait que le nom de la société soit mentionné sur les deux dispositifs publicitaires litigieux est de nature à faire présumer que la société est la personne qui a apposé ou fait apposer la publicité, celle-ci est susceptible d'en rapporter la preuve contraire (■ CAA Lyon, 2 juill. 2010, nos 09LY01146 et 09LY02076, *Sté de Visu : JCP* A 13 déc. 2010, n° 50, 2373, note M. Moritz).

Art. L. 581-6. **–** ***(Mod. à compter du 1er janvier 2024 sous réserve de l'adoption en loi de finances de dispositions compensant les charges résultant, pour les collectivités concernées, des compétences transférées par l'article 17 de la loi n° 2021-1104 du 22 août 2021, L. n° 2021-1104, 22 août 2021)*** **L'installation, le remplacement ou la modification des dispositifs ou matériels qui supportent de la publicité sont soumis à déclaration préalable auprès du maire dans des conditions fixées par décret en Conseil d'État.**

Lorsqu'il ressort de la déclaration préalable que le dispositif publicitaire ne respecte pas les dispositions législatives et réglementaires, le maire ou le préfet enjoint, par voie d'arrêté, le déclarant à déposer ou à mettre en conformité le dispositif concerné dans un délai de quinze jours. À l'expiration de ce délai, si le déclarant n'a pas satisfait à l'injonction, alors il sera redevable du versement de l'astreinte prévue à l'article L. 581-30 du présent code (■ CAA Lyon, 16 juin 2011, n° 10LY02183). Ces dispositions soumettant l'implantation des dispositifs publicitaires à déclaration préalable et non à autorisation, le Maire de la commune ne pouvait s'y opposer, mais seulement mettre en demeure le déclarant de modifier les dispositifs publicitaires en cause (■ CAA Marseille, 23 avr. 2013, n° 11MA01731, *EURL Affi Grand Ouest*).

Il résulte des dispositions combinées des articles L. 581-6 et L. 584-19 de nature législative que dès lors que les préenseignes sont soumises à un régime de déclaration, une commune ne tient d'aucune autre disposition du code, la compétence pour substituer à son régime de déclaration préalable, un régime d'autorisation (■ CAA Paris, 30 juill. 2019, n° 17PA23182).

Voir : D. n° 80-923, 21 nov. 1980, art. 30-1 à 30-3, mod., D. n° 96-946, 24 oct. 1996, art. 1er, préc.

Sous-section 2. – Publicité en dehors des agglomérations

Art. L. 581-7 *(Rempl., L. n° 2010-788, 12 juill. 2010 ; mod., L. n° 2015-990, 6 août 2015 ; Ord. n° 2016-79, 29 janv. 2016).* – **En dehors des lieux qualifiés d'agglomération par les règlements relatifs à la circulation routière, toute publicité est interdite. Elle est toutefois autorisée à l'intérieur de l'emprise des aéroports ainsi que des gares ferroviaires et routières et des équipements sportifs ayant une capacité d'accueil d'au moins 15 000 places, selon des prescriptions fixées par décret en Conseil d'État. La publicité peut également être autorisée par le règlement local de publicité de l'autorité administrative compétente à proximité immédiate des établissements de centres commerciaux exclusifs de toute habitation et situés hors agglomération, dans le respect de la qualité de vie et du paysage et des critères, en particulier relatifs à la densité, fixés par décret.**

Voir : D. n° 80-923, 21 nov. 1980, art. 9, préc.
Jurisprudence sous l'article L. 581-7, ancienne rédaction.

1) Agglomération : définition. La définition de l'agglomération résulte de la combinaison des articles R. 1er et R. 44 du Code de la route (nouveau C. route, art. R. 110-2 et R. 411-2) (■ CE, 15 juin 1987, n° 68417, *SARL ODIP Publicité routière : Rec. CE* 1987, p. 214. ■ CE, 2 mars 1990, n° 68134, *Min. Urbanisme, Logement et Transports c/ Sté Publi-Système : Rec. CE* 1990, p. 53. ■ CE, 17 mai 1991, n° 62587, *Sté Publirama : D.* 1992, somm. p. 211, obs. Maillard. ■ CE, 29 mars 1993, n° 143774, *Sté Dauphin Ota et a. : Rec. CE* 1993, p. 89). Le terme « agglomération » désigne un espace sur lequel sont groupés des immeubles bâtis rapprochés et dont l'entrée et la sortie sont signalées par des panneaux placés à cet effet, et dont les limites sont fixées par arrêté du maire après approbation du préfet (■ CE, 15 juin 1987, *SARL ODIP Publicité routière*, préc. ■ CE, 2 mars 1990, *Min. Urbanisme, Logement et Transports c/ Sté Publi-Système*, préc. – V. aussi ■ CAA Douai, 24 mai 2006, n° 05DA01129, *Sté CFA Panopub*). La Cour administrative d'appel de Douai opte pour une définition plus concise précisant qu'une zone d'agglomération est un espace sur lequel sont regroupés des immeubles bâtis rapprochés, sans davantage de précisions (■ CAA Douai, 19 juill. 2011, n° 10DA01073). Le Conseil d'État fait application des règles relatives à la publicité en zone d'agglomération alors même que sa délimitation n'aurait pas été opérée au titre du Code de la route (■ CE, 19 avr. 2000, n° 168.166, *SARL Affipub*. ■ CAA Bordeaux, 14 mars 2008, n° 03BX01321, *Cne de Cayenne*). En l'absence d'authentification par décret du chiffre de la population de l'agglomération de la commune, il appartient au maire de déterminer la population (■ CE, 29 mars 1993, *Sté Dauphin Ota et a.*, préc. ■ CE, 29 juin 1998, n° 151904, *Sté Art vision publicité EURL*). Les arrêtés ordonnant la suppression de dix panneaux publicitaires, pris en application des présentes dispositions, sont illégaux si les panneaux sont situés à l'intérieur d'une agglomération (■ CE, 29 juin 1998, n° 159490, *Sté Afficaen*). Même si le panneau routier d'agglomération est placé avant les panneaux publicitaires litigieux, ces derniers sont néanmoins considérés être situés hors agglomération dans la mesure où il n'existe aucun immeuble bâti sur le lieux d'implantation des panneaux publicitaires (■ CAA Lyon, 12 juill. 2001, n° 00LY0825, *SARL Art Vision*). Une voie publique séparant l'agglomération d'un espace non aggloméré n'est pas une voie située hors agglomération (■ TA Melun, 28 févr. 2008, n° 08-00741-4, *Sté Affichage Fiachetti : Environnement* avr. 2008, n° 4, comm. 70, J.-M. Février). Un terrain contigu de parcelles supportant un ensemble de construction rapprochées est en agglomération. En revanche, il importe peu que le terrain soit classé en zone U ou qu'il soit protégé par des mesures de protection contre le bruit (■ CAA Bordeaux, 24 oct. 2006, n° 03BX01528, *SAS G et B Sud : Environnement* déc. 2006, n° 12, comm. 132, J.-M. Février). L'article 9 du décret n° 80-923 du 21 novembre 1980 portant règlement national de la publicité en agglomération, énonce que les dispositifs publicitaires non lumineux, scellés au sol ou installés directement sur le sol, sont interdits dans les agglomérations de moins de 10 000 habitants qui ne font pas partie d'un ensemble multicommunal de plus de 100 000 habitants. Dans les autres agglomérations, ces dispositifs sont interdits si les affiches sont visibles d'une autoroute ou d'une bretelle de raccordement à une autoroute ainsi que d'une route express, d'une déviation ou d'une voie publique situées hors agglomération. Les termes « hors agglomération » que mentionnent ces dispositions doivent être regardés comme concernant les seules déviations et voies publiques et comme ne s'appliquant pas aux autoroutes, aux bretelles de raccordement ni aux routes express (■ CE, 12 déc. 2003, n° 253905, *Sté Trihept*). La présomption simple selon laquelle l'agglomération est un espace situé entre les panneaux d'entrée et de sortie de ville peut être renversée. En l'espèce, la carte IGN et la photographie aérienne du secteur montrent que le support publicitaire litigieux est installé dans un secteur de la commune présentant le caractère d'un espace sur lequel sont groupés des immeubles bâtis rapprochés. Alors même que ce secteur est situé en-dehors des limites de l'agglomération telles que fixées par le maire pour l'application du Code de la route, le dispositif doit être regardé comme ayant été implanté dans une zone d'agglomération (■ TA Fort-de-France, 12 oct. 2009, n° 0500396, *SARL Affichage CLG : Rev. jur. env.* 4/2010, p. 716, note Ph. Zavoli). Bien que la zone commerciale, dans laquelle sont implantés les dispositifs publicitaires litigieux, soit située en dehors des limites de l'agglomération, elle constitue un espace sur lequel sont groupés des immeubles bâtis rapprochés, qui aurait dû être inclus dans l'agglomération (■ TA Strasbourg, 25 juin 2009, n°s 0606092 et 0701855, *Sté Heidia : Rev. jur. env.* 4/2010, p. 718, note Ph. Zavoli). Le secteur en cause, séparé par une route de la zone bâtie et composé de trois hôtels et d'un restaurant, implantés à proximité d'une zone commerciale, dont ils étaient séparés par de vastes parkings, ne pouvait être qualifié d'agglomération (■ TA Nancy, 30 juin 2015, n° 1401020 : *Sté OXIAL*). N'est pas située hors agglomération une zone dans laquelle étaient implantées des immeubles bâtis ; en conséquence, la réglementation relative aux publicités autorisées hors agglomération était inapplicable et c'est à bon droit que le maire a enjoint à la société de retirer son panneau (■ CAA Bordeaux, 5e ch., 29 déc. 2017 n°s 15BX02261 et 15BX02843). *A contrario*, est située hors agglomération une zone dans laquelle ne sont pas implantés des immeubles bâtis ; la circonstance de la présence d'un centre Leclerc à proximité de l'autre côté de la voie n'est pas de nature à changer la solution juridique (■ CAA Marseille, 7e ch., 13 juill. 2017 n° 16MA01356).

2) Caractère réglementaire de la décision fixant les limites d'une agglomération : conséquences. La légalité des décisions administratives fixant les limites de l'agglomération peut être contestée par voie d'exception lors du recours pour excès de pouvoir contre un arrêté ordonnant la suppression ou l'interdiction de publicité (■ CE, 15 juin 1987, *SARL ODIP Publicité routière*, préc.).

3) Population prise en compte. Le chiffre de la population à prendre en compte est celui de la population urbaine de la zone considérée rapportée au chef-lieu (■ CE, 7 oct. 1991, n°s 88383 et 88384, *Min. Équipement, Logement, Aménagement du territoire et Transports c/ Sté Affichage Giraudy et Sté Dauphin : Rec. CE* 1991, p. 694). Seul le chiffre de la population de l'agglomération au sens d'un règlement relatif à la circulation routière doit être pris en compte (■ CE, 15 juin 1987, n° 71936, *Min. Urbanisme, Logement et Transports c/ Sté Affichage Giraudy : Rec. CE* 1987, p. 578. ■ CE, 9 juin 1999, n° 143182, *M. Montaignac*).

4) Télésiège. La plus grande partie du télésiège étant implantée dans une zone qui ne présente pas le caractère d'un espace sur lequel sont regroupés des immeubles bâtis rapprochés, elle n'est pas située à l'intérieur d'une agglomération et ne peut donc pas être regardée comme étant située dans une zone de publicité autorisée (■ CE, 4 mars 1994, n° 118233, *SARL Régineige : Rec. CE* 1994, p. 108 ; *Dr. adm.* 1994, n° 176 ; *Dr. env.* 1994, n° 38 ; *LPA* 12 mai 1995, n° 57-11, note Communier).

5) Compétence liée. Le sous-préfet est tenu de mettre en demeure la société de retirer ses dispositifs publicitaires commerciaux. Par conséquent, l'absence de régularité et de délégation de signature n'entache pas d'illégalité la mise en demeure (■ CE, 4 mars 1994, *SARL Régineige*, préc.).

6) Interdiction des affiches publicitaires visibles des voies hors agglomération. Les panneaux publicitaires fixés au sol et situés en agglomération ne doivent pas être visibles d'une autoroute, que celle-ci traverse ou non l'agglomération (■ CE, 4 déc. 1991, *Préfet de la Haute-Garonne c/ SA Dauphin Ota : Rec. CE* 1991, tables p. 693 ; *RFDA* 1993, p. 309 et concl. Comm. gouv. R. Dutreil. ■ CAA Bordeaux, 2e ch., 28 mai 2002, n° 00BX00215, *Sté Trihept : AJDA* 2002, p. 963. ■ CAA Paris, 12 nov. 2002, *MATE, préfet du Val-d'Oise : Rev. jur. env.* 2003, p. 365). En revanche, les panneaux publicitaires fixés au sol visibles depuis une route express, déviation ou voie publique n'est interdite que si ces voies sont situées hors agglomération (■ CE, 12 déc. 2003, n° 253906, *Sté Trihept : Rev. jur. env.* 2004, p. 319). En posant deux panneaux publicitaires hors agglomération sans respecter la réglementation, une société d'affichage publicitaire a porté atteinte aux intérêts collectifs défendus par deux associations de défense de l'environnement, à leurs actions pour défendre l'environnement et à leur réputation. Il est alloué à chacune 1 000 euros en réparation de leur préjudice moral (■ CA Rennes, 29 avr. 2015, n° 13/07121, *Assoc. Bretagne Vivante*).

7) L'ordonnance du 29 janvier 2016 relative aux gares routières et à la recodification des dispositions du Code des transports relatives à l'Autorité de régulation des activités ferroviaires et routières est venue ajouter les gares routières aux dispositions du présent article (Ord. n° 2016-79, 29 janv. 2016 : *JORF* 31 janv. 2016, texte n° 46).

Sous-section 3. – Publicité à l'intérieur des agglomérations

Art. L. 581-8 ***(Rempl., L. n° 2010-788, 12 juill. 2010 ; mod. L. n° 2016-925, 7 juill. 2016)*** (1) (2). **– I. – À l'intérieur des agglomérations, la publicité est interdite :**

1° Aux abords des monuments historiques mentionnés à l'article L. 621-30 du Code du patrimoine ;

2° Dans le périmètre des sites patrimoniaux remarquables mentionnés à l'article L. 631-1 du même code ;

3° Dans les parcs naturels régionaux ;

4° Dans les sites inscrits ;

5° ***(Rempl. jusqu'à l'entrée en vigueur, selon les modalités fixées au I de l'article 112 de la loi n° 2016-925 du 7 juillet 2016, du 1° du I du présent article dans sa rédaction résultant de l'article 100 de la loi n° 2016-925 du 7 juillet 2016, L. n° 2017-257, 28 févr. 2017)*** **À moins de 100 mètres et dans le champ de visibilité des immeubles classés parmi les monuments historiques ou inscrits au titre des monuments historiques ou mentionnés au II de l'article L. 581-4 ;**

6° ***(Abr.)*** **;**

7° Dans l'aire d'adhésion des parcs nationaux ;

8° Dans les zones spéciales de conservation et dans les zones de protection spéciales mentionnées à l'article L. 414-1.

Il ne peut être dérogé à cette interdiction que dans le cadre d'un règlement local de publicité établi en application de l'article L. 581-14.

II. – Dans le cas où il n'est pas dérogé aux interdictions prévues au I du présent article, le maire peut autoriser l'affichage d'opinion et la publicité relative aux activités des associations, mentionnés à l'article L. 581-13, sur les palissades de chantier, dans des conditions déterminées par décret en Conseil d'État.

III. – La publicité ne peut recouvrir tout ou partie d'une baie. Toutefois, sous réserve de l'application de l'article L. 581-4 et du présent article, cette interdiction est levée pour les dispositifs de petit format intégrés à des devantures commerciales et ne recouvrant que partiellement la baie ou lorsqu'il s'agit de la devanture d'un établissement temporairement fermé pour réfection ou à la suite d'une procédure de règlement judiciaire, dans des conditions fixées par décret en Conseil d'État.

Voir : D. n° 80-923, 21 nov. 1980, art. 9, préc. – D. n° 82-220, 25 févr. 1982, portant application de la loi n° 79-1150 du 29 décembre 1979, relative à la publicité, aux enseignes et préenseignes en ce qui concerne la surface minimale et les emplacements de l'affichage d'opinion et des associations sans but lucratif.

Jurisprudence sous l'article L. 581-8, ancienne rédaction et sous L. 581-7 pour la définition *a contrario* des zones hors agglomération

1) Champ d'application. Le gouvernement n'a pas méconnu l'étendue de son habilitation accordée par le législateur en interdisant la publicité à l'intérieur des agglomérations, sauf dérogation, dans les zones de protection du patrimoine architectural, urbain et paysager (■ CE, 11 févr. 2002, n° 227273, *Union de la publicité extérieure : Juris-Data* n° 2002-063595).

2) Sites classés et monuments historiques classés. Constitue une infraction l'implantation d'un panneau publicitaire se trouvant à moins de 100 mètres et dans un champ de visibilité d'un monument inscrit à l'inventaire supplémentaire des monuments historiques même si seule une partie de l'immeuble a été inscrite (■ Cass. crim., 31 mai 1995, n° 94-84.371 : *Dr. env.* 1996, n° 35, p. 16, obs. J.-H. Robert).

3) Application de la réglementation. L'ensemble formé par le boulevard périphérique de Paris, ses voies de raccordement, les immeubles

(1) L'entrée en vigueur du présent 1° sera conditionnée par la présence, au sein des communes et établissements publics de coopération intercommunale, d'un règlement local de publicité pris en application de l'article 39 de la loi n° 2010-788 du 12 juillet 2010 : V. L. n° 2016-925, 7 juill. 2016, art. 112, I.

(2) Pour l'application des présentes dispositions à Saint-Barthélemy, les références au Code de l'environnement sont remplacées par les références prévues par le Code de l'environnement applicable localement, L. n° 2016-925, 7 juill. 2016, art. 119, III.

le bordant, présentent un caractère qui justifie les mesures d'interdiction et de limitation de la publicité édictées par le préfet de la Seine (■ CE, 1er oct. 1966, n° 66902, *Union des Chambre syndicales d'affichage et de publicité extérieure : Rec. CE* 1966, p. 513).

4) Interdiction : murs et bâtiments d'habitation. L'interdiction propre aux murs et bâtiments d'habitation ne s'applique pas à un bâtiment essentiellement affecté à des commerces et des bureaux (■ CE, sect., 11 oct. 1991, n° 90853, *Min. Équipement c/ Sté Affichage Giraudy : Rec. CE* 1991, p. 328 ; *Dr. adm.* 1991, n° 454. ■ CE, 6 juill. 1992, nos 89372 et 89373, *Épx El Harrar : Rec. CE* 1992, p. 726).

5) Distinction entre publicité et enseigne. Les inscriptions sur les devantures commerciales relatives à l'activité de l'établissement ne sont pas des publicités mais doivent être considérées comme des enseignes. Par conséquent, elles ne sont pas concernées par la réglementation relative aux micro-affiches publicitaires (V. en ce sens Rép. min. n° 103788 : *JOAN* Q 26 juill. 2011, p. 8127).

6) Affichage publicitaire et PNR : un dispositif publicitaire situé à l'intérieur d'une agglomération couverte par le périmètre d'un parc naturel régional, ne peut être considéré comme étant irrégulièrement implanté, du seul fait de sa présence à l'intérieur de ce périmètre (■ CAA Bordeaux, 29 déc. 2017, n° 15BX01890).

Art. L. 581-9 ***(Anc. L. n° 79-1150, 29 déc. 1979 ; mod., L. n° 2010-788, 12 juill. 2010 ; L. n° 2011-525, 17 mai 2011 ; mod. à compter de la date prévue à l'article 29 de l'ordonnance n° 2018-1125 du 12 décembre 2018, et au plus tard le 1er juin 2019, Ord. n° 2018-1125, 12 déc. 2018).*** **– Dans les agglomérations, et sous réserve des dispositions des articles L. 581-4 et L. 581-8, la publicité est admise. Elle doit toutefois satisfaire, notamment en matière d'emplacements, de densité, de surface, de hauteur, d'entretien et, pour la publicité lumineuse, d'économies d'énergie et de prévention des nuisances lumineuses au sens du chapitre III du présent titre, à des prescriptions fixées par décret en Conseil d'État en fonction des procédés, des dispositifs utilisés, des caractéristiques des supports et de l'importance des agglomérations concernées. Ce décret précise également les conditions d'utilisation comme supports publicitaires du mobilier urbain installé sur le domaine public.**

(1) **Peuvent être autorisés par arrêté municipal, au cas par cas, les emplacements de bâches comportant de la publicité et, après avis de la commission départementale compétente en matière de nature, de paysages et de sites, l'installation de dispositifs publicitaires de dimensions exceptionnelles liés à des manifestations temporaires. Les conditions d'application du présent alinéa sont déterminées par le décret mentionné au premier alinéa.**

(1) ***(Mod. à compter du 1er janvier 2024 sous réserve de l'adoption en loi de finances de dispositions compensant les charges résultant, pour les collectivités concernées, des compétences transférées par l'article 17 de la loi n° 2021-1104 du 22 août 2021, L. n° 2021-1104, 22 août 2021)*** **L'installation des dispositifs de publicité lumineuse autres que ceux qui supportent des affiches éclairées par projection ou par transparence est soumise à l'autorisation du maire.**

Tout système de mesure automatique de l'audience d'un dispositif publicitaire ou d'analyse de la typologie ou du comportement des personnes passant à proximité d'un dispositif publicitaire est soumis à autorisation de la Commission nationale de l'informatique et des libertés.

Voir : D. n° 80-923, 21 nov. 1980, précité. – Déc. ■ Cons. conc., n° 98-D52, 7 juill. 1998, relative à des pratiques relevées dans le secteur du mobilier urbain (*BOCC, BOSP* n° 19, 7 oct. 1998, p. 582).

Jurisprudence sous l'article L. 581-9, ancienne rédaction.

1) Illégalité des discriminations entre supports. Le maire a compétence pour délimiter des zones de publicité autorisée, restreinte ou élargie, et pour fixer les prescriptions qui s'y appliquent mais aucune disposition ne l'habilite à instituer des règles de procédure à caractère contraignant, telles qu'une obligation de déclaration préalable ou un régime d'autorisation en dehors des cas extrêmement limités prévus par les dispositions du présent article (■ CE, 8 déc. 1999, n° 154395, *Cne de Pont-à-Mousson : JurisData* n° 1999-051223 ; *Dr. env.* juin 2000, n° 79, p. 11 et s.).

2) Illégalité des interdictions générales et absolues d'affichage. Aucune disposition de la loi ne permet au maire d'instituer une dérogation

(1) Le Conseil constitutionnel a déclaré le présent alinéa conforme à la Constitution, sous la réserve énoncée au considérant 31 de sa décision : V. ■ Cons. const. n° 2012-282 QPC, 23 nov. 2012, art. 3 (*JO* 24 nov. 2012) ; *JurisData* n° 2012-027284. – NDLR.

générale sur l'ensemble du territoire de la commune en faveur d'un certain type de support publicitaire (■ CE, 8 déc. 1999, *Cne de Pont-à-Mousson*, préc.). Le maire ne peut pas instituer un régime d'autorisation préalable autre que celui résultant de la loi. Est ainsi illégal un règlement municipal de publicité qui soumet à autorisation toutes les enseignes de la commune (■ CAA Marseille, 2 juin 1998, n° 97MA01026, *M. Courquin*).

L'interdiction générale et absolue d'affichage sur les emplacements appartenant à des particuliers est illégale en l'absence de circonstances locales particulières (■ CE, 10 oct. 1980, n° 16081, *Min. Environnement et Cadre de vie c/ Union des Chambres syndicales d'affichage et de publicité extérieure : Rec. CE* 1980, p. 595). Les collectivités locales ne peuvent pas prescrire une interdiction générale de publicité lumineuse ni instituer une obligation de déclaration préalable ou un régime d'autorisation. Elles peuvent, en revanche, restreindre les durées réglementaires d'installation des enseignes et préenseignes temporaires (■ CAA Nancy, 25 juill. 2014, n° 13NC02131, *Cne de Thionville* : J.-Ph. Strebler, *Règlement local de publicité : les limites du pouvoir de restreindre les règles nationales : AJDA* 2014, p. 2373).

3) Légalité d'une interdiction pour des motifs tirés de la protection du cadre de vie en général. Le maire peut légalement fonder sa décision de refus d'autorisation, sous le contrôle du juge de l'excès de pouvoir, sur des motifs tirés de l'objectif général de la protection du cadre de vie mentionné à l'article L. 581-2. En l'espèce, est légal le refus d'autorisation du maire d'installer une publicité lumineuse qui affecterait l'urbanisme qui s'organise dans le secteur (■ CE, 7 nov. 2001, n° 221.207, *Min. Environnement c/ Sté Lioté : Environnement* janv. 2002, n° 13, note P. Trouilly).

4) Zone de publicité restreinte en agglomération. Une telle zone ne peut déroger aux interdictions générales et absolues ni recouvrir une partie du territoire ne constituant pas une agglomération (■ CAA Nantes, 2e ch., 17 juin 2008, n° 00NT00008, *SARL Trihept*).

5) Légalité de l'arrêté réglementant la publicité lumineuse à Paris au motif « que la circonstance que l'article L. 581-9 du Code de l'environnement soumet à autorisation préalable l'installation de tous les dispositifs de publicité lumineuse autres que affiches éclairées par projection ou transparence ne prive pas l'autorité compétente de la faculté de réglementer localement l'implantation et les caractéristiques de ces dispositifs afin d'assurer la protection du cadre de vie ; que cette possibilité de réglementer peut aller jusqu'à l'interdiction de certains types de dispositifs « (■ CAA Paris, 19 janv. 2016, n° 13PA03128). Légalité de la réglementation concernant les bâches publicitaires et l'interdiction de toute publicité numérique (même arrêt).

6) Constitutionnalité. Violation des articles 2 et 3 de la Charte de l'environnement par le troisième alinéa de l'article L. 581-9 qui soumet l'installation des dispositifs de publicité lumineuse à autorisation. Non. J'en suis à 10 Absence de participation du public. Violation de l'article 7 de la charte. Non. ■ Cons. const., 23 nov. 2012, n° 2012-282 QPC, *Assoc. France Nature Environnement et a. : AJDA* 2012, 2246, note Poupeau ; *JCP* A 2013, n° 1, p. 2005, obs. Capitani et Moritz ; *RJE* 2013. 103, note Zavoli ; *ibid.* 295, note Crottet ; *RDP* 2013, 197, chron. Rousseau, Gahdoun et Bonnet ; *JCP* A 2012, act. 827. Même solution s'agissant des bâches.

7) Définition d'une agglomération. La notion d'agglomération doit être entendue comme un espace sur lequel sont groupés les immeubles bâtis rapprochés mais ne saurait être appréhendée qu'à l'intérieur du territoire d'une seule commune. En l'absence d'authentification par décret du chiffre de population de l'agglomération de la commune, il appartient au maire de déterminer, sous le contrôle du juge, la population de l'agglomération de sa commune. Un tel acte, qui n'est qu'un constat, ne revêt donc pas de caractère réglementaire et ne forme pas avec les décisions individuelles prises en application, une opération administrative unique (■ CE, 13 mars 2020, n° 427207 : *AJDA* 2020, p. 601).

Art. L. 581-10 *(Abr., L. n° 2010-788, 12 juill. 2010 ; rétabli, L. n° 2015-990, 6 août 2015).* **– Sans préjudice de l'article L. 581-4 et des I et II de l'article L. 581-8, les dispositifs publicitaires, lumineux ou non, implantés sur l'emprise des équipements sportifs ayant une capacité d'accueil d'au moins 15 000 places assises peuvent déroger au premier alinéa de l'article L. 581-9 en matière d'emplacement, de surface et de hauteur, dans des conditions fixées par décret en Conseil d'État. L'implantation des dispositifs dérogatoires est soumise à l'autorisation du conseil municipal ou de l'assemblée délibérante de l'établissement public de coopération intercommunale compétent ou du conseil de la métropole de Lyon.**

Voir : D. n° 80-924, 21 nov. 1980, fixant la procédure d'institution des zones de réglementation spéciale prévues aux articles 6 et 9 de la loi n° 79-1150 du 29 décembre 1979.

Voir aussi : D. n° 2016-688, 27 mai 2016 relatif à la publicité sur l'emprise des équipements sportifs, *JORF* 29 mai 2016, texte n° 5.

Le décret du 27 mai 2016 concerne les professionnels de l'affichage publicitaires, ainsi que les exploitants d'équipements sportifs d'une capacité d'au moins 15 000 places assises, les collectivités territoriales et les services déconcentrés de l'État. Pris pour l'application de la loi n° 2015-990 du 6 août 2015 pour la croissance, l'activité et l'égalité des chances économiques (dite « loi Macron »), le décret du 27 mai 2016 fixe le régime applicable aux publicités dans l'emprise des équipements sportifs d'une capacité d'au moins 15 000 places assises. Il décrit la procédure de déclaration ou d'autorisation applicable à ces publicités, la nature des dispositifs qui peuvent être utilisés et les conditions dans lesquelles il peut être dérogé aux règles maximales de hauteur que les publicités doivent respecter. Dans ce sens, ce sont les dispositions des articles R. 581-9, R. 581-10, R. 581-21-1, R. 581-23, R. 581-26, R. 581-31, R. 581-32, R. 581-34, R. 581-36, R. 581-41, R. 581-74 et R. 581-87 du Code de l'environnement.

Des dispositifs publicitaires non lumineux et de la publicité lumineuse, y compris numérique, peuvent désormais être installés sur l'emprise des équipements sportifs d'une capacité d'au moins 15 000 places assises, sur une surface maximale de 50 m².

Ces dispositions figurent aux termes du nouvel article L. 581-10 du Code de l'environnement rétabli par la loi du 6 août 2015 qui, auparavant, prévoyait des zones de publicité restreinte ou élargie, soumise à des prescriptions spéciales. L'article avait été abrogé par la loi Grenelle 2 du 12 juillet 2010. Pour mémoire, ces prescriptions réglementaires portent notamment sur l'emplacement, la surface, la hauteur, l'entretien et, pour la publicité lumineuse, les économies d'énergie et la prévention des nuisances lumineuses (C. env., art. L. 581-9). La loi n° 2015-990 du 6 août 2015 a étendu les règles relatives à l'implantation de dispositifs publicitaires dans les stades situés en agglomération aux stades situés hors agglomération.

Le décret du 27 mai 2016 décrit la procédure de déclaration ou d'autorisation applicable à ces publicités (C. env., art. R. 581-21-1), laquelle autorisation est délivrée pour une durée maximale de 8 ans, en tenant compte, notamment, de la durée d'installation de la publicité, de sa surface, des procédés utilisés, des caractéristiques des supports, de son insertion architecturale et paysagère, de son impact sur le cadre de vie environnant et de ses incidences éventuelles sur la sécurité routière. Il précise la nature des dispositifs qui peuvent être utilisés (C. env., art. R. 581-26 et s.). Ainsi, désormais, sur l'emprise des équipements sportifs ayant une capacité d'accueil d'au moins 15 000 places assises, les dispositifs publicitaires non lumineux scellés au sol ou installés directement sur le sol ou les publicités lumineuses apposées sur un mur, une façade ou une clôture, scellées au sol ou installées directement sur le sol peuvent s'élever jusqu'à 10 mètres au-dessus du niveau du sol et avoir une surface unitaire d'une limite maximale de 50 m². C'est le cas également des publicités numériques. Le décret décrit également les conditions dans lesquelles il peut être dérogé aux règles maximales de hauteur que les publicités doivent respecter.

Jurisprudence sous l'article L. 581-10, ancienne rédaction.

ZONES DE PUBLICITÉ RESTREINTE OU ÉLARGIES

1) Contrôle restreint du juge. Cette disposition confère aux autorités compétentes « un large pouvoir de réglementation de l'affichage » en leur permettant d'interdire la publicité ou les catégories de publicité tant sur la délimitation des zones de publicité restreinte que sur les prescriptions spéciales qui y sont édictées. Ainsi, n'a pas commis une erreur manifeste d'appréciation, le maire qui a interdit toute publicité dans une zone qui correspond au centre de la commune, même si cette zone comprend une zone artisanale (■ CE, 8 déc. 2000, n° 202422, *Cne de Gières*. ■ CAA Marseille, 17 avr. 2001, n° 98MA00821, *Sté Publirama*).

Le juge administratif contrôle l'erreur manifeste d'appréciation du maire dans le cadre de l'institution d'une zone de publicité restreinte ou d'une zone de publicité élargie (■ CAA Nantes, 30 juill. 2011, n° 10NT01922. ■ CE, 30 janv. 1991, n° 86358, *Min. Équipement, Logement, Aménagement du territoire et Transports c/ Chambre syndicale française de l'affichage : Rec. CE* 1991, p. 33. ■ CE, 31 juill. 1996, n° 161146, *Cne de Quetigny c/ Union des Chambres syndicales de la publicité extérieure : Dr. adm.* 1996, n° 12, p. 4 et s., note F. Bouyssou ; *JCP* G 1997, t. II, 21770, note J.-P. Strebler ; *LPA* 25 nov. 1996, n° 142, note Nguyen Van Tuong ; *Dr. env.* 1997, n° 45, p. 8, note P. Bonfils. ■ CE, 29 juill. 1998, n° 158646, *Cne d'Anglet c/ Chambre syndicale française de l'affichage*). En estimant qu'il y avait lieu d'interdire tout mode de publicité à moins de 50 mètres de part et d'autre de l'alignement du boulevard BAB, le maire d'Anglet a eu en vue de renforcer en ces lieux, où s'était développée une prolifération anarchique de la publicité, la protection du cadre de vie ; que, ce faisant, le maire n'a pas commis d'erreur manifeste d'appréciation, alors même qu'une partie des voies concernées est bordée par des installations industrielles et commerciales ; qu'en édictant des mesures particulières concernant les dispositifs publicitaires scellés au sol ou installés directement sur le sol, l'arrêté contesté a eu pour objet, non de supprimer toute publicité dans la zone concernée, mais d'y empêcher, dans un but de protection du cadre de vie, une densification excessive de l'affichage publicitaire (■ CE, 29 juill. 1998, *Cne d'Anglet*, préc.).

2) Contenu obligatoire du règlement local de publicité. Le maire ne peut se contenter de délimiter une zone de publicité autorisée sans définir les prescriptions qui y sont applicables. Un tel règlement est illégal et le maire est tenu de l'abroger (■ TA Lyon, 25 sept. 2007, n° 0504097, Assoc Paysages de France : Environnement déc. 2007, n° 12, comm. 213, J.-M. Février).

3) Contenu autorisé. Il appartient au maire de déterminer le nombre ou les caractéristiques des dispositifs autorisés (■ CAA Lyon, 1er déc. 2005, n° 01LY00249, *Sté Ara Publicité : Environnement* févr. 2006, n° 2, comm. 24, J.-M. Février).

4) Interdiction de créer une procédure. Le règlement local ne peut instituer une procédure contraignante telle qu'une obligation de déclaration préalable ou d'autorisation (▪ CAA Marseille, 21 févr. 2008, n° 06MA00444, *Syndicat national de la publicité extérieure*).

Si l'autorité locale ne peut instituer, dans le cadre d'une zone restreinte, un mécanisme aboutissant directement ou indirectement à subordonner la publicité à autorisation préalable (▪ CE, 8 déc. 1999, *Cne de Pont-à-Mousson : Rec. CE* 1999, p. 622. ▪ CAA Marseille, 27 mars 2003, *Cne de Narbonne c/ Dpt de l'Aude : Rev. jur. env.* 2004, p. 326), elle peut imposer des prescriptions limitant l'implantation de publicité, par exemple en imposant une distance maximale entre une préenseigne et l'activité signalée (▪ CAA Paris, 30 juin 2004, *Sté Dauphin OTA : Environnement* 2004, comm. 90).

5) Irrégularité d'une dérogation non prévue par la loi. Un règlement local de publicité prévoyant une dérogation non prévue par l'article L. 581-19 est illégale (▪ CE, 30 mars 2009, n° 305913, *Sté LC COM*).

6) Illégalité des mesures générales et absolues. Aucune disposition de la loi ne permet au maire d'instituer une dérogation générale sur l'ensemble du territoire de la commune en faveur d'un certain type de support publicitaire (▪ CE, 8 déc. 1999, *Cne de Pont-à-Mousson*, préc.). Le maire ne peut pas instituer un régime d'autorisation préalable autre que celui résultant de la loi. Est ainsi illégal un règlement municipal de publicité qui soumet à autorisation toutes les enseignes de la commune (▪ CAA Marseille, 2 juin 1998, n° 97MA01026, *M. Courquin*).

L'interdiction générale et absolue d'affichage sur les emplacements appartenant à des particuliers est illégale en l'absence de circonstances locales particulières (▪ CE, 10 oct. 1980, n° 16081, *Min. Environnement et Cadre de vie c/ Union des Chambres syndicales d'affichage et de publicité extérieure : Rec. CE* 1980, p. 595).

7) Couverture territoriale. Le maire, en instituant par l'arrêté litigieux trois zones de publicité restreinte couvrant en totalité l'agglomération, dont la première dite « zone de protection absolue », où l'affichage publicitaire est interdit sur d'autres supports que le mobilier urbain mis en place par la commune et correspond aux quartiers résidentiels, n'a pas commis une erreur manifeste d'appréciation, ni institué une discrimination illégale en faveur du mobilier urbain (▪ CE, 10 nov. 1997, n° 161158, *Cne du Grand Quevilly : Rec. CE* 1997, p. 671).

L'arrêté peut légalement instituer plusieurs zones de publicité restreinte couvrant, au total, l'ensemble de l'agglomération communale (▪ CE, 30 janv. 1991, *Min. Équipement, Logement, Aménagement du territoire et Transports c/ Chambre Syndicale française de l'affichage*, préc. ▪ CE, 29 mars 1996, n° 118268, *SA Marignan publicité*. ▪ CAA Marseille, 7 mai 2008, préc.).

8) Autorisation du maire. L'installation d'enseignes sur les immeubles situés dans les sites inscrits à l'inventaire et dans les zones de publicité restreinte est soumise à autorisation délivrée par le maire (▪ CE, 3 oct. 1997, n° 169514, *SARL Mil Mike : Rec. CE* 1997, p. 671).

9) Police générale et police spéciale. L'institution de zones de publicité restreinte prise afin d'assurer la protection du cadre de vie et des habitants n'est pas entachée d'illégalité du seul fait que cette réglementation ait également pour effet, en limitant le nombre de panneaux publicitaires, le long de certaines voies très fréquentées, d'améliorer la sécurité de la circulation automobile (▪ CE, 13 nov. 1992, n°s 123697 et 123087, *Sté affichage Fiacchetti : Rec. CE* 1992, p. 727 ; *Dr. adm.* 1992, n° 509).

10) Absence d'obligation de motivation. L'arrêté instituant une zone de publicité restreinte est un acte à caractère réglementaire non soumis aux obligations de motivation de la loi du 11 juillet 1979 (▪ CAA Marseille, 7 mai 2008, n° 05MA01940, *Sté Mediazur*. ▪ CE, 30 janv. 1991, n° 106923).

11) Restriction des supports. En ayant autorisé comme supports publicitaires, dans la zone de publicité restreinte n° 1, correspondant au centre urbain d'Albertville, le mobilier urbain, les palissades des chantiers, les panneaux d'affichage électronique, ainsi que les panneaux fixés en façade des établissements de spectacle et, dans certaines conditions, les murs peints, le maire n'a pas commis d'erreur manifeste d'appréciation, ni institué une discrimination irrégulière entre titulaires d'emplacements publicitaires (▪ CE, 31 juill. 1996, n° 139171, *Cne d'Albertville : Rec. CE* 1996, p. 686). En n'autorisant la publicité que sur le mobilier urbain et dans quelques lieux précisément fixés par le règlement attaqué, le maire de Quetigny n'a pas institué une discrimination irrégulière entre les entreprises ou les modes d'affichage (▪ CE, 31 juill. 1996, n° 161146, *Cne de Quetigny c/ Union des Chambres syndicales de la publicité extérieure*).

12) Illégalité des discriminations entre supports. Le maire a compétence pour délimiter des zones de publicité autorisée, restreinte ou élargie, et pour fixer les prescriptions qui s'y appliquent, mais aucune disposition ne l'habilite à instituer des règles de procédure à caractère contraignant, telles qu'une obligation de déclaration préalable ou un régime d'autorisation en dehors des cas extrêmement limités prévus par les dispositions du présent article (▪ CE, 8 déc. 1999, n° 154395, *Cne de Pont-à-Mousson : JurisData* n° 1999-051223 ; *Dr. env.* juin 2000, n° 79, p. 11 et s.).

13) Discrimination illégale. Le maire peut soumettre la publicité dans une zone de publicité restreinte, à des prescriptions limitant les possibilités d'implantation de dispositifs publicitaires, ces restrictions ne sauraient avoir pour effet d'instaurer une discrimination entre les dispositifs déjà existants dans cette zone, en la fondant sur la date à laquelle ils avaient été déclarés, sans produire entre les sociétés d'affichage une inégalité qui n'est pas justifiée par une différence de situation entre elles (▪ CE, 29 mars 1996, n° 118268, *SA Marignan publicité*). En exonérant, par principe, de l'obligation de respecter les prescriptions du règlement municipal, l'ensemble du mobilier urbain déjà installé, quel qu'en soit le lieu d'implantation, l'arrêté attaqué procède à une discrimination illégale entre les entreprises d'affichage (▪ CE, 8 déc. 1999, n° 154395, *Cne de Pont-à-Mousson : JurisData* n° 1999-051223).

14) Absence de discrimination. En soumettant dans des zones de publicité restreinte, le mobilier urbain à un régime spécifique, le maire de Romans n'a pas commis une erreur manifeste d'appréciation et n'a pas institué une discrimination irrégulière entre les entreprises d'affichage (▪ CE, 30 janv. 1991, *Min. Équipement, Logement, Aménagement du territoire et Transports c/ Chambre syndicale française de l'affichage*, préc.). En n'autorisant la publicité que sur le mobilier urbain et dans quelques lieux précisément fixés par le règlement attaqué, le maire de Quetigny n'a pas institué une discrimination irrégulière entre les entreprises ou les modes d'affichage (▪ CE, 31 juill. 1996, *Cne de Quetigny c/ Union des Chambres syndicales de la publicité extérieure*, préc.). En n'autorisant dans certaines zones de publicité restreinte délimitées, que la publicité sur le mobilier urbain, le maire n'a pas institué une discrimination illégale entre les entreprises et entre les modes d'affichage (▪ CAA, Douai, 1re ch., 31 mai 2001, *Union de la publicité extérieure : JurisData* n° 2001-159612).

15) Atteinte à la concurrence et position dominante. Le maire doit prendre en compte, lorsqu'il réglemente l'affichage, la liberté du commerce et de l'industrie et les règles de concurrence et doit s'assurer que la réglementation ne conduira pas nécessairement à exploiter une position dominante d'un afficheur de manière abusive (▪ CAA Marseille, 7 mai 2008, préc.).

16) Plan d'occupation des sols. La circonstance que l'interdiction des dispositifs publicitaires non lumineux scellés au sol ou installés directement sur le sol aurait pu également résulter de l'institution d'une zone de publicité restreinte, n'entache pas le classement de la zone où se trouvent implantés les panneaux litigieux en zone ND, de détournement de pouvoir (▪ CE, 24 févr. 1993, n° 107976, *Sté affichage Giraudy : Rec. CE* 1993, p. 596).

17) Légalité d'une interdiction pour des motifs tirés de la protection du cadre de vie en général. Le maire peut légalement fonder sa décision de refus d'autorisation, sous le contrôle du juge de l'excès de pouvoir, sur des motifs tirés de l'objectif général de la protection du cadre de vie mentionné à l'article L. 581-2. En l'espèce, est légal le refus d'autorisation du maire d'installer une publicité lumineuse qui affecterait l'urbanisme qui s'organise dans le secteur (▪ CE, 7 nov. 2001, n° 221207, *Min. Environnement c/ Sté Lioté : Environnement* janv. 2002, n° 13, note P. Trouilly).

18) Le Code de la route, autre fondement de limitation de la publicité. Indépendamment des règles définies par le Code de l'environnement, le Code de la route permet également à l'autorité d'encadrer la publicité, pour des raisons de sécurité des usagers de la route (C. route, art. R. 418-1 et s.). Voir par ex : ▪ CAA Lyon, 19 janv. 2006, n° 01LY00409, *Cne de Marcy l'Étoile : Environnement* avr. 2006, n° 4, comm. 49, J.-M. Février.

Art. L. 581-11 (1) *(Abr., L. n° 2010-788, 12 juill. 2010).*

Voir : D. n° 80-924, 21 nov. 1980.

Jurisprudence sous l'article L. 581-11, ancienne rédaction.

1) V. ▪ CE, avis, 22 nov. 2000, n° 223645, *Sté L & P Publicité SARL.*

I – PALISSADES DE CHANTIER

2) Intérêt à agir. Une société d'affichage ne justifie d'aucun intérêt lui donnant qualité pour former un recours pour excès de pouvoir contre une interdiction d'afficher prévue dans une permission de voirie portant occupation du domaine public pour édifier une palissade nécessaire à la clôture du chantier, cette interdiction ne constituant qu'une condition insérée dans une permission de voirie accordée à une société qui est totalement étrangère à la société requérante (▪ CE,

(1) V. ▪ CE avis, 22 nov. 2000, n° 223645, *Sté L&P Publicité SARL.* – NDLR.

29 avr. 1966, *Min. Travaux publics et Transports c/ Sté affichage Giraudy et Sté champagne-publicité : Rec. CE* 1966, p. 294). Les sociétés d'affichage qui utilisent des palissades pour y apposer des affiches publicitaires ont intérêt à agir et sont recevables à demander l'annulation de décisions réglementaires prescrivant des limitations de hauteur de ces palissades (▪ CE, 29 avr. 1966, n° 60127, *Sté affichage Giraudy : Rec. CE* 1966, p. 293).

3) **Compétence.** Les pouvoirs des communes, en matière de gestion du domaine public routier, ont été transférés aux communautés urbaines et notamment, la délivrance des permissions de voirie. Ainsi, le conseil municipal des communes comprises dans une communauté urbaine est désormais incompétent pour autoriser l'établissement de palissades sur la voie publique pour la clôture des chantiers et pour réglementer les conditions auxquelles doit satisfaire l'affichage sur ces palissades (▪ CE, 7 janv. 1987, n° 26979, *Ville de Bordeaux : Rec. CE* 1987, p. 2 ; *Dr. adm.* 1987, n° 112 ; *AJDA* 1987, p. 428, note Prétot ; *RD imm.* 1987, p. 329, note Auby et Lavroff).

4) **Gestion du domaine public.** Le maire, en tant qu'autorité chargée de la gestion du domaine public, peut limiter la hauteur des affiches habituellement apposées sur les palissades de clôture des chantiers, à l'exception des palissades élevées sur les portions de routes nationales dans la traversée des communes qui appartiennent à la gestion du domaine public de l'État (▪ CE, 29 avr. 1966, *Sté affichage Giraudy*, préc.). Il appartient à l'autorité chargée de la gestion du domaine public de fixer les conditions auxquelles doit satisfaire l'affichage sur les immeubles communaux et sur les palissades privées établies temporairement sur le domaine public communal. Ainsi, le conseil municipal peut légalement concéder l'affichage sur ces emplacements à une société d'affichage en se fondant sur des motifs d'ordre esthétique ou financier (▪ CE, 2 mai 1969, *Sté affichage Giraudy : Rec. CE* 1969, p. 238 ; *Gaz. Pal.* 1969, 2, p. 160 ; *Dr. adm.* 1969, n° 200).

5) **Absence de discrimination.** Eu égard aux particularités des chantiers de construction et compte tenu, notamment, de leur caractère temporaire, le préfet du Calvados, en autorisant sur l'ensemble du territoire de la commune de Dives-sur-Mer l'apposition sur les palissades de chantier de construction établies en terrain privé, des panneaux réclames, peintures et affiches ayant au maximum une surface de 4 mètres carrés et ne dépassant pas une hauteur de 3 m au-dessus du sol, n'a pas établi une discrimination illégale entre les propriétaires d'emplacement susceptible de recevoir des dispositions publicitaires (▪ CE, 9 juin 1982, n° 21903, *Union des Chambres syndicales d'affichage et de publicité extérieure*).

Art. L. 581-12 *(Abr., L. n° 2010-788, 12 juill. 2010).*

Voir : D. n° 80-924, 21 nov. 1980. – Annotations sous art. L. 581-9, p. 1354.

Art. L. 581-13 *(Mod., Ord. n° 2004-1199, 12 nov. 2004).* – **Sous réserve des dispositions du présent chapitre, le maire détermine par arrêté et fait aménager sur le domaine public ou en surplomb de celui-ci ou sur le domaine privé communal, un ou plusieurs emplacements destinés à l'affichage d'opinion ainsi qu'à la publicité relative aux activités des associations sans but lucratif. Aucune redevance ou taxe n'est perçue à l'occasion de cet affichage ou de cette publicité.**

En vue d'assurer la liberté d'opinion et de répondre aux besoins des associations, les conditions d'application du présent article sont fixées par décret en Conseil d'État en fonction du nombre d'habitants et de la superficie de la commune. Ce décret fixe une surface minimale que chaque catégorie de communes doit réserver à l'affichage défini à l'alinéa précédent (1).

Si dans un délai de six mois à compter de l'entrée en vigueur de ce décret, le maire n'a pas pris l'arrêté prévu au premier alinéa, le préfet, après une mise en demeure restée sans effet durant trois mois, détermine le ou les emplacements nécessaires. L'arrêté préfectoral cesse de s'appliquer dès l'entrée en vigueur d'un arrêté du maire déterminant un autre ou d'autres emplacements.

Voir : D. n° 82-220, 25 févr. 1982, préc.

1) **Illégalité du régime d'autorisation.** S'il appartient au maire de déterminer des emplacements d'une surface suffisante réservée à l'affichage d'opinion et à la publicité des activités des associations et s'il lui est loisible de définir des modalités d'utilisation des panneaux prévus à cet effet, il ne peut légalement, en introduisant un régime d'autorisation, porter atteinte au droit de libre affichage sur ces panneaux, et il ne peut pas davantage introduire, entre les bénéficiaires

(1) V. T. appl. : D. n° 82-220, 25 févr. 1982. – NDLR.

de ce droit, des différences de traitement non prévues par les dispositions légales. Ainsi est illégal l'arrêté qui dispose que les panneaux implantés par la ville demeurent la propriété de la ville et sont réservés à l'affichage des manifestations organisées à Montpellier par des montpelliérains, associations montpelliéraines à but non lucratif ou organismes culturels montpelliérains et que tout autre affichage sur les panneaux propriété de la ville sera soumis à autorisation préalable (■ CE, 31 juill. 1996, n° 163790, *Sté France affichage Vaucluse : Rec. CE* 1996, p. 316 ; *JCP* G 1997, IV, 453). Les « kaschtele » (panneaux municipaux) de la commune, dont la présence et l'usage sont très anciens, peuvent être regardés, sous réserve que leur accès soit ouvert à tous les candidats dans des conditions équivalentes, et alors même que ces panneaux, vitrés et fermés à clés, seraient gérés par les services municipaux, comme des panneaux d'affichage d'expression libre au sens de l'article L. 51 du Code électoral. Est à cet égard sans incidence la circonstance qu'ils n'auraient pas été installés conformément à l'article L. 581-13 du Code de l'environnement (■ CE, 19 déc. 2014, n° 381503, *Cne de Dambach-la-Ville : JurisData* n° 2014-032667).

2) Contrôle de l'emplacement des panneaux. ■ CAA Marseille, 21 avr. 2008, n° 07MA00207, *Cne d'Alet-les-Bains*.

3) Documents communicables. L'affichage des opinions figurant dans un arrêté municipal sont des documents communicables (■ CADA, avis, 28 févr. 2021, n° 20205399, *Mairie de Mélicourt*).

Sous-section 4. – Règlements locaux de publicité

(Rempl., L. n° 2010-788, 12 juill. 2010)

Art. L. 581-14 *(Rempl., L. n° 2010-788, 12 juill. 2010 ; mod., L. n° 2014-626, 18 juin 2014 ; L. n° 2015-990, 6 août 2015 ; L. n° 2016-1087, 8 août 2016).* **– L'établissement public de coopération intercommunale compétent en matière de plan local d'urbanisme, la métropole de Lyon ou, à défaut, la commune peut élaborer sur l'ensemble du territoire de l'établissement public ou de la commune un règlement local de publicité qui adapte les dispositions prévues aux articles L. 581-9 et L. 581-10.**

Sous réserve des dispositions des articles L. 581-4, L. 581-8 et L. 581-13, le règlement local de publicité définit une ou plusieurs zones où s'applique une réglementation plus restrictive que les prescriptions du règlement national.

Il peut aussi définir des zones dans lesquelles tout occupant d'un local commercial visible depuis la rue ou, à défaut d'occupant, tout propriétaire doit veiller à ce que l'aspect extérieur de ce local ne porte pas atteinte au caractère ou à l'intérêt des lieux avoisinants.

La publicité supportée par des palissades de chantier ne peut être interdite, sauf lorsque celles-ci sont implantées dans les lieux visés aux 1° et 2° du I de l'article L. 581-8.

Le cas échéant, les dispositions du règlement local de publicité doivent être compatibles avec les orientations de protection, de mise en valeur et de développement durable de la charte applicables à l'aire d'adhésion d'un parc national mentionnées au 2° du I de l'article L. 331-3.

Sur le territoire d'un parc naturel régional, le règlement local de publicité peut autoriser la publicité dans les conditions prévues aux articles L. 581-7 et L. 581-8 lorsque la charte du parc contient des orientations ou mesures relatives à la publicité, après avis du syndicat mixte d'aménagement et de gestion du parc. Les dispositions du règlement local de publicité doivent être compatibles avec la charte.

Le sixième alinéa du présent article est opposable aux règlements locaux de publicité applicables sur le territoire d'un parc naturel régional dont le projet de charte a fait l'objet d'une enquête publique ouverte après la publication de la loi n° 2016-1087 du 8 août 2016 pour la reconquête de la biodiversité, de la nature et des paysages. Les règlements locaux de publicité doivent alors être abrogés ou mis en compatibilité avec la charte, dans un délai de trois ans à compter de la date de publication du décret approuvant la charte initiale ou révisée.

Voir : D. n° 80-924, 21 nov. 1980.

Bibliographie : P. Billet, *On va marcher sur la pub : JCP* A 2018.

Règlement local de publicité devenu inapplicable : compétence liée pour le maire de ne pas en faire application. Légalité de la mise en demeure de retirer les panneaux (■ CAA Bordeaux, 5e ch., 29 déc. 2017, n°s 15BX02261 et 15BX02843).

Art. L. 581-14-1 *(L. n° 2010-788, 12 juill. 2010 ; mod. à compter du 1er janvier 2013, Ord. n° 2012-11, 5 janv. 2012* (1) *L. n° 2015-990, 6 août 2015 ; à compter du 1er janvier 2016, Ord. n° 2015-1174, 23 sept.*

(1) Dispositions d'application particulières et transitoires : V. Ord. n° 2012-11, 5 janv. 2012, art. 19.

2015 ; mod., L. n° 2019-1461, 27 déc. 2019). – **Le règlement local de publicité est élaboré, révisé ou modifié conformément aux procédures d'élaboration, de révision ou de modification des plans locaux d'urbanisme définies au titre V du livre Ier du Code de l'urbanisme, à l'exception des dispositions relatives à la procédure de modification simplifiée prévue par l'article L. 153-45 [du Code de l'urbanisme] et des dispositions transitoires du chapitre IV du titre VII du Code de l'urbanisme. Par dérogation au premier alinéa de l'article L. 581-14 du présent code, les dispositions du titre V du livre Ier du Code de l'urbanisme relatives au périmètre du plan local d'urbanisme et à l'autorité compétente en la matière ainsi que les dispositions du même titre V relatives aux établissements publics de coopération intercommunale à fiscalité propre de grande taille sont applicables aux règlements locaux de publicité. La métropole d'Aix-Marseille-Provence peut élaborer un ou plusieurs règlements locaux de publicité sur le périmètre prévu au second alinéa de l'article L. 134-12 du même code.**

Le président de l'établissement public de coopération intercommunale compétent en matière de plan local d'urbanisme, la métropole de Lyon ou le maire peut recueillir l'avis de toute personne, de tout organisme ou association compétents en matière de paysage, de publicité, d'enseignes et préenseignes, d'environnement, d'architecture, d'urbanisme, d'aménagement du territoire, d'habitat et de déplacements, y compris, le cas échéant, des collectivités territoriales des États limitrophes.

Avant d'être soumis à enquête publique, le projet de règlement arrêté par l'établissement public de coopération intercommunale ou la commune est soumis pour avis à la commission départementale compétente en matière de nature, de paysages et de sites. Cet avis est réputé favorable s'il n'est pas intervenu dans un délai de trois mois.

L'élaboration, la révision ou la modification du règlement local de publicité et l'élaboration, la révision ou la modification du plan local d'urbanisme peuvent faire l'objet d'une procédure unique et d'une même enquête publique dans les conditions définies par le chapitre III du titre II du livre Ier du présent code.

Le règlement local de publicité, une fois approuvé, est annexé au plan local d'urbanisme ou aux documents d'urbanisme en tenant lieu. À défaut de document d'urbanisme, il est tenu à disposition du public.

L'illégalité pour vice de forme ou de procédure commise à l'occasion de l'élaboration, de la révision ou de l'approbation d'un règlement local de publicité ne peut être invoquée par voie d'exception après l'expiration d'un délai de six mois à compter de l'entrée en vigueur de ce règlement. Cette règle ne s'applique pas lorsque le vice de procédure concerne la méconnaissance substantielle ou la violation manifeste des règles de l'enquête publique.

Lorsqu'elle annule pour excès de pouvoir un règlement local de publicité ou en ordonne la suspension, la juridiction administrative se prononce sur l'ensemble des moyens qu'elle estime susceptibles de fonder l'annulation ou la suspension en l'état du dossier.

I – JURISPRUDENCE SOUS L'ARTICLE L. 581-14, ANCIENNE RÉDACTION

1) Composition du groupe de travail. Les représentants des entreprises de publicité extérieure qui demandent à être associés, avec voix consultative, au groupe de travail, sont désignés par arrêté préfectoral, après consultation des organisations professionnelles représentatives dans la limite de cinq représentants au total (l'absence de consultation rend irrégulière la composition du groupe de travail et illégal l'arrêté portant délimitation de la zone de publicité ▪ CAA Versailles, 2e ch., 25 févr. 2010, n° 08VE03998, *Cne de Rosny-sous-Bois*) ; si le nombre des candidats qui se sont fait connaître ou qui lui ont été proposés est supérieur à cinq, il appartient au préfet de choisir, au vu du résultat des consultations auxquelles il a procédé, ceux dont la participation lui paraît la plus utile aux travaux du groupe ; ainsi, en se refusant à ce choix et en se bornant à tenir compte de l'ordre chronologique d'arrivée des demandes à la préfecture, le préfet a entaché sa décision d'une erreur de droit (▪ CE, 14 mars 1986, n° 52784, *Sté affichage Giraudy : Rec. CE* 1986, tables p. 386). Est irrégulière la procédure de constitution du groupe de travail chargé de préparer le projet de réglementation spéciale de la ville de Paris, si le préfet n'a pas procédé à la consultation des organisations professionnelles représentatives sur les différentes candidatures qui lui avaient été adressées (▪ CE, 25 janv. 1985, n° 44471, *Sté affichage Giraudy : Rec. CE* 1985, tables p. 490. ▪ CAA Bordeaux, 6 nov. 2007, n° 05BX00747, *Sté Alœsred*). Le préfet consulte avant nomination les organisations professionnelles (une organisation n'ayant aucun adhérent dans le département peut ne pas être consultée : ▪ TA Orléans, 21 oct. 2003, *SARL David Affichage : Rev. jur. env* 2004, p. 324). Un vice de procédure lié à la composition d'un groupe de travail ne peut être utilisé par voie d'exception à l'encontre d'un arrêté de mise en demeure de respecter la réglementation locale (▪ TA Pau, 19 juin 2003, n° 012155, *Sté Phénix : Rev. jur. env*. 2004, p. 428). En revanche, ce moyen peut être utilisé pour contester un arrêté édictant une réglementation spéciale de publicité (▪ CAA Marseille, 31 janv. 2008, n° 05M01990, *Sté Impact publicité*).

Bien que le président de l'Union de la publicité extérieure ait adressé au préfet une liste de candidats qu'elle propose, la composition est irrégulière dès lors que le préfet ne l'a pas à nouveau consultée sur l'ensemble des candidatures après expiration du délai fixé par l'article 3 du décret n° 80-924 (■ CE, 23 avr. 2009, n° 313771, *Union de la publicité extérieure*). Pour un point complet sur l'irrégularité du groupe de travail, V. J.-M. Février, *Panorama de jurisprudence en matière de règlements locaux de publicité : Environnement* mars 2008, n° 3, comm. 57. De plus, il ressort des débats parlementaires ayant précédé l'adoption de cette disposition législative que le groupe de travail est composé en nombre égal des membres du Conseil municipal ainsi que, lorsque la commune intéressée a décidé de transférer ses compétences en matière d'urbanisme à un organisme intercommunal, d'un représentant de l'assemblée délibérante de cet organisme, d'autre part, des représentants des services de l'État, quelle que soit la portée communale ou intercommunale dudit projet. La condition de transfert préalable des compétences en matière d'urbanisme à un organisme intercommunal est primordiale afin de pouvoir associer les représentants de l'organisme au projet de réglementation de la publicité (■ CAA Nantes, 15 juill. 2011, n° 10NT01922, *Cne de Vitré : JCP* A 2012, p. 46, note M. Moritz). Lorsque la commune concernée par le projet est membre d'un organisme intercommunal compétent en matière d'urbanisme, ce groupe de travail doit comporter un représentant de l'assemblée délibérante de cet organisme. L'absence de ce représentant rend illégal l'arrêté préfectoral constituant le groupe (■ CAA Bordeaux, 5e ch., 8 févr. 2010, n° 09BX00509, *Union de la publicité extérieure*). Sa participation est obligatoire dès que la commune a transféré sa compétence d'urbanisme à l'organisme intercommunal et n'est pas réservée au seul cas où le règlement local de publicité aurait une vocation intercommunale (■ CAA Nantes, 2e ch., 15 juill. 2011, n° 10NT01922, *Cne de Vitré* ; – confirmé par ■ CE, 13 févr. 2013, n° 353131, *Union pour la publicité extérieure* : « il résulte de ces dispositions que le groupe de travail chargé de préparer le projet de réglementation de publicité doit comporter un représentant de l'assemblée délibérante d'un organisme intercommunal lorsque cet organisme détient, soit en application des textes le régissant, soit en raison d'un transfert de compétences effectué à son profit, la compétence d'élaboration des documents d'urbanisme de la commune ; qu'en revanche, ces dispositions n'imposent pas de faire siéger dans le groupe de travail un organisme intercommunal exerçant d'autres compétences en matière d'urbanisme que celles mentionnées ci-dessus ; », V. M.-C. de Montecler, *Élaboration des anciens règlements de publicité : AJDA* 2013, p. 376). En revanche, dès lors que la commune n'a pas transféré cette compétence à l'organisme intercommunal, l'absence dans le groupe de travail d'un représentant de cet organisme n'est pas illégale (■ CAA Nantes, 2e ch., 28 sept. 2012, n° 11NT00343, *Cne de Mondeville*).

Sanction du défaut de représentation dans le groupe de travail de la communauté urbaine (« Considérant qu'il est constant que la communauté urbaine de Lille, qui détenait la compétence d'élaboration des documents d'urbanisme pour le territoire des communes la composant, n'était pas représentée au sein du groupe de travail dont la composition avait été arrêtée le 5 septembre 2006 par le préfet du Nord, et qui avait en charge, en application des dispositions du I de l'article L. 581-14 du Code de l'urbanisme alors en vigueur, la préparation du projet de règlement local de publicité pour la commune de Lille et les communes associées de Lomme et d'Hellemmes ; que, dès lors, l'arrêté du 23 octobre 2007 du maire de Lille est intervenu au terme d'une procédure irrégulière » : ■ CAA Douai, 1re ch., 10 juill. 2014, n° 13DA01152, *Cne de Lille*). Confirmé par ■ CE, sect. S, 23 déc. 2015, n° 384524.

Le Conseil d'État a jugé que l'obligation, prévue à l'article L. 581-14 du Code de l'environnement antérieurement à la loi du 12 juillet 2010 portant engagement national pour l'environnement, que le groupe de travail chargé de préparer le projet de règlement local de publicité (RLP) comporte un représentant de l'assemblée délibérante de l'organisme intercommunal compétent en matière d'urbanisme ne présente pas le caractère d'une garantie au sens de la jurisprudence *Danthony*. Cette obligation avait été confirmée par un arrêt du Conseil d'État du 13 février 2013 (■ n° 353131, *Union pour la publicité extérieure (UPE)*, Lebon ; *AJDA* 2013, 1349, note P. Zavoli). Mais, comme l'avait déjà jugé plusieurs juridictions d'appel (■ CAA Nancy, 7 nov. 2013, n° 12NC01453, *Sté Cap : AJDA* 2014, 634, note P. Zavoli ; *RD imm.* 2014, 66, obs. J.-P. Strebler ; *AJCT* 2014, 170, obs. J.-P. Strebler. ■ CAA Bordeaux, 25 juin 2015, n° 13BX01347, *SAMSAG*), la jurisprudence *Danthony* fait obstacle à ce que les afficheurs obtiennent systématiquement l'annulation du RLP pour ce motif (■ CE, 23 déc. 2015, n° 384524, *Union de la publicité extérieure : Réglementation de la publicité et jurisprudence Danthony : AJDA* 2016, p. 10).

2) Saisine du groupe de travail. Est régulière la procédure suivant laquelle le groupe de travail mis en place par le préfet et la commission départementale des sites est à nouveau saisi sur la base d'un document récapitulant les dispositions de l'arrêté retiré et précisant les modifications proposées dès lors que les modifications effectivement retenues par l'arrêté attaqué sont celles qui avaient été soumises au groupe de travail et à la commission départementale et approuvées par ces instances (■ CE, 27 mai 1998, nos 158618, 158619 et 158620, *Sté Dauphin OTA : Rev. jur. env.* 3/2000, p. 478).

3) Commission départementale compétente en matière de sites. La suppression de la commission départementale des sites, perspectives et paysages par l'article 28 de l'ordonnance du 1er juillet 2004 (Ord. n° 2004-637, 1er juill. 2004 *relative à la simplification de la composition et du fonctionnement des commissions administratives et à la réduction de leur nombre*, art. 28 : *JO* 2 juill. 2004) laisse un temps d'adaptation jusqu'à la précision par le pouvoir réglementaire de la composition de la commission départementale compétente en matière de nature, des paysages et des sites à laquelle il est désormais fait référence.

4) Respect de la liberté du commerce et de l'industrie et de la concurrence. « Considérant que, dès lors que l'exercice de pouvoirs de police administrative est susceptible d'affecter des activités de production, de distribution ou de services, la circonstance que les mesures de police ont pour objectif la protection de l'ordre public ou, dans certains cas, la sauvegarde des intérêts spécifiques que l'administration a pour mission de protéger ou de garantir n'exonère pas l'autorité investie de ces pouvoirs de police de l'obligation de prendre en compte également la liberté du commerce et de l'industrie et les règles de concurrence ; qu'il appartient au juge de l'excès de pouvoir d'apprécier la légalité de ces mesures de police administrative en recherchant si elles ont été prises compte tenu de l'ensemble de ces objectifs et de ces règles et si elles en ont fait, en les combinant, une exacte application » (▪ CAA Marseille, 31 janv. 2008, n° 05MA01990, *Sté Impact publicité*)« Considérant qu'un maire, lorsqu'il réglemente l'affichage en zone de publicité restreinte doit prendre en compte la liberté du commerce et de l'industrie et les règles de concurrence ; que si la réglementation locale de l'affichage en zone de publicité restreinte ne peut légalement avoir par elle-même pour objet de créer une position dominante sur un marché pertinent, elle peut avoir un tel effet, notamment par la limitation du nombre des emplacements d'affichage ; que toutefois la création d'une position dominante par l'effet de la réglementation locale de l'affichage en zone de publicité restreinte n'est incompatible avec le respect des dispositions relatives à la concurrence que si cette réglementation conduit nécessairement à l'exploitation de la position dominante de manière abusive ; qu'il résulte de ce qui précède qu'il appartient au maire, lorsqu'il réglemente la publicité sur le territoire de sa commune, de veiller à ce que les mesures de police prises par lui ne portent aux règles de concurrence que les atteintes justifiées au regard des objectifs de la réglementation de l'affichage » (▪ CAA Marseille, 31 janv. 2008, préc.). Atteinte à la liberté du commerce et de l'industrie : non. Dérogations prévues dans des zones spécifiques (▪ CAA Bordeaux, 25 juin 2015, n° 13BX01347.

5) Possibilité de distinguer le mobilier urbain et les dispositifs scellés au sol. *Oui.* (▪ CAA Marseille, 31 janv. 2008, *op. cit.*).

6) Référé suspension. Le juge des référés du tribunal administratif de Paris a accepté de suspendre la procédure d'adoption du règlement local de publicité de Paris en estimant qu'il y avait urgence dès lors que ledit règlement est susceptible d'être adopté à tout moment. voir l'analyse critique de J.-M. Février, *Panorama de jurisprudence en matière de règlements locaux de publicité : Environnement* mars 2008, n° 3, comm. 57.

7) Légalité. Un règlement local de publicité ne peut imposer des régimes d'autorisation non prévus par le Code de l'environnement (▪ TA Grenoble, 22 sept. 2014, n° 1104822).

II – JURISPRUDENCE SUR L. 581-14-1

8) Présentation du règlement local de publicité. Le juge veille à ce que la délimitation de ces zones et les prescriptions spéciales qui y sont édictées ne soient pas entachées d'erreur manifeste, incluant notamment d'éventuelles atteintes aux principes d'égalité, de libre concurrence ou de liberté du commerce et de l'industrie (▪ CAA Nantes, 2e ch., 15 juill. 2011, n° 10NT01922, *Cne de Vitré*).

9) Élaboration, révision ou modification du règlement local de publicité. Le juge administratif précise que les chambres de commerce et d'industrie, les chambres de métiers, les chambres d'agriculture, les associations locales d'usagers visées à l'article L. 121-8 du Code de l'urbanisme, ainsi que les représentants des professions directement intéressées, désignés dans des conditions fixées par décret en Conseil d'État, sont, lorsqu'ils le demandent, associés, avec voix consultative, au projet d'élaboration, de révision ou de modification du règlement local de publicité (▪ CAA Versailles, 25 févr. 2010, n° 08VE03998).

10) Plan local d'urbanisme et règlement local de publicité. L'article L. 581-14-1 du présent code prévoit que l'élaboration, la révision ou la modification du règlement local de publicité et du plan local d'urbanisme peuvent faire l'objet d'une procédure et d'un document uniques. Dans ce cas, le règlement local de publicité deviendra une annexe du plan local d'urbanisme. Compte tenu des interactions nécessaires et indéniables entre les règles locales de publicité et d'urbanisme, cette possibilité de recourir à une seule et même procédure permet aux collectivités de rendre plus cohérente leur politique urbaine (V. M. Moritz,

La loi « Grenelle 2 » et le droit de la publicité extérieure. – Premier bilan d'une réforme attendue : JCP E 2010, n° 40, 1881). Néanmoins, la rédaction d'un document unique comporte un risque contentieux puisque tout recours engagé à l'encontre des règles locales de publicité pourrait causer l'annulation du plan local d'urbanisme (V. J.-P. Strebler, *Grenelle 2 et affichage publicitaire : Environnement* oct. 2010, n° 10, étude 28).

11) Compétences respectives du maire et du conseil municipal. Si le conseil municipal est seul compétent pour abroger tout ou partie du plan local de publicité de la commune, c'est le maire qui doit inscrire la question à l'ordre du jour. Dès lors, si le maire peut rejeter une demande tendant à l'abrogation d'un plan local de publicité, il ne peut le faire que si les dispositions dont l'abrogation est sollicitée sont elles-mêmes légales. Si ces dispositions ne sont pas légales, il est tenu d'inscrire la question à l'ordre du jour du conseil municipal pour permettre son abrogation (▪ CAA Nantes, 19 juill. 2019, n° 18NT018154).

12) Contentieux du règlement local de publicité. L'annulation contentieuse d'un règlement local de publicité a pour effet de remettre en vigueur le règlement antérieur. Si ce dernier n'existait pas, la réglementation nationale en vigueur s'applique (Rép. min. n° 116567 : *JOAN* Q 27 mars 2012, p. 2559). Exemple d'appréciation de la recevabilité des conclusions tirées de ces dispositions : « Considérant que la commune d'Épinal soutient que ces dispositions rendent irrecevables les moyens de la requérante, tirés de vices de procédure dans l'adoption du règlement dont l'abrogation est demandée ; que cependant, en soulevant à l'appui de son recours dirigé contre le refus d'abrogation des moyens tirés de vices affectant le règlement dont l'abrogation est demandée, la requérante n'invoque pas ces illégalités par voie d'exception mais agit par voie d'action ; que, par suite, la commune d'Épinal n'est pas fondée à soutenir que les moyens de légalité externe invoqués par la Sarl Cap à l'appui de sa demande tendant à l'annulation du refus implicite de son maire d'abroger l'arrêté du 1er décembre 2003 seraient irrecevables en vertu des dispositions précitées de l'article L. 581-14-1 du Code de l'environnement » (▪ CAA Nancy, 7 nov. 2013, n° 12NC01453, *Sté Cap* : J.-P. Strebler, *Le règlement local de publicité sauvé par l'arrêt Danthony : RD imm.* 2014, p. 66). V. P. Zavoli, *Des bienfaits de la jurisprudence Danthony appliquée au contentieux des règlements locaux de publicité : AJDA* 2014, p. 634. Dans le même sens ▪ CAA Douai, 10 juill. 2014, n° 13DA01152, *Cne de Lille et communauté urbaine de Lille métropole : RJ env.* 2014, 148, note Zavoli. Légalité d'un règlement local de publicité qui interdit la publicité en zone restreinte mais prévoit des dérogations. Absence d'assimilation à un régime d'autorisation préalable (▪ CAA Bordeaux, ch. 5, 25 juin 2015, n° 13BX01347).

NB : Ordonnance n° 2012-11 du 5 janvier 2012 article 19 : Les présentes dispositions entrent en vigueur à une date déterminée par décret en Conseil d'État et au plus tard le 1er janvier 2013. Toutefois, les dispositions en vigueur antérieurement à l'entrée en vigueur de l'ordonnance demeurent applicables :

- aux procédures d'élaboration et de révision des schémas de cohérence territoriale et des plans locaux d'urbanisme prescrites à cette même date ;
- aux procédures de modification des schémas de cohérence territoriale et des plans locaux d'urbanisme lorsque le projet de modification a été notifié aux personnes publiques associées à la date d'entrée en vigueur de l'ordonnance.

Art. L. 581-14-2 *(Abr. à compter du 1er janvier 2024 sous réserve de l'adoption en loi de finances de dispositions compensant les charges résultant, pour les collectivités concernées).*

Rédaction antérieure. Art. L. 581-14-2 *(L. n° 2010-788, 12 juill. 2010* (1) *; abr. à compter du 1er janvier 2024 sous réserve de l'adoption en loi de finances de dispositions compensant les charges résultant, pour les collectivités concernées, des compétences transférées par l'article 17 de la loi n° 2021-1104 du 22 août 2021, L. n° 2021-1104, 22 août 2021).* – Les compétences en matière de police de la publicité sont exercées par le préfet. Toutefois, s'il existe un règlement local de publicité, ces compétences sont exercées par le maire au nom de la commune. Dans ce dernier cas, à défaut pour le maire de prendre les mesures prévues aux articles L. 581-27, L. 581-28 et L. 581-31 dans le délai d'un mois suivant la demande qui lui est adressée par le représentant de l'État dans le département, ce dernier y pourvoit en lieu et place du maire.

1) Constitutionnalité de cette disposition (oui). Les dispositions de l'article L. 581-14-2 ne contreviennent pas à la Constitution dans la mesure où ces dispositions n'entrent pas dans le champ de compétence de la charte de l'environnement ▪ Cons. const., 23 nov. 2012, n° 2012-282 QPC, *Assoc. France Nature Environnement et a. : AJDA* 2012, 2246, note Poupeau ; *JCP* A 2013, n° 1, p. 2005, obs. Capitani et Moritz ; *RJ env.* 2013, 103, note Zavoli ; *ibid.* 295, note Crottet ; *RD publ.* 2013, 197, chron. Rousseau, Gahdoun et Bonnet ; *JCP* A 2012, act. 827.

(1) Le Conseil constitutionnel a déclaré le présent article conforme à la Constitution : V. ▪ Cons. const. n° 2012-282 QPC, 23 nov. 2012, art. 4 (*JO* 24 nov. 2012) : *JurisData* n° 2012-027284. – NDLR.

2) Compétence du préfet ou du maire au nom de l'État. Dès lors que l'infraction est constituée, l'administration agit pour la faire cesser. Le dispositif de sanction administrative prévu en matière de police extérieure est mis en œuvre au nom de l'État, même lorsque les décisions émanent du maire. Les actions doivent donc être dirigées contre le préfet (▪ TA Rennes, réf., 24 avr. 2007, n° 064720). Le maire n'a pas compétence pour faire appel du jugement défavorable du tribunal administratif (▪ CE, 3 févr. 1992, n° 128004, *Cne de Challes-Les-Eaux*). Compétence de substitution du préfet. Condamnation de l'État pour carence fautive pour n'avoir pas agi à l'encontre d'affichage illégal (▪ CAA Versailles, 2e ch., 19 oct. 2017, n° 16VE02982). Illégalité d'une mise en demeure adressée par le maire sur la base de l'abrogation d'une autorisation tacite préfectorale, alors que la commune n'avait pas compétence pour agir en qualité de police de publicité (▪ TA Rennes, 11 avr. 2024, n° 2203997. – Et ▪ CAA Marseille, 8 mars 2024, n° 23MA01034).

3) Compétence antérieure du maire. « Considérant qu'il résulte des termes mêmes des dispositions précitées de l'article L. 581-14 du Code de l'environnement, que le maire de la commune du Lamentin était compétent pour arrêter, après délibération du conseil municipal, le règlement local de publicité contesté ; que la société requérante ne peut utilement contester cette compétence en se prévalant des dispositions de l'article L. 581-14-2 du Code de l'environnement, créées par la loi 8 du 12 juillet 2010 susvisée, » (▪ CAA Bordeaux, 10 mars 2015, n° 13BX00214, *Sté CLG*). Dans ce même sens (▪ CAA Bordeaux, 16 déc. 2014, n° 12BX02642, *SAMSAG*).

4) Arrêté refusant une publicité lumineuse sur un cirque. Illégalité. Interprétation du règlement local de publicité réglementant la publicité lumineuse par vidéo laquelle n'est pas applicable à une publicité par écrans successifs (▪ CAA Paris, 1re ch., 30 mars 2017 n° 15PA01071).

5) Incompétence du préfet pour prendre des mesures d'injonction à l'égard du maire. Le préfet n'est pas compétent pour prendre des mesures d'injonction à l'égard des maires d'exécuter un jugement rendu par le tribunal administratif, dans la mesure où les dispositions de l'article 581-14-2 du Code de l'environnement qui permettaient au préfet de mettre en demeure de prendre des mesures ont été abrogées (▪ TA Bordeaux, 16 mai 2024, n° 2305918).

Art. L. 581-14-3 *(L. n° 2010-788, 12 juill. 2010* (1) *; mod., L. n° 2019-1461, 27 déc. 2019 ; L. n° 2020-734, 17 juin 2020).* **– Pour l'application de la présente sous-section, les établissements publics de coopération intercommunale auxquels a été transférée la compétence « règlement local de publicité » sont soumis aux mêmes dispositions que les établissements publics de coopération intercommunale compétents en matière de plan local d'urbanisme, quand bien même cette dernière compétence ne leur aurait pas été transférée.**

Les conditions de mise en œuvre de la présente sous-section sont fixées par décret en Conseil d'État.

Les réglementations spéciales qui sont en vigueur à la date de publication de la loi n° 2010-788 du 12 juillet 2010 portant engagement national pour l'environnement restent valables jusqu'à leur révision ou modification et pour une durée maximale de dix ans à compter de cette date. Elles sont révisées ou modifiées selon la procédure prévue à l'article L. 581-14-1. Lorsqu'un établissement public de coopération intercommunale à fiscalité propre compétent en matière de plan local d'urbanisme, un établissement public territorial de la métropole du Grand Paris ou la métropole de Lyon a prescrit l'élaboration d'un règlement de publicité intercommunal, la durée prévue au présent alinéa est de douze ans et six mois.

1) Lorsqu'un établissement public de coopération intercommunale à fiscalité propre compétent en matière de plan local d'urbanisme, un établissement public territorial de la métropole du Grand Paris ou la métropole de Lyon a prescrit l'élaboration d'un règlement de publicité intercommunal, la durée prévue au présent alinéa est de douze ans.

2) Réglementation spéciale. L'article 2.1 du chapitre 2 du règlement local de publicité de la commune de Vandœuvre-lès-Nancy, qui prévoit expressément que « la surface unitaire de publicité (face) est comprise entre 8 m² et 12 m² », constitue sur ce point une réglementation spéciale au sens de l'article L. 581-14-3 du Code de l'environnement (▪ CAA Nancy, 1re ch., 18 mai 2017, n° 16NC00986).

3) La mise en demeure de procéder à la dépose de dispositifs publicitaires le long d'une autoroute est légale dans le cadre du règlement de publicité communale adoptée en 1987 qui est toujours valide à la date d'intervention de la décision attaquée. Le fait que ce règlement ait été abrogé postérieurement à la mise en demeure contestée n'a pas d'incidences (▪ CAA Paris, 22 mai 2024, n° 23PA03630).

(1) Sur les procédures d'élaboration des réglementations spéciales en cours au 13 juillet 2010 : V. L. n° 2010-788, 12 juill. 2010, art. 39.

4) Publicités numériques. Les publicités numériques relèvent de la catégorie des publicités lumineuses et donc sont soumises à des restrictions qui peuvent figurer dans règlement local de publicité sur la base de la sécurité routière (▪ CAA Douai, 1re ch., 5 avr. 2022, n° 21DA00537).

Art. L. 581-14-4 *(L. n° 2021-1104, 22 août 2021)*. **– Par dérogation à l'article L. 581-2, le règlement local de publicité peut prévoir que les publicités lumineuses et les enseignes lumineuses situées à l'intérieur des vitrines ou des baies d'un local à usage commercial qui n'est pas principalement utilisé comme un support de publicité et destinées à être visibles d'une voie ouverte à la circulation publique respectent des prescriptions qu'il définit en matière d'horaires d'extinction, de surface, de consommation énergétique et de prévention des nuisances lumineuses.**

La section 6 du présent chapitre est applicable en cas de non-respect des prescriptions posées par le règlement local de publicité en application du présent article.

Sous-section 5. – Dispositions particulières applicables à certains modes d'exercice de la publicité

Art. L. 581-15 *(Mod., Ord. n° 2004-1199, 12 nov. 2004 ; mod. à compter du 1er octobre 2022, L. n° 2021-1104, 22 août 2021)*. **– La publicité sur les véhicules terrestres, sur l'eau ou dans les airs peut être réglementée, subordonnée à autorisation ou interdite, dans des conditions fixées par décret en Conseil d'État** (1)**.**

La publicité diffusée au moyen d'une banderole tractée par un aéronef est interdite.

Toutefois, les dispositions des deux premiers alinéas ne sont pas applicables à la publicité relative à l'activité exercée par le propriétaire ou l'usager d'un véhicule, sous réserve que ce véhicule ne soit pas utilisé ou équipé à des fins essentiellement publicitaires.

I – VÉHICULES TERRESTRES

Voir : D. n° 76-148, 11 févr. 1976, préc. – D. n° 82-764, 6 sept. 1982, réglementant l'usage des véhicules à des fins essentiellement publicitaires (*JO* 7 sept. 1982).

1) Illégalité d'un régime d'autorisation. S'il appartient au maire, en vertu de ses pouvoirs de police, de réglementer l'exercice, dans les rues de sa commune, de la profession d'exploitant de véhicules publicitaires, et notamment d'interdire la circulation de tels véhicules dans certaines rues et à certaines heures, il ne pouvait légalement, sans porter atteinte à la liberté du commerce et de l'industrie, subordonner l'exercice de ladite profession à la délivrance d'une autorisation (▪ CE, 2 avr. 1954, n° 24113, *Sieur Pétronelli : Rec. CE* 1954, p. 208).

De même est illégal l'arrêté du préfet de police de Paris qui subordonne la mise en place d'enseignes publicitaires sur les taxis à la délivrance d'une autorisation préalable (▪ CE, 14 mars 2001, n° 196199, *Sté Rouge Pétrus, la Média Taxi : Rev. jur. env.* 2001, n° 3, p. 447).

2) Légalité du décret d'application. Le décret du 6 septembre 1982 n'a pas édicté une interdiction générale et absolue de la publicité par véhicules terrestres, n'a pas porté une atteinte illégale à la liberté de circulation ou à la liberté du commerce et de l'industrie et n'a pas non plus introduit de discrimination illégale entre les entreprises de publicité utilisant ces deux catégories de support lesquelles se trouvent dans des situations différentes (▪ CE, 18 janv. 1991, n° 104199, *Sté Multypromotion c/ Ville de Paris : Rec. CE* 1991, p. 16. ▪ CE, 24 mai 1994, n° 121626, *SA Multypromotion*). Le décret du 6 septembre 1982 n'est pas entaché d'incompétence (▪ CE, 8 avr. 1998, nos 150748 et 151511, *Ville de Strasbourg, Min. Équipement, Transports et Tourisme*. ▪ Cass. crim., 8 févr. 1995, n° 92-82.148. ▪ Cass. crim., 8 févr. 1995, n° 92-84.362).

3) Règles de dimension maximum. Les règles de dimension maximum concernent notamment les dispositifs qui ont pour principal objet de recevoir la publicité et dont la mise en conformité peut être ordonnée en utilisant la procédure d'astreinte (▪ CE, 18 janv. 1991, *Sté Multypromotion c/ Ville de Paris*, préc. ▪ CE, 27 mai 1994, *SA Multypromotion*, préc. ▪ CE, 8 avr. 1998, *Ville de Strasbourg*, préc.).

Selon le décret n° 82-764 du 6 septembre 1982, la taille de la publicité est limitée à seize mètres carrés. Ainsi un véhicule qui contient deux panneaux de 3 mètres sur 4 mètres et un panneau de 3 mètres sur 2 mètres, ce qui fait une surface totale supérieure à seize mètres carrés, enfreint la réglementation (▪ Cass. crim., 22 déc. 1987, n° 86-92.463).

4) Compétence. Le maire agit au nom de l'État lorsqu'il réglemente l'usage de véhicules à des fins essentiellement publicitaires (▪ CE, 8 avr. 1998, *Ville de Strasbourg*, préc.).

5) Télésiège. Les dispositions qui autorisent le gouvernement à soumettre à des prescriptions spéciales les véhicules publicitaires ne font pas obsta-

(1) V. T. appl. : D. n° 82-764, 6 sept. 1982. – NDLR.

cle à l'application desdites dispositions aux véhicules qui ne sont pas équipés ou utilisés à des fins essentiellement publicitaires, en l'occurrence, les télésièges (▪ CE, 4 mars 1994, n° 118233, *SARL Régineige : Rec. CE* 1994, p. 108 ; *JCP* G 1994, IV, n° 1223 ; *Dr. adm.* 1994, comm. 176 ; *RD imm.* 1995, p. 293 ; *LPA* 12 mai 1995, p. 11, note Communier).

6) Répression des infractions à la publicité sur les véhicules. Les infractions sont sanctionnées pénalement selon le droit commun des violations aux interdictions édictées dans la réglementation sur la publicité (▪ Cass. crim., 20 déc. 1990, n° 90-83.275) et il doit être prononcé autant de sanctions que d'infractions constatées (▪ Cass. crim., 8 févr. 1995, n° 92-81.143). Lorsque le dispositif publicitaire dépasse une surface de 16 m², le dispositif de sanction administrative est applicable aux véhicules publicitaires (▪ CE, 18 janv. 1991, n° 104197, *Sté Multypromotion*).

7) Concurrence déloyale. L'occupation illicite du domaine public par une société peut constituer pour une autre société, dotée d'une autorisation, un acte de concurrence déloyale (▪ CAA Paris, 20 déc. 2022, n° 19/14855).

II – VÉHICULES SUR L'EAU

Voir : D. n° 89-422, 27 juin 1989, réglementant la publicité sur les eaux intérieures (*JO* 29 juin 1989, p. 8055).

8) Légalité du décret du 27 juin 1989. La réglementation relative à la publicité sur les eaux intérieures est plus restrictive que celle concernant les véhicules terrestres utilisés ou équipés à des fins essentiellement publicitaires, sans porter atteinte aux principes de l'égalité de traitement puisque la publicité sur les bateaux empruntant les eaux intérieures présente, au regard de la protection du cadre de vie et notamment de la place qu'occupe le réseau des voies fluviales dans le plan d'eau dans l'environnement, ainsi que les conditions de la sécurité et de la navigation intérieure, des caractéristiques différentes de la publicité sur les véhicules terrestres (▪ CE, 24 sept. 1990, n° 108722, *GIE Paris-Scène*).

9) Délai de mise en conformité. Est illégal l'arrêté du préfet de police de Paris invitant une entreprise spécialisée dans la publicité fluviale sur la Seine, à se conformer, dans un délai de trois jours, aux dispositions de la nouvelle réglementation dans la mesure où l'acte de police n'est pas proportionné aux circonstances de l'espèce lorsqu'elle dénie tout délai à l'administré en l'absence d'urgence ou de circonstances spécifiques, pour se conformer à des restrictions à l'exercice d'une liberté publique, imposées par la nécessité de l'ordre public (▪ CAA Paris, 25 mai 1999, n° 97PA03644, *Sté La Péniche Publicitaire de Paris, GIE Paris-Scène : AJDA* 1999, p. 933, concl. Heers ; *Rev. jur. env.* 3/2000, p. 379 et s.).

Art. L. 581-16 ***(Mod., Ord. n° 2004-1199, 12 nov. 2004).*** **– Les communes ont le droit d'utiliser à leur profit comme support de publicité commerciale ou d'affichage libre défini à l'article L. 581-13, les palissades de chantier lorsque leur installation a donné lieu à autorisation de voirie.**

Voir : sous art. L. 581-11, annot. n°s 3 à 6, p. 1359.

Palissades de chantier. La collectivité peut procéder à de l'affichage commercial sur les palissades implantées sur le domaine public (▪ CE, 2 mai 1969, n° 60932, *Sté Affichage Giraudy*. ▪ CE, 7 janv. 1987, n° 26979, *Ville de Bordeaux*).

Art. L. 581-17 ***(Mod., Ord. n° 2004-1199, 12 nov. 2004).*** **– Un décret en Conseil d'État détermine les conditions dans lesquelles la publicité peut déroger aux dispositions de la présente section lorsqu'elle est effectuée en exécution d'une disposition législative ou réglementaire ou d'une décision de justice ou lorsqu'elle est destinée à informer le public sur des dangers qu'il encourt ou des obligations qui pèsent sur lui dans les lieux considérés.**

Section III. – Enseignes et préenseignes

Art. L. 581-18 ***(Mod., L. n° 2010-788, 12 juill. 2010 ; L. n° 2012-387, 22 mars 2012)*** (1). **– Un décret en Conseil d'État fixe les prescriptions générales relatives à l'installation et à l'entretien des enseignes en fonction des procédés utilisés, de la nature des activités ainsi que des caractéristiques des immeubles où ces activités s'exercent et du caractère des lieux où ces immeubles sont situés. Ce décret fixe également des prescriptions**

(1) Le Conseil constitutionnel a déclaré le présent alinéa conforme à la Constitution : V. ▪ Cons. const. n° 2012-282 QPC, 23 nov. 2012, art. 4 (*JO* 24 nov. 2012) ; *JurisData* n° 2012-027284. – NDLR.

relatives aux enseignes lumineuses afin d'économiser l'énergie et de prévenir ou limiter les nuisances lumineuses mentionnées au chapitre III du présent titre.

Le règlement local de publicité mentionné à l'article L. 581-14 peut prévoir des prescriptions relatives aux enseignes plus restrictives que celles du règlement national, dans des conditions fixées par décret en Conseil d'État.

Sur les immeubles et dans les lieux mentionnés aux articles L. 581-4 et L. 581-8, ainsi que dans le cadre d'un règlement local de publicité, l'installation d'une enseigne est soumise à autorisation (1).

(Mod. à compter du 1er janvier 2024 sous réserve de l'adoption en loi de finances de dispositions compensant les charges résultant, pour les collectivités concernées, des compétences transférées par l'article 17 de la loi n° 2021-1104 du 22 août 2021, L. n° 2021-1104, 22 août 2021) **Les enseignes à faisceau de rayonnement laser sont soumises à l'autorisation du maire.**

Voir : D. n° 82-211, 24 févr. 1982, articles 1er à 13, portant règlement national des enseignes et fixant certaines dispositions relatives aux préenseignes (*JO* 2 mars et rect. 2 avr. 1982).

Jurisprudence sous l'article L. 581-18, ancienne rédaction.

Bibliographie : L. Boulet et L. Frossard, *Publicité – Un an de droit de la publicité : Comm. comm. électr.* 2018, chron. • *Publicité lumineuse : que faut-il attendre du décret annoncé par le ministère de la Transition énergétique : Gaz. cnes. 2022.* • Y.-G. Nicolas, *Enseigne ou préenseigne : une qualification qui porte sa croix : Village de la justice*, 1er oct. 2020. • P. Danielo, *La police de la publicité extérieure, des enseignes et préenseignes*, Éditions Territorial, 2022. • A. Dupont, *Publicité extérieure, enseignes et préenseignes, Rapport au MEEDDAT* 17 juin 2009. • F. Séners et G. Odinet, *Police administrative – Les affichages publicitaires implantés sur les parkings d'une entreprise sont-ils des enseignes, des préenseignes ou des publicités : BJCL* 2020, n° 5, comm. 8.

1) Illégalité des interdictions générales. En interdisant par mesure générale toute enseigne par projection intermittente à l'exception des journaux électroniques que la ville installera pour son propre compte, le maire a excédé ses pouvoirs (■ CE, 20 sept. 1993, n° 110247, *Sté Sayag-Électronic : Rec. CE* 1993, tables p. 942 ; *Dr. adm.* 1993, comm. 486 ; *RD imm.* 1994, p. 27).

2) Procédure d'autorisation. Les dispositifs lumineux à défilement qui se rapportent à l'activité exercée dans les établissements sur la façade desquelles ils sont installés constituent des enseignes. Le maire est tenu d'en ordonner la suppression sous astreinte, dans un secteur sauvegardé, s'ils n'ont pas fait l'objet d'une autorisation (■ CE, 20 sept. 1993, n° 126691, *Sté Sayag-Électronic c/ Ville de Laon : Rec. CE* 1993, tables p. 596 ; *D.* 1993, inf. rap. p. 255 ; *JCP G* 1993, IV, p. 324, 2645, obs. Rouault). Un « bandeau de façade » apposé sur l'immeuble dans lequel une société commerciale exerce son activité commerciale constitue une enseigne et n'est donc pas soumis à permis de construire (■ CE, 27 oct. 1989, n° 68321, *Sté Cuir Center : Dr. adm.* 1989, n° 626 ; *Mon. TP* 2 févr. 1990 ; *CJEG* 1990, p. 97 ; *Gaz. Pal.* 1990, 2, pan. dr. adm. p. 388). L'installation d'une enseigne est soumise à autorisation délivrée au nom de l'État (■ CE, 12 mars 1999, n° 167449, *Sté ECCO et Cne de Colmar*).

3) Enseigne à faisceau de rayonnement laser. Tout système d'enseigne qui utiliserait une source de rayonnement autre que le laser, quand bien même son intensité lumineuse serait comparable à celle du laser, ne rentrerait pas dans le champ d'application de cette disposition (Rép. min. Env. à Ph. Richert : *JO* Sénat CR, 21 déc. 1995, p. 2396 ; *Dr. adm.* 1996, n° 2).

4) Enseigne en toiture : « ne peut recevoir la qualification d'enseigne en toiture au sens et pour l'application de l'article R. 581-62 du Code de l'environnement que l'inscription, forme ou image installée sur la toiture du bâtiment même où s'exerce l'activité signalée, tandis que doit être regardée comme une publicité toute inscription, forme ou image qui, se dissociant matériellement du lieu où s'exerce l'activité, est destinée à informer le public ou à attirer son attention sur cet exercice », illégalité de l'arrêté préfectoral mettant en demeure le propriétaire d'une enseigne de la retirer (■ CAA Marseille, 7e ch., 27 oct. 2017, n° 15MA04920).

5) Analyse juridictionnelle de l'impact de l'implantation d'une enseigne lumineuse. Dès lors que l'implantation d'une enseigne se situe dans un contexte où d'autres enseignes similaires sont déjà implantées dans des conditions non choquantes sur des immeubles de même caractère et que le bâtiment support de l'enseigne ne se distingue pas de ceux construits dans ce secteur, elle s'insère parfaitement dans son environnement. La Cour rétablit l'autorisation annulée en première instance (■ CAA Nancy, 27 sept. 2004, n° 01NC01193, Cne de Strasbourg).

6) Obligation pour l'État d'agir (oui). ■ CE, 28 mars 2018, n° 408974, *France Nature Environne-*

(1) V. T. appl. : D. n° 82-211, 24 févr. 1982. – NDLR.

ment et a. : L. Peyen, *De la nécessité de préserver l'obscurité de la nuit À propos de l'arrêt France Nature Environnement du Conseil d'État du 28 mars 2018 : JCP* A 2018, act. 384.

7) Nouveau régime à compter du 13 juillet 2015. Régime applicable jusqu'au 12 juillet 2015 *(D. n° 2012-118, 30 janv. 2012, art. 17 : JO, 31 janv. ; rect. JO, 21 avr.).*

Art. L. 581-19 ***(Mod. à compter du 13 juillet 2015, L. n° 2010-788, 12 juill. 2010).*** **– Les préenseignes sont soumises aux dispositions qui régissent la publicité.**

Les dispositions relatives à la déclaration prévue par l'article L. 581-6 sont applicables aux préenseignes dans des conditions, notamment de dimensions, précisées par décret en Conseil d'État.

Par dérogation à l'interdiction mentionnée au premier alinéa de l'article L. 581-7, en dehors des lieux qualifiés d'agglomération par les règlements relatifs à la circulation routière, peuvent être signalés de manière harmonisée par des préenseignes, dans des conditions définies par décret en Conseil d'État (1) **:**

– les activités en relation avec la fabrication ou la vente de produits du terroir par des entreprises locales, les activités culturelles et les monuments historiques, classés ou inscrits, ouverts à la visite ;

– à titre temporaire, les opérations et manifestations exceptionnelles mentionnées à l'article L. 581-20 du présent code.

Les activités autres que celles mentionnées aux quatrième et cinquième alinéas du présent article ne peuvent être signalées que dans des conditions définies par les règlements relatifs à la circulation routière.

Voir : D. n° 82-211, 24 févr. 1982, art. 14 et 15, préc. - Circ. n° 85-68, 15 sept. 1985.

1) Respect. L'article L. 581-19 du Code de l'environnement prévoit la possibilité d'installer des préenseignes dérogatoires pour signaler des activités soit particulièrement utiles pour les personnes en déplacement ou liées à des services publics ou d'urgence, soit s'exerçant en retrait de la voie publique, soit en relation avec la fabrication ou la vente de produits du terroir par les entreprises locales.

Cette réglementation n'est pas respectée à de nombreux endroits où les préenseignes nuisent à la protection du cadre de vie. La ministre intégrera cette question dans le cadre plus général de la réflexion sur la réglementation de la publicité qui sera menée en concertation avec le ministère de l'Équipement, en charge de la réglementation de la publicité sous l'angle de la signalisation et de la sécurité routière (Rép. min. n° 8583 : *JO* Sénat Q 22 janv. 2004, p. 168).

À terme, l'article L. 581-19 du Code de l'environnement a vocation, pour protéger le cadre de vie, à « limiter le nombre de préenseignes aux entrées de villes, et d'harmoniser l'impact de celles qui restent tolérées » (Rép. min. n° 13350 : *JO* Sénat 28 oct. 2010, p. 2822).

2) Caractère strict de la réglementation. Le caractère strict de la réglementation est rappelé par une réponse ministérielle (Rép. min. Urb. à M. Proriol : *JOAN* Q 10 mars 1986, p. 937 ; *Mon. TP* 4 avr. 1986). Les stations de lavage de véhicules ne peuvent être assimilées aux stations-services et bénéficier du droit à la préenseigne dérogatoire (Rép. min. Équip. à M. Merville, 18 mars 1996 : *JOAN* Q 3 juin 1996, p. 2996, n° 36467).

3) Circonstances locales. Les autorités locales ont la possibilité d'adapter aux circonstances locales, les règles relatives à l'installation de certaines préenseignes. Il s'ensuit qu'en édictant des dispositions, de portée limitée, propres à certaines préenseignes, le maire de Quetigny n'a pas méconnu ces prérogatives (▪ CE, 31 juill. 1996, n° 161146, *Cne de Quetigny c/ Union des Chambres syndicales de la publicité extérieure*).

4) Exemples. Pour un exemple d'application de la réglementation de la publicité à une préenseigne signalant une opération immobilière : ▪ CAA Marseille, 3 juill. 2008, n° 06MA02884, *Min Écologie et Développement c/ Giraudy Viacom Outdoor*. Encore, pour une illustration de la notion de préenseigne destinée à renseigner sur la proximité et les modalités de fonctionnement « d'une activité particulièrement utile pour les personnes en déplacement » : ▪ CAA Versailles, 11 juin 2015, n° 13VE02987, *SAS Affiche*.

5) Rédaction issue de la loi Grenelle II. L'idée de l'intégration des préenseignes dérogatoires à la signalisation routière, dans l'intérêt d'une protection renforcée du cadre de vie, trouve sa source dans le rapport du sénateur A. Dupont (A. Dupont, *Publicité extérieure, enseignes et préenseignes*, rapport à Chantal Jouanno et à Hubert Falco, juin 2009, p. 17) a été partiellement reprise par la loi Grenelle II, dont les dispositions en la matière entreront en vigueur le 13 juillet 2015 (Rép. min. n° 9595 : *JO* Sénat Q 7 août 2014, p. 1882).

Voir : Arrêté du 23 mars 2015 fixant certaines prescriptions d'harmonisation des préenseignes

(1) V. T. appl. : D. n° 82-211, 24 févr. 1982. – NDLR.

dérogatoires (A. 23 mars 2015, *JORF* 4 avr. 2015, p. 6232, NOR : DEVL1507007A).

6) Application. Les dispositions de l'arrêté du 23 mars 2015 sont applicables en l'absence de prescriptions des gestionnaires de voirie relatives à l'harmonisation des préenseignes dérogatoires, signalant les activités suivantes : activités en relation avec la fabrication ou la vente de produits du terroir par des entreprises locales, activités culturelles, monuments historiques, classés ou inscrits, ouverts à la visite, à titre temporaire, opérations et manifestations exceptionnelles mentionnées à l'article L. 581-20 du Code de l'environnement. Les préenseignes dérogatoires ne doivent pouvoir être confondues avec les dispositifs de signalisation routière existants. Elles doivent notamment se distinguer des dispositifs de signalisation routière, par leurs couleurs, leurs formes, leurs dimensions, leur contenu et leur emplacement. Elles ne peuvent pas non plus comporter de signes du type idéogrammes ou logotypes utilisés dans le cadre de la signalisation routière. Elles ne doivent pas être « de nature, soit à réduire la visibilité ou l'efficacité des signaux réglementaires, soit à éblouir les usagers des voies publiques, soit à solliciter leur attention dans des conditions dangereuses pour la sécurité routière. Elles ne peuvent être réalisées autrement que par des panneaux plats de forme rectangulaire. Elles doivent être tenues en bon état de fonctionnement et d'entretien par les personnes ou les entreprises qui les exploitent et doivent être constituées de matériaux durables. L'arrêté entre en vigueur le 13 juillet 2015 conformément à l'article 42 de la loi Grenelle 2 du 12 juillet 2010 et à l'article 17 du décret n° 2012-118 du 30 janvier 2012 relatif à la publicité extérieure, aux enseignes et aux préenseignes.

7) Distinction enseignes et pré-enseignes. « Il résulte de la combinaison notamment des articles L. 581-3 et L. 581-19 du Code de l'environnement que le législateur a entendu distinguer le régime des enseignes de celui applicable aux publicités et aux préenseignes. Ainsi, l'article L. 581-32 du Code de l'environnement, qui impose à l'autorité compétente en matière de police de faire usage, à la demande d'une association agréée de protection de l'environnement ou du propriétaire de l'immeuble concerné, des pouvoirs qu'elle tient de l'article L. 581-27 du Code de l'environnement, lequel ne vise que les publicités et les préenseignes, n'est pas applicable aux enseignes. » (■ CAA Versailles, 2ᵉ ch., 5 oct. 2017, n° 15VE01989).

Constitue une préenseigne un dispositif composé de trois panneaux fixés sur des mats métalliques, situés sur le terrain où étaient localisés un parc d'activité et des bureaux à louer. Dans ces conditions, c'est à tort que le maire de la commune s'est fondé sur un motif urbanistique pour refuser l'autorisation, alors qu'il ne s'agissait que d'une préenseigne (■ CAA Bordeaux, 7 nov. 2023, n° 21BX02607).

Art. L. 581-20 ***(Mod., L. n° 2004-1199, 12 nov. 2004).*** **– I. – Le décret prévu à l'article L. 581-18 détermine les conditions dans lesquelles peuvent être temporairement apposées sur des immeubles des enseignes annonçant :**

1° Des opérations exceptionnelles qui ont pour objet lesdits immeubles ou sont relatives aux activités qui s'y exercent ;

2° Des manifestations exceptionnelles à caractère culturel ou touristique qui y ont lieu ou y auront lieu.

II. – Le décret prévu à l'article L. 581-19 détermine les conditions dans lesquelles peuvent être temporairement apposées des préenseignes indiquant la proximité des immeubles mentionnés au paragraphe I.

III. – Le décret prévu à l'article L. 581-19 détermine les conditions dans lesquelles peuvent être apposées des préenseignes indiquant la proximité de monuments historiques, classés ou inscrits, ouverts à la visite (1).

Voir : D. n° 82-211, 24 févr. 1982, art. 16 à 20.

Application. N'est pas illégal un arrêté qui dispose que les panneaux, destinés à informer le public de la réalisation et de la commercialisation d'opérations immobilières, sont autorisés quelle que soit leur localisation, y compris hors agglomération, dans la mesure où ces panneaux constituent des enseignes et préenseignes temporaires auxquels ne s'applique pas l'interdiction générale de toute publicité hors agglomération, sauf dans les zones de publicité autorisée (V. art. L. 581-7, p. 1351) (■ CE, 8 déc. 1999, n° 154395, *Cne de Pont-à-Mousson : JurisData* n° 1999-051223, préc.).

Section IV. – Dispositions communes

Art. L. 581-21 ***(Mod., L. n° 2010-788, 12 juill. 2010 ; L. n° 2016-925, 7 juill. 2016*** (2) ***; mod. à compter du 1er janvier 2024 sous réserve de l'adoption en loi de finances de dispositions compensant les charges***

(1) V. T. appl. : D. n° 82-211, 24 févr. 1982. – NDLR.

(2) Pour l'application des présentes dispositions à Saint-Barthélemy, les références au Code de l'environnement sont remplacées par les références prévues par le Code de l'environnement applicable localement, L. n° 2016-925, 7 juill. 2016, art. 119, III.

résultant, pour les collectivités concernées, des compétences transférées par l'article 17 de la loi n° 2021-1104 du 22 août 2021, L. n° 2021-1104, 22 août 2021). **– Les autorisations prévues aux sections 2 et 3 du présent chapitre sont délivrées par le maire au nom de la commune. Le refus de ces autorisations doit être motivé.**

Un décret en Conseil d'État fixe le délai à l'expiration duquel le défaut de notification de la décision du maire équivaut à l'octroi de l'autorisation. Ce délai ne pourra excéder deux mois à compter de la réception de la demande.

Le délai pourra être porté à quatre mois pour les autorisations relatives aux installations d'enseignes sur un immeuble protégé au titre des monuments historiques, ainsi que dans un site classé.

Voir : D. n° 80-923, 21 nov. 1980, préc. - D. n° 82-211, 24 févr. 1982, préc.

Conséquences des autorisations du maire délivrées au nom de l'État. Les autorisations étant délivrées par le maire au nom de l'État, la commune n'a donc pas qualité de partie à l'instance et dans ces conditions les conclusions d'appel dirigées contre le jugement qui a annulé les arrêtés du maire sont irrecevables (■ CE, 13 mars 1999, n° 167449, *Sté ECCO et Cne de Colmar*. ■ CAA Nantes, 27 déc. 2007, n° 07NT0118, *Sté Publicom SARL)*.

Le conseil municipal n'est pas compétent pour prendre des décisions en matière d'enseigne et de préenseigne. Ainsi la délibération du conseil municipal qui donne un avis favorable à l'implantation d'une enseigne n'est qu'un simple avis qui ne fait pas grief (■ CAA Lyon, 21 mars 2000, n° 95LY01993, *M. Guyot*). Est illégal l'arrêté du maire refusant d'accorder l'autorisation d'installer en cinq endroits des panneaux d'affichage lumineux dès lors qu'il n'est pas assorti de précision nécessaire. La commune de Dijon avait opposé le caractère potentiellement dangereux de l'installation des panneaux : secteurs caractérisés par un trafic routier dense, accidentologie avérée, susceptibles de solliciter l'attention des usagers de la voie dans des conditions susceptibles de nuire à la sécurité routière (■ CAA Lyon, 22 oct. 2015, n°s 14LY03954, 14LY03955, 14LY03957 à 14LY03959, *Sté Oxial c/ Cne de Dijon*). Illégalité d'une mise en demeure adressée par le maire sur la base de l'abrogation d'une autorisation tacite préfectorale, alors que la commune n'avait pas compétence pour agir en qualité de police de publicité (■ CAA Marseille, 8 mars 2024, n° 23MA01034). Constitue une enseigne et non une publicité des panneaux d'affichage numérique double face implantés sur une parcelle où s'exercent des activités commerciales concernées par l'affichage. L'arrêté du maire de Bayonne refusant l'autorisation est donc illégale pour défaut de base légale. Mais, un nouveau règlement local de publicité interdisant le projet en litige étant intervenu, le maire ne peut être enjoint de délivrer l'autorisation sollicitée (■ CAA Bordeaux, 1er févr. 2024, n° 22/00003).

Art. L. 581-22 ***(Mod., L. n° 2010-788, 12 juill. 2010).*** **– Lorsqu'elle est consultée en application du présent chapitre, la commission départementale compétente en matière de sites est complétée par des représentants de la commune ou, le cas échéant, de l'établissement public de coopération intercommunale compétent en matière de plan local d'urbanisme et des professions intéressées, dans des conditions fixées par décret en Conseil d'État.**

Voir : D. n° 98-865, 23 sept. 1998, fixant les missions, la composition, le mode de désignation et les modalités de fonctionnement des commissions départementales des sites, perspectives et paysages et de la commission supérieure des sites, *Perspectives et Paysages* (*JO* 27 sept. 1998, p. 14749).

Commission départementale compétente en matière de sites. La suppression de la commission départementale des sites, perspectives et paysages par l'article 28 de l'ordonnance du 1er juillet 2004 (Ord. n° 2004-637, 1er juill. 2004 *relative à la simplification de la composition et du fonctionnement des commissions administratives et à la réduction de leur nombre*, art. 28 : *JO* 2 juill. 2004) laisse un temps d'adaptation jusqu'à la précision par le pouvoir réglementaire de la composition de la commission départementale compétente en matière de nature, des paysages et des sites à laquelle il est désormais fait référence.

Art. L. 581-23 ***(Mod., L. n° 2010-788, 12 juill. 2010).*** **– Les textes et documents relatifs aux prescriptions qui régissent l'affichage dans la commune ou sur le territoire de l'établissement public de coopération intercommunale compétent en matière de plan local d'urbanisme sont tenus en mairie ou, le cas échéant, au siège dudit établissement, à la disposition du public.**

Art. L. 581-24 ***(Mod., Ord. n° 2004-1199, 12 nov. 2004).*** **– Nul ne peut apposer de publicité ni installer une préenseigne sur un immeuble sans l'autorisation écrite du propriétaire.**

Autorisation préalable du propriétaire. Un conseil municipal ne peut décider la mise en place d'un dispositif d'illumination d'un château appartenant à une personne privée sans l'autorisation préalable de son propriétaire (▪ TA Limoges, 8 avr. 2010, n° 0900041). De même, lorsque des affiches à caractère politique ont été irrégulièrement posées, sans autorisation de leur propriétaire, le maire ou le préfet peut, en application de l'article L. 581-29 du Code de l'environnement, faire procéder d'office à leur enlèvement, aux frais de la personne qui a apposé ou fait apposer cette publicité (▪ CAA Nantes, 2e ch., 29 sept. 2009, n° 08NT02733, *Assoc. Front National*). Autorisation préalable du syndicat de copropriétaires (▪ Cass. 3e civ., 18 nov. 2014, n° 13-20.968).

Section V. – Contrats de louage d'emplacement

Art. L. 581-25 *(Mod., Ord. n° 2004-1199, 12 nov. 2004)*. **– Le contrat de louage d'emplacement privé aux fins d'apposer de la publicité ou d'installer une préenseigne se fait par écrit. Il est conclu pour une période qui ne peut excéder six ans à compter de sa signature. Il peut être renouvelé par tacite reconduction par périodes d'une durée maximale d'un an, sauf dénonciation par l'une des parties trois mois au moins avant son expiration.**

Le preneur doit maintenir en permanence l'emplacement loué en bon état d'entretien. Faute d'exécution de cette obligation, et après mise en demeure, le bailleur peut obtenir, à l'expiration d'un délai d'un mois, du juge des référés, à son choix, soit l'exécution des travaux nécessaires, soit la résolution du contrat et la remise des lieux en bon état aux frais du preneur.

À défaut de paiement du loyer, le contrat est résilié de plein droit au bénéfice du bailleur après mise en demeure de payer restée sans effet durant un mois.

Le preneur doit remettre l'emplacement loué dans son état antérieur dans les trois mois suivant l'expiration du contrat.

Le contrat doit comporter la reproduction des quatre alinéas précédents.

Les dispositions du présent article sont d'ordre public.

Voir : Circ. 29 déc. 1992 (*JORF* 5 févr. 1993, p. 1971).

1) Texte d'ordre public. (▪ CA Versailles, 20 mai 2010, n° 09/01936. ▪ Cass. 1re civ., 13 nov. 2002, n° 99-21.816 : *JurisData* n° 2002-016299 ; *Bull. civ.* I, n° 270). Nullité d'un contrat de commodat ne respectant pas les dispositions précitées (▪ CA Dijon, ch. civ. B, 8 avr. 2008, *SCI Leneuf c/ Gremeau : JurisData* n° 2008-361156). Le contrat, qui met à disposition deux emplacements en contrepartie d'un prix de location, est un contrat de louage d'emplacement, régi par l'article L 581-25 du Code de l'environnement. Le fait qu'il ne respecte pas les dispositions exactes de l'article L 581-25 du Code de l'environnement ne modifie pas sa qualification juridique. Le caractère d'ordre public de ces dispositions ne permet pas d'y déroger de manière contractuelle notamment quant aux modalités relatives à sa durée et son renouvellement. (▪ CA Douai, 2e ch., 1re sect., 31 mars 2016, n° 15/02391).

2) Durée du contrat. Le contrat de louage d'emplacement privé doit être conclu pour une durée déterminée n'excédant pas six ans à compter de sa signature. Ainsi, le contrat conclu pour une durée « de trois à six ans », « laisse une incertitude total sur la durée du bail », ce qui entache la validité du contrat (▪ CA Montpellier, 16 déc. 2003, n° 01/05029). Cependant, un contrat conclu pour plus de 6 ans n'est pas nul, mais sa durée doit être limitée à la durée légale (▪ CA Reims, 3 mai 2022, n° 21/00952).

Rien n'interdit, au terme du premier contrat, d'en conclure un second portant sur le même emplacement publicitaire dès lors que ce contrat respecte, notamment en sa durée, les règles d'ordre public qu'il pose (▪ Cass. com., 20 mars 2019, n° 1727802 ; *Contrat de location d'affichage publicitaire et possibilité de conclure un nouveau contrat pourtant sur le même emplacement : JCP* E 2019, n° 14, act. 2018 ; *Droit des affaires. Panorama de jurisprudence : JCPLitige autour de la durée du renouvellement d'un contrat d'emplacement publicitaire : Dalloz actualité*, 10 avr. 2019).

3) Faculté de renonciation. Les dispositions des articles L. 121-23 et suivants du Code de la consommation sont applicables au contrat de louage d'emplacement privé. Par conséquent, le contrat doit notamment préciser, à peine de nullité, le droit de rétractation des parties et ses modalités d'exercice. À cet effet, un formulaire détachable est joint au contrat pour faciliter l'exercice du droit de rétractation (▪ CA Montpellier, 16 déc. 2003, n° 01/05029).

4) Modalités de rédaction du contrat. Le contrat doit reproduire, à peine de nullité, les dispositions du Code de la consommation qui lui sont applicables ; il s'agit des articles L. 121-23 à L. 121-26 du

Code précité (■ CA Montpellier, 16 déc. 2003, n° 01/05029). En outre, un contrat qui ne reproduit pas les quatre alinéas obligatoires et qui, de surcroît, ne comporte aucune indication de durée et prévoit une redevance pour une durée de 9 ans, alors que la durée légale est fixée à 6 ans maximum, est illégal (■ CA Aix-en-Provence, 11e ch., 8 déc. 2011, n° 10/23027).

5) Clause nulle. Doit être déclarée nulle la clause prévoyant l'appropriation automatique du panneau publicitaire au profit du bailleur en cas de résiliation de plein droit, alors que la loi prévoit seulement un retrait du panneau par le preneur (■ CA Versailles, 20 mai 2010, n° 09/01936).

6) Portée. Ce texte ne fait pas de distinction entre les professionnels et les particuliers, il s'applique donc quelle que soit la qualité des contractants (■ CA Douai, 31 mars 2016, n° 15/02391, *SASU PML Affichage*). Ce texte concerne les contrats de louage d'emplacement publicitaire conclus entre une société d'affichage et un propriétaire foncier, dit bailleur. Le contrat de location conclu entre deux sociétés commerciales, portant ordre de publicité pour les besoins publicitaires de l'activité commerciale de l'une d'elle, qui n'instaure aucun rapport locatif entre les deux sociétés, n'est pas de cette nature. En conséquence, l'article L. 581-25 n'est pas applicable au contrat litigieux (■ CA Bordeaux, 10 avr. 2017, n° 14/07087, *SARL AQUITAINE ADER*).

7) Qualification du bail. Une vitrine publicitaire est un bail distinct du bail commercial non soumis au statut des baux commerciaux (■ CA Douai, 4 mai 2023, n° 22 000/72).

Section VI. – Dispositions en matière de sanctions administratives et pénales

(Intitulé rempl. à compter du 1er juillet 2013, Ord. n° 2012-34, 11 janv. 2012)

Sous-section 1. – Procédure administrative

Art. L. 581-26 ***(Mod. à compter du 1er janvier 2001, Ord. n° 2000-914, 18 sept. 2000*** (1) ***; L. n° 2010-788, 12 juill. 2010).*** **– Sans préjudice des dispositions des articles L. 581-30 et L. 581-34, est punie d'une amende d'un montant de 1 500 € la personne qui a apposé ou fait apposer un dispositif ou matériel visé à l'article L. 581-6, sans déclaration préalable ou non conforme à cette déclaration. Le manquement est constaté par un procès-verbal établi par un fonctionnaire ou agent mentionné à l'article L. 581-40. Une copie du procès-verbal est adressée à la personne visée. Le manquement ainsi relevé donne lieu à une amende prononcée par le préfet. L'amende est recouvrée, dans les conditions prévues par les dispositions relatives aux produits communaux, au bénéfice de la commune sur le territoire de laquelle le manquement a été constaté. La personne visée a accès au dossier et est mise à même de présenter ses observations écrites, dans un délai d'un mois, sur le projet de sanction de l'administration. La décision du** ***(Mot rempl. à compter du 1er janvier 2024 sous réserve de l'adoption en loi de finances de dispositions compensant les charges résultant, pour les collectivités concernées, des compétences transférées par l'article 17 de la loi n° 2021-1104 du 22 août 2021, L. n° 2021-1104, 22 août 2021)*** **« maire », qui doit être motivée, est susceptible d'un recours de pleine juridiction.**

Les dispositions du présent article sont applicables en cas d'infraction aux dispositions des articles L. 581-4, L. 581-5 et L. 581-24 ***(Mots aj. à compter du 1er octobre 2022, L. n° 2021-1104, 22 août 2021)*** **ou en cas de violation des interdictions prévues à l'article L. 581-15.**

Voir : sur le référé suspension, V. CJA, Litec, 2011, art. L. 521-1 et s. p. 1079.

1) Amende administrative. L'amende est infligée après constatation de l'infraction par un procès-verbal établi par un fonctionnaire ou agent mentionné à l'article L. 581-40. Le préfet, autorité compétente pour prononcer l'amende administrative, a compétence liée pour le faire mais n'a pas l'opportunité de déterminer le montant de l'infraction. V. ■ TA Clermont-Ferrand, 17 mars 2010, n° 092091, *SARL Oléon Raymond et fils c/ Préfet de la Haute-Loire : Rev. jur. env.* 4/2010, p. 714, note Ph. Zavoli. En outre, un affichage sauvage (d'opinion, politique ou à caractère diffamatoire), réalisé en dehors des emplacements réservés par le règlement de publicité communal, ne peut donner lieu à l'application de cette amende administrative, faute de correspondre aux incriminations prévues par l'article L. 581-26 du Code de l'environnement (■ TA Clermont-Ferrand, 29 mars 2011, n° 1000461).

2) Aux dispositions du présent article s'ajoutent les sanctions pénales prévues par l'article L. 581-34 du Code de l'environnement. Ainsi, la

(1) Application à l'outre-mer : V. Ord. n° 2000-914, 18 sept. 2000, art. 13.

personne ayant apposé ou fait apposer un dispositif en violant les dispositions légales et réglementaires relatives à la publicité, s'expose à la fois à des sanctions administratives ainsi qu'à des sanctions pénales (■ CAA Paris, 12 nov. 2009, n° 08PA01113).

3) Obligation d'agir. Un arrêté de mise en demeure de supprimer une enseigne fondé sur des infractions de publicité est légal, et le maire est tenu d'agir (■ TA Cergy-Pontoise, 22 nov. 2022, n° 2102675).

4) Titres exécutoires. Légalité de titres exécutoires par la commune de Pompignan à la suite de l'implantation de dispositifs publicitaires illégaux sur le territoire de la commune. Ne sont pas disproportionnées les sanctions administratives pécuniaires de 1 500 € par infraction constatée, alors même que l'entreprise avait donné lieu à un signalement au procureur de la République et à l'engagement depuis 2016 par l'administration de l'État de 25 procédures administratives, dont 17 mises en demeure (■ CA Bordeaux, 17 déc. 2021, n° 19BX03172).

Art. L. 581-27 *(Mod., L. n° 2010-788, 12 juill. 2010 ; L. n° 2019-1461, 27 déc. 2019).* **– Dès la constatation d'une publicité, d'une enseigne ou d'une préenseigne irrégulière au regard des dispositions du présent chapitre ou des textes réglementaires pris pour son application, et nonobstant la prescription de l'infraction ou son amnistie,** ***(Mots rempl. à compter du 1er janvier 2024 sous réserve de l'adoption en loi de finances de dispositions compensant les charges résultant, pour les collectivités concernées, des compétences transférées par l'article 17 de la loi n° 2021-1104 du 22 août 2021, L. n° 2021-1104, 22 août 2021)*** **« le maire » prend un arrêté ordonnant, dans les cinq jours, soit la suppression, soit la mise en conformité avec ces dispositions, des publicités, enseignes ou préenseignes en cause, ainsi que, le cas échéant, la remise en état des lieux.**

Cet arrêté est notifié à la personne qui a apposé, fait apposer ou maintenu après mise en demeure la publicité, l'enseigne ou la préenseigne irrégulière.

Si cette personne n'est pas connue, l'arrêté est notifié à la personne pour le compte de laquelle ces publicités, enseignes ou préenseignes ont été réalisées.

Voir : Circ. 29 déc. 1982, portant sur l'application de la loi n° 79-1150 du 29 décembre 1979 (*JO* 5 févr. 1993, p. 1971 ; n° NOR : EQUM9201495C).

Bibliographie : M. Bahouala, *Étude des moyens d'action contre l'affichage sauvage : AJCT* 2017, 566, 28 nov. 2017. • S. Douteaud, *Jurisprudence Danthony : théorie des moyens inopérants, des formalités non substantielles ou des vices non substantiels : RFDA* 2018, 109, 14 mars 2018.

I – RECEVABILITÉ

1) Intérêt à agir. Seul le bénéficiaire de l'affichage, qui est destinataire de l'arrêté de mise en demeure de déposer une enseigne, peut faire un recours contre cet acte et non la société qui a installé le panneau d'affichage (■ CE, 6 juin 1990, n° 100188, *Sté Sayag-Électronic : Dr. adm.* 1990, n° 372 ; *Gaz. Pal.* 1990, 2, pan. dr. adm. p. 656). La Sté Sayag-Électronic justifie, à raison des relations contractuelles qui l'unissent aux sociétés bénéficiant de l'affichage, ses clients, d'un intérêt lui donnant qualité pour demander l'annulation pour excès de pouvoir des arrêtés du maire mettant en demeure ces sociétés de déposer, sous astreinte, les enseignes à défilement apposées sur leur magasin (■ CE, 20 sept. 1993, n° 110247, *Sté Sayag-Électronic : Dr. adm.* 1993, comm. 480. ■ CE, 29 juill. 1993, n° 106908, *Min. Équipement, Transports et Tourisme et a. : Rec. CE* 1993, p. 375).

2) Acte ne faisant pas grief. Ne fait pas grief et constitue une mesure préparatoire la lettre par laquelle le chef de la subdivision de l'équipement demande au maire de mettre en demeure la société publicitaire de démonter les dispositifs publicitaires (■ CE, 4 nov. 1983, n° 35430, *Sté Publimontre*).

II – COMPÉTENCE

3) Compétence territoriale. Est dépourvu de base légale l'arrêté d'un maire en tant qu'il met en demeure une société publicitaire de déposer, sous astreinte, un panneau dont le support est situé sur le territoire d'une commune limitrophe (■ CE, 26 juill. 1996, n° 127565, *Sté Métropole*).

4) Le maire agit au nom de l'État. Les mises en demeure adressées par le maire sont des décisions prises au nom de l'État, c'est pourquoi la commune n'a pas qualité pour interjeter appel de leur annulation (■ CE, 7 déc. 1990, n° 103902, *Ville de Paris c/ Sté Multypromotion : Dr. adm.* 1991, n° 55 ; *Gaz. Pal.* 1991, 2, pan. dr. adm. p. 72. ■ CE, 3 févr. 1992, n° 128004, Cne de Challes-les-*Eaux c/ Sté Art-Vision EURL : Rec. CE* 1992, p. 48 ; *Dr. adm.* 1992, n° 118 ; *JCP* G 1992, IV, 1316, obs. Rouault. ■ CE, 9 déc. 1992, n° 109894, *Ville de Paris c/ Sté Sayag-Électronic.* ■ CE, 5 nov. 1993, nos 140349, 140350, 140351 et 140352, *Cne de Buche-*

lay et a.. ▪ CAA Nancy, 13 déc. 2001, n° 97NC02347, *Cne de Schiltigheim*). Pour la même raison, la commune n'est pas partie à l'instance et ne peut recevoir d'indemnité au titre de l'article L. 761-1 du Code de justice administrative (▪ CAA Lyon, 3 nov. 2005, n° 01LY00248, *Sté Ara Publicité : Environnement* janv. 2006, n° 1, comm. 14, J.-M. Février). Le Conseil d'État confirme sa jurisprudence selon laquelle lorsqu'il prend, en application des dispositions désormais codifiées aux articles L. 581-27 et suivants du Code de l'environnement, un arrêté mettant en demeure une société d'affichage et de publicité de supprimer des panneaux publicitaires, le maire agit au nom de l'État. Il s'en déduit que seul l'État peut faire appel d'un jugement des titres exécutoires émis en vue de liquider une astreinte prononcée dans ce cadre (▪ CE, 9 déc. 2015, n° 386992, *Sté EURL du Curtil : JurisData* n° 2015-027681 ; *JCP* A 2015, act. 1057. – X. Domino, *Publicité : derrière le maire, l'État : JCP* A 2016, n° 15, 2102 ; *AJDA* 2015, p. 2407).

5) Compétence liée. Le maire est tenu de prendre l'arrêté mettant la société requérante en demeure de se conformer au règlement national de la publicité en agglomération ; par suite, le moyen tiré de ce que les panneaux dont il s'agit n'étaient pas de nature à nuire à l'environnement est inopérant (▪ CE, 21 nov. 1986, n° 67408, *Sté Dauphin OTA c/ Cne de Bellerive-sur-Allier*). Le moyen tiré du défaut de motivation des arrêtés du maire tendant à la dépose de deux panneaux publicitaires au regard des exigences posées par la loi du 11 juillet 1979 est inopérant (▪ CE, 15 juin 1987, n° 68417, *SARL ODIP Publicité routière : Rec. CE* 1987, p. 214 ; *RFDA* 1987, p. 681 ; *AJDA* 1988, p. 67, note J.-B. Auby ; *JCP* G 1987, IV, 353 ; *Gaz. Pal.* 1988, 1, pan. dr. adm. p. 107. ▪ CE, 3 nov. 1995, n°s 122794 et 171257, *Préfet des Yvelines*). Est également inopérant le moyen tiré de l'incompétence du sous-préfet pour prendre l'arrêté (▪ CE, 4 mars 1994, *SARL Régineige : Rec. CE* 1994, p. 108 ; *LPA* 1995, n° 57, p. 11, note J.-M. Communier). Le non-respect des dispositions de l'article 8 du décret du 28 novembre 1983 est également un moyen inopérant (▪ CE, 15 juin 1987, *SARL ODIP Publicité routière*, préc. ▪ CE, 30 janv. 1991, n° 101639, *Min. Équipement, Logement, Transport et Mer c/ Sté Route et Ville : Rec. CE* 1991, tables p. 694). Toutefois, est recevable le moyen selon lequel une société reproche à un maire de ne pas avoir utilisé ses pouvoirs de police pour faire cesser une violation des dispositions du Code de l'environnement en matière de publicité, malgré la demande expressément formulée par cette société. En effet, en agissant ainsi, le maire a méconnu les obligations imposées par l'article L. 581-27 du Code de l'environnement (▪ CAA Paris, 29 sept. 2011, n° 10PA04477). Cependant, dès lors que l'infraction nécessitera une appréciation des faits de l'espèce, l'autorité de police ne sera pas dans une situation de compétence liée et les dispositions du décret de 1983 seront applicables (▪ CE, sect., 3 févr. 1999, n°s 149722 et 152848, *M. Montaignac : Rec. CE* 1999, p. 7 ; *AJDA* 1999, p. 567, chron. F. Raynaud et P. Fombeur ; *Rev. jur. env.* 3/2000, p. 473 et s., note P. Zavoli. ▪ CAA Bordeaux, 28 mai 2002, *Sté Trihept : AJDA* 2002, p. 963. ▪ CAA Paris, 12 nov. 2002, *MATE, préfet du Val d'Oise : Rev. jur. env.* 2003, p. 365. ▪ CAA Nantes, 17 juin 2003, n° 00NT00009, *Sté Trihept*. ▪ CE, 18 févr. 2003, *Sté Trihept*). La question de savoir si le dispositif publicitaire litigieux est ou non implanté hors agglomération mérite une telle appréciation (▪ TA Versailles, 25 mars 2010, n° 0805322, *Sté Trèfle Communication : Rev. jur. env.* 4/2010, p. 716, note Ph. Zavoli). Lorsque l'infraction est constituée, l'autorité administrative doit faire droit à la demande de mise en demeure présentée par une association agréée de protection de l'environnement (au sens de l'article L. 141-1 du Code de l'environnement), quelle que soit la nature de l'infraction, sous peine d'engager sa responsabilité pour faute (▪ TA Grenoble, 5 févr. 2003, *Assoc. Paysages de France : Rev. jur. env.* 2003, p. 429). Après avoir constaté la violation, l'autorité de police est tenue de mettre en demeure de retirer le panneau (▪ CAA Versailles, 6 nov. 2014, n° 12VE03103, *Sté Signal Services*). Néanmoins, l'arrêté de mise en demeure de supprimer un dispositif publicitaire constitue une mesure de police devant être motivée en application des articles 1er et 2 de la loi n° 79-587 du 11 juillet 1979 relative à la motivation des actes administratifs et à l'amélioration des relations entre l'administration et le public (▪ CAA Lyon, 4 nov. 2014, n° 13LY01735, *Cne de Sablons*). Réaffirmation de la compétence liée du maire qui rend inopérante une motivation insuffisante (▪ CAA Nantes, 13 avr. 2018, n° 16NT03668). Compétence liée du préfet (▪ TA Toulouse, 15 sept. 2023, n° 2106416).

6) Obligation d'agir. Une demande du propriétaire concerné oblige le maire ou le préfet à engager la procédure de mise en demeure. L'administration doit agir « dès la constatation ». Et, même si l'article L. 581-27 ne fixe aucun délai, un délai d'inaction d'un an est excessif et engage la responsabilité de l'administration (▪ TA Lyon, 25 sept. 2007, n° 0504097, *Assoc Paysages de France : Environnement* déc. 2007, n° 12, comm. 213, J.-M. Février ; (▪ TA Montpellier, 26 mars 2013, n° 1103919, *Assoc. Paysages de France*). Sur l'obligation d'agir du préfet sur l'obligation d'agir du préfet et l'erreur de droit commise en s'abstenant de le faire (▪ TA Montpellier, 26 mars 2013, n° 1103919, *Assoc. Paysages de France : Environnement* 2013, n° 40, note Février)

7) Voie de fait. La lacération des affiches apposées irrégulièrement est constitutive de voie de fait (Rép. min. n° 7270 à M. Bonnet : *JO* Sénat Q 24 sept. 1987, p. 1513).

8) Absence de contradictoire. La mise en demeure de respecter la réglementation de la publicité extérieure n'est pas en soi une sanction. Les principes de la contradiction et du respect des droits de la défense ne trouvent pas à s'appliquer (▪ CE, 6 oct. 1999, *Sté Sopremo : Rev. jur. env.* 2001, p. 481. ▪ CAA Douai, 11 juill. 2002, *Sté BP France : Rev. jur. env.* 2003, p. 481). La procédure contradictoire de l'article 24 de la loi du 12 avril 2000 ne peut s'appliquer (▪ CAA Paris, 21 déc. 2006, n° 02PA01477, *Sté Drives cars*. Il s'agit d'une mesure de police (▪ CAA Paris, 27 sept. 2018, n° 17PA00696).

III – FOND

9) Précision de la mise en demeure. L'acte doit comporter les informations permettant d'identifier avec certitude la ou les publicités dont l'enlèvement est prescrit, d'en connaître le nombre précis et de déterminer l'emplacement exact où elles sont installées (▪ CAA Lyon, 15 déc. 2005, n° 01LY01628, *Union interdépartementale Drôme Ardèche des syndicats Force Ouvrière Environnement* févr. 2006, n° 2, comm. 24, J.-M. Février).

10) Destinataire de la mise en demeure. La mise en demeure, sous peine d'astreinte, peut être notifiée au commerçant qui a fait apposer les enseignes litigieuses (▪ CE, 29 juill. 1994, n° 106908, *Min. Équipement, Transport et Tourisme et a.*, préc.). En revanche, le propriétaire du terrain sur lequel est implanté le dispositif en infraction n'est pas l'une des personnes limitativement énumérées par l'article L. 581-27 et ne peut donc pas être mis en demeure à ce titre (▪ CAA Paris, 7 nov. 2000, n° 97PA00649, *M. et Mme Charrier*). L'autorité administrative ne saurait légalement adresser une injonction de supprimer une affiche à une personne, pour le compte de laquelle elle estime qu'un affichage illicite a été opéré, qu'à la condition d'être en mesure d'établir que l'intéressé a pris l'initiative de cet affichage ou qu'ayant eu connaissance du projet, elle ne s'y serait pas opposée (▪ TA Lyon, 26 févr. 1987, *Weyl : Rec. CE* 1987, p. 467).

Le régisseur publicitaire ayant commercialisé les espaces peut régulièrement se voir notifier la mise en demeure, alors même qu'il n'est ni propriétaire ni locataire des dispositifs (▪ CAA Bordeaux, 6 nov. 2006, n° 05BX01913, *Sté Affisud*). Sur le cas de deux sociétés proches, V. : ▪ CAA Paris, 16 oct. 2008, n° 07PA01714, *Sté Switch*). La personne qui bénéficie de la publicité est destinataires, à défaut de connaître le propriétaire de l'emplacement, de la mise en demeure (▪ CAA Nancy, 9 mai 2017, n° 16NC02379).

11) Présomption simple et non irréfragable. Le nom de la société, mentionné sur deux dispositifs publicitaires litigieux, constituant des préenseignes pour un établissement de restauration rapide, est de nature à faire présumer que la société est la personne qui a apposé ou fait apposer la publicité ; cependant, celle-ci est susceptible d'en rapporter la preuve contraire (▪ CAA Lyon, 2 juill. 2010, n° 09LY01146, *Sté de visu : Rev. jur. env.* 4/2010, p. 715, note Ph. Zavoli).

12) Inopposabilité d'une inscription non publiée. C'est à bon droit qu'une société d'affichage se prévaut de l'inopposabilité des arrêtés portant inscription à l'inventaire des sites et monuments naturels du département qui n'ont pas été publiés au *Journal officiel*, à l'appui de sa demande formulée devant le tribunal administratif contre les arrêtés la mettant en demeure d'enlever les dispositifs publicitaires litigieux (▪ CE, 14 oct. 1987, n° 70227, *Min. Urbanisme, Logement et Transport c/ SA Affichage Giraudy*. ▪ CE, 12 mai 1989, n° 86729, *Min. Équipement, Logement, Aménagement du territoire et Transports c/ SA Affichage Giraudy : Rec. CE* 1989, p. 125).

13) Atteinte au principe d'égalité. Le fait que le maire ait toléré les mêmes infractions commises par des entreprises concurrentes est sans incidence sur la légalité de la décision mettant en demeure de déposer des panneaux irréguliers (▪ CAA Nantes, 5 déc. 2006, n° 05NT01064, *SARL VP communication*. ▪ CAA Bordeaux, 14 mars 2006, n° 03BX01059, *Sté Afur*).

14) Erreur de visa. Une erreur de visa dans l'arrêté de mise en demeure est sans effet dès lors qu'elle peut être couverte par le mécanisme de la substitution de motif : ▪ CAA Marseille, 22 mai 2008, n° 06MA01899, *Sté Giraudy Viacom Outdoor*. Il en est de même lorsque l'arrêté s'est inexactement référé à un article du Code de la route, alors qu'il ressort du dossier que le maire aurait pris la même décision s'il s'était fondé seulement sur l'article L. 581-7 du Code de l'environnement (▪ CAA Douai, 24 mai 2006, n° 05DA01129, *Sté CFA Panopub*).

15) Motivation de l'arrêté et compétence des agents verbalisateurs : moyens inopérants. S'agissant d'une compétence liée, il est vain de faire valoir que les infractions n'ont pas été constatées par un agent ou un fonctionnaire habilité à cet effet conformément à l'article L. 581-40, ni que les arrêtés ne sont pas motivés (▪ CAA Bordeaux, 14 mars 2006, n° 03BX01321, *Cne de Cayenne*).

16) Violation de la Convention européenne de sauvegarde des droits de l'Homme (non).

Les mesures prévues par l'article L. 581-27 ne constituent pas des « accusations en matière pénale » et ne violent ni l'article 6-1 de la Convention européenne de sauvegarde des droits de l'Homme, ni l'article 10 (■ CAA Bordeaux, 17 déc. 2008, n° 07BX01586, *SAS Promovil*).

17) Dispositifs anciens maintenus postérieurement à 2015. Illégalité. Légalité de la mise en demeure ■ CAA Marseille, 13 juill. 2017 n° 16MA01356.

18) Dispositif ayant fait l'objet d'une déclaration. La déclaration préalable du dispositif n'a pas pour effet de faire obstacle à l'usage des pouvoirs de police prévus par l'article L. 521-27 (■ CAA Paris, 21 déc. 2006, n° 02PA01477, *Sté Drives cars*).

19) Exception d'illégalité et irrégularité du règlement local de publicité. V. ■ CAA Marseille, 7 mai 2008, n° 05MA01936, *Sté Mediazur*.

20) Caractère non régularisable. L'irrégularité de la procédure ne peut être regardée comme régularisée par une lettre d'information préalable annonçant une sanction pénale pour les mêmes faits, suivie d'un courrier notifiant le procès-verbal de la sanction et annonçant une future mise en demeure. Ce courrier, qui ne présentait pas les mêmes garanties pour l'intéressé, ne peut tenir lieu de mise en demeure (■ CAA Versailles, 14 mai 2020, n° 18VE0269).

21) Responsabilité. L'État est responsable de son inaction contre l'affichage intempestif (■ TA Rennes, 30 mars 2006, n° 0400124 : *AJDA* 2006, p. 793). Absence de responsabilité de la commune qui a consenti un bail pour l'implantation de panneaux irréguliers à un professionnel qui ne pouvait ignorer la situation : ■ TA Rennes, 3 mai 2007, n° 03450 : *AJDA* 2007, p. 1550. En s'abstenant pendant plus de quatre mois de mettre en œuvre ses pouvoirs de police relatifs à la publicité, aux enseignes et pré enseignes, le maire de Fontainebleau a commis une faute de nature à engager la responsabilité de la commune. Toutefois, l'existence du préjudice économique qui résulterait pour la société, en situation de concurrence directe, de l'apposition irrégulière pendant cinq mois du panneau publicitaire n'est pas établie en l'espèce (■ CAA Paris, 13 oct. 2016, n° 15PA01785, *Sté Fouilhoux*).

22) Obligation de faire constater au préalable les infractions par des agents habilités (■ CAA Bordeaux, 24 févr. 2015, n° 12BX03062, *Assoc. Paysages de France*).

23) Astreinte. Elle a pour objet d'inciter la personne à enlever le dispositif irrégulièrement implanté ; il ne s'agit donc pas d'une sanction soumise aux dispositions de la loi du 12 avril 2000 (■ CAA Paris, 27 sept. 2018, n° 17PA00696).

24) Liquidation d'astreinte. L'arrêté préfectoral portant mise en demeure précisait que le dispositif concerné, support compris, devait être supprimé. Si la pré-enseigne du magasin a été retirée, le mât-support n'a pas été supprimé au cours de la période de liquidation des astreintes, au motif prétendu qu'il n'appartenait pas au magasin. La Cour confirme la légalité de la mise en demeure et des titres exécutoires portant liquidation des astreintes, environ 14 000 euros pour trois mois (■ CAA Lyon, 23 mai 2017, n° 15LY03540, *SARL Fröhlich*).

25) Non-application de ces dispositions à des enseignes qui ne constituent pas des publicités. Dans ces conditions, la mise en demeure de retrait est illégale de même que la mise en recouvrement d'astreinte et les titres de recette. Il en va différemment pour les dispositifs qui sont effectivement des publicités (■ TA Lyon, 7 mai 2024, n° 2201625).

Art. L. 581-28 ***(Mod., L. n° 2010-788, 12 juill. 2010 ; L. n° 2019-1461, 27 déc. 2019).*** **– Dans le cas où la déclaration mentionnée à l'article L. 581-6 fait apparaître que le dispositif déclaré n'est pas conforme aux dispositions législatives et réglementaires,** ***(Mots rempl. à compter du 1er janvier 2024 sous réserve de l'adoption en loi de finances de dispositions compensant les charges résultant, pour les collectivités concernées, des compétences transférées par l'article 17 de la loi n° 2021-1104 du 22 août 2021, L. n° 2021-1104, 22 août 2021)*** **« le maire » enjoint, par arrêté, le déclarant à déposer ou à mettre en conformité le dispositif en cause dans un délai de cinq jours à compter de la date de réception dudit arrêté. À l'issue de ce délai et en cas d'inexécution, le déclarant est redevable de l'astreinte dans les conditions prévues par l'article L. 581-30.**

Voir : sous art. L. 581-27, p. 1374.

Dans l'hypothèse d'une publicité, enseigne ou préenseigne en infraction, la suppression ou la mise en conformité de l'installation peuvent être ordonnées par arrêté du maire ou du préfet. L'arrêté fixera alors un délai de réalisation au-delà duquel la personne en infraction sera redevable d'une astreinte dont le montant est évolutif (Lettre circulaire du 5 mars 2004, non publiée).

Procès-verbal préalable (non). La mise en demeure n'a pas à être précédée d'un procès-verbal de constatation d'infraction (■ CAA Lyon, 1re ch., 8 juill. 2008, n° 06LY02447, *Sté FG Publicité*).

Art. L. 581-29 *(Mod., L. n° 2010-788, 12 juill. 2010 ; mod. à compter du 1er janvier 2024 sous réserve de l'adoption en loi de finances de dispositions compensant les charges résultant, pour les collectivités concernées, des compétences transférées par l'article 17 de la loi n° 2021-1104 du 22 août 2021, L. n° 2021-1104, 22 août 2021).* – **Dès constatation d'une publicité irrégulière au regard des dispositions des articles L. 581-4, L. 581-5 ou L. 581-24, le maire peut faire procéder d'office à la suppression immédiate de cette publicité. Toutefois, si cette publicité a été apposée dans, ou sur une propriété privée, l'exécution d'office est subordonnée à la demande du propriétaire ou à son information préalable par le maire. Les frais de l'exécution d'office sont supportés par la personne qui a apposé ou fait apposer cette publicité. Si cette personne n'est pas connue, les frais sont mis à la charge de celle pour laquelle la publicité a été réalisée.**

Dès constatation d'une publicité implantée sur le domaine public et irrégulière au regard de l'article L. 581-8, le maire peut faire procéder d'office à la suppression immédiate de cette publicité. Toutefois, l'exécution d'office est subordonnée à l'information préalable du gestionnaire du domaine public par le maire. Les frais de l'exécution d'office sont supportés par la personne qui a apposé ou fait apposer cette publicité. Si cette personne n'est pas connue, les frais sont mis à la charge de celle pour laquelle la publicité a été réalisée.

Voir : sous art. L. 581-27, annot. n° 6, p. 1375.

1) **Procédure d'enlèvement d'office.** Le maire ou le préfet constatant l'existence d'une publicité violant les dispositions des articles L. 581-4, L. 581-5 ou L. 581-24 du Code de l'environnement peut faire procéder d'office et sans délai, à la suppression de ladite publicité. Néanmoins, la suppression d'office de la publicité litigieuse est subordonnée à la demande du propriétaire ou à son information préalable par l'autorité administrative si cette publicité a été apposée dans, ou sur une propriété privée (▪ CAA Nantes, 7 avr. 2010, n° 09NT00616). La constatation de la méconnaissance des dispositions de l'article L. 581-5 du Code de l'environnement (publicité ne comportant ni le nom de son propriétaire, ni de l'annonceur) ne nécessite pas un procès-verbal d'infraction rédigé par un agent habilité (▪ CAA Nantes, 29 sept. 2009, nos 08NT02733 et 08NT02734, *Assoc. Front National et a. : Rev. jur. env.* 4/2010, p. 713, note Ph. Zavoli).

Le Maire n'est pas tenu d'ordonner préalablement de procéder soit à la suppression, soit à la mise en conformité du dispositif en cause, lorsque la suppression immédiate est mise en œuvre. Les titres exécutoires de 2 165 euros émis par la commune de Bédarrides correspondant aux frais d'enlèvement d'affiches apposées sur des panneaux de signalisation et de graffitis sont légaux (▪ CAA Marseille, 3 nov. 2016, n° 15MA01721, *Assoc. Front National*). Le maire de la commune a mis à la charge d'un candidat aux élections municipales une somme de 314 euros au titre des frais relatifs au nettoyage des affiches électorales. Les titres de recettes litigieux ont été émis, en application du 1er alinéa de l'article L. 581-29 du Code de l'environnement, en vue du recouvrement des frais d'enlèvement, par les services de la commune, de publicités irrégulièrement apposées au regard de l'article L. 581-24 du Code de l'environnement. Aucune mise en demeure préalable du maire n'était requise. Si l'intéressé fait valoir qu'il n'est pas établi qu'il aurait une responsabilité dans ces affichages, cette circonstance est sans influence sur la mise en œuvre de l'article L. 581-29 du Code de l'environnement, lequel permet de mettre à la charge de la personne pour laquelle la publicité a été réalisée les frais d'enlèvement d'office (▪ TA Melun, 27 janv. 2016, n° 1408614).

2) **Coût de l'enlèvement d'office.** Les frais relatifs à l'enlèvement d'office sont supportés par la personne qui a apposé ou fait apposer la publicité irrégulière. Il est opportun de préciser que dans l'hypothèse où cette personne ne serait pas identifiable, les frais sont mis à la charge de la personne pour laquelle la publicité a été réalisée (▪ CAA Nantes, 7 avr. 2010, n° 09NT00616. – Dans le même sens ▪ CAA Nantes, 12 déc. 2023, n° 22NT00931).

3) Compétence liée du maire pour faire retirer des affiches illégalement autorisées (▪ TA Paris, 15 juin 2017, n° 1609703).

4) Une lettre de relance ne constitue pas un acte susceptible de recours (▪ TA Marseille, 7 juill. 2022, n° 2007646).

Art. L. 581-30 *(Mod.à compter du 1er janvier 2001, Ord. n° 2000-914, 18 sept. 2000 ; mod., L. n° 2010-788, 12 juill. 2010 ; L. n° 2019-1461, 27 déc. 2019 ; à compter du 1er janvier 2024 sous réserve de l'adoption en loi de finances de dispositions compensant les charges résultant, pour les collectivités concernées, des compétences transférées par l'article 17 de la loi n° 2021-1104 du 22 août 2021, L. n° 2021-1104, 22 août 2021).* – **À l'expiration du délai de cinq jours, dont le point de départ se situe au jour de la notification de l'arrêté, la personne à qui il a été notifié est redevable d'une astreinte de 200 € par jour et par publicité, enseigne ou préenseigne maintenue. Ce montant est réévalué chaque année, en fonction de l'évolution du coût de la vie, dans des conditions fixées par décret en Conseil d'État.**

L'astreinte n'est pas applicable à l'affichage d'opinion ou à la publicité relative aux activités des associations, mentionnés à l'article L. 581-13, sauf lorsque cet affichage ou cette publicité ont été apposés à un emplacement publicitaire prohibé en exécution d'un contrat conclu entre l'exploitant de cet emplacement et la personne pour le compte de qui ils ont été réalisés.

L'astreinte est recouvrée, dans les conditions prévues par les dispositions relatives aux produits communaux, au bénéfice de la commune sur le territoire de laquelle ont été commis les faits constatés.

Le maire peut consentir une remise ou un reversement partiel du produit de l'astreinte lorsque les travaux prescrits par l'arrêté ont été exécutés et que le redevable établit qu'il n'a pu observer le délai imposé pour l'exécution totale de ses obligations qu'en raison de circonstances indépendantes de sa volonté.

Voir : Circ. 29 déc. 1992 (*JO* 5 févr. 1993, p. 1971 ; n° NOR : EQUM9201495C), préc.

sur le référé suspension, V. CJA Litec, 2011, art. L. 521-1 et s.

1) Publicité irrégulière et astreinte. L'astreinte n'étant pas une sanction mais une mesure destinée à assurer le respect de la mise en demeure imposant le retrait de l'enseigne illégale, elle n'a pas à être précédée d'une procédure contradictoire (▪ CAA Bordeaux, 5ᵉ ch., 11 avr. 2011, n° 10BX01517, *min. Écologie*). L'astreinte est applicable à chaque publicité, enseigne ou préenseigne en infraction, y compris lorsqu'il s'agit d'un véhicule publicitaire (▪ CE, 2 juill. 1986, n° 66108, *Sté « Sem-Nord »*). L'astreinte trouve également à s'appliquer au support, même si aucune publicité ne s'y trouve apposée (▪ CAA Bordeaux, 5ᵉ ch., 21 févr. 2011, n° 10BX00272, *min. Écologie*). En outre, il appartient à l'entreprise d'affichage publicitaire de démontrer que le retard d'exécution des travaux prescrits est indépendant de sa volonté (▪ CAA Bordeaux, 5ᵉ ch., 21 févr. 2011, préc.).

I – DÉCISIONS ADMINISTRATIVES

2) Au nom de l'État. Le maire adresse la mise en demeure au nom de l'État ; ainsi la commune n'a pas compétence pour faire appel (▪ CE, 20 janv. 1988, n° 85746, *Sté Multypromotion*. ▪ CE, 14 janv. 1991, n° 101673, *Cne de Noisiel c/ Sté Avenir publicité : Gaz. Pal.* 1991, 1, pan. dr. adm. p. 1). – V. sous art. L. 581-27, annot. n° 4, p. 1374.

3) Absence de sanction. L'arrêté ordonnant la suppression de publicité n'a pas le caractère d'une sanction ; dès lors le maire n'est nullement tenu d'aviser la société requérante de son intention de le prendre, ni de la mettre en mesure de faire valoir sa défense (▪ CE, 3 juill. 1995, n° 133505, *SA Dauphin*).

4) Exception d'illégalité. Conformément à la jurisprudence habituelle, le recours contre le commandement de payer ne peut se fonder sur l'éventuelle irrégularité de la mise en demeure dont il procède dès lors que celle-ci est devenue définitive (▪ TA Nice, 6 juin 2006, n° 0204751, *Sté Promogim : Environnement* déc. 2006, n° 12, comm. 133, J.-M. Février).

II – SUSPENSION DE L'ASTREINTE

5) Application des articles L. 521-1 et suivants du Code de justice administrative. Les demandes de suspension d'astreinte prononcées en cas d'infraction à la réglementation de l'affichage obéissent aux seules dispositions du Livre V du Code de justice administrative relatif aux référés (▪ CE, 6 mars 2002, nᵒˢ 235577, 236100, *Sté Assurance 2000*).

6) Délais. Le président du tribunal administratif peut être saisi sans délai d'une demande tendant à la suspension de l'astreinte lorsque l'arrêté par lequel le maire a mis la société en demeure de supprimer un dispositif publicitaire sous peine d'astreinte ne mentionnait pas les délais de recours (▪ CE, 9 déc. 1991, n° 129403, *Sté Giraudy*). La suspension d'une mise en demeure ne peut être utilement sollicitée que par la voie d'une demande présentée à cet effet devant le tribunal administratif. Ainsi, un recours gracieux contre la mise en demeure ne peut prolonger le délai de huit jours (▪ CE, 18 déc. 1991, n° 119850, *Préfet de la Haute-Garonne c/ SA Dauphin OTA : Rec. CE* 1991, p. 117 ; *JCP G* 1992, IV, 978, obs. Rouault ; *RFDA* 1993, p. 309, concl. Dutreil).

7) Recours pour excès de pouvoir. La demande en suspension de l'astreinte est irrecevable si l'afficheur n'a pas sollicité un recours pour excès de pouvoir contre l'arrêté de mise en demeure de supprimer l'affiche (▪ CAA Bordeaux, 5 mars 2002, n° 00BX00495, *Sté publicité impression, photographie, sérigraphie*. ▪ CE, 24 janv. 1994, n° 133567, *Sté affichage Giraudy*).

8) Référé suspension. La procédure de suspension d'astreinte n'exclut pas la possibilité de demander le sursis à exécution (à compter du 1ᵉʳ janvier 2001, remplacé par la suspension, CJA, art. L. 521-1 et s.) de la mise en demeure (▪ TA Strasbourg, 27 juill. 1986, *SARL Y. G. Club : Rec. CE* 1986, p. 386. ▪ CE, 10 avr. 1995, n° 140600, *Sté de surveillance et de sécurité des Caps*).

9) Pouvoir du juge des référés. Le juge des référés peut ordonner la suspension d'une astreinte dans le cas où un recours pour excès de pouvoir a été introduit devant le tribunal administratif contre un arrêté ordonnant la suppression du dispositif publicitaire, mais il n'a pas le pouvoir de suspendre l'exécution du recouvrement d'une astreinte liquidée par décision administrative (▪ CE, 5 juin 1989, n° 92774, *M. Montaignac : Rec. CE* 1989, tables p. 847. ▪ CE, 19 nov. 1986, n° 75135, *Assoc. Quinze Vingt-Cinq c/ SA Les Deux G*).

10) Moyen sérieux. En l'absence de moyen sérieux de nature à justifier l'annulation de l'arrêté, la suspension des astreintes ne peut être prononcée par le président du tribunal administratif (▪ CE, 21 janv. 1983, n° 45462, *Min. Urbanisme et Logement c/ Sté Promecom : Rec. CE* 1983, p. 11. ▪ CE, 7 mai 1984, n° 52810, *Cne d'Orgeval c/ Sté Régie-Plus : Rec. CE* 1984, p. 171. ▪ CE, 6 nov. 1985, n° 61043, *Sté ODIP-Publicité routière*. ▪ CE, 2 juill. 1986, n° 66108, *Sté Sem-nord c/ Ville de Lille : JurisData* n° 1986-042156). À l'inverse, le Conseil d'État ordonne la suspension de l'astreinte lorsqu'il considère que les moyens présentés par l'afficheur, à l'appui de ses conclusions tendant à l'annulation pour excès de pouvoir de l'arrêté de mise en demeure, présentent un caractère sérieux et de nature à justifier l'annulation de cet arrêté (▪ CE, 31 mai 1991, n° 100380, *Sté Sayag-Électronic*). Paraît sérieux et de nature à justifier l'annulation de l'arrêté de mise en demeure le moyen tiré de ce que le refus du maire n'ayant pas été notifié par lettre recommandée avec demande d'avis de réception, ni par un moyen présentant des garanties équivalentes, une autorisation implicite est réputée accordée (▪ CE, 7 déc. 1992, n° 129842, *SARL Pub Espace : JurisData* n° 1992-049853). Paraît également sérieux et de nature à justifier l'annulation de la décision le moyen tiré de ce qu'il n'aurait pas été établi de procès-verbal par un agent habilité (▪ CE, 10 avr. 1995, n° 140601, *Sté de surveillance et de sécurité des Caps*, préc.).

III – RECOUVREMENT DE L'ASTREINTE

11) Qualification juridique. La mesure pour laquelle l'autorité administrative met en recouvrement l'astreinte susceptible d'être appliquée à une entreprise ayant maintenu un dispositif publicitaire irrégulier constitue une sanction. (▪ TA Saint-Denis, 29 sept. 2009, n° 0601111, *Sté Publicolor*. – ▪ TA Saint-Denis, 22 avr. 2010, n° 0801148, *Sté Vision urbaine communication : Rev. jur. env.* 4/2010, p. 720, note Ph. Zavoli). À l'inverse, pour la cour administrative d'appel de Paris, ni l'injonction issue de l'arrêté de mise en demeure, ni l'astreinte ne résultent d'une condamnation pénale. Elles ont pour seul objet d'inciter l'auteur d'une infraction qui se poursuit à la faire cesser, elles ne sont pas destinées à punir celui-ci. Nonobstant leurs éventuelles conséquences pécuniaires, elles n'ont aucunement le caractère d'une sanction (▪ CAA Paris, 8 mars 2007, n° 05PA01066, *BRED : Environnement et dév. durable* mai 2007, n° 107, note J.-M. Février). La cour administrative d'appel de Bordeaux confirme la position de la cour administrative de Paris en précisant que l'astreinte ne constitue pas une sanction mais une mesure destinée à assurer le respect de la mise en demeure préalable (▪ CAA Bordeaux, 11 avr. 2011, n° 10BX01516). Ainsi, la mise en recouvrement de l'astreinte ne saurait constituer une accusation en matière pénale au sens de l'article 6-1 de la Convention européenne de sauvegarde des droits de l'homme et des libertés fondamentales (▪ CAA Bordeaux, 11 avr. 2011, n° 10BX01517).

12) Compétence du maire. L'astreinte est recouvrée au bénéfice de la commune sur le territoire de laquelle ont été commis les faits. Est donc illégal, pour incompétence, l'arrêté préfectoral qui liquide le produit de l'astreinte et qui dresse un état nécessaire à son recouvrement (▪ CAA Lyon, 21 sept. 1999, n° 99LY00016, *Sté Publisud*).

13) Mise en demeure. Il appartient au contrevenant d'informer l'autorité administrative de l'entière exécution de l'arrêté de mise en demeure pour éviter la liquidation de l'astreinte (▪ CAA Lyon, 27 mai 2003, *Sté Publirel : Rev. jur. env.* 2004, p. 330).

14) Titre de recette. Le recouvrement des recettes se fait dans les conditions applicables aux produits communaux (CGCT, art. R. 2342-4). L'ordre de recette doit notamment préciser les bases de la liquidation (▪ TA Lyon, 25 sept. 2007, n° 0504097, *Assoc Paysages de France : Environnement* déc. 2007, n° 12, comm. 213, J.-M. Février). L'astreinte est une créance extra-fiscale, une sanction financière et la juridiction administrative est seule compétente pour connaître de l'opposition à l'exécution du titre exécutoire (▪ CA Chambéry, ch. com., 14 févr. 2006, n° 05/00270 : *JurisData* n° 2006-345616).

15) Modulation de l'astreinte. Le juge, au titre du plein contentieux, peut moduler le montant de l'astreinte en fonction des circonstances de l'espèce, alors même que l'article L. 581-30 fixe les modalités de décompte de celle-ci (▪ TA Saint-Denis, 29 sept. 2009, n° 0601111, *Sté Publicolor : Rev. jur. env.* 4/2010, p. 720, note Ph. Zavoli).

16) Obligation du maire de procéder à la mise en demeure et au recouvrement de l'astreinte. En cas de publicité irrégulière violant des dispositions du Code de l'environnement, le maire doit procéder à la mise en demeure auprès de la société et doit ensuite procéder au recouvrement de l'astreinte lorsque la mise en demeure est restée infructueuse (■ CAA Bordeaux, 11 avr. 2011, n° 10BX01358).

17) L'article L. 581-30 du Code de l'environnement ne porte pas atteinte à la liberté d'expression. L'astreinte prévue par le législateur n'est pas incompatible avec la liberté d'expression consacrée par l'article 10 de la Convention européenne de sauvegarde des droits de l'homme et des libertés fondamentales et n'y porte pas une atteinte disproportionnée, eu égard au but poursuivi par cette mesure (■ CAA Bordeaux, 11 avr. 2011, n° 10BX01358).

IV – ASTREINTE DEVENUE SANS OBJET

18) Il appartient au contrevenant d'apporter la preuve de l'enlèvement du dispositif publicitaire illégal, seul événement de nature à rendre sans objet l'astreinte (■ TA Lyon, 25 sept. 2007, *op. cit.*). En revanche, n'est pas suffisante pour pouvoir considérer que l'intéressé a mis fin à l'infraction, la circonstance que la société a cessé d'exploiter la face du dispositif litigieux visible depuis la route nationale (■ CAA Bordeaux, 29 nov. 2007, n° 05BX02423).

Art. L. 581-31 ***(Mod., L. n° 2003-591, 2 juill. 2003*** (1) ***; L. n° 2010-788, 12 juill. 2010 ; mod. à compter du 1er janvier 2024 sous réserve de l'adoption en loi de finances de dispositions compensant les charges résultant, pour les collectivités concernées, des compétences transférées par l'article 17 de la loi n° 2021-1104 du 22 août 2021, L. n° 2021-1104, 22 août 2021).*** **– Sans préjudice de l'application des dispositions de l'article L. 581-30, le maire fait, en quelque lieu que ce soit, exécuter d'office les travaux prescrits par l'arrêté visé à l'article L. 581-27, s'il n'a pas été procédé à leur exécution dans le délai fixé par cet arrêté.**

Les frais de l'exécution d'office sont supportés par la personne à qui a été notifié l'arrêté, sauf si l'exécution des dispositions de cet arrêté relatives à l'astreinte a été suspendue par le juge administratif des référés.

Le maire est tenu de notifier, au moins huit jours à l'avance, à la personne privée propriétaire ou occupant des lieux, la date de commencement des travaux.

1) La charge des frais. Le fait que la commune ait procédé à l'enlèvement de l'affichage irrégulier avant l'expiration du délai prévu par l'arrêté est sans incidence sur le fait que c'est à la personne à qui l'arrêté a été notifié de prendre en charge les frais (■ CAA Nancy, 7 févr. 2002, n° 97NC02410, *M. Brandel, Président du syndicat Interco-CFDT*).

2) Exécution d'office et astreinte. L'exécution d'office n'est en rien conditionnée par le prononcé ou le recouvrement de l'astreinte (■ TA Versailles, 14 mars 2000, n° 97641).

Art. L. 581-32 ***(Mod., L. n° 2010-788, 12 juill. 2010).*** **– Lorsque des publicités ou des préenseignes contreviennent aux dispositions du présent chapitre ou des textes réglementaires pris pour son application,** ***(Mots rempl. à compter du 1er janvier 2024 sous réserve de l'adoption en loi de finances de dispositions compensant les charges résultant, pour les collectivités concernées, des compétences transférées par l'article 17 de la loi n° 2021-1104 du 22 août 2021, L. n° 2021-1104, 22 août 2021)*** **« le maire » est tenu de faire usage des pouvoirs que lui confère l'article L. 581-27, si les associations mentionnées à l'article L. 141-1 ou le propriétaire de l'immeuble sur lequel ont été apposées, sans son accord, les publicités ou préenseignes, en font la demande.**

Voir : sous art. L. 581-27 et L. 141-1, p. 1374. – Rép. min. Environnement à M. A. Zeller, n° 180, 19 avr. 1993 (*JOAN* Q 19 juill. 1993, p. 2111).

Refus d'agir. Dès lors que l'irrégularité est attestée, le refus d'agir exprès ou tacite du maire ou du préfet constitue une erreur de droit et le juge peut enjoindre à ces autorités de prendre une mise en demeure dans un délai limité (■ TA Montpellier, 5e ch., 26 mars 2013, n° 1103919, *Assoc. Paysages de France*).

Art. L. 581-33 ***(Mod., L. n° 2010-788, 12 juill. 2010). – (Mots rempl. à compter du 1er janvier 2024 sous réserve de l'adoption en loi de finances de dispositions compensant les charges résultant, pour les collectivités concernées, des compétences transférées par l'article 17 de la loi n° 2021-1104 du 22 août 2021, L. n° 2021-1104, 22 août 2021)*** **« Le maire » adresse au procureur de la République copie de la mise en demeure prévue à l'article L. 581-27 et le tient immédiatement informé de la suite qui lui a été réservée.**

Voir : sous art. L. 581-27, annot. nos 1 et s., p. 1374.

(1) Application à l'outre-mer : V. L. n° 2003-591, 2 juill. 2003, art. 31, IV.

Sous-section 2. – Sanctions pénales

Art. L. 581-34 ***(Mod., L. n° 2003-591, 2 juill. 2003** (1) **; L. n° 2010-788, 12 juill. 2010 ; mod. à compter du 1er juillet 2013, Ord. n° 2012-34, 11 janv. 2012).*** **– I. – Est puni d'une amende de 7 500 € le fait d'apposer, de faire apposer ou de maintenir après mise en demeure une publicité, une enseigne ou une préenseigne :**

1° Dans des lieux, sur des emplacements ou selon des procédés interdits en application des articles L. 581-4, L. 581-7, L. 581-8, L. 581-15, L. 581-18 et L. 581-19 ;

2° Sans avoir obtenu les autorisations préalables prévues aux sections 2 et 3 du présent chapitre ou sans avoir observé les conditions posées par ces autorisations ou sans avoir procédé à la déclaration préalable prévue à l'article L. 581-6 ou en ayant produit une fausse déclaration ;

3° Sans avoir observé les dispositions particulières prévues par le règlement local de publicité établi en application de l'article L. 581-14.

II. – Est puni des mêmes peines le fait de laisser subsister une publicité, une enseigne ou une préenseigne au-delà des délais de mise en conformité prévus à l'article L. 581-43, ainsi que le fait de s'opposer à l'exécution des travaux d'office prévus par l'article L. 581-31.

III ***(Abr. à compter du 1er janvier 2024 sous réserve de l'adoption en loi de finances de dispositions compensant les charges résultant, pour les collectivités concernées, des compétences transférées par l'article 17 de la loi n° 2021-1104 du 22 août 2021, L. n° 2021-1104, 22 août 2021).***

1) Mise en demeure. Aucune disposition ne subordonne l'exercice des poursuites pénales à la prise d'un arrêté de mise en demeure ou à une demande de l'administration (▪ Cass. crim., 12 nov. 1986, n° 86-90.801 : *Bull. crim.* 1986, p. 843, n° 330. ▪ Cass. crim., 22 déc. 1987, n° 86-92.463 : *Bull. crim.* 1987, p. 1266).

2) Combinaison avec l'article L. 581-15. Est pénalement punissable l'utilisation d'un véhicule servant essentiellement de support à la publicité alors que la surface totale des affiches apposées excède 16 mètres carrés, dans la mesure où le législateur a expressément renvoyé à un décret en Conseil d'État la réglementation de la publicité sur les véhicules terrestres et la détermination des pénalités applicables (▪ Cass. crim., 20 déc. 1990, n° 90-83.275 : *Bull. crim.* 1990, n° 445, p. 1007 ; *D.* 1991, inf. rap. p. 53). Pour des solutions identiques (▪ Cass. crim., 20 janv. 1993, n° 92-80.011 : *Bull. crim.* 1993, n° 28 ; *D.* 1993, inf. rap. p. 85 ; *Dr. env.* 1993, p. 61. ▪ Cass. crim., 31 mai 1995, n° 94-80.633).

3) Publicité distincte. *Infraction distincte.* Trois dispositifs publicitaires lumineux mis en place étant distincts, ils donnent lieu à condamnation à trois peines d'amende distinctes (▪ Cass. crim., 20 juill. 1993, n° 92-85.951 : *Bull. crim.* 1993, n° 248). Pour infliger quatorze amendes au prévenu, les juges du second degré retiennent qu'il a été constaté que ces véhicules, porteurs d'annonces publicitaires, ont circulé huit fois à vitesse anormalement réduite, ils ont roulé cinq fois en convoi et que l'un de ces véhicules a circulé une fois en un lieu interdit à la publicité (▪ Cass. crim., 31 mai 1995, n° 94-80.634 : *Dr. env.* 1995, n° 35, p. 15. ▪ Cass. crim., 8 févr. 1995, n° 92-81.143 : *Bull. crim.* 1995, n° 54 ; *JCP* G 1995, IV, 1213). Le calcul du nombre des amendes doit prendre en compte, pour chaque véhicule servant à l'affichage publicitaire, toutes les violations des interdictions édictées (▪ Cass. crim., 8 févr. 1995, n° 92-82.148 : *Bull. crim.* 1995, n° 62 ; *JCP* G 1995, IV, 12011). Le nombre de publicités en infraction qui détermine le nombre des amendes applicables, doit être fixé compte tenu non seulement du nombre de véhicules servant de support à la publicité incriminée, mais aussi des différentes circonstances de temps et de lieux dans lesquelles ont été constatées les infractions (▪ Cass. crim., 8 févr. 1995, n° 92-84.362 : *Bull. crim.* 1995, n° 55 ; *JCP* G 1995, IV, 1212).

4) Antériorité de l'installation. C'est en vain que le prévenu invoque l'antériorité des enseignes irrégulières à son arrivée dans les locaux dès lors que l'article réprime aussi bien le fait d'apposer que de maintenir après mise en demeure une enseigne (▪ CA Paris, 13e ch. corr., 30 juin 2008, n° 07/09714 : *JurisData* n° 2008-368942).

5) Dispense de peine. Pour un exemple de dispense de peine, V. ▪ Cass. crim., 14 mai 2008, n° 07-87.168, F-P+F : *JurisData* n° 2008-044188 ; *Dr. pén.* oct. 2008, n° 10, comm. 131, J.-H. Robert.

6) Illustration jurisprudentielle. Le tribunal d'instance de Mâcon a rendu trois jugements en date du 17 avril 2014 condamnant un publicitaire pour avoir installé un grand panneau scellé au sol dans une agglomération de moins de 10 000 habitants, à verser 1 200 € à une association de protec-

(1) Application à l'outre-mer : V. L. n° 2003-591, 2 juill. 2003, art. 31, IV.

tion de l'environnement. Quelques semaines plus tôt, le même tribunal avait condamné une autre société d'affichage à indemniser l'association à hauteur de 14 500 € pour chacune de ces installations, des dizaines de panneaux scellés avaient en effet été installées illégalement dans deux communes. Plusieurs dizaines de ces panneaux ont pu être démontées sur injonction du préfet (Communiqué de presse de FNE et Agir pour les paysages, 28 avr. 2014).

7) Substitution de base légale. Substitution par la Cour des dispositions du règlement local de publicité à l'article 581-31 pour valider une décision municipale (■ CAA Paris, 22 mai 2024, n° 23PA03630).

Art. L. 581-35 *(Anc. L. n° 79-1150, 29 déc. 1979 ; mod., Ord. n° 2004-1199, 12 nov. 2004)*. **– Est puni des mêmes peines que l'auteur de l'infraction, celui pour le compte duquel la publicité est réalisée, lorsque la publicité ou le dispositif publicitaire ne comporte pas les mentions visées à l'article L. 581-5 ou lorsque celles-ci sont inexactes ou incomplètes.**

Dans le cas d'une publicité de caractère électoral, *(Mots rempl. à compter du 1er janvier 2024 sous réserve de l'adoption en loi de finances de dispositions compensant les charges résultant, pour les collectivités concernées, des compétences transférées par l'article 17 de la loi n° 2021-1104 du 22 août 2021, L. n° 2021-1104, 22 août 2021)* **« le maire » met en demeure celui pour le compte duquel cette publicité a été réalisée de la supprimer et de procéder à la remise en état des lieux dans un délai de deux jours francs. Si cette mise en demeure est suivie d'effet, les dispositions de l'alinéa précédent ne sont pas applicables.**

Voir : annotations, sous art. L. 581-27, p. 1374.

Art. L. 581-36 *(Mod., L. n° 2010-788, 12 juill. 2010)*. **– En cas de condamnation, le tribunal ordonne soit la suppression, dans un délai qui ne peut excéder un mois et sous astreinte de 15 € à 150 € par jour de retard, des publicités, enseignes ou préenseignes qui constituent l'infraction, soit leur mise en conformité, dans le même délai et sous les mêmes conditions, avec les prescriptions auxquelles ils contreviennent ; il ordonne, le cas échéant, la remise en état des lieux. Il peut déclarer sa décision exécutoire par provision.**

Indépendance des astreintes. L'astreinte judiciaire et l'astreinte administrative ne se confondent pas et peuvent être ordonnées cumulativement (■ Cass. crim., 20 juill. 1993, n° 92-85.951 : *Bull. crim.* 1993, n° 28 ; *D.* 1993, inf. rap. p. 85 ; *Dr. env.* 1993, p. 61).

Art. L. 581-37 *(Mod., L. n° 2003-591, 2 juill. 2003)* (1). **– L'astreinte ne peut être révisée par le tribunal que si le redevable établit qu'il n'a pu observer le délai imposé pour l'exécution totale de ses obligations qu'en raison de circonstances indépendantes de sa volonté. Elle est recouvrée dans les conditions prévues au troisième alinéa de l'article L. 581-30.**

Art. L. 581-38 *(Mod., Ord. n° 2004-1199, 12 nov. 2004)*. **– La prescription de l'action publique ne court qu'à partir du jour où la publicité, l'enseigne ou la préenseigne en infraction aux dispositions du présent chapitre et des règlements pris pour son application est supprimée ou mise en conformité avec les dispositions auxquelles il est contrevenu.**

Art. L. 581-39 *(Mod., Ord. n° 2004-1199, 12 nov. 2004)*. **– Les dispositions des articles L. 581-35, L. 581-36, L. 581-37 et L. 581-38 et les règles relatives à la complicité sont applicables aux contraventions aux dispositions réglementaires prises pour l'application du présent chapitre.**

Art. L. 581-40 *(Mod., L. n° 2010-788, 12 juill. 2010 ; L. n° 2011-525, 17 mai 2011 ; mod. à compter du 1er juillet 2013, Ord. n° 2012-34, 11 janv. 2012 ; à compter d'une date fixée par décret et au plus tard le 1er janvier 2018, Ord. n° 2017-651, 27 avr. 2017)* (2). **– I. – Pour l'application des articles L. 229-63,** ***(Réf. rempl. à compter du 1er janvier 2024 sous réserve de l'adoption en loi de finances de dispositions compensant les charges résultant, pour les collectivités concernées, des compétences transférées par l'article 17 de la loi n° 2021-1104 du 22 août 2021, L. n° 2021-1104, 22 août 2021)*** **« L. 581-3-1 »,**

(1) Application à l'outre-mer : V. L. n° 2003-591, 2 juill. 2003, art. 31, IV.
(2) Les demandes déposées et les procédures engagées avant la date d'entrée en vigueur des présentes dispositions demeurent régies par les dispositions antérieures, Ord. n° 2017-651, 27 avr. 2017, art. 23.

L. 581-27, L. 581-34 et L. 581-39, sont habilités à procéder à toutes constatations, outre les officiers de police judiciaire :

1° Les agents de police judiciaire mentionnés aux articles 20 et 21 du Code de procédure pénale ;

2° Les fonctionnaires et agents habilités à constater les infractions aux lois du 31 décembre 1913 sur les monuments historiques et au titre IV du livre III du présent code ;

3° Les fonctionnaires et agents habilités à constater les infractions aux dispositions du Code de la voirie routière ;

4° Les fonctionnaires et agents publics habilités à constater les infractions au Code de l'urbanisme ;

5° Les fonctionnaires et agents des services de l'État et de ses établissements publics, commissionnés à cet effet et assermentés ;

6° Les agents habilités par les collectivités locales à constater les infractions au Code de la route en matière d'arrêt et de stationnement des véhicules automobiles en vertu de l'article L. 130-4 dudit code ;

7° Les agents des collectivités territoriales assermentés et commissionnés à cet effet par l'autorité compétente en matière de police définie à l'article L. 581-14-2 ;

8° Les fonctionnaires et agents mentionnés à l'article L. 341-20 du présent code, commissionnés et assermentés ;

9° Les agents des réserves naturelles mentionnés à l'article L. 332-20 agissant dans les conditions prévues à cet article ;

10° Les gardes du littoral mentionnés à l'article L. 322-10-1, agissant dans les conditions prévues à cet article.

Constatation. Le maire ne peut légalement ordonner la suppression des dispositifs publicitaires que lorsque l'infraction a été régulièrement constatée par un des fonctionnaires et agents mentionnés à cet article (■ CE, 19 juin 1981, n° 21257, *SA Affichage Giraudy*. ■ CE, 3 nov. 1995, n° 122795, *Préfet des Yvelines*).

Art. L. 581-41 *(Mod., L. n° 2008-776, 4 août 2008 ; mod. à compter du 1er janvier 2016, Ord. n° 2015-1174, 23 sept. 2015).* – Les amendes prononcées en application des articles L. 581-34 et L. 581-35 sont affectées d'une majoration de 50 % perçue au bénéfice du département. Son produit constitue l'une des ressources du département pour mettre en œuvre la politique des espaces naturels sensibles prévue à l'article L. 113-8 du Code de l'urbanisme.

Art. L. 581-42 *(Mod., Ord. n° 2004-1199, 12 nov. 2004).* – Les dispositions de la présente section ne s'appliquent ni à l'affichage d'opinion, ni à la publicité relative aux activités des associations, mentionnés à l'article L. 581-13, dès lors que le maire ou le préfet n'aura pas déterminé et fait aménager le ou les emplacements prévus au même article.

Art. L. 581-43 *(Mod., L. n° 2010-788, 12 juill. 2010 ; L. n° 2012-387, 22 mars 2012).* – Les publicités, enseignes et préenseignes, qui ont été mises en place avant l'entrée en vigueur des actes pris pour l'application des articles L. 581-4, avant-dernier alinéa, L. 581-7, L. 581-8, L. 581-14 et L. 581-18, deuxième et troisième alinéas et qui ne sont pas conformes à leurs prescriptions, ainsi que celles mises en place dans des lieux entrés dans le champ d'application des articles L. 581-4, L. 581-8 et L. 581-44 en vertu d'actes postérieurs à leur installation, peuvent, sous réserve de ne pas contrevenir à la réglementation antérieure, être maintenues pendant un délai maximal de six ans à compter de l'entrée en vigueur des actes précités.

Les publicités, enseignes et préenseignes soumises à autorisation en vertu du présent chapitre qui ne sont pas conformes à des règlements visés à l'alinéa précédent et entrés en vigueur après leur installation peuvent être maintenues, sous réserve de ne pas contrevenir à la réglementation antérieure, pendant un délai maximal de six ans à compter de l'entrée en vigueur de ces règlements.

Les publicités, enseignes et préenseignes qui ont été mises en place avant l'entrée en vigueur de la loi n° 2010-788 du 12 juillet 2010 portant engagement national pour l'environnement et des décrets en Conseil d'État pris pour l'application de l'article 36 de cette loi peuvent, sous réserve de ne pas contrevenir aux dispositions antérieurement applicables, être maintenues pendant un délai maximal de six ans à compter de l'entrée en vigueur de la loi et des décrets en Conseil d'État précités.

Pour les publicités et préenseignes, un décret peut prévoir un délai moindre, qui ne peut être inférieur à deux ans à compter de sa publication.

(L. n° 2019-1461, 27 déc. 2019) À l'issue de la durée mentionnée au dernier alinéa de l'article L. 581-14-3 du présent code, les publicités, enseignes et préenseignes mises en place en application des réglementations

spéciales antérieurement applicables mentionnées au même dernier alinéa peuvent être maintenues pendant un délai de deux ans, sous réserve de ne pas contrevenir à ces mêmes réglementations spéciales.

(L. n° 2021-1104, 22 août 2021) **Les publicités et enseignes mentionnées à l'article L. 581-14-4 mises en place avant l'entrée en vigueur d'un règlement local de publicité pris en application du même article L. 581-14-4 et qui contreviennent aux prescriptions posées par ce même règlement peuvent être maintenues pendant un délai de deux ans à compter de l'entrée en vigueur dudit règlement, sous réserve de ne pas contrevenir aux dispositions antérieurement applicables.**

1) À l'issue de la durée mentionnée au dernier alinéa de l'article L. 581-14-3 du présent code, les publicités, enseignes et préenseignes mises en place en application des réglementations spéciales antérieurement applicables mentionnées au même dernier alinéa peuvent être maintenues pendant un délai de deux ans, sous réserve de ne pas contrevenir à ces mêmes réglementations spéciales.

2) **Régime de transition (Grenelle 2).** La loi Grenelle 2 a introduit un régime de transition complexe qui conduit à exonérer bon nombre d'installations de l'application des nouvelles dispositions pendant plusieurs années. Ainsi, l'article 67, I, 5° de la loi n° 2012-387 du 22 mars 2012 relative à la simplification du droit a porté les délais de transition à six ans contre deux prévus initialement par la loi Grenelle 2. Toutefois, s'agissant des publicités et préenseignes, un décret peut prévoir un délai moindre qui ne peut être inférieur à deux ans. Le décret n° 2013-606 du 9 juillet 2013 portant diverses modifications des dispositions du Code de l'environnement relatives à la publicité, aux enseignes et préenseignes a donc ramené le délai de mise en conformité des publicités et préenseignes de six à deux ans *(D. n° 2013-606, 9 juill. 2013 : JO 11 juill.)*. V. J.-P. Strebler, *La réduction du délai transitoire de mise en conformité des publicités et divers compléments et corrections : RD imm.* 2013, p. 575. Un pylône publicitaire de 34 m ne peut bénéficier des dispositions transitoires (▪ CAA Bordeaux, 7 nov. 2023, n° 20BX04093). *A contrario*, ▪ CAA Douai, 5 avr. 2022, n° 20DA01953.

3) **Précisions relatives aux délais transitoires de mise en conformité.** En application de l'article L. 581-43 du Code de l'environnement, le décret n° 2013-606 du 9 juillet 2013 portant diverses modifications du Code de l'environnement relatives à la publicité extérieure, aux enseignes et aux préenseignes précise dans quels cas les publicités et préenseignes installées avant l'entrée en vigueur de nouvelles restrictions doivent être mises en conformité dans un délai de deux ans (▪ CE, 29 déc. 2014, n° 374537, *Assoc. Agir pour les paysages* : J.-P. Strebler, *Précisions relatives aux délais transitoires de mise en conformité des publicités devenues irrégulières : AJDA* 2015, p. 767). V. aussi : J.-P. Strebler, *Affichage publicitaire : pour qui sonne le glas ? : AJDA* n° 24/2015, p. 1351.

4) **Précisions relatives à la différence entre les différents supports publicitaires.** Le Conseil d'État a considéré que le législateur pouvait sans méconnaître le principe d'égalité opérer une différence entre les différents supports publicitaires en prenant en compte les contraintes matérielles tenant à leur mise en conformité (▪ CE, 15 avr. 2016, n° 394454, *Sté Girard Publicité*)

5) **Extension du champ d'application du RLP à l'intérieur d'un local.** Illégalité (▪ TA Limoges, 2 mai 2024, n° 2101065).

Art. L. 581-44 ***(Mod., L. n° 2015-990, 6 août 2015).*** **– Les décrets en Conseil d'État mentionnés aux articles L. 581-9 et L. 581-18 et, le cas échéant, les actes pris en application de l'article 581-7, déterminent celles des prescriptions édictées en application du Code de l'urbanisme en matière d'implantation, de hauteur et d'aspect des constructions, ainsi que de mode de clôture des propriétés foncières qui sont, au titre de la présente loi, applicables à l'installation des dispositifs mentionnés au deuxième alinéa de l'article L. 581-3, des enseignes et des préenseignes.**

Ils déterminent également **les conditions d'application des dispositions relatives à la publicité, aux enseignes et aux préenseignes figurant dans le règlement annexé à un plan de sauvegarde et de mise en valeur rendu public ou approuvé.**

En vue d'assurer le respect des prescriptions et dispositions visées aux deux alinéas précédents, un décret en Conseil d'État définit les cas et les conditions dans lesquels le scellement au sol ou l'installation directe sur le sol des publicités, des dispositifs mentionnés au deuxième alinéa de l'article L. 581-3, des enseignes et des préenseignes, sont soumis à une autorisation préalable.

Une société scellant au sol deux panneaux publicitaires non lumineux sans autorisation préalable viole les dispositions de l'article L. 581-44 du présent code. Par conséquent, le maire est bien fondé à demander à la société, sous astreinte, de déposer les deux panneaux litigieux dans un délai de quinze jours (▪ CAA Nantes, 5 déc. 2006, n° 05NT01064).

Art. L. 581-45 *(Mod., Ord. n° 2004-1199, 12 nov. 2004).* **– Les modalités d'application du présent chapitre sont définies par décret en Conseil d'État** (1).

Voir : textes d'application : D. n° 80-923, 21 nov. 1980. - D. n° 80-924, 21 nov. 1980. - D. n° 82-211, 24 févr. 1982. - D. n° 82-220, 25 févr. 1982. - D. n° 82-764, 6 sept. 1982. - Circ. 29 déc. 1992 (*JO* 5 févr. 1993).

CHAPITRE II. – PRÉVENTION DES NUISANCES VISUELLES

(Anc. chap. II du titre VII transféré, Ord. n° 2004-1199, 12 nov. 2004)

Art. L. 582-1 *(Mod., Ord. n° 2004-1199, 12 nov. 2004).* **– La pose de nouvelles lignes électriques aériennes d'une tension inférieure à 63 000 volts est interdite à compter du 1er janvier 2000 dans les zones d'habitat dense définies par décret en Conseil d'État.**

Lorsque des nécessités techniques impératives ou des contraintes topographiques rendent l'enfouissement impossible, ou bien lorsque les impacts de cet enfouissement sont jugés supérieurs à ceux d'une pose de ligne aérienne, il peut être dérogé, à titre exceptionnel, à cette interdiction par arrêté conjoint du ministre chargé de l'énergie et du ministre chargé de l'environnement.

CHAPITRE III. – PRÉVENTION DES NUISANCES LUMINEUSES

(L. n° 2010-788, 12 juill. 2010)

Les dispositions du présent chapitre ont été instaurées par la loi n° 2010-788 du 12 juillet 2010 « portant engagement national pour l'environnement », dite loi *Grenelle 2*. Les articles L. 583-1 et suivants du présent code issus de la loi précitée contribuent à la mise en œuvre du Grenelle environnement initié dès le 21 mai 2007 et témoignent de l'évolution des règles en matière environnementale.

Bibliographie : *Le cadre de la prévention des nuisances lumineuses : Gaz. cnes.* 13 déc. 2010, p. 61. • O. Legendre, *Grenelle 2 : un engagement national pour la santé environnementale ? : Environnement et dév. durable* oct. 2010, p. 53.

Grenelle 2. L'article 173 se voit assigner un objectif de prévention des nuisances induites par les sources lumineuses artificielles et de limitation des consommations d'énergie y afférent.

Voir : A. 25 janv. 2013 relatif à l'éclairage nocturne des bâtiments non résidentiels afin de limiter les nuisances lumineuses et les consommations d'énergie : NOR : DEVP1301594A. Cet arrêté est entré en vigueur le 1er juillet 2013.

Circ. 5 juin 2013 relative à l'éclairage nocturne des bâtiments non résidentiels afin de limiter les nuisances lumineuses et les consommations d'énergie : NOR : DEVP1314507C. Cette circulaire précise les modalités d'application de l'arrêté du 25 janvier 2013 en apportant des précisions sur le champ d'application de cette nouvelle réglementation, ainsi qu'en précisant le rôle et les missions des services chargés du contrôle de cette réglementation.

Section I. – Dispositions générales

Art. L. 583-1 *(L. n° 2010-788, 12 juill. 2010).* **– Pour prévenir ou limiter les dangers ou trouble excessif aux personnes et à l'environnement causés par les émissions de lumière artificielle et limiter les consommations d'énergie, des prescriptions peuvent être imposées, pour réduire ces émissions, aux exploitants ou utilisateurs de certaines installations lumineuses, sans compromettre les objectifs de sécurité publique et de défense nationale ainsi que de sûreté des installations et ouvrages sensibles.**

Les installations lumineuses concernées sont définies par décret en Conseil d'État selon leur puissance lumineuse totale, le type d'application de l'éclairage, la zone d'implantation et les équipements mis en place.

Principe de prévention. La mise en œuvre de ce principe récurrent dans les lois *Grenelle* justifie la création d'une police spéciale afin d'assurer le respect des dispositions énoncées dans les articles L. 583-1 et suivants du présent code (V. en ce sens A. Van Lang, *Les lois Grenelle : droit de l'environnement de crise ou droit de l'environnement en crise ? : Dr. adm.* 2011, n° 2, étude 3).

(1) V. T. appl. : D. n° 80-923, 21 nov. 1980 ; D. n° 80-924, 21 nov. 1980 ; D. n° 82-211, 24 févr. 1982 ; D. n° 82-220, 25 févr. 1982 ; D. n° 82-764, 6 sept. 1982 et Circ. du 29 déc. 1992 (*JO* 5 févr. 1993). – NDLR.

Art. L. 583-2 *(L. n° 2010-788, 12 juill. 2010)*. – I. – Pour satisfaire aux objectifs mentionnés à l'article L. 583-1, le ministre chargé de l'environnement fixe par arrêté, pris après consultation des instances professionnelles concernées, d'associations de protection de l'environnement agréées désignées par arrêté du ministre chargé de l'environnement, de l'association représentative des maires au plan national et de l'association représentative des collectivités organisatrices de la distribution publique d'électricité au plan national :

1° Les prescriptions techniques relatives à chacune des catégories d'installations lumineuses définies par le décret mentionné à l'article L. 583-1, selon leur puissance, leur type d'application de l'éclairage, la zone d'implantation et les équipements mis en place. Ces prescriptions peuvent porter sur les conditions d'implantation et de fonctionnement des points lumineux, la puissance lumineuse moyenne, les flux de lumière émis et leur répartition dans l'espace et dans le temps, ainsi que l'efficacité lumineuse des sources utilisées ;

2° Les conditions dans lesquelles l'autorité administrative chargée du contrôle et mentionnée à l'article L. 583-3 peut vérifier ou faire vérifier, aux frais de la personne qui exploite ou utilise l'installation lumineuse, la conformité aux prescriptions mentionnées au 1° du présent article.

Ces arrêtés s'imposent de plein droit aux installations mises en service après la date d'entrée en vigueur de l'arrêté. Ils précisent les délais et les conditions dans lesquels ils s'appliquent aux autres installations, selon leur puissance, leur type d'application de l'éclairage, la zone d'implantation et les équipements mis en place.

II. – Lorsque les caractéristiques locales ou la nature des sources lumineuses ou des émissions lumineuses le justifient au regard des objectifs mentionnés à l'article L. 583-1, le ministre chargé de l'environnement peut, par un arrêté pris dans des conditions fixées par décret en Conseil d'État, interdire ou limiter, à titre temporaire ou permanent, certains types de sources ou d'émissions lumineuses sur tout ou partie du territoire national.

III. – Les arrêtés prévus aux I et II, à l'exception de ceux imposant des interdictions permanentes, peuvent prévoir les conditions dans lesquelles les dispositions qu'ils comportent peuvent être adaptées par arrêté préfectoral aux circonstances locales après avis de la commission départementale compétente, déterminée par décret.

Obligation pour le ministre chargé de l'environnement de prendre les arrêtés nécessaires d'application de ces dispositions. ; l'abstention de prendre tous les arrêtés (à l'époque, un seul avait été pris 5 ans après l'intervention de la loi) exclut le respect de tout délai raisonnable (▪ CE, 28 mars 2018, n° 408974, *France Nature Environnement et a. : EEI* 2018, alerte 88. Astreinte de 500 € par jour de retard dans l'hypothèse où le ministre ne prendrait pas l'arrêté d'application dans le délai de 9 mois.

Art. L. 583-3 *(L. n° 2010-788, 12 juill. 2010)*. – Le contrôle du respect des dispositions prévues au I de l'article L. 583-2 relève de la compétence du maire sauf pour les installations communales, définies selon leurs puissance lumineuse totale, application, zone et équipements, pour lesquelles ce contrôle relève de la compétence de l'État. Ce contrôle est assuré par l'État pour les installations, selon leur puissance lumineuse totale, application, zone et équipements soumis à un contrôle de l'État au titre d'une police administrative spéciale.

Pouvoirs de police du maire. Afin de prévenir ou faire cesser les nuisances engendrées par l'éclairage excessif, le maire peut prendre des mesures, sur le fondement des articles L. 2212-1 et L. 2212-2 du Code général des collectivités territoriales lui conférant des pouvoirs de police propres (V. en sens : Rép. min. n° 104082 : *JOAN* Q 24 mai 2011, p. 5433 ; *Les pouvoirs du maire en cas de nuisance lumineuse : JCP* A 2011, act. 416, n° 23).

Le contrôle du juge sur un refus d'agir

Art. L. 583-4 *(L. n° 2010-788, 12 juill. 2010 ; mod., Ord. n° 2012-6, 5 janv. 2012)*. – Le présent chapitre n'est pas applicable aux installations régies par le titre Ier du livre V, ni aux installations nucléaires de base mentionnées à l'article L. 593-1.

Section II. – Sanctions administratives

Art. L. 583-5 *(L. n° 2010-788, 12 juill. 2010 ; L. n° 2021-1104, 22 août 2021)*. – En cas d'inobservation des dispositions applicables aux installations régies par le présent chapitre ou des règlements pris pour leur application, l'autorité administrative compétente met en demeure la personne à qui incombe l'obligation d'y satisfaire dans le délai qu'elle détermine.

Si, à l'expiration de ce délai, l'intéressé n'a pas déféré à la mise en demeure, l'autorité administrative compétente suspend par arrêté le fonctionnement des sources lumineuses jusqu'à exécution des conditions imposées et prend les mesures conservatoires nécessaires, aux frais de la personne mise en demeure.

L'autorité administrative compétente peut ordonner une astreinte journalière au plus égale à 200 € applicable à partir de la notification de la décision la fixant et jusqu'à satisfaction de la mise en demeure ou de la mesure ordonnée.

Les astreintes sont proportionnées à la gravité des manquements constatés et tiennent compte notamment de l'importance du trouble causé à l'environnement.

Le montant total des sommes résultant de l'astreinte ne peut excéder 20 000 €.

TITRE IX. – LA SÉCURITÉ NUCLÉAIRE ET LES INSTALLATIONS NUCLÉAIRES DE BASE

(Ord. n° 2012-6, 5 janv. 2012)

1) **Histoire du droit nucléaire.** Le droit nucléaire fut rattaché à la loi n° 61-842 du 2 août 1961 relative à la lutte contre les pollutions atmosphériques et les odeurs dont l'article 8 posait le principe que les dispositions de la loi « sont applicables aux pollutions de tous ordres causées par des substances radioactives ». Essentiellement régi par des dispositions de nature réglementaire (D. n° 63-1226, 11 déc. 1963 relatif aux installations nucléaires et D. n° 95-540, 4 mai 1995 relatif aux rejets d'effluents et aux prélèvements d'eau), le droit nucléaire accède au statut législatif avec l'adoption des lois n° 2006-686 du 13 juin 2006 relative à la transparence et à la sécurité en matière nucléaire (loi TSN) et n° 2006-739 du 28 juin 2006 de programme relative à la gestion durable des matières et déchets radioactifs.

2) **Codification à droit constant.** L'article 256 de la loi Grenelle II a autorisé le Gouvernement à prendre par ordonnance toute mesure pour codifier la partie législative du Code de l'environnement afin d'y inclure les textes non codifiés et d'abroger les textes devenus inutiles.

L'ordonnance 2012-6 du 5 janvier 2012 (*JO* 6 janv. 2012) complète ainsi le livre V du Code de l'environnement pour y codifier les dispositions des lois n° 68-943 du 30 octobre 1968 relative à la responsabilité civile dans le domaine de l'énergie nucléaire, n° 2006-686 du 13 juin 2006 relative à la transparence et à la sécurité en matière nucléaire (loi TSN) et n° 2006-739 du 28 juin 2006 de programme relative à la gestion durable des matières et déchets radioactifs non reprises dans le Code de l'énergie. Il est en effet apparu, lors des travaux d'élaboration du Code de l'énergie, que les lois en question trouveraient plus logiquement leur place dans le Code de l'environnement plutôt que dans le Code de l'énergie. Certaines dispositions des lois de 2006 auraient néanmoins vocation à intégrer ultérieurement le Code de la défense.

3) **Champ d'application.** La loi TSN s'applique aux transports de substances radioactives et aux installations nucléaires les plus importantes, les installations nucléaires de base (INB) (V. art. L. 593-2, p. 1405 du présent code). Les autres installations nucléaires sont des installations classées pour la protection de l'environnement (ICPE). Les Installations et activités nucléaires intéressant la défense (IANID) ne sont pas soumises à la loi TSN. V. C. défense, art. R. 1333-37 et décret n° 2007-758 du 10 mai 2007 pris pour l'application du titre Ier de la loi TSN.

CHAPITRE Ier. – DISPOSITIONS GÉNÉRALES RELATIVES À LA SÉCURITÉ NUCLÉAIRE

L'ordonnance n° 2016-128 du 10 février 2016 est prise en application des articles 123, 128 et 129 de la loi n° 2015-992 du 17 août 2015 relative à la transition énergétique pour la croissance verte. Elle complète le Code de l'environnement afin de mettre en conformité la législation française avec la directive 2009/71/EURATOM du Conseil du 25 juin 2009 établissant un cadre communautaire pour la sûreté nucléaire des installations nucléaires.

Bibliographie : P. Bringuier, Droit nucléaire (juillet 2015 – juillet 2016) : *Dr. env.* nov. 2016, n° 250, p. 396. • L. Chabanne-Pouzynin, *L'ordonnance n° 2016-128 du 10 février 2016 portant diverses dispositions en matière nucléaire : BDEI* mars 2016, n° 62, p. 22. • J.-N. Clément, *L'ordonnance du 10 février 2016 et la poursuite de l'évolution du droit nucléaire : Énergie – Env. – Infrastr.* 2016, p. 50. • R. Muriel, *Des servitudes d'utilité publique sur les terrains et constructions pollués par des substances radioactives : RD imm.* 2016 p. 216.

Art. L. 591-1 *(Ord. n° 2012-6, 5 janv. 2012).* **– La sécurité nucléaire comprend la sûreté nucléaire, la radioprotection, la prévention et la lutte contre les actes de malveillance ainsi que les actions de sécurité civile en cas d'accident.**

(Mod. à compter du 1er janvier 2025, L. n° 2024-450, 21 mai 2024) **La sûreté nucléaire est l'ensemble des dispositions techniques et des mesures d'organisation relatives à la conception, à la construction, au fonctionnement, à l'arrêt et au démantèlement des installations nucléaires de base ainsi qu'au transport des substances radioactives, prises en vue de prévenir les accidents ou d'en limiter les effets et, plus généralement, de protéger la santé humaine ainsi que l'environnement.**

La radioprotection est la protection contre les rayonnements ionisants, c'est-à-dire l'ensemble des règles, des procédures et des moyens de prévention et de surveillance visant à empêcher ou à réduire les effets nocifs des rayonnements ionisants produits sur les personnes, directement ou indirectement, y compris par les atteintes portées à l'environnement.

Art. L. 591-2 *(Ord. n° 2012-6, 5 janv. 2012 ; Ord. n° 2016-128, 10 févr. 2016).* **– L'État définit la réglementation en matière de sécurité nucléaire et met en œuvre les contrôles nécessaires à son application.**

Il veille à ce que la réglementation en matière de sûreté nucléaire et de radioprotection, ainsi que son contrôle, soient évalués et améliorés, le cas échéant, en tenant compte de l'expérience acquise dans le cadre de l'exploitation, des enseignements tirés des analyses de sûreté nucléaire effectuées pour des installations nucléaires en exploitation, de l'évolution de la technologie et des résultats de la recherche en matière de sûreté nucléaire, si ceux-ci sont disponibles et pertinents.

Art. L. 591-3 *(Ord. n° 2012-6, 5 janv. 2012 ; mod. à compter d'une date fixée par décret en Conseil d'État et au plus tard le 1er juillet 2017, Ord. n° 2016-128, 10 févr. 2016).* **– L'exercice d'activités comportant un risque d'exposition des personnes aux rayonnements ionisants doit satisfaire aux principes énoncés aux articles L. 1333-2 et L. 1333-3 du Code de la santé publique et au II de l'article L. 110-1 du présent code.**

Les principes auxquels l'exercice d'activités comportant un risque d'exposition de personnes aux rayonnements ionisants doit satisfaire sont de trois ordres.

L'article L. 1333-1 du Code de la santé publique, auquel renvoie l'article L. 1333-2, énonce trois principes :

– Une activité nucléaire ou une intervention ne peut être entreprise ou exercée que si elle est justifiée par les avantages qu'elle procure, notamment en matière sanitaire, sociale, économique ou scientifique, rapportés aux risques inhérents à l'exposition aux rayonnements ionisants auxquels elle est susceptible de soumettre les personnes ;

– L'exposition des personnes aux rayonnements ionisants résultant d'une de ces activités ou interventions doit être maintenue au niveau le plus faible qu'il est raisonnablement possible d'atteindre, compte tenu de l'état des techniques, des facteurs économiques et sociaux et, le cas échéant, de l'objectif médical recherché ;

– L'exposition d'une personne aux rayonnements ionisants résultant d'une de ces activités ne peut porter la somme des doses reçues au-delà des limites fixées par voie réglementaire, sauf lorsque cette personne est l'objet d'une exposition à des fins médicales ou de recherche biomédicale.

L'article L. 1333-3 prévoit que la personne responsable d'une activité nucléaire est tenue de déclarer sans délai à l'Autorité de sûreté nucléaire et au représentant de l'État dans le département tout incident ou accident susceptible de porter atteinte à la santé des personnes par exposition aux rayonnements ionisants.

L'article L. 110-1 II prévoit quant à lui neuf principes : le principe de précaution, le principe d'action préventive et de correction, par priorité à la source, des atteintes à l'environnement, le principe pollueur-payeur, le principe selon lequel toute personne a le droit d'accéder aux informations relatives à l'environnement détenues par les autorités publiques, le principe de participation, le principe de solidarité écologique, le principe de l'utilisation durable, le principe de complémentarité entre l'environnement, l'agriculture, l'aquaculture et la gestion durable des forêts et le principe de non-régression.

Art. L. 591-4 *(Ord. n° 2012-6, 5 janv. 2012).* **– Les personnes exerçant des activités nucléaires définies au** *(Mot rempl. à compter d'une date fixée par décret en Conseil d'État et au plus tard le 1er juillet 2017, Ord. n° 2016-128, 10 févr. 2016)* **« 1° » de l'article L. 1333-1 du Code de la santé publique doivent en particulier respecter la règle selon laquelle les responsables de ces activités supportent le coût des mesures de prévention, notamment d'analyses, ainsi que des mesures de réduction des risques et des rejets d'effluents que prescrit l'autorité administrative en application des chapitres Ier à III, V et VI du présent titre.**

Art. L. 591-5 *(Ord. n° 2012-6, 5 janv. 2012 ; rempl., Ord. n° 2016-128, 10 févr. 2016 ; mod. à compter du 1er janvier 2025, L. n° 2024-450, 21 mai 2024).* – **L'exploitant d'une installation nucléaire de base ou la personne responsable d'un transport de substances radioactives est tenu de déclarer, dans les meilleurs délais, à l'Autorité de sûreté nucléaire et de radioprotection et à l'autorité administrative, les accidents ou incidents survenus du fait du fonctionnement de cette installation ou de ce transport qui sont de nature à porter une atteinte significative aux intérêts mentionnés à l'article L. 593-1.**

Cette déclaration tient lieu de celle prévue à l'article L. 1333-13 du Code de la santé publique, lorsqu'elle est requise.

Art. L. 591-6 *(Ord. n° 2016-128, 10 févr. 2016 ; mod. à compter du 1er janvier 2025, L. n° 2024-450, 21 mai 2024).* – **Les ministres chargés de la sûreté nucléaire et de la radioprotection et l'Autorité de sûreté nucléaire et de radioprotection organisent conjointement au moins une fois tous les dix ans une évaluation du cadre réglementaire et législatif en matière de sûreté nucléaire et de radioprotection, ainsi que de leur organisation, et soumettent les éléments pertinents de cette évaluation à un examen international par des pairs, en vue de l'amélioration continue de la sûreté nucléaire et de la radioprotection. Les résultats de ces évaluations par des pairs sont communiqués aux États membres de l'Union européenne et à la Commission européenne, lorsqu'ils sont disponibles.**

Cette disposition, qui reproduit le 1 de l'article 8 *sexies* de la directive n° 2009/71/EURATOM était déjà présente dans le règlement intérieur de l'ASN, qui est homologué par arrêté ministériel. Cependant, elle relève du niveau législatif. Il est prévu que les évaluations soient organisées conjointement par les ministres chargés de la sûreté nucléaire et de la radioprotection et par l'ASN. Elles prennent la forme de missions IRRS (Integrated Regulatory Service Review, service de revue par les pairs) sous l'égide de l'Agence internationale de l'énergie atomique. La France a accueilli une première mission en 2006 et une seconde fin 2014.

Art. L. 591-7 *(Ord. n° 2016-128, 10 févr. 2016 ; mod. à compter du 1er janvier 2025, L. n° 2024-450, 21 mai 2024).* – **Les ministres chargés de la sûreté nucléaire et de la radioprotection et l'Autorité de sûreté nucléaire et de radioprotection organisent conjointement, au moins une fois tous les six ans, une évaluation portant sur un thème spécifique lié à la sûreté nucléaire ou à la radioprotection au sein des installations nucléaires de base et soumettent cette évaluation à un examen international par des pairs, auquel les autres États membres de l'Union européenne et la Commission européenne sont invités en qualité d'observateurs.**

Les autorités mentionnées ci-dessus prennent les mesures appropriées afin d'assurer le suivi des conclusions tirées de ce processus d'examen par les pairs et les rendent publiques.

Art. L. 591-8 *(Ord. n° 2016-128, 10 févr. 2016) ; mod. à compter du 1er janvier 2025, L. n° 2024-450, 21 mai 2024).* – **En cas d'accident aboutissant à des situations nécessitant des mesures d'intervention d'urgence hors site ou des mesures de protection de la population, les ministres chargés de la sûreté nucléaire, de la radioprotection et de la sécurité civile et l'Autorité de sûreté nucléaire et de radioprotection organisent conjointement un examen international par les pairs.**

Les articles L. 591-7 et L. 591-8 transposent les points 2 à 4 de l'article 8 *sexies* de la directive 2009/71/EURATOM, qui prévoient, d'une part, que des revues thématiques en matière de sûreté nucléaire et de radioprotection soient organisées tous les six ans par les États membres sous la forme d'évaluations nationales suivies d'examens par les pairs et, d'autre part, qu'un examen international par les pairs soit organisé en cas d'accident. Il est prévu que ces évaluations et examens croisés soient organisés conjointement par les ministres chargés de la sûreté nucléaire, de la radioprotection, de la sécurité civile et par l'ASN.

CHAPITRE II. – L'AUTORITÉ DE SÛRETÉ NUCLÉAIRE ET DE RADIOPROTECTION

(Intitulé mod. à compter de la date prévue au IV de l'article 186 la loi n° 2015-992 du 17 août 2015 et au plus tard le 17 février 2016, L. n° 2015-992, 17 août 2015 ; mod. à compter du 1er janvier 2025, L. n° 2024-450, 21 mai 2024)

Section I. – Missions de l'Autorité de sûreté nucléaire et de radioprotection

(Rempl. à compter du 1er janvier 2025, L. n° 2024-450, 21 mai 2024)

Art. L. 592-1 *(Ord. n° 2012-6, 5 janv. 2012 ; rempl., Ord. n° 2016-128, 10 févr. 2016 ; mod. à compter du 1er janvier 2025, L. n° 2024-450, 21 mai 2024).* – **L'Autorité de sûreté nucléaire et de radioprotection est**

une autorité administrative indépendante qui participe au contrôle de la sûreté nucléaire, de la radioprotection et des activités nucléaires mentionnées à l'article L. 1333-1 du Code de la santé publique.

Elle assure une mission générale d'expertise, de recherche et de formation dans les domaines de la sûreté nucléaire et de la radioprotection.

En relation avec des organismes publics ou privés, français ou étrangers, elle contribue, par ses travaux d'analyse, de mesurage et de dosage ainsi que par ses activités d'expertise, de recherche et de formation, au maintien d'un haut niveau de compétences en matière de sûreté nucléaire et de radioprotection et concourt à l'amélioration constante des connaissances scientifiques et techniques dans ces domaines.

Elle assure une veille permanente en matière de radioprotection sur le territoire national.

Elle contribue à la surveillance radiologique de l'environnement et des personnes exposées aux rayonnements ionisants ainsi qu'au recueil et à l'analyse de données dosimétriques concernant la population générale, les travailleurs et les patients, y compris en cas d'accident nucléaire.

Elle contribue aux travaux et à l'information du Parlement, dont l'Office parlementaire d'évaluation des choix scientifiques et technologiques et les commissions permanentes compétentes de l'Assemblée nationale et du Sénat, en matière de sûreté nucléaire et de radioprotection.

Elle participe, dans ses domaines de compétence, à l'information du public et à la mise en œuvre de la transparence.

Elle contribue au développement d'une culture de radioprotection chez les citoyens.

1) Historique. L'ASN succède à la Direction générale de la sûreté nucléaire et de la radioprotection, créée en 2002 en remplacement de la Direction de la sûreté des installations nucléaires instituée en 1991, laquelle s'était substituée au Service central de sûreté des installations nucléaires créé en 1973.

2) Autorité administrative indépendante. Ce statut est conforme aux exigences de la directive 2009/71 établissant un cadre communautaire pour la sûreté nucléaire des installations nucléaires (art. 5) imposant que l'autorité de réglementation compétente en matière de sûreté nucléaire soit séparée sur le plan fonctionnel de tout autre organisme ou organisation s'occupant de la promotion ou de l'utilisation de l'énergie nucléaire afin de garantir son indépendance effective de toute influence indue dans sa prise de décision réglementaire.

3) Affirmation de son indépendance vis-à-vis du pouvoir politique. Aussi longtemps qu'aucun décret de mise à l'arrêt définitif et de démantèlement n'est intervenu, une INB est autorisée à fonctionner, dans des conditions de sûreté auxquelles il incombe à l'ASN de veiller. Les déclarations du président de la République invoquées par les associations requérantes ne sauraient tenir lieu du décret prévu par l'article L. 593-25 (▪ CE, 10 avr. 2013, n° 367014, *fédération Réseau Sortir du Nucléaire*). L'édiction de nouvelles prescriptions techniques par l'Autorité de sûreté nucléaire, à la suite de la transmission, par l'exploitant de l'installation, du rapport de réexamen de sûreté, ne constitue pas une décision implicite d'autoriser l'exploitation de cette dernière pour dix années supplémentaires. L'analyse par l'Autorité de sûreté nucléaire du rapport de réexamen de sûreté adressée au ministre chargé de la sûreté nucléaire constitue un simple avis qui ne présente pas le caractère d'une décision faisant grief (▪ CE, 22 févr. 2016, n°s 373516 et 373517, *République et canton de Genève c/ Autorité de sûreté nucléaire : Dr. env.* avr. 2016, n° 244, p. 149, obs. M. Rambour).

4) Évaluation des risques par l'ASN. Il incombe à l'autorité administrative compétente en matière d'installations nucléaires de base de rechercher s'il existe des éléments circonstanciés de nature à accréditer l'hypothèse de risques de dommages graves et irréversibles pour l'environnement ou d'atteintes à l'environnement susceptibles de nuire de manière grave à la santé, qui justifieraient, en dépit des incertitudes subsistant quant à leur réalité et à leur portée en l'état des connaissances scientifiques, l'application du principe de précaution. Sur la demande d'EDF, les règles générales d'exploitation des réacteurs litigieux ont été modifiées par l'ASN pour intégrer les mesures initialement proposées par EDF ainsi que les mesures renforcées à la suite de l'instruction de l'IRSN et de l'ASN. Le redémarrage des réacteurs a été autorisé après un examen au cas par cas, l'ASN ayant vérifié l'intégrité des structures ainsi que la mise en œuvre des mesures compensatoires avancées par EDF et le complément de mesures demandé. Dans ces conditions, le moyen tiré de ce que l'ASN aurait commis des erreurs d'appréciation dans l'évaluation des risques en autorisant le redémarrage de ces trois réacteurs n'est pas, en l'état de l'instruction, de nature à faire naître un doute sérieux sur la légalité de ces décisions. La demande de suspension est rejetée (▪ CE, 18 janv. 2017, n° 406244).

Section II. – Collège de l'Autorité de sûreté nucléaire et de radioprotection

(Rempl. à compter du 1er janvier 2025, L. n° 2024-450, 21 mai 2024)

L'article 33 de la loi n° 2017-55 portant statut général des autorités administratives indépendantes et des autorités publiques indépendantes assure, pour l'Autorité de sûreté nucléaire (ASN), les coordinations rendues nécessaires par les règles fixées aux titres Ier à IV de la loi. Les dispositions du Code de l'environnement sont modifiées dès lors que ces règles seraient prévues au sein du statut général.

V. par exemple P. Idoux, *Nouveau statut général des AAI et et API : AJDA* 2017, p. 1115 ou encore J.-G. Sorbara, *Le nouveau statut général des autorités administratives et publiques indépendantes : JCP* A 2017, n° 9, p. 19.

Art. L. 592-2 *(Ord. n° 2012-6, 5 janv. 2012 ; mod., Ord. n° 2015-948, 31 juill. 2015* (1) *; L. n° 2017-55, 20 janv. 2017)* (2). *– (Mod. à compter du 1er janvier 2025, L. n° 2024-450, 21 mai 2024)* **L'Autorité de sûreté nucléaire et de radioprotection est constituée d'un collège de cinq membres nommés par décret du Président de la République en raison de leur compétence dans les domaines de la sûreté nucléaire et de la radioprotection.**

Trois des membres, dont le président, sont désignés par le Président de la République. Les deux autres membres sont désignés respectivement par le président de l'Assemblée nationale et par le président du Sénat.

(Rempl., L. n° 2024-450, 21 mai 2024) **Pour le renouvellement des membres désignés par le président de l'Assemblée nationale et par le président du Sénat, le membre succédant à une femme est un homme et celui succédant à un homme est une femme. Le Président de la République désigne les membres de telle sorte que, parmi les membres du collège autres que le président, il y ait le même nombre de femmes que d'hommes.**

La durée du mandat des membres est de six ans. Si l'un des membres n'exerce pas son mandat jusqu'à son terme, le membre nommé pour le remplacer est du même sexe. Nul ne peut être nommé au collège après l'âge de soixante-cinq ans.

Selon des modalités fixées par décret en Conseil d'État, le collège est, à l'exception de son président, renouvelé par moitié tous les trois ans.

Le mandat des membres n'est pas renouvelable.

Composition de l'ASN. Un conseiller d'État peut être nommé membre de l'ASN ; les articles 4 et 10 de la loi du 13 juin 2006 ne réservent pas la qualité de membre de l'ASN aux seules personnes disposant de compétences d'ordre scientifique et technique dans les domaines concernés (■ CE, 19 déc. 1997, n° 300451, *Commission de recherche et d'information indépendantes sur la radioactivité : Environnement* 2008, comm. 38, note P. Trouilly ; *AJDA* 2008, p. 477, note Y. Aguila).

Art. L. 592-3 *(Ord. n° 2012-6, 5 janv. 2012 ; mod., L. n° 2017-55, 20 janv. 2017* (2) *; mod. à compter du 1er janvier 2025, L. n° 2024-450, 21 mai 2024).* **– La fonction de membre du collège de l'Autorité de sûreté nucléaire et de radioprotection est incompatible avec tout mandat électif.**

Art. L. 592-4 à L. 592-7 *(Abr., L. n° 2017-55, 20 janv. 2017)* (2).

Art. L. 592-8 *(Ord. n° 2012-6, 5 janv. 2012 ; mod., L. n° 2019-828, 6 août 2019 ; mod. à compter du 1er janvier 2025, L. n° 2024-450, 21 mai 2024).* **– Les membres du collège de l'Autorité de sûreté nucléaire et de radioprotection exercent leurs fonctions à plein temps.**

NB : Conformément aux dispositions du VI de l'article 38 de la loi n° 2019-828 du 6 août 2019, ces dispositions entrent en vigueur le 1er janvier 2020.

Art. L. 592-9 *(Ord. n° 2012-6, 5 janv. 2012 ; mod., L. n° 2017-55, 20 janv. 2017* (2) *; mod. à compter du 1er janvier 2025, L. n° 2024-450, 21 mai 2024).* **– Le président de l'Autorité de sûreté nucléaire et de radioprotection prend les mesures appropriées pour assurer le respect par les membres des obligations résultant de l'article L. 592-8, ainsi que de leurs obligations en matière de déontologie résultant de la loi n° 2017-55 du 20 janvier 2017 portant statut général des autorités administratives indépendantes et des autorités publiques indépendantes.**

(1) Dispositions applicables aux nominations postérieures au 2 août 2015, Ord. n° 2015-948, 31 juill. 2015, art. 20. – NDLR.

(2) Pour l'application dans les îles Wallis-et-Futuna, en Polynésie française, en Nouvelle-Calédonie et dans les Terres australes et antarctiques françaises : V. L. n° 2017-55, 20 janv. 2017, art. 55. – NDLR.

Art. L. 592-10 *(Ord. n° 2012-6, 5 janv. 2012 ; mod. à compter du 1er janvier 2025, L. n° 2024-450, 21 mai 2024).* – Le collège de l'Autorité de sûreté nucléaire et de radioprotection ne peut valablement délibérer que si au moins trois de ses membres sont présents. Il délibère à la majorité des membres présents. En cas de partage égal des voix, celle du président est prépondérante.

Art. L. 592-11 *(Ord. n° 2012-6, 5 janv. 2012 ; mod. à compter du 1er janvier 2025, L. n° 2024-450, 21 mai 2024).* – En cas d'urgence, le président de l'Autorité de sûreté nucléaire et de radioprotection ou, en son absence, le membre qu'il a désigné prend les mesures qu'exige la situation dans les domaines relevant de la compétence du collège.

Il réunit le collège dans les meilleurs délais pour lui rendre compte des mesures ainsi prises.

Section III. – Fonctionnement de l'Autorité de sûreté nucléaire et de radioprotection

(Intitulé complété à compter de la date prévue au IV de l'article 186 la loi n° 2015-992 du 17 août 2015 et au plus tard le 17 février 2016, L. n° 2015-992, 17 août 2015 ; mod. à compter du 1er janvier 2025, L. n° 2024-450, 21 mai 2024)

Art. L. 592-12 *(Rempl. à compter du 1er janvier 2025, L. n° 2024-450, 21 mai 2024).* – Le personnel de l'Autorité de sûreté nucléaire et de radioprotection comprend :

1° Des fonctionnaires ;

2° Des agents contractuels de droit public ;

3° Des salariés de droit privé.

Le personnel de l'Autorité de sûreté nucléaire et de radioprotection de nationalité étrangère ou apatride ne peut être recruté pour pourvoir des emplois dont les attributions soit ne sont pas séparables de l'exercice de la souveraineté, soit comportent une participation directe ou indirecte à l'exercice de prérogatives de puissance publique.

Les conditions d'emploi des salariés sont régies par le Code du travail, sous réserve des dispositions de la présente section et des adaptations prévues par décret en Conseil d'État.

Art. L. 592-12-1 *(Créé à compter du 1er janvier 2025, L. n° 2024-450, 21 mai 2024).* – I. – Un comité social d'administration, compétent pour l'ensemble du personnel de l'Autorité de sûreté nucléaire et de radioprotection, exerce les compétences des comités sociaux d'administration prévues à la section 1 du chapitre III du titre V du livre II du Code général de la fonction publique ainsi que les compétences des comités sociaux et économiques prévues au chapitre II du titre Ier du livre III de la deuxième partie du Code du travail, sous réserve des adaptations prévues par décret en Conseil d'État.

Le comité social d'administration est composé du président de l'Autorité de sûreté nucléaire et de radioprotection ou de son représentant, qui le préside, de représentants de l'administration et de représentants du personnel. Seuls les représentants du personnel sont appelés à prendre part aux votes lorsque le comité est consulté.

Les représentants du personnel siégeant au comité social d'administration sont élus par les collèges des agents publics et des salariés, au scrutin de liste à la représentation proportionnelle, selon des modalités fixées par décret en Conseil d'État.

Les candidatures sont présentées par les organisations syndicales qui remplissent les conditions suivantes :

1° Pour le collège des agents publics, celles prévues aux articles L. 211-1 et L. 211-2 du Code général de la fonction publique ;

2° Pour le collège des salariés, celles prévues à l'article L. 2314-5 du Code du travail.

La composition de la représentation du personnel au comité social d'administration est fixée par décret en Conseil d'État de façon à permettre la représentation de chaque collège, en tenant compte des effectifs, d'une part, des agents publics mentionnés aux 1° et 2° de l'article L. 592-12 du présent code et, d'autre part, des salariés mentionnés au 3° du même article L. 592-12.

II. – Au sein du comité social d'administration :

1° La commission des agents publics exerce les attributions mentionnées aux 3° à 5° de l'article L. 253-1 du Code général de la fonction publique lorsqu'elles concernent de manière exclusive les fonctionnaires et les agents contractuels de droit public ;

2° La commission des salariés exerce les attributions mentionnées à l'article L. 2312-5 du Code du travail, à l'exception des troisième et avant-dernier alinéas du même article L. 2312-5, ainsi qu'aux articles L. 2315-49 et

L. 2315-56 du même code, lorsqu'elles concernent de manière exclusive les personnels de droit privé. Ces attributions sont exercées par la commission des salariés au profit des personnes et dans les conditions mentionnées à l'article L. 2312-6 dudit code ;

3° La formation plénière examine les questions relatives aux attributions mentionnées aux 1° et 2° du présent II qui intéressent la situation de l'ensemble des personnels et exerce les autres compétences mentionnées au I, à l'exception de celles qui sont mentionnées au III.

La composition des commissions et de la formation plénière, les modalités de désignation des représentants du personnel qui y siègent, leur fonctionnement et les moyens qui leur sont attribués sont définis par décret en Conseil d'État.

III. – Au sein du comité social d'administration, une formation spécialisée chargée des questions de santé, de sécurité et des conditions de travail exerce, pour l'ensemble des personnels, les attributions mentionnées à l'article L. 253-2 du Code général de la fonction publique ainsi qu'aux articles L. 2312-59 et L. 2312-60 et aux livres Ier à V de la quatrième partie du Code du travail.

Les représentants du personnel siégeant au sein de cette formation spécialisée sont désignés dans les conditions prévues à l'article L. 252-5 du Code général de la fonction publique. Son fonctionnement et les moyens qui lui sont attribués sont fixés par décret en Conseil d'État.

Des formations locales en matière de santé, sécurité et conditions de travail compétentes pour l'ensemble des personnels peuvent être instituées lorsque des risques professionnels particuliers le justifient. Les représentants du personnel y sont désignés par les organisations syndicales représentées au sein du comité social d'administration. Un décret en Conseil d'État fixe les conditions d'application du présent alinéa.

IV. – Le premier alinéa de l'article L. 2315-23 du Code du travail est applicable au comité social d'administration. Il gère son budget de fonctionnement et le budget des activités sociales et culturelles de l'ensemble du personnel.

Le fonctionnement et les moyens du comité ainsi que les ressources destinées à financer les activités mentionnées au premier alinéa du présent IV sont fixés par décret en Conseil d'État.

Les dispositions du titre III du livre VII du Code général de la fonction publique relatives à l'action sociale interministérielle ne s'appliquent pas aux agents publics de l'Autorité de sûreté nucléaire et de radioprotection.

Art. L. 592-12-2 *(Créé à compter du 1er janvier 2025, L. n° 2024-450, 21 mai 2024)*. – I. – Le chapitre III du titre IV du livre Ier de la deuxième partie du Code du travail est applicable aux salariés de l'Autorité de sûreté nucléaire et de radioprotection.

Les délégués syndicaux sont désignés, au niveau central, par les organisations syndicales représentatives du collège des salariés qui y constituent une section syndicale. Chaque syndicat qui constitue, conformément à l'article L. 2142-1 du même code, une section syndicale peut, s'il n'est pas représentatif, désigner un représentant de la section.

Sont représentatives au sein du collège des salariés les organisations syndicales qui satisfont aux critères mentionnés à l'article L. 2121-1 dudit code, à l'exception de celui mentionné au 5° du même article L. 2121-1, et qui ont recueilli au moins 10 % des suffrages exprimés aux dernières élections du comité mentionné à l'article L. 592-12-1 du présent code dans ce collège.

La validité des accords collectifs prévus au livre II de la deuxième partie du Code du travail est subordonnée à leur signature, d'une part, par le président de l'Autorité de sûreté nucléaire et de radioprotection ou son représentant et, d'autre part, par une ou plusieurs organisations syndicales représentatives selon les conditions définies à l'article L. 2232-12 du même code. Les taux de 30 % et de 50 % mentionnés au même article L. 2232-12 sont appréciés au sein du collège des salariés.

Les salariés qui sont membres du comité ou des formations mentionnés à l'article L. 592-12-1 du présent code et les délégués syndicaux ou représentants des sections syndicales bénéficient de la protection prévue au livre IV de la deuxième partie du Code du travail.

II. – Pour les agents publics de l'Autorité de sûreté nucléaire et de radioprotection, les organisations représentatives habilitées à négocier sont celles qui disposent d'au moins un siège au sein du comité social d'administration, au titre du collège des agents publics.

En application de l'article L. 223-1 du Code général de la fonction publique, un accord conclu sur le fondement des articles L. 221-2 ou L. 222-2 du même code est valide, pour les agents publics, s'il est signé par une ou plusieurs des organisations habilitées à négocier pour le collège de ces personnels.

III. – Dans les domaines mentionnés à l'article L. 222-3 du Code général de la fonction publique, l'Autorité de sûreté nucléaire et de radioprotection peut inviter les représentants des salariés et des agents publics à participer à des négociations conjointes.

Ces négociations donnent lieu, le cas échéant, à la conclusion d'accords distincts et applicables spécifiquement :

1° Aux salariés de droit privé, selon les modalités prévues au I du présent article ;

2° Aux agents publics, selon les modalités prévues au II.

Art. L. 592-12-3 *(Créé à compter du 1er janvier 2025, L. n° 2024-450, 21 mai 2024).* – Le collège de l'Autorité de sûreté nucléaire et de radioprotection peut, dans le respect des dispositions légales applicables aux différentes catégories de personnels et en complément des dispositions réglementaires ainsi que des conventions, des accords collectifs et des engagements unilatéraux qui leur sont applicables, harmoniser entre ces catégories les montants et les conditions de versement des indemnités accessoires liées à des sujétions communes ainsi que les modalités de remboursements des frais de toute nature.

Art. L. 592-13 *(Ord. n° 2012-6, 5 janv. 2012 ; mod., L. n° 2017-55, 20 janv. 2017* (1) *; mod. à compter du 1er janvier 2025, L. n° 2024-450, 21 mai 2024).* – Les attributions de l'Autorité de sûreté nucléaire et de radioprotection sont exercées par le collège, hormis celles expressément confiées au président ou à la commission des sanctions.

Le règlement intérieur de l'Autorité de sûreté nucléaire et de radioprotection prévoit les conditions dans lesquelles le collège peut donner délégation de pouvoirs à son président ou, en son absence, à un autre membre du collège ou à un membre des services de l'autorité ainsi que celles dans lesquelles le président peut déléguer sa signature à des membres des services de l'autorité. Toutefois, ni les avis mentionnés à l'article L. 592-25 ni les décisions à caractère réglementaire ne peuvent faire l'objet d'une délégation.

Art. L. 592-13-1 *(Créé à compter du 1er janvier 2025, L. n° 2024-450, 21 mai 2024).* – L'Autorité de sûreté nucléaire et de radioprotection définit, dans son règlement intérieur, les règles nécessaires à la mise en œuvre des articles 12 à 14 de la loi n° 2017-55 du 20 janvier 2017 portant statut général des autorités administratives indépendantes et des autorités publiques indépendantes, y compris en ce qui concerne les activités d'expertise et de recherche, afin de prévenir les conflits d'intérêts.

Lorsque l'instruction recourt à une expertise réalisée par ses services, l'Autorité de sûreté nucléaire et de radioprotection opère une distinction entre, d'une part, la personne responsable de l'expertise et, d'autre part, la personne responsable de la décision ou de la proposition de décision soumise au collège. Le règlement intérieur précise les modalités de distinction et d'interaction entre ces personnes.

Lorsque l'instruction recourt à une expertise réalisée par les services de l'Autorité de sûreté nucléaire et de radioprotection, le règlement intérieur définit les règles de distinction et d'interaction, pour une instruction donnée, entre les personnels chargés des activités d'expertise et les personnels chargés de la décision ou de la proposition de décision soumise au collège.

Art. L. 592-13-2 *(Créé à compter du 1er janvier 2025, L. n° 2024-450, 21 mai 2024).* – L'Autorité de sûreté nucléaire et de radioprotection met en place une commission d'éthique et de déontologie qui est saisie, dans des conditions déterminées par le règlement intérieur, des questions relevant des articles 13 et 14 de la loi n° 2017-55 du 20 janvier 2017 portant statut général des autorités administratives indépendantes et des autorités publiques indépendantes.

Art. L. 592-13-3 *(Créé à compter du 1er janvier 2025, L. n° 2024-450, 21 mai 2024).* – L'Autorité de sûreté nucléaire et de radioprotection s'appuie en tant que de besoin sur des groupes permanents d'experts, nommés en raison de leurs compétences. Le règlement intérieur définit les modalités de nomination de ces experts, les règles propres à assurer la diversité de l'expertise et à prévenir les conflits d'intérêts ainsi que les règles déontologiques prévues à l'article 13 de la loi n° 2017-55 du 20 janvier 2017 portant statut général des autorités administratives indépendantes et des autorités publiques indépendantes.

(1) Pour l'application dans les îles Wallis-et-Futuna, en Polynésie française, en Nouvelle-Calédonie et dans les Terres australes et antarctiques françaises : V. L. n° 2017-55, 20 janv. 2017, art. 55. – NDLR.

Art. L. 592-14 *(Rempl. à compter du 1er janvier 2025, L. n° 2024-450, 21 mai 2024).* – L'Autorité de sûreté nucléaire et de radioprotection publie les résultats des expertises réalisées dans le cadre de ses instructions ainsi que les avis des groupes permanents d'experts prévus à l'article L. 592-13-3. Le règlement intérieur définit les règles et les modalités de publication de ces résultats et de ces avis. Ces résultats sont publiés de manière concomitante aux décisions auxquelles ils se rapportent, sauf pour les décisions pour lesquelles l'autorité en décide autrement, notamment au regard de la nature des dossiers concernés ou pour favoriser la participation du public, dans des conditions précisées par le règlement intérieur.

Les avis rendus dans le cadre prévu à l'article L. 592-29 sont rendus publics dans des conditions définies par l'autorité de saisine.

L'Autorité de sûreté nucléaire et de radioprotection organise la publicité, sous réserve des secrets protégés par la loi, des données scientifiques résultant des programmes de recherche dont elle prend l'initiative.

Art. L. 592-14-1 *(Créé à compter du 1er janvier 2025, L. n° 2024-450, 21 mai 2024).* – Dans le cadre de ses attributions, l'Autorité de sûreté nucléaire et de radioprotection est autorisée à exercer des activités nucléaires, à l'exclusion de celles soumises au régime des installations nucléaires de base défini à l'article L. 593-1.

Art. L. 592-14-2 *(Créé à compter du 1er janvier 2025, L. n° 2024-450, 21 mai 2024).* – I. – L'Autorité de sûreté nucléaire et de radioprotection peut :

1° Dispenser des formations, délivrer des attestations, des habilitations, des qualifications ou des certifications professionnelles et exercer les missions dévolues aux organismes certificateurs mentionnés à l'article L. 6113-2 du Code du travail ;

2° Délivrer des agréments, des attestations, des habilitations ou des certificats justifiant la capacité de leurs titulaires à exercer des activités dans un domaine d'intervention spécialisé relevant de ses domaines de compétence ;

3° Exercer, dans ses domaines de compétence, des missions confiées à des organismes certifiés ou accrédités ou à des organismes notifiés à la Commission européenne chargés de mettre en œuvre des procédures d'évaluation de la conformité ou de réaliser les opérations de contrôle de la conformité des équipements de travail et des équipements de protection individuelle ;

4° Assurer la gestion, dans le cadre de l'exercice de ses missions, de traitements de données d'intérêt public pouvant comprendre des données à caractère personnel et de santé ;

5° Mettre à disposition, dans ses domaines de compétence, des moyens techniques de recherche ou apporter une assistance opérationnelle en radioprotection.

II. – Les interventions des services de l'Autorité de sûreté nucléaire et de radioprotection dans les activités énumérées au I du présent article peuvent donner lieu à des rémunérations pour services rendus. L'autorité définit dans son règlement intérieur les règles de déontologie qui leur sont applicables.

Art. L. 592-14-3 *(Créé à compter du 1er janvier 2025, L. n° 2024-450, 21 mai 2024).* – L'Autorité de sûreté nucléaire et de radioprotection peut bénéficier, pour la réalisation de ses expertises, de l'appui technique des services de l'État et de ses établissements publics compétents.

Art. L. 592-15 *(Abr., L. n° 2017-55, 20 janv. 2017* (1) *; rétabli à compter du 1er janvier 2025, L. n° 2024-450, 21 mai 2024).* – Pour l'application du Code de la recherche, l'Autorité de sûreté nucléaire et de radioprotection est assimilée aux établissements publics mentionnés à l'article L. 112-6 du même code, dans la mesure où les dispositions dudit code ne sont pas contraires à celles du présent chapitre.

Les articles L. 412-3, L. 412-4 et L. 431-4 à L. 431-6 du Code de la recherche sont applicables à l'Autorité de sûreté nucléaire et de radioprotection.

Art. L. 592-16 *(Ord. n° 2012-6, 5 janv. 2012 ; mod. à compter du 1er janvier 2025, L. n° 2024-450, 21 mai 2024).* – Le président de l'Autorité de sûreté nucléaire et de radioprotection est habilité à passer toute convention utile à l'accomplissement des missions de l'autorité.

(1) Pour l'application dans les îles Wallis-et-Futuna, en Polynésie française, en Nouvelle-Calédonie et dans les Terres australes et antarctiques françaises : V. L. n° 2017-55, 20 janv. 2017, art. 55. – NDLR.

Il peut déléguer ce pouvoir à un membre des services de l'Autorité de sûreté nucléaire et de radioprotection dans les conditions définies par le règlement intérieur.

Art. L. 592-17 *(Ord. n° 2012-6, 5 janv. 2012 ; mod. à compter du 1er janvier 2025, L. n° 2024-450, 21 mai 2024).* **– Pour l'accomplissement des missions qui sont confiées à l'Autorité de sûreté nucléaire et de radioprotection, son président a qualité pour agir en justice au nom de l'État.**

Art. L. 592-18 *(Ord. n° 2012-6, 5 janv. 2012 ; mod. à compter du 1er janvier 2025, L. n° 2024-450, 21 mai 2024).* **– Le président de l'Autorité de sûreté nucléaire et de radioprotection est chargé de l'ordonnancement et de la liquidation, pour le compte de l'État, des taxes instituées par l'article 43 de la loi de finances pour 2000 (n° 99-1172 du 30 décembre 1999).**

Section IV. – Attributions de l'Autorité de sûreté nucléaire et de radioprotection

(Intitulé complété à compter de la date prévue au IV de l'article 186 la loi n° 2015-992 du 17 août 2015 et au plus tard le 17 février 2016, L. n° 2015-992, 17 août 2015 ; sect. mod., Ord. n° 2016-128, 10 févr. 2016 (1) *; mod. à compter du 1er janvier 2025, L. n° 2024-450, 21 mai 2024)*

Sous-section 1. – Attributions et missions de contrôle

(Rempl., Ord. n° 2016-128, 10 févr. 2016 ; mod. à compter du 1er janvier 2025, L. n° 2024-450, 21 mai 2024)

Art. L. 592-19 *(Rempl., Ord. n° 2016-128, 10 févr. 2016 ; mod. à compter du 1er janvier 2025, L. n° 2024-450, 21 mai 2024).* **– L'Autorité de sûreté nucléaire et de radioprotection est compétente dans les domaines suivants :**

1° Les installations nucléaires de base mentionnées à l'article L. 593-1, dans les conditions prévues par les chapitres Ier, III et VI du présent titre, la section 2 du chapitre V du titre II du livre Ier et des textes pris pour leur application ;

2° Le transport de substances radioactives, dans les conditions prévues par le chapitre Ier, la section 1 du chapitre V, le chapitre VI du présent titre et les textes pris pour leur application ;

3° Les équipements sous pression nucléaires mentionnés à l'article L. 595-2, dans les conditions prévues par la section 2 du chapitre V, le chapitre VI du présent titre et les textes pris pour leur application ;

4° Les activités nucléaires mentionnées à l'article L. 1333-1 du Code de la santé publique, dans les conditions prévues par le chapitre III du titre III du livre III de la première partie de ce code, le chapitre Ier du titre V du livre IV de la quatrième partie du Code du travail et les textes pris pour leur application.

Art. L. 592-20 *(Rempl., Ord. n° 2016-128, 10 févr. 2016 ; mod. à compter du 1er janvier 2025, L. n° 2024-450, 21 mai 2024).* **– L'Autorité de sûreté nucléaire et de radioprotection peut prendre des décisions réglementaires à caractère technique pour compléter les modalités d'application des décrets et arrêtés pris dans ses domaines de compétence mentionnés à l'article L. 592-19, à l'exception de ceux ayant trait à la médecine du travail.**

Ces décisions sont soumises à l'homologation par arrêté des ministres concernés. Les arrêtés d'homologation ainsi que les décisions homologuées sont publiés au *Journal officiel* de la République française (2).

Le procédé d'homologation de certaines décisions (décisions réglementaires, décisions de déclassement, sanctions, prescriptions relatives aux rejets radioactifs) par le ministre compétent est une garantie essentielle du contrôle opéré par l'exécutif sur les décisions de l'ASN.

Voir : par ex. Arrêté du 11 janvier 2016 portant homologation de la décision n° 2015-DC-0532 de l'Autorité de sûreté nucléaire du 17 novembre 2015 relative au rapport de sûreté des installations nucléaires de base (*JO* 15 janv.).

Art. L. 592-21 *(Rempl., Ord. n° 2016-128, 10 févr. 2016 ; mod. à compter du 1er janvier 2025, L. n° 2024-450, 21 mai 2024).* **– L'Autorité de sûreté nucléaire et de radioprotection prend les décisions individuelles qui lui**

---

(1) Antérieurement aux modifications issues de l'article 22 de l'ordonnance n° 2016-128 du 10 février 2016, la présente section était divisée en quatre sous-sections comportant respectivement les articles L. 592-19 et L. 592-20 (sous-section 1), L. 592-21 à L. 592-24 (sous-section 2), L. 592-25 à L. 592-31 (sous-section 3) et L. 592-32 à L. 592-34 (sous-section 4). – NDLR.

(2) V. liste sous D. n° 2007-1557, 2 nov. 2007, art. 1er. – NDLR.

sont attribuées par les lois et règlements dans les domaines de sa compétence : à ce titre, elle reçoit les déclarations, procède aux enregistrements, accorde les autorisations, édicte les prescriptions et délivre les agréments.

Art. L. 592-22 *(Rempl., Ord. n° 2016-128, 10 févr. 2016 ; mod. à compter du 1er janvier 2025, L. n° 2024-450, 21 mai 2024).* – L'Autorité de sûreté nucléaire et de radioprotection assure le contrôle du respect des règles générales et des prescriptions particulières dans ses domaines de compétence mentionnés à l'article L. 592-19.

Elle dispose, sous réserve des compétences de la commission des sanctions, des pouvoirs de contrôle et de sanction prévus au chapitre VI du présent titre et aux chapitres III et VII du titre III du livre III de la première partie du Code de la santé publique.

Art. L. 592-23 *(Rempl., Ord. n° 2016-128, 10 févr. 2016 ; mod. à compter du 1er janvier 2025, L. n° 2024-450, 21 mai 2024).* – Lorsque l'importance particulière des risques ou inconvénients le justifie, l'Autorité de sûreté nucléaire et de radioprotection peut prescrire au responsable d'une activité qu'elle contrôle la réalisation, aux frais de celui-ci, d'analyses critiques d'un dossier, d'expertises, de contrôles ou d'études par des organismes extérieurs experts choisis en accord avec elle ou qu'elle agrée.

Art. L. 592-24 *(Rempl. à compter. du 1er janvier 2025, L. n° 2024-450, 21 mai 2024).* – L'Autorité de sûreté nucléaire et de radioprotection assure, en lien avec le ministère du travail, la gestion et l'exploitation des données résultant des mesures de l'exposition des travailleurs aux rayonnements ionisants.

Art. L. 592-24-1 *(Créé à compter du 1er janvier 2025, L. n° 2024-450, 21 mai 2024).* – Le personnel, les collaborateurs occasionnels et les cocontractants de l'Autorité de sûreté nucléaire et de radioprotection sont tenus, sous peine des sanctions prévues à l'article 226-13 du Code pénal, de ne pas divulguer les informations nominatives liées aux données dosimétriques individuelles auxquelles ils ont accès.

Art. L. 592-24-2 *(Créé à compter du 1er janvier 2025, L. n° 2024-450, 21 mai 2024).* – Lorsque l'Autorité de sûreté nucléaire et de radioprotection exerce sa mission d'expertise d'une situation d'exposition potentielle ou avérée aux rayonnements ionisants, ses personnels accèdent, dans des conditions préservant la confidentialité des données à l'égard des tiers, aux informations détenues par les personnes physiques ou morales qui leur sont strictement nécessaires, sans que puisse leur être opposé le secret médical ou le secret des affaires.

Ces personnels sont habilités à cet effet par l'Autorité de sûreté nucléaire et de radioprotection.

Art. L. 592-24-3 *(Créé à compter du 1er janvier 2025, L. n° 2024-450, 21 mai 2024).* – L'Autorité de sûreté nucléaire et de radioprotection gère l'inventaire des sources de rayonnements ionisants et en assure l'accès aux agents de contrôle de l'inspection du travail mentionnés à l'article L. 8112-1 du Code du travail ainsi qu'aux inspecteurs de la radioprotection mentionnés à l'article L. 1333-29 du Code de la santé publique.

Art. L. 592-24-4 *(Créé à compter du 1er janvier 2025, L. n° 2024-450, 21 mai 2024).* – L'Autorité de sûreté nucléaire et de radioprotection apporte son appui technique au Gouvernement et aux autorités publiques dans ses domaines de compétence.

Elle apporte son appui technique aux services de santé de prévention et de santé au travail et aux employeurs concernés.

Sous-section 2. – Attributions consultatives

(Anc. ss-sect. 3 dénum., Ord. n° 2016-128, 10 févr. 2016 ; mod. à compter du 1er janvier 2025, L. n° 2024-450, 21 mai 2024)

Art. L. 592-25 *(Ord. n° 2012-6, 5 janv. 2012 ; mod. à compter du 1er janvier 2025, L. n° 2024-450, 21 mai 2024).* – L'Autorité de sûreté nucléaire et de radioprotection est consultée sur les projets de décret et d'arrêté ministériel de nature réglementaire relatifs à la sécurité nucléaire.

Art. L. 592-26 *(Ord. n° 2012-6, 5 janv. 2012 ; mod. à compter du 1er janvier 2025, L. n° 2024-450, 21 mai 2024).* – Les avis rendus par l'Autorité de sûreté nucléaire et de radioprotection en application de l'article L. 592-25 sont réputés favorables s'ils ne sont pas rendus dans un délai de deux mois. Ce délai peut être réduit, en cas d'urgence motivée, par l'autorité administrative saisissant l'Autorité de sûreté nucléaire et de radioprotection.

Un décret en Conseil d'État fixe les délais au-delà desquels les avis de l'Autorité de sûreté nucléaire et de radioprotection, qui seraient requis obligatoirement en application d'une autre disposition du présent titre, sont réputés favorables en l'absence d'une réponse explicite.

Art. L. 592-27 *(Ord. n° 2012-6, 5 janv. 2012 ; mod., Ord. n° 2015-1341, 23 oct. 2015 ; mod. à compter du 1er janvier 2025, L. n° 2024-450, 21 mai 2024).* – L'Autorité de sûreté nucléaire et de radioprotection rend publics les avis et décisions délibérés par son collège dans le respect des règles de confidentialité prévues par la loi, notamment par le chapitre IV du titre II du livre Ier et par la loi n° 78-753 du 17 juillet 1978 portant diverses mesures d'amélioration des relations entre l'administration et le public et diverses dispositions d'ordre administratif, social et fiscal.

Sous-section 3. – Attributions en matière de coopération internationale

(Anc. ss-sect. 4 dénum., Ord. n° 2016-128, 10 févr. 2016 ; mod. à compter du 1er janvier 2025, L. n° 2024-450, 21 mai 2024)

Art. L. 592-28 *(Ord. n° 2012-6, 5 janv. 2012 ; mod. à compter du 1er janvier 2025, L. n° 2024-450, 21 mai 2024).* – L'Autorité de sûreté nucléaire et de radioprotection adresse au Gouvernement ses propositions pour la définition de la position française dans les négociations internationales dans les domaines de sa compétence.

Elle participe, à la demande du Gouvernement, à la représentation française dans les instances des organisations internationales et communautaires compétentes en ces domaines.

Elle participe, notamment par ses activités de recherche, aux travaux internationaux dans ses domaines de compétence.

Art. L. 592-28-1 *(L. n° 2015-990, 6 août 2015 ; mod. à compter du 1er janvier 2025, L. n° 2024-450, 21 mai 2024).* – L'Autorité de sûreté nucléaire et de radioprotection coopère dans ses domaines de compétence avec les autorités compétentes des autres États. À la demande de ces dernières, elle peut fournir des prestations de conseil et peut mener des missions d'appui technique dans le cadre de conventions, qui peuvent prévoir le remboursement des frais exposés.

L'Autorité de sûreté nucléaire et de radioprotection peut examiner la conformité des options de sûreté des modèles d'installations nucléaires destinées à l'exportation aux obligations applicables en France au même type d'installation. Elle est saisie selon les modalités prévues au premier alinéa de l'article L. 592-29 et elle rend publiques les conclusions de cet examen.

Sous-section 4. – Attributions en matière de recherche

(Div. créée à compter du 1er janvier 2025, L. n° 2024-450, 21 mai 2024)

Art. L. 592-28-2 *(Créé à compter du 1er janvier 2025, L. n° 2024-450, 21 mai 2024).* – L'Autorité de sûreté nucléaire et de radioprotection suit les travaux de recherche et de développement menés, aux niveaux national et international, en matière de sûreté nucléaire et de radioprotection.

Elle formule des propositions et des recommandations sur les besoins de recherche pour la sûreté nucléaire et la radioprotection. Ces propositions et ces recommandations sont communiquées aux ministres et aux organismes publics exerçant les missions de recherche concernées, afin qu'elles soient prises en compte dans les orientations et la définition des programmes de recherche et de développement d'intérêt pour la sûreté nucléaire ou la radioprotection.

L'Autorité de sûreté nucléaire et de radioprotection définit des programmes de recherche menés en son sein ou confiés à d'autres organismes de recherche, français ou étrangers, en vue de maintenir et de développer les connaissances et les compétences nécessaires à l'accomplissement de ses missions dans ses domaines de compétence. Elle contribue à la protection et à la valorisation des résultats de ses programmes de recherche.

Elle présente chaque année ces programmes de recherche à l'Office parlementaire d'évaluation des choix scientifiques et technologiques.

Art. L. 592-28-3 *(Créé à compter du 1er janvier 2025, L. n° 2024-450, 21 mai 2024).* – L'Autorité de sûreté nucléaire et de radioprotection met en place, dans des conditions définies par son règlement intérieur, un conseil scientifique. Ce conseil est consulté sur la stratégie scientifique de l'Autorité de sûreté nucléaire et de radioprotection ainsi que sur toute autre question relative à la recherche en matière de sûreté nucléaire et de radioprotection. Il évalue la pertinence des programmes de recherche que définit l'autorité, en effectue un suivi et évalue leurs résultats. Il peut formuler toute recommandation sur l'orientation des activités de recherche de l'Autorité de sûreté nucléaire et de radioprotection.

Les membres de ce conseil sont nommés en raison de leurs compétences scientifiques et techniques. Le règlement intérieur définit les modalités de leur nomination, notamment de façon à assurer la diversité de leurs domaines de compétences et à prévenir les conflits d'intérêts.

Les membres du conseil scientifique ne sont pas rémunérés.

Sous-section 5. – Attributions en matière de transparence et d'information

(Div. créée à compter du 1er janvier 2025, L. n° 2024-450, 21 mai 2024)

Art. L. 592-29 *(Ord. n° 2012-6, 5 janv. 2012 ; mod. à compter du 1er janvier 2025, L. n° 2024-450, 21 mai 2024).* – À la demande du Gouvernement, des commissions compétentes de l'Assemblée nationale et du Sénat ou de l'Office parlementaire d'évaluation des choix scientifiques et technologiques, l'Autorité de sûreté nucléaire formule des avis ou réalise des études sur les questions relevant de sa compétence.

À la demande des ministres chargés de la sûreté nucléaire ou de la radioprotection, elle procède à des instructions techniques relevant de sa compétence.

Art. L. 592-29-1 *(Créé à compter du 1er janvier 2025, L. n° 2024-450, 21 mai 2024).* – L'Autorité de sûreté nucléaire et de radioprotection présente à l'Office parlementaire d'évaluation des choix scientifiques et technologiques, en lien avec les commissions permanentes compétentes de l'Assemblée nationale et du Sénat, ainsi qu'au Haut Comité pour la transparence et l'information sur la sécurité nucléaire, qui peut émettre un avis, les sujets sur lesquels une association du public est organisée ainsi que les modalités de sa mise en œuvre et leur en rend compte.

Elle communique la nature et les principaux résultats des programmes de recherche qu'elle mène aux autorités concernées ainsi qu'à l'Office parlementaire d'évaluation des choix scientifiques et technologiques, aux commissions permanentes compétentes de l'Assemblée nationale et du Sénat, au Haut Comité pour la transparence et l'information sur la sécurité nucléaire, au Haut Conseil de la santé publique et au Conseil d'orientation des conditions de travail, selon leurs domaines de compétence respectifs.

Le projet de décision d'adoption du règlement intérieur de l'Autorité de sûreté nucléaire et de radioprotection est présenté par cette dernière à l'Office parlementaire d'évaluation des choix scientifiques et technologiques.

Le projet de décision de modification du même règlement intérieur est transmis à l'Office parlementaire d'évaluation des choix scientifiques et technologiques.

Art. L. 592-30 *(Ord. n° 2012-6, 5 janv. 2012 ; mod., L. n° 2017-55, 20 janv. 2017* (1) *; mod. à compter du 1er janvier 2025, L. n° 2024-450, 21 mai 2024).* – À la demande de l'Office parlementaire d'évaluation des choix scientifiques et technologiques, le président de l'Autorité de sûreté nucléaire et de radioprotection lui rend compte des activités de celle-ci.

Art. L. 592-31 *(Rempl., L. n° 2017-55, 20 janv. 2017* (1) *; mod. à compter du 1er janvier 2025, L. n° 2024-450, 21 mai 2024).* – Le rapport annuel d'activité établi par l'Autorité de sûreté nucléaire et de radioprotection est transmis à l'Office parlementaire d'évaluation des choix scientifiques et technologiques avant sa publication.

À cette occasion, l'Autorité de sûreté nucléaire et de radioprotection se prononce sur l'état de la sûreté nucléaire et de la radioprotection.

(1) Pour l'application dans les îles Wallis-et-Futuna, en Polynésie française, en Nouvelle-Calédonie et dans les Terres australes et antarctiques françaises : V. L. n° 2017-55, 20 janv. 2017, art. 55. – NDLR.

Art. L. 592-31-1 *(Ord. n° 2016-128, 10 févr. 2016 ; abr. à compter du 1er janvier 2025, L. n° 2024-450, 21 mai 2024).*

> **Rédaction antérieure.** Art. L. 592-31-1 *(Créé, Ord. n° 2016-128, 10 févr. 2016).* – L'Autorité de sûreté nucléaire suit les travaux de recherche et de développement menés aux plans national et international pour la sûreté nucléaire et la radioprotection.
>
> Elle formule toutes propositions ou recommandations sur les besoins de recherche pour la sûreté nucléaire et la radioprotection. Ces propositions et recommandations sont communiqués aux ministres et aux organismes publics exerçant les missions de recherche concernés, afin qu'elles soient prises en compte dans les orientations et la définition des programmes de recherche et de développement d'intérêt pour la sûreté nucléaire ou la radioprotection.

Sous-section

(Ancienne sous-section 4 dénum., Ord. n° 2016-128, 10 févr. 2016 puis en sous-section 6 à compter du 1er janvier 2025, L. n° 2024-450, 21 mai 2024)

Art. L. 592-32 *(Ord. n° 2012-6, 5 janv. 2012 ; mod., Ord. n° 2016-128, 10 févr. 2016 ; mod. à compter du 1er janvier 2025, L. n° 2024-450, 21 mai 2024).* – **L'Autorité de sûreté nucléaire et de radioprotection est associée à la gestion des situations d'urgence radiologique résultant d'événements de nature à porter atteinte à la santé des personnes et à l'environnement par exposition aux rayonnements ionisants et survenant en France ou susceptibles d'affecter le territoire français. Elle apporte son concours technique aux autorités compétentes pour l'élaboration, au sein des plans d'organisation des secours, des dispositions prenant en compte les risques résultant d'activités nucléaires prévues aux articles 14 et 15 de la loi n° 2004-811 du 13 août 2004 de modernisation de la sécurité civile.**

Lorsque survient une telle situation d'urgence, elle assiste le Gouvernement pour toutes les questions de sa compétence. Elle adresse aux autorités compétentes ses recommandations sur les mesures à prendre sur le plan médical et sanitaire ou au titre de la sécurité civile. Elle informe le public de l'état de l'installation à l'origine de la situation d'urgence, lorsque celle-ci est soumise à son contrôle, et des éventuels rejets dans l'environnement et de leurs risques pour la santé des personnes et pour l'environnement.

Art. L. 592-33 *(Ord. n° 2012-6, 5 janv. 2012 ; mod. à compter du 1er janvier 2025, L. n° 2024-450, 21 mai 2024).* – **Pour l'application des accords internationaux ou des réglementations de l'Union européenne relatifs aux situations d'urgence radiologique, l'Autorité de sûreté nucléaire et de radioprotection est compétente pour assurer l'alerte et l'information des autorités des États tiers ou pour recevoir leurs alertes et informations.**

Art. L. 592-34 *(Ord. n° 2012-6, 5 janv. 2012 ; abr. à compter du 1er janvier 2025, L. n° 2024-450, 21 mai 2024).*

> **Rédaction antérieure.** Art. L. 592-34 *(Créé, Ord. n° 2012-6, 5 janv. 2012).* – Un décret en Conseil d'État précise les modalités d'application du présent chapitre, notamment les procédures d'homologation des décisions de l'Autorité de sûreté nucléaire.

Section V. – Enquêtes techniques

Voir : D. n° 2007-1572, 6 nov. 2007 relatif aux enquêtes techniques sur les accidents ou incidents concernant une activité nucléaire (*JO* 8 nov.).

Art. L. 592-35 *(Ord. n° 2012-6, 5 janv. 2012).* – **Tout accident ou incident concernant une activité nucléaire mentionnée à l'article L. 1333-1 du Code de la santé publique peut faire l'objet d'une enquête technique.**

Art. L. 592-36 *(Ord. n° 2012-6, 5 janv. 2012 ; mod. à compter du 1er janvier 2025, L. n° 2024-450, 21 mai 2024).* – **Les modalités selon lesquelles l'Autorité de sûreté nucléaire et de radioprotection peut procéder, en cas d'incident ou d'accident concernant une activité nucléaire, à une enquête technique sont celles prévues par les dispositions des sections 2, 3 et 4 du chapitre Ier et du chapitre II du titre II du livre VI de la première partie du Code des transports, sous réserve des dispositions de la présente section.**

Art. L. 592-37 *(Ord. n° 2012-6, 5 janv. 2012)*. – Lorsqu'elle concerne une activité nucléaire, l'enquête technique mentionnée au premier alinéa de l'article L. 1621-3 du Code des transports a pour seul objet de prévenir de futurs accidents ou incidents. Elle peut porter sur toutes les activités mentionnées à l'article L. 1333-1 du Code de la santé publique.

Art. L. 592-38 *(Ord. n° 2012-6, 5 janv. 2012 ; mod. à compter du 1er janvier 2025, L. n° 2024-450, 21 mai 2024)*. – L'enquête technique sur les accidents ou incidents concernant une activité nucléaire est menée par les personnels de l'Autorité de sûreté nucléaire et de radioprotection, qui constitue dans ce cas un organisme permanent au sens de l'article L. 1621-6 du Code des transports. L'autorité peut faire appel à des membres des corps d'inspection et de contrôle ou à des enquêteurs techniques de nationalité française ou étrangère.

Art. L. 592-39 *(Ord. n° 2012-6, 5 janv. 2012)*. – Lorsque l'enquête technique concerne une activité nucléaire, les médecins mentionnés à l'article L. 1621-15 du Code des transports reçoivent, à leur demande, communication des résultats des examens ou prélèvements effectués sur des personnes participant à l'activité nucléaire impliquée dans l'incident ou l'accident, ainsi que des rapports d'expertise médico-légale concernant les victimes.

Art. L. 592-40 *(Ord. n° 2012-6, 5 janv. 2012)*. – Lorsque l'enquête technique concerne une activité nucléaire, le responsable de l'organisme permanent est habilité à transmettre des informations résultant de l'enquête technique, s'il estime qu'elles sont de nature à prévenir un accident ou un incident nucléaire, outre aux personnes mentionnées au 1° et au 4° du I de l'article L. 1621-17 du Code des transports, également aux personnes physiques et morales exerçant une activité nucléaire concevant, produisant ou entretenant des équipements employés dans le cadre d'une activité nucléaire.

Section VI. – Commission des sanctions de l'Autorité de sûreté nucléaire et de radioprotection

(Ord. n° 2016-128, 10 févr. 2016 ; mod. à compter du 1er janvier 2025, L. n° 2024-450, 21 mai 2024)

Il est institué au sein de l'ASN une commission des sanctions chargées de prononcer les sanctions administratives pécuniaires, afin de respecter le principe de séparation des fonctions d'instruction et de jugement prévu par la Convention européenne des droits de l'homme et la Déclaration des droits de l'homme et du citoyen. Il est notamment prévu que la commission des sanctions, dont les séances seront publiques, soit composée de quatre membres – deux conseillers d'État, deux conseillers à la Cour de cassation – nommés pour une durée de six ans non renouvelable, et devant répondre à des conditions d'indépendance et d'impartialité.

Art. L. 592-41 *(Ord. n° 2016-128, 10 févr. 2016 ; mod. Ord. n° 2019-1034, 9 oct. 2019 ; L. n° 2023-491, 22 juin 2023 ; mod. à compter du 1er janvier 2025, L. n° 2024-450, 21 mai 2024)*. – L'Autorité de sûreté nucléaire et de radioprotection comprend une commission des sanctions qui peut prononcer les amendes administratives prévues par le 4° du II de l'article L. 171-8 et par les articles L. 229-8, L. 229-10 et L. 557-58.

La commission est composée de quatre membres titulaires :

1° Deux membres du Conseil d'État désignés par le vice-président du Conseil d'État ;

2° Deux membres de la Cour de cassation désignés par le premier président de la Cour de cassation.

La commission comprend également quatre membres suppléants, désignés selon les mêmes règles que les membres titulaires.

Le président de la commission est élu pour trois ans par les membres titulaires de celle-ci. Il dispose des services de l'autorité nécessaires à l'exercice des missions confiées à la commission.

La durée du mandat des membres est de six ans. Si l'un des membres n'exerce pas son mandat jusqu'à son terme, le membre suppléant nommé pour le remplacer exerce ses fonctions pour la durée du mandat restant à courir.

Le mandat des membres est renouvelable une fois.

La fonction de membre de la commission des sanctions de l'Autorité de sûreté nucléaire et de radioprotection est incompatible avec tout mandat électif.

Les membres de la commission des sanctions de l'Autorité de sûreté nucléaire et de radioprotection sont rémunérés à la vacation dans des conditions fixées par décret en Conseil d'État.

Pour la constitution initiale de la commission, la durée du mandat des deux membres désignés respectivement par le vice-président du Conseil d'État et le premier président de la Cour de cassation est fixée, par tirage au sort, à trois ans pour l'un et à six ans pour l'autre.

Art. L. 592-42 *(Ord. n° 2016-128, 10 févr. 2016 ; abr., L. n° 2023-491, 22 juin 2023).*

Art. L. 592-43 *(Ord. n° 2016-128, 10 févr. 2016 ; mod., L. n° 2023-491, 22 juin 2023).* – Pendant la durée de leurs fonctions, les membres de la commission ne prennent, à titre personnel, aucune position publique sur des sujets relevant de la compétence de l'autorité.

Pendant la durée de leurs fonctions et après la fin de leur mandat, ils sont tenus au secret professionnel pour les faits, actes et renseignements dont ils ont pu avoir connaissance en raison de leurs fonctions, notamment les délibérations et les votes du collège ou de la commission.

Les membres de la commission sont soumis aux dispositions de la loi n° 2013-907 du 11 octobre 2013 relative à la transparence de la vie publique.

Le président de la commission prend les mesures appropriées pour assurer le respect par les membres de celle-ci des obligations prévues par le présent article ainsi que leurs obligations en matière d'incompatibilités et de déontologie résultant de la loi n° 2017-55 du 20 janvier 2017 portant statut général des autorités administratives indépendantes et des autorités publiques indépendantes.

Art. L. 592-44 *(Ord. n° 2016-128, 10 févr. 2016 ; mod. à compter du 1er janvier 2025, L. n° 2024-450, 21 mai 2024).* – La commission des sanctions de l'Autorité de sûreté nucléaire et de radioprotection ne peut délibérer que si au moins la moitié de ses membres sont présents. Elle délibère à la majorité des membres présents.

Les séances de la commission sont publiques. Toutefois, d'office ou sur la demande d'une personne mise en cause, le président de la commission peut interdire au public l'accès de la salle pendant tout ou partie de l'audience dans l'intérêt de l'ordre public, de la sécurité nationale ou lorsque la protection d'un secret protégé par la loi l'exige.

La commission établit son règlement intérieur qui fixe les règles relatives à son organisation et à son fonctionnement. Celui-ci est publié au *Journal officiel* de la République française.

Section VII. – L'Institut de radioprotection et de sûreté nucléaire

(Rempl. à compter du 1er janvier 2025, L. n° 2024-450, 21 mai 2024, art. 18)

L'article 186 de la loi n° 2015-992 du 17 août 2015 relative à la transition énergétique pour une croissance verte reconnaît l'Institut de radioprotection et de sûreté nucléaire sur le plan législatif.

Art. L. 592-45 *(Rempl. à compter du 1er janvier 2025, L. n° 2024-450, 21 mai 2024).* – Un décret en Conseil d'État précise les conditions d'application du présent chapitre, notamment les conditions dans lesquelles les services de l'Autorité de sûreté nucléaire et de radioprotection peuvent exercer les activités énumérées à l'article L. 592-14-2 et les procédures d'homologation des décisions prévues à l'article L. 592-20.

Art. L. 592-46 *(Créé à compter de la date prévue au IV de l'article 186 de la loi n° 2015-992 du 17 août 2015 et au plus tard le 17 février 2016, L. n° 2015-992, 17 août 2015 ; implicitement abr. à compter du 1er janvier 2025, L. n° 2024-450, 21 mai 2024).*

Art. L. 592-46-1 *(Implicitement abr. à compter du 1er janvier 2025, L. n° 2024-450, 21 mai 2024).*

Art. L. 592-47 *(Créé à compter de la date prévue au IV de l'article 186 de la loi n° 2015-992 du 17 août 2015 et au plus tard le 17 février 2016, L. n° 2015-992, 17 août 2015 ; implicitement abr. à compter du 1er janvier 2025, L. n° 2024-450, 21 mai 2024).*

Art. L. 592-48 *(Créé à compter de la date prévue au IV de l'article 186 de la loi n° 2015-992 du 17 août 2015 et au plus tard le 17 février 2016, L. n° 2015-992, 17 août 2015 ; implicitement abr. à compter du 1er janvier 2025, L. n° 2024-450, 21 mai 2024).*

Art. L. 592-49 (1) *(Créé à compter de la date prévue au IV de l'article 186 de la loi n° 2015-992 du 17 août 2015 et au plus tard le 17 février 2016, L. n° 2015-992, 17 août 2015 ; implicitement abr. à compter du 1er janvier 2025, L. n° 2024-450, 21 mai 2024).*

Rédaction antérieure. Art. L. 592-46 *(Créé à compter de la date prévue au IV de l'article 186 de la loi n° 2015-992 du 17 août 2015 et au plus tard le 17 février 2016, L. n° 2015-992, 17 août 2015).* – Pour la réalisation de ses missions, l'Autorité de sûreté nucléaire a recours à l'appui technique, sous la forme d'activités d'expertise soutenues par des activités de recherche, de l'Institut de radioprotection et de sûreté nucléaire. Elle oriente la programmation stratégique relative à cet appui technique.

Le président de l'autorité est membre du conseil d'administration de l'institut.

Rédaction antérieure. Art. L. 592-46-1 *(Créé, Ord. n° 2017-45, 19 janv. 2017 ; D. n° 2018-670, 30 juill. 2018).* – Lorsque l'Institut de radioprotection et de sûreté nucléaire est chargé, à la demande de l'Autorité de sûreté nucléaire ou d'une autre autorité publique, d'une mission d'expertise d'une situation d'exposition potentielle ou avérée aux rayonnements ionisants, il accède, à sa demande et dans des conditions préservant la confidentialité des données à l'égard des tiers, aux informations détenues par les personnes physiques ou morales qui lui sont strictement nécessaires, sans que puisse lui être opposé le secret médical ou le secret des affaires. Seuls les agents de l'Institut de radioprotection et de sûreté nucléaire habilités à cet effet par le directeur de l'institut ont accès à ces données.

Le IV de l'article 166 de la loi n° 2016-41 du 26 janvier 2016 de modernisation de notre système de santé a autorisé le Gouvernement à prendre par ordonnance, avant le 26 janvier 2017, les dispositions nécessaires pour harmoniser et étendre, dans le respect des droits des personnes, les dispositions législatives régissant l'accès aux données couvertes par le secret médical ou le secret industriel et commercial pour les personnes exerçant des missions de veille, de vigilance, d'alerte sanitaire, d'inspection et de contrôle pour le compte des agences sanitaires ainsi que l'Institut de radioprotection et de sureté nucléaire (IRSN) et de l'Autorité de sûreté nucléaire (ASN). Cette disposition s'inscrit dans l'objectif d'harmonisation et d'uniformisation des dispositions législatives relatives aux agences nationales sanitaires et aux autres organismes intervenant dans le système de santé. L'ordonnance donne ainsi, dans des termes déjà utilisés dans le Code de la santé publique pour les agences sanitaires, la possibilité pour l'IRSN et l'ASN d'accéder à des données couvertes par le secret médical ou le secret commercial et industriel.

L'Institut de radioprotection et de sûreté nucléaire (IRSN) est un établissement public de l'État qui exerce des missions d'expertise et de recherche dans le domaine de la sécurité nucléaire et intervient, pour la réalisation de ses missions, en appui technique auprès de l'Autorité de sûreté nucléaire. À ce titre, il peut intervenir pour caractériser une exposition significative aux rayonnements ionisants intervenue dans le cadre d'une prise en charge thérapeutique ou lors de la réalisation d'une imagerie. Cette expertise permet également la formulation de préconisations utiles à l'attention des équipes médicales qui prennent en charge le patient.

Pour mener à bien leurs missions, les agents de l'ASN et de l'IRSN doivent pouvoir accéder aux informations relatives aux personnes concernées qui sont protégées par les dispositions de l'article L. 1110-4 du Code de la santé publique relatif au respect du secret professionnel.

Rédaction antérieure. Art. L. 592-47 *(Créé à compter de la date prévue au IV de l'article 186 de la loi n° 2015-992 du 17 août 2015 et au plus tard le 17 février 2016, L. n° 2015-992, 17 août 2015).* – L'Institut de radioprotection et de sûreté nucléaire contribue à l'information du public. Lorsqu'ils ne relèvent pas de la défense nationale, l'institut publie les avis rendus sur saisine d'une autorité publique ou de l'Autorité de sûreté nucléaire, en concertation avec l'autorité concernée, et organise la publicité des données scientifiques résultant des programmes de recherche dont il a l'initiative.

Rédaction antérieure. Art. L. 592-48 *(Créé à compter de la date prévue au IV de l'article 186 de la loi n° 2015-992 du 17 août 2015 et au plus tard le 17 février 2016, L. n° 2015-992, 17 août 2015).* – Les personnels, collaborateurs occasionnels et membres des conseils et commissions de l'institut sont tenus, sous peine des sanctions prévues à l'article 226-13 du Code pénal, de ne pas divulguer les informations liées aux données dosimétriques individuelles auxquelles ils ont accès.

Rédaction antérieure. Art. L. 592-49 (2) *(Créé à compter de la date prévue au IV de l'article 186 de la loi n° 2015-992 du 17 août 2015 et au plus tard le 17 février 2016, L. n° 2015-992, 17 août 2015).* – Les modalités d'application de la présente section sont fixées par voie réglementaire. Un décret en Conseil d'État précise les modalités d'organisation et de fonctionnement de l'institut, ainsi que les règles statutaires applicables à ses personnels.

Voir : D. n° 2016-583, 10 mars 2016, codifié aux art. R. 592-1 et s., p. 3003.

(1) V. T. appl. : D. n° 2002-254, 22 févr. 2002. – NDLR.
(2) V. T. appl. : D. n° 2002-254, 22 févr. 2002. – NDLR.

CHAPITRE III. – INSTALLATIONS NUCLÉAIRES DE BASE

(Mod., Ord. n° 2016-128, 10 févr. 2016)

Section I. – Définitions et principes généraux

(Anc. ss-sect. 1 de la section 1 du présent chapitre dénum. en section 1, Ord. n° 2016-128, 10 févr. 2016)

Voir : D. 2007-1557 du 2 novembre 2007 modifié relatif aux installations nucléaires de base et au contrôle, en matière de sûreté nucléaire, du transport de substances radioactives (*JO* 3 nov.). – Arrêté du 7 février 2012 fixant les règles générales relatives aux installations nucléaires de base (*JO* 8 févr.) modifié par un arrêté du 26 juin 2013 (*JO* 4 juill.) et un arrêté du 30 décembre 2015 (*JO* 3 janv. 2016).

Art. L. 593-1 *(Ord. n° 2012-6, 5 janv. 2012).* – **Les installations nucléaires de base énumérées à l'article L. 593-2 sont soumises au régime légal défini par les dispositions du présent chapitre et du chapitre VI du présent titre en raison des risques ou inconvénients qu'elles peuvent présenter pour la sécurité, la santé et la salubrité publiques ou la protection de la nature et de l'environnement.**

Elles ne sont soumises ni aux dispositions *(Mots aj. à compter du 1er mars 2017, Ord. n° 2017-80, 26 janv. 2017)* (1) **« du chapitre unique du titre VIII du livre Ier, ni » des articles L. 214-1 à L. 214-6 du présent code ni à celles du titre Ier du présent livre.**

(Rempl. à compter d'une date fixée par décret en Conseil d'État et au plus tard le 1er juillet 2017, Ord. n° 2016-128, 10 févr. 2016) **Elles sont également exclues du champ du régime de déclaration, d'enregistrement ou d'autorisation mentionné à l'article L. 1333-8 du Code de la santé publique, dans les conditions définies au II de l'article L. 1333-9 du même code.**

Régime spécifique des INB. Les INB ne sont pas soumises au régime des IOTA ni au régime des ICPE. Elles ne sont pas non plus soumises au régime des activités comportant un risque d'exposition des personnes aux rayonnements ionisants prévu au Code de la santé publique.

Art. L. 593-2 (2) *(Ord. n° 2012-6, 5 janv. 2012 ; Ord. n° 2016-128, 10 févr. 2016).* – **Les installations nucléaires de base sont :**

1° Les réacteurs nucléaires ;

2° Les installations, répondant à des caractéristiques définies par décret en Conseil d'État, de préparation, d'enrichissement, de fabrication, de traitement ou d'entreposage de combustibles nucléaires ou de traitement, d'entreposage ou de stockage de déchets radioactifs ;

3° Les installations contenant des substances radioactives ou fissiles et répondant à des caractéristiques définies par décret en Conseil d'État ;

4° Les accélérateurs de particules répondant à des caractéristiques définies par décret en Conseil d'État ;

5° Les centres de stockage en couche géologique profonde de déchets radioactifs mentionnés à l'article L. 542-10-1.

Voir : D. n° 2007-830, 11 mai 2007 modifié relatif à la nomenclature des INB (*JO* 12 mai 2007).

Voir : Décision 2015-DC-0524 de l'Autorité de sûreté nucléaire du 29 septembre 2015 établissant la liste des installations nucléaires de base par catégorie pour l'année 2015 (*BO* ASN, 8 oct. 2015).

Art. L. 593-3 *(Ord. n° 2012-6, 5 janv. 2012).* – **Lorsqu'ils sont nécessaires à l'exploitation d'une installation nucléaire de base, les équipements et installations qui sont implantés dans son périmètre défini en application des articles L. 593-8 ou L. 593-14, y compris ceux qui sont inscrits à l'une des catégories comprises dans une des nomenclatures prévues aux articles L. 214-2 et L. 511-2, sont réputés faire partie de cette installation et sont soumis aux dispositions du présent chapitre et du chapitre VI du présent titre.**

(Al. abr., Ord. n° 2016-128, 10 févr. 2016).

Art. L. 593-4 *(Ord. n° 2012-6, 5 janv. 2012 ; mod., Ord. n° 2016-128, 10 févr. 2016 ; L. n° 2023-491, 22 juin 2023).* – **Pour protéger les intérêts mentionnés à l'article L. 593-1, la conception, la construction, le fonctionnement, la mise à l'arrêt définitif et le démantèlement des installations nucléaires de base ainsi que**

(1) Dispositions d'application particulières et transitoires : V. Ord. n° 2017-80, 26 janv. 2017, art. 15.
(2) V. T. appl. : D. n° 2007-830, 11 mai 2007. – NDLR.

la fermeture, l'entretien et la surveillance des installations de stockage de déchets radioactifs sont soumis à des règles générales applicables à toutes ces installations ou à certaines catégories d'entre elles.

Ces règles générales, qui peuvent prévoir des modalités d'application particulières pour les installations existantes, sont fixées par arrêté du ministre chargé de la sûreté nucléaire.

Art. L. 593-5 *(Ord. n° 2012-6, 5 janv. 2012 ; mod. à compter du 1er janvier 2025, L. n° 2024-450, 21 mai 2024).* – L'autorité administrative peut instituer autour des installations nucléaires de base, y compris des installations existantes, des servitudes d'utilité publique concernant l'utilisation du sol et l'exécution de travaux soumis à déclaration ou autorisation administrative. Ces servitudes peuvent également concerner l'utilisation du sol sur le terrain d'assiette de l'installation et autour de celui-ci, après déclassement ou disparition de l'installation nucléaire de base. Elles sont instituées après avis de l'Autorité de sûreté nucléaire et de radioprotection, dans les conditions et selon la procédure prévues par les articles L. 515-8 à L. 515-12.

L'enquête publique prévue à l'article L. 515-9 est en ce cas réalisée conformément aux dispositions du chapitre III du titre II du livre Ier sous les réserves suivantes. Si les servitudes sont relatives à une installation nouvelle, l'enquête publique peut être organisée conjointement avec celle prévue aux articles L. 593-8 et L. 593-9.

L'Autorité de sûreté nucléaire et de radioprotection, l'exploitant et le maire de la commune intéressée peuvent assister à la réunion du conseil départemental de l'environnement et des risques sanitaires et technologiques qui examine le projet et y présenter des observations.

Art. L. 593-6 (1) *(Ord. n° 2012-6, 5 janv. 2012 ; rempl., Ord. n° 2016-128, 10 févr. 2016).* – I. – L'exploitant d'une installation nucléaire de base est responsable de la maîtrise des risques et inconvénients que son installation peut présenter pour les intérêts mentionnés à l'article L. 593-1.

Il accorde la priorité à la protection des intérêts susmentionnés et à son amélioration permanente, en premier lieu par la prévention des accidents et la limitation de leurs conséquences au titre de la sûreté nucléaire. Il formalise cette politique dans un document affirmant explicitement cette priorité.

Il dispose des ressources techniques, financières et humaines, qu'il décrit dans une notice, et met en œuvre les moyens nécessaires pour exercer cette responsabilité.

II. – L'exploitant recense, dans un rapport de sûreté, les risques auxquels son installation peut exposer, directement ou indirectement, les intérêts mentionnés à l'article L. 593-1, que la cause soit interne ou externe à l'installation. Le rapport de sûreté tient lieu de l'étude de dangers prévue à l'article L. 551-1.

Il établit des règles d'exploitation de ses installations.

Il met en place et formalise un système de gestion intégrée permettant d'assurer la prise en compte des exigences relatives à la protection des intérêts susmentionnés dans la gestion de l'installation.

Il met en place, et formalise dans un plan d'urgence interne, une organisation et des moyens destinés à maîtriser les incidents et accidents et à limiter leurs conséquences pour les intérêts susmentionnés. Le projet de plan d'urgence interne est soumis à la consultation du comité d'hygiène, de sécurité et des conditions de travail élargi prévu à l'article L. 4523-11 du Code du travail, ou à l'organisme de consultation prévu par l'article L. 4523-12 du Code du travail, ou à défaut aux délégués du personnel.

L'exploitant tient à jour les documents susmentionnés.

Les autres documents que l'exploitant doit établir sont définis par voie réglementaire ou par les prescriptions mentionnées aux articles L. 593-10 et L. 593-29.

III. – Lorsque l'exploitant n'est pas le propriétaire de l'installation ou du terrain servant d'assiette, celui-ci ne peut s'opposer à la mise en œuvre des prescriptions prises en application du présent chapitre. En cas de défaillance de l'exploitant, des prescriptions peuvent être mises à sa charge dans les conditions mentionnées à l'article L. 596-5. Le propriétaire de l'installation dispose des ressources techniques, financières et humaines nécessaires pour exercer cette responsabilité.

L'exploitant d'une INB doit accorder la priorité à la sûreté et doit disposer des ressources techniques, financières et humaines adéquates. Cette exigence, bien que naturelle et prévue par la directive « sûreté », ne figurait pas explicitement dans la législation française.

(1) V. également : ASN, déc. n° 2017-DC-0592, 13 juin 2017, homologuée par A. 28 août 2017 : *JO* 2 sept. 2017 (Obligations des exploitants d'installations nucléaires de base en matière de préparation et de gestion des situations d'urgence et au contenu du plan d'urgence interne). – NDLR.

Art. L. 593-6-1 *(L. n° 2015-992, 17 août 2015)*. **– En raison de l'importance particulière de certaines activités pour la protection des intérêts mentionnés à l'article L. 593-1, un décret en Conseil d'État peut encadrer ou limiter le recours à des prestataires ou à la sous-traitance pour leur réalisation.**

L'exploitant assure une surveillance des activités importantes pour la protection des intérêts mentionnés au même article L. 593-1 lorsqu'elles sont réalisées par des intervenants extérieurs. Il veille à ce que ces intervenants extérieurs disposent des capacités techniques appropriées pour la réalisation desdites activités. Il ne peut déléguer cette surveillance à un prestataire.

Voir : Décret n° 2016-846 du 28 juin 2016 relatif à la modification, à l'arrêt définitif et au démantèlement des INB ainsi qu'à la sous-traitance (*JO*, 29 juin).

Le recours, par l'exploitant d'un site nucléaire, à des sous-traitants en cascade pour réaliser certains travaux de maintenance est une pratique relativement courante. Or, elle présente certains inconvénients, en termes de capacités de ces derniers à intervenir, de sécurité, de responsabilité juridique et de délai d'intervention.

Ce nouvel article L. 593-6-1 permet, dans son premier alinéa, l'encadrement ou la limitation par décret en Conseil d'État du recours à des prestataires ou à la sous-traitance pour la réalisation de certaines activités nécessaires à la protection des intérêts mentionnés à l'article L. 593-1 du même code, soit « la sécurité, la santé et la salubrité publiques ou la protection de la nature et de l'environnement ».

Ce sont les activités définies au 3 de l'article 1er de l'arrêté du 7 février 2012 fixant les règles générales relatives aux installations nucléaires de base. Il s'agit des activités participant aux dispositions techniques ou d'organisation mentionnées au deuxième alinéa de l'article L. 593-7 du Code de l'environnement ou susceptibles de les affecter.

Cela peut recouvrer toute activité de conception, construction, fabrication, maintenance, réparation, exploitation ou démantèlement s'intéressant à un élément important pour la protection (EIP). En application de l'arrêté du 7 février 2012, les exploitants ont tous établi la liste de leurs activités importantes avant le 1er juillet 2013.

La formulation utilisée tient compte du fait que les dispositions réglementaires réellement nécessaires devront être confirmées au vu des travaux du comité d'orientation sur les facteurs sociaux, organisationnels et humains installé par l'ASN à la suite de l'accident de Fukushima.

Le deuxième alinéa contraint l'exploitant à assurer la surveillance desdites activités lorsqu'elles sont exercées par des intervenants extérieurs, et à s'assurer lui-même de ce que ces derniers disposent des moyens techniques indispensables pour les mener à bien.

Section II. – Création et mise en service

(Anc. ss-sect. 2 de la section 1 du présent chapitre dénum. en section 4, Ord. n° 2016-128, 10 févr. 2016)

Art. L. 593-7 *(Ord. n° 2012-6, 5 janv. 2012 ; mod., L. n° 2015-992, 17 août 2015 ; Ord. n° 2016-128, 10 févr. 2016 ; L. n° 2023-491, 22 juin 2023)*. **– I. – La création d'une installation nucléaire de base est soumise à une autorisation.**

Cette autorisation ne peut être délivrée que si, compte tenu des connaissances scientifiques et techniques du moment, dont celles sur le changement climatique et ses effets, l'exploitant démontre que les dispositions techniques ou d'organisation prises ou envisagées aux stades de la conception, de la construction et de l'exploitation ainsi que les principes généraux proposés pour le démantèlement ou, pour les installations de stockage de déchets radioactifs, pour leur entretien et leur surveillance après leur fermeture sont de nature à prévenir ou à limiter de manière suffisante les risques ou inconvénients que l'installation présente pour les intérêts mentionnés à l'article L. 593-1. Cette démonstration tient compte des conséquences du changement climatique sur les agressions externes à prendre en considération dans le cadre de celle-ci.

II. – Le demandeur fournit un dossier comportant notamment une version préliminaire du rapport de sûreté, qui précise les risques auxquels l'installation projetée peut exposer les intérêts mentionnés à l'article L. 593-1, ainsi que l'analyse des mesures prises pour prévenir ces risques et la description des mesures propres à limiter la probabilité des accidents et leurs effets.

III. – L'autorisation prend en compte les capacités techniques et financières de l'exploitant qui doivent lui permettre de conduire son projet dans le respect de ces intérêts, en particulier pour couvrir les dépenses de démantèlement de l'installation et de remise en état, de surveillance et d'entretien de son lieu d'implantation ou, pour les installations de stockage de déchets radioactifs, pour couvrir les dépenses de fermeture, d'entretien et de surveillance.

Lorsque l'exploitant n'est pas le propriétaire de l'installation projetée ou du terrain servant d'assiette, les capacités techniques et financières de celui-ci, ainsi que les dispositions d'organisation entre le propriétaire et l'exploitant doivent lui permettre d'assumer les responsabilités mises à sa charge en application du présent titre.

IV. – Dans le cas où l'installation nucléaire de base est soumise au régime des installations de production d'électricité, l'autorisation de création ne peut être accordée que si elle respecte les conditions, fixées à l'article L. 311-5 du Code de l'énergie, de délivrance de l'autorisation d'exploiter.

Capacités techniques et financières (suffisantes). Si diverses anomalies techniques, tenant notamment à la construction du radier et à la fabrication du « liner » de l'enceinte de confinement, ont été relevées par l'Autorité de sûreté nucléaire au cours de la construction du réacteur « Flamanville 3 », elles ont été corrigées par l'exploitant de manière jugée satisfaisante par cette autorité. De même, il ne résulte pas de l'instruction que les anomalies décelées dans la composition de l'acier utilisé dans certaines parties de la cuve de ce réacteur interdiraient toute mise en service future de l'installation dans des conditions de sécurité satisfaisantes, ainsi que cela ressort notamment de l'avis rendu par l'Autorité de sûreté nucléaire le 10 octobre 2017 concluant à l'absence de remise en cause de la future mise en service et utilisation de l'installation du seul fait de ces anomalies sous réserve que, le moment venu, lors de l'autorisation de mise en service, des conditions appropriées de contrôle et d'utilisation de l'installation soient précisées. Enfin, il ne résulte pas de l'instruction que la situation financière d'EDF, dont l'endettement financier net était évalué à 33 milliards d'euros au 31 décembre 2017, caractériserait une incapacité de l'exploitant à mener à bien son projet, y compris en ce qui concerne la prise en charge des futures dépenses de démantèlement de l'installation (▪ CE, 11 avr. 2019, n° 413548).

Art. L. 593-8 ***(Ord. n° 2012-6, 5 janv. 2012 ; Ord. n° 2016-128, 10 févr. 2016 ; mod. à compter du 1er janvier 2025, L. n° 2024-450, 21 mai 2024).*** **– L'autorisation est délivrée après avis de l'Autorité de sûreté nucléaire et de radioprotection et après l'accomplissement d'une enquête publique. Cette enquête est réalisée conformément aux dispositions du chapitre III du titre II du livre Ier sous réserve des dispositions de l'article L. 593-9.**

L'autorisation détermine les caractéristiques et le périmètre de l'installation et fixe le délai dans lequel celle-ci doit être mise en service.

Les éléments essentiels que requiert la protection des intérêts mentionnés à l'article L. 593-1 sont fixés par l'autorisation et, éventuellement, par les modifications ultérieures de celle-ci fixant des dispositions ou obligations complémentaires.

Voir : art. L. 123-1 et s., p. 116.

Voir : Guide de l'ASN n° 9 – Déterminer le périmètre d'une INB, version du 31 octobre 2013.

Débat public. La création d'une INB entre dans le champ d'application de la procédure du débat public (art. R. 121-1, 7°, p. 1474). La Commission nationale du débat public est saisie de droit (art. R. 121-2). Toutefois, le Conseil d'État a pu rappeler que la CNDP n'est saisie de plein droit que si la création d'une installation nucléaire de base consiste en l'implantation d'un nouveau site hors production électronucléaire représentant un investissement supérieur à 300 millions d'euros, hors coût de fonctionnement ultérieur de l'installation (▪ CE, 1er mars 2013, n° 340859, *Sté Roozen France : LPA* 8 mai 2013, n° 92, p. 16, obs. M. Rambour).

Art. L. 593-9 ***(Ord. n° 2012-6, 5 janv. 2012 ; mod., Ord. n° 2016-128, 10 févr. 2016).*** **– Le dossier soumis à l'enquête publique ne contient ni les éléments dont la divulgation serait de nature à porter atteinte à des intérêts mentionnés au I de l'article L. 124-4 et qui pourraient en être exclus pour ce motif par les ministres de la sûreté nucléaire de leur propre initiative ou sur proposition de l'exploitant ou de l'autorité de sûreté nucléaire ni la version préliminaire du rapport de sûreté. Ce rapport peut être consulté pendant toute la durée de l'enquête selon des modalités fixées par l'arrêté l'organisant.**

L'enquête est ouverte au moins dans chacune des communes dont une partie du territoire est distante de moins de cinq kilomètres du périmètre de l'installation.

Art. L. 593-10 ***(Ord. n° 2012-6, 5 janv. 2012 ; mod., Ord. n° 2016-128, 10 févr. 2016 ; mod. à compter du 1er janvier 2025, L. n° 2024-450, 21 mai 2024).*** **– Pour l'application de l'autorisation, l'Autorité de sûreté**

nucléaire et de radioprotection définit, dans le respect des règles générales prévues à l'article L. 593-4, les prescriptions relatives à la conception, à la construction et à l'exploitation de l'installation qu'elle estime nécessaires à la protection des intérêts mentionnés à l'article L. 593-1. Ces prescriptions peuvent notamment porter sur des moyens de suivi, de surveillance, d'analyse et de mesure. Elle les communique au ministre chargé de la sûreté nucléaire.

Elle précise notamment, s'il y a lieu, les prescriptions relatives aux prélèvements d'eau de l'installation et aux substances radioactives issues de l'installation. Les prescriptions fixant les limites de rejets de l'installation dans l'environnement sont soumises à l'homologation du ministre chargé de la sûreté nucléaire.

Prescriptions de l'ASN, pouvoirs du juge. Compte tenu de l'ensemble des circonstances de l'espèce et eu égard notamment, d'une part, à l'intérêt économique et énergétique qui s'attache à la poursuite de l'exploitation de la centrale de Fessenheim et, d'autre part, au fait que le maintien en vigueur temporaire des valeurs limites annulées par la présente décision, pour le seul motif d'une absence de motivation, n'entraîne pas de risques particuliers pour les intérêts visés par l'article L. 593-1 du Code de l'environnement ou pour d'autres intérêts publics ou privés, il y a lieu pour le Conseil d'État, juge du plein contentieux des mesures de police concernant les installations nucléaires de base, d'autoriser la société EDF à rejeter dans l'environnement les effluents en cause produits par l'installation nucléaire de base n° 75 dans la commune de Fessenheim en respectant les valeurs limites annulées jusqu'à ce que l'Autorité de sûreté nucléaire prenne, au plus tard le 1er octobre 2018, une nouvelle décision prescrivant des valeurs limites pour ces effluents (▪ CE, 14 juin 2018, n° 408881).

Art. L. 593-11 ***(Rempl., Ord. n° 2016-128, 10 févr. 2016 ; mod. à compter du 1er janvier 2025, L. n° 2024-450, 21 mai 2024).*** **– L'Autorité de sûreté nucléaire et de radioprotection autorise la mise en service de l'installation. Elle en informe le ministre chargé de la sûreté nucléaire. La mise en service peut être partielle.**

Art. L. 593-12 ***(Ord. n° 2012-6, 5 janv. 2012 ; mod., Ord. n° 2016-128, 10 févr. 20166 ; mod. à compter du 1er janvier 2025, L. n° 2024-450, 21 mai 2024).*** **– Pendant l'instruction d'une demande d'autorisation, l'Autorité de sûreté nucléaire et de radioprotection peut prendre des mesures provisoires nécessaires à la protection des intérêts mentionnés à l'article L. 593-1. Elle en informe le ministre chargé de la sûreté nucléaire.**

Art. L. 593-13 ***(Ord. n° 2012-6, 5 janv. 2012 ; mod., Ord. n° 2016-128, 10 févr. 20166 ; mod. à compter du 1er janvier 2025, L. n° 2024-450, 21 mai 2024).*** **– Si une installation nucléaire de base n'est pas mise en service dans le délai fixé par son autorisation de création, il peut être mis fin à l'autorisation de l'installation, après avis de l'Autorité de sûreté nucléaire et de radioprotection.**

L'Autorité de sûreté nucléaire et de radioprotection peut soumettre le titulaire de l'autorisation à des prescriptions particulières en vue de protéger les intérêts mentionnés à l'article L. 593-1 et d'assurer la remise en état du site. Elle les communique au ministre chargé de la sûreté nucléaire. Le contrôle et les mesures de police prévus par le chapitre VI restent applicables à cette installation.

Dépassement du délai fixé par le décret autorisant la création d'une INB dans lequel l'installation doit être mise en service : pas de nouvelle autorisation requise. Il ne résulte d'aucun texte ni d'aucun principe qu'une nouvelle autorisation serait requise en cas de dépassement du délai fixé par le décret autorisant la création d'une installation nucléaire de base, dans lequel celle-ci doit être mise en service, un tel dépassement ayant uniquement pour effet d'ouvrir la possibilité de mettre fin à l'autorisation de l'installation, après avis de l'Autorité de sûreté nucléaire (▪ CE, 22 juin 2022, n° 444945).

Art. L. 593-14 ***(Rempl., L. n° 2015-992, 17 août 2015).*** **– I. – Une nouvelle autorisation est requise en cas de changement d'exploitant d'une installation nucléaire de base. Elle est accordée suivant une procédure allégée, dans des conditions définies par décret en Conseil d'État.**

II. – Une nouvelle autorisation est requise en cas de modification substantielle d'une installation nucléaire de base, de ses modalités d'exploitation autorisées ou des éléments ayant conduit à son autorisation. Le caractère substantiel de la modification est apprécié suivant des critères fixés par décret en Conseil d'État au regard de son impact sur la protection des intérêts mentionnés à l'article L. 593-1. La nouvelle autorisation est accordée dans les conditions prévues aux articles L. 593-7 à L. 593-12, suivant des modalités définies par décret en Conseil d'État.

III. – Pour les installations ayant fait l'objet d'un décret de démantèlement mentionné à l'article L. 593-28, en cas de modification substantielle des conditions de démantèlement ou des conditions ayant conduit à leur prescription, un nouveau décret délivré dans les conditions prévues aux articles L. 593-25 à L. 593-28, suivant des modalités définies par décret en Conseil d'État, est nécessaire.

1) Les autres modifications répondent à un régime de déclaration, à l'exception des modifications d'importance mineure qui pourront être réalisées moyennant l'institution par l'exploitant d'un dispositif de contrôle interne (art. 27 D. 2007-1557).

2) La notion de modification notable d'une INB. Introduite par l'article 29 de la loi n° 2006-686 du 13 juin 2006 relative à la transparence et à la sécurité en matière nucléaire, la notion de « modification notable » d'une INB n'a pas fait l'objet d'une définition par le législateur. L'article 31 du décret 2007-1557 du 2 novembre 2007 relatif aux INB et au contrôle fournit des éléments de définition :

a) un changement de sa nature ou un accroissement de sa capacité maximale ;

b) une modification des éléments essentiels pour la protection des intérêts mentionnés au I de l'article 28 de la loi du 13 juin 2006, qui figurent dans le décret d'autorisation en application de l'article 16 ;

c) un ajout, dans le périmètre de l'installation, d'une nouvelle installation nucléaire de base.

3) Refus de retenir une modification notable. Il appartient au Conseil d'État de décider si les travaux autorisés par l'ASN doivent être qualifiés de « modification notable d'une INB », nécessitant l'octroi d'une nouvelle autorisation. Eu égard à leur nature et à leur ampleur, les travaux visant à renforcer la résistance du radier de la centrale ne sauraient être regardés comme une modification notable d'une INB (■ CE, 28 nov. 2014, n° 367013, *Féd. Réseau Sortir du nucléaire : Énergie – Env. – Infrastr.* 2015, n° 2, p. 34, obs. J.-S. Boda). Modifiant le décret du 10 avril 2007 autorisant la création de l'installation nucléaire de base dénommée « Flamanville 3 » en se bornant à porter de dix à treize ans le délai prévu pour que cette installation soit opérationnelle, le décret du 23 mars 2017 n'a pas modifié cette installation au sens des dispositions de l'article L. 593-14 du Code de l'environnement. En outre, il ne résulte en tout état de cause pas de l'instruction que les changements invoqués qui seraient intervenus dans la conduite des travaux, depuis l'autorisation de création de l'installation en cause, s'agissant notamment du combustible qu'il est prévu d'utiliser, du coût du projet, de la demande énergétique et des conditions générales de sécurité ainsi que les anomalies découvertes dans la composition de l'acier utilisé pour certaines parties de la cuve du réacteur, soient de nature à constituer une modification substantielle de l'installation au sens et pour l'application des dispositions de l'article L. 593-14 du Code de l'environnement. Par suite, le moyen tiré de ce que le Premier ministre ne pouvait légalement faire application de la procédure prévue à l'article 32 du décret du 2 novembre 2007 précité pour prendre le décret attaqué doit être écarté (■ CE, 28 mars 2018, n° 410782). Les décisions par lesquelles l'Autorité de sûreté nucléaire édicte des prescriptions relatives, d'une part, à la conception, à la construction et à l'exploitation de l'installation et, d'autre part, aux prélèvements d'eau de l'installation et aux substances radioactives issues de l'installation en application des articles L. 593-10 du Code de l'environnement ainsi que des articles 18 et 25 du décret du 2 novembre 2007 précité sont distinctes, tant au regard de leur objet que des règles procédurales qui leur sont applicables, des décisions d'autorisation prises par l'Autorité de sûreté nucléaire en cas de modification notable de l'installation, prises sur le fondement des articles L. 593-15 du code et 26 du décret du 2 novembre 2007 (■ CE, 14 juin 2018, n° 408881).

4) Apports de la loi n° 2015-992. Certaines modifications d'installations nucléaires de base, sans justifier une nouvelle procédure d'autorisation complète, revêtent un caractère suffisamment important pour faire douter de la pertinence d'un simple régime déclaratif. C'est le cas d'un remplacement de générateurs de vapeur, de certains grands travaux réalisés à l'occasion des visites décennales, ou encore de la poursuite de l'exploitation au-delà de la durée initiale de conception.

Cet article prévoit la création d'un régime intermédiaire d'autorisation délivrée par l'ASN, afin d'apporter une réponse proportionnée aux situations pour lesquelles la procédure de déclaration s'avère sous-dimensionnée.

Art. L. 593-15 *(Rempl., L. n° 2015-992, 17 août 2015 ; mod. à compter du 1er janvier 2025, L. n° 2024-450, 21 mai 2024).* **– En dehors des cas mentionnés aux II et III de l'article L. 593-14, les modifications notables d'une installation nucléaire de base, de ses modalités d'exploitation autorisées, des éléments ayant conduit à son autorisation ou à son autorisation de mise en service, ou de ses conditions de démantèlement pour les installations ayant fait l'objet d'un décret mentionné à l'article L. 593-28 sont**

soumises, en fonction de leur importance, soit à déclaration auprès de l'Autorité de sûreté nucléaire et de radioprotection, soit à l'autorisation par cette autorité. Ces modifications peuvent être soumises à consultation du public selon les modalités prévues au titre II du livre Ier. Les conditions d'application du présent article sont définies par décret en Conseil d'État.

Régime contentieux. Lorsqu'il est saisi d'un recours contre une décision autorisant des modifications notables à une installation nucléaire de base, il appartient au juge du plein contentieux d'apprécier le respect des règles de procédure régissant la demande d'autorisation au regard des circonstances de fait et de droit en vigueur à la date de délivrance de la décision attaquée. Les obligations relatives à la composition du dossier de demande d'autorisation d'une modification notable d'une installation nucléaire de base relèvent, s'agissant du contentieux des installations classées, des règles de procédure. Les inexactitudes, omissions ou insuffisances affectant ce dossier ne sont susceptibles de vicier la procédure et ainsi d'entacher d'irrégularité l'autorisation que si elles ont eu pour effet de nuire à l'information complète de la population ou si elles ont été de nature à exercer une influence sur la décision de l'autorité administrative (▪ CE, 17 juin 2019, n° 420833, *Assoc. Vivre notre Loire*).

Art. L. 593-16 *(Abr., L. n° 2015-992, 17 août 2015).*

Art. L. 593-17 *(Ord. n° 2012-6, 5 janv. 2012 ; mod., Ord. n° 2016-128, 10 févr. 2016).* **– Si l'exploitant n'est pas propriétaire de l'installation nucléaire de base ou du terrain servant d'assiette, la demande d'autorisation doit être accompagnée de l'engagement de celui-ci à respecter les obligations qui lui incombent en application de l'article L. 596-5.**

Tout nouvel acquéreur de l'installation nucléaire de base ou du terrain servant d'assiette souscrit au même engagement, sous peine d'annulation de la vente.

Section III. – Fonctionnement

(Anc. ss-sect. 3 de la section 1 du présent chapitre dénum. en section 4, Ord. n° 2016-128, 10 févr. 2016)

Art. L. 593-18 *(Ord. n° 2012-6, 5 janv. 2012 ; mod., Ord. n° 2016-128, 10 févr. 2016 ; L. n° 2023-491, 22 juin 2023).* **– L'exploitant d'une installation nucléaire de base procède périodiquement au réexamen de son installation en prenant en compte les meilleures pratiques internationales.**

Ce réexamen doit permettre d'apprécier la situation de l'installation au regard des règles qui lui sont applicables et d'actualiser l'appréciation des risques ou inconvénients que l'installation présente pour les intérêts mentionnés à l'article L. 593-1, en tenant compte notamment de l'état de l'installation, de l'expérience acquise au cours de l'exploitation, de l'évolution des connaissances, dont celles sur le changement climatique et ses effets, et des règles applicables aux installations similaires. Cette appréciation des risques tient compte des conséquences du changement climatique sur les agressions externes à prendre en considération dans le cadre de celle-ci.

Ces réexamens ont lieu tous les dix ans. Toutefois, le décret d'autorisation peut fixer une périodicité différente si les particularités de l'installation le justifient. Pour les installations relevant de la directive 2009/71/Euratom du Conseil du 25 juin 2009 établissant un cadre communautaire pour la sûreté nucléaire des installations nucléaires, la fréquence des réexamens périodiques ne peut être inférieure à une fois tous les dix ans.

Le cas échéant, l'exploitant peut fournir sous la forme d'un rapport séparé les éléments dont il estime que la divulgation serait de nature à porter atteinte à l'un des intérêts visés à l'article L. 124-4. Sous cette réserve, le rapport de réexamen périodique est communicable à toute personne en application des articles L. 125-10 et L. 125-11.

Voir : Instruction DSND n° 29 du 22 octobre 2013 relative au réexamen de sûreté (*BOAC* n° 55, nov.-déc. 2013).

Cet article traite des réexamens que l'exploitant d'une INB doit réaliser périodiquement. Le réexamen de sûreté est désormais dénommé « réexamen périodique », car il ne porte pas uniquement sur la sûreté nucléaire de l'installation, c'est-à-dire la prévention des accidents, mais sur l'ensemble des mesures prises pour protéger l'ensemble des intérêts mentionnés à l'article L. 593-1.

Il est prévu que la périodicité du réexamen ne puisse être inférieure à tous les dix ans pour les installations soumises à la directive « sûreté », car cette directive prévoit cette périodicité minimale. La disposition antérieure, selon laquelle la périodicité décennale peut être relaxée par décret, ne perdure donc que pour les INB non soumises à la directive, qui représentent des enjeux moindres en termes de sûreté.

Décision fixant des prescriptions à l'issue d'une phase générique préalable à un réexamen périodique : sans incidence sur la durée de fonctionnement des réacteurs. La décision qui a pour objet de fixer des prescriptions techniques communes applicables aux réacteurs nucléaires de 900 MW de conception similaire, prise par l'ASN à l'issue de la phase générique préalable au quatrième examen périodique de ces réacteurs, est sans incidence sur la durée de fonctionnement de chacun de ces réacteurs et n'a donc ni pour objet ni pour effet d'autoriser la prolongation du fonctionnement de la centrale nucléaire du Bugey au-delà de quarante ans (■ CE, 22 juin 2022, n° 451998).

Art. L. 593-19 *(Ord. n° 2012-6, 5 janv. 2012 ; mod., L. n° 2015-992, 17 août 2015 ; Ord. n° 2016-128, 10 févr. 2016 ; L. n° 2023-491, 22 juin 2023 ; mod. à compter du 1er janvier 2025, L. n° 2024-450, 21 mai 2024).* **– L'exploitant adresse à l'Autorité de sûreté nucléaire et de radioprotection et au ministre chargé de la sûreté nucléaire un rapport comportant les conclusions de l'examen prévu à l'article L. 593-18 et, le cas échéant, les dispositions qu'il envisage de prendre pour remédier aux anomalies constatées ou pour améliorer la protection des intérêts mentionnés à l'article L. 593-1.**

Pour les réexamens au delà de la trente-cinquième année de fonctionnement d'un réacteur électronucléaire, le rapport mentionné au premier alinéa du présent article fait l'objet d'une enquête publique.

L'Autorité de sûreté nucléaire et de radioprotection analyse le rapport mentionné au même premier alinéa. À l'issue de cette analyse, elle peut imposer à l'exploitant de nouvelles prescriptions mentionnées à l'article L. 593-10. Pour les réexamens mentionnés au deuxième alinéa du présent article, l'Autorité de sûreté nucléaire et de radioprotection tient compte des conclusions de l'enquête publique dans son analyse du rapport de l'exploitant et dans les prescriptions qu'elle prend. Pour ces mêmes réexamens, cinq ans après la remise du rapport mentionné au premier alinéa du présent article, l'exploitant remet à l'Autorité de sûreté nucléaire et de radioprotection un rapport intermédiaire rendant compte de la mise en œuvre des prescriptions mentionnées à l'article L. 593-10 prises à l'occasion du réexamen, au vu duquel l'Autorité de sûreté nucléaire et de radioprotection peut compléter ces prescriptions.

L'Autorité de sûreté nucléaire et de radioprotection communique son analyse du rapport et ses prescriptions au ministre chargé de la sûreté nucléaire. À l'exception des informations susceptibles de porter atteinte aux intérêts mentionnés au I de l'article L. 124-4, cette analyse et ces prescriptions sont rendues publiques.

Les dispositions envisagées par l'exploitant font l'objet, en fonction de leur degré d'importance, d'autorisations en cas de modifications substantielles, dans les conditions prévues au II de l'article L. 593-14, ou de déclarations ou d'autorisations en cas de modifications notables, dans les conditions prévues à l'article L. 593-15.

Délai dans lequel doivent être mis en œuvre les mesures visant à améliorer la sûreté nucléaire des installations dans le cadre d'un réexamen périodique. Il ne résulte pas des dispositions fixées aux articles L. 593-18 et L. 593-19 du Code de l'environnement, qui imposent à l'exploitant d'une installation nucléaire de base d'améliorer de manière continue la sûreté nucléaire de cette installation, que les prescriptions imposées à l'exploitant dans le cadre de chaque réexamen périodique ainsi que dans celui de la phase générique préalable à ce réexamen doivent être effectivement mises en œuvre avant l'échéance de ce réexamen. Par suite, sans qu'il soit besoin de renvoyer à la Cour de justice de l'Union européenne la question préjudicielle consistant à savoir si le cycle de dix ans imposé aux exploitants d'une centrale nucléaire pour réévaluer la sûreté de leurs installations, en application de l'article 8 *quater* de la directive 2014/87/Euratom, leur impose la mise en œuvre dans ce délai des mesures permettant d'assurer la sûreté de ces installations par la mise en œuvre des dispositions de défense en profondeur nécessaires, le moyen tiré de la méconnaissance du délai maximum de dix ans prescrit à l'article L. 593-18 du Code de l'environnement ne peut qu'être écarté (■ CE, 22 juin 2022, n° 451998).

Art. L. 593-19-1 *(Ord. n° 2016-128, 10 févr. 2016).* **– L'exploitant procède régulièrement au recensement des substances et mélanges dangereux susceptibles d'être présents dans l'installation dans des quantités telles qu'ils peuvent être à l'origine d'accidents majeurs au sens de la directive 2012/18/ UE du Parlement européen et du Conseil, du 4 juillet 2012, concernant la maîtrise des dangers liés aux accidents majeurs impliquant des substances dangereuses.**

L'exploitant tient à jour ce recensement.

Cette disposition introduit l'obligation d'un recensement périodique des substances et mélanges dangereux visés par la directive Seveso III. Ce recensement est nécessaire afin de déterminer quelles INB sont soumises à cette directive. Qu'elles le soient ou non, la législation française relative aux INB est en tout état de cause suffisante pour respecter les exigences de la directive ; toutefois, le recensement des substances est nécessaire afin de tenir à jour la liste des établissements classés Seveso au niveau européen.

Art. L. 593-20 *(Ord. n° 2012-6, 5 janv. 2012 ; mod., Ord. n° 2016-128, 10 févr. 2016 ; L. n° 2023-491, 22 juin 2023 ; mod. à compter du 1er janvier 2025, L. n° 2024-450, 21 mai 2024)*. – En cas de menace pour les intérêts mentionnés à l'article L. 593-1, et même si la menace est constatée après le déclassement de l'installation, l'Autorité de sûreté nucléaire et de radioprotection peut, à tout moment, prescrire les évaluations et la mise en œuvre des dispositions rendues nécessaires. Elle les communique au ministre chargé de la sûreté nucléaire. Sauf en cas d'urgence, l'exploitant est préalablement mis à même de présenter ses observations.

Art. L. 593-21 *(Ord. n° 2012-6, 5 janv. 2012 ; mod. à compter du 1er janvier 2025, L. n° 2024-450, 21 mai 2024)*. – S'il apparaît qu'une installation nucléaire de base présente des risques graves pour les intérêts mentionnés à l'article L. 593-1, le ministre chargé de la sûreté nucléaire peut, par arrêté, prononcer la suspension de son fonctionnement pendant le délai nécessaire à la mise en œuvre des mesures propres à faire disparaître ces risques graves. Sauf cas d'urgence, l'exploitant est mis à même de présenter ses observations sur la suspension envisagée et l'avis préalable de l'Autorité de sûreté nucléaire et de radioprotection est recueilli.

Art. L. 593-22 *(Ord. n° 2012-6, 5 janv. 2012 ; mod. à compter du 1er janvier 2025, L. n° 2024-450, 21 mai 2024)*. – En cas de risques graves et imminents, l'Autorité de sûreté nucléaire et de radioprotection suspend, si nécessaire, à titre provisoire et conservatoire, le fonctionnement de l'installation. Elle en informe sans délai le ministre chargé de la sûreté nucléaire.

Art. L. 593-23 *(Ord. n° 2012-6, 5 janv. 2012 ; mod. à compter du 1er janvier 2025, L. n° 2024-450, 21 mai 2024)*. – Un décret en Conseil d'État pris après avis de l'Autorité de sûreté nucléaire et de radioprotection peut ordonner la mise à l'arrêt définitif et le démantèlement d'une installation nucléaire de base qui présente, pour les intérêts mentionnés à l'article L. 593-1, des risques graves que les mesures prévues par le présent chapitre et le chapitre VI ne sont pas de nature à prévenir ou à limiter de manière suffisante.

Art. L. 593-24 *(Ord. n° 2012-6, 5 janv. 2012 ; rempl., L. n° 2015-992, 17 août 2015 ; mod., L. n° 2023-491, 22 juin 2023 ; mod. à compter du 1er janvier 2025, L. n° 2024-450, 21 mai 2024)*. – Pour protéger les intérêts mentionnés à l'article L. 593-1, un décret en Conseil d'État, pris après avis de l'Autorité de sûreté nucléaire et de radioprotection et après que l'exploitant a été mis à même de présenter ses observations, peut ordonner la mise à l'arrêt définitif d'une installation nucléaire de base ayant cessé de fonctionner pendant une durée continue supérieure à deux ans. Il fixe le délai imparti à l'exploitant pour souscrire la déclaration prévue à l'article L. 593-26.

À compter de la date de notification de ce décret à l'exploitant de l'installation, celui-ci n'est plus autorisé à la faire fonctionner.

La date de notification de ce décret se substitue à la date mentionnée à la deuxième phrase du premier alinéa du même article L. 593-26.

L'exploitant porte la déclaration prévue audit article L. 593-26 à la connaissance de la commission locale d'information prévue à l'article L. 125-17 et la met à la disposition du public par voie électronique.

Les articles L. 593-27 à L. 593-31 s'appliquent, le délai de dépôt du dossier mentionné à l'article L. 593-27 étant fixé par décision de l'Autorité de sûreté nucléaire et de radioprotection.

Jusqu'à l'entrée en vigueur du décret de démantèlement mentionné à l'article L. 593-28, l'installation reste soumise aux dispositions de son autorisation mentionnée à l'article L. 593-7 et aux prescriptions définies par l'Autorité de sûreté nucléaire et de radioprotection, ces dernières pouvant être complétées ou modifiées en tant que de besoin.

Section IV. – Arrêt définitif, démantèlement et déclassement

(Anc. ss-sect. 4 de la section 1 du présent chapitre rempl., L. n° 2015-992, 17 août 2015 (1) *; dénum. en section 4, Ord. n° 2016-128, 10 févr. 2016)*

L'objectif de cette section est de modifier intégralement le dispositif afin de mieux retranscrire la doctrine française consistant à privilégier, conformément aux recommandations internationales, le démantèlement ces installations le plus tôt possible après leur arrêt définitif.

(1) Antérieurement à son remplacement par le II de l'article 127 de la loi n° 2015-992 du 17 août 2015, la présente sous-section comprenait les articles L. 593-25 à L. 593-33 répartis en 3 paragraphes. – NDLR.

La loi n° 2015-992 du 17 août 2015 relative à la transition énergétique pour la croissance verte, a modifié les dispositions législatives du Code de l'environnement encadrant, d'une part les modifications des INB et d'autre part l'arrêt définitif, le démantèlement et le déclassement des INB. Les dispositions du Code de l'environnement ont également été complétées par le législateur qui a souhaité, en raison de l'importance particulière de certaines activités pour la protection des intérêts mentionnés à l'article l. 593-1 du Code de l'environnement, encadrer ou limiter le recours à des prestataires ou à la sous-traitance pour leur réalisation. Le décret n° 2016-846 du 28 juin 2016 relatif à la modification, à l'arrêt définitif et au démantèlement des installations nucléaires de base ainsi qu'à la sous-traitance est pris en application de l'article 127 de la loi TECV concernant les articles l. 593-25 à l. 593-30 du Code de l'environnement relatifs à l'arrêt définitif, au démantèlement et au déclassement des INB.

Art. L. 593-25 *(Rempl., L. n° 2015-992, 17 août 2015 ; mod., Ord. n° 2016-128, 10 févr. 2016)*. **– Lorsque le fonctionnement d'une installation nucléaire de base ou d'une partie d'une telle installation est arrêté définitivement, son exploitant procède à son démantèlement dans un délai aussi court que possible, dans des conditions économiquement acceptables et dans le respect des principes énoncés à l'article L. 1333-2 du Code de la santé publique et au II de l'article L. 110-1 du présent code.**

Les délais et conditions de réalisation du démantèlement sont fixés par le décret mentionné à l'article L. 593-28.

1) **Notion de démantèlement.** Succession d'opérations allant de la mise à l'arrêt à la suppression de tout ou partie des équipements et bâtiments qui la composent en vue de permettre un déclassement, après élimination de la radioactivité (Cour des comptes, Le démantèlement des installations nucléaires et la gestion des déchets radioactifs : rapport au Président de la République Janv. 2005, p. 198).

2) **Plan de démantèlement.** V. D. n° 2007-1557, 2 nov. 2007, art. 8.

Art. L. 593-26 *(Rempl., L. n° 2015-992, 17 août 2015 ; mod. à compter du 1er janvier 2025, L. n° 2024-450, 21 mai 2024)*. **– Lorsque l'exploitant prévoit d'arrêter définitivement le fonctionnement de son installation ou d'une partie de son installation, il le déclare au ministre chargé de la sûreté nucléaire et à l'Autorité de sûreté nucléaire et de radioprotection. Il indique dans sa déclaration la date à laquelle cet arrêt doit intervenir et précise, en les justifiant, les opérations qu'il envisage de mener, compte tenu de cet arrêt et dans l'attente de l'engagement du démantèlement, pour réduire les risques ou inconvénients pour les intérêts protégés mentionnés à l'article L. 593-1. La déclaration est portée à la connaissance de la commission locale d'information prévue à l'article L. 125-17. Elle est mise à la disposition du public par voie électronique par l'exploitant.**

La déclaration mentionnée au premier alinéa du présent article est souscrite au moins deux ans avant la date d'arrêt prévue, ou dans les meilleurs délais si cet arrêt est effectué avec un préavis plus court pour des raisons que l'exploitant justifie. L'exploitant n'est plus autorisé à faire fonctionner l'installation à compter de cette date.

Jusqu'à l'entrée en vigueur du décret de démantèlement mentionné à l'article L. 593-28, l'installation reste soumise aux dispositions de son autorisation mentionnée à l'article L. 593-7 et aux prescriptions définies par l'Autorité de sûreté nucléaire et de radioprotection, ces dernières pouvant être complétées ou modifiées en tant que de besoin.

1) **Portée du principe d'information et de participation du public.** Indifféremment du moment où la procédure d'autorisation de démantèlement a débuté, il appartient à l'autorité administrative d'assurer une information préalable et suffisante du public (■ CE, 9 déc. 2011, n° 324294, *Réseau « Sortir du nucléaire » : Dr. adm.* mars 2012, comm. 24 note S. Ferrari ; *RJEP* oct. 2012, n° 701, p. 27, note L. Tilmant).

2) **Nécessité d'un débat public (non).** Le Code de l'environnement prévoit un débat public pour les créations d'INB et non pour les opérations de démantèlement. La soumission d'un projet à une enquête publique régie par les dispositions du Code de l'environnement doit être regardée comme une modalité d'information et de participation du public assurant la mise en œuvre des objectifs fixés par la directive du 27 juin 1985 (■ CE, 1er mars 2013, n° 353009 : *RFDA* 2013, p. 823, note L. Dubouis).

Art. L. 593-27 *(Rempl., L. n° 2015-992, 17 août 2015 ; mod. à compter du 1er janvier 2025, L. n° 2024-450, 21 mai 2024)*. **– L'exploitant adresse, au plus tard deux ans après la déclaration mentionnée à l'article L. 593-26, au ministre chargé de la sûreté nucléaire un dossier précisant et justifiant les opérations de démantèlement et celles relatives à la surveillance et à l'entretien ultérieurs du site qu'il prévoit. Dans le cas**

de certaines installations complexes, en dehors des réacteurs à eau sous pression de production d'électricité, le ministre chargé de la sûreté nucléaire peut, à la demande de l'exploitant et par arrêté motivé pris après avis de l'Autorité de sûreté nucléaire et de radioprotection, prolonger ce délai de deux ans au plus. Le dossier comporte l'analyse des risques auxquels ces opérations peuvent exposer les intérêts protégés mentionnés à l'article L. 593-1 et les dispositions prises pour prévenir ces risques et, en cas de réalisation du risque, en limiter les effets.

Art. L. 593-28 *(Rempl., L. n° 2015-992, 17 août 2015 ; mod. à compter du 1er janvier 2025, L. n° 2024-450, 21 mai 2024).* – Le démantèlement de l'installation nucléaire de base ou de la partie d'installation à l'arrêt définitif est, au vu du dossier mentionné à l'article L. 593-27, prescrit par décret pris après avis de l'Autorité de sûreté nucléaire et de radioprotection et après l'accomplissement d'une enquête publique réalisée en application du chapitre III du titre II du livre Ier et de l'article L. 593-9.

Le décret fixe les caractéristiques du démantèlement, son délai de réalisation et, le cas échéant, les opérations à la charge de l'exploitant après le démantèlement.

Art. L. 593-29 *(Rempl., L. n° 2015-992, 17 août 2015 ; mod., Ord. n° 2016-128, 10 févr. 2016 ; mod. à compter du 1er janvier 2025, L. n° 2024-450, 21 mai 2024).* – Pour l'application du décret mentionné à l'article L. 593-28, l'Autorité de sûreté nucléaire et de radioprotection définit, dans le respect des règles générales prévues à l'article L. 593-4, les prescriptions relatives au démantèlement nécessaires à la protection des intérêts mentionnés à l'article L. 593-1. Ces prescriptions peuvent notamment porter sur des moyens de suivi, de surveillance, d'analyse et de mesure.

Elle précise notamment, s'il y a lieu, les prescriptions relatives aux prélèvements d'eau de l'installation et aux substances radioactives issues de l'installation.

L'autorité communique ses décisions au ministre chargé de la sûreté nucléaire.

Art. L. 593-30 *(Rempl., L. n° 2015-992, 17 août 2015 ; mod. à compter du 1er janvier 2025, L. n° 2024-450, 21 mai 2024).* – Lorsque l'installation nucléaire de base a été démantelée dans son ensemble conformément aux articles L. 593-25 à L. 593-29 et ne nécessite plus la mise en œuvre des dispositions prévues au présent chapitre et au chapitre VI du présent titre, l'Autorité de sûreté nucléaire et de radioprotection soumet à l'homologation du ministre chargé de la sûreté nucléaire une décision portant déclassement de l'installation.

Section V. – Catégories particulières d'installations

(Anc. ss-sect. 5 de la section 1 du présent chapitre, dénum. en section 5, Ord. n° 2016-128, 10 févr. 2016)

Art. L. 593-31 *(Rempl., L. n° 2015-992, 17 août 2015 ; mod. Ord. n° 2016-128, 10 févr. 2016).* – Les articles L. 593-25 à L. 593-30 s'appliquent aux installations nucléaires de base consacrées au stockage de déchets radioactifs défini à l'article L. 542-1-1, dans les conditions suivantes :

1° L'arrêt définitif de fonctionnement est défini comme étant l'arrêt définitif de réception de nouveaux déchets ;

2° Le démantèlement s'entend comme l'ensemble des opérations préparatoires à la fermeture de l'installation réalisées après l'arrêt définitif, ainsi que cette fermeture ;

3° *(Mod. à compter du 1er janvier 2025, L. n° 2024-450, 21 mai 2024)* Les prescriptions applicables à la phase postérieure à la fermeture de l'installation, qualifiée de phase de surveillance, sont définies par le décret mentionné à l'article L. 593-28 et par l'Autorité de sûreté nucléaire et de radioprotection ;

4° Le déclassement peut être décidé lorsque l'installation est passée en phase de surveillance.

Art. L. 593-32 *(Implicitement abr., L. n° 2015-992, 17 août 2015 ; rétabli dans la version suivante, Ord. n° 2016-128, 10 févr. 2016 ; mod. à compter du 1er janvier 2025, L. n° 2024-450, 21 mai 2024).* – Les installations nucléaires de base comportant au moins une des activités énumérées à l'annexe I de la directive 2010/75/UE du Parlement européen et du Conseil du 24 novembre 2010 relative aux émissions industrielles sont soumises aux dispositions suivantes.

I. – L'état du site d'implantation de l'installation est décrit dans un rapport de base établi par l'exploitant avant la mise en service ou, pour les installations autorisées avant le 11 février 2016, lors du premier réexamen périodique mentionné à l'article L. 593-18 suivant le 1er juillet 2016.

II. – Lorsqu'elles sont relatives aux activités mentionnées au premier alinéa, les conditions de conception, de construction, d'exploitation et de démantèlement de l'installation nucléaire de base prévues par l'autorisation mentionnée à l'article L. 593-7, par le décret mentionné à l'article L. 593-28 et par les prescriptions mentionnées aux articles L. 593-10 et L. 593-29 sont fixées de telle sorte que ces activités soient exercées en appliquant les meilleures techniques disponibles et par référence aux conclusions sur ces meilleures techniques.

III. – Par dérogation aux dispositions du II, des valeurs limites d'émission moins strictes que les niveaux associés aux meilleures techniques disponibles peuvent être fixées si l'évaluation réalisée par l'exploitant montre que l'obtention de ces niveaux entraînerait une hausse des coûts disproportionnée au regard des avantages pour l'environnement, en raison de l'implantation géographique de l'installation concernée, de ses caractéristiques techniques ou des circonstances locales de l'environnement. Les valeurs limites d'émission ainsi établies n'excèdent toutefois pas les valeurs limites d'émission fixées dans les annexes de la directive susmentionnée.

Le projet de dérogation fait l'objet d'une participation du public dans les conditions prévues à l'article L. 120-1-1. La décision est rendue publique, y compris par les moyens de communication électroniques, et elle mentionne les raisons spécifiques pour lesquelles cette dérogation a été accordée et les conditions dont elle a été assortie.

IV. – L'exploitant procède périodiquement ou sur décision de l'Autorité de sûreté nucléaire et de radioprotection au réexamen et propose si nécessaire l'actualisation des conditions mentionnées au II pour tenir compte de l'évolution de ces meilleures techniques.

L'exploitant adresse à l'Autorité de sûreté nucléaire et de radioprotection un rapport de réexamen.

Après analyse du rapport, et sans préjudice des dispositions de l'article L. 593-14, les conditions mentionnées au II sont actualisées par l'autorité compétente.

Si le réexamen est réalisé à l'initiative de l'Autorité de sûreté nucléaire et de radioprotection lorsque la pollution causée par l'installation est telle qu'il convient de réviser les valeurs limites d'émission prescrites ou d'inclure de nouvelles valeurs limites d'émission, il fait l'objet d'une participation du public organisée dans les conditions prévues à l'article L. 120-1-1, les pièces mises à disposition du public étant le rapport de réexamen fourni par l'exploitant et les projets éventuels de modification des conditions mentionnées au II.

Cette disposition transpose la directive 2010/75/UE du Parlement européen et du Conseil du 24 novembre 2010 relatives aux émissions industrielles (directive IED). En effet, certaines INB sont soumises à cette directive du fait des activités non nucléaires qu'elles mettent en œuvre. De manière analogue à la transposition réalisée au sein de la législation des installations classées pour la protection de l'environnement, les principales obligations issues de la directive sont inscrites dans la loi : établissement d'un rapport de base (état initial du site), application des meilleures techniques disponibles, réexamen périodique des conditions d'exploitation (avec participation du public dans certains cas).

Section VI. – Dispositions diverses

(Anc. ss-sect. 5 de la section 1 du présent chapitre dénum. en sous-section 6, L. n° 2015-992, 17 août 2015 puis dénum. en section 6, Ord. n° 2016-128, 10 févr. 2016)

Art. L. 593-33 ***(Implicitement abr., L. n° 2015-992, 17 août 2015 ; rétabli, Ord. n° 2016-128, 10 févr. 2016 ; mod. à compter du 1er mars 2017, Ord. n° 2017-80, 26 janv. 2017*** (1) ***: Ord. n° 2019-1034, 9 oct. 2019 ; mod. à compter du 1er janvier 2025, L. n° 2024-450, 21 mai 2024).*** **– I. – Les équipements, installations, ouvrages, travaux ou activités inscrits à l'une des catégories comprises dans une des nomenclatures prévues aux articles L. 214-2 et L. 511-2, implantés ou exercés dans le périmètre d'une installation nucléaire de base, mais non nécessaires à son fonctionnement, restent soumis, selon le cas, aux dispositions du chapitre unique du titre VIII du livre Ier, de la section 1 du chapitre IV du titre Ier du livre II ou à celles du titre Ier du présent livre, l'Autorité de sûreté nucléaire et de radioprotection exerçant alors les attributions en matière de décisions individuelles et de contrôle prévues par ces dispositions, ainsi que celles**

(1) Dispositions d'application particulières et transitoires : V. Ord. n° 2017-80, 26 janv. 2017, art. 15.

prévues par les dispositions de la section 2 du chapitre IX du titre II du livre II à l'exception des décisions d'affectation des quotas d'émission de gaz à effet de serre à titre gratuit prises en application de l'article L. 229-15.

II. – L'Autorité de sûreté nucléaire et de radioprotection est l'autorité administrative compétente, mentionnée au chapitre VII du titre V du présent livre, pour prendre les décisions individuelles et pour le contrôle du suivi en service des appareils à pression mentionnés à l'article L. 557-1 et implantés dans le périmètre d'une installation nucléaire de base.

III. – L'Autorité de sûreté nucléaire et de radioprotection peut, dans les mêmes conditions que pour les installations nucléaires de base, édicter des prescriptions à l'exploitant portant sur des activités mises en œuvre hors du périmètre des installations nucléaires de base et participant aux dispositions techniques ou d'organisation mentionnées au deuxième alinéa de l'article L. 593-7, qu'elles soient exercées par l'exploitant ou par ses fournisseurs, prestataires ou sous-traitants. Les règles générales mentionnées à l'article L. 593-4 peuvent porter sur ces activités.

L'article L. 593-33 regroupe plusieurs dispositions relatives à des compétences confiées à l'ASN, de manière connexe à celles qu'elle exerce au sein des INB.

L'ASN se voit confier, en lieu et place du préfet, le contrôle des installations classées et des IOTA se situant dans le périmètre d'une INB (cette disposition existait déjà).

Une disposition similaire est introduite pour le suivi en service des appareils à pression situés dans les INB. En effet, l'ASN est déjà l'autorité compétente pour ce qui est des équipements sous pression nucléaires, en revanche, l'autorité compétente concernant les autres appareils à pression est, en général, le préfet, même si une disposition antérieure prévoyait que les agents de l'ASN disposaient de pouvoirs de contrôle pour certains de ces appareils à pression. Dans un objectif de lisibilité, il apparaît préférable de désigner clairement l'ASN comme autorité compétente concernant le suivi en service de ces appareils à pression. Enfin, la compétence de l'ASN est étendue aux activités importantes pour la sûreté exercées à l'extérieur des INB, par exemple chez les sous-traitants, fournisseurs de matériels importants, ou dans les services centraux de l'exploitant.

Art. L. 593-34 *(Ord. n° 2012-6, 5 janv. 2012).* **– Les autorisations et prescriptions relatives à des installations nucléaires de base délivrées en application de la loi n° 61-842 du 2 août 1961 relative à la lutte contre les pollutions atmosphériques et les odeurs et portant modification de la loi du 19 décembre 1917 ou des textes réglementaires pris pour son application valent autorisations et prescriptions au titre des dispositions du présent titre. Elles sont modifiées dans les conditions fixées par les dispositions du présent titre et par les textes pris pour son application.**

Section VII. – Installations nouvelles ou temporaires et installations fonctionnant au bénéfice des droits acquis

(Anc. sect. 2 du présent chapitre, dénum., Ord. n° 2016-128, 10 févr. 2016)

Art. L. 593-35 *(Ord. n° 2012-6, 5 janv. 2012 ; mod., Ord. n° 2016-128, 10 févr. 2016 ; mod. à compter du 1er janvier 2025, L. n° 2024-450, 21 mai 2024).* **– Une installation régulièrement mise en service qui, par l'effet d'une modification d'un décret en Conseil d'État pris en application des 2°, 3° et 4° de l'article L. 593-2 ou d'une décision mettant fin à son classement en tant qu'installation intéressant la défense au titre de l'article L. 1333-15 du Code de la défense, entre dans le champ d'application des dispositions du présent chapitre et du chapitre VI du présent titre, peut continuer à fonctionner sans l'autorisation de création requise à l'article L. 593-7, à la condition que l'exploitant adresse une déclaration à l'Autorité de sûreté nucléaire et de radioprotection dans l'année suivant la publication du décret ou suivant la décision de déclassement.**

L'Autorité de sûreté nucléaire et de radioprotection peut imposer des prescriptions particulières à cette installation pour assurer la protection des intérêts mentionnés à l'article L. 593-1.

Le droit d'antériorité existant, lequel prévoyait jusque-là qu'une installation devenant soumise au régime INB du fait d'une modification de la nomenclature des INB pouvait continuer à fonctionner, sous réserve que son exploitant se fasse connaître de l'ASN dans un délai d'un an, est étendu au cas des installations nucléaires de base secrètes qui seraient déclassées de ce statut.

Art. L. 593-36 *(Ord. n° 2012-6, 5 janv. 2012).* **– Les installations nucléaires de base fonctionnant au bénéfice des droits acquis en application de l'article 14 du décret n° 63-1228 du 11 décembre 1963 relatif aux installations nucléaires sont soumises aux dispositions de l'article L. 593-35.**

La déclaration faite en application de ce décret vaut déclaration au titre des dispositions de l'article L. 593-35.

INB existantes. L'exploitation de la plupart des INB implantées sur le territoire français a été autorisée dans le cadre de la mise en œuvre de la loi 61-842 du 2 août 1961. Ces autorisations et les prescriptions assorties valent autorisations et prescriptions au titre de la loi 2006-686 du 13 juin 2006.

Art. L. 593-37 *(Ord. n° 2012-6, 5 janv. 2012 ; mod. à compter d'une date fixée par décret et au plus tard le 1er janvier 2017, Ord. n° 2016-1060, 3 août 2016 ; à compter du 1er janvier 2025, L. n° 2024-450, 21 mai 2024).* **– Les installations destinées à fonctionner pendant une durée inférieure à six mois font l'objet d'une autorisation simplifiée, qui ne peut être renouvelée qu'une seule fois.**

La demande d'autorisation est soumise à la participation du public dans les conditions prévues à l'article L. 123-19-2. Par dérogation au troisième alinéa du II de cet article, la durée de la consultation est fixée à un mois. Le dossier accompagné notamment des résultats de la consultation du public est ensuite soumis à l'Autorité de sûreté nucléaire et de radioprotection.

Art. L. 593-38 *(Abr., Ord. n° 2016-128, 10 févr. 2016).*

Section VIII. – Protection des tiers

(Anc. sect. 3 du présent chapitre, dénum., Ord. n° 2016-128, 10 févr. 2016)

Art. L. 593-39 *(L. n° 2015-992, 17 août 2015).* **– Les autorisations mentionnées au présent chapitre sont accordées sous réserve des droits des tiers. Le décret prévu à l'article L. 593-28 est pris sous réserve des droits des tiers.**

Art. L. 593-40 *(L. n° 2015-992, 17 août 2015).* **– La vente d'un terrain sur lequel a été exploitée une installation nucléaire de base est soumise à l'article L. 514-20.**

Voir : art. L. 514-20, p. 1013.

Section IX. – Dispositions diverses

(Ord. n° 2016-128, 10 févr. 2016)

Cette section précise l'articulation du régime des INB avec le Code du travail et le Code de la santé publique. En particulier, est précisé qu'en matière de protection de la santé des travailleurs vis-à-vis des dangers dus aux rayonnements ionisants, les obligations de l'exploitant nucléaire portent sur les mesures de protection collective des personnels intervenant dans son installation.

Art. L. 593-41 *(Ord. n° 2016-128, 10 févr. 2016).* **– Les règles générales, prescriptions et mesures prises en application du présent chapitre et du chapitre VI assurent la prise en compte des obligations prévues par le chapitre III du titre III du livre III de la première partie du Code de la santé publique, dans les conditions prévues au II de l'article L. 1333-9 dudit code.**

Art. L. 593-42 *(Ord. n° 2016-128, 10 févr. 2016).* **– Les règles générales, prescriptions et mesures prises en application du présent chapitre et des chapitres V et VI pour la protection de la santé publique, lorsqu'elles concernent la radioprotection des travailleurs, portent sur les mesures de protection collectives qui relèvent de la responsabilité de l'exploitant et de nature à assurer le respect des principes de radioprotection définis à l'article L. 1333-2 du Code de la santé publique.**

Elles s'appliquent aux phases de conception, d'exploitation et de démantèlement de l'installation et sont sans préjudice des obligations incombant à l'employeur en application des articles L. 4121-1 et suivants du Code du travail.

Art. L. 593-43 *(Ord. n° 2016-128, 10 févr. 2016).* **– Les modalités d'application du présent chapitre sont définies par décret en Conseil d'État.**

CHAPITRE IV. – DISPOSITIONS À CARACTÈRE FINANCIER RELATIVES AUX INSTALLATIONS NUCLÉAIRES DE BASE

Voir : D. n° 2007-243, 23 févr. 2007 relatif à la sécurisation du financement des charges nucléaires, modifié par le décret n° 2013-678 du 24 juillet 2013 (*JO* 27 juill.) et le Décret n° 2015-331 du 24 mars 2015 (*JO* 26 mars).

A. 21 mars 2007 relatif à la sécurisation du financement des charges nucléaires (*JO* 26 mars), mod., A. 24 mars 2015, (*JO* 26 mars).

Bibliographie : Ph. Billet, *Sécurisation du financement des charges nucléaires : Énergie - Env. - Infrastr.* 2015, n° 5, p. 48.

Section I. – Obligation de constitution d'actifs

Les dispositions relatives à l'obligation de constitution d'actifs applicables aux INB sont modifiées, afin de renforcer le dispositif de financement des charges de gestion des déchets radioactifs, qui constituent les dépenses les plus éloignées dans le temps. Ces dispositions prévoient notamment une solidarité des actionnaires majoritaires en cas de défaillance d'un exploitant d'une INB pour le financement de ces charges. Elles renforcent également les prérogatives de l'autorité administrative pour obtenir la communication d'informations par les exploitants nucléaires sur leurs charges de long terme. Elles renforcent enfin les prérogatives de l'autorité administrative pour faire réaliser des études par des organismes extérieurs.

Art. L. 594-1 *(Ord. n° 2012-6, 5 janv. 2012 ; mod., Ord. n° 2016-128, 10 févr. 2016).* **– Les exploitants d'installations nucléaires de base évaluent, de manière prudente, les charges de démantèlement de leurs installations ou, pour leurs installations de stockage de déchets radioactifs, leurs charges de fermeture, d'entretien et de surveillance. Ils évaluent, de la même manière, en prenant notamment en compte l'évaluation fixée en application de l'article L. 542-12, les charges de gestion de leurs combustibles usés et déchets radioactifs, et les charges de transport hors site.**

Art. L. 594-2 *(Ord. n° 2012-6, 5 janv. 2012 ; Ord. n° 2016-128, 10 févr. 2016).* **– Les exploitants d'installations nucléaires de base constituent les provisions correspondant aux charges définies à l'article L. 594-1 et affectent, à titre exclusif, à la couverture de ces provisions les actifs nécessaires.**

Ils comptabilisent de façon distincte ces actifs qui doivent présenter un degré de sécurité et de liquidité suffisant pour répondre à leur objet. Leur valeur de réalisation doit être au moins égale au montant des provisions mentionnées au premier alinéa, à l'exclusion de celles liées au cycle d'exploitation.

En cas de défaillance ou d'insolvabilité de l'exploitant, l'autorité administrative peut imposer à toute personne qui le contrôle de manière exclusive ou conjointe, au sens de l'article L. 233-16 du Code de commerce, la constitution des provisions et des actifs mentionnés aux alinéas précédents. Dans ce cas, la personne qui contrôle l'exploitant est soumise aux dispositions de la présente section.

Art. L. 594-3 *(Ord. n° 2012-6, 5 janv. 2012).* **– À l'exception de l'État dans l'exercice des pouvoirs dont il dispose pour faire respecter par les exploitants leurs obligations de démantèlement de leurs installations et de gestion de leurs combustibles usés et déchets radioactifs, nul ne peut se prévaloir d'un droit sur les actifs définis au premier alinéa de l'article L. 594-2, y compris sur le fondement du livre VI du Code de commerce.**

Art. L. 594-4 *(Ord. n° 2012-6, 5 janv. 2012 ; mod., Ord. n° 2016-128, 10 févr. 2016).* **– Les exploitants transmettent tous les trois ans à l'autorité administrative un rapport décrivant l'évaluation des charges mentionnées à l'article L. 594-1, les méthodes appliquées pour le calcul des provisions correspondant à ces charges et les choix retenus en ce qui concerne la composition et la gestion des actifs affectés à la couverture de ces provisions.**

Ils transmettent tous les ans à l'autorité administrative une note d'actualisation de ce rapport et l'informent sans délai de tout événement de nature à en modifier le contenu.

L'autorité administrative peut demander aux exploitants tous renseignements, documents, quel qu'en soit le support, ainsi que tous éclaircissements ou justifications nécessaires à l'exercice de sa mission. Elle peut obtenir copie de ces documents. Elle peut demander aux exploitants la communication des rapports des commissaires aux comptes et, d'une manière générale, de tous documents comptables dont elle peut, en tant que de besoin, demander la certification.

L'autorité administrative peut :

1° Faire réaliser par un organisme extérieur expert toute étude complémentaire ;

2° Prescrire à l'exploitant de réaliser ou de faire réaliser par un organisme extérieur expert dont le choix est soumis à l'accord de l'autorité administrative toute étude complémentaire.

Elle peut requérir la fixation par une expertise de la valeur de tout ou partie des actifs de couverture.

Les frais des études et expertises mentionnées au présent article sont mis à la charge de l'exploitant.

L'autorité administrative peut échanger tout élément relatif à l'exercice de sa mission avec l'autorité mentionnée à l'article L. 612-1 du Code monétaire et financier ainsi qu'avec les commissaires aux comptes des exploitants. Les commissaires aux comptes des exploitants sont déliés du secret professionnel vis-à-vis de l'autorité administrative dans le cadre de ces échanges.

Art. L. 594-5 *(Ord. n° 2012-6, 5 janv. 2012).* – Si l'autorité administrative relève, au vu des rapports et notes mentionnés à l'article L. 594-4, une insuffisance ou une inadéquation dans l'évaluation des charges, dans le calcul des provisions ou dans le montant, la composition ou la gestion des actifs affectés à ces provisions, elle peut, après avoir recueilli les observations de l'exploitant, prescrire les mesures nécessaires à la régularisation de sa situation en fixant les délais dans lesquels celui-ci doit les mettre en œuvre.

En cas d'inexécution de ces prescriptions dans le délai imparti, l'autorité administrative peut ordonner, sous astreinte, la constitution *(Mots aj., Ord. n° 2016-128, 10 févr. 2016)* « des provisions ou » des actifs nécessaires ainsi que toute mesure relative à leur gestion.

Art. L. 594-6 *(Abr., Ord. n° 2016-128, 10 févr. 2016).*

Art. L. 594-7 *(Ord. n° 2012-6, 5 janv. 2012).* – Les personnes n'exploitant plus d'installation nucléaire de base sont assimilées, pour l'application des dispositions des articles L. 594-1 à L. 594-6 relatives à la gestion de leurs combustibles usés et déchets radioactifs, aux exploitants de telles installations.

Art. L. 594-8 *(Ord. n° 2012-6, 5 janv. 2012).* – Les modalités d'application des articles L. 594-1 à L. 594-6, notamment les modalités d'évaluation, dans le respect des normes comptables applicables, des charges mentionnées à l'article L. 594-1 et de calcul des provisions prévues à l'article L. 594-2 ainsi que les informations que les exploitants sont tenus de rendre publiques et les règles de publicité correspondantes sont déterminées par voie réglementaire.

Art. L. 594-9 *(Ord. n° 2012-6, 5 janv. 2012).* – En cas de manquement de l'exploitant d'une installation nucléaire de base aux obligations définies aux articles L. 594-1 à L. 594-3, l'autorité administrative peut, sans préjudice des mesures prévues à l'article L. 594-5, prononcer une sanction pécuniaire dont le montant n'excède pas 5 % de la différence entre le montant des actifs constitués par l'exploitant d'une installation nucléaire de base et celui prescrit par l'autorité administrative *(Mots aj., Ord. n° 2016-128, 10 févr. 2016)* « , ou prononcer une sanction pécuniaire dont le montant n'excède pas 5 % de la différence entre le montant des provisions constituées par l'exploitant d'une installation nucléaire de base et celui prescrit par l'autorité administrative ». La décision prononçant la sanction est publiée au *Journal officiel*.

En cas de manquement aux obligations d'information prévues aux articles L. 594-4 et L. 594-5 et au quatrième alinéa du III de l'article 20 de la loi n° 2006-739 du 28 juin 2006, l'autorité administrative peut prononcer une sanction pécuniaire au plus égale à 150 000 €.

Les sommes sont recouvrées comme les créances de l'État étrangères à l'impôt et au domaine.

Les sanctions prévues au présent article peuvent faire l'objet d'un recours de pleine juridiction.

Art. L. 594-10 *(Ord. n° 2012-6, 5 janv. 2012).* – Les articles L. 594-2 à L. 594-6, L. 594-8 et L. 594-9 ne sont pas applicables aux installations nucléaires de base exploitées directement par l'État.

Section II. – Commission nationale d'évaluation du financement des charges de démantèlement des installations nucléaires de base et de gestion des combustibles usés et des déchets radioactifs

Art. L. 594-11 *(Ord. n° 2012-6, 5 janv. 2012).* – La Commission nationale d'évaluation du financement des charges de démantèlement des installations nucléaires de base et de gestion des combustibles usés et des déchets radioactifs évalue le contrôle de l'adéquation des provisions prévues à l'article L. 594-2 aux charges mentionnées à l'article L. 594-1 et de la gestion des actifs mentionnés à l'article L. 594-2 ainsi que la gestion des fonds mentionnés aux articles L. 542-12-1 et L. 542-12-2.

Elle peut, à tout moment, adresser au Parlement et au Gouvernement des avis sur les questions relevant de sa compétence. Ses avis peuvent être rendus publics. Elle remet au Parlement et au Haut Comité pour la transparence et l'information sur la sécurité nucléaire prévu à l'article L. 125-34, tous les trois ans, un rapport présentant cette évaluation. Ce rapport est rendu public.

Art. L. 594-12 *(Ord. n° 2012-6, 5 janv. 2012).* – I. – La commission mentionnée à l'article L. 594-11 est composée :

1° Des présidents des commissions de l'Assemblée nationale et du Sénat compétentes en matière d'énergie ou chargées des finances, ou de leur représentant ;

2° De personnalités qualifiées désignées à parité par l'Assemblée nationale et par le Sénat ;

3° De personnalités qualifiées désignées par le Gouvernement, pour une durée et en un nombre fixés par voie réglementaire.

II. – Pendant la durée de leurs fonctions, les personnalités qualifiées membres de la commission ne prennent aucune position publique sur des sujets relevant de la compétence de celle-ci.

Pendant la durée de leurs fonctions et après celle-ci, tous les membres de la commission sont tenus au secret professionnel pour les faits, actes et renseignements dont ils ont pu avoir connaissance en raison de leurs fonctions.

Les membres de la commission ne peuvent, directement ou indirectement, exercer de fonctions, ni recevoir d'honoraires au sein ou en provenance des exploitants d'installations nucléaires de base ou d'autres entreprises du secteur de l'énergie.

Art. L. 594-13 *(Ord. n° 2012-6, 5 janv. 2012).* – La commission mentionnée à l'article L. 594-11 reçoit communication des rapports mentionnés à l'article L. 594-4. Elle peut demander aux exploitants communication de tous documents nécessaires à l'accomplissement de ses missions. Elle peut entendre l'autorité administrative mentionnée à l'article L. 594-5. *(Mots aj., L. n° 2020-1525, 7 déc. 2020)* « Elle peut consulter l'Autorité de contrôle prudentiel et de résolution dans les conditions définies au VII *bis* de l'article L. 612-1 du Code monétaire et financier ».

Section III. – Dispositions diverses

Art. L. 594-14 *(Ord. n° 2012-6, 5 janv. 2012).* – Les subventions de l'État aux organismes participant aux recherches mentionnées au 1° de l'article 3 de la loi n° 2006-739 du 28 juin 2006 de programme relative à la gestion durable des matières et déchets radioactifs sont complétées par des contributions des exploitants d'installations nucléaires de base définies par convention entre ces organismes et eux.

CHAPITRE V. – TRANSPORT DE SUBSTANCES RADIOACTIVES, ÉQUIPEMENTS SOUS PRESSION NUCLÉAIRES

(Rempl., Ord. n° 2016-128, 10 févr. 2016)

Section I. – Transport de substances radioactives

Art. L. 595-1 *(Rempl., Ord. n° 2016-128, 10 févr. 2016 ; mod. à compter du 1er janvier 2025, L. n° 2024-450, 21 mai 2024).* – I. – Le transport de substances radioactives est, en raison des risques spécifiques qu'il peut présenter pour la protection des intérêts mentionnés à l'article L. 593-1, soumis aux dispositions régissant le transport de marchandises dangereuses dans les conditions et sous les réserves mentionnées au II.

II. – L'Autorité de sûreté nucléaire et de radioprotection exerce les attributions en matière de décisions individuelles.

Le contrôle du transport de substances radioactives est soumis aux dispositions du chapitre VI du présent titre.

III. – Les modalités d'application du présent article sont définies par décret en Conseil d'État.

Section II. – Équipements sous pression nucléaires

Les équipements sous pression nucléaires, auparavant nommés « équipements sous pression spécialement conçus pour les installations nucléaires de base », n'étaient jusqu'à présent pas définis clairement dans la loi et étaient évoqués de manière dispersée. Il s'agit par exemple de la cuve d'un réacteur nucléaire, ou encore des tuyauteries de son circuit d'eau primaire.

La création d'une section unique relative à ces équipements améliore la lisibilité du droit. En outre, il est ajouté une disposition autorisant l'ASN à intervenir directement à certaines étapes de l'évaluation de la conformité de ces équipements sous pression, par dérogation aux dispositions de droit commun applicables aux appareils à pression, qui prévoient que l'évaluation de la conformité est réalisée par un organisme habilité par l'administration.

Art. L. 595-2 *(Rempl., Ord. n° 2016-128, 10 févr. 2016 ; mod. à compter du 1er janvier 2025, L. n° 2024-450, 21 mai 2024).* **– I. – Parmi les appareils à pression mentionnés à l'article L. 557-1, certains équipements sous pression spécialement conçus pour des applications nucléaires, dont la défaillance peut donner lieu à des émissions importantes de substances radioactives, et dénommés équipements sous pression nucléaires, sont, en raison des risques spécifiques qu'ils peuvent présenter pour la protection des intérêts mentionnés à l'article L. 593-1, soumis aux dispositions du chapitre VII du titre V du présent livre et des textes pris pour son application dans les conditions et sous les réserves mentionnées au II ou prévues par les textes pris pour l'application de la présente section.**

II. – L'autorité administrative compétente mentionnée au chapitre VII du titre V du présent livre est l'Autorité de sûreté nucléaire et de radioprotection.

Le contrôle des équipements sous pression nucléaires est soumis aux dispositions du chapitre VI du présent titre.

Par dérogation aux dispositions de l'article L. 557-5, l'Autorité de sûreté nucléaire et de radioprotection se substitue aux organismes mentionnés à l'article L. 557-31 pour la réalisation de tout ou partie des procédures d'évaluation de la conformité des équipements sous pression nucléaires présentant les risques les plus importants, dont les caractéristiques sont fixées par voie réglementaire.

III. – Les modalités d'application du présent article sont définies par décret en Conseil d'État.

Art. L. 595-3 *(Implicitement abr., Ord. n° 2016-128, 10 févr. 2016).*

CHAPITRE VI. – CONTRÔLE ET SANCTIONS

(Ord. n° 2012-6, 5 janv. 2012 ; mod. à compter du 1er juillet 2013, Ord. n° 2012-34, 11 janv. 2012 ; mod., L. n° 2015-992, 17 août 2015 ; rempl., Ord. n° 2016-128, 10 févr. 2016) (1) (2)

L'article 34 de l'ordonnance 2016-128 du 10 février 2016 portant diverses dispositions en matière nucléaire procède à la réécriture du chapitre VI intitulé « Contrôle et contentieux ». Il s'agit de doter l'ASN et ses inspecteurs de pouvoirs de contrôle et de sanction plus gradués, par renvoi aux dispositions transversales du Code de l'environnement. Celles-ci comportent notamment des sanctions pécuniaires. Les trois corps de contrôle de l'ASN – sûreté nucléaire, radioprotection, équipements sous pression nucléaires – bénéficieront ce faisant de prérogatives harmonisées. Le contrôle administratif sera exercé dans les conditions prévues aux articles L. 596-3 et L. 596-4. Toutefois, le montant maximal de l'amende administrative est porté de 15 000 € à 10 millions d'euros en matière d'INB, 1 million d'euros en matière d'équipements sous pression nucléaires, et 30 000 € en matière de transport de substances radioactives. Le montant maximal de l'astreinte journalière est quant à lui porté de 1 500 € à 15 000 €. En cas de défaillance de l'exploitant, l'autorité administrative pourra désormais également se retourner contre le propriétaire de l'INB, s'il est distinct de l'exploitant (article L. 593-5). Cette possibilité n'existait jusqu'à présent qu'à l'encontre du propriétaire du terrain. Les amendes administratives seront prononcées par la commission des sanctions de l'ASN, suivant des règles de procédure définies aux articles L. 596-7 à L. 596-9. Une procédure d'amende transactionnelle est également créée. Les

(1) Antérieurement à son remplacement par le IV de l'article 34 de l'ordonnance n° 2016-128 du 10 février 2016, le présent chapitre était divisé en quatre sections comportant respectivement les articles L. 596-1 à L. 596-13 (section 1), L. 596-14 à L. 596-22 (section 2), L. 596-23 (section 3) et L. 596-24 à L. 596-31 (section 4). – NDLR.

(2) L'abrogation du II de l'article L. 596-23 du Code de l'environnement ne prend effet qu'à compter de la publication du décret en Conseil d'État mentionné au dernier alinéa de l'article L. 596-6 du même code, tel qu'il résulte de la présente ordonnance, Ord. n° 2016-128, 10 févr. 2016, art. 36, I.

pouvoirs des inspecteurs de la sûreté nucléaire en matière de recherche et de constatation des infractions sont ceux prévus à l'article L. 596-10. Les délits existants sont en outre renforcés (articles L. 596-11 et L. 596-12) : l'amende pour exploitation d'une INB en violation d'une mise en demeure est portée de 75 000 € à 100 000 € (qui est le montant prévu par la législation des installations classées pour la protection de l'environnement en pareille situation), le délit d'obstruction prévu à l'encontre du propriétaire du terrain est étendu au propriétaire de l'INB, et la peine prévue à l'encontre des personnes morales en cas d'exploitation non autorisée d'une INB est portée à 10 millions d'euros. Enfin, l'ASN et les inspecteurs de la sûreté nucléaire exercent le contrôle des activités connexes mentionnées aux articles L. 596-13 et L. 596-14.

Section I. – Dispositions générales

Art. L. 596-1 *(Rempl., Ord. n° 2016-128, 10 févr. 2016 ; mod. à compter du 1er janvier 2025, L. n° 2024-450, 21 mai 2024).* – **Le présent chapitre définit les conditions dans lesquelles s'exercent le contrôle des installations nucléaires de base, du transport de substances radioactives et des équipements sous pression nucléaires dans les domaines de compétence de l'Autorité de sûreté nucléaire et de radioprotection mentionnés à l'article L. 592-19, ainsi que la recherche, la constatation et la sanction des manquements à ces obligations et des infractions.**

Les conditions d'application du présent chapitre sont précisées par décret en Conseil d'État.

Art. L. 596-2 *(Rempl., Ord. n° 2016-128, 10 févr. 2016 ; mod. à compter du 1er janvier 2025, L. n° 2024-450, 21 mai 2024).* – **L'Autorité de sûreté nucléaire et de radioprotection désigne, parmi ses personnels, des inspecteurs de la sûreté nucléaire qui sont habilités et assermentés dans des conditions fixées par décret en Conseil d'État. Ils sont astreints au secret professionnel dans les conditions et sous les sanctions prévues aux articles 226-13 et 226-14 du Code pénal.**

Section II. – Contrôles administratifs

Art. L. 596-3 *(Rempl., Ord. n° 2016-128, 10 févr. 2016 ; mod. à compter du 1er janvier 2025, L. n° 2024-450, 21 mai 2024).* – **Le contrôle mentionné à l'article L. 596-1 est exercé par l'Autorité de sûreté nucléaire et de radioprotection et les inspecteurs de la sûreté nucléaire dans les conditions prévues à la section 1 du chapitre Ier du titre VII du livre Ier, ainsi que, concernant les équipements sous pression nucléaires, par la sous-section 1 de la section 5 du chapitre VII du titre V du livre V et, concernant le transport de substances radioactives, par le Code des transports. Les inspecteurs de la sûreté nucléaire disposent des droits et prérogatives prévus par ces dispositions.**

Art. L. 596-4 *(Rempl., Ord. n° 2016-128, 10 févr. 2016 ; mod. L. n° 2019-773, 24 juill. 2019 ; L. n° 2023-491, 22 juin 2023 ; mod. à compter du 1er janvier 2025, L. n° 2024-450, 21 mai 2024).* – **Les dispositions de la section 2 du chapitre Ier du titre VII du livre Ier, ainsi que, pour les équipements sous pression nucléaires, celles de la sous-section 2 de la section 5 du chapitre VII du titre V du livre V, sont applicables au contrôle mentionné à l'article L. 596-1 dans les conditions et sous les réserves suivantes :**

1° L'autorité administrative compétente et les agents chargés du contrôle sont respectivement l'Autorité de sûreté nucléaire et de radioprotection et les inspecteurs de la sûreté nucléaire ;

2° *Le montant maximal* **des amendes mentionnées au 4° du II de l'article L. 171-8 et à l'article L. 557-58 est fixé à 10 millions d'euros en cas de manquement aux dispositions applicables aux installations nucléaires de base, à un million d'euros en cas de manquement aux dispositions applicables aux équipements sous pression nucléaires et à 30 000 € dans les autres cas ;**

3° Le montant maximal des astreintes journalières mentionnées aux mêmes articles est fixé à 15 000 € ;

4° Les amendes mentionnées au 4° du II de l'article L. 171-8 et à l'article L. 557-58 sont prononcées par la commission des sanctions de l'Autorité de sûreté nucléaire et de radioprotection dans les conditions prévues à la section 3 ;

5° Sauf cas d'urgence, les décisions prises par l'Autorité de sûreté nucléaire et de radioprotection en application du III de l'article L. 171-7 et des 1°, 2° et 3° du II de l'article L. 171-8 sont soumises à l'homologation du ministre chargé de la sûreté nucléaire.

Art. L. 596-4-1 *(Ord. n° 2019-1034, 9 oct. 2019 ; mod. à compter du 1er janvier 2025, L. n° 2024-450, 21 mai 2024).* – Lorsqu'une installation nucléaire de base comprend un équipement ou une installation mentionnés à l'article L. 593-3 soumis aux dispositions des articles L. 229-6, L. 229-13 ou L. 229-14, l'Autorité de sûreté nucléaire et de radioprotection est l'autorité compétente pour l'exercice du contrôle et des pouvoirs de police relatifs à ces équipements et installations pour ce qui est des dispositions qui leur sont applicables en vertu de la section 2 du chapitre IX du titre II du livre II et les inspecteurs de la sûreté nucléaire exercent les compétences dévolues aux inspecteurs de l'environnement. Les amendes sont alors prononcées par la commission des sanctions de l'Autorité de sûreté nucléaire et de radioprotection dans les conditions prévues à la section 3.

Art. L. 596-5 *(Ord. n° 2012-6, 5 janv. 2012 ; rempl., Ord. n° 2016-128, 10 févr. 2016).* – En cas de défaillance de l'exploitant d'une installation nucléaire de base, les mesures prévues aux articles L. 593-13, L. 593-20, L. 593-23, L. 593-29, L. 593-35 et L. 596-4 peuvent être prises, par décision motivée de l'autorité administrative compétente, à l'encontre du propriétaire de l'installation nucléaire de base ou du terrain servant d'assiette, s'il a donné son accord à l'exploitation de l'installation ou à cet usage du terrain en étant informé des obligations pouvant être mises à sa charge en application du présent article.

Les mêmes mesures peuvent être prises à l'encontre des personnes qui, postérieurement à la défaillance de l'exploitant, deviennent propriétaires de l'installation nucléaire de base ou du terrain d'assiette en ayant connaissance des obligations pouvant être mises à leur charge en application du présent article.

Art. L. 596-6 *(Ord. n° 2012-6, 5 janv. 2012 ; rempl., Ord. n° 2016-128, 10 févr. 2016).* – Les litiges relatifs aux décisions administratives prises en application des articles L. 593-5, L. 593-7, L. 593-8, L. 593-10 à L. 593-32, L. 593-35, L. 596-4 et L. 596-5 sont soumis à un contentieux de pleine juridiction.

Un décret en Conseil d'État précise les délais dans lesquels ces décisions peuvent être déférées à la juridiction administrative.

Section III. – Amendes administratives

Art. L. 596-7 *(Ord. n° 2012-6, 5 janv. 2012 ; rempl., Ord. n° 2016-128, 10 févr. 2016 ; mod. à compter du 1er janvier 2025, L. n° 2024-450, 21 mai 2024).* – Si le collège de l'Autorité de sûreté nucléaire et de radioprotection décide de l'ouverture d'une procédure conduisant au prononcé d'une amende, il notifie les griefs aux personnes concernées et en saisit la commission des sanctions mentionnée à l'article L. 592-41, qui désigne un rapporteur parmi ses membres. La commission ne peut être saisie de faits remontant à plus de trois ans s'il n'a été fait pendant ce délai aucun acte tendant à leur recherche, leur constatation ou à leur sanction.

Un membre du collège de l'Autorité de sûreté nucléaire et de radioprotection est convoqué à l'audience. Il y assiste sans voix délibérative. Il peut être assisté ou représenté par les services de l'autorité. Il peut présenter des observations au soutien des griefs notifiés et proposer une sanction.

La commission statue par décision motivée, hors la présence du rapporteur. Aucune sanction ne peut être prononcée sans que l'intéressé ou son représentant n'ait été entendu ou, à défaut, dûment appelé.

La commission peut ordonner le paiement de l'amende.

La commission peut rendre publique sa décision dans les publications, journaux ou supports qu'elle désigne, dans un format proportionné à la faute commise et à la sanction infligée. Les frais sont supportés par les personnes sanctionnées.

Art. L. 596-8 *(Ord. n° 2012-6, 5 janv. 2012 ; rempl., Ord. n° 2016-128, 10 févr. 2016 ; mod. à compter du 1er janvier 2025, L. n° 2024-450, 21 mai 2024).* – Lorsqu'elle notifie les griefs dans les conditions prévues à l'article L. 596-7, l'Autorité de sûreté nucléaire et de radioprotection peut, dans le même temps, adresser à l'intéressé une proposition d'entrer en voie de composition administrative. Cette proposition suspend le délai de trois ans mentionné à cet article.

La proposition de composition est déterminée en fonction des circonstances et de la gravité des manquements, de la personnalité de son auteur ainsi que de ses ressources et de ses charges. Elle précise l'amende transactionnelle que l'intéressé devra payer, dont le montant ne peut excéder le tiers du montant maximal de l'amende encourue, ainsi que, le cas échéant, les obligations qui lui seront imposées tendant à faire cesser les manquements, à éviter leur renouvellement, à réparer le dommage ou à remettre en conformité les lieux. Elle fixe également le délai imparti pour le paiement et, s'il y a lieu, l'exécution des obligations.

Le projet de composition entre l'Autorité de sûreté nucléaire et de radioprotection et l'intéressé doit être homologué par la commission des sanctions, puis rendu public.

En l'absence d'accord homologué ou en cas de non-respect de celui-ci, la notification des griefs est transmise à la commission qui fait application de l'article L. 596-7.

Art. L. 596-9 *(Ord. n° 2012-6, 5 janv. 2012 ; rempl., Ord. n° 2016-128, 10 févr. 2016 ; mod. à compter du 1er janvier 2025, L. n° 2024-450, 21 mai 2024).* – Les décisions prononcées par la commission des sanctions de l'Autorité de sûreté nucléaire et de radioprotection peuvent faire l'objet d'un recours par les personnes sanctionnées ou par l'autorité. Un décret en Conseil d'État précise les délais dans lesquels ces décisions peuvent être déférées à la juridiction administrative.

Section IV. – Dispositions pénales

Art. L. 596-10 *(Rempl., Ord. n° 2016-128, 10 févr. 2016 ; mod. à compter du 1er janvier 2025, L. n° 2024-450, 21 mai 2024).* – Les inspecteurs de la sûreté nucléaire recherchent et constatent les infractions prévues par la présente section, ainsi que, concernant les équipements sous pression nucléaires, par la section 6 du chapitre VII du titre V du livre V, et, concernant le transport de substances radioactives, par le Code des transports, dans les conditions prévues par l'article L. 172-2 et par la section 2 du chapitre II du titre VII du livre Ier, l'autorité administrative compétente au sens de cette section étant l'Autorité de sûreté nucléaire et de radioprotection.

Les inspecteurs de la sûreté nucléaire disposent des droits et prérogatives conférés par ces dispositions aux fonctionnaires et agents mentionnés à l'article L. 172-4, ainsi qu'aux fonctionnaires et personnes chargés des visites et inspections par le Code des transports.

Art. L. 596-11 *(Rempl., Ord. n° 2016-128, 10 févr. 2016 ; mod.,L. n° 2023-491, 22 juin 2023).* – Les incriminations suivantes s'appliquent en lieu et place de celles prévues par les articles L. 173-1 à L. 173-4. En ce qui concerne les équipements sous pression nucléaires et le transport de substances radioactives, elles s'appliquent en complément des incriminations prévues respectivement par le chapitre VII du titre V du présent livre et par le Code des transports, qui restent applicables.

I. – Est puni de trois ans d'emprisonnement et de 150 000 € d'amende le fait :

1° De créer ou d'exploiter une installation nucléaire de base sans l'autorisation prévue aux articles L. 593-7 et L. 593-14 ou sans avoir bénéficié de la décision mentionnée à l'article L. 593-28 ;

2° De procéder aux opérations préparatoires à la fermeture d'une installation nucléaire de base consacrée au stockage de déchets radioactifs sans avoir, en application de l'article L. 593-31, bénéficié de la décision mentionnée à l'article L. 593-28 ;

3° D'exploiter une installation nucléaire de base mentionnée à l'article L. 593-35 sans avoir procédé à la déclaration prévue à cet article dans le délai fixé par celui-ci ;

4° De poursuivre l'exploitation d'une installation nucléaire de base en infraction à une mesure administrative ou à une décision juridictionnelle d'arrêt ou de suspension ;

5° De faire fonctionner une installation nucléaire de base après la date d'arrêt définitif déclarée en application de l'article L. 593-26 ou à compter de la date de notification du décret pris en application du premier alinéa de l'*article L. 593-24* ordonnant *sa mise à l'arrêt définitif.*

II. – Est puni de deux ans d'emprisonnement et de 100 000 € d'amende le fait :

1° D'exploiter une installation nucléaire de base sans se conformer à une mise en demeure de l'autorité administrative de respecter une prescription ;

2° De ne pas se conformer à une décision fixant les conditions de remise en état du site et prise en application des articles L. 593-28 et L. 593-29 ou de l'article L. 596-5 ;

3° Pour le propriétaire d'une installation nucléaire de base ou du terrain servant d'assiette, de faire obstacle à la mise en œuvre des prescriptions prises en application du chapitre III du présent titre.

III. – Est puni d'un an d'emprisonnement et de 30 000 € d'amende le fait de transporter des substances radioactives sans l'autorisation ou l'agrément requis en application de l'article L. 595-1 ou en violation de leurs prescriptions.

IV. – Est puni d'un an d'emprisonnement et de 15 000 € d'amende le fait de faire obstacle aux contrôles administratifs et aux recherches et constatations d'infractions effectués en application du présent chapitre.

V. – Est puni d'un an d'emprisonnement et de 15 000 € d'amende le fait pour l'exploitant d'une installation nucléaire de base ou la personne responsable d'un transport de substances radioactives de ne pas faire les déclarations prescrites par l'article L. 591-5 en cas d'incident ou d'accident ayant ou risquant d'avoir des conséquences notables sur la sûreté nucléaire de l'installation ou du transport ou de porter atteinte, par exposition significative aux rayonnements ionisants, aux personnes, aux biens ou à l'environnement.

VI. – Est puni de 7 500 € d'amende le fait pour l'exploitant d'une installation nucléaire de base de ne pas établir le document annuel prévu à l'article L. 125-15 dans les six mois suivant la fin de l'année considérée, de faire obstacle à sa mise à disposition du public ou d'y porter des renseignements mensongers.

VII. – Lorsque les faits mentionnés aux I, II, III et V ont porté gravement atteinte aux intérêts mentionnés à l'article L. 593-1, les peines d'emprisonnement et d'amende correspondantes sont doublées.

Art. L. 596-12 *(Rempl., Ord. n° 2016-128, 10 févr. 2016 ; mod. à compter du 1er janvier 2025, L. n° 2024-450, 21 mai 2024).* – Les dispositions des articles L. 173-5 à L. 173-12 s'appliquent aux infractions prévues à l'article L. 596-11 dans les conditions et sous les réserves suivantes :

1° L'autorité administrative mentionnée à l'article L. 173-12 est l'Autorité de sûreté nucléaire et de radioprotection ;

2° Les durées maximales mentionnées à l'article L. 173-5 ne s'appliquent pas ;

3° La peine encourue par une personne morale dans le cas d'une des infractions mentionnées au I de l'article L. 596-11 est une amende de 10 millions d'euros ;

4° Les astreintes mentionnées aux articles L. 173-5 et L. 173-9 sont de 15 000 € au plus par jour de retard.

Section V. – Autres dispositions

Art. L. 596-13 *(Rempl., Ord. n° 2016-128, 10 févr. 2016 ; mod., à compter du 1er mars 2017, Ord. n° 2017-80, 26 janv. 2017 ; mod., L. n° 2023-491, 22 juin 2023 ; à compter du 1er janvier 2025, L. n° 2024-450, 21 mai 2024).* – L'Autorité de sûreté nucléaire et de radioprotection est l'autorité administrative compétente et les inspecteurs de la sûreté nucléaire exercent les compétences dévolues aux inspecteurs de l'environnement pour l'exercice du contrôle et des pouvoirs de police relatifs aux équipements et installations mentionnés aux I et II de l'article L. 593-33, pour ce qui est des dispositions qui leur sont applicables en vertu des chapitres Ier à VII du titre Ier et de la section 2 du chapitre IX du titre II du livre II, ainsi que du titre Ier, du chapitre VII du titre V du présent livre et du titre VII et du chapitre unique du titre VIII du livre Ier. Les amendes sont toutefois prononcées par la commission des sanctions de l'Autorité de sûreté nucléaire et de radioprotection dans les conditions prévues à la section 3.

Nonobstant toute disposition contraire, les délais applicables devant la commission sont ceux fixés par le décret en Conseil d'État mentionné à l'article L. 596-1.

Art. L. 596-14 *(Rempl., Ord. n° 2016-128, 10 févr. 2016 ; mod. à compter du 1er janvier 2025, L. n° 2024-450, 21 mai 2024).* – Les dispositions du présent chapitre s'appliquent aux installations faisant l'objet d'une demande d'autorisation de création mentionnée à l'article L. 593-7 et aux installations nucléaires de base déclassées faisant l'objet des mesures prévues à l'article L. 593-5.

Les activités mentionnées au III de l'article L. 593-33 sont contrôlées par l'Autorité de sûreté nucléaire et de radioprotection et les inspecteurs de la sûreté nucléaire dans les mêmes conditions que les installations nucléaires de base.

1) Compétence de premier ressort du Conseil d'État. L'article R. 311-1 du Code de justice administrative prévoit que « le CE est compétent pour connaître en premier et dernier ressort (...) 4° des recours dirigés contre les décisions prises par les organes des autorités suivantes, au titre de leur mission de contrôle ou de régulation, (...) l'ASN ». En l'espèce, les arrêtés ministériels homologuant les décisions prises par l'ASN doivent-ils être regardés comme relevant de la compétence du CE en premier ressort ? Ces dispositions doivent être regardées comme donnant compétence au Conseil d'État pour connaître en premier et dernier ressort des recours dirigés tant contre les décisions prises par l'ASN au titre de sa mission de contrôle et de régulation que contre celles par lesquelles les ministres homologuent ces décisions (■ CE, 17 oct. 2014, n° 361315, *Comité de réflexion d'information et de lutte anti-nucléaire : Énergie – Env. – Infrastr.* juill. 2015, n° 1, p. 51, obs. J.-S. Boda).

2) Intérêt à agir. Aucune règle contentieuse ne fait obstacle à la contestation d'une décision administrative par une personne morale de droit public étrangère, à condition que celle-ci justifie d'un intérêt suffisant lui donnant qualité à agir. Le Conseil d'État est amené en l'espèce, à se prononcer sur le bien-fondé de l'intérêt à agir des collectivités étrangères (Suisse) pour contester la légalité d'une décision autorisant la création d'une INB située en France. Il fait de l'analyse du risque, emprunté au contentieux des ICPE, le critère déterminant de la recevabilité de la requête (▪ CE, 24 mars 2014, n° 358882, *République et canton de Genève et Ville de Genève : Dr. env.* oct. 2014, n° 227, p. 360, note A. Lami).

3) Mise en demeure. Le Conseil d'État a eu l'occasion de rappeler quelques règles applicables aux mesures de mise en demeure et de consignation en matière d'INB (▪ CE, 11 mai 2016, n° 384752, *Sté CIS bio international : BDEI* janv. 2017, n° 67, p. 27, obs. J.-N. Clément). En effet, l'article L. 596-14, avant sa modification par l'ordonnance 2016-128 du 10 février 2016, prévoyait que lorsque certaines conditions imposées à l'exploitant d'une installation ou à la personne responsable du transport n'étaient pas respectées, l'Autorité de sûreté nucléaire, indépendamment des poursuites pénales qui pouvaient être exercées, mettait en demeure l'intéressé de satisfaire à ces conditions dans un délai déterminé.

CHAPITRE VI *(Rédaction antérieure)*. – CONTRÔLE ET CONTENTIEUX

Section I *(Rédaction antérieure)*. – Inspecteurs de la sûreté nucléaire

Rédaction antérieure. Art. L. 596-1 *(Ord. n° 2012-6, 5 janv. 2012)*. **–** Les installations nucléaires de base et les transports de substances radioactives font l'objet d'une surveillance pour assurer le respect des règles de la sûreté nucléaire. Cette surveillance est exercée par des inspecteurs de la sûreté nucléaire désignés par l'Autorité de sûreté nucléaire parmi les agents placés sous son autorité.

Rédaction antérieure. Art. L. 596-2 *(Ord. n° 2012-6, 5 janv. 2012)*. **–** Les inspecteurs de la sûreté nucléaire, pour l'exercice de leur mission de surveillance, sont assermentés et astreints au secret professionnel dans les conditions et sous les sanctions prévues aux articles 226-13 et 226-14 du Code pénal.

Rédaction antérieure. Art. L. 596-3 *(Ord. n° 2012-6, 5 janv. 2012)*. **–** Les compétences des inspecteurs de la sûreté nucléaire s'étendent aux installations faisant l'objet d'une demande d'autorisation de création mentionnée à l'article L. 593-7 et aux installations nucléaires de base déclassées faisant l'objet des mesures prévues à l'article L. 593-5 *(Mots suppr., L. n° 2015-992, 17 août 2015)* « ... ».

Rédaction antérieure. Art. L. 596-4 *(Ord. n° 2012-6, 5 janv. 2012)*. **–** Les inspecteurs de la sûreté nucléaire peuvent à tout moment visiter les installations nucléaires de base et contrôler les activités de transport de substances radioactives ainsi que les entrepôts ou autres installations de stationnement, de chargement ou de déchargement de substances radioactives. Ces dispositions ne sont pas applicables à la partie des locaux servant de domicile, sauf entre six heures et vingt et une heures, et sur autorisation du président du tribunal de grande instance ou du magistrat qu'il délègue à cette fin.

Ils ont accès aux moyens de transport utilisés pour l'activité ou l'opération faisant l'objet du contrôle.

Au plus tard au début des opérations de contrôle, l'exploitant de l'installation ou la personne responsable du transport est avisé qu'il peut assister aux opérations et se faire assister de toute personne de son choix, ou s'y faire représenter.

Rédaction antérieure. Art. L. 596-5 *(Ord. n° 2012-6, 5 janv. 2012)*. **–** Dans le cadre de l'accomplissement de leur mission de surveillance et de contrôle, les inspecteurs de la sûreté nucléaire doivent obtenir communication de tous les documents ou pièces utiles, quel qu'en soit le support, peuvent en prendre copie et recueillir sur place ou sur convocation les renseignements et justifications nécessaires.

Les inspecteurs de la sûreté nucléaire ne peuvent emporter des documents qu'après établissement d'une liste contresignée par l'exploitant. La liste précise la nature des documents et leur nombre.

L'exploitant est informé par l'Autorité de sûreté nucléaire des suites du contrôle. Celui-ci peut lui faire part de ses observations.

Rédaction antérieure. Art. L. 596-6 *(Ord. n° 2012-6, 5 janv. 2012)*. **–** Si la personne ayant qualité pour autoriser l'accès à l'installation ou au dispositif de transport ne peut être atteinte, si elle s'oppose à l'accès ou si l'accès concerne des locaux servant de domicile, les inspecteurs de la sûreté nucléaire peuvent demander au président du tribunal de grande instance, ou au juge délégué par lui, à y être autorisés.

Le tribunal de grande instance compétent est celui dans le ressort duquel sont situés l'installation ou le moyen de transport.

Le magistrat, saisi sans forme et statuant d'urgence, vérifie que la demande comporte toutes les justifications utiles.

Il autorise la visite par une ordonnance motivée indiquant les éléments de fait et de droit au soutien de la décision, l'adresse des lieux ou la désignation des moyens de transport à visiter et les noms et qualités des agents habilités à y procéder. L'ordonnance est exécutoire au seul vu de la minute.

Il désigne l'officier de police judiciaire territorialement compétent chargé d'assister aux opérations et de le tenir informé de leur déroulement.

Rédaction antérieure. Art. L. 596-7 *(Ord. n° 2012-6, 5 janv. 2012)*. – L'ordonnance mentionnée à l'article L. 596-6 est notifiée sur place au moment de la visite à l'occupant des lieux ou à son représentant qui en reçoit copie intégrale contre récépissé ou émargement au procès-verbal de visite. En l'absence de l'occupant des lieux ou de son représentant, l'ordonnance est notifiée, après la visite, par lettre recommandée avec demande d'avis de réception. La notification est réputée faite à la date de réception figurant sur l'avis. À défaut de réception, il est procédé à la signification de l'ordonnance par acte d'huissier de justice.

L'acte de notification comporte mention des voies et délais de recours contre l'ordonnance ayant autorisé la visite et contre le déroulement des opérations de visite. Il mentionne également que le juge ayant autorisé la visite peut être saisi d'une demande de suspension ou d'arrêt de cette visite.

Rédaction antérieure. Art. L. 596-8 *(Ord. n° 2012-6, 5 janv. 2012)*. – La visite s'effectue sous l'autorité et le contrôle du juge des libertés et de la détention qui l'a autorisée. Le juge des libertés et de la détention peut, s'il l'estime utile, se rendre dans les locaux pendant l'intervention. À tout moment, il peut décider la suspension ou l'arrêt de la visite. La saisine du juge des libertés et de la détention aux fins de suspension ou d'arrêt des opérations de visite n'a pas d'effet suspensif.

Rédaction antérieure. Art. L. 596-9 *(Ord. n° 2012-6, 5 janv. 2012)*. – La visite est effectuée en présence de l'occupant des lieux qui peut se faire assister d'un conseil de son choix. En l'absence de l'occupant des lieux ou de son représentant, les agents et fonctionnaires chargés de la visite ne peuvent procéder à celle-ci qu'en présence de deux témoins qui ne sont pas placés sous leur autorité. Un procès-verbal relatant les modalités et le déroulement de l'opération et consignant les constatations effectuées est dressé sur-le-champ par les agents et fonctionnaires qui ont procédé à la visite. Le procès-verbal est signé par ces agents et par l'occupant des lieux ou, le cas échéant, son représentant et les témoins. En cas de refus de signer, mention en est faite au procès-verbal.

L'original du procès-verbal est, dès qu'il a été établi, adressé au juge qui a autorisé la visite. Une copie de ce même document est remise ou adressée par lettre recommandée avec demande d'avis de réception à l'occupant des lieux ou à son représentant.

Le procès-verbal mentionne le délai et les voies de recours.

Rédaction antérieure. Art. L. 596-10 *(Ord. n° 2012-6, 5 janv. 2012)*. – L'ordonnance autorisant la visite peut faire l'objet d'un appel devant le premier président de la cour d'appel suivant les règles prévues par le Code de procédure civile. Les parties ne sont pas tenues de constituer avoué.

Cet appel est formé par déclaration remise ou adressée par pli recommandé au greffe de la cour dans un délai de quinze jours. Ce délai court à compter de la notification de l'ordonnance. Cet appel n'est pas suspensif.

Le greffe du tribunal de grande instance transmet sans délai le dossier de l'affaire au greffe de la cour d'appel où les parties peuvent le consulter.

L'ordonnance du premier président de la cour d'appel est susceptible d'un pourvoi en cassation, selon les règles prévues par le Code de procédure civile. Le délai du pourvoi en cassation est de quinze jours.

Rédaction antérieure. Art. L. 596-11 *(Ord. n° 2012-6, 5 janv. 2012)*. – Le premier président de la cour d'appel connaît des recours contre le déroulement des opérations de visite autorisées par le juge des libertés et de la détention suivant les règles prévues par le Code de procédure civile. Les parties ne sont pas tenues de constituer avoué.

Le recours est formé par déclaration remise ou adressée par pli recommandé au greffe de la cour dans un délai de quinze jours. Ce délai court à compter de la remise ou de la réception du procès-verbal, mentionné à l'article L. 596-7. Ce recours n'est pas suspensif. L'ordonnance du premier président de la cour d'appel est susceptible d'un pourvoi en cassation selon les règles prévues par le Code de procédure civile. Le délai du pourvoi en cassation est de quinze jours.

Rédaction antérieure. Art. L. 596-12 *(Ord. n° 2012-6, 5 janv. 2012)*. – Les dispositions de la présente section, le cas échéant, sont reproduites dans l'acte de notification de l'ordonnance du juge des libertés et de la détention autorisant la visite.

Rédaction antérieure. Art. L. 596-13 *(Ord. n° 2012-6, 5 janv. 2012)*. – Les inspecteurs de la sûreté nucléaire exercent la surveillance des installations mentionnées au second alinéa de l'article L. 593-3, au regard des règles qui leur sont applicables. À cet effet, ils disposent des droits et prérogatives conférés aux agents qui y sont mentionnés par l'article L. 514-5.

Section II *(Rédaction antérieure)*. – Mesures de police et sanctions administratives

Rédaction antérieure. Art. L. 596-14 *(Ord. n° 2012-6, 5 janv. 2012)*. – Lorsque certaines conditions imposées à l'exploitant d'une installation ou à la personne responsable du transport ne sont pas respectées, l'Autorité de sûreté nucléaire, indépendamment des poursuites pénales qui peuvent être exercées, met en demeure l'intéressé de satisfaire à ces conditions dans un délai déterminé.

Rédaction antérieure. Art. L. 596-15 *(Ord. n° 2012-6, 5 janv. 2012)*. – Si, à l'expiration du délai imparti, il n'a pas été déféré à la mise en demeure faite en application de l'article L. 596-14, l'Autorité de sûreté nucléaire peut, par décision motivée et après avoir mis l'intéressé à même de présenter ses observations :

1° L'obliger à consigner entre les mains d'un comptable public une somme répondant du montant des travaux à réaliser ou du coût des mesures à prendre ; cette somme est ensuite restituée à l'exploitant au fur et à mesure de l'exécution par lui des travaux ou mesures prescrits ;

2° Faire procéder d'office, aux frais de la personne mise en demeure, à l'exécution des travaux ou des mesures prescrits ; les sommes consignées en application du 1° peuvent être utilisées pour régler les dépenses ainsi engagées ;

3° Suspendre le fonctionnement de l'installation ou le déroulement de l'opération en cause ; cette mesure est levée de plein droit dès l'exécution complète des conditions imposées.

Rédaction antérieure. Art. L. 596-16 *(Ord. n° 2012-6, 5 janv. 2012)*. – Lorsqu'une installation ou une opération soumise à autorisation, à agrément ou à déclaration est créée, exploitée ou effectuée sans avoir fait l'objet de cette autorisation, de cet agrément ou de cette déclaration, l'Autorité de sûreté nucléaire met l'intéressé en demeure de régulariser sa situation.

Elle peut, par une décision motivée, suspendre le fonctionnement de l'installation ou le déroulement de l'opération jusqu'au dépôt de la déclaration ou jusqu'à ce qu'il ait été statué sur la demande d'autorisation ou d'agrément.

Rédaction antérieure. Art. L. 596-17 *(Ord. n° 2012-6, 5 janv. 2012)*. – Si l'intéressé ne défère pas à la mise en demeure de régulariser sa situation faite en application de l'article L. 596-16 ou si sa demande d'autorisation ou d'agrément est rejetée, l'Autorité de sûreté nucléaire peut :

1° Faire application des dispositions prévues aux 1° et 2° de l'article L. 596-15 ;

2° En cas de nécessité, et par une décision motivée, ordonner l'arrêt du fonctionnement de l'installation ou du déroulement de l'opération.

Rédaction antérieure. Art. L. 596-18 *(Ord. n° 2012-6, 5 janv. 2012)*. – Sauf cas d'urgence, les décisions motivées prises par l'Autorité de sûreté nucléaire en application des articles L. 596-15 à L. 596-17 sont soumises à l'homologation des ministres chargés de la sûreté nucléaire.

Cette homologation est réputée acquise à défaut d'opposition dans le délai de quinze jours ou, si les ministres le demandent, d'un mois. Cette opposition est motivée et rendue publique.

Rédaction antérieure. Art. L. 596-19 *(Ord. n° 2012-6, 5 janv. 2012)*. – L'Autorité de sûreté nucléaire prend les mesures provisoires rendues nécessaires pour l'application des mesures prévues aux articles L. 593-13, L. 593-21, L. 593-22 et L. 593-24 ainsi qu'aux articles L. 596-14 à L. 596-17, y compris l'apposition des scellés.

Rédaction antérieure. Art. L. 596-20 *(Ord. n° 2012-6, 5 janv. 2012)*. – Les sommes dont la consignation entre les mains d'un comptable public a été ordonnée en application des dispositions des articles L. 596-15 et L. 596-17 sont recouvrées comme en matière de créances de l'État étrangères à l'impôt et au domaine.

Pour ce recouvrement, l'État bénéficie d'un privilège de même rang que celui prévu à l'article 1920 du Code général des impôts.

Lorsque l'état exécutoire pris en application d'une mesure de consignation fait l'objet d'une opposition devant le juge administratif, le président du tribunal administratif ou le magistrat qu'il délègue, statuant en référé, peut, nonobstant cette opposition, à la demande de l'Autorité de sûreté nucléaire et si aucun moyen avancé à l'appui de la requête n'est propre à créer, en l'état de l'instruction, un doute sérieux quant à la légalité de la décision, décider dans un délai de quinze jours que le recours ne sera pas suspensif.

Rédaction antérieure. Art. L. 596-21 *(Ord. n° 2012-6, 5 janv. 2012)*. – Lorsque l'Autorité de sûreté nucléaire a ordonné une mesure de suspension en application du 3° de l'article L. 596-15 et de l'article L. 596-16, et pendant la durée de cette suspension, l'exploitant de l'installation nucléaire de base ou la personne responsable du transport sont tenus d'assurer à leur personnel le paiement des salaires, indemnités et rémunérations de toute nature auxquels il avait droit jusqu'alors.

L'exploitant de l'installation nucléaire de base prévoit les conditions contractuelles dans lesquelles le personnel des entreprises extérieures intervenant sur le site de l'installation bénéficie des mêmes garanties de maintien de paiement des salaires, indemnités et rémunérations pendant la durée de cette suspension.

Rédaction antérieure. Art. L. 596-22 *(Ord. n° 2012-6, 5 janv. 2012)*. – En cas de défaillance de l'exploitant, les mesures prévues aux articles L. 593-13, L. 593-20, L. 593-23, L. 593-24, aux articles L. 593-25 à *(Réf. rempl., L. n° 2015-992, 17 août 2015)* « L. 593-29 », à l'article L. 593-35, aux articles L. 596-14 à L. 596-19 ou à l'article L. 596-20 peuvent être prises, par décision motivée de l'autorité administrative ou de l'Autorité de sûreté nucléaire conformément à leurs compétences propres, à l'encontre du propriétaire du terrain servant d'assiette à l'installation nucléaire de base, s'il a donné son accord à cet usage du terrain en étant informé des obligations pouvant être mises à sa charge en application du présent article.

Les mêmes mesures peuvent être prises à l'encontre des personnes qui, postérieurement à la défaillance de l'exploitant, deviennent propriétaires du terrain d'assiette de l'installation nucléaire de base en ayant connaissance de l'existence de celle-ci et des obligations pouvant être mises à leur charge en application du présent article.

Section III *(Rédaction antérieure)*. – Contentieux

Rédaction antérieure. Art. L. 596-23 *(Ord. n° 2012-6, 5 janv. 2012 ; mod., L. n° 2015-992, 17 août 2015)*. – I. – Les litiges relatifs aux décisions administratives prises en application des articles L. 593-5, L. 593-7, L. 593-8, L. 593-10 à L. 593-31, L. 593-35, L. 596-14 à L. 596-19, L. 596-20 et L. 596-22 sont soumis à un contentieux de pleine juridiction.

II. – Les décisions prises sur le fondement des articles énumérés au I peuvent être déférées devant la juridiction administrative :

1° Par le demandeur, l'exploitant de l'installation nucléaire de base, la personne responsable du transport ou, en cas d'application de l'article L. 596-22, le propriétaire du terrain, dans le délai de deux mois courant à compter de la date de leur notification ;

2° Par les tiers, en raison des dangers que le fonctionnement de l'installation nucléaire de base ou le transport peuvent présenter pour la santé des personnes et l'environnement, dans un délai de :

a) Deux ans à compter de leur publication, pour les autorisations mentionnées aux articles L. 593-7, L. 593-14 et L. 593-15 ;

b) Deux ans à compter de la publication du décret, pour le décret mentionné à l'article L. 593-28 ;

c) Quatre ans à compter de leur publication ou de leur affichage, pour les autres décisions administratives mentionnées au I du présent article, ce délai étant, le cas échéant, prolongé jusqu'à la fin d'une période de deux années suivant la mise en service de l'installation.

Section IV *(Rédaction antérieure)*. – Dispositions pénales

Sous-section 1 *(Rédaction antérieure)*. – Recherche et constatation des infractions

Rédaction antérieure. Art. L. 596-24 *(Ord. n° 2012-6, 5 janv. 2012)*. – Les inspecteurs de la sûreté nucléaire habilités et assermentés dans des conditions fixées par décret en Conseil d'État ont qualité pour rechercher et constater les infractions aux dispositions des chapitres Ier, III et VI du présent titre et aux textes pris pour leur application. À cet effet, ils disposent des pouvoirs prévus aux articles L. 596-4 et L. 596-5 et peuvent, en cas d'entrave à leur action, recourir à la procédure prévue aux articles L. 596-6 à L. 596-12.

Les opérations tendant à la recherche et à la constatation de ces infractions sont placées sous l'autorité et le contrôle du procureur de la République dans le ressort duquel est commise ou est susceptible d'être commise l'infraction.

Ces infractions sont constatées par les procès-verbaux des officiers de police judiciaire et des inspecteurs de la sûreté nucléaire. Ces procès-verbaux font foi jusqu'à preuve contraire. Ils sont adressés, sous peine de nullité, au procureur de la République dans les cinq jours qui suivent le constat. Une copie est remise à l'exploitant de l'installation ou à la personne responsable du transport.

Rédaction antérieure. Art. L. 596-25 *(Ord. n° 2012-6, 5 janv. 2012)*. – À l'égard des équipements et installations mentionnés au dernier alinéa de l'article L. 593-3, les inspecteurs de la sûreté nucléaire disposent des droits et prérogatives conférés aux agents qui y sont mentionnés *(Mots rempl. à compter du 1er juillet 2013, Ord. n° 2012-34, 11 janv. 2012)* « par les dispositions du chapitre II du titre VII du livre Ier ».

Rédaction antérieure. Art. L. 596-26 *(Ord. n° 2012-6, 5 janv. 2012)*. – En application des dispositions du présent chapitre, des prélèvements d'échantillons peuvent être effectués par les inspecteurs de la sûreté nucléaire dans le périmètre des installations nucléaires de base ou aux points de rejets de ces installations et dans les dispositifs de transport de substances radioactives. Ces prélèvements peuvent comporter plusieurs échantillons pour permettre des analyses complémentaires.

Sous-section 2 *(Rédaction antérieure)*. – Sanctions pénales

Rédaction antérieure. Art. L. 596-27 *(Ord. n° 2012-6, 5 janv. 2012 ; mod., L. n° 2015-992, 17 août 2015)*. – I. – Est puni de trois ans d'emprisonnement et de 150 000 € d'amende le fait :

1° De créer ou d'exploiter une installation nucléaire de base sans l'autorisation prévue aux articles L. 593-7, L. 593-14 ou sans avoir bénéficié de la décision mentionnée à l'article L. 593-28 ;

2° *bis* De procéder aux opérations préparatoires à la fermeture d'une installation nucléaire de base consacrée au stockage de déchets radioactifs défini à l'article L. 542-1-1 sans avoir, en application de l'article L. 593-31, bénéficié de la décision mentionnée à l'article L. 593-28 ;

3° D'exploiter une installation nucléaire de base mentionnée à l'article L. 593-35 sans avoir procédé à la déclaration prévue à cet article dans le délai fixé par celui-ci ;

4° De poursuivre l'exploitation d'une installation nucléaire de base en infraction à une mesure administrative ou à une décision juridictionnelle d'arrêt ou de suspension.

II. – Est puni de deux ans d'emprisonnement et de 75 000 € d'amende le fait :

1° D'exploiter une installation nucléaire de base sans se conformer à une mise en demeure de l'autorité administrative de respecter une prescription ;

2° De ne pas se conformer à une décision fixant les conditions de remise en état du site et prise en application de l'article L. 593-28 et L. 593-29 ou de l'article L. 596-22.

III. – Est puni d'un an d'emprisonnement et de 30 000 € d'amende le fait de transporter des substances radioactives sans l'autorisation ou l'agrément mentionnés à l'article L. 595-2 ou en violation de leurs prescriptions.

IV. – Est puni d'un an d'emprisonnement et de 15 000 € d'amende le fait pour l'exploitant d'une installation nucléaire de base :

1° De refuser, après en avoir été requis, de communiquer à l'autorité administrative une information relative à la sûreté nucléaire conformément à l'article L. 596-5 ;

2° De faire obstacle aux contrôles effectués en application des articles L. 596-1 à L. 596-13, L. 596-24 et L. 596-25.

V. – Est puni d'un an d'emprisonnement et de 15 000 € d'amende le fait pour l'exploitant d'une installation nucléaire de base ou la personne responsable d'un transport de substances radioactives de ne pas faire les déclarations d'un incident ou accident prescrites par l'article L. 591-5.

VI. – Est puni de 7 500 € d'amende le fait pour l'exploitant d'une installation nucléaire de base de ne pas établir le document annuel prévu à l'article L. 125-15 dans les six mois suivant la fin de l'année considérée, de faire obstacle à sa mise à disposition du public ou d'y porter des renseignements mensongers.

Rédaction antérieure. Art. L. 596-28 *(Ord. n° 2012-6, 5 janv. 2012)*. – En cas de condamnation pour une infraction prévue à l'article L. 596-27, les personnes physiques encourent également les peines complémentaires suivantes :

1° L'affichage de la décision prononcée ou la diffusion de celle-ci par tout moyen approprié ;

2° La confiscation de la chose qui a servi ou était destinée à commettre l'infraction ou de la chose qui en est le produit ;

3° L'interdiction pour une durée de cinq ans au plus d'exercer l'activité professionnelle dans l'exercice ou à l'occasion de laquelle l'infraction a été commise.

Rédaction antérieure. Art. L. 596-29 *(Ord. n° 2012-6, 5 janv. 2012)*. – I. – En cas de condamnation pour une infraction prévue au 1° *(Mots aj., L. n° 2015-992, 17 août 2015)* « , au 1° *bis* » ou au 2° du I ou au 1° du II de l'article L. 596-27, le tribunal peut :

1° Décider de l'arrêt ou de la suspension du fonctionnement de tout ou partie de l'installation ;

2° Ordonner la remise en état du site dans un délai qu'il détermine. L'injonction de remise en état peut être assortie d'une astreinte dont il fixe le taux et la durée maximum.

II. – Le tribunal peut décider que les travaux de remise en état seront exécutés d'office aux frais de l'exploitant. Il peut dans ce cas ordonner la consignation par l'exploitant entre les mains d'un comptable public d'une somme répondant du montant des travaux à réaliser.

Rédaction antérieure. Art. L. 596-30 *(Ord. n° 2012-6, 5 janv. 2012)*. – I. – Les personnes morales peuvent être déclarées responsables pénalement, dans les conditions prévues par l'article 121-2 du Code pénal, des infractions définies par le présent chapitre.

II. – Les peines encourues par les personnes morales sont :

1° En cas de création d'une installation nucléaire de base sans autorisation et en cas de poursuite de l'exploitation en violation d'une mesure administrative ou judiciaire ou sans avoir procédé à la déclaration prévue à l'article L. 593-35, une amende de 1 500 000 € ;

2° Pour les autres infractions, l'amende selon les modalités prévues à l'article 131-38 du Code pénal ;

3° Les peines mentionnées aux 2°, 3°, 4°, 5°, 6°, 8°, 9° de l'article 131-39 du Code pénal. L'interdiction mentionnée au 2° de ce même article porte sur l'activité dans l'exercice ou à l'occasion de laquelle l'infraction a été commise.

Rédaction antérieure. Art. L. 596-31 *(Ord. n° 2012-6, 5 janv. 2012)*. – Les dispositions des articles 132-66 à 132-70 du Code pénal sur l'ajournement avec injonction sont applicables en cas de condamnation prononcée sur le fondement des articles L. 596-27 et L. 596-30.

La juridiction peut assortir l'injonction d'une astreinte de 15 000 € au plus par jour de retard.

CHAPITRE VII. – DISPOSITIONS APPLICABLES À LA RESPONSABILITÉ CIVILE DANS LE DOMAINE DE L'ÉNERGIE NUCLÉAIRE

Bibliographie : J.-N. Clément, *La contribution française à l'élargissement et à l'harmonisation des régimes internationaux de responsabilité civile nucléaire : la loi du 7 mars 2014 et le décret du 22 août 2014 : Énergie – Env. – Infrastr.* 2015, n° 1, p. 40. • J.-L. Thébault, *Risques, et assurances nucléaires : Risques les cahiers de l'assurance* juin 2014, n° 98, p. 39. • S. Gallage-Alwis et P. Faron, Le point sur la responsabilité en cas d'accident nucléaire : Dr. env. mai 2013, n° 212, p. 197.

Section I. – Dispositions applicables à compter de l'entrée en vigueur du protocole portant modification de la convention de Paris, signé à Paris le 12 février 2004

Art. L. 597-1 *(Ord. n° 2012-6, 5 janv. 2012)*. – **Les dispositions de la présente section fixent les mesures qui, en vertu de la convention relative à la responsabilité civile dans le domaine de l'énergie nucléaire signée à Paris le 29 juillet 1960** (1), **de la convention complémentaire signée à Bruxelles le 31 janvier 1963** (2) **et des protocoles additionnels à ces conventions signés à Paris les 28 janvier 1964** (3), **16 novembre 1982** (4) **et 12 février 2004, sont laissées à l'initiative de chaque partie contractante.**

(1) Convention de Paris du 29 juillet 1960 publiée par D. n° 69-154, 6 févr. 1969. – NDLR.
(2) Convention de Bruxelles du 31 janvier 1963 publiée par D. n° 75-196, 18 mars 1975. – NDLR.
(3) Protocole additionnel du 28 janvier 1964 publié par D. n° 75-196, 18 mars 1975. – NDLR.
(4) Protocole additionnel du 16 novembre 1982 publié par D. n° 94-308, 14 avr. 1994. – NDLR.

Art. L. 597-2 *(Ord. n° 2012-6, 5 janv. 2012). – (Rempl., Ord. n° 2014-1567, 22 déc. 2014 ; L. n° 2015-992, 17 août 2015)* Sont soumises à la présente section les personnes physiques ou morales, publiques ou privées, qui exploitent soit une installation nucléaire relevant du régime des installations nucléaires de base ou du régime des installations classées pour la protection de l'environnement et entrant dans le champ d'application de la convention de Paris mentionnée à l'article L. 597-1 du présent code, soit une installation nucléaire intéressant la défense mentionnée aux 1° ou 3° de l'article L. 1333-15 du Code de la défense et qui entrerait dans le champ d'application de ladite convention de Paris s'il s'agissait d'une installation n'intéressant pas la défense.

Pour l'application de la présente section, lorsque plusieurs installations nucléaires ou une installation nucléaire et toute autre installation dans laquelle sont détenues des matières radioactives ont le même exploitant et se trouvent sur un même site, elles sont considérées comme une installation nucléaire unique.

Cet article intègre en droit français le protocole modificatif à la convention de Paris de 1960 relative à la responsabilité civile dans le domaine de l'énergie nucléaire.

Art. L. 597-3 *(Ord. n° 2012-6, 5 janv. 2012).* – La présente section s'applique aux dommages nucléaires tels que définis au VII du *a* de l'article 1er de la convention de Paris signée à Paris le 29 juillet 1960 (1) mentionnée à l'article L. 597-1.

Art. L. 597-4 *(Ord. n° 2012-6, 5 janv. 2012).* – Le montant maximum de la responsabilité de l'exploitant est fixé à 700 millions d'euros pour les dommages nucléaires causés par chaque accident nucléaire.

Toutefois, le montant ci-dessus est réduit à 70 millions d'euros pour un même accident nucléaire lorsque ne sont exploitées sur un site déterminé que des installations, dont les caractéristiques sont définies par voie réglementaire, présentant un risque réduit. Ce montant est également réduit dans les cas où la convention de Paris est applicable à un État non contractant conformément aux II et IV du *a* de son article 2, dans la mesure où cet État n'accorde pas un montant équivalent et à due concurrence de ce dernier montant.

Art. L. 597-5 *(Ord. n° 2012-6, 5 janv. 2012 ; mod., Ord. n° 2014-1567, 22 déc. 2014 ; L. n° 2015-992, 17 août 2015).* – Au-delà du montant de la responsabilité de l'exploitant, les victimes sont indemnisées dans les conditions et limites fixées par la convention complémentaire de Bruxelles.

En ce qui concerne les installations intéressant la défense, les victimes qui auraient été fondées à se prévaloir de la convention complémentaire de Bruxelles s'il s'était agi d'une installation n'intéressant pas la défense sont indemnisées, au-delà du montant de responsabilité de l'exploitant, dans les mêmes conditions et limites ; la part de la réparation financée au moyen de fonds publics à allouer par les États parties à la convention complémentaire de Bruxelles est dans ce cas prise en charge par l'État.

Art. L. 597-6 *(Ord. n° 2012-6, 5 janv. 2012).* – L'exploitant informe l'*(Mots rempl., D. n° 2012-985, 23 août 2012)* « agent judiciaire de l'État » de toute demande d'indemnisation des victimes.

Art. L. 597-7 *(Ord. n° 2012-6, 5 janv. 2012 ; mod., L. n° 2014-1662, 30 déc. 2014).* (2). – Chaque exploitant est tenu d'avoir et de maintenir une assurance ou une autre garantie financière à concurrence, par accident, du montant de sa responsabilité. Le ministre chargé de l'économie contrôle le respect par les exploitants nucléaires de l'obligation prévue à la première phrase. À cette fin, l'exploitant communique chaque année au ministre chargé de l'économie les conditions générales et spéciales du contrat d'assurance qu'il a souscrit ou les modalités des garanties financières couvrant sa responsabilité civile nucléaire.

L'assureur ou toute autre personne ayant accordé une aide financière ne peut suspendre l'assurance ou la garantie financière prévue au présent article, ou y mettre fin, sans un préavis de deux mois au moins donné par écrit au ministre chargé de l'énergie nucléaire.

(1) Convention de Paris du 29 juillet 1960 publiée par D. n° 69-154, 6 févr. 1969. – NDLR.

(2) Dispositions applicables en Nouvelle-Calédonie, en Polynésie française et dans les îles Wallis-et-Futuna, L. n° 2014-1662, 30 déc. 2014, art. 8, III.

Art. L. 597-8 *(Ord. n° 2012-6, 5 janv. 2012).* – Sous réserve des dispositions de l'article L. 597-10, le montant maximum de la responsabilité de l'exploitant en cas de transport de substances nucléaires est fixé à 80 millions d'euros pour un même accident nucléaire.

Art. L. 597-9 *(Ord. n° 2012-6, 5 janv. 2012).* – Pour tout transport de substances nucléaires effectué entre le territoire de la République française et celui d'un État dans lequel la convention de Bruxelles n'est pas en vigueur, l'exploitant de l'installation nucléaire située sur le territoire de la République française qui expédie ou qui reçoit ces substances assume, conformément aux dispositions de la présente section, la responsabilité des accidents nucléaires survenant au cours du transport sur le territoire de la République française.

Art. L. 597-10 *(Ord. n° 2012-6, 5 janv. 2012).* – Pour effectuer un transport de substances nucléaires en transit sur le territoire de la République française, le transporteur doit justifier d'une assurance ou d'une garantie financière équivalente couvrant les dommages qui pourraient être causés par un accident nucléaire au cours du transport, à concurrence du montant fixé à l'article L. 597-8, s'il s'agit d'un transport régi par la convention de Paris, et de 1,2 milliard d'euros dans les autres cas.

Art. L. 597-11 *(Ord. n° 2012-6, 5 janv. 2012).* – Pour un transport international non couvert par la convention de Paris, le transporteur doit justifier de l'existence d'une garantie financière par la production d'un certificat émanant de l'assureur ou de toute autre personne ayant fourni la garantie financière équivalente et énonçant le nom de l'assureur ou du garant, son adresse ainsi que le montant, le type et la durée de la garantie. Ce certificat doit aussi désigner les substances nucléaires et l'itinéraire couverts par la garantie.

Lorsque le transport international entre dans le champ d'application de la convention de Paris, le certificat est établi conformément au *d* de l'article 4 de cette convention.

Un arrêté conjoint du ministre chargé de l'énergie nucléaire et du ministre chargé des transports fixe les modèles de certificats.

Art. L. 597-12 *(Ord. n° 2012-6, 5 janv. 2012).* – Une liste non limitative des affections qui, sauf preuve contraire, sont présumées avoir pour origine l'accident est établie par voie réglementaire en fonction de l'irradiation et de la contamination reçues et du délai dans lequel l'affection a été constatée.

Art. L. 597-13 *(Ord. n° 2012-6, 5 janv. 2012).* – Les indemnités provisionnelles ou définitives effectivement versées aux victimes ne peuvent donner lieu à répétition en raison des limitations de responsabilités et de garanties prévues aux articles L. 597-4 et L. 597-5.

Art. L. 597-14 *(Ord. n° 2012-6, 5 janv. 2012).* – I. – Si, à la suite d'un accident nucléaire, il apparaît que les sommes maximales disponibles en application de la présente section risquent d'être insuffisantes pour réparer l'ensemble des dommages subis par les victimes, un décret publié dans un délai de six mois à compter du jour de l'accident constate cette situation exceptionnelle et fixe les modalités de répartition des sommes visées aux articles L. 597-4 et L. 597-5.

Ce décret peut notamment définir des mesures de contrôle particulières auxquelles devra se soumettre la population pour déterminer les personnes qui ont pu avoir subi un dommage et peut fixer, eu égard à l'insuffisance des sommes mentionnées à l'alinéa précédent et à la priorité inscrite au II, les règles de calcul des indemnités susceptibles d'être allouées à chaque victime en réparation des dommages corporels ou matériels.

II. – Dans ce cas, les sommes disponibles prévues par la présente section sont réparties selon les règles suivantes :

1° Les dommages corporels sont réparés par priorité suivant des modalités déterminées par analogie avec la législation sur les accidents du travail ;

2° Les sommes qui restent disponibles, le cas échéant, après cette première indemnisation, sont réparties entre les victimes proportionnellement aux dommages corporels restant à indemniser et aux autres dommages nucléaires subis, évalués selon les règles du droit commun.

Art. L. 597-15 *(Ord. n° 2012-6, 5 janv. 2012).* – Si l'exploitant responsable d'un dommage nucléaire prouve que ce dommage résulte, en totalité ou en partie, d'une négligence grave de la personne qui l'a subi ou que cette personne a agi ou omis d'agir dans l'intention de causer un dommage, cet exploitant est exonéré, dans une mesure appréciée par le juge en fonction de la gravité de la faute ou de la négligence de cette personne, de l'obligation de réparer le dommage subi par cette personne.

Art. L. 597-16 *(Ord. n° 2012-6, 5 janv. 2012)*. – La victime d'un dommage peut agir directement contre l'assureur de l'exploitant responsable ou contre toute personne ayant accordé sa garantie financière.

Celui qui a indemnisé les victimes dispose des droits de recours reconnus à l'exploitant par les conventions mentionnées à l'article L. 597-1. Dans ce cas, l'État est remboursé par priorité des fonds qu'il aura été amené à verser.

Art. L. 597-17 *(Ord. n° 2012-6, 5 janv. 2012)*. – Les actions en réparation se prescrivent par trois ans, soit à compter du moment où la victime a eu connaissance du dommage et de l'exploitant responsable, soit à compter du moment où elle a dû raisonnablement en avoir connaissance ; elles ne peuvent toutefois être intentées après l'expiration des délais de prescription et de déchéance prévus par le *a)* de l'article 8 de la convention de Paris mentionnée à l'article L. 597-1.

Lorsque l'accident est survenu sur le territoire de la République française et si la convention de Paris donne compétence à un tribunal français, l'État assure en outre l'indemnisation des dommages nucléaires autres que ceux aux personnes dont la réparation n'a pu être demandée parce que le dommage n'est apparu qu'après un délai de dix ans à compter du jour de l'accident. Le montant total des indemnités allouées à quelque titre que ce soit ne pourra, même dans ce cas, dépasser le montant d'indemnisation maximum prévu par la présente section.

L'action en réparation contre l'État devra être introduite dans un délai maximum de cinq ans après l'expiration de celui de dix ans prévu à l'alinéa précédent.

Art. L. 597-18 *(Ord. n° 2012-6, 5 janv. 2012)*. – La présente section ne déroge pas aux règles établies par les législations relatives aux assurances sociales et à la réparation des accidents du travail et des maladies professionnelles, et par les législations de même objet, particulières à certaines catégories professionnelles, notamment en ce qui concerne les recours.

Dans tous les cas autres que celui où la victime étant au service de l'exploitant lors de l'accident nucléaire a été indemnisée au titre d'un accident du travail ou de service proprement dit ou d'une maladie professionnelle, les recours sont exercés contre l'exploitant, son assureur ou les personnes lui fournissant une garantie.

Si la victime était au service de l'exploitant lors de l'accident nucléaire et a été indemnisée au titre d'un accident du travail ou de service proprement dit, ou d'une maladie professionnelle, et si cet accident nucléaire a été causé par une personne autre que l'exploitant ou ses préposés, la victime et l'organisme qui lui a versé les prestations sociales exercent contre l'exploitant le recours dont ils disposent contre l'auteur de l'accident.

Les recours s'exercent dans les limites et dans les conditions prévues aux articles L. 597-4 et L. 597-5.

Art. L. 597-19 *(Ord. n° 2012-6, 5 janv. 2012 ; mod., Ord. n° 2019-964, 18 sept. 2019)*. – Pour l'application de la présente section, lorsque l'accident nucléaire est survenu sur le territoire de la République française ou si, en application de la convention de Paris, compétence est attribuée à un tribunal français, le tribunal judiciaire de Paris est seul compétent.

Toutefois, le procureur de la République et le juge d'instruction du tribunal dans le ressort duquel a eu lieu l'accident nucléaire ont qualité pour accomplir les actes nécessités par l'urgence. Ces actes sont transmis au tribunal judiciaire de Paris.

En aucun cas la juridiction répressive, éventuellement saisie, ne peut statuer sur l'action civile.

Les personnes ayant subi des dommages nucléaires peuvent faire valoir leurs droits à réparation sans avoir à entamer des procédures différentes selon l'origine des fonds.

NB : Conformément à l'article 36 de l'ordonnance n° 2019-964 du 18 septembre 2019, ces dispositions entrent en vigueur au 1er janvier 2020.

Art. L. 597-20 *(Ord. n° 2012-6, 5 janv. 2012)*. – I. – 1° Est puni d'un emprisonnement de cinq ans et d'une amende de 150 000 €, ou de l'une de ces deux peines seulement, le fait de ne pas respecter l'obligation d'avoir et de maintenir une assurance ou une autre garantie financière, prévue au deuxième alinéa de l'article 7 de la loi n° 68-943 du 30 décembre 1968 relative à la responsabilité civile dans le domaine de l'énergie nucléaire ainsi qu'aux articles L. 597-7 et L. 597-10 ;

2° Est puni d'un emprisonnement de un an et d'une amende de 15 000 €, ou de l'une de ces deux peines seulement, le fait de ne pas produire le certificat prévu à l'article L. 597-11.

II. – S'il est constaté par procès-verbal que l'exploitant ou le transporteur ne peut fournir la justification de l'assurance ou de la garantie financière prévue au deuxième alinéa de l'article 7 de la loi n° 68-943 du

30 décembre 1968 relative à la responsabilité civile dans le domaine de l'énergie nucléaire ainsi qu'aux articles L. 597-7, L. 597-10 et L. 597-11, l'autorité administrative compétente pourra suspendre le fonctionnement de l'installation ou l'exécution du transport jusqu'à production de la justification exigée.

En cas de suspension du fonctionnement de l'installation ou de l'exécution du transport, toutes mesures peuvent être prises par l'autorité administrative compétente aux frais de l'exploitant ou du transporteur pour assurer la sécurité des personnes et des biens.

Art. L. 597-21 *(Ord. n° 2012-6, 5 janv. 2012).* – Les dispositions de la présente section excluent l'application des règles particulières relatives à la prescription des créances sur l'État, les départements, les communes et les établissements publics.

Art. L. 597-22 *(Ord. n° 2012-6, 5 janv. 2012 ; mod., L. n° 2015-992, 17 août 2015).* – En cas d'expiration de la convention de Bruxelles ou de sa dénonciation par la France, l'indemnisation complémentaire prévue au premier alinéa de l'article L. 597-5 est assurée par l'État et ne joue, à concurrence de 800 millions d'euros, que pour les dommages subis sur le territoire de la République française. Il en est de même, le cas échéant, dans la période qui s'écoule entre l'entrée en vigueur du protocole portant modification de la convention de Paris et celle du protocole portant modification de la convention de Bruxelles.

Art. L. 597-23 *(Ord. n° 2012-6, 5 janv. 2012).* – Les dispositions de la présente section sont applicables à compter de l'entrée en vigueur du protocole portant modification de la convention de Paris signé à Paris le 12 février 2004 et deviennent caduques le jour où la convention de Paris prendra fin soit par dénonciation, soit du fait de son expiration.

Art. L. 597-24 *(Ord. n° 2012-6, 5 janv. 2012 ; rempl., L. n° 2015-992, 17 août 2015).* – À l'issue d'un délai de six mois à compter de l'entrée en vigueur de la présente section, tout exploitant ou transporteur est en mesure de justifier que sa responsabilité est couverte dans les conditions prévues aux articles L. 597-4 et L. 597-7 à L. 597-10.

Art. L. 597-25 *(Ord. n° 2012-6, 5 janv. 2012 ; mod., L. n° 2015-992, 17 août 2015 puis abr. six mois après l'entrée en vigueur du protocole portant modification de la convention de Paris, signé à Paris le 12 février 2004, L. n° 2015-992, 17 août 2015)* (1).

Section II. – Dispositions applicables jusqu'à l'entrée en vigueur du protocole portant modification de la convention de Paris, signé à Paris le 12 février 2004

(Abr. six mois après l'entrée en vigueur du protocole portant modification de la convention de Paris, signé à Paris le 12 février 2004, L. n° 2015-992, 17 août 2015) (1) (2)

Abrogation. Conformément à l'article 130 de la loi n° 2015-992 du 17 août 2015, la section 2 et l'article L. 597-25 du Code de l'environnement seront abrogés six mois après l'entrée en vigueur du protocole portant modification de la convention de Paris, signé à Paris le 12 février 2004 (Fin de vigueur : date indéterminée).

Art. L. 597-26 *(Ord. n° 2012-6, 5 janv. 2012 ; abr. six mois après l'entrée en vigueur du protocole portant modification de la convention de Paris, signé à Paris le 12 février 2004, L. n° 2015-992, 17 août 2015).*

Art. L. 597-27 *(Ord. n° 2012-6, 5 janv. 2012 ; mod., Ord. n° 2014-1567, 22 déc. 2014 ; mod. à compter du 17 février 2016, L. n° 2015-992, 17 août 2015)* (3) *; abr. six mois après l'entrée en vigueur du protocole portant modification de la convention de Paris, signé à Paris le 12 février 2004, L. n° 2015-992, 17 août 2015).*

---

(1) Antérieurement aux modifications issues de l'article 131 de la loi n° 2015-992 du 17 août 2015, l'article 8 de l'ordonnance n° 2012-6 du 5 janvier 2012 prescrivait l'abrogation des présentes dispositions trois mois à compter de l'entrée en vigueur du protocole signé à Paris le 12 février 2004 portant modification de la convention de Paris. – NDLR.

(2) Ce protocole a été publié par le décret n° 2022-37 du 17 janvier 2022, est entré en vigueur le 1er janvier 2022. – NDLR.

(3) Dispositions applicables en Nouvelle-Calédonie, en Polynésie française, à Wallis-et-Futuna et dans les Terres australes et antarctiques françaises, L. n° 2015-992, 17 août 2015, art. 130, III.

Art. L. 597-28 *(Ord. n° 2012-6, 5 janv. 2012 ; mod. à compter du 17 février 2016, L. n° 2015-992, 17 août 2015* (1) *puis abr. six mois après l'entrée en vigueur du protocole portant modification de la convention de Paris, signé à Paris le 12 février 2004, L. n° 2015-992, 17 août 2015).*

Art. L. 597-29 *(Ord. n° 2012-6, 5 janv. 2012 ; mod., Ord. n° 2014-1567, 22 déc. 2014 ; L. n° 2015-992, 17 août 2015* (1) *puis abr. six mois après l'entrée en vigueur du protocole portant modification de la convention de Paris, signé à Paris le 12 février 2004, L. n° 2015-992, 17 août 2015).*

Art. L. 597-30 *(Ord. n° 2012-6, 5 janv. 2012 ; mod., D. n° 2012-985, 23 août 2012 ; abr. six mois après l'entrée en vigueur du protocole portant modification de la convention de Paris, signé à Paris le 12 février 2004, L. n° 2015-992, 17 août 2015).*

Art. L. 597-31 *(Ord. n° 2012-6, 5 janv. 2012 ; mod., L. n° 2014-1662, 30 déc. 2014* (2) *; abr. six mois après l'entrée en vigueur du protocole portant modification de la convention de Paris, signé à Paris le 12 février 2004, L. n° 2015-992, 17 août 2015).*

Art. L. 597-32 *(Ord. n° 2012-6, 5 janv. 2012 ; mod. à compter du 17 février 2016, L. n° 2015-992, 17 août 2015* (1) *puis abr. six mois après l'entrée en vigueur du protocole portant modification de la convention de Paris, signé à Paris le 12 février 2004, L. n° 2015-992, 17 août 2015).*

Art. L. 597-33 *(Ord. n° 2012-6, 5 janv. 2012 ; abr. six mois après l'entrée en vigueur du protocole portant modification de la convention de Paris, signé à Paris le 12 février 2004, L. n° 2015-992, 17 août 2015).*

Art. L. 597-34 *(Ord. n° 2012-6, 5 janv. 2012 ; mod. à compter du 17 février 2016, L. n° 2015-992, 17 août 2015* (3) *puis abr. six mois après l'entrée en vigueur du protocole portant modification de la convention de Paris, signé à Paris le 12 février 2004, L. n° 2015-992, 17 août 2015).*

Art. L. 597-35 à L. 597-44 *(Ord. n° 2012-6, 5 janv. 2012 ; abr. six mois après l'entrée en vigueur du protocole portant modification de la convention de Paris, signé à Paris le 12 février 2004, L. n° 2015-992, 17 août 2015).*

Art. L. 597-45 *(Ord. n° 2012-6, 5 janv. 2012 ; rempl., L. n° 2015-992, 17 août 2015* (1) *puis abr. six mois après l'entrée en vigueur du protocole portant modification de la convention de Paris, signé à Paris le 12 février 2004, L. n° 2015-992, 17 août 2015).*

Art. L. 597-46 *(Ord. n° 2012-6, 5 janv. 2012 ; abr. six mois après l'entrée en vigueur du protocole portant modification de la convention de Paris, signé à Paris le 12 février 2004, L. n° 2015-992, 17 août 2015).*

Section II *(Rédaction antérieure)*. – Dispositions applicables jusqu'à l'entrée en vigueur du protocole portant modification de la convention de Paris, signé à Paris le 12 février 2004

(Abr. six mois après l'entrée en vigueur du protocole portant modification de la convention de Paris, signé à Paris le 12 février 2004, L. n° 2015-992, 17 août 2015) (4)

Abrogation. Conformément à l'article 130 de la loi n° 2015-992 du 17 août 2015, la section 2 et l'article L. 597-25 du Code de l'environnement seront abrogés six mois après l'entrée en vigueur du protocole portant modification de la convention de Paris, signé à Paris le 12 février 2004 (Fin de vigueur : date indéterminée).

(1) Dispositions applicables en Nouvelle-Calédonie, en Polynésie française, à Wallis-et-Futuna et dans les Terres australes et antarctiques françaises, L. n° 2015-992, 17 août 2015, art. 130, III.

(2) Dispositions applicables en Nouvelle-Calédonie, en Polynésie française et dans les îles Wallis-et-Futuna, *L. n° 2014-1662, 30 déc. 2014, art. 8, III.*

(3) Dispositions applicables en Nouvelle-Calédonie, en Polynésie française, à Wallis-et-Futuna et dans les Terres australes et antarctiques françaises, L. n° 2015-992, 17 août 2015, art. 130, III.

(4) Antérieurement aux modifications issues de l'article 131 de la loi n° 2015-992 du 17 août 2015, l'article 8 de l'ordonnance n° 2012-6 du 5 janvier 2012 prescrivait l'abrogation des présentes dispositions trois mois à compter de l'entrée en vigueur du protocole signé à Paris le 12 février 2004 portant modification de la convention de Paris. – NDLR.

Art. L. 597-26 *(Ord. n° 2012-6, 5 janv. 2012 ; abr. six mois après l'entrée en vigueur du protocole portant modification de la convention de Paris, signé à Paris le 12 février 2004, L. n° 2015-992, 17 août 2015)* (1). – Les dispositions de la présente section fixent les mesures qui, en vertu de la convention relative à la responsabilité civile dans le domaine de l'énergie nucléaire signée à Paris le 29 juillet 1960 (2), de la convention complémentaire signée à Bruxelles le 31 janvier 1963 (3) et des protocoles additionnels à ces conventions signées à Paris le 28 janvier 1964 (4) et 16 novembre 1982 (5), sont laissées à l'initiative de chaque partie contractante.

Art. L. 597-27 *(Ord. n° 2012-6, 5 janv. 2012 ; mod., Ord. n° 2014-1567, 22 déc. 2014 ; abr. six mois après l'entrée en vigueur du protocole portant modification de la convention de Paris, signé à Paris le 12 février 2004, L. n° 2015-992, 17 août 2015)* (1). – *(Rempl. à compter du 17 février 2016, L. n° 2015-992, 17 août 2015)* (6) Sont soumises à la présente section les personnes physiques ou morales, publiques ou privées, qui exploitent soit une installation nucléaire relevant du régime des installations nucléaires de base ou du régime des installations classées pour la protection de l'environnement entrant dans le champ d'application de la convention relative à la responsabilité civile dans le domaine de l'énergie nucléaire signée à Paris le 29 juillet 1960, soit une installation nucléaire intéressant la défense mentionnée aux 1° ou 3° de l'article L. 1333-15 du Code de la défense et qui entrerait dans le champ d'application de ladite convention de Paris s'il s'agissait d'une installation n'intéressant pas la défense.

Pour l'application de la présente section, sont considérées comme une installation nucléaire unique plusieurs installations nucléaires ou une installation nucléaire et toute autre installation dans laquelle sont détenues des matières radioactives lorsqu'elles ont le même exploitant et se trouvent sur un même site.

Les modalités selon lesquelles un transporteur peut demander à être substitué, en ce qui concerne la responsabilité prévue à l'article L. 597-28, à l'exploitant d'une installation nucléaire avec l'accord de celui-ci, si ce transporteur remplit les conditions exigées par l'article L. 597-31 et par le deuxième alinéa de l'article 7 de la loi n° 68-943 du 30 octobre 1968 relative à la responsabilité civile dans le domaine de l'énergie nucléaire sont déterminées par voie réglementaire.

Art. L. 597-28 *(Ord. n° 2012-6, 5 janv. 2012 ; mod. à compter du 17 février 2016, L. n° 2015-992, 17 août 2015* (6) *puis abr. six mois après l'entrée en vigueur du protocole portant modification de la convention de Paris, signé à Paris le 12 février 2004, L. n° 2015-992, 17 août 2015)* (1). – Le montant maximum de la responsabilité de l'exploitant est fixé à 700 000 000 € pour un même accident nucléaire.

Toutefois, le montant fixé à l'alinéa précédent est réduit à 70 000 000 € pour un même accident nucléaire lorsque ne sont exploitées sur un site déterminé que des installations à risque réduit, dont les caractéristiques sont définies par décret.

Le montant fixé au premier alinéa est également réduit, en ce qui concerne les dommages subis dans un État auquel la convention de Paris est applicable, dans la mesure où le droit applicable dans cet État ne prévoit pas un montant de responsabilité équivalent pour l'exploitant, et à due concurrence de ce dernier montant.

Art. L. 597-29 *(Ord. n° 2012-6, 5 janv. 2012 ; mod., Ord. n° 2014-1567, 22 déc. 2014 ; L. n° 2015-992, 17 août 2015* (6) *puis abr. six mois après l'entrée en vigueur du protocole portant modification de la convention de Paris, signé à Paris le 12 février 2004, L. n° 2015-992, 17 août 2015)* (1). – Au-delà du montant de la responsabilité de l'exploitant, les victimes sont indemnisées dans les conditions et limites fixées par la convention complémentaire de Bruxelles mentionnée à l'article L. 597-26.

---

(1) Antérieurement aux modifications issues de l'article 131 de la loi n° 2015-992 du 17 août 2015, l'article 8 de l'ordonnance n° 2012-6 du 5 janvier 2012 prescrivait l'abrogation des présentes dispositions trois mois à compter de l'entrée en vigueur du protocole signé à Paris le 12 février 2004 portant modification de la convention de Paris. – NDLR.

(2) Convention de Paris du 29 juillet 1960 publiée par D. n° 69-154, 6 févr. 1969. – NDLR.

(3) Convention de Bruxelles du 31 janvier 1963 publiée par D. n° 75-196, 18 mars 1975. – NDLR.

(4) Protocole additionnel du 28 janvier 1964 publié par D. n° 75-196, 18 mars 1975. – NDLR.

(5) Protocole additionnel du 16 novembre 1982 publié par D. n° 94-308, 14 avr. 1994. – NDLR.

(6) Dispositions applicables en Nouvelle-Calédonie, en Polynésie française, à Wallis-et-Futuna et dans les Terres australes et antarctiques françaises, L. n° 2015-992, 17 août 2015, art. 130, III.

En ce qui concerne les installations intéressant la défense, les victimes qui auraient été fondées à se prévaloir de cette même convention s'il s'était agi d'une installation n'intéressant pas la défense sont indemnisées, au-delà du montant de responsabilité de l'exploitant, dans les mêmes conditions et limites ; la part de la réparation financée au moyen de fonds publics à allouer par les États parties à la convention complémentaire de Bruxelles est dans ce cas prise en charge par l'État.

Art. L. 597-30 *(Ord. n° 2012-6, 5 janv. 2012 ; abr. six mois après l'entrée en vigueur du protocole portant modification de la convention de Paris, signé à Paris le 12 février 2004, L. n° 2015-992, 17 août 2015)* (1). – L'exploitant devra informer l'*(Mots rempl., D. n° 2012-985, 23 août 2012)* « agent judiciaire de l'État » de toute demande d'indemnisation des victimes.

Art. L. 597-31 *(Ord. n° 2012-6, 5 janv. 2012 ; mod., L. n° 2014-1662, 30 déc. 2014* (2) *; abr. six mois après l'entrée en vigueur du protocole portant modification de la convention de Paris, signé à Paris le 12 février 2004, L. n° 2015-992, 17 août 2015)* (1). – Chaque exploitant est tenu d'avoir et de maintenir une assurance ou une autre garantie financière à concurrence, par accident, du montant de sa responsabilité. Le ministre chargé de l'économie contrôle le respect par les exploitants nucléaires de l'obligation prévue à la première phrase. À cette fin, l'exploitant communique chaque année au ministre chargé de l'économie les conditions générales et spéciales du contrat d'assurance qu'il a souscrit ou les modalités des garanties financières couvrant sa responsabilité civile nucléaire.

L'assureur ou toute autre personne ayant accordé une aide financière ne peut suspendre l'assurance ou la garantie financière prévue au présent article, ou y mettre fin, sans un préavis de deux mois au moins donné par écrit au ministre chargé de l'énergie nucléaire.

Art. L. 597-32 *(Ord. n° 2012-6, 5 janv. 2012 ; mod. à compter du 17 février 2016, L. n° 2015-992, 17 août 2015* (3) *puis abr. six mois après l'entrée en vigueur du protocole portant modification de la convention de Paris, signé à Paris le 12 février 2004, L. n° 2015-992, 17 août 2015)* (1). – Sous réserve des dispositions de l'article L. 597-34, le montant maximum de la responsabilité de l'exploitant en cas de transport de substances nucléaires est fixé à 80 000 000 € pour un même accident nucléaire.

Art. L. 597-33 *(Ord. n° 2012-6, 5 janv. 2012 ; abr. six mois après l'entrée en vigueur du protocole portant modification de la convention de Paris, signé à Paris le 12 février 2004, L. n° 2015-992, 17 août 2015)* (1). – Pour tout transport de substances nucléaires effectué entre le territoire de la République française et celui d'un État dans lequel la convention de Bruxelles n'est pas en vigueur, l'exploitant de l'installation nucléaire située sur le territoire de la République française qui expédie ou qui reçoit ces substances assume, conformément aux dispositions de la présente section, la responsabilité des accidents nucléaires survenant au cours du transport sur le territoire de la République française.

Art. L. 597-34 *(Ord. n° 2012-6, 5 janv. 2012 ; mod. à compter du 17 février 2016, L. n° 2015-992, 17 août 2015* (3) *puis abr. six mois après l'entrée en vigueur du protocole portant modification de la convention de Paris, signé à Paris le 12 février 2004, L. n° 2015-992, 17 août 2015)* (1). – Pour effectuer un transport de substances nucléaires en transit sur le territoire de la République française, le transporteur doit justifier d'une assurance ou d'une garantie financière équivalente couvrant les dommages qui pourraient être causés par un accident nucléaire au cours du transport, à concurrence du montant fixé à l'article L. 597-32, s'il s'agit d'un transport régi par la convention de Paris, et de 700 000 000 € dans les autres cas.

---

(1) Antérieurement aux modifications issues de l'article 131 de la loi n° 2015-992 du 17 août 2015, l'article 8 de l'ordonnance n° 2012-6 du 5 janvier 2012 prescrivait l'abrogation des présentes dispositions trois mois à compter de l'entrée en vigueur du protocole signé à Paris le 12 février 2004 portant modification de la convention de Paris. – NDLR.

(2) Dispositions applicables en Nouvelle-Calédonie, en Polynésie française et dans les îles Wallis-et-Futuna, L. n° 2014-1662, 30 déc. 2014, art. 8, III.

(3) Dispositions applicables en Nouvelle-Calédonie, en Polynésie française, à Wallis-et-Futuna et dans les Terres australes et antarctiques françaises, L. n° 2015-992, 17 août 2015, art. 130, III.

Art. L. 597-35 *(Ord. n° 2012-6, 5 janv. 2012 ; abr. six mois après l'entrée en vigueur du protocole portant modification de la convention de Paris, signé à Paris le 12 février 2004, L. n° 2015-992, 17 août 2015)* (1). – **Pour un transport international non couvert par la convention de Paris, le transporteur doit justifier de l'existence d'une garantie financière par la production d'un certificat émanant de l'assureur ou de toute autre personne ayant fourni la garantie financière équivalente et énonçant le nom de l'assureur ou du garant, son adresse ainsi que le montant, le type et la durée de la garantie. Ce certificat doit aussi désigner les substances nucléaires et l'itinéraire couverts par la garantie.**

Lorsque le transport international entre dans le champ d'application de la convention de Paris, le certificat est établi conformément à l'article 4 C de cette convention.

Un arrêté conjoint du ministre chargé de l'énergie nucléaire et du ministre chargé des transports fixe les modèles de certificats.

Art. L. 597-36 *(Ord. n° 2012-6, 5 janv. 2012 ; abr. six mois après l'entrée en vigueur du protocole portant modification de la convention de Paris, signé à Paris le 12 février 2004, L. n° 2015-992, 17 août 2015)* (1). – **Une liste non limitative des affections qui, sauf preuve contraire, sont présumées avoir pour origine l'accident est établie par voie réglementaire en fonction de l'irradiation et de la contamination reçues et du délai dans lequel l'affection a été constatée.**

Art. L. 597-37 *(Ord. n° 2012-6, 5 janv. 2012 ; abr. six mois après l'entrée en vigueur du protocole portant modification de la convention de Paris, signé à Paris le 12 février 2004, L. n° 2015-992, 17 août 2015)* (1). – **Les indemnités provisionnelles ou définitives effectivement versées aux victimes ne peuvent donner lieu à répétition en raison des limitations de responsabilités et de garanties prévues aux articles L. 597-28 et L. 597-29.**

Art. L. 597-38 *(Ord. n° 2012-6, 5 janv. 2012 ; abr. six mois après l'entrée en vigueur du protocole portant modification de la convention de Paris, signé à Paris le 12 février 2004, L. n° 2015-992, 17 août 2015)* (1). – **I. – Si, à la suite d'un accident nucléaire, il apparaît que les sommes maximales disponibles en application de la présente section risquent d'être insuffisantes pour réparer l'ensemble des dommages subis par les victimes, un décret en conseil des ministres, publié dans un délai de six mois à compter du jour de l'accident, constate cette situation exceptionnelle et fixe les modalités de répartition des sommes mentionnées aux articles L. 597-28 et L. 597-29.**

Ce décret peut notamment définir des mesures de contrôle particulières auxquelles devra se soumettre la population pour déterminer les personnes qui ont pu avoir subi un dommage et peut fixer, eu égard à l'insuffisance des sommes mentionnées à l'alinéa précédent et à la priorité inscrite au II, les règles de calcul des indemnités susceptibles d'être allouées à chaque victime en réparation des dommages corporels ou matériels.

II. – Dans ce cas, les sommes disponibles prévues par la présente section sont réparties selon les règles suivantes :

1° Les dommages corporels sont réparés par priorité suivant des modalités déterminées par analogie avec la législation sur les accidents du travail ;

2° Les sommes qui restent disponibles, le cas échéant, après cette première indemnisation, sont réparties entre les victimes proportionnellement aux dommages corporels restant à indemniser et aux dommages matériels subis, évalués selon les règles du droit commun.

Art. L. 597-39 *(Ord. n° 2012-6, 5 janv. 2012 ; abr. six mois après l'entrée en vigueur du protocole portant modification de la convention de Paris, signé à Paris le 12 février 2004, L. n° 2015-992, 17 août 2015)* (1). – **La victime d'un dommage peut agir directement contre l'assureur de l'exploitant responsable ou contre toute personne ayant accordé sa garantie financière.**

(1) Antérieurement aux modifications issues de l'article 131 de la loi n° 2015-992 du 17 août 2015, l'article 8 de l'ordonnance n° 2012-6 du 5 janvier 2012 prescrivait l'abrogation des présentes dispositions trois mois à compter de l'entrée en vigueur du protocole signé à Paris le 12 février 2004 portant modification de la convention de Paris. – NDLR.

Celui qui a indemnisé les victimes dispose des droits de recours reconnus à l'exploitant par les conventions mentionnées à l'article L. 597-26. Dans ce cas, l'État est remboursé par priorité des fonds qu'il aura été amené à verser.

Art. L. 597-40 *(Ord. n° 2012-6, 5 janv. 2012 ; abr. six mois après l'entrée en vigueur du protocole portant modification de la convention de Paris, signé à Paris le 12 février 2004, L. n° 2015-992, 17 août 2015)* (1). – Les actions en réparation se prescrivent par trois ans soit à compter du moment où la victime a eu connaissance du dommage et de l'exploitant responsable, soit à compter du moment où elle a dû raisonnablement en avoir connaissance ; elles ne peuvent toutefois être intentées plus de dix ans à compter du jour de l'accident.

Lorsque l'accident est survenu sur le territoire de la République française et si la convention de Paris donne compétence à un tribunal français, l'État assure en outre l'indemnisation des dommages dont la réparation n'a pu être demandée parce que le dommage n'est apparu qu'après un délai de dix ans à compter du jour de l'accident. Le montant total des indemnités allouées à quelque titre que ce soit ne pourra, même dans ce cas, dépasser le montant d'indemnisation maximum prévu par la présente section. L'action en réparation contre l'État devra être introduite dans un délai maximum de cinq ans après l'expiration de celui de dix ans fixé à l'alinéa précédent.

Art. L. 597-41 *(Ord. n° 2012-6, 5 janv. 2012 ; abr. six mois après l'entrée en vigueur du protocole portant modification de la convention de Paris, signé à Paris le 12 février 2004, L. n° 2015-992, 17 août 2015)* (1). – Les dispositions de la présente section ne dérogent pas aux règles établies par les législations relatives aux assurances sociales et à la réparation des accidents du travail et des maladies professionnelles, et par les législations de même objet, particulières à certaines catégories professionnelles, notamment en ce qui concerne les recours.

Dans tous les cas autres que celui où la victime étant au service de l'exploitant lors de l'accident nucléaire a été indemnisée au titre d'un accident du travail ou de service proprement dit, ou d'une maladie professionnelle, les recours sont exercés contre l'exploitant, son assureur ou les personnes lui fournissant une garantie.

Si la victime était au service de l'exploitant lors de l'accident nucléaire et a été indemnisée au titre d'un accident du travail ou de service proprement dit, ou d'une maladie professionnelle, et si ledit accident a été causé par une personne autre que l'exploitant ou ses préposés, la victime et l'organisme qui lui a versé les prestations sociales exercent contre l'exploitant le recours dont ils disposent contre l'auteur de l'accident.

Les recours s'exercent dans les limites et dans les conditions prévues aux articles L. 597-28 et L. 597-29.

Art. L. 597-42 *(Ord. n° 2012-6, 5 janv. 2012 ; abr. six mois après l'entrée en vigueur du protocole portant modification de la convention de Paris, signé à Paris le 12 février 2004, L. n° 2015-992, 17 août 2015)* (1). – Pour l'application de la présente section, lorsque l'accident nucléaire est survenu sur le territoire de la République française ou si, en application de la convention de Paris, compétence est attribuée à un tribunal français, le tribunal de grande instance de Paris est seul compétent.

Toutefois, le procureur de la République et le juge d'instruction du tribunal dans le ressort duquel a eu lieu l'accident nucléaire ont qualité pour accomplir les actes nécessités par l'urgence. Ces actes sont transmis au tribunal de grande instance de Paris.

En aucun cas la juridiction répressive, éventuellement saisie, ne peut statuer sur l'action civile.

Art. L. 597-43 *(Ord. n° 2012-6, 5 janv. 2012 ; abr. six mois après l'entrée en vigueur du protocole portant modification de la convention de Paris, signé à Paris le 12 février 2004, L. n° 2015-992, 17 août 2015)* (1). – I. - 1° Est puni d'un emprisonnement de cinq ans et d'une amende de 150 000 €, ou de l'une de ces deux peines seulement, le fait de ne pas respecter l'obligation d'avoir et de maintenir une assurance ou une autre garantie financière, prévue au deuxième alinéa de l'article 7 de la loi n° 68-943 du 30 octobre 1968 relative à la responsabilité civile dans le domaine de l'énergie nucléaire ainsi qu'aux articles L. 597-31 et L. 597-34 ;

---

(1) Antérieurement aux modifications issues de l'article 131 de la loi n° 2015-992 du 17 août 2015, l'article 8 de l'ordonnance n° 2012-6 du 5 janvier 2012 prescrivait l'abrogation des présentes dispositions trois mois à compter de l'entrée en vigueur du protocole signé à Paris le 12 février 2004 portant modification de la convention de Paris. – NDLR.

2° Est puni d'un emprisonnement d'un an et d'une amende de 15 000 €, ou de l'une de ces deux peines seulement, le fait de ne pas produire le certificat prévu à l'article L. 597-35.

II. - S'il est constaté par procès-verbal que l'exploitant ou le transporteur ne peut fournir la justification de l'assurance ou de la garantie financière prévue au deuxième alinéa de l'article 7 et par l'article 8 de la loi n° 68-943 du 30 octobre 1968 relative à la responsabilité civile dans le domaine de l'énergie nucléaire ainsi qu'aux articles L. 597-31, L. 597-34 et L. 597-35, l'autorité administrative compétente peut suspendre le fonctionnement de l'installation ou l'exécution du transport jusqu'à production de la justification exigée.

En cas de suspension du fonctionnement de l'installation ou de l'exécution du transport, toutes mesures peuvent être prises par l'autorité administrative compétente aux frais de l'exploitant ou du transporteur pour assurer la sécurité des personnes et des biens.

Art. L. 597-44 *(Ord. n° 2012-6, 5 janv. 2012 ; abr. six mois après l'entrée en vigueur du protocole portant modification de la convention de Paris, signé à Paris le 12 février 2004, L. n° 2015-992, 17 août 2015)* (1). – Les dispositions de la présente section excluent l'application des règles particulières relatives à la prescription des créances sur l'État, les départements, les communes et les établissements publics.

Art. L. 597-45 *(Ord. n° 2012-6, 5 janv. 2012 ; rempl., L. n° 2015-992, 17 août 2015* (2) *puis abr. six mois après l'entrée en vigueur du protocole portant modification de la convention de Paris, signé à Paris le 12 février 2004, L. n° 2015-992, 17 août 2015)* (1). – À l'expiration de la convention de Bruxelles ou après sa dénonciation par le Gouvernement de la République française, l'indemnisation complémentaire prévue au premier alinéa de l'article L. 597-29 est assurée par l'État et ne joue, à concurrence de 145 000 000 €, que pour les dommages subis sur le territoire de la République française.

Art. L. 597-46 *(Ord. n° 2012-6, 5 janv. 2012 ; abr. six mois après l'entrée en vigueur du protocole portant modification de la convention de Paris, signé à Paris le 12 février 2004, L. n° 2015-992, 17 août 2015)* (1). – Les dispositions de la présente section deviennent caduques soit dans leur ensemble, le jour où la convention de Paris prend fin, soit par dénonciation, soit du fait de son expiration, soit dans leur ensemble, et sous réserve des articles L. 597-24 et L. 597-25, à la date d'entrée en vigueur du protocole portant modification de la convention de Paris signé à Paris le 12 février 2004.

(1) Antérieurement aux modifications issues de l'article 131 de la loi n° 2015-992 du 17 août 2015, l'article 8 de l'ordonnance n° 2012-6 du 5 janvier 2012 prescrivait l'abrogation des présentes dispositions trois mois à compter de l'entrée en vigueur du protocole signé à Paris le 12 février 2004 portant modification de la convention de Paris. – NDLR.

(2) Dispositions applicables en Nouvelle-Calédonie, en Polynésie française, à Wallis-et-Futuna et dans les Terres australes et antarctiques françaises, L. n° 2015-992, 17 août 2015, art. 130, III.

LIVRE VI

DISPOSITIONS APPLICABLES EN NOUVELLE-CALÉDONIE, EN POLYNÉSIE FRANÇAISE, À WALLIS-ET-FUTUNA, DANS LES TERRES AUSTRALES ET ANTARCTIQUES FRANÇAISES, À MAYOTTE, À SAINT-MARTIN ET À SAINT-PIERRE-ET-MIQUELON

(Intitulé rempl. à compter du 18 mars 2021, Ord. n° 2021-267, 10 mars 2021)

Bibliographie : Aupetit, *Rapprocher le droit de l'environnement et la réalité en Nouvelle-Calédonie. Des leviers d'amélioration de l'effectivité des normes juridiques environnementales en Nouvelle-Calédonie en faveur de la pérennité du patrimoine naturel*, Thèse Antilles 2020 ; *La police de l'environnement marin dans les îles françaises du Pacifique, à la croisée des compétences environnementales locales et des prérogatives de l'État en matière pénale* : *RJPENC* 2020, 257. • Billet, *Protection des entités naturelles : les affres de l'incompétence* : *Énergie – Env. – Infrastr.* 2024, alerte 103. • Bouix et Froger, *Le droit néo-calédonien face aux « entités naturelles sujets de droit ». De la difficile prise en compte de l'identité kanak* : *AJDA* 2024, 2216. • Breton, *Territoires ultramarins et compétences environnementales* : *Rev. jur. env.* n° spécial 2013, p. 163. • Briseul, *Les normes applicables en matière d'environnement en Nouvelle-Calédonie* : *RFDA* 2006, 1128. • Cazalet, *Droit des lagons de Polynésie française* : *Rev. jur. env.* 2008, 391. • Chauchat et Toubhans, *Les normes applicables en matière d'urbanisme en Nouvelle-Calédonie* : *RFDA* 2006, 1124. • Chérioux, *Le Comité consultatif de l'environnement, vers une harmonisation et un renforcement du droit de l'environnement en Nouvelle-Calédonie* : *RJPENC* 2006/2, n° 8, p. 34. • Chicot, *Les enjeux liés à la protection et à la préservation de l'environnement dans les collectivités françaises d'Amérique : quand les citoyens aspirent à écrire le droit de l'environnement*, in Kada (dir.), *Droit et climat. Interventions publiques locales et mobilisations citoyennes*, Dalloz 2022, p. 193. • David, *La protection du vivant dans la Province des Îles loyauté* : *Dr. env.* 2023, 391 ; *La fixation des « conditions et limites » du droit de participation en matière environnementale en Polynésie française et en Nouvelle-Calédonie* : *Rev. jur. env.* 2015, 615. • David et David, *Les sargasses, d'objet juridique non identifié à catalyseur de droits* : *Rev. jur. env.* 2023, 585 ; *L'émancipation contrariée du droit de l'environnement en Nouvelle-Calédonie. L'accès à la nature et les aires naturelles protégées dans le Code de l'environnement de la Province des Îles Loyauté* : *Rev. jur. env.* 2021, 265. • Duvat, Stahl, Costa, Maquaire et Magnan, *Taking control of human-induced destabilisation of atoll islands : lessons learnt from the Tuamotu Archipelago, French Polynesia. Sustainability Science, Springer Verlag (Germany)* 2019, p. 1 et s. • Faberon, *Droit des collectivités d'outre-mer*, LGDJ 2007 ; *La mer outre-mer*, L'Harmattan 2001. • Garde, *L'administration des îles désertes* : *RFAP* 2002, n° 101, p. 59. • Gindre, *La répression dans les aires marines protégées du Pacifique Sud. Quelle place pour la coutume ?* : *Dr. env.* 2011, n° 192, p. 214 ; *Les limites de la protection pénale de l'environnement polynésien* : *Rev. jur. env.* 2011, n° 2, p. 227. • Giraudeau et Maisonneuve, *Dictionnaire juridique des outre-mer*, LexisNexis 2021. • Guignier, *Le rôle des peuples autochtones et des communautés locales dans le développement durable : figurants ou acteurs ?* : *Les cahiers du CRIDEAU*, PULIM 2004. • Lafargue, *La coutume face à son destin. Réflexions sur la coutume judiciaire en Nouvelle-Calédonie et la résilience des ordres juridiques infra-étatiques*, LGDJ 2010, coll. Dr. et société. • Lallemant-Moe, *Le « rahui-washing » des aires marines en Polynésie française : d'une approche descendante à une approche ascendante*, in *Kada* (dir.), Droit *et climat. Interventions publiques locales et mobilisations citoyennes*, Dalloz 2022, p. 97. • Le Cornec, *Spécificité juridique des espaces insulaires, droit de l'urbanisme et droit de l'environnement* : *Rev. jur. env.* 2000. • Marguenaud, *La personnalité juridique des animaux en France : une lumière calédonienne* : *RSDA* n° 2/2023, https://www.revue-rsda.fr/. • Martini, *Le développement durable en Nouvelle-Calédonie. Données juridiques et politiques (thèse), Centre de documentation pédagogique de Nouvelle-Calédonie, Gouvernement de la Nouvelle-Calédonie* 2006. • Massenavette, *La reconnaissance législative du domaine fluvial de la Nouvelle-Calédonie : la fin d'une longue période* *d'insécurité juridique* : *Rev. jur. env.* 2011, p. 17 ; *La gestion durable de la ressource en eau des îles Loyauté en Nouvelle-Calédonie*, Mémoire DEA Limoges 2002. • Matutano, *La codification dans les outre-mers : état des lieux* : *RDP* 2022, 1027. • Naim-Gesbert, *La construction d'un système d'écriture du droit de l'aménagement du territoire à la Réunion* : *Rev. juridique de l'Océan indien* 2002, n° 2, p. 165 ; *Les aspects juridiques du développement durable à Mayotte, in Sermet et Coudray (dir.), Mayotte dans la République*, Montchrestien 2004, p. 637 ; *De l'intelligibilité du droit outre-mer confronté aux pratiques de pêches traditionnelles* : *Rev. juridique de l'Océan indien* 2008, n° 8, p. 293 ; *Les cinquante pas géométriques à l'épreuve des revendications de propriété outre-mer* : *Rev. juridique de l'Océan indien* 2009-2010, p. 238 ; *Où est le droit de l'environnement outre-mer ?* : *Rev. jur. env.* 2018, 5 ; *Théorie pour une norme environnementale acclimatée à l'outre-mer, in Itinéraires du droit et terres des hommes*, Mél. J.M. Breton, Mare et Martin, 2017. • Naim-Gesbert, *Sauvageot et Stahl, Collectivités d'outre-mer et environnement* : *JCl. Envir.*, fasc. 4750. • Naim-Gesbert, *Maisonneuve et Aoustin (dir.), La protection de la biodiversité outre-mer : approches pluridisciplinaires*, PUAM 2012. • Naim-Gesbert, Peyen et Radiguet (dir.), *Figures de la préservation de l'environnement outre-mer. Études de cas et réflexions pluridisciplinaires*, PUAM Aix-Marseille 2015. • Oraison, *Gestion ou cogestion des « réserves naturelles » créées sur les îles éparses de la zone sud-ouest de l'océan Indien et du canal du Mozambique ? (le cas spécifique du récif de Tromelin, de l'archipel des Glorieuses et des îlots Juan de Nova, Europa et Bassas da India)* : *Rev. jur. env.* 2001, 5 ; *Comment le droit international a sauvé la Chelonia mydas originaire des îles Éparses : de la ferme CORAIL au centre d'études et de découvertes des tortues marines de La Réunion (CEDTM)* : *RJOI* 2001-2002, n° 2, p. 179. • Peyen, *Les droits de la nature réduits à une simple question de droit civil* : *JCP Adm.* 2024, n° 2246 ; *La dimension culturelle des droits de la nature. Réflexions à partir de la région Pacifique* : *Dr. env.* 2022, 21 ; *Les collectivités territoriales d'outre-mer et l'élaboration des normes environnementales*, in *Janicot* (dir.), *Les collectivités territoriales et la protection de l'environnement*, Berger-Levrault 2021, p. 17. • Sage et Costi, *Droit international de l'environnement dans les pays insulaires du Pacifique Sud : un bilan et deux suggestions* : *Rev. juridique polynésienne*, hors série, vol. 5, 2005, p. 1. • Shine, *État des lieux et recommandations sur les outils juridiques portant sur les espèces exotiques envahissantes dans les collectivités françaises d'outre-mer, Comité français de l'UICN* 2008 (http://www.especes-envahissantes-outremer.fr/actualites.php). • L. Stahl, *L'extension de la définition juridique des aires marines protégées aux outre-mer*: *RJ envir.* 2023, 203 ; *Les définitions juridiques des zones humides ultramarines* : *Rev. jur. env.* 2020, 345 ; *L'outre-mer et la loi pour la reconquête de la biodiversité, de la nature et des paysages* : *Rev. jur. env.* 2018, 95 ; *Les défis présents et à venir des plans de prévention des risques naturels polynésiens*, Études caribéennes 2018 ; *La clarification des compétences institutionnelles en matière d'environnement dans les collectivités d'outre-mer et en Nouvelle-Calédonie* : *Rev. jur. env.* n° spécial 2013, p. 147 ; *La protection de la nature outre-mer : un droit encore peu avancé, Analyses, Iddri Sciences Po., Fondation d'entreprise Hermès*, févr. 2011 ; *Fugit irreparable tempus ou l'extension aux départements d'outre-mer des servitudes de passage des piétons sur le littoral* : *JCP Adm.* 2010, n° 48, p. 43 ; *Le droit de la protection de la nature et de la diversité biologique dans les collectivités françaises d'outre-mer*, Thèse Lyon 3, 2009 ; *Spécificité et efficacité du droit de la protection de la nature dans les collectivités françaises d'outre-mer, Iddri, Idées pour le débat*, n° 05/2009 ; *Le Code de l'environnement de la Polynésie française* : *Rev. jur. env.* 2006, 5. • Tissot, *L'attribution de la qualité de « sujet de droits » aux espèces des tortues et requins dans la province des îles Loyauté* : *RSDA* n° 2/2023, https://www.revue-rsda.fr/. • Vidal, *Les problèmes juridiques soulevés par la pollution du lagon en Polynésie française* : *Rev. jur. env.* 1996, 293. • *Le droit de l'environnement en Nouvelle-Calédonie, état des lieux et perspectives* : *Rev. jur. env.* n° spécial 2007. • J. Blot, *L'application du traité CE aux territoires d'outre-mer* : *AJDA* 2003, n° 27, p. 1426-1429. • J.-M. Breton, *Territoires ultramarins et compétences environnementales : les DOM-ROM* : *Rev. jur. env.* 2013, p. 163. • T. Burelli, *Les chemins tortueux de la mise en œuvre de la Convention sur la diversité biologique dans l'outre-mer français* : *Rev. jur. env.* 2013, p. 31. • D. Dormoy, *Assoc. des pays et territoires d'outre-mer (PTOM) à la Communauté européenne* : *JCl. Europe*, Fasc. 473, 3/2015. • J.-Y. Faberon (dir.), *La mer outre-mer*, L'Harmattan, 2003. • J.-Y. Faberon (dir.), *Mer et outre-mer*, L'Harmattan 2001. • F. Garde, *L'administration des îles désertes* : *RF adm. publ.* 2002, p. 59. • J.-P. de Lisle, *Réflexions sur les évolutions constitutionnelles des outre-mer français* : *AJDA* 2002, n° 20, p. 1273. • F. Luchaire, *La France d'outre-mer et la République* : *RF adm. publ.* 2007, n° 123, p. 399. • F. Luchaire, *L'outre-mer devant le Conseil constitutionnel* : *RDP* 2003, n° 6, p. 1789-1801. • E. Naim-Gesbert, *Où est le droit de l'environnement outre-mer ?* : *Rev. jur. env.* 2018, p. 5. • E. Naim-Gesbert, M. Maisonneuve et T. Aoustin (dir.), *La protection de la biodiversité outre-mer : approches pluridisciplinaires*, Presses universitaires d'Aix-Marseille, coll. « Droit d'outre-mer », 2012. • E. Naim-Gesbert, L. Peyen et R. Radiguet (dir.), *Figures de la préservation de l'environnement outre-mer. Études de cas et réflexions pluridisciplinaires*, Presses universitaires Aix-Marseille 2015. • E. Naim-Gesbert et F. Sauvageot, *Collectivités d'outre-mer et environnement* : *JCl. Environnement*, fasc. 4750, 12/2012. • R. Romi, *Régions et environnement* : *JCl. Environnement*, Fasc. 2630, 1/2016, V. « Compétences de la Corse et compétences des régions d'outre-mer » n°s 16 à 27. • L. Stahl, *L'outre-mer et la loi pour la reconquête de la biodiversité, de la nature et des paysages* : *Rev. jur. env.* 2017, p. 95. • L. Stahl, *La clarification des compétences institutionnelles en matière d'environnement dans les collectivités d'outre-mer et en Nouvelle-Calédonie* : *Rev. jur. env.* 2013, n° spécial, p. 147. • L. Stahl, *La protection de la nature outre-mer : un droit encore peu avancé* : *Analyses*, 11 févr. 2011, n° 01. • L. Stahl, *Le droit de la protection de la nature et de la diversité biologique dans les collectivités françaises d'outre-mer*, thèse droit, Lyon-III, 2009. • J.-P. Thiellay, *L'application des textes dans l'outre-mer français* : *AJDA* 2003, n° 20, p. 1032. • J. Ziller, *Champ d'application de l'Union, application territoriale* : *JCl. Europe*, fasc. 470, 1/2013 (notamment « Application partielle du traité aux PTOM », n°s 67 à 102).

TITRE Ier. – DISPOSITIONS APPLICABLES EN NOUVELLE-CALEDONIE

Bibliographie : H. Beringer, *Nouvelle-Calédonie : JCl. Collectivités territoriales*, fasc. 470, 3/2011 ; *Le droit de l'environnement en Nouvelle-Calédonie : état des lieux et perspectives*, Actes du colloque organisé à Nouméa les 6, 7 et 8 novembre 2006 : *RED env.* 2007, n° spécial ; *Droit de l'environnement et Nouvelle-Calédonie*, Actes des rencontres tenues le 29 juillet 1992, Université française du Pacifique-Nouméa : *Rev. jur. env.* 1993, n° hors-série. • A. Christnacht, *Nouvelle-Calédonie : JCl. Administratif*, fasc. 130-50, 4/2009. • J.-P. Briseul, *Le juge administratif et le contentieux des installations classées en Nouvelle-Calédonie : Rev. jur. env.* 2007, n° spécial, p. 49. • C. Castets-Renard et G. Nicolas (dir.), *Patrimoine naturel et culturel de la Nouvelle-Calédonie : aspects juridiques*, L'Harmattan, 2015. • M. Chauchat et Y. Toubhans, *Les normes applicables en matière d'urbanisme et d'environnement en Nouvelle-Calédonie : RFDA* 2006, n° 6, p. 1124. • C. David, *La fixation des « conditions et limites » du droit de participation en matière environnementale en Polynésie française et en Nouvelle-Calédonie : Rev. jur. env.* 2015, p. 615. • J.-Y. Faberon et B. Chérioux (dir.), *Les risques majeurs : quelles réponses institutionnelles en Nouvelle-Calédonie ?*, Presses universitaires Aix-Marseille, 2011. • C. Massenavette, *La reconnaissance législative du domaine fluvial de la Nouvelle-Calédonie : la fin d'une longue période d'insécurité juridique : Rev. jur. env.* 2011, p. 17. • L. Stahl, *La clarification des compétences institutionnelles en matière d'environnement dans les collectivités d'outre-mer et en Nouvelle-Calédonie : Rev. jur. env.* 2013, n° spécial, p. 147.

Répartition des compétences. La loi organique n° 99-209 du 19 mars 1999 relative à la Nouvelle-Calédonie (*JO 21 mars 1999, p. 4197*) prévoit que « *Chaque province est compétente dans toutes les matières qui ne sont pas dévolues à l'État ou à la Nouvelle-Calédonie par la présente loi, ou aux communes par la législation applicable en Nouvelle-Calédonie* » (art. 20). L'État n'a pas formellement retenu la compétence en matière d'environnement, confirmant ainsi son transfert aux Provinces par le jeu de l'article 7 de la loi n° 88-1028 du 9 novembre 1988 portant dispositions statutaires et préparatoires à l'autodétermination de la Nouvelle-Calédonie, qui ne l'a attribuée ni à l'État ni au Territoire et l'arrêté du Haut commissaire n° 89-62/CC du 15 décembre 1989 portant transfert de compétences aux provinces, qui l'a ainsi transférée aux Provinces. L'article 5 de la loi organique n° 2013-1027 du 15 novembre 2013 portant actualisation de la loi organique n° 99-209 du 19 mars 1999 relative à la Nouvelle-Calédonie (*JO 16 nov. 2013, p. 18616*) renforce encore cette compétence en complétant le dispositif originel : « *L'État exerce également jusqu'à leur transfert à la Nouvelle-Calédonie, dans les conditions prévues à l'article 26, les compétences suivantes : 4° Droit civil, sous réserve des compétences des provinces en matière de chasse et d'environnement, règles concernant l'état civil et droit commercial (...)* » (*art. 21, III, 4°*). « *La Nouvelle-Calédonie est compétente dans les matières suivantes : 10° Réglementation et exercice des droits d'exploration, d'exploitation, de gestion et de conservation des ressources naturelles, biologiques et non biologiques de la zone économique exclusive (...) ; 2 Principes directeurs du droit de l'urbanisme, sous réserve des compétences des provinces en matière d'environnement* » (*art. 22, 2*). Le Conseil d'État a estimé que, s'agissant de la répartition des compétences en matière de réglementation du bruit, « *La lutte contre le bruit et la prévention des nuisances sonores peuvent avoir notamment pour objectif le maintien de la tranquillité publique, la protection de la santé et la préservation de l'environnement. La détermination de l'autorité compétente pour édicter une réglementation dans ce domaine dépend donc de la nature de la finalité qui lui est assignée* ». Ainsi, dès lors que la préservation de l'environnement ne fait pas partie des compétences que l'article 21 de la loi organique attribue à l'État, que l'article 22 ne la mentionne pas au titre des compétences de la Nouvelle-Calédonie et qu'aucune disposition de la législation applicable en Nouvelle-Calédonie ne confie cette compétence aux communes, « *il s'ensuit que les provinces sont compétentes pour édicter une réglementation en matière de lutte contre le bruit et de prévention des nuisances sonores lorsqu'elle tend à la préservation de l'environnement* ». Toutefois, dès lors qu'aux termes de l'article 22 de la loi organique, « *La Nouvelle-Calédonie est compétente dans les matières suivantes : (...) 4° (...) santé* », « *la Nouvelle-Calédonie est compétente pour édicter une réglementation en matière de lutte contre le bruit ou de prévention des nuisances sonores à des fins de protection de la santé publique* ». Ces compétences sont cependant exercées sans préjudice du pouvoir de police générale du maire ni de ceux du Haut commissaire et des commissaires délégués en matière d'ordre public (■ CE, Avis, 7 déc. 2015, n° 393473, *Assoc. « Ensemble pour la planète » : AJDA* 2016, p. 525).

Codes de l'environnement néo-calédoniens, adoptés conformément à la loi organique modifiée n° 99-209 du 19 mars 1999 relative à la Nouvelle-Calédonie : Code de l'environnement de la Province Nord (Délibération n° 2008-306/APN du 24 oct. 2008, mod. en dernier lieu par délibération n° 2019-262/APN du 19 déc. 2019 et délibération n° 2019-263/APN du 19 déc. 2019). Code de l'environnement de la Province Sud (Délibération n° 25-2009/APS du 20 mars 2009, mod. en dernier lieu par délibération n° 333-2019/BAPS du 23 avr. 2019). Code de l'environnement des Îles Loyauté (Délibération n° 2016-13/API du 6 avr. 2016 – mod. en dernier lieu par délibération n° 2020-45/API du 30 juin 2020 et délibération n° 2020-46/API du 30 juin 2020).

CHAPITRE Ier. – AGRÉMENT ET ACTION EN JUSTICE DES ASSOCIATIONS DE PROTECTION DE L'ENVIRONNEMENT

Art. L. 611-1 *(Anc. C. rur., art. L. 252-1).* – **Lorsqu'elles exercent leurs activités depuis au moins trois ans, les associations régulièrement déclarées et exerçant leurs activités statutaires dans le domaine de la protection de la nature, de l'amélioration du cadre de vie, de la protection de l'eau, de l'air, des sols, des sites et paysages, de l'urbanisme, ou ayant pour objet la lutte contre les pollutions et les nuisances et, d'une manière générale, œuvrant principalement pour la protection de l'environnement, peuvent faire l'objet d'un agrément motivé de l'autorité administrative.**

Ces associations sont dites « associations agréées de protection de l'environnement ».

Cet agrément est attribué dans des conditions prévues par décret en Conseil d'État. Il peut être retiré lorsque l'association ne satisfait plus aux conditions qui ont conduit à le délivrer.

Les décisions prises en application du présent article sont soumises à un contentieux de pleine juridiction.

Voir : sous art. L. 141-1, annot. nos 1 et s., p. 192.

Art. L. 611-2 *(Anc. C. rur., art. L. 252-4).* – **Toute association ayant pour objet la protection de la nature et de l'environnement peut engager des instances devant les juridictions administratives pour tout grief se rapportant à son objet.**

Toute association de protection de l'environnement agréée au titre de l'article L. 611-1 justifie d'un intérêt pour agir contre toute décision administrative ayant un rapport direct avec son objet et ses activités statutaires et produisant des effets dommageables pour l'environnement sur tout ou partie du territoire pour lequel elle bénéficie de l'agrément.

Recevabilité d'action contentieuse. Est recevable l'action engagée par le secrétaire général d'une association contre l'arrêté d'autorisation d'exploitation d'une usine de traitement de minerai de nickel et de cobalt, alors même que ni lui, ni aucun autre représentant de cette association n'est habilité par les statuts à décider d'agir en justice au nom de cette association, dès lors qu'une délibération de l'assemblée générale de cette dernière habilite son secrétaire général à cette fin (▪ TA Nouvelle-Calédonie, 14 juin 2006, n° 0536, Comité Rheebu Nuu et M. Raphaël X. : *Rev. jur. Env.* 2/2007, p. 225, concl. J.-P. Briseul).

Voir : sous art. L. 142-1, annotations nos 1 et s., p. 198.

Art. L. 611-3 *(Anc. C. rur., art. L. 252-3).* – **Les associations agréées mentionnées à l'article L. 611-1 peuvent exercer les droits reconnus à la partie civile en ce qui concerne les faits portant un préjudice direct ou indirect aux intérêts collectifs qu'elles ont pour objet de défendre et constituant une infraction aux dispositions relatives à la protection de la nature et de l'environnement, à l'amélioration du cadre de vie, à la protection de l'eau, de l'air, des sols, des sites et paysages, à l'urbanisme, ou ayant pour objet la lutte contre les pollutions et les nuisances.**

Voir : sous art. L. 142-2, annot. nos 2 et s., p. 214.

Art. L. 611-4 *(Anc. C. rur., art. L. 252-5).* – **Lorsque plusieurs personnes physiques identifiées ont subi des préjudices individuels qui ont été causés par le fait d'une même personne et qui ont une origine commune, dans les domaines mentionnés à l'article L. 611-3, toute association agréée au titre de l'article L. 611-1 peut, si elle a été mandatée par au moins deux des personnes physiques concernées, agir en réparation devant toute juridiction au nom de celles-ci.**

Le mandat ne peut être sollicité. Il doit être donné par écrit par chaque personne physique concernée.

Toute personne physique ayant donné son accord à l'exercice d'une action devant une juridiction pénale est considérée en ce cas comme exerçant les droits reconnus à la partie civile, en application du Code de procédure pénale. Toutefois, les significations et notifications sont adressées à l'association.

L'association qui exerce une action en justice en application des dispositions des alinéas précédents peut se constituer partie civile devant le juge d'instruction ou la juridiction de jugement du siège social de l'entreprise mise en cause ou, à défaut, du lieu de la première infraction.

Voir : annotations sous art. L. 142-3, p. 223.

CHAPITRE II. – EAUX MARINES ET VOIES OUVERTS À LA NAVIGATION MARITIME

Art. L. 612-1 *(Mod., Ord. n° 2005-805, 18 juill. 2005 ; Ord. n° 2015-1534, 26 nov. 2015 ; L. n° 2016-1087, 8 août 2016 ; L. n° 2020-1672, 24 déc. 2020 ; Ord. n° 2021-266, 10 mars 2021 ; mod. à compter du 18 mars 2021, Ord. n° 2021-267, 10 mars 2021 ; L. n° 2021-1308, 8 oct. 2021). – (Mod., L. n° 2024-364, 22 avr. 2024)* **Sont applicables à la Nouvelle-Calédonie les articles L. 218-1 à L. 218-72, à l'exception du II de l'article L. 218-44, et les articles L. 218-83 à L. 218-86, sous réserve des compétences dévolues à la Nouvelle-Calédonie et aux provinces dans les eaux territoriales.**

Les articles L. 218-1 et L. 218-2 sont applicables en Nouvelle-Calédonie dans leur rédaction résultant de la loi n° 2021-1308 du 8 octobre 2021 portant diverses dispositions d'adaptation au droit de l'Union européenne dans le domaine des transports, de l'environnement, de l'économie et des finances, sous réserve des compétences dévolues à cette collectivité dans les eaux territoriales.

Les articles L. 218-11, L. 218-12, L. 218-13 et L. 218-15 sont applicables en Nouvelle-Calédonie, dans leur rédaction résultant de l'ordonnance n° 2021-267 du 10 mars 2021 relative aux sanctions des infractions aux interdictions de rejets polluants des navires prévues par le Recueil sur la navigation polaire et aux sanctions de la méconnaissance des obligations de surveillance, de déclaration et de vérification des émissions de dioxyde de carbone du secteur du transport maritime prévues par le règlement (UE) 2015/757 du 29 avril 2015.

L'article L. 218-42 est applicable dans sa rédaction résultant de l'ordonnance n° 2015-1534 du 26 novembre 2015 prise en application de l'article 30 de la loi n° 2015-917 du 28 juillet 2015 et portant diverses dispositions concernant la défense, les anciens combattants et l'action de l'État en mer.

L'article L. 218-84 est applicable dans sa rédaction résultant de la loi n° 2020-1672 du 24 décembre 2020 relative au Parquet européen, à la justice environnementale et à la justice pénale spécialisée.

(Mod. à compter d'une date fixée par décret et au plus tard le 1er août 2024, L. n° 2023-703, 1er août 2023) **L'article L. 218-72 est applicable, dans sa rédaction résultant de la loi n° 2023-703 du 1er août 2023 relative à la programmation militaire pour les années 2024 à 2030 et portant diverses dispositions intéressant la défense.**

Art. L. 612-2 *(Anc. L. n° 83-583, 5 juill. 1983 ; mod., Ord. n° 2005-805, 18 juill. 2005).* **– Dans le cas où il n'existe pas d'administrateurs des affaires maritimes, d'officiers de port, d'officiers de port adjoints, les pouvoirs qui leur sont dévolus par les dispositions mentionnées au I de l'article L. 612-1 sont exercés par le représentant de l'État ou par l'un de ses représentants.**

CHAPITRE III. – ANTARCTIQUE

(L. n° 2003-347, 15 avr. 2003)

Art. L. 613-1 *(L. n° 2003-347, 15 avr. 2003).* **– Les articles L. 711-1 à L. 713-9 sont applicables à la Nouvelle-Calédonie.**

CHAPITRE IV. – AUTRES DISPOSITIONS

(L. n° 2003-591, 2 juill. 2003)

Art. L. 614-1 *(L. n° 2003-591, 2 juill. 2003).* **– Sont applicables à la Nouvelle-Calédonie** *(Mots remp., L. n° 2022-217, 21 févr. 2022)* **« le second alinéa du IV de l'article L. 131-3, le IV de l'article L. 131-9 et les » articles L. 229-1 à L. 229-4.**

Art. L. 614-1-1 *(L. n° 2017-256, 28 févr. 2017).* – **Outre les officiers et agents de police judiciaire et les agents assermentés et commissionnés à cet effet en Nouvelle-Calédonie, les agents de police municipale sont habilités à rechercher et à constater les infractions aux dispositions applicables localement en matière de protection du patrimoine naturel, de pêche et de gestion des ressources halieutiques, ainsi que de prévention et de gestion des déchets, de prévention des nuisances visuelles, dans les limites et selon les modalités fixées par le Code de procédure pénale.**

Les articles L. 415-1, L. 437-1, L. 541-44 et L. 581-40 du Code de l'environnement énumèrent les agents compétents en matière de recherche et de constatation des infractions, respectivement en matière de protection du patrimoine naturel, de pêche en eau douce et de gestion des ressources piscicoles, de déchets et de protection du cadre de vie. Y sont notamment inclus les agents de police judiciaire adjoints. En application du principe de spécialité législative, ces dispositions ne sont pas applicables à la Nouvelle-Calédonie, faute de mention expresse dans la loi. Ce nouvel article a pour objet d'étendre aux agents de police municipale de la Nouvelle-Calédonie le pouvoir de rechercher et de constater des infractions édictées localement en matière environnementale.

Art. L. 614-1-2 *(L. n° 2022-217, 21 févr. 2022).* – **Sans préjudice des compétences des officiers et agents de police judiciaire, sont habilités à rechercher et à constater les infractions définies localement en Nouvelle-Calédonie en matière de protection du patrimoine naturel, de préservation des espèces et espaces protégés, de pêche et de gestion des ressources halieutiques, de réglementation de la navigation ainsi que de prévention et de gestion des pollutions causées par les rejets des navires les commandants, dans l'exercice de leurs fonctions, les commandants en second et officiers des bâtiments de la marine nationale et les commandants des aéronefs militaires affectés à la surveillance maritime ainsi que les officiers mariniers commissionnés et assermentés à cet effet par l'autorité administrative, dans les limites et selon les modalités fixées par le Code de procédure pénale.**

Les procès-verbaux établis par les fonctionnaires mentionnés au premier alinéa font foi jusqu'à preuve du contraire. Ils sont notifiés aux personnes concernées et transmis sans délai au procureur de la République.

Les modalités d'application du présent article sont fixées par décret.

Art. L. 614-2 *(Ord. n° 2012-6, 5 janv. 2012 ; mod., Ord. n° 2014-1567, 22 déc. 2014).* – **Les dispositions de la section 1, sous réserve des articles L. 597-23 à L. 597-25, et celles de la section 2, sous réserve des articles L. 597-45 et L. 597-46, du chapitre VII du titre IX du livre V sont applicables en Nouvelle-Calédonie.**

Les articles L. 597-2, L. 597-5, L. 597-27 et L. 597-29 sont applicables dans leur rédaction résultant de l'ordonnance n° 2014-1567 du 22 décembre 2014 portant application de l'article 55 de la loi n° 2013-1168 du 18 décembre 2013 relative à la programmation militaire pour les années 2014 à 2019 et portant diverses dispositions concernant la défense et la sécurité nationale.

Art. L. 614-3 *(Ord. n° 2016-982, 20 juill. 2016 ; mod. à compter du 1er mars 2017, Ord. n° 2017-80, 26 janv. 2017 ; mod., L. n° 2018-607, 13 juill. 2018* (1) *; L. n° 2018-607, 13 juill. 2018).* – (2) **L'article L. 517-1 est applicable en Nouvelle-Calédonie dans sa rédaction résultant de la loi n° 2018-607 du 13 juillet 2018 relative à la programmation militaire pour les années 2019 à 2025 et portant diverses dispositions intéressant la défense.**

Pour l'application de l'article L. 517-1, la référence aux dispositions du chapitre unique du titre VIII du livre Ier et du titre Ier du livre V est remplacée par la référence aux dispositions applicables localement ayant le même objet.

Voir : art. L. 517-1, p. 1067.

Art. L. 614-4 *(L. n° 2018-607, 13 juill. 2018).* – (2) **Les 4° et 5° de l'article L. 412-4 et le II de l'article L. 412-9, à l'exception de sa dernière phrase, sont applicables en Nouvelle-Calédonie.**

(1) Dispositions d'application particulières et transitoires : V. Ord. n° 2017-80, 26 janv. 2017, art. 15.

(2) Deux articles L. 614-3 coexistent l'un créé par l'ordonnance n° 2016-982 du 20 juillet 2016, le second créé par la loi n° 2016-1087 du 8 août 2016. – NDLR.

TITRE II. – DISPOSITIONS APPLICABLES EN POLYNÉSIE FRANÇAISE

Bibliographie : Ph. Billet, *La gestion des déchets dans la loi NOTRe : Énergie - Env. - Infrastr.* 2016, comm. 6. • Ph. Billet, *Risques naturels et application de la Charte de l'environnement en Polynésie française : Énergie - Env. - Infrastr.* 2015, comm. 64. • H. Béringer, *Polynésie française : JCl. Collectivités territoriales*, fasc. 468, 4/2012. • O. Bui-Xuan, *De la difficulté d'édifier un statut sur mesure : le nouveau statut de la Polynésie française : LPA* 21 févr. 2005, n° 36, p. 6-16. • T. Burelli, *La bioprospection dans l'outre-mer français. Opportunité et limites des dispositifs de régulation émergents dans l'outre-mer français : RRJ* sept. 2013, p. 1747. • B. Cazalet, *Droit des lagons de Polynésie française : Rev. jur. env.* 2008, p. 391. • A. Costi et Y.-L. Sage (dir.), *Droit de l'environnement dans le Pacifique : problématiques et perspectives croisées / Environmental Law in the Pacific : International and Comparative Perspectives*, éd. New Zealand Association for Comparative Law/Association de législation comparée des pays du Pacifique, Wellington, 2005. • C. David, *La fixation des « conditions et limites » du droit de participation en matière environnementale en Polynésie française et en Nouvelle-Calédonie : RJE* 2015, p. 615. • E. Gindre, *Les limites de la protection pénale de l'environnement polynésien : Rev. jur. env.* 2011, p. 227. • E. Gindre, *La protection de l'environnement par le droit pénal en Polynésie française : un droit pénal en quête d'autonomie : Rev. pénit.* 2010, n° 2, p. 371. • M. Joyau, *L'évolution institutionnelle de la Polynésie française : AJDA* 2004, n° 23, p. 1242-1252. • O. Gohin et H. R. Lallemant-Moe, *Introduction à l'étude du droit de l'environnement de la Polynésie française* : Comparative Law Journal of the Pacific 2015, vol. V, coll. « Ex professo ». • H. R. Lallemant-Moe, *Le nouveau code polynésien de l'environnement : des améliorations malheureusement relatives : Journal de droit comparé du pacifique*, vol. 25, 2019, p. 45. • H. R. Lallemant-Moe, *L'assistance environnementale, nécessité et rôle en droit international de l'environnement et pour les petits États insulaires du pacifique sud*, thèse, droit, Université de la Polynésie française, 2015. • H. R. Lallemant-Moe, *L'apatride climatique et la disparition d'État dans le Pacifique sud : Revue juridique polynésienne*, vol. 15, 2009, p. 77. • A. Moyrand, *Droit institutionnel de la Polynésie* française, L'Harmattan, 2012, coll. « Portes Océanes », 2e éd. • L. Stahl, *Le Code de l'environnement de la Polynésie française : Rev. jur. env.* 3/2006, n° 1, p. 5. • G. Orfila, *L'animal et le droit en Nouvelle-Calédonie* : éd. CDP Nouvelle-Calédonie 2000. • C. Vidal, *Les problèmes juridiques soulevés par la pollution du lagon en Polynésie française : Rev. jur. env.* 3/1996, p. 293.

Code de l'environnement de la Polynésie française. Adopté par la loi du Pays n° 2017-25 du 5 octobre 2017 relative au Code de l'environnement de la Polynésie française, qui abroge et remplace l'arrêté n° 1843 C M du 15 décembre 2003 portant codification des réglementations territoriales en matière d'environnement, créant le Code de l'environnement de la Polynésie française, et modifiant le Code de l'aménagement de la Polynésie française ainsi que les textes subséquents.

CHAPITRE Ier. – AGRÉMENT ET ACTION EN JUSTICE DES ASSOCIATIONS DE PROTECTION DE L'ENVIRONNEMENT

Art. L. 621-1 *(Anc. C. rur., art. L. 252-1).* **– Lorsqu'elles exercent leurs activités depuis au moins trois ans, les associations régulièrement déclarées et exerçant leurs activités statutaires dans le domaine de la protection de la nature, de l'amélioration du cadre de vie, de la protection de l'eau, de l'air, des sols, des sites et paysages, de l'urbanisme, ou ayant pour objet la lutte contre les pollutions et les nuisances et, d'une manière générale, œuvrant principalement pour la protection de l'environnement, peuvent faire l'objet d'un agrément motivé de l'autorité administrative.**

Ces associations sont dites « associations agréées de protection de l'environnement ».

Cet agrément est attribué dans des conditions prévues par décret en Conseil d'État. Il peut être retiré lorsque l'association ne satisfait plus aux conditions qui ont conduit à le délivrer.

Les décisions prises en application du présent article sont soumises à un contentieux de pleine juridiction.

Voir : D. n° 2002-1169, 6 sept. 2002, relatif aux associations agréées de protection de l'environnement en Polynésie française. - Annotations sous art. L. 141-1, p. 191.

Art. L. 621-2 *(Anc. C. rur., art. L. 252-4).* **– Toute association ayant pour objet la protection de la nature et de l'environnement peut engager des instances devant les juridictions administratives pour tout grief se rapportant à son objet.**

Toute association de protection de l'environnement agréée au titre de l'article L. 621-1 justifie d'un intérêt pour agir contre toute décision administrative ayant un rapport direct avec son objet et ses activités statutaires et produisant des effets dommageables pour l'environnement sur tout ou partie du territoire pour lequel elle bénéficie de l'agrément.

Voir : sous art. L. 142-1, annot. nos 1 et s., p. 198.

Art. L. 621-3 *(Anc. C. rur., art. L. 252-3).* – Les associations agréées mentionnées à l'article L. 621-1 peuvent exercer les droits reconnus à la partie civile en ce qui concerne les faits portant un préjudice direct ou indirect aux intérêts collectifs qu'elles ont pour objet de défendre et constituant une infraction aux dispositions relatives à la protection de la nature et de l'environnement, à l'amélioration du cadre de vie, à la protection de l'eau, de l'air, des sols, des sites et paysages, à l'urbanisme, ou ayant pour objet la lutte contre les pollutions et les nuisances.

Voir : sous art. L. 142-2, annot. n°s 2 et s., p. 214.

Art. L. 621-4 *(Anc. C. rur., art. L. 252-5).* – Lorsque plusieurs personnes physiques identifiées ont subi des préjudices individuels qui ont été causés par le fait d'une même personne et qui ont une origine commune, dans les domaines mentionnés à l'article L. 621-3, toute association agréée au titre de l'article L. 621-1 peut, si elle a été mandatée par au moins deux des personnes physiques concernées, agir en réparation devant toute juridiction au nom de celles-ci.

Le mandat ne peut être sollicité. Il doit être donné par écrit par chaque personne physique concernée.

Toute personne physique ayant donné son accord à l'exercice d'une action devant une juridiction pénale est considérée en ce cas comme exerçant les droits reconnus à la partie civile, en application du Code de procédure pénale. Toutefois, les significations et notifications sont adressées à l'association.

L'association qui exerce une action en justice en application des dispositions des alinéas précédents peut se constituer partie civile devant le juge d'instruction ou la juridiction de jugement du siège social de l'entreprise mise en cause ou, à défaut, du lieu de la première infraction.

Voir : annotations sous art. L. 142-3, p. 223.

CHAPITRE II. – EAUX MARINES ET VOIES OUVERTES À LA NAVIGATION MARITIME

Art. L. 622-1 *(Mod., Ord. n° 2005-805, 18 juill. 2005 ; Ord. n° 2015-1534, 26 nov. 2015 ; L. n° 2016-1087, 8 août 2016 ; L. n° 2020-1672, 24 déc. 2020 ; Ord. n° 2021-266, 10 mars 2021 ; mod. à compter du 18 mars 2021, Ord. n° 2021-267, 10 mars 2021 ; L. n° 2021-1308, 8 oct. 2021). – (Mod., L. n° 2024-364, 22 avr. 2024)* Sont applicables à la Polynésie française les articles L. 218-1 à L. 218-72, à l'exception du II de l'article L. 218-44, et les articles L. 218-83 à L. 218-86, sous réserve des compétences dévolues au territoire dans les eaux territoriales.

Les articles L. 218-1 et L. 218-2 sont applicables en Polynésie française dans leur rédaction résultant de la loi n° 2021-1308 du 8 octobre 2021 portant diverses dispositions d'adaptation au droit de l'Union européenne dans le domaine des transports, de l'environnement, de l'économie et des finances, sous réserve des compétences dévolues à cette collectivité dans les eaux territoriales.

Les articles L. 218-11, L. 218-12, L. 218-13 et L. 218-15 sont applicables en Polynésie française, dans leur rédaction résultant de l'ordonnance n° 2021-267 du 10 mars 2021 relative aux sanctions des infractions aux interdictions de rejets polluants des navires prévues par le Recueil sur la navigation polaire et aux sanctions de la méconnaissance des obligations de surveillance, de déclaration et de vérification des émissions de dioxyde de carbone du secteur du transport maritime prévues par le règlement (UE) 2015/757 du 29 avril 2015.

L'article L. 218-42 est applicable dans sa rédaction résultant de l'ordonnance n° 2015-1534 du 26 novembre 2015 prise en application de l'article 30 de la loi n° 2015-917 du 28 juillet 2015 et portant diverses dispositions concernant la défense, les anciens combattants et l'action de l'État en mer.

L'article L. 218-84 est applicable dans sa rédaction résultant de la loi n° 2020-1672 du 24 décembre 2020 relative au Parquet européen, à la justice environnementale et à la justice pénale spécialisée.

(Mod. à compter d'une date fixée par décret et au plus tard le 1er août 2024, L. n° 2023-703, 1er août 2023) L'article L. 218-72 est applicable, dans sa rédaction résultant de la loi n° 2023-703 du 1er août 2023 relative à la programmation militaire pour les années 2024 à 2030 et portant diverses dispositions intéressant la défense.

Art. L. 622-2 *(Mod., Ord. n° 2005-805, 18 juill. 2005).* – Dans le cas où il n'existe pas d'administrateurs des affaires maritimes, d'officiers de port, d'officiers de port adjoints, les pouvoirs qui leur sont dévolus par les

dispositions mentionnées au I de l'article L. 622-1 sont exercés par le représentant de l'État ou par l'un de ses représentants.

Pêche illicite. Est illégal comme méconnaissant l'objectif à valeur constitutionnelle de clarté et d'intelligibilité de la norme l'article 1er du décret n° 2014-54 du 24 janvier 2014 définissant les infractions graves aux règles de la politique commune de la pêche et au système communautaire destiné à prévenir, à décourager et à éradiquer la pêche illicite, non déclarée et non réglementée et établissant un système de points de pénalité pour les capitaines des navires de pêche (*JO, 26 janv. 2014*) en tant qu'il prévoit que ce décret s'applique aux eaux sous souveraineté ou juridiction française s'étendant au large de la Polynésie française « dans les matières relevant de la compétence de l'État ». Eu égard à l'objet du décret, cette dernière mention a méconnu l'objectif à valeur constitutionnelle de clarté et d'intelligibilité de la norme. ▪ CE, 11 déc. 2015, n° 378622, *Polynésie française : AJDA* 2016, p. 579.

CHAPITRE III. – ANTARCTIQUE

(L. n° 2003-347, 15 avr. 2003)

Art. L. 623-1 *(L. n° 2003-347, 15 avr. 2003).* **– Les articles L. 711-1 à L. 713-9 sont applicables à la Polynésie française.**

Les articles L. 711-1 à L. 713-9 sont relatifs à la mise en œuvre du protocole au Traité sur l'Antarctique, relatif à la protection de l'environnement, signé à Madrid le 4 octobre 1991.

CHAPITRE IV. – AUTRES DISPOSITIONS

(L. n° 2003-591, 2 juill. 2003)

Art. L. 624-1 *(L. n° 2003-591, 2 juill. 2003).* **– Sont applicables à la Polynésie française** *(Mots rempl., L. n° 2022-217, 21 févr. 2022)* **« le second alinéa du IV de l'article L. 131-3, le IV de l'article L. 131-9 et les » articles L. 229-1 à L. 229-4.**

Les articles L. 229-1 à L. 229-4 sont relatifs à l'effet de serre et à l'Observatoire national sur les effets du réchauffement climatique.

Art. L. 624-1-1 *(L. n° 2022-217, 21 févr. 2022).* **– Sans préjudice des compétences des officiers et agents de police judiciaire et des agents assermentés et commissionnés à cet effet en Polynésie française, les agents de police municipale sont habilités et assermentés, dans des conditions fixées par décret en Conseil d'État, à rechercher et à constater les infractions aux dispositions applicables localement en matière de protection du patrimoine naturel, de prévention et de gestion des déchets ainsi que de prévention des nuisances visuelles, dans les limites et selon les modalités fixées par le Code de procédure pénale.**

Les procès-verbaux établis par les agents mentionnés au premier alinéa font foi jusqu'à preuve du contraire. Ils sont notifiés aux personnes concernées et transmis sans délai au procureur de la République.

Les modalités d'application du présent article sont fixées par décret.

Art. L. 624-1-2 *(L. n° 2022-217, 21 févr. 2022).* **– Sans préjudice des compétences des officiers et agents de police judiciaire, des agents assermentés et commissionnés à cet effet en Polynésie française et des agents mentionnés à l'article L. 624-1-1, sont habilités à rechercher et à constater les infractions définies localement en Polynésie française en matière de protection du patrimoine naturel, de préservation des espèces et espaces protégés, de pêche et de gestion des ressources halieutiques, de réglementation de la navigation ainsi que de prévention et de gestion des pollutions causées par les rejets des navires, dans l'exercice de leurs fonctions, les commandants, commandants en second et officiers des bâtiments de la marine nationale et les commandants des aéronefs militaires affectés à la surveillance maritime ainsi que les officiers mariniers commissionnés et assermentés à cet effet par l'autorité administrative, dans les limites et selon les modalités fixées par le Code de procédure pénale.**

Les procès-verbaux établis par les fonctionnaires mentionnés au premier alinéa font foi jusqu'à preuve du contraire. Ils sont notifiés aux personnes concernées et transmis sans délai et simultanément au maire et, le cas échéant par l'intermédiaire des officiers de police judiciaire, au procureur de la République.

Les modalités d'application du présent article sont fixées par décret.

Art. L. 624-2 *(Ord. n° 2008-527, 5 juin 2008).* – Pour son application en Polynésie française, l'article L. 412-1 du présent code est rédigé comme suit :

« L'exportation, la réexportation, l'importation et l'introduction en provenance de la mer de tout ou partie des animaux et de leurs produits ainsi que des végétaux appartenant aux espèces inscrites sur les listes annexées à la convention sur le commerce international des espèces de faune et de flore sauvages menacées d'extinction doivent faire l'objet d'une autorisation délivrée dans les conditions et selon les modalités fixées par un décret en Conseil d'État, lorsqu'une telle autorisation est requise par cette convention. »

(L. n° 2016-1087, 8 août 2016) Ce décret en Conseil d'État précise également les conditions et les limites dans lesquelles des personnes préalablement agréées par l'autorité administrative peuvent bénéficier de procédures simplifiées pour les activités auxquelles l'application des procédures prévues à l'alinéa précédent représenterait une charge excessive au regard de leur absence d'effet significatif sur l'état de conservation des espèces.

Art. L. 624-3 *(Ord. n° 2008-527, 5 juin 2008 ; mod. à compter du 1er juillet 2013, Ord. n° 2012-34, 11 janv. 2012 ; mod., L. n° 2016-1087, 8 août 2016).* – Pour son application en Polynésie française, l'article L. 415-3 du présent code est rédigé comme suit :

« Est puni de deux ans d'emprisonnement et de 150 000 euros d'amende le fait d'exporter, de réexporter, d'introduire ou d'importer tout ou partie des animaux et de leurs produits ainsi que des végétaux appartenant aux espèces inscrites sur les listes annexées à la convention sur le commerce international des espèces de faune et de flore sauvages menacées d'extinction, en violation des dispositions de l'article L. 624-2 ou des règlements pris pour son application.

L'amende encourue est prononcée en monnaie locale, compte tenu de la contre-valeur dans cette monnaie de l'euro. »

Lorsqu'une personne est condamnée pour une infraction au présent article, le tribunal peut mettre à sa charge les frais exposés pour la capture, les prélèvements, la garde ou la destruction des spécimens rendus nécessaires.

Art. L. 624-4 *(Ord. n° 2012-6, 5 janv. 2012 ; mod., Ord. n° 2014-1567, 22 déc. 2014).* – Les dispositions de la section 1, sous réserve des articles L. 597-23 à L. 597-25, et celles de la section 2, sous réserve des articles L. 597-45 et L. 597-46, du chapitre VII du titre IX du livre V sont applicables en Polynésie française.

Les articles L. 597-2, L. 597-5, L. 597-27 et L. 597-29 sont applicables dans leur rédaction résultant de l'ordonnance n° 2014-1567 du 22 décembre 2014 portant application de l'article 55 de la loi n° 2013-1168 du 18 décembre 2013 relative à la programmation militaire pour les années 2014 à 2019 et portant diverses dispositions concernant la défense et la sécurité nationale.

Voir : art. L. 517-1, p. 1067 du présent code.

Art. L. 624-5 *(L. n° 2016-1087, 8 août 2016).* – (1) Les 4° et 5° de l'article L. 412-4 et le II de l'article L. 412-9, à l'exception de sa dernière phrase, sont applicables en Polynésie française.

Art. L. 624-6 *(Ord. n° 2017-80, 26 janv. 2017 ; mod., L. n° 2018-607, 13 juill. 2018)* (2). – (1) L'article L. 517-1 est applicable en Polynésie française dans sa rédaction résultant de la loi n° 2018-607 du 13 juillet 2018 relative à la programmation militaire pour les années 2019 à 2025 et portant diverses dispositions intéressant.

(1) Deux articles L. 624-5 coexistent, l'un créé par l'ordonnance n° 2016-982 du 20 juillet 2016, le second créé par la loi n° 2016-1087 du 8 août 2016. – NDLR.

(2) Dispositions d'application particulières et transitoires : V. Ord. n° 2017-80, 26 janv. 2017, art. 15.

Pour l'application de l'article L. 517-1, la référence aux dispositions du chapitre unique du titre VIII du livre Ier et du titre Ier du livre V est remplacée par la référence aux dispositions applicables localement ayant le même objet.

1) Charte de l'environnement. Lorsque l'assemblée de la Polynésie française édicte, par des actes dénommés « lois du pays », des mesures relevant du domaine de la loi, il lui incombe de définir les conditions et limites dans lesquelles doit s'exercer le droit reconnu à toute personne par l'article 7 de la Charte de l'environnement d'accéder aux informations relatives à l'environnement détenues par les autorités publiques et de participer à l'élaboration des décisions publiques ayant une incidence sur l'environnement. En adoptant les dispositions contestées de la « loi du pays » n° 2014-26 LP/APF adoptée le 25 août 2014 portant modification du titre 8 du livre Ier de la première partie du Code de l'aménagement de la Polynésie française, sans déterminer les conditions et limites de la participation du public à la procédure d'actualisation des plans de prévention des risques naturels prévisibles, l'assemblée de la Polynésie française a méconnu l'étendue de sa compétence au regard des exigences de l'article 7 de la Charte de l'environnement. ▪ CE, 13 févr. 2015, n° 384447, *Haut commissaire de la République en Polynésie française* : *AJDA* 2015, p. 1190 ; *Énergie – Env. – Infrastr.* juill. 2015, comm. 64, obs. Ph. Billet ; *DAUH* 2016, n° 371, note C. Laporte.

2) Immersion de déchets. Partage de compétences. Aux termes de l'article 5 de la loi organique du 12 avril 1996 portant statut de la Polynésie française *(JO 13 avr. 1996)*, *« Nonobstant toutes dispositions contraires, les autorités de la Polynésie française sont compétentes dans toutes les matières qui ne sont pas dévolues à l'État par les dispositions de l'article 6 de la présente loi ou aux communes par la législation applicable sur le territoire »*, lequel article 6 énumère les matières dans lesquelles l'État reste compétent, sans citer parmi ces matières l'environnement ni la lutte contre la pollution marine. Dès lors, en réglementant l'immersion des déchets dans les eaux territoriales de la Polynésie française, l'assemblée de la Polynésie française a exercé en matière d'environnement et de lutte contre la pollution marine la compétence de droit commun qui lui est attribuée par cet article 5. Par ailleurs, si les dispositions de l'article 7 de cette loi, qui transfèrent aux autorités de la Polynésie française les compétences jusqu'alors exercées par l'État sur le domaine public maritime, n'évoquent pas le régime de la masse des eaux, c'est parce que cette dernière, chose commune, n'a jamais été incorporée au domaine public maritime : l'État ne peut, par suite, l'invoquer pour soutenir qu'elle ferait obstacle, dès lors qu'elle maintiendrait sous sa souveraineté la masse des eaux territoriales, à l'exercice par la Polynésie française de ses compétences en matière d'immersion des déchets. Le fait qu'en vertu du de l'article 6 de ce texte, les autorités de l'État soient compétentes en matière de relations extérieures, ces dispositions ne font pas obstacle à ce que la Polynésie française soumette les immersions de déchets à autorisation du président du gouvernement de la Polynésie française ou, en cas de force majeure, à notification à cette autorité. Toutefois, l'exercice de ces attributions de la Polynésie française doit être organisé de manière à permettre à l'État de disposer immédiatement des informations recueillies afin qu'il exerce les compétences de notifications aux organisations internationales et aux autres parties contractantes que lui imposent les stipulations des conventions internationales auxquelles il est partie, au nombre desquelles figurent le protocole sur la prévention de la pollution de la région du Pacifique Sud résultant de l'immersion des déchets annexé à la convention de Nouméa du 25 novembre 1986 dans son article 7 et son article 9 ainsi que la convention pour la prévention de la pollution marine par les opérations d'immersion effectuées par les navires et aéronefs signée à Oslo le 15 février 1972 dans son article 8-1 et la convention sur la prévention de la pollution des mers résultant de l'immersion des déchets ouverte à la signature à Londres, Moscou et Washington du 29 décembre 1972 au 31 décembre 1973 en son article VI. 4. ▪ CE, avis, 2 oct. 2002, n° 247767, *Haut-Commissaire de la République française en Polynésie* : *Lebon* T., p. 821.

3) Espaces naturels protégés volontaires. Selon l'art. 13 de la Délibération de l'Assemblée territoriale de la Polynésie française n° 95-257 AT du 14 déc. 1995 relative à la protection de la nature « Afin de répondre aux objectifs de classement énoncés à l'article 3 de la présente délibération, les propriétaires peuvent demander que leurs propriétés privées soient agréées comme espace naturel protégé volontaire (...) ». Il en résulte qu'en l'absence d'une demande individuelle de classement par le propriétaire, le juge ne peut enjoindre au gouvernement de la Polynésie française de prendre un arrêté en vue de l'application de cette disposition. ▪ CAA Paris, 10 juin 2003, n° 98PA02746, *Territoire de la Polynésie française*.

TITRE III. – DISPOSITIONS APPLICABLES À WALLIS-ET-FUTUNA

Bibliographie : H. Béringer, *Collectivités d'outre-mer – Wallis-et-Futuna : JCl. Collectivités territoriales*, Fasc. 466, 4/2011. • J.-P. Briseul, *Les pouvoirs de l'administrateur supérieur de Wallis-et-Futuna face aux autorités coutumières : AJDA* 2007, n° 22, p. 1184.

Code de l'environnement du territoire des îles Wallis-et-Futuna. Délibération n° 31/AT/2006 du 2 octobre 2006 rendue exécutoire par l'arrêté n° 2007-309 modifiée par la délibération n° 09 *bis*/AT-2007 du 26 juillet 2007 rendue exécutoire par l'arrêté n° 2007-310.

CHAPITRE Ier. – AGRÉMENT ET ACTION EN JUSTICE DES ASSOCIATIONS DE PROTECTION DE L'ENVIRONNEMENT

Art. L. 631-1. – Lorsqu'elles exercent leurs activités depuis au moins trois ans, les associations régulièrement déclarées et exerçant leurs activités statutaires dans le domaine de la protection de la nature, de l'amélioration du cadre de vie, de la protection de l'eau, de l'air, des sols, des sites et paysages, de l'urbanisme, ou ayant pour objet la lutte contre les pollutions et les nuisances et, d'une manière générale, œuvrant principalement pour la protection de l'environnement, peuvent faire l'objet d'un agrément motivé de l'autorité administrative.

Ces associations sont dites « associations agréées de protection de l'environnement ».

Cet agrément est attribué dans des conditions prévues par décret en Conseil d'État. Il peut être retiré lorsque l'association ne satisfait plus aux conditions qui ont conduit à le délivrer.

Les décisions prises en application du présent article sont soumises à un contentieux de pleine juridiction.

Voir : sous art. L. 141-1, annot. n°s 1 et s., p. 192.

Art. L. 631-2. – Toute association ayant pour objet la protection de la nature et de l'environnement peut engager des instances devant les juridictions administratives pour tout grief se rapportant à son objet.

Toute association de protection de l'environnement agréée au titre de l'article L. 631-1 justifie d'un intérêt pour agir contre toute décision administrative ayant un rapport direct avec son objet et ses activités statutaires et produisant des effets dommageables pour l'environnement sur tout ou partie du territoire pour lequel elle bénéficie de l'agrément.

Voir : sous art. L. 142-1, annot. n°s 1 et s., p. 198.

Art. L. 631-3. – Les associations agréées mentionnées à l'article L. 631-1 peuvent exercer les droits reconnus à la partie civile en ce qui concerne les faits portant un préjudice direct ou indirect aux intérêts collectifs qu'elles ont pour objet de défendre et constituant une infraction aux dispositions relatives à la protection de la nature et de l'environnement, à l'amélioration du cadre de vie, à la protection de l'eau, de l'air, des sols, des sites et paysages, à l'urbanisme, ou ayant pour objet la lutte contre les pollutions et les nuisances.

Voir : sous art. L. 142-2, annot. n°s 2 et s., p. 214.

Art. L. 631-4. – Lorsque plusieurs personnes physiques identifiées ont subi des préjudices individuels qui ont été causés par le fait d'une même personne et qui ont une origine commune, dans les domaines mentionnés à l'article L. 631-3, toute association agréée au titre de l'article L. 631-1 peut, si elle a été mandatée par au moins deux des personnes physiques concernées, agir en réparation devant toute juridiction au nom de celles-ci.

Le mandat ne peut être sollicité. Il doit être donné par écrit par chaque personne physique concernée.

Toute personne physique ayant donné son accord à l'exercice d'une action devant une juridiction pénale est considérée en ce cas comme exerçant les droits reconnus à la partie civile, en application du Code de procédure pénale. Toutefois, les significations et notifications sont adressées à l'association.

L'association qui exerce une action en justice en application des dispositions des alinéas précédents peut se constituer partie civile devant le juge d'instruction ou la juridiction de jugement du siège social de l'entreprise mise en cause ou, à défaut, du lieu de la première infraction.

Voir : annotations et s. sous art. L. 142-3, p. 223.

CHAPITRE II. – EAUX MARINES ET VOIES OUVERTES À LA NAVIGATION MARITIME

Art. L. 632-1 *(Mod., Ord. n° 2005-805, 18 juill. 2005 ; L. n° 2013-431, 28 mai 2013 ; Ord. n° 2015-1534, 26 nov. 2015 ; L. n° 2016-1087, 8 août 2016 ; Ord. n° 2021-266, 10 mars 2021 ; mod. à compter du 18 mars 2021, Ord. n° 2021-267, 10 mars 2021 ; L. n° 2021-1308, 8 oct. 2021). – (Mod., L. n° 2024-364, 22 avr. 2024)* Sont applicables à Wallis-et-Futuna les articles L. 218-10 à L. 218-72, à l'exception du II de l'article L. 218-44.

Les articles L. 218-1 et L. 218-2 sont applicables à Wallis-et-Futuna dans leur rédaction résultant de la loi n° 2021-1308 du 8 octobre 2021 portant diverses dispositions d'adaptation au droit de l'Union européenne dans le domaine des transports, de l'environnement, de l'économie et des finances.

Les articles L. 218-11, L. 218-12, L. 218-13 et L. 218-15 sont applicables à Wallis-et-Futuna, dans leur rédaction résultant de l'ordonnance n° 2021-267 du 10 mars 2021 relative aux sanctions des infractions aux interdictions de rejets polluants des navires prévues par le Recueil sur la navigation polaire et aux sanctions de la méconnaissance des obligations de surveillance, de déclaration et de vérification des émissions de dioxyde de carbone du secteur du transport maritime prévues par le règlement (UE) 2015/757 du 29 avril 2015.

L'article L. 218-42 est applicable dans sa rédaction résultant de l'ordonnance n° 2015-1534 du 26 novembre 2015 prise en application de l'article 30 de la loi n° 2015-917 du 28 juillet 2015 et portant diverses dispositions concernant la défense, les anciens combattants et l'action de l'État en mer, et les articles L. 218-83 à L. 218-86, sous réserve des compétences dévolues au territoire dans les eaux territoriales.

(Mod. à compter d'une date fixée par décret et au plus tard le 1er août 2024, L. n° 2023-703, 1er août 2023) L'article L. 218-72 est applicable, dans sa rédaction résultant de la loi n° 2023-703 du 1er août 2023 relative à la programmation militaire pour les années 2024 à 2030 et portant diverses dispositions intéressant la défense.

Art. L. 632-2 *(Anc. L. n° 83-583, 5 juill. 1983 ; mod., Ord. n° 2005-805, 18 juill. 2005).* – Dans le cas où il n'existe pas d'administrateurs des affaires maritimes, d'officiers de port, d'officiers de port adjoints, les pouvoirs qui leur sont dévolus par les dispositions mentionnées au I de l'article L. 632-1 sont exercés par le représentant de l'État ou par l'un de ses représentants.

CHAPITRE III. – EAU DESTINÉE À LA CONSOMMATION HUMAINE, EAUX USÉES ET DÉCHETS, LUTTE CONTRE LES BRUITS DE VOISINAGE ET LA POLLUTION ATMOSPHÉRIQUE

Art. L. 633-1. – Les dispositions particulières relatives à la qualité de l'eau destinée à la consommation humaine, à l'évacuation, au traitement, à l'élimination et à l'utilisation des eaux usées et des déchets, à la lutte contre les bruits de voisinage et la pollution atmosphérique d'origine domestique sont énoncées à l'article L. 1523-2 du Code de la santé publique.

CHAPITRE IV. – ANTARCTIQUE

(L. n° 2003-347, 15 avr. 2003)

Art. L. 634-1 *(L. n° 2003-347, 15 avr. 2003).* – Les articles L. 711-1 à L. 713-9 sont applicables à Wallis-et-Futuna.

CHAPITRE V. – AUTRES DISPOSITIONS

(L. n° 2003-591, 2 juill. 2003)

Art. L. 635-1 *(L. n° 2003-591, 2 juill. 2003 ; mod., Ord. n° 2012-644, 4 mai 2012).* – Sont applicables à Wallis-et-Futuna les articles L. 219-1, L. 219-2, L. 219-6 et L. 229-1 à L. 229-4.

Art. L. 635-2 *(Ord. n° 2008-527, 5 juin 2008).* – Pour son application dans les îles Wallis-et-Futuna, l'article L. 412-1 du présent code est rédigé comme suit :

« L'exportation, la réexportation, l'importation sous tous régimes douaniers et l'introduction en provenance de la mer de tout ou partie des animaux et de leurs produits ainsi que des végétaux appartenant aux espèces inscrites sur les listes annexées à la convention sur le commerce international des espèces de faune et de flore sauvages menacées d'extinction doivent faire l'objet d'une autorisation délivrée dans les conditions et selon les modalités fixées par un décret en Conseil d'État, lorsqu'une telle autorisation est requise par cette convention. »

(L. n° 2016-1087, 8 août 2016) Ce décret en Conseil d'État précise également les conditions et les limites dans lesquelles des personnes préalablement agréées par l'autorité administrative peuvent bénéficier de procédures simplifiées pour les activités auxquelles l'application des procédures prévues à l'alinéa précédent représenterait une charge excessive au regard de leur absence d'effet significatif sur l'état de conservation des espèces.

Art. L. 635-2-1 *(L. n° 2016-1087, 8 août 2016 ; mod., L. n° 2021-1104, 22 août 2021).* – La section 3 du chapitre II du titre Ier du livre IV, le II de l'article L. 415-1 et l'article L. 415-3-1, dans sa rédaction résultant de la loi n° 2021-1104 du 22 août 2021 portant lutte contre le dérèglement climatique et renforcement de la résilience face à ses effets, sont applicables dans les îles Wallis-et-Futuna, sous réserve de leurs compétences et de l'adaptation du premier alinéa de l'article L. 412-10, qui est ainsi rédigé :

Les circonscriptions territoriales régies par le titre IV de la loi n° 61-814 du 29 juillet 1961 conférant aux îles Wallis-et-Futuna le statut de territoire d'outre-mer ou, à défaut, l'État ou un des établissements publics compétents en matière d'environnement sont chargés d'organiser la consultation des communautés d'habitants dans les conditions définies aux articles L. 412-11 à L. 412-14.

Art. L. 635-3 *(Ord. n° 2008-527, 5 juin 2008 ; mod. à compter du 1er juillet 2013, Ord. n° 2012-34, 11 janv. 2012 ; mod., L. n° 2016-1087, 8 août 2016).* – Pour son application dans les îles Wallis-et-Futuna, l'article L. 415-3 du présent code est rédigé comme suit :

Est puni de deux ans d'emprisonnement et de 150 000 euros d'amende le fait d'exporter, de réexporter, d'introduire ou d'importer tout ou partie des animaux et de leurs produits ainsi que des végétaux appartenant aux espèces inscrites sur les listes annexées à la convention sur le commerce international des espèces de faune et de flore sauvages menacées d'extinction, en violation des dispositions de l'article L. 635-2 ou des règlements pris pour son application.

L'amende encourue est prononcée en monnaie locale, compte tenu de la contre-valeur dans cette monnaie de l'euro.

Lorsqu'une personne est condamnée pour une infraction au présent article, le tribunal peut mettre à sa charge les frais exposés pour la capture, les prélèvements, la garde ou la destruction des spécimens rendus nécessaires.

Art. L. 635-4 *(Ord. n° 2012-6, 5 janv. 2012 ; mod., Ord. n° 2014-1567, 22 déc. 2014).* – Les dispositions de la section 1, sous réserve des articles L. 597-23 à L. 597-25, et celles de la section 2, sous réserve des articles L. 597-45 et L. 597-46, du chapitre VII du titre IX du livre V sont applicables dans les îles Wallis-et-Futuna.

Les articles L. 597-2, L. 597-5, L. 597-27 et L. 597-29 sont applicables dans leur rédaction résultant de l'ordonnance n° 2014-1567 du 22 décembre 2014 portant application de l'article 55 de la loi n° 2013-1168 du 18 décembre 2013 relative à la programmation militaire pour les années 2014 à 2019 et portant diverses dispositions concernant la défense et la sécurité nationale.

Art. L. 635-5 *(Ord. n° 2016-982, 20 juill. 2016 ; mod. à compter du 1er mars 2017, Ord. n° 2017-80, 26 janv. 2017 ; mod., L. n° 2018-607, 13 juill. 2018)* (1). – L'article L. 517-1 est applicable à Wallis-et-Futuna dans sa rédaction résultant de la loi n° 2018-607 du 13 juillet 2018 relative à la programmation militaire pour les années 2019 à 2025 et portant diverses dispositions intéressant.

Pour l'application de l'article L. 517-1, la référence aux dispositions du chapitre unique du titre VIII du livre Ier et du titre Ier du livre V est remplacée par la référence aux dispositions applicables localement ayant le même objet.

(1) Dispositions d'application particulières et transitoires : V. Ord. n° 2017-80, 26 janv. 2017, art. 15.

TITRE IV. – DISPOSITIONS APPLICABLES DANS LES TERRES AUSTRALES ET ANTARCTIQUES FRANÇAISES

Bibliographie : H. Béringer, *Terres australes et antarctiques françaises – Clipperton : JCl. Collectivités territoriales*, Fasc. 472, 4/2012. • M. Manouvel et E. Leroux, *La sauvegarde de l'environnement antarctique 40 ans après le traité originel ou l'émergence d'une conscience écologique : Rev. jur. env.* 2000, p. 179. • E. Naim-Gesbert, *Le double visage de la réserve naturelle des terres australes françaises : Rev. jur. env.* 4/2007, p. 445. • A. Oraison, *À propos de la réserve naturelle instituée sur les îles Éparses : le dernier combat pour assurer la protection de l'environnement terrestre et marin des îles Tromelin, Glorieuses, Juan de Nova, Europa et Bassas da India : RRJ* oct. 2006, n° 4, p. 2453. • D. Sombetzki-Lengagne, *La protection de l'environnement dans les Terres australes et antarctiques françaises, le projet de création d'une réserve naturelle des terres australes : Rev. jur. env.* 2003, n° 4, p. 307-317.

Art. L. 640-1 ***(Mod., L. n° 2003-591, 2 juill. 2003 ; Ord. n° 2005-805, 18 juill. 2005 ; L. n° 2006-436, 14 avr. 2006*** (1) ***; mod. à compter du 1er juillet 2013, Ord. n° 2012-34, 11 janv. 2012 ; mod., Ord. n° 2012-644, 4 mai 2012 ; L. n° 2013-431, 28 mai 2013 ; mod. à compter d'une date fixée par décret et au plus tard le 1er janvier 2017, Ord. n° 2016-1060, 3 août 2016 ; L. n° 2016-1087, 8 août 2016 ; mod., L. n° 2019-773, 24 juill. 2019 ; Ord. n° 2021-266, 10 mars 2021 ; mod. à compter du 18 mars 2021, Ord. n° 2021-267, 10 mars 2021 ; L. n° 2021-1308, 8 oct. 2021).*** **– I. –** ***(Mod. à compter d'une date fixée par décret et au plus tard le 1er août 2024, L. n° 2023-703, 1er août 2023)*** **Les articles L. 122-1 à L. 122-3, L. 123-19-1 à L. 123-19-7, L. 141-1 à L. 142-3, L. 218-10, L. 218-14, L. 218-16 à L. 218-71, L. 218-83 à L. 218-86, L. 219-1, L. 219-2, L. 219-6, L. 229-1 à L. 229-4, L. 332-1 à L. 332-7, L. 332-9 à L. 332-14, L. 332-16 à L. 332-19-1, L. 332-22 à L. 332-24, L. 332-27, L. 334-2-1 à L. 334-3, L. 334-8, L. 411-1 à L. 411-10, L. 412-1 à L. 412-7, L. 412-9 à L. 413-8, L. 414-11, L. 415-1 et L. 415-2-1 du présent code, dans leur rédaction résultant de la loi n° 2016-1087 du 8 août 2016 pour la reconquête de la biodiversité, de la nature et des paysages, sont applicables aux Terres australes et antarctiques françaises.**

Les articles L. 218-1 et L. 218-2 sont applicables aux Terres australes et antarctiques françaises dans leur rédaction résultant de la loi n° 2021-1308 du 8 octobre 2021 portant diverses dispositions d'adaptation au droit de l'Union européenne dans le domaine des transports, de l'environnement, de l'économie et des finances.

Les articles L. 218-11, L. 218-12, L. 218-13 et L. 218-15 du présent code sont applicables aux Terres australes et antarctiques françaises, dans leur rédaction résultant de l'ordonnance n° 2021-267 du 10 mars 2021 relative aux sanctions des infractions aux interdictions de rejets polluants des navires prévues par le Recueil sur la navigation polaire et aux sanctions de la méconnaissance des obligations de surveillance, de déclaration et de vérification des émissions de dioxyde de carbone du secteur du transport maritime prévues par le règlement (UE) 2015/757 du 29 avril 2015.

Les articles L. 332-20, L. 332-25, L. 334-1, L. 334-4, L. 334-5, L. 334-7, L. 412-8, L. 414-10 et L. 415-3 du présent code, dans leur rédaction résultant de la loi n° 2019-773 du 24 juillet 2019 portant création de l'Office français de la biodiversité, modifiant les missions des fédérations des chasseurs et renforçant la police de l'environnement, sont applicables aux Terres australes et antarctiques françaises.

(Mod. à compter d'une date fixée par décret et au plus tard le 1er août 2024, L. n° 2023-703, 1er août 2023) **L'article L. 218-72 est applicable, dans sa rédaction résultat la loi n° 2023-703 du 1er août 2023 relative à la programmation militaire pour les années 2024 à 2030 et portant diverses dispositions intéressant la défense.**

II. – Les pouvoirs dévolus au préfet par les dispositions mentionnées au I sont exercés par [le] représentant de l'État. Les réserves naturelles ayant une partie marine sont gérées par l'administration des Terres australes et antarctiques françaises.

III. – Les dispositions relatives à la protection des monuments naturels et des sites sont énoncées par la loi n° 56-1106 du 3 novembre 1956 ayant pour objet, dans les territoires relevant du ministère de la France d'outre-mer, la protection des sites et monuments de caractère historique, scientifique, artistique ou pittoresque, le classement des objets historiques, scientifiques ou ethnographiques et la réglementation des fouilles.

IV. – Pour son application aux Terres australes et antarctiques françaises, la mise en consultation sur support papier prévue au II de l'article L. 123-19-1 s'effectue au siège des Terres australes et antarctiques françaises.

(1) Conditions d'application : V. L. n° 2006-436, 14 avr. 2006, art. 31.

Art. L. 640-2 *(Anc. L. n° 83-583, 5 juill. 1983)*. – Dans le cas où il n'existe pas d'administrateurs des affaires maritimes, d'officiers de port, d'officiers de port adjoints, les pouvoirs qui leur sont dévolus par les dispositions mentionnées au I de l'article L. 640-1 sont exercés par le délégué du Gouvernement de la République ou par l'un de ses représentants.

Art. L. 640-3 *(L. n° 2003-347, 15 avr. 2003)*. – Les articles L. 711-1 à L. 713-9 sont applicables aux terres Australes et Antarctiques françaises.

Art. L. 640-4 *(Ord. n° 2012-6, 5 janv. 2012 ; mod., Ord. n° 2014-1567, 22 déc. 2014)*. – Les dispositions de la section 1, sous réserve des articles L. 597-23 à L. 597-25, et celles de la section 2, sous réserve des articles L. 597-45 et L. 597-46, du chapitre VII du titre IX du livre V sont applicables aux Terres australes et antarctiques françaises.

Les articles L. 597-2, L. 597-5, L. 597-27 et L. 597-29 sont applicables dans leur rédaction résultant de l'ordonnance n° 2014-1567 du 22 décembre 2014 portant application de l'article 55 de la loi n° 2013-1168 du 18 décembre 2013 relative à la programmation militaire pour les années 2014 à 2019 et portant diverses dispositions concernant la défense et la sécurité nationale.

Art. L. 640-5 *(L. n° 2016-1087, 8 août 2016)*. – La section 3 du chapitre II du titre Ier du livre IV, le II de l'article L. 415-1 et l'article L. 415-3-1 sont applicables aux Terres australes et antarctiques françaises.

TITRE V. – DISPOSITIONS APPLICABLES À MAYOTTE (1) (2)

Bibliographie : K. Ballorain et N. Nivert, *L'évolution statutaire de Mayotte et les enjeux environnementaux : l'exemple de la protection des tortues marines : Revue juridique de l'océan Indien* 2009, n° spécial, p. 209. • H. Béringer, *Mayotte : JCl. Collectivités territoriales*, fasc. 462, 5/2011. • M. Lagarde, *La législation forestière de Mayotte ou un code de l'espace agro-forestier : La forêt française* 1994, n° 220.

L'ordonnance n° 2005-869 du 28 juillet 2005 (*JO* 29 juill. 2005), qui adapte le droit de l'environnement à Mayotte, est ratifiée par l'article 20, I, 19°, de la loi n° 2007-224 du 21 février 2007 (*JO* 22 févr. 2007) portant dispositions statutaires et institutionnelles relatives à l'outre-mer.

CHAPITRE Ier. – DISPOSITIONS COMMUNES

Art. L. 651-1 *(Anc. C. rur., art. L. 263-10 ; mod., L. n° 2001-616, 11 juill. 2001 ; rempl. à compter du 1er janvier 2006, Ord. n° 2005-869, 28 juill. 2005 ; mod., L. n° 2007-224, 21 févr. 2007 ; mod. à compter du 1er janvier 2008, Ord. n° 2007-1801, 21 déc. 2007 ; mod., Ord. n° 2019-964, 18 sept. 2019)*. – I. – Le présent code est applicable à Mayotte sous réserve des adaptations prévues par le présent titre.

II. – Pour l'application à Mayotte des dispositions du présent code :

1° Les références au département, au département d'outre-mer ou à la région sont remplacées par la référence à la collectivité départementale de Mayotte ;

2° La référence aux conseils généraux ou au conseil régional est remplacée par la référence au conseil général de Mayotte ;

3° Les mots : « président du conseil régional » sont remplacés par les mots : « président du conseil général » ;

4° Les mots : « représentant de l'État dans le département », « préfet », « préfet de région » ou « préfet coordonnateur de bassin » sont remplacés par les mots : « représentant de l'État à Mayotte » ;

(1) À compter du 31 mars 2011, date de la première réunion suivant le renouvellement du conseil général de Mayotte en 2011, « dans tous les lois et règlements en vigueur, la référence à la collectivité départementale de Mayotte est remplacée par la référence au Département de Mayotte : V. L. n° 2010-1487, 7 déc. 2010, art. 36 et 37. – NDLR.

(2) Concernant les changements de dénomination des institutions judiciaires à compter du 1er avril 2011 : V. Ord. n° 2011-337, 29 mars 2011, art. 12 et 16, I. – NDLR.

5° La référence à la direction départementale de l'agriculture et de la forêt est remplacée par la référence à la direction de l'agriculture et de la forêt ;

6° Les mots : « administrateur des affaires maritimes » sont remplacés par les mots : « chef du service des affaires maritimes » ;

7° *(Abr. à compter du 1er janvier 2020, Ord. n° 2019-964, 18 sept. 2019)* ;

8° Les mots : « cour d'appel » sont remplacés par les mots : « chambre d'appel de Mamoudzou ».

Les références à des dispositions non applicables dans la collectivité sont remplacées par les références aux dispositions ayant le même objet applicables localement.

III. – Les dispositions des actes communautaires auxquelles il est fait référence dans le présent code sont applicables à Mayotte en tant qu'elles sont nécessaires à la mise en œuvre des dispositions du présent code dans cette collectivité.

IV. – Pour l'application à Mayotte des dispositions prévoyant une transmission de pièces ou une communication d'informations à la Commission européenne ou aux États membres de l'Union européenne, ces pièces sont communiquées au ministre chargé de l'environnement lorsqu'il n'en est pas détenteur. Ce dernier décide, en accord avec le ministre chargé de l'outre-mer, s'il y a lieu de les adresser à la Commission européenne et aux États membres.

NB : Conformément à l'article 36 de l'ordonnance n° 2019-964 du 18 septembre 2019, ces dispositions entrent en vigueur au 1er janvier 2020.

Art. L. 651-2 *(Abr., L. n° 2020-1525, 7 déc. 2020).*

Art. L. 651-3 *(Anc. Ord. n° 92-1068, 1er oct. 1992 ; mod. à compter du 1er janvier 2006, Ord. n° 2005-869, 28 juill. 2005).* – Pour l'application à Mayotte des dispositions de la partie législative du présent code prévoyant une enquête publique, cette formalité est remplacée par la mise à la disposition du public du dossier. Un arrêté du représentant de l'État précise notamment le contenu du dossier mis à disposition du public, la durée et les conditions de cette mise à disposition.

Toutefois, le représentant de l'État à Mayotte peut décider de soumettre à enquête publique des catégories d'aménagements, d'ouvrages ou de travaux qui, par leur nature, leur importance ou leur localisation, sont susceptibles de porter atteinte à l'environnement.

Art. L. 651-4 *(Mod., L. n° 2001-616, 11 juill. 2001 ; L. n° 2003-591, 2 juill. 2003* (1) *; mod. à compter du 1er janvier 2006, Ord. n° 2005-869, 28 juill. 2005 ; mod., Ord. n° 2009-1369, 6 nov. 2009 ; L. fin. rect. n° 2013-1279, 29 déc. 2013).* – I (2) – Les articles L. 122-11, et L. 151-1 ne sont pas applicables à Mayotte.

I (2) – L'article L. 122-11 n'est pas applicable à Mayotte.

II. – Pour l'application de l'article L. 132-2 à Mayotte, les mots : « et le Centre national de la propriété forestière » sont supprimés.

Deux versions différentes du I du présent article coexistent, toutes deux issues de la loi de finances rectificative n° 2013-1279 du 29 décembre 2013. La première version issue du 3° du II de l'article 23 et la deuxième du II de l'article 24.

Art. L. 651-5 *(Anc. Ord. n° 92-1071, 1er oct. 1992 ; rempl. à compter du 1er janvier 2006, Ord. n° 2005-869, 28 juill. 2005).* – I. – Par dérogation aux dispositions du I de l'article L. 122-3, les modalités d'application de la première section du chapitre II du titre II du livre Ier sont fixées par arrêté du représentant de l'État à Mayotte, dans les conditions prévues au II du même article.

II. – Par dérogation aux dispositions du premier alinéa de l'article L. 122-4, la liste des plans, schémas, programmes et autres documents de planification qui doivent faire l'objet d'une évaluation environnementale dans les conditions prévues par les dispositions de la section II du chapitre II du titre II du livre Ier est établie par arrêté du représentant de l'État à Mayotte.

III. – Les conditions d'application de la section II du chapitre II du titre II du livre Ier sont précisées, en tant que de besoin, pour chacune des catégories de plans ou de documents, par arrêté du représentant de l'État à Mayotte.

(1) Application à l'outre-mer : V. L. n° 2003-591, 2 juill. 2003, art. 31, IV.

(2) Deux versions différentes du I du présent article coexistent, toutes deux issues de la loi de finances rectificative n° 2013-1279 du 29 décembre 2013. La première version issue du 3° du II de l'article 23 et la seconde du II de l'article 24. – NDLR.

Art. L. 651-6 *(Anc. Ord. n° 92-1071, 1er oct. 1992 ; rempl. à compter du 1er janvier 2006, Ord. n° 2005-869, 28 juill. 2005).* – Par dérogation aux dispositions du III de l'article L. 125-1, les modalités d'exercice du droit d'information prévu audit article, notamment les modalités selon lesquelles cette information est portée à la connaissance du public, sont fixées par un arrêté du représentant de l'État à Mayotte.

Art. L. 651-7 *(Anc. Ord. n° 92-1071, 1er oct. 1992 ; rempl. à compter du 1er janvier 2006, Ord. n° 2005-869, 28 juill. 2005 ; mod., L. n° 2007-224, 21 févr. 2007).* – Par dérogation aux dispositions du dernier alinéa de l'article L. 126-1, la déclaration de projet est publiée dans les conditions fixées par un arrêté du représentant de l'État à Mayotte.

Art. L. 651-8 *(Abr. à compter du 1er janvier 2006, Ord. n° 2005-869, 28 juill. 2005 ; rétabli dans la version suivante, L. n° 2008-757, 1er août 2008).* – Pour l'application à Mayotte du titre VI du livre Ier, les agents commissionnés par le représentant de l'État et assermentés sont habilités à constater les infractions aux dispositions du même titre.

CHAPITRE II. – MILIEUX PHYSIQUES

Art. L. 652-1 *(Mod., L. n° 2001-616, 11 juill. 2001 ; L. n° 2003-591, 2 juill. 2003 ; L. n° 2004-338, 21 avr. 2004 ; mod. à compter du 1er janvier 2006, Ord. n° 2005-869, 28 juill. 2005 ; mod., L. n° 2006-1772, 30 déc. 2006* (1) *; L. n° 2007-224, 21 févr. 2007).* – I. – Les articles L. 213-8 à L. 213-9-3 et L. 213-11 à L. 213-11-16 ne sont pas applicables à Mayotte.

II. – Dans le cas où il n'existe pas d'administrateurs des affaires maritimes, d'officiers de port, d'officiers de port adjoints, les pouvoirs qui leur sont dévolus par les dispositions du livre II sont exercés par le représentant de l'État ou par l'un de ses délégués.

III. – Sont également applicables les dispositions du Code de la santé publique mentionnées aux articles L. 211-11 et L. 214-14 du présent code, dans les conditions indiquées à l'article L. 1515-1 du Code de la santé publique.

Art. L. 652-2 *(Anc. Ord. n° 92-1068, 1er oct. 1992 ; mod. à compter du 1er janvier 2006, Ord. n° 2005-869, 28 juill. 2005).* – Le représentant de l'État assure la conservation, la gestion et la police des eaux superficielles et souterraines sur le territoire de Mayotte.

Il prescrit les dispositions propres à maintenir le libre écoulement et la répartition des eaux ainsi qu'à préserver la sécurité et la salubrité publique.

Il exerce les attributions confiées aux autorités administratives de l'État pour l'application des dispositions des chapitres Ier à VII du titre Ier du livre II.

Il peut compléter la réglementation applicable en matière de conservation, de gestion et de protection des eaux en vue de protéger de la pollution les eaux du lagon, le littoral et le récif corallien.

Art. L. 652-3 ancien *(Dénum. à compter du 1er janvier 2006, Ord. n° 2005-869, 28 juill. 2005. – V. C. env., art. L. 652-8).*

Art. L. 652-3 *(Rempl., L. n° 2006-1772, 30 déc. 2006)* (1). – Pour l'application du titre Ier du livre II, Mayotte constitue un bassin hydrographique. Le comité de bassin et l'office de l'eau de Mayotte sont régis par la section 5 du chapitre III du même titre.

Art. L. 652-3-1 *(L. n° 2019-774, 24 juill. 2019).* – Pour l'application à Mayotte de l'article L. 212-1, à la fin de la première phrase du V, l'année : « 2015 » est remplacée par l'année : « 2021 ».

Art. L. 652-4 *(Créé à compter du 1er janvier 2006, Ord. n° 2005-869, 28 juill. 2005 ; mod., L. n° 2007-224, 21 févr. 2007).* – Pour l'application de l'article L. 213-13, la référence à l'article L. 3241-1 du Code général des collectivités territoriales est remplacée par la référence au chapitre II du titre V du livre Ier de la sixième partie du même code.

(1) Dispositions applicables à Mayotte, L. n° 2006-1772, 30 déc. 2006, art. 98, IV, 1.

Art. L. 652-5 *(Créé à compter du 1er janvier 2006, Ord. n° 2005-869, 28 juill. 2005).* – Par dérogation aux dispositions du premier alinéa de l'article L. 221-2, un dispositif de surveillance de la qualité de l'air et de ses effets sur la santé et l'environnement doit être mis en place à Mayotte avant le 1er janvier 2010.

Art. L. 652-6 *(Abr. à compter du 1er janvier 2008, Ord. n° 2007-1801, 21 déc. 2007).*

Art. L. 652-7 *(Rempl., L. n° 2007-224, 21 févr. 2007).* – Les articles L. 229-5 à L. 229-24 ne sont applicables à Mayotte qu'à compter du 1er janvier 2013.

Art. L. 652-8 *(Anc. art. L. 652-3 dénum. à compter du 1er janvier 2006, Ord. n° 2005-869, 28 juill. 2005).* – Les agents commissionnés par le représentant du Gouvernement et assermentés sont habilités à constater les infractions aux dispositions du livre II du présent code lorsqu'elles sont applicables à Mayotte.

CHAPITRE III. – ESPACES NATURELS

Le décret n° 2007-105 du 26 janvier 2007 (*JO* 28 janv. 2007) crée la première réserve naturelle de Mayotte : l'îlot M'bouzi et le décret n° 2010-71 du 18 janvier 2010 (*JO* 21 janv. 2010) créé le parc naturel marin de Mayotte.

Art. L. 653-1 *(Mod., L. n° 2001-616, 11 juill. 2001 ; Ord. n° 2004-178, 20 févr. 2004 ; mod. à compter du 1er janvier 2006, Ord. n° 2005-869, 28 juill. 2005 ; à compter du 1er juillet 2006, Ord. n° 2006-460, 21 avr. 2006* (1) *; L. n° 2016-1087, 8 août 2016).* – I. – Les articles L. 321-11 et L. 333-4 ne sont pas applicables à Mayotte.

II. – Pour l'application de l'article L. 321-2 à Mayotte, les mots : « de métropole et des départements d'outre-mer » sont remplacés par les mots : « de Mayotte ».

III. – Pour l'application de l'article L. 321-5 à Mayotte, les mots : « à la section 1 du chapitre IV du titre II du livre Ier de la deuxième partie » sont remplacés par les mots : « aux articles L. 2124-1 tel qu'il est adapté par l'article L. 5331-12, L. 2124-4 et L. 5331-13 ».

IV. – Pour l'application de l'article L. 321-6 à Mayotte, la référence à l'article L. 2124-2 du Code général de la propriété des personnes publiques est remplacée par la référence à l'article L. 5331-13 du même code.

V. – Pour l'application de l'article L. 322-6-2 à Mayotte, les mots : « aux articles L. 5112-9 et L. 5113-1 » sont remplacés par les mots : « à l'article L. 5331-7 ».

VI. – Pour l'application à Mayotte de l'article L. 341-20, après les mots : « 322-2 du Code pénal », sont insérés les mots : « modifié par l'article 724-1 du même code pour son application à Mayotte ».

VII. – Pour l'application à Mayotte de l'article L. 341-22, les mots : « régulièrement classés avant le 2 mai 1930 conformément aux dispositions de la loi du 21 avril 1906 organisant la protection des sites et monuments naturels de caractère artistique » sont remplacés par les mots : « régulièrement protégés avant la promulgation de la loi n° 2001-616 du 11 juillet 2001 relative à Mayotte, conformément aux dispositions de la loi n° 56-1106 du 3 novembre 1956 ayant pour objet, dans les territoires relevant du ministère de la France d'outre-mer, la protection des monuments naturels, des sites et des monuments de caractère historique, scientifique, artistique ou pittoresque, le classement des objets historiques, scientifiques ou ethnographiques et la réglementation des fouilles ».

Art. L. 653-2 *(Anc. C. rur., art. L. 263-9 ; mod. à compter du 1er janvier 2006, Ord. n° 2005-869, 28 juill. 2005 ; mod., à compter du 1er juillet 2013, Ord. n° 2012-34, 11 janv. 2012).* – Sont habilités à constater les infractions aux dispositions du livre III du présent code commises dans la collectivité territoriale, outre les fonctionnaires et agents mentionnés à l'article L. 172-4, les agents du service territorial des eaux et forêts commissionnés par le représentant du Gouvernement.

Les procès-verbaux font foi jusqu'à preuve contraire. Ils sont transmis dans les délais prévus par l'article L. 172-16.

Art. L. 653-3 *(Abr. à compter du 1er mars 2017, Ord. n° 2017-80, 26 janv. 2017)* (2).

(1) Dispositions applicables à Mayotte, Ord. n° 2006-460, 21 avr. 2006, art. 12.
(2) Dispositions d'application particulières et transitoires : V. Ord. n° 2017-80, 26 janv. 2017, art. 15.

CHAPITRE IV. – FAUNE ET FLORE

Art. L. 654-1 *(Rempl. à compter du 1er janvier 2006, Ord. n° 2005-869, 28 juill. 2005 ; mod. à compter du 1er janvier 2008, L. n° 2006-1772, 30 déc. 2006)* (1). – Les articles L. 414-1 à L. 414-7 et L. 436-1 à L. 436-3 ne sont pas applicables à Mayotte.

Art. L. 654-2 *(Anc. C. rur., art. L. 263-2 ; mod., L. n° 2001-616, 11 juill. 2001).* – Compte tenu des particularités de la situation locale au regard des intérêts mentionnés à l'article L. 110-1, le représentant de l'État peut compléter la liste prévue à l'article L. 412-1.

Art. L. 654-3 *(Anc. C. rur., art. L. 263-3 ; mod., L. n° 2001-616, 11 juill. 2001 ; mod. à compter du 1er janvier 2006, Ord. n° 2005-869, 28 juill. 2005).* – Le représentant de l'État prend les arrêtés prévus aux articles L. 424-1 et L. 424-4.

Art. L. 654-4 *(Anc. C. rur., art. L. 263-4).* – La date du 30 juin 1984 figurant à l'article L. 431-7 est remplacée par la date du 1er janvier 1994.

Art. L. 654-5 *(Anc. C. rur., art. L. 263-5 ; mod., L. n° 2001-616, 11 juill. 2001 ; rempl., L. n° 2006-1772, 30 déc. 2006)* (1). – La liste prévue *(Mots rempl., L. n° 2016-1087, 8 août 2016)* « au 2° de » l'article L. 432-10 est fixée par arrêté du représentant de l'État.

Art. L. 654-6 *(Abr. à compter du 1er janvier 2008, L. n° 2006-1772, 30 déc. 2006)* (1).

Art. L. 654-7 *(Anc. C. rur., art. L. 263-7 ; mod., L. n° 2001-616, 11 juill. 2001).* – Pour l'application des articles L. 436-5, L. 436-11 et L. 436-12, les conditions d'exercice du droit de pêche sont fixées par arrêté du représentant de l'État.

Art. L. 654-8 *(Anc. C. rur., art. L. 263-8 ; mod., L. n° 2001-616, 11 juill. 2001).* – Pour l'application de l'article L. 437-11, la vente du poisson saisi est faite au profit de la collectivité départementale de Mayotte.

Art. L. 654-9 *(Anc. C. rur., art. L. 263-9 ; mod., L. n° 2001-616, 11 juill. 2001 ; mod. à compter du 1er janvier 2006, Ord. n° 2005-869, 28 juill. 2005 ; mod. à compter du 1er juillet 2013, Ord. n° 2012-34, 11 janv. 2012).* – Sont habilités à constater les infractions aux dispositions du livre IV du présent code commises dans la collectivité départementale de Mayotte, outre les fonctionnaires et agents mentionnés à l'article L. 172-4, les agents du direction de l'agriculture et de la forêt commissionnés par le représentant de l'État.

Les procès-verbaux font foi jusqu'à preuve contraire. Ils sont transmis dans les délais prévus par l'article L. 172-16.

CHAPITRE V. – PRÉVENTION DES POLLUTIONS, DES RISQUES ET DES NUISANCES

Art. L. 655-1 *(Rempl., L. n° 2007-224, 21 févr. 2007).* – L'article L. 562-6 n'est pas applicable à Mayotte.

Art. L. 655-2 *(Anc. Ord. n° 92-1068, 1er oct. 1992).* – Pour son application à Mayotte, le troisième alinéa de l'article L. 515-9 est ainsi rédigé :

« Le projet définissant les servitudes et le périmètre est mis à la disposition du public et soumis à l'avis des conseils municipaux des communes sur lesquelles s'étend le périmètre. »

Art. L. 655-3 ancien *(Abr. à compter du 1er janvier 2006, Ord. n° 2005-869, 28 juill. 2005).*

(1) Dispositions applicables à Mayotte, L. n° 2006-1772, 30 déc. 2006, art. 98, IV, 1.

Art. L. 655-3 *(Anc. art. L. 655-4, dénum. et mod. à compter du 1er janvier 2006, Ord. n° 2005-869, 28 juill. 2005).* – Pour son application à Mayotte, le troisième alinéa de l'article L. 515-11 est ainsi rédigé :

« Le préjudice est estimé à la date de la décision de première instance. Toutefois, est seul pris en considération l'usage possible des immeubles et droits immobiliers un an avant la mise à la disposition du public prévue à l'article L. 515-9. »

Les articles L. 515-15 à L. 515-26 ne sont applicables à Mayotte qu'à compter du 1er janvier 2010.

Art. L. 655-3-1 *(Abr. à compter du 1er janvier 2018, Ord. n° 2017-1491, 25 oct. 2017).*

Art. L. 655-4 ancien *(Dénum. à compter du 1er janvier 2006, Ord. n° 2005-869, 28 juill. 2005).*

Art. L. 655-4 *(Anc. Ord. n° 92-1068, 1 oct. 1992 ; créé à compter du 1er janvier 2006, Ord. n° 2005-869, 28 juill. 2005).* – Pour l'application de l'article L. 541-10-1 à Mayotte, les mots : « 1er janvier 2005 » sont remplacés par les mots : « 1er janvier 2010 ».

Art. L. 655-5 ancien *(Abr. à compter du 1er janvier 2006, Ord. n° 2005-869, 28 juill. 2005).*

Art. L. 655-5 *(Rempl. à compter du 31 mars 2011, date de la première réunion suivant le renouvellement du conseil général de Mayotte en 2011, L. n° 2010-1487, 7 déc. 2010)* (1). – Pour l'application de l'article L. 541-13 à Mayotte, les mots : « conseil régional » sont remplacés par les mots : « conseil général ».

Art. L. 655-6 *(Rempl., L. n° 2015-991, 7 août 2015)* (2). – Pour l'application de l'article L. 541-14 à Mayotte, le paragraphe III est ainsi rédigé :

« III. – Le projet de plan est alors mis à la disposition du public pendant deux mois, puis approuvé par délibération du conseil départemental et publié. »

Art. L. 655-6-1 *(Abr., L. n° 2015-991, 7 août 2015)* (2).

Art. L. 655-7 ancien *(Dénum. à compter du 1er janvier 2006, Ord. n° 2005-869, 28 juill. 2005. – V. C. env., art. L. 655-8).*

Art. L. 655-7 *(Anc. C. env. art. L. 655-8 ; créé à compter du 1er janvier 2006, Ord. n° 2005-869, 28 juill. 2005 ; mod., L. n° 2007-224, 21 févr. 2007).* – Pour l'application de l'article L. 551-2 à Mayotte, les mots : « à la date de publication de la loi n° 2003-699 du 30 juillet 2003 relative à la prévention des risques technologiques et naturels et à la réparation des dommages » sont remplacés par les mots : « à la date de publication de l'ordonnance n° 2005-869 du 28 juillet 2005 relative à l'adaptation du droit de l'environnement à Mayotte » et les mots : « dans les trois années suivant l'entrée en vigueur de ladite loi » sont remplacés par les mots : « avant le 31 décembre 2009 ».

Par dérogation aux dispositions du dernier alinéa du même article, ses modalités d'application, et notamment les catégories d'ouvrages concernés, sont fixées par arrêté du représentant de l'État à Mayotte.

Art. L. 655-8 *(Anc. C. env. art. L. 655-7, dénum. à compter du 1er janvier 2006, Ord. n° 2005-869, 28 juill. 2005).* – Les agents commissionnés par le représentant du Gouvernement et assermentés sont habilités à constater les infractions aux dispositions du livre V du présent code lorsqu'elles sont applicables à Mayotte.

---

(1) L'ordonnance n° 2010-1579 du 17 décembre 2010 prescrit l'abrogation de l'article L. 655-5. En raison de l'incertitude quant à la prise en compte par cette ordonnance du remplacement dudit article opéré par la loi n° 2010-1487 du 7 décembre 2010 mais non encore entré en vigueur, la Rédaction a choisi de maintenir le contenu de l'article L. 655-5. – NDLR.

(2) Dispositions d'application (concernant notamment le délai dans lequel doivent être approuvés nouveaux plans) et dispositions transitoires : V. L. n° 2015-991, 7 août 2015, art. 8, III et IV.

CHAPITRE VI. – ANTARCTIQUE

(L. n° 2003-347, 15 avr. 2003)

Art. L. 656-1 ***(L. n° 2003-347, 15 avr. 2003).*** **– Les articles L. 711-1 à L. 713-9 sont applicables à Mayotte.**

TITRE VI. – DISPOSITIONS APPLICABLES À SAINT-PIERRE-ET-MIQUELON

(Titre créé à compter du 18 mars 2021, Ord. n° 2021-267, 10 mars 2021)

Art. L. 671-1 ***(Créé à compter du 18 mars 2021, Ord. n° 2021-267, 10 mars 2021 ; abr., L. n° 2024-364, 22 avr. 2024).***

LIVRE VII

PROTECTION DE L'ENVIRONNEMENT EN ANTARCTIQUE

(L. n° 2003-347, 15 avr. 2003)

Bibliographie : F. Aumond, *Les mesures de protection de/contre la faune en Antarctique*, in *Les animaux*, M. Faure-Abbad et a. (dir.), PU juridiques de Poitiers, 2020, p. 401. • L. Chan-Tung, *Le traité sur l'Antarctique comme traité objectif : une nouvelle approche* : *JDI (Clunet)* 2020, n° 4, var. p. 7. • G. Bricker, *Le programme japonais de chasse à la baleine condamné par la Cour internationale de justice* : *Dr. env.* 2014, n° 53. • L. Chan-Tung et Lavorel (dir.), *L'Antarctique : enjeux et perspectives juridiques*, Pedone, 2021. • A. Choquet, *Contribution française à la mise en œuvre du protocole de Madrid relatif à la protection de l'environnement en Antarctique : à propos de la loi du 15 avril 2003* : *RGDI publ.* 2003, n° 107, p. 907 ; *Le traité sur l'Antarctique 40 ans après* : *LPA* févr. 2000, n° 42, p. 9. • S. Deliancourt, *Les mesures de protection de l'environnement en Antarctique adoptées par la France depuis 2005* : *Rev. jur. env.* 2008, 25. • A.-I. Guyomar, *La protection de l'environnement en Antarctique : droit international et droit comparé*, J.-P. Beurier (dir.), Thèse Nantes, 2010. • E. Leroux, *La sauvegarde de l'environnement antarctique, quarante ans après le traité originel ou l'émergence d'une conscience écologique* : *Rev. jur. env.* 2000, p. 179. • A. Michelot, *De nouvelles avancées en droit international de l'environnement ?* : *Rev. jur. env.* 2014, p. 732. • A. Oraison, *La position et le rôle particulier de certains États dans le processus de protection du continent antarctique* : *Rev. jur. env.* 2005, 121 ; *Le cas spécifique de la France en sa double qualité d'État possessionné et d'État conservationniste* : *Rev. jur. env.* 2005, 147. • O. Poivre d'Arvor, *La France s'est dotée de sa première stratégie nationale polaire* : *Rev. jur. env.* 2022, 681. • R. Romi, *La réglementation des activités en Antarctique* : *Dr. env.* 2003, n° 108, p. 89. • D. Sombetzki-Lengagne, *La protection de l'environnement dans les Terres australes et antarctiques françaises, le projet de création d'une réserve naturelle des terres australes* : *Rev. jur. env.* 2003, p. 307. • M.-P. Lanfranchi, *Gestion durable des ressources minérales marines et droit international* : *JDI (Clunet)* 2019, n° 3, doctr. 8. • Q. Barnabé, *La personnification de la nature, une notion peu utile à la protection de l'environnement en droit français* : *Dr. adm.* 2020, n° 8-9, étude 9. • Ph. Billet, *Un Comité pour l'environnement polaire* : *Énergie – Env. – Infrastr.* 2023, n° 6, alerte 97. • L. Peyen, *Les ressources génétiques marines hors juridiction, enfin patrimoine commun de l'Humanité ?* : *JDI (Clunet)* 2023, n° 4, doctr. 9. • R. Micalef, *Les spécificités ultramarines de la commande publique durable* : *Énergie – Env. – Infrastr.* 2023, n° 4, étude 10. • F. Aumond, *La « convergence antarctique ». Radioscopie de l'actuel consensus concernant la gestion du continent blanc, Journal du droit international (Clunet)* 2009-4, p. 1213. • K. Berrada, *Antarctique : réunion de « Scott Base » : l'avenir du système antarctique en question* : *RGDI publ.* 3/1999, n° 2, p. 445. • A. Choquet, *Le tourisme en Antarctique : vers une ouverture contrôlée* : *Annuaire de droit maritime et océanique* 2016, p. 275. • A. Choquet, *Contribution française à la mise en œuvre du protocole de Madrid relatif à la protection de l'environnement en Antarctique : à propos de la loi du 15 avril 2003* : *RGDI publ.* 10/2003, n° 107, p. 907. • A. Choquet, *Le traité sur l'Antarctique, 40 ans après* : *LPA* 29 févr. 2000, n° 42, p. 9. • S. Deliancourt, *Les mesures de protection de l'environnement en Antarctique adoptées par la France depuis 2005* : *Rev. jur. env.* 3/2008, n° 1, p. 25. • J.-F. Dobelle, *Bilan des travaux du groupe Wolfrum sur le régime de la responsabilité en cas de dommages causés à l'environnement dans l'Antarctique* : *AFDI* janv. 1997, n° 43, p. 716. • P. Gautier, *L'annexe VI au Protocole de Madrid relatif à la protection de l'environnement de l'Antarctique : « responsabilités découlant de situations critiques pour l'environnement »* : *AFDI* janv. 2006, n° 52, p. 418. • E. Giroux, *Bioprospection en Antarctique : Juridiction des États et libre disposition des résultats* : *Revue québécoise de droit international* 2010, n° 23-2, p. 187. • A.-I. Guyomar, *La protection de l'environnement en Antarctique : droit international et droit comparé*, Thèse Droit, Nantes, 2010, 2 T. • E. Leroux, *La sauvegarde de l'environnement antarctique, quarante ans après le traité originel ou l'émergence d'une conscience écologique* : *Rev. jur. env.* 2000, n° 2, p. 179. • A. Marie, Note sous CIJ, 31 mars 2014, *Chasse à la baleine dans l'Antarctique, Australie c/ Japon* : *AFDI* 2014, p. 470. • P. Martin-Bidou, *L'affaire de la chasse à la baleine dans l'Antarctique : droit des traités ou protection des espèces ?* : *RGDI publ.* 2015, p. 403. • I. Michallet, obs. ss. CIJ, 31 mars 2014 (Chasse à la baleine dans l'Antarctique), Australie c/ Japon : Les grands arrêts du droit de l'environnement, Dalloz 2017, n° 34. • I. Michallet, *Les baleines et le droit : Mélanges Untermaier*, éd. Mare et Martin 2018, p. 247. • A. Oraison,

La position et le rôle particulier de certains États dans le processus de protection du continent antarctique : Rev. jur. env. 5/2005, n° 2, p. 147. • A. Pirlot, *International Environmental Law : RID comp.* 2017, n° 1, p. 177. • F. Quilleré-Majzoub, *À qui appartiennent les icebergs ? Discussion autour du statut des icebergs en droit international public : Revue québécoise de droit international* 2007, n° 20-1, p. 199. • R. Romi, *La réglementation des activités en Antarctique : Dr. env.* 5/2003, n° 108, p. 89. • J. Sonhle, *Le droit international de l'environnement : 2005-2009 une toile d'araignée pour une grosse bête noire : Rev. jur. env.* 2010, n° 1, p. 75. • D. Sombetzki-Lengagne, *Commentaire de la loi n° 2003-347 du 15 avril 2003 relative à la protection de l'environnement en Antarctique : Rev. jur. env.* 2003, n° 4, p. 447.

TITRE UNIQUE. – MISE EN ŒUVRE DU PROTOCOLE AU TRAITÉ SUR L'ANTARCTIQUE (1), RELATIF À LA PROTECTION DE L'ENVIRONNEMENT, SIGNÉ À MADRID LE 4 OCTOBRE 1991 (2)

(L. n° 2003-347, 15 avr. 2003)

CHAPITRE Ier. – DISPOSITIONS COMMUNES

(L. n° 2003-347, 15 avr. 2003)

Voir : Code polaire ou Recueil international de règles applicables aux navires exploités dans les eaux polaires (OMI, résolution MEPC 264 (68) adoptée le 15 mai 2015 : MEPC 68/21/Add.1) (V. Ph. Billet, *Entrée en vigueur prochaine du « Code polaire » : Énergie – Env. – Infrastr.* nov. 2016, n° 11, alerte n° 335. • Ph. Billet, *Vagabondages juridiques sur les nouvelles voies ouvertes par le fait des changements climatiques*, in M. Torre-Schaub et al. (dir.), *Quel(s) droit(s) pour les changements climatiques ?* », éd. Mare et Martin, 2018, p. 217. • L. Fedi et O. Faury, *Les principaux enjeux et impacts du Code polaire OMI : DMF* 2016, p. 323).

Protocole au Traité sur l'Antarctique relatif à la protection de l'environnement en Antarctique ou **Protocole de Madrid** signé à Madrid le 4 octobre 1991 et entré en vigueur le 14 janvier 1998. Il est complété par six annexes : I : évaluation d'impact sur l'environnement ; II : conservation de la faune et de la flore de l'Antarctique ; III : élimination et gestion des déchets ; IV : prévention de la pollution marine ; V : protection et gestion des zones, définition de zone gérée spéciale de l'Antarctique et zone spécialement protégée de l'Antarctique ; VI : Responsabilité découlant de situations critiques pour l'environnement.

L. n° 92-1318, 18 déc. 1992 autorisant l'approbation du protocole au Traité sur l'Antarctique relatif à la protection de l'environnement (*JO* 19 déc.) ; D. n° 98-861, 18 sept. 1998 portant publication du protocole au traité sur l'Antarctique, relatif à la protection de l'environnement, signé à Madrid le 4 octobre 1991 (*JO* 25 sept.). Au titre des dernières mesures arrêtées : D. n° 2020-50, 27 janv. 2020 portant publication des mesures 1 à 8 (2016) relatives aux zones spécialement protégées de l'Antarctique, adoptées à Santiago le 1er juin 2016, lors de la XXXIXe réunion consultative du traité sur l'Antarctique (RCTA) (*JO* 29 janv.) ; D. n° 2020-51, 27 janv. 2020 portant publication de la mesure 9 (2016) relative à la liste révisée des sites et monuments historiques de l'Antarctique (ensemble une annexe), adoptée à Santiago le 1er juin 2016, lors de la XXXIXe réunion consultative du traité sur l'Antarctique (RCTA) (*JO* 9 janv.) ; D. n° 2020-1482, 30 nov. 2020 portant publication des mesures 1 à 7 (2017) relatives aux zones spécialement protégées de l'Antarctique, adoptées à Pékin le 1er juin 2017, lors de la XLe réunion consultative du traité sur l'Antarctique (RCTA) (*JO* 2 déc.) ; D. n° 2020-1483, 30 nov. 2020 portant publication de la mesure 8 (2017) zone gérée spéciale de l'Antarctique n° 5 (station Amundsen-Scott South Pole, pôle Sud) : plan de gestion révisé (ensemble cinq annexes), adopté à Pékin le 1er juin 2017, lors de la XLe réunion consultative du traité sur l'Antarctique (RCTA) (*JO* 2 déc.) ; D. n° 2020-1484, 30 nov. 2020 portant publication des mesures 1 à 6 (2018) relatives aux zones spécialement protégées de l'Antarctique, adoptées à Buenos Aires le 18 mai 2018, lors de la XLIe réunion consultative du traité sur l'Antarctique (RCTA) (*JO* 2 déc.).

Art. L. 711-1 ***(L. n° 2003-347, 15 avr. 2003).*** **– Pour l'application des dispositions du présent titre, l'Antarctique s'entend comme la zone définie à l'article 6 du traité sur l'Antarctique conclu à Washington le 1er décembre 1959 (1), c'est-à-dire la zone située au sud du 60e degré de latitude Sud, y compris toutes les plates-formes glaciaires.**

Art. L. 711-2 ***(L. n° 2003-347, 15 avr. 2003).*** **– I. – L'organisation et la conduite d'activités en Antarctique prennent en considération, selon les modalités prévues au présent titre, la protection de l'environnement et des**

(1) Traité publié par D. n° 61-1300, 30 nov. 1961. – NDLR.
(2) Prot. publié par D. n° 98-861, 18 sept. 1998. – NDLR.

écosystèmes dépendants et associés, ainsi que la préservation de l'Antarctique en tant que réserve naturelle mondiale, consacrée à la paix, à la science et à la recherche scientifique.

II. – Ces activités sont soumises soit à déclaration préalable, soit à autorisation dans les conditions définies au chapitre II, à l'exception :

– des activités de pêche régies par la convention sur la conservation de la faune et de la flore marines de l'Antarctique, signée à Canberra le 20 mai 1980 (1) ;

– de l'exercice de la liberté de navigation et de la liberté de survol en haute mer conformément au droit international ;

– des activités autorisées par une autre partie au protocole de Madrid (2) ;

– des activités exercées par des navires et aéronefs de l'État français ou exploités par celui-ci dans le cadre de leurs missions de police et de défense nationale.

Voir : D. n° 82-975, 15 nov. 1982 portant publication de la convention sur la conservation de la faune et de la flore marines de l'Antarctique (ensemble une annexe) signée à Canberra le 20 mai 1980 (*JO* 20 nov. 1982, p. 3490) ; D. n° 2018-902, 22 oct. 2018 portant publication de la liste officielle des mesures de conservation en vigueur, saison 2017-2018 (amendée lors de la trente-sixième réunion de la commission instituée par la convention sur la conservation de la faune et de la flore marines de l'Antarctique, du 16 au 27 octobre 2017) (*JO* 24 oct. 2018, texte n° 14).

Art. L. 711-3 *(L. n° 2003-347, 15 avr. 2003)*. – Sont soumis aux dispositions du présent titre :

a) Les personnes, quelle que soit leur nationalité, qui exercent une activité dans le district de terre Adélie relevant de l'administration du territoire des terres Australes et Antarctiques françaises, ainsi que tout navire ou aéronef utilisé à cette fin ;

b) Les personnes physiques de nationalité française et les personnes morales constituées conformément au droit français qui organisent des activités dans les autres parties de l'Antarctique ou y participent, ainsi que les navires battant pavillon français et les aéronefs immatriculés en France utilisés à cette fin ;

c) Les personnes qui, quelle que soit leur nationalité, organisent sur le territoire français ou à partir de celui-ci des activités se déroulant dans une partie quelconque de l'Antarctique, ou y participent.

Art. L. 711-4 *(L. n° 2003-347, 15 avr. 2003)*. – Aucune disposition du présent titre ne porte atteinte aux immunités prévues par le droit international dont jouissent les navires de guerre et les autres navires d'État étrangers utilisés à des fins non commerciales.

CHAPITRE II. – DÉCLARATION ET AUTORISATION

(L. n° 2003-347, 15 avr. 2003)

Art. L. 712-1 *(L. n° 2003-347, 15 avr. 2003)*. – I. – Les activités ayant sur l'environnement en Antarctique un impact au moins mineur ou transitoire, au sens de l'article 8 du protocole de Madrid (2), sont soumises à autorisation.

II. – Les autres activités sont soumises à déclaration préalable.

Art. L. 712-2 *(L. n° 2003-347, 15 avr. 2003)*. – La délivrance d'une autorisation est subordonnée à la réalisation préalable d'une évaluation de l'impact de l'activité sur l'environnement.

Sous réserve de l'article L. 713-4, l'autorisation ne peut être accordée que s'il résulte de l'évaluation que l'impact de l'activité est compatible avec la conservation de l'environnement de l'Antarctique.

Art. L. 712-3 *(L. n° 2003-347, 15 avr. 2003)*. – L'autorisation peut être assortie en tant que de besoin de prescriptions relatives, notamment :

– aux zones géographiques intéressées ;

– à la période durant laquelle les activités se déroulent ;

– au matériel utilisé, en particulier aux conditions d'utilisation des matériaux radioactifs à des fins scientifiques ;

– aux équipements et plans de préparation aux situations d'urgence ;

– au mode de gestion des déchets.

(1) Conv. publiée par D. n° 82-975, 15 nov. 1982. – NDLR.
(2) Prot. publié par D. n° 98-861, 18 sept. 1998. – NDLR.

Art. L. 712-4 *(L. n° 2003-347, 15 avr. 2003).* – **La mise hors service d'une installation autorisée est elle-même soumise à autorisation.**

Art. L. 712-5 *(L. n° 2003-347, 15 avr. 2003).* – **Un décret en Conseil d'État fixe les modalités d'application du présent chapitre. Il détermine notamment les autorités compétentes pour la délivrance des autorisations, les activités visées au II de l'article L. 712-1, le contenu et les modalités de mise en œuvre de l'évaluation préalable d'impact, la procédure applicable aux déclarations et aux demandes d'autorisation et le régime applicable aux installations existantes.**

1) Croisière en zone protégée. Le Traité Antarctique de 1959 et le protocole de Madrid de 1991 imposent la définition de régimes de navigation spécifiques dans la zone protégée de l'Antarctique, avec des contraintes variables selon que l'impact de l'activité est moindre que mineur ou transitoire, mineur ou transitoire, ou supérieur à un impact mineur ou transitoire. À cette nomenclature des impacts, reprise sous l'article L. 712-2, est attaché un régime administratif spécifique, de la déclaration préalable à l'autorisation, laquelle doit être précédée d'une évaluation de l'impact de l'activité sur l'environnement. En l'occurrence, les activités touristiques relèvent du régime de l'autorisation. Dès lors, l'organisation d'une croisière doit être précédée d'une autorisation de navigation. En dépit du fait que l'organisateur n'a jamais été condamné auparavant, les faits qui lui sont reprochés « font courir un risque important à l'équilibre écologique d'une zone particulièrement sensible de la planète. Ils ont été commis dans le cadre d'une activité commerciale lucrative par une personne qui navigue depuis des années et devrait être particulièrement sensible au respect de l'environnement et de la législation protectrice en la matière. Il convient donc de prononcer une peine suffisamment dissuasive pour rappeler l'importance du respect de cette législation [ie 10.000 e. d'amende], alors même que l'étendue de la zone et son climat rendent extrêmement difficile la surveillance par les autorités des différents États parties au traité de l'Antarctique » (▪ T. corr. Paris, 31ᵉ ch., 6 févr. 2014, *Proc. République et Les Terres australes et antarctiques françaises c/ X.* – affaire dite « Wordie House »).

Pour l'indexation électronique, décision ss. http://www.taaf.fr/IMG/pdf/jugement_wordie_house_version_biffee-1.pdf.

2) Interdiction de pénétration en zone protégée. En vue d'assurer la sécurité des personnes, susceptible d'être compromise par l'ouverture du chantier des travaux de construction de la piste aérienne de la station Dumont-d'Urville, l'administrateur supérieur du territoire des TAAF a, par arrêté du 30 octobre 1985, interdit à toute personne étrangère au chantier l'accès des îles Cuvier et du Lion de l'archipel de Pointe géologie (Terre Adélie). La légalité de cet arrêté n'est pas susceptible d'être affectée par l'éventuelle illégalité de la décision de construire cette piste ou de celle de ne pas interrompre les travaux, qui a également été déférée par le requérant devant le tribunal administratif (▪ CE, 23 janv. 1991, n° 98927, *Féd. fr. des sociétés de protection de la nature*).

CHAPITRE III. – CONTRÔLES ET SANCTIONS

(L. n° 2003-347, 15 avr. 2003)

Section I. – Contrôles et sanctions administratifs

Art. L. 713-1 *(L. n° 2003-347, 15 avr. 2003).* – **Une activité déclarée peut être suspendue, interrompue ou soumise à des prescriptions spéciales lorsqu'il apparaît qu'elle porte à l'environnement des atteintes plus graves que celles identifiées au moment de sa déclaration ou d'une nature différente. Sauf en cas d'urgence, l'auteur de la déclaration est mis à même au préalable de présenter ses observations.**

Art. L. 713-2 *(L. n° 2003-347, 15 avr. 2003).* – **Une autorisation peut être suspendue, abrogée ou modifiée lorsqu'il apparaît que l'activité autorisée porte à l'environnement des atteintes plus graves que celles identifiées au moment de sa délivrance ou d'une nature différente. Sauf en cas d'urgence, le titulaire de l'autorisation est mis à même au préalable de présenter ses observations.**

Art. L. 713-3 *(L. n° 2003-347, 15 avr. 2003).* – **L'autorité administrative peut enjoindre à une personne responsable d'une activité déclarée ou autorisée en application du chapitre II de mettre les conditions d'exercice de celle-ci en conformité avec les termes de la déclaration ou de l'autorisation.**

Si, à l'expiration du délai fixé par la mise en demeure, la personne n'a pas obtempéré à cette injonction, l'autorité administrative peut faire application des dispositions des articles L. 713-1 et L. 713-2.

Art. L. 713-4 *(L. n° 2003-347, 15 avr. 2003)*. – L'autorité administrative peut donner un avertissement à toute personne dont il est établi qu'elle a mené des activités incompatibles avec le protocole de Madrid (1) et le présent titre. Cette personne est préalablement invitée à présenter ses observations. Dès lors qu'un avertissement a été délivré, toute autorisation est refusée pour ce motif pendant une durée de cinq ans.

Section II. – Sanctions pénales

Art. L. 713-5 *(L. n° 2003-347, 15 avr. 2003 ; mod., L. n° 2009-526, 12 mai 2009* (2) *; L. n° 2021-1104, 22 août 2021)*. – Les infractions au présent titre commises par les personnes mentionnées à l'article L. 711-3 sont sanctionnées comme suit :

1° Le fait d'organiser ou de participer à une activité qui n'a pas fait l'objet de l'autorisation prévue au I de l'article L. 712-1 ou de méconnaître les conditions de cette autorisation est puni d'un an d'emprisonnement et de 75 000 € d'amende, ce montant pouvant être porté jusqu'au double de l'avantage tiré de la commission de l'infraction ;

2° Est puni de deux ans d'emprisonnement et de 100 000 € d'amende, ce montant pouvant être porté jusqu'au double de l'avantage tiré de la commission de l'infraction :

– le fait de mener en Antarctique une activité de prospection ou d'exploitation des ressources minérales, à l'exception des activités menées pour les besoins de la recherche scientifique dans les limites de l'autorisation délivrée à cet effet ;

– le fait de commercialiser les matériaux résultant d'une activité illicite de prospection ou d'exploitation de ressources minérales en Antarctique ;

3° Est puni de deux ans d'emprisonnement et de 375 000 € d'amende le fait d'introduire en Antarctique ou d'y éliminer des déchets radioactifs. Le montant de l'amende mentionnée au présent 3° peut être porté jusqu'au double de l'avantage tiré de la commission de l'infraction ;

4° *(Abr.)* ;

5° Les matériels qui ont servi ou étaient destinés à commettre l'infraction ou les matériaux qui en sont le produit peuvent être confisqués.

Le premier alinéa de l'article 131-38 du Code pénal s'applique uniquement aux amendes prévues au présent article exprimées en valeur absolue.

Art. L. 713-6 *(L. n° 2003-347, 15 avr. 2003)*. – Les faits mentionnés au 1° de l'article L. 713-5 ne sont pas sanctionnés pénalement dans les cas d'urgence se rapportant à la sauvegarde de la vie humaine, à la sécurité des navires, des aéronefs ou des équipements et installations de grande valeur, ou à la protection de l'environnement, rendant impossible une demande d'autorisation préalable conformément au présent titre.

Art. L. 713-7 *(L. n° 2003-347, 15 avr. 2003 ; mod., L. n° 2013-431, 28 mai 2013)* (3). – Sont habilités à rechercher et à constater les infractions au présent titre et aux textes pris pour son application, outre les officiers de police judiciaire agissant conformément aux dispositions du Code de procédure pénale :

– les agents des douanes ;

– les agents habilités à relever les infractions à la législation sur les réserves naturelles ;

– les administrateurs des affaires maritimes, les officiers du corps technique et administratif des affaires maritimes, les fonctionnaires affectés dans les services exerçant des missions de contrôle dans le domaine des affaires maritimes sous l'autorité ou à la disposition du ministre chargé de la mer, les commandants, commandants en second et officiers en second des bâtiments de l'État ainsi que les commandants de bord des aéronefs de l'État, chargés de la surveillance en mer.

(1) Prot. publié par D. n° 98-861, 18 sept. 1998. – NDLR.

(2) Application sur l'ensemble du territoire de la République y compris dans les collectivités d'outre-mer, en Nouvelle-Calédonie et dans les Terres australes et antarctiques françaises : V. L. n° 2009-526, 12 mai 2009, art. 137.

(3) Dispositions applicables en Nouvelle-Calédonie, à Wallis-et-Futuna, en Polynésie française et dans les Terres australes et antarctiques françaises, L. n° 2013-431, 28 mai 2013, art. 43, VIII à X.

Art. L. 713-8 *(L. n° 2003-347, 15 avr. 2003 ; mod. à compter du 1er janvier 2020, Ord. n° 2019-964, 18 sept. 2019).* **– Sans préjudice des règles de compétence définies par l'article 382 du Code de procédure pénale et des dispositions de l'article R. 541-1 du Code de l'organisation judiciaire, le tribunal judiciaire de Paris est compétent pour juger les infractions aux dispositions du présent titre et aux textes pris pour son application constatées en Antarctique en dehors du district de terre Adélie relevant des terres Australes et Antarctiques françaises.**

NB : Conformément à l'article 36 de l'ordonnance n° 2019-964 du 18 septembre 2019, ces dispositions entrent en vigueur au 1er janvier 2020.

Art. L. 713-9 *(L. n° 2003-347, 15 avr. 2003).* **– Un décret en Conseil d'État fixe les modalités d'application du présent chapitre.**

Pêche frauduleuse. La loi n° 66-400 du 18 juin 1966 sur l'exercice de la pêche maritime et l'exploitation des produits de la mer dans les TAAF impose une autorisation préalable de pêche dans les zones qu'elle vise, à peine d'amende (codifiée en 2010 ss. art. L. 955-1 et s. C. rur. et pêche maritime). Les infractions sont recherchées et constatées par les chefs de districts des TAAF ainsi, notamment, que les officiers commandant les bâtiments d'État. Statuant sur la demande d'indemnité d'un patron pêcheur du fait de l'arraisonnement de son navire langoustier par la Marine nationale et de la saisie de ses casiers dans les eaux territoriales de l'Île St-Paul [Terres australes], le juge administratif rejette sa requête en considérant que le langoustier a été surpris en période de pêche interdite et, qui plus est, sans l'autorisation de pêche requise. « Compte tenu des précédentes campagnes de pêche, il existait de très fortes présomptions d'intentions de pêche frauduleuse de la part du patron pêcheur » et « les bâtiments de l'État avaient été invités à exercer une surveillance sur l'exercice de la pêche dans ces régions ». Il a considéré que « les interventions critiquées, y compris la saisie des casiers, relevaient de la police administrative, que la saisie des casiers, bien qu'irrégulière, n'avait pas constitué une « voie de fait » et que la responsabilité de l'État n'était pas engagée en l'absence de faute lourde et d'établissement de l'existence d'un préjudice certain (■ TA Paris, 3 avr. 1979, n° 01522).

PARTIE RÉGLEMENTAIRE

LIVRE Ier

DISPOSITIONS COMMUNES

(D. n° 2005-934, 2 août 2005 ; D. n° 2005-935, 2 août 2005) (1) (2)

TITRE Ier. – PRINCIPES GÉNÉRAUX

Pas de dispositions réglementaires codifiées.

TITRE II. – INFORMATION ET PARTICIPATION DES CITOYENS

Art. D. 120-1 ***(D. n° 2013-441, 28 mai 2013 ; dénum., D. n° 2017-626, 25 avr. 2017. – V. C. env., art. D. 123-46-2).***

CHAPITRE Ier. – PARTICIPATION DU PUBLIC À L'ÉLABORATION DES PLANS, PROGRAMMES ET PROJETS AYANT UNE INCIDENCE SUR L'ENVIRONNEMENT

(Intitulé rempl., D. n° 2017-626, 25 avr. 2017)

Section I. – Champ de compétence de la Commission nationale du débat public

(Intitulé rempl., D. n° 2017-626, 25 avr. 2017)

Présentation du décret n° 2017-626 du 25 avril 2017 : ce décret prévoit les mesures réglementaires d'application de l'ordonnance n° 2016-1060 du 3 août 2016 portant réforme des procédures destinées à assurer l'information et la participation du public à l'élaboration de certaines décisions susceptibles d'avoir une incidence sur l'environnement.

---

(1) Les articles identifiés par un « R. » correspondent aux dispositions relevant d'un décret en Conseil d'État, ceux identifiés par un « R.* » correspondent aux dispositions relevant d'un décret en conseil d'État délibéré en conseil des ministres et ceux identifiés par un « D. » correspondent aux dispositions relevant d'un décret simple, D. n° 2005-934, 2 août 2005, art. 1er et D. n° 2005-935, 2 août 2005, art. 1er.

Les dispositions du Code de l'environnement qui citent en les reproduisant des articles d'autres codes ou décrets sont de plein droit modifiées par l'effet des modifications ultérieures de ces articles, D. n° 2005-935, 2 août 2005, art. 3.

(2) Sur la répartition de compétence entre la loi et le règlement lorsqu'ils interviennent dans le champ d'application de l'article 7 de la Charte de l'environnement (issue de la loi n° 2005-205 du 1er mars 2005) et qu'ils concernent spécialement des dispositions figurant dans le Code de l'environnement et le Code de l'urbanisme, V. ■ CE ass., 3 oct. 2008, n° 297931, *Cne d'Annecy* : *JurisData* n° 2008-074233. – V. aussi ■ Cons. const. n° 2008-564 DC, 19 juin 2008, consid. 49 : *JO* 26 juin 2008. – NDLR.

Il précise les modalités du déroulement du débat public et de la concertation préalable. Il encadre également le droit d'initiative offert au public et la procédure de conciliation, destinés à améliorer l'acceptabilité sociale des projets, plans et programmes.

(V. Doctrine sur l'ordonnance n° 2016-1060 du 3 août 2016, C. env., L1 – Titre II).

Présentation du décret n° 2024-742 du 6 juillet 2024 : ce décret porte diverses dispositions d'application de la loi Industrie verte du 23 octobre 2023, laquelle a créé une procédure globale de débat public ou de concertation préalable (art. L. 121-8-2) et une procédure de participation *ad hoc* applicable aux autorisations environnementales (art. L. 181-10-1). L'article R. 121-3-2 précise les modalités de cette nouvelle procédure globale.

Sous-section 1. – Publicité des projets et saisine de la Commission nationale du débat public

Art. R. 121-1 *(Rempl., D. n° 2017-626, 25 avr. 2017).* **– Sont soumis aux dispositions de la présente section les projets d'aménagement ou d'équipement de l'État, des collectivités territoriales et de leurs groupements, des établissements publics et des personnes privées entrant dans les catégories d'opérations mentionnées à l'article R. 121-2.**

Portail CNDP. Le « portail CNDP » (www.debatpublic.fr) est un traitement automatisé de données à caractère personnel qui vise à informer le grand public sur les grands projets d'infrastructures ou les options générales d'intérêt national en matière d'environnement, de développement durable ou d'aménagement mis en débat et à recueillir tous les points de vue des participants afférents à ces débats, quels que soient leurs formats (écrits, oraux, en ligne) et à les rendre publics.

Art. R. 121-1-1 *(D. n° 2017-626, 25 avr. 2017 ; mod. à compter du 1er août 2021, D. n° 2021-1000, 30 juill. 2021).* **– Pour l'application du IV de l'article L. 121-8, constituent des plans ou programmes de niveau national les plans ou programmes suivants :**

Schéma décennal de développement du réseau prévu par l'article L. 321-6 du Code de l'énergie ;

(Abr. ; D. n° 2023-163, 7 mars 2023) **;**

Stratégie nationale de mobilisation de la biomasse prévue par l'article L. 211-8 du Code de l'énergie ;

Document stratégique de façade prévu par l'article L. 219-3 du Code de l'environnement ;

Orientations nationales pour la préservation et la remise en bon état des continuités écologiques prévues à l'article L. 371-2 du Code de l'environnement ;

Plan national de prévention des déchets prévu par l'article L. 541-11 du Code de l'environnement ;

Plan national de prévention et de gestion de certaines catégories de déchets prévu par l'article L. 541-11-1 du Code de l'environnement ;

Plan national de gestion des matières et déchets radioactifs prévu par l'article L. 542-1-2 du Code de l'environnement ;

Programme d'actions national pour la protection des eaux contre la pollution par les nitrates d'origine agricole prévu par le IV de l'article R. 211-80 du Code de l'environnement ;

Programme national de la forêt et du bois prévu par l'article L. 121-2-2 du Code forestier ;

Schéma national des infrastructures de transport prévu par l'article L. 1212-1 du Code des transports.

Pour tout nouveau plan ou programme de niveau national créé après le 1er janvier 2017 et qui n'est pas mentionné dans la liste ci-dessus, la Commission nationale du débat public est saisie dans les conditions définies au IV de l'article L. 121-8, sauf dispositions contraires, dès lors que ce plan ou programme s'applique dans au moins trois régions.

Les dispositions du précédent alinéa ne s'appliquent pas aux programmes opérationnels de coopération territoriale européenne élaborés pour le Fonds européen de développement régional.

Art. R. 121-2 *(Mod., D. n° 2017-626, 25 avr. 2017 ; mod., D. n° 2012-615, 2 mai 2012 ; D. n° 2013-1272, 27 déc. 2013 ; D. n° 2017-626, 25 avr. 2017* (1) *; mod. à compter du 1er août 2021, D. n° 2021-1000, 30 juill. 2021).* **– Le tableau ci-après liste des catégories d'opérations relatives aux projets d'aménagement ou d'équipement dont la Commission nationale du débat public est saisie de droit en application du I de l'article L. 121-8 et celles relatives aux projets d'aménagement ou d'équipement rendus publics en application du II de l'article L. 121-8.**

(1) Dispositions d'application particulières : V. D. n° 2017-626, 25 avr. 2017, art. 19, III.

Tableau de l'article R. 121-2

Catégories d'opérations mentionnées à l'article L. 121-8	Seuils et critères (montants financiers hors taxe) mentionnés à l'article L. 121-8-I	Seuils et critères (montants financiers hors taxe) mentionnés à l'article L. 121-8-II
1. *a)* Création ou élargissement d'autoroutes, de routes express ou de routes à 2 × 2 voies à chaussées séparées ;		
b) Elargissement d'une route existante à 2 voies ou 3 voies pour en faire une route à 2 × 2 voies ou plus à chaussées séparées ;	Coût du projet supérieur à 455 M € ou longueur du projet supérieure à 40 km.	Coût du projet supérieur à 230 M € ou longueur du projet supérieure à 20 km.
c) Création de lignes ferroviaires ;		
d) Création de voies navigables, ou mise à grand gabarit de canaux existants.		
2. Création ou extension d'infrastructures de pistes d'aérodromes.	Aérodrome de catégorie A et coût du projet supérieur à 155 M €.	Aérodrome de catégorie A et coût du projet supérieur à 55 M €.
3. Création ou extension d'infrastructures portuaires.	Coût du projet supérieur à 230 M € ou superficie du projet supérieure à 200 ha.	Coût du projet supérieur à 115 M € ou superficie du projet supérieure à 100 ha.
4. Création de lignes électriques.	Lignes de tension supérieure ou égale à 400 kV et d'une longueur supérieure à 10 km.	Lignes de tension supérieure ou égale à 200 kV et d'une longueur aérienne supérieure à 15 km.
5. Création de canalisations de transport de gaz naturel ou assimilé, d'hydrocarbures ou de produits chimiques	Canalisations de transport de diamètre supérieur ou égal à 600 millimètres et de longueur supérieure à 200 kilomètres.	Canalisations de transport de diamètre supérieur ou égal à 600 millimètres et de longueur supérieure ou égale à 100 kilomètres
6. Création d'une installation nucléaire de base.	Nouveau site de production nucléaire-Nouveau site hors production électro-nucléaire correspondant à un investissement d'un coût supérieur à 460 M €.	Nouveau site de production nucléaire-Nouveau site hors production électro-nucléaire correspondant à un investissement d'un coût supérieur à 230 M €.
7. Création de barrages hydroélectriques ou de barrages-réservoirs.	Volume supérieur à 20 millions de mètres cubes.	Volume supérieur à 10 millions de mètres cubes.
8. Transfert d'eau de bassin fluvial (hors voies navigables).	Débit supérieur ou égal à un mètre cube par seconde.	Débit supérieur ou égal à un demi-mètre cube par seconde.
9. Equipements culturels, sportifs, scientifiques ou touristiques.	Coût des projets (bâtiments, infrastructures, équipements) supérieur à 460 M €.	Coût des projets (bâtiments, infrastructures, équipements) supérieur à 230 M €.
10. Equipements industriels.	Coût des projets (bâtiments, infrastructures, équipements) supérieur à 600 M €.	Coût des projets (bâtiments, infrastructures, équipements) supérieur à 300 M €.

Notion d'« équipements ». La CNDP se livre à une appréciation stricte des catégories d'opération concernées et des seuils à respecter. Ne doit être pris en compte, pour l'appréciation des seuils fixés par l'annexe du décret, que le seul coût des « bâtiments et infrastructures ». La Commission nationale du débat public n'a pas commis d'erreur de droit en excluant du coût de l'installation, pour apprécier si elle avait été saisie à bon droit, les équipements dont elle sera dotée, destinés au traitement des déchets (▪ CE, 28 déc. 2005, n° 277128, *Synd. d'agglomération nouvelle Ouest-Provence : Environnement* mars 2006, n° 3, comm. 39 ; *AJDA* 2006, p. 1664. ▪ CAA Marseille, 12 mai 2011, n° 10MA04368, *Assoc. Fare sud*). À noter qu'en vertu de l'article 19 du décret du 25 avril 2017, les modifications des rubriques 1, 10 et 11 du tableau annexé à l'article R. 121-2 en application du 5° de l'article 2 du présent décret ne sont pas applicables aux projets pour lesquels une demande d'autorisation a été déposée avant le 1er janvier 2018. La modification de la rubrique 1 n'est pas applicable aux projets dont les conditions de réalisation techniques et financières ont été fixées par le décret n° 2015-1044 du 21 août 2015, par le décret n° 2015-1045 du 21 août 2015 et par le décret n° 2016-1046 du 21 août 2015 susvisés (art. 19, Ord. n° 2016-1060, 3 août 2016).

Art. R. 121-3 *(Rempl., D. n° 2017-626, 25 avr. 2017)*. **– I. – Lorsque la commission est saisie en application du I de l'article L. 121-8, le maître d'ouvrage ou la personne publique responsable du projet lui adresse le dossier prévu au deuxième alinéa du I de l'article L. 121-8.**

II. – Lorsqu'ils relèvent de l'État, de ses établissements publics ou de personnes privées, les projets mentionnés au II de l'article L. 121-8 font l'objet d'un avis au public qui précise :

1° Les objectifs et principales caractéristiques du projet ;

2° Le cas échéant, le plan ou le programme dont il découle ;

3° La liste des communes correspondant au territoire susceptible d'être affecté par le projet ;

4° Si le maître d'ouvrage ou la personne publique responsable a saisi la Commission nationale du débat public ou, à défaut, les modalités envisagées de concertation préalable du public ;

5° Les lieux où le public peut consulter le dossier afférant au projet.

Outre le développement des informations mentionnées dans l'avis, le dossier présente notamment les solutions alternatives envisagées et un aperçu des incidences potentielles sur l'environnement et l'aménagement du territoire.

L'avis est publié sur le site internet de la Commission nationale du débat public ainsi qu'en caractères apparents dans au moins un journal national et dans un journal diffusé dans le ou les départements concernés.

III. – Lorsqu'ils relèvent d'une collectivité territoriale, d'un groupement de collectivités territoriales ou d'un établissement public en dépendant, la délibération approuvant le projet comporte les informations énumérées du 1° au 4° du II. Elle est publiée dans les mêmes conditions que l'avis mentionné à ce même II.

Art. R. 121-3-1 *(Créé, D. n° 2018-1204, 21 déc. 2018)*. **– Lorsque la Commission nationale du débat public est saisie en application de l'article L. 121-8-1, la procédure définie en cas de saisine, sur le fondement du I de l'article L. 121-8, est applicable.**

Le ministre chargé de l'énergie peut associer le conseil régional territorialement intéressé à la procédure et à l'élaboration du dossier soumis à débat ou à concertation.

Le maître d'ouvrage des ouvrages de raccordement aux réseaux publics d'électricité d'installations de production d'énergie renouvelable en mer est associé à la procédure et à l'élaboration du dossier soumis à débat ou à concertation.

Art. R. 121-3-2 *(Créé, D. n° 2024-742, 6 juill. 2024)*. **– I. – Lorsque la Commission nationale du débat public est saisie par une personne publique d'une demande de débat public global ou de concertation préalable globale en application de l'article L. 121-8-2, cette saisine s'effectue selon les modalités suivantes :**

1° Le dossier de saisine transmis à la Commission nationale du débat public, comportant pour chaque projet les éléments prévus au second alinéa du I de l'article L. 121-8, précise le périmètre et la vocation du territoire considéré ;

2° La Commission nationale du débat public transmet sa décision sur la suite réservée à cette saisine à la personne publique ayant fait la demande ainsi qu'aux maîtres d'ouvrages connus à ce stade ;

3° La Commission nationale du débat public peut décider que certains des projets présentés dans le dossier de saisine, à raison de leur caractère prématuré ou insuffisamment précis, soient retirés et soumis à une saisine ultérieure dans les conditions prévues au I de l'article L. 121-8. Dans ce cas, la Commission nationale du débat

public motive ce choix auprès de la personne publique à l'origine de la saisine et des maîtres d'ouvrages concernés ;

4° Pour les projets autres que ceux mentionnés au 3°, la saisine de la Commission nationale de débat public par la personne publique vaut également saisine au titre du troisième alinéa de l'article L. 121-8-2. Dans ce cadre, la Commission nationale du débat public peut, par décision motivée, décider l'organisation d'un débat public propre ou d'une concertation préalable propre à un ou plusieurs de ces projets si elle l'estime nécessaire.

II. – La personne publique mentionnée au I est :

1° Une collectivité territoriale ou un groupement de collectivités territoriales si la saisine concerne exclusivement des projets d'aménagement portés par cette collectivité ou ce groupement ;

2° Le représentant de l'État dans le département dans les autres cas.

La Commission nationale du débat public peut également être saisie conjointement par commun accord entre le représentant de l'État dans le département et une collectivité territoriale ou un groupement de collectivités territoriales.

III. – Pour l'application du troisième alinéa de l'article L. 121-8-2 aux projets envisagés ultérieurement sur le même territoire, cohérents avec sa vocation et relevant du I de l'article L. 121-8 :

1° La Commission nationale du débat public est saisie dans les conditions prévues au I de l'article L. 121-8. Le dossier de saisine mentionne la tenue du débat public global ou de la concertation préalable globale ;

2° Lorsqu'elle estime nécessaire d'organiser un débat public propre ou une concertation préalable propre pour ces projets, la Commission nationale du débat public rend sa décision dans les conditions prévues à l'article R. 121-6. Elle la transmet également à la personne publique mentionnée au II.

IV. – Pour l'organisation du débat public global ou de la concertation préalable globale, les dispositions des articles R. 121-7, R. 121-8 et R. 121-10 sont applicables sous réserve des dispositions suivantes :

1° La personne publique mentionnée au II du présent article élabore, après avoir consulté les maîtres d'ouvrage pour les parties qui les concernent :

a) Le document de synthèse, mentionné au premier alinéa du II de l'article R. 121-7, portant sur l'ensemble des projets faisant l'objet du débat public global ;

b) Le dossier soumis au débat, mentionné au deuxième alinéa du II du même article, à partir des dossiers transmis par les maîtres d'ouvrage en application du premier alinéa de l'article L. 121-8-2 ;

2° Elle peut proposer les modalités d'organisation et le calendrier du débat mentionnés au troisième alinéa du II de l'article R. 121-7, après avoir consulté les maîtres d'ouvrages concernés ;

3° Elle est consultée par la Commission nationale du débat public au titre du premier alinéa de l'article R. 121-8 ;

4° Elle transmet à la Commission nationale du débat public la proposition de calendrier de la concertation mentionné au deuxième alinéa de l'article R. 121-8 ainsi que le dossier de concertation, après avoir consulté les maîtres d'ouvrages concernés ;

5° Le compte rendu et le bilan du débat public global ou de la concertation préalable globale sont joints par le maître d'ouvrage au dossier d'enquête publique, de participation par voie électronique prévue à l'article L. 123-19 ou de la consultation du public prévue à l'article L. 181-10-1 :

a) Pour les projets ayant fait l'objet du débat public global ou de la concertation globale ;

b) Pour les projets envisagés ultérieurement sur le même territoire, cohérents avec sa vocation et n'ayant pas fait l'objet d'une décision de la Commission nationale du débat public d'organiser un débat public propre ou une *concertation propre.*

Art. R. 121-4 *(Rempl., D. n° 2017-626, 25 avr. 2017).* – Lorsque la Commission nationale du débat public est saisie en application du 1° du II de l'article L. 121-8 ou de l'article L. 121-10, le représentant des signataires adresse à la commission un courrier électronique de saisine accompagné de la pétition mentionnée à l'article R. 121-28, sauf lorsqu'un système automatisé de traitement des données dans les conditions prévues par la loi n° 78-17 du 6 janvier 1978 relative à l'informatique, aux fichiers et aux libertés, a été mis en place par la commission pour recevoir ladite pétition.

La Commission nationale du débat public vérifie la recevabilité de la saisine. Elle s'assure notamment que le nombre de soutiens requis a été réuni et procède à un contrôle par échantillonnage visant à vérifier que la saisine respecte les modalités définies à l'article R. 121-28.

Lorsque la Commission nationale du débat public est saisie en application du 3° du II de l'article L. 121-8, le courrier électronique ou postal adressé à la commission est accompagné de la délibération autorisant la saisine.

Art. R. 121-5 *(Mod., D. n° 2017-626, 25 avr. 2017)*. – La Commission nationale du débat public informe le maître d'ouvrage, ou à défaut la personne publique responsable, qu'elle a été saisie d'une demande de débat public sur un projet rendu public. Dans ce cas, le dossier relatif au projet constitué conformément au deuxième alinéa du I de l'article L. 121-8 est adressé à la commission par le maître d'ouvrage ou la personne publique responsable du projet dans un délai d'un mois à compter de cette information.

Art. R. 121-6 *(Mod., D. n° 2017-626, 25 avr. 2017)*. – La décision par laquelle la Commission nationale du débat public se prononce sur la suite réservée à une saisine est transmise sans délai au maître d'ouvrage, ou à défaut à la personne publique responsable, et, le cas échéant, à l'auteur de la saisine. Elle est publiée sur le site internet de la Commission nationale du débat public ainsi qu'au *Journal officiel* de la République française.

Art. R. 121-6-1 *(D. n° 2017-626, 25 avr. 2017)*. – Dans le cas où la décision de la Commission nationale du débat public mentionnée à l'article R. 121-6 conduit à l'organisation d'un débat public, la commission et le maître d'ouvrage ou la personne publique responsable disposent d'un délai de deux mois à compter de la publication de cette décision pour signer une convention financière fixant notamment le montant prévisionnel du débat public. Le maître d'ouvrage ou la personne publique responsable verse au fonds de concours mentionné à l'article L. 121-6 un premier acompte de 80 % de ce montant, lors de la signature de la convention, et un second acompte de 15 % de ce montant, lors du démarrage du débat public. Le versement du solde s'effectue dès que ces dépenses sont précisément arrêtées.

Encadrement du débat public. Une convention financière fixant notamment le montant prévisionnel du débat public est signée entre la Commission et le maître d'ouvrage ou la personne publique responsable.

Art. R. 121-6-2 *(D. n° 2017-626, 25 avr. 2017)*. – Sont considérées comme un projet de réforme au sens de l'article L. 121-10 l'évolution substantielle d'une politique publique ou des nouvelles options générales ayant un effet important sur l'environnement ou l'aménagement du territoire, qui se matérialisent par un document émanant d'une autorité publique ou rédigé à sa demande préalablement, le cas échéant, à une décision du Gouvernement ou une proposition de loi.

La commission informe de la saisine le ou les ministres intéressés par le projet de réforme d'une politique publique qui lui adresse un dossier, constitué conformément au deuxième alinéa du IV de l'article L. 121-8.

La mention sur le site internet de la Commission nationale du débat public prévue au deuxième alinéa de l'article L. 121-10 intervient après vérification de la recevabilité de la saisine dans les conditions fixées à l'article R. 121-4.

La Commission nationale du débat public organise le débat public national, d'une durée maximale de quatre mois, suivant les modalités définies à l'article R. 121-7.

Sous-section 2. – Débat public et concertation préalable relevant de la Commission nationale du débat public

(Intitulé rempl., D. n° 2017-626, 25 avr. 2017)

Art. R. 121-7 *(Mod., D. n° 2017-626, 25 avr. 2017 ; mod. à compter du 1er août 2021, D. n° 2021-837, 29 juin 2021)*. – I. – Lorsque la Commission nationale du débat public décide qu'un débat public est nécessaire, elle met en place une commission particulière de trois à dix membres, y compris le président.

Le président de la commission particulière est désigné par la Commission nationale du débat public dans un délai de trente-cinq jours à compter de la décision d'organiser le débat.

Les autres membres sont désignés par la Commission nationale du débat public sur proposition du président de la commission particulière.

Le président de la Commission nationale du débat public ne peut pas être désigné en qualité de président ou de membre d'une commission particulière.

II. – Dans un délai d'un mois à compter de la publication de la décision imposant l'organisation d'un débat public, le maître d'ouvrage ou la personne publique responsable élabore, sur la base du dossier précédemment constitué conformément au I de l'article L. 121-8, un document de synthèse présentant le projet, plan ou programme. Ce document est publié sur le site internet de la Commission nationale du débat public.

Dans un délai de six mois à compter de la date de publication de la décision susmentionnée, le maître d'ouvrage ou la personne publique responsable du projet, plan ou programme, élabore, suivant les indications de la Commission nationale du débat public, le dossier qui sera soumis au débat.

Le maître d'ouvrage ou la personne publique responsable peut également proposer des modalités d'organisation et un calendrier du débat.

III. – Lorsque la Commission nationale du débat public estime le dossier complet, elle en accuse réception et publie le calendrier et les modalités d'organisation du débat.

IV. – La décision de la Commission nationale du débat public de recourir à des études techniques ou des études complémentaires et, le cas échéant, celles-ci, sont publiées sur son site internet.

La commission veille à ce que l'expertise ou étude soit réalisée par un organisme n'ayant pas eu à connaître du projet, plan ou programme. Le maître d'ouvrage ou la personne publique responsable fournit à la demande de la commission, les éléments en sa possession nécessaires à la réalisation de cette expertise ou étude.

V. – Le président de la commission particulière élabore le compte rendu du déroulement du débat, et l'adresse à la Commission nationale du débat public de telle façon que le bilan dressé par le président de la Commission nationale du débat public, ainsi que le compte rendu, puissent être publiés sur le site internet de la commission dans le délai de deux mois à compter de la date de clôture du débat.

1) **Phase préparatoire.** Il ne résulte pas des dispositions de l'article R. 121-7 du Code de l'environnement ni d'aucune autre norme que le public et les associations doivent être associés à la phase préparatoire du débat public, aucune disposition législative ou réglementaire n'impose que la décision d'organisation d'un débat public, qui n'approuve pas le projet mais retient seulement le principe de sa réalisation et de sa mise à l'étude, fût elle-même précédée d'une étude d'impact environnementale incluse dans le dossier soumis à débat (▪ CAA Bordeaux, 3 déc. 2008, n° 07BX00912, *Min. Transports : AJDA* 2009, p. 153).

2) **Prorogation du délai et forme de la publication.** Le délai de six mois prévu à l'article 7 du décret du 22 octobre 2002 (art. R. 121-7) pour constituer le dossier en vue du débat public peut être prorogé eu égard tant à l'objet du dossier, destiné à permettre d'organiser dans de bonnes conditions la participation du public au débat qu'à la faculté de la commission de solliciter du maître d'ouvrage un complément au dossier. La publication du bilan sur le site Internet de la commission répond aux exigences légales tant que la date de mise en ligne est mentionnée (▪ CE, 11 janv. 2008, n° 292493, *M. Lesage et M et Mme de Bouard : Environnement* mars 2008, n° 3, comm. 55 ; *Dr. env.* mai 2008, n° 158, p. 19 à 21 ; *RJEP* mai 2008, n° 653, p. 29 ; *Rev. Lamy coll. terr.* juin 2008, n° 36, p. 48).

3) **Calendrier.** S'il résulte des dispositions de l'article R. 121-7 du Code de l'environnement que le maître d'ouvrage a la possibilité de proposer à la Commission nationale du débat public les modalités d'organisation et le calendrier du débat public, l'article L. 122-11 du même code prévoit que le calendrier demeure établi par cette Commission (▪ TA Versailles, 3 juill. 2020, n° 1801011, *Communauté d'agglomération Grand Paris Sud Seine Essonne Sénart*, n°s 1801012, 1801052).

Art. R. 121-8 ancien *(Abr., D. n° 2017-626, 25 avr. 2017).*

Art. R. 121-8 *(Anc. art. R. 121-9, dénum. et rempl., D. n° 2017-626, 25 avr. 2017).* **– Lorsqu'en application du 1° de l'article L. 121-9, la Commission nationale du débat public décide de l'organisation d'une concertation, elle en définit les modalités, notamment la durée et le périmètre, dans le respect des dispositions des articles L. 121-16 et L. 121-16-1 après consultation du maître d'ouvrage ou de la personne publique responsable et du garant.**

Le maître d'ouvrage ou la personne publique responsable transmet à la Commission nationale du débat public une proposition de calendrier de la concertation et le dossier qui servira de base à celle-ci. La commission se prononce sur ces éléments dans un délai de trente-cinq jours.

L'absence de réponse dans le délai mentionné ci-dessus vaut accord sur les propositions du maître d'ouvrage ou de la personne publique responsable.

Sous-section 3. – Issue du débat public

Art. R. 121-9 *(Anc. art. R. 121-11, dénum. et mod., D. n° 2017-626, 25 avr. 2017).* – L'acte mentionné à l'article L. 121-13, par lequel le maître d'ouvrage ou la personne publique responsable du projet, plan ou programme décide, après la publication du bilan du débat public, du principe et des conditions de la poursuite de son projet, plan ou programme, fait l'objet d'une publication.

La décision prise par l'État ou la délibération d'un établissement public national est publiée au *Journal officiel* de la République française.

La délibération d'une collectivité territoriale, d'un groupement de collectivités territoriales ou d'un établissement public en dépendant est publiée dans les conditions prévues aux articles L. 2121-24, L. 5211-47, R. 3131-1, R. 4141-1, R. 4423-1 ou R. 4433-8 du Code général des collectivités territoriales ou, le cas échéant, aux 2° et quatrième alinéa de l'article R. 312-5 du Code des relations entre le public et l'administration.

La décision prise par une personne privée est publiée en caractères apparents dans un journal national et un journal diffusé dans le ou les départements intéressés.

L'acte est également publié sur le site internet de la Commission nationale du débat public.

Art. R. 121-10 ancien *(Abr., D. n° 2017-626, 25 avr. 2017).*

Art. R. 121-10 *(Anc. art. R. 121-12, dénum. et rempl., D. n° 2017-626, 25 avr. 2017 ; mod. à compter du 22 octobre 2024, D. n° 2024-742, 6 juill. 2024)* (1). – Le compte rendu et le bilan du débat public ou de la concertation prévue à l'article R. 121-8 ainsi que l'acte prévu à l'article L. 121-13 sont joints par le maître d'ouvrage ou la personne publique responsable au dossier d'enquête publique, de participation par voie électronique prévue à l'article L. 123-19 ou de la consultation du public prévue à l'article L. 181-10-19.

Art. R. 121-11 *(D. n° 2017-626, 25 avr. 2017 ; mod. à compter du 22 octobre 2024, D. n° 2024-742, 6 juill. 2024)* (1). – Lorsqu'un garant a été désigné après un débat public ou une concertation préalable en application de l'article L. 121-14, son rapport final et, le cas échéant, ses rapports intermédiaires, sont publiés sur le site internet de la Commission nationale du débat public. Le rapport final est joint au dossier d'enquête publique, de participation par voie électronique prévue à l'article L. 123-19 ou de la consultation du public prévue à l'article L. 181-10-1.

Section II. – Fonctionnement et missions de la Commission nationale du débat public

(Intitulé mod., D. n° 2017-626, 25 avr. 2017)

Art. R. 121-12 *(Anc. art. R. 121-13, dénum. et rempl., D. n° 2017-626, 25 avr. 2017).* – La Commission nationale du débat public élabore son règlement intérieur. Ce règlement fixe notamment les règles de fonctionnement des commissions particulières et précise :

– la liste ou les catégories de décisions pour lesquelles le collège donne délégation à son président et les modalités par lesquelles le président de la Commission nationale du débat public rend compte de ces décisions au collège ;

– les conditions dans lesquelles le président de la Commission nationale du débat public peut déléguer sa signature aux vice-présidents ;

– les modalités de consultation des membres du collège par voie électronique.

Art. R. 121-13 *(Abr.,D. n° 2020-173, 27 févr. 2020).*

Art. R. 121-14 *(Anc. art. R. 121-15, dénum. et mod., D. n° 2017-626, 25 avr. 2017).* – Lorsque la Commission nationale du débat public décide la constitution d'une commission particulière, le président et les membres de cette commission ont droit à une indemnité en fonction du temps consacré au titre du débat public.

---

(1) Dispositions applicables aux demandes déposées à compter du 22 octobre 2024, D. n° 2024-742, 6 juill. 2024.

Les membres de commission particulière ont droit au remboursement des frais de transport et de séjour qu'ils ont engagés dans les conditions applicables aux fonctionnaires civils de l'État. Ils ont également droit au remboursement des autres frais qu'ils ont engagés sur justificatifs.

Le président de la Commission nationale du débat public fixe, dans chaque cas, sur proposition du président de la commission particulière, le montant de l'indemnité allouée et, le cas échéant, de l'allocation provisionnelle accordée.

Art. R. 121-15 *(D. n° 2017-626, 25 avr. 2017).* – La Commission nationale du débat public peut désigner un ou plusieurs délégués régionaux dans chacune des régions administratives. Les délégués ont une mission de promotion de la participation du public, de diffusion des bonnes pratiques et de conseil et d'animation du réseau des garants de la région.

Les délégués régionaux désignés par la Commission nationale du débat public en application de l'article L. 121-4 ont droit à une indemnité forfaitaire mensuelle et au remboursement, dans les mêmes conditions que les membres des commissions particulières, des frais qu'ils ont engagés.

La liste des délégués régionaux est publiée sur le site de la Commission nationale du débat public.

Art. R. 121-15-1 *(D. n° 2017-626, 25 avr. 2017).* – Les garants désignés en application des articles L. 121-14 et L. 121-16-1 par la Commission nationale du débat public ont droit à une indemnité et au remboursement, dans les mêmes conditions que les membres des commissions particulières du débat public, des frais qu'ils ont engagés.

Art. R. 121-16 *(Mod., D. n° 2017-626, 25 avr. 2017).* – Les frais et indemnités prévus aux articles R. 121-13, R. 121-14, R. 121-15 et R. 121-15-1 sont imputés sur le budget de la Commission nationale du débat public.

Leurs modalités de calcul sont fixées par arrêté conjoint des ministres chargés de l'environnement et du budget.

Art. D. 121-17 *(D. n° 2017-626, 25 avr. 2017).* – Pour être inscrit sur la liste nationale des garants, établie par la Commission nationale du débat public, les candidats devront justifier d'une formation ou d'une expérience suffisante en matière de participation du public. La liste est publiée sur le site de la commission.

Les critères de sélection des garants sont précisés par la commission et rendus publics sur son site internet.

Nul ne peut être maintenu sur la liste nationale plus de quatre ans sans présenter une nouvelle demande. La radiation d'un garant peut, toutefois, être prononcée à tout moment, par décision motivée de la Commission nationale du débat public, en cas de manquement à ses obligations. La commission doit, au préalable, informer l'intéressé des griefs qui lui sont faits et lui permettre de présenter ses observations.

Nul ne peut être inscrit ou maintenu sur la liste nationale aux fonctions de garant si des condamnations ou décisions sont mentionnées au bulletin n° 2 de son casier judiciaire.

Section III. – Conciliation

(D. n° 2017-626, 25 avr. 2017)

Art. R. 121-18 *(D. n° 2017-626, 25 avr. 2017).* – Lorsqu'elle est saisie en application de l'article L. 121-2, la Commission nationale du débat public décide de l'opportunité de conduire une procédure de conciliation par une décision motivée et, le cas échéant, désigne un conciliateur parmi ses membres. Le conciliateur peut faire appel à des experts extérieurs qui sont indemnisés par la commission.

Lorsque la conciliation aboutit à un accord, un document indiquant les termes de la solution de compromis retenue et les modalités de suivi de l'accord par les parties prenantes est établi. Il est signé par le maître d'ouvrage ou la personne publique responsable et toutes les parties prenantes ayant participé à la conciliation et rendu public.

Section IV. – Organisation de la concertation préalable

(D. n° 2017-626, 25 avr. 2017)

Sous-section 1. – Modalités de la concertation préalable

Art. R. 121-19 *(D. n° 2017-626, 25 avr. 2017 ; mod., D. n° 2018-1217, 24 déc. 2018 ; mod. à compter du 1er août 2021, D. n° 2021-837, 29 juin 2021).* – I. – Au plus tard quinze jours avant l'organisation de la concertation préalable, le maître d'ouvrage ou la personne publique responsable publie un avis qui comporte les informations suivantes :

– l'objet de la concertation ;

– si la concertation est organisée à son initiative ou si celle-ci a été décidée en application du II ou du III de l'article L. 121-17, et dans ce cas, il est fait mention de ladite décision et du site internet sur lequel elle est publiée ;

– si un garant a été désigné, les nom et qualité de ce dernier ;

– la durée et les modalités de la concertation ;

– l'adresse du site internet sur lequel est publié le dossier soumis à concertation préalable.

Cet avis est publié sur le site internet du maître d'ouvrage ou de la personne publique responsable, ou, s'il ou elle n'en dispose pas, sur le site internet des services de l'État dans le département. L'avis est également publié dans deux journaux régionaux ou locaux diffusés dans le ou les départements concernés. Pour les projets d'importance nationale et les plans et programmes de niveau national, cet avis est, en outre, publié dans un journal à diffusion nationale. Pour les projets, l'avis est également publié par voie d'affichage dans les mairies des communes dont le territoire est susceptible d'être affecté par le projet. Pour les plans et programmes, l'avis est publié par voie d'affichage dans les locaux de l'autorité responsable de son élaboration.

II. – Les affiches prévues à l'alinéa précédent doivent être conformes à des caractéristiques et dimensions fixées par arrêté du ministre chargé de l'environnement (1).

Art. R. 121-20 *(D. n° 2017-626, 25 avr. 2017)*. – Pour l'application des articles L. 121-16 et L. 121-16-1, le maître d'ouvrage ou la personne publique responsable établit un dossier de la concertation, qui comprend notamment :

– les objectifs et caractéristiques principales du plan, programme ou projet, y compris, pour le projet, son coût estimatif ;

– le cas échéant, le plan ou le programme dont il découle ;

– la liste des communes correspondant au territoire susceptible d'être affecté ;

– un aperçu des incidences potentielles sur l'environnement ;

– une mention, le cas échéant, des solutions alternatives envisagées.

Ce dossier est établi et complété, le cas échéant, selon les indications données par l'autorité qui a demandé l'organisation de la concertation préalable en application des articles L. 121-9, L. 121-17 et L. 121-19 et en concertation avec le garant.

Art. R. 121-21 *(D. n° 2017-626, 25 avr. 2017)*. – Lorsque la concertation est organisée selon des modalités librement fixées en application du I de l'article L. 121-17 et qu'il n'est pas fait appel à un garant, le bilan de la concertation et les mesures qu'il ou elle juge nécessaires pour tenir compte des enseignements de la concertation sont établis et publiés par le maître d'ouvrage ou la personne publique responsable dans un délai de trois mois après la fin de la concertation.

Le bilan comprend les informations mentionnées au premier alinéa du IV de l'article L. 121-16-1.

Il est publié sur le site internet du maître d'ouvrage ou de la personne publique responsable, ou s'il ou elle n'en dispose pas, sur le site internet des services de l'État dans le département.

Sous-section 2. – Modalités particulières de la concertation avec garant

Art. R. 121-22 *(D. n° 2017-626, 25 avr. 2017 ; mod. à compter du 1er août 2021, D. n° 2021-837, 29 juin 2021)*. – Lorsqu'en application des articles L. 121-16-1 et L. 121-16-2, la Commission nationale du débat public est saisie d'une demande de désignation d'un garant, elle se prononce dans un délai de trente-cinq jours.

Lorsque la commission l'estime nécessaire au regard des caractéristiques du projet, plan ou programme, elle peut désigner plusieurs garants.

Art. R. 121-23 *(D. n° 2017-626, 25 avr. 2017 ; mod. à compter du 1er août 2021, D. n° 2021-837, 29 juin 2021)*. – Pour les rendre publics en application du IV de l'article L. 121-16-1 ou de l'article

(1) T. appl. : V. A. 9 sept. 2021 (*JO* 28 nov. 2021). – NDLR.

L. 121-16-2, le garant transmet le bilan de la concertation préalable ou le rapport final au maître d'ouvrage ou à la personne publique responsable qui le publie sans délai sur son site internet, ou si il ou elle ne dispose pas d'un tel site, sur le site internet des services de l'État dans le département.

Lorsque la concertation est organisée en application du II de l'article L. 121-17, ou du II de l'article L. 121-19 ou lorsqu'il est fait application de l'article L. 121-16-2, le bilan ou le rapport final est en outre publié sur le site internet de l'autorité ayant décidé l'organisation de la concertation.

Lorsqu'une concertation a été organisée en application du 1° de l'article L. 121-9, le bilan de la concertation est également publié sur le site internet de la Commission nationale du débat public.

Art. R. 121-24 *(D. n° 2017-626, 25 avr. 2017)*. – Conformément à l'article L. 121-16, le maître d'ouvrage ou la personne publique responsable publie dans un délai de deux mois à compter de la publication du bilan du garant sur son site internet, ou, s'il ou elle n'en dispose pas, sur le site internet des services de l'État dans le département, les mesures qu'il ou elle juge nécessaire de mettre en place pour tenir compte des enseignements tirés de la concertation.

Section V. – Droit d'initiative

(D. n° 2017-626, 25 avr. 2017)

Sous-section 1. – Déclaration d'intention

Art. R. 121-25 *(D. n° 2017-626, 25 avr. 2017 ; mod. à compter du 1er août 2021, D. n° 2021-837, 29 juin 2021)*. – I. – Est soumis à déclaration d'intention en application des dispositions de l'article L. 121-18 :

– tout projet mentionné au 1° de l'article L. 121-17-1 et réalisé sous maîtrise d'ouvrage publique dont le montant des dépenses prévisionnelles est supérieur à cinq millions d'euros hors taxe ;

– tout projet mentionné au 1° de l'article L. 121-17-1 dont le montant total des subventions publiques à l'investissement accordées sous forme d'aide financière nette est supérieur à cinq millions d'euros hors taxe ;

– tout plan ou programme mentionné à l'article L. 121-17-1.

Lorsqu'elle porte sur un projet, plan ou programme relevant d'une collectivité territoriale, d'un groupement de collectivités territoriales ou d'un établissement public en dépendant, l'acte engageant la réalisation d'un projet ou prescrivant l'élaboration d'un plan ou programme constitue la déclaration d'intention dès lors qu'il comporte les informations énumérées aux 1° à 6° du I de l'article L. 121-18.

La déclaration d'intention est publiée sur le site internet du maître d'ouvrage ou de la personne publique responsable, s'il ou elle dispose d'un tel site, et sur le site internet des services de l'État dans le département.

Pour les projets, le maître d'ouvrage ou la personne publique responsable rend publique la déclaration d'intention par le biais d'un affichage dans les mairies des communes mentionnées au 3° du I de l'article L. 121-18. Pour les plans et programmes, la déclaration d'intention est publiée par le biais d'un affichage dans les locaux de l'autorité responsable de son élaboration. L'affichage doit indiquer le site internet sur lequel est publiée la déclaration d'intention.

II. – Le maître d'ouvrage ou la personne publique responsable détermine la liste des communes prévue au 3° de l'article L. 121-18, en tenant compte des principaux Impacts environnementaux de son projet, plan ou programme connus à ce stade.

Un arrêté du ministre chargé de l'environnement fixe les caractéristiques et les dimensions de cet affichage (1).

Sous-section 2. – Modalités du droit d'initiative

Art. R. 121-26 *(D. n° 2017-626, 25 avr. 2017)*. – Le droit d'initiative mentionné à l'article L. 121-19 est exercé auprès du préfet.

II. – Pour l'exercice du droit d'initiative prévu au 1° du I de l'article L. 121-19, le représentant des signataires adresse au préfet un courrier électronique de saisine accompagné de la pétition mentionnée à l'article R. 121-28, sauf lorsqu'un système automatisé de traitement des données dans les conditions prévues par la loi n° 78-17 du 6 janvier 1978 relative à l'informatique, aux fichiers et aux libertés, a été mis en place pour recevoir ladite pétition.

(1) T. appl. : V. A. 9 sept. 2021 (*JO* 28 nov. 2021). – NDLR.

L'instruction de la saisine porte sur sa recevabilité. À cet effet, le préfet s'assure que le nombre de soutiens requis a bien été réuni et procède à un contrôle par échantillonnage visant à vérifier que la saisine respecte les modalités définies à l'article R. 121-28.

III. – Lorsque le préfet est saisi en application du 2° du I de l'article L. 121-19, le courrier électronique ou postal qui lui est adressé est accompagné de la délibération autorisant la saisine.

Art. R. 121-27 *(D. n° 2017-626, 25 avr. 2017).* – Si le préfet décide de donner une suite favorable à la saisine issue du droit d'initiative, il notifie sa décision au maître d'ouvrage ou à la personne publique responsable et la rend publique sur le site internet des services de l'État concerné.

Section VI. – Autres modalités relatives à la saisine de la Commission nationale du débat public et du préfet par le représentant des signataires d'une pétition

(D. n° 2017-626, 25 avr. 2017)

Art. R. 121-28 *(D. n° 2017-626, 25 avr. 2017).* – La saisine prévue au II de l'article L. 121-8, à l'article L. 121-10 et à l'article L. 121-19 s'exerce sur la base d'une pétition rédigée en français et présentée dans les mêmes termes à tous les signataires.

Les signataires ne peuvent soutenir qu'une seule fois la pétition et le représentant des signataires doit apporter la preuve que les solutions techniques retenues permettent de s'assurer avec une fiabilité suffisante que ce critère est respecté.

Le représentant des signataires est responsable de la gestion des données personnelles recueillies et de la qualité de la pétition. Les signatures sont recueillies par voie électronique et sont accompagnées des informations justifiant de la qualité pour agir des signataires au regard des articles mentionnés au premier alinéa, ainsi que les numéros de carte nationale d'identité ou de passeport des signataires. Il transmet à l'autorité compétente pour instruire la saisine les informations nécessaires à la vérification de la recevabilité de celle-ci.

Section VII. – Modalité du respect du secret de la défense nationale dans le cadre de la participation du public à l'élaboration des plans, programmes et projets ayant une incidence sur l'environnement

(D. n° 2017-626, 25 avr. 2017 ; abr., D. n° 2022-901, 17 juin 2022)

Art. R. 121-29 *(D. n° 2017-626, 25 avr. 2017 ; abr., D. n° 2022-901, 17 juin 2022).*

CHAPITRE II. – ÉVALUATION ENVIRONNEMENTALE

Section I. – Études d'impact des projets de travaux, d'ouvrages ou d'aménagements

(Rempl., D. n° 2011-2019, 29 déc. 2011) (1)

Bibliographie : V. bibliographie sous Livre I, Titre II, Chapitre II, Section I de la partie législative du présent code.

Sous-section 1. – Dispositions générales

Art. R. 122-1 *(Rempl., D. n° 2011-2019, 29 déc. 2011 ; D. n° 2016-1110, 11 août 2016).* – L'étude d'impact préalable à la réalisation du projet est réalisée sous la responsabilité du ou des maîtres d'ouvrage.

Art. R. 122-1-1 *(Implicitement abr., D. n° 2011-2019, 29 déc. 2011).*

(1) Dispositions d'application transitoires : V. D. n° 2011-2019, 29 déc. 2011, art. 13.

Art. R. 122-2 *(Rempl., D. n° 2011-2019, 29 déc. 2011 ; mod., D. n° 2016-1110, 11 août 2016 ; D. n° 2017-626, 25 avr. 2017 ; D. n° 2020-844, 3 juill. 2020* (1)*).* – I. – Les projets relevant d'une ou plusieurs rubriques énumérées dans le tableau annexé au présent article font l'objet d'une évaluation environnementale, de façon systématique ou après un examen au cas par cas, en application du II de l'article L. 122-1, en fonction des critères et des seuils précisés dans ce tableau.

À titre dérogatoire, les projets soumis à évaluation environnementale systématique qui servent exclusivement ou essentiellement à la mise au point et à l'essai de nouveaux procédés ou de nouvelles méthodes, pendant une période qui ne dépasse pas deux ans, font l'objet d'une évaluation environnementale après examen au cas par cas.

II. – Les modifications ou extensions de projets déjà autorisés, qui font entrer ces derniers, dans leur totalité, dans les seuils éventuels fixés dans le tableau annexé ou qui atteignent en elles-mêmes ces seuils font l'objet d'une évaluation environnementale ou d'un examen au cas par cas.

Les autres modifications ou extensions de projets soumis à évaluation environnementale systématique ou relevant d'un examen au cas par cas, qui peuvent avoir des incidences négatives notables sur l'environnement sont soumises à examen au cas par cas.

Sauf dispositions contraires, les travaux d'entretien, de maintenance et de grosses réparations, quels que soient les projets auxquels ils se rapportent, ne sont pas soumis à évaluation environnementale.

III. – Lorsqu'un même projet relève à la fois d'une évaluation environnementale systématique et d'un examen au cas par cas en vertu d'une ou plusieurs rubriques du tableau annexé, le maître d'ouvrage est dispensé de suivre la procédure prévue à l'article R. 122-3-1. L'étude d'impact traite alors de l'ensemble des incidences du projet, y compris des travaux de construction, d'installations ou d'ouvrages ou d'autres interventions qui, pris séparément, seraient en dessous du seuil de l'examen au cas par cas.

IV. – Lorsqu'un même projet relève de plusieurs rubriques du tableau annexé, une évaluation environnementale est requise dès lors que le projet atteint les seuils et remplit les conditions de l'une des rubriques applicables. Dans ce cas, une seule évaluation environnementale est réalisée pour le projet.

Art. R. 122-2-1 *(D. n° 2022-422, 25 mars 2022)* (2). – I. – L'autorité compétente soumet à l'examen au cas par cas prévu au IV de l'article L. 122-1 tout projet, y compris de modification ou d'extension, situé en deçà des seuils fixés à l'annexe de l'article R. 122-2 et dont elle est la première saisie, que ce soit dans le cadre d'une procédure d'autorisation ou d'une déclaration, lorsque ce projet lui apparaît susceptible d'avoir des incidences notables sur l'environnement ou la santé humaine au regard des critères énumérés à l'annexe de l'article R. 122-3-1.

II. – L'autorité compétente pour la première demande d'autorisation ou déclaration déposée relative au projet informe le maître d'ouvrage de sa décision motivée de soumettre le projet à examen au cas par cas, au plus tard quinze jours à compter du dépôt du dossier de cette demande ou déclaration. Le maître d'ouvrage saisit l'autorité en charge de l'examen au cas par cas dans les conditions prévues aux articles R. 122-3 et R. 122-3-1.

III. – Le maître d'ouvrage peut, de sa propre initiative, saisir l'autorité chargée de l'examen au cas par cas dans les conditions prévues aux articles R. 122-3 et R. 122-3-1, de tout projet situé en deçà des seuils fixés à l'annexe de l'article R. 122-2.

ANNEXE

à l'article R. 122-2

(Rempl., D. n° 2016-1110, 11 août 2016 ; mod., D. n° 2017-626, 25 avr. 2017 ; mod. à compter du 1er août 2017, D. n° 2017-1039, 10 mai 2017 ; mod., D. n° 2018-239, 3 avr. 2018 ; D. n° 2018-435, 4 juin 2018 ; mod. à compter du 1er avril 2019, D. n° 2019-190, 14 mars 2019 ; à compter du 1er janvier 2021, D. n° 2020-1169, 24 sept. 2020 ; à compter du 1er août

(1) Dispositions applicables aux demandes d'avis ou d'examen au cas par cas et aux demandes déposées en application de l'article L. 512-7 du Code de l'environnement qui sont enregistrées à compter du 5 juillet 2020, D. n° 2020-844, 3 juill. 2020.

(2) Dispositions applicables aux premières demandes d'autorisations ou déclarations d'un projet déposées à compter du 27 mars 2022, D. n° 2022-422, 25 mars 2022.

2021, D. n° 2021-837, 29 juin 2021 ; mod., D. n° 2022-970, 1er juill. 2022 ; D. n° 2023-1032, 9 nov. 2023 (1) *; D. n° 2024-529, 10 juin 2024)* (2)

CATÉGORIES de projets	PROJETS soumis à évaluation environnementale	PROJETS soumis à examen au cas par cas
Installations classées pour la protection de l'environnement (ICPE)		
1. Installations classées pour la protection de l'environnement	*a)* Installations mentionnées à l'article L. 515-28 du Code de l'environnement, à l'exception des élevages intensifs de volailles ou de porcs mentionnés par la rubrique 3660 de la nomenclature des installations classées pour la protection de l'environnement. *b)* Création d'établissements entrant dans le champ de l'article L. 515-32 du Code de l'environnement, et modifications faisant entrer un établissement dans le champ de cet article (*). *c)* Carrières soumises à autorisation mentionnées par la rubrique 2510 de la nomenclature des installations classées pour la protection de l'environnement et leurs extensions supérieures ou égales à 25 ha. *d)* Parcs éoliens soumis à autorisation mentionnés par la rubrique 2980 de la nomenclature des installations classées pour la protection de l'environnement. *e)* Élevages intensifs mentionnés par la rubrique 3660 de la nomenclature des installations classées : – de plus de 85 000 emplacements pour les poulets et 60 000 emplacements pour les poules ; – de plus de 3 000 emplacements pour les porcs de production (de plus de 30 kg) ;	*a)* Autres installations classées pour la protection de l'environnement soumises à autorisation. *b)* Autres installations classées pour la protection de l'environnement soumises à enregistrement (pour ces installations, l'examen au cas par cas est réalisé dans les conditions et formes prévues aux articles L. 512-7-2 et R. 512-46-18 du Code de l'environnement. *c)* Extensions inférieures à 25 ha des carrières soumises à autorisation mentionnées par la rubrique 2510 de la nomenclature des ICPE. *d)* Les essais d'injection et de soutirage de CO2 en formation géologique d'une quantité inférieure à 100 kilotonnes, lorsqu'ils sont réalisés pendant la phase de recherche.

(1) Dispositions applicables aux projets pour lesquels la première autorité compétente pour autoriser le projet ou l'autorité chargée de l'examen au cas par cas sont saisies à compter du 2 juillet 2022, D. n° 2022-970, 1er juill. 2022, art. 4, I

(2) Dispositions applicables aux projets pour lesquels la première autorité compétente pour autoriser le projet ou l'autorité chargée de l'examen au cas par cas sont saisies à compter du 11 juin 2024, D. n° 2024-529, 10 juin 2024, art. 4.

		b) Gares de tramways, de métros aériens et souterrains, de funiculaires.
8. Aérodromes. On entend par « aérodrome » : un aérodrome qui correspond à la définition donnée par la convention de Chicago de 1944 constituant l'Organisation de l'aviation civile internationale (annexe 14).	Construction d'aérodromes dont la piste de décollage et d'atterrissage a une longueur d'au moins 2 100 mètres.	Construction d'aérodromes non mentionnés à la colonne précédente.
Milieux aquatiques, littoraux et maritimes		
9. Infrastructures portuaires, maritimes et fluviales.	*a)* Voies navigables et ports de navigation intérieure permettant l'accès de bateaux de plus de 1 350 tonnes. *b)* Ports de commerce, quais de chargement et de déchargement reliés à la terre et avant-ports (à l'exclusion des quais pour transbordeurs) accessibles aux bateaux de plus de 1 350 tonnes. *c)* Ports de plaisance d'une capacité d'accueil supérieure ou égale à 250 emplacements.	*a)* Construction de voies navigables non mentionnées à la colonne précédente. *b)* Construction de ports et d'installations portuaires, y compris de ports de pêche (projets non mentionnés à la colonne précédente). *c)* Ports de plaisance d'une capacité d'accueil inférieure à 250 emplacements. *d)* Zones de mouillages et d'équipements légers.
10. Canalisation et régularisation des cours d'eau.		Ouvrages de canalisation, de reprofilage et de régularisation des cours d'eau s'ils entraînent une artificialisation du milieu sous les conditions de respecter les critères et seuils suivants : -installations, ouvrages, travaux ou activités conduisant à modifier le profil en long ou le profil en travers du lit mineur d'un cours d'eau sur une longueur de cours d'eau supérieure ou égale à 100 m ; -consolidation ou protection des berges, par des techniques autres que végétales vivantes sur une longueur supérieure ou égale à 200 m ; -installations, ouvrages, travaux ou activités, dans le lit mineur d'un cours d'eau, étant de nature à détruire les frayères, les zones de croissance ou les zones d'alimentation de la faune piscicole, des crustacés et des batraciens, ou dans le lit majeur d'un cours d'eau, étant de nature à détruire les frayères de brochet pour la destruction de plus de 200 m^2 de frayères ;

		-installations, ouvrages, travaux ou activités conduisant à la dérivation d'un cours d'eau sur une longueur supérieure ou égale à 100 m.
11. Travaux, ouvrages et aménagements en zone côtière.		*a)* Ouvrages et aménagements côtiers destinés à combattre l'érosion et travaux maritimes susceptibles de modifier la côte par la construction notamment de digues, de môles, de jetées, d'enrochements, d'ouvrages de défense contre la mer et d'aménagements côtiers constituant un système d'endiguement. *b)* Reconstruction d'ouvrages ou aménagements côtiers existants.
12. Récupération de territoires sur la mer.		Tous travaux de récupération de territoires sur la mer.
13. Travaux de rechargement de plage.		Tous travaux de rechargement de plage.
14. Travaux, ouvrages et aménagements dans les espaces remarquables du littoral et mentionnés au 2 et au 4 du R. 121-5 du Code de l'urbanisme.		Tous travaux, ouvrages ou aménagements.
15. Récifs artificiels.		Création de récifs artificiels.
16. Projets d'hydraulique agricole, y compris projets d'irrigation et de drainage de terres.		*a)* Projets d'hydraulique agricole y compris projets d'irrigation et de drainage de terres, sur une superficie supérieure ou égale à 100 ha. *b)* Projets d'hydraulique agricole nécessitant l'assèchement, la mise en eau, l'imperméabilisation, le remblaiement de zones humides ou de marais, la zone asséchée ou mise en eau étant d'une surface supérieure ou égale à 1 ha. *c)* Projets d'irrigation nécessitant un prélèvement supérieur ou égal à 8 m^3/ h dans une zone où des mesures permanentes de répartition quantitative ont été instituées.
17. Dispositifs de captage et de recharge artificielle des eaux souterraines (telles que définies à l'article 2.2 de la directive 2000/60/CE).	Dispositifs de captage ou de recharge artificielle des eaux souterraines lorsque le volume annuel d'eaux à capter ou à recharger est supérieur ou égal 10 millions de mètres cubes.	*a)* Dispositifs de recharge artificielle des eaux souterraines (non mentionnés dans la colonne précédente). *b)* Dispositifs de captage des eaux souterraines, lorsque le volume annuel prélevé est inférieur à 10 millions de mètres cubes et supérieur ou égal à 200 000 mètres cubes,

		excepté en zone où des mesures permanentes de répartition quantitative instituées ont prévu l'abaissement des seuils. *c)* Dispositifs de captage des eaux souterraines en nappe d'accompagnement : -d'une capacité totale maximale supérieure ou égale à 1 000 m^3/heure ou à 5 % du débit du cours d'eau ou, à défaut, du débit global d'alimentation du canal ou du plan d'eau ; -lorsque le débit du cours d'eau en période d'étiage résulte, pour plus de moitié, d'une réalimentation artificielle. Toutefois, en ce qui concerne la Seine, la Loire, la Marne et l'Yonne, le seuil à utiliser est une capacité de prélèvement supérieure à 80 m^3/ heure. *d)* Dispositifs de captage des eaux souterraines en zone où des mesures permanentes de répartition quantitative instituées ont prévu l'abaissement des seuils, lorsque la capacité totale est supérieure ou égale à 8 m^3/ heure.
18. Dispositifs de prélèvement des eaux de mer.		Tous dispositifs dont le prélèvement est supérieur ou égal à 30 m^3 par heure d'eau de mer.
19. Rejet en mer.		Rejet en mer dont le débit est supérieur ou égal à 30 m^3/ h.
20. Travaux, ouvrages et aménagements réalisés en vue de l'exploitation d'eau destinée à la consommation humaine dans une forêt de protection.		Tous travaux, ouvrages et aménagements réalisés en vue de l'exploitation d'eau destinée à la consommation humaine dans une forêt de protection, à l'exclusion des travaux de recherche.
21. Barrages et autres installations destinées à retenir les eaux ou à les stocker.	Barrages et autres installations destinées à retenir les eaux ou à les stocker de manière durable lorsque le nouveau volume d'eau ou un volume supplémentaire d'eau à retenir ou à stocker est supérieur ou égal à 1 million de m^3 ou lorsque la hauteur au-dessus du terrain naturel est supérieure ou égale à 20 mètres.	Barrages et autres installations destinées à retenir les eaux ou à les stocker de manière durable non mentionnés à la colonne précédente : *a)* Barrages de classes B et C pour lesquels le nouveau volume d'eau ou un volume supplémentaire d'eau à retenir ou à stocker est inférieur à 1 million de m^3. *b)* Plans d'eau permanents dont la superficie est supérieure ou égale à 3 ha pour lesquels le nouveau volume d'eau ou un volume supplémentaire d'eau à retenir ou à stocker est inférieur à 1 million de m^3.

		c) Réservoirs de stockage d'eau « sur tour » (château d'eau) d'une capacité égale ou supérieure à 1 000 m^3. *d)* Installations et ouvrages destinés à retenir les eaux ou à les stocker, constituant un obstacle à la continuité écologique ou à l'écoulement des crues, entraînant une différence de niveau supérieure ou égale à 50 cm pour le débit moyen annuel de la ligne d'eau entre l'amont et l'aval du barrage ou de l'installation *e)* Ouvrages construits ou aménagés en vue de prévenir les inondations et les submersions tels que les systèmes d'endiguement au sens de l'article R. 562-13 du Code de l'environnement. *f)* Ouvrages construits ou aménagés en vue de prévenir les inondations et les submersions tels que les aménagements hydrauliques au sens de l'article R. 562-18 du Code de l'environnement.
22. Installation d'aqueducs sur de longues distances.		Canalisation d'eau dont le produit du diamètre extérieur avant revêtement par la longueur est supérieur ou égal à 2 000 m^2.
23. Ouvrages servant au transvasement des ressources hydrauliques entre bassins fluviaux au sens de la directive 2000/60/CE. **Dans les deux cas, les transvasements d'eau potable amenée par canalisation sont exclus.**	*a)* Ouvrages servant au transvasement de ressources hydrauliques entre bassins fluviaux lorsque cette opération vise à prévenir d'éventuelles pénuries d'eau et que le volume annuel des eaux transvasées est supérieur ou égal à 100 millions de m^3. *b)* Dans tous les autres cas, ouvrages servant au transvasement de ressources hydrauliques entre bassins fluviaux lorsque le débit annuel moyen, sur plusieurs années, du bassin de prélèvement dépasse 2 000 millions de m^3 et que le volume des eaux transvasées dépasse 5 % de ce débit.	Ouvrages servant au transvasement des ressources hydrauliques entre bassins fluviaux non mentionnés dans la colonne précédente dont le débit est supérieur ou égal à 1 m ^{3}/ s.
24. Système de collecte et de traitement des eaux résiduaires. **On entend par « un équivalent habitant (EH) » : la charge organique biodégradable ayant une demande biochimique d'oxygène en cinq jours (DB05) de 60 grammes d'oxygène par jour.**	Système d'assainissement dont la station de traitement des eaux usées est d'une capacité supérieure ou égale à 150 000 équivalents-habitants.	*a)* Système d'assainissement dont la station de traitement des eaux usées est d'une capacité inférieure à 150 000 équivalents-habitants et supérieure ou égale à 10 000 équivalents-habitants. *b)* Système d'assainissement situé dans la bande littorale de cent

		mètres prévue à l'article L. 121-16 du Code de l'urbanisme, dans la bande littorale prévue à l'article L. 121-45 de ce code, ou un espace remarquable du littoral prévu à l'article L. 121-23 du même code.
25. Extraction de minéraux par dragage marin ou fluvial.	Extraction de minéraux par dragage marin : ouverture de travaux d'exploitation concernant les substances minérales ou fossiles contenues dans les fonds marins du domaine public, de la zone économique exclusive et du plateau continental.	*a)* Dragage et/ ou rejet y afférent en milieu marin : -dont la teneur des sédiments extraits est supérieure ou égale au niveau de référence N2 pour l'un au moins des éléments qui y figurent ; -dont la teneur des sédiments extraits est comprise entre les niveaux de référence N1 et N2 pour l'un des éléments qui y figurent : i) et, sur la façade métropolitaine Atlantique-Manche-mer du Nord et lorsque le rejet est situé à 1 kilomètre ou plus d'une zone conchylicole ou de cultures marines dont le volume maximal in situ dragué au cours de douze mois consécutifs est supérieur ou égal à 50 000 m^3 ; ii) et, sur les autres façades ou lorsque le rejet est situé à moins de 1 km d'une zone conchylicole ou de cultures marines dont le volume maximal in situ dragué au cours de douze mois consécutifs est supérieur ou égal à 5 000 m^3 ; -dont la teneur des sédiments extraits est inférieure ou égale au niveau de référence N1 pour l'ensemble des éléments qui y figurent et dont le volume in situ dragué au cours de douze mois consécutifs est supérieur ou égal à 500 000 m^3. *b)* Entretien d'un cours d'eau ou de canaux, à l'exclusion de l'entretien mentionné à l'article L. 215-14 du Code de l'environnement réalisé par le propriétaire riverain, le volume des sédiments extraits étant au cours d'une année : -supérieure à 2 000 m^3 ; -inférieure ou égal à 2 000 m^3 dont la teneur des sédiments extraits est supérieure ou égale au niveau de référence S1.
26. Stockage et épandages de boues et d'effluents.		*a)* Plan d'épandage de boues relevant de l'article R. 214-1 du même code et comprenant l'ensemble des

		installations liées à l'épandage de boues et les ouvrages de stockage de boues, dont la quantité de matière sèche est supérieure à 800 t/ an ou azote total supérieur à 40 t/ an. *b)* Épandages d'effluents ou de boues relevant de l'article R. 214-1 du même code, la quantité d'effluents ou de boues épandues présentant les caractéristiques suivantes : azote total supérieur à 10 t/ an ou volume annuel supérieur à 500 000 m³/ an ou DBO5 supérieure à 5 t/ an.
FORAGES ET MINES		
27. Forages en profondeur à l'exception des forages pour étudier la stabilité des sols.	Forages d'exploration ou d'exploitation d'hydrocarbures liquides ou gazeux.	*a)* Forages pour l'approvisionnement en eau d'une profondeur supérieure ou égale à 50 mètres ; *b)* Forages pour l'exploration de mines, à l'exception des forages isolés n'excédant pas 100 mètres de profondeur ; *c)* Forages pour l'exploitation de mines, à l'exception des forages de surveillance isolés n'excédant pas 100 mètres de profondeur ; *d)* Forages pour l'exploration ou l'exploitation de gîtes géothermiques, à l'exception des gîtes géothermiques de minime importance ; *e)* Forages de puits pour les stockages souterrains de gaz naturel, d'hydrocarbures liquides, liquéfiés ou gazeux, d'hydrogène, de produits chimiques à destination industrielle ; *f)* Autres forages en profondeur de plus de 100 mètres, à l'exclusion des forages géothermiques de minime importance, au sens de l'article L. 112-2 du Code minier.
28. Exploitation minière.	*a)* Exploitation et travaux miniers à ciel ouvert : travaux d'exploitation de mines, y compris ceux relevant de l'article L. 611-1 du Code minier, de haldes et de terrils lorsque la surface totale dépasse 25 hectares ; *b)* Exploitation et travaux miniers souterrains : travaux de création et d'aménagement de cavités souterraines naturelles ou artificielles ou de formations souterraines naturelles présentant les qualités requises pour constituer des réservoirs étanches ou susceptibles d'être rendus tels, en vue du stockage de gaz naturel, d'hy-	*a)* Travaux de recherche de mines à ciel ouvert : – lorsqu'ils doivent être effectués sur des terrains humides ou des marais à l'exception, en Guyane, de travaux de recherche exécutés, à terre, sans utilisation directe de l'énergie mécanique fournie par l'action d'une machine ; – lorsqu'il est prévu que les travaux provoquent un terrassement total d'un volume supérieur à 20 000 mètres cubes ;

	drocarbures liquides, liquéfiés ou gazeux, d'hydrogène ou de produits chimiques à destination industrielle.	– lorsqu'ils entraînent la dissolution de certaines couches du sous-sol ; *b)* Travaux d'exploitation de mines à ciel ouvert, y compris ceux relevant de l'article L. 611-1 du Code minier, de haldes et de terrils lorsque la surface totale est inférieure ou égale à 25 hectares ; *c)* Exploitation et travaux miniers souterrains : – travaux d'exploitation de mines ; – travaux de recherche et d'exploitation des gîtes géothermiques de plus de 200 mètres de profondeurs ou dont la puissance thermique récupérée dans l'ensemble de l'installation est supérieure ou égale à 500 kW ; – mise en exploitation d'un stockage souterrain de gaz naturel, d'hydrocarbures liquides, liquéfiés ou gazeux, d'hydrogène ou de produits chimiques à destination industrielle ; – essai d'injection et de soutirage effectué en nappe aquifère contenant ou en contact avec de l'eau potable ou qui peut être rendue potable, réalisé avec un produit qui n'est pas reconnu sans danger pour l'alimentation humaine ou animale.
Énergie		
29. Installations destinées à la production d'énergie hydroélectrique.	Installations d'une puissance maximale brute totale supérieure à 4,5 MW.	Nouvelles installations d'une puissance maximale brute totale inférieure ou égale à 4,50 MW. Augmentation de puissance de plus de 20 % des installations existantes.
30. Installations photovoltaïques de production d'électricité (hormis celles sur toitures, ainsi que celles sur ombrières situées sur des aires de stationnement)	Installations d'une puissance égale ou supérieure à 1 MWc, à l'exception des installations sur ombrières	Installations d'une puissance égale ou supérieure à 300 kWc
31. Installation en mer de production d'énergie.	Éolienne en mer.	Toute autre installation.
32. Construction de lignes électriques aériennes en haute et très haute tension.	Construction de lignes électriques aériennes de très haute tension (HTB 2 et 3) et d'une longueur égale ou supérieure à 15 km.	Construction de lignes électriques aériennes en haute tension (HTB 1), et construction de lignes électriques aériennes en très haute tension (HTB 2 et 3) inférieure à 15 km. Postes de transformation dont la tension maximale de transformation est égale ou supérieure à 63 kilovolts, à l'exclusion des opérations qui n'entraînent pas d'augmentation de la surface foncière des postes.

33. Lignes électriques sous-marines en haute et très haute tension.	Construction de lignes électriques en haute et très haute tension (HTB) en milieu marin.	
34. Autres câbles en milieu marin.		Autres câbles en milieu marin installés sur le domaine public maritime, la zone économique exclusive ou sur le plateau continental.
35. Canalisations de transport d'eau chaude de température inférieure à 120° C ou d'eau de refroidissement		Canalisations dont le produit du diamètre extérieur avant revêtement par la longueur du réseau de transport aller et retour est supérieur ou égal à 10 000 m^2.
36. Canalisations de transport de vapeur d'eau ou d'eau surchauffée de température égale ou supérieure à 120 ° C		Canalisations dont le produit du diamètre extérieur avant revêtement par la longueur du réseau de transport aller et retour est supérieur ou égal à 4 000 m^2.
37. Canalisations de transport de gaz inflammables, nocifs ou toxiques, et de dioxyde de carbone en vue de son stockage géologique.	Canalisations dont le diamètre extérieur avant revêtement est supérieur à 800 millimètres et dont la longueur est supérieure à 40 kilomètres, y compris stations de compression pour le dioxyde de carbone.	Canalisations dont le produit du diamètre extérieur avant revêtement par la longueur est supérieur ou égal à 500 m^2, ou dont la longueur est égale ou supérieure à 2 kilomètres.
38. Canalisations de transport de fluides autres que ceux visés aux rubriques 22 et 35 à 37.	Canalisations de transport de pétrole et de produits chimiques dont le diamètre extérieur avant revêtement est supérieur à 800 millimètres et dont la longueur est supérieure à 40 kilomètres.	Canalisations dont le produit du diamètre extérieur avant revêtement par la longueur est supérieur ou égal à 500 m^2, ou dont la longueur est égale ou supérieure à 2 kilomètres.
Travaux, ouvrages, aménagements ruraux et urbains		
39. Travaux, constructions et opérations d'aménagement	*a)* Travaux et constructions créant une emprise au sol au sens de l'article R.* 420-1 du Code de l'urbanisme supérieure ou égale à 40 000 m^2 dans un espace autre que : – les zones mentionnées à l'article R. 151-18 du Code de l'urbanisme, lorsqu'un plan local d'urbanisme est applicable ; – les secteurs où les constructions sont autorisées au sens de l'article L. 161-4 du même code, lorsqu'une carte communale est applicable ; – les parties urbanisées de la commune au sens de l'article L. 111-3 du même code, en l'absence de plan local d'urbanisme et de carte communale applicable ; *b)* Opérations d'aménagement dont le terrain d'assiette est supérieur ou égal à 10 ha ;	*a)* Travaux et constructions qui créent une surface de plancher au sens de l'article R. 111-22 du Code de l'urbanisme ou une emprise au sol au sens de l'article R.* 420-1 du même code supérieure ou égale à 10 000 m^2 ;

	c) Opérations d'aménagement créant une emprise au sol au sens de l'article R.* 420-1 du Code de l'urbanisme supérieure ou égale à 40 000 m² dans un espace autre que : – les zones mentionnées à l'article R. 151-18 du Code de l'urbanisme lorsqu'un plan local d'urbanisme est applicable ; – les secteurs où les constructions sont autorisées au sens de l'article L. 161-4 du même code, lorsqu'une carte communale est applicable ; – les parties urbanisées de la commune au sens de l'article L. 111-3 du même code, en l'absence de plan local d'urbanisme et de carte communale applicable.	*b)* Opérations d'aménagement dont le terrain d'assiette est compris entre 5 et 10 ha, ou dont la surface de plancher au sens de l'article R. 111-22 du Code de l'urbanisme ou l'emprise au sol au sens de l'article R.* 420-1 du même code est supérieure ou égale à 10 000 m².
40. Villages de vacances et aménagements associés.	Villages de vacances et aménagements associés dont les travaux créent une surface de plancher supérieure ou égale à 40 000 m² ou dont le terrain d'assiette couvre une superficie supérieure ou égale 10 hectares.	Villages de vacances et aménagements associés dont les travaux créent une surface de plancher supérieure ou égale 10 000 m² ou dont le terrain d'assiette couvre une superficie supérieure ou égale 3 ha.
41. Aires de stationnement ouvertes au public, dépôts de véhicules et garages collectifs de caravanes ou de résidences mobiles de loisirs.		*a)* Aires de stationnement ouvertes au public de 50 unités et plus. *b)* Dépôts de véhicules et garages collectifs de caravanes ou de résidences mobiles de loisirs de 50 unités et plus.
42. Terrains de camping et caravanage.	Terrains de camping et de caravanage permettant l'accueil de plus de 200 emplacements de tentes, caravanes, résidences mobiles de loisirs ou d'habitations légères de loisirs.	*a)* Terrains de camping et de caravanage permettant l'accueil de 7 à 200 emplacements de tentes, caravanes, résidences mobiles de loisirs ou d'habitations légères de loisirs. *b)* Aires naturelles de camping et de caravanage permettant l'accueil de 7 à 30 emplacements de tentes, caravanes.
43. Pistes de ski, remontées mécaniques et aménagements associés.	*a)* Création de remontées mécaniques ou téléphériques transportant plus de 1 500 passagers par heure. *b)* Pistes de ski (y compris les pistes dédiées à la luge lorsque celles-ci	*a)* Remontées mécaniques ou téléphériques transportant moins de 1 500 passagers par heure à l'exclusion des remontées mécaniques démontables et transportables et des tapis roulants mentionnés à l'article L. 342-17-1 du Code du tourisme. *b)* Pistes de ski (y compris les pistes dédiées à la luge lorsque celles-ci

	ne comportent pas d'installation fixes d'exploitation permanente) d'une superficie supérieure ou égale à 2 hectares en site vierge ou d'une superficie supérieure ou égale à 4 hectares hors site vierge. *c)* Installations et aménagements associés permettant d'enneiger une superficie supérieure ou égale à 2 hectares en site vierge ou d'une superficie supérieure ou égale à 4 hectares hors site vierge.	ne comportent pas d'installation fixes d'exploitation permanente) d'une superficie inférieure à 2 hectares en site vierge ou d'une superficie inférieure à 4 hectares hors site vierge. *c)* Installations et aménagements associés permettant d'enneiger une superficie inférieure à 2 hectares en site vierge ou une superficie inférieure à 4 hectares hors site vierge.
	Pour la rubrique 43, est considéré comme « site vierge » un site non accessible gravitairement depuis les remontées mécaniques ou du fait de la difficulté du relief, ou accessible gravitairement depuis les remontées mécaniques mais ne revenant pas gravitairement sur une piste de ski ou un départ de remontée mécanique du même domaine skiable au sens de l'article R. 122-10 du Code de l'urbanisme.	
44. Équipements sportifs, culturels ou de loisirs et aménagements associés. *(Rubrique partiellement annulée, CE, 8 déc. 2017, n° 404391, Féd. Allier Nature : JurisData n° 2017-024878 et CE, 15 avr. 2021, n° 425424,Ass. France Nature Environnement et a. : JurisData n° 2021-006423)*		*a)* Pistes permanentes de courses, d'essais et de loisirs pour véhicules motorisés. *b)* Parcs d'attractions à thème et attractions fixes. *c)* Terrains de golf et aménagements associés d'une superficie supérieure à 4 hectares. *d)* Autres équipements sportifs, culturels ou de loisirs et aménagements associés ... susceptibles d'accueillir plus de 1 000 personnes.
44. Équipements sportifs, culturels ou de loisirs et aménagements associés. *(Rédaction de la rubrique avant annulations partielles)*		*a)* Pistes permanentes de courses d'essai et de loisirs pour véhicules motorisés. *b)* Parcs d'attractions à thème et attractions fixes. *c)* Terrains de golf et aménagements associés d'une superficie supérieure à 4 hectares. *d)* Autres équipements sportifs ou de loisirs et aménagements associés susceptibles d'accueillir plus de 1 000 personnes.
45. Opérations d'aménagements fonciers agricoles et forestiers, mentionnées au 1° de l'article L. 121-1 du Code rural et de la pêche maritime, y compris leurs travaux connexes.		Toutes opérations.

46. Projets d'affectation de terres incultes ou d'étendues semi-naturelles à l'exploitation agricole intensive.		*a)* Projets d'affectation de plus de 4 hectares de terres non cultivées à l'exploitation agricole intensive. *b)* Projets d'affectation de plus de 4 hectares d'étendues semi-naturelles à l'exploitation agricole intensive.
47. Premiers boisements et déboisements en vue de la reconversion de sols.	*a)* Défrichements portant sur une superficie totale, même fragmentée, égale ou supérieure à 25 hectares. *b)* Pour La Réunion et Mayotte, dérogations à l'interdiction générale de défrichement, mentionnée aux articles L. 374-1 et L. 375-4 du Code forestier, ayant pour objet des opérations d'urbanisation ou d'implantation industrielle ou d'exploitation de matériaux.	*a)* Défrichements soumis à autorisation au titre de l'article L. 341-3 du Code forestier en vue de la reconversion des sols, portant sur une superficie totale, même fragmentée, de plus de 0,5 hectare. *b)* Autres déboisements en vue de la reconversion des sols, portant sur une superficie totale, même fragmentée, de plus de 0,5 hectare. En Guyane, ce seuil est porté à 20 ha dans les zones classées agricoles par un plan local d'urbanisme ayant fait l'objet d'une évaluation environnementale ou, en l'absence d'un tel plan local d'urbanisme, dans le schéma d'aménagement régional. *c)* Premiers boisements d'une superficie totale de plus de 0,5 hectare.
48. Crématoriums.		Toute création ou extension.
(*) Établissement : ensemble d'installations relevant d'un même exploitant sur un même site.		

V. sur la nomenclature des études d'impact : *Guide de lecture de la nomenclature des études d'impact*, févr. 2017, ministère de l'Environnement, de l'Énergie et de la Mer, en charge des relations internationales sur le climat.

1) Notion d'incidence notable sur l'environnement et la santé humaine. Critères utilisés par le pouvoir réglementaire. Il ressort du tableau annexé à l'article R. 122-2 du Code de l'environnement que les seuils en deçà desquels les projets sont dispensés de toute évaluation environnementale sont principalement fondés sur un critère relatif à leur dimension, tel que la taille ou la capacité de l'installation projetée, *alors même que, ainsi qu'il a été dit au point 7,* la question de savoir si un projet est susceptible d'avoir des incidences notables sur l'environnement et la santé humaine peut également dépendre d'autres caractéristiques du projet, telles que sa localisation, comme le prévoit expressément l'annexe III de la directive du 13 décembre 2011 à laquelle renvoie l'article L. 122-1 du Code de l'environnement. Par suite, en ne prévoyant pas de soumettre à une évaluation environnementale, lorsque cela apparaît nécessaire, des projets qui, bien que se trouvant en deçà des seuils qu'il fixe, sont susceptibles d'avoir des incidences notables sur l'environnement ou la santé humaine en raison notamment de leur localisation, le décret n° 2018-435 du 4 juin 2018 modifiant des catégories de projets, plans et programmes relevant de l'évaluation environnementale méconnaît les objectifs de la directive du 13 décembre 2011. Il en résulte, sans qu'il y ait lieu de saisir la Cour de justice de l'Union européenne à titre préjudiciel, que les associations requérantes sont fondées à demander l'annulation du décret attaqué en tant qu'il exclut certains projets de toute évaluation environnementale sur le seul critère de leur dimension, sans comporter de dispositions permettant de soumettre à une évaluation environnementale des projets qui, en raison d'autres caractéristiques telles que leur localisation, sont susceptibles d'avoir une incidence notable sur l'environnement ou la santé humaine (■ CE, 15 avr. 2021, n° 425424, *Assoc. France Nature Environnement et a.*).

I – L'ÉTUDE D'IMPACT ISSUE DU DÉCRET DU 11 AOÛT 2016

2) Infrastructures portuaires, maritimes et fluviales. Zones de mouillages et d'équipements légers. Les caractéristiques techniques des projets de cultures marines, qui consistent en la pose de corps-morts sur le sol de la mer appartenant au domaine public maritime, et en des installations flottantes et des aussières sont de nature à faire regarder ce projet comme entrant dans la catégorie des « zones de mouillages et d'équipements légers » au sens de l'article R. 122-2 du Code de l'environnement nécessitant la mise en œuvre de la procédure de « cas par cas » pour la réalisation éventuelle d'une étude d'impact, dès lors qu'ils constituent des installations d'amarrage légères et amovibles (■ TA Rennes, 5 mai 2017, n°s 1501455, 1501465, 1501466, 1501467, 1501468 et 1502068). V. en sens inverse : Les zones de mouillages et d'équipements légers visés par le *g* du 10° de l'annexe à l'article R. 122-2 du Code de l'environnement s'entendent des zones de mouillage destinées à l'accueil et au stationnement des navires et bateaux de plaisance ainsi que des équipements légers qui en sont l'accessoire indispensable. Les champs de cultures marines projetés caractérisés par la mise en place de dispositifs sous-marins, sous la forme de corps morts de différentes dimensions posés sur le sol de la mer, de bouées sub-affleurantes et de fils et aussières tendues, ne peuvent être regardés comme des travaux, ouvrages et aménagements du domaine public maritime dès lors qu'ils ne s'apparentent pas aux zones de mouillages et équipements légers qui en constituent l'accessoire (■ CAA Nantes, 18 déc. 2018, n° 17NT02153, *SAS Algolesko*).

3) Dispense de réaliser une étude d'impact. Grosses réparations. Présente le caractère de grosses réparations au sens des dispositions du IV de l'article R. 122-2 du Code de l'environnement, et non d'une reconstruction au sens du *e)* du 10° du tableau annexé à ce même article l'ensemble des travaux relevant de la maîtrise d'ouvrage de la commune comportant notamment la modification des niveaux du terre-plein, de manière à le rendre mieux accessible aux personnes handicapées, la construction d'un mur destiné à protéger le public contre les chutes de pierres de la falaise, la reprise des évacuations d'eaux pluviales et la réfection de la partie basse de l'escalier menant au monument commémoratif situé en haut de la falaise. (■ *CAA Douai, 25 avr. 2019,* n° 17DA01476, *Cne de Saint-Jouin-Bruneval*). **Fermeture d'une voie de circulation.** Les dispositions du *d)* du 6° du tableau annexé à l'article R. 122-2 du Code de l'environnement dans leur version antérieure au décret du 11 août 2016 doivent être interprétées comme n'ayant entendu soumettre à la réalisation d'une étude d'impact systématique que la création de routes d'une longueur égale ou supérieure à 3 kilomètres, et à étude d'impact au cas par cas que les travaux de création de routes d'une longueur inférieure à 3 kilomètres. Il suit de là que le *d)* du 6 dudit tableau ne s'applique pas au projet litigieux consistant en la fermeture à la circulation et l'aménagement d'une portion de route de 3,3 kilomètres de long en vue de sa transformation en promenade publique (■ CAA Paris, 22 oct. 2018, n° 18PA01325, *Ville de Paris*).

4) Obligation de réaliser une évaluation environnementale. Places de stationnement. Si les places de stationnement extérieures projetées, attenantes à un complexe commercial, qui étaient prévues sur le terrain d'assiette de l'opération et qui étaient une composante de celle-ci, ne pouvaient être regardées comme une aire de stationnement ouverte au public faute d'être réalisées de manière isolée, la circonstance que ces places de stationnement faisaient parties d'une opération plus vaste et que le magasin projeté, eu égard à sa superficie, ne relevait d'aucune des rubriques du tableau annexé à l'article R. 122-2 du Code de l'environnement, n'était pas de nature à exempter le maître d'ouvrage de réaliser une évaluation environnementale (■ CE, 1er juill. 2020, n° 423076, *Assoc. Athéna*).

5) Pistes permanentes de courses et d'essais pour véhicules motorisés. La directive du 13 décembre 2011 concernant l'évaluation des incidences de certains projets publics et privés sur l'environnement prévoit, à son annexe II, que les « pistes permanentes de courses et d'essais pour véhicules motorisés » sont soumises à une évaluation sur la base d'un examen au cas par cas ou sur la base de seuils ou critères fixés par les États membres. La rubrique 44 *a)* du tableau annexé à l'article R. 122-2 du Code de l'environnement dispose que les projets de « pistes permanentes de courses d'essai et de loisirs pour véhicules motorisés » sont soumis à évaluation environnementale au cas par cas. Contrairement à ce que soutiennent les requérantes, il résulte des dispositions de la rubrique 44 *a)* du tableau annexé à l'article R. 122-2 du Code de l'environnement que, ainsi que le prévoit la directive du 13 décembre 2011, les projets de pistes permanentes de courses pour véhicules motorisés et les pistes permanentes d'essais pour véhicules motorisés sont soumis à une obligation d'évaluation environnementale au cas par cas. Il en va, en outre, de même pour les projets de pistes permanentes de loisirs pour véhicules motorisés (■ CE, 15 avr. 2021, n° 425424, *Assoc. France Nature Environnement et a.*).

6) Acte ne faisant pas grief. Il résulte des dispositions des articles L. 122-1 et R. 122-2 du Code de l'environnement que « si la décision imposant la réalisation d'une étude d'impact est un acte faisant grief susceptible d'être déféré au juge de l'excès de pouvoir, tel n'est pas le cas de l'acte par lequel l'autorité de l'État compétente en matière d'environnement décide de dispenser d'étude d'impact un projet mentionné à l'article R. 122-2 du Code de l'environnement », un tel acte ayant le caractère d'une mesure préparatoire (■ CAA Versailles, 28 févr. 2020, n° 18VE02428).

II – L'ÉTUDE D'IMPACT ISSUE DU DÉCRET DU 29 DÉCEMBRE 2011 APPLICABLE JUSQU'À LA RÉFORME DU DÉCRET DU 11 AOÛT 2016

7) Nomenclature unique des projets soumis à étude d'impact. Le tableau présenté en annexe de l'article R. 122-2 fixe la liste unique des projets de travaux, d'ouvrages ou d'aménagements soumis à étude d'impact, soit de façon obligatoire, soit à la suite d'un examen au cas par cas, en fonction de critères et de seuils particuliers. Avant le décret n° 2011-2019 du 29 décembre 2011, les projets étaient soumis à une étude d'impact selon des critères techniques, d'un seuil financier de 1,9 million d'euros et de deux listes de dispenses figurant aux anciens articles R. 122-5 et R. 122-6. Cependant, certaines dispenses n'exonéraient pas le pétitionnaire ou le maître d'ouvrage de réaliser une notice d'impact, sorte de version allégée de l'étude d'impact. À présent, dans un souci de simplification, seuls les projets mentionnés en annexe de l'article R. 122-2 sont soumis à l'obligation de produire une étude d'impact. Par la même occasion, la réforme opère une extension du champ d'application de l'étude d'impact afin d'inclure, conformément au droit européen, de nouveaux projets autrefois écartés en dépit de leurs incidences sur le milieu naturel (V. sur une présentation de la réforme des études d'impact prévue par la loi Grenelle II : comm. sous Livre I, Titre II, chap. II, sect. I de la partie législative du présent code). En outre, la notice d'impact a été supprimée.

8) Projets de modification ou d'extension. En cas de modification ou d'extension de travaux, ouvrages ou aménagements existants et recensés dans le tableau annexé à l'article R. 122-2, il convient de vérifier si cette modification ou extension atteint en elle-même les critères mentionnés dans ce tableau. Dans l'affirmative, elle sera soumise à étude d'impact. Si au contraire elle n'atteint pas en elle-même ces critères mais qu'elle entraîne toutefois leur dépassement pour les travaux, ouvrages ou aménagements pris dans leur intégralité, une étude d'impact est requise. Cette disposition n'est toutefois applicable qu'aux travaux, ouvrages et aménagements qui n'ont jamais fait l'objet d'une étude d'impact et qui sont autorisés à compter du 1er juin 2012. Enfin, pour les travaux, ouvrages ou aménagements ayant déjà fait l'objet d'une étude d'impact, peu importe leur date d'autorisation, il convient de prendre en compte la somme des modifications et extensions réalisées sur les cinq années précédant le nouveau projet d'extension ou de modification. Si cette somme atteint en elle-même les critères du tableau précité, une nouvelle étude d'impact est nécessaire.

9) Rubrique n° 10. Les projets de cultures conchylicoles relèvent de la rubrique 10 *g)* relative aux zones de mouillages et équipements légers et sont soumis, à ce titre, à un examen de l'étude d'impact au « cas par cas » (■ TA Rennes, 10 juill. 2015, n° 1403987, *APEME*).

10) Rubrique n° 38. Le projet autorisé, qui a pour objet l'édification d'une mosquée, doit être regardé comme entrant dans la catégorie des établissements culturels, sportifs ou de loisir au sens de la rubrique 38 annexé à l'article R. 122-2 du Code de l'environnement (■ TA Amiens, 30 juin 2017, n° 1502000).

11) Exclusions. Le décret n° 2011-2019 du 29 décembre 2011 maintient la dispense, sauf dispositions contraires, relative aux travaux d'entretien, de maintenance et de grosses réparations.

12) Intérêt à agir. Voisins. Bien que les États membres disposent d'une large marge d'appréciation pour déterminer ce qui constitue un « intérêt suffisant pour agir » ou une « atteinte à un droit », la CJUE juge que les voisins sont susceptibles de faire partie du « public concerné ». Dans la mesure où la notion de voisin englobe toutes les personnes qui pourraient être exposées à des dangers par la construction, l'existence ou l'exploitation d'une installation, ainsi que les personnes dont le droit de propriété ou d'autres droits réels pourraient être atteints, l'exclusion presque générale de ceux-ci à la procédure d'étude d'impact environnemental aurait pour effet de restreindre la portée de la directive 2011/92/UE concernant l'évaluation des incidences de certains projets publics et privés sur l'environnement (■ CJUE, 16 avr. 2015, aff. C-575/13, *Grüber* : *AJDA* n° 19, p. 1097, obs. E. Broussy, H. Cassagnabère et C. Gänser).

13) Articulation avec d'autres législations. Urbanisme. Confirmant une jurisprudence antérieure (■ CE, 25 févr. 2015, n° 367335, *Cté d'agglomération de Mantes-en-Yvelines* : *Énergie – Env. – Infrastr.* 2015, note D. Gillig ; comm. 45, note S. Hul ; *AJCT* 2015, p. 359. ■ CE, 10 juin 2015, n° 386121 : *JCP* A 2015, 547 ; *JCP* A 2015, 2305, obs. L. Santoni ; *Constr.-Urb.* 2015, comm 119 ; *AJDA* 2015, p. 1183, obs. P. Soler-Couteaux ; *RD imm.* 2015), le Conseil d'État considère que la jonction de l'étude d'impact au dossier de demande de permis de construire et l'organisation d'une enquête publique avant de délivrer un permis de construire ne sont en principe exigées que pour les projets désignés par le Code de l'environnement comme soumis à cette formalité ou à cette procédure au titre des constructions soumises à permis de construire. Le Conseil d'État a cependant admis une exception en imposant ces procédures dans le cadre du permis de construire lorsque le projet faisant l'objet de la demande de permis de construire est soumis à la réalisation d'une étude d'impact ou d'une enquête publique en vertu d'autres dispositions que celles prises au titre des constructions soumises à permis de construire, mais que seule la procédure de délivrance du permis de construire permet de prendre en compte les éléments de l'étude d'impact ou d'organiser l'enquête publique (▪ CE, 3 nov. 2016, n°s 392428 et 392688, *SAS La Compagnie du Vent* : L. Santoni, *Permis de construire et étude d'impact : la dépendance subsidiaire des législations : Constr.-Urb.* 2016, n° 12, comm. 156). Si l'étude d'impact nécessaire en cas d'autorisation de construction ou de modification des installations classées est requise par la police des installations classées, et mentionnée comme telle dans le Code de l'environnement, cette formalité ne relève pas d'une autorisation de construire prévue par une disposition du Code de l'urbanisme à laquelle renverrait le Code de l'environnement. Par conséquent, les permis de construire litigieux ne pouvaient pas être annulés sur le fondement de l'absence au dossier de l'étude d'impact mentionnée à l'article R. 431-16 du Code de l'urbanisme (▪ CAA Versailles, 20 avr. 2017, n° 15VE00681).

III – JURISPRUDENCE ANTÉRIEURE AU DÉCRET DU 29 DÉCEMBRE 2011

14) Articulation avec d'autres législations. Eau. Le fait qu'un ouvrage soit susceptible d'être soumis ultérieurement à la procédure de la loi sur l'eau du 3 janvier 1992 ne dispense pas l'étude d'impact d'étudier les effets de cet ouvrage sur l'eau (▪ CE, 13 nov. 1998, n° 160260, *Assoc. de défense des intérêts des riverains du projet de l'autoroute A 20*). Cependant, la circonstance que l'étude d'impact mentionne une procédure ultérieurement conduite en application de la loi sur l'eau du 3 janvier 1992 n'est pas, en elle-même, de nature à faire regarder comme insuffisante l'étude d'impact sur la qualité des eaux (▪ CE, 23 févr. 2001, n° 208965, *Cne de Villecresnes*). Le document auquel l'article 2 du décret du 29 mars 1993 pris pour l'application de l'article 10 de la loi du 3 janvier 1992 sur l'eau fait référence et qui doit indiquer les incidences de l'opération sur le milieu aquatique, s'il peut prendre la forme d'une étude ou d'une notice d'impact, ne présente pas les caractéristiques de l'étude d'impact telle que définie par l'article 2 du décret n° 77-1141 du 12 octobre 1977 (▪ CE, 3 oct. 1997, n° 170585, *Assoc. Picardie Nature : Rec. CE* 1997, p. 825). Une seule étude d'impact peut être établie pour une enquête « loi sur l'eau » menée conjointement avec l'enquête nécessaire à la déclaration d'utilité publique d'un projet (▪ TA Strasbourg, 19 oct. 2004, n° 0402485, *Assoc. des résidents du secteur Orbey-Kurgaten et collectif Jean-Jaurès-Ribeauville*). **ICPE.** L'étude d'impact effectuée au titre du décret du 21 septembre 1977, relatif à la législation des installations classées pour la protection de l'environnement, doit également être conforme aux exigences de l'article 2 du décret du 12 octobre 1977 pris pour l'application de la loi du 10 juillet 1976 (▪ CE, 29 juin 1984, *Assoc. dite de Comité de sauvegarde des sites de Roquefort-les-Pins : Rev. jur. env.* 1984, p. 234, concl. Dandelot). Il résulte de l'article 3 B du décret du 12 octobre 1977 pris pour l'application de l'article 2 de la loi du 10 juillet 1976 relative à la protection de la nature que les travaux de construction d'une installation classée relevant du régime de l'autorisation sont soumis à la procédure de l'étude d'impact (▪ CE, 15 janv. 1999, n° 181652, *Sté Omya*). En vertu des dispositions combinées de l'article R. 421-2, 8° du Code de l'urbanisme et des dispositions de l'annexe I à l'article 3 B du décret du 12 octobre 1977, l'étude d'impact prévue par le décret n° 77-1141 doit être jointe au dossier de demande de permis de construire d'un centre de traitement d'ordures ménagères et, en l'espèce, est jugée insuffisante l'étude d'impact qui n'analyse pas suffisamment la nature du terrain d'assiette du projet (▪ TA Paris, 28 mars 2002, n°s 0017772/7, 0111320/7 et 0111394/7, *Sté laboratoire de biologie végétale Yves Rocher*). **ZAC.** Le dossier d'enquête préalable à la DUP des travaux de réalisation d'une ZAC peut ne pas comprendre l'étude d'impact si l'acte de création de cette zone décide de maintenir en vigueur, à l'intérieur de celle-ci, les dispositions du plan d'occupation des sols (▪ CE, 28 oct. 1983, *Cocaud : Rec. CE* 1983, p. 435). Compte tenu de la présence d'une étude d'impact lors de la création d'une ZAC, les permis de construire délivrés ultérieurement sont dispensés de cette même étude (▪ CE, 2 mars 1983, *Assoc. dite Comité vivre à Courbevoie : Rec. CE* 1983, p. 87). Si une étude d'impact a été réalisée à l'occasion de la délivrance par le préfet d'une autorisation d'exploiter au titre des installations classées, ladite étude n'a pas été jointe au dossier de demande de permis de construire, délivré par le maire. Par suite, le permis délivré a méconnu l'article R. 421-2 du Code de l'urbanisme (▪ CAA Nancy, 13 avr. 2006, n° 04NC00556, *GAEC du*

Prays : Environnement août 2006, n° 8, comm. 93). Dans le même sens (■ CAA Marseille, 21 févr. 2007, n° 03MA00068, *Assoc. nationale pour la protection des eaux et rivières : Environnement* mai 2007, n° 5, comm. 102). Toutefois, en sens contraire : lorsque l'étude d'impact a été réalisée et portée à la connaissance, en temps utile, de l'autorité chargée d'instruire la demande de permis de construire, la seule circonstance qu'elle n'ait pas figuré dans le dossier joint à la demande du permis de construire ne suffit pas à faire regarder comme remplie la condition tenant à l'absence d'étude d'impact prévue à l'article L. 122-2 du Code de l'environnement (■ CE, 13 juill. 2007, n° 294603, *Synd. intercom. pour l'enlèvement et le traitement des ordures ménagères : AJDA* 2007, p. 2210 ; *Dr. env.* sept. 2007, n° 151, p. 225 ; *JCP* A 2007, n° 47, p. 2305 ; *JCP* A 2007, n° 31, act. 763 ; *Gaz. Pal.* 22 déc. 2007, n° 356, p. 46). En outre, les carences de l'étude d'impact ne sauraient être suppléées au stade de la création de la ZAC par le dossier de réalisation prévu par l'article R. 311-7 du Code de l'urbanisme, dans la mesure où le dossier de création ne peut porter que sur les éléments qui doivent être connus lors de la constitution du dossier de création et ce quand bien même les propriétaires des parcelles n'auraient pas permis aux auteurs de l'étude d'accéder à leur terrain. Le juge administratif estime en effet que les compléments devaient être intégrés ultérieurement à l'étude d'impact afin de s'assurer de la nature des incidences du projet sur les milieux concernés et quand bien même les sensibilités écologiques devaient être prises en compte (■ CAA Nantes, 14 oct. 2011, n° 10NT00602, *SCI Mar'Sud*). **Réglementation de l'expropriation.** L'article R. 11-3 du Code de l'expropriation prévoit notamment que l'étude d'impact définie à l'article 2 du décret n° 77-1141 du 12 octobre 1977 doit être jointe au dossier lorsque la déclaration d'utilité publique est demandée en vue de la réalisation de travaux ou d'ouvrages (■ CE, 6 nov. 2000, n° 210695, *Cne d'Emerainville et a.*). **Éoliennes (avant leur intégration dans le régime des ICPE).** Sur le fondement de l'article R. 111-2 du Code de l'urbanisme, les juges du fond ayant relevé que des ruptures de pales ou de mâts étaient survenues dans un rayon de 300 mètres et qu'un tel risque existait dans un rayon de 500 mètres, ont appliqué ce critère aux projets d'implantation d'éoliennes en tenant compte de la topographie des lieux, ce qui les a conduit à annuler les autorisations relatives à des projets situés à l'intérieur d'un périmètre regardé comme définissant la zone de risque, dans le cas où l'environnement était peu marqué par le relief, et à estimer que les autres projets situés dans le même périmètre, correspondant aux éoliennes C3 et C5, avaient pu, sans erreur manifeste, être autorisés compte tenu de la topographie des lieux (■ CE, 6 nov. 2006, n° 281072, *Assoc. préservation des paysages exceptionnels et a. : JCP* A 2006, n° 48, p. 1296 ; *RD imm.* 2006, p. 517 ; *Dr. adm.* 2007, comm. 15, n° 1). **En sens contraire :** à la suite de l'effondrement d'un mât d'éolienne dans la région du Boulonnais provoqué par un vent de tempête, ainsi qu'un événement similaire survenu dans la région de Dunkerque, le préfet a, en application des dispositions de l'article R. 111-2 du Code de l'urbanisme, renforcé les exigences de sécurité pour la délivrance de permis de construire des éoliennes. Toutefois, en l'absence de tout document devant réglementairement figurer au dossier de permis de construire en application de l'article R. 421-2 du Code de l'urbanisme, il incombe seulement au pétitionnaire d'apporter, par tous moyens, les éléments qui permettent de garantir selon lui la solidité de l'ouvrage qu'il envisage d'édifier. Par suite, alors que la Société française d'éoliennes avait fourni des précisions sur la procédure qu'elle entendait suivre pour faire certifier la solidité de divers composants de l'ouvrage qu'elle entendait réaliser et qui était différent de celui qui s'était effondré précédemment, la circonstance qu'elle n'ait pas produit « le certificat émanant d'un tiers expert » sollicité par le préfet n'était pas, à elle seule, de nature à établir l'existence d'un risque au sens de l'article R. 111-2 du Code de l'urbanisme. Par conséquent, le préfet a entaché d'illégalité sur ce point ses décisions de refus de délivrance des permis de construire (■ CAA Douai, 16 nov. 2006, n°s 05DA00480 et 05DA01404, *Sté française d'éoliennes, SA Infinivent : Environnement* févr. 2007, n° 2, comm. 24 ; *JCP* A 2007, n° 26, p. 2161).

15) Dispenses d'étude d'impact. Défrichement. L'autorisation de défrichement est soumise à l'étude d'impact dès lors que le défrichement est lié à une opération de création d'une zone (■ CE, 2 déc. 1992, n° 130321, *Devulder*. ■ CE, 7 avr. 1993, n° 107962, *Sté de Dietrich et a. : Rec. CE* 1993, p. 738). Les opérations de remembrement rural, définis à l'annexe III, ne sont pas soumises à étude d'impact (■ CE, 19 juin 1985, nos 64249 et 64250, *Germaine Farbut : Rec. CE* 1985, p. 493). **Travaux et ouvrages de défense contre la mer.** Les opérations de translation de sable, seraient-elles qualifiées de travaux d'entretien du domaine public maritime, participent, eu égard à leur destination et à leur importance, de la « défense contre la mer » et doivent, dès lors, être comprises dans l'emprise des travaux pour l'application de l'article R. 122-8. Les travaux de rechargement en sable intéressant une superficie supérieure au seuil d'exigibilité de l'étude d'impact, la notice d'impact insérée au dossier de l'enquête publique ne pouvait, bien qu'assez développée mais faute de contenir l'ensemble des éléments réglementaires, tenir lieu d'une telle étude (■ TA Caen, 21 juill. 2007, nos 0401746-0500047, *Assoc. Manche Nature*). **ICPE.** En application de l'article R. 122-8, II, 6°, la procédure d'étude d'impact est applicable aux travaux nécessitant une autorisation en vertu de la législation relative aux Installations classées quel que soit leur coût, dès lors, le moyen tiré de l'insuffisance de l'étude d'impact ne peut être considéré comme étant sans incidence sur la régularité de la procédure de délivrance d'un permis de construire d'un centre de traitement multifilières de déchets ménagers avec valorisation énergétique (■ CAA Marseille, 20 nov. 2009, n° 07MA03601, *Syndicat d'agglomération nouvelle ouest Provence : Rec. CE*, inédit). **Établissement de pêche.** Sont légalement dispensés les établissements conchylicoles, aquacoles et, d'une manière générale, tous les établissements de pêche concédés sur le domaine public maritime (■ CAA Nantes, 12 nov. 1998, n° 97NT02728, *Comité local des pêches maritimes de Saint Brieux*). **ZAC. POS.** Il en est de même pour les constructions soumises à permis de construire dans les ZAC dont le plan de zone a été approuvé (■ CE, 2 mars 1983, nos 20689 et 29848, *Assoc. dite du Comité Vivre à Courbevoie : Rec. CE* 1983, p. 87) ainsi que pour des travaux de réalisation d'une ZAC quand l'acte de création de cette zone décide de maintenir en vigueur, à l'intérieur de celle-ci, les dispositions du plan d'occupation des sols (■ CE, 28 oct. 1983, n° 29640, *Mme Cocaud : Rec. CE* 1983, p. 435) et pour toutes les constructions soumises à permis de construire dans les communes dotées d'un plan d'occupation des sols rendu public ou approuvé (■ CE, 11 juill. 1984, nos 54434 et 54435, *Marvier : Rec. CE* 1984, p. 266. ■ CAA Marseille, 4 juill. 2013, n° 11MA00623, *SARL la Bastide Blanche*). **Ouvrage d'assainissement.** Ne constituent pas des travaux de modernisation dispensés d'étude d'impact des travaux de reprofilage du lit de la Seine et la réalisation d'un ouvrage d'assainissement dans le lit mineur afin de former un obstacle à l'écoulement des crues, dès lors qu'ils ne sont pas dissociables d'autres travaux d'établissement d'un ouvrage de stockage et de rejet des eaux usées et des déversoirs d'orage (■ CAA Paris, 11 mai 2004, n° 99PA03676, *Assoc. Val-de-Seine Vert*). La demande d'autorisation présentée par la société requérante en vue d'étendre le terrain de camping a pour effet de porter la capacité du camping à 224 emplacements, ainsi elle intéresse un projet d'aménagement d'un terrain comportant plus de 200 emplacements et doit comprendre une étude d'impact. En se bornant à joindre à sa demande une simple notice, la société requérante a présenté un dossier incomplet (■ CAA Bordeaux, 20 mars 2007, n° 04BX01119, *SARL Loca-Parc Loisirs*). **Travaux d'entretien, de maintenance ou de grosses réparations.** Les travaux autorisés par le permis de construire en litige ont pour objet tant la rénovation des bâtiments abritant la porcherie que la construction d'une fosse à lisier, ces derniers travaux, qui se rattachent directement à l'installation classée soumise à autorisation et qui ne peuvent être regardés comme constituant de simples travaux d'entretien ou de grosses réparations étaient, dès lors, soumis à une étude d'impact (■ CAA Marseille, 21 févr. 2007, n° 03MA00068, *Assoc. nationale pour la protection des eaux et rivières*).

Sous-section 2. – Projets relevant d'un examen au cas par cas

Art. R. 122-3 ***(Rempl., D. n° 2011-2019, 29 déc. 2011 ; D. n° 2016-1110, 11 août 2016 ; D. n° 2020-844, 3 juill. 2020*** (1) ***; mod. à compter du 1er août 2021, D. n° 2021-837, 29 juin 2021).*** **– I. – L'autorité chargée de l'examen au cas par cas mentionnée au premier alinéa du IV de l'article L. 122-1 est :**

1° Le ministre chargé de l'environnement, pour les projets, autres que ceux mentionnés au 2°, qui donnent lieu à un décret, à une décision d'autorisation, d'approbation ou d'exécution d'un ministre ou qui sont élaborés par les services placés sous l'autorité d'un ministre.

Le ministre chargé de l'environnement peut déléguer à l'autorité désignée au 2° l'examen au cas par cas d'un projet. Il peut également déléguer, à cette même autorité, l'examen au cas par cas d'une catégorie de projets ;

2° ***(Mod. à compter du 1er septembre 2022, D. n° 2022-1025, 20 juill. 2022)*** (2) **La formation d'autorité environnementale de l'inspection générale de l'environnement et du développement durable :**

a) **Pour les projets qui sont élaborés :**

– par les services placés sous l'autorité du ministre chargé de l'environnement ou par des services agissant dans les domaines relevant des attributions de ce ministre ;

---

(1) Dispositions applicables aux demandes d'avis ou d'examen au cas par cas et aux demandes déposées en application de l'article L. 512-7 du Code de l'environnement qui sont enregistrées à compter du 5 juillet 2020, D. n° 2020-844, 3 juill. 2020.

(2) Les présentes dispositions réglementaires peuvent être modifiées par des actes pris dans les mêmes formes que les actes dont elles étaient issues antérieurement au 1er septembre 2022, D. n° 2022-1025, 20 juill. 2022.

– sous maîtrise d'ouvrage d'établissements publics relevant de la tutelle du ministre chargé de l'environnement, ou agissant pour le compte de ce dernier ;

***b)* Pour l'ensemble des projets de travaux, d'aménagement ou d'ouvrages de la société SNCF Réseau et de sa filiale mentionnée au 5° de l'article L. 2111-9 du Code des transports ;**

3° Le préfet de région sur le territoire duquel le projet doit être réalisé pour les projets ne relevant ni du 1° ni du 2°. Lorsque le projet est situé sur plusieurs régions, la décision mentionnée au IV de l'article R. 122-3-1 est rendue conjointement par les préfets de région concernés.

II. – Les dispositions du I s'appliquent sous réserve de celles de l'article L. 512-7-2 qui désignent les autorités chargées de l'examen au cas par cas pour les catégories de projets qu'elles mentionnent.

III. – Lorsque les attributions du ministre chargé de l'environnement sont modifiées postérieurement à la saisine de l'autorité mentionnée au 1° ou au 2° du I, celle-ci demeure compétente, sous réserve des dispositions des articles R. 122-24-1 et R. 122-24-2.

1) Détermination de l'autorité compétente. V. art. R. 122-6, p. 1531. Délégation au président de la formation d'autorité environnementale du CGEDD. V. Décision du 3 février 2016 portant délégation pour la mise en œuvre de l'article R. 122-3 du Code de l'environnement (examen dit au « cas par cas »). En désignant, dans de nombreuses hypothèses, le préfet de région en qualité d'autorité chargée de l'examen au cas par cas afin de déterminer si un projet doit être soumis à évaluation environnementale, sans prévoir de dispositions excluant cette compétence lorsque celui-ci est par ailleurs compétent pour autoriser le projet concerné, sous réserve des situations de conflit d'intérêts, notamment s'il est chargé de l'élaboration du projet soumis à autorisation ou en assure la maîtrise d'ouvrage, les dispositions de l'article R. 122-3 ne méconnaissent pas les objectifs de la directive 2011/92/CE du 13 décembre 2011 (■ CE, 16 févr. 2022, n° 442607, *Assoc. France Nature Environnement*).

2) Pouvoir d'appréciation de l'administration. L'autorité environnementale compétente conduit un examen casuistique lui permettant de décider, pour les projets de travaux, d'ouvrages et d'aménagements listés dans la troisième colonne du tableau présenté en annexe de l'article R. 122-2, si le projet est soumis ou non à étude d'impact. Ce dispositif est une nouveauté issue de la réforme de la loi Grenelle II, mise en œuvre par le décret n° 2011-2019 du 29 décembre 2011, et octroie un fort pouvoir d'appréciation à l'administration. Suite à la réception du formulaire complet adressé par le pétitionnaire ou le maître d'ouvrage, celle-ci dispose d'un délai de trente-cinq jours pour rendre sa décision. Si elle doit tenir compte de certains avis, l'autorité compétente bénéficie *a priori* d'un pouvoir discrétionnaire sur l'appréciation du dossier qui lui est communiqué. Cependant, sa décision doit être motivée au regard de l'impact présagé du projet, sans quoi elle encourt une annulation par le juge administratif. Il convient de noter à cet égard que l'article R. 122-3 exige un recours gracieux préalable à tout recours contentieux contre cette décision. Il convient également de relever que la motivation de la décision pourrait être réservée, de fait, aux hypothèses dans lesquelles l'étude d'impact n'est pas nécessaire. L'absence de réponse entraîne en effet l'obligation de réaliser une étude d'impact. V. également jurisprudence sous : art. R. 122-18, p. 1546.

3) Formulaire type. V. A. 12 janv. 2017 fixant le modèle du formulaire de la « demande d'examen au cas par cas » en application de l'article R. 122-3 du Code de l'environnement, publié au *JORF* du 21 janvier 2017.

4) Défaut de saisine de l'autorité environnementale. Le défaut de saisine de l'autorité environnementale par le pétitionnaire d'une demande d'examen de la nécessité ou non de réaliser une étude d'impact en application de l'article R. 122-3 du Code de l'environnement constitue un vice de procédure qui ne peut pas être régularisé par la production du document d'incidences, qui ne peut être regardé comme tenant lieu d'étude d'impact s'il n'analyse pas suffisamment l'ensemble des effets du projet (■ TA Poitiers, 18 mai 2017, n° 1501183-1502175-1601564-1600480, *Association pour la protection du littoral de la malconche et des pertuis charentais*).

5) Acte faisant grief. Si la décision imposant la réalisation d'une étude d'impact est, en vertu des dispositions du V de l'article R. 122-3 du Code de l'environnement, un acte faisant grief susceptible d'être déféré au juge de l'excès de pouvoir après exercice d'un recours administratif préalable, il n'en va pas de même de l'acte par lequel l'autorité de l'État compétente en matière d'environnement décide de dispenser d'étude d'impact un projet mentionné à l'article R. 122-2 du Code de l'environnement. Un tel acte a en effet le caractère d'une mesure préparatoire à la décision prise sur le projet par nature insusceptible d'être déférée au juge de l'excès de pouvoir, eu égard tant à son objet qu'aux règles particulières prévues au V de l'article R. 122-3 du Code de l'environnement pour contester la décision imposant la réalisation d'une étude d'impact. La contestation de cette décision ne peut intervenir qu'à l'occasion de l'exercice d'un recours contre la décision autorisant le projet en cause (■ CAA Versailles, 28 févr. 2020, n° 18VE02428. ■ CAA Versailles, 14 mars 2019, n° 16VE02590, *SA Auchan France*).

Art. R. 122-3-1 *(D. n° 2020-844, 3 juill. 2020* (1) *; mod. à compter du 1er août 2021, D. n° 2021-837, 29 juin 2021).* **– I. – Pour les projets relevant d'un examen au cas par cas en application de l'article R. 122-2, le maître d'ouvrage décrit les caractéristiques de l'ensemble du projet, y compris les éventuels travaux de démolition, les incidences notables que son projet est susceptible d'avoir sur l'environnement et la santé humaine ainsi que, le cas échéant, les mesures et les caractéristiques du projet destinées à éviter ou réduire ses probables effets négatifs notables. Il mentionne, le cas échéant, les termes des plans ou programmes pertinents relatifs aux mesures et caractéristiques des projets susceptibles d'être retenues ou mises en œuvre pour éviter ou réduire les effets négatifs de projets sur l'environnement ou la santé humaine.**

II. – Ces informations sont renseignées dans un formulaire, adressé par le maître d'ouvrage par voie électronique ou par pli recommandé à l'autorité chargée de l'examen au cas par cas, qui en accuse réception. À compter de la réception de ce formulaire, cette autorité dispose d'un délai de quinze jours pour demander au maître d'ouvrage de le compléter. À défaut d'une telle demande, le formulaire est réputé complet à l'expiration de ce même délai.

III. – L'autorité chargée de l'examen au cas par cas met en ligne le formulaire mentionné au II dès qu'il est complet.

IV. – L'autorité chargée de l'examen au cas par cas apprécie, dans un délai de trente-cinq jours à compter de la date de réception du formulaire complet, sur la base des informations fournies par le maître d'ouvrage, si les incidences du projet sur l'environnement et la santé humaine sont notables au regard des critères pertinents énumérés à l'annexe du présent article. Le cas échéant, elle tient compte des résultats disponibles d'autres évaluations pertinentes des incidences sur l'environnement requises au titre d'autres législations applicables.

L'autorité chargée de l'examen au cas par cas peut solliciter un avis du directeur général de l'agence régionale de santé concerné par le projet. Lorsqu'un projet est susceptible d'avoir des incidences dans plusieurs régions, les directeurs généraux concernés désignent l'un d'entre eux pour coordonner l'élaboration d'un avis commun.

L'autorité chargée de l'examen au cas par cas indique les motifs qui fondent sa décision au regard des critères pertinents énumérés à l'annexe du présent article, ainsi que des mesures et caractéristiques du projet présentées par le maître d'ouvrage et destinées à éviter ou réduire les effets négatifs notables de celui-ci sur l'environnement et la santé humaine.

L'absence de réponse dans le délai mentionné au premier alinéa du présent IV vaut obligation de réaliser une évaluation environnementale.

La décision mentionnée au troisième alinéa du présent IV ou, en l'absence d'une telle décision, le formulaire mentionné au II, après apposition de la mention qu'une décision implicite a été prise au titre du présent article, sont publiés sur le site internet de l'autorité chargée de l'examen au cas par cas.

V. – Par dérogation au IV, lorsqu'il est fait application des dispositions du deuxième alinéa du 1° du I de l'article R. 122-3, l'autorité mentionnée au 2° du même article se prononce dans le délai mentionné au IV du présent article, à compter de la date à laquelle elle reçoit le formulaire complet prévu au II. Elle notifie au maître d'ouvrage le délai dans lequel sa décision sera rendue.

VI. – Lorsque l'autorité chargée de l'examen au cas par cas décide qu'un projet ne nécessite pas la réalisation d'une évaluation environnementale, l'autorité compétente vérifie au stade de l'autorisation que le projet présenté correspond aux caractéristiques et mesures qui ont justifié cette décision.

VII. – Doit, à peine d'irrecevabilité, être précédé d'un recours administratif préalable devant l'autorité chargée de l'examen au cas par cas tout recours contentieux contre la décision imposant la réalisation d'une évaluation environnementale.

VIII. – Les alinéas précédents s'appliquent sous réserve des dispositions du titre Ier du livre V.

NB : Conformément à l'article 21 du décret n° 2020-844 du 3 juillet 2020, ces dispositions s'appliquent aux demandes d'avis ou d'examen au cas par cas et aux demandes déposées en application de l'article L. 512-7 du Code de l'environnement qui sont enregistrées à compter du 5 juillet 2020.

(1) Dispositions applicables aux demandes d'avis ou d'examen au cas par cas et aux demandes déposées en application de l'article L. 512-7 du Code de l'environnement qui sont enregistrées à compter du 5 juillet 2020, D. n° 2020-844, 3 juill. 2020.

ANNEXE DE L'ARTICLE R. 122-3-1

Critères de l'examen au cas par cas

1. Caractéristiques des projets

Les caractéristiques des projets doivent être considérées notamment par rapport :

a) À la dimension et à la conception de l'ensemble du projet ;

b) Au cumul avec d'autres projets existants ou approuvés ;

c) À l'utilisation des ressources naturelles, en particulier le sol, les terres, l'eau et la biodiversité ;

d) À la production de déchets ;

e) À la pollution et aux nuisances ;

f) Au risque d'accidents et/ou de catastrophes majeurs en rapport avec le projet concerné, notamment dus au changement climatique, compte tenu de l'état des connaissances scientifiques ;

g) Aux risques pour la santé humaine (dus, par exemple, à la contamination de l'eau ou à la pollution atmosphérique).

2. Localisation des projets

La sensibilité environnementale des zones géographiques susceptibles d'être affectées par le projet doit être considérée en prenant notamment en compte :

a) L'utilisation existante et approuvée des terres ;

b) La richesse relative, la disponibilité, la qualité et la capacité de régénération des ressources naturelles de la zone (y compris le sol, les terres, l'eau et la biodiversité) et de son sous-sol ;

c) La capacité de charge de l'environnement naturel, en accordant une attention particulière aux zones suivantes :

i) Zones humides, rives, estuaires ;

ii) Zones côtières et environnement marin ;

iii) Zones de montagnes et de forêts ;

iv) Réserves et parcs naturels ;

v) Zones répertoriées ou protégées par la législation nationale ; zones Natura 2000 désignées en vertu des directives 92/43/CEE du 21 mai 1992 et 2009/147/CE du 30 novembre 2009 ;

vi) Zones ne respectant pas ou considérées comme ne respectant pas les normes de qualité environnementale fixées par la législation de l'Union européenne et pertinentes pour le projet ;

vii) Zones à forte densité de population ;

viii) Paysages, sites et monuments importants du point de vue historique, culturel ou archéologique.

3. Type et caractéristiques des incidences potentielles

Les incidences notables probables qu'un projet pourrait avoir sur l'environnement doivent être considérées en fonction des critères énumérés aux points 1 et 2 de la présente annexe, par rapport aux Incidences du projet sur les facteurs précisés au III de l'article L. 122-1, en tenant compte de :

a) L'ampleur et l'étendue spatiale des incidences (zone géographique et importance de la population susceptible d'être touchée, par exemple) ;

b) La nature des incidences ;

c) La nature transfrontalière des incidences ;

d) L'intensité et la complexité des incidences ;

e) La probabilité des incidences ;

f) Le début, la durée, la fréquence et la réversibilité attendus des incidences ;

g) Le cumul des incidences avec celui d'autres projets existants ou approuvés ;

h) La possibilité de réduire les incidences de manière efficace.

Sous-section 3. – Contenu de l'étude d'impact

Art. R. 122-4 *(Rempl., D. n° 2006-578, 22 mai 2006 ; D. n° 2011-2019, 29 déc. 2011 ; mod., D. n° 2016-1110, 11 août 2016).* **– Sans préjudice de la responsabilité du maître d'ouvrage quant à la qualité et au contenu de l'étude d'impact, celui-ci peut demander à l'autorité compétente pour prendre la décision d'autorisation, d'approbation ou d'exécution du projet de rendre un avis sur le champ et le degré de précision des informations à fournir dans l'étude d'impact, conformément à l'article L. 122-1-2.**

Dans sa demande, le maître d'ouvrage fournit au minimum les éléments dont il dispose sur les caractéristiques spécifiques du projet et, dans la zone qui est susceptible d'être affectée :

– les principaux enjeux environnementaux ;

– ses principaux Impacts.

(Mod. à compter du 1er juillet 2023, D. n° 2023-13, 11 janv. 2023) (1) L'autorité compétente consulte sans délai les autorités mentionnées au V de l'article L. 122-1 et, pour ce qui concerne les aspects liés à la santé humaine, le ministre chargé de la santé pour les projets susceptibles d'avoir des incidences notables sur l'environnement et la santé humaine au-delà du territoire d'une seule région et le directeur général de l'agence régionale de santé pour les autres projets. Pour les projets miniers portant sur le fond de la mer et son sous-sol, elle consulte l'Institut Français de Recherche pour l'Exploitation de la Mer (IFREMER). Outre la ou les communes d'implantation du projet, l'autorité compétente peut également consulter les collectivités territoriales et leurs groupements qu'elle estime intéressés au regard des incidences environnementales notables du projet sur leur territoire.

Dans son avis, l'autorité compétente précise les éléments permettant au maître d'ouvrage d'ajuster le contenu de l'étude d'impact à la sensibilité des milieux et aux Impacts potentiels du projet sur l'environnement ou la santé humaine, notamment le degré de précision des différentes thématiques abordées dans l'étude d'impact. Cet avis comporte tout autre renseignement ou élément qu'elle juge utile de porter à la connaissance du maître d'ouvrage, notamment sur les zonages applicables au projet, et peut également préciser le périmètre approprié pour l'étude de chacun des impacts du projet.

Elle indique notamment la nécessité d'étudier, le cas échéant, les incidences notables du projet sur l'environnement d'un autre État, membre de l'Union européenne ou partie à la convention du 25 février 1991 sur l'évaluation de l'impact sur l'environnement dans un contexte transfrontière (2).

Opportunité d'une procédure de « cadrage ». L'avis de cadrage donné en application de l'article R. 122-4 doit être privilégié lorsque l'on sait qu'une grande partie des cas d'annulations des autorisations des projets de travaux, d'ouvrages ou d'aménagements est due à une insuffisance de l'étude d'impact. Avant la réforme opérée par le décret n° 2011-2019 du 29 décembre 2011, l'ancien article R. 122-2 prévoyait simplement que « *le pétitionnaire ou le maître d'ouvrage peut obtenir de l'autorité compétente pour autoriser ou approuver le projet de lui préciser les informations qui devront figurer dans l'étude d'impact* ». La procédure de cadrage n'est donc pas nouvelle, mais les informations à fournir, tant par le demandeur que par l'autorité administrative, sont désormais précisées. Toutefois, le délai dans lequel l'avis doit être rendu n'est toujours pas précisé, ce qui laisse demeurer un doute sur l'effectivité de cette procédure aujourd'hui peu utilisée et, par suite, sur sa capacité à réduire des délais d'instruction liée à une diminution potentielle des refus administratifs liés au caractère incomplet des dossiers.

Voir: Sur un complément d'observations : comm. sous art. L. 122-1-2, p. 100.

Art. R. 122-5 *(Rempl., D. n° 2011-2019, 29 déc. 2011 ; mod., D. n° 2016-1110, 11 août 2016 ; mod. à compter du 1er mars 2017, D. n° 2017-81, 26 janv. 2017 ; mod., D. n° 2017-626, 25 avr. 2017 ; mod. à compter du 2 décembre 2018, D. n° 2018-1054, 29 nov. 2018 ; à compter du 1er avril 2019, D. n° 2019-190, 14 mars 2019 ; D. n° 2019-474, 21 mai 2019* (3) *; mod. à compter du 1er août 2021, D. n° 2021-837, 29 juin 2021).* **– I. – Le contenu de l'étude d'impact est proportionné à la sensibilité environnementale de la zone susceptible d'être affectée par le projet, à l'importance et la nature des travaux, installations, ouvrages, ou autres interventions dans le milieu naturel ou le paysage projetés et à leurs incidences prévisibles sur l'environnement ou la santé humaine.**

Ce contenu tient compte, le cas échéant, de l'avis rendu en application de l'article R. 122-4 et inclut les informations qui peuvent raisonnablement être requises, compte tenu des connaissances et des méthodes d'évaluation existantes.

(1) Les demandes d'autorisation relevant du titre VI du livre Ier du Code minier déposées antérieurement au 1er juillet 2023 sont instruites selon les dispositions législatives et réglementaires dans leur rédaction antérieure à cette date. Toutefois, dans le cas où le pétitionnaire a déposé, antérieurement au 1er juillet 2023 et pour un même projet, une demande d'autorisation relevant du titre VI du livre Ier du Code minier pour laquelle le président tribunal administratif n'a pas encore été saisi aux fins de la soumettre à enquête publique et une demande d'autorisation environnementale qui est en phase d'examen, le dossier de cette dernière est complété par les pièces complémentaires requises pour les projets relevant du 3° de l'article L. 181-1 du Code de l'environnement et la durée mentionnée à l'article R. 181-17 est suspendue jusqu'à la réception des éléments permettant l'organisation de l'enquête publique conjointe, D. n° 2023-13, 11 janv. 2023, art. 10.

(2) Conv. publiée par D. n° 2001-1176, 5 déc. 2001 (*JO* 12 déc. 2001). – NDLR.

(3) Dispositions d'application : V. D. n° 2019-474, 21 mai 2019.

II. – En application du 2° du II de l'article L. 122-3, l'étude d'impact comporte les éléments suivants, en fonction des caractéristiques spécifiques du projet et du type d'incidences sur l'environnement qu'il est susceptible de produire :

1° Un résumé non technique des informations prévues ci-dessous. Ce résumé peut faire l'objet d'un document indépendant ;

2° Une description du projet, y compris en particulier :

– une description de la localisation du projet ;

– une description des caractéristiques physiques de l'ensemble du projet, y compris, le cas échéant, des travaux de démolition nécessaires, et des exigences en matière d'utilisation des terres lors des phases de construction et de fonctionnement ;

– une description des principales caractéristiques de la phase opérationnelle du projet, relatives au procédé de fabrication, à la demande et l'utilisation d'énergie, la nature et les quantités des matériaux et des ressources naturelles utilisés ;

– une estimation des types et des quantités de résidus et d'émissions attendus, tels que la pollution de l'eau, de l'air, du sol et du sous-sol, le bruit, la vibration, la lumière, la chaleur, la radiation, et des types et des quantités de déchets produits durant les phases de construction et de fonctionnement.

Pour les installations relevant du titre Ier du livre V et les installations nucléaires de base relevant du titre IX du même livre, cette description peut être complétée, dans le dossier de demande d'autorisation, en application des articles R. 181-13 et suivants et de l'article R. 593-16 ;

3° Une description des aspects pertinents de l'état initial de l'environnement, et de leur évolution en cas de mise en œuvre du projet ainsi qu'un aperçu de l'évolution probable de l'environnement en l'absence de mise en œuvre du projet, dans la mesure où les changements naturels par rapport à l'état initial de l'environnement peuvent être évalués moyennant un effort raisonnable sur la base des informations environnementales et des connaissances scientifiques disponibles ;

4° Une description des facteurs mentionnés au III de l'article L. 122-1 susceptibles d'être affectés de manière notable par le projet : la population, la santé humaine, la biodiversité, les terres, le sol, l'eau, l'air, le climat, les biens matériels, le patrimoine culturel, y compris les aspects architecturaux et archéologiques, et le paysage ;

5° Une description des incidences notables que le projet est susceptible d'avoir sur l'environnement résultant, entre autres :

a) De la construction et de l'existence du projet, y compris, le cas échéant, des travaux de démolition ;

b) De l'utilisation des ressources naturelles, en particulier les terres, le sol, l'eau et la biodiversité, en tenant compte, dans la mesure du possible, de la disponibilité durable de ces ressources ;

c) De l'émission de polluants, du bruit, de la vibration, de la lumière, la chaleur et la radiation, de la création de nuisances et de l'élimination et la valorisation des déchets ;

d) Des risques pour la santé humaine, pour le patrimoine culturel ou pour l'environnement ;

e) Du cumul des incidences avec d'autres projets existants ou approuvés, en tenant compte le cas échéant des problèmes environnementaux relatifs à l'utilisation des ressources naturelles et des zones revêtant une importance particulière pour l'environnement susceptibles d'être touchées.

Les projets existants sont ceux qui, lors du dépôt du dossier de demande comprenant l'étude d'impact, ont été réalisés.

Les projets approuvés sont ceux qui, lors du dépôt du dossier de demande comprenant l'étude d'impact, ont fait l'objet d'une décision leur permettant d'être réalisés.

Sont compris, en outre, les projets qui, lors du dépôt du dossier de demande comprenant l'étude d'impact :

– ont fait l'objet d'une étude d'incidence environnementale au titre de l'article R. 181-14 et d'une consultation du public ;

– ont fait l'objet d'une évaluation environnementale au titre du présent code et pour lesquels un avis de l'autorité environnementale a été rendu public.

Sont exclus les projets ayant fait l'objet d'un arrêté mentionnant un délai et devenu caduc, ceux dont la décision d'autorisation est devenue caduque, dont l'enquête publique n'est plus valable ainsi que ceux qui ont été officiellement abandonnés par le maître d'ouvrage ;

f) Des incidences du projet sur le climat et de la vulnérabilité du projet au changement climatique ;

g) Des technologies et des substances utilisées.

La description des éventuelles incidences notables sur les facteurs mentionnés au III de l'article L. 122-1 porte sur les effets directs et, le cas échéant, sur les effets indirects secondaires, cumulatifs, transfrontaliers, à court, moyen et long termes, permanents et temporaires, positifs et négatifs du projet ;

6° Une description des incidences négatives notables attendues du projet sur l'environnement qui résultent de la vulnérabilité du projet à des risques d'accidents ou de catastrophes majeurs en rapport avec le projet concerné. Cette description comprend le cas échéant les mesures envisagées pour éviter ou réduire les incidences négatives notables de ces événements sur l'environnement et le détail de la préparation et de la réponse envisagée à ces situations d'urgence ;

7° Une description des solutions de substitution raisonnables qui ont été examinées par le maître d'ouvrage, en fonction du projet proposé et de ses caractéristiques spécifiques, et une indication des principales raisons du choix effectué, notamment une comparaison des incidences sur l'environnement et la santé humaine ;

8° Les mesures prévues par le maître de l'ouvrage pour :

– éviter les effets négatifs notables du projet sur l'environnement ou la santé humaine et réduire les effets n'ayant pu être évités ;

– compenser, lorsque cela est possible, les effets négatifs notables du projet sur l'environnement ou la santé humaine qui n'ont pu être ni évités ni suffisamment réduits. S'il n'est pas possible de compenser ces effets, le maître d'ouvrage justifie cette impossibilité.

La description de ces mesures doit être accompagnée de l'estimation des dépenses correspondantes, de l'exposé des effets attendus de ces mesures à l'égard des impacts du projet sur les éléments mentionnés au 5° ;

9° Le cas échéant, les modalités de suivi des mesures d'évitement, de réduction et de compensation proposées ;

10° Une description des méthodes de prévision ou des éléments probants utilisés pour identifier et évaluer les incidences notables sur l'environnement ;

11° Les noms, qualités et qualifications du ou des experts qui ont préparé l'étude d'impact et les études ayant contribué à sa réalisation ;

12° Lorsque certains des éléments requis ci-dessus figurent dans l'étude de maîtrise des risques pour les installations nucléaires de base ou dans l'étude des dangers pour les installations classées pour la protection de l'environnement, il en est fait état dans l'étude d'impact.

III. – Pour les infrastructures de transport visées aux 5° à 9° du tableau annexé à l'article R. 122-2, l'étude d'impact comprend, en outre :

– une analyse des conséquences prévisibles du projet sur le développement éventuel de l'urbanisation ;

– une analyse des enjeux écologiques et des risques potentiels liés aux aménagements fonciers, agricoles et forestiers portant notamment sur la consommation des espaces agricoles, naturels ou forestiers induits par le projet, en fonction de l'ampleur des travaux prévisibles et de la sensibilité des milieux concernés ;

– une analyse des coûts collectifs des pollutions et nuisances et des avantages induits pour la collectivité. Cette analyse comprendra les principaux résultats commentés de l'analyse socio-économique lorsqu'elle est requise par l'article L. 1511-2 du Code des transports ;

– une évaluation des consommations énergétiques résultant de l'exploitation du projet, notamment du fait des déplacements qu'elle entraîne ou permet d'éviter ;

– une description des hypothèses de trafic, des conditions de circulation et des méthodes de calcul utilisées pour les évaluer et en étudier les conséquences.

Elle indique également les principes des mesures de protection contre les nuisances sonores qui seront mis en œuvre en application des dispositions des articles R. 571-44 à R. 571-52.

IV. – *(Mod. à compter du 1er juillet 2023, D. n° 2023-13, 11 janv. 2023)* (1) **Pour les installations, ouvrages, travaux et aménagements relevant du titre Ier du livre II ou du Code minier et faisant l'objet d'une évaluation environnementale, l'étude d'impact contient les éléments mentionnés au II de l'article R. 181-14.**

Pour les injections de gaz naturel ou de gaz de pétrole liquéfié (GPL) en nappe aquifère contenant de l'eau potable ou qui peut être rendue potable ou en contact avec celle-ci, l'étude d'impact démontre, notamment, que

---

(1) Les demandes d'autorisation relevant du titre VI du livre Ier du Code minier déposées antérieurement au 1er juillet 2023 sont instruites selon les dispositions législatives et réglementaires dans leur rédaction antérieure à cette date. Toutefois, dans le cas où le pétitionnaire a déposé, antérieurement au 1er juillet 2023 et pour un même projet, une demande d'autorisation relevant du titre VI du livre Ier du Code minier pour laquelle le président tribunal administratif n'a pas encore été saisi aux fins de la soumettre à enquête publique et une demande d'autorisation environnementale qui est en phase d'examen, le dossier de cette dernière est complété par les pièces complémentaires requises pour les projets relevant du 3° de l'article L. 181-1 du Code de l'environnement et la durée mentionnée à l'article R. 181-17 est suspendue jusqu'à la réception des éléments permettant l'organisation de l'enquête publique conjointe, D. n° 2023-13, 11 janv. 2023, art. 10.

l'injection est effectuée de manière à éviter tout risque, présent ou futur, de détérioration de la qualité des eaux souterraines concernées.

V. – Pour les projets soumis à une étude d'incidences en application des dispositions du chapitre IV du titre Ier du livre IV, le formulaire d'examen au cas par cas tient lieu d'évaluation des incidences Natura 2000 lorsqu'il permet d'établir l'absence d'incidence sur tout site Natura 2000. S'il apparaît après examen au cas par cas que le projet est susceptible d'avoir des incidences significatives sur un ou plusieurs sites Natura 2000 ou si le projet est soumis à évaluation des incidences systématique en application des dispositions précitées, le maître d'ouvrage fournit les éléments exigés par l'article R. 414-23. L'étude d'impact tient lieu d'évaluation des incidences Natura 2000 si elle contient les éléments exigés par l'article R. 414-23.

VI. – Pour les installations classées pour la protection de l'environnement relevant du titre Ier du livre V et les installations nucléaires de base relevant du titre IX du même livre, le contenu de l'étude d'impact est précisé et complété, en tant que de besoin, conformément aux dispositions du II de l'article D. 181-15-2 et de l'article R. 593-17.

VII *(Rempl., D. n° 2022-1673, 27 déc. 2022)* (1). **– Pour les actions ou opérations d'aménagement mentionnées à l'article L. 300-1-1 du Code de l'urbanisme, l'étude d'impact comprend en outre :**

1° Les conclusions de l'étude de faisabilité sur le potentiel de développement en énergies renouvelables de la zone ainsi qu'une description de la façon dont il en est tenu compte ;

2° Les conclusions de l'étude d'optimisation de la densité des constructions dans la zone concernée ainsi qu'une description de la façon dont il en est tenu compte.

VIII. – Afin de veiller à l'exhaustivité et à la qualité de l'étude d'impact :

***a)* Le maître d'ouvrage s'assure que celle-ci est préparée par des experts compétents ;**

***b)* Le maître d'ouvrage tient compte, le cas échéant, des résultats disponibles d'autres évaluations pertinentes des incidences sur l'environnement requises au titre d'autres législations applicables ;**

***c)* L'autorité compétente veille à disposer d'une expertise suffisante pour examiner l'étude d'impact ou recourt si besoin à une telle expertise ;**

***d)* Si nécessaire, l'autorité compétente demande au maître d'ouvrage des informations supplémentaires à celles fournies dans l'étude d'impact, mentionnées au II et directement utiles à l'élaboration et à la motivation de sa décision sur les incidences notables du projet sur l'environnement prévue au I de l'article L. 122-1-1.**

NB : Conformément à l'article 2 du décret n° 2019-474 du 21 mai 2019, les dispositions s'appliquent aux actions et aux opérations d'aménagement pour lesquelles la première demande d'autorisation intervient à compter du 1er octobre 2019.

Toutefois, elles s'appliquent aux opérations d'aménagement faisant l'objet d'une zone d'aménagement concerté pour lesquelles la participation du public par voie électronique prévue à l'article L. 123-19 du Code de l'environnement préalable à la création de la zone est ouverte à compter du 1er octobre 2019, sauf dans le cas où l'opération a fait l'objet d'une première demande d'autorisation avant cette date.

I – GÉNÉRALITÉS SUR L'ÉTUDE D'IMPACT

1) Compléments d'étude d'impact pour certaines ICPE et les INB. L'article R. 122-5 fixe le contenu de l'étude d'impact pour l'ensemble des travaux, ouvrages et aménagements qui y sont soumis. Avant la réforme sur l'autorisation environnementale issue de l'ordonnance n° 2017-80 du 26 janvier 2017 et du décret n° 2017-81 du 26 janvier 2017, des compléments d'étude d'impact étaient requis pour les ICPE (anc. art. R. 512-8), avec un renforcement pour les installations dites « IED ». Depuis l'entrée en vigueur de cette réforme, un complément d'étude d'impact n'est requis que pour les installations IED (art. R. 515-59) et les INB, dans les conditions prévues aux sections qui leur sont spécifiques.

Voir : Sur les ICPE « IED » : art. R. 515-59, p. 2445 ; **Sur les INB.** Décret n° 2007-1557 du 2 novembre 2007 relatif aux Installations nucléaires de base et au contrôle, en matière de sûreté nucléaire, du transport de substances radioactives, art. 9.

(1) Les présentes dispositions sont applicables aux actions et aux opérations d'aménagement pour lesquelles la première demande d'autorisation faisant l'objet d'une évaluation environnementale a été déposée à compter du 29 décembre 2022. Toutefois, pour les opérations d'aménagement faisant l'objet d'une zone d'aménagement concerté, ces mêmes dispositions sont applicables aux opérations pour lesquelles la participation du public par voie électronique prévue à l'article L. 123-19 du Code de l'environnement préalable à la création de la zone d'aménagement a été ouverte à compter de la même date, sauf dans le cas où l'opération a fait l'objet d'une première demande d'autorisation avant le 29 décembre 2022, D. n° 2022-1673, 27 déc. 2022, art. 5.

2) Principe de proportionnalité. Le contenu de l'étude d'impact doit être en adéquation avec les caractéristiques du projet et la sensibilité du milieu (▪ CE, 12 nov. 2007, n° 296880, *Cne de Folschviller*. ▪ CE, 21 juill. 2022, n° 437634, *Cne de Grabels*. ▪ CE, 1er déc. 2023, n° 467331, *Assoc. Meuse Environnement et a.* : à propos du projet dit CIGEO). L'évaluation des effets d'un projet doit tenir compte aussi bien des critères de dimension du projet que de la nature et la localisation de l'installation (▪ CJUE, 24 mars 2011, aff. C-435/09). L'appréciation du caractère suffisant des informations fournies dans l'étude d'impact se fait au cas par cas mais deux critères généraux se dégagent néanmoins : d'une part, l'importance de l'installation projetée ; d'autre part, la finalité de l'étude d'impact qui doit comporter les informations nécessaires à l'exercice par le public et le préfet de leurs compétences respectives (▪ CE, 12 nov. 2007, n° 295347, *Sté Vicat* : *BDEI* 2008, n° 13, p. 7, concl. Y. Aguila ; *Environnement* 2008, n° 2, p. 36, note P. Gillig ; *JCP* A 2008, n° 21, p. 28, note P. Billet). Pour un exemple d'étude d'impact dont le contenu a été jugé en relation avec l'importance de l'exploitation projetée et de ses incidences prévisibles sur l'environnement (▪ TA Poitiers, 17 sept. 2009, n° 0800603, *Mme Walburger*). Eu égard à l'importance des prélèvements de l'installation sur les ressources forestières locales disponibles, estimés à au moins 25 % des ressources disponibles, et à ses incidences prévisibles sur l'environnement, les requérants sont fondés à soutenir que l'étude d'impact n'est pas proportionnée à l'importance et à la nature du projet (▪ TA Marseille, 8 juin 2017, nos 1307619, 1404665 et 1502266, *Association France Nature Environnement Bouches-du-Rhône et a.*). Les juges du fond sont souverains dans l'appréciation de la pertinence de l'étude d'impact, le juge de cassation opérant un simple contrôle de la dénaturation (▪ CE, 7 mars 2022, n° 440245, *M. B. et a.* ▪ CE, 28 déc. 2022, n° 447229, *Assoc. « Sans offshore à l'horizon » et a.*).

3) Insuffisance substantielle affectant la bonne information du public ou la décision du préfet. La jurisprudence considère de façon constante que « *Les inexactitudes, omissions ou insuffisances d'une étude d'impact ne sont susceptibles de vicier la procédure et donc d'entraîner l'illégalité de la décision prise au vu de cette étude que si elles ont pu avoir pour effet de nuire à l'information complète de la population ou si elles ont été de nature à exercer une influence sur la décision de l'autorité administrative* » (V. notamment : ▪ CE, 14 oct. 2011, n° 323257, *Sté Ocréal* : *BJCL* déc. 2011, n° 12, p. 824, concl. M. Guyomar ; *AJDA* févr. 2012, n° 5, p. 275, note M.-B. Lahorgue ; *Gaz. Pal.* mars 2012, n° 74/75, p. 16, note I. Empain. ▪ CE, 15 mai 2013, n° 353010, *Sté ARF : Environnement* juin 2013, n° 6, p. 50, note L. Le Core. ▪ CE, 30 janv. 2013, n° 347347, *Sté Nord Broyage*. ▪ CAA Bordeaux, 9 juill. 2014, n° 13BX00423, à propos de l'évaluation d'incidences d'un projet d'élevage porcin et bovin sur une zone Nature 2000. ▪ CE, 9 juill. 2018, n° 410917, *Villiers-le-Bâcle et a.* ▪ CE, 22 mars 2022, n° 448610, *Assoc. Église évangélique de Crossroads*. ▪ CE, 12 juill. 2024, n° 464958, *Assoc. Regards de la Durande et a.* ▪ CE, 22 juin 2022, n° 444945, *République et canton de Genève et a.*). Compte tenu de ce principe, la jurisprudence Danthony qui soumet l'annulation d'une décision administrative à un vice de forme ou de procédure ayant exercé une influence sur le sens de la décision prise ou ayant privé l'intéressé d'une garantie (▪ CE, 23 déc. 2011, n° 335033, *Danthony* : *GAJA Dalloz* 2013), n'apporte pas de réelle évolution en matière d'étude d'impact (▪ CAA Bordeaux, 6 mai 2014, n° 13BX02649, *SAS Sablières et travaux du Lot* : J. Betaille, *Insuffisance de l'étude d'impact : Danthony ne change rien, ou presque* : *Dr. env.* févr. 2015, n° 231, p. 65). Si l'étude d'impact réalisée préalablement à l'adoption de l'arrêté en litige fait état, dans sa partie consacrée à l'état initial de l'environnement, de la présence, révélée lors d'inventaires effectués en 2013 et 2014, de plusieurs espèces floristiques, faunistiques et avifaunistiques protégées dans les trois zones humides recensées de la source K..., de Groubat et des Guilhomonts, elle omet, en revanche, de mentionner la présence de cinq espèces protégées, à savoir trois espèces d'amphibiens, la rainette méridionale, le crapaud calamite et le triton alpestre, une espèce de reptile, la couleuvre d'Esculape, et une espèce de mammifère, la loutre d'Europe, dont la présence a été attestée au printemps 2018, soit antérieurement à l'adoption de l'arrêté, dans la ripisylve K... aval, zone non traitée dans l'étude d'impact à l'exception d'un *addendum* de 2018 mentionnant uniquement l'existence d'une zone humide sans inventaire complémentaire des espèces présentes. Or, il ressort des pièces du dossier, notamment de l'étude intitulée « Diagnostic de trois zones humides K... : Bois de Groubat, les Guilhomonts, Joyeuse aval » réalisée en 2020 par le GERECO à la demande de la CAVRA à partir d'éléments relevés en 2017 et 2018, que, parmi ces espèces non répertoriées dans l'étude d'impact, deux espèces, le triton alpestre et la loutre d'Europe, présentent un intérêt patrimonial fort. Compte tenu de l'intérêt de ces espèces protégées, de leur vulnérabilité et de la nature du projet envisagé, qui, même s'il a pour objet, à terme, la restauration du lit mineur K..., conduit à intervenir sur les milieux naturels hébergeant ces espèces et à réaliser des travaux susceptibles de détruire, pour partie, leur habitat, l'absence de recensement de ces espèces, dans la description de l'état initial du site, a nécessairement eu pour effet de nuire à l'information complète de la population, en méconnaissance des exigences de l'article R. 122-5 précité du Code de l'environnement (■ CAA Lyon, 21 nov. 2024, n° 22LY02388, *Assoc. Pour la rivière joyeuse et a.*).

Cumul d'inexactitudes, d'omissions et d'insuffisances. Les inexactitudes, omissions et insuffisances cumulées de l'étude d'impact relevées aux points 14 à 17 du présent jugement concernent les effets du projet sur la circulation automobile, les émissions de polluants atmosphériques et les nuisances sonores. Elles portent ainsi sur des éléments majeurs d'appréciation de l'intérêt général du projet, lequel consiste en la piétonisation d'une voie empruntée par 43 000 véhicules par jour et sert à la continuité des itinéraires principaux dans l'agglomération parisienne, pourtant justifié en particulier par un objectif de réduction des émissions de polluants atmosphériques. Elles ont pour la plupart été relevées par l'autorité environnementale dans son avis du 10 mai 2016 et conduit la commission d'enquête publique à s'estimer, dans son rapport du 8 août 2016, hors d'état de se prononcer sur l'intérêt général du projet. S'ajoutant les unes aux autres sur des points essentiels, elles n'ont pas permis au public d'apprécier les effets du projet d'aménagement envisagé au regard de son importance et de ses enjeux et ont ainsi pu avoir pour effet de nuire à l'information complète de la population. Elles sont par suite de nature à vicier la procédure d'adoption de la délibération attaquée et à l'entacher d'illégalité ; il y a dès lors lieu d'annuler la délibération n° 2016 SG 29 du 26 sept. 2016 par laquelle le conseil de Paris a adopté la déclaration de projet de l'opération d'aménagement des berges de la Seine à Paris 1er et 4e arrondissements (■ TA Paris, 21 févr. 2018, nos 1694463, 1620386, 1620420 et 1620619).

4) Appréciation au regard de l'avis de l'autorité environnementale. Si le juge est amené à s'appuyer sur les conclusions de l'avis de l'autorité environnementale pour contrôler la suffisance d'une étude d'impact, celles-ci ne sont pas nécessairement susceptibles de démontrer aux yeux du juge le caractère insuffisant de l'étude d'impact (■ CAA Nancy, 26 juin 2012, n° 11NC01410, *Sté EIDEN*).

5) Compléments et modifications tardives de l'étude d'impact. Régularité. Une étude d'impact peut être complétée par une étude postérieure à la clôture de l'enquête publique, afin de se conformer aux vœux de la commission d'enquête (■ CE, 9 mai 2001, n° 196054, *GFA du Dom. de la Cabane*). Ainsi, une étude d'impact n'est pas insuffisante du seul fait qu'elle prévoit la réalisation d'une étude hydrogéologique préalablement aux travaux afin de déterminer l'influence du rabattement de la nappe sur l'environnement, étude qui a d'ailleurs conclu à l'absence d'effet significatif du projet sur le comportement hydrodynamique des eaux souterraines (■ CAA, 12 févr. 2004, n° 01BX01815, *Communauté urbaine de Bordeaux*), de même que l'étude d'impact complétée par deux études facultatives sollicitées par le préfet, qui confirment la conformité du projet aux réglementations en vigueur et sa faible incidence sur l'environnement hydrogéologique (■ CAA Nantes, 28 mai 2002, n° 97NT01911, *Assoc. pour la sauvegarde de l'environnement et du patrimoine de la Sologne*). La circonstance qu'une commission d'enquête ait demandé la production de documents supplémentaires détaillant les mesures envisagées pour lutter contre les nuisances sonores ne suffit pas à établir à elle seule le caractère insuffisant de l'étude d'impact (■ CE, 29 déc. 1999, n° 200336, *Assoc. de défense de la perspective de l'Avenue de la Paix*). Dans le même sens, le fait que, pour partie, l'étude d'impact annonce des études plus précises lors de la réalisation effective de certains travaux ne suffit pas à entacher d'insuffisance l'étude d'impact (■ CAA Bordeaux, 27 juin 2011, n° 10BX02959). Selon la Cour de justice, l'évaluation des effets d'un projet implique en effet un « *examen de fond des informations collectées ainsi qu'une réflexion sur l'opportunité de les compléter, le cas échéant, par des données supplémentaires* » (■ CJUE, 3 mars 2011, aff. C-50/09). L'ajout d'un « complément paysager » après l'enquête publique n'est ainsi pas de nature à entacher l'autorisation d'irrégularité (■ CAA Marseille, 19 juill. 2013, n° 11MA00431, *Sté NED*). De même, il n'est pas nécessaire de procéder à une nouvelle étude d'impact si les modifications sont réduites, telles que les modifications apportées à la taille, à la structure et au nombre d'aérogénérateurs d'un parc éolien de nature à réduire l'impact des éoliennes sur le paysage avoisinant (■ CAA Nantes, 1er juill. 2011, n° 10NT02571). **Irrégularité.** En revanche, est insuffisante l'étude d'impact ne comportant aucune mesure destinée à compenser les effets dommageables du défrichement, les documents se rapportant à l'étude de telles mesures ayant été élaborés et produits plus d'un an après le déroulement de l'enquête publique (■ CAA Nancy, 28 févr. 2005, n° 02NC01301, *Groupement forestier de la Vaivre de Gray*). De même, les documents non soumis à enquête publique apportant des modifications importantes au dossier et portant sur des aspects substantiels du projet soumis à examen, l'avis du public a été recueilli sur le fondement d'éléments de nature à l'induire en erreur ; dès lors le permis de construire attaqué est intervenu au terme d'une procédure irrégulière (■ TA Amiens, 31 déc. 2007, nos 501460 et 500863, *Cne de Vauxcéré, Assoc. Apecame : JCP A* 2008, n° 17, p. 2105). Les études complémentaires produites après l'enquête publique, si elles peuvent préciser ou confirmer des aspects traités dans l'étude d'impact, ne peuvent donc en aucun cas régulariser la procédure (■ TA Grenoble, 12 févr. 2013, n°s 1101160 et 1101158 : *Environnement et dév. durable* juin 2013, n° 6, p. 50, note L. Le Corre). Ce principe a été réaffirmé à propos d'une étude complémentaire écologique réalisée par l'exploitant d'une carrière sur prescription du préfet, sans nouvelle consultation du public ; cette étude ne saurait en aucune façon combler les lacunes de l'étude d'impact initiale (■ CAA Bordeaux, 6 mai 2014, n° 13BX02649, *SAS Sablières et travaux du Lot : Études d'impact : les insuffisances substantielles d'une étude faune flore ne se corrigent pas après l'enquête publique : Gaz. Pal.* sept. 2014, n°s 246-247, p. 13, comm. M.-P. Maître). Le fait de ne pas avoir actualisé l'étude d'impact jointe à la première demande d'autorisation d'exploiter, alors qu'un changement dans les circonstances de fait serait intervenu depuis la délivrance de la première autorisation, présente un caractère substantiel de nature à entacher la régularité de la procédure d'autorisation (■ CAA Nancy, 22 mai 2014, n° 12NC00427). **Transmission à l'autorité environnementale.** Le complément de l'étude d'impact ne doit être soumis à l'autorité environnementale que s'il est de nature à pouvoir combler les lacunes d'une importance telle que l'autorité n'aurait pu, sans, rendre un avis sur la demande d'autorisation : commet une erreur de droit la CAA qui ne cherche pas à établir que le dossier sur lequel l'autorité s'était prononcée comportait de telles lacunes (■ CE, 28 juin 2017, n° 400009, *Cne d'Escales c/ Sté Plo de Maorou*).

Voir : Sur un complément de jurisprudence lié à l'exigence d'une nouvelle enquête publique en cas de modification de l'économie générale du projet : comm. sous art. L. 123-14, p. 130.

6) Opérations échelonnées ou fractionnées dans un même programme (oui). La déclaration d'utilité publique relative aux travaux entraînés par la création d'une base de loisirs, qui doivent être réalisés en plusieurs phases, la première consistant en l'acquisition de terrains et la réalisation des aménagements nécessaires à un premier bassin nautique, les suivantes en la création d'un parking, d'un camping, d'autres bassins ainsi que d'aires de détente et de loisirs constituent une réalisation fractionnée, dont le coût total, supérieur à douze millions de francs, dépasse la limite de six millions de francs, qui n'entrent dans aucune des hypothèses dans lesquelles les autres dispositions de l'article 3 de ce décret édictent une dispense de la procédure d'étude d'impact, devait être précédée d'une étude d'impact (■ CE, 19 mai 1993, n° 129526, *Cts Guerrier de Dumast : Rec. CE* 1993, p. 893). De même, la création d'une zone de ski nordique qui implique la réalisation d'une route nouvelle et l'acquisition de terrains nécessaires à l'aménagement d'un parking doit être précédée d'une étude d'impact (■ CE, 24 févr. 1993, n° 110096, *Descours et a.*). Dans le même sens, doit être soumise à étude d'impact l'opération de construction d'une tribune susceptible d'accueillir 4 500 spectateurs, dès lors qu'elle ne constitue que la première phase de la construction d'un complexe sportif susceptible d'accueillir 16 000 spectateurs, dont le principe a été déterminé de façon certaine, sans possibilité de dispense au titre de l'annexe III *d)* visée par les dispositions de l'article 3 du décret du 12 octobre 1977 (■ CAA Marseille, 16 sept. 2004, n° 04MA01330, *Préfet des Bouches-du-Rhône*). Est insuffisante l'étude d'impact qui ne comporte pas d'appréciation des impacts de l'ensemble d'un programme d'élargissement et d'aménagement d'une route départementale mais se borne à l'examen de l'impact d'une déviation sur une seule commune alors que trois communes étaient concernées (■ CAA Paris, 2 mars 1999, n°s 97PA00829 et 99PA00898, *Dpt des Yvelines*). La consécration de la notion de programme dont les opérations sont échelonnées dans le temps a également été consacrée à l'occasion de travaux de la construction d'une ligne ferroviaire (■ CE, 2 juin 2003, n° 243215, *Union fédérale des consommateurs. Que choisir de la Côte d'Or*). Une étude d'impact peut se borner à présenter l'impact du seul projet de création de barreau routier destiné à supprimer un passage à niveau sans présenter l'impact du contournement de l'agglomération, nonobstant la circonstance que ledit barreau routier puisse à terme s'inscrire dans le projet global de contournement et que la commission d'enquête ait demandé qu'une nouvelle enquête soit organisée afin de faire apparaître notamment ce dernier projet (■ CE, 24 nov. 2003, n° 240820, *Aspect*).

7) Opérations échelonnées ou fractionnées dans un même programme (non). La première ligne (nord-sud) du tramway d'Orléans, dont la réalisation a été déclarée d'utilité publique par le décret attaqué, peut être construite et exploitée indépendamment de la seconde ligne (est-ouest), dès lors l'étude n'avait pas à apprécier les impacts de cette dernière, celle-ci constituant une opération distincte ayant sa finalité propre, quand bien même la construction des deux lignes aurait été envisagée dans une même délibération (■ CE, 23 févr. 2000, n°s 200116 et 200117, *Assoc. Orléanaise pour un nouveau transport urbain c/ Mme Allot*). En outre, le coût de construction d'éventuels équipements publics n'entre pas dans la détermination du coût global de la construction d'un aéroport privé (■ CE, 19 févr. 1986, n°s 51030, 57528 et 58040, *Assoc. de sauvegarde de la Séoune et a. : Rec. CE* 1986, p. 625). Sont également distincts les travaux d'aménagement d'un centre d'entraînement de golf déclaré d'utilité publique et les travaux d'aménagement d'une plage (■ CE, 29 juill. 1994, n° 129209, *M. et Mme Ricard*). De même, l'étude d'impact n'a pas à envisager les effets d'un projet de travaux routiers sur un projet de barrage, dès lors que le tracé retenu se situe hors du périmètre de protection de cet ouvrage (■ CE, 28 juill. 1999, n°s 193467 et 193468, *Assoc. de défense de la Haute vallée de l'Aveyron*). Est également insuffisante l'étude d'impact qui ne comporte pas d'appréciation des impacts de l'ensemble d'un programme d'élargissement et d'aménagement d'une route départementale mais se borne à l'examen de l'impact d'une déviation sur une seule commune alors que trois communes étaient concernées (■ CAA Paris, 2 mars 1999, n°s 97PA00829 et 99PA00898, *Dpt des Yvelines*). Encore, l'acquisition et les travaux nécessaires à l'aménagement d'un chemin piétonnier, ainsi que le prolongement d'un bassin de rétention des eaux, sont considérées comme des opérations distinctes du projet de rétablissement du caractère maritime du Mont Saint-Michel (■ CAA Nantes, 19 avr. 2013, n° 11NT01313, *Stés Socadetop et Sodetour*). Le projet objet de la déclaration d'utilité publique en litige porte sur la réalisation de l'avenue du Parisis, section est, entre la RD 301 à Groslay et la RD 84a à Bonneuil-en-France. Ce projet participe du développement des axes de déplacements longitudinaux recherché depuis plusieurs dizaines d'années dans un secteur densément peuplé pour y améliorer la circulation. Si ce projet résulte notamment de la scission en trois projets distincts d'un projet antérieur qui portait initialement également sur le secteur ouest de l'avenue du Parisis, compris entre la RD 109 à Soisy-sous-Montmorency et la RD 301 à Groslay, et sur la mise en place d'un transport en commun en site propre, il ne peut être regardé comme concourant à la réalisation d'un « programme de travaux dont la réalisation est échelonnée dans le temps » au sens du 12° de l'article R. 122-5 du Code de l'environnement en vigueur à la date de la décision en litige. Il s'ensuit que l'étude d'impact, laquelle au demeurant fait état des deux autres projets distincts et des étapes antérieures communes, notamment de la concertation menée en 2012, n'avait pas, en vertu de ces dispositions du Code de l'environnement, à comprendre une appréciation des impacts de l'ensemble de ces différents projets (■ CE, 29 mai 2024, n° 467449, *Dpt du Val-d'Oise*).

8) Responsabilité de l'État. Lorsque l'autorisation qu'il a délivrée a été jugée irrégulière en raison de l'insuffisance de l'étude d'impact, l'État engage sa responsabilité à l'égard du pétitionnaire, avec possibilité de partage de responsabilité (■ CE, 31 mars 1989, n° 81903, *Mme Gérard Coutras : RD imm.* 1989, p. 421). Engage la responsabilité de l'État à l'égard des tiers le préfet qui s'est prononcé sur un dossier dont l'étude d'impact était insuffisante et ne permettait pas d'apprécier les conséquences de l'exploitation d'une porcherie sur l'environnement (■ TA Grenoble, 8 juin 1984, *Michallon : Rev. jur. env.* 1984, p. 240).

9) Absence de formalisme. La circonstance que l'analyse de « l'état initial du site » et celle des « effets sur l'environnement » aient été contenues dans un même chapitre est sans influence sur la régularité de l'étude, où figurait une description des richesses naturelles et des espaces naturels agricoles ainsi que des cartes d'analyse et de « diagnostic » paysagers : il n'est pas nécessaire que l'étude d'impact suive le plan d'exposition des différentes rubriques énumérées par l'article 3.4 du décret du 21 septembre 1977 (■ CE, 9 juill. 1982, n°s 39584 et 39800 ; *Min. ind. c/ Comité dptal de défense c/ Les couloirs de ligne à très haute tension et a. – Électricité de France : Rec. CE* 1982, p. 277 ; *AJDA* 1982, p. 600). Le document ne doit pas nécessairement être intitulé étude d'impact (■ TA Toulouse, 24 janv. 1980, *Assoc. de défense des populations concernées par la zone de Naujac : JurisData* n° 1980-600738 ; *Rev. jur. env.* 1981, p. 198). En revanche, une étude d'impact présentée sous la forme de réponse à un questionnaire type ne suffit pas (■ CAA Nancy, 4 mai 1995, n° 93NC00643, *Verstraete*. ■ CAA Nantes, 23 nov. 1994, n° 93NT00093, *Sagourin*). Le pétitionnaire ne peut pas justifier la régularité de son étude d'impact par le fait d'avoir utilisé pour l'établir un imprimé de la préfecture agréé par les organismes professionnels (■ CAA Nantes, 30 déc. 1996, n° 94NT00549, *Poincheval*).

10) Exigence de la suffisance de l'étude d'impact dès le stade de la DUP. L'étude d'impact jointe à la DUP liée aux travaux d'aménagement d'une déviation, laquelle doit franchir un secteur d'expansion des crues d'un cours d'eau, n'analyse aucune des conséquences de la création de cet ouvrage susceptible de créer un effet de barrage s'opposant à l'écoulement des eaux et omet de préciser que ce cours d'eau est sujet à des débordements résultant de l'imperméabilisation progressive des sols. À ce titre, il a été jugé que la circonstance que le maître d'ouvrage soit appelé à réaliser ultérieurement une étude hydraulique approfondie au titre des prescriptions imposées par la « loi sur l'eau » est sans incidence sur l'insuffisance sur ce point de l'étude d'impact et alors au surplus que le commissaire enquêteur a conditionné son avis favorable à l'opération litigieuse à la réalisation effective d'une étude hydraulique (■ CAA Nantes, 25 oct. 2013, n° 12NT01115, *Dpt de la Sarthe*).

11) Contentieux. Ne fait pas grief la décision de refus par l'établissement public chargé des missions de l'État en matière de sécurité météorologique des personnes et des biens lorsque cette autorisation n'est pas requise dans le cas où l'étude d'impact est réalisée selon une méthode reconnue par le ministre chargé des installations classées pour la protection de l'environnement (▪ CE, 26 avr. 2018, n° 410858). Ne fait pas grief l'acte par lequel l'autorité de l'État compétente en matière d'environnement décide de dispenser d'étude d'impact les ouvrages, travaux ou aménagements énumérés dans le tableau annexé à l'article R. 122-2 du Code de l'environnement. Un tel acte a le caractère d'une mesure préparatoire insusceptible d'être déférée au juge de l'excès de pouvoir. Toutefois, la décision de dispense d'étude d'impact pourra être contestée à l'occasion de l'exercice d'un recours contre la décision autorisant les travaux, ouvrages ou aménagements en cause. En remplissant le formulaire prévu à cet effet et en y annexant les plans de situation et de masse du projet ainsi que plusieurs photographies et documents graphiques, le pétitionnaire a répondu de manière suffisante aux exigences de l'article R. 122-3 du Code de l'environnement (▪ CAA Nantes, 15 juin 2018, n° 16NT01964).

12) Contentieux référés. En l'absence de conclusions tendant à la mise en œuvre des dispositions de l'article L. 122-1 du Code de l'environnement, lesquelles prévoient que le juge des référés peut faire droit à une demande tendant à la suspension de l'exécution d'une autorisation ou d'une décision d'approbation d'un projet visé au I de l'article L. 122-1 du même code lorsqu'elle est fondée sur l'absence d'étude d'impact et qu'il constate cette absence sans avoir à se prononcer sur la condition d'urgence, le juge des référés n'a pas à se prononcer sur le moyen tiré de l'insuffisance de l'étude d'impact et peut rejeter la demande de suspension dont il était saisi en se fondant sur le défaut d'urgence (▪ CE, 11 avr. 2018, n° 412773).

13) Déclaration d'utilité publique. Au stade de l'enquête préalable à la déclaration d'utilité publique, les documents joints au dossier d'enquête n'ont pas pour objet de déterminer avec précision les parcelles éventuellement soumises à expropriation mais bien de permettre aux intéressés de connaître la nature, la localisation des travaux et les caractéristiques principales des ouvrages les plus importants prévus au projet (▪ CE, 27 sept. 2018, n° 420119, *Michel c/ Sté Enertag AG*).

14) Liens avec l'article L. 600-5-1 du Code de l'urbanisme. Régularisation. Limitation des moyens invocables. À compter de la décision par laquelle le juge recourt à l'article L. 600-5-1 du Code de l'urbanisme, seuls des moyens dirigés contre la mesure de régularisation notifiée, le cas échéant, au juge peuvent être invoqués devant ce dernier. À ce titre, les parties peuvent, à l'appui de la contestation de l'acte de régularisation, invoquer des vices qui lui sont propres et soutenir qu'il n'a pas pour effet de régulariser le vice que le juge a constaté dans sa décision avant dire droit. Elles ne peuvent en revanche soulever aucun autre moyen, qu'il s'agisse d'un moyen déjà écarté par la décision avant dire droit ou de moyens nouveaux, à l'exception de ceux qui seraient fondés sur des éléments révélés par la procédure de régularisation. En l'espèce, eu égard au vice retenu, tiré de l'irrégularité de l'avis rendu par l'autorité environnementale sur les demandes de permis de construire, seuls des vices propres à la mesure de régularisation, portant sur ce que l'avis émis par l'autorité environnementale du Conseil général de l'environnement et du développement durable territorialement compétente ne permet pas de régulariser le vice constaté dans la décision avant dire droit ou révèle de nouveaux vices, sont susceptibles d'être utilement invoqués à ce stade. Si l'étude d'impact mise à jour en prévision de l'enquête publique complémentaire rendue nécessaire par la teneur du nouvel avis de l'autorité environnementale ne comprend pas, contrairement au souhait émis à cet égard par cette autorité, d'inventaire actualisé de la faune présente sur le site ni de précisions sur les pollutions lumineuses induites par le projet, il ne ressort pas des pièces du dossier, eu égard notamment à l'absence d'élément précis indiqué par l'association requérante dans sa requête quant à la présence de nouvelles espèces protégées susceptibles d'être affectées par le projet, que ces insuffisances de l'étude d'impact aient eu pour effet de nuire à l'information complète de la population à l'occasion de l'enquête publique complémentaire à laquelle il a été procédé ni qu'elles aient non plus été de nature à exercer une influence sur la décision du préfet d'accorder les permis de régularisation demandés (▪ CE, 16 févr. 2022, n° 420554, *Assoc. Éoliennes s'en naît trop*).

II – CONTENU DE L'ÉTUDE D'IMPACT

15) Nom de l'auteur de l'étude. Avant le décret du 29 décembre 2011, la simple désignation de la personne morale auteur de l'étude d'impact devait être regardée comme suffisante alors même qu'elle ne comporte pas la mention du nom des personnes physiques qui ont participé à sa réalisation, sans que la requérante puisse utilement se prévaloir de la circulaire du 27 septembre 1993 qui est dépourvue de valeur réglementaire (▪ CE, 3 avr. 1998, n° 161916, *Assoc. de défense et* *avenir de Stanislas-Meurthe*. ▪ CE, 20 oct. 2004, n° 249397, *Assoc. Traces*).

16) Dispositions en vigueur à la date de délivrance de l'autorisation. Dès lors que la régularité du dossier de demande d'autorisation s'apprécie au regard des règles en vigueur à la date de délivrance de l'autorisation, un requérant ne peut utilement se prévaloir d'une modification des dispositions du Code de l'environnement relatives au contenu de l'étude d'impact qui n'étaient pas en vigueur à la date de l'arrêté autorisant l'exploitation pour invoquer l'insuffisance de l'étude d'impact (▪ CAA Marseille, 17 mars 2015, n° 12MA03179, *Sté Lafarge Ciments*).

17) Méthodologies utilisées. *a) Principe.* En l'absence de décret fixant les catégories d'installation devant réaliser une analyse des méthodes utilisées pour évaluer les effets de l'installation sur l'environnement, la présence d'un volet méthodologique dans l'étude d'impact n'est pas juridiquement obligatoire (▪ TA Besançon, 25 févr. 1999, n° 96-1227, *Assoc. de protection de l'environnement de Merey-sous-Montrond et a. c/ Préfet du Doubs*). Néanmoins, l'auteur d'une étude d'impact ne peut se contenter de procéder par voie d'affirmations qui ne sont corroborées par aucune étude objective et précise (▪ CE, 20 févr. 1985, *SARL Le Foll : JurisData* n° 1985-040187).

b) Actualisation de la méthodologie. L'étude d'impact doit être réalisée sur la base de données récentes (▪ TA Bordeaux, 22 oct. 1987, *Assoc. pour la défense du cadre de vie de Génissac : Rev. jur. env.* 1998, p. 163, note Charbonneau). Les modifications réglementaires en matière d'études d'impact doivent donc toujours être intégrées même dans les dossiers en cours d'instruction (▪ CAA Douai, 21 déc. 2000, n° 97DA01126, *Syndicat du parc technologique d'Alata*). Les dispositions de l'article 19 de la loi du 30 décembre 1996 sur l'air et l'utilisation rationnelle de l'énergie, qui imposent d'analyser, dans l'étude d'impact, les mesures envisagées pour supprimer ou compenser les conséquences dommageables pour la santé, n'ont été rendues applicables, en vertu du deuxième alinéa de cet article, qu'aux demandes de mise à l'enquête publique déposées à compter du 1er août 1997 (▪ CE, 6 juin 2001, n° 208593, *Assoc. de défense de la plaine de la Gardonnenque*. ▪ CE, 14 juin 2002, nos 208996, 208997, 209038 et 209055, *Cne de Laudun et a.*).

c) Actualisation des données. Est insuffisante l'étude d'impact qui exploite des résultats effectués antérieurement pour affirmer que le trafic supplémentaire provoquera un niveau sonore négligeable, dès lors qu'elle n'explicite pas de manière détaillée les méthodes utilisées pour déterminer la variation de niveau sonore induite par l'augmentation du trafic routier (▪ CAA Paris, 1er oct. 2003, n° 02PA03005, *SEMMARIS*). N'entache pas l'étude d'impact d'insuffisance la circonstance alléguée qu'une évolution des circonstances de fait, tenant notamment à l'extension d'une carrière proche de l'un des points de mesure, entre 2007, date de réalisation de l'étude acoustique, et 2011, date de délivrance du permis de construire, aurait été de nature à augmenter le bruit ambiant et à entraîner une nécessaire actualisation de l'étude acoustique (▪ CAA Douai, 24 févr. 2020, n° 18DA02080, *Soc. Néoen Développement*). Si l'étude acoustique, fondée sur des mesures réalisées en 2004, doit être regardée comme obsolète dans son identification des « points noirs de bruit » du fait l'évolution des dessertes ferroviaires comme du bâti environnant, il n'en ressort pas pour autant, dans les circonstances de l'espèce, et compte tenu notamment des nuisances sonores identifiées lors de la première déclaration d'utilité publique, que cette insuffisance de l'étude d'impact ait eu pour effet de nuire à l'information complète de la population ou ait été de nature à exercer une influence sur la décision de l'autorité administrative (▪ CE, 22 oct. 2018, n° 411086, *Cne de Mitry-Mory et a.*).

d) Prise en compte des difficultés techniques. Le juge administratif tient compte des contraintes technologiques pour l'analyse de l'air qui nécessite de prendre des points d'analyse éloignés géographiquement du projet (▪ TA Melun, 9 nov. 2000, n° 982698, *Cne de Villecresnes*).

e) Fiabilité de la méthodologie. Références. Le manque de crédibilité des méthodes d'analyse technique employées entache l'étude d'impact d'insuffisance (▪ TA Amiens, 23 août 1993, *Picardie-nature : Rev. jur. env.* 1993, p. 577), ainsi pour l'étude d'impact qui, au titre de l'étude des nuisances sonores du projet de contournement, mentionne le « guide bruit » et l'utilisation du logiciel « Mithra », sans préciser la méthodologie employée (▪ TA Strasbourg, 16 mars 1999, nos 984852, 984968 et 985031, *M. Daniel Schueller c/ Préfet du Haut-Rhin*). Le moyen tiré de l'insuffisance de l'étude d'impact relative à l'obtention d'un permis de construire une unité de fabrication de matériaux enrobés comportant trois bâtiments n'est pas suffisamment motivé si les requérants se bornent à contester la méthodologie employée par les auteurs de l'étude pour évaluer les effets sonores de la future usine, sans en expliquer les raisons (▪ TA Nancy, 11 janv. 2011, nos 0902294 et 1001529, *Cne de Cosnes-et-Romain*). Si les requérants contestent la méthodologie suivie par les auteurs de l'étude d'impact relative à un projet d'éolienne, ils doivent en démontrer le caractère non fiable. À défaut, et quand bien même, l'étude d'impact, serait fondée sur des données connues si les résultats n'ont pas été contredits par une étude ultérieure, elle doit être regardée, bien que succincte, comme suffisante (▪ CAA Marseille, 16 juin 2011, n° 09MA01017, *SA Tencia*). Cependant, est censurée l'étude d'impact qui ne comporte pas l'analyse des méthodes utilisées pour évaluer les effets du projet sur l'environnement en se limitant, sur ce point, à faire état des expériences issues de la mise en œuvre de projets de même nature à l'étranger ou sur le territoire national sans les mettre en corrélation avec la réalité du projet en cause (▪ CAA Marseille, 27 janv. 2005, n° 00MA02734, *Cne de Montbrun-des-Corbières*). La circonstance que l'auteur de l'étude d'impact relative à un projet de ZAC n'a pas dû avoir recours à des analyses techniques particulières, compte tenu de l'emplacement du projet dans une zone presque entièrement agricole, ne suffit pas à dispenser l'auteur d'analyser les méthodes utilisées (▪ TA Amiens, 25 mars 1997, n° 95-1832, *Xavier Mantel*). L'étude acoustique jointe à l'étude d'impact réalisée sur la base d'un modèle d'éolienne dont la puissance unitaire est de 2 MW alors que la puissance des aérogénérateurs projetés sera de 2,5 MW ne peut être considérée comme fiable. Par ailleurs, la méthode choisie pour réaliser la campagne des mesures de bruit qui confie au pétitionnaire lui-même l'interprétation des résultats des mesures ne peut être regardée comme présentant des garanties d'objectivité suffisantes, d'où il suit que l'étude acoustique n'a pas été menée dans des conditions propres à garantir une appréciation correcte de l'impact sonore du projet (▪ CAA Lyon, 9 avr. 2019, n° 17LY00752, *Assoc. Lucenay-le-Duc Environnement et a.*). S'il est soutenu que la bibliographie utilisée dans le cadre de l'étude d'impact est insuffisante au regard des recommandations du « guide de l'étude d'impact sur l'environnement » établi par le ministère de l'écologie, il n'est pas établi que la méthodologie suivie et les informations prises en compte n'auraient pas permis à l'autorité administrative d'analyser de manière pertinente les impacts du projet litigieux et d'assurer la bonne information du public (▪ CAA Nantes, 4 déc. 2018, n° 17NT01207).

Voir aussi : Sur les études d'impact des projets de parcs éoliens terrestres : *Guide relatif à l'élaboration des études d'impact des projets de parcs éoliens terrestres*, déc. 2016, ministère de l'Environnement, de l'Énergie et de la Mer.

18) Analyse de l'état initial du site. *a) Caractère insuffisant.* Est insuffisante l'étude d'impact qui omet de mentionner une frayère d'aloses d'esturgeons très importante (▪ CE, 9 déc. 1988, n° 76493, *Entr. de Dragage et de travaux publics et Sté d'exploitation de la Garonne : Rev. jur. env.* 1989, p. 187), plusieurs maisons situées à proximité immédiate du projet (▪ CE, 29 juill. 1994, n° 097327, *M. et Mme Dumont : Rev. jur. env.* 1995, p. 328), une ZNIEFF (▪ TA Dijon, 18 mars 1997, *Assoc. de défense des sites de l'Yonne et de la Cure : Rev. jur. env.* 1997, p. 439), ou un plan de stockage des matériaux de découverte d'une carrière (▪ CE, 23 mai 1997, *Sté Redland Picardie : Rec. CE* 1997, p. 944). Est également insuffisante l'étude d'impact qui ne mentionne pas les mesures de protection de certaines espèces animales (▪ CE, 12 nov. 2007, n° 295347, *Sté Vicat SA : Environnement* févr. 2008, n° 2, comm. 34 ; *JCP* A 19 mai 2008, n° 21, p. 2121 ; *BJCL* 11/2007, p. 813). L'absence d'étude particulière de la faune ou de la flore et des équilibres biologiques entache d'insuffisance l'état initial et donc l'étude d'impact comme les imprécisions commises à l'occasion du recensement de la faune et de la flore (▪ TA Amiens, 23 août 1993, *Assoc. Picardie-Nature : Rev. jur. env.* 1993, p. 577). De même pour l'étude d'impact d'une zone d'activité conchylicole sur une zone humide dont les développements se limitent à l'avifaune, à l'exclusion notamment des insectes et amphibiens et qui ne mentionne qu'une trentaine d'espèces végétales alors qu'un rapport scientifique en mentionne quatre-vingt-sept, dont certaines protégées (▪ TA Caen, 8 févr. 2008, n° 0600600, *Assoc. Manche Nature*). L'étude d'impact dont l'analyse de l'état initial procède par renvoi à d'autres études non jointes au dossier est considérée comme incomplète (▪ CAA Nancy, 2 avr. 1997, n° 94NC00786, *SA Parc Astérix*). – *Caractéristiques hydrologiques.* Une étude d'impact jointe au dossier d'autorisation d'exploiter une porcherie présente des insuffisances substantielles dès lors qu'elle ne comporte pas d'indications précises caractérisant l'état initial du site au regard de l'hydrogéologie des terrains retenus pour l'épandage des lisiers, qu'elle ne contient aucun plan faisant apparaître la délimitation du périmètre d'épandage ni de classification des parcelles suivant leur aptitude plus ou moins grande à absorber les épandages (▪ CE, 22 oct. 1999, n° 189214, *Sté Arrow*. ▪ CAA Nantes, 29 déc. 2014, n° 13NT02466). Est jugée insuffisante l'étude d'impact qui reprend les niveaux officiels de classement de la qualité du cours d'eau susceptible d'être affecté par le projet et qui se borne à mentionner que la qualité des eaux dudit cours est moyennement mauvaise (▪ TA Limoges, 4 mai 2000, n° 991076, *Assoc. « Eaux et Terres du Berry »*). De même, est jugée comme une carence substantielle dans l'analyse de l'état initial du site, une étude d'impact qui n'indique pas l'existence d'une réserve potentielle d'eau potable, ni l'impact de l'exploitation projetée sur la préservation de cette ressource (▪ CAA Nancy, 10 janv. 2005, n° 01NC00991, *Sté GSM*). – *Richesses et espaces naturels.* L'omission dans une étude d'impact de l'existence d'une ZNIEFF (zone naturelle d'intérêt écologique faunistique et floristique) est constitutive d'une grave inexactitude dans la description du milieu (▪ TA Dijon, 18 mars 1997, *Assoc. de défense des sites des val-*

lées de l'Yonne et de la Cure : Rev. jur. env. 1997, p. 439). De même, l'absence d'étude particulière de la faune ou de la flore et des équilibres biologiques peut entacher d'insuffisance l'analyse de l'état initial du site et donc l'étude d'impact (■ TA Limoges, 1er févr. 1983, *Flepna : Rev. jur. env.* 1984, p. 148). – V. également (■ CAA Bordeaux, 2 juill. 2007, n° 04BX00786, *MEDD : Environnement* 2007, n° 11, p. 22, comm. D. Gillig). Le volet paysager doit être mentionné, précisant notamment la nature du terrain (■ CAA Nantes, 8 avr. 2003, n° 00NT01285, *Sté Établissement Daviet*). Il est jugé nécessaire d'indiquer dans l'étude d'impact l'intérêt et la sensibilité du milieu dans lequel l'exploitation doit fonctionner et s'étendre, notamment le fait que le périmètre soit proposé zone Natura 2000 et la présence d'une espèce animale protégée reconnue d'importance communautaire (■ TA Clermont-Ferrand, 24 juin 2003, n° 0204023, *Assoc. Collectif Saint Victor sur Arlanc c/ Préfet de Haute-Loire*). – *Circulation et trafic automobile.* S'agissant de l'état initial de la circulation et des trafics, l'étude d'impact comporte des données suffisamment récentes et précises sur le débit de la circulation sur les voies sur berges, issues d'études et de comptages réalisés entre 2010 et 2015, qui permet d'établir le nombre de véhicules en un lieu donné pendant une période de temps ; cependant, elle ne comporte aucune étude précise sur le taux de transit, qui correspond à la proportion des véhicules qui empruntent les voies sur berges de la rive droite pour traverser Paris plutôt que pour effectuer un trajet au sein des limites communales ; en réponse à une demande de la commission d'enquête publique, qui avait relevé cette insuffisance, la ville de Paris a fourni, après la clôture de l'enquête publique, des comptages réalisés en mars 2016, soit une période pertinente au regard de la date de l'enquête publique qui s'est déroulée du 2 juin 2016 au 8 juillet 2016, grâce à des boucles magnétiques situées sous la chaussée ; ces relevés, qui permettent une estimation du nombre de véhicules traversant Paris d'ouest en est sur les voies sur berges en mars 2016 à environ 1 800 en heures de pointe du matin et 2 000 en heures de pointe du soir, révèlent toutefois que les estimations de la ville de Paris, issues de l'étude de 2010, de respectivement 900 et 550 véhicules étaient erronées ; le taux de transit constitue pourtant une donnée nécessaire pour déterminer quel public verra modifiées ses conditions de circulation sur la voie Georges-Pompidou ; ils permettent également d'estimer les axes affectés par les reports de circulation devant résulter de la réalisation du projet d'aménagement envisagé ainsi que l'ampleur de ces reports et, par suite, les incidences sur la circulation automobile, la pollution atmosphérique et les nuisances sonores ; le rapport d'enquête publique a d'ailleurs relevé cette absence d'information sur le taux de transit et estimé que celle-ci faisait obstacle à ce que l'utilité publique du projet d'aménagement soit correctement appréciée (■ TA Paris, 21 févr. 2018, nos 1694463, 1620386, 1620420 et 1620619).

b) Caractère suffisant. Est suffisant l'état initial comportant une description de l'état initial des sites, et notamment des paysages, des milieux naturels et des richesses touristiques et culturelles des zones concernées par la traversée de la ligne électrique (■ CE, 26 juill. 1985, nos 47930 et a., *Assoc. défense de l'environnement, des sites et du tourisme (DEST) du Nord Libournais – Cne de Saint-Martin de Laye et a.*). Est également suffisante l'étude d'impact qui présente des inexactitudes légères dans l'appréciation d'une ZNIEFF (■ CE, 7 mai 2001, n° 218263, *Mme Divakaran*) ou qui omet de mentionner une réserve de chasse (■ TA Grenoble, 28 nov. 1983, n° 18558, *FRAPNA Section Drôme*). Il a par ailleurs été jugé que l'étude d'impact, dans l'analyse de l'état initial du site, n'a pas à mentionner des espèces botaniques ou animales particulières pour le seul motif que certaines se trouvaient présentes dans la région intéressée par le projet. En particulier, en l'absence de mention dans l'étude de grenouilles, serpents et insectes, il revient à l'association contestant l'étude d'impact de prouver la présence d'espèces d'amphibiens et de reptiles protégés au titre de l'arrêté du 22 juillet 1983 (■ CE, 20 oct. 2004, n° 249397, *Assoc. TRACE*). Les insuffisances de l'étude d'impact relatives à la présence de cistudes, pour regrettables qu'elles soient, ne constituent pas, dans les circonstances de l'espèce, un vice de procédure de nature à entacher la légalité de la décision attaquée (■ CAA Bordeaux, 22 mars 2007, n° 03BX00547, *Assoc. synd. autorisée d'irrigation de l'Aubin : Environnement* 6 juin 2007, n° 6, comm. 118). Dans le même sens, le Conseil d'État exclut la nécessité de faire référence à une espèce au sein de l'état initial au motif que les mesures de protection applicables à ladite espèce ne constituaient pas un élément « substantiel » de l'analyse de l'état initial (■ CE, 17 oct. 2016, n° 388006, *Sté La Provençale : Rec. CE* 2016). L'étude d'impact comporte une analyse précise de l'état initial de l'environnement, mentionnant notamment la présence de l'espèce du râle des genêts et se référant à des comptages d'oiseaux actualisés en 2004 et 2005 et indiquant la localisation des différents noyaux de population de râle des genêts. La circonstance que l'étude n'indique pas la présence de couples de râles des genêts à cet endroit en 2007 ne peut être regardée comme constituant une lacune affectant l'étude d'impact d'une irrégularité substantielle (■ CE, 7 mai 2008, n° 309285, *Assoc. ornithologique et mammalogique de Saône-et-Loire : Environnement* juin 2008, n° 6, comm. 91). L'absence de mentions relatives aux maisons les plus proches du tracé, à la protection de certaines espèces animales et aux réseaux hydrauliques ne permet pas, dans le cas de l'espèce, de tenir pour incomplète l'étude d'impact (■ CE, 24 juin 1992, n° 102209, *Mlle Vuylsteke et a.*). Il en est de même pour l'étude d'impact comprenant des informations sur l'état initial, sans nécessité de présentation exhaustive et méthodique (■ CE, 28 juill. 1999, n°s 197689, 197752 et 197780, *Coordination des associations contre le tracé autoroutier urbain au sud d'Avrillé et a. : Rec. CE* 1999, p. 833). En outre, rien n'impose que soit mentionnée dans l'étude d'impact la circonstance selon laquelle l'aménagement projeté traverse des sites d'intérêt communautaire retenus pour figurer dans le Réseau Natura 2000 (■ CE, 9 févr. 2004, n° 223121, *Assoc. Manche-Nature*) ou encore la description des phénomènes parasismiques dès lors qu'ils ont été pris en considération lors de l'étude technique de l'ouvrage d'art (■ CAA Marseille, 6 mai 2004, n° 99MA01634, *ASDE*). Le fait que l'étude d'impact ne répartit pas de façon exhaustive les espèces d'oiseaux recensées autour du site (site envisagé pour l'implantation de 3 éoliennes et d'un poste de livraison), selon qu'elles sont classées comme protégées au niveau national ou listées au niveau européen en tant qu'espèces protégées vulnérables ou à surveiller, est sans incidence sur sa régularité (■ CAA Nantes, 7 juin 2013, n° 11NT03257, *Assoc. Eolien, Dommages pour les riverains*). – *Caractéristiques hydrologiques.* L'état initial doit apporter des précisions suffisantes sur l'hydrogéologie des terrains retenus pour l'implantation d'une ICPE et pour l'épandage (■ CAA Bordeaux, 20 déc. 2004, n° 00BX01484, *M. Pascal Pichon*). La description de l'état initial du site d'implantation d'une installation agricole (ICPE) est jugée suffisamment précise dans la mesure où les éléments essentiels d'un rapport géologique effectué par un hydrologue agréé ont été repris dans l'étude d'impact (■ CAA Nantes, 22 nov. 2000, n° 98NT00484, *Assoc. authonnaise pour favoriser la qualité de l'eau et de l'environnement dans le canton*). De même, la référence à une étude hydrogéologique antérieure portant sur un site voisin n'est pas de nature à faire regarder une étude d'impact comme insuffisante dès lors qu'il n'est pas démontré que le terrain concerné présenterait des caractéristiques substantiellement différentes (■ TA Orléans, 11 mai 2000, n°s 99615 et 99616, *Mme Colson, Assoc. de sauvegarde de la région de Langeais*). La partie de l'étude d'impact relative aux chauves-souris s'est appuyée sur les résultats obtenus lors de dix sorties nocturnes, dont six ont produit des résultats exploitables, menées à différentes saisons y compris en période de migration. Si le nombre de chiroptères détectés apparaît faible et s'il est soutenu que ces sorties n'ont pas permis de mettre en évidence la présence de certaines espèces, pourtant courantes dans la zone, les résultats n'en sont pas pour autant erronés au vu des pièces du dossier (■ CE, 25 sept. 2019, n° 417870, *Assoc. Autant en emporte le vent et a.*).

19) Analyse des effets du projet. L'analyse doit aborder « l'ensemble des répercussions sur l'environnement » (■ CE, 29 juin 1984, n° 39179, *Assoc. dite Comité de sauvegarde des sites et de l'environnement de Roquefort-les-Pins*). ***Effets temporaires.*** L'analyse des effets temporaires des travaux de réalisation du projet sur l'environnement est requise (■ CE, 7 mai 2001, n° 218263, *Mme Divakaran*). ***Effets sur la santé, la sécurité et la salubrité publiques. Lien avec l'étude de dangers.*** L'analyse des effets directs et indirects sur l'environnement des circonstances accidentelles qui peuvent affecter le fonctionnement d'une installation classée, qu'il s'agisse d'un accident majeur ou d'incidents, ne fait pas partie des informations qui doivent obligatoirement figurer dans l'étude d'impact, laquelle doit seulement faire ressortir les effets prévisibles sur l'environnement du fonctionnement normal de l'installation ; en outre le « volet santé » de l'étude d'impact n'a pas davantage à s'étendre à une analyse spécifique des effets directs et indirects sur la santé de circonstances accidentelles (■ CAA Lyon, 15 déc. 2005, n° 00LY01799, *Assoc. Collonges Val-de-Saône*). Les effets analysés par l'étude d'impact sont en effet distincts de ceux étudiés dans l'étude de dangers (■ CAA Nantes, 7 juin 2013, n° 11NT03257, *Sté VSB Énergies Nouvelles*). En revanche, l'étude d'impact jointe au dossier de demande de permis de construire d'un centre de traitement et d'élimination de déchets projeté est insuffisante dès lors qu'elle prévoit de n'engendrer aucun effet négatif sur la population ou les ERP voisins, alors que l'étude de dangers jointe au dossier évoque des risques dus aux poussières, y compris d'amiante, aux vapeurs dégagées par la cuve de gasoil enterrée, aux dégagements de fumées toxiques en cas d'incendies de pneus ou d'explosions (■ CAA Bordeaux, 10 janv. 2013, n° 11BX02693, *SAS Nouvelle Métal Dom*). ***Insuffisance.*** Irrégularité d'une étude d'impact en raison de l'absence d'informations sur les surveillances vétérinaires au titre de la description des effets sur la santé (■ TA Toulouse, 25 avr. 2002, n°s 02/0476, 02/593, 02/0594 et 02/0800, *Cnes de Cayriech et a. c/ Préfet du Tarn-et-Garonne, Préfet du Lot*). ***Suffisance.*** En revanche, l'étude d'impact relative à la construction d'une station d'épuration est satisfaisante du point de vue de l'analyse des effets sur la santé, dès lors que ces effets sont appréhendés dans les passages consacrés à l'impact sur la qualité des eaux et de l'air, ainsi que sur les odeurs et le bruit (■ CAA Nantes, 27 déc. 2002, n°s 99NT02443 et 00NT01101, *M. Pinot et M. Barbier*). L'étude d'impact doit contenir l'incidence prévisible du projet sur la santé sans nécessairement comporter un volet santé (■ TA Melun, 9 nov. 2000, n° 980698, *Cne Villecresnes*). De même, s'agissant de la construction d'un poste de transformation d'énergie électrique, l'étude d'impact est suffisante dès lors qu'elle expose de manière suffisamment précise les incidences du projet pour l'environnement, faisant état des connaissances scientifiques générales concernant les effets des champs magnétiques induits par les lignes électriques sur la santé (■ CE, 25 nov. 2002, n°s 238066 et 239747, *Fédération Rhône-Alpes*). – *Centre d'enfouissement technique.* La suffisance du contenu de l'étude d'impact sanitaire est déterminée par rapport au champ de l'ensemble de l'étude d'impact. Ainsi, est suffisante l'étude d'impact qui ne comprend aucune indication sur les effets directs et indirects que pourrait avoir un rejet accidentel dans l'environnement des déchets que l'installation avait été autorisée à accueillir, l'analyse spécifique des effets directs et indirects sur la santé de circonstances accidentelles n'étant pas obligatoire dans le volet santé (■ CAA Lyon, 15 déc. 2005, n° 00LY01799, *Assoc. pour la préservation du site des Monts d'Or et du Val-de-Saône et autres : Environnement* 2006, n° 6, p. 27, note D. Deharbe. – Infirme ■ TA Lyon, 7 juin 2000, n°s 9905560 et 9905613, *Assoc. pour la préservation du site des Monts d'Or et du Val-de-Saône, Assoc. de Collonges-Val-de-Saône, Assoc. de sauvegarde des espaces verts des Monts d'Or [SEVDOR]*). À ce titre, le moyen tiré de l'insuffisance de l'étude d'impact sur les effets du projet sur la santé et les mesures envisagées pour supprimer, réduire et, si possible, compenser ses conséquences dommageables pour la santé, ne peut constituer un doute sérieux et partant justifier la suspension, par le juge des référés, d'un arrêté autorisant un centre de tri et d'enfouissement de déchets, que s'il s'agit d'une insuffisance ou d'une absence sur le fond de l'étude des effets du projet sur la santé. L'insuffisance de l'étude d'impact en ce qui concerne les effets du projet sur la santé et les mesures envisagées pour supprimer, réduire et, si possible, compenser ses conséquences dommageables pour la santé, peut justifier le sursis à l'exécution de l'arrêté d'autorisation du Centre d'enfouissement technique (■ *CAA Nantes, 30 juill.* 2002, n°s 99NT02615, 99NT02617 et 99NT02819, *SARL Tree*).

Voir : Circ. 9 août 2013 sur les modalités de mise en œuvre de la méthodologie d'évaluation des risques sanitaires (*BO MEDDE* 2013/16, 10 sept. 2013).

Voir aussi : Guide de l'INERIS, *Évaluation de l'état des milieux et des risques sanitaires – Démarche intégrée pour la gestion des émissions de substances chimiques pour les installations classées.*

Effets sur la qualité de l'air et sur le climat. L'étude d'impact doit comporter une analyse des incidences du projet sur l'évolution de la pollution atmosphérique (■ CAA Paris, 16 mars 2000, n° 97PA02510, *Assoc. de défense et de sauvegarde de l'environnement de la Pomponnette*). S'agissant de l'analyse des effets du projet sur la qualité de l'air, elle a pu être élaborée en référence à la méthodologie définie par la circulaire ministérielle DGS/SD 7 B n° 2005-273 du 25 février 2005 relative à la prise en compte des effets sur la santé de la pollution de l'air dans les études d'impact des infrastructures routières, laquelle n'exclut aucunement, contrairement à ce que soutiennent les requérants, les projets consistant à fermer une voie à la circulation ; l'étude d'impact présente de manière très détaillée, par des relevés corroborés par les résultats d'études d'Airparif, les émissions de polluants atmosphériques présents dans l'air avant la réalisation du projet ; cependant l'analyse des effets de la réalisation du projet sur la qualité de l'air n'a été menée que dans une bande de 100 m de part et d'autre du projet, s'étendant des quais hauts de la rive droite, et à quelques rues adjacentes à ces derniers, jusqu'à l'Île de la Cité, l'Île Saint-Louis ou aux bords des quais de la rive gauche, alors que la méthodologie prévue par la circulaire invoquée en défense prévoit, ainsi que le rappelle le point 8.3.2 de l'étude d'impact, une prise en compte de la qualité de l'air autour de toute voie connaissant une modification de trafic d'au moins 10 % soit en moyenne journalière soit en heure de pointe ; pourtant, même en tenant compte du phénomène d'« évaporation », insuffisamment justifié dans son ampleur, l'étude d'impact elle-même prévoit des variations de trafic conséquentes sur d'autres voies telles que notamment, en heure de pointe du matin, + 14 % sur le boulevard Malesherbes, + 24 % au niveau de la porte de Vincennes et, en heure de pointe du soir, + 12 % sur le boulevard périphérique entre Gentilly et Balard, + 14 % sur la rue La Fayette, + 19 % sur la rue Réaumur, + 32 % sur la rue de la Paix et + 52 % sur la rue d'Uzès ; en outre, les requérants relèvent à juste titre que l'hypothèse, à partir de laquelle a été réalisée cette étude, de circulation des véhicules à 50 km/h, soit la limite de vitesse, est peu crédible et contradictoire avec les mêmes estimations des conséquences du projet sur l'état du trafic issues de l'étude d'impact elle-même, qui prévoient notamment un allongement du temps de trajet sur les quais hauts ; l'étude d'impact précise également que, avant même la réalisation du projet, la vitesse moyenne sur les quais hauts n'excédait pas 20 km/h ; dans son avis du 10 mai 2016 rendu sur l'étude d'impact, l'autorité environnementale avait d'ailleurs relevé le caractère trop partiel de l'analyse des impacts du projet sur la qualité de l'air en raison de l'insuffisance de son périmètre géographique et estimé « plutôt optimistes » les hypothèses de vitesse des véhicules et de congestion possible du trafic sur lesquelles cette analyse repose ; ainsi, l'étude d'impact ne permet d'estimer ni l'existence, ni l'ampleur de la pollution atmosphérique d'origine automobile résultant des reports de circulation et de la congestion du trafic engendrés par le projet d'aménagement envisagé (■ TA Paris, 21 févr. 2018, n°s 1694463, 1620386, 1620420 et 1620619). Confirmé par ■ CAA Paris, 22 oct. 2018, n°s 18PA01325, 18PA01326 et 18PA01649. Sont de nature à nuire à l'information complète de la population et à exercer une influence sur la décision de l'autorité administrative les analyses insuffisantes de l'étude d'impact relatives à l'incidence du projet sur la qualité de l'air et, notamment, sur la question des émissions de CO2 induites par les déplacements de touristes par déplacements terrestres ou aériens (■ TA Cergy-Pontoise, 6 mars 2018, n°s 1610910 et 1702621). ***Effets sur l'incidence du trafic routier. Insuffisance.*** Nécessité d'évaluer, pour un projet d'élargissement autoroutier, les effets actuels du trafic en matière de pollution atmosphérique et les incidences prévisibles du projet en la matière dès lors que de telles incidences ne peuvent être regardées par nature comme inexistantes ou négligeables (■ CAA Paris, 16 mars 2000, n° 97PA02510, *Assoc. de défense et de sauvegarde de l'environnement de la Pomponnette*). Constitue un manquement substantiel l'absence d'analyse sur la qualité de l'air des effets d'un projet de voie de contournement, compte tenu de son importance (10 000 véhicules par jour) et de sa localisation à proximité d'une habitation et d'équipements scolaires, alors même que le projet visait à transférer ce flot de véhicules passant à travers l'agglomération à quelques centaines de mètres de la commune (■ TA Strasbourg, 16 mars 1999, n°s 984852, 984968 et 985031, *M. Daniel Schueller c/ Préfet du Haut Rhin*). Est insuffisante l'étude d'impact ne comportant aucune analyse des effets actuels du trafic en matière de pollution atmosphérique, ni aucun élément sur les incidences prévisibles du projet envisagé dès lors que de telles incidences ne pouvaient être considérées comme négligeables s'agissant d'une déviation en deux fois deux voies et alors même que le projet serait de nature à permettre une plus grande fluidité du trafic avec réduction des nuisances pour les riverains, l'éventualité d'une augmentation de la pollution atmosphérique sous l'effet de l'augmentation du trafic devant être mentionnée (■ *CAA Nancy, 21 oct. 2004, n° 00NC00105, Dpt de la Moselle*). De même, pour une étude d'impact ne précisant pas la localisation exacte d'un poste de péage et n'analysant pas les risques pour la sécurité publique susceptibles d'être créés par la présence du poste de péage à proximité d'un rond-point, si sa capacité d'accueil s'avérait insuffisante (■ CAA Paris, 1er oct. 2003, n° 02PA03005, *SEMMARIS*). Est également insuffisante l'étude d'impact d'une DUP liée aux travaux de construction de nouvelles lignes de tramway qui n'examine pas suffisamment les effets du projet sur la circulation automobile pendant et après le projet et analyse superficiellement la traversée de nouvelles voies d'un ensemble paysager constitué par plusieurs espaces verts, jardins familiaux et un parc d'agrément (■ TA Strasbourg, 19 oct. 2004, n°s 04021028, 042344, 042362 et 042381, *Assoc. des résidents du secteur Orbey-Kugarten et a.)*. En se limitant à des observations imprécises pour un projet de création d'hypermarché qui se situe à la jonction de deux des principales communes de la zone de chalandises et sur une voie de liaison très fréquentée, à proximité immédiate du littoral méditerranéen, sans évaluer le flux des véhicules de la clientèle en période estivale, le dossier fourni par le pétitionnaire est insuffisant (■ CE, 2 nov. 2005, n° 274439, *SA Revi-Intermarché : AJDA* 2005, p. 2421). Les modélisations de trafic qui omettent, notamment, de prendre en compte les conséquences de la réalisation d'une autoroute à quelques kilomètres de la déviation projetée et parallèle à la route déviée, alors même qu'elle a été surestimée, est de nature à vicier la procédure (■ CAA Nantes, 25 oct. 2013, n° 12NT01115, *Dpt de la Sarthe*). – *Carrière*. La sous-estimation de l'augmentation du trafic routier due à l'exploitation d'une carrière dans l'étude d'impact constitue une insuffisance grave de nature à entraîner l'annulation de l'arrêté d'autorisation (■ CAA Nancy, 13 avr. 2000, n° 96NC02450, *Sté routière et de dragage de l'est*). L'analyse des effets du projet sur la circulation et les trafics figurant dans l'étude d'impact repose sur la combinaison d'une modélisation macroscopique et d'études microscopiques sur l'écoulement des flux de véhicules en certains points ; dans son avis du 10 mai 2016 rendu sur l'étude d'impact, l'autorité environnementale a critiqué l'insuffisance de la modélisation macroscopique des effets du projet sur le trafic automobile, présentée uniquement en accroissement de charges de trafic sur certains axes, sans que ne soient clairement identifiés les principaux reports d'itinéraire et évalués les allongements de temps de parcours en fonction du degré de saturation de ces axes en heures de pointe, alors que la moitié environ des 2 700 véhicules concernés en heure de pointe doit se reporter sur d'autres itinéraires que les quais hauts, le périphérique et le boulevard Saint-Germain, seuls représentés dans l'étude d'impact ; si l'étude d'impact présente un phénomène d'« évaporation » du trafic à long terme qui, s'il est défini et s'il est précisé qu'il a été constaté lors de projets d'aménagement réalisés dans d'autres métropoles internationales telles Séoul, San

Francisco, New York, Portland ou Milwaukee, il n'est ni précisément quantifié, ni surtout justifié dans son ampleur par une méthodologie permettant de le simuler ou par une comparaison précise des projets, dont la nature n'est pas précisée, réalisés dans ces autres métropoles, dont l'urbanisme diffère de celui du centre-ville de Paris, afin de déterminer dans quelle mesure les résultats observés dans celles-ci peuvent être extrapolés au projet d'aménagement envisagé ; l'ampleur de ce phénomène d'« évaporation » du trafic conditionne pourtant l'évaluation des conséquences du projet sur la congestion automobile ; le rapport d'enquête publique relève d'ailleurs également cette absence de précision et de justification de l'ampleur de l'« évaporation » invoquée, ainsi que son incapacité, et par suite celle des citoyens désireux de participer à l'enquête publique, à estimer le degré de saturation des axes envisagés pour les reports de circulation, faute qu'aient été réalisées les études complémentaires suggérées par l'autorité environnementale dans son avis du 10 mai 2016 (▪ TA Paris, 21 févr. 2018, n°s 1694463, 1620386, 1620420 et 1620619). Le fait dans l'étude d'impact de limiter délibérément le périmètre d'examen à une bande de 200 mètres de large et par là même de négliger d'analyser les effets du projet sur la pollution atmosphérique autour des principales voies qui subiraient un report de trafic a conduit à sous-estimer l'ampleur de la pollution atmosphérique résultant des reports de circulation et de la congestion du trafic engendrés par le projet litigieux, entachant ainsi l'étude d'impact d'insuffisance et d'inexactitudes (▪ CAA Paris, 31 déc. 2018, n° 18PA01323).

Suffisance. Est suffisante la prise en compte de l'évolution générale du trafic à la suite d'une déviation, sans que soit nécessaire le détail des conséquences pour chacune des voies existantes (▪ CE, 19 févr. 1993, n° 105.091, *Assoc. de défense de l'avenue Duvergier de Hauranne : Rec. CE* 1993, p. 825). Prend parfaitement en compte l'incidence du trafic routier l'étude exhaustive du trafic établie à partir de comptages observés sur une période de cinq ans et la projection sur l'avenir de l'évolution du trafic jusqu'en 2010 (▪ CE, 28 juill. 1999, n°s 193467 et 193468, *Assoc. de défense de la Haute Vallée de l'Aveyron et a.*). Si l'étude d'impact devait bien prendre en compte les impacts permanents sur l'environnement, les mesures d'accompagnement, d'évitement, de réduction ou compensatoires envisagées, les impacts temporaires sur l'environnement et les mesures compensatoires envisagées, en particulier la production supplémentaire de gaz à effet de serre attendue lors de la phase de travaux, elle n'avait pas à inclure la question des émissions de CO_2 induites par les déplacements de touristes par déplacements terrestres ou aériens après l'achèvement de l'aménagement de la ZAC (▪ CAA Versailles, 11 juill. 2019, n°s 18VE01634, 18VE01635 et 18VE02055, *Min. de la Cohésion et des Territoires*).

Aéroport. Suffisance. Une étude d'impact a pu, sans irrégularité, ne pas comporter l'appréciation des impacts sur l'environnement de l'augmentation prévisible du trafic à long terme dès lors qu'elle a suffisamment exposé les risques de pollution atmosphérique résultant du trafic aérien à proximité de l'aéroport et que l'appréciation des nuisances sonores a été réalisée en fonction d'hypothèses de flux de véhicules cohérentes avec l'ouverture du tronçon litigieux (▪ CE, 21 mars 2001, n°s 211461 et 211582, *Assoc. c/ l'extension et les nuisances de l'aéroport de Lyon Satolas c/ M. Lacarelle*).

Effets sur la faune et la flore. Insuffisance. Est insuffisante l'étude d'impact qui mentionne certains animaux en tant qu'animaux nuisibles alors que ceux-ci sont l'objet d'une protection totale, ou encore qui désigne certains animaux par des appellations erronées, ou encore qui omet de mentionner les batraciens et les amphibiens alors que le projet se trouve dans une zone de marais (▪ TA Amiens, 23 août 1993, *Picardie Nature : Rev. jur. env.* 1993, p. 577, note Danna et Valette). Est insuffisante, pour des projets de travaux routiers, l'étude d'impact qui a notamment omis de préciser la superficie exacte des vignes touchées par le projet et leur classement en AOC (▪ TA Amiens, 29 janv. 1997, n°s 963382, 963386 et 963390, *Assoc. Lacovar et a. c/ Préfet du Var : LPA* 18 juin 1997, p. 30). Pour un projet d'aménagement routier d'une route nationale située en périphérie d'un parc national, l'absence d'avis du directeur du parc, prévu à l'article R. 241-43 du Code rural, constitue un vice de procédure tenant à l'omission d'une formalité substantielle de l'étude d'impact quand bien même celui-là avait bien fourni au pétitionnaire un inventaire détaillé de la flore dans la zone considérée (▪ CE, 9 déc. 1996, n° 122574, *Assoc. Royan Expansion Nature*). – *Centre d'enfouissement technique.* L'implantation d'un projet de centre d'enfouissement technique de résidus urbains dans les limites d'un parc naturel régional à proximité de zones de marais, lesquelles seraient au nombre de celles visées par la convention de Ramsar et qui sont partiellement classées en zone naturelle d'intérêt écologique, faunistique et floristique, n'est pas, par elle-même, de nature à entacher d'illégalité l'autorisation d'exploiter (▪ CAA Nantes, 4 févr. 1998, n° 96NT01418, *Synd. mixte du Point Fort : Gaz. Pal.* 15 avr. 1999, n° 105, p. 20 ; *Dr. env.* n° 61, 1er sept. 1998, p. 3 ; concl. Devillers : *Rev. jur. env.* 1er sept. 1998, n° 3, p. 367). En revanche, le défaut de consultation du directeur du parc régional préalablement à l'intervention de l'arrêté préfectoral d'autorisation entache d'illégalité ladite autorisation (▪ CAA Douai, 25 oct. 2001, n° 99DA00232, *Assoc. Opale environnement : JurisData* n° 2001-172328 ; *Environnement* juin 2002, p. 13).

Effets sur le milieu aquatique. Insuffisance. Est insuffisante l'étude d'impact qui ne comporte aucune analyse de l'impact du projet sur la nappe phréatique (▪ TA Nice, 20 avr. 1995, n°s 94183 et s., *Chabas et a. c/ Cne du Val : Rev. jur. env.* 1996, p. 14). Est insuffisante l'étude d'impact de travaux de dérivation des eaux d'une rivière et d'une installation de prélèvement des eaux en vue de l'irrigation, dès lors qu'elle ne comprend aucune étude hydrogéologique relative à la présence dans le sol du périmètre concerné d'engrais ou de pesticides et ne prévoit aucune mesure concrète destinée à compenser ou à corriger ces nuisances (▪ TA Bordeaux, 4 nov. 1999, n°s 9801712, 9801624 et 9801711, *Assoc. de défense de l'environnement de la vallée de la Dronne c/ M. Piednoir*). Est également insuffisante l'étude d'impact qui ne mentionne pas la dangerosité des effluents liquides industriels issus du lavage industriel des fumées produits et stockés par l'usine d'incinération relevant de la catégorie des déchets dangereux et des déchets industriels spéciaux, alors même qu'ils devaient faire l'objet d'un traitement avant de pouvoir être rejetés dans le canal (▪ CE, 14 oct. 2011, n° 323257, *Sté Ocréal*, préc.). Est insuffisante l'étude d'impact qui ne comporte aucune analyse de l'impact du projet sur l'écoulement des eaux de pluie ou sur celui des eaux de la rivière de l'Aigue, sans prendre en considération notamment les risques d'inondation au titre des effets directs et indirects, s'agissant d'une région exposée (▪ CE, 11 déc. 1996, n° 173212, *Assoc. déf. env. orangeoise, patrimoine naturel, historique et cadre de vie : JurisData* n° 1996-051169 ; *Dr. adm.* 1997, n° 61, p. 22). De même, est insuffisante l'étude d'impact qui décrit un projet d'épandage de 400 ha sans prévoir ses effets potentiels sur la qualité des eaux, déjà de mauvaise qualité dans le bassin concerné s'agissant des nitrates (▪ TA Rennes, 13 juill. 2012, n° 1002628). Au regard des exigences d'évaluation des incidences sur un site Natura 2000, est jugée comme étant insuffisante l'étude d'impact d'un projet d'extension d'un élevage porcin et bovin, alors même que cette exploitation ne se situe pas dans le périmètre d'une zone Natura 2000 (distante à 1,3 km) ni dans celui d'une ZNIEFF (situé à environ 350 mètres), dès lors que la production annuelle de lisier est de nature à entraîner une *pollution chimique et bactériologique* du site en une eutrophisation des eaux de surface et des nappes profondes et ainsi affecter de manière significative la zone Natura 2000 (▪ CAA Bordeaux, 9 juill. 2014, n° 13BX00423). Également, comporte une insuffisance substantielle l'étude d'impact qui contient des indications sur les cours d'eau et captages d'eau potable situés à proximité des zones d'épandage ainsi que des analyses sur les apports prévus en azote et qui précise notamment la présence de deux nappes aquifères, mais qui ne permet pas d'apprécier avec précision l'incidence d'épandages massifs sur les nappes aquifères et sur le bassin du cours d'eau le plus proche de la parcelle d'épandage (▪ CAA Bordeaux, 2 juill. 2007, n° 04BX00786, *MEDD : Environnement* 2007, n° 11, p. 22, comm. D. Gillig). Est également insuffisante l'étude d'impact jointe au dossier de demande d'autorisation d'exploiter une usine d'incinération et de valorisation énergétique de déchets ménagers et assimilés, dès lors qu'elle comporte des imprécisions sur l'aptitude hydrogéologique du site et qu'elle ne prend en compte ni la dangerosité des effluents liquides résultant du lavage des fumées, ni la compatibilité de l'installation projetée avec les dispositions du SDAGE en matière de qualité des eaux de surface (▪ CAA Marseille, 2 oct. 2008, n° 07MA01524, *Sté Ocréal : Environnement* 2009, n° 1, p. 29, comm. D. Gillig). Les incidences prévisibles directes ou indirectes sur l'environnement des opérations d'épandages constituent un élément substantiel de l'étude d'impact relative à la mise en place d'une porcherie industrielle (▪ CAA Bordeaux, 18 déc. 2003, n° 99BX02311, *Sté Coopérative Porcy Sud*). ***Suffisance.*** Est suffisante l'étude qui ne contient pas d'étude hydrobiologique dès lors qu'il ne ressort pas du dossier qu'une étude approfondie dans ce domaine ait été nécessaire à ce stade de la procédure (▪ CE, 3 avr. 1998, n°s 133333, 133334 et 133384, *Sté pour l'étude, la protection, l'aménagement de la nature en Touraine et a.*). Est jugée suffisante une étude d'impact qui présente l'impact du projet sur la consommation d'eau ainsi que sur la qualité des effluents liquides, en prévoyant la construction d'une station d'épuration (▪ CAA Bordeaux, 30 déc. 2004, n° 00BX00133, *Assoc. Aquitaine Alternatives*).

Effets sur le bruit. Les exigences renforcées en matière de bruit du décret n° 95-22 du 9 janvier 1995 et de l'arrêté du 5 mai 1995 pris pour son application s'appliquent pour des travaux d'aménagement à 2 × 2 voies et de mise aux normes de sections d'une route nationale (▪ CE, 29 nov. 1999, n° 193495, *Fédération de protection de la nature de Haute-Loire : Rec. CE* 1999, p. 834). ***Suffisance.*** La circonstance que l'étude d'impact ne prenne pas en compte les effets cumulés du bruit engendré par le projet et une autre infrastructure de transport dont la réalisation est encore hypothétique ne rend pas insuffisante l'étude d'impact pour ce qui concerne l'évaluation acoustique du projet sur la santé humaine (▪ CAA Marseille, 10 juin 2011, n° 09MA01837). De même, les dispositions relatives au contenu de l'étude d'impact n'imposent pas que celle-ci comprenne une analyse des effets cumulés, notamment des nuisances sonores ou hydrogéologiques, du projet ferroviaire et des infrastructures routières existantes situées à proximité ou de futures zones d'aménagement concerté (■ CE, 23 mars 2016, n° 365661, *Cne de Dagneux c/ Min. du Logement et de l'Habitat durable*). **Insuffisance.** L'étude d'impact doit comprendre une analyse précise et détaillée des atteintes à l'environnement ainsi que des gênes du voisinage (■ CE, 30 juin 1986, n° 73265, *Monnier : Rec. CE* 1986, p. 182). L'insuffisance d'une étude des nuisances sonores dans une étude d'impact est constitutive d'une insuffisance substantielle de nature à entraîner l'annulation d'une autorisation (■ CAA Paris, 23 mars 1999, n° 96PA01757, *Min. Environnement*). Insuffisances substantielles d'une étude d'impact ne comportant ni la description précise, ni l'évaluation des bruits susceptibles d'être engendrés par l'installation, compte tenu de la proximité des habitations (■ CAA Douai, 12 juin 2003, n° 00DA1303, *SA Adrien*). De même, est sanctionnée l'absence d'analyse des nuisances sonores susceptibles d'être entraînées pour le voisinage par l'installation (■ CAA Nantes, 8 avr. 2003, n° 00NT01285, *Sté Établissement Daviet*). Est insuffisante l'étude d'impact qui situe précisément les zones les plus exposées et envisage une adaptation du tracé ou la mise en place de protections phoniques sans qu'il ne soit nécessaire de décrire par le détail toutes les mesures à prendre, l'étude pouvant valablement renvoyer sur certains points à des études ultérieures (■ CE, 29 avr. 1998, n°s 182627 et 182683, *M. Krupka et a.*). Pour des travaux de mise à deux fois trois voies d'une route nationale, l'absence d'analyse spécifique de l'impact de la circulation nocturne ne suffit pas à entacher d'irrégularité l'étude d'impact (■ CE, 17 mai 2000, n°s 203032 et 203033, *M. Salaun, Assoc. de défense de l'environnement et du cadre de vie de l'Épi d'Or*). L'analyse des effets du projet sur les nuisances sonores a été faite par comparaison de la variation des nuisances sonores devant résulter de la variation du trafic automobile sur les voies concernées selon que le projet d'aménagement envisagé était ou non réalisé ; que le trafic automobile en l'absence de réalisation du projet a été estimé en élaborant un scénario pour novembre 2016 à partir des données relevées en novembre 2015 ; il ressort toutefois d'une analyse très détaillée de cette partie de l'étude d'impact figurant dans une note interne de Bruitparif, produite par les requérants et dont les constats ne sont pas sérieusement contestés en défense, que le scénario d'évolution du trafic, en l'absence de réalisation du projet, est entaché d'erreurs méthodologiques révélées par un accroissement du trafic journalier entre la situation constatée en novembre 2015 et le scénario pour novembre 2016 de 136 % sur le quai de l'Hôtel-de-Ville et de 92 % sur le quai des Célestins, sans qu'une telle évolution ne soit justifiée ; selon cette étude de Bruitparif, la circulation d'avant-projet sur les quais demeurant surévaluée et celle sur les voies sur berges sous-évaluée, les deux biais ont eu ensemble pour effet de rendre plus favorable la comparaison entre les scénarios avant et après projet et donc de minimiser l'estimation des nuisances sonores engendrées par le projet ; que les mêmes problèmes méthodologiques sont, selon la même étude, susceptibles d'entacher le scénario d'évolution du trafic en cas de réalisation du projet d'aménagement ; cette étude relève encore que la variation des nuisances sonores ne peut être déduite de la seule variation du trafic automobile, ainsi que le fait l'étude d'impact ; elle souligne qu'il est nécessaire de prendre en compte la congestion, laquelle engendre des bruits liés à l'accélération, la décélération, les avertisseurs sonores et les sirènes ; au regard de ces éléments précis et circonstanciés, la ville de Paris, qui se borne à renvoyer en défense aux conclusions de l'étude d'impact sans justifier la méthodologie d'élaboration de ces conclusions, ne conteste pas sérieusement la conclusion de l'étude de Bruitparif selon laquelle les données figurant dans l'étude d'impact ne permettent pas d'estimer les conséquences du projet d'aménagement sur les nuisances sonores, « peu de crédit p [ouvant] être accordé aux résultats de l'incidence acoustique du projet fournis par cette étude » ; si la ville de Paris se prévaut d'une étude réalisée après la fermeture à la circulation de la voie Georges-Pompidou, selon laquelle l'accroissement des nuisances sonores a été contenu en deçà de 2 dB (A) en tout point en période diurne, une telle étude, qui au demeurant relève également que tant les pics sonores que les nuisances sonores en période nocturne ont connu des accroissements supérieurs à cette valeur en plusieurs points, n'est pas de nature à justifier de l'exactitude des prévisions de l'étude d'impact à la date à laquelle celle-ci a été élaborée ; alors qu'aucune mesure compensatoire pour limiter les nuisances sonores n'a été prévue dans l'étude d'impact, de telles mesures auraient pu être rendues obligatoires, par application des dispositions précitées des articles R. 571-44 et R. 571-45 du Code de l'environnement, si l'étude avait conclu à une augmentation des nuisances sonores en un point supérieure à 2 dB (A) (■ TA Paris, 21 févr. 2018, n°s 1694463, 1620386, 1620420 et 1620619).

Cumul des effets. **Insuffisance.** Est insuffisante l'étude d'impact qui ne comporte pas une analyse cumulée de deux exploitations présentant une proximité géographique et un lien de connexité fonctionnelle (■ CE, 8 juill. 2011, n° 321220, *SARL Station avicole de la Ville au Doré*, note D. Gillig, *Contenu de l'étude d'impact : Environnement et* *dév. durable* 2011, n° 10, p. 44). De même, est annulée l'autorisation d'exploiter une carrière située à proximité d'une installation déjà existante dans la mesure où l'étude d'impact aurait dû porter sur l'ensemble des installations, tant nouvelles que préexistantes (■ CAA Bordeaux, 21 avr. 2005, n° 00BX01669, *SARL CM Quartz*). Le moyen tiré de l'incomplétude de l'étude d'impact et fondé sur l'absence d'analyse des effets cumulés du projet avec les installations existantes situées à proximité est inopérant lorsque ces installations ne sont pas exploitées par le pétitionnaire (■ CE, 24 avr. 2013, n° 352592, *Cté de sauvegarde de Clarency-Valensole*). Est insuffisante l'étude d'impact qui ne prend pas suffisamment en compte l'impact cumulé des défrichements nécessaires à l'approvisionnement de l'unité : en l'espèce, les effets de l'installation ont été insuffisamment pris en compte, notamment eu égard à l'importance des prélèvements de l'installation sur les ressources forestières locales disponibles, estimés à au moins 25 % (■ TA Marseille, 8 juin 2017, n°s 1307619, 1404665 et 1502266). **Suffisance.** Constitue une analyse sérieuse des effets cumulés du projets avec d'autres projets connus lors du dépôt de l'étude d'impact, l'analyse des effets cumulés du parc en litige avec un parc éolien en mer, quand bien même les données scientifiquement établies seraient encore lacunaires s'agissant des effets cumulés susceptibles d'affecter l'avifaune (■ CAA Nantes, 2 oct. 2017, n° 16NT03382).

V. sur la notion d'activités connexes : art. L. 181-1, p. 289.

Patrimoine culturel, sites et paysages. Alors même que le dépôt pour lequel l'autorisation est demandée n'empiète pas sur l'emprise du site classé, l'étude d'impact qui ne mentionne pas la présence d'un site classé à moins de 30 m du dépôt est insuffisante (■ TA Besançon, 29 mars 1990, *Commission permanente d'études et de protection des eaux sous-sol et des cavernes de Franche-Comté c/ Préfet du Territoire-de-Belfort : Rev. jur. env.* 1991, p. 207). Une autorisation d'exploiter doit être annulée pour insuffisance d'étude d'impact lorsque cette dernière ne comporte pas de précisions sur les effets possibles de l'usine, située dans une zone à dominante agricole, sur les cultures maraîchères, sur les arbres fruitiers ou encore sur les animaux d'élevage (■ CE, 14 oct. 2011, n° 323257, *Sté Ocréal*). La circonstance que l'étude d'impact n'indique ni les coordonnées GPS des prises de vue ni la focale utilisée n'a pas eu pour conséquence de modifier la perception réelle du projet depuis les points de vue ni n'a été de nature à induire l'administration en erreur sur l'impact du projet éolien dans son environnement. Le public n'a pas non plus été trompé sur les conséquences du projet sur les paysages (■ CAA Bordeaux, 26 nov. 2019, n° 17BX01557, *SARL Centrale éolienne de la Croix de Boudets et la SAS Centrale éolienne Le Rajal*).

Lignes électriques. La désignation de types de pylônes mis en place, ainsi que l'indication de leur écartement moyen permet d'apprécier l'impact de cet équipement sur le paysage, même si l'emplacement précis de chaque pylône n'est pas précisé (■ CE, 19 avr. 1989, n°s 51053 et 51054, *Assoc. de défense de l'environnement de Buire-au-Bois et Nœud-les-Auxis*. ■ CE, 18 avr. 1984, n° 40712, *Mme Fragnol*). L'absence d'information quant à la localisation exacte des pylônes, qui pouvait légalement ne pas être arrêtée au stade de l'enquête publique préalable à la déclaration d'utilité publique du projet, n'a pas pour effet de caractériser l'insuffisance de l'étude d'impact (■ CE, 23 oct. 2017, n° 386321). ***Carrières. Insuffisances.*** Est également insuffisante l'étude d'impact jointe au dossier de demande d'autorisation d'une exploitation d'une carrière et d'une installation de premier traitement de matériaux de carrière ne comportant d'indications ni sur la proportion, dans le polyacrylamide utilisé, du monomère d'acrylamide, dont la présence n'est même pas évoquée, ni sur les effets sur la santé de ce dérivé dont le caractère dangereux est reconnu en cas de forte concentration au regard des dispositions de l'article 3 du décret du 21 septembre 1977 alors en vigueur (■ CE, 26 juill. 2011, n° 322828, *Sté GSM c/ assoc. Saulnières Préservation et valorisation du cadre de vie*).

Consommations énergétiques. Si les dispositions relatives au contenu de l'étude d'impact prévoient que celle-ci comporte une évaluation des consommations énergétiques résultant de l'exploitation du projet de contournement ferroviaire de l'agglomération lyonnaise, une telle évaluation n'a pas à être réalisée pour la phase des travaux (■ CE, 23 mars 2016, n° 365661, *Cne de Dagneux c/ Min. du Logement et de l'Habitat durable*).

20) Solutions alternatives au projet retenu. ***Obligation d'étude des variantes (non).*** Le demandeur n'a pas à faire état de contre-projets formulés par des tiers (■ CE, 17 juin 1983, *Cne de Montfort : Rec. CE* 1983, p. 264), ni l'obligation d'envisager des implantations alternatives (■ CE, 11 déc. 1987, n° 73594, *Assoc. pour la défense de l'environnement de Saint-Maurice*), ni l'obligation de retracer les illégalités successives qui ont entaché le dossier depuis l'origine (■ CE, 3 avr. 1998, n° 161.916, Assoc. de défense et avenir de Stanis*las-Meurthe*), ni à analyser des solutions alternatives au passage des poids lourds lorsque les travaux ont pour seul objet d'améliorer la sécurité d'un tunnel, dont l'affectation au trafic routier n'est pas modifiée (■ CE, 9 juin 2004, n° 254174,

Assoc. Alsace Nature du Haut-Rhin). Le pacte électrique breton ayant retenu comme zone d'implantation de la centrale à cycle combiné gaz la seule aire de Brest, sans qu'aucune autre localisation n'ait été envisagée par le maître d'ouvrage à l'extérieur de cette aire, aucune esquisse d'une autre solution ne devait être mentionnée au titre de l'article R. 122-5 du Code de l'environnement (■ CAA Nantes, 21 mai 2019, n° 17NT03927, *Assoc. Force 5 et a*. En cassation sur cette affaire, le Conseil d'État confirme que l'étude d'impact que doit réaliser le maître d'ouvrage auteur d'une demande d'autorisation d'exploitation d'un ouvrage ou d'une installation peut légalement s'abstenir de présenter des solutions qui ont été écartées en amont et qui n'ont, par conséquent, pas été envisagées par le maître d'ouvrage (■ CE, 15 nov. 2021, n° 432819, *Assoc. Force 5 et a.*). N'a pas nui à l'information complète des personnes auxquelles l'étude d'impact était destinée ni n'a exercé d'influence sur la décision de l'autorité municipale l'étude d'impact qui omet de présenter une esquisse des solutions de substitution raisonnables pour éviter les terrains les plus sensibles pour les chiroptères dès lors que cette étude fait clairement ressortir l'importance des atteintes susceptibles d'être portées à la population de chiroptères, étudie les mesures propres à compenser ou réduire les effets négatifs du projet et indique les raisons pour lesquelles le projet a été retenu (■ CE, 30 janv. 2020, n° 419837, *Assoc. « Non au Béton »*). ***Ligne électrique. Obligation d'étudier une variante non prévue (non).*** Ne constitue pas un parti envisagé au sens du décret du 12 octobre 1977 le possible enfouissement d'une ligne électrique si cette possibilité n'a pas, à la date de l'enquête publique, fait l'objet d'une étude (■ CE, 28 juill. 1999, n° 184268, *Assoc. intercommunale « Morbihan ss très haute tension » : CJEG* 2000, 31, note F. Martin ; *Dr. env.* août 1999, n° 72, p. 13, obs. C. C). ***Travaux routiers.*** Seuls les projets qui ont été élaborés par le maître d'ouvrage ou le pétitionnaire, d'une part, ou qui d'autre part, ont fait l'objet d'une étude par leurs soins, doivent figurer au dossier d'étude d'impact (■ CE, 17 juin 1983, *Cne de Montfort et a. : Rec. CE* 1983, p. 275 ; *Rev. jur. env.* 1984, p. 53, concl. Pinault ; *AJDA* 1983, p. 436, chron. Lasserre et Delarue, p. 413 et 415). ***Suffisance.*** Les raisons pour lesquelles le projet a été retenu figurent de manière suffisamment exacte et précise au dossier en dépit de l'omission d'une ZNIEFF, d'une réserve de chasse, de la mention erronée d'un gîte rural sur un site au lieu d'un autre, dans la mesure où ces omissions n'ont pas eu pour conséquence une sous-estimation de l'impact du tracé dans l'enquête publique et qu'il n'est pas démontré que ces erreurs entacheraient le dossier sur l'appréciation des impacts sur les exploitations agricoles des différentes variantes (■ CE, 7 mai 2001, n° 218263, *Mme Divakaran*). Une étude d'impact peut se borner à présenter l'impact du seul projet de création de barreau routier destiné à supprimer un passage à niveau nonobstant la circonstance que la commission d'enquête ait demandé qu'une nouvelle enquête soit organisée afin de faire apparaître notamment la variante dont le tracé emprunte un emplacement réservé au plan d'occupation des sols (■ CE, 24 nov. 2003, n° 240820, *Aspect*). ***Insuffisance.*** Si le futur exploitant envisage lui-même plusieurs partis, il doit justifier son choix dans l'étude d'impact (■ TA Limoges, 12 mai 1999, n°s 98819 et 98897, *ARBE, M. et Mme Klein c/ Préfet de la Haute-Vienne*). La présentation des variantes et de la justification du parti retenu doit être d'autant plus précise dans l'étude d'impact que la notice explicative est insuffisante sur ce point (■ CE, 20 sept. 1993, n° 134304, *Assoc. de défense des riverains et usagers de la RN 117*, p. 824). L'étude d'impact doit analyser les avantages et inconvénients propres à chacune des variantes (■ CE, 5 avr. 2002, n° 214726, *Assoc. de défense de l'environnement Gimontois : Quinzaine jur.* 10 juin 2002, n° 228, p. 11). L'étude d'impact doit justifier suffisamment le parti retenu, ainsi que le rejet des autres solutions (■ CE, 3 oct. 1990, n°s 94637, 95275 et 95593, *M. Hello et a. : Rec. CE* 1990, p. 819). ***ZAC.*** L'étude d'impact qui ne fait pas précisément apparaître les conséquences du projet sur l'eau et les sols et qui ne fournit pas non plus d'information sur les raisons pour lesquelles le parti d'aménagement a été retenu est insuffisante (■ CAA Paris, 16 avr. 1998, *Sté Sovetra : Rev. jur. env.* 1999, p. 277 ; *Dr. env.* sept. 1998, n° 63, obs. Romi). ***Tramway.*** Répond aux exigences posées par l'article 2 et est donc suffisante l'étude d'impact, pour la construction d'un tramway à l'intérieur d'une ville, qui explique pourquoi la solution du tramway a été préférée au renforcement d'une desserte ferroviaire par la SNCF ou à la création d'un réseau d'autobus en site propre (■ CE, 23 févr. 2000, n°s 200116 et 200117, *Assoc. orléanaise pour un nouveau transport urbain, Mme Allot : Dr. env.* avr. 2000, n° 78, p. 11). ***Opportunité du choix retenu.*** L'exposé des raisons du choix du projet est une des conditions essentielles de la procédure (■ CE, 28 sept. 1984, n° 27305, *SA Charles Mortera*). Une étude d'impact n'a pas à présenter une analyse comparative des effets prévisibles sur l'environnement des différents projets envisagés lorsque le demandeur, dans son dossier de demande d'autorisation, n'envisage qu'un seul parti (■ CE, 11 déc. 1987, n° 73594, *Assoc. pour la défense de l'environnement de Saint-Maurice, Saint-Germain et de Pontgouin*). De plus, le demandeur n'a pas à faire état de contre-projets formulés par des tiers (■ CE, 17 juin 1983, *Cne de Montfort : Rec. CE* 1983, p. 264). En revanche, définir le choix du site dans une étude d'impact du seul fait de sa facilité d'accès, alors que six autres sites avaient été sélectionnés dans une première étude, en raison de leurs qualités géologiques et hydrogéologiques, est insuffisant (■ TA Limoges, 12 mai 1999, n°s 98819 et 98897, *Assoc. pour le respect des bois du Roy et de leur environnement [ARBRE], M. et Mme Raymond Klein*). Le choix du site d'implantation du projet peut être justifié par le recours à une analyse multicritères. En l'espèce (projet d'aéroport Notre-Dame-des-Landes), les deux sites étudiés présentaient un niveau d'impact sur l'environnement comparable mais le site de Notre-Dame-des-Landes a été retenu en raison de la proximité d'axes routiers structurants pour l'ensemble de la région du Grand Ouest et de ce qu'il contribuait au renforcement de la dimension européenne de la métropole de Nantes-Saint-Nazaire (■ CAA Nantes, 14 nov. 2016, *Assoc. citoyenne intercommunale des populations concernées par le projet d'aéroport de Notre-Dame-des-Landes (ACIPA) et a.*, n°s 15NT02851, 15NT02860, 15NT02847, 15NT02883, 15NT02386 et 15NT02858).

21) Mesures compensatoires. ***Importance des mesures compensatoires.*** Une décision préfectorale refusant d'autoriser l'exploitation d'une carrière est régulière en raison de la dangerosité irrémédiable que l'installation porterait sur le milieu naturel et de ce qu'aucune mesure compensatoire décrite dans l'étude d'impact n'est à même d'éviter ou de limiter suffisamment les atteintes que le projet aurait sur l'environnement (■ CAA Nancy, 7 mars 2002, n° 97NC01648, *Min. de l'Aménagement du territoire et de l'Environnement c/ Sté des sablières et entreprise Morillon-Corvol*). L'existence dans l'arrêté d'autorisation de prescriptions ayant pour but de réduire les nuisances n'est pas de nature à compenser les insuffisances de l'étude d'impact (■ CAA Nantes, 8 avr. 2003, n° 00NT01285, *Sté Établissement Daviet*). ***Permis de construire.*** Est irrégulière la demande de permis de construire un centre commercial en milieu urbain qui ne comporte que des mentions de caractère sommaire en ce qui concerne les mesures envisagées pour compenser les nuisances (bruits, odeurs...) et ne contient aucune allusion aux autres sources de bruits et aux émissions lumineuses, aucune information sur l'horaire des livraisons, ni aucune mention des jours et heures d'ouverture (■ CE, sect., 10 juin 1983, *André Decroix : AJDA* 1983, p. 550, chron. Lasserre et Delarue).

ZAC. L'étude d'impact qui se réfère à des options d'aménagement non encore clairement définies et qui ne peut offrir, en raison de ces imprécisions, une analyse des effets des travaux sur l'environnement ne permet pas d'apprécier en quoi la réalisation du projet pouvait nécessiter des mesures compensatoires (■ CE, 13 avr. 1988, *Ragot : Rec. CE* 1988, tables p. 909. ■ CE, 29 juill. 1994, *Assoc. protection cadre de vie Guyonnerie : LPA* 1er janv. 1996, p. 6). Est insuffisante la demande de permis de construire portant sur une surface de 90 000 mètres carrés composée à 65 % d'espaces agricoles, forestiers ou naturels, dont 11 700 mètres carrés de peupleraie (soit 13 % de la zone) sont appelés à disparaître, et qui ne prévoit aucune mesure compensatoire (■ CAA Paris, 18 juill. 1995, n° 94PA00373, *Cne d'Esbly*).

Éoliennes. Est insuffisante l'étude d'impact comprenant un chapitre sur les mesures compensatoires destinées à minimiser les impacts négatifs du projet sur le milieu physique, le milieu humain, le milieu naturel et les paysages mais ne comportant aucune estimation des dépenses correspondantes (■ CAA Marseille, 27 janv. 2005, n° 00MA02734, *Cne de Montbrun-des-Corbières*). Est suffisante l'étude d'impact, quand bien même elle n'indiquerait pas les mesures de compensation, si les risques de projection d'éléments de pales sont très faibles, si les habitations sont suffisamment éloignées et s'il n'y a aucune voie de circulation importante à proximité du terrain d'assiette (■ CAA Lyon, n° 09LY00137, *assoc. à l'air libre*).

Défrichement. Est insuffisante l'étude d'impact ne comportant aucune mesure destinée à compenser les effets dommageables du défrichement, compte tenu de l'importance du projet de défrichement portant sur une superficie de 40 hectares (■ CAA Nancy, 28 févr. 2005, n° 02NC01301, *Groupement forestier de la Vaivre de Gray*). Le fait que la réduction des espaces boisés ne soit pas totalement compensée par la création ou l'acquisition d'autres espaces boisés de même surface n'entache pas l'étude d'impact dans la mesure où celle-ci n'impose pas de compenser l'intégralité des conséquences dommageables d'un projet (■ CAA Bordeaux, 27 juin 2011, n° 10BX02959).

Suffisantes. Peut ne pas comporter une rubrique particulière relative aux mesures compensatoires, le projet dont l'objet même consiste à réhabiliter le centre ancien de la commune, à résorber l'habitat insalubre pour le remplacer par des constructions neuves et à créer de nouveaux équipements publics et qui aura donc pour conséquence d'améliorer l'environnement urbain (■ CE, 20 nov. 1995, n° 150310, *Assoc. Victor Schoelcher*) ; même solution pour le projet de création d'une zone d'aménagement concerté, compte tenu de l'état initial très dégradé du site (■ CE, 4 nov. 1998, n° 146567, *Assoc. de sauvegarde du patrimoine dinardais*).

Travaux routiers. Est suffisante l'étude d'impact comprenant un dispositif de protection du paysage rural et le renforcement de protection acoustique des habitations riveraines (■ CE, 30 juin 1986, n° 73265, *Monnier : Rec. CE* 1986,

p. 182). Est suffisante l'étude d'impact mentionnant le projet d'un giratoire à l'entrée d'une commune afin de réduire la vitesse des véhicules, notamment devant un groupe scolaire, à l'occasion de la création d'un nouveau barreau routier (■ CE, 24 nov. 2003, n° 240820, *Aspect*). À l'inverse, est insuffisante l'étude d'impact qui indique que le contournement routier projeté doit traverser ur une distance d'environ 2 km, sans mentionner de mesure de nature à compenser le déboisement définitif impliqué par les travaux, se bornant à évoquer la plantation de haies en certains points du tracé (■ CAA Nantes, 25 oct. 2013, n° 12NT01115, *Dpt de la Sarthe*).

Coût des mesures compensatoires. Suffisance. Travaux ferroviaires. Est suffisante l'étude qui établit une estimation sommaire du coût des mesures compensatoires de nuisances de tous ordres (■ CE, 8 nov. 1993, n°s 119021 et 120.447, *Cne de Valenton, Cne de Villecresne : Rec. CE* 1993, tables p. 894). **Insuffisance admissible.** Est sans influence sur la régularité de la procédure préalable à la déclaration d'utilité publique le fait que l'étude d'impact ait omis de présenter une estimation des dépenses entraînées par les mesures destinées à la compensation des conséquences dommageables du projet sur l'environnement, dès lors que le coût de ces mesures est de faible importance par rapport au coût global de l'opération (■ CE, 1er juill. 1991, *Dupont : Rev. jur. env.* 1991, p. 515). **Golf.** Lorsque le coût des mesures compensatoires est de très faible importance par rapport au coût global du projet (■ CE, 10 déc. 1990, n°s 97119 et 97123, *Groupement des associations de défense des sites et de l'environnement de la côte d'Azur et Assoc. pour la défense de l'environnement et de la qualité de la vie à Golfe-Juan-Vallauris*. ■ CE, 28 juill. 2000, n°s 198973 et 198989, *Assoc. des victimes des inondations dans la Vallée de l'Eure : Rec. CE*, p. 343). **Insuffisance. Travaux routiers.** Au regard de l'importance des travaux et de leur incidence particulière sur un milieu naturel sensible, l'étude qui ne comporte pas d'estimation du coût des mesures compensatoires envisagées est insuffisante (■ CAA Lyon, 12 nov. 1996, n° 95LY00339, *Hugonnet c/ Préfet de l'Ardèche*) et une estimation sommaire de ces dépenses ne saurait suffire à pallier une telle défaillance (■ TA Amiens, 13 oct. 1994, n° 941106, *Martin, Michèle et a. : Environnement*, janv. 1995). Dès lors qu'il n'est pas établi que le coût des mesures destinées à compenser les conséquences dommageables pour l'environnement serait de très faible importance par rapport au coût global de l'opération, les mesures compensatoires doivent faire l'objet d'une évaluation particulière (■ TA Amiens, 13 oct. 1994, *Martin : Rec. CE*, tables p. 1054). **ZAC.** Est insuffisante l'étude d'impact ne chiffrant ni les mesures ni le coût des mesures compensatoires (■ CAA Paris, 28 juill. 1995, n° 94PA00373, *Cne d'Esbly*).

Engagement à prendre des mesures compensatoires ultérieurement. L'étude d'impact peut se contenter d'indiquer un engagement à respecter, en ce qui concerne certaines nuisances, certains seuils maximaux étant clairement précisés et calculés selon une méthode habituellement suivie en la matière, sans décrire le détail des mesures à prendre pour atteindre ces objectifs (■ CE, 3 déc. 1990, n°s 111677, 111820, 111821 et 111834, *Ville d'Amiens et a. : LPA* 19 juin 1991, n° 73, note J. Morand-Deviller. – Dans le même sens, ■ CE, 8 nov. 1993, n°s 119021 et 120447, *Cne de Valenton : Rec. CE*, p. 821).

Voir aussi : Sur la compensation des atteintes à la biodiversité : art. L. 163-1 et s., p. 244 et art. D. 163-1 et s., p. 1683.

22) Remise en état. L'étude d'impact qui, sous l'intitulé « Conditions de remise en état du site après exploitation », ne se compose que de considérations personnelles n'évoquant jamais des dispositions spécifiques à la remise en état doit être annulée, une telle omission revêtant un caractère substantiel en raison de la taille importante de l'exploitation et de l'importance de l'extension demandée (■ CAA Bordeaux, 17 déc. 2008, n° 07BX00985, *EARL Uhaldia c/ Assoc. Inguru-mena*). La seule mention dans l'étude d'impact selon laquelle la remise en état du site satisfera aux obligations réglementaires, et notamment que tout produit résiduel de l'activité sera évacué conformément à la réglementation, ne saurait être regardée comme suffisante (■ CAA Douai, 30 juin 2011, n° 09DA00764, *Sté Arf*).

23) Résumé non technique. Une présentation générale de chapitres composant l'étude d'impact ne peut être regardée comme un résumé non technique de l'étude (■ TA Limoges, 15 févr. 1996, n°s 930359 et 950362, *Assoc. nationale de protection des eaux et rivières c/ Préfet de la Corrèze, SA Autosil France*). L'autorité administrative, quelle que soit l'appréciation qu'elle porte sur le degré de complexité de l'étude d'impact portée à la connaissance du public, ne peut décider d'ignorer l'exigence réglementaire de fournir un résumé non technique (■ TA Clermont-Ferrand, 14 juin 2006, n° 0501701, *Féd. Allier Nature : Dr. env.* 2006, n° 143, pan. II ; *Rev. jur. env.* 2007, p. 259).

24) Infrastructures de transport. L'article 2 du décret du 9 janvier 1995 pris pour l'application de la loi du 31 décembre 1992 relative à la lutte contre le bruit prévoit qu'est considérée comme significative la modification ou la transformation d'une infrastructure existante résultant d'une intervention ou de travaux successifs telle que la contribution sonore qui en résulterait à terme serait supérieure de plus de 2 dB (A) à la contribution sonore à terme de l'infrastructure avant cette modification ou cette transformation ; qu'en l'espèce, la contribution sonore du projet en cause ne devrait pas être supérieure de plus de 1,5 dB (A) à la contribution sonore à terme de la voie existante ; qu'ainsi, le projet envisagé ne constituant pas une « modification ou transformation significative d'une infrastructure existante », au sens de l'article 8-1 du décret du 12 octobre 1977 modifié, le dossier d'enquête publique a pu, sans irrégularité, ne pas mentionner les méthodes de calcul utilisées pour la détermination des nuisances sonores et des méthodes de protection contre ces nuisances, alors même qu'il comportait, par ailleurs, une étude de ces nuisances et des mesures de protection permettant de les limiter (▪ CE, 10 déc. 2001, n° 218331, *Cne de Queven*). Satisfait aux exigences du décret du 9 janvier 1995 l'étude d'impact qui indique les hypothèses de trafic et les conditions de circulation retenues, détermine les nuisances sonores potentielles de l'infrastructure remodelée, mentionne les méthodes de calcul utilisées et indique les mesures de protection envisagées destinées à limiter le niveau maximal de bruit conformément aux seuils prévus (▪ CE, 29 nov. 1999, n° 193495, *Fédération de protection de la nature de Haute-Loire : Rec. CE*, p. 595). L'étude d'évaluation économique et sociale pour un projet de construction d'une route de transit, constituant un grand projet d'infrastructure au sens de l'article 2 du décret du 17 juillet 1984, ne comportait aucune analyse des conditions et des coûts de construction, d'entretien et d'exploitation de l'infrastructure projetée, et de ses conditions de financement, ni d'estimation du taux de rentabilité financière, justifiant l'annulation de la DUP relative au projet (▪ TA Caen, 8 juin 2007, n°s 040277, 0402293, 0402295 et 0402358, *Lecardonnel et Assoc. les amis du manoir d'Argences et a.*).

25) Carrières. À propos d'une autorisation d'exploiter une carrière à ciel ouvert, la cour administrative d'appel de Bordeaux considère que malgré ses imperfections, l'étude d'impact donne, sur la question de l'impact du projet sur l'eau, les informations nécessaires ; elle ne comporte donc pas d'insuffisances substantielles de nature à entacher la régularité de la procédure d'autorisation (▪ CAA Bordeaux, 6 déc. 2001, n° 01BX01665, *SA Denain Anzin Minéraux*). À l'inverse, l'insuffisance substantielle de l'étude d'impact caractérisée par l'absence d'une étude hydrogéologique a conduit le juge à refuser la demande (▪ CAA Lyon, 4 juin 2010, n° 08LY02697, *EARL Lamarre*). La procédure d'autorisation de l'exploitation d'une carrière est entachée d'irrégularité dès lors que ni l'étude d'impact, ni aucun autre document accompagnant la demande d'autorisation ne mentionnent le statut de protection des espèces animales répertoriées. Eu égard au nombre d'espèces protégées présentes sur le site, la mention, dans l'étude d'impact, des mesures de protection desdites espèces présentait un caractère substantiel (▪ CAA Bordeaux, 14 déc. 2009, n° 08BX01333, *Assoc. Acapec : Environnement et dév. durable* 2010, n° 4, p. 31, note D. Gillig). Est annulée l'autorisation d'exploiter une carrière située à proximité d'une installation déjà existante dans la mesure où l'étude d'impact aurait dû porter sur l'ensemble des installations, tant nouvelles que préexistantes (▪ CAA Bordeaux, 21 avr. 2005, n° 00BX01669, *SARL CM Quartz*). Lorsque, eu égard à l'importance de l'installation projetée (en l'espèce une carrière) et de ses effets sur l'environnement, les mesures de protection prises en application des dispositions législatives ou réglementaires applicables, au site, au paysage et à certaines espèces animales ou végétales constituent un élément substantiel de l'analyse de l'état initial du site et de son environnement, la mention de ces mesures présente dans cette hypothèse un caractère obligatoire et doit ainsi figurer dans l'étude d'impact ; en l'espèce, il y a eu omission de mentionner le statut de protection de certaines espèces sur le territoire objet de l'étude d'impact (▪ CE, 12 nov. 2007, n° 295347, *Sté Vicat : BDEI* 2008 n° 13, p. 7, concl. Y. Aguila ; *Environnement* 2008, n° 2, p. 36, note D. Gillig ; *JCP* A 2008, n° 21, p. 28, note P. Billet). L'autorisation d'exploitation d'une carrière dans une ZNIEFF dans laquelle l'exploitation des carrières est à proscrire relève d'une erreur manifeste d'appréciation (▪ CE, 22 mai 1996, n° 145755, *Sté Dacheux*). L'autorisation d'exploiter une carrière de 114 hectares dans un méandre de la Seine, classé en ZNIEFF, comporterait un risque irrémédiable de destruction de l'écosystème (▪ CAA Nancy, 7 mars 2002, n° 97NC01648, *Min. Aménagement du territoire et Environnement c/ Sté des sablières et entreprises Morillon-Corvol*). Concernant un projet d'exploitation d'une carrière à ciel ouvert de sable et de graviers alluvionnaires compris totalement dans une ZNIEFF de type II et inclus pour un peu moins de 20 % dans un site Natura 2000, l'étude d'impact ne mentionnant aucun inventaire floristique précis du site ou relevé phytosociologique, celui-ci ne peut être regardé comme ayant procédé à une analyse suffisante de la faune et de la flore. Une étude complémentaire en vue de limiter l'incidence de l'exploitation sur les habitats et espèces d'intérêt patrimonial recensés dans les terrains inclus dans le périmètre du site Natura 2000, sans nouvelle consultation du public, ne saurait utilement combler les lacunes de l'étude initiale (▪ CAA Bordeaux, 6 mai 2014, n° 13BX02649, *M.-P. Maître : Gaz. Pal.* 3-4 sept. 2014, n°s 246 à 247, p. 13, J. Betaille ; *Dr. env.* févr. 2015, n° 231, p. 65. – Dans le même sens ▪ CAA Nantes, 13 juin 2014, n° 13NT01147).

26) Autres installations. À propos d'une installation de transit et de broyage de produits minéraux sur le territoire d'une commune, le juge considère que le fait de réévaluer le nombre de rotations de camions en diminuant le tonnage transporté ne justifie pas de prononcer l'insuffisance de l'étude d'impact et n'est pas de nature à empêcher la population de faire connaître ses observations, ni à conduire l'autorité administrative à sous-estimer les conséquences du projet sur l'environnement (▪ CAA Marseille, 6 déc. 2010, n°s 08MA02272 et 08MA02416). Concernant une installation d'élevage porcin, il a été jugé que l'étude d'impact devait être considérée comme suffisante dès lors qu'elle était accompagnée d'une étude agropédologique et d'une étude hydrogéologique alors même qu'elle ne comportait pas de présentation du régime des eaux de ruisseaux, que la présentation de la qualité des eaux n'intégrait pas des données actualisées sur plusieurs années, qu'elle ne contenait pas d'analyse des eaux superficielles sur le paramètre phosphates, ni ne décrivait et analysait les réseaux de drainage et le puits de forage, qu'elle ne comprenait pas une analyse des sols d'épandage ni de données telles que le taux de matière organiques, la réserve en eau utile, la vie bactérienne ou la concentration des sols en phosphore et en métaux lourds (▪ CAA Lyon, 4 nov. 2011, n° 09LY00624, *Assoc. les trois près ; pour une application à un centre de stockage de déchets.* – V. ▪ CAA Nantes, 20 mai 2011, n° 10NT00148, *Cne de Bucy-St-Liphard.* ▪ CAA Nancy, 10 mars 2016, n° 15NC01343 : *JurisData* n° 2016-009274 ; *LPA* 2017, n° 88, p. 9-16, note P. Tifine et F. Roemer). Au contraire, est jugée comme étant insuffisante l'étude d'impact portant sur une installation d'élevage porcin ne contenant aucune étude agropédologique permettant de disposer de données précises et complètes sur la nature des sols et des sous-sols (▪ CAA Nantes, 29 déc. 2014, n° 13NT02466. ▪ CAA Nantes, 26 sept. 2014, n° 12NT02885).

27) Portée de l'étude d'impact. L'exploitant est lié par les conditions d'exploitation prévues dans l'étude d'impact et le préfet a la possibilité de le mettre en demeure de respecter ces conditions, lesquelles constituent des prescriptions techniques originelles (▪ TA Dijon, 8 oct. 1996, n° 941737, *Sté Bourgogne Environnement c/ Préfet du département de la Côte-d'Or*). L'étude d'impact ne peut être corrigée ni par la seule information de l'administration (▪ TA Nantes, 15 oct. 1992, *Assoc. de défense du cadre de vie Marsien : Rev. jur. env.* 1993, p. 101), ni postérieurement à l'enquête publique (▪ CAA Nantes, 19 févr. 1997, n° 94NT00645, *Simon*).

Sous-section 4. – Autorité environnementale

Bibliographie : S. Monteillet, *Autorités environnementales : une (re)mise en perspective européenne : AJDA* 2017, n° 17/2017, p. 976.

Art. R. 122-6 ***(Rempl., D. n° 2020-844, 3 juill. 2020*** (1) ***; à compter du 1er août 2021, D. n° 2021-837, 29 juin 2021).*** **– I. – L'autorité environnementale mentionnée au V de l'article L. 122-1 est :**

1° Le ministre chargé de l'environnement, pour les projets, autres que ceux mentionnés au 2°, qui donnent lieu à un décret pris sur le rapport d'un autre ministre, à une décision d'autorisation, d'approbation ou d'exécution d'un autre ministre, ou qui sont élaborés par les services placés sous l'autorité d'un autre ministre.

Le ministre chargé de l'environnement peut déléguer à l'autorité désignée au 2° la charge de se prononcer au titre du V de l'article L. 122-1 sur un projet.

Il peut également déléguer, à cette même autorité, la charge de se prononcer au titre du V de l'article L. 122-1 sur une catégorie de projets.

Le ministre chargé de l'environnement peut, en outre, se saisir, par décision motivée au regard de la complexité et des enjeux environnementaux du dossier, de tout projet relevant de la compétence de la mission régionale d'autorité environnementale en application du 3° du présent article, aux fins d'en confier l'instruction à l'autorité mentionnée au 2°. En ce cas, la mission régionale transmet le dossier à cette dernière sans délai ; ***(Mod. à compter du 1er septembre 2022, D. n° 2022-1025, 20 juill. 2022)*** (2)

(1) Dispositions applicables aux demandes d'avis ou d'examen au cas par cas et aux demandes déposées en application de l'article L. 512-7 du Code de l'environnement qui sont enregistrées à compter du 5 juillet 2020, D. n° 2020-844, 3 juill. 2020.

(2) Les présentes dispositions réglementaires peuvent être modifiées par des actes pris dans les mêmes formes que les actes dont elles étaient issues antérieurement au 1er septembre 2022, D. n° 2022-1025, 20 juill. 2022.

2° La formation d'autorité environnementale de l'inspection générale de l'environnement et du développement durable :

***a)* Pour les projets qui donnent lieu à une décision d'autorisation, d'approbation ou d'exécution du ministre chargé de l'environnement ou à un décret pris sur son rapport ;**

***b)* Pour les projets qui sont élaborés :**

– par les services placés sous l'autorité du ministre chargé de l'environnement ou par des services agissant dans les domaines relevant des attributions de ce ministre ;

– sous maîtrise d'ouvrage d'établissements publics relevant de la tutelle du ministre chargé de l'environnement, ou agissant pour le compte de celui-ci ;

***c)* Pour l'ensemble des projets de travaux, d'aménagement ou d'ouvrages de la société SNCF Réseau et de sa filiale mentionnée au 5° de l'article L. 2111-9 du Code des transports ;**

3° *(Mod. à compter du 1er septembre 2022, D. n° 2022-1025, 20 juill. 2022)* (1) **La mission régionale d'autorité environnementale de l'inspection générale de l'environnement et du développement durable de la région sur le territoire de laquelle le projet doit être réalisé, pour les projets autres que ceux mentionnés aux 1° et 2°. Lorsque le projet est situé sur plusieurs régions, l'autorité environnementale est celle mentionnée au 2°.**

II. – Lorsque les attributions du ministre chargé de l'environnement sont modifiées postérieurement à la saisine de l'autorité mentionnée au 1° ou au 2° du I, celle-ci demeure compétente, sous réserve des dispositions des articles R. 122-24-1 et R. 122-24-2.

NB : Conformément à l'article 21 du décret n° 2020-844 du 3 juillet 2020, ces dispositions s'appliquent aux demandes d'avis ou d'examen au cas par cas et aux demandes déposées en application de l'article L. 512-7 du Code de l'environnement qui sont enregistrées à compter du 5 juillet 2020.

Voir : Arrêté du 2 octobre 2015 relatif aux missions et à l'organisation du Conseil général de l'environnement et du développement durable pris pour l'application du décret n° 2015-1229 du 2 octobre 2015 (Mod., D. n° 2016-308, 17 mars 2016 relatif à la réutilisation des informations publiques et modifiant le Code des relations entre le public et l'administration (dispositions réglementaires) ; Décision du 3 février 2016 portant délégation pour la mise en œuvre de l'article R. 122-3 du Code de l'environnement (examen dit « cas par cas ») ; Décret n° 2020-844 du 3 juillet 2020 relatif à l'autorité environnementale et à l'autorité chargée de l'examen au cas par cas.

Voir : Sur l'autonomie de l'autorité environnementale : complément de jurisprudence sous art. R. 122-17, p. 1541.

Les dispositions réglementaires relatives à l'autorité environnementale ont été bousculées par une série de décisions rendues par les juridictions communautaire et nationales soulignant l'absence d'autonomie réelle entre l'autorité endossant le rôle de l'autorité environnementale et l'autorité octroyant l'autorisation demandée à l'issue de la procédure d'évaluation environnementale dans le dispositif français (V. S. MONTEILLET, *Un an de textes et de jurisprudence en matière d'administration de l'environnement* : *Énergie – Env. – Infrastr.* 2019, n° 10, 2).

Ce sont d'abord les dispositions relatives aux plans et programmes qui ont fait l'objet d'une remise en cause. Ainsi, en 2011, la Cour de justice de l'Union européenne a considéré que l'autorité en charge de l'évaluation environnementale d'un plan ou d'un programme, visée par la directive n° 2001/42/CE du 27 juin 2001 relative à l'évaluation des incidences de certains plans et programmes sur l'environnement, devait être distincte, dans ses fonctions, de l'autorité en charge de la décision et que cette autorité pouvait être une entité administrative interne à l'autorité décisionnaire dans le seul cas où il existait une autonomie dont découlait une séparation matérielle (■ CJUE, 20 oct. 2011, aff. C-474/10, *Seaport : RJE* avr. 2012, n° 2, p. 283, comm. O. Vidal).

Dans la continuité de cette décision, le Conseil d'État a considéré, dans un arrêt de 2015, qu'une même autorité pouvait être compétente en matière d'élaboration d'un plan ou programme et être chargée de la consultation en matière environnementale mais qu'« au sein de l'autorité normalement chargée de procéder à la consultation en matière environnementale et désignée comme telle, une séparation fonctionnelle soit organisée de manière à ce qu'une entité administrative, interne à celle-ci, dispose d'une autonomie réelle, impliquant notamment qu'elle soit pourvue de moyens administratifs et humains qui lui sont propres, et soit ainsi en mesure de remplir les missions confiées aux autorités de consultation par ces dispositions ; » (■ CE, FNE, 26 juin 2015, n° 360212). Dans cette même décision, le Conseil d'État considère qu'il découle de cette interprétation que certaines des dispositions du décret du 2 mai 2012 (D. n° 2012-616 du 2 mai 2012 relatif à l'évaluation de certains plans et documents ayant une incidence sur l'environnement) relatives à l'autorité environnementale sont illégales dans la mesure où elles n'organisaient pas son indépendance fonctionnelle en ce qu'elles retenaient le préfet de région ou de département comme autorité environnementale pour bon nombre de plans et programmes.

Le décret n° 2016-519 du 28 avril 2016 portant réforme de l'autorité environnementale est venue supprimer le préfet des autorités pouvant endosser le rôle de l'autorité environnementale par une modification de l'article R. 122-17 du Code de l'environnement, ne laissant

(1) Les présentes dispositions réglementaires peuvent être modifiées par des actes pris dans les mêmes formes que les actes dont elles étaient issues antérieurement au 1er septembre 2022, D. n° 2022-1025, 20 juill. 2022.

plus que la formation d'autorité environnementale (FAe) du Conseil général de l'environnement et du développement durable (CGEDD) et la Mission régionale d'Autorité environnementale (MRAe) du CGEDD.

Concernant les projets, ce même décret du 28 avril 2016 était également venu modifier l'article R. 122-6 du Code de l'environnement relatif à la désignation de l'autorité environnementale pour les projets. Mais au lieu de supprimer le rôle du préfet de région comme cela avait été fait dans l'article R. 122-17, le décret a ajouté une quatrième autorité qui est la MRAe et a maintenu le rôle du préfet. On retrouvait alors à l'article R. 122-6, quatre autorités environnementales distinctes à savoir : le ministre chargé de l'environnement, la FAe, la MRAe et de manière subsidiaire le préfet de région.

En conséquence, le Conseil d'État a annulé le 1° de l'article 1er du décret du 28 avril 2016, désignant les autorités venant d'être énoncées comme autorités environnementales, au motif qu'il maintenait, au IV de l'article R. 122-6 du Code de l'environnement, la désignation du préfet de région en qualité d'autorité compétente de l'État en matière d'environnement en réaffirmant sa position prise dans sa décision de 2015 mais à propos de la directive n° 2011/92/UE du 13 décembre 2011 concernant l'évaluation des incidences de certains projets publics et privés sur l'environnement. Il a ainsi considéré que les dispositions de cette directive ne faisaient pas obstacle à ce que l'autorité publique compétente pour autoriser un projet ou en assurer la maîtrise d'ouvrage soit en même temps chargée de la consultation en matière environnementale. Mais elles imposent que, dans une telle situation, une séparation fonctionnelle soit organisée au sein de cette autorité, de manière à ce qu'une entité administrative, interne à celle-ci, dispose d'une autonomie réelle, impliquant notamment qu'elle soit pourvue de moyens administratifs et humains qui lui sont propres, et soit ainsi en mesure de remplir la mission de consultation qui lui est confiée et de donner un avis objectif sur le projet concerné (■ CE, *Assoc. France Nature Environnement*, 6 déc. 2017, n° 400559).

Le vice de procédure découlant de l'incompétence du préfet a créé une insécurité juridique, notamment pour les procédures ayant fait l'objet d'un avis rendu par un préfet de région qui cumulait donc les fonctions d'avis et de décision. Le Conseil d'État s'est prononcé sur cette insécurité en apportant plusieurs précisions dans un avis important (■ CE, avis, 27 sept 2018, n° 420119, *Assoc. Danger de tempête sur le patrimoine rural et a : JurisData* n° 2018-016453, V. C. HUGLO, *Autorisation environnementale : Énergie - Env. - Infrastr.* 2018, n° 12, comm. 62).

- Le vice de procédure tenant à ce que l'avis de l'autorité environnementale a été rendu par le préfet peut être régularisé par la consultation, sur le projet en cause, d'une autorité présentant les garanties d'impartialité requises.

- En l'absence de dispositions réglementaires légales prévoyant une désignation spécifique, les avis peuvent être rendus par la Mission régionale de l'autorité environnementale du CGEDD.

- Si la procédure est entachée par ce vice de compétence, elle doit être menée de nouveau et le nouvel avis rendu devra être porté à la connaissance du public. Le juge pourra décider d'organiser une enquête publique complémentaire, à titre de régularisation, si l'avis rendu par la mission régionale diffère substantiellement de celui qui a été rendu par le préfet de région. Si le nouvel avis ne diffère pas, le juge peut limiter l'information du public à une simple publication sur internet.

Le Conseil d'État a confirmé cette position en considérant qu'en l'absence de disposition remplaçant le préfet de région, le juge peut notamment prévoir que l'avis sera rendu par la mission régionale (■ CE, *Min. de la Cohésion des territoires et Sté MSE La Tombelle*, 27 mai 2019, n° 420554 : *JurisData* n° 2019-008914, Lebon T. ; V. L. Erstein, *La seconde chance de l'avis soumis au public* : *JCP* A 2019, n° 23, act. 393). Il appartient donc au juge du fond, dès lors qu'il a constaté l'absence de disposition prise pour assurer sur ce point la transposition de l'article 6 de la directive de 2011 imposant une séparation fonctionnelle, de rechercher si les conditions dans lesquelles l'avis a été rendu répondent ou non aux objectifs de la disposition de la directive. Lorsque le préfet de région est l'autorité compétente pour autoriser le projet en cause, si la mission régionale d'autorité environnementale du CGEDD peut être regardée comme disposant, à son égard, d'une autonomie réelle, il n'en va pas de même des services placés sous son autorité hiérarchique (telles que les directions régionales de l'environnement, de l'aménagement et du logement) (■ CE, *MTES*, 20 sept. 2019, n° 428274).

Une dernière précision a été récemment apportée par le Conseil d'État, relative à l'articulation entre les compétences du préfet de région et du préfet de département « Lorsque le projet est autorisé par un préfet de département autre que le préfet de région, l'avis rendu sur le projet par le préfet de région en tant qu'autorité environnementale doit, en principe, être regardé comme ayant été émis par une autorité disposant d'une autonomie réelle répondant aux exigences de l'article 6 de la directive du 13 décembre 2011. » Le principe d'autonomie réelle érigé par la Cour de justice de l'Union européenne est respecté lorsque « l'entité administrative appelée à rendre l'avis environnemental sur le projet dispose d'une autonomie réelle ». Tel n'est pas le cas si le projet a été instruit pour le compte du préfet de département par la direction régionale de l'environnement, de l'aménagement et du logement (DREAL) et que l'avis environnemental émis par le préfet de région a été préparé par la même direction. Le Conseil d'État précise toutefois que l'exigence d'autonomie peut être garantie si l'avis a été préparé au sein de la DREAL « par le service mentionné à l'article R. 122-21 du Code de l'environnement qui a spécialement pour rôle de préparer les avis des autorités environnementales ». Mais dans le cas inverse, si l'avis a été émis par le préfet de région et que la décision attaquée avait été adoptée par le préfet de département mais que la même unité territoriale de la DREAL avait à la fois instruit la demande d'autorisation et préparé l'avis de l'autorité environnementale, le principe d'autonomie réelle n'est pas respecté, et la décision ne pouvait être valablement prise (■ CE, *Assoc. des évêques aux cordeliers*, 5 févr. 2020, n° 425451 ; V. S. MONTEILLET, *Un an de textes et de jurisprudence en matière d'administration de l'environnement* : *Énergie - Env. - Infrastr.* 2020, n° 11, 1).

Enfin, en matière d'examen au cas par cas : le Conseil d'État a pu considérer qu'aucune disposition de la directive de 2011 relative aux projets ne faisait obstacle à ce que l'autorité en charge de procéder à l'examen au cas par cas, soit celle qui est compétente pour statuer sur l'autorisation administrative requise pour le projet, sous réserve qu'elle ne soit pas également chargée de l'élaboration du projet ou d'en assurer la maîtrise d'ouvrage (■ CE, 25 sept 2019, n° 427145, *FNE*). Le législateur a consacré ce principe dans la loi du 8 novembre 2019 en séparant de manière claire l'autorité environnementale et l'autorité chargée de l'examen au cas par cas (L. n° 2019-1147 : *JO* du 9 nov.

2019 ; V. C. LEPAGE, *Les innovations concernant différents secteurs des énergies renouvelables* : *Énergie – Env. – Infrastr.* 2020, n° 2, dossier 6) en précisant dans l'article L. 122-1, V *bis* du Code de l'environnement que « l'autorité en charge de l'examen au cas par cas et l'autorité environnementale ne doivent pas se trouver dans une position donnant lieu à un conflit d'intérêts. À cet effet, ne peut être désignée comme autorité en charge de l'examen au cas par cas ou comme autorité environnementale une autorité dont les services ou les établissements publics relevant de sa tutelle sont chargés de l'élaboration du projet ou assurent sa maîtrise d'ouvrage ».

À l'issue de ces nombreuses procédures, le décret n° 2020-844 du 3 juillet 2020 relatif à l'autorité environnementale et à l'autorité chargée de l'examen au cas par cas est venu modifier la partie réglementaire du Code de l'environnement de sorte à introduire de nouvelles dispositions garantissant le respect des exigences communautaires d'autonomie réelle et de séparation fonctionnelle tant pour l'autorité environnementale que pour l'autorité chargée de l'examen au cas par cas.

Depuis l'entrée en vigueur de ce texte, le rôle de l'autorité environnementale pour les projets ne peut plus être endossé que par trois autorités distinctes et non plus quatre.

Le préfet de région a donc été évincé de la liste des autorités pouvant être sollicitées au titre d'un projet (V. L. DERMENGHEM, *Ae et cas par cas : clarifications*, Green Law Avocats), et l'on retrouve désormais les trois autorités que sont pour rappel le ministre chargé de l'environnement, la formation d'autorité environnement du CGEDD et enfin la mission régionale d'autorité environnementale de ce même CGEDD.

Si le ministre chargé de l'environnement ne nécessite pas d'être défini, les deux autres autorités méritent une description succincte.

Le CGEDD d'abord est un organe consultatif chargé de conseiller le Gouvernement dans les domaines de l'environnement, des transports, du bâtiment et des travaux publics, de la mer, de l'aménagement et du développement durable des territoires, du logement, de l'urbanisme, de la politique de la ville et du changement climatique. Il mène donc principalement des missions d'expertise, d'audit et d'évaluation selon les missions qui lui sont confiées par le Gouvernement.

Cet organe a été institué par un décret du 9 juillet 2008 et est né du regroupement du conseil général des Ponts et Chaussées et de l'inspection générale de l'Environnement.

Le CGEDD siège en tant qu'Autorité environnementale par le biais de sa formation d'Autorité environnementale (FAe). L'Autorité environnementale est composée de deux tiers de membres permanents, remplissant les conditions statutaires édictées à l'article 5 du décret n° 2015-1229 du 2 octobre 2015 relatif au CGEDD. Le dernier tiers est occupé par les membres associés, choisis en raison de leurs compétences en matière d'environnement et de leurs connaissances des enjeux environnementaux de la région concernée par le projet soumis. En tout, 15 membres siègent, avec 9 membres permanents et 6 membres associés.

Les missions régionales d'Autorité environnementale sont composées quant à elles de deux membres permanents du CGEDD et de deux membres associés titulaires, sauf s'agissant des départements d'outre-mer où le faible nombre de dossiers a entraîné la désignation d'un seul membre permanent et d'un membre titulaire.

Tous les membres de l'Ae et des MRAe sont nommés par le ministre chargé de l'environnement sur proposition du vice-président formulée après concertation avec le commissaire général au développement durable et avis du bureau (D. n° 2020-1029, 11 août 2020 modifiant le décret n° 2015-1229 du 2 octobre 2015 relatif au Conseil général de l'environnement et du développement durable).

Suite à l'adoption du décret du 3 juillet 2020 et à la modification de l'article R. 122-6 du Code de l'environnement, la répartition des acteurs endossant le rôle de l'Autorité environnementale est désormais la suivante :

1° Le ministre de l'Environnement endosse le rôle de l'autorité environnementale lorsque sont concernés les projets autres que ceux mentionnés au 2° de l'article R. 122-6, à savoir ceux pour lesquels la formation d'autorité environnementale du CGEDD est compétente. Les projets pour lesquels le ministre est compétent sont tous ceux qui donnent lieu à un décret pris sur le rapport d'un autre ministre, à une décision d'autorisation ou d'exécution d'un autre ministre ou qui sont élaborés sous l'autorité d'un autre ministre. Il est donc compétent dans le cadre des décisions prises dans la sphère gouvernementale.

La possibilité pour le ministre de déléguer sa compétence d'autorité environnementale à la formation d'autorité environnementale du CGEDD reste toujours d'actualité après cette réforme avec cette précision que le ministre peut ainsi déléguer pour un seul projet, ou encore, sur une catégorie donnée de projets.

Le ministre peut également, eu égard à la complexité et aux enjeux environnementaux d'un projet, se saisir par décision motivée de tout projet relevant normalement de la compétence de la MRAe afin d'en confier l'instruction à la formation d'autorité environnementale du CGEDD. La MRAe doit dans ce cadre transmettre sans délai le dossier à la FAe du CGED.

2° En second lieu, la FAe est compétente pour intervenir en tant qu'autorité environnementale dans les projets qui donnent lieu à une décision d'autorisation, d'approbation ou d'exécution du ministre chargé de l'environnement ou à un décret pris sur son rapport.

Elle est également compétente pour les projets qui sont élaborés par les services placés sous l'autorité du ministre chargé de l'environnement ou par des services interministériels agissant dans les domaines relevant des attributions de ce ministre. De même, elle intervient pour tous les projets élaborés sous maîtrise d'ouvrage d'établissements publics relevant de la tutelle du ministre chargé de l'environnement ou agissant pour le compte de celui-ci.

Enfin, la FAe se voit dotée par la réforme d'une compétence spéciale pour l'ensemble des projets de travaux, d'aménagements ou d'ouvrages de la société SNCF Réseau et de sa filiale chargée de la gestion unifiée des gares de voyageurs.

3° Enfin, la MRAe de la région sur le territoire de laquelle le projet doit être réalisé endosse le rôle de l'Ae pour les projets autres que ceux pour qui le ministre chargé de l'environnement ou la FAe sont compétents.

S'agissant maintenant de la répartition interne de l'Ae, selon le nouvel article R. 122-7 du Code de l'environnement, lorsque l'autorité environnementale est la MRAe, la demande d'avis doit être adressée au service régional chargé de l'environnement, service relevant de la DREAL, lequel prépare et met en forme toutes les informations nécessaires pour que la MRAe puisse rendre son avis.

L'article 8 du décret vient compléter l'article R. 122-17 du Code de l'environnement relatif à la désignation de l'autorité environnementale pour les plans et programmes pour y introduire la même formule qu'à l'article R. 122-6, à savoir que le ministre chargé de l'environnement peut, par décision motivée au regard, confier à la FAe la charge de se prononcer à la place de la MRAe initialement compétente, eu égard à la complexité et des enjeux environnementaux du dossier.

Ce décret a fait l'objet d'un recours devant le Conseil d'État, qui a rejeté la requête : ■ CE, 16 févr. 2022, n° 442607, *Assoc. France Nature Environnement*. En particulier, le Conseil d'État juge que les dispositions réglementaires permettent d'identifier avec une précision suffisante l'autorité chargée de l'examen au cas par cas pour les projets couverts par les dispositions de l'article R. 122-6 du Code de l'environnement.

1) Autonomie effective de l'autorité environnementale. Dans une espèce où la même autorité (le préfet de région) a exercé la compétence consultative en matière environnementale et la compétence visant à la délivrance de l'autorisation attaquée (autorisation ICPE), le juge administratif a prononcé l'inconventionnalité de l'article R. 122-6 du Code de l'environnement en tant qu'il n'a pas prévu de disposition de nature à garantir que la compétence consultative en matière environnementale sera, dans tous les cas, exercée par une autorité disposant d'une autonomie effective (■ TA Orléans, 2 nov. 2016, n° 1500442, *Assoc. Boischaut Marche Environnement et a.* : B. Hagège-Raduta, *L'influence du juge dans la fabrique du droit : la réforme de l'autorité environnementale aux fins de conformité au droit européen : Dr. env.* févr. 2017, n° 253, p. 59). **Absence d'autonomie effective de la DREAL vis-à-vis du préfet de région.** Le cas où le projet est autorisé par un préfet de département autre que le préfet de région, l'avis rendu sur le projet par le préfet de région en tant qu'autorité environnementale doit, en principe, être regardé comme ayant été émis par une autorité disposant d'une autonomie réelle répondant aux exigences de l'article 6 de la directive du 13 décembre 2011, sauf à ce que le même service ait à la fois instruit la demande d'autorisation et préparé l'avis de l'autorité environnementale. Dès lors, les exigences de la directive ne peuvent être regardées comme satisfaites lorsque le projet a été instruit pour le compte du préfet de département par la direction régionale de l'environnement, de l'aménagement et du logement (DREAL) et que l'avis émis par le préfet de région a été préparé par la même direction, mis à part le cas où l'avis aura été préparé par le service régional chargé de l'environnement (appui à la mission régionale d'autorité environnementale) (■ CE, 5 févr. 2020, n° 425451, *Assoc. « Des évêques aux cordeliers » et a.*). Mais dans le cas où l'avis de l'autorité environnementale a été émis par le préfet de la région Franche-Comté, avec l'appui de la DREAL, alors que la demande d'autorisation d'exploiter a quant à elle été instruite et délivrée par les services d'un autre préfet de département de la même région, le préfet de la Haute-Saône. Ces services constituent, contrairement à ce qui est soutenu, deux entités administratives distinctes disposant chacune d'une autonomie réelle et pourvues de moyens administratifs et humains qui leurs sont propres (■ CAA Nancy, 22 nov. 2018, n° 17NC02807, *Assoc. pour la défense du patrimoine et du paysage de la vallée de la Vingeanne et a.*). **Autonomie effective de la Formation d'Autorité environnementale du CGEDD.** Les membres de la formation d'autorité environnementale du Conseil général de l'environnement et du développement durable sont désignés parmi les membres permanents de ce dernier ou, pour un tiers au plus, parmi ses membres associés par le ministre chargé de l'environnement, sur proposition du vice-président du conseil formulée après concertation avec le commissaire général au développement durable et après avis du bureau. Leur désignation doit être justifiée par leur compétence en matière d'environnement ainsi que leur connaissance spécifique des enjeux environnementaux. Par ailleurs, cette autorité environnementale dispose de services propres placés sous son autorité. Elle doit donc être regardée comme disposant d'une autonomie réelle lui permettant de remplir la mission de consultation qui lui est confiée et donc de donner un avis objectif sur les projets, plans et programmes qui lui sont soumis (■ CE, 9 juill. 2018, n° 410917, *Cne de Villiers-le-Bâcle et a.*). **Régularisation du vice.** Le vice de procédure résultant de ce que l'avis prévu au III de l'article L. 122-1 du Code de l'environnement a été rendu par le préfet de région dans un cas où il était par ailleurs compétent pour autoriser le projet en méconnaissance de l'article 6 de la directive du 13 décembre 2011 concernant l'évaluation des incidences de certains projets publics et privés sur l'environnement, peut être régularisé par la consultation d'une autorité présentant les garanties requises. Si de nouvelles dispositions réglementaires ont remplacé les dispositions annulées, le juge peut s'y référer, mais à défaut, il peut notamment prévoir, pour respecter les objectifs de la directive, que l'avis sera rendu par la mission régionale de l'autorité environnementale du Conseil général de l'environnement et du développement durable dans les conditions définies aux articles R. 122-6 à R. 122-8 et R. 122-24 du Code de l'environnement (■ CE, 27 sept. 2018, n° 420119, *Michel c/ Sté Enertag AG*). Il appartient au juge du fond dès lors qu'il constate l'absence de disposition prise pour assurer la transposition de l'article 6 de la directive du 13 décembre 2011, concernant l'évaluation des incidences de certains projets publics et privés sur l'environnement, de rechercher si les conditions dans lesquelles l'avis a été rendu répondent ou non aux objectifs de l'article 6 de cette directive. Lorsque le préfet de région est l'autorité compétente pour autoriser le projet en cause, si la mission régionale d'autorité environnementale du Conseil général de l'environnement et du développement durable peut être regardée comme une entité disposant, à son égard, d'une autonomie réelle, il n'en va en principe pas de même des services placés sous l'autorité du préfet, tels que les directions régionales de l'Environnement, de l'Aménagement et du Logement (▪ CE, 20 sept. 2019, n° 428274, *Min. d'État, min. de la Transition écologique et solidaire*). **Régularisation et différence substantielle entre les deux avis.** Si l'avis de l'autorité environnementale recueilli à titre de régularisation de la méconnaissance de l'article 6 de la directive du 13 décembre 2011, concernant l'évaluation des incidences de certains projets publics et privés sur l'environnement, diffère substantiellement de celui porté à la connaissance du public dans le cadre de l'enquête publique, une enquête publique complémentaire devra être organisées selon les modalités prévues par les articles L. 123-14 et R. 123-23 du Code de l'environnement. Dans le cadre de cette nouvelle enquête, seront soumis au public l'avis recueilli à titre de régularisation ainsi que tout autre élément de nature à régulariser d'éventuels vices révélés par le nouvel avis, et notamment une insuffisance de l'étude d'impact. Si aucune modification substantielle n'est apportée à l'avis, l'information du public sur le nouvel avis de l'autorité environnementale recueilli à titre de régularisation pourra prendre la forme d'une simple publication sur internet dans les conditions prévues à l'article R. 122-7 du Code de l'environnement (▪ CAA Douai, 7 févr. 2019, n° 16DA01098, *Assoc. « Thiérache à contrevent » et a.*).

2) Directive du 27 juin 2001, interprétation de l'article 6. Eu égard à l'interprétation des dispositions de l'article 6 de la directive du 27 juin 2001 donnée par la Cour de justice de l'Union européenne dans son arrêt rendu le 20 octobre 2011 dans l'affaire C-474/10, et à la finalité identique des dispositions des deux directives relatives au rôle « des autorités susceptibles d'être concernées par le projet, en raison de leurs responsabilités spécifiques en matière d'environnement », il résulte clairement des dispositions de l'article 6 de la directive du 13 décembre 2011 que, si elles ne font pas obstacle à ce que l'autorité publique compétente pour autoriser un projet ou en assurer la maîtrise d'ouvrage soit en même temps chargée de la consultation en matière environnementale, elles imposent cependant que, dans une telle situation, une séparation fonctionnelle soit organisée au sein de cette autorité, de manière à ce qu'une entité administrative, interne à celle-ci, dispose d'une autonomie réelle, impliquant notamment qu'elle soit pourvue de moyens administratifs et humains qui lui sont propres, et soit ainsi en mesure de remplir la mission de consultation qui lui est confiée et de donner un avis objectif sur le projet concerné (▪ CE, 6 déc. 2017, n° 400559).

3) Compétence du préfet de région. Le 1° de l'article 1er du décret du 28 avril 2016 est annulé en tant qu'il maintient, au IV de l'article R. 122-6 du Code de l'environnement, la désignation du préfet de région en qualité d'autorité compétente de l'État en matière d'environnement (▪ CE, 7 déc. 2017, n° 400559, *FNE*). Le 11° et le 27° de l'article 1er du décret du 11 août 2016 sont annulés respectivement en tant qu'il maintient, au IV de l'article R. 122-6, et en tant qu'il prévoit, à l'article R. 122-27, la désignation du préfet de région en qualité d'autorité environnementale (▪ CE, 28 déc. 2017, n° 407601, *FNE*).

Art. R. 122-7 ***(Rempl., D. n° 2011-2019, 29 déc. 2011 ; mod., D. n° 2016-1110, 11 août 2016 ; D. n° 2017-626, 25 avr. 2017 ; annulé « en tant qu'il prévoit [...] la désignation du préfet de région en qualité d'autorité environnementale », CE, 28 déc. 2017, n° 407601, Ass. France Nature Environnement : JurisData n° 2017-027371 ; mod., D. n° 2020-844, 3 juill. 2020*** (1) ***; mod. à compter du 1er août 2021, D. n° 2021-1000, 30 juill. 2021)*** (2). **– I. – L'autorité compétente pour prendre la décision d'autorisation du projet transmet pour avis le dossier comprenant l'étude d'impact et le dossier de demande d'autorisation aux autorités mentionnées au V de l'article L. 122-1. Outre la ou les communes d'implantation du projet, l'autorité compétente peut également consulter les collectivités territoriales et leurs groupements intéressés au regard des incidences environnementales notables du projet sur leur territoire.**

(1) Dispositions applicables aux demandes d'avis ou d'examen au cas par cas et aux demandes déposées en application de l'article L. 512-7 du Code de l'environnement qui sont enregistrées à compter du 5 juillet 2020, D. n° 2020-844, 3 juill. 2020.

(2) Dispositions applicables aux dossiers transmis à l'autorité environnementale à compter du 1er août 2021, D. n° 2021-1000, 30 juill. 2021.

(Mod. à compter du 1er septembre 2022, D. n° 2022-1025, 20 juill. 2022) (1) **Lorsque l'autorité environnementale est la mission régionale d'autorité environnementale de l'inspection générale de l'environnement et du développement durable, la demande d'avis est adressée au service régional chargé de l'environnement (appui à la mission régionale d'autorité environnementale), qui prépare et met en forme, dans les conditions prévues à l'article R. 122-24, toutes les informations nécessaires pour que la mission régionale puisse rendre son avis.**

II. – L'autorité environnementale se prononce dans les deux mois suivant la date de réception du dossier mentionné au premier alinéa du I. L'avis de l'autorité environnementale, dès son adoption, ou l'information relative à l'absence d'observations émises dans le délai, est mis en ligne sur internet.

Les collectivités territoriales et leurs groupements mentionnés au I se prononcent dans le délai de deux mois.

L'autorité compétente transmet, dès sa réception, les avis des autorités mentionnées au V de l'article L. 122-1 au maître d'ouvrage. Les avis ou l'information relative à l'absence d'observations émises dans le délai est joint [sont joints] au dossier d'enquête publique ou de la procédure équivalente de consultation du public prévue par un texte particulier.

III. – Les autorités administratives de l'État compétentes en matière d'environnement mentionnées à l'article R. 122-6 rendent leur avis après avoir consulté :

– le ou les préfets de département sur le territoire desquels est situé le projet, au titre de leurs attributions dans le domaine de l'environnement ;

– le ministre chargé de la santé si le projet est susceptible d'avoir des incidences notables sur l'environnement et la santé humaine au-delà du territoire d'une seule région et le directeur général de l'agence régionale de santé pour les autres projets ;

– le cas échéant, le préfet maritime au titre des compétences en matière de protection de l'environnement qu'il tient du décret n° 2004-112 du 6 février 2004 relatif à l'organisation de l'action de l'État en mer ; le cas échéant, outre-mer, le représentant de l'État en mer mentionné par le décret n° 2005-1514 du 6 décembre 2005 susvisé relatif à l'organisation outre-mer de l'action de l'État en mer.

Les autorités consultées en application des trois alinéas précédents disposent d'un délai d'un mois à compter de la réception du dossier pour émettre leur avis. En cas d'urgence, l'autorité environnementale peut réduire ce délai sans que celui-ci ne puisse être inférieur à dix jours. En l'absence de réponse dans ce délai, les autorités consultées sont réputées n'avoir aucune observation à formuler.

IV. – *(Mod. à compter du 1er septembre 2022, D. n° 2022-1025, 20 juill. 2022)* (1) **Lorsqu'il est fait application des dispositions des deuxième ou quatrième alinéas du 1° du I de l'article R. 122-6, la formation d'autorité environnementale de l'inspection générale de l'environnement et du développement durable se prononce dans un délai de deux mois à compter de la date à laquelle elle reçoit le dossier. Elle notifie à l'autorité compétente pour autoriser le projet le délai dans lequel son avis sera rendu.**

Sauf disposition spécifique contraire, les délais d'instruction de l'autorisation du projet peuvent être prolongés de trois mois au maximum.

NB : Conformément à l'article 21 du décret n° 2020-844 du 3 juillet 2020, ces dispositions s'appliquent aux demandes d'avis ou d'examen au cas par cas et aux demandes déposées en application de l'article L. 512-7 du Code de l'environnement qui sont enregistrées à compter du 5 juillet 2020.

1) Indépendance de la procédure. Ces dispositions n'ont pas pour effet de retirer à l'autorité compétente pour statuer sur la demande d'autorisation son pouvoir de décision pour le transférer au ministre auquel l'avis sur l'étude d'impact est adressé (▪ CE, 5 févr. 1982, n° 17792, *Assoc. de défense du Val-de-Loire : AJDA* 1982, p. 471). Par ailleurs, la circonstance que les requérants aient saisi le ministre de l'étude d'impact concernant le projet d'édification d'un pont sur la Marne, et que les maîtres d'ouvrage aient transmis le dossier au ministre une fois l'enquête publique engagée, n'obligeait pas le préfet à différer l'enquête publique (▪ TA Melun, 9 nov. 2000, n° 002339, *M. et Mme Henri Maurel et a.*).

2) Information du public. Dans le cas où aucune modification substantielle n'aurait été apportée à l'avis de l'autorité environnementale dans le cadre de la régularisation prévue pour la

(1) Les présentes dispositions réglementaires peuvent être modifiées par des actes pris dans les mêmes formes que les actes dont elles étaient issues antérieurement au 1er septembre 2022, D. n° 2022-1025, 20 juill. 2022.

méconnaissance des objectifs de l'article 6 de la directive du 13 décembre 2011, l'information du public sur le nouvel avis de l'autorité environnementale recueilli à titre de régularisation pourra prendre la forme d'une simple publication sur internet, dans les conditions prévues à l'article R. 122-7 du Code de l'environnement (▪ CE, 27 sept. 2018, n° 420119, *Michel c/ Sté Enertag AG.* ▪ CE 27 mai 2019, n° 420554, *Min. de la Cohésion des territoires.* ▪ CE, 20 juill. 2023, n° 466162, *Sté Engie Green Tilly*).

Art. R. 122-8 *(Rempl., D. n° 2011-2019, 29 déc. 2011 ; D. n° 2016-1110, 11 août 2016 ; mod. à compter du 1er mars 2017, D. n° 2017-81, 26 janv. 2017).* **– I. – Dans l'hypothèse où le projet soumis à évaluation environnementale relève d'un régime déclaratif sans relever de l'article L. 181-1, l'autorité compétente dispose d'un délai de neuf mois à compter du dépôt du dossier de déclaration pour prendre une décision d'autorisation conforme au I de l'article L. 122-1-1.**

II. – Lorsque le maître d'ouvrage interroge l'autorité environnementale sur la nécessité d'actualiser l'étude d'impact d'un projet ou sur le périmètre de l'actualisation, il lui transmet les éléments disponibles sur le projet. L'autorité environnementale dispose d'un délai d'un mois pour rendre son avis. En l'absence de réponse dans ce délai, elle est réputée n'avoir aucune observation à formuler.

Sous-section 5. – Information et participation du public

Art. R. 122-9 *(Rempl., D. n° 2011-2019, 29 déc. 2011 ; D. n° 2016-1110, 11 août 2016 ; mod., D. n° 2020-844, 3 juill. 2020* (1) *; mod. à compter du 1er août 2021, D. n° 2021-837, 29 juin 2021).* **– L'étude d'impact ainsi que, le cas échéant, la décision, mentionnée au IV de l'article R. 122-3-1 ou, en l'absence d'une telle décision, le formulaire mentionné au même article, accompagné de la mention qu'une décision implicite a été prise, la réponse du maître d'ouvrage à l'avis de l'autorité environnementale et les avis mentionnés à l'article R. 122-7 sont insérés dans les dossiers soumis à enquête publique ou à participation du public par voie électronique conformément à l'article L. 123-19, le cas échéant selon les modalités prévues au 4° de l'article R. 123-8.**

Art. R. 122-10 *(Rempl., D. n° 2011-2019, 29 déc. 2011 ; mod., D. n° 2016-1110, 11 août 2016 ; mod. à compter du 1er août 2021, D. n° 2021-837, 29 juin 2021 ; mod. à compter du 22 octobre 2024, D. n° 2024-742, 6 juill. 2024)* (2). **– I. – Lorsqu'elle constate qu'un projet est susceptible d'avoir des incidences notables sur l'environnement d'un autre État membre de l'Union européenne ou partie à la convention du 25 février 1991 sur l'évaluation de l'impact sur l'environnement dans un contexte transfrontière, signée à Espoo, ou lorsqu'elle est saisie par l'État susceptible d'être affecté par le projet, l'autorité compétente pour prendre la décision d'autorisation, d'approbation ou d'exécution du projet lui transmet, dès le dépôt de la demande d'autorisation, le résumé non technique de l'étude d'impact mentionné au 1° du II de l'article R. 122-5, incluant notamment une description du projet et de ses éventuelles incidences transfrontalières, la nature de la décision susceptible d'être prise et l'indication de la façon dont l'enquête publique s'insère dans la procédure administrative. Ces pièces sont traduites, si nécessaire, dans une langue de l'État intéressé, les frais de traduction étant à la charge du pétitionnaire ou du maître d'ouvrage. Elle lui indique le délai dans lequel il peut exprimer son intention de participer à l'enquête publique. L'enquête publique ne peut commencer avant l'expiration de ce délai.**

Dès publication de l'arrêté d'ouverture d'enquête publique, celui-ci est notifié aux États ayant manifesté leur intention de participer. Le dossier d'enquête leur est également transmis.

Les délais prévus par les procédures réglementaires applicables aux projets en cause sont augmentés, le cas échéant, pour tenir compte du délai de consultation des autorités étrangères.

Le ministre des affaires étrangères est informé au préalable par l'autorité compétente. Si celle-ci est une collectivité territoriale, le dossier est transmis par le préfet au ministre des affaires étrangères.

(1) Dispositions applicables aux demandes d'avis ou d'examen au cas par cas et aux demandes déposées en application de l'article L. 512-7 du Code de l'environnement qui sont enregistrées à compter du 5 juillet 2020, D. n° 2020-844, 3 juill. 2020.

(2) Dispositions applicables aux demandes déposées à compter du 22 octobre 2024, D. n° 2024-742, 6 juill. 2024.

L'autorité compétente pour prendre la décision d'autorisation, d'approbation ou d'exécution du projet adresse aux autorités de l'État concerné la décision accompagnée des informations prévues au IV de l'article L. 122-1-1.

II. – Lorsqu'un autre État membre de l'Union européenne ou partie à la Convention du 25 février 1991 sur l'évaluation de l'impact sur l'environnement dans un contexte transfrontière saisit pour avis une autorité française d'un projet susceptible d'avoir des incidences notables sur l'environnement en France, l'autorité saisie transmet le dossier au préfet de département concerné et, le cas échéant, au préfet maritime de la zone maritime concernée. Dans le cas où plusieurs départements ou plusieurs zones maritimes sont concernés, l'autorité saisie transmet le dossier aux préfets concernés. Les préfets saisis préparent une réponse conjointe à l'État à l'origine de la saisine. Si le préfet ainsi saisi décide d'organiser une enquête publique, il convient d'un délai avec les autorités de l'État à l'origine de la saisine. Il communique les résultats de la consultation à l'État à l'origine de la saisine et en informe le ministre des affaires étrangères. L'enquête publique est organisée dans les conditions prévues par la section 3 du chapitre III du présent titre.

III. – La procédure décrite au I s'applique également pour les projets pour lesquels la procédure de participation du public prend la forme d'une participation du public par voie électronique prévue à l'article L. 123-19 ou d'une consultation du public prévue à l'article L. 181-10-1.

Voir : Sur un exemple d'application. ■ CE, 4 mai 1998, n° 173294, *Collectif alternatif pyrénéenne à l'axe européen.*

Voir : Sur les modalités de l'enquête publique transfrontière : art. R. 123-27-1 et s., p. 1584.

Art. R. 122-11 ancien *(Implicitement abr., D. n° 2016-1110, 11 août 2016).*

Art. R. 122-11 *(Anc. art. R. 122-12, rempl., D. n° 2006-578, 22 mai 2006 ; D. n° 2011-2019, 29 déc. 2011 ; devenu le présent article et mod., D. n° 2016-1110, 11 août 2016).* – L'information du public sur la décision d'octroi ou de refus de l'autorisation prévue au IV de l'article L. 122-1-1, est assurée par l'autorité compétente pour prendre cette décision, selon les modalités prévues par les dispositions réglementaires applicables aux projet[s]. À défaut de telles dispositions, cette information est faite par une mention insérée dans au moins un journal régional ou local diffusé dans le ou les départements intéressés ; pour les opérations d'importance nationale, elle est faite, en outre, dans deux journaux à diffusion nationale.

1) Limites. La procédure d'information du public n'impose nullement l'obligation d'organiser la possibilité pour le public d'émettre son avis sur l'étude d'impact (■ CE, 4 juill. 2008, n° 308055, *Cne de Critot : JCP* A 2008, n° 29, act. 645 ; *BJCL* sept. 2008, p. 570).

2) Mise à disposition du public. L'ancienne obligation de mettre à la disposition du public le dossier est réputée respectée dès lors qu'une enquête publique, même facultative, a été réalisée (■ CE, 9 déc. 2011, n° 324294, *Assoc. Réseau Sortir du Nucléaire*). Lorsqu'un État membre décide de soumettre un projet à une évaluation de ses incidences sur l'environnement, il doit veiller à ce que la demande d'autorisation de ce projet et le contenu de l'étude d'impact soient mis à la disposition du public dans un délai raisonnable afin de lui permettre d'exprimer son avis « avant que l'autorisation ne soit délivrée » (■ CE, 22 janv. 2016, n° 387106, *M.A.C.*).

Art. R. 122-12 ancien *(Rempl., D. n° 2006-578, 22 mai 2006 ; D. n° 2011-2019, 29 déc. 2011 ; devenu l'article R. 122-11, D. n° 2016-1110, 11 août 2016. – V. C. env., art. R. 122-11).*

Art. R. 122-12 *(Créé à compter du 1er janvier 2018, D. n° 2016-1110, 11 août 2016)* (1). – En application du VI de l'article L. 122-1, les maîtres d'ouvrage versent leur étude d'impact, dans l'application informatique mise gratuitement à leur disposition par l'État, sous un format numérique ouvert pour une durée de quinze ans. Le fichier de cette étude est accompagné d'un fichier des données brutes environnementales utilisées dans l'étude, au format ouvert et aisément réutilisable, c'est-à-dire lisible par une machine et exploitable par traitement standardisé de données.

Art. R. 122-13 *(Rempl., D. n° 2009-496, 30 avr. 2009* (2)*; D. n° 2011-2019, 29 déc. 2011 ; D. n° 2016-1110, 11 août 2016).* – I. – Les mesures compensatoires mentionnées au I de l'article

(1) Jusqu'au 1er janvier 2018, le maître d'ouvrage transmet par voie électronique l'étude d'impact de son projet à l'autorité compétente, D. n° 2016-1110, 11 août 2016, art. 10.

(2) Dispositions d'application particulières et transitoires : D. n° 2009-496, 30 avr. 2009, art. 6.

L. 122-1-1 ont pour objet d'apporter une contrepartie aux Incidences négatives notables, directes ou indirectes, du projet sur l'environnement qui n'ont pu être évitées ou suffisamment réduites. Elles sont mises en œuvre en priorité sur le site affecté ou à proximité de celui-ci afin de garantir sa fonctionnalité de manière pérenne. Elles doivent permettre de conserver globalement et, si possible, d'améliorer la qualité environnementale des milieux.

II. – Le suivi de la réalisation des prescriptions, mesures et caractéristiques du projet destinées à éviter, réduire et compenser les effets négatifs notables de celui-ci sur l'environnement et la santé humaine mentionnées au I de l'article L. 122-1-1 ainsi que le suivi de leurs effets sur l'environnement font l'objet d'un ou de plusieurs bilans réalisés sur une période donnée et selon un calendrier que l'autorité compétente détermine afin de vérifier le degré d'efficacité et la pérennité de ces prescriptions, mesures et caractéristiques.

Ce ou ces bilans sont transmis pour information, par l'autorité compétente pour prendre la décision d'autorisation, aux autorités mentionnées au V de l'article L. 122-1 qui ont été consultées.

Le dispositif de suivi est proportionné à la nature et aux dimensions du projet, à l'importance de ses incidences prévues sur l'environnement ou la santé humaine ainsi qu'à la sensibilité des milieux concernés.

L'autorité compétente peut décider la poursuite du dispositif de suivi au vu du ou des bilans du suivi des incidences du projet sur l'environnement.

III. – Les dispositions du présent article s'appliquent sous réserve de dispositions plus contraignantes prévues par d'autres réglementations. En particulier, elles ne s'appliquent pas aux Installations relevant du titre Ier du livre V, ni aux *(Mots rempl. à compter du 1er avril 2019, D. n° 2019-190, 14 mars 2019)* « installations nucléaires de base relevant du titre IX du livre V ».

Voir : sur la compensation des atteintes à la biodiversité : art. L. 163-1 et s., p. 244 et D. 163-1 et s., p. 1683.

Sous-section 6. – Décision d'autorisation

Art. R. 122-14 *(Rempl., D. n° 2016-1110, 11 août 2016 ; mod., D. n° 2022-985, 4 juill. 2022)*. – Les projets ou parties de projets mentionnés au I de l'article L. 122-3-4 sont désignés :

– par décision du ministre de la défense s'il estime que l'application des dispositions de la présente section irait à l'encontre des intérêts de la défense nationale ;

– par décision du ministre de l'intérieur, prise après information du ministre chargé de l'environnement, s'il estime que l'application des dispositions de la présente section irait à l'encontre de la réponse à des situations d'urgence à caractère civil.

À l'exception des situations d'urgence à caractère civil affectant l'ensemble du territoire métropolitain ou du territoire national, le ministre de l'intérieur peut déléguer son pouvoir de décision au préfet de département, selon des modalités fixées par arrêté de ce ministre.

Art. R. 122-15 *(Abr., D. n° 2016-1110, 11 août 2016).*

Art. R. 122-16 *(Implicitement abr., D. n° 2011-2019, 29 déc. 2011).*

Section II. – Évaluation de certains plans et programmes ayant une incidence notable sur l'environnement

(Rempl. à compter du 1er janvier 2013, D. n° 2012-616, 2 mai 2012 (1) *; intitulé mod. à compter du 1er août 2021, D. n° 2021-837, 29 juin 2021)*

Bibliographie : V. bibliographie sous Livre I, Titre II, Chapitre II, Section II de la partie législative du présent code, p. 106.

(1) Les présentes dispositions ne sont pas applicables aux projets de plan, schéma, programme ou document de planification pour lesquels l'avis d'enquête publique ou de mise à disposition du public a été publié à cette date, ni aux chartes de parcs naturels régionaux dont l'élaboration ou la révision a été prescrite à cette date par délibération du conseil régional en application des dispositions du I de l'article R. 333-5 du Code de l'environnement, D. n° 2012-616, 2 mai 2012, art. 7.

Sous-section 1. – Champ d'application et autorité environnementale

(Intitulé mod., D. n° 2016-1110, 11 août 2016)

Art. R. 122-17 ***(Rempl. à compter du 1er janvier 2013, D. n° 2012-616, 2 mai 2012*** (1) (2) ***; mod., D. n° 2015-1676, 15 déc. 2015 ; D. n° 2016-519, 28 avr. 2016*** (3) (4) ***; D. n° 2016-811, 17 juin 2016 ; D. n° 2016-1110, 11 août 2016 ; partiellement annulé, CE, 3 nov. 2016, n° 360212, Ass. France Nature Environnement : JurisData n° 2016-023473*** (5) (6) (7) ***; mod., D. n° 2017-456, 29 mars 2017 ; D. n° 2017-626, 25 avr. 2017 ; D. n° 2017-724, 3 mai 2017 ; mod. à compter du 1er août 2017, D. n° 2017-1039, 10 mai 2017 ; mod., D. n° 2018-239, 3 avr. 2018 ; D. n° 2018-435, 4 juin 2018 ; mod. à compter du 1er janvier 2021, D. n° 2020-801, 29 juin 2020 ; mod., D. n° 2020-844, 3 juill. 2020*** (8) ***; mod. à compter du 1er août 2021, D. n° 2021-1000, 30 juill. 2021 ; mod., D. n° 2021-1345, 13 oct. 2021*** (9) ***; mod., D. n° 2022-970, 1er juill. 2022*** (10) ***; mod. à compter du 1er septembre 2022, D. n° 2022-1025, 20 juill. 2022*** (11) ***; D. n° 2023-504, 22 juin 2023).*** **– I. – Les plans et programmes devant faire l'objet d'une évaluation environnementale sont énumérés ci-dessous :**

1° Programmes opérationnels élaborés par les autorités de gestion établies pour le Fonds européen de développement régional, à l'exception des programmes opérationnels de coopération territoriale européenne qui ne relèvent pas du II de l'article L. 122-4 du présent code, le Fonds européen agricole et de développement rural et le Fonds de l'Union européenne pour les affaires maritimes et la pêche ;

2° Schéma décennal de développement du réseau prévu par l'article L. 321-6 du Code de l'énergie ;

3° Schéma régional de raccordement au réseau des énergies renouvelables prévu par l'article L. 321-7 du Code de l'énergie ;

4° Schéma directeur d'aménagement et de gestion des eaux prévu par les articles L. 212-1 et L. 212-2 du Code de l'environnement ;

---

(1) Sur la légalité du décret n° 2012-616 du 2 mai 2012 en général et sur l'illégalité de certaines des dispositions de l'article R. 122-17 du Code de l'environnement issue des articles 1er et 7 de ce décret, V. ■ CE, 26 juin 2015, n° 360212, *Ass. France Nature Environnement : JurisData* n° 2015-015671 (et spécialement ses considérants 26 et suivants). – NDLR.

(2) Dispositions d'application particulières : V. D. n° 2012-616, 2 mai 2012, art. 7.

(3) Les présentes dispositions peuvent être modifiées par décret en Conseil d'État, D. n° 2016-519, 28 avr. 2016, art. 4, I.

(4) Dispositions d'application transitoires : V. D. n° 2016-519, 28 avr. 2016, art. 5.

(5) Plus précisément, le Conseil d'État a décidé que cet article issu du décret n° 2012-616 du 2 mai 2012 est annulé « en tant qu'il désigne l'autorité administrative de l'État compétente en matière d'environnement aux 1°, 3° à 5°, 8°, 14°, 15° dans la seule mesure où cette autorité est celle compétente pour élaborer et approuver le plan, schéma, programme ou document, aux 16°, 25°, 27°, 31°, 32°, 35°, 39° et 43° du I et aux 2° dans la seule mesure où cette autorité est celle compétente pour élaborer et approuver le plan, 5°, 6° et, dans la seule mesure où cette autorité est celle compétente pour élaborer et approuver le plan, 10° du II ». – NDLR.

(6) Plus précisément, le Conseil d'État a décidé que ce I issu du décret n° 2012-616 du 2 mai 2012 est annulé « en tant qu'il désigne l'autorité administrative de l'État compétente en matière d'environnement aux 1°, 3° à 5°, 8°, 14°, 15° dans la seule mesure où cette autorité est celle compétente pour élaborer et approuver le plan, schéma, programme ou document, aux 16°, 25°, 27°, 31°, 32°, 35°, 39° et 43° ». – NDLR.

(7) Sur la légalité du décret n° 2012-616 du 2 mai 2012 en général et sur l'illégalité de certaines des dispositions de l'article R. 122-17 du Code de l'environnement issue des articles 1er et 7 de ce décret, V. aussi ■ CE, 26 juin 2015, n° 360212, *Ass. France Nature Environnement : JurisData* n° 2015-015671 (et spécialement ses considérants 26 et suivants). – NDLR.

(8) Dispositions applicables aux demandes d'avis ou d'examen au cas par cas et aux demandes déposées en application de l'article L. 512-7 du Code de l'environnement qui sont enregistrées à compter du 5 juillet 2020, D. n° 2020-844, 3 juill. 2020.

(9) Dispositions d'application particulières et transitoires : V. D. n° 2021-1345, 13 oct. 2021.

(10) Dispositions applicables aux projets de plan pour lesquels l'autorité environnementale est saisie au titre de l'examen au cas par cas à compter du 2 juillet 2022. Lorsque l'autorité environnementale compétente au titre des dispositions en vigueur avant le 2 juillet 2022 a déjà prescrit la réalisation d'une évaluation environnementale pour un plan, elle reste compétente pour rendre un avis sur ce plan et son rapport environnemental en application de l'article R. 122-21 du Code de l'environnement, D. n° 2022-970, 1er juill. 2022, art. 4, II.

(11) Les présentes dispositions réglementaires peuvent être modifiées par des actes pris dans les mêmes formes que les actes dont elles étaient issues antérieurement au 1er septembre 2022, D. n° 2022-1025, 20 juill. 2022.

5° Schéma d'aménagement et de gestion des eaux prévu par les articles L. 212-3 à L. 212-6 du Code de l'environnement ;

6° Document stratégique de façade prévu par l'article L. 219-3, y compris son chapitre relatif au plan d'action pour le milieu marin ;

7° Document stratégique de bassin maritime prévu par les articles L. 219-3 et L. 219-6 ;

8° Programmation pluriannuelle de l'énergie prévue aux articles L. 141-1 et L. 141-5 du Code de l'énergie ;

8° *bis* Stratégie nationale de mobilisation de la biomasse prévue à l'article L. 211-8 du Code de l'énergie ;

8° *ter* Schéma régional de biomasse prévu par l'article L. 222-3-1 du Code de l'environnement ;

9° Schéma régional du climat, de l'air et de l'énergie prévu par l'article L. 222-1 du Code de l'environnement ;

9° *bis* Stratégie nationale bas carbone prévue à l'article L. 222-1 B ;

10° Plan climat air énergie territorial prévu par l'article R. 229-51 du Code de l'environnement ;

11° Charte de parc naturel régional prévue au II de l'article L. 333-1 du Code de l'environnement ;

12° 12° Charte de parc national prévue par l'article L. 331-3 du Code de l'environnement ;

13° Plan départemental des itinéraires de randonnée motorisée prévu par l'article L. 361-2 du Code de l'environnement ;

14° Orientations nationales pour la préservation et la remise en bon état des continuités écologiques prévues à l'article L. 371-2 du Code de l'environnement ;

15° Schéma régional de cohérence écologique prévu par l'article L. 371-3 du Code de l'environnement ;

16° Plans et programmes soumis à évaluation des incidences Natura 2000 au titre de l'article L. 414-4 du Code de l'environnement, à l'exception de ceux mentionnés au IV de l'article L. 122-4 du même code ;

17° Schéma mentionné à l'article L. 515-3 du Code de l'environnement ;

18° Plan national de prévention des déchets prévu par l'article L. 541-11 du Code de l'environnement ;

19° Plan national de prévention et de gestion de certaines catégories de déchets prévu par l'article L. 541-11-1 du Code de l'environnement ;

20° Plan régional de prévention et de gestion des déchets prévu par l'article L. 541-13 du Code de l'environnement ;

21° Plan national de gestion des matières et déchets radioactifs prévu par l'article L. 542-1-2 du Code de l'environnement ;

22° Plan de gestion des risques d'inondation prévu par l'article L. 566-7 du Code de l'environnement ;

22° *bis* Programmes d'actions de prévention des inondations ;

23° Programme d'actions national pour la protection des eaux contre la pollution par les nitrates d'origine agricole prévu par le IV de l'article R. 211-80 du Code de l'environnement ;

24° Programme d'actions régional pour la protection des eaux contre la pollution par les nitrates d'origine agricole prévu par le IV de l'article R. 211-80 du Code de l'environnement ;

25° Programme national de la forêt et du bois prévu par l'article L. 121-2-2 du Code forestier ;

26° Programme régional de la forêt et du bois prévu par l'article L. 122-1 du Code forestier et en Guyane, schéma pluriannuel de desserte forestière ;

27° Directives d'aménagement mentionnées au 1° de l'article L. 122-2 du Code forestier ;

28° Schéma régional mentionné au 2° de l'article L. 122-2 du Code forestier ;

29° Schéma régional de gestion sylvicole mentionné au 3° de l'article L. 122-2 du Code forestier ;

30° Schéma départemental d'orientation minière prévu par l'article L. 621-1 du Code minier ;

31° Les 4° et 5° du projet stratégique des grands ports maritimes, prévus à l'article R. 5312-63 du Code des transports ;

32° Réglementation des boisements prévue par l'article L. 126-1 du Code rural et de la pêche maritime ;

33° Schéma régional de développement de l'aquaculture marine prévu par l'article L. 923-1-1 du Code rural et de la pêche maritime ;

34° Schéma national des infrastructures de transport prévu par l'article L. 1212-1 du Code des transports ;

35° Schéma régional des infrastructures de transport prévu par l'article L. 1213-1 du Code des transports ;

36° Plan de mobilité prévu par les articles L. 1214-1 et L. 1214-9 du Code des transports ;

37° Contrat de plan État-région prévu par l'article 11 de la loi n° 82-653 du 29 juillet 1982 portant réforme de la planification ;

38° Schéma régional d'aménagement, de développement durable et d'égalité des territoires prévu par l'article L. 4251-1 du Code général des collectivités territoriales ;

39° Schéma de mise en valeur de la mer élaboré selon les modalités définies à l'article 57 de la loi n° 83-8 du 7 janvier 1983 relative à la répartition des compétences entre les communes, les départements et les régions ;
40° Schéma d'ensemble du réseau de transport public du Grand Paris et contrats de développement territorial prévus par les articles 2, 3 et 21 de la loi n° 2010-597 du 3 juin 2010 relative au Grand Paris ;
41° Schéma des structures des exploitations de cultures marines prévu par à l'article D. 923-6 du Code rural et de la pêche maritime ;
42° Schéma directeur territorial d'aménagement numérique mentionné à l'article L. 1425-2 du Code général des collectivités territoriales ;
43° Directive territoriale d'aménagement et de développement durable prévue à l'article L. 102-4 du Code de l'urbanisme ;
43° *bis* Directive territoriale d'aménagement prévue à l'article L. 172-1 du Code de l'urbanisme ;
44° Schéma directeur de la région d'Île-de-France prévu à l'article L. 123-1 du Code de l'urbanisme ;
45° Schéma d'aménagement régional prévu à l'article L. 4433-7 du Code général des collectivités territoriales ;
46° Plan d'aménagement et de développement durable de Corse prévu à l'article L. 4424-9 du Code général des collectivités territoriales ;
47° Schéma de cohérence territoriale ;
48° Plan local d'urbanisme ;
49° Prescriptions particulières de massif prévues à l'article L. 122-24 du Code de l'urbanisme ;
49° *bis* Les unités touristiques nouvelles structurantes prévues au second alinéa de l'article L. 122-20 du Code de l'urbanisme et mentionnées à l'article R. 104-17-1 et aux *a* et *c* du 1° de l'article R. 104-17-2 de ce code ;
49° *ter* Les unités touristiques nouvelles locales prévues au second alinéa de l'article L. 122-21 du Code de l'urbanisme lorsqu'elles permettent la réalisation de travaux, aménagements, ouvrages ou installations susceptibles d'affecter de manière significative un site Natura 2000 ;
50° Schéma d'aménagement prévu à l'article L. 121-28 du Code de l'urbanisme ;
51° Carte communale lorsqu'elle permet la réalisation de travaux, aménagements, ouvrages ou installations susceptibles d'affecter de manière significative un site Natura 2000 ;
52° Schéma territorial d'aménagement et d'urbanisme prévu par le code local de l'urbanisme de la collectivité de Saint-Pierre-et-Miquelon ;
53° Plans d'exposition au bruit prévus à l'article L. 112-6 du Code de l'urbanisme pour les aérodromes classés en catégories A et B en application de l'article R. 222-5 du Code de l'aviation civile.

II. – Les plans et programmes susceptibles de faire l'objet d'une évaluation environnementale après un examen au cas par cas sont énumérés ci-dessous :

1. Directive de protection et de mise en valeur des paysages prévue par l'article L. 350-1 du Code de l'environnement ;
2. Plan de prévention des risques technologiques prévu par l'article L. 515-15 du Code de l'environnement et plan de prévention des risques naturels prévisibles prévu par l'article L. 562-1 du même code ;
3. Stratégie locale de développement forestier prévue par l'article L. 123-1 du Code forestier ;
4. Zones mentionnées aux 1° à 4° de l'article L. 2224-10 du Code général des collectivités territoriales ;
5. Plan de prévention des risques miniers prévu par l'article L. 174-5 du Code minier ;
6. Zone spéciale de carrière prévue par l'article L. 321-1 du Code minier ;
7. Zone d'exploitation coordonnée des carrières prévue par l'article L. 334-1 du Code minier ;
8. Plan de sauvegarde et de mise en valeur prévu par l'article L. 631-3 du Code du patrimoine ;

8° *bis* Plan de valorisation de l'architecture et du patrimoine prévu par l'article L. 631-4 du Code du patrimoine ;

9. Plan de mobilité prévu par l'article L. 1214-30 du Code des transports ;
10. Plan de sauvegarde et de mise en valeur prévu par l'article L. 313-1 du Code de l'urbanisme ;
11. Plans d'exposition au bruit prévus à l'article L. 112-6 du Code de l'urbanisme ne relevant pas du I ;
12. Carte communale ne relevant pas du I du présent article ;

12° *bis* Les unités touristiques nouvelles structurantes prévues au second alinéa de l'article L. 122-20 du Code de l'urbanisme et ne relevant pas du I du présent article ;
12° *ter* Les unités touristiques nouvelles locales prévues au second alinéa de l'article L. 122-21 du Code de l'urbanisme et ne relevant pas du I du présent article ;

13. Plan de protection de l'atmosphère prévu par l'article L. 222-4 du Code de l'environnement ;

14. Programmes opérationnels de coopération territoriale européenne mentionnés au 1° du I dès lors qu'ils répondent aux critères définis au III de l'article L. 122-4 du présent code ;

15. Avenants à la convention passée entre l'État et la Compagnie nationale du Rhône au titre de la concession prévue par la loi du 27 mai 1921 approuvant le programme des travaux d'aménagement du Rhône, de la frontière suisse à la mer, au triple point de vue des forces motrices, de la navigation et des irrigations et autres utilisations agricoles, et créant les ressources financières correspondantes.

III. – Lorsqu'un plan ou un programme relevant du champ du II ou du III de l'article L. 122-4 ne figure pas dans les listes établies en application du présent article, le ministre chargé de l'environnement, de sa propre initiative ou sur demande de l'autorité responsable de l'élaboration du projet de plan ou de programme, conduit un examen afin de déterminer si ce plan ou ce programme relève du champ de l'évaluation environnementale systématique ou d'un examen au cas par cas, en application des dispositions du IV de l'article L. 122-4.

L'arrêté du ministre chargé de l'environnement soumettant un plan ou un programme à évaluation environnementale systématique ou après examen au cas par cas est publié au *Journal officiel* de la République française et mis en ligne sur le site internet du ministère chargé de l'environnement.

Ses effets cessent au plus tard un an après son entrée en vigueur ou à l'entrée en vigueur de la révision des listes figurant au I et II du présent article, si elle est antérieure.

IV. – Pour les plans et programmes soumis à évaluation environnementale en application du I, du II ou du III, l'autorité environnementale est :

1° La formation d'autorité environnementale de l'inspection générale de l'environnement et du développement durable pour les plans et programmes dont le périmètre excède les limites territoriales d'une région ou qui donnent lieu à une approbation par décret ou à une décision ministérielle, à l'exception de ceux mentionnés au 53° du I et au 11° du II, ainsi que pour les plans et programmes mentionnés aux 1°, 4°, 8°, 8° *ter*, 9°, 11°, 15°, 17°, 22°, 24°, 30°, 37° et 38° du I et au 13° du II ;

2° La mission régionale d'autorité environnementale de l'inspection générale de l'environnement et du développement durable pour les autres plans et programmes mentionnés au I et au II.

Le ministre chargé de l'environnement peut, par décision motivée au regard de la complexité et des enjeux environnementaux du dossier, confier à la formation d'autorité environnementale de l'inspection générale de l'environnement et du développement durable la charge de se prononcer en lieu et place de la mission régionale d'autorité environnementale territorialement compétente.

Dans ce cas, la mission régionale d'autorité environnementale transmet sans délai le dossier à la formation d'autorité environnementale de l'inspection générale de l'environnement et du développement durable. Les délais prévus aux articles R. 122-18 et R. 122-21 courent à compter de la date de réception du dossier par la formation d'autorité environnementale de l'inspection générale de l'environnement et du développement durable. Celle-ci notifie à la personne publique responsable ce nouveau délai.

V. – Lorsqu'elle est prévue par la législation ou la réglementation applicable, la révision d'un plan, schéma, programme ou document de planification mentionné au I fait l'objet d'une nouvelle évaluation.

Lorsqu'elle est prévue par la législation ou la réglementation applicable, la révision d'un plan, schéma, programme ou document de planification mentionné au II fait l'objet d'une nouvelle évaluation après un examen au cas par cas.

VI. – Sauf disposition particulière, les autres modifications d'un plan, schéma, programme ou document de planification mentionné au I ou au II ne font l'objet d'une évaluation environnementale qu'après un examen au cas par cas qui détermine, le cas échéant, si l'évaluation environnementale initiale doit être actualisée ou si une nouvelle évaluation environnementale est requise.

VII. – Par dérogation aux dispositions de la présente section, les règles relatives à l'évaluation environnementale des plans et programmes mentionnés aux rubriques 43° à 51° du I et 12° à 12° *ter* du II sont régies par les dispositions du chapitre IV du titre préliminaire du Code de l'urbanisme.

1) Autonomie de l'autorité environnementale. *a) Critère fonctionnel et non pas organique.* Une même autorité peut élaborer un plan ou programme et être chargée de la consultation en matière environnementale. Il n'est pas nécessaire, en particulier, qu'une autre autorité de consultation soit créée ou désignée, pour autant que, au sein de l'autorité normalement chargée de procéder à la consultation en matière environnementale et désignée comme telle, une séparation fonctionnelle soit organisée de manière à ce qu'une entité administrative, interne à celle-ci, dispose d'une autonomie réelle, impliquant notamment qu'elle soit pourvue de moyens administratifs et humains qui lui sont propres, et soit ainsi en mesure de remplir les missions confiées aux autorités de consultation par ces dispositions (■ CJUE, 20 oct. 2011, aff. C-474/10, *Seaport : RJE* avr. 2012, n° 2, p. 283, comm. O. Vidal). Or, en confiant à la même autorité la compétence pour élaborer et approuver les plans et documents et la compétence consultative en matière environnementale aux 1°, 3° à 5°, 8°, 14° et 15° dans cette seule mesure, aux 16°, 25°, 27°, 31°, 32°, 35°, 39° et 43° du I et aux 2° dans cette seule mesure, 5°, 6° et 10° dans cette seule mesure du II de l'article R. 122-17, sans prévoir de disposition de nature à garantir que la compétence consultative en matière environnementale serait exercée, au sein de cette autorité, par une entité disposant d'une autonomie effective, le décret n° 2012-616 du 2 mai 2012 a méconnu les exigences découlant du paragraphe 3 de l'article 6 de la directive n° 2001/42/CE du 27 juin 2001 (■ CE, 26 juin 2015, n° 360212, *FNE*). ***b) Sur la modulation dans le temps des effets de l'annulation des dispositions illégales de l'article R. 122-7.*** Il résulte de l'interprétation donnée par la CJUE (■ CJUE, 28 juill. 2016, C-379/15, *Assoc. France Nature Environnement* : O. Mamoudy, *Encadrement de la possibilité pour le juge national de maintenir en vigueur un acte contraire au droit de l'Union : AJDA* 2016, n° 39, p. 2226) que si le Conseil d'État ne saurait, dans le cadre du recours pour excès de pouvoir contre le décret n° 2012-616 du 2 mai 2012, maintenir provisoirement en vigueur les dispositions jugées contraires au droit de l'Union, faute de pouvoir porter par avance une appréciation circonstanciée, au regard des conditions énoncées par la Cour (dans ■ CJUE, 28 févr. 2012, C-41/11, *Inter-Environnement Wallonie et Terre wallonne*), sur les décisions dont la légalité pourrait être mise en cause en raison de l'annulation du décret litigieux, il appartient en revanche aux juridictions administratives devant lesquelles il serait soutenu à bon droit qu'un plan ou programme pris en application du décret attaqué ou qu'un acte pris sur le fondement d'un de ces plans ou programmes est illégal au motif qu'il a été pris sur le fondement de ces dispositions ou que la procédure d'adoption du plan ou programme a méconnu la directive du 27 juin 2001, d'apprécier s'il y a lieu de maintenir provisoirement en vigueur l'acte attaqué et de vérifier, à ce titre, si les conditions énoncées par la CJUE sont remplies (■ CE, 3 nov. 2016, n° 360212, *Assoc. France Nature Environnement : JurisData* n° 2016-023473).

2) Projets soumis à évaluation environnementale. *a) Notion de « plans et programmes ».* Un acte réglementaire portant sur les modalités d'aménagement d'installations éoliennes, qui doivent être respectées dans le cadre de la délivrance d'autorisations administratives portant sur l'implantation et l'exploitation de telles installations, relève de la notion de « plans et programmes » au sens de la directive 2001/42/CE du 27 juin 2001 et peut donc être soumis à évaluation environnementale (■ CJUE, 27 oct. 2016, C-290/15, *Patrice D'Oultremont e. a. c/ Région wallonne*). ***b) Application aux chartes des parcs naturels régionaux.*** L'article L. 122-4 du Code de l'environnement ne fait pas obstacle à ce que les chartes des parcs naturels régionaux soient soumises à une obligation d'évaluation environnementale. En tant qu'il soumet à une obligation d'évaluation environnementale les chartes des parcs naturels régionaux, le décret n° 2012-616 du 2 mai 2012 n'est entaché d'aucune erreur manifeste d'appréciation, eu égard à l'objet de ces actes et au fait que les contraintes procédurales qu'impose la réalisation d'une telle évaluation ne sauraient être regardées comme manifestement excessives (■ CE, 28 avr. 2017, n° 383552, *Féd. des parcs naturels régionaux de France*).

3) Projets exclus. ZDE. La création d'une zone de développement de l'éolien n'a pas à être précédée d'une évaluation environnementale (■ CAA Nancy, 2 août 2012, n° 11NC01549, *Min. Écologie, Développement durable, Transports et Logement c/ Sté Innovent*).

4) Programme autoroutier. Si des associations soutiennent que le programme autoroutier français a fait l'objet d'une évaluation insuffisante au regard des directives n° 2001/42/CE du 27 juin 2001 et n° 2003/35/CE du 26 mai 2003, le décret attaqué n'a pas été pris pour l'application d'un plan ou d'un schéma national qui aurait dû faire l'objet d'une étude d'impact globale sur l'environnement en application des dispositions de ces directives (■ CE, 21 mai 2008, n° 301688, *Féd. Sepanso : Environnement* juill. 2008, n° 7, comm. 108 ; *Dr. env.* 7 juill. 2008, n° 7, comm. 98).

5) PPR. Les PPRN entrent dans la catégorie des plans et programmes destinés uniquement à des fins de défense nationale et de protection civile et ne sont pas soumis, à ce titre, à l'obligation de réaliser une évaluation environnementale (■ CE, 29 janv. 2014, n° 356085, *De l'évaluation environnementale des plans de prévention des risques naturels prévisibles : JCP* A 2014, n° 13, p. 25, comm. S. Defix ; *Inapplicabilité aux plans de prévention des risques naturels prévisibles de la procédure d'évaluation environnementale prévue par la directive du 27 juin 2001 : Environnement* avr. 2014, n° 4, p. 32). Il convient toutefois de noter que, depuis le 1er janvier 2013, les PPR doivent faire l'objet d'un examen au cas par cas, pour évaluer la nécessité ou non de produire une telle évaluation.

6) Décret relatif à la révision des critères de délimitation des zones agricoles défavorisées autres que les zones de montagne. Le décret attaqué, en tant qu'il donne effet aux dispositions du cadre national relatives aux paiements destinés aux agriculteurs situés dans les zones soumises à des contraintes naturelles ou autres contraintes spécifiques, lesquelles ont pour principal objet d'assurer une plus grande objectivité et une meilleure équité dans la répartition de ces aides visant essentiellement à indemniser les agriculteurs pour la part de coûts supplémentaires et de la perte de revenu résultant de contraintes naturelles ou spécifiques, n'est pas au nombre des plans et programmes devant faire l'objet d'une évaluation environnementale systématique en application du I de l'article R. 122-7 du Code de l'environnement (▪ CE, 27 mai 2021, n° 434951, *Assoc. Pour que vive la Piège*).

7) Plans de prévention du bruit dans l'environnement. Dès lors que les plans de prévention du bruit dans l'environnement se bornent à recenser les actions déjà engagées ou prévues au titre de la lutte contre les nuisances sonores, avec l'accord des autorités compétentes pour leur mise en œuvre, et à définir des objectifs indicatifs de réduction du bruit dans certaines zones exposées, ils ne peuvent être regardés comme ayant pour objet de définir le cadre de mise en œuvre de travaux ou projets et ne sont donc pas au nombre des plans et programmes au sens de l'article L. 122-4 du Code de l'environnement, pris pour la transposition de l'article 3 de la directive 2001/42/CE, qui doivent être soumis à une évaluation environnementale préalable (▪ CE, 28 oct. 2021, n° 447123, *Assoc. de défense contre les nuisances aériennes*).

8) Plans d'exposition aux bruits des aérodromes. Au voisinage des aérodromes, les plans d'exposition au bruit délimitent des zones géographiques en fonction de leur exposition au bruit des aéronefs, selon des valeurs d'indices qui peuvent donner lieu à une modulation dans certaines limites et en décidant, le cas échéant, de la création d'une zone D et de secteurs particuliers en zone C. Par ailleurs, par cette délimitation, ils déterminent les conditions d'utilisation des sols, qui s'imposent aux projets de construction et d'aménagement. Ces plans doivent, en conséquence, être regardés comme définissant, au sens des dispositions de l'article L. 122-4 du Code de l'environnement, le cadre d'autorisation et de mise en œuvre de projets et comme devant faire l'objet d'une évaluation environnementale (▪ CE, 28 oct. 2021, n° 447123, *Assoc. de défense contre les nuisances aériennes*).

9) Documents d'aménagement forestier. Bien que le document d'aménagement forestier est exigé par des dispositions législatives et est adopté par l'État, il n'a ni pour objet ni pour effet de définir un ensemble significatif de critères et de modalités devant être mis en œuvre par les autorités compétentes pour autoriser des projets, au sens de la directive du 13 décembre 2011, affectant les bois et forêts concernés, mais permet directement la réalisation des coupes prévues, sans autorisation préalable. Par suite, il ne constitue pas un plan ou programme au sens de la directive du 27 juin 2001 précitée et de l'article L. 122-4 du Code de l'environnement (▪ CE, 21 avr. 2023, n° 453009, *Assoc. France Nature Environnement*).

10) Actes modificatifs. Saisie d'une question préjudicielle portant sur l'interprétation de l'article 3 de la directive n° 2001/42/CE relative à l'évaluation des incidences de certains plans et programmes sur l'environnement, la CJUE a rappelé que, contrairement aux actes d'abrogation, la directive n° 2001/42/CE inclut expressément dans son champ d'application les actes modificatifs des plans et de programmes. Toute exception ou limitation doit revêtir une acception stricte. Par conséquent, l'adoption d'un acte comportant un plan ou un programme relatif à l'aménagement du territoire et à l'affectation des sols relevant de la directive n° 2001/42/CE qui modifie un plan ou un programme préexistant ne peut être dispensée de l'obligation de procéder à une évaluation environnementale en vertu de cette directive au motif que cet acte vise à préciser et à mettre en œuvre un plan directeur instauré par un acte hiérarchiquement supérieur qui n'a lui-même pas fait l'objet d'une telle évaluation environnementale (▪ CJUE, 10 sept. 2015, n° C-473/14, *Dimos Kropias Attikis c/ Ypourgos Perivallontos, Energeias kai Kiimatikis Allagis : JCP* A, n° 1, p. 33, obs. C. Roche).

Sous-section 2. – Examen au cas par cas

Art. R. 122-18 ***(Rempl. à compter du 1er janvier 2013, D. n° 2012-616, 2 mai 2012 ; mod., D. n° 2016-519, 28 avr. 2016*** (1) (2) ***; D. n° 2016-1110, 11 août 2016). – I. – (Mod. à compter du 1er septem-***

(1) Les présentes dispositions peuvent être modifiées par décret en Conseil d'État, D. n° 2016-519, 28 avr. 2016, art. 4, I.

(2) Dispositions d'application transitoires : V. D. n° 2016-519, 28 avr. 2016, art. 5.

bre 2022, D. n° 2022-1025, 20 juill. 2022) (1) Pour les plans, schémas, programmes ou documents de planification faisant l'objet d'une évaluation environnementale après un examen au cas par cas en application du II, du second alinéa du V ainsi que du VI de l'article R. 122-17, l'autorité environnementale détermine, au regard des informations fournies par la personne publique responsable et des critères de l'annexe II de la directive n° 2001/42/CE du Parlement européen et du Conseil du 27 juin 2001 relative à l'évaluation des incidences de certains plans et programmes sur l'environnement, si une évaluation environnementale doit être réalisée. Lorsque l'autorité environnementale au sens du III de l'article R. 122-17 est la mission régionale d'autorité environnementale de l'inspection générale de l'environnement et du développement durable, le service régional chargé de l'environnement (appui à la mission régionale d'autorité environnementale) instruit la demande et transmet son avis à la mission régionale qui prend alors sa décision.

(Mod. à compter du 1er septembre 2022, D. n° 2022-1025, 20 juill. 2022) (1) Dès qu'elles sont disponibles et, en tout état de cause, à un stade précoce dans l'élaboration du plan, schéma, programme ou document de planification, la personne publique responsable transmet à la formation d'autorité environnementale ou, lorsque la mission régionale d'autorité environnementale de l'inspection générale de l'environnement et du développement durable est compétente, au service régional chargé de l'environnement (appui à la mission régionale d'autorité environnementale) les informations suivantes :

– une description des caractéristiques principales du plan, schéma, programme ou document de planification, en particulier la mesure dans laquelle il définit un cadre pour d'autres projets ou activités ;

– une description des caractéristiques principales, de la valeur et de la vulnérabilité de la zone susceptible d'être touchée par la mise en œuvre du plan, schéma, programme ou document de planification ;

– une description des principales incidences sur l'environnement et la santé humaine de la mise en œuvre du plan, schéma, programme ou document de planification.

II. – Dès réception de ces informations, la formation d'autorité environnementale ou le service régional chargé de l'environnement (appui à la mission régionale d'autorité environnementale), sans délai :

a) En accuse réception, en indiquant la date à laquelle est susceptible de naître la décision implicite mentionnée au III ;

b) Les met en ligne en indiquant la date à laquelle est susceptible de naître la décision implicite mentionnée au III ;

c) (Mod. à compter du 1er septembre 2022, D. n° 2022-1025, 20 juill. 2022) (1) Si l'autorité environnementale décide de consulter les autorités de santé, elle les transmet pour avis soit au ministre chargé de la santé lorsqu'il s'agit d'un plan, schéma, programme ou document de planification pour lequel la formation d'autorité environnementale de l'inspection générale de l'environnement et du développement durable est compétente, soit au directeur général de l'agence régionale de santé lorsque la mission régionale d'autorité environnementale de l'inspection générale de l'environnement et du développement durable est compétente.

La consultation des autorités mentionnées au *c* porte sur la nécessité de réaliser ou non l'évaluation environnementale du plan, schéma, programme ou document de planification. Elle est réputée réalisée en l'absence de réponse dans le délai d'un mois à compter de la réception de la transmission des informations mentionnées au I. En cas d'urgence, l'autorité environnementale peut réduire ce délai sans que celui-ci puisse être inférieur à dix jours ouvrés.

III. – L'autorité environnementale dispose d'un délai de deux mois à compter de la réception des informations mentionnées au I pour informer, par décision motivée, la personne publique responsable de la nécessité ou non de réaliser une évaluation environnementale. L'absence de décision notifiée au terme de ce délai vaut obligation de réaliser une évaluation environnementale.

Cette décision est mise en ligne. Cette décision ou la mention de son caractère tacite figure également dans le dossier soumis à enquête publique ou mis à disposition du public.

(Mod. à compter du 1er septembre 2022, D. n° 2022-1025, 20 juill. 2022) (1) Lorsque la décision est rendue par la mission régionale d'autorité environnementale de l'inspection générale de l'environnement et du développement durable, elle est transmise pour information au préfet de région lorsque le périmètre du plan,

(1) Les présentes dispositions réglementaires peuvent être modifiées par des actes pris dans les mêmes formes que les actes dont elles étaient issues antérieurement au 1er septembre 2022, D. n° 2022-1025, 20 juill. 2022.

schéma, programme ou autre document de planification est régional ou aux préfets des départements concernés dans les autres cas.

IV (1). **– Tout recours contentieux contre la décision imposant la réalisation d'une évaluation environnementale doit, à peine d'irrecevabilité, être précédé d'un recours administratif préalable devant l'« autoritéenvironnementale »** (2) **qui a pris la décision.**

1) Exemple d'application. C'est à bon droit que le préfet écarte, à l'issue d'un examen au cas par cas, la nécessité de réaliser une évaluation environnementale de la modification d'un schéma départemental des carrières, en raison du caractère mineur des modifications opérées, compte tenu notamment de la superficie limitée des quatre nouveaux sites susceptibles d'être exploités par rapport à la superficie totale des sites exploitables, du fait que le volume global de matériaux extraits restera inchangé et de l'absence de remise en cause de l'économie générale du schéma (▪ CE, réf., 19 juin 2015, n° 386291, *Cne de Saint-Leu : JurisData* n° 2015-014646 ; X. De Lesquen, *JCP* A 2015, n° 46, p. 44-48 ; F. Ferrand, *RTDI* oct. 2015, n° 4, p. 21-22).

2) Dispense d'évaluation environnementale. Décision insusceptible de recours. Si la décision imposant la réalisation d'une évaluation environnementale est un acte faisant grief susceptible d'être déféré au juge de l'excès de pouvoir après exercice d'un recours administratif préalable, tel n'est pas le cas de l'acte par lequel l'autorité de l'État compétente en matière d'environnement décide de dispenser d'évaluation environnementale un plan, schéma, programme ou autre document de planification. Un tel acte a le caractère d'une mesure préparatoire à l'élaboration de ce plan, schéma, programme ou document, insusceptible d'être déférée au juge de l'excès de pouvoir. La décision de dispense d'évaluation environnementale pourra, en revanche, être contestée à l'occasion de l'exercice d'un recours contre la décision approuvant le plan, schéma, programme ou document (▪ CE, avis, 6 avr. 2016, n° 395916 : *Dr. env.* 2016, n° 244, p. 155, obs. D. Deharbe ; *Énergie – Env. – Infrastr.* juill. 2016, p. 46, note F. Jamay. ▪ CAA Versailles, 21 avr. 2023, n° 21VE00261, *Cne de Grigny*).

Sous-section 3. – Cadrage préalable et rapport sur les incidences environnementales

(Intitulé mod., D. n° 2016-1110, 11 août 2016)

Art. R. 122-19 *(Rempl. à compter du 1er janvier 2013, D. n° 2012-616, 2 mai 2012 ; mod., D. n° 2016-519, 28 avr. 2016* (3) (4)*; D. n° 2016-1110, 11 août 2016).* **– Sans préjudice de sa responsabilité quant à la qualité de l'évaluation environnementale, la personne publique chargée de l'élaboration ou de la modification d'un plan, schéma, programme ou document de planification peut consulter l'autorité environnementale sur l'ampleur et le degré de précision des informations à fournir dans le rapport sur les incidences environnementales.**

L'autorité environnementale précise les éléments permettant d'ajuster le contenu du rapport sur les incidences environnementales à la sensibilité des milieux et aux impacts potentiels du plan, schéma, programme ou document de planification sur l'environnement ou la santé humaine ainsi que, s'il y a lieu, la nécessité d'étudier les incidences notables du plan, schéma, programme ou document de planification sur l'environnement d'un autre État membre de l'Union européenne.

(Mod. à compter du 1er septembre 2022, D. n° 2022-1025, 20 juill. 2022) (5) **La demande est adressée à la formation d'autorité environnementale de l'inspection générale de l'environnement et du développement durable ou, lorsque la mission régionale d'autorité environnementale de l'inspection générale de l'environnement et du développement durable est compétente, au service régional chargé de l'environnement (appui à la mission régionale d'autorité environnementale) qui lui propose un projet de réponse.**

---

(1) V. ▪ CE avis, 6 avr. 2016, n° 395916, *M. B. ... : JurisData* n° 2016-005851 (concernant une décision dispensant de la réalisation d'une évaluation environnementale). – NDLR.

(2) D. n° 2016-1110, 11 août 2016, art. 4, I.

(3) Les présentes dispositions peuvent être modifiées par décret en Conseil d'État, D. n° 2016-519, 28 avr. 2016, art. 4, I.

(4) Dispositions d'application transitoires : V. D. n° 2016-519, 28 avr. 2016, art. 5.

(5) Les présentes dispositions réglementaires peuvent être modifiées par des actes pris dans les mêmes formes que les actes dont elles étaient issues antérieurement au 1er septembre 2022, D. n° 2022-1025, 20 juill. 2022.

(Mod. à compter du 1er septembre 2022, D. n° 2022-1025, 20 juill. 2022) (1) Lorsque l'avis est donné par la mission régionale d'autorité environnementale de l'inspection générale de l'environnement et du développement durable, il est transmis pour information au préfet de région lorsque le périmètre du plan, schéma, programme ou autre document de planification est régional ou aux préfets des départements concernés dans les autres cas.

Art. R. 122-20 *(Rempl. à compter du 1er janvier 2013, D. n° 2012-616, 2 mai 2012 ; mod., D. n° 2016-1110, 11 août 2016 ; D. n° 2017-626, 25 avr. 2017 ; mod. à compter du 1er août 2021, D. n° 2021-837, 29 juin 2021).* – I. – L'évaluation environnementale est proportionnée à l'importance du plan, schéma, programme et autre document de planification, aux effets de sa mise en œuvre ainsi qu'aux enjeux environnementaux de la zone considérée.

II. – Le rapport sur les incidences environnementales, qui rend compte de la démarche d'évaluation environnementale, comprend un résumé non technique des informations prévues ci-dessous :

1° Une présentation générale indiquant, de manière résumée, les objectifs du plan, schéma, programme ou document de planification et son contenu, son articulation avec d'autres plans, schémas, programmes ou documents de planification et, le cas échéant, si ces derniers ont fait, feront ou pourront eux-mêmes faire l'objet d'une évaluation environnementale ;

2° Une description de l'état initial de l'environnement sur le territoire concerné, les perspectives de son évolution probable si le plan, schéma, programme ou document de planification n'est pas mis en œuvre, les principaux enjeux environnementaux de la zone dans laquelle s'appliquera le plan, schéma, programme ou document de planification et les caractéristiques environnementales des zones qui sont susceptibles d'être touchées par la mise en œuvre du plan, schéma, programme ou document de planification. Lorsque l'échelle du plan, schéma, programme ou document de planification le permet, les zonages environnementaux existants sont identifiés ;

3° Les solutions de substitution raisonnables permettant de répondre à l'objet du plan, schéma, programme ou document de planification dans son champ d'application territorial. Chaque hypothèse fait mention des avantages et inconvénients qu'elle présente, notamment au regard des 1° et 2° ;

4° L'exposé des motifs pour lesquels le projet de plan, schéma, programme ou document de planification a été retenu notamment au regard des objectifs de protection de l'environnement ;

5° L'exposé :

a) Des incidences notables probables de la mise en œuvre du plan, schéma, programme ou autre document de planification sur l'environnement, et notamment, s'il y a lieu, sur la santé humaine, la population, la diversité biologique, la faune, la flore, les sols, les eaux, l'air, le bruit, le climat, le patrimoine culturel architectural et archéologique et les paysages.

Les incidences notables probables sur l'environnement sont regardées en fonction de leur caractère positif ou négatif, direct ou indirect, temporaire ou permanent, à court, moyen ou long terme ou encore en fonction de l'incidence née du cumul de ces incidences. Elles prennent en compte les incidences cumulées du plan ou programme avec d'autres plans ou programmes connus ;

b) De l'évaluation des incidences Natura 2000 mentionnée à l'article L. 414-4 ;

6° La présentation successive des mesures prises pour :

a) Éviter les incidences négatives sur l'environnement du plan, schéma, programme ou autre document de planification sur l'environnement et la santé humaine ;

b) Réduire l'impact des incidences mentionnées au a ci-dessus n'ayant pu être évitées ;

c) Compenser, lorsque cela est possible, les incidences négatives notables du plan, schéma, programme ou document de planification sur l'environnement ou la santé humaine qui n'ont pu être ni évitées ni suffisamment réduites. S'il n'est pas possible de compenser ces incidences, la personne publique responsable justifie cette impossibilité.

Les mesures prises au titre du *b* du 5° sont identifiées de manière particulière.

7° La présentation des critères, indicateurs et modalités – y compris les échéances – retenus :

a) Pour vérifier, après l'adoption du plan, schéma, programme ou document de planification, la correcte appréciation des incidences défavorables identifiées au 5° et le caractère adéquat des mesures prises au titre du 6° ;

(1) Les présentes dispositions réglementaires peuvent être modifiées par des actes pris dans les mêmes formes que les actes dont elles étaient issues antérieurement au 1er septembre 2022, D. n° 2022-1025, 20 juill. 2022.

b) Pour identifier, après l'adoption du plan, schéma, programme ou document de planification, à un stade précoce, les impacts négatifs imprévus et permettre, si nécessaire, l'intervention de mesures appropriées ;

8° Une présentation des méthodes utilisées pour établir le rapport sur les incidences environnementales et, lorsque plusieurs méthodes sont disponibles, une explication des raisons ayant conduit au choix opéré ;

9° Le cas échéant, l'avis émis par l'État membre de l'Union européenne consulté conformément aux dispositions de l'article L. 122-9 du présent code.

Voir : sur la compensation des atteintes à la biodiversité : art. L. 163-1 et s., p. 244 et art. D. 163-1 et s., p. 1683.

1) **Activités autorisées par un PLU.** L'évaluation environnementale élaborée dans le cadre d'un PLU doit analyser les incidences notables prévisibles de sa mise en œuvre sur l'environnement. Il n'a pas vocation à décrire l'ensemble des incidences des activités susceptibles d'être accueillies, ce qui justifie la régularité du rapport de présentation s'abstenant d'exposer l'impact visuel du panache de vapeur que dégagerait une centrale au gaz naturel (▪ CAA Douai, 13 juin 2013, n° 12DA00121) ou de comporter des photomontages permettant d'apprécier l'impact visuel sur le paysage environnant des éoliennes dont la construction était alors envisagée (▪ CE, 17 juill. 2013, n° 362022, *Cne d'Ollières : L'évaluation environnementale d'une révision simplifiée doit porter sur le document et non sur le projet : RD imm.* 2013, p. 548, comm. P. Soler-Couteaux, *Quel degré de précision exiger de l'évaluation environnementale lorsque le plan permet la réalisation de travaux et d'aménagements dans un secteur qu'il détermine ? : BJDU* 2013, p. 430, concl. F. Lambolez ; *Environnement* nov. 2013, n° 11, p. 35, note D. Gillig).

2) **SDRIF.** Si le projet de schéma directeur doit faire l'objet d'une évaluation environnementale destinée à identifier, décrire et évaluer les effets notables que sa mise en œuvre peut avoir sur l'environnement et à exposer les motifs du choix des principales orientations retenues, cette évaluation n'a pas à porter sur chacune des grandes infrastructures de transport susceptible de figurer au schéma directeur (▪ CE, 23 oct. 2015, n° 375814, *Cne de Maisons-Laffitte*).

3) **Contenu du rapport environnemental.** Les dispositions de l'article R. 122-20 du Code de l'environnement n'impliquent pas la production d'une étude technico-économique relative aux conséquences du schéma directeur d'aménagement et de gestion des eaux sur la filière agricole, le rapport environnemental afférent devant seulement exposer les effets probables du schéma, notamment sur la population mais pas sur les différents secteurs économiques dont ferait partie la filière agricole (▪ CAA Paris, 31 juill. 2020, n° 19PA00805, *Min. de la Transition écologique et solidaire*).

Sous-section 4. – Avis de l'autorité environnementale

(Intitulé mod., D. n° 2016-1110, 11 août 2016)

Art. R. 122-21 *(Rempl. à compter du 1er janvier 2013, D. n° 2012-616, 2 mai 2012 ; mod., D. n° 2016-519, 28 avr. 2016* (1) (2) *; D. n° 2016-1110, 11 août 2016 ; mod. à compter du 1er août 2021, D. n° 2021-837, 29 juin 2021).* **– I. – La personne publique responsable de l'élaboration ou de l'adoption du plan, schéma, programme ou document de planification transmet pour avis à l'autorité définie au IV de l'article R. 122-17 le dossier comprenant le projet de plan, schéma, programme ou document de planification, le rapport sur les incidences environnementales ainsi que les pièces et avis exigés par les législations et réglementations applicables et qui ont été rendus à la date de la saisine. Lorsque l'autorité environnementale est la mission régionale d'autorité environnementale, ces éléments sont transmis au service régional chargé de l'environnement (appui à la mission régionale d'autorité environnementale) qui prépare et met en forme toutes les informations nécessaires pour que la mission régionale puisse rendre son avis.**

II *(Mod. à compter du 1er septembre 2022, D. n° 2022-1025, 20 juill. 2022)* (3). **– L'autorité environnementale, ou lorsque la mission régionale d'autorité environnementale de l'inspection générale de l'environnement et du développement durable est compétente, le service régional chargé de l'environnement (appui à la mission régionale d'autorité environnementale) consulte le ministre chargé de la santé pour les plans**

(1) Les présentes dispositions peuvent être modifiées par décret en Conseil d'État, D. n° 2016-519, 28 avr. 2016, art. 4, I.

(2) Dispositions d'application transitoires : V. D. n° 2016-519, 28 avr. 2016, art. 5.

(3) Les présentes dispositions réglementaires peuvent être modifiées par des actes pris dans les mêmes formes que les actes dont elles étaient issues antérieurement au 1er septembre 2022, D. n° 2022-1025, 20 juill. 2022.

et programmes dépassant le cadre régional. Pour les autres plans et programmes, l'autorité environnementale ou, lorsque la mission régionale d'autorité environnementale de l'inspection générale de l'environnement et du développement durable est compétente, le service régional chargé de l'environnement (appui à la mission régionale d'autorité environnementale) consulte le directeur général de l'agence régionale de santé.

(Mod. à compter du 1er septembre 2022, D. n° 2022-1025, 20 juill. 2022) (1) Sont également consultés le ou les préfets territorialement concernés au titre de leurs attributions dans le domaine de l'environnement, le ou les préfets maritimes éventuellement concernés au titre des compétences en matière de protection de l'environnement qu'ils tiennent du décret n° 2004-112 du 6 février 2004 relatif à l'organisation de l'action de l'État en mer ou, le cas échéant, le ou les représentants de l'État en mer mentionnés par le décret n° 2005-1514 du 6 décembre 2005 relatif à l'organisation outre-mer de l'action de l'État en mer.

III. – La consultation est réputée réalisée en l'absence de réponse dans le délai d'un mois à compter de la réception de la demande par les autorités mentionnées au II. En cas d'urgence, l'autorité environnementale peut réduire ce délai sans que celui-ci puisse être inférieur à dix jours ouvrés.

IV. – L'autorité environnementale formule un avis sur le rapport sur les incidences environnementales et le projet de plan, schéma, programme ou document de planification dans les trois mois suivant la date de réception du dossier prévu au I. L'avis, dès son adoption, ou l'information relative à l'absence d'observations émises dans ce délai, est mis en ligne et transmis à la personne publique responsable.

(Mod. à compter du 1er septembre 2022, D. n° 2022-1025, 20 juill. 2022) (1) Lorsque l'avis est rendu par la mission régionale d'autorité environnementale de l'inspection générale de l'environnement et du développement durable, il est transmis pour information au préfet de région lorsque le périmètre du plan, schéma, programme ou autre document de planification est régional ou aux préfets de départements concernés dans les autres cas.

À défaut de s'être prononcée dans le délai indiqué au premier alinéa, l'autorité environnementale est réputée n'avoir aucune observation à formuler. Une information sur cette absence d'avis figure sur son site internet.

Sous-section 5. – Information et participation du public

Art. R. 122-22 ancien *(Abr., D. n° 2016-1110, 11 août 2016).*

Art. R. 122-22 *(Anc. art. R. 122-23, dénum., D. n° 2016-1110, 11 août 2016).* – I. – La personne publique responsable de l'élaboration ou de la modification d'un plan, schéma, programme ou document de planification susceptible d'avoir des incidences notables sur l'environnement d'un autre État membre de l'Union européenne ou lorsqu'un tel État en fait la demande transmet les documents et informations mentionnés au premier alinéa de l'article L. 122-8 aux autorités de cet État en lui demandant s'il souhaite entamer des consultations avant l'adoption du plan, schéma, programme ou document de planification et, le cas échéant, le délai raisonnable dans lequel il entend mener ces consultations. Elle en informe le ministre des Affaires étrangères.

Lorsque l'autorité n'est pas un service de l'État, elle fait transmettre le dossier par le préfet.

II. – Lorsqu'un État membre de l'Union européenne saisit pour avis une autorité française d'un plan, schéma, programme ou document de planification en cours d'élaboration et susceptible d'avoir des incidences notables sur l'environnement en France, l'autorité saisie transmet le dossier au ministre chargé de l'environnement qui informe cet État du souhait des autorités françaises d'entamer ou non des consultations et, le cas échéant, du délai raisonnable dans lequel il entend mener ces consultations. Il en informe le ministre des Affaires étrangères.

Art. R. 122-23 *(Anc. art. R. 122-24, dénum. et mod., D. n° 2017-626, 25 avr. 2017).* – I. – Dès l'adoption du plan, schéma, programme ou document de planification, la personne publique responsable informe sans délai le public des lieux, jours et heures où il peut en prendre connaissance ainsi que de la déclaration mentionnée au 2° du I de l'article L. 122-9 et des modalités par lesquelles toute personne peut obtenir, à ses frais, une copie de ces documents. Cette information indique l'adresse du site internet sur lequel ces documents sont consultables en ligne.

---

(1) Les présentes dispositions réglementaires peuvent être modifiées par des actes pris dans les mêmes formes que les actes dont elles étaient issues antérieurement au 1er septembre 2022, D. n° 2022-1025, 20 juill. 2022.

Cette information :

– fait l'objet d'une mention dans au moins un journal diffusé dans le territoire concerné par le plan, schéma, programme ou document de planification ;

– est transmise à l'autorité environnementale ainsi que, le cas échéant, aux États consultés en application de l'article R. 122-24 ;

– est publiée sur le site internet de la personne publique responsable ou, à défaut, sur celui de l'autorité environnementale saisie à cet effet.

II. – Les résultats du suivi prévu au 7° de l'article R. 122-20 donnent lieu à une actualisation de la déclaration prévue au 2° du I de l'article L. 122-10. Elle fait l'objet, dans les mêmes formes, de l'information et de la mise à disposition prévues au I.

Régularisation et absence de modification substantielle. Si aucune modification substantielle n'est apportée à l'avis de l'autorité environnementale opérant régularisation du vice tiré de la méconnaissance de l'article 6 de la directive du 27 juin 2001 relative à l'évaluation des incidences de certains plans et programmes sur l'environnement, les plans, schémas, programmes et autres documents de planification susceptibles d'avoir des incidences sur l'environnement, l'information du public et des organismes visés par la réglementation sur le nouvel avis de l'autorité environnementale ainsi recueilli prendra la forme d'une publication sur internet, dans les conditions prévues à l'article R. 122-23 du Code de l'environnement. Si au contraire le nouvel avis de l'autorité environnementale diffère substantiellement de celui qui a été porté à la connaissance du public dans le cadre de l'enquête publique, des consultations complémentaires devront être organisées à titre de régularisation, dans le cadre desquelles seront soumis au public et à ces organismes l'avis recueilli à titre de régularisation ainsi que tout autre élément de nature à régulariser d'éventuels vices révélés par le nouvel avis (▪ CAA Paris, 31 juill. 2020, n° 19PA00805, *Min. de la Transition écologique et solidaire*).

Section III. – Dispositions communes

(D. n° 2016-519, 28 avr. 2016) (1) (2)

Art. R. 122-24 ***(Rempl., D. n° 2020-844, 3 juill. 2020)*** **(3). –** ***(Mod. à compter du 1er septembre 2022, D. n° 2022-1025, 20 juill. 2022)*** **(4) Dans chaque région, la mission régionale d'autorité environnementale de l'inspection générale de l'environnement et du développement durable bénéficie de l'appui technique d'agents du service régional chargé de l'environnement pour l'exercice des missions prévues au présent chapitre et au chapitre IV du titre préliminaire du livre Ier du Code de l'urbanisme.**

Pour cet appui, les agents du service régional chargé de l'environnement sont placés sous l'autorité fonctionnelle du président de la mission régionale d'autorité environnementale par dérogation à l'article 2 du décret n° 2009-235 du 27 février 2009 relatif à l'organisation et aux missions des directions régionales de l'environnement, de l'aménagement et du logement, à l'article 14 du décret n° 2010-687 du 24 juin 2010 relatif à l'organisation et aux missions des services de l'État dans la région et les départements d'Île-de-France et à l'article 5 du décret n° 2010-1582 du 17 décembre 2010 relatif à l'organisation et aux missions des services de l'État dans les départements et les régions d'outre-mer, à Mayotte et à Saint-Pierre-et-Miquelon.

Art. R. 122-24-1 ***(D. n° 2020-844, 3 juill. 2020)*** **(3). – I. – L'autorité chargée de l'examen au cas par cas et l'autorité environnementale exercent leurs missions de manière objective.**

II. – Ces autorités veillent à prévenir ou à faire cesser immédiatement les situations de conflit d'intérêts.

(1) Les présentes dispositions peuvent être modifiées par décret en Conseil d'État, D. n° 2016-519, 28 avr. 2016, art. 4, I.

(2) Dispositions d'application transitoires : V. D. n° 2016-519, 28 avr. 2016, art. 5.

(3) Dispositions applicables aux demandes d'avis ou d'examen au cas par cas et aux demandes déposées en application de l'article L. 512-7 du Code de l'environnement qui sont enregistrées à compter du 5 juillet 2020, D. n° 2020-844, 3 juill. 2020.

(4) Les présentes dispositions réglementaires peuvent être modifiées par des actes pris dans les mêmes formes que les actes dont elles étaient issues antérieurement au 1er septembre 2022, D. n° 2022-1025, 20 juill. 2022.

Constitue, notamment, un conflit d'intérêts, le fait, pour les autorités mentionnées au I, d'assurer la maîtrise d'ouvrage d'un projet, d'avoir participé directement à son élaboration, ou d'exercer la tutelle sur un service ou un établissement public assurant de telles fonctions.

Art. R. 122-24-2 *(D. n° 2020-844, 3 juill. 2020* (1) *; mod. à compter du 1er août 2021, D. n° 2021-837, 29 juin 2021).* **– I. –** *(Mod. à compter du 1er septembre 2022, D. n° 2022-1025, 20 juill. 2022)* (2) **Lorsque l'autorité chargée de l'examen au cas par cas mentionnée au 1° du I de l'article R. 122-3 estime se trouver dans une situation de conflit d'intérêts, elle confie, sans délai, cet examen à la formation d'autorité environnementale de l'inspection générale de l'environnement et du développement durable. Celle-ci se prononce dans le délai mentionné au IV de l'article R. 122-3-1 à compter de la date à laquelle elle reçoit le formulaire complet prévu au II de l'article R. 122-3-1. Elle notifie au maître d'ouvrage le délai dans lequel sa décision sera rendue.**

Elle procède de même lorsqu'elle estime se trouver, en raison de conflits d'intérêts auxquels sont exposées les personnes qui y sont affectées, dans l'impossibilité d'exercer la charge de l'examen au cas par cas.

II. – *(Mod. à compter du 1er septembre 2022, D. n° 2022-1025, 20 juill. 2022)* (2) **Lorsque l'autorité chargée de l'examen au cas par cas mentionnée au 3° du I de l'article R. 122-3, au second alinéa du IV de l'article L. 122-1 ou à l'article L. 512-7-2 estime se trouver dans une situation de conflit d'intérêts, elle confie, sans délai, cet examen à la mission régionale d'autorité environnementale de l'inspection générale de l'environnement et du développement durable de la région sur laquelle le projet doit être réalisé ou, si le projet est situé sur plusieurs régions, à la formation d'autorité environnementale de l'inspection générale de l'environnement et du développement durable.**

Elle procède de même lorsqu'elle estime se trouver, en raison de conflits d'intérêts auxquels sont exposées les personnes qui y sont affectées, dans l'impossibilité d'exercer la charge de l'examen au cas par cas.

L'autorité à laquelle l'examen est confié en application des deux précédents alinéas se prononce dans le délai mentionné au IV de l'article R. 122-3-1, à compter de la date à laquelle elle reçoit le formulaire complet prévu au II de l'article R. 122-3-1. Elle notifie au maître d'ouvrage le délai dans lequel sa décision sera rendue.

III. – *(Mod. à compter du 1er septembre 2022, D. n° 2022-1025, 20 juill. 2022)* (2) **Lorsque l'autorité environnementale mentionnée au 1° du I de l'article R. 122-6 estime se trouver dans une situation de conflit d'intérêts, elle confie, sans délai, ce dossier à la formation d'autorité environnementale de l'inspection générale de l'environnement et du développement durable. Celle-ci se prononce dans le délai mentionné au II de l'article R. 122-7, à compter de la date à laquelle elle reçoit le dossier prévu au I de l'article R. 122-7. Elle notifie à l'autorité compétente pour autoriser le projet le délai dans lequel son avis sera rendu.**

Elle procède de même lorsqu'elle estime se trouver, en raison de conflits d'intérêts auxquels sont exposées les personnes qui y sont affectées, dans l'impossibilité d'exercer la charge de l'avis prévu par le V de l'article L. 122-1.

IV. – *(Mod. à compter du 1er septembre 2022, D. n° 2022-1025, 20 juill. 2022)* (2) **Lorsque l'autorité environnementale mentionnée au 3° du I de l'article R. 122-6 estime se trouver, en raison de conflits d'intérêts auxquels sont exposées les personnes qui y sont affectées, dans l'impossibilité d'exercer la charge de l'avis prévu par le V de l'article L. 122-1, elle confie, sans délai, le dossier concerné à la formation d'autorité environnementale de l'inspection générale de l'environnement et du développement durable. Celle-ci se prononce dans un délai de deux mois à compter de la date à laquelle elle reçoit le dossier prévu au I de l'article R. 122-7. Elle notifie à l'autorité compétente pour autoriser le projet le délai dans lequel son avis sera rendu.**

Section IV. – Procédures communes et coordonnées d'évaluation environnementale

(D. n° 2016-1110, 11 août 2016)

Sous-section 1. – Procédure coordonnée d'évaluation environnementale

(Division créée à compter du 1er août 2021, D. n° 2021-837, 29 juin 2021)

Art. R. 122-25 *(Anc. art. R. 122-26 créé, D. n° 2016-1110, 11 août 2016 ; dénum. et mod., D. n° 2017-626, 25 avr. 2017 ; mod. à compter du 1er août 2021, D. n° 2021-837, 29 juin 2021).* **– En**

(1) Dispositions applicables aux demandes d'avis ou d'examen au cas par cas et aux demandes déposées en application de l'article L. 512-7 du Code de l'environnement qui sont enregistrées à compter du 5 juillet 2020, D. n° 2020-844, 3 juill. 2020.

(2) Les présentes dispositions réglementaires peuvent être modifiées par des actes pris dans les mêmes formes que les actes dont elles étaient issues antérieurement au 1er septembre 2022, D. n° 2022-1025, 20 juill. 2022.

application de l'article L. 122-13, une procédure d'évaluation environnementale coordonnée, valant à la fois évaluation d'un plan ou d'un programme et d'un projet, peut être mise en œuvre, à l'initiative de l'autorité responsable du plan ou du programme et du ou des maîtres d'ouvrage concernés, à condition que le rapport sur les incidences environnementales du plan ou du programme contienne l'ensemble des éléments mentionnés à l'article R. 122-5 et que les consultations prévues à l'article L. 122-1-1 soient réalisées.

L'autorité environnementale, saisie pour avis sur le plan ou le programme, évalue les incidences notables sur l'environnement du plan ou du programme ainsi que celles du ou des projets présentés en vue de la procédure coordonnée.

Avant le dépôt de la demande d'autorisation, le maître d'ouvrage saisit l'autorité environnementale compétente au titre du projet qui dispose d'un délai d'un mois pour déterminer si le rapport sur les incidences environnementales du plan ou du programme peut valoir étude d'impact du ou des projets présentés, au regard de l'article R. 122-5, en particulier quant au caractère complet et suffisant de l'évaluation des incidences notables du projet sur l'environnement.

L'autorité environnementale peut demander des compléments au maître d'ouvrage si les éléments requis au titre du ou des projets sont insuffisants dans le rapport sur les incidences environnementales présenté au stade de l'avis du plan ou du programme. Le maître d'ouvrage dispose de quinze jours pour répondre à cette demande et l'autorité environnementale se prononce ensuite dans le délai d'un mois.

Si l'autorité environnementale estime que les conditions fixées à l'article L. 122-13 ne sont pas remplies, le maître d'ouvrage est tenu de suivre la procédure d'évaluation environnementale prévue aux articles R. 122-1 à R. 122-14.

Sous-section 2. – Procédures communes d'évaluation environnementale

(Division créée à compter du 1er août 2021, D. n° 2021-837, 29 juin 2021)

Art. R. 122-26 *(Rempl. à compter du 1er août 2021, D. n° 2021-837, 29 juin 2021)*. – En application de l'article L. 122-13, une procédure d'évaluation environnementale commune, valant à la fois évaluation d'un ou plusieurs plans ou programmes et d'un ou plusieurs projets, peut être mise en œuvre, à l'initiative de l'autorité ou des autorités responsables du ou des plans ou programmes et du ou des maîtres d'ouvrage concernés, à condition que le rapport sur les incidences environnementales du ou des plans ou programmes contienne l'ensemble des éléments mentionnés à l'article R. 122-5 et que les consultations prévues à l'article L. 122-1-1 soient réalisées.

(Mod. à compter du 1er septembre 2022, D. n° 2022-1025, 20 juill. 2022) (1) L'autorité environnementale unique est celle compétente pour le ou les plans ou programmes. Toutefois, lorsque les plans ou programmes relèvent de plusieurs missions régionales d'autorité environnementale, ou lorsque l'autorité environnementale compétente au titre d'un projet ou d'un plan ou programme est la formation d'autorité environnementale de l'inspection générale de l'environnement et du développement durable, cette dernière est l'autorité environnementale unique.

L'autorité environnementale unique est consultée sur le rapport environnemental commun aux plans ou programmes et aux projets. Elle procède aux consultations prévues au II de l'article R. 122-21 et au III de l'article R. 122-7 et rend un avis dans le délai de trois mois.

Une procédure commune de participation du public est réalisée. Conformément à l'article L. 123-6, lorsqu'un des plans ou programmes ou des projets faisant l'objet de l'évaluation environnementale commune est soumis à enquête publique, une enquête publique unique est réalisée.

Art. R. 122-26-1 *(Créé à compter du 1er août 2021, D. n° 2021-837, 29 juin 2021)*. – Une évaluation environnementale commune à plusieurs plans ou programmes faisant l'objet d'adoption ou d'approbation concomitante peut être mise en œuvre, à l'initiative des personnes publiques responsables de l'élaboration ou de la modification des plans ou programmes concernés, lorsque le rapport environnemental contient les éléments mentionnés à l'article R. 122-20 au titre de l'ensemble des plans ou programmes.

(1) Les présentes dispositions réglementaires peuvent être modifiées par des actes pris dans les mêmes formes que les actes dont elles étaient issues antérieurement au 1er septembre 2022, D. n° 2022-1025, 20 juill. 2022.

(Mod. à compter du 1er septembre 2022, D. n° 2022-1025, 20 juill. 2022) (1) Lorsque les plans ou programmes relèvent de plusieurs missions régionales d'autorité environnementale ou lorsque la formation d'autorité environnementale de l'inspection générale de l'environnement et du développement durable est compétente pour l'un des plans ou programmes, cette dernière est l'autorité environnementale unique.

L'autorité environnementale unique est consultée sur le rapport sur les incidences environnementales commun à l'ensemble des plans et programmes. Elle procède aux consultations prévues au II de l'article R. 122-21 et rend un avis dans le délai de trois mois.

Une procédure commune de participation du public est réalisée. Conformément à l'article L. 123-6, lorsqu'un des plans ou programmes faisant l'objet de l'évaluation environnementale commune est soumis à enquête publique, une enquête publique unique est réalisée.

Art. R. 122-26-2 *(Créé à compter du 1er août 2021, D. n° 2021-837, 29 juin 2021).* – Une évaluation environnementale commune à plusieurs projets faisant l'objet de procédures d'autorisations concomitantes peut être mise en œuvre, à l'initiative des maîtres d'ouvrage concernés, lorsque l'étude d'impact contient les éléments mentionnés à l'article R. 122-5 au titre de l'ensemble des projets.

(Mod. à compter du 1er septembre 2022, D. n° 2022-1025, 20 juill. 2022) (1) Lorsque la formation d'autorité environnementale de l'inspection générale de l'environnement et du développement durable est compétente pour l'un des projets, cette dernière est l'autorité environnementale unique. Dans les autres cas, lorsque le ministre chargé de l'environnement est compétent pour un des projets, ce dernier est l'autorité environnementale unique. Dans les cas restants, lorsque les projets relèvent de plusieurs missions régionales d'autorité environnementale, l'autorité environnementale unique est la formation d'autorité environnementale de l'inspection générale de l'environnement et du développement durable.

L'autorité environnementale unique est consultée sur l'étude d'impact commune à l'ensemble des projets. Elle procède aux consultations prévues au III de l'article R. 122-7 et rend un avis dans le délai de deux mois.

Une procédure commune de participation du public est réalisée. Conformément à l'article L. 123-6, lorsqu'un des projets est soumis à enquête publique, une enquête publique unique est réalisée.

Art. R. 122-27 *(Anc. art. R. 122-28, dénum., D. n° 2017-626, 25 avr. 2017 ; mod. à compter du 1er août 2021, D. n° 2021-837, 29 juin 2021).* – En application de l'article L. 122-14, une procédure d'évaluation environnementale commune peut être mise en œuvre, à l'initiative du maître d'ouvrage concerné pour un projet subordonné à déclaration d'utilité publique ou déclaration de projet impliquant soit la mise en compatibilité d'un document d'urbanisme soit la modification d'un plan ou programme également soumis à évaluation environnementale, lorsque l'étude d'impact du projet contient l'ensemble des éléments mentionnés à l'article R. 122-20.

(Mod. à compter du 1er septembre 2022, D. n° 2022-1025, 20 juill. 2022) (1) L'autorité environnementale unique est celle compétente pour le projet. Toutefois, lorsque l'autorité environnementale compétente au titre du plan ou du programme est la formation d'autorité environnementale de l'inspection générale de l'environnement et du développement durable, cette dernière est l'autorité environnementale unique.

L'autorité environnementale unique est consultée sur l'étude d'impact du projet tenant lieu du rapport sur les incidences environnementales de la mise en compatibilité du document d'urbanisme ou de la modification du plan ou du programme. Elle rend un avis dans un délai de trois mois. L'autorité environnementale vérifie que le rapport d'évaluation contient l'ensemble des éléments exigés au titre de l'article R. 122-5.

L'autorité environnementale réalise les consultations prévues au III de l'article R. 122-7 et au II de l'article R. 122-21.

Une procédure commune de participation du public est réalisée. Lorsqu'une enquête publique est requise au titre du projet ou de la mise en compatibilité ou de la modification du plan ou du programme, c'est cette procédure qui s'applique.

---

(1) Les présentes dispositions réglementaires peuvent être modifiées par des actes pris dans les mêmes formes que les actes dont elles étaient issues antérieurement au 1er septembre 2022, D. n° 2022-1025, 20 juill. 2022.

Section IV

CHAPITRE III. – PARTICIPATION DU PUBLIC AUX DÉCISIONS AYANT UNE INCIDENCE SUR L'ENVIRONNEMENT

(Intitulé rempl., D. n° 2017-626, 25 avr. 2017)

Bibliographie : V. bibliographie sous Livre I, Titre II, Chapitre III de la partie législative du présent code.

1) Présentation de la réforme issue du décret du 25 avril 2017. L'ordonnance n° 2016-1060 du 3 août 2016 (publiée au *JO* 5 août 2016), prise en application de la loi 2015-990 du 6 août 2015 pour la croissance, l'activité et l'égalité des chances économiques dite « Loi Macron », a réformé la procédure de l'enquête publique en vue de la démocratiser et de la moderniser. Le décret n° 2017-626 du 25 avril 2017 relatif aux procédures destinées à assurer l'information et la participation du public à l'élaboration de certaines décisions susceptibles d'avoir une incidence sur l'environnement et modifiant diverses dispositions relatives à l'évaluation environnementale de certains projets, plans et programmes (publié au *JO* 27 avr. 2017) en assure la traduction réglementaire dans le présent chapitre. L'entrée en vigueur du décret, fixée au lendemain de sa publication, est différée pour certaines dispositions afin de tenir compte des plans, programmes et projets en cours (cf. art. 19).

Voir : Commentaire sous Partie R., Titre II, Chap. Ier, p. 2, et Doctrine sur l'ordonnance n° 2016-1060 du 3 août 2016, C. env., L. 120-1, L1 – Titre II.

2) Présentation de la réforme issue du décret du 29 décembre 2011. La loi Grenelle II a engagé une réforme d'envergure concernant les enquêtes publiques. Le décret n° 2011-2018 du 29 décembre 2011 en assure la traduction réglementaire dans le présent chapitre. Cette réforme est applicable aux enquêtes publiques dont l'arrêté d'ouverture et d'organisation est publié à compter du 1er juin 2012 et, en ce qui concerne les projets de travaux, d'ouvrages ou d'aménagements qui ne sont pas soumis à enquête publique, aux demandes d'autorisation déposées à compter du 1er juin 2012.

Voir : Sur un complément d'observations : comm. sous Livre I, Titre II, Chapitre III de la partie législative du présent code ; V. également sous les articles concernés.

Section I. – Champ d'application et objet de l'enquête publique (1)

(Rempl., D. n° 2011-2018, 29 déc. 2011) (2)

Art. R. 123-1 *(Rempl., D. n° 2011-2018, 29 déc. 2011 (3) ; mod., D. n° 2015-159, 11 févr. 2015 ; mod. à compter du 1er mars 2017, D. n° 2017-81, 26 janv. 2017 ; D. n° 2017-626, 25 avr. 2017 ; mod. à compter du 1er avril 2019, D. n° 2019-190, 14 mars 2019).* **– I. – Pour l'application du 1° du I de l'article L. 123-2, font l'objet d'une enquête publique soumise aux prescriptions du présent chapitre les projets de travaux, d'ouvrages ou d'aménagements soumis de façon systématique à la réalisation d'une étude d'impact en application des II et III de l'article R. 122-2 et ceux qui, à l'issue de l'examen au cas par cas prévu au même article, sont soumis à la réalisation d'une telle étude.**

II. – Ne sont toutefois pas soumis à l'obligation d'une enquête publique, conformément au troisième alinéa du 1° du I de l'article L. 123-2 :

1° Les créations de zones de mouillages et d'équipements légers, sauf si cette implantation entraîne un changement substantiel d'utilisation du domaine public maritime conformément au décret n° 91-1110 du 22 octobre 1991 relatif aux autorisations d'occupation temporaire concernant les zones de mouillages et d'équipements légers sur le domaine public maritime ;

2° Les demandes d'autorisation temporaire mentionnées à l'article R. 214-23 ;

(1) Antérieurement à son remplacement par l'article 2 du décret n° 2011-2018 du 29 décembre 2011, la présente section comportait les articles R. 123-1 à R. 123-5. – NDLR.

(2) Dispositions applicables aux enquêtes publiques dont l'arrêté d'ouverture et d'organisation est publié à compter 1er juin 2012, D. n° 2011-2018, 29 déc. 2011, art. 17.

(3) Les dispositions des II et III du présent article sont applicables aux demandes d'autorisation déposées à compter du 1er juin 2012, D. n° 2011-2018, 29 déc. 2011, art. 17.

3° Les demandes d'autorisation d'exploitation temporaire d'une installation classée pour la protection de l'environnement mentionnées à l'article R. 512-37 ;

4° Les demandes d'autorisation de création de courte durée d'une installation nucléaire de base régies par la section 17 du chapitre III du titre IX du livre V ;

5° Les défrichements mentionnés aux articles L. 311-1 et L. 312-1 du Code forestier et les premiers boisements soumis à autorisation en application de l'article L. 126-1 du Code rural, lorsqu'ils portent sur une superficie inférieure à 10 hectares.

(III abr., D. n° 2020-133, 18 févr. 2020).

IV. – Sauf disposition contraire, les travaux d'entretien, de maintenance et de grosses réparations, quels que soient les ouvrages ou aménagements auxquels ils se rapportent, ne sont pas soumis à la réalisation d'une enquête publique.

I – PRÉSENTATION DE L'ENQUÊTE PUBLIQUE REFORMÉE PAR LE DÉCRET DU 29 DÉCEMBRE 2011

1) Projets soumis à étude d'impact. Le décret n° 2011-2018 du 29 décembre 2011 a précisé le champ d'application de l'enquête publique prévu par l'article L. 123-2 I du présent code, tel que modifié par la loi Grenelle II. Il soumet à enquête les projets soumis à étude d'impact en application de seuils systématiques ou à l'issue d'un examen au cas par cas. Dans la mesure où le champ d'application de l'étude d'impact a été considérablement simplifié avec l'entrée en vigueur du décret n° 2011-2019 du 29 décembre 2011 portant réforme de l'étude d'impact (*JO* 30 déc. 2011), la correspondance des champs d'application des projets soumis à étude d'impact et à enquête publique apparaît comme un outil crucial de simplification du droit.

Voir : Sur le champ d'application de l'étude d'impact : art. R. 122-2, p. 1485 ; sur la procédure d'examen au cas par cas : art. R. 122-3, p. 1504.

2) Dispenses. Le nouvel article R. 123-1 prévoit quelques cas de dispenses à la réalisation d'une enquête publique. Il s'agit des projets de ZAC, des demandes d'autorisation temporaire prises au titre de la loi sur l'eau ou des installations classées, des demandes d'autorisation de courte durée des INB, des défrichements et des premiers déboisements d'une superficie inférieure à 10 hectares, des projets de défense nationale et, sauf dispositions contraires, des travaux d'entretien, de maintenance et de grosses réparations. Il convient de noter que cette dernière catégorie est déjà expressément exclue de la liste des projets soumis à étude d'impact, sauf dispositions contraires, en vertu de l'article R. 122-2 du présent code.

Voir : Sur la simplification du champ d'application de l'enquête publique : comm. sous art. L. 123-2, p. 117.

II – JURISPRUDENCE ANTÉRIEURE AU DÉCRET DU 29 DÉCEMBRE 2011

3) Prise en compte du coût total du projet. L'estimation faite par le pétitionnaire n'ayant pas pris en compte les honoraires d'architecte, ainsi que divers travaux prévus dans la demande de permis de construire, tels que la réalisation d'une fosse fixe, l'aménagement d'accès au bâtiment et la réalisation d'emplacements de stationnement, le coût total de l'opération excédait la somme de 152 449 € (▪ CAA Nantes, 18 juill. 2006, n° 05NT00628, *Sté Anse de Toulvern : Rev. jur. env.* 1/2008, p. 91).

4) ICPE. L'enquête publique est applicable aux ICPE dans les conditions prévues par le présent titre (▪ CAA Paris, 12 oct. 2004, n° 02PA02358, *Min. Écologie et Développement durable c/ Assoc. Mieux vivre à Sourdun*).

5) Cartes communales. Si, à la différence des PLU, les cartes communales ne sont mentionnées ni à l'article R. 123-1 ni à l'article R. 123-2 du Code de l'environnement qui énumèrent les catégories d'aménagements, d'ouvrages et de travaux qui doivent être précédés d'une enquête publique environnementale, il résulte de l'article L. 124-6 du Code de l'urbanisme que la même procédure d'enquête publique leur est applicable et qu'elles rentrent ainsi dans le champ d'application de l'article L. 554-12 du Code de justice administrative, qui reprend les termes de l'article L. 123-12 du Code de l'environnement (▪ CE, 19 mars 2008, n° 305593, *Min. Transports c/ Assoc. pour la sauvegarde du Gers : BJDU* 2008, n° 2, p. 129 ; *JCP* A 2008, n° 16, act. 337).

6) Travaux routiers. Les travaux qui consistent en des busages, des fossés, la construction d'ouvrage de rejet et des fondations des piliers d'un pont ne constituent pas des travaux d'hydraulique agricole ni des travaux de voirie routière au sens de l'annexe I de l'article R. 123-1. L'enquête publique ayant précédé l'arrêté contesté n'entrait donc pas dans le champ des articles R. 11-14-1 à R. 11-14-15 du Code de l'expropriation pour cause d'utilité publique et le commissaire enquêteur pouvait donc être désigné par le préfet (■ CE, 7 juill. 2006, n° 259252, *Assoc. de sauvegarde de la région de Langeais : Rev. jur. env.* 2/2007, p. 249). L'opération qui a fait l'objet de l'enquête publique était constituée non par la construction des ouvrages de retenue prévus à titre de mesures compensatoires, mais par la réalisation même des travaux de voirie d'un montant de 76 millions de francs, en sorte que l'opération entrait dans le champ d'application de l'annexe I de l'article R. 123-1. En conséquence, l'enquête aurait dû être organisée selon les modalités prévues par les articles R. 11-14-1 à R. 11-14-15 du Code de l'expropriation pour cause d'utilité publique, et non selon celles prévues par ses articles R. 11-4 à R. 11-14 (■ CAA Versailles, 22 juin 2006, n° 03VE00591, *Assoc. Sauvons l'Île-de-France et a. : Environnement* oct. 2006, n° 10, comm. 96).

7) Voies ferrées. La portion de ligne litigieuse n'a fait l'objet d'aucune procédure de fermeture ou de retranchement du réseau ferré national. Les travaux, qui visent la modernisation des voies d'une ligne existante, dont l'utilisation n'a jamais été abandonnée et qui a toujours fait l'objet de surveillance et d'entretien, ne font subir à la section de ligne aucune modification dans son emprise, son tracé et ses dessertes. Ces travaux, dont l'objet est l'amélioration de la desserte fret du port du Havre et consistent à vérifier la stabilité de la voie, conforter les fontis, remplacer les traverses et les rails, améliorer la sécurité en supprimant ou en transformant certains passages à niveau, électrifier la voie par pose de poteaux caténaires supportant les lignes électriques et installer un nouveau système de signalisation, pour importants qu'ils soient, n'ont ni pour objet, ni pour effet, de construire une ligne ou une portion de ligne nouvelle et ne sont pas au nombre de ceux qui doivent, en application des dispositions des articles L. 123-1 et R. 123-1 du Code de l'environnement, faire l'objet d'une enquête publique (■ CE, 4 juill. 2008, n° 308055, *Cne Critot : JCP* A 2008, n° 29, act. 645 ; *BJCL* sept. 2008, p. 570).

8) Travaux sur le rivage, le sol ou le sous-sol de la mer. Les travaux autorisés par le permis de construire contesté se situent sur des terrains dépendant du domaine public maritime de l'État, compris dans le site de la centrale électronucléaire de Flamanville, lesquels ont été soustraits artificiellement à l'action du flot au sens des dispositions de l'article L. 2111-4 du Code général de la propriété des personnes publiques, en vertu d'une concession d'endigage et d'utilisation des dépendances du domaine public maritime accordée à EDF. Ces terrains ont été recouverts par les déblais rejetés en mer de la falaise granitique qui les surplombe puis ont été aménagés de façon à former une plate-forme de douze mètres au-dessus du niveau de la mer. Ainsi les travaux autorisés par le permis de construire ne sont pas réalisés sur le rivage, le sol ou le sous-sol de la mer et la délivrance dudit permis n'avait pas à être précédée de l'enquête publique de l'article L. 123-1 du Code de l'environnement (■ CAA Nantes, 22 avr. 2008, n°s 07NT01013 et 07NT01265, *Assoc. CRILAN et a. : Dr. env.* nov. 2008, pan. 163). La mise en place, dans les concessions sur le domaine public maritime, des bouchots servant à la culture des moules n'est pas au nombre des travaux, notamment d'affouillement, visés par le 16° de l'annexe I de l'article R. 123-1 du Code de l'environnement. La délivrance des arrêtés préfectoraux portant autorisation d'exploitation de cultures marines n'avait pas à être précédée de l'enquête publique prévue à l'article L. 123-1 (■ CAA Douai, 24 juill. 2008, n° 07DA01325, *SCEA Les bouchots d'opale*).

9) Constructions. Une enquête publique n'a pas à être conduite au titre des dispositions du Code de l'urbanisme si les critères et conditions fixés par l'article R. 123-1, 21° ne sont pas remplis, quand bien même il s'agirait d'une installation classée pour la protection de l'environnement soumise à autorisation, et qu'une enquête publique a été conduite au titre de la législation relative aux Installations classées pour la protection de l'environnement en application de l'article R. 123-1 17° (■ CE, 13 juill. 2006, n° 269720, *Min. Équipement, Transports, Aménagement du territoire, Tourisme et Mer c/ Sté OCREAL : Rec. CE*, tables). L'opération attaquée a pour objet l'extension des équipements sportifs existants consacrés au rugby par la création de deux stades et demi d'entraînement et la création d'une zone de loisirs verts comportant un parcours de santé et une aire de jeux pour enfants. Il résulte de l'instruction que le club de rugby de la commune évoluant en deuxième division fédérale est composé de 240 licenciés et des 150 enfants de l'école de rugby. Si la zone d'entraînement ainsi créée aura également pour vocation d'accueillir les activités sportives des collèges et écoles de la commune, la capacité d'accueil du projet est inférieure à 5 000 personnes (■ CAA Bordeaux, 20 mars 2008, n° 06BX00776, *Duprat*).

10) Éoliennes. Le décret du 3 janvier 2003 a complété le tableau annexé à l'article R. 123-1 qui fixe les catégories d'aménagements, d'ouvrages ou de travaux qui doivent être précédés d'une enquête publique, pour y inclure au 38°, les travaux d'installation des ouvrages de production d'énergie éolienne d'une hauteur supérieure ou égale à 25 mètres. Or, à la date où le décret avait été pris, le législateur avait substitué au critère tiré de la hauteur de l'installation le critère tiré de la puissance de celui-ci. Il y a lieu pour le Conseil d'État d'ordonner que le Gouvernement prenne un nouveau décret dans un délai de trois mois (■ CE, 27 juill. 2005, n° 264359, *FNE* : *AJDA* 2005, p. 1969 ; *Rev. jur. env.* 1/2006, p. 71).

11) ZAC. La réalisation d'une ZAC en vue d'y développer des activités commerciales et la déclaration de cessibilité d'un terrain en vue de permettre l'achèvement de cette zone ne sont pas au nombre des opérations énumérées comme entrant dans le champ d'application de l'article L. 123-1 (■ CE, 6 févr. 2006, n° 263398, *Sté d'équipement de l'Auvergne : Environnement* avr. 2006, n° 4, comm. 50 ; *Rev. jur. env.* 2007, p. 250).

Section II. – Procédure et déroulement de l'enquête publique (1)

(Mod., D. n° 2006-578, 22 mai 2006 ; rempl., D. n° 2011-2018, 29 déc. 2011) (2)

Art. R. 123-2 *(Rempl., D. n° 2011-2018, 29 déc. 2011)*. – **Les projets, plans, programmes ou décisions mentionnés à l'article L. 123-2 font l'objet d'une enquête régie par les dispositions du présent chapitre préalablement à l'intervention de la décision en vue de laquelle l'enquête est requise, ou, en l'absence de dispositions prévoyant une telle décision, avant le commencement de la réalisation des projets concernés.**

Sous-section 1. – Ouverture et organisation de l'enquête

Art. R. 123-3 *(Rempl., D. n° 2011-2018, 29 déc. 2011)*. – **I. – Lorsque la décision en vue de laquelle l'enquête est requise relève d'une autorité nationale de l'État, sauf disposition particulière, l'ouverture et l'organisation de l'enquête sont assurées par le préfet territorialement compétent.**

II. – Lorsque la décision en vue de laquelle l'enquête est requise relève d'un établissement public de l'État comportant des échelons territoriaux dont le préfet de région ou de département est le délégué territorial en vertu de l'article 59-1 du décret n° 2004-374 du 29 avril 2004, l'organe exécutif de l'établissement peut déléguer la compétence relative à l'ouverture et à l'organisation de l'enquête à ce préfet.

III. – Lorsque le projet porte sur le territoire de plusieurs communes, départements ou régions, l'enquête peut être ouverte et organisée par une décision conjointe des autorités compétentes pour ouvrir et organiser l'enquête. Dans ce cas, cette décision désigne l'autorité chargée de coordonner l'organisation de l'enquête et d'en centraliser les résultats.

1) Précisions. Le décret n° 2011-2018 du 29 décembre 2011 a maintenu le principe de l'ancien article R. 123-7 selon lequel le préfet territorialement compétent ouvre et organise l'enquête publique. Il ajoute cependant les mentions relatives à la délégation des établissements publics. En outre, dans les cas où le projet porte sur les territoires de plusieurs collectivités locales, le décret prévoit que l'autorité compétente de coordination et de centralisation n'est plus obligatoirement celle du lieu où doit être réalisée la plus grande partie de l'opération, mais celle désignée conjointement par les autorités compétentes.

2) Projet seulement limitrophe à un département. Le parc éolien de Limalonges étant situé dans le département des Deux-Sèvres et n'étant que limitrophe au département de la Vienne, il ne porte pas sur le territoire des deux départements. Dans ces circonstances, l'édiction conjointe d'un arrêt d'ouverture de l'enquête publique par les deux préfets des départements intéressés n'était pas requise (■ CAA Bordeaux, 7 mars 2019, n°s 17BX00719 et 17BX00721, *Assoc. « Grand vent malade » et a.*).

Sous-section 2. – Personnes susceptibles d'exercer les fonctions de commissaire enquêteur

Art. R. 123-4 *(Rempl., D. n° 2011-2018, 29 déc. 2011 ; mod., D. n° 2017-626, 25 avr. 2017)*. – **Ne peuvent être désignés comme commissaire enquêteur ou membre d'une commission d'enquête les personnes intéressées au projet, plan ou programme soit à titre personnel, soit en raison des fonctions qu'elles exercent**

(1) Antérieurement à son remplacement par l'article 3 du décret n° 2011-2018 du 29 décembre 2011, la présente section comprenait seize sous-sections comportant respectivement les articles R. 123-6 ; R. 123-7 ; R. 123-8 ; R. 123-9 ; R. 123-10 à R. 123-12 ; R. 123-13 ; R. 123-14 ; R. 123-15 ; R. 123-16 ; R. 123-17 ; R. 123-18 ; R. 123-19 ; R. 123-30 ; R. 123-21 ; R. 123-22 ; R. 123-23. – NDLR.

(2) Dispositions applicables aux enquêtes publiques dont l'arrêté d'ouverture et d'organisation est publié à compter 1er juin 2012, D. n° 2011-2018, 29 déc. 2011, art. 17.

ou ont exercées depuis moins de cinq ans, notamment au sein de la collectivité, de l'organisme ou du service qui assure la maîtrise d'ouvrage, la maîtrise d'œuvre ou le contrôle du projet, plan ou programme soumis à enquête, ou au sein d'associations ou organismes directement concernés par cette opération.

Avant sa désignation, chaque commissaire enquêteur ou membre d'une commission d'enquête indique au président du tribunal administratif les activités exercées au titre de ses fonctions précédentes ou en cours qui pourraient être jugées incompatibles avec les fonctions de commissaire enquêteur en application de l'article L. 123-5, et signe une déclaration sur l'honneur attestant qu'il n'a pas d'intérêt personnel au projet, plan ou programme.

Le manquement à cette règle constitue un motif de radiation de la liste d'aptitude de commissaire enquêteur.

1) **Déclaration sur l'honneur.** Les dispositions de l'ancien article R. 123-9 ont été modifiées par le décret n° 2011-2018 du 29 décembre 2011 et codifiées à l'article R. 123-4. Elles précisent que les commissaires enquêteurs, les membres de la commission d'enquête et leurs suppléants doivent désormais, avant leur désignation, rendre compte des activités exercées susceptibles d'être incompatibles avec leurs fonctions et signer une déclaration sur l'honneur qu'ils n'ont pas d'intérêt personnel au projet, plan ou programme. Cette innovation a pour objectif de renforcer l'impartialité des commissaires, le manquement à ces règles étant potentiellement sanctionné par la radiation.

2) **Commissaire enquêteur intéressé au projet (non).** La seule circonstance que le commissaire enquêteur ait exercé, avant son départ à la retraite plus de cinq ans avant le début de l'enquête publique, les fonctions de directeur régional d'un bureau d'études ayant travaillé sur d'autres projets avec le maître d'ouvrage du projet soumis à enquête n'établit pas qu'il soit intéressé à ce projet au sens de l'article R. 123-4 du Code de l'environnement (▪ CE, 22 juill. 2016, n° 390496, *Synd. mixte d'études et de programmation de l'agglomération lyonnaise*). La circonstance que le commissaire enquêteur nommé pour l'enquête publique relative à la révision d'un PLU soit l'un des premiers signataires d'un « manifeste pour la sauvegarde des terres agricoles » intervenant à l'occasion d'une campagne de sensibilisation dans le cadre de la COP 21 ne permet pas de considérer qu'il ne présenterait pas les garanties d'impartialité requises par ses fonctions (▪ CAA Lyon, 9 avr. 2019, n° 18LY02739). Le requérant n'établit pas la réalité d'un éventuel contrôle du département de Seine-et-Marne sur l'association dont la commissaire-enquêteur nommée était ancienne directrice adjointe. Par ailleurs, la circonstance que les fonctions exercées par elle au sein de l'association ayant pris fin plus de cinq ans avant sa désignation comme commissaire enquêteur permet de considérer qu'elle ne doit pas être regardée comme « intéressée au projet » (▪ CAA Paris, 1er oct. 2020, n° 18PA01225).

Voir également : Sur la désignation et l'impartialité du commissaire enquêteur : comm. et jurispr. sous art. L. 123-5, p. 121.

Sous-section 3. – Désignation du commissaire enquêteur ou d'une commission d'enquête

Art. R. 123-5 *(Rempl., D. n° 2011-2018, 29 déc. 2011 ; mod., D. n° 2017-626, 25 avr. 2017 ; D. n° 2019-1352, 12 déc. 2019).* – **L'autorité compétente pour ouvrir et organiser l'enquête saisit, en vue de la désignation d'un commissaire enquêteur ou d'une commission d'enquête le président du tribunal administratif dans le ressort duquel se situe le siège de cette autorité et lui adresse une demande qui précise l'objet de l'enquête ainsi que la période d'enquête proposée, et comporte le résumé non technique ou la note de présentation mentionnés respectivement aux 1° et 2° de l'article R. 123-8 ainsi qu'une copie de ces pièces sous format numérique.**

Le président du tribunal administratif ou le magistrat délégué par lui à cette fin désigne dans un délai de quinze jours un commissaire enquêteur ou les membres, en nombre impair, d'une commission d'enquête parmi lesquels il choisit un président.

Avant signature de l'arrêté d'ouverture d'enquête, l'autorité compétente pour ouvrir et organiser l'enquête adresse au commissaire enquêteur ou à chacun des commissaires enquêteurs une copie du dossier complet soumis à enquête publique en format papier et en copie numérique. Il en sera de même après désignation d'un commissaire enquêteur remplaçant par le président du tribunal administratif.

En cas d'empêchement du commissaire enquêteur désigné, l'enquête est interrompue. Après qu'un commissaire enquêteur remplaçant a été désigné par le président du tribunal administratif ou le conseiller délégué par lui et que la date de reprise de l'enquête a été fixée, l'autorité compétente pour organiser l'enquête publie un arrêté de reprise d'enquête dans les mêmes conditions que l'arrêté d'ouverture de l'enquête.

1) Compétence du tribunal. Les dispositions de l'article R. 123-8 telles qu'elles ont été modifiées par le décret n° 2011-2018 du 29 décembre 2011 et désormais codifiées à l'article R. 123-5, précisent que le tribunal administratif compétent est celui du ressort dans lequel se situe le siège de l'autorité compétente pour ouvrir et organiser l'enquête (V. sur la détermination de l'autorité compétente : art. R. 123-3, p. 1559) et non plus celle du tribunal dans le ressort duquel l'opération, ou la plus grande partie de l'opération, est réalisée. En supprimant la simple possibilité d'y avoir recours, elles prévoient par ailleurs que la nomination des suppléants est à présent systématique.

2) Retard dans la transmission des pièces du dossier. Le dossier soumis à l'enquête publique comprenant bien les registres d'enquête ainsi que le bilan de la concertation, le retard mis par les services de l'État pour compléter le dossier déjà remis aux membres de la commission n'est pas de nature à nuire à leur bonne information sur la nature du projet ni à exercer une influence sur le sens de la décision attaquée, ni encore à nuire à l'information complète du public (■ CAA Nantes, 23 mai 2019, n° 17NT03518, *Cne de L'Épine*).

3) Remplacement d'un des membres de la commission d'enquête. La personne qui a remplacé un des membres titulaires de la commission d'enquête ayant participé aux réunions de présentation des dossiers d'enquête organisées par la commune en qualité de membre suppléant et ayant été destinataire d'un exemplaire des dossiers d'enquête publique, le moyen tiré de ce que la commission d'enquête aurait rendu des conclusions complémentaires motivées sans que cette personne n'ait eu connaissance de la copie du dossier complet doit être écarté (■ CAA Marseille, 20 déc. 2018, n°s 17MA04290 et 18MA00947).

Voir également : Sur la désignation du commissaire enquêteur : comm. et jurispr. sous art. L. 123-4, p. 119.

Sous-section 4. – Durée de l'enquête

Art. R. 123-6 *(Abr., D. n° 2017-626, 25 avr. 2017).*

Sous-section 5. – Enquête publique unique

Art. R. 123-7 *(Rempl., D. n° 2011-2018, 29 déc. 2011 ; mod., D. n° 2017-626, 25 avr. 2017).* – **Lorsqu'en application de l'article L. 123-6 une enquête publique unique est réalisée, l'arrêté d'ouverture de l'enquête précise, s'il y a lieu, les coordonnées de chaque maître d'ouvrage responsable des différents éléments du projet, plan ou programme soumis à enquête et le dossier soumis à enquête publique est établi sous la responsabilité de chacun d'entre eux.**

L'enquête unique fait l'objet d'un registre d'enquête unique.

L'autorité chargée d'ouvrir et d'organiser l'enquête adresse, dès leur réception, copie du rapport et des conclusions du commissaire enquêteur ou de la commission d'enquête à chacune des autorités compétentes pour prendre les décisions en vue desquelles l'enquête unique a été organisée, au président du tribunal administratif et au maître d'ouvrage de chaque projet, plan ou programme.

Voir : sur la création de l'enquête publique unique par la loi Grenelle II : comm. sous art. L. 123-6, p. 124.

Sous-section 6. – Composition du dossier d'enquête

Art. R. 123-8 *(Rempl., D. n° 2011-2018, 29 déc. 2011 ; mod., D. n° 2015-1783, 28 déc. 2015 ; D. n° 2016-1110, 11 août 2016 ; mod. à compter du 1er mars 2017, D. n° 2017-81, 26 janv. 2017 ; D. n° 2017-626, 25 avr. 2017 ; D. n° 2019-1352, 12 déc. 2019 ; D. n° 2020-844, 3 juill. 2020* (1) *; D. n° 2020-1168, 24 sept. 2020 ; mod. à compter du 1er août 2021, D. n° 2021-837, 29 juin 2021).* – **Le dossier soumis à l'enquête publique comprend les pièces et avis exigés par les législations et réglementations applicables au projet, plan ou programme.**

(1) Dispositions applicables aux demandes d'avis ou d'examen au cas par cas et aux demandes déposées en application de l'article L. 512-7 du Code de l'environnement qui sont enregistrées à compter du 5 juillet 2020, D. n° 2020-844, 3 juill. 2020.

Le dossier comprend au moins :

1° Lorsqu'ils sont requis :

***a)* L'étude d'impact et son résumé non technique, ou l'étude d'impact actualisée dans les conditions prévues par le III de l'article L. 122-1-1, ou le rapport sur les incidences environnementales et son résumé non technique ;**

***b)* Le cas échéant, la décision prise après un examen au cas par cas par l'autorité mentionnée au IV de l'article L. 122-1 ou à l'article L. 122-4 ou, en l'absence d'une telle décision, la mention qu'une décision implicite a été prise, accompagnée pour les projets du formulaire mentionné au II de l'article R. 122-3-1 ;**

***c)* L'avis de l'autorité environnementale mentionné au III de l'article L. 122-1, le cas échéant, au III de l'article L. 122-1-1, à l'article L. 122-7 du présent code ou à l'article L. 104-6 du Code de l'urbanisme, ainsi que la réponse écrite du maître d'ouvrage à l'avis de l'autorité environnementale ;**

2° En l'absence d'évaluation environnementale le cas échéant, la décision prise après un examen au cas par cas ne soumettant pas le projet, plan ou programme à évaluation environnementale et, lorsqu'elle est requise, l'étude d'incidence environnementale mentionnée à l'article L. 181-8 et son résumé non technique, une note de présentation précisant les coordonnées du maître d'ouvrage ou de la personne publique responsable du projet, plan ou programme, l'objet de l'enquête, les caractéristiques les plus importantes du projet, plan ou programme et présentant un résumé des principales raisons pour lesquelles, notamment du point de vue de l'environnement, le projet, plan ou programme soumis à enquête a été retenu ;

3° La mention des textes qui régissent l'enquête publique en cause et l'indication de la façon dont cette enquête s'insère dans la procédure administrative relative au projet, plan ou programme considéré, ainsi que la ou les décisions pouvant être adoptées au terme de l'enquête et les autorités compétentes pour prendre la décision d'autorisation ou d'approbation ;

4° Lorsqu'ils sont rendus obligatoires par un texte législatif ou réglementaire préalablement à l'ouverture de l'enquête, les avis émis sur le projet plan, ou programme ;

5° Le bilan de la procédure de débat public organisée dans les conditions définies aux articles L. 121-8 à L. 121-15, de la concertation préalable définie à l'article L. 121-16 ou de toute autre procédure prévue par les textes en vigueur permettant au public de participer effectivement au processus de décision. Il comprend également l'acte prévu à l'article L. 121-13 ainsi que, le cas échéant, le rapport final prévu à l'article L. 121-16-2. Lorsque aucun débat public ou lorsque aucune concertation préalable n'a eu lieu, le dossier le mentionne ;

6° La mention des autres autorisations nécessaires pour réaliser le projet dont le ou les maîtres d'ouvrage ont connaissance ;

7° *(Mod., D. n° 2023-504, 22 juin 2023)* Le cas échéant, la mention que le projet fait l'objet d'une évaluation transfrontalière de ses incidences sur l'environnement en application de l'article R. 122-10 ou des consultations avec un État frontalier membre de l'Union européenne ou partie à la Convention du 25 février 1991 signée à Espoo.

L'autorité administrative compétente disjoint du dossier soumis à l'enquête et aux consultations prévues ci-après les informations dont la divulgation est susceptible de porter atteinte aux Intérêts mentionnés au I de l'article L. 124-4 et au II de l'article L. 124-5.

I – PRÉSENTATION DE L'ENQUÊTE PUBLIQUE REFORMÉE PAR LE DÉCRET DU 29 DÉCEMBRE 2011

1) Modification du contenu du dossier d'enquête. L'actuel article R. 123-8, dans sa rédaction issue du décret n° 2011-2018 du 29 décembre 2011, précise le nouveau champ d'application de l'article L. 123-12 du présent code, lui-même issu de la réforme engagée par loi Grenelle II. Outre la suppression de la distinction entre les projets soumis ou non à une décision d'autorisation ou d'approbation, les principaux apports de cette réforme par rapport à l'ancienne rédaction de l'article R. 123-6 sont l'ajout des références expresses à l'évaluation environnementale lorsque celle-ci est requise et la nécessité de prévoir, lorsque le projet, plan ou programme n'est soumis ni à étude d'impact, ni à évaluation environnementale, une note de présentation non technique détaillée, laquelle remplace l'ancienne note explicative. De plus, le dossier mentionne désormais les autorisations pouvant être adoptées au terme de l'enquête et les autorités compétentes pour les prendre, ainsi que les autres autorisations rendues nécessaires pour réaliser le projet, plan ou programme. Cette dernière exigence devrait donner au public une vision globale et cohérente dans le cadre de projets complexes. Enfin, le nouveau dossier d'enquête publique doit comprendre à présent le bilan de la participation du public préalable à l'enquête.

2) Champ d'application. La composition du dossier d'enquête publique nécessaire à une demande présentée sur le fondement de l'article L. 214-3 du Code de l'environnement (projets susceptibles de présenter des dangers pour la santé et la sécurité publique, de nuire au libre écoulement des eaux, de réduire la ressource en eau, d'accroître notablement le risque d'inondation, de porter gravement atteinte à la qualité ou la diversité du milieu aquatique) n'est pas régie par l'article R. 11-3 du Code de l'expropriation, mais par les dispositions de l'article R. 123-8 du Code de l'environnement, qui n'exigent pas que le dossier comporte l'estimation sommaire des dépenses (■ CAA Versailles, 19 mai 2022, n° 18VE00974, *Établissement public Port autonome de Paris*).

Voir : Sur le bilan de participation préalable du public : comm. sous art. L. 123-12, p. 128.

II – JURISPRUDENCE ANTÉRIEURE AU DÉCRET DU 29 DÉCEMBRE 2011

3) Raisons pour lesquelles le projet a été retenu. Ne saurait être regardé comme un parti envisagé un projet qui, après avoir fait l'objet d'une étude par les soins de la collectivité expropriante, a été expressément abandonné par elle depuis un délai significatif à la date à laquelle intervient l'arrêté préfectoral prescrivant l'ouverture de l'enquête préalable à la déclaration d'utilité publique de l'opération (■ CAA Versailles, 10 mai 2007, n° 06VE01636, *Dpt de l'Essonne : Rev. jur. env.* 2008, p. 98).

4) Rapport non soumis à l'enquête. La description de l'état initial du site d'implantation d'une installation classée agricole est suffisamment précise au regard des prescriptions de l'article 3-4° du décret du 21 septembre 1977 pris pour l'application de la loi du 19 juillet 1976 sur les installations classées dans la mesure où les éléments essentiels d'un rapport géologique effectué par un hydrogéologue agréé ont été repris dans l'étude d'impact. Les juges administratifs n'ont en revanche pas tenu compte du moyen d'annulation de la requérante, tiré de ce que ledit rapport n'avait pas été soumis à l'enquête publique (■ CAA Nantes, 22 nov. 2000, n° 98NT00484, *Assoc. authonnaise pour favoriser la qualité de l'eau et de l'environnement dans le canton*).

5) Appréciation des dépenses. L'appréciation sommaire des dépenses a pour objet de permettre à tous les intéressés de s'assurer que les travaux et ouvrages, compte tenu de leur coût total réel tel qu'il peut être raisonnablement apprécié à l'époque de l'enquête, ont un caractère d'utilité publique. Si certaines dépenses relatives aux mesures compensatoires ne figurent pas dans cette appréciation sommaire, le dossier soumis à enquête les fait apparaître par ailleurs de manière précise et détaillée, comme l'exige l'article R. 122-3 du Code de l'environnement, au sein de l'étude d'impact dans des conditions qui, dans les circonstances de l'espèce, ne sont pas de nature à vicier la procédure suivie dès lors que le dossier soumis à enquête permet de connaître le coût total du projet (■ CE, 13 juill. 2007, n° 288752, *Assoc. de protection de la rentabilité de l'agriculture et de son environnement par rapport aux projet routiers de la zone de Dieppe-Sud : AJDA* 2007, p. 1974 ; *Rev. jur. env.* 2008, p. 99). Par une délibération, le conseil municipal d'Aiguilhe a arrêté les modalités de financement d'un projet d'agrandissement du terrain de football et retenu un montant d'investissement de 430 560 € TTC correspondant au chiffrage de l'avant-projet établi à la fin de l'année 2004 à 357 000 €. En retenant, quelques mois auparavant, un montant de près de 50 % inférieur, la commune d'Aiguilhe doit être regardée comme ayant procédé à une sous-évaluation manifeste du coût de l'ensemble de l'opération (■ CAA Lyon, 11 déc. 2007, n° 06LY01359, *Mme Masse : AJDA* 2008, p. 602).

6) Documents graphiques. Des erreurs et imprécisions ayant entaché les cartes produites dans le dossier d'enquête publique, ces lacunes ont fait l'objet de nombreuses critiques de la part du public qui, de manière récurrente, n'a cessé de faire observer que les seules pièces qui lui étaient soumises ne permettaient pas de comprendre le projet soumis à enquête. L'ampleur du caractère illisible des cartes produites a empêché la compréhension par le public des documents soumis à enquête, entraînant l'irrégularité de la procédure (■ TA Poitiers, 11 janv. 2007, n° 0502808, *Cne de Saint-Loup Lamaire et a. : Environnement* mai 2007, n° 5, comm. 89). Lorsqu'un plan de prévention des risques concerne plusieurs communes, les dossiers déposés dans chaque commune pour l'enquête publique doivent comprendre l'ensemble des documents graphiques du projet et pas seulement les plans concernant la commune elle-même. Le caractère substantiel de l'irrégularité tient au fait que le contenu du plan de prévention des risques doit par nature s'apprécier globalement (■ CE, 22 juin 2001, n°s 214421, 214613 et 215360, *Assoc. des professionnels de la zone portuaire*).

7) Sous-évaluation manifeste. Par une délibération, le conseil municipal d'Aiguilhe a arrêté les modalités de financement d'un projet d'agrandissement du terrain de football et retenu un montant d'investissement de 430 560 € TTC correspondant au chiffrage de l'avant-projet établi à la fin de l'année 2004 à 357 000 €. En retenant, quelques mois auparavant, un montant de près de 50 % inférieur, la commune d'Aiguilhe doit être regardée comme ayant procédé à une sous-évaluation manifeste du coût de l'ensemble de l'opération

(■ CAA Lyon, 11 déc. 2007, n° 06LY01359, *Mme Masse : AJDA* 2008, p. 602).

8) Avis. L'avis exprimé par le préfet au nom de l'État sur le projet de révision du PLU ne figurait pas au nombre des pièces annexées au dossier soumis à enquête publique ; il ressort des pièces du dossier que le commissaire enquêteur qui, en préambule de son rapport, mentionne la liste précise des diverses pièces composant le dossier ne fait pas état de l'avis du préfet ; alors qu'il consacre des développements particuliers de son rapport à la zone AUL prévue dans le secteur de Combe Chaillit, le commissaire enquêteur ne se réfère à aucun moment à l'avis du préfet qui comporte pourtant sur cette zone des développements particuliers et porte sur sa création un avis circonstancié et réservé ; ainsi, la commune qui se borne à affirmer que l'avis du préfet figurait au dossier n'apporte pas la preuve qui lui incombe de sa composition régulière ; le déroulement de l'enquête publique est affecté d'un vice substantiel et la délibération du 8 sept. 2005 approuvant la révision du PLU est intervenue à l'issue d'une procédure irrégulière (■ CAA Lyon, 22 févr. 2011, n° 09LY01616, *Assoc. pour la défense et la conservation du cadre de vie des cotarins*).

Voir : Sur un complément de jurisprudence en matière d'étude d'impact : jurispr. sous art. R. 122-5, p. 1508.

III – JURISPRUDENCE POSTÉRIEURE AU DÉCRET DU 29 DÉCEMBRE 2011

9) Avis. Il a été jugé que le dossier soumis à l'enquête qui ne comprend pas les avis des personnes publiques consultées lors de l'élaboration d'un PLU est une irrégularité de nature à entraîner l'annulation de la délibération litigieuse (■ CAA Marseille, 5 déc. 2013, n° 12MA00521). Toutefois, est censuré l'arrêt rendu en ce sens par les juges du fond, sans rechercher si l'irrégularité constatée a pu avoir pour effet de nuire à l'information de l'ensemble des personnes intéressées par l'opération ou si elle a été de nature à exercer une influence sur les résultats de l'enquête (■ CE, 12 nov. 2014, n° 373782, inf. ■ CAA Nancy, 10 oct. 2013, n° 12NC01726). Considérant que s'il ressort des pièces du dossier que les avis du conseil régional et du Conseil général n'ont été versés au dossier soumis à enquête publique qu'après la date d'ouverture de l'enquête publique, cette seule circonstance n'a privé le public de ces avis que pendant une partie de la durée de l'enquête publique et n'est donc pas de nature à vicier la procédure (■ CE, 29 oct. 2013, n° 360085, *Assoc. Les amis de la rade et des calanques : Rev. jur. env.* 2015, p. 164). Dans une affaire où l'ensemble des délibérations du conseil municipal, et notamment celle arrêtant le PLU, figuraient au dossier soumis à enquête et où le bilan de la concertation figurait au dossier ; qu'en outre, il n'est pas établi qu'une omission sur ce point, il a été estimé qu'il n'avait pas été fait obstacle à une bonne information de l'ensemble des personnes intéressées par l'opération ou aurait exercé une influence sur les résultats de l'enquête publique ou sur le sens de la délibération contestée (■ CAA Nantes, 15 févr. 2017, n° 15NT01287). Il ne résulte d'aucune disposition législative ou réglementaire que les accords préalables du ministre chargé de l'aviation civile et du ministre de la Défense requis, en vertu des dispositions combinées des articles R. 423-51 et R. 425-9 du Code de l'urbanisme et R. 244-1 du Code de l'aviation civile, pour la délivrance de permis de construire relatifs à des parcs éoliens dont la hauteur des installations dépasse 50 m, doivent figurer au dossier d'enquête publique à peine d'irrégularité de la procédure (■ CE, 9 sept. 2024, n° 487933, *Assoc. Vent de Gâtine et a.*).

10) Possibilité de substitution de la note de présentation. Doit être regardé comme complet le dossier qui, ne comportant pas la note de présentation prévue au 2° de l'article R. 123-8 du Code de l'environnement alors que la nécessité d'une évaluation environnementale avait été écartée par décision de l'autorité environnementale chargée de l'examen au cas par cas, comportait une étude de « l'évaluation et incidences de la carte communale sur le site Natura 2000 du réseau hydrographique de l'Engranne », élaborée par un bureau d'étude indépendant et reprenant les différentes informations requises de la note de présentation (■ CE, 16 févr. 2022, n° 437202, *Assoc. pour la sauvegarde et la salubrité de Faleyras Targons et environs*).

11) Défaut de production de l'avis de l'INAO et défaut d'information du public (oui). Par un avis émis antérieurement au début de l'enquête publique, l'INAO (Institut national de l'origine et de la qualité) s'était prononcé défavorablement au projet d'autorisation d'une carrière. Eu égard au public concerné par le projet, notamment constitué d'exploitants viticoles, l'absence dans le dossier d'enquête publique de l'avis défavorable de l'INAO a nécessairement eu pour effet de nuire à l'information complète de la population. Dans ces conditions, ce défaut de production de l'avis de l'INAO au dossier d'enquête publique constitue un vice de nature à entacher d'illégalité l'arrêté litigieux (■ CAA Marseille, 19 mai 2015, n° 13MA03284, *Cne de Caunes-Minervois : Dr. env.* 2015, p. 292). Pour des faits similaires (■ CAA Marseille, 7 juill. 2015, n° 12MA04547, *Synd. viticole AOC Languedoc et a. : Rev. jur. env.* 2016, p. 166 ; *Dr. env.* janv. 2016, n° 241, p. 22).

12) Défaut de production de l'avis de l'INAO et défaut d'information du public (non). Il résulte des dispositions combinées des articles L. 512-6 et R. 123-6 du Code de l'environnement que le dossier d'enquête publique d'un projet de carrière dans les vignobles classés appellation d'origine contrôlée, vin délimité de qualité supérieure, et dans les aires de production de vins de pays, doit contenir l'avis de l'INAO. En l'espèce, l'avis de l'INAO fait défaut dans le dossier d'enquête publique. Toutefois, les éléments contenus dans cet avis, reçu le jour de la clôture de l'enquête, figurent dans l'étude d'impact. Le Conseil d'État, par application de sa jurisprudence *Danthony*, considère que le défaut d'avis de l'INAO n'entache pas la procédure d'illégalité puisque cela n'a pas eu pour effet de nuire à l'information de l'ensemble des personnes intéressées par l'opération (■ CE, 30 nov. 2016, n° 391848. ■ CE, 14 juin 2017, n° 393258).

13) Défaut de production dans le dossier de l'avis de FranceAgrimer et défaut d'information du public (non). Il résulte des dispositions combinées des articles R. 128-3 et L. 515-1 du Code de l'environnement que le dossier d'enquête publique d'un projet de carrières dans les vignobles classés appellation d'origine contrôlée, vin délimité de qualité supérieure, et dans les aires de production de vins de pays, doit contenir l'avis de l'Institut national de l'origine et de la qualité et de l'Établissement national des produits de l'agriculture et de la mer. Toutefois, d'une part, le fait que l'autorisation attaquée n'avait pas pour effet d'étendre l'emprise de la carrière et que les conditions d'exploitation n'étaient pas substantiellement modifiées, et d'autre part, le fait que postérieurement à l'intervention de l'arrêté attaqué, le préfet avait saisi l'établissement FranceAgrimer, pour avis, par un courrier du 2 juin 2016, et qu'en l'absence de toute réponse, celui-ci devait être regardé comme ne s'opposant pas au projet, la cour administrative d'appel a pu estimer que l'absence de cet avis dans le dossier d'enquête n'était pas de nature à avoir nui à l'information de la population (■ CE, 29 déc. 2021, n° 438886, *Assoc. Sainte-Anne et a.*).

14) Défaut de mention dans le dossier des textes qui régissent l'enquête en cause et défaut d'information du public (non). Le défaut de mention, dans le dossier d'enquête, des textes qui régissent en cause et l'indication de la façon dont cette enquête s'insère dans la procédure administrative relative au projet, plan ou programme considéré, ainsi que la ou les décisions pouvant être adoptées au terme de l'enquête et les autorités compétentes pour prendre la décision d'autorisation ou d'approbation comme l'exige le 3° de l'article R. 123-8 n'est pas de nature à entacher la procédure d'irrégularité dès que ces mentions figuraient dans l'arrêté prescrivant l'enquête publique, affiché en mairie (■ CE, 19 nov. 2021, n° 442688, *Sté Le Coin du Feu*).

15) Caractère essentiel des informations contenues dans la notice explicative (ancienne note de présentation non technique détaillée). Les dispositions de l'article R. 123-6 (rempl., R. 123-8) imposent seulement que la notice explicative (remplacée par la note de présentation) présente les principales caractéristiques du projet sur lequel porte l'enquête publique. Elle n'a pas à être exhaustive. Le Conseil d'État a estimé que la notice explicative du projet exposait suffisamment les principales caractéristiques du projet et ses finalités propres (■ CE, 27 févr. 2015, n° 382625 : *Rev. jur. env.*, n° 3, p. 531).

16) Contenu du dossier (capacités financières). L'arrêté du 29 mars 2013 est annulé en tant que les capacités financières de l'exploitation n'ont pas été soumises à l'information du public lors de l'enquête publique (■ TA Lille, 25 avr. 2017, n° 1401947, *M. J et a., Cne d'Heuringhem*).

17) Pièces non requises. Ni les dispositions de l'article R. 112-4 du Code de l'expropriation ni celles de l'article R. 123-8 du Code de l'environnement ne prévoient que le dossier d'enquête devrait comporter le rapport préalable à la détermination du périmètre d'une opération d'intérêt national (OIN), alors au demeurant que l'étude d'impact de la ZAC explique l'opération et son positionnement au sein de l'OIN (■ CAA Bordeaux, 3 oct. 2024, n° 22BX02339, *SCI Tandonnet Brascassat*).

Sous-section 7. – Organisation de l'enquête

Art. R. 123-9 *(Rempl. à compter du 1er août 2021, D. n° 2021-837, 29 juin 2021)*. **– I. – L'autorité compétente pour ouvrir et organiser l'enquête précise par arrêté les informations mentionnées à l'article L. 123-10, quinze jours au moins avant l'ouverture de l'enquête et après concertation avec le commissaire enquêteur ou le président de la commission d'enquête. Cet arrêté précise notamment :**

1° Concernant l'objet de l'enquête, les caractéristiques principales du projet, plan ou programme ainsi que l'identité de la ou des personnes responsables du projet, plan ou programme ou de l'autorité auprès de laquelle des informations peuvent être demandées ;

2° En cas de pluralité de lieux d'enquête, le siège de l'enquête, où toute correspondance postale relative à l'enquête peut être adressée au commissaire enquêteur ou au président de la commission d'enquête ;

3° L'adresse électronique à laquelle le public peut transmettre ses observations et propositions pendant la durée de l'enquête, ainsi que, le cas échéant, l'adresse du site internet comportant le registre dématérialisé sécurisé mentionné à l'article L. 123-10 ;

4° Les lieux, jours et heures où le commissaire enquêteur ou la commission d'enquête, représentée par un ou plusieurs de ses membres, se tiendra à la disposition du public pour recevoir ses observations ;

5° Le cas échéant, la date et le lieu des réunions d'information et d'échange envisagées ;

6° La durée, le ou les lieux, ainsi que le ou les sites internet où à l'issue de l'enquête, le public pourra consulter le rapport et les conclusions du commissaire enquêteur ou de la commission d'enquête ;

7° L'information selon laquelle, le cas échéant, le dossier d'enquête publique est transmis à un autre État, membre de l'Union européenne ou partie à la convention sur l'évaluation de l'impact sur l'environnement dans un contexte transfrontière, signée à Espoo le 25 février 1991 (1), **sur le territoire duquel le projet est susceptible d'avoir des incidences notables ;**

8° L'arrêté d'ouverture de l'enquête précise, s'il y a lieu, les coordonnées de chaque maître d'ouvrage ou de la personne publique responsable des différents éléments du ou des projets, plans ou programmes soumis à enquête.

II. – Un dossier d'enquête publique est disponible en support papier au minimum au siège de l'enquête publique. Ce dossier est également disponible depuis le site internet mentionné au II de l'article R. 123-11.

1) **Renforcement du contenu de l'arrêté d'ouverture d'enquête.** Le contenu de l'arrêté ouvrant et organisant l'enquête publique a été précisé par le décret n° 2011-2018 du 29 décembre 2011, à l'article R. 123-9. L'ancienne rédaction de l'article R. 123-13 ne mentionnait pas les informations visées au 2°, 6°, 8° (à l'exception de l'étude d'impact), 9°, 10° et 12° de l'actuel article R. 123-9. Par ailleurs, l'article R. 123-11 renvoie désormais à ce dernier pour déterminer le contenu de l'avis d'information du public. Outre cet aspect, la jurisprudence rendue sous l'empire des anciennes dispositions demeure applicable.

2) **Nature juridique de l'arrêté.** L'arrêté prescrivant l'ouverture de l'enquête publique préalable à la déclaration d'utilité publique des travaux de construction d'une autoroute constitue une simple mesure préparatoire, qui n'est pas susceptible de faire l'objet d'un recours pour excès de pouvoir (■ CE, 19 févr. 2007, n° 293866, *Sepanso Landes : Rev. jur. env.* 2008, p. 92). Mais : les irrégularités affectant l'arrêté peuvent être invoquées, par la voie de l'exception, dans le cadre d'un recours dirigé contre le permis de construire d'un stade qui aurait dû être délivré par le président de la communauté d'agglomération et non par le maire, le projet répondant à un besoin à l'échelle de l'agglomération (■ CAA Lyon, 28 déc. 2006, n° 05LY01535, *M. Wegner : Rev. jur. env.* 2008, p. 92) ou contre la délibération d'un conseil municipal approuvant la modification d'un PLU alors que les dispositions relatives à la publicité de l'avis au public informant ce dernier de l'ouverture de l'enquête publique préalable à la modification du PLU n'avaient pas été respectées (■ CAA Bordeaux, 3 avr. 2007, n° 04BX01095, *Cne de Saint-Leu : Rev. jur. env.* 2008, p. 92) ou contre la déclaration d'utilité publique d'un projet d'extension d'un parc d'activités économiques au motif que l'avis au public n'avait été publié que dans l'une des deux communes concernées par le projet (■ CAA Douai, 8 nov. 2006, n° 06DA002418, *M. et Mme Joseph X : Rev. jur. env.* 2008, p. 92).

3) **Délai d'ouverture de l'enquête.** Le délai de quinze jours séparant l'ouverture de l'enquête publique de l'arrêté la prescrivant ne constitue pas une garantie au bénéfice des intéressés. L'ouverture de l'enquête après le terme de ce délai est donc sans incidence sur la régularité de celle-ci (■ CE, 27 mai 1988, *SA d'exploitation des carrières de Saint-Avit : JurisData* n° 1988-000114).

4) **Publicité préalable de l'arrêté d'ouverture de l'enquête.** Dès lors que l'avis d'enquête a été publié dans plusieurs journaux, qu'il a été affiché à quatre emplacements différents aux abords du site d'implantation projeté ainsi que dans les dix-huit communes visées par l'arrêté préfectoral prescrivant l'ouverture de l'enquête, la seule circonstance que cet avis a été affiché dans l'une des mairies postérieurement à l'ouverture de l'enquête, pour regrettable qu'elle soit, n'a pas privé les personnes intéressées d'une bonne information sur la procédure (■ CAA Versailles, 26 janv. 2024, n° 21VE02980, Assoc. *Auxymore – Assoc. pour la sauvegarde des paysages, du patrimoine et de l'environnement d'Auxy et a.*).

(1) Conv. publiée par D. n° 2001-1176, 5 déc. 2001. – NDLR.

5) Erreur sur l'intitulé du projet annoncé. Ne permet pas d'assurer une juste information du public sur la nature exacte du projet et est ainsi entaché d'erreur manifeste d'appréciation quant à l'objet de l'opération l'arrêté par lequel le préfet a décidé de l'ouverture de l'enquête publique pour un projet d'extension de la capacité d'un élevage de porcs de 56 à 130 truies reproductrices, alors que ce projet correspondait en réalité à une augmentation de 428 à 1359 porcs (▪ TA Nancy, 3 oct. 2006, n° 0300268, *Assoc. Vivre dans la vallée de la Blette : Rev. jur. env.* 2007, p. 251). Est également irrégulière la procédure d'enquête préalable à une DUP, dont les mesures de publicité visaient une opération d'aménagement d'un carrefour et une enquête parcellaire, alors que le projet portait en réalité sur l'aménagement paysager d'un site, la sécurisation d'un carrefour, une voie d'accès, un stationnement, une rue piétonnière en calade et l'aménagement d'espaces libérés en square avec jeux d'enfants, lesquels portent sur une superficie de plus de deux hectares, dont quelques milliers de m² pour l'aménagement du jardin, au lieu des quelques centaines de m² susceptibles d'être utiles à l'aménagement du carrefour (▪ CAA Marseille, 11 juill. 2011, n° 08MA04115, *De la Tournelle et a.*).

6) Défaut de mention de l'existence d'une étude d'impact. La seule omission de la mention relative à l'existence de l'étude d'impact dans l'arrêté d'ouverture de l'enquête publique et l'avis au public, en l'absence d'autres circonstances et alors même que l'étude d'impact figurait dans le dossier d'enquête et qu'elle avait pu être consultée par le public, que le nombre d'observations recueillies au cours de l'enquête était élevé et que le projet concerné avait été largement couvert par les médias, n'est pas de nature à faire obstacle à la participation effective du public à l'enquête ou à exercer une influence sur les résultats de l'enquête (▪ CE, 27 févr. 2015, n°s 382557 et 382502 : *Dr. adm.* 2015, n° 5, p. 41 ; *AJDA* 2015, p. 425 ; *Dr. env.* 2015, p. 94 ; *Rev. jur. env.* 2015, p. 154). Il est fait ici application de la jurisprudence Danthony, qui soumet l'annulation d'une décision administrative pour vice de forme ou de procédure à une condition alternative : ce vice doit avoir exercé une influence sur le sens de la décision prise ou avoir privé l'intéressé d'une garantie (▪ CE, 23 déc. 2011, n° 335033, *Danthony : GAJA Dalloz* 2013).

7) Défaut de mention de la possibilité pour le public de présenter des observations. Lorsqu'un arrêté d'ouverture d'une enquête publique portant sur le projet de révision d'une carte communale n'indique pas que le public pourra présenter des observations par écrit sur le registre d'enquête ouvert à cet effet ou oralement lors des rencontres programmées avec le commissaire enquêteur, et dès lors que les avis publiés dans des journaux locaux se bornent à indiquer que « le dossier d'élaboration de la carte communale peut être consulté à la mairie », les administrés ont été privés de leur droit à l'information et à la participation consubstantiel à l'organisation de l'enquête publique (▪ CAA Nancy, 19 déc. 2013, n° 13NC00212, *Cne de Dannelbourg : Environnement* 2014, n° 32, obs. Gillig ; *Rev. jur. env.* 2015, p. 156).

8) Défaut de mention de l'avis de l'autorité environnementale. Si l'avis d'enquête publique ne mentionne pas l'existence d'un avis de l'autorité environnementale, ce seul élément, en l'absence d'autres circonstances, et alors que l'arrêté d'ouverture de l'enquête publique le précise, n'est pas de nature à avoir privé le public d'une information en l'absence de laquelle il n'aurait pu participer effectivement à l'enquête ou exercer effectivement une influence sur ses résultats (▪ CE, 9 juill. 2018, n° 410917, *Cne de Villiers-le-Bâcle*).

9) Défaut de mention des décisions de dispense de l'évaluation environnementale. L'absence de mention dans l'arrêté d'ouverture de l'enquête publique des décisions par lesquelles le préfet du Rhône a indiqué que le projet de révision du plan local d'urbanisme en litige n'était pas soumis à évaluation environnementale n'a pas été de nature à vicier la procédure d'enquête publique dès lors que ces avis négatifs n'ont pu influencer la participation de la population à l'enquête publique, ni les résultats de cette enquête (▪ CAA Lyon, 23 juin 2020, n° 19LY00602).

10) Précisions sur l'objet de l'enquête (Insuffisance). L'arrêté en litige portant ouverture de l'enquête publique se borne à indiquer, s'agissant de l'objet de l'enquête, que celle-ci portera sur le projet de révision du plan local d'urbanisme sans préciser que figure parmi les objectifs principaux de la révision une augmentation de l'urbanisation du quartier de la Maladière par la construction de nouveaux lotissements dans une zone protégée de captage des eaux potables. Dans ces circonstances, cet accroissement de l'urbanisation dans cette zone protégée constituait une caractéristique principale du projet qui devait figurer dans l'arrêté lequel méconnaît les dispositions de l'article R. 123-9 du Code de l'environnement (▪ CAA Lyon, 18 juin 2020, n° 19LY00769). **(Suffisance)** L'avis d'ouverture de l'enquête publique qui se contente d'annoncer qu'il sera procédé à une enquête publique sur l'utilité publique de la liaison électrique sous-marine et souterraine avec mise en compatibilité des documents d'urbanisme des communes concernées en précisant la localisation de la liaison sans pour autant mentionner le nombre et les caractéristiques des éoliennes ni le coût du projet décrit suffisamment l'objet de l'enquête malgré cette omission (■ CE, 8 avr. 29019, n° 411862, *M. A...*).

11) Coordonnées du maître d'ouvrage et identité de la personne auprès de laquelle peuvent être demandées des informations. Si l'arrêté préfectoral portant ouverture de l'enquête publique ne précise ni les coordonnées du maître d'ouvrage ni n'indique l'identité de la personne auprès de laquelle des informations peuvent être demandées, il n'en ressort pas pour autant que ces omissions ont à elles seules nui à l'information des personnes intéressées, ni n'ont été de nature à exercer une influence sur les résultats de l'enquête, ni encore sur la décision de l'autorité administrative (■ CAA Bordeaux, 20 nov. 2018, n° 16BX01904, *Sté l'exploitation agricole de la Montagne Pelée*). Si les avis d'ouverture de l'enquête publique ne précisaient pas l'autorité responsable du projet ou auprès de qui des informations pouvaient être sollicitées, les mentions présentes dans ces avis étaient suffisamment précises pour que le public puisse l'identifier (■ CAA Nantes, 1er févr. 2019, n° 17NT01831).

L'article R. 123-9 du Code de l'environnement n'oblige pas à indiquer les modalités selon lesquelles la personne auprès de laquelle peuvent être sollicitées des informations peut être jointe (■ CAA Nancy, 23 juill. 2019, n° 18NC01434, *Cne d'Oberhausbergen*).

12) Absence de réunion publique. Lorsqu'il est constant qu'une réunion d'information n'a pas été envisagée dans le cadre de l'enquête publique, aucune mention n'est requise à ce sujet, l'article R. 123-9 du Code de l'environnement ne prévoyant la mention de telles réunions que « le cas échéant » (■ CAA Lyon, 13 juin 2019, n° 18LY03129, *Synd. des copropriétaires de la résidence « Le Lac-La Loze »*).

Voir: Sur la communication du dossier d'enquête publique : comm. sous art. L. 123-11, p. 128.

Sous-section 8. – Jours et heures de l'enquête

Art. R. 123-10 ***(Rempl., D. n° 2011-2018, 29 déc. 2011 ; mod., D. n° 2017-626, 25 avr. 2017).*** **– Les jours et heures, ouvrables ou non, où le public pourra consulter gratuitement [l'] exemplaire du dossier et présenter ses observations et propositions sont fixés de manière à permettre la participation de la plus grande partie de la population, compte tenu notamment de ses horaires normaux de travail. Ils comprennent au minimum les jours et heures habituels d'ouverture au public de chacun des lieux où est déposé le dossier ; ils peuvent en outre comprendre des heures en soirée ainsi que plusieurs demi-journées prises parmi les samedis, dimanches et jours fériés.**

Lorsqu'un registre dématérialisé est mis en place, il est accessible sur internet durant toute la durée de l'enquête.

1) Nouveaux créneaux horaires. Le décret n° 2011-2018 du 29 décembre 2011 a ajouté aux dispositions de l'article R. 123-10, autrefois codifiées à l'article R. 123-16, la possibilité de prévoir des jours ouvrables ou non, ainsi que des horaires en soirée. L'article R. 123-10 du Code de l'environnement n'impose pas que les jours et horaires de consultation comprennent des heures en soirée ou des demi-journées prises parmi les samedis, dimanches et jours fériés, mais ouvre seulement à l'autorité chargée de l'organisation de l'enquête la faculté de le prévoir. L'impossibilité pour le public de consulter le dossier de l'enquête publique en soirée ou en dehors des jours et horaires habituels d'ouverture des bureaux n'a pas entraîné une méconnaissance de l'article R. 123-10 du Code de l'environnement, dès lors que les personnes intéressées n'ont pas été empêchées de présenter leurs observations et alors que le dossier était par ailleurs consultable sur Internet (■ CE, 22 juin 2016, n° 388276).

2) Horaires adaptés au contexte local. Les horaires d'ouvertures particulièrement restreints d'une mairie, en raison de la taille réduite de la commune qui compte seulement 54 habitants, ne sont pas de nature à entraîner un vice de procédure dès lors qu'il ne ressort pas des pièces du dossier que des personnes auraient été empêchées de prendre connaissance du projet et de présenter leurs observations (■ CAA Lyon, 8 janv. 2013, n° 12LY02061). Quand bien même la commune des Sables-d'Olonne comporte un grand nombre de résidences secondaires, il n'est pas établi que la période retenue pour l'enquête publique, entre le 28 décembre 2015 et le 29 janvier 2016, ait pour effet de placer les personnes intéressées dans l'impossibilité de formuler leurs observations. En sus, aucune disposition législative ou réglementaire n'impose d'organiser l'enquête publique au cours de la période estivale (■ CAA Nantes, 20 sept. 2019, n° 18NT02759, *Min. de la Transition écologique et solidaire*). Quand bien même l'affluence lors des permanences du commissaire enquêteur a justifié à cinq reprises que celles-ci soient prolongées au-delà de l'heure qui était initialement prévue, il ne peut être utilement soutenu que la fixation des horaires pendant lesquels le public a pu avoir accès au dossier et présenter ses observations a méconnu les exigences de l'article R. 123-10 du Code de l'environnement (■ CAA Lyon, 2 juill. 2019, n° 18LY03079, *Assoc. Les amis du bassin de l'Arve*).

3) Appréciation globale de la mise à disposition. Le Conseil d'État a considéré que la mise à disposition sur Internet d'un dossier soumis à enquête publique ainsi que la possibilité pour le public d'y déposer ses observations constituaient un palliatif suffisant à la mise à disposition dans un nombre limité de lieux permettant à l'ensemble des personnes et des groupements intéressés de prendre connaissance du projet, d'en mesurer les impacts et d'émettre leurs observations (■ CE, 23 oct. 2015, n° 375814, *Cne de Maisons-Laffitte et a.* : *AJDA* 2015, p. 2005 ; *Dr. env.* 2015, p. 414). Dès lors que les horaires retenus correspondent aux horaires habituels d'ouverture au public des lieux en cause, que le dossier était également consultable par voie électronique sur le site Internet dédié à l'enquête publique ainsi que sur le site Internet des services de l'État dans le département de l'Hérault tandis que les observations et propositions pouvaient être transmises par courriel, le moyen tiré de l'irrégularité de l'enquête doit être écarté (■ CE, 2 févr. 2024, n° 473429, *Assoc. ALT et a.*).

Sous-section 9. – Publicité de l'enquête

Art. R. 123-11 *(Rempl., D. n° 2011-2018, 29 déc. 2011 ; mod., D. n° 2017-626, 25 avr. 2017).* **– I. – Un avis portant les indications mentionnées à l'article R. 123-9 à la connaissance du public est publié en caractères apparents quinze jours au moins avant le début de l'enquête et rappelé dans les huit premiers jours de celle-ci dans deux journaux régionaux ou locaux diffusés dans le ou les départements concernés. Pour les projets d'importance nationale et les plans et programmes de niveau national, cet avis est, en outre, publié dans deux journaux à diffusion nationale quinze jours au moins avant le début de l'enquête.**

II. – L'avis mentionné au I est publié sur le site internet de l'autorité compétente pour ouvrir et organiser l'enquête. Si l'autorité compétente ne dispose pas d'un site internet, cet avis est publié, à sa demande, sur le site internet des services de l'État dans le département. Dans ce cas, l'autorité compétente transmet l'avis par voie électronique au préfet au moins un mois avant le début de la participation, qui le met en ligne au moins quinze jours avant le début de la participation.

III. – L'autorité compétente pour ouvrir et organiser l'enquête désigne le ou les lieux où cet avis doit être publié par voie d'affiches et, éventuellement, par tout autre procédé.

Pour les projets, sont au minimum désignées toutes les mairies des communes sur le territoire desquelles se situe le projet ainsi que celles dont le territoire est susceptible d'être affecté par le projet. Pour les plans et programmes de niveau départemental ou régional, sont au minimum désignées les préfectures et sous-préfectures.

Cet avis est publié quinze jours au moins avant l'ouverture de l'enquête et pendant toute la durée de celle-ci.

Lorsque certaines de ces communes sont situées dans un autre département, l'autorité chargée de l'ouverture de l'enquête prend l'accord du préfet de ce département pour cette désignation. Ce dernier fait assurer la publication de l'avis dans ces communes selon les modalités prévues à l'alinéa précédent.

IV. – En outre, dans les mêmes conditions de délai et de durée, et sauf impossibilité matérielle justifiée, le responsable du projet procède à l'affichage du même avis sur les lieux prévus pour la réalisation du projet.

Ces affiches doivent être visibles et lisibles de la ou, s'il y a lieu, des voies publiques, et être conformes à des caractéristiques et dimensions fixées par arrêté du ministre chargé de l'environnement (1).

Voir aussi : *Sur les caractéristiques et dimensions d'affichage de l'avis d'enquête,* Arrêté ministériel du 24 avril 2012 fixant les caractéristiques et dimensions de l'affichage de l'avis d'enquête publique mentionné à l'article R. 123-11 du Code de l'environnement.

I – PRÉSENTATION DE L'ENQUÊTE PUBLIQUE RÉFORMÉE PAR LE DÉCRET DU 29 DÉCEMBRE 2011

1) Modes de publicité de l'enquête publique. Le décret n° 2011-2018 du 29 décembre 2011 apporte de nombreuses précisions quant aux modalités de publicité de l'enquête publique. L'innovation principale du nouvel article R. 123-11 réside, par rapport aux anciennes dispositions de l'article R. 123-14, dans la publication de l'avis sur le site Internet de l'autorité compétente pour ouvrir

(1) V. T. appl. : A. 24 avr. 2012 (*JO* 4 mai 2012). – NDLR.

et organiser l'enquête, lorsqu'elle dispose d'un tel site. En outre, les affiches doivent être visibles et lisibles depuis les voies publiques et être conformes aux caractéristiques et dimensions fixées par arrêté ministériel.

Voir : Sur l'information du public par voie électronique : comm. sous art. L. 123-10, p. 126.

2) Contenu de l'avis d'information du public. Le décret précité complète également le contenu de l'avis d'information au public en opérant un renvoi à l'article R. 123-9 relatif au contenu de l'arrêté d'ouverture d'enquête.

Voir : Sur le renforcement du contenu de l'arrêté d'ouverture d'enquête : comm. sous art. R. 123-9, p. 1565.

II – JURISPRUDENCE ANTÉRIEURE AU DÉCRET DU 29 DÉCEMBRE 2011

3) Recours contre l'arrêté de mise à l'enquête publique. La décision par laquelle est mis à l'enquête publique un projet ou une demande d'autorisation n'est pas susceptible de faire l'objet d'un recours contentieux dès lors qu'elle ne fait pas grief (▪ CE, sect., 26 juill. 1996, n° 169820, *Cne de Fourques et a.* ▪ CAA Bordeaux, 18 avr. 2001, n° 00BX02631, *Mme Caillault*). En revanche, il est possible d'exciper le non-respect par cet arrêté des dispositions légales et réglementaires en vigueur, lors du recours exercé contre l'arrêté d'autorisation (▪ TA Bastia, 20 déc. 2001, n°s 00-0452 et 00-0453, *Fédération interdépartementale de pêche et de protection des milieux aquatique de la Corse et M. Patarozzi c/ Préfet de la Corse du Sud*).

4) Délais. L'avis publié moins de huit jours avant l'ouverture de l'enquête, dans certaines communes, n'est pas de nature à vicier la légalité de la décision d'autorisation dès lors que ces retards de publication n'ont pas eu pour effet de réduire le nombre des personnes susceptibles de participer à l'enquête (▪ CE, 11 oct. 1989, n° 44681, *Assoc. Sauvegarde de Machemont et ses environs : JurisData* n° 1989-045253).

5) Objet de l'enquête. L'avis mentionnant, sans autre précision, le numéro de la rubrique de la nomenclature des ICPE dont relève le projet, est une indication qui, seule, ne permet pas au public de déterminer que l'enquête publique porterait non seulement sur un projet d'extension d'une installation de stockage et de récupération de déchets mais aussi sur un projet de création d'un centre de transit de déchets industriels spéciaux. Cette lacune, qui porte sur un élément substantiel de l'information du public et qui est de nature à avoir eu une incidence sur la participation de celui-ci à l'enquête publique, entache d'irrégularité la procédure d'autorisation du projet (▪ CAA Lyon, 1er déc. 2005, n° 01LY025853, *Sté Sorece SA : Rev. jur. env.* 2007, p. 251). En revanche, est suffisant l'avis au public annonçant l'ouverture de l'enquête publique, affiché dans les mairies concernées et publié dans deux journaux locaux, qui précisait que l'enquête portait sur le projet d'exploitation et d'extension d'une carrière et mentionnait les rubriques de la nomenclature des ICPE applicables. Si la réglementation exige que l'avis au public doit préciser la nature de l'installation projetée, elle n'impose pas que l'ensemble des activités prévues sur le site fassent l'objet d'une description détaillée (▪ CE, 26 juin 2013, n° 359756, *SAS Carrière de Bayssan*).

6) Nom et adresse du commissaire enquêteur. L'omission dans la publicité de l'enquête publique du nom et de l'adresse du commissaire enquêteur n'est pas de nature à vicier la procédure (▪ TA Montpellier, 4 oct. 1996, *Planchon et a. c/ Cne de Tourbes : JurisData* n° 1996-000157).

7) Périmètre de l'enquête. Il s'agit de l'ensemble des communes concernées par les risques et les inconvénients. Le juge administratif apprécie librement quelles sont les communes « où l'opération paraît de nature à faire sentir ses effets de façon notable » (▪ CE, 26 juill. 1996, n° 169820, *Cne de Fourques*, concernant le TGV Est. ▪ CE, 30 juill. 1997, n° 176808, *Assoc. de Sauvegarde de la ceinture verte d'Avignon*. ▪ CAA Bordeaux, 20 avr. 2001, n° 96BX01768, *Min. Aménagement du territoire et de l'Environnement*. ▪ CE, 27 févr. 2004, n° 259223, *ASME*, s'agissant des travaux de rétablissement du caractère maritime du Mont Saint-Michel). Lorsque le projet consiste dans le rejet d'effluents liquides non radioactifs dans une rivière, les communes situées en amont du lieu de rejet des effluents n'ont pas à être consultées dans le cadre de la procédure fixée par le décret du 29 mars 1993, même si certaines d'entre elles l'avaient été lors de l'enquête publique préalable à la déclaration d'utilité publique de la création d'une centrale nucléaire et même s'il est prévu qu'en cas de faible étiage en aval du lieu de rejet, un soutien d'étiage sera assuré par l'ouverture de barrages situés en amont de ce lieu (▪ CAA Bordeaux, 12 avr. 2001, n° 96BX02023, *Assoc. Écologie 86 et a.*). La circonstance que les percolats d'une décharge soumise à autorisation soient dirigés vers la station d'épuration des eaux d'une commune n'est pas de nature, eu égard au faible volume des rejets ainsi traités par rapport à la capacité de la station d'épuration, à impliquer que la commune soit considérée comme étant concernée par des inconvénients dont la décharge pourrait être la source (▪ CAA Nantes, 8 déc. 1999, n° 94NT00239, *Assoc. de défense du* *pays de Prudemanche de l'Avre de la Meuvette*). En revanche, le périmètre de l'enquête publique doit contenir légalement non seulement les communes directement concernées par les aménagements projetés mais également les communes dans lesquelles l'opération paraît de nature à faire sentir ses effets de façon notable sur la vie aquatique ou sur la qualité, le régime, le niveau ou le mode d'écoulement des eaux. Une commune non directement concernée par l'aménagement projeté et sur laquelle aucun effet notable n'est à signaler est légalement exclue du périmètre de l'enquête publique (▪ CE, 27 févr. 2004, n° 259223, *ASME*).

8) Rayon d'affichage. Le tribunal administratif de Toulouse a jugé, à propos de la publicité des enquêtes publiques, que le rayon d'affichage doit être mesuré à partir de l'installation susceptible de générer des nuisances et non à partir des limites de la propriété sur laquelle se trouve l'installation en cause (▪ TA Toulouse, 22 nov. 2001, n°s 981919 et 981521, *Cne de Catus, Assoc. Contact rencontres communication et a. c/ Préfet du Lot*).

9) Défaut d'affichage. Un affichage en mairie, complété par une communication intermittente au moyen d'un panneau électronique, ne saurait, eu égard à l'importance de la population communale (5 000 habitants) et à sa dissémination sur un territoire de 20 km, tenir lieu de la publication par voie d'affiche exigée pour l'enquête publique de révision d'un plan d'occupation des sols (▪ CAA Nantes, 14 mars 2006, n° 04NT00593, *Cne de Haute-Goulaine : Rev. jur. env.* 2007, p. 253). L'affichage a été jugé insuffisant pour un projet de révision du plan local d'urbanisme, lorsque cet affichage a été limité à la mairie alors que la commune compte 9 500 habitants et comporte des quartiers distincts du centre-ville, où des panneaux d'information municipale ont d'ailleurs été installés (▪ CAA Lyon, 30 sept. 2008, n° 07LY00043, *SCI Domaine de la Rivoire*). L'avis ne figurant plus sur le panneau d'affichage en mairie à compter du 22 août 2005 au plus tard, alors que l'enquête publique s'est déroulée du 1er août au 15 septembre, la procédure d'enquête publique a été irrégulière et ce nonobstant les circonstances que la population avait été informée par d'autres moyens de l'existence d'une enquête publique et que la participation à celle-ci avait été importante (▪ TA Grenoble, 10 mai 2007, n°s 0600100 et 0600153, *Féd. Rhône Alpes de protection de la nature de l'Isère et a.*).

10) Défaut d'affichage de l'avis d'enquête publique en mairie. Le fait que l'avis d'enquête publique n'ait pas été affiché sur la porte de la mairie est sans influence sur la légalité de l'autorisation (▪ TA Rouen, 22 sept. 1999, n° 951312, *M. de Bueil*).

11) Défaut d'affichage sur les lieux du projet. Les avis d'enquête ayant été affichés dans les journaux locaux et en mairie, dans les délais et conditions prévus par la loi, l'enquête ayant été précédée d'une information des élus locaux et de la population par le moyen de réunions avec les conseils municipaux et de réunions ouvertes au public et le public ayant fortement participé à cette enquête, le fait que les formalités d'affichage n'aient pas été effectuées sur les lieux mêmes de l'installation projetée ne peut être regardé comme ayant constitué, dans les circonstances de l'espèce, un vice de forme substantiel de nature à entacher d'irrégularité l'ensemble de la procédure (▪ CAA Bordeaux, 8 sept. 2008, n° 06BX01509, *EARL Groussin : Environnement* janv. 2009, comm. 4). La même solution est retenue lorsque l'absence d'affichage sur les lieux du projet a, certes, empêché les requérants de formuler des observations au commissaire enquêteur, mais elle ne les a pas empêchés pour autant de prendre connaissance du projet et de présenter leurs observations au préfet (▪ CAA Lyon, 8 janv. 2013, n° 12LY00207). Il en est de même lorsque l'enquête a été précédée d'un important effort d'information des élus locaux et de la population par différents médias et que la population a répondu massivement à l'enquête publique (▪ CE, 18 déc. 1996, n° 156270 et 156543, *SA Omya, Min. chargé de l'industrie*). De même, eu égard à la taille de la commune et au fait que la participation à l'enquête a été nombreuse, l'absence d'affichage sur les lieux du projet ou dans son voisinage ne constitue pas un vice de forme substantiel de nature à entacher d'irrégularité l'ensemble de la procédure (▪ CAA Marseille, 10 nov. 2011, n° 09MA04064, *Assoc. Bien vivre à Mollèges*).

12) Preuve de l'affichage. Pour justifier l'accomplissement de la publication par voie d'affiches de l'avis d'ouverture de l'enquête publique, la commune se prévaut d'un certificat du maire. Cependant, un tel certificat ne peut avoir pour effet de justifier, par anticipation, la réalité d'un affichage qui n'a débuté que dix jours plus tard. En l'absence de certificat probant, la commune ne justifie pas de la réalité de l'affichage de l'avis, irrégularité de nature à entacher d'illégalité l'acte déclaratif d'utilité publique (▪ CAA Bordeaux, 3 nov. 2005, n° 02BX00222, *Cne de Pont-du-Casse : Rev. jur. env.* 2007, p. 253).

13) Publication tardive. Ne respecte pas le délai minimal d'affichage prescrit préalablement à l'ouverture de l'enquête l'avis d'enquête publié la veille du début de l'enquête (▪ CAA Nantes, 30 juin 2006, n° 04NT01488, *M. Albertini : Rev. jur. env.* 2007, p. 25). La publication de l'avis d'enquête ayant eu lieu seulement cinq jours avant le début de celle-ci, l'arrêté déclaratif d'utilité publique est intervenu à la suite d'une procédure irrégulière et doit être annulé (▪ CAA Bordeaux, 21 nov. 2005, n° 05BX005260, *Mme Marthy : Rev. jur. env.* 2007, p. 253). Annulé par ▪ CE, 16 mai 2008, n° 289316, *Cne de Cambon* : a commis une erreur de droit la cour d'appel ayant annulé l'arrêté déclaratif d'utilité publique au seul motif de la tardiveté de la publication de l'avis d'enquête sans rechercher si un tel retard était, dans les circonstances de l'espèce, de nature à entacher d'irrégularité l'ensemble de la procédure d'enquête publique pour défaut d'information et de consultation du public (*AJDA* 2008, p. 963 ; *RD imm.* 2008, p. 436).

14) Hors saison. La seule circonstance que l'enquête publique se soit déroulée en période hivernale à une époque où de nombreuses résidences secondaires implantées dans la zone était inoccupées n'établit pas que les personnes intéressées par l'enquête aient été mises dans l'impossibilité de faire valoir leurs observations (▪ CE, 10 mars 2008, n° 285443, *Groupement agricole d'exploitation en commun « Le moulin du Plessis »*).

15) Publication dans la presse. L'absence de diffusion de l'un des deux journaux locaux ou régionaux sur une partie du département est tolérée dès lors que cette partie du département n'est pas concernée par le projet envisagé (▪ CE, 7 juill. 1987, n° 159002, *Cne de Villeparisis*). De plus, le juge considère que la circonstance que l'enquête publique a été annoncée dans des journaux 15 jours et 8 jours avant son ouverture est régulière lorsque ces publications n'ont pas nui à l'information du public qui a pu faire connaître ses observations (▪ CE, 7 févr. 1986, n° 36746, *M. Colombet c/ Mme Bonnel*).

III – JURISPRUDENCE POSTÉRIEURE AU DÉCRET DU 29 DÉCEMBRE 2011

16) Publicité de l'ouverture de l'enquête publique. Défaut (conditions illégalité). S'il appartient à l'autorité administrative de procéder à la publicité de l'ouverture de l'enquête publique dans les conditions fixées par les dispositions de l'article R. 123-14 du Code de l'environnement, la méconnaissance de ces dispositions n'est de nature à vicier la procédure et donc à entraîner l'illégalité de la décision prise à l'issue de l'enquête publique que si elle a pu avoir pour effet de nuire à l'information de l'ensemble des personnes intéressées par l'opération ou si elle a été de nature à exercer une influence sur les résultats de l'enquête et, par suite, sur la décision de l'autorité administrative (▪ CAA Marseille, 24 nov. 2016, n° 15MA01283).

17) Avis d'enquête publique. Mention de l'étude d'impact (non). L'absence de mention de l'étude d'impact dans l'avis d'enquête publique ne constitue pas une irrégularité substantielle (▪ CAA Versailles, 15 déc. 2016, n° 15VE00052).

18) Publicité de l'avis d'enquête publique. Communes concernées. Un avis d'enquête publique n'a pas à être publié dans une commune et un exemplaire du dossier n'a pas à être adressé à son maire, dès lors que le bois sur lequel doit être implanté le projet de carrière ne se situe pas sur son territoire, et ce quand bien même cette commune est propriétaire indivise de la parcelle du bois des Rochottes sur laquelle doit être implantée la carrière (▪ CE, 17 oct. 2016, n° 388006).

19) Publicité de l'avis d'enquête et article R. 141-5 du Code de la voirie routière. Par un arrêté, un maire a prescrit l'ouverture d'une enquête publique sur un projet de déclassement d'une ancienne voie de desserte. Or, cet arrêté n'a pas été affiché quinze jours au moins avant l'ouverture de l'enquête mais seulement pendant la durée de l'enquête elle-même, en méconnaissance des dispositions de l'article R. 141-5 du Code de la voirie routière (qui impose un tel délai d'affichage pour les arrêtés concernant l'ouverture d'enquêtes publiques relatives au classement, à l'ouverture, au redressement, à la fixation de la largeur et au déclassement des voies communales). Il a été considéré que ce vice de procédure n'a nécessairement pas permis une bonne information de l'ensemble des personnes intéressées par l'opération de déclassement et a donc entaché la délibération de déclassement d'illégalité (▪ CAA Marseille, 7 juill. 2015, n° 13MA04863, *M. C. A. : Rev. jur. env.* 2016, p. 168).

20) Preuve de l'affichage. En dépit de la circonstance que sur l'un des clichés photographiques produit par la commune n'apparaissent pas les mentions permettant d'établir la réalité de cet affichage en mairie dans le délai de quinzaine avant l'ouverture de l'enquête publique, l'avis d'enquête publique ayant été publié dans deux journal locaux et ayant fait l'objet d'un affichage en marie et enfin d'une publication sur le site internet de la commune, ces modalités doivent être considérées comme suffisantes (▪ CAA Lyon, 11 juill. 2019, n° 18LY02683).

21) Publication dans la presse. L'avis d'enquête publique publié dans un journal se bornant à préciser que l'enquête publique porte sur la modification du PLU d'une commune est suffisamment précis dès lors que l'autorité compétente n'était pas tenue de mentionner spécifiquement les caractéristiques ou le contenu du document dont l'approbation était envisagée (▪ CAA Lyon,

11 juin 2019, n° 18LY02953, *Assoc. des habitants et riverains du quartier de Bellieure*. ▪ CAA Lyon 11 juin 2019, n° 18LY02934). L'avis d'enquête publique relatif au projet litigieux a fait l'objet d'une publication dans deux journaux habilités par arrêtés préfectoraux à publier les annonces légales dans le département des Vosges. Si l'un de ces journaux est destiné aux agriculteurs et n'est diffusé que par voie d'abonnement, la publication de l'avis dans ce journal ne méconnaît pas, dans les circonstances de l'espèce, l'article R. 123-11 du Code de l'environnement dès lors que le projet doit être implanté dans un secteur à dominante rurale (▪ CAA Nancy, 24 sept. 2019, n°s 18NC02113 et 18NC02114, *Sté Centrale éolienne du pays entre Madon et Moselle*). L'avis informant le public de la tenue de l'enquête, qui s'est déroulée du 22 octobre au 29 novembre 2018, a été publié, d'une part, le 1er octobre 2018 dans l'hebdomadaire *La Marne*, le 2 et le 3 octobre suivant dans les quotidiens *Les Échos* et *Aujourd'hui en France* et dans les éditions des départements concernés du *Parisien* et des *Échos*, et, d'autre part, le 23 octobre 2018, dans les éditions des départements concernés du *Parisien*, du quotidien *Les Échos* et dans l'hebdomadaire *La Marne*. Par ailleurs, il est constant que 260 observations du public ont été recueillies par la commission d'enquête. Par suite, à supposer même que les dispositions précédentes prévoient la publication de l'avis d'enquête publique dans deux journaux régionaux ou locaux dans chaque département concerné, il ne résulte pas de l'instruction que les conditions dans lesquelles cet avis a été porté à la connaissance de la population auraient été de nature à nuire à la publicité de l'enquête publique (▪ CAA Paris, 28 avr. 2022, n° 20PA03994, *Min. de la Transition écologique et a.*).

22) Affichage sur site. Les dispositions de l'article R. 123-11 du Code de l'environnement n'imposent pas que chaque modification apportée à un plan local d'urbanisme ou une carte communale donne lieu à un affichage sur le site concerné par une évolution de la réglementation. En l'espèce, l'avis d'enquête publique ayant été publié dans deux éditions du journal *Ouest France* et ayant fait l'objet d'un affichage sur les panneaux d'informations situés à l'extérieur de la mairie, la population de Cristot, d'un peu plus de 200 habitants, a été suffisamment informée de l'existence de l'enquête publique et des possibilités de s'informer ainsi que de faire connaître son avis (▪ CAA Nantes, 1er févr. 2019, n° 17NT01831).

23) Régime d'autorisation des ICPE. Les mâts des aérogénérateurs du parc éolien projeté étant tous d'une hauteur supérieure à 50 mètres, le parc relève ainsi du régime de l'autorisation des installations classées pour la protection de l'environnement impliquant des mesures d'affichage dans un rayon fixé à 6 km du projet. En l'espèce, l'avis d'ouverture de l'enquête publique a donné lieu à une publication dans deux journaux et un affichage dans les 7 mairies incluses dans le rayon de 6 km autour du projet. Dès lors, les mesures de publicité effectuées doivent être regardées comme suffisantes (▪ CAA Nantes, 26 déc. 2018, n° 17NT01268).

Sous-section 10. – Information des communes

Art. R. 123-12 ***(Rempl., D. n° 2011-2018, 29 déc. 2011 ; mod., D. n° 2017-626, 25 avr. 2017).*** **– Un exemplaire du dossier soumis à enquête est adressé sous format numérique pour information, dès l'ouverture de l'enquête, au maire de chaque commune sur le territoire de laquelle le projet est situé et dont la mairie n'a pas été désignée comme lieu d'enquête.**

Cette formalité est réputée satisfaite lorsque les conseils municipaux concernés ont été consultés en application des réglementations particulières, ou lorsque est communiquée à la commune l'adresse du site internet où l'intégralité du dossier soumis à enquête peut être téléchargé. Un exemplaire du dossier est adressé sous format numérique à chaque commune qui en fait la demande expresse.

1) Formalité réputée satisfaite. Le décret n° 2011-2018 du 29 décembre 2011 a ajouté aux dispositions de l'ancien article R. 123-15, reprises dans l'actuel article R. 123-12 les hypothèses dans lesquelles la formalité d'information des communes est réputée satisfaite (second alinéa).

2) Vice de procédure. L'omission de l'information de l'ouverture de l'enquête à plusieurs maires de communes concernées vicie la procédure suivie et l'arrêté préfectoral pris à l'issue de cette procédure (▪ TA Nice, 10 mai 1989, n° 4748911, *M. Bricaud*).

3) Incidence sur l'alimentation en eau d'autres communes. Quand bien même l'opération projetée permet de sécuriser l'alimentation en eau des communes de Fayence, de Bagnols-en-Forêt et de Saint-Paul en Forêt, elle ne porte que sur le territoire de la commune de Tourrettes. Il suit de là que le défaut d'affichage de l'avis de l'enquête publique dans les autres communes précitées, ainsi que le défaut de transmission du dossier de l'enquête à ces trois communes sont sans incidence sur la régularité de la procédure (▪ CAA Marseille, 22 sept. 2020, n° 19MA01023).

Sous-section 11. – Observations et propositions du public

(Intitulé rempl., D. n° 2017-626, 25 avr. 2017)

Art. R. 123-13 *(Rempl., D. n° 2011-2018, 29 déc. 2011 ; D. n° 2017-626, 25 avr. 2017)*. **– I. – Pendant la durée de l'enquête, le public peut consigner ses observations et propositions sur le registre d'enquête, établi sur feuillets non mobiles, coté et paraphé par le commissaire enquêteur ou un membre de la commission d'enquête, tenu à sa disposition dans chaque lieu d'enquête ou sur le registre dématérialisé si celui-ci est mis en place.**

En outre, les observations et propositions écrites et orales du public sont également reçues par le commissaire enquêteur ou par un membre de la commission d'enquête, aux lieux, jours et heures qui auront été fixés et annoncés dans les conditions prévues aux articles R. 123-9 à R. 123-11.

Les observations et propositions du public peuvent également être adressées par voie postale ou par courrier électronique au commissaire enquêteur ou au président de la commission d'enquête.

II. – Les observations et propositions du public transmises par voie postale, ainsi que les observations écrites mentionnées au deuxième alinéa du I, sont consultables au siège de l'enquête. *(Mots suppr. à compter du 1er août 2021, D. n° 2021-837, 29 juin 2021)* **« ... ».**

Les observations et propositions du public transmises par voie électronique sont consultables sur le registre dématérialisé ou, s'il n'est pas mis en place, sur le site internet mentionné au II de l'article R. 123-11 dans les meilleurs délais.

Les observations et propositions du public sont communicables aux frais de la personne qui en fait la demande pendant toute la durée de l'enquête.

1) Communication des observations du public. Le décret n° 2011-2018 du 29 décembre 2011 reprend et complète les dispositions de l'ancien article R. 123-17, qu'il codifie dans l'article R. 123-13. Ce nouvel article prévoit désormais, outre le recours aux nouvelles technologies, la consultation et la communication des observations du public à toute personne qui en fait la demande, à ses frais, pendant toute la durée de l'enquête. Cet apport va dans le sens de la jurisprudence rendue avant cette réforme.

D'après cette jurisprudence, est irrégulière la procédure d'enquête publique lorsque les observations du public ont été reçues en temps utile pour être tenues à disposition du public mais qu'elles n'ont été communiquées qu'à la seule commission d'enquête (■ CAA Marseille, 8 sept. 2006, n° 03MA02093, *Min. Intérieur : Rev. jur. env.* 2008, p. 95). Les cinq courriers adressés au commissaire enquêteur n'ayant pas été mis à disposition du public, la délibération municipale approuvant le projet soumis à enquête publique est entachée d'illégalité et ce nonobstant la circonstance que ces courriers pourraient être consultés pendant un an après le dépôt du rapport du commissaire enquêteur (■ TA Grenoble, 10 mai 2007, nos 0600100 et 0600153, *Féd. Rhône Alpes de protection de la nature de l'Isère et a.*).

2) Procédure d'enquête publique. Les observations défavorables suscitées par l'enquête publique sont sans conséquence sur la légalité de la décision d'autorisation (■ CE, 29 mai 1985, n° 44397, *Min. Environnement c/ Sté SOPA*) qui ne nécessite pas un réexamen ni la réalisation d'un supplément d'enquête publique (■ CAA Nancy, 9 mars 1993, n° 89NC01448, *Assoc. de défense contre une usine d'incinération dans l'agglomération urbaine du district urbain du pays de Montbéliard*).

3) Présence du commissaire enquêteur lors des annotations. Si le commissaire enquêteur a exigé que les annotations ne soient portées sur le registre d'enquête qu'en sa présence, il ne ressort pas des pièces du dossier que certains habitants auraient été privés de la possibilité d'inscrire des annotations sur le registre (■ CAA Nantes, 1er févr. 2019, n° 17NT03833, *Cne d'Yquelon*).

Voir : Sur la communication du dossier d'enquête publique : art. L. 123-11, p. 128 et art. R. 123-9, p. 1565.

Sous-section 12. – Communication de documents à la demande du commissaire enquêteur

Art. R. 123-14 *(Rempl., D. n° 2011-2018, 29 déc. 2011)*. **– Lorsqu'il entend faire compléter le dossier par des documents utiles à la bonne information du public dans les conditions prévues à l'article L. 123-13, le commissaire enquêteur ou le président de la commission d'enquête en fait la demande au responsable du projet, plan ou programme ; cette demande ne peut porter que sur des documents en la possession de ce dernier.**

Les documents ainsi obtenus ou le refus motivé du responsable du projet, plan ou programme sont versés au dossier tenu au siège de l'enquête *(Mots aj., D. n° 2017-626, 25 avr. 2017)* « et sur le site internet dédié ».

Lorsque de tels documents sont ajoutés en cours d'enquête, un bordereau joint au dossier d'enquête mentionne la nature des pièces et la date à laquelle celles-ci ont été ajoutées au dossier d'enquête.

Bordereau joint. Le décret n° 2011-2018 du 29 décembre 2011 a ajouté aux dispositions de l'ancien article R. 123-19, reprises dans l'actuel article R. 123-14 l'exigence d'un bordereau joint au dossier d'enquête, qui mentionne la nature des pièces et la date à laquelle les pièces complémentaires demandées par le commissaire enquêteur ou le président de la commission d'enquête ont été ajoutées au dossier d'enquête.

Sous-section 13. – Visite des lieux par le commissaire enquêteur

Art. R. 123-15 *(Rempl., D. n° 2011-2018, 29 déc. 2011)*. – **Lorsqu'il a l'intention de visiter les lieux concernés par le projet, plan ou programme, à l'exception des lieux d'habitation, le commissaire enquêteur en informe au moins quarante-huit heures à l'avance les propriétaires et les occupants concernés, en leur précisant la date et l'heure de la visite projetée.**

Lorsque ceux-ci n'ont pu être prévenus, ou en cas d'opposition de leur part, le commissaire enquêteur ou la commission d'enquête en fait mention dans le rapport d'enquête.

1) **Information des propriétaires et occupants.** Avant l'entrée en vigueur du décret n° 2011-2018 du 29 décembre 2011, l'ancien article R. 123-18 permettait au commissaire enquêteur d'informer le préfet de sa visite, afin que ce dernier se charge à son tour d'en informer au moins quarante-huit heures à l'avance les propriétaires et occupants concernés. Le nouvel article R. 123-15 supprime cet intermédiaire.

2) **Visite des lieux, convocation des propriétaires (Absence de limitation de la convocation aux seuls propriétaires ayant exprimé le souhait d'une visite).** La cour administrative d'appel de Nantes n'a pas commis d'erreur de droit dans l'application des dispositions de l'article [C. urb., R. 121-21] en jugeant que l'obligation de convocation qu'elles prévoient n'est pas limitée aux seuls propriétaires ayant exprimé le souhait qu'il soit procédé à une visite des lieux. Toutefois, si les actes administratifs doivent être pris selon les formes et conformément aux procédures prévues par les lois et règlements, un vice affectant le déroulement d'une enquête publique n'est de nature à entacher d'illégalité la décision prise que s'il ressort des pièces du dossier qu'il a été susceptible d'exercer, en l'espèce, une influence sur le sens de la décision prise ou qu'il a privé les intéressés d'une garantie ; tel est notamment le cas s'il a eu pour effet de nuire à l'information et à la participation de l'ensemble des personnes intéressées par l'opération. Il suit de là qu'en jugeant que l'arrêté préfectoral attaqué a été pris au terme d'une procédure irrégulière et doit par suite être annulé, sans rechercher si, dans les circonstances de l'espèce qui lui était soumise, le vice de procédure résultant de la méconnaissance des dispositions de l'article [R. 160-18] avait été susceptible d'exercer une influence sur l'arrêté attaqué ou avait privé d'une garantie les propriétaires non convoqués à la visite des lieux, la cour a commis une erreur de droit (■ CE, 28 avr. 2017, n° 397015, *Min. du Logement et de l'Habitat durable c/ Cherest-Lancesseur : Lebon T.* ; *AJDA* 2017, 1580, note Hostiou).

Sous-section 14. – Audition de personnes par le commissaire enquêteur

Art. R. 123-16 *(Rempl., D. n° 2011-2018, 29 déc. 2011)*. – **Dans les conditions prévues à l'article L. 123-13, le commissaire enquêteur ou le président de la commission d'enquête peut auditionner toute personne ou service qu'il lui paraît utile de consulter pour compléter son information sur le projet, plan ou programme soumis à enquête publique. Le refus éventuel, motivé ou non, de demande d'information ou l'absence de réponse est mentionné par le commissaire enquêteur ou le président de la commission d'enquête dans son rapport.**

Mentions nouvelles dans le rapport. Les dispositions de l'article R. 123-16 actuel sont issues du décret n° 2011-2018 du 29 décembre 2011, qui consacre désormais un article à l'audition des personnes par le commissaire enquêteur. Cet article ajoute, par la même occasion, l'obligation de faire état dans le rapport du commissaire enquêteur des refus de demande d'informations ou l'absence de réponse dans le cadre de ces auditions.

Sous-section 15. – Réunion d'information et d'échange avec le public

Art. R. 123-17 *(Rempl., D. n° 2011-2018, 29 déc. 2011 ; mod., D. n° 2017-626, 25 avr. 2017).* – Sans préjudice des cas prévus par des législations particulières, lorsqu'il estime que l'importance ou la nature du projet, plan ou programme ou les conditions de déroulement de l'enquête publique rendent nécessaire l'organisation d'une réunion d'information et d'échange avec le public, le commissaire enquêteur ou le président de la commission d'enquête en informe l'autorité en charge de l'ouverture et de l'organisation de l'enquête ainsi que le responsable du projet, plan ou programme en leur indiquant les modalités qu'il propose pour l'organisation de cette réunion.

Le commissaire enquêteur ou le président de la commission d'enquête définit, en concertation avec l'autorité en charge de l'ouverture et de l'organisation de l'enquête et le responsable du projet, plan ou programme, les modalités d'information préalable du public et du déroulement de cette réunion.

En tant que de besoin, la durée de l'enquête peut être prolongée dans les conditions prévues à l'article L. 123-9 pour permettre l'organisation de la réunion publique.

À l'issue de la réunion publique, un compte rendu est établi par le commissaire enquêteur ou par le président de la commission d'enquête et adressé dans les meilleurs délais au responsable du projet, plan ou programme, ainsi qu'à l'autorité en charge de l'ouverture et de l'organisation de l'enquête. Ce compte rendu, ainsi que les observations éventuelles du responsable du projet, plan ou programme sont annexés par le commissaire enquêteur ou par le président de la commission d'enquête au rapport d'enquête.

Le commissaire enquêteur ou le président de la commission d'enquête peut, aux fins d'établissement de ce compte rendu, procéder à l'enregistrement audio ou vidéo de la réunion d'information et d'échange avec le public. Le début et la fin de tout enregistrement doit être clairement notifié aux personnes présentes. Ces enregistrements sont transmis, exclusivement et sous sa responsabilité, par le commissaire enquêteur ou le président de la commission d'enquête avec son rapport d'enquête à l'autorité en charge de l'ouverture et de l'organisation de l'enquête.

Les frais d'organisation de la réunion publique sont à la charge du responsable du projet, plan ou programme.

Dans l'hypothèse où le maître d'ouvrage du projet ou la personne publique responsable du plan ou programme refuserait de participer à une telle réunion ou de prendre en charge les frais liés à son organisation, le commissaire enquêteur ou le président de la commission d'enquête en fait mention dans son rapport.

1) Ancienne réunion publique. Avec l'entrée en vigueur du décret n° 2011-2018 du 29 décembre 2011, la réunion publique prévue par l'ancien article R. 123-20 devient la réunion d'information et d'échange avec le public, encadrée par l'actuel article R. 123-17. En réalité, ce nouvel intitulé et cette nouvelle numérotation n'entraînent pas de changement notable en la matière. Cependant, l'autorité chargée de l'ouverture et de l'organisation de l'enquête ne pourra plus, désormais, s'opposer à la tenue d'une telle réunion. En outre, cet article intègre les modalités relatives à l'enregistrement audio ou vidéo et encadre les frais de son organisation.

2) Absence de compte-rendu de la réunion. S'il ressort des pièces du dossier qu'aucun compte-rendu de la réunion publique du 29 avril 2015 n'a été dressé, il est néanmoins constant que des fiches de contributions individuelles ont été distribuées en début de séance afin que chacun y appose ses remarques et qu'au demeurant, à l'issue de la réunion, pas moins de 61 fiches de contributions individuelles et 21 de collectives ont été remises à la commission. Dans ces conditions, l'absence de ce compte-rendu n'a pas, à elle seule, exercé une influence sur le sens de l'arrêté litigieux ou sur les garanties des administrés (■ CAA Versailles, 28 oct. 2021, n° 19VE03139, *Cne d'Antony*).

Sous-section 16. – Clôture de l'enquête

Art. R. 123-18 *(Rempl., D. n° 2011-2018, 29 déc. 2011 ; mod., D. n° 2017-626, 25 avr. 2017).* – À l'expiration du délai d'enquête, le registre d'enquête est mis à disposition du commissaire enquêteur ou du président de la commission d'enquête et clos par lui. En cas de pluralité de lieux d'enquête, les registres sont transmis sans délai au commissaire enquêteur ou au président de la commission d'enquête et clos par lui.

Après clôture du registre d'enquête, le commissaire enquêteur ou le président de la commission d'enquête rencontre, dans un délai de huit jours, le responsable du projet, plan ou programme et lui communique les observations écrites et orales consignées dans un procès-verbal de synthèse. Le délai de huit jours court à compter de la réception par le commissaire enquêteur ou le président de la commission d'enquête du registre

d'enquête et des documents annexés. Le responsable du projet, plan ou programme dispose d'un délai de quinze jours pour produire ses observations.

Lorsque l'enquête publique est prolongée en application de l'article L. 123-9, l'accomplissement des formalités prévues aux deux alinéas précédents est reporté à la clôture de l'enquête ainsi prolongée.

1) Clôture par le commissaire enquêteur. La clôture de l'enquête publique par le commissaire enquêteur ou le président de la commission d'enquête est une nouveauté issue du décret n° 2011-2018 du 29 décembre 2011. L'ancien article R. 123-22 prévoyait en effet que le ou les registres d'enquêtes étaient signés et clos par le préfet, le sous-préfet ou le maire. Ces derniers devaient ensuite les transmettre dans les vingt-quatre heures, avec le dossier d'enquête et ses annexes, au commissaire enquêteur ou au président de la commission d'enquête.

2) Observations du responsable du projet. Le décret précité ajoute un délai de convocation du responsable du projet, plan ou programme par le commissaire enquêteur ou le président de la commission d'enquête. Il rend également cette convocation systématique alors que celle-ci devait jusqu'alors faire l'objet d'une demande par le maître d'ouvrage. En outre, le responsable du projet, plan ou programme dispose désormais d'un délai de quinze jours pour présenter ses observations sur les remarques formulées par le public pendant l'enquête.

Sous-section 17. – Rapport et conclusions

Art. R. 123-19 *(Rempl., D. n° 2011-2018, 29 déc. 2011 ; mod., D. n° 2017-626, 25 avr. 2017).* **– Le commissaire enquêteur ou la commission d'enquête établit un rapport qui relate le déroulement de l'enquête et examine les observations recueillies.**

Le rapport comporte le rappel de l'objet du projet, plan ou programme, la liste de l'ensemble des pièces figurant dans le dossier d'enquête, une synthèse des observations du public, une analyse des propositionsproduites durant l'enquête et, le cas échéant, les observations du responsable du projet, plan ou programme en réponse aux observations du public.

Le commissaire enquêteur ou la commission d'enquête consigne, dans une présentation séparée, ses conclusions motivées, en précisant si elles sont favorables, favorables sous réserves ou défavorables au projet.

Le commissaire enquêteur ou le président de la commission d'enquête transmet à l'autorité compétente pour organiser l'enquête l'exemplaire du dossier de l'enquête déposé au siège de l'enquête, accompagné du ou des registres et pièces annexées, avec le rapport et les conclusions motivées. Il transmet simultanément une copie du rapport et des conclusions motivées au président du tribunal administratif.

Si, dans un délai de trente jours à compter de la date de clôture de l'enquête, le commissaire enquêteur n'a pas remis son rapport et ses conclusions motivées, ni présenté à l'autorité compétente pour organiser l'enquête, conformément à la faculté qui lui est octroyée à l'article L. 123-15, une demande motivée de report de ce délai, il est fait application des dispositions du quatrième alinéa de l'article L. 123-15.

1) Contenu du rapport. Le décret n° 2011-2018 du 29 décembre 2011 a ajouté aux dispositions de l'ancien article R. 123-22, reprises dans l'actuel article R. 123-19, le contenu détaillé du rapport du commissaire enquêteur ou de la commission d'enquête. Il consacre également l'existence des réserves dont les conclusions du commissaire enquêteur ou de la commission d'enquête peuvent être assorties.

2) Délai de transmission du rapport. Le décret précité prévoit par ailleurs que, si le rapport n'est pas rendu dans le délai d'un mois et que ce délai n'a pas été prolongé, l'autorité compétente pour organiser l'enquête peut substituer au commissaire enquêteur son suppléant, un nouveau commissaire enquêteur ou une nouvelle commission d'enquête dans les conditions prévues à l'article L. 123-15 du présent code.

Précédemment, la jurisprudence avait déjà considéré que si la commune, comme l'État, n'ont pas la possibilité d'adresser des instructions au commissaire enquêteur au cours de l'enquête ou lors du dépôt de son rapport, la commune peut, après réception des conclusions du commissaire enquêteur qu'elle estimerait irrégulières, ne pas approuver le document d'urbanisme, informer le préfet de la situation et solliciter la désignation d'un autre commissaire pour une nouvelle enquête (■ CAA Lyon, 31 mai 2011, n° 09LY02412, *Min. Écologie c/ Cne de Péron*).

Par ailleurs, la jurisprudence a relevé que le rapport du commissaire enquêteur ayant été transmis au préfet plusieurs jours après que celui-ci a délivré le permis de construire, ledit permis a été délivré au terme d'une procédure incompatible avec les objectifs de la directive n° 85/337/CEE du 27 juin 1985 (■ TA Amiens, 6 nov. 2007, n° 0502077, *M. Wautier et a.*).

En tout état de cause, la date de clôture de l'enquête est fixée au jour où celle-ci prend fin, et non à la date de la remise de son rapport par le commissaire enquêteur (■ CAA Marseille, 19 févr. 2007, n° 04MA00260, *Cne de Favalello de Bozio : Rev. jur. env.* 2008, p. 97).

3) **Avis du commissaire enquêteur.** Le commissaire enquêteur peut opérer des renvois aux mémoires qui lui sont adressés et s'approprier les réponses apportées par le pétitionnaire si celles-ci lui apparaissent « suffisantes et pertinentes » (■ CAA Marseille, 9 févr. 2017, n° 15MA00895, *Cne de Fos-sur-Mer*). Si le commissaire enquêteur a repris des éléments communiqués par la communauté de communes du Pays des Abers, compétente pour reprendre la procédure d'élaboration du plan local d'urbanisme, « il doit être regardé comme s'étant approprié ces éléments qu'il estimait de nature à répondre aux Interrogations du public » (■ CAA Nantes, 3 juill. 2020, n° 19NT02087). Le fait que l'avis favorable rendu par le commissaire enquêteur renvoie pour certains points d'observations aux arguments du responsable du projet ou à la teneur du dossier de concertation ne signifie pas que le commissaire enquêteur aurait été lui-même dans l'impossibilité de donner son avis sur l'ensemble du projet et cet avis doit en conséquence être regardé comme étant personnel et suffisamment motivé (■ CAA Marseille, 3 juill. 2020, n° 18MA02707, *Min. de la Transition écologique et solidaire*).

4) **Défaut de preuve.** Le requérant n'apporte pas la preuve de l'absence de l'avis de la chambre d'agriculture alors même que cet avis est visé par le commissaire enquêteur dans son rapport (■ CAA Nantes, 14 déc. 2016, n° 15NT00918, *Cne de Grosbreuil*).

5) **Mémoire en réponse.** Le préfet peut tenir compte des modifications apportées au projet par le demandeur suite aux observations du commissaire enquêteur, sans être obligé d'organiser une nouvelle enquête, dès lors que ces modifications vont dans le sens des avis recueillis et qu'elles ne modifient pas le projet de manière « essentielle » (■ CE, 26 avr. 1985, n° 45756, *Cne de Bar et a.*).

6) **Examen de l'ensemble des observations et motivation de l'avis.** S'il résulte des dispositions combinées des articles L. 123-15 et R. 123-19 du Code de l'environnement que celles-ci n'imposent pas au commissaire-enquêteur de répondre à chacune des observations présentées lors de l'enquête publique, elles l'obligent à indiquer, au moins sommairement, en donnant son avis personnel, les raisons qui déterminent le sens de cet avis. Il ressort des pièces des dossiers que la commission d'enquête a énuméré et résumé dans son rapport les milliers de contributions et pétitions recueillies au cours de l'enquête publique (■ CE, 9 juill. 2018, n° 410917, *Villiers-le-Bâcle et a.*, V. aussi ■ CAA Douai, 13 août 2012, n° 11DA01678, *Assoc. Bien vivre à Francastel*). Cette motivation du sens de l'avis peut inclure l'expression de réserves (■ CAA Douai, 10 nov. 2022, n° 21DA02271, *Cne de Bonsecours*) et n'être que « sommaire » (■ CE, 24 mars 2023, n° 448282, *M. B. et a.*). Le commissaire enquêteur n'étant pas tenu de répondre à chacune des observations présentées lors de l'enquête, il a récapitulé la teneur de l'ensemble des observations qui lui étaient soumises, a formulé un avis sur les questions soulevées par les personnes qui ont participé à l'enquête et a émis un avis suffisamment motivé au regard des observations recueillies. Dès lors, le rapport, l'avis et les conclusions du commissaire enquêteur satisfont aux exigences de l'article R. 123-19 du Code de l'environnement (■ CAA Marseille, 29 oct. 2019, n° 18MA04156). Un commissaire enquêteur, qui n'a pas assimilé la concertation et l'enquête publique, qui a présenté les différentes observations émises lors de l'enquête publique, qu'il a regroupées de manière thématique, ainsi que les réponses de la préfète de l'Essonne, qui a ensuite donné son avis détaillé sur les observations concernant, notamment, la période choisie pour l'enquête publique, l'installation des deux sites industriels concernés en zone inondable et les possibilités de délocalisation des sociétés à l'origine du risque doit être regardé comme ayant suffisamment motivé l'avis qu'il a émis sur le projet (■ CAA Versailles, 21 avr. 2023, n° 21VE00261, *Cne de Grigny*). La circonstance alléguée que la réponse apportée par le commissaire enquêteur à une observation ne serait pas assez détaillée ne caractérise pas, à elle seule, une insuffisance du rapport d'enquête publique et, par suite une méconnaissance des dispositions de l'article R. 123-19 du Code de l'environnement (■ CAA Douai, 6 juin 2019, n° 17DA00568, *SARL Alves Promotion*). Le rapport d'un commissaire enquêteur qui a rappelé chacune des observations émises au cours de l'enquête publique et a apporté pour chacune d'elles un avis personnel et circonstancié, sans énumérer les quelques 300 lettres-pétitions déposées dans les locaux de la préfecture le 27 septembre 2017 et les observations qu'elles contenaient n'a pas nui à l'information du public ni été susceptible d'influer sur le sens de la décision dès lors que les thèmes d'observations du public portés par ces documents, qui rejoignaient ceux relevés au préalable, ont été examinés par le commissaire enquêteur (■ CAA Versailles, 26 avr. 2023, n° 21VE00514, *Assoc. Horizons Vendômois et a.*).

7) **Avis des personnes publiques associées.** Si le commissaire enquêteur mentionne dans l'une de ses recommandations les avis des person-

nes publiques associées, qu'il vise au début de son rapport, aucun texte législatif ou réglementaire ni aucun principe général du droit ne lui imposait de les analyser ou de donner son avis sur leur contenu (■ CAA Bordeaux, 13 févr. 2020, n° 18BX01707). Aucune disposition n'impose au commissaire enquêteur de donner son opinion sur chaque avis émis par les personnes publiques associées au projet (■ CAA Marseille, 24 oct. 2019, n° 18MA02903).

8) Conditions de forme du rapport. Le tribunal administratif ayant relevé que le commissaire enquêteur avait présenté ses conclusions motivées dans un document unique renfermant le rapport du commissaire enquêteur, puis dans une partie distincte, son avis personnel, la circonstance que les premiers juges aient employé l'expression de « document séparé » au lieu de « présentation séparée » ne permet pas de caractériser l'omission pour le commissaire enquêteur de prononcer un avis à caractère personnel (■ CAA Marseille, 5 nov. 2019, n° 17MA04630, *Assoc. Priorité centre-ville – fédération pour le développement économique, environnemental, patrimonial et culturel de Béziers*).

9) Absence des raisons de l'adoption d'un avis favorable. Le commissaire enquêteur ayant émis un avis favorable au projet assorti de recommandations sans préciser, même sommairement, les raisons qui l'ont conduit à adopter un tel avis et alors que la circonstance qu'il a apporté des réponses aux observations du public ne pouvait le dispenser de donner un avis précis et circonstancié sur le projet de révision litigieux, l'avis ne peut en conséquence être regardé comme assorti des raisons qui le déterminent, caractérisant ainsi une méconnaissance des dispositions de l'article R. 123-19 du Code de l'environnement (■ CAA Bordeaux, 25 mai 2018, n° 16BX00979, *Cne de Prades-de-Salars*).

10) Absence de la synthèse des observations. Le fait que le commissaire enquêteur n'a pas procédé à une synthèse des observations du public n'a pas nui à l'information du public ni n'a été susceptible d'influer sur le sens de la décision contestée dès lors qu'il les a classées par thèmes avant d'y répondre, facilitant ainsi la lecture de son rapport (■ CAA Bordeaux, 10 juill. 2020, n° 18BX02662, *Assoc. Saint-Aubin-de-Baubigné Environnement*).

11) Notion de réserves du commissaire enquêteur. La commission d'enquête n'ayant émis qu'une remarque et non une réserve sur l'orientation d'aménagement et de programmation le conseil municipal, qui n'était pas tenu de s'y conformer, a délibéré sur le projet de plan local d'urbanisme en connaissance du sens et du contenu des conclusions de la commission d'enquête. Dès lors, le moyen tiré de ce que les auteurs du plan local d'urbanisme n'auraient pas tenu compte de l'avis de la commission d'enquête ne peut qu'être écarté (■ CAA Nantes, 5 juin 2020, n° 19NT01864, Assoc. « *Les amis du littoral carnacois* »). Le commissaire enquêteur ayant estimé nécessaire la réalisation au préalable de nouvelles études actualisées quant à l'impact du projet sur la qualité de l'air, il a donc émis une réserve portant de manière directe sur l'utilité publique du projet « rapportée à ses possibles inconvénients en ce qui concerne la qualité de l'air ». Le défendeur n'établissant pas avoir réalisé les actualisations et études complémentaires sollicitées par le commissaire enquêteur, les conclusions de ce dernier doivent, dans les circonstances de l'espèce, « être regardées comme défavorables eu égard à la portée de la réserve ainsi émise et à son absence de levée » (■ TA Lille, 5 oct. 2018, n° 18-7948, *ASPI et assoc. parc Saint-Sauveur*). Si le commissaire enquêteur, qui a rendu un avis favorable motivé sur le projet de PLU, a recommandé à la commune de prendre en compte diverses recommandations qu'il avait proposées dans son rapport, il ne peut être regardé comme ayant émis des réserves ne permettant pas de déterminer le sens de son avis (■ CAA Lyon, 19 nov. 2019, n° 19LY00031, *Cne de Val-d'Isère*).

Art. R. 123-20 ***(Rempl., D. n° 2011-2018, 29 déc. 2011 ; mod., D. n° 2017-626, 25 avr. 2017).*** **– À la réception des conclusions du commissaire enquêteur ou de la commission d'enquête, l'autorité compétente *pour organiser* l'enquête, lorsqu'elle constate une insuffisance ou un défaut de motivation de ces conclusions susceptible de constituer une irrégularité dans la procédure, peut en informer le président du tribunal administratif ou le conseiller délégué par lui dans un délai de quinze jours, par lettre d'observation.**

Si l'insuffisance ou le défaut de motivation est avéré, le président du tribunal administratif ou le conseiller qu'il délègue, dispose de quinze jours pour demander au commissaire enquêteur ou à la commission d'enquête de compléter ses conclusions. Il en informe simultanément l'autorité compétente. En l'absence d'intervention de la part du président du tribunal administratif ou du conseiller qu'il délègue dans ce délai de quinze jours, la demande est réputée rejetée. La décision du président du tribunal administratif ou du conseiller qu'il délègue n'est pas susceptible de recours.

Dans un délai de quinze jours à compter de la réception des conclusions du commissaire enquêteur ou de la commission d'enquête, le président du tribunal administratif ou le conseiller qu'il délègue peut également

intervenir de sa propre initiative auprès de son auteur pour qu'il les complète, lorsqu'il constate une insuffisance ou un défaut de motivation de ces conclusions susceptible de constituer une irrégularité dans la procédure. Il en informe l'autorité compétente.

Le commissaire enquêteur ou la commission d'enquête est tenu de remettre ses conclusions complétées à l'autorité compétente pour organiser l'enquête et au président du tribunal administratif dans un délai de quinze jours.

1) **Procédure issue de la réforme du décret du 29 décembre 2011.** La procédure prévue par l'article R. 123-20, visant à éviter les irrégularités de procédure, est une nouveauté issue du décret n° 2011-2018 du 29 décembre 2011. Elle consiste à s'assurer de l'exhaustivité et de la fiabilité des conclusions du commissaire enquêteur ou de la commission d'enquête, en ouvrant la possibilité de les faire compléter sur demande du président du tribunal administratif compétent.

2) **Contenu du rapport et des conclusions. Suffisance.** Dès lors que le commissaire enquêteur a mentionné dans ses conclusions l'absence lors de l'enquête publique d'avis divergents sur la solution technique proposée, qu'il expose à plusieurs reprises les demandes d'une société opposante et qu'il prend en compte la volonté du pétitionnaire d'apporter des réponses aux préoccupations que celle-ci exprime, ses conclusions rédigées par le commissaire enquêteur sont suffisamment motivées (■ CE, 15 nov. 2006, n° 285658, *Sté Placoplâtre : JCP* A 2006, n° 48, act. 1001 ; *AJDA* 2006, p. 2209 ; *Rev. jur. env.* 2008, p. 102 ; *BJCL* 11/2006, p. 810). La circonstance que l'avis du commissaire enquêteur serait entaché d'erreur de droit quant à la portée des propositions d'un opposant au projet est sans incidence sur la régularité de la procédure suivie (■ CE, 13 janv. 2006, n° 272129, *Cne de Polliat : JCP* A 2006, n° 27, p. 1155 ; *Rev. jur. env.* 2007, p. 257 ; *BJCL* 2006, n° 4, p. 253). Le commissaire enquêteur n'est pas, en principe, tenu de répondre à chacune des observations formulées durant l'enquête publique, pour motiver suffisamment ses conclusions (■ CE, 9 févr. 2004, n° 223121. ■ CAA Lyon, 11 déc. 2001, n° 96LY21483. ■ CAA Nancy, 3 nov. 2005, n°s 04NC01121 et 04NC01131). Le commissaire enquêteur doit tenir compte des observations sans être tenu de répondre à chacune d'elles (■ CAA Marseille, 23 mars 2017, n° 16MA00584). L'avis du commissaire enquêteur doit être personnel et motivé (■ CAA Marseille, 9 févr. 2017, n° 15MA00895, *Cne de Fos-sur-Mer*). S'agissant de la construction d'un barrage hydraulique, doit être considéré comme suffisant le rapport d'une commission d'enquête qui examine les observations recueillies au cours de l'enquête publique, notamment en ce qui concerne le rôle écrêteur des crues qu'assurera le barrage, les besoins en eau pour l'irrigation, la dilution de la pollution de l'eau, l'alimentation en eau de l'agglomération située à proximité, les effets de la retenue d'eau sur les eaux minérales d'une ville thermale, la vidange du barrage, les effets de ce dernier sur la climatologie, les risques d'eutrophisation et de pollution, le marnage et les pollutions liées à la période de chantier (■ CE, 14 avr. 1999, n° 185955, *Comité de sauvegarde de la Vallée de Chambonchard et a.*)

3) **Contenu du rapport et des conclusions. Insuffisance.** Le commissaire enquêteur ne peut se contenter d'indiquer dans son rapport que les enquêtes se sont déroulées normalement, que les pièces du dossier ont bien été mises à la disposition du public, que les personnes concernées avaient pu faire des observations et que rien ne s'opposait au projet. Une telle motivation, qui ne se réfère même pas à l'opération envisagée et ne comporte aucune appréciation personnelle du projet, est insuffisante (■ TA Clermont-Ferrand, 14 juin 2006, n° 0501701, *Féd. Allier-Nature : Dr. env.* 2006, n° 143, pan. II ; *Rev. jur. env.* 2007, p. 259).

Est également insuffisant le rapport se bornant à rappeler les modalités d'organisation de l'enquête publique, le nombre d'observations présentées et leur analyse par un cabinet d'études, ainsi que la signification de certains classements et les objectifs du projet ; si le commissaire enquêteur a donné un avis favorable au projet, en l'assortissant de recommandations, il ne peut être regardé comme ayant ainsi indiqué les raisons qui ont déterminé le sens de son avis (■ CAA Bordeaux, 24 mai 2011, n° 10BX02046, *Cne d'Ainhoa*). En outre, si le commissaire enquêteur n'est pas, en principe, tenu de répondre à chacune des observations formulées durant l'enquête publique (cf. paragraphe précédent), il lui appartient en revanche d'analyser lesdites observations et de motiver de façon suffisante son avis. L'avis du commissaire enquêteur n'est donc pas suffisamment motivé s'il se borne à renvoyer au dossier constitué par le pétitionnaire en réponse aux objections émises lors de l'enquête publique (■ CAA Nancy, 9 juin 2011, n° 10NC01275, *Sté Floréal SARL*). Le commissaire enquêteur n'est pas tenu de répondre dans son rapport à chacune des objections opposées au projet (■ CAA Bordeaux, 11 juin 2001, n°s 97BX00613 et 97BX00619, *Cne de Buros c/ Préfet des Pyrénées Atlantiques* et *M. Christian Lahore c/ Préfet des Pyrénées-Atlantiques*). En particulier, le commissaire enquêteur peut écarter les observations étrangères à l'objet de l'enquête et n'analyser que les arguments relatifs aux aspects hydrauliques et aquatiques du projet présenté à l'enquête publique (▪ TA Melun, 9 nov. 2000, n°s 00-2339, 00-2381 et 00-2394, *M. et Mme Henri Maurel*). Est aussi irrégulière l'enquête publique au terme de laquelle le commissaire enquêteur a expressément refusé de répondre à l'unique observation formulée lors de l'enquête, en estimant qu'il ne lui appartenait pas de se prononcer sur les limites du périmètre de protection du captage d'eau soumis à enquête alors qu'eu égard à l'objet de la DUP, la délimitation du périmètre de protection rapprochée constituait en l'espèce l'un des points sur lesquels le commissaire enquêteur devait nécessairement exprimer son avis (▪ CAA Nancy, 17 nov. 2005, n° 01NC00722, *SCEA Freyermuth frères : Rev. jur. env.* 2007, p. 257). Dans une autre affaire, dans laquelle le commissaire enquêteur avait été saisi de 42 observations qu'il avait dûment répertoriées dans son rapport, il n'avait toutefois pas répondu à une catégorie d'observations ; l'enquête publique a donc été considérée comme étant entachée d'irrégularité (▪ CAA Lyon, 10 mai 2011, n° 09LY01091, *Cne de Soucieu-en-Jarrest*). De même, est insuffisamment motivé le rapport dans lequel le commissaire enquêteur, après avoir souligné qu'« *aucune des observations orales ou écrites (...) n'a été prise en compte* », se borne à émettre un avis favorable assorti d'une motivation indigente (▪ CAA Nancy, 19 déc. 2013, n° 13NC00212, *Cne de Dannelbourg : Environnement* 2014, n° 32, obs. Gillig ; *Rev. jur. env.* 2015, p. 156). Le juge a également annulé un permis de construire des éoliennes à défaut de motivation suffisante des conclusions du commissaire enquêteur, lequel n'apporte aucun élément circonstancié concernant les observations et critiques qui ont été apportées au projet, notamment en ce qui concerne les nuisances sonores et visuelles qu'il est susceptible d'engendrer (▪ CAA Nancy, 23 juin 2014, n° 13NC01621, *Sté Ferme éolienne de La Férée : Annulation d'un permis de construire en raison de l'irrégularité de l'enquête publique : Environnement* oct. 2014, n° 10, p. 74, comm. D. Gillig).

4) Non-respect du délai de 15 jours par la commission d'enquête. La circonstance que la commission d'enquête n'aurait pas respecté le délai de quinze jours fixé par les dispositions de l'article R. 123-20 du Code de l'environnement pour remettre ses conclusions complétées est sans incidence sur la légalité de l'arrêté attaqué puisque ce délai n'est pas prescrit à peine de nullité (▪ CAA Bordeaux, 8 févr. 2019, n° 16BX04156).

Art. R. 123-21 ***(Rempl., D. n° 2011-2018, 29 déc. 2011 ; mod., D. n° 2017-626, 25 avr. 2017).*** **– L'autorité compétente pour organiser l'enquête adresse, dès leur réception, copie du rapport et des conclusions au responsable du projet, plan ou programme.**

Copie du rapport et des conclusions est également adressée à la mairie de chacune des communes où s'est déroulée l'enquête et à la préfecture de chaque département concerné pour y être sans délai tenue à la disposition du public pendant un an à compter de la date de clôture de l'enquête.

L'autorité compétente pour organiser l'enquête publie le rapport et les conclusions du commissaire enquêteur ou de la commission d'enquête sur le site internet où a été publié l'avis mentionné au I de l'article R. 123-11 et le tient à la disposition du public pendant un an.

1) Communication du rapport. Les dispositions du décret n° 2011-2018 du 29 décembre 2011 codifiées à l'article R. 123-11 ont supprimé la communication du rapport au public sur le fondement de la loi n° 78-753 du 17 juillet 1978, au profit d'une diffusion sur Internet.

2) Décision prise dès réception du rapport. Irrégularité (non). L'ancien article R. 123-11 du Code de l'urbanisme, qui fait obligation de tenir à la disposition du public le rapport et les conclusions du commissaire enquêteur ou de la commission d'enquête, n'impose pas au conseil municipal ou à l'organe délibérant de l'établissement de coopération intercommunale de recueillir les observations du public sur ces documents avant d'approuver le projet. Dans ces conditions, une délibération procédant à cette approbation ne peut être regardée comme illégale du seul fait qu'elle est intervenue dès la réception par le maire du rapport et des conclusions et avant que ces documents ne soient mis à disposition du public (▪ CE, 19 déc. 2007, n° 281803, *Cne de Ungersheim : AJDA* 2008, p. 13 ; *BJDU* 2007, p. 411 ; *BJDU* 2008, p. 185 ; *Rev. jur. env.* 2009, p. 126).

Sous-section 18. – Suspension de l'enquête

Art. R. 123-22 ***(Rempl., D. n° 2017-626, 25 avr. 2017).*** **– L'enquête publique poursuivie à la suite d'une suspension autorisée par arrêté, dans les conditions prévues au I de l'article L. 123-14, ou à la suite d'une interruption ordonnée par le président du tribunal administratif constatant l'empêchement d'un commissaire**

enquêteur dans les conditions prévues à l'article L. 123-4, est menée, si possible, par le même commissaire enquêteur ou la même commission d'enquête. Elle fait l'objet d'un nouvel arrêté fixant son organisation, de nouvelles mesures de publicité, et, pour les projets, d'une nouvelle information des communes conformément à l'article R. 123-12.

Le dossier d'enquête initial est complété dans ses différents éléments, et comprend notamment :

1° Une note expliquant les modifications substantielles apportées au projet, plan, programme, à l'étude d'impact ou au rapport sur les incidences environnementales ;

2° Lorsqu'ils sont requis, l'étude d'impact ou le rapport sur les incidences environnementales intégrant ces modifications, ainsi que l'avis de l'autorité environnementale mentionné aux articles L. 122-1 et L. 122-7 du présent code ou à l'article L. 104-6 du Code de l'urbanisme portant sur cette étude d'impact ou cette évaluation environnementale actualisée et les avis des collectivités territoriales et de leurs groupements consultés en application du V de l'article L. 122-1.

Voir : Sur la suspension de l'enquête : comm. et jurispr. sous art. L. 123-14, p. 130.

Sous-section 19. – Enquête complémentaire

Art. R. 123-23 *(Rempl., D. n° 2011-2018, 29 déc. 2011 ; mod., D. n° 2015-1783, 28 déc. 2015 ; D. n° 2016-1110, 11 août 2016 ; rempl., D. n° 2017-626, 25 avr. 2017).* **– Lorsqu'une enquête complémentaire est organisée conformément au II de l'article L. 123-14, elle porte sur les avantages et inconvénients des modifications pour le projet et pour l'environnement. L'enquête complémentaire, d'une durée de quinze jours, est ouverte dans les conditions fixées aux articles R. 123-9 à R. 123-12.**

Le dossier d'enquête initial est complété dans ses différents éléments, et comprend notamment :

1° Une note expliquant les modifications substantielles apportées au projet, plan ou programme, à l'étude d'impact, l'étude d'incidence environnementale mentionnée à l'article L. 181-1 ou au rapport sur les incidences environnementales ;

2° Lorsqu'ils sont requis, l'étude d'impact, l'étude d'incidence environnementale mentionnée à l'article L. 181-1 ou le rapport sur les incidences environnementales intégrant ces modifications, ainsi que, le cas échéant, l'avis de l'autorité environnementale mentionné aux articles L. 122-1 et L. 122-7 du présent code ou à l'article L. 104-6 du Code de l'urbanisme portant sur cette évaluation environnementale actualisée et les avis des collectivités territoriales et de leurs groupements consultés en application du V de l'article L. 122-1.

L'enquête complémentaire est clôturée dans les conditions prévues à l'article R. 123-18.

Dans un délai de quinze jours à compter de la date de clôture de l'enquête complémentaire, le commissaire enquêteur ou la commission d'enquête joint au rapport principal communiqué au public à l'issue de la première enquête un rapport complémentaire et des conclusions motivées au titre de l'enquête complémentaire. Copies des rapports sont mises conjointement à la disposition du public dans les conditions définies à l'article R. 123-21.

Voir : Sur l'enquête complémentaire : comm. et jurispr. sous art. L. 123-14, p. 130.

Sous-section 20. – Prorogation de la durée de validité d'une enquête publique

Art. R. 123-24 *(D. n° 2011-2018, 29 déc. 2011).* **– Sauf disposition particulière, lorsque les projets qui ont fait l'objet d'une enquête publique n'ont pas été entrepris dans un délai de cinq ans à compter de l'adoption de la décision soumise à enquête, une nouvelle enquête doit être conduite, à moins que, avant l'expiration de ce délai, une prorogation de la durée de validité de l'enquête ne soit décidée par l'autorité** *compétente pour prendre la décision en vue de* **laquelle l'enquête a été organisée. Cette prorogation a une durée de cinq ans au plus. La validité de l'enquête ne peut être prorogée si le projet a fait l'objet de modifications substantielles ou lorsque des modifications de droit ou de fait de nature à imposer une nouvelle consultation du public sont intervenues depuis la décision arrêtant le projet.**

Voir : Sur la durée de validité de l'enquête et sa prorogation : comm. et jurispr. sous art. L. 123-17, p. 136.

Sous-section 21. – Indemnisation du commissaire enquêteur

Bibliographie : F. Duval, *La rémunération des commissaires-enquêteurs : autour de l'arrêté du 8 septembre 2005 modifiant l'indemnisation et l'attribution d'indemnités aux commissaires-enquêteurs : Ann. voirie* 2005, n° 101, p. 203. • R. Hostiou, *Désignation et indemnisation des commissaires-enquêteurs : AJDA* 2002, p. 1487 à 1491. • M. Sablayrolles, *Enquête publique : la nouvelle indemnisation des commissaires-enquêteurs : Dr. env.* déc. 2002, n° 104, p. 301 à 304. • M. Fages et D. Ruez, *Le statut et la rémunération du commissaire enquêteur : Dr. et ville* 1998, n° 45, « Spécial enquête publique ».

Art. R. 123-25 *(D. n° 2011-2018, 29 déc. 2011 ; mod. à compter du 1er janvier 2023, D. n° 2022-1546, 8 déc. 2022).* **– Les commissaires enquêteurs et les membres des commissions d'enquête ont droit à une indemnité, à la charge de la personne responsable du projet, plan ou programme, qui comprend des vacations et le remboursement des frais qu'ils engagent pour l'accomplissement de leur mission.**

Un arrêté conjoint des ministres chargés de l'environnement, du budget et de l'intérieur fixe les modalités de calcul de l'indemnité.

Le président du tribunal administratif ou le conseiller délégué par lui à cette fin qui a désigné le commissaire enquêteur ou les membres de la commission d'enquête, détermine le nombre de vacations allouées au commissaire enquêteur sur la base du nombre d'heures que le commissaire enquêteur déclare avoir consacrées à l'enquête depuis sa nomination jusqu'au rendu du rapport et des conclusions motivées, en tenant compte des difficultés de l'enquête ainsi que de la nature et de la qualité du travail fourni par celui-ci.

Il arrête, sur justificatifs, le montant des frais qui seront remboursés au commissaire enquêteur.

Le président du tribunal administratif ou le conseiller délégué par lui à cette fin fixe par ordonnance le montant de l'indemnité à verser au commissaire enquêteur. Cette ordonnance est notifiée au commissaire enquêteur et à la personne responsable du projet, plan ou programme et exécutoire dès sa notification.

Dans le cas d'une commission d'enquête, il appartient au président de la commission de présenter, sous son couvert, le nombre d'heures consacrées à l'enquête et le montant des frais de chacun des membres de la commission, compte tenu du travail effectivement réalisé par chacun d'entre eux.

Le commissaire enquêteur dessaisi de l'enquête publique est uniquement remboursé des frais qu'il a engagés.

La personne responsable du projet, plan ou programme verse au commissaire enquêteur, directement ou par le biais d'un tiers que ce dernier mandate à cette fin, les sommes dues, déduction faite du montant de la provision versée dans les conditions définies à l'article R. 123-27. Elle effectue ce versement au plus tard un mois à compter de la notification de l'ordonnance mentionnée au cinquième alinéa du présent article.

En l'absence de versement des sommes dues dans ce délai, le commissaire enquêteur peut recouvrer ces sommes contre les personnes privées ou publiques par les voies du droit commun. Lorsque l'indemnité est due par une collectivité territoriale ou un groupement de collectivités territoriales et en cas de défaut de mandatement de leur part, le commissaire enquêteur peut solliciter auprès du préfet de département la mise en œuvre de la procédure de mandatement d'office, dans les conditions fixées par l'article L. 1612-16 du Code général des collectivités territoriales, et, le cas échéant, d'inscription d'office, dans les conditions fixées par l'article L. 1612-15 de ce même code.

Sans préjudice de la faculté pour le commissaire enquêteur de saisir le juge des référés en application de l'article R. 541-1 du Code de justice administrative, le commissaire enquêteur et la personne responsable du projet, plan ou programme peuvent contester cette ordonnance, dans un délai de quinze jours suivant sa notification, en formant un recours administratif auprès du président du tribunal administratif concerné. Il ne suspend pas le délai de paiement et constitue un préalable obligatoire à l'exercice d'un recours contentieux, à peine d'irrecevabilité de ce dernier. Le silence gardé sur ce recours administratif pendant plus de quinze jours vaut décision de rejet. La décision issue de ce recours administratif peut être contestée, dans un délai de quinze jours à compter de sa notification, devant la juridiction à laquelle appartient son auteur. La requête est transmise sans délai par le président de la juridiction à un tribunal administratif conformément à un tableau d'attribution arrêté par le président de la section du contentieux du Conseil d'État. Le président de la juridiction à laquelle appartient l'auteur de l'ordonnance est appelé à présenter des observations écrites sur les mérites du recours.

1) Recours administratif préalable. Le décret n° 2011-2018 du 29 décembre 2011 a, outre les précisions apportées aux conditions d'indemnisation des commissaires enquêteurs et des membres de la commission d'enquête prévues dans la présente section, introduit un recours administratif préalable obligatoire à la contestation d'une ordonnance d'indemnisation d'un commissaire enquêteur, dans l'actuel article R. 123-25.

2) **Caractère non juridictionnel de l'ordonnance de transmission.** L'ordonnance par laquelle le président du tribunal administratif de Grenoble a transmis le dossier d'un recours à une autre juridiction en application des dispositions de l'article R. 123-25 du Code de l'environnement, lequel est relatif à un autre type d'ordonnances fixant le montant de l'indemnité versée aux commissaires enquêteurs et aux membres des commissions d'enquête et aux modalités de recours contre celles-ci, n'a pas un caractère juridictionnel et n'est susceptible d'aucun recours (■ CAA Lyon, 14 mars 2019, n° 18LY04109, *Sté Isère Aménagement*).

Art. R. 123-26 *(D. n° 2011-2018, 29 déc. 2011 ; mod. à compter du 1er janvier 2015, D. n° 2014-1635, 26 déc. 2014 ; abr. à compter du 1er janvier 2023, D. n° 2022-1546, 8 déc. 2022)* (1).

Art. R. 123-27 *(D. n° 2011-2018, 29 déc. 2011 ; mod., D. n° 2017-626, 25 avr. 2017 ; mod. à compter du 1er janvier 2023, D. n° 2022-1546, 8 déc. 2022).* **– Le président du tribunal administratif ou le conseiller délégué par lui à cette fin peut, soit au début de l'enquête, soit au cours de celle-ci ou après le dépôt du rapport d'enquête, accorder au commissaire enquêteur, sur sa demande, une provision. Cette décision ne peut faire l'objet d'aucun recours. La provision est versée par la personne responsable du projet, plan ou programme.**

Section III. – Enquêtes publiques portant sur des projets localisés sur le territoire d'un autre État et susceptibles d'avoir en France des incidences notables sur l'environnement

Art. R. 123-27-1 *(Anc. R. 123-24, dénum. et rempl., D. n° 2011-2018, 29 déc. 2011* (2) *; mod., D. n° 2017-626, 25 avr. 2017).* **– L'enquête publique est effectuée conformément aux articles R. 123-4, R. 123-9, R. 123-10, R. 123-13, R. 123-17, au premier alinéa de l'article R. 123-18 et à l'article R. 123-19, ainsi que selon les dispositions de la présente section. Les articles R. 123-25 à R. 123-27 relatifs à la rémunération du commissaire enquêteur s'appliquent sous réserve de l'article R. 123-28.**

Sous-section 1. – Composition du dossier d'enquête

Art. R. 123-27-2 *(Anc. art. R. 123-25, dénum. et mod., D. n° 2011-2018, 29 déc. 2011)* (2). **– Le dossier soumis à l'enquête publique transmis par l'État sur le territoire duquel le projet est localisé comprend les pièces suivantes, qui peuvent être regroupées en tant que besoin :**

1° Une notice explicative indiquant l'objet de l'enquête ainsi que les caractéristiques les plus importantes, notamment celles relatives aux ouvrages projetés, de l'opération soumise à enquête ;

2° Une évaluation environnementale ;

3° Le plan de situation ;

4° Le plan général des travaux ;

5° Tout autre élément d'information pertinent relatif au projet, fourni par l'État sur le territoire duquel ce projet est localisé.

Sous-section 2. – Autorité chargée d'organiser l'enquête

Art. R. 123-27-3 *(Anc. art. R. 123-26, dénum., D. n° 2011-2018, 29 déc. 2011)* (2). **– L'enquête publique est ouverte et organisée par arrêté du préfet du département concerné.**

Toutefois, lorsque le projet est susceptible d'affecter plusieurs départements, l'enquête est ouverte et organisée par un arrêté conjoint des préfets des départements intéressés qui précise le préfet chargé de coordonner l'organisation de l'enquête et d'en centraliser les résultats.

Champ d'application. L'enquête publique concernant le projet en litige qui doit être réalisé sur le seul territoire d'un seul département français a été ouverte, conformément à l'article R. 123-3 précité du Code de l'environnement, par arrêté du 22 décembre 2014 du préfet dudit département. Les

(1) Dispositions d'application transitoires : V. D. n° 2022-1546, 8 déc. 2022, art. 5.

(2) Dispositions applicables aux enquêtes publiques dont l'arrêté d'ouverture et d'organisation est publié à compter 1er juin 2012, D. n° 2011-2018, 29 déc. 2011, art. 17.

requérants ne peuvent utilement soutenir que l'enquête publique aurait dû être ouverte par un arrêté conjoint des préfets des deux autres départements français en application de l'article R. 123-27-3 du Code de l'environnement qui n'est pas applicable à l'espèce dès lors qu'il figure dans une section 3 relative aux projets localisés sur le territoire d'un autre État et susceptibles d'avoir en France des incidences notables sur l'environnement (■ CAA Bordeaux, 23 févr. 2021, n° 18BX04269, *Assoc. de protection des habitants et paysages ruraux des Touches-de-Perigny et ses environs et a.*).

Sous-section 3. – Désignation du commissaire enquêteur ou d'une commission d'enquête

Art. R. 123-27-4 ***(Anc. art. R. 123-27, dénum. et mod., D. n° 2011-2018, 29 déc. 2011 ; D. n° 2017-626, 25 avr. 2017)*** **(1). – Le préfet saisit, en vue de la désignation d'un commissaire enquêteur ou d'une commission d'enquête, le président du tribunal administratif dans le ressort duquel le projet est susceptible d'avoir les incidences les plus notables et lui adresse, à cette fin, une demande précisant l'objet de l'enquête ainsi que la période d'enquête retenue.**

Le président du tribunal administratif ou le membre du tribunal délégué par lui à cet effet désigne dans un délai de quinze jours un commissaire enquêteur ou les membres, en nombre impair, d'une commission d'enquête parmi lesquels il choisit un président.

En cas d'empêchement du commissaire enquêteur désigné, l'enquête est interrompue. Après qu'un commissaire enquêteur remplaçant a été désigné par le président du tribunal administratif ou le conseiller délégué par lui et que la date de reprise de l'enquête a été fixée, l'autorité compétente pour organiser l'enquête publie un arrêté de reprise d'enquête dans les mêmes conditions que l'arrêté d'ouverture de l'enquête.

Sous-section 4. – Prise en charge des frais de l'enquête

Art. R. 123-28 ***(Rempl., D. n° 2006-578, 22 mai 2006)*** **. – À défaut d'accords bilatéraux en disposant autrement, les frais de l'enquête, notamment l'indemnisation des commissaires enquêteurs et des membres de la commission d'enquête, d'éventuels frais de traduction ainsi que les frais qui sont entraînés par la mise à disposition du commissaire enquêteur ou de la commission d'enquête des moyens matériels nécessaires à l'organisation et au déroulement de la procédure d'enquête sont pris en charge par l'État.**

Sous-section 5. – Publicité de l'enquête

Art. R. 123-29 ***(D. n° 2005-935, 2 août 2005 ; mod., D. n° 2011-2018 du 29 déc. 2011)*** **(1). – Un avis portant à la connaissance du public les indications figurant dans l'arrêté d'organisation de l'enquête est, par les soins du préfet, publié en caractères apparents quinze jours au moins avant le début de l'enquête et rappelé dans les huit premiers jours de celle-ci dans deux journaux régionaux ou locaux diffusés dans le ou les départements concernés. Pour les opérations susceptibles d'affecter l'ensemble du territoire national, ledit avis est, en outre, publié dans deux journaux à diffusion nationale quinze jours au moins avant le début de l'enquête.**

Quinze jours au moins avant l'ouverture de l'enquête et durant toute la durée de celle-ci, cet avis est publié par voie d'affiches et, éventuellement, par tous autres procédés, à la préfecture du département où se déroulera l'enquête, le cas échéant à la préfecture des autres départements concernés et, s'il y a lieu, dans chacune des communes désignées par le préfet.

Cet avis est également publié sur le site internet de la préfecture de département.

Sous-section 6. – Visite des lieux par le commissaire enquêteur

Art. R. 123-30. – Lorsqu'il a l'intention de visiter les lieux où le projet est envisagé, le commissaire enquêteur en informe le préfet qui sollicite l'accord des autorités de l'État sur le territoire duquel le projet est situé.

(1) Dispositions applicables aux enquêtes publiques dont l'arrêté d'ouverture et d'organisation est publié à compter 1er juin 2012, D. n° 2011-2018, 29 déc. 2011, art. 17.

Sous-section 7. – Communication de documents à la demande du commissaire enquêteur

Art. R. 123-31. – *(Mod., D. n° 2011-1028, 29 déc. 2011)* (1) Lorsqu'il entend faire compléter le dossier par un document, dans les conditions prévues à l'article R. 123-13, le commissaire enquêteur, ou le président de la commission d'enquête, en fait la demande au préfet qui sollicite l'accord des autorités de l'État sur le territoire duquel le projet est localisé, à charge pour elles de l'obtenir du maître d'ouvrage.

Cette demande ne peut porter que sur des documents en la possession du maître d'ouvrage. Le document ainsi obtenu ou le refus motivé du maître d'ouvrage est versé au dossier tenu au siège de l'enquête.

Sous-section 8. – Publicité du rapport et des conclusions

Art. R. 123-32. – Après la clôture de l'enquête, le préfet transmet son avis aux autorités de l'État sur le territoire duquel le projet est situé. Cet avis est accompagné du rapport et de l'avis du commissaire enquêteur ou de la commission d'enquête.

La décision prise par l'autorité compétente de l'État sur le territoire duquel le projet est situé est mise à la disposition du public à la préfecture du ou des départements dans lesquels l'enquête publique a été organisée.

Portée de l'avis du commissaire enquêteur. L'avis du commissaire enquêteur ou de la commission d'enquête ne lie pas l'autorité compétente pour la prise de décision relative au projet (■ CAA Douai, 1er juin 2011, n° 10DA00193, *B. et a.*).

Art. R. 123-33 *(Mod. à compter du 1er janvier 2015, D. n° 2014-1635, 26 déc. 2014)*. – Les dispositions du présent chapitre sont sans influence sur le régime de validité d'une déclaration d'utilité publique tel que défini aux articles L. 121-2, L. 121-4 et L. 121-5 du Code de l'expropriation pour cause d'utilité publique, lequel reste applicable pour les seuls effets que ce code attache à une telle déclaration.

Section IV. – Établissement des listes d'aptitude aux fonctions de commissaire enquêteur

Sous-section 1. – Commission départementale chargée d'établir la liste d'aptitude aux fonctions de commissaire enquêteur

Art. R. 123-34 *(Anc. art. D. 123-34, rempl. à compter du 1er janvier 2012, D. n° 2011-1236, 4 oct. 2011)*. – I. – La commission départementale chargée d'établir la liste d'aptitude aux fonctions de commissaire enquêteur, mentionnée à l'article L. 123-4, est présidée par le président du tribunal administratif ou le magistrat qu'il délègue.

II. – Elle comprend en outre :

1° Quatre représentants de l'État désignés par le préfet du département, dont le directeur de la direction départementale des territoires ou de la direction départementale des territoires et de la mer ou de l'unité territoriale de la direction régionale et interdépartementale de l'équipement et de l'aménagement d'Île-de-France, le directeur régional de l'environnement, de l'aménagement et du logement ou le directeur régional et interdépartemental de l'environnement et de l'énergie d'Île-de-France ou, dans les départements d'outre-mer, le directeur de l'environnement, de l'aménagement et du logement, ou leurs représentants ;

2° Un maire d'une commune du département, désigné par l'association départementale des maires ou, à défaut d'association ou lorsqu'il en existe plusieurs, élu par le collège des maires du département convoqué à cet effet par le préfet ; le vote peut avoir lieu par correspondance ;

3° Un conseiller général du département désigné par le conseil général ;

4° Deux personnalités qualifiées en matière de protection de l'environnement désignées par le préfet du département après avis du directeur régional chargé de l'environnement ;

Une personne inscrite sur une liste d'aptitude aux fonctions de commissaire enquêteur, désignée par le préfet du département après avis du directeur régional chargé de l'environnement assiste, en outre, avec voix consultative aux délibérations de la commission.

(1) Dispositions applicables aux enquêtes publiques dont l'arrêté d'ouverture et d'organisation est publié à compter 1er juin 2012, D. n° 2011-2018, 29 déc. 2011, art. 17.

Art. D. 123-35 *(Mod. à compter du 1er janvier 2012, D. n° 2011-1236, 4 oct. 2011 ; mod., D. n° 2017-626, 25 avr. 2017).* – Les membres de la commission départementale chargée d'établir la liste d'aptitude aux fonctions de commissaire enquêteur, autres que les représentants des administrations publiques, sont désignés pour quatre ans. Leur mandat est renouvelable.

Art. D. 123-36 *(Rempl. à compter du 1er janvier 2012, D. n° 2011-1236, 4 oct. 2011).* – Le fonctionnement de la commission est régi par les articles 3 à 14 du décret n° 2006-672 du 8 juin 2006 relatif à la création, à la composition et au fonctionnement de commissions administratives à caractère consultatif.

Les membres de la commission respectent la confidentialité des débats auxquels ils ont participé.

Art. D. 123-37 *(Rempl. à compter du 1er janvier 2012, D. n° 2011-1236, 4 oct. 2011).* – Le préfet désigne le service de l'État chargé du secrétariat de la commission.

Sous-section 2. – Liste d'aptitude aux fonctions de commissaire enquêteur

Art. D. 123-38 *(D. n° 2005-935, 2 août 2005 ; mod., D. n° 2011-1236, 4 oct. 2011).* – La liste départementale d'aptitude est arrêtée par la commission pour chaque année civile.

La liste départementale est publiée au Recueil des actes administratifs de la préfecture et peut être consultée à la préfecture ainsi qu'au greffe du tribunal administratif. Seuls sont mentionnés les noms et qualités des inscrits.

Art. D. 123-39 *(D. n° 2005-935, 2 août 2005).* – Nul ne peut être inscrit sur une liste d'aptitude aux fonctions de commissaire enquêteur si des condamnations ou décisions sont mentionnées au bulletin n° 2 de son casier judiciaire.

Art. D. 123-40 *(Mod., D. n° 2011-1236, 4 oct. 2011)* (1). – I. – Les demandes d'inscription ou de réinscription sur les listes départementales d'aptitude aux fonctions de commissaire enquêteur sont adressées, avant le 1er septembre de l'année précédant l'année de validité de la liste, accompagnées de toutes pièces justificatives, par lettre recommandée avec avis de réception postal à la préfecture du département dans lequel le postulant a sa résidence principale ou sa résidence administrative, s'il s'agit d'un fonctionnaire ou d'un agent public en activité.

II. – La demande est assortie de toutes précisions utiles, et notamment des renseignements suivants :

1° Indication des titres ou diplômes du postulant, de ses éventuels travaux scientifiques, techniques et professionnels, des différentes activités exercées ou fonctions occupées dans un cadre professionnel ou associatif ;

2° Indication sur sa disponibilité et, éventuellement, sur les moyens matériels de travail dont il dispose, notamment le véhicule et les moyens bureautiques et informatiques ;

3° Pour les demandes de réinscription, indication des formations suivies.

III. – Les commissaires enquêteurs sont inscrits sur la liste de leur département de résidence.

Art. R. 123-41 *(Anc. art. D. 123-41, rempl., D. n° 2011-1236, 4 oct. 2011 ; mod., D. n° 2017-626 du 25 avr. 2017).* – La commission assure l'instruction des dossiers. Elle vérifie que le postulant remplit les conditions requises et procède à l'audition des candidats à l'inscription ou à la réinscription. La commission arrête la liste des commissaires enquêteurs choisis, en fonction notamment de leur compétence et de leur expérience, parmi les personnes qui manifestent un sens de l'intérêt général, un intérêt pour les préoccupations d'environnement, et témoignent de la capacité d'accomplir leur mission avec objectivité, impartialité et diligence.

Nul ne peut être maintenu sur la liste d'aptitude plus de quatre ans sans présenter une nouvelle demande.

Dès son inscription sur une liste d'aptitude et pendant tout le temps de son maintien sur celle-ci, le commissaire enquêteur est tenu de suivre les formations organisées en vue de l'accomplissement de ses missions.

Il est procédé à une révision annuelle de la liste pour s'assurer notamment que les commissaires enquêteurs inscrits remplissent toujours les conditions requises pour exercer leur mission.

---

(1) Par dérogation aux présentes dispositions, les demandes d'inscription et de réinscription sur les listes départementales d'aptitude aux fonctions de commissaire enquêteur arrêtées pour l'année 2012 peuvent être adressées jusqu'au 31 octobre 2011, D. n° 2011-1236, 4 oct. 2011.

La radiation d'un commissaire enquêteur peut, toutefois, être prononcée à tout moment, par décision motivée de la commission, en cas de manquement à ses obligations. La commission doit, au préalable, informer l'intéressé des griefs qui lui sont faits et le mettre à même de présenter ses observations.

1) **Refus de réinscription sur la liste d'aptitude.** En n'informant pas l'intéressée des griefs qui lui étaient reprochés et en ne la mettant pas à même de présenter ses observations, la commission a entaché sa décision d'un détournement de procédure (■ TA Limoges, 20 déc. 2006, n° 0600244, *Mme Meline : Dr. env.* juin 2007, n° 149, pan. III). En sens contraire : la commission départementale chargée d'établir la liste d'aptitude aux fonctions de commissaire enquêteur peut, chaque année, décider le refus de réinscription des commissaires qui ne remplissent plus les conditions requises en matière notamment de compétence et d'expérience et, d'autre part, elle peut, à tout moment, décider la radiation des commissaires enquêteurs qui le demandent ou qui ont commis une faute professionnelle. Ce n'est que dans ce dernier cas que la commission doit, au préalable, informer l'intéressé des griefs qui lui sont faits et le mettre à même de présenter ses observations. En l'espèce, la commission avait seulement décidé de refuser la réinscription de l'intéressé, le moyen tiré de la méconnaissance du principe du respect des droits de la défense est alors inopérant (■ CAA Bordeaux, 15 nov. 2007, n° 05BX00313, *M. Moreau*).

Un commissaire enquêteur qui réalise une enquête publique relative à la révision d'un plan d'occupation des sols n'est pas investi par les textes législatifs ou réglementaires d'une mission de garant d'une bonne utilisation des sols et de la protection de l'environnement pour le compte de l'État et ne peut ainsi être qualifié de collaborateur occasionnel du « service étatique de l'environnement, de l'écologie et du développement durable » (■ CAA Lyon, 31 mai 2011, n° 09LY02412, *Cne de Péron*).

2) **Compétence du commissaire-enquêteur.** La circonstance qu'un commissaire enquêteur n'ait pas eu les compétences appropriées pour se prononcer sur les aspects techniques d'un dossier soumis à enquête n'entache pas d'irrégularité la procédure d'enquête (■ CE, 22 oct. 1999, n° 171132, *Cne de Barnas*). L'abstention de tout commentaire de la part du commissaire enquêteur sur des questions techniques apparues dans la description du dossier de demande ou dans les observations du public, telles que l'aptitude des sols à recevoir les épandages ou la composition du compost normé et non normé, qui ne concerne que certains des points en débat, ne traduit pas une inaptitude à exercer correctement ses fonctions, celles-ci étant bien distinctes de celle d'un expert (■ CAA Bordeaux, 19 déc. 2019, n° 17BX02824, *Soc. Les Nauds*).

3) **Partialité du commissaire-enquêteur (non).** Ne saurait être regardé comme ayant fait preuve de partialité un ancien ingénieur des travaux publics de l'État en poste à la Direction départementale de l'équipement sept ans avant sa désignation comme commissaire-enquêteur, alors que les dispositions applicables à la désignation des commissaires-enquêteurs n'imposent qu'un délai de cinq ans (■ TA Orléans, 18 nov. 1999, n°s 981356, 981357, 981419, 981420, 981627, 99527 et 99528, *Aspie, M. Galteau et a., M. Picou, Assoc. de sauvegarde de la région de Langeais*). Au surplus, dans cette espèce, ce commissaire avait assorti son avis de réserves et d'une recommandation.

4) **Partialité d'un des membres de la commission.** Le fait qu'un des membres de la commission d'enquête était ingénieur au sein du bureau d'études ayant conduit des études hydrologiques destinées à fournir des informations aux auteurs de l'étude d'impact, sans avoir directement participé à la rédaction de celle-ci, n'est pas de nature à caractériser un défaut d'impartialité de la commission d'enquête publique (■ CAA Bordeaux, 17 oct. 2019, n° 17BX02922, *Min. de la transition écologique et solidaire*).

5) **Rajout d'un critère illégal d'aptitude.** Il résulte des dispositions des articles R. 123-34, D. 123-38 et D. 123-40 du Code de l'environnement que « seuls des critères permettant d'apprécier la capacité des candidats aux fonctions de commissaire-enquêteur à conduire de manière satisfaisante une enquête publique doivent être pris en considération par la commission compétente ». Il suit de là que la commission du département de la Gironde a illégalement ajouté à l'article R. 123-41 un motif tiré de la « nécessité d'avoir une gestion dynamique des listes permettant d'accueillir de nouveaux entrants » pour rejeter la demande de réinscription d'un des membres de la commission d'enquête (■ CAA Bordeaux, 6 nov. 2018, n° 16BX01499).

Art. D. 123-42. – **Les décisions de la commission sont notifiées à chacun des postulants.**

Art. R. 123-43. – **Les dispositions de la présente section ne sont pas applicables à la collectivité territoriale de Saint-Pierre-et-Miquelon.**

Section V. – Modalités de sauvegarde des intérêts de la défense nationale dans les enquêtes publiques

(Intitulé mod., D. n° 2020-133, 18 févr. 2020)

Art. R. 123-44 ***(Abr., D. n° 2020-133, 18 févr. 2020).***

Rédaction antérieure. Art. R. 123-44 *(Anc. D. n° 85-693, 5 juill. 1985 ; mod., D. n° 2005-935, 2 août 2005 ; D. n° 2007-18, 5 janv. 2007).* **–** I. – Pour assurer le respect du secret de la défense nationale, ne donnent pas lieu à l'enquête publique prévue par les dispositions des articles L. 123-1 à L. 123-16 :

1° Les aménagements, ouvrages ou travaux portant sur les centres de transmission, les établissements d'expérimentation et de fabrication de matériels militaires et de munitions, les entrepôts de réserve générale, les dépôts de munitions, les bases de fusées, les stations radiogoniométriques et les centres radioélectriques de surveillance ;

2° Les aménagements, ouvrages ou travaux qui doivent être exécutés à l'intérieur des arsenaux de la marine, des aérodromes militaires et des grands camps figurant sur la liste prévue au *b* de l'article R. 421-8 du Code de l'urbanisme ;

3° Les aménagements, ouvrages ou travaux dont le caractère secret a été reconnu par décision de portée générale ou particulière du Premier ministre ou du ministre compétent ;

4° L'approbation, la modification ou la révision d'un document d'urbanisme, lorsque cette approbation, cette modification ou cette révision a pour objet exclusif de permettre la réalisation d'une opération entrant dans le champ d'application défini aux 1°, 2° et 3° ci-dessus.

II. – Toutefois, en ce qui concerne les installations classées pour la protection de l'environnement relevant du ministre de la Défense ou soumises à des règles de protection du secret de la défense nationale, les dispositions ci-dessus ne font pas obstacle à l'application du décret n° 80-813 du 15 octobre 1980 relatif aux Installations classées pour la protection de l'environnement relevant du ministre de la Défense ou soumises à des règles de protection du secret de la défense nationale.

Art. R. 123-45 ***(Abr., D. n° 2020-133, 18 févr. 2020).***

Rédaction antérieure. Art. R. 123-45. – Lors d'une enquête publique organisée en application des dispositions des articles L. 123-1 et suivants, les éléments qui seraient de nature à entraîner la divulgation de secrets de la défense nationale ne peuvent ni figurer au dossier soumis à l'enquête ni être communiqués en application du 4e alinéa de l'article L. 123-9.

Art. R. 123-46 ***(Mod., D. n° 2020-133, 18 févr. 2020).*** **– Lors d'une enquête publique organisée en application des dispositions des articles L. 123-1 à L. 123-16, le commissaire enquêteur ou le président et les membres de la commission d'enquête ne peuvent pénétrer dans les établissements, installations terrains ou ports militaires mentionnés par l'article 413-5 du Code pénal ou dans les zones protégées créées en application de l'article 413-7 du Code pénal et des dispositions réglementaires prises pour son application que s'ils sont titulaires d'une autorisation délivrée dans les conditions prévues par ces dispositions.**

Section VI. – Participation du public par voie électronique pour les plans, programmes et projets non soumis à enquête publique

(D. n° 2017-626, 25 avr. 2017)

Art. R. 123-46-1 ***(D. n° 2017-626, 25 avr. 2017 ; mod., D. n° 2018-1217, 24 déc. 2018 ; mod. à compter du 1er août 2021, D. n° 2021-837, 29 juin 2021 ; rempl. à compter du 1er août 2021, D. n° 2021-1000, 30 juill. 2021).*** **– I. – La publication de l'avis de participation s'effectue selon les modalités suivantes :**

1° L'avis mentionné à l'article L. 123-19 est mis en ligne sur le site de l'autorité compétente pour autoriser le projet ou élaborer le plan ou programme. Si l'autorité compétente ne dispose pas d'un site internet, cet avis est publié, à sa demande, sur le site internet des services de l'État dans le département. Dans ce cas, l'autorité compétente transmet l'avis par voie électronique au préfet au moins un mois avant le début de la participation, qui le met en ligne au moins quinze jours avant le début de la participation ;

2° Cet avis est en outre publié dans deux journaux régionaux ou locaux diffusés dans le ou les départements concernés. Pour les projets d'importance nationale et les plans et programmes de niveau national, cet avis est, en outre, publié dans un journal à diffusion nationale ;

3° L'autorité compétente pour ouvrir et organiser la participation désigne le ou les lieux où cet avis doit être publié par voie d'affiches et, éventuellement, par tout autre procédé. Sont au minimum désignés les locaux de l'autorité compétente pour élaborer le plan ou programme ou autoriser le projet. Pour les projets, sont, en outre, désignées toutes les mairies des communes sur le territoire desquelles se situe le projet ainsi que celles dont le territoire est susceptible d'être affecté par le projet. Cet avis est publié par voie d'affichage quinze jours au moins avant le début de la participation et pendant toute la durée de celle-ci ;

4° En outre, dans les mêmes conditions de délai et de durée, et sauf impossibilité matérielle justifiée, le responsable du projet procède à l'affichage du même avis sur les lieux prévus pour la réalisation du projet. Ces affiches doivent être visibles et lisibles de là ou, s'il y a lieu, des voies publiques, et être conformes à des caractéristiques et dimensions fixées par arrêté du ministre chargé de l'environnement (1).

II. – À l'issue de la participation du public, la personne publique responsable du plan ou programme ou l'autorité compétente pour autoriser le projet rend public l'ensemble des documents exigés en application du dernier alinéa du II de l'article L. 123-19-1 sur son site internet.

Pour les projets, ces documents sont adressés au maître d'ouvrage.

III. – Le maître d'ouvrage ou la personne publique responsable assume les frais afférents à l'organisation matérielle de la participation du public.

IV. – Le dossier soumis à la présente procédure comprend les mêmes pièces que celles prévues à l'article R. 123-8. Les mentions relatives à l'enquête publique à ce même article sont remplacées, pour l'application du présent article, par celles relatives à la participation du public par voie électronique. La demande de mise en consultation sur support papier du dossier, prévu au II de l'article L. 123-19, se fait dans les conditions prévues à l'article D. 123-46-2.

Section VII. – Participation du public hors procédure particulière

(Division créée, D. n° 2017-626, 25 avr. 2017)

Art. D. 123-46-2 *(Anc. art. D. 120-1, dénum. et rempl., D. n° 2017-626, 25 avr. 2017)*. **– La demande de mise en consultation sur support papier d'un projet de décision et de sa note de présentation, prévue au II de l'article L. 123-19-1, est présentée sur place, dans la préfecture ou l'une des sous-préfectures du ou des départements dont le territoire est compris dans le champ d'application de la décision.**

La demande est présentée au plus tard le quatrième jour ouvré précédant l'expiration du délai de consultation fixé par l'autorité administrative conformément au quatrième alinéa du II de l'article L. 123-19-1.

Les documents sont mis à disposition du demandeur aux lieu et heure qui lui sont indiqués au moment de sa demande. Cette mise à disposition intervient au plus tard le deuxième jour ouvré suivant celui de la demande.

CHAPITRE III *BIS*. – CONSULTATION LOCALE SUR LES PROJETS SUSCEPTIBLES D'AVOIR UNE INCIDENCE SUR L'ENVIRONNEMENT

(D. n° 2016-491, 21 avr. 2016)

Voir : Bibliographie et présentation de la réforme sous la partie législative.

Section I. – Organisation de la consultation

Art. R. 123-47 *(D. n° 2016-491, 21 avr. 2016)*. **– La mise à disposition du dossier d'information au moyen du point d'accès à internet prévue par le troisième alinéa de l'article L. 123-26 et, le cas échéant, de tout ou partie de ce dossier en application du dernier alinéa du même article s'effectue dans la mairie de chacune des communes dans lesquelles la consultation a lieu ainsi que dans la ou les mairies annexes, dans des conditions assurant la bonne information des électeurs.**

Section II. – Déroulement du scrutin de la consultation

Art. R. 123-48 *(D. n° 2016-491, 21 avr. 2016)*. **– L'article R. 1112-7 du Code général des collectivités territoriales est applicable au scrutin de la consultation locale sur les projets susceptibles d'avoir une incidence sur l'environnement.**

Pour son application, dans le premier et le troisième alinéa, les mots : « la collectivité ayant décidé le référendum » sont remplacés par les mots : « le préfet ou le représentant de l'État dans la collectivité » et dans le premier alinéa, les mots : « le ressort de la collectivité organisatrice » sont remplacés par les mots : « la commune ».

(1) T. appl. : V. A. 9 sept. 2021 (*JO* 28 nov. 2021). – NDLR.

Art. R. 123-49 *(D. n° 2016-491, 21 avr. 2016 ; mod. à compter du 1er janvier 2019, D. n° 2018-350, 14 mai 2018).* – Sont applicables à l'organisation de la consultation les articles R. 1 à R. 4 et R. 25-2 du Code électoral.

Art. R. 123-50 *(D. n° 2016-491, 21 avr. 2016).* – Les dispositions du chapitre VI du titre Ier du livre Ier du Code électoral sont applicables au scrutin de la consultation locale sur les projets susceptibles d'avoir une incidence sur l'environnement, à l'exception des articles R. 47, R. 50, R. 55, R. 56, du troisième alinéa de l'article R. 61, des articles R. 65, R. 66-2 et R. 93-1 à R. 93-3, moyennant les adaptations suivantes :

1° Pour l'application de l'article R. 44, les trois premiers alinéas de cet article sont remplacés par l'alinéa suivant :

« Les assesseurs de chaque bureau sont désignés par le maire parmi les conseillers municipaux dans l'ordre du tableau puis, le cas échéant, parmi les électeurs de la commune. » ;

2° Pour l'application de l'article R. 45, le premier alinéa de cet article est supprimé ;

3° Pour l'application de l'article R. 46, dans le premier alinéa de cet article, les mots : « désignés par les candidats, binômes de candidats ou listes en présence, » sont supprimés ;

4° Pour l'application de l'article R. 51, dans le premier et le second alinéa de cet article, les mots : « soit d'un ou de plusieurs délégués » sont supprimés ;

5° Pour l'application de l'article R. 52, dans le troisième alinéa de cet article, les mots : « candidats, remplaçants et délégués des candidats, » et les mots : « et personnes chargées du contrôle des opérations » sont supprimés ;

6° L'article R. 55-1 est ainsi rédigé :

Art. R. 55-1. – Pour les bureaux de vote dotés d'une machine à voter, le préfet ou le représentant de l'État dans la collectivité transmet au maire, au plus tard l'avant-veille de la consultation, la question posée et les deux réponses possibles.

« Avant la consultation, le maire fait procéder à la mise en place sur la machine du dispositif indiquant la question posée et les deux réponses possibles, telles que transmises par le préfet ou le représentant de l'État. Les membres du bureau de vote vérifient, avant l'ouverture de la consultation, que les éléments mentionnés sur la machine à voter correspondent à ceux indiqués dans le document transmis par le préfet ou le représentant de l'État. » ;

7° L'article R. 67 est ainsi rédigé :

Art. R. 67. – Dès que le dépouillement est terminé, les résultats de la consultation sont consignés dans deux procès-verbaux qui sont signés des membres du bureau.

« Un exemplaire des procès-verbaux des opérations électorales de chaque commune, accompagné des pièces qui doivent y être annexées, est scellé et transmis au président de la commission de recensement des votes. »

Art. R. 123-51 *(D. n° 2016-491, 21 avr. 2016).* – L'article R. 96 du Code électoral est applicable au scrutin de la consultation locale.

Art. R. 123-52 *(D. n° 2016-491, 21 avr. 2016).* – Les trois membres de la commission de recensement prévue par l'article L. 123-31 et, parmi eux, son président sont désignés au plus tard le lundi précédant la consultation par le premier président de la cour d'appel du ressort de la commune où siège la commission.

La commission de recensement est chargée :

1° De recenser les résultats constatés dans chaque commune où a lieu la consultation ;

2° De trancher les questions que peut poser, en dehors de toute réclamation, le décompte des bulletins et de procéder aux rectifications nécessaires ;

3° De proclamer les résultats de la consultation.

Les travaux de la commission sont achevés au plus tard le lendemain de la consultation, à minuit.

L'opération du recensement des votes est constatée par un procès-verbal établi en double exemplaire et signé de tous les membres de la commission.

Un exemplaire du procès-verbal, auquel sont joints avec leurs annexes les procès-verbaux des opérations de vote dans les communes, est adressé au préfet du département où se situe la commune la plus peuplée ayant pris part à la consultation ou au représentant de l'État dans la collectivité.

CHAPITRE IV. – LIBERTÉ D'ACCÈS À L'INFORMATION RELATIVE À L'ENVIRONNEMENT

(Rempl., D. n° 2006-578, 22 mai 2006)

Bibliographie : P. Yolka, *Open data : « L'ouverture c'est l'aventure » : AJDA* 2016, p. 79. • C. Huglo, *La nouvelle loi sur la participation du public et la démocratie environnementale : entre progression et interrogations : Environnement* févr. 2013, repère 2. • F. Jamay, *Les registres des rejets et transferts de polluants ; un instrument d'information du public sur les pollutions industrielles visant la responsabilisation des entreprises : Environnement* juin 2013, comm. 55. • J.-M. Février, *L'accès à l'information en matière environnementale dans toutes ses (ré)formes : Environnement* juill. 2006, n° 7, comm. 85. • O. Fuchs, *L'adaptation aux exigences communautaires en matière d'information et de participation du public : Dr. env.* juill.-août 2006, n° 140, p. 206.

Art. R. 124-1 *(Rempl., D. n° 2006-578, 22 mai 2006)* (1). **– I. – L'autorité publique saisie d'une demande d'information relative à l'environnement est tenue de statuer de manière expresse dans un délai d'un mois à compter de la réception de la demande.**

Ce délai est porté à deux mois lorsque le volume ou la complexité des informations demandées le justifie. Dans un délai d'un mois à compter de la réception de la demande, l'autorité publique informe alors son auteur de la prolongation du délai et lui en indique les motifs.

II. – Lorsque la demande est formulée de manière trop générale, l'autorité publique ne peut la rejeter qu'après avoir invité son auteur à la préciser dans un délai qu'elle détermine. Elle informe le demandeur de l'existence des répertoires ou listes de catégories d'informations mentionnés au I de l'article L. 124-7 et des moyens d'y accéder.

III. – Lorsque la demande porte sur des informations qu'elle ne détient pas, l'autorité publique saisie la transmet à l'autorité publique susceptible de détenir l'information et en avise l'intéressé dans un délai d'un mois.

Art. R. 124-2 *(D. n° 2006-578, 22 mai 2006 ; mod., D. n° 2016-308, 17 mars 2016)* (1). **– La personne responsable de l'accès aux documents administratifs désignée en application de l'article L. 330-1 du Code des relations entre le public et l'administration est responsable de l'accès à l'information relative à l'environnement. Celles des autorités publiques mentionnées à l'article L. 124-3 auxquelles ne s'applique pas l'article 42 du décret n° 2005-1755 du 30 décembre 2005 relatif à la liberté d'accès aux documents administratifs et à la réutilisation des informations publiques désignent une personne responsable de l'accès à l'information relative à l'environnement qu'elles détiennent ou qui est détenue pour leur compte. Elles en informent le public par tout moyen approprié.**

Art. R. 124-3 *(D. n° 2006-578, 22 mai 2006)* (1). **– I. – La personne responsable de l'accès à l'information relative à l'environnement est chargée, en cette qualité :**

1° De recevoir les demandes d'accès à l'information relative à l'environnement, ainsi que les éventuelles réclamations, et de veiller à leur instruction ;

2° D'assurer la liaison entre l'autorité publique qui l'a désignée et la commission d'accès aux documents administratifs.

II. – Elle peut également être chargée d'établir un bilan annuel des demandes d'accès à l'information relative à l'environnement qu'elle présente à l'autorité publique qui l'a désignée et dont elle adresse copie à la commission d'accès aux documents administratifs.

Art. R. 124-4 *(D. n° 2006-578, 22 mai 2006)* (1). **– I. – Pour la mise en œuvre des obligations qui leur incombent en application de l'article L. 124-7, les autorités publiques doivent, notamment, mettre à la disposition du public la liste des services, organismes, établissements publics ou personnes qui exercent sous leur autorité, pour leur compte ou sous leur contrôle des missions de service public en rapport avec l'environnement. Cette liste comprend notamment les indications suivantes :**

a) La dénomination ou raison sociale, suivie, le cas échéant, du sigle et de l'adresse des services, organismes, établissements publics ou personnes concernées ;

b) La nature et l'objectif de la mission exercée ;

c) Les catégories d'informations relatives à l'environnement détenues.

II. – Les autorités publiques informent le ministre chargé de l'environnement (Institut français de l'environnement) et la commission d'accès aux documents administratifs de la constitution de ces listes et des répertoires mentionnés à l'article L. 124-7.

(1) Dispositions applicables à Mayotte : V. D. n° 2006-578, 22 mai 2006, art. 5.

Art. R. 124-5 *(D. n° 2006-578, 22 mai 2006 ; D. n° 2016-308, 17 mars 2016)* (1). – I. – Doivent faire l'objet d'une diffusion publique au sens de l'article L. 124-8 les catégories d'informations relatives à l'environnement suivantes :

1° Les traités, conventions et accords internationaux, ainsi que la législation communautaire, nationale, régionale et locale concernant l'environnement ou s'y rapportant ;

2° Les plans et programmes et les documents définissant les politiques publiques qui ont trait à l'environnement ;

3° Les rapports établis par les autorités publiques ou pour leur compte relatifs à l'état d'avancement de la mise en œuvre des textes et actions mentionnés aux 1° et 2° quand ces rapports sont élaborés ou conservés sous forme électronique par les autorités publiques ;

4° Les rapports établis par les autorités publiques sur l'état de l'environnement ;

5° Les données ou résumés des données recueillies par les autorités publiques dans le cadre du suivi des activités ayant ou susceptibles d'avoir des incidences sur l'environnement ;

6° Les autorisations qui ont un impact significatif sur l'environnement ainsi que les accords environnementaux ;

7° Les études d'impact environnemental et les évaluations de risques concernant les éléments de l'environnement mentionnés à l'article L. 124-2.

II. – Les informations mentionnées au I qui n'ont pas été publiées au *Journal officiel* de la République française ou de l'Union européenne ou dans les conditions prévues par les articles 29 à 33 du décret n° 2005-1755 du 30 décembre 2005 relatif à la liberté d'accès aux documents administratifs et à la réutilisation des informations publiques sont publiées sous forme électronique au plus tard pour le 31 décembre 2008.

La diffusion des informations mentionnées aux 6° et 7° du I peut consister en l'indication des lieux où le public peut en prendre connaissance.

CHAPITRE V. – AUTRES MODES D'INFORMATION

Section I. – Droit à l'information en matière de déchets

Sous-section 1. – Documents d'information mis à la disposition du public

Art. R. 125-1 *(Mod. à compter du 12 juillet 2011, D. n° 2011-828, 11 juill. 2011 ; mod., D. n° 2018-1126, 11 déc. 2018)*. – Les prescriptions de la présente sous-section s'appliquent aux déchets.

Ne sont pas soumises à l'obligation d'être portées à la connaissance du public les indications susceptibles de porter atteinte au secret de la défense nationale, de faciliter la réalisation d'actes pouvant porter atteinte à la santé, la sécurité ou la salubrité publique, de porter atteinte au secret des affaires.

Art. R. 125-2 *(D. n° 2005-935, 2 août 2005 ; mod., D. n° 2011-828, 11 juill. 2011)*. – I. – Sans préjudice des prescriptions relatives à l'information du public prévues aux articles L. 511-1 et suivants et aux articles du décret n° 77-1133 du 21 septembre 1977 pris pour l'application de la loi n° 76-663 du 19 juillet 1976 relative aux Installations classées pour la protection de l'environnement, les exploitants d'd'installations de traitement de déchets soumises à autorisation en vertu des dispositions législatives des mêmes articles établissent un dossier qui comprend :

1° Une notice de présentation de l'installation avec l'indication des diverses catégories de déchets pour le traitement desquels cette installation a été conçue ;

2° L'étude d'impact jointe à la demande d'autorisation avec, éventuellement, ses mises à jour ;

3° Les références des décisions individuelles dont l'installation a fait l'objet en application des dispositions législatives des titres Ier et IV du livre V ;

4° La nature, la quantité et la provenance des déchets traités au cours de l'année précédente et, en cas de changement notable des modalités de fonctionnement de l'installation, celles prévues pour l'année en cours ;

5° La quantité et la composition mentionnées dans l'arrêté d'autorisation, d'une part, et réellement constatées, d'autre part, des gaz et des matières rejetées dans l'air et dans l'eau ainsi que, en cas de changement notable des modalités de fonctionnement de l'installation, les évolutions prévisibles de la nature de ces rejets pour l'année en cours ;

(1) Dispositions applicables à Mayotte : V. D. n° 2006-578, 22 mai 2006, art. 5.

6° Un rapport sur la description et les causes des incidents et des accidents survenus à l'occasion du fonctionnement de l'installation.

II. – Ce dossier est mis à jour chaque année ; il en est adressé chaque année un exemplaire au préfet du département et au maire de la commune sur le territoire de laquelle l'installation de traitement des déchets est implantée ; il peut être librement consulté à la mairie de cette commune.

Art. R. 125-3 *(Mod. à compter du 12 juillet 2011, D. n° 2011-828, 11 juill. 2011)*. – I. – Les communes, les groupements de communes, les départements, les établissements publics de coopération intercommunale ou les syndicats mixtes qui assurent la collecte ou le traitement des déchets ménagers tiennent à jour un document qui précise :

1° La quantité des déchets ménagers collectés ainsi que les modalités de leur traitement ;

2° La nature et la quantité des déchets autres que les déchets ménagers qui sont collectés ainsi, éventuellement, que leurs modalités spécifiques de traitement ;

3° Les mesures prises pour prévenir ou pour atténuer les effets préjudiciables à la santé de l'homme et à l'environnement des opérations de collecte et de traitement des déchets.

II. – Ce document comporte en annexe le dossier établi par l'exploitant de l'installation de traitement des déchets en application des dispositions de l'article R. 125-2 ; il peut être librement consulté à la mairie de la commune ou des communes concernées.

Art. R. 125-4 *(Mod. à compter du 12 juillet 2011, D. n° 2011-828, 11 juill. 2011)*. – I. – Dans chaque département, le préfet établit et tient à jour un document relatif à la gestion des déchets dans le département ; ce document comprend :

1° La référence des principaux textes législatifs ou réglementaires relatifs à la gestion des déchets ;

2° Le ou les plans de prévention et de gestion des déchets concernant le département ;

3° Un recensement de la nature et des quantités de déchets produits dans le département et, le cas échéant, des quantités de déchets qui ont fait l'objet, au cours de la même année, d'une procédure d'information de l'administration ou d'autorisation en application des dispositions de l'article L. 541-40 ;

4° Une description des modalités de gestion des déchets mentionnés au 3° ci-dessus ainsi qu'une liste des installations de gestion des déchets situées dans le département avec, pour chacune d'elles, la référence de l'arrêté d'autorisation pris en application des dispositions des articles L. 511-1 et suivants ;

5° Une liste des décisions individuelles relatives à la production ou à la gestion des déchets prises au cours de l'année précédente par le préfet en application des dispositions législatives des titres Ier et IV du livre V ;

6° Un état actualisé de la résorption des décharges qui ne sont pas exploitées conformément aux prescriptions des dispositions des articles L. 511-1 et suivants, d'une part, et, d'autre part, des dépôts de produits abandonnés qui provoquent un ou plusieurs des effets nocifs mentionnés à l'article L. 541-1 ainsi que les mesures prises ou prévues pour assurer la poursuite de cette résorption.

II. – Ce document peut être librement consulté à la préfecture du département ; il fait l'objet, au moins une fois par an, d'une présentation par le préfet devant le conseil départemental de l'environnement et des risques sanitaires.

Sous-section 2. – Commissions de suivi de site d'élimination de déchets

(Intitulé rempl., D. n° 2012-189, 7 févr. 2012) (1)

Art. R. 125-5 *(Mod. à compter du 12 juillet 2011, D. n° 2011-828, 11 juill. 2011 ; rempl., D. n° 2012-189, 7 févr. 2012)*. – Le préfet crée la commission de suivi de site prévue à l'article L. 125-2-1 :

1° Pour tout centre collectif de stockage qui reçoit ou est destiné à recevoir des déchets non inertes au sens de l'article R. 541-8 ;

2° Lorsque la demande lui en est faite par l'une des communes situées à l'intérieur du périmètre d'affichage défini à la rubrique de la nomenclature des installations classées pour la protection de l'environnement dont l'installation d'élimination des déchets relève.

Art. R. 125-6 et R. 125-7 *(Abr., D. n° 2012-189, 7 févr. 2012)*.

(1) Dispositions applicables aux commissions créées à compter du 9 février 2012, D. n° 2012-189, 7 févr. 2012, art. 12.

Art. R. 125-8 *(Mod., D. n° 2007-1467, 12 oct. 2007 ; mod. à compter du 12 juillet 2011, D. n° 2011-828, 11 juill. 2011 ; mod., D. n° 2012-189, 7 févr. 2012 ; mod. à compter du 1er mars 2017, D. n° 2017-81, 26 janv. 2017).* **– I. – La commission mentionnée à l'article R. 125-5 a pour objet, en complément de ses missions générales définies à l'article R. 125-8-3, de promouvoir l'information du public sur les problèmes posés, en ce qui concerne l'environnement et la santé humaine, par la gestion des déchets dans sa zone géographique de compétence ; elle est, à cet effet, tenue régulièrement informée :**

1° Des décisions individuelles dont l'installation de traitement des déchets fait l'objet, en application des dispositions législatives des titres Ier et IV du livre V ;

2° De celles des modifications mentionnées à l'article R. 181-46 du Code de l'environnement que l'exploitant envisage d'apporter à cette installation ainsi que des mesures prises par le préfet en application des dispositions de ce même article ;

II. – L'exploitant présente à la commission, au moins une fois par an, après l'avoir mis à jour, le document défini à l'article R. 125-2.

Absence de consultation. La commission doit seulement être informée, et non consultée, sur les modifications que l'exploitant envisage d'apporter à son installation (■ CAA Marseille, 10 nov. 2015, n° 14MA01468, *Le comité de défense Les Hauts de Badones-Montimas*).

Section I *bis*. – Commissions de suivi de site

(D. n° 2012-189, 7 févr. 2012) (1) (2)

Présentation et dispositions transitoires. Le décret n° 2012-189 du 7 février 2012 relatif aux commissions de suivi de site porte création des commissions de suivi des sites autour des installations industrielles. Ces commissions se substituent aux comités locaux d'information et de concertation (CLIC) autour des installations Seveso seuil haut et aux commissions locales d'information et de surveillance (CLIS) autour des installations de traitement de déchets. Les organismes existant au 9 février 2012 (date de publication du décret) remplissent les attributions des commissions de suivi de site prévues aux articles R. 125-8-1 et suivants jusqu'au renouvellement de leur composition

Voir : Circulaire du 15 novembre 2012 relative à la mise en application du décret n° 2012-189 du 7 février 2012 relatif aux commissions de suivi de site (*BO MEDDE – METL* n° 2012/22, 10 déc. 2012) visant à préciser les conditions d'application des dispositions réglementaires pour la composition des commissions de suivi de site et les règles modifiées en matière d'installations classées.

Art. R. 125-8-1 *(D. n° 2012-189, 7 févr. 2012).* **– La commission de suivi de site prévue à l'article L. 125-2-1 est créée par arrêté du représentant de l'État dans le département. Quand le périmètre de la commission couvre plusieurs départements, la commission est créée par arrêté conjoint des préfets concernés.**

Cet arrêté :

– précise les installations pour lesquelles ou la zone géographique pour laquelle cette commission est créée ;

– détermine la composition de la commission et de son bureau conformément aux règles posées à l'article R. 125-8-2 ;

– désigne le président de la commission qui en est obligatoirement un membre, sauf le cas prévu au 2° du II de l'article L. 125-1 ;

– fixe les règles de fonctionnement de la commission ou la manière dont celle-ci arrête ces règles.

Art. R. 125-8-2 *(D. n° 2012-189, 7 févr. 2012).* **– I. – La commission est composée d'un membre au moins choisi dans chacun des cinq collèges suivants :**

– administrations de l'État ;

– élus des collectivités territoriales ou d'établissements publics de coopération intercommunale concernés ;

(1) Dispositions applicables aux commissions créées à compter du 9 février 2012, D. n° 2012-189, 7 févr. 2012, art. 12.

(2) Les comités locaux d'information et de concertation ou les commissions locales d'information et de surveillance existant au 9 février 2012 remplissent les attributions des commissions de suivi de site prévues à l'article 2 du décret n° 2012-189 du 7 février 2012 jusqu'au renouvellement de leur composition, D. n° 2012-189, 7 févr. 2012, art. 12.

– riverains d'installations classées pour laquelle la commission a été créée ou associations de protection de l'environnement dont l'objet couvre tout ou partie de la zone géographique pour laquelle la commission a été créée ;

– exploitants d'installations classées pour laquelle la commission a été créée ou organismes professionnels les représentant ;

– salariés des installations classées pour laquelle la commission a été créée.

Le collège « Administrations de l'État » comprend au moins le représentant de l'État dans le département où est sise l'installation classée ou son représentant ainsi que le service en charge de l'inspection des installations classées. Il peut comprendre un représentant de l'agence régionale de santé.

Les représentants des salariés sont choisis parmi les salariés protégés au sens du Code du travail. Pour les installations relevant du ministère de la Défense, ces représentants peuvent être des personnels militaires des installations classées pour lesquelles la commission est créée.

II. – Outre des membres de ces cinq collèges, la commission peut comprendre des personnalités qualifiées.

III. – Les membres de la commission sont nommés par le préfet pour une durée de cinq ans.

Art. R. 125-8-3 *(D. n° 2012-189, 7 févr. 2012 ; mod. à compter du 1er juin 2015, D. n° 2014-284, 3 mars 2014* (1) *; mod., D. n° 2020-133, 18 févr. 2020).* – I. – La commission a pour mission de :

1° Créer entre les différents représentants des collèges mentionnés au I de l'article R. 125-8-2 un cadre d'échange et d'information sur les actions menées, sous le contrôle des pouvoirs publics, par les exploitants des installations classées en vue de prévenir les risques d'atteinte aux intérêts protégés par l'article L. 511-1 ;

2° Suivre l'activité des installations classées pour lesquelles elle a été créée, que ce soit lors de leur création, de leur exploitation ou de leur cessation d'activité ;

3° Promouvoir pour ces installations l'information du public sur la protection des intérêts mentionnés à l'article L. 511-1.

II. – Elle est, à cet effet, tenue régulièrement informée :

1° Des décisions individuelles dont ces installations font l'objet, en application des dispositions législatives du titre Ier du livre V ;

2° Des incidents ou accidents survenus à l'occasion du fonctionnement de ces installations, et notamment de ceux mentionnés à l'article R. 512-69.

III. – Tout exploitant peut présenter à la commission, en amont de leur réalisation, ses projets de création, d'extension ou de modification de ses installations.

Pour les installations relevant de la section 9 du chapitre V du titre Ier du livre V, la commission examine la politique de prévention des accidents majeurs de l'exploitant.

Dans le cas où une concertation préalable à l'enquête publique est menée en application du I de l'article L. 121-16, la commission constitue le comité prévu au II de cet article.

IV. – Sans préjudice des mesures mentionnées aux articles R. 125-9 à R. 125-14 sont, en application de l'article 6 de la loi n° 78-753 du 17 juillet 1978 portant diverses mesures d'amélioration des relations entre l'administration et le public et diverses dispositions d'ordre administratif, social et fiscal, exclus des éléments à porter à la connaissance de la commission les indications susceptibles de porter atteinte au secret de la défense nationale ou aux secrets de fabrication ainsi que celles de nature à faciliter la réalisation d'actes de malveillance.

Art. R. 125-8-4 *(D. n° 2012-189, 7 févr. 2012 ; mod., compter du 1er mars 2017, D. n° 2017-81, 26 janv. 2017).* – Les règles de fonctionnement de la commission sont fixées de telle manière que chacun des cinq collèges mentionnés au I de l'article R. 125-8-2 y bénéficie du même poids dans la prise de décision. Elles précisent, le cas échéant, la manière dont sont pris en compte les votes exprimés par les personnalités qualifiées mentionnées au II de l'article R. 125-8-2.

La commission comporte un bureau composé du président et d'un représentant par collège désigné par les membres de chacun des collèges.

La commission se réunit au moins une fois par an ou sur demande d'au moins trois membres du bureau. L'ordre du jour des réunions est fixé par le bureau. L'inscription à l'ordre du jour d'une demande d'avis au titre du premier alinéa de l'article D. 125-31 est de droit.

---

(1) Dispositions d'application particulières : V. D. n° 2014-284, 3 mars 2014, art. 5 modifié.

Sauf cas d'urgence, la convocation et les documents de séance sont transmis quatorze jours avant la date à laquelle se réunit la commission. Ces documents sont communicables au public dans les conditions prévues au chapitre IV du titre II du livre Ier.

La commission met régulièrement à la disposition du public, éventuellement par voie électronique, un bilan de ses actions et les thèmes de ses prochains débats.

Les réunions de la commission sont ouvertes au public sur décision du bureau.

Art. R. 125-8-5 *(D. n° 2012-189, 7 févr. 2012)*. – À l'exception de celles mentionnées aux articles R. 125-5 et D. 125-29, une commission est dissoute par arrêté du représentant de l'État dans le département pris sur proposition du bureau et après avis du conseil départemental de l'environnement et des risques sanitaires et technologiques.

Section II. – Droit à l'information sur les risques majeurs

Sous-section 1. – Dispositions générales

Art. R. 125-9. – Le contenu et la forme des informations auxquelles doivent avoir accès, par application de l'article L. 125-2, les personnes susceptibles d'être exposées à des risques majeurs, ainsi que les modalités selon lesquelles ces informations sont portées à la connaissance du public, sont définis à la présente sous-section.

Art. R. 125-10 *(Mod., D. n° 2007-1467, 12 oct. 2007 ; mod. à compter du 1er mai 2011, D. n° 2010-1254, 22 oct. 2010 ; à compter du 1er juillet 2018, D. n° 2018-434, 4 juin 2018 ; mod., D. n° 2023-881, 15 sept. 2023)*. – I. – Les dispositions de la présente sous-section sont applicables dans les communes :

1° Où existe un plan particulier d'intervention établi en application des articles R. 741-18 et suivants du Code de la sécurité intérieure ;

2° Où existe un plan de prévention des risques naturels prévisibles prescrit ou approuvé, mentionné à l'article L. 562-1, ou l'un des documents valant plan de prévention des risques naturels en application de l'article L. 562-6 ;

3° Où existe un plan de prévention des risques miniers établi en application de l'article L. 174-5 du Code minier ;

4° Situées dans un des territoires à risque important d'inondation mentionnés à l'article L. 566-5 ;

5° Situées dans les zones de sismicité 3, 4 ou 5 définies à l'article R. 563-4 ;

6° Particulièrement exposées à un risque d'éruption volcanique et figurant à ce titre sur une liste établie par décret ;

7° Comportant un bois ou une forêt classés au titre de l'article L. 132-1 du Code forestier ou réputés particulièrement exposés au risque d'incendie au titre de l'article L. 133-1 de ce code ;

8° Situées dans les départements de la Guadeloupe, de la Martinique, de la Réunion et de Mayotte, ainsi que le territoire de Saint-Martin, exposées au risque cyclonique ;

9° Inscrites par le préfet sur la liste des communes mentionnées par les dispositions du III de l'article L. 563-6 relatives à l'existence ou la présomption de cavité souterraine ou de marnière ;

10° Situées dans les zones à potentiel radon de niveau 2 ou 3 définies à l'article R. 1333-29 du Code de la santé publique.

II. – Elles sont également applicables dans les communes désignées par arrêté préfectoral en raison de leur exposition à un risque naturel ou technologique majeur particulier.

Art. R. 125-11 *(Mod., D. n° 2007-397, 22 mars 2007 (1) ; D. n° 2018-1126, 11 déc. 2018 ; D. n° 2022-901, 17 juin 2022 ; D. n° 2023-881, 15 sept. 2023)*. – L'information donnée au public sur les risques majeurs comprend la description des risques et de leurs conséquences prévisibles pour les personnes, les biens et l'environnement, ainsi que l'exposé des mesures de prévention et de sauvegarde prévues pour limiter leurs effets.

(1) Dispositions applicables à Mayotte, dans les îles Wallis-et-Futuna, en Polynésie française, en Nouvelle-Calédonie et dans les Terres australes et antarctiques françaises, D. n° 2007-397, 22 mars 2007, art. 15.

Cette information est consignée dans un dossier départemental sur les risques majeurs établi par le préfet, ainsi que dans un document d'information communal sur les risques majeurs établi par le maire.

Elle comprend également la liste des arrêtés portant constatation de l'état de catastrophe naturelle consultable sur internet à l'adresse suivante : https://georisques.gouv.fr.

Art. R. 125-12 *(Rempl., D. n° 2023-881, 15 sept. 2023)*. – Le dossier départemental sur les risques majeurs comprend la liste de l'ensemble des communes mentionnées à l'article R. 125-10. Il comporte l'énumération et la description des risques majeurs auxquels chacune de ces communes est exposée, l'énoncé de leurs conséquences prévisibles pour les personnes, les biens et l'environnement, la chronologie des événements et des accidents connus et significatifs de l'existence de ces risques et l'exposé des mesures générales de prévention, de protection et de sauvegarde prévues par les autorités publiques dans le département pour en limiter les effets.

Il est mis à jour en tant que de besoin.

Il est révisé, en tout état de cause, dans un délai qui ne peut excéder cinq ans.

Il est mis à la disposition du public par voie électronique et publié au recueil des actes administratifs.

Il est transmis par le préfet aux maires des communes et aux présidents des établissements de coopération intercommunale intéressés. Le préfet, en outre, met à la disposition des maires des communes intéressées les informations contenues dans les documents mentionnés à l'article R. 125-10 concernant le territoire de chacune d'elles ainsi que les cartographies existantes des zones exposées.

Art. R. 125-13 *(Rempl., D. n° 2023-881, 15 sept. 2023)*. – I. – Le document d'information communal sur les risques majeurs reprend les informations communiquées par le préfet. Il indique les mesures de prévention, de protection et de sauvegarde répondant aux risques majeurs susceptibles d'affecter la commune. Ces mesures comprennent, en tant que de besoin, les consignes de sécurité devant être mises en œuvre en cas de réalisation du risque.

Les cartes délimitant les sites où sont situées des cavités souterraines ou des marnières susceptibles de provoquer l'effondrement du sol élaborées en application du I de l'article L. 563-6 sont incluses dans le document d'information communal sur les risques majeurs. Ce document précise, en outre, les moyens d'indemnisation en cas de catastrophe naturelle.

II. – Le document d'information communal sur les risques majeurs est mis à jour en tant que de besoin, notamment lorsque le préfet communique une information nouvelle relative à un risque majeur ou, le cas échéant, afin de tenir compte de la mise à jour du plan communal de sauvegarde prévu à l'article L. 731-3 du Code de la sécurité intérieure.

Il est révisé, en tout état de cause, dans un délai qui ne peut excéder cinq ans.

III. – Le maire fait connaître au public l'existence du document d'information communal sur les risques majeurs par tout moyen approprié, notamment par voie électronique. Le document d'information communal sur les risques majeurs et les documents mentionnés à l'article R. 125-10 sont consultables sans frais à la mairie. En outre, le maire organise, au moins une fois tous les deux ans, des actions de communication relatives aux risques majeurs et aux mesures de prévention et de sauvegarde. Cette communication a notamment pour objet d'inciter la population à participer aux exercices prévus par les dispositions du III de l'article L. 731-3 du Code de la sécurité intérieure.

Art. R. 125-14 *(Mod. à compter du 1er octobre 2007, D. n° 2007-18, 5 janv. 2007 ; mod. à compter du 1er juillet 2021, D. n° 2021-872, 30 juin 2021 ; mod., D. n° 2023-881, 15 sept. 2023)*. – I. – Dans les communes mentionnées à l'article R. 125-10, lorsque la nature du risque ou la répartition de la population l'exige, le maire peut imposer l'affichage des consignes de sécurité figurant dans le document d'information communal sur les risques majeurs dans les locaux et terrains suivants :

1° Établissements recevant du public, au sens de l'article R. 143-2 du Code de la construction et de l'habitation, lorsque l'effectif du public et du personnel est supérieur à cinquante personnes ;

2° Immeubles destinés à l'exercice d'une activité industrielle, commerciale, agricole ou de service, lorsque le nombre d'occupants est supérieur à cinquante personnes ;

3° Terrains aménagés permanents pour l'accueil de tentes, de caravanes, de résidences mobiles de loisirs ou d'habitations légères de loisirs soumis à permis d'aménager en application de l'article R. 421-19 du Code de l'urbanisme, lorsque leur capacité est supérieure soit à cinquante campeurs sous tente, soit à quinze tentes ou caravanes, résidences mobiles de loisirs ou habitations légères de loisirs à la fois ;

4° Locaux à usage d'habitation regroupant plus de quinze logements.

II. – L'affichage des consignes de sécurité prévues aux articles R. 741-18 et suivants du Code de la sécurité intérieure, relatifs aux plans particuliers d'intervention, est obligatoire dans les locaux et terrains mentionnés au I.

III. – Les affiches prévues au présent article qui sont mises en place par l'exploitant ou le propriétaire de ces locaux ou terrains, sont apposées, à l'entrée de chaque bâtiment, s'il s'agit des locaux mentionnés aux 1°, 2° et 4° du I et à raison d'une affiche par 5 000 mètres carrés, s'il s'agit des terrains mentionnés au 3° du I.

Sous-section 2. – Dispositions particulières aux terrains de camping et assimilés

Art. R. 125-15 *(Anc. D. n° 94-614, 13 juill. 1994 ; codifié, D. n° 2005-935, 2 août 2005 ; mod., D. n° 2007-18, 5 janv. 2007).* – L'autorité compétente mentionnée aux articles L. 422-1 à L. 422-3 du Code de l'urbanisme fixe pour chaque terrain de camping et de stationnement des caravanes les prescriptions d'information, d'alerte et d'évacuation permettant d'assurer la sécurité des occupants des terrains situés dans les zones visées à l'article R. 443-9 du Code de l'urbanisme et le délai dans lequel elles devront être réalisées, après consultation du propriétaire et de l'exploitant et après avis de la commission consultative départementale de sécurité et d'accessibilité et de la commission départementale de l'action touristique.

Art. R. 125-16 *(Anc. D. n° 94-614, 13 juill. 1994 ; codifié, D. n° 2005-935, 2 août 2005).* – Les prescriptions en matière d'information mentionnées à l'article R. 125-15 doivent prévoir notamment :

1° L'obligation de remise à chaque occupant du terrain et dès son arrivée d'un document relatif aux consignes de sécurité et aux mesures de sauvegarde à observer ; *(Mod., D. n° 2023-881, 15 sept. 2023)*

2° L'obligation d'afficher des informations sur les consignes de sécurité à raison d'une affiche par tranche de 5 000 mètres carrés et l'obligation de choisir ces affiches, en fonction de la nature des risques en cause ;

3° L'obligation de tenir à la disposition des occupants un exemplaire du cahier des prescriptions de sécurité prévu à l'article R. 125-19.

Art. R. 125-17 *(Anc. D. n° 94-614, 13 juill. 1994 ; codifié, D. n° 2005-935, 2 août 2005).* – Les prescriptions en matière d'alerte mentionnées à l'article R. 125-15 doivent prévoir notamment :

1° Les conditions et modalités de déclenchement de l'alerte par l'exploitant, et l'obligation pour celui-ci, en cas d'alerte, d'informer sans délai le préfet et le maire ;

2° Les mesures à mettre en œuvre par l'exploitant en cas d'alerte ou de menace imminente pour la sécurité, et notamment celles qui lui incombent dans le cas où l'alerte est déclenchée par le préfet, selon la procédure en vigueur dans le département, ou par toute autre autorité publique compétente ;

3° L'installation de dispositifs destinés, en cas d'alerte ou de menace imminente, à avertir les occupants du terrain et les conditions d'entretien de ces dispositifs ;

4° La désignation, lorsque le risque l'exige, d'une personne chargée de veiller à la mise en place des mesures d'alerte et d'évacuation, et, le cas échéant, à leur bon déroulement ;

5° Les conditions d'exploitation du terrain permettant une bonne exécution de ces mesures.

Art. R. 125-18 *(Anc. D. n° 94-614, 13 juill. 1994 ; codifié, D. n° 2005-935, 2 août 2005).* – Les prescriptions en matière d'évacuation mentionnées à l'article R. 125-15 doivent prévoir notamment :

1° Les cas et conditions dans lesquels l'exploitant peut prendre un ordre d'évacuation et ses obligations en cas d'ordre d'évacuation pris par le préfet dans le cadre de la procédure mise en place dans le département ou par toute autre autorité publique compétente ;

2° Les mesures qui doivent être mises en œuvre par l'exploitant pour avertir les occupants de l'ordre d'évacuation et pour permettre la bonne exécution de cet ordre ;

3° La mise en place par l'exploitant sur l'emprise du terrain de dispositifs, notamment de cheminements d'évacuation balisés destinés à permettre ou à faciliter l'évacuation des occupants, le cas échéant, vers des lieux de regroupement préalablement déterminés à l'extérieur du terrain.

Art. R. 125-19 *(Anc. D. n° 94-614, 13 juill. 1994 ; codifié, D. n° 2005-935, 2 août 2005 ; mod., D. n° 2007-18, 5 janv. 2007).* – Les prescriptions d'information, d'alerte et d'évacuation prévues par l'article R. 125-15 sont présentées sous forme d'un cahier des prescriptions de sécurité établi selon un modèle fixé par arrêté conjoint des ministres chargés de l'intérieur, de l'environnement et du tourisme.

Pour l'élaboration du cahier des prescriptions de sécurité, les services déconcentrés de l'État ainsi que les services départementaux d'incendie et de secours assistent, à sa demande, l'autorité compétente mentionnée aux articles L. 422-1 à L. 422-3 du Code de l'urbanisme.

Art. R. 125-20 *(Anc. D. n° 94-614, 13 juill. 1994 ; D. n° 2005-935, 2 août 2005 ; mod., D. n° 2007-18, 5 janv. 2007).* – L'autorité compétente mentionnée aux articles L. 422-1 à L. 422-3 du Code de l'urbanisme transmet les prescriptions qu'elle propose au préfet, qui émet un avis motivé.

Art. R. 125-21 *(Anc. D. n° 94-614, 13 juill. 1994 ; codifié, D. n° 2005-935, 2 août 2005).* – Les prescriptions sont notifiées au propriétaire, à l'exploitant et, le cas échéant, au maire ou au préfet.

Art. R. 125-22 *(Anc. D. n° 94-614, 13 juill. 1994 ; codifié, D. n° 2005-935, 2 août 2005 ; mod., D. n° 2007-18, 5 janv. 2007).* – En cas de carence de l'autorité compétente mentionnée aux articles L. 422-1 à L. 422-3 du Code de l'urbanisme pour la définition des prescriptions prévues à l'article R. 125-15 du présent code, y compris en cas de prescriptions insuffisantes, le préfet peut s'y substituer après mise en demeure non suivie d'effet dans un délai d'un mois.

Réparation du préjudice grave et spécial. Il résulte des principes qui gouvernent l'engagement de la responsabilité sans faute de l'État que le silence d'une loi sur les conséquences que peut comporter sa mise en œuvre ne saurait être interprété comme excluant, par principe, tout droit à réparation des préjudices que son application est susceptible de provoquer. Ainsi, en l'absence même de disposition le prévoyant expressément, l'exploitant d'une installation dont la fermeture a été ordonnée sur le fondement des pouvoirs de police dévolus au maire par le 5° de l'article L. 2212-2 du Code général des collectivités territoriales pour prévenir les conséquences d'éventuelles inondations est fondé à demander l'indemnisation du dommage qu'il a subi de ce fait lorsque, excédant les aléas que comporte nécessairement une telle installation, il revêt un caractère grave et spécial et ne saurait, dès lors, être regardé comme une charge incombant normalement à l'intéressé. A commis une erreur de droit la cour d'appel qui a jugé que la seule circonstance que l'arrêté préfectoral ordonnant la fermeture du camping poursuivait un but de sécurité publique suffisait à exclure l'engagement de la responsabilité sans faute de l'autorité de police (■ CE, 25 juill. 2007, n° 278190, *M. Leberger* : *JCP* E 2007, n° 42, p. 2288 ; *JCP* A 2007, n° 49, p. 2319 ; *Dr. adm.* nov. 2007, n° 11, comm. 159 ; *RJEP* déc. 2007, p. 410).

Section III. – Information des acquéreurs et des locataires de biens immobiliers sur les risques naturels et technologiques majeurs, les risques miniers et la pollution des sols

(Rempl. à compter du 1er janvier 2023, D. n° 2022-1289, 1er oct. 2022)

Art. R. 125-23 *(Rempl. à compter du 1er janvier 2023, D. n° 2022-1289, 1er oct. 2022).* – L'obligation d'information des acquéreurs et locataires prévue au I de l'article L. 125-5 s'applique pour les biens immobiliers situés :

1° Dans le périmètre d'exposition aux risques délimité par un plan de prévention des risques technologiques approuvé et rendu public dans les conditions prévues aux articles R. 515-45 et R. 515-46 ;

2° Dans une zone délimitée en application des 1° ou 2° du II de l'article L. 562-1 par un plan de prévention des risques naturels prévisibles approuvé et rendu public dans les conditions prévues par l'article R. 562-9, ou dont certaines dispositions ont été rendues immédiatement opposables en application de l'article L. 562-2 ;

3° Dans une zone exposée aux risques délimitée par un plan de prévention des risques miniers approuvé et rendu public dans les conditions prévues par l'article R. 562-9, ou dont certaines dispositions ont été rendues immédiatement opposables en application de l'article L. 562-2 ;

4° Dans le périmètre mis à l'étude dans le cadre de l'élaboration d'un plan de prévention des risques technologiques prescrit dans les conditions définies à l'article R. 515-40, ou d'un plan de prévention des risques naturels prévisibles ou des risques miniers prescrit dans les conditions définies à l'article R. 562-2 ;

5° Dans une des zones de sismicité 2, 3, 4 ou 5 mentionnées au I de l'article R. 563-4 et énumérées par l'article D.563-8-1 ;

6° Dans une des zones à potentiel radon significatif, dites de niveau 3, définies à l'article R. 1333-29 du Code de la santé publique, énumérées par l'arrêté mentionné à l'article L. 1333-22 du même code ;

7° Dans une des zones exposées au recul du trait de côte délimitées en application des articles L. 121-22-2 ou L. 121-22-6 du Code de l'urbanisme par un plan local d'urbanisme, un document en tenant lieu ou une carte communale, ou déterminées par une carte de préfiguration adoptée en application des articles L. 121-22-3 ou L. 121-22-7 du même code ;

8° *(Créé à compter du 1er janvier 2025, D. n° 2024-405, 29 avr. 2024)* Dans une des zones assujetties à des obligations de débroussaillement et de maintien en l'état débroussaillé en application de l'article L. 134-6 du Code forestier, telles qu'elles sont délimitées et mises à disposition du public sur le site www.georisques.gouv.fr.

Les zones mentionnées au 7° sont consultables dans les conditions prévues aux articles L. 133-1 et L. 133-7 du Code de l'urbanisme.

Voir : Arrêté du 18 décembre 2017 modifiant l'arrêté du 19 mars 2013 portant définition du modèle d'imprimé pour l'établissement de l'état des risques naturels et technologiques (*JO* du 28) par lequel le vendeur ou bailleur doit informer son cocontractant de l'existence des risques visés par décret ou de la PPRT applicable.

Voir : Circulaire du 2 mars 2011 relative aux modalités de mise en œuvre des décrets nos 2010-1254 et 2010-1255 du 22 octobre 2010 relatifs à la prévention du risque sismique et aux zones de sismicité qui modifient le cadre de l'information préventive des populations et de l'information des acquéreurs et des locataires sur les risques majeurs (*BOME* n° 5/2011).

Art. R. 125-24 *(Rempl. à compter du 1er janvier 2023, D. n° 2022-1289, 1er oct. 2022).* – L'état des risques prévu à l'article L. 125-5 mentionne la date de son élaboration, le numéro de la ou des parcelles concernées et les zones ou périmètres cités à l'article R. 125-23 dans lesquels se situe le bien.

(Mod. à compter du 1er janvier 2025, D. n° 2024-405, 29 avr. 2024) Il comprend, selon le cas :

1° Pour chacun des plans de prévention des risques mentionnés aux 1° à 4° de l'article R. 125-23 dans le périmètre duquel se trouve le bien, un extrait de document graphique situant ce bien par rapport au zonage réglementaire et l'extrait du règlement le concernant, ainsi qu'une information indiquant si des travaux sont prescrits par ce règlement pour ce bien et s'ils sont été réalisés ;

2° La fiche d'information sur le risque sismique disponible sur le site www.georisques.gouv.fr si le bien est situé dans une commune classée en zone de sismicité de niveau 2, 3, 4 ou 5 ;

3° La fiche d'information sur le radon disponible sur le site www.georisques.gouv.fr si le bien est situé dans une commune classée en zone à potentiel radon de niveau 3 ;

4° Lorsque le bien est situé dans l'une des zones mentionnées au 7° de l'article R. 125-23, l'indication de l'horizon temporel d'exposition au recul du trait de côte identifié et le rappel des prescriptions applicables à cette zone, la mention du caractère provisoire du zonage lorsque celui est préfiguré au sens des articles L. 121-22-3 ou L. 121-22-7 du Code de l'urbanisme et celle de l'application éventuelle au bien des dispositions de l'article L. 121-22-5 du même code ;

5° La liste des arrêtés portant reconnaissance de l'état de catastrophe naturelle pris dans la commune qui ont affecté le bien concerné et qui ont donné lieu au versement d'une indemnité en application de l'article L. 125-2 ou de l'article L. 128-2 du Code des assurances ;

6° *(Créé à compter du 1er janvier 2025, D. n° 2024-405, 29 avr. 2024)* La fiche d'information sur les obligations de débroussaillement disponible sur le site www.georisques.gouv.fr si le bien est situé dans l'une des zones mentionnées au 8° de l'article R. 125-23.

(D. n° 2024-82, 5 févr. 2024) (1) En cas de vente du bien assuré et lorsqu'il dispose du rapport d'expertise qui lui a été communiqué par l'assureur conformément à l'article L. 125-2 du Code des assurances, le vendeur joint à l'état des risques la liste des travaux permettant un arrêt des désordres existants non réalisés bien qu'ayant été indemnisés ou ouvrant droit à une indemnisation et qui sont consécutifs à des dommages matériels directs causés par le phénomène naturel de mouvements de terrain différentiels consécutifs à la sécheresse et à la réhydratation des sols survenus pendant la période au cours de laquelle il a été propriétaire du bien.

Art. R. 125-25 *(Rempl. à compter du 1er janvier 2023, D. n° 2022-1289, 1er oct. 2022).* – I. – L'annonce relative à la vente ou la location d'un bien pour lequel doit être établi l'état des risques mentionné à l'article L. 125-5, quel que soit son support de diffusion, comporte la mention suivante : « Les informations sur les risques auxquels ce bien est exposé sont disponibles sur le site Géorisques : www.georisques.gouv.fr ».

---

(1) Dispositions applicables aux sinistres survenus à compter du 1er janvier 2024, D. n° 2024-82, 5 févr. 2024, art. 4.

II. – L'état des risques mentionné à l'article L. 125-5, remis lors de la première visite de l'immeuble au potentiel acquéreur par le vendeur ou au potentiel locataire par le bailleur, est établi depuis moins de six mois.

Il est actualisé par le promettant, le réservant, le vendeur ou le bailleur, selon le cas, si les informations qu'il contient ne sont plus exactes à la date de signature de la promesse de vente, du contrat préliminaire en cas de vente en l'état futur d'achèvement, de l'acte authentique ou du contrat de bail, auquel il doit être annexé.

Art. R. 125-26 *(Rempl. à compter du 1er janvier 2023, D. n° 2022-1289, 1er oct. 2022).* **– Le document d'information établi par le vendeur ou le bailleur en application de l'article L. 125-7 mentionne la date de son élaboration et le numéro de la ou des parcelles concernées.**

Il reprend en outre :

1° Le dernier arrêté pris par le préfet en application de l'article R. 125-45 ou de l'article R. 125-47 ;

2° Les informations mises à disposition dans le système d'information géographique prévu à l'article R. 125-45 ;

3° Les dispositions de l'article L. 556-2 du Code de l'environnement.

Manquement à l'obligation d'information. La société G s'étant limitée à produire un état des risques naturels et technologiques datant de 2009, alors qu'il lui incombait de communiquer un état des risques de moins de six mois en vertu de l'article R. 125-26 du Code de l'environnement, la société a manqué à son obligation d'information du locataire (■ CA Versailles, 15 janv. 2019, n° 16/07715).

Art. R. 125-27 *(Rempl. à compter du 1er janvier 2023, D. n° 2022-1289, 1er oct. 2022).* **– Le document d'information prévu à l'article L. 125-7 est annexé à la promesse de vente ou au contrat préliminaire en cas de vente en l'état futur d'achèvement, ainsi qu'à l'acte authentique de vente. Le promettant, le réservant ou le vendeur, selon le cas, s'assure de la validité des informations qu'il contient à la date de signature de chacun de ces actes et les met à jour, le cas échéant.**

Ce document d'information est également annexé au contrat de location. Le bailleur s'assure de la validité des informations qu'il contient à la date de signature de ce contrat et les met à jour le cas échéant.

Section IV. – Droit à l'information sur les nuisances sonores

Art. R. 125-28. – Le recensement et le classement des infrastructures de transports terrestres ainsi que les secteurs situés au voisinage de ces infrastructures qui sont affectés par le bruit, les niveaux sonores à prendre en compte pour la construction de bâtiments et les prescriptions d'isolement acoustique de nature à les réduire, déterminés en application des articles L. 571-9 et L. 571-10 et du décret n° 95-21 du 9 janvier 1995 relatif au classement des infrastructures de transports terrestres et modifiant le Code de l'urbanisme et le Code de la construction et de l'habitation, sont tenus à la disposition du public dans les mairies, les directions départementales de l'équipement et les préfectures concernées.

Mention des lieux où ces documents peuvent être consultés est insérée dans deux journaux régionaux ou locaux diffusés dans le département et affichée à la mairie des communes concernées.

Section V. – Commissions de suivi de site créées en application du dernier alinéa de l'article L. 125-2

(Intitulé rempl., D. n° 2012-189, 7 févr. 2012) (1)

Art. D. 125-29 *(Anc. D. n° 2005-82, 1er févr. 2005 ; D. n° 2005-935, 2 août 2005 ; mod., D. n° 2012-189, 7 févr. 2012).* **– Le préfet de département crée, par arrêté, la commission de suivi de site prévue à l'article L. 125-2-1 lorsqu'au moins un établissement comprend une ou plusieurs installations** *(Mots rempl. à compter du 1er mars 2017, D. n° 2017-82, 26 janv. 2017)* (2) **« mentionnées à l'article L. 515-36 » et que le périmètre d'exposition aux risques visé à l'article L. 515-15 relatif aux Installations précitées inclut au moins un local d'habitation ou un lieu de travail permanent à l'extérieur du ou des établissements.**

Le périmètre de la commission inclut au minimum les périmètres d'exposition aux risques visés à l'article L. 515-15.

(1) Dispositions applicables aux commissions créées à compter du 9 février 2012, D. n° 2012-189, 7 févr. 2012, art. 12.

(2) Dispositions d'applications particulières et transitoires : V. D. n° 2017-82, 26 janv. 2017, art. 6.

Art. D. 125-30 (1) *(Abr., D. n° 2012-189, 7 févr. 2012).*

Art. D. 125-31 *(Anc. D. n° 2005-82, 1er févr. 2005 ; codifié, D. n° 2005-935, 2 août 2005 ; mod., D. n° 2007-397, 22 mars 2007 ; D. n° 2008-677, 7 juill. 2008 ; rempl., D. n° 2012-189, 7 févr. 2012 ; D. n° 2013-4, 2 janv. 2013 ; mod. à compter du 1er mars 2017, D. n° 2017-82, 26 janv. 2017)* (2). – (1) Sans préjudice de l'article R. 125-8-3, la commission est associée à l'élaboration du plan de prévention des risques technologiques et émet un avis sur le projet de plan.

Elle est informée :

1° Par l'exploitant des éléments compris dans le bilan mentionné à l'article D. 125-34 ;

2° Des modifications mentionnées à l'article R. 181-46 que l'exploitant envisage d'apporter à cette installation ainsi que des mesures prises par le préfet en application des dispositions de ce même article ;

3° Du plan particulier d'intervention établi en application de l'article L. 741-6 du Code de la sécurité intérieure et du plan d'opération interne établi en application de l'article R. 181-54 du présent code et des exercices relatifs à ces plans ;

4° Du rapport environnemental de la société ou du groupe auquel appartient l'exploitant de l'installation, lorsqu'il existe.

Elle est destinataire des rapports d'analyse critique réalisés en application de l'article L. 181-13 et relatif à l'analyse critique d'éléments du dossier d'autorisation. Son président l'est du rapport d'évaluation prévu par l'article L. 515-26.

Elle peut émettre des observations sur les documents réalisés par l'exploitant et les pouvoirs publics en vue d'informer les citoyens sur les risques auxquels ils sont exposés.

Elle peut demander des informations sur les accidents dont les conséquences sont perceptibles à l'extérieur du site.

Art. D. 125-32 *(Anc. D. n° 2005-82, 1er févr. 2005 ; codifié, D. n° 2005-935, 2 août 2005 ; mod., D. n° 2007-1467, 12 oct. 2007 ; D. n° 2012-189, 7 févr. 2012 ; mod. à compter du 1er mars 2017, D. n° 2017-82, 26 janv. 2017)* (2). – Pour les installations exploitées par l'État, le financement de la commission est assuré par le ministre en charge de ces installations.

La commission de suivi de site peut faire appel aux compétences d'experts reconnus, notamment pour réaliser des tierces expertises, par délibération approuvée à la majorité des membres présents ou représentés. L'intervention de l'expert est réalisée sans préjudice des dispositions prévues à l'article L. 181-13 du Code de l'environnement et relatif à l'analyse critique d'éléments du dossier d'autorisation.

Art. D. 125-33 *(Abr., D. n° 2012-189, 7 févr. 2012).*

Art. D. 125-34 *(Anc. D. n° 2005-82, 1er févr. 2005 ; codifié, D. n° 2005-935, 2 août 2005 ; mod., D. n° 2007-1467, 12 oct. 2007 ; mod., D. n° 2012-189, 7 févr. 2012 ; mod. à compter du 1er mars 2017, D. n° 2017-82, 26 janv. 2017)* (2). – I. – L'exploitant d'une installation visée à l'article D. 125-29 adresse au moins une fois par an à la commission un bilan qui comprend en particulier :

1° Les actions réalisées pour la prévention des risques et leur coût ;

2° Le bilan du système de gestion de la sécurité mentionné à l'article L. 515-40 ;

3° Les comptes rendus des incidents et accidents de l'installation tels que prévus par l'article R. 512-69 du Code de l'environnement ainsi que les comptes rendus des exercices d'alerte ;

4° Le cas échéant, le programme pluriannuel d'objectifs de réduction des risques ;

5° La mention des décisions individuelles dont l'installation a fait l'objet, en application des dispositions du Code de l'environnement, depuis son autorisation.

II. – La commission fixe la date et la forme sous lesquelles l'exploitant lui adresse ce bilan.

III. – Les représentants des collectivités territoriales ou des établissements publics de coopération intercommunale membres de la commission l'informent des changements en cours ou projetés pouvant avoir un impact sur l'aménagement de l'espace autour de ladite installation.

(1) Conditions de modification : V. D. n° 2007-397, 22 mars 2007, art. 12.
(2) Dispositions d'applications particulières et transitoires : V. D. n° 2017-82, 26 janv. 2017, art. 6.

Section VI. – Secrétariats permanents pour la prévention des pollutions et des risques industriels

(D. n° 2008-829, 22 août 2008)

Art. D. 125-35 *(D. n° 2008-829, 22 août 2008)*. – Les préfets peuvent, par arrêté préfectoral ou interpréfectoral, créer des secrétariats permanents pour la prévention des pollutions et des risques industriels (SPPPI).

L'arrêté préfectoral ou interpréfectoral définit la zone géographique pour laquelle le secrétariat permanent pour la prévention des pollutions et des risques industriels est compétent et fixe la liste de ses membres.

Les secrétariats permanents pour la prévention des pollutions et des risques industriels peuvent être composés notamment de représentants des services de l'État, des collectivités territoriales, d'entreprises ou organismes à caractère industriel ou d'associations de protection de l'environnement et de personnalités qualifiées. Peuvent également en faire partie des personnes physiques travaillant ou résidant dans la zone.

Art. D. 125-36 *(D. n° 2008-829, 22 août 2008)*. – Les secrétariats permanents pour la prévention des pollutions et des risques industriels constituent des structures de réflexion et d'études sur des thèmes liés à la prévention des pollutions et des risques industriels dans leur zone de compétence, y compris sur la question des transports de matières dangereuses.

Par l'information et la concertation, les secrétariats permanents pour la prévention des pollutions et des risques industriels visent notamment à favoriser les actions tendant à maîtriser les pollutions et nuisances de toutes natures et à prévenir les risques technologiques majeurs des installations classées visées à l'article L. 511-1 du Code de l'environnement.

Ils ont pour mission de constituer des lieux de débats sur les orientations prioritaires en matière de prévention des pollutions et des risques industriels dans leur zone de compétence et de contribuer à l'échange ainsi qu'à la diffusion des bonnes pratiques en matière d'information et de participation des citoyens à la prévention des pollutions et des risques industriels.

Les préfets fixent les modalités selon lesquelles les travaux des secrétariats permanents pour la prévention des pollutions et des risques industriels leur sont présentés.

Section VII. – Instances de suivi de mesures environnementales concernant certaines infrastructures linéaires soumises à étude d'impact

(D. n° 2012-332, 7 mars 2012)

Art. R. 125-37 *(D. n° 2012-332, 7 mars 2012)*. – I. – Les instances, prévues à l'article L. 125-8, qui sont chargées de suivre la mise en œuvre des mesures environnementales concernant certaines infrastructures linéaires soumises à étude d'impact sont créées par arrêté du représentant de l'État dans le département.

Une instance interdépartementale de suivi peut être créée lorsque l'infrastructure linéaire a des effets négatifs notables sur l'environnement dans plusieurs départements.

Si plusieurs infrastructures linéaires sont géographiquement proches, il peut être créé une seule instance de suivi.

II. – L'instance de suivi peut faire toute observation ou recommandation afin d'améliorer la prise en compte de l'environnement dans la réalisation et l'exploitation des infrastructures et d'assurer une mise en œuvre efficace des mesures mentionnées à l'article L. 125-8.

III. – Pour les infrastructures relevant du chapitre V du titre V du livre V du présent code, les missions dévolues aux Instances de suivi peuvent être exercées par les secrétariats permanents pour la prévention des pollutions et des risques industriels prévus à l'article D. 125-35. Leur composition est adaptée, conformément à l'article L. 125-8, en tant que de besoin. Ces secrétariats deviennent alors des instances de suivi au sens et pour l'application de ce dernier article.

Art. R. 125-38 *(D. n° 2012-332, 7 mars 2012)*. – I. – Les instances de suivi sont présidées par le représentant de l'État dans le département ou, le cas échéant, le fonctionnaire placé sous son autorité qu'il désigne à cet effet.

La composition de chaque instance est arrêtée par le représentant de l'État dans le département, conformément aux dispositions de l'article L. 125-8, en veillant à une représentation équilibrée des différentes catégories de personnes ayant vocation à y siéger. L'arrêté fixant la composition de chaque instance est publié au recueil des actes administratifs de la préfecture.

II. – Le représentant de l'État dans le département peut associer aux travaux de l'instance, en tant que de besoin, les maîtres d'ouvrage, leurs mandataires, les concessionnaires et titulaires d'un contrat de partenariat ainsi que les exploitants des infrastructures.

III. – Les comptes rendus des réunions de l'instance de suivi font l'objet d'une publicité adéquate, notamment par voie d'affichage en préfecture ou par voie électronique sur le site internet des services de l'État dans le département, pendant une durée qui ne peut être inférieure à un mois. Ils peuvent faire mention des suites données aux observations et recommandations de l'instance par la personne responsable de la mise en œuvre des mesures qui ont été examinées.

Art. R. 125-39 *(D. n° 2012-332, 7 mars 2012)*. – Afin d'assurer l'efficacité du dispositif de suivi des mesures mentionnées à l'article L. 125-8, le représentant de l'État dans le département peut décider, après consultation de l'instance de suivi et de l'exploitant, de faire procéder à des études ou des expertises dont le coût est mis à la charge de l'exploitant.

Le coût de ces études et expertises est proportionné à la nature et à l'importance des mesures mentionnées à l'article L. 125-8.

Section VIII. – Annexe environnementale

(Anc. section 7, (1) dénum., D. n° 2012-332, 7 mars 2012)

Art. D. 125-40 *(Anc. art. D. 125-37, dénum., D. n° 2012-332, 7 mars 2012 ; mod., D. n° 2012-517, 19 avr. 2012)*. – Le contenu de l'annexe environnementale mentionnée à l'article L. 125-9 est défini aux articles R. 137-1 à R. 137-3 du Code de la construction et de l'habitation.

Code de la construction et de l'habitation

Chapitre VII. – Annexe environnementale

Art. R. 137-1 à R. 137-3 *(D. n° 2012-517, 19 avr. 2012 ; abr. à compter du 1er juillet 2021, D. n° 2021-872, 30 juin 2021)*.

Voir : Sur l'apport de la loi Grenelle II et les conditions d'applicabilité : comm. sous art. L. 125-9, p. 165.

Section IX. – Secteurs d'information sur les sols

(D. n° 2015-1353, 26 oct. 2015)

Bibliographie : L. Esteve de Palmas, *Publication du décret relatif aux secteurs d'information sur les sols (SIS) : JCP* N 2016, n° 6, p. 27 à 28. • L. Legrain et N. Nicolaïades : *JCP* N 2016, n° 1, p. 39 à 47. • M. Mekki, *Un vent de réformes souffle sur le droit de l'environnement : JCP* N 2016, n° 11, p. 30. • B. Parance, *Des précisions sur les secteurs d'information sur les sols dans le cadre de l'article 173 de la loi ALUR : Rev. Lamy dr. civ.* mars 2016, n° 135, p. 64 à 65. • X. Couton, *Publication du décret d'application des secteurs d'information sur les sols : Constr.-Urb.* 2015, n° 12, p. 15 à 17. • O. Herrnberger, *Les secteurs d'information sur les sols : BDEI* déc. 2014, suppl. n° 54, p. 39.

Art. R. 125-41 *(D. n° 2015-1353, 26 oct. 2015)*. – I. – Sur la base des données dont l'État a connaissance entre le 1er janvier 2016 et le 1er janvier 2019, la liste des secteurs d'information sur les sols est établie par le représentant de l'État dans le département avant le 1er janvier 2019.

II. – Dans chaque département, le préfet arrête par commune un ou plusieurs projets de création de secteurs d'information sur les sols prévus par l'article L. 125-6.

(1) Dispositions applicables, à compter du 1er janvier 2012, aux baux conclus ou renouvelés à partir de cette date et à compter du 14 juillet 2013, aux baux en cours, D. n° 2011-2058, 30 déc. 2011, art. 4.

Art. R. 125-42 *(D. n° 2015-1353, 26 oct. 2015).* – Le dossier de projet de création de secteurs d'information sur les sols comprend, pour chaque secteur :

– une note présentant les informations détenues par l'État sur la pollution des sols ;

– un ou plusieurs documents graphiques, à l'échelle cadastrale, délimitant le secteur d'information sur les sols.

Art. R. 125-43 *(D. n° 2015-1353, 26 oct. 2015 ; mod. à compter du 1er juillet 2018, D. n° 2018-434, 4 juin 2018 ; à compter du 22 août 2021, D. n° 2021-1096, 19 août 2021).* – Sont exclus des secteurs d'information sur les sols définis à l'article L. 125-6 :

1° Les terrains d'emprise des installations classées pour la protection de l'environnement en exploitation, y compris en cours de cessation d'activité, au titre du titre Ier du livre V du Code de l'environnement. Ils ne sont pas exclus lorsque l'exploitant de l'installation classée a disparu ou est insolvable et que cette installation a fait l'objet d'une mise en sécurité conforme aux articles R. 512-39-1, R. 512-46-25 ou R. 512-66-1 ;

2° Les terrains d'emprise sur lesquels sont exercées des activités nucléaires mentionnées à l'article L. 1333-1 du Code de la santé publique ;

3° Les mines en exploitation, y compris en cours d'arrêt de travaux ; *(Mod., D. n° 2022-1485, 28 nov. 2022)*

4° Les terrains où les dispositions adaptées ont déjà été prises en application, selon le cas, de l'article L. 515-12 du présent code, de l'article L. 174-5-1 du Code minier ou de l'article L. 1333-26 du Code de la santé publique.

Les pollutions pyrotechniques mentionnées au chapitre III du titre III du livre VII du Code de la sécurité intérieure ne sont pas mentionnées comme des pollutions des sols au sens des secteurs d'information sur les sols.

Art. R. 125-44 *(D. n° 2015-1353, 26 oct. 2015 ; mod., D. n° 2017-1456, 9 oct. 2017).* – I. – Le préfet transmet, pour avis, le dossier de projet de création de secteurs d'information sur les sols prévu à l'article R. 125-42 aux maires des communes sur le territoire desquelles sont situés les projets de secteur d'information sur les sols ou, le cas échéant, aux présidents des établissements publics de coopération intercommunale compétents en matière de plan local d'urbanisme, de documents d'urbanisme en tenant lieu ou de carte communale.

Les personnes consultées disposent d'un délai de six mois pour faire part de leurs observations. Elles joignent à leur demande de modification du projet de secteur d'information sur les sols tout document justifiant de l'état des sols. Sans réponse dans ce délai, leur avis est réputé favorable.

II. – Le préfet informe par lettre simple les propriétaires des terrains d'assiette sur lesquels sont situés les projets de secteurs d'information sur les sols, en indiquant les modalités *(Mots rempl. à compter du 22 août 2021, D. n° 2021-1096, 19 août 2021)* « applicables de participation du public ».

Art. R. 125-45 *(D. n° 2015-1353, 26 oct. 2015).* – Au vu des résultats des consultations prévues à l'article R. 125-44 et de la participation du public *(Mots suppr. à compter du 22 août 2021, D. n° 2021-1096, 19 août 2021)* « ... », le préfet arrête les secteurs d'information sur les sols.

L'arrêté est publié au recueil des actes administratifs du département.

L'État reporte les secteurs d'information sur les sols dans un système d'information géographique.

Art. R. 125-46 *(D. n° 2015-1353, 26 oct. 2015).* – L'arrêté de création des secteurs d'information sur les sols est notifié par le préfet aux maires des communes et aux présidents des établissements publics de coopération intercommunale compétents en matière de plan local d'urbanisme, de documents d'urbanisme en tenant lieu ou de carte communale dont le territoire comprend un ou des secteurs d'information sur les sols.

Les secteurs d'information sur les sols sont annexés au plan local d'urbanisme ou au document d'urbanisme en tenant lieu ou à la carte communale.

Ils sont affichés pendant un mois dans chaque mairie et au siège de chaque établissement public de coopération intercommunale compétent en matière de plan local d'urbanisme, de documents d'urbanisme en tenant lieu ou de carte communale concernés en tout ou partie.

Art. R. 125-47 *(D. n° 2015-1353, 26 oct. 2015).* – Le préfet révise annuellement la liste des secteurs d'informations sur les sols, notamment sur la base des informations relatives à l'état des sols qui lui sont communiquées par le maire, le président de l'établissement public de coopération intercommunale compétent en matière de plan local d'urbanisme, de documents d'urbanisme en tenant lieu ou de carte communale ou le propriétaire d'un terrain d'assiette classé en secteur d'information sur les sols.

La création, la modification ou la suppression de secteurs d'information sur les sols est menée conformément aux dispositions des articles R. 125-42 à R. 125-46. La durée de la consultation prévue au I de l'article R. 125-44 est fixée à deux mois.

Section X. – Carte des anciens sites industriels et de services

(D. n° 2015-1353, 26 oct. 2015)

Art. R. 125-48 *(D. n° 2015-1353, 26 oct. 2015).* – Pour l'application du IV de l'article L. 125-6, l'État reporte dans un système d'information géographique les sites répertoriés au titre de l'arrêté du 10 décembre 1998 relatif à la création d'une base de données sur les sites industriels et d'activités de service anciens.

Section XI. – Mise en œuvre de la transparence en matière nucléaire

(Section créée à compter du 1er avril 2019, D. n° 2019-190, 14 mars 2019)

Art. R. 125-49 *(Créé à compter du 1er avril 2019, D. n° 2019-190, 14 mars 2019 ; mod. à compter du 1er janvier 2025, D. n° 2024-1194, 19 déc. 2024).* – L'exploitant d'une installation nucléaire de base transmet à l'Autorité de sûreté nucléaire et de radioprotection une copie du rapport annuel prévu à l'article L. 125-15 au plus tard six mois suivant la fin de l'année considérée.

Section XII. – Commissions locales d'information auprès des installations nucléaires de base

Sous-section 1. – Création et compétence territoriale

Art. R. 125-50 *(Créé à compter du 1er avril 2019, D. n° 2019-190, 14 mars 2019).* – La décision créant une commission locale d'information, en application de l'article L. 125-17 :

1° Définit le ou les sites auprès duquel ou desquels elle est instituée ainsi que la ou les principales installations nucléaires de base du ou des sites concernés ;

2° Fixe sa composition, conformément aux dispositions de l'article R. 125-57, en nomme les membres et détermine la durée de leur mandat ;

3° En nomme le président, si elle n'est pas présidée par le président du conseil départemental du lieu d'implantation de l'installation nucléaire de base.

Le président du conseil départemental peut désigner, parmi les membres de la commission, un vice-président chargé de suppléer le président de la commission en cas d'absence ou d'empêchement de ce dernier.

Dans le cas où elle est créée par décision conjointe de plusieurs présidents de conseil départemental, la décision précise les modalités retenues par ces présidents pour l'exercice de la présidence et la gestion administrative de la commission.

Art. R. 125-51 *(Créé à compter du 1er avril 2019, D. n° 2019-190, 14 mars 2019).* – La décision créant la commission locale d'information est notifiée par le président du conseil départemental :

1° *(Mod. à compter du 1er janvier 2025, D. n° 2024-1194, 19 déc. 2024)* Au préfet et à l'Autorité de sûreté nucléaire et de radioprotection ;

2° Au président du conseil régional et au maire de chaque commune intéressée ;

3° À l'exploitant ou aux exploitants des installations nucléaires de base incluses sur le site.

Elle est publiée au recueil des actes administratifs du département.

Il en va de même des décisions modifiant ou abrogeant une décision de création d'une commission locale d'information.

Art. R. 125-52 *(Créé à compter du 1er avril 2019, D. n° 2019-190, 14 mars 2019).* – Dans le cas de plusieurs installations nucléaires de base proches, le président du conseil départemental détermine, en tenant compte de la distance qui sépare ces installations, notamment dans les cas où leurs périmètres sont situés à moins de dix kilomètres l'un de l'autre ou si les zones d'application des plans particuliers d'intervention relatifs à ces installations ont une partie commune, de la spécificité de ces installations et des besoins en matière d'information locale, s'il y a lieu de créer soit une, soit plusieurs commissions.

Art. R. 125-53 *(Créé à compter du 1er avril 2019, D. n° 2019-190, 14 mars 2019).* – Le préfet, lorsqu'il est saisi, en application de l'article R. 593-21, d'une demande d'autorisation de création d'une nouvelle installation nucléaire de base, en informe le président du conseil départemental et lui communique le périmètre proposé par l'exploitant et, le cas échéant, la liste des communes auxquelles il envisage de rendre applicable le plan particulier d'intervention.

Le président du conseil départemental détermine alors s'il y a lieu d'instituer une commission auprès de l'installation en projet ou d'étendre la compétence d'une commission instituée auprès d'une installation nucléaire de base proche.

Si l'installation projetée est autorisée, le président du conseil départemental procède aux adaptations nécessaires de cette commission, ou, s'il n'en a pas institué, institue une commission ou étend la compétence d'une commission instituée auprès d'une installation proche.

Art. R. 125-54 *(Créé à compter du 1er avril 2019, D. n° 2019-190, 14 mars 2019).* – Dans le cas où une installation nucléaire de base a fait l'objet d'une décision de déclassement, en application de l'article L. 593-30 ou des dispositions applicables au déclassement avant le 13 juin 2006, le président du conseil départemental détermine s'il y a lieu d'instituer ou de maintenir une commission auprès de cette installation ou d'étendre la compétence d'une commission instituée auprès d'une installation nucléaire de base proche.

À cet effet, le préfet notifie au président du conseil départemental toute décision de déclassement d'une installation nucléaire de base.

Art. R. 125-55 *(Créé à compter du 1er avril 2019, D. n° 2019-190, 14 mars 2019).* – Le préfet notifie au président du conseil départemental toute modification du périmètre d'une installation nucléaire de base ou de la zone d'application d'un plan particulier d'intervention relatif à cette installation.

Le président du conseil départemental procède, si nécessaire, à l'adaptation de la composition et des compétences de la commission locale d'information compétente.

Art. R. 125-56 *(Créé à compter du 1er avril 2019, D. n° 2019-190, 14 mars 2019 ; mod. à compter du 1er janvier 2025, D. n° 2024-1194, 19 déc. 2024).* – La création, la suppression ou la modification des compétences d'une commission locale d'information sont décidées après consultation du préfet, de l'Autorité de sûreté nucléaire et de radioprotection et des communes représentées dans cette commission.

Dans le cas d'une modification portant sur les dispositions applicables à une commission locale d'information existante, cette dernière est également consultée.

Les avis requis qui n'ont pas été émis dans un délai de deux mois à compter de la date de saisine sont réputés favorables.

Sous-section 2. – Composition

Art. R. 125-57 *(Créé à compter du 1er avril 2019, D. n° 2019-190, 14 mars 2019).* – I. – La commission locale d'information comprend :

1° Des élus, au nombre desquels :

a) Des députés et des sénateurs élus dans le ou les départements intéressés ;

b) Des conseillers régionaux de la ou des régions intéressées, désignés par leur conseil régional ;

c) Des conseillers départementaux du ou des départements intéressés désignés par leur assemblée ;

d) Des conseillers municipaux désignés par leur conseil municipal ou des membres de l'assemblée délibérante de groupements de communes désignés par leur assemblée. Les communes intéressées peuvent être représentées soit individuellement par un représentant désigné par leur conseil municipal, soit collectivement par un représentant désigné par l'assemblée du groupement dont elles sont membres.

Le président de la commission est issu de cette première catégorie de membres.

2° Des représentants d'associations de protection de l'environnement œuvrant dans le ou les départements intéressés ;

3° Des représentants des organisations syndicales de salariés représentatives dans les entreprises exploitant les installations nucléaires de base intéressées ou les entreprises extérieures mentionnées à l'article L. 4522-1 du Code du travail ;

4° Des personnes désignées au titre de leurs compétences dans le domaine nucléaire ou dans celui de la communication et de l'information ou assurant la représentation :

a) Des intérêts économiques locaux, notamment par l'intermédiaire des chambres consulaires territorialement compétentes ;

b) Des instances territorialement compétentes d'ordres professionnels régis par le Code de la santé publique ;

5° Si le site est implanté dans un département frontalier d'un État étranger :

a) Au moins un représentant des territoires de chaque État étranger concerné, désigné par les autorités compétentes de ces États sollicitées par le préfet ;

b) Au moins un représentant d'associations de protection de l'environnement œuvrant dans le ou les territoires de ces États désigné dans les mêmes conditions ;

c) Au moins une personne qualifiée dans les territoires de ces États dans le domaine nucléaire ou dans celui de la communication et de l'information ou représentant les intérêts économiques locaux des territoires de ces États, désignée dans les mêmes conditions.

II. – Pour l'application de la présente sous-section :

– une région, un département, une commune ou un groupement de collectivités territoriales est regardé comme intéressé par une installation nucléaire de base, si une partie de son territoire est située dans le secteur de consultation défini à l'article R. 593-5 ou si le plan particulier d'intervention relatif à cette installation est applicable dans tout ou partie de cette collectivité ou de ce groupement ;

– un État étranger est regardé comme concerné par une installation nucléaire de base française, s'il est frontalier du département dans lequel est implantée cette installation.

Le nombre des membres désignés au titre du 1° du I est au moins égal à 40 % du nombre total de membres de la commission. Le nombre des membres de chacune des catégories mentionnées aux 2° à 4° du même I est au moins égal à 10 % du nombre total de membres de la commission.

Art. R. 125-58 *(Créé à compter du 1er avril 2019, D. n° 2019-190, 14 mars 2019).* – Les membres de la commission sont nommés pour la durée, qui ne peut excéder six ans, fixée par la décision arrêtant la composition de la commission. Leur mandat est renouvelable.

Ceux d'entre eux qui perdent la qualité au titre de laquelle ils ont été nommés cessent d'exercer ces fonctions. Leur successeur est nommé pour la durée du mandat restant à courir.

Les fonctions de membre de la commission s'exercent gratuitement. Toutefois, les frais de déplacement engagés par ces derniers pour se rendre aux réunions de la commission peuvent être remboursés, sur justificatifs, dans les mêmes conditions que celles applicables aux personnels civils de l'État.

Art. R. 125-59 *(Créé à compter du 1er avril 2019, D. n° 2019-190, 14 mars 2019).* – Peuvent assister, avec voix consultative, aux séances et ont accès de plein droit aux travaux de la commission :

1° *(Mod. à compter du 1er janvier 2025, D. n° 2024-1194, 19 déc. 2024)* Le ou les représentants de l'Autorité de sûreté nucléaire et de radioprotection ;

2° Les représentants des services de l'État dans la région et dans le ou les départements intéressés, compétents en matière d'environnement et d'énergie nucléaire, désignés conjointement par les préfets de la région et du ou des départements ;

3° Le ou les représentants de l'agence régionale de santé ;

4° Les représentants de l'exploitant ou des exploitants des installations nucléaires de base situées sur le site et, dans les cas prévus à l'article L. 596-5, le propriétaire de l'installation ou du terrain lui servant d'assiette ou son représentant.

(Mod. à compter du 1er janvier 2025, D. n° 2024-1194, 19 déc. 2024) Les représentants de l'Autorité de sûreté nucléaire et de radioprotection, des services de l'État et de l'agence régionale de santé et les représentants des exploitants qui assistent aux travaux de la commission avec voix consultative bénéficient des mêmes informations et documents que les membres de la commission ayant voix délibérative.

Les désignations faites en application des dispositions du présent article sont notifiées au président de la commission locale d'information.

Sous-section 3. – Fonctionnement

Art. R. 125-60 *(Créé à compter du 1er avril 2019, D. n° 2019-190, 14 mars 2019).* – Les dispositions de la présente sous-section sont applicables à l'ensemble des commissions locales d'information, sous réserve, pour celles qui ont un statut d'association, des dispositions de la sous-section 4.

Art. R. 125-61 *(Créé à compter du 1er avril 2019, D. n° 2019-190, 14 mars 2019).* – La commission locale d'information adopte un règlement intérieur qui :

1° Définit les modalités de constitution d'un bureau chargé d'organiser les travaux de la commission. Ce bureau, présidé par le président de la commission, ou son suppléant, comprend au moins un représentant de chacune des catégories de membres ;

2° Peut prévoir la constitution de commissions permanentes spécialisées et définir les modalités de constitution de groupes de travail temporaires ;

3° Précise les modalités d'information des membres de la commission, telles que les délais de convocation aux réunions et les conditions de diffusion aux membres de la commission des informations transmises à celle-ci en application de textes législatifs ou réglementaires ;

4° Précise les modalités de diffusion au public des travaux réalisés par la commission et définit les conditions d'ouverture au public des réunions de la commission ou de certaines d'entre elles ;

5° Fixe les modalités de désignation des représentants de la commission dans les organismes ou les réunions pour lesquels une participation de la commission est prévue par des textes législatifs ou réglementaires ;

6° Peut déléguer au bureau le soin de rendre certains avis relevant, en vertu d'un texte législatif ou réglementaire, de la compétence de la commission ;

7° Détermine les modalités de vote au sein de la commission et de ses instances, notamment les règles de quorum.

Le règlement intérieur doit être approuvé par la majorité des membres de la commission siégeant en séance plénière.

Art. R. 125-62 *(Créé à compter du 1er avril 2019, D. n° 2019-190, 14 mars 2019).* – Sur convocation du président de la commission locale d'information, au moins deux séances plénières, qui peuvent être ouvertes au public, sont organisées chaque année.

En application de l'article L. 125-17, la commission organise, au moins une fois par an et dans les conditions prévues à l'article R. 125-63, une réunion publique. Cette réunion peut être une de celles prévues au premier alinéa.

Si elle n'a pas été réunie depuis au moins deux mois et si au moins un quart de ses membres le demande au président, pour l'examen de questions déterminées, la réunion de la commission est de droit.

Si une réunion ouverte au public n'a pas été organisée depuis au moins neuf mois, une telle réunion est de droit à la demande d'au moins un quart des membres de la commission. Cette demande doit être présentée au président et porter sur un ordre du jour déterminé. La réunion se déroule dans un délai de trois mois à compter de la réception de cette demande.

L'ordre du jour des réunions est fixé par le président après consultation du bureau. Dans le cas prévu aux troisième et quatrième alinéas, l'ordre du jour inclut les questions ayant justifié la demande de réunion.

Art. R. 125-63 *(Créé à compter du 1er avril 2019, D. n° 2019-190, 14 mars 2019).* – Toute réunion ouverte au public fait l'objet de mesures de publicité préalables.

Art. R. 125-64 *(Créé à compter du 1er avril 2019, D. n° 2019-190, 14 mars 2019 ; mod. à compter du 1er janvier 2025, D. n° 2024-1194, 19 déc. 2024).* – La commission établit chaque année un rapport d'activité qui est rendu public.

Elle organise une information régulière du public sur les informations qui lui sont communiquées par les exploitants, par Autorité de sûreté nucléaire et de radioprotection et les autres services de l'État ainsi que sur les conclusions des concertations et des débats qu'elle organise.

Art. R. 125-65 *(Créé à compter du 1er avril 2019, D. n° 2019-190, 14 mars 2019 ; mod. à compter du 1er janvier 2025, D. n° 2024-1194, 19 déc. 2024).* – Elle organise une information régulière du public sur les informations qui lui sont communiquées par les exploitants, par l'Autorité de sûreté nucléaire et de radioprotection et les autres services de l'État ainsi que sur les conclusions des concertations et des débats qu'elle organise.

Les mêmes dispositions sont applicables à la saisine du Haut Comité pour la transparence et l'information sur la sécurité nucléaire en application de l'article L. 125-34.

Art. R. 125-66 *(Créé à compter du 1er avril 2019, D. n° 2019-190, 14 mars 2019).* – L'engagement d'une expertise, d'une étude ou d'une analyse par la commission locale d'information ou pour son compte est approuvé, sur proposition du président, par la commission réunie en séance plénière ou par le bureau, s'il en a reçu délégation.

Le public a accès aux résultats de ces expertises, études ou analyses selon des modalités définies par la commission.

Art. R. 125-67 *(Créé à compter du 1er avril 2019, D. n° 2019-190, 14 mars 2019).* – Le secrétariat de la commission est assuré par les services du conseil départemental.

Sauf dans le cas où la commission a le statut d'association, son fonctionnement et la préparation de son budget sont assurés par ces services, sous l'autorité du président du conseil départemental.

Une convention entre le ou les départements, l'État et les autres collectivités territoriales intéressées ou leurs groupements définit les modalités de financement des travaux de la commission. Cette convention fixe les modalités selon lesquelles le secrétariat et, le cas échéant, la gestion de la commission, lorsque celle-ci n'a pas le statut d'association, sont confiés à une autre des collectivités intéressées, dans le cas où ceux-ci ne sont pas assurés par le conseil départemental.

Art. R. 125-68 *(Créé à compter du 1er avril 2019, D. n° 2019-190, 14 mars 2019).* – Le projet de budget est soumis par son président à l'approbation de la commission réunie en séance plénière ou à l'approbation de son bureau, s'il en a reçu délégation.

Il est voté par le conseil départemental.

À la fin de chaque exercice, un compte rendu d'exécution du budget est présenté à la commission par son président, lors de la séance d'approbation du compte administratif préalable au vote de l'assemblée délibérante sur ce dernier.

(Mod. à compter du 1er janvier 2025, D. n° 2024-1194, 19 déc. 2024) Un programme prévisionnel d'activité, le budget prévisionnel et un compte rendu d'exécution du budget sont transmis par le président de la commission au préfet et à l'Autorité de sûreté nucléaire et de radioprotection. Ils sont rendus publics.

Sous-section 4. – Commissions locales d'information dotées du statut d'association

Art. R. 125-69 *(Créé à compter du 1er avril 2019, D. n° 2019-190, 14 mars 2019).* – La constitution de la commission locale d'information en association est proposée par le président du conseil départemental qui soumet, à cette fin, un projet de statuts à la commission réunie en séance plénière.

Celle-ci se prononce à la majorité absolue de ses membres sur cette constitution et sur ce projet de statuts.

Les modifications des statuts sont adoptées selon les mêmes formes.

Art. R. 125-70 *(Créé à compter du 1er avril 2019, D. n° 2019-190, 14 mars 2019).* – Les statuts d'une commission locale d'information constituée en association doivent :

1° Être conformes aux dispositions des articles L. 125-17 à L. 125-32 et à celles de la présente sous-section ;

2° Préciser que l'objet de l'association est d'exercer les missions confiées, en application des articles L. 125-17 à L. 125-32 et de la présente section, à la commission locale d'information auprès des installations nucléaires de base citées dans la décision créant la commission ;

3° Prévoir que les membres de l'association sont les membres de la commission désignés en application de l'article R. 125-57 et que ces membres ainsi que le président de la commission sont désignés conformément aux dispositions des articles R. 125-50 et R. 125-57 ;

4° Inclure les dispositions mentionnées à l'article R. 125-61 ou préciser les modalités de leur inclusion dans le règlement intérieur adopté par l'assemblée générale.

Les compétences attribuées par la présente section à la commission délibérant en séance plénière sont, lorsque la commission est dotée d'un statut d'association, exercées par l'assemblée générale.

Art. R. 125-71 *(Créé à compter du 1er avril 2019, D. n° 2019-190, 14 mars 2019).* – Les contributions en argent ou en nature de l'État, du département et des autres collectivités territoriales ou de leurs groupements font l'objet de conventions entre ces collectivités publiques et la commission. Les contributions en argent prennent la forme de subventions. Les contributions en nature font l'objet d'une évaluation qui est inscrite dans le budget de l'association.

Les ressources de la commission locale d'information peuvent aussi comprendre des dons, le produit de la vente de publications, ainsi que le prélèvement mentionné au II de l'article L. 125-31.

Art. R. 125-72 *(Créé à compter du 1er avril 2019, D. n° 2019-190, 14 mars 2019).* – La commission locale d'information, sur proposition de son président, adopte un programme prévisionnel d'activité et un budget prévisionnel.

À la fin de chaque exercice, un compte rendu d'exécution du budget est présenté à la commission par son président.

(Mod. à compter du 1er janvier 2025, D. n° 2024-1194, 19 déc. 2024) Le programme prévisionnel d'activité, le budget prévisionnel et le compte rendu d'exécution du budget sont transmis par le président de la commission au préfet et à l'Autorité de sûreté nucléaire et de radioprotection. Ils sont rendus publics.

Le contrôle des comptes de la commission est exercé par la chambre régionale des comptes dans les conditions applicables aux vérifications prévues à l'article L. 211-4 du Code des juridictions financières.

Sous-section 5. – Fédération nationale des commissions locales d'information auprès des installations nucléaires de base

Art. R. 125-73 *(Créé à compter du 1er avril 2019, D. n° 2019-190, 14 mars 2019).* – Les statuts de la fédération nationale que peuvent constituer les commissions locales d'information en application de l'article L. 125-32 organisent cette fédération sous la forme d'une association régie par la loi du 1er juillet 1901 relative au contrat d'association ayant pour objet social la représentation des commissions auprès des autorités, nationales et européennes, et l'assistance à ces commissions pour les questions d'intérêt commun.

Les statuts de cette association comportent au moins des stipulations relatives aux matières mentionnées aux articles R. 125-73-1 à R. 125-75.

Art. R. 125-73-1 *(Créé à compter du 1er avril 2019, D. n° 2019-190, 14 mars 2019).* – La fédération accepte comme membre toute commission locale d'information auprès d'installations nucléaires de base et tout comité local d'information et de suivi mentionné à l'article L. 542-13 qui en fait la demande.

Dans le cas des commissions dépourvues de la personnalité juridique, la demande est présentée par le président du conseil départemental, après délibération favorable de la commission en séance plénière.

Elle peut associer à ses travaux des représentants des associations ayant pour objet le suivi, l'information et la concertation en matière de sûreté nucléaire, de radioprotection et d'impact sur les personnes et l'environnement, pour ce qui concerne des activités nucléaires au sens de l'article L. 1333-1 du Code de la santé publique exercées sur un site particulier ne comprenant pas d'installations nucléaires de base.

Art. R. 125-74 *(Créé à compter du 1er avril 2019, D. n° 2019-190, 14 mars 2019).* – Pour exercer les compétences prévues à l'article L. 125-32, la fédération doit avoir un caractère représentatif.

Chaque commission ou chaque comité membre est représenté à l'assemblée générale de la fédération par un nombre identique de délégués désignés par la commission ou par le comité concernés délibérant en séance plénière.

Toute représentation d'une commission ou d'un comité doit comporter au moins un élu et un représentant de l'une des autres catégories de membres.

(Mod. à compter du 1er janvier 2025, D. n° 2024-1194, 19 déc. 2024) La fédération peut inviter des personnalités qualifiées ou des représentants de l'Autorité de sûreté nucléaire et de radioprotection ou des services de l'État à assister à ses travaux avec voix consultative.

Art. R. 125-75 *(Créé à compter du 1er avril 2019, D. n° 2019-190, 14 mars 2019 ; mod. à compter du 1er janvier 2025, D. n° 2024-1194, 19 déc. 2024).* – La fédération adopte, chaque année, un programme prévisionnel d'activité et un budget prévisionnel qu'elle transmet au ministre chargé de la sûreté nucléaire, à l'Autorité de sûreté nucléaire et de radioprotection et au Haut Comité pour la transparence et l'information sur la sécurité nucléaire.

Les subventions de l'État à la fédération font l'objet d'une convention.

Pour l'application à la fédération des dispositions de l'article L. 612-4 du Code de commerce, il est tenu compte des subventions des autorités administratives mentionnées à cet article qui sont directement reçues par la fédération ainsi que des cotisations versées par les membres.

Art. R. 125-76 *(Créé à compter du 1er avril 2019, D. n° 2019-190, 14 mars 2019 ; mod. à compter du 1er janvier 2025, D. n° 2024-1194, 19 déc. 2024).* – La fédération informe régulièrement ses membres et le public de ses activités.

Elle établit un rapport annuel d'activité qu'elle rend public et qu'elle transmet au ministre chargé de la sûreté nucléaire, à l'Autorité de sûreté nucléaire et de radioprotection et au Haut Comité pour la transparence et l'information sur la sécurité nucléaire.

Elle peut saisir le Haut Comité pour la transparence et l'information sur la sécurité nucléaire de toute question relative à la sécurité nucléaire des installations nucléaires de base.

L'Autorité de sûreté nucléaire et de radioprotection et les autres services intéressés de l'État communiquent à la fédération les documents et informations nécessaires à l'accomplissement de ses missions. Selon le cas, les dispositions du chapitre IV du titre II du livre Ier du présent code ou celles du livre III du Code des relations entre le public et l'administration sont applicables à cette communication.

La fédération est consultée sur les projets de dispositions réglementaires relatives à l'organisation et au fonctionnement de l'ensemble des commissions locales d'information. Si elle n'a pas rendu son avis à l'expiration d'un délai de deux mois, il est réputé favorable. À la demande du Gouvernement, ce délai peut être réduit à quinze jours en cas d'urgence.

Section XIII. – Le Haut Comité pour la transparence et l'information sur la sécurité nucléaire

Art. R. 125-77 *(Créé à compter du 1er avril 2019, D. n° 2019-190, 14 mars 2019).* – Les membres et le président du Haut Comité pour la transparence et l'information sur la sécurité nucléaire sont nommés par arrêté du ministre chargé de la sûreté nucléaire.

Chacune des catégories énumérées aux 2° à 7° de l'article L. 125-37 comporte six membres.

Art. R. 125-78 *(Créé à compter du 1er avril 2019, D. n° 2019-190, 14 mars 2019).* – À l'exception des membres du Haut Comité pour la transparence et l'information sur la sécurité nucléaire mentionnés au 6° de l'article L. 125-37, un suppléant est nommé pour chaque titulaire, dans les mêmes conditions que celui-ci.

Le membre titulaire ou suppléant du Haut Comité pour la transparence et l'information sur la sécurité nucléaire qui, au cours de son mandat, perd la qualité au titre de laquelle il a été nommé ou dont le siège est vacant pour quelque cause que ce soit est remplacé par une personne désignée dans les mêmes conditions pour la durée du mandat restant à courir.

Art. R. 125-79 *(Créé à compter du 1er avril 2019, D. n° 2019-190, 14 mars 2019).* – Chaque membre titulaire ou suppléant du Haut Comité, autre que ceux mentionnés au 4° de l'article L. 125-37 et leurs suppléants, dépose auprès du président du Haut Comité la déclaration prévue à l'article L. 125-38.

Cette déclaration indique les intérêts que le membre détient ou a détenus au cours des cinq années précédant sa nomination au Haut Comité, dans une entreprise ou un organisme se livrant directement ou par l'intermédiaire d'une filiale ou sous-filiale à une activité nucléaire, en précisant notamment s'il y exerce ou y a exercé les fonctions de salarié ou de mandataire social. Elle mentionne également s'il a été responsable d'un marché conclu avec une entreprise ou organisme ayant une telle activité.

Une déclaration modificative est souscrite, en cas de changement de la situation exposée dans la déclaration déposée.

Les déclarations des membres ainsi que celle établie par le président du Haut Comité sont rendues publiques selon des modalités définies par le règlement intérieur.

Art. R. 125-80 *(Créé à compter du 1er avril 2019, D. n° 2019-190, 14 mars 2019).* – Les règles relatives au délai de convocation des membres et au quorum sont celles prévues, respectivement, par les articles R. 133-8 et R. 133-10 du Code des relations entre le public et l'administration.

Le Haut Comité adopte, à la majorité absolue de ses membres, un règlement intérieur qui précise les modalités de son fonctionnement autres que celles prévues par la présente section. Le règlement intérieur fixe, notamment, les modalités d'adoption des décisions, avis et rapports. Il prévoit les modalités selon lesquelles il est recouru aux expertises et à des débats contradictoires.

Art. R. 125-81 *(Créé à compter du 1er avril 2019, D. n° 2019-190, 14 mars 2019).* – Pour l'organisation des travaux du Haut Comité, le président est assisté par un bureau qu'il préside et au sein duquel chacune des catégories énumérées à l'article L. 125-37 est représentée.

Le bureau désigne, parmi ceux de ses membres appartenant à l'une des catégories mentionnées au II de l'article L. 125-37, un vice-président chargé d'exercer les fonctions du président, en cas d'absence ou d'empêchement de ce dernier.

Art. R. 125-82 *(Créé à compter du 1er avril 2019, D. n° 2019-190, 14 mars 2019).* – Si le Haut Comité n'a pas été réuni depuis plus d'un mois et si un tiers au moins de ses membres le demande, le président convoque une nouvelle réunion dans le délai d'un mois à compter de la réception de cette demande.

Art. R. 125-83 *(Créé à compter du 1er avril 2019, D. n° 2019-190, 14 mars 2019).* – L'ordre du jour de chaque séance est arrêté par le bureau sur proposition du président et communiqué aux membres du Haut Comité selon les modalités définies par le règlement intérieur.

Tout membre du Haut Comité peut proposer au président l'inscription d'un point à l'ordre du jour. L'inscription est de droit si la demande émane d'un tiers au moins des membres du Haut Comité.

Toute question mettant en jeu les principes de transparence et d'information du public en matière de sécurité nucléaire peut être inscrite à l'ordre du jour du Haut Comité.

Art. R. 125-84 *(Créé à compter du 1er avril 2019, D. n° 2019-190, 14 mars 2019).* – Le Haut Comité peut constituer des groupes de travail comprenant, notamment, des personnes qui ne sont pas membres du Haut Comité. Le règlement intérieur détermine les modalités de fonctionnement de ces groupes de travail.

Art. R. 125-85 *(Créé à compter du 1er avril 2019, D. n° 2019-190, 14 mars 2019).* – Le président peut inviter toute personne à assister à une séance du Haut Comité et à y intervenir.

Tout membre du Haut Comité peut proposer au président l'invitation d'une personne à une séance du Haut Comité. L'invitation est de droit si la demande émane d'un tiers au moins des membres du Haut Comité.

Art. R. 125-86 *(Créé à compter du 1er avril 2019, D. n° 2019-190, 14 mars 2019).* – Les avis et rapports du Haut Comité sont adoptés, sur proposition de son président, par le Haut Comité réuni en séance plénière. Ils sont publiés dans les formes prévues par le règlement intérieur.

Art. R. 125-87 *(Créé à compter du 1er avril 2019, D. n° 2019-190, 14 mars 2019).* – Le secrétaire général du Haut Comité est nommé, sur proposition de son président, par arrêté des ministres chargés de la sûreté nucléaire et de la radioprotection.

CHAPITRE VI. – DÉCLARATION DE PROJET

Voir : sous Livre I, Titre II, Chapitre VI de la partie législative du présent code.

Art. R. 126-1 *(D. n° 2006-629, 30 mai 2006* (1) *; mod., D. n° 2007-397, 22 mars 2007* (2) *; D. n° 2015-1783, 28 déc. 2015).* – La déclaration de projet prévue à l'article L. 126-1 est publiée dans les conditions définies au présent chapitre.

Toutefois, lorsque la déclaration de projet nécessite la mise en compatibilité d'un schéma de cohérence territoriale ou d'un plan local d'urbanisme, elle est publiée dans les conditions prévues, selon le cas, aux articles R. 143-15 ou à l'article R. 153-21 du Code de l'urbanisme.

Art. R. 126-2 *(D. n° 2006-629, 30 mai 2006)* (2). – La déclaration de projet concernant un projet public de travaux, d'aménagements ou d'ouvrages d'une collectivité territoriale ou d'un établissement public de coopération intercommunale est publiée dans les conditions prévues pour les actes de leurs organes délibérants par le Code général des collectivités territoriales.

Elle est en outre affichée dans chacune des communes concernées par le projet.

(1) Dispositions applicables à Mayotte, dans les îles Wallis-et-Futuna, en Polynésie française, en Nouvelle-Calédonie et dans les Terres australes et antarctiques françaises, D. n° 2007-397, 22 mars 2007, art. 15.

(2) Dispositions d'application : V. D. n° 2006-629, 30 mai 2006, art. 4.

Chacune des formalités de publicité mentionne le ou les lieux où le public peut consulter le document comportant le texte de la déclaration de projet.

Art. R. 126-3 *(D. n° 2006-629, 30 mai 2006)* (1). – La déclaration de projet concernant un projet public de travaux, d'aménagements ou d'ouvrages de l'État ou de l'un de ses établissements publics est prise par la personne publique maître d'ouvrage.

Cette déclaration est publiée au Recueil des actes administratifs de l'État dans le ou les départements intéressés.

Elle est en outre affichée dans chacune des communes concernées par le projet.

Chacune de ces formalités de publicité mentionne le ou les lieux où le public peut consulter le document comportant le texte de la déclaration de projet.

Art. R. 126-4 *(D. n° 2006-629, 30 mai 2006 ; mod. à compter du 1er janvier 2015, D. n° 2014-1635, 26 déc. 2014* (1) *; mod., D. n° 2015-1783, 28 déc. 2015).* – Lorsque la déclaration d'utilité publique prononcée par arrêté ministériel ou par arrêté préfectoral tient lieu de déclaration de projet en application de l'avant-dernier alinéa de l'article L. 122-1 du Code de l'expropriation pour cause d'utilité publique, elle est affichée dans chacune des communes concernées par le projet. Chacune de ces formalités de publicité mentionne le ou les lieux où le public peut consulter le document exposant les motifs de la déclaration d'utilité publique.

Toutefois, lorsque la déclaration d'utilité publique emporte mise en compatibilité d'un schéma de cohérence territoriale ou d'un plan local d'urbanisme, elle est publiée dans les conditions prévues, selon le cas, aux articles R. 143-15 ou à l'article R. 153-21 du Code de l'urbanisme.

CHAPITRE VII. – DE L'INFRASTRUCTURE D'INFORMATION GÉOGRAPHIQUE

(D. n° 2011-223, 1er mars 2011)

Bibliographie : B. Majza, *L'aménagement numérique du territoire : Contrats-Marchés publ.* mars 2013, étude 3.

Art. R. 127-8 *(D. n° 2011-494, 5 mai 2011).* – Les modalités de mise à disposition des séries et services de données géographiques mentionnés à l'article L. 127-8 s'inspirent des règles et principes énoncés aux articles 15 à 19 de la loi n° 2004-575 du 21 juin 2004 pour la confiance dans l'économie numérique, lorsque les autorités publiques soumettent à une licence d'exploitation ou à une redevance l'accès d'autres autorités publiques à des séries et services de données géographiques, ainsi que le partage de ces séries et services.

Art. R. 127-9 *(D. n° 2011-494, 5 mai 2011 ; mod., D. n° 2016-308, 17 mars 2016* (2)*; D. n° 2016-1564, 21 nov. 2016).* – Lorsque, en application des dispositions de l'article L. 127-9, les autorités publiques soumettent l'accès ou le partage des séries et services de données géographiques visés à l'article L. 127-8 à une redevance ou une licence d'exploitation, les licences sont octroyées et le montant des redevances est déterminé conformément aux dispositions des articles R. 322-3, R. 323-3 à R. 323-7 et R. 324-6-1 du Code des relations entre le public et l'administration.

Art. R. 127-10 *(D. n° 2011-223, 1er mars 2011).* – Les informations entrant dans la constitution des bases de données géographiques nationales ou locales de référence visées à l'article L. 127-10 du Code de l'environnement et susceptibles d'être diffusées, y compris par voie électronique, comprennent :

1° Les données de localisation géographique relatives au découpage parcellaire cadastral : référence des parcelles cadastrales, localisation de celles-ci, localisation de leurs contours ;

2° Les données de localisation géographique relatives aux adresses des parcelles : localisation et, le cas échéant, voie de situation, numéro dans la voie et compléments éventuels.

(1) Dispositions d'application : V. D. n° 2006-629, 30 mai 2006, art. 4.
(2) Dispositions d'application : V. D. n° 2016-308, 17 mars 2016, art. 7, I.

CHAPITRE VIII. – LABEL « FRANCE FINANCE VERTE »

(D. n° 2015-1615, 10 déc. 2015 ; intitulé mod., D. n° 2019-568, 7 juin 2019)

Présentation. Le décret n° 2015-1615 du 10 décembre 2015 a créé le label « Transition énergétique et écologique pour le climat » ainsi que le comité du label placé auprès du ministère de l'Écologie. Ce décret fixe les modalités d'élaboration, de révision et d'homologation du référentiel qui détermine les critères auxquels doivent répondre les fonds d'investissement pour bénéficier de ce label. Il détaille les procédures de labellisation des fonds et définit le rôle des organismes de certification et les procédures de suivi et de contrôle des fonds qui demandent le label « Transition énergétique et écologique pour le climat ». La création de ce label rejoint les objectifs de la loi n° 2015-992 du 17 août 2015 relative à la transition énergétique pour la croissance verte.

Section I. – Principes généraux

Art. D. 128-1 *(D. n° 2015-1615, 10 déc. 2015 ; mod., D. n° 2019-568, 7 juin 2019).* – Au sens du présent chapitre, on entend par :

1° « Société de gestion de portefeuille » : société de gestion de portefeuille mentionnée à l'article L. 532-9 du Code monétaire et financier ;

2° « Fonds d'investissement » : les organismes de placement collectifs mentionnés à l'article L. 214-1 du Code monétaire et financier relevant de la directive n° 2009/65/CE du Parlement européen et du Conseil du 13 juillet 2009 portant coordination des dispositions législatives, réglementaires et administratives concernant certains organismes de placement collectif en valeurs mobilières (OPCVM) ou les fonds d'investissement alternatifs au sens du L. 214-24 du même code, relevant de la directive n° 2011/61/EU du Parlement européen et du Conseil du 8 juin 2011 sur les gestionnaires de fonds alternatifs et modifiant les directives 2003/41/CE et 2009/65/CE ainsi que les règlements (CE) n° 1060/2009 et (UE) n° 1095/2010 qui n'ont pas un effet de levier substantiel au sens de l'article 111 du règlement délégué (UE) n° 231/2013 de la Commission du 19 décembre 2012 complétant la directive 2011/61/UE du Parlement européen et du Conseil en ce qui concerne les dérogations, les conditions générales d'exercice, les dépositaires, l'effet de levier, la transparence et la surveillance ;

3° « Certification d'un fonds d'investissement » : opération, également appelée « labellisation », par laquelle le label « France finance verte » est attribué au fonds d'investissement.

Art. D. 128-2 *(D. n° 2015-1615, 10 déc. 2015 ; mod., D. n° 2019-568, 7 juin 2019).* – Les fonds d'investissement peuvent bénéficier du label « France finance verte ». Ce label garantit que les fonds labellisés respectent des critères relatifs notamment à leur contribution directe ou indirecte au financement de la transition énergétique et écologique et à la qualité et la transparence de leurs caractéristiques environnementales.

Ces critères peuvent différer selon les catégories de fonds d'investissement et leur éventuelle prépondérance thématique.

Pour garantir à l'investisseur final qu'un fonds d'investissement respecte les critères définis, la certification du fonds est requise dans les conditions prévues à la section 4 du présent chapitre.

Section II. – Le comité du label « France finance verte »

(Intitulé mod., D. n° 2019-568, 7 juin 2019)

Art. D. 128-3 *(D. n° 2015-1615, 10 déc. 2015).* – Le comité du label :

1° Rend un avis au ministre chargé de l'environnement sur les évolutions des grandes orientations relatives au processus de labellisation ainsi que sur l'animation de l'ensemble du dispositif ;

2° Propose des modifications au référentiel du label prévu à l'article D. 128-8 et au plan de contrôle et de surveillance cadre prévu à l'article D. 128-10.

Art. D. 128-4 *(D. n° 2015-1615, 10 déc. 2015).* – I. – Le comité du label est constitué de vingt membres répartis comme suit :

1° Un collège composé de cinq représentants de l'État ; dont le commissaire général au développement durable ;

2° Un collège composé de cinq représentants des investisseurs professionnels ou non professionnels et des sociétés de gestion de portefeuille ;

3° Un collège composé de cinq représentants de la société civile ;

4° Un collège composé de cinq personnalités qualifiées en matière de gestion d'actifs financiers ou de certification.

II. – Les membres du comité du label peuvent se faire représenter.

III. – Le président du comité est le commissaire général au développement durable.

Voir : A. du 28 avr. 2017 portant nomination des membres du comité du label « Transition énergétique et écologique pour le climat » prévu à l'article D. 128-4 du Code de l'environnement.

Art. D. 128-5 *(D. n° 2015-1615, 10 déc. 2015)*. – Les membres du comité sont désignés par arrêté du ministre chargé de l'environnement.

La durée du mandat des membres du comité du label est de trois ans renouvelable.

Art. D. 128-6 *(D. n° 2015-1615, 10 déc. 2015)*. – Le président et les membres du comité du label exercent leurs fonctions à titre gratuit.

Leurs frais de déplacement et de séjour sont remboursés dans les conditions prévues par la réglementation applicable aux personnels civils de l'État.

Ils sont tenus à la confidentialité pour les faits, actes et renseignements dont ils peuvent avoir connaissance en raison de leurs fonctions.

Art. D. 128-7 *(D. n° 2015-1615, 10 déc. 2015)*. – Le fonctionnement du comité est régi par un règlement intérieur fixé par arrêté du ministre chargé de l'environnement. Son secrétariat est assuré par les services du commissariat général au développement durable.

Section III. – Le référentiel de labellisation

Art. D. 128-8 *(D. n° 2015-1615, 10 déc. 2015 ; mod., D. n° 2019-568, 7 juin 2019)*. – Le référentiel du label « France finance verte » définissant les critères prévus à l'article D. 128-2 auxquels un fonds d'investissement doit satisfaire pour être certifié est défini par arrêté du ministre chargé de l'environnement.

Art. D. 128-9 *(D. n° 2015-1615, 10 déc. 2015)*. – À compter de la première publication du référentiel, les révisions sont proposées par le comité du label.

Des observations motivées sur le référentiel en vigueur peuvent être transmises au comité du label par les organismes de certification et les sociétés de gestion de portefeuille qui ont des fonds labellisés ou qui ont été candidates à la labellisation. Elles peuvent donner lieu après instruction par le comité du label à des révisions du référentiel.

Section IV. – Modalités de certification et de contrôle

Sous-section 1. – Le plan de contrôle et de surveillance cadre du label

Art. D. 128-10 *(D. n° 2015-1615, 10 déc. 2015)*. – Le plan de contrôle et de surveillance cadre qui définit les principes applicables aux procédures de certification des fonds d'investissement qui demandent le label, le rôle des organismes de certification et les procédures de contrôle et de suivi des fonds qui ont obtenu le label est défini par arrêté du ministre chargé de l'environnement. Il respecte les dispositions prévues aux sous-sections 2 et 3 de la présente section.

Art. D. 128-11 *(D. n° 2015-1615, 10 déc. 2015)*. – À compter de la première publication du plan de contrôle et de surveillance cadre, les révisions sont proposées par le comité du label.

Des observations motivées sur le plan de contrôle et de surveillance cadre en vigueur peuvent être transmises au comité du label par les organismes de certification et les sociétés de gestion de portefeuille qui ont des fonds labellisés ou qui ont été candidates à la labellisation. Elles peuvent donner lieu après instruction par le comité du label à des révisions du plan de contrôle et de surveillance cadre.

Sous-section 2. – Les sociétés de gestion de portefeuille

Art. D. 128-12 *(D. n° 2015-1615, 10 déc. 2015 ; mod., D. n° 2019-568, 7 juin 2019)*. – Toute société de gestion de portefeuille qui souhaite obtenir le label « France finance verte » pour l'un de ses fonds d'investissement demande à un organisme de certification, qu'elle choisit, de valider sa démarche et lui soumet, à cette fin, une fiche de renseignements qui indique notamment la manière dont elle répond aux exigences du référentiel et le processus de contrôle interne associé.

Art. D. 128-13 *(D. n° 2015-1615, 10 déc. 2015)*. – I. – Jusqu'au 30 septembre 2016, les organismes de certification sont sélectionnés par le ministère chargé de l'environnement.

II. – À compter du 1er octobre 2016, les organismes de certification sont accrédités par le Comité français d'accréditation ou par tout autre organisme d'accréditation signataire d'un accord de reconnaissance multilatéral pris dans le cadre de la coordination européenne des organismes d'accréditation.

Sous-section 3. – Les organismes certificateurs

Art. D. 128-14 *(D. n° 2015-1615, 10 déc. 2015)*. – Les organismes de certification évaluent et contrôlent le respect par le fonds d'investissement présenté par la société de gestion de portefeuille du référentiel du label défini à l'article D. 128-8 sur la base des modalités d'évaluation définies conformément au plan de contrôle et de surveillance cadre défini à l'article D. 128-10.

Art. D. 128-15 *(D. n° 2015-1615, 10 déc. 2015)*. – Lorsque l'organisme de certification établit qu'un fonds dont la candidature est présentée par une société de gestion de portefeuille satisfait aux critères définis par le référentiel prévu à l'article D. 128-8, la labellisation est délivrée pour une durée d'un an.

Il en informe le comité du label dans un délai d'un mois.

Art. D. 128-16 *(D. n° 2015-1615, 10 déc. 2015)*. – Au cours des opérations d'audit de suivi de la certification, l'organisme de certification peut demander à la société de gestion de portefeuille de réaliser un plan d'actions qui propose des actions correctives ainsi qu'un délai de mise en œuvre de ces actions.

L'organisme de certification vérifie, au cours de ces opérations d'audit de suivi, par un contrôle sur pièces ou sur place, que ces actions sont exécutées.

L'organisme de certification peut prononcer la suspension ou le retrait de la décision de labellisation dans les conditions définies par le plan de contrôle et de surveillance cadre.

Art. D. 128-17 *(D. n° 2015-1615, 10 déc. 2015)*. – I. – Les organismes de certification transmettent au comité du label leurs décisions en matière d'octroi, de renouvellement, de retrait ou de suspension de certification dans un délai d'un mois.

II. – Ils lui transmettent, au plus tard dans les deux mois suivant la fin d'une période allant du 1er octobre d'une année au 30 septembre de l'année suivante, un rapport annuel d'activité comprenant un bilan de la labellisation, la liste des fonds bénéficiant du label et leurs principales caractéristiques, un état récapitulatif des actions correctives demandées aux bénéficiaires du label et des sanctions prononcées à leur encontre.

Art. D. 128-18 *(D. n° 2015-1615, 10 déc. 2015)*. – Sous réserve des échanges d'informations entre organismes de certification, nécessaires à l'exécution par ceux-ci de leurs missions de contrôle ou d'information, les organismes de certification ne peuvent rendre publiques les informations confidentielles et nominatives dont ils pourraient avoir connaissance à l'occasion de leurs activités.

Section V. – Publication d'informations

Art. D. 128-19 *(D. n° 2015-1615, 10 déc. 2015 ; mod., D. n° 2019-568, 7 juin 2019)*. – Sont publiés sur le site internet du ministre chargé de l'environnement :

- le réferentiel ;
- le plan de contrôle et de surveillance cadre ;
- le règlement d'usage du signe distinctif qui matérialise la certification « France finance verte » ;
- la liste des organismes de certification ;
- la liste des fonds labellisés ;
- la composition et le règlement intérieur du comité du label.

L'octroi, le renouvellement, le retrait ou la suspension de la décision de sélection des organismes de certification font l'objet d'une mention sur le site internet du ministre chargé de l'environnement.

TITRE III. – INSTITUTIONS

CHAPITRE Ier. – INSTITUTIONS INTERVENANT DANS LE DOMAINE DE LA PROTECTION DE L'ENVIRONNEMENT

Section I. – Agence de l'environnement et de la maîtrise de l'énergie

Sous-section 1. – Dispositions générales

Art. R. 131-1 *(Rempl., D. n° 2009-603, 28 mai 2009).* – L'Agence de l'environnement et de la maîtrise de l'énergie, ci-après dénommée « l'agence », est placée sous la tutelle des ministres chargés de l'environnement, de l'énergie et de la recherche.

Art. R. 131-2 *(Anc. D. n° 91-732, 26 juill. 1991 ; codifié, D. n° 2005-935, 2 août 2005 ; mod., D. n° 2009-603, 28 mai 2009 ; D. n° 2021-220, 26 févr. 2021).* – Dans le cadre de la politique définie par le Gouvernement notamment de lutte contre le changement climatique et d'adaptation aux conséquences de ce changement, l'agence a pour mission de susciter, animer, coordonner, faciliter et, le cas échéant, réaliser toutes opérations ayant pour objet :

1° La prévention et la lutte contre la pollution de l'air ;

2° La limitation de la production de déchets, leur élimination, leur récupération et leur valorisation, et la protection des sols et la remise en état des sites pollués ;

3° Le réaménagement et la surveillance d'une installation de stockage de déchets ultimes, autorisée après le 14 juillet 1992, lorsque ces opérations sont rendues nécessaires du fait d'une défaillance ou d'une insuffisance de garantie de l'exploitant ;

4° La réalisation d'économies d'énergie et de matières premières et le développement des énergies renouvelables, notamment d'origine végétale ;

5° Le développement des technologies propres et économes ;

6° La lutte contre les nuisances sonores.

7° La lutte contre le réchauffement climatique et l'adaptation au changement climatique ;

8° Le suivi et l'observation des filières à responsabilité élargie du producteur.

Art. R. 131-3 *(Anc. D. n° 91-732, 26 juill. 1991 ; codifié, D. n° 2005-935, 2 août 2005 ; mod., D. n° 2009-603, 28 mai 2009).* – I. – Dans les domaines d'activité énumérés à l'article R. 131-2, l'agence est habilitée à entreprendre, notamment, les actions suivantes :

1° L'orientation et l'animation de la recherche technologique ;

2° L'orientation et l'animation d'actions de formation initiale et continue ;

3° Le développement, la démonstration et la diffusion de techniques applicables ;

4° L'exécution de tous travaux, la construction ou l'exploitation d'ouvrages se rapportant à son objet ;

5° La gestion de dispositifs incitatifs visant à orienter les choix des acteurs économiques vers des produits moins polluants et plus économes en énergies ;

6° Le recueil de données ;

7° L'information et le conseil aux personnes publiques et privées ;

8° *La participation à l'élaboration* et à la mise en œuvre d'accords de coopération internationale et la gestion de crédits de coopération internationale.

II. – Elle peut effectuer toutes études et recherches et exécuter tous travaux se rapportant à son objet ou contribuer à de telles actions.

III. – Elle peut attribuer des subventions et consentir des avances remboursables aux personnes publiques et privées ainsi que prendre des participations financières se rapportant à son objet.

IV. – Elle informe les administrations concernées, et notamment les agences de l'eau, de ses projets et reçoit de leur part les informations nécessaires à son action, notamment celles recueillies en application des textes législatifs et réglementaires en vigueur.

V. – Pour assurer ses missions sur l'ensemble du territoire, l'agence peut conclure une convention avec les ministres chargés de l'environnement et de l'énergie qui prévoit notamment les modalités de collaboration entre les services centraux et déconcentrés de ces ministres et l'agence. Cette convention peut être complétée par des accords précisant les dispositions d'application régionales définies entre le président de l'agence et les préfets de région.

VI *(Créé à compter du 1er janvier 2016, D. n° 2015-1738, 24 déc. 2015)*. – Afin de recueillir les informations transmises en application des articles L. 229-25 du Code de l'environnement et L. 233-1 du Code de l'énergie et de gérer les données recueillies conformément à la mission fixée au 6° du I, l'agence met en place et administre une plateforme informatique permettant l'accès à une base de données, au sens du second alinéa de l'article L. 112-3 du Code de la propriété intellectuelle.

Voir : A. 25 janv. 2016 relatif à la plate-forme informatique pour la transmission des bilans d'émission de gaz à effet de serre. La plate-forme est disponible à l'adresse suivante : http://www.bilans-ges.ademe.fr/.

Sous-section 2. – Administration de l'agence

Art. R. 131-4 *(Rempl., D. n° 2009-603, 28 mai 2009* (1) *; mod., D. n° 2021-220, 26 févr. 2021 ; D. n° 2023-45, 30 janv. 2023)*. – L'agence est administrée par un conseil d'administration de vingt-huit membres comprenant :

1° Un représentant du Sénat et un représentant de l'Assemblée nationale désignés par chacune de ces assemblées ;

2° Neuf représentants de l'État nommés par décret pris sur le rapport des ministres de tutelle, soit :

a) Deux sur proposition du ministre chargé de l'environnement ;
b) Un sur proposition du ministre chargé de l'énergie ;
c) Un sur proposition du ministre chargé de la recherche ;
d) Un sur proposition du ministre chargé de l'industrie ;
e) Un sur proposition du ministre chargé du logement ;
f) Un sur proposition du ministre chargé de l'agriculture ;
g) Un sur proposition du ministre chargé du budget ;
h) Un sur proposition du ministre de l'intérieur ;

2° *bis* Le délégué interministériel au développement durable ou son représentant ;

2° *ter* Le directeur général de l'Agence nationale de la cohésion des territoires ou son représentant ;

3° Quatre représentants des collectivités territoriales et des établissements publics de coopération intercommunale à fiscalité propre, nommés par décret pris sur le rapport des ministres de tutelle après avis du ministre chargé des collectivités territoriales ;

4° Cinq personnalités qualifiées ou représentants d'associations de protection de l'environnement agréées au titre de l'article L. 141-1 ou représentants de groupements professionnels intéressés, dont trois au titre de l'environnement et deux au titre de l'énergie nommés par décret pris sur le rapport des ministres de tutelle ;

5° Six représentants des salariés élus conformément aux dispositions du décret n° 83-1160 du 26 décembre 1983 portant application de la loi n° 83-675 [du 26 juillet 1983] modifiée relative à la démocratisation du secteur public.

Art. R. 131-5 *(Anc. D. n° 91-732, 26 juill. 1991 ; codifié, D. n° 2005-935, 2 août 2005)*. – La durée du mandat des membres du conseil d'administration est de cinq ans. Ce mandat est renouvelable une fois. Le mandat des membres désignés en raison des fonctions qu'ils exercent prend fin à l'expiration de celles-ci. En cas de vacance par suite de démission ou pour toute autre cause, il est pourvu à la désignation du ou des nouveaux membres dans le délai de trois mois. Tout membre désigné pour remplacer un membre du conseil exerce son mandat jusqu'à l'expiration du mandat de son prédécesseur.

Art. R. 131-6 *(Anc. D. n° 91-732, 26 juill. 1991 ; codifié, D. n° 2005-935, 2 août 2005 ; mod., D. n° 2009-603, 28 mai 2009)*. – I. – Sur proposition du conseil d'administration, son président est nommé parmi ses membres par décret pris sur le rapport des ministres de tutelle.

II. – Le président du conseil d'administration assure l'exécution des délibérations du conseil d'administration.

III. – Dans le cadre des règles définies par le conseil d'administration, il a qualité pour :

1° Représenter l'agence dans tous les actes de la vie civile, dans ses rapports avec les tiers et dans les relations internationales ;

(1) Dispositions transitoires : V. D. n° 2009-603, 28 mai 2009, art. 10.

2° Passer au nom de l'agence tous actes, contrats ou marchés ;
3° Procéder à toutes acquisitions, tout dépôt ou cession de brevets ou de licences ;
4° Représenter l'agence en justice et conclure toutes transactions ;
5° Déterminer l'emploi des fonds disponibles et le placement des réserves, procéder à toutes acquisitions, aliénations et transferts de valeurs ;
6° Procéder à tous achats, ventes ou locations d'immeubles, contracter tous emprunts, constituer nantissement ou hypothèque.
Il informe le commissaire du Gouvernement et le « contrôleur budgétaire » (1) des actes pris dans le cadre du 5°.
IV. – Le président du conseil d'administration a autorité sur les services de l'agence et en dirige l'action. À ce titre :
1° Il met en œuvre les programmes opérationnels confiés à l'agence ;
2° Il prend les décisions relatives à l'organisation et au fonctionnement des services ;
3° Il nomme et révoque le personnel de l'agence et a autorité sur lui ;
4° Il est ordonnateur principal des recettes et des dépenses.
V. – Le président du conseil d'administration peut, dans des conditions définies par le conseil d'administration, déléguer une partie de ses pouvoirs à un ou plusieurs directeurs généraux délégués nommés par lui. Il peut déléguer sa signature.

Art. R. 131-7 *(Anc. D. n° 91-732, 26 juill. 1991 ; codifié, D. n° 2005-935, 2 août 2005 ; mod., D. n° 2006-781, 3 juill. 2006)*. – Les membres du conseil d'administration bénéficient du remboursement, dans les conditions fixées par le décret no 2006-781 du 3 juillet 2006 fixant les conditions et les modalités de règlement des frais occasionnés par les déplacements temporaires des personnels civils de l'État, des frais de déplacement ou de séjour effectivement supportés par eux dans l'exercice de leurs fonctions.

Art. R. 131-8 *(Anc. D. n° 91-732, 26 juill. 1991 ; codifié, D. n° 2005-935, 2 août 2005 ; mod., D. n° 2009-603, 28 mai 2009 ; D. n° 2021-220, 26 févr. 2021)*. – Le conseil d'administration se réunit au moins quatre fois par an sur convocation de son président et examine toute question inscrite à l'ordre du jour par le président ou par le conseil statuant à la majorité simple. En outre, le président réunit le conseil sur la demande du commissaire du Gouvernement. Le conseil d'administration peut également être convoqué sur la demande du tiers de ses membres dans les conditions prévues au deuxième alinéa de l'article 8 de la loi n° 83-675 du 26 juillet 1983 relative à la démocratisation du secteur public.
Le conseil ne délibère valablement que si la moitié au moins de ses membres sont présents ou représentés par un autre membre du conseil d'administration, un membre du conseil ne pouvant représenter qu'un seul autre membre et sous réserve que celui-ci appartienne à la même catégorie, mentionnée par les 1° à 5° de l'article R. 131-4. Si ce quorum n'est pas atteint, le conseil est à nouveau convoqué avec le même ordre du jour dans un délai de vingt jours : il délibère alors sans condition de quorum.
Les délibérations du conseil sont prises à la majorité simple des suffrages exprimés ; en cas de partage égal des voix, celle du président est prépondérante.
Le commissaire du Gouvernement assiste au conseil d'administration avec voix consultative. En cas d'empêchement, il peut se faire représenter par un fonctionnaire placé sous son autorité.
Le contrôleur budgétaire et l'agent comptable assistent au conseil d'administration avec voix consultative. Le contrôleur budgétaire peut se faire représenter par un fonctionnaire placé sous son autorité. Le président peut appeler à participer aux séances, avec voix consultative, toute autre personne dont il juge la présence utile.
Le conseil d'administration arrête son règlement intérieur.

Art. R. 131-9 *(Rempl., D. n° 2021-220, 26 févr. 2021)*. – I. – Le conseil d'administration règle par ses délibérations les affaires de l'agence. Ses délibérations portent notamment sur les objets suivants :
1° L'organisation générale de l'agence ;
2° Le contrat d'objectifs pluriannuel et la convention mentionnée au V de l'article R. 131-3 ;
3° Le budget initial et ses modifications, les emprunts, le compte financier et l'affectation du résultat de l'exercice ;
4° Le rapport annuel d'activité ;
5° Les prises, extensions ou cessions de participations financières ;

(1) À compter du 1er janvier 2013, D. n° 2012-1247, 7 nov. 2012, art. 2 et 289.

6° L'approbation des projets de construction, d'achat ou de vente d'immeubles, de constitution d'hypothèques ou de droits réels ;

7° Le régime des contrats et conventions passés par l'agence ;

8° Les conditions générales d'attribution de subventions ou d'avances remboursables aux personnes publiques ou privées ;

9° L'acceptation ou le refus des dons et legs ;

10° Les conditions générales de recrutement, d'emploi et de rémunération du personnel ;

11° Les actions en justice et les transactions ;

12° Toutes questions se rapportant à l'objet de l'agence qui lui sont soumises par l'un des ministres de tutelle.

Le conseil d'administration peut déléguer tout ou partie des compétences mentionnées aux 9°, 10° et 11° au président du conseil d'administration dans les conditions et limites qu'il détermine. Le président rend compte, lors de la plus prochaine séance du conseil d'administration, des décisions qu'il a prises en vertu de cette délégation.

II. – Le conseil d'administration fixe également :

1. Les montants au-dessus desquels les décisions d'octroi de subventions, contrats, conventions ou marchés, autres que ceux mentionnés aux 3° et 6° du I, ne peuvent être passés qu'avec son autorisation ;

2. Les modalités et critères d'attribution des concours financiers de l'agence pour chaque type d'opération. Le conseil fixe, en outre, les modalités et seuils de saisine des commissions nationales des aides mentionnées à l'article R. 131-15 et des commissions régionales des aides mentionnées à l'article R. 131-18.

Art. R. 131-10 *(Anc. D. n° 91-732, 26 juill. 1991 ; codifié, D. n° 2005-935, 2 août 2005 ; mod., D. n° 2009-603, 28 mai 2009 ; D. n° 2012-1247, 7 nov. 2012).* – Les délibérations du conseil d'administration sont transmises par son président au commissaire du Gouvernement, au membre du corps du contrôle général économique et financieret aux ministres de tutelle. Elles sont exécutoires de plein droit si le commissaire du Gouvernement ou le membre du corps du contrôle général économique et financier n'y ont pas fait opposition dans les quatorze jours qui suivent la réception des délibérations.

S'il forme opposition, le commissaire du Gouvernement ou le membre du corps du contrôle général économique et financieren réfère immédiatement, suivant le cas, aux ministères de tutelle ou au ministre chargé du budget, qui doivent se prononcer dans un délai d'un mois. À défaut de décision notifiée dans ce délai, la délibération est exécutoire.

Toutefois, lorsqu'elles portent sur l'organisation générale de l'agence ainsi que sur son programme d'activité et sur les conditions générales d'attribution des subventions, les délibérations ne sont exécutoires qu'après avoir été approuvées par les ministres de tutelle. À défaut d'opposition de l'un des ministres de tutelle dans le délai d'un mois à compter de leur réception, ces délibérations sont réputées approuvées.

(Créé à compter du 1er janvier 2013, D. n° 2012-1247, 7 nov. 2012) (1) (2) Les délibérations portant sur le budget et le compte financier sont exécutoires dans les conditions prévues par le titre III du décret n° 2012-1246 du 7 novembre 2012 relatif à la gestion budgétaire et comptable publique.

Art. R. 131-11 *(Anc. D. n° 91-732, 26 juill. 1991 ; codifié, D. n° 2005-935, 2 août 2005 ; mod., D. n° 2009-603, 28 mai 2009 ; D. n° 2021-220, 26 févr. 2021).* – Le commissaire du Gouvernement auprès de l'agence est le secrétaire général du ministère chargé de l'environnement ou son représentant.

Il peut à tout moment se faire communiquer tous documents, pièces ou archives et procéder ou faire procéder à toutes vérifications. Il fait connaître l'avis du Gouvernement sur les problèmes évoqués.

Il peut assister ou se faire représenter par un fonctionnaire placé sous son autorité aux séances du conseil scientifique et des commissions nationales des aides.

Art. R. 131-12 *(Anc. D. n° 91-732, 26 juill. 1991 ; codifié, D. n° 2005-935, 2 août 2005).* – Le directeur scientifique est nommé par le président du conseil d'administration. Il veille à la définition et à la coordination des actions de l'agence en matière scientifique. Il assiste aux réunions du conseil scientifique et en assure le secrétariat.

Il présente au conseil d'administration le rapport sur l'état des connaissances scientifiques et techniques mentionné à l'article R. 131-13.

---

(1) Sur les conditions de modifications des présentes dispositions : V. D. n° 2012-1247, 7 nov. 2012, art. 292.

(2) Dispositions applicables sur l'ensemble du territoire de la République, D. n° 2012-1247, 7 nov. 2012, art. 293.

Art. R. 131-13 *(Anc. D. n° 91-732, 26 juill. 1991 ; codifié, D. n° 2005-935, 2 août 2005).* – Le conseil scientifique est composé de quinze membres au plus, nommés pour cinq ans par arrêté conjoint des ministres chargés de la recherche, de l'environnement et de l'énergie.

Son président est nommé en son sein par arrêté conjoint de ces ministres.

Le président du conseil d'administration peut assister aux séances du conseil scientifique.

Le conseil scientifique est consulté sur les programmes d'études et de recherches entrepris par l'agence ou dans lesquels celle-ci intervient. Il formule toutes propositions concernant le développement de la recherche.

Ses avis sont communiqués au conseil d'administration et aux ministres chargés de l'énergie, de l'environnement et de la recherche.

Chaque année, un rapport, préparé par le directeur scientifique, sur l'état des connaissances scientifiques et techniques lui est soumis en même temps que le rapport d'activité prévu au 4° du I de l'article R. 131-9.

Art. R. 131-14 *(Abr., D. n° 2021-220, 26 févr. 2021).*

Art. R. 131-15 *(Anc. D. n° 91-732, 26 juill. 1991 ; codifié, D. n° 2005-935, 2 août 2005 ; mod., D. n° 2009-603, 28 mai 2009 ; D. n° 2021-220, 26 févr. 2021).* – I. – Dans les domaines d'activité définis à l'article R. 131-2, le conseil d'administration institue des commissions nationales des aides dont il fixe les compétences respectives. Dans le domaine d'activité qui lui est assigné, chaque commission :

1° Est saisie pour avis des orientations stratégiques de l'agence et des programmes d'action pluriannuels destinés à les mettre en œuvre ; elle est tenue informée au moins une fois par an de leur état d'avancement et des résultats de leurs évaluations ;

2° Est saisie pour avis des modalités et critères d'attribution des concours financiers de l'agence pour chaque type d'opération, ainsi que des dépenses prévisionnelles correspondantes ;

3° Délibère préalablement aux décisions d'attribution de concours financiers, lorsque ceux-ci dépassent un seuil déterminé pour chaque type d'opération par le conseil d'administration en application du 2° du II de l'article R. 131-9.

II. – Le conseil d'administration arrête la composition des commissions nationales des aides et précise leurs modalités de fonctionnement, notamment en ce qui concerne la périodicité des séances et les conditions de quorum.

Chacune d'elles a pour président le président du conseil d'administration ou un membre du personnel de l'agence désigné par lui. Elle comprend un représentant de chacun des ministres de tutelle ainsi que du ministre chargé du budget et des ministres concernés par son domaine d'activité.

Elle comprend en outre entre huit et douze personnalités désignées par le conseil d'administration pour une durée de cinq ans soit en fonction de leur compétence, soit en tant que représentants des collectivités territoriales, des activités professionnelles concernées ou des associations agréées de protection de l'environnement, de défense des consommateurs ou de surveillance de la qualité de l'air. Chaque personnalité peut se faire remplacer par un membre suppléant, désigné dans les mêmes conditions que le titulaire.

Le « contrôleur budgétaire » (1) et l'agent comptable assistent à titre consultatif aux séances des commissions nationales des aides, ainsi que toute personne invitée par leur président. Le contrôleur budgétaire peut se faire représenter par un fonctionnaire placé sous son autorité.

Les avis des commissions nationales sont rendus à la majorité des membres présents, le président de séance ayant voix prépondérante en cas de partage égal des voix.

Les décisions d'attribution des concours financiers sont prises par le président de l'agence sous réserve des cas où leur montant excède le seuil fixé au 1° du II de l'article R. 131-9. Dans l'hypothèse où cette décision est contraire à l'avis rendu par la Commission nationale des aides et sous réserve des cas où le conseil d'administration autorise lui-même l'attribution, le président de l'agence est tenu d'en informer le conseil d'administration à l'occasion de sa prochaine séance.

Sous-section 3. – Action régionale de l'agence

Art. R. 131-16 *(Rempl., D. n° 2009-603, 28 mai 2009 ; mod. D. n° 2012-509, 18 avr. 2012, art. 9 puis annulés, CE, 20 févr. 2013, n° 360307, Féd. Chimie énergie CFDT : JurisData n° 2013-002750 ; rempl.,*

(1) À compter du 1er janvier 2013, D. n° 2012-1247, 7 nov. 2012, art. 2 et 289.

D. n° 2023-45, 30 janv. 2023). – En sa qualité de délégué territorial de l'agence, le préfet de région ou, en Corse, le préfet de Corse préside le comité régional d'orientation et la commission régionale des aides. Il veille à la cohérence et à la coordination des actions de l'agence avec celles conduites par les administrations et les autres établissements publics de l'État en région, conformément au contrat d'objectifs à caractère pluriannuel signé avec l'agence.

Le Conseil d'État estime que les dispositions du décret n° 2012-509 du 18 avril 2012, en instaurant, sans fondement législatif, le préfet comme le délégué territorial de l'agence, modifient l'exercice du pouvoir hiérarchique au sein de l'établissement et touchent ainsi aux règles constitutives de l'ADEME, telles qu'elles résultent de la loi du 19 décembre 1990. Compte tenu de la spécificité de cette structure, seul le législateur pouvait alors les modifier (■ CE, 20 févr. 2013, *Féd. Chimie énergie CFDT et a. : JCP* A 2013, comm. 2205, obs. H. Pauliat).

Art. R. 131-17 *(Rempl., D. n° 2009-603, 28 mai 2009).* – Pour la mise en œuvre de ses missions, l'agence dispose dans chaque région d'une direction régionale. Les directions régionales peuvent se voir confier des missions à caractère national ou interrégional.

(Mod., D. n° 2023-45, 30 janv. 2023) Le directeur régional est un membre du personnel de l'agence. Il est chargé de mettre en œuvre, sous l'autorité du président, l'action territoriale de l'établissement conformément au contrat d'objectifs pluriannuel. Il s'assure de la cohérence de son action avec les orientations définies par le préfet de région ou, en Corse, par le préfet de Corse, notamment dans le cadre du comité régional d'orientation.

Art. R. 131-18 *(Rempl., D. n° 2009-603, 28 mai 2009 ; mod., D. n° 2014-551, 27 mai 2014 ; D. n° 2023-45, 30 janv. 2023).* – I. – La commission régionale des aides est présidée par le préfet de région ou, en Corse, par le préfet de Corse et, en son absence ou en cas d'empêchement, par le directeur régional de l'agence. Elle comprend également le président du conseil régional ainsi que six personnalités qualifiées dans les domaines d'action de l'agence désignées par le préfet de région ou, en Corse, par le préfet de Corse. Elle comprend également six personnalités qualifiées désignées par le préfet de région.

Le président du conseil régional et les directeurs régionaux des services de l'État mentionnés au premier alinéa peuvent se faire représenter.

II. – Le président de la commission peut appeler à siéger avec voix consultative toute personne dont l'avis lui paraît utile.

III. – Le directeur régional de l'agence prépare l'ordre du jour de la commission régionale des aides et y présente les projets de décision.

IV. – La commission régionale des aides examine les projets de concours financiers de l'agence dans les cas définis par le conseil d'administration en application du 2° du II de l'article R. 131-9. Elle est également saisie de tout projet de concours financier qui lui est soumis par le préfet de région. Ses avis sont émis à la majorité des membres présents. Le relevé des avis de la commission est transmis au président de l'agence et au préfet de région.

V. – Les décisions d'attribution des concours financiers soumis à l'avis de la commission régionale sont prises par le président de l'agence. Si ce dernier envisage de prendre une décision contraire à l'avis rendu par la commission régionale des aides, il saisit préalablement la Commission nationale des aides compétente qui statue dans les conditions prévues au II de l'article R. 131-15.

Art. R. 131-19 *(Rempl., D. n° 2009-603, 28 mai 2009).* – L'agence peut entreprendre des actions conjointement avec les collectivités territoriales. Elle conclut à cette fin des conventions de programme. Ces conventions sont signées au nom de l'agence par le président, après avis de la commission nationale ou de la commission régionale des aides en fonction du montant global des opérations envisagées. Elles sont cosignées par le préfet de région.

Chacune des opérations faisant l'objet de la convention est soumise à l'avis de la commission des aides compétente en vertu des dispositions d'application du 2° du II de l'article R. 131-9.

La commission régionale des aides est également tenue informée des autres opérations entrant dans le cadre des conventions passées avec les collectivités territoriales.

Art. R. 131-19-1 *(D. n° 2023-45, 30 janv. 2023).* – Les conventions de transition écologique définies à l'article L. 131-6 sont conclues conformément aux dispositions de l'article 40 de la loi n° 2014-1545 du 20 décembre 2014 relative à la simplification de la vie des entreprises et du décret n° 2016-544 du 3 mai

2016 portant dispositions relatives aux conventions de mandat conclues par les établissements publics et les groupements d'intérêt public nationaux et les autorités publiques indépendantes avec des tiers.

Art. R. 131-20 *(Rempl., D. n° 2009-603, 28 mai 2009 ; mod., D. n° 2023-45, 30 janv. 2023).* **– Un comité régional d'orientation, placé sous la présidence du préfet de région ou, en Corse, du préfet de Corse, comprend les préfets de département, le directeur régional de l'agence, les autres membres de la commission régionale des aides, ainsi que les présidents des conseils généraux ou leur représentant.**

Le comité régional d'orientation est réuni au moins une fois par an. Il examine l'articulation entre les actions régionales des services de l'État et celles de l'agence ainsi que l'état d'avancement des actions contractualisées entre l'agence et les collectivités territoriales.

Le comité régional d'orientation entend le rapport d'activité du directeur régional, fait le bilan des actions entreprises et émet des recommandations, notamment sur les axes prioritaires des actions futures de l'agence dans la région.

Sous-section 4. – Dispositions financières et comptables

Art. R. 131-21 *(Rempl. à compter du 1er janvier 2013, D. n° 2012-1247, 7 nov. 2012)* (1) (2). **– L'agence est soumise aux dispositions des titres Ier et III du décret n° 2012-1246 du 7 novembre 2012 relatif à la gestion budgétaire et comptable publique.**

Art. R. 131-22 *(Mod. à compter du 1er janvier 2013, D. n° 2012-1247, 7 nov. 2012)* (1) (2). **– Des comptables secondaires sont nommés par le ministre chargé du budget après avis du président du conseil d'administration.**

Art. R. 131-23 *(Anc. D. n° 91-732, 26 juill. 1991 ; codifié, D. n° 2005-935, 2 août 2005).* **– Les recettes de l'agence comprennent :**

1° Les versements de l'État et des personnes publiques et privées ;

2° Le produit des intérêts et du remboursement des prêts consentis par l'agence ;

3° Les revenus des biens meubles et immeubles de l'agence et le produit de leur aliénation ;

4° Le produit des emprunts et des participations ;

5° Le produit des taxes qui lui est affecté dans les conditions prévues par les lois de finances ;

6° Le produit de redevances pour services rendus et de redevances sur les inventions et procédés nouveaux à la réalisation desquels l'agence aurait contribué ;

7° Les dons et legs ;

8° Le produit des publications ;

9° D'une manière générale, toutes les recettes autorisées par les lois et règlements en vigueur.

Art. R. 131-24 *(Mod. à compter des dates prévues à l'article 18 du décret n° 2019-798 du 26 juillet 2019, D. n° 2019-798, 26 juill. 2019).* **– Des régies de dépenses et de recettes peuvent être créées par arrêté conjoint des ministres chargés de la tutelle et du budget dans les conditions fixées par le décret n° 2019-798 du 26 juillet 2019 relatif aux régies de recettes et aux régies d'avances des organismes publics.**

NB : Conformément aux dispositions de l'article 18 du décret n° 2019-798 du 26 juillet 2019, ces dispositions entrent en vigueur le premier jour du mois suivant celui de la publication dudit décret et, s'agissant des régies créées avant cette date, le premier jour du sixième mois suivant cette même date.

Art. R. 131-25 *(Mod. à compter du 1er janvier 2013, D. n° 2012-1247, 7 nov. 2012)* (1) (2) (3). **– Sous réserve des dispositions de l'article R. 131-10, l'agence est également régie par le décret n° 53-707 du 9 août 1953 modifié relatif au contrôle de l'État sur les entreprises publiques nationales et certains organismes ayant un objet d'ordre économique ou social.**

---

(1) Sur les conditions de modifications des présentes dispositions : V. D. n° 2012-1247, 7 nov. 2012, art. 292.

(2) Dispositions applicables sur l'ensemble du territoire de la République, D. n° 2012-1247, 7 nov. 2012, art. 293.

(3) Dispositions applicables à l'Institut national de l'environnement et des risques industriels, à la Cité de l'architecture et du patrimoine et au Centre de coopération internationale en recherche agronomique pour le développement à compter du 1er janvier 2014, D. n° 2012-1247, 7 nov. 2012, art. 291.

Art. R. 131-26 *(Anc. D. n° 91-732, 26 juill. 1991 ; codifié, D. n° 2005-935, 2 août 2005).* – Un arrêté conjoint des ministres de tutelle et du ministre chargé du budget précise, en tant que de besoin, les modalités d'application des articles R. 131-21 à R. 131-23.

Sous-section 5. – Suivi et observation des filières à responsabilité élargie du producteur

(Sous-section créée à compter du 30 novembre 2020, D. n° 2020-1455, 27 nov. 2020)

§ 1. – Missions de l'agence

Art. R. 131-26-1 *(Créé à compter du 30 novembre 2020, D. n° 2020-1455, 27 nov. 2020).* – La mission de suivi et d'observation des filières à responsabilité élargie prévue au V de l'article L. 131-3 comprend les prestations suivantes :

1° Au titre de l'accompagnement des éco-organismes et systèmes individuels, la réalisation des études et évaluations préalables à leur agrément ou renouvellement d'agrément ;

2° La collecte, le traitement et l'analyse des données et informations mentionnées aux articles L. 541-10-13 et L. 541-10-14 nécessaires au suivi et à l'observation des filières de responsabilité élargie du producteur ;

3° La mise à disposition du public des informations mentionnées à l'article L. 541-10-14, dans les conditions prévues à cet article ;

4° *(4° créé à compter du 18 août 2025, D. n° 2024-1221, 27 déc. 2024)* La réalisation de l'enquête de composition portant sur les déchets municipaux en mélange prévue par le paragraphe 5 de l'article 69 du règlement (UE) 2023/1542 du 12 juillet 2023.

L'agence est l'autorité administrative mentionnée aux articles L. 541-10-13 et L. 541-10-14.

§ 2. – Dispositions relatives à la redevance perçue par l'agence pour assurer le suivi et l'observation des filières à responsabilité élargie du producteur

Art. R. 131-26-2 *(Créé à compter du 30 novembre 2020, D. n° 2020-1455, 27 nov. 2020).* – La redevance prévue au deuxième alinéa du V de l'article L. 131-3 est perçue par l'agence en contrepartie des prestations mentionnées à l'article R. 131-26-1. Elle est due, selon les cas, par les producteurs qui ont mis en place un système individuel ou les éco-organismes. Le montant de la redevance est fixé par l'agence conformément à des tarifs établis par elle et homologués par le ministre chargé de l'environnement, dans les conditions fixées à l'article R. 131-26-4.

Art. R. 131-26-3 *(Créé à compter du 30 novembre 2020, D. n° 2020-1455, 27 nov. 2020).* – I. – Les tarifs couvrent les coûts de fonctionnement et d'investissement inhérents aux prestations mentionnées à l'article précédent, en tenant compte de celles qui sont spécifiques à chacune des filières à responsabilité élargie des producteurs énumérées à l'article L. 541-10-1, d'une part, et de celles dont le service est commun à plusieurs filières, d'autre part.

II. – En vue de déterminer les tarifs relatifs à chacun des producteurs en système individuel ou éco-organismes, la répartition des coûts respecte les conditions suivantes :

1° Les coûts inhérents aux prestations communes à plusieurs filières sont répartis entre chacune d'entre elles, en tenant compte du nombre de producteurs en relevant ;

2° Pour chaque filière, les coûts qui lui sont affectés en application du 1° sont complétés, le cas échéant, par les coûts inhérents aux prestations qui lui sont spécifiques. Les coûts totaux en résultant sont répartis, aux fins de détermination des montants dus, entre chaque producteur en système individuel et chaque éco-organisme en tenant compte des quantités estimées de produits que ces producteurs ou les adhérents des éco-organismes ont mis sur le marché. Ces quantités sont appréciées sur une période antérieure pertinente déterminée par l'agence.

III. – Pour l'établissement des tarifs, l'agence applique les règles suivantes :

1. La redevance peut prendre la forme d'un tarif forfaitaire pour les producteurs qui ont mis en place un système individuel et mettent sur le marché de petites quantités de produits ;

2. Le producteur qui a transféré l'obligation mentionnée au I de l'article L. 541-10 à un éco-organisme et qui souhaite procéder à la transmission des données mentionnées à l'article L. 541-10-13 sans son intermédiaire ne supporte pas de frais supplémentaires.

Les tarifs annuels de redevance déterminés chaque année en application des dispositions des précédents alinéas peuvent être augmentés de 20 % au plus afin de couvrir le coût d'investissements devant être réalisés l'année suivante et nécessaires à la réalisation des prestations mentionnées à l'article R. 131-26-1. Ce complément de redevance donne lieu à régularisation au plus tard l'année suivant la réalisation des investissements, compte tenu des dépenses effectivement réalisées.

Art. R. 131-26-4 *(Créé à compter du 30 novembre 2020, D. n° 2020-1455, 27 nov. 2020).* **– L'agence notifie au ministre chargé de l'environnement les tarifs établis en application de l'article R. 131-26-3 quatre mois au moins avant le début de chaque période tarifaire. Cette notification est accompagnée des éléments ayant servi de base à la détermination des tarifs. Le ministre peut demander à l'agence tout élément permettant de justifier sa proposition tarifaire.**

Les tarifs sont réputés homologués à défaut d'opposition motivée du ministre chargé de l'environnement dans un délai de deux mois à compter de cette notification. Dans le cas contraire, l'agence propose de nouveaux tarifs dans un délai d'un mois, en prenant en compte les observations formulées par le ministre. Ils sont alors adoptés dans les conditions prévues à la phrase précédente. En cas de nouvelle opposition ou en l'absence de notification les tarifs précédemment en vigueur demeurent applicables.

Les tarifs sont publiés au *bulletin officiel* du ministère chargé de la protection de l'environnement.

Lors de la notification du montant de la redevance à l'éco-organisme, l'agence l'informe des quantités estimées de produits mis sur le marché qui ont été prises en compte pour répartir les coûts en application du 2° du II de l'article R. 131-26-3.

Section II ancienne *(Rédaction antérieure).* – Groupements d'intérêt public dans le domaine de l'environnement

Rédaction antérieure. Art. D. 131-27 ***(Abr. sous réserve des dispositions de l'article 14 du décret n° 2012-91 du 26 janvier 2012, D. n° 2012-91, 26 janv. 2012. – V. ce texte)*** (1) (2).

Rédaction antérieure. Art. D. 131-28 ***(Abr. sous réserve des dispositions de l'article 14 du décret n° 2012-91 du 26 janvier 2012, D. n° 2012-91, 26 janv. 2012. – V. ce texte)*** (1) (2).

Rédaction antérieure. Art. D. 131-29 ***(Abr. sous réserve des dispositions de l'article 14 du décret n° 2012-91 du 26 janvier 2012, D. n° 2012-91, 26 janv. 2012. – V. ce texte)*** (1) (2).

Rédaction antérieure. Art. D. 131-30 ***(Abr. sous réserve des dispositions de l'article 14 du décret n° 2012-91 du 26 janvier 2012, D. n° 2012-91, 26 janv. 2012. – V. ce texte)*** (1) (2).

Rédaction antérieure. Art. D. 131-31 ***(Abr. sous réserve des dispositions de l'article 14 du décret n° 2012-91 du 26 janvier 2012, D. n° 2012-91, 26 janv. 2012. – V. ce texte)*** (1) (2).

Rédaction antérieure. Art. D. 131-32 ***(Abr. sous réserve des dispositions de l'article 14 du décret n° 2012-91 du 26 janvier 2012, D. n° 2012-91, 26 janv. 2012. – V. ce texte)*** (1) (2).

Rédaction antérieure. Art. D. 131-33 ***(Abr. sous réserve des dispositions de l'article 14 du décret n° 2012-91 du 26 janvier 2012, D. n° 2012-91, 26 janv. 2012. – V. ce texte)*** (1) (2).

Rédaction antérieure. Art. D. 131-34 ***(Abr. sous réserve des dispositions de l'article 14 du décret n° 2012-91 du 26 janvier 2012, D. n° 2012-91, 26 janv. 2012. – V. ce texte)*** (1) (2).

Section II. – Office français de la biodiversité

(Rempl. à compter du 1er janvier 2020, D. n° 2019-1580, 31 déc. 2019)

La loi n° 2019-773 du 24 juillet 2019 portant création de l'Office français de la biodiversité, modifiant les missions des fédérations des chasseurs et renforçant la police de l'environnement est venue créer l'Office français de la biodiversité, nouvel établissement public à caractère administratif opérant la fusion de l'Agence française de la biodiversité et l'Office national de la chasse et de la faune sauvage.

---

(1) Dispositions applicables à Wallis-et-Futuna, en Polynésie française, en Nouvelle-Calédonie et dans les Terres australes et antarctiques françaises, D. n° 2012-91, 26 janv. 2012, art. 15.

(2) Dans tous les textes réglementaires, la référence aux décrets et aux dispositions réglementaires codifiées mentionnés à l'article 13 du décret n° 2012-91 du 26 janvier 2012 est remplacée par la référence à ce même décret, D. n° 2012-91, 26 janv. 2012, art. 16.

Un décret n° 2019-1580 du 31 décembre 2019 relatif à l'Office français de la biodiversité d'application de cette loi fixe les modalités d'organisation et de fonctionnement de ce nouvel établissement public.

Art. R. 131-27 *(Rempl. à compter du 1er janvier 2020, D. n° 2019-1580, 31 déc. 2019).* – **L'Office français de la biodiversité est un établissement public à caractère administratif.**

Il est placé sous la tutelle des ministres chargés de l'environnement et de l'agriculture qui fixent par arrêté conjoint le lieu de son siège.

Sous-section 1. – Administration de l'office

Art. R. 131-28 *(Rempl. à compter du 1er janvier 2020, D. n° 2019-1580, 31 déc. 2019).* – **Le conseil d'administration de l'office comprend quarante-trois membres répartis en cinq collèges composés comme suit :**

1° Premier collège :

a) **Huit représentants de l'État :**

– deux représentants des ministres chargés de l'environnement et de l'agriculture dont le commissaire du Gouvernement ;

– un représentant du ministre chargé de la mer ;

– un représentant du ministre chargé du budget ;

– un représentant du ministre chargé de l'intérieur ;

– un représentant du ministre chargé de la recherche ;

– un représentant du ministre chargé de l'outre-mer ;

– *(Mod., D. n° 2022-969, 1er juill. 2022)* **l'administrateur supérieur des terres australes et antarctiques françaises ou son représentant ;**

b) **Cinq représentants d'établissements publics nationaux œuvrant dans le champ des compétences de l'établissement ;**

c) **Trois personnalités qualifiées en raison de leur compétence dans le domaine de la protection de la biodiversité terrestre, marine ou de la ressource en eau et des milieux aquatiques ;**

2° Deuxième collège :

a) **Trois représentants d'organisations professionnelles agricoles et forestières ;**

b) **Deux représentants des autres secteurs économiques concernés ;**

c) **Trois représentants d'associations agréées de protection de l'environnement ;**

d) **Deux représentants d'organismes gérant des espaces naturels ;**

e) **Quatre représentants des instances cynégétiques et des instances de la pêche de loisir ;**

3° Troisième collège :

a) **Deux représentants des comités de bassin ;**

b) **Trois représentants des collectivités territoriales et de leurs groupements, dont au moins un représentant d'une collectivité d'outre-mer ;**

4° Quatrième collège :

Quatre représentants titulaires et quatre représentants suppléants, élus du personnel de l'établissement ;

5° Cinquième collège :

Quatre parlementaires ainsi que leurs suppléants, mentionnés à l'article L. 131-10.

À l'exception des parlementaires et des représentants du personnel, les membres du conseil d'administration sont nommés, dans le respect des règles fixées aux dixième et onzième alinéas de l'article L. 131-10, par un arrêté conjoint des ministres chargés de l'environnement et de l'agriculture et, en ce qui concerne les représentants de l'État mentionnés au *a* du 1°, sur proposition du ministre dont ils relèvent.

Un arrêté des ministres chargés de l'environnement et de l'agriculture fixe les modalités d'élection, de suppléance et de remplacement des représentants du personnel.

Art. R. 131-28-1 *(Rempl. à compter du 1er janvier 2020, D. n° 2019-1580, 31 déc. 2019).* – **Peuvent assister aux séances du conseil d'administration avec voix consultative le directeur général de l'office, le président du conseil scientifique, le président du comité d'orientation, le contrôleur budgétaire et l'agent comptable. Peut en outre y assister toute personne dont le président juge la présence utile.**

Art. R. 131-28-2 *(Rempl. à compter du 1er janvier 2020, D. n° 2019-1580, 31 déc. 2019).* – **Le mandat de membre du conseil d'administration de l'Office français de la biodiversité est exercé à titre gratuit, sous réserve de remboursement des frais de déplacement et de séjour dans les conditions prévues par la réglementation applicable aux personnels civils de l'État.**

Art. R. 131-28-3 *(Rempl. à compter du 1er janvier 2020, D. n° 2019-1580, 31 déc. 2019).* – La durée du mandat des membres du conseil d'administration autres que les parlementaires, est de quatre ans. Ce mandat, sauf s'agissant des parlementaires et des représentants du personnel, est renouvelable une fois.

La perte de la qualité au titre de laquelle un administrateur a été nommé entraîne de plein droit sa démission du conseil d'administration.

(Mod., D. n° 2022-969, 1er juill. 2022) En cas d'absence ou d'empêchement, un administrateur dont les dispositions de l'article R. 131-28 ne prévoient pas la suppléance peut donner mandat par écrit à un autre administrateur du collège dont il est issu. Nul ne peut porter plus de trois mandats.

Art. R. 131-28-4 *(Rempl. à compter du 1er janvier 2020, D. n° 2019-1580, 31 déc. 2019).* – Un ou des vice-présidents sont élus au sein du conseil d'administration dans les conditions prévues par l'article L. 131-10 pour le président. En cas d'absence ou d'empêchement du président, le ou les vice-présidents le suppléent, dans l'ordre de leur élection.

Art. R. 131-28-5 *(Rempl. à compter du 1er janvier 2020, D. n° 2019-1580, 31 déc. 2019 ; mod., D. n° 2022-969, 1er juill. 2022).* – I. – Le conseil d'administration règle les affaires de l'établissement.

Il délibère notamment sur :

1° Les orientations stratégiques de l'établissement et la politique générale de l'établissement, compte tenu du cadrage fixé par le Gouvernement ainsi que sur le contrat d'objectifs et de performance de l'établissement ;

2° Les conditions générales d'organisation et de fonctionnement de l'établissement ainsi que les conditions générales d'emploi, de recrutement et de rémunération des personnels ;

3° L'acceptation de la gestion directe des réserves naturelles mentionnées à l'article L. 332-1, des aires marines protégées en application de l'article R. 334-1 et des réserves nationales de chasse et de faune sauvage en application de l'article R. 422-94 ;

4° Les délégations qu'il consent, en application des articles L. 131-11 et R. 334-33, aux conseils de gestion des espaces protégés placés sous la responsabilité de l'office ;

5° L'acceptation de la gestion des immeubles du domaine relevant du Conservatoire de l'espace littoral et des rivages lacustres en application des dispositions de l'article L. 322-9 ;

6° Le budget initial et ses modifications ainsi que le compte financier de l'exercice clos et l'affectation des résultats ;

7° Le règlement intérieur de l'établissement ;

8° Les marchés ;

9° Les subventions ou concours financiers accordés par l'établissement ;

10° La conclusion des conventions ;

11° La politique immobilière de l'établissement ;

12° L'acceptation ou le refus des dons et legs ;

13° Les actions en justice et les transactions ;

14° L'adhésion à des organismes dotés de la personnalité morale ;

15° Les prises, extensions ou cessions de participation financière ainsi que la participation à des groupements d'intérêt public ou à des groupements d'intérêt économique ;

16° Les conditions du recours et la rémunération des experts pour la réalisation des études contribuant aux missions mentionnées au I de l'article L. 131-9 ;

17° Son règlement intérieur qui énonce notamment des dispositions en matière déontologique ainsi que les règles de fonctionnement du conseil d'administration ;

II. – Il est consulté notamment sur :

1° La création d'une nouvelle catégorie d'aires marines protégées mentionnée à l'article R. 334-2 ;

2° Les projets de création d'un parc naturel marin ;

3° La création des réserves nationales de chasse et de faune sauvage prévues aux articles R. 422-92 et suivants ;

4° Les candidatures à la gestion des réserves nationales de chasse et de faune sauvage dont il n'assure pas lui-même la gestion.

Il donne en outre son avis sur toute question qui lui est soumise par son président, le directeur général, le commissaire du Gouvernement ou les ministres de tutelle.

Art. R. 131-28-6 *(Rempl. à compter du 1er janvier 2020, D. n° 2019-1580, 31 déc. 2019).* – Le conseil d'administration peut déléguer ses attributions mentionnées du 8° au 14° et au 16° du I de l'article

R. 131-28-5 au directeur général, dans les limites et aux conditions qu'il fixe. Le directeur général lui rend compte au moins une fois par an des décisions qu'il a prises en vertu de cette délégation.

Art. R. 131-28-7 *(Rempl. à compter du 1er janvier 2020, D. n° 2019-1580, 31 déc. 2019).* – La délibération qui crée en son sein une commission spécialisée en application de l'article L. 131-11 détermine la composition de celle-ci, les attributions qu'il lui délègue et ses règles de fonctionnement.

Les attributions déléguées à une commission spécialisée peuvent porter, sous réserve des délégations accordées par le conseil d'administration au directeur général de l'établissement, sur une ou plusieurs des matières mentionnées du 8° au 14° et au 16° du I ainsi qu'aux 1°, 3° et 4° du II de l'article R. 131-28-5.

Art. R. 131-28-8 *(Rempl. à compter du 1er janvier 2020, D. n° 2019-1580, 31 déc. 2019).* – Le conseil d'administration se réunit aussi souvent que la bonne marche de l'office l'exige et au moins trois fois par an, sur convocation de son président qui en fixe l'ordre du jour.

La convocation est de droit si elle est demandée par le ministre chargé de l'environnement, le ministre chargé de l'agriculture, le commissaire du Gouvernement ou par le tiers au moins des membres du conseil sur un ordre du jour déterminé.

La convocation comportant l'ordre du jour est transmise par tous moyens aux administrateurs ainsi qu'au contrôleur budgétaire dix jours ouvrés au moins avant la date de la réunion du conseil. Les documents nécessaires à l'examen des points qui y sont inscrits sont transmis par tous moyens au moins cinq jours ouvrés avant la date de réunion du conseil.

En cas d'urgence motivée, le délai de transmission de la convocation peut être réduit à cinq jours ouvrés et celui de transmission des documents peut être réduit à quarante-huit heures.

Le conseil d'administration ne délibère valablement que si au moins la moitié de ses membres sont présents ou représentés ou participent à la séance par un moyen de visioconférence ou de communication électronique permettant l'identification des administrateurs concernés et leur participation effective à une délibération collégiale et satisfaisant à des caractéristiques techniques garantissant la transmission continue et simultanée des débats et la confidentialité de leurs votes lorsque le scrutin est secret.

Art. R. 131-28-9 *(Rempl. à compter du 1er janvier 2020, D. n° 2019-1580, 31 déc. 2019 ; mod., D. n° 2022-969, 1er juill. 2022).* – À l'exception des délibérations mentionnées à l'alinéa suivant, les délibérations du conseil d'administration, de ses commissions spécialisées et celles du comité d'orientation visé à l'article L. 131-12 sont exécutoires quinze jours après leur réception par les ministres de tutelle. En cas d'urgence, ces ministres peuvent autoriser leur exécution immédiate.

Les délibérations portant sur le budget et le compte financier sont exécutoires dans les conditions prévues par le titre III du décret n° 2012-1246 du 7 novembre 2012 relatif à la gestion budgétaire et comptable publique. Les délibérations portant sur les acquisitions, échanges et aliénations d'immeubles sont approuvées dans les mêmes conditions.

Le délai au-delà duquel le budget est réputé approuvé en l'absence de décision expresse des autorités de tutelle est de quinze jours.

Art. R. 131-28-10 *(Rempl. à compter du 1er janvier 2020, D. n° 2019-1580, 31 déc. 2019 ; mod., D. n° 2022-969, 1er juill. 2022).* – Le comité national de l'eau, le comité national de la biodiversité, le conseil national de la mer et des littoraux et le conseil national de la chasse et de la faune sauvage sont consultés sur le projet d'orientations stratégiques de l'Office français de la biodiversité, avant délibération de son conseil d'administration. En l'absence d'avis dans un délai de six semaines à compter de leur saisine, leur avis est réputé rendu.

Art. R. 131-28-11 *(Implicitement abr. à compter du 1er janvier 2020, D. n° 2019-1580, 31 déc. 2019).*

Art. R. 131-29 *(Rempl. à compter du 1er janvier 2020, D. n° 2019-1580, 31 déc. 2019).* – Le conseil scientifique assiste le conseil d'administration dans la définition de la politique scientifique de l'établissement. Il contribue notamment à l'évaluation des activités de l'établissement en matière de recherche et d'exploitation des résultats de celle-ci, de formation, de diffusion et de valorisation en cohérence avec les dispositifs existants d'évaluation de la recherche. Il veille à la coordination des politiques scientifiques des établissements publics rattachés à l'office dans les conditions prévues à l'article L. 131-1, en lien le cas échéant avec leurs conseils scientifiques.

Il peut être consulté par le président du conseil d'administration ou le directeur général sur toute question relative aux missions de l'établissement. Il peut également se saisir de toute question qu'il juge pertinente au regard de ses missions et formuler toute recommandation.

Le conseil scientifique est composé d'au plus vingt-cinq membres dont deux désignés parmi le personnel en activité, choisis en raison de leurs compétences scientifiques et techniques et nommés par arrêté conjoint des ministres de tutelle, sur proposition du directeur général de l'office, pour une durée de cinq ans renouvelable une fois.

Le conseil scientifique établit son règlement intérieur.

Nul ne peut être simultanément membre du conseil scientifique et membre du conseil d'administration.

Le conseil scientifique se réunit au moins deux fois par an sur convocation de son président, qui en fixe l'ordre du jour.

Les dispositions de l'article R. 131-28-2 sont applicables aux fonctions de membre du conseil scientifique.

Art. R. 131-29-1 *(Rempl. à compter du 1er janvier 2020, D. n° 2019-1580, 31 déc. 2019).* – Le président du conseil scientifique est élu par et parmi les membres du conseil scientifique. Un ou des vice-présidents peuvent être élus dans les mêmes conditions.

Le directeur général, le commissaire du Gouvernement et le président du conseil d'administration peuvent assister, avec voix consultative, aux réunions du conseil scientifique.

Le président du conseil scientifique peut également inviter à assister aux séances toute personne dont il juge la présence utile.

Il établit chaque année un rapport d'activité remis aux ministres de tutelle et au conseil d'administration.

Art. R. 131-29-2 *(Rempl. à compter du 1er janvier 2020, D. n° 2019-1580, 31 déc. 2019).* – Les dispositions de l'article R. 131-28-2 sont applicables aux fonctions de membre du comité d'orientation.

Art. R. 131-30 *(Rempl. à compter du 1er janvier 2020, D. n° 2019-1580, 31 déc. 2019).* – Le directeur général dirige l'établissement. À ce titre :

1° Il assure le fonctionnement et l'organisation de l'ensemble des services ainsi que la gestion du personnel. Il a autorité sur l'ensemble des personnels, définit leurs attributions et nomme à toutes les fonctions pour lesquelles aucune autre autorité n'a reçu pouvoir de nomination. Il recrute et gère les agents contractuels de l'établissement. Il signe les contrats doctoraux ;

2° Il représente l'établissement en justice et dans tous les actes de la vie civile, dans ses rapports avec les tiers et dans les relations avec des entités d'autres pays ;

3° Il propose l'ordre du jour et prépare les délibérations du conseil d'administration, de ses commissions spécialisées, du comité d'orientation et du conseil scientifique et en assure l'exécution ;

4° Il signe les contrats, conventions et marchés ;

5° Il prépare et exécute le budget de l'établissement ;

6° Il est ordonnateur principal des dépenses et des recettes. Il peut désigner des ordonnateurs secondaires ;

7° Il met en œuvre la politique sociale de l'établissement, garantit le respect des règles en matière d'hygiène et de conditions de travail, ainsi que d'égalité professionnelle ;

8° Il délivre les permis de chasser au nom de l'office.

Le directeur général peut déléguer, dans des limites qu'il détermine, sa signature aux directeurs généraux adjoints et directeurs généraux délégués ainsi qu'à des agents de l'établissement désignés pour exercer des fonctions de responsabilité spécifique en son sein. Les directeurs généraux adjoints et directeurs généraux délégués peuvent subdéléguer cette signature.

Il peut également, dans des limites qu'il détermine, déléguer sa signature à des personnels des services mis en commun entre l'office et d'autres établissements sur le fondement de l'article L. 131-1 pour les affaires relevant de la compétence de ces services.

Le directeur général rend compte de sa gestion au conseil d'administration.

Art. R. 131-30-1 *(Rempl. à compter du 1er janvier 2020, D. n° 2019-1580, 31 déc. 2019).* – Le directeur général de l'établissement est nommé pour une période de quatre ans renouvelable une fois.

Art. R. 131-31 *(Rempl. à compter du 1er janvier 2020, D. n° 2019-1580, 31 déc. 2019).* – Le commissaire du Gouvernement s'assure que la politique générale de l'établissement définie par le conseil d'administration est conforme aux missions définies à l'article L. 131-9.

À ce titre, il peut :

1° Faire connaître au conseil d'administration, aux commissions spécialisées du conseil d'administration, au comité d'orientation ou au conseil scientifique la position du Gouvernement sur les questions examinées et formuler les observations qui lui paraissent nécessaires conformément aux orientations générales arrêtées par le Gouvernement ;

2° Demander l'inscription de toute question à l'ordre du jour d'une réunion du conseil d'administration ou des commissions spécialisées du conseil d'administration, du comité d'orientation ou du conseil scientifique ;

3° Provoquer la réunion extraordinaire du conseil d'administration sur un ordre du jour déterminé dans les conditions prévues à l'article R. 131-28-8 ;

4° Se faire communiquer tout document et procéder ou faire procéder sur pièces ou sur place à toute vérification qu'il juge utile.

Le commissaire du Gouvernement peut s'opposer, dans les quinze jours suivant la réunion de l'organe délibérant si lui-même y a assisté ou, à défaut, suivant la réception de la délibération, à toute décision du conseil d'administration, des commissions spécialisées du conseil d'administration ou du comité d'orientation. Son opposition est motivée et copie en est adressée aux ministres chargés de l'environnement et de l'agriculture.

En cas d'empêchement, le commissaire du Gouvernement est suppléé par un agent placé sous son autorité.

Sous-section 2. – Agences régionales de la biodiversité

Art. R. 131-31-1 *(Implicitement abr. à compter du 1er janvier 2020, D. n° 2019-1580, 31 déc. 2019).*

Art. R. 131-32 *(Rempl. à compter du 1er janvier 2020, D. n° 2019-1580, 31 déc. 2019).* – Sauf lorsqu'une agence régionale de la biodiversité est constituée sous la forme d'un établissement public de coopération environnementale mentionné à l'article L. 1431-1 du Code général des collectivités territoriales, la convention qui la met en place en application du III de l'article L. 131-9, précise notamment son statut, ses modalités d'organisation et de fonctionnement, les missions qu'elle est chargée d'exercer et les moyens qu'elle peut mobiliser à cet effet, les modalités de gestion des agents publics qui y sont affectés et le cas échéant, de leur mise à disposition ou de leur détachement, dans le respect des droits et obligations statutaires.

Sous-section 3. – Dispositions financières et comptables

Art. R. 131-32-1 *(Implicitement abr. à compter du 1er janvier 2020, D. n° 2019-1580, 31 déc. 2019).*

Art. R. 131-33 *(Rempl. à compter du 1er janvier 2020, D. n° 2019-1580, 31 déc. 2019).* – L'Office français de la biodiversité est soumis aux dispositions du titre Ier et du titre III du décret n° 2012-1246 du 7 novembre 2012 relatif à la gestion budgétaire et comptable publique.

Art. R. 131-33-1 *(Rempl. à compter du 1er janvier 2020, D. n° 2019-1580, 31 déc. 2019).* – La gestion comptable de l'Office français de la biodiversité est assurée par un groupement comptable créé dans les conditions prévues à l'article 188 du décret du 7 novembre 2012 mentionné ci-dessus. Ce groupement constitue un service commun à l'office, à l'établissement public du marais poitevin et aux parcs nationaux. Un arrêté des ministres chargés de l'environnement, de l'agriculture et du budget précise les modalités de fonctionnement et le siège de ce groupement.

L'agent comptable du groupement est nommé par arrêté conjoint des ministres chargés de l'environnement, de l'agriculture et du budget.

Dans les conditions prévues à l'article L. 131-1, tout établissement qui sollicite son rattachement à l'Office français de la biodiversité peut être membre du groupement comptable s'il en fait la demande.

Des régies de recettes et des régies d'avances peuvent être créées par arrêté conjoint des ministres chargés de l'environnement, de l'agriculture et du budget dans les conditions fixées par le décret n° 2019-798 du 26 juillet 2019 relatif aux régies de recettes et d'avances des organismes publics.

Sous-section 4. – Systèmes d'information et fichiers

Art. R. 131-34 *(Rempl. à compter du 1er janvier 2020, D. n° 2019-1580, 31 déc. 2019).* – I. – L'Office français de la biodiversité assure l'animation et la coordination technique des systèmes d'information suivants :

1° Le système d'information sur l'eau, les milieux aquatiques et les services publics d'eau et d'assainissement ;

2° Le système d'information sur la biodiversité, incluant le système d'information relatif à l'inventaire du patrimoine naturel et les systèmes contributeurs dont ceux relatifs à la gestion adaptative des espèces, aux permis de chasser, aux réseaux de surveillance épidémiologique dont il a la charge ;

3° Le système d'information sur le milieu marin.

Il participe à la production, à la collecte des données et à la mise en place ou la consolidation de ces systèmes d'information, dont il assure le pilotage technique sous l'autorité du ministre chargé de l'environnement et du ministre chargé de l'agriculture, chacun pour ce qui le concerne.

Il veille à l'interopérabilité des systèmes.

Il assure également la mise en œuvre d'une procédure permettant de s'assurer de la qualité des données alimentant ces systèmes d'information.

Ces systèmes d'information fédèrent et mettent à disposition les données publiques sur l'état des milieux et des espèces, sur les menaces et pressions qui les affectent, sur les usages et activités humaines qui en sont à l'origine, et sur les actions de protection, de gestion et de restauration mises en œuvre.

II. – Pour chacun des systèmes d'information mentionnés aux I, un schéma national des données, visant à la cohérence, au partage, à l'analyse, à la mise à disposition et à la diffusion des données fixe notamment :

1° Le périmètre de son système de données ;

2° La composition de son référentiel technique, comprenant des données de référence, des dictionnaires de données, des scénarios d'échanges et des méthodes ou protocoles pour la production et la qualification des données et les conditions de son emploi ;

3° Les modalités d'approbation du référentiel technique.

III. – Ces schémas nationaux des données sont établis par un arrêté du ministre chargé de l'environnement, sur proposition du directeur général de l'Office français de la biodiversité, après avis de son conseil scientifique et des ministres suivants :

1° Pour le schéma national des données sur l'eau, les milieux aquatiques et les services publics d'eau et d'assainissement, des ministres chargés de la santé, de l'agriculture, des outre-mer et des collectivités territoriales ;

2° Pour le schéma national des données sur la biodiversité, des ministres chargés de l'agriculture, des collectivités territoriales, des outre-mer et de l'intérieur ;

3° Pour le schéma national des données sur le milieu marin, des ministres chargés de la mer, des pêches maritimes, des outre-mer et de la santé.

L'office peut apporter un concours financier à des personnes publiques ou privées pour la mise en place des systèmes d'information mentionnés aux 1°, 2° et 3° ou pour l'élaboration de leurs référentiels techniques et la production des données les alimentant.

Sous-section 5. – Agents commissionnés

Art. R. 131-34-1 *(Rempl. à compter du 1er janvier 2020, D. n° 2019-1580, 31 déc. 2019)*. – Les agents techniques de l'environnement, les techniciens de l'environnement ainsi que les autres agents, en poste à l'Office français de la biodiversité dont les fonctions le nécessitent sont commissionnés et assermentés dans les conditions définies à la section 1 du chapitre II du titre VII du livre 1er (partie réglementaire) ainsi qu'à l'article R. 131-34-1-1.

Ils exercent, selon les nécessités de service, leurs fonctions de jour, de nuit, les dimanches et les jours fériés.

Les agents commissionnés et assermentés sont astreints selon des modalités fixées par un arrêté du ministre chargé de l'environnement au port d'arme et à porter l'équipement et les signes distinctifs qui leur sont fournis par l'établissement.

Lorsque, en exécution de leurs missions, les agents de l'Office français de la biodiversité mentionnés au premier alinéa sont appelés à intervenir pour porter aide à toute personne en danger ou pour constater une infraction en dehors des heures normales de service, soit de leur propre initiative, soit en vertu d'une réquisition, ils sont considérés comme étant en service.

Art. R. 131-34-1-1 *(Créé à compter du 1er janvier 2020, D. n° 2019-1580, 31 déc. 2019)*. – Nul ne peut être commissionné s'il n'est reconnu apte à un service actif et pénible et s'il n'a suivi préalablement une formation spécialisée définie par le directeur général de l'Office français de la biodiversité et répondant notamment aux exigences de l'article R. 172-2.

Art. R. 131-34-1-2 *(Créé à compter du 1er janvier 2020, D. n° 2019-1580, 31 déc. 2019).* – **Les agents commissionnés et assermentés ayant définitivement cessé leurs fonctions peuvent recevoir l'honorariat de leur dernier grade par décision du directeur général de l'office.**

Art. R. 131-34-1-3 *(Créé à compter du 1er janvier 2020, D. n° 2019-1580, 31 déc. 2019).* – **À titre exceptionnel, les agents commissionnés et assermentés peuvent, après avis de la commission consultative paritaire ou de la commission administrative paritaire, faire l'objet des mesures suivantes :**

1° S'ils ont accompli un acte de bravoure dûment constaté ou s'ils ont été grièvement blessés dans l'exercice de leurs fonctions, ils peuvent être promus à l'un des échelons supérieurs de leur grade ou à un grade immédiatement supérieur ;

2° S'ils ont été mortellement blessés dans ces mêmes circonstances, ils peuvent en outre être nommés à titre posthume à un niveau hiérarchique supérieur.

Les agents qui doivent faire l'objet d'une promotion en vertu des dispositions qui précèdent sont, s'ils n'y figurent pas déjà, inscrits à la suite du tableau d'avancement de l'année en cours. En cas de décès, ils sont promus à la date de celui-ci.

Sous-section 6. – Programme national visant à la réduction de l'usage des pesticides dans l'agriculture

Le décret n° 2019-1580 du 31 décembre 2019 réaffirme le rôle de l'Office français de la biodiversité dans la mise en œuvre du plan d'action national pour une utilisation durable des produits phytopharmaceutiques dès lors que cet établissement public reprend les missions de l'Agence française de la biodiversité.

Art. R. 131-34-2 *(Rempl. à compter du 1er janvier 2020, D. n° 2019-1580, 31 déc. 2019).* – **L'Office français de la biodiversité concourt à la mise en œuvre du programme national visant à la réduction des pesticides dans l'agriculture et à la maîtrise des risques y afférents, mentionné au V de l'article L. 213-10-8, qui contribue à la mise en œuvre du plan d'action national pour une utilisation durable des produits phytopharmaceutiques, prévu par l'article L. 253-6 du Code rural et de la pêche maritime.**

Art. R. 131-34-3 *(Rempl. à compter du 1er janvier 2020, D. n° 2019-1580, 31 déc. 2019).* – **Le ministre chargé de l'agriculture et le ministre chargé de l'environnement arrêtent chaque année le programme national. Ils peuvent modifier ce programme en cours d'année pour tenir compte des recettes effectivement affectées à l'Office français de la biodiversité ou des enseignements tirés de la mise en œuvre du programme par l'office.**

Art. R. 131-34-4 *(Rempl. à compter du 1er janvier 2020, D. n° 2019-1580, 31 déc. 2019).* – **Le directeur général de l'office présente chaque année au comité d'orientation stratégique et de suivi mentionné à l'article D. 253-44-1 du Code rural et de la pêche maritime un bilan de la mise en œuvre du programme national par l'Office français de la biodiversité. Ce bilan comporte une évaluation des résultats des actions ayant bénéficié des aides apportées par l'office au titre de ce programme.**

Sous-section 7. – Aires éducatives

Art. R. 131-34-5 *(Créé à compter du 1er janvier 2020, D. n° 2019-1580, 31 déc. 2019).* – **L'Office français de la biodiversité instruit les demandes de labellisation des aires marines éducatives et des aires terrestres éducatives. Les cahiers des charges des labels de ces aires, le cas échéant différenciés par type de milieux, sont arrêtés par le ministre chargé de l'environnement.**

Section II *(Rédaction antérieure).* – Agence française pour la biodiversité

(Rempl. à compter du 1er janvier 2017, D. n° 2016-1842, 26 déc. 2016)

La loi n° 2016-1087 du 8 août 2016 pour la reconquête de la biodiversité, de la nature et des paysages a créé l'Agence française pour la biodiversité en vue de disposer d'un opérateur performant pour mieux protéger la biodiversité terrestre et marine et la ressource en eau et les milieux aquatiques.

Ce nouvel établissement public fusionne les établissements publics ONEMA, Parcs Nationaux de France et l'Agence des Aires Marines Protégées et se substitue au groupement d'intérêt public ATEN (Atelier Technique des Espaces Naturels) à la date d'effet de la dissolution de celui-ci.

Le décret n° 2016-1842 du 26 décembre 2016 en fixe les modalités d'organisation et de fonctionnement.

7° Les subventions ou concours financiers accordés par l'établissement ;
8° La politique immobilière de l'établissement ;
9° L'acceptation ou le refus des dons et legs ;
10° Les actions en justice et les transactions ;
11° L'adhésion à des organismes dotés de la personnalité morale.
Le conseil d'administration donne en outre son avis sur toute question qui lui est soumise par son président, le directeur général ou le ministre chargé de l'environnement.

Rédaction antérieure. Art. R. 131-28-8 *(Créé à compter du 1er janvier 2017, D. n° 2016-1842, 26 déc. 2016).* – Le conseil d'administration peut déléguer une partie de ses attributions au directeur général, dans les limites et aux conditions qu'il fixe, à l'exclusion de celles portant sur les matières mentionnées aux 1°, 2°, 3°, 4°, 5°, 8° et 11° de l'article R. 131-28-7. Le directeur général lui rend compte des décisions qu'il a prises en vertu de cette délégation.
Sous réserve des attributions déléguées au directeur général en application du premier alinéa, le conseil d'administration peut déléguer des attributions :
1° Aux conseils de gestion des espaces protégés placés sous la responsabilité de l'agence, à l'exclusion de celles portant sur les matières mentionnées aux 2°, 3°, 4°, 5°, 6°, 8° et 11° de l'article R. 131-28-7 ;
2° Aux comités d'orientation, à l'exclusion de celles portant sur les matières mentionnées aux 2°, 4°, 5°, 6°, 7°, 8°, 9°, 10° et 11° de l'article R. 131-28-7.

Rédaction antérieure. Art. R. 131-28-9 *(Créé à compter du 1er janvier 2017, D. n° 2016-1842, 26 déc. 2016).* – Le comité national de l'eau, le comité national de la biodiversité et le conseil national de la mer et des littoraux sont consultés sur les orientations stratégiques de l'agence. En l'absence d'avis dans un délai de six semaines à compter de leur saisine, leur avis est réputé rendu.
Le contrat d'objectifs, les programmes généraux d'activité et d'investissement et les rapports qui rendent compte de leur exécution leur sont adressés.

Rédaction antérieure. Art. R. 131-28-10 *(Créé à compter du 1er janvier 2017, D. n° 2016-1842, 26 déc. 2016).* – Le conseil d'administration se réunit aussi souvent que la bonne marche de l'établissement l'exige et au moins trois fois par an, sur convocation de son président qui fixe l'ordre du jour.
La convocation est de droit si elle est demandée par le ministre chargé de l'environnement ou par le tiers au moins des membres du conseil sur un ordre du jour déterminé.
La convocation comportant l'ordre du jour et les documents nécessaires à l'examen des points qui y sont inscrits sont transmis aux administrateurs ainsi qu'au contrôleur budgétaire et au commissaire du Gouvernement dix jours ouvrés au moins avant la date de la réunion du conseil.
En cas d'urgence, le délai de transmission de la convocation et des documents nécessaires à l'examen des points qui y sont inscrits peut être réduit à cinq jours. La convocation mentionne le motif de l'urgence.
Le conseil d'administration ne délibère valablement que si au moins la moitié de ses membres sont présents ou représentés, ou participent à la séance par un moyen de visioconférence ou de communication électronique permettant l'identification des administrateurs concernés et leur participation effective à une délibération collégiale et satisfaisant à des caractéristiques techniques garantissant la transmission continue et simultanée des débats et la confidentialité de leurs votes lorsque le scrutin est secret.
Si le quorum n'est pas atteint, le conseil est convoqué avec le même ordre du jour dans un délai maximal de quinze jours. Il délibère alors sans condition de quorum.
Les délibérations sont prises à la majorité des suffrages exprimés des membres présents ou représentés. En cas de partage égal des voix, le président a voix prépondérante.
Les membres du conseil d'administration et les personnes appelées à y siéger à titre consultatif sont tenus au secret des délibérations.
Les délibérations font l'objet de procès-verbaux signés par le président et par le directeur général de l'établissement. Ils sont adressés aux membres du conseil d'administration ainsi qu'au ministre chargé de l'environnement et, s'il y a lieu, aux autres ministres intéressés, dans les quinze jours qui suivent la séance.

Rédaction antérieure. Art. R. 131-28-11 *(Créé à compter du 1er janvier 2017, D. n° 2016-1842, 26 déc. 2016).* – Les délibérations du conseil d'administration et celles des comités d'orientation sont exécutoires quinze jours après leur réception par le ministre de tutelle. En cas d'urgence, ce ministre peut autoriser leur exécution immédiate.
Les délibérations portant sur le budget et le compte financier sont exécutoires dans les conditions prévues par le titre III du décret n° 2012-1246 du 7 novembre 2012 relatif à la gestion budgétaire et comptable publique. Les délibérations portant sur les acquisitions, échanges et aliénations d'immeubles sont approuvées dans les mêmes conditions.

Rédaction antérieure. Art. R. 131-29 *(Créé à compter du 1er janvier 2017, D. n° 2016-1842, 26 déc. 2016).* – Le conseil scientifique mentionné à l'article L. 131-11 assiste le conseil d'administration dans la définition de la politique scientifique de l'établissement. Il assure notamment l'évaluation des activités de l'établissement en matière de recherche et d'exploitation des résultats de celle-ci, de formation, de diffusion et de valorisation. Il veille à la coordination des politiques scientifiques des parcs nationaux, en lien avec les conseils scientifiques de ces établissements.
Il peut être consulté par le président du conseil d'administration ou le directeur général sur toute question relative aux missions de l'établissement. Il peut également se saisir de toute question qu'il juge pertinente au regard de ses missions et formuler toute recommandation.
Le conseil scientifique est composé de vingt-deux membres au plus. Il comprend :
1° Deux représentants du personnel nommés selon les modalités fixées par arrêté du ministre chargé de l'environnement ;

2° Des membres choisis en raison de leurs compétences scientifiques et techniques, nommés par arrêté du ministre chargé de l'environnement pour une durée de quatre ans renouvelable une fois. Conformément à l'article L. 131-11, au moins un tiers des membres sont spécialistes de la biodiversité et des milieux ultramarins.

Le conseil scientifique établit son règlement intérieur.

Nul ne peut être simultanément membre du conseil scientifique et du conseil d'administration à l'exception du président du conseil scientifique.

Le conseil scientifique se réunit au moins deux fois par an sur convocation de son président, qui fixe l'ordre du jour.

Les dispositions de l'article R. 131-28-2 sont applicables aux fonctions de membre du conseil scientifique.

Rédaction antérieure. Art. R. 131-29-1 *(Créé à compter du 1er janvier 2017, D. n° 2016-1842, 26 déc. 2016).* – Le président du conseil scientifique est nommé par arrêté du ministre chargé de l'environnement.

Il peut appeler à participer aux séances toute personne dont il juge la présence utile.

Il établit chaque année un rapport d'activité remis au ministre de tutelle et au conseil d'administration.

Rédaction antérieure. Art. R. 131-29-2 *(Créé à compter du 1er janvier 2017, D. n° 2016-1842, 26 déc. 2016).* – Un président d'honneur peut être nommé par arrêté du ministre chargé de l'environnement.

Rédaction antérieure. Art. R. 131-30 *(Créé à compter du 1er janvier 2017, D. n° 2016-1842, 26 déc. 2016).* – Le directeur général de l'établissement est nommé par arrêté du ministre chargé de l'environnement.

Le ou les directeurs généraux adjoints sont nommés par arrêté de ce ministre sur proposition du directeur général de l'établissement.

La durée des mandats du directeur général de l'établissement et du ou des directeurs adjoints est de quatre ans renouvelable une fois.

Rédaction antérieure. Art. R. 131-30-1 *(Créé à compter du 1er janvier 2017, D. n° 2016-1842, 26 déc. 2016).* – Le directeur général exerce notamment les compétences suivantes :

1° Il assure le fonctionnement et l'organisation de l'ensemble des services ainsi que la gestion du personnel. À ce titre, il a autorité sur l'ensemble des personnels, définit leurs attributions et nomme à toutes les fonctions pour lesquelles aucune autre autorité n'a reçu pouvoir de nomination ;

2° Il représente l'établissement en justice et dans tous les actes de la vie civile, dans ses rapports avec les tiers et dans les relations internationales ;

3° Il propose l'ordre du jour et prépare les délibérations du conseil d'administration et des comités d'orientation et en assure l'exécution ;

4° Il signe les contrats, conventions et marchés ;

5° Il prépare et exécute le budget de l'établissement ;

6° Il est ordonnateur principal des dépenses et des recettes. Il peut désigner des ordonnateurs secondaires ;

7° Il met en œuvre la politique sociale de l'établissement, garantit le respect des règles en matière d'hygiène et de conditions de travail, ainsi que d'égalité professionnelle.

Le directeur général peut déléguer sa signature aux personnels de l'établissement dans des limites qu'il détermine.

Il peut déléguer une partie de ses pouvoirs au directeur général adjoint ou aux directeurs généraux adjoints et à des agents de l'établissement désignés pour exercer des fonctions de responsabilité administrative dans l'établissement. Le ou les directeurs généraux adjoints et ces agents peuvent déléguer leur signature.

Il peut déléguer sa signature à des personnels des établissements désignés pour les affaires intéressant les services et moyens mis en commun prévus à l'article L. 131-1 dans des limites qu'il détermine.

Il rend compte de sa gestion au conseil d'administration.

Rédaction antérieure. Art. R. 131-31 *(Créé à compter du 1er janvier 2017, D. n° 2016-1842, 26 déc. 2016).* – Le directeur de l'eau et de la biodiversité au ministère chargé de l'environnement exerce les fonctions de commissaire du Gouvernement auprès de l'Agence française pour la biodiversité. En cas d'empêchement, il est suppléé par un agent placé sous son autorité.

Le commissaire du Gouvernement s'assure que la politique générale de l'établissement définie par le conseil d'administration est conforme aux missions définies à l'article L. 131-9.

Pour l'exercice de ses missions, il peut :

1° Faire connaître au conseil d'administration, aux comités d'orientation ou au conseil scientifique la position du Gouvernement sur les questions examinées et formuler les observations qui lui paraissent nécessaires conformément aux orientations générales arrêtées par le Gouvernement ;

2° Demander l'inscription de toute question à l'ordre du jour d'une réunion du conseil d'administration, des comités d'orientation ou du conseil scientifique ;

3° Demander la réunion extraordinaire du conseil d'administration sur un ordre du jour déterminé ;

4° Se faire communiquer tout document et procéder ou faire procéder sur pièces ou sur place à toute vérification qu'il juge utile.

Le commissaire du Gouvernement peut s'opposer, dans les quinze jours suivant la réunion de l'organe délibérant si lui-même y a assisté ou, à défaut, suivant la réception de la décision, à toute décision du conseil d'administration ou des comités d'orientation et demander une seconde délibération. Toutefois, il ne peut s'opposer aux délibérations soumises à l'approbation du ministre de tutelle et du ministre chargé du budget en application du dernier alinéa de l'article R. 131-28-11.

L'opposition est motivée, copie en est adressée au ministre chargé de l'environnement.

La seconde délibération intervient au plus tard dans un délai d'un mois après la notification de l'opposition du commissaire du Gouvernement. Si, après une seconde délibération, le désaccord subsiste, il est porté devant le ministre de tutelle. À défaut de confirmation expresse du ministre chargé de l'environnement, dans un délai d'un mois à compter de l'adoption de la seconde délibération, l'opposition est réputée levée.

Rédaction antérieure. Art. R. 131-31-1 ***(Créé à compter du 1er janvier 2017, D. n° 2016-1842, 26 déc. 2016).*** **–** Toute forme de communication, notamment visuelle, de l'Agence française pour la biodiversité, mentionne le ministère chargé de l'environnement.

Sous-section 3 *(Rédaction antérieure)*. – Organisation territoriale de l'agence

Rédaction antérieure. Art. R. 131-32 ***(Créé à compter du 1er janvier 2017, D. n° 2016-1842, 26 déc. 2016).*** **–** L'organisation territoriale de l'agence comprend :

1° Les antennes de façade maritime ;

2° Des directions régionales ou interrégionales ;

3° Des services départementaux ou interdépartementaux.

Rédaction antérieure. Art. R. 131-32-1 ***(Créé à compter du 1er janvier 2017, D. n° 2016-1842, 26 déc. 2016).*** **–** La création d'une agence régionale de la biodiversité, en application de l'article L. 131-8, fait l'objet d'une convention entre l'Agence française pour la biodiversité et les partenaires intéressés, notamment des collectivités territoriales, hormis le cas où elle est constituée sous la forme d'un établissement public de coopération environnementale mentionné à l'article L. 1431-1 du Code général des collectivités territoriales.

Cette convention précise notamment le statut de l'agence régionale de la biodiversité, ses modalités d'organisation et de fonctionnement, les missions exercées et les moyens délégués à cet effet, les modalités de gestion des agents publics qui y sont affectés et le cas échéant, de leur mise à disposition ou de détachement, dans le respect des droits et obligations statutaires.

La convention est soumise à l'avis du comité technique de l'Agence française pour la biodiversité.

Sous-section 4 *(Rédaction antérieure)*. – Dispositions financières et comptables

Rédaction antérieure. Art. R. 131-33 ***(Créé à compter du 1er janvier 2017, D. n° 2016-1842, 26 déc. 2016).*** **–** L'Agence française pour la biodiversité est soumise aux dispositions du titre Ier et du titre III du décret n° 2012-1246 du 7 novembre 2012 relatif à la gestion budgétaire et comptable publique.

L'agent comptable est nommé par arrêté conjoint du ministre chargé de l'environnement et du ministre chargé du budget. Il est également l'agent comptable du groupement comptable défini à l'article R. 331-42-1.

En application des dispositions de l'article L. 131-1 du Code de l'environnement, tout établissement qui sollicite son rattachement à l'Agence française pour la biodiversité peut être membre du groupement comptable s'il en fait la demande.

Des agents comptables secondaires peuvent être nommés dans les mêmes conditions que l'agent comptable principal avec son agrément, après avis de la personne chargée de la direction de l'organisme.

Des régies de recettes et des régies d'avances peuvent être créées par arrêté conjoint des ministres chargés de la tutelle et du budget dans les conditions fixées par le décret n° 92-681 du 20 juillet 1992 relatif aux régies de recettes et aux régies d'avances des organismes publics.

Rédaction antérieure. Art. R. 131-33-1 ***(Créé à compter du 1er janvier 2017, D. n° 2016-1842, 26 déc. 2016).*** **–** L'agence dispose des ressources mentionnées à l'article L. 131-14.

Sous-section 5 *(Rédaction antérieure)*. – Systèmes d'information

Rédaction antérieure. Art. R. 131-34 ***(Créé à compter du 1er janvier 2017, D. n° 2016-1842, 26 déc. 2016).*** **–** L'Agence française pour la biodiversité assure l'animation et la coordination technique des systèmes d'information suivants :

1° Le système d'information sur l'eau, les milieux aquatiques et les services publics d'eau et d'assainissement ;

2° Le système d'information sur la biodiversité, dont le système d'information sur la nature et les paysages ;

3° Le système d'information sur le milieu marin.

Elle participe à la production, à la collecte des données et à la mise en place ou la consolidation de ces systèmes d'information, dont elle assure le pilotage technique sous l'autorité du ministre de l'Environnement.

Elle veille à l'interopérabilité des systèmes.

Pour chacun des systèmes d'information mentionnés aux 1°, 2° et 3°, un schéma national des données, visant à la cohérence, au partage, à l'analyse, à la mise à disposition et à la diffusion des données fixe notamment :

1° Le périmètre de son système de données ;

2° La composition de son référentiel technique, comprenant des données de référence, des dictionnaires de données, des scénarios d'échanges et des méthodes ou protocoles pour la production et la qualification des données et les conditions de son emploi ;

3° Les modalités d'approbation du référentiel technique.

Ces schémas nationaux des données sont établis par un arrêté du ministre chargé de l'environnement, sur proposition du directeur général de l'Agence française pour la biodiversité, après avis de son conseil scientifique et des ministres suivants :

1° Pour le schéma national des données sur l'eau, les milieux aquatiques et les services publics d'eau et d'assainissement, des ministres chargés de la santé, de l'agriculture et des collectivités territoriales ;

2° Pour le schéma national des données sur la biodiversité, des ministres chargés de l'agriculture et des collectivités territoriales ;

3° Pour le schéma des données sur le milieu marin, des ministres chargés de la mer, des pêches maritimes et de la santé.

L'agence peut apporter des concours financiers à des personnes publiques ou privées pour la mise en place des systèmes d'information mentionnés aux 1°, 2° et 3°, l'élaboration de leurs référentiels techniques et la production des données les alimentant.

Sous-section 6 *(Rédaction antérieure)*. – Agents commissionnés

Rédaction antérieure. Art. R. 131-34-1 *(Créé à compter du 1er janvier 2017, D. n° 2016-1842, 26 déc. 2016)*. – Les agents de l'Agence française pour la biodiversité commissionnés dans les conditions définies à l'article R. 172-1 exercent, selon les nécessités de service, leurs fonctions de jour, de nuit, les dimanches et les jours fériés.

« Ils sont, dans l'exercice de leurs fonctions et en tant que de besoin, astreints à porter l'équipement, l'armement et les signes distinctifs qui leur sont fournis par l'établissement, dans les conditions fixées par un arrêté du ministre chargé de l'environnement. »

Sous-section 7 *(Rédaction antérieure)*. – Programme national visant à la réduction de l'usage des pesticides dans l'agriculture

(D. n° 2016-1891, 27 déc. 2016)

Le décret n° 2016-1891 du 27 décembre 2016 précise que le programme national visant à la réduction des pesticides dans l'agriculture, et des risques y afférents, relève à la fois des compétences du ministre chargé de l'agriculture et du ministre chargé de l'environnement, ce dernier assurant la tutelle de l'agence française de la biodiversité en charge de la mise en œuvre de ce programme.

Rédaction antérieure. Art. R. 131-34-2 *(D. n° 2016-1891, 27 déc. 2016)*. – Le programme national visant à la réduction des pesticides dans l'agriculture et à la maîtrise des risques y afférents, mentionné au V de l'article L. 213-10-8, contribue à la mise en œuvre du plan d'action national pour une utilisation durable des produits phytopharmaceutiques, prévu par l'article L. 253-6 du Code rural et de la pêche maritime.

Rédaction antérieure. Art. R. 131-34-3 *(D. n° 2016-1891, 27 déc. 2016)*. – Le ministre chargé de l'agriculture et le ministre chargé de l'environnement arrêtent chaque année le programme national, après avis du comité d'orientation stratégique et de suivi mentionné à l'article L. 131-15. Ils peuvent modifier ce programme en cours d'année pour tenir compte des recettes effectivement affectées à l'agence ou des enseignements tirés de la mise en œuvre du programme par l'agence.

Rédaction antérieure. Art. R. 131-34-4 *(D. n° 2016-1891, 27 déc. 2016)*. – Le directeur général de l'agence présente chaque année au comité d'orientation stratégique et de suivi mentionné à l'article L. 131-15 un bilan de la mise en œuvre du programme par l'agence.

Section III. – Institut national de l'environnement industriel et des risques

Sous-section 1. – Dispositions générales

Art. R. 131-35. – L'Institut national de l'environnement industriel et des risques, ci-après dénommé « l'institut », est un établissement public à caractère industriel et commercial, placé sous la tutelle du ministre chargé de l'environnement.

Art. R. 131-36. – I. – L'institut a pour mission de réaliser ou de faire réaliser des études et des recherches permettant de prévenir les risques que les activités économiques font peser sur la santé, la sécurité des personnes et des biens, ainsi que sur l'environnement, et de fournir toute prestation destinée à faciliter l'adaptation des entreprises à cet objectif.

II. – À cet effet :

1° Il peut réaliser, soit sur sa propre initiative, soit en exécution de contrats passés avec des personnes publiques ou privées, françaises ou étrangères, ou des organisations internationales, tous travaux d'étude, de recherche, de consultation, d'essai, de contrôle, de fabrication, ou toute prestation d'assistance technique et de coopération internationale concourant à sa mission ;

2° Il peut apporter son concours technique ou financier à des programmes en rapport avec sa mission ;

3° Il participe, à la demande des ministres concernés, à l'élaboration de normes et de réglementations techniques nationales ou internationales ;

4° Dans le secteur des industries extractives, il effectue les études et les recherches sur l'hygiène et la sécurité qui lui sont confiées par le ministre chargé des mines.

Sous-section 2. – Organisation administrative

Art. R. 131-37. – I. – Le conseil d'administration de l'institut comprend :

1° Sept représentants de l'État, dont :

a) Un représentant du ministre chargé de l'environnement ;

b) Un représentant du ministre chargé de l'industrie ;

c) Un représentant du ministre chargé de la sécurité civile ;

d) Un représentant du ministre chargé du travail ;

e) Un représentant du ministre chargé des transports ;

f) Un représentant du ministre chargé de la recherche ;

g) Un représentant du ministre chargé de la santé.

2° Cinq personnalités représentant les activités économiques concernées par l'action de l'établissement, dont une représentant l'industrie minière ;

3° Trois personnalités qualifiées dans les domaines relevant de la compétence de l'établissement ;

4° Huit représentants des salariés de l'institut, élus conformément aux dispositions du décret n° 83-1160 du 26 décembre 1983 portant application de la loi n° 83-675 du 26 juillet 1983 relative à la démocratisation du secteur public.

II. – Les membres du conseil d'administration mentionnés aux 1°, 2° et 3° du I sont nommés par décret pris sur le rapport du ministre chargé de l'environnement, et, en ce qui concerne les représentants de l'État, sur proposition des ministres concernés. Le représentant de l'industrie minière mentionné au 2° du I est proposé par le ministre chargé des mines.

III. – Le président du conseil d'administration ainsi que le vice-président, qui le supplée en cas d'absence ou d'empêchement, sont choisis parmi les membres du conseil sur proposition de celui-ci. Ils sont nommés par décret pris sur le rapport du ministre chargé de l'environnement.

Art. R. 131-38. – Les membres du conseil d'administration mentionnés aux 1°, 2° et 3° du I de l'article R. 131-37 qui cessent d'exercer leurs fonctions ou qui perdent la qualité en raison de laquelle ils ont été nommés sont remplacés dans les conditions fixées par la loi n° 83-675 du 26 juillet 1983 relative à la démocratisation du secteur public.

Les membres du conseil d'administration ainsi que les personnes appelées à assister à ses réunions sont tenus à la discrétion sur les délibérations du conseil. Ils ne doivent divulguer notamment aucun secret *(Mots rempl., D. n° 2018-1126, 11 déc. 2018)* « des affaires » dont ils pourraient avoir connaissance dans l'exercice de leur mandat.

Un membre du conseil d'administration peut se faire représenter à la séance par un autre membre.

Art. R. 131-39 *(Mod., D. n° 2009-603, 28 mai 2009)*. – Le conseil d'administration se réunit au moins trois fois par an en séance ordinaire.

Sauf en cas d'urgence, le lieu, la date et l'ordre du jour sont portés au moins deux semaines à l'avance à la connaissance des membres du conseil d'administration, du commissaire du Gouvernement, du « contrôleur budgétaire » (1) et du directeur général.

Le commissaire du Gouvernement, le « contrôleur budgétaire » (1) et le directeur général assistent aux séances avec voix consultative.

Le conseil d'administration ne peut valablement délibérer que si la moitié au moins de ses membres sont présents ou représentés.

Toutefois, les décisions prises à la suite d'une nouvelle convocation dans un délai de vingt jours sont valables sans conditions de quorum.

Les délibérations sont prises à la majorité des voix des membres présents ou représentés ; en cas de partage, la voix du président est prépondérante.

Le président peut également appeler à participer aux séances avec voix consultative toute personne dont il juge la présence utile pour l'étude d'un point particulier de l'ordre du jour.

Les délibérations font l'objet de procès-verbaux signés par le président et notifiés aux membres, au commissaire du Gouvernement et au « contrôleur budgétaire » (1) dans les deux semaines qui suivent la séance.

(1) À compter du 1er janvier 2013, D. n° 2012-1247, 7 nov. 2012, art. 2 et 289.

Art. R. 131-40 *(Mod. à compter du 1er janvier 2013, D. n° 2012-1247, 7 nov. 2012)* (1) (2) (3). – Le conseil d'administration règle par ses délibérations les affaires de l'établissement. Il délibère notamment sur :

1° Les conditions générales d'organisation et de fonctionnement de l'établissement ;
2° Le programme des activités de l'établissement ;
3° Le budget ;
4° Le compte financier et l'affectation des résultats ;
5° Les emprunts ;
6° Les acquisitions, échanges et aliénations de biens immobiliers ainsi que les prises et cessions à bail d'une durée supérieure à trois ans ;
7° Les prises, extensions et cessions de participations financières ;
8° Les marchés de travaux, de fournitures et de services, à l'exception de ceux dont le conseil d'administration délègue l'approbation au directeur général ;
9° Les conditions générales de recrutement, d'emploi et de rémunération du personnel ;
10° Le rapport annuel d'activité de l'établissement ;
11° Les suites à donner aux résultats des travaux de l'établissement.

Art. R. 131-41. – Le conseil d'administration arrête son règlement intérieur. Au sein du conseil d'administration, un comité financier est chargé de préparer les travaux du conseil sur les points 3° à 8° de l'article R. 131-40. Un arrêté du ministre chargé de l'environnement fixe la composition et les modalités de fonctionnement de ce comité.

Art. R. 131-42 *(Mod., D. n° 2009-603, 28 mai 2009 ; mod. à compter du 1er janvier 2013, D. n° 2012-1247, 7 nov. 2012* (1) (2) (3)*)*. – Les délibérations du conseil d'administration portant sur les objets visés aux 5°, 6°, 7° et 9° de l'article R. 131-40 ne sont exécutoires qu'après avoir été approuvées par le ministre chargé de l'environnement et le ministre chargé du budget.

Les délibérations portant sur le budget et le compte financier sont exécutoires dans les conditions prévues par le titre III du décret n° 2012-1246 du 7 novembre 2012 relatif à la gestion budgétaire et comptable publique.

Les autres délibérations sont exécutoires de plein droit si le commissaire du Gouvernement ou le membre du corps du contrôle général économique et financier n'y ont pas fait opposition dans les dix jours qui suivent soit la réunion du conseil, s'il a assisté à celle-ci, soit la réception du procès-verbal de la séance.

S'il forme opposition, le commissaire du Gouvernement ou membre du corps du contrôle général économique et financier en réfère immédiatement, suivant le cas, au ministre chargé de l'environnement ou au ministre chargé du budget, qui doit se prononcer dans un délai d'un mois. À défaut de décision dans ce délai, la délibération est exécutoire.

Art. R. 131-43. – Le commissaire du Gouvernement placé auprès de l'établissement est nommé par arrêté du ministre chargé de l'environnement. Il peut à tout moment se faire communiquer tous documents, pièces ou archives et procéder ou faire procéder à toutes vérifications. Il fait connaître l'avis du Gouvernement sur les problèmes évoqués.

En cas d'empêchement, il peut se faire représenter aux séances du conseil d'administration par un fonctionnaire placé sous son autorité.

Art. R. 131-44. – I. – Le directeur général de l'institut est nommé par décret pris sur le rapport du ministre chargé de l'environnement. Il représente l'établissement dans tous les actes de la vie civile.

II. – Il prépare les réunions du conseil d'administration, met en œuvre ses décisions et lui rend compte de l'exécution de ces décisions.

III. – Il exerce la direction des services de l'institut et a, à ce titre, autorité sur le personnel.

IV. – Dans le cadre des règles définies par le conseil d'administration, il a notamment qualité pour :

1° Liquider et ordonnancer les recettes et les dépenses ;

(1) Sur les conditions de modifications des présentes dispositions : V. D. n° 2012-1247, 7 nov. 2012, art. 292.

(2) Dispositions applicables sur l'ensemble du territoire de la République, D. n° 2012-1247, 7 nov. 2012, art. 293.

(3) Dispositions applicables à l'Institut national de l'environnement et des risques industriels, à la Cité de l'architecture et du patrimoine et au Centre de coopération internationale en recherche agronomique pour le développement à compter du 1er janvier 2014, D. n° 2012-1247, 7 nov. 2012, art. 291.

2° Déterminer l'emploi des fonds disponibles et le placement des réserves et procéder aux acquisitions, aliénations et transferts de valeurs ;

3° Décider les prises et cessions à bail de biens immobiliers lorsque la durée du bail n'est pas supérieure à trois ans ;

4° Approuver les marchés de travaux et de fournitures dans les limites fixées par le conseil d'administration et passer au nom de l'établissement tous actes, contrats et marchés ;

5° Prendre toutes mesures conservatoires, exercer toutes actions en justice et conclure toutes transactions ;

6° Engager, gérer et licencier les agents de l'établissement.

V. – Le directeur général peut déléguer sa signature.

Sous-section 3. – Dispositions financières et comptables

Art. R. 131-45. – Des comités d'orientation scientifique et technique peuvent être constitués par arrêté du ministre chargé de l'environnement, après avis des ministres intéressés et consultation du conseil d'administration.

Dans le domaine de l'hygiène et de la sécurité dans les industries extractives, un comité d'orientation scientifique et technique est institué par un arrêté conjoint du ministre chargé des mines et du ministre chargé de l'environnement.

Art. R. 131-46. – Les ressources de l'établissement comprennent notamment :

1° La rémunération des services rendus et des produits vendus ;

2° Le produit des redevances, notamment de celles qui sont applicables aux Inventions et procédés nouveaux à la réalisation desquels l'établissement contribue ;

3° Les subventions de l'État, des collectivités locales, des établissements publics et de tous organismes publics ou privés, nationaux ou internationaux ;

4° L'intérêt et le remboursement des prêts et avances éventuellement consentis par l'établissement ;

5° Le produit des participations ;

6° Les revenus des biens meubles et immeubles de l'établissement et le produit de leur aliénation ;

7° Le produit des publications ;

8° Le produit des dons et legs ;

9° Les produits financiers ;

10° Le produit des emprunts.

Art. R. 131-47 *(Mod. à compter du 1er janvier 2013, D. n° 2012-1247, 7 nov. 2012)* (1) (2) (3). – L'institut est soumis aux dispositions des titres Ier et III du décret n° 2012-1246 du 7 novembre 2012 relatif à la gestion budgétaire et comptable publique.

L'institut est soumis au contrôle de deux commissaires aux comptes désignés, pour chaque exercice, par le président de la cour d'appel dans le ressort de laquelle se trouve le siège de l'établissement parmi les commissaires agréés par ladite cour.

Art. R. 131-48 *(Abr. à compter du 1er janvier 2013, D. n° 2012-1247, 7 nov. 2012)* (1) (2).

Section IV. – Autres institutions

Sous-section 1. – Muséum national d'histoire naturelle

Art. R. 131-49. – Les dispositions relatives au Muséum national d'histoire naturelle sont énoncées au décret n° 2001-916 du 3 octobre 2001.

(1) Sur les conditions de modifications des présentes dispositions : V. D. n° 2012-1247, 7 nov. 2012, art. 292.

(2) Dispositions applicables sur l'ensemble du territoire de la République, D. n° 2012-1247, 7 nov. 2012, art. 293.

(3) Dispositions applicables à l'Institut national de l'environnement et des risques industriels, à la Cité de l'architecture et du patrimoine et au Centre de coopération internationale en recherche agronomique pour le développement à compter du 1er janvier 2014, D. n° 2012-1247, 7 nov. 2012, art. 291.

NB : le décret n° 2001-916 a été modifié par le décret n° 2005-436 du 9 mai 2005 (*JO* 10 mai 2005), le décret n° 2010-1035 du 1er sept. 2010 (*JO* 3 sept.), le décret n° 2012-1247 du 7 nov. 2012 (*JO* 10 nov.) et le décret n° 2014-1107 du 1er oct. 2014 (*JO* 2 oct.).

Sous-section 2. – Office national des forêts

Art. R. 131-50. – Les dispositions relatives à l'Office national des forêts sont énoncées au titre II du livre Ier du Code forestier.

Voir : Avec l'entrée en vigueur au 30 juin 2012 du nouveau Code forestier issu de l'ordonnance n° 2012-92 du 26 janvier 2012, il convient désormais de se référer aux articles L. 221-1 et suivants du Code forestier (titre II du livre II).

Sous-section 3. – Institut français de recherche pour l'exploitation de la mer

Art. R. 131-51. – Les dispositions relatives à l'Institut français de recherche pour l'exploitation de la mer sont énoncées au décret n° 84-428 du 5 juin 1984 modifié.

NB : Le décret n° 84-428 a été modifié par un décret n° 98-90 du 18 février 1998 (*JO* 20 févr. 1998), un décret n° 2002-380 du 14 mars 2002 (*JO* 21 mars 2002), un décret n° 2005-436 du 9 mai 2005 (*JO* 10 mai 2005), un décret n° 2010-879 du 26 juillet 2010 (*JO* 28 juill. 2010) et un décret n° 2012-1247 du 7 novembre 2012 (*JO* 10 nov.).

Sous-section 4. – Agence française de sécurité sanitaire de l'environnement et du travail

(Intitulé mod., D. n° 2007-397, 22 mars 2007) (1)

Art. R. 131-52 ***(Rempl., D. n° 2006-676, 8 juin 2006 ; mod., D. n° 2011-385, 11 avr. 2011).*** **– Les dispositions relatives à l'Agence nationale de sécurité sanitaire de l'alimentation, de l'environnement et du travail sont énoncées au chapitre III du titre Ier du livre III de la première partie du Code de la santé publique.**

ANSES. L'Agence française de sécurité sanitaire des aliments et l'Agence française de sécurité sanitaire de l'environnement et du travail sont fusionnées dans une Agence nationale chargée de la sécurité sanitaire de l'alimentation, de l'environnement et du travail à laquelle sont transférés leurs biens, droits et obligations, nonobstant toute disposition ou stipulation contraire (Ord. n° 2010-18, 7 janv. 2010 portant création d'une Agence nationale chargée de la sécurité sanitaire de l'alimentation, de l'environnement et du travail).

Voir : C. santé publ., art. L. 1313-1 à L. 1313-11.

Bibliographie : S. Desmoulin-Canselier, *L'Agence nationale chargée de la sécurité sanitaire de l'alimentation, de l'environnement et du travail : un faux-semblant de rationalisation administrative ? : Gaz. Pal.* 25 juin 2010, nos 176-177, p. 39.

Sous-section 5. – Institut de radioprotection et sûreté nucléaire

(Abr. à compter du 1er janvier 2025, D. n° 2024-1194, 19 déc. 2024)

Art. R. 131-53 ***(Abr. à compter du 1er janvier 2025, D. n° 2024-1194, 19 déc. 2024).***

Sous-section 5 *(Rédaction antérieure).* – Institut de radioprotection et sûreté nucléaire

Art. R. 131-53 ***(Mod. compter du 1er avril 2019, D. n° 2019-190, 14 mars 2019).*** **– Les dispositions relatives à l'Institut de radioprotection et sûreté nucléaire sont énoncées à la section 9 du chapitre II du titre IX du livre V.**

NB : Le décret n° 2002-254 du 22 février 2002 est abrogé par l'article 2 du décret n° 2016-283 du 10 mars 2016 (*JO* 11 mars) relatif à l'Institut de radioprotection et de sûreté nucléaire. Mais l'article R. 131-53 n'a pas été abrogé.

Ce nouveau décret crée, dans le livre V, Titre IX, chapitre II, les articles R. 592-1 à R. 592-23 du Code de l'environnement. Ce texte est pris pour l'application de l'article L. 592-45 du Code de l'environnement dans sa rédaction résultant de l'article 186 de la loi n° 2015-992 du 17 août 2015 relative à la transition énergétique pour la croissance verte. Le décret actualise et codifie au sein du Code de l'environnement les dispositions statutaires de l'IRSN. Il précise, parmi les missions de l'établissement, que celui-ci peut fournir un appui technique aux autorités de l'État (et non plus seulement à l'Autorité de sûreté nucléaire) en cas d'incident ou d'accident impliquant des sources de rayonnements ionisants, et qu'il est chargé de la tenue de la comptabilité centralisée des matières nucléaires pour les autorités de l'État

(1) Dispositions applicables à Mayotte, dans les îles Wallis-et-Futuna, en Polynésie française, en Nouvelle-Calédonie et dans les Terres australes et antarctiques françaises, D. n° 2007-397, 22 mars 2007, art. 15.

chargées de la protection et du contrôle des matières nucléaires non affectées aux moyens nécessaires à la mise en œuvre de la politique de dissuasion et pour les autorités de l'État chargées des accords internationaux de coopération et de non-prolifération nucléaire.

Voir : art. R. 592-1 et s., p. 3003.

CHAPITRE II. – DISPOSITIONS COMMUNES À CERTAINES INSTITUTIONS

Pas de dispositions réglementaires codifiées.

CHAPITRE II *BIS*. – HAUT CONSEIL POUR LE CLIMAT

(D. n° 2019-439, 14 mai 2019)

Art. D. 132-1 *(D. n° 2019-439, 14 mai 2019)*. – Le Haut Conseil pour le climat, organisme indépendant, est placé auprès du Premier ministre.

Outre son président, le Haut Conseil pour le climat comprend au plus douze membres choisis en raison de leur expertise scientifique, technique et économique dans le domaine des sciences du climat et de la réduction des émissions de gaz à effet de serre.

Les membres sont nommés par décret.

La durée du mandat est de cinq ans, renouvelable une fois. Lorsqu'un membre cesse ses fonctions, il est nommé un nouveau membre pour la durée du mandat restant à accomplir, après avis du président du Haut Conseil pour le climat.

Dans l'exercice de leurs missions au titre du Haut Conseil pour le climat, les membres du Haut Conseil pour le climat ne peuvent solliciter ou recevoir aucune instruction du Gouvernement ou de toute autre personne publique ou privée.

Art. D. 132-2 *(D. n° 2019-439, 14 mai 2019)*. – Le Haut Conseil pour le climat rend chaque année un rapport qui porte notamment sur :

1° Le respect de la trajectoire de baisse des émissions de gaz à effet de serre, eu égard aux budgets carbone définis en application de l'article L. 222-1 A du Code de l'environnement ;

2° La mise en œuvre et l'efficacité des politiques et mesures décidées par l'État et les collectivités locales pour réduire les émissions de gaz à effet de serre, développer les puits de carbone, réduire l'empreinte carbone et développer l'adaptation au changement climatique, y compris les dispositions budgétaires et fiscales.

3° L'impact socio-économique et environnemental, y compris pour la biodiversité, de ces différentes politiques publiques.

Dans ce rapport, le haut conseil met en perspective les engagements et les actions de la France par rapport à ceux des autres pays. Il émet des recommandations et propositions pour améliorer l'action de la France.

Ce rapport est remis au Premier ministre et transmis au Parlement et au Conseil économique, social et environnemental.

Les suites données par le Gouvernement à ce rapport sont présentées au Parlement et au Conseil économique, social et environnemental dans un délai de six mois à compter de sa remise.

Art. D. 132-3 *(D. n° 2019-439, 14 mai 2019)*. – Le Haut Conseil pour le climat rend un avis sur la stratégie nationale bas-carbone et les budgets carbone ainsi que sur le rapport mentionné au II de l'article L. 222-1 D du Code de l'environnement. Il évalue la cohérence de la stratégie bas-carbone vis-à-vis des politiques nationales et des engagements européens et internationaux de la France, en particulier de l'Accord de Paris et de l'atteinte de la neutralité carbone en 2050, tout en prenant en compte les impacts sociaux-économiques de la transition pour les ménages et les entreprises, les enjeux de souveraineté et les impacts environnementaux.

Art. D. 132-4 *(D. n° 2019-439, 14 mai 2019)*. – Le Haut Conseil pour le climat peut être saisi par le Gouvernement, le président de l'Assemblée nationale, le président du Sénat ou à sa propre initiative, pour rendre un rapport sur des questions sectorielles, relatives au financement des mesures de mise en œuvre de la stratégie nationale bas-carbone ou à la mise en œuvre territoriale des politiques climatiques.

Art. D. 132-5 *(D. n° 2019-439, 14 mai 2019)*. – Le Haut Conseil pour le climat établit et rend public son règlement intérieur, qui précise notamment ses règles de fonctionnement et les conditions dans lesquelles son président peut déléguer ses attributions.

Art. D. 132-6 *(D. n° 2019-439, 14 mai 2019).* **– Tous les avis et rapports du Haut Conseil pour le climat sont rendus publics sur son site internet.**

Art. D. 132-7 *(D. n° 2019-439, 14 mai 2019).* **– Le Haut Conseil pour le climat est un organisme indépendant, hébergé par France Stratégie qui met à sa disposition un appui administratif, informatique et de communication.**

Le Haut Conseil pour le climat dispose d'un budget propre. Son président décide de l'emploi des crédits nécessaires à l'accomplissement de ses missions.

Le haut conseil dispose d'un secrétariat qui assure, sous l'autorité de son président, le suivi et l'organisation de ses travaux.

Pour la réalisation de ses missions, le haut conseil peut solliciter l'appui des services de l'administration compétents en matière de climat, avec leur accord. Il peut également passer commande de travaux ou études à des experts ou des organismes extérieurs à l'administration.

Les membres du haut conseil peuvent percevoir une indemnité pour leur engagement dont le montant est arrêté par le Premier ministre.

Les frais de déplacement et de séjour des personnes associées aux travaux du haut conseil sont remboursés dans les conditions prévues par la réglementation applicable aux personnels civils de l'État.

CHAPITRE III. – ORGANES CONSULTATIFS

Section I. – Conseil national de la protection de la nature

(Abr. à compter de la date prévue à l'article 4 du décret n° 2017-342 du 17 mars 2017, D. n° 2017-342, 17 mars 2017)

Section abrogée à compter de la date de nomination des membres du Conseil national de la protection de la nature selon la procédure prévue par les articles R. 134-21 à R. 134-24 du Code de l'environnement.

Voir : D. n° 2017-342, 17 mars 2017, relatif au Conseil national de la protection de la nature.

Art. R. 133-1 (1) ***(Abr. à compter de la date prévue à l'article 4 du décret n° 2017-342 du 17 mars 2017, D. n° 2017-342, 17 mars 2017).***

I – NATURE ET RÉGIME DE L'AVIS

1) Dans la mesure où les membres ont été régulièrement désignés, l'instance régulièrement convoquée et le quorum atteint, le Conseil national de la protection de la nature a pu valablement délibérer et émettre un avis favorable (▪ CE, 4 févr. 2008, n° 294867, *Assoc. pour la protection des animaux sauvages*. – V. aussi ▪ CE, 10 juill. 2006, n° 281855, *ASPAS et SPA*).

2) La légalité de l'arrêté autorisant l'opération de prélèvement d'un loup est contestée, n'ayant pas été précédé d'une consultation régulière du Conseil national de la protection de la nature. Il ne résulte pas de l'instruction que le comité permanent ait reçu délégation du Conseil pour formuler un avis au ministre (▪ CE, 10 juin 2005, n° 280890, *ASPAS*).

3) La circonstance que l'avis du Conseil national de la protection de la nature, qui est un avis simple, ait été négatif est sans incidence sur la légalité de l'arrêté attaqué (▪ CE, 20 avr. 2005, n° 271216, *ASPAS*).

4) L'avis du Conseil national de la protection de la nature n'a pas à revêtir une forme matérielle précise (▪ CE, 20 avr. 2005, n° 271216, *ASPAS*).

5) La circonstance que le comité permanent du Conseil national de la protection de la nature examine un projet de réserve le 24 septembre 1996, alors que la procédure de consultation aurait été engagée le 26 août 1996 est sans incidence sur la régularité de son avis et sur la régularité de la procédure suivie, dès lors que les avis des communes, ministres et services intéressés ont tous été rendus postérieurement à la consultation du comité permanent du Conseil national de protection de la nature (▪ CE, 19 mars 2003, n° 212029, *Fédération dptale des chasseurs de la Charente maritime*).

6) Appelé à émettre un avis sur un projet d'arrêté, le Conseil national de la protection de la nature demande à ce que lui soit fourni un complément d'information ; après avoir obtenu les ren-

(1) Dispositions abrogées à compter du 9 juin 2009, D. n° 2006-672, 8 juin 2006, art. 17 et 18 ; prorogées pour une durée de cinq ans, D. n° 2009-613, 4 juin 2009, art. 4 et D. n° 2009-620, 6 juin 2009, art. 1er et ann. ; renouvelées pour une durée d'un an à compter du 8 juin 2014, D. n° 2014-589, 6 juin 2014, art 1er et ann. ; puis prorogées pour une durée de cinq ans à compter du 8 juin 2015, D. n° 2015-622, 5 juin 2015, art 1er et ann. I. – NDLR.

seignements sollicités, il émet son avis. Dès lors, le moyen tiré de ce que sa consultation ne serait pas régulièrement intervenue ne peut qu'être écarté (■ CE, 3 mars 2000, n° 189317, *Assoc. France Nature Environnement*).

7) La circonstance que le Conseil national de la protection de la nature, consulté sur le projet de révision de la liste nationale des espèces végétales protégées, n'ait pas cherché à harmoniser les listes régionales avec la liste nationale n'est pas de nature à entacher la régularité de l'arrêté attaqué (■ CE, 11 janv. 1999, *Fédération pour les espaces naturels et l'environnement catalan*).

II – CONSULTATION FACULTATIVE

8) Le défaut de consultation du Conseil national de la protection de la nature sur un décret comportant des dispositions de protection de la faune aquatique n'entache pas ce décret d'irrégularité dans la mesure où cette consultation n'est que facultative (■ CE, 21 juill. 1989, n° 75880, *Assoc. nationale de protection des salmonidés : Rev. jur. env.* 1989, p. 465). V. aussi ■ CE, 27 mai 1988 n° 76113, *Union nationale des intérêts aquatiques et piscicoles*.

9) La décision par laquelle le ministre rejette la demande relative à la prise de mesures réglementaires permettant l'introduction de vairons exotiques de l'espèce pimephales promelas dans les cours d'eau français a légalement pu intervenir sans consultation préalable du Conseil national de la protection de la nature (■ CE, 19 mars 1990, n° 91202, *Sté Astuvif*).

10) Aucune disposition législative ou réglementaire n'impose la consultation du Conseil national de protection de la nature préalablement au classement d'un site naturel (■ CE, 25 mai 1990, n° 72929).

11) Aucune disposition n'impose au ministre de l'Écologie de recueillir l'avis du Conseil national de la protection de la nature pour fixer la date de fermeture de la chasse aux oiseaux de passage (■ CE, 28 juill. 2004, n° 249243, *Assoc. Convention vie et nature pour une écologie radicale*).

12) Les ministres n'étaient pas tenus de soumettre le texte de l'arrêté attaqué à la délibération du Conseil national de la protection de la nature, dès lors que celui-ci s'était prononcé sur les questions faisant l'objet de ses dispositions (■ CE, 26 avr. 2006, n° 274339, *ASPAS*).

Sous-section 1. – Composition

Art. R. 133-2 à R. 133-6 (1) *(Abr., D. n° 2017-342, 17 mars 2017).*

Sous-section 2. – Fonctionnement

Art. R. 133-7 à R. 133-11 (1) *(Abr., D. n° 2017-342, 17 mars 2017).*

Sous-section 3. – Comité permanent

Art. R. 133-12 à R. 133-16 (1) *(Abr., D. n° 2017-342, 17 mars 2017).*

Art. R. 133-17 (1) *(Abr., D. n° 2017-342, 17 mars 2017).*

Si l'article R. 133-17 prévoit que le comité peut recevoir délégation du conseil pour formuler un avis au ministre sur tout dossier, cette délégation ne concerne toutefois que l'avis au ministre. A été pris sur le fondement d'une procédure irrégulière (après avis du comité permanent du conseil national de la protection de la nature) et doit de ce fait être annulé l'arrêté pris, sans délégation de compétence, en méconnaissance des dispositions prescrivant l'avis préalable du conseil national de protection de la nature (■ TA Toulon, 26 août 2010, *SNPN, conclusions du rapporteur public M. Revert : AJDA* 2011, p. 620, note X. Braud ; *Dr. env.* oct. 2015, no 238, p. 337).

Art. R. 133-18 et R. 133-19 (1) *(Abr., D. n° 2017-342, 17 mars 2017).*

Sous-section 4. – Experts

Art. R. 133-20 et R. 133-21 (1) *(Abr. à compter de la date prévue à l'article 4 du décret n° 2017-342 du 17 mars 2017, D. n° 2017-342, 17 mars 2017).*

(1) Dispositions abrogées à compter du 9 juin 2009, D. n° 2006-672, 8 juin 2006, art. 17 et 18 ; prorogées pour une durée de cinq ans, D. n° 2009-613, 4 juin 2009, art. 4 et D. n° 2009-620, 6 juin 2009, art. 1er et ann. ; renouvelées pour une durée d'un an à compter du 8 juin 2014, D. n° 2014-589, 6 juin 2014, art 1er et ann. ; puis prorogées pour une durée de cinq ans à compter du 8 juin 2015, D. n° 2015-622, 5 juin 2015, art 1er et ann. I. – NDLR.

Sous-section 5. – Secrétariat administratif

Art. R. 133-22 (1) *(Abr. à compter de la date prévue à l'article 4 du décret n° 2017-342 du 17 mars 2017, D. n° 2017-342, 17 mars 2017).*

Section II. – Initiative française pour les récifs coralliens (2)

(Abr., D. n° 2023-387, 22 mai 2023)

Art. D. 133-23 *(Abr., D. n° 2023-387, 22 mai 2023).*

Art. D. 133-24 à D. 133-30 *(Abr., D. n° 2023-387, 22 mai 2023).*

Section III. – Comité de l'environnement polaire

Art. D. 133-31. – Le comité de l'environnement polaire, institué auprès du ministre de l'Environnement, est chargé de vérifier la compatibilité des activités humaines relevant des autorités françaises dans les zones polaires et subantarctiques avec la préservation de l'environnement.

Art. D. 133-32. – I. – Le comité de l'environnement polaire est composé d'un président et de dix personnalités choisies en raison de leurs compétences dans le domaine des activités scientifiques et technologiques et dans le domaine de l'environnement.

II. – Le président et les membres du comité sont nommés pour quatre ans par arrêté du Premier ministre ; leur mandat est renouvelable une fois.

III. – Les dix membres du comité autres que le président sont nommés dans les conditions suivantes :

1° Deux sur proposition du ministre chargé des affaires étrangères ;

2° Deux sur proposition du ministre chargé de l'environnement ;

3° Deux sur proposition du ministre chargé des départements et territoires d'outre-mer ;

4° Deux sur proposition du ministre chargé de la recherche ;

5° Deux sur proposition du Conseil national de la protection de la nature.

IV. – Les membres dont le mandat viendrait à être interrompu pour quelque cause que ce soit et pour une durée supérieure à un an sont remplacés dans leurs fonctions dans un délai de deux mois. Le mandat des nouveaux membres ainsi nommés expire à la date à laquelle aurait normalement pris fin celui de leur prédécesseur.

Art. D. 133-33. – I. – Le comité de l'environnement polaire est consulté sur les programmes d'activité, les grands projets et les études d'impact concernant toutes les activités humaines dans les zones définies à l'article D. 133-31. Il assure dans ces zones une surveillance régulière et continue des activités humaines et il est saisi des plans d'urgence et des rapports d'inspection.

II. – Le comité peut également être consulté sur toutes les questions relatives à l'environnement polaire.

III. – Le comité de l'environnement polaire est saisi par :

1° Les ministres chargés des affaires étrangères, de l'environnement, des départements et territoires d'outre-mer et de la recherche ;

2° Le président de l'Institut polaire français Paul-Émile-Victor ;

3° L'administrateur supérieur des Terres australes et antarctiques françaises (TAAF).

IV. – Le comité rend un avis motivé au plus tard dans un délai de 60 jours à compter de la date à laquelle il a été saisi ; ce délai peut être porté par le président du comité à 120 jours pour les études d'impact. Le délai expiré, l'avis est réputé émis.

---

(1) Dispositions abrogées à compter du 9 juin 2009, D. n° 2006-672, 8 juin 2006, art. 17 et 18 ; prorogées pour une durée de cinq ans, D. n° 2009-613, 4 juin 2009, art. 4 et D. n° 2009-620, 6 juin 2009, art. 1er et ann. ; renouvelées pour une durée d'un an à compter du 8 juin 2014, D. n° 2014-589, 6 juin 2014, art 1er et ann. ; puis prorogées pour une durée de cinq ans à compter du 8 juin 2015, D. n° 2015-622, 5 juin 2015, art 1er et ann. I. – NDLR.

(2) À compter du 31 mars 2011, date de la première réunion suivant le renouvellement du conseil général de Mayotte en 2011, « dans tous les lois et règlements en vigueur, la référence à la collectivité départementale de Mayotte est remplacée par la référence au Département de Mayotte : V. L. n° 2010-1487, 7 déc. 2010, art. 36 et 37.

Commission renouvelée pour une durée de un an à compter du 8 juin 2015, D. n° 2015-622, 5 juin 2015, art. 2 et ann. II. – NDLR.

Toutefois, le délai de 60 jours prévu à l'alinéa précédent peut être réduit à 30 jours lorsque l'urgence est demandée par les ministres chargés des affaires étrangères, de l'environnement, des départements et territoires d'outre-mer ou de la recherche.

V. - Le comité peut de sa propre initiative examiner toutes questions relevant de sa compétence. Il peut procéder à des études et enquêtes et faire toutes propositions ou recommandations qui lui paraissent nécessaires.

VI. - Le comité est réuni au moins une fois par an ; il peut rendre publics ses avis.

Art. D. 133-34. **- Le fonctionnement et le secrétariat du comité sont assurés par le ministère de l'Environnement.**

Le comité peut en outre, en tant que de besoin, faire appel, pour l'accomplissement de ses missions, aux moyens de l'administration du territoire des Terres australes et antarctiques françaises et de l'Institut polaire français Paul-Émile Victor.

Section IV. – Commission des comptes et de l'économie de l'environnement

Art. D. 133-35 à D. 133-43 *(Abr., D. n° 2019-1362, 16 déc. 2019).*

Section IV *(Rédaction antérieure).* – Commission des comptes et de l'économie de l'environnement

Rédaction antérieure. Art. D. 133-35 *(Anc. D. n° 98-623, 21 juill. 1998 ; codifié, D. n° 2005-935, 2 août 2005 ; rempl., D. n° 2010-1303, 29 oct. 2010).* – La commission des comptes et de l'économie de l'environnement, placée auprès du ministre chargé de l'environnement, a pour mission d'assurer le rassemblement, l'analyse et la publication de données et de comptes économiques décrivant :

- les activités et dépenses de protection et de mise en valeur de l'environnement ;
- les impacts sur l'environnement des activités des secteurs économiques et des ménages ;
- les ressources et le patrimoine naturels.

Les travaux de la commission permettent ainsi, dans une perspective de développement durable, d'étudier :

- la contribution des activités environnementales au développement économique et social (notamment l'emploi, les prix, la fiscalité, le commerce extérieur) et à l'amélioration de la qualité de la vie ;
- l'intégration de l'environnement dans les politiques sectorielles.

La commission contribue à l'harmonisation des méthodes de description, d'estimation ainsi que d'analyse coûts-bénéfices des actions et de l'absence d'action dans les domaines mentionnés ci-dessus, à des fins de comparaisons, notamment internationales.

Rédaction antérieure. Art. D. 133-36 *(Anc. D. n° 98-623, 21 juill. 1998 ; codifié, D. n° 2005-935, 2 août 2005 ; rempl., D. n° 2010-1303, 29 oct. 2010).* – La commission examine et approuve un rapport annuel sur les comptes et l'économie de l'environnement, qui est rendu public.

Rédaction antérieure. Art. D. 133-37 *(Anc. D. n° 98-623, 21 juill. 1998 ; codifié, D. n° 2005-935, 2 août 2005 ; rempl., D. n° 2010-1303, 29 oct. 2010).* – La commission est présidée par le ministre chargé de l'environnement.

Rédaction antérieure. Art. D. 133-38 *(Anc. D. n° 98-623, 21 juill. 1998 ; codifié, D. n° 2005-935, 2 août 2005 ; rempl., D. n° 2010-1303, 29 oct. 2010).* – Le vice-président, nommé pour trois ans par arrêté conjoint du ministre chargé de l'environnement et du ministre chargé de l'économie, supplée le président en cas d'absence ou d'empêchement.

Rédaction antérieure. Art. D. 133-39 *(Anc. D. n° 98-623, 21 juill. 1998 ; codifié, D. n° 2005-935, 2 août 2005 ; mod., D. n° 2006-260, 6 mars 2006 ; D. n° 2008-1232, 27 nov. 2008 ; D. n° 2009-212, 20 févr. 2009 ; D. n° 2009-592, 26 mai 2009 ; rempl., D. n° 2010-1303, 29 oct. 2010 ; D. n° 2013-333, 22 avr. 2013 ; D. n° 2014-394, 31 mars 2014 ; D. n° 2014-1048, 15 sept. 2014).* – Outre le président et le vice-président, la commission comprend :

1° Seize membres de droit au titre des représentants de l'administration et des organismes publics compétents en matière d'environnement :

- le commissaire général au développement durable ;
- le chef du service de l'observation et des statistiques du Commissariat général au développement durable ;
- le chef du service de l'économie, de l'évaluation et de l'intégration du développement durable du Commissariat général au développement durable ;
- le délégué général du Conseil économique pour le développement durable créé par le décret n° 2008-1250 du 1er décembre 2008 ;
- le directeur général de la prévention des risques ;
- le directeur général de l'aménagement, du logement et de la nature ;
- le délégué interministériel à l'aménagement du territoire et à l'attractivité régionale ;
- le directeur général du Trésor ;
- le directeur général des finances publiques ;

– le directeur du service des affaires financières, sociales et logistiques au ministère chargé de l'agriculture ;
– le directeur général de la santé ;
– le directeur général de la compétitivité, de l'industrie et des services ;
– le « Commissaire général à la stratégie et à la prospective » (1) ;
– le directeur général de l'Institut national de la statistique et des études économiques ;
– le président de l'Agence de l'environnement et de la maîtrise de l'énergie ;
– *(Rempl. à compter du 1er janvier 2017, D. n° 2016-1842, 26 déc. 2016)* (2) le directeur général de l'Agence française pour la biodiversité.

ou leurs représentants ;

2° Deux représentants des services déconcentrés du ministère chargé de l'environnement, nommés, pour une durée de trois ans, par arrêté du ministre chargé de l'environnement ;

3° Vingt et un membres choisis en fonction de leur compétence en matière d'économie de l'environnement et nommés, pour trois ans, par arrêté du ministre chargé de l'environnement, à raison :
– d'un représentant de l'Association des maires de France ;
– d'un représentant de l'Assemblée des départements de France ;
– d'un représentant de l'Association des régions de France ;
– de deux représentants des associations de protection de l'environnement ;
– de deux représentants des associations de consommateurs ;
– de trois représentants des organisations patronales ;
– de trois représentants des organisations syndicales des salariés ;
– de huit personnalités qualifiées.

(3)

NB : Conformément à l'article 14 du décret n° 2019-1190 du 18 novembre 2019, les présentes dispositions entrent en vigueur le 1er janvier 2020.

Rédaction antérieure. Art. D. 133-40 *(Rempl., D. n° 2010-1303, 29 oct. 2010)*. – La commission se réunit en séance plénière au moins une fois par an, sur convocation de son président, pour examiner le rapport annuel. Elle peut procéder, sur l'initiative du président, à toute audition qu'elle juge utile et à l'examen de dossiers spécifiques concernant la situation environnementale.

La commission constitue en son sein, en tant que de besoin, des groupes de travail chargés de répondre aux problèmes qui lui sont posés. L'organisation et la composition de ces groupes de travail sont fixées par le président. Chacun des groupes de travail peut faire appel à des experts pour l'assister dans ses travaux.

Rédaction antérieure. Art. D. 133-41 *(Anc. D. n° 98-623, 21 juill. 1998 ; codifiés, D. n° 2005-935, 2 août 2005 ; rempl., D. n° 2010-1303, 29 oct. 2010)*. – Le secrétariat général de la commission est assuré par le service de l'observation et des statistiques du Commissariat général au développement durable.

Rédaction antérieure. Art. D. 133-42 *(Anc. D. n° 98-623, 21 juill. 1998 ; codifié, D. n° 2005-935, 2 août 2005 ; rempl., D. n° 2008-1232, 27 nov. 2008 ; D. n° 2010-1303, 29 oct. 2010)*. – Le rapport annuel est élaboré et présenté à la commission par le service de l'observation et des statistiques du Commissariat général au développement durable.

D'autres travaux ou études intéressant le champ de compétence décrit à l'article D. 133-35 peuvent de plus être rapportés devant la commission par d'autres services du ministère chargé de l'environnement ainsi que par d'autres organismes ou des personnalités extérieures à l'administration.

Rédaction antérieure. Art. D. 133-43 *(Anc. D. n° 98-623, 21 juill. 1998 ; codifié, D. n° 2005-935, 2 août 2005 ; rempl., D. n° 2010-1303, 29 oct. 2010)*. – Les travaux de la commission sont transmis au secrétariat de la commission économique de la nation.

Section V. – Comité national de coordination pour la recherche publique en environnement

(Abr., D. n° 2007-397, 22 mars 2007) (4)

Art. D. 133-44 à D. 133-51 *(Abr., D. n° 2007-397, 22 mars 2007)* (4).

(1) D. n° 2013-333, 22 avr. 2013, art. 11.
(2) Dispositions modifiables par décret, D. n° 2016-1842, 26 déc. 2016, art. 6.
(3) Dispositions pouvant être modifiées par décret, D. n° 2009-592, 26 mai 2009, art. 7.
(4) Dispositions applicables à Mayotte, dans les îles Wallis-et-Futuna, en Polynésie française, en Nouvelle-Calédonie et dans les Terres australes et antarctiques françaises, D. n° 2007-397, 22 mars 2007, art. 15.

CHAPITRE IV. – INSTITUTIONS RELATIVES AU DÉVELOPPEMENT DURABLE ET À LA BIODIVERSITÉ

(Intitulé rempl., D. n° 2017-339, 15 mars 2017)

Section I. – Institutions relatives au développement durable

(Division créée, D. n° 2017-339, 15 mars 2017)

Sous-section 1. – Conseil national de la transition écologique

(Rempl., D. n° 2013-753, 16 août 2013 ; dénum., D. n° 2017-339, 15 mars 2017)

Art. D. 134-1 *(Rempl., D. n° 2013-753, 16 août 2013).* – Outre les missions consultatives prévues à l'article L. 133-2, le Conseil national de la transition écologique :

1° Apporte son concours à l'élaboration, au suivi et à l'évaluation des objectifs de la politique nationale en faveur de la transition écologique et du développement durable. À ce titre, il est tenu informé, notamment, de l'évolution des indicateurs mentionnés au dernier alinéa de l'article L. 133-2 ainsi que des orientations des comités stratégiques des filières industrielles du Conseil national de l'industrie ;

2° Participe à l'élaboration, au suivi et à l'évaluation des stratégies nationales mentionnées au 2° du même article. Les avis qu'il rend sur chacun des rapports annuels de suivi et d'évaluation de ces stratégies nationales sont joints lors de leur transmission au Parlement ;

3° Contribue à la préparation des négociations internationales sur l'environnement et le développement durable.

Art. D. 134-2 *(Rempl., D. n° 2013-753, 16 août 2013 ; mod., D. n° 2015-536, 15 mai 2015* (1) *; D. n° 2016-1441, 25 oct. 2016 ; D. n° 2019-56, 30 janv. 2019* (2) *; D. n° 2024-83, 5 févr. 2024)* (3). – I. – Le Conseil national de la transition écologique est composé de cinquante-huit membres répartis comme suit :

1° Le président du Conseil économique, social et environnemental ou son représentant ;

2° Le commissaire général au développement durable ou son représentant ;

3° Un collège d'élus assurant la représentation des collectivités territoriales comprenant huit membres ainsi répartis :

a) Deux représentants des communes ;

b) Deux représentants des communautés de communes ;

c) Deux représentants des départements ;

d) Deux représentants des régions ;

4° Un collège assurant la représentation des organisations syndicales interprofessionnelles de salariés représentatives au plan national comprenant huit membres ;

5° Un collège assurant la représentation des organisations d'employeurs comprenant huit membres ainsi répartis :

a) Trois représentants des entreprises ;

b) Deux représentants des petites et moyennes entreprises ;

c) Deux représentants des exploitants agricoles ;

d) Un représentant des artisans ;

6° Un collège, comprenant huit membres, assurant la représentation des associations de protection de l'environnement et des fondations ou organismes reconnus d'utilité publique exerçant, à titre principal, des activités de protection de l'environnement agréées et habilitées, en application de l'article L. 141-3, pour prendre part au débat sur l'environnement qui se déroule dans le cadre des instances consultatives ayant vocation à examiner les politiques d'environnement et de développement durable ;

7° Huit membres répartis comme suit :

a) Deux représentants des associations de défense des consommateurs agréées au plan national en application de l'article L. 411-1 du Code de la consommation ;

(1) Dispositions modifiables par des actes pris dans les formes requises pour leur modification antérieurement au 17 mai 2015, D. n° 2015-536, 15 mai 2015, art. 15, II.

(2) Pour la modification des présentes dispositions : V. D. n° 2019-56, 30 janv. 2019.

(3) Dispositions d'application particulières : V. D. n° 2024-83, 5 févr. 2024, art. 2

b) Un représentant des associations représentant le mouvement familial et siégeant au Haut Conseil de la famille, de l'enfance et de l'âge ;

c) Un représentant des associations du secteur de l'économie sociale et solidaire siégeant au Conseil supérieur de l'économie sociale et solidaire ;

d) Un représentant des associations ou organisations d'éducation populaire les plus représentatives ;

e) Un représentant des associations d'éducation à l'environnement ;

f) Un représentant des associations de chasseurs ;

g) Un représentant des associations de pêcheurs de loisirs ;

8° Huit parlementaires répartis comme suit :

a) Trois députés ;

b) Trois sénateurs ;

c) Deux membres du Parlement européen ;

9° Un collège, comprenant huit membres, assurant la représentation des associations, fondations ou organisations ayant dans leurs missions principales la représentation des jeunes.

Les membres de ce collège sont âgés de moins de trente-cinq ans au jour de leur nomination.

II. – Un arrêté du ministre chargé de l'écologie fixe la liste des organisations représentées au sein du Conseil national de la transition écologique en application des 3° à 7° du I ainsi que le nombre de leurs représentants pour les collèges mentionnés au 4°, 6° et 9° du même I.

III. – Le conseil peut entendre :

1° Les ministres intéressés par les affaires inscrites à son ordre du jour ou leurs représentants ;

2° Les représentants des organismes ou établissements publics suivants :

a) L'Agence de l'environnement et de la maîtrise de l'énergie ;

b) La Caisse des dépôts et consignations ;

c) CCI France ;

d) CMA France ;

e) L'Assemblée permanente des chambres d'agriculture ;

f) La Conférence des présidents d'université et la Conférence des grandes écoles ;

g) Le Comité national des pêches maritimes et des élevages marins ;

h) Le conseil supérieur de la forêt, des produits forestiers et de la transformation du bois ;

3° Ainsi que toute personne dont l'audition est de nature à éclairer ses travaux ou ses délibérations.

IV. – Le président et les membres mentionnés aux 1° et 2° du I ainsi que les personnes mentionnées au III n'ont pas voix délibérative.

Art. D. 134-3 *(Rempl., D. n° 2013-753, 16 août 2013).* – À l'exception des députés et des sénateurs, désignés, respectivement, par le président de l'Assemblée nationale et par le président du Sénat, ainsi que du commissaire général au développement durable et du président du Conseil économique, social et environnemental, les membres du Conseil national de la transition écologique sont nommés par arrêté du ministre chargé de l'écologie après désignation par les organisations dont ils sont les représentants.

Le mandat des membres du conseil est de trois ans renouvelable.

Les fonctions de membre du conseil s'exercent à titre gratuit.

Art. D. 134-4 *(Rempl., D. n° 2013-753, 16 août 2013).* – Le Premier ministre et le ministre chargé de l'écologie peuvent saisir le Conseil national de la transition écologique, pour avis, de toute question d'intérêt national relative à l'écologie, au développement durable et à l'énergie, de tout projet de schéma d'orientation ou de tout projet de réforme ayant une portée nationale dans ces mêmes matières.

Le conseil peut émettre, à son initiative, toute proposition, recommandation ou avis qu'il juge utile dans son champ de compétence.

Les avis du conseil sont rendus publics, conformément aux dispositions de l'article L. 133-3.

Ils sont également adressés au commissariat général à la stratégie et à la prospective.

Art. D. 134-5 *(Rempl., D. n° 2013-753, 16 août 2013).* – Le Conseil national de la transition écologique se réunit sur convocation de son président. Il peut également se réunir à la demande de la majorité absolue de ses membres, qui proposent au président un ordre du jour précis.

Art. D. 134-6 *(Rempl., D. n° 2013-753, 16 août 2013 ; mod., D. n° 2017-211, 20 févr. 2017).* – Le Conseil national de la transition écologique comprend une commission spécialisée chargée de l'élaboration des indicateurs nationaux de la transition écologique et de l'économie verte, présidée par le chef du service de l'observation et des statistiques du commissariat général au développement durable.

Le Conseil national de la transition écologique comprend une commission spécialisée chargée de l'orientation de l'action de l'Observatoire national sur les effets du réchauffement climatique. Le président de cette commission est nommé par arrêté du ministre chargé de l'écologie.

Le conseil peut créer, en son sein, en tant que de besoin, d'autres commissions spécialisées ou groupes de travail.

Les commissions spécialisées sont constituées de membres du Conseil national de la transition écologique, de représentants de l'État ou de ses établissements publics et de personnalités choisies en fonction de leur compétence et de leur qualification. Elles peuvent entendre toute personne et recueillir tout avis dans les domaines dont elles sont chargées.

Les modalités de la création, de la désignation des membres et du fonctionnement des commissions spécialisées et des groupes de travail sont fixées par le règlement intérieur.

Art. D. 134-7 *(Rempl., D. n° 2013-753, 16 août 2013 ; D. 2016-308, 17 mars 2016).* – Le fonctionnement du Conseil national de la transition écologique est régi par les dispositions des articles R. 133-1 à R. 133-15 du Code des relations entre le public et l'administration ainsi que par le règlement intérieur qu'il établit. Son secrétariat est assuré par le commissariat général au développement durable.

Sous-section 2. – Comité interministériel pour le développement durable

(Anc. section 2, dénum., D. n° 2017-339, 15 mars 2017)

Bibliographie : *Environnement et espace rural : RD rur.* 2003, n° 311, p. 150. • Ch. Cans, *Naissance d'une énième instance du « développement durable » : Dr. env.* avr. 2003, n° 107, p. 64.

Art. D. 134-8 *(Mod., D. n° 2010-370, 13 avr. 2010).* – Le comité interministériel pour le développement durable est présidé par le Premier ministre ou, par délégation de celui-ci, par le ministre chargé du développement durable. Il comprend l'ensemble des membres du Gouvernement.

Un représentant du Président de la République et le délégué interministériel au développement durable prennent part aux travaux du comité.

Art. D. 134-9. – I. – Le comité interministériel pour le développement durable définit les orientations de la politique conduite par le Gouvernement en faveur du développement durable, notamment en matière d'effet de serre et de prévention des risques naturels majeurs, et veille à leur mise en œuvre.

II. – À cette fin :

1° Il adopte la stratégie nationale de développement durable préparée par le comité permanent prévu à l'article D. 134-11 en veillant à la cohérence de celle-ci avec les positions et engagements pris par la France au niveau européen et, en liaison avec le comité interministériel de la coopération internationale et du développement, au niveau International ;

2° Il approuve les plans d'actions tendant à intégrer les objectifs du développement durable dans les politiques publiques ;

3° Il adopte un rapport annuel d'évaluation de la mise en œuvre de la stratégie nationale de développement durable et des plans d'actions.

Art. D. 134-10. – Le comité interministériel pour le développement durable se réunit au moins une fois par an. Son secrétariat est assuré par le ministre chargé du développement durable.

Sous-section 3. – Les hauts fonctionnaires au développement durable

(Anc. division section 3, dénum., D. n° 2017-339, 15 mars 2017)

Art. D. 134-11 *(Rempl., D. n° 2013-753, 16 août 2013).* – Chaque ministre désigne un haut fonctionnaire au développement durable chargé de préparer la contribution de son administration à la stratégie nationale de développement durable, de coordonner l'élaboration des plans d'actions correspondant et d'en suivre l'application. Les hauts fonctionnaires au développement durable constituent un comité, présidé par le délégué interministériel au développement durable.

Section II. – Institutions relatives à la biodiversité

(D. n° 2017-339, 15 mars 2017)

Sous-section 1. – Comité national de la biodiversité

Art. R. 134-12 *(D. n° 2017-339, 15 mars 2017)*. – I. – Le Comité national de la biodiversité exerce les missions mentionnées à l'article L. 134-1. Il rend des avis sur tout sujet relatif à la biodiversité ou ayant un effet notable sur celle-ci, dont il est saisi par un ministre, en particulier pour l'élaboration, la mise en œuvre, le suivi et l'évaluation :

1° Des dispositions législatives et réglementaires relatives à la biodiversité ;

2° De la stratégie nationale pour la biodiversité et des autres stratégies nationales ayant un effet direct ou indirect sur la biodiversité, en particulier les stratégies ayant pour objet la mise en place d'espaces protégés et de continuités écologiques ;

3° Des programmes nationaux de connaissance, d'observation et de diffusion de l'information relative à la biodiversité ;

4° Des programmes nationaux portant sur la gestion et la conservation de la biodiversité.

II. – Dans les avis qu'il est amené à rendre, il veille à la cohérence des politiques de biodiversité aux niveaux national et territorial, en lien notamment avec les comités régionaux de la biodiversité et les comités de l'eau et de la biodiversité.

III. – Les ministres mentionnés à l'article R. 371-23 l'associent à l'élaboration, au suivi et à la mise à jour du document-cadre intitulé : « Orientations nationales pour la préservation et la remise en bon état des continuités écologiques », conformément aux dispositions du premier alinéa de l'article L. 371-2, en le saisissant aux principaux stades de la procédure afin de recueillir ses observations et propositions. Il veille à la cohérence nationale des trames verte et bleue.

IV. – Le ministre chargé de l'environnement lui adresse le schéma régional de cohérence écologique adopté en Île-de-France et les schémas régionaux d'aménagement, de développement durable et d'égalité des territoires, assortis d'une analyse de leur contribution à la cohérence nationale des trames verte et bleue.

V. – Le comité peut également rendre un avis sur toute question relative à la biodiversité qui lui serait soumise par une collectivité ultramarine compétente en matière d'environnement.

Art. R. 134-13 *(D. n° 2017-339, 15 mars 2017)*. – Le Comité national de la biodiversité est composé d'au moins cent vingt membres et d'au plus cent cinquante membres répartis comme suit :

1° Un collège de trente membres au plus composé de représentants des collectivités territoriales et de leurs groupements, représentant au minimum 20 % des membres du comité et comprenant au moins :

a) Un représentant de l'Association des maires de France ;

b) Un représentant de l'Assemblée des départements de France ;

c) Un représentant de l'Association des régions de France ;

d) Un représentant de l'Association des maires ruraux de France ;

e) Un représentant de l'Association nationale des élus du littoral ;

f) Un représentant de l'Association nationale des élus de montagne ;

g) Un représentant de la Fédération nationale des communes forestières ;

h) Un représentant de la région Guadeloupe ;

i) Un représentant de la Martinique ;

j) Un représentant de la Guyane ;

k) Un représentant de la région de La Réunion ;

l) Un représentant du Département de Mayotte ;

m) Un représentant de Saint-Pierre-et-Miquelon ;

n) Un représentant de Saint-Barthélemy ;

o) Un représentant de Saint-Martin ;

p) Un représentant des îles Wallis-et-Futuna ;

q) Un représentant de la Polynésie française ;

r) Un représentant de la Nouvelle-Calédonie ;

s) Un représentant des Terres australes et antarctiques françaises ; *(Mod. à compter du 1er janvier 2020, D. n° 2019-1580, 31 déc. 2019)*

2° Un collège de dix membres au plus composé de représentants des établissements publics nationaux, représentant au minimum 6 % des membres du comité et comprenant au moins :
a) Le président de l'Office français de la biodiversité ou son représentant ;
b) Le président du Muséum national d'histoire naturelle ou son représentant ;
c) *(Abr.)* ;
d) Le président de l'Office national des forêts ou son représentant ;
e) Le président du Conservatoire de l'espace littoral et des rivages lacustres ou son représentant ;
f) Un représentant d'une agence de l'eau ;
g) Un représentant du Centre national de la propriété forestière ;
3° Un collège de trente membres au plus composé de représentants des organismes socioprofessionnels, représentant au minimum 20 % des membres du comité et comprenant au moins :
a) Un représentant de la chambre de commerce et d'industrie France ;
b) Un représentant de l'assemblée permanente des chambres d'agriculture ;
c) Trois représentants des entreprises, petites et moyennes entreprises et des artisans ;
d) Un représentant des industries de carrières et de matériaux de construction ;
e) Un représentant des entreprises du bâtiment et des travaux publics ;
f) Deux représentants des exploitants agricoles proposés par les organisations nationales les plus représentatives habilitées en application de l'article 3 du décret n° 90-187 du 28 février 1990 relatif à la représentation des organisations syndicales d'exploitants agricoles au sein de certains organismes ou commissions ;
g) Un représentant des activités du secteur maritime ;
h) Un représentant du secteur de la pêche et des élevages marins ;
i) Un représentant du secteur forêt-bois ;
j) Un représentant du secteur du paysage ;
k) Un représentant du secteur des transports ;
l) Un représentant du secteur de l'énergie ;
m) Un représentant des industries agrochimiques et de chimie verte ;
n) Un représentant du secteur du tourisme ;
o) Un représentant des professionnels du génie écologique ;
p) Un représentant des associations d'entreprises agissant dans le domaine de l'environnement ;
4° Un collège de dix membres au plus composé de représentants des propriétaires fonciers, représentant au minimum 6 % des membres du comité et comprenant au moins :
a) Un représentant de la Fédération nationale de la propriété privée rurale ;
b) Un représentant de la Fédération nationale des sociétés d'aménagement foncier et d'établissement rural ;
c) Un représentant de la Fédération nationale des agences d'urbanisme ;
d) Un représentant des propriétaires exploitants d'étangs ;
e) Un représentant des propriétaires d'ouvrages sur les cours d'eau ;
f) Un représentant de la Fédération nationale des syndicats de forestiers privés ;
5° Un collège de dix membres au plus composé de représentants des usagers de la nature garants du bon état écologique des milieux, représentant au minimum 6 % des membres du comité et comprenant au moins :
a) Un représentant des associations de consommateurs ;
b) Un représentant des fédérations de pêcheurs de loisirs ;
c) Un représentant des fédérations de chasseurs ;
d) Un représentant des associations de tourisme ;
e) Deux représentants des associations de sports de nature terrestres et aquatiques ;
6° Un collège de trente membres au plus composé de représentants des associations, organismes ou fondations œuvrant pour la préservation de la biodiversité, représentant au minimum 20 % des membres du comité et comprenant au moins :
a) Quinze représentants des associations, organismes ou fondations exerçant des activités de protection de l'environnement ;
b) Deux représentants des associations d'éducation à l'environnement ;
c) Un représentant des associations représentant le mouvement familial ;
7° Un collège de dix membres au plus composé de représentants des gestionnaires d'espaces naturels, représentant au minimum 6 % des membres du comité et comprenant au moins :
a) Un représentant des parcs nationaux ;
b) Un représentant de la Fédération des parcs naturels régionaux de France ;
c) Un représentant des gestionnaires de réserves naturelles ;

d) Un représentant de la fédération des conservatoires d'espaces naturels ;
e) Un représentant des gestionnaires de sites du réseau Natura 2000 ;
f) Un représentant des gestionnaires d'aires marines ;
g) Un représentant des gestionnaires de sites inscrits sur la liste des zones humides d'importance internationale prévue par la convention relative aux zones humides d'importance internationale, particulièrement comme habitat des oiseaux d'eau, signée à Ramsar le 2 février 1971 ;
h) Un représentant des gestionnaires de réserves de la biosphère ;
8° Un collège de dix membres au plus composé de scientifiques ou représentants d'organismes de recherche, représentant au minimum 6 % des membres du comité et comprenant au moins :
a) Un représentant de la Fondation pour la recherche sur la biodiversité (FRB) ;
b) Un représentant de l'Institut français de recherche pour l'exploitation de la mer (IFREMER) ;
c) Un représentant de l'Institut national de la recherche agronomique (INRA) ;
d) Un représentant de l'Institut national de recherche en sciences et technologies pour l'environnement et l'agriculture (IRSTEA) ;
e) Un représentant du Centre d'études et d'expertise sur les risques, l'environnement, la mobilité et l'aménagement (CEREMA) ;
f) Un représentant du Centre national de la recherche scientifique (CNRS) ;
g) Un représentant de l'Institut de recherche pour le développement (IRD) ;
9° Un collège de dix membres au plus composé de personnalités qualifiées, représentant au minimum 6 % des membres du comité, désignés par le ministre chargé de l'environnement en raison de leurs compétences dans les domaines de la faune et de la flore sauvages ainsi que des écosystèmes terrestres, aquatiques ou marins et comprenant au moins :
a) Un membre du Comité national de l'eau ;
b) Un membre du Conseil national de la protection de la nature ;
c) Un membre du Conseil national de la mer et des littoraux.

Art. R. 134-14 *(D. n° 2017-339, 15 mars 2017).* – Les membres du Comité national de la biodiversité sont nommés, ainsi qu'un suppléant pour chacun d'eux, par arrêté du ministre chargé de l'environnement pour une durée de cinq ans renouvelable.

Les membres titulaires et suppléants des collèges mentionnés aux 1° à 7° de l'article R. 134-13 et les représentants d'organismes de recherche mentionnés au 8° du même article sont choisis parmi les personnes proposées par les institutions représentées ou par les associations nationales ou, à défaut, régionales, représentatives dans le domaine d'activité au titre duquel ils sont désignés.

Afin de permettre le respect de l'objectif de représentation équilibrée des femmes et des hommes prescrit à l'article L. 134-1, et sauf à en démontrer l'impossibilité, ces organismes désignent un représentant titulaire et un représentant suppléant de sexe différent.

Les organismes appelés à désigner plusieurs représentants au comité et le ministre chargé de l'environnement veillent à ce que la proportion des membres de chaque sexe parmi les membres titulaires et les membres suppléants qu'ils désignent ne soit pas inférieure à 40 %.

Si le ministre constate, après avoir recueilli l'ensemble des propositions et choisi les membres qu'il désigne lui-même conformément aux précédents alinéas, que la proportion de membres d'un même sexe parmi les membres titulaires du comité est inférieure à 40 %, il détermine le nombre de personnes proposées comme membres suppléants qui devront être nommées titulaires afin d'assurer à cette instance la composition équilibrée prévue par l'article L. 134-1.

Il répartit ce nombre entre les collèges dont la composition ne respecte pas cet équilibre, compte tenu du nombre de leurs membres et de l'importance des écarts. Les personnes proposées comme membre suppléant dont il procède à la nomination comme titulaires, les personnes proposées comme titulaires étant alors nommées membres suppléants, sont choisies par tirage au sort.

Afin d'assurer une représentation des outre-mer en tenant compte, notamment, de la richesse de la biodiversité ultramarine, le ministre chargé de l'environnement désigne, dans les collèges mentionnés aux 3° à 7° et au 9° de l'article R. 134-13, au moins un représentant des intérêts ultramarins.

Les fonctions de membre du comité s'exercent à titre gratuit.

Art. R. 134-15 *(D. n° 2017-339, 15 mars 2017 ; mod., D. n° 2018-686, 1er août 2018).* – Le Comité national de la biodiversité est présidé par le ministre chargé de l'environnement ou par un vice-président nommé par ce ministre, au sein des services placés sous son autorité, pour la même durée que les membres du comité.

Art. R. 134-16 *(D. n° 2017-339, 15 mars 2017 ; mod., D. n° 2018-686, 1er août 2018).* – Le Comité national de la biodiversité se réunit sur convocation de son président ou de son vice-président, qui fixe l'ordre du jour. Il peut également se réunir à la demande de la majorité absolue de ses membres.

Le Comité national de la biodiversité adopte un règlement intérieur qui précise ses modalités de fonctionnement, notamment les modalités selon lesquelles il peut décider de se saisir d'office de tout sujet de son domaine de compétence. Il détermine également les règles déontologiques de son fonctionnement.

Art. R. 134-17 *(D. n° 2017-339, 15 mars 2017 ; mod., D. n° 2018-686, 1er août 2018).* – Le comité peut entendre les ministres ou leurs représentants intéressés par les affaires inscrites à son ordre du jour.

À leur demande, peuvent être entendus sur des questions particulières les présidents des instances consultatives suivantes :

- Conseil économique, social et environnemental ;
- Comité national de l'eau ;
- Conseil national de la mer et des littoraux ;
- Comité national de l'initiative française pour les récifs coralliens ;
- Conseil national de la protection de la nature ;
- Conseil national de la transition écologique ;
- Conseil national du paysage ;
- Conseil national de la chasse et de la faune sauvage ;
- Conseil supérieur de la forêt et du bois ;
- Comité de l'environnement polaire ;
- comités régionaux de la biodiversité ;
- comités de l'eau et de la biodiversité.

Pour assurer la concertation et la coordination avec les autres instances de consultation et de réflexion dont les missions sont relatives à la biodiversité, le président ou le vice-président du Comité national de la biodiversité organise, au moins une fois par an, des réunions auxquelles il invite les présidents des instances consultatives mentionnées ci-dessus ou leurs représentants.

Art. R. 134-18 *(D. n° 2017-339, 15 mars 2017).* – Le Comité national de la biodiversité peut créer, en tant que de besoin, des groupes de travail ou des commissions spécialisées.

Les commissions spécialisées préparent les projets d'avis qui seront transmis au comité en vue de l'adoption de l'avis définitif. Elles sont constituées de membres du Comité national de la biodiversité, de représentants de l'État ou de ses établissements publics et de personnalités choisies en fonction de leur compétence et de leur qualification. Elles peuvent entendre toute personne et recueillir tout avis dans les domaines dont elles sont chargées.

Les modalités de création des commissions spécialisées et des groupes de travail, les conditions dans lesquelles leurs membres sont désignés et leurs règles de fonctionnement sont fixées par le règlement intérieur. Seuls les représentants des collèges disposant du droit de vote au comité ont droit de vote au sein d'une commission spécialisée.

Art. R. 134-19 *(D. n° 2017-339, 15 mars 2017).* – Les dispositions des articles R. 133-4 à R. 133-14 du Code des relations entre le public et l'administration s'appliquent au fonctionnement du Comité national de la biodiversité.

Le secrétariat du Comité national de la biodiversité est assuré par le ministère chargé de l'environnement.

Sous-section 2. – Conseil national de la protection de la nature (1)

(D. n° 2017-342, 17 mars 2017)

Art. R. 134-20 *(Créé à compter de la date prévue à l'article 4 du décret n° 2017-342 du 17 mars 2017, D. n° 2017-342, 17 mars 2017).* – Le Conseil national de la protection de la nature rend ses avis :

1° À la demande du ministre chargé de la protection de la nature, sur toute question relative à la protection de la biodiversité et plus particulièrement la protection des espèces, des habitats, de la géodiversité et des écosystèmes ;

2° Dans tous les cas où sa consultation obligatoire est prévue par le Code de l'environnement ou un texte réglementaire pris pour son application ;

(1) Deux sous-sections 2 coexistent, la première créée par le décret n° 2017-342 du 17 mars 2017, la seconde par le décret n° 2017-370 du 21 mars 2017. – NDLR.

3° Sur les questions dont il décide de se saisir d'office à l'initiative de ses membres, dans les conditions fixées par le règlement intérieur.

Renouvellement de l'obligation de consultation du Conseil national de la protection de la nature (cas de modification posant des questions nouvelles). Conformément aux dispositions des art. R. 413-9 et L. 512-10 alors en vigueur, l'arrêté du 3 mai 2017 a été pris après les avis du Conseil national de la protection de la nature et du Conseil supérieur de la prévention des risques technologiques. L'organisme dont une disposition législative ou réglementaire prévoit la consultation avant l'intervention d'un texte doit être mis à même d'exprimer son avis sur l'ensemble des questions soulevées par ce texte ; par suite, dans le cas où, après avoir recueilli son avis, l'autorité compétente pour prendre le texte envisage d'apporter à son projet des modifications, elle ne doit procéder à une nouvelle consultation de cet organisme que si ces modifications posent des questions nouvelles. Il ressort des pièces du dossier que, postérieurement à cette consultation, outre le raccourcissement du délai pour réaliser les travaux de gros œuvre, passé de cinq à trois ans, ont été supprimées dans la version définitive de l'arrêté toutes les références à la possibilité de reproduction des cétacés de l'espèce *Tursiops truncatus* ; cette modification a pour résultat d'interdire la reproduction des cétacés de cette espèce alors que dans la version de l'arrêté soumise à consultation cette interdiction ne s'appliquait qu'aux cétacés de l'espèce *Orcinus orca*. Eu égard à la portée de cette disposition pour l'avenir des parcs aquatiques, elle constitue une question nouvelle sur laquelle le Conseil national de la protection de la nature et le Conseil supérieur de la prévention des risques technologiques n'ont pas été consultés ; dès lors leurs avis sont intervenus à la suite d'une procédure irrégulière ; il ressort des pièces du dossier que cette irrégularité a été susceptible d'exercer, en l'espèce, une influence sur le sens de la décision prise ; ce motif, à lui seul, justifie l'annulation de l'arrêté contesté (■ CE, 29 janv. 2018, n° 412210, *Sté Marineland et a.*).

Art. R. 134-21 *(D. n° 2017-342, 17 mars 2017).* **– Le Conseil national de la protection de la nature met en œuvre une expertise scientifique et technique pluridisciplinaire et indépendante.**

Le conseil est constitué d'experts désignés pour leur compétence scientifique ou technique et leur expérience et répartis au sein des trois collèges prévus à l'article R. 134-22. En son sein sont représentées toutes les disciplines des sciences de la vie et de la Terre, des sciences écologiques, ainsi que des sciences humaines et sociales pour les milieux terrestres, fluviaux et marins de métropole et des outre-mer.

§ 1. – Composition

Art. R. 134-22 *(D. n° 2017-342, 17 mars 2017).* **– Le Conseil national de la protection de la nature est composé de trente membres titulaires et de trente suppléants, nommés par arrêté du ministre chargé de la protection de la nature pour une durée de cinq ans.**

Un membre titulaire et son suppléant peuvent participer simultanément à une même séance, sans que le suppléant dispose alors d'une voix délibérative.

Le conseil comprend trois collèges, composés de dix membres chacun, ainsi constitués :

1° Un collège d'expertise en matière de recherche et d'enseignement sur la biodiversité ;

2° Un collège d'expertise en matière de gestion et de restauration des espaces naturels ;

3° Un collège d'expertise en matière de connaissance, de veille et d'observation de la biodiversité.

Art. R. 134-23 *(D. n° 2017-342, 17 mars 2017).* **– Le Conseil national de la protection de la nature est constitué à la suite d'un appel à candidatures organisé par le ministre chargé de la protection de la nature.**

Les informations relatives à l'appel à candidatures et aux compétences recherchées, comprenant la mention des disciplines prioritairement recherchées, notamment en matière de biodiversité ultramarine, sont mises en ligne sur le site internet du ministère chargé de la protection de la nature. Les modalités de sélection retenues pour l'examen des candidatures y sont précisées.

Les candidatures sont déposées par voie électronique. Tout candidat joint à sa candidature :

– un *curriculum vitae* détaillé comprenant la liste de ses publications et la liste des liens d'intérêts de toute nature qu'il a, ou a eus pendant les cinq années précédentes, avec des entreprises, établissements ou organismes dont les activités, les techniques ou les produits sont susceptibles d'avoir une incidence sur la biodiversité ainsi qu'avec des sociétés ou organismes de conseil intervenant dans les secteurs de la compétence du conseil ;

– une indication de sa disponibilité prévisible pour exercer cette fonction.

Art. R. 134-24 *(D. n° 2017-342, 17 mars 2017)*. – À l'issue de l'examen des candidatures, les membres titulaires et suppléants du Conseil national de la protection de la nature sont nommés par arrêté du ministre chargé de la protection de la nature dans chacun des trois collèges mentionnés à l'article R. 134-22.

Le ministre tient compte de l'objectif d'assurer une représentation équilibrée des femmes et des hommes au sein du conseil, compte tenu des candidatures reçues, et dans la mesure compatible avec le respect des dispositions de l'article R. 134-21.

L'arrêté de nomination précise le ou les champs de compétences au titre du ou desquels chacun des membres du conseil est désigné. Il indique les membres possédant une connaissance scientifique ou une expertise en matière de biodiversité ultramarine.

§ 2. - Fonctionnement

Les articles R. 134-25 à R. 134-33 entrent en vigueur à compter de la date de nomination des membres du Conseil national de la protection de la nature selon la procédure prévue par les articles R. 134-21 à R. 134-24 du même code.

Art. R. 134-25 *(Créé à compter de la date prévue à l'article 4 du décret n° 2017-342 du 17 mars 2017, D. n° 2017-342, 17 mars 2017)*. – Le Conseil national de la protection de la nature est doté d'un bureau comprenant un président, un vice-président et un secrétaire, élus en son sein, ainsi que, le cas échéant, les présidents des commissions prévues aux articles R. 134-29 et R. 134-30.

Le bureau est chargé de préparer les travaux du conseil et d'assurer le respect des règles de déontologie selon les modalités prévues par le conseil. Il traite, sur délégation du conseil, des affaires courantes ou de questions spécifiques précisées par le règlement intérieur.

Le secrétariat administratif du conseil est assuré par le ministère chargé de la protection de la nature, qui établit les convocations, les procès-verbaux et les rapports annuels d'activité.

Art. R. 134-26 *(Créé à compter de la date prévue à l'article 4 du décret n° 2017-342 du 17 mars 2017, D. n° 2017-342, 17 mars 2017)*. – Les dispositions des articles R. 133-4 à R. 133-7 et R. 133-9 à R. 133-14 du Code des relations entre le public et l'administration sont applicables au Conseil national de la protection de la nature.

Le conseil adopte un règlement intérieur qui précise ses modalités de fonctionnement, notamment les modalités de consultation de ses membres par voie électronique, les conditions dans lesquelles les membres des commissions mentionnées aux articles R. 134-29 et R. 134-30 et les membres bénéficiant d'une délégation du conseil ou d'une commission sont désignés et conduisent leurs travaux, ainsi que la nature des affaires courantes et autres travaux pouvant être délégués. Il détermine également les règles de déontologie applicables à ses membres.

Le règlement intérieur du Conseil national de la protection de la nature est soumis à l'approbation du ministre chargé de la protection de la nature.

Art. R. 134-27 *(Créé à compter de la date prévue à l'article 4 du décret n° 2017-342 du 17 mars 2017, D. n° 2017-342, 17 mars 2017)*. – Le Conseil national de la protection de la nature se réunit au moins deux fois par an, sur convocation de son président qui en fixe l'ordre du jour, ou à la demande du ministre chargé de la protection de la nature sur un ordre du jour qu'il détermine. Le conseil peut également se réunir à la demande de seize de ses membres.

Art. R. 134-28 *(Créé à compter de la date prévue à l'article 4 du décret n° 2017-342 du 17 mars 2017, D. n° 2017-342, 17 mars 2017)*. – Les membres du conseil reçoivent, quinze jours au moins avant la date de la réunion, une convocation comportant l'ordre du jour et, le cas échéant, les documents nécessaires à l'examen des affaires qui y sont inscrites. En cas d'urgence signalée, ce délai peut être réduit à cinq jours francs.

Art. R. 134-29 *(Créé à compter de la date prévue à l'article 4 du décret n° 2017-342 du 17 mars 2017, D. n° 2017-342, 17 mars 2017 ; mod., D. n° 2018-686, 1er août 2018)*. – Le Conseil national de la protection de la nature peut créer en son sein des commissions comprenant des membres titulaires choisis parmi les membres titulaires et suppléants nommés au conseil et des membres suppléants choisis dans les mêmes conditions. Il leur confie la préparation de certains de ses avis ou travaux et peut également donner délégation à ces commissions pour formuler un avis sur les catégories d'affaires déterminées par son règlement intérieur.

Le conseil, ou la commission agissant sur délégation du conseil, peut également donner délégation à un de ses membres pour formuler un avis sur certaines affaires courantes, selon des modalités et dans les conditions précisées par le règlement intérieur, ou pour préparer certains de ses travaux.

Art. R. 134-30 *(Créé à compter de la date prévue à l'article 4 du décret n° 2017-342 du 17 mars 2017, D. n° 2017-342, 17 mars 2017)*. – Une commission scientifique placée auprès du Conseil national de la protection de la nature exerce par délégation de celui-ci les missions de veille, de conseil, d'alerte et de réflexion prospective sur les questions scientifiques concernant le patrimoine naturel terrestre et aquatique, qu'il s'agisse d'écosystèmes, d'espèces, de génomes ou des services écosystémiques associés. Cette commission est composée de dix membres titulaires ou suppléants du collège mentionné au 1° de l'article R. 134-22 et de dix scientifiques choisis à l'extérieur du conseil, désignés par le ministre chargé du développement durable. Les avis de cette commission sont rédigés par consensus entre ses membres. Elle rend compte régulièrement au conseil de ses travaux.

Le secrétariat de cette commission est assuré par le ministre chargé du développement durable.

Art. R. 134-31 *(Créé à compter de la date prévue à l'article 4 du décret n° 2017-342 du 17 mars 2017, D. n° 2017-342, 17 mars 2017)*. – Les avis rendus par le conseil, ses commissions ou un de ses membres sur délégation du conseil sont rendus publics dans un délai de deux mois.

Art. R. 134-32 *(Créé à compter de la date prévue à l'article 4 du décret n° 2017-342 du 17 mars 2017, D. n° 2017-342, 17 mars 2017)*. – Les membres du conseil exercent leurs fonctions avec impartialité, intégrité et probité.

Chaque membre veille à prévenir ou faire cesser immédiatement les situations de conflit d'intérêts, au sens du premier alinéa de l'article 2 de la loi n° 2013-907 du 11 octobre 2013 relative à la transparence de la vie publique, dans lesquelles il se trouve ou pourrait se trouver.

En cas de manquement d'un membre du conseil aux principes encadrant l'exercice de ses missions fixés par le règlement intérieur ou aux règles de déontologie, ou après trois absences non justifiées au cours d'une même année, il peut être procédé à son remplacement pour la durée de son mandat restant à courir par une personne désignée dans les mêmes conditions. Le membre concerné est préalablement invité à présenter ses observations.

Art. R. 134-33 *(Créé à compter de la date prévue à l'article 4 du décret n° 2017-342 du 17 mars 2017, D. n° 2017-342, 17 mars 2017)*. – Les membres du Conseil national de la protection de la nature perçoivent une indemnité d'exercice, liée à leur présence aux séances du conseil, aux réunions des commissions auxquelles ils appartiennent et aux missions qu'ils exercent par délégation du conseil.

L'indemnité versée est calculée au prorata de la présence ou de l'activité du membre, dans les conditions fixées par arrêté du ministre chargé de la protection de la nature.

Les personnes invitées à participer aux séances du Conseil national de protection de la nature ne peuvent prétendre à aucune indemnité. Il en est de même des suppléants qui assistent à une séance du conseil si le titulaire y est présent.

Les frais de déplacements des membres du conseil et des personnes invitées sont remboursés dans les conditions applicables aux fonctionnaires de l'État.

Sous-section 3. – Comité régional de la biodiversité (1)

(Anc. sous-section 2 créée, D. n° 2017-370, 21 mars 2017 ; dénum., D. n° 2018-686, 1er août 2018)

Art. D. 134-34 *(Anc. art. D. 134-20 créé, D. n° 2017-370, 21 mars 2017 ; dénum., D. n° 2018-686, 1er août 2018 ; mod., D. n° 2019-1580, 31 déc. 2019)*. – I. – Le comité, placé auprès du président du conseil régional et du préfet de région, constitue le lieu privilégié d'information, d'échange, de concertation et de consultation sur toute question relative à la biodiversité au sein de la région. À ce titre :

1° Il est associé, afin d'assurer la concertation prévue par l'article L. 110-3, à l'élaboration de la stratégie régionale pour la biodiversité mentionnée à ce même article. Il est également associé à la mise en œuvre et au suivi de cette stratégie ;

2° Il est associé à l'élaboration, à la révision et au suivi du schéma régional de cohérence écologique, prévu à l'article L. 371-3.

(1) Deux sous-sections 2 coexistent, la première créée par le décret n° 2017-342 du 17 mars 2017, la seconde par le décret n° 2017-370 du 21 mars 2017. – NDLR.

Il est également associé à l'élaboration du schéma régional d'aménagement, de développement durable, et d'égalité des territoires, prévu à l'article L. 4251-1 du Code général des collectivités territoriales. Dans ces deux cas, il s'assure en particulier de la prise en compte des orientations nationales pour la préservation et la remise en bon état des continuités écologiques, ainsi que des éléments pertinents du schéma directeur d'aménagement et de gestion des eaux, mentionné à l'article L. 212-1.

Le président du conseil régional et le préfet de région informent le comité des résultats obtenus par la mise en œuvre du schéma régional de cohérence écologique en matière de préservation de la biodiversité.

Le président du conseil régional informe le comité des résultats obtenus par la mise en œuvre du schéma régional d'aménagement, de développement durable, et d'égalité des territoires en matière de préservation de la biodiversité.

Ces résultats pourront porter notamment sur les enjeux de continuité écologique et leur cohérence avec celle des régions voisines, y compris transfrontalières ;

3° Il est consulté, lors de leur élaboration, sur les orientations de programmation financière des contrats de plan État-Régions, et est informé de leur mise en œuvre au moins tous les trois ans ;

4° Il donne son avis sur les orientations stratégiques prises par les agences régionales de la biodiversité, prévues à l'article L. 131-9 ;

5° L'avis du comité peut être recueilli sur les projets de documents de planification relatifs aux continuités écologiques préalablement à l'enquête publique. Il veille, en lien avec le comité de massif, à la cohérence avec les enjeux inscrits dans le schéma interrégional d'aménagement et de développement de massif.

II. – Le président du conseil régional et le préfet de région peuvent, chacun en ce qui le concerne et dans le cadre de leurs compétences respectives, consulter le comité régional de la biodiversité sur toute mesure réglementaire, tout document de planification ou projet ayant trait à la biodiversité au sein de la région.

Le comité peut saisir le conseil scientifique régional du patrimoine naturel mentionné au III de l'article L. 411-1 A pour la production de toute expertise nécessaire à ses délibérations ou lui demander une synthèse des travaux scientifiques engagés.

Art. D. 134-35 *(Anc. art. D. 134-21 créé, D. n° 2017-370, 21 mars 2017 ; dénum., D. n° 2018-686, 1er août 2018).* – La présidence du comité est assurée conjointement par le président du conseil régional et par le préfet de région ou leurs représentants.

Art. D. 134-36 *(Anc. art. D. 134-22 créé, D. n° 2017-370, 21 mars 2017 ; dénum., D. n° 2018-686, 1er août 2018).* – Le comité, composé au plus de 160 membres, est constitué de cinq collèges répartis comme suit :

1° Un collège de représentants de collectivités territoriales et de leurs groupements représentant au moins 30 % des membres du comité, comprenant notamment des représentants de la région concernée, de l'ensemble des départements et des parcs naturels régionaux de la région ainsi que, sur proposition de chacune des associations départementales des maires de la région, des représentants des communes concernées, des groupements de collectivités compétents en matière d'aménagement du territoire, d'urbanisme et de gestion des cours d'eau ;

2° Un collège de représentants de l'État et de ses établissements publics représentant au moins 15 % des membres du comité, comprenant notamment des représentants de l'ensemble des parcs nationaux de la région ;

3° Un collège de représentants d'organismes socioprofessionnels, de propriétaires, d'usagers de la nature, de gestionnaires et d'experts de la région représentant au moins 20 % des membres du comité ;

4° Un collège de représentants d'associations, d'organismes ou de fondations œuvrant pour la préservation de la biodiversité visés à l'article L. 141-3 et de gestionnaires d'espaces naturels représentant au moins 20 % des membres du comité ;

5° Un collège de scientifiques ou représentants d'organismes de recherche, d'études ou d'appui aux politiques publiques et de personnalités qualifiées représentant au moins 5 % des membres du comité.

La composition du comité assure une représentation équilibrée des femmes et des hommes. À cet effet, la proportion des membres de chaque sexe composant le comité ne peut être inférieure à 40 %. Afin de respecter l'objectif de parité entre les femmes et les hommes, les organismes appelés à proposer un membre soumettent nécessairement les noms d'une femme et d'un homme pour chaque représentant.

Art. D. 134-37 *(Anc. art. D. 134-23 créé, D. n° 2017-370, 21 mars 2017 ; dénum., D. n° 2018-686, 1er août 2018).* – La composition du comité et la désignation de ses membres est arrêtée conjointement par le président du conseil régional et le préfet de région pour une durée de cinq ans.

Le membre du comité qui, au cours de son mandat, décède, démissionne ou perd la qualité au titre de laquelle il a été désigné est remplacé pour la durée du mandat restant à courir par une personne désignée dans les mêmes conditions.

Art. D. 134-38 *(Anc. art. D. 134-24 créé, D. n° 2017-370, 21 mars 2017 ; dénum., D. n° 2018-686, 1er août 2018).* – Le comité se réunit sur convocation de ses présidents, en tant que de besoin, et au moins une fois par an. Les présidents fixent l'ordre du jour. Le comité peut également être réuni à la demande de plus de la moitié de ses membres et émettre, de sa propre initiative, des propositions ou des recommandations.

Le comité peut, sur décision de ses présidents, entendre toute personne extérieure dont l'audition est de nature à éclairer ses délibérations. Les personnes ainsi entendues ne participent pas au vote.

Les membres du comité ne peuvent prendre part aux délibérations lorsqu'ils ont un intérêt personnel à l'affaire qui en est l'objet.

Le comité établit un règlement intérieur fixant notamment le quorum nécessaire à toute décision, la possibilité pour les membres de donner mandat à un autre membre du comité, ainsi que le contenu du procès-verbal des réunions du comité. Le règlement intérieur peut également prévoir les modalités de délibération à distance et de vote par voie électronique dans les conditions prévues à l'article R. 133-7 du Code des relations entre le public et l'administration.

Le président du conseil régional et le préfet de région assurent le secrétariat du comité. Sauf urgence, les membres de la commission reçoivent, cinq jours au moins avant la date de la réunion, une convocation comportant l'ordre du jour et, le cas échéant, les documents nécessaires à l'examen des affaires qui y sont inscrites.

Art. D. 134-39 *(Anc. art. D. 134-25 créé, D. n° 2017-370, 21 mars 2017 ; dénum., D. n° 2018-686, 1er août 2018).* – Les fonctions de membre du comité sont exercées à titre gratuit.

Art. D. 134-40 *(Anc. art. D. 134-26 créé, D. n° 2017-370, 21 mars 2017 ; dénum., D. n° 2018-686, 1er août 2018).* – Le comité régional peut créer en son sein des commissions spécialisées.

Il adopte à cette fin un règlement intérieur déterminant la liste, la composition, les attributions et les modalités de fonctionnement de ces commissions, ainsi que les cas où le comité peut leur déléguer sa compétence consultative, ainsi que les règles déontologiques applicables aux membres.

Un comité de bassin, tel qu'institué à l'article L. 213-8, et un comité régional de la biodiversité peuvent constituer conjointement une commission mixte préparant tout ou partie des délibérations intéressant ces deux comités.

Sous-section 4. – Comité territorial de la biodiversité en Corse

(Anc. sous-section 3 dénum., D. n° 2018-686, 1er août 2018)

Art. D. 134-41 *(Anc. art. D. 134-27 créé, D. n° 2017-370, 21 mars 2017 ; dénum., D. n° 2018-686, 1er août 2018 ; mod., D. n° 2019-1580, 31 déc. 2019).* – I. – En Corse, le comité régional de la biodiversité, prévu à l'article L. 371-3, est dénommé comité territorial de la biodiversité de Corse.

II. – Par dérogation aux dispositions précédentes, les articles D. 134-20 à 26 ne s'appliquent pas en Corse.

III. – Le comité territorial de la biodiversité de Corse constitue le lieu privilégié d'information, d'échange, de concertation et de consultation sur toute question relative à la biodiversité en Corse. À ce titre :

1° Il est associé, afin d'assurer la concertation prévue par l'article L. 110-3 à l'élaboration de la stratégie régionale pour la biodiversité mentionnée à ce même article. Il est également associé à la mise en œuvre et au suivi de cette stratégie ;

2° Il est associé à l'élaboration et à la révision du plan d'aménagement et de développement durable de Corse, prévu à l'article L. 4424-9 du Code général des collectivités territoriales, qui vaut, en application de l'article L. 4424-10 de ce même code, schéma régional de cohérence écologique au sens de l'article L. 371-3. En particulier, il s'assure de la prise en compte des orientations nationales pour la préservation et la remise en bon état des continuités écologiques, ainsi que des éléments pertinents du schéma directeur d'aménagement et de gestion des eaux, mentionné à l'article L. 212-1. Le président du conseil exécutif de Corse informe le comité des résultats obtenus par la mise en œuvre du plan d'aménagement et de développement durable de Corse en matière de préservation de la biodiversité, notamment sur les enjeux de continuité écologique ;

3° Il est consulté, lors de leur élaboration, sur les orientations de programmation financière élaborées conjointement par l'État et la collectivité territoriale de Corse relatives à la biodiversité, ainsi que sur leur mise en œuvre au moins tous les trois ans ;

4° Il donne son avis sur les orientations stratégiques prises par l'agence régionale de la biodiversité prévue à l'article L. 131-8 ;

5° L'avis du comité peut être recueilli sur les projets de documents de planification relatifs aux continuités écologiques préalablement à l'enquête publique.

IV. – Le président du conseil exécutif de Corse et le préfet de Corse peuvent, chacun en ce qui le concerne et dans le cadre de leurs compétences respectives, consulter le comité territorial de la biodiversité sur toute mesure réglementaire, tout document de planification ou projet ayant trait à la biodiversité en Corse.

Le comité peut saisir le conseil scientifique régional du patrimoine naturel mentionné au III de l'article L. 411-1 A pour la production de toute expertise nécessaire à ses délibérations ou lui demander une synthèse des travaux scientifiques engagés.

V. – La présidence du comité territorial de la biodiversité de Corse est assurée par le président du conseil exécutif de Corse. Il est composé :

1° De représentants de la collectivité territoriale de Corse, des départements et des communes ou de leurs groupements ;

2° De représentants des usagers et de personnalités compétentes ;

3° De membres désignés pour moitié par le représentant de l'État et pour moitié par la collectivité territoriale de Corse, notamment parmi les milieux socio-professionnels.

Les membres des deux premières catégories détiennent au moins deux tiers du nombre total des sièges.

La collectivité territoriale de Corse fixe, par délibération de l'Assemblée de Corse, la composition et les règles de fonctionnement du comité territorial de la biodiversité de Corse qui comporte au plus 160 membres.

Art. D. 134-42 *(Anc. art. D. 134-28 créé, D. n° 2017-370, 21 mars 2017 ; dénum., D. n° 2018-686, 1er août 2018)*. – Les dispositions de la présente section ne sont pas applicables dans les départements d'outre-mer qui sont visés par l'article L. 213-13-1.

TITRE IV. – DISPOSITIONS RELATIVES AUX ASSOCIATIONS

(Intitulé rempl., D. n° 2017-888, 6 mai 2017) (1)

CHAPITRE Ier. – AGRÉMENT DES ASSOCIATIONS DE PROTECTION DE L'ENVIRONNEMENT

Bibliographie : V. ss art. L. 141-1, p. 191.

Art. R. 141-1 *(Mod., D. n° 2011-832, 12 juill. 2011)* (2). – Les dispositions des articles R. 141-2 à R. 141-20 du présent chapitre sont applicables aux associations qui sollicitent l'agrément prévu à l'article L. 141-1 ou qui en bénéficient.

Les dispositions des articles R. 141-21 à R. 141-26 définissent les conditions applicables aux associations agréées, aux organismes et aux fondations reconnues d'utilité publique qui peuvent être désignés pour prendre

(1) Dispositions applicables dans les îles Wallis-et-Futuna, D. n° 2017-888, 6 mai 2017, art. 9, I.

(2) Dispositions applicables à la Nouvelle-Calédonie, à la Polynésie française et à Wallis-et-Futuna, sous réserve des adaptations prévues aux articles 6, 7 et 8 du décret n° 2011-832 du 12 juillet 2011, D. n° 2011-832, 12 juill. 2011, art. 5.

part au débat sur l'environnement qui se déroule dans le cadre des instances consultatives ayant vocation à examiner les politiques d'environnement et de développement durable prévues à l'article L. 141-3.

Section I. – Conditions d'obtention de l'agrément

Art. R. 141-2 *(Rempl., D. n° 2011-832, 12 juill. 2011)* (1). **– Une association peut être agréée si, à la date de la demande d'agrément, elle justifie depuis trois ans au moins à compter de sa déclaration :**

1° D'un objet statutaire relevant d'un ou plusieurs domaines mentionnés à l'article L. 141-1 et de l'exercice dans ces domaines d'activités effectives et publiques ou de publications et travaux dont la nature et l'importance attestent qu'elle œuvre à titre principal pour la protection de l'environnement ;

2° D'un nombre suffisant, eu égard au cadre territorial de son activité, de membres, personnes physiques, cotisant soit individuellement, soit par l'intermédiaire d'associations fédérées ;

3° De l'exercice d'une activité non lucrative et d'une gestion désintéressée ;

4° D'un fonctionnement conforme à ses statuts, présentant des garanties permettant l'information de ses membres et leur participation effective à sa gestion ;

5° De garanties de régularité en matière financière et comptable.

1) Jurisprudence antérieure à 1995. *a) Notion de caractère désintéressé.* Ni l'exclusion du maire et des conseillers municipaux du conseil d'administration de l'association, ni la circonstance que ladite association aurait à l'égard des opérations d'équipements « une attitude peu constructive » ne sont de nature à démontrer que l'association en cause ne ferait pas preuve de désintéressement (■ TA Rennes, 21 nov. 1979, *Assoc. Bevan E Trebeurden : Rev. jur. env.* 1980, p. 236). L'association a pour but le maintien des équilibres écologiques existants et la protection de la nature et de ses ressources et a étendu son objet social à la défense de la propriété foncière ; l'étude, l'organisation et la défense des intérêts sociaux et économiques de la propriété foncière, cette mission n'est en l'espèce, pas incompatible, par son objet ou par ses modalités, avec la poursuite d'activités désintéressées. En outre, le préfet exerce un pouvoir d'appréciation sur le choix, parmi les associations qui remplissent les conditions auxquelles les textes législatifs et réglementaires subordonnent l'agrément, de celles qui peuvent être agréées (■ CE, 13 nov. 1981, n° 26613, *Assoc. de défense de la Flotte-en-Ré : AJDA* 1982, p. 534 ; *Rev. jur. env.* 1982, p. 171). L'association ayant mené de façon régulière des actions désintéressées en faveur de l'environnement, la circonstance que l'association se soit opposée à la politique d'aménagement de la commune ne constitue pas un motif de refus (■ TA Rennes, 11 mars 1982, *Assoc. logonnaise pour la défense de l'environnement*). La circonstance que l'association aurait exercé son activité presque exclusivement pour la défense des différents quartiers de la commune n'est pas de nature, en elle-même, à établir qu'elle n'exerce pas une activité désintéressée dans le domaine de l'urbanisme et de la protection de la nature et de l'environnement (■ CE, 25 sept. 1995, n° 129728, *Assoc. pour la protection de la vallée de la Maine : RTD civ.* 1996, p. 84). *b) Fédérations de chasseurs.* À supposer même qu'elles aient un prolongement sur le milieu naturel, ne peuvent être considérées comme relevant du domaine de la protection de la nature et de l'environnement les activités statutaires exercées par les fédérations départementales de chasseurs (■ TA Poitiers, 17 déc. 1980, *Féd. française des Stés de protection de la nature*). Ces activités, qui ne s'exercent que dans l'intérêt de la chasse, ne peuvent être regardées comme désintéressées (même arrêt et ■ TA Orléans, 4 juill. 1980, *Féd. française des stés de protection de la nature : Rev. jur. env.* 1981, p. 258). *À contrario* : les fédérations départementales de chasseurs qui collaborent à une mission de service public en contribuant notamment à la sauvegarde et au repeuplement de la faune sauvage comme à la protection de l'environnement nécessaire au développement de celle-ci, exercent en faveur des intérêts protégés par la loi du 10 juillet 1976 des activités désintéressées avec lesquelles leurs autres objets statutaires ne sont pas incompatibles (annulation du jugement ayant annulé les arrêtés d'agrément) (■ CE, 13 juin 1984, n° 28187, *Féd. dptale des chasseurs du Loiret : Rev. jur. env.* 1984, p. 325). *c) Associations de quartier.* Le préfet ne pouvait, sans commettre une erreur de droit et poser une condition non prévue par les textes, refuser l'agrément sollicité par l'association au motif que celle-ci n'était qu'une association de quartier (■ TA Grenoble, 12 déc. 1980, *Assoc. des Habitants de la zone du lac d'Annecy-le-Vieux*).

(1) Dispositions applicables à la Nouvelle-Calédonie, à la Polynésie française et à Wallis-et-Futuna, sous réserve des adaptations prévues aux articles 6, 7 et 8 du décret n° 2011-832 du 12 juillet 2011, D. n° 2011-832, 12 juill. 2011, art. 5.

2) Jurisprudence postérieure à 1995. Constitue un motif de refus de l'agrément l'absence de justifications sur le caractère désintéressé des actions de l'association (▪ CAA Marseille, 23 nov. 2000, n° 00MA01030, *Assoc. Auribeau-Demain : Dr. env.* mai 2001, n° 88, p. 83). L'association ne justifie pas, par les comptes rendus d'assemblée générale, de conseil d'administration et les bilans financiers qu'elle dispose, par l'origine géographique de ses adhérents, d'une organisation réelle dans l'ensemble des départements de la région. Elle ne justifie pas davantage mener d'importantes activités dans certains de ces départements, la circonstance que la centrale nucléaire soit susceptible, en cas d'accident majeur, d'être à l'origine de conséquences dommageables pour l'ensemble de la région demeure sans incidence sur l'étendue des activités effectivement menées (▪ CAA Bordeaux, 7 févr. 2008, n° 06BX00814, *Assoc. Tchernoblayle*).

3) Conditions d'agrément. Les dispositions de l'article R. 141-2 du Code de l'environnement, qui définissent les conditions auxquelles est subordonnée la délivrance d'un agrément qui a notamment pour effet de faciliter l'accès au juge administratif, sans préjudice des règles de recevabilité qui encadrent, en principe, l'exercice des recours, n'apportent aucune restriction au droit d'agir en justice. L'exigence d'un nombre suffisant de cotisants compte tenu du cadre territorial de l'activité de l'association ne méconnaît pas l'article 7 de la Charte de l'environnement. Les dispositions relatives au retrait d'agrément ne sont contraires ni au principe de sécurité juridique ni à celui des droits de la défense (▪ CE, 25 sept. 2013, n° 352660, *Assoc. SFDE : Environnement* déc. 2013, comm. 80, obs. P. Trouilly). Une association agréée doit œuvrer à titre principal pour la protection de l'environnement. Le fait qu'une association qui œuvre à titre principal pour la protection de l'environnement n'exerce toutefois pas ses actions de manière régulière, ou que les actions locales des associations qu'elle fédère seraient limitées et que son implication serait restreinte dans les dossiers à thématique environnementale présentant un enjeu fort sur le plan départemental, ne sont pas de nature à justifier régulièrement un refus d'agrément, dès lors que ces conditions ne figurent pas à l'article R. 141-2 du Code de l'environnement (▪ CAA Nantes, 5 oct. 2017, n° 16NT01991, *Assoc. « Sauvegarde du Trégor »*).

Cette obligation d'œuvrer à titre principal pour la protection de l'environnement est exclusive de tout autre objet. La lutte contre le saturnisme a pour objet principal la santé publique et l'action sociale et non la protection de l'environnement (▪ CE, 30 déc. 2013, n° 359940, *Assoc. des familles victimes du saturnisme : Environnement* mai 2014, comm. 36, obs. G. Bricker).

Art. R. 141-3 ***(Rempl., D. n° 2011-832, 12 juill. 2011)*** (1). **– L'agrément est délivré dans un cadre départemental, régional ou national pour une durée de cinq ans renouvelable.**

Le cadre territorial dans lequel l'agrément est délivré est fonction du champ géographique où l'association exerce effectivement son activité statutaire, sans que cette activité recouvre nécessairement l'ensemble du cadre territorial pour lequel l'association sollicite l'agrément.

1) S'il appartient au préfet d'examiner notamment si, eu égard au nombre de ses adhérents et à son audience, comparés, le cas échéant, avec ceux des autres associations susceptibles d'être agréées, une association peut recevoir l'agrément, il n'est pas tenu de rejeter un demande présentée par un groupement dont les effectifs ne sont pas importants (▪ CE, 13 nov. 1981, n° 26613, *Assoc. de défense de la Flotte-en-Ré : AJDA* 1982, p. 534 ; *Rev. jur. env.* 1982, p. 171). Si un agrément départemental peut être délivré à une association exerçant effectivement son activité statutaire dans le cadre territorial d'un département, quand bien même cette activité ne porterait pas sur l'ensemble du département, il ne saurait en être de même lorsque les activités de l'association ne s'étendent pas effectivement au-delà du territoire d'une commune ou de la protection du cadre de vie des habitants de cette commune et ne présentent pas ainsi une dimension départementale (▪ CAA Marseille, 15 mars 2016, n° 14MA05155, *Assoc. de protection de l'environnement de Saint-Jean Cap Ferrat.* ▪ CAA Lyon, 5 juill. 2016, n° 15LY02947, *Assoc. Trait d'Union*).

Voir : sous art. L. 141-1, nos annotations n°s 15 et 17, p. 196.

2) Refus d'agrément au niveau local. Il ne peut pas être exigé que l'association exerce son activité dans l'ensemble du cadre territorial pour lequel l'agrément est susceptible de lui être délivré. Néanmoins, la demande d'agrément peut régulièrement être rejetée dans le cas où les activités de l'association ne seraient pas exercées sur une partie signifi-

(1) Dispositions applicables à la Nouvelle-Calédonie, à la Polynésie française et à Wallis-et-Futuna, sous réserve des adaptations prévues aux articles 6, 7 et 8 du décret n° 2011-832 du 12 juillet 2011, D. n° 2011-832, 12 juill. 2011, art. 5.

cative de ce cadre territorial, mais uniquement au niveau local (■ CAA Versailles, 29 mars 2018, n° 16VE02598, *Assoc. SOS Vallée de Montmorency*. ■ CAA Marseille, 29 sept. 2017, n° 16MA01004, *Assoc. Comité de sauvegarde de la baie de Cavalaire*). Aussi l'agrément ne peut-il pas être délivré dans un cadre infra-départemental (■ CAA Nantes, 5 oct. 2017, n° 16NT01991, *Assoc. Sauvegarde du Trégor*). L'agrément ne peut pas non plus être délivré à une association exerçant ses missions dans un périmètre statutaire intercommunal de 41 communes, alors que le Département dans lequel elle se situe comporte 510 communes : l'action de cette association se limite à des enjeux locaux (■ CAA Paris, 24 avr. 2018, n° 17PA01566, *Assoc. Environnement Bocage Gâtinais*).

Section II. – Procédure d'agrément

Sous-section 1. – Demande

Art. R. 141-4 *(Rempl., D. n° 2011-832, 12 juill. 2011)* (1). **– Les conditions de présentation et la composition du dossier de demande d'agrément sont fixées par arrêté du ministre chargé de l'environnement.**

Voir : Arrêté du 12 juillet 2011 (*JO* 13 juill.) relatif à la composition du dossier de demande d'agrément au titre de la protection de l'environnement, du dossier de renouvellement de l'agrément et à la liste des documents à fournir annuellement.

Art. R. 141-5 à R. 141-7 *(Abr., D. n° 2011-832, 12 juill. 2011)* (1).

Art. R. 141-8 *(Rempl., D. n° 2011-832, 12 juill. 2011)* (1). **– La demande est adressée, par lettre recommandée avec demande d'avis de réception postal, par le représentant légal de l'association au préfet du département dans lequel l'association a son siège social. Cet envoi peut être remplacé par un dépôt contre décharge auprès du service désigné par le préfet à cet effet.**

Sous-section 2. – Instruction de la demande

Art. R. 141-9 *(Mod., D. n° 2011-832, 12 juill. 2011)* (1). **– Le préfet procède à l'instruction de la demande et consulte pour avis le directeur régional de l'environnement, de l'aménagement et du logement ainsi que les chefs des services déconcentrés intéressés.**

Il recueille également l'avis du procureur général près la cour d'appel dans le ressort de laquelle l'association a son siège social.

Consultations. *a) Avis obligatoire.* La première demande d'agrément présentée par l'association a fait l'objet d'un refus motivé par le constat que son dossier ne répondait pas aux exigences des dispositions de l'article L. 141-1 du Code de l'environnement car, d'une part, ses statuts, en limitant son objet social au regroupement des piégeurs qualifiés et agréés ainsi qu'à la communication à ses adhérents de toutes informations se rapportant au piégeage, n'évoquaient pas d'éléments ayant trait à la protection de l'environnement et, d'autre part, le compte-rendu de l'assemblée générale ne faisait pas état d'une quelconque action en faveur de l'environnement. Par un courrier parvenu en préfecture, l'association a introduit un recours « amiable » contre cette décision se prévalant notamment d'une modification statutaire. Mais ce courrier ne peut être regardé comme faisant état d'une circonstance nouvelle modifiant substantiellement la demande initiale d'agrément et a eu pour effet non pas de former un recours gracieux contre la décision de refus, mais de solliciter un réexamen de la demande d'agrément sur le fondement d'un dossier modifié pour tenir compte du refus précédemment opposé par le préfet. En l'espèce, il est constant que l'avis du procureur général à la cour d'appel de Besançon n'a pas, à nouveau, été recueilli, dès lors, une des consultations constituant une des formalités substantielles requises par l'article R. 252-10 du Code de l'environnement (désormais art. R. 141-9) pour l'instruction des demandes d'agrément n'a pas été effectuée. Ainsi, l'arrêté attaqué par lequel le préfet a finalement agréé l'association est entaché d'un vice de procédure et doit être annulé (■ TA Besançon, 22 sept. 2005, n° 0300756, *Assoc. Jura Nature environnement*). *b) Avis facultatif.* Le défaut de consultation du maire pour l'agrément d'une association ayant son siège dans une commune

(1) Dispositions applicables à la Nouvelle-Calédonie, à la Polynésie française et à Wallis-et-Futuna, sous réserve des adaptations prévues aux articles 6, 7 et 8 du décret n° 2011-832 du 12 juillet 2011, D. n° 2011-832, 12 juill. 2011, art. 5.

Section IV. – Dévolution des biens

(D. n° 2012-440, 2 avr. 2012) (1) (2)

Art. R. 141-20-1 *(D. n° 2012-440, 2 avr. 2012)*. – L'autorité administrative compétente pour procéder au transfert de propriété prévu au second alinéa de l'article L. 141-2 est celle qui a accordé l'agrément au titre de l'article L. 141-1 à l'association de protection de l'environnement concernée.

Sous réserve de son engagement à conserver la vocation naturelle des terrains en cause, le bénéficiaire de cette dévolution peut être un établissement public de l'État ou une collectivité territoriale ayant financé leur acquisition ou dans le ressort de laquelle ils se situent.

Art. R. 141-20-2 *(D. n° 2012-440, 2 avr. 2012)*. – En cas de dissolution volontaire, statutaire, ou prononcée par voie judiciaire de l'association agréée ou ayant été agréée, le liquidateur ou, le cas échéant, le curateur, après règlement du passif éventuel, transmet à l'autorité qui a accordé l'agrément la liste des terrains non bâtis acquis dans les conditions mentionnées à l'article L. 141-2.

Cette autorité informe les établissements publics de l'État et les collectivités territoriales potentiellement intéressés, qu'ils peuvent présenter leur candidature, accompagnée en tant que de besoin d'un dossier justificatif, au transfert de propriété des biens en cause de l'association dissoute. Elle leur fixe pour cela un délai compris entre deux et six mois. À l'échéance, les candidatures reçues sont communiquées à l'ensemble des interlocuteurs initialement sollicités.

En cas de candidature unique, la dévolution s'effectue au profit de l'établissement public ou de la collectivité territoriale volontaire dès lors qu'il présente des garanties suffisantes au regard de son engagement de conservation de la vocation naturelle des terrains.

En cas de pluralité de candidatures présentant de telles garanties, l'autorité administrative compétente choisit le bénéficiaire de la dévolution en tenant compte de ses missions, du niveau de financement apporté à l'association dissoute et du dossier décrivant l'usage envisagé du terrain et ses modalités de gestion.

En l'absence de candidature ou en présence de candidatures ne présentant pas de garanties suffisantes au regard de la conservation de la vocation naturelle des terrains, l'autorité administrative compétente procède une seconde fois à la procédure visée au deuxième alinéa. En cas d'échec, le terrain est dévolu à un établissement public de l'État compétent en matière de protection de l'environnement.

La dévolution est opérée, selon les cas, par le liquidateur ou le curateur au profit de l'établissement public ou de la collectivité territoriale déterminé selon la procédure décrite au présent article. Elle suit le régime applicable aux libéralités.

Section IV. – Mode de désignation des associations agréées, organismes et fondations reconnues d'utilité publique au sein de certaines instances

(D. n° 2011-832, 12 juill. 2011) (1)

Bibliographie : P. Billet, *Les nouvelles restrictions à la participation associative au processus décisionnel : JCP* A 2011, n°s 39-40, p. 32.

Art. R. 141-21 *(D. n° 2011-832, 12 juill. 2011)* (3). – Peuvent être désignées pour prendre part au débat sur l'environnement se déroulant dans le cadre des instances consultatives nationales, régionales et départementales ayant vocation à examiner les politiques d'environnement et de développement durable visées à l'article L. 141-3 les associations agréées, organismes et fondations reconnues d'utilité publique qui, à la date de leur demande, remplissent les conditions suivantes :

1° Représenter un nombre important de membres pour les associations ou de donateurs pour les fondations reconnues d'utilité publique, eu égard au ressort géographique de leur activité.

Une association, un organisme ou une fondation reconnue d'utilité publique satisfait cette condition lorsqu'elle justifie d'une activité effective sur une partie significative du ressort départemental, régional ou national pour

(1) Deux sections 4 coexistent : l'une créée par l'article 3 du décret n° 2011-832 du 12 juillet 2011 ; l'autre créée par l'article 1er du décret n° 2012-440 du 2 avril 2012. – NDLR.

(2) Dispositions applicables à compter du 1er juillet 2012 aux terrains non bâtis acquis après le 13 juillet 2010 dans les conditions mentionnées à l'article L. 141-2 du Code de l'environnement, D. n° 2012-440, 2 avr. 2012, art. 2.

(3) Dispositions transitoires : V. D. n° 2011-832, 12 juill. 2011, art. 4.

lequel la demande de participation est présentée et d'un nombre de membres ou de donateurs supérieur à un seuil minimal au titre de l'année précédant celle de la demande. Les modalités d'application de cette condition sont fixées respectivement par arrêté du préfet de département, du préfet de région et du ministre chargé de l'environnement.

Pour les associations, sont comptabilisés les membres, personnes physiques, cotisant soit individuellement, soit par l'intermédiaire d'associations fédérées. Pour les fondations reconnues d'utilité publique, sont comptabilisés les donateurs dont les dons ont ouvert droit à un reçu fiscal en application de l'article 200 du Code général des impôts ;

2° Justifier d'une expérience et de savoirs reconnus dans un ou plusieurs domaines de l'article L. 141-1, illustrées par des travaux, recherches et publications reconnus et réguliers, ou par des activités opérationnelles ;

3° Disposer de statuts, de financements ainsi que de conditions d'organisation et de fonctionnement qui ne limitent pas leur indépendance, notamment à l'égard des pouvoirs publics, des partis politiques, des syndicats, des cultes, ou d'intérêts professionnels ou économiques.

Leurs ressources financières ne doivent pas provenir principalement d'un même financeur privé ou d'une même personne publique. Cette part est calculée sur la moyenne des deux derniers exercices. Elle n'inclut pas les aides publiques à l'emploi, les ressources financières perçues dans le cadre de marchés publics, de délégations de service public, ou octroyées en compensation d'une mission de service public de gestion des ressources faunistiques, floristiques et de protection des milieux naturels ainsi que de recueil de données ou d'études contribuant au développement des connaissances dans l'un des domaines de l'article L. 141-1.

Voir : Arrêté du 12 juillet 2011 (*JO* 13 juill.) fixant les modalités d'application au niveau national de la condition prévue au 1° de l'article R. 141-21 du Code de l'environnement concernant les associations et fondations souhaitant participer au débat sur l'environnement dans le cadre de certaines instances.

Le pouvoir réglementaire n'a pas excédé sa compétence en fixant, parmi les critères de l'article R. 141-21, l'exigence d'une justification, par les associations, de « savoirs reconnus » illustrés par des travaux, recherches et publications reconnus et réguliers ou par des activités opérationnelles (■ CE, 25 sept. 2013 n° 352660, *Assoc. Société française pour le droit de l'environnement : Environnement* déc. 2013, comm. 80, obs. P. Trouilly).

Les conditions mises par l'article R. 141-21 du Code de l'environnement à la désignation d'associations agréées pour prendre part au débat sur l'environnement se déroulant dans le cadre des instances consultatives nationales, régionales et départementales ayant vocation à examiner les politiques d'environnement et de développement durable visées à l'article L. 141-3 ne sont pas incompatibles avec l'objectif de participation effective du public prévu par la directive 2003/35/CE (■ CE, 25 sept. 2013, n° 352660).

Art. R. 141-22 *(D. n° 2011-832, 12 juill. 2011)*. **– L'association agréée, l'organisme ou la fondation reconnue d'utilité publique souhaitant prendre part au débat sur l'environnement prévu au deuxième alinéa de l'article R. 141-1 adresse une demande au préfet de département dans lequel est situé son siège social, par lettre recommandée avec demande d'avis de réception postal. Cet envoi peut être remplacé par un dépôt contre décharge auprès du service désigné par le préfet à cet effet.**

Le préfet instruit la demande. Lorsqu'elle est présentée dans un cadre régional ou national, le préfet, après instruction de la demande, transmet le dossier, avec son avis, respectivement au préfet de la région ou au ministre chargé de l'environnement.

Les conditions de présentation de la demande et la composition du dossier sont fixées par arrêté du ministre chargé de l'environnement.

(Rempl., D. n° 2023-169, 7 mars 2023) **La décision est notifiée au demandeur dans un délai de quatre mois à compter de la date à laquelle la demande est déclarée complète. Passé ce délai, elle est réputée favorable. En cas de refus, la décision est motivée.**

Voir : Arrêté du 12 juillet 2011 (*JO* 13 juill.) fixant la composition du dossier de demande de participation au débat sur l'environnement dans le cadre d'instances consultatives.

Art. R. 141-23 *(D. n° 2011-832, 12 juill. 2011)*. **– Lorsque les conditions prévues à l'article R. 141-21 sont satisfaites, la décision de reconnaître à une association agréée, à un organisme ou à une fondation reconnue d'utilité publique sa vocation à prendre part au débat sur l'environnement est de la compétence du préfet du département lorsque la demande est présentée en vue de la participation aux Instances consultatives dans un**

cadre départemental et du préfet de région lorsqu'elle est présentée en vue de la participation aux Instances consultatives dans un cadre régional. Elle est de la compétence du ministre chargé de l'environnement lorsque la demande est présentée en vue de la participation aux Instances consultatives dans le cadre national.

La décision indique le cadre territorial pour lequel elle est prononcée. Sa durée de validité est de cinq ans. Elle est publiée au *Journal officiel* de la République française lorsqu'elle est prise au plan national et au recueil des actes administratifs de la préfecture dans les autres cas.

Elle est renouvelable à la demande de l'association agréée, de l'organisme ou de la fondation reconnue d'utilité publique qui en bénéficie. La demande de renouvellement et son instruction respectent les mêmes dispositions que la demande initiale. Pour être recevable, la demande de renouvellement doit être adressée au préfet du département dans lequel l'association, l'organisme ou la fondation a son siège social quatre mois au moins avant la date d'expiration de la décision en cours de validité.

Les listes à jour des associations agréées, organismes et fondations reconnues d'utilité publique qui remplissent au niveau départemental, régional et national les conditions prévues à l'article R. 141-21 et auxquels il peut être fait appel pour siéger dans des instances consultatives qui examinent les politiques d'environnement et de développement durable sont rendues publiques respectivement par le préfet de département, le préfet de région et le ministre chargé de l'environnement.

Art. R. 141-24 *(D. n° 2011-832, 12 juill. 2011)*. – À défaut d'un nombre suffisant d'associations agréées, d'organismes et de fondations reconnues d'utilité publique remplissant les conditions prévues à l'article R. 141-21 en vue de la participation aux Instances consultatives dans un cadre régional, le préfet de la région peut désigner des associations agréées, organismes et fondations reconnues d'utilité publique qui satisfont ces conditions en vue de la participation aux Instances consultatives dans un cadre national.

À défaut d'un nombre suffisant d'associations agréées, d'organismes et de fondations reconnues d'utilité publique remplissant les conditions prévues à l'article R. 141-21 en vue de la participation aux Instances consultatives dans un cadre départemental, le préfet du département peut désigner des associations agréées, organismes et fondations reconnues d'utilité publique qui satisfont ces conditions en vue de la participation aux Instances consultatives dans un cadre régional ou national.

Art. R. 141-25 *(D. n° 2011-832, 12 juill. 2011)*. – Chaque année, l'association agréée, l'organisme ou la fondation reconnue d'utilité publique dont la vocation à prendre part au débat sur l'environnement est reconnue par une décision visée à l'article R. 141-23 publie sur son site internet un mois au plus tard après leur approbation par l'assemblée générale son rapport d'activité et son rapport moral, ses comptes de résultat et de bilan ainsi que leurs annexes et, le cas échéant, son compte d'emploi des ressources. Ces documents doivent permettre de vérifier que les dispositions de l'article R. 141-21 sont satisfaites.

Art. R. 141-26 *(D. n° 2011-832, 12 juill. 2011)*. – La décision prévue à l'article R. 141-23 peut être abrogée lorsque l'association agréée, l'organisme ou la fondation reconnue d'utilité publique ne justifie plus du respect des conditions prévues à l'article R. 141-21 et en cas de non-respect des obligations mentionnées à l'article R. 141-25.

L'association agréée, l'organisme ou la fondation reconnue d'utilité publique est préalablement informé des motifs susceptibles de fonder l'abrogation et mis en mesure de présenter ses observations.

CHAPITRE II. – ACTION EN JUSTICE DES ASSOCIATIONS

Section I. – Action en représentation conjointe

(Division créée, D. n° 2017-888, 6 mai 2017) (1)

Art. R. 142-1. – Les personnes physiques qui, sur le fondement de l'article L. 142-3, entendent demander réparation des préjudices qui ont été causés par le fait d'une même personne et qui ont une origine commune, peuvent donner à une association agréée de protection de l'environnement le mandat d'agir ou de poursuivre

(1) Dispositions applicables dans les îles Wallis-et-Futuna, D. n° 2017-888, 6 mai 2017, art. 9, I.

en leur nom, une action engagée à titre individuel, devant toute juridiction, dans les conditions fixées par le présent chapitre.

Sauf convention contraire, le mandat ainsi déterminé ne comporte pas devoir d'assistance.

L'acceptation du mandat pour engager une action en représentation conjointe ne fait pas obstacle à ce que l'association agréée de protection de l'environnement exerce une action pour son propre compte.

Art. R. 142-2. – I. – Le mandat doit être écrit, mentionner expressément son objet et conférer à l'association agréée de protection de l'environnement le pouvoir d'accomplir au nom de ces personnes physiques tous les actes de procédure.

II. – Le mandat peut prévoir en outre :

1° L'avance par l'association agréée de protection de l'environnement de tout ou partie des dépenses et des frais liés à la procédure ;

2° Le versement par la personne physique de provisions ;

3° La renonciation de l'association agréée de protection de l'environnement à l'exercice du mandat après mise en demeure de la personne physique par lettre recommandée avec demande d'avis de réception dans le cas où l'inertie de celle-ci est susceptible de ralentir le déroulement de l'instance ;

4° La représentation de la personne physique par l'association agréée de protection de l'environnement lors du déroulement de mesures d'instruction ;

5° La possibilité pour l'association agréée de protection de l'environnement d'exercer au nom de la personne physique les voies de recours, à l'exception du pourvoi en cassation, sans nouveau mandat.

III. – Le mandat ne peut être opposé à une juridiction ordonnant la participation directe de la personne physique à une mesure d'instruction.

Art. R. 142-3. – Pour l'application de l'article L. 142-3, la compétence en raison du montant de la demande et le taux de compétence en dernier ressort sont déterminés, pour l'ensemble des prétentions, par la plus élevée d'entre elles.

Art. R. 142-4. – Les convocations et notifications destinées à la personne physique sont adressées à l'association agréée de protection de l'environnement qui agit en son nom.

Art. R. 142-5. – Si le mandat est révoqué, la partie qui l'avait donné peut poursuivre la procédure comme si elle l'avait engagée directement.

La partie qui révoque son mandat en avise aussitôt le juge et, dans le cas d'une instance civile, la partie adverse.

Art. R. 142-6. – L'association agréée de protection de l'environnement est tenue de faire connaître à ses mandants, par tous moyens appropriés, la juridiction devant laquelle l'affaire est portée et, le cas échéant, celle devant laquelle elle a été renvoyée, la date de l'audience et la date à laquelle le jugement doit être rendu.

Sur la demande d'un de ses mandants, l'association agréée de protection de l'environnement doit délivrer, aux frais de celui-ci, copie de l'acte introductif d'instance et de toute autre pièce utile.

Art. R. 142-7. – En cas de dissolution de l'association agréée de protection de l'environnement, de changement d'objet social ou de retrait d'agrément, la personne physique peut donner mandat à une autre association agréée de protection de l'environnement de poursuivre la procédure.

Art. R. 142-8. – Lorsque l'association agréée de protection de l'environnement exerce une action en représentation conjointe, elle indique, à peine d'irrecevabilité, outre les mentions prévues par la loi, le responsable qui la représente et les nom, prénoms et adresse de chacune des personnes physiques pour le compte desquelles elle agit.

Elle joint une copie de l'arrêté d'agrément pris en application des dispositions législatives et réglementaires du présent chapitre.

L'acte d'appel et la déclaration de pourvoi comportent les informations prévues au premier alinéa.

Art. R. 142-9. – L'association agréée de protection de l'environnement informe ses mandants, dans les délais utiles, de toute décision susceptible de recours. Le délai pour exercer une voie de recours part de la notification à l'association.

Section II. – Agrément des associations, autres que les associations agréées pour la protection de l'environnement, pouvant exercer l'action de groupe en matière environnementale

(D. n° 2017-888, 6 mai 2017) (1)

Art. R. 142-10 *(D. n° 2017-888, 6 mai 2017).* – Les associations agréées au titre de l'article L. 623-1 du Code de la consommation et de l'article 2-15 du Code de procédure pénale sont réputées agréées pour exercer l'action de groupe en matière environnementale prévue à l'article L. 142-3-1.

Art. R. 142-11 *(D. n° 2017-888, 6 mai 2017).* – Une association dont l'objet statutaire comporte la défense des victimes de dommages corporels ou la défense des intérêts économiques de leurs membres au sens du 1° du IV de l'article L. 142-3-1 peut être agréée pour exercer l'action de groupe en matière environnementale si, à la date de la demande d'agrément, elle justifie depuis trois ans au moins à compter de sa déclaration :

1° D'une activité effective et publique dans au moins l'un de ces domaines, au niveau départemental, régional ou national ;

2° D'une représentativité suffisante, eu égard au cadre territorial de son activité, attestée par le nombre de ses membres, personnes physiques cotisant, soit individuellement, soit par l'intermédiaire d'associations qui la composent ; pour une association nationale, ce nombre est au moins égal à 10 000 ;

3° De l'exercice d'une activité non lucrative et d'une gestion désintéressée ;

4° D'un fonctionnement conforme à ses statuts, présentant des garanties permettant l'information de ses membres et leur participation effective à sa gestion ;

5° De garanties de régularité en matière financière et comptable.

Art. R. 142-12 *(D. n° 2017-888, 6 mai 2017).* – L'agrément est délivré dans un cadre départemental, régional ou national pour une durée de cinq ans, renouvelable.

Art. R. 142-13 *(D. n° 2017-888, 6 mai 2017).* – La demande est adressée au préfet du département dans lequel l'association a son siège social.

Les conditions de présentation et la composition du dossier de demande d'agrément sont fixées par arrêté du ministre chargé de l'environnement.

Art. R. 142-14 *(D. n° 2017-888, 6 mai 2017).* – Le préfet procède à l'instruction de la demande.

Il recueille l'avis du procureur général près la cour d'appel dans le ressort de laquelle l'association a son siège social. Cet avis est réputé favorable faute de réponse dans le délai de deux mois.

Lorsque l'agrément est sollicité dans un cadre national, le préfet, après instruction de la demande, transmet le dossier, avec son avis, au ministre chargé de l'environnement.

Art. R. 142-15 *(D. n° 2017-888, 6 mai 2017).* – La décision d'agrément relève de la compétence du préfet du département dans lequel l'association a son siège social lorsque l'agrément est sollicité dans un cadre départemental ou régional.

La décision d'agrément relève de la compétence du ministre chargé de l'environnement lorsque l'agrément est sollicité dans un cadre national.

Art. R. 142-16 *(D. n° 2017-888, 6 mai 2017).* – La décision est notifiée à l'association dans un délai de six mois à compter de la date à laquelle la demande est déclarée complète. Passé ce délai, l'agrément est réputé accordé.

Art. R. 142-17 *(D. n° 2017-888, 6 mai 2017).* – Le ministre chargé de l'environnement met à la disposition du public la liste des associations bénéficiant d'un agrément national. Le préfet met à la disposition du public la liste des associations bénéficiant d'un agrément départemental et régional.

(1) Dispositions applicables dans les îles Wallis-et-Futuna, D. n° 2017-888, 6 mai 2017, art. 9, I.

Art. R. 142-18 *(D. n° 2017-888, 6 mai 2017).* – **La présentation et l'instruction de la demande de renouvellement de l'agrément ainsi que la décision de renouvellement sont soumises aux conditions prévues aux articles R. 142-10 à R. 142-16.**

Pour être recevable, la demande de renouvellement doit être adressée au préfet du département dans lequel l'association a son siège social six mois au moins avant la date d'expiration de l'agrément en cours de validité.

Art. R. 142-19 *(D. n° 2017-888, 6 mai 2017).* – **L'agrément d'une association n'entraîne pas de droit l'agrément des associations qui la composent.**

Lorsque plusieurs associations, dont l'une au moins est agréée, se réunissent en une association nouvelle, un nouvel agrément doit être sollicité. En ce cas, la condition d'ancienneté prévue à l'article R. 142-11 est réduite à un an.

Art. R. 142-20 *(D. n° 2017-888, 6 mai 2017).* – **Les associations agréées adressent chaque année, à l'autorité qui a accordé l'agrément, par voie postale ou électronique, des documents dont la liste est fixée par arrêté du ministre chargé de l'environnement. Ces documents comprennent notamment le rapport d'activité ainsi que les comptes de résultat et de bilan de l'association et leurs annexes, qui sont communicables à toute personne sur sa demande et à ses frais. L'autorité administrative en accuse réception.**

Art. R. 142-21 *(D. n° 2017-888, 6 mai 2017).* – **L'agrément peut être abrogé :**

1° Lorsque l'association ne justifie plus du respect des conditions prévues par l'article R. 142-11 ;

2° En cas de non-respect des obligations mentionnées à l'article R. 142-20.

L'association est préalablement informée des motifs susceptibles de fonder l'abrogation et mise en mesure de présenter ses observations.

TITRE V. – DISPOSITIONS FINANCIÈRES

CHAPITRE UNIQUE. – TAXE GÉNÉRALE SUR LES ACTIVITÉS POLLUANTES

Bibliographie : P. Billet, *Les composantes environnement, énergie et transport des lois de finances pour 2018 et de finances rectificative pour 2017 : Énergie – Env. – Infrastr.* mars 2018, n° 3, étude 7. • M. Saoudi, *Impact fiscal dans le domaine de l'environnement : la fiscalité verte, un levier d'action sur les contraintes et/ou sous contraintes ? : Rev. UE* 2018, p. 436. • P. Billet, *Principales dispositions financières et fiscales en matière d'environnement, d'énergie et de transport dans les lois de finances rectificative pour 2016 et de finances pour 2017 (L. fin. 2017, n° 2016-1917, 29 déc. 2016 : JO 30 déc. 2016, n° 1 ; L. fin. rect. n° 2016-1918, 29 déc. 2016 : JO 30 déc. 2016, n° 2) : Énergie – Env. – Infrastr.* avr. 2017, n° 4, étude 12. • L. Buffard, *Prévenir les pics de pollution : Énergie – Env. – Infrastr.* août 2017, n°s 8-9, dossier 22. • M. Deffari, *Caractériser le pic de pollution : Énergie – Env. – Infrastr.* août 2017, n°s 8-9, dossier 20.

Art. R. 151-1. – **Les dispositions d'application des articles L. 151-1 et L. 151-2 sont énoncées au décret n° 99-508 du 17 juin 1999 modifié pris pour l'application des articles 266 *sexies* à 266 *duodecies* du Code des douanes instituant une taxe générale sur les activités polluantes.**

Voir : Circ. 1er octobre 2016, Droits et taxes applicables aux produits énergétiques à compter du 1er octobre 2016 (Abr., Circ. 30 déc. 2016 : *BO* 3 oct. 2016). A. 10 mai 2017, établissant le plan national de réduction des émissions de polluants atmosphériques (NOR : DEVR1707177A : *JO* 11 mai 2017). A. 28 déc. 2017, pris pour l'application des articles 266 *sexies* et 266 *nonies* du Code des douanes (NOR : TREP1733787A : *JO* 31 déc. 2017). Circulaire du 3 juillet 2018 : TGAP (NOR : CPAD1815446C) (*BO* douanes n° 7246, 3 juill. 2018).

1) La TGAP n'impose pas, compte tenu de la marge d'appréciation que ses stipulations réservent aux États, une charge manifestement disproportionnée aux sociétés soumises au paiement de cette taxe par rapport à l'objectif d'intérêt général de recyclage et de valorisation des déchets. Elle n'est donc pas confiscatoire et est par voie de conséquence constitutionnelle (▪ CE, 19 juill. 2016, n° 389845).

2) Ne constitue pas un moyen sérieux susceptible d'entraîner la suspension d'un arrêté le moyen tiré de l'absence de méthodologie permettant de mesurer le biogaz (▪ CE, juge des référés, 12 avr. 2018, n° 419028).

3) Le paiement d'une redevance sur l'eau n'exclut pas le paiement de la TGAP (▪ CA Aix-en-Provence, 21 nov. 2017, n° 16/00753).

Art. R. 151-2 *(Abr., D. n° 2018-900, 22 oct. 2018)* (1).

Annexe à l'article R. 151-2

Liste des activités soumises à la TGAP prévue au b du 8 du I de l'article 266 sexies du Code des douanes (Abr. et implicitement recodifiée, D. n° 2007-1467, 12 oct. 2007. – V. C. env., art. R. 511-9 : ann.) (1).

Voir : Sur la liste des activités, ainsi que les coefficients multiplicateurs applicables. La liste des activités, ainsi que les coefficients multiplicateurs applicables ont été fixés par le tableau figurant à l'annexe de l'article R. 151-2 du Code de l'environnement, créé par le décret n° 2005-935 du 2 août 2005 (D. n° 2005-935, 2 août 2005, créant le livre I de la partie réglementaire du Code de l'environnement : *JO* 5 août 2005). Aujourd'hui, cette liste a été transférée en annexe de l'article R. 511-9 du Code de l'environnement par le décret n° 2007-1467 du 12 octobre 2007 créant le livre V de la partie réglementaire du Code de l'environnement (■ CE, 15 juin 2007, n° 284792, *Sté Surschiste*).

Voir : Circulaire du 18 avril 2016, Taxe générale sur les activités polluantes NOR : FCPD1608350C. La présente circulaire porte à la connaissance des opérateurs et des services l'état de la réglementation applicable, à compter du 1er janvier 2016, à l'ensemble des composantes de la TGAP (à l'exception de la composante relative à la TGAP sur les carburants).

Art. D. 151-3. – La définition des matériaux visés au 6 du I de l'article 266 *sexies* du Code des douanes, passibles de la taxe générale sur les activités polluantes, est énoncée au décret n° 2001-172 du 21 février 2001 modifié.

Voir : A. 2 févr. 2017, abrogeant l'arrêté du 14 juin 2002 pris pour l'application de l'article 266 *undecies* du Code des douanes et relatif à la déclaration de la taxe générale sur les activités polluantes (*JO* 14 mars 2017). A. 10 avr. 2017, modifiant l'arrêté du 21 mars 2014 fixant la liste des biocarburants éligibles à la minoration de TGAP, précisant les modalités du double comptage des biocarburants et des bioliquides et fixant la liste des biocarburants (*JO* 19 avr. 2017). Circ. 21 avr. 2017, concernant les droits et taxes applicables aux produits énergétiques à compter du 1er mai 2017 (*JO* 24 avr. 2017).

TITRE VI. – PRÉVENTION ET RÉPARATION DE CERTAINS DOMMAGES CAUSÉS À L'ENVIRONNEMENT

(D. n° 2009-468, 23 avr. 2009)

Voir : Sur la bibliographie relative au régime de prévention et de réparation de certains dommages causés à l'environnement, sous Livre Ier, Titre VI de la partie législative du présent code.

CHAPITRE Ier. – CHAMP D'APPLICATION

Art. R. 161-1 *(D. n° 2009-468, 23 avr. 2009)*. **– Pour l'application du 1° du I de l'article L. 161-1, la gravité des risques créés pour la santé humaine par la contamination des sols s'apprécie au moment de la manifestation du risque ou de la réalisation du dommage, au regard des caractéristiques et des propriétés du sol, ainsi que de la nature, de la concentration, de la dangerosité et des possibilités de dispersion des contaminants.**

Art. R. 161-2 *(D. n° 2009-468, 23 avr. 2009)*. **– Pour l'application du 2° du I de l'article L. 161-1, la gravité du dommage s'apprécie au moment de la manifestation du risque ou de la réalisation du dommage par rapport à l'état écologique, chimique ou quantitatif ou au potentiel écologique des eaux, selon les méthodes et critères déterminés par les arrêtés prévus à l'article R. 212-18.**

(1) Dispositions applicables à Mayotte, D. n° 2007-1467, 12 oct. 2007, art. 15.

Art. R. 161-3 *(D. n° 2009-468, 23 avr. 2009).* – I. – L'état de conservation d'un habitat naturel s'apprécie en tenant compte de l'ensemble des influences qui, dans son aire de répartition naturelle, peuvent affecter à long terme sa répartition, sa structure, ses fonctions ainsi que la survie des espèces typiques qu'il abrite. Il est considéré comme favorable lorsque sont réunis les critères suivants :

1° Son aire de répartition naturelle et les zones couvertes à l'intérieur de cette aire de répartition naturelle sont stables ou en augmentation ;

2° La structure et les fonctions spécifiques nécessaires à son maintien à long terme existent et sont susceptibles de continuer à exister dans un avenir prévisible ;

3° L'état de conservation des espèces typiques qu'il abrite est favorable.

II. – L'état de conservation d'une espèce s'apprécie en tenant compte de l'ensemble des influences qui, agissant sur l'espèce concernée, peuvent affecter à long terme la répartition et l'importance de ses populations dans leur aire de répartition naturelle. Il est considéré comme favorable lorsque sont réunis les critères suivants :

1° Les données relatives à la dynamique des populations de cette espèce indiquent qu'elle se maintient à long terme comme élément viable de son habitat naturel ;

2° L'aire de répartition naturelle de cette espèce ne diminue pas et n'est pas susceptible de diminuer dans un avenir prévisible ;

3° Il existe et il continuera probablement d'exister un habitat suffisamment grand pour maintenir à long terme les populations de cette espèce qu'il abrite.

III. – Les détériorations s'apprécient par rapport à l'état de conservation des habitats ou des espèces au moment de la manifestation du risque ou de la réalisation du dommage en tenant compte de données mesurables telles que :

1° Le nombre d'individus, leur densité ou la surface couverte ;

2° Le rôle des individus ou de la zone concernés par rapport à la conservation générale de l'espèce ou de l'habitat ;

3° La rareté de l'espèce ou de l'habitat appréciée, le cas échéant, au niveau régional, national ou communautaire ;

4° La capacité de multiplication de l'espèce, sa viabilité ou la capacité de régénération naturelle de l'habitat ;

5° La capacité de l'espèce ou de l'habitat à se rétablir, par sa seule dynamique naturelle, dans un état équivalent ou supérieur à l'état initial, dans une durée telle que les fonctionnements de l'écosystème ne soient pas remis en cause après la survenance d'un dommage, sans autre intervention que des mesures de protection renforcées.

Condamnation (illustrations). La Cour de cassation a condamné des personnes ayant effectué dans le milieu naturel un prélèvement conséquent de grenouilles rousses (15 000 individus), espèce protégée. Leurs infractions avaient provoqué la mort de plusieurs milliers d'entre elles pendant la période de reproduction et créé un trouble à l'écosystème. La Cour a pu en déduire que ce comportement fautif avait porté atteinte aux Intérêts collectifs de la Fédération de pêche et que celle-ci était fondée à réclamer la réparation de son préjudice morale évalué à 8 527,25 euros (▪ Cass. 3e civ., 8 nov. 2018, n° 17-26.180).

Art. R. 161-4 *(D. n° 2009-468, 23 avr. 2009).* – Sont qualifiés de graves les dommages aux espèces et aux habitats visés aux *a*, *b* et *c* du 3° du I de l'article L. 161-1 qui ont également des incidences démontrées sur la santé humaine.

Prise en compte de la santé. Contrairement à ce qui avait été annoncé au départ, la réforme issue de la loi n° 2008-757 du 1er août 2008 n'a pas vocation à consacrer la prévention et la réparation d'un préjudice écologique « pur ». En effet, au regard de l'analyse croisée des articles L. 161-1 et R. 161-4 du présent code, la santé humaine est prise en compte soit de manière implicite, par la protection de l'état des eaux ou des services écologiques, soit de manière expresse en cas de contamination des sols et dans le cadre des incidences des dommages causés aux espèces et aux habitats. La démonstration des incidences sur la santé humaine dans cette dernière hypothèse devra être éclairée par la jurisprudence, mais elle apparaît *a priori* déjà délicate à mettre en œuvre.

Art. R. 161-5 *(D. n° 2009-468, 23 avr. 2009).* – Ne constitue pas un dommage affectant gravement le maintien ou le rétablissement dans un état de conservation favorable des espèces et des habitats visés au 3° du I de l'article L. 161-1 la détérioration mesurable qui, soit :

1° Est due à une cause naturelle au sens du 3° de l'article L. 161-2 ;

2° Se traduit par une variation négative inférieure aux fluctuations naturelles considérées comme normales pour l'espèce ou l'habitat concernés ;

3° Disparaît dans un temps limité sans intervention humaine, les populations d'espèces ou les habitats étant ramenés, par leur dynamique naturelle, à leur état au moment du dommage ou à un état plus favorable ;

4° Résulte d'une intervention dans le milieu naturel ou le paysage réalisée par l'exploitant :

a) Soit conformément à un document de gestion applicable à son activité professionnelle et figurant sur une liste établie par arrêté du ministre en charge de l'environnement au regard de la prise en compte, dans ce document, d'objectifs de conservation ou de restauration d'espèces ou d'habitats ;

b) Soit dans le respect des objectifs de conservation ou de restauration d'espèces ou d'habitats arrêtés par l'autorité administrative pour l'espace naturel dans lequel cet exploitant exerce son activité ;

c) Soit participant des modes de gestion habituellement associés à l'habitat concerné et ayant contribué à sa conservation.

CHAPITRE II. – RÉGIME DE RESPONSABILITÉ

Section I. – Principes

Art. R. 162-1 *(D. n° 2009-468, 23 avr. 2009 ; mod. à compter du 12 juillet 2011, D. n° 2011-828, 11 juill. 2011 ; mod., D. n° 2011-1411, 31 oct. 2011 ; D. n° 2012-615, 2 mai 2012 ; mod. à compter du 1er janvier 2022, D. n° 2021-1905, 30 déc. 2021)* (1). – Constituent les activités prévues au 1° de l'article L. 162-1, lorsqu'elles revêtent un caractère professionnel :

1° L'exploitation des installations mentionnées à l'annexe III, point 1, de la directive 2004/35/CE du Parlement européen et du Conseil du 21 avril 2004 sur la responsabilité environnementale en ce qui concerne la prévention et la réparation des dommages environnementaux ;

2° Les opérations de gestion des déchets régies par le titre IV du livre V et les dispositions prises pour son application. Est exclu l'épandage à des fins agricoles de boues d'épuration provenant de stations d'épuration des eaux urbaines résiduaires effectué dans les conditions définies par les articles R. 211-25 à R. 211-47 ;

3° La gestion des déchets de l'industrie extractive régie par la directive 2006/21/CE du Parlement européen et du Conseil du 15 mars 2006 ;

4° Les rejets dans les eaux soumis à autorisation préalable en application de la directive 2006/11/CE du Parlement européen et du Conseil du 15 février 2006 concernant la pollution causée par certaines substances dangereuses déversées dans le milieu aquatique de la Communauté et de la directive 80/68/CEE du Conseil du 17 décembre 1979 concernant la protection des eaux souterraines contre la pollution causée par certaines substances dangereuses ;

5° Le rejet ou l'introduction de polluants dans les eaux de surface ou souterraines soumis à permis, autorisation ou enregistrement en vertu de la directive 2000/60/CE du Parlement européen et du Conseil du 23 octobre 2000 établissant un cadre pour une politique communautaire dans le domaine de l'eau ;

6° L'exploitation des installations ou des ouvrages, l'exercice des activités et la réalisation des travaux soumis à autorisation en application de l'article L. 214-3, mentionnés au titre Ier ainsi qu'aux rubriques 3.1.1.0, 3.1.2.0, 3.1.3.0, 3.1.4.0, 3.2.2.0, 3.2.5.0, 3.2.6.0 du titre III du tableau annexé à l'article R. 214-1 ;

7° La fabrication, l'utilisation, le stockage, la transformation, le conditionnement, le rejet dans l'environnement et le transport sur site :

a) De substances et préparations chimiques régies par le titre II du livre V du présent code et répondant aux critères physico-chimiques et de toxicité énumérés aux articles L. 1342-2 et L. 5132-2 du Code de la santé publique ;

b) De substances et produits biocides régis par le titre II du livre V du présent code ;

c) De produits phytopharmaceutiques régis par les dispositions du chapitre III du titre V du livre II du Code rural ;

(1) Dispositions d'application transitoires : V. D. n° 2021-1905, 30 déc. 2021, I.

8° Le transport terrestre, maritime ou aérien ainsi que la manutention portuaire des marchandises dangereuses ou polluantes régis par :

a) La réglementation relative au transport de marchandises dangereuses par voie de chemin de fer et l'appendice C « Règlement concernant le transport international ferroviaire des marchandises dangereuses (RID) » de la convention relative aux transports internationaux ferroviaires (1) ;

b) La réglementation relative au transport de marchandises dangereuses par route et l'accord européen relatif au transport international des marchandises dangereuses par route (ADR) (2) ;

c) La réglementation relative au transport des marchandises dangereuses par voie de navigation intérieure et l'accord européen relatif au transport international des marchandises dangereuses par voie de navigation intérieure (ADN) (3) ;

d) La réglementation relative à la sécurité des navires et le chapitre VII de la convention internationale pour la sauvegarde de la vie humaine en mer (SOLAS), faite à Londres le 1er novembre 1974, relatif au transport de marchandises dangereuses (4) ;

e) La réglementation relative au transport et à la manutention des marchandises dangereuses dans les ports maritimes (5) et la convention internationale pour la prévention de la pollution par les navires, faite à Londres le 2 novembre 1973, telle que modifiée par le protocole du 17 février 1978, et en particulier ses annexes I, II et III ;

f) La réglementation relative aux conditions d'utilisation des aéronefs civils en aviation générale et l'annexe III au règlement modifié (CEE) n° 3922/91 du Conseil relatif à l'harmonisation de règles techniques et de procédures administratives dans le domaine de l'aviation civile (6) ;

g) La réglementation relative aux conditions techniques d'exploitation d'hélicoptères par une entreprise de transport aérien public (dit OPS 3) (7) ;

9° L'exploitation d'installations soumises à autorisation en vertu de la directive 84/360/CEE du Conseil du 28 juin 1984 relative à la lutte contre la pollution atmosphérique en provenance des installations industrielles pour ce qui concerne le rejet dans l'air d'une quelconque des substances polluantes couvertes par cette directive ;

10° L'utilisation confinée d'organismes génétiquement modifiés soumise à autorisation au titre des articles L. 515-13 ou L. 532-3 ;

11° La mise sur le marché et la dissémination volontaire d'organismes génétiquement modifiés dans l'environnement soumise à autorisation au titre des articles L. 533-3, L. 533-5, L. 533-6 ou du règlement (CE) n° 1829/2003 du Parlement européen et du Conseil du 22 septembre 2003 concernant les denrées alimentaires et les aliments pour animaux génétiquement modifiés ;

12° Les opérations liées aux mouvements transfrontaliers de déchets à l'entrée et à la sortie de l'Union européenne régies par les articles L. 541-40 à L. 541-42-2 et par les dispositions du règlement (CE) n° 1013/2006 du Parlement et du Conseil du 14 juin 2006 concernant les transferts de déchets sous réserve des dispositions transitoires prévues en son article 62.

13° L'exploitation des sites de stockage géologique de dioxyde de carbone conformément à la section 6 du chapitre IX du titre II du livre II.

14° Le transport par canalisation de gaz naturel, d'hydrocarbures liquides ou liquéfiés, ou de produits chimiques.

1) **Activités exclues.** La liste fixée à l'article R. 162-1 est exhaustive. Ainsi, en condamnant une société à réparer un préjudice à la nature causé par une randonnée motorisée, sans rechercher si cette activité professionnelle faisait partie de celles permettant une réparation des dommages causés à l'environnement, y compris en l'absence de faute ou de négligence de l'exploitant, la juridiction n'a pas donné de base légale à sa décision (▪ Cass. 3e civ., 29 sept. 2016, n° 15-20.048, *Sté Amada*).

2) **Activités IED.** Le régime de responsabilité sans faute de prévention et de réparation des

(1) Conv. 9 mai 1980 publiée par D. n° 87-722, 25 août 1987. – NDLR.
(2) Accord 30 sept. 1957 publié par D. n° 60-794, 22 juin 1960. – NDLR.
(3) Accord 26 mai 2000 publié par D. n° 2008-495, 22 mai 2008. – NDLR.
(4) Conv. 1er nov. 1974 publiée par D. n° 80-369, 14 mai 1980. – NDLR.
(5) V. A. 18 juill. 2000. – NDLR.
(6) V. A. 24 juill. 1991. – NDLR.
(7) V. A. 23 sept. 1999. – NDLR.

dommages environnementaux concerne notamment, au regard de l'alinéa 1er de l'article R. 162-1, les activités mentionnées à l'annexe III, point 1, de la directive n° 2004/35/CE sur la responsabilité environnementale. Il s'agit de l'exploitation des installations soumises à un permis en vertu de la directive n° 96/61/CE du 24 septembre 1996 relative à la prévention et à la réduction intégrées de la pollution (première directive « IPPC »), désormais remplacée par la directive n° 2010/75/UE du 24/11/10 relative aux émissions industrielles (prévention et réduction intégrées de la pollution), soit toutes les activités énumérées dans l'annexe I de cette directive, à l'exception des installations ou parties d'installations utilisées pour la recherche, le développement et l'expérimentation de nouveaux produits et procédés.

Voir aussi : Sur le champ d'application de la réglementation, comm. sous art. L. 162-1, p. 239.

Section II. – Mesures de prévention ou de réparation des dommages

Sous-section 1. – Dispositions communes

§ 1. – Autorité compétente

Art. R. 162-2 *(D. n° 2009-468, 23 avr. 2009)*. – I. – L'autorité administrative compétente pour la mise en œuvre du présent titre est :

1° En cas de menace imminente de dommages à l'environnement définis à l'article L. 161-1, le préfet du département dans lequel elle se manifeste ;

2° En cas de dommage à l'environnement défini à l'article L. 161-1, le préfet du département dans lequel il se réalise.

Un arrêté du Premier ministre désigne le préfet coordonnateur lorsque le dommage se réalise dans plusieurs départements.

II. – Par dérogation aux dispositions du I, lorsque l'installation, l'activité, l'ouvrage ou les travaux à l'origine des dommages ou de leur menace imminente sont soumis aux dispositions du chapitre IV du titre Ier du livre II ou du titre Ier du livre V, l'autorité administrative compétente est le préfet du département du lieu d'implantation de l'installation, de l'ouvrage, d'exercice de l'activité ou de réalisation des travaux en cause.

Un arrêté du Premier ministre désigne le préfet coordonnateur lorsque l'installation, l'activité, l'ouvrage ou les travaux sont situés dans plusieurs départements.

III. – À Paris, l'autorité compétente pour l'application du présent titre est le préfet de police lorsque l'installation, l'activité, l'ouvrage ou les travaux à l'origine des dommages ou de leur menace imminente sont soumis aux dispositions du titre Ier du livre V ou lorsque le préfet de police exerce ses compétences de préfet de zone de défense.

IV. – Lorsqu'une menace imminente de dommage ou un dommage est susceptible d'émaner d'une installation ou d'une enceinte relevant du ministre de la Défense, les pouvoirs et attributions dévolus aux préfets visés aux I, II et III sont exercés par le ministre de la Défense.

V. – Lorsqu'une menace imminente de dommage se manifeste à partir d'une zone de compétence pour laquelle il anime et coordonne l'action des administrations en mer ou qu'un dommage s'y réalise, le représentant de l'État en mer est l'autorité administrative compétente. Son avis est sollicité par l'autorité désignée conformément aux I, II ou IV du présent article lorsque le dommage touchant les eaux marines émane d'une activité menée en dehors de sa zone de compétence.

VI. – Lorsque l'activité à l'origine de la menace imminente ou qui a causé des dommages à l'environnement est soumise à un régime d'autorisation ou d'approbation administrative qu'il n'est pas chargé de mettre en œuvre, le préfet compétent sollicite l'avis de l'autorité administrative compétente pour la mise en œuvre de ce régime.

§ 2. – Demande d'action

Art. R. 162-3 *(D. n° 2009-468, 23 avr. 2009)*. – Les associations de protection de l'environnement mentionnées à l'article L. 142-1, ainsi que toute personne directement concernée ou risquant de l'être par un dommage ou une menace imminente de dommage au sens du présent titre, qui disposent d'éléments sérieux en établissant l'existence peuvent en informer l'autorité administrative compétente. Elles peuvent également lui demander de mettre ou de faire mettre en œuvre les mesures de prévention ou de réparation définies aux articles L. 162-3 à L. 162-12. La demande est accompagnée des informations et données pertinentes.

Art. R. 162-4 *(D. n° 2009-468, 23 avr. 2009).* – Lorsque l'autorité administrative compétente considère que la demande mentionnée à l'article précédent révèle l'existence d'un dommage ou d'une menace imminente de dommage au sens du présent titre, elle recueille les observations de l'exploitant concerné et, le cas échéant, l'invite à se conformer aux dispositions des articles L. 162-3 à L. 162-12.

Dans tous les cas, l'autorité administrative compétente informe par écrit le demandeur de la suite donnée à sa demande d'action en lui indiquant les motifs de sa décision.

§ 3. – Information des États membres

Art. R. 162-5 *(D. n° 2009-468, 23 avr. 2009).* – Lorsqu'un dommage affecte ou est susceptible d'affecter le territoire d'autres États membres, l'autorité administrative compétente en informe le ministre des Affaires étrangères et, en cas d'urgence, les autorités compétentes des États concernés. Cette information précise notamment les mesures de prévention ou de réparation envisagées ou déjà réalisées.

Sous-section 2. – Menace de dommage

Art. R. 162-6 *(D. n° 2009-468, 23 avr. 2009).* – I. – Pour l'application de l'article L. 162-3, les informations communiquées par l'exploitant à l'autorité administrative compétente comprennent notamment, en fonction de la nature du dommage prévisible :

1° L'origine et l'importance de la menace ;

2° L'identification des dommages susceptibles d'affecter la santé humaine et l'environnement au sens du I de l'article L. 161-1 ;

3° Les mesures prises par l'exploitant pour écarter ou limiter la menace ;

4° L'évolution prévisible de la menace compte tenu des mesures prises par l'exploitant ;

5° Les éléments qui permettent à celui-ci de considérer que ces mesures ne sont pas de nature à prévenir le dommage.

II. – L'autorité administrative compétente fixe, le cas échéant, le délai dans lequel doivent être communiquées par l'exploitant les pièces complémentaires qu'elle détermine.

Art. R. 162-7 *(D. n° 2009-468, 23 avr. 2009).* – Lorsqu'il apparaît que l'exploitant n'a pas pris les mesures qui lui incombaient ou n'a pas informé l'autorité administrative compétente, celle-ci met immédiatement en œuvre les pouvoirs qu'elle tient de l'article L. 162-14.

Sous-section 3. – Mesures en cas de dommage

§ 1er. – Information de l'administration

Art. R. 162-8 *(D. n° 2009-468, 23 avr. 2009).* – I. – Pour l'application de l'article L. 162-4, les informations communiquées par l'exploitant à l'autorité administrative compétente comprennent notamment, en fonction de la nature des dommages :

1° L'origine et l'importance du dommage ;

2° L'identification des dommages affectant ou susceptibles d'affecter la santé humaine et l'environnement au sens du I de l'article L. 161-1 ;

3° L'évolution prévisible du dommage et de ses conséquences sur la santé humaine et l'environnement ;

4° Les mesures prises.

II. – L'autorité administrative compétente fixe, le cas échéant, le délai dans lequel doivent être communiquées par l'exploitant les pièces complémentaires qu'elle détermine.

§ 2. – Détermination des mesures de réparation

Art. R. 162-9 *(D. n° 2009-468, 23 avr. 2009 ; mod., D. n° 2010-368, 13 avr. 2010 ; mod. à compter du 1er mars 2017, D. n° 2017-81, 26 janv. 2017).* – Pour l'application de l'article L. 162-8, l'usage du site endommagé est défini par les documents d'urbanisme en vigueur au moment de la réalisation du dommage. À défaut, les mesures de réparation sont fixées en fonction de l'usage du sol au moment de la réalisation du dommage.

Lorsque le 4° de l'article R. 181-43 et les articles R. 512-46-20, R. 512-39-2 ou R. 512-46-26 s'appliquent, l'usage du sol est déterminé dans les conditions qu'ils définissent.

La détermination et l'évaluation des mesures de réparation des dommages définis au 1° du I de l'article L. 161-1 se font à l'aide des meilleures méthodes et technologies disponibles et conformément au 2 de l'annexe II de la directive 2004/35/CE du 21 avril 2004 sur la responsabilité environnementale en ce qui concerne la prévention et la réparation des dommages environnementaux.

Art. R. 162-10 *(D. n° 2009-468, 23 avr. 2009).* – La détermination et l'évaluation des mesures de réparation des dommages définis aux 2° et 3° du I de l'article L. 161-1 se font à l'aide des meilleures méthodes et technologies disponibles et conformément au 1 de l'annexe II de la directive 2004/35/CE du 21 avril 2004 sur la responsabilité environnementale en ce qui concerne la prévention et la réparation des dommages environnementaux.

§ 3. – Instruction des dossiers de réparation

Art. [R.] 162-11 *(D. n° 2009-468, 23 avr. 2009).* – L'autorité administrative compétente fixe le délai dans lequel l'exploitant soumet à son approbation les mesures de réparation appropriées au regard des objectifs définis aux articles L. 162-8 et L. 162-9.

Art. R. 162-12 *(D. n° 2009-468, 23 avr. 2009).* – L'autorité administrative compétente consulte sur les mesures de réparation proposées par l'exploitant, le cas échéant complétées ou modifiées à sa demande, les personnes mentionnées à l'article L. 162-10 par les moyens les plus appropriés, y compris par voie électronique. Elle peut prévoir qu'à l'issue d'un délai raisonnable qu'elle détermine le défaut de réponse vaut avis favorable.

Art. R. 162-13 *(D. n° 2009-468, 23 avr. 2009).* – L'autorité administrative compétente soumet son projet de décision approuvant les mesures de réparation à l'avis du ou des comités départementaux de l'environnement et des risques sanitaires et technologiques prévus à l'article R. 1416-16 du Code de la santé publique avec les avis et les observations recueillis en application de l'article R. 162-11.

Le ou les comités se prononcent dans les conditions prévues aux articles R. 1416-17 à R. 1416-19 du Code de la santé publique.

En cas de dommage visé au 3° du I de l'article L. 161-1, l'autorité administrative compétente soumet, en outre, le projet ainsi que les avis et observations mentionnés à l'alinéa 1er à la ou aux commissions départementales mentionnées à l'article L. 341-16, dans la formation prévue à l'article R. 341-19 et, en Corse, au conseil des sites de Corse mentionné à l'article L. 4421-4 du Code général des collectivités territoriales.

L'autorité administrative compétente prescrit les mesures de réparation par arrêté motivé.

Elle fixe le ou les délais de réalisation de ces mesures.

Art. R. 162-14 *(D. n° 2009-468, 23 avr. 2009).* – L'autorité administrative compétente statue dans les trois mois à compter de la réception des mesures proposées par l'exploitant en application de l'article L. 162-7.

En cas d'impossibilité de statuer dans ce délai, l'autorité administrative compétente, par arrêté motivé, fixe un nouveau délai.

Art. R. 162-15 *(D. n° 2009-468, 23 avr. 2009).* – Lorsque plusieurs dommages sont survenus simultanément et qu'il n'est pas possible de les réparer ensemble, l'autorité administrative compétente détermine dans quel ordre de priorité ils doivent être réparés.

L'autorité administrative compétente prend cette décision en tenant compte, notamment, des risques pour la santé humaine, ainsi que de la nature, de l'étendue, de la gravité des différents dommages environnementaux concernés et des possibilités de régénération naturelle.

§ 4. – **Mesures de publicité**

Art. R. 162-16 *(D. n° 2009-468, 23 avr. 2009).* – L'arrêté prévu à l'article R. 162-13 est notifié à l'exploitant et, le cas échéant, aux propriétaires des fonds sur lesquels les mesures de réparation sont prescrites, aux titulaires de droits réels ou à leurs ayants droit.

Art. R. 162-17 *(D. n° 2009-468, 23 avr. 2009).* – En vue de l'information des tiers :

1° Une copie de cet arrêté est déposée à la mairie et, le cas échéant, dans les mairies d'arrondissement de la ou des communes dans le ressort desquelles le dommage a été constaté ou dans le ressort desquelles est implantée l'installation lorsque celle-ci relève du titre Ier du livre V. Elle y est affichée pendant une durée minimum d'un mois. Procès-verbal de l'accomplissement de ces formalités est dressé par les soins du maire ;

2° Une ampliation de l'arrêté est adressée à chaque collectivité territoriale ou groupement de collectivités territoriales ayant été consulté.

§ 5. – **Exécution des mesures de réparation**

Art. R. 162-18 *(D. n° 2009-468, 23 avr. 2009).* – L'exploitant informe l'autorité administrative compétente de l'exécution des travaux prescrits.

Leur réalisation est constatée par un agent placé sous l'autorité de l'autorité compétente. Le procès-verbal est communiqué à l'autorité compétente qui en adresse un exemplaire à l'exploitant ainsi qu'au maire ou au président de l'établissement public de coopération intercommunale compétent en matière d'urbanisme et au propriétaire du terrain.

Art. R. 162-19 *(D. n° 2009-468, 23 avr. 2009).* – À tout moment, dans les limites de la prescription prévue à l'article L. 161-4, l'autorité compétente peut imposer à l'exploitant, par arrêté pris dans les formes prévues aux articles R. 162-12 et R. 162-13, les mesures complémentaires nécessaires pour parvenir à la réparation des dommages.

Section III. – Pouvoirs de police administrative

Art. R. 162-20 *(D. n° 2009-468, 23 avr. 2009).* – Lorsque, saisie d'une proposition d'intervention en application de l'article L. 162-15, l'autorité administrative compétente lui donne une suite favorable, elle fixe par arrêté les conditions de cette intervention, notamment en ce qui concerne les mesures nécessaires pour assurer la sécurité des biens et des personnes concernés.

Section IV. – Dispositions pénales

(D. n° 2017-264, 28 févr. 2017)

Art. R. 162-21 *(Anc. art. R. 163-1, D. n° 2009-468, 23 avr. 2009 ; dénum., D. n° 2017-264, 28 févr. 2017).* – I. – Est puni de l'amende prévue pour les contraventions de la 5e classe :

1° Le fait de ne pas communiquer à l'autorité administrative compétente les informations prévues par les articles L. 162-3 et L. 162-4 et l'article L. 162-13 ;

2° Le fait de ne pas mettre en œuvre les mesures de réparation prescrites en application de l'article L. 162-11.

CHAPITRE III. – RESTAURATION DE LA BIODIVERSITÉ, RENATURATION ET COMPENSATION DES ATTEINTES À LA BIODIVERSITÉ

(Intitulé rempl., D. n° 2017-264, 28 févr. 2017 ; mod., D. n° 2024-1052, 21 nov. 2024)

Art. R. 163-1 ancien *(Anc. art. R. 163-1, dénum., D. n° 2017-264, 28 févr. 2017).*

V. art. R. 162-21, p. 1682.

Section I. – Dispositions générales

(D. n° 2022-1673, 27 déc. 2022)

Art. R. 163-1-A *(Rempl., D. n° 2024-1052, 21 nov. 2024).* **– Les mesures de compensation mentionnées à l'article L. 163-1 respectent le principe de proximité fonctionnelle mentionné au quatrième alinéa du II de l'article L. 163-1.**

Ces mesures sont exécutées en priorité sur le site endommagé. En cas d'impossibilité, elles sont réalisées prioritairement dans les zones de renaturation préférentielle mentionnées au cinquième alinéa du II de l'article L. 163-1, dès lors qu'elles sont compatibles avec les orientations de renaturation de ces zones et que leurs conditions de réalisation sont techniquement et économiquement acceptables.

Section II. – Sites naturels de compensation

(D. n° 2022-1673, 27 déc. 2022 ; intitulé rempl, D. n° 2024-1053, 21 nov. 2024)

Sous-section 1. – Conditions d'obtention de l'agrément

(Ancienne section I créée, D. n° 2017-265, 28 févr. 2017 (1) ; dénum., D. n° 2022-1673, 27 déc. 2022)

Art. D. 163-1 *(Rempl., D. n° 2024-1053, 21 nov. 2024).* **– I. – L'agrément mentionné à l'article L. 163-1-A atteste de la pertinence des opérations de restauration écologique, de renaturation ou de développement d'éléments de biodiversité entreprises sur le site naturel de compensation, de restauration et de renaturation concernées. Ces opérations, conduites sur un site unique ou une pluralité de sites, contribuent ainsi à l'amélioration de l'état écologique du territoire dans lequel le site s'insère. Elles peuvent également permettre, dans le respect des principes fixés aux articles L. 110-1 et L. 163-1, la mise en œuvre des mesures de compensation des atteintes à la biodiversité mentionnées à l'article L. 163-1. Le gain écologique attendu de ces opérations est mesuré par des unités de compensation, de restauration et de renaturation selon une méthode de calcul fiable et transposable.**

Ce gain écologique attendu est additionnel à celui obtenu par la mise en œuvre, directement sur le site considéré, d'opérations obligatoires ou qui sont déjà soutenues par des aides publiques destinées à la restauration, la renaturation ou le développement d'éléments de biodiversité. Dans ces cas, le calcul du gain écologique attendu d'un site naturel de compensation, de restauration et de renaturation ne prend pas en compte la part de gain écologique provenant de ces opérations.

Les critères permettant de répondre à l'ensemble de ces exigences sont fixés par un arrêté du ministre chargé de l'environnement.

II. – Les sites naturels de compensation, de restauration et de renaturation définis à l'article L. 163-1-A sont mis en place en priorité dans les zones de renaturation préférentielle mentionnées à l'article L. 163-1 et dans les zones propices à l'accueil de sites naturels de compensation, de restauration et de renaturation telles que mentionnées à l'article L. 141-10 du Code de l'urbanisme et à l'article L. 151-7 du même code, dès lors qu'ils sont compatibles avec les orientations de renaturation de ces zones.

III. – Sont seules susceptibles d'être agréées les opérations de restauration écologique, de renaturation ou de développement d'éléments de biodiversité mentionnées à l'article L. 163-1-A mises en place par une personne physique ou morale :

1° Disposant des capacités techniques et financières nécessaires à la mise en œuvre de ces opérations ;

2° Justifiant des droits permettant la mise en œuvre des obligations prévues au présent chapitre sur les terrains d'assiette du site naturel de compensation, de restauration et de renaturation.

IV. – Les unités de compensation, de restauration et de renaturation peuvent être vendues sous forme de prestations de services à des maîtres d'ouvrage tenus de satisfaire à des obligations de compensation des atteintes à la biodiversité mentionnées à l'article L. 163-1, ainsi qu'à des personnes physiques ou morales souhaitant contribuer pour toute autre raison au rétablissement de la biodiversité.

Les unités de compensation, de restauration et de renaturation peuvent être vendues dès l'octroi de l'agrément. Elles ne peuvent pas être revendues.

---

(1) Dispositions d'applications particulières et transitoires : V. D. n° 2017-265, 28 févr. 2017, art. 2.

Une unité de compensation, de restauration et de renaturation correspond à l'ensemble des gains écologiques attendus d'une ou plusieurs opérations de restauration écologique, de renaturation ou de développement d'éléments de biodiversité, lesquels sont maintenus jusqu'au terme de l'agrément. Elle ne peut être vendue de manière fractionnée dans le temps ou en fonction des différents éléments de biodiversité qu'elle restaure, qu'elle renature ou qu'elle développe.

V. – L'acquisition d'unités de compensation, de restauration et de renaturation par un maître d'ouvrage ne préjuge pas de l'appréciation de leur suffisance par l'autorité administrative compétente au titre de la compensation des atteintes à la biodiversité, selon les dispositions de l'article L. 163-1.

Une unité de compensation, de restauration et de renaturation qui a été utilisée, en tout ou partie de ses fonctionnalités, au titre de la compensation des atteintes à la biodiversité ne peut plus constituer une contribution au rétablissement de la biodiversité pour une autre raison.

VI. – Le bénéficiaire de l'agrément d'un site naturel de compensation, de restauration et de renaturation peut recourir aux unités de compensation, de restauration et de renaturation créées sur ce site et disponibles pour satisfaire ses propres obligations de compensation ou pour contribuer pour toute autre raison au rétablissement de la biodiversité.

VII. – Des opérations peuvent être réalisées au sein des sites naturels de compensation, de restauration et de renaturation et donner lieu à la vérification de réductions d'émissions au titre du label « bas-carbone« , sous réserve du respect des principes fixés à l'article L. 229-55 et de l'éligibilité des projets à des méthodes de ce label approuvées par le ministre chargé de l'environnement. Le cas échéant, ces opérations sont cohérentes avec l'objectif d'amélioration de l'état écologique à l'échelle du site.

Ces réductions d'émissions ne peuvent être vérifiées que si elles sont additionnelles aux unités de compensation, de restauration et de renaturation qui ont été utilisées au titre de la compensation des atteintes à la biodiversité ou qui ont été vendues.

Les unités de compensation, de restauration et de renaturation doivent être additionnelles aux réductions d'émissions vérifiées au titre du label « bas-carbone ».

L'agrément d'un site naturel de compensation, de restauration et de renaturation ne vaut pas obtention du label « bas-carbone ».

Art. R. 163-2 *(Rempl., D. n° 2024-1053, 21 nov. 2024).* – Les décisions relatives à l'agrément des sites naturels de compensation, de restauration et de renaturation sont prises par le ou les préfets de région territorialement compétents.

Ces décisions sont prises après avis du Conseil scientifique régional du patrimoine naturel ou, lorsqu'elles sont susceptibles d'affecter des espèces animales ou végétales figurant sur la liste prévue par l'article R. 411-13-1, après avis du Conseil national de protection de la nature.

Cet avis est rendu dans un délai de deux mois à compter de la saisine de l'organisme consulté.

Le silence gardé par l'administration pendant un délai de six mois à compter de la réception d'une demande d'agrément ou de modification d'agrément vaut décision d'acceptation.

Sous-section 2. – Délivrance de l'agrément

(Ancienne section II créée, D. n° 2017-265, 28 févr. 2017 (1) ; dénum., D. n° 2022-1673, 27 déc. 2022)

Art. D. 163-3 *(Rempl., D. n° 2024-1053, 21 nov. 2024).* – La demande d'agrément est adressée au préfet de région par voie dématérialisée.

Un arrêté du ministre chargé de l'environnement fixe la composition du dossier de demande permettant de répondre aux exigences fixées à l'article D. 163-1. (2)

Voir : Arrêté du 10 avril 2017 fixant la composition du dossier de demande d'agrément d'un site naturel de compensation prévu à l'article D. 163-3 du Code de l'environnement.

Art. D. 163-4 *(Rempl., D. n° 2024-1053, 21 nov. 2024).* – L'agrément mentionne :

(1) Dispositions d'applications particulières et transitoires : V. D. n° 2017-265, 28 févr. 2017, art. 2.
(2) V. T. appl. : A. 21 nov. 2024 (*JO* 23 nov. 2024). – NDLR.

1° Le nom ou la raison sociale, l'adresse, le statut juridique, et, le cas échéant, le numéro SIRET, du bénéficiaire de l'agrément du site naturel de compensation, de restauration et de renaturation ;

2° La date d'entrée en vigueur de l'agrément et sa durée de validité ;

3° La localisation du site, la superficie et les références des parcelles cadastrales concernées ;

4° Le statut foncier des terrains d'assiette du site naturel de compensation, de restauration et de renaturation ;

5° La nature du gain écologique visé par les opérations de restauration, de renaturation ou de développement d'éléments de biodiversité (habitats, espèces, fonctions écologiques) ;

6° Pour chaque type de milieu naturel concerné, la description :

– de l'état initial ;

– des opérations de restauration, de renaturation ou de développement d'éléments de biodiversité et des mesures de gestion qui seront mises en œuvre, faisant état des dates et périodes de leur mise en œuvre ;

– de la trajectoire écologique visée, et notamment la temporalité des gains écologiques attendus ;

– de la méthode de calcul utilisée pour mesurer le gain écologique obtenu par le site naturel de compensation, de restauration et de renaturation, permettant également d'apprécier les pertes de biodiversité que ce gain est susceptible de compenser ;

7° Les modalités de suivi du niveau de gain écologique créé par les opérations de restauration, de renaturation ou de développement d'éléments de biodiversité mentionnées au 6° du présent article ;

8° Le cas échéant, les opérations qui sont, ou seront couvertes, par des projets labellisés, ou en cours de labellisation, par le label "bas-carbone", ainsi que les méthodes employées ;

9° Les solutions envisageables permettant le maintien du bon état écologique du site naturel de compensation, de restauration et de renaturation à l'issue de la période de validité de l'agrément ;

10° Les solutions proposées permettant le maintien du gain écologique obtenu dans le site naturel de compensation, de restauration et de renaturation, en cas de modification ou d'abrogation de l'agrément prévues par l'article D. 163-11. Ces solutions peuvent prendre la forme de garanties financières au sens de l'article D. 163-13, dont la nature et le montant sont mentionnés dans l'agrément.

Art. D. 163-5 *(D. n° 2017-265, 28 févr. 2017)*. – La durée de validité de l'agrément ne peut être inférieure à 30 ans.

Art. D. 163-6 *(Rempl., D. n° 2024-1053, 21 nov. 2024)*. – Les sites naturels de compensation, de restauration et de renaturation agréés :

1° Mettent en œuvre un projet de restauration écologique, de renaturation ou de développement d'éléments de biodiversité et garantissent la création des gains écologiques pour lesquels l'agrément a été sollicité puis leur maintien jusqu'au terme de la période d'agrément ;

2° Le cas échéant, permettent la mise en œuvre des opérations de restauration écologique, de renaturation ou de développement d'éléments de biodiversité, pour lesquelles l'agrément a été sollicité, avant l'utilisation des unités de compensation, de restauration et de renaturation correspondantes au titre de la compensation des atteintes à la biodiversité ;

3° Font l'objet d'un suivi et d'une évaluation des opérations de restauration, de renaturation ou de développement d'éléments de biodiversité mises en œuvre et de leur efficacité à créer et maintenir un gain écologique.

Le bénéficiaire de l'agrément transmet chaque année à l'autorité compétente toutes les informations utiles pour la mise à jour du système national d'information géographique mentionné à l'article L. 163-5. Les modalités de saisie ou de versement des données sont fixées par arrêté.

Le bénéficiaire fournit dans les mêmes conditions un rapport retraçant pour l'année précédente :

– le suivi et l'évaluation des opérations de restauration, de renaturation ou de développement d'éléments de biodiversité mises en œuvre et de leur efficacité à créer un gain écologique ;

– le suivi des unités de compensation, de restauration et de renaturation vendues, sous la forme d'un registre de vente ;

– les événements notables survenus dans l'année écoulée ;

– le plan prévisionnel des éléments mentionnés aux trois alinéas précédents pour l'année à venir.

Art. D. 163-7 *(Rempl., D. n° 2024-1053, 21 nov. 2024)*. – À la demande du bénéficiaire de l'agrément, l'agrément peut être modifié en cas de modification de l'un des éléments mentionnés à l'article D. 163-4.

La demande de modification est adressée au préfet de région, accompagnée des pièces justificatives nécessaires, dans les mêmes formes que la demande initiale.

Les modifications ne peuvent être effectuées qu'après modification de l'agrément initial.

Les unités de compensation, de restauration et de renaturation déjà vendues ne peuvent faire l'objet d'aucune modification.

Sous-section 3. – Obligations des sites naturels de compensation

(Ancienne section III créée D. n° 2017-265, 28 févr. 2017 (1) ; dénum., D. n° 2022-1673, 27 déc. 2022)

Art. D. 163-8 *(Rempl., D. n° 2024-1053, 21 nov. 2024).* – Cinq ans au plus tard avant le terme de la période de validité de l'agrément, son bénéficiaire propose à l'autorité compétente pour délivrer l'agrément conformément à l'article R. 163-2 des solutions actualisées permettant le maintien du bon état écologique du site à l'issue de la période de validité de l'agrément.

Sous-section 4. – Suivi et évaluation des sites naturels de compensation

(Ancienne section IV créée, D. n° 2017-265, 28 févr. 2017 (1); dénum., D. n° 2022-1673, 27 déc. 2022)

Art. D. 163-9 *(Rempl., D. n° 2024-1053, 21 nov. 2024).* – Le préfet de région préside un comité de suivi local du site naturel de compensation, de restauration et de renaturation, dont il détermine la composition et la fréquence des réunions. Ce comité comprend notamment des personnes compétentes dans les domaines écologiques concernés par les opérations prévues dans le cadre du site naturel de compensation, de restauration et de renaturation. Par ailleurs, il comprend au moins un représentant des collectivités locales concernées, un représentant d'une association, organisme ou fondation œuvrant pour la préservation de la biodiversité, et un membre du Conseil scientifique régional du patrimoine naturel.

Le comité est chargé du suivi des obligations qui incombent au site naturel de compensation, de restauration et de renaturation agréé et du suivi des ventes des unités de compensation, de restauration et de renaturation.

Art. D. 163-10 *(D. n° 2024-1053, 21 nov. 2024).* – Le bénéficiaire d'un agrément peut transférer celui-ci à une autre personne physique ou morale. Le nouveau bénéficiaire, au moins trois mois avant la date d'effet du transfert, déclare celui-ci à l'autorité compétente. Cette déclaration mentionne le nom ou la raison sociale, l'adresse, le statut juridique, et, le cas échéant, le numéro SIRET, du nouveau bénéficiaire. Celui-ci justifie en outre qu'il dispose des capacités techniques et financières nécessaires à la mise en œuvre des opérations de restauration, de renaturation ou de développement d'éléments de biodiversité, ainsi que des droits permettant la mise en œuvre des obligations prévues par l'agrément sur les terrains d'assiette du site naturel de compensation, de restauration et de renaturation.

Dans le délai de deux mois à compter de la date de réception du dossier complet de déclaration, l'autorité qui l'a reçue en délivre récépissé ou, dans le cas où le nouveau bénéficiaire ne justifie pas des éléments mentionnés à l'alinéa précédent pour respecter les conditions dont est assorti l'agrément, refuse le transfert. Ce refus est notifié au bénéficiaire initial de la dérogation et à l'auteur de la déclaration par courrier motivé. Si, dans le délai mentionné ci-dessus, cette autorité n'a ni délivré récépissé de la déclaration, ni refusé le transfert de la dérogation, ce transfert est autorisé.

Les personnes ayant acquis des unités de compensation, de restauration et de renaturation sont informées du transfert, dès son autorisation, par le nouveau bénéficiaire de l'agrément.

Art. D. 163-11 *(D. n° 2024-1053, 21 nov. 2024).* – L'agrément peut être modifié ou abrogé si le site naturel de compensation, de restauration et de renaturation cesse de remplir l'une des obligations prévues à l'article D. 163-6.

Le bénéficiaire de l'agrément est préalablement informé des motifs susceptibles de fonder la modification ou l'abrogation et est mis en demeure de présenter ses observations ou de régulariser la situation dans un délai de six mois.

(1) Dispositions d'applications particulières et transitoires : V. D. n° 2017-265, 28 févr. 2017, art. 2.

Les personnes ayant acquis des unités de compensation, de restauration et de renaturation sont informées par le bénéficiaire de l'agrément de la mise en œuvre de cette procédure dès la mise en demeure.

En cas d'abrogation de l'agrément, les unités de compensation, de restauration et de renaturation utilisées au titre de la compensation des atteintes à la biodiversité continuent de remplir les obligations de compensation pour lesquelles elles ont été utilisées sous réserve de la mise en place des solutions mentionnées au 10° de l'article D. 163-4.

Art. D. 163-12 *(D. n° 2024-1053, 21 nov. 2024)*. – Les sites naturels de compensation, de restauration et de renaturation sont géolocalisés et décrits dans un système national d'information géographique, accessible au public sur internet dans le respect des intérêts de la défense nationale et de la sécurité publique.

Dès l'obtention de l'agrément, le bénéficiaire de l'agrément fournit et met à jour les éléments nécessaires au référencement des unités de compensation, de restauration et de renaturation dans cette plateforme. Ces éléments sont les suivants :

– la localisation du site naturel de compensation, de restauration et de renaturation concerné et les coordonnées du bénéficiaire de l'agrément ;

– les caractéristiques et objectifs écologiques des différentes unités de compensation, de restauration et de renaturation, créées sur le site ;

– le nombre d'unités de compensation, de restauration et de renaturation créées sur le site, selon les différents types d'unités créées ;

– les nombres d'unités de compensation, de restauration et de renaturation vendues ou disponibles à la vente.

En ce qui concerne les sites du ministère de la défense, lorsque les intérêts de la défense nationale et de la sécurité publique le requièrent, une adresse postale de localisation se substitue à la géolocalisation.

Art. D. 163-13 *(D. n° 2024-1053, 21 nov. 2024)*. – I. – Afin d'assurer la bonne tenue des atteintes de résultats en matière de gain écologique, le bénéficiaire de l'agrément du site naturel de compensation, de restauration et de renaturation peut proposer, dans le cadre de sa demande d'agrément, de constituer des garanties financières, en anticipant notamment les dispositions prévues aux articles L. 163-4 et D. 163-11.

Ces garanties financières résultent, au choix du bénéficiaire de l'agrément :

a) D'une consignation entre les mains de la Caisse des dépôts et consignations ;

b) De l'engagement écrit d'un établissement de crédit, d'une société de financement, d'une entreprise d'assurance ou d'une société de caution mutuelle ;

c) De l'engagement écrit, portant garantie autonome au sens de l'article 2321 du Code civil, de la personne physique, où que soit son domicile, ou de la personne morale, où que se situe son siège social, qui possède plus de la moitié du capital du bénéficiaire de l'agrément ou qui contrôle le bénéficiaire de l'agrément au regard des critères énoncés à l'article L. 233-3 du Code de commerce. Dans ce cas, le garant doit lui-même être bénéficiaire d'un engagement écrit d'un établissement de crédit, d'une société de financement, d'une entreprise d'assurance, ou d'une société de caution mutuelle, ou avoir procédé à une consignation entre les mains de la Caisse des dépôts et consignations. Lorsque le siège social de la personne morale garante n'est pas situé dans un État membre de l'Union européenne ou dans un État partie à l'accord sur l'Espace économique européen, le garant doit disposer d'une agence, d'une succursale ou d'une représentation établie en France.

II. – Le préfet de région appelle et met en œuvre les garanties financières lorsque les obligations prévues à l'article D. 163-6 ne sont pas respectées ou de manière générale en cas de défaillance du bénéficiaire de l'agrément.

III. – Quand la garantie financière résulte d'une consignation, le bénéficiaire de l'agrément produit à l'appui de sa demande d'agrément toutes pièces de nature à établir l'identité et la qualité du demandeur consignateur. L'agrément délivré par le préfet de région indique le montant de la garantie et le site concerné.

La demande de consignation est faite sur production de l'agrément préalablement délivré et toutes pièces de nature à établir l'identité et la qualité du demandeur consignateur.

Les sommes sont déconsignées sur décision du préfet de région sous réserve du respect des obligations prévues à l'article D. 163-6. La décision de déconsignation, notifiée au bénéficiaire de l'agrément concerné, précise le ou les bénéficiaires de la garantie financière, le montant à déconsigner et le site naturel de compensation, de restauration et de renaturation concerné. Le cas échéant, elle indique également le bénéficiaire des intérêts.

À l'appui de sa demande de déconsignation, chaque bénéficiaire produit toute pièce de nature à établir son identité et sa qualité ainsi que la décision ordonnant la déconsignation.

Art. D. 163-14 *(D. n° 2024-1053, 21 nov. 2024)*. – I. – Le gain écologique attendu d'un site naturel de compensation, de restauration et de renaturation mesuré conformément aux dispositions de l'article D. 163-1 peut être calculé à partir de la date de dépôt d'une déclaration préalable à la demande d'agrément, sous réserve de la mise en oeuvre complète, lors de la demande d'agrément mentionné à l'article L. 163-1-A, des mesures de gestion et de suivi déclarées.

II. – La période prise en compte depuis le dépôt de la déclaration préalable mentionnée au I ne peut excéder dix ans à la date du dépôt de la demande d'agrément.

III. – La déclaration préalable est adressée au préfet de région par voie dématérialisée.

Dans un délai de 2 mois, le préfet adresse un récépissé indiquant si la déclaration préalable permet de répondre aux exigences de l'article D. 163-1.

Un arrêté du ministre chargé de l'environnement précise les éléments constitutifs de la déclaration préalable permettant de répondre aux exigences fixées à l'article D. 163-1 (1).

TITRE VII. – DISPOSITIONS COMMUNES RELATIVES AUX CONTRÔLES ET AUX SANCTIONS

(D. n° 2014-368, 24 mars 2014)

CHAPITRE Ier. – CONTRÔLES ADMINISTRATIFS ET MESURES DE POLICE ADMINISTRATIVE

Art. R. 171-1 *(Créé à compter du 2 décembre 2018, D. n° 2018-1054, 29 nov. 2018)*. – En vue de l'information des tiers, les mesures de police administrative prévues à l'article L. 171-7 et au I de l'article L. 171-8 sont publiées sur le site internet des services de l'État dans le département pendant une durée minimale de deux mois.

Art. R. 171-2 *(D. n° 2024-639, 27 juin 2024)*. – I. – La sanction prévue à l'article L. 171-7-1 est applicable aux manquements suivants :

1° Réalisation de travaux de forage lors de l'ouverture des travaux d'exploitation d'un gîte géothermique de minime importance en méconnaissance des dispositions du I de l'article 22-7 du décret n° 2006-649 du 2 juin 2006 relatif aux travaux miniers, aux travaux de stockage souterrain et à la police des mines et des stockages souterrains ;

2° Réalisation de travaux de remise en état lors de l'arrêt de l'exploitation d'un gîte géothermique de minime importance en méconnaissance des dispositions du I de l'article 22-7 du décret n° 2006-649 du 2 juin 2006 relatif aux travaux miniers, aux travaux de stockage souterrain et à la police des mines et des stockages souterrains ;

3° Réalisation de travaux de création de puits ou de forage non destinés à un usage domestique de l'eau mentionnés à l'article L. 241-2 sans disposer de la certification prévue au même article ;

4° Réalisation de travaux de remise en état lors de l'arrêt de l'exploitation des forages ou des puits mentionnés à l'article L. 241-2 sans disposer de la certification prévue au même article.

II. – Les manquements reprochés, mentionnés au I, et le montant de l'amende envisagée sont précisés dans le rapport mentionné à l'article L. 171-6 et sont notifiés à l'entreprise chargée du forage, qui dispose d'un délai d'un mois pour présenter ses observations écrites à l'autorité compétente.

Le montant de l'amende est proportionné à la gravité des manquements constatés et tient compte notamment de l'importance du trouble causé ou susceptible d'être causé à l'environnement.

(1) V. T. appl. : A. 21 nov. 2024 (*JO* 23 nov. 2024). – NDLR.

À l'issue de ce délai, le préfet peut prononcer une amende administrative, qu'il notifie à l'entreprise chargée du forage en lui indiquant le délai dans lequel elle doit s'en acquitter et les voies de recours qui lui sont ouvertes. L'amende est recouvrée comme en matière de créances de l'État étrangères à l'impôt et au domaine.

Art. R. 171-3 *(D. n° 2024-742, 6 juill. 2024)*. – Les sommes mentionnées au 2° du I de l'article L. 171-7 et au quatrième alinéa du 1° du II de l'article L. 171-8 sont insaisissables dès leur versement au comptable public assignataire et le demeurent après consignation auprès de la Caisse des dépôts et consignations.

Art. R. 171-4 *(D. n° 2024-742, 6 juill. 2024)*. – I. – Peuvent demander à bénéficier des sommes provenant des mesures de déconsignation prévues au deuxième alinéa du 2° du I de l'article L. 171-7 et au quatrième alinéa du 1° du II de l'article L. 171-8, compte tenu des travaux ou opérations réalisés :

1° La personne mise en demeure, si elle a exécuté les travaux ou opérations de régularisation prescrits en application du premier alinéa du I de ces deux articles ;

2° Le cas échéant, le liquidateur, lorsqu'il a fait réaliser ces travaux ou opérations postérieurement au jugement prononçant l'ouverture de la procédure de liquidation judiciaire, en utilisant à cette fin les fonds disponibles qu'il détient ;

3° Toute autre personne ayant réalisé ces travaux ou opérations à la demande soit de l'autorité administrative dans le cadre des procédures d'exécution d'office prévues au 3° du I de l'article L. 171-7 et au 2° du II de l'article L. 171-8 soit, sous réserve de l'application du 2° du présent article, du liquidateur.

II. – Les personnes mentionnées au I transmettent à l'autorité administrative compétente un état des dépenses réalisées et les justificatifs correspondants.

L'autorité administrative apprécie si les travaux ou opérations prescrits par l'arrêté de mise en demeure sont achevés compte tenu de ces documents et, le cas échéant, des résultats d'un contrôle sur site. Elle prend, s'il y a lieu, un arrêté qui fixe le montant des sommes à déconsigner, en le justifiant, et en désigne le ou les bénéficiaires.

La Caisse des dépôts et consignations procède à la déconsignation de ces sommes à la demande du ou des bénéficiaires, sur présentation de cet arrêté et de toute pièce justificative permettant de s'assurer de l'identité et de la qualité du pétitionnaire et de son représentant.

CHAPITRE II. – RECHERCHE ET CONSTATATION DES INFRACTIONS

Section 1. – Habilitation des agents

(Division créée, D. n° 2018-1177, 18 déc. 2018)

Art. R. 172-1 *(D. n° 2014-813, 17 juill. 2014)*. – Le commissionnement des inspecteurs de l'environnement pour rechercher et constater les infractions mentionnées au 1° du II de l'article L. 172-1 et celles prévues au chapitre VIII du titre Ier du livre II est délivré par le ministre chargé de l'environnement.

Le commissionnement des inspecteurs de l'environnement pour rechercher et constater les infractions mentionnées au 2° du II de l'article L. 172-1 est délivré par le ministre chargé des installations classées pour la protection de l'environnement.

Le commissionnement fixe le ressort territorial dans lequel l'agent exerce ses fonctions, lorsque celui-ci excède le ressort de son service d'affectation.

Lorsque ces fonctionnaires et agents sont affectés à un établissement public, le commissionnement est délivré sur demande du directeur de cet établissement.

Art. R. 172-1-1 *(D. n° 2019-1381, 17 déc. 2019)*. – Pour la recherche et la constatation des infractions mentionnées à l'article L. 362-5 et au I de l'article L. 415-1, les fonctionnaires ou agents publics des collectivités territoriales ou de leurs groupements chargés de la protection des espaces ou patrimoines naturels sont commissionnés par le ministre chargé de l'environnement et assermentés, dans les conditions définies par les articles R. 172-2 à R. 172-7.

Le commissionnement fixe le ressort territorial dans lequel l'agent exerce ses fonctions, lorsque celui-ci excède le ressort de son service d'affectation.

Art. R. 172-2 *(D. n° 2014-813, 17 juill. 2014).* – L'autorité administrative qui commissionne un inspecteur de l'environnement vérifie que celui-ci dispose des compétences techniques et juridiques nécessaires et a suivi une formation de droit pénal et de procédure pénale.

Art. R. 172-3 *(D. n° 2014-813, 17 juill. 2014).* – L'inspecteur de l'environnement conserve son commissionnement en cas de mutation.

Art. R. 172-4 *(D. n° 2014-813, 17 juill. 2014 ; mod., D. n° 2019-966, 18 sept. 2019).* – Les inspecteurs de l'environnement ne peuvent exercer leurs fonctions qu'après avoir prêté serment devant le tribunal judiciaire de leur résidence administrative. Un procès-verbal en est dressé et une copie remise à l'intéressé.

La formule du serment est la suivante : « *Je jure et promets de bien et loyalement remplir mes fonctions et d'observer en tout les devoirs qu'elles m'imposent. Je jure également de ne rien révéler ou utiliser de ce qui sera porté à ma connaissance, à l'occasion de l'exercice de mes fonctions.* »

Il n'est pas procédé à une nouvelle prestation de serment en cas de changement de grade, d'emploi ou de résidence administrative ou de modification du champ des infractions pour lesquelles le commissionnement a été délivré.

NB : Conformément à l'article 9 du décret n° 2019-966 du 18 septembre 2019, les présentes dispositions entrent en vigueur le 1er janvier 2020.

Art. R. 172-5 *(D. n° 2014-813, 17 juill. 2014).* – L'autorité administrative chargée du commissionnement délivre à l'inspecteur de l'environnement une carte de commissionnement qui comporte la photographie de son titulaire et mentionne ses nom et prénom, ainsi que ses attributions. Elle atteste son assermentation.

Art. R. 172-6 *(D. n° 2014-813, 17 juill. 2014).* – L'inspecteur de l'environnement est muni de sa carte de commissionnement lorsqu'il exerce ses fonctions.

Art. R. 172-7 *(D. n° 2014-813, 17 juill. 2014 ; mod., n° 2019-966, 18 sept. 2019).* – Lorsqu'un inspecteur de l'environnement ne remplit plus les conditions prévues à l'article R. 172-2 ou que son comportement se révèle incompatible avec le bon exercice des missions de police judiciaire, le commissionnement peut être retiré ou suspendu pour une durée de six mois au plus, renouvelable une fois, sur proposition du chef de son service d'affectation ou du directeur de l'établissement public dont il relève, et après avoir invité l'intéressé à faire connaître ses observations dans un délai déterminé.

Le procureur de la République du tribunal judiciaire de la résidence administrative de l'inspecteur de l'environnement est informé de la décision de suspension ou de retrait.

NB : Conformément à l'article 9 du décret n° 2019-966 du 18 septembre 2019, les présentes dispositions entrent en vigueur le 1er janvier 2020.

Art. R. 172-8 *(D. n° 2014-813, 17 juill. 2014 ; rempl. à compter du 1er mars 2017, D. n° 2017-81, 26 janv. 2017).* – Les dispositions du présent titre ne sont pas applicables aux agents des services de l'État chargés de la défense nationale et mentionnés à l'article L. 172-3. Ces agents sont assermentés après avoir été commissionnés par le ministre de la Défense.

Section 2. – Opérations de recherche et de constatation des infractions

(Section créée, D. n° 2018-1177, 18 déc. 2018)

Art. R. 172-9 *(Créé, D. n° 2018-1177, 18 déc. 2018).* – Le délai prévu au second alinéa de l'article L. 172-16 est de cinq jours au moins et de dix jours au plus suivant la transmission du procès-verbal de constatation d'infraction au procureur de la République.

Art. R. 172-10 *(D. n° 2022-1638, 22 déc. 2022).* – I. – En application de l'article L. 171-5-2, les chefs de service et les agents des services de l'État chargés des contrôles prévus au chapitre Ier du titre VII de la partie législative du présent code et des enquêtes prévues à l'article L. 142-21 du Code de l'énergie peuvent mettre en œuvre, en tous lieux relevant de leurs pouvoirs de contrôles ou d'enquête, les traitements des données provenant des caméras et capteurs installés sur des aéronefs circulant sans personne à bord et opérés par un télépilote.

II. – Ces traitements ont pour finalité l'exercice des missions de police administrative dont ils ont la charge, notamment :

1° *(Rempl., rect. JO 7 janv. 2023)* La vérification du respect des dispositions législatives ou réglementaires applicables aux installations mentionnées à l'article L. 511-1 du présent code et aux ouvrages hydrauliques relevant des rubriques 3.2.5.0. et 3.2.6.0. de la nomenclature annexée à l'article R. 214-1 du présent code ou autorisés ou concédés en application du titre Ier du livre V du Code de l'énergie et, le cas échéant, la constatation des non-conformités passibles des sanctions administratives correspondantes ;

2° La vérification de l'état des ouvrages hydrauliques relevant des rubriques 3.2.5.0. et 3.2.6.0. de la nomenclature annexée à l'article R. 214-1 du présent code ou autorisés ou concédés en application du titre Ier du livre V du Code de l'énergie.

Art. R. 172-11 *(D. n° 2022-1638, 22 déc. 2022)*. – Peuvent être enregistrées dans les traitements mentionnés à l'article R. 172-10 les informations et les données à caractère personnel suivantes :

1° Les images et données physico-chimiques telles que les distances, aires, volumes mesurés ou calculés, températures des milieux, des surfaces d'installations ou de la composition chimique des fumées et rejets dans l'air, captées par les caméras et capteurs installés sur des aéronefs ;

2° Le jour, la plage horaire ainsi que lieu ou la zone géographique de captation des données ;

3° Les nom, prénom et service d'appartenance des agents responsables de l'aéronef lors de la captation des données ainsi que, le cas échéant, leur matricule ou tout autre numéro identifiant.

Art. R. 172-12 *(D. n° 2022-1638, 22 déc. 2022)*. – I. – Peuvent accéder, à raison de leurs attributions et dans la limite du besoin d'en connaître, à tout ou partie des données et informations mentionnées à l'article R. 172-11 :

1° Le chef de service de l'État et les agents mettant en œuvre le traitement ;

2° Les agents individuellement désignés et spécialement habilités par le chef de service de l'État.

Le chef de service de l'État veille à ce que l'habilitation ne puisse être délivrée qu'à des agents ayant suivi une formation relative au survol d'espaces publics et privés ainsi qu'à la gestion des données et à la conservation des enregistrements. Il peut procéder au retrait de l'habilitation s'il constate que les conditions ne sont plus réunies.

II. – Un arrêté du ministre chargé de l'environnement désigne la liste des services de l'État et définit les établissements publics dont les agents peuvent être destinataires des données enregistrées provenant des caméras et capteurs installés sur des aéronefs circulant sans personne à bord, à raison de leurs attributions, de leur capacité d'expertise en matière de risques technologiques ou des nécessités de leur formation et dans la limite du besoin d'en connaitre.

Ces destinataires reçoivent une formation préalable relative à la protection des données personnelles.

Art. R. 172-13 *(D. n° 2022-1638, 22 déc. 2022)*. – Les opérations de collecte, de modification, de consultation, de communication et d'effacement des données à caractère personnel font l'objet d'un enregistrement comprenant l'identifiant de l'auteur, la date, l'heure, le motif de l'opération.

Art. R. 172-14 *(D. n° 2022-1638, 22 déc. 2022)*. – Une information préalable au survol par l'aéronef circulant sans personne à bord est publiée sur le site des services de l'État dans le département au moins quarante-huit heures avant le début des opérations de survol.

En cas d'urgence, tenant à la nature des risques observés, ne permettant pas de procéder à l'information préalablement au survol, ou de contrôle inopiné, cette déclaration est réalisée et publiée dans les meilleurs délais.

Art. R. 172-15 *(D. n° 2022-1638, 22 déc. 2022)*. – Les droits d'accès, de rectification et à la limitation des données s'exercent auprès du responsable de chacun des traitements mis en œuvre sur le fondement de l'article R. 172-10, dans les conditions prévues aux articles 14 à 16 et 18 du règlement (UE) 2016/679 du 27 avril 2016 relatif à la protection des personnes physiques à l'égard du traitement des données à caractère personnel et à la libre circulation de ces données, et abrogeant la directive 95/46/CE. L'information mentionnée à l'article R. 172-14 précise l'identité du responsable de traitement et ses coordonnées.

Le droit d'opposition prévu à l'article 21 du règlement mentionné à l'alinéa précédent ne s'applique pas aux traitements mentionnés à l'article R. 172-10, en vertu du *h* du paragraphe 1 de l'article 23 de ce règlement.

Art. R. 172-16 *(D. n° 2022-1638, 22 déc. 2022)*. – La doctrine d'usage prévue à l'article L. 171-5-2 précise, en tant que de besoin, les modalités d'application des articles R. 172-10 à R. 172-15. Elle est publiée au *bulletin officiel* du ministère chargé de l'environnement.

CHAPITRE III. – SANCTIONS PÉNALES

Section I. – Transaction pénale

(Anc. section unique devenue la présente section, D. n° 2016-1792, 20 déc. 2016)

Art. R. 173-1 *(D. n° 2014-368, 24 mars 2014 ; mod., D. n° 2017-244, 27 févr. 2017)*. – I. La proposition de transaction prévue à l'article L. 173-12 est établie par le préfet de département pour les infractions autres que celles mentionnées aux II et III du présent article.

II. – Elle est établie, jusqu'à la limite des eaux sur le rivage de la mer et dans les estuaires en aval des limites transversales de la mer, par le préfet maritime pour :

1° Les infractions prévues au chapitre VIII du titre Ier du livre II du présent code ;

2° Les infractions prévues à l'article L. 332-25 et aux articles R. 332-69 à R. 332-75 lorsqu'elles sont commises dans le périmètre d'une réserve naturelle nationale ;

3° Les infractions mentionnées aux articles L. 322-10-1, L. 332-25, L. 362-5 et L. 415-3 lorsqu'elles sont commises dans le périmètre d'un parc naturel marin.

III. – Elle est établie par le directeur de l'établissement public du parc national pour les infractions mentionnées aux articles L. 331-18 et L. 331-19.

IV. – À cette fin, l'autorité administrative compétente destinataire de la copie du procès-verbal en application de l'article L. 172-16 la transmet au préfet, ou au préfet maritime dans les cas prévus au II, ou au directeur de l'établissement public du parc national dans les cas prévus au III.

Art. R. 173-2 *(D. n° 2014-368, 24 mars 2014)*. – La proposition de transaction mentionne :

1° La nature des faits reprochés et leur qualification juridique ;

2° Le montant des peines encourues ;

3° Le montant de l'amende transactionnelle ;

4° Les délais impartis pour le paiement et, s'il y a lieu, pour l'exécution des obligations ;

5° Le cas échéant, la nature et les modalités d'exécution des obligations imposées en vue de faire cesser l'infraction, d'éviter son renouvellement, de réparer le dommage ou de remettre en conformité les lieux ;

6° L'indication que la proposition, une fois acceptée par l'auteur de l'infraction, doit être homologuée par le procureur de la République.

Art. R. 173-3 *(D. n° 2014-368, 24 mars 2014)*. – La proposition de transaction mentionnée à l'article L. 173-12 est adressée par l'autorité administrative définie à l'article R. 173-1 en double exemplaire à l'auteur de l'infraction par tout moyen permettant d'établir date certaine, dans le délai de quatre mois pour les contraventions et d'un an pour les délits, à compter de la date de clôture du procès-verbal de constatation de l'infraction.

S'il l'accepte, l'auteur de l'infraction en retourne un exemplaire signé dans le délai d'un mois à compter de sa réception. Si l'auteur de l'infraction n'a pas renvoyé un exemplaire signé dans le délai susmentionné, la proposition de transaction est réputée refusée.

Art. R. 173-4 *(D. n° 2014-368, 24 mars 2014)*. – Après acceptation de l'intéressé, l'autorité administrative transmet le dossier de transaction au procureur de la République pour homologation.

Dès que l'homologation du procureur de la République sur la proposition de transaction est intervenue, l'autorité administrative notifie celle-ci à l'auteur de l'infraction, par tout moyen permettant d'établir date certaine, pour exécution. Cette notification fait courir les délais d'exécution des obligations prévues par la transaction.

Section II. – Complicité d'une infraction de nature contraventionnelle

(D. n° 2016-1792, 20 déc. 2016)

Art. R. 173-5 ***(D. n° 2016-1792, 20 déc. 2016).*** **– Est complice des contraventions prévues par le présent code, et puni dans les conditions prévues à l'article 121-6 du Code pénal :**

– en application de l'article R. 610-2 du même code, la personne qui, par don, promesse, menace, ordre, abus d'autorité ou de pouvoir, a provoqué à une infraction ou donné des instructions pour la commettre ;

– la personne qui sciemment, par aide ou assistance, en a facilité la préparation ou la consommation.

TITRE VIII. – PROCÉDURES ADMINISTRATIVES

(Créé à compter du 1er mars 2017, D. n° 2017-81, 26 janv. 2017)

CHAPITRE UNIQUE. – AUTORISATION ENVIRONNEMENTALE

Voir : Sur une présentation et la bibliographie relative à l'autorisation environnementale, sous Livre Ier, Titre VIII de la partie législative du présent code.

Voir : Note technique du 27 juillet 2017 relative à la mise en œuvre de la réforme de l'autorisation environnementale (*BO MTES - MCT* 2017/13, 25 août 2017).

Section I. – Dispositions générales

Art. R. 181-1 ***(Créé à compter du 1er mars 2017, D. n° 2017-81, 26 janv. 2017).*** **– L'autorisation environnementale prévue par l'article L. 181-1 est régie par les dispositions du présent livre, ainsi que par les autres dispositions réglementaires dans les conditions fixées par le présent chapitre.**

Conventionnalité du dispositif. L'ordonnance du 26 janvier 2017 et ses deux décrets d'application du 26 janvier 2017, qui déterminent les règles applicables aux projets relevant de l'ensemble des secteurs soumis auparavant à la réglementation des installations classées et qui ont modifié, notamment, les règles de fond relatives aux capacités techniques et financières de l'exploitant antérieurement définies à l'article L. 512-1 du Code de l'environnement, n'ont pas pour objet de définir le cadre dans lequel peuvent être mis en œuvre des projets déterminés dans un secteur particulier. Ni cette ordonnance ni ces deux décrets ne relèvent, par conséquent, de la notion de « plans et programmes » au sens de la directive n° 2001/42/CE du 27 juin 2001 relative à l'évaluation des incidences de certains plans et programmes sur l'environnement. Ils n'avaient pas, dès lors, à être précédés d'une évaluation environnementale (■ CAA Douai, 17 sept. 2019, nos 17DA01441 et 17DA01462, *Cne de Guiscard et a.*).

Art. R. 181-2 ***(Créé à compter du 1er mars 2017, D. n° 2017-81, 26 janv. 2017 ; mod. à compter du 22 octobre 2024, D. n° 2024-742, 6 juill. 2024)*** (1). **– L'autorité administrative compétente pour délivrer l'autorisation environnementale est le préfet du département dans lequel est situé le projet.**

À Paris, le préfet de police est l'autorité administrative compétente pour les projets relevant du 2° de l'article L. 181-1.

Lorsque le projet est situé sur le territoire de plusieurs départements, l'autorisation environnementale est délivrée conjointement par les préfets intéressés. Le préfet du département où doit être réalisée la plus grande partie du projet, ou, à Paris, le préfet compétent, est chargé de conduire la procédure.

Sous réserve des articles L. 517-1 et R. 181-55, lorsque l'autorisation environnementale est délivrée par une autorité ministérielle, la procédure prévue au présent chapitre est conduite par le préfet de département, à l'exception des articles R. 181-16-2 et R. 181-34, du dernier alinéa de l'article R. 181-39 et des articles R. 181-40 à R. 181-43.

(1) Dispositions applicables aux demandes déposées à compter du 22 octobre 2024, D. n° 2024-742, 6 juill. 2024.

NB : La jurisprudence rendue sous le régime antérieur demeure d'actualité pour l'essentiel, avec quelques nuances liées à l'application de dispositions connexes.

1) Compétence partagée entre plusieurs préfets. Dès lors que des installations classées doivent être implantées, même partiellement, sur le territoire de plusieurs départements, un préfet n'est pas compétent pour prendre seul la décision d'autorisation (■ TA Limoges, 29 avr. 1999, n° 97536, *Assoc. pour la protection des eaux et rivières et a.*). À l'inverse, ne nécessite pas un arrêté pris conjointement entre plusieurs préfets une demande d'autorisation IOTA portant sur un rejet d'effluents de liquides non radioactifs dès lors que le lieu du rejet est situé dans un seul département (■ CAA Bordeaux, 12 avr. 2001, n° 96BX02023, *Assoc. Écologie 86 et a.*). Il faut toutefois tenir compte de l'application du décret du 29 avril 2004 relatif aux pouvoirs des préfets, à l'organisation et à l'action des services de l'État dans les régions et départements, dont l'article 2 dispose que le préfet de région est le garant de la cohérence de l'action de l'État dans la région et qu'il a, sauf dans certaines matières, autorité sur les préfets de département. Il prévoit, en outre, que le préfet de région peut évoquer, par arrêté, et pour une durée limitée, tout ou partie d'une compétence à des fins de coordination régionale, les décisions correspondantes étant alors prises en lieu et place des préfets de département. Ces dispositions permettent aux préfets de région d'évoquer tout ou partie d'une compétence, en leur laissant une large marge d'appréciation pour déterminer les cas dans lesquels il leur paraît souhaitable, à des fins de coordination régionale, d'exercer cette prérogative. Ainsi, dès lors que par arrêté, le préfet de la région Picardie, préfet de la Somme, a décidé d'évoquer la compétence en matière de demandes de permis de construire et d'autorisations d'exploiter des éoliennes terrestres à compter du 30 juin 2012 jusqu'au 31 décembre 2016 au plus tard, afin d'assurer « à l'échelle des trois départements de la région Picardie, l'harmonisation de l'instruction des dossiers et des décisions accordant ou refusant les permis de construire et les autorisations d'exploiter les éoliennes terrestres », cet arrêté permet ainsi, conformément aux dispositions du décret du 29 avril de coordonner, pour une durée limitée et qui n'est pas manifestement excessive, l'instruction et la délivrance des autorisations d'exploiter susceptibles de favoriser le développement de l'énergie éolienne et de respecter ainsi les objectifs internationaux de la France relatifs à la réduction des gaz à effet de serre visés dans l'arrêté préfectoral d'évocation. La circonstance que le schéma régional du climat, de l'air et de l'énergie de Picardie comprenant le schéma régional éolien, a été annulé est resté sans incidence sur la légalité de l'arrêté préfectoral d'évocation dès lors que le préfet de région a entendu maintenir un cadre d'implantation cohérent des éoliennes en Picardie (■ CAA Douai, 17 sept. 2019, n°s 17DA01441 et 17DA01462, *Cne de Guiscard et a.*).

2) Compétence concurrente entre préfet et ministre. V. annotations sous art. L. 512-5, p. 947.

3) Compétence concurrente entre préfet et maire. Une mesure par laquelle le maire s'immisce dans l'exercice de la police spéciale du préfet des installations classées est illégale et de nature à engager la responsabilité de la commune (■ CE, 17 janv. 1977, *Épx Poussière*). Le maire n'est ainsi pas compétent pour aggraver les prescriptions préfectorales fixant un périmètre de protection autour d'une installation classée, en l'absence de péril imminent (■ CE, 29 sept. 2003, n° 218217, *Houillères du bassin de Lorraine*). De même, la menace pour la santé publique résultant de graves manquements à l'hygiène ne représente pas un péril imminent qui justifierait l'intervention du maire (■ CAA Lyon, 6 juill. 2004, n° 03LY00674, *SARL Établissement Lucien Rey*). – V. aussi ■ CAA Paris, 29 juin 2004, n° 03PA02867, *Préfet de la Seine-Saint-Denis : Environnement* oct. 2004, n° 10, p. 25-27, D. Gillig). Toutefois, le maire peut ordonner la vidange d'un site quand bien même il s'immiscerait dans le domaine de police spéciale normalement réservée au préfet, compte tenu de la gravité des risques encourus en raison de fuites d'ammoniac dans les installations (■ CAA Nantes, 12 mars 2004, n° 01NT00893, *Cne de Montreuil-Bellay*). L'annulation d'un arrêté municipal prononçant l'état de péril imminent d'un ouvrage et imposant la réalisation de travaux sur un ouvrage n'implique pas la remise en état de cet ouvrage dans sa situation antérieure aux travaux exécutés d'office compte tenu de la gravité de l'ouvrage pour la sécurité publique (■ TA Nantes, 2 déc. 2004, n° 033816, *M. Henri de Croze de Clesmes*). Par ailleurs, il a été jugé qu'un référé-expertise initié par le maire pour connaître la nature et l'étendue de la pollution d'un terrain n'appartenant pas à la commune ne porte pas atteinte au pouvoir de police spécial du préfet en matière d'installations classées, dès lors que l'action litigieuse ne tend qu'à ordonner une mesure d'instruction (■ CAA Paris, 5 août 2004, n° 03PA04859, *Ville de Paris c/ Ville de Triel-sur-Seine*).

V. aussi jurisp. ss. L. 514-4, p. 984.

Art. R. 181-3 ***(Créé à compter du 1er mars 2017, D. n° 2017-81, 26 janv. 2017 ; mod. à compter du 1er juillet 2023, D. n° 2023-13, 11 janv. 2023*** (1) ***; mod. à compter du 22 octobre 2024, D. n° 2024-742, 6 juill. 2024)*** (2). **– Le service coordonnateur de l'instruction des demandes d'autorisation est :**

1° Le service de l'État chargé de la police de l'eau, pour les projets qui relèvent principalement du 1° de l'article L. 181-1 ;

2° Le service de l'État chargé de l'inspection des installations classées, pour les projets qui relèvent principalement du 2° de l'article L. 181-1 ;

3° Le service de l'État chargé de la police des mines, pour les projets qui relèvent principalement du 3° de l'article L. 181-1 ;

4° Le service de l'État désigné par le préfet dans les autres cas.

Voir : Instruction technique DGPE/SDCB/2017-295 du 30 mars 2017 sur les réglementations relatives à l'évaluation environnementale en matière de routes forestières, de boisements et de déboisements (NOR : AGRT1707432J).

Section II. – Demande d'autorisation

Sous-section 1 ancienne. – Certificat de projet

(Abr. à compter du 22 octobre 2024, D. n° 2024-742, 6 juill. 2024) (2)

Art. R. 181-4 ***(Créé à compter du 1er mars 2017, D. n° 2017-81, 26 janv. 2017 ; mod., D. n° 2020-844, 3 juill. 2020 ; abr. à compter du 22 octobre 2024, D. n° 2024-742, 6 juill. 2024).***

Art. R. 181-5 ***(Créé à compter du 1er mars 2017, D. n° 2017-81, 26 janv. 2017 ; abr. à compter du 22 octobre 2024, D. n° 2024-742, 6 juill. 2024).***

Art. R. 181-6 ***(Créé à compter du 1er mars 2017, D. n° 2017-81, 26 janv. 2017 ; abr. à compter du 22 octobre 2024, D. n° 2024-742, 6 juill. 2024).***

Art. R. 181-7 ***(Créé à compter du 1er mars 2017, D. n° 2017-81, 26 janv. 2017 ; abr. à compter du 22 octobre 2024, D. n° 2024-742, 6 juill. 2024).***

Art. R. 181-8 ***(Créé à compter du 1er mars 2017, D. n° 2017-81, 26 janv. 2017*** (3) ***; mod., D. n° 2020-844, 3 juill. 2020 ; abr. à compter du 22 octobre 2024, D. n° 2024-742, 6 juill. 2024).***

Art. R. 181-9 ***(Créé à compter du 1er mars 2017, D. n° 2017-81, 26 janv. 2017 ; abr. à compter du 22 octobre 2024, D. n° 2024-742, 6 juill. 2024).***

Art. R. 181-10 ***(Créé à compter du 1er mars 2017, D. n° 2017-81, 26 janv. 2017 ; abr. à compter du 22 octobre 2024, D. n° 2024-742, 6 juill. 2024).***

Art. R. 181-11 ***(Créé à compter du 1er mars 2017, D. n° 2017-81, 26 janv. 2017 ; abr. à compter du 22 octobre 2024, D. n° 2024-742, 6 juill. 2024).***

---

(1) Les demandes d'autorisation relevant du titre VI du livre Ier du Code minier déposées antérieurement au 1er juillet 2023 sont instruites selon les dispositions législatives et réglementaires dans leur rédaction antérieure à cette date. Toutefois, dans le cas où le pétitionnaire a déposé, antérieurement au 1er juillet 2023 et pour un même projet, une demande d'autorisation relevant du titre VI du livre Ier du Code minier pour laquelle le président tribunal administratif n'a pas encore été saisi aux fins de la soumettre à enquête publique et une demande d'autorisation environnementale qui est en phase d'examen, le dossier de cette dernière est complété par les pièces complémentaires requises pour les projets relevant du 3° de l'article L. 181-1 du Code de l'environnement et la durée mentionnée à l'article R. 181-17 est suspendue jusqu'à la réception des éléments permettant l'organisation de l'enquête publique conjointe, D. n° 2023-13, 11 janv. 2023, art. 10.

(2) Dispositions applicables aux demandes déposées à compter du 22 octobre 2024, D. n° 2024-742, 6 juill. 2024.

(3) Dispositions applicables aux demandes d'avis ou d'examen au cas par cas et aux demandes déposées en application de l'article L. 512-7 du Code de l'environnement qui sont enregistrées à compter du 5 juillet 2020, D. n° 2020-844, 3 juill. 2020.

Sous-section 1 *(Rédaction antérieure)*. – **Certificat de projet**

Art. R. 181-4 *(Créé à compter du 1er mars 2017, D. n° 2017-81, 26 janv. 2017 ; mod., D. n° 2020-844, 3 juill. 2020)*. – I. – La demande d'un certificat de projet prévu par l'article L. 181-6 est adressée au préfet. Elle comporte (1) :

1° L'identité du demandeur ;

2° La localisation avec un plan parcellaire et des références cadastrales, la nature et les caractéristiques principales du projet ;

3° Une description succincte de l'état initial des espaces concernés par le projet et ses effets potentiels sur l'environnement.

II. – La demande de certificat peut être accompagnée, le cas échéant :

1° 1° Du formulaire de demande d'examen au cas par cas mentionné à l'article R. 122-3-1 ;

2° De la demande d'avis sur le degré de précision des informations mentionnée à l'article R. 122-4 ;

3° De la demande de certificat d'urbanisme mentionnée à l'article R. 410-1 du Code de l'urbanisme.

Lorsque l'une de ces demandes accompagne la demande de certificat de projet, elle se substitue à toute demande ayant le même objet présentée antérieurement et emporte renonciation à en présenter une nouvelle pendant l'instruction du certificat de projet.

Les décisions prises sur ces demandes demeurent régies par leur réglementation particulière, sous réserve des dispositions des articles R. 181-8 à R. 181-10.

Art. R. 181-5 *(Créé à compter du 1er mars 2017, D. n° 2017-81, 26 janv. 2017)*. – Le préfet, saisi d'une demande de certificat de projet, en accuse réception.

Lorsque la demande porte sur un projet qui ne relève pas de l'article L. 181-1, il en informe le pétitionnaire.

Le certificat de projet est établi dans un délai de deux mois suivant la date à laquelle il a été accusé réception du dossier complet de la demande. Ce délai peut être prolongé d'un mois par le préfet qui en informe le demandeur en motivant cette prolongation.

Art. R. 181-6 *(Créé à compter du 1er mars 2017, D. n° 2017-81, 26 janv. 2017)*. – En fonction de la demande présentée et au vu des informations fournies par le pétitionnaire et sans préjudice des dispositions de l'article R. 181-7, le certificat de projet :

1° Identifie les régimes, procédures et décisions relevant de la compétence du préfet de département auxquels le projet envisagé est soumis, décrit les principales étapes de l'instruction et donne la liste des pièces requises pour chacune d'elle ; il mentionne le cas échéant l'intention du préfet de demander l'organisation d'une concertation avec le public en application du II de l'article L. 121-17.

2° Lorsqu'il fixe un calendrier d'instruction pour les procédures et les décisions identifiées en application du 1°, indique les modalités prévues par l'article R. 181-11, selon lesquelles le demandeur y donne son accord ainsi que les engagements réciproques qui en résultent ; il rappelle les délais réglementairement prévus lorsqu'il ne comporte pas de calendrier ou à défaut d'accord sur celui-ci ;

3° Peut mentionner les autres régimes, procédures et décisions dont le projet est susceptible de relever ;

4° Comporte toute autre information que le préfet estime utile de porter à la connaissance du pétitionnaire, notamment les éléments de nature juridique ou technique du projet d'ores et déjà détectés comme pouvant faire obstacle à sa réalisation.

Art. R. 181-7 *(Créé à compter du 1er mars 2017, D. n° 2017-81, 26 janv. 2017)*. – Le préfet de département transmet la demande de certificat de projet dès sa réception au préfet de région afin que celui-ci détermine, dans un délai de cinq semaines, la situation du projet envisagé au regard des dispositions relatives à l'archéologie préventive, compte tenu des informations archéologiques disponibles sur le territoire concerné.

En conséquence, le certificat de projet indique si le projet :

– est situé dans une zone où, en application des articles L. 522-5 et R. 523-6 du Code du patrimoine, les projets d'aménagement sont présumés faire l'objet de prescriptions archéologiques préalablement à leur réalisation ;

(1) Dispositions applicables aux demandes d'avis ou d'examen au cas par cas et aux demandes déposées en application de l'article L. 512-7 du Code de l'environnement qui sont enregistrées à compter du 5 juillet 2020, D. n° 2020-844, 3 juill. 2020.

– relève de l'une des catégories d'opérations énumérées par l'article R. 523-4 du même code qui ne peuvent être entreprises que dans le respect des mesures prescrites par le préfet de région en application des dispositions des articles R. 523-1 et R. 523-2 dudit code ;

– est susceptible d'affecter des éléments du patrimoine archéologique et donnera lieu à des prescriptions archéologiques et, en ce cas, rappelle la possibilité d'en faire la demande anticipée prévue par l'article R. 523-14 du code susmentionné.

L'indication selon laquelle le projet ne donnera pas lieu à des prescriptions archéologiques, ou le silence gardé par le préfet de région sur la demande de certificat de projet dans le délai prévu pour sa réponse vaut renonciation de l'administration à prescrire un diagnostic d'archéologie préventive pendant une durée de cinq ans, sauf si le projet envisagé est situé dans une zone où les projets d'aménagement sont présumés faire l'objet de prescriptions archéologiques préalablement à leur réalisation.

Ce renoncement n'est toutefois pas opposable si le projet est modifié de manière substantielle ou si l'évolution des connaissances archéologiques fait apparaître la nécessité de réaliser ce diagnostic.

Art. R. 181-8 *(Créé à compter du 1er mars 2017, D. n° 2017-81, 26 janv. 2017 ; mod., D. n° 2020-844, 3 juill. 2020)* (1). – Lorsqu'une demande d'examen au cas par cas mentionnée à l'article R. 122-3 est jointe à la demande de certificat de projet, le préfet en transmet sans délai le formulaire à l'autorité environnementale, qui en accuse réception.

Lorsque l'autorité environnementale statue par décision motivée sur la nécessité ou non de réaliser une évaluation environnementale dans le délai prévu par le IV de l'article R. 122-3, elle adresse sa décision au préfet qui l'annexe au certificat de projet. Dans le cas contraire, le certificat indique la date à laquelle une décision tacite soumettant le projet envisagé à évaluation environnementale est née ou est susceptible de se former.

Art. R. 181-9 *(Créé à compter du 1er mars 2017, D. n° 2017-81, 26 janv. 2017)*. – Lorsqu'une demande d'avis sur le champ et le degré de précision des informations à fournir dans l'étude d'impact prévu à l'article R. 122-4 est jointe à la demande de certificat de projet, celui-ci comporte les éléments de réponse à cette demande, établis conformément aux dispositions de cet article, dans les délais mentionnés à l'article R. 181-5.

Art. R. 181-10 *(Créé à compter du 1er mars 2017, D. n° 2017-81, 26 janv. 2017)*. – I. – Lorsqu'une demande de certificat d'urbanisme est jointe à la demande de certificat de projet, elle est constituée conformément aux dispositions des articles R.* 410-1 et R.* 410-2 du Code de l'urbanisme.

II. – Lorsque le certificat d'urbanisme est délivré au nom de l'État, le préfet transmet la demande dudit certificat au maire, afin que celui-ci procède à l'enregistrement prévu au deuxième alinéa de l'article R.* 410-3 du Code de l'urbanisme et communique au chef du service chargé de l'urbanisme son avis dans les conditions du deuxième alinéa de l'article R.* 410-6 du même code. Le délai pour émettre cet avis court à compter de la réception de la demande en mairie.

III. – Lorsque le certificat d'urbanisme est délivré au nom de la commune ou d'un établissement public de coopération intercommunale, le préfet transmet la demande de certificat d'urbanisme au maire ou au président de l'établissement public de coopération intercommunale compétent en matière d'urbanisme.

Lorsqu'il est statué sur la demande, le certificat d'urbanisme est adressé au préfet, qui l'annexe au certificat de projet.

Lorsqu'un certificat d'urbanisme tacite est intervenu en application de l'article R.* 410-12 du Code de l'urbanisme, le certificat de projet le mentionne et indique les effets du caractère tacite de celui-ci.

Art. R. 181-11 *(Créé à compter du 1er mars 2017, D. n° 2017-81, 26 janv. 2017)*. – Le certificat de projet est notifié au demandeur. Lorsque celui-ci comporte un calendrier d'instruction, le demandeur, s'il entend y donner son accord, le contresigne et le retourne au préfet dans le délai d'un mois. Le calendrier engage alors l'administration et le pétitionnaire.

---

(1) Dispositions applicables aux demandes d'avis ou d'examen au cas par cas et aux demandes déposées en application de l'article L. 512-7 du Code de l'environnement qui sont enregistrées à compter du 5 juillet 2020, D. n° 2020-844, 3 juill. 2020.

Sous-section 1. – Dossier de demande

(Ancienne sous-section 2 dénum. à compter du 22 octobre 2024, D. n° 2024-742, 6 juill. 2024) (1)

Art. R. 181-12 ***(Rempl. à compter du 14 décembre 2020, D. n° 2019-1352, 12 déc. 2019 ; mod. à compter du 1er août 2021, D. n° 2021-1000, 30 juill. 2021 ; mod. à compter du 1er juillet 2023, D. n° 2023-13, 11 janv. 2023)*** (2). **– Le dossier de demande d'autorisation environnementale est adressé au préfet mentionné à l'article R. 181-2 :**

1° Soit en quatre exemplaires papier et sous forme électronique ;

2° Soit sous la forme dématérialisée d'une téléprocédure.

Les informations susceptibles de porter atteinte aux intérêts mentionnés au I de l'article L. 124-4 et au II de l'article L. 124-5 ou, s'agissant des projets relevant du 3° de l'article L. 181-1, au droit d'inventeur, sont occultées du dossier déposé. Elles sont transmises au préfet sous pli séparé sous forme papier.

À la demande du préfet, le pétitionnaire fournit sous forme papier les exemplaires nécessaires pour procéder à la consultation du public et aux autres consultations.

Art. R. 181-13 ***(Créé à compter du 1er mars 2017, D. n° 2017-81, 26 janv. 2017 ; mod. à compter du 2 décembre 2018, D. n° 2018-1054, 29 nov. 2018 ; mod., D. n° 2020-844, 3 juill. 2020*** (3) ***; D. n° 2021-807, 24 juin 2021 ; mod. à compter du 1er juillet 2023, D. n° 2023-13, 11 janv. 2023)*** (2). **– La demande d'autorisation environnementale comprend les éléments communs suivants :**

1° Lorsque le pétitionnaire est une personne physique, ses nom, prénoms, date de naissance et adresse et, s'il s'agit d'une personne morale, sa dénomination ou sa raison sociale, sa forme juridique, son numéro de SIRET, l'adresse de son siège social ainsi que la qualité du signataire de la demande ;

2° La mention du lieu où le projet doit être réalisé ainsi qu'un plan de situation du projet à l'échelle 1/25 000, ou, à défaut au 1/50 000, indiquant son emplacement ;

3° Un document attestant que le pétitionnaire est le propriétaire du terrain ou qu'il dispose du droit d'y réaliser son projet ou qu'une procédure est en cours ayant pour effet de lui conférer ce droit ;

4° Une description de la nature et du volume de l'activité, l'installation, l'ouvrage ou les travaux envisagés, de ses modalités d'exécution et de fonctionnement, des procédés mis en œuvre, ainsi que Il'indication, selon le cas, de la ou des rubriques des nomenclatures ou bien du ou des items de l'article 3 du décret n° 2006-649 du 2 juin 2006 relatif aux travaux miniers, aux travaux de stockage souterrain et à la police des mines et des stockages souterrains dont le projet relève. Elle inclut les moyens de suivi et de surveillance, les moyens d'intervention en cas d'incident ou d'accident ainsi que les conditions de remise en état du site après exploitation et, le cas échéant, la nature, l'origine et le volume des eaux utilisées ou affectées. Elle inclut également, le cas échéant, les mesures permettant une utilisation efficace, économe et durable de la ressource en eau notamment par le développement de la réutilisation des eaux usées traitées et de l'utilisation des eaux de pluie en remplacement de l'eau potable ;

5° Soit, lorsque la demande se rapporte à un projet soumis à évaluation environnementale, l'étude d'impact réalisée en application des articles R. 122-2 et R. 122-3, s'il y a lieu actualisée dans les conditions prévues par le III de l'article L. 122-1-1, soit, dans les autres cas, l'étude d'incidence environnementale prévue par l'article R. 181-14 ;

---

(1) Dispositions applicables aux demandes déposées à compter du 22 octobre 2024, D. n° 2024-742, 6 juill. 2024.

(2) Les demandes d'autorisation relevant du titre VI du livre Ier du Code minier déposées antérieurement au 1er juillet 2023 sont instruites selon les dispositions législatives et réglementaires dans leur rédaction antérieure à cette date. Toutefois, dans le cas où le pétitionnaire a déposé, antérieurement au 1er juillet 2023 et pour un même projet, une demande d'autorisation relevant du titre VI du livre Ier du Code minier pour laquelle le président tribunal administratif n'a pas encore été saisi aux fins de la soumettre à enquête publique et une demande d'autorisation environnementale qui est en phase d'examen, le dossier de cette dernière est complété par les pièces complémentaires requises pour les projets relevant du 3° de l'article L. 181-1 du Code de l'environnement et la durée mentionnée à l'article R. 181-17 est suspendue jusqu'à la réception des éléments permettant l'organisation de l'enquête publique conjointe, D. n° 2023-13, 11 janv. 2023, art. 10.

(3) Dispositions applicables aux demandes d'avis ou d'examen au cas par cas et aux demandes déposées en application de l'article L. 512-7 du Code de l'environnement qui sont enregistrées à compter du 5 juillet 2020, D. n° 2020-844, 3 juill. 2020.

6° Si le projet n'est pas soumis à évaluation environnementale à l'issue de l'examen au cas par cas prévu par l'article R. 122-3-1, la décision correspondante, assortie, le cas échéant, de l'indication par le pétitionnaire des modifications apportées aux caractéristiques et mesures du projet ayant motivé cette décision ;

7° Les éléments graphiques, plans ou cartes utiles à la compréhension des pièces du dossier, notamment de celles prévues par les 4° et 5° ;

8° Une note de présentation non technique.

9° *(9° créé à compter du 22 octobre 2024, D. n° 2024-742, 6 juill. 2024)* Lorsque l'implantation d'une installation nécessite l'obtention d'une autorisation d'urbanisme, la justification du dépôt de la demande de cette autorisation d'urbanisme si celle-ci a été effectuée préalablement ou en même temps que la demande d'autorisation environnementale ;

10° *(10° créé à compter du 22 octobre 2024, D. n° 2024-742, 6 juill. 2024)* Le cas échéant, la mention des autres demandes d'autorisation ou déclarations, hors autorisations d'urbanisme, nécessaires à la réalisation du projet et requérant l'organisation d'une enquête publique, lorsque cette enquête n'a pas encore été réalisée. Cette mention est complétée de la date de dépôt et la mention de l'autorité compétente pour ces demandes d'autorisation ou déclarations, ainsi que, éventuellement, de la demande de dérogation à l'organisation d'une enquête publique unique prévue au troisième alinéa du I du L. 181-10 ;

11° *(11° créé à compter du 22 octobre 2024, D. n° 2024-742, 6 juill. 2024)* Le cas échéant, lorsqu'une demande de titre minier est présentée en même temps que la demande d'autorisation environnementale, la décision identifiant le dossier retenu à l'issue de la procédure de mise en concurrence engagée en application des articles L. 124-2-3, L. 124-8, L. 132-4, L. 134-3 ou L. 134-10 du Code minier.

Le pétitionnaire peut inclure dans le dossier de demande une synthèse des mesures envisagées, sous forme de propositions de prescriptions de nature à assurer le respect des dispositions des articles L. 181-3, L. 181-4 et R. 181-43.

I – L'AUTEUR DE LA DEMANDE

1) Exploitant. V. sur la notion d'exploitant, comm. sous art. L. 512-6-1, p. 949.

2) Coexploitants. V. sur la possibilité de déposer des demandes d'autorisation distinctes pour un même site, comm. sous art. L. 181-20, p. 312.

3) Locataire. Traditionnellement, une demande d'autorisation peut émaner du titulaire du droit de jouissance des lieux en tant que futur exploitant, sans que le fait qu'il n'en soit pas propriétaire y fasse obstacle (■ CE, 30 avr. 1980, n° 19242, *Min. Environnement et du Cadre de vie*). Toutefois, il doit pouvoir démontrer qu'il dispose d'un droit pour réaliser son projet sur le terrain concerné (V. ci-après paragraphe II portant sur l'attestation de maîtrise foncière). Exception concernant les entrepôts logistiques : Une société qui achète, en l'état futur d'achèvement, un entrepôt ayant pour finalité, avant même d'être loué, le stockage, commet une faute en ne demandant d'autorisation administrative ni lors de la construction, ni lors de l'installation du locataire, cette autorisation n'étant pas spécifique à l'activité des locataires ou sous-locataires mais procédant de l'usage normal de l'entrepôt (■ Cass. 3e civ., 4 juin 2009, n° 08-12.126, *Sté Klepierre : Environnement* 2009, n° 10, p. 29, note M. Boutonnet). En revanche, il ne ressort d'aucune disposition législative ou réglementaire que le demandeur ou même le titulaire de l'autorisation environnementale doive être lui-même l'exploitant de l'installation sollicitée ou autorisée. En l'espèce, la société a indiqué dans son dossier de demande d'autorisation d'une part, qu'en qualité de propriétaire des entrepôts, elle sera le titulaire de l'autorisation d'exploiter et qu'elle sera donc tenue au respect de toutes les prescriptions contenues dans l'arrêté, d'autre part, que le pôle logistique a vocation à être loué à un industriel ou un professionnel de la logistique (■ CAA Lyon, 3e ch. - formation à 3, 12 oct. 2022, n° 20LY00126).

4) Actionnaire. Le juge administratif a admis que la demande d'autorisation d'exploiter une carrière déposée pour le compte d'une société par son principal actionnaire, en lieu et place de son gérant, n'induit pas une erreur de l'administration sur l'identité du pétitionnaire et ne fait pas obstacle à ce que le préfet puisse s'assurer des capacités techniques et financières de la société (■ CAA Nantes, 4 déc. 2001, n° 97NT00042, *Groupement foncier agricole de la Gasnerie*).

5) Société en cours de constitution. La demande peut émaner d'une entité en cours de constitution dès lors qu'une fois créée, cette entité poursuit l'exploitation de l'usine pour laquelle l'autorisation est sollicitée (■ CE, 16 juin 1972, *Min. Développement industriel et scientifique c/ Dame Bret et a. : Rec. CE*, p. 450 ; *D.* 1973, jurispr. p. 717, note M. Prieur).

6) Personne publique. Une personne publique peut être auteur d'une demande d'autorisation. Toutefois, si un département peut apporter son soutien technique, matériel ou financier aux communes et à leurs groupements pour l'exercice par ceux-ci de leurs compétences en matière d'élimination des déchets ménagers, ou même les aider au montage de projets, il ne peut, sans se substituer illégalement à eux, solliciter les autorisations nécessaires pour exploiter directement les installations attachées à ce service (▪ TA Toulouse, 25 mai 2000, n° 97358, *Assoc. Comité écologique ariégeois c/ Préfet de l'Ariège*).

7) Candidat à un marché public. L'article 45 du Code des marchés publics et l'arrêté du 26 février 2004 qui détermine la liste des renseignements pouvant être demandés aux candidats à un marché public n'autorisent pas l'acheteur public, quand bien même l'exécution du marché suppose l'obtention d'une autorisation au titre des installations classées, à exiger des entreprises concernées qu'elles attestent dès le stade de la candidature qu'elles possèdent l'autorisation requise ou ont reçu récépissé d'une demande (▪ CE, 21 nov. 2007, n° 291411, *Dpt de l'Orne*).

8) Contrôle administratif de la qualité de l'auteur. Le préfet n'a pas à vérifier si les statuts d'une société l'habilitent à ouvrir l'établissement projeté (▪ CE, 21 oct. 1957, *Cne de Courbeyre : Rec. CE*, tables, p. 924). De même, le juge administratif vérifie seulement, en présence d'une personne morale, si c'est bien son représentant légal qui a signé la demande d'autorisation (▪ CE, 16 juin 1972, *Min. Développement industriel et scientifique c/ Dame Bret et a. : Rec. CE* 1972, p. 450 ; *D.* 1973, jurispr. p. 717, note M. Prieur).

II – L'ATTESTATION FONCIÈRE

9) Contours de l'obligation de produire une attestation foncière. La réforme de l'autorisation environnementale a généralisé l'exigence de produire un document attestant de la maîtrise foncière, autrefois exigible uniquement pour certaines installations. Dans ce cadre, il a été jugé que l'absence de ce document dans la demande d'autorisation est considérée comme une omission substantielle mais régularisable (▪ CE, 7 juill. 1997, n° 169700, *Cne de Villeparisis*). En outre, l'accord d'un usufruitier n'est pas impérativement exigé dans le dossier de demande d'autorisation d'une installation de stockage de déchets, lorsque l'exploitant n'est pas le propriétaire du terrain (▪ TA Orléans, 15 oct. 1996, n° 952014 et s., *Groupement foncier agricole [GFA] de la Gasnerie*). Par ailleurs, la rétractation de l'un des vendeurs du terrain, postérieurement à la délivrance de l'autorisation, est sans influence sur la légalité externe de l'autorisation (▪ TA Toulouse, 18 mars 2004, n°s 0200337 et 0201501 à 0201503, *Assoc. « Vivre au sud du parc » et a.*). De même, le propriétaire du terrain d'assiette qui a délivré l'attestation foncière n'est pas fondé à demander l'annulation de l'autorisation au motif qu'un litige est survenu depuis avec l'exploitant (▪ TA Amiens, 13 juin 2006, n° 0302111, *Sté Cosyca : Environnement* 2006, n° 10, p. 36, note D. Gillig).

10) Forme de l'attestation foncière. La charge de la preuve de la propriété incombe au demandeur de l'autorisation (▪ CE, 21 nov. 2001, n° 233329, *Synd. départemental d'ordures ménagères de l'Aude : Environnement* 2002, n° 3, p. 21, comm. P. Trouilly). La propriété des terrains destinés à accueillir une installation d'élimination ou de traitement de déchets peut être acquise par voie contractuelle mais aussi par voie d'expropriation dès lors que son activité présente un caractère public (▪ CE, 22 févr. 1995, n° 125583, *M. Bernard*. ▪ CE, 18 déc. 1992, n° 102635, *M. Gaulin et Mme Gras*). En revanche, a pu être déclarée illégale la réquisition d'un site par un préfet (▪ CAA Bordeaux, 16 juill. 1998, n° 98BX00634, *Préfet de l'Ariège : Dr. adm.* 1998, comm. n° 369). La condition d'accord du propriétaire n'est pas remplie lorsqu'une installation de stockage de déchets est traversée par un chemin communal et que l'accord exprès de la commune ne figure pas dans la demande d'autorisation d'exploiter (▪ CAA Paris, 7 août 2003, n° 98PA04547, *Aménagement des monts SA*). En revanche, justifie d'un titre d'occupation le demandeur qui joint au dossier la délibération du conseil municipal s'engageant à déplacer un chemin rural afin de permettre l'extension de la carrière projetée (▪ CAA Bordeaux, 19 mars 2013, n° 11BX02339, *Assoc. sauvegarde Vienne et a.*).

11) Contrôle de la validité de l'attestation foncière. Il a été jugé que, sauf dans le cas où il a connaissance d'éléments établissant que le pétitionnaire ne dispose manifestement pas d'un titre l'habilitant à exploiter une installation, il n'appartient pas au préfet de s'immiscer dans un litige, fondé sur des rapports contractuels de droit privé (▪ CAA Marseille, 3 oct. 2011, n° 09MA02811, *Cne Brando*. ▪ CAA Marseille, 11 juill. 2011, n° 09MA02014, *Comité de sauvegarde de Clarency-Valensoe : BDEI* n° 37/2012, n° 1309, note D. Gillig. ▪ CAA Lyon, 5 juill. 2012, n° 10LY02682, *Comité de défense du Bois des Rochettes et de ses riverains et a.*). Toutefois, le Conseil d'État considère « qu'eu égard notamment aux obligations qui peuvent être imposées par le régime des installations classées au propriétaire du terrain en cas de dommages pour l'environnement, il incombe à l'autorité administrative, lorsque le demandeur n'est pas le propriétaire du terrain, de s'assurer de la production de l'autorisation donnée par le propriétaire, sans laquelle la demande d'autorisation ne peut être regardée comme complète, mais également de vérifier qu'elle n'est pas manifestement entachée d'irrégularité » (▪ CE, 11 juin 2014, n° 362620 : *Gaz. Pal.* 3-4 sept. 2014, n°s 246 à 247, note S. Edlinger). Par ailleurs, l'autorisation n'est pas subordonnée à la vérification par le préfet que les maires des communes concernées par le projet ne feront pas usage des pouvoirs de police qu'ils tirent du Code rural pour faire obstacle au passage de véhicules sur les chemins ruraux permettant l'accès au site. Par conséquent, commet une erreur de droit le tribunal administratif qui se fonde sur l'opposition des communes pour estimer que la société exploitante n'établissait à aucun moment être en mesure de réaliser l'accès au site qu'elle avait prévu et qu'ainsi l'arrêté était entaché d'illégalité (▪ CE, 26 nov. 2008, n°s 301151 et 301180, *Synd. mixte de la Vallée de l'Oise et a. : BDEI* 2009, n° 19, p. 32, concl. M. Guyomar ; *Environnement* 2009, n° 1, p. 18, note D. Gillig ; *Gaz. Pal.* 3 juill. 2009, n°s 184-185, p. 32, note H. Cassara ; *Dr. adm.* 2009, n° 1, p. 30 ; *Dr. env.* 2009, n° 169, p. 26, note A. Ziani).

III – LES RUBRIQUES CONCERNÉES

12) **Responsabilité du classement.** Il appartient à l'exploitant de classer lui-même ses activités dans la rubrique pertinente de la nomenclature des installations classées en fonction des renseignements en sa possession (▪ CE, 26 juin 1962, *Sieur Castin : Rec. CE*, p. 63).

IV – L'ÉTUDE D'IMPACT/L'ÉTUDE D'INCIDENCE ENVIRONNEMENTALE

13)

Voir : Sur le contenu de l'étude d'impact, comm. sous art. R. 122-5, p. 1508.

14)

Voir : Sur le contenu de l'étude d'incidence environnementale, comm. sous art. R. 181-14, p. 1701.

V – LES ÉLÉMENTS GRAPHIQUES

15) **Contenu.** La demande d'autorisation doit comporter les éléments graphiques et plans utiles à la bonne compréhension du dossier, sans exigence de formalité stricte. Ainsi, un plan ne comportant pas toutes les mentions imposées par la réglementation peut être admis dès lors que les insuffisances constatées ont été compensées par d'autres plans joints à la demande d'autorisation et à l'étude d'impact joints au dossier d'enquête (▪ CE, 13 oct. 1976, n°s 94464, 94734, 97220 et 98360, *Tarit et Cognet : Rec. CE*, p. 412. ▪ CAA Nantes, 15 févr. 2013, n° 11NT00154, *Sté Carrières Guignard*). Par ailleurs, aucune disposition n'impose que les arrêtés d'autorisation soient assortis des documents graphiques relatifs aux travaux autorisés (▪ CAA Douai, 26 juin 2014, n° 13DA00991).

16) **Échelle des plans.** Même si les cartes et plans ne sont pas aux échelles fixées par le règlement, cette imprécision ne doit pas être sanctionnée dès lors que les cartes et plans permettent de définir avec une suffisante précision l'emplacement, l'étendue et la nature des installations projetées (▪ CE, 18 avr. 1969, *Sieur Meunier : Rec. CE*, p. 208). Un plan de masse à une échelle supérieure à l'échelle réglementaire, présenté sur dérogation de l'administration, ne remet pas en cause l'autorisation délivrée lorsque l'ensemble des documents permettent de localiser l'installation classée, ses équipements et ses abords (▪ TA Strasbourg, 11 juin 1998, n°s 961713 et 962238, *Sté GMA Ville de Mondelange c/ Préfet de la Moselle, Sté CCL*). V. aussi (▪ CE, 27 juill. 1984, n° 12590, *Communauté de sauvegarde de la vallée de l'Ouest*. ▪ CE, 25 juill. 1986, n° 37701, *Doudet*).

Art. D. 181-13-1 ***(Ancien article D. 181-15-10 créé à compter du 1er mars 2017, D. n° 2017-82, 26 janv. 2017 ; mod. à compter du 1er août 2021, D. n° 2021-1000, 30 juill. 2021 ; dénum., D. n° 2023-384, 19 mai 2023).*** **– Un arrêté du ministre chargé de l'environnement fixe, le cas échéant, le modèle national de formulaire de demande d'autorisation. Ce formulaire n'est pas requis lorsque la demande est déposée par téléprocédure.**

Art. R. 181-14 ***(Créé à compter du 1er mars 2017, D. n° 2017-81, 26 janv. 2017).*** **– I. – L'étude d'incidence environnementale établie pour un projet qui n'est pas soumis à étude d'impact est proportionnée à l'importance de ce projet et à son incidence prévisible sur l'environnement, au regard des intérêts mentionnés à l'article L. 181-3.**

L'étude d'incidence environnementale :

1° Décrit l'état actuel du site sur lequel le projet doit être réalisé et de son environnement ;

2° Détermine les incidences directes et indirectes, temporaires et permanentes du projet sur les intérêts mentionnés à l'article L. 181-3 eu égard à ses caractéristiques et à la sensibilité de son environnement ;

3° Présente les mesures envisagées pour éviter et réduire les effets négatifs notables du projet sur l'environnement et la santé, les compenser s'ils ne peuvent être évités ni réduits et, s'il n'est pas possible de les compenser, la justification de cette impossibilité ;

4° Propose des mesures de suivi ;

5° Indique les conditions de remise en état du site après exploitation ;

6° Comporte un résumé non technique.

II. – Lorsque le projet est susceptible d'affecter des intérêts mentionnés à l'article L. 211-1, l'étude d'incidence environnementale porte sur la ressource en eau, le milieu aquatique, l'écoulement, le niveau et la qualité des eaux, y compris de ruissellement, en tenant compte des variations saisonnières et climatiques. Elle précise les raisons pour lesquelles le projet a été retenu parmi les alternatives au regard de ces enjeux. Elle justifie, le cas échéant, de la compatibilité du projet avec le schéma directeur ou le schéma d'aménagement et de gestion des eaux et avec les dispositions du plan de gestion des risques d'inondation mentionné à l'article L. 566-7 et de sa contribution à la réalisation des objectifs mentionnés à l'article L. 211-1 ainsi que des objectifs de qualité des eaux prévus par l'article D. 211-10.

Lorsque le projet est susceptible d'affecter un ou des sites Natura 2000, l'étude d'incidence environnementale comporte l'évaluation au regard des objectifs de conservation de ces sites dont le contenu est défini à l'article R. 414-23.

III. – Les informations que doit contenir l'étude d'incidence environnementale peuvent être précisées par un arrêté du ministre chargé de l'environnement.

Voir : Sur l'ancien document d'incidence lorsque le projet est susceptible d'affecter des intérêts mentionnés à l'article L. 211-1, comm. sous : art. D. 181-15-1, p. 1702.

Art. R. 181-15 *(Créé à compter du 1er mars 2017, D. n° 2017-81, 26 janv. 2017).* – Le dossier de demande d'autorisation environnementale est complété par les pièces, documents et informations propres aux activités, installations, ouvrages et travaux prévus par le projet pour lequel l'autorisation est sollicitée ainsi qu'aux espaces et espèces faisant l'objet de mesures de protection auxquels il est susceptible de porter atteinte.

Art. D. 181-15-1 *(D. n° 2017-82, 26 janv. 2017* (1) *; mod., D. n° 2018-797, 18 sept. 2018 ; D. n° 2019-896, 28 août 2019 ; D. n° 2020-829, 30 juin 2020 ; D. n° 2021-795, 23 juin 2021* (2) (3) *; D. n° 2022-422, 25 mars 2022 ;* (4) *D. n° 2022-1078, 29 juill. 2022).* – Lorsque l'autorisation environnementale concerne un projet relevant du 1° de l'article L. 181-1, le dossier de demande est complété dans les conditions suivantes.

La demande comprend, le cas échéant, la mention des demandes d'autorisation ou des déclarations déjà déposées pour le projet d'installation, d'ouvrage, de travaux ou d'activité au titre d'une autre législation, avec la date de dépôt et la mention de l'autorité compétente.

I. – Lorsqu'il s'agit de systèmes d'assainissement collectif des eaux usées de l'agglomération d'assainissement ou d'installations d'assainissement non collectif, la demande comprend :

1° Une description du système de collecte des eaux usées, comprenant :

a) Pour les systèmes d'assainissement des eaux usées, la cartographie de l'agglomération d'assainissement concernée, faisant apparaître le nom des communes qui la constituent et la délimitation de son périmètre à l'échelle 1/25 000 ;

b) Une description de la zone desservie par le système de collecte, y compris les extensions de réseau prévues, ainsi que les raccordements d'eaux usées non domestiques existants ;

---

(1) Dispositions applicables aux premières demandes d'autorisations ou déclarations d'un projet déposées à compter du 27 mars 2022, D. n° 2022-422, 25 mars 2022.

(2) Dispositions modifiables par décret simple, D. n° 2021-795, 23 juin 2021.

(3) Dispositions applicables aux seules autorisations dont la demande est déposée postérieurement au 25 juin 2021. Toutefois, elles sont applicables aux arrêtés d'autorisation dont la demande est en cours d'instruction à la même date, D. n° 2021-795, 23 juin 2021.

(4) Dispositions applicables aux demandes d'autorisation déposées à compter du 1er septembre 2020, D. n° 2020-829, 30 juin 2020..

c) Le plan du système de collecte permettant de localiser les différents ouvrages et points de rejet au milieu récepteur, ainsi que leurs caractéristiques et leurs modalités de surveillance ;

d) Le diagnostic de fonctionnement du système de collecte, ainsi que les solutions mises en œuvre pour limiter la variation des charges et les apports d'eaux pluviales entrant dans le système d'assainissement ou l'installation d'assainissement non collectif, éviter tout rejet direct d'eaux usées non traitées dans le milieu récepteur, et réduire leur impact en situation inhabituelle ;

e) Une évaluation des volumes et flux de pollution actuels et prévisibles, à collecter et traiter, ainsi que leurs variations, notamment les variations saisonnières et celles dues à de fortes pluies, décomposés selon leur origine, domestique, non domestique ou liée aux eaux pluviales ;

f) Les zonages prévus à l'article L. 2224-10 du Code général des collectivités territoriales, lorsqu'ils existent, et le calendrier de mise en œuvre ou d'évolution du système de collecte ;

g) L'évaluation des volumes et des flux de pollution des apports extérieurs amenés à la station de traitement autrement que par le réseau ;

2° Si le système d'assainissement collectif des eaux usées de l'agglomération d'assainissement ou l'installation d'assainissement non collectif comprend des déversoirs d'orage ou d'autres ouvrages de rejet au milieu :

a) Une évaluation des volumes et flux de pollution actuels et prévisibles, parvenant au déversoir, décomposés selon leur origine, domestique, non domestique ou liée aux eaux pluviales ;

b) Une détermination des conditions climatiques, notamment du niveau d'intensité pluviométrique, déclenchant un rejet dans l'environnement ainsi qu'une estimation de la fréquence des événements pluviométriques d'intensité supérieure ou égale à ce niveau ;

c) Une estimation des flux de pollution déversés dans le milieu récepteur en fonction des événements pluviométriques retenus au 2° et l'étude de leur impact ;

3° Une description des modalités de traitement des eaux collectées et des boues produites indiquant :

a) Les objectifs de traitement proposés compte tenu des obligations réglementaires et des objectifs de qualité des eaux réceptrices ;

b) Les conditions, notamment pluviométriques, dans lesquelles ces objectifs peuvent être garantis à tout moment ;

c) Les modalités de calcul du débit de référence et la capacité maximale journalière de traitement de la station de traitement des eaux usées pour laquelle les performances d'épuration peuvent être garanties hors périodes inhabituelles, pour les différentes formes de pollutions traitées, notamment pour la demande biochimique d'oxygène en cinq jours ;

d) La localisation de la station de traitement des eaux usées ou de l'installation d'assainissement non collectif, la justification de l'emplacement retenu au regard des zones à usage sensible et de la préservation des nuisances de voisinage et des risques sanitaires ;

e) Les points de rejet, les caractéristiques des milieux récepteurs et l'impact de ces rejets sur leur qualité ;

f) Le descriptif des filières de traitement des eaux usées et des boues issues de ce traitement ;

g) Le calendrier de mise en œuvre des ouvrages de traitement ou de réhabilitation des ouvrages existants ;

h) Les modalités prévues d'élimination des sous-produits issus de l'entretien du système de collecte des eaux usées et du fonctionnement du système d'assainissement ou de l'installation d'assainissement non collectif ;

4° Si les eaux usées traitées font l'objet d'une réutilisation aux fins prévues à l'article R. 211-23, la description du projet de réutilisation des eaux usées traitées envisagé comprenant l'usage et le niveau de qualité des eaux visés, les volumes destinés à cet usage et la période durant laquelle aurait lieu cette réutilisation ;

5° L'estimation du coût global de la mise en œuvre du projet d'assainissement, son impact sur le prix de l'eau, le plan de financement prévisionnel, ainsi que les modalités d'amortissement des ouvrages d'assainissement.

II. – Lorsqu'il s'agit d'une demande d'autorisation unique de prélèvement déposée par un organisme unique de gestion collective, l'étude d'impact, ou l'étude d'incidence, du projet comporte les éléments suivants :

1° Les informations concernant l'historique sur les cinq à dix dernières années des volumes prélevés, ainsi que toutes les informations de nature à justifier les besoins de prélèvements ;

2° Les informations disponibles sur les ouvrages de stockage pour l'irrigation, existants et envisagés, destinés à permettre la substitution des prélèvements en période de basses eaux par des prélèvements effectués en dehors de cette période ;

3° Un argumentaire justifiant que les volumes demandés sont compatibles avec le respect du bon fonctionnement des milieux. Lorsque l'étude d'évaluation des volumes prélevables mentionnés à l'article R. 211-21-1 a été réalisée, cet argumentaire est élaboré au vu de cette étude ;

4° Le cas échéant, le programme de mesures de retour à l'équilibre, mentionné au IV de l'article R. 214-31-2, issu d'une concertation territoriale même si celle-ci n'est pas finalisée.

III. – Lorsqu'il s'agit d'ouvrages mentionnés à la rubrique 3.2.5.0 du tableau de l'article R. 214-1 :

1° En complément des informations prévues au 4° de l'article R. 181-13, le document mentionné au 2° du I de l'article R. 214-122 ;

2° Une note décrivant la procédure de première mise en eau conformément aux dispositions du I de l'article R. 214-121 ;

3° Une étude de dangers établie conformément à l'article R. 214-116 si l'ouvrage est de classe A ou B ;

4° Une note précisant que le porteur de projet disposera des capacités techniques et financières permettant d'assumer ses obligations à compter de l'exécution de l'autorisation environnementale jusqu'à la remise en état du site ;

5° En complément du 7° de l'article R. 181-13, si l'ouvrage est construit dans le lit mineur d'un cours d'eau, l'indication des ouvrages immédiatement à l'aval et à l'amont et ayant une influence hydraulique ; le profil en long de la section de cours d'eau ainsi que, s'il y a lieu, de la dérivation ; un plan des terrains submergés à la cote de retenue normale ; un plan des ouvrages et installations en rivière détaillés au niveau d'un avant-projet sommaire, comprenant, dès lors que nécessaire, les dispositifs assurant la circulation des poissons.

IV. – Lorsqu'il s'agit d'ouvrages mentionnés à la rubrique 3.2.6.0 du tableau de l'article R. 214-1, la demande comprend en outre :

1. L'estimation de la population de la zone protégée lorsqu'il s'agit d'un système d'endiguement et l'indication du niveau de la protection au sens de l'article R. 214-119-1 ;

2. La liste, le descriptif et la localisation sur une carte à l'échelle appropriée des ouvrages préexistants qui contribuent à la protection du territoire contre les inondations et les submersions ainsi que, lorsque le pétitionnaire n'est pas le propriétaire de ces ouvrages, les justificatifs démontrant qu'il en a la disposition ou a engagé les démarches à cette fin ;

3. Dans le cas de travaux complémentaires concernant un système d'endiguement existant, au sens de l'article R. 562-13, la liste, le descriptif et la localisation sur une carte à l'échelle appropriée des digues existantes ;

4. Les études d'avant-projet des ouvrages à modifier ou à construire ou une notice décrivant leur fonctionnalité si ces ouvrages modifiés ou construits concernent des dispositifs de régulation des écoulements hydrauliques ;

5. L'étude de dangers établie conformément à l'article R. 214-116 ;

6. Le document mentionné au 2° du I de l'article R. 214-122.

V. – Lorsqu'il s'agit d'un plan de gestion établi pour la réalisation d'une opération groupée d'entretien régulier d'un cours d'eau, canal ou plan d'eau prévue par l'article L. 215-15, la demande comprend en outre :

1° La démonstration de la cohérence hydrographique de l'unité d'intervention ;

2° S'il y a lieu, la liste des obstacles naturels ou artificiels, hors ouvrages permanents, préjudiciables à la sécurité des sports nautiques non motorisés ;

3° Le programme pluriannuel d'interventions ;

4° S'il y a lieu, les modalités de traitement des sédiments déplacés, retirés ou remis en suspension dans le cours d'eau.

VI. – Lorsqu'il s'agit d'installations utilisant l'énergie hydraulique, la demande comprend :

1° En complément du 4° de l'article R. 181-13, avec les justifications techniques nécessaires, le débit maximal dérivé, la hauteur de chute brute maximale, la puissance maximale brute calculée à partir du débit maximal de la dérivation et de la hauteur de chute maximale, et le volume stockable ;

2° Une note justifiant les capacités techniques et financières du pétitionnaire et la durée d'autorisation proposée ;

3° Pour les usines d'une puissance supérieure à 500 kW, les propositions de répartition entre les communes intéressées de la valeur locative de la force motrice de la chute et de ses aménagements ;

4° En complément du 7° de l'article R. 181-13, l'indication des ouvrages immédiatement à l'aval et à l'amont et ayant une influence hydraulique, le profil en long de la section de cours d'eau ainsi que, s'il y a lieu, de la

dérivation ; un plan des terrains submergés à la cote de retenue normale ; un plan des ouvrages et installations en rivière détaillés au niveau d'un avant-projet sommaire, comprenant, dès lors que nécessaire, les dispositifs assurant la circulation des poissons ;

5° Si le projet du pétitionnaire prévoit une ou plusieurs conduites forcées dont les caractéristiques sont fixées par un arrêté du ministre chargé de l'environnement au regard des risques qu'elles présentent, l'étude de dangers établie pour ces ouvrages conformément à l'article R. 214-116.

VII. – Lorsque l'autorisation environnementale porte sur les prélèvements d'eau pour l'irrigation en faveur d'un organisme unique, le dossier de demande comprend le projet du premier plan annuel de répartition prévu au deuxième alinéa de l'article R. 214-31-1.

VIII. – Lorsque l'autorisation environnementale porte sur un projet qui doit être déclaré d'intérêt général dans le cadre de l'article R. 214-88, le dossier de demande est complété, le cas échéant, par les éléments mentionnés à l'article R. 214-99.

IX. – Lorsque l'autorisation environnementale porte sur un projet relevant de la rubrique 2.1.3.0 de la nomenclature annexée à l'article R. 214-1, le dossier de demande est complété par une étude préalable dont le contenu est précisé à l'article R. 211-33, par un programme prévisionnel d'épandage dans les conditions fixées par l'article R. 211-39 et par les éléments mentionnés à l'article R. 211-46.

I – LES CAPACITÉS TECHNIQUES ET FINANCIÈRES

Voir : Sur les capacités techniques et financières des installations classées, comm. sous : art. D. 181-15-2, p. 1706.

Voir : Sur l'application des nouvelles dispositions de l'autorisation unique et sur les pouvoirs du juge : jurispr. du Conseil d'État citée sous art. L. 181-1, p. 289.

II – L'ÉTUDE DE DANGERS

1) Textes sur l'étude de dangers. Arrêté du 7 avril 2017 précisant le plan de l'étude de dangers des digues organisées en systèmes d'endiguement et des autres ouvrages conçus ou aménagés en vue de prévenir les inondations et les submersions (*JO* n° 92, 19 avr. 2017). – Arrêté du 21 janvier 2022 précisant le contenu des études de dangers des conduites forcées et des barrages (*JO* 3 févr., n° 0028).

III – LE DOCUMENT D'INCIDENCES « LOI SUR L'EAU »

2) Suppression du document d'incidences. La réforme de l'autorisation environnementale a supprimé l'obligation, pour les IOTA soumis à autorisation, de produire un document d'incidences dans le dossier de demande d'autorisation, jusqu'alors exigée par l'article R. 214-6, 4° du présent code. Toutefois, la réforme rend désormais obligatoire, pour les projets non soumis à étude d'impact, une étude d'incidence environnementale dont le contenu est fixé à l'article R. 181-14 du présent code. La jurisprudence présentée ci-dessous a été rendue avant l'entrée en vigueur de la réforme.

Voir : Sur la définition des mesures compensatoires : art. L. 163-1 et s., p. 244 et art. D. 163-1 et s., p. 1683.

Art. D. 181-15-1 *bis* ***(Créé à compter du 1er août 2021, D. n° 2021-1000, 30 juill. 2021)*** (1). **– Pour les projets d'infrastructure terrestre linéaire de transport liée à la circulation routière ou ferroviaire réalisés pour le compte d'États étrangers ou d'organisations internationales, de l'État, de ses établissements publics et concessionnaires, lorsque l'autorisation environnementale tient lieu de l'autorisation prévue par les articles L. 621-32 et L. 632-1 du Code du patrimoine, le dossier est complété par :**

1° Une notice de présentation des travaux envisagés indiquant les matériaux utilisés et les modes d'exécution des travaux ;

2° Le plan de situation du projet, mentionné à l'article R. 181-13, précisant le périmètre du site patrimonial remarquable ou des abords de monuments historiques ;

3° Un plan de masse et des coupes longitudinales adaptées à la nature du projet et à l'échelle du site patrimonial remarquable ou des abords de monuments historiques faisant apparaître les aménagements, les constructions, les clôtures et les éléments paysagers existants et projetés ;

(1) Dispositions applicables aux projets pour lesquels la demande d'autorisation environnementale a été déposée à compter du 1er mars 2021 et dont la phase de consultation du public n'a pas commencé à la date du 1er août 2021, D. n° 2021-1000, 30 juill. 2021.

4° Deux documents photographiques permettant de situer le terrain respectivement dans l'environnement proche et le paysage lointain ;

5° Des montages larges photographiques ou des dessins permettant d'évaluer dans de bonnes conditions les effets du projet sur le paysage en le situant notamment par rapport à son environnement immédiat et au périmètre du site patrimonial remarquable ou des abords de monuments historiques.

Art. D. 181-15-2 *(D. n° 2017-82, 26 janv. 2017 ; Rect. JO 27 janv. 2017 ; mod., D. n° 2017-609, 24 avr. 2017 ; D. n° 2018-254, 6 avr. 2018 ; D. n° 2018-704, 3 août 2018 ; D. n° 2018-797, 18 sept. 2018 ; D. n° 2019-1035, 9 oct. 2019 ; D. n° 2020-1168, 24 sept. 2020 ; D. n° 2021-855, 30 juin 2021)* (1). – Lorsque l'autorisation environnementale concerne un projet relevant du 2° de l'article L. 181-1, le dossier de demande est complété dans les conditions suivantes.

I. – Le dossier est complété des pièces et éléments suivants :

1° Lorsque le pétitionnaire requiert l'institution de servitudes d'utilité publique prévues à l'article L. 515-8 pour une installation classée à implanter sur un site nouveau, le périmètre de ces servitudes et les règles souhaités ;

2° Les procédés de fabrication que le pétitionnaire mettra en œuvre, les matières qu'il utilisera, les produits qu'il fabriquera, de manière à apprécier les dangers ou les inconvénients de l'installation ;

3° Une description des capacités techniques et financières mentionnées à l'article L. 181-27 dont le pétitionnaire dispose, ou, lorsque ces capacités ne sont pas constituées au dépôt de la demande d'autorisation, les modalités prévues pour les établir au plus tard à la mise en service de l'installation ;

4° Pour les installations destinées au traitement des déchets, l'origine géographique prévue des déchets ainsi que la manière dont le projet est compatible avec les plans prévus aux articles L. 541-11, L. 541-11-1, L. 541-13 du Code de l'environnement et L. 4251-1 du Code général des collectivités territoriales ;

5° Pour les installations soumises à l'autorisation mentionnée au premier alinéa de l'article L. 229-6, une description :

a) Des matières premières, combustibles et auxiliaires susceptibles d'émettre des gaz à effet de serre ;

b) Des différentes sources d'émissions de gaz à effet de serre de l'installation ;

c) Des mesures de surveillance prises en application de l'article L. 229-6. Ces mesures peuvent être actualisées par l'exploitant dans les conditions prévues à ce même article sans avoir à modifier son autorisation ;

d) Un résumé non technique des informations mentionnées aux *a* à *c* ;

6° Lorsque le dossier est déposé dans le cadre d'une demande de modification substantielle en application de l'article L. 181-14 et si le projet relève des catégories mentionnées à l'article L. 516-1, l'état de pollution des sols prévu à l'article L. 512-18.

Lorsque cet état de pollution des sols met en évidence une pollution présentant des dangers ou inconvénients pour la santé, la sécurité, la salubrité publiques ou de nature à porter atteinte aux autres intérêts mentionnés à l'article L. 511-1, le pétitionnaire propose soit les mesures de nature à éviter, réduire ou compenser cette pollution et le calendrier correspondant qu'il entend mettre en œuvre pour appliquer celles-ci, soit le programme des études nécessaires à la définition de telles mesures ;

7° Pour les installations mentionnées à la section 8 du chapitre V du titre Ier du livre V, les compléments prévus à l'article R. 515-59 ;

8° Pour les installations mentionnées à l'article R. 516-1 ou à l'article R. 515-101, le montant des garanties financières exigées à l'article L. 516-1 ;

9° Un plan d'ensemble à l'échelle de 1/200 au minimum indiquant les dispositions projetées de l'installation ainsi que l'affectation des constructions et terrains avoisinants et le tracé de tous les réseaux enterrés existants. Une échelle réduite peut, à la requête du pétitionnaire, être admise par l'administration ;

10° L'étude de dangers mentionnée à l'article L. 181-25 et définie au III du présent article ;

11° *(Mod. à compter du 1er janvier 2023, D. n° 2022-1588, 19 déc. 2022)* (2) Pour les installations à implanter sur un site nouveau, l'avis du propriétaire, lorsqu'il n'est pas le pétitionnaire, ainsi que celui du

(1) Dispositions applicables aux demandes d'autorisation et aux Informations portées à la connaissance de l'autorité administrative compétente conformément aux articles R. 181-16 et R. 181-46 du présent code à compter du 2 juillet 2021, D. n° 2021-855, 30 juin 2021.

(2) Les demandes d'autorisation déposées avant le 1er janvier 2023 et les cessations d'activité notifiées avant cette date continuent d'être régies par les dispositions qui leur étaient antérieurement applicables, D. n° 2022-1588, 19 déc. 2022, art. 13.

maire ou du président de l'établissement public de coopération intercommunale compétent en matière d'urbanisme, sur l'état dans lequel devra être remis le site lors de l'arrêt définitif de l'installation et, en particulier, sur l'usage futur du site, au sens du I de l'article D. 556-1 A ; ces avis sont réputés émis si les personnes consultées ne se sont pas prononcées dans un délai de quarante-cinq jours suivant leur saisine par le pétitionnaire ;

12° Pour les installations terrestres de production d'électricité à partir de l'énergie mécanique du vent :

a) Sauf dans le cas prévu au 13°, un document établi par le pétitionnaire justifiant que le projet est conforme, selon le cas, au règlement national d'urbanisme, au plan local d'urbanisme ou au document en tenant lieu ou à la carte communale en vigueur au moment de l'instruction ;

b) La délibération favorable prévue à l'article L. 515-47, lorsqu'un établissement public de coopération intercommunale ou une commune a arrêté un projet de plan local d'urbanisme avant la date de dépôt de la demande d'autorisation environnementale et que les installations projetées ne respectent pas la distance d'éloignement mentionnée à l'article L. 515-44 vis-à-vis des zones destinées à l'habitation définies dans le projet de plan local d'urbanisme ;

c) lorsque l'autorisation environnementale tient lieu d'autorisation prévue par les articles L. 621-32 et L. 632-1 du Code du patrimoine :

– une notice de présentation des travaux envisagés indiquant les matériaux utilisés et les modes d'exécution des travaux ;

– le plan de situation du projet, mentionné à l'article R. 181-13, précise le périmètre du site patrimonial remarquable ou des abords de monuments historiques ;

– un plan de masse faisant apparaître les constructions, les clôtures et les éléments paysagers existants et projetés ;

– deux documents photographiques permettant de situer le terrain respectivement dans l'environnement proche et le paysage lointain ;

– des montages larges photographiques ou des dessins permettant d'évaluer dans de bonnes conditions les effets du projet sur le paysage en le situant notamment par rapport à son environnement immédiat et au périmètre du site patrimonial remarquable ou des abords de monuments historiques ;

d) Lorsque l'implantation des aérogénérateurs est prévue à l'intérieur de la surface définie par la distance minimale d'éloignement précisée par arrêté du ministre chargé des installations classées, une étude des impacts cumulés sur les risques de perturbations des radars météorologiques par les aérogénérateurs implantés en deçà de cette distance. Les modalités de réalisation de cette étude sont précisées par arrêté du ministre chargé des installations classées.

13° Dans les cas mentionnés au dernier alinéa de l'article L. 181-9, la délibération ou l'acte formalisant la procédure d'évolution du plan local d'urbanisme, du document en tenant lieu ou de la carte communale ;

14° Pour les carrières et les installations de stockage de déchets non inertes résultant de la prospection, de l'extraction, du traitement et du stockage de ressources minérales, la demande d'autorisation comprend le plan de gestion des déchets d'extraction ;

15° Pour les projets d'exploitation souterraine de carrières de gypse situées dans le périmètre d'une forêt de protection définie à l'article L. 141-1 du Code forestier, le dossier contient les pièces suivantes :

– une description du gisement sur lequel porte la demande ainsi que les pièces justifiant son intérêt national au regard des documents mentionnés au I de l'article R. 141-38-5 du Code forestier ;

– l'analyse de l'incidence de l'opération sur la destination forestière des lieux et les modalités de reconstitution de l'état boisé au terme des travaux ;

– un document attestant que les équipements, constructions, aménagements et infrastructures indispensables à l'exploitation souterraine et à la sécurité de celle-ci, seront définis et utilisés de façon à limiter le plus possible l'occupation des parcelles forestières classées ;

– un document décrivant, pour les équipements, constructions, aménagements et infrastructures indispensables à l'exploitation souterraine et à la sécurité de celle-ci, les voies d'accès en surface que le pétitionnaire utilisera. En cas d'impossibilité de les établir dans l'emprise des voies ou autres alignements exclus du périmètre de classement ou, à défaut, dans celle des routes forestières ou chemins d'exploitation forestiers, le document justifie de cette impossibilité.

16° Pour les installations d'une puissance thermique supérieure à 20 MW générant de la chaleur fatale non valorisée à un niveau de température utile ou celles faisant partie d'un réseau de chaleur ou de froid, une analyse

coûts-avantages afin d'évaluer l'opportunité de valoriser de la chaleur fatale notamment à travers un réseau de chaleur ou de froid. Un arrêté du ministre chargé des installations classées et du ministre chargé de l'énergie, pris dans les formes prévues à l'article L. 512-5, définit les installations concernées ainsi que les modalités de réalisation de l'analyse coûts-avantages ;

17° Pour les installations de combustion de puissance thermique supérieure ou égale à 20MW, une description des mesures prises pour limiter la consommation d'énergie de l'installation. Sont fournis notamment les éléments sur l'optimisation de l'efficacité énergétique, tels que la récupération secondaire de chaleur.

18° Pour les installations de tri mécano-biologiques mentionnées à l'article R. 543-227-2, les pièces justificatives prévues au IV de cet article.

19° *(Créé à compter du 1er juillet 2023, D. n° 2023-13, 11 janv. 2023)* (1) **Pour les essais d'injection et de soutirage en formation géologique, lorsqu'ils sont réalisés pendant la phase de recherche, les pièces justificatives prévues au 11° de l'article D. 181-15-3** ***bis*** **;**

II. – Pour les installations mentionnées à la section 8 du chapitre V du titre Ier du livre V, le contenu de l'étude d'impact comporte en outre les compléments prévus au I de l'article R. 515-59.

III. – L'étude de dangers justifie que le projet permet d'atteindre, dans des conditions économiquement acceptables, un niveau de risque aussi bas que possible, compte tenu de l'état des connaissances et des pratiques et de la vulnérabilité de l'environnement de l'installation.

Le contenu de l'étude de dangers doit être en relation avec l'importance des risques engendrés par l'installation, compte tenu de son environnement et de la vulnérabilité des intérêts mentionnés à l'article L. 181-3.

Cette étude précise, notamment, la nature et l'organisation des moyens de secours dont le pétitionnaire dispose ou dont il s'est assuré le concours en vue de combattre les effets d'un éventuel sinistre. Dans le cas des installations figurant sur la liste prévue à l'article L. 515-36, le pétitionnaire doit fournir les éléments indispensables pour l'élaboration par les autorités publiques d'un plan particulier d'intervention.

L'étude comporte, notamment, un résumé non technique explicitant la probabilité et la cinétique des accidents potentiels, ainsi qu'une cartographie agrégée par type d'effet des zones de risques significatifs.

Le ministre chargé des installations classées peut préciser les critères techniques et méthodologiques à prendre en compte pour l'établissement de l'étude de dangers, par arrêté pris dans les formes prévues à l'article L. 512-5.

Pour certaines catégories d'installations impliquant l'utilisation, la fabrication ou le stockage de substances dangereuses, le ministre chargé des installations classées peut préciser, par arrêté pris en application de l'article L. 512-5, le contenu de l'étude de dangers portant, notamment, sur les mesures d'organisation et de gestion propres à réduire la probabilité et les effets d'un accident majeur.

Pour les installations mentionnées à l'article L. 515-32, l'autorité administrative compétente accepte les informations équivalentes remises par le pétitionnaire, dès lors qu'elles répondent aux exigences du présent III.

I – JURISPRUDENCE SUR LES DISPOSITIONS NOUVELLES

1) Pour une application des nouvelles dispositions en ce qui concerne les capacités techniques et financières et l'application de la loi dans le temps : ▪ CE, 6e ch., 25 mars 2019, n° 420387.

2) Capacités financières. Dans la lignée de la jurisprudence Danthony, l'incomplétude du dossier sur les capacités financières de la société pétitionnaire n'est susceptible de vicier la procédure et ainsi d'entacher d'irrégularité l'autorisation que si elle a eu pour effet de nuire à l'information complète de la population ou si elle a été de nature à exercer une influence sur la décision de l'autorité administrative (▪ CAA Nantes, 29 nov. 2021, n° 21NT00593. – V. également ▪ CAA Bordeaux, 6e ch., 24 févr. 2020, n° 19BX01141). Pour un exemple contraire dans lequel cette insuffisance a eu

(1) Les demandes d'autorisation relevant du titre VI du livre Ier du Code minier déposées antérieurement au 1er juillet 2023 sont instruites selon les dispositions législatives et réglementaires dans leur rédaction antérieure à cette date. Toutefois, dans le cas où le pétitionnaire a déposé, antérieurement au 1er juillet 2023 et pour un même projet, une demande d'autorisation relevant du titre VI du livre Ier du Code minier pour laquelle le président tribunal administratif n'a pas encore été saisi aux fins de la soumettre à enquête publique et une demande d'autorisation environnementale qui est en phase d'examen, le dossier de cette dernière est complété par les pièces complémentaires requises pour les projets relevant du 3° de l'article L. 181-1 du Code de l'environnement et la durée mentionnée à l'article R. 181-17 est suspendue jusqu'à la réception des éléments permettant l'organisation de l'enquête publique conjointe, D. n° 2023-13, 11 janv. 2023, art. 10.

pour effet de nuire à l'information complète du public, compte tenu du coût du projet, de ses modalités de financement et des indications particulièrement succinctes figurant dans le dossier (▪ CAA Nantes, 13 avr. 2021, n° 20NT02189. – Pourvoi en cassation non admis ▪ CE, 29 mars 2022, n° 455684. – V. aussi ▪ CAA Nancy, 29 déc. 2021, n° 20NC02090).

II – JURISPRUDENCE ANTÉRIEURE

A – Les capacités techniques et financières

Bibliographie : J.-P. Boivin et S. Hercé, *Origine et portée de la notion de capacités techniques et financières dans les polices des mines et des installations classées : BDEI* supplément au n° 42, déc. 2012, p. 9. – A. Baud et J.-C. Chocque, *L'adaptation du droit fiscal aux nouvelles règles comptables en matière de coûts de démantèlement de sites, note sous instruction 4 E-2-07 relative aux provisions pour coûts de démantèlement : Dr. env.* mai 2007, n° 148, p. 129. – M. Vague, *Gestion du passif environnemental : moyens comptables et financiers à la disposition des entrepreneurs : Environnement et Technique* juill.-août 2007, n° 268, p. 59. – V. Mansuy, *Les capacités techniques et financières de l'exploitant d'installations classées : Environnement* oct. 2003, n° 10, p. 26. – D. Josserand-Jaillet, *Comment s'apprécient les capacités techniques et financières de l'exploitant en matière d'installation classée ? : BDEI* févr. 1999, p. 27.

3) Vice de procédure. Avant l'entrée en vigueur de la réforme de l'autorisation environnementale, permettant désormais de produire des justificatifs jusqu'à la date de la mise en service de l'installation, l'absence de justification des capacités techniques et financières dans la demande initiale ou dans une demande d'autorisation d'extension d'une installation classée constituait un manquement substantiel impliquant un refus d'autorisation ou l'annulation de cette dernière (▪ CAA Nancy, 23 avr. 1998, n° 94NC01623, *Assoc. de sauvegarde de la vallée de l'Isch : Rev. jur. env.* 1/1999, p. 131, comm. R. Schneider. ▪ CAA Nantes, 28 juin 2002, n°s 98NT01302 et 98NT01414, *M. Chudeau : Environnement* mai 2003, p. 13, note D. Deharbe. ▪ CE, 23 juin 2004, n° 247626, *GAEC de la Ville au Guichou : Dr. adm.* 2004, comm. 147, note E. Glaser ; *AJDA* 2004, p. 2059, concl. E. Glaser ; *LPA* 12 janv. 2005, p. 19, note D. Gillig. ▪ CAA Bordeaux, 10 mars 2005, n° 00BX02828, *GAEC des Groussin : Environnement* 2005, comm. 53, obs. D. Gillig).

4) Illégalité au fond. En revanche, pour déterminer si le demandeur dispose de capacités techniques et financières suffisantes, il appartient au juge de se placer à la date à laquelle il statue (▪ CAA Bordeaux, 8 sept. 2008, n°s 06BX01509 et 06BX01563, *EARL Groussin et MEDD : Environnement* 2008, n° 12, p. 25, comm. 166, note D. Gillig). Ainsi, le pétitionnaire peut apporter les justificatifs relatifs à la démonstration de ses capacités financières en cours d'instance (▪ CAA Douai, 5 mai 2011, n° 08DA00183, *Sté Ikos : Environnement*).

5) Capacités techniques. Est suffisant le dossier de demande d'extension d'un élevage qui présente la formation initiale des exploitants, titulaires respectivement d'un brevet d'études professionnelles agricoles et d'un brevet technique agricole, ainsi que leur expérience de dix ans tant dans l'exploitation de l'élevage de type naisseur-engraisseur que dans une activité d'épandage de boues d'une station d'épuration, et leur maîtrise en matière d'épandage et de suivi agronomique (▪ CAA Lyon, 4 nov. 2011, n° 09LY00624, *Assoc. Des Trois Prés*). De même, l'exploitant justifie de capacités techniques suffisantes lorsqu'il fait état de façon précise d'une expérience antérieure de plusieurs années dans le domaine d'activité considéré, de la qualification de son personnel et de la possession du matériel nécessaire à l'exercice de l'activité (▪ TA Bordeaux, 7 oct. 2004, n° 0202249. ▪ CAA Douai, 15 févr. 2013, n° 11NT00154, *Sté Carrières Guinard*. ▪ CAA Lyon, 28 juin 2001, n° 99LY02651, *M. Bergheaud : Environnement* oct. 2002, n° 10, p. 10, note D. Deharbe. ▪ CAA Nantes, 24 oct. 2014, n° 12NT00901, *GRAPE*). De même, la jurisprudence admet que le pétitionnaire fasse état de son appartenance à un groupe qui justifie, pour sa part, d'une expérience technique suffisante pour l'exploitation d'une activité comparable (▪ CAA Lyon, 5 avr. 2012, n° 10LY02466, *Sté Écopole Services*). À l'inverse, est incomplète la demande d'autorisation ne comportant pas d'autres indications que des renseignements succincts, produits dans l'étude d'impact, et relatifs à la seule expérience professionnelle antérieure de l'exploitant (▪ CAA Bordeaux, 14 nov. 2006, n° 03BX02122, *Marie-Hélène X. et a. : Environnement* 2007, n° 2, p. 31, note D. Gillig ; *Gaz. Pal.* 2007, n° 355, p. 37, note B. Berger et G. Brigant ; *BDEI* 2007, n° 8, p. 14, note O. Beineix). En outre, le dossier est insuffisant lorsque l'exploitant n'est pas en mesure de présenter les contrats ou engagements fiables des prestataires retenus pour la construction, l'aménagement ou encore l'exploitation du site (▪ CAA Lyon, 21 déc. 2004, n° 98LY02396, *SIDEFAGE*. ▪ TA Strasbourg, 15 févr. 2012, n° 1006144, *Cne Herbitzheim ; Capacités techniques et financières de l'exploitant : Environnement et dév. durable* 2012, p. 22, n° 4, note D. Gillig). Par ailleurs, les fautes et les manquements répétés à la législation applicable aux Installations classées peuvent révéler l'absence de capacités techniques suffisantes du demandeur (▪ CE, 4 mars 1988, n° 78771, *Min.*

Industrie c/ Urbino Carneiro. ▪ CAA Bordeaux, 15 avr. 1996, *SARL Gravière Mendribil : Rev. jur. env.* 1997, p. 109. ▪ CE, 15 avr. 1996, n° 129944, *Pereira Dos Santos.* ▪ CAA Douai, 29 déc. 2010, n° 09DA00640, *Assoc. France Nature Environnement c/ CITRON : Environnement et dév. durable* avr. 2011, n° 4, p. 27, note D. Gillig. ▪ CE, 19 janv. 1994, n° 116267, *SARL La pouzzolane d'Auvergne*). Pourtant, ce principe n'est pas à appliquer de manière systématique : le fait que le demandeur ait fait l'objet par le passé de deux condamnations pénales relatives à l'exploitation d'une installation classée ne fait pas obstacle à ce qu'il puisse être regardé comme ayant justifié par ailleurs de ses capacités techniques par la suite (▪ CAA Nantes, 15 févr. 2013, n° 11NT00154, *Sté Carrières Guinard*). Enfin, ne justifie pas de ses capacités techniques la société de promotion et de développement dont l'activité se borne au choix d'un site en vue de réaliser une opération « clé en main locatif » et qui n'exploitera pas directement le bâtiment loué (▪ TA Limoges, 22 oct. 2009, n° 0800197, *SARL Gemfi : RJ env.* 2010, 755, obs. Schneider).

6) Capacités financières. Si le dossier comprend uniquement le coût de l'investissement du projet, ainsi que le montant des aides attendues, et ne comprend aucune pièce justifiant des capacités financières de l'exploitant, l'arrêté préfectoral d'autorisation d'une installation classée est annulé (▪ CAA Bordeaux, 19 déc. 2005, n° 02BX00239, *Assoc. Hagetaubin Propre : Rev. jur. env.* 3/2006, p. 341, comm. R. Schneider). De même, de simples indications, en divers endroits de l'étude d'impact, des coûts de certains éléments du projet ne peuvent tenir lieu d'indications sur la capacité financière de l'exploitant à tenir ses engagements (▪ TA Rennes, 19 juill. 2001, n° 01413, *Assoc. Eau et rivières de Bretagne*). En outre, la production d'une simple lettre d'une banque acceptant d'examiner une demande de prêt d'un futur exploitant ne peut être regardée comme un engagement financier ferme et le juge en conclut que les capacités financières du pétitionnaire ne sont pas établies (▪ CE, 7 avr. 1999, n° 165598, *Sté Nabrin*). Lorsque le demandeur se borne à mentionner dans le dossier soumis à enquête publique ses partenaires industriels et son capital social, mais que d'autres éléments, tels que son chiffre d'affaires et son résultat net avaient été confidentiellement portés à la connaissance de l'administration, la cour peut déduire que le dossier est incomplet, en prenant en compte l'intérêt qui s'attachait à la qualité et à l'exhaustivité des indications à fournir sur ses capacités financières pour permettre au public de les apprécier. Ce faisant, la cour a recherché si l'absence de ces indications dans le dossier soumis à enquête publique avait eu pour effet de nuire à l'information complète de la population, de sorte qu'elle n'a pas commis d'erreur de droit sur ce point (▪ CE, 15 mai 2013, n° 353010, *Sté ARF : BDEI*, n° 46/2013, concl. X. De Lesquen, p. 31. ▪ CAA Nantes, 29 nov. 2013, n° 12NT01516, *Assoc. Manche Nature*). Un arrêté d'autorisation est jugé légal même en l'absence de la mention des capacités financières dans les documents figurant dans le dossier soumis à enquête publique, dans la mesure où les résultats comptables et le résultat prévisionnel de l'entreprise avaient été fournis au service chargé de l'instruction de la demande (▪ CAA Bordeaux, 6 nov. 2003, n° 99BX02112, *Viguier*). De même, le dossier est suffisant dès lors que le financement du projet a fait l'objet d'une analyse financière réalisée par un cabinet, figurant en annexe, au vu des cinq dernières années clôturées, et d'après une étude économique prévisionnelle du projet réalisée par le centre d'économie rurale du département, concluant à une situation financière suffisamment solide pour supporter les investissements prévus (▪ CAA Lyon, 4 nov. 2011, n° 09LY00624, *Assoc. Des Trois Prés*). Encore, le dossier qui indique le chiffre d'affaires réalisé au cours des trois derniers exercices et le chiffre d'affaires prévisionnel pour l'exercice en cours suffit à permettre au préfet de s'assurer que la société dispose des capacités financières suffisantes, d'autant plus que cette dernière avait produit ses bilans comptables sur trois ans, deux attestations bancaires de bon fonctionnement ainsi qu'une caution bancaire dont le montant permettait d'assurer la remise en état d'une partie du site (▪ CAA Nantes, 25 mars 2011, n° 10NT00043, *Sté Guintoli.* ▪ CAA Nantes, 18 févr. 2011, n° 09NT02462, *SAS Carrières de Brandefert : Rev. jur. env.* 4/2011, p. 622). De même, une attestation bancaire émettant un avis favorable sur le projet permet également d'attester des capacités financières du pétitionnaire (▪ CAA Bordeaux, 25 févr. 2014, n° 13BX00416, *Comité écologique ariégeois ADEPEVU*).

B – L'étude de dangers

7) Vice de procédure. L'insuffisance de l'étude de dangers jointe au dossier de demande d'autorisation d'exploiter une installation classée vicie la procédure de délivrance de cette autorisation qui ne peut pas être régularisée par la simple production d'une nouvelle étude de dangers (▪ CAA Marseille, 4 mai 2006, n° 01MA01773, *Sté Duclos Environnement : Environnement* 2006, n° 8, p. 19, comm. D. Gillig).

8) Forme de l'étude de dangers. Le juge n'impose aucune forme particulière à l'étude de dangers qui peut par exemple être intégrée dans l'étude d'impact dès lors qu'elle possède les éléments d'information requis (▪ CE, 22 avr. 1988, n° 64718, *Sté Fabenrev c/ Comité de défense des habitants de la rive droite de Corbeil-Essonnes*).

9) Contre-expertise de l'étude de dangers. Aucune disposition n'impose à l'industriel ou à l'autorité administrative de faire vérifier l'étude de dangers par un organisme indépendant (■ CAA Lyon, 17 nov. 1992, n°s 91LY00362, 90LY00382, 90LY00405 et 91LY00838, *Sté Agrishell : RD imm.* 1993, p. 356). Mais si un tel organisme produit une analyse critique d'un projet d'installation classée, cette analyse constitue un élément substantiel d'information tant de l'administration que du public et doit, sous peine d'irrégularité, être jointe au dossier d'enquête publique (■ CAA Marseille, 8 nov. 2011, n° 09MA20499, *Sté Elengy : AJDA* 2011, p. 2527, n° 44, CCL. S. Deliancourt).

10) Contenu de l'étude de dangers. ***a) Moyens de prévention et d'intervention.*** Faute de toute précision sur la consistance des « équipes d'intervention », leur localisation et leur disponibilité, sur la nature et le nombre des moyens matériels dont elles disposeraient et sur l'organisation d'éventuels secours, l'étude de danger ne peut être regardée, s'agissant d'un important dépôt de matière sensible, comme ayant un contenu suffisant (■ CE, 7 juill. 1999, n° 135519, *Cie générale des matières nucléaires [COGEMA]*). De même, faute de prévoir les mesures de prévention et d'intervention à prendre en cas d'incendie lié aux dégagements d'hydrogène lors du traitement de certains déchets, l'étude de dangers présentée à l'appui d'une demande d'autorisation d'exploiter une installation de traitement de déchets industriels ne peut être regardée comme satisfaisant aux exigences requises (C. env., actuel art. R. 512-9) (■ CAA Marseille, 4 mai 2006, n° 01MA01773, *Sté Duclos Environnement : Environnement* 2006, n° 8, p. 19, comm. D. Gillig). À propos de l'annulation d'une autorisation d'exploiter un centre de tri de déchets pour insuffisance de l'étude de dangers, les risques d'incendie spécifiques à l'activité et au milieu environnant n'étant pas pris en compte (■ CAA Bordeaux, 1er déc. 2008, n° 06BX01899, *Assoc. Contacts, Rencontre et Communication*). ***b) Risques.*** L'étude de dangers ne doit prendre en compte que les risques d'accidents plausibles suscités par le fonctionnement de l'usine en cause. Ne peuvent être qualifiés d'accidents plausibles les risques de chute d'avions sur l'usine en raison de la localisation de cette dernière (■ CAA Lyon, 17 nov. 1992, n°s 91LY00362, 90LY00382, 90LY00405 et 91LY00838, *Sté Agrishell : RD imm.* 1993, p. 356). De même, une étude de dangers ne peut être exigée sur ce point si, en raison de la localisation de l'installation, le risque de chute d'aéronef s'avère très faible (■ CE, 23 mai 2001, n° 201938, *Assoc. pour la défense de l'environnement du pays Arédien et du Limousin*). *Déchets.* L'étude de dangers n'impose pas à l'exploitant d'exposer de manière exhaustive tous les dangers pouvant hypothétiquement survenir en relation avec certains événements climatiques (■ TA Strasbourg, 11 juin 1998, n°s 961713 et 962238, *Sté GMA Ville de Mondelange c/ Préfet de la Moselle et Sté CCI*). En revanche, il a été jugé que l'étude de dangers d'une installation de stockage de déchets devait décrire, au sujet du risque de pollution des eaux, les dispositifs de collecte des eaux de ruissellement, les modalités d'intervention en cas d'écoulement accidentel et les dangers liés aux pluies torrentielles (■ CAA Nantes, 28 mai 2002, n° 97NT01911, *Assoc. pour la sauvegarde de l'environnement et du patrimoine de la Sologne*). Les exploitants Seveso doivent informer les exploitants d'installations voisines des risques d'accidents majeurs identifiés dans l'étude de dangers qui sont susceptibles d'affecter leurs installations ; cette obligation implique l'examen préalable de l'effet domino (■ CAA Bordeaux, 30 déc. 2004, n° 00BX00133, *Assoc. Aquitaine Alternatives*).

C – La notice relative à la sécurité du personnel

11) Suppression de la notice HSE. La réforme de l'autorisation environnementale a supprimé la notice HSE du dossier de demande d'autorisation exigée par l'ancien article R. 512-6, 5° du présent code.

D – L'office du juge des ICPE

12) Il résulte des articles L. 181-27 et D. 181-15-2 du Code de l'environnement qu'une autorisation d'exploiter une installation classée ne peut légalement être délivrée, sous le contrôle du juge du plein contentieux des installations classées, si les conditions qu'elles posent ne sont pas remplies. Lorsque le juge se prononce sur la légalité de l'autorisation avant la mise en service de l'installation, il lui appartient, si la méconnaissance de ces règles de fond est soulevée, de vérifier la pertinence des modalités selon lesquelles le pétitionnaire prévoit de disposer de capacités financières et techniques suffisantes pour assumer l'ensemble des exigences susceptibles de découler du fonctionnement, de la cessation éventuelle de l'exploitation et de la remise en état du site, au regard des intérêts mentionnés à l'article L. 511-1 du Code de l'environnement, ainsi que les garanties de toute nature qu'il peut être appelé à constituer à cette fin en application des article L. 516-1 et L. 516-2 du même code. Lorsque le juge se prononce après la mise en service de l'installation, il lui appartient de vérifier la réalité et le caractère suffisant des capacités financières et techniques du pétitionnaire ou, le cas échéant, de l'exploitant auquel il a transféré l'autorisation (■ CE, avis, 26 juill. 2018, n° 416831 : *AJDA* 2018, p. 1583, note J.-M. Pastor).

Art. D. 181-15-2 *bis* *(Créé, D. n° 2018-797, 18 sept. 2018).* – Lorsque le projet nécessite l'enregistrement d'installations mentionnées à article L. 512-7, le dossier de demande comporte un document justifiant du respect des prescriptions applicables à l'installation en vertu du titre Ier du livre V du présent code, notamment les prescriptions générales édictées par le ministre chargé des installations classées en application du I de l'article L. 512-7. Ce document présente notamment les mesures retenues et les performances attendues par le demandeur pour garantir le respect de ces prescriptions.

La demande d'enregistrement indique, le cas échéant, la nature, l'importance et la justification des aménagements aux prescriptions générales mentionnées à l'article L. 512-7 sollicités par l'exploitant.

Art. D. 181-15-3 *(Créé à compter du 1er mars 2017, D. n° 2017-82, 26 janv. 2017* (1) *; mod. D. n° 2018-797, 18 sept. 2018).* – Lorsque l'autorisation environnementale tient lieu d'autorisation de modification de l'état ou de l'aspect d'une réserve naturelle nationale ou d'une réserve naturelle classée en Corse par l'État, le dossier de demande est complété par des éléments permettant d'apprécier les conséquences de l'opération sur l'espace protégé et son environnement conformément aux dispositions du 4° du I de l'article R. 332-24.

Art. D. 181-15-3 *bis* *(Créé à compter du 1er juillet 2023, D. n° 2023-13, 11 janv. 2023* (2) *; mod. à compter du 18 mars 2024, D. n° 2024-232, 15 mars 2024).* – Lorsque l'autorisation environnementale concerne un projet relevant du 3° de l'article L. 181-1, le dossier de demande est complété par :

1° La justification que le demandeur a qualité, en application du Code minier, pour présenter le dossier. En cas de pluralité de demandeurs, la justification par les intéressés de leur engagement à assurer, conjointement et solidairement, l'exploitation de l'installation et la désignation d'un mandataire unique ;

2° Un exposé relatif aux méthodes de recherches ou d'exploitation envisagées et, le cas échéant, aux tranches de travaux projetées ;

3° Le document unique d'évaluation des risques prévu à l'article R. 4121-1 du Code du travail ;

4° Un document indiquant, à titre prévisionnel, en vue de l'application des dispositions des articles L. 162-2 et L. 163-1 et suivants du Code minier, les conditions de l'arrêt des travaux ainsi que l'estimation de leur coût. Ce document précise également les interventions éventuelles en cas d'accident avant ou après fermeture du site, en application de l'article 4.1 du décret n° 2010-1389 du 12 novembre 2010 relatif à l'obligation de constituer des garanties financières avant l'ouverture de travaux de recherche ou d'exploitation de mines ;

5° Un document indiquant, le cas échéant, la compatibilité du projet avec le document stratégique de façade ou de bassin maritime prévu à l'article L. 219-3 du Code de l'environnement et avec les objectifs environnementaux du plan d'action pour le milieu marin prévu à l'article L. 219-9 du même code et, pour les projets portant sur des granulats marins, avec les plans mentionnés à l'article L. 219-5-1 de ce code contenus dans le document stratégique de façade et appelés « documents d'orientation relatifs à la gestion durable des granulats marins » ;

6° Un document exposant la compatibilité des risques industriels du projet avec la sécurité publique. Cette pièce n'est pas requise lorsque le résumé non technique d'une étude de dangers comprend les éléments correspondants ;

7° Le montant des garanties financières exigées à l'article L. 162-2 du Code minier ;

8° Lorsque le pétitionnaire sollicite l'institution de servitudes d'utilité publique, en application de l'article L. 174-5-1 du Code minier, pour des travaux à réaliser sur un site nouveau, le périmètre de ces servitudes et les règles dont l'application est souhaitée ;

---

(1) Dispositions d'applications particulières et transitoires : V. D. n° 2017-82, 26 janv. 2017, art. 6.

(2) Les demandes d'autorisation relevant du titre VI du livre Ier du Code minier déposées antérieurement au 1er juillet 2023 sont instruites selon les dispositions législatives et réglementaires dans leur rédaction antérieure à cette date. Toutefois, dans le cas où le pétitionnaire a déposé, antérieurement au 1er juillet 2023 et pour un même projet, une demande d'autorisation relevant du titre VI du livre Ier du Code minier pour laquelle le président tribunal administratif n'a pas encore été saisi aux fins de la soumettre à enquête publique et une demande d'autorisation environnementale qui est en phase d'examen, le dossier de cette dernière est complété par les pièces complémentaires requises pour les projets relevant du 3° de l'article L. 181-1 du Code de l'environnement et la durée mentionnée à l'article R. 181-17 est suspendue jusqu'à la réception des éléments permettant l'organisation de l'enquête publique conjointe, D. n° 2023-13, 11 janv. 2023, art. 10.

9° Pour les travaux d'exploitation et de recherches de mines mentionnés aux 1°, 2°, 8° et 9° de l'article 3 du décret n° 2006-649 du 2 juin 2006 modifié relatif aux travaux miniers, aux travaux de stockage souterrain et à la police des mines et des stockages souterrains, l'étude de dangers définie au III de l'article D. 181-15-2 ;

10° Pour les travaux mentionnés au 4° de l'article 3 du décret n° 2006-649 du 2 juin 2006 :

a) La description des méthodes de création et d'aménagement ;

b) Les dimensions de chaque cavité ;

c) Le calendrier prévisionnel des différentes opérations ;

d) Les paramètres des tests d'étanchéité ;

11° Pour les travaux énumérés au 7° de l'article 3 du décret n° 2006-649 du 2 juin 2006 :

a) Les caractéristiques des équipements d'injection et de soutirage, de sécurité et de contrôle ;

b) L'étude de dangers définie au III de l'article D. 181-15-2 du Code de l'environnement ;

c) Le cas échéant, les informations nécessaires à la préparation du plan particulier d'intervention prévu à l'article R. 741-18 du Code de la sécurité intérieure ;

d) Un plan d'opération interne en cas de sinistre. Etabli par l'exploitant, ce plan définit les mesures d'organisation, les méthodes d'intervention et les moyens nécessaires dont l'exploitant doit disposer et qu'il doit pouvoir mettre en œuvre pour protéger le personnel, les populations et l'environnement ;

e) Les renseignements nécessaires à l'institution des servitudes d'utilité publique prévues à l'article L. 264-1 du Code minier ;

f) Les caractéristiques essentielles de l'exploitation ;

g) La fréquence prévue des vérifications des équipements d'exploitation et de sécurité, tant en ce qui concerne leur fonctionnement que leur adaptation à l'exploitation et à la sécurité ;

h) En outre, pour les stockages souterrains de gaz naturel ou de gaz de pétrole liquéfié (GPL) en nappe aquifère ou en gisement déplété :

– le calendrier prévisionnel et les caractéristiques essentielles des différentes opérations d'injection et de soutirage ;

– la capacité maximale de stockage envisagée et le dispositif associé de contrôle et d'alerte de dépassement de cette capacité ;

– lorsque la nappe aquifère contient de l'eau potable ou qui peut être rendue potable, ou est en contact avec celle-ci, un document indiquant les mesures dont la mise en œuvre est prévue pour évaluer et, si nécessaire, compenser les impacts sur les caractéristiques physiques et chimiques des eaux souterraines concernées ;

– pour les stockages souterrains en gisement déplété, l'historique de l'exploitation du gisement ;

12° Pour les travaux énumérés aux 1° et 2° de l'article 3 du décret n° 2006-649 du 2 juin 2006, projetés dans le département de la Guyane :

a) Lorsque les travaux se situent dans la zone 2 du schéma départemental d'orientation minière, les éléments démontrant l'existence d'un gisement ou les résultats d'une prospection minière qui permettent d'évaluer l'importance de la ressource et sa localisation avec une précision suffisante pour à la fois éviter des atteintes à l'environnement inutiles et assurer une implantation ainsi qu'une conduite optimales du chantier ;

b) Lorsque les travaux se situent dans les zones 1 ou 2 du schéma départemental d'orientation minière, la justification de l'adhésion du pétitionnaire à une charte des bonnes pratiques approuvée par le représentant de l'État et du respect de celle-ci ;

c) Lorsque les travaux se situent dans les zones 2 ou 3 du schéma départemental d'orientation minière, la définition des mesures prévues par le pétitionnaire pour réhabiliter le site après exploitation, notamment la nature et les modalités de revégétalisation envisagées ou un projet alternatif offrant les mêmes garanties de réhabilitation ;

d) Lorsque les travaux se situent en zone 1, 2 ou 3 du schéma départemental d'orientation minière, le schéma de pénétration du massif forestier proposé par le pétitionnaire pour l'acheminement du matériel lourd et la desserte du chantier ;

13° Pour les travaux mentionnés aux 8°, 9° et 10° de l'article 3 du décret n° 2006-649 du 2 juin 2006, les dispositions mises en œuvre pour la fermeture définitive d'un sondage ou d'un puits ainsi que le schéma de fermeture ;

14° Pour les travaux mentionnés au 10° de l'article 3 du décret n° 2006-649 du 2 juin 2006 :

a) La politique d'entreprise concernant la prévention des accidents majeurs conformément aux dispositions de l'article 7-1 du même décret du 2 juin 2006 ;

b) Le système de gestion de la sécurité et de l'environnement applicable à l'installation conformément aux dispositions de l'article 7-2 du même décret du 2 juin 2006 ;

c) Un rapport sur les dangers majeurs conformément aux dispositions de l'article 7-3 du même décret du 2 juin 2006 ;

d) Un résumé non technique de l'étude d'impact et du rapport sur les dangers majeurs ;

e) La description du programme de vérification indépendante mis en place par le demandeur, prévu à l'article 7-4 du même décret du 2 juin 2006 ;

f) Une description du plan d'urgence interne conformément aux dispositions de l'article 7-5 du même décret du 2 juin 2006 ;

g) La liste des communes concernées par les risques et inconvénients dont les travaux projetés peuvent être la source ;

h) Un inventaire des activités économiques et des usages présents dans la zone et une proposition de modalités de coexistence avec ces activités et usages ;

i) Une présentation des dispositifs prévus pour l'indemnisation rapide des dommages causés aux tiers, à la suite d'un accident majeur ;

15° Pour les travaux mentionnés au 3° de l'article 3 du décret n° 2006-649 du 2 juin 2006 :

a) Le mémoire relatif aux méthodes de recherches ou d'exploitation envisagées, tel que prévu à l'article L. 164-1-2 du Code minier, précisant les mesures mises en œuvre et celles envisagées pour connaître la géologie du sous-sol impacté par les travaux et comprendre les phénomènes naturels, notamment sismiques, susceptibles d'être activés par les travaux ;

b) Le cas échéant, la liste et la localisation des forages exploités sous le régime de la géothermie de minime importance destinés à un nouvel usage au titre desdits travaux ;

16° Pour les demandes portant sur des travaux en mer :

a) Le document de sécurité et de santé prévu à l'article 40 du décret n° 2006-798 du 6 juillet 2006 relatif à la prospection, à la recherche et à l'exploitation de substances minérales ou fossiles contenues dans les fonds marins du domaine public et du plateau continental métropolitains et la copie du permis de navigation en cours de validité pour chacun des navires dont l'utilisation est envisagée ;

b) La nature des substances, les quantités, minimales et maximales, que le demandeur envisage d'extraire annuellement ;

c) L'indication des mesures envisagées par le demandeur afin d'effectuer le suivi de son activité, notamment les moyens mis en œuvre pour assurer l'auto-surveillance du positionnement des navires et le contrôle des volumes extraits, ainsi que l'indication des mesures envisagées pour contrôler l'impact des travaux sur l'environnement.

(Al. créé à compter du 22 octobre 2024, D. n° 2024-742, 6 juill. 2024) (1) Le dossier de demande comprend en outre, le cas échéant, la mention des demandes d'autorisation ou des déclarations déjà déposées pour le projet au titre d'une autre législation, avec la date de dépôt et la mention de l'autorité compétente.

Art. D. 181-15-4 *(Créé à compter du 1er mars 2017, D. n° 2017-82, 26 janv. 2017)* (2). – Lorsque l'autorisation environnementale tient lieu d'autorisation de modification de l'état des lieux ou de l'aspect d'un site classé ou en instance de classement, le dossier de demande est complété par les informations et pièces complémentaires suivantes :

1° Une description générale du site classé ou en instance de classement accompagnée d'un plan de l'état existant ;

2° Le plan de situation du projet, mentionné à l'article R. 181-13, précise le périmètre du site classé ou en instance de classement ;

3° Un report des travaux projetés sur le plan cadastral à une échelle appropriée ;

4° Un descriptif des travaux en site classé précisant la nature, la destination et les impacts du projet à réaliser accompagné d'un plan du projet et d'une analyse des impacts paysagers du projet ;

5° Un plan de masse et des coupes longitudinales adaptées à la nature du projet et à l'échelle du site ;

(1) Dispositions applicables aux demandes déposées à compter du 22 octobre 2024, D. n° 2024-742, 6 juill. 2024.

(2) Dispositions d'applications particulières et transitoires : V. D. n° 2017-82, 26 janv. 2017, art. 6.

6° La nature et la couleur des matériaux envisagés ;
7° Le traitement des clôtures ou aménagements et les éléments de végétation à conserver ou à créer ;
8° Des documents photographiques permettant de situer le terrain respectivement dans l'environnement proche et si possible dans le paysage lointain. Les points et les angles des prises de vue sont reportés sur le plan de situation ;
9° Des montages larges photographiques ou des dessins permettant d'évaluer dans de bonnes conditions les effets du projet sur le paysage en le situant notamment par rapport à son environnement immédiat et au périmètre du site classé.

Art. D. 181-15-5 *(Créé à compter du 1er mars 2017, D. n° 2017-82, 26 janv. 2017)* (1). – Lorsque l'autorisation environnementale tient lieu de dérogation au titre du 4° de l'article L. 411-2, le dossier de demande est complété par la description :
1° Des espèces concernées, avec leur nom scientifique et nom commun ;
2° Des spécimens de chacune des espèces faisant l'objet de la demande avec une estimation de leur nombre et de leur sexe ;
3° De la période ou des dates d'intervention ;
4° Des lieux d'intervention ;
5° S'il y a lieu, des mesures de réduction ou de compensation mises en œuvre, ayant des conséquences bénéfiques pour les espèces concernées ;
6° De la qualification des personnes amenées à intervenir ;
7° Du protocole des interventions : modalités techniques, modalités d'enregistrement des données obtenues ;
8° Des modalités de compte rendu des interventions.

Incomplétude du dossier. Le préfet n'a pas commis d'erreur d'appréciation en refusant d'accorder l'autorisation environnementale pour un projet éolien dès lors que la société, malgré les demandes de compléments d'informations, tenant notamment au dépôt d'une demande de dérogation prévue par les dispositions du 4° de l'article L. 411-2 du Code de l'environnement, n'a pas complété son dossier conformément à l'article D. 181-15-5 du Code de l'environnement (■ CAA Nantes, 22 juill. 2022, n° 21NT01768).

Art. D. 181-15-6 *(D. n° 2017-82, 26 janv. 2017 ; mod., D. n° 2018-797, 18 sept. 2018 ; mod. à compter du 1er janvier 2022, D. n° 2021-1905, 30 déc. 2021)* (2). – Lorsque l'autorisation environnementale tient lieu d'agrément pour l'utilisation d'organismes génétiquement modifiés au titre de l'article L. 532-3, le dossier de demande est complété par les informations suivantes :
1° La nature de l'utilisation d'organismes génétiquement modifiés que le demandeur se propose d'exercer ;
2° Les organismes génétiquement modifiés qui seront utilisés et la classe de confinement dont relève cette utilisation ;
3° Le cas échéant, les organismes génétiquement modifiés dont l'utilisation est déjà déclarée ou agréée et la classe de confinement dont celle-ci relève ;
4° Le nom du responsable de l'utilisation et ses qualifications ;
5° Les capacités financières de la personne privée exploitant une installation relevant d'une classe de confinement 3 ou 4 ;
6° Les procédures internes permettant de suspendre provisoirement l'utilisation ou de cesser l'activité ;
7° Le dossier de demande comprend en outre un dossier technique, dont le contenu est fixé par l'arrêté mentionné au dernier alinéa de l'article R. 532-6.

Art. D. 181-15-7 *(Créé à compter du 1er mars 2017, D. n° 2017-82, 26 janv. 2017* (1) *; mod., D. n° 2018-797, 18 sept. 2018 ; D. n° 2023-152, 2 mars 2023 ; mod. à compter du 1er janvier 2025, D. n° 2022-1495, 24 nov. 2022).* – Lorsque l'autorisation environnementale tient lieu d'agrément pour la gestion de déchets prévu à l'article L. 541-22, le dossier de demande est complété par les informations requises par les articles R. 543-35 et D. 543-274.

(1) Dispositions d'applications particulières et transitoires : V. D. n° 2017-82, 26 janv. 2017, art. 6.
(2) Dispositions d'application transitoires : V. D. n° 2021-1905, 30 déc. 2021, I.

Art. D. 181-15-8 *(Créé à compter du 1er mars 2017, D. n° 2017-82, 26 janv. 2017)* (1). – Lorsque le projet nécessite une autorisation d'exploiter une installation de production d'électricité au titre de l'article L. 311-1 du Code de l'énergie, le dossier de demande précise ses caractéristiques, notamment sa capacité de production, les techniques utilisées, ses rendements énergétiques et les durées prévues de fonctionnement.

Autorisation réputée délivrée. Lorsque l'autorisation d'exploiter est réputée délivrée en application des dispositions de l'article L. 311-6 du Code de l'énergie, le pétitionnaire n'est pas tenu d'appliquer les dispositions de l'article D. 181-15-8 du Code de l'environnement, et notamment de faire figurer au dossier la capacité de production du parc éolien, les techniques utilisées, ses rendements énergétiques et les durées prévues de fonctionnement (■ CAA Nantes, 5e ch., 21 mars 2023, n° 21NT02746).

Art. D. 181-15-9 *(Créé à compter du 1er mars 2017, D. n° 2017-82, 26 janv. 2017)* (1). – Lorsque l'autorisation environnementale tient lieu d'autorisation de défrichement, le dossier de demande est complété par :

1° Une déclaration indiquant si, à la connaissance du pétitionnaire, les terrains ont été ou non parcourus par un incendie durant les quinze années précédant l'année de la demande. Lorsque le terrain relève du régime forestier, cette déclaration est produite dans les conditions de l'article R. 341-2 du Code forestier ;

2° La localisation de la zone à défricher sur le plan de situation mentionné au 2° de l'article R. 181-13 et l'indication de la superficie à défricher, par parcelle cadastrale et pour la totalité de ces superficies. Lorsque le terrain relève du régime forestier, ces informations sont produites dans les conditions de l'article R. 341-2 du Code forestier ;

3° Un extrait du plan cadastral.

Art. D. 181-15-10 *(Ancien article D. 181-15-1 bis créé à compter du 1er mars 2017, D. n° 2017-82, 26 janv. 2017* (1) *; mod. à compter du 1er août 2021, D. n° 2021-1000, 30 juill. 2021 ; dénum., D. n° 2023-384, 19 mai 2023).* – Pour les projets d'infrastructure terrestre linéaire de transport liée à la circulation routière ou ferroviaire réalisés pour le compte d'États étrangers ou d'organisations internationales, de l'État, de ses établissements publics et concessionnaires, lorsque l'autorisation environnementale tient lieu de l'autorisation prévue par les articles L. 621-32 et L. 632-1 du Code du patrimoine, le dossier est complété par :

1° Une notice de présentation des travaux envisagés indiquant les matériaux utilisés et les modes d'exécution des travaux ;

2° Le plan de situation du projet, mentionné à l'article R. 181-13, précisant le périmètre du site patrimonial remarquable ou des abords de monuments historiques ;

3° Un plan de masse et des coupes longitudinales adaptées à la nature du projet et à l'échelle du site patrimonial remarquable ou des abords de monuments historiques faisant apparaître les aménagements, les constructions, les clôtures et les éléments paysagers existants et projetés ;

4° deux documents photographiques permettant de situer le terrain respectivement dans l'environnement proche et le paysage lointain ;

5° Des montages larges photographiques ou des dessins permettant d'évaluer dans de bonnes conditions les effets du projet sur le paysage en le situant notamment par rapport à son environnement immédiat et au périmètre du site patrimonial remarquable ou des abords de monuments historiques.

Art. D. 181-15-11 *(D. n° 2023-384, 19 mai 2023).* – Lorsque l'autorisation environnementale tient lieu d'autorisation de porter atteinte aux allées d'arbres et alignements d'arbres prévue à l'article L. 350-3, le dossier de demande est complété par les informations et pièces mentionnées à l'article R. 350-28.

Art. D. 181-15-12 *(D. n° 2023-1209, 19 déc. 2023).* – I. – Lorsque l'autorisation environnementale tient lieu de l'arrêté d'approbation de la convention de concession d'utilisation du domaine public maritime situé en dehors des limites administratives des ports, le dossier de demande est complété par la convention de concession ou le projet de convention de concession.

(1) Dispositions d'applications particulières et transitoires : V. D. n° 2017-82, 26 janv. 2017, art. 6.

II. – Lorsque l'autorisation environnementale tient lieu de l'autorisation prévue à l'article 20 de l'ordonnance n° 2016-1687 du 8 décembre 2016 relative aux espaces maritimes relevant de la souveraineté ou de la juridiction de la République française, le dossier de demande est complété par :

1° Un exposé de la capacité technique et financière du demandeur ;

2° Les dispositions propres à assurer la sécurité de la navigation maritime et la prévention des accidents maritimes ;

3° La nature des opérations, en fin d'exploitation, permettant de garantir la sécurité maritime, ainsi que la remise en état, la restauration ou la réhabilitation des lieux ;

4° La justification des garanties financières proposées afin de préserver la sécurité de la navigation maritime, la protection des biens culturels maritimes et la réversibilité des modifications apportées au milieu naturel et aux ressources biologiques ;

5° Un inventaire des activités économiques présentes dans la zone, une étude des impacts socio-économiques du projet sur ces activités et, le cas échéant, les modalités de coexistence avec ces activités ;

6° Le calendrier de réalisation de la construction ou des travaux et la date prévue de mise en service, ainsi qu'une description du coût des travaux ;

7° Les caractéristiques variables du projet d'installation mentionnées à l'article R. 181-54-2 du Code de l'environnement.

III. – Lorsque l'autorisation environnementale tient lieu de l'agrément prévu à l'article 28 de l'ordonnance n° 2016-1687 du 8 décembre 2016 relative aux espaces maritimes relevant de la souveraineté ou de la juridiction de la République française, le dossier de demande est complété par un document permettant d'apprécier avec une précision suffisante le tracé envisagé.

Sous-section 2. – Dépôt de la demande

(Section créée à compter du 22 octobre 2024, D. n° 2024-742, 6 juill. 2024) (1)

Art. R. 181-16 *(Rempl. à compter du 22 octobre 2024, D. n° 2024-742, 6 juill. 2024).* **– I. – Dès la réception de la demande d'autorisation, le préfet délivre une preuve de dépôt. Lorsque le dossier est déposé par voie de la télé-procédure prévue au troisième alinéa de l'article R. 181-12, la preuve de dépôt est immédiatement délivrée par voie électronique.**

II. – Si le dossier ne comporte pas d'éléments suffisants pour procéder à son examen et aux consultations, le préfet invite le demandeur à le compléter ou le régulariser dans un délai raisonnable qu'il fixe.

III. – Pour les projets relevant des 1° et 3° de l'article L. 181-1, lorsque le préfet soumet le projet à un examen au cas par cas en application des dispositions de l'article R. 122-2-1 dans le délai de quinze jours à compter de la délivrance de la preuve de dépôt, le dossier ne peut être considéré comme complet et régulier qu'à réception par le préfet de la décision de ne pas prescrire d'évaluation environnementale prise en application du IV de l'article R. 122-3-1. Lorsque l'autorité chargée de l'examen au cas par cas décide que le projet nécessite la réalisation une évaluation environnementale, le pétitionnaire dépose une nouvelle demande d'autorisation comprenant l'étude d'impact.

Demande de régularisation. En présence d'un dossier incomplet ou irrégulier, le préfet a l'obligation de demander au pétitionnaire de le régulariser ou de le compléter, avant de prendre une décision d'autorisation (▪ CAA Lyon, 29 oct. 1991, n° 89LY02002, *Sté d'exploitation de la SARL Semaire*) ou de refus d'autorisation (▪ CE, 16 janv. 1987, n° 27.317, *SARL « Socopy »*). En revanche, en présence d'un dossier insuffisant de demande d'autorisation d'exploiter une installation classée (insuffisance de l'étude d'impact et des capacités financières), le préfet n'est pas tenu d'inviter le requérant à régulariser son dossier (▪ TA Rennes, 8 juill. 2004, n° 013722, *M. Louyer*).

Voir : Sur le refus d'autorisation anticipé pour irrégularité du dossier, comm. sous art. L. 181-2, p. 293.

Sous-section 3. – Informations et saisines préalables à la phase d'examen et de consultation

(Section créée à compter du 22 octobre 2024, D. n° 2024-742, 6 juill. 2024) (1)

Art. R. 181-16-1 *(Créé à compter du 22 octobre 2024, D. n° 2024-742, 6 juill. 2024).* **– Lorsque le projet est susceptible de faire l'objet des servitudes d'utilité publique mentionnées aux articles L. 211-12,**

(1) Dispositions applicables aux demandes déposées à compter du 22 octobre 2024, D. n° 2024-742, 6 juill. 2024.

L. 214-4-1 et L. 515-8 du présent code ou aux articles L. 174-5-1 et L. 264-1 du Code minier, le préfet en informe, dès réception du dossier, le maire de la ou des communes situées dans le périmètre de la servitude, ainsi que le pétitionnaire.

Si le maire demande l'institution d'une servitude dans le délai d'un mois suivant l'information qui lui a été faite, l'enquête sur le projet définissant la servitude et son périmètre, prévue par les articles L. 211-12, L. 214-4-1 et L. 515-9 du présent code et par l'article L. 174-5-1 du Code minier, et la consultation du public sur l'autorisation environnementale sont réalisées dans les conditions prévues au troisième alinéa du I de l'article L. 181-10. La phase d'examen et de consultation ne peut être engagée avant la réception de l'ensemble des avis des maires ou, au plus tard, avant l'expiration de ce délai d'un mois.

Art. R. 181-16-2 *(Créé à compter du 22 octobre 2024, D. n° 2024-742, 6 juill. 2024)*. – Dans le cas où le pétitionnaire demande une dérogation à l'organisation d'une enquête publique unique en application du troisième alinéa du I de l'article L. 181-10, le préfet l'informe de l'acceptation ou du refus de cette demande avant d'engager la phase d'examen et de consultation. Le silence gardé par le préfet vaut refus.

Art. R. 181-16-3 *(Créé à compter du 22 octobre 2024, D. n° 2024-742, 6 juill. 2024)*. – Lorsque la consultation du public est réalisée dans les conditions prévues à l'article L. 181-10-1, le préfet saisit, dès réception du dossier, en vue de la désignation du commissaire enquêteur ou d'une commission d'enquête et respectivement d'un suppléant ou de plusieurs suppléants, le président du tribunal administratif. Il lui adresse, à cet effet, une demande qui précise l'objet de la consultation et comporte la note de présentation non technique mentionnée au 8° de l'article R. 181-13 et, lorsque le projet fait l'objet d'une évaluation environnementale, le résumé non technique mentionné au 1° du II de l'article R. 122-5.

Le commissaire enquêteur, la commission d'enquête et les suppléants sont désignés dans les conditions prévues aux articles R. 123-4 et R. 123-5. Par dérogation à l'article R. 123-5, le dossier de demande d'autorisation complet et régulier leur est transmis sous format numérique avant la publication de l'avis mentionné au II de l'article L. 181-10-1.

Dès que le préfet constate qu'il doit être procédé à une enquête publique mentionnée au troisième alinéa du I de l'article L. 181-10, il en informe sans délai le président du tribunal administratif et lui adresse les pièces mentionnées au 10° et, le cas échéant, au 11° de l'article R. 181-13.

Section III. – Instruction

(Section mod. à compter du 1er août 2021, D. n° 2021-1000, 30 juill. 2021)

NB : La loi Industrie verte a sensiblement modifié la procédure de l'autorisation environnementale. La principale modification tient à la parallélisation de la phase d'examen du dossier par les services instructeurs et de la phase de consultation du public, qui se déroulent désormais en même temps, permettant ainsi de restreindre le délai d'instruction des projets. En contrepartie, les compléments qui peuvent être demandés par les services instructeurs et les différents autorités et organismes consultés doivent également être apportés rapidement, pour être examinés pendant la phase d'instruction, voire de décision. Cela signifie donc que le dossier doit impérativement être de bonne qualité dès l'origine. La phase informelle d'échange « amont » avec les services instructeurs sur le contenu du dossier, précédant le dépôt de la demande, pourra utilement permettre de construire un dossier d'autorisation couvrant les enjeux majeurs du projet.

Sous-section 1. – Phase d'examen et de consultation

(Intitulé rempl. à compter du 22 octobre 2024, D. n° 2024-742, 6 juill. 2024) (1)

§ 1. – Examen et recueil des avis

(Div. créée à compter du 22 octobre 2024, D. n° 2024-742, 6 juill. 2024)

Art. R. 181-17 *(Rempl. à compter du 22 octobre 2024, D. n° 2024-742, 6 juill. 2024)*. – I. – Dès que le dossier est complet et régulier, le préfet transmet un exemplaire de la demande et du dossier aux autorités et organismes prévus par le présent paragraphe lorsque leur avis est requis.

(1) Dispositions applicables aux demandes déposées à compter du 22 octobre 2024, D. n° 2024-742, 6 juill. 2024.

II. – Le préfet informe le pétitionnaire de l'ouverture de la phase d'examen et de consultation.

Lors de l'examen du dossier, le préfet peut demander au pétitionnaire de lui transmettre des informations complémentaires sur les pièces le composant. Lorsque la consultation du public est réalisée dans les conditions prévues à l'article L. 181-10-1, les informations complémentaires du pétitionnaire ne sont réputées faire partie du dossier de demande que si elles sont transmises au plus tard lors de la réunion de clôture de la consultation prévue au 5° du III de cet article.

Voir : Sur la motivation de la prorogation du délai d'instruction, comm. sous art. R. 181-41, p. 1731.

Art. D. 181-17-1 *(Créé à compter du 1er mars 2017, D. n° 2017-82, 26 janv. 2017* (1) *; mod., D. n° 2019-1352, 12 déc. 2019 ; mod. à compter du 1er août 2021, D. n° 2021-1000, 30 juill. 2021 ; D. n° 2023-1419, 29 déc. 2023). – (Al. mod. à compter du 22 octobre 2024, D. n° 2024-742, 6 juill. 2024)* **Le service coordonnateur sollicite les services et les établissements publics de l'État concernés, qui rendent leurs contributions sous quarante-cinq jours à compter de leur saisine, sauf dispositions particulières prévues par les articles R. 181-20 à R. 181-32-1, R. 181-33-1 et par l'article R. 181-53-1.**

Le service coordonnateur adresse à l'autorité environnementale les contributions recueillies en application de l'alinéa précédent, dès réception, ainsi que des éléments d'appréciation relevant de sa compétence propre.

La jurisprudence citée ci-après a été rendue sous l'empire des anciennes dispositions.

1) Avis consultatifs. La circonstance que le directeur départemental de l'équipement ait indiqué, dans son avis, qu'un permis de construire lui paraissait nécessaire ne peut être utilement invoquée par une commune pour soutenir que le dossier était incomplet, dès lors que le préfet n'est pas lié par cet avis pour prendre sa décision (■ CAA Bordeaux, 31 oct. 2006, nos 03BX01963 et 03BX01969, *MEDD et a. c/ Cne de Lessac*).

2) Modalités de la consultation. Les juges du fond apprécient de manière souveraine si les avis requis ont été donnés au vu d'un dossier suffisant (■ CE, 23 mai 2001, n° 201938, *Assoc. pour la défense de l'environnement du pays Arédien et du Limousin*).

3) Avis de l'Autorité environnementale. Dans l'hypothèse d'une régularisation de l'avis de l'autorité environnementale mise en œuvre dans les conditions ainsi définies, le juge pourra préciser que, dans le cas où l'avis de l'autorité environnementale recueilli à titre de régularisation, qui devra être rendu en tenant compte d'éventuels changements significatifs des circonstances de fait, diffère substantiellement de celui qui avait été porté à la connaissance du public à l'occasion de l'enquête publique dont le projet a fait l'objet, une enquête publique complémentaire devra être organisée à titre de régularisation, selon les modalités prévues par les articles L. 123-14 et R. 123-23 du Code de l'environnement, dans le cadre de laquelle seront soumis au public, outre l'avis recueilli à titre de régularisation, tout autre élément de nature à régulariser d'éventuels vices révélés par le nouvel avis, notamment une insuffisance de l'étude d'impact. Le juge pourra également préciser que, dans le cas où aucune modification substantielle n'aurait été apportée à l'avis, l'information du public sur le nouvel avis de l'autorité environnementale recueilli à titre de régularisation pourra prendre la forme d'une simple publication sur Internet, dans les conditions prévues à l'article R. 122-7 du Code de l'environnement. Dans l'hypothèse où le juge, saisi d'un moyen en ce sens, constate qu'il a été procédé à une simple publication sur Internet du nouvel avis de l'autorité environnementale alors qu'il apportait des modifications substantielles à l'avis initial, il lui revient, avant de statuer sur la décision attaquée, de rechercher si ce nouveau vice peut être régularisé et de prévoir le cas échéant, à cette fin, qu'une enquête publique complémentaire devra être organisée (■ CE, 27 sept. 2018, n° 420119).

4) Vices n'affectant pas la régularité de la procédure. Les irrégularités affectant le dossier de demande d'autorisation d'une installation classée ne sont susceptibles de vicier la procédure et ainsi d'entacher d'irrégularité l'autorisation que si elles ont eu pour effet de nuire à l'information complète de la population ou si elles ont été de nature à exercer une influence sur la décision de l'autorité administrative : le vice affectant les conditions dans lesquelles a été recueilli l'avis de l'autorité environnementale n'est pas de nature à exercer une influence sur le sens de la décision en cause et à nuire à l'information complète de la population (■ CAA Lyon, 15 mai 2018, n° 16LY03067).

(1) Dispositions d'applications particulières et transitoires : V. D. n° 2017-82, 26 janv. 2017, art. 6.

Art. R. 181-18 ancien *(Rempl., D. n° 2019-1352, 12 déc. 2019 ; dénum. à compter du 22 octobre 2024, D. n° 2024-742, 6 juill. 2024* (1)*).*

Art. R. 181-18 *(Créé à compter du 22 octobre 2024, D. n° 2024-742, 6 juill. 2024)* (1). **– Le préfet consulte le conseil municipal des communes sur le territoire desquelles se situe le projet et les autres collectivités territoriales, ainsi que leurs groupements, qu'il estime intéressés par le projet, notamment au regard des incidences environnementales notables de celui-ci sur leur territoire.**

Les collectivités territoriales et leurs groupements se prononcent dans le délai de deux mois.

Art. R. 181-19 *(Créé à compter du 1er mars 2017, D. n° 2017-81, 26 janv. 2017 ; D. n° 2017-626, 25 avr. 2017 ; D. n° 2019-1352, 12 déc. 2019 ; mod. à compter du 1er août 2021, D. n° 2021-1000, 30 juill. 2021 ; à compter du 22 octobre 2024, D. n° 2024-742, 6 juill. 2024)* (1). **– Lorsque la demande d'autorisation environnementale porte sur un projet soumis à évaluation environnementale en application de l'article L. 122-1, le préfet transmet le dossier à l'autorité environnementale.**

Les consultations qui sont effectuées en application de la présente section valent consultation au titre du III de l'article R. 122-7.

Lorsque la demande d'autorisation environnementale se rapporte à un projet ayant fait l'objet d'une étude d'impact préalablement au dépôt d'une demande d'autorisation environnementale et que cette étude d'impact est actualisée dans les conditions prévues au III de l'article L. 122-1-1, l'autorité environnementale est consultée sur l'étude d'impact actualisée.

Avis de l'autorité environnementale. Aucune disposition ni aucun principe ne prévoient que cette autorité doive rendre un avis avant un rejet de la demande en phase d'examen préalable sur le fondement de l'article R. 181-34 du Code de l'environnement (▪ CAA Douai, 22 mars 2022, n° 20DA00847).

Art. R. 181-20 ancien *(Abr. à compter du 22 octobre 2024, D. n° 2024-742, 6 juill. 2024)* (1)

Art. R. 181-20 *(Ancien article R. 181-18 créé à compter du 1er mars 2017, D. n° 2017-81, 26 janv. 2017 ; rempl., D. n° 2019-1352, 12 déc. 2019 ; dénum. à compter du 22 octobre 2024, D. n° 2024-742, 6 juill. 2024)* (1). **– Lorsque le projet est soumis à évaluation environnementale, le préfet consulte le directeur général de l'agence régionale de santé de la ou des régions sur le territoire desquelles ce projet est susceptible, compte tenu de son impact sur l'environnement, d'avoir des incidences notables sur la santé publique. Pour les projets autres que ceux soumis à évaluation environnementale, le préfet peut également consulter le directeur de l'agence régionale de santé de la ou des régions concernées, s'il estime que le projet est susceptible de présenter des dangers et inconvénients pour la santé et la salubrité publiques.**

Lorsque plusieurs directeurs généraux d'agences régionales de santé sont concernés par le projet, ils choisissent l'un d'entre eux afin de coordonner leurs réponses.

Lorsqu'ils sont saisis en application des dispositions du présent article, le ou les directeurs généraux d'agence régionale de santé concernés disposent d'un délai de quarante-cinq jours à compter de la réception du dossier pour se prononcer.

Art. R. 181-21 *(Abr., D. n° 2019-1352, 12 déc. 2019 ; rétabli à compter du 1er août 2021, D. n° 2021-1000, 30 juill. 2021)* (2). **– Lorsque l'autorisation environnementale est demandée pour un projet pour lequel elle tient lieu de la dérogation prévue au VII de l'article L. 212-1 du présent code, le préfet saisit pour avis conforme le préfet coordonnateur du bassin.**

(1) Dispositions applicables aux demandes déposées à compter du 22 octobre 2024, D. n° 2024-742, 6 juill. 2024.

(2) Dispositions applicables aux projets pour lesquels la demande d'autorisation environnementale a été déposée à compter du 1er mars 2021 et dont la phase de consultation du public n'a pas commencé à la date du 1er août 2021, D. n° 2021-1000, 30 juill. 2021.

Art. R. 181-22 *(Rempl., D. n° 2019-1352, 12 déc. 2019 ; mod. à compter du 1er juillet 2023, D. n° 2023-13, 11 janv. 2023* (1)*).* – **Lorsque la demande d'autorisation environnementale porte sur un projet relevant du 1° ou du 3° de l'article L. 181-1, le préfet saisit pour avis la commission locale de l'eau si le projet est situé dans le périmètre d'un schéma d'aménagement et de gestion des eaux approuvé ou a des effets dans un tel périmètre.**

Avis de la CLE. L'avis de la commission locale de l'eau n'a pas à être sollicité pour l'autorisation d'un projet qui n'est pas situé sur le périmètre d'un SAGE et dont il n'est pas établi qu'il serait susceptible de produire des effets sur le bassin versant couvert par ce SAGE. De même, un tel avis n'a pas à être demandé dans le périmètre d'un SAGE qui n'a pas encore été approuvé (■ CAA Nantes, 2e ch., 14 nov. 2014, n° 12NT01802).

Art. R. 181-23 *(Abr., D. n° 2019-1352, 12 déc. 2019 ; rétabli à compter du 1er août 2021, D. n° 2021-1000, 30 juill. 2021)* (2). – **Lorsque l'autorisation environnementale est demandée pour un projet d'infrastructure terrestre linéaire de transport liée à la circulation routière ou ferroviaire, pour lequel elle tient lieu des autorisations prévues par les articles L. 621-32 et L. 632-1 du Code du patrimoine, le préfet saisit pour avis conforme l'architecte des Bâtiments de France. Cet avis est rendu dans le délai de deux mois.**

Art. R. 181-24 *(Créé à compter du 1er mars 2017, D. n° 2017-81, 26 janv. 2017).* – **Lorsque la demande d'autorisation environnementale porte sur des activités, installations, ouvrages et travaux projetés dans le parc qui sont de nature à affecter de façon notable le cœur du parc ou les espaces maritimes du parc national, le préfet saisit pour avis conforme l'établissement public du parc en application du premier alinéa du II de l'article L. 331-4 ou du III de l'article L. 331-14, à moins que le projet soit soumis à l'autorisation spéciale prévue par le I de l'article L. 331-4 ou le II de l'article L. 331-14, à la délivrance de laquelle la mise en œuvre d'un projet bénéficiant d'une autorisation environnementale reste subordonnée, dans les conditions prévues par l'article R. 181-56.**

Art. R. 181-25 *(Créé à compter du 1er mars 2017, D. n° 2017-81, 26 janv. 2017).* – **Lorsque l'autorisation environnementale est demandée pour un projet pour lequel elle tient lieu de l'autorisation spéciale au titre des sites classés ou en instance de classement, le préfet saisit :**

1° Pour avis, la commission départementale de la nature, des paysages et des sites ;

2° Après avoir recueilli l'avis prévu au 1°, pour avis conforme le ministre chargé des sites, qui, s'il le juge utile, peut solliciter l'avis de la commission supérieure des sites, perspectives et paysages.

Le silence gardé par le ministre chargé des sites au-delà du délai de quarante-cinq jours prévu par l'article R. 181-33 vaut avis défavorable.

Art. R. 181-26 *(Créé à compter du 1er mars 2017, D. n° 2017-81, 26 janv. 2017).* – **Lorsque l'autorisation environnementale est demandée pour un projet pour lequel elle tient lieu de l'autorisation spéciale au titre des réserves naturelles lorsque celle-ci est délivrée par l'État, le préfet peut saisir pour avis la commission départementale de la nature, des paysages et des sites ou le conseil scientifique régional du patrimoine naturel.**

---

(1) Les demandes d'autorisation relevant du titre VI du livre Ier du Code minier déposées antérieurement au 1er juillet 2023 sont instruites selon les dispositions législatives et réglementaires dans leur rédaction antérieure à cette date. Toutefois, dans le cas où le pétitionnaire a déposé, antérieurement au 1er juillet 2023 et pour un même projet, une demande d'autorisation relevant du titre VI du livre Ier du Code minier pour laquelle le président tribunal administratif n'a pas encore été saisi aux fins de la soumettre à enquête publique et une demande d'autorisation environnementale qui est en phase d'examen, le dossier de cette dernière est complété par les pièces complémentaires requises pour les projets relevant du 3° de l'article L. 181-1 du Code de l'environnement et la durée mentionnée à l'article R. 181-17 est suspendue jusqu'à la réception des éléments permettant l'organisation de l'enquête publique conjointe, D. n° 2023-13, 11 janv. 2023, art. 10.

(2) Dispositions applicables aux projets pour lesquels la demande d'autorisation environnementale a été déposée à compter du 1er mars 2021 et dont la phase de consultation du public n'a pas commencé à la date du 1er août 2021, D. n° 2021-1000, 30 juill. 2021.

En cas d'avis défavorable de cette commission ou de ce conseil, le préfet saisit pour avis conforme le ministre chargé de la protection de la nature qui se prononce le cas échéant après avis du Conseil national de la protection de la nature.

Art. R. 181-27 ***(Créé à compter du 1er mars 2017, D. n° 2017-81, 26 janv. 2017 ; mod. à compter du 1er janvier 2020, D. n° 2019-1580, 31 déc. 2019).*** **– Lorsque la demande d'autorisation environnementale porte sur un projet d'activité susceptible d'altérer de façon notable le milieu marin d'un parc naturel marin, le préfet saisit pour avis conforme l'Office français de la biodiversité ou, sur délégation, son conseil de gestion, en application du dernier alinéa de l'article L. 334-5.**

Annulation d'une autorisation ICPE pour insuffisance de justification de la capacité financière (■ CAA Lyon, 15 mai 2018, n° 16LY03067 ; *idem* à propos d'autorisation d'éoliennes : ■ CAA Nancy, 14 déc. 2017, nos 16NC02173 et 16NC02191).

Art. R. 181-28 ***(Créé à compter du 1er mars 2017, D. n° 2017-81, 26 janv. 2017 ; mod., D. n° 2019-1352, 12 déc. 2019)*** (1). **– Lorsque l'autorisation environnementale est demandée pour un projet pour lequel elle tient lieu de dérogation aux Interdictions édictées en application du 4° de l'article L. 411-2, le préfet saisit pour avis le Conseil scientifique régional du patrimoine naturel, qui se prononce dans le délai de deux mois.**

Par exception au premier alinéa, le préfet saisit pour avis le Conseil national de la protection de la nature, qui se prononce dans le délai de deux mois, dans les cas suivants :

1° La dérogation dont l'autorisation environnementale tient lieu concerne une espèce figurant sur la liste établie en application de l'article R. 411-8-1. Si l'avis du Conseil national de la protection de la nature est défavorable, le préfet saisit pour avis conforme le ministre chargé de la protection de la nature ainsi que, si la dérogation concerne une espèce marine, le ministre chargé des pêches maritimes ;

2° La dérogation dont l'autorisation environnementale tient lieu concerne une espèce figurant sur la liste établie en application de l'article R. 411-13-1 ;

3° La dérogation dont l'autorisation environnementale tient lieu concerne au moins deux régions administratives ;

4° Le préfet estime que la complexité et l'importance des enjeux du dossier soulèvent une difficulté exceptionnelle.

Absence de saisine du CSRPN – Vice « danthonysable ». Si la méconnaissance de l'obligation de consultation n'a, dans les circonstances de l'espèce, pas été susceptible d'avoir une influence sur le sens de la décision prise, ni privé les intéressés d'une garantie, elle n'entache pas d'illégalité l'acte attaqué (■ CAA Paris, 7 oct. 2021, n° 20PA03478).

Art. R. 181-29 ***(Abr., D. n° 2019-1352, 12 déc. 2019 ; rétabli à compter du 1er juillet 2023, D. n° 2023-13, 11 janv. 2023)*** (2). **– I. – Lorsque la demande de travaux miniers porte sur le fond de la mer, le préfet communique, en outre, le dossier, pour avis conforme, au représentant de l'État en mer et, pour avis, à l'Institut français de recherche pour l'exploitation de la mer (IFREMER).**

II. – Pour les injections de gaz naturel ou de gaz de pétrole liquéfié (GPL) en nappe aquifère contenant de l'eau potable ou qui peut être rendue potable ou en contact avec celle-ci, le préfet communique le dossier, pour avis, à l'Agence nationale chargée de la sécurité sanitaire de l'alimentation, de l'environnement et du travail.

(1) Dispositions applicables aux demandes d'autorisation environnementale ou de dérogation présentées à compter du 1er janvier 2020, D. n° 2019-1352, 12 déc. 2019.

(2) Les demandes d'autorisation relevant du titre VI du livre Ier du Code minier déposées antérieurement au 1er juillet 2023 sont instruites selon les dispositions législatives et réglementaires dans leur rédaction antérieure à cette date. Toutefois, dans le cas où le pétitionnaire a déposé, antérieurement au 1er juillet 2023 et pour un même projet, une demande d'autorisation relevant du titre VI du livre Ier du Code minier pour laquelle le président tribunal administratif n'a pas encore été saisi aux fins de la soumettre à enquête publique et une demande d'autorisation environnementale qui est en phase d'examen, le dossier de cette dernière est complété par les pièces complémentaires requises pour les projets relevant du 3° de l'article L. 181-1 du Code de l'environnement et la durée mentionnée à l'article R. 181-17 est suspendue jusqu'à la réception des éléments permettant l'organisation de l'enquête publique conjointe, D. n° 2023-13, 11 janv. 2023, art. 10.

III. – Lorsque la demande porte sur des travaux mentionnés au 10° de l'article 3 du décret n° 2006-649 du 2 juin 2006 relatif aux travaux miniers, aux travaux de stockage souterrain et à la police des mines et des stockages souterrains, le préfet consulte le conseil maritime de façade ou le conseil maritime ultramarin. Ce conseil dispose d'un délai de deux mois pour faire connaître ses observations.

Art. R. 181-30 *(Créé à compter du 1er mars 2017, D. n° 2017-81, 26 janv. 2017 ; mod. à compter du 1er janvier 2022, D. n° 2021-1905, 30 déc. 2021)* (1). – Lorsque la demande d'autorisation environnementale tient lieu d'autorisation ou intègre la déclaration pour l'utilisation d'organismes génétiquement modifiés au titre de l'article L. 532-3, le préfet saisit pour avis le Comité d'expertise des utilisations confinées d'organismes génétiquement modifiés.

Art. R. 181-31 *(Abr., D. n° 2019-1352, 12 déc. 2019 ; rétabli, D. n° 2024-62, 31 janv. 2024)*. – Lorsque la demande d'autorisation environnementale porte sur un projet soumis à évaluation environnementale et envisagé sur le territoire d'un parc naturel régional, le préfet saisit pour avis le syndicat mixte d'aménagement de gestion du parc naturel régional sur l'étude d'impact en application de l'article R. 333-14.

Art. R. 181-32 *(D. n° 2017-81, 26 janv. 2017 ; mod. à compter du 2 décembre 2018, D. n° 2018-1054, 29 nov. 2018 ; mod., D. n° 2024-62, 31 janv. 2024)*. – Lorsque la demande d'autorisation environnementale porte sur un projet d'installation de production d'électricité utilisant l'énergie mécanique du vent, le préfet saisit pour avis conforme :

1° Le ministre chargé de l'aviation civile :

a) Pour ce qui concerne les radars primaires, les radars secondaires et les radiophares omnidirectionnels très haute fréquence (VOR), sur la base de critères de distance aux aérogénérateurs ;

b) Pour les autres aspects de la circulation aérienne, sur tout le territoire et sur la base de critère de hauteur des aérogénérateurs.

Ces critères de distance et de hauteur sont fixés par :

– un arrêté des ministres chargés des installations classées et de l'aviation civile, lorsque le projet porte sur des installations de production d'électricité utilisant l'énergie mécanique du vent à terre ;

– un arrêté des ministres chargés de l'environnement et de l'aviation civile, lorsque le projet porte sur des installations de production d'électricité utilisant l'énergie mécanique du vent en mer.

2° Le ministre de la défense, y compris pour ce qui concerne les radars et les radiophares omnidirectionnels très haute fréquence (VOR) relevant de sa compétence ;

3° L'architecte des Bâtiments de France si l'autorisation environnementale tient lieu des autorisations prévues par les articles L. 621-32 et L. 632-1 du Code du patrimoine ;

4° L'établissement public chargé des missions de l'État en matière de sécurité météorologique des personnes et des biens sur la base de critères de distance aux aérogénérateurs fixés par un arrêté du ministre chargé des installations classées.

Ces avis sont rendus dans le délai de deux mois.

Le présent article n'est pas applicable lorsque le pétitionnaire a joint ces avis à son dossier de demande.

Exception d'illégalité. **Avis du ministre chargé de l'aviation civile.** Pour une appréciation de la légalité d'un avis défavorable émis par la direction générale de l'Aviation civile en raison du non-respect des distances d'éloignement (■ CAA Douai, 26 janv. 2021, n° 19DA00438). **Avis du ministre de la Défense.** Lorsque l'implantation du parc éolien en litige est de nature à présenter un danger pour la circulation aérienne militaire et à affecter les capacités d'entraînement des forces armées, l'avis défavorable du ministre de la Défense n'est pas entaché d'une erreur manifeste d'appréciation, nonobstant la circonstance que la direction générale de l'Aviation civile a émis un avis favorable au projet (■ CAA Nancy, 6 juill. 2021, n° 19NC03638). Il est en revanche entaché d'illégalité lorsqu'aucun élément versé à l'instruction ne permet d'établir que les trois aérogénérateurs litigieux génèrereraient, eu égard notamment à leur localisation, à leur environnement et aux contraintes opérationnelles tactiques existant dans cet environnement, des obstacles supplémentaires à la navigation aérienne susceptibles de gêner le déroulement des exercices tactiques ou de compromettre la sécurité des pilotes et des biens (■ CAA Nantes, 29 janv. 2021, n° 20NT01197).

(1) Dispositions d'application transitoires : V. D. n° 2021-1905, 30 déc. 2021, I.

Art. R. 181-32-1 *(D. n° 2023-1419, 29 déc. 2023).* – Lorsque la demande d'autorisation environnementale porte sur un projet d'établissement d'ouvrages de raccordement aux réseaux publics d'électricité pour laquelle elle tient lieu de l'autorisation unique mentionnée au 17° de l'article L. 181-2, le préfet saisit pour avis :

1° La commission administrative de façade instituée à l'article R. 219-1-9 ;

2° Le conseil maritime de façade prévu à l'article L. 219-6-1 ;

3° La commission nautique locale et la grande commission nautique selon les modalités prévues par le décret n° 86-606 du 14 mars 1986 relatif aux commissions nautiques ;

4° Le préfet de région visé à l'article R.* 219-1-8 ;

5° L'autorité militaire compétente.

Le préfet communique, en outre, le dossier, pour avis conforme, au représentant de l'État en mer compétent.

Art. R. 181-33 *(Rempl. à compter du 1er août 2021, D. n° 2021-1000, 30 juill. 2021). – (Mod., D. n° 2023-1419, 29 déc. 2023)* Les avis prévus par les articles R. 181-21 à R. 181-32-1 sont, sauf disposition contraire prévue dans la présente sous-section et sous réserve des dispositions de l'article R. 181-53-1, rendus dans un délai de quarante-cinq jours à compter de la saisine de ces instances par le préfet. Ils sont réputés favorables, sauf disposition contraire prévue dans la présente sous-section, au-delà du délai dans lequel ils auraient dû être rendus.

Art. R. 181-33-1 *(D. n° 2018-254, 6 avr. 2018).* – Lorsque la demande d'autorisation environnementale porte sur un projet d'exploitation souterraine d'une carrière de gypse située en tout ou partie dans le périmètre d'une forêt de protection classée en application de l'article L. 141-1 du Code forestier, le préfet saisit pour avis conforme le ministre chargé des forêts. Cet avis est rendu dans un délai de deux mois.

Le silence gardé pendant ce délai vaut avis favorable.

§ 2. – Rejet de la demande

(Division créée à compter du 22 octobre 2024, D. n° 2024-742, 6 juill. 2024) (1)

Art. R. 181-34 *(Créé à compter du 1er mars 2017, D. n° 2017-81, 26 janv. 2017 ; mod. à compter du 22 octobre 2024, D. n° 2024-742, 6 juill. 2024).* – Le préfet est tenu de rejeter la demande d'autorisation environnementale dans les cas suivants :

1° Lorsque l'avis de l'une des autorités ou de l'un des organismes consultés auquel il est fait obligation au préfet de se conformer est défavorable ;

2° Lorsqu'il s'avère que l'autorisation ne peut être accordée dans le respect des dispositions de l'article L. 181-3 ou sans méconnaître les règles, mentionnées à l'article L. 181-4, qui lui sont applicables.

Lorsqu'il apparaît que la réalisation du projet a été entreprise sans attendre l'issue de l'instruction ou lorsque cette réalisation est subordonnée à l'obtention d'une autorisation d'urbanisme qui apparaît manifestement insusceptible d'être délivrée eu égard à l'affectation des sols définie par le document d'urbanisme local en vigueur au moment de l'instruction, à moins qu'une procédure de révision, de modification ou de mise en compatibilité de ce document ayant pour effet de permettre cette réalisation soit engagée.

La décision de rejet est motivée. Cette décision met fin à la phase d'examen et de consultation. Elle est transmise sans délai par le préfet au président du tribunal administratif et au commissaire enquêteur ou au président de la commission d'enquête. La décision est mise en ligne, le cas échéant, sur le site internet mentionné au I de l'article R. 181-37.

1) Incomplétude du dossier. Est illégal le refus d'autorisation fondé sur le caractère incomplet du dossier alors que la société pétitionnaire a apporté des compléments et que l'arrêté ne fournit pas de précisions sur les carences des compléments transmis par la société (▪ CAA Douai, 25 mai 2021, n° 19DA01123).

2) Autorisation de défrichement. Commet une erreur manifeste d'appréciation le préfet qui

(1) Dispositions applicables aux demandes déposées à compter du 22 octobre 2024, D. n° 2024-742, 6 juill. 2024.

rejette la demande d'autorisation de défrichement et, par voie de conséquence, l'autorisation environnementale, au motif que le secteur avait bénéficié d'investissements forestiers subventionnés et que les emprises des éoliennes et l'élargissement de la desserte n'assuraient pas les fonctions protégées par l'article L. 341-5 du Code forestier, alors que les zones boisées subventionnées ne sont concernées que marginalement, que les emprises soustraites à leur vocation forestière seront intégralement compensées par le reboisement d'une superficie identique, et qu'il ne résulte pas de l'instruction que les emprises du projet seraient comprises dans un site écologiquement remarquable ou porterait une quelconque atteinte à la valorisation d'investissements publics consentis pour l'amélioration en quantité ou en qualité de la ressource forestière, compte tenu des compensations que l'exploitant s'oblige à réaliser (■ CAA Lyon, 29 juill. 2021, n° 19LY02899).

3) **Avis défavorable du ministère des Armées.** Le rejet fondé sur un avis conforme du ministère des Armées entaché d'illégalité est lui-même illégal (■ CAA Nantes, 29 janv. 2021, n° 20NT01197).

Voir : Sur les conditions de refus d'autorisation, comm. sous art. L. 181-3, p. 295.

§ 3. – Consultation du public

(Division créée à compter du 22 octobre 2024, D. n° 2024-742, 6 juill. 2024) (1)

Art. R. 181-35 *(Rempl. à compter du 22 octobre 2024, D. n° 2024-742, 6 juill. 2024).* **– I. – Lorsque la consultation du public est réalisée sous la forme d'une enquête publique conformément aux dispositions du troisième alinéa du I de l'article L. 181-10, le préfet saisit, au plus tard quinze jours suivant la réception des avis mentionnés aux articles R. 181-16-1, R. 181-18 à R. 181-32-1 et R. 181-33-1, le président du tribunal administratif en vue de la désignation du commissaire enquêteur ou de la commission d'enquête.**

Le commissaire enquêteur, la commission d'enquête et les suppléants sont désignés dans les conditions prévues aux articles R. 123-4 et R. 123-5.

II. – Lorsque la consultation du public est réalisée sous la forme d'une enquête publique ou d'une consultation réalisée selon les modalités de l'article L. 123-19, elle est organisée selon les modalités du chapitre III du titre II du livre Ier, sous réserve des dispositions de l'article L. 181-10, ainsi que des dispositions suivantes :

1° Lorsque la consultation du public est réalisée sous la forme d'une enquête publique, le préfet prend l'arrêté d'ouverture et d'organisation de l'enquête prévu par l'article R. 123-9 au plus tard quinze jours après la désignation du commissaire enquêteur ou de la commission d'enquête ou, lorsque la réponse du pétitionnaire requise par le dernier alinéa du V de l'article L. 122-1 est plus tardive que cette désignation, après la réception de cette réponse ;

2° Lorsque la consultation du public est réalisée selon les modalités de l'article L. 123-19, l'avis mentionné au I de l'article R. 123-46-1 est mis en ligne par le préfet quinze jours au moins avant le début de la consultation de la participation et pendant toute la durée de celle-ci ;

3° L'avis d'enquête prévu par le I de l'article R. 123-11 ou l'avis prévu au I de l'article R. 123-46-1 mentionne, s'il y a lieu, que l'installation fait l'objet d'un plan particulier d'intervention en application de l'article L. 741-6 du Code de la sécurité intérieure ;

4° Pour les projets relevant du 2° de l'article L. 181-1, les communes mentionnées au III de l'article R. 123-11 ou au I de l'article R. 123-46-1 sont celles dont une partie du territoire est située à une distance, prise à partir du périmètre de l'installation, inférieure au rayon d'affichage fixé dans la nomenclature des installations classées pour la rubrique dont l'installation relève, auxquelles le préfet peut adjoindre d'autres communes par décision motivée. Pour les travaux mentionnés au 10° de l'article 3 du décret n° 2006-649 du 2 juin 2006 relatif aux travaux miniers, aux travaux de stockage souterrain et à la police des mines et des stockages souterrains, sont également désignées les communes, concernées par les risques et inconvénients dont les travaux projetés peuvent être la source, mentionnées dans le dossier de demande ;

5° Le dossier mis à la consultation du public comporte les avis mentionnés aux articles R. 181-16-1, R. 181-18 à R. 181-32-1 et R. 181-33-1, les éventuelles informations complémentaires produites par le pétitionnaire en application du II de l'article R. 181-17, ainsi que la tierce expertise prévue par l'article L. 181-13 si elle est produite avant l'ouverture de la consultation du public.

(1) Dispositions applicables aux demandes déposées à compter du 22 octobre 2024, D. n° 2024-742, 6 juill. 2024.

Art. R. 181-36 *(Rempl. à compter du 22 octobre 2024, D. n° 2024-742, 6 juill. 2024).* – I. – Lorsque la consultation du public est réalisée dans les conditions prévues à l'article L. 181-10-1, l'information du public sur l'ouverture de cette consultation est réalisée au moins quinze jours avant le début de la consultation et après information du commissaire enquêteur ou du président de la commission d'enquête. Cette information s'effectue selon les modalités suivantes :

1° L'avis de consultation est mis en ligne sur le site de la préfecture et sur le site internet spécialement dédié à la consultation lorsque ce dernier existe ;

2° Cet avis est en outre publié et affiché dans les conditions prévues aux 2°, 3° et 4° du I de l'article R. 123-46-1. Pour les projets relevant du 2° de l'article L. 181-1, les communes dont le territoire est susceptible d'être affecté par le projet et où l'avis doit être publié par voie d'affichage sont celles dont une partie du territoire est située à une distance, prise à partir du périmètre de l'installation, inférieure au rayon d'affichage fixé dans la nomenclature des installations classées pour la rubrique dont l'installation relève, auxquelles le préfet peut adjoindre d'autres communes par décision motivée. Pour les travaux mentionnés au 10° de l'article 3 du décret n° 2006-649 du 2 juin 2006 relatif aux travaux miniers, aux travaux de stockage souterrain et à la police des mines et des stockages souterrains, sont également désignées les communes, concernées par les risques et inconvénients dont les travaux projetés peuvent être la source, mentionnées dans le dossier de demande.

Un arrêté du ministre chargé de l'environnement précise les caractéristiques techniques du site internet spécialement dédié à la consultation mentionné au 1°.

II. – L'avis de consultation mentionne, outre les éléments prévus au II de l'article L. 123-19 :

1° L'indication de l'adresse électronique et de l'adresse postale ainsi que, éventuellement, des autres modalités retenues pour la transmission des observations et des propositions du public ;

2° Le jour, l'heure et le lieu de la réunion prévue au 1° du III de l'article L. 181-10-1 ;

3° Le cas échéant, les lieux, jours et heures où le commissaire enquêteur ou la commission d'enquête, représentée par un ou plusieurs de ses membres, se tiendra à la disposition du public pour recevoir ses observations et propositions.

III. – Le cas échéant, l'avis indique que la consultation tient lieu de la participation du public au titre de l'autorisation d'urbanisme en application des dispositions du deuxième alinéa du I de l'article L. 181-10, à condition que la demande d'autorisation d'urbanisme relative au même projet ait été préalablement déposée.

Périmètre spécial de l'enquête pour les installations classées. *Périmètre minimum.* Est de nature à entraîner l'annulation de l'autorisation d'une installation classée, pour procédure irrégulière, l'affichage de l'avis d'enquête publique réalisé dans un périmètre inférieur à celui fixé par la nomenclature (▪ CE, 19 avr. 1989, n° 54.094, *Secrétaire d'État auprès du Premier ministre chargé de l'environnement et de la qualité de la vie c/ Assoc. « La Sauvegarde de Saint-Pierre-la-Garenne et ses environs »*). Il en va de même lorsque trois communes dont le territoire est touché par le périmètre d'affichage n'ont pas été consultées (▪ CE, 14 mars 2001, n° 217226, *Comité d'Izeaux pour la défense de la qualité de la vie*). En revanche, la circonstance que le préfet consulte des communes situées en dehors de ce périmètre est sans influence sur la régularité de l'arrêté attaqué (▪ CE, 26 avr. 1985, n°s 45756, 45806 et 45807, *Assoc. de défense de l'environnement et des sites des communes de Bar et a.*). *L'ensemble des communes concernées par les risques et les inconvénients.* De même, une erreur de définition dans le périmètre, à l'origine de l'exclusion d'une ou de plusieurs communes de la procédure d'enquête publique, ne conduit pas à l'annulation de l'enquête publique dès lors que les habitants de ces communes « exclues » se sont exprimés lors de l'enquête et qu'il n'était pas allégué que d'autres en auraient été empêchés (▪ CAA Lyon, 7 déc. 1999, n° 98LY00059, *Comité d'Izeaux pour la défense de la qualité de vie : Juris-Data* n° 1999-108205 ; *Mon. TP* 21 avr. 2000, p. 95 ; *Rev. jur. env.* 3/2000, p. 500 ; *BDEI* avr. 2000, p. 26, concl. M. Veslin).

Voir : Sur la détermination du périmètre général de l'enquête publique, comm. sous : art. R. 123-11, p. 1569.

Art. R. 181-36-1 *(Rempl. à compter du 22 octobre 2024, D. n° 2024-742, 6 juill. 2024).* – I. – Dès le début de la consultation prévue à l'article L. 181-10-1, outre les pièces exigées par les législation et réglementations applicables au projet et sous réserve des éléments mentionnés à l'article R. 181-37, le dossier mis à disposition du public dans les conditions prévues au II de l'article L. 123-19 comprend :

1° Lorsque le projet fait l'objet d'une évaluation environnementale :

a) L'étude d'impact et son résumé non technique ;

b) Le cas échéant, la décision prise après un examen au cas par cas par l'autorité mentionnée au IV de l'article L. 122-1 ou, en l'absence d'une telle décision, la mention qu'une décision implicite a été prise, accompagnée pour les projets du formulaire mentionné au II de l'article R. 122-3-1 ;

2° En l'absence d'évaluation environnementale, la décision prise après un examen au cas par cas ne soumettant pas le projet à évaluation environnementale et, lorsqu'elle est requise, l'étude d'incidence environnementale mentionnée à l'article L. 181-8 et son résumé non technique, une note de présentation précisant les coordonnées du maître d'ouvrage ou de la personne publique responsable du projet, l'objet de la consultation, les caractéristiques les plus importantes du projet et présentant un résumé des principales raisons pour lesquelles, notamment du point de vue de l'environnement, le projet soumis à consultation a été retenu ;

3° La mention des textes qui régissent la consultation du public en cause et l'indication de la façon dont cette consultation s'insère dans la procédure administrative relative au projet considéré, ainsi que la ou les décisions pouvant être adoptées au terme de la consultation et les autorités compétentes pour prendre la décision d'autorisation ;

4° Le bilan de la procédure de débat public organisée dans les conditions définies aux articles L. 121-8 à L. 121-15, de la concertation préalable définie à l'article L. 121-16 ou de toute autre procédure prévue par les textes en vigueur permettant au public de participer effectivement au processus de décision. Il comprend également l'acte prévu à l'article L. 121-13 ainsi que, le cas échéant, le rapport final prévu à l'article L. 121-16-2. Lorsque aucun débat public ou lorsque aucune concertation préalable n'a eu lieu, le dossier le mentionne ;

5° La mention des autres autorisations nécessaires pour réaliser le projet dont le ou les maîtres d'ouvrage ont connaissance ;

6° Le cas échéant, la mention que le projet fait l'objet d'une évaluation transfrontalière de ses incidences sur l'environnement en application de l'article R. 122-10 ou des consultations avec un État frontalier membre de l'Union européenne ou partie à la convention du 25 février 1991 signée à Espoo ;

7° Lorsque la consultation tient lieu de la participation du public au titre de l'autorisation d'urbanisme en application des dispositions du deuxième alinéa du I de l'article L. 181-10, les pièces exigées au titre de cette participation.

Le préfet disjoint du dossier soumis à la consultation du public les informations dont la divulgation est susceptible de porter atteinte aux intérêts mentionnés au I de l'article L. 124-4 et au II de l'article L. 124-5.

II. – La demande de mise en consultation sur support papier du dossier, prévue au II de l'article L. 123-19, se fait dans les conditions prévues à l'article D. 123-46-2.

Art. R. 181-37 *(Rempl. à compter du 22 octobre 2024, D. n° 2024-742, 6 juill. 2024).* – I. – Les éléments mentionnés ci-après sont rendus publics tout au long de la consultation par le commissaire enquêteur ou le président de la commission d'enquête sur le site internet de la préfecture ou sur le site internet spécialement dédié à la consultation lorsque ce dernier existe :

1° Les jours, heures et lieux des réunions mentionnées aux 1° et 5° du III de l'article L. 181-10-1. Le jour, l'heure et le lieu de la réunion de clôture sont rendus publics au moins sept jours avant la tenue de cette réunion.

Le commissaire enquêteur ou le président de la commission d'enquête, en concertation avec le pétitionnaire et le préfet, définit les modalités complémentaires d'information du public et du déroulement de ces réunions, notamment la possibilité de participer par visioconférence ;

2° Les observations et les propositions du public. Les observations et propositions du public, adressées par voie postale, ou par tout autre moyen que par voie électronique, sont consignées par le commissaire enquêteur ou le président de la commission d'enquête sur le même site internet ;

3° Les avis mentionnés aux articles R. 181-16-1, R. 181-18 à R. 181-32-1 et R. 181-33-1 dès leur réception, ou la mention d'une absence d'avis résultant de l'expiration des délais impartis ;

4° Les éventuelles informations complémentaires produites par le pétitionnaire en application du II de l'article R. 181-17, ainsi que la tierce expertise prévue par l'article L. 181-13 si elle est produite pendant la phase d'examen et de consultation ;

5° Les réponses éventuelles du pétitionnaire à ces avis, observations et propositions du public, y compris celles recueillies lors de la réunion de clôture.

II. – A l'expiration du délai de la consultation du public, le commissaire enquêteur ou le président de la commission d'enquête rencontre le pétitionnaire et lui communique les observations et propositions du public préalablement consignées. Le pétitionnaire dispose d'un délai de cinq jours pour formuler ses observations.

Le rapport du commissaire enquêteur ou de la commission d'enquête comporte le rappel de l'objet du projet, la liste de l'ensemble des pièces figurant dans le dossier de consultation, une synthèse des observations du public et des avis mentionnés au 3° du I, une analyse des propositions produites durant la consultation et, le cas échéant, les observations du responsable du projet en réponse aux observations du public.

Le commissaire enquêteur ou le président de la commission d'enquête rend public ce rapport, assorti des conclusions motivées, sur le site internet mentionné au I au plus tard à la date de publication de la décision et pendant une durée d'un an. Il transmet simultanément une copie du rapport et des conclusions motivées au président du tribunal administratif et au préfet.

Ces documents sont adressés au pétitionnaire par le préfet.

Art. R. 181-38 ***(Rempl. à compter du 22 octobre 2024, D. n° 2024-742, 6 juill. 2024).*** **– Lorsque le rapport et les conclusions motivées du commissaire enquêteur, de la commission d'enquête, ou à défaut de leur suppléant, ne sont pas transmis dans le délai de trois semaines suivant la clôture de la consultation prévue à l'article L. 181-10-1, une synthèse des observations et propositions du public et des réponses du pétitionnaire est rendue publique sur le site mentionné au I de l'article R. 181-37 par le préfet, au plus tard à la date de publication de la décision et pendant une durée minimale de trois mois.**

Ces documents sont adressés au pétitionnaire par le préfet.

Validité et portée des avis municipaux. Si un préfet peut se prononcer légalement sur une demande d'autorisation lorsqu'un conseil municipal dûment invité à émettre son avis ne l'a pas fait dans le délai imparti, la décision préfectorale ne peut intervenir au vu d'un avis émis irrégulièrement (■ CAA Lyon, 12 oct. 1992, n° 91LY00252, *Min. Environnement c/ M. Pillarou*). Lorsqu'un avis est requis, son défaut constitue un vice substantiel de la procédure d'autorisation (■ CE, 8 juill. 1987, *Selle : Rec. CE*, p. 248. ■ CA, 7 avr. 1999, n° 183619, *Sté Soucas*). Si le préfet est tenu de susciter les avis, il n'a pas l'obligation de les obtenir et n'a pas à attendre les avis des communes qui n'ont pas délibéré en temps utile pour prendre sa décision d'autoriser ou de refuser l'autorisation d'une installation classée (■ TA Melun, 15 mars 2001, n°s 003066/4 et 003157/4, *SCI Les Prés de la Fontaine et Sté Hermé Loisirs*).

Art. R. 181-38-1 ***(Créé à compter du 1er juillet 2023, D. n° 2023-13, 11 janv. 2023*** (1) ***; mod. à compter du 22 octobre 2024, D. n° 2024-742, 6 juill. 2024).*** **– I. – Lorsqu'un projet relevant du 3° de l'article L. 181-1 fait l'objet d'une enquête publique dans le département de la Guyane, celle-ci fait l'objet des adaptations suivantes :**

1° Le siège de l'enquête, le lieu où sont reçues les observations du public et le lieu de consultation du rapport et des conclusions du commissaire enquêteur ou de la commission d'enquête mentionnés aux 4° et 6° de l'article R. 123-9 sont fixés au chef-lieu de l'arrondissement dans le ressort duquel doivent se dérouler les travaux faisant l'objet de la demande d'autorisation ;

2° L'avis au public mentionné au I de l'article R. 123-11 est publié un mois au moins avant le début de l'enquête et publié à nouveau dans les huit premiers jours, dans un journal diffusé localement. Il est affiché un mois avant le début de l'enquête et durant toute la durée de celle-ci au chef-lieu d'arrondissement et dans les communes sur le territoire desquelles doivent se dérouler les travaux faisant l'objet de la demande d'autorisation. Il n'est pas procédé à l'affichage sur les lieux prévu au IV de l'article R. 123-11 ;

3° Pour la fixation des jours et heures de consultation du dossier et de présentation des observations prévus à l'article R. 123-10, il est tenu compte, en outre, des moyens et délais de déplacement ;

4° Un exemplaire du registre d'enquête mentionné à l'article R. 123-13 est déposé au siège de l'enquête et à la mairie de chacune des communes sur le territoire desquelles doivent se dérouler les travaux faisant l'objet de la demande d'autorisation de travaux ;

(1) Les demandes d'autorisation relevant du titre VI du livre Ier du Code minier déposées antérieurement au 1er juillet 2023 sont instruites selon les dispositions législatives et réglementaires dans leur rédaction antérieure à cette date. Toutefois, dans le cas où le pétitionnaire a déposé, antérieurement au 1er juillet 2023 et pour un même projet, une demande d'autorisation relevant du titre VI du livre Ier du Code minier pour laquelle le président tribunal administratif n'a pas encore été saisi aux fins de la soumettre à enquête publique et une demande d'autorisation environnementale qui est en phase d'examen, le dossier de cette dernière est complété par les pièces complémentaires requises pour les projets relevant du 3° de l'article L. 181-1 du Code de l'environnement et la durée mentionnée à l'article R. 181-17 est suspendue jusqu'à la réception des éléments permettant l'organisation de l'enquête publique conjointe, D. n° 2023-13, 11 janv. 2023, art. 10.

5° La visite des lieux par le commissaire enquêteur ou les membres de la commission d'enquête prévue à l'article R. 123-15 s'applique aux seuls travaux d'exploitation réalisés dans le cadre d'une concession. La population est informée de cette visite au moins huit jours avant, par tout moyen ;

6° Quand la réunion publique prévue à l'article R. 123-17 est organisée, elle a lieu au siège de l'enquête ;

7° La consultation des personnes prévues à l'article R. 123-16 se déroule au siège de l'enquête. Si le titre est un permis d'exploitation ou un permis de recherches, cette consultation peut se faire par écrit.

II. – Lorsqu'un projet relevant du 3° de l'article L. 181-1 fait l'objet d'une consultation du public au titre de l'article L. 181-10-1 en Guyane, les dispositions des articles R. 181-36 à R. 181-38 s'appliquent sous réserve des adaptations suivantes :

1° Pour la fixation des jours et heures de consultation du dossier et de présentation des observations et propositions, il est tenu compte des moyens et délais de déplacement ;

2° L'avis mentionné à l'article R. 181-36 est publié un mois au moins avant le début de la consultation du public et publié à nouveau dans les huit premiers jours dans un journal diffusé localement. Pour les projets d'importance nationale, cet avis est, en plus, publié un mois au moins avant le début de la consultation du public dans un journal à diffusion nationale ;

3° Le 4° du I de l'article R. 123-46-1 ne s'applique pas.

Sous-section 2. – Phase de décision

(Ancienne sous-section 3 dénum. à compter du 22 octobre 2024, D. n° 2024-742, 6 juill. 2024) (1)

Art. R. 181-39 *(Créé à compter du 1er mars 2017, D. n° 2017-81, 26 janv. 2017 ; mod., D. n° 2019-1352, 12 déc. 2019 ; rempl. à compter du 1er août 2021, D. n° 2021-1000, 30 juill. 2021). – (Al. rempl. à compter du 22 octobre 2024, D. n° 2024-742, 6 juill. 2024)* Dans les quinze jours suivant l'envoi par le préfet au pétitionnaire du rapport et des conclusions du commissaire enquêteur mentionnés à l'article L. 123-6 ou L. 181-10-1, ou de la synthèse des observations et propositions du public dans le cas prévu à l'article R. 181-38 ou lorsque la consultation du public est réalisée conformément aux dispositions de l'article L. 123-19, le préfet transmet pour information la note de présentation non technique de la demande d'autorisation environnementale, les conclusions motivées du commissaire enquêteur ou la synthèse des observations et propositions du public, ainsi que les réponses du pétitionnaire :

1° À la commission départementale de la nature, des paysages et des sites, lorsque la demande d'autorisation environnementale porte sur une carrière et ses installations annexes ou une installation de production d'électricité utilisant l'énergie mécanique du vent ;

2° Au conseil départemental de l'environnement et des risques sanitaires et technologiques dans les autres cas.

Le préfet peut également solliciter l'avis de la commission ou du conseil susmentionnés sur les prescriptions dont il envisage d'assortir l'autorisation ou sur le refus qu'il prévoit d'opposer à la demande. Il en informe le pétitionnaire au moins huit jours avant la réunion de la commission ou du conseil, lui en indique la date et le lieu, lui transmet le projet qui fait l'objet de la demande d'avis et l'informe de la faculté qui lui est offerte de se faire entendre ou représenter lors de cette réunion de la commission ou du conseil.

I – L'INFORMATION PRÉALABLE DU PÉTITIONNAIRE (JURISPRUDENCE SUR LES ANCIENNES DISPOSITIONS)

1) Contenu de l'information. La communication faite au demandeur ne peut porter que sur l'indication de la nature des prescriptions proposées et n'a pas à comporter une analyse des motifs ayant conduit l'inspecteur des installations classés à retenir les propositions (■ CAA Lyon, 6 juill. 1999, n° 97LY00084, *SA STEF*). Le préfet doit communiquer au demandeur la proposition de l'inspection des installations classées accompagnée de l'ensemble des motifs. Ainsi, est annulé un arrêté de refus d'autorisation se bornant à communiquer à l'exploitant un seul des trois motifs de rejet énumérés dans le rapport de l'inspection (■ CAA Paris, 11 juill. 2003, n° 01PA01621, *Min. de l'Aménagement du territoire et de l'Environnement*).

2) Délai de 8 jours avant la réunion. Le non-respect du délai de 8 jours, en l'absence de situation d'urgence, peut entraîner l'annulation d'une autorisation pour procédure irrégulière (■ CE, ass.,

(1) Dispositions applicables aux demandes déposées à compter du 22 octobre 2024, D. n° 2024-742, 6 juill. 2024.

8 juill. 2005, n° 247976, *Sté Alusuisse Lonza : Environnement* 2005, n° 67, note P. Trouilly). V. à propos de la commission départementale des carrières (désormais remplacée par la CDNPS). Le non-respect de ce délai est donc de nature à créer un doute sérieux quant à la légalité de l'arrêté d'autorisation, justifiant sa suspension (■ CE, 12 oct. 2005, n° 277300, *SA Placoplâtre : JurisData* n° 2005-069087 ; *Environnement* 2006, n° 1, comm. 11, note D. Gillig).

3) Obligation de transmettre le rapport de contrôle (oui). ■ CE, 16 oct. 2017, n° 395303.

II – LA RÉUNION DU CODERST OU DE LA CNDPS (JURISPRUDENCE SUR LES ANCIENNES DISPOSITIONS)

4) Demande d'une audition. Le demandeur doit expressément faire la demande d'audition auprès du conseil (■ CE, 1er juin 1962, *Sieur Amblard : Rec. CE*, p. 363).

5) Absence du pétitionnaire lors de la réunion. L'absence du demandeur, ou de son représentant, lors de la réunion du CODERST n'entraîne pas l'irrégularité de la procédure lorsque ce dernier a été régulièrement informé de celle-ci dans les délais (■ CAA Douai, 28 juin 2001, n° 97DA01724, *M. Robert Leclercq et a.*). Dans le cadre d'une requête aux fins de sursis à exécution, l'absence de consultation du CDH constitue un moyen sérieux de nature à justifier l'annulation d'un arrêté préfectoral d'autorisation (■ CE, 6 mai 1996, n° 150045, *Préfet de la Région Provence-Alpes-Côte d'Azur c/ Assoc. des habitants du 13e arrondissement pour des actions de prévention et de santé*).

6) Composition et impartialité. L'arrêté préfectoral fixant la composition du CDH appelé à statuer sur une demande d'autorisation d'exploitation d'une installation classée doit permettre de connaître à l'avance l'identité des personnes susceptibles de siéger par la désignation des membres qui la composent, soit, en vertu de la qualité au nom de laquelle elles sont appelées à siéger, lorsque cette mention suffit à les identifier, soit, dans l'hypothèse où le membre doit faire l'objet d'une désignation, par l'indication nominative de la personne appelée à siéger (■ CAA Marseille, 5 juin 2008, n° 05MA00591, *Cne de Saint Gilles*). Le fait que le CDH ait procédé à l'audition de plusieurs personnes, dont le maire d'une commune, également conseiller général du canton dans lequel se trouve la société demandant l'autorisation, est sans incidence sur la régularité de la procédure dès lors que ces personnes n'ont pas participé aux délibérations (■ CE, 12 févr. 2003, n° 240536, *Sté Entreprise Hemery frères*). La circonstance qu'un membre du CDH ait participé à la réunion du CDH alors qu'il a déposé un avis défavorable durant l'enquête publique est sans incidence sur la régularité de la procédure, pourvu qu'il n'ait eu aucun intérêt personnel au projet (■ CE, 22 oct. 1999, n° 171132, *Cne de Barnas*). De même, la seule circonstance que le représentant légal du demandeur est membre du CODERST appelé à émettre un avis sur la demande d'autorisation d'exploiter n'est pas de nature à vicier la procédure de délivrance de cette autorisation, dès lors « qu'il s'est abstenu d'intervenir pendant la séance consacrée à l'examen du projet litigieux et n'a pas participé au vote à l'issue duquel cette instance a émis un avis favorable » (■ CAA Nantes, 26 nov. 2010, n° 08NT03055, *Min. Écologie : JurisData* n° 2010-028538 ; *Environnement et dév. durable* avr. 2011, n° 4, p. 26, note D. Gillig). De même, la circonstance selon laquelle la chambre d'agriculture était doublement présente et représentée en qualité d'appui technique du pétitionnaire et de membre du CODERST ne suffit pas, à elle seule, à établir que le principe d'impartialité qui s'impose audit conseil n'aurait pas été respecté (■ CAA Lyon, 4 nov. 2011, n° 11LY00849 : *Environnement* févr. 2012, n° 2, p. 32, note D. Gillig). La réception tardive de la convocation à la réunion par certains membres titulaires et l'absence de convocation des membres suppléants n'est pas de nature à exercer une influence sur le sens de l'avis rendu, ni ne prive la partie requérante d'une garantie, lorsque dix des seize membres de la commission ont assisté à la séance publique et que l'avis émis a été approuvé à l'unanimité (■ CAA Marseille, 5 nov. 2013, n° 11MA00547, *Sarl Granulats Gontero*).

7) Présentation du rapport et des avis. L'autorité administrative peut légalement demander à la Mission Interservices de l'Eau située dans le département d'établir le rapport concernant une demande d'autorisation IOTA et les résultats de l'enquête publique (■ CE, 29 avr. 1998, n° 188678, *Assoc. Val-d'Oise Environnement*).

III – L'AVIS DU CODERST OU DE LA CNDPS (JURISPRUDENCE RENDUE SUR LES ANCIENNES DISPOSITIONS)

8) Avis facultatif. Depuis l'entrée en vigueur de la réforme de l'autorisation environnementale, l'avis du CODERST ou de la CDNPS est devenu facultatif à l'initiative du préfet. Auparavant, l'absence de consultation du CDH était donc de nature à justifier l'annulation d'un arrêté d'autorisation (■ CE, 6 mai 1996, n° 150045, *Préfet de la Région Provence-Alpes-Côte d'Azur, Préfet des Bouches-du-Rhône c/ Assoc. des habitants du 13e arrondissement pour des actions de prévention et de santé et a.*). Cette omission entraînait également l'annulation d'un arrêté complémentaire sauf lorsque l'exécution des mesures prescrites présente un caractère d'urgence. À cet égard, si la présence de certains produits toxiques sur le site ne justifie pas ce caractère d'urgence (▪ CAA Lyon, 5 juill. 1996, n° 93LY01996, *Me Charrière*), le justifie en revanche l'enfouissement de déchets dangereux, notamment de dioxines, à proximité mais en dehors d'une décharge contrôlée (▪ CAA Nancy, 2 avr. 1991, n° 90NC00359, *Min. Environnement c/ Sté Elipol : Rec. CE*, p. 1084).

9) **Effet d'un avis défavorable.** La réforme de l'autorisation environnementale a supprimé les dispositions des anciens articles R. 214-13 et R. 512-27 du présent code, selon lesquelles l'exploitation d'une installation classée ou d'un IOTA avant l'intervention de l'arrêté préfectoral entraînait obligatoirement le rejet de la demande d'autorisation en cas d'avis défavorable du CODERST. En application de ces anciennes dispositions, il a été jugé que, en cas d'avis défavorable du CDH, le préfet est tenu de refuser une demande d'extension présentée à la suite d'une modification de l'activité d'une installation classée déjà autorisée et exploitée (▪ CE, 11 févr. 1991, n° 93185, *SARL Bourgatte*).

Art. R. 181-40 ***(Créé à compter du 1er mars 2017, D. n° 2017-81, 26 janv. 2017 ; mod., D. n° 2019-1352, 12 déc. 2019).*** **– Le projet d'arrêté statuant sur la demande d'autorisation environnementale est communiqué par le préfet au pétitionnaire, qui dispose de quinze jours pour présenter ses observations éventuelles par écrit.**

(Al. mod. à compter du 22 octobre 2024, D. n° 2024-742, 6 juill. 2024) **Lorsqu'il est fait application du dernier alinéa de l'article R. 181-39, ces observations peuvent être présentées, à la demande du pétitionnaire, lors de la réunion. Dans ce cas, si le projet d'arrêté n'est pas modifié, les dispositions du premier alinéa du présent article ne sont pas applicables.**

Respect du contradictoire (Jurisprudence rendue sur les anciennes dispositions). L'absence de transmission au demandeur du projet d'arrêté d'autorisation justifie l'annulation de la procédure d'autorisation (▪ TA Limoges, 20 avr. 2000, *M. Parinet c/ Préfet de la Corrèze : Rev. jur. env.* 2000, p. 639, note Sironneau). Il revient à l'administration de justifier d'une situation d'urgence pour s'exonérer de cette procédure (▪ CAA Douai, 26 juill. 2001, n° 97DA01643, *Sté Auxilor*). Le pétitionnaire n'a cependant aucune garantie de procédure autre que le droit d'accès au projet d'arrêté et de présenter ses observations sur ce projet (▪ CAA Douai, 15 févr. 2001, n° 97DA00024, *M. et Mme Jouvernaux*. ▪ CAA Marseille, 16 juin 2016, n° 16MA00667, *Min. de l'Environnement, de l'Énergie et de la Mer c/ Sté routière du midi : JurisData* n° 2016-013464). Il appartient au demandeur de démontrer en quoi il aurait été empêché de présenter ses observations (▪ TA Marseille, 5 févr. 1998, nos 94-1951, 96-1124 et 97-1119, *Sté Alusuisse Lonza France* confirmé par ▪ CE, 8 juill. 2005, n° 247976). Enfin, méconnaît le principe du contradictoire un préfet qui transmet au demandeur un projet d'arrêté d'autorisation et qui prend par la suite un arrêté de refus d'autorisation sans avoir préalablement porté à la connaissance du demandeur son projet d'arrêté portant refus de l'autorisation (▪ TA Nice, 4 juin 2002, n° 01-1191, *SARL Nardelli TP c/ Préfet des Alpes-Maritimes*). – V. également : ▪ CE, 16 oct. 2017, n° 395303.

Art. R. 181-41 ***(D. n° 2017-81, 26 janv. 2017 ; mod. à compter du 2 décembre 2018, D. n° 2018-1054, 29 nov. 2018 ; mod. à compter du 1er août 2021, D. n° 2021-1000, 30 juill. 2021 ; à compter du 1er juillet 2023, D. n° 2023-13, 11 janv. 2023*** (1) ***; à compter du 22 octobre 2024, D. n° 2024-742, 6 juill. 2024).*** **– Le préfet statue sur la demande d'autorisation environnementale dans les deux mois à compter du jour de l'envoi par le préfet au pétitionnaire du rapport et des conclusions du commissaire enquêteur en application de l'article R. 123-21, sous réserve des dispositions de l'article R. 214-95, ou de l'article R. 181-37, ou de la *synthèse* des observations et propositions du public établie en application du II de l'article R. 123-46-1 ou de l'article R. 181-38.**

(1) Les demandes d'autorisation relevant du titre VI du livre Ier du Code minier déposées antérieurement au 1er juillet 2023 sont instruites selon les dispositions législatives et réglementaires dans leur rédaction antérieure à cette date. Toutefois, dans le cas où le pétitionnaire a déposé, antérieurement au 1er juillet 2023 et pour un même projet, une demande d'autorisation relevant du titre VI du livre Ier du Code minier pour laquelle le président tribunal administratif n'a pas encore été saisi aux fins de la soumettre à enquête publique et une demande d'autorisation environnementale qui est en phase d'examen, le dossier de cette dernière est complété par les pièces complémentaires requises pour les projets relevant du 3° de l'article L. 181-1 du Code de l'environnement et la durée mentionnée à l'article R. 181-17 est suspendue jusqu'à la réception des éléments permettant l'organisation de l'enquête publique conjointe, D. n° 2023-13, 11 janv. 2023, art. 10.

Ce délai est toutefois prolongé d'un mois lorsque l'avis de la commission départementale de la nature, des paysages et des sites ou celui du conseil départemental de l'environnement et des risques sanitaires et technologiques est sollicité sur le fondement de l'article R. 181-39.

Ce délai peut être prorogé par arrêté motivé du préfet dans la limite de deux mois, ou pour une durée supérieure si le pétitionnaire donne son accord.

Ce délai est suspendu :

1° Dans le cas prévu au dernier alinéa de l'article L. 181-9 jusqu'à l'achèvement de la procédure permettant la réalisation du projet ;

2° Si, dans ce délai, le préfet demande une tierce expertise sur le fondement de l'article L. 181-13, à compter de cette demande et jusqu'à la production de l'expertise ;

3° Lorsque la procédure est conjointe avec la procédure d'attribution d'un titre minier, jusqu'à la délivrance de ce titre.

Forme de la décision de prorogation. Avant l'entrée en vigueur de la réforme de l'autorisation environnementale, il a été jugé que le préfet proroge par arrêté préfectoral le délai d'instruction de la demande d'autorisation d'exploiter une installation classée (▪ TA Orléans, 18 déc. 1997, n° 97821, *Assoc. Authonnaise pour favoriser la qualité de l'eau et de l'environnement dans le canton*. ▪ TA Strasbourg, 11 juin 1998, n°s 961713 et 962238, *Sté GMA Ville de Mondelange c/ Préfet de la Moselle, Sté CCL*). Aucune disposition législative ou réglementaire ni aucun principe n'imposent qu'un tel arrêté de prorogation, qui est dépourvu de tout effet à l'égard des tiers, soit publié (▪ CE, 22 nov. 1989, n° 78166, *Min. délégué chargé de l'environnement c/ Fédération de défense de l'environnement du Jura*).

Art. R. 181-42 ***(Créé à compter du 1er mars 2017, D. n° 2017-81, 26 janv. 2017).*** **– Le silence gardé par le préfet à l'issue des délais prévus par l'article R. 181-41 pour statuer sur la demande d'autorisation environnementale vaut décision implicite de rejet.**

1) Effets de l'expiration du délai d'instruction. Avant l'entrée en vigueur de la réforme de l'autorisation environnementale, qui consacre la naissance d'une décision implicite de rejet à l'issue du délai d'instruction, il était au contraire considéré que l'expiration de ce délai ne dessaisissait pas l'autorité administrative demeurant tenue de statuer sur la demande d'autorisation d'exploiter une installation classée (▪ CE, 9 juin 1995, n° 127763, *M. et Mme Tchijakoff*. ▪ CAA Lyon, 11 mai 1993, n° 91LY00884, *Sté MOS*. ▪ CAA Nancy, 5 févr. 1998, n° 93NC00739, *Sté ATEP*. ▪ CAA Bordeaux, 5 nov. 1998, n° 98BX01320, *Compagnie générale des matières nucléaires [COGEMA]*). Ainsi, une décision de refus d'autoriser une telle installation intervenue plus de trois mois après la transmission en préfecture du dossier d'enquête par le commissaire enquêteur a été jugée sans influence sur la légalité de cette décision (▪ CAA Bordeaux, 17 déc. 2008, n° 07BX01929, *SARL SPB*).

2) Motivation des refus d'autorisation. V. annotations sous art. L. 181-3, p. 295.

Art. R. 181-43 ***(Créé à compter du 1er mars 2017, D. n° 2017-81, 26 janv. 2017 ; mod., D. n° 2018-254, 6 avr. 2018 ; à compter du 1er juillet 2023, D. n° 2023-13, 11 janv. 2023)*** (1). **– L'arrêté d'autorisation environnementale fixe les prescriptions nécessaires au respect des dispositions des articles L. 181-3 et L. 181-4. Il comporte notamment les mesures d'évitement, de réduction et de compensation et leurs modalités de suivi qui, le cas échéant, sont établies en tenant compte des prescriptions spéciales dont est assorti le permis de construire, le permis d'aménager, le permis de démolir ou la décision prise sur la déclaration préalable en application de l'article R. 111-26 du Code de l'urbanisme. Lorsque l'autorisation**

(1) Les demandes d'autorisation relevant du titre VI du livre Ier du Code minier déposées antérieurement au 1er juillet 2023 sont instruites selon les dispositions législatives et réglementaires dans leur rédaction antérieure à cette date. Toutefois, dans le cas où le pétitionnaire a déposé, antérieurement au 1er juillet 2023 et pour un même projet, une demande d'autorisation relevant du titre VI du livre Ier du Code minier pour laquelle le président tribunal administratif n'a pas encore été saisi aux fins de la soumettre à enquête publique et une demande d'autorisation environnementale qui est en phase d'examen, le dossier de cette dernière est complété par les pièces complémentaires requises pour les projets relevant du 3° de l'article L. 181-1 du Code de l'environnement et la durée mentionnée à l'article R. 181-17 est suspendue jusqu'à la réception des éléments permettant l'organisation de l'enquête publique conjointe, D. n° 2023-13, 11 janv. 2023, art. 10.

environnementale est accordée dans le cadre d'un projet, au sens de l'article L. 122-1, dont la réalisation incombe à plusieurs maîtres d'ouvrage, le préfet identifie, le cas échéant, dans l'arrêté, les obligations et les mesures d'évitement, de réduction et de compensation relevant de la responsabilité de chacun des maîtres d'ouvrage.

Il comporte également :

1° S'il y a lieu, les prescriptions de nature à réduire ou à prévenir les pollutions à longue distance ainsi que les pollutions transfrontalières ;

2° Les conditions d'exploitation de l'installation de l'ouvrage, des travaux ou de l'activité en période de démarrage, de dysfonctionnement ou d'arrêt momentané ;

3° Les moyens d'analyses et de mesures nécessaires au contrôle du projet et à la surveillance de ses effets sur l'environnement, ainsi que les conditions dans lesquelles les résultats de ces analyses et mesures sont portés à la connaissance de l'inspection de l'environnement et, le cas échéant, de la police des mines ;

4° Les conditions de remise en état après la cessation d'activité ou, pour les projets relevant du 3° de l'article L. 181-1, les conditions d'arrêt de travaux.

Lorsque des prescriptions archéologiques ont été édictées par le préfet de région en application des articles L. 522-1 et L. 522-2 du Code du patrimoine, l'arrêté d'autorisation indique que la réalisation des travaux est subordonnée à l'observation préalable de ces prescriptions.

Lorsque l'autorisation environnementale porte sur un projet d'exploitation souterraine d'une carrière de gypse située en tout ou partie dans le périmètre d'une forêt de protection classée en application de l'article L. 141-1 du Code forestier, le préfet peut imposer toute prescription complémentaire nécessaire en vue de limiter les incidences des travaux sur la stabilité des sols, la végétation forestière et les écosystèmes forestiers.

I – LA NATURE DES PRESCRIPTIONS SUSCEPTIBLES D'ÊTRE IMPOSÉES

1) Prescriptions dont le coût est économiquement acceptable. Le coût de ces mesures doit être compatible, notamment, avec la taille de l'exploitation à créer (▪ CE, 7 oct. 1994, n° 150554, *Min. de l'Environnement*) et être en rapport avec la nature de l'installation et les capacités techniques et financières de l'exploitant (▪ CE, 7 oct. 1994, n° 151278, *Groupement agricole d'exploitation en commun des Tilleuls*).

2) Inopposabilité des droits acquis. Le préfet peut à tout moment modifier les prescriptions relatives au fonctionnement d'une installation classée sans que le respect des droits acquis puisse être opposé à une telle modification (▪ CAA Nancy, 9 juill. 1992, n° 90NC00601, *Sté Rhône-Poulenc c/ ASVPP : Rec. CE*, tables décennales 1985-1994, p. 5367, n° 133 ; *Rev. jur. env.* 4/1992, p. 483, concl. J.-P. Piétri). Toutefois, il a été précisé que le préfet qui « ne fait état d'aucun changement postérieur, ni dans les circonstances de droit, ni dans les circonstances de fait, qui l'auraient conduit à modifier son appréciation quant à la probabilité ou à la gravité des risques que ferait peser l'activité de la société sur le respect des intérêts environnementaux visés à l'article L. 511-1 du Code de l'environnement, et à durcir en conséquence les conditions imposées par l'arrêté initial », n'est pas fondé à imposer à l'exploitant des prescriptions complémentaires relatives à la réorganisation de son activité (▪ CAA Nantes, 17 oct. 2016, n° 15NT01671, *Min. Écologie, Développement durable et Énergie c/ Sté Antargaz*).

3) Niveau de précision des prescriptions. Le préfet n'a pas à indiquer en détail les mesures techniques que doit prendre l'exploitant pour satisfaire aux prescriptions originelles (▪ CE, 29 mai 1970, *Sté Bouddegui : Rec. CE* 1970, tables p. 1067).

4) Prescriptions concernant le trafic routier, fluvial et aérien. Le même, le préfet doit prévenir, par des mesures spécifiques, le danger que présente la circulation sur la voie publique de camions chargés de matériaux extraits d'une carrière (▪ CAA Bordeaux, 28 juin 2007, n°s 06BX01233 et 06BX01234, *Sté Somera : Rev. jur. env.* 2008, n° 3, p. 371, note R. Schneider). L'exploitant d'une installation classée dont l'activité présentera de graves dangers pour la sécurité des usagers de la route, en raison de l'accroissement du trafic routier qu'elle entraînera, peut conclure une convention avec la collectivité en charge de ce réseau routier (▪ CAA Nantes, 11 mai 2020, n° 17NT00084, *Min. Envir. c/ Sté Guintoli : Gaz. Pal.* 28 juill. 2020, p. 41, obs. Fr. Braud).

5) Prescriptions concernant la sécurité à l'extérieur de l'installation. Le préfet ne peut pas imposer à l'exploitant des restrictions à l'utilisation des terrains voisins de l'installation exploitée lui appartenant et de veiller à leur urbanisation (▪ CE, 21 févr. 1997, n° 150628, *Sté de production de gaz liquéfiés : BDEI* 3/1997, p. 18, note M. Pennaforte ; *Rec. CE* 1997, tables p. 950 ; *Rev. jur. env.* 4/1997, p. 573, comm. R. Schneider).

6) Prescriptions concernant la sécurité à l'intérieur de l'installation. Les prescriptions peuvent subordonner la délivrance de l'autorisation préfectorale à la mise en place d'une organisation de la sécurité tant intérieure qu'extérieure à l'établissement concerné en vue de prévenir des dangers présentés par cette installation et d'assurer son fonctionnement dans des conditions optimales de sécurité, y compris des dispositions relatives à la formation du personnel et à la réalisation d'exercices périodiques de sécurité (▪ CAA Nancy, 13 févr. 1997, n° 94NC00153, *SNC Butachimie*). Il peut prescrire à l'exploitant d'une installation classée un changement de processus ou de méthode, justifié par la gravité des risques dont l'appréciation tient compte de la localisation de l'activité (▪ CAA Lyon, 6 juill. 1999, n° 97LY00084, *SA STEF : Mon. TP* 19 nov. 1999, p. 81 ; *Rev. jur. env.* 3/2000, p. 493), en cas de changement dans les circonstances de droit ou de fait (▪ CAA Nantes, 17 oct. 2016, n° 15NT01671, *Min. Écologie, Développement durable et Énergie c/ Sté Antargaz*).

7) Prescriptions concernant la gestion des déchets. Aucune disposition législative ou réglementaire n'impose au préfet de demander au bénéficiaire de l'autorisation, dans le cadre d'un arrêté destiné à imposer des prescriptions complémentaires pour un centre d'enfouissement technique, de prévoir les mesures destinées à permettre une éventuelle reprise des déchets (▪ CAA Lyon, 7 déc. 1999, n° 98LY00059, *Comité d'Izeaux pour la défense de la qualité de la vie*). En outre, le préfet ne peut réduire la superficie d'un centre de stockage afin d'inciter la société à privilégier les filières de valorisation de ses déchets, leur stockage ne présentant pas d'inconvénients majeurs pour l'environnement, ceux-ci n'étant pas toxiques (▪ CAA Lyon, 15 févr. 2007, n° 00LY01066, *Sté Ugine Savoie Imphy : BDEI* 2007, n° 10, p. 41, note M. Pennaforte ; *BDEI* 2007, n° 10, obs. O. Beineix ; *Gaz. Pal.* 21 déc. 2007, n° 355, p. 46, obs. P. Graveleau).

8) Prescriptions concernant les sites. Sur le préjudice esthétique causé par une installation à un site touristique (▪ CAA Lyon, 14 mai 1996, n° 93LY01003, *SARL Mestre*), ou encore, sur l'atteinte à des intérêts archéologiques (▪ CAA Nantes, 12 nov. 1997, n° 95NT01657, *SARL Carrières Michaud*).

9) Prescriptions concernant les moyens d'intervention et de surveillance en cas de pollution. Doit être censuré l'arrêté préfectoral d'autorisation de travaux en rivière qui ne prévoit ni les moyens de contrôle des travaux, ni les moyens de surveillance de leurs effets sur l'eau et le milieu aquatique (▪ TA Grenoble, 3 déc. 1997, n°s 97-2780 et 97-2781, *Assoc. Arve et Menoge, Mouvements et actions pour la protection de la nature*). De même, dès lors qu'un projet de travaux hydrauliques (liés à la construction d'une ligne de TGV) présente des risques de pollution accidentelle par les engins de chantier, un risque de pollution de captage, des risques liés à la présence d'ouvrages de franchissement et l'augmentation des zones inondables, l'arrêté préfectoral qui n'indique pas les moyens d'intervention en cas d'incident ou d'accident est entaché d'illégalité (▪ TA Grenoble, 7 avr. 1999, n° 962450, *Union juridique Rhône Méditerranée et Assoc. de protection de la zone inondable du Rhône et affluents*). La même solution s'applique aux travaux d'entretien d'un cours d'eau lorsque, compte tenu de la nature particulière et de la richesse de la faune et de la flore dans le milieu environnant, les prescriptions imposées par le préfet ne permettent pas d'assurer de respecter l'objectif de préservation des écosystèmes aquatiques (▪ TA Dijon, 16 nov. 1999, n° 990934/DP, *Assoc. Les Riverains de l'Yonne c/ Préfet du Dpt de la Nièvre : Rev. jur. env.* 2/2000, p. 236, note Sironneau). Le préfet peut prescrire une étude d'ensemble des résultats collectés sur différents piézomètres permettant de surveiller la pollution des eaux souterraines (▪ CAA Nancy, 23 avr. 1998, n° 94NC01534, *Prochimest*). Un arrêté complémentaire de remise en état est illégal dès lors que la pollution accidentelle est ramenée en dessous du seuil d'intervention (▪ TA Lille, 11 juin 1998, n° 95448, *Sté Céclim c/ Préfet du Nord : Lettre JCl. Environnement* 1998, n° 5, p. 5).

10) Prescriptions concernant la remise en état du site en fin d'activité. En prévoyant dans l'arrêté d'autorisation la remise en état du site, le préfet doit être regardé comme ayant imposé au pétitionnaire de se conformer aux engagements souscrits dans la demande d'autorisation (▪ CAA Toulouse, 4e ch., 8 déc. 2022, n° 20TL02108). V. annotations sous art. L. 512-6-1, p. 949.

Voir également : Sur les prescriptions fixées en matière d'installations classées : art. L. 512-20, p. 977.

II – LA RESPONSABILITÉ FAUTIVE DE L'ÉTAT

11) Engagement de la responsabilité de l'État à défaut d'avoir prescrit les mesures suffisantes. La cour administrative d'appel de Nantes a condamné l'État sur le fondement d'une carence fautive des autorités nationales dans l'application de la réglementation des installations classées aux exploitations agricoles. En l'espèce, les juges retiennent une carence généralisée des services de l'État dans l'application aux exploitations d'élevage bretonnes de la législation applicable aux Installations classées pour la protection de l'environnement (▪ CAA Nantes, 1er déc. 2009, n° 07NT03775 : *JurisData* n° 2009-018564 ; *Environnement* 2010, n° 3, p. 29, comm. D. Gillig. ▪ CAA Nantes, 22 mars 2013, n° 12NT00342, *Cne de Tréduder*, note B. Denis et N. Pillant ; *Gaz. Pal.* sept. 2013, n° 254-255, p. 15, H. Belrhali-Bernard ; *AJDA* sept. 2013, n° 30, p. 1758). En revanche, le Conseil d'État a annulé l'arrêt de la cour administrative d'appel de Nantes qui avait condamné l'État pour carence dans l'exercice de ses pouvoirs de police des installations classées dans le cadre de l'exploitation industrielle AZF. L'absence de mesure prise par le préfet sur le fondement de la police des installations classées n'est fautive que lorsque l'État et ses services sont informés de la situation litigieuse (▪ CE, 17 déc. 2014, nos 367202 et 367203, *MEDDE c/ Gilbert et c/ Épx Molin : JurisData* n° 2014-031311 ; *Énergie – Env. – Infrastr.* mars 2015, n° 3, comm. S. Edlinger et C. Huglo).

Art. R. 181-44 ***(Créé à compter du 1er mars 2017, D. n° 2017-81, 26 janv. 2017 ; mod. à compter du 2 décembre 2018, D. n° 2018-1054, 29 nov. 2018).*** **– En vue de l'information des tiers :**

1° Une copie de l'arrêté d'autorisation environnementale ou de l'arrêté de refus est déposée à la mairie de la commune d'implantation du projet et peut y être consultée ;

2° Un extrait de ces arrêtés est affiché à la mairie de la commune d'implantation du projet pendant une durée minimum d'un mois ; procès-verbal de l'accomplissement de cette formalité est dressé par les soins du maire ;

3° L'arrêté est adressé à chaque conseil municipal et aux autres autorités locales ayant été consultées en application de l'article R. 181-38 ;

4° L'arrêté est publié sur le site internet des services de l'État dans le département où il a été délivré, pendant une durée minimale de quatre mois.

L'information des tiers s'effectue dans le respect du secret de la défense nationale, du secret industriel et de tout secret protégé par la loi.

Art. D. 181-44-1 ***(Créé à compter du 1er mars 2017, D. n° 2017-82, 26 janv. 2017*** (1) ***; mod. à compter du 1er janvier 2022, D. n° 2021-1905, 30 déc. 2021)*** (2). **– Lorsque l'autorisation environnementale tient lieu d'autorisation pour l'utilisation d'organismes génétiquement modifiés au titre de l'article L. 532-3, le préfet transmet une copie de l'arrêté d'autorisation au ministre chargé de l'environnement.**

Section IV. – Mise en œuvre du projet

Art. R. 181-45 ***(D. n° 2017-81, 26 janv. 2017 ; mod. à compter du 2 décembre 2018, D. n° 2018-1054, 29 nov. 2018 ; mod., D. n° 2019-1352, 12 déc. 2019). – (Mod., D. n° 2023-1419, 29 déc. 2023)*** **Les prescriptions complémentaires prévues par le dernier alinéa de l'article L. 181-14 sont fixées par des arrêtés complémentaires du préfet, après avoir procédé, lorsqu'elles sont nécessaires, à celles des consultations prévues par les articles R. 181-18 et R. 181-22 à R. 181-32-1.**

Le projet d'arrêté est communiqué par le préfet à l'exploitant, qui dispose de quinze jours pour présenter ses observations éventuelles par écrit.

Ces arrêtés peuvent imposer les mesures additionnelles que le respect des dispositions des articles L. 181-3 et L. 181-4 rend nécessaire ou atténuer les prescriptions initiales dont le maintien en l'état n'est plus justifié. Ces arrêtés peuvent prescrire, en particulier, la fourniture de précisions ou la mise à jour des informations prévues à la section 2.

Le bénéficiaire de l'autorisation peut demander une adaptation des prescriptions imposées par l'arrêté. Le silence gardé sur cette demande pendant plus de quatre mois à compter de l'accusé de réception délivré par le préfet vaut décision implicite de rejet.

Le délai prévu par l'alinéa précédent est alors porté à cinq mois. L'exploitant peut se faire entendre et présenter ses observations dans les conditions prévues par le même article. Ces observations peuvent être présentées, à la demande de l'exploitant, lors de la réunion. Dans ce cas, si le projet n'est pas modifié, les dispositions du deuxième alinéa du présent article ne sont pas applicables. Le délai prévu par l'alinéa précédent est alors porté à cinq mois.

(1) Dispositions d'applications particulières et transitoires : V. D. n° 2017-82, 26 janv. 2017, art. 6.
(2) Dispositions d'application transitoires : V. D. n° 2021-1905, 30 déc. 2021, I.

L'arrêté complémentaire est publié sur le site internet des services de l'État dans le département où il a été délivré, pendant une durée minimale de quatre mois.

1) **Absence d'enquête publique.** Les arrêtés complémentaires pris en application de la législation des installations classées « ne constituent pas des décisions ayant une incidence significative sur l'environnement et ne sont pas au nombre des décisions visées par l'article 7 de la Charte de l'environnement » et ne sont donc pas soumis à la réalisation d'une enquête publique dès lors que ces arrêtés ne peuvent porter que sur des modifications qui ne sont pas substantielles (■ CE, 17 oct. 2013, n° 370481, *Cne d'Illkrich-Graffenstaden : Environnement et dév. durable* 2013, n° 12, p. 44, note P. Trouilly).

2) **Absence de mise en demeure.** Les prescriptions complémentaires modifiant des prescriptions initiales dispensent nécessairement l'exploitant de respecter ces prescriptions initiales. Dès lors, le préfet peut prendre un arrêté complémentaire modifiant les prescriptions d'un arrêté de remise en état, sans avoir à mettre en demeure l'exploitant de respecter ses prescriptions initiales correspondantes (■ CE, 8 oct. 2012, n° 345013, *Sté Entreprise de travaux et de matériaux*).

3) **Avis du CODERST ou de la CNDPS.** V. annotations sous art. R. 181-39, p. 1729.

4) **Motivation des arrêtés complémentaires.** Les dispositions de la loi n° 79-587 du 11 juillet 1979, relative à la motivation des actes administratifs et à l'amélioration des relations entre l'administration et le public, sont applicables aux décisions qui imposent des prescriptions supplémentaires à un établissement industriel (■ CAA Nancy, 6 juill. 1993, n° 92NC00251, *Min. Environnement c/ SPCM*). La décision doit comporter les éléments de faits justifiant, par exemple, la prescription d'analyses du sol et des eaux souterraines (■ TA Strasbourg, 4 déc. 1997, n° 97-405, *Zillhardt Staub : LPA* 4 déc. 1998, p. 14, comm. J.-P. Boivin). De même, la présence, à proximité d'une station d'épuration, de sols souillés par des déversements de boues de chrome justifie la prescription tendant à la réalisation d'une appréciation de l'étendue de la pollution et des moyens appropriés pour y remédier (■ CAA Paris, 31 oct. 1995, n° 94PA02174, *SA Ferelec Industrie : Rec. CE*, tables p. 918). Les dispositions de la directive n° 85/337 modifiée sur l'évaluation des incidences de certains projets publics et privés sur l'environnement ne peuvent être interprétées comme imposant une motivation en la forme de la décision, qui serait une condition de légalité de cette dernière (■ CE, 22 oct. 2003, n°s 251469 et 251501, *Tanis et Assoc. Au pays d'en haut*). *Est en revanche insuffisante la motivation lorsque* les éléments de faits, fondements de la décision administrative, ne sont pas précisés dans l'arrêté (■ CAA Nancy, 6 juill. 1993, n° 92NC00251, *Min. Environnement c/ SPCM*). L'arrêté fixant des prescriptions complémentaires pour l'exploitation d'une installation classée, concernant notamment l'étanchéité de bassins de confinement où sont déversées les eaux provenant de l'installation, qui ne se réfère qu'aux évolutions de l'outil de production et aux nouveaux textes applicables aux installations existantes, sans préciser les raisons techniques conduisant à estimer que ces eaux auraient nécessairement un caractère de nature à porter atteinte aux Intérêts protégés par l'article L. 511-1 du Code de l'environnement, n'est pas suffisamment motivé (■ CAA Versailles, 6 avr. 2006, n° 03VE04691, *Sté Flo Pak : BDEI* 2006, n° 4, p. 14, note O. Beineix).

5) **Prescriptions complémentaires.** V. sur les prescriptions susceptibles d'être imposées, comm. sous art. R. 181-43, p. 1732.

Art. R. 181-46 *(Créé à compter du 1er mars 2017, D. n° 2017-81, 26 janv. 2017 ; mod., D. n° 2019-1352, 12 déc. 2019 ; D. n° 2020-1168, 24 sept. 2020 ; mod. à compter du 1er août 2021, D. n° 2021-1000, 30 juill. 2021).* **– I. – Est regardée comme substantielle, au sens de l'article L. 181-14, la modification apportée à des activités, installations, ouvrages et travaux soumis à autorisation environnementale qui :**

1° En constitue une extension devant faire l'objet d'une nouvelle évaluation environnementale en application du II de l'article R. 122-2 ;

2° Ou atteint des seuils quantitatifs et des critères fixés par arrêté du ministre chargé de l'environnement ;

3° Ou est de nature à entraîner des dangers et inconvénients significatifs pour les intérêts mentionnés à l'article L. 181-3.

La délivrance d'une nouvelle autorisation environnementale est soumise aux mêmes formalités que l'autorisation initiale.

II. – Toute autre modification notable apportée aux activités, installations, ouvrages et travaux autorisés, à leurs modalités d'exploitation ou de mise en œuvre ainsi qu'aux autres équipements, installations et activités

mentionnés au dernier alinéa de l'article L. 181-1 inclus dans l'autorisation doit être portée à la connaissance du préfet, avant sa réalisation, par le bénéficiaire de l'autorisation avec tous les éléments d'appréciation.

***(Mod., D. n° 2023-1419, 29 déc. 2023)* S'il y a lieu, le préfet, après avoir procédé à celles des consultations prévues par les articles R. 181-18, R. 181-19, R. 181-21 à R. 181-32-1 et R. 181-33-1 que la nature et l'ampleur de la modification rendent nécessaires et, le cas échéant, à une consultation du public dans les conditions de l'article L. 123-19-2 ou, lorsqu'il est fait application du III de l'article L. 122-1-1, de l'article L. 123-19, fixe des prescriptions complémentaires ou adapte l'autorisation environnementale dans les formes prévues à l'article R. 181-45.**

III. – Pour les installations relevant de l'article L. 515-32 :

1° Sont regardées comme substantielles, dans tous les cas :

***a)* Les modifications pouvant avoir des conséquences importantes sur le plan des dangers liés aux accidents majeurs ;**

***b)* Les modifications ayant pour conséquence qu'un établissement seuil bas devient un établissement seuil haut ;**

2° Sont regardées comme notables, lorsqu'elles ne relèvent pas du 1° :

***a)* Toute augmentation ou diminution significative de la quantité ou toute modification significative de la nature ou de la forme physique de la substance dangereuse présente, ayant fait l'objet d'un recensement par l'exploitant en application du II de l'article L. 515-32, ou toute modification significative des procédés qui l'utilisent ;**

***b)* Les modifications ayant pour conséquence qu'un établissement seuil haut devient un établissement seuil bas ; dans ce cas, l'arrêté complémentaire mentionné au dernier alinéa du II est pris après une consultation du public, dans les conditions de l'article L. 123-19-2.**

1) Textes. Circulaire du 14 mai 2012 sur l'appréciation des modifications substantielles au titre de l'article R. 512-33 du Code de l'environnement ; Note du 20 décembre 2021 relative aux modifications des installations classées pour la protection de l'environnement ; V. aussi « Guide sur la modification d'une autorisation ICPE », DGPR, Ministère de la Transition écologique, 22 mars 2021.

Bibliographie : L. Radisson, *Modification d'ICPE : une nouvelle autorisation est-elle nécessaire ? : Environnement et technique* juill.-août 2012, n° 316, p. 19. – D. Gillig, *Le nouveau régime de modification des installations classées : Environnement* 2010, n° 2, p. 11. – C. Galvez, *Arrêté complémentaire ou nouvelle autorisation, l'appréciation faite par le juge du critère du changement notable : Environnement* févr. 2002, n° 2, p. 26.

2) Formalités et procédure de délivrance de la nouvelle autorisation. La demande d'autorisation déposée en raison d'une modification substantielle d'une activité industrielle est soumise aux mêmes formalités que la demande d'autorisation primitive. Notamment, elle doit comprendre les pièces obligatoires telles que, lorsqu'elles sont exigées, l'étude d'impact ou l'étude de dangers (▪ CAA Nantes, 30 juin 1994, n° 92NT00224, *Sté Cellurex : Rev. jur. env.* 1/1995, p. 162, comm. R. Schneider. ▪ CAA Bordeaux, 12 juin 2007, n° 04BX01139, *Assoc. vert et bleu : JCP* A 2007, n° 41, p. 28, note P. Billet) et doit être soumise à une enquête publique (▪ CAA Marseille, 3 juin 2004, n° 03MA01177, *Assoc. pour la défense de la nature et de l'environnement de Maguelone-Gardiole*).

Voir : Sur la nécessité de joindre un état de pollution des sols : art. D. 181-15-2, p. 1706.

3) Date d'appréciation des faits pour caractériser une modification. L'importance des extensions, transformations ou changements doit s'apprécier par rapport à la situation prise en compte par l'arrêté d'autorisation initial et non celle existante à la date des arrêtés modificatifs (▪ CAA Nancy, 31 déc. 1992, n° 91NC00568, *Assoc. de sauvegarde des vallées et de prévention des pollutions c/ Min. Environnement et Stés Rhône Poulenc et Solvay*). Ainsi, il y a lieu de tenir compte des changements successifs qui ont pu être apportés à une installation ou au site sur lequel elle est exploitée afin de déterminer si ceux-ci sont, par leur addition, de nature ou non à mettre en cause l'appréciation qui avait été faite, au moment de la délivrance de l'autorisation, des dangers et inconvénients et des moyens de les limiter (▪ CAA Nancy, 3 juin 2004, n° 98NC01096, *Assoc. pour la protection du site de la zone industrielle de Dommartin-les-Remiremont*).

4) Caractérisation d'une modification substantielle. La jurisprudence présentée ci-dessous est à prendre en compte sous réserve de l'évolution des textes définissant les seuils et critères au-delà desquels une modification est considérée comme étant substantielle. *a) Extension de la superficie*. L'extension de la superficie « théoriquement exploitable » d'une installation classée, pourtant prévue par le premier arrêté d'autorisation, nécessite que soit déposée une nouvelle demande d'autorisation dès lors que l'extension « effective » de la surface et par la suite du volume des dépôts de l'installation s'effectue dans des proportions très importantes qui ne peuvent qu'être à l'origine des dangers ou inconvénients pour la commodité du voisinage et pour l'environnement (▪ TA Toulouse, 29 avr. 1993, *Cne de Lapeyrouse : JCP* G 1994, IV, n° 233. ▪ CAA Bordeaux, 16 nov. 1995, n° 93BX00555, *SITROM des cantons centre et nord de Toulouse et Sté de transport et d'assainissement et de nettoiement*) ; il en va de même de l'extension d'une carrière sur 5 000 mètres carrés situés tout au plus à 100 mètres d'habitations (▪ TA Limoges, 7 oct. 1999, n° 97753, *M. et Mme Chagot : Mon. TP* 4 févr. 2000, p. 69), ainsi que de l'extension de plus de 10 % de la surface d'une carrière conduisant aussi à un rapprochement sensible de la partie exploitée de la carrière d'habitations et à une importante modification du relief des lieux (▪ CAA Bordeaux, 23 mai 2002, n° 99BX02692, *SARL Eyrein TP*), de même que l'extension de l'emprise d'un centre d'enfouissement de déchets sur 5 hectares (▪ CE, 5 juill. 2006, n° 257196, *Sté Gurdebeke : JurisData* n° 2006-070754 ; *Environnement* 2006, n° 10, p. 36, comm. 99, note D. Gillig). ***b) Augmentation de la capacité de l'installation.*** Une nouvelle demande d'autorisation doit être demandée lorsque notamment la capacité de stockage de métaux est augmentée de 30 000 tonnes non prévues par l'autorisation initiale (▪ CAA Douai, 28 juin 2001, n° 97DA00681, *SA COREPA : Environnement* janv. 2002, n° 1, p. 15, note D. Deharbe). De même, nécessite le dépôt d'un dossier de demande d'autorisation l'extension d'une activité de stockage et d'emploi d'anhydride sulfureux qui passe de quelques bouteilles de 100 kg à l'installation de cuves d'une capacité unitaire de 2 800 kg, même si le récépissé de déclaration ne mentionnait pas les quantités déclarées (▪ CE, 15 mars 1999, n° 162037, *M. Bouchard*). Il en va de même pour une modification consistant à augmenter la puissance et le gabarit des éoliennes rendant nettement supérieurs les dépassements des seuils réglementaires acoustiques (▪ CAA Nantes, 2e ch., 7 juill. 2023, n° 19NT00909). En revanche, il a été jugé dans certaines circonstances que l'extension de 5 % d'une capacité de stockage classée par l'ajout d'une installation non classée ne nécessite ni le dépôt d'un dossier de demande d'autorisation, ni même la modification des prescriptions initiales (▪ CAA Marseille, 3 févr. 2000, n° 97MA00153, *Boudier : Mon. TP* 9 juin 2000, p. 89 ; – confirmé par ▪ CE, 2 avr. 2003, n° 219841, *Boudier*). De même, augmenter la puissance unitaire des éoliennes projetées de 2 MW à 2,2 MW, en raison des évolutions techniques intervenues depuis l'origine du projet, sans aggravation de l'impact visuel ou sonore n'est pas une modification substantielle (▪ CAA Nantes, 4 avr. 2023, n° 22NT00974), ni l'augmentation de la puissance unitaire de 3,3 MW à 4,3 MW expliquée par les évolutions techniques depuis l'origine du projet et n'augmentant pas ses impacts sur l'environnement (▪ CAA Bordeaux, 13 févr. 2024, n° 21BX03287). ***Changement des procédés/produits.*** Les changements opérés dans les caractéristiques de l'exploitation, relativement à la nature des déchets traités, du volume de l'activité, des modes et processus de fabrication qui revêtent une ampleur telle qu'ils ne peuvent qu'être réputés de nature à constituer des changements notables susceptibles de causer des dangers ou des inconvénients pour les intérêts protégés par l'article L. 511-1 du Code de l'environnement. Tel est le cas s'agissant de la mise en place d'un système de ventilation et de brûlage de résidus de bois (▪ CAA Bordeaux, 15 mars 2001, n° 97BX01527, *Sté nouvelle des Établissements Marchives : Environnement* juill. 2002, n° 7, p. 12-13, note D. Deharbe) ou de la production d'un nouveau fertilisant pour les sols établi à partir de 16 déchets industriels nouveaux et différents, provenant de plus de 30 sites géographiques et augmentant la quantité de déchets industriels traités de 28 000 tonnes supplémentaires par an (▪ CAA Douai, 5 avr. 2001, n° 97DA01978, *SA Lanvin : Environnement* janv. 2002, n° 1, p. 14, note D. Deharbe), ou de la mise en place d'un stockage d'amiante lié dans une installation de stockage de déchets ménagers (▪ CAA Bordeaux, 12 juin 2007, n° 04BX01139, *Assoc. Vert et bleu*). Le stockage de farines animales à la place du stockage de céréales doit faire l'objet d'une nouvelle autorisation, même si ces deux activités relèvent de la même rubrique de la nomenclature ICPE, dans la mesure où la modification du mode d'utilisation de l'exploitation est de nature à entraîner des dangers ou des inconvénients nouveaux au regard des intérêts mentionnés à l'article L. 511-1 (▪ CAA Douai, 10 juin 2004, n° 02DA00584, *SA SMEG c/ Assoc. Écologie pour le Havre*). De même, à propos d'un centre de stockage des déchets ménagers, il a été considéré que le nouveau dispositif de traitement des lixiviats par évapoconcentration présentait des dangers et inconvénients nouveaux compte tenu des rejets atmosphériques, en particulier des émissions de dioxyde de soufre (▪ CAA Marseille, 13 nov. 2012, n° 11MA00567 : *Environnement et dév. durable* févr. 2013, comm. D. Gillig). En revanche, ne constitue pas un changement substantiel de l'activité l'installation d'un système de récupération de chaleur dans une installation soumise à autorisation (▪ CAA Nantes, 9 avr. 1997, n° 94NT00836, *M. Bidault*), la création d'un nouveau magasin de stockage de semences en sacs, qui ne nécessitait pas en lui-même d'autorisation ou de déclaration au titre des installations classées (▪ CE, 2 avr. 2003, n° 219841, *Boudier*) ou encore l'augmentation de la puissance électrique installée dans un atelier déjà autorisé de 255 kW à 470 kW (▪ CAA Douai, 28 nov. 2012, n° 10DA00448).

De même, dès lors que les installations exploitées n'ont connu ni extension ni transformation, que les méthodes d'enfouissement qui y sont employées n'ont pas été modifiées et que la mise en œuvre de la combustion des biogaz a pour effet de minorer les inconvénients pour le voisinage, l'exploitant n'était pas tenu de déposer une nouvelle demande d'autorisation (■ CE, 5 juill. 2006, n° 254246, *Sté SITA Centre Ouest : Environnement* 2006, n° 11, p. 23, note D. Gillig). De même, n'est pas de nature à augmenter les dangers et inconvénients d'un centre d'enfouissement technique de déchets ménagers l'application d'un coefficient de densité de compactage plus élevé que celui indiqué dans la demande d'autorisation permettant d'accueillir un tonnage supplémentaire d'environ 140 000 tonnes de déchets mais n'entraînant pas l'augmentation de capacité de l'installation, au motif que sa mise en œuvre n'entraîne aucune autre modification que, par effet mécanique, l'allongement de quatre ans de la durée de l'autorisation (■ CE, 5 juill. 2006, n° 254246, *Sté Sita Centre Ouest*). Changer la marque du modèle d'éolienne en mer, avec la même puissance et le même nombre d'éoliennes, qui présentaient une hauteur plus faible et une vitesse plus importante, sans que l'impact pour les espèces et la qualité de l'eau soient significativement modifiés ne constitue pas une modification substantielle ; le passage de 111,7 décibels à 117,5 décibels à la suite de cette modification n'est pas jugé significatif dans la mesure où l'émergence dans les conditions les plus défavorables est susceptible d'être de l'ordre de un à deux décibels de nuit (■ CE, 6e ch. jugeant seule, 2 déc. 2020, n° 431030).

5) Apparition de nouveaux risques liés à une meilleure connaissance technique. Lorsqu'un arrêté est intervenu en raison d'une meilleure connaissance des risques, et non en raison d'une modification apportée par l'exploitant à son installation, l'exploitant n'a pas à présenter une nouvelle demande d'autorisation (■ CAA Lyon, 16 mars 2010, n° 07LY01569, *Cne Izeaux : Environnement et dév. durable* juin 2010, n° 6, p. 25, note D. Gillig ; *AJDA* 2010, p. 1102, – confirmé par ■ CE, 22 mai 2012, n° 339504 : *JurisData* n° 2012-010907).

6) Prescriptions initiales ambiguës. L'ambiguïté des prescriptions initiales quant au périmètre de l'installation autorisée joue en faveur de la caractérisation d'une modification substantielle, en vue d'assurer la protection des intérêts visés à l'article L. 511-1 du Code de l'environnement (■ CAA Lyon, 9 mars 1998, n° 97LY00670, *Assoc. contre l'extension de la décharge régionale de Saint-Romain-en-Gal : BDEI* 4/1999, p. 17 ; *Mon. TP* 6 août 1999, p. 35 ; *Rev. jur. env.* 4/1999, p. 638, comm. R. Schneider).

7) Effets d'une modification emportant changement de régime. D'après la circulaire du 14 mai 2012 sur l'appréciation des modifications substantielles des installations classées, une modification substantielle est systématique lorsqu'elle conduit à dépasser, pour la capacité totale de l'installation, certains seuils de la nomenclature ICPE, ou de la directive IED, faisant changer l'installation de régime réglementaire. En cas de réduction des seuils faisant passer l'installation du régime de l'autorisation à celui de la déclaration, il appartient à l'exploitant de déclarer au préfet les changements apportés dans les conditions de fonctionnement de son installation et l'installation demeurera soumise au régime d'autorisation tant que le récépissé de déclaration n'aura pas été délivré et que les arrêtés autorisant son fonctionnement n'auront pas été abrogés (■ TA Amiens, 15 avr. 2008, nos 05.02532 et 07.02434, *Sté Ecoval : JurisData* n° 2008-366291 ; *Environnement* 2008, n° 10, p. 55, note D. Gillig).

Art. R. 181-47 ***(Créé à compter du 1er mars 2017, D. n° 2017-81, 26 janv. 2017 ; mod., D. n° 2020-1168, 24 sept. 2020 ; mod. à compter du 1er juillet 2023, D. n° 2023-13, 11 janv. 2023)*** (1). **– I. – Le transfert de l'autorisation environnementale fait l'objet d'une déclaration adressée au préfet par le nouveau bénéficiaire, à l'exception du transfert de l'autorisation accordée aux installations mentionnées à l'article R. 516-1 qui est soumis à autorisation, dans les conditions prévues par cet article.**

II. – Cette déclaration est faite dans les trois mois qui suivent ce transfert. Elle mentionne, s'il s'agit d'une personne physique, les nom, prénoms et domicile du nouveau bénéficiaire et, s'il s'agit d'une personne morale, sa

(1) Les demandes d'autorisation relevant du titre VI du livre Ier du Code minier déposées antérieurement au 1er juillet 2023 sont instruites selon les dispositions législatives et réglementaires dans leur rédaction antérieure à cette date. Toutefois, dans le cas où le pétitionnaire a déposé, antérieurement au 1er juillet 2023 et pour un même projet, une demande d'autorisation relevant du titre VI du livre Ier du Code minier pour laquelle le président tribunal administratif n'a pas encore été saisi aux fins de la soumettre à enquête publique et une demande d'autorisation environnementale qui est en phase d'examen, le dossier de cette dernière est complété par les pièces complémentaires requises pour les projets relevant du 3° de l'article L. 181-1 du Code de l'environnement et la durée mentionnée à l'article R. 181-17 est suspendue jusqu'à la réception des éléments permettant l'organisation de l'enquête publique conjointe, D. n° 2023-13, 11 janv. 2023, art. 10.

dénomination ou sa raison sociale, sa forme juridique, l'adresse de son siège social ainsi que la qualité du signataire de la déclaration. Le préfet en accuse réception dans un délai d'un mois.

III. – Par dérogation au II, pour les ouvrages mentionnés aux rubriques 3.2.5.0 et 3.2.6.0 du tableau de l'article R. 214-1 et les installations utilisant de l'énergie hydraulique, la déclaration est faite préalablement au transfert.

Elle comprend, outre les éléments prévus au II, des pièces justifiant les capacités techniques et financières du nouveau bénéficiaire.

S'il entend s'opposer au transfert, le préfet notifie son refus motivé dans le délai de deux mois.

IV. – Par dérogation au II, pour les installations relevant de l'article L. 515-32 autres que celles mentionnées au 3° de l'article R. 516-1, l'exploitant informe le préfet préalablement au transfert envisagé.

Cette information comporte les éléments mentionnés au III.

Le préfet exerce son droit d'opposition au transfert dans les délais et conditions prévus au même III.

V. – En outre, pour toutes les installations relevant de l'article L. 515-32, l'exploitant informe, au préalable, le préfet de tout changement du nom, de la raison sociale ainsi que du siège de la société exploitant l'établissement et de l'adresse de ce dernier.

VI. – Par dérogation au II, pour les autorisations relevant du 3° de l'article L. 181-1, la déclaration est réalisée au plus tard deux mois avant le transfert.

Outre les éléments prévus au II, elle comprend la justification de la constitution des garanties financières, prévues aux articles 1-1 et 4-2 du décret n° 2010-1389 du 12 novembre 2010 relatif à l'obligation de constituer des garanties financières avant l'ouverture de travaux de recherche ou d'exploitation de mines, et de la qualité du demandeur, en application du Code minier.

S'il entend s'opposer au transfert, le préfet notifie son refus motivé, dans le délai de deux mois.

Toutefois, lorsqu'il est fait application du dernier alinéa de l'article L. 163-11 du Code minier, le transfert est soumis à autorisation dans les conditions précisées au présent VII.

VII. – Pour l'application des dispositions du dernier alinéa de l'article L. 163-11 du Code minier, les installations d'exploration ou d'exploitation d'hydrocarbures liquides ou gazeux ainsi que les installations indispensables à la mine, au sens des articles L. 153-3 et L. 153-15 du même code, peuvent être converties ou cédées par l'exploitant, en concertation et après avis des collectivités ou des établissements publics de coopération intercommunale compétents mentionnés à l'article L. 163-11 de ce code, à d'autres personnes, publiques ou privées.

Le transfert de ces installations est subordonné à l'autorisation préalable du préfet.

La demande d'autorisation de transfert, à laquelle sont annexés les documents établissant ses capacités techniques et financières, mentionne s'il s'agit d'une personne physique, les nom, prénoms et domicile du nouveau bénéficiaire ou, s'il s'agit d'une personne morale, sa dénomination ou sa raison sociale, sa forme juridique, l'adresse de son siège social ainsi que la qualité du signataire de la demande.

Le préfet en accuse réception dans un délai d'un mois.

Cette demande est instruite dans les formes prévues à l'article R. 181-45 du présent code.

S'il entend s'opposer au transfert, le préfet notifie son refus motivé, dans un délai de deux mois.

Le transfert est approuvé par arrêté préfectoral, sous réserve de l'exécution par le cédant de la procédure d'arrêt des travaux pour toutes les installations non nécessaires au nouvel usage projeté et sous réserve de l'octroi préalable d'un titre minier correspondant à ce nouvel usage.

1) **Effets du transfert sur la légalité de l'autorisation.** Le changement d'exploitant n'a aucun effet juridique sur l'autorisation initiale. Ainsi, il n'est pas de nature à valider un arrêté d'autorisation illégal (■ CAA Nancy, 23 avr. 1998, n° 94NC01623, *Assoc. Sauvegarde de la vallée de l'Isch : Rev. jur. env.* 1/1999, p. 131, comm. R. Schneider). De même, l'annulation de l'arrêté d'autorisation d'une installation classée entraîne l'annulation d'une autorisation de changement d'exploitant délivrée postérieurement (■ CE, 13 mars 1998, n° 148953, *Sté GSM Auvergne-Val-de-Saône*).

2) **Effets du transfert sur la responsabilité.** V. annotations sur le transfert de l'obligation de remise en état au dernier bénéficiaire au titre de la législation des installations classées sous : art. L. 512-6-1, p. 949.

Art. R. 181-48 *(Créé à compter du 1er mars 2017, D. n° 2017-81, 26 janv. 2017).* **– I. – L'arrêté d'autorisation environnementale cesse de produire effet lorsque le projet n'a pas été mis en service ou réalisé**

soit dans le délai fixé par l'arrêté d'autorisation soit dans un délai de trois ans à compter du jour de la notification de l'autorisation, sauf cas de force majeure ou de demande justifiée et acceptée de prorogation de délai et sans préjudice des dispositions des articles R. 211-117 et R. 214-97.

II. – Le délai mentionné au I est suspendu jusqu'à la notification au bénéficiaire de l'autorisation environnementale :

1° D'une décision devenue définitive en cas de recours devant la juridiction administrative contre l'arrêté d'autorisation environnementale ou ses arrêtés complémentaires ;

2° D'une décision devenue définitive en cas de recours devant la juridiction administrative contre le permis de construire du projet ou la décision de non-opposition à déclaration préalable ;

3° D'une décision devenue irrévocable en cas de recours devant un tribunal de l'ordre judiciaire, en application de l'article L. 480-13 du Code de l'urbanisme, contre le permis de construire du projet.

Bibliographie : Y. Jégouzo, F.-G. Trébulle et L. Fonbaustier, *En principe, seul un défaut total d'exploitation est de nature à emporter la caducité d'une autorisation d'installation classée pour la protection de l'environnement : RD imm.* mars-avr. 2007, n° 2, p. 128.

1) Déclenchement du délai de caducité. Un arrêté préfectoral se présentant comme une nouvelle autorisation d'exploiter une installation classée fait courir à nouveau le délai de validité de trois ans (■ CE, 18 févr. 2011, n° 318234, *Lille Métropole Communauté Urbaine : BJCL* 2011, n° 3, p. 175, concl. M. Guyomar ; *Dr. env.* 2012, n° 198, p. 56, note S. Marmin).

2) Suspension du délai de caducité. Il a d'abord été considéré que le recours en annulation d'une autorisation administrative n'a pas d'effet suspensif sur l'acte attaqué (■ Cass. crim., 2 juin 2004, préc.). Cette solution a cependant fait l'objet d'un revirement jurisprudentiel et d'une modification réglementaire par le décret n° 2012-189 du 7 février 2012 relatif aux commissions de suivi de site (*JORF* n° 0034, 9 févr. 2012). Désormais, le délai de validité d'une autorisation d'exploiter est suspendu entre la date d'introduction d'un recours devant la juridiction administrative dirigé contre cet acte et la date de notification au bénéficiaire de l'autorisation de la décision devenue irrévocable statuant sur ce recours ; que lorsque cette dernière décision rejette le recours formé contre cet acte, le délai de validité suspendu recommence à courir pour la durée restante à compter de la date de notification de la décision juridictionnelle (■ CE, 22 mai 2012, n° 339504, *Cne Izeaux*, préc.). Il a été précisé en ce sens que l'arrêté par lequel le préfet abroge l'arrêté d'autorisation initial d'une installation et qui en reprend l'objet en l'assortissant de nouvelles prescriptions constitue une nouvelle autorisation qui fait à nouveau courir le délai de caducité (■ CE, 18 févr. 2011, n° 318234, *Lille Métropole Communauté Urbaine : BJCL* 3/2011, p. 175, concl. M. Guyomar ; *La précarité de l'autorisation d'exploiter une installation classée : Dr. env.* févr. 2012, n° 198, p. 56, note S. Marmin). En outre, le préfet ayant demandé à plusieurs reprises à l'exploitant d'une décharge de ne plus déposer de déchets et, en dernier lieu, d'attendre l'intervention de l'arrêt de la cour saisie de la légalité de l'autorisation d'exploiter délivrée, ces demandes réitérées du préfet ont constitué un fait de l'administration de nature à interrompre le délai de caducité de l'autorisation (■ CAA Lyon, 16 mars 2010, n° 07LY01569, *Cne Izeaux*. – Confirmé par : ■ CE, 22 mai 2012, n° 339504, *Cne Izeaux : RJEP* 2013, n° 4, p. 28, concl. X. de Lesquen ; *BDEI* sept. 2012, n° 41, p. 5, note M. Wallerich). Le délai de caducité est également interrompu en cas d'annulation de l'autorisation d'exploiter par le juge (■ TA Nancy, 16 nov. 2004, n° 0400745, *Sté GSM : Environnement* mai 2005, n° 5, p. 31, note D. Gillig). Par ailleurs, le préfet qui édicte des prescriptions complémentaires constate implicitement mais nécessairement que l'arrêté d'autorisation d'exploiter n'a pas cessé de produire effet ; ce cas ne peut pas être assimilé à celui d'un nouvel arrêté d'autorisation abrogeant le précédent (■ Cass. crim., 16 oct. 2007, n° 07-80.198, préc.). Enfin, l'absence de mise en service du fait de l'obstruction d'opposants à l'installation sur le site n'est pas constitutive de la force majeure, en ce que ces événements n'ont pas revêtu un caractère d'irrésistibilité (■ TA Rennes, 30 déc. 1997, n°s 971737, 971738, 971739, 971740, 971741, 971742, 971743, 971744, 971745, 971746 et 971757, *Mme Catherine Guillore et a.*). Le délai de réalisation du diagnostic archéologique constitue un fait de l'administration faisant obstacle à l'application des dispositions relatives au déclenchement du délai de caducité (■ CAA Bordeaux, 26 nov. 2019, n° 17BX03176).

3) Mise en service/exploitation. La réalisation de travaux de renforcement de perméabilité d'un site de stockage préconisés par un bureau d'études est assimilée à l'exploitation du site et s'oppose au constat d'une caducité (■ TA Melun, 2 mars 2002, n° 982955, *M. Blanche*). Seul un défaut total d'exploitation ou la réalisation de travaux dans le seul but d'échapper à la caducité sont de nature à emporter la caducité de l'autorisation (■ CE, 17 mai 2002, n°s 235062 et 235290, *Sté Entr. Jean Lefebvre Centre-Pays-de-Loire*. ■ CAA

Lyon, 8 déc. 2009, n° 08LY00069, *Cne Saint-Étienne-Cantales : Environnement et dév. durable* mai 2010, n° 5, p. 32 à 33, note D. Gillig). La preuve de la mise en service de l'installation peut être apportée par tout moyen (■ TA Rennes, 30 déc. 1997, n° 971737, *Guillore*). En revanche, une installation ne peut être regardée comme ayant été mise en service lorsque les équipements réalisés à cette date sont extrêmement réduits et destinés à recevoir un unique chargement de déchets d'un faible volume dans l'intention affichée d'échapper aux conséquences de l'expiration du délai imparti par les dispositions précitées (■ CAA Nancy, 13 juill. 1994, n°s 93NC00204 et 93NC01259, *Cne de Chevincourt, Assoc. pour la sauvegarde de Chevincourt et de la vallée du Matz*. ■ TA Poitiers, 25 juin 1998, n° 96736, *France Déchets c/ Préfet des Deux-Sèvres : Rev. jur. env.* 2/1999, p. 247). De même, de simples travaux d'aménagement des accès, de débroussaillage, d'abattage de 200 à 300 m^3 de calcaire s'agissant d'une carrière, caractérisent un défaut de mise en service (■ CE, 20 juin 1997, n° 135077). La Cour de cassation considère à ce titre que le défaut d'exploitation s'entend de « l'absence d'utilisation du site à sa destination autorisée par l'arrêté préfectoral » (■ Cass. crim., 16 oct. 2007, n° 07-80.198, *Fédération Rhône-Alpes de protection de la nature (FRAPNA) : Gaz. Pal.* 28 nov. 2007, n° 332, p. 10 ; *Dr. env.* 2008, n° 155, note D. Guihal ; *D.* 2008, n° 37, pan. p. 2390, obs. F.-G. Trébulle ; *Rev. jur. env.* 2008, n° 4, pan. p. 501, obs. V. Jaworski).

4) **Absence de caducité partielle.** Au regard, notamment, des obligations qui pèsent sur l'exploitant en cas de cessation définitive de l'activité et de la nécessité de mettre à même l'autorité administrative de procéder aux contrôles qui lui incombent, l'interruption du fonctionnement d'une installation classée durant plus de deux ans sur une partie seulement de la zone concernée par l'autorisation n'entraîne pas, en principe, la caducité partielle de celle-ci. Il ne pourrait en aller autrement que dans l'hypothèse où, par le même acte, aurait été autorisée l'exploitation de plusieurs installations classées distinctes (■ CE, 27 sept. 2006, n° 269553, *Communauté d'agglomération de Montpellier et a. : JurisData* n° 2006-070755 ; *Dr. adm.* 2006, n° 12, p. 27 ; *Environnement* 2007, n° 1, comm. 8, note D. Gillig ; *LPA* 6 déc. 2006, n° 243, p. 13, concl. Y. Aguila ; *Rev. Lamy coll. terr.* 2007, n° 20, p. 40, note N. Merley ; *RD imm.* 2007, n° 2, p. 128, note L. Fonbaustier).

5) **Validité des permis de construire.** Le permis de construire une éolienne qui était en cours de validité au 1er mars 2017, et donc considéré depuis cette date comme une autorisation environnementale, est régi par les dispositions de l'article R. 181-48 du Code de l'environnement sur la durée de validité et la prorogation (■ CAA Lyon, 4 avr. 2024, n° 22LY00086).

Art. R. 181-49 ***(Créé à compter du 1er mars 2017, D. n° 2017-81, 26 janv. 2017 ; mod. à compter du 1er août 2021, D. n° 2021-1000, 30 juill. 2021).*** **– La demande de prolongation ou de renouvellement d'une autorisation environnementale est adressée au préfet par le bénéficiaire six mois au moins avant la date d'expiration de cette autorisation.**

La demande présente notamment les analyses, mesures et contrôles effectués, les effets constatés sur le milieu et les incidents survenus, ainsi que les modifications envisagées compte tenu de ces informations ou des difficultés rencontrées dans l'application de l'autorisation.

Cette demande est soumise aux mêmes formalités que la demande d'autorisation initiale si elle prévoit d'apporter une modification substantielle aux activités, installations, ouvrages et travaux autorisés.

Section V. – Contrôle et sanctions

Art. R. 181-50 ***(Créé à compter du 1er mars 2017, D. n° 2017-81, 26 janv. 2017 ; mod. à compter du 1er août 2021, D. n° 2021-1000, 30 juill. 2021 ; mod., D. n° 2023-1103, 27 nov. 2023*** (1) ***; D. n° 2024-423, 10 mai 2024)*** (2). **– Sans préjudice de l'article L. 411-2 du Code des relations entre le public et l'administration, les décisions mentionnées aux articles L. 181-12 à L. 181-15-1 peuvent être déférées à la juridiction administrative :**

1° Par les pétitionnaires ou exploitants, dans un délai de deux mois à compter du jour où la décision leur a été notifiée ;

(1) Dispositions applicables aux recours relatifs aux autorisations environnementales et aux arrêtés complémentaires pris à compter du 1er janvier 2024, D. n° 2023-1103, 27 nov. 2023.

(2) Dispositions applicables aux décisions administratives prises à compter du 1er septembre 2024, D. n° 2024-423, 10 mai 2024.

2° Par les tiers intéressés en raison des inconvénients ou des dangers pour les intérêts mentionnés à l'article L. 181-3, dans un délai de deux mois à compter de :

a) **L'affichage en mairie dans les conditions prévues au 2° de l'article R. 181-44 ;**

b) **La publication de la décision sur le site internet de la préfecture prévue au 4° du même article.**

Le délai court à compter de la dernière formalité accomplie. Si l'affichage constitue cette dernière formalité, le délai court à compter du premier jour d'affichage de la décision.

Pour les décisions mentionnées à l'article R. 181-51, l'affichage et la publication mentionnent l'obligation de notifier tout recours administratif ou contentieux à l'auteur de la décision et au bénéficiaire de la décision, à peine, selon le cas, de non prorogation du délai de recours contentieux ou d'irrecevabilité du recours contentieux.

Réduction des délais de recours des tiers. Le délai de recours des tiers contre l'autorisation environnementale est désormais de 2 mois depuis la loi APER et se calque donc sur le délai de droit commun de contestation des actes administratifs. La réforme de l'autorisation environnementale avait fait passer le délai de recours des tiers de 1 an prévu par l'ancien article R. 514-3-1 du présent code à 4 mois à compter de la publication ou de l'affichage de l'arrêté d'autorisation (le délai de 4 mois était déjà applicable pour les installations d'élevage et les installations de production d'énergie renouvelables). Cette réforme marque un terme de la longue saga du régime du délai de recours contre certaines décisions rendues en matière d'ICPE qui, jusqu'en 1976, était sans limite particulière pour les tiers, avant d'être réduit à 4 ans par la loi du 19 juillet 1976 relative aux ICPE (prorogeable de 2 années à compter de la mise en service de l'installation), puis à 1 an prorogeable de 6 mois pour certaines installations. Elle met également fin, en admettant les effets d'un recours administratif sur le délai contentieux, à la jurisprudence qui considérait qu'en raison des procédures particulières applicables en matière d'ICPE ou de IOTA qui, d'une part, associent le demandeur ou l'exploitant à différentes étapes en le mettant à même de faire valoir ses observations en toute connaissance de cause avant l'intervention des décisions et, d'autre part, confient au juge des pouvoirs étendus de pleine juridiction, l'exercice d'un recours administratif, qu'il soit gracieux ou hiérarchique, pour contester les décisions relatives à ces installations, ne peut avoir pour effet d'interrompre le délai de recours contentieux (▪ CE, sect., 21 déc. 2007, n° 280195, *Groupement d'irrigation des prés de la Forge et a. : RFDA* 2008. 541, concl. M. Guyomar ; *BDEI* 2008/3, 43, concl. Guyomar ; *JCP* A 2008, n° 2041, obs. Ph. Billet ; *Environnement* 2008, n° 36, obs. D. Gillig). Toutefois, si l'arrêté préfectoral d'autorisation avait mentionné, de façon erronée, qu'il était susceptible de faire l'objet soit d'un recours gracieux, soit d'un recours hiérarchique, prorogeant dans les deux cas le délai de recours contentieux, dans ces circonstances, eu égard aux garanties nécessaires à l'exercice effectif du droit au recours, un tel recours administratif pouvait produire ses effets prorogatoires du délai de recours contentieux (Même arrêt).

Art. R. 181-51 ***(Rempl., D. n° 2023-1103, 27 nov. 2023)*** (1). **– En cas de recours contentieux des tiers intéressés à l'encontre d'une autorisation environnementale ou d'un arrêté fixant une ou plusieurs prescriptions complémentaires prévus aux articles L. 181-12, L. 181-14, L. 181-15 et L. 181-15-1, l'auteur du recours est tenu, à peine d'irrecevabilité, de notifier celui-ci à l'auteur de la décision et au bénéficiaire de la décision. Cette notification doit être effectuée dans les mêmes conditions en cas de demande tendant à l'annulation ou à la réformation d'une décision juridictionnelle concernant une telle autorisation ou un tel arrêté. L'auteur d'un recours administratif est également tenu de le notifier au bénéficiaire de la décision à peine de non prorogation du délai de recours contentieux.**

La notification prévue au précédent alinéa doit intervenir par lettre recommandée avec avis de réception, dans un délai de quinze jours francs à compter du dépôt du recours contentieux ou de la date d'envoi du recours administratif.

La notification du recours à l'auteur de la décision et, s'il y a lieu, au bénéficiaire de la décision est réputée accomplie à la date d'envoi de la lettre recommandée avec avis de réception. Cette date est établie par le certificat de dépôt de la lettre recommandée auprès des services postaux.

Les dispositions du présent article sont applicables à une décision refusant de retirer ou d'abroger une autorisation environnementale ou un arrêté complémentaire mentionnés au premier alinéa. Cette décision

(1) Dispositions applicables aux recours relatifs aux autorisations environnementales et aux arrêtés complémentaires pris à compter du 1er janvier 2024, D. n° 2023-1103, 27 nov. 2023.

mentionne l'obligation de notifier tout recours administratif ou contentieux à l'auteur de la décision et au bénéficiaire de la décision, à peine, selon le cas, de non prorogation du délai de recours contentieux ou d'irrecevabilité du recours contentieux.

Irrecevabilité. À l'instar du contentieux de l'urbanisme, les requérants doivent désormais, à peine d'irrecevabilité, notifier leur recours au bénéficiaire de l'autorisation et à son auteur.

Art. R. 181-52 *(Créé à compter du 1er mars 2017, D. n° 2017-81, 26 janv. 2017).* **– Les tiers intéressés peuvent déposer une réclamation auprès du préfet, à compter de la mise en service du projet autorisé, aux seules fins de contester l'insuffisance ou l'inadaptation des prescriptions définies dans l'autorisation, en raison des inconvénients ou des dangers que le projet autorisé présente pour le respect des intérêts mentionnés à l'article L. 181-3.**

Le préfet dispose d'un délai de deux mois, à compter de la réception de la réclamation, pour y répondre de manière motivée. À défaut, la réponse est réputée négative.

S'il estime la réclamation fondée, le préfet fixe des prescriptions complémentaires dans les formes prévues à l'article R. 181-45.

1) **Limitation du recours des tiers après la mise en service.** La réforme de l'autorisation environnementale a supprimé le recours ouvert aux tiers jusqu'à 6 mois à compter de la mise en service de l'activité prévu par l'ancien article R. 514-3-1 du présent code, en le remplaçant par la possibilité (déjà existante en pratique) pour ceux-ci de déposer une réclamation auprès du préfet, à tout moment après la mise en service, aux seules fins de contester l'insuffisance ou l'inadaptation des prescriptions. En conséquence, passé le délai de recours de 4 mois, il ne sera plus possible de contester les vices de forme ou de procédure pouvant affecter une autorisation, telle qu'une insuffisance de l'étude d'impact.

2) L'article R. 181-52 du Code de l'environnement ne fait pas obstacle à ce que les tiers puissent agir auprès du préfet s'ils estiment que l'exploitant ne justifie pas disposer des capacités techniques et financières exigées par l'article L. 181-27 du Code de l'environnement, et contester devant le juge administratif l'éventuel refus du préfet de prendre les mesures qu'ils estiment nécessaires (■ CE, avis, 26 juill. 2018, n° 416831 : *AJDA* 2018, p. 1583, note J.-M. Pastor, préc.).

3) **Qualité de tiers intéressé.** Un établissement commercial ne peut se voir reconnaître la qualité de tiers intéressé à déposer une réclamation et à contester l'éventuel refus du préfet de fixer des prescriptions complémentaires à l'autorisation initiale délivrée à une entreprise, fût-elle concurrente, que dans les cas où les inconvénients ou les dangers que le fonctionnement de l'installation classée présente pour les intérêts visés à l'article L. 181-3 du Code de l'environnement sont de nature à affecter par eux-mêmes les conditions d'exploitation de cet établissement commercial. En l'espèce, compte tenu de l'éloignement géographique important des sites d'exploitation concurrents et bien que les deux exploitations aient pour objet le traitement de duvets et plumes provenant d'abattoirs situés sur l'ensemble du territoire national, la société requérante ne le démontre pas (■ TA Nantes, 3 mars 2022, n° 1907403).

Section VI. – Dispositions particulières à certaines catégories de projets

Sous-section 1. – Installations, ouvrages, travaux et activités susceptibles d'avoir des incidences sur l'eau et les milieux aquatiques

(Division créée, D. n° 2018-1204, 21 déc. 2018)

Art. R. 181-53 *(Créé à compter du 1er mars 2017, D. n° 2017-81, 26 janv. 2017).* **– Le présent article s'applique aux projets relevant du 1° de l'article L. 181-1.**

Les prescriptions prévues par l'article L. 181-12 et le dernier alinéa de l'article L. 181-14 tiennent compte, d'une part, des éléments énumérés à l'article L. 211-1, explicités par les schémas directeurs et les schémas d'aménagement et de gestion des eaux mentionnés aux articles L. 212-1 et L. 212-3 et, le cas échéant, des objectifs de qualité définis par les articles D. 211-10 et D. 211-11, enfin, de l'efficacité des techniques disponibles et de leur économie.

Pour les installations soumises à des règles techniques fixées par un arrêté ministériel pris en application des décrets prévus aux articles L. 211-2 et L. 211-3, l'arrêté d'autorisation peut créer des modalités d'application particulières de ces règles.

Lorsque le projet porte sur un prélèvement d'eau pour l'irrigation en faveur d'un organisme unique en application du 6° du II de l'article L. 211-3, il est fait application des dispositions de l'article R. 214-31-2.

La fédération départementale ou interdépartementale des associations de pêche et de protection du milieu aquatique ainsi que les associations départementales ou interdépartementales agréées de la pêche professionnelle en eau douce, dans le périmètre desquelles le projet est situé, sont tenues informées des autorisations relatives aux Installations, ouvrages, travaux et activités de nature à détruire les frayères ou les zones de croissance ou d'alimentation de la faune piscicole.

Art. R. 181-53-1 *(Créé à compter du 1er août 2021, D. n° 2021-1000, 30 juill. 2021* (1) *; mod. à compter du 22 octobre 2024, D. n° 2024-742, 6 juill. 2024)* (2). – Pour les projets relevant de l'article L. 181-23-1, la procédure d'autorisation environnementale est adaptée dans les conditions suivantes :

1° À l'article D. 181-17-1, le délai de quarante-cinq jours est remplacé par un délai de trente jours ;

2° Aux articles R. 181-20 et R. 181-25, les délais de quarante-cinq jours sont remplacés par des délais de trente jours ;

3° À l'article R. 181-28, les délais de deux mois sont remplacés par des délais de quarante-cinq jours ;

4° À l'article R. 181-33, le délai de quarante-cinq jours est remplacé par un délai de trente jours ;

5° À l'article R. 181-40, le délai de quinze jours est remplacé par un délai de huit jours ;

6° À l'article R. 181-41, le délai de deux mois est remplacé par un délai de quarante-cinq jours et, lorsque l'avis de la commission départementale de la nature, des paysages et des sites ou celui du conseil départemental de l'environnement et des risques sanitaires et technologiques est sollicité, ce délai est porté à deux mois.

Sous-section 2. – Installations classées pour la protection de l'environnement et travaux miniers

(Division créée, D. n° 2018-1204, 21 déc. 2018 ; intitulé mod., D. n° 2024-529, 10 juin 2024) (3)

Art. R. 181-54-1-A *(Créé à compter du 1er juillet 2023, D. n° 2023-13, 11 janv. 2023* (4) *; mod., D. n° 2024-529, 10 juin 2024)* (3). – L'arrêté délivrant une autorisation environnementale à des travaux relevant du 3° de l'article L. 181-1 fixe les prescriptions prévues à l'article R. 181-43.

Ces prescriptions portent, notamment, sur les mesures de contrôle des ouvrages et des installations, sur la surveillance de leurs effets sur l'eau et sur l'environnement, sur les conditions dans lesquelles doivent être portés à la connaissance du public les analyses, les mesures et les résultats des contrôles éventuellement exigés, ainsi que sur les moyens d'intervention dont doit disposer le bénéficiaire, en cas d'incident ou d'accident.

Pour les projets mentionnés au 4° de l'article 3 du décret n° 2006-649 du 2 juin 2006 relatif aux travaux miniers, aux travaux de stockage souterrain et à la police des mines et des stockages souterrains, les prescriptions comprennent également l'indication des conditions dans lesquelles devront être effectués les tests d'étanchéité.

Pour les travaux en mer, le préfet, qui peut faire usage des pouvoirs qu'il tient du Code minier, peut également interdire les travaux, en tout ou en partie, ou les soumettre à des prescriptions particulières, si

---

(1) Dispositions ne s'appliquant pas aux demandes d'autorisation environnementale déposées avant le 1er août 2021, D. n° 2021-1000, 30 juill. 2021.

(2) Dispositions applicables aux demandes déposées à compter du 22 octobre 2024, D. n° 2024-742, 6 juill. 2024.

(3) Dispositions applicables aux projets pour lesquels la première autorité compétente pour autoriser le projet ou l'autorité chargée de l'examen au cas par cas sont saisies à compter du 11 juin 2024, D. n° 2024-529, 10 juin 2024, art. 4.

(4) Les demandes d'autorisation relevant du titre VI du livre Ier du Code minier déposées antérieurement au 1er juillet 2023 sont instruites selon les dispositions législatives et réglementaires dans leur rédaction antérieure à cette date. Toutefois, dans le cas où le pétitionnaire a déposé, antérieurement au 1er juillet 2023 et pour un même projet, une demande d'autorisation relevant du titre VI du livre Ier du Code minier pour laquelle le président tribunal administratif n'a pas encore été saisi aux fins de la soumettre à enquête publique et une demande d'autorisation environnementale qui est en phase d'examen, le dossier de cette dernière est complété par les pièces complémentaires requises pour les projets relevant du 3° de l'article L. 181-1 du Code de l'environnement et la durée mentionnée à l'article R. 181-17 est suspendue jusqu'à la réception des éléments permettant l'organisation de l'enquête publique conjointe, D. n° 2023-13, 11 janv. 2023, art. 10.

leur exécution est susceptible de nuire à la stabilité des rivages, de comporter des risques de pollution, d'entraver la pose, l'entretien ou le fonctionnement des câbles de télécommunications sous-marins, des câbles d'énergie ou des canalisations sous-marines ou de porter atteinte à la création, au développement ou à l'extension des ports, à la navigation, à la pêche, à la défense nationale, aux liaisons de télécommunication, aux biens culturels maritimes, à la conservation des ressources biologiques de la mer ou aux recherches océanographiques fondamentales.

Pour ces derniers travaux, l'arrêté accordant l'autorisation fixe, notamment, les conditions auxquelles les travaux sont soumis au titre du Code minier ainsi que les quantités maximales annuelles de substances dont l'extraction est autorisée.

Art. R. 181-54 *(Créé à compter du 1er mars 2017, D. n° 2017-81, 26 janv. 2017 ; mod., D. n° 2019-1035, 9 oct. 2019 ; D. n° 2020-1168, 24 sept. 2020 ; mod., D. n° 2024-529, 10 juin 2024)* (1). – Le présent article s'applique aux projets relevant du 2° de l'article L. 181-1.

Les prescriptions mentionnées aux articles R. 181-43 et R. 181-45 ainsi qu'au présent article tiennent compte notamment, d'une part, de l'efficacité des meilleures techniques disponibles et de leur économie, et, d'autre part, de la qualité, de la vocation et de l'utilisation des milieux environnants ainsi que de la gestion équilibrée de la ressource en eau.

Pour les installations soumises à des règles techniques fixées par un arrêté ministériel pris en application de l'article L. 512-5, l'arrêté d'autorisation peut créer des modalités d'application particulières de ces règles.

Lorsque les installations sont soumises à l'autorisation mentionnée au premier alinéa de l'article L. 229-6 et ne bénéficient pas de l'exclusion mentionnée à l'article L. 229-14, l'arrêté fixe les prescriptions en matière de déclaration et de quantification des émissions de gaz à effet de serre. L'arrêté ne comporte pas de valeur limite d'émission pour les émissions directes d'un gaz à effet de serre mentionné à l'article R. 229-5 à moins que cela ne soit nécessaire pour éviter toute pollution locale significative.

L'arrêté peut prévoir, après consultation des services d'incendie et de secours, l'obligation d'établir un plan d'opération interne en cas de sinistre. Le plan d'opération interne définit les mesures d'organisation, les méthodes d'intervention et les moyens nécessaires que l'exploitant doit mettre en œuvre pour protéger le personnel, les populations et l'environnement.

Le plan d'opération interne est testé à des intervalles n'excédant pas trois ans et mis à jour, si nécessaire.

Pour les essais d'injection et de soutirage de dioxyde de carbone, il est fait application de l'article R. 229-61 du présent code.

1) Avis consultatif du SDIS. Si le préfet doit consulter, pour avis, les services départementaux d'incendie et de secours sur l'opportunité d'imposer l'élaboration d'un plan d'opération interne, le préfet garde en principe une appréciation discrétionnaire sur l'opportunité de l'édiction de la mesure (■ TA Rouen, 19 oct. 1998, n° 971945, *Philippe : Rev. jur. env.* 1999, p. 134).

2) Obligation de réaliser un plan d'opération interne pour certaines activités. V. art. L. 515-41, p. 1055 (installations Seveso seuil-haut) ; art. R. 532-26, p. 2535 (OGM) ; art. R. 229-60, p. 2043 (stockage géologique de CO_2).

Sous-section 3. – Installations de production d'énergie renouvelable en mer

(Sous-section créée, D. n° 2018-1204, 21 déc. 2018)

Art. R. 181-54-1 *(Créé, D. n° 2018-1204, 21 déc. 2018).* – La présente section est applicable aux Installations de production d'énergie renouvelable en mer et à leurs ouvrages de raccordement aux *réseaux publics d'électricité.*

(1) Dispositions applicables aux projets pour lesquels la première autorité compétente pour autoriser le projet ou l'autorité chargée de l'examen au cas par cas sont saisies à compter du 11 juin 2024, D. n° 2024-529, 10 juin 2024, art. 4.

LIVRE II

MILIEUX PHYSIQUES

(D. n° 2007-397, 22 mars 2007) (1) (2)

TITRE Ier. – EAU ET MILIEUX AQUATIQUES ET MARINS

(Intitulé rempl., D. n° 2011-492, 5 mai 2011)

CHAPITRE Ier. – RÉGIME GÉNÉRAL ET GESTION DE LA RESSOURCE

Section I. – Gestion de la ressource

Sous-section 1. – Dispositions à caractère général

Art. R. 211-1. – Les règles et prescriptions prévues par le 3° du II de l'article L. 211-2, les 2° et 3° du II de l'article L. 211-3 et les mesures prévues par l'article L. 211-9 applicables aux installations, ouvrages, travaux et activités soumis à autorisation ou à déclaration par les articles L. 214-1 à L. 214-6 sont édictées dans les conditions déterminées par la présente sous-section.

Art. R. 211-2 *(Mod., D. n° 2014-750, 1er juill. 2014 ; D. n° 2019-190, 14 mars 2019)*. – La présente sous-section ne s'applique pas :

1° Aux concessions hydrauliques régies par le livre V du Code de l'énergie ;

2° Aux mines et industries extractives dont le règlement général est fixé par le décret n° 80-331 du 7 mai 1980 portant règlement général des industries extractives ;

3° Aux rejets d'effluents liquides et aux prélèvements d'eau des installations nucléaires de base régis par le chapitre III du titre IX du livre V du présent code ;

4° Aux titres miniers et aux titres de stockage souterrain régis par le décret n° 2006-648 du 2 juin 2006 ;

5° À la collecte et au traitement des eaux usées régis par le présent chapitre et la section 2 du chapitre IV du titre II du livre II de la deuxième partie du Code général des collectivités territoriales.

Art. R. 211-3 *(Mod., D. n° 2024-62, 31 janv. 2024)*. – I. – Les règles et prescriptions techniques applicables aux opérations régies à la fois par les articles L. 214-1 à L. 214-6 et par l'un des textes ci-

(1) Les dispositions du présent livre qui citent en les reproduisant des articles d'autres codes ou décrets sont modifiées de plein droit par l'effet des modifications ultérieures de ces articles, D. n° 2007-397, 22 mars 2007, art. 3.

(2) Les articles identifiés par un « R. » correspondent aux dispositions relevant d'un décret en Conseil d'État, ceux identifiés par un « D. » correspondent aux dispositions relevant d'un décret simple, D. n° 2007-397, 22 mars 2007, art. 1er.

dessous énumérés sont fixées par arrêté (1) conjoint du ministre chargé de l'environnement et du ministre compétent pour le texte concerné :

1° Les titres II et III du livre Ier du Code rural et de la pêche maritime relatifs à l'aménagement foncier rural et aux associations foncières ;

2° Le livre III de la cinquième partie du Code des transports, relatif aux ports maritimes ;

3° La section 2 du chapitre IV du titre II du livre Ier de la deuxième partie du Code général de la propriété des personnes publiques, pour les opérations d'infrastructure d'un coût supérieur à 1 900 000 euros et relatives au domaine public fluvial affecté à la navigation au sens de l'article 2 du décret n° 79-460 du 11 juin 1979 portant transfert d'attributions du ministre chargé des transports au ministre chargé de l'environnement ;

4° La section 1 du chapitre II du titre II du livre III de la première partie du Code de la santé publique relative à l'autorisation de livrer au public l'eau minérale d'une source ;

5° La section 1 du chapitre Ier du titre II du livre III de la première partie du Code de la santé publique relative aux eaux destinées à la consommation humaine, à l'exclusion des eaux minérales naturelles.

II. – Les autres règles et prescriptions techniques sont fixées par arrêté du ministre chargé de l'environnement.

Art. R. 211-4. – Les arrêtés mentionnés à l'article R. 211-3 sont pris après avis de la mission interministérielle de l'eau et du Comité national de l'eau.

Art. R. 211-5. – Les arrêtés mentionnés à l'article R. 211-3 définissent les règles et les prescriptions techniques nécessaires à la réalisation des objectifs fixés à l'article L. 211-1. Ces règles et prescriptions peuvent porter sur les conditions d'implantation et de réalisation ou d'exécution, d'aménagement et d'exploitation des travaux, ouvrages ou installations, ou d'exercice des activités mentionnés aux articles L. 214-1 à L. 214-6, compte tenu, s'il y a lieu, des variations saisonnières et climatiques, et sur les moyens d'analyse, de surveillance et de suivi des opérations et de leurs effets sur le milieu aquatique.

Art. R. 211-6. – Les règles et prescriptions techniques définies par les arrêtés mentionnés à l'article R. 211-3 sont fixées dans les conditions suivantes :

1° Pour le choix de l'implantation de l'installation ou de l'ouvrage, elles peuvent porter sur :

a) La situation et l'éloignement par rapport à certaines installations, ouvrages ou activités ou par rapport à certains éléments du milieu aquatique ;

b) Les mesures permettant d'assurer la protection des eaux, notamment de celles qui sont destinées à la consommation humaine et des eaux minérales ;

c) Les restrictions ou les interdictions nécessaires à la protection du milieu aquatique et à la sécurité publique, notamment dans les zones à risques et les zones d'expansion des crues ;

d) Les conditions nécessaires à la préservation des écosystèmes aquatiques, des zones humides ainsi que des frayères et des zones de croissance ou d'alimentation de la faune piscicole.

2° Pour la réalisation de l'installation, de l'ouvrage ou des travaux, pour leur exploitation ou pour l'exercice de l'activité, ces règles et prescriptions techniques peuvent porter sur les conditions permettant d'éviter ou d'atténuer les atteintes au milieu aquatique, les nuisances, les risques liés à l'écoulement des eaux et les conflits d'usage. En outre, elles peuvent :

a) Prévoir les mesures compensatoires adéquates ;

b) Assurer à l'aval des ouvrages le débit minimal permettant de garantir en permanence la vie, la circulation et la reproduction des espèces piscicoles ;

c) Définir, pour les plans d'eau, les conditions favorables à la reproduction de certaines espèces piscicoles et les conditions de maîtrise des sédiments nécessaires pour éviter les pollutions à l'aval ;

d) Fixer les valeurs limites tenant compte notamment de la sensibilité du milieu aquatique et des objectifs de qualité ;

e) Définir les aménagements et les modes d'exploitation de nature à éviter le gaspillage de la ressource en eau ;

f) Prévenir les inondations et les pollutions accidentelles.

(1) V. T. appl. : A. 27 août 1999 (opérations de création d'étangs ou de plans d'eau) ; A. 27 août 1999 (opérations de vidange de plans d'eau) ; A. 11 sept. 2003 (sondage, forage, création de puits ou d'ouvrage souterrain) ; A. 11 sept. 2003 (prélèvements soumis à déclaration) ; A. 11 sept. 2003 (prélèvements soumis à autorisation). – NDLR.

3° Pour le suivi de l'installation, de l'ouvrage, du travail ou de l'activité, elles peuvent :

a) Prévoir les aménagements nécessaires à l'accès et à la surveillance des opérations ;

b) Définir un protocole d'analyse ou de surveillance pour certaines opérations ;

c) Fixer les modalités d'entretien et de maintenance appropriées et, en cas de cessation définitive de l'activité, les modalités de remise en état des lieux ;

d) Définir les obligations de communication périodique de tout ou partie des éléments précédents.

Art. R. 211-7. – Lorsque les arrêtés mentionnés à l'article R. 211-3 fixent des règles et prescriptions techniques applicables aux installations, ouvrages, travaux ou activités soumis au régime de l'autorisation au titre des dispositions législatives du présent titre, ils précisent si et dans quelles conditions, notamment de délais, ils sont applicables aux installations, ouvrages, travaux et activités existants et légalement réalisés ou exercées. Ils ne peuvent avoir pour effet de rendre obligatoires des modifications importantes du gros œuvre des ouvrages ou installations.

Art. R. 211-8. – Lorsque les arrêtés mentionnés à l'article R. 211-3 fixent des règles et prescriptions techniques applicables aux installations, ouvrages, travaux ou activités soumis au régime de la déclaration en application des articles L. 214-1 à L. 214-6, ils ne sont pas applicables aux installations, ouvrages, travaux et activités existants et légalement réalisés ou exercées.

Art. R. 211-9. – Pour assurer la mise en œuvre du programme de mesures prévu par l'article L. 212-2-1, le préfet coordonnateur de bassin peut, après avis de la commission administrative de bassin et du comité de bassin, imposer pour tout ou partie du bassin des règles et prescriptions techniques plus sévères que celles fixées par arrêtés ministériels ou interministériels en application de l'article R. 211-3.

Sous-section 2. – Objectifs de qualité

Art. D. 211-10. – Dans les documents de programmation et de planification élaborés et les décisions prises par l'État, ses établissements publics et les autres personnes morales de droit public et en vue d'assurer une amélioration continue de l'environnement, sont pris comme référence les objectifs de qualité définis :

1° Aux tableaux I et II annexés au présent article en ce qui concerne la qualité des eaux conchylicoles et des eaux douces ayant besoin d'être protégées ou améliorées pour être aptes à la vie des poissons ;

2° À l'arrêté mentionné au premier alinéa de l'article R. 1321-38 du Code de la santé publique en ce qui concerne la qualité requise des eaux superficielles destinées à la production d'eau alimentaire ;

3° *(Rempl., D. n° 2008-990, 18 sept. 2008)* À l'article D. 1332-2 du Code de la santé publique en ce qui concerne les eaux des bassins de piscine et, en ce qui concerne la qualité des eaux de baignade, à la colonne I du tableau figurant au I de l'annexe au décret n° 2008-990 du 18 septembre 2008 relatif à la gestion de la qualité des eaux de baignade et des piscines puis à l'arrêté prévu à l'article D. 1332-27 du même Code à partir du 1er janvier 2013.

Tableau I de l'article D. 211-10

Qualité des eaux conchylicoles (*1)

PARAMÈTRES	G	I	FRÉQUENCE MINIMALE d'échantillonnage et de mesure
pH.		7-9.	Trimestrielle.
Température (°C).	(*2).		(*2).
Coloration (après filtration, mg Pt/l).		(*2).	(*2).
Matières en suspension (mg/l).		(*2).	(*2).
Salinité (‰).	12-38 ‰.	≤ 40 ‰ (*2).	Mensuelle (*2).

PARAMÈTRES	G	I	FRÉQUENCE MINIMALE d'échantillonnage et de mesure
Oxygène dissous (% de saturation).	≥ 80 %.	≥ 70 % (valeur moyenne). Si une mesure individuelle indique une valeur inférieure à 70 %, les mesures sont répétées. Une mesure individuelle ne peut indiquer une valeur inférieure à 60 % que lorsqu'il n'y a pas de conséquences nuisibles pour le développement des peuplements de coquillages.	Mensuelle avec au moins un échantillon représentatif des faibles teneurs en oxygène se présentant le jour du prélèvement. Toutefois, s'il y a présomption de variations diurnes significatives, au moins deux prélèvements par jour seront effectués.
Hydrocarbures d'origine pétrolière.		Les hydrocarbures ne doivent pas être présents dans l'eau conchylicole en quantité telle : – qu'ils produisent à la surface de l'eau un film visible et/ou un dépôt sur les coquillages ; – qu'ils provoquent des effets nocifs pour les coquillages.	Trimestrielle.
Substances organo-halogénées.	La limitation de la concentration de chaque substance dans la chair de coquillage doit être telle qu'elle contribue à une bonne qualité des produits conchylicoles.	La concentration de chaque substance dans l'eau conchylicole ou dans la chair de coquillage ne doit pas dépasser un niveau qui provoque des effets nocifs sur les coquillages et leurs larves.	Semestrielle.
Métaux (mg/l) : Argent (Ag) ; Arsenic (As) ; Cadmium (Cd) ; Chrome (Cr) ; Cuivre (Cu) ; Mercure (Hg) ; Nickel (Ni) ; Plomb (Pb) ; Zinc (Zn).	La limitation de la concentration de chaque substance dans la chair de coquillage doit être telle qu'elle contribue à une bonne qualité des produits conchylicoles.	La concentration de chaque substance dans l'eau conchylicole ou dans la chair de coquillage ne doit pas dépasser un niveau qui provoque des effets nocifs sur les coquillages et leurs larves. Les effets de synergie de ces métaux doivent être pris en considération.	Semestrielle.
Coliformes fécaux (/100 ml).	≤ 300 dans la chair de coquillage et le liquide intervalvaire.	(*3).	Trimestrielle.
Substances influençant le goût du coquillage.		Concentration inférieure à celle susceptible de détériorer le goût du coquillage.	

Abréviations :

G = guide (valeur limite des paramètres qu'il est souhaitable de ne pas dépasser).

I = impérative (valeur limite des paramètres).

(*1) Telles que désignées conformément à la directive n° 79-923 du 30 octobre 1979 relative à la qualité requise des eaux conchylicoles.

(*2) Les valeurs de ces paramètres ainsi que les fréquences minimales d'échantillonnages et de mesures sont prises en compte dans le cadre de la réglementation générale sur la lutte contre la pollution des eaux.

(*3) Ce paramètre est pris en compte dans le cadre de la réglementation relative à la salubrité des huîtres, moules et autres coquillages dans l'attente de l'adoption d'une directive sur la protection des consommateurs de produits conchylicoles.

Nota (eaux conchylicoles). - 1. Les eaux désignées sont censées être conformes aux objectifs de qualité si les échantillons de ces eaux, prélevés selon la fréquence prévue en un même lieu de prélèvement et pendant une période de douze mois, montrent qu'elles respectent les valeurs et les remarques attachées aux paramètres figurant dans le tableau ci-dessus, en ce qui concerne :

- 100 % des échantillons pour les paramètres « substances organohalogénées » et « métaux » ;
- 95 % des échantillons pour les paramètres « salinité » et « oxygène dissous » ;
- 75 % pour les autres paramètres.

Si la fréquence des prélèvements, pour tous les paramètres, à l'exception des paramètres « substances organohalogénées » et « métaux », est inférieure à celle indiquée, les valeurs et remarques susmentionnées doivent être respectées pour tous les échantillons.

2. Le non-respect de ces valeurs et remarques n'est pas pris en considération dans le calcul des pourcentages prévus au paragraphe 1 lorsqu'il est la conséquence d'une catastrophe.

3. Lorsque la qualité des eaux désignées est sensiblement supérieure à celle qui résulterait de l'application des valeurs et des remarques figurant dans le tableau ci-dessus, la fréquence des prélèvements peut être réduite. S'il n'y a aucune pollution et aucun risque de détérioration de la qualité des eaux, l'autorité compétente peut décider qu'aucun prélèvement n'est nécessaire.

4. En cas de circonstances météorologiques ou géographiques exceptionnelles, il peut être dérogé aux dispositions du tableau ci-dessus, dans les conditions prévues par arrêté ministériel.

Tableau II de l'article D. 211-10

(V. JO 23 mars 2007, p. 38205)

Qualité des eaux douces ayant besoin d'être protégées ou améliorées pour être aptes à la vie des poissons (*1)

PARAMÈTRES	EAUX SALMONICOLES		EAUX CYPRINICOLES		FRÉQUENCE MINIMALE d'échantillonnage et de mesure
	G	I	G	I	
Température.		(*2).		(*2).	(*2).
Oxygène dissous (mg/l O_2).	50 % > 9. 100 % > 7.	50 % > 9. Lorsque la teneur descend en dessous de 6 mg/l, des mesures appropriées sont adoptées et la preuve doit être apportée que cette situation n'aura pas de conséquences nuisibles pour le développement équilibré des peuplements de poissons.	50 % > 8. 100 % > 5.	50 % > 7. Lorsque la teneur en oxygène descend en dessous de 4 mg/l, des mesures appropriées sont adoptées et la preuve doit être apportée que cette situation n'aura pas de conséquences nuisibles pour le développement équilibré des peuplements de poissons.	Mensuelle avec au moins un échantillon représentatif des faibles teneurs en oxygène se présentant le jour du prélèvement. Toutefois, s'il y a présomption de variations diurnes significatives, au moins deux prélèvements par jour seront effectués.
pH.		6-9.		6-9.	Mensuelle.
Matières en suspension (mg/l, concentrations moyennes).	< 25.		< 25.		

PARAMÈTRES	EAUX SALMONICOLES G	EAUX SALMONICOLES I	EAUX CYPRINICOLES G	EAUX CYPRINICOLES I	FRÉQUENCE MINIMALE d'échantillonnage et de mesure
Demande biochimique en oxygène DBO_6 (mg/l O_2).	< 3.		< 6.		
Nitrites (mg/l NO_2).	< 0,01.		< 0,03.		
Composés phénoliques (mg/l C6H50H).		Les composés phénoliques ne doivent pas être présents à des concentrations telles qu'elles altèrent la saveur du poisson.		Les composés phénoliques ne doivent pas être présents à des concentrations telles qu'elles altèrent la saveur du poisson.	
Hydrocarbures d'origine pétrolière.		Les hydrocarbures d'origine pétrolière ne doivent pas être présents à des concentrations telles : – qu'ils forment un film visible à la surface de l'eau ou qu'ils se déposent en couches sur le lit des cours d'eau et des lacs ; – qu'ils communiquent aux poissons une saveur perceptible d'hydrocarbures – qu'ils provoquent des effets nocifs chez les poissons.		Les hydrocarbures d'origine pétrolière ne doivent pas être présents à des concentrations telles : – qu'ils forment un film visible à la surface de l'eau ou qu'ils se déposent en couches sur le lit des cours d'eau et des lacs ; – qu'ils communiquent aux poissons une saveur perceptible d'hydrocarbures – qu'ils provoquent des effets nocifs chez les poissons.	Mensuelle.
Ammoniac non ionisé (mg/l NH_3).	< 0,005.	< 0,025.	< 0,005.	< 0,025.	Mensuelle.
Afin de diminuer le risque d'une toxicité due à l'ammoniac non ionisé, d'une consommation d'oxygène due à la nitrification et d'une eutrophisation, les concentrations d'ammonium total ne devraient pas dépasser les valeurs suivantes :					
Ammonium total (mg/l NH_4).	< 0,04.	< 1 (*3).	< 0,2.	< 1 (*3).	
Chlore résiduel total (mg/l HOCl).		< 0,005.		< 0,005	Mensuelle.

PARAMÈTRES	EAUX SALMONICOLES		EAUX CYPRINICOLES		FRÉQUENCE MINIMALE d'échantillonnage et de mesure
	G	I	G	I	
Métaux (mg/l) (pour une dureté de l'eau de 100 mg/l de $CaCO_2$) :	<0,04 (*4).		<0,04 (*4).		
– cuivre (soluble) CU ;					
– zinc (total) Zn.		< 0,3 (*5).		< 1,0 (*5).	Mensuelle.

Abréviations :
G = guide (valeur limite des paramètres qu'il est souhaitable de ne pas dépasser) ;
I = impérative (valeur limite des paramètres).
(*1) Telles que désignées conformément à la directive n° 78-659 du 18 juillet 1978 concernant la qualité des eaux douces ayant besoin d'être protégées ou améliorées pour être aptes à la vie des poissons ;
(*2) Les valeurs de ces paramètres sont prises en compte dans le cadre de la réglementation générale sur la lutte contre la pollution des eaux.
(*3) Dans des conditions géographiques ou climatologiques particulières, et notamment dans le cas de températures d'eau basses et de nitrification réduite, ou lorsqu'il peut être prouvé qu'il n'y a pas de conséquences nuisibles pour le développement équilibré des peuplements de poissons, des valeurs supérieures à 1 mg/l peuvent être fixées.
(*4) Cuivre (soluble) :

Concentrations en cuivre soluble (mg/l Cu) en fonction de différentes valeurs de dureté de l'eau comprises entre 10 et 300 mg/l de $CaCO_2$					
	DURETÉ DE L'EAU (mg/l $CaCO_2$)				
	10	50	100	300	
mg/l Ca	0,005	0,022	0,04	0,112	

(*5) Zinc (total) :

Concentrations en zinc total (mg/l Zn) en fonction de différentes valeurs de dureté de l'eau comprises entre 10 et 500 mg/l de $CaCO_2$					
	DURETÉ DE L'EAU (mg/l $CaCO_2$)				
	10	50	100	500	
Eaux salmonicoles (mg/l Zn).	0,03	0,2	0,3	0,5	
Eaux cyprinicoles (mg/l Zn).	0,3	0,7	1,0	2,0	

Nota (eaux piscicoles). – 1. Les eaux désignées sont censées être conformes aux objectifs de qualité si les échantillons de ces eaux prélevés selon la fréquence prévue, en un même lieu de prélèvement et pendant une période de douze mois, montrent qu'elles respectent les valeurs et les remarques figurant dans le tableau ci-dessus en ce qui concerne :

– **95 % des échantillons pour les paramètres suivants : pH, DBO5, ammoniac non ionisé, ammonium total, nitrites, chlore résiduel total, zinc total et cuivre soluble. Si la fréquence de prélèvement est inférieure à un prélèvement par mois, les valeurs et remarques susmentionnées doivent être respectées pour tous les échantillons ;**

– **les pourcentages spécifiés au tableau ci-dessus pour le paramètre oxygène dissous ;**
– **la concentration moyenne fixée pour le paramètre matières en suspension.**

2. Le non-respect des valeurs et remarques figurant dans le tableau n'est pas pris en considération dans le calcul des pourcentages prévus au paragraphe 1 lorsqu'il est la conséquence d'inondations ou d'autres catastrophes naturelles.

3. Lorsque la qualité des eaux désignées est sensiblement supérieure à celle qui résulterait de l'application des valeurs et remarques figurant dans le tableau ci-dessus, la fréquence des prélèvements peut être réduite. S'il n'y a aucune pollution et aucun risque de détérioration de la qualité des eaux, l'autorité compétente peut décider qu'aucun prélèvement n'est nécessaire.

4. Lorsque les eaux désignées subissent un enrichissement naturel en certaines substances qui provoquent le non-respect des valeurs indiquées au tableau ci-dessus, il peut être dérogé à ces dispositions dans les conditions prévues par arrêté ministériel. Il en est de même en ce qui concerne le pH et les matières en suspension en raison de circonstances météorologiques exceptionnelles ou de circonstances géographiques spéciales.

Art. D. 211-11. – Les méthodes d'analyse ou d'inspection utilisées pour mesurer les paramètres de qualité des eaux mentionnés aux tableaux annexés à l'article D. 211-10 sont déterminées par arrêtés du ou des ministres intéressés.

Sous-section 3. – Programme national d'action contre la pollution des milieux aquatiques par certaines substances dangereuses

(D. n° 2007-1467, 12 oct. 2007) (1)

Art. R. 211-11-1 *(D. n° 2007-1467, 12 oct. 2007)*. **– Un programme national d'action destiné à prévenir, réduire ou éliminer la pollution des eaux de surface, des eaux de transition et des eaux marines intérieures et territoriales par les substances figurant dans le tableau annexé au présent article est approuvé par le ministre chargé de l'environnement.**

À partir de l'analyse de l'état des milieux aquatiques récepteurs au regard de chacune de ces substances et de l'identification des sources de pollution, le programme fixe des objectifs de prévention, de réduction ou d'élimination de la pollution, détermine les mesures propres à assurer la surveillance et la maîtrise des rejets de ces substances et fixe le calendrier de leur mise en œuvre.

Annexe de l'article R. 211-11-1. – Tableau relatif au programme national d'action contre la pollution des milieux aquatiques par certaines substances dangereuses

N° UE (*)	LISTES	N° CAS (Chemical Abstract Services)
	Liste dite « Liste I » (18 substances)	
1	Aldrine.	309-00-2
12	Cadmium et composés.	7440-43-9
13	Tétrachlorure de carbone.	56-23-5
23	Chloroforme.	67-66-3
46	DDT (y compris les métabolites DDD et DDE).	50-29-3
59	1,2-dichloroéthane.	107-06-2
71	Dieldrine.	60-57-1
77	Endrine.	72-20-8

(1) Dispositions applicables à Mayotte, D. n° 2007-1467, 12 oct. 2007, art. 15.

N° UE (*)	LISTES	N° CAS (Chemical Abstract Services)
83	Hexachlorobenzène.	118-74-1
84	Hexachlorobutadiène.	87-68-3
85	Hexachlorocyclohexane (y compris tous les isomères et Lindane).	s.o
92	Mercure et composés.	7439-97-6
102	Pentachlorophénol.	87-86-5
111	Tétrachloroéthylène.	127-18-4
117	Trichlorobenzène.	12002-48-1
118	1,2,4-trichlorobenzène.	120-82-1
121	Trichloroéthylène.	79-01-6
130	Isodrine.	465-73-6
	Liste dite « Liste des 15 substances potentiellement en liste I, maintenant en liste II »	
5	Azinphos-éthyl.	2642-71-9
6	Azinphos-méthyl.	86-50-0
70	Dichlorvos.	62-73-7
76	Endosulfan.	115-29-7
80	Fénitrothion.	122-14-5
81	Fenthion.	55-38-9
89	Malathion.	121-75-5
100	Parathion (y compris parathion-méthyl).	56-38-2
106	Simazine.	122-34-9
115	Oxyde de tributylétain.	56-35-9
124	Trifluraline.	1582-09-8
125	Acétate de triphényl étain (acétate de fentine).	900-95-8
126	Chlorure de triphenylétain (chlorure de fentine).	639-58-7
127	Hydroxyde de triphenylétain (hydroxyde de fentine).	76-87-9
131	Atrazine.	1912-24-9

N° UE (*)	LISTES	N° CAS (Chemical Abstract Services)
	Liste dite « Liste II de 99 substances »	
2	2-amino-4-chlorophénol.	95-85-2
3	Anthracène.	120-12-7
4	Arsenic et composés minéraux.	s.o.
7	Benzène.	71-43-2
8	Benzidine.	92-87-5
9	Chlorure de benzyle (alpha-chlorotoluène).	100-44-7
10	Chlorure de benzylidène (alpha, alpha-dichlorotoluène).	98-87-3
11	Biphényle.	92-52-4
14	Hydrate de chloral.	302-17-0
15	Chlordane.	57-74-9
16	Acide chloroacétique.	79-11-8
17	2-chloroaniline.	95-51-2
18	3-chloroaniline.	108-42-9
19	4-chloroaniline.	106-47-8
20	Mono-chlorobenzène.	108-90-7
21	1-chloro-2,4-dinitrobenzène.	97-00-7
22	2-chloroéthanol.	107-07-3
24	4-chloro-3-méthylphénol.	59-50-7
25	1-chloronaphtalène.	90-13-1
26	Chloronaphtalènes.	s.o.
27	4-chloronitroaniline.	89-63-4
28	1-chloro-2-nitrobenzène.	89-21-4
29	1-chloro-3-nitrobenzène.	88-73-3
30	1-chloro-4-nitrobenzène.	121-73-3
31	4-chloro-2-nitrotoluène.	89-59-8
32	Chloronitrotoluènes (autres que 4-chloro-2-nitrotoluène).	s.o.
33	2-chlorophénol.	95-57-8
34	3-chlorophénol.	108-43-0
35	4-chlorophénol.	106-48-9

N° UE (*)	LISTES	N° CAS (Chemical Abstract Services)
36	Chloroprène (2-chloro-1,3-butadiène).	126-99-8
37	3-chloropropène.	107-05-1
38	2-chlorotoluène.	95-49-8
39	3-chlorotoluène.	108-41-8
40	4-chlorotoluène.	106-43-4
41	2-chloro-p-toluidine.	615-65-6
42	Chlorotoluidines (autres que 2-chloro-p-toluidine).	s.o.
43	Coumaphos.	56-72-4
44	2,4,6-trichloro-1,3,5-triazine.	108-77-0
45	2,4-D (dont sels de 2,4-D et esters de 2,4-D).	94-75-7
47	Demeton (dont Demeton-O, Demeton-S, Demeton-S-méthyl et Demeton-S-méthylsulphone).	298-03-3
48	1,2-dibromoéthane.	106-93-4
49	Ichlorure de dibutylétain.	D 683-18-1
50	Oxyde de dibutylétain.	818-08-6
51	Sels de dibutylétain (autres que dichlorure de dibutylétain et oxyde de dibutylétain).	s.o.
52	Dichloroanilines.	95-76-1
53	1,2-dichlorobenzène.	95-50-1
54	1,3-dichlorobenzène.	541-73-1
55	1,4-dichlorobenzène.	106-46-7
56	Dichlorobenzidines.	s.o.
57	Dichloro-di-is.o.propyl éther.	108-60-1
58	1,1-dichloroéthane.	75-34-3
60	1,1-dichloroéthylène.	75-35-4
61	1,2-dichloroéthylène.	540-59-0
62	Dichlorométhane.	75-09-2
63	Dichloronitrobenzènes.	s.o.
64	2,4-dichlorophénol.	120-83-2
65	1,2-dichloropropane.	78-87-5

N° UE (*)	LISTES	N° CAS (Chemical Abstract Services)
66	1,3-dichloropropan-2-ol.	96-23-1
67	1,3-dichloropropène.	542-75-6
68	2,3-dichloropropène.	78-88-6
69	Dichlorprop.	120-36-5
72	Diéthylamine.	109-89-7
73	Diméthoate.	60-51-5
74	Diméthylamine.	124-40-3
75	Disulfoton.	298-04-4
78	Épichlorohydrine.	106-89-8
79	Éthylbenzène.	100-41-4
82	Heptachlore (dont heptachlore époxyde).	76-44-8
86	Hexachloroéthane.	67-72-1
87	Is.o.propyl benzène.	98-83-9
88	Linuron.	330-55-2
90	Mcpa.	94-74-6
91	Mecoprop.	93-65-2
93	Methamidophos.	10265-92-6
94	Mevinphos.	7786-34-7
95	Monolinuron.	1746-81-2
96	Naphthalène.	91-20-3
97	Ométhoate.	1113-02-6
98	Oxy-demeton-methyl.	301-12-2
99	Hydrocarbures aromatiques polycycliques (HAP) (particulièrement 3,4-benzopyrène et 3,4-benzofluoranthène).	s.o. (50-32-8 et 205-99-2)
101	PCB (dont PCT).	s.o.
103	Phoxime.	14816-18-3
104	Propanil.	709-98-8
105	Pyrazon.	1698-60-8
107	2,4,5-T (dont sels de 2,4,5-T et esters de 2,4,5-T).	93-76-5
108	Tétrabutylétain.	1461-25-2

N° UE (*)	LISTES	N° CAS (Chemical Abstract Services)
109	1,2,4,5-tétrachlorobenzène.	95-94-3
110	1,1,2,2-tétrachloroéthane.	79-34-5
112	Toluène.	108-88-3
113	Triazophos.	24017-47-8
114	Phosphate de tributyle.	126-73-8
116	Trichlorfon.	52-68-6
119	1,1,1-trichloroéthane.	71-55-6
120	1,1,2-trichloroéthane.	79-00-5
122	Trichlorophénols.	95-95-4
123	1,1,2-tri-chloro-tri-fluoro-éthane.	76-13-1
128	Chlorure de vinyle (chloroéthylène).	75-01-4
129	Xylènes.	1330-20-7
132	Bentazone.	25057-89-0
	Liste dite « Liste II second tiret de la directive 76/464 » (métalloïdes et métaux, autres substances...)	
	Zinc.	7440-66-6
	Cuivre.	7440-50-8
	Nickel.	7440-02-0
	Chrome.	7440-47-3
	Plomb.	7439-92-1
	Sélénium.	7782-49-2
	Arsenic.	7440-38-2
	Antimoine.	7440-36-0
	Molybdène.	7439-98-7
	Titane.	7440-32-6
	Étain.	7440-31-5
	Baryum.	7440-39-3
	Béryllium.	7440-41-7
	Bore.	7440-42-8
	Uranium.	7440-61-1
	Vanadium.	7440-62-2

N° UE (*)	LISTES	N° CAS (Chemical Abstract Services)
	Cobalt.	7440-48-4
	Thallium.	7440-28-0
	Tellurium.	13494-80-9
	Argent.	7440-22-4
	Phosphore total.	s.o.
	Cyanure.	57-12-5
	Fluorure.	16984-48-8
	Ammoniaque.	7664-41-7
	Nitrite.	14797-65-0

(*) N° UE : le nombre mentionné correspond au classement par ordre alphabétique issu de la communication de la Commission au Conseil du 22 juin 1982.
s.o. : sans objet.

Art. R. 211-11-2 *(D. n° 2007-1467, 12 oct. 2007).* – Pour chaque substance inscrite dans le tableau mentionné à l'article précédent, le ministre fixe par arrêté des normes de qualité dont le respect doit permettre que les milieux aquatiques ne soient pas affectés de façon perceptible.

Les normes sont fixées en tenant compte des connaissances disponibles relatives à la toxicité tant aiguë que chronique de chaque substance pour les algues ou les macrophytes, les invertébrés et les poissons. Elles peuvent être différentes selon qu'elles s'appliquent aux eaux de surface, aux eaux de transition ou aux eaux marines intérieures et territoriales.

Les normes de qualité sont respectées lorsque, pour chaque substance, les concentrations dans les milieux aquatiques calculées en moyenne annuelle à partir des réseaux de mesures mis en place pour la surveillance de la qualité des eaux ne dépassent pas la valeur fixée.

Art. R. 211-11-3 *(D. n° 2007-1467, 12 oct. 2007 ; mod., D. n° 2010-368, 13 avr. 2010).* – Les autorisations de déversement que comportent, le cas échéant, les autorisations délivrées en application des articles L. 214-3, L. 512-1 et L. 512-7 doivent prendre en compte les objectifs du programme et les normes de qualité fixées en application de l'article R. 211-11-2.

Sous-section 4. – Contrôle des caractéristiques des eaux réceptrices et des déversements

(Anc. ss-sect. 3, dénum., D. n° 2007-1467, 12 oct. 2007) (1)

Art. R. 211-12. – La présente sous-section fixe les conditions dans lesquelles il est procédé aux contrôles des caractéristiques physiques, chimiques, biologiques et bactériologiques des eaux réceptrices et des déversements, mentionnés à l'article L. 211-2 et opérés, soit à l'occasion des visites et vérifications prévues par les dispositions réglementaires en vigueur, soit en vue de constater les infractions aux dispositions du présent chapitre.

La présente sous-section n'est pas applicable aux rejets provenant d'installations classées pour la protection de l'environnement.

Art. R. 211-13. – Sont habilités à effectuer les contrôles prévus à l'article R. 211-12 les agents mentionnés à l'article L. 216-3 et agissant dans le cadre de leurs attributions. Ces agents peuvent, à cette fin, avoir notamment accès aux installations d'où proviennent les déversements qu'ils sont chargés de contrôler.

(1) Dispositions applicables à Mayotte, D. n° 2007-1467, 12 oct. 2007, art. 15.

Le contrôle des eaux réceptrices et des déversements comporte, selon les cas, un examen des lieux, des mesures opérées sur place, des prélèvements d'échantillons et l'analyse de ces derniers.

Art. R. 211-14. – I. – Lorsqu'il existe des dispositifs d'épuration, un contrôle des déversements est obligatoirement opéré à l'aval de ces dispositifs. Lorsqu'il est fait appel au procédé de l'épandage, le contrôle des déversements peut également être opéré avant l'épandage.

II. – Le contrôle des eaux réceptrices, lorsqu'il est opéré conjointement à celui des déversements, est assuré :

1° En ce qui concerne les cours d'eau, en deux points au moins choisis, l'un en amont, l'autre en aval du lieu de déversement ;

2° En ce qui concerne les eaux souterraines, en tant que de besoin, dans les puits existants, dans les émissaires superficiels ou dans les puits de contrôle prévus aux chapitres 1er et 4 du présent titre.

Art. R. 211-15. – I. – Les opérations de contrôle donnent lieu à la rédaction d'un procès-verbal établi par l'agent qui y a procédé. Le procès-verbal comporte les mentions suivantes :

1° Nom, prénom et qualité de l'agent contrôleur ;

2° Désignation du ou des auteurs présumés du déversement et nature de leur activité ;

3° Date, heure, emplacement et circonstances de l'examen des lieux et des mesures faites sur place : constatations utiles relatives notamment à l'aspect, la couleur et l'odeur du déversement et des eaux réceptrices, l'état apparent de la faune et de la flore à proximité du point de déversement ; résultat des mesures faites sur place.

II. – Lorsqu'il y a lieu à prélèvements et analyses, le procès-verbal comporte en outre les mentions suivantes :

1° Identification de chaque échantillon prélevé, accompagnée de l'indication concomitante de l'emplacement, de l'heure et des circonstances du prélèvement ;

2° Mention des formalités accomplies en application des dispositions de l'article R. 211-16 ;

3° Nom du ou des laboratoires choisis en application des dispositions de l'article R. 211-17.

III. – Lorsque le responsable présumé de l'installation qui est à l'origine du déversement est connu et présent sur les lieux, il est invité à assister ou à se faire représenter aux opérations de contrôle.

IV. – L'auteur du procès-verbal le signe et invite le responsable présumé du déversement ou son représentant à le signer, en y portant toutes observations qu'il juge utiles.

V. – Si l'auteur du déversement est inconnu, absent, a refusé d'assister ou de se faire représenter au contrôle ou a refusé de désigner un laboratoire pour y être procédé à l'analyse d'un des exemplaires des échantillons dans les conditions prévues à l'article R. 211-17, mention en est faite au procès-verbal.

Art. R. 211-16. – Tout prélèvement opéré aux fins d'analyse donne lieu à l'établissement d'échantillons en double exemplaire. Chacun est placé dans un récipient mis sous scellés. Ces scellés retiennent une étiquette portant notamment :

1° Les date, heure et lieu du prélèvement ;

2° L'identification complète de chaque échantillon ;

3° La signature de l'agent contrôleur.

Art. R. 211-17. – L'agent contrôleur conserve l'ensemble des échantillons et les place dans des conditions permettant d'en assurer la bonne conservation.

Il avise le responsable présumé du déversement ou son représentant du nom du laboratoire agréé qui sera chargé de procéder aux analyses de l'un des exemplaires des échantillons de chaque prélèvement et l'invite à choisir un autre laboratoire agréé pour y être procédé aux mêmes analyses de l'autre exemplaire. Dans les cas prévus au V de l'article R. 211-15, cet autre laboratoire est choisi par l'agent contrôleur.

L'agent contrôleur envoie les échantillons aux laboratoires.

Il joint à cet envoi copie du procès-verbal prévu à l'article R. 211-15 et l'indication des analyses à effectuer.

Art. R. 211-18. – Dans tous les cas, l'analyse des échantillons prélevés porte sur leurs caractéristiques physiques, chimiques et biochimiques. Elle peut être accompagnée d'analyses bactériologiques et d'analyses biologiques. Des analyses spéciales, déterminées selon les activités qui sont à l'origine du déversement, peuvent compléter le contrôle.

Les analyses sont effectuées selon des méthodes normalisées lorsqu'elles existent et, à défaut, suivant des méthodes de référence.

Les laboratoires, après avoir vérifié l'état des scellés et des étiquettes, procèdent aux analyses. Ils en adressent immédiatement le résultat à l'agent contrôleur en précisant la date de réception des échantillons et d'exécution des analyses ; le tout est joint au procès-verbal.

Art. R. 211-19. – Sous réserve de l'application de l'article R. 155 du Code de procédure pénale, copie du procès-verbal, accompagnée des résultats des analyses auxquelles il a été éventuellement procédé, est notifiée au responsable présumé du déversement.

Art. R. 211-20. – Dans le cas où, des termes du procès-verbal ou du résultat des analyses, il ressort une présomption d'infraction, le service technique dont dépend l'agent contrôleur transmet le dossier au procureur de la République ; il en avise le préfet.

Art. R. 211-21. – Des arrêtés conjoints des ministres intéressés fixent :

1° Les méthodes suivant lesquelles sont opérés l'examen des lieux, les mesures effectuées sur place, les prélèvements ainsi que le délai et les modalités selon lesquelles les échantillons prélevés sont envoyés, compte tenu de leur caractère altérable, aux fins d'analyses ;

2° Le contenu des analyses et le délai dans lequel il sera procédé à celles-ci, ainsi que la liste des méthodes normalisées et, en leur absence, celle des méthodes de référence ;

3° La liste des laboratoires agréés pour procéder aux analyses.

Sous-section 5. – Utilisation efficace, économe et durable de la ressource en eau

(Sous-section créée, D. n° 2021-795, 23 juin 2021) (1)

Art. R. 211-21-1 *(D. n° 2021-795, 23 juin 2021)*. – I. – Pour la mise en œuvre d'une gestion équilibrée et durable de la ressource en eau conformément aux objectifs fixés par l'article L. 211-1, les volumes d'eau dont le prélèvement est autorisé permettent, dans le respect des exigences de santé, de salubrité publique, de sécurité civile et d'alimentation en eau potable de la population, de satisfaire ou de concilier les différents usages anthropiques et le bon fonctionnement des milieux aquatiques dépendant de cette ressource.

II. – Dans les bassins ciblés par la stratégie visée au II de l'article R. 213-14, on entend par volume prélevable, le volume maximum que les prélèvements directs dans la ressource en période de basses eaux, autorisés ou déclarés tous usages confondus, doivent respecter en vue du retour à l'équilibre quantitatif à une échéance compatible avec les objectifs environnementaux du schéma directeur d'aménagement et de gestion des eaux.

Ce volume prélevable correspond au volume pouvant statistiquement être prélevé huit années sur dix en période de basses eaux dans le milieu naturel aux fins d'usages anthropiques, en respectant le bon fonctionnement des milieux aquatiques dépendant de cette ressource et les objectifs environnementaux du schéma directeur d'aménagement et de gestion des eaux.

Il est issu d'une évaluation statistique des besoins minimaux des milieux sur la période de basses eaux. Il est réparti entre les usages, en tenant compte des enjeux environnementaux, économiques et sociaux, et dans les conditions définies au II de l'article R. 213-14.

III. – Les autorisations sont délivrées au regard de la ressource disponible qui est constituée, pour un usage donné, de la part du volume prélevable pour cet usage, au sens du II, ainsi que des volumes d'eau stockés par prélèvements ou captation du ruissellement hors période de basses eaux et des volumes transférés à partir d'une autre ressource en équilibre.

Sont comptabilisés comme prélèvements en basses eaux, les volumes prélevés en période de basses eaux directement dans des milieux réalimentés, même si la réalimentation provient de stockages hivernaux.

Sont comptabilisés comme prélèvements en hautes eaux, les volumes stockés en cette période dans des retenues déconnectées du réseau hydrographique en basses eaux, et ce, quelle que soit la période d'utilisation des eaux stockées.

Art. R. 211-21-2 *(D. n° 2021-795, 23 juin 2021)*. – I. – L'évaluation des volumes prélevables tels que définis à l'article R. 211-21-1 est réalisée par périmètres cohérents constituant tout ou partie d'un bassin hydrographique ou d'une masse d'eau souterraine sur une période de basses eaux fixée localement.

(1) Dispositions applicables aux seules nouvelles études d'évaluation lancées à compter du 25 juin 2021ou aux révisions d'études existantes, D. n° 2021-795, 23 juin 2021.

II. – Pour les eaux de surface, constituées des cours d'eau et de leurs nappes d'accompagnement, l'évaluation du volume prélevable prend en compte le régime hydrologique du cours d'eau, ses relations avec les nappes ainsi que l'état biologique et le fonctionnement des milieux aquatiques dépendant des eaux de surface, c'est à dire des zones humides, des milieux annexes dépendant des débordements ou du ruissellement et des milieux avals, le cas échéant, littoraux. Elle intègre le volume de réalimentation éventuel des cours d'eau.

En dehors de la période de basses eaux, des conditions de prélèvement en volume ou en débits peuvent être définies de façon à mieux encadrer le respect des intérêts mentionnés à l'article L. 211-1.

III. – Pour les eaux souterraines, l'évaluation prend en compte le rythme de recharge des nappes de fonctionnement annuel ou pluriannuel.

(Abr., D. n° 2022-1078, 29 juill. 2022).

IV. – Le volume prélevable, quelle que soit la ressource, et sa répartition entre les différents usages sont susceptibles d'actualisation dans les conditions définies au II de l'article R. 213-14.

Art. R. 211-21-3 *(D. n° 2022-1078, 29 juill. 2022).* – Afin de mieux assurer le respect des principes mentionnés à l'article L. 211-1, peuvent être définis en dehors de la période de basses eaux, soit des conditions de prélèvement en volume ou en débits, soit des volumes pouvant être disponibles pour les usages anthropiques, en tenant compte du régime hydrologique et dans le respect du bon fonctionnement des milieux aquatiques. Ces volumes sont calculés selon les modalités définies aux I, II et III de l'article R. 211-21-2. Ils sont déterminés au regard des statistiques hydrologiques disponibles pour le bassin ou le sous-bassin, le cas échéant complétées par les résultats d'études relatives aux effets prévisibles du changement climatique.

Section II. – Déversements susceptibles d'altérer la qualité de l'eau et de porter atteinte aux milieux aquatiques

Sous-section 1. – Effluents urbains

Art. R. 211-22 *(Mod., D. n° 2011-385, 11 avr. 2011).* – Un arrêté du ministre chargé de l'environnement et du ministre chargé de la santé, pris après avis de l'Agence nationale de sécurité sanitaire de l'alimentation, de l'environnement et du travail, fixe la liste des réactifs chimiques et des procédés physiques utilisables pour désinfecter les eaux après épuration. Cet arrêté détermine leurs conditions d'utilisation.

Art. R. 211-23 *(Mod., D. n° 2011-385, 11 avr. 2011 ; D. n° 2022-336, 10 mars 2022 ; D. n° 2023-835, 29 août 2023).* – Les eaux usées peuvent, après épuration, être utilisées notamment à des fins agronomiques ou agricoles, par arrosage ou dans les conditions prévues par la section 8 du chapitre Ier du titre Ier du livre II du présent code, sous réserve que leurs caractéristiques et leurs modalités d'emploi soient compatibles avec les exigences de protection de la santé publique et de l'environnement.

Art. R. 211-24. – Les dispositions relatives à l'assainissement des effluents urbains figurent en section 2 du chapitre IV du titre II du livre II de la deuxième partie de la partie réglementaire du Code général des collectivités territoriales.

Sous-section 2. – Épandage des boues

§ 1. – Dispositions générales relatives aux boues

Art. R. 211-25. – En vertu de l'article R. 2224-16 du Code général des collectivités territoriales, les rejets de boues d'épuration dans le milieu aquatique, par quelque moyen que ce soit, sont interdits.

Art. R. 211-26. – La présente sous-section a pour objet de définir les conditions dans lesquelles sont épandus sur les sols agricoles, forestiers ou en voie de reconstitution ou de revégétalisation les sédiments résiduaires des installations de traitement ou de prétraitement biologique, physique ou physicochimique des eaux usées, ci-après dénommés « boues ».

Art. R. 211-27. – I. – Ces boues ont le caractère de déchets au sens des dispositions législatives du titre IV du livre V du présent Code.

II. – Leur épandage est au nombre des activités entrant dans le champ d'application des articles L. 214-1 à L. 214-6, dont l'autorisation ou la déclaration fait l'objet des articles R. 211-46 à R. 211-47.

III. – Ne sont pas soumis aux dispositions de la présente sous-section :

1° *(Rempl. à compter du 1er août 2015, D. n° 2015-890, 21 juill. 2015)* Les produits composés en tout ou partie de boues qui, au titre des articles L. 255-1 à L. 255-18 du Code rural et de la pêche maritime, bénéficient d'une autorisation de mise sur le marché ou d'un permis d'importation, ou sont conformes à une norme rendue d'application obligatoire par un arrêté pris sur le fondement du décret n° 2009-697 du 16 juin 2009 relatif à la normalisation pris pour l'application de la loi n° 41-1987 du 24 mai 1941 relative à la normalisation ;

2° Les boues dont l'épandage fait l'objet de réglementations spécifiques au titre des dispositions législatives du titre Ier du livre V du présent code.

Art. R. 211-28. – Les dispositions de la présente sous-section fixent, en matière d'épandage des boues, les règles générales d'hygiène et toutes autres mesures propres à préserver la santé de l'homme au sens de l'article L. 1311-1 du Code de la santé publique.

Art. R. 211-29 *(Mod., D. n° 2021-147, 11 févr. 2021)*. – Les matières de curage des ouvrages de collecte des eaux usées ne peuvent être assimilées à des boues que lorsqu'elles ont subi un traitement destiné à en éliminer les sables et les graisses. À défaut, leur épandage est interdit. L'épandage des sables et des graisses est interdit quelle qu'en soit la provenance.

Les matières de vidanges issues de dispositifs non collectifs d'assainissement des eaux usées sont assimilées aux boues issues de stations d'épuration pour l'application de la présente sous-section.

Est autorisé le mélange de boues soumises aux dispositions de la présente sous-section, dans des unités d'entreposage ou de traitement communes, en vue de leur épandage, lorsque la composition de chacune des boues avant leur mélange répond aux conditions prévues aux articles R. 211-38 à R. 211-45 et lorsque ce mélange est conforme aux prescriptions techniques applicables aux épandages de boues sur les sols agricoles prévues par l'arrêté pris en application de l'article R. 211-43.

Le mélange de boues avec d'autres déchets est interdit. Toutefois, sans préjudice de l'application des dispositions du titre IV du livre V du présent code, le préfet peut autoriser le mélange de boues avec d'autres déchets non dangereux, sous réserve d'une part que les déchets composant le mélange, pris séparément, soient conformes aux prescriptions techniques qui leur sont applicables en vue de l'épandage sur les sols agricoles et d'autre part que l'objet de l'opération tende à améliorer les caractéristiques agronomiques des boues à épandre.

Art. R. 211-30 *(Mod., D. n° 2021-147, 11 févr. 2021)*. – Les exploitants des unités de collecte, de prétraitement et de traitement biologique, physique ou physico-chimique d'eaux usées sont des producteurs de boues au sens de la présente sous-section. Il leur incombe à ce titre d'en appliquer les dispositions.

Dans le cas des matières de vidanges, cette charge est assumée par l'entreprise de vidange.

Les producteurs et détenteurs de boues sont responsables, conformément à l'article L. 541-2 du présent code, de la gestion de leurs boues qui constituent des déchets.

§ 2. – Conditions générales d'épandage des boues

Art. R. 211-31. – La nature, les caractéristiques et les quantités de boues épandues ainsi que leur utilisation doivent être telles que leur usage et leur manipulation ne portent pas atteinte, directement ou indirectement, à la santé de l'homme et des animaux, à l'état phytosanitaire des cultures, à la qualité des sols et des milieux aquatiques.

L'épandage des boues ne peut être pratiqué que si celles-ci présentent un intérêt pour les sols ou pour la nutrition des cultures et des plantations. Il est interdit de pratiquer des épandages à titre de simple décharge.

Art. R. 211-32. – I. – Les boues doivent avoir fait l'objet d'un traitement, par voie physique, biologique, chimique ou thermique, par entreposage à long terme ou par tout autre procédé approprié de manière à réduire, de façon significative, leur pouvoir fermentescible et les risques sanitaires liés à leur utilisation.

II. – Des arrêtés conjoints des ministres chargés de l'environnement, de la santé et de l'agriculture fixent :

1° La nature du traitement en fonction de la nature et de l'affectation des sols ;

2° Les conditions dans lesquelles il peut être dérogé à cette obligation de traitement par des précautions d'emploi appropriées.

Art. R. 211-33. – Tout épandage est subordonné à une étude préalable réalisée à ses frais par le producteur de boues et définissant l'aptitude du sol à le recevoir, son périmètre, les modalités de sa réalisation, y compris les matériels et dispositifs d'entreposage nécessaires.

Cette étude justifie que l'opération envisagée est compatible avec les objectifs et dispositions techniques de la présente sous-section, les contraintes d'environnement recensées et toutes les réglementations et documents de planification en vigueur, notamment les plans prévus à l'article L. 541-14, et les schémas d'aménagement et de gestion des eaux prévus aux articles L. 212-1 à L. 212-7.

Des capacités d'entreposage aménagées doivent être prévues pour tenir compte des différentes périodes où l'épandage est soit interdit, soit rendu impossible. Toutes dispositions doivent être prises pour que l'entreposage n'entraîne pas de gênes ou de nuisances pour le voisinage, ni de pollution des eaux ou des sols par ruissellement ou infiltration.

Une solution alternative d'élimination ou de valorisation des boues doit être prévue pour pallier tout empêchement temporaire de se conformer aux dispositions de la présente sous-section.

Art. R. 211-34 *(Mod., D. n° 2009-550, 18 mai 2009 ; D. n° 2020-828, 30 juin 2020)*. – I. – Les producteurs de boues doivent mettre en place un dispositif de surveillance de la qualité des boues et des épandages.

II. – Ils tiennent à jour un registre indiquant :

1° La provenance et l'origine des boues, les caractéristiques de celles-ci, et notamment les principales teneurs en éléments fertilisants, en éléments traces et composés organiques traces ;

2° Les dates d'épandage, les quantités épandues, les parcelles réceptrices et les cultures pratiquées.

3° Les quantités de matière sèche produite.

III. – Les producteurs de boues communiquent régulièrement ce registre aux utilisateurs et sont tenus de le conserver pendant dix ans.

IV. – Dans le cas de mélanges, des modalités particulières de surveillance doivent être mises en place de manière à connaître à tout moment la qualité des différents constituants du mélange et leur origine.

V. – Les informations contenues dans les documents mentionnés au présent article et aux articles R. 211-33 et R. 211-39 sont transmises à l'autorité administrative par le producteur de boues sous format électronique. Un arrêté du ministre chargé de l'environnement précise les données à transmettre et les modalités de transmission.

Art. R. 211-35. – Le producteur de boues adresse au préfet, chaque année, une synthèse des informations figurant au registre mentionné à l'article R. 211-34. Celui-ci doit être présenté aux agents chargés du contrôle de ces opérations. Le préfet peut communiquer la synthèse du registre aux tiers sur leur demande.

Le préfet peut faire procéder à des contrôles inopinés des boues ou des sols.

Art. R. 211-35-1 *(D. n° 2009-550, 18 mai 2009)*. – Les règles relatives à la conservation et à la transmission des informations utiles pour assurer la traçabilité des matières sèches, applicables aux installations classées visées au 2° de l'article R. 424-1 du Code des assurances, sont fixées par l'arrêté pris en vertu de l'article L. 512-5, qui définit les prescriptions techniques de ces installations.

Art. R. 211-36. – Des conditions spécifiques d'emploi peuvent être fixées dans chaque département par le préfet, après avis du conseil départemental de l'environnement et des risques sanitaires et technologiques, pour tenir compte de la nature particulière des sols et sous-sols, des milieux aquatiques, du milieu environnant et sa climatologie. Ces conditions doivent, en tout état de cause, procurer un niveau de protection au moins équivalent à celles prévues par la présente sous-section.

Art. R. 211-37. – Pour l'application du présent paragraphe, des arrêtés conjoints des ministres chargés de l'environnement, de la santé et de l'agriculture fixent :

1° Les prescriptions techniques applicables pour les dispositifs d'entreposage et les dépôts temporaires ;

2° Le contenu de l'étude préalable prévue à l'article R. 211-33 ;

3° La nature des informations devant figurer au registre mentionné à l'article R. 211-34 et dans sa synthèse mentionnée à l'article R. 211-35 ;

4° La fréquence des analyses et leur nature, les modalités de surveillance et les conditions dans lesquelles elles sont transmises aux utilisateurs de boues et aux agents chargés du contrôle de ces opérations ;

5° Les modalités du contrôle exercé par le préfet au titre de l'article R. 211-35.

§ 3. – Dispositions techniques relatives aux épandages

Art. R. 211-38. – Les épandages de boues effectués sur les parcelles cultivées ou destinées à la culture doivent être adaptés aux caractéristiques des sols et aux besoins nutritionnels des plantes.

Les épandages sur sols agricoles doivent en outre être conformes aux mesures arrêtées par les préfets, en application des articles R. 211-80 à R. 211-85, dans les zones vulnérables délimitées au titre de la protection des eaux contre la pollution par les nitrates d'origine agricole définies par les articles R. 211-75 à R. 211-79.

Art. R. 211-39. – L'épandage sur sols agricoles de boues provenant d'ouvrages de traitement susceptibles de recevoir un flux polluant journalier supérieur à 120 kg de demande biochimique d'oxygène en cinq jours (DBO5) fait l'objet, par le producteur de boues :

1° D'un programme prévisionnel d'épandage, établi conjointement ou en accord avec les utilisateurs, définissant les parcelles concernées par la campagne annuelle, les cultures pratiquées et leurs besoins, les préconisations d'emploi des boues, notamment les quantités devant être épandues, le calendrier d'épandage et les parcelles réceptrices ;

2° À la fin de chaque campagne annuelle, d'un bilan agronomique de celle-ci, comportant notamment le bilan de fumure, et les analyses réalisées sur les sols et les boues.

Ces documents sont transmis par le producteur de boues au préfet.

Art. R. 211-40. – Les périodes d'épandage et les quantités épandues sont adaptées de manière à :

1° Ne pas dépasser la capacité d'absorption des sols, compte tenu des autres apports de substances épandues et des besoins des cultures ;

2° Éviter la stagnation prolongée sur les sols, le ruissellement en dehors de parcelles d'épandage et une percolation rapide.

Art. R. 211-41. – L'épandage est interdit :

1° Pendant les périodes où le sol est pris en masse par le gel ou abondamment enneigé, exception faite des boues solides ;

2° Pendant les périodes de forte pluviosité ;

3° En dehors des terres régulièrement travaillées et des prairies normalement exploitées ;

4° Sur les terrains en forte pente, dans des conditions qui entraîneraient leur ruissellement hors du champ d'épandage ;

5° À l'aide de dispositifs d'aérodispersion qui produisent des brouillards fins.

Art. R. 211-42. – Des distances minimales sont respectées par rapport :

1° Aux berges des cours d'eau, aux lieux de baignade, aux piscicultures et zones conchylicoles, aux points de prélèvements d'eau et des terrains affectés par des phénomènes karstiques, de manière à préserver la qualité des eaux souterraines et superficielles ;

2° Aux habitations et établissements recevant du public, de manière à protéger la salubrité publique et limiter les nuisances olfactives.

Art. R. 211-43. – Un arrêté (1) conjoint des ministres chargés de l'environnement, de l'agriculture et de la santé fixe :

1° Les règles techniques d'épandage à respecter, les mesures nécessaires à la préservation des usages auxquels sont affectés les terrains faisant l'objet d'un épandage de boues et de la qualité sanitaire des produits destinés à la consommation humaine ou animale qui en sont issus, notamment les quantités maximales d'application, les doses et fréquences d'apport des boues sur les sols ;

2° Les distances minimales prévues à l'article R. 211-42 ;

3° Le contenu des documents mentionnés à l'article R. 211-39 ;

4° Les teneurs maximales en éléments traces et composés organiques traces présents dans les boues, l'arrêté pouvant prévoir une diminution progressive de ces teneurs.

(1) V. T. appl. : A. 8 janv. 1998.

Art. R. 211-44. – I. – Les dispositions des articles R. 211-40 à R. 211-43 s'appliquent à l'épandage des boues sur les parcelles boisées, publiques ou privées. Toutefois les opérations doivent être conduites de façon à ce que :

1° Aucune accumulation excessive de substances indésirables ne puisse avoir lieu dans le sol ;

2° Le risque pour le public fréquentant les espaces boisés, notamment à des fins de loisir, de chasse ou de cueillette, soit négligeable ;

3° Aucune contamination de la faune sauvage ne soit causée directement ou indirectement par les épandages ;

4° Aucune nuisance ne soit perçue par le public.

II. – Un arrêté conjoint des ministres chargés de l'environnement, de la santé et de l'agriculture fixe les règles, les prescriptions techniques et les caractéristiques des produits permettant de répondre notamment aux exigences du présent article. Jusqu'à l'entrée en vigueur de cet arrêté, les épandages en forêt font, même dans le cas où il n'y a pas lieu à autorisation au titre de l'article L. 214-3, l'objet d'une autorisation spéciale donnée après avis du conseil départemental de l'environnement et des risques sanitaires et technologiques. La demande d'autorisation comprend la description d'un protocole expérimental et d'un protocole de suivi.

Art. R. 211-45. – Lorsqu'ils sont destinés à la reconstitution ou à la revégétalisation des sols, les épandages doivent être adaptés en quantité et en qualité à la reconstitution d'un couvert végétal ou des propriétés physiques des sols, compte tenu des autres apports de substances épandues sur les sols. L'épandage de boues est interdit sur le site d'anciennes carrières.

Un arrêté conjoint des ministres chargés de l'environnement, de l'agriculture et de la santé fixe les règles et prescriptions techniques et les caractéristiques de produits permettant de répondre aux exigences de l'alinéa précédent.

§ 4. – Procédure particulière aux ouvrages d'assainissement soumis à autorisation ou à déclaration

Art. R. 211-46 *(Mod. à compter du 1er mars 2017, D. n° 2017-81, 26 janv. 2017).* – I. – Pour les opérations relevant de la rubrique 2.1.3.0 de la nomenclature annexée à l'article R. 214-1, l'étude d'impact ou l'étude d'incidence environnementale mentionnées aux articles R. 181-13, R. 181-14 et R. 214-32 comprend, outre les éléments énumérés dans la sous-section 1 de la section 1 du chapitre IV du présent titre :

1° Une présentation de l'état du système d'assainissement et de son niveau de performances ; la nature et le volume des effluents traités en tenant compte des variations saisonnières et éventuellement journalières ;

2° La composition et le débit des principaux effluents raccordés au réseau public ainsi que leur traitabilité et les dispositions prises par la collectivité à laquelle appartiennent les ouvrages pour prévenir la contamination des boues par les effluents non domestiques ;

3° Les dispositions envisagées pour minimiser l'émission d'odeurs gênantes ;

4° L'étude préalable mentionnée à l'article R. 211-33 et l'accord écrit des utilisateurs de boues ;

5° Les modalités de réalisation et de mise à jour des documents mentionnés à l'article R. 211-39.

II. – Ce document est établi et présenté par le producteur de boues.

Art. R. 211-47. – Lorsque l'épandage des boues d'une même unité de traitement d'eaux usées, soumis à autorisation au titre de la rubrique 2.1.3.0 de la nomenclature annexée à l'article R. 214-1, est réalisé dans trois départements ou plus, la procédure d'instruction de la demande d'autorisation *(Mots rempl. à compter du 1er mars 2017, D. n° 2017-81, 26 janv. 2017)* « prévue par la section 3 du chapitre unique du titre VIII du livre Ier » est conduite indépendamment dans chaque département concerné. Toutefois, la demande d'autorisation mentionne l'ensemble des éléments énumérés à l'article R. 211-46 et l'avis du préfet ou des préfets coordonnateurs de bassin est requis.

Sous-section 3. – Effluents d'exploitations agricoles

§ 1. – Dispositions générales

Art. R. 211-48. – Le déversement direct des effluents d'exploitations agricoles dans les eaux superficielles, souterraines ou les eaux de la mer est interdit.

Art. R. 211-49. – Les épandages d'effluents liquides ou solides provenant d'exploitations agricoles qui sont réglementées à ce titre en application des dispositions législatives du titre Ier du livre V ne sont pas soumis aux dispositions du présent paragraphe.

Art. R. 211-50. – L'épandage des effluents d'exploitations agricoles, tant en ce qui concerne les périodes d'épandage que les quantités déversées, doit être effectué de manière que, en aucun cas, la capacité d'épuration des sols ne soit dépassée, compte tenu des apports de toutes substances épandues sur les terres concernées et des exportations par les cultures.

L'épandage des effluents d'exploitations agricoles doit être effectué de telle sorte que ni la stagnation prolongée sur ces sols, ni le ruissellement en dehors des parcelles d'épandage, ni une percolation rapide ne puissent se produire.

Art. R. 211-51. – I. – L'épandage des effluents d'exploitations agricoles est interdit notamment :

1° Pendant les périodes où le sol est pris en masse par le gel ou abondamment enneigé, exception faite des effluents solides, et pendant les périodes de forte pluviosité ;

2° En dehors des terres agricoles régulièrement travaillées et des forêts et prairies normalement exploitées ;

3° Sur les terrains à forte pente, dans des conditions qui entraîneraient leur ruissellement hors du champ d'épandage ;

4° À l'aide de dispositifs d'aérodispersion qui produisent des brouillards fins.

II. – Les exploitations agricoles doivent comporter des installations de stockage leur permettant de respecter les périodes d'interdiction d'épandage de leurs effluents.

Art. R. 211-52. – Les épandages d'effluents d'exploitations agricoles doivent être effectués à des distances minimales par rapport :

1° Aux berges des cours d'eau, aux lieux de baignade et plages, aux piscicultures et zones conchylicoles, aux points de prélèvement d'eau, pour assurer la préservation des eaux superficielles et souterraines et le maintien de l'usage qui est fait de ces eaux ;

2° Aux habitations et aux établissements recevant du public pour protéger la salubrité publique et limiter les nuisances olfactives.

Art. R. 211-53 *(Mod., D. n° 2011-385, 11 avr. 2011).* – Un arrêté pris conjointement par les ministres chargés de l'agriculture, de l'environnement et de la santé, après avis de l'Agence nationale de sécurité sanitaire de l'alimentation, de l'environnement et du travail et du Comité national de l'eau, fixe les règles techniques d'épandage à respecter, les mesures nécessaires à la préservation des usages auxquels sont affectés les terrains faisant l'objet d'un épandage d'effluents agricoles et de la qualité sanitaire des produits destinés à la consommation humaine qui en sont issus. Il fixe également les distances minimales prévues à l'article R. 211-52.

§ 2. – Dispositions propres aux effluents d'élevage (1)

Art. D. 211-54. – Des subventions peuvent être accordées par l'État dans le cadre du programme de maîtrise des pollutions liées aux effluents d'élevage, pour favoriser la mise en œuvre, dans les exploitations agricoles, d'investissements et de pratiques de nature à réduire les pollutions dues aux effluents d'élevage.

Art. D. 211-55. – I. – Les élevages éligibles à ce type d'aides sont :

1° Les élevages situés en zone d'action prioritaire, au titre des enjeux de protection de l'eau, définie par arrêté préfectoral régional. Les modalités de délimitation de ces zones sont précisées par l'arrêté prévu à l'article D. 211-58 ;

2° Les élevages soumis à autorisation au titre de la réglementation relative aux installations classées pour la protection de l'environnement ;

3° Les élevages de bovins soumis à déclaration au titre des installations classées pour la protection de l'environnement dont la taille est supérieure ou égale à 90 unités gros bétail (UGB) au 31 décembre 2000 ou à 70 UGB pour les jeunes agriculteurs installés depuis moins de cinq ans à la date de leur demande de

(1) V. T. appl. : A. 26 févr. 2002. – NDLR.

financement de l'étude préalable définie dans l'arrêté prévu à l'article D. 211-58 et éligibles aux aides à l'installation au sens de l'article R. 343-3 du Code rural et de la pêche maritime ;

4° Les élevages comportant plusieurs espèces animales logées sur un même site réunissant les deux conditions suivantes :

a) La somme des quotients effectif/seuil, pour chaque catégorie d'animal par référence au tableau annexé au présent article, est supérieure ou égale à 1 au 31 décembre 2000. Les nombres d'UGB et d'équivalent poules pondeuses à prendre en compte pour les différentes catégories de bovins et de volailles sont fixés par l'arrêté prévu à l'article D. 211-58 du présent code ;

b) Les élevages sont soumis, pour au moins une espèce, à la réglementation relative aux installations classées pour la protection de l'environnement.

II. – Pour bénéficier des subventions, le demandeur doit également avoir déclaré au préfet du département du siège de son exploitation son intention de s'engager dans le programme de maîtrise des pollutions liées aux effluents d'élevage avant le 31 décembre 2002 en précisant les effectifs de son élevage au 31 décembre 2000, à l'exception des jeunes agriculteurs tels que définis ci-dessus installés après le 31 décembre 2002.

III. – Les éleveurs situés en zone vulnérable qui ne satisfont pas aux exigences du programme d'action mentionné à l'article R. 211-80 et qui ne sont pas engagés dans le programme de maîtrise des pollutions liées aux effluents d'élevage ne pourront bénéficier d'aucune autre aide publique pour des investissements dans leur exploitation. L'arrêté prévu à l'article D. 211-58 fixe les modalités de cet engagement.

Tableau de l'article D. 211-55

Seuils relatifs aux élevages comportant plusieurs espèces logées sur le même site

	SEUIL
Porcins (places de porcs de plus de 30 kg)	450
Bovins (UGB) (70 dans le cas des jeunes agriculteurs tels que définis par le 3° du I du présent article)	90
Volailles de ponte, palmipèdes (équivalent poule pondeuse)	20 000
Poulets, dindes et pintades (mètres carrés de bâtiment occupé)	1 200

Art. D. 211-56. – Sont exclus du champ des aides prévues par l'article D. 211-54 :

1° Les élevages de plus de 40 000 emplacements pour les volailles ou de plus de 2 000 emplacements pour les porcs de plus de 30 kilogrammes, ou de plus de 750 emplacements pour les truies ;

2° Les élevages ayant déjà bénéficié d'aides au titre du programme de maîtrise des pollutions.

Art. D. 211-57. – La subvention est accordée à celui qui, exploitant ou propriétaire bailleur, assume le coût financier de l'investissement. Elle est attribuée par le préfet du département du siège d'exploitation.

Art. D. 211-58. – Le montant de l'aide est calculé par application d'un taux à la dépense éligible, dans la limite de plafonds.

La nature des dépenses éligibles, le taux, les plafonds ou leurs modalités de calcul sont fixés par arrêté du ministre chargé de l'économie et des finances, du ministre chargé de l'agriculture et du ministre chargé de l'environnement.

Art. D. 211-59. – Un arrêté du ministre chargé de l'agriculture et du ministre chargé de l'environnement définit le contenu du projet d'amélioration des pratiques agronomiques prévu au point *i* du III de l'annexe du décret n° 2000-675 du 17 juillet 2000 pris pour l'application de l'article 10 du décret n° 99-1060 du 19 décembre 1999 relatif aux subventions de l'État pour des projets d'investissement (1).

(1) V. T. appl. : A. 7 mars 2002. – NDLR.

Sous-section 4. – Huiles, lubrifiants et détergents

§ 1. – Huiles et lubrifiants

Art. R. 211-60. – I. – Est interdit le déversement dans les eaux superficielles, les eaux souterraines et les eaux de mer, par rejet direct ou indirect ou après ruissellement sur le sol ou infiltration, des lubrifiants ou huiles, neufs ou usagés, appartenant aux catégories suivantes :

1° Huiles pour moteurs et pour compresseurs et huiles de base moteur ;

2° Huiles utilisées comme matière première pour la fabrication des additifs de lubrification, de préparation d'additifs pour lubrifiants :

a) Huiles de graissage ;

b) Huiles pour engrenage sous carter ;

c) Huiles pour mouvement ;

d) Huiles noires, appelées « mazout de graissage » ;

e) Vaseline et huiles de vaseline ;

f) Huiles isolantes ;

g) Huiles de trempe ;

h) Huiles pour turbines ;

i) Huiles de lubrification des cylindres et transmissions.

II. – L'interdiction édictée par le présent article ne s'applique ni au déversement dans les eaux de mer des huiles et lubrifiants utilisés par les navires ni au déversement dans la voie d'eau des huiles et lubrifiants utilisés par les bâtiments de navigation intérieure auxquels s'appliquent les dispositions des articles R. 211-61 et R. 211-62.

Art. R. 211-61. – I. – Ne peuvent être opérés que dans les limites prévues par les arrêtés pris en vertu de l'article R. 211-62 :

1° Le déversement dans les eaux superficielles, les eaux souterraines et les eaux de mer, par rejet direct ou indirect ou après ruissellement sur le sol ou infiltration, des lubrifiants ou huiles, neufs ou usagés, appartenant aux catégories autres que celles énumérées à l'article R. 211-60 ;

2° Le déversement dans les eaux de mer des huiles et lubrifiants utilisés par les navires ainsi que le déversement dans la voie d'eau des huiles et lubrifiants utilisés par les bâtiments de navigation intérieure.

II. – Relèvent notamment des dispositions du 1° du I les catégories suivantes :

1° Huiles pour le travail des métaux, à l'exception des huiles de trempe ;

2° Huiles pour transmissions hydrauliques ;

3° Pétrolatum et huiles utilisées comme matière première.

Art. R. 211-62 *(Mod. à compter du 1er septembre 2014, D. n° 2013-253, 25 mars 2013).* – Pour chaque catégorie de produits entrant dans le champ d'application de l'article R. 211-61, des arrêtés conjoints des ministres intéressés fixent les limites que ne saurait dépasser le déversement, compte tenu, d'une part, des caractéristiques de fonctionnement normal des moteurs, machines et dispositifs dans lesquels sont employés les huiles et lubrifiants et, d'autre part, du degré de nocivité des produits en cause ou de l'importance des nuisances que comporte leur déversement.

Les dispositions de l'article R. 211-61 et des arrêtés prévus au présent article ne font pas obstacle à l'application de mesures éventuellement plus restrictives découlant soit du des règlements de police prévus par les articles L. 4241-1 et L. 4241-2 du Code des transports, soit des pouvoirs de police générale ou spéciale exercés par les autorités administratives compétentes.

§ 2. – Détergents

Art. R. 211-63. – Les dispositions applicables aux détergents figurent au règlement (CE) n° 648/2004 du *Parlement européen et du Conseil du 31 mars 2004.*

Art. R. 211-64 (1) *(Abr., D. n° 2014-1671, 30 déc. 2014).*

(1) Dispositions applicables à Mayotte, D. n° 2007-1467, 12 oct. 2007, art. 15.

Sous-section 5. – Déversement d'autres produits

Art. R. 211-65 *(Mod., D. n° 2011-385, 11 avr. 2011).* – Le déversement de certains produits dans les eaux superficielles, souterraines et de la mer dans les limites territoriales peut être interdit ou réglementé par décret en Conseil d'État pris après avis du Comité national de l'eau et de l'Agence nationale de sécurité sanitaire de l'alimentation, de l'environnement et du travail.

Ce décret peut également réglementer la mise en vente et la diffusion de ces produits.

Section III. – Zones soumises à des contraintes environnementales

Sous-section 1. – Zones d'alerte

(Intitulé mod., D. n° 2021-795, 23 juin 2021)

Art. R. 211-66 *(Mod., D. n° 2021-795, 23 juin 2021).* – Les mesures générales ou particulières prévues par le 1° du II de l'article L. 211-3 pour faire face à une menace ou aux conséquences d'accidents, de sécheresse, d'inondations ou à un risque de pénurie sont prescrites par arrêté du préfet du département dit arrêté de restriction temporaire des usages de l'eau. Elles peuvent imposer la communication d'informations sur les prélèvements selon une fréquence adaptée au besoin de suivi de la situation. Elles peuvent aussi imposer des opérations de stockage ou de déstockage de l'eau. Dans ce cas, l'arrêté imposant l'opération est porté à la connaissance de l'exploitant par tous moyens adaptés aux circonstances.

Ces mesures, proportionnées au but recherché, ne peuvent être prescrites que pour une période limitée, éventuellement renouvelable. Dès lors que les conditions d'écoulement ou d'approvisionnement en eau redeviennent normales, il est mis fin, s'il y a lieu graduellement, aux mesures prescrites. Celles-ci ne font pas obstacle aux facultés d'indemnisation ouvertes par les droits en vigueur. Concernant les situations de sécheresse, les mesures sont graduées selon les quatre niveaux de gravité suivants : vigilance, alerte, alerte renforcée et crise. Ces niveaux sont liés à des conditions de déclenchement caractérisées par des points de surveillance et des indicateurs relatifs à l'état de la ressource en eau.

Les mesures de restriction peuvent aller jusqu'à l'arrêt total des prélèvements, et sont définies par usage ou sous-catégories d'usage ou type d'activités, selon des considérations sanitaires, économiques et environnementales, dont les conditions sont fixées dans les arrêtés-cadres prévus à l'article R. 211-67.

Le préfet peut, à titre exceptionnel, à la demande d'un usager, adapter les mesures de restriction s'appliquant à son usage, dans les conditions définies par l'arrêté cadre en vigueur. Cette décision est alors notifiée à l'intéressé et publiée sur le site internet des services de l'État dans le département concerné.

Art. R. 211-67 *(Rempl., D. n° 2021-795, 23 juin 2021).* – I. – Les mesures de restriction mentionnées à l'article R. 211-66 s'appliquent à l'échelle de zones d'alerte. Une zone d'alerte est définie comme une unité hydrologique ou hydrogéologique cohérente au sein d'un département, désignée par le préfet au regard de la ressource en eau.

Le préfet informe le préfet coordonnateur de bassin du découpage effectif des zones d'alerte.

Dans la ou les zones d'alerte ainsi désignées, chaque déclarant, chaque titulaire d'une concession ou d'une autorisation administrative de prélèvement, de stockage ou de déversement fait connaître au préfet ses besoins réels et ses besoins prioritaires, pour la période couverte par les mesures envisagées.

II. – Afin de préparer les mesures à prendre et d'organiser la gestion de crise en période de sécheresse, le préfet prend un arrêté, dit arrêté-cadre, désignant la ou les zones d'alerte, indiquant les conditions de déclenchement des différents niveaux de gravité et mentionnant les mesures de restriction à mettre en œuvre par usage, sous-catégorie d'usage ou type d'activités en fonction du niveau de gravité ainsi que les usages de l'eau de première nécessité à préserver en priorité et les modalités de prise des décisions de restriction.

L'arrêté-cadre indique également, le cas échéant, les conditions selon lesquelles le préfet peut, à titre exceptionnel, à la demande d'un usager, adapter les mesures de restriction s'appliquant à son usage. Ces conditions tiennent compte des enjeux économiques spécifiques, de la rareté, des circonstances particulières et de considérations techniques. Elles sont strictement limitées en volume et dans le temps, par le respect des enjeux environnementaux.

Lorsqu'un besoin de coordination interdépartementale est identifié par le préfet coordonnateur de bassin en application de l'article R. 211-69, un arrêté-cadre interdépartemental est pris sur l'ensemble du périmètre concerné. Son élaboration est coordonnée par un des préfets concernés.

Les arrêtés-cadres sont conformes aux orientations fixées par le préfet coordonnateur en application de l'article R. 211-69.

III. – Dès lors que le ou les préfets constatent que les conditions de franchissement d'un niveau de gravité prévues par l'arrêté-cadre sont remplies, un arrêté de restriction temporaire des usages, tel que prévu à l'article R. 211-66, est pris dans les plus courts délais et selon les modalités définies par l'arrêté-cadre, entraînant la mise en œuvre des mesures envisagées.

Art. R. 211-68. – En cas d'incident ou d'accident, susceptible d'entraîner une pollution ou une pénurie d'eau, et sans préjudice de l'application de l'article L. 211-5 à la personne à l'origine de cet incident ou accident, à l'exploitant ou au propriétaire, le ou les préfets prescrivent les mesures prévues à l'article R. 211-66 rendues nécessaires par l'urgence.

Ils en informent le préfet coordonnateur de bassin.

Art. R. 211-69 *(Rempl., D. n° 2021-795, 23 juin 2021)*. – Le préfet coordonnateur de bassin fixe par un arrêté d'orientations pour tout le bassin les orientations relatives aux conditions de déclenchement, aux mesures de restriction par usage, sous-catégorie d'usage et type d'activité en fonction du niveau de gravité, aux conditions selon lesquelles le préfet peut, à titre exceptionnel, à la demande d'un usager, adapter les mesures de restriction s'appliquant à son usage, et aux modalités de prise des décisions de restrictions.

L'arrêté d'orientations détermine également les sous-bassins et nappes d'accompagnement associées ou les masses d'eau ou secteurs de masses d'eau souterraine devant faire l'objet d'une coordination interdépartementale renforcée, au travers notamment d'un arrêté-cadre interdépartemental tel que prévu à l'article R. 211-67.

Une zone d'alerte fait l'objet d'un seul arrêté d'orientation et d'un seul arrêté cadre.

Art. R. 211-70 *(Rempl., D. n° 2021-795, 23 juin 2021)*. – Les arrêtés mentionnés aux articles R. 211-66, R. 211-67 et R. 211-69 font l'objet d'une publication au recueil des actes administratifs sur le site internet des services de l'État dans les départements concernés pendant toute la période de restriction. Ils sont également adressés au maire de chaque commune concernée pour affichage à titre informatif.

À l'exception des décisions individuelles prises, le cas échéant, en application de l'article R. 211-66, ces arrêtés sont également publiés sur le site internet national qui y est dédié.

Sous-section 2. – Zones de répartition des eaux

Art. R. 211-71 *(Rempl., D. n° 2021-795, 23 juin 2021)*. – Afin de faciliter la conciliation des intérêts des différents utilisateurs de l'eau dans les zones présentant une insuffisance, autre qu'exceptionnelle, des ressources par rapport aux besoins, des zones de répartition des eaux sont fixées par arrêté du préfet coordonnateur de bassin.

Cet arrêté liste les masses d'eau superficielles et souterraines concernées et décline leur classement à l'échelle des communes incluses dans chacune des zones de répartition des eaux.

Lorsqu'il s'agit d'un système aquifère, l'arrêté indique, pour chaque commune, la profondeur, par rapport au niveau du terrain naturel sus-jacent ou par référence au nivellement général de la France (NGF), à partir de laquelle les dispositions relatives à la répartition des eaux deviennent applicables.

Art. R. 211-72 *(Rempl., D. n° 2021-795, 23 juin 2021)*. – L'arrêté du préfet coordonnateur de bassin est publié sur le site internet des services de l'État dans les départements concernés par une zone de répartition des eaux, pendant une durée minimale de quatre mois.

L'inventaire des zones de répartition des eaux du bassin tenu à jour est rendu public.

Art. R. 211-73. – Les seuils d'autorisation ou de déclaration fixés à la rubrique 1.3.1.0 de la nomenclature annexée à l'article R. 214-1 sont applicables aux ouvrages, installations et travaux permettant un prélèvement dans les zones de répartition des eaux.

Art. R. 211-74. – L'exploitation des ouvrages, installations et travaux qui sont en situation régulière au regard des dispositions législatives du présent titre à la date de publication des arrêtés mentionnés à l'article R. 211-72 et qui, par l'effet de l'article R. 211-73, viennent à être soumis à autorisation ou à déclaration peut se poursuivre à la condition que l'exploitant fournisse au préfet, dans les trois mois, s'il ne l'a pas déjà fait à l'appui d'une déclaration, les informations mentionnées à l'article R. 214-53.

Sous-section 3. – Zones vulnérables aux pollutions par les nitrates

§ 1. – Désignation et délimitation des zones vulnérables
(Intitulé rempl., D. n° 2015-126, 5 févr. 2015)

Art. R. 211-75 *(Rempl., D. n° 2015-126, 5 févr. 2015)*. – **Pour l'application de la présente sous-section, on entend par :**

a) Pollution par les nitrates : rejet de composés azotés de sources agricoles dans le milieu aquatique, directement ou indirectement, ayant des conséquences de nature à mettre en danger la santé humaine, à nuire aux ressources vivantes et au système écologique aquatique, à porter atteinte aux agréments ou à gêner d'autres utilisations légalement exercées des eaux ;

b) Eutrophisation : l'enrichissement de l'eau en composés azotés, provoquant un développement accéléré des algues et des végétaux d'espèces supérieures qui perturbe l'équilibre des organismes présents dans l'eau et entraîne une dégradation de la qualité de celle-ci.

1) Manquement de l'État français en matière de lutte contre la pollution aux nitrates. Les États européens sont tenus de désigner en tant que zones vulnérables les zones caractérisées par la présence de masses d'eau de surface et souterraines affectées, ou risquant de l'être, par des teneurs en nitrates excessives et/ou par un phénomène d'eutrophisation. Cette obligation relève de la directive 91/676 visant à réduire la pollution des eaux provoquée ou induite par les nitrates à partir de sources agricoles.

En droit français, la procédure applicable à la délimitation des zones vulnérables est codifiée aux articles R. 211-75 à R. 211-79 du Code de l'environnement. À cet égard, l'État français a transmis son rapport désignant les zones vulnérables à la Commission européenne qui, après examen, l'a considéré comme insuffisant, estimant que dix zones supplémentaires auraient dû être désignées.

Nonobstant les indications fournies par la France, la Commission a considéré que la violation de la directive 91/676 perdure car les dix zones concernées ne sont toujours pas désignées en tant que zones vulnérables, et ce sans justification convaincante.

La Commission a alors introduit un recours en manquement devant la Cour de justice de l'Union européenne. Dans un arrêt du 13 juin 2013, la CJUE a estimé que le recours de la Commission était fondé et que l'État français a manqué aux obligations qui lui incombent, en vertu de la directive 91/676, en ayant omis de désigner en tant que zones vulnérables plusieurs zones caractérisées par la présence de masses d'eau de surface et souterraines affectées, ou risquant de l'être, par des teneurs en nitrates excessives et/ou par un phénomène d'eutrophisation (■ CJUE, 13 juin 2013, C-193/12, *Commission c/ État français*).

2) Engagement de la responsabilité de l'État pour inertie législative en matière de lutte contre la pollution aux nitrates. Depuis de nombreuses années, des masses importantes d'algues vertes prolifèrent de façon récurrente dans certaines parties du littoral costarmoricain. À partir de 1973, le département des Côtes d'Armor a dû subventionner les communes en raison de leur difficulté à faire face aux dépenses induites par les algues vertes. Le département des Côtes d'Armor a alors saisi le tribunal administratif de Rennes au motif que cette prolifération a pour cause la méconnaissance par l'État de ses obligations en matière de prolifération des algues vertes. Par un jugement du 12 avril 2013, le tribunal administratif de Rennes a condamné l'État à payer au département des Côtes d'Armor la somme de 7 046 517 euros en réparation du préjudice subi par cette collectivité territoriale du fait d'une faute commise par l'État, à l'origine de la pollution de certaines parties du littoral costarmoricain par des masses d'algues vertes. Le ministre de l'Écologie, du Développement durable et de l'Énergie a relevé appel de ce jugement et a demandé à la cour administrative d'appel de Nantes de rejeter la demande du département des Côtes d'Armor ou, subsidiairement, de ramener le montant de cette indemnité à 5 530 416,88 euros. Par la voie de l'appel incident, le département a demandé à la cour de réformer le jugement en portant ladite indemnité à la somme de 10 635 789,72 euros. Le juge nantais était principalement saisi des deux questions suivantes : « D'une part, la prolifération d'algues vertes sur les Côtes armoricaines est-elle constitutive d'une faute de nature à engager la responsabilité de l'État ? D'autre part, cette prolifération d'algues vertes est-elle constitutive d'une atteinte à l'image du département des Côtes d'Armor nécessitant une réparation ? » Dans son arrêt en date du 23 décembre 2014, le juge nantais a décidé que « *les carences de l'État dans la mise en œuvre de la réglementation européenne et nationale destinée à protéger les eaux de toute pollution d'origine agricole sont établies* ». En effet, suite à des recours en manquement exercés par la Commission européenne pour non-respect des directives européennes tendant à limiter la teneur en nitrates excessive et/ou par le phénomène d'eutrophisation des eaux entraînant une absence de protection des eaux contre la pollution par les nitrates à partir de sources agricoles, la CJUE a condamné la France dans trois affaires. En outre, les politiques publiques menées par l'État, au cours des années 1994-2000, n'ont pas respecté les principes définis par le législateur pour préserver la ressource en eau des pollutions diffuses d'origine agricole, et l'inapplication par l'État de la législation nationale sur les installations classées de même que la régularisation massive, sans fondement légal, des exploitations agricoles existantes et l'insuffisance des contrôles, ont eu pour conséquence la dégradation continue des cours d'eau et des nappes aquifères souterraines par l'activité agricole. Par ailleurs, le lien de causalité est établi dès lors que le phénomène de prolifération des ulves, dû essentiellement aux excédents de nitrates issus des exploitations agricoles, n'aurait pas revêtu jusqu'en 2009, terme de la période de responsabilité dont se prévaut le département des Côtes d'Armor, une ampleur aussi prononcée si les directives du 16 juin 1975 et du 12 décembre 1991 avaient été intégralement transposées dans les délais qu'elles prescrivaient et si la mise en œuvre de la police de l'eau et de celle des installations classées pour la protection de l'environnement n'avaient pas été affectées de carences et d'insuffisances. Le même lien de causalité existe entre cette faute et les dépenses engagées, notamment par les collectivités publiques, pour restaurer la qualité des eaux et du littoral, dès lors que ces dépenses ne trouvent leur origine et leur degré d'importance que dans ladite faute à l'origine de cette pollution. Le juge a fait droit à l'ensemble des prétentions du département pour la réparation du préjudice correspondant à l'aide financière apportée par le département aux communes pour le ramassage et le traitement des algues vertes (5.14 M euros), la prise en charge d'études et de structures d'intervention (1.51 M euros) et certaines participations à des actions préventives (0.38 M euros).

En revanche, il n'a pas reconnu le préjudice relatif à l'atteinte à l'image du département du fait de la prolifération des algues, pour laquelle ce dernier réclamait 2 millions, au motif qu'il n'établissait pas ce chef de préjudice (■ CAA Nantes, 23 déc. 2014, n° 13NT01737).

3) Quatrième programme d'action « Nitrates ». – Nécessité du recul de la date d'épandage des effluents d'élevage sur les terres devant être ensemencées en maïs (oui) – Absence de mesures spécifiques de maîtrise de la fertilisation azotée sur les bassins situés en amont des sites littoraux concernés par les algues vertes (oui) – Erreur manifeste d'appréciation (oui) – Annulation (oui) – Injonction faite au préfet de compléter le quatrième programme d'action (oui) (■ TA Rennes, 29 mars 2013 (3 esp.), n° 1000233, *Assoc. « Eau et rivière de Bretagne », « Bretagne vivante »*, n°s 0904083, 0904421, 1000237 et 1000243, *Assoc. « Vivarmor Amor Nature et autres »*, n° 1000236, *Assoc. « Eau et rivière de Bretagne » et « Bretagne vivante »*).

4) Condamnation de la France. La France est condamnée une nouvelle fois par la Cour de justice pour méconnaissance de la directive 91/676 du 12 décembre 1991 portant sur la protection des eaux contre la pollution par les nitrates (■ CJUE, 4 sept. 2014, aff. C-237/12, *Commission c/ France*). Nouvelle condamnation de la France pour la mauvaise qualité de ses eaux souterraines : de la dimension scientifique de l'établissement du manquement dans le cadre de la mauvaise transposition de la directive Nitrates (■ CJUE, 4 sept. 2014, aff. C-237/12, *Commission c/ France*).

Bibliographie : B. Berger, *Protection des eaux contre la pollution par les nitrates ; la France une nouvelle fois condamnée*, Note sous CJUE, 4 sept. 2014, aff. C-237/12, *Commission c/ France : Gaz. Pal.* 14 janv. 2015, n°s 7-8, p. 15-16. • P. Hili, *L'eau et l'agriculture : BDEI* 1er févr. 2015, n° 55, p. 31. • A. Langlais, *Les nitrates, la France n'en sort pas !* : comm. 198, CJUE, 4 sept. 2014, aff. C-237/12, *Commission c/ France : RD rur.* 2015, p. 73-75. • N. Armbruster, *La vulnérabilité contentieuse des arrêtés nitrates*, note sous TA Orléans, 31 déc. 2013, n° 1300565 : *Dr. env.* mars 2014, p. 106, n° 221. • S. Roset, *Directive Nitrates*, Note sous CJUE, 4 sept. 2014, aff. C-237/12, *Commission c/ France : Europe* 2014, n° 11, p. 51. • P. Trouilly, *Pollution par les nitrates à partir de sources agricoles*, note sous CJUE, 4 sept. 2014, aff. C-237/12, *Commission c/ France : Environnement et dév. durable* 2014, n° 11, p. 33. • P. Billet, *Le ciel est bleu, la mer est verte...*, note sous CJUE, 13 juin 2013, aff. C-193/13, *Commission c/ France : Environnement et dév. durable* août/sept. 2013, n°s 8-9, p. 3. • P. Trouilly, *Condamnation de la France par la CJUE*, note sous CJUE, 13 juin 2013, aff. C-193/13, *Commission c/ France : Environnement et dév. durable* août/sept. 2013, n°s 8-9, p. 26 ; Nitrates, Note sous TA Rennes, 29 mars 2013 (3 esp.), n° 1000233, *Assoc. « Eau et rivière de Bretagne », « Bretagne vivante »*, n°s 0904083, 0904421, 1000237, 1000243, *Assoc. « Vivarmor Nature et autres »*, n° 1000236, *Assoc. « Eau et rivière de Bretagne » et « Bretagne vivante » : Rev. jur. env.* 2014, p. 551, n° 3.

Art. R. 211-76 ***(Rempl., D. n° 2015-126, 5 févr. 2015).*** **– I. – Sont considérées comme atteintes par la pollution par les nitrates :**

1° Les eaux souterraines et les eaux douces superficielles, notamment celles servant ou destinées aux captages d'eau pour la consommation humaine, dont la teneur en nitrate est supérieure à 50 milligrammes par litre ;

2° Les eaux des estuaires, les eaux côtières et marines et les eaux douces superficielles qui subissent une eutrophisation à laquelle l'enrichissement de l'eau en composés azotés provenant de sources agricoles contribue.

II. – Sont considérées comme susceptibles d'être polluées par les nitrates :

1° Les eaux souterraines et les eaux douces superficielles, notamment celles servant ou destinées aux captages d'eau pour la consommation humaine, dont la teneur en nitrate est comprise entre 40 et 50 milligrammes par litre et ne montre pas de tendance à la baisse ;

2° Les eaux des estuaires, les eaux côtières et marines et les eaux douces superficielles susceptibles de subir, si les mesures prévues aux articles R. 211-80 à R. 211-84 ne sont pas prises, une eutrophisation à laquelle l'enrichissement de l'eau en composés azotés provenant de sources agricoles contribue.

III. – L'identification des eaux définies aux I et II est fondée sur un programme de surveillance mis en œuvre sur l'ensemble du territoire et renouvelé tous les quatre ans au moins.

Ce programme est constitué d'une campagne annuelle de mesure de la teneur en nitrates des masses d'eau et de la collecte de toute donnée contribuant à l'identification des eaux définies aux I et II. À cette fin, il utilise l'analyse des caractéristiques du bassin ou groupement de bassins réalisée en application du 1° du II de l'article L. 212-1 et le programme de surveillance de l'état des eaux établi en application des articles L. 212-2-2 et R. 212-22 ainsi que l'évaluation initiale de l'état écologique des eaux marines et le programme de surveillance du plan d'action pour le milieu marin réalisés sur le fondement des articles L. 219-9, R. 219-5 et R. 219-8.

IV. – Un arrêté du ministre chargé de l'écologie précise les conditions d'application du présent article. Il fixe notamment les critères et méthodes d'évaluation de la teneur en nitrates des eaux et de caractérisation de l'enrichissement de l'eau en composés azotés susceptible de provoquer une eutrophisation. Il indique également les modalités d'élaboration et de mise en œuvre du programme de surveillance et peut préciser les données utilisables.

Art. R. 211-77 *(Rempl., D. n° 2015-126, 5 févr. 2015)* (1). – I. – Sont désignées comme zones vulnérables toutes les zones qui alimentent les eaux atteintes par la pollution par les nitrates ou susceptibles de l'être et qui contribuent à la pollution ou à la menace de pollution.

La désignation des zones vulnérables se fonde sur la teneur en nitrate des eaux douces et sur l'état d'eutrophisation des eaux douces superficielles, des eaux des estuaires, des eaux côtières et marines qui résultent du programme de surveillance prévu par l'article R. 211-76, tout en tenant compte des caractéristiques physiques et environnementales des eaux et des terres, des connaissances scientifiques et techniques ainsi que des résultats des programmes d'action pris en application des articles R. 211-80 à R. 211-84.

Peuvent également être désignées comme zones vulnérables certaines zones qui, sans répondre aux critères définis au premier alinéa, sont considérées comme telles afin de garantir l'efficacité des mesures des programmes d'action mentionnés à l'alinéa précédent.

II. – *(Mod. à compter du 1er août 2021, D. n° 2021-1000, 30 juill. 2021)* Le préfet coordonnateur de bassin élabore, pour l'application du I, un projet de désignation des zones vulnérables, en concertation avec des organisations professionnelles agricoles, des représentants des usagers de l'eau, des communes et de leurs groupements, des personnes publiques ou privées qui concourent à la distribution de l'eau, des associations agréées de protection de l'environnement intervenant en matière d'eau et des associations de consommateurs.

Le projet est simultanément soumis à la consultation des conseils régionaux et, en Corse, de l'Assemblée de Corse, des chambres régionales de l'agriculture, des agences de l'eau, et de la commission régionale de l'économie agricole et du monde rural intéressés par les désignations et transmis pour avis au comité de bassin.

Les avis sont réputés favorables s'ils n'interviennent pas dans un délai de deux mois à compter de la transmission de la demande d'avis.

En cas d'urgence, le préfet coordonnateur de bassin peut élaborer le projet en concertation avec des personnes et organismes mentionnés au premier alinéa qu'il choisit d'associer et réduire le délai prévu à l'alinéa précédent sans que ce délai puisse être inférieur à deux semaines.

Le préfet coordonnateur de bassin désigne les zones vulnérables à l'issue de cette procédure par un arrêté établissant la liste des communes où elles se situent et précisant pour chaque commune si son territoire peut faire l'objet de la délimitation infra-communale prévue au IV. Cet arrêté est rendu public.

III (1) – Lorsqu'il y a lieu de retirer ou d'ajouter des zones vulnérables, il est procédé selon les dispositions du II. La désignation des zones vulnérables fait l'objet d'un réexamen au moins tous les quatre ans pour l'intégralité du territoire.

(1) Les dispositions des II et III du présent article sont applicables à compter du 15 mars 2015, D. n° 2015-126, 5 févr. 2015, art. 3.

IV. – Dans le délai d'un an suivant la publication de l'arrêté de désignation prévu au II, le préfet coordonnateur de bassin procède, s'il y a lieu et si elle est possible, à la délimitation infra-communale des zones vulnérables pour les eaux superficielles en fonction des limites des bassins versants.

En l'absence de délimitation, les programmes d'action s'appliquent sur la totalité du territoire de la commune désignée.

V. – Un arrêté du ministre chargé de l'écologie précise les modalités de désignation et de délimitation des zones vulnérables.

La phase de concertation n'a pas été conduite avec l'ensemble des organisations professionnelles agricoles, notion qui comprend notamment, outre les établissements consulaires, les associations, unions, fédérations, les SAFER ou encore les organismes mutualistes. La circonstance que les chambres d'agriculture sont chargées, en vertu des articles L. 510-1 et L. 511-1 du Code rural, de la plus large représentation des intérêts agricoles ne saurait leur conférer le rôle de représentant unique, ni même privilégié, des organisations professionnelles agricoles au sens et pour l'application des dispositions de l'article R. 211-77 du Code de l'environnement. La procédure mise en œuvre n'a donc pas satisfait aux exigences de ces dispositions (■ TA Lyon, 22 juin 2017, *Cne de St-Laurent-du-Cros*, n° 1505756 : *Rev. jur. env.* 2017. 762).

Art. R. 211-78. **– En vue de servir de référence aux agriculteurs pour protéger les eaux contre la pollution par les nitrates d'origine agricole, au travers notamment des activités d'élevage et de fertilisation des sols, un code des bonnes pratiques agricoles, dont les dispositions couvrent au moins les rubriques du A du tableau et peuvent couvrir les rubriques du B du tableau annexé au présent article, est élaboré et rendu public conjointement par le ministre chargé de l'agriculture et le ministre chargé de l'environnement.**

Ce code peut être complété, compte tenu des situations locales, par arrêté préfectoral, après avis de la chambre d'agriculture et du conseil départemental de l'environnement et des risques sanitaires et technologiques. Cet arrêté préfectoral est rendu public.

L'application des dispositions de ce code est facultative.

Tableau de l'article R. 211-78

A. – Le Code des bonnes pratiques agricoles visé au présent article contient des dispositions relatives :

1. Aux périodes pendant lesquelles l'épandage de fertilisants est inapproprié ;

2. Aux conditions d'épandage des fertilisants sur les sols en forte pente ;

3. Aux conditions d'épandage des fertilisants sur les sols détrempés, inondés, gelés ou couverts de neige ;

4. Aux conditions d'épandage des fertilisants près des eaux de surface ;

5. À la capacité et au mode de construction des ouvrages de stockage des effluents d'élevage, notamment aux mesures propres à empêcher le ruissellement vers les eaux de surface ou l'infiltration vers les eaux souterraines de liquides contenant des déjections animales ou de jus d'ensilage ;

6. Au mode d'épandage des fertilisants, notamment à son uniformité et à la dose épandue, en vue de maintenir à un taux acceptable les fuites de composés azotés vers les eaux.

B. – Le Code des bonnes pratiques agricoles peut en outre contenir des dispositions relatives :

1. À la gestion des terres, notamment à la mise en œuvre d'un système de rotation des cultures et à la proportion des terres consacrées aux cultures permanentes par rapport aux cultures annuelles ;

2. Au maintien d'un pourcentage minimal de couverture végétale du sol pendant les périodes pluvieuses hivernales ;

3. À l'élaboration d'un plan de fumure par exploitation et à la tenue d'un cahier d'épandage ;

4. À la conduite de l'irrigation en vue de prévenir les fuites d'azote vers les eaux.

Art. R. 211-79. **– Sans préjudice de la mise en œuvre du programme de surveillance de la teneur des eaux en nitrate d'origine agricole, le ministre chargé de l'agriculture et le ministre chargé de l'environnement évaluent tous les quatre ans, en concertation avec les représentants de la profession agricole, l'efficacité du Code des bonnes pratiques agricoles.**

§ 2. – Programmes d'action en vue de la protection des eaux contre la pollution par les nitrates

Bibliographie : S. Roset, *Directive Nitrates*, Note sous CJUE, 4 sept. 2014, aff. C237/12, *Commission c/ France : Europe* 2014, p. 51, n° 11. ● P. Trouilly, *Pollution par les nitrates à partir de sources agricoles*, note sous CJUE, 4 sept. 2014, aff. C 6237/12, *Commission c/ France : Environnement et dév. durable* 2014, n° 11, p. 33.

Protection des eaux contre la pollution par les nitrates : la France une nouvelle fois condamnée. La directive 91/676 est très importante pour la qualité de l'eau dans l'Union européenne. Elle concerne l'épandage d'engrais azotés, en particulier d'effluents d'élevage, dans l'agriculture. L'objectif de la directive est que les agriculteurs n'épandent pas plus d'azote que ce dont les plantes ont besoin à un moment donné. Si cette quantité est dépassée, alors l'azote risque de ne pas être consommé par les plantes et de contaminer l'environnement. Le contentieux lancé en février 2012 par la Commission européenne à l'encontre de la France concernant son manquement à la directive de 1991 se termine sans surprise par une nouvelle condamnation, retenant six griefs majeurs.

Pour rappel, en juin 2012, la France avait déjà été condamnée pour manquement dans la mise en œuvre de cette même directive, pour une désignation incomplète des zones vulnérables aux nitrates.

Les périodes d'épandage – Les périodes d'interdiction d'épandage, telles que fixées par l'arrêté du 19 décembre 2011 sont jugées trop courtes. Sont en particulier ciblées l'absence d'interdiction pour les grandes cultures plantées à l'automne ainsi que pour les prairies plantées depuis plus de six mois.

La capacité de stockage des effluents d'élevage – Les programmes d'action départementaux en matière de stockage d'effluents d'élevage sont jugés insuffisants. La Commission reproche à la France l'absence de méthode de calcul précise et vérifiable des capacités nécessaires. Selon elle, lorsque certaines périodes sont indiquées pour le calcul, elles seraient trop courtes et le stockage au champ d'effluents d'élevage solides ne devrait pas être autorisé. Est en particulier visé le stockage au champ du fumier compact pailleux qui continue à libérer de l'azote pendant deux mois (alors qu'il est autorisé au champ pendant dix mois).

La fertilisation équilibrée – La réglementation ne veille pas à ce que les agriculteurs et les autorités de contrôle soient en mesure de calculer correctement la quantité d'azote pouvant être épandue afin de garantir l'équilibre de la fertilisation. La Commission reproche à la France de répéter ces principes sans les transposer en dispositions directement applicables. Il faudrait une méthode de calcul fiable ainsi que la définition des paramètres nécessaires permettant aux agriculteurs de calculer les quantités d'effluents d'élevage qu'ils peuvent épandre. Ces paramètres devraient prendre en compte, notamment, les différentes cultures, l'efficacité de l'azote des différents types d'effluents d'élevage et l'azote déjà présent dans le sol.

La garantie du respect de la limitation à 170 kg d'azote par hectare et par an – La limite d'épandage des effluents d'élevage à 170 kg d'azote par hectare et par an n'est pas garantie par la circulaire du 15 mai 2003. La détermination de la quantité maximale d'azote permise en fonction du nombre d'animaux vise à faciliter l'application de la limitation. Les agriculteurs n'ont pas besoin de vérifier les quantités d'azote qu'ils épandent effectivement. En effet, tant que le nombre de leurs animaux ne dépasse pas la capacité d'absorption des surfaces d'épandage, il suffit de répartir uniformément les effluents d'élevage pour se conformer à ces prescriptions. Cependant, les valeurs sont erronées en raison de coefficients de volatilisation nettement supérieurs aux taux retenus par la Commission.

L'épandage sur des sols en forte pente – Les conditions d'épandage des fertilisants sur les sols en forte pente ne sont pas clairement définies, le pourcentage de pente ou le ruissellement n'étant en général pas précisé.

Les sols gelés ou couverts de neige – Enfin, la Cour relève l'absence d'interdiction d'épandage de fertilisants sur les sols gelés ou couverts de neige alors que l'opération présente des risques importants de lessivage et de ruissellement. Or, il ressort d'une étude présentée par la Commission que l'épandage sur des sols gelés ou couverts de neige ne doit jamais être autorisé, car il présente des risques importants pour les eaux souterraines et les eaux superficielles. L'alternance du gel et du dégel du sol favorise justement la minéralisation de l'azote. Les composés azotés ainsi formés sont solubles dans l'eau et peuvent contribuer à la pollution, notamment des eaux souterraines, puisque, à ces basses températures, les plantes n'absorbent pas encore d'azote (▪ CJUE, 4 sept. 2014, aff. C-237/12, *Commission c/ France*).

Art. R. 211-80 *(Rempl., D. n° 2011-1257, 10 oct. 2011 ; mod., D. n° 2015-126, 5 févr. 2015 ; D. n° 2018-1246, 26 déc. 2018)*. **– I. – L'utilisation des fertilisants organiques et minéraux, naturels et de synthèse contenant des composés azotés, ci-après dénommés fertilisants azotés, ainsi que les pratiques agricoles associées font l'objet de programmes d'actions dans les zones vulnérables désignées conformément aux dispositions de l'article R. 211-77.**

II. – Ces programmes comportent les mesures et actions nécessaires à une bonne maîtrise des fertilisants azotés et à une gestion adaptée des terres agricoles dans ces zones, en vue de limiter les fuites de nitrates à un niveau compatible avec les objectifs de restauration et de préservation de la qualité des eaux souterraines, des eaux douces superficielles et des eaux des estuaires, des eaux côtières et marines.

III. – Ces programmes d'actions prennent en compte :

1° Les situations locales et leur évolution, notamment la teneur en nitrates des eaux superficielles et souterraines, les systèmes de production et les pratiques agricoles, le degré de vulnérabilité du ou des aquifères concernés et la présence de nitrates de provenances autres qu'agricoles ;

2° Les données scientifiques et techniques disponibles et les résultats connus des programmes d'actions précédents.

Lorsque le choix est possible entre plusieurs mesures ou actions permettant d'atteindre les objectifs définis au II, ce choix prend en compte l'efficacité et le coût de chacune des mesures ou actions envisageables.

IV. – Ces programmes d'actions comprennent :

1° Un programme d'actions national constitué de mesures nationales communes à l'ensemble des zones vulnérables ;

2° Des programmes d'actions régionaux constitués de mesures renforcées par rapport à celles du programme d'actions national sur tout ou partie des zones vulnérables et de mesures spécifiques à chaque zone ou partie de zone vulnérable.

V. – Si aucun programme d'actions ne s'applique à une zone vulnérable à la date de sa désignation, ces programmes s'appliquent au 1er septembre suivant cette date de désignation, ou à la date prévue par le programme d'actions national lorsqu'un délai de mise en œuvre est prévu en application de l'article R. 211-81-3.

Art. R. 211-81 *(Rempl., D. n° 2011-1257, 10 oct. 2011).* – I. – Les mesures du programme d'actions national comprennent :

1° Les périodes minimales d'interdiction d'épandage des fertilisants azotés ;

2° Les prescriptions relatives au stockage des effluents d'élevage afin de garantir, en toutes circonstances, le respect des objectifs définis au II de l'article R. 211-80 et les prescriptions relatives à l'épandage de ces effluents, compte tenu des possibilités de les traiter et de les éliminer ;

3° Les modalités de limitation de l'épandage des fertilisants azotés fondée sur un équilibre, pour chaque parcelle, entre les besoins prévisibles en azote des cultures et les apports en azote de toute nature, y compris l'azote de l'eau d'irrigation ;

4° Les prescriptions relatives à l'établissement de plans de fumure et à la tenue par chaque exploitant d'un ou plusieurs cahiers d'épandage des fertilisants azotés ;

5° La limitation de la quantité maximale d'azote contenu dans les effluents d'élevage pouvant être épandue annuellement par chaque exploitation, y compris les déjections des animaux eux-mêmes, ainsi que les modalités de calcul associées ; cette quantité ne peut être supérieure à 170 kg d'azote par hectare de surface agricole utile. Toutefois, une quantité supérieure peut être fixée par l'arrêté mentionné au I de l'article R. 211-81-3 dans le cadre de la mise en œuvre d'une décision de la Commission européenne prise en vertu du point *b* du deuxième alinéa de l'annexe III de la directive 91/676/CEE concernant la protection des eaux contre la pollution par les nitrates à partir de sources agricoles. Dans ce cas, l'arrêté mentionné au I de l'article R. 211-81-3 fixe également les conditions associées à l'application de cette limite dérogatoire ;

6° Les conditions particulières de l'épandage des fertilisants azotés, liées à la proximité des cours d'eau, à l'existence de fortes pentes, à des situations où les sols sont détrempés, inondés, gelés ou enneigés ;

7° Les exigences relatives au maintien d'une quantité minimale de couverture végétale au cours des périodes pluvieuses destinée à absorber l'azote du sol et aux modalités de gestion des résidus de récolte ;

8° Les exigences relatives à la mise en place et au maintien d'une couverture végétale permanente le long de certains cours d'eau, sections de cours d'eau et plans d'eau de plus de dix hectares.

II. – Le programme d'actions national définit les références techniques nécessaires à la mise en œuvre opérationnelle des mesures mentionnées au I et précise celles qui doivent être arrêtées par le préfet de région sur proposition du groupe régional d'expertise « nitrates » prévu à l'article R. 211-81-2.

Pollution par les nitrates. Le Conseil d'État rejette le recours dirigé contre le décret n° 2011-1257 du 10 octobre 2011 relatif aux programmes d'actions à mettre en œuvre en vue de la protection des eaux contre la pollution par les nitrates d'origine agricole (■ CE, 3 avr. 2014, n° 358258, *Assoc. France Nature Environnement et a.*).

Bibliographie : P. Trouilly, *Protection des eaux contre la pollution par les nitrates d'origine agricole ?* Décret du 10 octobre 2011, note sous CE, 3 avr. 2014, n° 358258, *Assoc. France Nature Environnement : Environnement et dév. durable* 2014, n° 6, p. 36.

Art. R. 211-81-1 *(D. n° 2011-1257, 10 oct. 2011 ; rempl., D. n° 2012-676, 7 mai 2012 ; mod., D. n° 2018-1246, 26 déc. 2018 ; D. n° 2023-241, 31 mars 2023)* (1). – I. – Les programmes d'actions régionaux comprennent, sur tout ou partie des zones vulnérables, les mesures prévues aux 1°, 3°, 7° et 8° du I de l'article R. 211-81, renforcées au regard des objectifs fixés au II de l'article R. 211-80, des caractéristiques et des enjeux propres à chaque zone vulnérable ou partie de zone vulnérable.

II. – Les programmes d'actions régionaux délimitent les zones correspondant aux zones de captage de l'eau destinée à la consommation humaine mentionnées au 1° du I de l'article R. 212-4 dont la teneur en nitrate est supérieure à 50 milligrammes par litre et aux bassins connaissant d'importantes marées vertes sur les plages, mentionnés au 8° du II de l'article L. 211-3, définis par les schémas directeurs d'aménagement et de gestion des eaux.

Ils peuvent également délimiter les zones correspondant aux zones de captage de l'eau destinée à la consommation humaine mentionnées au 1° du I de l'article R. 212-4 dont la teneur en nitrate est comprise entre 40 et 50 milligrammes par litre, en tenant notamment compte de l'évolution de cette teneur au cours des dernières années.

Les zones mentionnées aux deux précédents alinéas sont identifiées conformément à l'article R. 211-81-1-1 et peuvent être étendues afin d'assurer la cohérence territoriale des mesures.

Dans ces zones, les programmes d'actions régionaux comprennent :

– soit l'obligation d'une couverture végétale des sols entre une culture principale récoltée en été ou en automne et une culture semée à l'été ou à l'automne et, au minimum, une autre mesure de renforcement ;

– soit, au minimum, trois autres mesures de renforcement.

Les mesures de renforcement susceptibles d'être mises en œuvre dans ces zones sont les suivantes :

1° L'une ou plusieurs des mesures prévues au I, renforcées au regard de l'état d'atteinte par la pollution des zones considérées ;

2° Les exigences relatives à une gestion adaptée des terres, notamment les modalités de retournement des prairies ;

3° Le dispositif de surveillance annuelle de l'azote qui comporte :

a) La déclaration annuelle des quantités d'azote de toutes origines produites, traitées, épandues, stockées ou cédées ainsi que celle de leurs lieux d'épandage, par les personnes physiques et morales épandant des fertilisants sur des terres agricoles ou dont l'activité génère un fertilisant azoté destiné à l'épandage agricole ;

b) L'évaluation annuelle par le préfet de région de la pression d'épandage d'azote qui est égale à la quantité d'azote de toutes origines épandue sur des terres agricoles au cours de l'année ramenée à la surface agricole utile.

Lorsque cette mesure est mise en œuvre, les déclarations annuelles prévues au III de l'article L. 211-3 peuvent être rendues obligatoires. Ces déclarations précisent notamment, pour les expéditions et livraisons de matières fertilisantes azotées mises sur le marché mentionnées aux articles L. 255-2 à L. 255-4 et aux 1° à 4° de l'article L. 255-5 du Code rural et de la pêche maritime, leur ventilation selon la localisation du receveur, et pour les échanges de matières fertilisantes autres que celles mentionnées ci-avant, le détail des quantités d'azote par receveur ou fournisseur ;

4° La limitation du solde du bilan azoté calculé à l'échelle de l'exploitation agricole exprimé en kilogrammes d'azote par hectare ;

5° L'obligation de traiter ou d'exporter l'azote issu des animaux d'élevage au-delà d'un seuil d'azote produit par les animaux d'élevage à l'échelle de l'exploitation agricole, lorsque les surfaces exploitées en propre ne sont pas suffisantes pour permettre l'épandage des effluents dans le respect de l'équilibre de la fertilisation azotée mentionné au 3° du I de l'article R. 211-81 ;

6° L'obligation de respecter un seuil de quantité d'azote restant dans les sols à la fin de la période de culture ou en entrée de l'hiver.

---

(1) Les dispositions des articles R. 211-81-1 et R. 211-81-1-1, dans leur rédaction issue du décret n° 2023-241 du 31 mars 2023, ne sont pas applicables aux programmes d'actions régionaux en vigueur le 1er avril 2023, qui demeurent régis par l'article R. 211-81-1, dans sa rédaction antérieure à celle résultant du décret n° 2023-241 du 31 mars 2023, D. n° 2023-241, 31 mars 2023, art. 2.

III. – 1° Dans les cantons en excédent structurel d'azote lié aux élevages qui ont été arrêtés à la date du 21 décembre 2011 par les préfets de département en application du décret n° 2011-1257 du 10 octobre 2011, les programmes d'actions régionaux comprennent les mesures définies au 3°, 4° et 5° du II.

2° Les programmes d'actions régionaux délimitent les zones dans lesquelles la mesure prévue au 3° du II est rendue obligatoire.

Ces zones incluent au minimum tous les cantons en excédent structurel. Elles peuvent être élargies, dans la limite du département, afin d'assurer la cohérence territoriale de ce dispositif. Des dispositifs de surveillance définis sur des zones plus restreintes peuvent toutefois être maintenus à l'intérieur d'une zone de surveillance élargie.

3° Les programmes d'actions régionaux définissent, pour chaque zone délimitée conformément au 2°, la valeur de référence, tenant compte d'une marge d'incertitude fixée par arrêté interministériel, qui est égale à la pression d'épandage d'azote de toutes origines au cours de l'année de référence, exprimée en kilogrammes d'azote par hectare.

4° Les programmes d'actions régionaux comprennent un dispositif à mettre en œuvre dans les zones mentionnées au 2° en cas de dépassement de la valeur de référence assurant le retour à une pression d'épandage d'azote au plus égale à cette valeur de référence. Ce dispositif réduit la pression d'épandage d'azote de toutes origines de chaque exploitation ou élevage de la zone concernée au cours de l'année suivant le constat du dépassement.

Pour déterminer l'effort de réduction applicable aux exploitations ou élevages, les programmes d'actions régionaux définissent au moins deux classes de pression à partir de la répartition des pressions d'épandage d'azote de toutes origines de l'ensemble des exploitations ou élevages de la zone concernée au cours de l'année du dépassement.

Pour les exploitations ou élevages de la première classe dont la pression d'épandage est au plus égale à la valeur de référence, la pression d'épandage doit rester en dessous d'un plafond égal à la valeur de référence.

Pour les exploitations ou élevages dont la pression d'épandage est supérieure à la valeur de référence, l'effort de réduction est proportionné à leur contribution au dépassement.

5° Les programmes d'actions régionaux peuvent exonérer du dispositif de réduction mentionné au 4° les exploitations agricoles ou élevages respectant les obligations prévues dans le cadre d'un dispositif garantissant le retour à une pression d'azote de toutes origines épandu dans chaque zone mentionnée au 2° au plus égale à la valeur de référence.

Cet autre dispositif, fondé sur des obligations de résultats en matière de réduction de la pollution azotée, contient au minimum des indicateurs de l'utilisation effective de l'azote par les cultures et des mécanismes de suivi et de contrôle dont il est régulièrement rendu compte au préfet de région.

IV. – Dans les zones des bassins versants, arrêtées par les préfets de département en application du décret n° 2011-1257 du 10 octobre 2011, où s'appliquaient à la date du 21 décembre 2011 des actions complémentaires, les programmes d'actions régionaux comprennent :

– soit la mesure mentionnée au 3° du I de l'article R. 211-81, renforcée sous la forme d'une limitation des apports d'azote de toutes origines à l'échelle de l'exploitation agricole ;

– soit les mesures prévues au 3° et au 4° du II.

V. – Le préfet de région met fin aux mesures ou dispositifs mentionnés aux III et IV dès lors que dans chacune de ces zones les masses d'eaux atteintes ou menacées par la pollution par les nitrates au sens de l'article R. 211-76 ont retrouvé une teneur en nitrate inférieure à 50 milligrammes par litre pendant au moins deux années consécutives et, pour les bassins connaissant d'importantes marées vertes sur les plages mentionnés au 8° du II de l'article L. 211-3, leur bon état mesuré selon les objectifs définis par le schéma directeur d'aménagement et de gestion des eaux de leur bassin hydrographique tel que défini à l'article L. 212-3.

VI. – Les programmes d'actions régionaux comprennent également toute autre mesure utile répondant aux objectifs mentionnés au II de l'article R. 211-80.

VII. – Un arrêté conjoint des ministres chargés de l'agriculture et de l'environnement précise les conditions de mise en œuvre du présent article, en particulier la méthodologie d'élaboration des programmes d'actions régionaux, les conditions du renforcement des mesures du programme d'actions national et le cadre technique des programmes d'actions régionaux. Il prévoit notamment la mise en place d'un groupe de concertation réunissant les acteurs concernés par le programme d'actions régional et participant à son élaboration et au suivi de sa mise en œuvre. Il prévoit également la méthodologie d'identification des zones

mentionnées au II, les modalités de mise en œuvre des mesures mentionnées au II et la méthodologie de calcul de la valeur de référence et de la marge d'incertitude mentionnées au 3° du III, ainsi que les caractéristiques du dispositif mentionné au 5° du III.

Art. R. 211-81-1-1 *(Créé, D. n° 2023-241, 31 mars 2023)* (1). **– Pour l'application du présent paragraphe, la zone correspondant à une zone de captage de l'eau mentionnée au II de l'article R. 211-81-1 correspond à l'aire d'alimentation du captage définie au deuxième alinéa de l'article R. 211-110.**

À défaut, elle correspond aux périmètres indiqués aux 1°, 2° et 3° de l'article R. 1321-22-1 du Code de la santé publique. Lorsqu'elle correspond au territoire des communes sur lesquelles se situe le captage en application du 3° de l'article R. 1321-22-1 du Code de la santé publique, elle peut se limiter à une partie du territoire communal ainsi qu'inclure tout ou partie des territoires des communes limitrophes, en fonction des caractéristiques hydrauliques et hydrogéologiques.

Lorsqu'une zone de protection de l'aire d'alimentation du captage a été délimitée en application de l'article R. 114-3 du Code rural et de la pêche maritime, son périmètre peut se substituer à celui de l'aire d'alimentation du captage.

Art. R. 211-81-2 *(D. n° 2011-1257, 10 oct. 2011)*. **– I. – Dans chaque région comportant une ou plusieurs zones vulnérables, un groupe régional d'expertise « nitrates » est mis en place, sous l'autorité du préfet de région. Ce groupe d'expertise propose, à la demande du préfet de région, les références techniques nécessaires à la mise en œuvre opérationnelle de certaines mesures des programmes d'actions et en particulier celle prévue au 3° du I de l'article R. 211-81. Il peut en outre, à la demande du préfet de région, formuler des propositions sur toute question technique ou scientifique liée à la définition, à la mise en œuvre ou à l'évaluation des mesures des programmes d'actions.**

II. – Un arrêté conjoint des ministres chargés de l'agriculture et de l'environnement précise la composition et les modalités d'organisation et de fonctionnement des groupes régionaux d'expertise « nitrates ».

Art. R. 211-81-3 *(D. n° 2011-1257, 10 oct. 2011 ; rempl., D. n° 2013-786, 28 août 2013 ; mod., D. n° 2018-1246, 26 déc. 2018)*. **– I. – Le programme d'actions national est arrêté conjointement par les ministres chargés de l'agriculture et de l'environnement après consultation de l'Assemblée permanente des chambres d'agriculture et du Comité national de l'eau, qui disposent chacun de deux mois pour faire connaître leur avis. À l'issue de ce délai, les avis sont réputés favorables.**

Cet arrêté fixe le contenu des mesures du programme d'actions national ainsi que le délai de mise en œuvre des mesures mentionnées au 2° et 7° du I de l'article R. 211-81 qui peut déroger à la date prévue au V de l'article R. 211-80 (2).

II. – Les programmes d'actions régionaux sont arrêtés par les préfets de région après avoir consulté le conseil régional, la chambre régionale d'agriculture et l'agence de l'eau, qui disposent chacun de deux mois pour faire connaître leur avis. À l'issue de ce délai, les consultations sont réputées effectives.

Art. R. 211-81-4 *(D. n° 2011-1257, 10 oct. 2011)*. **– I. – Les ministres chargés de l'agriculture et de l'environnement évaluent au moins tous les quatre ans l'efficacité des programmes d'actions.**

II. – Le programme d'actions national est réexaminé et, le cas échéant, révisé tous les quatre ans au moins à l'initiative des ministres chargés de l'agriculture et de l'environnement et dans les formes prévues par l'article R. 211-81-3, sur la base de l'évaluation mentionnée au I.

III. – Les programmes d'actions régionaux sont réexaminés et, le cas échéant, révisés tous les quatre ans au moins à l'initiative du préfet de région et dans les formes prévues par l'article R. 211-81-3.

IV. – Les programmes d'actions régionaux doivent être compatibles ou rendus compatibles avec le programme d'actions national dans un délai d'un an à compter de la publication de l'arrêté relatif au programme d'actions national prévu au I de l'article R. 211-81-3.

---

(1) Les dispositions des articles R. 211-81-1 et R. 211-81-1-1, dans leur rédaction issue du décret n° 2023-241 du 31 mars 2023, ne sont pas applicables aux programmes d'actions régionaux en vigueur le 1er avril 2023, qui demeurent régis par l'article R. 211-81-1, dans sa rédaction antérieure à celle résultant du décret n° 2023-241 du 31 mars 2023, D. n° 2023-241, 31 mars 2023, art. 2.

(2) V. T. appl. : A. 19 déc. 2011 (*JO* 21 déc. 2011). – NDLR.

Art. R. 211-81-5 *(Rempl., D. n° 2023-241, 31 mars 2023).* – Dans les cas de situations exceptionnelles, en particulier climatiques, le représentant de l'État dans le département peut déroger temporairement :

1° Aux mesures prévues aux 1°, 2°, 6° et 7° du I de l'article R. 211-81, le cas échéant renforcées par les programmes d'actions régionaux en application de l'article R. 211-81-1 ;

2° À l'obligation de traiter ou d'exporter l'azote issu des animaux d'élevage prévue au 5° du II du R. 211-81-1 lorsqu'elle est imposée par les programmes d'actions régionaux, afin de permettre l'épandage des effluents d'élevage, sans préjudice du respect des dispositions du 3° et du 5° du I de l'article R. 211-81 et sous réserve des conditions prévues par l'arrêté mentionné au VII de l'article R. 211-81-1.

Le représentant de l'État dans le département arrête la dérogation après avis du conseil départemental de l'environnement et des risques sanitaires et technologiques.

Art. R. 211-82 *(Mod., D. n° 2011-1257, 10 oct. 2011 ; rempl., D. n° 2012-676, 7 mai 2012 ; partiellement transféré à l'article R. 211-81-1 et rempl., D. n° 2018-1246, 26 déc. 2018).* – I. – Si, dans une des zones délimitées en application du 2° du III de l'article R. 211-81-1, la pression d'épandage d'azote de toutes origines évaluée pour une année dépasse la valeur de référence définie au 3° du III du même article, le préfet de région en fait le constat par arrêté et met en œuvre le dispositif figurant dans le programme d'actions régional, conformément au 4° et au 5° du III de l'article R. 211-81-1, au plus tard le 31 août suivant le constat du dépassement.

II. – Le préfet de région met fin au dispositif mentionné au I au plus tard le 31 août suivant le constat du retour sous la valeur de référence. Il dresse un bilan de la mise en œuvre du dispositif, qui est mis à disposition du public.

III. – Un arrêté conjoint des ministres chargés de l'agriculture et de l'environnement précise les modalités d'application du présent article, notamment le contenu du bilan (1).

Art. R. 211-83 (2) *(Mod., D. n° 2011-1257, 10 oct. 2011 ; rempl., D. n° 2012-676, 7 mai 2012 ; transféré à l'article R. 211-81-1 et abr., D. n° 2018-1246, 26 déc. 2018)* (3).

Art. R. 211-84 *(Abr., D. n° 2011-1257, 10 oct. 2011 ; rétabli dans la version suivante, D. n° 2012-676, 7 mai 2012 ; transféré à l'article R. 211-81-1 et abr., D. n° 2018-1246, 26 déc. 2018)* (3).

Art. R. 211-85 *(Abr., D. n° 2011-1257, 10 oct. 2011).*

§ 3. – Indemnité compensatoire de couverture des sols (4)

Art. D. 211-86. – Une aide financière peut être accordée pour l'implantation, pendant les périodes présentant des risques de lessivage définies par arrêté préfectoral, de cultures intermédiaires pièges à nitrates (CIPAN) spécifiques sur les surfaces agricoles situées dans les zones d'actions complémentaires définies en application des dispositions de l'article R. 211-83.

Cette aide financière porte le nom « d'indemnité compensatoire de couverture des sols ».

Art. D. 211-87. – Peuvent bénéficier de l'indemnité compensatoire de couverture des sols les agriculteurs qui, sur leurs terres qui sont situées dans les zones d'actions complémentaires définies à l'article D. 211-86, implantent une culture intermédiaire piège à nitrates sur une superficie minimum définie par arrêté des ministres chargés de l'agriculture, de l'environnement et du budget, et satisfont à l'obligation de couverture des sols fixée par les articles R. 211-80 à R. 211-85.

Art. D. 211-88. – Les exploitants déposant une demande d'indemnité compensatoire de couverture des sols doivent :

1° Respecter, pour les superficies déclarées, les caractéristiques de la culture intermédiaire piège à nitrates définies par arrêté préfectoral ;

---

(1) V. T. appl. : A. 6 mars 2001 (*JO* 25 mars 2001) puis A. 23 oct. 2013 (*JO* 31 oct. 2013). – NDLR.
(2) V. T. appl. : A. 1er août 2005 puis A. 7 mai 2012. – NDLR.
(3) Dispositions d'application transitoires : V. D. n° 2012-676, 7 mai 2012, art. 2. – NDLR.
(4) V. T. appl. : A. 2 mai 2002 (*JO* 4 mai 2002). – NDLR.

2° Ne pas avoir fait l'objet, au cours des trois années précédant la demande, d'une condamnation pénale devenue définitive pour une infraction commise à l'occasion de leur activité d'exploitation aux dispositions de l'article L. 1324-3 du Code de la santé publique ou sanctionnée en application :

a) Du premier alinéa de l'article L. 216-6 et des articles L. 216-8, L. 216-10 et L. 514-9 à L. 514-12 ;

b) De l'article 43 du décret n° 77-1133 du 21 septembre 1977 modifié pris pour l'application de la loi n° 76-663 du 19 juillet 1976 relative aux installations classées pour la protection de l'environnement ;

c) De l'article R. 216-10 ;

d) Du III de l'article R. 216-8.

Art. D. 211-89. – L'indemnité compensatoire de couverture des sols n'est pas versée si l'exploitant fait l'objet, pendant l'année civile au cours de laquelle la demande a été déposée, d'une condamnation devenue définitive pour une infraction commise à l'occasion de l'activité d'exploitation aux dispositions mentionnées au 2° de l'article D. 211-88.

Dans le cas où cette condamnation est intervenue à une date postérieure au paiement de l'indemnité compensatoire, il est procédé à la répétition de la somme versée à l'exploitant.

Art. D. 211-90. – Les demandes d'indemnité compensatoire de couverture des sols sont déposées à la direction départementale de l'agriculture et de la forêt dont relève la commune du siège d'exploitation avant la date fixée par arrêté préfectoral.

La décision d'attribution de l'aide est prise par le préfet de département.

Art. D. 211-91. – L'indemnité compensatoire est allouée annuellement. Elle est calculée comme le produit de la superficie déclarée en culture intermédiaire piège à nitrates par le demandeur et d'un montant forfaitaire fixé par arrêté des ministres chargés de l'agriculture, de l'environnement et du budget.

L'aide est plafonnée par demandeur à 30 % de la surface agricole utile totale de son exploitation.

Art. D. 211-92. – I. – Sans préjudice des sanctions pénales prévues au II de l'article 22 de la loi n° 68-690 du 31 juillet 1968 portant diverses dispositions d'ordre économique et financier et à l'article R. 216-10, les modalités particulières suivantes sont appliquées pour le calcul du montant de l'indemnité compensatoire en cas d'irrégularité constatée lors de contrôles et résultant du non-respect des caractéristiques de la culture intermédiaire piège à nitrates mentionnée au 1° de l'article D. 211-88 ou du non-respect de l'obligation de couverture du sol fixée par les articles R. 211-80 à R. 211-85 :

Il est défini une surface révisée pour le calcul de laquelle il est tenu compte de l'écart observé entre la superficie déclarée en CIPAN par le demandeur plafonnée à 30 % de la surface agricole utile totale de l'exploitation et la surface constatée lors du contrôle pour laquelle toutes les caractéristiques de la culture intermédiaire piège à nitrates ont été respectées, de la façon suivante :

1° Si cet écart est inférieur à 3 % de la surface constatée lors du contrôle, la surface révisée est égale à cette même surface constatée ;

2° Si cet écart est supérieur ou égal à 3 % et inférieur à 20 % de la surface constatée lors du contrôle, la surface révisée est égale à cette même surface constatée diminuée de deux fois l'écart ;

3° Si cet écart est supérieur ou égal à 20 % de la surface constatée lors du contrôle, la surface révisée est égale à zéro.

II. – La surface révisée est plafonnée à 30 % de la surface agricole utile totale de l'exploitation.

III. – Pour le calcul de la surface indemnisée, il est tenu compte de la superficie de l'exploitation située en zone d'actions complémentaires ne satisfaisant pas à l'obligation de couverture des sols fixée par les articles R. 211-80 à R. 211-85, de la façon suivante :

1° Si la superficie non couverte est inférieure à 3 % de la surface révisée, la surface indemnisée est égale à la surface révisée ;

2° Si la superficie non couverte est supérieure ou égale à 3 % et inférieure à 20 % de la surface révisée, la surface indemnisée est égale à la surface révisée diminuée du double de la superficie non couverte ;

3° Si la superficie non couverte est supérieure ou égale à 20 % de la surface révisée, la surface indemnisée est égale à zéro.

Art. D. 211-93 *(Mod., D. n° 2009-340, 27 mars 2009).* – Le paiement de l'aide est assuré par l'Agence de services et de paiement.

Sous-section 4. – Zones sensibles

Art. R. 211-94 *(Mod., D. n° 2013-938, 18 oct. 2013)*. – Les zones sensibles comprennent les masses d'eau particulièrement sensibles aux pollutions, notamment celles dont il est établi qu'elles sont eutrophes ou pourraient devenir eutrophes à brève échéance si des mesures ne sont pas prises, et dans lesquelles les rejets de phosphore, d'azote ou de ces deux substances doivent, s'ils sont cause de ce déséquilibre, être réduits.

Le préfet coordonnateur de bassin élabore, avec le concours des préfets de département, à partir des résultats obtenus par le programme de surveillance de l'état des eaux et de toute autre donnée disponible, un projet de délimitation des zones sensibles en concertation avec des représentants des communes et de leurs groupements, des usagers de l'eau, des personnes publiques ou privées qui concourent à l'assainissement des eaux usées, à la distribution des eaux et des associations agréées de protection de l'environnement intervenant en matière d'eau et des associations de consommateurs.

Le préfet coordonnateur de bassin transmet le projet de délimitation des zones sensibles aux préfets intéressés, qui consultent les conseils départementaux et les conseils régionaux et, en Corse, la collectivité territoriale, ainsi que les chambres d'agriculture.

Le préfet coordonnateur de bassin arrête la délimitation des zones sensibles après avis du comité de bassin. Les avis sont réputés favorables s'ils n'interviennent pas dans un délai de deux mois à compter de la transmission de la demande d'avis.

Art. R. 211-95. – L'identification des masses d'eau sensibles est réexaminée au moins tous les quatre ans par le préfet coordonnateur de bassin. S'il y a lieu de modifier cette identification, la révision se fait dans les conditions prévues à l'article R. 211-94.

Sous-section 5. – Servitudes d'utilité publique instituées pour la création, la préservation ou la restauration de certaines zones

Art. R. 211-96 *(Mod., D. n° 2011-2018, 29 déc. 2011)* (1). – L'enquête publique préalable à l'instauration des servitudes d'utilité publique prévues à l'article L. 211-12 est effectuée dans les conditions fixées par les par les articles R. 123-1 à R. 123-27.

Art. R. 211-97 *(Mod., D. n° 2011-2018, 29 déc. 2011)* (1). – Le dossier soumis à l'enquête comprend :

1° Une notice explicative indiquant les raisons pour lesquelles les servitudes sont instituées ;

2° Un document indiquant la nature des sujétions et interdictions qui résultent de ces servitudes et leurs conséquences pour l'environnement, y compris les éléments mentionnés au VI de l'article L. 211-12 dont la suppression, la modification ou l'instauration est nécessaire, ainsi que le délai imparti pour réaliser cette opération ;

3° Un plan faisant apparaître le périmètre à l'intérieur duquel ces servitudes s'exercent, les parcelles auxquelles elles s'appliquent et l'indication des diverses sujétions résultant des servitudes ;

4° La liste des propriétaires dont les terrains sont grevés de servitudes ;

5° Un projet d'arrêté définissant les servitudes.

6° *(Mod. à compter du 1er janvier 2015, D. n° 2014-1635, 26 déc. 2014)* Les autres pièces prévues à l'article R. 112-4 du Code de l'expropriation pour cause d'utilité publique.

Art. R. 211-98 *(Mod., D. n° 2011-2018, 29 déc. 2011* (1) *; mod. à compter du 1er janvier 2015, D. n° 2014-1635, 26 déc. 2014)*. – Sans préjudice des modalités de publicité de l'ouverture de l'enquête publique prévue aux articles R. 123-1 à R. 123-27, une notification individuelle du dépôt du dossier à la mairie est faite par le bénéficiaire de la servitude, selon les modalités fixées par l'article R. 131-6 du Code de l'expropriation pour cause d'utilité publique. Les propriétaires auxquels notification a été faite sont tenus de fournir au bénéficiaire de la servitude les indications prévues à l'article R. 131-7 de ce code.

Art. R. 211-99. – Après avoir consulté la commission départementale des risques naturels majeurs, le préfet statue sur l'instauration des servitudes par arrêté dans les trois mois à compter du jour de réception en

(1) Dispositions applicables aux enquêtes publiques dont l'arrêté d'ouverture et d'organisation est publié à compter du 1er juin 2012, D. n° 2011-2018, 29 déc. 2011, art. 17.

préfecture du dossier de l'enquête transmis par le commissaire enquêteur ou le président de la commission d'enquête.

L'arrêté préfectoral fixe notamment le périmètre et les parcelles frappées de servitudes, les types de travaux ou ouvrages qui sont interdits ou soumis à déclaration en application de l'article L. 211-12 ainsi que le délai d'évacuation des engins mobiles prévu au dernier alinéa du IV de cet article.

Pour les travaux et ouvrages autres que ceux soumis à autorisation ou déclaration au titre du Code de l'urbanisme, l'arrêté précise les modalités de la déclaration spéciale prévue aux IV et V de l'article L. 211-12, telles que fixées à l'article R. 211-103.

Art. R. 211-100. – L'arrêté est notifié aux maires des communes concernées et au bénéficiaire de la servitude. Ce dernier le notifie à chaque propriétaire intéressé par lettre recommandée avec demande d'avis de réception. Au cas où la résidence du propriétaire est inconnue, la notification de l'acte est faite au maire de la commune sur le territoire de laquelle se trouve la propriété.

L'arrêté préfectoral est affiché à la mairie de chacune des communes concernées pendant quinze jours au moins et fait l'objet d'une insertion au recueil des actes administratifs de l'État dans le département ainsi que d'une mention dans deux journaux locaux.

Art. R. 211-101 *(Mod. à compter du 1er janvier 2015, D. n° 2014-1635, 26 déc. 2014)*. – Si, dans le délai de trois mois à partir de la notification aux propriétaires prévue à l'article R. 211-100, aucun accord n'a pu s'établir sur le montant des indemnités consécutives à l'application des servitudes, le juge de l'expropriation peut être saisi dans les conditions prévues par le livre III du Code de l'expropriation pour cause d'utilité publique.

Art. R. 211-102. – Lorsqu'elle ne nécessite pas de travaux, la mise en œuvre de la servitude est autorisée par l'arrêté prévu à l'article R. 211-99. Lorsque des travaux sont nécessaires, le préfet prend un arrêté pour constater leur achèvement et autoriser la mise en œuvre de la servitude.

Le préfet établit, si nécessaire, en liaison avec les maires des communes concernées, des consignes de sécurité qui précisent notamment les modalités d'information du public. Les frais d'affichage sont à la charge du bénéficiaire de la servitude.

Art. R. 211-103. – Toute personne souhaitant réaliser des travaux ou ouvrages soumis à déclaration par un arrêté préfectoral instituant des servitudes d'utilité publique en application de l'article L. 211-12 et n'entrant pas dans le champ d'application des autorisations ou déclarations instituées par le Code de l'urbanisme remplit une déclaration qui indique :

1° Ses nom et adresse ;

2° L'emplacement sur lequel l'installation, l'ouvrage, les travaux ou l'activité doivent être réalisés ;

3° La nature, la consistance, le volume et l'objet de l'ouvrage, de l'installation, des travaux ou de l'activité envisagés ;

4° Un document justifiant la compatibilité du projet avec la servitude d'utilité publique ;

5° Les éléments graphiques, plans ou cartes utiles à la compréhension des pièces du dossier, notamment de celles mentionnées aux 3° et 4°.

Art. R. 211-104. – La déclaration est adressée par pli recommandé avec accusé de réception au maire de la commune dans laquelle les travaux ou ouvrages sont envisagés. Le maire transmet sans délai un exemplaire de la déclaration au préfet et, le cas échéant, au président de l'établissement public de coopération intercommunale compétent.

Le préfet dispose d'un délai de deux mois à compter de la réception de la déclaration en préfecture pour s'opposer à l'exécution des travaux ou prescrire les modifications nécessaires.

Le préfet transmet un exemplaire de la déclaration pour avis au bénéficiaire de la servitude, s'il ne s'agit pas de la commune. Cet avis est réputé favorable s'il n'intervient pas dans un délai d'un mois.

Art. R. 211-105. – Conformément aux dispositions de l'article L. 211-12, le droit de préemption urbain prévu au XI de cet article peut être institué, même en l'absence de plan local d'urbanisme, dans les zones mentionnées au II du même article.

Art. R. 211-106. – La collectivité publique, propriétaire de terrains situés dans une zone visée à l'article L. 211-12, qui entend prescrire au preneur des modes d'utilisation du sol en application de l'article L. 211-13, à l'occasion du renouvellement des baux ruraux portant sur ces terrains, notifie ces prescriptions au preneur dix-huit mois au moins avant l'expiration du bail en cours.

Si la collectivité notifie au preneur de nouvelles prescriptions avant la fin de son bail, mais au-delà du délai de dix-huit mois, les nouvelles prescriptions ne peuvent entrer en vigueur avant un délai de dix-huit mois à compter de cette notification.

La notification est donnée par lettre recommandée avec demande d'avis de réception ou par acte extrajudiciaire. Elle indique les motifs justifiant les prescriptions et les parcelles concernées et précise que la décision peut faire l'objet d'un recours devant le tribunal administratif dans un délai de deux mois.

Sous-section 6. – Zones d'érosion

Art. R. 211-107 *(Mod., D. n° 2007-882, 14 mai 2007)*. – Les dispositions relatives à la prévention de l'érosion causée par l'agriculture sont énoncées aux articles R. 114-1 à R. 114-10 du Code rural et de la pêche maritime.

Sous-section 7. – Zones humides

Art. R. 211-108. – I. – Les critères à retenir pour la définition des zones humides mentionnées au 1° du I de l'article L. 211-1 sont relatifs à la morphologie des sols liée à la présence prolongée d'eau d'origine naturelle et à la présence éventuelle de plantes hygrophiles. Celles-ci sont définies à partir de listes établies par région biogéographique.

En l'absence de végétation hygrophile, la morphologie des sols suffit à définir une zone humide.

II. – La délimitation des zones humides est effectuée à l'aide des cotes de crue ou de niveau phréatique, ou des fréquences et amplitudes des marées, pertinentes au regard des critères relatifs à la morphologie des sols et à la végétation définis au I.

III. – Un arrêté des ministres chargés de l'environnement et de l'agriculture précise, en tant que de besoin, les modalités d'application du présent article et établit notamment les listes des types de sols et des plantes mentionnés au I.

IV. – Les dispositions du présent article ne sont pas applicables aux cours d'eau, plans d'eau et canaux, ainsi qu'aux infrastructures créées en vue du traitement des eaux usées ou des eaux pluviales.

Art. R. 211-109 *(D. n° 2007-882, 14 mai 2007)*. – Les dispositions applicables aux zones humides d'intérêt environnemental particulier définies par le *a* du 4° du II de l'article L. 211-3 sont fixées par les articles R. 114-1 à R. 114-10 du Code rural et de la pêche maritime.

Sous-section 8. – Zones de protection des aires d'alimentation des captages et bassins connaissant d'importantes marées vertes sur les plages

(D. n° 2007-882, 14 mai 2007 ; intitulé mod., D. n° 2012-675, 7 mai 2012)

Bibliographie : Dossier *Eau potable : sécuriser son approvisionnement : Environnement Magazine* janv.-févr. 2014, n° 1724, p. 34-41. • *La protection des captages prioritaires s'enlise : Gaz. cnes.* 2014, p. 21.

Art. R. 211-110 *(D. n° 2007-882, 14 mai 2007 ; mod., D. n° 2012-675, 7 mai 2012 ; D. n° 2020-1762, 30 déc. 2020)*. – Les dispositions applicables aux zones de protection des aires d'alimentation des captages définies par le 5° du II de l'article L. 211-3 et aux bassins connaissant d'importantes marées vertes sur les plages mentionnés au 8° du II de ce même article sont fixées par les articles R. 114-1 à R. 114-10 du Code rural et de la pêche maritime.

L'aire d'alimentation des captages correspond aux surfaces sur lesquelles l'eau qui s'infiltre ou ruisselle contribue à alimenter la ressource en eau dans laquelle se fait le prélèvement. Elle peut s'étendre au-delà des périmètres de protection de captages institués en application de l'article L. 1321-2 du Code de la santé publique.

Section IV. – Eaux potables et eaux minérales naturelles

(D. n° 2008-283, 25 mars 2008) (1)

Art. R. 211-110-1 *(D. n° 2008-283, 25 mars 2008)*. – **Les dispositions relatives aux eaux potables et aux eaux minérales naturelles sont énoncées respectivement au chapitre 1er et au chapitre 2 du titre II du livre III de la première partie réglementaire du Code de la santé publique.**

Section V. – Organisme unique de gestion collective des prélèvements d'eau pour l'irrigation

(D. n° 2007-1381, 24 sept. 2007)

Art. R. 211-111 *(D. n° 2007-1381, 24 sept. 2007)*. – (2) **Pour l'application de la présente section, la gestion collective des prélèvements d'eau pour l'irrigation s'applique à tous les prélèvements destinés à l'irrigation à des fins agricoles, à l'exception des prélèvements à usage domestique au sens de l'article R. 214-5.**

Art. R. 211-112 *(D. n° 2007-1381, 24 sept. 2007 ; mod. à compter du 1er mars 2017, D. n° 2017-81, 26 janv. 2017 ; mod., D. n° 2019-1352, 12 déc. 2019)* (2). – **L'organisme unique de gestion collective prévu au 6° du II de l'article L. 211-3 est chargé, dans le périmètre pour lequel il est désigné, de :**

1° Déposer la demande d'autorisation pluriannuelle de tous les prélèvements d'eau pour l'irrigation, qui lui est délivrée conformément à la procédure prévue par les articles R. 214-31-1 à R. 214-31-3 ;

2° Arrêter chaque année un plan de répartition entre les préleveurs irrigants du volume d'eau dont le prélèvement est autorisé ainsi que les règles pour adapter cette répartition en cas de limitation ou de suspension provisoires des usages de l'eau en application des articles R. 211-66 à R. 211-70 ; le plan est présenté au préfet pour homologation selon les modalités prévues par l'article R. 214-31-3 ;

3° Donner son avis au préfet sur tout projet de création d'un ouvrage de prélèvement dans le périmètre ; en l'absence d'avis émis dans le délai d'un mois, l'organisme unique est réputé avoir donné un avis favorable ;

4° Transmettre au préfet avant le 31 janvier un rapport annuel en deux exemplaires, permettant une comparaison entre l'année écoulée et l'année qui la précédait et comprenant notamment :

***a)* Les délibérations de l'organisme unique de l'année écoulée ;**

***b)* Le règlement intérieur de l'organisme unique ou ses modifications intervenues au cours de l'année ;**

***c)* Un comparatif pour chaque irrigant entre les besoins de prélèvements exprimés, le volume alloué et le volume prélevé à chaque point de prélèvement ;**

***d)* L'examen des contestations formées contre les décisions de l'organisme unique ;**

***e)* Les incidents rencontrés ayant pu porter atteinte à la ressource en eau et les mesures mises en œuvre pour y remédier.**

Les pièces justificatives de ce rapport sont tenues à la disposition du préfet par l'organisme unique. Le préfet transmet à l'agence de l'eau un exemplaire du rapport.

L'organisme unique de gestion collective peut aussi, dans les conditions fixées par les dispositions de la sous-section 4 de la section 3 du chapitre III du présent titre, souscrire pour le compte des préleveurs irrigants la déclaration relative à la redevance pour prélèvement sur la ressource en eau et collecter cette redevance et en reverser le produit à l'agence de l'eau.

NB : Se reporter aux dispositions de l'article 17 du décret n° 2017-81 du 26 janvier 2017 qui précisent les réserves d'entrée en vigueur.

Art. R. 211-113 *(D. n° 2007-1381, 24 sept. 2007 ; D. n° 2013-938, 18 oct. 2013 ; mod. à compter du 1er mars 2017, D. n° 2017-81, 26 janv. 2017)*. – **I. – Toute personne morale candidate pour une désignation comme organisme unique de gestion collective au sens de l'article R. 211-112 dépose sa demande auprès du**

(1) Deux sections 4 coexistent : la première issue du décret n° 2007-397 du 22 mars 2007 (décret de codification de la partie réglementaire) ; la seconde créée par le décret n° 2008-283 du 25 mars 2008. – NDLR.

(2) Deux articles R. 211-111 et deux articles R. 211-112 coexistent : les articles R. 211-111 et R. 211-112 issus de la dénumérotation opérée par l'article 2 du décret n° 2007-882 du 14 mai 2007 ; les articles R. 211-111 et R. 211-112 créés par le décret n° 2007-1381 du 24 septembre 2007. – NDLR.

préfet. La demande comporte la raison sociale et la dénomination de la candidate, l'adresse de son siège social, ses statuts, la composition de ses organes dirigeants, les éléments financiers des trois derniers exercices. Elle justifie le périmètre de gestion proposé qui doit être cohérent avec les besoins d'irrigation et la ressource en eau disponible.

La candidature fait l'objet d'un avis publié par la personne candidate et à ses frais dans au moins un journal local ou régional diffusé sur l'ensemble du périmètre proposé et affiché en mairie dans chaque commune située dans ce périmètre. Un registre est tenu à la disposition du public à la préfecture et en sous-préfecture.

Le préfet recueille l'avis du conseil départemental, des chambres d'agriculture et de l'agence de l'eau ainsi que de la commission locale de l'eau si le périmètre est situé dans le champ d'application d'un schéma d'aménagement et de gestion des eaux approuvé. En l'absence d'avis émis dans le délai de deux mois de la saisine, l'avis est réputé favorable.

L'arrêté préfectoral qui délimite le périmètre de gestion collective et y désigne l'organisme unique est pris dans un délai de six mois à compter du jour de réception de la demande.

Lorsque le périmètre figurant dans la demande s'étend sur plus d'un département, la décision est prise par arrêté conjoint des préfets intéressés, chacun d'entre eux menant les consultations relevant de sa compétence.

II. – En zone de répartition des eaux, le préfet peut désigner d'office un organisme unique de gestion collective sur le périmètre qu'il détermine. Préalablement à cette désignation d'office, il publie un avis dans au moins un journal local diffusé sur l'ensemble du périmètre envisagé. Cet avis est affiché en mairie dans chaque commune située dans ce périmètre. Un registre est tenu à la disposition du public à la préfecture et en sous-préfecture. Le préfet procède aux consultations prévues au troisième alinéa du I ci-dessus.

L'organisme unique de gestion collective peut être constitué d'office sous la forme d'une association syndicale régie par les dispositions du titre IV de l'ordonnance n° 2004-632 du 1er juillet 2004 relative aux associations syndicales de propriétaires. L'association syndicale de propriétaires est assortie d'un comité consultatif comprenant des représentants des préleveurs irrigants non propriétaires chargé de donner son avis sur les délibérations des organes de l'association syndicale relatives à la demande d'autorisation pluriannuelle et aux plans annuels de répartition du volume d'eau dont le prélèvement est autorisé. La composition du comité consultatif et les modalités de désignation de ses membres sont fixées par les statuts de l'association syndicale.

III. – L'arrêté délimitant le périmètre et désignant l'organisme unique en application des dispositions du I et du II ci-dessus est publié au recueil des actes administratifs de la préfecture et sur le site internet de la préfecture.

Un extrait de cet arrêté est affiché pendant un mois au moins dans les mairies de chacune des communes dont tout ou partie du territoire est compris dans le périmètre délimité par l'arrêté.

Un avis mentionnant l'arrêté est publié, par les soins du préfet et aux frais de l'organisme unique, dans au moins un journal local ou régional diffusé dans le département ou les départements concernés.

Une copie de l'arrêté est adressée aux présidents des commissions locales de l'eau consultées.

IV. – La modification du périmètre ou le remplacement de l'organisme unique est soumis aux mêmes formalités que celles applicables à l'arrêté initial.

Art. R. 211-114 *(D. n° 2007-1381, 24 sept. 2007 ; mod. à compter du 1er mars 2017, D. n° 2017-81, 26 janv. 2017)*. – L'organisme unique de gestion collective se substitue de plein droit aux pétitionnaires ayant présenté une demande d'autorisation de prélèvement d'eau pour l'irrigation en cours d'instruction à la date de sa désignation.

Jusqu'à la délivrance de l'autorisation pluriannuelle prévue à l'article R. 214-31-2, les demandes individuelles d'autorisation de prélèvements pour l'irrigation sont présentées par l'organisme unique pour le compte du préleveur et sont instruites selon les modalités prévues par l'article R. 214-24.

Dans le périmètre institué en application de l'article R. 211-113, toute demande de prélèvement d'eau pour l'irrigation présentée par une personne autre que l'organisme unique est rejetée de plein droit.

Art. R. 211-115 *(D. n° 2007-1381, 24 sept. 2007)*. – L'organisme unique de gestion collective dispose d'un délai de deux ans à partir de sa désignation pour déposer le dossier complet de la demande d'*(Mots rempl. à compter du 1er mars 2017, D. n° 2017-81, 26 janv. 2017)* « autorisation pluriannuelle ». Le préfet peut proroger ce délai d'une durée ne pouvant excéder un an. En cas de dépassement du délai imparti, le préfet peut mettre fin à la mission de l'organisme unique.

Art. R. 211-116 *(D. n° 2007-1381, 24 sept. 2007).* – En cas de défaillance de l'organisme unique désigné d'office, le préfet peut, après mise en demeure restée sans effet pendant un mois, faire procéder d'office, aux frais de cet organisme, à l'exécution des actes relevant des missions définies à l'article R. 211-112.

En cas de défaillance de l'organisme unique désigné en application du I de l'article R. 211-113 et lorsqu'une mise en demeure notifiée à l'organisme est restée sans effet pendant un mois, le préfet peut, après avoir mis l'organisme en mesure de présenter ses observations, mettre fin à sa mission.

Art. R. 211-117 *(D. n° 2007-1381, 24 sept. 2007).* – Lorsqu'un organisme unique désigné en application du I de l'article R. 211-113 demande au préfet de mettre fin à sa mission, le préfet dispose d'un délai de six mois pour désigner un nouvel organisme unique de gestion collective auquel sont transférées les *(Mots rempl. à compter du 1er mars 2017, D. n° 2017-81, 26 janv. 2017)* « autorisations pluriannuelles » de prélèvement. À défaut de désignation d'un autre organisme unique, les autorisations dont l'organisme unique était titulaire, deviennent caduques.

Art. R. 211-117-1 *(D. n° 2012-84, 24 janv. 2012).* – Les dépenses de l'organisme unique de gestion collective des prélèvements d'eau pour l'irrigation nécessaires à l'exécution des missions définies à l'article R. 211-112 peuvent être supportées, en tout en l'absence de contributions volontaires ou en partie, par les préleveurs irrigants tenus de lui faire connaître leurs besoins annuels en eau d'irrigation en vertu de l'article R. 214-31-3.

Les redevances à percevoir, les contributions volontaires que peut également recevoir l'organisme unique de gestion collective des prélèvements d'eau pour l'irrigation et les dépenses nécessitées pour l'exécution de ces missions sont retracées dans un document financier voté en équilibre qui peut être présenté à la demande de toutes les personnes qui y ont un intérêt.

L'organisme unique de gestion collective des prélèvements d'eau pour l'irrigation tient une comptabilité distincte de ces opérations.

Les excédents ou les déficits éventuels constatés donnent lieu à régularisation l'année suivante.

Art. [R.] 211-117-2 *(D. n° 2012-84, 24 janv. 2012).* – La redevance visée à l'article R. 211-117-1 comprend une partie forfaitaire et, le cas échéant, une partie variable, déterminées pour une période de douze mois.

Une délibération de l'organisme unique de gestion collective des prélèvements d'eau pour l'irrigation arrête le montant de la partie forfaitaire de la redevance, et, le cas échéant, les éléments de la partie variable, qui s'appliquent à tous les préleveurs irrigants tenus de lui faire connaître leurs besoins annuels en eau d'irrigation en vertu de l'article R. 214-31-3.

La partie variable est déterminée, pour l'année considérée, à partir soit des superficies irrigables, soit des superficies irriguées, soit du nombre de points de prélèvements, soit des volumes ou débits demandés, soit des volumes ou débits communiqués par le préfet en application du plan de répartition, soit en combinant ces paramètres. Elle est le produit d'un taux appliqué à l'un ou à plusieurs de ces critères.

Les délibérations relatives à la fixation de la redevance sont transmises pour approbation, au plus tard trois mois avant le début de la période visée au premier alinéa, au préfet qui en accuse réception. Dans un délai de deux mois à compter de leur réception, le préfet approuve ces délibérations ou peut, par un acte motivé, demander la modification de ces délibérations. Dans le cas où il n'est pas procédé à cette modification dans un délai d'un mois à compter de la réception de cette demande, le préfet y procède d'office. En l'absence de réponse du préfet à l'expiration du délai de deux mois, la délibération est réputée approuvée. En l'absence de toute délibération, la délibération relative à la fixation de la redevance pour la période précédente demeure valable.

Sous réserve de la prise en compte des délais mentionnés à l'alinéa précédent, les délibérations relatives à la fixation de la redevance sont exécutoires dès qu'il a été procédé à leur affichage au siège de l'organisme unique. Elles sont publiées au recueil des actes administratifs de la préfecture.

Les renseignements nécessaires au calcul de la redevance sont fournis par les préleveurs irrigants à l'organisme unique de gestion collective des prélèvements d'eau pour l'irrigation selon un calendrier qu'il arrête. À la demande de ce dernier, les préleveurs irrigants lui transmettent les documents attestant de la véracité des renseignements fournis.

Les titres émis en vue du recouvrement de la redevance font apparaître le montant de la redevance, les modalités de son calcul, de son acquittement, les dates d'exigibilité, les missions définies à l'article R. 211-112 qui justifient la participation financière des préleveurs irrigants ainsi que les voies et délais de recours.

Les réclamations doivent, le cas échéant, être adressées à l'organisme unique de gestion collective des prélèvements d'eau pour l'irrigation qui a émis le titre dans un délai de deux mois suivant sa notification.

Art. R. 211-117-3 *(D. n° 2012-84, 24 janv. 2012).* – Les poursuites, en cas de non-paiement de la redevance, doivent être précédées d'une mise en demeure adressée aux préleveurs irrigants concernés par lettre recommandée avec demande d'avis de réception.

Cette mise en demeure ne peut concerner que les redevances dues au titre de l'année en cours ou des deux années précédentes. Si la mise en demeure reste sans effet, les redevances sont recouvrées dans les conditions du droit commun applicables à l'organisme unique de gestion collective des prélèvements d'eau pour l'irrigation considéré.

Section VI. – Eaux de baignade

(D. n° 2008-990, 18 sept. 2008)

Art. D. 211-118 *(D. n° 2008-990, 18 sept. 2008 ; mod., D. n° 2011-1239, 4 oct. 2011).* – Les dispositions relatives à la qualité des eaux de baignade sont énoncées aux articles D. 1332-14 à D. 1332-38-1 du Code de la santé publique.

Art. D. 211-119 *(D. n° 2008-990, 18 sept. 2008).* – Dans le cadre du contrôle de surveillance des eaux du bassin hydrographique, le préfet de département transmet au préfet coordonnateur de bassin :

– le profil des eaux de baignade défini à l'article D. 1332-20 du Code de la santé publique, ainsi que les mesures de gestion prises par le maire ou la personne responsable de l'eau de baignade dans le cadre des articles D. 1332-29, D. 1332-30 et D. 1332-32 du Code de la santé publique pour assurer une qualité au moins « suffisante » des eaux de baignade ;

– *(Mod., D. n° 2011-1239, 4 oct. 2011)* les résultats du contrôle sanitaire de la qualité des eaux de baignade durant la saison balnéaire tels qu'ils sont définis à l'article D. 1332-23 du Code de la santé publique.

Section VII. – Agrément des organismes spécialisés dans la lutte contre les pollutions accidentelles des eaux

(Section créée, D. n° 2020-1114, 4 sept. 2020) (1)

Art. R. 211-120 *(D. n° 2020-1114, 4 sept. 2020).* – Les organismes candidats à un agrément à des missions d'expertise et d'appui aux autorités en matière de lutte contre les pollutions accidentelles des eaux, notamment à la délivrance de formations, adressent leur demande au ministre chargé de l'environnement et, lorsque les missions concernent en tout ou partie les eaux marines, au ministre chargé de la mer.

Les conditions de présentation et la composition du dossier de demande, permettant notamment d'attester la compétence et les moyens de l'organisme pour assurer les missions pour lesquelles l'agrément est sollicité, sont fixées par arrêté conjoint du ministre chargé de l'environnement et du ministre chargé de la mer.

Art. R. 211-121 *(D. n° 2020-1114, 4 sept. 2020).* – L'agrément est délivré par arrêté du ministre chargé de l'environnement et, le cas échéant, du ministre chargé de la mer, pour une durée de cinq ans renouvelable.

Il indique les missions pour lesquelles l'organisme est agréé.

La décision d'agrément est publiée au *Journal officiel* de la République française.

Le ministre chargé de l'environnement et le ministre chargé de la mer mettent à la disposition du public la liste des organismes spécialisés bénéficiant d'un tel agrément.

(1) Dispositions d'application particulières et transitoires : V. D. n° 2020-1114, 4 septembre 2020.

Art. R. 211-122 *(D. n° 2020-1114, 4 sept. 2020).* – L'organisme agréé informe le ministre chargé de l'environnement et, le cas échéant, le ministre chargé de la mer de toute modification des éléments au vu desquels l'agrément lui a été délivré.

Les conditions de présentation et la composition du dossier de demande de modification ou de renouvellement de l'agrément sont fixées par arrêté conjoint du ministre chargé de l'environnement et du ministre chargé de la mer.

Si l'organisme n'est plus en mesure d'assurer les missions pour lesquelles il a été agréé, l'agrément peut être retiré par arrêté motivé, après que l'organisme a été invité à présenter ses observations.

Section VIII. – Usages et conditions d'utilisation des eaux de pluie et des eaux usées traitées

(D. n° 2023-835, 29 août 2023)

Sous-section 1. – Dispositions communes aux eaux de pluie et aux eaux usées traitées

Art. R. 211-123 *(D. n° 2023-835, 29 août 2023).* – I. – L'utilisation des eaux de pluie et des eaux usées traitées, telles que définies respectivement aux articles R. 211-124 et R. 211-125, est possible dans les lieux et aux conditions définies aux articles R. 211-126 et R. 211-127 pour les usages non domestiques.

L'utilisation des eaux de pluie est possible sans procédure d'autorisation.

L'utilisation des eaux usées traitées peut être autorisée selon la procédure définie à la sous-section 2 de la présente section. Lorsqu'il est envisagé d'utiliser les eaux usées traitées à des fins agronomiques ou agricoles, seule l'utilisation des eaux mentionnées au 1° de l'article R. 211-125 peut être autorisée.

II. – Les utilisations d'eau dans les domaines suivants sont régies exclusivement par les dispositions qui leurs sont propres :

1° Les usages domestiques et dans les entreprises alimentaires, sur le fondement de l'article L. 1322-14 du Code de la santé publique ;

2° Les usages dans une installation relevant de la nomenclature annexée à l'article R. 511-9 ou de la rubrique 2.1.1.0 de la nomenclature définie à l'article R. 214-1, tels qu'ils sont réglementés par l'arrêté préfectoral encadrant le fonctionnement de cette installation ;

3° Les utilisations d'eaux douces issues du milieu naturel encadrées par un arrêté préfectoral pris sur le fondement de la nomenclature définie à l'article R. 214-1.

Art. R. 211-124 *(D. n° 2023-835, 29 août 2023).* – Pour l'application de la présente section, on entend par « eaux de pluie » celles issues des précipitations atmosphériques collectées à l'aval de surfaces inaccessibles aux personnes en dehors des opérations d'entretien et de maintenance.

Art. R. 211-125 *(D. n° 2023-835, 29 août 2023).* – Les eaux usées traitées dont l'utilisation peut être autorisée selon les dispositions de la sous-section 2, le cas échéant après avoir reçu un traitement complémentaire, sont celles issues :

1° Des installations mentionnées à la rubrique 2.1.1.0 de la nomenclature définie à l'article R. 214-1 dont la charge brute de pollution organique est supérieure à 1,2 kg de demande biologique en oxygène sur cinq jours (DBO5) par jour et dont les niveaux de traitement fixés par l'arrêté d'autorisation ou de prescriptions particulières sont respectés ;

2° Des installations relevant de la nomenclature annexée à l'article R. 511-9.

Sont exclues les eaux usées issues d'une installation de traitement reliée à un établissement de collecte, d'entreposage, de manipulation après collecte ou de transformation des sous-produits animaux de catégories 1 ou 2, au sens du règlement (CE) n° 1069/2009 du Parlement européen et du Conseil du 21 octobre 2009 établissant des règles sanitaires applicables aux sous-produits animaux et produits dérivés non destinés à la consommation humaine et abrogeant le règlement (CE) n° 1774/2002 (règlement relatif aux sous-produits animaux), et soumis à la réglementation des installations classées pour la protection de l'environnement au titre des rubriques 2730 ou 2731 ou 3650, ou directement issues de cet établissement, à moins que ces eaux usées aient été préalablement traitées thermiquement à 133 °C pendant vingt minutes sous une pression de trois bars.

Art. R. 211-126 *(D. n° 2023-835, 29 août 2023).* – L'utilisation des eaux mentionnées aux articles R. 211-124 et R. 211-125 n'est pas possible à l'intérieur des lieux suivants :

1° Les locaux à usage d'habitation ;

2° Les établissements sociaux, médico-sociaux, de santé, d'hébergement de personnes âgées ;

3° Les cabinets médicaux ou dentaires, les laboratoires d'analyses de biologie médicale et les établissements de transfusion sanguine ;

4° Les crèches, les écoles maternelles et élémentaires ;

5° Les autres établissements recevant du public pendant les heures d'ouverture au public.

Art. R. 211-127 *(D. n° 2023-835, 29 août 2023).* – L'utilisation des eaux mentionnées aux articles R. 211-124 et R. 211-125 n'est pas possible sur le fondement de la présente section pour les usages suivants :

1° Alimentaires, dont la boisson, la préparation, la cuisson et la conservation des aliments, le lavage de la vaisselle ;

2° D'hygiène du corps et du linge ;

3° D'agrément comprenant, notamment, l'utilisation d'eau pour les piscines et les bains à remous, la brumisation, les jeux d'eaux, les fontaines décoratives accessibles au public et l'arrosage des espaces verts des bâtiments.

Art. R. 211-128 *(D. n° 2023-835, 29 août 2023).* – Des arrêtés conjoints du ministre chargé de l'environnement et du ministre chargé de la santé, pris après avis de l'Agence nationale de sécurité sanitaire de l'alimentation, de l'environnement et du travail, peuvent définir pour chaque type d'usage, lorsque cela est techniquement possible, les exigences minimales de qualité auxquelles les eaux doivent satisfaire, ou les prescriptions générales, pour permettre la protection de la santé humaine et animale ainsi que la protection de l'environnement.

Sous-section 2. – Procédure d'autorisation pour l'utilisation des eaux usées traitées

Art. R. 211-129 *(D. n° 2023-835, 29 août 2023).* – Pour l'application de la présente sous-section, on entend par :

1° « Producteur des eaux usées traitées », l'exploitant ou le maître d'ouvrage de l'installation de traitement des eaux usées ;

2° « Utilisateur des eaux usées traitées », la personne qui utilise les eaux usées traitées dans les conditions définies par la présente section ;

3° « Parties prenantes », le producteur et l'utilisateur des eaux usées traitées ainsi que toute autre personne intervenant dans la mise en œuvre du projet d'utilisation des eaux usées traitées.

Art. R. 211-130 *(D. n° 2023-835, 29 août 2023).* – I. – La demande d'autorisation d'utilisation des eaux usées traitées est déposée par le producteur ou l'utilisateur des eaux usées traitées auprès du préfet du département où ces eaux usées traitées sont produites. Lorsque la demande d'autorisation concerne l'utilisation d'eaux usées traitées sur d'autres départements que celui dans lequel ces eaux usées traitées sont produites, le préfet du département du lieu de production des eaux usées traitées informe les autres préfets concernés dès réception de la demande et conduit la procédure.

II. – Cette demande est accompagnée d'un dossier permettant de justifier de l'intérêt du projet par rapport aux enjeux environnementaux et de démontrer sa compatibilité avec la protection de la santé humaine et animale et avec celle de l'environnement.

Le dossier comporte :

1° La lettre de demande identifiant les parties prenantes et le document prévoyant leurs engagements et obligations réciproques ;

2° La description du milieu recevant les eaux usées traitées antérieurement au projet et la description détaillée du projet d'utilisation de ces eaux ;

3° Une évaluation des risques sanitaires et environnementaux et des propositions de mesures préventives et correctives pour maîtriser et gérer ces risques, notamment lors des dysfonctionnements de l'installation de traitement des eaux usées ;

4° La description détaillée des modalités de contrôle, de surveillance, d'entretien et d'exploitation des installations de traitement des eaux usées et des installations dans lesquelles sont utilisées les eaux usées traitées ;

5° Les informations sur les conditions économiques de réalisation du projet ;

6° La description des informations qui seront enregistrées dans un carnet sanitaire ainsi que les modalités de transmission au préfet des données collectées et enregistrées.

Un arrêté du ministre chargé de l'environnement et du ministre chargé de la santé précise en tant que de besoin le contenu du dossier de demande d'autorisation.

III. – Lorsque le dossier de demande d'autorisation est complet, un accusé de réception est transmis au demandeur.

Lorsque le dossier ne comporte pas l'ensemble des pièces prévues au II, le préfet invite le demandeur à le compléter dans le délai qu'il fixe.

Si l'instruction fait apparaître que les pièces produites ne permettent pas d'apprécier le bien-fondé de la demande, le préfet invite le demandeur à produire les compléments nécessaires. Il fixe un délai de réponse et peut suspendre le délai d'instruction prévu à l'article R. 211-132 jusqu'à la réception de la totalité des éléments nécessaires, en informant le demandeur de cette suspension.

Art. R. 211-131 *(D. n° 2023-835, 29 août 2023)*. – I. – Le dossier complet est transmis pour avis :

1° Au conseil départemental de l'environnement et des risques sanitaires et technologiques, qui dispose d'un délai de deux mois à compter de sa saisine par le préfet pour rendre son avis. En cas de silence à l'expiration de ce délai, l'avis est réputé favorable ;

2° À l'agence régionale de santé, qui dispose d'un délai de deux mois à compter de sa saisine par le préfet pour rendre son avis. Avant l'expiration de ce délai, le directeur général de l'agence régionale de santé peut demander au ministre chargé de la santé de solliciter l'avis de l'Agence nationale de sécurité sanitaire de l'alimentation, de l'environnement et du travail sur la demande d'autorisation. Lorsque l'Agence nationale est saisie, l'agence régionale de santé rend son avis dans le délai de six mois suivant sa saisine par le préfet. En cas de silence à l'expiration du délai, selon le cas, de deux mois ou de six mois, l'avis de l'agence régionale est réputé défavorable.

II. – Lorsque le projet respecte les exigences minimales de qualité ou les prescriptions générales permettant d'atteindre un niveau de protection équivalent définies par arrêté pris sur le fondement de l'article R. 211-128, les avis mentionnés au 1° et au 2° ne sont pas requis.

Art. R. 211-132 *(D. n° 2023-835, 29 août 2023)*. – Le silence gardé par le préfet vaut décision de refus à l'issue d'un délai de six mois à compter de la date de l'accusé de réception attestant du caractère complet du dossier, délivré en application de l'article R. 211-130. Ce délai est augmenté de deux mois lorsque l'Agence nationale de sécurité sanitaire de l'alimentation, de l'environnement et du travail est saisie ; le pétitionnaire en est informé par le préfet.

Art. R. 211-133 *(D. n° 2023-835, 29 août 2023)*. – L'arrêté préfectoral d'autorisation indique la qualité sanitaire des eaux usées traitées à respecter pour les usages autorisés et fixe les obligations incombant aux parties prenantes, notamment les prescriptions techniques à respecter pour la protection de la santé humaine et de l'environnement.

Lorsque le périmètre de l'autorisation concerne plusieurs départements, celle-ci est délivrée par arrêté conjoint des préfets intéressés.

L'arrêté précise :

1° L'origine des eaux usées traitées et le niveau de qualité des boues produites ;

2° Les débits et les volumes journaliers d'eaux usées traitées qu'il est prévu d'utiliser, les modalités d'utilisation ainsi que le programme d'utilisation de ces eaux ;

3° Les modalités et le programme d'entretien des installations d'utilisation des eaux usées traitées ;

4° Les modalités et le programme de contrôle et de surveillance ;

5° Les mesures d'information des personnes fréquentant les installations ou les lieux d'utilisation des eaux usées traitées ;

6° Les modalités d'échanges entre les parties prenantes et le préfet, notamment en cas de dysfonctionnement, ainsi que les modalités de transmission au préfet de toutes données et informations collectées, notamment celles enregistrées dans le carnet sanitaire ;

7° Le cas échéant, la durée de validité de l'autorisation et les échéances particulières pour la transmission du bilan prévu à l'article R. 211-137.

Art. R. 211-134 *(D. n° 2023-835, 29 août 2023)*. – Toute modification substantielle du projet, qu'elle intervienne avant la réalisation du projet, lors de sa mise en œuvre ou au cours de son exploitation, est subordonnée à la délivrance d'une nouvelle autorisation. Est regardée comme substantielle la modification susceptible d'avoir une incidence sur les dangers ou inconvénients du projet pour la protection de la santé humaine et de l'environnement. La délivrance d'une nouvelle autorisation est soumise aux mêmes formalités que l'autorisation initiale.

En dehors des modifications substantielles, toute modification de nature à entraîner un changement notable des éléments du dossier de demande d'autorisation est portée, avant sa réalisation, à la connaissance du préfet avec tous les éléments d'appréciation. Le préfet modifie, s'il y a lieu, les prescriptions.

Lorsqu'il a été établi, le bilan prévu à l'article R. 211-137 est joint à la demande de modification de l'autorisation.

Art. R. 211-135 *(D. n° 2023-835, 29 août 2023)*. – La cessation définitive des opérations d'utilisation des eaux usées traitées fait l'objet d'une déclaration au préfet par le titulaire de l'autorisation, au plus tard un mois avant la cessation définitive. Le préfet donne acte de cette déclaration ; il peut assortir l'accusé de réception de prescriptions nécessaires à la cessation de l'activité ou à la remise en état du site.

Art. R. 211-136 *(D. n° 2023-835, 29 août 2023)*. – I. – Les contrôles du respect des prescriptions de l'arrêté préfectoral d'autorisation et, le cas échéant, le prononcé des mesures et sanctions en cas de manquement sont réalisés conformément aux dispositions des articles L. 171-1 à L. 171-12.

II. – En cas de danger ou d'inconvénient grave pour la santé humaine ou l'environnement, le préfet peut suspendre, sans délai, l'autorisation. L'autorisation est suspendue pendant le délai nécessaire à la mise en œuvre des mesures propres à faire disparaître ce danger ou cet inconvénient.

III. – Si une des parties prenantes constate que les eaux usées traitées n'ont pas le niveau de qualité exigé par l'autorisation, elle en informe immédiatement le préfet et les autres parties prenantes. Les eaux usées traitées ne sont alors plus utilisées jusqu'à ce que de nouvelles analyses permettent d'établir qu'elles sont redevenues conformes au niveau de qualité requis.

IV. – Lorsque le producteur des eaux usées traitées constate un dépassement d'une valeur limite de qualité des boues fixée par l'arrêté pris en application de l'article R. 211-43, il en informe immédiatement le préfet et les autres parties prenantes et réalise immédiatement des contrôles des eaux usées traitées afin de s'assurer de l'absence de contamination des eaux.

Art. R. 211-137 *(D. n° 2023-835, 29 août 2023)*. – Au moins tous les cinq ans à compter de la date de délivrance de l'autorisation, ou dans le délai prévu sur le fondement du 7° de l'article R. 211-133, le bénéficiaire de l'autorisation établit un bilan qui présente de façon qualitative et quantitative les impacts sanitaires et environnementaux ainsi qu'une évaluation économique du projet mis en œuvre. Ce bilan est adressé au préfet, qui le transmet au conseil départemental de l'environnement et des risques sanitaires et technologiques afin que celui-ci rende, dans les trois mois suivant sa réception, un avis sur les résultats et l'intérêt du projet réalisé.

CHAPITRE II. – PLANIFICATION

Section I. – Schémas directeurs d'aménagement et de gestion des eaux

Sous-section 1. – Délimitation des bassins

Art. R. 212-1. – Un arrêté du ministre chargé de l'environnement délimite les bassins ou groupements de bassins en respectant les limites communales. Lorsque des masses d'eau souterraines et des eaux maritimes s'étendent sur plusieurs bassins, l'arrêté précise, en fonction de leur situation géographique ou des effets des prélèvements ou des pollutions dans chaque bassin ou groupement de bassins, à quel bassin ces eaux sont rattachées.

Art. R. 212-2. – Lorsqu'un bassin ou groupement de bassins s'étend au-delà des frontières sur le territoire d'un État membre de la Communauté européenne, le préfet coordonnateur de bassin est chargé, sous l'autorité du ministre des Affaires étrangères, d'assurer la coordination avec les autorités compétentes de cet État en vue de la délimitation du bassin ou groupement de bassins international et de l'élaboration, en application des articles R. 212-19 à R. 212-21, d'un programme de mesures qui tienne compte du bassin ou groupement de bassins dans son ensemble.

Si le bassin ou groupement de bassins s'étend sur le territoire d'un État n'appartenant pas à la Communauté européenne, le préfet coordonnateur de bassin est également chargé, sous l'autorité du ministre des Affaires étrangères, d'assurer une coordination avec les autorités étrangères compétentes de cet État.

Sous-section 2. – Analyse des caractéristiques du bassin ou du groupement de bassins

Art. R. 212-3. – I. – Pour l'application du 1° du II de l'article L. 212-1, le comité de bassin établit un état des lieux qui rassemble les analyses suivantes :

1° L'analyse des caractéristiques du bassin ou du groupement de bassins comportant :

a) Une présentation générale de sa géographie, de son climat et de son économie ;

b) La délimitation des masses d'eau de surface et des masses d'eau souterraines, leur classification par catégories et typologies et l'évaluation de leur état.

2° L'analyse des incidences des activités humaines sur l'état des eaux comportant :

a) Une description des types et de l'ampleur des rejets et des prélèvements d'eau dus aux activités urbaines, industrielles, agricoles et aux usages domestiques ;

b) L'évaluation de leurs incidences sur l'état des masses d'eau ;

c) L'évolution prévisible de la demande en eau et de la ressource disponible et de la répartition de cette ressource entre les utilisateurs ;

d) L'identification des masses d'eau qui risquent, par l'effet de l'activité humaine, de ne pas satisfaire aux objectifs de qualité environnementale mentionnés au IV de l'article L. 212-1.

3° L'analyse économique de l'utilisation de l'eau dans le bassin ou le groupement de bassins comportant :

a) Une description des activités dont les effets sur l'état des eaux du bassin ou du groupement de bassins ont un impact économique significatif ;

b) Une présentation générale des modalités de tarification des services collectifs de distribution d'eau et d'irrigation et des prix moyens constatés dans le bassin ou le groupement de bassins ;

c) Une estimation par secteur, en distinguant au moins les activités industrielles, les activités agricoles et les usages domestiques, des dépenses et des recettes relatives à l'approvisionnement en eau et à l'épuration des rejets ;

d) Une évaluation des coûts que représente pour l'environnement et la ressource en eau l'altération par les activités humaines de l'état des eaux, en tenant compte des avantages qu'apportent ces activités à l'environnement et des dommages qu'elles lui causent ;

e) Les modalités de prise en charge des coûts liés à l'utilisation de l'eau et de répartition de ceux-ci entre les différents usagers de l'eau et les personnes exerçant une activité ayant un impact significatif sur l'état des eaux, en distinguant au moins le secteur industriel, le secteur agricole et les usages domestiques.

II. – L'état des lieux est approuvé par le préfet coordonnateur de bassin. Il est mis à jour selon les mêmes modalités au moins deux ans avant la mise à jour du schéma directeur, puis tous les six ans à compter de la date de la dernière mise à jour.

Art. R. 212-4. – I. – Le comité de bassin élabore et met à jour le registre des zones protégées qui indique :

1° Les zones de captage de l'eau destinée à la consommation humaine fournissant plus de 10 mètres cubes par jour ou desservant plus de 50 personnes ainsi que les zones identifiées pour un tel usage dans le futur ;

2° Les zones de production conchylicole ainsi que, dans les eaux intérieures, les zones où s'exercent des activités de pêche d'espèces naturelles autochtones, dont l'importance économique a été mise en évidence par l'état des lieux mentionné à l'article R. 212-3 ;

3° Les zones de baignade et d'activités de loisirs et de sports nautiques ;

4° Les zones vulnérables *(Mots rempl., D. n° 2015-126, 5 févr. 2015)* « désignées en application de l'article R. 211-77 » ;

5° Les zones sensibles aux pollutions désignées en application de l'article R. 211-94 ;
6° Les sites Natura 2000.

II. – Une version abrégée du registre, composée de documents cartographiques et de la liste des textes de référence pour chaque catégorie de zones protégées, est jointe au dossier du schéma directeur d'aménagement et de gestion des eaux.

Art. R. 212-5. – Un arrêté du ministre chargé de l'environnement précise les modalités d'application de la présente sous-section. Il détermine notamment les méthodes et les critères à mettre en œuvre pour délimiter et classer les masses d'eau, dresser l'état des lieux et établir le registre des zones protégées.

Sous-section 3. – Procédure d'élaboration et de mise à jour des schémas directeurs d'aménagement et de gestion des eaux

Art. R. 212-6 *(Rempl., D. n° 2018-847, 4 oct. 2018).* – Le comité de bassin soumet les documents mentionnés au II de l'article L. 212-2 à l'avis du Comité national de l'eau, des conseils régionaux, des conseils départementaux, des établissements publics territoriaux de bassin, des établissements publics d'aménagement et de gestion de l'eau, des commissions locales de l'eau, des conseils maritimes de façade, des organismes de gestion des parcs naturels régionaux, des établissements publics des parcs nationaux, des chambres consulaires et des conseils économiques, sociaux et environnementaux régionaux concernés.

Ces avis sont réputés favorables s'ils ne sont pas rendus dans un délai de quatre mois suivant la mise à disposition de ces documents.

Les modalités de consultation et de mise à disposition de ces documents et des synthèses effectuées à l'issue des consultations du public sont précisées par arrêté du ministre chargé de l'environnement.

La synthèse des avis et observations recueillis ainsi que la manière dont le comité de bassin en a tenu compte sont publiés sur le site internet www.eaufrance.fr.

Art. R. 212-7 *(Rempl., D. n° 2018-847, 4 oct. 2018).* – Le comité de bassin adopte le projet de schéma directeur d'aménagement et de gestion de l'eau et le soumet pour approbation au préfet coordonnateur de bassin.

L'arrêté approuvant le schéma directeur est publié au *Journal officiel* de la République française. Il mentionne l'adresse du lieu et du site internet où le schéma directeur est tenu à la disposition du public.

Art. R. 212-8 *(Mod., D. n° 2014-1510, 15 déc. 2014 ; D. n° 2018-847, 4 oct. 2018).* – Si les délais prévus par l'article L. 212-2 ne peuvent pas être respectés, le préfet coordonnateur de bassin, en application du V de l'article L. 212-2, met le comité de bassin en demeure d'élaborer ou de mettre à jour dans un délai de quatre mois le ou les documents mentionnés aux articles L. 212-1, L. 212-2, R. 212-3 et R. 212-4. Si le délai n'est pas respecté, le préfet coordonnateur de bassin se substitue au comité de bassin pour élaborer et mettre à jour le document en cause.

Après avoir recueilli l'avis du comité de bassin ou, en l'absence d'avis de celui-ci reçu dans un délai de deux mois à compter de la transmission du document, le préfet coordonnateur de bassin engage la procédure de consultation prévue pour ce document par l'article L. 212-2.

Sous-section 4. – Contenu du schéma directeur d'aménagement et de gestion des eaux (1)

Bibliographie : P. Hili, *Une stratégie d'organisation des compétences locales de l'eau accompagnera désormais les SDAGE : BDEI* 1er mars 2016, n° 62, p. 20-21.

Art. R. 212-9. – Afin d'assurer la protection des eaux *(Mots aj., D. n° 2008-1306, 11 déc. 2008)* « de surface » et la lutte contre la pollution en application de l'article L. 211-1, les orientations du schéma directeur d'aménagement et de gestion des eaux prennent en compte les dispositions des arrêtés du ministre

(1) V. T. appl. : A. 17 mars 2006 (*JO* 15 avr. 2006). – NDLR.

chargé de l'environnement fixant les modalités et délais de réduction progressive et d'élimination des déversements, écoulements, rejets directs ou indirects respectivement des substances prioritaires et des substances dangereuses dont ils dressent la liste (1).

Lorsque cela est nécessaire pour atteindre le bon état des eaux prévu au IV de l'article L. 212-1, le schéma directeur d'aménagement et de gestion des eaux définit des objectifs plus stricts de réduction ou d'élimination en indiquant les raisons de ce choix.

Art. R. 212-9-1 *(D. n° 2008-1306, 11 déc. 2008)*. – Afin d'assurer la protection des eaux souterraines et la lutte contre la pollution en application de l'article L. 211-1, le schéma directeur d'aménagement et de gestion des eaux respecte, notamment, les dispositions qui interdisent l'introduction directe ou indirecte de substances dangereuses ou qui limitent l'introduction directe ou indirecte de polluants non dangereux dans ces eaux souterraines par suite de l'activité humaine.

Ces dispositions sont fixées par arrêté du ministre chargé de l'environnement.

Lorsque cela est nécessaire pour atteindre le bon état des eaux prévu au IV de l'article L. 212-1, le schéma directeur d'aménagement et de gestion des eaux fixe des dispositions plus strictes d'interdiction ou de limitation d'introduction de substances ou polluants en indiquant les raisons de ce choix.

Art. R. 212-10. – Pour l'application du 1° du IV de l'article L. 212-1, l'état d'une eau de surface est défini par la moins bonne des appréciations portées respectivement sur son état écologique et sur son état chimique. Pour les eaux maritimes comprises entre 1 mille nautique au-delà de la ligne de base et la limite des eaux territoriales, l'état de l'eau est défini par la seule appréciation de son état chimique.

(Al. mod., D. n° 2018-847, 4 oct. 2018) L'état écologique, apprécié pour chaque catégorie de masses d'eau de surface, comprend cinq classes : très bon, bon, moyen, médiocre et mauvais, définies par rapport à une situation exempte d'altérations dues à l'activité humaine. Il est évalué à partir d'éléments de qualité appréciés en fonction des mêmes classes.

L'état chimique des eaux de surface est considéré comme bon lorsque les concentrations en polluants ne dépassent pas les normes de qualité environnementale.

Art. R. 212-11. – I. – Pour l'application du 2° du IV de l'article L. 212-1, le schéma directeur d'aménagement et de gestion des eaux indique l'emplacement des masses d'eau de surface artificielles ou fortement modifiées par les activités humaines et les motifs pour lesquels ces masses d'eau ont été ainsi désignées. Cette désignation fait l'objet d'un réexamen lors de chacune des mises à jour du schéma.

(Rempl., D. n° 2014-1510, 15 déc. 2014) Le schéma directeur rappelle les projets figurant dans la liste arrêtée par le préfet, en application du VII de l'article L. 212-1, à la date de la consultation du public et contient les éléments prévus au dernier alinéa du I *bis* de l'article R. 212-16.

II. – Une masse d'eau de surface artificielle ou fortement modifiée relève du régime prévu au 2° du IV de l'article L. 212-1 lorsque sont réunies les conditions suivantes :

1° Les mesures qui seraient nécessaires, en matière d'hydromorphologie, pour obtenir un bon état écologique conformément au 1° du IV de l'article L. 212-1 auraient des incidences négatives importantes sur l'environnement ou sur la navigation, les installations portuaires, les loisirs aquatiques, sur le stockage d'eau nécessaire à l'approvisionnement en eau potable, à l'irrigation ou à la production d'électricité, sur la régulation des débits, la protection contre les inondations et le drainage des sols ou sur d'autres activités humaines aussi importantes pour le développement durable ;

2° Les avantages associés à la création artificielle ou aux fortes modifications de la masse d'eau ne peuvent être obtenus, pour des motifs d'ordre technique ou en raison de coûts disproportionnés, par d'autres moyens permettant de parvenir à des résultats environnementaux sensiblement meilleurs.

III. – L'état d'une masse d'eau artificielle ou fortement modifiée par les activités humaines est défini par la moins bonne des appréciations portées respectivement sur son potentiel écologique et sur son état chimique.

Le potentiel écologique d'une masse d'eau artificielle ou fortement modifiée comprend quatre classes : bon et plus, moyen, médiocre et mauvais, définies par référence aux niveaux de qualité de la catégorie de masse d'eau de surface naturelle la plus comparable. *(Mots aj., D. n° 2018-847, 4 oct. 2018)* « Il est évalué à partir

(1) V. T. appl. : A. 7 déc. 2007, ann. 1 (*JO* 23 déc. 2007) et A. 8 juill. 2010 (*JO* 22 août 2010). – NDLR.

d'éléments de qualité appréciés en fonction des cinq classes mentionnées au deuxième alinéa de l'article R. 212-10. »

Art. R. 212-12. – Pour l'application du 3° du IV de l'article L. 212-1, l'état d'une eau souterraine est défini par la moins bonne des appréciations portées respectivement sur son état quantitatif et sur son état chimique.

L'état quantitatif d'une eau souterraine est considéré comme bon lorsque les prélèvements ne dépassent pas la capacité de renouvellement de la ressource disponible, compte tenu de la nécessaire alimentation en eau des écosystèmes aquatiques de surface et des zones humides directement dépendantes en application du principe de gestion équilibrée énoncé à l'article L. 211-1.

L'état chimique d'une eau souterraine est considéré comme bon lorsque les concentrations en polluants dues aux activités humaines ne dépassent pas les normes définies par arrêté du ministre chargé de l'environnement et n'empêchent pas d'atteindre les objectifs fixés pour les eaux de surface alimentées par cette masse d'eau souterraine et lorsqu'il n'est constaté aucune intrusion d'eau salée *(Mots aj., D. n° 2008-1306, 11 déc. 2008)* « ou autre » due aux activités humaines.

Art. R. 212-13 *(Mod., D. n° 2018-847, 4 oct. 2018)*. – Pour l'application du 4° du IV de l'article L. 212-1, la prévention de la détérioration de la qualité des eaux consiste à faire en sorte que :

– pour l'état écologique et le potentiel écologique des eaux de surface, aucun des éléments de qualité caractérisant cet état ou ce potentiel ne soit dans un état correspondant à une classe inférieure à celle qui le caractérisait antérieurement ;

– pour l'état chimique des eaux de surface, les concentrations en polluants ne dépassent pas les normes de qualité environnementale lorsqu'elles ne les dépassaient pas antérieurement ;

– pour l'état des eaux souterraines, aucune des masses d'eau du bassin ou groupement de bassins ne soit dans un état correspondant à un classement inférieur à celui qui la caractérisait antérieurement.

Pour apprécier la compatibilité des programmes et décisions administratives mentionnées au XI de l'article L. 212-1 avec l'objectif de prévention de la détérioration de la qualité des eaux mentionné au 4° du IV du même article, il est tenu compte des mesures d'évitement et de réduction *(Membre de phrase annulée, CE, 28 juill. 2022, n° 429341, Ass. France Nature Environnement : JurisData n° 2022-012435)* (1).

Rédaction antérieure. *(Rédaction avant annulation)* Pour apprécier la compatibilité des programmes et décisions administratives mentionnées au XI de l'article L. 212-1 avec l'objectif de prévention de la détérioration de la qualité des eaux mentionné au 4° du IV du même article, il est tenu compte des mesures d'évitement et de réduction et il n'est pas tenu compte des impacts temporaires de courte durée et sans conséquences de long terme.

Art. R. 212-14. – Afin de réduire le traitement nécessaire à la production d'eau destinée à la consommation humaine, le schéma directeur d'aménagement et de gestion des eaux fixe, dans les zones de protection des prélèvements d'eau et, le cas échéant, dans d'autres zones protégées mentionnées à l'article R. 212-4, des objectifs plus stricts qui visent à prévenir les pollutions, notamment par les nitrates et pesticides.

Art. R. 212-15. – I. – Pour l'application du V de l'article L. 212-1, les reports d'échéances pour la réalisation des objectifs mentionnés aux 1° à 3° du IV, prévus par le schéma directeur d'aménagement et de gestion, peuvent être justifiés notamment par :

1° Les délais prévisibles pour la réalisation des travaux et la réception des ouvrages, y compris les délais des procédures administratives d'enquête préalable, de financement et de dévolution des travaux ;

2° Les incidences du coût des travaux sur le prix de l'eau et sur les activités économiques, comparées à la valeur économique des bénéfices environnementaux et autres avantages escomptés ;

(1) La Haute juridiction a précisé qu'il résulte « de l'arrêt du 5 mai 2022 de la Cour de justice de l'Union européenne qu'il appartient à l'autorité administrative, dans son appréciation portée sur la compatibilité des programmes et des décisions administratives avec l'objectif de prévention de la détérioration de la qualité des eaux prévu par la loi, de prendre en compte l'ensemble de leurs impacts sur l'état des masses d'eau concernées, y compris les impacts temporaires de courte durée et sans conséquences de long terme sur celles-ci, à moins qu'il ne soit manifeste que ces impacts n'ont, par nature, que peu d'incidence sur l'état des masses d'eau concernées et qu'ils ne peuvent entraîner de détérioration au sens de la loi. Dès lors qu'un projet est susceptible de provoquer une détérioration de l'état des masses d'eau de surface, même si cette détérioration est de caractère temporaire, l'autorité administrative ne peut l'autoriser que si les conditions prévues à l'article 4 paragraphe 7 de ladite directive, transposées à l'article R. 212-16 du Code de l'environnement, sont remplies ».

3° Les délais de transfert des pollutions dans les sols et les masses d'eau et le temps nécessaire au renouvellement de l'eau.

II. – Le présent article n'est applicable dans les zones protégées mentionnées à l'article R. 212-4 que sous réserve du respect des normes et dispositions particulières applicables à ces zones.

Art. R. 212-16. – I. – Le recours aux dérogations prévues au VI de l'article L. 212-1 n'est admis qu'à la condition :

1° Que les besoins auxquels répond l'activité humaine affectant l'état de masses d'eau ne puissent être assurés par d'autres moyens ayant de meilleurs effets environnementaux ou susceptibles d'être mis en œuvre pour un coût non disproportionné ;

2° Que les dérogations aux objectifs soient strictement limitées à ce qui est rendu nécessaire par la nature des activités humaines ou de la pollution ;

3° Que ces dérogations ne produisent aucune autre détérioration de l'état des masses d'eau.

I *bis (D. n° 2014-1510, 15 déc. 2014)*. – Les dérogations prévues au VII de l'article L. 212-1 ne peuvent être accordées pour un projet entraînant des modifications dans les caractéristiques physiques des eaux ou l'exercice de nouvelles activités humaines que lorsque toutes les conditions suivantes sont remplies :

1° Toutes les mesures pratiques sont prises pour atténuer l'incidence négative du projet sur l'état des masses d'eau concernées ;

2° Les modifications ou altérations des masses d'eau répondent à un intérêt général majeur ou les bénéfices escomptés du projet en matière de santé humaine, de maintien de la sécurité pour les personnes ou de développement durable l'emportent sur les bénéfices pour l'environnement et la société qui sont liés à la réalisation des objectifs définis au IV de l'article L. 212-1 ;

3° Les objectifs bénéfiques poursuivis par le projet ne peuvent, pour des raisons de faisabilité technique ou de coûts disproportionnés, être atteints par d'autres moyens constituant une option environnementale sensiblement meilleure.

Le préfet coordonnateur de bassin arrête la liste des projets répondant ou susceptibles de répondre à ces conditions, prévue au VII de l'article L. 212-1.

Les raisons des modifications ou des altérations des masses d'eau sous ces conditions sont expressément indiquées et motivées dans le schéma directeur d'aménagement et de gestion des eaux lors de sa mise à jour.

II. – Les objectifs dérogatoires définis conformément au présent article font l'objet d'un réexamen lors de chaque mise à jour du schéma directeur d'aménagement et de gestion des eaux.

III. – Le présent article n'est applicable dans les zones protégées mentionnées à l'article R. 212-4 que sous réserve du respect des normes et dispositions particulières applicables à ces zones.

Art. R. 212-17. – En cas de carence du comité de bassin pour l'application du X de l'article L. 212-1, le préfet coordonnateur de bassin s'y substitue selon les modalités prévues à l'article L. 212-3.

Art. R. 212-18. – Des arrêtés du ministre chargé de l'environnement déterminent les modalités d'application de la présente sous-section. Ils définissent notamment les différentes catégories de masses d'eau ainsi que les méthodes et critères servant à caractériser les différents états écologiques et chimiques ou les potentiels écologiques pour chacune de ces catégories et fixent la liste des polluants à prendre en compte et les normes de qualité environnementale correspondantes.

Ils précisent les modalités de représentation cartographique de l'état écologique, du potentiel écologique et de l'état chimique des eaux, ainsi que le contenu des cartes et documents à joindre au schéma directeur d'aménagement et de gestion des eaux.

Sous-section 5. – Programme pluriannuel de mesures

Art. R. 212-19. – En application de l'article L. 212-2-1, le préfet coordonnateur de bassin soumet pour avis au comité de bassin le projet de programme pluriannuel de mesures. À défaut de s'être prononcé dans les quatre mois suivant la transmission du document, le comité de bassin est réputé avoir donné un avis favorable.

Le préfet coordonnateur de bassin engage et mène les procédures consultatives prévues à *(Mots rempl., D. n° 2014-1510, 15 déc. 2014)* « l'article L. 212-2 relatives au projet de schéma directeur d'aménagement et de gestion des eaux ». Au terme de ces consultations, il arrête le programme dont il adresse copie aux préfets des départements inclus dans la circonscription du bassin ou groupement de bassins ainsi qu'au président du comité de bassin. Le programme est tenu à la disposition du public dans les préfectures et sur le site internet et dans les locaux du comité de bassin.

Art. R. 212-20. – Les mesures figurant dans le programme sont mises en œuvre sous la forme notamment de dispositions réglementaires, d'incitations financières ou d'accords négociés.

Art. R. 212-21. – Les mesures à mettre en œuvre pour les masses d'eau identifiées dans l'état des lieux comme risquant de ne pas satisfaire aux objectifs de qualité environnementale font l'objet d'une analyse économique préalable afin de rechercher leur combinaison la plus efficace à un moindre coût.

Afin de réduire le traitement nécessaire à la production d'eau destinée à la consommation humaine conformément aux objectifs mentionnés à l'article R. 212-14, le programme comporte, dans les zones de protection des prélèvements d'eau et, le cas échéant, dans d'autres zones protégées mentionnées à l'article R. 212-4, des mesures particulières propres à prévenir les pollutions, notamment par les nitrates et pesticides.

Art. R. 212-21-1 *(D. n° 2008-1306, 11 déc. 2008).* – Afin de prévenir ou réduire progressivement la pollution des eaux souterraines et conformément à l'article L. 212-2-1, des mesures sont mises en œuvre afin d'inverser les tendances à la dégradation de l'état des eaux souterraines, qu'elles soient avérées ou potentielles, qui présentent un risque significatif et durable d'atteinte à la qualité des écosystèmes aquatiques ou terrestres, à la santé humaine ou aux utilisations légitimes, de l'environnement aquatique.

Sous-section 6. – Surveillance et évaluation

Art. R. 212-22. – Le préfet coordonnateur de bassin établit, après avis du comité de bassin recueilli dans les conditions fixées au premier alinéa de l'article R. 212-19, un programme de surveillance de l'état des eaux qui définit l'objet et les types des contrôles, leur localisation et leur fréquence ainsi que les moyens à mettre en œuvre à cet effet. Le programme de surveillance comprend des contrôles particuliers sur les masses d'eau risquant de ne pas atteindre les objectifs mentionnés au IV de l'article L. 212-1.

Le programme de surveillance est régulièrement mis à jour après consultation du comité de bassin.

Un arrêté des ministres chargés de l'environnement et de la santé définit les modalités d'application du présent article. Il précise notamment les paramètres et les méthodes de contrôle à mettre en œuvre dans le cadre du programme de surveillance de l'état des eaux.

Art. R. 212-23. – Dans un délai de trois ans suivant la publication du programme pluriannuel de mesures, le préfet coordonnateur de bassin présente au comité de bassin une synthèse de la mise en œuvre de ce programme, identifiant, le cas échéant, les difficultés et les retards constatés et proposant les mesures supplémentaires nécessaires.

Ces mesures supplémentaires sont arrêtées par le préfet coordonnateur de bassin après avis du comité de bassin.

Art. R. 212-24. – Ne sont pas prises en compte dans l'évaluation de la réalisation des objectifs fixés par le schéma directeur d'aménagement et de gestion des eaux les altérations temporaires de l'état des eaux dues à des causes naturelles ou accidentelles, exceptionnelles ou imprévisibles.

Toutefois, le préfet coordonnateur de bassin informe chaque année le comité de bassin de ces altérations et des mesures prises dans le cadre du programme prévu aux articles R. 212-19 à R. 212-21 pour prévenir toute nouvelle dégradation de l'état des eaux, pour restaurer dans les meilleurs délais possibles la masse d'eau affectée dans l'état qui était le sien et pour ne pas compromettre la réalisation des objectifs dans d'autres masses d'eau.

Lors de chaque mise à jour, le schéma directeur répertorie ces événements et présente un résumé des effets constatés et des mesures prises pour les atténuer et ne pas compromettre la réalisation des objectifs.

Art. R. 212-24-1 *(Créé, D. n° 2018-685, 1er août 2018).* – I. – L'agrément des laboratoires d'analyses, mentionné aux articles L. 211-2 et L. 212-2-2, est délivré par le ministre chargé de l'environnement pour une durée qui ne peut excéder cinq ans. Il est réservé aux laboratoires d'analyses accrédités par une instance d'accréditation signataire de l'accord européen multilatéral établi dans le cadre de la coopération européenne des organismes d'accréditation selon la norme en vigueur en fonction du type d'analyse considérée.

(Mod. à compter du 1er janvier 2020, D. n° 2019-1580, 31 déc. 2019) L'instruction des demandes d'agrément est confiée à l'Office français de la biodiversité au titre de sa contribution à l'exercice de la mission de police administrative relative à l'eau mentionnée au 1° du I de l'article L. 131-9.

Le ministre chargé de l'environnement peut, au terme d'une procédure contradictoire, prononcer la suspension de l'agrément ou y mettre fin lorsque les conditions de sa délivrance ne sont plus satisfaites. Il peut également, dans les mêmes conditions, y mettre fin en cas de fausses déclarations de son titulaire.

L'agrément peut être renouvelé.

II. – Un arrêté du ministre chargé de l'environnement précise la durée de l'agrément, les modalités de présentation et d'instruction des demandes d'agrément ainsi que les conditions de délivrance et de renouvellement de cet agrément. Il précise également les justificatifs spécifiques à apporter par les laboratoires autorisés à réaliser des analyses dans un autre État membre de l'Union européenne, conformément à la directive 2009/90/CE de la Commission du 31 juillet 2009 établissant, conformément à la directive 2000/60/CE du Parlement européen et du Conseil, des spécifications techniques pour l'analyse chimique et la surveillance de l'état des eaux, pour être agréés.

Sous-section 7. – Disposition transitoire

Art. R. 212-25. – Dans chaque bassin et groupement de bassins, le premier schéma directeur d'aménagement et de gestion des eaux et le premier programme de mesures pris en application de la présente section doivent être publiés au plus tard le 22 décembre 2009.

Section II. – Schémas d'aménagement et de gestion des eaux

Sous-section 1. – Délimitation du périmètre

(Division créée, D. n° 2007-1213, 10 août 2007)

Art. R. 212-26 *(Rempl., D. n° 2007-1213, 10 août 2007)*. – Le périmètre du schéma d'aménagement et de gestion des eaux défini par un schéma directeur d'aménagement et de gestion des eaux est délimité par un arrêté du préfet du département. Le cas échéant, cet arrêté indique le délai dans lequel le schéma doit être élaboré ou révisé.

Lorsque le périmètre englobe un territoire s'étendant sur deux ou plusieurs départements, il est procédé par un arrêté conjoint des préfets des départements intéressés, qui désigne en outre le préfet responsable de la procédure d'élaboration ou de révision du schéma.

Art. R. 212-27 *(Rempl., D. n° 2007-1213, 10 août 2007 ; mod., D. n° 2013-938, 18 oct. 2013 ; D. n° 2018-847, 4 oct. 2018)*. – Lorsque le schéma directeur d'aménagement et de gestion des eaux n'a pas prévu le schéma d'aménagement et de gestion des eaux ou défini son périmètre, le projet de périmètre du schéma est établi par le préfet du département, le cas échéant sur proposition des collectivités territoriales intéressées.

Lorsque ce périmètre ne correspond pas à une unité hydrographique cohérente identifiée par le schéma directeur d'aménagement et de gestion des eaux, le projet est accompagné d'un rapport justifiant la cohérence hydrographique.

Ce projet est transmis pour avis par le préfet aux conseils régionaux, aux conseils départementaux et aux communes dont le territoire est situé pour tout ou partie dans le périmètre ainsi qu'aux établissements publics territoriaux de bassin, au comité de bassin et au préfet coordonnateur de bassin intéressés. Les avis sont réputés favorables s'ils n'interviennent pas dans un délai de quatre mois.

Le périmètre est délimité par un arrêté du préfet du département ou un arrêté conjoint des préfets des départements intéressés. Cet arrêté désigne en outre le préfet responsable de la procédure d'élaboration, de modification ou de révision du schéma et rappelle ou indique le délai dans lequel il doit être élaboré, modifié ou révisé.

Art. R. 212-27-1 *(Créé à compter du 5 décembre 2024, D. n° 2024-1098, 2 déc. 2024).* – Lors de la procédure d'élaboration du schéma d'aménagement et de gestion des eaux, le préfet de département ou le préfet responsable de la procédure d'élaboration peut apporter des adaptations au périmètre qu'il a initialement délimité en application du premier alinéa des articles R. 212-26 ou R. 212-27, dans les conditions prévues aux deuxième et troisième alinéas de l'article R. 212-27 et sous réserve d'arrêter le périmètre ainsi adapté avant le début des consultations prévues à l'article R. 212-39.

Lors de la procédure de révision totale prévue par l'article R. 212-44-2, le préfet de département ou le préfet responsable de la procédure de révision peut modifier le périmètre existant du schéma d'aménagement et de gestion des eaux, sous la réserve prévue à l'alinéa précédent.

Art. R. 212-28 *(Rempl., D. n° 2007-1213, 10 août 2007)* (1). – Les arrêtés préfectoraux prévus par les articles R. 212-26 et R. 212-27 sont publiés au recueil des actes administratifs de chacune des préfectures intéressées et mis en ligne sur un site internet désigné par le ministère chargé de l'environnement.

Sous-section 2. – Commission locale de l'eau

(Division créée, D. n° 2007-1213, 10 août 2007) (2)

Art. R. 212-29 *(Rempl., D. n° 2007-1213, 10 août 2007 ; mod., D. n° 2018-847, 4 oct. 2018).* – La composition de la commission locale de l'eau est arrêtée par le préfet du département ou le préfet responsable de la procédure d'élaboration, de modification ou de révision du schéma d'aménagement et de gestion des eaux.

Les arrêtés portant composition, modification ou renouvellement de la commission locale de l'eau sont publiés au recueil des actes administratifs de chacune des préfectures intéressées et sont mis en ligne sur un site internet désigné par le ministère chargé de l'environnement.

Art. R. 212-30 *(Rempl., D. n° 2007-1213, 10 août 2007 ; mod., D. n° 2010-1463, 1er déc. 2010 ; mod. à compter du 5 décembre 2024, D. n° 2024-1098, 2 déc. 2024).* – La commission locale de l'eau est composée de trois collèges distincts :

1° Le collège des collectivités territoriales, de leurs groupements et des établissements publics locaux est constitué pour moitié au moins de représentants proposés par les associations départementales des maires concernés ou, en cas d'absence ou d'insuffisance de propositions dans un délai de deux mois à compter de la demande qui leur a été faite, de représentants de communes ou d'établissements publics de coopération intercommunale sollicités par le préfet et comprend au moins un représentant de chaque région et de chaque département intéressés ainsi que, le cas échéant, un représentant des établissements publics mentionnés à l'article L. 143-16 du Code de l'urbanisme,un représentant du parc naturel régional et un représentant de l'établissement public territorial de bassin désignés sur proposition de leurs conseils respectifs.

2° Le collège des usagers, des propriétaires fonciers, des organisations professionnelles et des associations concernées comprend au moins un représentant des chambres d'agriculture, un représentant des chambres de commerce et d'industrie, un représentant des associations syndicales de propriétaires ou des représentants de la propriété foncière ou forestière, un représentant des fédérations des associations agréées pour la pêche et la protection du milieu aquatique, un représentant des associations de protection de l'environnement et un représentant des associations de consommateurs ainsi que, s'il y a lieu, un représentant des producteurs d'hydroélectricité, un représentant des organismes uniques bénéficiant d'autorisations de prélèvement de l'eau pour l'irrigation et un représentant des associations de pêche professionnelle.

3° Le collège des représentants de l'État et de ses établissements publics intéressés comprend notamment un représentant du préfet coordonnateur de bassin et un représentant de l'agence de l'eau ainsi que, le cas échéant, *un représentant du parc national* et un représentant du parc naturel marin, désignés sur proposition respectivement du conseil d'administration ou du conseil de gestion du parc.

(1) Dispositions d'application transitoires : V. D. n° 2007-1213, 10 août 2007, art. 2, II.
(2) Dispositions d'application transitoires : V. D. n° 2007-1213, 10 août 2007, art. 2, I.

Art. R. 212-31 *(Rempl., D. n° 2007-1213, 10 août 2007 ; mod. à compter du 5 décembre 2024, D. n° 2024-1098, 2 déc. 2024).* – La durée du mandat des membres des collèges prévus aux 1° et 2° de l'article R. 212-30 est de six ans renouvelable. Tout membre de la commission locale de l'eau cesse d'y appartenir s'il perd la fonction en considération de laquelle il a été désigné.

En cas d'empêchement, un membre peut donner mandat à un autre membre du même collège. Chaque membre ne peut recevoir plus de deux pouvoirs.

En cas de vacance pour quelque cause que ce soit du siège d'un membre de la commission, il est pourvu à son remplacement dans les conditions prévues pour sa désignation, dans un délai de deux mois à compter de cette vacance, pour la durée du mandat restant à courir.

Les fonctions des membres de la commission locale de l'eau sont gratuites. Le président, les vice-présidents ou, le cas échéant, leur représentant, peuvent prétendre, sur présentation de pièces justificatives, au remboursement des frais de transport et de séjour qu'ils engagent à l'occasion de déplacements pour assurer la représentation de la commission locale de l'eau par la personne morale qui assure les missions prévues par l'article R. 212-33.

Art. R. 212-32 *(Rempl., D. n° 2007-1213, 10 août 2007 ; mod. à compter du 5 décembre 2024, D. n° 2024-1098, 2 déc. 2024).* – La commission locale de l'eau élabore son règlement intérieur afin de définir ses règles de fonctionnement.

Elle se réunit au moins une fois par an.

Le président fixe les dates et les ordres du jour des séances de la commission, qui sont envoyés quinze jours avant la réunion.

Les délibérations de la commission locale de l'eau peuvent être adoptées par visioconférence ou par l'échange des écrits dans les conditions prévues par l'ordonnance n° 2014-1329 du 6 novembre 2014 relative aux délibérations à distance des instances administratives à caractère collégial et le décret n° 2014-1627 du 26 décembre 2014 relatif aux modalités d'organisation des délibérations à distance des instances administratives à caractère collégial. Les membres prenant part aux débats au moyen d'une visioconférence sont considérés comme des membres présents.

Les délibérations de la commission sont prises à la majorité des voix des membres présents ou représentés, la voix du président étant prépondérante en cas de partage égal des voix.

Toutefois, la commission ne peut valablement délibérer sur ses règles de fonctionnement ainsi que sur l'adoption, la modification et la révision du schéma d'aménagement et de gestion des eaux que si les deux tiers de ses membres sont présents ou représentés. Si ce quorum n'est pas atteint après une seconde convocation, la commission peut valablement délibérer quel que soit le nombre des membres présents ou représentés.

Les délibérations mentionnées à l'alinéa précédent doivent être adoptées à la majorité des deux tiers des membres présents ou représentés.

La commission locale de l'eau auditionne des experts en tant que de besoin ou à la demande de cinq au moins des membres de la commission.

En cas d'absence répétée d'un membre, le président de la commission locale de l'eau peut saisir l'instance ou l'organisme ayant proposé ce membre et lui demander de proposer un nouveau représentant dans un délai de trois mois. Si aucune proposition n'est faite, ou si le membre a été nommé après avoir été sollicité par le préfet, celui-ci désigne un nouveau membre. Le règlement intérieur définit le nombre d'absences susceptibles de constituer une absence répétée.

Art. R. 212-33 *(Rempl., D. n° 2007-1213, 10 août 2007).* – La commission peut confier son secrétariat ainsi que des études et analyses nécessaires à l'élaboration du schéma d'aménagement et de gestion des eaux et au suivi de sa mise en œuvre à une collectivité territoriale, à un établissement public territorial de bassin ou à un groupement de collectivités territoriales ou, à défaut, à une association de communes regroupant au moins deux tiers des communes situées dans le périmètre du schéma.

Art. R. 212-34 *(Rempl., D. n° 2007-1213, 10 août 2007).* – La commission établit un rapport annuel sur ses travaux et orientations et sur les résultats et perspectives de la gestion des eaux dans le périmètre défini par l'arrêté pris en application de l'article R. 212-26 ou de l'article R. 212-27. Ce rapport est adopté en séance plénière et est transmis au préfet de chacun des départements intéressés, au préfet coordonnateur de bassin et au comité de bassin concernés.

Sous-section 3. – Élaboration, modification et révision du schéma

(Mod., D. n° 2018-847, 4 oct. 2018)

§ 1. – Elaboration du schéma

(Division créée à compter du 5 décembre 2024, D. n° 2024-1098, 2 déc. 2024)

Art. R. 212-35 *(Rempl., D. n° 2007-1213, 10 août 2007).* – La procédure d'élaboration du schéma d'aménagement et de gestion des eaux est conduite par le président de la commission locale de l'eau.

Dans un délai de deux mois à compter de l'installation de la commission locale de l'eau, le préfet communique au président de la commission toutes les informations utiles à l'élaboration du schéma et porte à sa connaissance les documents et programmes énumérés au deuxième alinéa de l'article L. 212-5 ainsi que tout projet d'intérêt général pouvant avoir des incidences sur la qualité, la répartition ou l'usage de la ressource en eau.

Art. R. 212-36 *(Mod. à compter du 5 décembre 2024, D. n° 2024-1098, 2 déc. 2024)* (1). – Il est établi un état des lieux qui comprend :

1° L'analyse du milieu aquatique existant ;

2° Le recensement des différents usages des ressources en eau ;

3° L'exposé des principales perspectives de mise en valeur de ces ressources compte tenu notamment des évolutions prévisibles des espaces ruraux et urbains et de l'environnement économique ainsi que de l'incidence sur les ressources des programmes mentionnés au deuxième alinéa de l'article L. 212-5 ;

4° L'évaluation du potentiel hydroélectrique par zone géographique établie en application du I de l'article 6 de la loi n° 2000-108 du 10 février 2000.

Art. R. 212-37 *(Rempl. à compter du 1er janvier 2013, D. n° 2012-616, 2 mai 2012* (2) *; mod. à compter du 1er mars 2017, D. n° 2017-81, 26 janv. 2017).* – Le rapport environnemental qui doit être établi en application de l'article R. 122-17 comprend, outre les éléments prévus par l'article R. 122-20, l'indication des effets attendus des objectifs et dispositions du plan de gestion et de développement durable en matière de production d'électricité d'origine renouvelable et de leur contribution aux objectifs nationaux de réduction des émissions de gaz à effet de serre, conformément à l'article D. 511-1 du Code de l'énergie.

Art. R. 212-38 *(Rempl., D. n° 2007-1213, 10 août 2007).* – Lorsqu'il est saisi pour avis du projet de schéma d'aménagement et de gestion des eaux en application de l'article *(Réf. rempl., D. n° 2018-847, 4 oct. 2018)* « R. 212-39 », le comité de bassin se prononce sur la compatibilité de ce schéma avec le schéma directeur d'aménagement des eaux et sur sa cohérence avec les schémas d'aménagement et de gestion des eaux déjà arrêtés ou en cours d'élaboration dans le groupement de sous-bassins concerné.

Art. R. 212-39 *(Abr., D. n° 2012-616, 2 mai 2012 ; rétabli, D. n° 2018-847, 4 oct. 2018 ; mod. à compter du 5 décembre 2024, D. n° 2024-1098, 2 déc. 2024)* (1). – Pour l'élaboration du schéma d'aménagement et de gestion des eaux, la commission locale de l'eau soumet le projet de schéma à l'avis des conseils régionaux, des conseils départementaux, des chambres consulaires, des communes, de leurs groupements compétents, notamment en gestion des milieux aquatiques et prévention des inondations, et, s'ils existent, des établissements publics d'aménagement et de gestion de l'eau, de l'établissement public territorial de bassin et du syndicat mixte d'aménagement et de gestion du parc naturel régional ainsi que du comité de bassin et du comité de gestion des poissons migrateurs intéressés. Si le schéma d'aménagement et de gestion des

---

(1) Dispositions applicables aux procédures d'élaboration, de modification ou de révision des schémas d'aménagement et gestion des eaux dont l'engagement a été décidé après le 5 décembre 2024. Cependant, l'autorité chargée de mener ces procédures peut décider d'appliquer les articles R. 212-46 et R. 212-47, dans leur rédaction issue du décret n° 2024-98 du 2 décembre 2024, dès lors que l'enquête publique ou la consultation du public, prévues respectivement par les articles L. 212-6, L. 212-7 et L. 212-9 n'a pas été lancée, D. n° 2024-1098.

(2) Les présentes dispositions ne sont pas applicables aux projets de plan, schéma, programme ou document de planification pour lesquels l'avis d'enquête publique ou de mise à disposition du public a été publié à cette date, ni aux chartes de parcs naturels régionaux dont l'élaboration ou la révision a été prescrite à cette date par délibération du conseil régional en application des dispositions du I de l'article R. 333-5 du Code de l'environnement, D. n° 2012-616, 2 mai 2012, art. 7.

eaux concerne un territoire littoral, la commission locale de l'eau soumet également le projet de schéma à l'avis des conseils maritimes de façade concernés. Ces avis sont réputés favorables s'ils n'interviennent pas dans un délai de quatre mois.

Art. R. 212-40 *(Rempl., D. n° 2007-1213, 10 août 2007 ; mod., D. n° 2011-2018, 29 déc. 2011 ; D. n° 2011-2018, 29 déc. 2011 ; D. n° 2018-847, 4 oct. 2018)*. – L'enquête publique à laquelle est soumis le projet de schéma d'aménagement et de gestion des eaux est régie par les dispositions des articles R. 123-1 à R. 123-27. Toutefois, lorsqu'elle doit se dérouler sur plus d'un département, elle est ouverte et organisée par le préfet responsable de la procédure d'élaboration du schéma, par exception à l'article R. 123-3-III.

Outre les éléments mentionnés à l'article R. 123-8, le dossier est composé :

1° D'un rapport de présentation ;

2° Du plan d'aménagement et de gestion durable de la ressource en eau et des milieux aquatiques, du règlement et des documents cartographiques correspondants ;

3° Du rapport environnemental ;

4° Des avis recueillis en application de l'article R. 212-39.

Le rapport et les conclusions motivées du commissaire enquêteur sont transmis à la commission locale de l'eau.

Art. R. 212-41 *(Rempl., D. n° 2007-1213, 10 août 2007)*. – Le projet de schéma d'aménagement et de gestion des eaux, éventuellement modifié pour tenir compte des avis et des observations exprimés lors de l'enquête, est adopté par une délibération de la commission locale de l'eau.

Cette délibération est transmise au préfet du département ou au préfet responsable de la procédure d'élaboration. Si le préfet envisage de modifier le projet de schéma d'aménagement et de gestion des eaux adopté par la commission, il l'en informe en précisant les motifs de cette modification. La commission dispose d'un délai de deux mois pour rendre son avis.

Art. R. 212-42 *(Rempl., D. n° 2007-1213, 10 août 2007 ; mod., D. n° 2010-1463, 1er déc. 2010 ; D. n° 2013-938, 18 oct. 2013 ; mod., D. n° 2018-847, 4 oct. 2018)*. – Le schéma d'aménagement et de gestion des eaux est approuvé par arrêté préfectoral.

Cet arrêté, accompagné de la déclaration prévue par le 2° du I de l'article L. 122-9, est publié au recueil des actes administratifs de chacune des préfectures intéressées et fait l'objet d'une mention dans au moins un journal régional ou local diffusé dans chaque département concerné. Ces publications indiquent les lieux ainsi que l'adresse du site internet où le schéma peut être consulté.

Le schéma d'aménagement et de gestion des eaux est transmis aux maires des communes intéressés, aux présidents des conseils départementaux, des conseils régionaux, des chambres de commerce et d'industrie territoriales, des chambres d'agriculture et du comité de bassin intéressés ainsi qu'au préfet coordonnateur de bassin.

Art. R. 212-43 *(D. n° 2007-1213, 10 août 2007 ; D. n° 2018-847, 4 oct. 2018)*. – Le schéma d'aménagement et de gestion des eaux approuvé, accompagné de la déclaration prévue au 2° du I de l'article L. 122-9 ainsi que du rapport et des conclusions du commissaire enquêteur, est tenu à la disposition du public à la préfecture du ou des départements intéressés et, en Corse, au siège de l'Assemblée de Corse.

§ 2. – Modification du schéma

(Division créée à compter du 5 décembre 2024, D. n° 2024-1098, 2 déc. 2024)

Art. R. 212-44 *(Rempl. à compter du 5 décembre 2024, D. n° 2024-1098, 2 déc. 2024)* (1). – La procédure de modification du schéma d'aménagement et de gestion des eaux prévue par l'article L. 212-7 peut être utilisée à tout moment, dans les cas et conditions prévues par cet article. Toutefois, lorsqu'elle a

(1) Dispositions applicables aux procédures d'élaboration, de modification ou de révision des schémas d'aménagement et gestion des eaux dont l'engagement a été décidé après le 5 décembre 2024. Cependant, l'autorité chargée de mener ces procédures peut décider d'appliquer les articles R. 212-46 et R. 212-47, dans leur rédaction issue du décret n° 2024-98 du 2 décembre 2024, dès lors que l'enquête publique ou la consultation du public, prévues respectivement par les articles L. 212-6, L. 212-7 et L. 212-9 n'a pas été lancée, D. n° 2024-1098.

pour objet sa mise en compatibilité du schéma avec le schéma directeur d'aménagement et de gestion des eaux, elle est réalisée dans les trois ans suivant la mise à jour de ce dernier.

La procédure est conduite par la commission locale de l'eau lorsque celle-ci propose la modification au préfet du département ou au préfet responsable, ou par le préfet lorsqu'il en prend l'initiative. En ce cas, il soumet le projet de modification à la commission locale de l'eau, dont l'avis est réputé favorable à l'issue d'un délai de deux mois à compter de la transmission du projet.

Le projet de modification est soumis à l'avis du comité de bassin, qui est réputé favorable à l'issue d'un délai de quatre mois à compter de sa transmission.

La consultation du public par voie électronique prévue à l'article L. 123-19 est organisée par le préfet.

§ 3. – Révision du schéma

(Division à compter du 5 décembre 2024, D. n° 2024-1098, 2 déc. 2024) (1)

Art. R. 212-44-1 *(Rempl. à compter du 5 décembre 2024, D. n° 2024-1098, 2 déc. 2024).* – La révision du schéma d'aménagement et de gestion des eaux peut intervenir à tout moment selon les modalités prévues par l'article L. 212-9.

Toutefois, le schéma d'aménagement et de gestion des eaux est révisé lorsque l'arrêté délimitant le périmètre du schéma d'aménagement et de gestion des eaux ou le schéma directeur d'aménagement et de gestion des eaux en fixe le délai.

La procédure est conduite par la commission locale de l'eau lorsque celle-ci propose la révision au préfet du département ou au préfet responsable, ou par le préfet lorsqu'il en prend l'initiative. En ce cas, il soumet le projet de révision à la commission locale de l'eau, dont l'avis est réputé favorable à l'issue d'un délai de deux mois à compter de la transmission du projet.

La commission locale de l'eau délibère tous les six ans à compter de la date d'approbation du schéma ou de sa dernière révision sur l'opportunité de procéder à une révision totale du schéma.

Au moins tous les douze ans à compter de la dernière date d'approbation du schéma, la commission locale de l'eau met à jour l'état des lieux et, sur cette base, délibère sur l'opportunité de procéder à la révision totale du schéma. Lorsque la commission locale de l'eau décide de ne pas procéder à la révision totale du schéma, la mise à jour de l'état des lieux ainsi que la délibération justifiant de l'absence de nécessité de révision sont annexées au schéma.

Art. R. 212-44-2 *(Créé à compter du 5 décembre 2024, D. n° 2024-1098, 2 déc. 2024).* – Le schéma fait l'objet d'une procédure :

soit de révision partielle lorsque les changements envisagés ont pour effet d'entrainer des conséquences pour les tiers sans remettre en cause l'économie générale du schéma. Cette révision est réalisée selon les modalités prévues aux articles R. 212-37 et R. 212-39 ;

soit de révision totale lorsque les changements envisagés ont pour effet de remettre en cause l'économie générale du schéma. Cette révision est réalisée selon les modalités prévues aux articles R. 212-36 à R. 212-39.

Le projet de révision, partielle ou totale, fait l'objet des mesures prévues par les deuxième et troisième alinéas de l'article L. 212-9.

§ 4. – Dispositions communes

(Division créée à compter du 5 décembre 2024, D. n° 2024-1098, 2 déc. 2024)

Art. R. 212-45 *(D. n° 2007-1213, 10 août 2007 ; mod., D. n° 2018-847, 4 oct. 2018).* – Le comité de bassin établit chaque année l'état d'avancement de l'élaboration, de la modification ou de la révision des schémas d'aménagement et de gestion des eaux dans le bassin concerné et en informe le préfet coordonnateur de bassin.

---

(1) Dispositions applicables aux procédures d'élaboration, de modification ou de révision des schémas d'aménagement et gestion des eaux dont l'engagement a été décidé après le 5 décembre 2024. Cependant, l'autorité chargée de mener ces procédures peut décider d'appliquer les articles R. 212-46 et R. 212-47, dans leur rédaction issue du décret n° 2024-98 du 2 décembre 2024, dès lors que l'enquête publique ou la consultation du public, prévues respectivement par les articles L. 212-6, L. 212-7 et L. 212-9 n'a pas été lancée, D. n° 2024-1098.

Sous-section 4. – Contenu du schéma

(Division créée, D. n° 2007-1213, 10 août 2007)

Art. R. 212-46 *(Mod., D. n° 2015-126, 5 févr. 2015 ; mod. à compter du 5 décembre 2024, D. n° 2024-1098, 2 déc. 2024)* (1). – Le plan d'aménagement et de gestion durable de la ressource en eau et des milieux aquatiques comporte :

1° Une synthèse de l'état des lieux prévu par l'article R. 212-36 ;

2° L'exposé des principaux enjeux de la gestion de l'eau dans le sous-bassin ou le groupement de sous-bassins ;

3° La définition des objectifs généraux permettant de satisfaire aux principes énoncés aux articles L. 211-1 et L. 430-1, notamment des trajectoires de prélèvements sur la ressource en eau, l'identification des moyens prioritaires d'atteindre ces objectifs, notamment l'utilisation optimale des grands équipements existants ou projetés, ainsi que le calendrier prévisionnel de leur mise en œuvre ;

4° L'indication des délais et conditions dans lesquels les décisions prises dans le domaine de l'eau par les autorités administratives dans le périmètre défini par le schéma doivent être rendues compatibles avec celui-ci ;

5° L'évaluation des moyens matériels et financiers nécessaires à la mise en œuvre du schéma et au suivi de celle-ci ;

6° Un document identifiant les objectifs définis au 3° et les dispositions du règlement prévu par l'article R. 212-47 susceptibles d'avoir une incidence sur les orientations des schémas de cohérence territoriale et les plans locaux d'urbanisme.

Il comprend le cas échéant les documents, notamment cartographiques, identifiant les zones visées par les 1°, 3° et 4° du I de l'article L. 212-5-1 ainsi que l'inventaire visé par le 2° des mêmes dispositions et l'arrêté de désignation des zones vulnérables en vue de la protection des eaux contre la pollution par les nitrates prévu par l'article R. 211-77.

Art. R. 212-47 *(D. n° 2007-1213, 10 août 2007 ; mod., D. n° 2010-368, 13 avr. 2010 ; mod. à compter du 5 décembre 2024, D. n° 2024-1098, 2 déc. 2024)* (1). – Le règlement du schéma d'aménagement et de gestion des eaux peut :

1° Prévoir, à partir du volume disponible des masses d'eau superficielle ou souterraine situées dans une unité hydrographique ou hydrogéologique cohérente, la répartition en pourcentage de ce volume entre les différentes catégories d'utilisateurs.

2° Pour assurer la restauration et la préservation de la qualité de l'eau et des milieux aquatiques, édicter des règles particulières d'utilisation de la ressource en eau applicables :

a) Aux opérations entraînant des impacts cumulés significatifs en termes de prélèvements et de rejets dans le sous-bassin ou le groupement de sous-bassins concerné ;

b) Aux installations, ouvrages, travaux ou activités visés à l'article L. 214-1 ainsi qu'aux installations classées pour la protection de l'environnement définies à l'article L. 511-1 ;

c) Aux exploitations agricoles procédant à des épandages d'effluents liquides ou solides dans le cadre prévu par les articles R. 211-50 à R. 211-52.

3° Édicter les règles nécessaires :

a) À la restauration et à la préservation qualitative et quantitative de la ressource en eau dans les aires d'alimentation des captages d'eau potable d'une importance particulière prévues par le 5° du II de l'article L. 211-3 ;

b) À la restauration et à la préservation des milieux aquatiques dans les zones d'érosion prévues par l'article L. 114-1 du Code rural et par le 5° du II de l'article L. 211-3 du Code de l'environnement ;

c) Au maintien et à la restauration des zones humides d'intérêt environnemental particulier prévues par le 4° du II de l'article L. 211-3 et des zones stratégiques pour la gestion de l'eau prévues par le 3° du I de l'article L. 212-5-1.

(1) Dispositions applicables aux procédures d'élaboration, de modification ou de révision des schémas d'aménagement et gestion des eaux dont l'engagement a été décidé après le 5 décembre 2024. Cependant, l'autorité chargée de mener ces procédures peut décider d'appliquer les articles R. 212-46 et R. 212-47, dans leur rédaction issue du décret n° 2024-98 du 2 décembre 2024, dès lors que l'enquête publique ou la consultation du public, prévues respectivement par les articles L. 212-6, L. 212-7 et L. 212-9 n'a pas été lancée, D. n° 2024-1098.

4° Afin d'améliorer le transport naturel des sédiments et d'assurer la continuité écologique, fixer des obligations d'ouverture périodique de certains ouvrages hydrauliques fonctionnant au fil de l'eau figurant à l'inventaire prévu au 2° du I de l'article L. 212-5-1.

Le règlement est assorti des documents cartographiques nécessaires à l'application des règles qu'il édicte. Lorsque ces documents cartographiques identifient avec une précision suffisante les parties de zones humides sur lesquelles une interdiction d'assèchement, d'imperméabilisation, de mise en eau ou de remblai est prévue, ces secteurs apparaissent dans les documents graphiques du règlement du plan local d'urbanisme prévus à l'article R. 151-31 du Code de l'urbanisme.

Sous-section 5. – Dispositions diverses

(Division créée, D. n° 2007-1213, 10 août 2007 ; mod. à compter du 5 décembre 2024, D. n° 2024-1098, 2 déc. 2024)

Art. R. 212-48 *(D. n° 2007-1213, 10 août 2007 ; mod. à compter du 5 décembre 2024, D. n° 2024-1098, 2 déc. 2024)*. – Est puni de l'amende prévue pour les contraventions de la 5e classe le fait de ne pas respecter les règles édictées par le schéma d'aménagement et de gestion des eaux sur le fondement des 2°, 3° et 4° de l'article R. 212-47.

Art. R. 212-49 *(Créé à compter du 5 décembre 2024, D. n° 2024-1098, 2 déc. 2024)*. – Un arrêté du ministre chargé de l'environnement précise les modalités d'application des sous-sections 2, 3 et 4 de la présente section.

CHAPITRE III. – STRUCTURES ADMINISTRATIVES ET FINANCIÈRES

Section I. – Comité national de l'eau

(Rempl., D. n° 2007-833, 11 mai 2007) (1) (2)

Sous-section 1. – Composition du Comité national de l'eau

Art. D. 213-1 *(Rempl., D. n° 2007-833, 11 mai 2007 ; mod., D. n° 2015-450, 20 avr. 2015 ; D. n° 2018-489, 15 juin 2018 ; D. n° 2021-1076, 12 août 2021)*. – Le Comité national de l'eau est placé auprès du ministre chargé de l'environnement. Il est composé :

I. – Du collège des représentants de l'État et de ses établissements publics ;

II. – De deux députés et deux sénateurs ;

III. – De deux membres du Conseil économique et social ;

IV. – Des présidents des comités de bassin et des comités de l'eau et de la biodiversité ;

V. – Du collège des représentants des collectivités territoriales et de leurs établissements publics ;

VI. – Du collège des représentants des usagers ;

VII. – De deux présidents de commission locale de l'eau ;

VIII. – De personnalités qualifiées, dont le nombre ne peut être supérieur à huit ;

IX. – Du président du Conseil national de la protection de la nature ;

X. – Du vice-président du Comité national de la biodiversité ;

XI. – Du président du bureau du Conseil national de la mer et des littoraux.

Art. D. 213-2 *(Rempl., D. n° 2007-833, 11 mai 2007 ; D. n° 2015-450, 20 avr. 2015 ; mod. à compter du 1er janvier 2017, D. n° 2016-1842, 26 déc. 2016* (3)*)*. – Le collège des représentants de l'État et de ses établissements publics comprend :

1° Au titre de l'État :

a) Six représentants des ministres chargés de l'environnement, du développement durable, de l'énergie, des *infrastructures et des transports*, et de la mer ;

(1) Dispositions transitoires : V. D. n° 2007-833, 11 mai 2007, art. 2.
(2) Dispositions applicables à Mayotte, D. n° 2007-833, 11 mai 2007, art. 3.
(3) Dispositions modifiables par décret, D. n° 2016-1842, 26 déc. 2016, art. 6.

b) Un représentant de chacun des ministres chargés de l'agriculture, du budget, de la consommation, de l'aménagement du territoire, des collectivités territoriales, de la défense, de l'industrie, de la jeunesse et des sports, de la justice, de l'outre-mer, de la santé, du tourisme, de l'urbanisme et du logement ;

c) Deux préfets coordonnateurs de bassin ;

2° Au titre des établissements publics de l'État :

a) Deux directeurs d'agences de l'eau ;

b) Deux représentants de l'*(Mots rempl. à compter du 1er janvier 2020, D. n° 2019-1580, 31 déc. 2019)* « Office français de la biodiversité » ;

c) Un représentant du Conservatoire de l'espace littoral et des rivages lacustres ;

d) Un représentant de Voies navigables de France.

Art. D. 213-3 *(Rempl., D. n° 2007-833, 11 mai 2007 ; mod., D. n° 2008-74, 23 janv. 2008 ; rempl., D. n° 2015-450, 20 avr. 2015 ; mod., D. n° 2021-1076, 12 août 2021).* – Le collège des représentants des usagers comprend des représentants des usagers non professionnels, des représentants des usagers professionnels « Agriculture, pêche, aquaculture, batellerie et tourisme » et des représentants des usagers professionnels « Entreprises à caractère industriel et artisanat » ainsi répartis :

1° Au titre des usagers non professionnels :

a) Quatre représentants d'associations de consommateurs ;

b) Six représentants d'associations agréées de protection de l'environnement ;

c) Un représentant d'associations d'éducation à l'environnement ;

d) Un représentant des sports nautiques ;

e) Huit représentants des associations agréées de pêche et de protection du milieu aquatique, dont le président de la Fédération nationale pour la pêche et la protection du milieu aquatique et un représentant des associations agréées de pêcheurs amateurs aux engins et aux filets sur les eaux du domaine public ;

f) Deux représentants des associations de riverains ;

g) Un représentant de la Fédération des conservatoires d'espaces naturels.

2° Au titre des usagers professionnels « Agriculture, pêche, aquaculture, batellerie et tourisme » :

a) Cinq représentants des chambres d'agriculture ;

b) Un représentant de la Fédération nationale de l'agriculture biologique ;

c) Un représentant des pisciculteurs en eau douce et un représentant de l'aquaculture en eau de mer ;

d) Un représentant de la pêche professionnelle en eau douce ;

e) Un représentant de la conchyliculture ;

f) Un représentant de la pêche maritime ;

g) Deux représentants des associations de navigation intérieure ;

h) Un représentant des associations de tourisme ;

i) Un représentant des transports maritimes.

3° Au titre des usagers professionnels « Entreprises à caractère industriel et artisanat » :

a) Deux représentants des entreprises d'assainissement et de distribution d'eau ;

b) Un représentant des distributeurs d'eau en régie ;

c) Deux représentants des chambres de commerce et d'industrie territoriales ;

d) Trois représentants des riverains industriels ;

e) Deux représentants des industries de la production d'électricité ;

f) Un représentant de chacune des catégories suivantes d'usagers :

- industries agricoles et alimentaires ;
- industries chimiques ;
- industries des papiers, cartons et cellulose ;
- industries du pétrole ;
- industries métallurgiques ;
- industries extractives ;

g) Un représentant de la Fédération nationale des travaux publics.

Art. D. 213-4 *(Rempl., D. n° 2007-833, 11 mai 2007 ; mod., D. n° 2015-450, 20 avr. 2015 ; D. n° 2018-489, 15 juin 2018).* – Le collège des représentants des collectivités territoriales et de leurs établissements publics comprend :

1° Des représentants élus par chaque comité de bassin ou comité de l'eau et de la biodiversité parmi les membres de son collège des représentants des collectivités territoriales, à raison de :

a) Deux représentants pour le bassin Corse ;

b) Quatre représentants pour chacun des bassins Artois-Picardie et Rhin-Meuse ;

c) Cinq représentants pour le bassin Adour-Garonne ;

d) Six représentants pour chacun des bassins Rhône-Méditerranée et Loire-Bretagne ;

e) Sept représentants pour le bassin Seine-Normandie, dont au moins un représentant de la région Île-de-France et un représentant du conseil municipal de Paris, si la composition du comité de bassin le permet ;

f) Un représentant de chacune des collectivités relevant de l'article 73 de la Constitution.

Chacun des groupes de représentants prévus aux *a* à *e* comprend au moins un représentant des communes.

2° Un représentant de chacune des associations de collectivités territoriales suivantes, désigné sur proposition du président de l'association :

a) Association des maires de France ;

b) Fédération nationale des collectivités concédantes et régies ;

c) Assemblée des départements de France ;

d) Association des régions de France ;

e) *(Rempl., D. n° 2021-1076, 12 août 2021)* Association nationale des élus des bassins ;

f) Association nationale des élus du littoral ;

g) Association nationale des élus de la montagne ;

h) Association des maires de grandes villes de France ;

i) Association nationale des communes touristiques ;

j) Association des maires ruraux de France ;

k) Association nationale des maires des stations de montagne ;

l) Villes de France ;

m) Assemblée des communautés de France ;

1° Un directeur d'office de l'eau.

Art. D. 213-5 *(Rempl., D. n° 2007-833, 11 mai 2007).* – I. – Le président du Comité national de l'eau est nommé par décret du Premier ministre parmi les membres du comité. Il est assisté par trois vice-présidents. Le premier vice-président est désigné par le collège des collectivités territoriales en son sein. Le deuxième et le troisième vice-présidents sont désignés par le collège des usagers en son sein, l'un d'entre eux parmi les représentants d'associations au sein de ce collège.

Le bureau du Comité national de l'eau est composé du président et des vice-présidents.

II. – Les membres du Comité national de l'eau autres que ceux mentionnés aux II et III de l'article D. 213-1 sont nommés par arrêté du ministre chargé de l'environnement pour une durée de six ans.

Art. D. 213-6 *(Rempl., D. n° 2007-833, 11 mai 2007).* – I. – Le Comité national de l'eau se réunit au moins une fois par an en formation plénière sur convocation de son président, qui fixe l'ordre du jour. Il adopte son règlement intérieur.

Il est saisi par le ministre chargé de l'environnement des questions pour lesquelles sa consultation est rendue obligatoire par une disposition législative ou réglementaire.

Des rapporteurs peuvent être désignés par le ministre chargé de l'environnement sur proposition du président du comité. Ils sont chargés de l'étude et de la présentation des affaires inscrites à l'ordre du jour. Ils sont choisis soit parmi ses membres, soit à l'extérieur du comité.

(Abr. à compter du 1er janvier 2017, D. n° 2016-1842, 26 déc. 2016) (1).

II. – Le Comité national de l'eau peut constituer des groupes de travail auxquels peuvent être associés des personnalités extérieures.

(1) Dispositions modifiables par décret, D. n° 2016-1842, 26 déc. 2016, art. 6.

Sous-section 2. – Comités consultatif et permanents

Art. D. 213-7 *(Rempl., D. n° 2007-833, 11 mai 2007 ; mod., D. n° 2021-1076, 12 août 2021).* – Le comité consultatif et les comités permanents sont présidés par le président du Comité national de l'eau ou, en cas d'absence ou d'empêchement, par l'un des vice-présidents désigné par le président ou l'un des membres du collège des usagers ou du collège des collectivités territoriales désigné par le président.

Le comité consultatif et les comités permanents sont convoqués par le président du Comité national de l'eau. Ils peuvent désigner des rapporteurs choisis parmi leurs membres ou des personnalités extérieures. Ils peuvent s'adjoindre la présence d'experts qui participent aux délibérations avec voix consultative.

Le président du comité consultatif ou permanent transmet la proposition d'avis aux membres du Comité national de l'eau pour discussion lors d'une prochaine séance.

Art. D. 213-8 *(Rempl., D. n° 2007-833, 11 mai 2007 ; mod., D. n° 2015-450, 20 avr. 2015 ; mod. à compter du 1er janvier 2017, D. n° 2016-1842, 26 déc. 2016* (1) *; mod., D. n° 2018-489, 15 juin 2018).* – Outre son président, le comité consultatif prévu au 4° de l'article L. 213-1 comprend vingt-sept membres nommés, à l'exception de ceux mentionnés au 1°, par arrêté du ministre chargé de l'environnement, dont :

1° Un député et un sénateur désignés parmi les parlementaires mentionnés au II de l'article D. 213-1 ;

2° Un représentant de chacun des ministres chargés de l'environnement, de la consommation, des collectivités territoriales, de la santé, du budget et de l'outre-mer ;

3° Dix-neuf membres désignés par le Comité national de l'eau dans les conditions suivantes :

a) Huit membres choisis par le collège des usagers en son sein, dont deux représentants des associations de consommateurs, un représentant des associations de protection de l'environnement, un représentant des riverains industriels et un représentant des entreprises d'assainissement et de distribution d'eau et un distributeur d'eau en régie ;

b) (Mod., D. n° 2018-489, 15 juin 2018) Huit membres choisis par le collège des collectivités territoriales en son sein, dont au moins un représentant des collectivités relevant de l'article 73 de la Constitution ;

c) Un représentant des présidents des commission locales de l'eau ;

d) (Mod. à compter du 1er janvier 2020, D. n° 2019-1580, 31 déc. 2019) Un représentant de l'Office français de la biodiversité ;

e) Un représentant des agences de l'eau ;

4° La vice-présidence du comité est assurée par l'un des représentants des associations de consommateurs.

Art. D. 213-9 *(Rempl., D. n° 2007-833, 11 mai 2007 ; mod., D. n° 2015-450, 20 avr. 2015 ; mod. à compter du 1er janvier 2017, D. n° 2016-1842, 26 déc. 2016* (1)*; mod., D. n° 2018-489, 15 juin 2018).* – Le comité permanent de la pêche est chargé de proposer au Comité national de l'eau les avis sur les projets de décret mentionnés au 3° de l'article L. 213-1.

Outre son président, il comprend trente-trois membres nommés par arrêté du ministre chargé de l'environnement, dont :

1° Un représentant de chacun des ministres chargés de l'environnement, de la mer, du tourisme et de l'outre-mer ;

2° Vingt-neuf membres désignés par le Comité national de l'eau dans les conditions suivantes :

a) Treize membres choisis par le collège des usagers en son sein, dont un représentant des chambres d'agriculture, un représentant des associations agréées pour la pêche et la protection du milieu aquatique, le président de la Fédération nationale pour la pêche et la protection du milieu aquatique, un représentant de la pêche maritime, un représentant des pisciculteurs, un représentant de l'aquaculture en eau de mer, un représentant des associations de protection de l'environnement, un représentant des associations de riverains, un représentant des producteurs d'électricité, un représentant de la pêche professionnelle en eau douce et un représentant de la conchyliculture ;

b) Treize membres choisis par le collège des collectivités territoriales en son sein, dont deux représentants des collectivités relevant de l'article 73 de la Constitution ;

(1) Dispositions modifiables par décret, D. n° 2016-1842, 26 déc. 2016, art. 6.

c) Un représentant des présidents des commissions locales de l'eau ;

d) *(Mod. à compter du 1er janvier 2020, D. n° 2019-1580, 31 déc. 2019)* Un représentant de l'Office français de la biodiversité ;

e) Un représentant des agences de l'eau.

Art. D. 213-10 *(Rempl., D. n° 2007-833, 11 mai 2007 ; mod., D. n° 2015-450, 20 avr. 2015 ; à compter du 1er janvier 2017, D. n° 2016-1842, 26 déc. 2016* (1) *; mod., D. n° 2018-489, 15 juin 2018 ; mod. à compter du 1er janvier 2020, D. n° 2019-1580, 31 déc. 2019).* – Le comité permanent des usagers du système d'information sur l'eau est notamment chargé de préparer les avis sur l'évolution de ce système mentionné au Office français de la biodiversité 2° du I de l'article L. 131-9.

Outre son président, il comprend dix-huit membres nommés par arrêté du ministre chargé de l'environnement, dont :

1° Trois membres représentant l'État, parmi lesquels au moins un représentant de chacun des ministres chargés de l'environnement et de l'industrie ;

2° Quinze membres désignés par le Comité national de l'eau dans les conditions suivantes :

a) Six membres choisis par le collège des usagers en son sein, dont un représentant des entreprises d'assainissement et de distribution d'eau et un distributeur d'eau en régie, un représentant des associations de consommateurs, un représentant des chambres d'agriculture, un représentant des producteurs d'électricité ;

b) Six membres choisis par le collège des collectivités territoriales en son sein, dont un représentant des collectivités relevant de l'article 73 de la Constitution ;

c) Un représentant des présidents des commissions locales de l'eau ;

d) Un représentant de l'Office français de la biodiversité ;

e) Un représentant des agences de l'eau.

Art. D. 213-10-1 *(D. n° 2021-588, 14 mai 2021).* – Le comité d'anticipation et de suivi hydrologique est chargé pour le Comité national de l'eau :

1° D'échanger et d'informer sur la situation hydrologique à court et long terme afin d'accompagner les territoires dans l'anticipation du risque de sécheresse, la gestion des crises et la résorption de façon structurelle des phénomènes répétés de sécheresse ;

2° De proposer au Comité national de l'eau, dans le contexte du changement climatique, des recommandations et des actions préventives ou compensatrices rendues nécessaires par la situation hydrologique ainsi que des actions destinées à résorber de façon structurelle le déficit quantitatif.

Outre son président, le comité d'anticipation et de suivi hydrologique comprend quarante-trois membres nommés par arrêté du ministre chargé de l'environnement, dont :

1° Quatorze représentants du collège de l'État et de ses établissements publics, dont un représentant de chacun des ministres chargés de l'agriculture, de l'industrie, du tourisme, de la jeunesse et des sports, des collectivités territoriales, des infrastructures et des transports, de la santé, de l'outre-mer, de l'énergie, de l'environnement, deux directeurs d'agence de l'eau, un représentant de l'Office français de la biodiversité et un représentant de Voies navigables de France ;

2° Vingt-neuf membres désignés par le Comité national de l'eau dans les conditions suivantes :

a) Quatorze représentants désignés en son sein par le collège des collectivités territoriales, dont le vice-président du Comité national de l'eau issu de ce collège ;

b) Quinze représentants désignés en son sein par le collège des usagers, dont les deux vice-présidents du Comité national de l'eau, un représentant des associations de consommateurs, deux représentants des associations agréées de protection de l'environnement, un représentant des sports nautiques, un représentant des associations agréées de pêche et de protection du milieu aquatique, deux représentants des chambres d'agriculture, un représentant de la pêche professionnelle en eau douce, un représentant des associations de navigation intérieure, un représentant des entreprises d'assainissement et de distribution d'eau, un représentant des distributeurs d'eau en régie, un représentant des industries de production d'électricité et un représentant des riverains industriels.

(1) Dispositions modifiables par décret, D. n° 2016-1842, 26 déc. 2016, art. 6.

En complément, d'autres représentants de l'État et de ses établissements publics, parmi lesquels des représentants des préfets coordonnateurs de bassin, de Météo-France et du Bureau de recherche géologique et minière, peuvent être associés à ce comité pour contribuer à la caractérisation de la situation hydrologique dans les territoires et apporter leur expertise. Des représentants de tout autre organisme traitant de la gestion conjoncturelle et structurelle de l'eau peuvent également être invités en tant que de besoin.

Sous-section 3. – Dispositions communes (1)

(D. n° 2007-833, 11 mai 2007) (2)

Art. D. 213-11 *(Rempl., D. n° 2007-833, 11 mai 2007 ; mod., D. n° 2015-450, 20 avr. 2015)*. – Les membres du Comité national de l'eau et de ses comités permanents mentionnés au I de l'article D. 213-1 peuvent se faire représenter par un membre du service ou de l'organisme auquel ils appartiennent. Les personnalités qualifiées ne peuvent se faire représenter.

Les membres du collège des représentants des collectivités territoriales et du collège des usagers du Comité national de l'eau et de ses comités permanents peuvent se faire représenter en donnant mandat à un autre membre du même collège. Nul ne peut recevoir plus de deux mandats.

Le membre du comité qui, au cours de son mandat, décède, démissionne ou perd la qualité au titre de laquelle il a été désigné est remplacé pour la durée du mandat restant à courir par une personne désignée dans les mêmes conditions.

Les avis du comité sont rendus quel que soit le nombre des membres présents et ayant donné mandat. Le président a voix prépondérante en cas de partage égal des voix.

En cas d'absence d'un membre lors de trois séances consécutives, le secrétariat du comité, après en avoir informé l'intéressé, saisit l'instance ayant procédé à sa désignation et lui demande, dans un délai de trois mois, soit de confirmer cette désignation, soit de procéder à la désignation d'un nouveau représentant.

À défaut de réponse dans le délai imparti, l'intéressé est déchu de son mandat. Il est remplacé par une personne désignée dans les mêmes conditions et pour la durée du mandat restant à courir.

Art. D. 213-12 *(Rempl., D. n° 2007-833, 11 mai 2007)*. – I. – Les fonctions de président ou de membre du Comité national de l'eau et des comités permanents ne donnent pas lieu à rémunération.

Le remboursement des frais de déplacement des membres du Comité national de l'eau et des comités permanents ainsi que des personnes siégeant avec voix consultative est effectué dans les conditions prévues par le décret n° 2006-781 du 3 juillet 2006 fixant les conditions et les modalités de règlement des frais occasionnés par les déplacements temporaires des personnels civils de l'État.

II. – Le ministère chargé de l'environnement assure le secrétariat du Comité national de l'eau et des comités consultatif et permanents.

Section II. – Office national de l'eau et des milieux aquatiques

((3) (4) Abr. à compter du 1er janvier 2017, D. n° 2016-1842, 26 déc. 2016)

Sous-section 1. – Dispositions générales

Art. R. 213-12-1 à R. 213-12-2-2 *(Abr. à compter du 1er janvier 2017, D. n° 2016-1842, 26 déc. 2016)*.

(1) Le décret n° 2007-833 du 11 mai 2007 créé une section 3 comprenant les articles D. 213-11 et D. 213-12. La Rédaction estime qu'il s'agit en fait d'une sous-section 3. – NDLR.

(2) Dispositions applicables à Mayotte, D. n° 2007-833, 11 mai 2007, art. 3.

(3) Dispositions particulières et transitoires : V. D. n° 2007-443, 25 mars 2007, art. 2 à 6.

(4) Dispositions applicables à Mayotte, D. n° 2007-443, 25 mars 2007, art. 9.

Sous-section 2. – Organisation et fonctionnement

§ 1. – Le conseil d'administration

Art. R. 213-12-3 à R. 213-12-8 *(Abr. à compter du 1er janvier 2017, D. n° 2016-1842, 26 déc. 2016).*

§ 2. – Le conseil scientifique

Art. R. 213-12-10 *(Abr. à compter du 1er janvier 2017, D. n° 2016-1842, 26 déc. 2016).*

§ 3. – Dispositions communes
(Intitulé mod., D. n° 2013-701, 31 juill. 2013)

Art. R. 213-12-11 *(Abr. à compter du 1er janvier 2017, D. n° 2016-1842, 26 déc. 2016).*

§ 4. – Le directeur général

Art. R. 213-12-12 et R. 213-12-13 *(Abr. à compter du 1er janvier 2017, D. n° 2016-1842, 26 déc. 2016).*

§ 5. – Organisation territoriale

Art. R. 213-12-14 *(Abr. à compter du 1er janvier 2017, D. n° 2016-1842, 26 déc. 2016).*

§ 6. – Personnels
(Intitulé rempl., D. n° 2014-813, 17 juill. 2014)

Art. R. 213-12-15 *(Abr. à compter du 1er janvier 2017, D. n° 2016-1842, 26 déc. 2016).*

Sous-section 3. – Régime financier et comptable

Art. R. 213-12-16 à R. 213-12-21 *(Abr. à compter du 1er janvier 2017, D. n° 2016-1842, 26 déc. 2016).* (1) (2)

Sous-section 4. – Programme national de réduction des pesticides
(Sous-section créée, D. n° 2009-1319, 28 oct. 2009 ; abr. à compter du 1er janvier 2017, D. n° 2016-1842, 26 déc. 2016)

Art. R. 213-12-22 à R. 213-12-24 *(Abr. à compter du 1er janvier 2017, D. n° 2016-1842, 26 déc. 2016).* (3)

Section II *bis*. – Coordination administrative dans le domaine de l'eau

Art. R. 213-13. – La mission interministérielle de l'eau assiste le ministre chargé de l'environnement dans son action de coordination des différents ministères intervenant dans le domaine de l'eau.

(1) Sur les conditions de modification des présentes dispositions : V. D. n° 2012-1247, 7 nov. 2012, art. 292.

(2) Dispositions applicables sur l'ensemble du territoire de la République, D. n° 2012-1247, 7 nov. 2012, art. 293.

(3) Par dérogation au premier alinéa du présent article, le programme national pour l'année 2009 est arrêté par le ministre chargé de l'agriculture avant le 15 novembre 2009, D. n° 2009-1319, 28 oct. 2009, art. 3.

Présidée par le directeur de l'eau, elle réunit périodiquement des représentants des ministères chargés de l'agriculture, de l'environnement, de l'équipement, de l'intérieur, de l'industrie, de la mer, de la santé, des transports et de l'urbanisme ainsi que ceux d'autres ministères intéressés par les questions inscrites à l'ordre du jour et, en tant que de besoin, des représentants d'établissements publics de l'État.

Les avis sont rendus quel que soit le nombre des membres présents.

La mission donne son avis sur tous les projets de lois, décrets et arrêtés réglementaires portant en tout ou partie sur des questions relatives à l'eau, élaborés par les différents ministères.

La mission examine également les projets de textes relatifs à l'organisation des services déconcentrés de chaque ministère dans le domaine de l'eau ainsi que les projets d'instruction du ministre chargé de l'environnement relatifs à la coordination dans ce domaine.

La mission donne son avis sur les programmes d'investissement et la répartition des ressources et des moyens, en particulier celle des crédits affectés à l'eau, à inscrire au budget des divers départements ministériels ou organismes intéressés.

La mission interministérielle de l'eau peut, en outre, être appelée à donner son avis sur toute question ou document intéressant l'eau, à caractère national, communautaire ou international, que lui soumettra le ministre chargé de l'environnement.

La direction de l'eau assure le secrétariat de la mission interministérielle de l'eau.

Art. R. 213-14 *(Mod., D. n° 2021-795, 23 juin 2021)*. – I. – Le préfet coordonnateur de bassin constitue l'autorité administrative prévue aux articles L. 212-2, L. 212-2-1, L. 212-2-2 et L. 212-2-3.

Le préfet coordonnateur de bassin anime et coordonne l'action des préfets des départements et des régions appartenant au bassin. Il assure la programmation des crédits qui lui sont délégués pour l'exercice de sa mission et il est ordonnateur des dépenses correspondantes. Il négocie et conclut, au nom de l'État, les conventions avec les établissements publics de l'État ainsi qu'avec les collectivités territoriales ou leurs établissements publics.

Il peut déléguer sa signature au directeur régional de l'environnement, qui assure les fonctions de délégué de bassin, ainsi qu'aux préfets des régions et des départements inclus dans le bassin ; ces derniers peuvent, pour les attributions d'ordonnancement mentionnées ci-dessus, subdéléguer leur signature aux chefs de service des administrations civiles de l'État placés sous leur autorité et à leurs subordonnés.

Le préfet coordonnateur de bassin assure, sous l'autorité conjointe du ministre des affaires étrangères et du ministre chargé de l'environnement, le rôle de chef de délégation dans les commissions internationales de fleuves transfrontières.

Le préfet coordonnateur de bassin veille à l'atteinte des objectifs environnementaux fixés par le schéma directeur d'aménagement et de gestion des eaux, notamment à travers une utilisation efficace, économe et durable de la ressource en eau.

II. – Le préfet coordonnateur de bassin pilote et coordonne une stratégie d'évaluation des volumes prélevables, définis à l'article R. 211-21-1, sur des sous-bassins ou fractions de sous-bassins en zone de répartition des eaux ou identifiés dans le schéma directeur d'aménagement et de gestion des eaux comme sous-bassins en déséquilibre quantitatif ou montrant un équilibre très fragile entre la ressource et les prélèvements.

Dans le cadre de cette stratégie :

1° Il pilote l'établissement du cadre méthodologique des études d'évaluation des volumes prélevables ;

2° Il veille à la réalisation et à la mise à jour de ces études en examinant au moins une fois tous les six ans s'il y a lieu d'actualiser les études déjà réalisées ou d'engager de nouvelles études sur de nouveaux sous-bassins ou fractions de sous-bassins, notamment au regard du bilan des situations d'étiage et de gestion de crise, des effets tangibles du changement climatique sur les ressources en eau, de l'état de mise en œuvre d'une utilisation efficace, économe et durable de la ressource en eau, et des évolutions des besoins liés aux différents usages de l'eau ;

3° Il arrête les volumes prélevables et leur répartition par usages et en informe les préfets concernés. Lorsque le règlement du schéma d'aménagement et de gestion des eaux instaure déjà une répartition entre les usages de l'eau conformément à l'article R. 212-47, il est mis en cohérence avec la décision du préfet.

Pour chaque étude, il s'appuie sur un comité de concertation où sont représentés les intérêts de la protection de l'environnement, de la pêche, des usages agricoles, industriels et domestiques de l'eau. Sont représentés également, lorsqu'ils existent, la commission locale de l'eau, l'établissement public territorial de bassin prévu à l'article L. 213-12, l'organisme unique de gestion collective prévu au 6° du II de l'article L. 211-3, les gestionnaires d'ouvrages de régulation de la ressource en eau, et les services chargés du prélèvement d'eau destinée à la consommation humaine mentionnés à l'article R. 2224-5-2 du Code général des collectivités territoriales.

Sur la base du cadrage du préfet coordonnateur de bassin, ces études peuvent être prises en charge par la commission locale de l'eau en application de l'article L. 212-5-1 avec l'appui du comité de concertation mentionné à l'alinéa précédent, complétant, en tant que de besoin, la composition de la commission locale de l'eau.

À défaut de commission locale de l'eau sur le périmètre adapté ou d'incapacité technique ou financière de celle-ci à porter de telles études, ces dernières ainsi que la répartition des volumes peuvent être prises en charge par un établissement public territorial de bassin ou tout autre groupement de collectivités territoriales compétent à l'échelle concernée.

Le préfet coordonnateur de bassin peut déléguer sa compétence à un préfet de département ou de région, à l'échelle d'un sous-bassin, ou d'une fraction de sous-bassin ou d'une masse d'eau souterraine.

III *(D. n° 2022-1078, 29 juill. 2022)*. – Le préfet coordonnateur de bassin pilote et coordonne également une stratégie précisant l'opportunité de mener, sur certains des sous-bassins ou fractions de sous-bassins mentionnés au II, des évaluations des volumes pouvant être disponibles pour les usages anthropiques hors période de basses eaux, au regard du régime hydrologique et dans le respect du bon fonctionnement des milieux aquatiques, des équilibres naturels et des objectifs du schéma directeur d'aménagement et de gestion des eaux. Lorsque qu'elles sont réalisées, ces évaluations respectent les conditions méthodologiques d'élaboration, de révision et de gouvernance précisées au II.

Art. R. 213-15 *(Mod., D. n° 2014-551, 27 mai 2014)*. – I. – Dans chaque bassin ou groupement de bassins est instituée une commission administrative de bassin, présidée par le préfet coordonnateur de bassin, composée des préfets de région, des préfets de département, des chefs des pôles régionaux de l'État chargés de l'environnement, du directeur régional de l'environnement, qui assure la fonction de délégué de bassin, et du directeur régional des finances publiques ou, à Saint-Pierre-et-Miquelon, du directeur des finances publiques où le comité de bassin a son siège, ainsi que du directeur de l'agence de l'eau.

Le préfet coordonnateur de bassin y associe, en tant que de besoin, les chefs ou responsables des services déconcentrés de l'État dans le bassin, les représentants des établissements publics de l'État intéressés et, dans les départements d'outre-mer, le directeur de l'office de l'eau. Il peut inviter toute personne qualifiée.

II. – La commission administrative de bassin assiste le préfet coordonnateur de bassin dans l'exercice de ses compétences. Elle est notamment consultée sur les projets de schéma directeur d'aménagement et de gestion des eaux, de programme de mesures et de schéma directeur de prévision des crues.

Art. R. 213-16 *(Mod., D. n° 2011-227, 2 mars 2011)*. – I. – Dans chaque bassin, le directeur régional de l'environnement placé auprès du préfet coordonnateur de bassin assure, sous son autorité, la fonction de délégué de bassin. Il assiste le préfet coordonnateur de bassin dans l'exercice de ses missions, assure le secrétariat de la commission administrative de bassin, anime et coordonne l'action des services déconcentrés de l'État intervenant dans le domaine de l'eau et apporte conseil et assistance technique aux organismes de bassin.

II. – Il est notamment chargé, sous l'autorité du préfet coordonnateur de bassin, des missions suivantes :

1° Il contribue à l'élaboration, à la mise en œuvre et au suivi du schéma directeur d'aménagement et de gestion des eaux, du programme de mesures, du programme de surveillance de l'état des eaux et du système d'information sur l'eau ;

2° Il coordonne les actions nécessaires à la gestion de la ressource en eau et à la prévention des risques d'inondation ; il contribue à l'évaluation préliminaire des risques d'inondation mentionnée à l'article L. 566-3, à la sélection des territoires mentionnée à l'article L. 566-5, à l'élaboration des cartes des surfaces inondables et des cartes des risques d'inondation mentionnées à l'article L. 566-6, et à l'élaboration, la mise en œuvre et le suivi du plan de gestion des risques d'inondation mentionné à l'article L. 566-7 ;

3° Il veille à la cohérence, au niveau interrégional, de l'exercice des polices de l'eau, de la protection des milieux aquatiques et de la pêche ;

4° Il suit l'action de l'agence de l'eau ou, dans les départements d'outre-mer, de l'office de l'eau ;

5° Il prépare la programmation et la répartition des crédits déconcentrés du ministère chargé de l'environnement pour les programmes interrégionaux intéressant le bassin.

Gestion des risques d'inondation. La transposition de la directive européenne 2007/60/CE du 23 octobre 2007 relative à l'évaluation et à la gestion des risques d'inondation a été réalisée au moyen de dispositions législatives, insérées dans la loi n° 2010-788 du 12 juillet 2010 portant engagement national pour l'environnement dite loi « Grenelle II », et du décret n° 2011-227 du 2 mars 2011 relatif à l'évaluation et à la gestion des risques d'inondation. Ce dernier rajoute que le directeur régional de l'environnement doit contribuer à l'évaluation préliminaire des risques d'inondation, à la sélection des territoires, à l'élaboration des cartes des surfaces inondables et des cartes des risques d'inondation, et à l'élaboration, la mise en œuvre et le suivi du plan de gestion des risques d'inondation.

Section III. – Comités de bassin et agences de l'eau

Sous-section 1. – Comité de bassin

(Rempl., D. n° 2007-980, 15 mai 2007)

Art. D. 213-17 *(Rempl. à compter du 1er janvier 2021, D. n° 2020-1062, 17 août 2020).* – Le ministre chargé de l'environnement détermine par arrêté (1), après avis du Comité national de l'eau, le bassin ou groupement de bassins hydrographiques qui constitue la circonscription de chacun des comités de bassin prévus à l'article L. 213-8 du Code de l'environnement.

Il fixe, pour chaque bassin ou groupement de bassins, le siège du comité.

Art. D. 213-17-1 *(Créé à compter du 1er janvier 2021, D. n° 2020-1062, 17 août 2020).* – La composition de chaque comité de bassin, à l'exception du comité de bassin Corse régi par les dispositions de l'article D. 213-18, est arrêtée par le préfet coordonnateur de bassin selon les dispositions prévues aux articles D. 213-19 et suivants.

Art. D. 213-17-2 *(Créé à compter du 1er janvier 2021, D. n° 2020-1062, 17 août 2020).* – Le comité élit tous les trois ans un président et des vice-présidents.

Le président est élu par les membres des collèges mentionnés aux 1°, 2° et 2° *bis* de l'article L. 213-8.

Le président est un membre du collège mentionné au 1° de l'article L. 213-8 ou une personne qualifiée mentionnée au 2° de l'article L. 213-8.

Lorsque le président est une personne qualifiée, outre les deux vice-présidents prévus à l'article L. 213-8, un vice-président supplémentaire est élu parmi les membres du premier collège mentionné au 1° du même article.

En cas d'absence ou d'empêchement, le président est suppléé par l'un des vice-présidents.

Art. D. 213-18 *(Anc. art. R. 213-18 devenu D. 213-18 puis rempl., D. n° 2007-980, 15 mai 2007).* – La composition du comité de bassin de Corse est arrêtée par l'Assemblée de Corse dans les conditions définies au II de l'article L. 4424-36 du Code général des collectivités territoriales.

Art. D. 213-19 *(Rempl. à compter du 1er janvier 2021, D. n° 2020-1062, 17 août 2020).* – Le nombre de membres des comités de bassin est fixé dans le tableau figurant au présent article.

(1) V. T. appl. : A. 14 sept. 1966 ; A. 22 oct. 2007. – NDLR.

	Collège prévu au 1° de l'article L. 213-8 du Code de l'environnement							Collège prévu au 2° de l'article L. 213-8 du Code de l'environnement	Collège prévu au 2° *bis* de l'article L. 213-8 du Code de l'environnement	Collège prévu au 3° de l'article L. 213-8 du Code de l'environnement	TOTAL COMITÉ DE BASSIN
	Parlement	Régions	Départements	Établissements publics territoriaux de bassins, établissements publics d'aménagement et de gestion des eaux, des syndicats mixtes compétents ou autres groupements dans le domaine de l'eau	Communes et groupements de collectivités territoriales compétentes dans le domaine de l'eau	Communes ou de groupements de collectivités territoriales compétents dans le domaine de l'eau présidanr une commission locale de l'eau	Total collège prévu au 1° de l'article L. 213-8 du Code de l'environnement				
Adour-Garonne	2	5	11	7	28	1	54	27	27	27	135
Artois-Picardie	2	2	4	6	17	1	32	16	16	16	80
Loire-Bretagne	2	8	19	7	39	1	76	38	38	38	190
Rhin-Meuse	2	2	7	7	21	1	40	38	38	38	100
Rhône-Méditerranée	2	6	15	8	34	1	66	33	33	33	165
Seine-Normandie	2	6	21	6	38	1	74	37	37	37	185

Art. D. 213-19-1 *(Créé à compter du 1er janvier 2021, D. n° 2020-1062, 17 août 2020).* – Dans chaque comité de bassin, le collège prévu au 1° de l'article L. 213-8 comprend les membres mentionnés ci-dessous :

1° Un député et un sénateur ;

2° Des représentants des régions présentes sur le bassin, élus par et parmi les membres de leurs assemblées délibérantes ;

3° Des représentants des départements, désignés parmi les membres de leurs assemblées délibérantes par l'Assemblée des départements de France ;

4° Des représentants des établissements publics territoriaux de bassin dont la liste est établie par le préfet coordonnateur de bassin, élus par et parmi les membres de leur assemblée délibérante ;

5° Des représentants des établissements publics d'aménagement et de gestion des eaux, des syndicats mixtes compétents ou autres groupements dans le domaine de l'eau, structures dont la liste est établie par le préfet coordonnateur de bassin. Ces représentants sont élus par et parmi les membres de leur assemblée délibérante ;

6° Des représentants des communes ou des autres groupements de collectivités territoriales compétents dans le domaine de l'eau, désignés parmi les membres de leurs assemblées délibérantes par l'Association des maires de France et des présidents d'intercommunalités en lien avec les autres associations de communes ou des autres groupements de collectivités territoriales compétents dans le domaine de l'eau visées au 2° de l'article D. 213-4 ;

Lorsque le bassin comporte une façade littorale, sont désignés au moins deux représentants de communes littorales ;

Lorsque le bassin comporte une zone de montagne au sens de l'article D. 113-14 du Code rural et de la pêche maritime, sont désignés au moins deux représentants de communes de montagne ;

7° Un représentant des communes ou des groupements de collectivités territoriales compétents dans le domaine de l'eau, présidant une commission locale de l'eau, désigné par le préfet coordonnateur de bassin.

Art. D. 213-19-2 *(Créé à compter du 1er janvier 2021, D. n° 2020-1062, 17 août 2020).* – I. – Dans chaque comité de bassin, le collège prévu au 2° de l'article L. 213-8 comprend au moins un représentant :

1° Des associations agréées de protection de la nature, dont une ayant compétence dans le domaine du littoral ou des milieux marins lorsque le bassin a une façade littorale, proposé par les instances représentatives de ces associations présentes sur le bassin ;

2° Des conservatoires régionaux d'espaces naturels mentionnés à l'article L. 414-11 présents sur le bassin, proposé par la Fédération des conservatoires d'espaces naturels ;

3° Des associations actives en matière d'activités nautiques, proposé par la Fédération française de canoë kayak et sports de pagaie ;

4° Des associations agréées de pêche et de protection du milieu aquatique, proposé par la Fédération nationale de la pêche et de la protection du milieu aquatique ;

5° Des instances cynégétiques, proposé par la Fédération nationale des chasseurs ;

6° Des associations agréées de défense des consommateurs, proposé par les instances représentatives des associations de consommateurs présentes sur le bassin.

II. – Dans chaque comité de bassin, le collège prévu au 2° de l'article L. 213-8 comprend au moins deux personnes qualifiées, désignées par le préfet coordonnateur de bassin.

Art. D. 213-19-3 *(Créé à compter du 1er janvier 2021, D. n° 2020-1062, 17 août 2020).* – Dans chaque comité de bassin, le collège prévu au 2° *bis* de l'article L. 213-8 comprend au moins un représentant :

1° De l'agriculture, sur proposition de l'Assemblée permanente des chambres d'agriculture ;

2° De l'agriculture biologique, sur proposition de la Fédération nationale d'agriculture biologique des régions de France ;

3° De la sylviculture, sur proposition du Centre national de la propriété forestière ;

4° De la pêche professionnelle en eau douce, sur proposition du Comité national de la pêche professionnelle en eau douce, lorsque l'activité est présente sur le bassin ;

5° De l'aquaculture, sur proposition de la Fédération française d'aquaculture en lien avec le Comité interprofessionnel des produits de l'aquaculture, lorsque l'activité est présente sur le bassin ;

6° De la pêche maritime, sur proposition du Comité national des pêches maritimes et des élevages marins lorsque le bassin a une façade maritime ;

7° De la conchyliculture, sur proposition du Comité national de la conchyliculture, lorsque le bassin comporte une façade maritime ;

8° Du tourisme, sur proposition des instances représentatives de cette activité dans le bassin ;

9° De l'industrie, sur proposition d'un collège regroupant sur le bassin les présidents des chambres de commerce et d'industrie régionales, les présidents des représentations régionales du Mouvement des entreprises de France et le président de la coopération agricole. Dans les bassins comportant une façade maritime, est proposé au moins un représentant d'une industrie compétente dans le domaine du tourisme littoral et d'une industrie portuaire en relation avec le milieu marin ;

10° De distributeurs d'eau, sur proposition de la Fédération professionnelle des entreprises de l'eau ;

11° De producteurs d'électricité et des producteurs d'hydroélectricité, sur proposition de l'Union française de l'électricité. Sur le bassin Rhône-Méditerranée, un représentant supplémentaire est proposé par la Compagnie nationale du Rhône ;

12° Des sociétés d'aménagement régional, sur proposition du collège des présidents des sociétés d'aménagement régional pour les bassins Adour-Garonne et Rhône-Méditerranée.

Art. D. 213-19-4 *(Créé à compter du 1er janvier 2021, D. n° 2020-1062, 17 août 2020).* – Dans chaque comité de bassin, les membres du collège prévu au 3° de l'article L. 213-8 sont désignés ès qualité par le préfet coordonnateur de bassin.

Art. D. 213-19-5 *(Créé à compter du 1er janvier 2021, D. n° 2020-1062, 17 août 2020).* – Le préfet coordonnateur de bassin invite chaque organisme ou instance mentionnés aux articles D. 213-19-1 à D. 213-19-3 à lui faire connaître les noms du ou des représentants qu'il propose. La liste des membres du comité de bassin est arrêtée par le préfet coordonnateur de bassin et publiée au recueil des actes administratifs.

Art. D. 213-20 *(Rempl. à compter du 1er janvier 2021, D. n° 2020-1062, 17 août 2020).* – La durée du mandat des membres des collèges visés mentionnés aux 1°, 2° et 2° *bis* de l'article L. 213-8 est de six ans. Ce mandat est renouvelable deux fois.

En cas d'absence d'un membre lors de trois séances consécutives du comité de bassin, le secrétariat du comité de bassin saisit l'instance ou l'organisme ayant procédé à la proposition de ce membre et lui demande, dans un délai de trois mois, soit de la confirmer, soit de procéder à la proposition d'un nouveau membre. Le membre du comité de bassin dont l'absentéisme est ainsi porté à la connaissance de l'instance qui l'a proposé est simultanément informé de la procédure engagée.

À défaut de réponse dans le délai imparti de l'instance sollicitée dans le cadre de la procédure décrite à l'alinéa précédent ou en cas de réponse négative, le membre du comité de bassin est déchu de son mandat.

La désignation d'un membre du comité de bassin qui intervient à l'issue d'une période de vacance après l'achèvement du mandat d'un membre auquel il succède est prononcée, pour la durée du mandat restant à courir des membres déjà nommés, dans les conditions prévues aux articles D. 213-19-1 à D. 213-19-3 et D. 213-19-5.

Lorsqu'un membre qui, au cours de son mandat, décède, démissionne, perd la qualité au titre de laquelle il a été désigné ou est déchu de son mandat au sein du comité de bassin, il est procédé, pour la durée du mandat restant à courir, à une désignation dans les conditions décrites prévues aux articles D. 213-19-1 à D. 213-19-3 et D. 213-19-5.

Art. D. 213-20-1 *(Créé, D. n° 2020-1062, 17 août 2020).* – I. – Le comité de bassin se réunit sur convocation de son président, qui fixe l'ordre du jour. Cette convocation peut être envoyée par tout moyen, y compris par télécopie ou par courrier électronique. Il en est de même des pièces ou documents nécessaires à la préparation du comité ou établis à l'issue de celui-ci.

Lorsque les circonstances le justifient, les délibérations du comité de bassin peuvent être adoptées par visioconférence ou par l'échange des écrits dans les conditions prévues par l'ordonnance n° 2014-1329 du 6 novembre 2014 relative aux délibérations à distance des instances administratives à caractère collégial et le décret n° 2014-1627 du 26 décembre 2014 relatif aux modalités d'organisation des délibérations à distance des instances administratives à caractère collégial.

II. – Le comité de bassin peut, sur décision de son président, entendre toute personne extérieure dont l'audition est de nature à éclairer ses délibérations. Les personnes ainsi entendues ne participent pas au vote.

III. – Sauf urgence, les membres du comité de bassin reçoivent, cinq jours au moins avant la date de la réunion, une convocation comportant l'ordre du jour et les documents nécessaires à l'examen des affaires qui y sont inscrites.

IV. – Le quorum est atteint lorsque la moitié au moins des membres composant le comité de bassin sont présents, y compris les membres prenant part aux débats au moyen d'une visioconférence, ou ont donné mandat.

Lorsque le quorum n'est pas atteint, le comité de bassin délibère valablement sans condition de quorum après une nouvelle convocation portant sur le même ordre du jour et spécifiant qu'aucun quorum ne sera exigé.

Le membre de comité de bassin peut donner un mandat à un autre membre.

V. – Le comité de bassin se prononce à la majorité des voix des membres présents ou représentés. Le président a voix prépondérante en cas de partage égal des voix.

VI. – Les membres du comité de bassin, soit en leur nom personnel, soit comme mandataire, ne peuvent prendre part aux délibérations lorsqu'ils ont un intérêt personnel à l'affaire qui en est l'objet.

Les membres du comité de bassin sont soumis au respect des prescriptions de la charte de déontologie du règlement intérieur du comité de bassin.

Art. D. 213-21 *(Anc. art. R. 213-21 devenu D. 213-21 puis rempl., D. n° 2007-980, 15 mai 2007).* – Le comité peut être consulté par le ministre chargé de l'environnement et le président du conseil d'administration de l'agence de l'eau correspondante sur toutes questions de sa compétence.

Il est consulté par le préfet coordonnateur de bassin sur les actions mentionnées à l'article L. 213-8.

Art. D. 213-22 *(Anc. art. R. 213-22 devenu D. 213-22 puis rempl., D. n° 2007-980, 15 mai 2007).* – I. – Le comité de bassin détermine le périmètre et la composition de ses commissions territoriales, prévues à l'article L. 213-8.

II. – Le comité de bassin peut constituer des commissions permanentes. Dans les limites qu'il fixe, il peut leur déléguer sa compétence pour émettre les avis prévus à l'article L. 213-8, à l'exception de ceux relatifs au programme pluriannuel d'intervention et aux taux des redevances.

Art. D. 213-23 *(Anc. art. R. 213-23 devenu D. 213-23 puis rempl., D. n° 2007-980, 15 mai 2007).* – Lorsqu'il est consulté sur le programme pluriannuel d'intervention ou le taux des redevances en application de l'article L. 213-9-1, le comité se prononce dans un délai d'un mois à compter de sa saisine.

S'il ne se prononce pas dans ce délai ou s'il émet un avis défavorable, le conseil d'administration de l'agence de l'eau lui soumet, dans les deux mois qui suivent, de nouvelles propositions. Le comité se prononce alors dans un délai d'un mois.

Il est réputé avoir donné un avis conforme favorable s'il ne s'est pas prononcé dans ce délai.

S'il émet un nouvel avis défavorable, le taux des redevances et les conditions générales d'aides de l'année précédente continuent de s'appliquer jusqu'à l'obtention d'un avis conforme.

Les avis défavorables du comité doivent être motivés.

Art. R. 213-24 *(Rempl., D. n° 2007-980, 15 mai 2007 ; mod., D. n° 2020-954, 31 juill. 2020).* – Un membre peut donner mandat à un autre membre. Aucun membre ne peut détenir plus de deux mandats.

Art. D. 213-25 *(Anc. art. R. 213-25 devenu D. 213-25 puis rempl., D. n° 2007-980, 15 mai 2007 ; mod., D. n° 2009-603, 28 mai 2009 ; D. n° 2014-722, 27 juin 2014).* – Le comité élabore son règlement intérieur et constitue un bureau comportant au minimum le président et les vice-présidents.

Il se réunit au moins une fois par an.

Il est obligatoirement convoqué dans le mois qui suit la demande du ministre chargé de l'environnement.

Des rapporteurs désignés par le président sont chargés de l'étude et de la présentation des affaires inscrites à l'ordre du jour. Ils sont choisis à l'intérieur ou à l'extérieur du comité.

Le président du conseil d'administration et le directeur général de l'agence de l'eau, le « contrôleur budgétaire » et le commissaire du Gouvernement auprès de l'agence de l'eau assistent de droit aux séances du comité avec voix consultative.

Le comité de bassin peut organiser des formations adaptées ouvertes à chacun de ses membres.

Ce programme de formation et les moyens correspondants sont inclus dans les programmes pluriannuels d'intervention prévus à l'article L. 213-9-1 du Code de l'environnement, approuvés par délibération du conseil d'administration de l'agence de l'eau après avis conforme du comité de bassin.

Art. D. 213-26 *(Anc. art. R. 213-26 devenu D. 213-26 puis rempl., D. n° 2007-980, 15 mai 2007).* – Les fonctions de président ou de membre du comité de bassin ne donnent pas lieu à rémunération.

Le remboursement des frais de déplacement et de séjour des membres ainsi que des personnes appelées à siéger avec voix consultative est effectué selon les modalités prévues par le décret n° 2006-781 du 3 juillet 2006 fixant les conditions et les modalités de règlement des frais occasionnés par les déplacements temporaires des personnels civils de l'État.

Art. D. 213-27 *(Anc. art. R. 213-27 devenu D. 213-27 puis rempl., D. n° 2007-980, 15 mai 2007).* – L'agence de l'eau correspondant à la circonscription du comité de bassin assure son secrétariat.

Les dépenses de fonctionnement du comité sont à la charge de l'agence de l'eau correspondant à sa circonscription.

Art. D. 213-28 *(Anc. art. R. 213-28 devenu D. 213-28 puis rempl., D. n° 2007-980, 15 mai 2007 ; mod., D. n° 2017-951, 10 mai 2017).* – I. – Le comité de bassin institue une commission relative aux milieux naturels composée :

1° Pour les deux tiers au moins, de membres du comité de bassin ;

2° d'au moins un membre de chacun des comités régionaux de la biodiversité, visés à l'article L. 371-3, des régions dont le conseil régional est représenté au sein du comité de bassin en application du 1° du II de l'article D. 213-17 ;

3° Majoritairement, de représentants d'associations de protection de l'environnement agréées au titre de l'article L. 141-1, de fédérations départementales des associations agréées de pêche et de protection du milieu aquatique, d'associations agréées de pêcheurs professionnels en eau douce et en eau marine, de l'aquaculture et de la conchyliculture.

II. – La commission relative aux milieux naturels est consultée par le président du comité de bassin sur les orientations du schéma directeur d'aménagement et de gestion des eaux en matière de protection des milieux naturels, en particulier aquatiques. Elle peut également être consultée par le président du comité de bassin sur toute question concernant les milieux naturels aquatiques, terrestres et marins dans le bassin.

III. – L'avis de la commission est réputé favorable s'il n'intervient pas dans un délai de deux mois à compter de sa saisine.

Art. D. 213-29 *(Anc. art. R. 213-29 devenu D. 213-29 puis rempl., D. n° 2007-980, 15 mai 2007).* – Ne sont pas applicables au comité de bassin de Corse les articles D. 213-17, D. 213-19, D. 213-22, l'article R. 213-24 à l'exclusion de son I, les quatre premiers alinéas de l'article D. 213-25, le premier alinéa de l'article D. 213-27 et l'article D. 213-28.

Sous-section 2. – Agences de l'eau

(Rempl., D. n° 2007-981, 15 mai 2007 ; mod. à compter du 1er janvier 2008, D. n° 2007-1311, 5 sept. 2007) (1).

Art. R. 213-30 *(Rempl., D. n° 2007-981, 15 mai 2007).* – Un arrêté du ministre chargé de l'environnement (2) détermine le bassin ou groupement de bassins hydrographiques qui constitue la circonscription de chacune des agences de l'eau prévues à l'article L. 213-8-1. Il fixe la dénomination et le siège de l'agence.

Art. R. 213-31 *(Rempl., D. n° 2007-981, 15 mai 2007)* (3). – L'agence est placée sous la tutelle du ministre chargé de l'environnement, qui désigne à cet effet un commissaire du Gouvernement.

Art. R. 213-32 *(Rempl., D. n° 2007-981, 15 mai 2007)* (3). – I. – Pour l'exercice de ses missions définies aux articles L. 213-8-1 et L. 213-9-2 :

1° L'agence peut attribuer des subventions, des primes de résultat et consentir des avances remboursables aux personnes publiques ou privées, dans la mesure où les études, recherches, travaux ou ouvrages exécutés par ces personnes et leur exploitation entrent dans le cadre de ses attributions. Elle s'assure de la bonne utilisation et de l'efficacité des aides versées ;

(1) Dispositions applicables à Mayotte, D. n° 2007-1311, 5 sept. 2007, art. 7.
(2) V. T. appl. : A. 14 sept. 1966 ; A. 22 oct. 2007. – NDLR.
(3) Dispositions transitoires : V. D. n° 2007-981, 15 mai 2007, art. 2.

Art. R. 213-47 *(Rempl., D. n° 2007-981, 15 mai 2007* (1) *; mod. à compter du 1er janvier 2013, D. n° 2012-1247, 7 nov. 2012* (2) (3) *; à compter des dates prévues à l'article 18 du décret n° 2019-798 du 26 juillet 2019, D. n° 2019-798, 26 juill. 2019).* **– Il peut être institué auprès de l'établissement des régies de recettes et des régies d'avances dans les conditions prévues par le décret n° 2019-798 du 26 juillet 2019 relatif aux régies de recettes et aux régies d'avances des organismes publics.**

NB : Conformément aux dispositions de l'article 18 du décret n° 2019-798 du 26 juillet 2019, ces dispositions entrent en vigueur le premier jour du mois suivant celui de la publication dudit décret et, s'agissant des régies créées avant cette date, le premier jour du sixième mois suivant cette même date.

Art. R. 213-48 *(* (1) *Abr. à compter du 1er janvier 2013, D. n° 2012-1247, 7 nov. 2012)* (2) (3).

Sous-section 3. – Redevances des agences de l'eau

(Rempl., D. n° 2024-787, 9 juill. 2024)

§ 1. – Redevance pour pollution de l'eau des industriels non raccordés au réseau public de collecte des eaux usées

Art. D. 213-48-1 *(Anc. art. R. 213-48-1 dénum. et rempl., D. n° 2024-787, 9 juill. 2024).* **– Pour l'application du 2° du I *bis* de l'article L. 213-10-2, les activités impliquant des utilisations de l'eau assimilables à un usage domestique sont celles pour lesquelles la pollution de l'eau résulte principalement des usages mentionnés au premier alinéa de l'article R. 214-5.**

Un arrêté du ministre chargé de l'environnement précise la liste de ces activités.

Art. R. 213-48-2 *(Implicitement abr., D. n° 2024-787, 9 juill. 2024).*

> **Rédaction antérieure.** Art. R. 213-48-2 *(Créé à compter du 1er janvier 2008, D. n° 2007-1311, 5 sept. 2007).* – I. – Pour les personnes assujetties au paiement de la redevance communale d'assainissement et dont l'alimentation en eau est assurée totalement ou partiellement par une source qui ne relève pas du service d'eau potable, l'assiette de la redevance définie à l'article L. 213-10-3 est le volume d'eau pris en compte pour le calcul de la redevance communale d'assainissement en application de l'article R. 2224-19-4 du Code général des collectivités territoriales.
>
> II. – Lorsqu'en application du troisième alinéa du I de l'article L. 2224-12-4 du Code général des collectivités territoriales, la tarification de l'eau ne comporte pas de terme proportionnel au volume d'eau consommé et en l'absence de comptage de l'eau distribuée, le montant total de la redevance à percevoir en application de l'article L. 213-10-3 est égal au produit du taux en vigueur par un volume forfaitaire d'eau consommé par habitant déterminé par arrêté du ministre chargé de l'environnement à partir d'études des volumes d'eau distribués, et par la population permanente majorée desservie déclarée pour chaque commune par le maire, calculée selon les modalités définies par l'article L. 2334-2 du Code général des collectivités territoriales.

Art. D. 213-48-3 *(Anc. art. R. 213-48-3 dénum. et rempl., D. n° 2024-787, 9 juill. 2024).* **– I. – Le ministre chargé de l'environnement fixe par arrêté les méthodes d'analyse de chacun des éléments constitutifs de la pollution mentionnés dans le tableau figurant au IV de l'article L. 213-10-2.**

II. – La quantité de métox rejetée est la somme des masses des métaux et métalloïdes rejetés mentionnés au tableau suivant, la masse de chacun d'eux étant préalablement multipliée par un coefficient fixé comme suit :

MÉTAL OU MÉTALLOÏDE

Coefficient multiplicateur de la masse rejetée

ARSENIC : 10

CADMIUM : 50

CHROME : 1

CUIVRE : 5

MERCURE : 50

NICKEL : 5

PLOMB : 10

ZINC : 1

---

(1) Dispositions transitoires : V. D. n° 2007-981, 15 mai 2007, art. 2.

(2) Sur les conditions de modification des présentes dispositions : V. D. n° 2012-1247, 7 nov. 2012, art. 292.

(3) Dispositions applicables sur l'ensemble du territoire de la République, D. n° 2012-1247, 7 nov. 2012, art. 293.

III. – Pour les autres substances dangereuses pour l'environnement mentionnées à l'article L. 213-10-2, la quantité rejetée est la somme des masses des substances rejetées mentionnées au tableau suivant, chacune de ces masses étant préalablement multipliée par un coefficient fixé comme suit :

SUBSTANCE	CODE CAS	CODE Sandre	COEFFICIENT multiplicateur de la masse rejetée
Anthracène	120-12-7	1458	100
Benzène	71-43-2	1114	10
Benzo (a) pyrène	50-32-8	1115	100
Benzo (b) fluoroanthène	205-99-2	1116	100
Benzo (k) fluoroanthène	207-08-9	1117	100
Benzo (g, h, i) perylène	191-24-2	1118	1 000
Di (2-éthylhexyl) phtalate (DEHP)	117-81-7	6616	10
Ethylbenzène	100-41-4	1497	10
Fluoranthène	206-44-0	1191	100
Indeno (1,2,3-cd) pyrène	193-39-5	1204	1 000
Naphtalène	91-20-3	1517	10
Nonylphénol	25154-52-3 84852-15-3	6598	50
Octylphénol	1806-26-4 140-66-9	6600	100
Toluène	108-88-3	1278	10
Tributylétain cation	36643-28-4	2879	1 000
Xylènes	1330-20-7	1780	10

Art. D. 213-48-4 *(Anc. art. R. 213-48-4 dénum. et rempl., D. n° 2024-787, 9 juill. 2024)*. – I. – Pour l'application du premier alinéa du II de l'article L. 213-10-2, la pollution mensuelle rejetée la plus forte est celle du mois pour lequel la somme, pour l'ensemble des éléments constitutifs de la pollution, des valeurs calculées ainsi qu'il est dit à l'alinéa suivant est la plus élevée.

La valeur prise en compte pour chacun des éléments constitutifs de la pollution est, sans tenir compte du seuil mentionné au IV de l'article L. 213-10-2, le produit de la quantité d'éléments rejetée pendant le mois considéré sauf, de janvier à mars, la chaleur rejetée en rivière, par le tarif de la redevance en vigueur pour cet élément dans la commune de localisation du rejet.

II. – Pour chaque élément constitutif de la pollution, la pollution moyenne mensuelle mentionnée au premier alinéa du II de l'article L. 213-10-2 est obtenue en divisant par douze, quelle que soit la durée *de l'activité, le total des pollutions mensuelles* de l'année à l'exclusion de la chaleur rejetée en rivière de janvier à mars.

Les rejets de chaleur en mer sont ceux réalisés au-delà de la limite transversale de la mer définie en application du décret n° 2004-309 du 29 mars 2004 relatif à la procédure de délimitation du rivage de la mer, des lais et relais de la mer et des limites transversales de la mer à l'embouchure des fleuves et rivières.

Art. D. 213-48-5 *(Anc. art. R. 213-48-5 dénum. et rempl., D. n° 2024-787, 9 juill. 2024)*. – Pour déterminer, pour chaque élément constitutif de la pollution, la pollution moyenne mensuelle et la pollution mensuelle rejetée la plus forte mentionnées au premier alinéa du II de l'article L. 213-10-2, la quantité de pollution rejetée mensuellement est déterminée à partir des résultats du suivi régulier prévu au 1° du II *bis* de l'article L. 213-10-2, après déduction s'il y a lieu :

1° De la pollution évitée en application du II de l'article D. 213-48-9 ;

2° À la demande du redevable, de la quantité de pollution de l'eau prélevée par l'établissement.

En l'absence d'un suivi régulier des rejets, la quantité de pollution rejetée mensuellement est déterminé par différence entre, d'une part, le niveau théorique de pollution déterminé par mois en application des articles D. 213-48-7 et D. 213-48-8 et, d'autre part, le niveau de pollution évitée déterminé par mois en application de l'article D. 213-48-9.

Art. D. 213-48-6 *(Anc. art. R. 213-48-6 dénum. et rempl., D. n° 2024-787, 9 juill. 2024)*. – I. – Un suivi régulier des rejets est mis en œuvre dès que, pour l'un au moins des éléments constitutifs de la pollution, le niveau théorique de pollution mentionné au *a* du 2° du II *bis* de l'article L. 213-10-2 atteint ou dépasse la valeur mentionnée au tableau suivant :

ÉLÉMENTS CONSTITUTIFS de la pollution :
Matières en suspension (en t/an).
Seuils de suivi régulier des rejets : 600
ÉLÉMENTS CONSTITUTIFS de la pollution :
Demande chimique en oxygène (en t/an).
Seuils de suivi régulier des rejets : 600
ÉLÉMENTS CONSTITUTIFS de la pollution :
Demande biochimique en oxygène en cinq jours (en t/an).
Seuils de suivi régulier des rejets : 300
ÉLÉMENTS CONSTITUTIFS de la pollution :
Azote réduit et azote oxydé, nitrites et nitrates (en t/an).
Seuils de suivi régulier des rejets : 40
ÉLÉMENTS CONSTITUTIFS de la pollution :
Phosphore total, organique ou minéral (en t/an).
Seuils de suivi régulier des rejets : 10
ÉLÉMENTS CONSTITUTIFS de la pollution :
Matières inhibitrices (par kEquitox/an).
Seuils de suivi régulier des rejets : 10 000
ÉLÉMENTS CONSTITUTIFS de la pollution :
Métox (par kg/an).
Seuils de suivi régulier des rejets : 10 000
ÉLÉMENTS CONSTITUTIFS de la pollution :
Composés halogénés adsorbables sur charbon actif (par kg/an).
Seuils de suivi régulier des rejets : 2 000
ÉLÉMENTS CONSTITUTIFS de la pollution :
Sels dissous (m^3 S/cm/an).
Seuils de suivi régulier des rejets : 100 000
ÉLÉMENTS CONSTITUTIFS de la pollution :
Chaleur rejetée (Mth/an).
Seuils de suivi régulier des rejets : 2 000
ÉLÉMENTS CONSTITUTIFS de la pollution :
Substances dangereuses pour l'environnement (par kg/an).
Seuils de suivi régulier des rejets : 360

Lorsque le niveau théorique de pollution est inférieur à la valeur mentionnée au tableau précédant pour tous les éléments constitutifs de la pollution, un suivi régulier des rejets peut être mis en œuvre à l'initiative du redevable de la redevance prévue à l'article L. 213-10-2.

II. – Le suivi régulier des rejets porte sur les rejets dans le milieu naturel, à l'exclusion de ceux réalisés par l'intermédiaire d'un réseau public de collecte des eaux usées.

Pour chacun des éléments constitutifs de la pollution figurant dans le tableau du IV de l'article L. 213-10-2, un arrêté du ministre chargé de l'environnement fixe, en fonction de l'importance de la pollution annuelle produite, le contenu du dispositif de suivi régulier des rejets et les obligations de validation des mesures et des analyses. Il définit les règles :

1° De mesure des volumes des rejets ;

2° D'analyse d'échantillons représentatifs des effluents permettant de déterminer les quantités d'éléments constitutifs de la pollution rejetées chaque mois ;

3° De suivi de l'élimination des boues issues de l'épuration des rejets ;

4° Le cas échéant, de mesure des éléments constitutifs de la pollution contenue dans l'eau prélevée par l'établissement.

III. – Le redevable de la redevance prévue à l'article L. 213-10-2 demande l'agrément du dispositif de suivi régulier des rejets à l'agence de l'eau. Cette demande est accompagnée du descriptif du dispositif de suivi régulier des rejets qui inclut le programme d'analyse de ces rejets. L'agence de l'eau peut, après avoir mis le redevable en mesure de présenter des observations, retirer l'agrément si celui-ci ou les modalités de réalisation du suivi régulier ne sont pas respectés. Le montant de la redevance est alors établi en application des articles D. 213-48-7 à D. 213-48-9.

Le dispositif de suivi régulier des rejets est contrôlé périodiquement par un organisme habilité, conformément à l'article R. 213-48-34. Ce diagnostic de fonctionnement est réalisé à la charge du redevable.

Un arrêté du ministre chargé de l'environnement précise :

1° Les modalités de délivrance de l'agrément du dispositif de suivi régulier des rejets ;

2° Le contenu du descriptif de ce dispositif ;

3° Les modalités du contrôle périodique par un diagnostic de fonctionnement de ce dispositif ;

IV. – Lorsque le redevable de la redevance prévue à l'article L. 213-10-2 considère que le suivi régulier des rejets est impossible à mettre en œuvre dans le cas prévu au premier alinéa du I, il en informe l'agence de l'eau.

L'agence de l'eau examine la possibilité de mettre en œuvre le suivi régulier des rejets en tenant compte des contraintes techniques liées à l'installation du dispositif de suivi.

L'agence de l'eau dispose d'un délai de deux mois pour confirmer au redevable l'impossibilité de mettre en œuvre le suivi régulier des rejets. L'agence de l'eau peut reconduire ce délai pour une nouvelle période de deux mois en informant le redevable.

Lorsque l'agence de l'eau conclut à la possibilité technique d'installer un dispositif de suivi régulier des rejets, le redevable est tenu de mettre en œuvre le suivi régulier des rejets.

Art. D. 213-48-7 *(Anc. art. R. 213-48-7 dénum. et rempl., D. n° 2024-787, 9 juill. 2024)*. – I. – A. – Pour l'application du *a* du 2° du II *bis* de l'article L. 213-10-2, la campagne générale de mesures de la pollution produite par un établissement considéré porte, pendant une durée représentative de l'activité, sur la pollution produite par l'activité de cet établissement avant la mise en œuvre d'un dispositif de dépollution.

Dans le cadre de cette campagne, sont pris en compte les rejets de la pollution par l'établissement considéré pour :

1° Identifier l'activité polluante et la grandeur caractéristique permettant d'apprécier le volume de cette activité polluante ;

2° Mesurer les quantités d'éléments constitutifs de la pollution rejetées pendant la durée représentative de l'activité ;

3° Déterminer, pour cette même durée, le nombre d'unités de la grandeur caractéristique de l'activité réalisée.

Un arrêté du ministre de l'environnement précise les modalités de réalisation de la campagne générale de mesures de la pollution produite par un établissement considéré.

B. – Les résultats de la campagne générale de mesures de la pollution produite par un établissement considéré sont pris en compte pour la détermination de la redevance due au titre de l'année de la demande de mesure si cette demande est faite avant le 30 septembre.

Pour les établissements n'ayant qu'une activité saisonnière, la demande doit être faite au moins trois mois avant le début de cette activité.

Si les résultats de la campagne de mesure ne peuvent pas être pris en compte pour le calcul de la redevance due au titre de l'année de la demande, le redevable peut demander un dégrèvement d'une partie de la redevance. Si le montant de ce dégrèvement est supérieur à la variation du montant de la redevance déterminée en application des résultats de la mesure, la majoration prévue à l'article L. 213-11-10 est appliquée.

C. – La campagne générale de mesures de la pollution produite par un établissement considéré est réalisée par un organisme mandaté par l'agence de l'eau à l'initiative de celle-ci ou à la demande du redevable. Les frais de préparation et de réalisation de la campagne de mesures sont à la charge :

1° Du redevable, lorsque la campagne générale de mesures est réalisée à sa demande et si le montant de la redevance annuelle est supérieur à celui qui serait résulté de l'application de la précédente campagne de mesures ou, à défaut, de l'application des articles D. 213-48-8 et D. 213-48-9 ;

2° De l'agence de l'eau dans les autres cas.

Une délibération du conseil d'administration de l'agence de l'eau précise les bases de calcul du coût des campagnes générales de mesure.

II. – Lorsque le niveau théorique de pollution de l'activité mentionné au a du 2° du II *bis* de l'article L. 213-10-2 est déterminé à partir d'une campagne générale de mesures de la pollution produite par un établissement conformément au I, ce niveau théorique de pollution est égal, pour chaque élément constitutif de la pollution, au produit des facteurs suivants :

1° Le nombre total d'unités de la grandeur caractéristique de l'activité réalisée pour l'année d'imposition.

2° Le coefficient spécifique de pollution établi pour cet élément constitutif de la pollution. Ce coefficient spécifique est égal au quotient de la quantité de cet élément mesurée conformément au 2° du A du I par le nombre d'unités déterminé conformément au 3° du A du I.

Pour l'élément constitutif de la pollution que sont les substances dangereuses pour l'environnement, l'agence peut également déterminer le coefficient spécifique de pollution à partir de résultats de mesures réalisées dans le cadre de l'autosurveillance des émissions des installations classées pour la protection de l'environnement mentionnées à l'article L. 511-1, réalisée conformément aux prescriptions édictées par les arrêtés pris en application des articles L. 181-12, L. 512-5, L. 512-7, L. 512-7-3, L. 512-10 et L. 512-12.

Art. D. 213-48-8 *(Anc. art. R. 213-48-8 dénum. et rempl., D. n° 2024-787, 9 juill. 2024)*. – En l'absence de résultats d'une campagne générale de mesures de la pollution produite par un établissement considéré conformément au I de l'article D. 213-48-7, le niveau théorique de pollution mentionné au *a* du 2° du II *bis* de l'article L. 213-10-2-est égal, pour chaque élément constitutif de la pollution, au produit des facteurs suivants :

1° Le nombre total d'unités mentionné au 1° du II de l'article D. 213-48-7 ;

2° Le niveau forfaitaire de pollution théorique produite par unité de grandeur caractéristique.

Pour chaque élément constitutif de la pollution, le niveau forfaitaire de pollution théorique produite par unité de grandeur caractéristique est déterminé dans les conditions suivantes :

a) Il est déterminé à partir des résultats de campagnes générales de mesures des rejets d'établissements réalisant la même activité ;

b) Dans les cas où l'élément constitutif de la pollution est une substance dangereuse pour l'environnement, il peut également être déterminé à partir de résultats de mesures réalisées dans le cadre de l'autosurveillance des émissions des installations classées pour la protection de l'environnement mentionnées à l'article L. 511-1, réalisée conformément aux prescriptions édictées par les arrêtés pris en application des articles L. 181-12, L. 512-5, L. 512-7, L. 512-7-3, L. 512-10 et L. 512-12 ;

c) À défaut de résultats permettant la mise en œuvre des *a* et *b*, il est déterminé par arrêté du ministre de l'environnement sur la base d'études fondées sur des résultats de mesures des rejets d'un échantillon d'établissements représentatifs de l'activité considérée.

Art. D. 213-48-9 *(Anc. art. R. 213-48-9 dénum. et rempl., D. n° 2024-787, 9 juill. 2024)*. – I. – Pour l'application du b du 2° du II *bis* de l'article L. 213-10-2, le niveau de la pollution évitée par un dispositif de dépollution mis en place par le redevable est égal au produit des deux facteurs suivants :

1° La pollution éliminée qui est déterminée dans les conditions suivantes :

a) Soit, à partir de mesures réalisées dans les conditions fixées, par arrêté du ministre chargé de l'environnement, en fonction du niveau théorique de pollution et des divers éléments constitutifs de la pollution ;

b) Soit, en l'absence de transmission des résultats des mesures mentionnées au a ou en cas de résultats non validés, à partir d'un coefficient forfaitaire fixé, pour chacun des éléments constitutifs de la pollution, par arrêté du ministre chargé de l'environnement, en fonction de l'efficience de la collecte des effluents, du procédé de dépollution mis en œuvre et de ses conditions de fonctionnement ;

2° Le coefficient d'élimination des boues issues du dispositif de dépollution. Il est déterminé par arrêté du ministre chargé de l'environnement en prenant en compte la situation des filières d'élimination des boues au regard de la réglementation en vigueur et, pour les épandages des boues, la qualité des méthodes de stockage et d'élimination.

II. – Pour l'application du deuxième alinéa du II de l'article L. 213-10-2, un arrêté du ministre chargé de l'environnement précise, pour chaque élément constitutif de la pollution, la pollution évitée à prendre en compte en cas d'épandage direct d'effluents sur des terres agricoles, en tenant compte de la qualité des méthodes de récupération des effluents avant l'épandage et des méthodes d'épandage au regard des caractéristiques des terres et des pratiques agricoles.

§ 2. – Redevance pour pollution de l'eau par les activités d'élevage (1)

Art. R. 213-48-10 et R. 213-48-11 *(Implicitement abr., D. n° 2024-787, 9 juill. 2024).*

Rédaction antérieure. Art. R. 213-48-10 *(Créé à compter du 1er janvier 2008, D. n° 2007-1311, 5 sept. 2007).* – L'assiette de la redevance prévue à l'article L. 213-10-5 est, sauf en cas d'application du troisième alinéa de cet article, le volume d'eau prélevé sur le réseau d'eau potable ou sur toute autre source retenu pour le calcul du montant de la redevance d'assainissement collectif mentionnée à l'article R. 2224-19-1 du Code général des collectivités territoriales, avant application des abattements éventuels des volumes prélevés définis par un barème arrêté par la collectivité ou par une convention passée entre le service d'assainissement et l'établissement raccordé.

Lorsque le volume d'eaux usées rejetées au réseau d'assainissement est retenu pour le calcul de la contribution aux charges du service d'assainissement, l'assiette de la redevance est, en l'absence de transmission à l'agence des résultats de mesure de ce volume, calculée selon les dispositions de l'alinéa précédent.

Rédaction antérieure. Art. R. 213-48-11 *(Créé à compter du 1er janvier 2008, D. n° 2007-1311, 5 sept. 2007).* – I. – Pour les personnes assujetties au paiement de la redevance communale d'assainissement et dont l'alimentation en eau est assurée totalement ou partiellement par une source qui ne relève pas du service d'eau potable, l'assiette de la redevance prévue à l'article L. 213-10-6 est déterminée selon les dispositions du I de l'article R. 213-48-2.

II. – Lorsqu'en application du troisième alinéa du I de l'article L. 2224-12-4 du Code général des collectivités territoriales la tarification de l'eau ou de l'assainissement ne comporte pas de terme proportionnel au volume d'eau consommé et en l'absence de comptage de l'eau distribuée, le montant de la redevance à percevoir en application de l'article L. 213-10-6 est déterminé selon les dispositions du II de l'article R. 213-48-2.

Art. D. 213-48-12 *(Anc. art. R. 213-48-12 dénum. et rempl., D. n° 2024-787, 9 juill. 2024).* – Toute personne exerçant une activité d'élevage est assujettie à la redevance pour pollution de l'eau par les activités d'élevage. Elle est identifiée par sa référence « SIRET », associée, le cas échéant, à sa référence « PACAGE ».

Par unités de gros bétail d'une exploitation, on entend les effectifs déclarés chaque année d'animaux d'élevage de cette exploitation répartis par catégorie en fonction de l'espèce animale, du stade physiologique et du mode d'élevage, les effectifs de chaque catégorie étant affectés d'un coefficient de conversion déterminé en tenant compte des rejets azotés des animaux de la catégorie.

Un arrêté des ministres chargés de l'environnement et de l'agriculture fixe la valeur des coefficients de conversion. L'arrêté définit la méthode de recueil des informations relatives aux effectifs d'animaux et à la surface agricole utilisée permettant de calculer l'assiette de la redevance.

Le montant de la redevance est triplé pour les redevables ayant fait l'objet d'un procès-verbal d'infraction dans le cadre d'une police administrative spéciale visant à protéger la qualité des eaux en vertu des articles R. 216-8 et R. 216-10 ou du décret n° 77-1133 du 21 septembre 1977 pris pour l'application des articles L. 514-1 et L. 514-2.

À la fin de chaque année civile, le préfet communique à l'agence de l'eau la liste des éleveurs verbalisés.

L'agence de l'eau a accès à l'ensemble des informations relatives à l'identification des animaux, à leur dénombrement et à la surface donnant lieu à déclaration pour la mise en œuvre de la politique agricole commune.

(1) Dispositions particulières concernant les dispositifs de suivi de rejet des eaux usées : V. D. n° 2007-1311, 5 sept. 2007, art. 6.

§ 3. – **Redevance sur la consommation d'eau potable**

Art. D. 213-48-12-1 *(D. n° 2024-787, 9 juill. 2024)*. – Lorsqu'en application du troisième alinéa du I de l'article L. 2224-12-4 du Code général des collectivités territoriales, la tarification de l'eau ne comporte pas de terme proportionnel au volume d'eau consommé et en l'absence de comptage de l'eau distribuée, l'assiette de la redevance sur la consommation d'eau potable prévue à l'article L. 213-10-4 est égale, pour chaque personne abonnée au service d'eau potable, au quotient entre :

1° Au numérateur, le produit du forfait par habitant prévu au troisième alinéa du III du même article L. 213-10-4 par la population totale majorée desservie déclarée pour chaque commune par le maire, calculée selon les modalités définies par l'article L. 2334-2 du Code général des collectivités territoriales ;

2° Au dénominateur, le nombre de personnes abonnées au service d'eau potable.

§ 4. – **Redevance pour la performance des réseaux d'eau potable**

Art. D. 213-48-12-2 *(D. n° 2024-787, 9 juill. 2024)*. – Pour l'application du a du 3° du A du IV de l'article L. 213-10-5, un réseau d'eau potable est géré au niveau d'une ou plusieurs entités de gestion identifiées par le redevable comme une partie de son territoire dont le fonctionnement est indépendant.

Le volume d'eau potable entrant de ce réseau est égal à la différence entre :

a) La somme du volume d'eau potable issu des ouvrages de production du réseau d'eau potable et introduit dans ce réseau et du volume d'eau potable importé en provenance d'un autre réseau d'eau potable ;

b) Le volume d'eau potable livré à un autre réseau d'eau potable.

Art. D. 213-48-12-3 *(D. n° 2024-787, 9 juill. 2024)*. – Le coefficient de performance mentionné au a du 3° du IV de l'article L. 213-10-5 est égal à la valeur la plus élevée entre celles déterminées dans les conditions prévues aux articles D. 213-48-12-4 et D. 213-48-12-5.

Art. D. 213-48-12-4 *(D. n° 2024-787, 9 juill. 2024)*. – I. – Lorsqu'elle est déterminée sur la base du rendement primaire pondéré du réseau d'eau potable, la valeur du coefficient de performance mentionnée à l'article D. 213-48-12-3 est :

1° Soit, égale à 0 si le produit de 2,75 % par le rendement primaire pondéré du réseau d'eau potable après déduction de 65 est inférieur à 0 ;

2° Soit, égale à ce produit si celui-ci est égal ou supérieur à 0 et n'est pas supérieur à 0,55 ;

3° soit, égale à 0,55 si ce produit est supérieur à 0,55.

II. – Le rendement primaire pondéré du réseau d'eau potable mentionné au I est égal à la différence entre :

1° Le quotient exprimé en pour cent du volume d'eau potable comptabilisé par le volume d'eau potable entrant défini à l'article D. 213-48-12-2. Le volume d'eau potable comptabilisé est égal à la somme ;

a) Des volumes domestiques et non domestiques comptabilisés, pendant la deuxième année précédant l'année d'imposition, par les compteurs des abonnés au service d'eau potable ou par les compteurs des volumes de service ou d'autres usages non domestiques ;

b) Des volumes d'eau potable prélevés, au cours de la même année, sur des bornes ou des poteaux incendies pour un incendie de plus de 24 heures ;

2° Un cinquième de l'indice linéaire de consommation. Cet indice linéaire de consommation est égal, dans la limite maximale de 25, au quotient entre :

a) Au numérateur, le volume d'eau potable comptabilisé défini au 1° du II ;

b) Au dénominateur, le produit du linéaire du réseau par 365 jours. Le linéaire du réseau est égal à la longueur totale, exprimée en kilomètre, du linéaire des réseaux de transport et de distribution d'eau potable, hors linéaire de branchements.

Art. D. 213-48-12-5 *(D. n° 2024-787, 9 juill. 2024)*. – I. – Lorsqu'elle est déterminée sur la base de l'indice linéaire des volumes non comptés du réseau d'eau potable, la valeur du coefficient de performance mentionnée à l'article D. 213-48-12-3 est :

1° Soit, égale à 0 si la différence entre 0,55 et le montant défini au II est inférieure à 0 ;

2° Soit, égale à la différence entre 0,55 et le montant défini au II si cette différence est égale ou supérieure 0 et n'est pas supérieure à 0,55 ;

3° Soit, égale à 0,55 si cette différence est supérieure à 0,55.

II. – Le montant prévu au 1°, 2° ou 3° du I est égal à cinq fois la différence entre le quotient des deux grandeurs suivantes et 0,04 :

1° L'indice linéaire des volumes non comptés du réseau d'eau potable, égal au quotient entre :

a) Au numérateur, la différence entre le volume d'eau potable entrant défini à l'article D. 213-48-12-2 et le volume d'eau potable comptabilisé défini au 1° du II de l'article D. 213-48-12-4 ;

b) Au dénominateur, le produit déterminé au *b* du 2° du II de l'article D. 213-48-12-4 ;

2° La densité d'abonnés au service d'eau potable, égale au quotient entre :

a) Au numérateur, le nombre d'abonnés raccordés au réseau de distribution d'eau potable. Lorsque le nombre d'habitants desservis est supérieur à cinq fois ce nombre d'abonnés, le nombre d'abonnés raccordés au réseau de distribution d'eau potable retenu est le cinquième du nombre d'habitants desservis ;

b) Au dénominateur, le linéaire du réseau défini au *b* du 2° du II de l'article D. 213-48-12-4.

Art. D. 213-48-12-6 *(D. n° 2024-787, 9 juill. 2024).* – Le coefficient de gestion patrimoniale mentionné au *b* du 3° du B du IV de l'article L. 213-10-5 est égal au produit de 0,05 par la somme des indicateurs suivants :

1° L'indicateur relatif à l'existence d'un plan des réseaux de transport et distribution d'eau potable tenu dans les conditions prévues par arrêté conjoint du ministre chargé de l'environnement, du ministre de l'intérieur et du ministre chargé de la santé. Il est égal à 1 lorsque ce plan est complet et mis à jour. À défaut, il est égal à 0 ;

2° L'indicateur relatif à la connaissance des matériaux et diamètres des canalisations au sein du réseau de transport et distribution d'eau potable. Il est égal aux valeurs fixées dans le tableau suivant en fonction de la proportion du linéaire du réseau de transport et distribution d'eau potable pour laquelle l'inventaire des réseaux, prévu par arrêté conjoint du ministre chargé de l'environnement, du ministre de l'intérieur et du ministre chargé de la santé, mentionne les matériaux et diamètres des canalisations :

Proportion pour laquelle l'inventaire des réseaux mentionne les matériaux et diamètres des canalisations	Valeur de l'indicateur
Égale ou supérieure à 95 % du linéaire du réseau de transport et distribution d'eau potable	1
Égale ou supérieure à 90 % du linéaire du réseau de transport et distribution d'eau potable	0,8
Égale ou supérieure à 80 % du linéaire du réseau de transport et distribution d'eau potable	0,6
Égale ou supérieure à 70 % du linéaire du réseau de transport et distribution d'eau potable	0,4
Égale ou supérieure à 50 % du linéaire du réseau de transport et distribution d'eau potable	0,2
Inférieure à 50 % du linéaire du réseau de transport et distribution d'eau potable	0

3° L'indicateur relatif à la connaissance des dates ou périodes de pose des tronçons au sein du réseau de transport et distribution d'eau potable. Il est égal aux valeurs fixées dans le tableau suivant en fonction de la proportion du linéaire du réseau de transport et distribution d'eau potable pour laquelle l'inventaire des réseaux, prévu par arrêté conjoint du ministre chargé de l'environnement, du ministre de l'intérieur et du ministre chargé de la santé, mentionne les dates ou périodes de pose des tronçons :

Proportion pour laquelle l'inventaire des réseaux mentionne les dates ou périodes de pose des tronçons	Valeur de l'indicateur
Égale ou supérieure à 95 % du linéaire du réseau de transport et distribution d'eau potable	1
Égale ou supérieure à 90 % du linéaire du réseau de transport et distribution d'eau potable	0,8
Égale ou supérieure à 80 % du linéaire du réseau de transport et distribution d'eau potable	0,6
Égale ou supérieure à 70 % du linéaire du réseau de transport et distribution d'eau potable	0,4
Égale ou supérieure à 50 % du linéaire du réseau de transport et distribution d'eau potable	0,2
Inférieure à 50 % du linéaire du réseau de transport et distribution d'eau potable	0

4° L'indicateur relatif à l'existence d'un système d'information géographique du réseau de transport et de distribution d'eau potable identifiant la localisation des fuites et recensant les données relatives à ces fuites : le gestionnaire du réseau est doté d'un outil géoréférencé fonctionnel permettant le suivi des défaillances du réseau de distribution qui comprend l'enregistrement chronologique des réparations du réseau et leurs localisations, ainsi qu'une indication de la nature de la défaillance : interne ou externe. À l'occasion de l'intervention, les informations relatives au descriptif détaillé des ouvrages tel que prévu à l'article D. 2224-5-1 du Code général des collectivités territoriales peuvent être modifiées ou complétées le cas échéant. Le volume de fuites estimé pourra également y être renseigné. Un arrêté conjoint du ministre chargé de l'environnement, du ministre de l'intérieur et du ministre chargé de la santé définit le contenu et les modalités de recensement de ce système. Il est égal à 1 lorsque ce système d'information géographique est conforme aux exigences techniques définies dans cet arrêté. À défaut, il est égal à 0 ;

5° L'indicateur relatif à l'existence et la mise en œuvre d'un programme pluriannuel détaillé d'actions visant à lutter contre les fuites du réseau de transport et de distribution d'eau potable et à planifier le renouvellement de ce réseau. Un arrêté conjoint du ministre chargé de l'environnement, du ministre de l'intérieur et du ministre chargé de la santé. L'article D. 213-48-14-1 du Code de l'environnement précise le contenu de ce programme. Lorsque le programme est conforme aux exigences techniques définies dans cet article, l'indicateur est égal à 1 dans l'une ou l'autre des situations suivantes :

a) La valeur du coefficient de performance déterminée dans les conditions prévues à l'article D. 213-48-12-3 est supérieure à 0 ;

b) Cette valeur est égale à 0 et le taux moyen annuel de renouvellement est supérieur ou égal 1,2. Le taux moyen de renouvellement des réseaux d'eau potable est égal au quotient, exprimé en pourcentage, de la moyenne annuelle du linéaire de réseaux de transport et de distribution d'eau potable (hors linéaires de branchements) renouvelés au cours des cinq dernières années, exprimée en kilomètre, par le linéaire défini au *b* du réseau du 2° du II de l'article D. 213-48-12-4. Le linéaire renouvelé inclut les sections de réseaux remplacées à l'identique ou renforcées ainsi que les sections réhabilitées.

À défaut, il est égal à 0.

Art. D. 213-48-12-7 *(D. n° 2024-787, 9 juill. 2024)*. – Pour l'application du V de l'article L. 213-10-5, le montant relatif aux fuites après compteur des abonnés au service d'eau potable est égal au produit des facteurs suivants :

1° Le volume d'eau potable que ces abonnés n'ont pas payé dans les conditions prévues au III *bis* de l'article L. 2224-12-4 du Code général des collectivités territoriales ;

2° Le tarif de la redevance pour la performance des réseaux d'eau potable applicable pour l'année au cours de laquelle ce volume d'eau potable n'a pas été payé ;

3° Le coefficient de modulation globale défini au 3° du A du IV de l'article L. 213-10-5.

§ 5. – Redevance pour la performance des systèmes d'assainissement collectif

Art. D. 213-48-12-8 *(D. n° 2024-787, 9 juill. 2024)*. – I. – Lorsque la redevance d'assainissement collectif mentionnée à l'article L. 2224-12-2 du Code général des collectivités territoriales est calculée, conformément à l'article R. 224-19-6 du même code, en multipliant un volume d'eau par un coefficient de modulation justifié par la pollution à traiter tel que défini dans une convention de déversement, l'assiette de la redevance pour la performance des systèmes d'assainissement collectif est égal à ce volume d'eau avant application du coefficient de modulation.

II. – Lorsque la redevance d'assainissement collectif mentionnée à l'article L. 2224-12-2 du Code général des collectivités territoriales est calculée à partir de la charge entrante en demande chimique en oxygène établie conformément à l'article R. 2224-19-6, l'assiette de la redevance pour la performance des systèmes d'assainissement collectif est égal au produit des facteurs suivants :

1° Le forfait par habitant prévu au deuxième alinéa du III de l'article L. 213-10-6 ;

2° Le quotient de la charge entrante en demande chimique en oxygène, exprimée en kilogramme par jour et calculée conformément à l'article D. 213-48-12-9, par 0,135.

Art. D. 213-48-12-9 *(D. n° 2024-787, 9 juill. 2024).* – Pour l'application du 3° du A du IV de l'article L. 213-10-6, la charge entrante en demande chimique en oxygène d'un système d'assainissement collectif, exprimée en kilogramme par jour, est déterminée dans les conditions suivantes :

1° Pour les stations de traitement des eaux usées dont la charge brute de pollution organique est supérieure ou égale à 2 000 équivalent habitants, elle est égale à la charge moyenne journalière en demande chimique en oxygène mesurée en entrée de station dans les conditions fixées par arrêté du ministre chargé de l'environnement ;

2° Pour les stations de traitement des eaux usées dont la charge brute de pollution organique est inférieure à 2 000 équivalent habitants et supérieure ou égale à 20 équivalent habitants, elle est égale à 13,5 % de la population totale majorée raccordées au système d'assainissement collectif, calculé selon les modalités définies par l'article L. 2334-2 du Code général des collectivités territoriales.

Art. D. 213-48-12-10 *(D. n° 2024-787, 9 juill. 2024).* – I. – Pour l'application du 1° du B du IV de l'article L. 213-10-6, le coefficient d'autosurveillance d'un système d'assainissement collectif est égal à la somme des indicateurs suivants lorsque la station de traitement des eaux usées a une charge brute de pollution organique supérieure ou égale à 2 000 équivalent habitant :

1° L'indicateur relatif à la validation de l'autosurveillance du système de collecte. Il est égal à 0,1 lorsque :

a) Un manuel d'autosurveillance du système de collecte remplit les conditions fixées par arrêté du ministre chargé de l'environnement ; et

b) L'agence de l'eau valide, dans des conditions fixées par arrêté du ministre chargé de l'environnement, une proportion suffisante de données relatives aux débits et aux autres paramètres mesurés sur les déversoirs d'orage.

À défaut, il est égal à 0 ;

2° L'indicateur relatif à la validation de l'autosurveillance de la station de traitement des eaux usées. Il est égal à 0,2 lorsque les conditions suivantes sont cumulativement remplies :

a) Un manuel d'autosurveillance de la station de traitement des eaux usées remplit les conditions fixées par arrêté du ministre chargé de l'environnement ;

b) L'agence de l'eau valide, dans des conditions fixées par arrêté du ministre chargé de l'environnement, une proportion suffisante de données relatives aux débits et aux autres paramètres mesurés.

À défaut, il est égal à 0.

II. – Lorsque la station de traitement des eaux usées a une charge brute de pollution organique inférieure à 2 000 équivalent habitants et supérieure ou égale à 200 équivalent habitants, le coefficient d'autosurveillance du système d'assainissement collectif mentionné au 1° du B du IV de l'article L. 213-10-6 est déterminé en fonction des indicateurs suivants :

1° L'indicateur relatif à la présence des équipements d'autosurveillance déterminé dans les conditions fixées par arrêté du ministre chargé de l'environnement ;

2° L'indicateur relatif à la réalisation des bilans d'autosurveillance et à la transmission des données d'autosurveillance déterminé dans les conditions fixées par arrêté du ministre chargé de l'environnement ;

3° L'indicateur relatif à la transmission d'un rapport d'autosurveillance déterminé dans les conditions fixées par arrêté du ministre chargé de l'environnement.

Lorsque ces trois indicateurs sont satisfaits, le coefficient d'autosurveillance du système d'assainissement collectif est égal à 0,3. Lorsque deux indicateurs sont satisfaits, ce coefficient est égal à 0,15. À défaut, il est égal à 0.

III. – Lorsque la station de traitement des eaux usées a une charge brute de pollution organique inférieure à 200 équivalent habitants et supérieure ou égale à 20 équivalent habitants, le coefficient d'autosurveillance du système d'assainissement collectif mentionné au 1° du B du IV de l'article L. 213-10-6 est égal à 0,3.

Art. D. 213-48-12-11 *(D. n° 2024-787, 9 juill. 2024).* – I. – Pour l'application du 2° du B du IV de l'article L. 213-10-6, le coefficient de conformité réglementaire d'un système d'assainissement collectif est égal à la somme des indicateurs suivants lorsque la station de traitement des eaux usées a une charge brute de pollution organique supérieure ou égale à 2 000 équivalent habitants :

1° L'indicateur relatif à la conformité réglementaire en performance de la station de traitement des eaux usées, déterminé dans les conditions fixées par arrêté du ministre chargé de l'environnement en fonction des prescriptions prévues dans l'acte administratif autorisant l'installation. Il est égal à 0,1 s'il est validé par les services en charge de la police de l'eau. À défaut, il est égal à 0 ;

2° L'indicateur relatif à la conformité de la collecte par temps sec, déterminé dans les conditions fixées par arrêté du ministre chargé de l'environnement en fonction de l'évaluation des rejets directs et des déversements significatifs par temps sec. Il est égal à 0,03 s'il est validé par les services en charge de la police de l'eau. À défaut, il est égal à 0 ;

Pour les années d'imposition 2025 à 2027, aux fins du calcul du coefficient de modulation, une non-conformité de la collecte entraîne l'application de la pénalité associée uniquement si le rejet ayant entraîné cette non-conformité est supérieur ou égal à 0,1 % des volumes générés par l'agglomération ;

3° L'indicateur relatif à la conformité de la collecte par temps de pluie, déterminé dans les conditions fixées par arrêté du ministre chargé de l'environnement en fonction de l'évaluation de la limitation des rejets par temps de pluie. Il est égal à 0,05 s'il est totalement validé par les services en charge de la police de l'eau et à 0,025 s'il est partiellement validé par les services en charge de la police de l'eau. À défaut, il est égal à 0 ;

4° L'indicateur relatif à la limitation des rejets par temps de pluie, déterminé dans les conditions fixées par arrêté du ministre chargé de l'environnement. Sa valeur est comprise entre 0 et 0,2.

II. – Lorsque la station de traitement des eaux usées a une charge brute de pollution organique inférieure à 2 000 équivalent habitants et supérieure ou égale à 20 équivalent habitants, le coefficient de conformité réglementaire du système d'assainissement collectif mentionné au 1° du B du IV de l'article L. 213-10-6 est égal à 0,2 si la conformité globale du système d'assainissement, déterminée dans les conditions fixées par arrêté du ministre chargé de l'environnement, est validée par les services en charge de la police de l'eau. À défaut, il est égal à 0.

III. – Lorsque la conformité réglementaire en équipement du système d'assainissement collectif n'est pas validée par le service en charge de la police de l'eau dans les conditions prévues par arrêté du ministre chargé de l'environnement, le coefficient de conformité réglementaire est nul.

Art. D. 213-48-12-12 *(D. n° 2024-787, 9 juill. 2024)*. – I. – Pour l'application du 3° du B du IV de l'article L. 213-10-6, le coefficient d'efficacité d'un système d'assainissement collectif est égal à la somme des indicateurs suivants lorsque la station de traitement des eaux usées a une charge brute de pollution organique supérieure ou égale à 2 000 équivalent habitants :

1° L'indicateur de rendement performant, déterminé dans les conditions fixées par arrêté du ministre chargé de l'environnement en fonction des rendements annuels de la station de traitement des eaux usées portant sur la demande biochimique en oxygène, la demande chimique en oxygène et les matières en suspension. Sa valeur est comprise entre 0 et 0,1 ;

2° L'indicateur relatif à la bonne destination des boues, déterminé dans les conditions fixées par arrêté du ministre chargé de l'environnement en fonction de l'emploi d'une filière pour l'évacuation des boues visant à leur réutilisation, leur recyclage ou leur valorisation. Sa valeur est comprise entre 0 et 0,1.

En l'absence d'évacuation de boues sur une année, l'indicateur est à 0,1.

II. – Lorsque la station de traitement des eaux usées a une charge brute de pollution organique inférieure à 2 000 équivalent habitants et supérieure ou égale à 200 équivalent habitants, le coefficient d'efficacité du système d'assainissement collectif mentionné au 3° du B du IV de l'article L. 213-10-6 est égal à la somme des indicateurs suivants :

1° L'indicateur relatif à la bonne destination des boues, déterminé conformément au 2° du I. Sa valeur est comprise entre 0 et 0,1 ;

2° L'indicateur relatif à la production suffisante de boues ou l'évacuation de boues suffisantes déterminé dans les conditions fixées par arrêté du ministre chargé de l'environnement en fonction du procédé de traitement en place. Sa valeur est comprise entre 0 et 0,1.

III. – Lorsque la station de traitement des eaux usées a une charge brute de pollution organique inférieure à 200 équivalent habitants et supérieure ou égale à 20 équivalent habitant, le coefficient d'efficacité du système d'assainissement collectif mentionné au 3° du B du IV de l'article L. 213-10-6 est égal 0,2 lorsqu'il n'est pas constaté une pollution, par la police judiciaire de l'Office français de la biodiversité ou par les services en charge de la police de l'eau, dans les conditions fixées par arrêté du ministre chargé de l'environnement. Dans le cas contraire, ce coefficient est égal à 0.

Art. D. 213-48-12-13 *(D. n° 2024-787, 9 juill. 2024)*. – Pour l'application du V de l'article L. 213-10-6, le montant relatif aux fuites après compteur des abonnés au service d'eau potable est égal au produit des facteurs suivants :

1° Le volume d'eau potable que ces abonnés n'ont pas payé dans les conditions prévues au III *bis* de l'article L. 2224-12-4 du Code général des collectivités territoriales ;

2° Le tarif de la redevance pour la performance des systèmes d'assainissement collectif applicable pour l'année au cours de laquelle ce volume d'eau potable n'a pas été payé ;

3° Le coefficient de modulation globale défini au 3° du A du IV de l'article L. 213-10-6.

§ 6. – Redevance pour pollutions diffuses

Art. D. 213-48-13 *(Ancien article R. 213-48-13 dénum. et rempl., D. n° 2024-787, 9 juill. 2024)*. – I. – Est une substance classée au sens du II de l'article L. 213-10-8 toute substance classée en application du règlement (CE) n° 1272/2008 du Parlement européen et du Conseil du 16 décembre 2008 relatif à la classification, à l'étiquetage et à l'emballage des substances et des mélanges, modifiant et abrogeant les directives 67/548/CE et 1999/45/CE et modifiant le règlement (CE) n° 1907/2006 :

1° Soit en raison de sa toxicité aiguë de catégorie 1, 2 ou 3 ;

2° Soit en raison de sa toxicité spécifique pour certains organes cibles, de catégorie 1, à la suite d'une exposition unique ou après une exposition répétée ;

3° Soit cancérogène de catégorie 1 A ou 1 B, mutagène de catégorie 1 A ou 1 B ou toxique pour la reproduction de catégorie 1 A ou 1 B ;

4° Soit cancérogène de catégorie 2, mutagène de catégorie 2 ou toxique pour la reproduction de catégorie 2 ;

5° Soit en raison de ses effets sur ou via l'allaitement ;

6° Soit en raison de ses dangers pour l'environnement.

Un arrêté conjoint des ministres chargés de l'environnement et de l'agriculture définit la liste des substances figurant dans chaque catégorie mentionnée au II de l'article L. 213-10-8, y compris les substances bénéficiant, malgré l'interdiction d'utilisation qui les frappe, d'un délai d'écoulement des stocks des produits les contenant existant à la date de cette interdiction.

Quand une même substance relève de plusieurs catégories mentionnées aux 1° à 6° ci-dessus, le taux de redevance qui lui est appliqué est le plus élevé parmi ceux de ces catégories.

La redevance est perçue lors de l'acquisition ou de la prestation mentionnée au I de l'article L. 213-10-8.

II. – Avant le 15 novembre de chaque année ou, le cas échéant, six semaines au moins avant l'entrée en vigueur d'un nouveau taux de la redevance pour pollutions diffuses, les responsables de la mise sur le marché des produits mentionnés à l'article L. 213-10-8 mettent à la disposition des distributeurs de produits phytopharmaceutiques, des prestataires de traitement de semences, des responsables de la mise sur le marché de semences traitées et des agences et offices de l'eau les informations suivantes, pour chaque produit :

1° Le numéro d'autorisation de mise sur le marché ;

2° L'unité de mesure de ce produit, qui est soit le litre, soit le kilogramme ;

3° La quantité, exprimée en kilogrammes, de substances classées par unité de mesure ainsi que le taux applicable à ces substances, conformément à l'arrêté mentionné au I ci-dessus ;

4° Le montant de la redevance correspondante, par unité de mesure de produit.

Ces informations sont mises à la disposition des agences et offices de l'eau par voie électronique, dans les conditions définies conjointement par ceux-ci. Elles sont également mises à la disposition des distributeurs de produits phytopharmaceutiques et des responsables de la mise sur le marché des semences traitées par voie électronique ou, à leur demande, par écrit.

Ces informations sont actualisées à chaque livraison d'un nouveau produit mis sur le marché contenant une substance classée soumise à redevance.

III. – Avant le 1er décembre de chaque année ou, le cas échéant, un mois au moins avant l'entrée en vigueur d'un nouveau taux de la redevance pour pollutions diffuses, les responsables de la mise sur le marché de semences traitées mettent à disposition des distributeurs de ces semences et des agences et office de l'eau les informations suivantes, pour chaque semence traitée :

1° L'espèce végétale de la semence ou, dans le cas des mélanges de semences pour gazon, la mention « gazon » et le poids moyen de mille grains pour les espèces commercialisées en nombre de grains ;

2° Pour chaque produit utilisé pour traiter cette semence :
a) Le nom et le numéro d'autorisation de mise sur le marché ;
b) La quantité de ce produit par quintal de semences et, pour les espèces commercialisées en nombre de grains, pour mille grains, correspondant à l'application de la dose maximale homologuée du produit pour l'espèce végétale considérée ou, le cas échéant, les gazons, exprimée dans l'unité de mesure de ce produit communiquée par le responsable de sa mise sur le marché en application du II ou, à défaut, en litres ou en kilogrammes ;
c) Le montant de la redevance correspondante, par quintal et, pour les espèces commercialisées en nombre de grains, pour mille grains, établis à partir de cette quantité et du montant de redevance mentionnée au II.
Ces informations sont mises à la disposition des agences et office de l'eau par voie électronique, dans les conditions définies conjointement par ceux-ci. Elles sont également mises à la disposition des distributeurs de semences traitées, par voie électronique ou, à leur demande, par écrit.
Ces informations sont actualisées à chaque livraison d'une nouvelle semence traitée mise sur le marché.
IV. – Est puni de l'amende prévue pour les contraventions de la quatrième classe le fait pour un distributeur de produits phytopharmaceutiques de ne pas faire apparaître sur la facture le montant de la redevance qu'il a acquittée au titre de ses ventes de produits phytopharmaceutiques.
Est puni de l'amende prévue pour les contraventions de la cinquième classe :
1° Le fait, pour le responsable de la mise sur le marché d'un produit phytopharmaceutique, de ne pas communiquer à une agence de l'eau ou à un office de l'eau ou à un distributeur de produits phytopharmaceutiques ou à un responsable de la mise sur le marché de semences traitées les informations prévues au II ;
2° Le fait, pour le responsable de la mise sur le marché d'une semence traitée, de ne pas communiquer à une agence de l'eau ou à un office de l'eau ou à un distributeur de semences traitées les informations prévues au III.
V. – Le montant du prélèvement annuel mentionné au V de l'article L. 213-10-8 réalisé au profit de l'Office français de la biodiversité afin de mettre en œuvre le programme national visant à la réduction de l'usage des pesticides dans l'agriculture et à la maîtrise des risques y afférents, fixé par arrêté conjoint des ministres chargés de l'environnement, de l'agriculture et du budget, est le montant avant application de la déduction des frais d'assiette et de recouvrement mentionnés à l'article R. 213-48-49.

§ 7. – Redevance pour prélèvement sur la ressource en eau

Art. [D.] 213-48-14 *(Rempl., D. n° 2024-787, 9 juill. 2024).* – I. – Un ensemble d'installations, captages, forages ou puits reliés entre eux pour assurer la mise à disposition de la ressource en eau par des prélèvements réalisés par une même personne dans une même masse d'eau est considéré comme une source unique de prélèvements.
II. – L'assiette de la redevance pour prélèvement sur la ressource en eau prévue à l'article L. 213-10-9 est, en ce qui concerne l'alimentation en eau potable, le volume prélevé par les services d'eau potable au sens du I de l'article L. 2224-7 du Code général des collectivités territoriales.
Les usages pour l'irrigation mentionnés au tableau du 1 du B du V de l'article L. 213-10-9 sont ceux réalisés par des exploitants agricoles pour l'irrigation des cultures.
Les prélèvements destinés aux autres usages économiques mentionnés au tableau du V de l'article L. 213-10-9 sont ceux qui ne sont pas destinés aux autres usages mentionnés dans le même tableau ou aux usages exonérés mentionnés au II du même article.
III. – L'organisme unique mentionné au 6° du II de l'article L. 211-3 peut, à sa demande, déclarer et acquitter les redevances pour prélèvement sur la ressource en eau pour les usages liés à l'irrigation définis par l'article L. 213-10-9, pour le compte des redevables de son périmètre. Dans ce cas, le montant des redevances est répercuté par l'organisme unique auprès de chaque bénéficiaire des répartitions de prélèvements.
En zone de répartition des eaux, le tarif de la redevance en vigueur pour une ressource de catégorie 1 s'applique à partir de l'année au cours de laquelle est pris l'arrêté désignant l'organisme unique.
IV. – En application du 1° et 2° du VI de l'article L. 213-10-9, la redevance due pour un prélèvement d'eau destiné à l'alimentation d'un canal est calculée au prorata des volumes utilisés pour chaque usage mentionné au tableau du V du même article, après déduction, d'une part, des volumes turbinés par une ou plusieurs installations hydroélectriques et rejetés à l'extérieur du canal et, d'autre part, des volumes destinés, en application d'un acte administratif, à alimenter en eau des cours d'eau ou à la préservation d'écosystèmes aquatiques ou de sites et de zones humides.

Les volumes prélevés par le canal, déduction faite des volumes mentionnés à l'alinéa précédent, sont soumis au tarif correspondant à leur usage. L'agence notifie au gestionnaire le montant des redevances dues en application du tableau du V de l'article L. 213-10-9, le gestionnaire en répercutant le montant sur les usagers du canal.

V. – Pour l'application du troisième alinéa du III de l'article L. 213-10-9, le volume d'eau prélevé est calculé en multipliant le nombre d'unités de la grandeur caractéristique de l'activité à l'origine du prélèvement par un volume forfaitaire d'eau prélevé par unité, conformément aux données indiquées par arrêté du ministre chargé de l'environnement.

VI. – Pour l'application du 3° du VI de l'article L. 213-10-9, les installations hydroélectriques ne fonctionnant pas au fil de l'eau sont celles dont le titre administratif autorise le fonctionnement par éclusées. En l'absence de mention dans le titre administratif, sont réputées fonctionner au fil de l'eau les installations dont la capacité utile du réservoir d'eau alimentant les équipements de production d'hydroélectricité représente moins de deux heures d'apports d'eau sur la base du débit moyen interannuel naturel du cours d'eau ou qui disposent d'un ouvrage de régulation du débit implanté immédiatement en aval de l'usine hydroélectrique ainsi que les ouvrages de régulation eux-mêmes, sauf lors des périodes correspondant aux obligations réglementaires d'arrêt exceptionnel ou de maintenance et lors des circonstances hydrologiques exceptionnelles.

Dans le cas des stations de transfert d'énergie par pompage, les volumes d'eau renvoyés après turbinage dans le réservoir à l'amont de l'usine hydroélectrique sont déduits de l'assiette de la redevance.

Art. D. 213-48-14-1 *(Implicitement abr., D. n° 2024-787, 9 juill. 2024).*

Rédaction antérieure. Art. D. 213-48-14-1 *(D. n° 2012-97, 27 janv. 2012).* – La majoration du taux de la redevance pour l'usage « alimentation en eau potable » est appliquée si le plan d'actions mentionné au deuxième alinéa de l'article L. 2224-7-1 du Code général des collectivités territoriales n'est pas établi dans les délais prescrits au V de l'article L. 213-10-9 lorsque le rendement du réseau de distribution d'eau, calculé pour l'année précédente ou, en cas de variations importantes des ventes d'eau, sur les trois dernières années, et exprimé en pour cent, est inférieur à 85 ou, lorsque cette valeur n'est pas atteinte, au résultat de la somme d'un terme fixe égal à 65 et du cinquième de la valeur de l'indice linéaire de consommation égal au rapport entre, d'une part, le volume moyen journalier consommé par les usagers et les besoins du service, augmenté des ventes d'eau à d'autres services, exprimé en mètres cubes, et, d'autre part, le linéaire de réseaux hors branchements exprimé en kilomètres. Si les prélèvements réalisés sur des ressources faisant l'objet de règles de répartition sont supérieurs à 2 millions de m^3/an, la valeur du terme fixe est égale à 70.

Le plan d'actions inclut un suivi annuel du rendement des réseaux de distribution d'eau, tenant compte des livraisons d'eau de l'année au titre de laquelle un taux de pertes en eau supérieur à la valeur mentionnée à l'alinéa précédent a été constaté. En application du plan d'actions, le descriptif détaillé des ouvrages de transport et de distribution d'eau potable défini à l'article D. 2224-5-1 du Code général des collectivités territoriales est mis à jour en indiquant les secteurs ayant fait l'objet de recherches de pertes d'eau par des réseaux de distribution ainsi que les réparations effectuées.

Art. D. 213-48-15 *(Ancien art. R. 213-48-15 abr. à compter du 1er janvier 2020, D. n° 2019-674, 28 juin 2019 ; dénum. et rétabli, D. n° 2024-787, 9 juill. 2024).* – Le programme d'actions mentionné au deuxième alinéa de l'article L. 2224-7-1 du Code général des collectivités territoriales est établi suivant le diagnostic des ouvrages et des équipements nécessaires à la distribution de l'eau potable. Il prend en compte les secteurs où la réhabilitation ou le renforcement des réseaux est prioritaire, de manière à réduire les conséquences des défaillances en termes des pertes, en mettant en œuvre un programme pluriannuel de renouvellement des canalisations (programme détaillé assorti d'un estimatif portant sur au moins 3 ans). Il intègre également les actions à mener pour assurer la recherche, l'identification et la réduction des fuites.

Le taux de perte en eau du réseau au-delà duquel un plan d'action doit être mené, conformément aux dispositions de l'article L. 2224-7-1 du Code général des collectivités territoriales, correspond à une valeur du coefficient de performance mentionnée au a du 3° du IV de l'article L. 213-10-5 du Code de l'environnement, égale à 0. Ce plan d'actions visant à réduire le taux de pertes en eau du réseau, inclut un suivi annuel du rendement des réseaux de distribution d'eau, tenant compte des livraisons d'eau de l'année au titre de laquelle la valeur du coefficient de performance est égale à 0.

En application du plan d'actions, le descriptif détaillé des ouvrages de transport et de distribution d'eau potable défini à l'article D. 2224-5-1 du Code général des collectivités territoriales est mis à jour en indiquant les secteurs ayant fait l'objet de recherches de pertes d'eau par des réseaux de distribution ainsi que les réparations effectuées.

§ 8. – **Dispositions communes**

Art. D. 213-48-16 *(Ancien article R. 213-48-16 dénum. et rempl., D. n° 2024-787, 9 juill. 2024).* – Les unités géographiques cohérentes mentionnées au IV de l'article L. 213-10-2 et au 3° du B du V de l'article L. 213-10-9 sont délimitées par délibération du conseil d'administration de l'agence sur la base de limites communales, à partir des limites des sous-bassins ou des aquifères souterrains et, le cas échéant, de leurs masses d'eau.

Art. D. 213-48-17 *(Ancien article R. 213-48-17 dénum. et rempl., D. n° 2024-787, 9 juill. 2024).* – L'état des masses d'eau mentionné au 1° du IV de l'article L. 213-10-2 et au 3° du VI de l'article L. 213-10-9 est défini en application des dispositions des articles R. 212-10 et R. 212-12.

Art. D. 213-48-18 *(Ancien article R. 213-48-18 dénum. et rempl., D. n° 2024-787, 9 juill. 2024).* – Pour l'application du 2° du IV de l'article L. 213-10-2, sont considérés comme présentant un risque d'infiltration ou d'écoulement des polluants dans les masses d'eau souterraine les rejets dans des puits d'infiltration, des cavités naturelles ou artificielles en contact permanent ou temporaire avec la nappe, ainsi que les rejets dans les cours d'eau ou sections de cours d'eau présentant en aval du rejet un caractère karstique ou des pertes naturelles significatives. La liste de ces cours d'eau et sections de cours d'eau est arrêtée par délibération du conseil d'administration de l'agence.

Art. D. 213-48-19 *(Ancien article R. 213-48-19 dénum. et rempl., D. n° 2024-787, 9 juill. 2024).* – Pour l'application du 5° du II de l'article L. 213-10-9 et du II de l'article L. 213-10-10, une délibération du conseil d'administration de l'agence arrête les dates de début et de fin de la période d'étiage pour les cours d'eau du bassin sur la base d'une analyse de leur régime hydrologique.

Art. D. 213-48-20 *(Ancien article R. 213-48-20 dénum. et rempl., D. n° 2024-787, 9 juill. 2024).* – Les délibérations des agences de l'eau concernant les taux des redevances sont publiés au Journal officiel de la République française avant le 31 octobre de l'année précédant celle pour laquelle ils sont applicables.

Sous-section 4. – Obligations déclaratives, contrôle, modalités de recouvrement et procédure de rescrit

(D. n° 2007-1357, 14 sept. 2007 ; intitulé rempl., D. n° 2018-1227, 24 déc. 2018)

§ 1. – **Déclaration**

(Rempl., D. n° 2024-787, 9 juill. 2024)

Art. D. 213-48-21 *(Ancien article R. 213-48-21 dénum. et rempl., D. n° 2024-787, 9 juill. 2024).* – I. – La déclaration mentionnée à l'article L. 213-11 est souscrite pour chaque année civile par les redevables des redevances prévues aux articles L. 213-10-2, L. 213-10-3, L. 213-10-5, L. 213-10-6, L. 213-10-9, et L. 213-10-10.

Conformément au III de l'article D. 213-48-14, cette déclaration est souscrite par l'organisme unique prévu au 6° du II de l'article L. 211-3.

II. – La déclaration mentionnée à l'article L. 213-11 est souscrite pour chaque année civile par la personne qui facture la redevance prévue à l'article L. 213-10-4 ou qui collecte la redevance prévue à l'article L. 213-10-12 et auprès de laquelle ces redevances sont perçues par l'agence de l'eau.

III. – Pour la redevance mentionnée à l'article L. 213-10-8, la déclaration est souscrite :

a) Par tout distributeur de produits phytopharmaceutiques à leur utilisateur final, agréé en application du 1° du II de l'article L. 254-1 du Code rural et de la pêche maritime et faisant l'objet d'une immatriculation en qualité d'établissement principal au registre du commerce et des sociétés, sauf dans le cas où l'utilisateur final met sur le marché les semences mentionnées au *b* ;

b) Par tout distributeur à leur utilisateur final de semences traitées au moyen d'un ou plusieurs produits phytopharmaceutiques ;

c) Par toute personne agréée en vertu du 2° du II de l'article L. 254-1 du Code rural et de la pêche maritime exerçant l'activité de traitement de semences, lorsqu'elle utilise des produits phytopharmaceutiques acquis auprès d'une personne autre que celle mentionnée au *a* ;

d) Par le professionnel assujetti à la redevance lorsque celui-ci doit tenir le registre prévu à l'article L. 254-3-1 du Code rural et de la pêche maritime.

Art. D. 213-48-22 *(Ancien article R. 213-48-22 dénum. et rempl., D. n° 2024-787, 9 juill. 2024)*. – I. – La déclaration signée est remise ou retournée à l'agence de l'eau dans le ressort de laquelle est situé :

1° L'ouvrage, l'installation, l'établissement ou l'exploitation agricole à l'origine du fait générateur des redevances prévues aux articles L. 213-10-2, L. 213-10-3, L. 213-10-9 et L. 213-10-10 ;

2° Le raccordement au réseau d'eau potable du redevable de la redevance prévue à l'article L. 213-10-4 ;

3° Les redevables des redevances prévues aux articles L. 213-10-5 et L. 213-10-6 ;

4° La majeure partie de la population couverte par l'établissement public redevable des redevances prévues aux articles L. 213-10-5 et L. 213-10-6.

Lorsqu'une agence de l'eau a été désignée en application de l'article L. 213-11-15-1 pour l'établissement du titre de recette et le recouvrement d'une redevance, la déclaration relative à cette redevance est remise ou retournée à cette agence.

II. – Les personnes mentionnées au III de l'article D. 213-48-21 établissent une seule déclaration pour l'ensemble de leurs établissements au sens du III de l'article L. 254-1 du Code rural et de la pêche maritime ou, en l'absence d'agrément, pour l'ensemble de leurs établissements secondaires au sens de l'article R. 123-40 du Code de commerce.

Pour le reversement aux agences de l'eau mentionné à l'article L. 213-11-15-1, au titre de la redevance pour pollutions diffuses, les montants reversés à chaque agence sont ceux recouvrés pour les établissements :

a) Situés dans sa circonscription administrative, dans lesquels l'utilisateur final acquiert un produit visé à l'article L. 213-10-8 du présent code dans les cas visés au *a* du III de l'article D. 213-48-21 ;

b) Situés dans sa circonscription administrative, dans lesquels l'utilisateur final acquiert des semences traitées dans les cas visés au *b* du III de l'article D. 213-48-21 ;

c) Principaux, situés dans sa circonscription administrative, des professionnels ayant réalisé le traitement des semences dans les cas visés au *c* du III de l'article D. 213-48-21 ;

d) Principaux des professionnels assujettis dans les cas visés au *d* du III de l'article D. 213-48-21.

Art. D. 213-48-23 *(Ancien article R. 213-48-23 dénum. et rempl., D. n° 2024-787, 9 juill. 2024)*. – Pour les redevances prévues aux articles L. 213-10-2, L. 213-10-3, L. 213-10-9 et L. 213-10-10, il est établi une déclaration par ouvrage, installation, établissement ou exploitation agricole. La déclaration comporte l'identification du contribuable : nom et prénoms ou dénomination sociale, adresse et numéro « SIRET », code « NAF ». Pour une exploitation agricole d'élevage, la référence « SIRET » est associée, le cas échéant, à sa référence « PACAGE ».

Art. D. 213-48-24 *(Ancien article R. 213-48-24 dénum. et rempl., D. n° 2024-787, 9 juill. 2024)*. – I. – Pour la détermination de la redevance pour pollution de l'eau des industriels non raccordés au réseau public de collecte des eaux usées prévue à l'article L. 213-10-2, outre les informations mentionnées à l'article D. 213-48-23, la déclaration indique :

1° La désignation des lieux de rejet et les caractéristiques de l'activité à l'origine des rejets ;

2° Les résultats mensuels du suivi régulier des rejets mentionné à l'article D. 213-48-5 ou, à défaut d'un tel suivi, le nombre d'unités de la grandeur caractérisant l'activité polluante conformément aux articles D. 213-48-7 et D. 213-48-8 et les données relatives au fonctionnement de l'ouvrage de dépollution mis en place par l'établissement conformément à l'article D. 213-48-9.

II. – Pour la détermination de la redevance pour pollution de l'eau par les activités d'élevage prévue à l'article L. 213-10-3, outre les informations mentionnées à l'article D. 213-48-23, la déclaration indique les effectifs d'animaux de l'exploitation répartis par catégorie en application de l'article D. 213-48-12 et la surface agricole utilisée.

Art. D. 213-48-25 *(Ancien article R. 213-48-25 dénum. et rempl., D. n° 2024-787, 9 juill. 2024)*. – Pour la détermination de la redevance sur la consommation en eau potable prévue à l'article L. 213-10-4, la déclaration indique :

1° Par commune, le tarif de la redevance applicable durant l'année de facturation ainsi que le volume d'eau facturé au cours de cette même année aux personnes abonnées au service d'eau potable, calculé s'il y a lieu conformément au troisième alinéa du III de l'article L. 213-10-4 ;

2° La liste des communes pour lesquelles la facturation ne comporte pas de terme proportionnel au volume d'eau consommé ainsi que les volumes correspondants pour chacune de ces communes ;

3° Le montant des sommes encaissées au titre de la redevance entre le 1er janvier et le 31 décembre de cette même année de facturation, en les distinguant selon leur année de facturation ;

4° Le montant des sommes facturées au titre de la redevance pendant les quatre années précédant celle de facturation qui restent à encaisser par l'exploitant du service d'eau potable, en les distinguant selon leur année de facturation ;

5° Le montant des sommes facturées au titre de la redevance qui sont estimées irrécouvrables et inscrites à ce titre en pertes dans la comptabilité de l'exploitant du service d'eau potable en les distinguant selon leur année de facturation ;

6° Le montant des rectifications d'assiette facturées au cours de l'année de facturation en précisant la répartition de ce montant par année au titre de laquelle les rectifications ont été établies.

Art. D. 213-48-25-1 *(D. n° 2024-787, 9 juill. 2024)*. – Aux fins du recouvrement des restes à recouvrer de la redevance sur la consommation d'eau potable prévue à l'article L. 213-10-4, les redevables déclarent les encaissements de redevances perçus au cours des années précédentes et non reversés aux agences.

À partir de la déclaration 2031 pour l'année 2030, les restes à encaisser des années antérieures aux quatre années précédant celle de facturation seront agrégés. La déclaration, pour ces années agrégées, portera alors sur le montant total encaissé, le montant total admis en non-valeurs et le montant total des factures rectificatives émises toutes années de redevances confondues.

Art. D. 213-48-26 *(Ancien article R. 213-48-26 dénum. et rempl., D. n° 2024-787, 9 juill. 2024)*. – Pour la détermination de la redevance pour la performance des réseaux d'eau potable prévue à l'article L. 213-10-5, la déclaration indique les informations suivantes :

1° Le volume d'eau potable facturé au cours de l'année d'imposition ;

2° Les montants relatifs aux fuites après compteur des abonnés au service d'eau potable tel que défini à l'article D. 213-48-12-7, portant sur des volumes facturés antérieurement à l'année d'imposition et qui ont fait l'objet d'un dégrèvement de la part du service d'eau durant l'année d'imposition.

3° Le volume d'eau potable issu des ouvrages de production du réseau d'eau potable ;

4° Le volume d'eau potable importé en provenance d'un autre réseau d'eau potable ;

5° Le volume d'eau potable exporté, livré à un autre réseau d'eau potable ;

6° Le volume d'eau potable comptabilisé domestique ;

7° Le volume d'eau potable comptabilisé non domestique (y compris les volumes de service comptabilisés) ;

8° Les volumes d'eau potable prélevés, sur des bornes ou des poteaux incendies pour un incendie de plus de 24 heures ;

9° Le linéaire du réseau défini au b du 2° du II de l'article D. 213-48-12 ;

10° Le nombre d'abonnés raccordés au réseau d'eau potable ;

11° Le nombre d'habitants desservis par le réseau d'eau potable ;

12° L'existence d'un plan mis à jour de réseaux de transport et distribution d'eau potable, défini au 1° du I de l'article D. 213-48-12-6 ;

13° La proportion du linéaire du réseau de transport et distribution d'eau potable pour laquelle l'inventaire des réseaux mentionne les matériaux et diamètres des canalisations ;

14° La proportion du linéaire du réseau de transport et distribution d'eau potable pour laquelle l'inventaire des réseaux mentionne les dates ou périodes de pose des tronçons ;

15° L'existence d'un système d'information géographique du réseau de transport et de distribution d'eau potable identifiant la localisation des fuites et recensant les données relatives à ces fuites, défini au 4° du I de l'article D. 213-48-12-6 ;

16° La mise en œuvre d'un programme pluriannuel détaillé d'actions visant à lutter contre les fuites du réseau de transport et de distribution d'eau potable et à planifier le renouvellement de ce réseau, défini à l'article D. 213-48-12-7 ;

17° Le taux moyen de renouvellement du réseau d'eau potable, défini au *b* du 5° du I de l'article D. 213-48-12-6.

Ces informations sont distinguées pour chaque entité de gestion définie à l'article D. 213-48-12-2.

Les informations prévues au 3° à 17° portent sur la deuxième année précédant celle au titre de laquelle la redevance pour la performance des réseaux d'eau potable est due.

Les informations mentionnées du 3° au 17° du présent article sont issus de l'outil SISPEA. Lorsque les informations nécessaires au calcul d'un indicateur ne sont pas renseignées, la valeur par défaut de cet indicateur est alors appliquée.

Art. D. 213-48-26-1 *(D. n° 2024-787, 9 juill. 2024)*. – Pour la détermination de la redevance pour la performance des systèmes d'assainissement collectif prévue à l'article L. 213-10-6, la déclaration indique les informations suivantes pour chacun des systèmes d'assainissement dont la collectivité redevable est compétente en matière d'épuration des eaux usées :

1° Le volume pris en compte pour le calcul de la redevance d'assainissement mentionnée à l'article L. 2224-12-2 du Code général des collectivités territoriales au cours de l'année d'imposition ;

2° Les montants relatifs aux fuites après compteur des abonnés au service d'eau potable tel que défini à l'article D. 213-48-12-13, portant sur des volumes facturés antérieurement à l'année d'imposition et qui ont fait l'objet d'un dégrèvement de la part du service d'eau durant l'année d'imposition ;

3° pour les stations de traitement des eaux usées dont la charge brute de pollution organique est inférieure à 2 000 équivalent habitants et supérieure ou égale à 20 équivalent habitant, la population totale majorée raccordée au système d'assainissement collectif, calculée selon les modalités définies par l'article L. 2334-2 du Code général des collectivités territoriales au titre de la deuxième année précédant l'année d'imposition ;

4° Pour les stations de traitement des eaux usées dont la charge brute de pollution organique est supérieure ou égale à 2000 équivalent habitant, la charge moyenne journalière en demande chimique en oxygène, telle que définie à l'article D. 213-48-12-9 durant de la deuxième année précédant l'année d'imposition ;

5° Pour les stations de traitement des eaux usées dont la charge brute de pollution organique est supérieure ou égale à 2000 équivalent habitant, la validation de l'autosurveillance du système de collecte et de la station telle que définie à l'article D. 213-48-12-10 pour la deuxième année précédant l'année d'imposition.

6° pour les stations de traitement des eaux usées dont la charge brute de pollution organique est inférieure à 2 000 équivalent habitants et supérieure ou égale à 200 équivalent habitant, la présence des équipements d'autosurveillance installés conformément au II et III de l'article 17 de l'arrêté du 21 juillet 2015 susvisé, le nombre de bilans d'autosurveillance réalisés et de rapport transmis selon les modalités définies à l'article D. 213-48-12-10 pour la deuxième année précédant l'année d'imposition ;

7° Pour les stations de traitement des eaux usées dont la charge brute de pollution organique est supérieure ou égale à 2000 équivalent habitant, la conformité réglementaire en équipement et en performance de la station de traitement des eaux usées, de la collecte par temps sec et par temps de pluie pour la deuxième année précédant l'année d'imposition.

Pour les systèmes de collecte non conformes par temps de pluie, en réseau mixte ou unitaire, le % de volumes déversés ou de flux de pollution produits ou le nombre de déversoirs d'orage soumis à autosurveillance ayant déversé au moins 20 jours par an durant la deuxième année précédant l'année d'imposition ;

8° pour les stations de traitement des eaux usées dont la charge brute de pollution organique est inférieure à 2 000 équivalent habitants et supérieure ou égale à 20 équivalent habitant, la conformité réglementaire en équipement et globale du système d'assainissement pour la deuxième année précédant l'année d'imposition ;

9° le volume total déversé par temps pluie sur le réseau unitaire ou mixte à l'échelle de la zone de collecte d'eaux usées générées à l'échelle de l'agglomération durant la deuxième année précédant l'année d'imposition ;

10° le volume déversé par temps sec pour chaque commune ou établissement public compétent en matière de collecte durant la deuxième année précédant l'année d'imposition ;

11° Pour les stations de traitement des eaux usées dont la charge brute de pollution organique est supérieure ou égale à 2000 équivalent habitant, les rendements annuels de la station de traitement des eaux usées en DBO5, DCO et MES pour la deuxième année précédant l'année d'imposition ;

12° pour les stations de traitement des eaux usées dont la charge brute de pollution organique est inférieure à 2 000 équivalent habitants et supérieure ou égale à 200 équivalent habitant, la quantité de boues produites ou pour les lagunes et filtres plantés de roseaux, la date du dernier curage durant la deuxième année précédant l'année d'imposition ;

13° pour les stations de traitement des eaux usées dont la charge brute de pollution organique est supérieure ou égale à 200 équivalent habitant, la quantité de boues évacuées au cours de l'année par destination finale durant la deuxième année précédant l'année d'imposition ;

14° l'existence d'interconnexion entre plusieurs systèmes de traitement des eaux usées.

Les informations prévues au 3° à 14° portent sur la deuxième année précédant celle au titre de laquelle la redevance pour la performance des systèmes d'assainissement collectif est due.

Art. D. 213-48-27 *(Ancien article R. 213-48-27 dénum. et rempl., D. n° 2024-787, 9 juill. 2024)*. – Pour la détermination de la redevance pour pollutions diffuses prévue par l'article L. 213-10-8, la déclaration comporte notamment, outre les informations mentionnées à l'article D. 213-48-23, la référence à l'agrément exigé par l'article L. 254-1 du Code rural et de la pêche maritime, le cas échéant, ainsi que :

1° Pour les distributeurs visés au a du III de l'article D. 213-48-21 distribuant des produits phytopharmaceutiques à des utilisateurs professionnels et pour ceux visés au b du III du même article, le registre établi en application du II de l'article D. 254-23 du Code rural et de la pêche maritime relatif à l'année au titre de laquelle la déclaration est établie sans le bilan mentionné au III du même article ;

2° Pour les distributeurs visés au a du III de l'article D. 213-48-21 distribuant des produits phytopharmaceutiques destinés à des utilisateurs non professionnels, le ou les bilans établis en application du III de l'article R. 254-23 du Code rural et de la pêche maritime relatifs à l'année au titre de laquelle la déclaration est établie ;

3° Pour les personnes visées au c du III de l'article D. 213-48-21, le ou les bilans établis en application du II de l'article R. 254-23-1 du Code rural et de la pêche maritime relatifs à l'année au titre de laquelle la déclaration est établie ;

4° Pour les personnes visées au d du III de l'article D. 213-48-21, le ou les bilans établis en application du II de l'article R. 254-23-2 du Code rural et de la pêche maritime relatifs à l'année au titre de laquelle la déclaration est établie.

Art. D. 213-48-27-1 *(Rempl., D. n° 2024-787, 9 juill. 2024)*. – I. – Les redevables de l'ensemble des agences de l'eau au titre de la redevance pour pollutions diffuses prévue à l'article L. 213-10-8 adressent leur déclaration à l'Agence de l'eau Artois-Picardie, qui est désignée pour l'établissement du titre de recettes et le recouvrement de la redevance auprès de ces redevables.

II. – Les redevables de l'ensemble des agences de l'eau au titre de la redevance pour protection du milieu aquatique prévue à l'article L. 213-10-12 adressent leur déclaration à l'Agence de l'eau Adour-Garonne, qui est désignée pour l'établissement du titre de recettes et le recouvrement de la redevance auprès de ces redevables.

III. – Les redevables de l'ensemble des agences de l'eau au titre de la redevance pour pollution de l'eau d'origine non domestique liée aux activités d'élevage, prévue au IV de l'article L. 213-10-2, adressent leur déclaration à l'agence de l'eau Loire-Bretagne qui est désignée pour l'établissement du titre de recettes et le recouvrement de la redevance auprès de ces redevables.

IV. – Les redevables de l'ensemble des agences de l'eau au titre de la redevance pour stockage d'eau en période d'étiage, prévue à l'article L. 213-10-10, adressent leur déclaration à l'agence de l'eau Adour-Garonne qui est désignée pour l'établissement du titre de recettes et le recouvrement de la redevance auprès de ces redevables.

Art. D. 213-48-28 *(Ancien article R. 213-48-28 dénum. et rempl., D. n° 2024-787, 9 juill. 2024)*. – I. – Pour la détermination de la redevance pour prélèvement sur la ressource en eau prévue à l'article L. 213-10-9, outre les informations mentionnées à l'article D. 213-48-23, la déclaration indique :

1° L'activité à l'origine du prélèvement ;

2° La localisation du prélèvement ;

3° Les données relatives à chaque installation de mesure des prélèvements :

a) Les références de l'instrument de mesure ;

b) La date de première mise en service, et le cas échéant l'index de dépose de l'ancienne installation de mesure ;

c) La date de passage à zéro du totalisateur du volume prélevé, de remise à neuf ou d'échange du mécanisme de mesure de l'installation de mesure, ou de la réalisation d'un diagnostic ou d'un contrôle ;

4° La tenue ou non d'un registre relatif à ce dispositif de mesure et répondant aux obligations prévues au II du même article L. 214-8 ;

5° Les volumes annuels totaux prélevés pour cet usage au cours de l'année établis à partir des relevés mensuels inscrits au registre ;

6° Les incidents survenus dans l'exploitation de l'installation de mesure des prélèvements :

a) La nature de l'incident ;

b) La date de constatation et de réparation de l'incident ;

c) Le relevé de l'index du ou des installations de mesure aux dates de constatation et de réparation de l'incident ;

7° Les caractéristiques de l'activité nécessitant ce prélèvement.

II. – Par dérogation au 1° du I, la déclaration indique la superficie irriguée, exprimée en hectares, lorsque les volumes prélevés pour l'irrigation gravitaire ne sont pas comptabilisés par un dispositif de mesure conformément au I de l'article L. 214-8.

Art. D. 213-48-29 *(Ancien article R. 213-48-29 dénum. et rempl., D. n° 2024-787, 9 juill. 2024).* – Dans le cas d'un prélèvement pour l'alimentation d'un canal, le redevable de la redevance pour prélèvement sur la ressource en eau prévue à l'article L. 213-10-9 déclare, outre les informations mentionnées à l'article D. 213-48-23 et au I de l'article D. 213-48-28, les informations suivantes :

1° Le volume d'eau prélevé pour alimenter le canal ;

2° Les volumes d'eau prélevés dans le canal pour chaque usage mentionné au B du V de l'article L. 213-10-9 ;

3° Les volumes d'eau turbinés par des usines hydroélectriques et rejetés à l'extérieur du canal ;

4° Les volumes d'eau destinés à alimenter en eau des cours d'eau ou à la préservation d'écosystèmes aquatiques ou de sites et de zones humides.

Art. D. 213-48-30 *(Ancien article D. 213-48-30 dénum. et rempl., D. n° 2024-787, 9 juill. 2024).* – Dans le cas d'un prélèvement destiné au fonctionnement d'une installation hydroélectrique, le redevable de la redevance pour prélèvement sur la ressource en eau prévue à l'article L. 213-10-9 déclare, outre les informations mentionnées à l'article D. 213-48-23 et au I de l'article D. 213-48-28, le volume d'eau turbiné ou, à défaut, la quantité d'énergie électrique brute annuelle produite exprimée en kilowattheures, le rendement global de l'installation incluant turbine et alternateur et la hauteur de chute brute de l'installation.

Art. D. 213-48-31 *(Ancien article D. 213-48-31 dénum. et rempl., D. n° 2024-787, 9 juill. 2024).* – Pour la détermination de la redevance pour stockage d'eau en période d'étiage, outre les informations mentionnées à l'article D. 213-48-23, la déclaration comporte les informations relatives au volume d'eau stocké en début et en fin de période d'étiage, déduction faite des volumes stockés lors de crues supérieures à la crue de fréquence quinquennale et déstockés au plus tard dans un délai de trente jours à compter de la date de la pointe de la crue.

Art. R. 213-48-32 *(Créé à compter du 1er janvier 2008, D. n° 2007-1357, 14 sept. 2007 ; abr., D. n° 2019-674, 28 juin 2019).*

Art. D. 213-48-33 *(Ancien article D. 213-48-33 dénum. et rempl., D. n° 2024-787, 9 juill. 2024).* – Pour la détermination de la redevance pour protection du milieu aquatique, outre les informations mentionnées à l'article D. 213-48-23, la déclaration indique pour chaque catégorie définie au II de l'article L. 213-10-12, le nombre de personnes ayant acquitté la redevance et le montant des sommes encaissées.

§ 2. – Habilitation pour la réalisation de contrôles techniques

Art. R. 213-48-34 *(Créé à compter du 1er janvier 2008, D. n° 2007-1357, 14 sept. 2007 ; mod., D. n° 2011-336, 29 mars 2011).* – I. – Pour être habilité à exécuter les contrôles techniques mentionnés au dernier alinéa de l'article L. 213-11-1, l'organisme de contrôle doit déposer un dossier auprès du préfet coordonnateur de bassin. Lorsqu'en application de l'article L. 213-11-15-1 une agence de l'eau a été désignée pour établir le titre de recette et assurer le recouvrement d'une redevance, le préfet coordonnateur du bassin correspondant à la circonscription de cette agence de l'eau est l'autorité compétente pour statuer sur la demande d'habilitation.

Le dossier indique le domaine des contrôles pour lequel l'habilitation est demandée. Il comporte la description de l'ensemble des moyens humains et matériels et des compétences dont dispose l'organisme dans le domaine pour lequel l'habilitation est demandée ainsi que de son organisation. Sont jointes au dossier les accréditations, certifications ou autres justifications relatives à ses compétences dans ce domaine ou dans des domaines voisins.

Le demandeur doit fournir les documents statutaires et contractuels relatifs à ses liens éventuels avec des personnes contrôlées exerçant leur activité dans le domaine pour lequel l'habilitation est demandée. Il doit s'engager par écrit à garantir la confidentialité des informations recueillies au cours ou à l'occasion de ses analyses ou contrôles, sauf à l'égard de l'autorité administrative qui les a demandés et de la personne contrôlée.

II. – L'habilitation est prononcée par le préfet coordonnateur de bassin pour une période de trois ans, renouvelable selon la même procédure. Elle précise les catégories d'analyses et de contrôles pour lesquels elle est accordée. L'habilitation ainsi accordée est applicable pour la durée de sa validité dans les circonscriptions de toutes les agences de l'eau.

Le silence gardé par le préfet coordonnateur de bassin pendant plus de quatre mois sur une demande d'habilitation vaut décision de rejet.

L'habilitation peut être restreinte ou retirée par le préfet coordonnateur de bassin lorsque l'organisme cesse de remplir les conditions au vu desquelles l'habilitation a été délivrée, après que l'organisme a été mis à même de présenter ses observations. En cas d'urgence, l'habilitation peut être suspendue pour une durée n'excédant pas six mois.

§ 3. – Modalités particulières de versement de certaines redevances

Art. D. 213-48-35 *(Ancien article R. 213-48-35 dénum. et rempl., D. n° 2024-787, 9 juill. 2024)*. – I. – Le service qui assure la facturation de l'eau potable facture aux personnes abonnées à ce service et encaisse la redevance sur la consommation d'eau potable prévue par l'article L. 213-10-4 en même temps que les sommes qui lui sont dues au titre de la fourniture d'eau.

Le montant de cette redevance apparaît distinctement sur la facture.

II. – L'exploitant du service d'eau potable opère chaque trimestre un contrôle pour déterminer si le total des encaissements effectués depuis le début de l'année civile au titre de la redevance sur la consommation d'eau potable prévue par l'article L. 213-10-4 atteint un seuil défini par arrêté conjoint du ministre chargé de l'environnement et du ministre chargé du budget.

Lorsque ce seuil est atteint, l'exploitant adresse à l'agence de l'eau, au plus tard le 15 du premier mois du trimestre suivant, un état global des encaissements. Dans le délai d'un mois après réception de cet état, un ordre de recettes émis par le directeur de l'agence de l'eau et pris en charge par son agent comptable conformément à l'article L. 213-11-8 est notifié à l'exploitant pour le recouvrement des sommes dues dans les conditions fixées à l'article L. 213-11-10.

La méconnaissance des obligations prévues aux deux alinéas précédents conduit à l'application de majorations et d'intérêts de retard dans les conditions fixées à l'article 1758 A du Code général des impôts.

III. – Il est dérogé au II lorsqu'une convention conclue en application de l'article R. 213-48-37 prévoit le versement périodique d'acomptes. Ces acomptes donnent lieu à l'émission d'ordres de recettes par l'agence de l'eau dans les mêmes conditions que celles prévues au deuxième alinéa du II.

Art. D. 213-48-35-1 *(D. n° 2024-787, 9 juill. 2024)*. – I. – La contre-valeur de la redevance mentionnée à l'article L. 213-10-5 est répercutée sur chaque usager du service public de distribution d'eau potable, sous la forme d'un supplément au prix du mètre cube d'eau vendu.

Le montant de ce supplément est déterminé, pour une année donnée en appliquant le tarif de la redevance multiplié par le coefficient de modulation global estimé ou par le coefficient de modulation estimé par entité de gestion, au choix du redevable.

Le montant mis à la charge de chaque usager est obtenu en multipliant le supplément au prix du mètre cube d'eau par le volume d'eau consommé. Il est individualisé dans la facture adressée à l'usager. Le montant de la contre-valeur de la redevance pour la performance des réseaux d'eau potable ainsi obtenu ne pourra pas dépasser le montant forfaitaire maximal indiqué au L. 2224-12-3 du CGCT.

II. – La commune ou l'établissement public compétent en matière de distribution d'eau potable peut majorer du moins-perçu ou minorer du trop-perçu de la deuxième année précédant l'année d'imposition de la redevance mentionnée à l'article L. 213-10-5, selon le cas, divisé par le volume d'eau total facturé aux usagers au cours de la deuxième année précédant l'année d'imposition de la redevance mentionnée à l'article L. 213-10-5 ; le montant ainsi obtenu est arrondi au centime ou au dixième de centime le plus proche.

Le moins-perçu ou le trop-perçu est égal à l'insuffisance ou à l'excédent du montant mis à la charge de l'ensemble des usagers qui résulte de ce que le supplément est déterminé en fonction du volume d'eau facturé la deuxième année précédant l'année d'imposition de la redevance mentionnée à l'article L. 213-10-5.

Art. D. 213-48-35-2 *(D. n° 2024-787, 9 juill. 2024)*. – I. – La contre-valeur de la redevance mentionnée à l'article L. 213-10-6 est répercutée sur chaque usager du service public d'assainissement collectif des eaux usées, sous la forme d'un supplément au prix du mètre cube d'eau assainie.

Le montant de ce supplément est déterminé, pour une année donnée en appliquant le tarif de la redevance multiplié par le coefficient de modulation global estimé ou par le coefficient de modulation estimé par système d'assainissement, au choix du redevable.

Le montant mis à la charge de chaque usager est obtenu en multipliant le supplément au prix du mètre cube d'eau assainie par le volume d'eau assainie. Il est individualisé dans la facture adressée à l'usager.

II. – La commune ou l'établissement public compétent en matière d'assainissement des eaux usées mentionné à l'article L. 2224-10 du Code général des collectivités territoriales peut majorer du moins-perçu ou minorer du trop-perçu de la deuxième année précédant l'année d'imposition de la redevance mentionnée à l'article L. 213-10-6, selon le cas, divisé par le volume d'eau total facturé aux usagers avant application des coefficients de correction prévus à l'article R. 2224-19-6 du Code général des collectivités territoriales, au cours de la deuxième année précédant l'année d'imposition de la redevance mentionnée à l'article L. 213-10-6 ; le montant ainsi obtenu est arrondi au centime ou au dixième de centime le plus proche.

Le moins-perçu ou le trop-perçu est égal à l'insuffisance ou à l'excédent du montant mis à la charge de l'ensemble des usagers qui résulte de ce que le supplément est déterminé en fonction du volume d'eau assainie facturé la deuxième année précédant l'année d'imposition de la redevance mentionnée à l'article L. 213-10-6.

Le montant de la contre-valeur de la redevance pour la performance des systèmes d'assainissement collectif ainsi obtenu ne pourra pas dépasser le montant forfaitaire maximal indiqué à l'article L. 2224-12-3 du Code général des collectivités territoriales.

Art. R. 213-48-36 *(Créé à compter du 1er janvier 2008, D. n° 2007-1357, 14 sept. 2007 ; mod., D. n° 2011-336, 29 mars 2011)*. – Les organismes mentionnés à l'article L. 213-10-12 collectent la redevance pour protection du milieu aquatique et en reversent le produit à l'agence de l'eau déterminée par application de l'article R. 213-48-22.

Le barème de la redevance est celui applicable au siège des organismes visés au I du même article.

Art. R. 213-48-37 *(Créé à compter du 1er janvier 2008, D. n° 2007-1357, 14 sept. 2007 ; mod., D. n° 2011-336, 29 mars 2011)*. – Les opérations de reversement mentionnés aux articles R. 213-48-35 et R. 213-48-36 peuvent suivre des modalités fixées par des conventions conformes à des conventions types approuvées par le conseil d'administration de l'agence. Ces conventions peuvent également prévoir selon une périodicité qu'elles définissent le versement d'acomptes en application de l'article L. 213-11-12.

Lorsqu'en application de l'article L. 213-11-15-1 une agence de l'eau a été désignée pour l'établissement du titre de recette et le recouvrement de la redevance pour protection du milieu aquatique, les conventions relatives au reversement du produit de cette redevance sont conclues avec cette agence de l'eau conformément au modèle de convention type adopté par le conseil d'administration de cet établissement public.

Les conventions en cours à la date de la désignation de l'agence de l'eau se poursuivent jusqu'à leur terme mais les opérations de reversement non encore réalisées à cette date sont effectuées auprès du comptable de l'agence de l'eau désignée qui se substitue au comptable précédent. Le comptable précédent transmet sans délai la convention en cours au comptable de l'agence de l'eau désignée auprès duquel le reversement doit être effectué.

Art. R. 213-48-38 *(Créé à compter du 1er janvier 2008, D. n° 2007-1357, 14 sept. 2007)*. – Au vu de la déclaration mentionnée à l'article L. 213-11 et après vérification de celle-ci et, le cas échéant, des états des encaissements réalisés, l'agence fixe le montant total dû par chaque exploitant et chaque collecteur en application des articles L. 213-10-3, L. 213-10-6 et L. 213-10-12 et met en recouvrement la redevance ou son solde, après déduction le cas échéant des versements effectués et des acomptes versés, dans les conditions prévues notamment aux articles L. 213-11-8 et L. 213-11-10 et au paragraphe 5 de la présente sous-section.

Art. R. 213-48-39 *(Créé à compter du 1er janvier 2008, D. n° 2007-1357, 14 sept. 2007)*. – L'agence de l'eau notifie avant le 31 octobre de chaque année aux exploitants de service d'eau potable et aux exploitants de service assurant la facturation de la redevance d'assainissement la liste des personnes acquittant la redevance mentionnée à l'article L. 213-10-2.

Art. D. 213-48-39-1 *(Créé à compter du 1er janvier 2008, D. n° 2007-1844, 26 déc. 2007).* – L'agence de l'eau verse à l'exploitant du service chargé de percevoir les redevances pour pollution de l'eau d'origine domestique et pour modernisation des réseaux de collecte mentionnées aux articles L. 213-10-3 et L. 213-10-6 une rémunération d'un montant de 0,30 euro hors taxe par facture, dans la limite d'un montant annuel de 0,90 euro hors taxe par abonné au service d'eau.

En cas de facturation séparée de la fourniture d'eau et de la redevance d'assainissement, les montants indiqués au premier alinéa sont respectivement fixés à 0,15 euro et 0,45 euro.

(Créé à compter du 1er janvier 2018, D. n° 2017-1850, 29 déc. 2017) La rémunération prévue au premier alinéa n'est pas due lorsque le montant annuel exigible par l'exploitant du service est inférieur à cent euros.

§ 4. – Réclamations

Art. R. 213-48-40 *(Créé à compter du 1er janvier 2008, D. n° 2007-1357, 14 sept. 2007 ; mod., D. n° 2009-1162, 30 sept. 2009).* – I. – Les réclamations concernant l'assiette des redevances sont adressées par pli recommandé au directeur de l'agence concernée.

Pour être recevables, les réclamations doivent être présentées au plus tard le 31 décembre de la deuxième année suivant celle de la date de notification de l'ordre de recettes.

II. – En cas de contestation relative à l'exercice du droit de reprise d'une redevance, le contribuable doit présenter sa réclamation au plus tard le 31 décembre de la troisième année suivant celle de la notification de la rectification ou, le cas échéant, de la facture rectificative.

Le contribuable ou la personne mentionnée au II de l'article R. 213-48-21 est tenu de conserver les documents justificatifs de sa déclaration pendant le délai de reprise fixé à l'article L. 213-11-4.

III. – Le directeur de l'agence statue sur les réclamations dans le délai de deux mois suivant la date de leur réception. S'il n'est pas en mesure de le faire, il doit, avant l'expiration de ce délai, en informer le contribuable en précisant le terme du délai complémentaire qu'il estime nécessaire pour prendre sa décision. Ce délai complémentaire ne peut, toutefois, excéder deux mois.

En cas de rejet total ou partiel de la réclamation, la décision doit être motivée.

Le défaut de réponse du directeur de l'agence dans le délai imparti vaut rejet de la demande.

Le contribuable dispose, pour introduire un recours contentieux, d'un délai de deux mois à partir du jour de la réception de l'avis par lequel le directeur de l'agence lui notifie sa décision prise sur sa réclamation ou à l'expiration du délai dont dispose l'agence pour prendre sa décision.

Art. R. 213-48-41 *(Créé à compter du 1er janvier 2008, D. n° 2007-1357, 14 sept. 2007).* – Le montant de la redevance exigible à la suite d'une procédure de rectification est calculé sur la base acceptée par le contribuable si celui-ci a donné son accord dans le délai prescrit ou s'il a présenté dans ce même délai des observations qui ont été reconnues fondées.

À défaut de réponse ou d'accord du contribuable dans le délai prescrit, ce montant est calculé sur la base fixée par l'agence de l'eau.

§ 5. – Modalités de recouvrement

Art. D. 213-48-42 *(Ancien article R. 213-48-42 dénum. et rempl., D. n° 2024-787, 9 juill. 2024).* – I. – Pour l'application du 3° du VI de l'article L. 213-10-4, le recouvrement de la redevance sur la consommation d'eau potable prévue à l'article L. 213-10-4 auprès des personnes abonnées au service d'eau potable qui en sont redevables est assurée par l'exploitant du service qui assure la facturation de l'eau potable dans les mêmes conditions que le recouvrement du prix du service de fourniture d'eau potable.

L'exploitant du service assurant la facturation de cette redevance assure le suivi et la gestion des impayés de cette redevance.

II. – Le recouvrement par l'agence de l'eau des redevances prévues aux articles L. 213-10-4 ou L. 213-10-12 auprès de la personne qui facture la redevance sur la consommation d'eau potable conformément au 2° du VI de l'article L. 213-10-4, ou auprès de la personne qui collecte la redevance pour protection du milieu aquatique est effectué en application des articles D. 213-48-43 à D. 213-48-48.

III. – Le recouvrement par l'agence de l'eau des redevances prévues aux articles L. 213-10-5 et L. 213-10-6 auprès du redevable de ces redevances est effectué en application des articles D. 213-48-43 à D. 213-48-48.

Art. D. 213-48-42-1 *(D. n° 2024-787, 9 juill. 2024).* – Aux fins du recouvrement des restes à recouvrer des redevances pour pollution de l'eau d'origine domestique ou pour modernisation des réseaux de collecte les agences de l'eau devront transmettre au plus tard le 28 février 2026 à chaque redevable concerné, un état des lieux de l'ensemble des montants de redevances restant à encaisser. Un formulaire de déclaration spécifique sera mis en place par les agences de l'eau afin que les redevables déclarent les encaissements de redevances perçus au cours des années précédentes et non reversées aux agences. Lors de la déclaration à réaliser en 2028 pour l'année 2027, les redevables devront transmettre un justificatif certifié par leur comptable et confirmant les montants de redevances restants à recouvrer. En l'absence de transmission de ces justificatifs faisant apparaître distinctement les montants de redevances par année de facturation d'origine, l'agence de l'eau sera en droit d'exiger le reversement des sommes non justifiées. Dans le cas où les justificatifs font apparaitre des montants supérieurs aux restes à encaisser constatés par l'agence, celle-ci remboursera les sommes reversées à tort.

À partir de la déclaration 2029 pour l'année 2028, les restes à encaisser seront agrégés. La déclaration portera alors sur le montant total encaissé, le montant total admis en non-valeurs et le montant total des factures rectificatives émises toutes années de redevances confondues.

Les restes à recouvrer dont le total toutes années de redevances confondues est, pour chaque redevance, inférieur à 100 euros sont clôturés en application de l'article L. 213-11-10.

Art. R. 213-48-43 *(Créé à compter du 1er janvier 2008, D. n° 2007-1357, 14 sept. 2007).* – Les suppléments de redevances générés en cas de défaut de paiement à la date limite telle que fixée à l'article L. 213-11-10 ne donnent pas lieu à liquidation si leur montant est inférieur à 100 € :.

Art. R. 213-48-44 *(Créé à compter du 1er janvier 2008, D. n° 2007-1357, 14 sept. 2007).* – La date limite de paiement prévue à l'article L. 213-11-10 peut être reportée par l'agent comptable en cas d'octroi de délais de paiement. La majoration n'est pas appliquée aux redevances dont le recouvrement est suspendu à la date limite de paiement, notamment pour les créances qui doivent être déclarées dans le cadre d'une procédure d'apurement collectif du passif.

Art. R. 213-48-45 *(Créé à compter du 1er janvier 2008, D. n° 2007-1357, 14 sept. 2007 ; mod., D. n° 2009-1162, 30 sept. 2009).* – I. – La demande prévue à l'article L. 213-11-11 tendant à obtenir une remise totale ou partielle de redevance, majoration ou intérêts de retard est adressée au siège de l'agence de l'eau compétente par le contribuable.

Elle doit comporter les indications nécessaires pour identifier la redevance pour laquelle une remise est demandée et être accompagnée, le cas échéant, d'une copie de l'ordre de recettes et de ses accessoires éventuels ainsi que de toutes pièces de nature à justifier la demande.

II. – Les décisions de remises totales ou partielles sont prises par le directeur de l'agence lorsqu'elles sont relatives aux situations régies par l'article L. 213-11-7, et par l'agent comptable lorsqu'elles sont relatives aux situations régies par l'article L. 213-11-10. Dans ces cas, l'avis préalable du « contrôleur budgétaire » est requis, dans la limite d'un seuil de compétence défini conjointement avec l'agence et approuvé, le cas échéant, par le conseil d'administration.

Les décisions sont notifiées par les autorités compétentes aux demandeurs. Le cas échéant, la personne qui facture la redevance ou la collecte et auprès de laquelle la redevance est perçue en est informée.

III. – Le mandataire judiciaire présente les demandes de remise de dette ou de délai de paiement des entreprises soumises à la procédure de sauvegarde, de redressement ou de liquidation judiciaire dans les conditions définies par l'article R. 626-7 du Code de commerce.

En cas d'ouverture d'une procédure de conciliation, sauvegarde ou redressement judiciaire, le directeur de l'agence doit statuer dans un délai de dix semaines à compter de la date de réception de la demande. Le défaut de réponse dans ce délai vaut rejet de la demande.

Art. R. 213-48-46 *(Créé à compter du 1er janvier 2008, D. n° 2007-1357, 14 sept. 2007).* – Sauf en cas d'application de l'article R. 213-48-37, le montant des acomptes prévus à l'article L. 213-11-12 ne peut excéder 60 % du montant total de la redevance due au titre de l'année précédente. Le solde d'imposition est fixé à la date de mise en recouvrement des redevances et doit être réglé à la date limite de paiement fixée à l'article L. 213-11-10. Les modalités générales relatives à la détermination des acomptes sont fixées par le conseil d'administration de l'agence.

Art. R. 213-48-47 *(D. n° 2007-1357, 14 sept. 2007 ; mod., D. n° 2012-1247, 7 nov. 2012 ; mod. à compter du 1er janvier 2019, D. n° 2018-970, 8 nov. 2018).* – Les poursuites sont exercées par l'agent comptable dans les formes de droit commun, en application notamment des dispositions de l'article 192 du décret n° 2012-1246 du 7 novembre 2012 relatif à la gestion budgétaire et comptable publique ainsi que des règles relatives aux procédures civiles d'exécution.

La saisie administrative à tiers détenteur prévue à l'article L. 213-11-13 est notifiée au tiers détenteur par lettre recommandée avec demande d'avis de réception et adressée par lettre recommandée au débiteur. Elle comporte les indications suivantes :

1° Le nom du débiteur et l'adresse de son domicile ou, si elle est différente, celle de son établissement ;

2° Les nom et domicile du tiers détenteur ou, s'il s'agit d'une personne morale, sa dénomination et le lieu de son siège social ou de l'établissement distinct ;

3° La dénomination et le siège de l'agence créancière au bénéfice duquel la saisie est faite ;

4° Les références du titre exécutoire sur le fondement duquel la saisie est effectuée ;

5° Le décompte distinct des redevances, majorations et intérêts de retard pour le recouvrement desquels la saisie est effectuée et la période à laquelle elles se rapportent ;

6° L'indication que la saisie est effectuée sur le fondement de l'article L. 213-11-13 ;

7° L'indication que le tiers détenteur est personnellement tenu envers le créancier et qu'il lui est fait défense de disposer des sommes réclamées, dans la limite de ce qu'il doit au débiteur ;

8° L'indication que la saisie emporte, à concurrence des sommes pour lesquelles elle est effectuée, attribution immédiate au profit du créancier ; qu'en cas d'insuffisance de fonds celui-ci vient en concours avec les autres créanciers, même privilégiés, auteurs de mesures de prélèvement emportant attribution immédiate notifiées au cours de la même journée ; que ni la notification ultérieure d'une autre mesure de prélèvement, ni la survenance d'un jugement portant ouverture d'une procédure de sauvegarde ou de redressement ou d'une liquidation judiciaires ne remettent en cause cette attribution ;

9° L'indication que le tiers détenteur dispose d'un délai de deux jours pour communiquer à l'agence créancière tous renseignements et pièces justificatives relatifs à l'étendue de ses obligations à l'égard du débiteur ainsi que les modalités qui pourraient les affecter et, s'il y a lieu, les cessions de créances, délégations ou saisies antérieures ;

10° L'indication que le tiers détenteur qui se soustrait à ses obligations sans motif légitime peut être contraint d'y satisfaire sous peine d'astreinte et condamné au paiement des causes de la saisie.

Lorsque la saisie porte sur des fonds détenus par un organisme public tel que défini à l'article 1er du décret du 29 décembre 1962 précité, la lettre de saisie doit, à peine de nullité, être adressée au comptable public assignataire de la dépense.

L'agence qui a reçu le paiement en donne quittance au tiers détenteur et en informe le débiteur. Dans la limite des sommes versées, ce paiement éteint la saisie du débiteur et du tiers détenteur. Si le débiteur se libère directement de sa dette entre les mains de l'agence créancière, celui-ci en informe le tiers détenteur et donne la mainlevée de la saisie.

Les frais de procédure sont à la charge du contribuable.

Art. R. 213-48-48 *(Créé à compter du 1er janvier 2008, D. n° 2007-1357, 14 sept. 2007).* – En application de l'article L. 213-11-14, *(Mots rempl., D. n° 2009-1162, 30 sept. 2009)* « les contestations relatives à l'exercice des poursuites sont adressées, sous peine d'irrecevabilité, dans un délai de deux mois à compter de la notification de l'acte de recouvrement par lettre recommandée avec accusé de réception, » à l'agence dont dépend le service de l'agent comptable, qui en accuse réception et se prononce dans un délai de deux mois à partir du dépôt de la demande. Si aucune décision n'a été prise dans ce délai ou si la décision rendue ne lui donne pas satisfaction, le contribuable doit, à peine de forclusion, porter l'affaire devant le juge compétent tel qu'il est défini à l'article L. 281 du Livre des procédures fiscales, et ce dans un délai de deux mois après notification de la décision ou expiration du délai de deux mois dont dispose le comptable pour prendre sa décision.

Art. R. 213-48-49 *(D. n° 2011-336, 29 mars 2011 ; D. n° 2012-1247, 7 nov. 2012* (1) *; mod.* (2) *à compter du 1er janvier 2017, D. n° 2016-1842, 26 déc. 2016 ; à compter du 1er janvier 2020, D. n° 2019-1580, 31 déc. 2019 ; mod., D. n° 2020-1759, 29 déc. 2020).* – Lorsqu'en application de l'article L. 213-11-15-1 une agence de l'eau a été désignée pour l'établissement du titre de recette et le recouvrement d'une redevance, son directeur a qualité d'ordonnateur pour toutes les opérations de liquidation et d'émission du titre de recette de cette redevance, y compris selon la procédure d'office. Il est chargé de l'organisation des contrôles. Il statue sur les réclamations dans les conditions prévues aux articles R. 213-48-40 et R. 213-48-41. Dans les conditions fixées par les articles R. 213-40 et R. 213-43, il engage les actions contentieuses ou assure la défense devant les juridictions.

Pour l'application de l'article 14 du décret n° 2012-1246 du 7 novembre 2012 relatif à la gestion budgétaire et comptable publique, l'agent comptable de l'agence de l'eau désignée est compétent pour le recouvrement de la redevance dans l'ensemble des circonscriptions des agences de l'eau, dans les conditions et selon les modalités prévues aux articles R. 213-48-42 à R. 213-48-48.

Les demandes de remise gracieuse de la redevance sont présentées à l'agence de l'eau désignée en application de l'article L. 213-11-15-1. Elles sont instruites et font l'objet d'une décision dans les conditions prévues à l'article R. 213-48-45.

Dans le délai fixé par l'article L. 213-11-15-1, l'agence de l'eau désignée reverse, déduction faite des frais d'assiette et de recouvrement, à Office français de la biodiversité la fraction de la redevance pour pollutions diffuses lui revenant en application du V de l'article L. 213-10-8 et à chaque agence de l'eau les sommes collectées dans sa circonscription.

Les frais d'assiette et de recouvrement perçus par l'agence de l'eau désignée en application de l'article L. 213-11-15-1 s'élèvent, en pourcentage des sommes encaissées, à 0,1 % pour la redevance pour protection du milieu aquatique, à 1,1 % pour la redevance pour pollutions diffuses et à 2 % pour la redevance pour pollution de l'eau d'origine non domestique liée aux activités d'élevage et la redevance pour stockage d'eau en période d'étiage.

Le directeur de l'agence de l'eau désignée tient à la disposition de chacune des autres agences de l'eau les informations relatives aux contribuables de sa propre circonscription.

§ 6. – Procédure de rescrit

(§ créé, D. n° 2018-1227, 24 déc. 2018)

Art. R. 213-48-50 *(Créé, D. n° 2018-1227, 24 déc. 2018).* – La demande prévue au deuxième alinéa de l'article L. 213-10 fournit une présentation sincère et complète de la situation de fait et précise :

1° Le nom ou la raison sociale et l'adresse postale et, le cas échéant, électronique de l'auteur de la demande ainsi que le nom, l'adresse postale et le numéro SIRET de l'établissement faisant l'objet de la demande ;

2° La nature, les conditions d'exercice de l'activité de l'auteur de la demande ainsi que l'usage de l'eau rendu nécessaire par celles-ci ;

3° Le classement de la demande dans un ou plusieurs des thèmes suivants :

a) L'assujettissement à ces redevances ;

b) Un niveau estimatif d'assiette(s) de redevance ;

c) L'application de pénalités ou d'intérêts de retard.

La demande n'est pas recevable lorsque le demandeur fait l'objet d'un contrôle sur le fondement de l'article L. 213-11-1.

Art. R. 213-48-51 *(Créé, D. n° 2018-1227, 24 déc. 2018).* – La demande est adressée par tout moyen conférant date certaine à sa réception.

Si la demande est incomplète, le service invite son auteur, dans les mêmes formes, à fournir les éléments complémentaires nécessaires. En l'absence de réponse dans un délai d'un mois à compter de la date de réception de cette demande de renseignements complémentaires, la demande est réputée caduque.

(1) Sur les conditions de modification des présentes dispositions : V. D. n° 2012-1247, 7 nov. 2012, art. 292.

(2) Dispositions applicables sur l'ensemble du territoire de la République, D. n° 2012-1247, 7 nov. 2012, art. 293.

Le délai de trois mois prévu au deuxième alinéa de l'article L. 213-10 court à compter de la date de réception de la demande ou de la date de réception des renseignements complémentaires demandés.

Art. R. 213-48-52 *(Créé, D. n° 2018-1227, 24 déc. 2018).* – Un syndicat professionnel peut, sous réserve de mentionner la liste des établissements concernés, adresser la demande mentionnée à l'article R. 213-48-51 pour le compte des entreprises qui lui sont affiliées et qui se trouvent dans une situation identique.

Section IV. – Organismes à vocation de maîtrise d'ouvrage

Sous-section 1. – Établissements publics territoriaux de bassin et d'établissements publics d'aménagement et de gestion de l'eau

(Division créée, D. n° 2011-912, 29 juill. 2011 ; rempl., D. n° 2015-1038, 20 août 2015)

Art. R. 213-49 *(Rempl., D. n° 2015-1038, 20 août 2015 ; mod., D. n° 2019-926, 2 sept. 2019).* – I. – La délimitation par le préfet coordonnateur de bassin du périmètre d'intervention de l'établissement public territorial de bassin ou de l'établissement public d'aménagement et de gestion de l'eau respecte :

1° La cohérence hydrographique du périmètre d'intervention, d'un seul tenant et sans enclave ;

2° L'adéquation entre les missions de l'établissement public et son périmètre d'intervention ;

3° La nécessité de disposer de capacités techniques et financières en cohérence avec la conduite des actions de l'établissement ;

4° L'absence de superposition entre deux périmètres d'intervention d'établissements publics territoriaux de bassin ou entre deux périmètres d'intervention d'établissements publics d'aménagement et de gestion de l'eau.

Par dérogation au 4°, la superposition de périmètres d'intervention d'établissements publics territoriaux de bassins est permise au seul cas où la préservation d'une masse d'eau souterraine le justifierait.

I *bis*. – Dans le cas où le périmètre d'intervention de l'établissement public territorial de bassin inclut une collectivité non adhérente au groupement, l'établissement public territorial de bassin peut, sur le territoire de cette collectivité :

1° Établir, avec cette collectivité, dans la mesure où elle exerce en tout ou partie les missions relatives à la compétence en matière de gestion des milieux aquatiques et de prévention des inondations, des conventions de délégation dans les conditions prévues au V de l'article L. 213-12 ;

2° Produire les avis requis sur les projets ayant une incidence sur la ressource en eau ;

3° Mener des missions de coordination, d'animation, d'information et de conseil à l'échelle du bassin ou du sous-bassin hydrographique ;

4° Définir « un projet d'aménagement d'intérêt commun », dans les conditions prévues au VI de l'article L. 213-12 précité.

II. – La demande de délimitation du périmètre d'intervention de l'établissement public territorial de bassin ou de l'établissement public d'aménagement et de gestion de l'eau est accompagnée d'un projet de statut et de tout justificatif permettant au préfet coordonnateur de bassin de s'assurer du respect des critères mentionnés au I.

Le projet de statut indique notamment chacune des missions ou, le cas échéant, chacune des parties des missions relevant de la compétence de gestion des milieux aquatiques et de prévention des inondations définie au I *bis* de l'article L. 211-7, qui sont exercées par transfert et celles qui peuvent faire l'objet d'une délégation.

Si le périmètre de l'établissement public territorial de bassin ou de l'établissement public d'aménagement et de gestion de l'eau est situé sur plusieurs bassins, le préfet coordonnateur de bassin où est située sa plus grande partie est chargé de coordonner la procédure. L'arrêté de délimitation du périmètre est cosigné par tous les préfets coordonnateurs de bassins concernés.

Au cas où pour un même bassin, sous-bassin ou groupement de sous-bassins hydrographiques, des demandes concurrentes au sens du 4° du I seraient présentées, le préfet coordonnateur de bassin engage une concertation entre les collectivités concernées ou leurs groupements en vue de parvenir à une candidature unique.

Cette concertation n'excède pas une durée de six mois. À l'issue de ce délai, si la concertation n'a pas permis d'aboutir à une candidature unique, le préfet coordonnateur de bassin désigne, par décision motivée, le candidat retenu.

II *bis*. – Lorsque le préfet coordonnateur de bassin constate qu'un groupement de collectivités constitué en établissement public territorial de bassin ou en établissement public d'aménagement et de gestion de l'eau ne répond plus, par son statut ou son objet, à ses caractéristiques telles que définies par le I ou le II de l'article L. 213-12, ou que son périmètre n'est plus conforme aux critères fixés au I du présent article, il informe l'établissement public des modifications nécessaires, après avis du comité de bassin et, s'il y a lieu, des commissions locales de l'eau. Si les modifications ne sont pas intervenues dans un délai d'un an à compter de la notification de l'avis rendu par le préfet coordonnateur de bassin, ce dernier prend un arrêté modifiant l'arrêté de création ou de transformation de l'établissement pour tenir compte du changement de sa nature juridique. Ainsi, le syndicat mixte reconnu établissement public territorial de bassin ou établissement public d'aménagement et de gestion de l'eau est alors transformé en syndicat mixte de droit commun.

III. – Le préfet saisit pour avis l'établissement public territorial de bassin pour tout projet d'un établissement public d'aménagement et de gestion de l'eau situé en tout ou partie sur son périmètre d'intervention et soumis à autorisation en application du I de l'article L. 214-3 du Code de l'environnement.

Cet avis est réputé favorable s'il n'est pas rendu dans un délai de quarante-cinq jours à compter de la transmission du projet.

IV. – Les communes et les établissements publics de coopération intercommunale à fiscalité propre compétents peuvent déléguer la compétence de gestion des milieux aquatiques et de prévention des inondations définie au I *bis* de l'article L. 211-7 en tout ou partie et dans la limite des attributions des établissements publics cités aux 1° et 2° ci-dessous :

1° À un établissement public territorial de bassin sur tout ou partie de leurs territoires, ou à plusieurs établissements publics territoriaux de bassin sur des parties distinctes de leurs territoires ;

2° À un établissement public d'aménagement et de gestion de l'eau sur tout ou partie de leurs territoires, ou à plusieurs établissements publics d'aménagement et de gestion de l'eau sur des parties distinctes de leurs territoires.

Bibliographie : C. du Rostu, *Les responsabilités découlant de la compétence GEMAPI : JCP* A 2016, n° 13, p. 30 ; *Critères de délimitation des périmètres d'intervention des EPTB et des EPAGE : BDEI* sept. 2015, n° 1972 ; *Gestion de l'eau : les périmètres des structures territoriales de bassin précisés : Dr. env.* 2015, 286.

Sous-section 2. – Établissement public pour la gestion de l'eau et de la biodiversité du Marais poitevin

(D. n° 2011-912, 29 juill. 2011) (1)

§ 1. – Dispositions générales

Art. R. 213-49-1 *(D. n° 2011-912, 29 juill. 2011).* – L'établissement public pour la gestion de l'eau et de la biodiversité du Marais poitevin est dénommé « Établissement public du Marais poitevin ».

Il est placé sous la tutelle du ministre chargé de l'environnement.

Le ministre fixe le siège de l'établissement. Il désigne le commissaire du Gouvernement.

Art. R. 213-49-2 *(D. n° 2011-912, 29 juill. 2011).* – Le périmètre des bassins hydrographiques dans lequel l'Établissement public du Marais poitevin assure les missions prévues par les articles L. 213-12 et L. 213-12-1 est déterminé par arrêté du ministre chargé de l'environnement.

Sont inclus dans ce périmètre les sous-bassins d'alimentation en eau du Marais poitevin ainsi que les masses d'eau souterraines que ce même arrêté leur rattache en fonction de leur situation géographique ou des effets des prélèvements ou des pollutions.

Les sites Natura 2000 désignés comme zones spéciales de conservation et zones de protection spéciale par décision de l'autorité administrative en application de l'article L. 414-1 compris en totalité dans ce périmètre y sont répertoriés.

(1) Dispositions transitoires : V. D. n° 2011-912, 29 juill. 2011, art. 3. – NDLR.

§ 2. – **Missions de l'établissement**

Art. R. 213-49-3 *(D. n° 2011-912, 29 juill. 2011).* – **L'établissement met en œuvre un programme de surveillance des niveaux d'eau des cours d'eau et des canaux du marais.**

Il en détermine le protocole.

Dans le cadre du suivi de la gestion opérationnelle des niveaux d'eau, lorsque la gestion équilibrée de la ressource en eau exige une coordination, il détermine, sans préjudice des dispositions prises en application de l'article L. 214-1, les modalités de gestion des niveaux d'eau à mettre en œuvre et propose des solutions en cas de différend dans la mise en œuvre de cette gestion.

(Mod. à compter du 1er janvier 2020, D. n° 2019-1580, 31 déc. 2019) **Pour la réalisation des programmes de surveillance des niveaux d'eau, de la ressource en eau et des milieux aquatiques, l'établissement applique le référentiel technique défini par l'Office français de la biodiversité en application du dernier alinéa de l'article R. 213-12-2.**

Art. R. 213-49-4 *(D. n° 2011-912, 29 juill. 2011).* – **L'Établissement public du Marais poitevin exerce sa mission d'organisme unique de gestion collective institué par le 6° du II de l'article L. 211-3 dans les conditions prévues par la réglementation applicable et par les dispositions suivantes :**

1° La définition de la répartition des volumes d'eau prélevés peut être confiée à un organisme public local par voie de convention. Un arrêté du ministre chargé de l'environnement précise le contenu de cette convention, notamment les conditions dans lesquelles l'établissement public recouvre ses compétences en cas de défaut de respect des clauses de la convention par l'organisme public local ;

2° Le conseil d'administration de l'établissement public arrête le plan annuel de répartition du volume d'eau faisant l'objet de l'autorisation *(Mot suppr. à compter du 1er mars 2017, D. n° 2017-81, 26 janv. 2017)* **« ... » de prélèvement ainsi que les règles pour adapter cette répartition en cas de limitation ou de suspension provisoire des usages de l'eau sur proposition de la commission prévue à l'article R. 213-49-18 et les soumet pour homologation aux préfets intéressés ;**

3° L'enquête publique prévue par l'article R. 214-31-1 est mise en œuvre par arrêtés interdépartementaux pris conjointement par les préfets intéressés.

Art. R. 213-49-5 *(D. n° 2011-912, 29 juill. 2011).* – **La réalisation et la gestion, par l'établissement public, des ouvrages nécessaires pour la mobilisation de ressources de substitution ne peut porter sur des ouvrages destinés à l'alimentation en eau potable.**

Art. R. 213-49-6 *(D. n° 2011-912, 29 juill. 2011).* – **Les opérations foncières auxquelles l'établissement procède pour la sauvegarde des zones humides et la protection des sites Natura 2000 définis par l'article L. 414-1 tiennent compte des espaces identifiés et des mesures prévues par les schémas régionaux de cohérence écologique mentionnés à l'article L. 371-3 ainsi que des orientations régionales de gestion et de conservation de la faune sauvage et de ses habitats définies en application de l'article L. 414-8.**

Art. R. 213-49-7 *(D. n° 2011-912, 29 juill. 2011).* – **Pour l'accomplissement de ses missions :**

1° L'établissement reçoit des préfets copie des déclarations et de leur récépissé, ainsi que, le cas échéant, des prescriptions spécifiques imposées et des décisions d'opposition, et des autorisations délivrées en application des articles L. 214-1 à L. 214-6 dans son périmètre d'intervention.

2° L'établissement est informé par l'État et par l'Agence de l'eau Loire-Bretagne :

a) **Des études et recherches relatives aux ressources en eau dans son périmètre d'intervention ;**

b) **Des mesures agro-environnementales mises à l'étude ou adoptées dans son périmètre d'intervention et dans ses domaines de compétences ;**

c) **Des opérations d'inventaire du patrimoine naturel mentionnées à l'article L. 411-5 ainsi que de leurs résultats ;**

3° L'établissement public est informé par l'État et ses établissements publics des financements attribués dans son périmètre d'intervention et dans ses domaines de compétences.

Art. R. 213-49-8 *(D. n° 2011-912, 29 juill. 2011).* – **L'établissement public transmet son compte rendu annuel d'activité pour information au comité de bassin Loire-Bretagne. Les observations faites par le comité sont communiquées au conseil d'administration de l'établissement.**

§ 3. – **Conseil d'administration**

Art. R. 213-49-9 *(D. n° 2011-912, 29 juill. 2011 ; mod., D. n° 2014-339, 14 mars 2014 ; mod. à compter du 1er janvier 2017, D. n° 2016-1842, 26 déc. 2016 ; à compter du 1er janvier 2020, D. n° 2019-1580, 31 déc. 2019 ; à compter du 1er juillet 2020, D. n° 2020-752, 19 juin 2020).* – I. – Le conseil d'administration de l'Établissement public du Marais poitevin comprend quarante-cinq membres : *(Mod., D. n° 2024-623, 26 juin 2024)*

1° Dix-sept représentants de l'État et de ses établissements publics :

– le préfet coordonnateur des actions de l'État pour le Marais poitevin ;

– le préfet de région Centre-Val de Loire, préfet coordonnateur de bassin Loire-Bretagne, ou son représentant ;

– le préfet de région Nouvelle-Aquitaine ou son représentant ;

– le préfet de région Pays de la Loire ou son représentant ;

– le préfet de Charente-Maritime ou son représentant ;

– le préfet des Deux-Sèvres ou son représentant ;

– le préfet de Vendée ou son représentant ;

– le directeur régional de l'environnement, de l'aménagement et du logement des Pays de la Loire ou son adjoint ;

– le directeur régional de l'environnement, de l'aménagement et du logement de Nouvelle-Aquitaine ou son adjoint ;

– le directeur régional de l'alimentation, de l'agriculture et de la forêt des Pays de la Loire ou son adjoint ;

– le directeur régional de l'alimentation, de l'agriculture et de la forêt de Nouvelle-Aquitaine ou son adjoint ;

– le directeur départemental des territoires et de la mer de Charente-Maritime ou son adjoint ;

– le directeur départemental des territoires des Deux-Sèvres ou son adjoint ;

– le directeur départemental des territoires et de la mer de la Vendée ou son adjoint ;

– le directeur général de l'Agence de l'eau Loire-Bretagne ou son représentant ;

– le directeur du Conservatoire de l'espace littoral et des rivages lacustres ou son représentant ;

– le directeur général de Office français de la biodiversité ou son représentant ;

2° *(Mod., D. n° 2024-623, 26 juin 2024)* Onze représentants des collectivités territoriales et de leurs groupements :

– un représentant du conseil régional de la région Pays de la Loire ;

– un représentant du conseil régional de la région Nouvelle-Aquitaine ;

– un représentant du conseil général de Vendée ;

– un représentant du conseil général des Deux-Sèvres ;

– un représentant du conseil général de Charente-Maritime ;

– un représentant du collège des collectivités territoriales, de leurs groupements et des établissements publics locaux de chacune des trois commissions locales de l'eau chargées de l'élaboration, de la révision et du suivi des schémas d'aménagement et de gestion des eaux de la Vendée, du Lay et de la Sèvre niortaise, désigné par et parmi les membres de ce collège ;

– un représentant de l'institution interdépartementale du bassin de la Sèvre niortaise ;

– un représentant des communes littorales désigné sur proposition de l'Association des maires de France ;

– un représentant du comité syndical du Parc naturel régional du Marais poitevin ;

3° Onze représentants des usagers et des organismes intéressés :

– trois représentants des activités agricoles, désignés sur propositions respectives de la chambre d'agriculture de Vendée, de la chambre d'agriculture des Deux-Sèvres et de la chambre d'agriculture de Charente-Maritime ;

– deux représentants de la commission prévue par l'article R. 213-49-17 ;

– quatre représentants d'associations agréées de protection de l'environnement choisies par le ministre chargé de l'environnement ;

– un représentant des conchyliculteurs désigné sur proposition conjointe des comités régionaux de la conchyliculture intéressés ;

– un représentant de la Fédération nationale de la pêche et de la protection du milieu aquatique ;

4° Cinq personnes qualifiées dans les domaines de compétence de l'établissement public choisies par le ministre chargé de l'environnement ;

5° Un représentant du personnel, siégeant avec voix consultative, choisi par l'organisation syndicale présente dans l'établissement ou, en cas de pluralité ou d'absence d'organisations syndicales, à l'issue d'un scrutin organisé à cet effet au sein du personnel.

II. – Les membres du conseil d'administration qui ne siègent pas en raison des fonctions qu'ils occupent sont nommés par arrêté du préfet coordonnateur des actions de l'État pour le Marais poitevin sur proposition de la collectivité ou de l'organisme qu'ils représentent.

III. – La durée des mandats des membres du conseil d'administration mentionnés aux 2°, 3°, 4° et 5° du I est de six ans, sous réserve du I de l'article R. 213-49-14. Le mandat est renouvelable.

Le membre qui, au cours de son mandat, décède, démissionne ou perd la qualité au titre de laquelle il a été désigné est remplacé pour la durée du mandat restant à courir par une personne désignée dans les mêmes conditions.

Jusqu'au remplacement et pendant un délai maximum de six mois, le conseil d'administration délibère valablement si le nombre des membres présents ou représentés est égal à la moitié au moins du nombre total de membres prévu par les statuts.

NB : Conformément à l'article 27 du décret n° 2020-752 du 19 juin 2020, ces dispositions entrent en vigueur le 1er juillet 2020.

Art. R. 213-49-10 *(D. n° 2011-912, 29 juill. 2011).* – Le président du conseil d'administration est le préfet désigné comme coordonnateur des actions de l'État pour le Marais poitevin en application des articles 66 et 69 du décret n° 2004-374 du 29 avril 2004 relatif aux pouvoirs des préfets, à l'organisation et à l'action des services de l'État dans les régions et départements.

(Rempl., D. n° 2014-339, 14 mars 2014) Le conseil élit un premier vice-président proposé par les représentants des collectivités territoriales et de leurs groupements parmi les membres du conseil d'administration visés aux alinéas 1 à 5 du 2° de l'article R. 213-49-9, et un second vice-président proposé par les représentants des usagers et des organismes intéressés parmi les membres du conseil d'administration visés aux alinéas 1 et 3 du 3° de l'article R. 213-49-9. La durée du mandat des vice-présidents est de trois ans.

En cas d'absence ou d'empêchement, le président est remplacé par le premier vice-président ou, si ce dernier est empêché, par le second vice-président.

Art. R. 213-49-11 *(D. n° 2011-912, 29 juill. 2011).* – Le conseil d'administration règle par ses délibérations les affaires de l'établissement.

Il délibère sur :

1° Les programmes pluriannuels et annuels d'actions ou d'activités de l'établissement, notamment le programme de surveillance des niveaux d'eau des cours d'eau et des canaux du marais, les programmes de travaux et les montants des acquisitions foncières ;

2° Le budget et ses décisions modificatives, le compte financier et l'affectation des résultats ;

3° Les redevances pour services rendus perçues par l'établissement ;

4° L'acquisition ou l'aliénation des biens immobiliers ;

5° Les mesures relatives à l'organisation générale de l'établissement ;

6° La conclusion de conventions avec toute personne publique ou privée pour la réalisation de ses missions ;

7° Le plan annuel de répartition entre les préleveurs irrigants du volume d'eau dont le prélèvement est autorisé, les règles pour adapter cette répartition en cas de limitation ou de suspension provisoire des usages de l'eau et le rapport annuel prévus par le 4° de l'article R. 211-112 ;

8° Les modalités de gestion des niveaux d'eau à mettre en œuvre dans le Marais poitevin, après consultation de la commission prévue par l'article R. 213-49-17 ;

9° La détermination des conditions générales d'attribution de subventions et de concours financiers et l'octroi de ces subventions et concours au-delà des seuils qu'il fixe ;

10° L'acceptation de dons et legs ;

11° Les emprunts ;

12° Les actions en justice et les transactions ;

13° Le compte rendu annuel d'activité.

Le conseil d'administration délibère également sur toute autre question que lui soumet son président ou le commissaire du Gouvernement.

Le conseil d'administration peut déléguer au directeur de l'établissement les attributions prévues aux 4°, 5°, 9°, 10°, 11° et 12°.

Art. R. 213-49-12 *(D. n° 2011-912, 29 juill. 2011). – (Rempl., D. n° 2014-339, 14 mars 2014)* Le bureau exécutif du conseil d'administration est formé du président, des deux vice-présidents, du directeur général de l'Agence de l'eau Loire-Bretagne ou de son représentant, de deux représentants de l'État. Par ailleurs, il comprend un membre issu des représentants nommés au collège des collectivités territoriales et de leurs groupements du conseil d'administration visés aux alinéas 1 à 5 du 2° de l'article R. 213-49-9 faisant partie de la catégorie de collectivités à laquelle le premier vice-président n'appartient pas, un membre issu des représentants nommés au collège des usagers et des organismes intéressés du conseil d'administration visés aux alinéas 1 et 3 du 3° de l'article R. 213-49-9 faisant partie de la catégorie à laquelle le second vice-président n'appartient pas et d'une personne qualifiée.

Les représentants de l'État siégeant au bureau exécutif sont désignés par le président du conseil d'administration et les autres représentants sont élus par et parmi la catégorie à laquelle ils appartiennent.

Le bureau exécutif propose le règlement intérieur du conseil d'administration. Il prépare les réunions et les délibérations du conseil.

Le bureau exécutif se réunit toutes les fois qu'il est nécessaire sur convocation du président.

Le directeur de l'établissement assure le secrétariat du bureau exécutif. Il peut se faire assister de toute personne de son choix.

Art. R. 213-49-13 *(D. n° 2011-912, 29 juill. 2011 ; mod., D. n° 2012-1247, 7 nov. 2012).* – Le conseil d'administration se réunit au moins deux fois par an sur convocation de son président, qui fixe l'ordre du jour, après consultation du bureau exécutif.

En outre, le président convoque le conseil d'administration dans un délai d'un mois lorsque au moins onze membres du conseil lui présentent une demande motivée en ce sens.

Le président arrête l'ordre du jour de chaque séance, qui est porté à la connaissance des membres du conseil au moins dix jours à l'avance.

Les documents relatifs aux points inscrits à l'ordre du jour peuvent être transmis sous format électronique aux membres du conseil d'administration, sauf opposition expresse de leur part.

Le directeur de l'établissement, le commissaire du Gouvernement, l'autorité chargée du contrôle général économique et financier et l'agent comptable ont accès aux séances du conseil d'administration avec voix consultative. À cet effet, les convocations accompagnées des ordres du jour, les procès-verbaux et tous autres documents leur sont adressés en même temps qu'aux autres membres du conseil d'administration.

Le conseil d'administration arrête son règlement intérieur sur proposition du bureau exécutif.

Le directeur de l'établissement assure le secrétariat de séance. Il peut se faire assister de toute personne de son choix.

Art. R. 213-49-14 *(D. n° 2011-912, 29 juill. 2011).* – I. – Le conseil d'administration siège valablement, dans les six mois qui suivent la publication de l'arrêté prévu par le II de l'article R. 213-49-9, sans le membre représentant le personnel jusqu'à la désignation ou l'élection de celui-ci et sans les membres représentant la commission prévue par l'article R. 213-49-17 jusqu'à la désignation de ceux-ci. Les mandats de ces représentants prennent fin à la même date que celui des autres membres nommés.

II. – Le conseil d'administration ne peut valablement délibérer que si la moitié au moins de ses membres est présente ou représentée. Si le quorum n'est pas atteint, le conseil d'administration est à nouveau convoqué sur le même ordre du jour dans un délai inférieur à quinze jours. Il délibère alors valablement quel que soit le nombre de membres présents.

En cas d'urgence, la consultation du conseil peut intervenir par tout moyen approprié permettant l'identification et la participation effective des membres du conseil à une délibération collégiale.

III. – Les membres du conseil d'administration peuvent, lorsqu'ils sont empêchés, donner mandat à un autre administrateur pour les représenter.

Nul ne peut détenir plus de deux mandats.

IV. – *Les délibérations* du conseil d'administration sont adoptées à la majorité des membres présents ou représentés. En cas de partage égal des voix, celle du président du conseil d'administration est prépondérante.

V. – Les membres du conseil d'administration ne peuvent participer, à peine de nullité, à une délibération à laquelle ils sont intéressés soit en leur nom personnel, soit comme mandataire.

VI. – Le conseil d'administration ou son président peut inviter toute personne qu'il souhaite entendre.

VII. – Un procès-verbal est établi pour chaque séance du conseil d'administration. Il est signé par le président et par le directeur de l'établissement, secrétaire de séance.

Art. R. 213-49-15 *(D. n° 2011-912, 29 juill. 2011).* – Les délibérations du conseil d'administration sont transmises, dans le mois qui suit la date de la séance, aux membres du conseil d'administration, au ministre chargé de l'environnement, au ministre chargé du budget et aux préfets intéressés.

Elles sont publiées au recueil des actes administratifs de la préfecture dont le préfet a été désigné comme coordonnateur des actions de l'État pour le Marais poitevin.

(Mod. à compter du 1er janvier 2013, D. n° 2012-1247, 7 nov. 2012) (1) (2) Les délibérations du conseil d'administration sont exécutoires par elles-mêmes. Toutefois, les délibérations portant sur le budget et le compte financier sont exécutoires dans les conditions prévues par le titre III du décret n° 2012-1246 du 7 novembre 2012 relatif à la gestion budgétaire et comptable publique. Les délibérations portant sur les emprunts sont exécutoires dans les mêmes conditions.

Art. R. 213-49-16 *(D. n° 2011-912, 29 juill. 2011).* – Le président et les membres du conseil d'administration exercent leurs fonctions à titre gratuit. Ils bénéficient du remboursement des frais de déplacement et de séjour supportés par eux dans les conditions prévues par la réglementation applicable aux fonctionnaires civils de l'État.

§ 4. – Commissions consultatives

Art. R. 213-49-17 *(D. n° 2011-912, 29 juill. 2011).* – I. – La commission pour le suivi de la gestion opérationnelle des niveaux d'eau du Marais poitevin prévue par l'article L. 213-12-1 est présidée par le président du conseil d'administration de l'établissement.

Elle est composée :

1° Des collectivités territoriales dont le territoire est situé pour tout ou partie dans le périmètre de l'établissement public ainsi que de leurs groupements, établissements publics et syndicats mixtes lorsque ces collectivités et organismes participent à cette gestion ;

2° Des associations de propriétaires fonciers qui participent à cette gestion et de leurs groupements ;

3° De tout organisme ayant dans ses compétences ou ses statuts la réalisation, l'entretien ou la gestion d'ouvrages hydrauliques contribuant à la gestion des niveaux d'eau du Marais poitevin.

La commission désigne deux de ses membres pour la représenter au conseil d'administration de l'établissement.

II. – Peuvent siéger à la commission avec voix consultative :

1° Le directeur de l'Établissement public du Marais poitevin, assisté de toute personne de son choix ;

2° Le directeur de l'Agence de l'eau Loire-Bretagne ou son représentant ;

3° *(Rempl., D. n° 2014-339, 14 mars 2014)* Quatre autres représentants de l'État et de ses établissements publics au conseil d'administration ou leurs représentants, désignés par le président du conseil d'administration ;

4° Cinq représentants des collectivités territoriales au conseil d'administration, désignés par et parmi ces représentants ;

5° Le représentant de la Fédération nationale de la pêche et de la protection du milieu aquatique au conseil d'administration ;

6° Deux représentants des associations agréées de protection de l'environnement au conseil d'administration, désignés par et parmi ces représentants ;

7° Deux représentants des activités agricoles au conseil d'administration, désignés par et parmi ces représentants ;

8° Les personnes qualifiées membres du conseil d'administration ;

9° Toute personne désignée par le conseil d'administration en raison de ses compétences.

Les convocations accompagnées des ordres du jour, les procès-verbaux et tous les autres documents leur sont adressés en même temps qu'aux membres de la commission.

---

(1) Sur les conditions de modification des présentes dispositions : V. D. n° 2012-1247, 7 nov. 2012, art. 292.

(2) Dispositions applicables sur l'ensemble du territoire de la République, D. n° 2012-1247, 7 nov. 2012, art. 293.

Art. R. 213-49-18 *(D. n° 2011-912, 29 juill. 2011 ; D. n° 2013-938, 18 oct. 2013)*. – I. – La commission spécialisée chargée de proposer la répartition des prélèvements d'eau prévue par l'article L. 213-12-1 est présidée par le président du conseil d'administration de l'établissement.

Elle comprend :

1° *(Rempl., D. n° 2014-339, 14 mars 2014)* Neuf représentants de l'État au conseil d'administration ou leurs représentants et trois personnes qualifiées du conseil désignés par le président du conseil d'administration ;

2° Les représentants des conseils départementaux de Vendée, des Deux-Sèvres et de Charente-Maritime au conseil d'administration ;

3° Les représentants des activités agricoles, désignés sur proposition des chambres d'agriculture de Vendée, des Deux-Sèvres et de Charente-Maritime, au conseil d'administration ;

4° Six représentants de syndicats professionnels agricoles désignés conjointement par les organisations syndicales à vocation générale d'exploitants agricoles figurant sur la liste établie par l'arrêté du ministre chargé de l'agriculture prévu par l'article 3 du décret n° 90-187 du 28 février 1990 relatif à la représentation des organisations syndicales d'exploitants agricoles au sein de certains organismes ou commissions ;

5° Trois représentants des irrigants ou de groupements d'irrigants désignés par chaque chambre d'agriculture représentée au conseil d'administration ;

6° *(D. n° 2014-339, 14 mars 2014)* Toute personne désignée par le conseil d'administration en raison de ses compétences avec voix consultative.

Le directeur de l'établissement a accès aux séances de la commission avec voix consultative. Il peut se faire assister de toute personne de son choix.

II. – Le président du conseil d'administration arrête la liste des membres, qui est publiée au recueil des actes administratifs de la préfecture dont le préfet est désigné comme coordonnateur de l'action de l'État.

III. – La commission se prononce à partir d'un projet de plan de répartition élaboré par le directeur de l'établissement.

Art. R. 213-49-19 *(D. n° 2011-912, 29 juill. 2011)*. – Les commissions instituées par les articles R. 213-49-17 et R. 213-49-18 élaborent chacune un projet de règlement intérieur, qui détermine notamment les modalités de sa convocation par son président, de fixation de son ordre du jour et d'organisation des débats. Toutefois, la convocation est obligatoire dans le mois qui suit une demande en ce sens faite par le président du conseil d'administration de l'établissement ou par au moins un quart des membres de la commission. Le règlement intérieur des commissions est adopté par le conseil d'administration de l'établissement.

En cas d'absence ou d'empêchement du président de la commission, il est remplacé par le premier vice-président ou, si ce dernier est empêché, par le second vice-président.

Les commissions délibèrent à la majorité des membres présents ou représentés.

Les avis, propositions et demande d'inscription de toute question à l'ordre du jour du conseil d'administration de l'établissement font l'objet d'un procès-verbal signé par le président de la commission, qui est transmis au bureau exécutif.

§ 5. – Directeur

Art. R. 213-49-20 *(D. n° 2011-912, 29 juill. 2011)*. – Le directeur de l'établissement est nommé par arrêté du ministre chargé de l'environnement.

Le directeur de l'établissement est chargé du fonctionnement de l'ensemble des services et de la gestion du personnel.

Il assure l'exécution des délibérations du conseil d'administration.

Il prépare et exécute le budget de l'établissement. Il est l'ordonnateur des recettes et des dépenses de l'établissement.

Il exerce le pouvoir adjudicateur de l'établissement.

Il représente l'établissement dans tous les actes de la vie civile et dans ses rapports avec les tiers.

Il signe les contrats et conventions engageant l'établissement.

Il rend compte au conseil d'administration de sa gestion et de l'utilisation faite des délégations qui lui ont été consenties.

Il peut déléguer sa signature à des agents placés sous son autorité.

Lorsqu'il bénéficie d'une délégation du conseil d'administration et dans les conditions prévues par celle-ci, il exerce le droit de préemption foncière pour mettre en œuvre le programme d'actions délibéré par le conseil d'administration.

Il prépare, pour la commission spécialisée chargée de proposer la répartition des prélèvements d'eau, un projet de plan annuel de répartition et de règles pour adapter cette répartition en cas de limitation ou de suspension provisoire des usages de l'eau.

En application du IV *bis* de l'article L. 414-2, il assure la présidence du comité de pilotage ainsi que l'élaboration du document d'objectifs et l'animation nécessaire à sa mise en œuvre des sites Natura 2000 situés dans le périmètre de l'établissement, à la demande du ou des préfets intéressés, dans les conditions prévues par l'article L. 414-2.

§ 6. – **Gestion, dispositions financières et comptables**

Art. R. 213-49-21 *(D. n° 2011-912, 29 juill. 2011).* – La gestion de l'Établissement public du Marais poitevin est assurée avec le concours technique et administratif d'autres établissements publics de l'État.

Art. R. 213-49-22 *(D. n° 2011-912, 29 juill. 2011 ; rempl. à compter du 1er janvier 2013, D. n° 2012-1247, 7 nov. 2012)* (1) (2). – L'établissement public est soumis aux dispositions des titres Ier et III du décret n° 2012-1246 du 7 novembre 2012 relatif à la gestion budgétaire et comptable publique.

Art. R. 213-49-23 *(D. n° 2011-912, 29 juill. 2011).* – Les ressources de l'établissement comprennent notamment :

1° Des redevances pour service rendu et toute ressource qu'il tire de son activité ;

2° Le produit des emprunts ;

3° Les dons et legs ;

4° Les subventions et participations de l'État, des collectivités territoriales et de leurs groupements ainsi que d'autres personnes publiques et privées aux dépenses de fonctionnement, y compris de personnel, et aux investissements de l'établissement ;

5° Les produits financiers et, de manière générale, toute autre recette prévue par les lois et règlements en vigueur.

Art. R. 213-49-24 *(D. n° 2011-912, 29 juill. 2011 ; mod., D. n° 2019-798, 26 juill. 2019).* – Il peut être institué auprès de l'établissement des régies de recettes et des régies d'avances dans les conditions prévues par le décret n° 2019-798 du 26 juillet 2019 modifié relatif aux régies de recettes et aux régies d'avances des organismes publics.

NB : Conformément aux dispositions de l'article 18 du décret n° 2019-798 du 26 juillet 2019, ces dispositions entrent en vigueur le premier jour du mois suivant celui de la publication dudit décret et, s'agissant des régies créées avant cette date, le premier jour du sixième mois suivant cette même date.

Art. R. 213-49-25 *(Abr. à compter du 1er janvier 2013, D. n° 2012-1247, 7 nov. 2012)* (1) (2).

Section V. – Comités de l'eau et de la biodiversité et offices de l'eau des départements d'outre-mer

(Intitulé rempl., D. n° 2017-401, 27 mars 2017)

Sous-section 1. – Comités de l'eau et de la biodiversité des départements d'outre-mer

(Intitulé rempl., D. n° 2017-401, 27 mars 2017)

Art. R. 213-50 *(Rempl., D. n° 2017-401, 27 mars 2017).* – Le nombre des membres des comités de l'eau et de la biodiversité prévus à l'article L. 213-13-1 est fixé dans le tableau figurant au présent article.

(1) Sur les conditions de modification des présentes dispositions : V. D. n° 2012-1247, 7 nov. 2012, art. 292.

(2) Dispositions applicables sur l'ensemble du territoire de la République, D. n° 2012-1247, 7 nov. 2012, art. 293.

Pour chaque comité, le ministre chargé de l'environnement et le ministre chargé des outre-mer déterminent par arrêté conjoint, compte tenu des caractéristiques propres à chaque circonscription :

1° Les catégories d'usagers représentés, le nombre des représentants de chaque catégorie ainsi que le nombre de personnalités qualifiées, qui ne peut être supérieur au tiers du nombre des représentants des usagers ;

2° La liste des administrations de l'État représentées ;

3° Pour chaque bassin, le siège du comité.

REPRÉSENTANTS bassins	RÉGIONS	DÉPARTEMENTS	Collectivités territoriales uniques	COMMUNES et groupements de collectivités territoriales	USAGERS et personnalités qualifiées	ÉTAT	MILIEUX socio-professionnels	TOTAL
Guadeloupe	3	3		6	16	9	1	38
Guyane	-	-	6	9	15	10	1	41
Martinique	-	-	6	10	14	9	1	40
Mayotte	-	4	-	9	13	11	2	39
La Réunion	4	4	-	9	22	12	1	52

Art. R. 213-51 *(Mod., D. n° 2009-1140, 22 sept. 2009 ; D. n° 2010-886, 29 juill. 2010)*. – I *(Rempl., D. n° 2017-401, 27 mars 2017)*. – Les représentants de la région sont élus par le conseil régional.

Les représentants du département sont élus par le conseil départemental.

Les représentants de la collectivité territoriale de Guyane sont élus par l'assemblée de Guyane.

Les représentants de la collectivité territoriale de Martinique sont élus par l'assemblée de Martinique.

Les représentants des communes ou des groupements de collectivités territoriales sont désignés par la ou les associations les plus représentatives des maires des communes ou des groupements de collectivités territoriales du département.

Peuvent être désignés ou élus les membres des assemblées délibérantes des collectivités territoriales ou d'établissements publics compétents dans le domaine de l'eau.

Un arrêté du ministre chargé de l'environnement et du ministre chargé des outre-mer détermine la liste des catégories de communes et groupements de collectivités territoriales représentées et les modalités d'application des alinéas ci-dessus.

II. – Le préfet de chacune des régions concernées invite les organismes ou groupements représentatifs des catégories d'usagers mentionnés à l'article R. 213-50 à lui faire connaître les noms du ou des représentants des usagers désignés comme membres du comité.

III. – Les personnalités qualifiées sont désignées par le préfet de chacune des régions concernées.

IV. – L'État est représenté par le préfet de région, ou son représentant, et les chefs des services déconcentrés des administrations mentionnées au 2° de l'article R. 213-50.

V. – Les représentants des milieux socioprofessionnels sont désignés par le préfet de région sur proposition du Conseil économique, social et environnemental et du comité de la culture, de l'éducation et de l'environnement de chacune des régions concernées.

Art. R. 213-52 *(Mod., D. n° 2009-1140, 22 sept. 2009 ; D. n° 2016-308, 17 mars 2016)*. – La durée du mandat des membres du comité est de six années. Toutefois, le mandat de ceux qui en font partie en raison des fonctions qu'ils exercent expire de plein droit lorsqu'ils cessent d'exercer lesdites fonctions.

Tout membre désigné pour remplacer un membre du comité exerce son mandat jusqu'à l'expiration du mandat de son prédécesseur.

Le mandat des membres du comité est renouvelable.

En cas d'empêchement, un membre du *(Mots rempl., D. n° 2017-401, 27 mars 2017)* « comité de l'eau et de la biodiversité » peut donner mandat à un autre membre selon les règles fixées par les articles R. 133-1 à R. 133-15 du Code des relations entre le public et l'administration. Un mandat ne peut être donné qu'entre membres d'une même catégorie parmi celles énumérées à l'article L. 213-13-1. Aucun membre ne peut détenir plus de deux mandats.

Art. R. 213-53 *(Mod., D. n° 2009-1140, 22 sept. 2009).* – La liste des membres de chaque *(Mots rempl., D. n° 2017-401, 27 mars 2017)* « comité de l'eau et de la biodiversité » est arrêtée par le préfet de région et publiée au recueil des actes administratifs de la préfecture.

Art. R. 213-54 *(Mod., D. n° 2017-401, 27 mars 2017).* – I. – Le comité de l'eau et de la biodiversité exerce les compétences qui sont attribuées aux comités de bassin par les articles L. 212-1 à L. 212-7.

II. – Il peut être consulté soit par un ministre intéressé, soit par le préfet de région sur :

1° L'opportunité des travaux et aménagements d'intérêt commun envisagés dans le bassin ;

2° Les différends pouvant survenir entre la région, le département, les communes ou leurs groupements, les syndicats mixtes et les établissements publics, et tous autres groupements publics ou privés, notamment ceux créés en application des articles L. 212-3 à L. 212-7, et L. 213-12 ;

3° Plus généralement, toutes les questions faisant l'objet du présent titre, à l'exception du chapitre VIII.

III. – Le comité constitue en outre le lieu privilégié d'information, d'échange, de concertation et de consultation sur toute question relative à la biodiversité au sein de la région. À ce titre :

1° Il est associé, afin d'assurer la concertation prévue par l'article L. 110-3, à l'élaboration de la stratégie régionale de la biodiversité mentionnée à ce même article. Il est également associé à la mise en œuvre et au suivi de cette stratégie ;

2° *(Rempl., D. n° 2020-1060, 14 août 2020)* (1) Il est associé à l'élaboration et à la révision du schéma d'aménagement régional prévu à l'article L. 4433-7 du Code général des collectivités territoriales, en particulier pour la mise en œuvre des orientations de ce schéma en matière de protection et de restauration de la biodiversité prévues à l'article L. 4433-7-1 du même code.

Le président de l'assemblée délibérante de la région, du département ou de la collectivité informe le comité des résultats obtenus par la mise en œuvre des orientations du schéma d'aménagement régional en matière de protection et de restauration de la biodiversité. Ces résultats peuvent porter notamment sur les enjeux de continuité écologique et leur cohérence avec celle des régions voisines, y compris transfrontalières ;

3° Il est consulté, lors de leur élaboration, sur les orientations de programmation financière des contrats de plan État-région, et est informé de leur mise en œuvre au moins tous les trois ans ;

4° *(Mod. à compter du 1er janvier 2020, D. n° 2019-1580, 31 déc. 2019)* Il donne son avis sur les orientations stratégiques prises par les agences régionales de la biodiversité, prévues à l'article L. 131-9 ;

5° Il peut être consulté par une collectivité territoriale, un groupement de collectivités territoriales ou par le préfet de région, dans le cadre de leurs compétences respectives, sur toute mesure réglementaire, sur tout document de planification et sur tout sujet ou tout projet sur lesquels ils sont amenés à émettre un avis ou à prendre une décision, dès lors que cet avis ou cette décision traitent expressément de biodiversité ou sont susceptibles d'avoir un effet notable sur celle-ci.

IV. – Le comité peut saisir le conseil scientifique régional du patrimoine naturel mentionné au III de l'article L. 411-1 A pour la production de toute expertise nécessaire à ses délibérations ou lui demander une synthèse des travaux scientifiques engagés.

Art. R. 213-55 *(Mod., D. n° 2009-1140, 22 sept. 2009).* – Le comité délibère en séance plénière. Il ne peut valablement délibérer que si la moitié au moins de ses membres sont présents ou représentés. Toutefois, lorsqu'une convocation n'a pas permis de réunir le quorum, les délibérations intervenues à la suite d'une seconde convocation sont valables quel que soit le nombre des membres présents ou représentés. Les délibérations sont prises à la majorité des voix des membres présents. En cas de partage, la voix du président est prépondérante.

Le quorum est constaté en début de séance.

Le comité élabore son règlement intérieur.

(1) Dispositions d'application particulières et transitoires : V. D. n° 2020-1060, 14 août 2020.

Art. R. 213-56. – Le comité élit tous les trois ans un président et un vice-président. Le président est élu soit parmi les représentants des collectivités territoriales, soit parmi les représentants des usagers et les *(Mots rempl., D. n° 2009-1140, 22 sept. 2009)* « personnalités qualifiées », soit parmi les représentants désignés par l'État, au titre des milieux socio-professionnels. Le vice-président est choisi dans l'une des deux catégories ci-dessus à laquelle le président n'appartient pas.

Les représentants désignés par l'État ne prennent pas part à ces votes, à l'exception de ceux désignés au titre des milieux socioprofessionnels.

Art. R. 213-57 *(D. n° 2009-1140, 22 sept. 2009)*. – Le comité se réunit sur convocation de son président et au moins une fois par an. Il est obligatoirement convoqué dans le mois suivant la demande du ministre chargé de l'environnement ou du ministre chargé des départements d'outre-mer. Le président arrête l'ordre du jour des travaux et fixe la date des séances.

Le secrétariat du comité est assuré par le préfet de région ou par une personne désignée par lui.

Des rapporteurs désignés par le président sont chargés de l'étude et de la présentation des affaires inscrites à l'ordre du jour. Ils sont choisis à l'intérieur ou à l'extérieur du comité.

Le président peut, en fonction de l'ordre du jour, appeler à participer à la délibération du comité, avec voix consultative, toute personne compétente dont il juge la présence utile.

(D. n° 2017-401, 27 mars 2017) Le directeur de l'office de l'eau assiste de droit aux séances du comité avec voix consultative.

Art. R. 213-58. – Les fonctions de membre du comité sont gratuites. Les membres du comité qui n'ont pas la qualité de fonctionnaire ou d'agent de l'État et qui ne résident pas dans la ville où le comité a son siège reçoivent des indemnités pour frais de déplacement et de séjour dans les conditions prévues par le décret n° 2006-781 du 3 juillet 2006 fixant les conditions et les modalités de règlement des frais occasionnés par les déplacements temporaires des personnels civils de l'État.

Sous-section 2. – Offices de l'eau des départements d'outre-mer

§ 1. – Dispositions générales

Art. R. 213-59. – Le siège des offices de l'eau des départements d'outre-mer est fixé par délibération de leur conseil d'administration.

Art. R. 213-60 *(Mod. à compter du 1er janvier 2008, D. n° 2007-1868, 26 déc. 2007)*. – I. – L'office exerce les missions qui lui sont dévolues par l'article L. 213-13, dans le respect des dispositions des articles L. 210-1 et L. 211-1 et des dispositions du schéma directeur d'aménagement et de gestion des eaux ainsi que par l'article L. 3232-1-1 du Code général des collectivités territoriales.

II. – À cet effet :

1° Il est informé par les services publics de l'État des études et recherches relatives aux ressources en eau, à leur qualité ou à leur quantité. Il invite les collectivités locales et les particuliers à l'informer des projets de même nature relevant de son domaine d'activité. Il reçoit du préfet communication des récépissés de déclaration et des autorisations délivrées en application des articles L. 214-1 à L. 214-6 ;

2° Il tient informé le préfet et les collectivités concernées de ses projets et des résultats de ses recherches et de ses études.

Art. R. 213-61. – Les projets de programme d'actions et de travaux proposés par le *(Mots rempl., D. n° 2017-401, 27 mars 2017)* « comité de l'eau et de la biodiversité » en application des dispositions de l'article L. 213-13 sont soumis pour avis à ce dernier avant leur mise en œuvre.

Art. R. 213-62. – Pour l'exercice de ses missions, l'office de l'eau peut :

1° Acquérir les biens meubles ou immeubles nécessaires ;

2° Verser des fonds de concours à l'État, attribuer sur son budget propre des subventions, des prêts ou avances aux personnes publiques ou privées qui réalisent des études, recherches, travaux ou ouvrages concourant à l'accomplissement de ses missions ;

3° Conclure toute convention avec l'État, les collectivités territoriales ou leurs groupements, les syndicats mixtes, les établissements publics ou les personnes privées ;

4° Établir et percevoir des redevances pour services rendus ainsi que toute autre ressource financière prévue par les lois et règlements en vigueur.

Art. R. 213-63 *(Mod., D. n° 2017-401, 27 mars 2017)* (1). – I. – Le conseil d'administration de l'office est présidé par le président du conseil départemental, ou le président de l'assemblée de Martinique ou le président de l'assemblée de Guyane. Il est constitué, outre son président, de dix-huit membres :

1° Neuf représentants des collectivités territoriales et de leurs groupements, dont :

a) Deux représentants de la région et deux représentants du département, choisis respectivement par le conseil régional et le conseil départemental parmi leurs représentants au comité de l'eau et de la biodiversité ; en Martinique et en Guyane, quatre représentants de l'assemblée de Martinique ou de Guyane, choisis parmi ses représentants au comité de l'eau et de la biodiversité ;

b) Cinq représentants des communes ou d'autres groupements de collectivités ayant compétence dans le domaine de l'eau choisis par et parmi les représentants de cette catégorie au comité de l'eau et de la biodiversité ;

2° Trois représentants des services de l'État désignés par le préfet de région ;

3° Trois représentants choisis par et parmi les représentants au comité de l'eau et de la biodiversité des milieux socioprofessionnels et des usagers de l'eau et des milieux aquatiques et littoraux ;

4° Trois représentants choisis par et parmi les représentants au comité de l'eau et de la biodiversité des associations agréées de consommateurs et de protection de l'environnement et des personnalités qualifiées dans le domaine de l'eau et des milieux aquatiques et littoraux.

II. – La durée du mandat des membres du conseil d'administration mentionnés aux 1°, 3° et 4° du I est de six ans. Toutefois la désignation de ces représentants ne peut porter effet au-delà de la durée du mandat dont ils sont investis au comité de l'eau et de la biodiversité.

III. – Un représentant du personnel, siégeant avec voix consultative, est choisi par l'organisation syndicale présente dans l'établissement ou, en cas de pluralité ou d'absence d'organisations syndicales, à l'issue d'un scrutin organisé à cet effet au sein du personnel.

Art. R. 213-64. – Les fonctions de membre du conseil d'administration sont gratuites. Toutefois, les membres du conseil bénéficient du remboursement des frais de déplacement ou de séjour effectivement supportés par eux à l'occasion des réunions du conseil d'administration, conformément aux dispositions du décret n° 2006-781 du 3 juillet 2006 fixant les conditions et les modalités de règlement des frais occasionnés par les déplacements temporaires des personnels civils de l'État.

Art. R. 213-65. – Le conseil d'administration se réunit sur convocation de son président et au moins deux fois par an.

La convocation est en outre obligatoire dans le mois qui suit une demande en ce sens, faite par huit membres au moins du conseil d'administration.

Le président arrête l'ordre du jour.

Art. R. 213-66. – Le conseil d'administration ne peut délibérer valablement que si la moitié au moins de ses membres sont présents ou représentés, la représentation ne pouvant être assurée que par un membre du conseil appartenant à la même catégorie que le membre représenté. Toutefois, les décisions prises à la suite de deux convocations successives à quinze jours d'intervalle et dûment constatées sont valables, quel que soit le nombre des membres présents ou représentés. Les décisions sont prises à la majorité des voix. En cas de partage égal, la voix du président est prépondérante.

(Mod., D. n° 2017-401, 27 mars 2017) Les membres du conseil d'administration ne peuvent participer, à peine de nullité, à une délibération portant sur une affaire à laquelle ils sont intéressés soit en leur nom personnel, soit comme mandataire. Afin de prévenir les conflits d'intérêts, l'exercice de la fonction de membre du conseil d'administration d'un office de l'eau est soumis à des règles de déontologie adoptées par ce conseil.

Les délibérations du conseil d'administration font l'objet de procès-verbaux. Ils sont communiqués au commissaire du Gouvernement.

(1) Dispositions d'application transitoires : V. D. n° 2017-401, 27 mars 2017, art. 10.

Les délibérations du conseil d'administration de l'office sont publiées au recueil des actes administratifs du département concerné.

Les séances du conseil d'administration ne sont pas publiques.

Le conseil d'administration arrête son règlement intérieur.

Art. R. 213-67. – Le conseil d'administration règle par ses délibérations les affaires de l'office.

Il délibère sur :

1° Le budget et le compte financier ;

2° Les programmes généraux d'activité, et notamment les programmes d'actions et de travaux ;

3° Les redevances pour services rendus ainsi que toute autre ressource financière prévue par les lois et règlements en vigueur ;

4° Le rapport annuel de gestion ;

5° Les mesures relatives à l'organisation générale de l'office ;

6° La conclusion des conventions mentionnées au 3° de l'article R. 213-62 ;

7° La contribution de l'office aux études, recherches ou travaux d'intérêt commun ;

8° Les conditions générales d'attribution des subventions et des prêts aux personnes publiques mentionnés au 2° de l'article R. 213-62 ;

9° L'acceptation des dons et legs ;

10° Les emprunts ;

11° Les actions en justice ;

12° L'attribution, le cas échéant, dans le cadre des conditions générales fixées préalablement par lui, de subventions ou de prêts ;

13° Toute autre question qui pourrait lui être soumise par son président ou le commissaire du Gouvernement.

Art. R. 213-68. – Le conseil d'administration peut déléguer au directeur de l'office des attributions relatives aux matières prévues aux 5°, 6°, 7°, 9°, 11° et 12° de l'article R. 213-67.

Art. R. 213-69. – Le directeur de l'office assure le fonctionnement de l'ensemble des services. Il procède également au recrutement du personnel et a autorité sur l'ensemble de celui-ci.

Il assiste avec voix consultative aux réunions du conseil d'administration. Il assure la préparation des réunions du conseil d'administration, fait appliquer les décisions de celui-ci et le tient informé de leur exécution.

Il est responsable de l'exécution du budget.

Il représente l'office en justice et dans tous les actes de la vie civile.

Il est ordonnateur des dépenses et des recettes de l'établissement.

Il signe les contrats, accords ou conventions passés au nom de l'office.

Art. R. 213-70. – Le préfet, commissaire du Gouvernement, ou son représentant assiste de plein droit à toutes les réunions du conseil d'administration de l'office et y est entendu chaque fois qu'il le demande.

Art. R. 213-71 *(Rempl., D. n° 2009-218, 24 févr. 2009)*. – La comptabilité de l'office est tenue par l'agent comptable du département dans les conditions prévues par les dispositions des articles L. 1617-2 à L. 1617-4 du Code général des collectivités territoriales.

Les régies d'avances et de recettes qui peuvent être instituées auprès de l'office dans les conditions prévues par les articles R. 1617-1 à R. 1617-17 du Code général des collectivités territoriales ne peuvent encaisser les redevances visées à l'article L. 213-14.

§ 2. – Dispositions applicables à la redevance pour prélèvement sur la ressource en eau

(Mod. à compter du 1er janvier 2008, D. n° 2007-1311, 5 sept. 2007 (1) *; D. n° 2008-283, 25 mars 2008* (2) *; intitulé rempl., D. n° 2009-218, 24 févr. 2009)*

Art. D. 213-72. – Les collectivités territoriales, leurs groupements, leurs établissements publics, les exploitants des services de production et de distribution d'eau, les exploitants agricoles, les industriels ainsi que

(1) Dispositions applicables à Mayotte, D. n° 2007-1311, 5 sept. 2007, art. 7.

(2) Antérieurement aux modifications issues du décret n° 2008-283 du 25 mars 2008, deux articles R. 213-77 coexistaient : le premier créé par le décret n° 2007-1311 du 5 septembre 2007 et le second par le décret n° 2007-1735 du 11 décembre 2007. – NDLR.

toute personne prélevant de l'eau dans les milieux naturels et susceptibles d'être assujettis à une redevance pour prélèvement d'eau sont tenus de déclarer à l'office de l'eau les éléments nécessaires au calcul de cette redevance avant le 1er avril de l'année suivant celle au titre de laquelle ces redevances sont dues.

Si le redevable exploite plusieurs établissements ou exploitations agricoles, il effectue une déclaration par établissement ou par exploitation agricole.

Art. D. 213-73. – La période de référence pour la déclaration du volume prélevé est l'année civile.

En cas de cession ou de cessation de l'exploitation, l'exploitant fait sa déclaration pour la période de l'année civile courant jusqu'à la date de cession ou de cessation de l'exploitation. Dans ce cas, le redevable est tenu de produire la déclaration des éléments nécessaires au calcul de la redevance dans un délai de soixante jours à compter de la cession ou de la cessation d'activité.

Art. D. 213-74. – À la demande de l'office de l'eau, les administrations de l'État lui communiquent copie des récépissés des déclarations ou des autorisations de prélèvement d'eau dans le milieu naturel.

Art. D. 213-74-1 *(Rempl., D. n° 2024-787, 9 juill. 2024).* – Le programme d'actions mentionné au deuxième alinéa de l'article L. 2224-7-1 du Code général des collectivités territoriales est établi suivant le diagnostic des ouvrages et des équipements nécessaires à la distribution de l'eau potable. Il prend en compte les secteurs où la réhabilitation ou le renforcement des réseaux est prioritaire, de manière à réduire les conséquences des défaillances en termes des pertes, en mettant en œuvre un programme pluriannuel de renouvellement des canalisations (programme détaillé assorti d'un estimatif portant sur au moins 3 ans). Il intègre également les actions à mener pour assurer la recherche, l'identification et la réduction des fuites.

Le taux de perte en eau du réseau au-delà duquel un plan d'action doit être mené, conformément aux dispositions de l'article L. 2224-7-1 du Code général des collectivités territoriales, correspond à une valeur du coefficient de performance mentionnée au *a* du 3° du IV de l'article L. 213-10-5 du Code de l'environnement, égale à 0. Ce plan d'actions visant à réduire le taux de pertes en eau du réseau, inclut un suivi annuel du rendement des réseaux de distribution d'eau, tenant compte des livraisons d'eau de l'année au titre de laquelle la valeur du coefficient de performance est égale à 0.

En application du plan d'actions, le descriptif détaillé des ouvrages de transport et de distribution d'eau potable défini à l'article D. 2224-5-1 du Code général des collectivités territoriales est mis à jour en indiquant les secteurs ayant fait l'objet de recherches de pertes d'eau par des réseaux de distribution ainsi que les réparations effectuées.

Art. D. 213-75 *(Mod., D. n° 2012-97, 27 janv. 2012* (1) *; D. n° 2024-787, 9 juill. 2024).* – La déclaration est établie sur un formulaire mis à disposition par l'office de l'eau.

Le formulaire de déclaration comporte notamment l'identification de l'exploitation ou de l'établissement concerné, le volume prélevé dans le milieu naturel, la désignation du lieu du prélèvement et la caractérisation de l'activité nécessitant ce prélèvement d'eau.

Le redevable reçoit le formulaire directement de l'office de l'eau ou, à défaut, se le procure au siège de l'office de l'eau ou à partir d'un serveur électronique.

Les documents justificatifs de la déclaration sont conservés pendant le délai de reprise fixé à l'article L. 213-18.

Art. D. 213-76. – En l'absence de moyens de mesure ou d'évaluation appropriés des volumes prélevés, la redevance pour prélèvement d'eau est assise sur un volume calculé forfaitairement à partir des éléments figurant au tableau annexé au présent article.

L'assiette de la redevance est obtenue en multipliant le nombre d'unités de la grandeur caractéristique de l'activité par le volume forfaitaire par unité de grandeur caractéristique de l'activité dans le département ou le secteur du département considéré.

En cas de changement d'activité agricole en cours d'année, le changement d'unités correspondant n'est pris en considération qu'à partir du 1er janvier de l'année suivante.

(1) Dispositions applicables à compter du 1er janvier 2014, D. n° 2012-97, 27 janv. 2012, art. 4, 2°.

Tableau de l'article D. 213-76

Tableau des volumes prélevés par une unité de grandeur caractéristique des activités

USAGES	ACTIVITÉ	GRANDEUR caractéristique de l'activité	VOLUME FORFAITAIRE par unité de grandeur caractéristique			
			Guadeloupe	Martinique	Guyane	Réunion
Alimentation en eau potable.		Habitant (population municipale)	1 00 m³/an	1 00 m³/an	65 0 m³/an	150 m³/an
Irrigation	Canne à sucre	Hectare de culture irriguée pendant l'année	1 000 m³/an	1 000 m³/an	/	Secteurs nord-ouest et sud (1) : 7 500 Secteurs nord-ouest et sud (1) : 7 500 m³/an Secteur est : 1 000 m³/an Secteur est : 1 000 Secteurs nord-ouest et sud (1) : 7 500 m³/an Secteur est : 1000 m³/an
	Banane. Banane plantin.	Hectare de culture irriguée pendant l'année	4 500 m³/an	4 500 m³/an	/	4 500 m³/an
	Prairie	Hectare de culture irriguée pendant l'année	2 500 m³/an	2 500 m³/an	/	2 500 m³/an
	Melons	Hectare de culture irriguée pendant l'année	3 000 m³/an	3 000 m³/an	/	3 000 m³/an
	Fruits, légumes et fleurs.	Hectare de culture irriguée pendant l'année	3 500 m³/an	3 500 m³/an	3 500 m³/an	3 500 m³/an
	Autres cultures vivrières (ignames, patates douces, choux de Chine,...).	Hectare de culture irriguée pendant l'année	1 500 m³/an	1 500 m³/an	/	1 500 m³/an

(1) Communes de Sainte-Marie, Saint-Denis, La Possession, Le Port, Saint-Paul, Les Trois-Bassins, Saint-Leu, Les Avirons, L'Etang-Salé, Saint-Louis, Saint-Pierre, Petite-Île, Entre-Deux, Le Tampon, Saint-Joseph.

§ 3. – Dispositions applicables aux redevances autres que la redevance pour prélèvement sur la ressource en eau
(Division créée, D. n° 2009-218, 24 févr. 2009)

Art. R. 213-76-1 *(Rempl., D. n° 2009-218, 24 févr. 2009 ; mod. à compter du 1er janvier 2015, D. n° 2014-1135, 6 oct. 2014 ; à compter du 1er janvier 2020, D. n° 2019-674, 28 juin 2019 ; mod., D. n° 2024-787, 9 juill. 2024).* – [I. –] Les redevances pour pollution de l'eau, pour modernisation des réseaux de collecte, pour pollutions diffuses, pour stockage d'eau en période d'étiage et pour protection du milieu aquatique perçues par les offices de l'eau des départements d'outre-mer sont déterminées dans les conditions fixées pour les agences de l'eau par les dispositions des articles D. 213-48-1 à D. 213-48-13 et des articles D. 213-48-16 à D. 213-48-19.

II. – Les contre-valeurs des redevances mentionnées aux articles L. 213-10-5 et L. 213-10-6 sont déterminées dans les conditions prévues aux articles D. 213-48-35-1 et D. 213-48-35-2.

Art. D. 213-76-2 *(D. n° 2009-219, 24 févr. 2009 ; mod. à compter du 1er janvier 2012, D. n° 2011-1650, 25 nov. 2011 ; à compter du 1er janvier 2020, D. n° 2019-674, 28 juin 2019 ; mod., D. n° 2024-787, 9 juill. 2024).* – I. – Les personnes susceptibles d'être assujetties aux redevances pour pollution de l'eau mentionnée à l'article L. 213-10-1 et pour stockage d'eau en période d'étiage mentionnée à l'article L. 213-10-10 sont tenues de déclarer à l'office de l'eau les éléments nécessaires au calcul des redevances avant le 1er avril de l'année suivant celle au titre de laquelle ces redevances sont dues.

II. – Pour la redevance pour pollutions diffuses mentionnée à l'article L. 213-10-8, la déclaration est souscrite :

a) Par tout distributeur de produits phytopharmaceutiques à leur utilisateur final, agréé en application du 1° du II de l'article L. 254-1 du Code rural et de la pêche maritime et faisant l'objet d'une immatriculation en qualité d'établissement principal au registre du commerce et des sociétés, sauf dans le cas où l'utilisateur final met sur le marché les semences mentionnées au *b* ;

b) Par tout distributeur de semences traitées au moyen d'un ou plusieurs produits phytopharmaceutiques à leur utilisateur final ;

c) Par toute personne agréée en vertu du 2° du I de l'article L. 254-1 du Code rural et de la pêche maritime exerçant l'activité de traitement de semences, lorsqu'elle utilise des produits phytopharmaceutiques acquis auprès d'une personne autre que celle mentionnée au *a* ;

d) Par le professionnel assujetti à la redevance lorsque celui-ci doit tenir le registre prévu à l'article L. 254-3-1 du Code rural et de la pêche maritime.

La déclaration signée est remise ou retournée à l'office de l'eau dans le ressort duquel est situé :

– l'établissement dans lequel l'utilisateur final acquiert un produit visé à l'article L. 213-10-8, dans les cas visés au *a* ;

– l'établissement dans lequel l'utilisateur final acquiert des semences traitées dans les cas visés au *b* ;

– l'établissement principal de la personne ayant réalisé le traitement des semences dans les cas visés au *c* ;

– l'établissement principal du professionnel assujetti, dans les cas visés au *d*.

La personne exerçant l'activité de traitement de semences, le distributeur de semences traitées, le distributeur agréé et le professionnel assujetti mentionnés ci-dessus établissent une seule déclaration pour l'ensemble de leurs établissements au sens du III de l'article L. 254-1 du Code rural et de la pêche maritime, situés dans la circonscription administrative de l'office de l'eau, ou, en l'absence d'agrément, pour l'ensemble de leurs établissements secondaires au sens de l'article R. 123-40 du Code de commerce situés dans le ressort de l'office de l'eau.

III. – Pour la redevance pour consommation d'eau potable et pour la redevance pour protection du milieu aquatique, la déclaration est souscrite par la personne qui facture la redevance aux assujettis ou la collecte et auprès de laquelle la redevance est perçue, réputée agir pour le compte des contribuables en ce qui concerne l'application du présent paragraphe.

IV. – Les documents justificatifs de la déclaration sont conservés pendant le délai de reprise fixé à l'article L. 213-18.

Art. D. 213-76-3 *(D. n° 2009-219, 24 févr. 2009 ; mod., D. n° 2019-674, 28 juin 2019 ; D. n° 2024-787, 9 juill. 2024).* – I. – La déclaration mentionnée à l'article D. 213-76-2 est établie par ouvrage, installation, établissement ou exploitation agricole, et comporte les informations mentionnées à l'article D. 213-48-23.

II. – Outre les éléments prévus au I, la déclaration comporte :

1° Pour la détermination des redevances pour pollution de l'eau mentionnées à l'article L. 213-10-1, les informations mentionnées à l'article D. 213-48-24 ;

2° Pour la détermination de la redevance sur la consommation d'eau potable mentionnée à l'article L. 213-10-4, les informations mentionnées au I de l'article D. 213-48-25 ainsi que le montant des factures impayées et, le cas échéant, les montants pour lesquels une admission en non-valeur est demandée à l'office de l'eau ;

3° Pour la détermination de la redevance performance des réseaux d'eau potable mentionnée à l'article L. 213-10-5, les informations mentionnées à l'article D. 213-48-26 ;

4° Pour la détermination de la redevance pour performance des systèmes d'assainissement collectif mentionnée à l'article L. 213-10-6, les informations mentionnées au II de l'article D. 213-48-25 ainsi que le montant des factures impayées et, le cas échéant, les montants pour lesquels une admission en non-valeur est demandée à l'office de l'eau ;

5° Pour la détermination de la redevance pollution diffuse mentionnée à l'article L. 213-10-8, les informations mentionnées à l'article D. 213-48-27 ;

6° Pour la détermination de la redevance pour stockage d'eau en période d'étiage mentionnée à l'article L. 213-10-10, les informations mentionnées à l'article D. 213-48-31 ;

7° *(Abr.)* ;

8° Pour la détermination de la redevance pour protection du milieu aquatique mentionnée à l'article L. 213-10-12, les informations mentionnées à l'article D. 213-48-33.

§ 4. – Modalités particulières de versement de certaines redevances
(D. n° 2009-218, 24 févr. 2009)

Art. D. 213-76-4 *(Ancien article R. 213-76-4 dénum. et rempl., D. n° 2024-787, 9 juill. 2024).* – I. – L'exploitant du service qui assure la facturation de l'eau potable encaisse la redevance sur la consommation d'eau potable prévue à l'article L. 213-10-4, en même temps que les sommes dues au titre de la fourniture d'eau potable. Le montant de cette redevance apparaît distinctement sur la facture.

II. – L'exploitant du service qui assure la facturation de l'eau potable opère chaque trimestre un contrôle pour déterminer si le total des encaissements effectués depuis le début de l'année civile au titre de la redevance sur la consommation d'eau potable prévue par l'article L. 213-10-4 atteint un seuil défini par arrêté conjoint du ministre chargé de l'environnement et du ministre chargé du budget. Lorsque ce seuil est atteint, l'exploitant adresse à l'office de l'eau, au plus tard le 15 du premier mois du trimestre suivant, un état global des encaissements. Dans le délai d'un mois après réception de cet état, un ordre de recettes émis par le directeur de l'office de l'eau et pris en charge par son agent comptable et notifié à l'exploitant pour le recouvrement des sommes dues dans les conditions fixées à l'article L. 213-20. La méconnaissance des obligations prévues aux deux alinéas précédents conduit à l'application de majorations et d'intérêts de retard dans les conditions fixées à l'article 1758 A du Code général des impôts.

III. – Il est dérogé au II lorsqu'une convention conclue en application de l'article R. 213-76-6 prévoit le versement périodique d'acomptes.

Art. R. 213-76-5 *(D. n° 2009-218, 24 févr. 2009).* – Les organismes mentionnés à l'article L. 213-10-12 collectent la redevance pour protection du milieu aquatique et en reversent le produit à l'office de l'eau.

Art. R. 213-76-6 *(D. n° 2009-218, 24 févr. 2009).* – Les opérations de reversement mentionnées aux articles R. 213-76-4 et R. 213-76-5 peuvent suivre des modalités fixées par des conventions conformes à des conventions types approuvées par le conseil d'administration de l'office. Ces conventions peuvent également prévoir selon une périodicité qu'elles définissent le versement d'acomptes en application du dernier alinéa de l'article L. 213-20.

Art. R. 213-76-7 *(D. n° 2009-218, 24 févr. 2009).* – Au vu de la déclaration souscrite par le redevable en application de l'article L. 213-14-2 et après vérification de celle-ci et, le cas échéant, des états des encaissements réalisés, l'office fixe le montant total dû par chaque exploitant et chaque collecteur en application des articles L. 213-10-3, L. 213-10-6 et L. 213-10-12 et met en recouvrement la redevance ou son solde, après déduction le cas échéant des versements effectués et des acomptes versés, dans les conditions prévues notamment par les articles R. 213-76-4 et R. 213-76-6.

Art. D. 213-76-8 *(Ancien article R. 213-76-8 dénum. et rempl., D. n° 2024-787, 9 juill. 2024).* – Le recouvrement des redevances mentionnées aux articles L. 213-10-4, L. 213-10-5, L. 213-10-6 et L. 213-10-12 s'effectue dans les conditions prévues aux articles D. 213-48-42.

Art. D. 213-76-9 *(Ancien article R. 213-76-9 dénum. et rempl., D. n° 2024-787, 9 juill. 2024,).* – L'office de l'eau verse à l'exploitant du service chargé de percevoir les redevances pour pollution de l'eau d'origine domestique et pour modernisation des réseaux de collecte mentionnées aux articles L. 213-10-3 et L. 213-10-6 une rémunération calculée selon les dispositions de l'article L. 213-11-15-2 du Code de l'environnement.

§ 5. – Dispositions applicables à toutes les redevances
(D. n° 2009-218, 24 févr. 2009)

Art. R. 213-76-10 *(D. n° 2009-218, 24 févr. 2009).* – L'office de l'eau est chargé du contrôle des déclarations des personnes assujetties aux redevances instituées par les articles L. 213-14-1 et L. 213-14-2. Il s'assure de leur exactitude matérielle, au vu des éléments joints, le cas échéant, aux déclarations et des autres éléments dont il dispose.

L'office peut, en outre, demander par écrit au redevable la production de pièces ainsi que toute justification utile des éléments de sa déclaration, dans un délai qu'il mentionne expressément et qui ne peut être inférieur à deux mois.

Le contrôle sur place est précédé, avec un préavis d'au moins quinze jours, de l'envoi ou de la remise contre décharge d'un avis de vérification. Cet avis indique les exercices soumis à vérification, la date et l'heure de la visite et l'identité des agents habilités chargés du contrôle. Il mentionne de façon explicite la faculté pour le redevable de se faire assister au cours des opérations de contrôle par un conseil de son choix.

Le directeur de l'office notifie par écrit au redevable les résultats du contrôle sur pièces ou sur place dès la fin des opérations, même en l'absence d'anomalie dans la déclaration concernée.

Art. R. 213-76-11 *(D. n° 2009-218, 24 févr. 2009).* – Le recouvrement des titres de recettes émis par l'office de l'eau est assuré dans les conditions fixées par l'article L. 1617-5 du Code général des collectivités territoriales.

Section VI. – Comité technique permanent des barrages et des ouvrages hydrauliques
(Créée à compter du 1er janvier 2008, D. n° 2007-1735, 11 déc. 2007) (1) (2)

Art. R. 213-77 *(Créé à compter du 1er janvier 2008, D. n° 2007-1735, 11 déc. 2007)* (3). – Le comité technique permanent des barrages et des ouvrages hydrauliques est consulté sur les dispositions des projets de lois, de décrets ainsi que d'arrêtés et d'instructions ministériels relatives à la sécurité de ces ouvrages, à leur surveillance et à leur contrôle.

(Mod., D. n° 2015-526, 12 mai 2015) (4) Dans les cas prévus par la réglementation ou, en dehors de ces cas, à la demande du ministre intéressé, le comité est appelé à donner son avis sur les dossiers concernant les avant-projets et les projets de nouveaux barrages ou ouvrages hydrauliques, les modifications importantes de barrages ou ouvrages hydrauliques existants et les études de dangers les concernant. L'avis est réputé rendu s'il n'a pas été émis dans un délai de six mois après la transmission, par le préfet, du dossier au ministre chargé de l'environnement. Les avis rendus sont publiés dans le mois qui suit leur adoption sur le site internet du

(1) Dispositions applicables à Mayotte, D. n° 2007-1735, 11 déc. 2007, art. 21.
(2) Dispositions transitoires : V. D. n° 2007-1735, 11 déc. 2007, art. 20.
(3) Antérieurement aux modifications issues du décret n° 2008-283 du 25 mars 2008, deux articles R. 213-77 coexistaient : le premier créé par le décret n° 2007-1311 du 5 septembre 2007 et le second par le décret n° 2007-1735 du 11 décembre 2007. – NDLR.
(4) Dispositions d'application particulières et transitoires : V. D. n° 2015-526, 12 mai 2015, art. 30 et 31.

ministère chargé de l'environnement ainsi que sur celui de la préfecture du département d'implantation du barrage ou de l'ouvrage et peuvent y être consultés pendant un an au moins.

Les ministres chargés de l'énergie et de l'environnement peuvent soumettre au comité toute autre question relative à la sécurité des barrages et des ouvrages hydrauliques.

Art. R. 213-78 *(Créé à compter du 1er janvier 2008, D. n° 2007-1735, 11 déc. 2007).* – Le comité technique permanent des barrages et des ouvrages hydrauliques comprend entre huit et douze membres, fonctionnaires ou personnalités qualifiées particulièrement compétents en matière de barrages et d'ouvrages hydrauliques.

Art. R. 213-79 *(Créé à compter du 1er janvier 2008, D. n° 2007-1735, 11 déc. 2007).* – Le président, le vice-président et les membres du comité technique permanent des barrages et des ouvrages hydrauliques sont nommés par arrêté conjoint des ministres chargés de l'énergie et de l'environnement pour une durée de cinq ans. En cas de démission ou d'indisponibilité permanente ou prolongée d'un membre constatée par le comité, un nouveau membre est nommé dans les mêmes conditions pour la durée du mandat restant à courir.

Art. R. 213-80 *(Créé à compter du 1er janvier 2008, D. n° 2007-1735, 11 déc. 2007).* – Le ministre chargé de l'énergie ou le ministre chargé de l'environnement saisit le comité technique permanent des barrages et des ouvrages hydrauliques qui se réunit sur la convocation de son président.

Le comité délibère en assemblée plénière. Toutefois, il peut délibérer en section lorsqu'il exerce les attributions fixées au deuxième alinéa de l'article R. 213-77. Une section comprend au moins cinq membres. Chaque formation ne délibère valablement que si au moins la moitié de ses membres sont présents. Les avis sont adoptés à la majorité des membres présents. En cas de partage égal des voix, celle du président de la formation est prépondérante. Le vice-président assure les fonctions de président en cas d'absence ou d'empêchement de celui-ci.

Pour l'examen des affaires, le président désigne, s'il y a lieu, un rapporteur choisi parmi les membres du comité ou sur des listes dressées respectivement par le ministre chargé de l'énergie et le ministre chargé de l'environnement.

Un arrêté des ministres chargés de l'énergie et de l'environnement précise l'organisation et les modalités de fonctionnement du comité.

Art. R. 213-81 *(Créé à compter du 1er janvier 2008, D. n° 2007-1735, 11 déc. 2007).* – Lorsqu'ils ne sont pas fonctionnaires, les membres du comité peuvent être rémunérés, pour la durée de la session du comité, au moyen d'indemnités de vacations horaires.

Les rapporteurs peuvent être rémunérés, au titre des travaux qu'ils effectuent, au moyen d'indemnités de vacations horaires. Le nombre des vacations horaires qui leur sont allouées est fixé par le président du comité.

Art. R. 213-82 *(Créé à compter du 1er janvier 2008, D. n° 2007-1735, 11 déc. 2007).* – Les membres du comité et de son secrétariat ainsi que les rapporteurs peuvent prétendre au remboursement des frais de déplacement qu'ils sont susceptibles d'engager à l'occasion de missions exécutées pour le compte du comité dans les conditions prévues par le décret n° 2006-781 du 3 juillet 2006 susvisé.

Un arrêté conjoint des ministres chargés de l'énergie, du budget, de la fonction publique et de l'environnement fixe le taux unitaire des vacations horaires des membres du comité technique permanent des barrages et des ouvrages hydrauliques et de ses rapporteurs, le nombre maximal de vacations horaires allouées par rapport et le nombre maximal de vacations horaires susceptibles d'être allouées annuellement à un même rapporteur.

Art. R. 213-83 *(Créé à compter du 1er janvier 2008, D. n° 2007-1735, 11 déc. 2007).* – Les dépenses entraînées par le fonctionnement du comité technique permanent des barrages et des ouvrages hydrauliques, lorsque celui-ci exerce les attributions fixées au deuxième alinéa de l'article R. 213-77, sont à la charge du titulaire du titre d'exploitation de l'ouvrage. Ces dépenses comprennent les frais de déplacement des rapporteurs et des membres du comité et de son secrétariat, les indemnités de vacations horaires allouées aux membres du comité et aux rapporteurs, et le cas échéant le coût des concours extérieurs auxquels le comité a fait appel. Les sommes dues sont toutefois limitées à un plafond par affaire défini par arrêté conjoint des ministres chargés du budget, de l'énergie et de l'environnement. Les sommes perçues sont versées au Trésor pour être rattachées, par voie de fonds de concours, au budget du ministère chargé de l'énergie qui assure le secrétariat du comité et utilisées au paiement des dépenses, hors rémunérations des fonctionnaires, résultant du fonctionnement du comité. »

Section VII. – Comité national et comités locaux de l'initiative française pour les récifs coralliens

(D. n° 2023-387, 22 mai 2023) (1)

Art. D. 213-84 *(D. n° 2023-387, 22 mai 2023).* – Le Comité national de l'initiative française pour les récifs coralliens, est placé auprès du ministre chargé de l'environnement et du ministre chargé des outre-mer. Il a pour objectif de promouvoir une politique active, aux niveaux national, régional et local, favorable à la préservation et à la gestion intégrée des récifs coralliens et des écosystèmes associés, dans le cadre du développement durable de la Guadeloupe, de la Guyane, de La Réunion, de la Martinique, de Mayotte, de Saint-Martin, des Terres australes et antarctiques françaises ainsi que de l'île de Clipperton.

Les missions de ce comité sont étendues à Saint-Barthélemy, à Wallis-et-Futuna, en Polynésie française et en Nouvelle-Calédonie, avec l'accord de ces collectivités.

L'initiative française pour les récifs coralliens comporte un Comité national et des comités locaux.

Art. D. 213-85 *(D. n° 2023-387, 22 mai 2023).* – Le Comité national de l'initiative française pour les récifs coralliens :

1° Élabore la stratégie nationale pour la protection des récifs coralliens et écosystèmes associés ainsi que sa déclinaison en programme d'actions quinquennal ;

2° Élabore tous les cinq ans le bilan de l'état de santé des récifs coralliens et écosystèmes associés ;

3° Contribue, sur la base du bilan de l'état de santé des récifs coralliens et écosystèmes associés réalisé tous les cinq ans, à l'élaboration et à la mise en œuvre du plan d'actions pour la protection des récifs coralliens mentionné à l'article 113 de la loi n° 2016-1087 du 8 août 2016 pour la reconquête de la biodiversité, de la nature et des paysages ;

4° Participe à l'information du public, à la valorisation des connaissances, des actions et des produits de l'initiative française pour les récifs coralliens ;

5° Formule des recommandations et des avis sur les moyens d'assurer la protection durable des récifs coralliens et des écosystèmes associés ;

6° Assure le suivi et évalue la mise en œuvre effective des actions entreprises au titre du présent article dans les collectivités d'outre-mer et leur intégration dans les cadres régionaux existants ;

7° Contribue à la recherche de financements nationaux, européens et internationaux en soutien de la stratégie mentionnée au 1°.

Art. D. 213-86 *(D. n° 2023-387, 22 mai 2023).* – Le Comité national de l'initiative française pour les récifs coralliens se réunit au moins une fois par an.

Il peut être consulté par chaque ministre intéressé, par les représentants des collectivités listées à l'article D. 213-84, ainsi que par le Comité national de la biodiversité conformément à l'article R. 134-17, sur les programmes d'activité de recherche, sur les grands projets et les études d'impact concernant toutes les activités humaines dans le domaine défini à l'article D. 213-84 et, plus généralement sur toute question relative aux récifs coralliens et aux écosystèmes associés.

Il peut faire appel soit aux compétences de ses membres, soit le cas échéant, à un ou plusieurs experts.

Le comité peut rendre publics ses recommandations et ses avis sous réserve de l'accord de la majorité de ses membres.

Il se dote d'un règlement intérieur qui fixe ses conditions de fonctionnement.

Le Comité national publie un rapport d'activité tous les ans.

Art. D. 213-87 *(D. n° 2023-387, 22 mai 2023).* – Le Comité national est coprésidé par les deux ministres chargés respectivement de l'environnement et des outre-mer ou par leurs représentants désignés à cet effet.

Le Comité national comprend :

1° Un premier collège composé des représentants de l'État suivants :

a) Un représentant du ministre en charge de l'environnement ;

b) Un représentant du ministre en charge de la recherche ;

(1) Dispositions particulières et transitoires : V. D. n° 2023-387, 22 mai 2023, art. 2.

c) Un représentant du ministre en charge de l'agriculture ;
d) Un représentant du ministre en charge des outre-mer ;
e) Un représentant du ministre en charge de la mer ;
f) Le secrétaire général de la mer, ou son représentant ;
2° Un deuxième collège composé de quatre députés et quatre sénateurs ;
3° Un troisième collège composé comme suit :
a) Un représentant de chacun des comités locaux de l'initiative française pour les récifs coralliens désignés dans les conditions prévues à l'article D. 213-88 ;
b) Sous réserve de leur accord, un représentant des exécutifs locaux de chacune des collectivités de Saint-Barthélemy, Polynésie française, et Nouvelle-Calédonie ;
c) Un représentant de l'administrateur supérieur des îles Wallis-et-Futuna ;
d) Un représentant de l'administrateur supérieur des Terres australes et antarctiques françaises ;
4° Un quatrième collège composé comme suit :
a) Un représentant du Muséum national d'Histoire naturelle ;
b) Un représentant de l'Institut de recherche pour le développement ;
c) Un représentant de l'Institut français de recherche pour l'exploitation de la mer ;
d) Un représentant du Centre national de la recherche scientifique ;
e) Un représentant de l'Office français de la biodiversité ;
f) Un représentant du Conservatoire du littoral ;
g) Un représentant du Conseil national de la protection de la nature ;
5° Un cinquième collège composé comme suit :
a) Un représentant de la Fédération des entreprises des outre-mer ;
b) Un représentant des organisations sportives d'activités subaquatiques ;
c) Un représentant des professions du tourisme ;
d) Un représentant des professions de la pêche et de l'aquaculture ;
e) Un représentant des acteurs de l'économie et des activités maritimes et portuaires ;
6° Un sixième collège composé de cinq représentants des associations de protection de la nature, ou ayant expertise sur la recherche, le suivi, la conservation, ou la bonne gestion des récifs coralliens et écosystèmes associés.

Art. D. 213-88 *(D. n° 2023-387, 22 mai 2023).* – Dans les collectivités de Guadeloupe, Guyane, La Réunion, Martinique, Mayotte, Saint-Barthélemy, Saint-Martin, Polynésie française, Wallis-et-Futuna, en Nouvelle-Calédonie et dans les Terres australes et antarctiques françaises, un comité local de l'initiative française pour les récifs coralliens est créé par le représentant de l'État qui en désigne également les membres par arrêté.

Ce comité est coprésidé par le représentant de l'État ou la personne qu'il aura désignée à cet effet et par un représentant du ou des exécutifs locaux, à chaque fois que possible. Les coprésidents assurent conjointement l'animation du comité local, le suivi de ses actions. Ils désignent conjointement le représentant du comité local au sein du Comité national. En cas de désaccord, le représentant de l'État procède d'office à cette désignation.

Sous réserve des compétences dévolues aux collectivités et de leur accord, les comités locaux ont pour missions :
1° De rassembler et animer le réseau d'acteurs locaux ;
2° D'élaborer, adopter et mettre en œuvre un plan local d'actions ;
3° De participer aux réunions du Comité national de l'initiative française pour les récifs coralliens ;
4° De porter les enjeux de protection des récifs coralliens et écosystèmes associés dans les autres instances et commissions locales et régionales.

Art. D. 213-89 *(D. n° 2023-387, 22 mai 2023).* – Les députés et les sénateurs mentionnés au 2° de l'article D. 213-87 sont désignés par leur assemblée respective. Leur mandat prend fin de plein droit à l'expiration du mandat national au titre duquel ils ont été désignés.

Les autres membres du Comité national de l'initiative française pour les récifs coralliens mentionnés à l'article D. 213-87 sont nommés pour une durée de cinq ans renouvelable, par arrêté conjoint du ministre chargé de l'environnement et du ministre chargé des outre-mer, à l'exception des membres de droit et des représentants mentionnés au *b* du 3° de l'article D. 213-87 qui sont nommés directement par les exécutifs locaux concernés.

Pour chacun des membres titulaires, un suppléant est désigné dans les mêmes conditions que ceux-ci. Il siège aux séances en l'absence du titulaire.

Les membres dont le mandat viendrait à être interrompu pour quelque cause que ce soit sont remplacés dans leurs fonctions dans un délai de deux mois.

Art. D. 213-90 *(D. n° 2023-387, 22 mai 2023).* – Le bureau du Comité national de l'initiative française pour les récifs coralliens est assuré conjointement par les ministères chargés de l'environnement, de la mer, et des outre-mer, ainsi que par trois représentants des comités locaux, un par océan, désignés par délibération des membres du Comité national de l'IFRECOR pour vingt-quatre mois.

Il propose un règlement intérieur adopté par le Comité national.

Le bureau l'initiative française pour les récifs coralliens a pour missions :

1° De préparer et animer les réunions du Comité national et toute autre réunion nécessaire ;

2° De piloter et suivre la mise en œuvre du programme d'actions quinquennal ;

3° De communiquer sur les actions menées en interne et à l'extérieur de l'initiative française pour les récifs coralliens.

Art. D. 213-91 *(D. n° 2023-387, 22 mai 2023).* – Les dépenses nécessaires à la mise en œuvre des programmes d'actions quinquennaux de l'initiative française pour les récifs coralliens sont prises en charge par les ministères chargés de l'environnement et des outre-mer, et en fonction des besoins, par des financements complémentaires.

Les dépenses nécessaires au fonctionnement et à l'organisation du Comité national sont ordonnancées par ces ministères et leurs opérateurs ainsi que par le territoire qui reçoit la réunion du Comité national le cas échéant. Une convention précise les modalités d'application du présent alinéa.

CHAPITRE IV. – ACTIVITÉS, INSTALLATIONS ET USAGE

Section I. – Procédures d'autorisation ou de déclaration

Sous-section 1. – Champ d'application

Art. R. 214-1. – La nomenclature des installations, ouvrages, travaux et activités soumis à autorisation ou à déclaration en application des articles L. 214-1 à L. 214-6 figure au tableau annexé au présent article.

Tableau de l'article R. 214-1

Nomenclature des opérations soumises à autorisation ou à déclaration en application des articles L. 214-1 à L. 214-3 du Code de l'environnement

(Tableau mod. à compter du 1er janvier 2008, D. n° 2007-1735, 11 déc. 2007 (1) *; mod., D. n° 2007-1557, 2 nov. 2007 ; mod. à compter du 1er janvier 2012, D. n° 2007-1760, 14 déc. 2007 ; mod., D. n° 2008-283, 25 mars 2008 ; D. n° 2012-615, 2 mai 2012 ; D. n° 2012-1268, 16 nov. 2012 ; D. n° 2014-750, 1er juill. 2014 ; D. n° 2015-526, 12 mai 2015* (2) *; mod. à compter du 1er mars 2017, D. n° 2017-81, 26 janv. 2017 ; mod., D. n° 2020-828, 30 juin 2020 ; D. n° 2021-147, 11 févr. 2021* (3) *;D. n° 2023-907, 29 sept. 2023)* (4)

Le débit de référence du cours d'eau s'entend comme le débit moyen mensuel sec de récurrence cinq ans ci-après dénommé « le débit ».

Les niveaux de référence R1, S1, N1 et N2, les teneurs à prendre en compte ainsi que les conditions de dérogation sont fixés par arrêté conjoint du ministre chargé de la mer et du ministre chargé de l'environnement.

(1) Dispositions applicables à Mayotte, D. n° 2007-1735, 11 déc. 2007, art. 21.
(2) Dispositions d'application particulières et transitoires : V. D. n° 2015-526, 12 mai 2015, art. 30 et 31.
(3) Dispositions transitoires : V. D. n° 2021-147, 11 févr. 2021.
(4) Dispositions applicables aux déclarations déposées à compter du 1er octobre 2023, D. n° 2023-907, 29 sept. 2023, art. 2.

TITRE Ier

PRÉLÈVEMENTS

1.1.1.0. Sondage, forage, y compris les essais de pompage, création de puits ou d'ouvrage souterrain, non destiné à un usage domestique, exécuté en vue de la recherche ou de la surveillance d'eaux souterraines ou en vue d'effectuer un prélèvement temporaire ou permanent dans les eaux souterraines, y compris dans les nappes d'accompagnement de cours d'eau (D).

1.1.2.0. Prélèvements permanents ou temporaires issus d'un forage, puits ou ouvrage souterrain dans un système aquifère, à l'exclusion de nappes d'accompagnement de cours d'eau, par pompage, drainage, dérivation ou tout autre procédé, le volume total prélevé étant :

1° Supérieur ou égal à 200 000 m³/an (A) ;

2° Supérieur à 10 000 m³/an mais inférieur à 200 000 m³/an (D).

1.2.1.0. À l'exception des prélèvements faisant l'objet d'une convention avec l'attributaire du débit affecté prévu par l'article L. 214-9, prélèvements et installations et ouvrages permettant le prélèvement, y compris par dérivation, dans un cours d'eau, dans sa nappe d'accompagnement ou dans un plan d'eau ou canal alimenté par ce cours d'eau ou cette nappe :

1° D'une capacité totale maximale supérieure ou égale à 1 000 m³/heure ou à 5 % du débit du cours d'eau ou, à défaut, du débit global d'alimentation du canal ou du plan d'eau (A) ;

2° D'une capacité totale maximale comprise entre 400 et 1 000 m³/heure ou entre 2 et 5 % du débit du cours d'eau ou, à défaut, du débit global d'alimentation du canal ou du plan d'eau (D).

1.2.2.0. À l'exception des prélèvements faisant l'objet d'une convention avec l'attributaire du débit affecté prévu par l'article L. 214-9, prélèvements et installations et ouvrages permettant le prélèvement, dans un cours d'eau, sa nappe d'accompagnement ou un plan d'eau ou canal alimenté par ce cours d'eau ou cette nappe, lorsque le débit du cours d'eau en période d'étiage résulte, pour plus de moitié, d'une réalimentation artificielle. Toutefois, en ce qui concerne la Seine, la Loire, la Marne et l'Yonne, il n'y a lieu à autorisation que lorsque la capacité du prélèvement est supérieure à 80 m³/h (A).

1.3.1.0. À l'exception des prélèvements faisant l'objet d'une convention avec l'attributaire du débit affecté prévu par l'article L. 214-9, ouvrages, installations, travaux permettant un prélèvement total d'eau dans une zone où des mesures permanentes de répartition quantitative instituées, notamment au titre de l'article L. 211-2, ont prévu l'abaissement des seuils :

1° Capacité supérieure ou égale à 8 m³/h (A) ;

2° Dans les autres cas (D).

TITRE II

REJETS

2.1.1.0. Systèmes d'assainissement collectif des eaux usées et installations d'assainissement non collectif destinés à collecter et traiter une charge brute de pollution organique au sens de l'article R. 2224-6 du Code général des collectivités territoriales :

1° Supérieure à 600 kg de DBO5 (A) ;

2° Supérieure à 12 kg de DBO5, mais inférieure ou égale à 600 kg de DBO5 (D).

Un système d'assainissement collectif est constitué d'un système de collecte, d'une station de traitement des eaux usées et des ouvrages assurant l'évacuation des eaux usées traitées vers le milieu récepteur, relevant en tout ou partie d'un ou plusieurs services publics d'assainissement mentionnés au II de l'article L. 2224-7 du Code général des collectivités territoriales. Dans le cas où des stations de traitement des eaux usées sont interconnectées, elles constituent avec les systèmes de collecte associés un unique système d'assainissement. Il en est de même lorsque l'interconnexion se fait au niveau de plusieurs systèmes de collecte.

Une installation d'assainissement non collectif est une installation assurant la collecte, le transport, le traitement et l'évacuation des eaux usées domestiques ou assimilées des immeubles ou parties d'immeubles non raccordés à un réseau public de collecte des eaux usées.

2.1.3.0. Épandage et stockage en vue d'épandage de boues produites dans un ou plusieurs systèmes d'assainissement collectif des eaux usées et installations d'assainissement non collectif, la quantité de boues épandues dans l'année présentant les caractéristiques suivantes :

1° Quantité épandue de matière sèche supérieure à 800 t/an ou azote total supérieur à 40 t/an (A) ;

2° Quantité épandue de matière sèche comprise entre 3 et 800 t/an ou azote total compris entre 0,15 t/an et 40 t/an (D).

Pour l'application de ces seuils, sont à prendre en compte les volumes et quantités maximales de boues destinées à l'épandage dans les systèmes d'assainissement collectif des eaux usées et installations d'assainissement non collectif concernés.

2.1.4.0. Épandage et stockage en vue d'épandage d'effluents ou de boues, la quantité épandue représentant un volume annuel supérieur à 50 000 m³/an ou un flux supérieur à 1 t/an d'azote total ou 500 kg/an de DBO5 (D).

Ne sont pas soumis à cette rubrique l'épandage et le stockage en vue d'épandage des boues mentionnées à la rubrique 2.1.3.0, ni des effluents d'élevage bruts ou transformés.

Ne sont pas davantage soumis à cette rubrique l'épandage et le stockage en vue d'épandage de boues ou effluents issus d'activités, installations, ouvrages et travaux soumis à autorisation ou déclaration au titre de la présente nomenclature ou soumis à autorisation ou enregistrement au titre de la nomenclature des installations classées annexée à l'article R. 511-9.

2.1.5.0. Rejet d'eaux pluviales dans les eaux douces superficielles ou sur le sol ou dans le sous-sol, la surface totale du projet, augmentée de la surface correspondant à la partie du bassin naturel dont les écoulements sont interceptés par le projet, étant :

1° Supérieure ou égale à 20 ha (A) ;

2° Supérieure à 1 ha mais inférieure à 20 ha (D).

2.2.1.0. Rejet dans les eaux douces superficielles susceptible de modifier le régime des eaux, à l'exclusion des rejets mentionnés à la rubrique 2.1.5.0 ainsi que des rejets des ouvrages mentionnés à la rubrique 2.1.1.0, la capacité totale de rejet de l'ouvrage étant supérieure à 2 000 m³/j ou à 5 % du débit moyen interannuel du cours d'eau (D).

2.2.2.0. Rejets en mer, la capacité totale de rejet étant supérieure à 100 000 m³/j (D).

2.2.3.0. Rejet dans les eaux de surface, à l'exclusion des rejets réglementés au titre des autres rubriques de la présente nomenclature ou de la nomenclature des installations classées annexée à l'article R. 511-9, le flux total de pollution, le cas échéant avant traitement, étant supérieur ou égal au niveau de référence R1 pour l'un au moins des paramètres qui y figurent (D).

2.3.1.0. Rejets d'effluents sur le sol ou dans le sous-sol, à l'exclusion des rejets visés à la rubrique 2.1.5.0, des rejets des ouvrages visés aux rubriques 2.1.1.0, 2.1.2.0, des épandages visés aux rubriques 2.1.3.0 et 2.1.4.0, ainsi que des réinjections visées à la rubrique 5.1.1.0. (A).

2.3.2.0. Recharge artificielle des eaux souterraines (A).

TITRE III
IMPACTS SUR LE MILIEU AQUATIQUE OU SUR LA SÉCURITÉ PUBLIQUE

3.1.1.0. Installations, ouvrages, remblais et épis, dans le lit mineur d'un cours d'eau, constituant :

1° Un obstacle à l'écoulement des crues (A) ;

2° Un obstacle à la continuité écologique :

***a)* Entraînant une différence de niveau supérieure ou égale à 50 cm, pour le débit moyen annuel de la ligne d'eau entre l'amont et l'aval de l'ouvrage ou de l'installation (A) ;**

***b)* Entraînant une différence de niveau supérieure à 20 cm mais inférieure à 50 cm pour le débit moyen annuel de la ligne d'eau entre l'amont et l'aval de l'ouvrage ou de l'installation (D).**

Au sens de la présente rubrique, la continuité écologique des cours d'eau se définit par la libre circulation des espèces biologiques et par le bon déroulement du transport naturel des sédiments.

3.1.2.0. Installations, ouvrages, travaux ou activités conduisant à modifier le profil en long ou le profil en travers du lit mineur d'un cours d'eau, à l'exclusion de ceux visés à la rubrique 3.1.4.0, ou conduisant à la dérivation d'un cours d'eau :

1° Sur une longueur de cours d'eau supérieure ou égale à 100 m (A) ;

2° Sur une longueur de cours d'eau inférieure à 100 m (D).

Le lit mineur d'un cours d'eau est l'espace recouvert par les eaux coulant à pleins bords avant débordement.

3.1.3.0. Installations ou ouvrages ayant un impact sensible sur la luminosité nécessaire au maintien de la vie et de la circulation aquatique dans un cours d'eau sur une longueur :

1° Supérieure ou égale à 100 m (A) ;

2° Supérieure ou égale à 10 m et inférieure à 100 m (D).

3.1.4.0. Consolidation ou protection des berges, à l'exclusion des canaux artificiels, par des techniques autres que végétales vivantes :

1° Sur une longueur supérieure ou égale à 200 m (A) ;

2° Sur une longueur supérieure ou égale à 20 m mais inférieure à 200 m (D).

3.1.5.0. Installations, ouvrages, travaux ou activités, dans le lit mineur d'un cours d'eau, étant de nature à détruire les frayères, les zones de croissance ou les zones d'alimentation de la faune piscicole, des crustacés et des batraciens, ou dans le lit majeur d'un cours d'eau, étant de nature à détruire les frayères de brochet :

1° Destruction de plus de 200 m² de frayères (A) ;

2° Dans les autres cas (D).

3.2.1.0. Entretien de cours d'eau ou de canaux, à l'exclusion de l'entretien visé à l'article L. 215-14 réalisé par le propriétaire riverain, des dragages visés à la rubrique 4.1.3.0 et de l'entretien des ouvrages visés à la rubrique 2.1.5.0, le volume des sédiments extraits étant au cours d'une année :

1° Supérieur à 2 000 m³ (A) ;

2° Inférieur ou égal à 2 000 m³ dont la teneur des sédiments extraits est supérieure ou égale au niveau de référence S1 (A) ;

3° Inférieur ou égal à 2 000 m³ dont la teneur des sédiments extraits est inférieure au niveau de référence S1 (D).

Est également exclu jusqu'au 1er janvier 2014 l'entretien ayant pour objet le maintien et le rétablissement des caractéristiques des chenaux de navigation lorsque la hauteur de sédiments à enlever est inférieure à 35 cm ou lorsqu'il porte sur des zones d'atterrissement localisées entraînant un risque fort pour la navigation.

L'autorisation est valable pour une durée qui ne peut être supérieure à dix ans. L'autorisation prend également en compte les éventuels sous-produits et leur devenir.

3.2.2.0. Installations, ouvrages, remblais dans le lit majeur d'un cours d'eau :

1° Surface soustraite supérieure ou égale à 10 000 m² (A) ;

2° Surface soustraite supérieure ou égale à 400 m² et inférieure à 10 000 m² (D).

Au sens de la présente rubrique, le lit majeur du cours d'eau est la zone naturellement inondable par la plus forte crue connue ou par la crue centennale si celle-ci est supérieure. La surface soustraite est la surface soustraite à l'expansion des crues du fait de l'existence de l'installation ou ouvrage, y compris la surface occupée par l'installation, l'ouvrage ou le remblai dans le lit majeur.

3.2.3.0. Plans d'eau, permanents ou non :

1° Dont la superficie est supérieure ou égale à 3 ha (A) ;

2° Dont la superficie est supérieure à 0,1 ha mais inférieure à 3 ha (D).

Ne constituent pas des plans d'eau au sens de la présente rubrique les étendues d'eau réglementées au titre des rubriques 2.1.1.0., 2.1.5.0. et 3.2.5.0. de la présente nomenclature, ainsi que celles demeurant en lit mineur réglementées au titre de la rubrique 3.1.1.0.

Les modalités de vidange de ces plans d'eau sont définies dans le cadre des actes délivrés au titre de la présente rubrique.

3.2.5.0.-Barrage de retenue et ouvrages assimilés relevant des critères de classement prévus par l'article R. 214-112 (A). Les modalités de vidange de ces ouvrages sont définies dans le cadre des actes délivrés au titre de la présente rubrique.

3.2.6.0. Ouvrages construits ou aménagés en vue de prévenir les inondations et les submersions :

– **système d'endiguement au sens de l'article R. 562-13 (A) ;**

– **aménagement hydraulique au sens de l'article R. 562-18 (A).**

3.2.7.0. Piscicultures d'eau douce mentionnées à l'article L. 431-6 (D).

3.3.1.0. Assèchement, mise en eau, imperméabilisation, remblais de zones humides ou de marais, la zone asséchée ou mise en eau étant :

1° Supérieure ou égale à 1 ha (A) ;

2° Supérieure à 0,1 ha, mais inférieure à 1 ha (D).

3.3.2.0. Réalisation de réseaux de drainage permettant le drainage d'une superficie :

1° Supérieure ou égale à 100 ha (A) ;

2° Supérieure à 20 ha mais inférieure à 100 ha (D).

3.3.3.0. Canalisations de transports d'hydrocarbures liquides ou de produits chimiques liquides de longueur supérieure à 5 kilomètres ou dont le produit du diamètre extérieur par la longueur est supérieur à 2 000 mètres carrés (A).

3.3.4.0. Travaux de recherche de stockages souterrains de déchets radioactifs :

a) **Travaux de recherche nécessitant un ou plusieurs forages de durée de vie supérieure à un an (A) ;**

b) **Autres travaux de recherche (D).**

3.3.5.0 ***(Rubrique annulée avec effet au 1er mars 2023, CE, 31 oct. 2022, n° 443683, Synd. France Hydro-Electricité et a. : JurisData n° 2022-018175).***

Rédaction antérieure. 3.3.5.0 *(Rédaction antérieure, avant annulation).* Travaux mentionnés ci-après ayant uniquement pour objet la restauration des fonctionnalités naturelles des milieux aquatiques, y compris les ouvrages nécessaires à la réalisation de cet objectif (D) :

1° Arasement ou dérasement d'ouvrages relevant de la présente nomenclature, notamment de son titre III, lorsque :

a) Ils sont implantés dans le lit mineur des cours d'eau, sauf s'il s'agit de barrages classés en application de l'article R. 214-112 ;

b) Il s'agit d'ouvrages latéraux aux cours d'eau, sauf s'ils sont intégrés à un système d'endiguement, au sens de l'article R. 562-13, destiné à la protection d'une zone exposée au risque d'inondation et de submersion marine ;

c) Il s'agit d'ouvrages ayant un impact sur l'écoulement de l'eau ou les milieux aquatiques autres que ceux mentionnés aux a et b, sauf s'ils sont intégrés à des aménagements hydrauliques, au sens de l'article R. 562-18, ayant pour vocation la diminution de l'exposition aux risques d'inondation et de submersion marine ;

2° Autres travaux :

a) Déplacement du lit mineur pour améliorer la fonctionnalité du cours d'eau ou rétablissement de celui-ci dans son talweg ;

b) Restauration de zones humides ou de marais ;

c) Mise en dérivation ou suppression d'étangs ;

d) Revégétalisation des berges ou reprofilage améliorant leurs fonctionnalités naturelles ;

e) Reméandrage ou restauration d'une géométrie plus fonctionnelle du lit du cours d'eau ;

f) Reconstitution du matelas alluvial du lit mineur du cours d'eau ;

g) Remise à ciel ouvert de cours d'eau artificiellement couverts ;

h) Restauration de zones naturelles d'expansion des crues.

La présente rubrique est exclusive des autres rubriques de la nomenclature. Elle s'applique sans préjudice des obligations relatives à la remise en état du site et, s'il s'agit d'ouvrages de prévention des inondations et des submersions marines, à leur neutralisation, qui sont prévues par les articles L. 181-23, L. 214-3-1 et L. 562-8-1, ainsi que des prescriptions susceptibles d'être édictées pour leur application par l'autorité compétente.

Ne sont pas soumis à la présente rubrique les travaux mentionnés ci-dessus n'atteignant pas les seuils rendant applicables les autres rubriques de la nomenclature.

TITRE IV

IMPACTS SUR LE MILIEU MARIN

Au sens du présent titre, le milieu marin est constitué par :

- **les eaux des ports maritimes et des accès aux ports maritimes sauf celles qui sont à l'amont du front de salinité dans les estuaires de la Seine, de la Loire et de la Gironde ;**
- **les eaux côtières du rivage de la mer jusqu'à la limite extérieure de la mer territoriale ;**
- **les eaux de transition des cours d'eau à l'aval du front de salinité ;**
- **les eaux de transition des canaux et étangs littoraux salés ou saumâtres.**

Le front de salinité est la limite à laquelle, pour un débit du cours d'eau équivalant au débit de référence défini en préambule du présent tableau et à la pleine mer de vives eaux pour un coefficient supérieur ou égal à 110, la salinité en surface est supérieure ou égale à 1 pour 1 000.

4.1.1.0. Travaux de création d'un port maritime ou d'un chenal d'accès ou travaux de modification des spécifications théoriques d'un chenal d'accès existant (A).

4.1.2.0. Travaux d'aménagement portuaires et autres ouvrages réalisés en contact avec le milieu marin et ayant une incidence directe sur ce milieu :

1° D'un montant supérieur ou égal à 1 900 000 euros (A) ;

2° D'un montant supérieur ou égal à 160 000 euros mais inférieur à 1 900 000 euros (D).

4.1.3.0. Dragage et/ou rejet y afférent en milieu marin :

1° Dont la teneur des sédiments extraits est supérieure ou égale au niveau de référence N2 pour l'un au moins des éléments qui y figurent (A) ;

2° Dont la teneur des sédiments extraits est comprise entre les niveaux de référence N1 et N2 pour l'un des éléments qui y figurent :

***a)* Et, sur la façade métropolitaine Atlantique-Manche-mer du Nord et lorsque le rejet est situé à 1 kilomètre ou plus d'une zone conchylicole ou de cultures marines :**

I. – Dont le volume maximal *in situ* dragué au cours de douze mois consécutifs est supérieur ou égal à 50 000 m³ (A) ;

II. – Dont le volume maximal *in situ* dragué au cours de douze mois consécutifs est inférieur à 50 000 m³ (D) ;

b) Et, sur les autres façades ou lorsque le rejet est situé à moins de 1 km d'une zone conchylicole ou de cultures marines :

I. – Dont le volume maximal *in situ* dragué au cours de douze mois consécutifs est supérieur ou égal à 5 000 m³ (A) ;

II. – Dont le volume maximal *in situ* dragué au cours de douze mois consécutifs est inférieur à 5 000 m³ (D) ;

3° Dont la teneur des sédiments extraits est inférieure ou égale au niveau de référence N1 pour l'ensemble des éléments qui y figurent :

a) Et dont le volume *in situ* dragué au cours de douze mois consécutifs est supérieur ou égal à 500 000 m³ (A) ;

b) Et dont le volume *in situ* dragué au cours de douze mois consécutifs est supérieur ou égal à 5 000 m³ sur la façade Atlantique-Manche-mer du Nord et à 500 m³ ailleurs ou lorsque le rejet est situé à moins de 1 km d'une zone conchylicole ou de cultures marines, mais inférieur à 500 000 m³ (D).

L'autorisation est valable pour une durée qui ne peut être supérieure à dix ans. L'autorisation prend également en compte les éventuels sous-produits et leur devenir.

Les rejets afférents aux dragages donnant lieu à des opérations d'immersions et dont les paramètres sont inférieurs aux seuils d'autorisation sont soumis à déclaration.

TITRE V
RÉGIMES D'AUTORISATION VALANT AUTORISATION AU TITRE DES ARTICLES L. 214-1 ET SUIVANTS DU CODE DE L'ENVIRONNEMENT

(Mod. à compter du 1er juillet 2023, D. n° 2023-13, 11 janv. 2023) (1)

Les règles de procédure prévues par la section 3 du chapitre unique du titre VIII du livre Ier et les articles R. 214-6 à R. 214-56 ne sont pas applicables aux installations, ouvrages, travaux et activités figurant dans ces rubriques, lesquels sont régis par des dispositions particulières.

5.1.1.0. Réinjection dans une même nappe des eaux prélevées pour la géothermie, l'exhaure des mines et carrières ou lors des travaux de génie civil, la capacité totale de réinjection étant :

1° Supérieure ou égale à 80 m³/h (A) s'agissant des travaux de génie civil (A) ;

2° Supérieure à 8 m³/h, mais inférieure à 80 m³/h (D).

5.1.2.0. Travaux de recherche et d'exploitation de gîtes géothermiques de minime importance mentionnés à l'article L. 112-2 du Code minier (A et D).

5.1.3.0. Travaux de recherche, de création, d'essais, d'aménagement ou d'exploitation des stockages souterrains soumis aux dispositions du décret n° 2006-649 du 2 juin 2006 :

a) Travaux de forage de recherche de cavité ou de formations souterraines visées au 2° de l'article 4 (D) ;

b) Travaux de forage de puits de contrôle visés au 3° de l'article 4 (D) ;

c) Essais visés au 4° de l'article 4 (D).

5.1.4.0. Travaux d'exploitation de mines effectués dans le cadre de l'autorisation d'exploitation mentionnée à l'article L. 611-1 du Code minier (D).

5.1.5.0. Travaux d'exploitation de stockages souterrains de déchets radioactifs (A).

5.1.6.0. Travaux de recherches des mines autres que ceux visés au 2° de l'article 3 du décret n° 2006-649 du 2 juin 2006 (D).

5.2.2.0. Concessions hydrauliques régies par le livre V du Code de l'énergie (A).

5.2.3.0. Les travaux décidés par la commission d'aménagement foncier comprenant des travaux tels que l'arrachage des haies, l'arasement des talus, le comblement des fossés, la protection des sols, l'écoulement des eaux nuisibles, les retenues et la distribution des eaux utiles, la rectification, la régularisation et le curage des cours d'eau non domaniaux (A).

1) Erreurs dans les références aux rubriques de la nomenclature. Les éventuelles erreurs de l'autorité administrative dans les articles de la nomenclature visés par l'arrêté d'autorisation ne sont pas de nature à entraîner l'annulation dudit arrêté (■ TA Orléans, 18 nov. 1999, nos 981356, 981357, 981419, 981420, 981627, 99527 et 99528, *ASPIE, M. Galteau et a., M. Picou, Assoc. de sauvegarde de la région de Langeais*).

(1) Les demandes d'autorisation relevant du titre VI du livre Ier du Code minier déposées antérieurement au 1er juillet 2023 sont instruites selon les dispositions législatives et réglementaires dans leur rédaction antérieure à cette date. Toutefois, dans le cas où le pétitionnaire a déposé, antérieurement au 1er juillet 2023 et pour un même projet, une demande d'autorisation relevant du titre VI du livre Ier du Code minier pour laquelle le président tribunal administratif n'a pas encore été saisi aux fins de la soumettre à enquête publique et une demande d'autorisation environnementale qui est en phase d'examen, le dossier de cette dernière est complété par les pièces complémentaires requises pour les projets relevant du 3° de l'article L. 181-1 du Code de l'environnement et la durée mentionnée à l'article R. 181-17 est suspendue jusqu'à la réception des éléments permettant l'organisation de l'enquête publique conjointe, D. n° 2023-13, 11 janv. 2023, art. 10.

2) Modifications de la nomenclature Eau. – La nomenclature Eau qui figure dans le Code de l'environnement soumet certaines installations, ouvrages, travaux ou activités à autorisation ou à déclaration au titre de la police de l'eau. Le décret du 16 novembre 2012 modifie cette nomenclature ainsi que les règles qui gouvernent la procédure d'instruction des demandes d'autorisation et de déclaration :

– il reporte au 1er janvier 2014 l'obligation de soumettre à autorisation ou à déclaration les travaux d'entretien destinés à maintenir ou à rétablir les caractéristiques des chenaux de navigation lorsque la hauteur de sédiments à enlever est inférieure à 35 cm ou lorsqu'ils portent sur des zones d'atterrissement localisées entraînant un risque fort pour la navigation ;

– il scinde en deux la rubrique dédiée à la recherche et à l'exploitation des sites de stockage souterrains de déchets radioactifs, pour dissocier recherche (soumise dès lors au régime de la police de l'eau) et exploitation (restant soumise au régime des installations nucléaires de base) ;

– il ajoute, comme pièce constitutive du dossier de demande d'autorisation ou de déclaration, le code SIRET du pétitionnaire (ou, à défaut, sa date de naissance) (à compter du 1er janvier 2013) ;

– il supprime l'obligation d'accompagner le dossier de demande d'autorisation de l'avis émis par l'autorité administrative de l'État compétente en matière d'environnement ;

– enfin, il limite à trois mois le délai fixé par le préfet au pétitionnaire pour compléter, le cas échéant, son dossier de déclaration.

Ces nouvelles dispositions entrent en vigueur immédiatement, à l'exception de l'ajout du code SIRET pour le dossier de déclaration ou d'autorisation, qui sera effectif à compter du 1er janvier 2013 *(D. n° 2012-1268, 16 nov. 2012 modifiant diverses dispositions relatives à la nomenclature et à la procédure en matière de police de l'eau, publié au JO du 18 novembre 2012).*

Opération de création d'un plan d'eau entraînant la destruction de zone humide soumise à autorisation et non à déclaration. 4. « Considérant, (...) que le terrain d'assiette de l'étang litigieux est constitutif dans sa totalité d'une zone humide (...) ; 5. Considérant, (...) que ce plan d'eau est un étang au sens des dispositions du SDAGE Rhin-Meuse (...) ; 6. Considérant, (...) que (...) le terrain d'assiette du plan d'eau litigieux présentait les caractéristiques d'une zone humide ; que sa superficie étant supérieure à 1 ha, les travaux de mise en eau relevaient, en application de l'article R. 214-1 du Code de l'environnement, du régime de l'autorisation et non de la déclaration ; qu'ainsi, le préfet était en tout état de cause tenu de faire opposition à la déclaration ; que, de plus, le terrain étant situé en tête de bassin, la création d'un plan d'eau ne pouvait être regardée comme compatible avec les orientations précitées du SDAGE Rhin-Meuse (...) » (■ CAA Nancy, 9 oct. 2014, n° 13NC01943, *M. Bertrand*).

3) Cours d'eau. Le projet de réalisation d'un gué empierré relève de la rubrique 3.1.2.0, alors même que la commune disposerait de la compétence générale « tourisme » sur son territoire. Ce projet constitue, de par sa nature même, un aménagement de cours d'eau. En outre, la commune était incompétente pour déclarer un tel projet qui relevait de la compétence de l'EPCI. L'arrêté du préfet donnant acte à la commune de sa déclaration est ainsi annulé (■ CAA Bordeaux, 5e ch., 29 mai 2018, n° 16BX01433).

4) Zones humides. Sont soumises au régime d'autorisation (rubrique 3.3.1.0) les travaux d'assèchement de terres pouvant être qualifiées de « zones humides » au sens de l'article 1er de l'arrêté du 24 juin 2008 mais également celles des terres qui, sans répondre aux critères de pédologie et de végétation posés par cet arrêté, sont néanmoins situées en « zone de marais » sans qu'y fasse obstacle l'absence de définition législative ou réglementaire de cette dernière notion (■ CAA Bordeaux, 11 avr. 2017, GAEC de Grammont, nos 15BX02388, 15BX02403, 15BX02404 et 15BX02414 : *Dr. env.* 2017, 225, note Cizel).

Art. R. 214-2 ***(Mod., D. n° 2014-750, 1er juill. 2014 ; mod. à compter du 1er mars 2017, D. n° 2017-81, 26 janv. 2017 ; mod., D. n° 2020-133, 18 févr. 2020).*** **– Les dispositions des sous-sections 1 à 4 sont applicables aux installations, ouvrages, travaux et activités relevant du ministre de la défense, ou situés dans une enceinte placée sous l'autorité de celui-ci, ou soumis à des règles de protection du secret de la défense nationale, sous réserve des dispositions de l'article R. 181-55 et du chapitre VII du présent titre.**

Elles sont également applicables aux travaux portuaires soumis à autorisation préalable au titre du Code des ports maritimes, sous réserve des dispositions spécifiques prévues par ce code.

Art. R. 214-3 ***(Mod., D. n° 2019-190, 14 mars 2019).*** **– Sont seules applicables, au lieu et place des dispositions des sous-sections 1 à 4, les règles instituées, dans les domaines qu'ils concernent, par :**

1° Le décret n° 94-894 du 13 octobre 1994 relatif à la concession et à la déclaration d'utilité publique des ouvrages utilisant l'énergie hydraulique ;

2° Les dispositions des titres II et III du livre Ier du Code rural et de la pêche maritime ;

3° Le décret n° 2001-204 du 6 mars 2001 relatif aux autorisations d'exploitation de mines dans les départements d'outre-mer ;

4° Le décret n° 2006-648 du 2 juin 2006 relatif aux titres miniers et aux titres de stockage souterrain ;

5° Les dispositions du titre IX du livre V du présent code ;

6° *(Mod. à compter du 1er juillet 2023, D. n° 2023-13, 11 janv. 2023)* (1) **Le décret n° 2006-649 du 2 juin 2006 relatif aux travaux miniers, aux travaux de stockage souterrain et à la police des mines et des stockages souterrains, lorsque les travaux ne relèvent pas d'une autorisation environnementale.**

Art. R. 214-4. – Lorsqu'ils sont situés à l'intérieur du périmètre de protection d'une source d'eau minérale naturelle déclarée d'intérêt public et qu'ils comportent des opérations de sondage ou de travail souterrain, les installations, ouvrages, travaux et activités soumis à déclaration par la nomenclature annexée à l'article R. 214-1 sont également soumis à l'autorisation prévue à l'article L. 1322-4 du Code de la santé publique.

Art. R. 214-5. – Constituent un usage domestique de l'eau, au sens de l'article L. 214-2, les prélèvements et les rejets destinés exclusivement à la satisfaction des besoins des personnes physiques propriétaires ou locataires des installations et de ceux des personnes résidant habituellement sous leur toit, dans les limites des quantités d'eau nécessaires à l'alimentation humaine, aux soins d'hygiène, au lavage et aux productions végétales ou animales réservées à la consommation familiale de ces personnes.

En tout état de cause, est assimilé à un usage domestique de l'eau tout prélèvement inférieur ou égal à 1 000 m³ d'eau par an, qu'il soit effectué par une personne physique ou une personne morale et qu'il le soit au moyen d'une seule installation ou de plusieurs, ainsi que tout rejet d'eaux usées domestiques dont la charge brute de pollution organique est inférieure ou égale à 1,2 kg de DBO5.

Sous-section 2. – Dispositions applicables aux opérations soumises à autorisation

Art. R. 214-6 *(Rempl. à compter du 1er mars 2017, D. n° 2017-81, 26 janv. 2017)*. – L'autorisation instituée par le I de l'article L. 214-3 est délivrée dans les conditions prévues par le chapitre unique du titre VIII du livre Ier.

Bibliographie : N. Charrel et S. Rietsch, *Autorisation de travaux : attention aux mesures compensatoires ! : Mon. TP* 14 mars 2014, p. 62.

1) Expérimentation d'une autorisation unique pour les projets relevant de la législation sur l'eau et les milieux aquatiques. L'expérimentation prévue vise à permettre la délivrance d'un « permis unique » réunissant l'ensemble des autorisations nécessaires à la réalisation d'une installation, d'un ouvrage, d'un travail ou d'une activité soumis à autorisation au titre de la législation relative à l'eau et aux milieux aquatiques. L'autorisation unique rassemble ainsi, outre l'autorisation délivrée au titre de la loi sur l'eau :

– l'autorisation de modification de l'état d'une réserve naturelle nationale ;

– l'autorisation de modification de l'état des lieux ou de l'aspect d'un site classé (sauf, dans ces deux derniers cas, lorsqu'une autorisation d'urbanisme est requise) ;

– l'autorisation de défrichement et la dérogation à l'interdiction de porter atteinte aux espèces et habitats protégés.

Le porteur de projet peut ainsi obtenir, après une seule demande, à l'issue d'une procédure d'instruction unique et d'une enquête publique, une autorisation unique délivrée par le préfet, couvrant l'ensemble des aspects du projet. Cette autorisation unique concerne, à titre expérimental, pour une durée de trois ans, les installations, ouvrages, travaux et activités entrepris dans deux régions, Rhône-Alpes et Languedoc-Roussillon. Le décret fixe notamment le contenu du dos-

(1) Les demandes d'autorisation relevant du titre VI du livre Ier du Code minier déposées antérieurement au 1er juillet 2023 sont instruites selon les dispositions législatives et réglementaires dans leur rédaction antérieure à cette date. Toutefois, dans le cas où le pétitionnaire a déposé, antérieurement au 1er juillet 2023 et pour un même projet, une demande d'autorisation relevant du titre VI du livre Ier du Code minier pour laquelle le président tribunal administratif n'a pas encore été saisi aux fins de la soumettre à enquête publique et une demande d'autorisation environnementale qui est en phase d'examen, le dossier de cette dernière est complété par les pièces complémentaires requises pour les projets relevant du 3° de l'article L. 181-1 du Code de l'environnement et la durée mentionnée à l'article R. 181-17 est suspendue jusqu'à la réception des éléments permettant l'organisation de l'enquête publique conjointe, D. n° 2023-13, 11 janv. 2023, art. 10.

sier de demande d'autorisation unique et les modalités d'instruction et de délivrance par le préfet (D. n° 2014-751, 1er juill. 2014, d'application de l'Ord. n° 2014-619, 12 juin 2014, relative à l'expérimentation d'une autorisation unique pour les installations, ouvrages, travaux et activités soumis à autorisation au titre de l'article L. 214-3 du Code de l'environnement, publié au *JO* 3 juill. 2014).

La loi n° 2015-990 du 6 août 2015 pour la croissance, l'activité et l'égalité des chances économiques, dite « loi Macron », a autorisé le Gouvernement à prendre par ordonnance, dans un délai de 18 mois à compter de sa promulgation, « toute mesure visant à généraliser les dispositions de l'ordonnance du 12 juin 2004 relative à l'expérimentation de l'autorisation unique dans le domaine de l'eau ».

La loi n° 2015-992 du 17 août 2015 relative à la transition énergétique pour la croissance verte ratifie l'ordonnance et la modifie substantiellement en abrogeant la mention des deux régions initialement visées par l'expérimentation. Elle généralise l'expérimentation de l'autorisation unique pour les IOTA à toute la France.

2) Généralisation de l'autorisation unique. L'ordonnance n° 2017-80 du 26 janvier 2017 relative à l'autorisation environnementale inscrit de manière définitive dans le Code de l'environnement (art. L. 181-1 et s.) un dispositif d'autorisation environnementale unique et pérennise, en les adaptant et en les complétant, les expérimentations de procédures intégrant plusieurs autorisations menées depuis mars 2014 s'agissant des ICPE et IOTA soumis à la législation sur l'eau.

La loi du 17 août 2015 relative à la transition énergétique pour la croissance verte a étendu au 1er novembre 2015 ces expérimentations à la France entière pour les ICPE relatives aux énergies renouvelables et pour les IOTA. Fort des premiers retours positifs sur les expérimentations et de plusieurs rapports d'évaluation, le Gouvernement a décidé de créer une autorisation environnementale unique, rassemblant, outre l'autorisation IOTA ou ICPE, une douzaine d'autres autorisations relevant de l'État, comme l'autorisation de défrichement, la dérogation à l'interdiction de destruction d'espèces protégées ou l'autorisation au titre du Code de l'énergie.

L'objectif est de simplifier les procédures pour faciliter la vie des entreprises sans régression de la protection de l'environnement. Cette réforme fait suite aux travaux conduits dans le cadre du Conseil national de la transition écologique, qui a été associé à son élaboration.

Le porteur de projet pourra ainsi obtenir, après une seule demande, à l'issue d'une procédure d'instruction unique et d'une enquête publique, une autorisation unique délivrée par le préfet couvrant l'ensemble des aspects du projet dès lors que celui-ci respecte l'ensemble des prescriptions applicables. Cette procédure est articulée avec les procédures d'urbanisme.

L'instruction des demandes se déroulera en trois phases (examen, enquête publique, décision) encadrées de façon à réduire les délais de délivrance de l'autorisation à neuf mois en règle générale contre douze à quinze mois actuellement.

Pour permettre de tenir cet objectif ambitieux, les nouvelles dispositions mettent l'accent sur la préparation du dossier de demande. À la suite de l'expérimentation d'un certificat de projet conduite dans plusieurs régions depuis mars 2014, les porteurs de projet pourront désormais solliciter de l'administration soit des échanges préalables, soit un certificat de projet qui identifiera les régimes et procédures dont relève le projet, précisera le contenu attendu du dossier et fixera un calendrier.

Les porteurs de projet disposeront ainsi d'une bonne visibilité sur les règles et conditions d'instruction applicables à leurs projets.

L'autorisation environnementale entre en vigueur le 1er mars 2017. Pour les projets en cours, les dispositions transitoires permettent de tenir compte des autorisations déjà acquises à cette date. Jusqu'au 30 juin, les porteurs de projet peuvent choisir de demander séparément les autorisations qui leur sont nécessaires ou opter pour demander une seule autorisation environnementale.

Le décret n° 2017-81 précise les dispositions de l'ordonnance. Il fixe notamment le contenu du dossier de demande d'autorisation environnementale et les conditions de délivrance et de mise en œuvre de l'autorisation par le préfet. Il tire les conséquences de cette procédure en modifiant les livres du Code de l'environnement et les autres codes concernés.

Ce dispositif nécessite d'être complété par le décret n° 2017-82 dont le but est de préciser le contenu du dossier de demande d'autorisation environnementale prévu par le nouveau chapitre unique du titre VIII du livre Ier du Code de l'environnement en indiquant les pièces et autres documents complémentaires à apporter à ce dossier au titre des articles L. 181-8 et R. 181-15. Il présente les pièces, documents et informations en fonction des intérêts à protéger ainsi que celles au titre des autorisations, enregistrements, déclarations, absences d'opposition, approbations et agréments dont l'autorisation tient lieu. Ce texte précise également les modalités d'instruction par les services de l'État et les délais qui s'imposent à eux pour instruire un dossier d'autorisation environnementale. Il prévoit par ailleurs un arrêté (non encore publié) fixant le modèle de formulaire de demande d'autorisation, et apporte quelques mises à jour de références (Ord. n° 2017-80, 26 janv. 2017, relative à l'autorisation environnementale, publiée au *JO* 27 janv. 2017 ; D. n° 2017-81, 26 janv. 2017, relatif à l'autorisation environnementale, publié au *JO* 27 janv. 2017 ; D. n° 2017-82, 26 janv. 2017, relatif à l'autorisation environnementale, publié au *JO* 27 janv. 2017).

Voir : commentaires sous art. L. 181-1 et s., p. 289 et art. R. 181-1 et s., p. 1693.

3) **Lien avec la législation relative à l'urbanisme.** Une ordonnance supprime l'obligation de dépôts simultanés des demandes d'autorisations d'urbanisme et d'autorisation unique IOTA (Ord. n° 2014-649, art. 10, mod.). Toutefois, les permis de construire et d'aménager ne peuvent recevoir exécution avant la délivrance de l'autorisation unique IOTA. En application du Code de l'urbanisme (C. urb., art. R. 424-6), l'autorité compétente pour délivrer les permis et les décisions de non-opposition à déclaration préalable indique donc dans sa décision que la réalisation des travaux est différée tant que l'autorisation unique IOTA n'a pas été délivrée (D. n° 2014-751, art. 25, mod.). Par dérogation, le permis de démolir peut être mis en œuvre sans attendre la délivrance de l'autorisation IOTA, à condition que les travaux de démolition ne portent pas atteinte aux intérêts protégés par la procédure d'autorisation unique (Ord. n° 2014-649, art. 10, mod.).

Art. R. 214-7 *(Abr. à compter du 1er mars 2017, D. n° 2017-81, 26 janv. 2017).*

Art. R. 214-8 *(Rempl. à compter du 1er mars 2017, D. n° 2017-81, 26 janv. 2017).* – Lorsque la déclaration d'utilité publique est requise au titre de l'article L. 531-6 du Code de l'énergie, l'enquête prévue à l'article R. 181-36 vaut enquête préalable à cette déclaration. Le dossier mis à l'enquête contient alors :

a) Un plan indiquant le périmètre à l'intérieur duquel pourront être appliquées les dispositions prévues à la section 3 du chapitre Ier du titre II du livre V du Code de l'énergie ;

b) Un tableau des indemnités pour droits à l'usage de l'eau non exercés que le pétitionnaire propose en faveur des riverains intéressés au titre de l'article L. 521-14 de ce même code ;

c) Les propositions de restitutions en nature des droits à l'usage de l'eau déjà exercés et les plans des terrains soumis à des servitudes pour ces restitutions prévues par ce même article L. 521-14 ;

d) L'avis du service des domaines.

Voir : commentaires sous art. R. 181-36, p. 1726.

Art. R. 214-9 à R. 214-17 ((1) (2) (3) *Abr. à compter du 1er mars 2017, D. n° 2017-81, 26 janv. 2017).*

Art. R. 214-18 *(Rempl. à compter du 1er mars 2017, D. n° 2017-81, 26 janv. 2017).* – Les dispositions prévues à l'article R. 181-46 sont applicables aux autorisations accordées aux travaux ou activités définis par le IV de l'article L. 214-4.

Art. R. 214-18-1 *(D. n° 2014-750, 1er juill. 2014).* – I. – Le confortement, la remise en eau ou la remise en exploitation d'installations ou d'ouvrages existants fondés en titre ou autorisés avant le 16 octobre 1919 pour une puissance hydroélectrique inférieure à 150 kW sont portés, avant leur réalisation, à la connaissance du préfet avec tous les éléments d'appréciation.

II. – Le préfet, au vu de ces éléments d'appréciation, peut prendre une ou plusieurs des dispositions suivantes :

1° Reconnaître le droit fondé en titre attaché à l'installation ou à l'ouvrage et sa consistance légale ou en reconnaître le caractère autorisé avant 1919 pour une puissance inférieure à 150 kW ;

2° Constater la perte du droit liée à la ruine ou au changement d'affectation de l'ouvrage ou de l'installation ou constater l'absence d'autorisation avant 1919 et fixer, s'il y a lieu, les prescriptions de remise en état du site ;

3° Modifier ou abroger le droit fondé en titre ou l'autorisation en application des dispositions du II ou du II *bis* de l'article L. 214-4 ;

4° Fixer, s'il y a lieu, des prescriptions complémentaires dans les formes prévues à l'article *(Réf. rempl. à compter du 1er mars 2017, D. n° 2017-81, 26 janv. 2017)* « R. 181-45 ».

---

(1) Dispositions applicables à Mayotte, D. n° 2007-1735, 11 déc. 2007, art. 21.
(2) Dispositions applicables aux enquêtes publiques dont l'arrêté d'ouverture et d'organisation est publié à compter du 1er juin 2012, D. n° 2011-2018, 29 déc. 2011, art. 17.
(3) Dispositions d'application particulières et transitoires : V. D. n° 2015-526, 12 mai 2015, art. 30 et 31.

Art. R. 214-19 et R. 214-20 *(Abr. à compter du 1er mars 2017, D. n° 2017-81, 26 janv. 2017).*

Art. R. 214-21 *(Rempl., D. n° 2014-750, 1er juill. 2014 ; mod. à compter du 1er mars 2017, D. n° 2017-81, 26 janv. 2017).* – Les autorisations de travaux peuvent être prorogées par arrêté complémentaire délivré selon les dispositions de l'article R. 181-45.

Cet article est également applicable lorsque certaines dispositions d'une autorisation font l'objet d'un réexamen périodique, notamment en vertu des prescriptions législatives ou réglementaires.

Art. R. 214-22 *(Mod., D. n° 2014-750, 1er juill. 2014 ; mod. à compter du 1er mars 2017, D. n° 2017-81, 26 janv. 2017).* – S'il ne peut être statué sur la demande avant la date d'expiration de l'autorisation ou la date fixée pour le réexamen de certaines de ses dispositions, les prescriptions applicables antérieurement à cette date continuent à s'appliquer jusqu'à ce que le préfet ait pris sa décision, sans préjudice des dispositions de l'article R. 181-45.

L'arrêté préfectoral, renouvelant une autorisation ou prorogeant la validité de certaines de ses dispositions, est soumis aux modalités de publication prévues à l'article R. 181-44.

Art. R. 214-23 *(Mod., D. n° 2017-81, 26 janv. 2017 ; mod. à compter du 2 décembre 2018, D. n° 2018-1054, 29 nov. 2018 ; mod., D. n° 2019-1352, 12 déc. 2019).* – Dans le cas où l'ouvrage, l'installation, l'aménagement, les travaux ou l'activité ont une durée inférieure à un an et n'ont pas d'effets importants et durables sur les eaux ou le milieu aquatique, le préfet peut, à la demande du pétitionnaire, accorder une autorisation temporaire d'une durée maximale de six mois, renouvelable une fois.

Si cette demande d'autorisation correspond à une activité saisonnière, le pétitionnaire produit, s'il y a lieu, les mesures ou évaluations, prévues par l'article L. 214-8 ou les articles R. 214-57 à R. 214-60, des prélèvements ou déversements opérés les années précédentes au titre des autorisations antérieurement délivrées.

Les dispositions des articles R. 181-13 à R. 181-16, R. 181-18, R. 181-22, R. 181-24, R. 181-40 et D. 181-17-1 sont applicables, le délai prévu par les articles R. 181-18, R. 181-33 et D. 181-17-1 étant réduit à quinze jours. Le préfet transmet pour information, avant la délivrance de l'autorisation, la note de présentation non technique de la demande d'autorisation au conseil départemental de l'environnement et des risques sanitaires et technologiques. Il peut également solliciter l'avis de ce dernier dans les conditions prévues au dernier alinéa de l'article R. 181-39.

Le silence gardé plus de six mois à compter de la réception de la demande vaut décision de rejet.

Art. R. 214-24 *(Mod., D. n° 2011-185, 16 févr. 2011).* – En concertation avec la profession concernée, le ou les préfets peuvent délimiter, par arrêté, après avis de l'organisme consulaire de la profession, un périmètre où les demandes d'autorisation temporaires correspondant à une activité saisonnière commune à différents membres d'une même profession doivent être déposées avant une date fixée par l'arrêté précité et peuvent être regroupées.

(Mod., D. n° 2012-392, 22 mars 2012 ; D. n° 2013-625, 15 juill. 2013) Les périmètres délimités ne peuvent inclure des zones de répartition des eaux et aucune autorisation temporaire de prélèvement en eau correspondant à une activité saisonnière commune ne peut être délivrée dans ces zones. Toutefois, ces périmètres peuvent comprendre :

1° Jusqu'au 31 décembre 2014, d'une part, les zones de répartition des eaux créées entre le 1er janvier 2009 et le 31 décembre 2012, d'autre part, les zones ou parties de zones de répartition des eaux où un organisme unique de gestion collective au sens de l'article R. 211-112 du présent code a été désigné avant le 31 décembre 2012 ;

2° Jusqu'au 31 décembre 2016, les zones ou parties de zones de répartition des eaux couvertes par un organisme unique de gestion collective désigné depuis le 1er janvier 2013, pendant les deux ans suivant sa désignation ;

3° Jusqu'au 31 décembre 2016, les nouvelles zones de répartition des eaux créées depuis le 1er janvier 2013, pendant les deux années suivant leur délimitation.

(Mod. à compter du 1er mars 2017, D. n° 2017-81, 26 janv. 2017) La présentation des demandes regroupées se fait par l'intermédiaire d'un mandataire, ou par l'organisme consulaire représentant la profession. Sous réserve des documents permettant d'individualiser et de justifier la demande propre à chaque pétitionnaire, un document commun à l'ensemble des demandes se substitue aux pièces que chaque pétitionnaire aurait dû fournir. Le mandataire ou l'organisme consulaire représente chacun des pétitionnaires pour l'application du dernier alinéa de l'article R. 181-39 et de l'article R. 181-40.

Le préfet peut statuer sur tout ou partie des demandes par un arrêté unique.

Art. R. 214-25 *(Mod. à compter du 1er mars 2017, D. n° 2017-81, 26 janv. 2017)*. – L'arrêté préfectoral d'autorisation temporaire fixe les prescriptions prévues aux articles R. 181-43 et R. 181-53 et est soumis aux modalités de publicité fixées à l'article R. 181-44.

Art. R. 214-26 *(Rempl., D. n° 2014-750, 1er juill. 2014 ; mod. à compter du 1er mars 2017, D. n° 2017-81, 26 janv. 2017)*. – Lorsqu'une autorisation est abrogée, il est fait application des dispositions de l'article L. 181-23.

Avant d'abroger l'autorisation administrative relative à l'usage de la force motrice d'un ouvrage hydraulique acquise au bénéfice de l'article L. 511-9 du Code de l'énergie, le bénéficiaire de l'autorisation doit être mis à même de produire ses observations dans les conditions fixées par les articles R. 214-26 et R. 214-28 du Code de l'environnement, même si l'installation n'est plus en fonction (▪ CE, 16 mars 2018, n° 405864, *SCI MMC*).

Art. R. 214-27 *(Rempl., D. n° 2014-750, 1er juill. 2014)*. – Lorsqu'il y a lieu d'intervenir sur un ouvrage ou une installation après abrogation de l'autorisation ou dans le cadre d'un projet de restauration de cours d'eau ou de continuité écologique, et qu'après consultation du directeur départemental des services fiscaux et, s'il y a lieu, du gestionnaire du domaine public concerné, le bénéficiaire de l'autorisation, le propriétaire de l'ouvrage ou de l'installation, ou les détenteurs de droits réels sur ceux-ci n'ont pu être identifiés ou sont sans domicile connu, un dossier résumant le projet d'intervention, y compris son financement, et, le cas échéant, les alternatives envisagées, à l'échelle de l'ouvrage et du cours d'eau concerné, est déposé en mairie par le préfet ou par le porteur du projet d'intervention.

Un avis indiquant l'existence de ce dossier et le lieu où il peut être consulté est déposé en mairie ainsi que sur les sites internet de la préfecture, de la direction régionale chargée de l'écologie et de la direction régionale chargée de la délégation de bassin, pour permettre au bénéficiaire d'une autorisation concernant l'ouvrage ou l'installation ou aux titulaires de droits sur l'ouvrage ou l'installation, de se faire connaître et de présenter au préfet ou au porteur de projet leurs observations sur ce projet.

À l'expiration d'un délai précisé dans l'avis et qui ne peut être inférieur à quatre mois à compter de la date d'affichage, l'instruction du projet de travaux s'engage même si cet avis est demeuré infructueux.

Art. R. 214-28 *(Rempl., D. n° 2014-750, 1er juill. 2014)*. – Si le titulaire de l'autorisation abrogée n'exécute pas les travaux prescrits par la décision d'abrogation, le préfet peut y faire procéder d'office, dans les conditions prévues à l'article L. 171-8.

Art. R. 214-29 à R. 214-31 *(Abr., D. n° 2014-750, 1er juill. 2014)*.

Sous-section 2 *bis*. – Autorisation unique de prélèvement délivrée à un organisme unique de gestion collective

(D. n° 2007-1381, 24 sept. 2007)

Art. R. 214-31-1 *(D. n° 2007-1381, 24 sept. 2007 ; mod. à compter du 1er mars 2017, D. n° 2017-81, 26 janv. 2017 ; mod., D. n° 2021-795, 23 juin 2021)*. – Dès qu'un organisme unique de gestion collective est institué en application de l'article R. 211-113, il invite les irrigants dans le périmètre où il est désigné à lui faire connaître, avant une date qu'il détermine, leurs besoins de prélèvement d'eau pour l'irrigation. Cette consultation écrite est réalisée par l'organisme unique de gestion collective auprès de tous les irrigants connus et une information est également réalisée dans au moins deux journaux locaux des départements concernés par le territoire de l'organisme unique deux mois avant ladite date.

La demande d'autorisation environnementale de tous les prélèvements d'eau pour l'irrigation est déposée par l'organisme unique auprès du préfet dans les formes déterminées par le décret prévu à l'article L. 181-8. Le dossier comporte en outre le projet du premier plan annuel de répartition entre préleveurs irrigants du volume d'eau susceptible d'être prélevé.

La demande d'autorisation pluriannuelle est instruite selon la procédure organisée par la section 3 du chapitre unique du titre VIII du livre Ier.

Art. R. 214-31-2 *(Rempl., D. n° 2021-795, 23 juin 2021)* (1). – I. – L'arrêté préfectoral portant autorisation unique de prélèvement :

1° Fixe la durée de l'autorisation, qui ne peut excéder quinze ans ;

2° Fixe le volume d'eau maximal annuel dont le prélèvement est autorisé ;

3° Fixe les dates des périodes de prélèvements ;

4° Décline la répartition de ce volume maximal annuel autorisé en volume et, si pertinent, en débit en fonction de :

a) L'origine de la ressource : eaux souterraines, ou eaux superficielles et leurs nappes d'accompagnement ;

b) De la période du prélèvement : en basses eaux ou en hautes eaux ou, le cas échéant, en une autre période intermédiaire ;

5° Précise, le cas échéant, les modalités d'ajustement annuel de ces répartitions en fonction notamment de l'état de la ressource en sortie d'hiver, dans les limites des volumes maximums répartis ;

6° Précise les règles de répartition et d'échelonnement sur la période d'irrigation en volume ou en débit, ainsi que les règles d'ajustement des répartitions notifiées aux irrigants en cours de campagne d'irrigation, dans les limites des volumes du plan de répartition annuel ;

7° Fait apparaître, dans les bassins toujours identifiés en déséquilibre structurel en basses eaux, l'échéance prévue de retour à l'équilibre sur cette période, compatible avec les objectifs environnementaux du schéma directeur d'aménagement et de gestion des eaux, et les étapes menant à ce retour ;

8° Précise les modalités de transmission des volumes prélevés à l'autorité administrative ;

9° 9° Approuve le plan annuel de répartition de la première année.

II. – L'autorisation unique de prélèvement se substitue à toutes les autorisations et déclarations de prélèvements d'eau pour l'irrigation existantes au sein du périmètre de gestion collective.

III. – Les prélèvements faisant l'objet de l'autorisation unique de prélèvement doivent être compatibles avec les orientations fondamentales, les dispositions et les objectifs environnementaux fixés par le schéma directeur d'aménagement et de gestion des eaux et, le cas échéant, avec les objectifs généraux du schéma d'aménagement et de gestion des eaux. Ils sont conformes au règlement de ce schéma. S'il y a lieu, ils sont rendus compatibles ou conformes par modification de l'autorisation en cas de révision de ces schémas.

IV. – L'autorisation unique de prélèvement prévoit des échéances intermédiaires de réexamen de manière à ajuster, le cas échéant, le volume global maximal autorisé ou sa répartition entre les périodes. Les ajustements peuvent être motivés notamment, par l'acquisition de nouvelles données ou le constat d'une situation réelle qui le justifie, ou l'avancement du programme concerté de retour à l'équilibre approuvé dans le bassin versant concerné. Ce programme a vocation à comporter des mesures visant à une utilisation efficace, économe et durable de la ressource en eau, des changements de pratiques culturales, une mobilisation adaptée de la ressource stockée dans des ouvrages existants, la mise en place de nouveaux stockages de substitution ou de transferts à partir de ressources plus abondantes.

V. – Lorsque l'autorisation unique de prélèvement est délivrée dans le cadre de la mise en œuvre d'un programme de retour à l'équilibre, elle peut autoriser temporairement en période de basses eaux des prélèvements supérieurs au volume prélevable approuvé par le préfet coordonnateur de bassin, jusqu'à l'échéance prévue pour ce retour. Passé ce délai, l'autorisation respecte le volume prélevable à l'étiage. À défaut de volume prélevable approuvé, l'autorisation s'appuie sur un volume prélevable provisoire justifié ou sur des éléments du dossier d'étude d'impact démontrant que le volume autorisé à l'étiage vise à respecter à terme le bon fonctionnement du milieu sur cette période. L'autorisation est mise à jour lorsqu'un volume prélevable est approuvé.

VI. – L'autorisation unique de prélèvement vaut autorisation environnementale et elle est délivrée par le ou les préfets compétents dans les conditions définies à l'article R. 181-2.

Art. R.* 214-31-3 *(Ancien article R. 214-31-3 dénum. et rempl., D. n° 2021-795, 23 juin 2021)*. – I. – Le plan annuel de répartition constitue un élément de l'autorisation unique de prélèvement. Il respecte la répartition des volumes dont le prélèvement est autorisé, par origine de la ressource et par période de prélèvement.

(1) Dispositions applicables aux seules autorisations dont la demande est déposée postérieurement au 25 juin 2021. Toutefois, elles sont applicables aux arrêtés d'autorisation dont la demande est en cours d'instruction à la même date, D. n° 2021-795, 23 juin 2021.

Lorsque l'autorisation unique de prélèvement concerne plusieurs départements, le préfet de département chargé de conduire la procédure d'instruction de la demande d'autorisation unique de prélèvement conformément à l'article R. 181-2 est compétent pour approuver le plan annuel de répartition sur l'ensemble du périmètre de celui-ci.

II. – Pour élaborer le plan annuel de répartition du volume d'eau faisant l'objet de l'autorisation de prélèvement, l'organisme unique de gestion collective demande aux irrigants de faire connaître leurs besoins selon les modalités prévues à l'article R. 214-31-1. Il propose le plan annuel de répartition au préfet qui l'approuve par arrêté.

III. – Le plan annuel de répartition comporte les informations relatives aux préleveurs irrigants prévues au II de l'article R. 181-47 et précise les modalités des prélèvements applicables à chacun d'eux au cours de l'année et par point de prélèvement, y compris dans les retenues déconnectées du réseau hydrographique, notamment par prescriptions en débit.

IV. – Le préfet transmet le plan pour information aux conseils départementaux de l'environnement et des risques sanitaires et technologiques.

V. – L'approbation du plan par le préfet intervient dans un délai de trois mois après sa réception en préfecture. Le silence gardé par le préfet vaut décision de refus.

En cas de désaccord avec le projet proposé, le préfet en demande, dans les plus brefs délais et en tout état de cause avant la fin du délai de trois mois, la modification de manière motivée. L'organisme unique de gestion collective y répond dans un délai d'un mois après réception de la demande de modification. À défaut d'un projet dûment modifié dans ce délai, le préfet procède aux modifications nécessaires et arrête le plan. Il le notifie à l'organisme unique de gestion collective, ce qui vaut notification des prélèvements individuels.

VI. – Le plan annuel de répartition est publié sur le site internet de l'État dans les départements concernés pendant six mois au moins. Les présidents des commissions locales de l'eau dont le ressort est inclus en tout ou partie dans le périmètre de l'organisme unique en sont informés.

Le plan annuel de répartition est publié, lorsqu'il existe, sur le site internet de l'organisme unique de gestion collective.

VII. – L'organisme unique de gestion collective informe chaque irrigant des éléments de l'autorisation le concernant, tels que fixés par le plan annuel de répartition qui lui a été notifié, notamment les volumes et les prescriptions relatives aux modalités de prélèvement, par point et en débit par périodes.

VIII. – Après l'approbation du plan annuel de répartition, l'organisme unique de gestion collective peut modifier les attributions de volumes par irrigants ou par points de prélèvement pour intégrer de nouvelles demandes d'irrigants et les ajuster en fonction de la consommation réelle des volumes notifiés. Les modifications respectent les règles fixées par l'autorisation unique de prélèvement. Elles sont portées sans délai à la connaissance du préfet, qui les approuve et les notifie sans délai à l'organisme unique de gestion collective. À défaut d'approbation dans le mois suivant le porter à connaissance, les modifications sont rejetées.

IX. – L'organisme unique de gestion collective transmet chaque année au préfet, avant le mois de décembre, un bilan de la campagne d'irrigation et de la mise en œuvre du plan annuel de répartition en vue d'une présentation pour avis aux conseils départementaux de l'environnement et des risques sanitaires et technologiques. Ces avis sont pris en compte dans l'élaboration du plan annuel suivant.

Art. R. 214-31-4 *(D. n° 2007-1381, 24 sept. 2007 ; mod. à compter du 1er mars 2017, D. n° 2017-81, 26 janv. 2017).* – Les prélèvements d'eau pour l'irrigation au sein du périmètre de gestion collective sont soumis aux contrôles et sanctions prévus à l'article L. 181-16 et au chapitre VI du titre Ier du livre II de la partie législative du présent code.

Art. R. 214-31-5 *(D. n° 2007-1381, 24 sept. 2007 ; mod. à compter du 1er mars 2017, D. n° 2017-81, 26 janv. 2017 ; abr., D. n° 2021-795, 23 juin 2021).*

Sous-section 3. – Dispositions applicables aux opérations soumises à déclaration

Art. R. 214-32 *(Mod. à compter du 1er janvier 2008, D. n° 2007-1735, 11 déc. 2007* (1)*; mod., D. n° 2007-1760, 14 déc. 2007 ; D. n° 2010-365, 9 avr. 2010 ; D. n° 2011-227, 2 mars 2011 ;*

(1) Dispositions applicables à Mayotte, D. n° 2007-1735, 11 déc. 2007, art. 21.

D. n° 2011-2019, 29 déc. 2011 ; D. n° 2012-1268, 16 nov. 2012 ; D. n° 2014-750, 1er juill. 2014 ; D. n° 2015-526, 12 mai 2015 (1) *; D. n° 2017-81, 26 janv. 2017 ; mod. à compter du 2 décembre 2018, D. n° 2018-1054, 29 nov. 2018 ; mod., D. n° 2020-828, 30 juin 2020 ; D. n° 2022-422, 25 mars 2022* (2) *; mod. à compter du 25 juillet 2022, D. n° 2022-989, 4 juill. 2022).* – **I. – Toute personne souhaitant réaliser une installation, un ouvrage, des travaux ou une activité soumis à déclaration adresse une déclaration au préfet du département où ils doivent être réalisés en totalité ou pour la plus grande partie de leur emprise s'ils sont situés dans plusieurs départements. Dans ce dernier cas, la déclaration mentionne l'ensemble des autres départements concernés.**

II. – Cette déclaration est déposée soit sous la forme dématérialisée d'une téléprocédure, soit en un exemplaire papier et sous forme électronique.

Le préfet peut demander des exemplaires papier supplémentaires au déclarant à des fins de publicité ou pour procéder aux consultations requises par les dispositions applicables à l'opération.

Les informations susceptibles de porter atteinte aux intérêts mentionnés au I de l'article L. 124-4 et au II de l'article L. 124-5 sont occultées du dossier déposé. Elles sont transmises au préfet sous pli séparé sous forme papier.

Les déclarations soumises à la procédure de déclaration d'intérêt général mentionnée à l'article R. 214-88 sont transmises au préfet en un exemplaire papier et sous forme électronique.

La déclaration comprend :

1° Le nom et l'adresse du déclarant, ainsi que son numéro SIRET ou, à défaut, sa date de naissance ;

2° L'emplacement sur lequel l'installation, l'ouvrage, les travaux ou l'activité doivent être réalisés, ainsi qu'un document attestant que le déclarant est le propriétaire du terrain ou qu'il dispose du droit d'y réaliser son projet ou qu'une procédure est en cours ayant pour effet de lui conférer ce droit ;

3° La nature, la consistance, le volume et l'objet de l'ouvrage, de l'installation, des travaux ou de l'activité envisagés, ainsi que la ou les rubriques de la nomenclature dans lesquelles ils doivent être rangés ;

4° Un résumé non technique ;

5° Un document :

***a)* Indiquant les raisons pour lesquelles le projet a été retenu parmi les solutions alternatives ;**

***b)* Indiquant les incidences du projet sur la ressource en eau, le milieu aquatique, l'écoulement, le niveau et la qualité des eaux, y compris de ruissellement, en fonction des procédés mis en œuvre, des modalités d'exécution des travaux ou de l'activité, du fonctionnement des ouvrages ou installations, de la nature, de l'origine et du volume des eaux utilisées ou affectées et compte tenu des variations saisonnières et climatiques ;**

***c)* Justifiant, le cas échéant, de la compatibilité du projet avec le schéma directeur ou le schéma d'aménagement et de gestion des eaux et avec les dispositions du plan de gestion des risques d'inondation mentionné à l'article L. 566-7 et de sa contribution à la réalisation des objectifs visés à l'article L. 211-1 ainsi que des objectifs de qualité des eaux prévus par l'article D. 211-10 ;**

***d)* Comportant l'évaluation des incidences du projet sur un ou plusieurs sites Natura 2000, au regard des objectifs de conservation de ces sites. Le contenu de l'évaluation d'incidence Natura 2000 est défini à l'article R. 414-23 et peut se limiter à la présentation et à l'exposé définis au I de l'article R. 414-23, dès lors que cette première analyse conclut à l'absence d'incidence significative sur tout site Natura 2000 ;**

***e)* Précisant, s'il y a lieu, les mesures d'évitement, de réduction ou compensatoires envisagées ;**

***f)* Comportant, le cas échéant, la demande de prescriptions spécifiques modifiant certaines prescriptions générales applicables aux installations, ouvrages, travaux et activités, lorsque les arrêtés pris en application de l'article R. 211-3 prévoient cette possibilité ;**

***g)* Indiquant les moyens de surveillance ou d'évaluation prévus lors des phases de construction et de fonctionnement, notamment concernant les prélèvements et les déversements.**

Ce document est adapté à l'importance du projet et de ses incidences. Les informations qu'il doit contenir peuvent être précisées par un arrêté du ministre chargé de l'environnement.

(1) Dispositions d'application particulières et transitoires : V. D. n° 2015-526, 12 mai 2015, art. 30 et 31.

(2) Dispositions applicables aux premières demandes d'autorisations ou déclarations d'un projet déposées à compter du 27 mars 2022, D. n° 2022-422, 25 mars 2022.

Lorsqu'une étude d'impact est exigée en application des articles R. 122-2 et R. 122-3-1, elle remplace ce document et en contient les informations ;

6° Les éléments graphiques, plans ou cartes utiles à la compréhension des pièces du dossier, notamment de celles mentionnées aux 3° et 5° ;

7° La mention, le cas échéant, des demandes d'autorisation ou des déclarations déjà déposées pour le projet d'installation, d'ouvrage, de travaux ou d'activité au titre d'une autre législation, avec la date de dépôt et la mention de l'autorité compétente.

III. – Lorsqu'il s'agit de systèmes d'assainissement collectif des eaux usées de l'agglomération d'assainissement ou d'installations d'assainissement non collectif, la déclaration inclut en outre :

1° Une description du système de collecte des eaux usées, comprenant :

a) Pour les systèmes d'assainissement des eaux usées, la cartographie de l'agglomération d'assainissement concernée, faisant apparaître le nom des communes qui la constituent et la délimitation de son périmètre à l'échelle 1/25 000 ;

b) Une description de la zone desservie par le système de collecte, y compris les extensions de réseau prévues, ainsi que les raccordements d'eaux usées non domestiques existants ;

c) Le plan du système de collecte permettant de localiser les différents ouvrages et points de rejet au milieu récepteur, ainsi que leurs caractéristiques et leurs modalités de surveillance ;

d) Le diagnostic de fonctionnement du système de collecte, ainsi que les solutions mises en œuvre pour limiter la variation des charges et les apports d'eaux pluviales entrant dans le système d'assainissement ou l'installation d'assainissement non collectif, éviter tout rejet direct d'eaux usées non traitées dans le milieu récepteur et réduire leur impact en situation inhabituelle ;

e) Une évaluation des volumes et flux de pollution, actuels et prévisibles, à collecter et traiter, ainsi que leurs variations, notamment les variations saisonnières et celles dues à de fortes pluies, décomposés selon leur origine, domestique, non domestique ou liée aux eaux pluviales ;

f) Les zonages prévus à l'article L. 2224-10 du Code général des collectivités territoriales, lorsqu'ils existent, et le calendrier de mise en œuvre ou d'évolution du système de collecte ;

g) L'évaluation des volumes et des flux de pollution des apports extérieurs amenés à la station de traitement autrement que par le réseau ;

2° Si le système d'assainissement collectif des eaux usées de l'agglomération d'assainissement ou l'installation d'assainissement non collectif comprend des déversoirs d'orage ou d'autres ouvrages de rejet au milieu :

a) Une évaluation des volumes et flux de pollution, actuels et prévisibles, parvenant au déversoir, décomposés selon leur origine, domestique, non domestique ou liée aux eaux pluviales ;

b) Une détermination des conditions climatiques, notamment du niveau d'intensité pluviométrique, déclenchant un rejet dans l'environnement ainsi qu'une estimation de la fréquence des événements pluviométriques d'intensité supérieure ou égale à ce niveau ;

c) Une estimation des flux de pollution déversés dans le milieu récepteur en fonction des événements pluviométriques retenus au 2° et l'étude de leur impact ;

3° Une description des modalités de traitement des eaux collectées et des boues produites indiquant :

a) Les objectifs de traitement proposés compte tenu des obligations réglementaires et des objectifs de qualité des eaux réceptrices ;

b) Les conditions, notamment pluviométriques, dans lesquelles ces objectifs peuvent être garantis à tout moment ;

c) Les modalités de calcul du débit de référence et la capacité maximale journalière de traitement de la station de traitement des eaux usées pour laquelle les performances d'épuration peuvent être garanties hors périodes inhabituelles, pour les différentes formes de pollutions traitées, notamment pour la demande biochimique d'oxygène en cinq jours ;

d) La localisation de la station de traitement des eaux usées ou de l'installation d'assainissement non collectif, la justification de l'emplacement retenu au regard des zones à usage sensible et de la préservation des nuisances de voisinage et des risques sanitaires ;

e) Les points de rejet, les caractéristiques des milieux récepteurs et l'impact de ces rejets sur leur qualité ;

f) Le descriptif des filières de traitement des eaux usées et des boues issues de ce traitement ;

g) Le calendrier de mise en œuvre des ouvrages de traitement ou de réhabilitation des ouvrages existants ;

h) Les modalités prévues d'élimination des sous-produits issus de l'entretien du système de collecte des eaux usées et du fonctionnement du système d'assainissement ou de l'installation d'assainissement non collectif ;

4° Si les eaux usées traitées font l'objet d'une réutilisation aux fins prévues à l'article R. 211-23, la description du projet de réutilisation des eaux usées traitées envisagé comprenant l'usage et le niveau de qualité des eaux visés, les volumes destinés à cet usage et la période durant laquelle aurait lieu cette réutilisation ;

5° L'estimation du coût global de la mise en œuvre du projet d'assainissement, son impact sur le prix de l'eau, le plan de financement prévisionnel, ainsi que les modalités d'amortissement des ouvrages d'assainissement.

IV. – Lorsque la déclaration porte sur un projet relevant de la rubrique 2.1.3.0 de la nomenclature annexée à l'article R. 214-1, le dossier de demande est complété par une étude préalable dont le contenu est précisé à l'article R. 211-33, par un programme prévisionnel d'épandage dans les conditions fixées par l'article R. 211-39 et par les éléments mentionnés à l'article R. 211-46.

V *(V abr).*

VI *(VI abr.).*

VII. – Lorsqu'il s'agit d'un plan de gestion établi pour la réalisation d'une opération groupée d'entretien régulier d'un cours d'eau, canal ou plan d'eau prévue par l'article L. 215-15, la demande comprend en outre :

1° La démonstration de la cohérence hydrographique de l'unité d'intervention ;

2° S'il y a lieu, la liste des obstacles naturels ou artificiels, hors ouvrages permanents, préjudiciables à la sécurité des sports nautiques non motorisés ;

3° Le programme pluriannuel d'interventions ;

4° S'il y a lieu, les modalités de traitement des sédiments déplacés, retirés ou remis en suspension dans le cours d'eau.

VIII. – Lorsqu'il s'agit d'installations utilisant l'énergie hydraulique, la déclaration comprend en outre :

1° En complément du 3° du II, avec les justifications techniques nécessaires, le débit maximal dérivé, la hauteur de chute brute maximale, la puissance maximale brute calculée à partir du débit maximal de la dérivation et de la hauteur de chute maximale, et le volume stockable ;

2° Une note justifiant les capacités techniques et financières du pétitionnaire ;

3° Sauf lorsque la déclaration d'utilité publique est requise au titre de l'article L. 531-6 du Code de l'énergie, tout document permettant au pétitionnaire de justifier qu'il aura, avant la construction, la libre disposition des terrains ne dépendant pas du domaine public sur lesquels les travaux nécessaires à l'aménagement de la force hydraulique doivent être exécutés ;

4° Pour les usines d'une puissance supérieure à 500 kW, les propositions de répartition entre les communes intéressées de la valeur locative de la force motrice de la chute et de ses aménagements ;

5° En complément du 6° du II, l'indication des ouvrages immédiatement à l'aval et à l'amont et ayant une influence hydraulique, le profil en long de la section de cours d'eau ainsi que, s'il y a lieu, de la dérivation ; un plan des terrains submergés à la cote de retenue normale ; un plan des ouvrages et installations en rivière détaillés au niveau d'un avant-projet sommaire, comprenant, dès lors que nécessaire, les dispositifs assurant la circulation des poissons.

NB : Conformément à l'article 21 du décret n° 2020-844 du 3 juillet 2020, ces dispositions s'appliquent aux demandes d'avis ou d'examen au cas par cas et aux demandes déposées en application de l'article L. 512-7 du Code de l'environnement qui sont enregistrées à compter du 5 juillet 2020.

1) Refus d'examen d'un dossier de déclaration. Lorsque l'autorité préfectorale refuse d'examiner un dossier de déclaration, au motif que le projet relève du régime de l'autorisation, cette décision constitue un acte administratif faisant grief susceptible d'être attaqué par la voie du recours en excès de pouvoir (▪ TA Limoges, 12 juill. 2001, n° 98191, *GFA de Jeansannetas c/ Préfet de la Creuse*). Est illégal le récépissé de déclaration délivré alors que le dossier de déclaration ne contenait pas l'analyse de la compatibilité du projet avec les dispositions du SDAGE en vigueur (▪ TA Dijon, 16 déc. 2003, nos 020136, 020138, 021136, *Assoc. pour la protection des écosystèmes aquatiques de la Bourgogne*).

2) Contrôle du juge administratif. Le juge administratif est fondé à vérifier si l'opération ayant bénéficié d'un récépissé de déclaration ne devait pas plutôt être soumise au régime de l'autorisation. Dans cet examen, il peut notamment se servir du document d'incidences prévu à l'alinéa 4° de l'article 29 (▪ TA Caen, 28 nov. 2000, n° 00743, *Grape : Dr. env.* avr. 2001, n° 87, p. 59, note X. Braud).

3) Gestion des risques d'inondation. La transposition de la directive européenne 2007/60/CE du 23 octobre 2007 relative à l'évaluation et à la gestion des risques d'inondation a été réalisée au moyen de dispositions législatives, insérées dans la loi n° 2010-788 du 12 juillet 2010 portant engagement national pour l'environnement dite loi « Grenelle II », et du décret n° 2011-227 du 2 mars 2011 relatif à l'évaluation et à la gestion des risques d'inondation. Ce dernier rajoute que le dossier « IOTA » doit justifier de la compatibilité du projet avec les dispositions du plan de gestion des risques d'inondation mentionné à l'article L. 566-7 du Code de l'environnement.

Art. R. 214-32-1 *(Créé à compter du 25 juillet 2022, D. n° 2022-989, 4 juill. 2022).* **– Un arrêté du ministre chargé de l'environnement fixe, le cas échéant, le modèle national de formulaire de déclaration à déposer lorsque le déclarant n'utilise pas la téléprocédure.**

Art. R. 214-33 *(Mod., D. n° 2012-1268, 16 nov. 2012 ; D. n° 2022-422, 25 mars 2022* (1) *; mod. à compter du 25 juillet 2022, D. n° 2022-989, 4 juill. 2022).* **– I. – Dans les quinze jours suivant la réception d'une déclaration, il est adressé au déclarant :**

1° Lorsque la déclaration est incomplète, un accusé de réception qui indique les pièces manquantes et invite le déclarant à les fournir dans un délai fixé par le préfet qui ne peut être supérieur à trois mois. Si le déclarant ne produit pas l'ensemble des pièces ou informations indiquées dans le délai qui lui est imparti, l'opération soumise à déclaration fait l'objet d'une opposition tacite à l'expiration dudit délai ; l'accusé de réception adressé au déclarant lui indiquant de compléter son dossier mentionne cette conséquence ;

2° Lorsque la déclaration est complète, un récépissé de déclaration qui indique soit la date à laquelle, en l'absence d'opposition, l'opération projetée pourra être entreprise, soit l'absence d'opposition qui permet d'entreprendre cette opération sans délai lorsqu'il n'est pas fait application des dispositions de l'article R. 122-2-1. Le récépissé est assorti, le cas échéant, d'une copie des prescriptions générales applicables.

II. – Pour les dossiers déposés par la voie de la téléprocédure prévue à l'article R. 214-32, le site internet mis à disposition du déclarant donne accès aux prescriptions générales applicables à l'opération, fixées en application de l'article L. 211-3. Le déclarant reconnaît, avant de finaliser le dépôt de son dossier, avoir pris connaissance de l'ensemble des prescriptions générales applicables à l'opération. Le récépissé de déclaration est immédiatement délivré par voie électronique.

Art. R. 214-34. – Si la déclaration porte sur la création d'une pisciculture, elle est soumise à la fédération départementale des associations agréées de pêche et de protection du milieu aquatique qui se prononce sur les inconvénients susceptibles de résulter de cette création pour le peuplement piscicole des eaux avec lesquelles cette pisciculture communique. Cet avis est réputé favorable s'il n'est pas intervenu dans le délai d'un mois à compter de la saisine de la fédération.

Art. R. 214-35 *(Mod., D. n° 2007-1760, 14 déc. 2007 ; D. n° 2012-1268, 16 nov. 2012 ; modifié à compter du 25 juillet 2022, D. n° 2022-989, 4 juill. 2022).* **– Le délai accordé au préfet par l'article L. 214-3 pour lui permettre de s'opposer à une opération soumise à déclaration est de deux mois à compter de la réception d'une déclaration complète.**

Toutefois, si, dans ce délai, il apparaît que le dossier est irrégulier, notamment en raison d'informations manquantes, ou qu'il est nécessaire d'imposer des prescriptions particulières à l'opération projetée, le délai dont dispose le préfet pour s'opposer à la déclaration est interrompu par l'invitation faite au déclarant de régulariser son dossier ou de présenter ses observations sur les prescriptions envisagées, dans un délai fixé par le préfet et qui ne peut être supérieur à trois mois. Le déclarant régularise ou présente ses observations sous la forme choisie lors du dépôt de la déclaration, sous réserve des dispositions du troisième alinéa du II de l'article R. 214-32.

Lorsque le dossier est irrégulier, si le déclarant ne produit pas l'ensemble des pièces ou informations requises dans le délai qui lui a été imparti, l'opération soumise à déclaration fait l'objet d'une décision d'opposition tacite à l'expiration dudit délai ; l'invitation faite au requérant de régulariser son dossier mentionne cette conséquence. À la réception de l'ensemble des pièces ou informations requises, le préfet émet un nouveau récépissé de déclaration qui indique la date à laquelle, en l'absence d'opposition, l'opération projetée pourra être entreprise.

Lorsque des prescriptions particulières sont envisagées, un nouveau délai de deux mois court à compter de la réception de la réponse du déclarant ou, à défaut, à compter de l'expiration du délai qui lui a été imparti.

(1) Dispositions applicables aux premières demandes d'autorisations ou déclarations d'un projet déposées à compter du 27 mars 2022, D. n° 2022-422, 25 mars 2022.

Si, dans le délai accordé au préfet pour lui permettre de s'opposer à une opération, le déclarant demande la modification des prescriptions applicables lorsque cette possibilité est prévue par les arrêtés pris en application de l'article R. 211-3, un nouveau délai de deux mois court à compter de l'accusé de réception de la demande par le préfet.

Art. R. 214-35-1 *(D. n° 2022-422, 25 mars 2022)* (1). – Lorsque le préfet soumet le projet à un examen au cas par cas en application des dispositions de l'article R. 122-2-1 dans le délai de quinze jours à compter de la réception d'une déclaration complète, le délai dont il dispose pour s'opposer à la déclaration est interrompu.

Le déclarant transmet au préfet la décision prise en application du IV de l'article R. 122-3-1.

Lorsque l'autorité chargée de l'examen au cas par cas décide qu'un projet ne nécessite pas la réalisation d'une évaluation environnementale en application du IV de l'article R. 122-3-1, un nouveau délai de deux mois court à compter de la réception de cette décision par le préfet.

Lorsque la décision prise en application du IV de l'article R. 122-3-1 prescrit la réalisation d'une évaluation environnementale, le déclarant informe le préfet de la procédure qui fait office d'autorisation au sens de l'article L. 122-1. L'opération soumise à déclaration fait l'objet d'une décision d'opposition expresse.

Art. R. 214-36. – L'opposition est notifiée au déclarant.

Le déclarant qui entend contester une décision d'opposition doit, préalablement à tout recours contentieux, saisir le préfet d'un recours gracieux. Le préfet soumet ce recours à l'avis du conseil départemental de l'environnement et des risques sanitaires et technologiques et informe le déclarant, au moins huit jours à l'avance, de la date et du lieu de la réunion et de la possibilité qui lui est offerte d'être entendu.

Le silence gardé pendant plus de quatre mois sur le recours gracieux du déclarant vaut décision de rejet.

Art. R. 214-37 *(Mod. à compter du 1er mars 2017, D. n° 2017-81, 26 janv. 2017 ; à compter du 25 juillet 2022, D. n° 2022-989, 4 juill. 2022)*. – I. – Le maire de la commune où l'opération doit être réalisée reçoit copie de la déclaration et du récépissé, ainsi que, le cas échéant, des prescriptions spécifiques imposées, de la décision d'opposition ou de la décision expresse de non-opposition si elle existe. Cette transmission est effectuée par le préfet par voie électronique, sauf demande explicite contraire du maire de la commune.

Le récépissé ainsi que, le cas échéant, les prescriptions spécifiques imposées, la décision d'opposition ou la décision expresse de non-opposition si elle existe sont affichés à la mairie pendant un mois au moins.

II. – Lorsque l'opération déclarée est située dans le périmètre d'un schéma d'aménagement et de gestion des eaux approuvé ou y produit des effets, les documents et décisions mentionnés au I sont communiqués au président de la commission locale de l'eau. Cette transmission est effectuée par voie électronique, sauf demande explicite contraire de sa part.

III. – Les documents et décisions mentionnés au I sont mis à disposition du public sur le site internet de la préfecture pendant six mois au moins.

Ampleur du contrôle mené par le juge administratif. À l'occasion de la création d'une station d'épuration, le juge administratif est fondé à annuler le récépissé de déclaration dès lors que ni le terrain d'assiette, ni la tranchée d'infiltration de la station n'étaient adaptés à l'objet et aux conditions de fonctionnement de l'installation (■ TA Marseille, 18 nov. 1999, n° 95-2045, *Assoc. Mieux Vivre à Mallefougasse : Rev. jur. env.* 2/2000, p. 236, note Sironneau).

Art. R. 214-38 *(Mod. à compter du 25 juillet 2022, D. n° 2022-989, 4 juill. 2022)*. – Les installations, ouvrages, travaux ou activités doivent être implantés, réalisés et exploités conformément au dossier de déclaration et, le cas échéant, aux prescriptions particulières édictées par arrêté préfectoral mentionnées aux articles R. 214-35 et R. 214-39.

Art. R. 214-39 *(Mod. à compter du 25 juillet 2022, D. n° 2022-989, 4 juill. 2022)*. – La modification des prescriptions applicables à l'opération peut être demandée par le déclarant au préfet à compter de la date à laquelle l'opération ne peut plus faire l'objet d'une opposition en application du II de l'article L. 214-3. Le

(1) Dispositions applicables aux premières demandes d'autorisations ou déclarations d'un projet déposées à compter du 27 mars 2022, D. n° 2022-422, 25 mars 2022.

préfet statue par arrêté. Elle peut également être imposée par le préfet sur le fondement du troisième alinéa du II de l'article L. 214-3.

Le projet d'arrêté est porté à la connaissance du déclarant, qui dispose de quinze jours pour présenter ses observations.

L'arrêté fait l'objet des mesures de publicité prévues à l'article R. 214-37.

Le silence gardé pendant plus de trois mois sur la demande du déclarant vaut décision de rejet.

Art. R. 214-40. – Toute modification apportée par le déclarant à l'ouvrage ou l'installation, à son mode d'utilisation, à la réalisation des travaux ou à l'aménagement en résultant ou à l'exercice de l'activité ou à leur voisinage et de nature à entraîner un changement notable des éléments du dossier de déclaration initiale doit être portée avant sa réalisation à la connaissance du préfet, qui peut exiger une nouvelle déclaration.

La déclaration prévue à l'alinéa précédent est soumise aux mêmes formalités que la déclaration initiale.

Art. R. 214-40-1 *(Créé à compter du 1er mars 2017, D. n° 2017-81, 26 janv. 2017 ; à compter du 25 juillet 2022, D. n° 2022-989, 4 juill. 2022).* – Lorsque l'opération envisagée est située dans plusieurs départements, le préfet du département où doit être réalisée sa plus grande partie est chargé de coordonner la procédure et saisit pour avis les préfets des autres départements concernés.

Art. R. 214-40-2 *(Créé à compter du 1er mars 2017, D. n° 2017-81, 26 janv. 2017).* – Lorsque le bénéfice de la déclaration est transmis à une autre personne que celle qui était mentionnée au dossier de déclaration, le nouveau bénéficiaire en fait la déclaration au préfet, dans les trois mois qui suivent la prise en charge de l'ouvrage, de l'installation, des travaux ou des aménagements ou le début de l'exercice de son activité.

Cette déclaration mentionne, s'il s'agit d'une personne physique, les nom, prénoms et domicile du nouveau bénéficiaire et, s'il s'agit d'une personne morale, sa dénomination ou sa raison sociale, sa forme juridique, l'adresse de son siège social ainsi que la qualité du signataire de la déclaration. Il est donné acte de cette déclaration.

Lorsqu'il s'agit d'une installation ou d'un ouvrage mentionné aux rubriques 3.2.5.0 et 3.2.6.0 ou d'installations utilisant l'énergie hydraulique, cette déclaration est faite préalablement au transfert de la déclaration mentionnée à l'article R. 214-32. Elle est accompagnée des pièces justifiant les capacités techniques et financières du bénéficiaire du transfert. Le préfet en donne acte ou notifie son refus motivé dans le délai de deux mois.

Art. R. 214-40-3 *(Créé à compter du 1er mars 2017, D. n° 2017-81, 26 janv. 2017 ; à compter du 25 juillet 2022, D. n° 2022-989, 4 juill. 2022).* – I. – Sauf cas de force majeure ou de demande justifiée et acceptée de prorogation de délai, la déclaration d'un projet cesse de produire effet lorsque celui-ci n'a pas été mis en service ou réalisé dans le délai fixé par un arrêté préfectoral de prescriptions particulières prévu à l'article R. 214-38 ou, à défaut, dans un délai de trois ans à compter de la date à laquelle l'opération ne peut plus faire l'objet d'une opposition en application du II de l'article L. 214-3.

II. – Le délai mentionné au I est suspendu jusqu'à la notification au bénéficiaire d'une déclaration :

1° D'une décision devenue définitive en cas de recours devant la juridiction administrative contre le récépissé de déclaration ou les arrêtés complémentaires éventuels ;

2° D'une décision devenue définitive en cas de recours devant la juridiction administrative contre le permis de construire du projet ;

3° D'une décision devenue irrévocable en cas de recours devant un tribunal de l'ordre judiciaire, en application de l'article L. 480-13 du Code de l'urbanisme, contre le permis de construire du projet.

Sous-section 4. – Dispositions communes aux opérations soumises à autorisation ou à déclaration

Art. R. 214-41 *(Abr. à compter du 1er mars 2017, D. n° 2017-81, 26 janv. 2017).*

Art. R. 214-42 *(Mod. à compter du 1er mars 2017, D. n° 2017-81, 26 janv. 2017).* – Si plusieurs ouvrages, installations, catégories de travaux ou d'activités doivent être réalisés par la même personne sur le même site, une seule demande d'autorisation ou une seule déclaration peut être présentée pour l'ensemble de ces installations.

Il en est obligatoirement ainsi lorsque les ouvrages, installations, travaux ou activités dépendent de la même personne, de la même exploitation ou du même établissement et concernent le même milieu aquatique, si leur ensemble dépasse le seuil fixé par la nomenclature des opérations ou activités soumises à autorisation ou à déclaration, alors même que, pris individuellement, ils sont en dessous du seuil prévu par la nomenclature, que leur réalisation soit simultanée ou successive.

Lorsque la réalisation d'opérations simultanées ou successives fait apparaître que le découpage qui a été opéré a eu pour effet de soustraire un projet aux dispositions de l'alinéa précédent, le préfet fait application de l'article L. 171-7.

Le préfet peut, par un seul arrêté, selon le cas, statuer sur l'ensemble et fixer les prescriptions prévues aux articles R. 181-43 et R. 181-53 ou fixer les prescriptions prévues aux articles R. 214-35 et R. 214-39.

1) **Appréciation de la soumission à la nomenclature « Eau ».** Pour déterminer si les IOTA sont soumis à déclaration ou à autorisation au regard de la nomenclature Eau définie à l'article R. 214-1 du Code de l'environnement, l'administration est tenue d'inviter le pétitionnaire à former une demande unique pour le ou les projets formant ensemble une seule et même opération, dès lors que ces projets dépendent de la même personne, exploitation ou établissement et concernent le même milieu aquatique. Ainsi, le seuil de 200 000 m^3 de la rubrique 1.1.2.0 au-delà duquel la demande de prélèvement est soumise à autorisation ne s'applique qu'aux ouvrages envisagés lors du dépôt de la demande ; en revanche, pour statuer sur la demande, le préfet doit prendre en compte dans son appréciation l'impact sur le milieu aquatique de l'ensemble des IOTA envisagées (▪ CE, 30 mars 2015, n° 360174, *Assoc. Avenir d'Alet : BDEI* mai 2015, n° 1916, concl. De Lesquen ; *AJDA* 2015, 721 ; *RD rur.* 2015, n° 146, note Hernandez Zakine). Il a été jugé que l'extension d'un plan d'eau existant doit faire l'objet d'une déclaration si la surface d'origine augmentée de l'extension dépasse le seuil des 0,1 ha. Tel est le cas pour un plan d'eau de 1,5 ha qui a fait l'objet d'une extension de 0,86 ha (▪ CAA Bordeaux, 24 avr. 2018, n° 17BX00987).

2) **Pluralité de projets déclarés par une même personne.** Le juge estime que doivent être pris en compte les projets dont la réalisation est simultanée ou, le cas échéant, successive formant ensemble une seule et même opération, ce qui est le cas lorsque ces projets dépendent de la même personne, exploitation ou établissement et concernent le même milieu aquatique. Cette disposition ne concerne toutefois que les projets nouveaux envisagés à la date du dépôt de la demande : il n'y a dès lors pas lieu de tenir compte des ouvrages déjà réalisés, qu'ils aient été ou non autorisés (▪ CAA Douai, 1re ch., 29 sept. 2016, n° 14DA01976 confirmé par le ▪ CE, 11 avr. 2018, n° 405683).

Bibliographie : C. Hernandez Zakine, *Prélèvements d'eau soumis à déclaration : des exigences fortes de la part du Conseil d'État*, note sous CE, 30 mars 2015, n° 360174, *Assoc. Avenir d'Alet : RD rur.* 2015, comm. 146, n° 435. • X. de Lesquen, *Police de l'eau : application de la nomenclature en cas d'opérations multiples*, conclusions sur CE, 30 mars 2015, n° 360174, *Assoc. Avenir d'Alet : BDEI* mai 2015, n° 57, p. 18.

Art. R. 214-43 *(Mod. à compter du 1er mars 2017, D. n° 2017-81, 26 janv. 2017).* **– Plusieurs demandes d'autorisation ou plusieurs déclarations relatives à des opérations connexes ou relevant de la même activité peuvent faire l'objet d'une procédure commune lorsque ces opérations sont situées dans un sous-bassin ou un groupement de sous-bassins correspondant à une unité hydrographique ou à un système aquifère cohérent.**

Les demandes d'autorisation groupées ou les déclarations groupées sont faites par un mandataire qui peut être la chambre d'agriculture.

Le dossier fait apparaître les informations exigées de chaque maître d'ouvrage et précise les obligations qui lui incombent.

Les demandes d'autorisation font alors l'objet d'une seule enquête dans les conditions prévues aux articles L. 181-10 et R. 181-36.

Le préfet peut, par un seul arrêté, selon le cas, statuer sur l'ensemble et fixer les prescriptions prévues aux articles R. 181-43 et R. 181-5 ou fixer les prescriptions prévues aux articles R. 214-35 et R. 214-39. À défaut de précision, les prescriptions sont applicables solidairement à tous les maîtres d'ouvrage.

Art. R. 214-44 *(Mod. à compter du 1er août 2021, D. n° 2021-1000, 30 juill. 2021).* **– Les travaux destinés à prévenir un danger grave et immédiat, présentant un caractère d'urgence, peuvent être entrepris sans que soient présentées les demandes d'autorisation ou les déclarations auxquelles ils sont soumis, à condition que le préfet en soit immédiatement informé.**

Celui-ci détermine, en tant que de besoin, les moyens de surveillance et d'intervention en cas d'incident ou d'accident dont doit disposer le maître d'ouvrage ainsi que les mesures conservatoires nécessaires à la préservation des intérêts mentionnés à l'article L. 211-1.

Un compte rendu lui est adressé à l'issue des travaux.

IOTA présentant un danger pour la sécurité publique. Conformément aux termes de l'article L. 214-3 du Code de l'environnement, est soumise à autorisation une installation pour laquelle la nomenclature ne prévoit ni autorisation ni déclaration dès lors qu'elle présente un danger pour la sécurité publique. La cour administrative d'appel de Nancy a ainsi jugé que, compte tenu des traces de ravinement et d'érosion importantes, des risques d'une rupture des digues mises en place au moment de la création des étangs litigieux lors d'un épisode pluvieux intense et prolongé ainsi que de la présence en contrebas d'habitations et d'un hôtel, ces étangs présentaient des dangers pour la sécurité publique. En conséquence, leur création était soumise à autorisation (■ CAA Nancy, 17 janv. 2002, n° 00NC01388, *M. Hermann*). Dans le même arrêt, la cour a considéré, sur la base du rapport d'un hydrogéologue, qu'il en allait de même à l'égard du détournement d'une rivière (*ibid.*).

Art. R. 214-45 *(Mod., D. n° 2014-750, 1er juill. 2014 ; mod. à compter du 1er mars 2017, D. n° 2017-81, 26 janv. 2017).* – La cessation définitive, ou pour une période supérieure à deux ans, de l'exploitation ou de l'affectation indiquée dans l'autorisation ou la déclaration d'un ouvrage ou d'une installation fait l'objet d'une déclaration par l'exploitant, ou, à défaut, par le propriétaire, auprès du préfet dans le mois qui suit la cessation définitive ou le changement d'affectation et au plus tard un mois avant que l'arrêt de plus de deux ans ne soit effectif. En cas de cessation définitive ou d'arrêt de plus de deux ans, il est fait application des dispositions de l'article R. 214-48.

En cas de cessation définitive, il est fait application des dispositions prévues à l'article L. 181-23 pour les autorisations et à l'article L. 214-3-1. La déclaration d'arrêt d'exploitation de plus de deux ans est accompagnée d'une note expliquant les raisons de cet arrêt et la date prévisionnelle de reprise de cette exploitation. Le préfet peut émettre toutes prescriptions conservatoires afin de protéger les intérêts énoncés à l'article L. 211-1 pendant cette période d'arrêt. Si l'exploitation n'est pas reprise à la date prévisionnelle déclarée, le préfet peut, l'exploitant ou le propriétaire entendu, considérer l'exploitation comme définitivement arrêtée et fixer les prescriptions relatives à l'arrêt définitif de cette exploitation et à la remise en état du site.

Art. R. 214-46. – Tout incident ou accident intéressant une installation, un ouvrage, des travaux ou une activité entrant dans le champ d'application des sous-sections 1 à 4 et de nature à porter atteinte à l'un des éléments énumérés à l'article L. 211-1 est déclaré, dans les conditions fixées à l'article L. 211-5.

Art. R. 214-47. – Le préfet peut décider que la remise en service d'un ouvrage, d'une installation, d'un aménagement, momentanément hors d'usage pour une raison accidentelle, sera subordonnée, selon le cas, à une nouvelle autorisation ou à une nouvelle déclaration, si la remise en service entraîne des modifications de l'ouvrage, de l'installation, de l'aménagement ou des modifications de son fonctionnement ou de son exploitation, ou si l'accident est révélateur de risques insuffisamment pris en compte initialement.

Motivation de la soumission à une nouvelle autorisation. L'indication selon laquelle la soumission à autorisation d'une remise en eau d'étangs est liée à une menace pour la sécurité publique constitue une motivation suffisante au regard des exigences posés à l'article 37 du décret du 29 mars 1993 et dans la loi du 11 juillet 1979 (■ TA Châlons-en-Champagne, 16 mai 2000, n° 97-481, *Walter Leempoels et a.*).

Art. R. 214-48 *(Mod., D. n° 2014-750, 1er juill. 2014 ; mod. à compter du 1er mars 2017, D. n° 2017-81, 26 janv. 2017).* – En cas d'abrogation ou de suspension d'autorisation, ou de mesure d'interdiction d'utilisation, de mise hors service ou de suppression, l'exploitant ou, à défaut, le propriétaire de l'ouvrage, de l'installation ou de l'aménagement concernés ou le responsable de l'opération est tenu, jusqu'à la remise en service, la reprise de l'activité ou la remise en état des lieux, de prendre toutes dispositions nécessaires pour assurer la surveillance de l'ouvrage, de l'installation ou du chantier, l'écoulement des eaux et la conservation ou l'élimination des matières polluantes dont il avait la garde ou à l'accumulation desquelles il a contribué et qui sont susceptibles d'être véhiculées par l'eau.

Si ces dispositions ne sont pas prises, il peut être fait application des procédures prévues à l'article L. 171-8.

Art. R. 214-49 *(Mod. à compter du 1er mars 2017, D. n° 2017-81, 26 janv. 2017)*. – Aux fins d'information du public, les arrêtés pris en application de l'article L. 171-8 sont publiés au recueil des actes administratifs de la préfecture et mis à disposition sur son site internet.

Art. R. 214-50 *(Abr., D. n° 2018-685, 1er août 2018)*.

Art. R. 214-51 *(Abr. à compter du 1er mars 2017, D. n° 2017-81, 26 janv. 2017)*.

Art. R. 214-52. – Les permis d'immersion de déblais de dragage délivrés avant le 24 février 2001 en application du décret n° 82-842 du 29 septembre 1982 pris pour l'application de la loi n° 76-599 du 7 juillet 1976 valent autorisations délivrées en application des articles L. 214-1 à L. 214-6.

Art. R. 214-53 *(Mod. à compter du 1er mars 2017, D. n° 2017-81, 26 janv. 2017)*. – I. – Lorsque des ouvrages, installations, aménagements, légalement réalisés ou des activités légalement exercées sans qu'il y ait eu lieu à application des textes mentionnés aux articles R. 214-3, R. 181-48, R. 214-40-3 et R. 214-52 viennent à être soumis à autorisation ou à déclaration par une modification de la législation ou par un décret de nomenclature, conformément aux articles L. 214-1 à L. 214-6, l'exploitation, ou l'utilisation des ouvrages, installations, aménagements ou l'exercice des activités peuvent se poursuivre sans cette autorisation ou cette déclaration, à la condition que l'exploitant ou, à défaut, le propriétaire ou le responsable de l'activité fournisse au préfet les informations suivantes :

1° Son nom et son adresse ;

2° L'emplacement de l'installation, de l'ouvrage, ou de l'activité ;

3° La nature, la consistance, le volume et l'objet de l'installation, de l'ouvrage, ou de l'activité, ainsi que la ou les rubriques de la nomenclature dans lesquelles ils doivent être rangés.

II. – Le préfet peut exiger la production des pièces mentionnées aux articles R. 181-13 et suivants ainsi que par l'article R. 214-32.

Il peut prescrire, dans les conditions prévues aux articles R. 181-45 ou R. 214-39, les mesures nécessaires à la protection des éléments mentionnés à l'article L. 181-3 ou à l'article L. 211-1.

III. – Les vidanges périodiques, en vue de la récolte des poissons, d'étangs de production piscicole, régulièrement créés, qui sont venues à être soumises à autorisation ou à déclaration en application de la nomenclature figurant au tableau annexé à l'article R. 214-1, sont considérées comme des activités légalement exercées si la dernière vidange est intervenue depuis moins de trois ans.

Communication spontanée des informations en cas de modification de la nomenclature. Lorsqu'un ouvrage, une installation ou un aménagement est concerné par une modification de la nomenclature, l'exploitant ou, à défaut, le propriétaire ou le responsable de l'activité doivent communiquer à l'autorité administrative toutes les informations requises par l'article 41 de façon spontanée, sans qu'il soit besoin d'une mise en demeure préfectorale. Le fait que l'administration ait connaissance de l'existence de cet ouvrage, activité ou aménagement, ne dispense pas l'exploitant ou le propriétaire de transmettre les renseignements visés à l'article 41 (▪ CAA Bordeaux, 25 oct. 2001, n° 98BX00811, *M. Vandenberghe*).

Art. R. 214-54 *(Mod. à compter du 1er mars 2017, D. n° 2017-81, 26 janv. 2017)*. – Lorsque les conditions dont est assortie une autorisation ou qui figurent sur un récépissé de déclaration doivent être rendues compatibles avec un schéma directeur ou un schéma d'aménagement et de gestion des eaux en application des articles L. 212-1 ou L. 212-5-2, les prescriptions nécessaires sont arrêtées dans les conditions prévues aux articles R. 181-45 ou R. 214-39.

Art. R. 214-55 *(Mod. à compter du 1er mars 2017, D. n° 2017-81, 26 janv. 2017)*. – Les mesures imposées en application des articles R. 214-53 et R. 214-54 ne peuvent entraîner la remise en cause de l'équilibre général de l'autorisation d'un ouvrage ou d'une installation ou des changements considérables dans l'activité à laquelle cet ouvrage ou cette installation est indispensable. L'arrêté préfectoral fixe, compte tenu des éléments énumérés au deuxième alinéa de l'article R. 181-53, les délais dans lesquels elles doivent être réalisées.

Art. R. 214-56 *(Mod., D. n° 2014-750, 1er juill. 2014 ; mod. à compter du 1er mars 2017, D. n° 2017-81, 26 janv. 2017)*. – Les articles R. 181-45, R. 181-46 et R. 214-26 à R. 214-28 sont applicables aux modifications et aux abrogations des autorisations ou permissions prévues à l'article L. 215-10.

Sous-section 5. – Mesure des prélèvements

Art. R. 214-57. – Toute installation comprenant un ou plusieurs ouvrages permettant de prélever des eaux souterraines à des fins non domestiques pour l'approvisionnement d'un ou de plusieurs établissements doit être munie d'un dispositif efficace permettant de mesurer les volumes prélevés.

Ce dispositif est un instrument de mesure homologué.

Le préfet peut toutefois permettre, sur avis favorable du délégué de bassin, l'emploi d'un dispositif de mesure des volumes prélevés non homologué. Cette permission est provisoire. Elle peut être renouvelée le cas échéant.

Lorsque l'exploitant responsable d'une installation désire utiliser un dispositif de mesure non homologué, il en demande l'autorisation au préfet en même temps qu'il lui adresse la déclaration visée à l'article L. 214-2. En cas de refus l'exploitant responsable doit, dans le mois qui suit notification de ce refus, justifier qu'il a installé un dispositif conforme à un modèle homologué.

Art. R. 214-58. – L'exploitant responsable d'une installation est tenu de noter, mois par mois, sur un registre spécialement ouvert à cet effet :

1° Les volumes prélevés ;

2° Le cas échéant, le nombre d'heures de pompage ;

3° L'usage et les conditions d'utilisation ;

4° Les variations éventuelles de la qualité qu'il aurait pu constater ;

5° Les conditions de rejet de l'eau prélevée ;

6° Les changements constatés dans le régime des eaux ;

7° Les incidents survenus dans l'exploitation de l'installation ou le comptage des prélèvements et notamment les arrêts de pompage.

Art. R. 214-59. – Les exploitants responsables des installations définies à l'article R. 214-57 sont tenus d'en faciliter l'accès en tout temps aux agents de l'administration chargés du contrôle et de donner à ceux-ci communication du registre mentionné à l'article R. 214-58.

Les agents du contrôle inscrivent sur ce registre les constatations et observations faites lors des visites de surveillance qu'ils effectuent et notamment les délits constatés.

Art. R. 214-60. – Si, au cours de ses visites, un agent du contrôle constate qu'une installation n'est pas conforme à la déclaration prescrite à l'article L. 214-2, ou que les dispositifs prévus pour permettre à l'administration d'effectuer sa surveillance n'existent pas ou fonctionnent incorrectement, le préfet demande à l'exploitant responsable de l'installation de compléter sa déclaration ou de rendre conforme l'installation. L'exploitant responsable dispose d'un délai d'un mois pour satisfaire à cette demande.

Section II. – Affectation d'un débit à certains usages

(Rempl., D. n° 2007-1872, 26 déc. 2007) (1).

Sous-section 1. – Constitution du dossier

Art. R. 214-61 *(Rempl., D. n° 2007-1872, 26 déc. 2007).* – La personne qui, appartenant à l'une des catégories énumérées par le II de l'article L. 214-9, entend solliciter l'affectation de tout ou partie du débit artificiel délivré dans un cours d'eau par un aménagement hydraulique procède, préalablement au dépôt de sa demande et en concertation avec le gestionnaire de cet aménagement ainsi que, le cas échéant, le ou les gestionnaires des aménagements laissant passer ce débit artificiel, à une étude.

Cette étude a pour objet de préciser les caractéristiques du projet, de déterminer les conditions de sa réalisation, notamment les travaux et installations à effectuer, et de définir les aspects techniques, juridiques et financiers de la convention destinée à régir ses relations avec le ou les gestionnaires.

(1) Dispositions applicables à Mayotte, D. n° 2007-1872, 26 déc. 2007, art. 2.

Art. R. 214-62 *(Rempl., D. n° 2007-1872, 26 déc. 2007 ; mod., D. n° 2011-2019, 29 déc. 2011* (1)*; mod. à compter du 1er mars 2017, D. n° 2017-81, 26 janv. 2017 ; D. n° 2020-844, 3 juill. 2020).* – La demande tendant à ce que soit déclarée d'utilité publique l'affectation de tout ou partie de ce débit artificiel, dit « débit affecté », est accompagnée d'un dossier qui comprend :

1° Une notice explicative qui, notamment, rend compte des résultats de l'étude réalisée en application de l'article R. 214-61 ;

2° Le plan de situation de l'aménagement délivrant le débit artificiel et la section ou les sections de cours d'eau sur laquelle tout ou partie du débit artificiel est affecté ;

3° Les caractéristiques du débit artificiel, objet de la demande, à savoir :

– sa durée, qui ne peut excéder la date d'expiration du titre d'exploitation de l'aménagement hydraulique qui le délivre ;

– les volumes d'eau minimum, moyen et maximum sur lesquels il porte, compte tenu des ressources disponibles, selon les époques de l'année et dans des situations particulières telles que sécheresse, vidange, restriction d'eau, danger à l'aval, travaux ou incident ;

– la répartition du volume d'eau obtenu entre les différentes catégories d'usagers et l'ordre dans lequel ils sont servis, selon les époques et situations considérées ;

4° La présentation des mesures, dispositifs et aménagements nécessaires à la mise en œuvre et à la surveillance du débit affecté dont la charge incombe à l'affectataire, notamment :

les prescriptions qu'il conviendrait d'imposer aux installations et ouvrages existants pour assurer la délivrance ou le passage de tout ou partie de ce débit affecté dans les conditions les plus rationnelles et les moins dommageables pour les autres usagers de ce cours d'eau et dans le respect des écosystèmes aquatiques, sans que ces prescriptions induisent des changements substantiels dans l'activité à laquelle cet ouvrage ou cette installation est indispensable ou remettent en cause son équilibre général ;

la détermination des stations de mesure, existantes ou à installer, pour, en amont de l'aménagement, mesurer le débit du cours d'eau et, à l'aval, mesurer les débits dans les différentes parties du cours d'eau ou de la section concernée et permettre le contrôle et la gestion du passage du débit affecté ;

5° L'étude d'incidence environnementale prévue par l'article R. 181-14 et, lorsqu'elle est requise en application des articles R. 122-2 et R. 122-3-1 ou du 4° de l'article R. 181-13, l'étude d'impact définie à l'article R. 122-5 ;

6° L'estimation du coût des mesures, dispositifs et aménagements prévus par le 4° et celle des frais d'entretien ou d'exploitation qui y sont associés, ainsi que, s'il y a lieu, le plan général des travaux, assorti d'un calendrier prévisionnel de réalisation ;

7° Le projet de convention avec le ou les gestionnaires de l'aménagement concédé ou autorisé ;

8° Lorsque la délivrance ou le passage de tout ou partie du débit affecté sollicité est permise par un aménagement autorisé ou concédé en application du titre Ier du livre V du Code de l'énergie :

– un mémoire justifiant la compatibilité du projet avec la destination de l'aménagement, le maintien d'un approvisionnement assurant la sécurité du système électrique et l'équilibre financier du contrat de concession ;

– l'exposé des modifications à apporter au cahier des charges ou au règlement d'eau de la concession ou à l'autorisation ;

– si les conditions dans lesquelles est délivré le débit affecté causent un préjudice au gestionnaire de l'aménagement, l'indication des moyens de justification du montant de la perte subie et du mode de calcul de l'indemnité compensant cette perte, pour la durée de l'autorisation ou de la concession restant à courir, que le demandeur propose de verser ;

9° Lorsque le demandeur envisage de concéder la gestion du débit affecté, le nom de l'organisme concessionnaire et le projet de concession prévu à cet effet ;

10° Un mémoire justifiant l'utilité publique de l'opération.

NB : Conformément à l'article 21 du décret n° 2020-844 du 3 juillet 2020, ces dispositions s'appliquent aux demandes d'avis ou d'examen au cas par cas et aux demandes déposées en application de l'article L. 512-7 du Code de l'environnement qui sont enregistrées à compter du 5 juillet 2020.

(1) Dispositions d'application transitoires : V. D. n° 2011-2019, 29 déc. 2011, art. 13.

Art. R. 214-62-1 *(D. n° 2007-1872, 26 déc. 2007).* – Lorsque le bénéficiaire de la déclaration d'utilité publique demande que tout ou partie des dépenses engagées pour assurer la délivrance du débit affecté soit mis à la charge des usagers de ce débit, le dossier de demande prévu par l'article R. 214-62 comprend en outre :

1° L'indication des montants et proportions de dépenses d'investissement et de frais d'entretien et d'exploitation qu'il est envisagé faire financer par les usagers ;

2° Les différentes catégories d'usagers du débit affecté et les critères de répartition des dépenses entre ces catégories, ainsi que les éléments et les modalités de calcul utilisés pour déterminer les montants de leurs participations respectives.

Il indique si le demandeur prévoit de collecter lui-même les participations demandées.

Art. R. 214-62-2 *(D. n° 2007-1872, 26 déc. 2007).* – Lorsque l'opération permettant l'affectation du débit artificiel d'un cours d'eau est en outre soumise à autorisation ou à déclaration au titre des articles L. 214-1 à L. 214-6, le dossier comprend également l'indication de la ou des rubriques de la nomenclature dans laquelle elle doit être rangée ainsi que les éléments graphiques, cartes ou plans utiles à la compréhension des pièces du dossier, notamment de celles mentionnées aux 4° et 5° de l'article R. 214-62.

Sous-section 2. – Instruction de la demande

Art. R. 214-63 *(Rempl., D. n° 2007-1872, 26 déc. 2007).* – Le demandeur adresse le dossier prévu par l'article R. 214-62, complété s'il y a lieu par les pièces prévues par les articles R. 214-62-1 et R. 214-62-2, au préfet du ou des départements où sont situés l'aménagement délivrant le débit affecté, les usagers de ce débit et, le cas échéant, le ou les aménagements le laissant passer.

Le préfet du département où la plus grande partie du volume d'eau résultant du débit affecté est utilisé coordonne la procédure d'instruction.

Art. R. 214-64 *(Rempl., D. n° 2007-1872, 26 déc. 2007).* – Dès réception d'un dossier complet et avant ouverture de l'enquête, le préfet soumet ce dossier à l'avis des départements et à l'établissement public territorial de bassin intéressés, ainsi qu'au président de la commission locale de l'eau, si l'opération est située ou exerce un effet dans le périmètre d'un schéma d'aménagement et de gestion des eaux approuvé.

Lorsque la délivrance ou le passage de tout ou partie de ce débit affecté est permise par un aménagement autorisé ou concédé en application *(Mots rempl. à compter du 1er mars 2017, D. n° 2017-81, 26 janv. 2017)* « du titre Ier du livre V du Code de l'énergie », le préfet soumet également le dossier à l'avis du permissionnaire ou du concessionnaire ainsi qu'à l'autorité concédante.

Les avis sont réputés favorables s'ils ne sont pas émis dans un délai de trois mois à compter de la réception du dossier.

Art. R. 214-64-1 *(D. n° 2007-1872, 26 déc. 2007 ; mod., D. n° 2011-2018, 29 déc. 2011* (1) *; mod. à compter du 1er mars 2017, D. n° 2017-81, 26 janv. 2017).* – La déclaration d'utilité publique de l'opération d'affectation de tout ou partie du débit artificiel, prévue par l'article L. 214-9, est précédée d'une enquête publique effectuée dans les conditions prévues par les articles R. 123-1 à R. 123-27.

Lorsque l'opération est soumise à autorisation au titre des articles L. 214-1 à L. 214-6, il est procédé à une seule enquête publique réalisée dans les conditions prévues à la sous-section 2 de la section 3 du chapitre unique du titre VIII du livre Ier.

L'arrêté d'ouverture d'enquête publique désigne les communes où un dossier et un registre d'enquête doivent être tenus à la disposition du public.

À la demande du préfet, le demandeur adresse le dossier mentionné à l'article R. 214-64 en un nombre d'exemplaires adapté aux nécessités de l'enquête.

Si l'avis d'ouverture de l'enquête publique prévu par l'article R. 123-11 n'a pas été publié dans le délai de six mois à compter de la date à laquelle le dossier complet de la demande de débit affecté a été déposé, cette demande est réputée rejetée.

(1) Dispositions applicables aux enquêtes publiques dont l'arrêté d'ouverture et d'organisation est publié à compter du 1er juin 2012, D. n° 2011-2018, 29 déc. 2011, art. 17.

Art. R. 214-64-2 *(D. n° 2007-1872, 26 déc. 2007).* – Lorsque le bénéficiaire de la déclaration d'utilité publique demande que tout ou partie des dépenses engagées pour assurer la délivrance du débit affecté soit mis à la charge des usagers de ce débit, le rapport du commissaire enquêteur ou de la commission d'enquête comporte un chapitre spécifique qui présente les observations recueillies sur ce sujet, notamment sur l'estimation des dépenses, les catégories de personnes appelées à contribuer et les critères retenus pour la répartition des charges.

Art. R. 214-64-3 *(D. n° 2007-1872, 26 déc. 2007).* – Après la clôture de l'enquête, le rapport et les conclusions du commissaire enquêteur ou de la commission d'enquête sont portés par le préfet à la connaissance du demandeur, auquel un délai de quinze jours est accordé pour présenter éventuellement ses observations par écrit au préfet, directement ou par mandataire.

Sous-section 3. – Décision

Art. R. 214-65 *(Rempl., D. n° 2007-1872, 26 déc. 2007).* – Le préfet statue sur la demande tendant à ce que soit déclarée d'utilité publique l'affectation de tout ou partie du débit artificiel dans les trois mois suivant la réception par la préfecture du dossier de l'enquête transmis par le commissaire enquêteur ou le président de la commission d'enquête.

Lorsque l'aménagement délivrant le débit affecté et les usagers de ce débit sont situés sur plus d'un département, la décision est prise par arrêté conjoint des préfets intéressés.

Le rejet de la demande est motivé.

Art. R. 214-65-1 *(D. n° 2007-1872, 26 déc. 2007).* – L'acte déclaratif d'utilité publique :

1° Indique la section, ou les sections, de cours d'eau sur laquelle tout ou partie du débit artificiel est affecté ;

2° Fixe la durée d'attribution du débit affecté, qui ne peut excéder la date d'expiration du titre d'exploitation de l'aménagement hydraulique qui le délivre ;

3° Fixe, pour chacune des époques de l'année, les volumes d'eau minimum, moyen et maximum sur lesquels il porte compte tenu des ressources disponibles, en précisant les cas d'indisponibilité tels que sécheresse, vidange, restriction d'eau, danger à l'aval, travaux ou incident, sans préjudice de l'application des dispositions des articles R. 211-66 à R. 211-70 ;

4° Fixe la répartition des volumes entre les différentes catégories d'usagers et leur ordre de priorité ;

5° Prescrit, le cas échéant, les modifications qui devront être apportées, aux frais du bénéficiaire de l'acte déclaratif d'utilité publique, aux installations et ouvrages mentionnés au 4° de l'article R. 214-62 ;

6° Prescrit, le cas échéant, l'implantation, aux frais du bénéficiaire de l'acte déclaratif d'utilité publique, des stations mentionnées au 4° de l'article R. 214-62 ;

7° Indique, le cas échéant, lorsque la délivrance ou le passage de tout ou partie de ce débit affecté concerne un aménagement qui est autorisé ou concédé en application *(Mots rempl. à compter du 1er mars 2017, D. n° 2017-81, 26 janv. 2017)* « du titre Ier du livre V du Code de l'énergie » :

– les modifications à apporter au cahier des charges ou au règlement d'eau de la concession ou de l'autorisation ;
– le montant de l'indemnité prévue par le IV de l'article L. 214-9.

Art. R. 214-65-2 *(D. n° 2007-1872, 26 déc. 2007).* – Lorsque le bénéficiaire de la déclaration d'utilité publique a demandé que tout ou partie des dépenses engagées pour assurer la délivrance du débit affecté soit mis à la charge des usagers de ce débit, l'acte déclaratif d'utilité publique fixe :

1° La proportion des dépenses d'investissement et des frais d'entretien et d'exploitation prises en charge par les usagers ;

2° Les différentes catégories d'usagers du débit affecté et les critères de répartition des dépenses entre ces catégories, ainsi que les éléments et les modalités de calcul utilisés pour déterminer les montants de leurs participations respectives.

Sous-section 4. – Effets de la déclaration d'utilité publique

Art. R. 214-66 *(Rempl., D. n° 2007-1872, 26 déc. 2007).* – Lorsque l'acte déclarant d'utilité publique l'affectation de tout ou partie d'un débit artificiel a prescrit d'apporter des modifications à des ouvrages ou des installations autorisés ou déclarés en application des articles L. 214-1 à L. 214-6, ou à leur fonctionnement, le préfet compétent pour statuer sur l'autorisation ou la déclaration procède d'office aux modifications de l'arrêté ayant autorisé l'installation ou l'ouvrage ou ayant imposé des prescriptions à l'installation ou l'ouvrage déclaré.

Art. R. 214-66-1 *(D. n° 2007-1872, 26 déc. 2007 ; mod. à compter du 1er mars 2017, D. n° 2017-81, 26 janv. 2017)*. – Lorsque l'opération permettant l'affectation du débit artificiel d'un cours d'eau concerne un aménagement autorisé ou concédé en application du titre Ier du livre V du Code de l'énergie, les modifications, portant notamment sur le règlement d'eau ou le cahier des charges, induites par les prescriptions nécessaires à l'affectation du débit, sont effectuées selon les procédures prescrites par les dispositions en vigueur.

Ces procédures peuvent être menées conjointement à la déclaration d'utilité publique de l'affectation du débit.

Les coûts induits et notamment ceux relatifs à l'élaboration du dossier et à l'instruction de la procédure de modification de l'autorisation ou de la concession sont à la charge du bénéficiaire de l'acte déclaratif d'utilité publique.

Art. R. 214-67 *(Rempl., D. n° 2007-1872, 26 déc. 2007)*. – Les seuils d'autorisation ou de déclaration fixés à la rubrique 1.3.1.0 de la nomenclature du tableau de l'article R. 214-1 sont applicables aux ouvrages, installations et travaux situés sur la section ou les sections de cours d'eau sur laquelle tout ou partie du débit artificiel est affecté, y compris leurs nappes d'accompagnement, à compter de la date de publication de l'arrêté de déclaration d'utilité publique.

Art. R. 214-67-1 *(D. n° 2007-1872, 26 déc. 2007)*. – L'exploitation des ouvrages, installations et travaux qui sont en situation régulière au regard des dispositions législatives du présent titre à la date de publication de l'arrêté déclarant d'utilité publique l'affectation du débit artificiel d'un cours d'eau à certains usages et qui, par l'effet de l'article R. 214-67, viennent à être soumis à autorisation ou à déclaration, peut se poursuivre à la condition que l'exploitant fournisse au préfet, dans les trois mois, s'il ne l'a pas déjà fait à l'appui d'une déclaration, les informations mentionnées à l'article R. 214-53.

Sous-section 5. – Dispositions diverses

Art. R. 214-68 *(Rempl., D. n° 2007-1872, 26 déc. 2007)*. – L'allocation du débit affecté est effectuée selon des modalités définies par convention entre l'attributaire de ce débit et les différents usagers. Copie de ces conventions est adressée au préfet du ou des départements concernés.

Art. R. 214-69 *(Rempl., D. n° 2007-1872, 26 déc. 2007)*. – L'attributaire du débit affecté établit un rapport annuel présentant l'exploitation de l'aménagement pour le volet concernant le débit affecté et les résultats des contrôles du passage du débit affecté dans la section de cours d'eau concernée, le transmet au préfet du ou des départements intéressés et le tient à la disposition du public.

Art. R. 214-70 *(Rempl., D. n° 2007-1872, 26 déc. 2007)*. – Une nouvelle déclaration d'utilité publique doit être demandée dans les conditions prévues à la présente section par le bénéficiaire de l'acte déclaratif d'utilité publique initial du débit affecté, ou la personne substituée à celui-ci, si des modifications substantielles sont apportées aux conditions dans lesquelles cet acte a été accordé.

Section III. – Ouvrages utilisant l'énergie hydraulique

Sous-section 1. – Autorisation des ouvrages

Art. R. 214-71 à R. 214-84 *(Abr., D. n° 2014-750, 1er juill. 2014)* (1).

Sous-section 2. – Dispositions diverses

§ 1. – Modèle de règlement d'eau

Art. R. 214-85 *(Abr., D. n° 2014-750, 1er juill. 2014)* (1).

(1) Dispositions d'application particulières et transitoires : V. D. n° 2014-750, 1er juill. 2014, art. 20. – NDLR.

ANNEXE DE L'ARTICLE R. 214-85
Modèle de règlement d'eau pour les entreprises autorisées à utiliser l'énergie hydraulique
(Annexe abr., D. n° 2014-750, 1er juill. 2014) (1)

§ 2. – Concession et déclaration d'utilité publique des ouvrages

Art. R. 214-86 *(Rempl. à compter du 1er janvier 2008, D. n° 2007-1735, 11 déc. 2008)* (2). **– Les dispositions relatives aux concessions et à la déclaration d'utilité publique des ouvrages hydroélectriques sont fixées dans le décret n° 94-894 du 13 octobre 1994 relatif à la concession et à la déclaration d'utilité publique des ouvrages utilisant l'énergie hydraulique et dans le décret n° 99-872 du 11 octobre 1999 approuvant le cahier des charges type des entreprises hydrauliques concédées.**

Toutefois, les dispositions des articles R. 214-112 à R. 214-117 du Code de l'environnement s'appliquent aux ouvrages hydrauliques inclus dans les concessions prises *(Mots rempl., D. n° 2014-750, 1er juill. 2014)* **« en application du livre V du Code de l'énergie ».**

§ 3. – Conséquences de l'irrégularité de la situation de l'ouvrage sur l'achat d'énergie produite

Art. R. 214-87. – Lorsque l'autorité administrative constate qu'une installation n'est pas régulièrement autorisée ou concédée ou que l'exploitant ne respecte pas les prescriptions définies notamment par l'autorisation ou la concession, le contrat d'achat de l'énergie produite est suspendu ou résilié dans les conditions fixées par le décret n° 2003-885 du 10 septembre 2003 portant application de l'article 8 *bis* de la loi n° 46-628 du 8 avril 1946 sur la nationalisation de l'électricité et du gaz.

Section IV. – Opérations déclarées d'intérêt général ou urgentes

Art. R. 214-88. – Lorsque les collectivités publiques mentionnées à l'article L. 211-7 recourent, pour des opérations énumérées à ce même article, à la procédure prévue par les deux derniers alinéas de l'article L. 151-36 et les articles L. 151-37 à L. 151-40 du Code rural et de la pêche maritime, les dispositions de la présente section leur sont applicables.

Art. R. 214-89 *(Mod., D. n° 2011-2018, 29 déc. 2011)* (3). **– I. – La déclaration d'intérêt général ou d'urgence mentionnée à l'article L. 211-7 du présent code est précédée d'une enquête publique « effectuée dans les conditions prévues par les articles R. 123-1 à R. 123-27 ».**

II. – [L]'arrêté d'ouverture de l'enquête désigne les communes où un dossier et un registre d'enquête doivent être tenus à la disposition du public.

III. – Cet arrêté est en outre publié par voie d'affiches :

1° Dans les communes sur le territoire desquelles l'opération est projetée ;

2° Dans les communes où sont situés les biens et activités mentionnés dans le dossier de l'enquête, lorsque les personnes qui sont propriétaires ou ont la jouissance de ces biens, ou qui exercent ces activités, sont appelées à contribuer aux dépenses ;

3° Dans les communes où, au vu des éléments du dossier, l'opération paraît de nature à faire sentir ces effets de façon notable sur la vie aquatique, notamment en ce qui concerne les espèces migratrices, ou sur la qualité, le régime, le niveau ou le mode d'écoulement des eaux.

Art. R. 214-90 *(Mod., D. n° 2008-283, 25 mars 2008)*. **– Lorsque la déclaration d'utilité publique de l'opération est requise soit pour autoriser la dérivation des eaux dans les conditions prévues à l'article L. 215-13, soit pour procéder aux acquisitions d'immeubles ou de droits réels immobiliers, l'enquête mentionnée à l'article R. 214-89 vaut enquête préalable à la déclaration d'utilité publique.**

(1) Dispositions d'application particulières et transitoires : V. D. n° 2014-750, 1er juill. 2014, art. 20. – NDLR.
(2) Dispositions applicables à Mayotte, D. n° 2007-1735, 11 déc. 2007, art. 21.
(3) Dispositions applicables aux enquêtes publiques dont l'arrêté d'ouverture et d'organisation est publié à compter du 1er juin 2012, D. n° 2011-2018, 29 déc. 2011, art. 17.

Art. R. 214-91 *(Mod., D. n° 2007-1760, 14 déc. 2007).* – La personne morale pétitionnaire constitue le dossier de l'enquête et l'adresse, en sept exemplaires, au préfet du département ou, lorsque toutes les communes où l'enquête doit être effectuée ne sont pas situées dans un même département, aux préfets des départements concernés. Dans ce dernier cas, le préfet du département où la plus grande partie de l'opération doit être réalisée coordonne l'enquête.

(Rempl. à compter du 1er octobre 2008, D. n° 2008-720, 21 juill. 2008) Lorsque l'opération porte sur l'entretien d'un cours d'eau non domanial ou d'une section de celui-ci, le dossier de l'enquête publique rappelle les obligations des propriétaires riverains titulaires du droit de pêche fixées par les articles L. 432-1 et L. 433-3, reproduit les dispositions des articles L. 435-5 et R. 435-34 à R. 435-39 et précise la part prise par les fonds publics dans le financement.

Art. R. 214-92. – En application des dispositions du I *bis* de l'article L. 211-7, le préfet consulte, le cas échéant, le président de l'établissement public territorial de bassin compétent lorsque le projet a un coût supérieur à 1 900 000 euros.

Art. R. 214-93. – Lorsque le dossier soumis à l'enquête mentionne la participation aux dépenses de personnes, autres que le pétitionnaire, qui ont rendu les travaux nécessaires ou y trouvent un intérêt, le rapport du commissaire enquêteur ou de la commission d'enquête comporte un chapitre spécifique qui présente les observations recueillies concernant :

1° L'estimation des dépenses, le cas échéant, selon les variantes envisagées ;

2° La liste des catégories de personnes appelées à contribuer ;

3° Les critères retenus pour la répartition des charges.

Art. R. 214-94. – Après la clôture de l'enquête, le rapport et les conclusions du commissaire enquêteur ou de la commission d'enquête, ainsi que, le cas échéant, le projet de décision, sont portés par le préfet à la connaissance du pétitionnaire, auquel un délai de quinze jours est accordé pour présenter éventuellement ses observations par écrit au préfet, directement ou par mandataire.

Art. R. 214-95. – Sauf lorsqu'en application de l'article L. 151-37 du Code rural le caractère d'intérêt général ou d'urgence et, s'il y a lieu, la déclaration d'utilité publique sont prononcés par arrêté ministériel, le préfet statue par arrêté, dans les trois mois à compter du jour de réception par la préfecture du dossier de l'enquête transmis par le commissaire enquêteur ou le président de la commission d'enquête, sur le caractère d'intérêt général ou d'urgence de l'opération, prononce, s'il y a lieu, la déclaration d'utilité publique et accorde l'autorisation prévue aux articles L. 214-1 à L. 214-6 du présent code.

Il est statué par arrêté conjoint des préfets intéressés lorsque les travaux, actions, ouvrages ou installations s'étendent sur plus d'un département.

Art. R. 214-96. – Une nouvelle déclaration du caractère d'intérêt général d'une opération doit être demandée dans les conditions prévues à l'article R. 214-91 par la personne qui a obtenu la déclaration initiale ou est substituée à celle-ci :

1° Lorsqu'elle prend une décision, autre que celle de prendre en charge la totalité des dépenses, entraînant une modification de la répartition des dépenses ou des bases de calcul des participations des personnes qui ont rendu les travaux nécessaires ou y trouvent un intérêt ;

2° *(Mod., D. n° 2024-62, 31 janv. 2024)* Lorsqu'il est prévu de modifier d'une façon substantielle, au sens de l'article R. 181-46, les ouvrages ou installations réalisés dans le cadre d'une opération qui a fait l'objet de la déclaration initiale, ou leurs conditions de fonctionnement, y compris si cette modification est la conséquence d'une décision administrative prise en application des articles L. 214-1 à L. 214-6.

Art. R. 214-97. – Si l'opération donne lieu à une déclaration d'utilité publique, la déclaration d'intérêt général ou d'urgence devient caduque lorsque la déclaration d'utilité publique cesse de produire ses effets.

En l'absence de déclaration d'utilité publique, la décision déclarant une opération d'intérêt général ou d'urgence fixe le délai au-delà duquel elle deviendra caduque si les travaux, actions, ouvrages ou installations qu'elle concerne n'ont pas fait l'objet d'un commencement de réalisation substantiel. Ce délai ne peut être supérieur à cinq ans en cas de participation aux dépenses des personnes qui ont rendu les travaux nécessaires ou y trouvent un intérêt.

Art. R. 214-98. – Les dispositions des articles R. 152-29 à R. 152-35 du Code rural et de la pêche maritime relatives aux modalités de mise en œuvre de la servitude de passage prévue à l'article L. 151-37-1 du même code sont applicables aux travaux, actions, ouvrages et installations mentionnés à l'article L. 211-7 du présent code.

Pour l'application de l'article R. 152-30 du Code rural et de la pêche maritime, la demande d'institution de la servitude de passage est présentée par les personnes morales de droit public mentionnées aux I et V de l'article L. 211-7 du présent code.

Les modalités de modification de la servitude prévue à l'article R. 152-32 du Code rural et de la pêche maritime sont applicables à la modification des servitudes mentionnées au IV de l'article L. 211-7 du présent code.

Art. R. 214-99 *(Mod., D. n° 2017-81, 26 janv. 2017)*. – Lorsque l'opération mentionnée à l'article R. 214-88 est soumise à autorisation au titre des articles L. 214-1 à L. 214-6, il est procédé à une seule enquête publique. Dans ce cas, le dossier de l'enquête mentionné à l'article R. 214-91 comprend, outre les pièces exigées aux articles R. 181-13 et suivants :

I. – Dans tous les cas :

1° Un mémoire justifiant l'intérêt général ou l'urgence de l'opération ;

2° Un mémoire explicatif présentant de façon détaillée :

a) Une estimation des investissements par catégorie de travaux, d'ouvrages ou d'installations ;

b) Les modalités d'entretien ou d'exploitation des ouvrages, des installations ou du milieu qui doivent faire l'objet des travaux ainsi qu'une estimation des dépenses correspondantes ;

3° Un calendrier prévisionnel de réalisation des travaux et d'entretien des ouvrages, des installations ou du milieu qui doit faire l'objet des travaux.

II. – Dans les cas d'opérations pour lesquelles les personnes qui ont rendu les travaux nécessaires ou qui y trouvent un intérêt sont appelées à participer aux dépenses :

1° La liste des catégories de personnes publiques ou privées, physiques ou morales, appelées à participer à ces dépenses ;

2° La proportion des dépenses dont le pétitionnaire demande la prise en charge par les personnes mentionnées au 1°, en ce qui concerne, d'une part, les dépenses d'investissement, d'autre part, les frais d'entretien et d'exploitation des ouvrages ou des installations ;

3° Les critères retenus pour fixer les bases générales de répartition des dépenses prises en charge par les personnes mentionnées au 1° ;

4° Les éléments et les modalités de calcul qui seront utilisés pour déterminer les montants des participations aux dépenses des personnes mentionnées au 1° ;

5° Un plan de situation des biens et des activités concernés par l'opération ;

6° L'indication de l'organisme qui collectera les participations demandées aux personnes mentionnées au 1°, dans le cas où le pétitionnaire ne collecte pas lui-même la totalité de ces participations.

Art. R. 214-100 *(Rempl. à compter du 1er mars 2017, D. n° 2017-81, 26 janv. 2017)*. – Le dossier défini à l'article R. 214-99 est instruit, notamment en ce qui concerne l'enquête publique, conformément aux dispositions des sections 3, 4, 6 et 7 du chapitre unique du titre VIII du livre Ier et, le cas échéant, des articles R. 214-6 à R. 214-28.

Art. R. 214-101 *(Mod., D. n° 2007-1760, 14 déc. 2007)*. – Lorsque l'opération mentionnée à l'article R. 214-88 est soumise à déclaration au titre des articles L. 214-1 à L. 214-6, le dossier de l'enquête mentionné à l'article R. 214-91 comprend les pièces suivantes :

1° Le dossier de déclaration prévu par l'article R. 214-32 ;

2° Les pièces mentionnées au I de l'article R. 214-99 ;

3° S'il y a lieu, les pièces mentionnées au II de l'article R. 214-99.

Le délai accordé au préfet pour lui permettre de s'opposer à cette opération est de trois mois à compter du jour de la réception par la préfecture du dossier de l'enquête.

L'arrêté prévu à l'article R. 214-95 par lequel le préfet statue sur le caractère d'intérêt général ou d'urgence de l'opération et prononce s'il y a lieu la déclaration d'utilité publique vaut décision au titre de la procédure de déclaration.

Art. R. 214-102 *(Mod., D. n° 2011-2018, 29 déc. 2011)* (1). – Lorsque l'opération mentionnée à l'article R. 214-88 n'est soumise ni à autorisation ni à déclaration au titre des articles L. 214-1 à L. 214-6, le dossier de l'enquête mentionné à l'article R. 214-91 comprend les pièces suivantes :

1° Les pièces mentionnées à l'article R. 123-8 ;

2° Les pièces mentionnées au I de l'article R. 214-99 ;

3° S'il y a lieu, les pièces mentionnées au II de l'article R. 214-99.

Art. R. 214-103. – Le préfet communique, pour information, le dossier mentionné à l'article R. 214-101 ou à l'article R. 214-102 au président de la commission locale de l'eau, si l'opération est située ou porte effet dans le périmètre d'un schéma d'aménagement et de gestion des eaux approuvé.

Art. R. 214-104 *(Abr., D. n° 2011-2018, 29 déc. 2011)* (1).

Section V. – Circulation des engins et embarcations (2)

Art. R. 214-105 *(Rempl. à compter du 1er septembre 2014, D. n° 2013-253, 25 mars 2013)*. – La circulation sur les cours d'eau s'effectue dans les conditions fixées par les règlements de police prévus par les articles L. 4241-1 et L. 4241-2 du Code des transports.

Art. R. 214-105-1 *(Abr. et recodifié, D. n° 2013-253, 25 mars 2013. – V. C. transports, art. R. 4242-9).*

Art. R. 214-105-2 *(Abr. et recodifié, D. n° 2013-253, 25 mars 2013. – V. C. transports, art. R. 4242-10).*

Art. R. 214-105-3 *(Abr. et recodifié, D. n° 2013-253, 25 mars 2013. – V. C. transports, art. R. 4242-11).*

Art. R. 214-105-4 *(Abr. et recodifié, D. n° 2013-253, 25 mars 2013. – V. C. transports, art. R. 4242-12).*

Section VI. – Assainissement

Art. R. 214-106. – Les dispositions relatives à l'assainissement sont énoncées à l'article R. 1331-1 du Code de la santé publique et aux sections 1 et 2 du chapitre IV du titre II du livre II de la deuxième partie du Code général des collectivités territoriales, ainsi qu'à la section 12 du chapitre III du titre III du livre III de la deuxième partie réglementaire du même code.

Art. R. 214-106-1 *(Créé à compter du 1er janvier 2021, D. n° 2020-828, 30 juin 2020)*. – Les propriétaires des systèmes d'assainissement destinés à collecter et traiter une charge brute de pollution organique, au sens de l'article R. 2224-6 du Code général des collectivités territoriales, inférieure ou égale à 12 kg et supérieure à 1,2 kg, transmettent par voie électronique, dans le cadre d'un registre national, les informations relatives à la description, l'exploitation et la gestion du système d'assainissement. Dans le cas où le système d'assainissement relève de plusieurs propriétaires, le propriétaire de la station de traitement des eaux usées assure la transmission des informations relatives à l'ensemble du système d'assainissement.

Un arrêté du ministre chargé de l'environnement fixe la procédure d'inscription à ce registre, les modalités de transmission et la nature des informations qui doivent y figurer.

---

(1) Dispositions applicables aux enquêtes publiques dont l'arrêté d'ouverture et d'organisation est publié à compter du 1er juin 2012, D. n° 2011-2018, 29 déc. 2011, art. 17.

(2) Sur la légalité des dispositions introduites à la présente section par le décret n° 2008-699 du 15 juillet 2008 : V. CE, 11 févr. 2011, n° 325103, *Ass. des riverains de France et a.* : *JurisData* n° 2011-001326. – NDLR.

Section VII. – Obligations relatives aux ouvrages

(Abr., D. n° 2007-1339, 11 sept. 2007 ; rétablie dans la version suivante, D. n° 2007-1760, 14 déc. 2007)

Sous-section 1. – Obligations liées à l'inscription du cours d'eau sur les listes prévues par l'article L. 214-17

Art. R. 214-107 *(Abr., D. n° 2007-1339, 11 sept. 2007 ; rétabli dans la version suivante, D. n° 2007-1760, 14 déc. 2007).* **– Les listes de cours d'eau prévues par les 1° et 2° du I de l'article L. 214-17 sont établies en tenant compte des orientations et des objectifs de bon état et de bon potentiel des eaux fixés par le schéma directeur d'aménagement et de gestion des eaux et sont compatibles avec les dispositions de celui-ci. Elles sont, à cet effet et s'il y a lieu, modifiées lors de la mise à jour de ce schéma.**

Art. R. 214-108 *(Abr., D. n° 2007-1339, 11 sept. 2007 ; rétabli dans la version suivante, D. n° 2007-1760, 14 déc. 2007).* **– Les cours d'eau, parties de cours d'eau ou canaux qui jouent le rôle de réservoir biologique au sens du 1° du I de l'article L. 214-17 sont ceux qui comprennent une ou plusieurs zones de reproduction ou d'habitat des espèces de phytoplanctons, de macrophytes et de phytobenthos, de faune benthique invertébrée ou d'ichtyofaune, et permettent leur répartition dans un ou plusieurs cours d'eau du bassin versant.**

Art. R. 214-109 *(Rempl., D. n° 2019-827, 3 août 2019, art. 1er ; rétabli dans sa rédaction précédente à la suite de l'annulation de l'article 1er du décret n° 2019-827 du 3 août 2019, CE, 15 févr. 2021, n° 435026, Ass. Union des étangs de France : JurisData n° 2021-003226).* **– Constitue un obstacle à la continuité écologique, au sens du 1° du I de l'article L. 214-17 et de l'article R. 214-1, l'ouvrage entrant dans l'un des cas suivants :**

1° Il ne permet pas la libre circulation des espèces biologiques, notamment parce qu'il perturbe significativement leur accès aux zones indispensables à leur reproduction, leur croissance, leur alimentation ou leur abri ;

2° Il empêche le bon déroulement du transport naturel des sédiments ;

3° Il interrompt les connexions latérales avec les réservoirs biologiques ;

4° Il affecte substantiellement l'hydrologie des réservoirs biologiques.

Rédaction antérieure. Art. R. 214-109 *(Abr., D. n° 2007-1339, 11 sept. 2007 ; rétabli dans la version suivante, D. n° 2007-1760, 14 déc. 2007 ; rempl., D. n° 2019-827, 3 août 2019).* – I. – Constituent un obstacle à la continuité écologique, dont la construction ne peut pas être autorisée sur les cours d'eau classés au titre du 1° du I de l'article L. 214-17, les ouvrages suivants :

1° Les seuils ou les barrages en lit mineur de cours d'eau atteignant ou dépassant le seuil d'autorisation du 2° de la rubrique 3.1.1.0 de la nomenclature annexée à l'article R. 214-1, et tout autre ouvrage qui perturbe significativement la libre circulation des espèces biologiques vers les zones indispensables à leur reproduction, leur croissance, leur alimentation ou leur abri, y compris en faisant disparaître ces zones ;

Ne sont pas concernés les seuils ou barrages à construire pour la sécurisation des terrains en zone de montagne dont le diagnostic préalable du projet conclut à l'absence d'alternative ;

2° Les ouvrages qui empêchent le bon déroulement du transport naturel des sédiments ;

3° les ouvrages qui interrompent les connexions latérales avec les réservoirs biologiques, les frayères et les habitats des annexes hydrauliques, à l'exception de ceux relevant de la rubrique 3.2.6.0 de la nomenclature annexée à l'article R. 214-1 en l'absence d'alternative permettant d'éviter cette interruption ;

4° les ouvrages qui affectent substantiellement l'hydrologie des cours d'eau, à savoir la quantité, la variabilité, la saisonnalité des débits et la vitesse des écoulements. Entrent dans cette catégorie, les ouvrages qui ne laissent à leur aval immédiat que le débit minimum biologique prévu à l'article L. 214-18, une majeure partie de l'année.

II. – Est assimilée à la construction d'un nouvel ouvrage au sens du 1° du I de l'article L. 214-17 la reconstruction d'un ouvrage entrant dans l'un des cas mentionnés au I lorsque :

- soit l'ouvrage est abandonné ou ne fait plus l'objet d'un entretien régulier, et est dans un état de dégradation tel qu'il n'exerce plus qu'un effet négligeable sur la continuité écologique ;
- soit l'ouvrage est fondé en titre et sa ruine est constatée en application de l'article R. 214-18-1.

N'est pas assimilée à la construction d'un nouvel ouvrage la reconstruction d'un ouvrage détruit accidentellement et intervenant dans un délai raisonnable.

Il résulte des dispositions de l'article L. 214-17 du Code de l'environnement que la construction d'un ouvrage sur un cours d'eau figurant sur la liste établie en application du 1° du I de cet article ne peut être autorisée que si elle ne fait pas obstacle à la continuité écologique ; le respect de cette exigence s'apprécie au regard de critères énoncés à l'article R. 214-109 du même code, qui permettent d'évaluer l'atteinte portée par l'ouvrage à la continuité écologique (■ CE, 11 déc. 2015, n° 367116).

Art. R. 214-110 *(D. n° 2007-1760, 14 déc. 2007 ; mod., D. n° 2013-938, 18 oct. 2013)*. – Le préfet du département établit un avant-projet de liste à l'issue d'une concertation avec les principaux représentants des usagers de l'eau dans le département, la fédération départementale ou interdépartementale des associations de pêche et de protection du milieu aquatique, les associations agréées de protection de l'environnement qu'il choisit et la commission locale de l'eau lorsqu'il existe un schéma d'aménagement et de gestion des eaux approuvé.

La conférence administrative de bassin harmonise les avant-projets de liste des différents départements appartenant à un même bassin.

Le préfet coordonnateur de bassin établit un projet de liste par bassin ou sous-bassin et fait procéder à l'étude, prévue au II de l'article L. 214-17, de l'impact sur les différents usages de l'eau des inscriptions sur cette liste projetées ; cette étude comporte une analyse des coûts et des avantages économiques et environnementaux, en distinguant les avantages marchands et non marchands.

Le projet de liste et l'étude de l'impact sont transmis par les préfets intéressés pour avis aux conseils départementaux et aux établissements publics territoriaux de bassin concernés et, en Corse, à l'Assemblée de Corse. Les avis sont réputés favorables s'ils n'interviennent pas dans un délai de quatre mois à compter de la transmission de la demande d'avis.

Le préfet coordonnateur de bassin, après avis du comité de bassin, dresse la liste par bassin ou sous-bassin et fixe les modalités de sa mise à disposition du public par un arrêté qui est publié au *Journal officiel* de la République française.

La liste est modifiée selon les modalités prévues pour son établissement par les alinéas précédents.

Sous-section 2. – Obligations relatives au débit réservé

Art. R. 214-111 *(D. n° 2007-1760, 14 déc. 2007 ; mod., D. n° 2019-827, 3 août 2019)*. – Doit être regardé comme présentant un fonctionnement atypique au sens du I de l'article L. 214-18 le cours d'eau ou la section de cours d'eau entrant dans l'un des cas suivants :

1° Son lit mineur présente des caractéristiques géologiques qui sont à l'origine de la disparition d'une part importante des écoulements naturels à certaines périodes de l'année ;

2° Son aval immédiat, issu d'un barrage d'une hauteur supérieure ou égale à vingt mètres ou à usage hydroélectrique d'une puissance supérieure à vingt mégawatts, est noyé par le remous du plan d'eau d'un autre barrage répondant également à l'un de ces deux critères ;

3° Les espèces énumérées à l'article R. 214-108 en sont absentes ;

4° Il s'agit d'un cours d'eau méditerranéen dont la moyenne interannuelle du débit mensuel naturel le plus bas est inférieur au dixième du module. On entend par cours d'eau méditerranéen, les cours d'eau situés en Corse et, pour ceux relevant du bassin Rhône-Méditerranée, leurs parties situées dans les départements des Hautes-Alpes, des Alpes-de-Haute-Provence, des Alpes-Maritimes, du Var, des Bouches-du-Rhône, du Vaucluse, du Gard, de l'Hérault, de l'Aude, des Pyrénées-Orientales, de la Drôme, de l'Ardèche ou de la Lozère.

Dans le cas prévu au 3°, la fixation d'un débit minimal inférieur est toutefois subordonnée à la condition que ce débit n'ait pas pour conséquence de détériorer l'état du cours d'eau non atypique situé immédiatement à l'aval.

Dans le cas prévu au 4°, la fixation d'un débit minimal inférieur est toutefois subordonnée à la condition que malgré la mise en œuvre ou la programmation de toutes les mesures d'économie d'eau techniquement et économiquement réalisables, le respect du débit minimum du vingtième du module ne permet pas de satisfaire les prélèvements destinés à l'alimentation en eau potable ou à l'irrigation gravitaire en période d'étiage estival. Ce débit minimal inférieur est limité à une durée de trois mois à l'intérieur de la période d'étiage estival et ne peut pas être inférieur au quarantième du module.

Art. R. 214-111-1 *(D. n° 2007-1760, 14 déc. 2007)*. – La variation des valeurs de débit minimal fixées dans les actes d'autorisation ou de concession selon les périodes de l'année autorisée par le II de l'article L. 214-18 doit garantir :

1° En permanence la vie, la circulation et la reproduction des espèces présentes dans le cours d'eau lorsqu'il s'agit de satisfaire des usages ou besoins périodiques ;

2° Un usage normal de l'ouvrage lorsqu'il s'agit de permettre l'accomplissement du cycle biologique des espèces.

Art. R. 214-111-2 *(D. n° 2007-1760, 14 déc. 2007).* **– Le préfet du département peut fixer des débits minimaux temporaires pour une période d'étiage naturel exceptionnel en application du deuxième alinéa du II de l'article L. 214-18. Ces débits temporaires doivent maintenir un écoulement en aval de l'ouvrage.**

Art. R. 214-111-3 *(D. n° 2010-1391, 12 nov. 2010).* **– Les ouvrages qui contribuent, par leur capacité de modulation, à la production d'électricité en période de pointe de la consommation au sens de l'article L. 214-18 sont les ouvrages concourant à l'alimentation en eau des usines dont la liste est fixée ainsi qu'il suit :**

USINE	COMMUNE	DÉPARTEMENT
Usine de la chute d'Ugine, dite usine d'Arly	UGINE	73
Usine génératrice dite d'Arrens	ARRENS-MARSOUS	65
Centrale d'Artigues	BAGNÈRES-DE-BIGORRE	65
Usine d'Artouste	LARUNS	64
Usine d'Aston	ASTON	09
Usine hydroélectrique d'Aussois	AVRIEUX	73
Usine hydroélectrique dite d'Auzerette	CHAMPS-SUR-TARENTAINE	15
Usine de la chute de Roselend, dite usine de La Bathie	LA BATHIE	73
Usine de Beaufort	BEAUFORT	73
Usine de Belleville	HAUTELUCE	73
Usine de Beyssac	PIED-DE-BORNE	48
Usine de la chute de Bissorte	LE FRENEY	73
Usine de la chute de Bort	LANOBRE et BORT-LES-ORGUES	19
Usine de la chute de Brassac	BRASSAC	81
Usine de la chute des Brévières	TIGNES	73
Usine de la chute de Brommat	BROMMAT	12
Usine de la chute de Carla	LACROUZETTE	81
Usine de la chute de Castelnau-Lassouts	LASSOUTS	12
Usine de la chute de Castillon	DEMANDOLX	04
Usine de Castirla	CASTIRLA	2 B
Usine de la chute de la Chaudanne	CASTELLANE	04
Usine de la chute de Chevril	TIGNES	73
Usine du Cheylas	LE CHEYLAS	38
Usine souterraine de Sainte-Hélène, dite usine de la Coche	LE BOIS	73
Usine de Coindre	SAINT-AMANDIN	15

USINE	COMMUNE	DÉPARTEMENT
Usine de la chute de Coiselet	SAMOGNAT	01
Usine de Cordéac	CORDÉAC	38
Usine de Corscia	CORSCIA	2 B
Usine de la chute de Couesque	SAINT-HIPPOLYTE	12
Usine de la chute de Curbans	TALLARD	04
Usine d'Eget	ARAGNOUET	65
Usine d'Eguzon	CUZION	36
Centrale du Châtelard, dite usine d'Emosson	VALLORCINE	74
Usine de la chute d'Enchanet	ARNAC	15
Usine de la chute d'Escouloubre II	ESCOULOUBRE	11
Centrale de production d'électricité d'Eylie	SENTEIN	09
Usine de la chute de Besserve, dite usine des Fades	QUEUILLE	63
Usine de la chute de Ferrières	FERRIÈRES-SUR-ARIÈGE	09
Usine de la chute des Sept Laux, dite usine de Fond de France	LA FERRIÈRE	38
Usine de la chute de Gèdre	GÈDRE	65
Usine de la Girotte	HAUTELUCE	73
Usine de Courbières, dite usine de Golinhac	GOLINHAC	12
Usines de l'Eau d'Olle, dites usine de Grand-Maison	VAUJANY	38
Usine de la chute de Grandval	LAVASTRIE	15
Usine de la chute de Grangent	CHAMBLES	42
Usine de la chute de l'Échaillon, dite usine d'Hermillon	HERMILLON	73
Usine de L'Hospitalet	L'HOSPITALET	09
Usine du Hourat	LARUNS	64
Usine de Lafigère	MALARCE-SUR-LA-THINES	07
Usine de la chute de Lanau	CHAUDES-AIGUES	15
Usine de la chute de Langevin	SAINT-JOSEPH	974
Usine de la chute de Laparan	ASTON	09
Usine de la chute de Lardit	CAMPOURIEZ	12

USINE	COMMUNE	DÉPARTEMENT
Usine de Lassoula	LOUDENVIELLE	65
Usine de Laval-de-Cère II	COMIAC	46
Usine de la chute de Malgovert	SÉEZ	73
Usine de la chute de Marcillac	MARCILLAC-LA-CROISILLE	19
Usine du Mérens	MÉRENS-LES-VALS	09
Usine de Miegebat	LARUNS	64
Usine du Migoëlou	ARRENS-MARSOUS	65
Usine de Montahut	SAINT-JULIEN	34
Usine de la chute de Monteynard	MONTEYNARD	38
Usine de la chute de Montpezat	MONTPEZAT-SOUS-BAUZON	07
Usine de Moux	MATAFELON-GRANGES (EX-MATAFELON)	01
Usine de la chute de Nentilla	SAINTE-COLOMBE-SUR-GUETTE	11
Usine de la chute d'Ocana	OCANA	2 A
Usine de la chute d'Orelle	ORELLE	73
Usine de la chute d'Orlu	ORLU	09
Usine de Passy	PASSY	74
Usine de la chute de Peyrat-le-Château	PEYRAT-LE-CHÂTEAU	87
Usine de Pied-de-Borne	PIED-DE-BORNE	48
Usine de la chute de Pinet	SAINT-VICTOR-ET-MELVIEU	12
Usine de Pont de Camps	LARUNS	64
Usine de la chute de Vanna, dite usine de Pont de la Vanna	OCANA	2 A
Usine de la chute de Pont-en-Royans	PONT-EN-ROYANS	38
Usine de la chute de Portillon	CASTILLON-LARBOUST	31
Usine dite du Pouget	LE TRUEL	12
Usine de Pradieres	AUZAT	09
Usine de Pragnères	GÈDRE	65
Usine dite de Pressy	CLUSES	74
Usine de Quinson	QUINSON	04
Usine de la chute de Randens	RANDENS	73

USINE	COMMUNE	DÉPARTEMENT
Usine de la chute de Rivière de l'Est	SAINTE-ROSE	974
Usine de la chute de Rizzanese	SAINTE-LUCIE-DE-TALLANO	2 A
Usine de Saint-Cassien	TANNERON	83
Usine de Saint-Dalmas	TENDE	06
Usine de la chute de Sainte-Croix	SAINT-CROIX-DU-VERDON	04
Usine de Saint-Étienne-de-Cantalès	SAINT-ÉTIENNE-CANTALÈS	15
Usine de Saint-Geniez-O-Merle	SAINT-GENIEZ-Ô-MERLE	19
Centrale de Saint-Georges	SAINT-GEORGES-DE-COMMIERS	38
Usine de Saint-Guillerme-II	MONT-DE-LANS	38
Usine de Saint-Martin-Vésubie	SAINT-MARTIN-VÉSUBIE	06
Usine de la chute de Saint-Pierre-Cognet	SAINT-JEAN-D'HÉRANS	38
Usine de la chute de Sampolo	LUGO-DI-NAZZA	2 B
Usine de la chute de Sarrans	SAINTE-GENEVIÈVE-SUR-ARGENCE	12
Usine de la Saussaz II	SAINT-MICHEL-DE-MAURIENNE	73
Usine du Sautet	PELLAFOL	38
Usine de la chute de Saut-Mortier	CERNON	39
Usine de la chute de Serre-Ponçon	LA BRÉOLE	04
Usine de Soulcem	AUZAT	09
Usine de la chute de Sovenzia	CALACUCCIA	2 B
Usine de la chute de Takamaka I	SAINT-BENOÎT	974
Usine de la chute de Takamaka II	SAINT-BENOÎT	974
Usine de la chute de Tolla	TOLLA	2 A
Usine de Tramezaygues	GÉNOS	65
Usine de la chute de Treignac	TREIGNAC	19
Usine de la chute du Truel	LE TRUEL	12
Usine de la chute du Mont-Cenis, dite usine de Villarodin	AVRIEUX	73
Usine de Vinon	VINON-SUR-VERDON	83
Usine de Vintrou	LE VINTROU	81
Usine de la chute de Vouglan-Menouille	CERNON	39

Section VIII. – Dispositions communes relatives à la sécurité et à la sûreté des ouvrages hydrauliques autorisés, déclarés et concédés

(Créée à compter du 1er janvier 2008, D. n° 2007-1735, 11 déc. 2007) (1)

Sous-section 1. – Classement des ouvrages

Art. R. 214-112 ***(Créé à compter du 1er janvier 2008, D. n° 2007-1735, 11 déc. 2007 ; mod., D. n° 2015-526, 12 mai 2015*** (2) ***; D. n° 2021-1902, 29 déc. 2021).*** **– Les classes des barrages de retenue et des ouvrages assimilés, ci-après désignés « barrage », sont définies dans le tableau ci-dessous :**

CLASSE de l'ouvrage	CARACTÉRISTIQUES GÉOMÉTRIQUES
A	$H \geq 20$ et $H^2 \times V^{0,5} \geq 1\,500$
B	Ouvrage non classé en A et pour lequel $H \geq 10$ et $H^2 \times V^{0,5} \geq 200$
C	*a)* Ouvrage non classé en A ou B et pour lequel $H \geq 5$ et $H^2 \times V^{0,5} \geq 20$ *b)* Ouvrage pour lequel les conditions prévues au *a* ne sont pas satisfaites mais qui répond aux conditions cumulatives ci-après : i) $H > 2$; ii) $V > 0,05$; iii) Il existe une ou plusieurs habitations à l'aval du barrage, jusqu'à une distance par rapport à celui-ci de 400 mètres.

Au sens du présent article, on entend par :

« *H* », la hauteur de l'ouvrage exprimée en mètres et définie comme la plus grande hauteur mesurée verticalement entre le sommet de l'ouvrage et le terrain naturel à l'aplomb de ce sommet ;

« *V* », le volume retenu exprimé en millions de mètres cubes et défini comme le volume qui est retenu par le barrage à la cote de retenue normale. Dans le cas des digues de canaux, le volume considéré est celui du bief entre deux écluses ou deux ouvrages vannés.

Un arrêté du ministre chargé de l'environnement précise en tant que de besoin les modalités selon lesquelles H et V doivent être déterminés en fonction des caractéristiques du barrage et de son environnement, notamment lorsqu'une partie de l'eau est stockée dans une excavation naturelle ou artificielle du terrain naturel.

Art. R. 214-113 ***(Rempl., D. n° 2015-526, 12 mai 2015*** (2) ***; mod., D. n° 2019-895, 28 août 2019).*** **– I. – La classe d'un système d'endiguement au sens de l'article R. 562-13 est déterminée conformément au tableau ci-dessous :**

CLASSE	POPULATION PROTÉGÉE par le système d'endiguement
A	Population > 30 000 personnes
B	3 000 personnes population 30 000 personnes
C	Population ≤ 3 000 personnes si le système d'endiguement comporte essentiellement une ou plusieurs digues établies antérieurement à la date de publication du décret n° 2015-526 du 12 mai 2015 relatif aux règles applicables aux ouvrages construits ou aménagés en vue de prévenir les inondations et aux règles de sûreté des ouvrages hydrauliques ou, pour les autres systèmes d'endiguement, : 30 personnes ≤ Population ≤ 3 000 personnes

(1) Dispositions applicables à Mayotte, D. n° 2007-1735, 11 déc. 2007, art. 21.

(2) Dispositions d'application particulières et transitoires : V. D. n° 2015-526, 12 mai 2015, art. 30 et 31.

La population protégée correspond à la population maximale, exprimée en nombre de personnes, qui est susceptible d'être exposée dans la zone protégée.

II. – La classe d'une digue est celle du système d'endiguement dans lequel elle est comprise.

Art. R. 214-114 *(Créé à compter du 1er janvier 2008, D. n° 2007-1735, 11 déc. 2007)*. – Le préfet peut par décision motivée modifier le classement d'un ouvrage s'il estime que le classement résultant des articles R. 214-112 et R. 214-113 n'est pas de nature à assurer la prévention adéquate des risques qu'il crée pour la sécurité des personnes et des biens.

Sous-section 2. – Étude de dangers

Art. R. 214-115 *(Rempl., D. n° 2015-526, 12 mai 2015* (1) *; mod., D. n° 2019-895, 28 août 2019 ; mod., D. n° 2021-1902, 29 déc. 2021)* (2). – Sont soumis à l'étude de dangers mentionnée au 3° du IV de l'article L. 211-3 :

a) Les barrages de classe A et B ;

b) Les systèmes d'endiguement au sens de l'article R. 562-13, quelle que soit leur classe ;

c) Les aménagements hydrauliques au sens de l'article R. 562-18 ;

d) Les conduites forcées de classe A, B et C ainsi que, dans les conditions précisées par arrêté du ministre chargé de l'environnement et sur décision du préfet, celles de classe D lorsque leur potentiel de danger est accru du fait des caractéristiques de leur environnement proche.

Art. R. 214-116 *(Rempl., D. n° 2015-526, 12 mai 2015* (1) *; mod., D. n° 2019-895, 28 août 2019 ; D. n° 2021-1902, 29 déc. 2021)*. – I (3). – L'étude de dangers ou son actualisation est réalisée par un organisme agréé conformément aux dispositions des articles R. 214-129 à R. 214-132.

II. – Pour un barrage ou une conduite forcée, l'étude de dangers explicite les risques pris en compte, détaille les mesures aptes à les réduire et précise les risques résiduels une fois mises en œuvre les mesures précitées.

Elle prend notamment en considération les risques liés aux crues, aux séismes, aux glissements de terrain, aux chutes de blocs et aux avalanches ainsi que les conséquences d'une rupture des ouvrages. Elle prend également en compte des événements de gravité moindre mais de probabilité plus importante tels les accidents et incidents liés à l'exploitation de l'aménagement.

L'étude de dangers comprend un examen exhaustif de l'état des ouvrages, réalisé conformément à une procédure adaptée à la situation des ouvrages et de la retenue. L'étude évalue les conséquences des dégradations constatées sur la sécurité. Elle comprend également un résumé non technique présentant la probabilité, la cinétique et les zones d'effets des accidents potentiels ainsi qu'une cartographie des zones de risques significatifs.

Pour la construction ou la reconstruction d'un barrage, l'étude de dangers démontre la maîtrise des risques pour la sécurité publique au cours de chacune des phases du chantier.

Lorsque l'étude de dangers doit être réalisée conformément au II de l'article R. 214-117, la description de la procédure mentionnée à la première phrase du troisième alinéa est transmise au préfet au moins trente-six mois avant la transmission de l'étude de dangers.

Un arrêté des ministres chargés de l'énergie, de l'environnement et de la sécurité civile définit le plan de l'étude de dangers des barrages ainsi que celui des conduites forcées et en précise le contenu (4).

II *bis*. – Une étude de dangers simplifiée peut être établie pour les conduites forcées de classe C et D, s'il apparaît au responsable de l'ouvrage que les risques qu'elles comportent pour les personnes et les biens situés dans son voisinage en cas d'accident sont faibles.

---

(1) Dispositions d'application particulières et transitoires : V. D. n° 2015-526, 12 mai 2015, art. 30 et 31.

(2) Dispositions particulières et transitoires : V. D. n° 2021-1902, 29 déc. 2021.

(3) Par dérogation aux dispositions du présent I, l'étude de dangers mentionnée au d de l'article R. 214-115 du présent code peut être effectuée, jusqu'à la première publication au Journal officiel de la liste des organismes agréés pour la réalisation de ces études en application de l'article R. 214-129 du présent code, par un organisme non encore agréé mais qui a déposé sa demande d'agrément, D. n° 2017-1532, 3 nov. 2017, art. 2.

(4) V. T. appl. : A. 12 juin 2008 (*JO* 19 juin 2008) puis A. 7 avr. 2017 (*JO* 19 avr. 2017). – NDLR.

Toutefois, si cette étude simplifiée ne permet pas de démontrer que la conduite forcée présente des garanties de sécurité suffisantes, une étude de dangers doit être réalisée selon les modalités prévues au II.

Un arrêté des ministres chargés de l'environnement, de l'énergie et de la sécurité civile précise les modalités d'application du présent paragraphe, notamment les éléments permettant le recours à une étude de dangers simplifiée et le contenu de ce document.

III. – Pour un système d'endiguement, l'étude de dangers porte sur la totalité des ouvrages qui le composent.

L'étude de dangers présente la zone protégée sous une forme cartographique appropriée. Elle définit les crues des cours d'eau, les submersions marines et tout autre événement naturel dangereux contre lesquels le système apporte une protection.

Elle comprend un diagnostic approfondi de l'état des ouvrages et prend en compte le comportement des éléments naturels situés entre des tronçons de digues ou à l'extrémité d'une digue ou d'un ouvrage composant le système.

Elle justifie que les ouvrages sont adaptés à la protection annoncée et qu'il en va de même de leur entretien et de leur surveillance.

Elle indique les dangers encourus par les personnes en cas de crues ou submersions dépassant le niveau de protection assuré ainsi que les moyens du gestionnaire pour anticiper ces événements et, lorsque ceux-ci surviennent, alerter les autorités compétentes pour intervenir et les informer pour contribuer à l'efficacité de leur intervention.

Son résumé non technique décrit succinctement les événements contre lesquels le système apporte une protection, précise le cas échéant les limites de cette protection et présente la cartographie de la zone protégée.

Un arrêté des ministres chargés de l'environnement et de la sécurité civile définit le plan de l'étude de dangers d'un système d'endiguement et en précise le contenu.

IV. – Pour un aménagement hydraulique, l'étude de dangers porte sur la totalité des ouvrages qui le composent.

Elle quantifie la capacité de l'aménagement hydraulique à réduire l'effet des crues des cours d'eau, des submersions marines et de tout autre événement hydraulique naturel dangereux, tels les ruissellements, à l'aval immédiat de celui-ci. Elle précise les cas où cette capacité varie en fonction de conditions d'exploitation prédéfinies.

Elle précise les territoires du ressort de l'autorité désignée au II de l'article R. 562-12 qui bénéficient de manière notable des effets de l'aménagement hydraulique.

Elle justifie que les ouvrages qui composent l'aménagement hydraulique sont adaptés au niveau de protection défini en application de l'article R. 214-119-1 et qu'il en va de même de leur entretien et de leur surveillance.

Elle indique les dangers encourus par les personnes en cas de crues ou submersions ou de tout autre événement naturel dangereux dépassant le niveau de protection, ainsi que les moyens du gestionnaire pour anticiper ces événements et, lorsque ceux-ci surviennent, alerter les autorités compétentes pour intervenir et les informer pour contribuer à l'efficacité de leur intervention.

Elle comprend un résumé non technique de l'ensemble de ces éléments.

Un arrêté des ministres chargés de l'environnement et de la sécurité civile définit le plan de l'étude de dangers d'un aménagement hydraulique, en pouvant prévoir des adaptations lorsque des informations ont déjà été transmises au préfet en application de dispositions relatives à la sécurité et à la sûreté des barrages (1).

Art. R. 214-117 *(Rempl., D. n° 2015-526, 12 mai 2015* (2) *; mod. à compter du 1er mai 2016, D. n° 2016-530, 27 avr. 2016 ; mod., D. n° 2019-895, 28 août 2019 ; D. n° 2021-1902, 29 déc. 2021).* – I. – Le propriétaire ou l'exploitant, le concessionnaire pour un ouvrage concédé, le gestionnaire d'un système d'endiguement ou d'un aménagement hydraulique transmet au préfet l'étude de dangers ou son actualisation après en avoir adopté les conclusions et en précisant le cas échéant les mesures qu'il s'engage à mettre en œuvre.

II. – À compter de la date de réception par le préfet de la précédente étude de dangers de l'ouvrage concerné, l'étude de dangers est actualisée et transmise au préfet dans les conditions suivantes :

1° Tous les dix ans pour les barrages et les systèmes d'endiguement qui relèvent de la classe A, pour les aménagements hydrauliques qui comportent au moins un barrage de classe A, ainsi que pour les conduites forcées de classe A ou B ;

(1) V. T. appl. : A. 7 avr. 2017 (*JO* 19 avr. 2017). – NDLR.

(2) Dispositions d'application particulières et transitoires : V. D. n° 2015-526, 12 mai 2015, art. 30 et 31.

2° Tous les quinze ans pour les barrages et les systèmes d'endiguement qui relèvent de la classe B, ainsi que pour les aménagements hydrauliques autres que ceux mentionnés au 1° qui comportent au moins un barrage de classe B ;

3° Tous les vingt ans pour les systèmes d'endiguement qui relèvent de la classe C, pour les aménagements hydrauliques autres que ceux mentionnés aux 1° et 2°, ainsi que pour les conduites forcées de classe C ou D mentionnées au *d* de l'article R. 214-115.

II *bis*. – Pour une conduite forcée de classe C ou D ayant été soumise à une étude de dangers simplifiée en application du II *bis* de l'article R. 214-116, le responsable de l'ouvrage porte sans délai à la connaissance du préfet tout changement notable de nature à remettre en cause le bénéfice de cette étude de dangers simplifiée. L'étude de dangers prévue au II de l'article R. 214-116 est alors transmise dans un délai de deux ans à la même autorité.

III. – À tout moment, le préfet peut, par une décision motivée, faire connaître la nécessité d'études complémentaires ou nouvelles, notamment lorsque des circonstances nouvelles remettent en cause de façon notable les hypothèses ayant prévalu lors de l'établissement de l'étude de dangers. Il indique le délai dans lequel ces éléments devront être fournis.

Section IX. – Dispositions relatives à la sécurité et à la sûreté des ouvrages hydrauliques autorisés ou déclarés

(Créée à compter du 1er janvier 2008, D. n° 2007-1735, 11 déc. 2007) (1) (2)

Art. R. 214-118 *(D. n° 2007-1735, 11 déc. 2007 ; mod., D. n° 2017-81, 26 janv. 2017 ; mod. à compter du 2 décembre 2018, D. n° 2018-1054, 29 nov. 2018 ; mod., D. n° 2021-1902, 29 déc. 2021)*. – Les dispositions de la présente section s'appliquent aux ouvrages hydrauliques relevant des rubriques 3.2.5.0 et 3.2.6.0 du tableau figurant à l'article R. 214-1 du présent code ou autorisés en application du titre Ier du livre V du Code de l'énergie.

Sous-section 1. – Règles relatives à la conception des ouvrages, à l'exécution des travaux et à la première mise en eau

(Intitulé rempl., D. n° 2015-526, 12 mai 2015) (3)

Art. R. 214-119 *(Rempl., D. n° 2015-526, 12 mai 2015,* (3)*; mod. à compter du 1er mars 2017, D. n° 2017-81, 26 janv. 2017)*. – I. – Les barrages et les digues sont conçus par un organisme agréé conformément aux dispositions des articles R. 214-129 à R. 214-132. Il en va de même des travaux dont ils font l'objet, en dehors des travaux d'entretien et de réparation courante.

II. – Lorsque l'intervention de cet organisme porte sur la construction ou la réalisation de travaux d'un barrage de classe A, les documents qu'il a établis, dont la liste et le contenu sont précisés par un arrêté du ministre chargé de l'environnement, sont transmis au préfet.

L'arrêté, prévu à l'article R. 181-43, par lequel le préfet autorise l'ouvrage et celui, prévu à l'article R. 181-45, par lequel il complète cette autorisation peuvent fixer le délai dans lequel les transmissions ultérieures sont effectuées et dispenser de transmettre tout ou partie des documents lorsque la simplicité du projet le permet.

III. – Les arrêtés mentionnés au second alinéa du II peuvent également imposer la transmission des documents prévus au premier alinéa s'agissant d'un barrage qui ne relève pas de la classe A lorsque des risques particuliers le justifient.

Art. R. 214-119-1 *(D. n° 2015-526, 12 mai 2015* (3) *; mod., D. n° 2019-895, 28 août 2019)*. – I. – Pour un système d'endiguement au sens de l'article R. 562-13, le niveau de protection d'une zone exposée au risque d'inondation ou de submersion marine est déterminé par la hauteur maximale que peut atteindre l'eau sans que cette zone soit inondée en raison du débordement, du contournement ou de la rupture des ouvrages de

(1) Dispositions applicables à Mayotte, D. n° 2007-1735, 11 déc. 2007, art. 21.

(2) Antérieurement aux modifications issues de l'article 28 du décret n° 2015-526 du 12 mai 2015, la section IX comprenait 11 sous-sections composées respectivement des articles R. 214-126 à R. 214-129 (s-s. 3), R. 214-130 à R. 214-132 (s-s. 4), R. 214-133 à R. 214-135 (s-s. 5), R. 214-136 (s-s. 6), R. 214-137 à R. 214-139 (s-s. 7), R. 214-140 à R. 214-142 (s-s. 8), R. 214-143 et R. 214-144 (s-s. 9), R. 214-145 (s-s. 10), R. 214-146 et R. 214-147 (s-s. 11). – NDLR.

(3) Dispositions d'application particulières et transitoires : V. D. n° 2015-526, 12 mai 2015, art. 30 et 31.

protection quand l'inondation provient directement du cours d'eau ou de la mer. Lorsque la taille et les caractéristiques de la zone exposée le justifient, plusieurs niveaux de protection peuvent être déterminés, chacun étant associé à une partie délimitée de la zone protégée.

Le niveau de protection d'un système d'endiguement est apprécié au regard soit d'un débit du cours d'eau en crue considéré ou d'une cote atteinte par celui-ci, soit d'un niveau marin pour le risque de submersion marine. Toutefois, dans ce dernier cas ainsi que pour les systèmes d'endiguement assurant une protection contre les inondations provoquées par les cours d'eau torrentiels, l'étude de dangers prévue par l'article R. 214-116 précise les autres paramètres observables qui sont susceptibles de caractériser les phénomènes dangereux contre lesquels le système d'endiguement apporte une protection.

II. – Pour un aménagement hydraulique au sens de l'article R. 562-18, le niveau de protection s'apprécie comme sa capacité à réduire, au moyen d'un stockage préventif d'une quantité d'eau prédéterminée en provenance du cours d'eau ou en provenance de la mer, respectivement le débit de ce cours d'eau à l'aval ou la submersion marine des terres.

Lorsqu'un aménagement hydraulique intercepte des ruissellements qui sont susceptibles de provoquer une inondation même en l'absence de cours d'eau, son niveau de protection s'apprécie comme sa capacité de stockage préventif de ces ruissellements.

Le niveau de protection est justifié dans l'étude de dangers prévue par l'article R. 214-116.

III. – Une probabilité d'occurrence dans l'année de l'aléa naturel correspondant au niveau de protection assuré est fournie par l'étude de dangers prévue par l'article R. 214-116.

Art. R. 214-119-2 *(D. n° 2015-526, 12 mai 2015* (1) *; mod., D. n° 2019-895, 28 août 2019).* – Les digues comprises dans un système d'endiguement sont conçues, entretenues et surveillées de façon à garantir l'efficacité de la protection procurée par ce système à la zone considérée contre les inondations provoquées par les crues des cours d'eau et les submersions marines.

Pour un aménagement hydraulique, sa conception, son entretien, sa surveillance et son exploitation sont effectués de façon à garantir son efficacité au regard du niveau de protection défini à l'article R. 214-119-1 et justifiée par l'étude de dangers conformément à l'article R. 214-116.

Art. R. 214-119-3 *(D. n° 2015-526, 12 mai 2015* (1) *; mod., D. n° 2019-895, 28 août 2019).* – Lorsqu'une demande d'autorisation au titre des articles L. 214-3 et R. 214-1 d'un système d'endiguement est déposée postérieurement au 1er janvier 2020 pour une zone qui ne bénéficiait avant cette date d'aucune protection contre les inondations et submersions, les ouvrages qui sont compris dans ce système d'endiguement sont conçus, entretenus et surveillés de telle sorte que le risque de rupture soit minime en cas de crue ou de submersion d'une probabilité d'occurrence inférieure à 1/200 s'agissant d'un système d'endiguement de classe A, à 1/100 s'agissant d'un système d'endiguement de classe B, ou à 1/50 pour un système d'endiguement de classe C. Toutefois, dans le but de limiter la probabilité résiduelle de rupture d'ouvrages provoquant une inondation ou une submersion dangereuse pour la population présente dans la zone protégée, il est admissible que des portions d'ouvrages du système d'endiguement qui sont localisées à des endroits adéquats présentent ponctuellement des risques de rupture plus élevés dès lors que ces ruptures sont elles-mêmes sans danger pour la population présente dans la zone protégée.

La justification de la capacité du système d'endiguement à satisfaire à cette exigence est apportée par l'étude de danger.

Art. R. 214-120 *(Créé à compter du 1er janvier 2008, D. n° 2007-1735, 11 déc. 2007* (2) *; mod., D. n° 2015-526, 12 mai 2015* (1) *; mod. à compter du 1er mai 2016, D. n° 2016-530, 27 avr. 2016).* – Pour la construction ou les travaux autres que d'entretien et de réparation courante d'un barrage ou d'une digue, le maître d'ouvrage, s'il ne se constitue pas lui-même en maître d'œuvre unique, doit en désigner un. Dans tous les cas, le maître d'œuvre est agréé conformément aux dispositions des articles R. 214-129 à R. 214-132. Les obligations du maître d'œuvre comprennent notamment :

1° La vérification de la cohérence générale de la conception du projet, de son dimensionnement général et de son adaptation aux caractéristiques physiques du site ;

(1) Dispositions d'application particulières et transitoires : V. D. n° 2015-526, 12 mai 2015, art. 30 et 31.
(2) Dispositions transitoires : V. D. n° 2007-1735, 11 déc. 2007, art. 13.

2° La vérification de la conformité du projet d'exécution aux règles de l'art ;
3° La direction des travaux ;
4° La surveillance des travaux et de leur conformité au projet d'exécution ;
5° Les essais et la réception des matériaux, des parties constitutives de l'ouvrage et de l'ouvrage lui-même ;
6° La tenue d'un carnet de chantier relatant les incidents survenus en cours de chantier ;
7° Pour un barrage, le suivi de la première mise en eau.

Art. R. 214-120-1 *(D. n° 2015-526, 12 mai 2015)* (1). – **Les travaux de construction ou de reconstruction d'un barrage de classe A, hors travaux préliminaires, ne peuvent débuter qu'après l'intervention de l'avis du comité technique permanent des barrages et des ouvrages hydrauliques portant notamment sur la limitation des risques que pourrait faire courir l'ouvrage à la sécurité publique, y compris pendant la période du chantier, rendu au vu des documents mentionnés au II de l'article R. 214-119.**

Art. R. 214-121 *(Créé à compter du 1er janvier 2008, D. n° 2007-1735, 11 déc. 2007 ; mod., D. n° 2015-526, 12 mai 2015)* (1). – **I. – La première mise en eau d'un barrage doit être conduite selon une procédure comportant au moins les consignes à suivre en cas d'anomalie grave, notamment les manœuvres d'urgence des organes d'évacuation, et précisant les autorités publiques à avertir sans délai.**

Pendant tout le déroulement de la première mise en eau, le propriétaire ou l'exploitant assure une surveillance permanente de l'ouvrage et de ses abords immédiats, afin notamment de détecter et corriger toute anomalie éventuelle, par des moyens techniques adaptés et par un personnel compétent et muni de pouvoirs suffisants de décision.

Le propriétaire ou l'exploitant remet au préfet, dans les six mois suivant l'achèvement de cette phase, un rapport décrivant les dispositions techniques des ouvrages tels qu'ils ont été exécutés, l'exposé des faits essentiels survenus pendant la construction, une analyse détaillée du comportement de l'ouvrage au cours de l'opération de mise en eau et une comparaison du comportement observé avec le comportement prévu.

II. – La première mise en eau d'un barrage de classe A ou B ou celle intervenant après des travaux ayant fait l'objet d'une nouvelle autorisation de ce barrage ne peut être effectuée qu'avec l'accord du préfet, qui se prononce au vu d'un dossier sur les ouvrages hydrauliques exécutés visé par le maître d'œuvre qui lui est transmis par le permissionnaire dans les six mois qui suivent l'achèvement des travaux.

Le préfet notifie sa décision dans un délai de deux mois à compter de la réception de ce dossier.

III. – La première mise en eau peut être subordonnée à la condition que le permissionnaire se conforme à des prescriptions complémentaires à l'autorisation initiale.

IV. – Le rejet de la demande est motivé et assorti, s'il y a lieu :

– d'une mise en demeure de respecter les conditions fixées par l'autorisation administrative ou en résultant ;

– de l'indication qu'il pourrait être mis fin à l'autorisation dont bénéficie l'ouvrage en raison des risques qu'il présente pour la sécurité publique et de la possibilité pour le permissionnaire de présenter des observations.

V. – Lorsque le barrage est conçu pour que la retenue ne soit qu'exceptionnellement remplie, le préfet peut prescrire un test de première mise en eau dans les conditions prévues par le I.

Sous-section 2. – Règles relatives à l'exploitation et à la surveillance des ouvrages

Art. R. 214-122 *(Rempl., D. n° 2015-526, 12 mai 2015* (1) *; mod., D. n° 2019-895, 28 août 2019* (2) *; mod. à compter du 1er juillet 2022, D. n° 2021-1902, 29 déc. 2021).* – **I. – Le propriétaire ou l'exploitant de tout barrage ou le gestionnaire de digues organisées en système d'endiguement au sens de l'article R. 562-13 établit ou fait établir :**

1° Un dossier technique regroupant tous les documents relatifs aux ouvrages permettant d'avoir une connaissance la plus complète possible de leur configuration exacte, de leur fondation, de leurs ouvrages annexes, de leur environnement hydrologique, géomorphologique et géologique ainsi que de leur exploitation depuis sa mise en service. Pour un système d'endiguement, le dossier technique comprend également, le cas échéant, les notices explicatives relatives aux ouvrages de régulation des écoulements hydrauliques ;

(1) Dispositions d'application particulières et transitoires : V. D. n° 2015-526, 12 mai 2015, art. 30 et 31.
(2) Les rédactions antérieures au décret n° 2019-895 du 28 août 2019 restent applicables aux digues autorisées avant cette date jusqu'à leur intégration dans un système d'endiguement au sens de l'article R. 562-13 ou, à défaut, jusqu'à leur neutralisation conformément à l'article L. 562-8-1, D. n° 2019-895, 28 août 2019.

2° Un document décrivant l'organisation mise en place pour assurer l'exploitation du barrage ou la gestion du système d'endiguement, son entretien et sa surveillance en toutes circonstances, notamment les vérifications et visites techniques approfondies, le dispositif d'auscultation, les moyens d'information et d'alerte de la survenance de crues et de tempêtes conformes aux prescriptions fixées par l'arrêté préfectoral autorisant l'ouvrage et, le cas échéant, les arrêtés complémentaires ;

3° Un registre sur lequel sont inscrits les principaux renseignements relatifs aux travaux, à l'exploitation, à la surveillance, à l'entretien de l'ouvrage et de son dispositif d'auscultation, aux conditions météorologiques et hydrologiques exceptionnelles et à l'environnement de l'ouvrage ;

4° Un rapport de surveillance périodique comprenant la synthèse des renseignements figurant dans le registre prévu au 3° et celle des constatations effectuées lors des vérifications et visites techniques approfondies. Dans le cas d'un système d'endiguement, ce rapport concerne l'ensemble des ouvrages qui composent ce système, y compris ses éventuels dispositifs de régulation des écoulements hydrauliques ;

5° Si l'ouvrage est un barrage doté d'un dispositif d'auscultation, le rapport correspondant établi périodiquement par un organisme agréé conformément aux dispositions des articles R. 214-129 à R. 214-132.

Le contenu de ces éléments est précisé par l'arrêté du ministre chargé de l'environnement prévu par l'article R. 214-128.

Le gestionnaire d'un aménagement hydraulique tel que défini à l'article R. 562-18 établit ou fait établir le document d'organisation et le registre mentionnés aux 2° et 3° du I du présent article.

II. – Le propriétaire ou l'exploitant ou le gestionnaire tient à jour les dossier, document et registre prévus par les 1°, 2° et 3° du I et les conserve de façon à ce qu'ils soient accessibles et utilisables en toutes circonstances et tenus à la disposition du service de l'État chargé du contrôle.

II. – Le propriétaire ou l'exploitant de tout barrage tient en outre à jour un registre sur lequel sont inscrits les principaux renseignements relatifs aux travaux, à l'exploitation, à la surveillance, à l'entretien de l'ouvrage et de son dispositif d'auscultation, aux conditions météorologiques et hydrologiques et à l'environnement de l'ouvrage.

III. – Ce dossier et ce registre sont conservés dans un endroit permettant leur accès et leur utilisation en toutes circonstances et tenus à la disposition du service chargé du contrôle.

NB : Conformément à l'article 18 du décret n° 2019-895 du 28 août 2019, ces dispositions, dans leur rédaction antérieure au 30 août 2019 restent applicables aux digues autorisées avant cette date jusqu'à leur intégration dans un système d'endiguement au sens de l'article R. 562-13 ou, à défaut, jusqu'à leur neutralisation conformément à l'article L. 562-8-1.

Art. R. 214-123 *(Rempl., D. n° 2015-526, 12 mai 2015)* (1). **– Le propriétaire ou l'exploitant de tout barrage ou le gestionnaire des digues organisées en système d'endiguement surveille et entretient ce ou ces ouvrages et ses dépendances.**

Il procède notamment à des vérifications du bon fonctionnement des organes de sécurité et à des visites techniques approfondies de l'ouvrage qui sont effectuées au moins une fois dans l'intervalle de deux rapports de surveillance prévu par le tableau de l'article R. 214-126.

La consistance de ces vérifications et visites est précisée par l'arrêté prévu par l'article R. 214-128.

La Cour administrative d'appel a estimé que si en raison de la progression naturelle du rivage de la mer provoquée par l'érosion marine, le propriétaire a perdu le terrain qu'il exploite et que le terrain d'assiette supportant l'ouvrage s'est trouvé incorporé au domaine public maritime, cette seule circonstance ne peut faire naître à la charge de l'État une obligation d'entretien du perré en enrochements qui incombait jusqu'alors au propriétaire riverain. De même, compte tenu que la construction du perré par une personne privée était destinée à la protection du terrain exploité, et non à la protection des populations locales contre les risques de submersion marine ou à d'autres finalités d'intérêt général, et que malgré l'incorporation de l'ouvrage au domaine public maritime, l'État n'a jamais entendu l'affecter à une activité de service public, le perré ne peut constituer un ouvrage public et que par suite, l'État n'est tenu, là encore, à aucune obligation d'entretien (■ CAA Marseille, 7e ch., 26 janv. 2018, n° 16MA01367).

Art. R. 214-124 *(Créé à compter du 1er janvier 2008, D. n° 2007-1735, 11 déc. 2007 ; rempl., D. n° 2015-526, 12 mai 2015)* (1). **– Tout barrage est doté d'un dispositif d'auscultation permettant d'en**

(1) Dispositions d'application particulières et transitoires : V. D. n° 2015-526, 12 mai 2015, art. 30 et 31.

assurer une surveillance efficace. Toutefois, un ouvrage peut ne pas être doté de ce dispositif, sur autorisation du préfet, lorsqu'il est démontré que la surveillance de l'ouvrage peut être assurée de façon efficace en l'absence dudit dispositif. L'autorisation prescrit les mesures de surveillance alternatives.

Art. R. 214-125 *(Créé à compter du 1er janvier 2008, D. n° 2007-1735, 11 déc. 2007 ; mod., D. n° 2015-526, 12 mai 2015* (1) *; D. n° 2019-895, 28 août 2019)* (2). **– Tout événement ou évolution concernant un barrage ou un système d'endiguement ou leur exploitation et mettant en cause ou susceptible de mettre en cause, y compris dans des circonstances différentes de celles de leur occurrence, la sécurité des personnes ou des biens est déclaré, dans les meilleurs délais, par le propriétaire ou l'exploitant ou par le gestionnaire du système d'endiguement au préfet.**

Un arrêté des ministres chargés de l'environnement, de l'énergie et de la sécurité civile définit l'échelle de gravité des événements ou évolutions mentionnés au premier alinéa. Toute déclaration effectuée en application des dispositions de cet alinéa est accompagnée d'une proposition de classification selon le niveau de gravité. En fonction du niveau de la gravité qu'il constate, le préfet peut demander au propriétaire ou à l'exploitant du barrage ou au gestionnaire du système d'endiguement un rapport sur l'événement constaté.

En outre, une visite technique approfondie est effectuée à l'issue de tout événement ou évolution déclaré en application du premier alinéa et susceptible de provoquer un endommagement de l'ouvrage.

NB : Conformément à l'article 18 du décret n° 2019-895 du 28 août 2019, ces dispositions, dans leur rédaction antérieure au 30 août 2019, restent applicables aux digues autorisées avant cette date jusqu'à leur intégration dans un système d'endiguement au sens de l'article R. 562-13 ou, à défaut, jusqu'à leur neutralisation conformément à l'article L. 562-8-1.

Art. R. 214-126 *(Créé à compter du 1er janvier 2008, D. n° 2007-1735, 11 déc. 2007 ; transféré à la présente ss-sect. et rempl., D. n° 2015-526, 12 mai 2015* (1) *; D. n° 2019-895, 28 août 2019)* (2). **– Le rapport de surveillance et le rapport d'auscultation prévus par l'article R. 214-122 sont établis selon la périodicité fixée par le tableau suivant :**

	BARRAGE			SYSTÉME D'ENDIGUEMENT		
	Classe A	Classe B	Classe C	Classe A	Classe B	Classe C
Rapport de surveillance	Une fois par an	Une fois tous les 3 ans	Une fois tous les 5 ans	Une fois tous les 3 ans	Une fois tous les 5 ans	Une fois tous les 6 ans
Rapport d'auscultation	Une fois tous les 2 ans	Une fois tous les 5 ans	Une fois tous les 5 ans	Sans objet		

Ces rapports sont transmis au préfet du département dans lequel est situé le barrage ou le système d'endiguement dans le mois suivant leur réalisation.

NB : Conformément à l'article 18 du décret n° 2019-895 du 28 août 2019, ces dispositions, dans leur rédaction antérieure au 30 août 2019 restent applicables aux digues autorisées avant cette date jusqu'à leur intégration dans un système d'endiguement au sens de l'article R. 562-13 ou, à défaut, jusqu'à leur neutralisation conformément à l'article L. 562-8-1.

Sous-section 3. – Dispositions diverses

Art. R. 214-127 *(Anc. art. R. 214-146 créé à compter du 1er janvier 2008, D. n° 2007-1735, 11 déc. 2007 ; dénum. et mod., D. n° 2015-526, 12 mai 2015* (1) *; mod., D. n° 2019-895, 28 août 2019).* **– I. – Si un barrage ne paraît pas remplir des conditions de sûreté suffisantes, le préfet peut prescrire au propriétaire ou**

(1) Dispositions d'application particulières et transitoires : V. D. n° 2015-526, 12 mai 2015, art. 30 et 31.

(2) Les rédactions antérieures au décret n° 2019-895 du 28 août 2019 restent applicables aux digues autorisées avant cette date jusqu'à leur intégration dans un système d'endiguement au sens de l'article R. 562-13 ou, à défaut, jusqu'à leur neutralisation conformément à l'article L. 562-8-1, D. n° 2019-895, 28 août 2019.

à l'exploitant de faire procéder, à ses frais, dans un délai déterminé, et par un organisme agréé conformément aux dispositions des articles R. 214-129 à R. 214-132, à un diagnostic sur les garanties de sûreté de l'ouvrage où sont proposées, le cas échéant, les dispositions pour remédier aux insuffisances de l'ouvrage, de son entretien ou de sa surveillance au regard des impératifs de la sécurité des personnes et des biens. Le propriétaire ou l'exploitant adresse, dans le délai fixé, ce diagnostic au préfet en indiquant les dispositions qu'il propose de retenir. Le préfet arrête les prescriptions qu'il retient.

II. – Si un système d'endiguement au sens de l'article R. 562-13 ou un aménagement hydraulique au sens de l'article R. 562-18 paraît ne plus respecter les garanties d'efficacité prévues par les articles R. 214-119-1, R. 214-119-2 et, le cas échéant, R. 214-119-3 sur la base desquelles il a été autorisé, le préfet peut prescrire au gestionnaire du système d'endiguement ou de l'aménagement hydraulique de faire procéder, à ses frais, dans un délai déterminé, et par un organisme agréé conformément aux dispositions des articles R. 214-129 à R. 214-132, à un diagnostic de ce système d'endiguement ou aménagement hydraulique. Ce diagnostic propose les moyens pour rétablir les performances initiales du système d'endiguement ou de l'aménagement hydraulique ou pour fixer pour ceux-ci un niveau de protection inférieur. Le gestionnaire du système d'endiguement ou de l'aménagement hydraulique propose sans délai au préfet les mesures qu'il retient dans les conditions prévues à l'article R. 562-15. Dans le cas où ce gestionnaire propose de diminuer le niveau de protection, il organise préalablement une information du public en publiant une notice exposant ce choix sur son site internet pendant une durée minimum d'un mois.

Art. R. 214-128 *(Anc. art. R. 214-147 créé à compter du 1er janvier 2008, D. n° 2007-1735, 11 déc. 2007* (1)*; dénum. et mod., D. n° 2015-526, 12 mai 2015)* (2). – Un arrêté du ministre chargé de l'environnement fixe en tant que de besoin les prescriptions techniques relatives à la sécurité et à la sûreté en matière de conception, de construction, d'exploitation et de surveillance des ouvrages hydrauliques. Cet arrêté peut modifier la périodicité des obligations mentionnées aux articles R. 214-117 et R. 214-126.

Section X. – Organismes agréés

(Créée à compter du 1er janvier 2008, D. n° 2007-1735, 11 déc. 2007) (3)

Art. R. 214-129 *(Anc. art. R. 214-148, créé à compter du 1er janvier 2008, D. n° 2007-1735, 11 déc. 2007* (1)*; dénum. et mod., D. n° 2015-526, 12 mai 2015* (2) *; mod., D. n° 2017-1532, 3 nov. 2017 ; D. n° 2019-895, 28 août 2019)*. – Les organismes visés au 1° du IV de l'article L. 211-3 du Code de l'environnement sont agréés pour une durée maximale de huit ans par un arrêté du ministre chargé de l'environnement publié au *Journal officiel*.

Art. R. 214-130 *(Anc. art. R. 214-149, créé à compter du 1er janvier 2008, D. n° 2007-1735, 11 déc. 2007 ; dénum., D. n° 2015-526, 12 mai 2015)* (2). – L'agrément est délivré en prenant en considération les compétences du demandeur ainsi que l'organisation par laquelle il assure le maintien de celles-ci, son expérience, les conditions dans lesquelles il fait appel au concours de spécialistes lorsqu'il estime sa compétence ou ses moyens propres insuffisants, son degré d'indépendance, qui peut n'être que fonctionnelle, par rapport aux maîtres d'ouvrage ou aux propriétaires ou exploitants des ouvrages hydrauliques et ses capacités financières. Un arrêté conjoint des ministres chargés de l'énergie et de l'environnement précise les critères et catégories d'agrément et l'organisation administrative de leur délivrance.

Art. R. 214-131 *(Anc. art. R. 214-150, créé à compter du 1er janvier 2008, D. n° 2007-1735, 11 déc. 2007 ; dénum., D. n° 2015-526, 12 mai 2015)* (2). – L'organisme agréé informe l'autorité administrative de toute modification des éléments au vu desquels l'agrément a été délivré.

Art. R. 214-132 *(Anc. art. R. 214-151, rempl., D. n° 2019-895, 28 août 2019)*. – L'agrément peut être suspendu pour une durée maximale d'un an par arrêté motivé du ministre chargé de l'environnement, après que

(1) Dispositions transitoires : V. D. n° 2007-1735, 11 déc. 2007, art. 13.
(2) Dispositions d'application particulières et transitoires : V. D. n° 2015-526, 12 mai 2015, art. 30 et 31.
(3) Dispositions applicables à Mayotte, D. n° 2007-1735, 11 déc. 2007, art. 21.

le représentant de l'organisme a eu la possibilité d'être entendu, si l'organisme ne respecte pas les obligations qui découlent de son agrément ou cesse de remplir l'une des conditions qui ont conduit à sa délivrance. Avant la fin de la période de suspension, le représentant de l'organisme transmet tout élément de nature à garantir le respect de ces obligations ou conditions au ministre chargé de l'environnement. Celui-ci peut décider de lever la suspension avant son terme s'il estime que les éléments transmis sont suffisants. Si tel n'est pas le cas, il peut retirer l'agrément, par arrêté motivé, à l'issue de la période de suspension. À défaut d'une telle décision ou lorsque le ministre décide de lever la suspension, l'agrément est rétabli pour sa durée résiduelle.

En cas de manquement particulièrement grave de l'organisme aux obligations ou conditions mentionnées à l'alinéa précédent, l'agrément est retiré sans délai par arrêté motivé du ministre chargé de l'environnement après que le représentant de l'organisme a été invité à présenter ses observations.

CHAPITRE V. – DISPOSITIONS PROPRES AUX COURS D'EAU NON DOMANIAUX

Section I. – Droits des riverains

(Anc. sect. unique implicitement devenue la présente section, D. n° 2007-1760, 14 déc. 2007)

Art. R. 215-1. – Les dispositions relatives aux servitudes de passage pour l'exécution de travaux, l'exploitation et l'entretien d'ouvrages figurent aux articles R. 152-29 à R. 152-35 du Code rural et de la pêche maritime.

Section II. – Entretien régulier des milieux aquatiques

(D. n° 2007-1760, 14 déc. 2007 (1) ; intitulé mod., D. n° 2024-62, 31 janv. 2024)

Art. R. 215-2 *(D. n° 2007-1760, 14 déc. 2007)*. – L'entretien régulier du cours d'eau auquel est tenu le propriétaire en vertu de l'article L. 215-14 est assuré par le seul recours à l'une ou plusieurs des opérations prévues par ledit article et au faucardage localisé ainsi qu'aux anciens règlements et usages locaux relatifs à l'entretien des milieux aquatiques qui satisfont aux conditions prévues par l'article L. 215-15-1, et sous réserve que le déplacement ou l'enlèvement localisé de sédiments auquel il est le cas échéant procédé n'ait pas pour effet de modifier sensiblement le profil en long et en travers du lit mineur.

Art. R. 215-3 *(D. n° 2007-1760, 14 déc. 2007)*. – Les opérations groupées d'entretien régulier prévues par l'article L. 215-15 ont en outre pour objet de maintenir, le cas échéant, l'usage particulier des cours d'eau, canaux ou plans d'eau.

(D. n° 2024-62, 31 janv. 2024) Le curage ponctuel mentionné au II de l'article L. 215-15 ayant pour objectif de remédier à un dysfonctionnement du transport naturel des sédiments de nature à empêcher le libre écoulement des eaux ou à nuire au bon fonctionnement des milieux aquatiques ou de lutter contre l'eutrophisation est une intervention ayant uniquement pour objet la restauration des fonctionnalités naturelles des milieux aquatiques.

Art. R. 215-4 *(D. n° 2007-1760, 14 déc. 2007)*. – Toute opération d'entretien régulier à l'échelle d'une unité hydrographique cohérente projetée par l'État et ses établissements publics doit être effectuée selon les modalités prévues pour les opérations groupées par l'article L. 215-15.

Art. R. 215-5 *(Abr. à compter du 1er août 2021, D. n° 2021-1000, 30 juill. 2021)*.

CHAPITRE VI. – SANCTIONS

Section I. – Constatation des infractions

Art. R. 216-1 à R. 216-6 *((2) Abr., D. n° 2014-813, 17 juill. 2014)*.

(1) L'entretien des cours d'eau domaniaux et de leurs dépendances s'effectue selon les fins et dans les conditions prévues par les présentes dispositions, D. n° 2007-1760, 14 déc. 2007, art. 10.

(2) Dispositions applicables à Mayotte, D. n° 2007-1467, 12 oct. 2007, art. 15.

Section II. – Sanctions pénales

Sous-section 1. – Sanctions relatives aux déversements

Art. R. 216-7 *(Mod., D. n° 2009-550, 18 mai 2009).* – Est puni de l'amende prévue pour les contraventions de la 5e classe :

1° Le fait d'épandre des graisses ou des sables, ou des matières de curage sans que celles-ci aient fait l'objet du traitement prévu à l'article R. 211-29 ;

2° Le fait de mélanger des boues provenant d'installations de traitement distinctes ou avec d'autres produits ou déchets en méconnaissance des dispositions de l'article R. 211-29 ;

3° Le fait, pour le producteur de boues, de ne pas respecter l'obligation de traitement ou, à défaut, les précautions d'emploi fixées en vertu de l'article R. 211-32 ;

4° Le fait, pour le producteur de boues ou, à défaut, l'entreprise chargée de la vidange des dispositifs d'assainissement non collectif, de ne pas mettre en place un dispositif de surveillance des épandages, ou de ne pas tenir à jour le registre mentionné à l'article R. 211-34, ou de ne pas fournir régulièrement aux utilisateurs de boues les informations figurant dans celui-ci ou de ne pas effectuer la transmission des informations mentionnée au V de l'article R. 211-34 ;

5° Le fait, pour le producteur de boues, de n'avoir pas élaboré, avant l'épandage, l'étude mentionnée à l'article R. 211-33 ou, le cas échéant, d'avoir réalisé l'épandage sans élaborer les documents prévus à l'article R. 211-39 ;

6° Le fait, pour quiconque, de ne pas respecter les prescriptions techniques applicables aux épandages mentionnés aux articles R. 211-40 à R. 211-45.

Art. R. 216-8. – I. – Est puni de l'amende prévue pour les contraventions de la 1re classe l'épandage d'effluents d'exploitations agricoles sur les terrains à forte pente, dans des conditions qui entraîneraient leur ruissellement hors du champ d'épandage.

II. – Est puni de l'amende prévue pour les contraventions de la 4e classe l'épandage des effluents agricoles :

1° Sur les sols pris en masse par le gel ou abondamment enneigés, exception faite des effluents solides, ou pendant les périodes de forte pluviosité ;

2° En dehors des terres agricoles régulièrement travaillées et des forêts et prairies normalement exploitées ;

3° À l'aide de dispositifs d'aérodispersion produisant des brouillards fins ;

4° À des distances des berges des cours d'eau, des lieux de baignade et des plages, des piscicultures et des zones conchylicoles, des points de prélèvement d'eau, des habitations et des établissements recevant du public, inférieures à celles fixées par l'arrêté prévu à l'article R. 211-53.

III. – Est puni de l'amende prévue pour les contraventions de la 5e classe le déversement direct d'effluents agricoles dans les eaux superficielles, souterraines ou de la mer.

Art. R. 216-8-1 *(D. n° 2007-1467, 12 oct. 2007* (1) *; mod., D. n° 2014-1671, 30 déc. 2014).* – Est punie de l'amende prévue pour les contraventions de la 5e classe la mise sur le marché de détergents en méconnaissance de l'annexe VI *bis* du règlement (CE) n° 259/2012 du Parlement européen et du Conseil du 14 mars 2012 modifiant le règlement (CE) n° 648/2004 en ce qui concerne l'utilisation des phosphates et autres composés du phosphore dans les détergents textiles destinés aux consommateurs et les détergents pour lave-vaisselle automatiques destinés aux consommateurs.

Sous-section 2. – Sanctions particulières aux zones soumises à des contraintes environnementales

Art. R. 216-9. – Est puni de l'amende prévue pour les contraventions de la 5e classe le fait de contrevenir aux mesures de limitation ou de suspension provisoire des usages de l'eau prescrites par les arrêtés mentionnés aux articles R. 211-66 à R. 211-69.

Art. R. 216-10 *(Mod., D. n° 2013-786, 28 août 2013).* – Sans préjudice des dispositions des articles L. 216-6 à L. 216-13, est puni de l'amende prévue pour les contraventions de la 5e classe le fait de ne pas

(1) Dispositions applicables à Mayotte, D. n° 2007-1467, 12 oct. 2007, art. 15.

respecter, dans les zones vulnérables, les mesures du programme d'actions national et des programmes d'actions régionaux, respectivement prises en application des articles R. 211-81 et R. 211-81-1, sauf dérogation décidée en application de l'article R. 211-81-5.

Art. R. 216-11. – Sans préjudice des sanctions encourues en application des articles L. 480-1 et suivants du Code de l'urbanisme, est puni de l'amende prévue pour les contraventions de la 5ᵉ classe le fait :

1° De réaliser des travaux ou ouvrages en violation d'une interdiction édictée par l'arrêté préfectoral prévu à l'article R. 211-99 ;

2° De réaliser des travaux ou ouvrages soumis à déclaration sans avoir fait la déclaration préalable mentionnée à l'article R. 211-103.

Sous-section 3. – Sanctions relatives aux activités, installations et usages

Art. R. 216-12 *(Mod., D. n° 2007-1381, 24 sept. 2007 ; D. n° 2010-671, 18 juin 2010* (1) *; D. n° 2014-750, 1ᵉʳ juill. 2014 ; mod. à compter du 1ᵉʳ mars 2017, D. n° 2017-81, 26 janv. 2017 ; mod., D. n° 2019-1381, 17 déc. 2019).* – I. – Est puni de l'amende prévue pour la contravention de la 5ᵉ classe :

1° Le fait, lorsqu'une déclaration est requise pour un ouvrage, une installation, un travail ou une activité, d'exploiter un ouvrage ou une installation ou de participer à sa mise en place, de réaliser un travail, d'exercer une activité, sans détenir le récépissé de déclaration ou avant l'expiration du délai d'opposition indiqué sur ce récépissé ;

2° Le fait de réaliser un ouvrage, une installation, des travaux ou d'exercer une activité soumis à autorisation ou à déclaration sans se conformer au projet figurant dans le dossier déposé par le pétitionnaire ou le déclarant, au vu duquel la demande a été autorisée ou le récépissé délivré ainsi que le fait de ne pas prendre les mesures correctives ou compensatoires prévues par ce projet ;

3° Le fait de réaliser un ouvrage, une installation, des travaux ou d'exercer une activité soumis à autorisation sans satisfaire aux prescriptions édictées par arrêté ministériel ou fixées par le préfet dans l'arrêté d'autorisation et les arrêtés complémentaires ;

4° Le fait de ne pas respecter les prescriptions édictées par arrêté ministériel en application des articles L. 211-2, L. 214-1 et L. 214-3, qui sont attachées à la déclaration de l'ouvrage, de l'installation, des travaux ou de l'activité, ou de ne pas respecter les prescriptions modificatives ou complémentaires édictées par le préfet ;

5° Le fait de ne pas effectuer les travaux de modification ou de suppression des ouvrages, installations ou aménagements ou de remise en état du site prescrits par l'arrêté préfectoral retirant l'autorisation sur le fondement de l'article L. 214-4 ou de l'article L. 181-23 ou de ne pas respecter les conditions dont est assortie, par le même arrêté, la réalisation de ces travaux ;

6° Le fait pour le bénéficiaire de l'autorisation ou le déclarant d'apporter une modification à l'ouvrage, à l'installation, à leur mode d'utilisation, à la réalisation des travaux ou à l'aménagement en résultant ou à l'exercice de l'activité ou à leur voisinage, sans l'avoir préalablement portée à la connaissance du préfet, conformément à l'article R. 181-46 ou à l'article R. 214-40, si cette modification est de nature à entraîner un changement notable des éléments du dossier de demande d'autorisation ou de déclaration ;

7° Le fait d'être substitué au bénéficiaire d'une autorisation ou d'une déclaration sans en faire la déclaration au préfet conformément à l'article R. 181-47 et au premier alinéa de l'article R. 214-40-2 ;

8° Le fait pour l'exploitant ou, à défaut, le propriétaire de ne pas déclarer, en application du dernier alinéa de l'article R. 214-45, la cessation définitive, ou pour une période supérieure à deux ans, soit de l'exploitation d'un ouvrage ou d'une installation, soit de son affectation telle qu'indiquée dans la demande d'autorisation, l'autorisation, ou la déclaration ;

9° Le fait pour l'exploitant, l'utilisateur ou, à défaut, le propriétaire ou le responsable de la conduite des opérations d'omettre de déclarer tout événement mentionné à l'article R. 214-46 ;

10° Le fait pour l'exploitant ou à défaut le propriétaire ou le responsable de l'activité, d'omettre, soit de fournir les informations prévues par le premier alinéa de l'article R. 214-53, lorsque viennent à être inscrits à la nomenclature prévue à l'article L. 214-2, des installations, ouvrages, travaux ou activités jusqu'alors

(1) Application en Polynésie française, en Nouvelle-Calédonie et dans les îles Wallis-et-Futuna : V. D. n° 2010-671, 18 juin 2010, art. 8, I.

dispensés d'autorisation ou de déclaration, soit de produire les pièces qui peuvent être exigées par le préfet pour l'application du III de l'article L. 214-6.

11° Le fait de ne pas respecter les conditions de prélèvements d'eau et les modalités de répartition prescrites par les arrêtés pris en application des articles R. 214-24, R. 214-31-2 ou R. 214-31-3 ;

12° Le fait de conforter, remettre en eau ou en exploitation des installations ou ouvrages existants fondés en titre ou autorisés avant le 16 octobre 1919 pour une puissance hydroélectrique inférieure à 150 kW, sans avoir procédé à l'information préalable du préfet prévue à l'article R. 214-18-1.

II. – Les personnes morales déclarées responsables pénalement, dans les conditions prévues à l'article 121-2 du Code pénal, des infractions définies au I encourent, outre l'amende suivant les modalités prévues par l'article 131-41 du Code pénal, la peine de confiscation de la chose qui a servi ou était destinée à commettre l'infraction ou de la chose qui en est le produit.

NB : Se reporter aux dispositions de l'article 17 du décret n° 2017-81 du 26 janvier 2017 qui précisent les réserves d'entrée en vigueur.

Sous-section 4. – Autres sanctions

Art. R. 216-13. – Est puni de l'amende prévue pour les contraventions de la 5e classe le fait :

1° De détruire totalement ou partiellement des conduites d'eau ou fossés évacuateurs ;

2° D'apporter volontairement tout obstacle au libre écoulement des eaux.

Sous-section 5. – Récidive

Art. R. 216-14 *(Mod., D. n° 2007-1467, 12 oct. 2007)* (1). – La récidive des contraventions de la 5e classe prévues par les articles R. 216-7, R. 216-8-1, R. 216-10, le I de l'article R. 216-12 et l'article R. 216-13 est réprimée conformément aux dispositions des articles 132-11 et 132-15 du Code pénal.

Section III. – Transaction pénale

(Créée, D. n° 2007-598, 24 avr. 2007) (2).

Art. R. 216-15 à R. 216-17 *(Abr., D. n° 2014-368, 24 mars 2014).*

CHAPITRE VII. – DÉFENSE NATIONALE

Art. R. 217-1 *(Rempl. à compter du 1er mars 2017, D. n° 2017-81, 26 janv. 2017 ; mod., D. n° 2020-133, 18 févr. 2020).* – Pour les installations, ouvrages, travaux et activités relevant du ministre de la défense, ou situés dans une enceinte placée sous l'autorité de celui-ci, sont exercés par le ministre de la défense les pouvoirs et attributions dévolus au préfet :

– par le chapitre unique du titre VIII du livre Ier, à l'exception de ceux relatifs au certificat de projet, dans les conditions prévues par l'article R. 181-55 ;

– par les sous-sections 1 à 4 de la section 1 du chapitre IV du titre Ier du présent livre, dans les conditions prévues par le présent chapitre.

Art. R. 217-2 à R. 217-5 *(Abr. à compter du 1er mars 2017, D. n° 2017-81, 26 janv. 2017).*

Art. R. 217-6. – Pour les installations, ouvrages, travaux ou activités soumis à déclaration, le ministre de la Défense adresse au préfet une copie du récépissé de la déclaration et du texte des prescriptions générales et, dans le cas où il y a application de l'article R. 214-39, une copie de l'arrêté fixant les prescriptions complémentaires, en vue de l'exécution des mesures de publicité prévues à l'article R. 214-37.

Art. R. 217-7 *(Mod. à compter du 1er mars 2017, D. n° 2017-81, 26 janv. 2017 ; mod., D. n° 2020-133, 18 févr. 2020).* – Ne sont pas applicables aux installations, ouvrages, travaux et activités relevant du ministre

(1) Dispositions applicables à Mayotte, D. n° 2007-1467, 12 oct. 2007, art. 15.
(2) Dispositions applicables à Mayotte, D. n° 2007-598, 24 avr. 2007, art. 4.

de la défense, ou situés dans une enceinte placée sous l'autorité de celui-ci, et réalisés dans le cadre d'opérations sensibles intéressant la défense nationale mentionnées à l'article L. 2391-1 du Code de la défense ou soumis à des règles de protection du secret de la défense nationale, les dispositions du troisième alinéa de l'article R. 214-23 en tant qu'elles sont relatives à la consultation du conseil départemental de l'environnement et des risques sanitaires et technologiques, des articles R. 214-27, R. 214-28, R. 214-37 et du 4e alinéa de l'article R. 214-39.

Art. R. 217-8 *(Abr. à compter du 1er mars 2017, D. n° 2017-81, 26 janv. 2017).*

Art. R. 217-9 *(Rempl. à compter du 1er mars 2017, D. n° 2017-81, 26 janv. 2017).* **– Le ministre De la défense transmet chaque année au ministre chargé de l'environnement un rapport sur les conditions d'application des dispositions du chapitre Ier du titre VIII du livre Ier et des chapitres Ier à VII du présent titre.**

Lorsque leur importance le justifie au regard de l'environnement et de la sécurité, les rapports particuliers relatifs aux installations, ouvrages, travaux ou activités établis par les services du ministre de la Défense sont adressés aux préfets concernés.

Art. R. 217-10 *(Mod. à compter du 1er mars 2017, D. n° 2017-81, 26 janv. 2017 ; mod., D. n° 2020-133, 18 févr. 2020).* **– Dans le cas d'installations, ouvrages, travaux ou activités soumis à des règles de protection du secret de la défense nationale mais ne concernant pas des installations ou enceintes relevant du ministre de la défense :**

1° Toute personne, de droit public ou privé, travaillant pour les services du ministère de la défense doit porter à la connaissance du préfet les informations, détenues par les autorités militaires, qui sont soumises à des règles de protection du secret de la défense nationale et qu'il y a lieu de respecter au cours des procédures prévues par le chapitre unique du titre VIII du livre Ier et par les sous-sections 1 à 4 de la section 1 du chapitre IV du titre Ier du présent livre ;

2° L'instruction préalable aux décisions prises en application des articles L. 214-1 à L. 214-6, la surveillance des installations, ouvrages, travaux ou activités et la constatation des infractions, prévue à l'article L. 216-3, sont effectuées par des personnes habilitées au secret de la défense nationale. Les personnels de laboratoires ou organismes appelés à procéder aux analyses et contrôles des prélèvements effectués doivent également être habilités au secret de la défense nationale.

CHAPITRE VIII. – DISPOSITIONS SPÉCIALES AUX EAUX MARINES ET AUX VOIES OUVERTES À LA NAVIGATION MARITIME

Section I. – Pollution par les rejets des navires

Art. R. 218-1. – Les mesures de prévention de la pollution par les navires sont énoncées au décret n° 84-810 du 30 août 1984 modifié relatif à la sauvegarde de la vie humaine, à l'habitabilité à bord des navires et à la prévention de la pollution.

Transposition du paquet Erika III. Suite au naufrage de l'Érika, l'Union européenne a mis en place trois séries de mesures dédiées à la sécurité maritime. Le dernier paquet législatif, dit paquet « Erika III », est marqué par l'adoption, le 23 avril 2009, de six directives et de deux règlements. Pour assurer la transposition nationale des nouvelles règles de sécurité, d'hygiène, d'habitabilité à bord des navires et de prévention de la pollution des navires français et étrangers, le décret n° 2012-161 du 30 janvier 2012 (JO 2 févr. 2012) a modifié en profondeur les dispositions du décret n° 84-810 du 30 août 1984 (JO 1er sept. 1984) auquel l'article R. 218-1 fait référence. – Décret n° 84-810 du 30 août 1984 modifié relatif à la sauvegarde de la vie humaine, à l'habitabilité à bord des navires et à la prévention de la pollution modifié par décret n° 2016-1693, 9 déc. 2016 (JO 10 déc. 2016).

Art. R. 218-2 *(Mod., D. n° 2019-966, 18 sept. 2019).* **– Le siège et le ressort des tribunaux judiciaires compétents pour connaître de la poursuite, de l'instruction et du jugement des infractions visées à l'article L. 218-29 sont fixés au tableau IV *quater* de l'article R. 312-11 du Code de l'organisation judiciaire ci-après reproduit :**

Tableau IV *quater*

TRIBUNAUX de grande instance compétents	COMPÉTENCE TERRITORIALE s'étendant aux ressorts des cours d'appel de
Le Havre	Douai, Amiens, Rouen, Caen.
Brest	Rennes, Poitiers, Bordeaux, Pau.
Marseille	Aix-en-Provence, Nîmes, Montpellier, Bastia.
Fort-de-France	Fort-de-France, Basse-Terre.
Saint-Denis-de-la-Réunion	Saint-Denis-de-la-Réunion.
TRIBUNAL de première instance	COMPÉTENCE TERRITORIALE s'étendant au ressort du tribunal supérieur d'appel de
Saint-Pierre-et-Miquelon	Saint-Pierre-et-Miquelon.

Attention. L'article R. 312-11 du Code de l'organisation judiciaire et le tableau annexé à cet article ont été abrogés par le décret 2008-522 du 2 juin 2008 portant refonte de la partie réglementaire du code.

NB : Conformément à l'article 9 du décret n° 2019-966 du 18 septembre 2019, les présentes dispositions entrent en vigueur le 1er janvier 2020.

Section II. – Pollution par les opérations d'immersion

Art. R. 218-3. – Les opérations de dragage en milieu marin et les opérations de rejet, dans ce milieu, de sédiments issus d'opérations de dragage sont soumises à autorisation ou à déclaration au titre de la rubrique 4.1.3.0 de la nomenclature annexée à l'article R. 214-1.

Loi sur l'eau. Le dragage et/ou tout rejet y afférent en milieu marin est soumis à déclaration ou à autorisation sous la rubrique 4.1.3.0. de la nomenclature sur l'eau annexée à l'article R. 214-1 du présent code. Le régime applicable varie en fonction de la teneur des sédiments extraits, de la localisation du rejet et du volume *in situ* dragué (V. annexe art. R. 214-1, p. 1877).

Section III. – Mesures de police maritime d'urgence

Art. D. 218-4. – Le capitaine de tout navire transportant des hydrocarbures est tenu, dès l'entrée dans les eaux territoriales françaises, d'adresser au préfet maritime par voie radio-électrique un message indiquant :

1° La date et l'heure d'entrée dans les eaux territoriales ;

2° La position, la route et la vitesse du navire ;

3° La nature du chargement.

Voir : Circ. 24 mars 1978 relative à la circulation dans les eaux territoriales françaises des navires transportant des hydrocarbures (*JO* 26 mars).

Art. D. 218-5. – Le capitaine de tout navire se portant, aux fins d'assistance ou de remorquage, au secours d'un navire qui, transportant des hydrocarbures et naviguant à moins de 50 milles marins des côtes françaises, est victime d'un accident de mer est tenu, dès réception de la demande d'assistance, de signaler au préfet maritime la position et la nature des avaries du navire en difficulté.

Il le tient informé du déroulement de son intervention.

Art. R. 218-6 *(Mod., D. n° 2015-1789, 28 déc. 2015)*. **– I. – Dans les cas d'avarie ou d'accident mentionnés à l'article L. 218-72, l'autorité compétente pour adresser la mise en demeure prévue par ledit article est, selon la localisation du navire, aéronef, engin ou plate-forme en état d'avarie ou accidenté :**

1° Le préfet maritime, dans les ports militaires, et, dans le cadre de son autorité de police administrative générale en mer, dans la limite de la région maritime et à partir de la laisse de basse mer, sauf dans les ports à

l'intérieur de leurs limites administratives, dans les estuaires en deçà des limites transversales de la mer et dans les baies fermées dont la liste et les limites sont fixées par arrêté du Premier ministre ;

2° Le président du directoire dans les grands ports maritimes ou » le directeur, dans les ports autonomes ;

3° Le président du conseil régional, dans les ports régionaux ou » le président du conseil départemental, dans les ports départementaux ;

4° Le maire, dans les ports communaux ou le président de l'organe délibérant, dans les ports relevant de la compétence d'un groupement de collectivités territoriales ;

5° Le préfet dans les ports non militaires relevant de la compétence de l'État, autres que les ports autonomes, dans les estuaires et les baies fermées dont la liste et les limites sont fixées par arrêté du Premier ministre, et sur le rivage.

II. – Dans le cas où il peut y avoir doute sur la limite de partage des compétences entre l'une de ces autorités et le préfet maritime, cette autorité et le préfet maritime interviennent conjointement.

III. – Le préfet maritime peut déléguer ses pouvoirs de mise en demeure au commandant de la marine dans les ports militaires et dans les autres cas au directeur départemental des territoires et de la mer. Le préfet peut déléguer ses pouvoirs de mise en demeure au « directeur départemental des territoires et de la mer ».

Art. R. 218-7. – Les autorités visées à l'article R. 218-6 et à l'article R. 218-13 apprécient l'opportunité de procéder à la mise en demeure à partir des renseignements obtenus quant à la nature de l'avarie ou de l'accident, la nature, la quantité, le conditionnement, l'emplacement des substances nocives, dangereuses ou des hydrocarbures transportés ou se trouvant à bord, ainsi que tous renseignements ou documents permettant d'organiser la lutte contre le danger ou les conséquences préjudiciables prévisibles.

Art. R. 218-8. – Sont habilités à recueillir les renseignements indispensables auprès du capitaine du navire, du commandant de l'aéronef, du responsable de l'engin, de la plate-forme ou de l'installation les personnes ci-après désignées :

1° Administrateurs des affaires maritimes ;

2° Inspecteurs de la navigation et du travail maritimes ;

3° Inspecteurs mécaniciens de la marine marchande ;

4° Officiers du corps technique et administratif des affaires maritimes ;

5° Techniciens experts des services de la sécurité de la navigation maritime ;

6° Contrôleurs des affaires maritimes (branche technique) ;

7° Syndics des gens de mer ;

8° Personnels embarqués d'assistance et de sauvetage des affaires maritimes ;

9° Techniciens de contrôle des établissements des pêches maritimes ;

10° Ingénieurs et techniciens des services maritimes ;

11° Ingénieurs et techniciens des phares et balises ;

12° Officiers de port, officiers de ports adjoints et surveillance de port ;

13° Ingénieurs et techniciens chargés des bases aériennes ;

14° Ingénieurs de l'armement ;

15° Fonctionnaires des corps techniques de l'aviation civile ;

16° Commandants des bâtiments de la marine nationale ;

17° Commandants des navires de l'État chargés de la surveillance des eaux maritimes ;

18° Commandants de bord des aéronefs militaires, des aéronefs de la protection civile, des aéronefs de l'État affectés à la surveillance des eaux maritimes ;

19° Tous officiers spécialement commissionnés par le préfet maritime ;

20° Guetteurs sémaphoriques ;

21° Agents des douanes ;

22° Officiers et agents de police judiciaire.

Art. R. 218-9. – En cas d'urgence, la mise en demeure au propriétaire ou à l'armateur du navire, au propriétaire ou à l'exploitant de l'aéronef, de l'engin ou de la plate-forme peut être faite au capitaine du navire, au commandant de bord de l'aéronef ou au responsable de l'engin ou de la plate-forme.

Art. R. 218-10. – L'autorité qui a procédé à la mise en demeure peut, sans préjudice des droits et obligations du propriétaire ou de l'armateur du navire, du propriétaire ou de l'exploitant de l'aéronef, de l'engin ou de la plate-forme, faire exécuter les mesures nécessaires pour mettre fin au danger, dans les conditions prévues au deuxième alinéa de l'article L. 218-72.

Art. R. 218-11 *(Mod., D. n° 2015-1789, 28 déc. 2015)*. – Dans les limites territoriales de compétence définies à l'article R. 218-6, les pouvoirs de réquisition prévus à l'article L. 218-72 sont exercés par le préfet maritime et par le préfet du département en particulier sur demande du président du directoire dans les grands ports maritimes, du directeur du port autonome, du président du conseil régional, du président du conseil départemental, du maire concerné ou du président de l'organe délibérant d'un groupement de collectivités territoriales.

Art. R. 218-12. – Les dépenses occasionnées par l'exécution des mesures prévues aux articles R. 218-10 et R. 218-11 dont le coût devra être recouvré auprès du propriétaire, de l'armateur ou de l'exploitant, sont prises en charge à titre provisoire par l'autorité administrative compétente en vertu de l'article R. 218-6.

Art. R. 218-13. – Dans les départements d'outre-mer, les pouvoirs conférés par la présente section au préfet maritime sont exercés par les délégués du Gouvernement cités à l'article 2 du décret n° 2005-1514 du 6 décembre 2005 relatif à l'organisation outre-mer de l'action de l'État en mer, dans les limites de leurs zones de compétence respectives.

Section IV. – Autres dispositions applicables aux rejets nuisibles en mer ou dans les eaux salées

Art. R. 218-14. – La sanction prévue à l'article L. 218-75 est prononcée dans les conditions fixées par le décret n° 90-94 du 25 janvier 1990 pris pour l'application de l'article 3 du décret du 9 janvier 1852 sur l'exercice de la pêche maritime.

Art. R. 218-14-1 *(D. n° 2014-551, 27 mai 2014)*. – Le comptable public compétent mentionné au second alinéa de l'article L. 218-76 du Code de l'environnement est un comptable de la direction générale des finances publiques.

Section V. – Zone de protection écologique

Art. R. 218-15 *(Abr., D. n° 2012-1148, 12 oct. 2012. - V. ce texte)*.

CHAPITRE IX. – POLITIQUES POUR LES MILIEUX MARINS

(D. n° 2011-492, 5 mai 2011)

Section I. – Gestion intégrée de la mer et du littoral

Voir : Décret n° 2012-219 du 16 février 2012 relatif à la stratégie nationale pour la mer et le littoral et aux documents stratégiques de façade (*JO* 17 févr. 2012).

Sous-section 1. – La stratégie nationale pour la mer et le littoral

(D. n° 2012-219, 16 févr. 2012)

Art. R. 219-1 *(D. n° 2012-219, 16 févr. 2012)*. – La stratégie nationale pour la mer et le littoral définie conformément aux dispositions de l'article L. 219-1 est déclinée par des documents stratégiques de façade en métropole et par des documents stratégiques de bassin outre-mer.

Art. R. 219-1-1 *(D. n° 2012-219, 16 févr. 2012).* – La stratégie nationale pour la mer et le littoral traite, dans une perspective de gestion intégrée, des six thèmes suivants :

– la protection des milieux, des ressources, des équilibres biologiques et écologiques ainsi que la préservation des sites, des paysages et du patrimoine ;

– la prévention des risques et la gestion du trait de côte ;

– la connaissance, la recherche et l'innovation ainsi que l'éducation et la formation aux métiers de la mer ;

– le développement durable des activités économiques, maritimes et littorales et la valorisation des ressources naturelles minérales, biologiques et énergétiques ;

– la participation de la France à l'élaboration et à la mise en œuvre de politiques internationales et européennes intégrées pour la protection et la valorisation des espaces et activités maritimes ;

– la gouvernance associée à cette stratégie, les moyens de sa mise en œuvre et les modalités de son suivi et de son évaluation.

Pour chacun de ces thèmes, la stratégie prévoit des objectifs à long terme et à échéance de six ans. Elle identifie un dispositif et des indicateurs de suivi, afin de permettre l'élaboration du rapport que le Gouvernement dépose, tous les trois ans devant le Parlement, conformément à l'article 41 de la loi n° 86-2 du 3 janvier 1986 relative à l'aménagement, la protection et la mise en valeur du littoral.

Elle intègre également la promotion de la dimension maritime des outre-mer, tant pour leur développement économique endogène que pour leur insertion dans leur environnement régional.

Elle précise les modalités selon lesquelles les documents stratégiques de façade et de bassin traduisent et complètent ses orientations et principes.

Art. R. 219-1-2 *(D. n° 2012-219, 16 févr. 2012).* – La stratégie nationale pour la mer et le littoral est élaborée par le ministre chargé de la mer, conformément aux orientations arrêtées par le comité interministériel de la mer.

La concertation nationale est assurée dans le cadre du Conseil national de la mer et des littoraux, qui peut associer à cette démarche notamment les comités consultatifs et organismes consulaires intéressés aux problématiques maritimes et littorales.

La concertation locale est assurée par les conseils maritimes de façade mentionnés à l'article L. 219-6-1 et par les conseils maritimes ultra-marins mentionnés à l'article L. 219-6.

Art. R. 219-1-3 *(D. n° 2012-219, 16 févr. 2012).* – Le projet de stratégie nationale pour la mer et le littoral, accompagné d'une synthèse de son contenu, est mis à la disposition du public, pour une durée de deux mois, par le ministre chargé de la mer, par voie électronique sur le site internet du ministère. Ce site est accessible par les portails internet du ministère chargé de la mer, du secrétariat général de la mer et *(Mots rempl. à compter du 1er janvier 2020, D. n° 2019-1190, 18 nov. 2019)* « l'Agence nationale de la cohésion des territoires ». L'ouverture de cette consultation est annoncée par voie de presse, notamment par la publication, dans au moins deux journaux nationaux, d'un avis indiquant ses dates ainsi que l'adresse des sites internet concernés.

Les observations du public sont présentées, sous forme de synthèse, au Conseil national de la mer et des littoraux, par le ministre chargé de la mer.

NB : Conformément à l'article 14 du décret n° 2019-1190 du 18 novembre 2019, les présentes dispositions entrent en vigueur le 1er janvier 2020.

Art. R. 219-1-4 *(D. n° 2012-219, 16 févr. 2012).* – La stratégie nationale pour la mer et le littoral est adoptée par décret, après avis du Conseil national de la mer et des littoraux.

Art. R. 219-1-5 *(D. n° 2012-219, 16 févr. 2012).* – Le Conseil national de la mer et des littoraux est associé à l'évaluation de la mise en œuvre de la stratégie nationale pour la mer et le littoral, ainsi qu'à l'élaboration du rapport triennal du Gouvernement au Parlement.

Art. R. 219-1-6 *(D. n° 2012-219, 16 févr. 2012).* – I. – La stratégie nationale pour la mer et le littoral est révisée tous les six ans, selon la même procédure que celle suivie pour son élaboration.

II. – La stratégie peut être modifiée en cours d'application, dès lors que son économie générale n'est pas remise en cause par ces modifications. Celles-ci sont approuvées par décret, après avis du Conseil national de la mer et des littoraux.

Sous-section 2. – Le document stratégique de façade

(D. n° 2012-219, 16 févr. 2012)

Art. R. 219-1-7 *(Rempl., D. n° 2017-724, 3 mai 2017)*. – I. – Le document stratégique de façade est élaboré pour chacune des quatre façades métropolitaines ainsi définies :

1° La façade « Manche Est-mer du Nord », correspondant au littoral des régions Hauts-de-France et Normandie et aux espaces maritimes sous souveraineté ou sous juridiction française bordant ces régions ;

2° La façade « Nord Atlantique-Manche Ouest », correspondant au littoral des régions Bretagne et Pays de la Loire et aux espaces maritimes sous souveraineté ou sous juridiction française bordant ces régions ;

3° La façade « Sud Atlantique », correspondant au littoral de la région Nouvelle-Aquitaine et aux espaces maritimes sous souveraineté ou sous juridiction française bordant cette région ;

4° La façade « Méditerranée », correspondant au littoral des régions Occitanie et Provence-Alpes-Côte d'Azur ainsi qu'à celui de la Corse et aux espaces maritimes sous souveraineté ou sous juridiction française bordant ces régions et la Corse.

II. – Le document stratégique de façade décline les orientations de la stratégie nationale pour la mer et le littoral au regard des enjeux économiques, sociaux et écologiques propres à cette façade.

Il est le cadre de l'élaboration de la stratégie marine au sens des articles 3 et 5 de la directive 2008/56/CE du Parlement européen et du Conseil du 17 juin 2008 et contient à ce titre le plan d'action pour le milieu marin dont les éléments sont définis par les articles R. 219-4 à R. 219-9.

Il est également le cadre de la planification de l'espace maritime prévue par la directive 2014/89/UE du Parlement européen et du Conseil du 23 juillet 2014 et contient à ce titre les plans issus du processus de planification.

III. – Le document stratégique comporte les quatre parties suivantes, qui font l'objet d'une élaboration échelonnée et de décisions d'adoption successives :

1° La situation de l'existant dans le périmètre de la façade maritime.

Elle comprend un diagnostic de l'état de l'environnement littoral et marin. Elle présente, y compris de façon cartographique, les usages de l'espace marin et littoral ainsi que les interactions terre-mer, les activités économiques liées à la mer et à la valorisation du littoral, les principales perspectives d'évolution socio-économiques et environnementales et les activités associées. Elle identifie également les principaux enjeux et besoins émergents de la façade, en tenant compte des conflits d'usage existants ou prévisibles. Elle s'appuie sur les meilleures données disponibles ;

2° La définition des objectifs stratégiques et des indicateurs associés.

Ces objectifs sont environnementaux, sociaux et économiques. Ils sont assortis de la définition et de la justification des conditions de coexistence spatiale et temporelle des activités et des usages considérés et de l'identification, dans les espaces maritimes, des zones cohérentes au regard des enjeux et objectifs généraux qui leur sont assignés, tant par le document que par ceux issus d'autres processus. Ils font l'objet de représentations cartographiques ;

3° Les modalités d'évaluation de la mise en œuvre du document stratégique. Cette partie comprend la définition d'un ensemble de critères et d'indicateurs pertinents ;

4° Un plan d'action.

IV. – Chacune des parties du document stratégique de façade comporte un chapitre spécifique qui regroupe ceux des éléments du plan d'action pour le milieu marin prévus par les articles R. 219-5 et R. 219-7 à R. 219-9 qui figurent dans cette partie.

V. – Les plans prévus par l'article L. 219-5-1 peuvent également faire l'objet de chapitres spécifiques des deux premières parties du document stratégique de façade.

VI. – Des arrêtés des ministres chargés de l'environnement et de la mer précisent les critères et méthodes à mettre en œuvre pour élaborer chacune des parties du document stratégique.

Art. R.* 219-1-8 *(D. n° 2012-219, 16 févr. 2012)*. – Le document stratégique de façade est élaboré, adopté et mis en œuvre sous l'autorité des préfets coordonnateurs suivants :

– pour la façade « manche Est-mer du Nord », correspondant aux régions Nord-Pas-de-Calais, Picardie, Haute-Normandie et Basse-Normandie, le préfet maritime de la Manche et de la mer du Nord et le préfet de la région Haute-Normandie ;

– pour la façade « Nord Atlantique-Manche Ouest », correspondant aux régions Bretagne et Pays de la Loire, le préfet maritime de l'Atlantique et le préfet de la région Pays de la Loire ;

– pour la façade « Sud Atlantique », correspondant aux régions Poitou-Charentes et Aquitaine, le préfet maritime de l'Atlantique et le préfet de la région Aquitaine ;

– pour la façade « Méditerranée », correspondant aux régions Languedoc-Roussillon, Provence-Alpes-Côte d'Azur et Corse, le préfet maritime de Méditerranée et le préfet de la région Provence-Alpes-Côte d'Azur.

Art. R. 219-1-9 *(D. n° 2012-219, 16 févr. 2012 ; D. n° 2017-1777, 27 déc. 2017)*. – I. – Pour chaque façade, il est créé une commission administrative de façade qui assure, sous la présidence des préfets coordonnateurs désignés à l'article R.* 219-1-8, l'élaboration et le suivi de la mise en œuvre du document stratégique, en lien avec les préfets coordonnateurs mentionnés à l'article R.* 219-10.

Cette commission administrative de façade comprend :

– les préfets de région, qui associent les préfets de département concernés ;

– les préfets coordonnateurs de bassin concernés ou, en Corse, le président du conseil exécutif de la collectivité de Corse ;

– les directeurs des établissements publics de l'État en charge d'une politique de recherche, de gestion ou de protection liée au littoral et aux milieux marins ;

– les chefs des services déconcentrés concernés.

Les membres de la commission peuvent se faire représenter par un membre du service ou de l'organisme auquel ils appartiennent.

Un arrêté des préfets coordonnateurs désignés à l'article R.* 219-1-8 fixe la composition et le fonctionnement de la commission administrative de façade. La direction interrégionale de la mer concernée assure son secrétariat.

II. – La commission administrative de façade peut entendre toute personnalité qualifiée ou tout représentant d'une collectivité territoriale.

III. – En cas d'absence ou d'empêchement, chacun des préfets coordonnateurs désignés à l'article R.* 219-1-8 peut déléguer la présidence de la commission administrative à un préfet de région ou de département de la façade maritime ou au directeur interrégional de la mer compétent.

Art. R. 219-1-10 *(Rempl., D. n° 2017-724, 3 mai 2017 ; D. n° 2017-1777, 27 déc. 2017)*. – I. – Les préfets coordonnateurs arrêtent le projet de chacune des parties du document stratégique de façade et le transmettent pour avis :

– au conseil maritime de façade ;

– au Conseil national de la mer et des littoraux ;

– aux conseils régionaux et aux conseils départementaux littoraux, ainsi qu'à la collectivité de Corse ;

– aux établissements publics de coopération intercommunale ou aux syndicats mixtes chargés de l'élaboration de schémas de cohérence territoriale côtiers ;

– aux conférences régionales pour la mer et le littoral, lorsqu'elles existent ;

– aux comités de bassin ;

– aux comités régionaux de la biodiversité ;

– aux comités régionaux des pêches maritimes ;

– au chef d'état-major de la marine nationale ;

– aux préfets coordonnateurs des façades limitrophes.

Le rapport environnemental établi en application de l'article R. 122-17 est transmis avec la quatrième partie du document stratégique.

II. – Les avis sont rendus, au plus tard, dans les trois mois suivant la saisine. À défaut, ils sont réputés favorables.

III. – Les projets de chacune des parties du document stratégique de façade sont transmis par les ministres chargés de la mer et de l'environnement aux autorités compétentes des États riverains d'une même région marine pour recueillir leurs observations sur la cohérence du document avec leurs propres stratégie marine et planification de l'espace maritime.

Art. R. 219-1-11 *(Rempl., D. n° 2017-724, 3 mai 2017)*. – Les ministres chargés de l'environnement et de la mer veillent, à l'occasion des consultations sur les parties du document stratégique de façade, à ce que celui-ci respecte les principes et orientations de la stratégie nationale pour la mer et le littoral, qu'il s'avère compatible avec les autres documents stratégiques de façade et qu'il soit cohérent et coordonné avec les stratégies marines et les planifications de l'espace maritime adoptées par les autres États membres, pour la région marine concernée, pour la mise en œuvre de la directive 2008/56/CE du Parlement européen et du Conseil du 17 juin 2008 établissant un cadre d'action communautaire dans le domaine de la politique pour le milieu marin et de la directive 2014/89/UE du Parlement européen et du Conseil du 23 juillet 2014 établissant un cadre pour la planification de l'espace maritime.

Art. R. 219-1-12 *(Rempl., D. n° 2017-724, 3 mai 2017).* – Chaque partie du document stratégique, modifiée le cas échéant pour tenir compte des avis rendus et des observations recueillies, est adoptée par arrêté des préfets coordonnateurs.

Après son adoption, chaque partie du document stratégique de façade est publiée, avec la synthèse des observations et propositions du public dont elle a fait l'objet ainsi que le rapport environnemental lorsqu'il est établi, sur un site internet dont l'adresse est précisée par l'arrêté prévu à l'alinéa précédent. Les parties du document stratégique de façade initialement élaboré sont adoptées au plus tard :

– le 15 juillet 2018 pour la situation de l'existant dans le périmètre de la façade maritime et la définition des objectifs stratégiques et des indicateurs associés ;

– le 15 juillet 2020 pour les modalités d'évaluation de la mise en œuvre du document stratégique ;

– le 31 décembre 2021 pour le plan d'action.

En outre, le plan d'action doit être lancé au plus tard le 31 décembre 2022.

Art. R. 219-1-13 *(Rempl., D. n° 2017-724, 3 mai 2017).* – Les ministres chargés de l'environnement, de la mer et des affaires étrangères, ainsi que les préfets coordonnateurs veillent à la cohérence de la mise en œuvre du document stratégique avec les autorités compétentes des États voisins et s'attachent à la renforcer à l'occasion de la mise à jour de ces éléments.

Art. R. 219-1-14 *(Rempl., D. n° 2017-724, 3 mai 2017).* – Les parties du document stratégique de façade sont mises à jour tous les six ans à compter de la date de leur adoption initiale par l'arrêté prévu à l'article R. 219-1-12 selon la procédure applicable à leur élaboration.

Sous-section 3. – Les conseils maritimes ultramarins

(D. n° 2014-483, 13 mai 2014)

Art. R. 219-1-15 *(D. n° 2014-483, 13 mai 2014).* – I. – Il est créé quatre bassins maritimes :

1° Le bassin « Antilles », correspondant aux littoraux et aux eaux sous souveraineté ou juridiction françaises bordant la Martinique, la Guadeloupe, Saint-Martin et Saint-Barthélemy ;

2° Le bassin « Sud océan Indien », correspondant aux littoraux et aux eaux sous souveraineté ou juridiction françaises bordant La Réunion, Mayotte et les Terres australes et antarctiques françaises ;

3° Le bassin « Guyane », correspondant aux littoraux et aux eaux sous souveraineté ou juridiction françaises bordant la Guyane ;

4° Le bassin « Saint-Pierre-et-Miquelon », correspondant aux littoraux et aux eaux sous souveraineté ou juridiction françaises bordant l'archipel de Saint-Pierre-et-Miquelon.

II. – Un conseil maritime ultramarin est créé dans chaque bassin maritime mentionné au I. Le conseil maritime ultramarin prend en compte les spécificités statutaires et les enjeux propres à chaque territoire qui le compose.

Art. R. 219-1-16 *(D. n° 2014-483, 13 mai 2014).* – Le conseil maritime ultramarin émet des recommandations sur tous les sujets relevant de la mer et du littoral.

Il peut être saisi pour avis de toute question intéressant ces sujets par le ou les préfets concernés, une collectivité ou un groupement appartenant au bassin concerné, ainsi que par un tiers des membres du conseil maritime ultramarin.

Dans chaque bassin maritime, le conseil maritime ultramarin exerce ses compétences sous réserve de celles reconnues aux collectivités.

Il élabore, sous la présidence des préfets mentionnés à l'article R. 219-1-17, le document stratégique de bassin prévu à l'article L. 219-6.

Art. R. 219-1-17 *(D. n° 2014-483, 13 mai 2014)*. – La présidence du conseil maritime ultramarin est assurée selon les modalités suivantes :

1° Pour le bassin « Antilles », conjointement par les préfets de la Martinique et de la Guadeloupe, ou leurs représentants. Le préfet délégué pour Saint-Martin et pour Saint-Barthélemy, ou son représentant, est de droit vice-président du conseil ;

2° Pour le bassin « Sud océan Indien », conjointement par le préfet de La Réunion, le préfet de Mayotte et l'administrateur supérieur des Terres australes et antarctiques françaises ou leurs représentants ;

3° Pour le bassin « Guyane », par le préfet de la Guyane ou son représentant ;

4° Pour le bassin « Saint-Pierre-et-Miquelon », conjointement par le préfet et le président du conseil territorial, ou leurs représentants.

Art. R. 219-1-18 *(D. n° 2014-483, 13 mai 2014)*. – Le conseil maritime ultramarin comporte quatre-vingts membres au plus.

Il est composé de six collèges :

1° Le collège des représentants de l'État et de ses établissements publics ;

2° Le collège des représentants des collectivités territoriales et de leurs groupements ;

3° Le collège des représentants des entreprises présentes dans le bassin concerné, dont l'activité se rapporte à l'exploitation ou à l'usage direct de la mer ou du littoral ;

4° Le collège des représentants des organisations syndicales de salariés dont les activités ont un lien direct avec l'exploitation ou l'usage de la mer ou du littoral ;

5° Le collège des représentants des associations et fondations de protection de l'environnement littoral ou marin, ou d'usagers de la mer et du littoral ;

6° Le collège des personnalités qualifiées représentatives notamment du monde scientifique.

Au sein des conseils maritimes ultramarins, les collèges mentionnés aux 1° et 2° ont le même nombre de membres. Par rapport à l'effectif global du conseil, le total des membres de ces deux collèges ne peut excéder 65 % et celui des personnalités qualifiées 12 %.

Un arrêté conjoint des préfets mentionnés à l'article R. 219-1-17 nomme les membres du conseil maritime ultramarin.

Le mandat des membres du conseil maritime ultramarin est d'une durée de trois ans renouvelable. Le membre du conseil qui, au cours de son mandat, cesse d'exercer les fonctions au titre desquelles il a été désigné pour quelque cause que ce soit est remplacé, pour la durée restant à courir, par une personne désignée dans les mêmes conditions.

Art. R. 219-1-19 *(D. n° 2014-483, 13 mai 2014)*. – Le conseil maritime ultramarin se réunit en tant que de besoin et au moins une fois par an, sur convocation des présidents. Il est également réuni par les présidents, à la demande d'un tiers de ses membres.

L'ordre du jour du conseil maritime ultramarin est fixé par sa présidence.

Une commission, dite « du document stratégique de bassin maritime », est chargée de son élaboration. Elle est constituée par la réunion des collèges du conseil mentionnés aux 1° et 2° de l'article R. 219-1-18.

Le conseil peut créer, à la majorité de ses membres, des commissions spécialisées, des commissions géographiques ou des groupes de travail temporaires. Les commissions spécialisées, les commissions géographiques et les groupes de travail sont constitués de membres du conseil, de représentants de l'État ou de ses établissements publics et de personnalités choisies en raison de leur compétence. Ils peuvent entendre toute personne ou recueillir tout avis dans les domaines dont ils sont chargés.

Art. R. 219-1-20 *(D. n° 2014-483, 13 mai 2014)*. – Le conseil maritime ultramarin adopte son règlement intérieur à la majorité de ses membres. Il peut se doter d'une commission permanente.

Dans chaque bassin, un arrêté conjoint des préfets mentionnés à l'article R. 219-1-17 détermine la composition et le fonctionnement du secrétariat du conseil maritime.

Art. R. 219-1-21 *(D. n° 2014-483, 13 mai 2014 ; D. n° 2016-308, 17 mars 2016)*. – Les membres du conseil maritime ultramarin peuvent se faire suppléer dans les conditions prévues à l'article R. 133-3 du Code des relations entre le public et l'administration.

Art. R. 219-1-22 *(D. n° 2014-483, 13 mai 2014).* – Les fonctions de membre du conseil maritime ultramarin sont exercées à titre gratuit.

Sous-section 4. – Le document stratégique de bassin maritime

(D. n° 2014-483, 13 mai 2014)

Art. R. 219-1-23 *(D. n° 2014-483, 13 mai 2014).* – Le document stratégique de bassin maritime précise et complète les orientations de la stratégie nationale pour la mer et le littoral au regard de ses enjeux économiques, sociaux et écologiques propres.

Sous réserve des compétences reconnues aux collectivités, il traite des quatre premiers thèmes de la stratégie nationale mentionnés à l'article R. 219-1-1. Il peut en outre préciser l'application des éléments propres à la gouvernance prévue par les conventions et accords internationaux, en fonction des spécificités du bassin.

Le document stratégique de bassin maritime décrit la situation de l'existant dans le périmètre du bassin, notamment l'état de l'environnement tant en mer que sur le littoral. Il expose également les conditions d'utilisation de l'espace marin et littoral, les activités économiques liées à la mer et à la valorisation du littoral, ainsi que les principales perspectives d'évolution socio-économiques et environnementales et les activités associées.

Il définit et justifie les orientations retenues en matière de développement des activités maritimes, de protection des milieux, de surveillance et de contrôle, d'équipement et d'affectation des espaces aux différents usages, en mer comme sur le littoral, ainsi que les mesures destinées à les mettre en œuvre. Il peut dans ce cadre définir la vocation particulière de zones déterminées.

Le document stratégique de bassin maritime peut comporter des dispositions spécifiques par sous-ensemble géographique.

Le document stratégique de bassin maritime comporte un rapport et des annexes, auxquels peuvent être joints des documents graphiques.

Art. R. 219-1-24 *(D. n° 2014-483, 13 mai 2014).* – Le projet de document stratégique de bassin maritime élaboré par la commission mentionnée au troisième alinéa de l'article R. 219-1-19 est soumis à l'avis du conseil maritime ultramarin réuni en séance plénière.

Avant son adoption, la présidence du conseil transmet le projet de document stratégique de bassin maritime pour avis aux organismes suivants :

– les conseils généraux et les conseils régionaux ;

– les conseils économiques, sociaux et environnementaux régionaux ;

– le Conseil national de la mer et des littoraux ;

– les comités régionaux des pêches maritimes et des élevages marins ou à défaut le Comité national de la pêche et des élevages marins ;

– les comités de bassin et les offices de l'eau ;

– les commissions nautiques locales prévues à l'article 5 du décret n° 86-606 du 14 mars 1986 relatif aux commissions nautiques ;

– les chambres consulaires, les agences régionales de santé, les comités régionaux de la conchyliculture, les conseils de coordination interportuaires, les établissements publics de l'État chargés d'une politique de recherche, de gestion ou de protection liée au littoral et aux milieux marins, les syndicats mixtes d'aménagement et de gestion des parcs naturels régionaux et les associations agréées de protection de la nature dont les statuts prévoient qu'elles agissent pour la protection du milieu littoral et marin sur la base des listes établies par les préfets de département.

Ces avis sont rendus au plus tard dans les trois mois suivant la saisine. À défaut, ils sont réputés favorables.

Art. R. 219-1-25 *(D. n° 2014-483, 13 mai 2014).* – En complément du projet de document stratégique de bassin maritime, une synthèse de son contenu est mise à la disposition du public pendant une durée de deux mois sur les sites internet du ministère chargé de la mer, du ministère chargé des outre-mer et de chaque préfecture de région et de département concernés.

Cette consultation est annoncée, avec l'objectif d'assurer l'information sur l'ensemble de la zone géographique concernée, par la publication dans deux journaux locaux d'un avis indiquant les dates de consultation et l'adresse des sites internet, ainsi que par un communiqué de presse.

Les observations du public font l'objet d'un compte rendu de synthèse à l'intention de la commission du document stratégique de bassin maritime du conseil maritime ultramarin.

Art. R. 219-1-26 *(D. n° 2014-483, 13 mai 2014)*. – À l'issue des consultations mentionnées aux articles R. 219-1-24 et R. 219-1-25, le projet de document stratégique de bassin maritime et les avis rendus sont transmis par la présidence du conseil maritime ultramarin au ministre chargé des outre-mer et au ministre chargé de la mer. Le cas échéant, celui-ci lui fait connaître les observations justifiées par la mise en compatibilité et en cohérence du document avec la stratégie nationale pour la mer et le littoral.

Éclairée par l'ensemble des avis recueillis, la commission du document stratégique de bassin maritime mentionnée au troisième alinéa de l'article R. 219-1-19 valide son projet. Celui-ci, accompagné d'une synthèse des procédures consultatives intervenues, est soumis pour avis final au conseil maritime ultramarin réuni en séance plénière.

Le document stratégique de bassin maritime est alors adopté par arrêté conjoint des préfets mentionnés à l'article R. 219-1-17.

Art. R. 219-1-27 *(D. n° 2014-483, 13 mai 2014)*. – Sous réserve des compétences conférées à d'autres autorités administratives, les préfets du bassin maritime concerné veillent à la mise en œuvre des documents stratégiques de bassin, le cas échéant avec les autorités compétentes des États voisins. Pour l'accomplissement de cette mission, ils animent et coordonnent l'action des représentants de l'État intéressés.

Art. R. 219-1-28 *(D. n° 2014-483, 13 mai 2014)*. – Toute modification du document stratégique de bassin maritime ne remettant pas en cause son économie générale est effectuée par arrêté conjoint des préfets mentionnés à l'article R. 219-1-17 après avis favorable de la majorité des membres de la commission mentionnée au troisième alinéa de l'article R. 219-1-19 et communication au conseil maritime ultramarin réuni en séance plénière.

Le document stratégique de bassin maritime fait l'objet, tous les six ans, d'une révision dans les mêmes conditions que son élaboration.

Section II. – Plan d'action pour le milieu marin

(Mod., D. n° 2011-492, 5 mai 2011 ; D. n° 2017-724, 3 mai 2017) (1)

Voir : Décret n° 2011-492 du 5 mai 2011 relatif au plan d'action pour le milieu marin (*JO* 6 mai 2011). – Circulaire du 17 octobre 2011 relative à la mise en œuvre du décret n° 2011-492 relatif au plan d'action pour le milieu marin (*BO* MEDDTL 10 nov. 2011). – Arrêté du 28 avril 2015 relatif aux critères et méthodes pour l'élaboration et la mise en œuvre du programme de surveillance du plan d'action pour le milieu marin (*JO* 3 mai 2015).

1) Présentation. Le décret n° 2011-492 du 5 mai 2011, pris en application de la loi Grenelle II, fixe les dispositions relatives au plan d'action pour le milieu marin prévu par la directive cadre stratégique pour le milieu marin du 17 juin 2008. Ce plan, mis à jour tous les six ans, comprend une évaluation initiale de l'état écologique actuel des eaux marines et de l'impact environnemental sur ces eaux au plus tard le 14 juillet 2012, la définition du bon état écologique pour ces mêmes eaux au plus tard le 15 juillet 2012, une série d'objectifs environnementaux et d'indicateurs associés en vue de parvenir au bon état écologique au plus tard à cette même date, un programme de surveillance en vue de l'évaluation permanente et de la mise à jour périodique des objectifs au plus tard le 15 juillet 2014 et enfin un programme de mesures fondées sur l'évaluation initiale de l'état écologique actuel des eaux marines destiné à réaliser et maintenir un bon état écologique du milieu marin ou à conserver celui-ci, au plus tard le 31 décembre 2015. Le contenu de ces cinq éléments est défini aux articles R. 219-5 à R. 219-9 du présent code, dont les trois premiers sont éclairés par les dispositions de la circulaire du 17 octobre 2011. En outre, le décret met en place un système de gouvernance de ces plans d'action en fonction des quatre zones maritimes biogéographiques établies au niveau international.

(1) Antérieurement aux modifications opérées par l'article 5 du décret n° 2017-724 du 3 mai 2017, la présente section comprenait une sous-section 1 : Dispositions générales (articles R. 219-2 et R. 219-3) ; une sous-section 2 : Contenu (articles R. 219-4 à R. 219-9) et une sous-section 3 : Élaboration, approbation, mise en œuvre et mise à jour (articles R.* 219-10 à R. 219-17). – NDLR.

2) Évaluation environnementale. Le décret précité a par ailleurs inclus à la liste des plans, schémas, programmes et autres documents de planification visés à l'article R. 122-17 du présent code le plan d'action pour le milieu marin.

Art. R. 219-2 *(D. n° 2011-492, 5 mai 2011).* **– Le plan d'action pour le milieu marin prévu par les articles L. 219-9 à L. 219-11 constitue la stratégie marine au sens des articles 3 et 5 de la directive n° 2008/56/CE du Parlement européen et du Conseil du 17 juin 2008 établissant un cadre d'action communautaire dans le domaine de la politique pour le milieu marin.**

À noter que la directive n° 2008/56/CE du Parlement européen et du Conseil du 17 juin 2008 établissant un cadre d'action communautaire dans le domaine de la politique pour le milieu marin, et tenant compte de la politique commune de la pêche (*JOUE* 25 juin 2008), a été modifiée par la directive n° 2017/845 du 17 mai 2017 (*JOUE* n° L 125, 18 mai 2017).

Art. R. 219-3 *(Rempl., D. n° 2017-724, 3 mai 2017).* **– Le plan d'action pour le milieu marin est élaboré dans le cadre du document stratégique de façade, selon la procédure et les modalités prévues pour celui-ci par les articles R. 219-1-7 à R. 219-1-14.**

Art. R. 219-4 *(Rempl., D. n° 2017-724, 3 mai 2017).* **– Le plan d'action pour le milieu marin est constitué des chapitres spécifiques des quatre parties du document stratégique de façade prévus par le IV de l'article R. 219-1-7 qui regroupent les éléments énumérés par les 1° et 3° à 5° du I de l'article L. 219-9, ainsi que par l'arrêté du ministre chargé de l'environnement définissant le bon état écologique des eaux marines prévue par le 2° du même I pour tous les plans d'action pour le milieu marin.**

Voir : A. 28 avr. 2015 (*JO* 3 mai 2015), art. 9. Mise à jour du programme de surveillance. Le programme de surveillance est mis à jour tous les six ans à compter de son approbation pour prendre en compte les besoins issus de la mise à jour des autres éléments du plan d'action pour le milieu marin tel que prévu à l'article R. 219-4 susvisé.

Art. R. 219-5 *(D. n° 2011-492, 5 mai 2011 ; mod., D. n° 2017-724, 3 mai 2017 ; D. n° 2021-1692, 17 déc. 2021).* **– Pour l'évaluation initiale de l'état écologique des eaux marines et de l'impact environnemental des activités humaines sur ces eaux prévue par le 1° du I de l'article L. 219-9 :**

1° L'analyse des spécificités et caractéristiques essentielles des eaux marines et de leur état écologique est fondée sur les listes indicatives d'éléments figurant dans le tableau 1 de l'annexe III de la directive n° 2008/56/CE du Parlement européen et du Conseil du 17 juin 2008 mentionnée à l'article R. 219-2, telle que modifiée par la directive (UE) 2017/845 de la Commission du 17 mai 2017 et comporte les caractéristiques physiques chimiques et biologiques, les types d'habitat et l'hydromorphologie ;

2° L'analyse des principales pressions et des principaux impacts, notamment dus à l'activité humaine, sur l'état écologique des eaux est fondée sur la liste indicative d'éléments figurant dans le tableau 2 de l'annexe III de la directive n° 2008/56/CE du Parlement européen et du Conseil du 17 juin 2008 mentionnée à l'article R. 219-2, telle que modifiée par la directive (UE) 2017/845 de la Commission du 17 mai 2017, comporte les éléments qualitatifs et quantitatifs des diverses pressions physiques, chimiques et biologiques et de leurs impacts ainsi que les tendances perceptibles et inclut les effets cumulatifs et synergiques.

Ces analyses ainsi que l'analyse économique et sociale de l'utilisation des eaux marines et du coût de la dégradation du milieu tiennent également compte de tous autres éléments pertinents d'évaluation des eaux marines issus de la mise en œuvre de la législation européenne, notamment dans les domaines de l'eau, de la conservation des habitats naturels, de la faune et de la flore sauvages, des oiseaux sauvages, ainsi que des accords internationaux et de la politique commune de la pêche.

Voir : A. 17 déc. 2012 relatif aux critères et méthodes à mettre en œuvre pour l'élaboration et l'évaluation initiale du plan d'action pour le milieu marin.

Art. R. 219-6 *(D. n° 2011-492, 5 mai 2011).* **– La définition du bon état écologique des eaux marines prévue par le 2° du I de l'article L. 219-9 est arrêtée par le ministre chargé de l'environnement pour tous les plans d'action pour le milieu marin.**

Elle permet d'apprécier et de comparer, d'une sous-région marine à l'autre, dans quelle mesure le bon état écologique est maintenu ou atteint.

Elle se réfère aux éléments utilisés dans l'évaluation initiale prévus par l'article R. 219-5.

Elle identifie un ensemble de critères et d'indicateurs pertinents caractérisant un bon état écologique pour chaque sous-région marine fondés sur :

– les descripteurs qualitatifs mentionnés à l'annexe 1 de la directive 2008/56/CE du Parlement européen et du Conseil du 17 juin 2008 mentionnée à l'article R. 219-2 ;

– les critères et normes méthodologiques mentionnés dans la décision 2010/477/UE de la Commission du 1er septembre 2010 relative aux critères et aux normes méthodologiques concernant le bon état écologique des eaux marines ;

– les spécificités des sous-régions marines.

Voir : A. 17 déc. 2012 relatif à la définition du bon état écologique des eaux marines.

À noter que la décision de la Commission n° 2010/477/UE du 1er septembre 2010 relative aux critères et aux normes méthodologiques concernant le bon état écologique des eaux marines (*JOUE* n° L 232, 2 sept.) à laquelle renvoie l'article R. 219-6, a été abrogée par la décision de la Commission n° 2017/848 du 17 mai 2017 établissant des critères et des normes méthodologiques applicables au bon état écologique des eaux marines ainsi que des spécifications et des méthodes normalisées de surveillance et d'évaluation (*JOUE* n° L 125, 18 mai 2017).

Art. R. 219-7 *(D. n° 2011-492, 5 mai 2011 ; mod., D. n° 2012-219, 16 févr. 2012 ; D. n° 2017-724, 3 mai 2017)*. **– Les objectifs environnementaux et les indicateurs associés en vue d'atteindre ou de maintenir un bon état écologique du milieu marin mentionnés au 3° du I de l'article L. 219-9 sont définis en se référant aux éléments utilisés dans l'évaluation initiale prévus par l'article R. 219-5 et en tenant compte des caractéristiques figurant sur la liste de l'annexe IV de la directive n° 2008/56/CE du Parlement européen et du Conseil du 17 juin 2008 mentionnée à l'article R. 219-2.**

Ces objectifs environnementaux sont cohérents avec ceux applicables aux mêmes eaux et approuvés dans un cadre européen ou international, notamment en matière de conservation des ressources biologiques de la mer dans le cadre de la politique commune de la pêche, ainsi qu'avec ceux fixés au niveau national, sous réserve des dispositions plus contraignantes de l'article R. 219-4.

Voir : A. 18 déc. 2012 relatif aux critères et méthodes à mettre en œuvre pour l'élaboration des objectifs environnementaux et indicateurs associés du plan d'action pour le milieu marin.

Art. R. 219-8 *(D. n° 2011-492, 5 mai 2011 ; mod., D. n° 2017-724, 3 mai 2017)*. **– Le programme de surveillance mentionné au 4° du I de l'article L. 219-9 est élaboré et mis en œuvre en se référant aux éléments utilisés dans l'évaluation initiale prévus par l'article R. 219-5 et en se fondant sur la liste figurant à l'annexe V de la directive n° 2008/56/CE du Parlement européen et du Conseil du 17 juin 2008 mentionnée à l'article R. 219-2.**

Il s'appuie sur les dispositifs d'évaluation et de surveillance issus de la mise en œuvre de la législation européenne et d'accords internationaux, notamment dans les domaines de l'eau, de la conservation des habitats naturels, de la faune et de la flore sauvages, des oiseaux sauvages, ainsi que de la conservation des ressources biologiques de la mer, notamment dans le cadre de la politique commune de la pêche.

Le ministre chargé de l'environnement et les préfets coordonnateurs s'assurent pour, respectivement, les régions et les sous-régions marines :

– que les programmes de surveillance au sein d'une sous-région ou d'une région marine sont cohérents ;

– que les méthodes de surveillance sont homogènes, afin de faciliter la comparaison entre les résultats de la surveillance d'une sous-région ou d'une région marine à l'autre ;

– que les impacts transfrontières significatifs et des spécificités transfrontières sont pris en compte.

Voir : A. 28 avr. 2015 relatif aux critères et méthodes pour l'élaboration et la mise en œuvre du programme de surveillance du plan d'action pour le milieu marin (*JO* 3 mai 2015).

1) Définitions. L'article 2 de l'arrêté du 28 avril 2015 précise les définitions de « surveillance » et de « programme de surveillance du plan d'action pour le milieu marin ». On entend premièrement par « surveillance » un suivi standardisé de l'état écologique du milieu marin et, lorsque cela est pertinent, des pressions qui s'y exercent et de leurs impacts sur le milieu. Ce suivi est organisé de manière répétée, régulière, systématique et couvre de manière représentative l'ensemble des eaux marines. On entend deuxièmement par « programme de surveillance du plan d'action pour le milieu marin » la description de l'ensemble des dispositifs, existants ou à mettre en place, permettant la collecte ou la production de données pour réaliser cette surveillance en vue de répondre aux objectifs d'analyse et d'évaluation posés par l'article 1er de l'arrêté.

2) Critères et méthodes pour l'élaboration et la mise en œuvre du programme de surveillance du plan d'action pour le milieu marin. L'arrêté du 28 avril 2015, publié au *JO* du 3 mai 2015, précise les modalités d'élaboration, de révision et de mise en œuvre des programmes de surveillance des PAMM. Il décrit en outre le contenu attendu des programmes de surveillance (paramètres, méthodes et protocoles utilisés pour la collecte des données, zones concernées par la collecte des données, échantillonnage spatial et modalités temporelles de l'acquisition des données) et les modalités d'accès, d'utilisation et de traitement des données produites par les dispositifs décrits dans le programme de surveillance, ainsi que leurs finalités (utilisation/valorisation/mise à disposition) pour répondre aux objectifs en matière d'accès des données posés par la directive n° 2008/58/CE.

3) Cohérence entre programmes de surveillance. V. A. 28 avr. 2015, art. 4. Cette mise en cohérence est réalisée :

1) à l'échelon européen, dans le cadre des travaux menés dans les instances dédiées à la mise en œuvre de la directive-cadre stratégie pour le milieu marin susvisée ; 2) à l'échelon des régions et sous-régions marines, dans le cadre des travaux menés dans les conventions de mers régionales (convention OSPAR pour l'Atlantique et convention de Barcelone pour la Méditerranée) et autres instances internationales existant au titre des politiques sectorielles ainsi que dans le cadre d'échanges avec les États voisins ; 3) à l'échelon national, par des modalités d'élaboration du programme de surveillance permettant d'assurer une cohérence entre les programmes adoptés pour les eaux françaises de chacune des quatre sous-régions marines concernées. Cette mise en cohérence est assurée par le ministre en charge de l'environnement et les préfets coordonnateurs des sous-régions marines, chacun pour les éléments qui le concernent. Pour ce faire, ils s'appuient sur les autorités compétentes des politiques sectorielles concernées. Chaque programme de surveillance décrit précisément les modalités de cette mise en cohérence.

Art. R. 219-9 *(D. n° 2011-492, 5 mai 2011 ; mod., D. n° 2017-724, 3 mai 2017).* **– Le programme de mesures mentionné au 5° du I de l'article L. 219-9, destiné à atteindre ou à maintenir un bon état écologique des eaux marines, est élaboré et mis en œuvre sur la base de l'évaluation initiale, en se référant aux objectifs environnementaux prévus par l'article R. 219-7 et en tenant compte des types de mesures énumérés à l'annexe VI de la directive n° 2008/56/CE du Parlement européen et du Conseil du 17 juin 2008 mentionnée à l'article R. 219-2.**

Le programme tient compte des mesures pertinentes requises au titre de la législation européenne, en particulier au titre des directives n° 91/271/CEE du Conseil du 21 mai 1991 relative au traitement des eaux urbaines résiduaires, n° 2000/60/CE du Parlement européen et du Conseil du 23 octobre 2000 établissant un cadre pour une politique communautaire dans le domaine de l'eau et n° 2006/7/CE du Parlement européen et du Conseil du 15 février 2006 concernant la gestion de la qualité des eaux de baignade et abrogeant la directive 76/160/CEE, ainsi que des normes de qualité environnementale dans le domaine de l'eau ou des accords internationaux pertinents. Il tient également compte des mesures prises pour la conservation des ressources biologiques de la mer, notamment dans le cadre de la politique commune de la pêche.

Le programme comprend des mesures de protection particulières pour les zones marines susceptibles de constituer des zones spéciales de conservation au titre de la directive n° 92/43/CEE Conseil du 21 mai 1992 concernant la conservation des habitats naturels ainsi que de la faune et de la flore sauvages, des zones de protection spéciale au titre de la directive n° 2009/147/CE du Parlement européen et du Conseil du 30 novembre 2009 concernant la conservation des oiseaux sauvages ou des aires marines protégées au sens de l'article L. 334-1.

Il est tenu compte des incidences que ce programme de mesures pourrait avoir sur les eaux situées au-delà des eaux marines sous juridiction, afin de réduire au minimum le risque de dégradation de ces eaux et, si possible, de produire un effet positif sur celles-ci.

Les mesures propres au programme sont assorties de la précision de leur périmètre, de l'autorité à laquelle incombe leur application, des modalités de leur mise en œuvre et de leur contribution à la réalisation des objectifs environnementaux du plan d'action.

Le programme de mesures est assorti du rapport environnemental établi en application des articles L. 122-4 et L. 122-6. L'évaluation préalable des mesures propres au plan d'action pour le milieu marin, et notamment l'évaluation de leur efficacité au regard de leur coût, figure dans le rapport environnemental.

Les mesures, informations et justifications ainsi que les recommandations qui peuvent, dans les cas prévus par le paragraphe 5 de l'article 13 et par l'article 15 de la directive 2008/56/CE du Parlement européen et du Conseil du 17 juin 2008 mentionnée à l'article R. 219-2, être adressées à la Commission européenne sont jointes à la notification qui est faite du programme de mesures dans les trois mois suivant son élaboration.

Art. R.* 219-10 *(D. n° 2011-492, 5 mai 2011).* – Sous réserve des compétences conférées à d'autres autorités administratives par la présente section, les préfets coordonnateurs conjointement chargés d'organiser l'élaboration du plan d'action pour le milieu marin, de l'approuver et de coordonner sa mise en œuvre sont :

1° Pour la sous-région marine Manche-mer du Nord, le préfet maritime de la Manche et de la mer du Nord et le préfet de la région Haute-Normandie ;

2° Pour la sous-région marine des mers celtiques, le préfet maritime de l'Atlantique et le préfet de la région Pays de la Loire ;

3° Pour la sous-région marine du golfe de Gascogne, le préfet maritime de l'Atlantique et le préfet de la région Pays de la Loire ;

4° Pour la sous-région marine de la Méditerranée occidentale, le préfet maritime de la Méditerranée et le préfet de la région Provence-Alpes-Côte d'Azur.

Les préfets coordonnateurs des sous-régions marines Manche mer du Nord, mers celtiques et golfe de Gascogne s'assurent de la cohérence des éléments des plans d'action dont ils ont respectivement la charge.

TITRE II. – AIR ET ATMOSPHÈRE

CHAPITRE Ier. – SURVEILLANCE DE LA QUALITÉ DE L'AIR ET INFORMATION DU PUBLIC

Section I. – Surveillance de la qualité de l'air ambiant (1)

(Rempl., D. n° 2010-1250, 21 oct. 2010)

Art. R. 221-1 *(Rempl., D. n° 2010-1250, 21 oct. 2010).* – (1) I. – Au sens du présent titre, on entend par :

1° Air ambiant, l'air extérieur de la troposphère, à l'exclusion des lieux de travail tels que définis à l'article R. 4211-2 du Code du travail et auxquels le public n'a normalement pas accès ;

(1) Le Conseil d'État a jugé qu'« eu égard à la persistance des dépassements observés [...], les plans relatifs à la qualité de l'air pour les zones en cause et leurs conditions de mise en œuvre doivent être regardés comme insuffisants au regard des obligations [découlant de la directive n° 2008/50/CE du 21 mai 2008 et de ses textes de transposition], dès lors qu'ils n'ont pas permis que la période de dépassement des valeurs limites soit la plus courte possible ; que les exigences prévues aux articles L. 222-4 et L. 222-5 du Code de l'environnement, qui transposent l'article 23 de la directive [n° 2008/50/CE] du 21 mai 2008, doivent donc être regardées comme méconnues » et « qu'en refusant d'élaborer, pour les zones concernées par ces dépassements, des plans relatifs à la qualité de l'air conformes à ces dispositions et permettant que la période de dépassement des valeurs limites soit la plus courte possible, l'autorité investie du pouvoir réglementaire a méconnu ces dispositions », ■ CE, 12 juill. 2017, n° 394254, *Ass. Les amis de la Terre France* : *JurisData* n° 2017-014183.

Par cette décision, la Haute juridiction a « enjoint au Premier ministre et au ministre chargé de l'environnement de prendre toutes les mesures nécessaires pour que soit élaboré et mis en œuvre, pour chacune des zones énumérées [ZUR Rhône-Alpes, Paris Ile-de-France, Marseille Provence-Alpes-Côte-d'Azur, Toulon Provence-Alpes-Côte-d'Azur, Nice Provence-Alpes-Côte-d'Azur, Saint-Étienne Rhône-Alpes, Grenoble Rhône-Alpes, Lyon Rhône-Alpes, Strasbourg Alsace, Montpellier Languedoc-Roussillon, ZUR Champagne-Ardenne et Toulouse Midi-Pyrénées], un plan relatif à la qualité de l'air permettant de ramener les concentrations en dioxyde d'azote et en particules fines PM10 sous les valeurs limites fixées par l'article R. 221-1 du Code de l'environnement dans le délai le plus court possible et de le transmettre à la Commission européenne avant le 31 mars 2018 ». – NDLR.

2° Polluant, toute substance présente dans l'air ambiant et pouvant avoir des effets nocifs sur la santé humaine ou sur l'environnement dans son ensemble ;

3° Niveau de polluant atmosphérique, la concentration d'un polluant dans l'air ambiant ou la masse de son dépôt sur les surfaces en un temps donné ;

4° Dépassement de norme de qualité de l'air, un niveau supérieur à une norme de qualité de l'air ;

5° Objectif de qualité, un niveau à atteindre à long terme et à maintenir, sauf lorsque cela n'est pas réalisable par des mesures proportionnées, afin d'assurer une protection efficace de la santé humaine et de l'environnement dans son ensemble ;

6° Valeur cible, un niveau à atteindre, dans la mesure du possible, dans un délai donné, et fixé afin d'éviter, de prévenir ou de réduire les effets nocifs sur la santé humaine ou l'environnement dans son ensemble ;

7° Valeur limite, un niveau à atteindre dans un délai donné et à ne pas dépasser, et fixé sur la base des connaissances scientifiques afin d'éviter, de prévenir ou de réduire les effets nocifs sur la santé humaine ou sur l'environnement dans son ensemble ;

8° Marge de dépassement, l'excédent par rapport à la valeur limite qui peut être admis dans les conditions fixées par le présent code ;

9° Niveau critique, un niveau fixé sur la base des connaissances scientifiques, au-delà duquel des effets nocifs directs peuvent se produire sur certains récepteurs, tels que les arbres, les autres plantes ou écosystèmes naturels, à l'exclusion des êtres humains ;

10° Seuil d'information et de recommandation, un niveau au-delà duquel une exposition de courte durée présente un risque pour la santé humaine de groupes particulièrement sensibles au sein de la population et qui rend nécessaires l'émission d'informations immédiates et adéquates à destination de ces groupes et des recommandations pour réduire certaines émissions ;

11° Seuil d'alerte, un niveau au-delà duquel une exposition de courte durée présente un risque pour la santé de l'ensemble de la population ou de dégradation de l'environnement, justifiant l'intervention de mesures d'urgence ;

12° Indicateur d'exposition moyenne (IEM), une concentration moyenne à laquelle est exposée la population et qui est calculée pour une année donnée à partir des mesures effectuées sur trois années civiles consécutives dans des lieux caractéristiques de la pollution de fond urbaine répartis sur l'ensemble du territoire ;

13° Obligation en matière de concentration relative à l'exposition, le niveau fixé sur la base de l'indicateur d'exposition moyenne et devant être atteint dans un délai donné, afin de réduire les effets nocifs sur la santé humaine ;

14° Objectif de réduction de l'exposition, un pourcentage de réduction de l'indicateur d'exposition moyenne de la population, fixé pour l'année de référence, dans le but de réduire les effets nocifs sur la santé humaine, et devant être atteint dans la mesure du possible sur une période donnée ;

15° « PM10 », les particules passant dans un orifice d'entrée calibré dans les conditions prévues par arrêté du ministre chargé de l'environnement, avec un rendement de séparation de 50 % pour un diamètre aérodynamique de 10 µm ;

16° « PM2, 5 », les particules passant dans un orifice d'entrée calibré dans les conditions prévues par arrêté du ministre chargé de l'environnement, avec un rendement de séparation de 50 % pour un diamètre aérodynamique de 2, 5 µm ;

17° Oxydes d'azote, la somme du rapport de mélange en volume (ppbv) de monoxyde d'azote (oxyde nitrique) et de dioxyde d'azote, exprimé en unités de concentration massique de dioxyde d'azote (µg/m^3) ;

18° Composés organiques volatils (COV), les composés organiques provenant de sources anthropiques et biogènes, autres que le méthane, capables de produire des oxydants photochimiques par réaction avec des oxydes d'azote sous l'effet du rayonnement solaire ;

19° Contribution des sources naturelles à la pollution atmosphérique, les émissions de polluants qui ne résultent pas directement ou indirectement des activités humaines, mais qui sont dues à des événements naturels, tels que les éruptions volcaniques, les activités sismiques, les activités géothermiques, les feux de terres non cultivées, les vents violents, les embruns marins, la resuspension atmosphérique ou le transport de particules naturelles provenant de régions désertiques.

II. – Les normes de qualité de l'air, déterminées selon des méthodes définies par arrêté du ministre chargé de l'environnement, sont établies par polluant comme suit :

1. *Oxydes d'azote* :

1.1. Dioxyde d'azote :

***a)* Objectif de qualité : 40 µg/m^3 en moyenne annuelle civile ;**

***b)* Seuil d'information et de recommandation : 200 µg/m^3 en moyenne horaire ;**

***c)* Seuils d'alerte :**

400 µg/m^3 en moyenne horaire, dépassé pendant trois heures consécutives ;

200 µg/m^3 en moyenne horaire si la procédure d'information et de recommandation pour le dioxyde d'azote a été déclenchée la veille et le jour même et que les prévisions font craindre un nouveau risque de déclenchement pour le lendemain ;

***d)* Valeur limite horaire pour la protection de la santé humaine : 200 µg/m^3 en moyenne horaire à ne pas dépasser plus de dix-huit fois par année civile, cette valeur limite étant applicable à compter du 1er janvier 2010 ;**

***e)* Valeur limite annuelle pour la protection de la santé humaine : 40 µg/m^3 en moyenne annuelle civile, cette valeur étant applicable à compter du 1er janvier 2010.**

1.2. Oxydes d'azote :

Niveau critique annuel pour la protection de la végétation : 30 µg/m^3 en moyenne annuelle civile.

2. *Particules « PM10 » et « PM2,5 »* :

2.1. Particules « PM10 » :

***a)* Objectif de qualité : 30 µg/m^3 en moyenne annuelle civile ;**

***b)* Seuil d'information et de recommandation : 50 µg/m^3 en moyenne journalière selon des modalités de déclenchement définies par arrêté du ministre chargé de l'environnement ;**

***c)* Seuil d'alerte : 80 µg/m^3 en moyenne journalière selon des modalités de déclenchement définies par arrêté du ministre chargé de l'environnement ;**

***d)* Valeurs limites pour la protection de la santé :**

50 µg/m^3 en moyenne journalière à ne pas dépasser plus de trente-cinq fois par année civile ;

40 µg/m^3 en moyenne annuelle civile.

2.2. Particules « PM2,5 » :

***a)* Objectif national de réduction de l'exposition : fixé dans le tableau ci-dessous, en pourcentage de l'« IEM 2011 », indicateur d'exposition moyenne de référence correspondant à la concentration moyenne annuelle en µg/m^3 sur les années 2009, 2010 et 2011 :**

OBJECTIF DE RÉDUCTION DE L'EXPOSITION par rapport à l'indicateur d'exposition moyenne de 2011		ANNÉE AU COURS DE LAQUELLE L'OBJECTIF de réduction de l'exposition devrait être atteint
« IEM 2011 » en µg/m^3	Objectif de réduction en pourcentage	2020
≤ 8,5	0 %	
> 8,5 - <13	10 %	
= 13 - < 18	15 %	
= 18 - < 22	20 %	
≥ 22	Toutes mesures appropriées pour atteindre 18 µg/m^3	

***b)* Obligation en matière de concentration relative à l'exposition : 20 µg/m^3 à atteindre en 2015 ;**

***c)* Objectif de qualité : 10 µg/m^3 en moyenne annuelle civile ;**

***d)* Valeur cible : 20 µg/m^3 en moyenne annuelle civile ;**

e) Valeur limite : 25 µg/m³ en moyenne annuelle civile, augmentés des marges de dépassement suivantes pour les années antérieures au 1er janvier 2015 :

ANNÉE	2010	2011	2012	2013	2014
Marge de dépassement (en µg/m³)	4	3	2	1	1

3. *Plomb :*

a) Objectif de qualité : 0,25 µg/m³ en concentration moyenne annuelle civile ;

b) Valeur limite : 0,5 µg/m³ en moyenne annuelle civile.

4. *Dioxyde de soufre :*

a) Objectif de qualité : 50 µg/m³ en moyenne annuelle civile ;

b) Seuil d'information et de recommandation : 300 µg/m³ en moyenne horaire ;

c) Seuil d'alerte : 500 µg/m³ en moyenne horaire, dépassé pendant trois heures consécutives ;

d) Valeurs limites pour la protection de la santé humaine :

350 µg/m³ en moyenne horaire à ne pas dépasser plus de vingt-quatre fois par année civile ;

125 µg/m³ en moyenne journalière à ne pas dépasser plus de trois fois par année civile ;

e) Niveau critique pour la protection de la végétation : 20 µg/m³ en moyenne annuelle civile et 20 µg/m³ en moyenne sur la période du 1er octobre au 31 mars.

5. *Ozone :*

a) Objectif de qualité pour la protection de la santé humaine : 120 µg/m³ pour le maximum journalier de la moyenne sur huit heures, pendant une année civile ;

b) Objectif de qualité pour la protection de la végétation : 6 000 µg/m³.h en AOT40, calculé à partir des valeurs enregistrées sur une heure de mai à juillet ;

c) Valeur cible pour la protection de la santé humaine : 120 µg/m³ pour le maximum journalier de la moyenne sur huit heures, seuil à ne pas dépasser plus de vingt-cinq jours par année civile en moyenne calculée sur trois ans ou, à défaut d'une série complète et continue de données annuelles sur cette période, calculée sur des données valides relevées pendant un an ;

d) Valeur cible pour la protection de la végétation : 18 000 µg/m³.h en AOT40, calculées à partir des valeurs sur une heure de mai à juillet en moyenne calculée sur cinq ans ou, à défaut d'une série complète et continue de données annuelles sur cette période, calculée sur des données valides relevées pendant trois ans ;

e) Seuil de recommandation et d'information : 180 µg/m³ en moyenne horaire ;

f) Seuil d'alerte pour une protection sanitaire pour toute la population : 240 µg/m³ en moyenne horaire ;

g) Seuils d'alerte pour la mise en œuvre progressive de mesures d'urgence :

- 1er seuil : 240 µg/m³ en moyenne horaire, dépassé pendant trois heures consécutives ;
- 2e seuil : 300 µg/m³ en moyenne horaire, dépassé pendant trois heures consécutives ;
- 3e seuil : 360 µg/m³ en moyenne horaire.

6. *Monoxyde de carbone :*

Valeur limite pour la protection de la santé humaine : 10 mg/m³ pour le maximum journalier de la moyenne glissante sur huit heures.

7. *Benzène :*

a) Objectif de qualité : 2 µg/m³ en moyenne annuelle civile ;

b) Valeur limite pour la protection de la santé humaine : 5 µg/m³ en moyenne annuelle civile.

8. *Métaux lourds et hydrocarbures aromatiques polycycliques :*

a) Pour l'application du présent article, le benzo(a)pyrène est utilisé comme traceur du risque cancérogène lié aux hydrocarbures aromatiques polycycliques dans l'air ambiant. Les hydrocarbures aromatiques polycycliques correspondent aux composés organiques formés d'au moins deux anneaux aromatiques fusionnés entièrement constitués de carbone et d'hydrogène ;

b) Les concentrations en arsenic, cadmium, nickel et benzo(a)pyrène correspondent à la teneur totale de ces éléments et composés dans la fraction « PM10 » ;

c) Valeurs cibles applicables à compter du 31 décembre 2012 :

POLLUANT	ARSENIC	CADMIUM	NICKEL	BENZO(A)PYRÈNE
Valeur cible (1)	6 ng/m³	5 ng/m³	20 ng/m³	1 ng/m³
(1) Moyenne, calculée sur une année civile, du contenu total de la fraction « PM10 ». Le volume d'échantillonnage est mesuré dans les conditions ambiantes.				

III. – Un arrêté du ministre chargé de l'environnement précise les modalités d'application du présent article. Il définit notamment les méthodes pour déterminer le maximum journalier de la moyenne sur huit heures, l'AOT40 et l'indicateur d'exposition moyenne (IEM).

Bibliographie : M. Moliner-Dubost, *Le décret du 7 novembre 2008 relatif à la qualité de l'air : Dr. env.* 2009, n° 169, p. 30. • O. Le Bot, *Carence de l'État à lutter contre la pollution de l'air : jugement du tribunal administratif de Montreuil : D.* 2019, p. 1488.

Voir : A. 20 août 2014 relatif aux recommandations sanitaires en vue de prévenir les effets de la pollution de l'air sur la santé : JONC 31 août 2014.

L'arrêté du 20 août 2014, pris par le ministère des Affaires sociales et de la Santé, précise aux acteurs chargés de l'information du public en cas d'épisode de pollution de l'air ambiant les informations et recommandations les plus appropriées à communiquer aux populations vulnérables et à la population en générale, suivant les caractéristiques de l'épisode. De plus, cet arrêté précise que le ministre de la Santé ou le directeur général de l'agence régionale de santé pourront, si besoin, modifier ces informations ou recommandations ou encore ajouter de nouvelles recommandations.

A. 26 déc. 2016, relatif au découpage des régions en zones administratives de surveillance de la qualité de l'air ambiant (*JO* 30 déc. 2016, n° 303) ;

A. 19 avr. 2017, relatif au dispositif national de surveillance de la qualité de l'air ambiant (*JO* 22 avr. 2017).

1) Assignation en justice de la France pour non-respect de la réglementation sur la qualité de l'air. Après avoir mis la France en demeure de respecter les valeurs limites d'exposition de la population aux microparticules PM10, la Commission européenne, en l'absence d'amélioration de la qualité de l'air dans 15 zones en France, décide de poursuivre celle-ci devant la CJUE. Dans ces 15 zones, qui représentent les grandes agglomérations françaises, la concentration journalière en microparticules PM10 dépasse plus de 35 fois dans une année la valeur limite d'exposition fixée à 50 µg/m³, ce qui constitue une violation des stipulations de la directive 2008/50/CE (*Communiqué de la Commission IP/11/596 du 19 mai 2011 : La Commission assigne la France devant la Cour de justice pour manquement aux règles de l'UE en matière de qualité de l'air*). En 2019, la France a été condamnée en raison du non-respect de la directive Air pur pour l'Europe, concernant le cas particulier de la pollution au dioxyde d'azote (▪ CJUE, 7e ch., 24 oct. 2019, aff. C-636/18, *Comm. UE c/ Rép. française*). En effet, la CJUE a relevé que la France a dépassé, de manière systématique, le seuil de valeur limite annuelle pour le dioxyde d'azote depuis le 1er janvier 2010, dans douze agglomérations : Paris, Marseille, Toulon, Auvergne-Clermont-Ferrand, Montpellier, Toulouse Midi-Pyrénées, zone urbaine régionale (ZUR) Reims Champagne-Ardenne, Grenoble Rhône-Alpes, Strasbourg, Lyon Rhône-Alpes, Nice, et ZUR Vallée de l'Arve Rhône-Alpes. La CJUE relève également un dépassement systématique de la valeur limite horaire de dioxyde d'azote, depuis le 1er janvier 2010 toujours, des agglomérations de Paris et Lyon Rhône-Alpes.

2) D'une obligation de moyens des autorités. La circonstance que les niveaux de pollution observés soient supérieurs aux valeurs limites d'émission fixées par l'article R. 221-1 du Code de l'environnement ne constitue pas un motif d'illégalité des décisions implicites de rejet contestées, qui ne sont pas entachées d'une erreur manifeste d'appréciation (▪ CE, 10 juin 2015, n° 369428 : *AJDA* 2015, p. 2066).

3) ... A une obligation d'action. Si le dépassement de valeurs limites constitue une méconnaissance des articles L. 221-1 et R. 221-1 du présent code, et donc une carence fautive de l'État, encore faut-il, pour un requérant qui souhaiterait initier une action indemnitaire, pouvoir prouver le lien de causalité entre cette carence et son préjudice (▪ TA Montreuil, 25 juin 2019, n° 1802202).

4) Atteinte ponctuelle et supposée des valeurs limites d'émission de substances polluantes. La référence à l'atteinte ponctuelle et supposée des valeurs limites d'émission de substances polluantes visées par les articles L. 221-1 et R. 221-1 du Code de l'environnement peut constituer un élément à prendre en compte pour l'appréciation du bilan à réaliser de l'opération envisagée au titre de ses avantages et de ses inconvénients. Cependant, la légalité de cette opération ne saurait être subordonnée à la justification du respect, par le projet en cause, de ces valeurs limites, fixées uniquement dans le cadre du dispositif de surveillance de l'air, ledit dispositif servant aux autorités publiques pour édicter les mesures requises an cas de dépassement et informer le public conformément aux articles L. 221-1 à L. 221-6 du Code de l'environnement (▪ CAA Nancy, 7 févr. 2013, n° 11NC01593, *Min. de l'Écologie, Assoc. de défense de Châtillon-le-Duc*).

5) Qualité de l'air et installations classées pour la protection de l'environnement (ICPE). Les prescriptions de l'article L. 221-1 du présent code n'ont aucunement pour objet de fixer les prescriptions relatives à la demande d'autorisation d'une ICPE. Toutefois, une telle demande d'autorisation doit prendre en compte les normes de qualité de l'air définies aux articles L. 221-1 et R. 221-1 du présent code (▪ CE, 13 mars 2019, n° 418949).

Art. R. 221-2 *(Rempl., D. n° 2010-1250, 21 oct. 2010 ; D. n° 2016-848, 28 juin 2016)*. **– Au sens des articles L. 221-2 et L. 222-4, une agglomération est une unité urbaine telle que définie par l'Institut national de la statistique et des études économiques.**

Art. R. 221-3 *(Rempl., D. n° 2010-1250, 21 oct. 2010)*. **– Un arrêté du ministre chargé de l'environnement fixe les modalités et les techniques de surveillance de la qualité de l'air** (1).

Ces modalités et ces techniques de surveillance sont définies, pour chacun des polluants ou groupes de polluants mentionnés à l'article R. 221-1, en tenant compte notamment de l'importance des populations concernées et des niveaux de concentration des polluants.

Section II. – Information sur la qualité de l'air

Art. R. 221-4 *(Mod., D. n° 2011-210, 24 févr. 2011)*. **– Les organismes agréés de surveillance de la qualité de l'air mentionnés à l'article L. 221-3 informent la population sur la qualité de l'air constatée et prévisible dans leur zone de compétence et diffusent éventuellement les recommandations sanitaires établies par le ministre chargé de la santé ou l'agence régionale de santé** (2).

Voir : A. 7 avr. 2016 relatif au déclenchement des procédures préfectorales en cas d'épisodes de pollution de l'air ambiant (*JO* 9 avr.), article 11. Les informations données doivent comprendre les recommandations sanitaires prévues à l'article R. 221-4 du Code de l'environnement et un court rappel des effets sur la santé de la pollution atmosphérique.

A. 20 août 2014 relatif aux recommandations sanitaires en vue de prévenir les effets de la pollution de l'air sur la santé.

Instruction DGS/DUS/EA/MICOM n° 2015-63 du 6 mars 2015 relative à la participation des ARS et de l'InVS à la gestion des épisodes de pollution de l'air ambiant. L'instruction issue du ministère des Affaires sociales définit les actions à mettre en œuvre par les agences régionales de santé et les instituts de veille sanitaire en cas d'épisode de pollution de l'air ambiant, notamment dans le cadre d'une procédure préfectorale d'information et de recommandation, ou d'une procédure préfectorale d'alerte.

Voir : en ce sens A. min. 20 août 2014 relatif aux recommandations sanitaires en vue de prévenir les effets de la pollution de l'air sur la santé.

A. 19 avr. 2017, relatif au dispositif national de surveillance de la qualité de l'air ambiant (*JO* 22 avr. 2017).

Art. R. 221-5 *(Mod., D. n° 2008-1152, 7 nov. 2008 ; D. n° 2010-1250, 21 oct. 2010)*. **– L'information comprend :**

1° Les derniers niveaux de concentration de polluants dans l'atmosphère mesurés et validés ;

2° Pour chaque polluant surveillé, une comparaison du niveau de concentration constaté avec les seuils de recommandation et d'information et les seuils d'alerte, s'ils existent, avec les niveaux de concentration constatés dans le passé ainsi qu'avec les valeurs limites et les valeurs cibles relatives aux périodes figurant à l'article R. 221-1 ;

(1) V. T. appl. : A. 17 mars 2003 puis A. 21 oct. 2010. – NDLR.
(2) V. T. appl. : A. 11 juin 2003 (*JO* 24 juin 2003) puis A. 20 août 2014 (*JO* 31 août 2014). – NDLR.

3° Des résultats agrégés sous la forme d'un indice de qualité de l'air ; un arrêté du ministre chargé de l'environnement précise les modalités de calcul de cet indice (1).

Art. R. 221-6 *(Rempl., D. n° 2007-1479, 12 oct. 2007* (2) *; mod., D. n° 2010-1250, 21 oct. 2010).* – Les organismes de surveillance de la qualité de l'air diffusent l'information définie à l'article R. 221-5 en permanence et la mettent à jour de façon régulière.

Un arrêté du ministre chargé de l'environnement précise les modalités de diffusion et de mise à jour de cette information.

Voir : A. 7 avr. 2016 relatif au déclenchement des procédures préfectorales en cas d'épisodes de pollution de l'air ambiant.

Art. R. 221-7 *(Mod., D. n° 2007-1479, 12 oct. 2007)* (2). – Le préfet ou, à Paris, le préfet de police, présente au conseil départemental de l'environnement et des risques sanitaires et technologiques un rapport annuel sur la qualité de l'air dans les zones surveillées de son département sans préjudice d'autres présentations éventuellement réalisées au public ou aux collectivités territoriales.

Art. R. 221-8 *(Rempl., D. n° 2007-1479, 12 oct. 2007)* (2). – Un arrêté conjoint des ministres chargés, respectivement, de l'environnement, de la santé et de l'intérieur précise le contenu de l'information donnée au public par le préfet ou, à Paris, par le préfet de police, lorsqu'un seuil de recommandation et d'information ou un seuil d'alerte est atteint ou risque de l'être (3).

Section III. – Organismes agréés de surveillance de la qualité de l'air

Sous-section 1. – Conditions d'agrément

Art. R. 221-9. – Les organismes de surveillance de la qualité de l'air prévus à l'article L. 221-3 sont constitués sous forme d'associations régulièrement déclarées conformément à l'article 5 de la loi du 1er juillet 1901 relative au contrat d'association ou, dans les départements du Haut-Rhin, du Bas-Rhin et de la Moselle, à la législation locale sur les associations inscrites.

Art. R. 221-10 *(Mod., D. n° 2019-1341, 12 déc. 2019).* – Les organismes de surveillance de la qualité de l'air sont agréés s'ils remplissent les conditions suivantes :

1° Des représentants des services de l'État, notamment de la direction chargée de l'environnement, un représentant de l'agence régionale de santé et un représentant de l'Agence de l'environnement et de la maîtrise de l'énergie ;

a) Des représentants des services de l'État, notamment de la direction chargée de l'environnement, un représentant de l'agence régionale de santé et un représentant de l'Agence de l'environnement et de la maîtrise de l'énergie ;

b) Des représentants de la région, des départements, des communes et des groupements de communes adhérant à l'organisme ;

c) Des représentants des activités contribuant à l'émission des substances surveillées ;

d) Des associations agréées de protection de l'environnement, des associations agréées de consommateurs, un ou plusieurs représentants des professions de santé et, éventuellement, d'autres personnalités qualifiées.

Chaque collège dispose d'au moins un cinquième du total des voix ;

2° Son financement doit être assuré principalement par des subventions de l'État et des collectivités ou des contributions des personnes morales membres de l'organisme ;

3° Les statuts de l'organisme doivent prévoir que le préfet de région, notamment pour assurer le respect des conditions d'agrément, peut provoquer une nouvelle délibération de l'organe délibérant. Dans ce cas, celle-ci doit intervenir dans les quinze jours suivant cette demande ;

4° *(Mod. à compter du 1er janvier 2024, D. n° 2023-1394, 30 déc. 2023)* L'organisme doit désigner un commissaire aux comptes et son suppléant, choisis sur la liste mentionnée à l'article L. 821-13 du Code de

(1) V. T. appl. : A. 10 janv. 2000 puis A. 22 juill. 2004. – NDLR.
(2) Application à Mayotte : V. D. n° 2007-1479, 12 oct. 2007, art. 4.
(3) V. T. appl. : A. 11 juin 2003 (*JO* 24 juin 2003) puis A. 20 août 2014 (*JO* 31 août 2014). – NDLR.

commerce ; ceux-ci exercent leurs fonctions dans les conditions prévues à ce code, sous réserve des règles propres à la forme juridique de cet organisme.

Les organismes de surveillance sont des associations type « loi 1901 », « agréées sous conditions ». L'article R. 221-10 du code fixe la composition et le fonctionnement de ces associations. Elles assurent une mission de service public, en l'espèce la surveillance de la qualité de l'air.

Sous-section 2. – Obligations des organismes agréés

Art. R. 221-11. – *(Rempl., D. n° 2010-1250, 21 oct. 2010)* **Les organismes de surveillance de la qualité de l'air, lorsqu'ils exercent leur surveillance sur un des polluants mentionnés à l'article R. 221-1, se conforment aux modalités et techniques prévues à l'article R. 221-3.**

En outre, ils adoptent des dispositions propres à garantir la qualité des mesures qu'ils effectuent pour l'ensemble des polluants qu'ils surveillent. Ces dispositions sont définies par arrêté du ministre chargé de l'environnement.

Art. R. 221-12. – **I. – Les organismes de surveillance de la qualité de l'air :**

1° Informent la population conformément aux dispositions des articles R. 221-4 à R. 221-7 ;

2° Tiennent informés le préfet concerné et l'Agence de l'environnement et de la maîtrise de l'énergie des résultats de leur surveillance.

II. – Un arrêté du ministre chargé de l'environnement peut préciser les modalités d'élaboration de l'information prévue aux 1° et 2° du I et les conditions de diffusion de celle-ci.

III. – Les organismes de surveillance de la qualité de l'air établissent chaque année un budget, un bilan et un compte de résultat.

Sous-section 3. – Délivrance et retrait de l'agrément des organismes

Art. R. 221-13 *(Mod., D. n° 2019-1341, 12 déc. 2019)* (1). – **L'agrément des organismes de surveillance de la qualité de l'air mentionnés à l'article R. 221-9 est délivré par arrêté du préfet de région pour une durée maximale de trois ans renouvelable. S'il souhaite obtenir le renouvellement de son agrément, le titulaire en adresse la demande au moins trois mois avant la date de fin de validité de l'agrément en cours, en justifiant du respect des conditions prévues dans les sous-sections 1 et 2 de la présente section.**

Si l'organisme ne respecte pas les obligations qui lui incombent ou ne remplit plus l'une des conditions définies à l'article R. 221-10, l'agrément peut être suspendu ou retiré par arrêté motivé du préfet de région, après que l'organisme a été invité à présenter ses observations.

NB : Conformément à l'article 2 du décret n° 2019-1341 du 12 décembre 2019, les agréments délivrés en application de l'article R. 221-13 du Code de l'environnement avant l'entrée en vigueur du décret précité demeurent en vigueur.

Art. R. 221-14 *(Mod., D. n° 2019-1341, 12 déc. 2019)*. – **Les organismes candidats déposent un dossier de demande d'agrément comprenant notamment leurs statuts, la composition de l'organe délibérant et le budget de l'année en cours.**

L'arrêté d'agrément définit la zone de compétence de chaque organisme agréé.

L'arrêté d'agrément, de suspension ou de retrait d'agrément est publié au recueil régional des actes administratifs de l'État.

Sous-section 4. – Dispositions diverses

Art. R. 221-15. – **Le ministre chargé de l'environnement désigne par arrêté un ou plusieurs organismes chargés :**

1° De coordonner les programmes destinés à assurer la qualité des mesures, organisés par la Commission européenne en application de l'article 3 de la directive 96/62/CE du 27 septembre 1996 concernant l'évaluation et la gestion de la qualité de l'air ambiant ;

2° De lui soumettre des recommandations en vue de garantir la qualité des mesures et des modélisations effectuées par les organismes de surveillance régis par la présente sous-section ; ces recommandations portent sur le choix et l'utilisation des techniques de mesure ou de modélisation.

(1) Les agréments délivrés en application du présent article avant le 14 décembre 2019 demeurent en vigueur, D. n° 2019-1341, 12 déc. 2019.

Section IV. – Conseil national de l'air

Art. D. 221-16. – (1) Le Conseil national de l'air est placé auprès du ministre chargé de l'environnement.

Le ministre chargé de l'environnement peut saisir pour avis le Conseil national de l'air de toutes les questions relatives à la lutte contre la pollution de l'air et à l'amélioration de la qualité de l'air. Ce conseil peut être consulté sur les projets de textes législatifs et réglementaires *(Mots aj., D. n° 2011-625, 1er juin 2011)* « et sur les politiques publiques » ayant une incidence dans ce domaine.

Il peut, à son initiative et après accord du ministère de l'Environnement, examiner toute question relative à la surveillance et à l'amélioration de la qualité de l'air.

Art. D. 221-17 (1) *(Rempl., D. n° 2011-625, 1er juin 2011* (2) *; mod., D. n° 2015-1238, 6 oct. 2015* (3) *; mod. à compter du 1er mai 2016, D. n° 2016-523, 27 avr. 2016 ; mod., D. n° 2019-1141, 7 nov. 2019 ; D. n° 2021-854, 29 juin 2021).* – I. – Le Conseil national de l'air comprend, outre le député et le sénateur prévus à l'article L. 221-6-1, cinquante-cinq membres nommés par arrêté du ministre chargé de l'environnement et répartis en six collèges :

1° Un collège de représentants de l'État et de ses établissements publics comprenant douze membres ainsi répartis :

a) Deux représentants du ministre chargé de l'environnement ;

b) Cinq représentants désignés, respectivement, sur proposition des ministres chargés de la santé, de l'agriculture, de l'industrie, du logement et des transports ;

c) Deux représentants, dont un préfet, désignés sur proposition du ministre de l'intérieur ;

d) Un agent des directions régionales de l'environnement, de l'aménagement et du logement ;

e) Un représentant de l'Agence de l'environnement et de la maîtrise de l'énergie ;

f) Un représentant du Laboratoire central de surveillance de la qualité de l'air ;

2° Un collège de représentants des collectivités territoriales comprenant douze membres ainsi répartis :

a) Trois représentants désignés par l'Association des régions de France ;

b) Trois représentants désignés par l'Assemblée des départements de France ;

c) Trois représentants désignés par l'Association des maires de France ;

d) Un représentant des autorités organisatrices des transports désigné par une association représentative ;

e) Deux représentants désignés par France urbaine ;

3° Un collège de représentants des professionnels comprenant huit membres ainsi répartis :

a) Six représentants d'organisations professionnelles ou d'entreprises, respectivement, des secteurs de l'industrie, de l'agriculture, des transports, du logement et de l'énergie ;

b) Un représentant d'organisations professionnelles ou d'entreprises du secteur de la prévention, de la réduction ou de la mesure de la pollution de l'air ;

c) Un représentant du corps médical désigné par le Conseil national de l'ordre des médecins ;

4° Un collège de représentants des salariés comprenant trois membres d'organisations syndicales de salariés représentatives au niveau national ;

5° Un collège de représentants des associations, fondations et autres organismes comprenant sept membres ainsi répartis :

a) Quatre représentants d'associations, d'organismes ou de fondations mentionnés à l'article L. 141-3 du Code de l'environnement ;

b) Deux représentants d'associations de consommateurs ;

c) Un représentant d'associations de personnes souffrant de pathologies respiratoires et cardio-vasculaires ;

6° Un collège de représentants de personnalités qualifiées comprenant treize membres ainsi répartis :

a) Deux représentants d'organismes agréés de surveillance de la qualité de l'air mentionnés à l'article L. 221-3 du Code de l'environnement ;

---

(1) Dispositions abrogées à compter du 9 juin 2009, D. n° 2006-672, 8 juin 2006, art. 17 et 18 ; prorogées pour une durée de cinq ans, D. n° 2009-613, 4 juin 2009, art. 4 et D. n° 2009-620, 6 juin 2009, art. 1er et ann. ; renouvelées pour une durée d'un an à compter du 8 juin 2014, D. n° 2014-589, 6 juin 2014, art 1er et ann. ; puis prorogées pour une durée de cinq ans à compter du 8 juin 2015, D. n° 2015-622, 5 juin 2015, art 1er et ann. I. – NDLR.

(2) Dispositions transitoires : V. D. n° 2011-625, 1er juin 2011, art. 2.

(3) Dispositions d'application particulières et transitoires : V. D. n° 2015-1238, 6 oct. 2015, art. 2.

b) **Un représentant de l'Agence nationale de santé publique ;**

c) **Un représentant de l'Agence nationale de sécurité sanitaire de l'alimentation, de l'environnement et du travail ;**

d) **Un représentant de l'Institut national de l'environnement industriel et des risques ;**

e) **Un représentant de l'organisme certifié chargé par le ministère chargé de l'environnement de la réalisation technique des inventaires d'émissions dans l'air mentionné à l'article 2 de l'arrêté du 29 décembre 2006 relatif au système national d'inventaires des émissions de polluants atmosphériques ;**

f) **Un représentant de l'Observatoire de la qualité de l'air intérieur ;**

g) **Six personnalités désignées en raison de leur compétence dans les domaines de la lutte contre la pollution de l'air et à l'amélioration de la qualité de l'air.**

II. – Le président et deux vice-présidents du Conseil national de l'air sont désignés parmi ses membres par arrêté du ministre chargé de l'environnement.

NB : Aux termes de l'article 2 du décret n° 2019-1141 du 7 novembre 2019, les membres du Conseil national de l'air nommés par arrêté du ministre chargé de l'environnement avant la publication du présent décret restent en fonctions jusqu'à l'expiration normale de leur mandat.

Art. D. 221-18 ***(Rempl., D. n° 2011-625, 1er juin 2011). –*** (1) **Le secrétariat du Conseil national de l'air est assuré par le ministère chargé de l'environnement.**

Art. D. 221-19 ***(Rempl., D. n° 2011-625, 1er juin 2011). –*** (1) **Le Conseil national de l'air arrête son règlement intérieur.**

Il peut constituer des groupes de travail, présidés par l'un des vice-présidents ou tout autre membre désigné par le président, auxquels peuvent être associées des personnalités autres que ses membres.

Art. D. 221-20. – (1) **Le Conseil national de l'air se réunit sur convocation de son président, en tant que de besoin, et au moins deux fois par an.**

Art. D. 221-21. – (1) **La durée des mandats des membres du Conseil national de l'air est de trois années** (2).

Lorsqu'un membre cesse ses fonctions, notamment pour avoir perdu la qualité en raison de laquelle il avait été nommé, son remplacement s'effectue dans les mêmes conditions que la nomination et pour la durée du mandat restant à accomplir.

Art. D. 221-22 ***(D. n° 2011-625, 1er juin 2011). –*** (3) **Les fonctions de membre du Conseil national de l'air sont exercées à titre gratuit.**

Section V. – Qualité de l'air intérieur

(D. n° 2011-321, 23 mars 2011 (4) ; D. n° 2011-1728, 2 déc. 2011)

Sous-section 1. – Étiquetage des produits de construction ou de revêtement de mur ou de sol et des peintures et vernis sur leurs émissions de polluants volatils

Art. R. 221-22 ***(Créé à compter du 1er janvier 2012, D. n° 2011-321, 23 mars 2011 ; mod. à compter du 1er juillet 2013, D. n° 2012-1489, 27 déc. 2012). –*** (3) **Au sens de la présente sous-section, on entend par :**

– [P]roduits de construction : les produits définis à l'article 2 du règlement (UE) n° 305/2011 du Parlement européen et du Conseil du 9 mars 2011 établissant des conditions harmonisées de commercialisation pour les produits de construction et abrogeant la directive 89/106/CEE du Conseil ;

---

(1) Dispositions abrogées à compter du 9 juin 2009, D. n° 2006-672, 8 juin 2006, art. 17 et 18 ; prorogées pour une durée de cinq ans, D. n° 2009-613, 4 juin 2009, art. 4 et D. n° 2009-620, 6 juin 2009, art. 1er et ann. ; renouvelées pour une durée d'un an à compter du 8 juin 2014, D. n° 2014-589, 6 juin 2014, art 1er et ann. ; puis prorogées pour une durée de cinq ans à compter du 8 juin 2015, D. n° 2015-622, 5 juin 2015, art 1er et ann. I. – NDLR.

(2) Dispositions dérogatoires et transitoires : V. D. n° 2021-854, 29 juin 2021.

(3) Les articles D. 221-22 et R. 221-22 coexistent, le premier créé par le décret n° 2011-625 du 1er juin 2011, le second créé à compter du 1er janvier 2012 par le décret n° 2011-321 du 23 mars 2011. – NDLR.

(4) Dispositions applicables à compter du 1er septembre 2013 aux produits mis à disposition sur le marché avant cette date, D. n° 2011-321, 23 mars 2011, art. 3.

– « Polluant volatil » : substance susceptible d'avoir des effets nocifs sur la santé humaine et qui se trouve en phase gazeuse dans l'air intérieur dans des conditions normales de température et de pression atmosphérique ;
– « mise à disposition sur le marché » : fourniture d'un produit destiné à être distribué sur le marché dans le cadre d'une activité commerciale à titre onéreux ou gratuit. Ne sont pas mis à disposition sur le marché les produits fabriqués sur chantier ainsi que les produits incorporés directement par le fabricant.

La loi Grenelle 2 a posé le principe de l'étiquetage obligatoire des émissions de COV des produits de construction et d'ameublement, des revêtements muraux et des sols ainsi que des peintures et vernis dans les conditions fixées par décret en Conseil d'État.

Voir : D. n° 2011-321, 23 mars 2011 relatif à l'étiquetage des produits de construction ou de revêtement de mur ou de sol et des peintures et vernis sur leurs émissions de polluants volatils.

A. 19 avr. 2011 relatif à l'étiquetage des produits de construction ou de revêtement de mur ou de sol et des peintures et vernis sur leurs émissions de polluants volatils. Cet arrêté détermine, notamment, la liste des polluants volatils devant être pris en compte pour caractériser l'émission du produit. Onze substances ou groupes de substances sont retenus. Les caractéristiques d'émissions de substances sont formalisées selon une échelle de quatre classes, de A + à C, la classe A + indiquant un niveau d'émission très peu élevé, la classe C, un niveau d'émission élevé.

Art. R. 221-23 *(Créé à compter du 1er janvier 2012, D. n° 2011-321, 23 mars 2011).* **– Les dispositions de la présente sous-section s'appliquent aux produits suivants lorsqu'ils sont destinés, exclusivement ou non, à un usage intérieur :**
revêtements de sol, mur ou plafond ;
cloisons et faux plafonds ;
produits d'isolation ;
portes et fenêtres ;
produits destinés à la pose ou à la préparation des produits mentionnés au présent article.
Elles ne s'appliquent pas aux produits composés exclusivement de verre non traité ou de métal non traité, ni aux produits de serrure, ferrure ou de visserie.

Le décret n° 2011-321 du 23 mars 2011 relatif à l'étiquetage des produits de construction ou de revêtement de mur ou de sol et des peintures et vernis sur leurs émissions de polluants volatils (*JO* 25 mars 2011) précise à cet égard que cette obligation vise les revêtements de sol, mur ou plafond, les cloisons et faux-plafonds, les produits d'isolation, les portes et fenêtres ainsi que les produits destinés à la pose ou à la préparation des produits susmentionnés, qu'ils soient destinés, exclusivement ou non, à un usage intérieur.

Art. R. 221-24 *(Créé à compter du 1er janvier 2012, D. n° 2011-321, 23 mars 2011).* **– Les produits mentionnés à l'article R. 221-23 ne peuvent être mis à disposition sur le marché que s'ils sont accompagnés d'une étiquette, placée sur le produit ou son emballage, indiquant les caractéristiques d'émission en polluants volatils du produit une fois incorporé dans l'ouvrage ou appliqué sur une surface.**
Les mentions de l'étiquette sont rédigées de manière facilement compréhensible, en langue française et sans autres abréviations que celles prévues par la réglementation ou les conventions internationales. Elles peuvent figurer dans une ou plusieurs autres langues.

L'emballage de ces produits devra comporter une étiquette indiquant leurs caractéristiques d'émission en polluants volatils, à compter du 1er janvier 2012 pour les produits mis à disposition sur le marché à compter du 1er janvier 2012 et, à compter du 1er septembre 2013 pour les produits mis à disposition sur le marché avant le 1er janvier 2012, à peine de l'amende sanctionnant les contraventions de la cinquième classe (1 500 euros pour une personne physique et 7 500 euros pour une personne morale) (V. art. R. 226-14, p. 1999).

Art. R. 221-25 *(Créé à compter du 1er janvier 2012, D. n° 2011-321, 23 mars 2011).* **– Les dispositions de la présente sous-section ne font pas obstacle à la commercialisation des produits légalement fabriqués ou commercialisés dans un autre État membre de l'Union européenne ou en Turquie, ou légalement fabriqués dans un État partie à l'accord instituant l'Espace économique européen, dans la mesure où ceux-ci sont accompagnés d'une information équivalente à celle exigée par le présent décret concernant les caractéristiques d'émissions en polluants volatils du produit une fois incorporé dans l'ouvrage ou appliqué sur une surface.**

Art. R. 221-26 *(Créé à compter du 1er janvier 2012, D. n° 2011-321, 23 mars 2011).* **– Un arrêté des ministres chargés de la construction, du logement, de l'environnement, de la santé et de l'industrie précise les modalités de présentation de l'étiquette. Il définit notamment des classes en fonction des niveaux d'émission en polluants volatils du produit.**

Art. R. 221-27 *(Créé à compter du 1er janvier 2012, D. n° 2011-321, 23 mars 2011).* **– L'arrêté mentionné à l'article 221-26 établit la liste des polluants volatils devant être pris en compte pour caractériser l'émission du produit.**

Cette liste est déterminée, parmi les polluants visés par l'Organisation mondiale de la santé, sur la base de leurs risques de toxicité par inhalation et de leur fréquence d'occurrence dans les bâtiments.

L'arrêté définit pour chaque polluant volatil les seuils correspondants à la définition des classes.

Un arrêté des ministres chargés de la construction, du logement, de l'environnement, de la santé et de l'industrie précisera les modalités de présentation de l'étiquette, définira les classes en fonction des niveaux d'émission en polluants volatils du produit et fixera la liste des polluants volatils à prendre en compte, en fonction de leurs risques de toxicité par inhalation et de leur fréquence d'occurrence, pour caractériser l'émission du produit (C. env., art. R. 221-26 et R. 221-27).

Art. R. 221-28 *(Créé à compter du 1er janvier 2012, D. n° 2011-321, 23 mars 2011).* **– La personne physique ou morale responsable de la mise à disposition sur le marché est responsable des informations figurant sur les étiquettes.**

Elle tient à la disposition des agents chargés du contrôle une description générale du produit, des méthodes ainsi que les documents par lesquels il justifie les performances déclarées.

Sous-section 2. – Valeurs-guides pour l'air intérieur

(D. n° 2011-1727, 2 déc. 2011)

Art. R. 221-29 *(D. n° 2011-1727, 2 déc. 2011 ; rempl. à compter du 1er juillet 2018, D. n° 2018-434, 4 juin 2018).* **– I. – Les valeurs-guides pour l'air intérieur et le niveau de référence pour le radon sont définis, en application de l'article L. 221-7, par les tableaux annexés au présent article.**

II. – Au sens du présent titre, on entend par :

1° « Valeur-guide pour l'air intérieur », un niveau de concentration de polluants dans l'air intérieur fixé, pour un espace clos donné, dans le but d'éviter, de prévenir ou de réduire les effets nocifs sur la santé humaine, à atteindre, dans la mesure du possible, dans un délai donné ;

2° « Niveau de référence pour le radon », un niveau d'activité volumique en radon dans l'air intérieur, pour un espace clos donné, au-dessus duquel il est jugé inapproprié de permettre l'exposition des personnes, même s'il ne s'agit pas d'une limite ne pouvant pas être dépassée.

ANNEXE DE L'ARTICLE R. 221-29

(Rempl. à compter du 1er janvier 2023, D. n° 2022-1689, 27 déc. 2022)

SUBSTANCE	CHEMICAL ABSTRACTS Service (CAS)	VALEUR-GUIDE POUR L'AIR INTÉRIEUR
Formaldéhyde	50-00-0	100 μg/m³ pour une exposition à court terme
Benzène	71-43-2	2 μg/m³ pour une exposition de longue durée

SUBSTANCE	CHEMICAL ABSTRACTS Service (CAS)	NIVEAU DE REFERENCE POUR LE RADON DANS LES BATIMENTS
Radon	10043-92-2	300 Bq.m-3

Sous-section 3. – Surveillance de la qualité de l'air intérieur dans certains établissements recevant du public

(D. n° 2011-1728, 2 déc. 2011)

Bibliographie : M.-C. De Montecler, *Qualité de l'air : vers la fin d'une norme absurde ? : AJDA* 2014, p. 1856.

Art. R. 221-30 *(Rempl. à compter du 1er janvier 2023, D. n° 2022-1689, 27 déc. 2021).* **– I. – Le propriétaire ou, si une convention le prévoit, l'exploitant d'un établissement public ou privé appartenant à l'une des catégories mentionnées au II est tenu de faire procéder, à ses frais, à une surveillance de la qualité de l'air à l'intérieur des locaux de son établissement.**

Cette surveillance comporte :

1° Une évaluation annuelle des moyens d'aération des bâtiments incluant notamment la mesure à lecture directe de la concentration en dioxyde de carbone de l'air intérieur. La première évaluation annuelle des moyens d'aération est réalisée au plus tard en 2024 ;

2° Un autodiagnostic de la qualité de l'air intérieur, réalisé au moins tous les quatre ans, dans les conditions fixées par arrêté des ministres chargés de l'environnement, de la santé et de la construction. Cet autodiagnostic porte notamment sur :

***a)* L'identification et la réduction des sources d'émission de substances polluantes au regard notamment des matériaux et de l'équipement du site ainsi que des activités qui sont exercées dans les locaux ;**

***b)* L'entretien des systèmes de ventilation et des moyens d'aération de l'établissement ;**

***c)* La diminution de l'exposition des occupants aux polluants résultant, en particulier, des travaux et des activités de nettoyage ;**

3° Une campagne de mesures des polluants réglementés par la présente sous-section, réalisée à chaque étape clé de la vie du bâtiment pouvant impacter la qualité de l'air intérieur ;

4° Un plan d'actions, prenant en compte l'évaluation annuelle des moyens d'aération, l'autodiagnostic et la campagne de mesures précités, dans les conditions fixées par arrêté des ministres chargés de l'environnement, de la santé et de la construction. Ce plan d'actions vise à améliorer la qualité de l'air intérieur. Il est réalisé au plus tard dans les quatre ans suivant l'entrée en vigueur du présent décret et actualisé, en tant que de besoin, pour proposer des actions correctives.

L'évaluation des moyens d'aération, l'autodiagnostic de la qualité de l'air intérieur, les résultats des campagnes de mesures des polluants réglementés et le plan d'actions associé sont tenus à la disposition du préfet du département du lieu d'implantation de l'établissement, qui peut, le cas échéant, prescrire des mesures correctives.

Si aucun propriétaire n'a pu être identifié, l'obligation de procéder à la surveillance de la qualité de l'air est à la charge de l'exploitant des locaux.

II. – Les catégories d'établissements concernées par cette obligation sont :

1° Les établissements d'accueil collectif d'enfants de moins de six ans ;

2° Les accueils de loisirs mentionnés au 1° du II de l'article R. 227-1 du Code de l'action sociale et des familles ;

3° Les établissements d'enseignement ou de formation professionnelle du premier et du second degré ;

4° Les structures sociales et médico-sociales rattachées aux établissements de santé mentionnés à l'article L. 6111-1 du Code de la santé publique ainsi que les structures de soins de longue durée de ces établissements ;

5° Les établissements mentionnés aux 1°, 2°, 4°, 6°, 7° et 12° du I de l'article L. 312-1 du Code de l'action sociale et des familles ;

6° Les établissements pour mineurs mentionnés à l'article R. 124-9 du Code de la justice pénale pour mineurs.

Sont exclus les locaux à pollution spécifique mentionnés à l'article R. 4222-3 du Code du travail.

III. – Un décret fixe, pour chaque catégorie d'établissement :

1° Le contenu de l'évaluation des moyens d'aération et ses modalités de réalisation ;

***2° Les étapes clés de la vie du bâtiment pouvant impacter la qualité de l'air intérieur et impliquant la réalisation* de campagnes de mesures de polluants, en application du I, le seuil éventuel de déclenchement des campagnes ainsi que leurs délais de réalisation ;**

3° Pour la réalisation des campagnes de mesures de polluants en application du I, les valeurs au-delà desquelles des investigations complémentaires doivent être menées par le propriétaire ou, le cas échéant,

l'exploitant de l'établissement et les valeurs au-delà desquelles le préfet du département du lieu d'implantation de l'établissement doit être informé des résultats.

Voir : D. n° 2012-14, 5 janv. 2012, art. 10, relatif à l'évaluation des moyens d'aération et à la mesure des polluants effectuées au titre de la surveillance de la qualité de l'air intérieur de certains établissements recevant du public.

A. 1er juin 2016 relatif aux modalités de surveillance de la qualité de l'air intérieur dans certains établissements recevant du public. Cet arrêté définit les conditions dans lesquelles les personnes sont tenues informées des résultats de la surveillance de la qualité de l'air intérieur mentionnée à l'article R. 221-30 et des conditions de diffusion de ces résultats. Il désigne l'organisme national auquel les organismes accrédités doivent transmettre les résultats des mesures réalisées dans le cadre de la surveillance de la qualité de l'air intérieur mentionnée à l'article R. 221-30 du Code de l'environnement et les conditions de cette transmission.

Art. R. 221-31 *(Rempl. à compter du 1er janvier 2023, D. n° 2022-1689, 27 déc. 2021).* **– Pour la réalisation des campagnes de mesures de polluants en application du I de l'article R. 221-30, les prélèvements, les mesures in situ et les analyses en laboratoire sont réalisés par des organismes accrédités répondant aux exigences définies par un arrêté des ministres chargés de l'environnement, de la santé et de la construction.**

Art. R. 221-32 *(D. n° 2011-1728, 2 déc. 2011 ; mod., D. n° 2015-1000, 17 août 2015).* **– Le rapport d'évaluation des moyens d'aération des bâtiments est transmis dans un délai de trente jours après la dernière visite au propriétaire ou, le cas échéant, à l'exploitant de l'établissement.**

Le rapport d'analyse des polluants est transmis dans un délai de soixante jours après les derniers prélèvements de la campagne de mesures considérée au propriétaire ou, le cas échéant, à l'exploitant de l'établissement. Ce rapport est assorti d'une information sur les valeurs-guides mentionnées à l'article R. 221-29 et sur les valeurs fixées par le décret prévu au III de l'article R. 221-30.

Art. R. 221-33 *(Rempl., D. n° 2015-1000, 17 août 2015).* **– Le propriétaire ou, le cas échéant, l'exploitant d'un établissement mentionné à l'article R. 221-30 informe les personnes qui fréquentent l'établissement, dans un délai de trente jours après la réception du dernier document, des résultats de l'évaluation des moyens d'aération et, pour les établissements réalisant une campagne de mesures de polluants en application du I de l'article R. 221-30, des résultats des mesures réalisées à l'intérieur de l'établissement, mises en regard des valeurs-guides mentionnées à l'article R. 221-29 et des valeurs fixées par le décret prévu au III de l'article R. 221-30.**

Un arrêté des ministres chargés de l'environnement, de la santé et de la construction précise les modalités de diffusion de cette information.

Art. R. 221-34 *(D. n° 2011-1728, 2 déc. 2011).* **– Les deux derniers rapports d'évaluation des moyens d'aération et d'analyse des mesures de polluants mentionnés à l'article R. 221-32 doivent être conservés par le propriétaire ou, le cas échéant, l'exploitant de l'établissement et tenus à la disposition des agents mentionnés à l'article L. 226-2 du présent code et à l'article L. 1312-1 du Code de la santé publique.**

Art. R. 221-35 *(D. n° 2011-1728, 2 déc. 2011 ; mod., D. n° 2015-1000, 17 août 2015).* **– Outre la communication du rapport d'analyse des polluants prévue à l'article R. 221-32, les organismes accrédités mentionnés à l'article R. 221-31 communiquent les résultats des mesures réalisées en application de l'article R. 221-30 à un organisme national désigné par un arrêté des ministres chargés de l'environnement, de la santé et de la construction. Cet arrêté fixe également le délai de cette communication. Lorsqu'au moins pour un polluant mesuré le résultat des analyses effectuées dépasse les valeurs fixées par le décret prévu au III de l'article R. 221-30, les organismes ayant effectué les prélèvements informent le préfet du département du lieu d'implantation de l'établissement dans un délai de quinze jours après réception des résultats d'analyse.**

Art. R. 221-36 *(D. n° 2011-1728, 2 déc. 2011 ; mod., D. n° 2015-1000, 17 août 2015).* **– Lorsqu'au moins pour un polluant mesuré le résultat des analyses effectuées dépasse les valeurs fixées par le décret prévu au III de l'article R. 221-30, le propriétaire ou, le cas échéant, l'exploitant de l'établissement concerné engage à ses frais et dans un délai de deux mois après réception des résultats d'analyse, toute expertise nécessaire pour identifier les causes de présence de pollution dans l'établissement et fournir les éléments nécessaires au choix de mesures correctives pérennes et adaptées à la pollution. Dans tous les cas, le préfet du département du lieu d'implantation de l'établissement concerné est informé dans un délai de 15 jours**

après leur réception par le propriétaire ou, le cas échéant, l'exploitant de l'établissement concerné, des résultats de cette expertise.

En cas de non-réalisation de cette expertise, le préfet peut en prescrire la réalisation aux frais du propriétaire ou, le cas échéant, de l'exploitant.

Art. R. 221-37 *(Rempl. à compter du 1er janvier 2023, D. n° 2022-1689, 27 déc. 2021).* **– Pour les établissements mentionnés aux 4°, 5°et 6° du II de l'article R. 221-30, la surveillance définie au I du même article s'applique à compter du 1er janvier 2025.**

Art. D. 221-38 *(Créé à compter du 1er juillet 2012, D. n° 2012-14, 5 janv. 2012).* **– La surveillance de la qualité de l'air dans les établissements mentionnés aux 1°, 2° et 3° du II de l'article R. 221-30 est réalisée selon les modalités prévues par le décret n° 2012-14 du 5 janvier 2012 relatif à l'évaluation des moyens d'aération et à la mesure des polluants effectuées au titre de la surveillance de la qualité de l'air intérieur de certains établissements recevant du public.**

CHAPITRE II. – PLANIFICATION

Section 1. – Schéma régional du climat, de l'air et de l'énergie et schéma régional biomasse

(Rempl., D. n° 2011-678, 16 juin 2011 (1) *; intitulé rempl., D. n° 2016-1134, 19 août 2016)*

Les articles R. 222-1 à R. 222-7 de la présente section, dans leur rédaction antérieure à l'entrée en vigueur du décret n° 2011-678 du 16 juin 2011, demeurent applicables aux projets de plans régionaux pour la qualité de l'air en cours d'élaboration qui ont été mis à disposition du public avant la publication de la loi n° 2010-788 du 12 juillet 2010.

Le cas échéant, les orientations de ces plans régionaux pour la qualité de l'air sont reprises ou prises en compte par les schémas régionaux du climat, de l'air et de l'énergie qui se substituent à ces plans, dans les conditions prévues par le 2° du II de l'article R. 222-2 du présent code (D. n° 2011-678, 16 juin 2011, art. 3).

Le Conseil constitutionnel a été saisi le 10 mars 2014 par le Conseil d'État d'une question prioritaire de constitutionnalité posée par l'association « Fédération environnement durable » relative à la conformité aux droits et libertés que la Constitution garantit des articles L. 222-1 à L. 222-3 du Code de l'environnement relatifs au SRCAE (Déc. n° 2014-395 QPC, 7 mai 2014, *Féd. environnement durable et a.*) : Le Conseil constitutionnel a considéré que le SRCAE et le SRE qui lui est annexé sont des décisions publiques ayant une incidence sur l'environnement au sens de la Charte. Il a jugé que, par ces dispositions, le législateur s'est borné à prévoir le principe de la participation du public sans préciser « les conditions et les limites » dans lesquelles doit s'exercer le droit de toute personne de participer à l'élaboration des décisions publiques ayant une incidence sur l'environnement, le législateur méconnaissant ainsi l'étendue de sa compétence. Le Conseil constitutionnel a jugé contraire à la Constitution la première phrase du premier alinéa de l'article L. 222-2 du Code de l'environnement, reportant au 1er janvier 2015 la date de l'abrogation de ces dispositions afin de permettre au législateur d'apprécier les suites qu'il convient de donner à cette déclaration d'inconstitutionnalité. Les mesures prises avant cette date sur le fondement des dispositions déclarées contraires à la Constitution ne peuvent être contestées sur le fondement de cette inconstitutionnalité.

Art. R. 222-1 *(Mod., D. n° 2008-1152, 7 nov. 2008 ; D. n° 2010-1250, 21 oct. 2010 ; rempl., D. n° 2011-678, 16 juin 2011)* (2). **– Le schéma régional du climat, de l'air et de l'énergie prévu à l'article L. 222-1 comprend un rapport, un document d'orientations assorti de documents cartographiques indicatifs et un volet annexé intitulé « schéma régional éolien ».**

Allant plus loin que pour les autres énergies renouvelables, la loi Grenelle 2 a créé, au sein du SRCAE, un document de planification spécifique pour l'énergie éolienne créant des effets juridiques : le schéma régional éolien (« SRE »).

(1) Sur l'exercice, par le préfet de région seul, des compétences pour poursuivre l'élaboration du volet « schéma régional éolien » lorsque le schéma régional du climat, de l'air et de l'énergie n'a pas été publié au 30 juin 2012 : V. D. n° 2011-678, 16 juin 2011, art. 2.

(2) Dispositions d'application transitoires : V. D. n° 2011-678, 16 juin 2011, art. 3.

Art. R. 222-1-B-1 *(Créé, D. n° 2023-163, 7 mars 2023).* – La stratégie nationale bas-carbone fait l'objet d'une concertation préalable, organisée sous l'égide d'un garant selon les modalités définies aux articles L. 121-16 et L. 121-16-1. L'information du public prévue à l'article L. 121-16 précise, le cas échéant, si cette concertation préalable est commune avec celle relative à la programmation pluriannuelle de l'énergie.

Art. R. 222-2 *(Mod., D. n° 2010-1250, 21 oct. 2010 ; rempl., D. n° 2011-678, 16 juin 2011)* (1). – I. – Le rapport du schéma régional présente et analyse, dans la région, et en tant que de besoin dans des parties de son territoire, la situation et les politiques dans les domaines du climat, de l'air et de l'énergie et les perspectives de leur évolution aux horizons 2020 et 2050.

À ce titre, il comprend :

1° Un inventaire des émissions directes de gaz à effet de serre pour les secteurs résidentiel, tertiaire, industriel, agricole, du transport et des déchets ;

2° Une analyse de la vulnérabilité de la région aux effets des changements climatiques, qui identifie les territoires et les secteurs d'activités les plus vulnérables et définit les enjeux d'adaptation auxquels ils devront faire face ;

3° Un inventaire des principales émissions des polluants atmosphériques, distinguant pour chaque polluant considéré les différentes catégories de sources, ainsi qu'une estimation de l'évolution de ces émissions ;

4° Une évaluation de la qualité de l'air au regard notamment des objectifs de qualité de l'air mentionnés à l'article L. 221-1 et fixés par le tableau annexé à l'article R. 221-1, de ses effets sur la santé, sur les conditions de vie, sur les milieux naturels et agricoles et sur le patrimoine ainsi qu'une estimation de l'évolution de cette qualité ;

5° Un bilan énergétique présentant la consommation énergétique finale des secteurs résidentiel, tertiaire, industriel, agricole, du transport et de la branche énergétique et l'état de la production des énergies renouvelables terrestres et de récupération ;

6° Une évaluation, pour les secteurs résidentiel, tertiaire, industriel, agricole, du transport et des déchets, des potentiels d'économie d'énergie, d'amélioration de l'efficacité énergétique et de maîtrise de la demande énergétique ainsi que des gains d'émissions de gaz à effet de serre correspondants ;

7° Une évaluation du potentiel de développement de chaque filière d'énergie renouvelable terrestre et de récupération, compte tenu de la disponibilité et des priorités d'affectation des ressources, des exigences techniques et physiques propres à chaque filière et des impératifs de préservation de l'environnement et du patrimoine.

II. – Sur la base de ce rapport, un document d'orientations définit, compte tenu des objectifs nationaux résultant des engagements internationaux de la France, des directives et décisions de l'Union européenne ainsi que de la législation et de la réglementation nationales, en les assortissant d'indicateurs et en s'assurant de leur cohérence :

1° Des orientations ayant pour objet la réduction des émissions de gaz à effet de serre portant sur l'amélioration de l'efficacité énergétique et la maîtrise de la demande énergétique dans les secteurs résidentiel, tertiaire, industriel, agricole, du transport et des déchets ainsi que des orientations visant à adapter les territoires et les activités socio-économiques aux effets du changement climatique ;

2° Des orientations destinées à prévenir ou à réduire la pollution atmosphérique afin d'atteindre les objectifs de qualité de l'air mentionnés aux articles L. 221-1 et R. 221-1. Le cas échéant, ces orientations reprennent ou tiennent compte de celles du plan régional pour la qualité de l'air auquel le schéma régional du climat, de l'air et de l'énergie se substitue.

Ces orientations sont renforcées dans les zones où les valeurs limites de la qualité de l'air sont ou risquent d'être dépassées et dites sensibles en raison de l'existence de circonstances particulières locales liées à la protection des intérêts définis à l'article L. 220-2, pour lesquelles il définit des normes de qualité de l'air lorsque les nécessités de cette protection le justifient ;

3° Des objectifs quantitatifs de développement de la production d'énergie renouvelable, à l'échelle de la région et par zones infrarégionales favorables à ce développement, exprimés en puissance installée ou en tonne équivalent pétrole et assortis d'objectifs qualitatifs visant à prendre en compte la préservation de l'environnement et du patrimoine ainsi qu'à limiter les conflits d'usage.

(1) Dispositions d'application transitoires : V. D. n° 2011-678, 16 juin 2011, art. 3.

Le schéma identifie les orientations et objectifs qui peuvent avoir un impact sur les régions limitrophes et les mesures de coordination nécessaires.

Il formule toute recommandation, notamment en matière de transport, d'urbanisme et d'information du public, de nature à contribuer aux orientations et objectifs qu'il définit.

III. – Le rapport et les orientations sont assortis, en tant que de besoin, de documents graphiques ainsi que de documents cartographiques dont la valeur est indicative.

Les documents cartographiques sont établis, pour les régions métropolitaines, à l'échelle de 1/500 000.

IV. – Le volet annexé au schéma régional du climat, de l'air et de l'énergie, intitulé « schéma régional éolien », identifie les parties du territoire régional favorables au développement de l'énergie éolienne compte tenu d'une part du potentiel éolien et d'autre part des servitudes, des règles de protection des espaces naturels ainsi que du patrimoine naturel et culturel, des ensembles paysagers, des contraintes techniques et des orientations régionales.

Il établit la liste des communes dans lesquelles sont situées ces zones. Les territoires de ces communes constituent les délimitations territoriales du schéma régional éolien au sens de l'article L. 314-9 du Code de l'énergie.

Il peut comporter des documents cartographiques, dont la valeur est indicative, établis à l'échelle prévue au III.

1) Le volet annexé au schéma régional du climat, de l'air et de l'énergie, intitulé « schéma régional éolien », identifie les parties du territoire régional favorables au développement de l'énergie éolienne compte tenu d'une part du potentiel éolien et d'autre part des servitudes, des règles de protection des espaces naturels ainsi que du patrimoine naturel et culturel, des ensembles paysagers, des contraintes techniques et des orientations régionales (■ CAA Bordeaux, 1re ch., 12 janv. 2017, n° 14BX03365, inédite). Les dispositions du IV de l'article R. 222-2 du Code de l'environnement subordonnent notamment l'identification des parties du territoire favorables au développement de l'éolien à l'existence d'un potentiel éolien ; qu'il appartient aux auteurs du schéma régional éolien de démontrer cette existence, au moyen de données recueillies quant à la vitesse des vents sur le territoire concerné, selon une méthode scientifique de nature à établir ce potentiel à une échelle géographique et avec une précision suffisante ; que ce potentiel doit être significatif (■ CAA Nantes, 5e ch., 18 avr. 2017, n° 15NT03810).

2) Le SRE constituera un volet annexé au SRCAE et définira les parties du territoire favorables au développement de l'énergie éolienne. Il sera élaboré en tenant compte des ZDE existantes.

En dehors des zones favorables ainsi définies, l'implantation d'éoliennes ne sera pas interdite. Toutefois, les ZDE créées ou modifiées postérieurement à la publication du SRE devront être situées à l'intérieur de ces zones favorables, un rapport de conformité étant institué entre le SRE et les nouvelles ZDE. Il s'ensuit que les éoliennes situées en dehors de ces zones favorables ne seront pas éligibles à l'obligation d'achat, sauf si elles sont situées dans une ZDE créée avant la publication du SRE.

Compte tenu des conséquences juridiques des SRE et afin que le développement de parcs éoliens ne soit pas retardé par l'absence d'adoption de SRE, le préfet de région, s'il constate qu'aucun SRE n'a été publié le 30 juin 2012, devra en arrêter un d'office avant le 30 septembre 2012.

Bibliographie : M. Le Coq, *Le schéma régional éolien d'Île-de-France devant le juge administratif : premières réponses : Énergie – Env. – Infrastr.* 2015, n° 1, comm. 1.

Art. R. 222-3 *(Rempl., D. n° 2011-678, 16 juin 2011)* (1). **– I. – Le préfet de région et le président du conseil régional s'appuient pour l'élaboration du schéma régional du climat, de l'air et de l'énergie sur un comité de pilotage, qu'ils président conjointement, auprès duquel est placé un comité technique. Ils en arrêtent ensemble la composition, l'organisation et le fonctionnement.**

II. – Au sein du comité de pilotage, les membres représentant le conseil régional et ceux représentant l'État et ses établissements publics sont en nombre égal.

La liste des membres du comité de pilotage est publiée simultanément au recueil des actes administratifs de la préfecture de région et au recueil des actes administratifs du conseil régional.

Le comité de pilotage propose le projet de schéma au président du conseil régional et au préfet de région. À ce titre, il suit et coordonne la réalisation des études nécessaires à l'état des lieux et aux évaluations définies à

(1) Dispositions d'application transitoires : V. D. n° 2011-678, 16 juin 2011, art. 3.

l'article R. 222-2 et propose les orientations, les objectifs. Après l'adoption du schéma, il est chargé du suivi de son avancement et de sa mise en œuvre.

III. – Les membres du comité technique sont nommés par le préfet de région et le président du conseil régional.

À la demande du comité de pilotage, le comité technique prépare les éléments nécessaires à la définition des orientations et des objectifs du schéma.

IV. – Le préfet de région tient régulièrement informés les gestionnaires des réseaux de transport et de distribution d'électricité et de gaz de l'avancement de la procédure d'élaboration du schéma régional du climat, de l'air et de l'énergie.

Art. R. 222-4 *(Rempl., D. n° 2011-678, 16 juin 2011 ; mod., D. n° 2013-938, 18 oct. 2013 ; D. n° 2017-456, 29 mars 2017)* (1). – I. – Le préfet de région et le président du conseil régional, après avoir validé le projet de schéma, déterminent la durée de sa mise à disposition au public et publient conjointement, au moins sept jours avant le début de cette mise à disposition, dans deux journaux régionaux ou locaux diffusés dans la région concernée, un avis faisant connaître la date d'ouverture de cette consultation et ses modalités. Cet avis est également publié sur les sites internet du conseil régional et de la préfecture de région.

Le projet de schéma est mis à la disposition du public aux sièges du conseil régional, de la préfecture de région, des préfectures de départements et des sous-préfectures. Les observations du public sur le projet de schéma sont consignées sur des registres ouverts à cet effet.

Le projet de schéma est également mis à la disposition du public par voie électronique sur les sites internet de la préfecture de région et du conseil régional. Le public dispose de la possibilité de faire part de ses observations par voie électronique.

II. – Dès le début de la mise à disposition au public, le préfet de région et le président du conseil régional soumettent le projet de schéma pour avis :

1° Aux conseils départementaux des départements de la région ;

2° Aux conseils municipaux des communes de la région ;

3° Aux organes délibérants des établissements publics de coopération intercommunale participant à l'élaboration d'un plan climat-énergie territorial ou ayant approuvé un Agenda 21 ;

4° Aux organes délibérants des établissements publics de coopération intercommunale compétents pour l'élaboration d'un schéma de cohérence territoriale ;

5° Au conseil économique et social environnemental régional ;

6° Aux autorités organisatrices de réseau public de distribution d'électricité et de gaz ;

7° Aux gestionnaires des réseaux de transport et de distribution d'électricité et de gaz concernés ;

8° Aux autorités organisatrices des transports urbains concernées ;

9° À l'Autorité de contrôle des nuisances aéroportuaires ;

10° Aux conseils départementaux compétents en matière d'environnement, de risques sanitaires et technologiques ;

11° Aux commissions départementales de la consommation des espaces agricoles ;

12° À la commission régionale de la forêt et des produits forestiers ;

13° À la chambre régionale d'agriculture ;

14° À la chambre régionale du commerce et de l'industrie ;

15° À la chambre régionale des métiers et de l'artisanat ;

16° À la commission régionale du patrimoine et de l'architecture ;

17° Aux commissions départementales de la nature, des paysages et des sites ;

18° À l'agence régionale de santé ;

19° Au commandant de *(Mots rempl., D. n° 2015-211, 25 févr. 2015)* « zone terre » compétent ;

20° À la direction de l'aviation civile territorialement compétente ;

21° À la direction interrégionale de la météorologie territorialement compétente ;

22° Aux comités de bassins territorialement compétents ;

23° À la commission régionale de l'économie agricole et du monde rural ;

24° S'il y a lieu, au comité de massif, à l'établissement public du parc national, au syndicat mixte chargé de l'aménagement et de la gestion du parc naturel régional.

---

(1) Dispositions d'application transitoires : V. D. n° 2011-678, 16 juin 2011, art. 3.

La transmission du projet de schéma est faite par voie électronique, sauf opposition expresse de la collectivité ou de l'organisme consulté. L'avis peut être transmis par voie électronique. À défaut de réponse dans le délai de deux mois à compter de la réception de la demande d'avis, celui-ci est réputé favorable.

Art. R. 222-5 *(Rempl., D. n° 2011-678, 16 juin 2011)* (1). **– Le projet de schéma régional du climat, de l'air et de l'énergie est, le cas échéant, modifié conjointement par le préfet de région et le président du conseil régional pour tenir compte des observations et des avis recueillis.**

Le schéma arrêté par le préfet de région après l'approbation par l'organe de délibération du conseil régional est publié au recueil des actes administratifs de la préfecture de région. Un avis de publication est inséré conjointement par le préfet de région et le président du conseil régional dans deux journaux régionaux ou locaux diffusés dans les départements concernés.

Le schéma régional du climat, de l'air et de l'énergie est mis à la disposition du public par voie électronique sur les sites internet de la préfecture de région et du conseil régional.

Art. R. 222-6 *(Rempl., D. n° 2011-678, 16 juin 2011)* (1). **– L'évaluation de la mise en œuvre du schéma régional du climat, de l'air et de l'énergie au terme d'une période de cinq années après la publication de l'arrêté du préfet de région prévu à l'article R. 222-5 est réalisée par le comité de pilotage à la demande conjointe du préfet de région et du président du conseil régional.**

La synthèse de cette évaluation fait l'objet d'un rapport publié sur les sites internet de la préfecture de région et du conseil régional.

À l'issue de cette évaluation, le préfet de région et le président du conseil régional peuvent décider de mettre le schéma régional du climat, de l'air et de l'énergie en révision, selon une procédure identique à celle suivie pour son élaboration. Lorsque les indicateurs de suivi de la mise en œuvre des orientations font apparaître que tout ou partie des objectifs ne pourra être raisonnablement atteint à l'horizon retenu, le préfet de région et le président du conseil régional engagent la révision du schéma, sur tout ou partie de celui-ci.

Bibliographie : M. Moliner-Dubost, *Approche qualitative de la protection de l'air – Protection intégrée de l'air et du climat : Environnement et dév. durable*, fasc. 3320, 2016.

1) Les collectivités territoriales jouent un rôle majeur dans la mise en œuvre et l'évaluation du schéma régional du climat, de l'air et de l'énergie (SRCAE). En effet, l'élaboration du projet de SRCAE est effectuée conjointement par le préfet et le président du conseil régional assisté par des comités techniques et de pilotage. Puis, après avis des conseils généraux, municipaux et autres organes visés à l'article R. 222-4 du Code de l'environnement, le projet est approuvé par le conseil régional avant d'être arrêté par le préfet.

De plus, l'évaluation du schéma est à la charge du comité de pilotage qui l'effectue à la demande conjointe du préfet de région et du président du conseil régional. Il pourra y avoir révision, dès lors que les résultats de l'évaluation ne respecteraient pas les normes de qualité d'air, contrairement aux plans régionaux de la qualité de l'air qui, quant à eux, ont l'obligation d'être révisés dès lors que les résultats de l'évaluation montrent un non-respect de ces normes.

2) Le décret n° 2011-1554 du 16 novembre 2011 relatif aux données permettant d'élaborer et d'évaluer les schémas régionaux du climat, de l'air et de l'énergie et les plans climat-énergie territoriaux paru au *Journal officiel*, le 18 novembre dernier (*JORF* 18 nov. 2011, n° 0267, p. 19361), précise les données permettant d'élaborer et d'évaluer les schémas régionaux du climat, de l'air et de l'énergie (SRCAE) et les plans Climat-énergie territoriaux (PCET).

Ce décret définit les informations à partir desquelles les régions pourront s'appuyer pour définir leurs objectifs en matière de climat, d'air et d'énergie dans le cadre des nouveaux SRCAE.

Les distributeurs d'électricité doivent communiquer aux autorités concédantes trois principaux éléments : les consommations totales par commune et par domaine de tension, le nombre de points de livraison desservis en fin d'année, et le total des puissances des unités de production raccordées au réseau dans l'année, par filière et par commune.

Les distributeurs de gaz doivent fournir les quantités totales de gaz consommées aux points de livraison (par commune et par option tarifaire) au cours de l'année, l'ensemble des points de livraison et la somme des quantités de gaz injectées dans le réseau.

(1) Dispositions d'application transitoires : V. D. n° 2011-678, 16 juin 2011, art. 3.

La période couvre les années 2005 et suivantes, ainsi que toutes les années pour lesquelles ces données sont disponibles.

Des informations plus générales sont également identifiées : le territoire desservi, le mode de gestion du service et éventuellement la date d'échéance des contrats de concession, ainsi que les enjeux de cette distribution énergétique.

Enfin, ils ajouteront des informations sur les consommations en électricité des plus importants points de livraison (pour chaque commune et pour chaque option tarifaire au cours de l'année) et sur les plus forts volumes de gaz injectés dans le réseau (pour chaque commune, dans l'année).

Art. R. 222-7 *(Rempl., D. n° 2011-678, 16 juin 2011 ; D. n° 2017-1777, 27 déc. 2017)* (1). – I. – En Corse, le schéma régional du climat, de l'air et de l'énergie est élaboré, adopté, suivi et révisé selon la procédure prévue par le III de l'article L. 222-1, les deuxième et quatrième alinéas de l'article L. 222-2 et les articles R. 222-1 à R. 222-6, sous réserve des dispositions suivantes :

1° Le président du conseil exécutif de Corse exerce les attributions dévolues au préfet de région et au président du conseil régional aux articles R. 222-2 à R. 222-6 ;

2° Le comité de pilotage associe les services déconcentrés de l'État et ses établissements publics intéressés par les domaines de compétence du schéma régional du climat, de l'air et de l'énergie ;

3° Les formalités de publication prévues sont effectuées sur les seuls recueil des actes administratifs de la collectivité de Corse et site internet de cette collectivité ;

4° La mise à disposition du projet de schéma est faite au siège de l'Assemblée de Corse ;

5° Le projet de schéma est transmis pour avis au préfet de région, dans les conditions prévues par le II de l'article R. 222-4.

II. – Si, dans les deux ans à compter de l'entrée en vigueur de la loi n° 2010-788 du 12 juillet 2010 portant engagement national pour l'environnement, l'Assemblée de Corse n'a pas adopté le schéma régional du climat, de l'air et de l'énergie, le préfet de région l'invite à y procéder dans un délai qu'il fixe et qui ne peut être supérieur à six mois.

Si l'Assemblée de Corse n'a pas adopté le schéma dans ce dernier délai, le préfet de région est substitué au président du conseil exécutif de Corse dans les attributions qui lui sont confiées par le I pour poursuivre la procédure d'élaboration engagée par celui-ci. Les études et documents réalisés et l'ensemble des informations nécessaires lui sont transmis à cet effet.

Art. D. 222-8 *(D. n° 2016-1134, 19 août 2016).* – Le schéma régional biomasse porte sur les échéances des périodes définies par la programmation pluriannuelle de l'énergie mentionnée à l'article L. 141-1 du Code de l'énergie et sur celles assignées à la politique énergétique nationale à l'article L. 100-4 du même code.

Il détermine les orientations et actions à mettre en œuvre à l'échelle régionale ou infra-régionale pour favoriser le développement des filières de production et de valorisation de la biomasse susceptible d'avoir un usage énergétique, en veillant au respect de la multifonctionnalité des espaces naturels, notamment les espaces agricoles et forestiers.

Il prend en compte les objectifs, orientations et indicateurs fixés par la stratégie nationale de mobilisation de la biomasse mentionnée à l'article L. 211-8 du Code de l'énergie.

Art. D. 222-9 *(D. n° 2016-1134, 19 août 2016).* – Le schéma régional biomasse comprend :

1° Un rapport analysant la situation de la production, de la mobilisation et de la consommation de biomasse, les politiques publiques ayant un impact sur cette situation, et leurs perspectives d'évolution ;

2° Un document d'orientation.

Art. D. 222-10 *(D. n° 2016-1134, 19 août 2016).* – Le rapport mentionné au 1° de l'article D. 222-9 comprend :

1° Une estimation, à la date de son établissement, de la production régionale des catégories de biomasse susceptible d'avoir un usage énergétique, de leur mobilisation et de l'utilisation qui en est faite pour des usages énergétiques et non énergétiques, ainsi qu'un récapitulatif des éléments portant sur la biomasse figurant dans les diagnostics et objectifs des plans climat-air-énergie territoriaux prévus à l'article L. 229-26 ;

(1) Dispositions d'application transitoires : V. D. n° 2011-678, 16 juin 2011, art. 3.

2° Un rappel des objectifs mentionnés au 6° de l'article D. 211-3 du Code de l'énergie et de leur déclinaison au niveau de la région ;

3° Un récapitulatif des politiques et mesures sectorielles régionales ou infrarégionales ayant un impact sur l'évolution des ressources de biomasse non alimentaire, sur leur mobilisation et sur la demande en biomasse non alimentaire ;

4° Une évaluation des volumes de biomasse susceptible d'avoir un usage énergétique mobilisables aux échéances considérées par le schéma, tenant compte des leviers et contraintes technico-économiques, environnementales et sociales, notamment celles liées au transport. La répartition de ces volumes est figurée sur des cartes permettant de distinguer les territoires des établissements publics de coopération intercommunale à fiscalité propre.

Art. D. 222-11 *(D. n° 2016-1134, 19 août 2016).* – Le document d'orientation mentionné au 2° de l'article D. 222-9 définit :

1° Des objectifs quantitatifs de développement et de mobilisation des ressources de biomasse susceptible d'avoir un usage énergétique pour satisfaire les besoins des filières énergétiques et non énergétiques, comprenant des trajectoires indicatives pour les échéances considérées ;

Pour le secteur forestier, aux échéances considérées par le programme régional de la forêt et du bois mentionné à l'article L. 122-1 du Code forestier, les objectifs mentionnés au précédent alinéa sont ceux fixés par ce programme ; pour la filière biomasse issue de déchets à usage énergétique, aux échéances considérées par le plan régional de prévention et de gestion des déchets mentionné aux articles L. 541-13 et L. 541-14 du Code de l'environnement, ils sont ceux fixés par ce plan ;

2° Les mesures régionales ou infra-régionales nécessaires pour atteindre les objectifs définis au 1°, en tenant compte des orientations et actions fixées par le programme régional de la forêt et du bois mentionné à l'article L. 121-2-2 du Code forestier ;

3° Les modalités d'évaluation et de suivi de sa mise en œuvre, comprenant la mise en place d'indicateurs.

Art. D. 222-12 *(D. n° 2016-1134, 19 août 2016).* – Pour chaque catégorie de biomasse, les quantités figurant dans le schéma régional biomasse sont indiquées dans les unités définies par la stratégie nationale de mobilisation de la biomasse prévue à l'article L. 211-8 du Code de l'énergie.

Art. D. 222-13 *(D. n° 2016-1134, 19 août 2016).* – Pour élaborer le schéma régional biomasse, le représentant de l'État dans la région et le président du conseil régional s'appuient sur un comité associant des représentants des élus régionaux, des acteurs économiques et des associations de protection de l'environnement.

Pour l'application en Corse du premier alinéa du présent article, les mots : « le représentant de l'État dans la région et le président du conseil régional » sont remplacés par les mots : « le représentant de l'État en Corse et le président du conseil exécutif de Corse ».

Art. D. 222-14 *(D. n° 2016-1134, 19 août 2016).* – Le schéma régional biomasse est publié sur les sites internet de la préfecture de région et de la région.

Pour l'application en Corse du précédent alinéa, les mots : « de la préfecture de région et du conseil régional » sont remplacés par les mots : « de la préfecture et du conseil exécutif de Corse ».

Section I A. – Budgets carbone et stratégie nationale bas-carbone

(D. n° 2015-1491, 18 nov. 2015)

Art. D. 222-1-A *(D. n° 2015-1491, 18 nov. 2015).* – I. – Les émissions de gaz à effet de serre comptabilisées au titre des budgets carbone fixés en application de l'article L. 222-1 A sont celles que la France notifie à la Commission européenne et dans le cadre de la convention-cadre des Nations unies sur les changements climatiques.

II. – Sont comptabilisées les émissions en métropole, en Guadeloupe, en Guyane, en Martinique, à La Réunion, à Saint-Martin et à Mayotte ainsi que les émissions associées au transport entre ces zones géographiques. Sont exclues les émissions associées aux liaisons internationales aériennes et maritimes.

III. – Lors de la fixation initiale des budgets carbone pour les périodes 2015-2018, 2019-2023 et 2024-2028, les émissions associées à l'usage des terres et à la foresterie sont exclues du périmètre retenu ; elles sont incluses dans le périmètre retenu à partir de la période 2029-2033. Lors de la fixation du budget carbone pour la période 2029-2033, les budgets carbone des périodes 2019-2023 et 2024-2028 sont révisés afin de prendre en compte ces émissions.

Art. D. 222-1-B *(D. n° 2015-1491, 18 nov. 2015 ; mod., D. n° 2020-457, 21 avr. 2020)*. – I. – Le respect des budgets carbone est évalué sur la base des inventaires annuels transmis à la Commission européenne ou dans le cadre de la convention-cadre des Nations unies sur les changements climatiques les plus à jour. Pour la dernière année de chaque période, il est fait recours aux inventaires par approximation que la France communique à la Commission européenne en application de l'article 8 du règlement (UE) n° 525/2013 du Parlement européen et du Conseil du 21 mai 2013 relatif à un mécanisme pour la surveillance et la déclaration des émissions de gaz à effet de serre et pour la déclaration, au niveau national et au niveau de l'Union, d'autres informations ayant trait au changement climatique.

II. – En cas d'évolution de la comptabilité des émissions de gaz à effet de serre conduisant à une correction de plus de 1 % des émissions pour les années de référence précisées par décret, le solde du budget carbone est ajusté afin d'assurer la cohérence de la méthodologie retenue avec celle qui prévaut dans l'évaluation de son respect, en conservant les mêmes réductions sectorielles et par gaz en valeur relative par rapport à l'année 2005.

Art. R. 222-1-B-1 *(D. n° 2023-163, 7 mars 2023)*. – La stratégie nationale bas-carbone fait l'objet d'une concertation préalable, organisée sous l'égide d'un garant selon les modalités définies aux articles L. 121-16 et L. 121-16-1. L'information du public prévue à l'article L. 121-16 précise, le cas échéant, si cette concertation préalable est commune avec celle relative à la programmation pluriannuelle de l'énergie.

Art. D. 222-1-C *(D. n° 2015-1491, 18 nov. 2015)*. – La stratégie bas-carbone peut faire l'objet d'une révision simplifiée n'en modifiant pas l'économie générale afin de :

– corriger des erreurs factuelles ou incohérences ;

– mettre en compatibilité la répartition sectorielle indicative des budgets carbone et les orientations avec les engagements européens et internationaux de la France ;

– mettre à jour les indicateurs de suivi de la mise en œuvre de la stratégie.

Le projet de stratégie révisée est adopté par décret après transmission du projet, pour information, aux commissions permanentes de l'Assemblée nationale et du Sénat chargées de l'énergie et de l'environnement et au Conseil national de la transition écologique.

Art. D. 222-1-D *(D. n° 2017-725, 3 mai 2017)* (1). – Au sens des articles D. 222-1-E à D. 222-1-I, on entend par :

1° « projet public » : travaux ouvrages ou aménagements résultant d'un investissement réalisé sous maîtrise d'ouvrage publique (État, collectivité territoriale, établissement public, entreprise publique) ou par une entreprise privée dans le cadre d'un marché de partenariat, d'un contrat de concession de service public ou d'un contrat de concession de travaux publics.

2° « maître d'ouvrage » : l'entité publique ou privée qui a l'initiative du projet.

3° « source d'énergie » : carburant, combustible, électricité ou toute autre énergie utilisée lors de la phase de réalisation d'un projet public, durant sa phase de fonctionnement ou lors de sa phase de fin de vie.

4° La « phase de réalisation » d'un projet public intègre les phases du projet depuis la phase d'études jusqu'à la mise en service.

Lorsque le projet public conduit à l'artificialisation d'un terrain agricole, forestier ou d'un espace naturel, les émissions de la phase de réalisation intègrent les émissions de dioxyde de carbone résultant de la diminution du stock de carbone du sol.

5° La « phase de fonctionnement » comprend les opérations d'exploitation, d'entretien, de maintenance, de réhabilitation et d'utilisation du projet public. Pour le calcul des gaz à effet de serre émis lors de la phase de fonctionnement des projets de zones d'aménagement concerté et des projets de construction de bâtiments

(1) Dispositions applicables aux projets publics dont la décision de financement est signée à compter du 1er octobre 2017, D. n° 2017-725, 3 mai 2017, art. 2.

susceptibles d'accueillir du public sont intégrées les émissions liées aux déplacements des personnes résidant et/ou se rendant dans la zone d'aménagement concerté ou le bâtiment ainsi que les émissions liées au transport de marchandises ayant pour origine ou destination les entreprises présentes dans la zone d'aménagement concerté.

6° La « phase de fin de vie » comprend les opérations de transformation effectuées à l'issue de la phase de fonctionnement, telles que la déconstruction, le transport et le traitement des déchets des matériaux et équipements du projet.

Art. D. 222-1-E *(D. n° 2017-725, 3 mai 2017)* (1). – Les principes et modalités de calcul des émissions de gaz à effet de serre spécifiés aux articles D. 222-1. F. à D. 222-1-I s'appliquent aux projets suivants :

– tout projet public soumis, en application de l'article L. 122-1 du Code de l'environnement, à une étude d'impact,

– tout projet public de construction ou de rénovation de bâtiments d'un montant d'investissement supérieur à 20 000 000 euros hors taxes ou d'une surface de plancher supérieure à 10 000 m².

Les seuils d'investissement de 20 000 000 euros hors taxes et de surface de plancher de 10 000 m² mentionnés ci-dessus peuvent être modifiés par arrêté du ministre chargé de l'environnement.

Pour les projets qui ne seraient pas soumis à une étude d'impact en application de l'article L. 122-1 ou qui se situeraient en deçà des seuils mentionnés au précédent alinéa, le maître d'ouvrage propose des modalités de calcul simplifiées permettant au financeur de porter une appréciation sur la contribution du projet à la réduction des émissions de gaz à effet de serre.

Art. D. 222-1-F *(D. n° 2017-725, 3 mai 2017)* (1). – L'information requise pour répondre au critère de contribution à la réduction des émissions de gaz à effet de serre est apportée en appliquant les modalités de calcul prévues aux articles D. 222-1. G. à D. 222-1-I, ou sur la base de l'analyse relative aux incidences du projet sur le climat fournie dans l'étude d'impact en application de l'article L. 122-1 du Code de l'environnement, en précisant la méthodologie employée et l'origine des données utilisées.

Art. D. 222-1-G *(D. n° 2017-725, 3 mai 2017)* (1). – I. – Le calcul des émissions de gaz à effet de serre mentionné au deuxième alinéa du III de l'article L. 222-1 B porte sur les quantités de gaz à effet de serre dont la liste est fixée par l'arrêté pris en application de l'article R. 229-45, émises pour un ensemble comprenant au moins les phases de réalisation et de fonctionnement du projet public ainsi que la phase amont de production des sources d'énergie et des matériaux et équipements nécessaires à chaque phase lorsque les données sur les facteurs d'émissions de la phase amont sont disponibles. Le maître d'ouvrage peut inclure dans le calcul mentionné au deuxième alinéa du III de l'article L. 222-1 B, les quantités de gaz à effet de serre émises lors de la phase de fin de vie du projet public s'il le juge pertinent au vu des données disponibles.

II. – L'évaluation mentionne les émissions pour chacune des différentes phases susmentionnées, en précisant, s'il y a lieu, les émissions liées à l'artificialisation du sol et les émissions liées aux déplacements de personnes et de marchandises.

III. – La personne publique accordant le soutien financier peut demander que les dispositions de l'article D. 222-1-F soient appliquées à des variantes et alternatives du projet public, en comparaison avec la situation sans projet public.

Art. D. 222-1-H *(D. n° 2017-725, 3 mai 2017)* (1). – Pour évaluer la contribution à la réduction des émissions de gaz à effet de serre d'un projet public, le maître d'ouvrage identifie les différentes opérations afférentes aux phases de réalisation, de fonctionnement et de fin de vie du projet public, évalue les quantités de gaz à effet de serre pour chaque opération et agrège les valeurs ainsi obtenues.

Art. D. 222-1-I *(D. n° 2017-725, 3 mai 2017)* (1). – La quantité de gaz à effet de serre d'une opération est obtenue par le produit de la quantité d'énergie, de gaz consommés, de matériaux ou d'équipements mis en œuvre d'une part et du facteur d'émission de la source d'énergie, du gaz, du matériau ou de l'équipement considéré d'autre part. Pour les projets publics de traitement ou d'élimination des déchets, la quantité de gaz

(1) Dispositions applicables aux projets publics dont la décision de financement est signée à compter du 1er octobre 2017, D. n° 2017-725, 3 mai 2017, art. 2.

à effet de serre d'une opération est obtenue par le produit de la quantité de déchets traités d'une part et du facteur d'émission correspondant au procédé de traitement ou d'élimination utilisé d'autre part.

L'établissement des facteurs d'émission répond aux principes suivants :

Pour chaque source d'énergie, le facteur d'émission opère la conversion d'une quantité de source d'énergie en émissions de gaz à effet de serre relatives à un ensemble comprenant *a minima* les phases d'utilisation et la phase amont de production de la source d'énergie. La phase amont comprend l'extraction, le raffinage, la transformation, le transport et la distribution des sources d'énergie. L'ensemble de ces émissions, y compris celles de la phase amont, sont supposées intervenir au cours de l'année d'utilisation de la source d'énergie.

Pour les matériaux et équipements, les facteurs d'émissions intègrent les émissions de gaz à effet de serre liées aux consommations d'énergie intervenant dans le processus de production de ces matériaux et équipements (émissions directes et afférentes à la phase amont), ainsi que les émissions liées aux procédés industriels éventuellement mis en œuvre. L'ensemble de ces émissions y compris les émissions de la phase amont, sont supposées intervenir au cours des années de réalisation ou de fonctionnement du projet public.

Pour l'établissement des facteurs d'émissions, le maître d'ouvrage recourt aux facteurs d'émissions déterminés par le « pôle de la coordination nationale sur les bilans d'émissions de gaz à effet de serre » mentionné à l'article R. 229-49 du Code de l'environnement.

Pour les matériaux et équipements de construction nécessaires à un projet public de construction ou de rénovation de bâtiments les données à utiliser sont les valeurs de l'indicateur « changement climatique » disponible dans chaque déclaration environnementale et sanitaire des produits de construction et chaque « Projet Environnemental Produit écopassport » pour les équipements de constructions, réalisées selon les dispositions du décret n° 2013-1264 du 23 décembre 2013 relatif à la déclaration environnementale de certains produits de construction destinés à un usage dans les ouvrages de bâtiment et des arrêtés pris pour son application. À défaut, le maître d'ouvrage utilise les valeurs mises à disposition dans la base de données française INIES (Informations sur les impacts environnementaux et sanitaires).

En l'absence de données disponibles sur un ou plusieurs facteurs d'émissions de la phase amont dans les sources susmentionnées, le maître d'ouvrage procède, dans la mesure du possible, à une évaluation des valeurs de ces facteurs d'émissions manquants en précisant la méthodologie employée et l'origine des données utilisées. À défaut, il procède à un calcul des émissions de gaz à effet de serre du projet public en omettant les sources pour lesquelles les facteurs d'émissions ne sont pas disponibles et informe le « pôle de la coordination nationale sur les bilans d'émissions de gaz à effet de serre » que ces facteurs d'émissions ne sont pas disponibles.

Section II. – Plans de protection de l'atmosphère

Sous-section 1. – Champ d'application des plans de protection de l'atmosphère

Art. R. 222-13 *(Mod., D. n° 2008-1152, 7 nov. 2008 ; D. n° 2010-1250, 21 oct. 2010 ; D. n° 2016-848, 28 juin 2016)*. **– Doivent être couvertes par un plan de protection de l'atmosphère :**

1° Les agglomérations de plus de 250 000 habitants ; dont la liste résulte de l'arrêté prévu au V de l'article L. 222-4 ;

2° Les zones dans lesquelles le niveau dans l'air ambiant de l'un au moins des polluants, évalué conformément aux dispositions des articles R. 221-1 à R. 221-3, dépasse ou risque de dépasser une valeur limite ou une valeur cible mentionnée à l'article R. 221-1. Ces zones sont délimitées en tenant compte notamment de l'importance et de la localisation de la population, des niveaux de polluants, des niveaux d'émissions des polluants et des natures des sources émettrices, y compris s'ils sont d'origine extérieure à la zone concernée, de leur évolution prévisible, ainsi que des conditions météorologiques qui prévalent dans chacune de ces zones.

Pour la Cour de justice de l'Union européenne, le respect des valeurs cibles en ce qui concerne le dioxyde de carbone, mentionnées pour la France à l'article R. 221-1, constitue une obligation de résultat des États membres (■ CJUE, 19 nov. 2014, aff. C-404-13, *Client Earth c/ Commission*, consid. 30 : *Énergie – Env. – Infrastr.* 2015, comm. 17, J. Héraut ; *Europe* 2015, comm. 33, note S. Roset). Ainsi, pour obtenir un report du délai fixé par la directive de mai 2008, concernant la qualité de l'air ambiant et un air pur pour l'Europe, l'État membre devra justifier auparavant du respect de ces valeurs cibles.

Voir : A. 28 juin 2016 établissant les listes d'agglomérations de plus de 100 000 et 250 000 habitants conformément à l'article R. 221-2 du Code de l'environnement. Cet arrêté actualise la liste des agglomérations de plus de 100 000 et 250 000 habitants pour lesquelles des mesures en faveur de la qualité de l'air sont mises en œuvre, qui devront faire l'objet de plans de déplacements urbains, surveillance adaptée de la qualité de l'air pour les agglomérations de plus de 100 000 habitants et plans de protection de l'atmosphère dans celles de plus de 250 000 habitants. A. 19 avr. 2017 (dispositif national de surveillance de la qualité de l'air ambiant), (*JO* 22 avr. 2017).

Voir : sous art. L. 220-1, annot. n° 8, p. 472.

Art. R. 222-13-1 *(D. n° 2007-1479, 12 oct. 2007* (1) *; rempl., D. n° 2008-1152, 7 nov. 2008 ; D. n° 2010-1250, 21 oct. 2010).* **– I. – Le recours à un plan de protection de l'atmosphère n'est pas nécessaire dans une des zones mentionnées au 2° de l'article R. 222-13, lorsqu'il est démontré :**

1° Que, compte tenu de la nature, du nombre ou de la localisation des émetteurs de substances à l'origine du non-respect d'une valeur limite ou d'une valeur cible, les niveaux de concentration dans l'air ambiant d'un polluant seront réduits de manière plus efficace par des mesures prises dans un autre cadre. Dans un tel cas, le préfet recueille l'avis du conseil départemental de l'environnement et des risques sanitaires et technologiques et veille à ce que le suivi annuel de ces mesures soit assuré ;

2° Ou que le dépassement de norme est imputable à des sources naturelles ou à la remise en suspension de particules provoquée par le sablage ou le salage hivernal des routes. Dans un tel cas, le préfet réunit des informations sur les concentrations et les sources en cause, ainsi que les éléments prouvant que le dépassement est imputable à ces sources.

II. – Dans les cas prévus au I, le préfet élabore et met à la disposition du public un document simplifié d'information qui identifie et décrit les émetteurs de substances à l'origine du non-respect d'une valeur limite ou d'une valeur cible dans l'air ambiant ou du dépassement de niveau, ainsi que les mesures prises et leur effet attendu sur la qualité de l'air dans un délai donné.

III. – Un arrêté du ministre chargé de l'environnement précise les modalités d'application du présent article. Il précise notamment celles des informations énumérées à l'article R. 222-15 qui doivent au moins figurer dans le document simplifié mentionné au II.

Voir : sur le contenu du document d'information simplifié, voir arrêté du 2 novembre 2011 relatif au document simplifié d'information mentionné à l'article R. 222-13-1 du Code de l'environnement, *JO* 11 nov. 2011.

Une opération de sablage et l'élaboration d'un PPA n'est pas nécessaire lorsque le dépassement d'une valeur limite, d'une valeur cible ou d'une norme spécifique est imputable à des sources naturelles ou à la remise en suspension de particules provoquée par le sablage ou le salage hivernal des routes (C. env., art. R. 222-13-1, I). En effet, la directive 2008/50/CE du 21 mai 2008 concernant la qualité de l'air ambiant et un air pur pour l'Europe permet aux États membres de prendre en compte la contribution au dépassement des valeurs limites des sources naturelles (telles que les éruptions volcaniques, les activités sismiques, les activités géothermiques, les feux de terres non cultivées, les vents violents, les embruns marins, la resuspension atmosphérique ou le transport de particules naturelles provenant de régions désertiques) ainsi que des opérations de sablage ou de salage hivernal des routes (Dir. 2008/50/CE, 21 mai 2008, citée *supra* n° 56, art. 20 et 21).

A. 19 avr. 2017, relatif au dispositif national de surveillance de la qualité de l'air ambiant (*JO* 22 avr. 2017).

Bibliographie : M. Moliner-Dubost, *Réduction des émissions nationales de certains polluants atmosphériques : Énergie – Env. – Infrastr.* févr. 2017, n° 2, comm. 9.

Sous-section 2. – Contenu des plans de protection de l'atmosphère

Art. R. 222-14 *(Rempl., D. n° 2010-1250, 21 oct. 2010 ; D. n° 2020-483, 27 avr. 2020).* **– Les plans de protection de l'atmosphère rassemblent les informations nécessaires à leur établissement, fixent les objectifs à atteindre et énumèrent les mesures préventives et correctives, d'application temporaire ou permanente, pouvant être prises en vue de réduire les émissions des sources de pollution atmosphérique, d'utiliser l'énergie de manière rationnelle et d'atteindre les objectifs fixés dans le respect des normes de qualité de l'air.**

Ils recensent et définissent les actions prévues localement pour se conformer aux normes de la qualité de l'air dans le périmètre du plan, afin que la période de dépassement soit la plus courte possible, ou pour maintenir ou améliorer la qualité de l'air existante.

(1) Application à Mayotte : V. D. n° 2007-1479, 12 oct. 2007, art. 4.

Ils organisent le suivi de l'ensemble des actions mises en œuvre dans leur périmètre par les personnes et organismes locaux pour améliorer ou maintenir la qualité de l'air, grâce notamment aux informations que ces personnes ou organismes fournissent chaque année au préfet en charge du plan sur les actions engagées et, si possible, sur leur effet sur la qualité de l'air.

Marge d'appréciation de l'autorité compétente. Il résulte des articles L. 222-4 à L. 222-6, R. 222-14, R. 222-16, R. 222-18, R. 222-32 à R. 222-34 du Code de l'environnement que l'autorité préfectorale arrête les mesures réglementaires d'application qui permettent d'atteindre les objectifs prévus par le plan de protection de l'atmosphère ainsi que les mesures qui permettent d'atteindre ces objectifs et qui peuvent être prises par les autorités compétentes. Ainsi, si l'autorité préfectorale dispose d'une marge de manœuvre dans le cadre de son obligation de moyens afin d'arrêter les mesures prises pour la mise en œuvre d'un plan de protection de l'atmosphère, elle ne saurait pour autant prendre des mesures incompatibles avec les objectifs de ce plan et les mesures permettant de les atteindre expressément prévues par ledit plan (■ TA Paris, 2 juill. 2015, n° 1503542, *Assoc. Écologie sans frontières*).

Art. R. 222-15 *(Rempl., D. n° 2010-1250, 21 oct. 2010).* **– Les plans de protection de l'atmosphère comprennent les documents et informations suivants :**

1° Des informations générales relatives à la superficie et à la topographie de l'agglomération ou de la zone concernée, à l'occupation des sols, à la population exposée à la pollution, aux activités exercées, au climat et aux phénomènes météorologiques, aux milieux naturels, aux groupes de personnes particulièrement sensibles à la pollution et autres cibles qui doivent être protégées, ainsi qu'aux effets de la qualité de l'air sur la santé ;

2° Une carte de l'agglomération ou de la zone concernée indiquant la localisation des stations de surveillance de la qualité de l'air pour chacun des polluants surveillés et des dépassements de valeurs cibles et de valeurs limites ;

3° Des informations relatives au dispositif de surveillance de la qualité de l'air, aux techniques utilisées pour l'évaluation de la pollution, à l'évolution des concentrations mesurées, notamment au regard des valeurs cibles et des valeurs limites, avant la mise en œuvre des mesures et depuis la mise en œuvre des mesures ;

4° Un inventaire des principales sources ou catégories de sources d'émission des polluants avec une représentation cartographique, une quantification des émissions provenant de ces sources ou catégories de sources d'émission, des renseignements sur la pollution en provenance d'autres zones ou d'autres régions, l'évolution constatée de toutes ces émissions ;

5° Une analyse des phénomènes de diffusion et de transformation de la pollution comportant des précisions sur les facteurs responsables du non-respect des valeurs limites ou des valeurs cibles ;

6° Des informations sur toutes les actions engagées ou prévues tendant à réduire la pollution atmosphérique avec l'évaluation prévisible de leur effet sur la qualité de l'air, en distinguant celles qui sont élaborées avant et après l'adoption du plan de protection de l'atmosphère ; ces informations comportent notamment un bilan des actions engagées ou prévues avant le 11 juin 2008 et de leurs effets observés ; pour les actions engagées ou prévues à compter du 11 juin 2010, les informations précisent en outre les indicateurs de moyens notamment financiers nécessaires à leur réalisation, le calendrier de leur mise en œuvre assorti des indicateurs de suivi à mettre à jour chaque année, l'estimation de l'amélioration de la qualité de l'air qui en est attendue et du délai de réalisation de ces objectifs ;

7° Les responsables de la mise en œuvre des mesures ;

8° Des informations sur les documents d'urbanisme, les projets d'aménagement, d'infrastructures ou d'installations pouvant avoir une incidence significative sur la qualité de l'air ;

9° La liste des publications, documents et travaux relatifs au plan de protection de l'atmosphère et complétant les informations précédentes.

Le plan de protection emporte une série d'effets contraignants quant à la surveillance et la maîtrise de la qualité de l'air dans le périmètre qu'il couvre, qui s'imposent aux autorités administratives compétentes pour mettre en œuvre des mesures préventives et curatives en vue d'atteindre les objectifs qu'il fixe dans le respect d'un calendrier donné. En adoptant les critères retenus pour sélectionner les seize mesures figurant dans le document, les auteurs du plan de protection de l'atmosphère n'ont pas méconnu le 2° de l'article L. 110-1 du Code de l'environnement en vertu duquel le principe d'action préventive et de correction des atteintes à l'environnement est assuré en utilisant les meilleures techniques disponibles à un coût économiquement acceptable, ni aucune autre disposition législative et réglementaire (■ CE, 26 mars 2008, n° 300952, *Assoc. Les amis de la terre : Dr. adm.* août-sept. 2008, n° 36, obs. Collet).

Art. R. 222-16 *(Rempl., D. n° 2010-1250, 21 oct. 2010 ; D. n° 2020-483, 27 avr. 2020).* – Pour chaque polluant mentionné à l'article R. 221-1, le plan de protection de l'atmosphère définit les objectifs permettant de ramener, à l'intérieur de l'agglomération ou de la zone concernée, les niveaux globaux de concentration en polluants dans l'atmosphère à un niveau conforme aux valeurs limites ou, lorsque cela est possible, par des mesures proportionnées au regard du rapport entre leur coût et leur efficacité dans un délai donné, à un niveau conforme aux valeurs cibles.

Les objectifs globaux à atteindre sont fixés sous forme soit de réduction des émissions globales d'un ou plusieurs polluants dans l'agglomération ou la zone considérée, soit de niveaux de concentration de polluants tels qu'ils seront mesurés par des stations fixes implantées dans l'agglomération ou la zone considérée. Les objectifs de réduction des émissions d'un ou plusieurs polluants sont proposés pour chaque action lorsque cela est possible.

À chacun de ces objectifs est associé un délai de réalisation le plus court possible.

Art. R. 222-17 *(Mod., D. n° 2010-1250, 21 oct. 2010).* – Lorsque des circonstances particulières locales liées à l'amélioration ou à la préservation de la qualité de l'air et à l'utilisation rationnelle de l'énergie le justifient, le plan de protection de l'atmosphère peut renforcer les objectifs de qualité de l'air définis à l'article R. 221-1. Dans ce cas, il précise les circonstances particulières qui justifient le renforcement de ces objectifs ainsi que les orientations permettant de les atteindre.

Art. R. 222-18 *(D. n° 2010-1250, 21 oct. 2010).* – Le plan de protection de l'atmosphère établit la liste des mesures pouvant être prises en application de la présente section par les autorités administratives en fonction de leurs compétences respectives et précise les textes sur le fondement desquels elles interviennent.

Il recense également les mesures qui ne relèvent pas des autorités administratives mais qui ont un effet sur la qualité de l'air.

Art. R. 222-19. – Le plan de protection de l'atmosphère définit, conformément aux dispositions des articles R. 223-1 à R. 223-4, les modalités de déclenchement de la procédure d'alerte prévue à l'article L. 223-1. Il inclut notamment les indications suivantes :

1° Les principales mesures d'urgence concernant les sources fixes et mobiles susceptibles d'être prises et l'estimation de leur impact prévisible ;

2° La fréquence prévisible des déclenchements de la procédure d'alerte ;

3° Les conditions dans lesquelles les exploitants des sources fixes sont informés, le cas échéant par voie de notification, du début et de la fin de la mise en application des mesures d'alerte ;

4° Les conditions d'information du public sur le début et la fin de la mise en application des mesures qui lui sont directement applicables.

Sous-section 3. – Élaboration et modification des plans de protection de l'atmosphère

Art. R. 222-20 *(Rempl., D. n° 2007-1479, 12 oct. 2007)* (1). – Le préfet élabore le plan de protection de l'atmosphère et définit le périmètre à l'intérieur duquel s'appliquent les mesures mentionnées à l'article R. 222-18.

Lorsque ce plan a pour objet l'une des zones mentionnées au 2° de l'article R. 222-13, le préfet délimite le périmètre pertinent, en tenant compte, notamment, de l'inventaire des sources d'émission des substances polluantes et de leur localisation, des phénomènes de diffusion et de déplacement des substances polluantes et des conditions topographiques.

(1) Application à Mayotte : V. D. n° 2007-1479, 12 oct. 2007, art. 4.

Lorsque l'agglomération ou la zone concernée s'étend sur plus d'un département, le plan est élaboré et le périmètre délimité par arrêté conjoint des préfets des départements concernés et, pour l'agglomération de Paris, par l'ensemble des préfets de département de l'agglomération, par le préfet de police et par le préfet de la région Île-de-France.

Art. R. 222-20-1 *(D. n° 2007-1479, 12 oct. 2007* (1) *; mod., D. n° 2008-1152, 7 nov. 2008).* – Dans les zones où le niveau de concentration d'un polluant dépasse une valeur limite ou une valeur cible, un plan de protection de l'atmosphère ou les mesures mentionnées au second alinéa du I de l'article L. 222-4 sont arrêtés ou modifiés, pour prendre en compte ce polluant, dans un délai de dix-huit mois à compter du constat du dépassement.

Art. R. 222-21 *(Mod., D. n° 2008-1152, 7 nov. 2008).* – Le projet de plan est soumis pour avis au conseil départemental de l'environnement et des risques sanitaires et technologiques de chacun des départements dont le territoire est inclus, en tout ou partie, dans le périmètre du plan. Il est ensuite soumis pour avis aux organes délibérants des communes, des établissements publics de coopération intercommunale lorsqu'ils existent, des départements et des régions dont le territoire est inclus en tout ou partie dans ce périmètre.

Ces avis sont réputés favorables s'ils ne sont pas donnés dans un délai de trois mois suivant la transmission du projet de plan.

Art. R. 222-22. – Le projet de plan, éventuellement modifié pour tenir compte des avis exprimés, est soumis à enquête publique par le ou les préfets mentionnés à l'article R. 222-20. Le préfet du département dans lequel se trouve la plus grande partie de l'agglomération ou de la zone couverte par le plan et, pour l'agglomération de Paris, le préfet de la région d'Île-de-France sont chargés de coordonner l'organisation de l'enquête et d'en centraliser les résultats.

Art. R. 222-23. – Sous réserve des dispositions mentionnées aux articles R. 222-24, R. 222-25, R. 222-26 et R. 222-27, la procédure d'enquête est régie par le deuxième alinéa de l'article R. 123-8, les articles R. 123-9 à R. 123-13, R. 123-16, R. 123-17 et R. 123-19 à R. 123-22.

Art. R. 222-24 *(Mod., D. n° 2011-678, 16 juin 2011).* – Le dossier soumis à enquête comprend au moins les pièces suivantes :

1° Une notice explicative indiquant l'objet de l'enquête ;

2° La mention des textes qui régissent l'enquête publique et le plan de protection de l'atmosphère ;

3° Un résumé non technique de présentation du projet ;

4° Le projet de plan, tel que défini aux articles R. 222-14 à R. 222-19, ainsi qu'un résumé non technique du plan régional pour la qualité de l'air, s'il existe, et du schéma régional du climat, de l'air et de l'énergie prévu à l'article L. 222-1 et suivants.

Art. R. 222-25. – Le préfet saisit, en vue de la désignation d'un commissaire enquêteur ou d'une commission d'enquête, le président du tribunal administratif dans le ressort duquel se trouve l'agglomération ou la zone couverte par le plan ou la plus grande partie de celle-ci, et, pour l'agglomération de Paris, le président du tribunal administratif de Paris.

Art. R. 222-26 *(Mod., D. n° 2007-1479, 12 oct. 2007)* (1). – Un avis portant à la connaissance du public les indications figurant, en application de l'article R. 123-13, dans l'arrêté préfectoral prescrivant l'enquête est publié, par les soins du préfet, en caractères apparents quinze jours au moins avant le début de l'enquête et rappelé dans les huit premiers jours de celle-ci dans deux journaux nationaux, régionaux ou locaux diffusés dans le ou les départements concernés.

Un exemplaire du projet de plan est consultable par le public dans chaque préfecture concernée et dans le ou les autres lieux mentionnés, le cas échéant, dans l'arrêté organisant l'enquête.

---

(1) Application à Mayotte : V. D. n° 2007-1479, 12 oct. 2007, art. 4.

Art. R. 222-27 *(Mod., D. n° 2007-1479, 12 oct. 2007* (1) *; D. n° 2008-1152, 7 nov. 2008).* – Une fois l'enquête publique close, le préfet adresse, dès leur réception, copie du rapport et des conclusions du commissaire enquêteur ou de la commission d'enquête au président du tribunal administratif.

Le rapport et les conclusions de l'enquête sont consultables dans les préfectures concernées pendant un an à compter de la date de clôture de l'enquête, ainsi que dans les conditions prévues par les articles L. 124-1 à L. 124-8.

En cas de prorogation de la durée de l'enquête, il n'est pas fait application des dispositions relatives à l'affichage prévues au deuxième alinéa de l'article R. 123-21.

Art. R. 222-28 *(Mod., D. n° 2007-1479, 12 oct. 2007)* (1). – I. – Éventuellement modifié pour tenir compte des résultats de l'enquête publique, le plan est arrêté par le préfet. Dans le cas où l'agglomération ou la zone concernée s'étend sur plus d'un département, il est arrêté conjointement par les préfets concernés et, pour l'agglomération de Paris, par l'ensemble des préfets de département, par le préfet de police et le préfet de la région d'Île-de-France.

II. – L'arrêté mentionné au I ci-dessus est publié au recueil des actes administratifs de chacune des préfectures concernées. Un avis de publication est inséré, par les soins du ou des préfets, dans deux journaux nationaux, régionaux ou locaux diffusés dans les départements en cause.

Les organismes de surveillance de la qualité de l'air mentionnés à l'article L. 221-3 peuvent participer, à la demande des préfets, à l'information des populations sur le contenu du plan.

Art. R. 222-29. – Le ou les préfets concernés présentent, chaque année, aux conseils départementaux de l'environnement et des risques sanitaires et technologiques un bilan de la mise en œuvre du plan de protection de l'atmosphère.

Art. R. 222-30 *(Mod., D. n° 2007-1479, 12 oct. 2007)* (1). – Lorsqu'il n'est pas porté atteinte à son économie générale, le plan de protection de l'atmosphère peut être modifié par arrêté du préfet ou par arrêté conjoint des préfets concernés, après avis du ou des conseils départementaux de l'environnement et des risques sanitaires et technologiques. Dans le cas contraire, il est modifié selon la procédure prévue aux articles R. 222-20 à R. 222-28.

Au moins tous les cinq ans, la mise en œuvre du plan fait l'objet d'une évaluation par le ou les préfets concernés. À l'issue de cette évaluation, le ou les préfets concernés peuvent mettre le plan en révision selon la procédure prévue aux articles R. 222-20 à R. 222-28.

Art. R. 222-31 *(Rempl. à compter du 1er janvier 2021, D. n° 2020-801, 29 juin 2020).* – Lorsqu'un plan de mobilité est élaboré dans un ressort territorial lui-même inclus, partiellement ou totalement, à l'intérieur d'une agglomération ou d'une zone faisant l'objet d'un plan de protection de l'atmosphère, le ou les préfets concernés s'assurent de la compatibilité du plan de mobilité avec les objectifs fixés, pour chaque polluant, par le plan de protection de l'atmosphère et par le schéma régional du climat, de l'air et de l'énergie prévu aux articles L. 222-1 et suivants et, s'il existe, avec le plan régional pour la qualité de l'air.

Le ou les préfets concernés se prononcent sur cette compatibilité dans l'avis qu'ils rendent, en application de l'article L. 1214-15 du Code des transports.

Sous-section 4. – Mesures susceptibles d'être mises en œuvre

Art. R. 222-32 *(Mod., D. n° 2008-1152, 7 nov. 2008 ; D. n° 2010-1250, 21 oct. 2010).* – L'autorité administrative compétente arrête les mesures, applicables à l'intérieur du périmètre délimité par le plan de protection de l'atmosphère, qui sont de nature à permettre d'atteindre les objectifs fixés par celui-ci, notamment de ramener, à l'intérieur de ce périmètre, la concentration en polluants dans l'atmosphère à un niveau inférieur aux valeurs limites ou, lorsque des mesures proportionnées au regard du rapport entre leur coût et leur efficacité dans un délai donné, le permettent, aux valeurs cibles définies à l'article R. 221-1.

(1) Application à Mayotte : V. D. n° 2007-1479, 12 oct. 2007, art. 4.

Ces mesures sont prises sur le fondement du titre Ier du livre V du présent code relatif aux installations classées pour la protection de l'environnement dans le cas où l'établissement à l'origine de la pollution relève de cette catégorie.

Dans les autres cas, sans préjudice des dispositions pouvant être prises par les autorités compétentes en matière de police, notamment sur le fondement du deuxième alinéa de l'article L. 222-6, le préfet de chaque département concerné et, pour l'agglomération de Paris, le préfet de police, met en œuvre, par arrêté pris après avis du ou des conseils départementaux de l'environnement et des risques sanitaires et technologiques et dans les conditions fixées aux articles R. 222-33 à R. 222-35, les mesures applicables à l'intérieur de ce périmètre en vertu du dernier alinéa de l'article L. 222-5.

Pour les polluants mentionnés au point 8 [de l']article R. 221-1, l'autorité compétente doit démontrer qu'elle applique toutes les mesures nécessaires, n'entraînant pas des coûts disproportionnés, visant en particulier les sources d'émissions prédominantes, de façon à atteindre les valeurs cibles. Pour les installations industrielles relevant du titre Ier du livre V, le recours aux meilleures techniques disponibles équivaut à cette démonstration.

Art. R. 222-33 *(Mod., D. n° 2010-1250, 21 oct. 2010)*. – Les installations fixes de combustion, définies au tableau annexé au présent article, peuvent être soumises à des prescriptions ayant pour objet :

1° De limiter pour chacun des polluants énumérés à l'article R. 221-1 les concentrations de ceux-ci dans les gaz de combustion, cette limitation pouvant être différenciée en fonction des caractéristiques de l'installation, notamment en fonction de sa puissance, telle que définie au tableau annexé au présent article, de son usage, de son entretien, du combustible utilisé et des conditions de diffusion des gaz de combustion ;

2° D'obliger l'exploitant à conserver pendant trois ans les factures de combustible ainsi que tous documents permettant aux agents habilités à cet effet en vertu de l'article L. 226-2 d'identifier la composition du combustible utilisé ;

3° D'imposer aux exploitants des installations fixes de combustion d'une puissance supérieure à 400 kW :

a) De recourir à un personnel de chauffe qualifié. Cette qualification pourra être justifiée par un diplôme sanctionnant une formation dans ce domaine ou par une expérience professionnelle acquise sur le territoire de l'Union européenne ou d'un État partie à l'accord sur l'Espace économique européen en qualité de travailleur indépendant ou de salarié ;

b) De surveiller les émissions de sources de pollution atmosphérique ;

c) De réaliser des analyses et des mesures ;

d) De reporter sur le livret de chaufferie les éléments nécessaires à l'appréciation des émissions polluantes ;

4° De limiter l'usage des groupes électrogènes, qui ne fonctionnent pas comme installation de cogénération au sens du tableau annexé au présent article, à certaines situations exceptionnelles, telles que l'alimentation des dispositifs de sécurité, l'alimentation de remplacement, lorsque la source d'électricité habituelle a disparu ou lorsque le réseau ne peut subvenir aux besoins en électricité dans les conditions de sécurité suffisantes ou l'alimentation nécessaire aux essais exigés par la réglementation ou à l'entretien du matériel.

Tableau de l'article R. 222-33

Aux fins de la présente section, on entend par :

« Installations fixes de combustion » : tout dispositif non mobile dans lequel les combustibles suivants : gaz naturel, gaz de pétrole liquéfié, fioul domestique, charbon, fiouls lourds ou biomasse sont brûlés seuls ou en mélange, à l'exclusion des torchères et des panneaux radiants ;

« Puissance d'une installation de combustion » : la puissance d'une installation de combustion est définie comme la puissance thermique maximale fixée et garantie par le constructeur comme pouvant être délivrée en marche continue. Elle est exprimée en kilowatts (kW) ;

« Installation de cogénération » : installation permettant une production combinée de deux énergies utiles, mécanique et thermique, telles que définies en application de l'article 3 du décret n° 2000-1196 du 6 décembre 2000 fixant par catégorie d'installation les limites de puissance des installations pouvant bénéficier de l'obligation d'achat d'électricité.

Art. R. 222-34. – L'usage de certains combustibles peut être interdit ou rendu obligatoire dans les installations fixes de combustion ne relevant pas du régime des installations classées ou être limité à certaines installations en considération de leur puissance, de leurs caractéristiques techniques ou des conditions de diffusion des gaz de combustion.

Le préfet peut prendre toutes les mesures pour favoriser l'usage de carburants peu polluants pour certaines catégories ou flottes de véhicules.

Art. R. 222-35. – La gamme des substances contrôlées à l'occasion des visites techniques imposées aux véhicules dont le poids total autorisé en charge n'excède pas 3,5 tonnes par les articles R. 323-1 à R. 323-26 du Code de la route peut, pour les véhicules immatriculés dans un département inclus dans le périmètre du plan, être élargie, compte tenu de l'évolution, d'une part, de l'état des connaissances concernant les substances polluantes, d'autre part, des techniques de contrôle.

Des contrôles techniques périodiques visant exclusivement les émissions polluantes peuvent être imposés aux détenteurs d'autres objets mobiliers.

Art. R. 222-36 *(Rempl., D. n° 2007-1479, 12 oct. 2007)* (1). – L'arrêté prescrivant les mesures mentionnées aux articles R. 222-32 à R. 222-35 est publié au Recueil des actes administratifs de la préfecture ou des préfectures intéressées. Un avis de publication est inséré, par les soins du ou des préfets, dans deux journaux nationaux, régionaux ou locaux diffusés dans les départements concernés.

Art. D. 222-36-1 *(Créé à compter du 1er septembre 2022, D. n° 2022-446, 30 mars 2022).* – I. – Pour l'application de l'article L. 222-6-2 du Code de l'environnement, les informations fournies par les distributeurs de combustibles solides issus de la biomasse et destinés au chauffage, aux utilisateurs non professionnels, comportent a minima les éléments suivants :

1° La mention apparente de la nature du combustible proposé à la vente : essences vendues, longueur du combustible, quantité vendue.

Cette mention est complétée par les mots suivants :

– « prêt à l'emploi » lorsque le taux d'humidité moyen du combustible, mesuré conformément aux dispositions de l'annexe 1, est inférieur ou égal à 23 % sur masse brute (correspondant à 30 % sur masse sèche), ou

– « à sécher avant emploi » lorsque ce taux d'humidité moyen est supérieur à 23 %, ou qu'il n'est pas connu du distributeur.

Dans le second cas, la durée recommandée de stockage supplémentaire sous abri surélevé et ventilé avant utilisation du combustible est également mentionnée. Par défaut, une durée minimale de séchage de 18 mois sera proposée.

2° La mention apparente du taux d'humidité moyen sur masse brute du combustible, mesuré conformément aux dispositions annexées au présent article. Dans le cas où le taux d'humidité moyen n'est pas mesuré conformément aux dispositions de l'annexe 1, la mention indiquée est la suivante : « inconnu, taux d'humidité supérieur à 23 % » ;

3° Lorsque le combustible se présente sous forme de bûche, des recommandations de bonnes pratiques visant à limiter les émissions de polluants, notamment les particules, les composés organiques volatiles, et les hydrocarbures aromatiques polycycliques, dans l'air lors de leur combustion. Ces recommandations portent notamment sur le dimensionnement de la bûche par rapport à la taille du foyer, sur la présence d'écorce lorsque les bûches non-compactées ne sont ni fendues ni écorcées, sur la technique d'allumage du feu, et sur le choix d'un lieu de stockage à l'écart des sources d'humidité.

4° Lorsque le taux d'humidité moyen sur masse brute du combustible est supérieur à 23 %, une information relative à la nécessité de stocker ce combustible sous un abri ventilé, à la durée nécessaire de stockage du combustible avant emploi en cas de séchage naturel sous un abri surélevé et ventilé pour atteindre un taux d'humidité moyen sur masse brute inférieur ou égal à 23 %, et aux conséquences sur les émissions de polluants et l'efficacité énergétique qu'aurait une combustion sans avoir atteint ce taux d'humidité moyen. Cette information est assortie de recommandations relatives aux bonnes pratiques de séchage, telles que la ventilation.

5° Lorsque le combustible se présente sous forme de granulés, des recommandations portant sur les conditions de stockage du combustible. Pour ces combustibles, les alinéas 1°, 2°, 3°, 4° ci-dessus ne s'appliquent pas.

(1) Application à Mayotte : V. D. n° 2007-1479, 12 oct. 2007, art. 4.

II. – Les informations énoncées au 1° et au 2° du I sont mentionnées directement sur la facture, ainsi que sur le lieu ou le site internet de vente.

III. – Les informations et recommandations mentionnées au 3°, au 4°, ou au 5° du I sont transmises à l'acquéreur sur un support papier ou dématérialisé au plus tard à la réception du combustible par celui-ci. Ces informations et recommandations respectent et précisent, le cas échéant, les recommandations pertinentes relatives au stockage et à l'emploi du combustible émanant de l'Agence de l'environnement et de la maitrise de l'énergie et publiées sur son site internet.

Section III. – Objectifs nationaux de réduction des émissions de polluants atmosphériques

(D. n° 2017-949, 10 mai 2017)

Art. D. 222-37 *(D. n° 2017-949, 10 mai 2017)*. – Au titre de la présente section, on entend par :

1° Émission : le rejet d'une substance dans l'atmosphère à partir d'une source ponctuelle ou diffuse ;

2° Émissions anthropiques : les émissions de polluants dans l'atmosphère liées à l'activité humaine ;

3° Dioxyde de soufre (SO_2) : tous les composés soufrés exprimés en dioxyde de soufre, y compris le trioxyde de soufre (SO_3), l'acide sulfurique (H_2SO_4), et les composés soufrés réduits, tels que l'hydrogène sulfuré (H_2S), les mercaptans et le sulfure de diméthyle ;

4° Cycle d'atterrissage et de décollage : le cycle comprenant la phase de roulage au sol au départ et à l'arrivée, le décollage, la montée, l'approche, l'atterrissage et toutes les autres opérations de l'aéronef ayant lieu à une altitude inférieure à 3 000 pieds ;

5° Trafic maritime international : les déplacements en mer et dans les eaux côtières de navires, quel que soit leur pavillon, à l'exception des navires de pêche, qui quittent le territoire d'un pays et arrivent sur le territoire d'un autre pays ;

6° Zone maritime de lutte contre la pollution : une zone maritime ne s'étendant pas au-delà de 200 milles marins des lignes de base à partir desquelles est mesurée la largeur de la mer territoriale, établie pour la prévention, la réduction et la lutte contre la pollution provenant des navires conformément aux règles et normes internationales en vigueur.

Art. D. 222-38 *(D. n° 2017-949, 10 mai 2017)*. – En application de l'article L. 222-9 du Code de l'environnement, sont fixés les objectifs suivants de réduction des émissions anthropiques de polluants atmosphériques pour les années 2020 à 2024, 2025 à 2029, et à partir de 2030 :

	ANNÉES 2020 à 2024	ANNÉES 2025 à 2029	À PARTIR DE 2030
Dioxyde de soufre (SO_2)	-55 %	-66 %	-77 %
Oxydes d'azote (NOx)	-50 %	-60 %	-69 %
Composés organiques volatils autres que le méthane (COVNM)	-43 %	-47 %	-52 %
Ammoniac (NH_3)	-4 %	-8 %	-13 %
Particules fines (PM2, 5)	-27 %	-42 %	-57 %

Les objectifs de réduction sont définis par rapport aux émissions de l'année de référence 2005.

(Rempl., D. n° 2021-33, 18 janv. 2021) Un inventaire national des émissions, un inventaire national des émissions réparties dans l'espace, un inventaire des grandes sources ponctuelles, et des projections nationales des émissions sont élaborés et mis à jour périodiquement. Un rapport d'inventaire est joint aux inventaires nationaux et aux projections nationales. Un arrêté du ministre chargé de l'environnement précise les polluants pris en compte par ces documents, leur contenu minimal ainsi que la périodicité de leur mise à jour.

Art. D. 222-39 *(D. n° 2017-949, 10 mai 2017)*. – Aux fins de l'application de l'article D. 222-38 du Code de l'environnement, les émissions prises en compte sont celles provenant de toutes les sources anthropiques présentes sur le territoire national, dans la zone économique exclusive française et dans les zones maritimes de lutte contre la pollution, à l'exception des émissions suivantes :

1° Les émissions des aéronefs autres que celles liées aux cycles d'atterrissage et de décollage ;

2° Les émissions dans les départements d'outre-mer ;

3° Les émissions provenant du trafic maritime national au départ et à destination des départements d'outre-mer ;

4° Les émissions provenant du trafic maritime international ;

5° Les émissions d'oxydes d'azote et de composés organiques volatils non méthaniques provenant de la gestion des effluents d'élevage et des sols agricoles.

Art. D. 222-40 *(D. n° 2017-949, 10 mai 2017)*. – Un bilan de la mise en œuvre du plan national de réduction des émissions de polluants atmosphériques prévu à l'article L. 222-9 est présenté chaque année devant le Conseil national de l'air mentionné à l'article D. 221-16.

Art. D. 222-41 *(D. n° 2021-33, 18 janv. 2021)*. – La mise à jour au moins tous les quatre ans du plan national de réduction des émissions de polluants atmosphériques, établi en application de l'article L. 222-9, porte notamment sur :

1° L'évaluation des progrès accomplis dans la mise en œuvre du plan, ainsi qu'en matière de réduction des émissions et de diminution des concentrations ;

2° Toute modification importante du contexte politique, des analyses, du plan ou de son calendrier de mise en œuvre.

CHAPITRE III. – MESURES D'URGENCE

Art. R. 223-1 *(Mod., D. n° 2008-1152, 7 nov. 2008)*. – Un arrêté conjoint des ministres chargés de l'environnement, de la santé, de l'industrie et des transports précise les conditions de déclenchement des différentes mesures applicables aux sources fixes et mobiles de pollution lorsque les seuils d'alerte sont dépassés ou risquent de l'être, en fonction des niveaux de pollution mesurés, des évolutions prévisibles et de l'exposition de la population (1).

Art. R. 223-2 *(Mod., D. n° 2008-1152, 7 nov. 2008)*. – Dans chaque agglomération ou zone surveillée, un arrêté du préfet, compatible avec le plan de protection de l'atmosphère, s'il existe, définit des mesures d'urgence susceptibles d'être prises en application de l'article L. 223-1. Ces mesures sont adaptées à la nature et à l'ampleur de l'épisode de pollution et peuvent être progressives.

Cet arrêté indique les conditions dans lesquelles le début et la fin de la mise en application des mesures qu'il prévoit sont notifiés aux exploitants des sources fixes et portés à la connaissance du public.

Il est pris après avis du conseil départemental de l'environnement et des risques sanitaires et technologiques délibérant sur le rapport du directeur régional de l'industrie, de la recherche et de l'environnement. Si l'agglomération ou la zone surveillée s'étend sur plus d'un département, l'arrêté est pris par les préfets concernés. En Île-de-France, l'arrêté est pris par l'ensemble des préfets de département, par le préfet de police et par le préfet de région.

Il est publié au Recueil des actes administratifs de la préfecture ou des préfectures intéressées. Un avis de publication est inséré, par les soins du ou des préfets compétents, dans deux journaux quotidiens, dont un au moins régional ou local, diffusés dans le ou les départements concernés. En outre, il est notifié aux exploitants des sources fixes concernées ainsi qu'aux maires des communes intéressées.

Art. R. 223-3 *(Mod., D. n° 2010-1250, 21 oct. 2010)*. – I. – En ce qui concerne l'ozone, l'arrêté préfectoral mentionné à l'article R. 223-2 prévoit la zone et la durée d'application éventuelles de chacune des mesures suivantes en cas de dépassement ou de risque de dépassement des seuils d'alerte fixés au point 5 de l'article R. 221-1 :

1° Réduction des vitesses maximales autorisées des véhicules à moteur dans un périmètre pouvant augmenter en cas de passage du premier au deuxième seuil d'alerte, puis du deuxième au troisième ;

(1) V. T. appl. : A. 17 août 1998 puis A. 26 mars 2014 (*JO* 29 mars 2014) puis A. 7 avr. 2016 (*JO* 9 avr. 2016). – NDLR.

2° Actions visant à la réduction des émissions d'oxydes d'azote et de composés organiques volatils des installations industrielles.

II. – En cas de dépassement ou de risque de dépassement du deuxième seuil d'alerte, l'arrêté prévoit, en outre, la zone et la durée d'application éventuelles de la mesure de limitation des transports routiers de transit dans l'agglomération.

III. – En cas de dépassement ou de risque de dépassement du troisième seuil d'alerte, l'arrêté prévoit également la zone et la durée d'application éventuelles de mesures de restriction de la circulation automobile : interdiction de circulation de certaines catégories de véhicules, notamment en fonction de leur numéro d'immatriculation ou de l'identification prévue à l'article L. 318-1 du Code de la route.

Art. R. 223-4. – Le début et la fin de la mise en application des mesures d'urgence sont décidés par le préfet ou, à Paris, par le préfet de police, après information des maires.

Art. R. 223-5 *(Créé à compter du 1er juillet 2017, D. n° 2017-782, 5 mai 2017).* – Sans préjudice de l'article R. 514-4 du présent code et de l'article R. 411-19 du Code de la route, est puni de l'amende prévue pour les contraventions de la troisième classe le fait de ne pas respecter les prescriptions prises en application de l'article L. 223-1.

CHAPITRE IV. – MESURES TECHNIQUES NATIONALES DE PRÉVENTION DE LA POLLUTION ATMOSPHÉRIQUE ET D'UTILISATION RATIONNELLE DE L'ÉNERGIE

Section I. – Véhicules automobiles

Sous-section 1. – Dispositions relatives aux stations-service et à la réduction des émissions de composés organiques volatils

Art. R. 224-1. – Sans préjudice de l'application des mesures prévues par le titre Ier du livre V du présent code, la présente sous-section fixe les conditions dans lesquelles sont limitées les émissions de composés organiques volatils lors du ravitaillement en essence des véhicules à moteur dans les stations-service d'un débit d'essence supérieur à 3 000 mètres cubes par an.

Pour l'application de la présente sous-section, on entend par « essence » tout dérivé du pétrole, avec ou sans additif, d'une tension de vapeur « méthode Reid » de 27,6 kilopascals ou plus, destiné à être utilisé comme carburant pour les véhicules à moteur à combustion, à l'exception du gaz de pétrole liquéfié (GPL) et des carburants destinés à l'aviation et à la navigation.

On entend par « débit » le volume annuel total d'essence distribué par les stations-service dans les réservoirs des véhicules à moteur.

Art. R. 224-2. – Les stations-service d'un débit supérieur à 3 000 mètres cubes doivent être équipées de systèmes actifs de récupération des vapeurs afin de permettre le retour d'au moins 80 % des composés organiques volatils dans les réservoirs fixes des stations-service.

Art. R. 224-3. – Tout exploitant d'une station-service d'un débit d'essence inférieur à 3 000 mètres cubes par an est tenu de déclarer au préfet l'augmentation de ce débit si celui-ci dépasse au cours d'une année civile 3 000 mètres cubes, au plus tard le 31 mars de l'année suivant celle où le dépassement a été constaté.

L'équipement prévu à l'article R. 224-2 doit être réalisé au plus tard le 30 septembre de l'année suivant celle durant laquelle le débit d'essence a dépassé 3 000 mètres cubes.

Art. R. 224-4. – Les systèmes de récupération des vapeurs doivent être conformes aux dispositions de l'arrêté prévu à l'article R. 224-6.

Tout système de récupération des vapeurs, en provenance de la Communauté européenne ou originaire des pays parties à l'accord sur l'espace économique européen qui est conforme à une réglementation, norme nationale ou procédé de fabrication dont l'application est permise dans l'un de ces États, est également reconnu, pour autant que soit assuré un niveau de sécurité et d'efficacité équivalent à celui défini dans l'arrêté prévu à l'article R. 224-6.

Art. R. 224-5. – L'exploitant est tenu de prendre toutes dispositions nécessaires pour assurer la maintenance et le bon fonctionnement du système de récupération des vapeurs. Il fait réaliser un contrôle de ce système avant sa mise en service, après toute réparation et au moins une fois tous les deux ans.

Les dépenses correspondant à l'exécution de ces contrôles sont à la charge de l'exploitant de la station-service.

Art. R. 224-6. – Un arrêté du ministre chargé de l'environnement précise les modalités d'application de la présente sous-section (1).

Sous-section 2. – Moteurs des engins mobiles non routiers

Bibliographie : A. Muller-Curzydlo, *Engins mobiles non routiers : conditions de réception et limites d'émission pour les gaz et les particules polluants : Énergie – Env. – Infrastr.* 2016, n° 11, alerte 344.

Art. R. 224-7 *(Mod., D. n° 2021-1499, 17 nov. 2021).* – Les moteurs à combustion interne destinés à être installés sur des engins mobiles non routiers ainsi que les moteurs secondaires des véhicules destinés au transport routier de personnes ou de marchandises, ci-après dénommés les « moteurs », doivent, préalablement à leur mise sur le marché, faire l'objet d'une réception européenne, dite « réception UE » par type au titre des émissions polluantes, conforme au règlement (UE) 2016/1628 du Parlement européen et du Conseil du 14 septembre 2016 relatif aux exigences concernant les limites d'émission pour les gaz polluants et les particules polluantes et la réception par type pour les moteurs à combustion interne destinés aux engins mobiles non routiers.

On entend par « engin mobile non routier » au sens de la présente sous-section toute machine mobile, tout équipement transportable ou tout véhicule, pourvu ou non d'une carrosserie ou de roues, non destiné au transport routier de passagers ou de marchandises, y compris tout engin installé sur le châssis de véhicules destinés au transport routier de passagers ou de marchandises.

Les catégories et puissances des moteurs relevant de la présente sous-section ainsi que les prescriptions techniques auxquelles ils sont soumis en fonction des catégories auxquelles ils appartiennent sont celles définies par le règlement (UE) 2016/1628 du Parlement européen et du Conseil du 14 septembre 2016.

Art. R. 224-8 *(Mod., D. n° 2021-1499, 17 nov. 2021).* – Aucun engin mobile non routier ne peut faire l'objet, au titre des réglementations auxquelles il est soumis, d'une réception UE par type, d'une mise sur le marché ou d'une immatriculation s'il est équipé d'un moteur qui ne satisfait pas aux prescriptions du règlement (UE) 2016/1628 du Parlement européen et du Conseil du 14 septembre 2016.

Art. R. 224-9 *(Mod., D. n° 2021-1499, 17 nov. 2021).* – La demande de réception UE par type est présentée par le constructeur du moteur à l'autorité compétente désignée à l'article R. 224-12, accompagnée d'un dossier dénommé dossier du constructeur, dont le contenu est fixé par le règlement (UE) 2016/1628 du Parlement européen et du Conseil du 14 septembre 2016.

L'autorité compétente prononce la réception UE par type de tous les moteurs conformes aux informations techniques contenues dans le dossier du constructeur et satisfaisant aux exigences fixées par le règlement (UE) 2016/1628 du Parlement européen et du Conseil du 14 septembre 2016. Elle établit un certificat de réception UE par type qu'elle remet au constructeur.

Voir : A. 22 sept. 2005, relatif à la réception des moteurs destinés à être installés sur les engins mobiles non routiers en ce qui concerne les émissions de gaz et de particules polluantes (*JO* 23 sept. 2005).

Art. R. 224-10 *(Mod., D. n° 2021-1499, 17 nov. 2021).* – Tout moteur relevant de la présente sous-section est accompagné d'une déclaration de conformité et fait l'objet d'un marquage réglementaire, conformes aux prescriptions du règlement (UE) 2016/1628 du Parlement européen et du Conseil du 14 septembre 2016.

(1) V. T. appl. : A. 17 mai 2001 puis A. 19 déc. 2008 : *JO* 30 déc. 2008. – NDLR.

Art. R. 224-11 *(Mod., D. n° 2021-1499, 17 nov. 2021).* **– Si des moteurs accompagnés de la déclaration de conformité et portant le marquage réglementaire prévu à l'article R. 224-10 n'apparaissent pas conformes au type réceptionné, l'autorité compétente, si elle a délivré le certificat de réception, procède aux vérifications appropriées, impose les mesures nécessaires et peut, le cas échéant, retirer le certificat.**

Art. R. 224-12 *(Rempl., D. n° 2021-1499, 17 nov. 2021).* **– L'autorité compétente pour la délivrance et le retrait des certificats de réception UE par type pour les moteurs destinés à être installés sur des engins mobiles non routiers est le ministre chargé des transports.**

Art. R. 224-13 et R. 224-14 *(Abr., D. n° 2021-1499, 17 nov. 2021).*

Sous-section 3. – Autres mesures

Art. R. 224-15 ancien *(Abr., D. n° 2012-237, 20 févr. 2012).*

Section I *bis*. – Achat et utilisation de véhicules automobiles routiers à faibles émissions

(D. n° 2017-21, 11 janv. 2017)

Voir : D. n° 2017-21, 11 janvier 2017 relatif aux obligations d'achat ou d'utilisation de véhicules à faibles émissions par les gestionnaires de flottes de véhicules, les loueurs de véhicules automobiles, les exploitants de taxis et exploitants de voitures de transport avec chauffeur (*JO* 12 janv. 2017, n° 10).

Art. R. 224-15 *(Rempl., D. n° 2021-1491, 17 nov. 2021)* (1). **– I. – Les dispositions de la présente section précisent les modalités d'application de l'obligation d'achat et d'utilisation d'une proportion minimale de véhicules à faibles ou très faibles émissions prévue par les articles L. 224-7 à L. 224-8-2, ainsi que par l'article L. 224-10.**

II. – Pour rendre compte du respect de cette obligation au regard des objectifs fixés aux États membres par la directive (UE) 2019/1161 du Parlement européen et du Conseil du 20 juin 2019, les pouvoirs adjudicateurs et entités adjudicatrices comptabilisent les véhicules acquis ou utilisés dans le cadre des marchés publics et des contrats de concession mentionnés au II de l'article L. 224-7 dont les montants sont égaux ou supérieurs aux seuils européens mentionnés dans l'avis relatif aux seuils de procédure et à la liste des autorités publiques centrales en droit de la commande publique figurant en annexe 2 du Code de la commande publique, et qu'ils ont signés au cours d'une année calendaire.

III. – Lorsque la procédure de passation d'un marché public ou d'un contrat de concession entrant dans le champ d'application de cette obligation ou comptabilisé sur le fondement du IV de l'article L. 224-7 donne lieu à la publication d'un avis d'attribution en application des articles R. 2183-1, R. 2383-1 ou R. 3125-6 du Code de la commande publique, celui-ci comporte les informations relatives au nombre total de véhicules couverts par le contrat, au nombre de véhicules à faibles émissions et à celui de véhicules à très faibles émissions acquis ou utilisés dans le cadre de ce contrat.

Sous-section 1. – Autobus et autocars

Art. R. 224-15-1 *(D. n° 2017-21, 11 janv. 2017 ; mod., D. n° 2021-1491, 17 nov. 2021).* **– Les véhicules concernés pour l'application de la présente sous-section sont les véhicules des catégories M2 et M3, mentionnées au 1.2 et 1.3 de l'article R. 311-1 du Code de la route, utilisés pour assurer des services de transport public de personnes réguliers ou à la demande.**

Pour ces véhicules, les contrats qui entrent dans le champ d'application de l'obligation d'achat ou d'utilisation de véhicules à faibles et très faibles émissions mentionnés au 3° du II de l'article L. 224-7 sont ceux qui portent sur les services suivants, au sens du vocabulaire commun pour les marchés publics (CPV) résultant du règlement (CE) n° 213/2008 de la Commission du 28 novembre 2007 :

1° Services de transport routier public ;

2° Services spécialisés de transport routier de passagers ;

3° Transport non régulier de passagers.

(1) Dispositions particulières et transitoires : V. D. n° 2021-1491, 17 nov. 2021.

Art. D. 224-15-2 *(D. n° 2017-23, 11 janv. 2017 ; mod., D. n° 2021-1492, 17 nov. 2021).* – Au sens de la présente sous-section, on entend par :

1° Motorisation électrique hybride : la motorisation définie à l'article 3 de la directive 2007/46/CE [du Parlement européen et du Conseil du 5 septembre 2007] ;

1° *bis* Motorisation électrique-hybride rechargeable : un système de propulsion partiellement alimenté par l'électricité, à condition que le moteur électrique servant à la propulsion soit équipé d'un système de stockage de l'énergie électrique rechargeable à partir d'une source extérieure ;

2° Transport public routier urbain : tout service public de transport routier de personnes, régulier ou à la demande, organisé dans le cadre des dispositions des articles L. 1231-1 et L. 1241-1 du Code des transports et défini au sens du II de l'article L. 1231-2 du même code ;

3° Transport public routier non urbain : tout service public de transport routier de personnes, régulier ou à la demande, organisé dans le cadre des dispositions des articles L. 3111-1 à L. 3111-6, L. 3111-11 et du premier alinéa de l'article L. 3111-14 du Code des transports et défini au sens du II de l'article L. 1231-2 du même code ;

4° Itinéraire inscrit majoritairement dans des territoires : un itinéraire dont plus de la moitié de la longueur est contenue dans ces territoires.

5° Groupes de véhicules : les véhicules des catégories M2 et M3 suivants :

Groupe 1 : véhicules dont la motorisation est électrique, y compris les véhicules alimentés par une pile à combustible à hydrogène et les trolleybus uniquement mus électriquement, ou véhicules électriques-hybrides utilisant l'hydrogène comme source d'énergie complémentaire à l'électricité.

Groupe 1 *bis* : véhicules utilisant un carburant gazeux si une fraction du gaz consommé est d'origine renouvelable, ou véhicules à motorisation électrique-hybride utilisant un carburant gazeux dont une fraction du gaz consommé est d'origine renouvelable comme source d'énergie complémentaire à l'électricité, ou véhicules à motorisation électrique-hybride utilisant exclusivement un carburant très majoritairement d'origine renouvelable non produit à partir de matières premières présentant un risque élevé d'induire des changements indirects dans l'affectation des sols, dont la zone de production gagne nettement sur les terres présentant un important stock de carbone, conformément à l'article 26 de la directive (UE) 2018/2001 du Parlement européen et du Conseil, et non mélangé à des combustibles fossiles traditionnels.

La fraction de gaz renouvelable précitée est au minimum de 20 % à partir du 1er janvier 2020 et de 30 % à partir du 1er janvier 2025.

Groupe 2 : véhicules utilisant un carburant gazeux ou véhicules dont la motorisation est électrique-hybride utilisant un carburant gazeux comme source d'énergie complémentaire à l'électricité et ne relevant pas des groupes 1 et 1 *bis*, ou véhicules à motorisation électrique-hybride rechargeable utilisant des carburants fossiles traditionnels, ou véhicules utilisant exclusivement un carburant très majoritairement d'origine renouvelable non produit à partir de matières premières présentant un risque élevé d'induire des changements indirects dans l'affectation des sols, dont la zone de production gagne nettement sur les terres présentant un important stock de carbone, conformément à l'article 26 de la directive (UE) 2018/2001 du Parlement européen et du Conseil, ou un carburant de synthèse ou un carburant paraffinique. Dans les trois derniers cas, ces carburants ne doivent pas être mélangés à des combustibles fossiles traditionnels.

Groupe 3 : véhicules dont la motorisation est hybride ne relevant pas des groupes 1, 1 *bis* ou 2, ou satisfaisant au moins à la norme Euro VI.

Art. D. 224-15-3 *(D. n° 2017-23, 11 janv. 2017 ; mod., D. n° 2021-1492, 17 nov. 2021).* – I. – Pour l'exécution d'un transport public routier urbain dont l'itinéraire s'inscrit majoritairement dans les territoires de zone A précisés au II, sont considérés comme des véhicules à faibles émissions :

– les véhicules de catégories M2 et M3 du groupe 1 ;
– les véhicules de catégorie M3 du groupe 1 *bis* ;
– les véhicules de catégorie M3 dont la motorisation est électrique-hybride du groupe 2 fonctionnant uniquement en mode électrique sur cet itinéraire ;
– les véhicules de catégorie M3 utilisant un carburant gazeux, quelle que soit l'origine du gaz qu'ils consomment, si le réseau électrique ne peut pas être rendu compatible avec le besoin énergétique d'une flotte de véhicules à des coûts économiquement acceptables.

Sont également considérés comme des véhicules à faibles émissions à titre transitoire jusqu'au 31 décembre 2024 les véhicules de catégorie M3 à motorisation électrique-hybride rechargeable utilisant des carburants fossiles traditionnels du groupe 2 si le réseau électrique et le réseau gazier ne peuvent être rendus compatibles avec le besoin énergétique d'une flotte de véhicules à des coûts économiquement acceptables.

II. – Les territoires de zone A concernés pour l'application du I sont :

1° En Île-de-France : les communes de Paris, Montrouge, Malakoff, Vanves, Issy-les-Moulineaux, Boulogne-Billancourt, Neuilly-sur-Seine, Levallois-Perret, Clichy, Saint-Ouen, Pantin, Le Pré-Saint-Gervais, Les Lilas, Bagnolet, Montreuil, Aubervilliers, Saint-Denis, Vincennes, Saint-Mandé, Charenton-le-Pont, Ivry-sur-Seine, Le Kremlin-Bicêtre et Gentilly.

2° Dans les agglomérations de plus de 250 000 habitants et situées hors Île-de-France : le territoire des communes dont la liste est fixée par arrêté du préfet de département ;

3° Les communes dont tout ou partie du territoire est couvert par une zone à faibles émissions mobilité telle que définie à l'article L. 2213-4-1 du Code général des collectivités territoriales.

Voir : D. n° 2017-23, 11 janvier 2017 pris pour l'application de l'article L. 224-8 du Code de l'environnement définissant les critères caractérisant les autobus et autocars à faibles émissions (*JO* 12 janv. 2017, n° 10).

Art. D. 224-15-4 *(D. n° 2017-23, 11 janv. 2017 ; mod., D. n° 2021-1492, 17 nov. 2021).* – I. – Pour l'exécution d'un transport public routier urbain dont l'itinéraire s'inscrit majoritairement dans les territoires de zone B précisés au II, sont considérés comme des véhicules à faibles émissions :

- les véhicules de catégories M2 et M3 du groupe 1 ;
- les véhicules de catégorie M3 des groupes 1 *bis* et 2.

À compter du 1er janvier 2020, lorsque l'itinéraire s'inscrit pour partie dans les territoires de zone A mentionnés au II de l'article D. 224-15-3, dans le cas d'un autobus électrique-hybride rechargeable utilisant des carburants fossiles traditionnels, le mode électrique assure l'autonomie routière pour la portion de l'itinéraire concerné.

II. – Les territoires de zone B concernés pour l'application du I sont :

1° En Île-de-France :

Les communes qui ne sont pas situées en zone A définie au II de l'article D. 224-15-3.

2° Dans les agglomérations de plus de 250 000 habitants et situées hors Île-de-France : le territoire des communes qui ne sont pas situées en zone A définie au II de l'article D. 224-15-3.

3° Dans les autres agglomérations concernées par un plan de protection de l'atmosphère mentionné à l'article L. 222-4, situées hors Île-de-France, et qui ne sont pas situées en zone A, les communes dont la liste est fixée par arrêté du préfet de département ;

4° Les communes non concernées par les 1° et 2° du II de l'article D. 224-15-3, dont tout ou partie du territoire est couvert par une zone à faibles émissions mobilité telle que définie à l'article L. 2213-4-1 du Code général des collectivités territoriales sous réserve que l'instauration de cette zone ne soit pas obligatoire en application du deuxième alinéa du I de ce même article, qui demandent, par dérogation au 3° du II de l'article D. 224-15-3, à ne pas figurer en zone A et dont la demande a été acceptée par arrêté du préfet de département.

Art. D. 224-15-5 *(D. n° 2017-23, 11 janv. 2017).* – Les arrêtés préfectoraux mentionnés à l'article D. 224-15-3 et à l'article D. 224-15-4 sont pris, après avis des autorités organisatrices des transports publics concernées et motivés notamment en fonction des niveaux d'exposition de la population à la pollution atmosphérique et des enjeux de financement des transports publics par les autorités organisatrices.

Art. D. 224-15-5-1 *(D. n° 2021-1492, 17 nov. 2021).* – Pour l'exécution d'un transport public routier urbain dont l'itinéraire s'inscrit majoritairement dans les territoires de plus de 250 000 habitants des zones A et B, respectivement précisés au II de l'article D. 224-15-3 et aux 1°, 2° et 4° du II de l'article D. 224-15-4, sont considérés comme des autobus à très faibles émissions les véhicules du groupe 1 de catégorie M3 de classe I ou A. Dans ces territoires, la part d'autobus à très faibles émissions parmi les autobus à faibles émissions permettant l'atteinte des objectifs prévus à l'article L. 224-8-2 est d'au minimum 50 %.

Sont également considérés comme véhicules à très faibles émissions les véhicules de catégories M2 et M3 dont la motorisation thermique d'origine a été transformée en motorisation électrique à batterie ou à pile à combustible dans les conditions ayant abouti à la délivrance de l'agrément prévu aux articles R. 321-21 et R. 321-24 du Code de la route.

Art. D. 224-15-6 *(Rempl., D. n° 2021-1492, 17 nov. 2021).* – Pour l'exécution d'un transport public routier urbain dont l'itinéraire s'inscrit en zone C, c'est-à-dire dans les territoires autres que ceux des zones A et B mentionnées respectivement dans les articles D. 224-15-3 et D. 224-15-4, ou pour l'exécution d'un transport public routier non urbain, sont considérés comme des véhicules à faibles émissions les véhicules des groupes 1, 1 *bis*, 2 et 3.

Dans le cas du transport public routier urbain, sont considérés comme des autobus à très faibles émissions les véhicules du groupe 1 de catégorie M3 de classe I ou A.

Sont également considérés comme véhicules à très faibles émissions les véhicules de catégorie M2 ou M3 dont la motorisation thermique d'origine a été transformée en motorisation électrique à batterie ou à pile à combustible dans les conditions ayant abouti à la délivrance de l'agrément prévu aux articles R. 321-21 et R. 321-24 du Code de la route.

Art. D. 224-15-7 *(D. n° 2017-23, 11 janv. 2017)*. – Par arrêté motivé, le préfet de département peut autoriser pour un service de transport une dérogation d'une durée maximale de cinq ans aux types de motorisations exigées pour les véhicules à faibles émissions mentionnés par les articles D. 224-15-3 et D. 224-15-4 pour tenir compte des caractéristiques particulières du territoire telles que la topographie et le climat ou du réseau routier emprunté. Dans ce cas, sont admis les véhicules neufs.

Sous-section 2. – Véhicules de plus de 3,5 tonnes

Voir : A. 24 avr. 2017 modifiant l'arrêté du 27 juillet 2004 relatif au contrôle technique des véhicules lourds (*JO* 30 avr. 2017, n° 102).

Art. R. 224-15-8 *(D. n° 2017-21, 11 janv. 2017 ; mod., D. n° 2021-1491, 17 nov. 2021)* (1). – Les véhicules concernés pour l'application de la présente sous-section sont les véhicules automobiles dont le poids total autorisé en charge excède 3,5 tonnes.

Pour ces véhicules, les contrats qui entrent dans le champ d'application de l'obligation d'achat ou d'utilisation de véhicules à faibles et très faibles émissions mentionnés au 3° du II de l'article L. 224-7 sont ceux qui portent sur les services suivants, au sens du vocabulaire commun pour les marchés publics (CPV) résultant du règlement (CE) n° 213/2008 de la Commission du 28 novembre 2007 :

1° Services de collecte des ordures ;
2° Transport routier postal ;
3° Services de transport de colis ;
4° Services de distribution de courrier ;
5° Services de livraison de colis.

Art. D. 224-15-9 *(Rempl., D. n° 2021-1493, 17 nov. 2021)*. – I. – Pour les véhicules de catégorie N2 ou N3 au sens de l'article R. 311-1 du Code de la route, sont considérés comme véhicules à faibles émissions au sens du III de l'article L. 224-7 du présent code, les véhicules dont le système de propulsion est alimenté comme suit :

a) Exclusivement ou partiellement par au moins l'une des sources d'énergie suivantes :

– l'électricité, à condition que le moteur électrique servant à la propulsion soit équipé d'un système de stockage de l'énergie électrique rechargeable à partir d'une source extérieure ;

– l'hydrogène ;

– le gaz naturel, y compris le biométhane, sous forme gazeuse (gaz naturel comprimé-GNC) ou sous forme liquéfiée (gaz naturel liquéfié-GNL) ;

– le gaz de pétrole liquéfié (GPL) ;

– l'énergie mécanique provenant d'un stockage embarqué ou d'une source embarquée.

b) Exclusivement par un biocarburant non produit à partir de matières premières présentant un risque élevé d'induire des changements indirects dans l'affectation des sols, dont la zone de production gagne nettement sur les terres présentant un important stock de carbone, conformément à l'article 26 de la directive (UE) 2018/2001 du Parlement européen et du Conseil, ou par un carburant de synthèse ou un carburant paraffinique. Dans le cas des biocarburants liquides, des carburants de synthèse et des carburants paraffiniques, ces carburants ne doivent pas être mélangés à des combustibles fossiles traditionnels.

(1) Dispositions particulières et transitoires : V. D. n° 2021-1491, 17 nov. 2021.

II. – Sont également considérés comme véhicules à faibles émissions au sens du III de l'article L. 224-7 les véhicules de catégorie N2 ou N3 dont la motorisation thermique d'origine a été transformée en motorisation électrique à batterie ou à pile à combustible dans les conditions ayant abouti à la délivrance de l'agrément prévu aux articles R. 321-21 et R. 321-24 du Code de la route.

Sous-section 3. – Véhicules de moins de 3,5 tonnes

Bibliographie : A. Muller-Curzydlo, *Renouvellement des flottes de véhicules à faibles émissions : Énergie – Env. – Infrastr.* mars 2017, n° 3, alerte 83.

Art. R. 224-15-10 *(D. n° 2017-21, 11 janv. 2017 ; mod., D. n° 2021-515, 29 avr. 2021 ; D. n° 2021-1491, 17 nov. 2021)* (1). – Les véhicules concernés pour l'application de la présente sous-section sont les véhicules automobiles dont le poids total autorisé en charge est inférieur ou égal à 3,5 tonnes, ainsi que les véhicules à moteur à deux ou trois roues ou les quadricycles à moteur.

Les véhicules mentionnés à l'article L. 224-8 et au premier alinéa de l'article L. 224-10 sont les véhicules définis aux 1.4 et 2.4 de l'article R. 311-1 du Code de la route.

Les véhicules mentionnés au sixième alinéa de l'article L. 224-10 sont les véhicules à moteur à deux ou trois roues définis respectivement aux 4.1.2, 4.2.1, 4.2.2 et 4.3.1 de l'article R. 311-1 du Code de la route.

Pour ces véhicules, les contrats qui entrent dans le champ d'application de l'obligation d'achat ou d'utilisation de véhicules à faibles et très faibles émissions mentionnés au 3° du II de l'article L. 224-7 sont ceux qui portent sur les services suivants, au sens vocabulaire commun pour les marchés publics (CPV) résultant du règlement (CE) n° 213/2008 de la Commission du 28 novembre 2007 :

1° Services de transport routier public ;

2° Services spécialisés de transport routier de passagers ;

3° Transport non régulier de passagers ;

4° Services de collecte des ordures ;

5° Transport routier postal ;

6° Services de transport de colis ;

7° Services de distribution de courrier ;

8° Services de livraison de colis.

Art. D. 224-15-11 *(Rempl., D. n° 2021-1494, 17 nov. 2021)*. – Une voiture particulière ou une camionnette, au sens de l'article R. 311-1 du Code de la route, est un véhicule à faibles niveaux d'émissions au sens de l'article L. 224-7 du Code de l'environnement si :

i) Ses émissions de gaz à effet de serre mesurées à l'échappement conformément au règlement (UE) 2017/1151 modifié ne dépassent pas 50 gCO_2/km ; et

ii) Ses émissions maximales en conditions de conduite réelle (RDE) de particules et d'oxydes d'azote respectivement exprimées en nombre par kilomètre et en milligramme par km, déclarées au point 48.2 du certificat de conformité, comme décrit dans l'annexe VIII du règlement d'exécution (UE) 2020/683 de la Commission ou l'annexe IX de la directive 2007/46/CE du Parlement européen et du Conseil pour les trajets complets et urbains, sont inférieures ou égales à 0,8 fois la limite d'émission applicable figurant à l'annexe I du règlement (CE) n° 715/2007 du Parlement européen et du Conseil ou dans les versions ultérieures.

Art. D. 224-15-12 *(D. n° 2017-24, 11 janv. 2017 ; mod., D. n° 2020-1412, 18 nov. 2020 ; D. n° 2021-1494, 17 nov. 2021)*. – I. – Une voiture particulière, une camionnette, un véhicule à moteur à deux ou trois roues ou un quadricycle à moteur, au sens de l'article R. 311-1 du Code de la route, est un véhicule à très faibles émissions au sens de l'article L. 318-1 du Code de la route si sa source d'énergie est l'une des sources d'énergie suivantes :

– EL (électricité) ;

– H2 (hydrogène) ;

(1) Dispositions particulières et transitoires : V. D. n° 2021-1491, 17 nov. 2021.

– HE (hydrogène-électricité [hybride rechargeable]) ;
– HH (hydrogène-électricité [hybride non rechargeable]) ; AC (air comprimé).

II. – Sont également considérés comme véhicules à très faibles émissions au sens de l'article L. 318-1 du Code de la route les véhicules visés au I dont la motorisation thermique d'origine a été transformée en motorisation électrique à batterie ou à pile à combustible dans les conditions ayant abouti à la délivrance de l'agrément prévu aux articles R. 321-21 et R. 321-24 du Code de la route.

Art. R. 224-15-12 A *(D. n° 2021-515, 29 avr. 2021).* – I. – Pour l'application de l'article L. 224-10, sont pris en compte les véhicules acquis par une entreprise ou utilisés par elle dans le cadre d'une formule locative de longue durée, au sens du 7° de l'article 1007 du Code général des impôts.

Toutefois, pour les entreprises de construction de véhicules automobiles ou de motocycles, seuls sont pris en compte les véhicules mentionnés à l'alinéa précédent et utilisés par l'entreprise en vue de son activité.

Pour les entreprises de location, de location-vente ou de crédit-bail, sont pris en compte les véhicules que l'entreprise détient et met à disposition de preneurs dans le cadre de formules locatives, ou dont la gestion lui incombe.

II. – Sont pris en compte pour l'application des mêmes dispositions, les véhicules utilisés dans l'ensemble des établissements implantés en France et des filiales, au sens de l'article L. 233-1 du Code de commerce, établies en France.

Art. R. 224-15-12 B *(D. n° 2021-515, 29 avr. 2021).* – Pour l'application des 1° à 4° de l'article L. 224-10 aux voitures particulières et camionnettes, d'une part, et aux véhicules à moteur à deux ou trois roues, d'autre part, on entend par « renouvellement annuel du parc » le nombre de véhicules acquis ou utilisés dans les conditions prévues à l'article R. 224-15-12 A, en application des contrats signés au cours d'une année calendaire.

Art. D. 224-15-12 C *(Créé à compter du 1er janvier 2022, D. n° 2021-1600, 9 déc. 2021).* – I. – Les véhicules concernés par l'article L. 224-11 du présent code sont les véhicules définis au 1.4 de l'article R. 311-1 du Code de la route.

II. – Le seuil visé à l'article L. 224-11 est de 100 conducteurs.

III. – En application de l'article L. 224-11, au 31 décembre de chaque année à compter de 2024 et jusqu'au 31 décembre 2026, la part minimale de véhicules à faibles émissions définis à l'article D. 224-15-11 du présent code mis en relation par toute centrale de réservation au cours de l'année écoulée est de 10 %.

Au 31 décembre de chaque année à compter de 2027 et jusqu'au 31 décembre 2028, cette part minimale annuelle est de 20 %.

Au 31 décembre de chaque année à compter de 2029, cette part minimale annuelle est de 35 %.

Art. D. 224-15-12 D *(Créé à compter du 1er juillet 2023, D. n° 2022-474, 4 avr. 2022).* – I. – Les véhicules concernés par l'article L. 224-11-1 du présent code sont les véhicules définis aux 4.1, 4.2, 4.3.1, 6.10 et 6.11 de l'article R. 311-1 du Code de la route.

II. – Le seuil mentionné au premier alinéa de l'article L. 224-11-1 est fixé à 50 travailleurs.

III. – Pour l'application de l'article L. 224-11-1, au 31 décembre de chaque année à compter de 2023 et jusqu'au 31 décembre 2024, la part minimale de cycles, y compris à pédalage assisté, ou de véhicules à moteur mentionnés au I à très faibles émissions, tels que définis à l'article D. 224-15-12, utilisés dans le cadre de la mise en relation, est de 20 % au cours de l'année écoulée.

Au 31 décembre de chaque année à compter de 2025 et jusqu'au 31 décembre 2026, cette part minimale annuelle est de 50 %.

Au 31 décembre de chaque année à compter de 2027 et jusqu'au 31 décembre 2029, cette part minimale annuelle est de 80 %.

Au 31 décembre de chaque année à compter de 2030, cette part minimale annuelle est de 100 %.

IV. – Les plateformes mentionnées à l'article L. 224-11-1 s'assurent que pour chaque prestation réalisée par l'un des travailleurs qu'elles mettent en relation, l'information portant sur le type de véhicule utilisé pour effectuer la prestation est fournie au bénéficiaire au moment de la commande.

Cette information est sincère, présentée de manière claire et non ambiguë par les moyens qu'elles jugent appropriés.

Sous-section 4. – Publication des résultats

(Sous-section créée à compter du 1er janvier 2021, D. n° 2020-1726)

Art. D. 224-15-13 *(Créé à compter du 1er janvier 2021, D. n° 2020-1726 ; mod., D. n° 2021-1494, 17 nov. 2021 ; mod. compter du 6 avril 2022, D. n° 2022-474, 4 avr. 2022).* **– I. – Pour rendre annuellement compte du respect de leurs obligations, les personnes redevables des obligations mentionnées aux articles L. 224-7 à L. 224-8-2 et L. 224-10 du présent code mettent à disposition les données relatives aux renouvellements de leur parc de véhicules permettant la détermination des pourcentages de véhicules à faibles et à très faibles émissions qu'ils comportent.**

II. – Les données mentionnées au I, dont la liste et le format sont fixés par arrêté des ministres chargés de l'environnement et des transports, sont mises à la disposition du public gratuitement, en consultation ou en téléchargement, sur le site de la plateforme ouverte des données publiques françaises (www.data.gouv.fr) sous licence ouverte permettant la réutilisation libre de ces données.

Toutefois, pour les entreprises mentionnées au troisième alinéa du I de l'article R. 224-15-12 A pour lesquelles le « renouvellement annuel du parc » défini à l'article R. 224-15-12 B concerne la totalité de la flotte sur une année calendaire, seuls les pourcentages de véhicules à faibles et très faibles émissions sont mis à la disposition du public dans les conditions prévues au premier alinéa.

III. – Les personnes visées au I prennent les mesures appropriées pour que les données relatives à une année calendaire soient mises à disposition au plus tard le 30 septembre de l'année suivante.

Art. D. 224-15-14 *(Créé à compter du 1er janvier 2022, D. n° 2021-1600, 9 déc. 2021).* **– I. – Pour rendre compte du respect de leurs obligations, les personnes redevables des obligations mentionnées à l'article L. 224-11 transmettent chaque année par voie électronique au ministre chargé des transports les données relatives au parc de véhicules mis en relation permettant la détermination des pourcentages de véhicules à faibles émissions qu'ils comportent. La liste et le format de ces données sont fixés par arrêté des ministres chargés de l'environnement et des transports.**

II. – Parmi les données mentionnées au I, la part minimale des véhicules à faibles émissions mis en relation par les centrales de réservation est une information mise à la disposition du public gratuitement en consultation ou en téléchargement, sur le site de la plateforme ouverte des données publiques françaises (www.data.gouv.fr) sous licence ouverte permettant la réutilisation libre de ces données.

III. – Les personnes visées au I prennent les mesures appropriées pour que les données relatives à une année calendaire soient mises à disposition au plus tard le 30 septembre de l'année suivante.

Art. D. 224-15-15 *(Créé à compter du 1er juillet 2023, D. n° 2022-474, 4 avr. 2022).* **– I. – Pour rendre compte du respect de leurs obligations, les personnes redevables des obligations mentionnées à l'article L. 224-11-1 transmettent chaque année, par voie électronique, au ministère chargé des transports, les données relatives aux parcs de véhicules mis en relation permettant la détermination des pourcentages de cycles, y compris à pédalage assisté, ou de véhicules à moteur à deux ou trois roues à très faibles émissions qu'ils comportent. La liste et le format de ces données sont fixés par arrêté des ministres chargés de l'environnement et des transports.**

II. – Parmi les données mentionnées au I, la part minimale de cycles, y compris à pédalage assisté, ou de véhicules à moteur à deux ou trois roues à très faibles émissions est une information mise à la disposition du public gratuitement, en consultation ou en téléchargement, sur le site de la plateforme ouverte des données publiques françaises (www.data.gouv.fr) sous licence ouverte permettant la réutilisation libre de ces données.

III. – Les personnes visées au I prennent les mesures appropriées pour que les données relatives à une année calendaire soient mises à disposition au plus tard le 30 avril de l'année suivante.

Section II. – Biens mobiliers autres que les véhicules automobiles

Sous-section 1. – Installations fixes d'incinération, de combustion ou de chauffage

Voir : A. 31 oct. 2007, adoptant le schéma national de réduction des émissions (*JO* 18 déc. 2007).

Art. R. 224-16. – Sans préjudice de l'application des mesures prévues par le titre Ier du livre V du présent code, des dispositions des chapitres Ier et II du présent titre et des dispositions du Code de la construction et de l'habitation, la présente sous-section s'applique aux installations fixes d'incinération, de combustion ou de chauffage équipant tous locaux publics ou privés, quelle que soit leur affectation.

Art. R. 224-17. – Des arrêtés pris conjointement par le ministre chargé de l'environnement, le ministre chargé de l'énergie, le ministre chargé de l'industrie et le ministre chargé de la santé publique peuvent fixer les spécifications techniques auxquelles devront répondre, pour pouvoir être fabriqués, importés ou mis en vente sur le marché français, tout ou partie des matériels d'incinération, de combustion ou de chauffage.

Ces arrêtés précisent, le cas échéant, les procédures d'homologation et de contrôle de conformité aux normes en vigueur auxquelles ces matériels peuvent être soumis. Ils fixent, pour chaque type de matériels, les délais à l'expiration desquels la réglementation devient applicable, ces délais ne pouvant être supérieurs à deux ans.

Art. R. 224-18. – Des arrêtés pris conjointement par le ministre chargé de l'environnement, le ministre chargé de la construction, le ministre chargé de l'énergie, le ministre chargé de l'industrie, le ministre chargé de la santé publique et, le cas échéant, le ministre de l'Intérieur ou le ministre chargé de l'agriculture peuvent déterminer les conditions de réalisation et d'exploitation des équipements d'incinération, de combustion ou de chauffage.

Ces arrêtés peuvent notamment définir des spécifications techniques pour les chaufferies, imposer la mise en place d'appareils de réglage des feux et de contrôle, limiter la teneur en polluants des gaz rejetés à l'atmosphère, fixer les conditions de rejet à l'atmosphère des produits de la combustion, rendre obligatoires des consignes d'exploitation et la tenue d'un livret de chaufferie.

Voir : A. 29 avr. 1997, relatif à l'agrément des appareils équipant les installations thermiques (*JONC* 13 mai). – A. 27 janv. 1993, relatif à l'utilisation des combustibles minéraux solides dans les petites installations de combustion (*JO* 3 févr.). – A. 20 juin 2002, relatif aux chaudières présentes dans une installation nouvelle ou modifiée d'une puissance supérieure à 20 MWth (*JO* 28 juill.), mod. par A. 24 déc. 2002 (*JO* 7 mars 2003), A. 13 juill. 2004 (*JO* 12 août) et A. 13 déc. 2004 (*JO* 31 déc.). – A. 30 juill. 2003, relatif aux chaudières présentes dans des installations existantes de combustion d'une puissance supérieure à 20 MWth (*JO* 6 nov.), mod. par A. 13 juill. 2004 (*JO* 12 août), A. 13 déc. 2004 (*JO* 31 déc.) et A. 31 oct. 2007 (*JO* 18 déc.). – Circ. 12 sept. 2006, relative à l'installation classée. – V. aussi D. n° 94-1117, 20 déc. 1994, relatif aux prescriptions applicables aux crématoriums (*JO* 24 déc.), mod. par D. n° 98-209, 18 mars 1998 (*JO* 25 mars). – A. 29 déc. 1994, relatif à la hauteur de la cheminée des crématoriums et aux quantités maximales de polluants contenus dans les gaz rejetés à l'atmosphère (*JO* 13 janv. 1995). – A. 23 juill. 2010 relatif aux chaudières présentes dans les installations de combustion d'une puissance thermique supérieure ou égale à 20 MWth autorisées ou modifiées à compter du 1er nov. 2010 (*JO* 15 sept. 2010). – V. aussi A. 28 janv. 2010 relatif à la hauteur de la cheminée des crématoriums et aux quantités maximales de polluants contenus dans les gaz rejetés à l'atmosphère (*JO* 16 févr.). A. 22 mars 2017, modifiant l'arrêté du 3 mai 2007 relatif aux caractéristiques thermiques et à la performance énergétique des bâtiments existants (*JO* 25 mars 2017).

Art. R. 224-19. – Les agents de contrôle mentionnés à l'article L. 226-2 ont accès aux appareils de mise en œuvre de l'énergie aux fins d'incinération, de combustion ou de chauffage et à leurs annexes, notamment pour faire les prélèvements ou les mesures nécessaires. Ils ont également accès aux stocks de combustibles dont ils peuvent prélever les échantillons aux fins d'identification.

Des justifications sur la nature des combustibles peuvent être exigées des utilisateurs. À cet effet, les distributeurs et vendeurs sont tenus de libeller leurs bordereaux de livraison et leurs factures de façon précise en se référant notamment aux définitions réglementaires.

Sous-section 2. – Rendements, équipement et contrôle des chaudières

Art. R. 224-20 *(Mod., D. n° 2009-649, 9 juin 2009).* – Au titre de la présente sous-section, on entend par :

1° « Chaudière » : l'ensemble corps de chaudière et brûleur s'il existe, produisant de l'eau chaude, de la vapeur d'eau, de l'eau surchauffée, ou modifiant la température d'un fluide thermique grâce à la chaleur libérée par la combustion. Lorsque plusieurs chaudières sont mises en réseau dans un même local, l'ensemble est considéré comme une seule chaudière, dont la puissance nominale est égale à la somme des puissances nominales des chaudières du réseau et dont la date d'installation est celle de la chaudière la plus ancienne ;

2° « Puissance nominale » : la puissance thermique maximale fixée et garantie par le constructeur comme pouvant être cédée au fluide caloporteur en marche continue ;

3° « Rendement caractéristique » : le rendement R'exprimé en pourcentage et calculé selon la formule suivante : R'= 100 - P'f - P'i - P'r

où :

a) « P'f » désigne les pertes par les fumées compte tenu de l'existence éventuelle d'un récupérateur de chaleur ;

b) « P'i » désigne les pertes par les imbrûlés dans les résidus solides ;

c) « P'r » désigne les pertes vers l'extérieur par rayonnement et convection.

Ces pertes sont rapportées en pourcentage au pouvoir calorifique inférieur du combustible utilisé.

§ 1. – **Rendements minimaux et équipement**

Art. R. 224-21 *(Mod., D. n° 2009-648, 9 juin 2009 ; D. n° 2020-912, 28 juill. 2020).* – Sont soumises aux dispositions du présent paragraphe les chaudières d'une puissance nominale supérieure à 400 kW et inférieure à 20 MW, alimentées par un combustible solide, liquide ou gazeux.

Sont toutefois exclues du champ d'application les chaudières dites de récupération, alimentées d'une manière habituelle par les gaz de combustion de machines thermiques.

Art. R. 224-22 *(Abr., D. n° 2020-912, 28 juill. 2020).*

Art. R. 224-23 *(Rempl., D. n° 2020-912, 28 juill. 2020).* – L'exploitant d'une chaudière définie à l'article R. 224-21 et mise en service après le 14 septembre 1998 s'assure de ce que le rendement caractéristique de la chaudière respecte les valeurs minimales fixées dans le tableau suivant :

COMBUSTIBLE UTILISÉ	RENDEMENT (en pourcentage)
Fioul domestique	89
Fioul lourd	88
Combustible gazeux	90
Charbon ou lignite	86
Chaudière biomasse	80

Pour les chaudières mises en service à compter du 1er juillet 2020 autres que les chaudières biomasse, ces valeurs sont augmentées de 2 points.

En cas de combustion simultanée de deux combustibles dans une chaudière, la valeur de rendement minimal retenue est déterminée au prorata des quantités de combustibles consommées.

Art. R. 224-24 *(Rempl., D. n° 2020-912, 28 juill. 2020).* – L'exploitant d'une chaudière définie à l'article R. 224-21 et mise en service jusqu'au 14 septembre 1998 s'assure de ce que le rendement caractéristique de la chaudière respecte les valeurs minimales fixées dans le tableau suivant :

Puissance (p) en MW	Fioul domestique (en pourcentage)	Fioul lourd (en pourcentage)	Combustible gazeux (en pourcentage)	Combustible minéral solide (en pourcentage)	Biomasse (en pourcentage)
0,4 < P < 2	85	84	86	83	80
2 ≤ P < 10	86	85	87	84	80
10 ≤ P < 50	87	86	88	85	80

En cas de combustion simultanée de deux combustibles dans une chaudière, la valeur de rendement minimal retenue est déterminée au prorata des quantités de combustibles consommées.

Art. R. 224-25. – Les pourcentages fixés aux articles R. 224-23 et R. 224-24 sont réduits de :

a) 7 points pour les chaudières à fluide thermique autre que l'eau ;

b) 2 points pour les chaudières d'une puissance supérieure à 2 MW produisant de la vapeur d'eau ou de l'eau surchauffée à une température supérieure à 110 °C ;

c) 5 points pour les chaudières d'une puissance inférieure ou égale à 2 MW produisant de la vapeur d'eau ou de l'eau surchauffée à une température supérieure à 110 °C.

Art. R. 224-26 *(Mod., D. n° 2020-912, 28 juill. 2020).* – Sous réserve des exceptions prévues à l'article R. 224-27, l'exploitant d'une chaudière doit disposer des appareils de contrôle suivants, en état de bon fonctionnement :

1° Un indicateur de la température des gaz de combustion à la sortie de la chaudière ;

2° Un analyseur des gaz de combustion donnant la teneur en dioxyde de carbone ou en dioxygène et, pour les chaudières d'une puissance nominale supérieure à 10 MW, permettant la mesure en continu ;

3° Un appareil manuel permettant de contrôler la bonne combustion en chaudière par la mesure de la teneur des fumées en monoxyde de carbone ou de l'indice de noircissement, ou par tout autre indicateur équivalent ;

4° Un déprimomètre indicateur pour une chaudière de puissance nominale supérieure à 400 kW et inférieure à 2 MW, enregistreur dans les autres cas ;

5° Un indicateur permettant d'estimer l'allure de fonctionnement, pour une chaudière dont la puissance nominale est supérieure à 400 kW et inférieure à 2 MW, un indicateur du débit de combustible ou de fluide caloporteur dans les autres cas ;

6° Un enregistreur de pression de vapeur, pour une chaudière de puissance nominale supérieure à 2 MW ;

7° Un indicateur de température du fluide caloporteur, pour une chaudière d'une puissance nominale comprise entre 400 kW et 2 MW, enregistreur dans les autres cas.

Art. R. 224-27 *(Mod., D. n° 2020-912, 28 juill. 2020).* – I. – Par dérogation à l'article R. 224-26, l'exploitant est dispensé de disposer d'un déprimomètre lorsque le foyer de la chaudière est en surpression.

II. – En outre, l'exploitant d'une chaudière fonctionnant uniquement en secours n'est tenu de disposer que d'un indicateur de la température des gaz de combustion en sortie de chaudière et d'un analyseur de gaz de combustion.

Art. R. 224-28. – L'exploitant est tenu de calculer au moment de chaque remise en marche de la chaudière, et au moins tous les trois mois pendant la période de fonctionnement, le rendement caractéristique de la chaudière dont il a la charge.

En outre, il doit vérifier les autres éléments permettant d'améliorer l'efficacité énergétique de celle-ci.

Art. R. 224-29. – Pour toute chaudière ou ensemble de chaudières définies à l'article R. 224-21, l'exploitant tient à jour un livret de chaufferie qui contient les renseignements prévus à l'article R. 224-28.

Art. R. 224-30 *(Mod., D. n° 2020-912, 28 juill. 2020).* – Sur demande motivée de l'exploitant d'une chaudière, le préfet peut, après avis de la direction régionale chargée de l'énergie, accorder une dérogation à l'application de tout ou partie des dispositions des articles R. 224-23 à R. 224-28, en cas d'expérimentation ou d'utilisation d'un combustible spécial. La dérogation précise les dispositions dont l'application n'est pas exigée.

§ 2. – Contrôle périodique de l'efficacité énergétique

(Intitulé rempl., D. n° 2009-648, 9 juin 2009)

Art. R. 224-31 (1) *(Rempl., D. n° 2020-912, 28 juill. 2020).* – L'exploitant d'une chaudière mentionnée à l'article R. 224-21 fait réaliser un contrôle périodique de l'efficacité énergétique de celle-ci par un organisme accrédité dans les conditions prévues par l'article R. 224-37 sauf s'il a conclu un contrat de performance énergétique dont les caractéristiques sont définies par arrêté du ministre chargé de l'énergie.

(1) Dispositions d'application particulières : V. D. n° 2009-648, 9 juin 2009, art. 6.

Art. R. 224-32 *(Rempl., D. n° 2009-648, 9 juin 2009 ; D. n° 2020-912, 28 juill. 2020).* – Le contrôle périodique mentionné à l'article R. 224-31 comporte :

1° Le calcul du rendement caractéristique de la chaudière et le contrôle de la conformité de ce rendement avec les dispositions du paragraphe 1er de la présente sous-section ;

2° Le contrôle de l'existence et du bon fonctionnement des appareils de mesure et de contrôle prévus par le paragraphe 1er de la présente sous-section ;

3° La vérification du bon état des installations destinées à la distribution de l'énergie thermique situées dans le local où se trouve la chaudière,

4° La vérification de la tenue du livret de chaufferie prévu par l'article R. 224-29.

5° Pour les chaudières destinées au chauffage de locaux ou de l'eau chaude sanitaire :

a) L'évaluation du dimensionnement du générateur de chaleur par rapport aux exigences en matière de chauffage du bâtiment, sauf si les systèmes de chauffage et les besoins de chauffage n'ont pas changé depuis le dernier contrôle ;

b) La vérification du bon état des parties accessibles des installations destinées à la distribution et à la régulation de l'énergie thermique dans le bâtiment.

Ces contrôles périodiques sont effectués à la diligence et aux frais de l'exploitant de l'installation thermique.

Art. R. 224-33 *(Rempl., D. n° 2009-648, 9 juin 2009).* – Le contrôle périodique donne lieu à l'établissement d'un rapport de contrôle qui est remis par l'organisme accrédité à l'exploitant.

L'organisme accrédité ayant procédé au contrôle périodique établit un rapport faisant apparaître ses constatations et observations, ainsi qu'une appréciation sur l'entretien de la chaudière notamment à partir des informations portées dans le livret de chaufferie prévu à l'article R. 224-29. Il adresse ce rapport à l'exploitant dans les deux mois suivant le contrôle. Le rapport est annexé au livret de chaufferie.

Art. R. 224-34 *(Rempl., D. n° 2009-648, 9 juin 2009).* – L'exploitant de la chaudière contrôlée conserve un exemplaire du rapport de contrôle pendant une durée minimale de cinq années et le tient à disposition des agents mentionnés à l'article L. 226-2.

Art. R. 224-35 *(Rempl., D. n° 2009-648, 9 juin 2009 ; mod., D. n° 2020-912, 28 juill. 2020).* – La période entre deux contrôles ne doit pas excéder deux ans pour les chaudières dont la puissance nominale est supérieure ou égale à 5 MW, et trois ans pour les autres. Les chaudières neuves font l'objet d'un premier contrôle périodique dans un délai de deux ans à compter de leur installation pour les chaudières dont la puissance nominale est supérieure à 5 MW, et dans un délai de trois ans pour les autres.

Art. R. 224-36 *(Rempl., D. n° 2009-648, 9 juin 2009).* – Lorsque la chaudière contrôlée n'est pas conforme aux obligations prévues aux articles R. 224-22 à R. 224-29, l'exploitant auquel incombe l'obligation en cause est tenu de prendre les mesures nécessaires pour y remédier dans un délai de trois mois à compter de la réception du rapport de contrôle.

Art. R. 224-37 *(Rempl., D. n° 2009-648, 9 juin 2009).* – (1) Les organismes autorisés à effectuer le contrôle périodique prévu au présent paragraphe sont accrédités par un organisme signataire de l'accord européen multilatéral pris dans le cadre de la coordination européenne des organismes d'accréditation.

Art. R. 224-38 *(Rempl., D. n° 2009-648, 9 juin 2009).* – (1) Les spécifications techniques du contrôle périodique et les modalités de l'accréditation sont définies par arrêté du ministre chargé de l'énergie et du ministre chargé de l'environnement.

Art. R. 224-39 et R. 224-40 (1) *(Implicitement abr., D. n° 2009-648, 9 juin 2009).*

Art. R. 224-41. – (1) Les organismes de contrôle technique et les experts doivent présenter toutes garanties d'indépendance à l'égard des exploitants contrôlés. Ils ne peuvent notamment pas intervenir sur les installations qu'ils ont conçues ou réalisées, ni sur celles qu'ils exploitent eux-mêmes.

(1) Dispositions d'application particulières et transitoires : V. D. n° 2009-648, 9 juin 2009, art. 8.

§ 3. – **Contrôle des émissions polluantes**
(D. n° 2009-648, 9 juin 2009)

Art. R. 224-41-1 *(D. n° 2009-648, 9 juin 2009 ; mod. D. n° 2018-704, 3 août 2018)*. – (1) Sont soumises aux dispositions du présent paragraphe les chaudières dont la puissance nominale est supérieure à 400 kW et inférieure à 1 MW, et celles de puissance supérieure ou égale à 1 MW et inférieure à 2 MW lorsque leurs émissions ne sont pas périodiquement contrôlées en application des dispositions prises pour l'application du titre Ier du livre V du présent code.

Art. R. 224-41-2 *(D. n° 2009-648, 9 juin 2009)*. – L'exploitant fait réaliser des mesures permettant d'évaluer les concentrations de polluants atmosphériques émises dans l'atmosphère par la chaudière dans des conditions définies par arrêté du ministre chargé de l'énergie et du ministre chargé de l'environnement.

Art. R. 224-41-3 *(D. n° 2009-648, 9 juin 2009)*. – Les mesures prévues par l'article R. 224-41-2 sont réalisées dans les conditions et selon la périodicité définies aux articles R. 224-31 à R. 224-37. Lorsque la chaudière est également soumise aux dispositions du paragraphe 2, les mesures sont réalisées dans le cadre du contrôle périodique mentionné à l'article R. 224-31.

§ 4. – **Entretien annuel des chaudières dont la puissance nominale est comprise entre 4 et 400 kW**
(D. n° 2009-649, 9 juin 2009)

Art. R. 224-41-4 *(D. n° 2009-649, 9 juin 2009)*. – Les chaudières alimentées par des combustibles gazeux, liquides ou solides dont la puissance nominale est supérieure ou égale à 4 kW et inférieure ou égale à 400 kW font l'objet d'un entretien annuel dans les conditions fixées par le présent paragraphe.

Art. R. 224-41-5 *(D. n° 2009-649, 9 juin 2009)*. – Lorsque le logement, le local, le bâtiment ou partie de bâtiment est équipé d'une chaudière individuelle, l'entretien est effectué à l'initiative de l'occupant, sauf, le cas échéant, stipulation contraire du bail.

L'entretien des chaudières collectives est effectué à l'initiative du propriétaire ou du syndicat des copropriétaires de l'immeuble.

Art. R. 224-41-6 *(Rempl., D. n° 2020-912, 28 juill. 2020)*. – L'entretien annuel comporte :

1° La vérification de la chaudière et des installations destinées à la distribution et à la régulation de l'énergie thermique ainsi que, le cas échéant, leur nettoyage et leur réglage ;

2° L'évaluation du rendement de la chaudière et, sauf si les systèmes de chauffage et les besoins de chauffage n'ont pas changé depuis le dernier entretien, l'évaluation du dimensionnement du générateur de chaleur par rapport aux besoins de chauffage du bâtiment ou de la partie de bâtiment ;

3° La fourniture des conseils nécessaires portant sur le bon usage de la chaudière, sur les améliorations possibles de l'ensemble de l'installation de chauffage et sur l'intérêt éventuel du remplacement de celle-ci.

Art. R. 224-41-7 *(D. n° 2009-649, 9 juin 2009)*. – L'entretien doit être effectué chaque année civile, par une personne remplissant les conditions de qualification professionnelle prévues au II de l'article 16 de la loi n° 96-603 du 5 juillet 1996 relative au développement et à la promotion du commerce et de l'artisanat.

En cas de remplacement d'une chaudière ou d'installation d'une nouvelle chaudière, le premier entretien doit être effectué au plus tard au cours de l'année civile suivant le remplacement ou l'installation.

Art. R. 224-41-8 *(D. n° 2009-649, 9 juin 2009)*. – La personne ayant effectué l'entretien établit une attestation d'entretien, dans un délai de quinze jours suivant sa visite.

L'attestation est remise au commanditaire de l'entretien mentionné à l'article R. 224-41-5, qui doit la conserver et la tenir à la disposition des agents mentionnés à l'article L. 226-2 du présent code et à l'article L. 1312-1 du Code de la santé publique pendant une durée minimale de deux ans.

---

(1) Dispositions d'application particulières : V. D. n° 2009-648, 9 juin 2009, art. 7.

Art. R. 224-41-9 *(D. n° 2009-649, 9 juin 2009).* – Les spécifications techniques et les modalités de l'entretien annuel, notamment le contenu de l'attestation mentionnée à l'article R. 224-41-8, sont fixées par arrêté des ministres chargés de la construction, de l'énergie et de la santé.

Sous-section 2 *bis.* – Entretien des foyers et appareils de chauffage, de cuisine et de production d'eau chaude à combustion et ramonage des conduits de fumée

(Sous-section créée à compter du 1er octobre 2023, D. n° 2023-641, 20 juill. 2023)

Art. R. 224-41-10 *(Créé à compter du 1er octobre 2023, D. n° 2023-641, 20 juill. 2023).* – Les dispositions relatives à l'entretien des foyers et des appareils de chauffage, de cuisine et de production d'eau chaude à combustion, à l'exception des chaudières, ainsi qu'au ramonage des conduits des foyers et des appareils de chauffage, de cuisine et de production d'eau chaude à combustion, sont fixées par le chapitre Ier du titre III du livre III de la première partie du Code de la santé publique (partie réglementaire) du Code de la santé publique.

Sous-section 3. – Contrôle des systèmes thermodynamiques et des systèmes de ventilation combinés à un chauffage par effet joule

(Abr., D. n° 2011-764, 28 juin 2011 ; rétabli, D. n° 2020-912, 28 juill. 2020)

Art. R. 224-42 *(Abr., D. n° 2011-764, 28 juin 2011 ; rétabli, D. n° 2020-912, 28 juill. 2020).* – Au titre de la présente sous-section, on entend par :

1° « Système thermodynamique » : un système permettant, à l'aide d'un cycle thermodynamique, le transfert de chaleur entre le milieu environnant et un bâtiment, ou une application industrielle, pour en réchauffer ou refroidir l'air intérieur ; plusieurs machines thermodynamiques qui délivrent du froid ou de la chaleur dans un même bâtiment sont considérées comme un seul système, dont la puissance nominale est égale à la somme des puissances nominales des différentes machines thermodynamiques ;

2° « Système de ventilation combiné à un chauffage par effet joule » : un système de conditionnement d'air dont le chauffage est assuré en tout ou partie par effet joule ;

3° « Puissance nominale utile d'un système thermodynamique » : la valeur la plus élevée entre la puissance calorifique et la puissance frigorifique du système thermodynamique, déclarées par le constructeur et mesurées dans les conditions de performance nominale définies dans la norme EN 14511 ;

4° « Puissance nominale utile d'un système de chauffage par effet joule » : la puissance électrique maximale pouvant être appelée par le générateur de chaleur par effet joule ;

5° « Livret Chauffage Ventilation Climatisation » ou « livret CVC » : le dossier regroupant les données relatives aux systèmes thermodynamiques ainsi que la ventilation lorsqu'elle est combinée à ce système et aux systèmes de ventilation combinés à un chauffage par effet joule.

Art. R. 224-43 *(Abr., D. n° 2011-764, 28 juin 2011 ; rétabli, D. n° 2020-912, 28 juill. 2020).* – La présente sous-section ne s'applique pas aux systèmes thermodynamiques et aux systèmes de ventilation combinés à un chauffage par effet joule couverts par un contrat de performance énergétique. Les spécifications d'un tel contrat sont définies par arrêté du ministre chargé de l'énergie.

§ 1. – Entretien des systèmes thermodynamiques dont la puissance nominale est comprise entre 4 kW et 70 kW

Art. R. 224-44 *(Abr., D. n° 2011-764, 28 juin 2011 ; rétabli, D. n° 2020-912, 28 juill. 2020).* – Les systèmes thermodynamiques dont la puissance nominale est supérieure ou égale à 4 kW et inférieure ou égale à 70 kW font l'objet d'un entretien périodique dans les conditions fixées par le présent paragraphe.

Les systèmes thermodynamiques destinés uniquement à la production d'eau chaude pour un seul logement ne sont pas soumis aux dispositions du présent paragraphe.

Art. R. 224-44-1 *(D. n° 2020-912, 28 juill. 2020).* – L'entretien d'un système thermodynamique individuel équipant un logement, un local, un bâtiment ou une partie de bâtiment est effectué à l'initiative de l'occupant, sauf stipulation contraire du bail.

L'entretien des systèmes thermodynamiques collectifs est effectué à l'initiative du propriétaire ou du syndicat des copropriétaires de l'immeuble.

Art. R. 224-44-2 *(D. n° 2020-912, 28 juill. 2020)*. – L'entretien comporte :

1° La vérification du système thermodynamique ;

2° Un contrôle d'étanchéité du circuit de fluide frigorigène, sauf pour les équipements soumis au règlement (UE) n° 517/2014 du Parlement européen et du conseil du 16 avril 2014 relatif aux gaz à effet de serre fluorés ;

3° Si nécessaire, un nettoyage du système thermodynamique ;

4° Le réglage du système thermodynamique ;

5° La fourniture des conseils nécessaires portant sur le bon usage du système en place, les améliorations possibles de l'ensemble de l'installation de chauffage ou de refroidissement et l'intérêt éventuel du remplacement de celle-ci.

Art. R. 224-44-3 *(D. n° 2020-912, 28 juill. 2020)*. – La période séparant deux entretiens ne peut pas excéder deux ans. L'entretien est effectué par une personne remplissant les conditions de qualification professionnelle prévues au II de l'article 16 de la loi n° 96-603 du 5 juillet 1996 relative au développement et à la promotion du commerce et de l'artisanat.

Le premier entretien d'un système thermodynamique soumis aux dispositions du présent paragraphe est effectué au plus tard deux ans après son installation ou son remplacement.

Le premier entretien des systèmes thermodynamiques existants au 1er juillet 2020 est effectué au plus tard le 1er juillet 2022.

Art. R. 224-44-4 *(D. n° 2020-912, 28 juill. 2020)*. – Une attestation d'entretien est établie par la personne qui a réalisé l'entretien, dans un délai de quinze jours suivant sa visite.

L'attestation est remise au commanditaire de l'entretien qui la tient à la disposition des agents mentionnés à l'article L. 226-2.

Art. R. 224-44-5 *(D. n° 2020-912, 28 juill. 2020)*. – Les spécifications techniques et les modalités de l'entretien, notamment le contenu de l'attestation, sont fixées par arrêté du ministre chargé de l'énergie.

§ 2. – Inspection des systèmes thermodynamiques et des systèmes de ventilation combinés à un chauffage par effet joule d'une puissance nominale supérieure à 70 kW

Art. R. 224-45 *(Abr., D. n° 2011-764, 28 juin 2011 ; rétabli, D. n° 2020-912, 28 juill. 2020)*. – En application du 2° du II de l'article L. 224-1, les systèmes thermodynamiques et les systèmes de ventilation combinés à un chauffage par effet joule définis à l'article R. 224-42 sont soumis, lorsque leur puissance nominale utile est supérieure à 70 kilowatts, à inspection périodique dans les conditions fixées par le présent paragraphe.

Art. R. 224-45-1 *(D. n° 2020-912, 28 juill. 2020)*. – L'inspection est effectuée à l'initiative du propriétaire ou du syndicat de copropriété de l'immeuble.

Art. R. 224-45-2 *(D. n° 2020-912, 28 juill. 2020)*. – I. – La période séparant deux inspections ne peut pas excéder cinq ans.

La première inspection suivant l'installation ou le remplacement d'un système thermodynamique ou d'un système de ventilation combiné à un chauffage par effet joule est effectuée dans un délai maximum de cinq ans suivant l'installation ou remplacement de l'installation.

La première inspection des systèmes en place à la date du 1er juillet 2020 est effectuée au plus tard le 1er juillet 2025.

II. – Par dérogation aux dispositions du I, lorsque l'activité du site est couverte par un système de management de l'énergie certifié conforme à la norme NF EN ISO 50001 ou équivalent par un organisme accrédité par un organisme signataire de l'accord européen multilatéral pris dans le cadre de la coordination européenne des organismes d'accréditation, et que ce système de management de l'énergie couvre le système thermodynamique ou le système de ventilation combiné à un chauffage par effet joule, l'inspection est réalisée au moins une fois tous les dix ans.

III. – Lorsque l'activité du site est principalement dédiée à l'entreposage frigorifique et est couverte par un système de management de l'énergie certifié conforme à la norme NF EN ISO 50001 par un organisme accrédité par un organisme signataire de l'accord européen multilatéral pris dans le cadre de la coordination européenne des organismes d'accréditation, le maintien de cette certification tient lieu de l'inspection périodique mentionnée à l'article R. 224-45.

Art. R. 224-45-3 *(D. n° 2020-912, 28 juill. 2020)*. – L'inspection comporte :

1° Un examen du livret CVC défini à l'article R. 224-42 ;

2° Une évaluation du rendement pour les systèmes thermodynamiques et, sauf si les systèmes et les besoins n'ont pas changé depuis la dernière inspection, une évaluation du dimensionnement du système par rapport aux besoins de régulation du climat intérieur ;

3° La fourniture des recommandations nécessaires portant sur le bon usage du système en place, les améliorations possibles de l'ensemble de l'installation, l'intérêt éventuel du remplacement de celui-ci et les autres solutions envisageables.

Lorsque le système délivre du froid ou de la chaleur à travers une centrale de traitement d'air ou à travers un circuit de fluide sous pression, le bon fonctionnement de la centrale de traitement d'air ou du circuit de fluide sous pression est évalué.

L'inspection donne lieu à la remise, par la personne l'ayant effectué, d'un rapport dans un délai maximum d'un mois suivant sa visite au commanditaire de l'inspection mentionné à l'article R. 224-43-3, qui l'intègre au livret CVC défini au R. 224-42, le conserve et le tient à la disposition des agents mentionnés à l'article L. 226-2 pendant une durée de dix ans.

Les spécifications techniques et les modalités de l'inspection, notamment le contenu du rapport, sont fixées par arrêté des ministres chargés de l'énergie et de la construction.

Art. R. 224-45-4 *(D. n° 2020-912, 28 juill. 2020)*. – La personne qui réalise l'inspection est dépourvue de tout lien de nature à porter atteinte à son objectivité et à son indépendance par rapport :

1° Au propriétaire du système faisant l'objet de l'inspection, ou son mandataire ;

2° À une entreprise ayant réalisé l'installation du système thermodynamique ou du système de ventilation combiné à un chauffage par effet joule faisant l'objet de l'inspection ;

3° À une entreprise réalisant l'entretien, la maintenance ou l'exploitation du système faisant l'objet de l'inspection ou ayant un contrat de performance énergétique en cours portant sur ce dernier.

Elle ne peut pas participer à la mise en œuvre des recommandations éventuellement fournies à l'issue de l'inspection.

Art. R. 224-45-5 *(D. n° 2020-912, 28 juill. 2020)*. – L'inspection est réalisée par une personne physique dont les compétences ont été certifiées par un organisme accrédité selon la norme NF EN ISO/CEI 17024 « Évaluation de la conformité – Exigences générales pour les organismes de certification procédant à la certification de personnes » ou un organisme accrédité selon les dispositions de la norme ISO/IEC 17020 applicable en tant qu'organisme de type A.

À compter du 1er janvier 2025, seuls les organismes accrédités selon les dispositions de la norme ISO/IEC 17020 applicable en tant qu'organisme de type A sont habilités à réaliser cette inspection.

Art. R. 224-45-6 *(D. n° 2020-912, 28 juill. 2020)*. – Par dérogation aux dispositions de l'article R. 224-45-5, tout ressortissant légalement établi et autorisé à réaliser des opérations similaires d'inspection dans un autre État membre de l'Union européenne ou dans un autre État partie à l'accord sur l'Espace économique européen peut exercer cette activité en France, sous réserve que l'habilitation dont il dispose dans cet État présente des garanties équivalentes à celles requises en application de l'article R. 224-45-5.

Art. R. 224-45-7 *(D. n° 2020-912, 28 juill. 2020)*. – La certification des compétences prévue à l'article R. 224-45-5, dont les critères sont définis par arrêté conjoint des ministres chargés de l'énergie, de la construction, de la santé et de l'industrie, est délivrée en fonction des connaissances techniques dans le domaine des systèmes thermodynamiques et de l'aptitude à réaliser les différentes étapes de l'inspection ainsi qu'à établir les différents éléments composant le rapport d'inspection.

Art. R. 224-45-8 *(D. n° 2020-912, 28 juill. 2020).* – Les organismes autorisés à délivrer la certification des compétences mentionnés à l'article R. 224-45-5 sont accrédités par un organisme signataire de l'accord européen multilatéral pris dans le cadre de la coordination européenne des organismes d'accréditation.

Cette accréditation, dont les critères sont définis par arrêté conjoint des ministres chargés, respectivement, de l'énergie, de la construction, de la santé et de l'industrie, est accordée en considération de l'organisation interne de l'organisme en cause, des exigences requises des personnes chargées des missions d'examinateur et de sa capacité à assurer la surveillance des personnes certifiées.

Art. R. 224-45-9 *(D. n° 2020-912, 28 juill. 2020).* – Un organisme certificateur ne peut pas établir de rapport d'inspection.

Sous-section 4. – Réduction des émissions de composés organiques volatils dues à l'utilisation de solvants organiques dans certains vernis et peintures et dans les produits de retouche de véhicules

Art. R. 224-48 *(Mod., D. n° 2010-1119, 23 sept. 2010).* – Au sens de la présente sous-section, on entend par :

1° « Substances » : tout élément chimique et ses composés, tels qu'ils se présentent à l'état naturel ou tels qu'ils sont produits par l'industrie, que ce soit sous forme solide, liquide ou gazeuse ;

2° « Mélange » : un mélange ou une solution se composant de deux substances ou plus ;

3° « Composé organique » : tout composé contenant au moins l'élément carbone et un ou plusieurs des éléments suivants : hydrogène, oxygène, soufre, phosphore, silicium, azote, ou un halogène, à l'exception des oxydes de carbone et des carbonates et bicarbonates inorganiques ;

4° « Composé organique volatil (COV) » : tout composé organique dont le point d'ébullition initial, mesuré à la pression standard de 101,3 kPa, est inférieur ou égal à 250 °C ;

5° « Concentration en composés organiques volatils » : la masse de composés organiques volatils, exprimée en grammes/litre (g/l), dans la formulation du produit prêt à l'emploi. La masse de composés organiques volatils dans un produit donné, qui subissent une réaction chimique au séchage pour former le revêtement, n'est pas considérée comme faisant partie de la concentration en composés organiques volatils ;

6° « Solvant organique » : tout composé organique volatil utilisé seul ou en association avec d'autres agents pour dissoudre ou diluer des matières premières, des produits ou des déchets, ou utilisé comme agent de nettoyage pour dissoudre des salissures ou comme dispersant, correcteur de viscosité, correcteur de tension superficielle, plastifiant ou agent protecteur ;

7° « Revêtement » : tout mélange, y compris tous les solvants organiques ou mélanges contenant des solvants organiques nécessaires pour une application adéquate, utilisée pour obtenir un film ayant un effet décoratif, un effet protecteur ou tout autre effet fonctionnel sur une surface ;

8° « Film » : couche continue résultant d'une ou plusieurs applications de produit sur un support ;

9° « Mettre sur le marché » : rendre un produit disponible pour des tiers, à titre onéreux ou non. Toute importation sur le territoire douanier de la Communauté européenne est assimilée à une mise sur le marché pour l'application de la présente sous-section.

Art. R. 224-49. – Les peintures et vernis de revêtement à des fins décoratives, fonctionnelles ou de protection ainsi que les produits de retouche de véhicules figurant sur une liste établie par arrêté du ministre chargé de l'environnement ne peuvent être mis sur le marché que si leur concentration en composés organiques volatils ne dépasse pas les valeurs limites fixées en application de l'article R. 224-50.

Voir : A. 29 mai 2006, relatif à la réduction des émissions de composés organiques volatils dues à l'utilisation de solvants organiques dans certains vernis (*JO* 30 mai). – Circ. 11 juin 1987, relative aux installations classés pour la protection de l'environnement. Réduction des émissions de solvants à l'atmosphère lors de l'application de peinture aux carrosseries dans l'industrie automobile. – Circ. n° 95-80, 3 juill. 1995, relative à la réduction des émissions de solvants à l'atmosphère lors de l'application de peintures aux carrosseries dans l'industrie automobile (*BOMET* n° 1313-95/30, 10 nov. 1995). – Circ. 29 mars 2004, relative aux installations classées.

Art. R. 224-50. – L'arrêté du ministre chargé de l'environnement mentionné à l'article R. 224-49 fixe les valeurs limites de concentration en composés organiques volatils admises pour chaque catégorie de produits, les dates à compter desquelles le respect de ces valeurs limites est exigé ainsi que les méthodes d'analyse employées pour en contrôler le respect.

Art. R. 224-51. – Les produits ne respectant pas les prescriptions édictées à l'article R. 224-49 mais dont il est démontré qu'ils ont été fabriqués avant la date à laquelle les valeurs limites applicables à leur catégorie sont opposables peuvent être mis sur le marché pendant douze mois après cette date.

Art. R. 224-52. – Les dispositions de la présente sous-section, à l'exception de celles de l'article R. 224-58, ne s'appliquent pas aux produits vendus pour être utilisés exclusivement dans le cadre de certaines activités exercées dans une installation classée soumise aux dispositions du titre Ier du livre V du présent code. La liste de ces activités est fixée par un arrêté du ministre chargé de l'environnement.

Art. R. 224-53. – La vente de produits ne respectant pas les prescriptions éditées à l'article R. 224-49 peut, à titre dérogatoire, être autorisée pour des quantités strictement limitées si leur utilisation est destinée à la restauration ou à l'entretien d'immeubles ou de véhicules présentant une valeur historique ou culturelle particulière.

Art. R. 224-54. – Pour l'application de l'article R. 224-53, la demande d'autorisation est adressée au préfet du département dans lequel est situé le domicile ou le siège du demandeur et mentionne :

1° S'il s'agit d'une personne physique, ses nom, prénoms et domicile et, s'il s'agit d'une personne morale, sa dénomination ou sa raison sociale, sa forme juridique, l'adresse de son siège social ainsi que la qualité du signataire de la demande ;

2° L'emploi prévu des produits pour lesquels l'autorisation est sollicitée, en précisant la nature, l'emplacement et le responsable de l'opération de restauration ou d'entretien ;

3° La nature et la quantité maximale de produits non conformes nécessaires à cette opération.

Art. R. 224-55. – Le préfet accuse réception des demandes d'autorisation. Le silence gardé par le préfet pendant deux mois à compter de la date de cette réception vaut décision d'acceptation.

Art. R. 224-56. – Les vendeurs et acheteurs de produits ayant donné lieu à une autorisation en application de l'article R. 224-53 tiennent à la disposition des agents mentionnés à l'article L. 226-2 un registre des quantités de produits vendus ou achetés à ce titre, indiquant leur destination en cas de vente ou leur provenance en cas d'achat. Un récapitulatif annuel est adressé au préfet du département dans le ressort duquel est situé le domicile ou le siège du vendeur ou de l'acheteur, au plus tard le 31 mars de l'année suivante.

Art. R. 224-57. – Les produits désignés à l'article R. 224-49 sont munis, lors de leur mise sur le marché, d'une étiquette indiquant :

1° La catégorie du produit et la valeur limite de concentration en composés organiques volatils correspondante mentionnée à l'arrêté prévu à l'article R. 224-50 ;

2° La concentration maximale en composés organiques volatils du produit prêt à l'emploi.

Les concentrations sont exprimées en grammes de composés organiques volatils par litre de produit (g/l).

Art. R. 224-58. – Lorsque des produits de revêtement contiennent des solvants organiques en quantité supérieure à 1 % en masse, les vendeurs de ces produits communiquent aux acheteurs, sur simple demande de leur part et dans un délai de trois mois au plus, la concentration du produit en composés organiques volatils.

Art. R. 224-59. – Les agents mentionnés à l'article L. 226-2 peuvent, dans les conditions prévues aux articles L. 226-3 et L. 226-4, prélever des échantillons en vue d'analyses pour vérifier la conformité des produits aux dispositions de la présente sous-section. Les frais de prélèvement et d'analyse sont mis à la charge du vendeur du produit ou, si celui-ci ne peut pas être identifié, du détenteur du produit.

Sous-section 5. – Inspection des systèmes de climatisation et des pompes à chaleur réversibles d'une puissance frigorifique nominale supérieure à 12 kilowatts

(D. n° 2010-349, 31 mars 2010 ; abr., D. n° 2020-912, 28 juill. 2020)

Art. R. 224-59-1 *(D. n° 2010-349, 31 mars 2010 ; mod. à compter du 1er juillet 2018, D. n° 2018-126, 22 févr. 2018 ; abr., D. n° 2020-912, 28 juill. 2020).*

Art. R. 224-59-2 et R. 224-59-3 *(D. n° 2010-349, 31 mars 2010 ; abr., D. n° 2020-912, 28 juill. 2020).*

Art. R. 224-59-4 *(Rempl. à compter du 1er juillet 2018, D. n° 2018-126, 22 févr. 2018 ; abr., D. n° 2020-912, 28 juill. 2020).*

Art. R. 224-59-5 à R. 224-59-11 *(D. n° 2010-349, 31 mars 2010 ; mod. à compter du 1er juillet 2018, D. n° 2018-126, 22 févr. 2018 ; abr., D. n° 2020-912, 28 juill. 2020).*

Sous-section 5 *(Rédaction antérieure).* – Inspection des systèmes de climatisation et des pompes à chaleur réversibles d'une puissance frigorifique nominale supérieure à 12 kilowatts

(D. n° 2010-349, 31 mars 2010)

Voir : A. 15 déc. 2016, relatif à l'inspection périodique des systèmes de climatisation et des pompes à chaleur réversibles dont la puissance frigorifique est supérieure à 12 kilowatts (*JO* 22 déc. 2016).

Rédaction antérieure. Art. R. 224-59-1 *(D. n° 2010-349, 31 mars 2010).* – Au sens de la présente sous-section, on entend par :

– « système de climatisation » : combinaison de toutes les composantes nécessaires pour assurer une forme de traitement de l'air *(Mots rempl. à compter du 1er juillet 2018, D. n° 2018-126, 22 févr. 2018)* « intérieur d'un bien immeuble doté d'un toit et de murs, dans lequel la température est contrôlée ou peut être abaissée, » éventuellement en association avec un contrôle de l'aération, de l'humidité et de la pureté de l'air. Les systèmes de climatisation peuvent être des systèmes centralisés, des systèmes bi-blocs (mono-split), des systèmes multi-splits et à débit de fluide frigorigène variable, des pompes à chaleur sur boucle d'eau réversibles ou des pompes à chaleur réversibles ;

– « système centralisé » : système dans lequel l'équipement générateur délivre du froid à travers des unités de traitement d'air et / ou à travers des circuits de fluides sous pression (eau) ;

– « pompe à chaleur réversible » : un dispositif ou une installation qui prélève de la chaleur ou du froid dans l'air, l'eau ou la terre pour fournir du froid ou de la chaleur au bâtiment ;

– « pompe à chaleur sur boucle d'eau réversible » : système dans lequel une série de pompes à chaleur individuelles réversibles sont reliées par un circuit commun de fluide à une chaudière centrale et à une centrale de rejet de la chaleur ;

– « puissance frigorifique nominale utile d'un système de climatisation » : puissance frigorifique de l'appareil de production de froid déclarée par le constructeur et mesurée dans les conditions de performance nominale définies dans la norme EN 14511 ;

– *(Al. rempl. à compter du 1er juillet 2018, D. n° 2018-126, 22 févr. 2018)* « livret de climatisation » : dossier regroupant les données relatives au système de climatisation, à l'usage qui en est fait, et aux besoins de régulation du climat intérieur auxquels il répond.

Rédaction antérieure. Art. R. 224-59-2 *(D. n° 2010-349, 31 mars 2010).* – En application du 2° du II de l'article L. 224-1, les systèmes de climatisation et les pompes à chaleur réversibles définies à l'article R. 224-59-1 et dont la puissance frigorifique nominale utile est supérieure à 12 kilowatts sont soumis à l'inspection périodique définie à la présente sous-section.

Si l'une des pompes à chaleur individuelles d'une pompe à chaleur sur boucle d'eau réversible dépasse une puissance frigorifique nominale utile de 12 kilowatts, l'inspection porte sur l'ensemble du système.

Rédaction antérieure. Art. R. 224-59-3 *(D. n° 2010-349, 31 mars 2010).* – L'inspection est effectuée à l'initiative du propriétaire ou du syndicat de copropriété de l'immeuble.

Rédaction antérieure. Art. R. 224-59-4 *(D. n° 2010-349, 31 mars 2010 ; rempl. à compter du 1er juillet 2018, D. n° 2018-126, 22 févr. 2018).* – I. – L'inspection est réalisée au moins une fois tous les cinq ans.

Lorsque l'activité du site est couverte par un système de management de l'énergie certifié conforme à la norme NF EN ISO 50001 par un organisme accrédité par un organisme signataire de l'accord européen multilatéral pris dans le cadre de la coordination européenne des organismes d'accréditation, et que ce système de management de l'énergie couvre le système de climatisation, l'inspection est réalisée au moins une fois tous les dix ans.

En cas de première installation d'un système de climatisation ou d'une nouvelle pompe à chaleur réversible, ainsi qu'en cas de remplacement, la première inspection est effectuée au plus tard au cours de l'année civile suivant le remplacement ou l'installation.

II. – Lorsque l'activité du site est principalement dédiée à l'entreposage frigorifique et est couverte par un système de management de l'énergie certifié conforme à la norme NF EN ISO 50001 par un organisme accrédité par un organisme signataire de l'accord européen multilatéral pris dans le cadre de la coordination européenne des organismes d'accréditation, le maintien de cette certification tient lieu de l'inspection périodique mentionnée à l'article R. 224-59-2.

Rédaction antérieure. Art. R. 224-59-5 *(D. n° 2010-349, 31 mars 2010).* – L'inspection comporte *(Mots rempl. à compter du 1er juillet 2018, D. n° 2018-126, 22 févr. 2018)* « un examen du livret de climatisation, une évaluation du rendement du système de climatisation, une évaluation de son dimensionnement par rapport aux besoins de régulation du climat intérieur, » ainsi que la fourniture des recommandations nécessaires portant sur le bon usage du système en place, les améliorations possibles de l'ensemble de l'installation, l'intérêt éventuel du remplacement de celui-ci et les autres solutions envisageables.

Elle donne lieu à la remise, par la personne ayant effectué l'inspection, d'un rapport dans un délai maximum d'un mois suivant sa visite au commanditaire de l'inspection mentionné à l'article R. 224-59-3, *(Mots aj. à compter du 1er juillet 2018, D. n° 2018-126, 22 févr. 2018)* « qui l'intègre au livret de climatisation, » qui le conserve et doit le tenir à la disposition des agents énumérés à l'article L. 226-2 pendant une durée de dix ans.

Les spécifications techniques et les modalités de l'inspection, notamment le contenu du rapport, sont fixées par arrêté des ministres chargés, respectivement, de l'énergie, de l'environnement, de la construction, de la santé et de l'industrie.

Rédaction antérieure. Art. R. 224-59-6 *(D. n° 2010-349, 31 mars 2010)*. **–** I. – La personne qui réalise l'inspection ne doit avoir aucun lien de nature à porter atteinte à son objectivité et à son indépendance avec, notamment :

– le propriétaire du système de climatisation ou de la pompe à chaleur réversible faisant l'objet de l'inspection, ou son mandataire ;

– une entreprise ayant réalisé l'installation du système de climatisation ou de la pompe à chaleur réversible faisant l'objet de l'inspection ;

– une entreprise réalisant l'entretien, la maintenance ou l'exploitation du système de climatisation ou de la pompe à chaleur réversible faisant l'objet de l'inspection ou ayant un contrat de performance énergétique en cours portant sur ces derniers.

II. – Elle s'interdit, en outre, de participer à la mise en œuvre des recommandations éventuellement fournies à l'issue de l'inspection.

Rédaction antérieure. Art. R. 224-59-7 *(D. n° 2010-349, 31 mars 2010)*. **–** L'inspection est réalisée par une personne physique dont les compétences ont été certifiées par un organisme accrédité selon la norme NF EN ISO/CEI 17024 « Évaluation de la conformité – Exigences générales pour les organismes de certification procédant à la certification de personnes ».

Rédaction antérieure. Art. R. 224-59-8 *(D. n° 2010-349, 31 mars 2010)*. **–** Par dérogation aux dispositions de l'article R. 224-59-7, tout ressortissant légalement établi et autorisé à réaliser des opérations similaires dans un autre État membre de l'Union européenne ou dans un autre État partie à l'accord sur l'Espace économique européen peut exercer cette activité en France, sous réserve que l'habilitation dont il dispose dans cet État présente des garanties équivalentes à celles requises en application de l'article R. 224-59-7.

Rédaction antérieure. Art. R. 224-59-9 *(D. n° 2010-349, 31 mars 2010)*. **–** La certification des compétences prévue à l'article R. 224-59-7, dont les critères sont définis par arrêté conjoint des ministres chargés, respectivement, de l'énergie, de la construction, de la santé et de l'industrie, est délivrée en fonction des connaissances techniques dans le domaine des systèmes de climatisation et des pompes à chaleur réversibles et de l'aptitude à réaliser les différentes étapes de l'inspection ainsi qu'à établir les différents éléments composant le rapport d'inspection.

Rédaction antérieure. Art. R. 224-59-10 *(D. n° 2010-349, 31 mars 2010)*. **–** Les organismes autorisés à délivrer la certification des compétences mentionnés à l'article R. 224-59-7 sont accrédités par un organisme signataire de l'accord européen multilatéral pris dans le cadre de la coordination européenne des organismes d'accréditation.

Cette accréditation, dont les critères sont définis par arrêté conjoint des ministres chargés, respectivement, de l'énergie, de la construction, de la santé et de l'industrie, est accordée en considération de l'organisation interne de l'organisme en cause, des exigences requises des personnes chargées des missions d'examinateur et de sa capacité à assurer la surveillance des personnes certifiées.

Rédaction antérieure. Art. R. 224-59-11 *(D. n° 2010-349, 31 mars 2010)*. **–** Un organisme certificateur ne peut pas établir de rapport d'inspection.

Section III. – Biens immobiliers

Art. R. 224-60. – Les dispositions relatives aux caractéristiques thermiques des immeubles sont énoncées à la section 4 du chapitre Ier du titre Ier du livre Ier du Code de la construction et de l'habitation.

Voir : A. 29 nov. 2000, relatif aux caractéristiques thermiques des bâtiments nouveaux et des parties nouvelles de bâtiments (*JO* 30 nov.), mod. par A. 9 nov. 2001 (*JO* 17 nov.), A. 22 déc. 2003 (*JO* 7 févr. 2004). – Circ. 1er sept. 2005, relative au crédit d'impôt pour dépenses d'équipement de l'habitation principale en faveur des économies d'énergie et du développement durable, en application de l'article 90 de la loi n° 2004-1484 du 30 décembre 2004 portant loi de finances pour 2005 (CGI, art. 200 *quater*) (*BOI* n° 147, 1er sept. 2005). – L. n° 2006-872, 13 juill. 2006, portant engagement national en faveur du logement, art. 5, 76 et 77 (*JO* 16 juill.). – D. n° 2006-1464, 28 nov. 2006, relatif à la promotion des économies d'énergie dans les messages publicitaires des entreprises du secteur énergétique (*JO* 29 nov. 2006).

Voir aussi : CCH, art. L. 131-7 (monoxyde de carbone), CCH, art. R. 111-6 et s. (bâtiments d'habitation), CCH, art. R. 111-20 et s. (caractéristiques thermiques).

Section IV. – Produits ayant un impact sur la consommation d'énergie

(D. n° 2011-764, 28 juin 2011)

Art. R. 224-61 *(D. n° 2011-764, 28 juin 2011 ; mod., D. n° 2018-761, 30 août 2018)*. – Les dispositions de la présente section s'appliquent à tout bien ayant un impact sur la consommation d'énergie durant son utilisation, y compris les pièces détachées destinées aux utilisateurs finals dont la performance environnementale peut être évaluée de manière indépendante, à l'exclusion des moyens de transport de personnes ou de marchandises.

Ces produits sont soumis dès leur conception à des exigences dénommées « exigences d'écoconception » visant à améliorer leur performance environnementale tout au long de leur cycle de vie ou à rendre obligatoire la fourniture d'informations sur leurs caractéristiques environnementales.

Sont applicables aux produits soumis aux dispositions de la présente section les mesures d'exécution adoptées par la Commission européenne en application de l'article 15 de la directive 2009/125/CE du Parlement européen et du Conseil du 21 octobre 2009 modifiée établissant un cadre pour la fixation d'exigences en matière d'écoconception applicables aux produits liés à l'énergie, et fixant ces exigences pour chacune des catégories de produits.

Art. R. 224-62 *(D. n° 2011-764, 28 juin 2011)*. – Avant de mettre sur le marché ou de mettre en service un produit, le fabricant ou son mandataire procède ou fait procéder à une évaluation de la conformité du produit aux exigences de la mesure d'exécution applicable dans des conditions définies par arrêté du ministre chargé de l'énergie.

Art. R. 224-63 *(D. n° 2011-764, 28 juin 2011)*. – Un produit conforme aux normes harmonisées dont les numéros de référence ont été publiés au *Journal officiel de l'Union européenne* est réputé conforme à toutes les exigences pertinentes de la mesure d'exécution applicable.

Un produit auquel a été attribué le label écologique de l'Union européenne en application du règlement (CE) n° 66/2010 du Parlement européen et du Conseil du 25 novembre 2009 établissant le label écologique de l'Union européenne, ou un autre label écologique satisfaisant à des conditions équivalentes, est réputé conforme à toutes les exigences de la mesure d'exécution qui lui est applicable dès lors que ces exigences sont couvertes par le label écologique.

Art. R. 224-64 *(D. n° 2011-764, 28 juin 2011 ; mod., D. n° 2018-761, 30 août 2018)*. – Le fabricant ou son mandataire déclare le produit conforme à toutes les dispositions pertinentes de la mesure d'exécution applicable mentionnée au dernier alinéa de l'article R. 224-61 par une déclaration de conformité contenant les éléments suivants :

1° Le nom et l'adresse du fabricant ou son mandataire ;

2° Une description du modèle permettant une identification sans équivoque ;

3° Le cas échéant :

- les références des normes harmonisées appliquées ;
- les autres normes et spécifications techniques utilisées ;
- la référence à d'autres textes européens relatifs à l'apposition du marquage CE ;

4° L'identification et la signature de la personne habilitée à agir au nom du fabricant ou de son mandataire.

Art. R. 224-65 *(D. n° 2011-764, 28 juin 2011)*. – Avant la mise sur le marché ou la mise en service, un marquage CE est apposé par le fabricant ou son mandataire sur tout produit conforme, dans les conditions prévues à l'annexe III de la directive 2009/125/CE du Parlement européen et du Conseil du 21 octobre 2009 établissant un cadre pour la fixation d'exigences en matière d'écoconception applicables aux produits liés à l'énergie.

Art. R. 224-66 *(D. n° 2011-764, 28 juin 2011)*. – Le fabricant ou son mandataire conserve tous les documents relatifs à l'évaluation de la conformité effectuée et aux déclarations de conformité délivrées pendant les dix années suivant la fabrication du dernier produit mis sur le marché ou mis en service.

Art. R. 224-67 *(D. n° 2011-764, 28 juin 2011)*. – Les obligations résultant de la présente section incombent à l'importateur du produit lorsque ni le fabricant ni son mandataire ne sont établis dans l'Union européenne.

Section V. – Surveillance des émissions polluantes des moteurs des engins mobiles non routiers

(D. n° 2020-702, 10 juin 2020)

Sous-section 1. – Dispositions générales

Art. R. 224-68 *(D. n° 2020-702, 10 juin 2020).* – L'autorité chargée de la surveillance des émissions de pollution des gaz polluants et des particules polluantes des moteurs à combustion interne destinés aux engins mobiles non routiers mentionnée à *(Rect. JO 11 juill. 2020)* l'article L. 224-13 est le ministre chargé de l'environnement.

Sous-section 2. – Habilitations

Art. R. 224-69 *(D. n° 2020-702, 10 juin 2020 ; rect. JO 11 juill. 2020).* – Les conditions d'assermentation et de commissionnement, par le ministre de l'environnement, des agents mentionnés à l'article L. 224-16, ainsi que les conditions d'habilitation des agents mentionnés au 1° de l'article L. 224-18 et les conditions de retrait de ces commissionnements et habilitations par le même ministre sont fixées par les articles R. 329-2 à R. 329-4 du Code de la route.

Sous-section 3. – Contrôle de la conformité des émissions

Art. R. 224-70 *(D. n° 2020-702, 10 juin 2020).* – Le contrôle de conformité des émissions des gaz polluants et des particules polluantes sur les moteurs à combustion interne destinés aux engins mobiles non routiers et sur les engins mobiles non routiers s'exerce dans les conditions prévues par les articles R. 329-5 à R. 329-16 du Code de la route.

Art. R. 224-71 *(D. n° 2020-702, 10 juin 2020).* – Les articles R. 329-17 à R. 329-23 du Code de la route sont applicables à la procédure, aux mesures et aux sanctions prévues par *(Rect. JO 11 juill. 2020)* l'article L. 224-24 consécutives aux contrôles de la conformité des émissions des gaz polluants et des particules polluantes sur les moteurs à combustion interne destinés aux engins mobiles non routiers et installés sur les engins mobiles non routiers.

Sous-section 4. – Transaction

Art. R. 224-72 *(D. n° 2020-702, 10 juin 2020 ; rect. JO 11 juill. 2020).* – L'autorité mentionnée à l'article L. 224-26 met en œuvre la procédure de transaction dans les conditions prévues par les articles R. 523-2 à R. 523-4 du Code de la consommation.

Sous-section 5. – Sanctions pénales

Art. R. 224-73 *(Créé, D. n° 2020-702, 10 juin 2020 ; rect. JO 11 juill. 2020).* – Sont punis de la peine prévue pour les contraventions de la cinquième classe :

1° Le fait pour un détenteur de marchandises de ne pas avoir conservé un échantillon laissé à sa garde en application du deuxième alinéa de l'article R. 329-10 du Code de la route ou d'en avoir modifié l'état ;

2° *Le fait, en méconnaissance* des dispositions d'une décision de suspension de mise sur le marché, de retrait du produit ou d'interdiction de mise à disposition sur le marché prise en application du I de l'article L. 224-24 :

a) D'importer, de mettre sur le marché ou de maintenir sur le marché des moteurs à combustion interne installés ou destinés à être installés sur des engins mobiles non routiers ayant fait l'objet d'une mesure de suspension ou d'interdiction de mise sur le marché ;

b) De ne pas procéder au retrait, au rappel ou à la destruction d'un moteur à combustion interne installé ou destiné à être installé sur des engins mobiles non routiers ;

3° Le fait de ne pas établir et maintenir à jour un état chiffré des produits retirés ou rappelés en application de l'article L. 224-24 ou de ne pas en faire la déclaration dématérialisée conformément aux dispositions de l'article L. 329-36 du Code de la route.

La récidive est réprimée conformément aux articles 132-11 et 132-15 du Code pénal.

CHAPITRE V. – DISPOSITIONS FINANCIÈRES ET FISCALES

Art. R. 225-1. – Les installations de cogénération ouvrant droit à l'exonération de la taxe intérieure de consommation sur le fioul lourd, sur le gaz naturel et le gaz de raffinerie sont définies au décret n° 93-974 du 27 juillet 1993.

CHAPITRE VI. – CONTRÔLES ET SANCTIONS

Section I. – Recherche et constatation des infractions

Art. R. 226-1 à R. 226-5 *(Abr., D. n° 2014-813, 17 juill. 2014).*

Section II. – Sanctions

§ 1. – Installations fixes d'incinération, de combustion ou de chauffage

(Division créée, D. n° 2007-1869, 26 déc. 2007) (1)

Art. R. 226-6. – Est puni de l'amende prévue pour les contraventions de la 5e classe le fait de :

1° Ne pas observer les prescriptions édictées en application des articles R. 224-17 et R. 224-18 relatifs aux matériels et équipements d'incinération, de combustion ou de chauffage ;

2° Mettre obstacle à l'accomplissement des missions prévues au premier alinéa de l'article R. 224-19 ;

3° De ne pas fournir les justifications exigées en application de l'article R. 224-19.

§ 2. – Moteurs d'engins mobiles non routiers

(Division créée, D. n° 2007-1869, 26 déc. 2007) (1)

Art. R. 226-7 *(Mod., D. n° 2021-1499, 17 nov. 2021).* – Est puni de la peine d'amende prévue pour les contraventions de 3e classe le fait de ne pas être en mesure de présenter le certificat de réception prévu à l'article R. 224-9.

Est puni de la peine d'amende prévue pour les contraventions de la 5e classe le fait de mettre sur le marché un moteur, qu'il soit ou non installé sur un engin, qui n'a pas fait l'objet d'une réception UE par type conformément aux dispositions des articles R. 224-7 à R. 224-12.

§ 3. – Plans de protection de l'atmosphère

(Division créée, D. n° 2007-1869, 26 déc. 2007) (1)

Art. R. 226-8. – Est puni de la peine d'amende prévue pour les contraventions de la 5e classe le fait :

1° D'exploiter une installation en méconnaissance des prescriptions de l'arrêté préfectoral prévu par les articles R. 222-32 et R. 222-33 ;

2° D'utiliser des combustibles en méconnaissance des prescriptions de l'arrêté préfectoral prévu par les articles R. 222-32, R. 222-33 et R. 222-34.

§ 4. – Rendements, équipement et contrôle des chaudières

(Division créée, D. n° 2007-1869, 26 déc. 2007) (1)

Art. R. 226-9. – Est puni de la peine d'amende prévue pour les contraventions de la 5e classe le fait :

1° D'exploiter une chaudière soumise aux dispositions des articles R. 224-21 à R. 224-30 sans effectuer les mesures périodiques nécessaires au calcul du rendement prévues à l'article R. 224-28 ;

(1) Dispositions applicables à Mayotte, D. n° 2007-1869, 26 déc. 2007, art. 5.

2° D'exploiter une chaudière soumise aux dispositions des articles R. 224-21 à R. 224-30 sans disposer des appareils de contrôle prévus à l'article R. 224-26 ;

3° D'exploiter une chaudière ne respectant pas les rendements minimaux mentionnés aux articles R. 224-23 ou R. 224-24.

Art. R. 226-10 *(Rempl., D. n° 2009-648, 9 juin 2009).* – I. – Est puni de la peine d'amende prévue pour les contraventions de la 3e classe le fait de ne pas être en mesure de présenter les exemplaires du rapport de contrôle mentionné à l'article R. 224-33.

II. – Est puni de la peine d'amende prévue pour les contraventions de la 5e classe le fait de ne pas faire réaliser le contrôle périodique prévu par l'article R. 224-31 dans les délais prescrits.

III. – Est puni de la peine d'amende prévue pour les contraventions de la 5e classe le fait de réaliser un contrôle périodique prévu par l'article R. 224-31 sans avoir été accrédité conformément à l'article R. 224-37.

§ 5. – Produits ayant un impact sur la consommation d'énergie

(Division créée, D. n° 2007-1869, 26 déc. 2007 (1) *; intitulé rempl., D. n° 2011-764, 28 juin 2011)*

Art. R. 226-11 *(Mod., D. n° 2007-1479, 12 oct. 2007* (2) *; D. n° 2011-764, 28 juin 2011).* – Est puni de l'amende prévue pour les contraventions de la 5e classe le fait :

1° D'importer, de mettre sur le marché ou de mettre en service un produit sans respecter les dispositions des articles R. 224-64 et R. 224-65 ;

2° Pour tout importateur ou responsable de la mise sur le marché ou en service d'un produit, de ne pas être en mesure de présenter aux agents chargés du contrôle la documentation technique prévue à l'article R. 224-66 dans un délai de quinze jours après qu'ils en ont formulé la demande.

Art. R. 226-12. – Est puni de l'amende prévue pour les contraventions de 3e classe le fait d'importer ou de mettre sur le marché un appareil de réfrigération comportant des marques ou inscriptions de nature à créer une confusion avec le marquage « CE ».

§ 6. – Réduction des émissions de composés organiques volatils dues à l'utilisation de solvants organiques dans certains vernis et peintures ainsi que dans les produits de retouche de véhicules

(Division créée, D. n° 2007-1869, 26 déc. 2007) (1)

Art. R. 226-13. – Est puni de la peine d'amende prévue pour les contraventions de 5e classe le fait :

1° De mettre sur le marché des produits ne respectant pas les prescriptions de l'article R. 224-49 sans avoir obtenu l'autorisation prévue à l'article R. 224-53 ;

2° De ne pas étiqueter les produits désignés à l'article R. 224-49 ou d'y apposer un étiquetage non conforme aux dispositions de l'article R. 224-57 ;

3° De ne pas communiquer, à un acheteur qui en fait la demande, les informations prévues par l'article R. 224-58.

§ 7. – Étiquetage des produits de construction ou de revêtement de mur ou de sol et des peintures et vernis sur leurs émissions de polluants volatils

(Créé à compter du 1er janvier 2012, D. n° 2011-321, 23 mars 2011) (3)

Art. R. 226-14 *(Créé à compter du 1er janvier 2012, D. n° 2011-321, 23 mars 2011).* – Est puni de la peine d'amende prévue pour les contraventions de la cinquième classe le fait de mettre à disposition sur le marché des produits ne respectant pas les prescriptions de l'article R. 221-24.

---

(1) Dispositions applicables à Mayotte, D. n° 2007-1869, 26 déc. 2007, art. 5.
(2) Application à Mayotte : V. D. n° 2007-1479, 12 oct. 2007, art. 4.
(3) Dispositions applicables à compter du 1er septembre 2013 aux produits mis à disposition sur le marché avant cette date, D. n° 2011-321, 23 mars 2011, art. 3.

§ 8. – Surveillance de la qualité de l'air intérieur dans certains établissements recevant du public
(Créé à compter du 1er janvier 2012, D. n° 2011-1728, 2 déc. 2011)

Art. R. 226-15 *(Anc. art. R. 226-16, dénum. et mod., D. n° 2015-1000, 17 août 2015).* – (1) **Est puni de l'amende prévue pour les contraventions de la cinquième classe :**

1° Pour les personnes visées au I de l'article R. 221-30, le fait de ne pas faire réaliser, pour les immeubles mentionnés au II de l'article R. 221-30, la surveillance périodique prévue par l'article R. 221-30 ou l'expertise prévue en application de l'article R. 221-36 ;

2° Le fait de ne pas respecter les délais mentionnés aux articles R. 221-32 à R. 221-36 ;

3° Pour les établissements réalisant une campagne de mesures de polluants en application du I de l'article R. 221-30, le fait de réaliser un prélèvement ou une analyse sans disposer de l'accréditation prévue à l'article R. 221-31.

§ 9. – Récidive
(Anc. § 7, dénum. en § 8 à compter du 1er janvier 2012, D. n° 2011-321, 23 mars 2011 (2) *puis en § 9 à compter de cette même date, D. n° 2011-1728, 2 déc. 2011)*

Art. R. 226-16 *(Anc. art. R. 226-14 dénum. en article R. 226-15 à compter du 1er janvier 2012, D. n° 2011-321, 23 mars 2011 puis en article R. 226-16 à compter de cette même date, D. n° 2011-1728, 2 déc. 2011).* – (1) **La récidive des contraventions de la 5e classe prévues par la présente section est réprimée conformément aux dispositions des articles 132-11 et 132-15 du Code pénal.**

§ 10. – Expérimentation de zones d'actions prioritaires pour l'air
(Abr., D. n° 2016-847, 28 juin 2016)

Art. R. 226-17 *(Abr., D. n° 2016-847, 28 juin 2016).*

CHAPITRE VII. – DISPOSITIONS PARTICULIÈRES AUX POLLUTIONS CAUSÉES PAR DES SUBSTANCES RADIOACTIVES

Art. R. 227-1 *(Mod., D. n° 2007-1869, 26 déc. 2007* (3) *; mod. à compter du 1er avril 2019, D. n° 2019-190, 14 mars 2019).* – **Les dispositions relatives aux installations nucléaires sont énoncées au titre IX du livre V.**

Art. R. 227-2 *(Abr., D. n° 2007-1869, 26 déc. 2007)* (3).

CHAPITRE VIII. – DISPOSITIONS DIVERSES
(D. n° 2012-238, 20 févr. 2012)

Section I. – Expérimentation de zones d'actions prioritaires pour l'air
(Abr., D. n° 2016-847, 28 juin 2016)

Art. D. 228-1 (4) *(Abr., D. n° 2016-847, 28 juin 2016).*

(1) Antérieurement aux modifications issues du décret n° 2015-1000 du 17 août 2015, deux articles R. 226-16 coexistaient : le premier issu de la dénumérotation de l'article R. 226-15 par le décret n° 2011-321 du 23 mars 2011, le second créé par le décret n° 2011-1728 du 2 décembre 2011. – NDLR.

(2) Dispositions applicables à compter du 1er septembre 2013 aux produits mis à disposition sur le marché avant cette date, D. n° 2011-321, 23 mars 2011, art. 3.

(3) Dispositions applicables à Mayotte, D. n° 2007-1869, 26 déc. 2007, art. 5.

(4) En raison de l'abrogation opérée par l'article 1er, II du décret n° 2016-847 du 28 juin 2016, les modifications prescrites par l'article 3, 1° du décret n° 2016-1849 du 23 décembre 2016 n'ont pu être réalisées. – NDLR.

CHAPITRE IX. – EFFET DE SERRE

Section I. – Observatoire national sur les effets du réchauffement climatique

Voir : A. du 14 avr. 2017, portant nomination du président de la commission spécialisée du Conseil national de la transition écologique chargée de l'orientation de l'action de l'Observatoire national sur les effets du réchauffement climatique (*JO* 16 avr. 2017, n° 91).

D. n° 2017-211, 20 févr. 2017, modifiant diverses dispositions du Code de l'environnement relatives au fonctionnement de l'Observatoire national sur les effets du réchauffement climatique (*JO* 23 févr. 2017, n° 46).

Art. D. 229-1 *(Mod., D. n° 2008-680, 9 juill. 2008).* **– L'Observatoire national sur les effets du réchauffement climatique en France métropolitaine et dans les départements et collectivités d'outre-mer, institué par l'article L. 229-2 afin d'exercer les missions définies au même article, est rattaché à la direction générale de l'énergie et du climat. Il est doté d'effectifs et de moyens de fonctionnement identifiés, inscrits au budget du** *(Mots rempl., D. n° 2017-211, 20 févr. 2017)* **« ministre chargé de l'écologie ».**

Le directeur général de l'énergie et du climat assure les fonctions de directeur de l'observatoire.

La gestion des moyens de l'observatoire est assurée par la direction générale de l'énergie et du climat.

L'observatoire exerce ses missions en liaison avec les établissements et instituts de recherches présents en métropole et dans les départements et collectivités d'outre-mer et peut constituer avec eux des postes avancés d'observation des effets du réchauffement climatique.

Art. D. 229-2 *(Mod., D. n° 2008-680, 9 juill. 2008 ; D. n° 2008-1232, 27 nov. 2008 ; rempl., D. n° 2017-211, 20 févr. 2017).* **– Le Conseil national de la transition écologique définit les grandes orientations de l'action de l'observatoire et rend un avis sur le rapport d'information élaboré chaque année à l'attention du Premier ministre et du Parlement. La commission spécialisée du Conseil national de la transition écologique mentionnée à l'article D. 134-6 prépare les décisions du Conseil national de la transition écologique relatives à ces orientations et au rapport d'information.**

Art. D. 229-3 *(Abr., D. n° 2017-211, 20 févr. 2017).*

Art. D. 229-4. – L'observatoire peut être saisi par le Premier ministre de toute question intéressant les effets du réchauffement climatique.

Section II. – Quotas d'émission de gaz à effet de serre

Pour l'application concrète des nouvelles dispositions du SEQE-UE, il convient de se référer au document publié le 10 octobre 2023 et mis à jour le 28 août 2024 par les ministères de l'Écologie, des Territoires et du Logement.

Sous-section 1. – Système d'échanges de quotas d'émission de gaz à effet de serre appliqué aux installations classées pour la protection de l'environnement mentionnées à l'article L. 511-1 et aux équipements et installations mentionnés à l'article L. 593-3

(Intitulé mod., D. n° 2011-90, 24 janv. 2011 ; D. n° 2014-220, 25 févr. 2014 ; mod. à compter du 1er avril 2019, D. n° 2019-190, 14 mars 2019, art. 6, 10° et 17 ; mod. à compter du 1er avril 2019, D. n° 2019-190, 14 mars 2019) (1)

Art. R. 229-5 *(Rempl. à compter du 1er janvier 2013, D. n° 2012-1343, 3 déc. 2012 ; D. n° 2014-220, 25 févr. 2014).* **– I. – Les gaz à effet de serre mentionnés à l'article L. 229-5 sont :**

– le dioxyde de carbone (CO_2) ;

(1) Pour ce qui concerne l'affectation et la délivrance de quotas à titre gratuit au titre de la période allant du 1er janvier 2013 au 31 décembre 2020, les dispositions des articles R. 229-5-1 à R. 229-17 et de l'article R. 229-30-1 continuent à s'appliquer dans leur version en vigueur à la date de publication du décret n° 2019-1035 du 9 octobre 2019. La quantité de quotas délivrés gratuitement au titre de cette période l'est par installation, cette quantité étant elle-même la somme des quotas délivrés par sous-installation dans les conditions précisées par les dispositions mentionnées à l'alinéa précédent.Pour l'application de ces dispositions : – les références à la directive 2003/87/CE du 13 octobre 2003 dans les articles précités s'entendent comme des références à la directive 2003/87/CE du 13 octobre 2003 dans sa version en vigueur le 31 décembre 2017 ; – les références aux articles du Code de l'environnement dans les articles précités s'entendent comme des références aux articles du Code de l'environnement dans leur version en vigueur à la date de publication du décret n° 2019-1035 du 9 octobre 2019, D. n° 2019-1035, 9 oct. 2019, art. 39. – NDLR.

– le méthane (CH_4) ;
– le protoxyde d'azote (N_2O) ;
– les hydrocarbures fluorés (HFC) ;
– les hydrocarbures perfluorés (PFC) ;
– l'hexafluorure de soufre (SF_6).

II. – Les équipements et installations nécessaires à l'exploitation d'une installation nucléaire de base mentionnés à l'article L. 593-3 et les installations classées pour la protection de l'environnement mentionnées à l'article L. 511-1 qui exercent au moins une des activités énumérées dans le tableau annexé au présent article, en tenant compte des critères indiqués, sont soumis aux dispositions de l'article L. 229-5 au titre de leurs émissions des gaz à effet de serre mentionnés dans ce même tableau.

Par dérogation aux dispositions de l'alinéa précédent, les installations ou parties d'installations utilisées pour la recherche, le développement et l'expérimentation de nouveaux produits et procédés ainsi que les installations utilisant exclusivement de la biomasse sont exemptées des dispositions de la section 2 du chapitre IX du titre II du livre II de la partie législative. Les « installations utilisant exclusivement de la biomasse » incluent les installations qui utilisent des combustibles fossiles dans les phases de démarrage ou d'extinction de l'installation.

Rédaction future. *(Mod. à compter du 1er janvier 2026, D. n° 2024-546, 14 juin 2024)* Par dérogation aux dispositions de l'alinéa précédent, les installations ou parties d'installations utilisées pour la recherche, le développement et l'expérimentation de nouveaux produits et procédés sont exemptées des dispositions de la section 2 du chapitre IX du titre II du livre II de la partie législative.

Lorsqu'une installation dépasse le seuil de capacité défini pour une activité mentionnée dans le tableau ci-dessous, toutes les unités de combustion de combustibles, autres que les unités d'incinération de déchets dangereux ou municipaux, relèvent de l'autorisation mentionnée au premier alinéa de l'article L. 229-6 et sont incluses dans la déclaration des émissions de gaz à effet de serre mentionnée au III de l'article L. 229-7 et dans la déclaration des niveaux d'activité mentionnée à l'article L. 229-16.

Lorsque l'exploitant d'une installation relevant du champ d'application de la présente section en raison de l'exploitation d'unités de combustion de puissance calorifique totale supérieure à 20 MW modifie les procédés de production de l'installation afin de réduire ses émissions de gaz à effet de serre, de sorte que l'installation ne respecte plus ce seuil, l'exploitant peut décider de maintenir l'installation dans le système d'échange de quotas d'émissions de gaz à effet de serre. Dans ce cas, dans un délai de deux mois à compter de la modification du ou des procédés de production, l'exploitant notifie à l'autorité compétente son choix de maintenir l'installation dans le système d'échange de quotas d'émissions de gaz à effet de serre, jusqu'à la fin de la période de cinq années civiles en cours mentionnée au deuxième paragraphe du I de l'article L. 229-15. Il peut également notifier son choix d'y maintenir l'installation pour la période de cinq années civiles suivante, à condition de respecter les délais mentionnés aux deuxième à cinquième alinéas de l'article R. 229-7.

III. – Aux fins de la présente sous-section, on entend par :

1° « Installation en place » : toute installation exerçant une ou plusieurs des activités mentionnées à l'article R. 229-5, qui a obtenu une autorisation mentionnée au premier alinéa de l'article L. 229-6 au plus tard :

– 1e 30 juin 2019 pour la période allant du 1er janvier 2021 au 31 décembre 2025 ;

– le 30 juin 2024 pour la période allant du 1er janvier 2026 au 31 décembre 2030 ;

– le 30 juin de l'année civile commençant deux ans avant le début de la période, pour chacune des périodes mentionnées au I de l'article L. 229-15 et commençant après 2030 ;

2° « Nouvel entrant » : toute installation exerçant une ou plusieurs des activités mentionnées à l'article R. 229-5, qui a obtenu l'autorisation prévue au premier alinéa de l'article L. 229-6 pour la première fois :

– entre le 1er juillet 2019 et le 30 juin 2024 inclus pour la période allant du 1er janvier 2021 au 31 décembre 2025 ;

– entre le 1er juillet 2024 et le 30 juin 2029 inclus pour la période allant du 1er janvier 2026 au 31 décembre 2030 ;

– entre le 1er juillet de l'année civile commençant deux ans avant le début de la période et le 30 juin de l'année civile commençant trois ans après le début de la période, pour chacune des périodes mentionnées au I de l'article L. 229-15 et commençant après 2030 ;

3° « Combustion » : toute oxydation de combustibles quelle que soit l'utilisation faite de la chaleur, de l'énergie électrique ou mécanique produites par ce processus et toutes autres activités s'y rapportant, y compris la destruction des effluents gazeux ;

4° « Vérificateur » : une personne ou un organisme de vérification compétent et indépendant chargé de mener à bien le processus de vérification et de rendre compte à ce sujet, conformément aux exigences détaillées définies par le règlement d'exécution (UE) 2018/2067 de la Commission du 19 décembre 2018 ;

5° « Assurance raisonnable » : un degré d'assurance élevé mais non absolu, exprimé formellement dans l'avis du vérificateur, quant à la présence ou à l'absence d'inexactitudes significatives dans les données soumises à vérification ;

6° « Degré d'assurance » : la mesure dans laquelle le vérificateur estime, dans les conclusions de la vérification, qu'il a été prouvé que les données soumises pour une installation comportaient ou ne comportaient pas d'inexactitude significative ;

7° « Inexactitude significative » : une inexactitude importante (omission, déclaration inexacte ou erreur, hormis l'incertitude admissible) dans les données soumises, dont le vérificateur estime, dans l'exercice de ses fonctions, qu'elle pourrait exercer une influence sur l'utilisation ultérieure des données par l'autorité compétente lors du calcul de l'affectation de quotas d'émission.

Aux fins de la présente sous-section, le terme « biomasse » est utilisé dans le sens défini à l'article 3 du règlement d'exécution (UE) 2018/2066 de la Commission du 19 décembre 2018.

Annexe 5

Tableau de l'article R. 229-5

Catégories d'activités et d'installations

I. – Les valeurs seuils mentionnées ci-dessous se rapportent soit à des capacités de production, soit à des caractéristiques techniques, notamment de rendement.

Pour les installations classées mentionnées à l'article L. 511-1, à l'exception des équipements et installations mentionnées à l'article L. 593-3, si un exploitant exerce au sein d'une même installation ou sur un même site plusieurs activités relevant de la même ligne du tableau ci-dessous, alors les capacités de ces activités s'additionnent.

(Al. créé à compter du 1er janvier 2026, D. n° 2024-546, 14 juin 2024) Les installations dans lesquelles, au cours de la précédente période de cinq ans mentionnée à l'article R. 229-7, les émissions provenant de la combustion d'une biomasse satisfaisant aux conditions définies dans l'article 38 du règlement d'exécution (UE) 2018/2066 de la Commission du 19 décembre 2018 relatif à la surveillance et à la déclaration des émissions de gaz à effet de serre au titre de la directive 2003/87/CE du Parlement européen et du Conseil et modifiant le règlement (UE) n° 601/2012 de la Commission ont contribué en moyenne à plus de 95 % des émissions moyennes totales de gaz à effet de serre sont exemptées de l'application du système d'échange de quotas d'émissions de gaz à effet de serre.

Si un même exploitant exerce plusieurs des activités, qui sont répertoriées dans le tableau ci-dessous, au sein d'équipements et installations mentionnés à l'article L. 593-3 et dans le périmètre d'une même installation nucléaire de base, les capacités de ces activités s'additionnent.

II. – Pour déterminer si une installation est soumise aux dispositions de l'article L. 229-5 au titre de l'activité « combustion de combustibles », la puissance thermique totale de combustion est calculée par addition des puissances thermiques de combustion de toutes les unités techniques qui la composent, dans lesquelles des combustibles sont brûlés au sein de l'installation. Parmi ces unités peuvent notamment figurer tous les types de chaudières, brûleurs, turbines, appareils de chauffage, hauts fourneaux, incinérateurs, calcinateurs, fours, étuves, sécheurs, moteurs, piles à combustible, unités de combustion en boucle chimique, torchères ainsi que les unités de postcombustion thermique ou catalytique et les unités techniques de secours. Les unités dont la puissance thermique de combustion est inférieure à 3 MW ne sont pas prises en considération dans ce calcul.

(Mod. à compter du 1er janvier 2025, D. n° 2024-1194, 19 déc. 2024) En cas d'unités techniques de secours ne pouvant fonctionner simultanément avec des unités principales, soit par impossibilité matérielle, soit par l'effet d'une disposition de l'arrêté préfectoral d'autorisation d'exploiter, soit par l'effet d'une décision de l'Autorité de sûreté nucléaire et de radioprotection dans le cas d'un équipement ou d'une installation mentionnés à l'article L. 593-3 ou dans le cas d'une installation classée mentionnée au I de l'article L. 593-33, la puissance thermique de combustion prise en compte dans le calcul mentionné ci-dessus est celle de la plus puissante des deux unités techniques, l'unité de secours ou l'unité remplacée.

ACTIVITÉ	GAZ À EFFET DE SERRE
Combustion de combustibles dans des installations dont la puissance thermique totale de combustion est supérieure à 20 MW (à l'exception des installations d'incinération de déchets dangereux ou municipaux) Combustion de combustibles dans des installations d'incinération de déchets municipaux dont la puissance calorifique totale de combustion est supérieure à 20 MW, seulement en ce qui concerne les obligations de déclaration des émissions et de vérification de l'article R. 229-20	Dioxyde de carbone
Raffinage d'huile minérale ou non-minérale, lorsque des unités de combustion dont la puissance calorifique totale de combustion est supérieure à 20 MW sont exploitée	Dioxyde de carbone
Production de coke	Dioxyde de carbone
Grillage ou frittage, y compris pelletisation, de minerai métallique (y compris de minerai sulfuré)	Dioxyde de carbone
Production de fer ou d'acier (fusion primaire ou secondaire), y compris les équipements pour coulée continue d'une capacité de plus de 2,5 tonnes par heure	Dioxyde de carbone
Production ou transformation de métaux ferreux (y compris les ferro-alliages) lorsque des unités de combustion dont la puissance thermique totale de combustion est supérieure à 20 MW sont exploitées. La transformation comprend, notamment, les laminoirs, les réchauffeurs, les fours de recuit, les forges, les fonderies, les unités de revêtement et les unités de décapage.	Dioxyde de carbone
Production d'aluminium primaire ou d'alumine	Dioxyde de carbone et hydrocarbures perfluorés
Production d'aluminium secondaire, lorsque des unités de combustion dont la puissance thermique totale de combustion est supérieure à 20 MW sont exploitées	Dioxyde de carbone
Production ou transformation de métaux non ferreux, y compris la production d'alliages, l'affinage, le moulage en fonderie, etc., lorsque des unités de combustion dont la puissance thermique totale de combustion (y compris les combustibles utilisés comme agents réducteurs) est supérieure à 20 MW sont exploitées	Dioxyde de carbone
Production de clinker (ciment) dans des fours rotatifs avec une capacité de production supérieure à 500 tonnes par jour ou dans d'autres types de fours avec une capacité de production supérieure à 50 tonnes par jour	Dioxyde de carbone
Production de chaux, y compris la calcination de dolomite et de magnésite, dans des fours rotatifs ou dans d'autres types de fours avec une capacité de production supérieure à 50 tonnes par jour	Dioxyde de carbone
Fabrication du verre, y compris de fibres de verre, avec une capacité de fusion supérieure à 20 tonnes par jour	Dioxyde de carbone

Fabrication de produits céramiques par cuisson, notamment de tuiles, de briques, de pierres réfractaires, de carrelages, de grès ou de porcelaines, avec une capacité de production supérieure à 75 tonnes par jour	Dioxyde de carbone
Fabrication de matériau isolant en laine minérale à partir de roches, de verre ou de laitier avec une capacité de fusion supérieure à 20 tonnes par jour	Dioxyde de carbone
Séchage ou calcination du gypse ou production de plâtre et d'autres produits à base de gypse, avec une capacité de production de gypse calciné ou de gypse secondaire sec supérieure à 20 tonnes par jour	Dioxyde de carbone
Production de pâte à papier à partir du bois ou d'autres matières fibreuses	Dioxyde de carbone
Production de papier ou de carton avec une capacité de production supérieure à 20 tonnes par jour	Dioxyde de carbone
Production de noir de carbone par carbonisation de substances organiques telles que les huiles, les goudrons, les craqueurs et résidus de distillation, avec une capacité de production supérieure à 50 tonnes par jour	Dioxyde de carbone
Production d'acide nitrique	Dioxyde de carbone et protoxyde d'azote
Production d'acide adipique	Dioxyde de carbone et protoxyde d'azote
Production de glyoxal et d'acide glyoxylique	Dioxyde de carbone et protoxyde d'azote
Production d'ammoniac	Dioxyde de carbone
Production de produits chimiques organiques en vrac par craquage, reformage, oxydation partielle ou totale, ou par d'autres procédés similaires, avec une capacité de production supérieure à 100 tonnes par jour	Dioxyde de carbone
Production d'hydrogène (H2) et de gaz de synthèse avec une capacité de production supérieure à 5 tonnes par jour	Dioxyde de carbone
Production de carbonate de disodium (Na2CO3) et de bicarbonate de sodium (NaHCO3)	Dioxyde de carbone
Captage des gaz à effet de serre produits par les installations couvertes par le présent article en vue de leur transport et de leur stockage géologique dans un site de stockage disposant d'un permis en vigueur au titre de la directive 2009/31/CE [du 23 avril 2009]	Dioxyde de carbone
Transport de gaz à effet de serre en vue de leur stockage géologique dans un site de stockage agréé au titre de la directive 2009/31/CE à l'exclusion des émissions relevant d'une autre activité régie par la présente section	Dioxyde de carbone
Stockage géologique des gaz à effet de serre dans un site de stockage disposant d'un permis en vigueur au titre de la directive 2009/31/CE [du 23 avril 2009]	Dioxyde de carbone

Art. R. 229-5-1 *(Rempl., D. n° 2019-1035, 9 oct. 2019 ; mod., D. n° 2024-546, 14 juin 2024).* – Hormis pour l'application des articles L. 229-8, L. 229-9 et des II et III de l'article L. 229-11-3, pour lesquels l'autorité compétente est le ministre chargé de la politique des marchés carbone, le préfet est l'autorité compétente pour l'application des dispositions de la présente sous-section.

(Mod. à compter du 1er janvier 2025, D. n° 2024-1194, 19 déc. 2024) L'Autorité de sûreté nucléaire et de radioprotection se substitue au préfet et à l'inspection des installations classées pour l'application des dispositions relatives aux équipements et installations mentionnés à l'article L. 593-3 et des dispositions relatives aux installations classées mentionnées au I de l'article L. 593-33.

§ 1. – **Installations exclues des dispositions de la section 2 du chapitre IX du titre II du livre II de la partie législative**
(D. n° 2019-1035, 9 oct. 2019)

Art. R. 229-5-2 *(D. n° 2019-1035, 9 oct. 2019 ; mod., D. n° 2024-546, 14 juin 2024).* – I. – Les établissements de santé qui remplissent les conditions mentionnées au I de l'article L. 229-13 bénéficient de l'exclusion mentionnée à cet article pour chacune des périodes mentionnées au I de l'article L. 229-15 à condition de mettre en place les mesures équivalentes prévues au II et les mesures de surveillance prévues au III et sous réserve que l'exploitant ait adressé au préfet la déclaration mentionnée au deuxième alinéa du I de l'article L. 229-13 :

– entre le 1er janvier 2019 et le 30 mai 2019 inclus pour la période allant du 1er janvier 2021 au 31 décembre 2025 ;

– entre le 1er janvier 2024 et le 30 mai 2024 inclus pour la période allant du 1er janvier 2026 au 31 décembre 2030 ;

– entre le 1er janvier et le 30 mai inclus de l'année civile commençant deux ans avant le début de la période, pour chacune des périodes commençant après 2030.

Cette déclaration est effectuée par voie électronique selon les modalités requises pour la demande de délivrance de quotas à titre gratuit mentionnée à l'article R. 229-7. Elle comporte les éléments énumérés aux *a*, *b* et *e* du 1.1 et au 1.3 de l'annexe IV du règlement délégué (UE) 2019/331 de la Commission du 19 décembre 2018. Ces éléments ne sont pas soumis à la vérification prévue par l'article 15 et l'annexe V de la directive 2003/87/CE du 13 octobre 2003. L'exploitant n'est pas tenu de communiquer les autres éléments énumérés au paragraphe 2 de l'article 4 du règlement délégué (UE) 2019/331 de la Commission du 19 décembre 2018.

II. – Pour bénéficier de l'exclusion mentionnée au I du présent article pour une période mentionnée au I de l'article L. 229-15, l'établissement de santé met en place les mesures nécessaires pour ne pas émettre durant une année civile un volume de gaz à effet de serre supérieur à une valeur de référence égale à la moyenne de ses émissions annuelles des trois années civiles commençant respectivement cinq ans, quatre ans et trois ans avant le début de la période concernée mentionnée au I de l'article L. 229-15, diminuée chaque année du facteur de réduction linéaire défini à l'article 9 de la directive 2003/87/CE du 13 octobre 2003.

Les quantités d'émission de gaz à effet de serre sont calculées en tonnes d'équivalent dioxyde de carbone sans prendre en compte les émissions provenant de la biomasse.

III. – L'exploitant d'un établissement de santé bénéficiant de l'exclusion mentionnée au I de l'article L. 229-13 adresse à l'inspection des installations classées, au plus tard le 28 février de chaque année, la déclaration des émissions de gaz à effet de serre de l'année précédente. Cette déclaration est adressée par voie électronique.

L'exploitant est dispensé pour cette déclaration de l'avis d'assurance raisonnable par un vérificateur.

En cas d'absence de déclaration, le préfet procède au calcul d'office des émissions dans les conditions prévues par l'article R. 229-20.

L'exploitant met en place des mesures de surveillance des émissions de l'établissement dans les conditions définies par un arrêté du ministre chargé de la politique des marchés carbone.

IV. – Le ministre chargé de la politique des marchés carbone fixe par arrêté la liste des établissements de santé bénéficiant de l'exclusion mentionnée au I de l'article L. 229-13 pour une période donnée.

Cet arrêté, pris après approbation par la Commission européenne, précise, pour chaque installation, la valeur de référence mentionnée au II du présent article. Pour les périodes mentionnées au I de l'article L. 229-15, il est pris après la fin de la consultation du public mentionnée à l'article L. 229-13.

Cet arrêté est publié au *Journal officiel* et le préfet en communique un exemplaire à chaque exploitant par voie électronique.

Art. R. 229-5-3 *(D. n° 2019-1035, 9 oct. 2019 ; mod., D. n° 2024-546, 14 juin 2024).* – I. – Une installation remplissant les conditions mentionnées au I de l'article L. 229-14 bénéficie de l'exclusion mentionnée au I de cet article pour chacune des périodes mentionnées au I de l'article L. 229-15 sous réserve d'avoir adressé au préfet une déclaration :

La déclaration doit être adressée :

– entre le 1er janvier 2019 et le 30 mai 2019 inclus pour la période allant du 1er janvier 2021 au 31 décembre 2025 ;

– entre le 1er janvier 2024 et le 30 mai 2024 inclus pour la période allant du 1er janvier 2026 au 31 décembre 2030 ;

– entre le 1er janvier et le 30 mai inclus de l'année civile commençant deux ans avant le début de la période, pour chacune des périodes commençant après 2030.

Cette déclaration est effectuée par voie électronique selon les modalités requises pour la demande de délivrance de quotas à titre gratuit mentionnée à l'article R. 229-7. Elle comporte les éléments énumérés aux points 1.1 et 1.3 de l'annexe IV du règlement délégué (UE) 2019/331 de la Commission du 19 décembre 2018. Ces éléments ne sont pas soumis à la vérification prévue par l'article 15 et l'annexe V de la directive 2003/87/CE du 13 octobre 2003. L'exploitant n'est pas tenu de communiquer les autres éléments énumérés au paragraphe 2 de l'article 4 du règlement délégué (UE) 2019/331 de la Commission du 19 décembre 2018.

L'exploitant peut renoncer au bénéfice de l'exclusion mentionnée au I de l'article L. 229-14 pour une période donnée s'il en fait la demande auprès du préfet avant le 15 septembre de l'année civile commençant deux ans avant le début de la période concernée. Si l'établissement satisfait aux conditions d'éligibilité de l'article L. 229-15, il peut alors bénéficier de la délivrance de quotas à titre gratuit pour cette période, à condition que les modalités prévues à l'article R. 229-7 pour la demande de délivrance de quotas gratuits aient été respectées, notamment en ce qui concerne les informations à fournir et les vérifications à effectuer.

II. – L'exploitant d'une installation bénéficiant de l'exclusion mentionnée au I du présent article adresse, par voie électronique, à l'inspection des installations classées, au plus tard le 28 février de chaque année, la déclaration des émissions de gaz à effet de serre de l'année précédente.

L'exploitant est dispensé pour cette déclaration de l'avis d'assurance raisonnable par un vérificateur.

Conformément au II de l'article L. 229-14, l'exploitant informe sans délai l'inspection des installations classées si les émissions de l'installation ont dépassé 2 500 tonnes d'équivalent dioxyde de carbone, sans tenir compte des émissions provenant de la biomasse, au cours d'une année civile.

L'exploitant met en place des mesures de surveillance simplifiée des émissions de l'installation, dans les conditions définies par :

– un arrêté du ministre chargé des installations classées pour les installations classées à l'exception des équipements et installations mentionnés à l'article L. 593-3 ;

– *(Mod. à compter du 1er janvier 2025, D. n° 2024-1194, 19 déc. 2024)* un arrêté du ministre chargé de la sûreté nucléaire, pris après avis de l'Autorité de sûreté nucléaire et de radioprotection, pour les équipements et installations mentionnés à l'article L. 593-3.

III. – Le ministre chargé de la politique des marchés carbone fixe par arrêté la liste des installations bénéficiant de l'exclusion mentionnée au I du présent article dans les délais mentionnés au II de l'article L. 229-14.

Le cas échéant, le ministre chargé de la politique des marchés carbone fixe chaque année par arrêté la liste des installations qui cessent de bénéficier de l'exclusion.

Ces arrêtés sont publiés au *Journal officiel* et le préfet en communique un exemplaire à chaque exploitant concerné par voie électronique.

§ 2. – Autorisation mentionnée au premier alinéa de l'article L. 229-6

(Ancien §1 remplacé à compter du 1er janvier 2013, D. n° 2012-1343, 3 déc. 2012 ; dénuméroté et intitulé modifié, D. n° 2019-1035, 9 oct. 2019)

Art. R. 229-6 *(Rempl., D. n° 2024-546, 14 juin 2024).* – I. – Dans les vingt jours ouvrables suivant l'obtention de l'autorisation mentionnée au premier alinéa de l'article R. 229-6, l'exploitant demande à l'administrateur national du registre l'ouverture d'un compte de dépôt d'exploitant dans le registre européen. À cette fin, l'exploitant fournit à l'administrateur du registre les éléments mentionnés à l'annexe VI du règlement délégué (UE) 2019/1122 de la Commission du 12 mars 2019 complétant la directive 2003/87/CE du Parlement européen et du Conseil en ce qui concerne le fonctionnement du registre de l'Union.

Un nouveau compte d'exploitant ne peut être ouvert que si l'installation ne dispose pas déjà d'un compte d'exploitant ouvert sur la base de cette autorisation.

II. – L'exploitant notifie à l'administrateur national du registre européen les modifications apportées aux informations relatives à son compte et fournit la documentation relative à ces modifications.

Art. R. 229-6-1 *(D. n° 2019-1035, 9 oct. 2019 ; mod., D. n° 2024-546, 14 juin 2024).* – L'exploitant d'une installation bénéficiant de l'autorisation mentionnée à l'article R. 229-6 informe le préfet de tout changement prévu en ce qui concerne la nature, le fonctionnement de l'installation, ou toute extension ou réduction importante de sa capacité, susceptibles de nécessiter une actualisation de l'autorisation d'émettre des gaz à effet de serre, et de tout changement d'exploitant. Cette information est transmise au plus tard deux mois après que ce changement est survenu.

§ 3. – Affectation et délivrance des quotas d'émission de gaz à effet de serre

(Division créée, D. n° 2019-1035, 9 oct. 2019)

Art. R. 229-7 *(Rempl., D. n° 2019-1035, 9 oct. 2019 ; mod., D. n° 2024-546, 14 juin 2024).* – L'exploitant d'une installation éligible au sens de l'article L. 229-15 bénéficie de la délivrance de quotas à titre gratuit pour une période mentionnée au I de ce même article sous réserve d'avoir adressé une demande de délivrance de quotas à titre gratuit à l'inspection des installations classées, par voie électronique et au moyen de modèles électroniques fixés par arrêté du ministre chargé de la politique des marchés carbone, au plus tard :

– le 30 mai 2019 pour la période allant du 1er janvier 2021 au 31 décembre 2025 ;

– le 30 mai 2024 pour la période allant du 1er janvier 2026 au 31 décembre 2030 ;

– le 30 mai de l'année civile commençant deux ans avant le début de la période, pour chacune des périodes mentionnées au I de l'article L. 229-15 commençant après 2030.

Par dérogation aux dispositions qui précèdent, la date du 30 mai est reportée au 30 juin si l'installation a obtenu l'autorisation prévue au premier alinéa de l'article L. 229-6 pour la première fois entre le 15 mai et le 30 juin.

La demande est accompagnée des informations mentionnées à l'article 4 du règlement délégué (UE) 2019/331 de la Commission du 19 décembre 2018 :

– relatives à la période de référence allant du 1er janvier 2014 au 31 décembre 2018 pour l'allocation de quotas à titre gratuit pour la période allant du 1er janvier 2021 au 31 décembre 2025 ;

– ou relatives à la période de référence allant du 1er janvier 2019 au 31 décembre 2023 pour l'allocation de quotas à titre gratuit pour la période allant au 1er janvier 2026 au 31 décembre 2030 ;

– ou relatives à la période de référence allant du 1er janvier de l'année civile commençant 7 ans avant le début de la période au 31 décembre de l'année civile commençant 3 ans avant le début de la période pour l'allocation de quotas à titre gratuit pour chacune des périodes mentionnées au I de l'article L. 229-15 commençant après 2030.

Ces informations doivent avoir fait l'objet d'un avis d'assurance raisonnable d'un vérificateur. Le ministre chargé de la politique des marchés carbone ou l'inspection des installations classées peuvent, si nécessaire, demander à l'exploitant des informations plus détaillées.

Des quotas ne sont délivrés à titre gratuit pour la période concernée qu'aux exploitants d'installations éligibles au sens de l'article L. 229-15 ayant transmis leur demande et les informations exigées selon les modalités du présent article, en particulier en ce qui concerne le respect des délais de transmission.

Les dispositions du présent article ne s'appliquent pas aux nouveaux entrants.

Art. R. 229-7-1 *(D. n° 2024-546, 14 juin 2024).* – Le dispositif prévu au IV *bis* de l'article L. 229-15 est mis en œuvre conformément à l'article 22 *bis* du règlement délégué (UE) 2019/331 de la Commission du 19 décembre 2018 définissant des règles transitoires pour l'ensemble de l'Union concernant l'allocation harmonisée de quotas d'émission à titre gratuit conformément à l'article 10 *bis* de la directive 2003/87/CE du Parlement européen et du Conseil. L'exploitant s'appuie sur les recommandations du rapport d'audit énergétique réalisé en application de l'article L. 233-1 du Code de l'énergie ou, le cas échéant, sur les recommandations de revue énergétique qui ont été réalisées dans le cadre de la mise en œuvre d'un système de management de l'énergie conforme aux exigences du second alinéa de l'article L. 233-2 du Code de l'énergie.

L'exploitant d'une installation justifie que les exigences du IV *bis* de l'article L. 229-15 et de l'article 22 *bis* du règlement mentionné à l'alinéa précédent sont satisfaites dans le cadre de sa demande de délivrance de quotas à titre gratuit prévue à l'article R. 229-7. L'exploitant peut également apporter cette justification dans le cadre de sa déclaration annuelle des niveaux d'activité de l'installation prévue au premier alinéa de l'article L. 229-16.

L'autorité compétente mentionnée à l'article R. 229-5-1 valide la satisfaction de ces exigences, dans les conditions prévues à l'article 22 *bis* du même règlement. À défaut de validation, la réduction de 20 % de la quantité de quotas alloués à titre gratuit mentionnées au IV *bis* de l'article L. 229-15 s'applique à l'installation concernée. Le ministre chargé de la politique des marchés carbone et l'inspection des installations classées peuvent, si nécessaire, demander à l'exploitant des informations plus détaillées.

Art. R. 229-7-2 *(D. n° 2024-546, 14 juin 2024)*. – Les dispositions du IV *ter* de l'article L. 229-15 sont mises en œuvre conformément à l'article 22 *ter* du règlement délégué (UE) 2019/331 du 19 décembre 2018.

Le contenu et le format du plan de neutralité climatique transmis par l'exploitant d'une installation entrant dans le champ d'application des dispositions du IV *ter* de l'article L. 229-15 doivent respecter les exigences du règlement d'exécution (UE) 2023/2441 de la Commission du 31 octobre 2023 portant modalités d'application de la directive 2003/87/CE du Parlement européen et du Conseil en ce qui concerne le contenu et le format des plans de neutralité climatique à établir aux fins de l'allocation de quotas d'émission à titre gratuit.

L'exploitant transmet le plan de neutralité climatique lors de sa demande de délivrance de quotas à titre gratuit. L'autorité compétente mentionnée à l'article R. 229-5-1 valide la conformité du contenu et du format du plan aux exigences du règlement mentionné à l'alinéa précédent. À défaut de validation, la réduction de 20 % de la quantité de quotas alloués à titre gratuit mentionnée au IV *ter* de l'article L. 229-15 s'applique à l'installation concernée. Le ministre chargé de la politique des marchés carbone et l'inspection des installations classées peuvent, si nécessaire, demander à l'exploitant des informations plus détaillées.

L'exploitant d'une installation soumise aux dispositions du IV *ter* de l'article L. 229-15 transmet à l'inspection des installations classées un rapport sur l'atteinte des valeurs cibles et jalons intermédiaires de son plan de neutralité climatique dans la déclaration annuelle des niveaux d'activité de l'installation mentionnée au premier alinéa de l'article L. 229-16 pour l'année 2025 et par la suite tous les cinq ans. Ce rapport est vérifié selon les modalités prévues au septième alinéa du paragraphe 4 de l'article 10 *ter* de la directive 2003/87/CE du 13 octobre 2003. L'autorité compétente mentionnée à l'article R. 229-5-1 valide le respect des valeurs cibles et jalons intermédiaires. À défaut de validation, la réduction de 20 % de la quantité de quotas alloués à titre gratuit mentionnées au IV *ter* de l'article L. 229-15 s'applique à l'installation concernée. Le ministre chargé de la politique des marchés carbone et l'inspection des installations classées peuvent, si nécessaire, demander à l'exploitant des informations plus détaillées.

Art. R. 229-7-3 *(D. n° 2024-546, 14 juin 2024)*. – Les réductions de 20 % de la quantité de quotas alloués à titre gratuit mentionnées aux articles R. 229-7-1 et R. 229-7-2 ne sont pas cumulables.

Art. R. 229-8 *(Rempl., D. n° 2019-1035, 9 oct. 2019 ; mod., D. n° 2024-546, 14 juin 2024)*. – I. – Sur la base des informations recueillies conformément à l'article R. 229-7, le ministre chargé de la politique des marchés carbone fixe par arrêté la liste des exploitants d'installations éligibles à l'affectation et la délivrance de quotas à titre gratuit en application de l'article L. 229-15 pour chacune des périodes mentionnées au I de ce même article. Le même arrêté énumère également les autres exploitants d'installations soumises à l'autorisation mentionnée au premier alinéa de l'article L. 229-6 pour la période concernée, à l'exception des installations bénéficiant des exclusions mentionnées aux articles L. 229-13 et L. 229-14.

Cet arrêté est pris après approbation par la Commission européenne de la liste des installations qui lui a été notifiée en application des dispositions du paragraphe 1 de l'article 11 de la directive 2003/87/CE du 13 octobre 2003.

L'arrêté précise, pour les installations éligibles à la délivrance de quotas à titre gratuit au sens de l'article L. 229-15, le nombre de quotas qui seront délivrés gratuitement chaque année à leur exploitant, sous réserve :

- du respect de l'obligation de déclaration prévue au second alinéa de l'article L. 229-16 ;
- des adaptations en lien avec la mise en œuvre des IV *bis*, IV *ter* et V ;
- de la possibilité de différer la délivrance des quotas prévue à l'article L. 229-9 ;
- ou d'un changement ayant une incidence sur la délivrance de quotas à titre gratuit mentionné à l'article R. 229-17.

L'arrêté est mis à jour notamment lorsqu'une adaptation en lien avec la mise en œuvre des IV *bis*, IV *ter* et V de l'article L. 229-15 sont effectuées ou en cas d'un changement ayant une incidence sur la délivrance de quotas à titre gratuit mentionné à l'article R. 229-17.

Pour les périodes mentionnées au I de l'article L. 229-15, le nombre de quotas à délivrer gratuitement est déterminé conformément aux actes délégués pris en application du paragraphe 1 de l'article 10 *bis* de la directive 2003/87/CE du 13 octobre 2003.

L'arrêté est publié au *Journal officiel*.

II. – L'administrateur national du registre européen mentionné à l'article L. 229-12 inscrit au compte des exploitants, au plus tard le 30 juin de chaque année, la quantité de quotas délivrés à titre gratuit prévue pour chaque installation par l'arrêté mentionné au I.

En application de l'article L. 229-9, le ministre chargé de la politique des marchés carbone peut demander à l'administrateur national du registre européen de différer cette inscription pour un exploitant, conformément à l'article 3 du règlement d'exécution (UE) 2019/1842 de la Commission du 31 octobre 2019 portant modalités d'application de la directive 2003/87/CE du Parlement européen et du Conseil en ce qui concerne des modalités supplémentaires pour les adaptations de l'allocation de quotas d'émission à titre gratuit liées aux variations du niveau d'activité.

Lorsque la mise à jour, après le 30 juin, de l'arrêté conduit à augmenter le nombre de quotas déjà délivrés au titre de l'année en cours, l'administrateur national du registre européen inscrit la quantité supplémentaire au compte des exploitants. Dans le cas où cette modification conduit à diminuer ce nombre de quotas, le ministre de l'environnement applique les dispositions de l'article L. 229-8.

Art. R. 229-9 *(Rempl., D. n° 2019-1035, 9 oct. 2019 ; mod., D. n° 2024-546, 14 juin 2024)*. – À la demande d'un nouvel entrant et conformément au règlement délégué (UE) 2019/331 de la Commission du 19 décembre 2018, le ministre chargé de la politique des marchés carbone détermine la quantité de quotas à lui délivrer gratuitement après le début de son exploitation normale au sens du règlement délégué (UE) 2019/331 de la Commission du 19 décembre 2018, pour la période mentionnée au I de l'article L. 229-15 au titre de laquelle la demande est effectuée.

La demande de délivrance de quotas à titre gratuit pour une période mentionnée au I de l'article L. 229-15 doit être conforme au règlement délégué (UE) 2019/331 de la Commission du 19 décembre 2018 et contenir les informations relatives à l'installation pour l'année civile qui suit le début de l'exploitation normale de l'installation. La demande est adressée à l'inspection des installations classées et est transmise par voie électronique en utilisant des modèles électroniques fixés par arrêté du ministre chargé de la politique des marchés carbone.

Pour chaque période mentionnée au I de l'article L. 229-15, la demande est présentée avant le 31 mars de la deuxième année civile suivant le début de l'exploitation normale de l'installation concernée, au sens du règlement délégué (UE) 2019/331 de la Commission du 19 décembre 2018.

Les données soumises en application du présent article doivent avoir fait l'objet d'un avis d'assurance raisonnable d'un vérificateur. Le ministre chargé de la politique des marchés carbone ou l'inspection des installations classées peut, si nécessaire, demander à l'exploitant des informations plus détaillées.

Après approbation de la Commission européenne, le ministre chargé de la politique des marchés carbone modifie, si nécessaire, l'arrêté prévu au I de l'article R. 229-8. L'administrateur national du registre européen mentionné à l'article L. 229-12 inscrit au compte de l'exploitant la quantité de quotas délivrés à titre gratuit prévue par cet arrêté.

Art. R. 229-10 à R. 229-16-1 *(Implicitement abr., D. n° 2019-1035, 9 oct. 2019)*.

Art. R. 229-17 *(Rempl., D. n° 2019-1035, 9 oct. 2019 ; mod., D. n° 2024-546, 14 juin 2024)*. – I. – L'exploitant d'une installation soumise à l'autorisation mentionnée au premier alinéa de l'article L. 229-6 et ne bénéficiant pas de l'exclusion mentionnée aux articles L. 229-13 ou L. 229-14 informe le préfet de tout changement relatif à l'exploitation survenu au cours d'une des périodes mentionnées au I de l'article L. 229-15 et ayant une incidence sur la délivrance de quotas à titre gratuit, notamment un changement d'exploitant ou une cessation ou un transfert d'activité. Cette information est effectuée dans un délai de deux mois après ce changement.

La cessation d'activité au sens du présent I s'entend au sens du règlement délégué (UE) 2019/331 de la Commission du 19 décembre 2018.

Les changements dans les niveaux d'activité de l'installation mentionnés à l'article L. 229-16, autres que les cessations d'activité, ne sont pas soumis aux dispositions du premier alinéa pour ce qui concerne les périodes mentionnées au I de l'article L. 229-15.

II. – Le préfet informe le ministre chargé de la politique des marchés carbone de ce changement.

Le ministre chargé de la politique des marchés carbone modifie le cas échéant, après approbation de la Commission européenne, l'arrêté prévu au I de l'article R. 229-8.

En cas de modification, cet arrêté est transmis à l'administrateur national du registre de l'Union européenne.

III. – En cas de changement d'exploitant, les obligations de déclaration des émissions et des niveaux d'activité et de restitution prévues aux articles L. 229-7 et L. 229-16 incombent, pour la totalité des années précédentes, au nouvel exploitant dès l'intervention du changement d'exploitant.

Art. R. 229-18 et R. 229-19 *(Implicitement abr. à compter du 1er janvier 2013, D. n° 2012-1343, 3 déc. 2012).*

§ 4. - Déclaration des émissions de gaz à effet de serre et restitution des quotas

(Ancien § 3 dénum. et intitulé rempl., D. n° 2019-1035, 9 oct. 2019)

Art. R. 229-20 *(Rempl., D. n° 2019-1035, 9 oct. 2019 ; mod., D. n° 2024-546, 14 juin 2024).* – En application du III de l'article L. 229-7, l'exploitant d'une installation soumise à l'autorisation mentionnée au premier alinéa de l'article L. 229-6 et ne bénéficiant pas des exclusions mentionnées aux articles L. 229-13 et L. 229-14 adresse à l'inspection des installations classées, au plus tard le 28 février de chaque année, la déclaration des émissions de gaz à effet de serre de l'année précédente pour chaque installation, vérifiée et reconnue satisfaisante par un organisme accrédité à cet effet, conformément aux actes d'exécution mentionnés aux articles 14 et 15 de la directive 2003/87/CE du 13 octobre 2003. Cette déclaration, accompagnée du rapport établi par l'organisme vérificateur, est adressée par voie électronique.

Les modalités de validation et de transmission de la déclaration à l'administrateur national du registre européen sont fixées par l'arrêté prévu à l'article L. 229-6 relatif au type d'installation concernée.

Le préfet valide la déclaration mentionnée au premier alinéa du présent article si elle est conforme aux conditions fixées par l'arrêté prévu à l'article L. 229-6 relatif au type d'installation concernée.

En cas d'absence de la déclaration mentionnée au premier alinéa du présent article, ou si l'inspection des installations classées constate, avant l'expiration du délai mentionné au III de l'article L. 229-7, par une décision motivée, qu'elle n'est pas conforme aux conditions fixées par l'arrêté prévu à l'article L. 229-6 relatif au type d'installation concernée, le préfet met en œuvre la procédure prévue à l'article R. 229-33 et, le cas échéant, procède au calcul d'office des émissions conformément aux actes d'exécution mentionnés à l'article 14 de la directive 2003/87/CE du 13 octobre 2003.

Art. R. 229-21 *(Rempl., D. n° 2019-1035, 9 oct. 2019 ; mod., D. n° 2014-546, 14 juin 2024).* – Conformément au II de l'article L. 229-7, l'exploitant d'une installation soumise à l'autorisation mentionnée au premier alinéa de l'article L. 229-6 et ne bénéficiant pas de l'exclusion mentionnée aux articles L. 229-13 et L. 229-14 restitue au ministre chargé de la politique des marchés carbone, au plus tard le 30 septembre de chaque année, une quantité d'unités mentionnées au IV de l'article L. 229-7 correspondant aux émissions résultant des activités de l'installation au cours de l'année civile précédente, déclarées, vérifiées et validées dans les conditions prévues par l'article R. 229-20.

Cette opération est effectuée par un transfert d'unités mentionnées au IV de l'article L. 229-7 vers le compte du registre européen prévu à cet effet par les actes délégués pris en application du paragraphe 3 de l'article 19 de la directive 2003/87/CE du 13 octobre 2003.

Les modalités prévues à l'alinéa précédent s'appliquent également à la restitution mentionnée à l'article L. 229-8.

§ 5. – Correction des défauts de conformité
(D. n° 2014-546, 14 juin 2024)

Art. R. 229-21-1 *(Créé, D. n° 2014-546, 14 juin 2024)*. – I. – L'exploitant tient compte des conclusions des rapports de vérification des émissions et des niveaux d'activité. Il corrige les anomalies et les non-conformités et prend en considération les améliorations recommandées par l'organisme accrédité en charge de la vérification pour les déclarations des émissions et des niveaux d'activité de l'année suivante.

II. – Lorsque l'autorité compétente constate que le plan de surveillance d'une installation bénéficiant de l'autorisation mentionnée à l'article L. 229-6 n'est pas conforme aux exigences du règlement d'exécution (UE) 2018/2066 de la Commission du 19 décembre 2018, de la Commission du 19 décembre 2018 relatif à la surveillance et à la déclaration des émissions de gaz à effet de serre au titre de la directive 2003/87/CE du Parlement européen et du Conseil et modifiant le règlement (UE) n° 601/2012 de la Commission l'exploitant apporte les corrections nécessaires dans un délai de deux mois après ce constat.

III. – Lorsque l'autorité compétente constate que le plan méthodologique de surveillance d'une installation bénéficiant de l'autorisation mentionnée à l'article L. 229-6 n'est pas conforme aux exigences du règlement délégué (UE) 2019/331 du 19 décembre 2018, l'exploitant apporte les corrections nécessaires dans un délai de deux mois après ce constat.

§ 6. – Information du public sur l'utilisation par l'État des recettes tirées de la mise aux enchères des quotas d'émission de gaz à effet de serre
(Ancien § 4 rempl. à compter du 1er janvier 2013, D. n° 2012-1343, 3 déc. 2012 ; dénum. en § 5, D. n° 2019-1035, 9 oct. 2019 puis en § 6, D. n° 2024-546, 14 juin 2024)

Art. R. 229-22 *(Rempl., D. n° 2019-1035, 9 oct. 2019 ; mod., D. n° 2024-546, 14 juin 2024)*. – I. – Le ministre chargé de la politique des marchés carbone rend public le rapport qu'il adresse chaque année à la Commission européenne sur l'utilisation, des recettes tirées de la mise aux enchères des quotas mentionnés au I de l'article L. 229-11-1, à l'exception de celles utilisées comme ressources propres conformément au troisième alinéa de l'article 311 du traité sur le fonctionnement de l'Union européenne et de celles affectées à la compensation des coûts indirects du carbone mentionnée à l'article L. 122-8 du Code de l'énergie, ou de l'équivalent en valeur financière de ces recettes pour une ou plusieurs des fins suivantes :

1° Réduction des émissions de gaz à effet de serre, notamment en contribuant au Fonds mondial pour la promotion de l'efficacité énergétique et des énergies renouvelables et au Fonds d'adaptation rendu opérationnel par la conférence sur le changement climatique de Poznan (COP 14 et COP/MOP 4), adaptation aux conséquences du changement climatique et financement d'activités de recherche et de développement ainsi que de projets de démonstration en vue de la réduction des émissions et de l'adaptation au changement climatique, y compris la participation à des initiatives s'inscrivant dans le cadre du plan stratégique européen pour les technologies énergétiques et des plates-formes technologiques européennes ;

2° Développement des énergies renouvelables et des réseaux de distribution d'électricité pour respecter l'engagement de l'Union européenne en matière d'énergies renouvelables et ses objectifs en matière d'interconnectivité, ainsi que développement d'autres technologies qui contribuent à la transition vers une économie sobre en carbone sûre et durable, et contribution au respect de l'engagement de l'Union européenne d'augmenter son efficacité énergétique pour l'amener aux niveaux convenus dans des actes législatifs pertinents, y compris la production d'électricité provenant d'auto-consommateurs d'énergies renouvelables et de communautés d'énergie renouvelable ;

3° Mesures destinées à éviter le déboisement, à soutenir la protection et la restauration des tourbières, forêts et autres écosystèmes terrestres ou marins, y compris mesures contribuant à la protection, à la restauration et à une meilleure gestion de ces écosystèmes, notamment en ce qui concerne les zones maritimes protégées, ainsi qu'à accroître le boisement et le reboisement dans le respect de la biodiversité, y compris dans les pays en développement ayant ratifié l'accord de Paris, et mesures tendant à améliorer le transfert de technologies et faciliter l'adaptation aux effets néfastes du changement climatique dans ces pays ;

4° Piégeage par la sylviculture et les sols dans l'Union européenne ;

5° Captage et stockage géologique, dans des conditions de sécurité pour l'environnement, du dioxyde de carbone, en particulier en provenance des centrales à combustibles fossiles solides et d'une gamme de secteurs et de sous-secteurs industriels, y compris dans les pays tiers, et méthodes technologiques innovantes d'élimination du carbone, telles que le captage direct du carbone dans l'air et son stockage ;

6° Investissement dans des formes de transport qui contribuent de manière significative à la décarbonation du secteur et dans l'accélération de la transition vers ces formes de transport, y compris le développement de services et de technologies de transport ferroviaire de passagers et de marchandises et de bus respectueux du climat, mesures tendant à décarboner le secteur maritime, notamment l'amélioration de l'efficacité énergétique des navires et des ports, les technologies et les infrastructures innovantes, les combustibles de substitution durables, tels que l'hydrogène et l'ammoniac produits à partir de sources renouvelables, ainsi que les technologies de propulsion à émissions nulles, et financement de mesures tendant à soutenir la décarbonation des aéroports conformément au règlement (UE) 2023/2405 du Parlement européen et du Conseil du 18 octobre 2023 relatif à l'instauration d'une égalité des conditions de concurrence pour un secteur du transport aérien durable (ReFuelEU Aviation) et au règlement (UE) 2023/1804 du Parlement européen et du Conseil du 13 septembre 2023 sur le déploiement d'une infrastructure pour carburants alternatifs et abrogeant la directive 2014/94/UE ;

7° Financement des activités de recherche et de développement en matière d'efficacité énergétique et de technologies propres relatives aux secteurs correspondant aux activités mentionnées dans le tableau de l'article R. 229-5 et à l'article D. 229-37-2 ;

8° Mesures destinées à améliorer l'efficacité énergétique, les systèmes de chauffage urbain et l'isolation, à soutenir l'efficacité et le caractère renouvelable des systèmes de chauffage et de refroidissement, ou à soutenir les rénovations lourdes et les rénovations lourdes par étapes de bâtiments conformément à la directive 2010/31/UE du Parlement européen et du Conseil du 19 mai 2010 sur la performance énergétique des bâtiments en commençant par la rénovation des bâtiments les moins performants ;

9° Couverture des frais administratifs liés à la gestion du système d'échange de quotas d'émission de l'Union européenne ;

10° Financement des actions climatiques dans les pays tiers vulnérables, notamment pour l'adaptation aux conséquences du changement climatique ;

11° Octroi d'un soutien financier afin de prendre en considération les aspects sociaux en ce qui concerne les ménages à revenus faibles et moyens, y compris en limitant les taxes génératrices de distorsions, et réduction ciblée des droits et des charges pour l'électricité produite à partir de sources renouvelables ;

12° Financement des programmes nationaux de dividendes climatiques ayant un effet positif avéré sur l'environnement, documenté dans le rapport annuel visé à l'article 19, paragraphe 2, du règlement (UE) 2018/1999 du Parlement européen et du Conseil du 11 décembre 2018 sur la gouvernance de l'union de l'énergie et de l'action pour le climat, modifiant les règlements (CE) n° 663/2009 et (CE) n° 715/2009 du Parlement européen et du Conseil, les directives 94/22/CE, 98/70/CE, 2009/31/CE, 2009/73/CE, 2010/31/UE, 2012/27/UE et 2013/30/UE du Parlement européen et du Conseil, les directives 2009/119/CE et (UE) 2015/652 du Conseil et abrogeant le règlement (UE) n° 525/2013 du Parlement européen et du Conseil du Parlement européen et du Conseil ;

13° Promotion de l'acquisition de compétences et de la réaffectation de la main-d'œuvre afin de contribuer à une transition juste vers une économie neutre pour le climat, en particulier dans les régions les plus concernées par la transition professionnelle, en étroite collaboration avec les partenaires sociaux, et investissement dans la requalification et le perfectionnement des travailleurs potentiellement touchés par la transition, y compris les travailleurs du transport maritime ;

14° Mesures visant à écarter tout risque résiduel de fuite de carbone dans les secteurs couverts par l'annexe I du règlement (UE) 2023/956 du Parlement européen et du Conseil du 10 mai 2023 établissant un mécanisme d'ajustement carbone aux frontières, à soutenir la transition et à promouvoir leur décarbonation dans le respect des règles en matière d'aides d'État ;

II. – Les destinataires du financement issu des recettes d'enchères de quotas utilisent une étiquette appropriée portant la mention « (co) financé par le système d'échange de quotas d'émission de l'Union européenne » ainsi que l'emblème de l'Union et le montant du financement. Lorsque l'utilisation de cette étiquette s'avère impossible, le système d'échange de quotas d'émission de l'Union européenne est mentionné dans toutes les activités de communication, y compris sur des panneaux d'affichage à des endroits stratégiques visibles pour le grand public.

§ 7. – Initiative d'annulation de quotas
(Ancien § 6 créée, D. n° 2019-1035, 9 oct. 2019 ; dénum., D. n° 2024-546, 14 juin 2024)

Art. R. 229-23 *(Implicitement abr. à compter du 1er janvier 2013, D. n° 2012-1343, 3 déc. 2012 ; rétabli, D. n° 2019-1035, 9 oct. 2019 ; mod., D. n° 2024-546, 14 juin 2024)*. **– Pour l'application du III de l'article L. 229-11-3, les quantités d'émissions prises en compte sont celles qui ont été déclarées, vérifiées et validées en application de l'article R. 229-20 ou, le cas échéant, les quantités d'émissions résultant du calcul d'office mentionné à ce même article.**

Un arrêté du ministre chargé de la politique des marchés carbone fixe le nombre de quotas retirés des enchères et annulés au titre du III de l'article L. 229-11-3.

Le ministre chargé de la politique des marchés carbone notifie à la Commission européenne la décision d'annulation mentionnée au III de l'article L. 229-11-3.

Art. R. 229-24 à R. 229-26 *(Implicitement abrogés à compter du 1er janvier 2013, D. n° 2012-1343, 3 déc. 2012)*.

§ 8. – Recours administratif préalable en cas de contestation d'une décision d'affectation ou de délivrance des quotas
(Ancien §5 dénum. en § 7, D. n° 2019-1035, 9 oct. 2019 puis en § 8, D. n° 2024-546, 14 juin 2024)

Art. R. 229-27 *(Rempl., D. n° 2019-1035, 9 oct. 2019 ; mod., D. n° 2024-546, 14 juin 2024)*. **– Préalablement à tout recours contentieux à l'encontre d'une décision d'affectation ou de délivrance de quotas d'émission de gaz à effet de serre prise au bénéfice d'un exploitant ou d'une décision de restitution de quotas indûment délivrés en application de l'article L. 229-8, l'intéressé saisit le ministre chargé de la politique des marchés carbone.**

Cet article a fait l'objet de jurisprudences pour préciser les pouvoirs du ministre et la régularité des procédures (V. par ex. ■ TA Rouen, 17 juin 2010, n° 0800993. – Ou encore ■ TA Melun, 22 déc. 2011, n° 0800478).

La jurisprudence administrative est ainsi conduite à apprécier l'applicabilité des directives communautaires excluant une norme européenne invalidée (■ TA Montreuil, 1er déc. 2000, n° 16500720).

Le délai de 6 semaines qui était prévu par l'article R. 229-27 court à compter de la saisine de la commission de recours et non à compter de la réception par le ministre du recours gracieux (■ CAA Bordeaux, 4 avr. 2013, n° 10BX02988).

Art. R. 229-28 et R. 229-29 *(Abr., D. n° 2013-420, 23 mai 2013)*.

§ 9. – Sanctions
(Ancien § 6 dénuméroté en § 8, D. n° 2019-1035, 9 oct. 2019 puis en § 9, D. n° 2024-546, 14 juin 2024)

Art. R. 229-30 *(Mod. à compter du 1er avril 2019, D. n° 2019-190, 14 mars 2019 ; mod., D. n° 2019-1035, 9 oct. 2019 ; D. n° 2024-546, 14 juin 2024)*. **– Lorsqu'un exploitant n'a pas restitué à la date mentionnée à l'article R. 229-21 un nombre de quotas suffisant pour couvrir le niveau des émissions atteint l'année précédente par une installation, établi conformément aux dispositions de l'article R. 229-20, l'administrateur national du registre européen mentionné à l'article L. 229-12 adresse un rapport au préfet, dont il communique copie au ministre chargé de la politique des marchés carbone. Ce rapport précise le nombre de quotas manquants.**

Sur le fondement de ce rapport, l'autorité compétente met en œuvre la procédure du II de l'article L. 229-10.

(Mod. à compter du 1er janvier 2025, D. n° 2024-1194, 19 déc. 2024) **Pour les équipements et installations mentionnés à l'article L. 593-3, le rapport est adressé à l'Autorité de sûreté nucléaire et de radioprotection.**

Art. R. 229-30-1 *(Art. R. 229-30-1 à R. 229-33 rempl. par les art. R. 229-31 à R. 229-33, D. n° 2019-1035, 9 oct. 2019)*.

Art. R. 229-31 *(Art. R. 229-30-1 à R. 229-33 rempl. par les articles R. 229-31 à R. 229-33, D. n° 2019-1035, 9 oct. 2019 ; mod., D. n° 2024-546, 14 juin 2024)*. **– I. – Est puni de l'amende prévue pour les contraventions de la cinquième classe le fait pour un exploitant de ne pas respecter les obligations prévues à l'article R. 229-6-1, au I de l'article R. 229-17 et à l'article R. 229-21-1.**

II. – Est puni de l'amende prévue pour les contraventions de la cinquième classe le fait pour un exploitant bénéficiant de l'exclusion mentionnée aux articles L. 229-13 et L. 229-14 de ne pas respecter les obligations de

déclaration prévues au premier alinéa du III de l'article R. 229-5-2 et aux premier et troisième alinéas du II de l'article R. 229-5-3 respectivement.

III. – Est puni de l'amende prévue pour les contraventions de la cinquième classe le fait pour un exploitant de ne pas respecter le délai fixé à l'article R. 229-20 pour la déclaration prévue au III de l'article L. 229-7.

IV. – Est puni de l'amende prévue pour les contraventions de la cinquième classe le fait pour un exploitant de ne pas respecter l'obligation d'ouverture de compte prévue au I de l'article R. 229-6, ou les obligations prévues au II de l'article R. 229-6 et au quatrième alinéa de l'article R. 229-36.

Art. R. 229-32 *(Art. R. 229-30-1 à R. 229-33 rempl. par les articles R. 229-31 à R. 229-33, D. n° 2019-1035, 9 oct. 2019).* **– Le préfet procède à la publication de la décision prononçant l'amende prévue au II de l'article L. 229-10 par voie d'affichage sur le site internet des services de l'État dans le département, pendant une durée comprise entre deux mois et cinq ans.**

(Mod. à compter du 1er janvier 2025, D. n° 2024-1194, 19 déc. 2024) Pour les équipements et installations mentionnés à l'article L. 593-3, cette publication est effectuée par l'Autorité de sûreté nucléaire et de radioprotection sur son site internet.

Art. R. 229-33 *(Art. R. 229-30-1 à R. 229-33 rempl. par les articles R. 229-31 à R. 229-33, D. n° 2019-1035, 9 oct. 2019 ; mod., D. n° 2024-546, 14 juin 2024).* **– Le préfet informe au plus tard le 31 mars le ministre chargé de la politique des marchés carbone en cas de méconnaissance par l'exploitant des obligations prévues au III de l'article L. 229-7.**

Lorsque l'inspection des installations classées, ayant reçu une nouvelle déclaration de l'exploitant, constate qu'elle est satisfaisante, ou lorsqu'elle a arrêté le calcul forfaitaire des émissions de l'installation, elle établit un rapport en ce sens, le communique à l'exploitant et le transmet au ministre chargé de la politique des marchés carbone, qui donne alors instruction à l'administrateur national du registre européen de procéder à d'éventuels mouvements de quotas.

§ 7 ancien. – Information du public sur l'utilisation par l'État des recettes tirées de la mise aux enchères des quotas d'émission de gaz à effet de serre

(Abr., D. n° 2019-1035, 9 oct. 2019)

Art. R. 229-33-1 *(Abr., D. n° 2019-1035, 9 oct. 2019).*

Sous-section 1 *(Rédaction antérieure).* **– Système d'échanges de quotas d'émission de gaz à effet de serre appliqué aux installations classées pour la protection de l'environnement et aux équipements et installations mentionnés au premier alinéa de l'article L. 593-3**

(Intitulé mod., D. n° 2011-90, 24 janv. 2011 ; D. n° 2014-220, 25 févr. 2014 ; mod. à compter du 1er avril 2019, D. n° 2019-190, 14 mars 2019, art. 6, 10° et 17 ; mod. à compter du 1er avril 2019, D. n° 2019-190, 14 mars 2019) (1)

Rédaction antérieure. Art. R. 229-5 *(Rempl. à compter du 1er janvier 2013, D. n° 2012-1343, 3 déc. 2012 ; D. n° 2014-220, 25 févr. 2014).* **–** (2) La présente sous-section s'applique aux installations classées pour la protection de l'environnement aux équipements et installations nécessaires à l'exploitation d'une installation nucléaire de base mentionnés au premier alinéa de l'article L. 593-3 et effectuant du raffinage, captant, transportant ou stockant du dioxyde de carbone,

(1) Pour ce qui concerne l'affectation et la délivrance de quotas à titre gratuit au titre de la période allant du 1er janvier 2013 au 31 décembre 2020, les dispositions des articles R. 229-5-1 à R. 229-17 et de l'article R. 229-30-1 continuent à s'appliquer dans leur version en vigueur à la date de publication du décret n° 2019-1035 du 9 octobre 2019. La quantité de quotas délivrés gratuitement au titre de cette période l'est par installation, cette quantité étant elle-même la somme des quotas délivrés par sous-installation dans les conditions précisées par les dispositions mentionnées à l'alinéa précédent.Pour l'application de ces dispositions : – les références à la directive 2003/87/CE du 13 octobre 2003 dans les articles précités s'entendent comme des références à la directive 2003/87/CE du 13 octobre 2003 dans sa version en vigueur le 31 décembre 2017 ; – les références aux articles du Code de l'environnement dans les articles précités s'entendent comme des références aux articles du Code de l'environnement dans leur version en vigueur à la date de publication du décret n° 2019-1035 du 9 octobre 2019, D. n° 2019-1035, 9 oct. 2019, art. 39. – NDLR.

(2) V. ■ CE, 8 févr. 2007, *Sté Arcelor Atlantique et Lorraine et a.* n° 287110 : *JurisData* n° 2007-071436. – NDLR.

produisant ou transformant des métaux ferreux et non ferreux, produisant de l'énergie, des produits minéraux, des produits chimiques, du papier ou de la pâte à papier et répondant aux critères fixés au tableau annexé au présent article, au titre de leurs rejets de dioxyde de carbone, de protoxyde d'azote et d'hydrocarbures perfluorés dans l'atmosphère, à l'exception des installations ou parties d'installations utilisées pour la recherche, le développement et l'expérimentation de nouveaux produits et procédés, et des installations utilisant exclusivement de la biomasse.

Tableau de l'article R. 229-5

Catégories d'activités et d'installations

I. – Les valeurs seuils mentionnées ci-dessous se rapportent soit à des capacités de production, soit à des caractéristiques techniques, notamment de rendement. Si un même exploitant exerce plusieurs activités relevant de la même rubrique de la nomenclature des installations classées dans une même installation ou sur un même site, les capacités de ces activités ou les puissances calorifiques de combustion de ces installations s'additionnent.

Si un même exploitant exerce plusieurs des activités, qui sont répertoriées dans le tableau ci-dessous, au sein d'équipements et installations mentionnés au premier alinéa de l'article L. 593-3 et dans le périmètre d'une même installation nucléaire de base, les capacités de ces activités ou les puissances calorifiques de combustion de ces équipements et installations de combustion s'additionnent.

II. – Pour calculer la puissance calorifique totale de combustion d'une installation afin de décider de son inclusion dans le système d'échange de quotas d'émissions de gaz à effet de serre, il est procédé par addition des puissances calorifiques de combustion de toutes les unités techniques qui la composent, dans lesquelles des combustibles sont brûlés au sein de l'installation. Parmi ces unités peuvent notamment figurer tous les types de chaudières, brûleurs, turbines, appareils de chauffage, hauts fourneaux, incinérateurs, calcinateurs, fours, étuves, sécheurs, moteurs, piles à combustible, unités de combustion en boucle chimique, torchères ainsi que les unités de postcombustion thermique ou catalytique, les chaudières et les groupes électrogènes de secours. Les unités dont la puissance calorifique de combustion est inférieure à 3 MW et les unités qui utilisent exclusivement de la biomasse ne sont pas prises en considération dans ce calcul. Les « unités qui utilisent exclusivement de la biomasse » comprennent les unités qui utilisent des combustibles fossiles dans les phases de démarrage ou d'extinction de l'unité.

En cas d'unités techniques de secours ne pouvant fonctionner simultanément avec des unités principales, soit par impossibilité matérielle, soit par l'effet d'une disposition de l'arrêté préfectoral d'autorisation d'exploiter, la puissance calorifique prise en compte dans le calcul visé ci-dessus est celle de la plus puissante des deux unités techniques, l'unité de secours ou l'unité remplacée. Toutefois, les unités techniques de secours des installations nucléaires de base ne relèvent pas du système d'échange de quotas d'émission.

III. – Si une unité met en œuvre une activité dont le seuil n'est pas exprimé en puissance calorifique totale de combustion, c'est le seuil utilisé pour cette activité qui détermine l'inclusion dans le système d'échange de quotas d'émission.

Lorsqu'une installation dépasse le seuil de capacité défini pour une activité dans la présente annexe, toutes les unités de combustion de combustibles, autres que les unités d'incinération de déchets dangereux ou municipaux, sont incluses dans la déclaration des émissions de gaz à effet de serre au titre de la présente sous-section.

Les activités soumises au système d'échange de quotas d'émission sont mentionnées dans le tableau ci-dessous.

ACTIVITÉ	GAZ À EFFET DE SERRE
Combustion de combustibles dans des installations dont la puissance calorifique totale de combustion est supérieure à 20 MW (à l'exception des installations d'incinération de déchets dangereux ou municipaux	Dioxyde de carbone
Raffinage de pétrole	Dioxyde de carbone
Production de coke	Dioxyde de carbone
Grillage ou frittage, y compris pelletisation, de minerai métallique (y compris de minerai sulfuré)	Dioxyde de carbone
Production de fonte ou d'acier (fusion primaire ou secondaire), y compris les équipements pour coulée continue d'une capacité de plus de 2,5 tonnes par heure	Dioxyde de carbone
Production ou transformation de métaux ferreux (y compris les ferro-alliages) lorsque des unités de combustion dont la puissance calorifique totale de combustion est supérieure à 20 MW sont exploitées. La transformation comprend, notamment, les laminoirs, les réchauffeurs, les fours de recuit, les forges, les fonderies, les unités de revêtement et les unités de décapage.	Dioxyde de carbone

ACTIVITÉ	GAZ À EFFET DE SERRE
Production d'aluminium primaire	Dioxyde de carbone et hydrocarbures perfluorés
Production d'aluminium secondaire, lorsque des unités de combustion dont la puissance calorifique totale de combustion est supérieure à 20 MW sont exploitées	Dioxyde de carbone
Production ou transformation de métaux non ferreux, y compris la production d'alliages, l'affinage, le moulage en fonderie, etc., lorsque des unités de combustion dont la puissance calorifique totale de combustion (y compris les combustibles utilisés comme agents réducteurs) est supérieure à 20 MW sont exploitées	Dioxyde de carbone
Production de clinker (ciment) dans des fours rotatifs avec une capacité de production supérieure à 500 tonnes par jour ou dans d'autres types de fours avec une capacité de production supérieure à 50 tonnes par jour	Dioxyde de carbone
Production de chaux, y compris la calcination de dolomite et de magnésite, dans des fours rotatifs ou dans d'autres types de fours avec une capacité de production supérieure à 50 tonnes par jour	Dioxyde de carbone
Fabrication du verre, y compris de fibres de verre, avec une capacité de fusion supérieure à 20 tonnes par jour	Dioxyde de carbone
Fabrication de produits céramiques par cuisson, notamment de tuiles, de briques, de pierres réfractaires, de carrelages, de grès ou de porcelaines, avec une capacité de production supérieure à 75 tonnes par jour	Dioxyde de carbone
Fabrication de matériau isolant en laine minérale à partir de roches, de verre ou de laitier avec une capacité de fusion supérieure à 20 tonnes par jour	Dioxyde de carbone
Séchage ou calcination du plâtre ou production de planches de plâtre et autres compositions à base de plâtre, lorsque des unités de combustion dont la puissance calorifique de combustion est supérieure à 20 MW sont exploitées	Dioxyde de carbone
Production de pâte à papier à partir du bois ou d'autres matières fibreuses	Dioxyde de carbone
Production de papier ou de carton avec une capacité de production supérieure à 20 tonnes par jour	Dioxyde de carbone
Production de noir de carbone, y compris la carbonisation de substances organiques telles que les huiles, les goudrons, les résidus de craquage et de distillation, lorsque des unités de combustion dont la puissance calorifique totale de combustion est supérieure à 20 MW sont exploitées	Dioxyde de carbone
Production d'acide nitrique	Dioxyde de carbone et protoxyde d'azote
Production d'acide adipique	Dioxyde de carbone et protoxyde d'azote
Production de glyoxal et d'acide glyoxylique	Dioxyde de carbone et protoxyde d'azote
Production d'ammoniac	Dioxyde de carbone

ACTIVITÉ	GAZ À EFFET DE SERRE
Production de produits chimiques organiques en vrac par craquage, reformage, oxydation partielle ou totale, ou par d'autres procédés similaires, avec une capacité de production supérieure à 100 tonnes par jour	Dioxyde de carbone
Production d'hydrogène (H2) et de gaz de synthèse par reformage ou oxydation partielle avec une capacité de production supérieure à 25 tonnes par jour	Dioxyde de carbone
Production de soude (Na2CO3) et de bicarbonate de sodium (NaHCO3)	Dioxyde de carbone
Captage des gaz à effet de serre produits par les installations couvertes par le présent article en vue de leur transport et de leur stockage géologique dans un site de stockage agréé au titre de la directive 2009/31/UE [du 23 avril 2009]	Dioxyde de carbone
Transport par pipelines des gaz à effet de serre en vue de leur stockage dans un site de stockage agréé au titre de la directive 2009/31/UE [du 23 avril 2009]	Dioxyde de carbone
Stockage géologique des gaz à effet de serre dans un site de stockage agréé au titre de la directive 2009/31/UE [du 23 avril 2009]	Dioxyde de carbone

Voir : Sur la légalité du décret du 19 août 2004, question préjudicielle posée par le Conseil d'État le 8 février 2007, ■ CE, ass., 8 févr. 2007, *Sté Arcelor Atlantique et Lorraine et a. : Rec. CE* 2007, p. 55 ; *AJDA* 2007, 577, chron. Lenica et Boucher ; *Dr. adm.* 2007, n° 41 ; *RFDA* 2007, 284, concl. Guyomar ; *Dr. env.* 2007, n° 147, p. 83, obs. Rousseaux ; *RDP* 2007, 1031, obs. Roux ; *LPA* 4 juill. 2007, n° 123, p. 23, obs. Chrestia ; *RJEP* 2007, 298, obs. Plessix. – V. Gautier et Melleray, *Le Conseil d'État et l'Europe : fin de cycle ou nouvelle ère : Dr. adm.* 2007, étude 7.

Voir : Sur la liste des exploitants auxquels sont affectés des quotas d'émission de gaz à effet de serre et le montant des quotas affectés à titre gratuit pour la période 2013-2020, A. 23 février 2015 modifiant l'arrêté du 24 janvier 2014 modifié fixant la liste des exploitants auxquels sont affectés des quotas d'émission de gaz à effet de serre et le montant des quotas affectés à titre gratuit pour la période 2013-2020 : *JONC* 26 févr. 2015.

Sur la réponse de la Cour de justice des Communautés européennes à la question préjudicielle susvisée.

Voir : Sur les règles techniques d'affectation de quotas d'émission aux installations existantes, adaptation de ces règles à certaines situations particulières : vapocraqueurs, chlorure de vinyle monomère et installations dans lesquelles il y a interchangeabilité entre combustibles et électricité – A. 7 janv. 2013 relatif aux modes de calcul de l'affectation des quotas d'émission de gaz à effet de serre (*JORF* n° 0009, 11 janv. 2013, p. 855).

Rédaction antérieure. Art. R. 229-5-1 (1) ***(Créé à compter du 1er janvier 2013, D. n° 2012-1343, 3 déc. 2012).*** – Aux fins de la présente sous-section, on entend par :

a) « Installation en place » : toute installation menant une ou plusieurs des activités énumérées à l'annexe de l'article R. 229-5 ou une activité incluse pour la première fois dans le système d'échange de quotas d'émission de gaz à effet de serre conformément à l'article 24 de la directive 2003/87/CE du 13 octobre 2003, qui :

i) À obtenu une autorisation d'exploiter ou une autorisation visée à l'article L. 593-7 au plus tard le 30 juin 2011 ; ou

(1) Pour ce qui concerne l'affectation et la délivrance de quotas à titre gratuit au titre de la période allant du 1er janvier 2013 au 31 décembre 2020, les dispositions des articles R. 229-5-1 à R. 229-17 et de l'article R. 229-30-1 continuent à s'appliquer dans leur version en vigueur à la date de publication du décret n° 2019-1035 du 9 octobre 2019. La quantité de quotas délivrés gratuitement au titre de cette période l'est par installation, cette quantité étant elle-même la somme des quotas délivrés par sous-installation dans les conditions précisées par les dispositions mentionnées à l'alinéa précédent.Pour l'application de ces dispositions : – les références à la directive 2003/87/CE du 13 octobre 2003 dans les articles précités s'entendent comme des références à la directive 2003/87/CE du 13 octobre 2003 dans sa version en vigueur le 31 décembre 2017 ; – les références aux articles du Code de l'environnement dans les articles précités s'entendent comme des références aux articles du Code de l'environnement dans leur version en vigueur à la date de publication du décret n° 2019-1035 du 9 octobre 2019, D. n° 2019-1035, 9 oct. 2019, art. 39. – NDLR.

ii) Étant effectivement en activité, remplissait les conditions pour obtenir l'autorisation d'exploiter ou l'autorisation visée à l'article L. 593-7 au plus tard le 30 juin 2011 ;

b) « Nouvel entrant » :

– toute installation poursuivant une ou plusieurs des activités mentionnées à l'article R. 229-5, qui a obtenu une autorisation d'exploiter pour la première fois après le 30 juin 2011 ;

– toute installation poursuivant une activité incluse dans le système d'échange de quotas en application de l'article 24, paragraphe 1 ou 2, de la directive 2003/87/CE [du 13 octobre 2003] ;

– toute installation poursuivant une ou plusieurs des activités mentionnées à l'article R. 229-5 ou une activité incluse dans le système d'échange de quotas en application de l'article 24, paragraphe 1 ou 2, de la directive 2003/87/CE [du 13 octobre 2003], qui a connu une extension importante de capacité après le 30 juin 2011 ;

c) « Sous-installation avec référentiel de produit » : les intrants, les extrants et les émissions correspondantes liés à la fabrication d'un produit pour lequel un référentiel a été défini à l'annexe I de la décision 2011/278/UE du 27 avril 2011 ;

d) « Sous-installation avec référentiel de chaleur » : les intrants, les extrants et les émissions correspondantes qui ne sont pas couverts par une sous-installation avec référentiel de produit et qui sont liés à la production de chaleur mesurable ou à l'importation de chaleur mesurable en provenance d'une installation ou d'une autre entité couverte par le système d'échange de quotas d'émission de gaz à effet de serre, ou aux deux à la fois, cette chaleur étant :

– consommée dans les limites de l'installation pour la fabrication de produits, pour la production d'énergie mécanique autre que celle utilisée aux fins de la production d'électricité, pour le chauffage ou le refroidissement, à l'exclusion de la consommation aux fins de la production d'électricité ; ou

– exportée vers une installation ou une autre entité non couverte par ce système, à l'exclusion de l'exportation aux fins de la production d'électricité ;

e) « Sous-installation avec référentiel de combustibles » : les intrants, les extrants et les émissions correspondantes qui ne relèvent pas d'une sous-installation avec référentiel de produit et qui sont liés à la production, par la combustion de combustibles, de chaleur non mesurable consommée pour la fabrication de produits, pour la production d'énergie mécanique autre que celle utilisée aux fins de la production d'électricité, ou pour le chauffage ou le refroidissement, à l'exclusion de la consommation aux fins de la production d'électricité, y compris la mise en torchère pour des raisons de sécurité ;

f) « Chaleur mesurable » : un flux thermique net transporté dans des canalisations ou des conduits identifiables au moyen d'un milieu caloporteur tel que, notamment, la vapeur, l'air chaud, l'eau, l'huile, les métaux et les sels liquides, pour lequel un compteur d'énergie thermique est installé ou pourrait l'être ;

g) « Compteur d'énergie thermique » : un compteur d'énergie thermique au sens de l'annexe MI-004 de la directive 2004/22/CE du Parlement européen et du Conseil, ou tout autre dispositif conçu pour mesurer et enregistrer la quantité d'énergie thermique produite sur la base des volumes des flux et des températures ;

h) « Chaleur non mesurable » : toute chaleur autre que la chaleur mesurable ;

i) « Sous-installation avec émissions de procédé » : les émissions des gaz à effet de serre énumérés à l'annexe de l'article R. 229-5, autres que le dioxyde de carbone, qui sont produites hors des limites du système d'un référentiel de produit figurant à l'annexe I de la décision 2011/278/UE du 27 avril 2011, ou les émissions de dioxyde de carbone qui sont produites hors des limites du système d'un référentiel de produit figurant à cette annexe, du fait de l'une quelconque des activités suivantes, et les émissions liées à la combustion de carbone incomplètement oxydé résultant des activités suivantes aux fins de la production de chaleur mesurable, de chaleur non mesurable ou d'électricité, pour autant que soient déduites les émissions qu'aurait dégagées la combustion d'une quantité de gaz naturel équivalente au contenu énergétique techniquement utilisable du carbone incomplètement oxydé qui fait l'objet d'une combustion :

i) La réduction chimique ou électrolytique des composés métalliques présents dans les minerais, les concentrés et les matières premières secondaires ;

ii) L'élimination des impuretés présentes dans les métaux et les composés métalliques ;

iii) La décomposition des carbonates, à l'exclusion de ceux utilisés pour l'épuration des fumées ;

iv) Les synthèses chimiques dans lesquelles la matière carbonée participe à la réaction lorsque l'objectif principal est autre que la production de chaleur ;

v) L'utilisation d'additifs ou de matières premières contenant du carbone lorsque l'objectif principal est autre que la production *de chaleur ;*

vi) La réduction chimique ou électrolytique d'oxydes métalloïdes ou d'oxydes non métalliques, tels que les oxydes de silicium et les phosphates ;

j) « Extension significative de capacité » : une augmentation significative de la capacité installée initiale d'une sous-installation entraînant toutes les conséquences suivantes :

i) Il se produit une ou plusieurs modifications physiques identifiables ayant trait à la configuration technique et à l'exploitation de la sous-installation, autres que le simple remplacement d'une chaîne de production existante ; et

ii) La sous-installation peut être exploitée à une capacité supérieure d'au moins 10 % à sa capacité installée initiale avant la modification ; ou

iii) La sous-installation concernée par les modifications physiques a un niveau d'activité nettement supérieur entraînant une affectation supplémentaire de quotas d'émission de plus de 50 000 quotas par an, représentant au moins 5 % du nombre annuel provisoire de quotas d'émission alloués à titre gratuit à la sous-installation en question avant la modification ;

k) « Réduction significative de capacité » : une ou plusieurs modifications physiques identifiables entraînant une diminution significative de la capacité installée initiale et du niveau d'activité d'une sous-installation dont l'ampleur correspond à l'ampleur retenue dans la définition de l'extension significative de capacité ;

l) « Modification significative de capacité » : une extension significative de capacité ou une réduction significative de capacité ;

m) « Capacité ajoutée » : la différence entre la capacité installée initiale d'une sous-installation et la capacité installée de la même sous-installation après une extension significative de capacité, déterminée sur la base de la moyenne des deux volumes de production mensuels les plus élevés durant les six premiers mois suivant le début de l'exploitation modifiée ;

n) « Capacité retirée » : la différence entre la capacité installée initiale d'une sous-installation et la capacité installée de la même sous-installation après une réduction significative de capacité, déterminée sur la base de la moyenne des deux volumes de production mensuels les plus élevés durant les six premiers mois suivant le début de l'exploitation modifiée ;

o) « Début de l'exploitation normale » : le premier jour vérifié et approuvé d'une période continue de 90 jours ou, lorsque le cycle de production habituel du secteur concerné ne prévoit pas de production continue, le premier jour d'une période de 90 jours divisée en cycles de production sectoriels, durant laquelle l'installation fonctionne à 40 % au moins de la capacité pour laquelle l'équipement est conçu, compte tenu, le cas échéant, des conditions de fonctionnement propres à l'installation ;

p) « Début de l'exploitation modifiée » : le premier jour vérifié et approuvé d'une période continue de 90 jours ou, lorsque le cycle de production habituel du secteur concerné ne prévoit pas de production continue, le premier jour d'une période de 90 jours divisée en cycles de production sectoriels, durant laquelle la sous-installation modifiée fonctionne à 40 % au moins de la capacité pour laquelle l'équipement est conçu, compte tenu, le cas échéant, des conditions de fonctionnement propres à la sous-installation ;

q) « Combustion » : toute oxydation de combustibles quelle que soit l'utilisation faite de la chaleur, de l'énergie électrique ou mécanique produites par ce processus et toutes autres activités s'y rapportant, y compris la destruction des effluents gazeux ;

r) « Vérificateur » : une personne ou un organisme de vérification compétents et indépendants chargés de mener à bien le processus de vérification et de rendre compte à ce sujet, conformément aux exigences détaillées définies par l'État membre conformément à l'annexe V de la directive 2003/87/CE [du 13 octobre 2003] ;

s) « Assurance raisonnable » : un degré d'assurance élevé mais non absolu, exprimé formellement dans l'avis, quan[t] à la présence ou à l'absence d'inexactitudes significatives dans les données soumises à vérification ;

t) « Degré d'assurance » : la mesure dans laquelle le vérificateur estime, dans les conclusions de la vérification, qu'il a été prouvé que les données soumises pour une installation comportaient ou ne comportaient pas d'inexactitude significative ;

u) « Inexactitude significative » : une inexactitude importante (omission, déclaration inexacte ou erreur, hormis l'incertitude admissible) dans les données soumises, dont le vérificateur estime, dans l'exercice de ses fonctions, qu'elle pourrait exercer une influence sur l'utilisation ultérieure des données par l'autorité compétente lors du calcul de l'affectation de quotas d'émission.

§ 1 *(Rédaction antérieure).* – Affectation et délivrance des quotas d'émission de gaz à effet de serre
(Rempl. à compter du 1er janvier 2013, D. n° 2012-1343, 3 déc. 2012)

Rédaction antérieure. Art. R. 229-6 (1) ***(Rempl. à compter du 1er janvier 2013, D. n° 2012-1343, 3 déc. 2012 ; D. n° 2014-220, 25 févr. 2014).* –** Pour l'application de la présente sous-section, chaque installation remplissant les conditions d'affectation de quotas d'émission à titre gratuit est divisée en une ou plusieurs des sous-installations suivantes, en fonction des besoins :

a) Une sous-installation avec référentiel de produit ;

b) Une sous-installation avec référentiel de chaleur ;

c) Une sous-installation avec référentiel de combustibles ;

d) Une sous-installation avec émissions de procédé.

Les sous-installations correspondent, dans la mesure du possible, aux parties physiques de l'installation.

Pour les sous-installations avec référentiel de chaleur, les sous-installations avec référentiel de combustibles et les sous-installations avec émissions de procédé, le préfet détermine, sur la base des codes NACE et PRODCOM, si le procédé concerné est utilisé ou non pour un secteur ou sous-secteur considéré comme exposé à un risque important de fuite de carbone conformément à la décision 2010/2/UE de la Commission établissant, conformément à la directive 2003/87/CE [du 13 octobre 2003] du Parlement européen et du Conseil, la liste des secteurs et sous-secteurs considérés comme exposés

(1) Pour ce qui concerne l'affectation et la délivrance de quotas à titre gratuit au titre de la période allant du 1er janvier 2013 au 31 décembre 2020, les dispositions des articles R. 229-5-1 à R. 229-17 et de l'article R. 229-30-1 continuent à s'appliquer dans leur version en vigueur à la date de publication du décret n° 2019-1035 du 9 octobre 2019. La quantité de quotas délivrés gratuitement au titre de cette période l'est par installation, cette quantité étant elle-même la somme des quotas délivrés par sous-installation dans les conditions précisées par les dispositions mentionnées à l'alinéa précédent.Pour l'application de ces dispositions : – les références à la directive 2003/87/CE du 13 octobre 2003 dans les articles précités s'entendent comme des références à la directive 2003/87/CE du 13 octobre 2003 dans sa version en vigueur le 31 décembre 2017 ; – les références aux articles du Code de l'environnement dans les articles précités s'entendent comme des références aux articles du Code de l'environnement dans leur version en vigueur à la date de publication du décret n° 2019-1035 du 9 octobre 2019, D. n° 2019-1035, 9 oct. 2019, art. 39. – NDLR.

aux fuites de carbone. Lorsqu'une sous-installation est implantée dans le périmètre d'une installation nucléaire de base, l'Autorité de sûreté nucléaire se substitue au préfet pour effectuer cette détermination.

Lorsqu'une installation incluse dans le système d'échange a produit et exporté de la chaleur mesurable vers une installation ou une autre entité non incluse dans ce système, il est présumé que pour cette chaleur le procédé correspondant de la sous-installation avec référentiel de chaleur n'est pas utilisé pour un secteur ou sous-secteur considéré comme exposé à un risque important de fuite de carbone conformément à la décision 2010/2/UE de la Commission, sauf si le préfet établit que le consommateur de la chaleur mesurable fait partie d'un secteur ou sous-secteur considéré comme exposé à un risque important de fuite de carbone conformément à la décision précitée. Lorsque l'installation est implantée dans le périmètre d'une installation nucléaire de base, l'Autorité de sûreté nucléaire se substitue au préfet pour établir que ce consommateur fait partie d'un secteur ou sous-secteur considéré comme exposé au risque ci-dessus.

La somme des intrants, des extrants et des émissions de chaque sous-installation ne dépasse pas les intrants, les extrants et les émissions totales de l'installation.

Bibliographie : S. Roset, *Système d'échange de quotas de gaz à effet de serre : Europe* nov. 2016, n° 11, comm. 427. • A. Delbosc, P. Cuba-Sichler et D. Chaumont, *Quotas de CO2 : la fin programmée des attributions gratuites*, Option Finance, 26 oct. 2009, n° 1049, p. 41. • J.-L. Lebrun et N. Peillon, *Comment comptabiliser les quotas d'émission de CO2* Option Finance 29 mars 2005, n° 827, p. 34.

Rédaction antérieure. Art. R. 229-7 (1) *(Rempl. à compter du 1er janvier 2013, D. n° 2012-1343, 3 déc. 2012 ; D. n° 2014-220, 25 févr. 2014).* – I. – Dans le cas des installations en place, le ministre chargé de l'environnement détermine les niveaux d'activité historiques de chaque installation pour la période de référence allant du 1er janvier 2005 au 31 décembre 2008 ou, si ces niveaux sont plus élevés, pour la période de référence allant du 1er janvier 2009 au 31 décembre 2010.

Pour chaque produit pour lequel il a été défini un référentiel de produit figurant à l'annexe I de la décision 2011/278/UE du 27 avril 2011 de la Commission européenne, le niveau d'activité historique relatif au produit correspond à la valeur médiane de la production annuelle historique de ce produit dans l'installation concernée durant la période de référence.

Le niveau d'activité historique relatif à la chaleur correspond à la valeur médiane de l'importation annuelle historique de chaleur mesurable en provenance d'une installation couverte par le système d'échange de quotas d'émission de gaz à effet de serre ou de la production de chaleur mesurable, ou des deux à la fois, durant la période de référence, cette chaleur étant consommée dans les limites de l'installation pour la fabrication de produits, pour la production d'énergie mécanique autre que celle utilisée aux fins de la production d'électricité, pour le chauffage ou le refroidissement, à l'exclusion de la consommation aux fins de la production d'électricité, ou exportée vers une installation ou une autre entité non couverte par ce système, à l'exclusion de l'exportation aux fins de la production d'électricité, exprimée en térajoules par an.

Le niveau d'activité historique relatif aux combustibles correspond à la valeur médiane de la consommation annuelle historique de combustibles utilisés pour la production de chaleur non mesurable consommée pour la fabrication de produits, pour la production d'énergie mécanique autre que celle utilisée aux fins de la production d'électricité, pour le chauffage ou le refroidissement, à l'exclusion de la consommation aux fins de la production d'électricité. Ce niveau d'activité, qui comprend la consommation de combustibles pour la mise en torchère pour des raisons de sécurité, s'apprécie durant la période de référence et s'exprime en térajoules par an.

Pour les émissions de procédé liées à la fabrication de produits dans l'installation concernée durant la période de référence définie au premier alinéa, le niveau d'activité historique relatif au procédé correspond à la valeur médiane des émissions de procédé annuelles historiques, exprimée en tonnes équivalent dioxyde de carbone.

II. – Seules les années civiles durant lesquelles l'installation a été en activité pendant une journée au moins sont prises en compte pour la détermination des valeurs médianes visées au I.

Si l'installation a été en activité moins de deux années civiles durant la période de référence concernée, les niveaux d'activité historiques sont calculés sur la base de la capacité installée initiale de chaque sous-installation, multipliée par le coefficient d'utilisation de la capacité applicable déterminé conformément au II de l'article R. 229-10.

Par dérogation à l'alinéa 2 du I, dans le cas des produits visés par les référentiels de produits figurant à l'annexe III de la décision 2011/278/UE du 27 avril 2011, le préfet détermine le niveau d'activité historique relatif au produit sur la base de la valeur médiane de la production annuelle historique, suivant les formules indiquées à ladite annexe. Lorsque l'installation est implantée dans le périmètre d'une installation nucléaire de base, ce niveau d'activité historique est déterminé par l'Autorité de sûreté nucléaire.

---

(1) Pour ce qui concerne l'affectation et la délivrance de quotas à titre gratuit au titre de la période allant du 1er janvier 2013 au 31 décembre 2020, les dispositions des articles R. 229-5-1 à R. 229-17 et de l'article R. 229-30-1 continuent à s'appliquer dans leur version en vigueur à la date de publication du décret n° 2019-1035 du 9 octobre 2019. La quantité de quotas délivrés gratuitement au titre de cette période l'est par installation, cette quantité étant elle-même la somme des quotas délivrés par sous-installation dans les conditions précisées par les dispositions mentionnées à l'alinéa précédent.Pour l'application de ces dispositions : – les références à la directive 2003/87/CE du 13 octobre 2003 dans les articles précités s'entendent comme des références à la directive 2003/87/CE du 13 octobre 2003 dans sa version en vigueur le 31 décembre 2017 ; – les références aux articles du Code de l'environnement dans les articles précités s'entendent comme des références aux articles du Code de l'environnement dans leur version en vigueur à la date de publication du décret n° 2019-1035 du 9 octobre 2019, D. n° 2019-1035, 9 oct. 2019, art. 39. – NDLR.

Les installations en place qui ne sont en activité qu'occasionnellement, et notamment les installations de réserve ou de secours et les installations fonctionnant de façon saisonnière et qui n'ont pas été en activité pendant une journée au moins d'une année civile donnée durant la période de référence, sont prises en compte pour la détermination des valeurs médianes visées au deuxième alinéa du I lorsque toutes les conditions suivantes sont remplies :

a) Il est clairement démontré que l'installation est utilisée occasionnellement, et en particulier qu'elle est exploitée régulièrement en tant que capacité de réserve ou de secours ou exploitée régulièrement de façon saisonnière ;

b) L'installation fait l'objet d'une autorisation d'exploiter ;

c) Il est techniquement possible de démarrer l'exploitation à bref délai, et la maintenance est effectuée régulièrement.

III. – Lorsqu'une installation en place a fait l'objet d'une extension significative de capacité ou d'une réduction significative de capacité entre le 1er janvier 2005 et le 30 juin 2011, les niveaux d'activité historiques de l'installation concernée correspondent à la somme des valeurs médianes déterminées conformément au I, sans la modification significative de capacité, et des niveaux d'activité historiques de la capacité ajoutée ou retirée.

Les niveaux d'activité historiques de la capacité ajoutée ou retirée correspondent à la différence entre les capacités installées initiales, jusqu'au début de l'exploitation modifiée, de chaque sous-installation ayant fait l'objet d'une modification significative de capacité et la capacité installée après la modification significative de capacité multipliée par l'utilisation historique moyenne de la capacité de l'installation concernée durant les années précédant le début de l'exploitation modifiée.

Rédaction antérieure. Art. R. 229-8 (1) ***(Rempl. à compter du 1er janvier 2013, D. n° 2012-1343, 3 déc. 2012 ; D. n° 2014-220, 25 févr. 2014 ; mod. à compter du 1er avril 2019, D. n° 2019-190, 14 mars 2019). –*** I. – Sur la base des données recueillies conformément à l'article 7 de la décision 2011/278/UE du 27 avril 2011 et à l'article R. 229-7, le ministre chargé de l'environnement fixe par arrêté la liste des exploitants auxquels sont affectés puis délivrés des quotas à titre gratuit.

Cet arrêté pris après approbation par la Commission européenne de la liste des installations qui lui a été notifiée en application des dispositions de la directive 2003/87/CE précise, pour chaque installation, le nombre total de quotas affectés ainsi que les quantités de quotas qui seront délivrées gratuitement chaque année.

L'arrêté est publié au *Journal officiel* et le préfet en communique un exemplaire à chaque exploitant par voie électronique.

Pour les équipements et installations mentionnés à l'article L. 593-3, l'Autorité de sûreté nucléaire assure cette publication et effectue cette communication aux exploitants.

II. – L'administrateur national du registre européen inscrit, au plus tard le 28 février de chaque année, au compte des exploitants, la quantité de quotas prévue pour chaque installation par l'arrêté prévu au I.

III. – Un arrêté du ministre chargé de l'environnement et du ministre chargé de l'industrie fixe les conditions et les méthodologies de calcul de l'affectation et de la délivrance de ces quotas, y compris à titre provisoire, pour chaque installation classée pour la protection de l'environnement.

Un arrêté du ministre chargé de la sûreté nucléaire fixe les conditions et les méthodologies de calcul de l'affectation et de la délivrance de ces quotas, y compris à titre provisoire pour chaque équipement et installation nécessaire à l'exploitation d'une installation nucléaire de base mentionnés à l'article L. 593-3.

§ 2 *(Rédaction antérieure)*. – **Règles applicables aux nouveaux entrants, aux extensions et réductions de capacité, aux cessations partielles ou totales d'activité**

(Rempl. à compter du 1er janvier 2013, D. n° 2012-1343, 3 déc. 2012)

Rédaction antérieure. Art. R. 229-9 (1) ***(Rempl. à compter du 1er janvier 2013, D. n° 2012-1343, 3 déc. 2012). –*** À la demande d'un nouvel entrant, le ministre chargé de l'environnement détermine la quantité de quotas à délivrer gratuitement à l'installation une fois que celle-ci aura commencé à être exploitée normalement et que sa capacité installée initiale aura été déterminée.

Ne sont recevables que les demandes présentées dans l'année suivant le début de l'exploitation normale de l'installation ou de la sous-installation concernée.

L'installation concernée est divisée en sous-installations conformément à l'article R. 229-6. L'exploitant joint à sa demande, séparément pour chaque sous-installation, toutes les informations et données utiles concernant chacun des paramètres énumérés à l'annexe V de la décision 2011/278/UE du 27 avril 2011 ayant fait l'objet d'un avis d'assurance raisonnable. Le ministre chargé de l'environnement peut, si nécessaire, demander à l'exploitant des informations plus détaillées.

---

(1) Pour ce qui concerne l'affectation et la délivrance de quotas à titre gratuit au titre de la période allant du 1er janvier 2013 au 31 décembre 2020, les dispositions des articles R. 229-5-1 à R. 229-17 et de l'article R. 229-30-1 continuent à s'appliquer dans leur version en vigueur à la date de publication du décret n° 2019-1035 du 9 octobre 2019. La quantité de quotas délivrés gratuitement au titre de cette période l'est par installation, cette quantité étant elle-même la somme des quotas délivrés par sous-installation dans les conditions précisées par les dispositions mentionnées à l'alinéa précédent.Pour l'application de ces dispositions : – les références à la directive 2003/87/CE du 13 octobre 2003 dans les articles précités s'entendent comme des références à la directive 2003/87/CE du 13 octobre 2003 dans sa version en vigueur le 31 décembre 2017 ; – les références aux articles du Code de l'environnement dans les articles précités s'entendent comme des références aux articles du Code de l'environnement dans leur version en vigueur à la date de publication du décret n° 2019-1035 du 9 octobre 2019, D. n° 2019-1035, 9 oct. 2019, art. 39. – NDLR.

Pour les installations visées à l'article 3, point *h*, de la directive 2003/87/CE [du 13 octobre 2003], à l'exception des installations qui ont fait l'objet d'une extension significative de capacité après le 30 juin 2011, l'exploitant détermine la capacité installée initiale de chaque sous-installation suivant la méthode indiquée à l'article 7, paragraphe 3, de la décision du 27 avril 2011, en utilisant comme référence la période continue de 90 jours définissant le début de l'exploitation normale. Le ministre chargé de l'environnement approuve la capacité installée initiale de chaque sous-installation avant de calculer l'affectation à octroyer à l'installation.

Les données soumises en application du présent article doivent avoir fait l'objet d'un avis d'assurance raisonnable d'un vérificateur.

Rédaction antérieure. Art. R. 229-10 (1) ***(Rempl. à compter du 1er janvier 2013, D. n° 2012-1343, 3 déc. 2012).*** **–** I. – Dans le cas des installations visées à l'article 3, point *h*, de la directive 2003/87/CE, à l'exception des installations ayant fait l'objet d'une extension significative après le 30 juin 2011, les niveaux d'activité de chaque installation sont déterminés de la manière suivante :

a) Pour chaque produit pour lequel il a été défini un référentiel de produit figurant à l'annexe I, le niveau d'activité relatif au produit correspond à la capacité installée initiale de l'installation concernée pour la fabrication de ce produit, multipliée par le coefficient d'utilisation de la capacité standard ;

b) Le niveau d'activité relatif à la chaleur correspond au produit des deux éléments suivants :

Le premier est la capacité installée initiale :

– pour l'importation de chaleur mesurable en provenance d'installations couvertes par le système d'échange de quotas d'émission de gaz à effet de serre ou pour la production de chaleur mesurable ; ou

– pour les deux à la fois, cette chaleur étant consommée dans les limites de l'installation pour la fabrication de produits, ou pour la production d'énergie mécanique autre que celle utilisée aux fins de la production d'électricité, ou enfin pour le chauffage ou le refroidissement ; ou

– pour la production de chaleur exportée vers une installation ou une autre entité non couverte par le système de l'Union, à l'exclusion de l'exportation aux fins de la production d'électricité.

Le second est le coefficient d'utilisation de la capacité applicable.

La chaleur consommée pour la production d'électricité n'est pas prise en compte ;

c) Le niveau d'activité relatif aux combustibles correspond à la capacité installée initiale de l'installation concernée pour la consommation de combustibles utilisés pour la production de chaleur non mesurable consommée pour la fabrication de produits, pour la production d'énergie mécanique autre que celle utilisée aux fins de la production d'électricité, pour le chauffage ou le refroidissement y compris la mise en torchère pour des raisons de sécurité, multipliée par le coefficient d'utilisation de la capacité applicable.

La consommation de combustibles utilisés pour la production d'électricité n'est pas prise en compte ;

d) Le niveau d'activité relatif aux émissions de procédé correspond à la capacité installée initiale de l'unité de procédé pour la production d'émissions de procédé, multipliée par le coefficient d'utilisation de la capacité applicable.

II. – Le coefficient d'utilisation de la capacité applicable mentionné au I, points *b* à *d*, est déterminé sur la base d'informations dûment étayées et vérifiées de manière indépendante concernant l'exploitation normale prévue de l'installation, sa maintenance, son cycle de production habituel, les techniques à haut rendement énergétique et l'utilisation de la capacité typique du secteur concerné, par rapport aux données sectorielles spécifiques.

Pour la détermination du coefficient d'utilisation de la capacité applicable mentionné au I, point *d*, il doit également être tenu compte des informations dûment étayées et vérifiées de manière indépendante concernant l'intensité d'émissions des intrants et les technologies de réduction des gaz à effet de serre.

III. – Pour les installations qui ont fait l'objet d'une extension significative de capacité après le 30 juin 2011, les niveaux d'activité ne sont déterminés conformément au I que pour la capacité ajoutée des sous-installations concernées par l'extension significative de capacité.

Pour les installations qui ont fait l'objet d'une réduction significative de capacité après le 30 juin 2011, les niveaux d'activité ne sont déterminés conformément au I que pour la capacité retirée des sous-installations concernées par la réduction significative de capacité.

Rédaction antérieure. Art. R. 229-11 (1) ***(Rempl. à compter du 1er janvier 2013, D. n° 2012-1343, 3 déc. 2012).*** **–** I. – Pour la délivrance de quotas d'émission aux nouveaux entrants, à l'exception de la délivrance aux installations visées au troisième tiret du *b* de l'article R. 229-5-1, le nombre annuel provisoire de quotas d'émission délivrés gratuitement à compter

---

(1) Pour ce qui concerne l'affectation et la délivrance de quotas à titre gratuit au titre de la période allant du 1er janvier 2013 au 31 décembre 2020, les dispositions des articles R. 229-5-1 à R. 229-17 et de l'article R. 229-30-1 continuent à s'appliquer dans leur version en vigueur à la date de publication du décret n° 2019-1035 du 9 octobre 2019. La quantité de quotas délivrés gratuitement au titre de cette période l'est par installation, cette quantité étant elle-même la somme des quotas délivrés par sous-installation dans les conditions précisées par les dispositions mentionnées à l'alinéa précédent.Pour l'application de ces dispositions : – les références à la directive 2003/87/CE du 13 octobre 2003 dans les articles précités s'entendent comme des références à la directive 2003/87/CE du 13 octobre 2003 dans sa version en vigueur le 31 décembre 2017 ; – les références aux articles du Code de l'environnement dans les articles précités s'entendent comme des références aux articles du Code de l'environnement dans leur version en vigueur à la date de publication du décret n° 2019-1035 du 9 octobre 2019, D. n° 2019-1035, 9 oct. 2019, art. 39. – NDLR.

du début de l'exploitation normale de l'installation est calculé séparément pour chaque sous-installation de la manière suivante :

a) Pour chaque sous-installation avec référentiel de produit, le nombre annuel provisoire de quotas d'émission délivrés gratuitement pour une année donnée correspond à la valeur de ce référentiel de produit multipliée par le niveau d'activité relatif au produit correspondant ;

b) Pour chaque sous-installation avec référentiel de chaleur, le nombre annuel provisoire de quotas d'émission délivrés gratuitement correspond à la valeur du référentiel de chaleur applicable à cette chaleur mesurable figurant à l'annexe I multipliée par le niveau d'activité relatif à la chaleur ;

c) Pour chaque sous-installation avec référentiel de combustibles, le nombre annuel provisoire de quotas d'émission délivrés gratuitement correspond à la valeur du référentiel de combustibles figurant à l'annexe I multipliée par le niveau d'activité relatif aux combustibles ;

d) Pour chaque sous-installation avec émissions de procédé, le nombre annuel provisoire de quotas délivrés gratuitement pour une année donnée correspond au niveau d'activité relatif au procédé multiplié par 0,9700.

L'article R. 229-8 et les arrêtés pris pour son exécution s'appliquent *mutatis mutandis* aux fins du calcul du nombre annuel provisoire de quotas d'émission délivrés gratuitement.

II. – Pour les émissions du nouvel entrant vérifiées de manière indépendante qui ont été produites avant le début de l'exploitation normale, les quotas supplémentaires sont affectés et délivrés sur la base des émissions historiques exprimées en tonnes équivalent dioxyde de carbone.

III. – La quantité annuelle totale provisoire de quotas d'émission délivrés gratuitement correspond à la somme des nombres annuels provisoires de quotas d'émission délivrés gratuitement à toutes les sous-installations, calculés conformément au I, et des quotas supplémentaires mentionnés au II.

IV. – L'autorité administrative notifie sans délai à la Commission européenne la quantité annuelle totale provisoire de quotas d'émission délivrés gratuitement. Les quotas d'émission de la réserve pour les nouveaux entrants créée en application de l'article 10 *bis*, paragraphe 7, de la directive 2003/87/CE [du 13 octobre 2003] sont délivrés sur la base du principe « premier arrivé, premier servi », en tenant compte de la date de réception de cette notification.

Si la Commission n'a pas rejeté cette quantité, l'autorité administrative détermine la quantité annuelle finale de quotas d'émission délivrés gratuitement.

V. – La quantité annuelle finale de quotas d'émission délivrés gratuitement correspond à la quantité annuelle totale provisoire de quotas d'émission délivrés gratuitement à chaque installation, déterminée conformément au III, ajustée chaque année au moyen du facteur de réduction linéaire visé à l'article 10 *bis*, paragraphe 7, de la directive 2003/87/CE, en utilisant comme référence la quantité annuelle totale provisoire de quotas d'émission délivrés gratuitement à l'installation concernée pour l'année 2013.

Les articles R. 229-11 à R. 229-19 du Code de l'environnement fixent les conditions dans lesquelles les décisions d'affectation pluriannuelles de quotas peuvent être modifiées ou abrogées pour la durée de la période de référence restant à courir, notamment dans les cas de création d'une nouvelle installation classée entrant dans le champ du dispositif, de changement d'exploitant, de modification entraînant un changement notable de l'installation, de mise à l'arrêt et de variation d'activité exceptionnelle et imprévisible d'une installation (■ CE, 17 janv. 2016, n° 383771, *Sté Smurfit Kappa Papier*).

Rédaction antérieure. Art. R. 229-12 (1) *(Rempl. à compter du 1er janvier 2013, D. n° 2012-1343, 3 déc. 2012).* – Lorsqu'une installation a fait l'objet d'une extension significative de capacité après le 30 juin 2011, le ministre chargé de l'environnement, à la demande de l'exploitant et sans préjudice de la délivrance à une installation en application de l'article R. 229-8, détermine, suivant la méthode définie à l'article R. 229-11, le nombre de quotas d'émission à délivrer gratuitement pour tenir compte de l'extension.

L'exploitant transmet, avec sa demande, des données démontrant que les critères retenus pour définir une extension significative de capacité sont remplis et communique, à l'appui d'une éventuelle décision de délivrance, les informations visées au troisième alinéa de l'article R. 229-9. En particulier, l'exploitant communique la capacité ajoutée et la capacité installée de la sous-installation après l'extension significative de capacité, ces deux données ayant fait l'objet d'un avis d'assurance raisonnable d'un vérificateur. Pour l'évaluation des modifications significatives de capacité ultérieures, cette capacité installée de la sous-installation après l'extension significative de capacité est considérée comme la capacité installée initiale de la sous-installation.

---

(1) Pour ce qui concerne l'affectation et la délivrance de quotas à titre gratuit au titre de la période allant du 1er janvier 2013 au 31 décembre 2020, les dispositions des articles R. 229-5-1 à R. 229-17 et de l'article R. 229-30-1 continuent à s'appliquer dans leur version en vigueur à la date de publication du décret n° 2019-1035 du 9 octobre 2019. La quantité de quotas délivrés gratuitement au titre de cette période l'est par installation, cette quantité étant elle-même la somme des quotas délivrés par sous-installation dans les conditions précisées par les dispositions mentionnées à l'alinéa précédent.Pour l'application de ces dispositions : – les références à la directive 2003/87/CE du 13 octobre 2003 dans les articles précités s'entendent comme des références à la directive 2003/87/CE du 13 octobre 2003 dans sa version en vigueur le 31 décembre 2017 ; – les références aux articles du Code de l'environnement dans les articles précités s'entendent comme des références aux articles du Code de l'environnement dans leur version en vigueur à la date de publication du décret n° 2019-1035 du 9 octobre 2019, D. n° 2019-1035, 9 oct. 2019, art. 39. – NDLR.

Rédaction antérieure. Art. R. 229-13 (1) *(Rempl. à compter du 1er janvier 2013, D. n° 2012-1343, 3 déc. 2012).* **–** Lorsqu'une installation a fait l'objet d'une réduction significative de capacité après le 30 juin 2011, le ministre chargé de l'environnement détermine la quantité de quotas à déduire du nombre de quotas à délivrer gratuitement pour tenir compte de cette réduction. À cette fin, l'exploitant communique la capacité retirée et la capacité installée de la sous-installation après la réduction significative de capacité, ces deux données ayant fait l'objet d'un avis d'assurance raisonnable par un vérificateur. Aux fins de l'évaluation des modifications significatives de capacité ultérieures, cette capacité installée de la sous-installation après la réduction significative de capacité est considérée comme la capacité installée initiale de la sous-installation.

Le ministre chargé de l'environnement diminue le nombre annuel provisoire de quotas d'émission délivrés gratuitement à l'installation de la différence entre le montant annuel de quotas délivrés à chaque sous-installation avant la réduction significative de capacité et le nombre annuel provisoire de quotas d'émission délivrés gratuitement à chaque sous-installation concernée après la réduction significative de capacité, calculé conformément au I de l'article R. 229-10.

Rédaction antérieure. Art. R. 229-14 (1) *(Rempl. à compter du 1er janvier 2013, D. n° 2012-1343, 3 déc. 2012).* **–** Une installation est réputée avoir cessé ses activités lorsque l'une quelconque des conditions suivantes est remplie :

a) L'autorisation d'exploiter est arrivée à expiration ;

b) L'autorisation d'exploiter a été retirée ;

c) L'exploitation de l'installation est techniquement impossible ;

d) L'installation n'est pas en activité, mais l'a été précédemment, et la reprise des activités est techniquement impossible ;

e) L'installation n'est pas en activité, mais l'a été précédemment, et l'exploitant n'est pas en mesure d'établir que l'exploitation reprendra dans les six mois suivant la cessation des activités. Cette période est étendue à dix-huit mois maximum si l'exploitant peut établir que l'installation n'est pas en mesure de reprendre ses activités dans les six mois en raison de circonstances exceptionnelles et imprévisibles que même le déploiement de toute la diligence requise n'aurait pas permis d'éviter et qui échappent au contrôle de l'exploitant de l'installation concernée, en raison notamment de circonstances telles que les catastrophes naturelles, les conflits armés, les menaces de conflit armé, les actes de terrorisme, les révolutions, les émeutes, les actes de sabotage ou les actes de vandalisme.

II. - Les dispositions du *e* du I ne s'appliquent ni aux installations de réserve ou de secours ni aux installations qui sont exploitées de manière saisonnière lorsque toutes les conditions suivantes sont remplies :

a) L'exploitant est titulaire d'une autorisation d'exploiter ;

b) Il est techniquement possible de reprendre les activités sans apporter des modifications physiques à l'installation ;

c) L'installation fait l'objet d'une maintenance régulière.

III. - Lorsqu'une installation a cessé ses activités, il ne lui est plus délivré de quotas d'émission à compter de l'année suivant la cessation des activités.

La délivrance de quotas d'émission aux installations visées au I, point *e*, peut être suspendue tant qu'il n'est pas établi qu'elles vont reprendre leurs activités.

Rédaction antérieure. Art. R. 229-15 (1) *(Rempl. à compter du 1er janvier 2013, D. n° 2012-1343, 3 déc. 2012).* **–** I. - Une installation est réputée avoir cessé partiellement ses activités lorsque, durant une année civile donnée, une de ses sous-installations contribuant pour au moins 30 % à la quantité annuelle finale de quotas d'émission délivrés gratuitement à l'installation, ou donnant lieu à la délivrance de plus de 50 000 quotas, réduit son niveau d'activité d'au moins 50 % par rapport au niveau d'activité utilisé pour calculer le nombre de quotas délivrés à cette sous-installation conformément à l'article R. 229-8 ou, le cas échéant, à l'article R. 229-10 (ci-après « niveau d'activité initial »).

II. - La délivrance de quotas d'émission à une installation qui cesse partiellement ses activités est ajustée à compter de l'année suivant celle durant laquelle elle cesse partiellement ses activités, ou à partir de 2013 si la cessation partielle des activités a eu lieu avant le 1er janvier 2013, de la manière suivante :

– si le niveau d'activité de la sous-installation visée au I est réduit de 50 % à 75 % par rapport au niveau d'activité initial, la sous-installation ne reçoit que la moitié des quotas qui lui avaient été délivrés initialement ;

– si le niveau d'activité de la sous-installation visée au I est réduit de 75 % à 90 % par rapport au niveau d'activité initial, la sous-installation ne reçoit que 25 % des quotas qui lui avaient été délivrés initialement ;

– si le niveau d'activité de la sous-installation visée au I est réduit de 90 % ou plus par rapport au niveau d'activité initial, il ne lui est délivré aucun quota gratuit.

---

(1) Pour ce qui concerne l'affectation et la délivrance de quotas à titre gratuit au titre de la période allant du 1er janvier 2013 au 31 décembre 2020, les dispositions des articles R. 229-5-1 à R. 229-17 et de l'article R. 229-30-1 continuent à s'appliquer dans leur version en vigueur à la date de publication du décret n° 2019-1035 du 9 octobre 2019. La quantité de quotas délivrés gratuitement au titre de cette période l'est par installation, cette quantité étant elle-même la somme des quotas délivrés par sous-installation dans les conditions précisées par les dispositions mentionnées à l'alinéa précédent.Pour l'application de ces dispositions : – les références à la directive 2003/87/CE du 13 octobre 2003 dans les articles précités s'entendent comme des références à la directive 2003/87/CE du 13 octobre 2003 dans sa version en vigueur le 31 décembre 2017 ; – les références aux articles du Code de l'environnement dans les articles précités s'entendent comme des références aux articles du Code de l'environnement dans leur version en vigueur à la date de publication du décret n° 2019-1035 du 9 octobre 2019, D. n° 2019-1035, 9 oct. 2019, art. 39. – NDLR.

III. – Si le niveau d'activité de la sous-installation visée au I atteint un niveau correspondant à plus de 50 % du niveau d'activité initial, l'installation qui a cessé partiellement ses activités reçoit les quotas qui lui avaient été délivrés initialement à compter de l'année suivant l'année civile durant laquelle le niveau d'activité a dépassé le seuil des 50 %.

IV. – Si le niveau d'activité de la sous-installation visée au I atteint un niveau correspondant à plus de 25 % du niveau d'activité initial, l'installation qui a cessé partiellement ses activités reçoit la moitié des quotas qui lui avaient été délivrés initialement à compter de l'année suivant l'année civile durant laquelle le niveau d'activité a dépassé le seuil des 25 %.

Rédaction antérieure. Art. R. 229-16 (1) ***(Rempl. à compter du 1er janvier 2013, D. n° 2012-1343, 3 déc. 2012).* –** Pour la mise en œuvre des articles R. 229-9 à R. 229-15, le ministre chargé de l'environnement modifie, après approbation de la Commission européenne, l'arrêté prévu au I de l'article R. 229-8.

Cet arrêté est communiqué par le préfet aux exploitants concernés par voie électronique et transmis à l'administrateur national du registre de l'Union.

(Mod. à compter du 1er avril 2019, D. n° 2019-190, 14 mars 2019) Pour les équipements et installations mentionnés à l'article L. 593-3 et pour les installations classées relevant du I de l'article L. 593-33, l'Autorité de sûreté nucléaire effectue cette communication aux exploitants et à l'administrateur national.

Rédaction antérieure. Art. R. 229-16-1 (1) ***(D. n° 2013-814, 11 sept. 2013).* –** L'exploitant d'une installation visée à l'article L. 229-5 informe au plus tard le 31 décembre de chaque année le préfet de tout changement prévu ou effectif quant à l'extension ou la réduction significative de capacité, le niveau d'activité, notamment la cessation totale ou partielle, ou l'exploitation d'une installation.

(D. n° 2014-220, 25 févr. 2014 ; rempl., D. n° 2016-846, 28 juin 2016) Pour les équipements et installations mentionnés à l'article L. 593-3 et pour les installations classées pour la protection de l'environnement mentionnées au I de l'article L. 593-33, l'Autorité de sûreté nucléaire est substituée au préfet pour l'application de ces dispositions.

Rédaction antérieure. Art. R. 229-17 (1) ***(Implicitement abr. à compter du 1er janvier 2013, D. n° 2012-1343, 3 déc. 2012 ; rétabli dans la version suivante, D. n° 2014-220, 25 févr. 2014).* –** En cas de changement d'exploitant effectué en application des articles R. 512-68 ou R. 516-1, le préfet informe de l'identité du nouvel exploitant le ministre chargé de l'environnement.

(Mod. à compter du 1er avril 2019, D. n° 2019-190, 14 mars 2019) Pour l'application du premier alinéa aux équipements et installations mentionnés à l'article L. 593-3, le changement d'exploitant est effectué dans les conditions définies aux sous-sections 1 et 5 de la section 7 du chapitre III du titre IX du livre V. L'Autorité de sûreté nucléaire informe de l'identité du nouvel exploitant le ministre chargé de l'environnement.

Les obligations de déclaration des émissions et de restitution des quotas d'émission prévues aux articles R. 229-20 et R. 229-21 incombent, pour la totalité de l'année précédente, au nouvel exploitant dès l'intervention du changement d'exploitant.

Rédaction antérieure. Art. R. 229-18 et R. 229-19 *(Implicitement abr. à compter du 1er janvier 2013, D. n° 2012-1343, 3 déc. 2012).*

§ 3 *(Rédaction antérieure).* – **Déclaration des émissions de gaz à effet de serre**

Rédaction antérieure. Art. R. 229-20 *(Mod., D. n° 2011-759, 28 juin 2011 ; D. n° 2012-1343, 3 déc. 2012 ; D. n° 2014-220, 25 févr. 2014).* – L'exploitant adresse au préfet, au plus tard le 28 février de chaque année, pour chaque installation, la déclaration des émissions de gaz à effet de serre de l'année précédente, vérifiée par un organisme accrédité à cet effet. Cette déclaration, accompagnée du rapport établi par l'organisme vérificateur, est adressée par voie électronique.

Les modalités de validation et de transmission de la déclaration [à l'] administrateur national du registre européen sont fixées par l'arrêté prévu à l'article L. 229-6.

En cas d'absence de déclaration, ou de déclaration ne répondant pas aux conditions du I de l'article L. 229-18, le préfet met en œuvre la procédure prévue à l'article R. 229-33 et, le cas échéant, procède au calcul d'office des émissions dans les conditions prévues par l'arrêté mentionné à l'alinéa précédent.

Pour les équipements et installations mentionnés au premier alinéa de l'article L. 593-3, l'exploitant adresse la déclaration des émissions de gaz à effet de serre mentionnée au premier alinéa du présent article à l'Autorité de sûreté nucléaire. De même, cette autorité met en œuvre la procédure prévue à l'article R. 229-33 et mentionnée au troisième alinéa du présent article.

---

(1) Pour ce qui concerne l'affectation et la délivrance de quotas à titre gratuit au titre de la période allant du 1er janvier 2013 au 31 décembre 2020, les dispositions des articles R. 229-5-1 à R. 229-17 et de l'article R. 229-30-1 continuent à s'appliquer dans leur version en vigueur à la date de publication du décret n° 2019-1035 du 9 octobre 2019. La quantité de quotas délivrés gratuitement au titre de cette période l'est par installation, cette quantité étant elle-même la somme des quotas délivrés par sous-installation dans les conditions précisées par les dispositions mentionnées à l'alinéa précédent.Pour l'application de ces dispositions : – les références à la directive 2003/87/CE du 13 octobre 2003 dans les articles précités s'entendent comme des références à la directive 2003/87/CE du 13 octobre 2003 dans sa version en vigueur le 31 décembre 2017 ; – les références aux articles du Code de l'environnement dans les articles précités s'entendent comme des références aux articles du Code de l'environnement dans leur version en vigueur à la date de publication du décret n° 2019-1035 du 9 octobre 2019, D. n° 2019-1035, 9 oct. 2019, art. 39. – NDLR.

Voir : Les dispositions de l'article 49, paragraphe 1, deuxième phrase, du règlement (UE) n° 601/2012 de la Commission, du 21 juin 2012, relatif à la surveillance et à la déclaration des émissions de gaz à effet de serre au titre de la directive 2003/87/CE du Parlement européen et du Conseil, et du point 10, B, de l'annexe IV de ce règlement, dans la mesure où elles incluent systématiquement dans les émissions de l'installation de combustion de chaux le dioxyde de carbone (CO2) transféré vers une autre installation en vue de la production de carbonate de calcium précipité, que ce dioxyde de carbone soit rejeté ou non dans l'atmosphère, sont invalides (■ CJCE, 6 mars 2017, C-460/15, NOR : 62015CA0460).

Rédaction antérieure. Art. R. 229-21 *(Mots rempl., D. n° 2012-1343, 3 déc. 2012).* – Tout exploitant doit restituer à l'État, au plus tard le 30 avril de chaque année, une quantité de quotas correspondant aux émissions, déclarées et validées dans les conditions prévues par l'arrêté prévu à l'article L. 229-6, de chacune de ses installations. Cette opération est effectuée par voie électronique *(Mots suppr., D. n° 2014-220, 25 févr. 2014)* « ... ».

§ 4 *(Rédaction antérieure).* – Établissements de santé exclus du système d'échange de quotas

(Rempl. à compter du 1er janvier 2013, D. n° 2012-1343, 3 déc. 2012)

Rédaction antérieure. Art. R. 229-22 *(Rempl. à compter du 1er janvier 2013, D. n° 2012-1343, 3 déc. 2012).* – I. – Par mesures permettant des réductions d'émissions équivalentes mentionnées à l'article L. 229-5-1, on entend, pour chacune des installations exclues du système d'échange de quotas d'émission de gaz à effet de serre, l'obligation de ne dépasser aucune des deux limites d'émissions suivantes :

– la quantité d'émissions correspondant au nombre de quotas gratuits qui aurait été affecté à l'installation si elle était restée dans le système d'échange ;

– une quantité d'émissions annuelle telle qu'entre 2013 et 2019 la réduction progressive des émissions conduise à une quantité d'émissions en 2020 correspondant à la quantité d'émissions de 2005 diminuée de 21 %.

Cette quantité annuelle maximum d'émissions ne doit pas dépasser le montant d'émissions de l'installation en tonnes équivalent dioxyde de carbone pour l'année 2005, affecté des coefficients ci-dessous :

2013	2014	2015	2016	2017	2018	2019	2020
0,886	0,871	0,857	0,844	0,830	0,817	0,803	0,79

Les quantités d'émission d'équivalent dioxyde de carbone sont calculées sans prendre en compte les émissions provenant de la biomasse.

II. – Les exploitants de ces installations déclarent à l'autorité administrative les émissions de l'année précédente et sont dispensés de l'avis d'assurance raisonnable par un vérificateur.

III. – Le ministre chargé de l'environnement fixe par arrêté la liste des installations exclues du système d'échange de quotas d'émission de gaz à effet de serre.

Pris après approbation par la Commission européenne, cet arrêté précise, pour chaque installation, la quantité maximale d'émission à ne pas dépasser pour les années 2013 à 2020.

Cet arrêté est publié au *Journal officiel* et le préfet en communique un exemplaire à chaque exploitant par voie électronique.

Voir : A. 12 août 2015 modifiant l'arrêté du 31 décembre 2013 fixant la liste des établissements hospitaliers exclus du système d'échange de quotas d'émission de gaz à effet de serre et les mesures équivalentes de réduction d'émission qui leur sont applicables.

D. n° 2017-237, 24 févr. 2017 fixant le montant de l'amende pour émissions excédentaires prononcée à l'encontre des exploitants des établissements hospitaliers exclus du système d'échange de quotas d'émission de gaz à effet de serre (*JO* 26 févr. 2017, n° 49).

Rédaction antérieure. Art. R. 229-23 à R. 229-26 *(Implicitement abr. à compter du 1er janvier 2013, D. n° 2012-1343, 3 déc. 2012).*

§ 5 *(Rédaction antérieure).* – Recours administratif préalable en cas de contestation d'une décision d'affectation ou de délivrance des quotas

Rédaction antérieure. Art. R. 229-27 *(Mod., D. n° 2013-420, 23 mai 2013).* – Préalablement à tout recours contentieux à l'encontre d'une décision d'affectation ou de délivrance de quotas d'émission de gaz à effet de serre prise au bénéfice d'un exploitant ou d'une décision de limitation des émissions de gaz à effet de serre prise en application du I de l'article L. 229-12, l'exploitant saisit le ministre chargé de l'environnement.

Le ministre notifie sa décision à l'exploitant.

1) Sur la décision prise à la suite du recours préalable. Les dispositions de l'article 11 du décret n° 2004-832 du 19 août 2004 *(C. env., art. R. 229-27)* ayant institué un recours administratif préalable obligatoire à la saisine du juge, la décision prise à la suite de ce recours se substitue nécessairement à la décision initiale. Elle est donc seule susceptible d'être déférée au juge de la légalité (■ CE, 30 mai 2007, n° 287280, *Sté Lesaffre Frère : Dr. env.* 2007, n° 153, p. 285, obs. Smith et Le Doré).

2) Principe constitutionnel national d'égalité. Le décret attaqué n° 2004-832 du 19 août 2004 ne viole pas le principe constitutionnel national d'égalité puisque la directive communautaire du 13 octobre 2003 ne viole pas le principe communautaire d'égalité. Est d'emblée accepté par le Conseil d'État le postulat de l'équivalence des protections afin de « concilier l'inconciliable », le droit constitutionnel national et le droit constitutionnel communautaire. Il n'est pas certain que ce raisonnement, aux prémisses théoriques bancales, engendre une solution d'espèce satisfaisante. (■ CE, 3 juin 2009, Sté Arcelor Atlantique et Lorraine, n° 287110 ; F. Lafaille, *La jurisprudence Arcelor bis permet-elle de « concilier l'inconciliable » ? AJDA* 28 sept. 2009, n° 31, p. 1710 ; F. Michéa, *L'arrêt Arcelor du 8 février 2007 ou le Conseil d'État aux prises avec le contrôle de constitutionnalité des traités et des lois : Revue de la recherche juridique. Droit prospectif* 1er janv. 2008, n° 2008/1, p. 255 ; L. Fonbaustier, *Contrôle de la constitutionnalité d'un décret et articulation entre l'ordre juridique Internet et l'ordre juridique communautaire : RD imm.* 1er mars 2007, n° 2, p. 130 ; V. également ■ CJCE, 16 déc. 2008, *Sté Arcelor* ; ■ CE, ass., 8 févr. 2007, n° 287110 : *AJDA* 2007, 577, chron. F. Lenica et J. Boucher ; ■ CJCE, 16 déc. 2008 : *AJDA* 2008, 2365).

Rédaction antérieure. Art. R. 229-28 et **R. 229-29** (1) ***(Abr., D. n° 2013-420, 23 mai 2013).***

§ 6 ***(Rédaction antérieure).*** – **Sanctions**

Rédaction antérieure. Art. R. 229-30 ***(Mod., D. n° 2012-1343, 3 déc. 2012).*** **–** Lorsqu'un exploitant n'a pas restitué un nombre de quotas suffisant pour couvrir le niveau des émissions atteint l'année précédente par une installation, établi conformément aux dispositions de l'article R. 229-20, [l'] administrateur national du registre européen [...] adresse un rapport au préfet, dont il communique copie au ministre chargé de l'environnement. Ce rapport précise la quantité d'émission de gaz à effet de serre excédentaire par rapport au nombre de quotas restitués.

Sur le fondement de ce rapport, *(Mots rempl., D. n° 2014-813, 17 juill. 2014)* « l'inspecteur de l'environnement disposant des attributions mentionnées au 2° du II de l'article L. 172-1 », dresse, le cas échéant, un procès-verbal de manquement.

(D. n° 2014-220, 25 févr. 2014) Pour les équipements et installations mentionnés au premier alinéa de l'article L. 593-3, le procès-verbal de manquement mentionné au deuxième alinéa du présent article est dressé par l'inspecteur de la sûreté nucléaire.

Rédaction antérieure. Art. R. 229-30-1 (2) ***(D. n° 2014-220, 25 févr. 2014).*** **–** Est puni de l'amende prévue pour les contraventions de la cinquième classe le fait de ne pas respecter l'obligation prévue à l'article R. 229-16-1.

Rédaction antérieure. Art. R. 229-31. – Le préfet notifie à l'exploitant ou à son mandataire une copie du procès-verbal et le met en demeure de restituer les quotas dans le délai d'un mois, sous peine de l'amende prévue au II de l'article L. 229-18. Pendant ce délai, l'exploitant ou son mandataire a la faculté de présenter ses observations écrites ou orales.

À l'issue du délai d'un mois, s'il n'a pas été pleinement satisfait à l'obligation de restitution, le préfet prononce l'amende à l'encontre de l'exploitant ou du mandataire. Cette décision est notifiée à l'exploitant ou à son mandataire. Le préfet en adresse une copie [à l'] *(Mots rempl., D. n° 2012-1343, 3 déc. 2012)* « administrateur national du registre européen » qui ne peut procéder à aucun transfert à un tiers des quotas non restitués.

Rédaction antérieure. Art. R. 229-32. – Le préfet peut décider de publier la décision définitive prononçant l'amende par affichage d'une copie sur le lieu de l'installation considérée ainsi que par la publication de la décision dans un journal d'annonces légales aux frais de l'exploitant.

Rédaction antérieure. Art. R. 229-33. – En cas d'absence de déclaration ou de déclaration ne répondant pas aux conditions du I de l'article L. 229-18 et dans les délais prévus par le III de l'article L. 229-14, le préfet informe au plus tard le

(1) Dispositions abrogées à compter du 9 juin 2009, D. n° 2006-672, 8 juin 2006, art. 17 et 18 ; prorogées pour une durée de cinq ans, D. n° 2009-613, 4 juin 2009, art. 4 et D. n° 2009-620, 6 juin 2009, art. 1er et ann. ; renouvelées pour une durée d'un an à compter du 8 juin 2014, D. n° 2014-589, 6 juin 2014, art 1er et ann. ; puis prorogées pour une durée de cinq ans à compter du 8 juin 2015, D. n° 2015-622, 5 juin 2015, art 1er et ann. I. – NDLR.

(2) Pour ce qui concerne l'affectation et la délivrance de quotas à titre gratuit au titre de la période allant du 1er janvier 2013 au 31 décembre 2020, les dispositions des articles R. 229-5-1 à R. 229-17 et de l'article R. 229-30-1 continuent à s'appliquer dans leur version en vigueur à la date de publication du décret n° 2019-1035 du 9 octobre 2019. La quantité de quotas délivrés gratuitement au titre de cette période l'est par installation, cette quantité étant elle-même la somme des quotas délivrés par sous-installation dans les conditions précisées par les dispositions mentionnées à l'alinéa précédent.Pour l'application de ces dispositions : – les références à la directive 2003/87/CE du 13 octobre 2003 dans les articles précités s'entendent comme des références à la directive 2003/87/CE du 13 octobre 2003 dans sa version en vigueur le 31 décembre 2017 ; – les références aux articles du Code de l'environnement dans les articles précités s'entendent comme des références aux articles du Code de l'environnement dans leur version en vigueur à la date de publication du décret n° 2019-1035 du 9 octobre 2019, D. n° 2019-1035, 9 oct. 2019, art. 39. – NDLR.

31 mars le ministre chargé de l'environnement. Celui-ci donne instruction [à l'] *(Mots rempl., D. n° 2012-1343, 3 déc. 2012)* « administrateur national du registre européen » de ne procéder à aucun transfert des quotas délivrés au titre de l'installation et de l'année en cause.

Lorsque l'inspection des installations classées, ayant reçu une nouvelle déclaration de l'exploitant, constate qu'elle est satisfaisante, ou lorsqu'elle a arrêté le calcul forfaitaire des émissions de l'installation, elle établit un rapport en ce sens, le communique à l'exploitant et le transmet au ministre chargé de l'environnement, qui autorise, au plus tard le 31 mai, le teneur du registre à procéder à d'éventuels mouvements de quotas.

(Créé à compter du 1er janvier 2013, D. n° 2012-1343, 3 déc. 2012 ; mod., D. n° 2014-220, 25 févr. 2014) Pour les équipements et installations mentionnés au premier alinéa de l'article L. 593-3 et pour les installations classées mentionnées au deuxième alinéa de ce même article, l'autorité administrative et l'autorité compétente mentionnée au II de l'article L. 229-18 ainsi que l'autorité habilitée à prononcer les sanctions prévues au présent paragraphe sont l'Autorité de sûreté nucléaire. De même, cette autorité exerce les attributions de l'inspection des installations classées mentionnées au deuxième alinéa du présent article.

Sous-section 2. – Administrateur national du registre européen

(Rempl., D. n° 2012-1343, 3 déc. 2012)

Voir : *Révision annuelle des tarifs appliqués par l'administrateur national du registre européen de quotas de gaz à effet de serre pour l'année en cours : Énergie – Env. – Infrastr.* févr. 2017, n° 2, alerte 48.

Art. R. 229-34 *(Rempl., D. n° 2012-1343, 3 déc. 2012 ; mod., D. n° 2019-1035, 9 oct. 2019).* – La Caisse des dépôts et consignations est désignée en qualité d'administrateur national du registre européen prévu à l'article L. 229-12, y compris en ce qui concerne le registre de la France en tant que partie au protocole de Kyoto [du 11 décembre 1997] (1).

Art. R. 229-34-1 *(D. n° 2019-1035, 9 oct. 2019 ; mod., D. n° 2024-546, 14 juin 2024).* – Le ministre chargé de la politique des marchés carbone est l'autorité compétente pour l'application en France des actes délégués pris en application du paragraphe 3 de l'article 19 de la directive 2003/87/CE du 13 octobre 2003, sauf en ce qui concerne les comptes de dépôt d'exploitant d'aéronef, pour lesquels l'autorité compétente est le ministre chargé des transports et en ce qui concerne les comptes de dépôt des compagnies maritimes, pour lesquels l'autorité compétente est le ministre chargé de la mer.

Le ministre chargé de la politique des marchés carbone est l'autorité compétente pour l'application en France des actes délégués pris en application de l'article 12 du règlement (UE) 2018/842 du Parlement européen et du Conseil du 30 mai 2018 et de l'article 15 du règlement (UE) 2018/841 du Parlement européen et du Conseil du 30 mai 2018.

Le ministre chargé de la politique des marchés carbone est chargé de la gestion des unités inscrites sur les comptes détenus par l'État dans le registre européen mentionné à l'article L. 229-12 et dans le registre de la France en tant que partie au protocole de Kyoto, y compris les comptes ouverts pour la France pour effectuer les opérations permettant de se conformer au règlement (UE) 2018/842 du Parlement européen et du Conseil du 30 mai 2018, au règlement (UE) 2018/841 du Parlement européen et du Conseil du 30 mai 2018 et à la décision 406/2009/CE du Parlement européen et du Conseil du 23 avril 2009. L'administrateur national mentionné à l'article R. 229-34 est son représentant autorisé pour la gestion de ces comptes.

Art. R. 229-35 *(Rempl., D. n° 2012-1343, 3 déc. 2012 ; mod., D. n° 2014-220, 25 févr. 2014 ; D. n° 2019-1035, 9 oct. 2019 ; mod., D. n° 2024-546, 14 juin 2024).* – I. – Les missions de la Caisse des dépôts et consignations au titre de la présente sous-section comprennent notamment :

1° La saisie des données d'émission de l'année précédente au plus tard le 31 mars pour les exploitants d'installations, les exploitants d'aéronefs et les compagnies maritimes ;

2° Le chargement et, le cas échéant, la modification du tableau national d'affectation dans le journal des transactions de l'Union européenne ;

3° À titre exceptionnel, la saisie d'une instruction d'ordre de transfert, à la demande du ou des représentants autorisés du compte concerné ;

4° La perception des sommes mentionnées à l'article R. 229-36.

(1) Protocole publié par D. n° 2005-295, 22 mars 2005. – NDLR.

II. – Une convention règle l'organisation des relations du ministre chargé de la politique des marchés carbone avec la Caisse des dépôts et consignations pour l'exercice de ses missions au titre de son rôle d'administrateur national du registre européen, ainsi que les conditions d'exercice de ces missions.

III. – Une convention règle l'organisation des relations de l'État avec la Caisse des dépôts et consignations pour l'exercice des missions exercées pour le compte de l'État et pour celui des autres utilisateurs ainsi que les conditions, notamment d'équilibre financier, d'exercice de ces différentes missions.

IV. – Un arrêté conjoint du ministre chargé de la politique des marchés carbone, du ministre chargé des transports et du ministre chargé de la mer approuve les conventions types établies pour chaque catégorie de compte, à conclure à l'ouverture de tout compte, entre la Caisse des dépôts et consignations, administrateur national du registre européen, et chaque titulaire de comptes.

Art. R. 229-36 *(Rempl., D. n° 2019-1035, 9 oct. 2019 ; mod., D. n° 2024-546, 14 juin 2024).* – La couverture des coûts supportés par la Caisse des dépôts et consignations au titre de son rôle d'administrateur national du registre européen, y compris en ce qui concerne le registre de la France en tant que partie au protocole de Kyoto (1), et de son rôle de représentant autorisé mentionné à l'article R. 229-34-1, est, sans qu'il puisse en résulter pour elle des bénéfices, assurée par des frais de tenue de compte à la charge des détenteurs de comptes, à l'exception de l'État. À titre exceptionnel, un versement complémentaire de l'État peut contribuer à la couverture de ces coûts.

La couverture des coûts supportés par la Caisse des dépôts et consignations pour la tenue des comptes détenus par l'État dans le registre européen mentionné à l'article L. 229-12 et dans le registre de la France en tant que partie au protocole de Kyoto (1) est assurée par les frais de tenue de compte mentionnés à l'alinéa précédent.

Un arrêté conjoint du ministre chargé de la politique des marchés carbone, du ministre chargé des transports et du ministre chargé de la mer fixe chaque année, après avis du directeur général de la Caisse des dépôts et consignations, le montant des frais de tenue de compte applicables aux détenteurs de comptes pour l'année en cours. Cet arrêté peut prévoir des frais réduits pour les exploitants d'installation, les exploitants d'aéronefs, et les compagnies maritimes ayant émis moins qu'une quantité déterminée de gaz à effet de serre durant l'année précédente, à condition que les frais applicables aux autres détenteurs de comptes permettent de couvrir les coûts supportés par la Caisse des dépôts et consignations au titre de son rôle d'administrateur national du registre européen, y compris en ce qui concerne le registre de la France en tant que partie au protocole de Kyoto (1) et y compris en ce qui concerne son rôle de représentant autorisé mentionné à l'article R. 229-34-1.

Les détenteurs de comptes sont tenus de s'acquitter de leurs frais de tenue de compte et de se soumettre aux contrôles d'honorabilité.

Voir : A. 15 déc. 2015 fixant pour l'année 2015 le montant des frais de tenue de compte des détenteurs de quotas prévu à l'article R. 229-36 du Code de l'environnement.

Art. R. 229-37 *(Implicitement abr., D. n° 2012-1343, 3 déc. 2012).*

Sous-section 3. – Système d'échange de quotas d'émission de gaz à effet de serre appliqué aux exploitants d'aéronef

(D. n° 2011-90, 24 janv. 2011)

Art. R. 229-37-1 *(Rempl., D. n° 2019-1035, 9 oct. 2019 ; mod., D. n° 2024-546, 14 juin 2024).* – Pour l'application des dispositions relatives aux émissions de gaz à effet de serre résultant des activités aériennes mentionnées à l'article L. 229-8, à l'article L. 229-9, à l'article L. 229-18, au II de l'article L. 229-11-3 et à l'article L. 229-10 et des dispositions de la présente sous-section, l'autorité compétente est le ministre chargé des transports.

(1) Protocole publié par D. n° 2005-295, 22 mars 2005. – NDLR.

Au sens de la présente sous-section, on entend par « Transporteur aérien commercial » un exploitant qui fournit au public, contre rémunération, des services réguliers ou non réguliers de transport aérien pour l'acheminement de passagers, de fret ou de courrier.

Voir : Dir. n° 2009/29 ■ CE, 23 avr. 2009 modifiant la directive n° 2003/87/CE afin d'améliorer et d'étendre le système communautaire d'échange de quotas d'émission de gaz à effet de serre.

A. 30 sept. 2014 modifiant l'arrêté du 26 janvier 2011 relatif à l'intégration des activités aériennes dans le système communautaire d'échange de quotas d'émission de gaz à effet de serre et le a de l'annexe à l'arrêté du 12 décembre 2011 fixant la procédure d'affectation à titre gratuit de quotas d'émission de gaz à effet de serre aux exploitants d'aéronefs pour l'année 2012 et pour la période 2013-2020 : *JONC* 14 oct. 2014.

Décision n° 2017-01 du 21 février 2017 portant sanction en matière de quotas d'émission de gaz à effet de serre (transport aérien) (*BO* de l'Écologie, de l'Énergie, du Développement durable et de l'Aménagement du territoire 10 avr. 2017, n° 20176).

Bibliographie : A. Eckstein et I. Smets, *Aviation et écologie : le défi : Europolitique* 29 nov. 2010, n° 4092. • L. Grard, *Le texte sur l'incorporation de l'aviation au marché du CO2 est adopté : Rev. dr. transp.* mars 2009, n° 3, p. 33 ; *L'aviation vers le marché européen du carbone : Rev. dr. transp.* févr. 2008, n° 2, p. 35-40. • *Écologie, développement et aménagement durables, transport aérien et météorologie, contrôle et exploitation*, Rapport C. De Courson sur le projet de loi de finances pour 2008, Doc AN n° 276, ann. 18, 11 oct. 2007.

Art. D. 229-37-2 *(D. n° 2011-90, 24 janv. 2011* (1) *; mod., D. n° 2019-1035, 9 oct. 2019 ; D. n° 2024-775, 8 juill. 2024)*. **– La présente sous-section s'applique aux émissions de dioxyde de carbone des exploitants d'aéronef mentionnés à l'article L. 229-5 dès lors qu'ils effectuent une activité aérienne, définie comme tout vol à l'arrivée ou au départ d'un aérodrome situé sur le territoire d'un État membre de l'Union européenne ou d'un autre État partie à l'accord sur l'Espace économique européen, à l'exclusion des types de vols suivants :**

***a)* Vol effectué exclusivement aux fins de transporter, en mission officielle, un monarque régnant et sa proche famille, un chef d'État, un chef de gouvernement ou un ministre d'un État qui n'est pas membre de l'Union européenne, lorsque cela est corroboré par une indication appropriée du statut dans le plan de vol ;**

***b)* Vol militaire effectué par un avion militaire, vol effectué par les services des douanes ou de la police ;**

***c)* Vol de recherche et de sauvetage, vol de lutte contre le feu, vol humanitaire ou vol médical d'urgence dûment autorisé ;**

***d)* Vol effectué exclusivement selon les règles de vol à vue telles que définies à l'annexe 2 de la convention relative à l'aviation civile internationale signée le 7 décembre 1944** (2) **;**

***e)* Vol se terminant à l'aérodrome d'où l'aéronef avait décollé et au cours duquel aucun atterrissage intermédiaire n'a été effectué ;**

***f)* Vol d'entraînement effectué exclusivement aux fins d'obtention d'une licence, ou d'une qualification dans le cas du personnel navigant technique, lorsque cela est corroboré par une remarque adéquate sur le plan de vol, à condition que le vol ne serve pas au transport de passagers ou de marchandises, ni pour la mise en place ou le convoyage de l'aéronef ;**

***g)* Vol effectué exclusivement aux fins de travaux de recherche scientifique ou de contrôles, d'essais ou de certification d'aéronefs ou d'équipements qu'ils soient embarqués ou au sol ;**

***h)* Vol effectué par un aéronef dont la masse maximale certifiée au décollage est inférieure à 5 700 kg ;**

***i)* Vol effectué dans le cadre d'obligations de service public imposées conformément au règlement (CE) n° 1008/2008 [du 24 septembre 2008] sur une liaison au sein des régions ultrapériphériques spécifiées à l'article 355, paragraphe 1, du traité sur le fonctionnement de l'Union européenne ou sur une liaison dont la capacité offerte ne dépasse pas 50 000 sièges par an ;**

***j)* Vol qui, à l'exception de ce point, relèverait de cette activité, réalisé par un transporteur aérien commercial effectuant soit moins de 243 vols par quadrimestre pendant les trois quadrimestres consécutifs d'une année, soit des vols produisant des émissions totales inférieures à 10 000 tonnes par an, y compris les vols et émissions des vols visés aux points a, l et *m* ;**

(1) Dispositions d'application transitoires, D. n° 2011-90, 24 janv. 2011, art. 3.
(2) Conv. publiée par D. n° 47-974, 31 mai 1947. – NDLR.

k) Jusqu'au 31 décembre 2030, vol qui, à l'exception de ce point, relèverait de cette activité, réalisé par un exploitant d'aéronef non commercial effectuant des vols dont les émissions annuelles totales sont inférieures à 1 000 tonnes par an, y compris les émissions des vols visés aux points *l* et *m* ;

l) Vol au départ d'un aérodrome situé en Suisse vers un aérodrome situé dans l'Espace économique européen ;

m) Vol au départ d'un aérodrome situé au Royaume-Uni vers un aérodrome situé dans l'Espace économique européen.

Art. R. 229-37-2-1 *(Abr., D. n° 2024-775, 8 juill. 2024).*

§ 1. – Allocation et délivrance de quotas gratuits aux exploitants d'aéronefs
(Rempl., D. n° 2024-546, 14 juin 2024)

Art. R. 229-37-3 *(Rempl.,D. n° 2024-546, 14 juin 2024).* – L'administrateur national du registre européen mentionné à l'article L. 229-12 inscrit au compte des exploitants d'aéronefs, au plus tard le 30 juin de chaque année, le nombre de quotas alloués à titre gratuit mentionnés au I de l'article L. 229-18 pour l'année en question.

Art. R. 229-37-4 *(Rempl., D. n° 2024-546, 14 juin 2024).* – I. – Afin de bénéficier de l'allocation gratuite de quotas mentionnée au II de l'article L. 229-18, les exploitants d'aéronefs fournissent dans la déclaration mentionnée à l'article L. 229-7 les données relatives à leur utilisation de carburants durables d'aviation pour l'année précédente, conformément aux dispositions du règlement d'exécution (UE) 2018/2066 de la Commission du 19 décembre 2018 relatif à la surveillance et à la déclaration des émissions de gaz à effet de serre au titre de la directive 2003/87/CE du Parlement européen et du Conseil et modifiant le règlement (UE) n° 601/2012 de la Commission. Ces données sont vérifiées conformément au même règlement.

II. – L'autorité compétente arrête et publie annuellement le nombre de quotas mentionnés au II de l'article L. 229-18 alloués à titre gratuit à chaque exploitant d'aéronef, calculé selon les modalités établies par le paragraphe 6 de l'article 3 *quater* de la directive 2003/87/CE du 13 octobre 2003 et l'acte délégué mentionné à cet article, sur la base informations figurant dans la déclaration mentionnée au I du présent article.

L'administrateur national du registre européen inscrit au compte des exploitants, au plus tard le 30 juin de chaque année, le nombre de quotas gratuits alloués en application du II de l'article L. 229-18 pour l'année concernée.

III. – Les exploitants d'aéronefs recevant des quotas gratuits au titre du II de l'article L. 229-18 doivent faire état et assurer la visibilité du financement de l'Union sous la forme de quotas gratuits, en particulier lorsqu'ils promeuvent l'utilisation de carburants durables d'aviation, en fournissant des informations ciblées, cohérentes, efficaces et proportionnées à divers publics, notamment aux médias et au grand public. Ils doivent mentionner ces quotas gratuits dans toutes leurs activités de communication, y compris sur des panneaux d'affichage situés à des endroits stratégiques visibles pour le grand public.

§ 2. – Réserve spéciale pour les exploitants d'aéronefs
(Intitulé rempl., D. n° 2019-1035, 9 oct. 2019)

Art. R. 229-37-5 et R. 229-37-6 *(Rempl., D. n° 2019-1035, 9 oct. 2019 ; abr., D. n° 2024-546, 14 juin 2024).*

§ 2 *(Rédaction antérieure).* – **Réserve spéciale pour les exploitants d'aéronefs**
(Intitulé rempl., D. n° 2019-1035, 9 oct. 2019)

Rédaction antérieure. Art. R. 229-37-5 *(Rempl., D. n° 2019-1035, 9 oct. 2019).* – Afin de bénéficier de l'affectation de quotas de la réserve spéciale mentionnée au III de l'article L. 229-18 pour une période, un exploitant d'aéronef présente une demande auprès de l'autorité compétente au plus tard le 30 juin de la troisième année de la période concernée. Cette demande :

1° Contient la déclaration des données d'activité en termes de tonnes-kilomètres effectuée durant la deuxième année civile de la période, ces données étant vérifiées selon les dispositions de l'arrêté relatif aux exploitants d'aéronef mentionné à l'article L. 229-6 ;

2° Apporte la preuve que les critères d'admissibilité mentionnés au III de l'article L. 229-18 sont remplis ;

3° Indique de plus, dans le cas d'un exploitant d'aéronef relevant de la condition posée au *b* du III de l'article L. 229-18, les précisions suivantes relatives à l'augmentation d'activité en termes de tonnes-kilomètres entre l'année de surveillance et la deuxième année civile de la période :

a) Le taux d'augmentation ;

b) L'augmentation en termes de tonnes-kilomètres ;

c) La part de l'augmentation en termes de tonnes-kilomètres qui dépasse une augmentation annuelle moyenne de 18 %.

Rédaction antérieure. Art. R. 229-37-6 *(Rempl., D. n° 2019-1035, 9 oct. 2019).* – L'autorité compétente soumet les demandes reçues au titre de l'article R. 229-37-5 à la Commission européenne. Elle arrête et publie pour chaque période le nombre de quotas de la réserve spéciale affectés à chaque exploitant d'aéronef pour cette période et délivrés annuellement, calculé selon les modalités établies par les articles 3 *septies* et 28 *bis* de la directive 2003/87/CE du 13 octobre 2003.

L'administrateur national du registre européen mentionné à l'article L. 229-12 inscrit au compte des exploitants, au plus tard le 28 février de chaque année, le nombre de quotas de la réserve spéciale qui leur sont délivrés pour l'année en question.

NB : Pendant la période du 1er janvier 2013 au 31 décembre 2016, il convient de se référer pour l'application de cet article aux dispositions du règlement (UE) n° 421/2014 du Parlement européen et du Conseil du 16 avril 2014 modifiant la directive 2003/87/CE établissant un système d'échange de quotas d'émission de gaz à effet de serre dans la Communauté, en vue de la mise en œuvre, d'ici 2020, d'une convention internationale portant application d'un mécanisme de marché mondial aux émissions de l'aviation internationale.

§ 3. – Déclaration des émissions de gaz à effet de serre et restitution de quotas des exploitants d'aéronef

(Intitulé rempl., D. n° 2019-1035, 9 oct. 2019)

Art. R. 229-37-7 ***(Rempl., D. n° 2019-1035, 9 oct. 2019 ; mod., D. n° 2024-546, 14 juin 2024).*** **– Chaque exploitant d'aéronef soumis aux dispositions de l'article L. 229-5 soumet, un plan de surveillance de ses émissions à l'autorité compétente, qui l'approuve. Un plan de surveillance des émissions peut être soumis sous la forme d'un amendement à un plan de surveillance des émissions précédemment soumis.**

Dans un délai de deux mois après une activité aérienne telle que définie à l'article D. 229-37-2, tout nouvel exploitant d'aéronef mentionné à l'article L. 229-5 soumet un plan de surveillance de ses émissions pour le restant de la période à l'autorité compétente, qui l'approuve.

Chaque année, au plus tard le 31 mars, chaque exploitant d'aéronef ayant au préalable soumis un plan de surveillance de ses émissions soumet à l'autorité compétente une déclaration des émissions résultant de ses activités aériennes de l'année précédente, ces données d'émissions étant vérifiées selon les dispositions du III de l'article L. 229-7.

Après validation par l'autorité compétente de la déclaration des émissions de gaz à effet de serre résultant des activités aériennes d'un exploitant d'aéronef, en application des dispositions du III de l'article L. 229-7, celle-ci informe l'exploitant concerné :

1° De la publication de ses données par la Commission européenne en application des dispositions du paragraphe 6 de l'article 14 de la directive 2003/87/CE du 13 octobre 2003 ;

2° De la faculté pour un exploitant d'aéronef qui opère sur un nombre très limité de paires d'aérodromes ou sur un nombre très limité de paires d'États qui sont soumis à des exigences de compensation ou sur un nombre très limité de paires d'États qui ne sont pas soumis à des exigences de compensation, d'obtenir une publication de ses données à un niveau d'agrégation plus élevé que celui prévu aux *a* et *b* du premier alinéa du paragraphe 6 de l'article 14 de la directive 2003/87/CE du 13 octobre 2003. Un exploitant d'aéronef remplissant les conditions mentionnées ci-dessus et souhaitant bénéficier de cette faculté doit adresser dans un délai de deux mois à l'autorité compétente un argumentaire expliquant pourquoi la divulgation de ses données pourrait être préjudiciable à ses intérêts commerciaux. L'autorité compétente évalue la pertinence de l'argumentaire transmis. Si elle estime que tel est le cas, elle demande à la Commission européenne de publier les données de l'exploitant d'aéronef concerné à un niveau d'agrégation plus élevé. L'autorité compétente informe l'exploitant d'aéronef concerné de l'issue de sa demande.

En cas d'absence de cette déclaration, ou si l'autorité compétente constate qu'elle n'est pas conforme aux conditions fixées par l'arrêté prévu à l'article L. 229-6 relatif aux aéronefs, l'autorité compétente procède au calcul d'office des émissions conformément aux dispositions des actes d'exécution mentionnés à l'article 14 de la directive 2003/87/CE du 13 octobre 2003.

NB : Pendant la période du 1er janvier 2013 au 31 décembre 2016, il convient de se référer pour l'application de cet article aux dispositions du règlement (UE) n° 421/2014 du Parlement européen et du Conseil du 16 avril 2014 modifiant la directive 2003/87/CE établissant un système d'échange de quotas d'émission de gaz à effet de serre dans la Communauté, en vue de la mise en œuvre, d'ici 2020, d'une convention internationale portant application d'un mécanisme de marché mondial aux émissions de l'aviation internationale.

Art. R. 229-37-8 *(Rempl., D. n° 2019-1035, 9 oct. 2019 ; mod., D. n° 2024-546, 14 juin 2024).* **– Conformément au II de l'article L. 229-7, chaque exploitant d'aéronef soumis aux dispositions de l'article L. 229-5 restitue au ministre chargé des transports, au plus tard le 30 septembre de chaque année, un nombre d'unités mentionnées au IV de l'article L. 229-7 correspondant aux émissions résultant de ses activités aériennes au cours de l'année civile précédente, déclarées et vérifiées dans les conditions prévues par l'article R. 229-37-7.**

Cette opération est effectuée par un transfert d'unités mentionnées au IV de l'article L. 229-7 vers le compte du registre européen prévu à cet effet par les actes délégués pris en application du paragraphe 3 de l'article 19 de la directive 2003/87/CE du 13 octobre 2003.

Les modalités prévues à l'alinéa précédent s'appliquent également à la restitution mentionnée à l'article L. 229-8.

NB : Pendant la période du 1er janvier 2013 au 31 décembre 2016, il convient de se référer pour l'application de cet article aux dispositions du règlement (UE) n° 421/2014 du Parlement européen et du Conseil du 16 avril 2014 modifiant la directive 2003/87/CE établissant un système d'échange de quotas d'émission de gaz à effet de serre dans la Communauté, en vue de la mise en œuvre, d'ici 2020, d'une convention internationale portant application d'un mécanisme de marché mondial aux émissions de l'aviation internationale.

§ 4. – Sanctions

Art. R. 229-37-9 *(Rempl., D. n° 2019-1035, 9 oct. 2019 ; abr., D. n° 2024-546, 14 juin 2024).*

Art. D. 229-37-10 *(Rempl., D. n° 2019-1035, 9 oct. 2019).* **– Lorsqu'un exploitant d'aéronef n'a pas restitué, à la date mentionnée à l'article R. 229-37-8, un nombre de quotas suffisant pour couvrir les émissions résultant de ses activités aériennes de l'année précédente, établies conformément aux dispositions de l'article R. 229-37-7, l'administrateur national du registre européen mentionné à l'article L. 229-12 adresse un rapport à l'autorité compétente. Ce rapport précise le nombre de quotas manquants.**

Sur le fondement de ce rapport, l'autorité compétente met en œuvre les mesures prévues au II de l'article L. 229-10.

La décision prononçant l'amende en application du II de l'article L. 229-10 est publiée sur le site internet du ministre chargé des transports et notifiée à l'exploitant d'aéronef.

NB : Pendant la période du 1er janvier 2013 au 31 décembre 2016, il convient de se référer pour l'application de cet article aux dispositions du règlement (UE) n° 421/2014 du Parlement européen et du Conseil du 16 avril 2014 modifiant la directive 2003/87/CE établissant un système d'échange de quotas d'émission de gaz à effet de serre dans la Communauté, en vue de la mise en œuvre, d'ici 2020, d'une convention internationale portant application d'un mécanisme de marché mondial aux émissions de l'aviation internationale.

§ 5. – Information du public sur l'utilisation par l'État des recettes tirées de la mise aux enchères des quotas d'émission de gaz à effet de serre pour l'aviation

(D. n° 2015-995, 17 août 2015 ; intitulé rempl., D. n° 2019-1035, 9 oct. 2019)

Art. R. 229-37-11 *(D. n° 2015-995, 17 août 2015 ; mod., D. n° 2019-1035, 9 oct. 2019).* **– L'utilisation des recettes tirées de la mise aux enchères des quotas pour l'aviation est mentionnée au rapport prévu à l'article R. 229-22.**

Sous-section 4. – Système d'échange de quotas d'émissions de gaz à effet de serre appliqué aux compagnies maritimes

(D. n° 2024-546, 14 juin 2024)

Toutes les dispositions qui suivent résultent du nouveau régime communautaire et entrent progressivement en vigueur.

Art. R. 229-38-1 *(D. n° 2024-546, 14 juin 2024).* **– Les dispositions de la présente sous-section s'appliquent aux activités de transport maritime mentionnées à l'article L. 229-18-3.**

Art. R. 229-38-2 *(D. n° 2024-546, 14 juin 2024).* – Pour l'application des dispositions du II de l'article L. 229-7, de l'article L. 229-10, du II de l'article L. 229-11-3 des articles L. 229-18-3 à L. 229-18-18 et de celles de la présente sous-section, l'autorité compétente est le ministre chargé de la mer.

Art. R. 229-38-3 *(D. n° 2024-546, 14 juin 2024).* – La date limite de soumission des déclarations d'émissions et de données d'émissions agrégées au niveau de la compagnie, prévues respectivement aux articles 11 et 11 *bis* du règlement (UE) 2015/757 du Parlement européen et du Conseil du 29 avril 2015 concernant la surveillance, la déclaration et la vérification des émissions de dioxyde de carbone du secteur du transport maritime et modifiant la directive 2009/16/CE, est fixée au 31 mars de chaque année. La déclaration des données d'émissions, qui est effectuée par voie électronique, doit respecter les conditions prévues à l'article 11 *bis* de ce règlement.

Les conditions et modalités de validation et de transmission de la déclaration à l'administrateur national du registre européen sont précisées par l'arrêté du ministre chargé de la mer prévu à l'article L. 229-6.

L'autorité compétente valide la déclaration des données d'émissions si elle est conforme aux conditions fixées par le règlement (UE) 2015/757 du 29 avril 2015 et par l'arrêté prévu à l'article L. 229-6.

En l'absence des déclarations mentionnées au premier alinéa ou si l'autorité compétente constate qu'elles ne sont pas conformes aux conditions fixées par ce règlement et l'arrêté mentionnés au précédent alinéa, l'autorité compétente met en œuvre la procédure prévue à l'article R. 229-38-5.

Elle procède par une décision motivée au calcul d'office des émissions agrégées au niveau de la compagnie. Il est effectué dans les conditions fixées par le règlement délégué (UE) 2023/2849 de la Commission du 12 octobre 2023 complétant le règlement (UE) 2015/757 du Parlement européen et du Conseil en ce qui concerne les règles relatives à la déclaration et à la soumission des données d'émissions agrégées au niveau de la compagnie. La décision est notifiée à la compagnie exploitant le navire et, le cas échéant, aux autorités compétentes de l'État membre responsable ou des États membres responsables de l'approbation des plans de surveillance des navires concernés.

Art. R. 229-38-4 *(D. n° 2024-546, 14 juin 2024).* – Conformément au II de l'article L. 229-7, chaque compagnie maritime concernée restitue à l'autorité compétente, au plus tard le 30 septembre de chaque année, un nombre d'unités correspondant aux émissions résultant de ses activités maritimes au cours de l'année civile précédente dans les conditions prévues par l'article R. 229-38-1.

Cette restitution est réalisée par le biais d'un transfert d'unités vers le compte du registre européen prévu par les actes délégués pris en application du paragraphe 3 de l'article 19 de la directive 2003/87/CE du 13 octobre 2003.

Art. R. 229-38-5 *(D. n° 2024-546, 14 juin 2024).* – Lorsqu'une compagnie maritime n'a pas restitué, à la date mentionnée à l'article R. 229-38-4, un nombre de quotas suffisant pour permettre de couvrir les émissions résultant de ses activités maritimes de l'année précédente, l'administrateur national du registre européen mentionné à l'article L. 229-12 adresse un rapport à l'autorité compétente, qui indique le nombre de quotas manquants.

Sur le fondement de ce rapport, l'autorité compétente met en œuvre les mesures prévues au II de l'article L. 229-10. Les décisions prononçant une amende administrative sont publiées sur le site internet du ministère chargé de la mer et notifiées à la compagnie maritime.

Art. R. 229-38-6 *(D. n° 2024-546, 14 juin 2024).* – I. – Les décisions d'immobilisation prises en application du 1° des articles L. 229-18-7 et L. 229-18-8 sont notifiées à la compagnie maritime exploitant le navire et au capitaine du navire.

Lorsqu'elle est prise en application du 1° de l'article L. 229-18-7, la décision d'immobilisation est également notifiée à la Commission européenne, à l'Agence européenne pour la sécurité maritime et aux autres États membres de l'Union européenne.

II. – Après vérification que la compagnie maritime satisfait aux obligations résultant de l'article L. 229-7, l'autorité compétente notifie à la compagnie exploitant le navire, au capitaine du navire et aux autorités mentionnées au deuxième alinéa du I la fin de la mesure d'immobilisation.

Art. R. 229-38-7 *(D. n° 2024-546, 14 juin 2024).* – L'autorité compétente peut prononcer l'expulsion du port d'un navire battant pavillon d'un autre État membre de l'Union européenne ou d'un État tiers en application du 2° de l'article L. 229-18-7, en tenant compte des impératifs de sécurité du navire, de l'équipage et des passagers.

La décision d'expulsion est notifiée à la compagnie exploitant le navire et au capitaine du navire, à la Commission européenne, à l'Agence européenne pour la sécurité maritime, aux autres États membres de l'Union européenne et à l'État du pavillon concerné.

La décision d'expulsion est mise en œuvre par l'autorité investie du pouvoir de police portuaire mentionnée à l'article L. 5331-6 du Code des transports.

Art. R. 229-38-8 *(D. n° 2024-546, 14 juin 2024)*. – L'autorité compétente peut prendre une décision de refus d'accès aux ports et aux mouillages situés sur l'ensemble du territoire national à tout navire battant pavillon d'un autre État membre de l'Union européenne ou d'un État tiers dans le cas prévu au 2° de l'article L. 229-18-8, sauf en cas de force majeure tel que défini à l'article L. 5334-4 du Code des transports.

La décision de refus d'accès est notifiée à la compagnie exploitant le navire et au capitaine du navire, à la Commission européenne, à l'Agence européenne pour la sécurité maritime, aux autres États membres de l'Union européenne et à l'État du pavillon concerné.

Art. R. 229-38-9 *(D. n° 2024-546, 14 juin 2024)*. – Les fonctionnaires et agents affectés dans les services en charge de l'administration et du contrôle de la mise en œuvre du système d'échange de quotas d'émission de gaz à effet de serre pour les compagnies maritimes, peuvent être habilités à constater les manquements aux dispositions du II de l'article L. 229-10 et à celles prises pour son application.

Ces manquements font l'objet de constats écrits.

Les constats mentionnent les sanctions encourues. Ils sont notifiés à la compagnie maritime concernée, qui a accès à l'ensemble des éléments de son dossier. Elle doit pouvoir, avant toute sanction, être entendue par l'autorité compétente et peut se faire représenter ou assister par la personne de son choix.

La procédure de mise en demeure prévue au II de l'article L. 229-10 vaut notification au sens du présent article.

Art. R. 229-38-10 *(D. n° 2024-546, 14 juin 2024)*. – Les compagnies maritimes qui entendent contester les décisions de validation de la déclaration des données d'émissions ou de fixation d'office du niveau des émissions en prises en application de l'article R. 229-38-3, les décisions d'immobilisation, d'expulsion ou de refus d'accès en application des articles R. 229-38-6 à R. 229-38-8 doivent, préalablement à tout recours contentieux au fond, saisir l'autorité compétente d'un recours gracieux.

Ce recours, qui n'est pas suspensif, doit être formé dans les quinze jours suivant la notification de la décision.

L'autorité compétente dispose d'un délai de deux mois à compter de la réception du recours pour se prononcer par décision motivée. L'absence de réponse dans ce délai vaut décision de rejet.

Section III. – Mise en œuvre des activités de projet prévues par le protocole fait à Kyoto le 11 décembre 1997 (1) à la convention-cadre des Nations unies sur les changements climatiques du 9 mai 1992

Art. R. 229-38 *(Abr. à compter du 1er janvier 2021, D. n° 2019-1035, 9 oct. 2019).*

Art. R. 229-39 *(Rempl., D. n° 2019-1035, 9 oct. 2019)*. – Si, lors de l'une des périodes mentionnées au deuxième alinéa de l'article L. 229-21, il est fait application du deuxième alinéa de l'article L. 229-21, un arrêté du ministre chargé de l'environnement publié au plus tard le 31 décembre de la dernière année de la période considérée fixe la limite dans laquelle et les modalités selon lesquelles les unités de réduction des émissions et les unités de réduction d'émissions certifiées mentionnées à l'article L. 229-22 qui n'auront pas été utilisées par leurs détenteurs ou qui n'auront pas été annulées à la demande de ceux-ci avant la fin de la période sont reportées sur la période suivante.

Art. R. 229-40 à R. 229-44 *(Abr. à compter du 1er janvier 2021, D. n° 2019-1035, 9 oct. 2019).*

(1) Protocole publié par D. n° 2005-295, 22 mars 2005. – NDLR.

Section IV. – Bilan des émissions de gaz à effet de serre et plan climat-air-énergie territorial

(D. n° 2011-829, 11 juill. 2011 (1) (2) *; intitulé mod., D. n° 2016-849, 28 juin 2016)*

Bibliographie : L. Rocher, *Action locale et planification climatique. – Pratiques des collectivités et nouvelles responsabilités : JCP* A 2011, n° 50, p. 2389.

Art. R. 229-45 (3) ***(D. n° 2011-829, 11 juill. 2011 ; rempl., D. n° 2016-849, 28 juin 2016).* – La liste des gaz à effet de serre pris en compte pour la mise en œuvre de la présente section est fixée par arrêté du ministre chargé de l'écologie** (4).

Voir : A. 24 août 2011 relatif aux gaz à effet de serre couverts par les bilans d'émissions de gaz à effet de serre (*JO* 14 sept. 2011)

D. n° 2016-565, 10 mai 2016 pris pour l'application de l'article 45 de la loi n° 2015-992 du 17 août 2015 relative à la transition énergétique pour la croissance verte.

Note du 6 janvier 2017 relative au plan climat-air-énergie territorial (*BO* Min. Écologie, Énergie, Développement durable et Aménagement du territoire 25 janv. 2017, n° 20171).

Sous-section 1. – Bilan des émissions de gaz à effet de serre

Art. R. 229-46 ***(D. n° 2011-829, 11 juill. 2011 ; mod. à compter du 1er janvier 2016, D. n° 2015-1738, 24 déc. 2015 ; à compter du 4 juillet 2022, D. n° 2022-982, 1er juill. 2022).* – Les personnes morales de droit privé tenues d'établir un bilan des émissions de gaz à effet de serre sont celles qui ont leur siège en France ou y disposent d'un ou plusieurs établissements stables et qui remplissent la condition d'effectif travaillant en France fixée au 1° ou au 2° de l'article L. 229-25. L'effectif est calculé conformément aux règles prévues à l'article L. 1111-2 du Code du travail.**

Les groupes définis à l'article L. 2331-1 du Code du travail peuvent établir et publier un bilan des émissions de gaz à effet de serre et un plan de transition consolidés pour l'ensemble de leurs entreprises répondant aux conditions définies à l'alinéa précédent.

Le bilan et le plan de transition consolidés valent alors pour ces dernières.

Art. R. 229-47 ***(D. n° 2011-829, 11 juill. 2011 ; mod. à compter du 1er janvier 2016, D. n° 2015-1738, 24 déc. 2015 ; à compter du 4 juillet 2022, D. n° 2022-982, 1er juill. 2022).* – Le bilan des émissions de gaz à effet de serre prévu à l'article L. 229-25 fournit une évaluation du volume d'émissions de gaz à effet de serre produit par les activités exercées par la personne morale sur le territoire national au cours d'une année. Le volume à évaluer est celui produit au cours de l'année précédant celle où le bilan est établi ou mis à jour ou, à défaut de données disponibles, au cours de la pénultième année. Les émissions sont exprimées en équivalent de tonnes de dioxyde de carbone.**

Le bilan distingue :

1° Les émissions directes, produites par les sources, fixes et mobiles, nécessaires aux activités de la personne morale ;

2° *(Rempl. à compter du 1er janvier 2023, D. n° 2022-982, 1er juill. 2022)* Les émissions indirectes significatives qui découlent des opérations et activités de la personne morale ainsi que, le cas échéant, de l'usage des biens et services qu'elle produit. L'identification et la quantification des émissions indirectes significatives est réalisée selon la méthodologie mentionnée à l'article R. 229-49.

***(Mod. à compter du 1er janvier 2025, D. n° 2023-1394, 30 déc. 2023)* Toutefois, pour les personnes morales de droit privé non soumises aux obligations définies aux articles L. 22-10-36, L. 232-6-3 et L. 233-28-4 du Code de commerce, les émissions indirectes à prendre en compte obligatoirement se limitent aux émissions indirectes associées à la consommation d'électricité, de chaleur ou de vapeur nécessaire aux activités de la personne morale.**

---

(1) Dispositions d'application transitoires : V. D. n° 2011-829, 11 juill. 2011, art. 4. – NDLR.

(2) Le premier bilan des émissions de gaz à effet de serre établi en application du décret n° 2011-829 du 11 juillet 2011 doit être transmis au plus tard le 31 décembre 2012, D. n° 2011-829, 11 juillet 2011. – NDLR.

(3) Les présentes dispositions ne s'appliquent pas au premier bilan des émissions de gaz à effet de serre s'il a été déjà établi au cours des douze mois précédant le 12 juillet 2011, D. n° 2011-829, 11 juill. 2011, art. 3. – NDLR.

(4) V. T. appl. : A. 24 août 2011 (*JO* 14 sept. 2011) puis A. 25 janv. 2016 (*JO* 4 févr. 2016). – NDLR.

Le plan de transition, joint au bilan en application de l'article L. 229-25, décrit les actions mises en œuvre au cours des années suivant le bilan précédant ainsi que les résultats obtenus. Il présente séparément, pour les émissions directes et pour les émissions indirectes, les actions et les moyens que la personne morale envisage de mettre en œuvre au cours des années courant jusqu'à l'établissement de son bilan suivant. Il indique le volume global des réductions d'émissions de gaz à effet de serre attendu pour les émissions directes et indirectes.

(Créé à compter du 1er janvier 2025, D. n° 2023-1394, 30 déc. 2023) Lorsqu'elles transmettent les informations relatives au plan de transition, en application du II de l'article L. 229-25, les personnes morales de droit privé peuvent renvoyer vers la section de leur rapport de gestion ou de leur rapport sur la gestion du groupe prévue aux articles L. 232-6-3 et L. 233-28-4 du Code de commerce, selon le cas, sous réserve que ce plan soit facilement identifiable et comprenne les descriptions mentionnées à l'alinéa précédent spécifiques aux activités exercées sur le territoire national.

Ces dispositions sont bien entendu à rapprocher des nouvelles obligations résultant de la CSRD, qui va se substituer au DPEF et également au plan de vigilance. Elles précisent les conditions d'application ou non du scope 3. Le plan de transition qui doit être rédigé et jouera bien sûr un rôle central dans le contrôle des moyens mis en œuvre pour réduire les risques réels et potentiels.

Art. R. 229-48 *(D. n° 2011-829, 11 juill. 2011 ; rempl. à compter du 1er janvier 2016, D. n° 2015-1738, 24 déc. 2015)*. – Le ministre chargé de l'environnement organise, avec l'appui de l'Agence de l'environnement et de la maîtrise de l'énergie, la publication de toutes les informations nécessaires au respect des exigences mentionnées à l'article R. 229-47.

Art. R. 229-49 *(D. n° 2011-829, 11 juill. 2011 ; mod., à compter du 1er janvier 2016, D. n° 2015-1738, 24 déc. 2015)* (1). – Le ministre chargé de l'environnement désigne un organisme d'expertise dénommé « pôle de la coordination nationale » dont il arrête la composition et les modalités de fonctionnement et qui est chargé des missions suivantes :

1° *(Rempl. à compter du 4 juillet 2022, D. n° 2022-982, 1er juill. 2022)* Élaborer la méthodologie à suivre pour l'établissement des bilans des émissions de gaz à effet de serre et des plans de transition, pour les organisations soumises aux obligations prévues par la présente sous-section, permettant d'assurer la cohérence des résultats des bilans. Cette méthodologie fait l'objet d'une publication sur le site du ministère chargé de l'environnement.

2° Déterminer les principes de calcul des équivalents de tonnes de dioxyde de carbone et les facteurs d'émissions qui doivent être utilisés ;

3° Préparer un modèle de présentation du bilan des émissions des gaz à effet de serre, qui est soumis à l'approbation du ministre chargé de l'écologie ;

4° Suivre la mise en œuvre du dispositif des bilans des émissions de gaz à effet de serre et faire des recommandations, le cas échéant, sur l'évolution de ce dispositif.

Art. R. 229-50 *(Rempl. à compter du 4 juillet 2022, D. n° 2022-982, 1er juill. 2022)*. – Le préfet de région et le président du conseil régional organisent le suivi des bilans des émissions de gaz à effet de serre établis dans la région.

Ils recensent les bilans publiés et en vérifient la conformité aux exigences prévues à l'article L. 229-25 et à la présente sous-section.

Ils dressent tous les trois ans un état des lieux qui porte sur le nombre d'obligés dans la région, le nombre de bilans publiés, leur conformité aux exigences prévues à l'article L. 229-25 et à la présente sous-section et les difficultés méthodologiques éventuellement rencontrées par les personnes morales dans l'établissement de leur bilan. Ils transmettent cet état des lieux au pôle de la coordination nationale. Ils intègrent les résultats de cet état des lieux dans le rapport d'évaluation prévu à l'article R. 222-6.

(1) Les présentes dispositions ne s'appliquent pas au premier bilan des émissions de gaz à effet de serre s'il a été déjà établi au cours des douze mois précédant le 12 juillet 2011, D. n° 2011-829, 11 juill. 2011, art. 3. – NDLR.

Art. R. 229-50-1 *(Créé à compter du 1er janvier 2016, D. n° 2015-1738, 24 déc. 2015 ; mod. à compter du 4 juillet 2022, D. n° 2022-982, 1er juill. 2022).* – Le non-respect des obligations imposées par les I et II de l'article L. 229-25 est constaté par un agent habilité à cet effet par le préfet de région.

Lorsqu'un manquement a été constaté, le préfet met en demeure l'auteur de ce manquement de satisfaire à son obligation dans un délai qu'il détermine.

Lorsqu'à l'expiration du délai imparti l'intéressé n'a pas satisfait à son obligation, le préfet de région peut ordonner le paiement de l'amende prévue à l'article L. 229-25. Le montant de l'amende est recouvré comme une créance étrangère à l'impôt et au domaine.

Le préfet de région peut en outre décider de rendre publique cette sanction.

Voir : Note du 11 mai 2016 relative aux évolutions de la réglementation sur les bilans d'émission de gaz à effet de serre en application de la loi de transition énergétique pour la croissance verte qui vise à informer les préfets de région des principales modifications apportées à la réglementation sur les bilans d'émission de gaz à effet de serre suite à l'adoption de la loi relative à la transition énergétique pour la croissance verte. Les annexes sont destinées à informer les services concernés et à leur proposer une procédure harmonisée pour la mise en œuvre du suivi des bilans.

Sous-section 2. – Plan climat-air-énergie territorial

(Rempl., D. n° 2016-849, 28 juin 2016)

Art. R. 229-51 *(Rempl., D. n° 2016-849, 28 juin 2016 ; mod., D. n° 2020-1060, 14 août 2020)* (1). – Le plan climat-air-énergie territorial prévu à l'article L. 229-26 est l'outil opérationnel de coordination de la transition énergétique sur le territoire. Il comprend un diagnostic, une stratégie territoriale, un programme d'actions et un dispositif de suivi et d'évaluation.

I. – Le diagnostic comprend :

1° Une estimation des émissions territoriales de gaz à effet de serre et de polluants atmosphériques, ainsi qu'une analyse de leurs possibilités de réduction ;

2° Une estimation de la séquestration nette de dioxyde de carbone et de ses possibilités de développement, identifiant au moins les sols agricoles et la forêt, en tenant compte des changements d'affectation des terres ; les potentiels de production et d'utilisation additionnelles de biomasse à usages autres qu'alimentaires sont également estimés, afin que puissent être valorisés les bénéfices potentiels en termes d'émissions de gaz à effet de serre, ceci en tenant compte des effets de séquestration et de substitution à des produits dont le cycle de vie est davantage émetteur de tels gaz ;

3° Une analyse de la consommation énergétique finale du territoire et du potentiel de réduction de celle-ci ;

4° La présentation des réseaux de distribution et de transport d'électricité, de gaz et de chaleur, des enjeux de la distribution d'énergie sur les territoires qu'ils desservent et une analyse des options de développement de ces réseaux ;

5° Un état de la production des énergies renouvelables sur le territoire, détaillant les filières de production d'électricité (éolien terrestre, solaire photovoltaïque, solaire thermodynamique, hydraulique, biomasse solide, biogaz, géothermie), de chaleur (biomasse solide, pompes à chaleur, géothermie, solaire thermique, biogaz), de biométhane et de biocarburants, une estimation du potentiel de développement de celles-ci ainsi que du potentiel disponible d'énergie de récupération et de stockage énergétique ;

6° Une analyse de la vulnérabilité du territoire aux effets du changement climatique.

Pour chaque élément du diagnostic, le plan climat-air-énergie territorial mentionne les sources de données utilisées.

II. – La stratégie territoriale identifie les priorités et les objectifs de la collectivité ou de l'établissement public, ainsi que les conséquences en matière socio-économique, prenant notamment en compte le coût de l'action et celui d'une éventuelle inaction. Les objectifs stratégiques et opérationnels portent au moins sur les domaines suivants :

1° Réduction des émissions de gaz à effet de serre ;

2° Renforcement du stockage de carbone sur le territoire, notamment dans la végétation, les sols et les bâtiments ;

3° Maîtrise de la consommation d'énergie finale ;

(1) Dispositions d'application particulières et transitoires : V. D. n° 2020-1060, 14 août 2020.

4° Production et consommation des énergies renouvelables, valorisation des potentiels d'énergies de récupération et de stockage ;

5° Livraison d'énergie renouvelable et de récupération par les réseaux de chaleur ;

6° Productions biosourcées à usages autres qu'alimentaires ;

7° Réduction des émissions de polluants atmosphériques et de leur concentration ;

8° Évolution coordonnée des réseaux énergétiques ;

9° Adaptation au changement climatique.

Pour les 1°, 3° et 7°, les objectifs chiffrés sont déclinés pour chacun des secteurs d'activité définis par l'arrêté pris en application de l'article R. 229-52, à l'horizon de l'année médiane de chacun des deux budgets carbone les plus lointains adoptés en application des articles L. 222-1-A à L. 222-1-D et aux horizons plus lointains mentionnés à l'article L. 100-4 du Code de l'énergie. Pour le 4°, les objectifs sont déclinés, pour chaque filière dont le développement est possible sur le territoire, à l'horizon de l'année médiane de chacun des deux budgets carbone les plus lointains adoptés par décret en application des articles L. 222-1-A à L. 222-1-D et aux horizons plus lointains mentionnés à l'article L. 100-4.

Le plan climat-air-énergie territorial décrit les modalités d'articulation de ses objectifs avec :

1° Ceux du schéma régional du climat, de l'air et de l'énergie prévu à l'article L. 222-1 ;

2° Ceux du schéma d'aménagement régional prévus à l'article L. 4433-7-3 du Code général des collectivités territoriales ;

3° Ceux du schéma régional d'aménagement, de développement durable et d'égalité des territoires prévus à l'article L. 4251-1 du Code général des collectivités territoriales.

Si ces schémas ne prennent pas déjà en compte la stratégie nationale bas-carbone mentionnée à l'article L. 222-1 B, le plan climat-air-énergie territorial décrit également les modalités d'articulation de ses objectifs avec cette stratégie.

Si son territoire est couvert par un plan de protection de l'atmosphère mentionné à l'article L. 222-4, le plan climat-air-énergie territorial décrit les modalités d'articulation de ses objectifs avec ceux qui figurent dans ce plan.

III. – Le programme d'actions porte sur les secteurs d'activité définis par l'arrêté pris en application de l'article R. 229-52. Il définit des actions à mettre en œuvre par les collectivités territoriales concernées et l'ensemble des acteurs socio-économiques, y compris les actions de communication, de sensibilisation et d'animation en direction des différents publics et acteurs concernés. Il identifie des projets fédérateurs, en particulier ceux qui pourraient l'inscrire dans une démarche de territoire à énergie positive pour la croissance verte, tel que défini à l'article L. 100-2 du Code de l'énergie. Il précise les moyens à mettre en œuvre, les publics concernés, les partenariats souhaités et les résultats attendus pour les principales actions envisagées.

Lorsque la collectivité ou l'établissement public exerce les compétences mentionnées à l'article L. 2224-37 du Code général des collectivités territoriales, le volet relatif aux transports détaille les actions dédiées au développement de la mobilité sobre, décarbonée et faiblement émettrice de polluants atmosphériques, précise le calendrier prévisionnel de déploiement des infrastructures correspondantes, notamment les infrastructures de recharge nécessaires à l'usage des véhicules électriques ou hybrides rechargeables et de recharge en hydrogène ou en biogaz pour les véhicules utilisant ces motorisations, et identifie les acteurs susceptibles de mener l'ensemble de ces actions.

Lorsque la collectivité ou l'établissement public exerce la compétence en matière d'éclairage mentionnée à l'article L. 2212-2 du même code, le volet du programme d'actions relatif au secteur tertiaire détaille les actions dédiées à la maîtrise de la consommation énergétique de l'éclairage public et de ses nuisances lumineuses.

Lorsque tout ou partie du territoire faisant l'objet du plan climat-air-énergie territorial est couvert par le plan prévu à l'article L. 222-4, le plan d'actions doit permettre, au regard des normes de qualité de l'air mentionnées à l'article L. 221-1, de prévenir ou de réduire les émissions de polluants atmosphériques.

IV. – Le dispositif de suivi et d'évaluation porte sur la réalisation des actions et le pilotage adopté. Il décrit les indicateurs à suivre au regard des objectifs fixés et des actions à conduire et les modalités suivant lesquelles ces indicateurs s'articulent avec ceux du schéma régional du climat, de l'air et de l'énergie prévu à l'article L. 222-1, ceux du schéma d'aménagement régional prévu à l'article L. 4433-7 du Code général des collectivités territoriales et ceux du schéma régional d'aménagement, de développement durable et d'égalité des territoires prévu à l'article L. 4251-1 du même code. Après trois ans d'application, la mise en œuvre du plan climat-air-énergie territorial fait l'objet d'un rapport mis à la disposition du public.

Voir aussi : – D. n° 2011-1554, 16 nov. 2011 relatif aux données permettant d'élaborer et d'évaluer les schémas régionaux du climat, de l'air et de l'énergie et les plans climat-énergie territoriaux.

– A. 24 août 2011 relatif au système national d'inventaires d'émissions et de bilans dans l'atmosphère (*JO* 13 sept. 2011).

Note du 6 janvier 2017 relative au plan climat-air-énergie territorial (*BO* de l'Écologie, de l'Énergie, du Développement durable et de l'Aménagement du territoire, 25 janv. 2017, n° 20171).

Note du 20 décembre 2016 relative à l'élaboration des schémas régionaux biomasse (*BO* de l'Écologie, de l'Énergie, du Développement durable et de l'Aménagement du territoire, 10 janv. 2017, n° 201624).

Mise en place et suivi d'un système d'inventaires nationaux et territoriaux des émissions de polluants atmosphériques, et de bilans d'émissions de gaz à effet de serre, dénommé système national d'inventaires d'émissions et de bilans dans l'atmosphère (SNIEBA). Ce système permet à la France « d'estimer les émissions des principaux polluants atmosphériques et les émissions et absorptions de gaz à effet de serre par les différents secteurs d'activité ».

Il est organisé en vue « d'assurer la cohérence des résultats pour toutes les utilisations de ces données, en particulier celles permettant de répondre aux obligations résultant des directives et décisions européennes ainsi que des conventions internationales et de leurs protocoles ». La réalisation technique des inventaires d'émissions dans l'air est confiée par le ministère de l'Écologie au Centre interprofessionnel technique d'études de la pollution atmosphérique (CITEPA), organisme certifié ISO 9001. Les noms des inventaires réalisés dans le cadre du SNIEBA sont les suivants : CCNUCC, CEE-NU, CEE-NU/EMEP, GIC, NEC, NAMEA, Plan climat, SECTEN et PPA.

Art. R. 229-52 *(Rempl., D. n° 2016-849, 28 juin 2016).* – **Pour la réalisation du diagnostic et l'élaboration des objectifs du plan climat-air-énergie territorial, les émissions de gaz à effet de serre et de polluants atmosphériques sont comptabilisées selon une méthode prenant en compte les émissions directes produites sur l'ensemble du territoire par tous les secteurs d'activités, en distinguant les contributions respectives de ces différents secteurs.**

Pour les gaz à effet de serre, sont soustraites de ces émissions directes les émissions liées aux installations de production d'électricité, de chaleur et de froid du territoire et sont ajoutées, pour chacun des secteurs d'activité, les émissions liées à la production nationale d'électricité et à la production de chaleur et de froid des réseaux considérés, à proportion de leur consommation finale d'électricité, de chaleur et de froid. L'ensemble du diagnostic et des objectifs portant sur les émissions de gaz à effet de serre est quantifié selon cette méthode.

En complément, certains éléments du diagnostic ou des objectifs portant sur les gaz à effet de serre peuvent faire l'objet d'une seconde quantification sur la base d'une méthode incluant non seulement l'ajustement des émissions mentionné à l'alinéa précédent mais prenant encore plus largement en compte des effets indirects, y compris lorsque ces effets indirects n'interviennent pas sur le territoire considéré ou qu'ils ne sont pas immédiats. Il peut, notamment, s'agir des émissions associées à la fabrication des produits achetés par les acteurs du territoire ou à l'utilisation des produits vendus par les acteurs du territoire, ainsi que de la demande en transport induite par les activités du territoire. Lorsque des éléments du diagnostic ou des objectifs font l'objet d'une telle quantification complémentaire, la méthode correspondante est explicitée et la présentation permet d'identifier aisément à quelle méthode se réfère chacun des chiffres cités.

Le ministre chargé de l'environnement précise par arrêté la liste des polluants atmosphériques pris en compte, la décomposition en secteurs d'activité et les unités à utiliser.

Art. R. 229-53 *(Rempl., D. n° 2016-849, 28 juin 2016).* – **Sans préjudice des dispositions prévues aux articles L. 120-1 et L. 229-26, la collectivité ou l'établissement public qui engage l'élaboration du plan climat-air-énergie territorial en définit les modalités d'élaboration et de concertation. Elle ou il informe de ces modalités le préfet, le préfet de région, le président du conseil départemental et le président du conseil régional. Elle ou il en informe également les maires des communes concernées, les représentants des autorités organisatrices mentionnées à l'article L. 2224-31 du Code général des collectivités territoriales présentes sur son territoire, le président de l'autorité ayant réalisé le schéma de cohérence territoriale le cas échéant, les présidents des organismes consulaires compétents sur son territoire ainsi que les gestionnaires de réseaux d'énergie présents sur son territoire.**

Dans les deux mois à compter de la transmission de cette information, le préfet de région et le président du conseil régional adressent à la collectivité ou à l'établissement public les informations qu'ils estiment utiles à cette élaboration.

Art. R. 229-54 *(Rempl., D. n° 2016-849, 28 juin 2016 ; mod., D. n° 2021-1783, 24 déc. 2021).* – **Le projet de plan est transmis pour avis au préfet de région et au président du conseil régional. Ces avis sont réputés favorables au terme d'un délai de deux mois suivant la transmission de la demande.**

Le projet de plan, modifié le cas échéant pour tenir compte des avis mentionnés à l'alinéa précédent, est soumis pour adoption à l'organe délibérant de la collectivité territoriale ou de l'établissement public.

Le plan adopté est mis à disposition du public dans des conditions fixées par arrêté du ministre chargé de l'environnement.

Art. R. 229-55 *(Rempl., D. n° 2016-849, 28 juin 2016 ; mod., D. n° 2021-1783, 24 déc. 2021).* – Le plan climat-air-énergie territorial est mis à jour tous les six ans en s'appuyant sur le dispositif de suivi et d'évaluation prévu au IV de l'article R. 229-51, dans les mêmes conditions et selon les mêmes modalités que celles prévues par les articles R. 229-51 à R. 229-54.

Lors de la mise à jour suivant la première approbation d'un schéma régional d'aménagement, de développement durable et d'égalité des territoires, le plan climat-air-énergie territorial est mis en compatibilité avec les règles de ce schéma dans la région où il a vocation à s'appliquer et prend en compte les objectifs de celui-ci.

Art. R. 229-55-1 *(D. n° 2021-1783, 24 déc. 2021).* – La mise à jour d'un plan d'action de réduction des émissions de polluants atmosphériques, prévue par le dernier alinéa du 3° du II de l'article L. 229-26 lorsqu'un plan climat-air-énergie territorial adopté avant le 26 décembre 2019 comporte un tel plan, est réalisée et adoptée dans les conditions prévues par l'article R. 229-54, après un examen au cas par cas par l'autorité environnementale.

Toutefois, cette procédure n'est pas applicable lorsque les actions contenues dans ce plan d'action de réduction des émissions de polluants atmosphériques ne sont pas modifiées. Ce plan est réputé mis à jour après que le préfet de région et le président du conseil régional ont été informés de l'absence de modifications.

Art. R. 229-55-2 *(D. n° 2021-1783, 24 déc. 2021).* – Le renforcement d'un plan d'action de réduction des émissions de polluants atmosphériques, prévu par le troisième alinéa du 3° du II de l'article L. 229-26 lorsque les objectifs territoriaux biennaux de réduction ne sont pas atteints, est élaboré et adopté selon les modalités prévues par l'article R. 229-54, après un examen au cas par cas par l'autorité environnementale.

Toutefois, le renforcement n'est pas nécessaire lorsque les objectifs territoriaux biennaux ne sont pas atteints pour des raisons imputables à des phénomènes naturels. Dans ce cas, la collectivité ou l'établissement public de coopération intercommunale à fiscalité propre réunit des informations sur les phénomènes en cause ainsi que les éléments prouvant que la non réalisation des objectifs est imputable à ces phénomènes et met à la disposition du public un document d'information et d'explication qu'elle élabore.

Art. R. 229-56 *(Rempl., D. n° 2016-849, 28 juin 2016).* – Pour l'application des articles R. 229-53 et R. 229-54 :

1° En Corse, la référence au préfet de région est remplacée par la référence au préfet de Corse et les références au président du conseil départemental et au président du conseil régional sont remplacées par la référence au président du conseil exécutif de Corse ;

2° En Guyane, les références au préfet et au préfet de région sont remplacées par la référence au préfet de Guyane et les références au président du conseil départemental et au président du conseil régional sont remplacées par la référence au président de l'assemblée de Guyane ;

3° En Martinique, les références au président du conseil départemental et au président du conseil régional sont remplacées par la référence au président du conseil exécutif de la Martinique ;

4° À Mayotte, la référence au préfet de région est remplacée par la référence au préfet de Mayotte et la référence au président du conseil régional est remplacée par la référence au président du conseil départemental.

Section V. – Recherche de formations souterraines aptes au stockage géologique de dioxyde de carbone

(D. n° 2011-1411, 31 oct. 2011)

Sous-section 1. – Octroi de permis exclusif de recherches de formations aptes au stockage géologique de dioxyde de carbone

Art. R. 229-57 *(D. n° 2011-1411, 31 oct. 2011).* – La demande, l'instruction et la délivrance d'un permis exclusif de recherches de formations souterraines aptes au stockage géologique de dioxyde de carbone sont régies par les dispositions applicables à la demande, l'instruction et la délivrance d'un permis exclusif de recherches de stockage souterrain conformément au titre Ier et aux sections 1 et 4 du chapitre Ier du titre II du décret n° 2006-648 du 2 juin 2006.

L'autorisation visée par le premier alinéa de l'article 2 de la loi n° 68-1181 du 30 décembre 1968 est constituée par l'obtention du permis exclusif de recherches de formations aptes au stockage géologique de dioxyde de carbone.

Art. R. 229-58 *(D. n° 2011-1411, 31 oct. 2011)*. – Le chapitre II du titre II et les titres III, IV, V, VII et IX du décret n° 2006-648 du 2 juin 2006 sont applicables aux permis exclusif de recherches de formations aptes au stockage géologique de dioxyde de carbone.

Sous-section 2. – Ouverture de travaux de recherche

Art. R. 229-59 *(D. n° 2011-1411, 31 oct. 2011 ; mod. à compter du 1er juillet 2023, D. n° 2023-13, 11 janv. 2023)* (1). – L'ouverture des travaux de recherches de formations souterraines aptes au stockage géologique de dioxyde de carbone et la police de ces travaux sont régies par le titre Ier, les chapitres Ier, II à l'exclusion des articles 6 à 7-5, IV et V du titre II, les chapitres Ier, II, III et V du titre III du décret n° 2006-649 du 2 juin 2006, sous réserve des dispositions particulières prévues par la présente sous-section.

Art. R. 229-60 *(D. n° 2011-1411, 31 oct. 2011 ; mod. à compter du 1er mars 2017, D. n° 2017-81, 26 janv. 2017 ; abr. à compter du 1er juillet 2023, D. n° 2023-13, 11 janv. 2023)* (1)

Art. R. 229-61 *(D. n° 2011-1411, 31 oct. 2011)*. – Sans préjudice des dispositions de l'article R. 229-57, l'arrêté autorisant les essais d'injection fixe notamment :

a) Les critères à respecter concernant la composition du flux de dioxyde de carbone ou de tout autre gaz destiné à être injecté ;

b) Les modalités de surveillance, notamment les mesures prises pour détecter d'éventuels effets sur l'environnement ou la santé humaine ;

c) Ainsi que la quantité maximale pouvant être injectée dans le cadre de ces essais.

Le volume injecté pour les essais ne dépasse pas la quantité strictement requise pour la caractérisation de la formation et ne peut pas, lorsqu'il s'agit d'un flux de dioxyde de carbone, excéder 100 000 tonnes.

Art. R. 229-62 *(D. n° 2011-1411, 31 oct. 2011 ; mod. à compter du 1er juillet 2023, D. n° 2023-13, 11 janv. 2023)* (1). – L'ouverture des travaux autres que pour les essais d'injection et de soutirage, y compris les travaux de forage, est soumise aux mêmes dispositions que celles applicables à la recherche de formations souterraines aptes au stockage géologique de dioxyde de carbone.

Art. R. 229-63 *(D. n° 2011-1411, 31 oct. 2011)*. – La déclaration d'arrêt de travaux prévue à l'article 43 du décret n° 2006-649 du 2 juin 2006 est complétée par les documents ou informations suivants :

a) Les méthodes de prospection mises en œuvre parmi lesquelles les essais d'injection ;

b) L'emplacement et l'état de tous les ouvrages débouchant au jour ainsi qu'un mémoire comprenant les incidents et accidents de recherche ;

c) L'historique des essais d'injection, les lieux d'injection, la quantité et la composition du dioxyde de carbone ou de tout autre gaz injecté et l'état final du site ;

d) La nature et l'état dans lequel sont laissés les ouvrages miniers que l'explorateur projette d'utiliser dans le cadre de l'exploitation de la formation explorée à des fins de stockage géologique de dioxyde de carbone ;

e) Les mesures prises ou prévues pour assurer, le cas échéant, la protection des intérêts visés à l'article L. 229-35.

(1) Les demandes d'autorisation relevant du titre VI du livre Ier du Code minier déposées antérieurement au 1er juillet 2023 sont instruites selon les dispositions législatives et réglementaires dans leur rédaction antérieure à cette date. Toutefois, dans le cas où le pétitionnaire a déposé, antérieurement au 1er juillet 2023 et pour un même projet, une demande d'autorisation relevant du titre VI du livre Ier du Code minier pour laquelle le président tribunal administratif n'a pas encore été saisi aux fins de la soumettre à enquête publique et une demande d'autorisation environnementale qui est en phase d'examen, le dossier de cette dernière est complété par les pièces complémentaires requises pour les projets relevant du 3° de l'article L. 181-1 du Code de l'environnement et la durée mentionnée à l'article R. 181-17 est suspendue jusqu'à la réception des éléments permettant l'organisation de l'enquête publique conjointe, D. n° 2023-13, 11 janv. 2023, art. 10.

Section VI. – Exploitation de sites de stockage géologique de dioxyde de carbone

(D. n° 2011-1411, 31 oct. 2011)

Art. R. 229-64 *(D. n° 2011-1411, 31 oct. 2011)*. **– La demande, l'instruction et la délivrance d'une autorisation d'exploiter un site de stockage géologique de dioxyde de carbone sont régies par les dispositions du titre Ier du livre V et les dispositions particulières prévues par la présente section.**

Les dispositions de cette section prennent un intérêt nouveau en raison des récents textes communautaires (règlement *net-zero Industry* et CRFM) qui donnent des objectifs ambitieux en matière de stockage de carbone et créent un marché spécifique de crédits carbone.

Sous-section 1. – Demande d'autorisation d'exploiter un site de stockage géologique de dioxyde de carbone

Art. R. 229-65 *(D. n° 2011-1411, 31 oct. 2011 ; mod. à compter du 1er mars 2017, D. n° 2017-81, 26 janv. 2017)*. **– I. – La demande prévue à l'article R. 181-11 est complétée par les éléments suivants :**

_a)_ Le décret en Conseil d'État octroyant la concession de stockage ou, si la demande de concession est en cours d'examen, la notification prévue par l'article R. 229-70 que lui adresse le préfet ;

_b)_ La nature et l'état des travaux miniers, ouverts dans le cadre du permis exclusif de recherches, que le demandeur projette d'utiliser dans le cadre de l'exploitation du site ;

_c)_ Les éléments relatifs aux travaux de forage de puits visés à l'article R. 229-66 ;

_d)_ L'emplacement et la délimitation précis du site de stockage défini à l'article L. 229-34 et du complexe de stockage. Le complexe de stockage comprend le site de stockage et le domaine géologique environnant qui est susceptible d'influer sur l'intégrité et la sécurité globales du stockage, c'est-à-dire les formations de confinement secondaire ;

_e)_ Lorsque la formation géologique au sein de laquelle est défini le site de stockage inclut des nappes d'eau souterraines, la justification par le demandeur que la nature l'a rendue de façon permanente impropre à d'autres utilisations ;

_f)_ Un document précisant :

– la quantité de dioxyde de carbone que l'exploitant se propose d'injecter et de stocker et la répartition envisagée de cette quantité sur la durée d'exploitation prévue ;

– l'origine et les modalités de transport envisagées du flux de dioxyde de carbone vers le site de stockage ;

– les critères qui s'appliqueront à la composition du flux de dioxyde de carbone injecté, afin de respecter les dispositions du deuxième alinéa de l'article L. 229-33, ainsi que les moyens qui seront mis en œuvre par l'exploitant pour garantir le respect de ces critères durant l'exploitation du site ;

– les débit, température et pression d'injection du flux de dioxyde de carbone ;

_g)_ Un projet de plan de surveillance conforme aux exigences de l'article R. 229-67 ;

_h)_ Un projet de plan de mesures correctives à mettre en œuvre, sans préjudice des dispositions de l'article R. 512-69, en cas d'incident ou d'accident dans les opérations d'injection ou de stockage qui impliquent un risque de fuite, une fuite, ou un risque pour l'environnement ou la santé humaine ;

_i)_ Un projet de plan de postfermeture provisoire établi d'après les meilleures pratiques et conformément aux exigences énoncées à l'annexe II de la directive 2009/31/CE du 23 avril 2009. Il fixe les conditions de fermeture du site de stockage selon les dispositions de l'article L. 229-46 et de sa surveillance durant la période définie au 1° de l'article L. 229-38.

II. – L'étude d'impact visée au chapitre II du titre II du livre Ier comprend notamment :

– la description de l'unité hydraulique à laquelle appartient le site de stockage et l'évaluation de la nature, de l'extension, de l'amplitude et de la durée des perturbations de pression induites par le stockage, ainsi que les interactions possibles entre le site et d'autres activités menées au sein de la même unité hydraulique, notamment les autres sites de stockage.

L'unité hydraulique s'entend comme un espace poreux lié à l'activité hydraulique, dans lequel on observe une conductibilité de pression techniquement mesurable, et qui est délimité par des barrières d'écoulement, telles que failles, dômes salins, barrières lithologiques, ou par un amenuisement ou un affleurement de la formation ;

– l'évaluation des perturbations mécaniques et chimiques éventuellement induites et susceptibles de perturber le milieu souterrain.

III. – L'étude de danger mentionnée à l'article L. 181-25 comprend notamment :

– la caractérisation du site de stockage au sens de l'article L. 229-34 et du complexe de stockage défini au *d* de l'article R. 229-65 ;

– l'évaluation de la sécurité du stockage et des risques de fuite pour l'environnement ou la santé humaine.

Ces études s'appuient sur les critères de caractérisation et d'évaluation du complexe de stockage décrits à l'annexe I de la directive 2009/31/CE du 23 avril 2009 et sur les lignes directrices qu'elle a prévues.

IV. – La justification des capacités techniques et financières de l'exploitant conformément au 3° du I de l'article D. 181-15-2. Cette justification peut s'appuyer sur les documents, mis à jour, présentés à l'appui de la demande de concession de stockage géologique de dioxyde de carbone visée par l'article R. 229-69.

Art. R. 229-66 *(D. n° 2011-1411, 31 oct. 2011)*. – Lorsque la demande d'autorisation prévoit le forage de puits destinés à l'exploitation, elle est complétée par les éléments suivants :

a) Un mémoire exposant les caractéristiques principales des travaux prévus, y compris le calendrier prévisionnel des différentes opérations, avec les documents, plans et coupes nécessaires et, lorsqu'il y a lieu, leur décomposition en tranches ;

b) L'étude d'impact visée au chapitre II du titre II du livre Ier ;

c) Un document indiquant, à titre prévisionnel, en vue de l'application des dispositions de la sous-section 8, les conditions de l'arrêt des travaux ainsi que l'estimation de son coût.

Art. R. 229-67 *(D. n° 2011-1411, 31 oct. 2011 ; mod. à compter du 1er mars 2017, D. n° 2017-81, 26 janv. 2017)*. – Sans préjudice des dispositions du dernier alinéa des articles R. 181-45 et R. 181-54, le plan de surveillance prévu au *g* du I de l'article R. 229-65 est élaboré conformément à l'annexe II de la directive 2009/31/CE du 23 avril 2009 et aux lignes directrices établies en vertu des articles 14 et 23 de la directive 2003/87/CE du 13 octobre 2003. Ce plan prévoit que l'exploitant procède à la surveillance du site et du complexe de stockage, y compris si possible de la zone de diffusion du flux de dioxyde de carbone injecté et du milieu environnant, afin de :

a) Comparer le comportement réel du dioxyde de carbone et de l'eau de formation dans le site de stockage avec le comportement prévu par les travaux de modélisation ;

b) Détecter les incidents ou accidents dans les opérations d'injection ou de stockage qui impliquent un risque de fuite, une fuite, ou un risque pour l'environnement ou la santé humaine ;

c) Suivre la migration du dioxyde de carbone injecté, à savoir le déplacement du flux de dioxyde de carbone injecté au sein du complexe de stockage ;

d) Détecter les fuites de dioxyde de carbone, une fuite s'entendant comme tout dégagement de dioxyde de carbone à partir du complexe de stockage ;

e) Détecter des effets sur l'environnement ou la santé humaine, y compris les effets éventuels sur les nappes d'eau souterraine autres que celles incluses dans le complexe de stockage ;

f) Évaluer l'efficacité des mesures préventives et des mesures correctives mises en œuvre dans les circonstances prévues par le 1° de l'article L. 229-38 ;

g) Réviser les mesures préventives et correctives ci-dessus pour en améliorer l'efficacité ;

h) Mettre à jour l'étude de danger mentionnée au III de l'article R. 229-65 pour évaluer la sécurité et l'intégrité du complexe de stockage à court et à long terme, y compris en déterminant si le dioxyde de carbone restera confiné de manière sûre et permanente.

Art. R. 229-68 *(D. n° 2011-1411, 31 oct. 2011 ; mod. à compter du 1er mars 2017, D. n° 2017-81, 26 janv. 2017)*. – Simultanément aux consultations prévues à la sous-section 1 de la section 3 du chapitre unique du titre VIII du livre Ier, le préfet communique à la Commission européenne la demande d'autorisation d'exploiter ainsi que toute autre documentation qu'il prend en compte lorsqu'il instruit le dossier de demande.

Sous-section 2. – Justification par le demandeur de sa situation au regard de la législation minière

Art. R. 229-69 *(D. n° 2011-1411, 31 oct. 2011)*. – La demande, l'instruction et la délivrance d'une demande de concession de stockage géologique de dioxyde de carbone sont régies par les dispositions applicables à la demande, l'instruction et la délivrance d'un titre de stockage souterrain conformément au titre Ier et aux sections 2 et 4 du chapitre Ier du titre II du décret n° 2006-648 du 2 juin 2006, sous réserve des dispositions particulières prévues par la présente sous-section.

Dès lors que le projet de stockage géologique de dioxyde de carbone inclut des formations aquifères, le demandeur joint également à son dossier de demande de concession la justification mentionnée au e du I de l'article R. 229-65 ainsi que les éléments permettant d'apprécier la prise en compte par ce projet du schéma directeur d'aménagement et de gestion des eaux mentionné à l'article L. 212-1.

L'autorisation visée par le premier alinéa de l'article 2 de la loi n° 68-1181 du 30 décembre 1968 est constituée par l'obtention d'une concession de stockage géologique de dioxyde de carbone.

Art. R. 229-70 *(D. n° 2011-1411, 31 oct. 2011).* – Dès que le dossier de demande de concession est complet, le préfet notifie au pétitionnaire sa recevabilité. À la réception de cette notification, le pétitionnaire détenteur du permis exclusif de recherches délivré conformément à l'article R. 229-57, qui souhaite bénéficier en priorité de l'autorisation d'exploiter conformément aux dispositions du second alinéa de l'article L. 229-37, dispose d'un délai de six mois pour déposer sa demande d'autorisation d'exploiter dans les formes prévues par l'article R. 229-65. Passé ce délai, le préfet soumet la demande de concession de stockage géologique de dioxyde de carbone à la concurrence dans les formes mentionnées à l'article 27 du décret n° 2006-648 du 2 juin 2006.

Art. R. 229-71 *(D. n° 2011-1411, 31 oct. 2011).* – Le chapitre II du titre II et les titres III, IV, V, VII et IX du décret n° 2006-648 du 2 juin 2006 sont applicables aux concessions de stockage géologique de dioxyde de carbone.

Sous-section 3. – Instruction et délivrance de l'autorisation d'exploiter un site de stockage géologique de dioxyde de carbone

Art. R. 229-72 *(D. n° 2011-1411, 31 oct. 2011 ; mod. à compter du 1er mars 2017, D. n° 2017-81, 26 janv. 2017 ; mod., D. n° 2017-626, 25 avr. 2017).* – Pour les besoins d'affichage de l'avis au public prévu à l'article R. 123-11, le périmètre de l'installation mentionné au 4° de l'article R. 181-36 correspond, pour les sites de stockage géologique de dioxyde de carbone, à la projection en surface du périmètre souterrain du complexe de stockage.

Art. R. 229-73 *(D. n° 2011-1411, 31 oct. 2011 ; mod. à compter du 1er mars 2017, D. n° 2017-81, 26 janv. 2017).* – Simultanément à l'information de la commission prévue à l'article R. 181-39, le préfet transmet les éléments prévus au deuxième alinéa de cet article ainsi que la documentation qu'il prend en compte pour élaborer sa décision à la Commission européenne et au ministre chargé des mines. Le préfet ne peut prendre sa décision qu'à l'issue d'un délai de quatre mois après transmission du projet de décision à la Commission européenne ou au ministre chargé des mines à moins que tous deux ne l'informent qu'ils décident de ne pas rendre d'avis.

Le préfet notifie sa décision finale à la Commission européenne, en la justifiant si elle s'écarte de l'avis qu'elle a éventuellement rendu.

Art. R. 229-74 *(D. n° 2011-1411, 31 oct. 2011).* – Dans le cas visé au a du I de l'article R. 229-65 où le demandeur n'est pas encore titulaire d'une concession de stockage géologique de dioxyde de carbone couvrant la formation géologique visée par sa demande, l'autorisation d'exploiter ne peut lui être délivrée tant qu'il ne justifie pas être devenu détenteur d'une telle concession.

Art. R. 229-75 *(D. n° 2011-1411, 31 oct. 2011 ; mod. à compter du 1er mars 2017, D. n° 2017-81, 26 janv. 2017).* – I. – Sans préjudice de l'article L. 229-38, l'autorisation d'exploiter fixe les conditions d'aménagement et d'exploitation du site et en particulier :

a) En application de l'article L. 181-28, la durée de validité de l'autorisation dans la limite de celle de la concession de stockage géologique de dioxyde de carbone ;

b) L'emplacement et la délimitation précis du site et du complexe de stockage, ainsi que des éléments d'information relatifs à l'unité hydraulique ;

c) La quantité maximale de dioxyde de carbone pour laquelle le stockage est autorisé ainsi que la répartition prévisible de cette quantité sur la durée d'exploitation ;

d) Les limites de pression du réservoir et les débits et pressions d'injection maximaux ;

e) Les critères d'acceptation du flux de dioxyde de carbone ainsi que les moyens mis en œuvre pour assurer leur respect ;

f) Les mesures préventives à appliquer pour éviter tout risque de fuite ou tout risque pour l'environnement ou la santé humaine ;

g) Toute autre exigence pour l'injection et le stockage visant en particulier à prévenir un risque de fuite, une fuite ou un risque pour l'environnement ou la santé humaine ;

II. – La délivrance de l'autorisation d'exploiter vaut approbation des plans, éventuellement modifiés à la demande du préfet, de surveillance, de mesures correctives et de postfermeture provisoire.

III. – À compter de la délivrance de l'autorisation d'exploiter, l'application de la police des mines aux travaux miniers ouverts dans le cadre du permis exclusif de recherches et dont l'utilisation est, selon les prévisions du *b* du I de l'article R. 225-65, poursuivie lors de l'exploitation du site cesse.

Sous-section 4. – Garanties financières et maintien de ces garanties

Art. R. 229-76 *(D. n° 2011-1411, 31 oct. 2011).* – Les garanties financières exigées au *f* de l'article L. 229-38 sont mises en place, entretenues et révisées conformément aux dispositions des articles R. 516-1 à R. 516-6 et à celles du présent article.

Les modalités d'actualisation périodique du montant des garanties financières, telles que fixées par l'arrêté d'autorisation, tiennent compte de l'évolution du risque de fuite évalué et des coûts estimés de toutes les obligations qui découlent de l'octroi de l'autorisation d'exploiter ainsi que de celles qui résultent de l'inclusion des sites de stockage géologiques de dioxyde de carbone dans le système des quotas d'émission de gaz à effet de serre.

En cas de retrait de l'autorisation d'exploiter, les garanties financières sont maintenues jusqu'à la délivrance d'une nouvelle autorisation d'exploiter ou jusqu'au transfert de responsabilité mentionné à l'article R. 229-100.

Sous-section 5. – Informations devant être communiquées par l'exploitant au préfet

Art. R. 229-77 *(D. n° 2011-1411, 31 oct. 2011 ; mod., D. n° 2013-4, 2 janv. 2013 ; mod. à compter du 7 janvier 2014, D. n° 2013-374, 2 mai 2013).* – L'exploitant adresse au préfet le rapport annuel prévu au d de l'article L. 229-38. L'exploitant en adresse une copie à la commission de suivi de site créée en application de l'article L. 229-40. Il met également une copie de ce rapport à la disposition du public. Le préfet en adresse, pour information, une copie aux services intéressés, à l'agence régionale de santé ainsi qu'aux maires des communes sur le territoire desquelles porte en tout ou partie l'autorisation d'exploiter.

Ce rapport comprend au minimum :

a) L'analyse et la synthèse des résultats de la surveillance réalisée conformément au plan de surveillance durant la période considérée, y compris les informations sur les techniques de surveillance employées ;

b) Les quantités et les caractéristiques des flux de dioxyde de carbone livrés et injectés, y compris la composition de ces flux, au cours de la période considérée, enregistrées conformément au *b* de l'article L. 229-38 ;

c) La preuve du maintien de la garantie financière, conformément au *f* de l'article L. 229-38 ;

d) Toute autre information utile pour évaluer le respect des prescriptions fixées par l'arrêté d'autorisation et pour améliorer la connaissance du comportement du dioxyde de carbone dans le site de stockage ;

e) Les éléments exigés par l'article R. 512-75.

L'exploitant adresse également au préfet un bilan de l'impact sur l'environnement de l'exploitation du site. La fréquence, le contenu et les modalités de ce bilan sont fixés par arrêté du ministre chargé des installations classées.

Art. R. 229-78 *(D. n° 2011-1411, 31 oct. 2011 ; mod., D. n° 2017-81, 26 janv. 2017).* – L'exploitant porte sans délai à la connaissance du représentant de l'État les modifications survenant dans l'exploitation du site.

Sans préjudice de l'article *(Réf. rempl. à compter du 1er mars 2017, D. n° 2017-81, 26 janv. 2017)* « R. 181-46 », une modification d'un site de stockage géologique de dioxyde de carbone est considérée comme substantielle dès lors qu'elle est de nature à entraîner des dangers ou inconvénients significatifs pour les intérêts mentionnés à l'article L. 229-35. L'aménagement d'un nouveau puits d'injection constitue toujours une modification substantielle au sens de l'article R. 181-46.

Art. R. 229-79 *(D. n° 2011-1411, 31 oct. 2011)*. – Conformément au 2° de l'article L. 229-38, les plans de surveillance, de mesures correctives et de postfermeture provisoire sont mis à jour par l'exploitant au plus tous les cinq ans. Leur mise à jour tient compte de l'évolution des risques pour l'environnement ou la santé humaine tels qu'évalués dans l'étude prévue au III de l'article R. 229-65, des nouvelles connaissances scientifiques, des meilleures pratiques et des améliorations dans les meilleures techniques disponibles. Après mise à jour, ils sont transmis au préfet pour approbation.

L'exploitant met à la disposition du public les documents mis à jour et approuvés. Il les transmet à la commission locale de suivi de site crée en application de l'article L. 229-40.

Sous-section 6. – Réexamen périodique de l'autorisation d'exploiter à l'initiative du préfet

Art. R. 229-80 *(D. n° 2011-1411, 31 oct. 2011)*. – L'autorisation d'exploiter fait l'objet d'un réexamen selon la périodicité prévue par l'article L. 229-42. Ce réexamen s'effectue au vu des informations mentionnées à l'article L. 229-42 ou à la sous-section 5.

Il peut également être engagé sur la base des dernières constatations scientifiques, des dernières évolutions technologiques ou lorsque l'exploitant prévoit que les quantités de flux de dioxyde de carbone injectées sur une période de temps donnée dépasseront les valeurs fixées par l'arrêté d'autorisation d'exploiter.

Sous-section 7. – Renouvellement de l'autorisation d'exploiter

Art. R. 229-81 *(D. n° 2011-1411, 31 oct. 2011)*. – Le renouvellement de l'autorisation est demandé, instruit et délivré dans les mêmes formes que l'autorisation initiale.

Sous-section 8. – Mise à l'arrêt définitif et transfert de responsabilité à l'État

§ 1er. – Mise à l'arrêt définitif des sites de stockage

Art. R. 229-82 *(D. n° 2011-1411, 31 oct. 2011)*. – Les sites de stockage géologique de dioxyde de carbone sont mis à l'arrêt définitif dans les conditions prévues au I de l'article R. 512-39-1.

La notification de cette mise à l'arrêt est accompagnée d'un document dans lequel l'exploitant justifie sa demande de fermeture et du plan de postfermeture provisoire approuvé et mis à jour conformément à l'article R. 229-79. Ce plan comprend en particulier les éléments prévus par le II de l'article R. 512-39-1 et par les arrêtés délivrés en vertu des articles *(Réf. rempl. à compter du 1er mars 2017, D. n° 2017-81, 26 janv. 2017)* « R. 181-43 et R. 181-45 ».

Art. R. 229-83 *(D. n° 2011-1411, 31 oct. 2011)*. – La notification, complétée à la demande du préfet s'il y a lieu, est adressée par lui aux services intéressés, dont l'agence régionale de santé, ainsi qu'aux maires des communes sur le territoire desquelles porte en tout ou partie l'exploitation du stockage géologique de dioxyde de carbone. Ces services et les communes intéressées disposent respectivement de deux mois et de trois mois pour faire connaître leurs observations.

Le préfet dispose d'un délai expirant au plus tard huit mois après la notification complète mentionnée ci-dessus pour imposer, le cas échéant, des prescriptions complémentaires et approuver le plan de postfermeture définitif. En cas d'impossibilité de statuer dans ce délai, il fixe, par arrêté motivé, un nouveau délai dont la durée ne peut excéder celle du délai initial.

Dès la réception de la décision approuvant le plan de postfermeture définitif, l'exploitant procède aux travaux de mise à l'arrêt définitif dans les conditions prévues par ce plan.

Après avoir réalisé ces travaux conformément à ce plan, l'exploitant adresse au préfet un mémoire descriptif des mesures prises. Après avoir fait établir un procès-verbal de récolement de ces travaux et mesures et constaté s'il y a lieu leur conformité aux prescriptions supplémentaires, le préfet donne acte par arrêté de l'exécution des mesures prescrites.

§ 2. – **Période de surveillance**

Art. R. 229-84 *(D. n° 2011-1411, 31 oct. 2011).* – Le rapport annuel prévu à l'article R. 229-77, dont la périodicité et le contenu ont été adaptés à cette période et fixés dans le plan de postfermeture définitif approuvé dans les formes prévues au deuxième alinéa de l'article R. 229-83, est transmis au préfet et diffusé conformément aux dispositions de l'article R. 229-77. Ce rapport comporte notamment des éléments d'information sur l'évolution réelle du dioxyde de carbone stocké ainsi que l'évaluation de la conformité de cette évolution avec le comportement attendu.

Art. R. 229-85 *(D. n° 2011-1411, 31 oct. 2011 ; D. n° 2016-308, 17 mars 2016).* – L'exploitant, qui souhaite obtenir conformément au III de l'article L. 229-47 une réduction de la durée de cette période de surveillance, adresse sa demande aux ministres chargés des mines et des installations classées par lettre recommandée avec avis de réception. Les ministres en accusent réception selon les modalités prévues par les articles R. 122-4 et suivants du Code des relations entre le public et l'administration. Cette demande est accompagnée des rapports mentionnés au deuxième alinéa de l'article R. 229-89.

Art. R. 229-86 *(D. n° 2011-1411, 31 oct. 2011 ; mod., D. n° 2011-1523, 14 nov. 2011).* – Les ministres chargés des mines et des installations classées communiquent la demande mentionnée à l'article R. 229-85 au préfet, qui dispose d'un délai d'un an pour l'instruire après l'avoir, si nécessaire, fait compléter.

Après instruction, le préfet transmet son avis ainsi que l'ensemble des pièces sur lesquelles il se fonde aux ministres qui élaborent, après avis du Conseil général de l'économie, de l'industrie, de l'énergie et des technologies et de la mission interministérielle de l'eau, un projet de décision dans un délai de six mois.

Art. R. 229-87 *(D. n° 2011-1411, 31 oct. 2011).* – Le projet de décision des ministres qui réduit la durée de la période minimale de surveillance est transmis à l'exploitant et à la commission de suivi créée en application de l'article L. 229-40. Il est également communicable au public dans les conditions prévues aux articles L. 124-1 et suivants. Il est accompagné des rapports élaborés par l'exploitant prévus au deuxième alinéa de l'article R. 229-89 et d'un rapport des ministres exposant, le cas échéant, les exigences ou conditions complémentaires mises par eux à cette réduction.

L'exploitant dispose d'un délai de deux mois pour présenter ses éventuelles observations par écrit.

Art. R. 229-88 *(D. n° 2011-1411, 31 oct. 2011).* – La période de surveillance est réduite par arrêté des ministres chargés des mines et des installations classées dans la limite des dispositions du III de l'article L. 229-47.

En cas de rejet de la demande par les ministres, les motifs en sont communiqués à l'exploitant qui dispose d'un délai de deux mois pour présenter ses éventuelles observations par écrit. Le rejet de la demande est prononcé par un arrêté des ministres qui fixe en outre la durée minimale de la nouvelle période de surveillance conformément au III de l'article L. 229-47.

§ 3. – **Transfert de responsabilité du site à l'État**

Art. R. 229-89 *(D. n° 2011-1411, 31 oct. 2011 ; mod., D. n° 2016-308, 17 mars 2016).* – L'exploitant qui souhaite procéder au transfert de responsabilité adresse aux ministres chargés des mines et des installations classées sa demande par lettre recommandée avec avis de réception, accompagnée des rapports prévus au I de l'article L. 229-47 qui démontrent qu'il satisfait aux exigences du I et du III de l'article L. 229-47, ainsi que le plan de postfermeture définitif approuvé dans les formes prévues au deuxième alinéa de l'article R. 229-83, au besoin mis à jour pour la période postérieure au transfert de responsabilité. Les ministres en accusent réception selon les modalités prévues par les articles R. 112-4 et suivants du Code des relations entre le public et l'administration.

Le rapport de l'exploitant prévu au c du I de l'article L. 229-47 démontre que tous les éléments disponibles tendent à prouver que le dioxyde de carbone restera confiné de façon permanente et sûre et notamment :

a) Que le comportement réel du dioxyde de carbone injecté est conforme au comportement modélisé ;

b) Qu'il n'y a pas de fuite détectable ;

c) Que le site de stockage évolue vers une situation de stabilité à long terme.

Art. R. 229-90 *(D. n° 2011-1411, 31 oct. 2011)*. – Pour l'application des dispositions des d et e du I de l'article L. 229-47, l'exploitant rappelle dans son rapport l'existence d'installations de prévention des risques et de surveillance. Il donne, pour chacune d'elles, la description, la localisation, le plan ainsi que le coût de fonctionnement effectif et l'estimation de ce coût pour les trente années à venir.

Les équipements visés au e du I de l'article L. 229-47 doivent être en état normal de fonctionnement.

Les données visées au e du I de l'article L. 229-47 sont transmises dans un format exploitable par l'administration.

Art. R. 229-91 *(D. n° 2011-1411, 31 oct. 2011)*. – Si les ministres chargés des mines et des installations classées sont à l'initiative du transfert de responsabilité, ils adressent à l'exploitant une lettre recommandée avec avis de réception par laquelle ils lui notifient leur volonté de procéder à ce transfert dans le délai qu'ils indiquent. L'exploitant transmet dans ce délai les rapports qui confirment qu'il satisfait aux exigences du I et du III de l'article L. 229-47.

Art. R. 229-92 *(D. n° 2011-1411, 31 oct. 2011)*. – Les ministres mettent à la disposition de la Commission européenne, dans un délai d'un mois après sa réception, le rapport, établi par l'exploitant, visé au c du I de l'article L. 229-47, ainsi que toute autre documentation qu'ils prennent en compte pour préparer le projet de décision mentionné à l'article R. 229-94.

Art. R. 229-93 *(D. n° 2011-1411, 31 oct. 2011)*. – Les ministres chargés des mines et des installations classées transmettent le dossier au préfet, qui dispose d'un délai de deux ans pour l'instruire après l'avoir, si nécessaire, fait compléter.

Art. R. 229-94 *(D. n° 2011-1411, 31 oct. 2011 ; mod., D. n° 2011-1523, 14 nov. 2011)*. – Après instruction, et après s'être assuré que tous les éléments disponibles tendent à prouver que le dioxyde de carbone stocké restera parfaitement confiné de façon permanente et sûre et que la période de surveillance fixée conformément au III de l'article L. 229-47 s'est écoulée, le préfet transmet son avis ainsi que l'ensemble des pièces sur lesquelles il se fonde aux ministres chargés des mines et des installations classées qui, après avis du Conseil général de l'économie, de l'industrie, de l'énergie et des technologies et de la mission interministérielle de l'eau, élaborent un projet de décision dans un délai de six mois.

Ce projet de décision vise notamment la méthode utilisée pour déterminer que les conditions prévues au paragraphe *a* du I de l'article L. 229-47 sont remplies.

Art. R. 229-95 *(D. n° 2011-1411, 31 oct. 2011)*. – Les ministres communiquent pour avis leur projet de décision d'approbation du transfert de responsabilité à la Commission européenne. Ils accompagnent ce projet de la documentation qu'ils ont prise en considération pour élaborer leur projet.

Les ministres ne peuvent prendre leur décision finale qu'à l'issue d'un délai de quatre mois après transmission du projet de décision d'approbation du transfert de responsabilité à la Commission européenne, à moins que celle-ci ne les informe qu'elle ne rendra pas d'avis.

Art. R. 229-96 *(D. n° 2011-1411, 31 oct. 2011)*. – En cas de rejet de la demande par les ministres, les motifs en sont communiqués à l'exploitant, qui dispose d'un délai deux mois pour présenter ses éventuelles observations par écrit. Une nouvelle période minimale de surveillance est fixée par arrêté des ministres chargés des mines et des installations classées dans la limite de ce que prévoit le III de l'article L. 229-47.

Art. R. 229-97 *(D. n° 2011-1411, 31 oct. 2011)*. – Le projet de décision d'approbation du transfert de responsabilité est transmis à l'exploitant et à la commission de suivi créée en application de l'article L. 229-40. Il est également communicable au public dans les conditions prévues aux articles L. 124-1 et suivants. Il est accompagné des rapports de l'exploitant, prévus à l'article R. 229-89, qui démontrent que les conditions nécessaires au transfert de responsabilité sont remplies, de l'avis éventuellement rendu par la Commission européenne et d'un rapport des ministres exposant, le cas échéant, les exigences ou conditions complémentaires mises par eux à ce transfert. L'exploitant dispose d'un délai de deux mois pour présenter ses éventuelles observations par écrit.

Art. R. 229-98 *(D. n° 2011-1411, 31 oct. 2011).* – Après que les ministres chargés des mines et des installations classées se sont assurés que les conditions mentionnées aux I et III de l'article L. 229-47, à l'article R. 229-95 et à l'article R. 229-97 sont respectées, la décision finale est prise sous la forme d'un décret en Conseil d'État qui est notifié à l'exploitant. Ce décret fixe les conditions à respecter pour que le transfert soit effectif.

Les ministres notifient également cette décision à la Commission européenne, en la justifiant si elle s'écarte de l'avis qu'elle a rendu en application de l'article R. 229-95.

§ 4. – Retrait de l'autorisation et transfert effectif de responsabilité

Art. R. 229-99 *(D. n° 2011-1411, 31 oct. 2011 ; mod., D. n° 2011-1523, 14 nov. 2011).* – En cas de retrait de l'autorisation conformément à l'article L. 229-42 et si aucune nouvelle autorisation n'est délivrée, le site est mis à l'arrêt définitif sur la base du plan de postfermeture provisoire, mis à jour si nécessaire.

Dès lors que les conditions mentionnées au IV de l'article L. 229-47 sont remplies, les ministres chargés des mines et des installations classées élaborent, après avis du Conseil général de l'économie, de l'industrie, de l'énergie et des technologies et de la mission interministérielle de l'eau, un projet de décision constatant le transfert effectif de responsabilité. Ce projet de décision précise notamment la méthode utilisée pour déterminer que les conditions mentionnées au IV de l'article L. 229-47 sont remplies ainsi que les mesures de prévention et de surveillance que l'État entend mettre en œuvre après le transfert de responsabilité.

Art. R. 229-100 *(D. n° 2011-1411, 31 oct. 2011).* – Le projet de décision mentionné à l'article R. 229-99 est transmis à la commission de suivi de site créée en application de l'article L. 229-40 et, s'il peut encore être joint, à l'ancien exploitant. Il est également communicable au public dans les conditions prévues aux articles L. 124-1 et suivants. L'exploitant dispose d'un délai de deux mois pour présenter ses éventuelles observations par écrit.

La décision finale est adoptée par décret en Conseil d'État dans les formes et selon les modalités prévues à l'article R. 229-98.

§ 5. – Surveillance, prévention et mesures correctives mises en œuvre après transfert de responsabilité

Art. R. 229-101 *(D. n° 2011-1411, 31 oct. 2011).* – Le décret mentionné aux articles R. 229-98 et R. 229-100 approuve le plan de postfermeture définitif éventuellement mis à jour conformément à l'article R. 229-89.

Après transfert de responsabilité, la surveillance peut être réduite à un niveau permettant la détection des fuites ou tout incident ou accident concernant le stockage qui implique un risque de fuite ou un risque pour l'environnement ou la santé humaine. En cas de détection d'une fuite, d'un tel incident ou d'un tel accident, la surveillance est intensifiée afin de pouvoir déterminer dans les meilleurs délais l'ampleur des mesures préventives ou correctives à mettre en œuvre.

Art. R. 229-102 *(D. n° 2011-1411, 31 oct. 2011).* – Sans préjudice des dispositions du V de l'article L. 229-47, après transfert de responsabilité conformément aux articles R. 229-98 ou R. 229-100, l'État ne peut plus récupérer auprès de l'ancien exploitant les frais qu'il engage pour couvrir les obligations qui découlent pour lui du II de l'article L. 229-47.

Section VII. – Réductions d'émissions issues de projets de compensation des émissions de gaz à effet de serre

(Section créée à compter du 1er mars 2022, D. n° 2021-1840, 28 déc. 2021 et D. n° 2022-667, 26 avr. 2022) (1)

Ces dispositions présentent un intérêt particulier à la suite de la décision prise à Bakou à la COP 29 de mettre en œuvre l'article 6, paragraphes 2 et 4, des accords de Paris concernant les crédits carbone.

(1) Dispositions applicables aux émissions de l'année 2022, dans les conditions prévues au 1° de l'article L. 229-57 du présent code et, pour les années suivantes, dans les conditions prévues aux 2° et 3° du même article, D. n° 2022-667, 26 avr. 2022, art. 4.

Art. R. 229-102-1 *(D. n° 2022-667, 26 avr. 2022).* – Les principes mentionnés à l'article L. 229-55 sont applicables, aux fins de compensation obligatoire ou volontaire, aux projets de réduction et de séquestration des émissions de gaz à effet de serre dans les conditions suivantes :

1° Les réductions et séquestrations d'émissions de gaz à effet de serre sont quantifiées, pour chaque projet de compensation, selon une méthodologie fondée sur les connaissances scientifiques et techniques les plus récentes. Les données utilisées dans les calculs sont clairement explicitées et référencées, afin de pouvoir être vérifiées. Ne sont prises en compte que les réductions et séquestrations d'émissions additionnelles par rapport à un scenario de référence qui doit être établi, pour chaque projet, en tenant compte de sa nature et de ses spécificités, de son contexte, de l'évolution tendancielle des émissions de gaz à effet de serre et des meilleures pratiques existantes. La méthodologie prend en considération les risques de remise en cause de la permanence des projets de compensation. Les réductions et séquestrations d'émission ne présentant pas un caractère suffisamment durable entraînent une minoration du nombre de crédits carbone pris en compte dans la méthodologie ;

2° Les réductions et séquestrations d'émissions sont contrôlées et validées, pour chaque projet de compensation, par une personne physique ou morale indépendante, dotée des compétences requises ;

3° Sont regardées comme présentant un caractère additionnel les réductions ou séquestrations d'émissions qui ne pourraient intervenir, en tout état de cause, dans le cadre du scénario de référence mentionné au 1°. À cette fin, il est tenu compte notamment des obligations découlant des textes en vigueur, des différents dispositifs incitant à opérer des réductions ou séquestrations d'émissions, ainsi que des pratiques existantes dans le secteur d'activité dont relève le projet ;

4° Sont mises à disposition du public, de façon aisément accessible, les informations relatives aux principales caractéristiques du projet, à la méthodologie sur laquelle il repose, aux modalités de comptabilisation des réductions et séquestrations d'émissions, au prix des crédits carbone correspondants, ainsi que celles permettant de s'assurer de la permanence des mesures de compensation.

Un arrêté du ministre chargé de l'environnement précise, en tant que de besoin, les modalités techniques d'application du présent article, notamment celles tendant à garantir le caractère permanent et additionnel des actions de compensation.

Sous-section 1. – Compensation des émissions de gaz à effet de serre des vols effectués à l'intérieur du territoire national

(Sous-section unique dénum., D. n° 2024-546, 14 juin 2024)

Art. R. 229-102-2 *(D. n° 2022-667, 26 avr. 2022).* – La présente sous-section s'applique aux exploitants d'aéronefs opérant des vols à l'intérieur du territoire national mentionnés à l'article L. 229-56 et soumis aux obligations prévues aux articles L. 229-57 et L. 229-58, lorsque les émissions de ces vols, déterminées dans les conditions prévues à l'article R. 229-37-7, sont supérieures à 1 000 tonnes de dioxyde de carbone (CO_2) par an.

Art. R. 229-102-3 *(D. n° 2022-667, 26 avr. 2022).* – Pour l'application de la présente sous-section, les mots : « l'autorité compétente » désignent le ministre chargé de l'aviation civile, à l'exception des dispositions de l'articles R. 229-102-11 pour l'application desquelles l'autorité compétente est le ministre chargé de l'environnement.

Art. R. 229-102-4 *(D. n° 2022-667, 26 avr. 2022).* – Les exploitants d'aéronefs s'acquittent chaque année de leurs obligations de compensation en utilisant ou en procédant à l'acquisition de crédits carbone afférents à des projets conformes aux dispositions de la présente section, à la condition qu'ils n'aient pas pour objet la réduction des émissions des aéronefs. Ils peuvent satisfaire à ces obligations s'ils bénéficient de réductions d'émissions reconnues en application du décret n° 2018-1043 du 28 novembre 2018 créant un label « Bas Carbone ».

Art. R. 229-102-5 *(D. n° 2022-667, 26 avr. 2022).* – Les réductions et séquestrations d'émissions reconnues en application du décret n° 2018-1043 du 28 novembre 2018 créant un label « Bas Carbone », ainsi que celles éligibles au régime de compensation et de réduction de carbone pour l'aviation internationale (CORSIA) mises en œuvre dans le cadre de l'Organisation de l'Aviation Civile Internationale (OACI) sont réputées respecter les dispositions de l'article R. 229-102-1.

Art. R. 229-102-6 *(D. n° 2022-667, 26 avr. 2022).* – Les projets de réduction ou de séquestration des émissions de gaz à effet de serre ne sont éligibles au présent dispositif de compensation que si les travaux destinés à leur mise en œuvre ont commencé après le 31 décembre 2019 et s'ils n'ont pas d'impact négatif net sur la biodiversité.

Art. R. 229-102-7 *(D. n° 2022-667, 26 avr. 2022).* – I. – Un arrêté conjoint des ministres chargés de l'environnement et de l'aviation civile fixe un pourcentage minimum d'émissions réduites ou séquestrées par des projets situés dans l'Union européenne. Ce pourcentage augmente progressivement entre 2022 et 2025. À compter de 2025, il doit être d'au moins 50 %. Le respect de ce pourcentage est apprécié annuellement et pour chaque exploitant d'aéronefs soumis à l'obligation de compensation.

II. – L'arrêté mentionné au I fixe également un prix plafond du crédit carbone au-delà duquel les exploitants sont dispensés de l'application du taux mentionné à l'alinéa précédent, s'ils ne sont plus en mesure de trouver des projets situés dans l'Union européenne dont le prix du crédit carbone est inférieur à ce plafond.

Art. R. 229-102-8 *(D. n° 2022-667, 26 avr. 2022).* – Les projets qui apportent des améliorations significatives en matière de préservation et de restauration des écosystèmes naturels et de leurs fonctionnalités peuvent bénéficier d'une majoration du montant des crédits carbone pris en compte pour apprécier le respect de l'obligation de compensation, dans la limite d'un plafond de majoration de 15 % par exploitant et par an.

Un arrêté du ministre chargé de l'environnement précise les critères permettant d'évaluer ces projets au regard de ces objectifs et le taux de majoration.

Art. R. 229-102-9 *(D. n° 2022-667, 26 avr. 2022).* – Les exploitants d'aéronefs transmettent à l'autorité compétente, au plus tard le 31 mars de chaque année, une déclaration portant sur les émissions de l'année précédente telles que définies au quatrième alinéa de l'article R. 229-37-7. Elles sont vérifiées conformément aux dispositions du III de l'article L. 229-7 et à celles de la présente section.

En l'absence de déclaration dans le délai requis ou si l'autorité compétente constate qu'elle n'est pas conforme aux conditions fixées par l'arrêté relatif aux aéronefs prévu au cinquième alinéa de l'article L. 229-6, l'autorité compétente procède d'office, après mise en demeure infructueuse de l'exploitant, au calcul des émissions, conformément au quatrième alinéa de l'article R. 229-37-7.

Art. R. 229-102-10 *(D. n° 2022-667, 26 avr. 2022).* – L'annulation des crédits carbone utilisés ou acquis en vue de la compensation des émissions de l'année précédente doit intervenir au plus tard le 30 avril de chaque année.

Art. R. 229-102-11 *(D. n° 2022-667, 26 avr. 2022).* – L'exploitant d'aéronefs transmet à l'autorité compétente, avant le 1er juin de chaque année, un rapport de compensation contrôlé par le vérificateur mentionné à l'article R. 229-102-12 ainsi qu'une copie du rapport de celui-ci.

Le rapport de compensation comprend la liste des projets de réduction ou de séquestration d'émissions de gaz à effet de serre mis en œuvre. Il indique, pour chacun d'eux, la localisation, le secteur d'activité et la nature du projet, la quantité d'émissions concernées, la méthodologie utilisée, l'année de démarrage du projet, les modalités de son financement, ainsi que tous les éléments pertinents permettant d'apprécier l'éligibilité des projets au regard des conditions prévues à l'article R. 229-102-1.

Le rapport de compensation est accompagné des pièces justificatives permettant de vérifier que les réductions et séquestrations d'émissions qu'il mentionne sont bien attribuables à l'exploitant d'aéronefs et que celles-ci ont exclusivement pour objet de satisfaire à ses obligations de compensation pour l'année considérée.

L'exploitant d'aéronefs fournit à l'autorité compétente les pièces justificatives demandées par cette dernière.

Art. R. 229-102-12 *(D. n° 2022-667, 26 avr. 2022).* – Le vérificateur est chargé de s'assurer du respect des exigences prévues par la présente sous-section, y compris en matière de préservation et de restauration des écosystèmes naturels. Sont habilités à procéder à cette vérification les organismes accrédités dans les conditions prévues par arrêté du ministre chargé de l'aviation civile.

Art. R. 229-102-13 *(D. n° 2022-667, 26 avr. 2022).* – La sanction prévue à l'article L. 229-59 en cas de non-respect de l'obligation de compensation s'applique également lorsque l'exploitant d'aéronefs n'a pas, dans les délais prescrits, transmis le rapport de compensation vérifié ou n'a pas fait les diligences nécessaires à l'annulation des crédits carbone utilisés pour remplir ses obligations de compensation des émissions de l'année précédente.

La décision prononçant l'amende en application de l'article L. 229-59, qui est prise par le ministre chargé de l'aviation civile, est notifiée à l'exploitant d'aéronef. La décision de sanction peut prévoir sa publication au *Journal officiel* de la République française.

Sous-section 2. – Obligations applicables au titre du régime de compensation et de réduction de carbone pour l'aviation internationale (« CORSIA »)

(D. n° 2024-546, 14 juin 2024)

Art. R. 229-102-13-1 *(D. n° 2024-546, 14 juin 2024)*. – Pour l'application des dispositions des articles L. 229-60-1 à L. 229-60-4 relatives au régime CORSIA, l'autorité compétente est le ministre chargé des transports.

Art. R. 229-102-13-2 *(D. n° 2024-546, 14 juin 2024)*. – Les dispositions de la présente sous-section s'appliquent aux exploitants d'aéronefs qui produisent des émissions annuelles de dioxyde de carbone (CO_2) supérieures à 10 000 tonnes. Les émissions prises en compte sont celles qui proviennent de l'utilisation d'avions ayant une masse maximale certifiée au décollage supérieure à 5 700 kg et réalisant les vols mentionnés à l'article L. 229-60-1 et à l'article L. 229-5 autres que les vols suivants :

a) Ceux au départ et à l'arrivée dans le même État, y compris lorsque les liaisons concernées se font avec une région ultrapériphérique, à partir du 1er janvier 2021 ;

b) Vols d'État ;

c) Vols humanitaires ;

d) Vols médicaux ;

e) Vols militaires ;

f) Vols de lutte contre le feu ;

g) Vols précédant ou suivant un vol humanitaire, médical ou de lutte contre le feu, à condition que ces vols aient été effectués avec le même aéronef et aient été nécessaires à l'accomplissement des activités humanitaires, médicales ou de lutte contre le feu correspondantes ou au repositionnement de l'aéronef après ces activités en vue de sa prochaine activité.

Art. R. 229-102-13-3 *(D. n° 2024-546, 14 juin 2024)*. – Un rapport d'annulation d'unités de compensation est établi par chaque exploitant d'aéronef pour chaque période de conformité. L'exploitant d'aéronef soumet ce rapport à la vérification d'un organisme de vérification accrédité qui établit un rapport de vérification. L'exploitant d'aéronef et l'organisme de vérification transmettent à l'autorité administrative compétente au plus tard le 30 avril de la deuxième année suivant la fin de la période de conformité, le rapport d'annulation des unités de compensation ainsi que le rapport de vérification associé.

Les modalités d'accréditation des organismes de vérification et de transmission des rapports d'annulation et de vérification à l'autorité compétente sont précisées par arrêté du ministre chargé des transports.

Section VIII. – Publicité sur les produits et services ayant un impact excessif sur le climat

(Section créée à compter du 1er mars 2022, D. n° 2021-1840, 28 déc. 2021)

Art. R. 229-103 *(Créé à compter du 1er mars 2022, D. n° 2021-1840, 28 déc. 2021)*. – L'obligation prévue par le 3° du I de l'article L. 229-64 de présenter de façon visible la mention de la classe d'émissions de dioxyde de carbone établie conformément aux dispositions de l'article L. 318-1 du Code [de] la route, est faite à toute publicité en faveur d'une voiture particulière, au sens du 1.4. de l'article R. 311-1 du Code de la route, soumise à l'obligation de mesure de la consommation de carburant et des émissions de dioxyde de carbone, lors de sa réception communautaire dite « réception CE » prévue par l'article R. 321-6 du Code de la route.

Art. R. 229-104 *(Créé à compter du 1er mars 2022, D. n° 2021-1840, 28 déc. 2021)*. – L'obligation prévue par le 3° du I de l'article L. 229-64 est applicable aux publicités diffusées au cinéma, aux publicités émises par les services de télévision, par voie de services de communication au public en ligne, et tout imprimé mentionné à l'article 5 du décret n° 2002-1508 du 23 décembre 2002 relatif à l'information sur la consommation de carburant et les émissions de dioxyde de carbone des voitures particulières neuves.

Art. R. 229-105 *(Créé à compter du 1er mars 2022, D. n° 2021-1840, 28 déc. 2021).* – Un arrêté du ministre chargé de l'environnement détermine les modalités d'affichage de la classe d'émissions de dioxyde de carbone prévue à l'article R. 229-103 dans les publicités en fonction du support et de leur diffusion.

Sous-section unique. – Obligation de déclaration sur une plateforme numérique par certains importateurs, distributeurs ou autres metteurs sur le marché de biens et services (1)

(D. n° 2022-616, 22 avr. 2022)

Art. R. 229-124 *(D. n° 2022-616, 22 avr. 2022).* – I. – Entre le 1er janvier et le 31 mai de chaque année civile, les importateurs, distributeurs ou autres metteurs sur le marché des biens et services mentionnés à l'article R. 229-125 du Code de l'environnement sont tenus de se déclarer sur une plateforme numérique dont les données sont rendues publiques, mise en place par le ministère chargé de l'environnement, accessible à l'adresse www.publicite-responsable.ecologie.gouv.fr.

Lorsque des importateurs, distributeurs ou autres metteurs sur le marché des biens et services mentionnés à l'article R. 229-125 du Code de l'environnement sont titulaires des droits sur un ou plusieurs noms commerciaux, marques ou enseignes, la déclaration qu'ils effectuent pour leur compte en application du présent article inclut également, sauf mention contraire expresse, l'ensemble des importateurs, distributeurs et leurs réseaux de détaillants ou autres metteurs sur le marché des biens et services mentionnés à l'article R. 229-125 autorisés par eux à exploiter les noms commerciaux, marques et enseignes concernés. Le déclarant peut procéder à une déclaration au nom et pour le compte de plusieurs entités juridiques soumises à cette obligation. Il en indique la liste le cas échéant.

II. – Le déclarant précise, à des fins de communication publique, s'il souscrit, ou s'il ne souscrit pas, à un ou des codes de bonne conduite, dits « contrats climat » sectoriels ou transversaux mentionnés à l'article 14 de la loi du 30 septembre 1986.

III. – Chaque déclarant reçoit confirmation de sa déclaration par voie électronique sous dix jours ouvrés.

Art. R. 229-125 *(D. n° 2022-616, 22 avr. 2022).* – Les importateurs, distributeurs ou autres metteurs sur le marché des biens et services assujettis à l'obligation de déclaration mentionnée à l'article L. 229-67 du présent code sont ceux dont les dépenses publicitaires nettes enregistrées au cours de leur dernier exercice comptable sont égales ou supérieures à 100 000 euros. Ces dépenses comprennent l'ensemble des dépenses, hors taxes d'annonces et insertions – notamment les publicités diffusées par voie télévisuelle et numérique –, de catalogues et imprimés ayant vocation à être le support d'une communication commerciale relatifs à des produits et services de l'entreprise, à l'exclusion des catalogues présentant de façon exhaustive aux professionnels et aux particuliers les caractéristiques et/ou les prix des produits et services, et de toute autre dépense. Ces dépenses doivent avoir été engagées à des fins d'opérations publicitaires réalisées sur le territoire français. Elles sont diminuées du montant des remises, rabais, ristournes ou autres réductions de prix obtenues.

Art. R. 229-126 *(D. n° 2022-616, 22 avr. 2022).* – I. – Avant le 10 juin de chaque année, le ministère chargé de l'environnement notifie le défaut de déclaration aux personnes morales assujetties qui ont alors jusqu'au 30 juin de la même année civile pour :

justifier de l'absence de déclaration sur la plateforme en fournissant les pièces financières ou comptables nécessaires ;

ou régulariser leur situation en procédant à la déclaration prévue à l'article R. 229-124.

II. – Au 15 juillet de chaque année civile, le ministère chargé de l'environnement publie sur la plateforme www.publicite-responsable.ecologie.gouv.fr, à fin de bonne information du public, la liste des entreprises soumises à l'obligation de déclaration au titre de l'article L. 229-67 du présent code qui souscrivent ou qui ne

(1) La numérotation de la présente sous-section n'est pas logique en raison de l'introduction concomitante de nombreuses dispositions dans le présent code. – NDLR.

souscrivent pas à un « contrat climat » sectoriel ou transversal, ainsi que la liste des entreprises non soumises à cette obligation mais qui souscrivent à un « contrat climat ».

Il publie la liste des entreprises soumises à l'obligation de déclaration ne s'étant pas déclarées sur la plateforme, et les éventuelles sanctions qui leur ont été appliquées pour ces non déclarations.

Art. R. 229-127 *(Créé à compter du 1er janvier 2023, D. n° 2022-1377, 29 oct. 2022).* – Le ministre chargé de l'environnement peut sanctionner le non-respect de l'obligation de déclaration prévue à l'article L. 229-67 dans les conditions définies au présent article.

Après avoir mis l'entreprise en mesure de présenter ses observations, par écrit et dans le délai d'un mois au plus, sur les griefs formulés à son encontre, le ministre chargé de l'environnement peut la mettre en demeure de se conformer à cette obligation dans un délai qu'il détermine. Il peut rendre publique cette mise en demeure.

Lorsque l'entreprise ne se conforme pas à cette mise en demeure dans le délai déterminé, le ministre chargé de l'environnement ordonne le paiement de l'amende prévue à l'article L. 229-67.

Section IX. – Allégations environnementales

(Section créée à compter du 1er janvier 2023, D. n° 2022-539, 13 avr. 2022) (1)

Art. D. 229-106 *(Créé à compter du 1er janvier 2023, D. n° 2022-539, 13 avr. 2022).* – L'annonceur qui affirme dans une publicité qu'un produit ou un service est « neutre en carbone », « zéro carbone », « avec une empreinte carbone nulle », « climatiquement neutre », « intégralement compensé », « 100 % compensé » ou emploie toute formulation de signification ou de portée équivalente respecte les dispositions de la présente section.

Cette section est applicable à la correspondance publicitaire et aux imprimés publicitaires, à l'affichage publicitaire, aux publicités figurant dans les publications de presse, aux publicités diffusées au cinéma, aux publicités émises par les services de télévision ou de radiodiffusion et par voie de services de communication en ligne, ainsi qu'aux allégations apposées sur les emballages des produits.

Art. D. 229-107 *(Créé à compter du 1er janvier 2023, D. n° 2022-539, 13 avr. 2022).* – L'annonceur mentionné à l'article D. 229-106 produit un bilan des émissions de gaz à effet de serre du produit ou service concerné couvrant l'ensemble de son cycle de vie. Ce bilan est mis à jour tous les ans.

Ce bilan est réalisé conformément aux exigences de la norme NF EN ISO 14067, ou tout autre standard équivalent avec les exigences de cette norme. Un arrêté du ministre chargé de l'environnement peut compléter ces exigences afin de mettre en cohérence la méthodologie du bilan des émissions avec celle de l'affichage environnemental prévu à l'article L. 541-9-11 du présent code.

Art. D. 229-108 *(Créé à compter du 1er janvier 2023, D. n° 2022-539, 13 avr. 2022).* – L'annonceur mentionné à l'article D. 229-106 publie sur son site de communication au public en ligne, ou à défaut sur son application mobile, un rapport de synthèse décrivant l'empreinte carbone du produit ou service dont il est fait la publicité et la démarche grâce à laquelle ces émissions de gaz à effet de serre sont prioritairement évitées, puis réduites, et enfin compensées. Ce rapport comprend trois annexes détaillant son contenu et présentées dans l'ordre suivant :

1° Une annexe présentant le résultat du bilan prévu à l'article D. 229-107, ainsi qu'une synthèse de la méthodologie d'établissement de ce bilan. Cette synthèse précise notamment le périmètre retenu pour la définition du produit ou service concerné, les unités fonctionnelles ou déclarées utilisées, les frontières du système considéré, les modalités du traitement de l'étape d'utilisation et de fin de vie, les données d'émissions prises en compte pour l'électricité ou le gaz consommés provenant des réseaux. Elle précise le ou les pays ou zones géographiques dans lesquels ont lieu les émissions, et les émissions dues au transport international, dans la mesure où ces données sont disponibles ;

2° Une annexe établissant la trajectoire visée de réduction des émissions de gaz à effet de serre associées au produit ou au service dont il est fait la publicité, avec des objectifs de progrès annuels quantifiés, couvrant au moins les dix années suivant la publication du rapport au titre de cette section. Une trajectoire actualisée couvrant

(1) Dispositions particulières et transitoires : V. D. n° 2022-539, 13 avr. 2022.

une nouvelle période de 10 ans est établie tous les 5 ans suivants la publication du premier rapport au titre de cette section ;

3° Une annexe détaillant les modalités de compensation des émissions résiduelles, qui précise notamment la nature et la description des projets de compensation. Cette annexe présente également des informations sur leur coût, en les classant selon les catégories suivantes : en-dessous de 10€/tCO2, entre 10 et 40€/tCO2 ou au-dessus de 40€/tCO2. Cette annexe démontre que le volume des émissions réduites ou séquestrées via cette compensation correspond aux émissions résiduelles de l'ensemble des produits ou services vendus et concernés par la publicité. Cette annexe précise également les modalités mises en œuvre par l'annonceur afin de s'assurer qu'elle ne procède pas à un double-comptage de la compensation permise par ces projets. En particulier, elle présente les modalités du retrait des réductions et séquestrations d'émissions du marché lorsqu'il est fait recours à des crédits de compensation. Enfin, cette annexe détaille les efforts mis en œuvre pour assurer la meilleure cohérence possible entre les zones géographiques dans lesquelles les projets sont réalisés et où ont lieu les émissions.

Cette publication est tenue à jour annuellement, pendant toute la durée de commercialisation du produit ou du service pendant laquelle l'annonceur affirme dans une publicité que ce même produit ou service est neutre en carbone ou emploie toute formulation de signification ou de portée équivalente. La mise à jour permet notamment d'assurer le suivi de l'évolution des émissions associées au produit ou service en comparaison avec la trajectoire de réduction mentionnée précédemment. Ainsi l'annonceur retire l'affirmation mentionnée à l'article D. 229-106 s'il apparaît que les émissions unitaires associées au produit ou service avant compensation ont augmenté entre deux années successives.

Le lien internet ou code à réponse rapide permettant d'accéder à cette publication est indiqué sur la publicité ou l'emballage portant l'allégation de neutralité carbone.

Art. D. 229-109 *(Créé à compter du 1er janvier 2023, D. n° 2022-539, 13 avr. 2022).* – Les réductions et séquestrations d'émissions issues de projets de compensation utilisés par l'annonceur mentionné à l'article D. 229-106 respectent les principes définis par l'article L. 229-55 et ses textes d'application.

Les projets de compensation ne doivent pas être défavorables à la préservation et la restauration des écosystèmes naturels et de leurs fonctionnalités.

Les réductions d'émissions reconnues dans le cadre du décret n° 2018-1043 du 28 novembre 2018 créant un label « Bas Carbone » sont réputées respecter les deux alinéas précédents.

Les annonceurs ne peuvent afficher la mention « Compensation réalisée en France », ou toute mention de signification ou de portée équivalente, que si la totalité des projets de compensation sont réalisés en France.

Art. R. 229-110 *(Créé à compter du 1er janvier 2023, D. n° 2022-539, 13 avr. 2022).* – En application de l'article L. 229-69, le ministre chargé de l'environnement peut sanctionner le non-respect de l'interdiction et le manquement aux obligations prévues à l'article L. 229-68 dans les conditions définies au présent article.

Après avoir envoyé un courrier à l'annonceur lui précisant qu'il dispose d'un délai d'un mois à compter de la réception de ce courrier pour présenter par écrit ses observations sur les griefs formulés à son encontre, le ministre chargé de l'environnement peut le mettre en demeure de se conformer à ces obligations dans un délai qu'il détermine. Il peut rendre publique cette mise en demeure.

Lorsque l'annonceur ne se conforme pas à cette mise en demeure dans le délai déterminé, le ministre chargé de l'environnement ordonne le paiement de l'amende prévue à l'article L. 229-69.

Section X. – Dispositions relatives au mécanisme d'ajustement carbone aux frontières pendant la période transitoire

(D. n° 2024-642, 28 juin 2024)

Art. R. 229-128 *(D. n° 2024-642, 28 juin 2024).* – L'autorité administrative compétente, au sens de l'article 11 du règlement MACF, est le ministre chargé de la politique des marchés carbone.

LIVRE III

ESPACES NATURELS

(D. n° 2005-934, 2 août 2005 ; D. n° 2005-935, 2 août 2005) (1)

Voir : Obs. sous intitulé Livre III / Loi pour la reconquête de la biodiversité, de la nature et des paysages (DEVL1400720L).

Art. R. 300-1. – Les dispositions relatives aux forêts de protection et à la prévention des incendies de forêt sont énoncées au titre II du livre III et au titre Ier du livre IV du Code forestier.

Voir : C. for., art. L. 131-1 et s., C. for., art. L. 141-1 et s., C. for., art. D. 131-1 et s. et C. for., art. R. 141-1 et s.

Art. R. 300-2 ***(Mod., D. n° 2015-1783, 28 déc. 2015).*** **– Les dispositions relatives aux espaces boisés classés sont énoncées aux articles R. 113-1 et suivants du Code de l'urbanisme.**

Les dispositions relatives aux espaces naturels sensibles sont énoncées aux articles R. 113-15 et suivants du même code.

Art. R. 300-3. – Les dispositions relatives à la Fondation du patrimoine sont énoncées au décret du 18 avril 1997 portant reconnaissance d'utilité publique et approbation des statuts de ladite fondation.

NB : D. 18 avr. 1997 abrogé par D. n° 2011-574, 24 mai 2011, relatif à la partie réglementaire du Code du patrimoine (*JO* 26 mai). V. désormais C. patr., art. R. 143-1 et annexes 6, p. 3209.

TITRE Ier. – INVENTAIRE ET MISE EN VALEUR DU PATRIMOINE NATUREL

Pas de dispositions réglementaires codifiées.

TITRE II. – LITTORAL

CHAPITRE Ier. – PROTECTION ET AMÉNAGEMENT DU LITTORAL

Section I. – Dispositions générales

Art. R. 321-1. – Sont considérées comme communes littorales au sens du 2° de l'article L. 321-2 les communes riveraines d'un estuaire ou d'un delta désignées ci-après :

1° Dans le département du Pas-de-Calais : Wimille et Outreau ;

---

(1) Les articles identifiés par un « R. » correspondent aux dispositions relevant d'un décret en Conseil d'État, ceux identifiés par un « R.* » correspondent aux dispositions relevant d'un décret en conseil d'État délibéré en conseil des ministres et ceux identifiés par un « D. » correspondent aux dispositions relevant d'un décret simple, D. n° 2005-934, 2 août 2005, art. 1er et D. n° 2005-935, 2 août 2005, art. 1er.

Les dispositions du Code de l'environnement qui citent en les reproduisant des articles d'autres codes ou décrets sont de plein droit modifiées par l'effet des modifications ultérieures de ces articles, D. n° 2005-935, 2 août 2005, art. 3.

2° Dans le département de la Seine-Maritime : La Cerlangue et Tancarville ;

3° Dans le département de l'Eure : Quillebeuf-sur-Seine, Marais-Vernier, Saint-Samson-de-la-Roque, Foulbec, Conteville et Berville-sur-Mer ;

4° Dans le département du Calvados : Bénouville, Osmanville et Isigny-sur-Mer ;

5° Dans le département de la Manche : Saint-Côme-du-Mont, Angoville-au-Plain, Vierville, Orval, Saint-Quentin-sur-le-Homme et Poilley ;

6° Dans le département des Côtes-d'Armor : Saint-Lormel, Quemper-Guézennec, Ploëzal, Trédarzec, Troguéry, Minihy-Tréguier, Tréguier et Pouldouran ;

7° Dans le département du Finistère : Saint-Martin-des-Champs, Pont-de-Buis-lès-Quimerch et Clohars-Fouesnant ;

8° Dans le département du Morbihan : Arzal et Camoël ;

9° Dans le département de la Loire-Atlantique : Montoir-de-Bretagne, Donges, La Chapelle-Launay, Lavau-sur-Loire, Bouée, Frossay, Saint-Viaud, Paimboeuf, Corsept et Bourgneuf-en-Retz ;

10° Dans le département de la Vendée : Brem-sur-Mer, L'Île-d'Olonne et Angles ;

11° Dans le département de la Charente-Maritime : Saint-Laurent-de-la-Prée, Vergeroux, Rochefort-sur-Mer, Tonnay-Charente, Saint-Hippolyte, Échillais, Soubise, Saint-Nazaire-sur-Charente, Meschers-sur-Gironde, Arces-sur-Gironde, Talmont-sur-Gironde, Barzan, Chenac-Saint-Seurin-d'Uzet, Mortagne-sur-Gironde, Floirac, Saint-Romain-sur-Gironde, Saint-Fort-sur-Gironde, Saint-Dizant-du-Gua, Saint-Thomas-de-Conac, Saint-Sorlin-de-Conac ;

12° Dans le département de la Gironde : Saint-Ciers-sur-Gironde, Braud-et-Saint-Louis, Saint-Androny, Fours, Saint-Genès-de-Blaye, Blaye, Cussac-Fort-Médoc, Saint-Julien-Beychevelle, Pauillac, Saint-Estèphe, Saint-Seurin-de-Cadourne, Saint-Yzans-de-Médoc, Saint-Christoly-de-Médoc, Bégadan, Valeyrac, Jau-Dignac-et-Loirac, Saint-Vivien-de-Médoc et Talais ;

13° Dans le département des Pyrénées-Atlantiques : Boucau et Bayonne ;

14° Dans le département de la Haute-Corse : Vescovato ;

15° Dans le département du Gard : Vauvert.

Voir : D. n° 2004-311, 29 mars 2004, fixant la liste des communes riveraines des estuaires et des deltas considérées comme littorales en application de l'article L. 321-2 du Code de l'environnement et la liste des estuaires les plus importants au sens des articles L. 121-15 et L. 121-10 du Code de l'urbanisme (NOR : EQUU0400182D).

Détermination des communes riveraines des estuaires. Si une commune riveraine de l'estuaire de la Vilaine est considérée comme une commune littorale par l'article R. 321-1 du Code de l'environnement, les prescriptions du II de l'article L. 146-4 du Code de l'urbanisme relatives à l'extension limitée des espaces proches du rivage ne lui sont toutefois pas applicables, dès lors que la Vilaine n'est pas classée par le décret n° 2004-311 du 30 mars 2004 comme un estuaire important pour l'application de ces prescriptions. Dans ces conditions, le moyen tiré de la méconnaissance par le permis de construire litigieux du II de l'article L. 146-4 du Code de l'urbanisme ne peut être accueilli (■ CAA Nantes, 17 févr. 2012, n° 10NT01621, *Cne de Camoël : Rev. jur. env.* 2013, 73, note Prieur).

Voir : partie législative, art. L. 321-2, p. 581.

Section II. – Aménagement et urbanisme

Art. R. 321-2 *(Mod., D. n° 2015-1783, 28 déc. 2015)*. **– Les dispositions d'aménagement et d'urbanisme particulières au littoral sont énoncées au chapitre 1er du titre II du livre Ier du Code de l'urbanisme.**

Voir : C. urb., art. L. 121-1 et s., p. 72 ; C. urb., art. R. 121-1 et s., p. 1474.

Art. R. 321-3. – Les dispositions relatives aux schémas de mise en valeur de la mer sont énoncées au décret n° 86-1252 du 5 décembre 1986 relatif au contenu et à l'élaboration des schémas de mise en valeur de la mer.

NB : D. n° 86-1252, 5 déc. 1986, mod. D. n° 88-199, 29 févr. 1988 (*JO* 2 mars), D. n° 2007-673, 2 mai 2007 (*JO* 4 mai), D. n° 2007-1586, 8 nov. 2007 (*JO* 10 nov.) et D. n° 2019-1580, 31 déc. 2019 (*JO* 1er janv. 2020).

Art. R. 321-3-1 *(D. n° 2011-1612, 22 nov. 2011).* – **Les conditions d'instruction et de délivrance des concessions d'utilisation des dépendances du domaine public maritime situées hors des limites administratives des ports sont fixées par les articles R. 2124-1 à R. 2124-12 du Code général de la propriété des personnes publiques.**

Section III. – Extraction de matériaux

Pas de dispositions réglementaires codifiées.

Section IV. – Accès au rivage

Art. R. 321-4 *(Mod., D. n° 2015-1783, 28 déc. 2015).* – **Les dispositions relatives à l'accès au rivage sont énoncées aux articles R. 121-9 et suivants du Code de l'urbanisme.**

Art. R. 321-4-1 *(D. n° 2011-1612, 22 nov. 2011).* – **Les règles relatives à l'occupation des plages faisant l'objet d'une concession, à l'attribution des concessions de plage et des sous-traités d'exploitation et à la résiliation des concessions et des conventions d'exploitation sont fixées par les articles R. 2124-13 à R. 2124-38 du Code général de la propriété des personnes publiques.**

Section V. – Ouvrages d'art reliant les îles au continent

Art. R. 321-5. – **Peuvent faire l'objet de la perception du droit départemental de passage prévu par l'article L. 321-11 les véhicules terrestres à moteur qui empruntent un ouvrage d'art reliant une île maritime au continent en direction de cette île.**

Art. R. 321-6. – **Pour le calcul de la majorité mentionnée au premier alinéa de l'article L. 321-11, il est attribué une voix par commune n'appartenant pas à un groupement compétent en matière d'aménagement, d'urbanisme ou d'environnement et autant de voix pour chaque groupement de communes compétent en matière d'aménagement, d'urbanisme ou d'environnement que celui-ci comporte de communes membres. Lorsqu'un tel groupement comprend également des communes non situées sur l'île maritime concernée, celles-ci n'entrent pas dans le décompte des voix.**

Art. R. 321-7 *(Mod., D. n° 2013-938, 18 oct. 2013).* – **Lorsque la majorité calculée selon les modalités définies à l'article R. 321-6 est acquise, le conseil départemental peut instituer par délibération un droit départemental de passage.**

Cette délibération précise, s'il y a lieu, les différences de tarifs visées au quatrième alinéa de l'article L. 321-11 et peut limiter la perception de ce droit de passage aux seules périodes d'afflux touristique. Dans ce cas, la délibération fait mention des dates de début et de fin de ces périodes.

Elle peut prévoir des tarifs différents selon le type de véhicule terrestre à moteur concerné.

Cette délibération est soumise pour accord à toutes les communes ainsi qu'à tous les groupements de communes compétents en matière d'aménagement, d'urbanisme ou d'environnement situés sur l'île. Si, dans le délai de deux mois à compter de sa saisine, une commune ou un groupement de communes ne s'est pas prononcé, il est réputé avoir donné son accord. La majorité des communes et groupements de communes est déterminée dans les mêmes conditions de calcul que celles définies à l'article R. 321-6.

Art. R. 321-8 *(Mod., D. n° 2006-665, 7 juin 2006)* (1). – **I. – La convention, d'une durée de cinq ans renouvelable, prévue au cinquième alinéa de l'article L. 321-11, comprend :**

1° Un programme technique de protection et de gestion des espaces naturels de l'île soumis préalablement pour avis à la commission départementale de la nature, des paysages et des sites ;

2° L'évaluation des charges liées à la perception du droit de passage ;

(1) Dispositions transitoires : V. D. n° 2006-665, 7 juin 2006, art. 61.

3° Le programme des opérations retenues, en mentionnant leur financement et leur maître d'ouvrage ;

4° Les modalités de versement du produit du droit départemental de passage aux communes et aux groupements de communes signataires de la convention.

II. – Un exemplaire de la convention peut être consulté dans chacune des communes et au siège des groupements concernés.

Art. R. 321-9. – Le droit départemental de passage est recouvré :

1° Soit directement par le comptable du département ou par un régisseur agissant pour son compte ; dans ce cas, le droit est perçu seul, ou ajouté à la redevance déjà perçue pour l'usage de l'ouvrage d'art ;

2° Soit par le concessionnaire de l'ouvrage dans des conditions définies par convention avec le département.

Art. R. 321-10. – Le produit du droit départemental de passage est imputé par le département sur un compte budgétaire spécifique. Les sommes reversées par le département aux communes et aux groupements de communes désignés comme maîtres d'ouvrage dans la convention prévue à l'article R. 321-8 sont également imputées par ces collectivités et établissements publics locaux sur un compte budgétaire spécifique.

Le produit de ce droit est, après prélèvement des sommes liées à sa perception, exclusivement affecté à la préservation des espaces mentionnés dans la convention et pour les actions qu'elle définit. Les dépenses afférentes à la gestion de ces espaces, qui concernent aussi bien des opérations de fonctionnement que des opérations d'investissement, sont suivies au moyen de l'état des recettes ordinaires affectées, joint aux documents budgétaires de la collectivité ou de l'établissement public.

Lorsque la gestion de ces espaces est confiée à un organisme tiers, la commune ou le groupement de communes reverse le produit du droit départemental de passage à ce tiers par voie de subvention dans le cadre d'un cahier des charges fixant les obligations contractuelles du bénéficiaire pour l'utilisation de cette ressource.

Lorsque certains de ces espaces naturels sont classés en parc national, réserve naturelle ou parc naturel régional, les sommes correspondant aux actions définies sur ces espaces sont reversées par la commune ou le groupement de communes au budget respectivement de l'établissement public chargé du parc national, de l'organisme gestionnaire de la réserve naturelle ou du parc naturel régional. Les mesures qu'elles financent dans une réserve naturelle dotée d'un plan de gestion doivent être compatibles avec ce plan, et celles qu'elles financent dans un parc national doivent être compatibles avec son programme d'aménagement.

Le reversement du produit du droit départemental de passage aux communes et groupements de communes est subordonné à l'entrée en vigueur de la convention mentionnée à l'article R. 321-8.

Section V. – Transport maritime de passagers à destination des espaces protégés (1)

(Mod. à de nombreuses reprises puis rempl. à compter du 1er janvier 2025, D. n° 2024-610, 26 juin 2024)

NB : Conformément au I de l'article 51 du décret n° 2024-610 du 26 juin 2024, ces dispositions entrent en vigueur le 1er janvier 2025.

Art. D. 321-11 *(Rempl. à compter du 1er janvier 2025, D. n° 2024-610, 26 juin 2024).* – Pour l'application du dernier alinéa de l'article L. 321-12, la taxe sur le transport maritime de passagers à destination d'espaces naturels protégés mentionnée à l'article L. 423-47 du Code des impositions sur les biens et services est répartie dans les conditions prévues par la présente section.

Sous-section 1. – Espaces naturels protégés à destination desquels la taxe est établie

Art. D. 321-12 *(Rempl. à compter du 1er janvier 2025, D. n° 2024-610, 26 juin 2024).* – Les espaces naturels protégés mentionnés à l'article L. 423-49 du Code des impositions sur les biens et services sont ceux mentionnés à l'article D. 321-13.

(1) Antérieurement à son remplacement à compter du 1er janvier 2025 la section 6 intitulé : « Transport maritime de passagers vers des espaces protégés » comprenait les articles R. 321-11 à D. 321-15. – NDLR.

Art. D. 321-13 *(Rempl. à compter du 1er janvier 2025, D. n° 2024-610, 26 juin 2024).* – **Les espaces naturels protégés et, le cas échéant, les ports associés, les collectivités territoriales affectataires mentionnées au deuxième alinéa de l'article L. 321-12, les autres personnes publiques affectataires et les fractions qui leur sont affectées sont les suivants :**

DÉPARTEMENT D'IMPLANTATION	ESPACES NATURELS PROTÉGÉS ET PORTS CONCERNÉS	PERSONNES PUBLIQUES BÉNÉFICIAIRES	PART AFFECTÉE
1. Parcs nationaux			
Guadeloupe	Parc national de la Guadeloupe : îlet Pigeon, îlets du Grand Cul de Sac marin, mangroves du Grand Cul de Sac marin classées en cœur de parc national ainsi que l'aire maritime adjacente	Établissement public du parc national de la Guadeloupe	100 %
Bouches-du-Rhône	Parc national des Calanques	Établissement public du Parc national des Calanques	100 %
2. Réserves naturelles			
Gironde	Réserve naturelle nationale du Banc d'Arguin	Commune de La Teste-de-Buch	100 %
Corse-du-Sud	Réserve naturelle nationale des bouches de Bonifacio	Office de l'environnement de la Corse	100 %
Guadeloupe	Réserve naturelle nationale de Saint-Martin	Conservatoire de l'espace littoral et des rivages lacustres	100 %
	Réserve naturelle nationale de la Désirade et le port de la Désirade	Office national des forêts	100 %
Guyane	Réserve naturelle nationale de l'île du Grand-Connétable	Office français de la biodiversité	100 %
Pyrénées-Orientales	Réserve naturelle nationale marine de Cerbère-Banyuls	Département des Pyrénées-Orientales	100 %
La Réunion	Réserve naturelle nationale marine de La Réunion	Groupement d'intérêt public de la réserve naturelle marine de La Réunion	100 %
3. Sites naturels classés			
Côtes-d'Armor	Sites classés de l'île de Bréhat et port de Bréhat	Commune de l'île de Bréhat	100 %

DÉPARTEMENT D'IMPLANTATION	ESPACES NATURELS PROTÉGÉS ET PORTS CONCERNÉS	PERSONNES PUBLIQUES BÉNÉFICIAIRES	PART AFFECTÉE
Finistère	Sites classés de l'île de Sein et port de l'île de Sein	Syndicat mixte du parc naturel régional d'Armorique	100 %
Vendée	Sites classés de l'île d'Yeu (côte sauvage et bois de la Citadelle)	Commune de l'île d'Yeu	100 %
Alpes-Maritimes	Sites classés des îles de Lérins : îles Sainte-Marguerite et Saint-Honorat	Office national des forêts	100 %
Corse-du-Sud	Sites classés des îles Sanguinaires	Département de la Corse-du-Sud	100 %
Guadeloupe	Sites classés du Pain de sucre et de la baie de Pompierre à Terre-de-Haut et port de Terre-de-Haut (archipel des Saintes)	Commune de Terre-de-Haut	100 %
	Sites classés des falaises nord-est de Marie-Galante et les ports de Marie-Galante	Communauté de communes du pays Marie-Galante	100 %
Pyrénées-Orientales	Sites classés du cap Oullestrell situés sur les communes de Banyuls-sur-Mer et Port-Vendres ainsi que le domaine public maritime correspondant	Département des Pyrénées-Orientales	100 %
	Sites classés du cap de l'Abeille		
Gironde	Sites classés de l'île aux oiseaux	Conservatoire de l'espace littoral et des rivages lacustres	100 %
4. Sites naturels inscrits			
Morbihan	Ile d'Arz	Commune de l'île d'Arz	100 %
Martinique	Ilet Madame	Commune du Robert	100 %
5. Terrains du Conservatoire de l'espace littoral et des rivages lacustres			
Manche	Ile Tatihou	Conservatoire de l'espace littoral et des rivages lacustres	100 %
Morbihan	Ile-aux-Moines du golfe du Morbihan	Conservatoire de l'espace littoral et des rivages lacustres	100 %

DÉPARTEMENT D'IMPLANTATION	ESPACES NATURELS PROTÉGÉS ET PORTS CONCERNÉS	PERSONNES PUBLIQUES BÉNÉFICIAIRES	PART AFFECTÉE
Haute-Corse	Désert des Agriates et plage du Loto	Conservatoire de l'espace littoral et des rivages lacustres	100 %
Guadeloupe	Iles de Petite-Terre	Conservatoire de l'espace littoral et des rivages lacustres	100 %
Guyane	Iles du Salut	Conservatoire de l'espace littoral et des rivages lacustres	100 %
Ille-et-Vilaine	Ile de Cézembre	Conservatoire de l'espace littoral et des rivages lacustres	100 %
Mayotte	Ilots de Mayotte sauf M'Bouzi	Conservatoire de l'espace littoral et des rivages lacustres	100 %
Gironde	Ile Nouvelle	Conservatoire de l'espace littoral et des rivages lacustres	100 %
6. Espaces naturels bénéficiant de plusieurs protections			
Haute-Corse	Sites de la pointe du Cap Corse	Conservatoire de l'espace littoral et des rivages lacustres	100 %
Corse-du-Sud	Espaces terrestres et marins classés de Porto et de Girolata et territoires classés de la réserve naturelle nationale de la presqu'île de Scandola	Syndicat mixte du parc naturel régional de Corse	67 %
		Commune d'Osani	33 %
	Espaces terrestres et marins classés et terrains du conservatoire situés sur les sites de Campumoru-Senetosa	Conservatoire de l'espace littoral et des rivages lacustres	100 %
Côtes-d'Armor	Espaces terrestres et marins classés en réserve naturelle nationale des Sept-Iles et terrains du Conservatoire de l'espace littoral et des rivages lacustres sur l'île aux Moines	Conservatoire de l'espace littoral et des rivages lacustres	100 %
Finistère	Espaces terrestres et marins classés et terrains du Conservatoire de l'espace littoral et des rivages lacustres situés sur l'île de Batz	Commune de Batz	50 %
		Conservatoire de l'espace littoral et des rivages lacustres	50 %

DÉPARTEMENT D'IMPLANTATION	ESPACES NATURELS PROTÉGÉS ET PORTS CONCERNÉS	PERSONNES PUBLIQUES BÉNÉFICIAIRES	PART AFFECTÉE
	Espaces terrestres et marins classés, territoires classés de la réserve naturelle nationale d'Iroise situés dans l'archipel de Molène et port de Molène	Syndicat mixte du parc naturel régional d'Armorique	100 %
	Espaces terrestres et marins classés, terrains du Conservatoire de l'espace littoral et des rivages lacustres situés sur les sites de l'île d'Ouessant et port de Lampaul		100 %
	Espaces terrestres et marins classés et territoires classés de la réserve naturelle nationale de Saint-Nicolas-de-Glénan situés sur l'archipel de Glénan, ainsi que le port de l'île de Saint-Nicolas	Département du Finistère	100 %
Morbihan	Espaces terrestres et marins classés, territoires classés de la réserve naturelle nationale François-le-Bail, port Tudy, port Lay, port Mélite et terrains du Conservatoire de l'espace littoral et des rivages lacustres situés sur l'île de Groix	Commune de Groix	100 %
	Espaces terrestres et marins classés, terrains du Conservatoire de l'espace littoral et des rivages lacustres situés sur Belle-Ile, ainsi que le port du Palais et le port de Sauzon	Communauté de communes de Belle-Ile-en-mer	80 %
		Conservatoire de l'espace littoral et des rivages lacustres	20 %
	Espaces terrestres et marins classés, terrains du Conservatoire de l'espace littoral et des rivages lacustres situés sur l'île d'Hoedic, ainsi que le port de l'île d'Hoedic	Commune de Hoedic	60 %
		Conservatoire de l'espace littoral et des rivages lacustres	40 %

DÉPARTEMENT D'IMPLANTATION	ESPACES NATURELS PROTÉGÉS ET PORTS CONCERNÉS	PERSONNES PUBLIQUES BÉNÉFICIAIRES	PART AFFECTÉE
Espaces terrestres et marins classés, terrains du Conservatoire de l'espace littoral et des rivages lacustres situés sur l'île de Houat, ainsi que le port Saint-Gildas	Commune de Houat	80 %	
	Conservatoire de l'espace littoral et des rivages lacustres	20 %	
Charente-Maritime	Espaces terrestres et marins classés, terrains du Conservatoire de l'espace littoral et des rivages lacustres situés sur l'île d'Aix, ainsi que le port de la Rade	Commune de l'île d'Aix	80 %
		Conservatoire de l'espace littoral et des rivages lacustres	20 %
Var	Parc national de Port-Cros : – île de Port-Cros (dont le port de Port-Cros), île de Bagaud, île de la Gabinière, classés en cœur de parc national, ainsi que l'aire maritime adjacente ; – espaces terrestres et maritimes situés sur l'île de Porquerolles et classés en cœur de parc national, en aire maritime adjacente (dont le port de Porquerolles) et en site classé	Établissement public du parc national de Port-Cros	100 %
Manche	Espaces terrestres classés et terrains du Conservatoire du littoral et des rivages lacustres situés sur l'archipel de Chausey	Conservatoire de l'espace littoral et des rivages lacustres	100 %
Pyrénées-Orientales	Espaces terrestres et marins classés, terrains du Conservatoire de l'espace littoral et des rivages lacustres situés sur les sites du Cap Béar et ses abords	Département des Pyrénées-Orientales	100 %

Sous-section 2. – Dispositions comptables

Art. D. 321-14 *(Rempl. à compter du 1er janvier 2025, D. n° 2024-610, 26 juin 2024).* **– Pour l'application de l'article L. 321-12, le comptable public chargé du recouvrement de la taxe sur le transport**

maritime de passagers à destination d'espaces naturels protégés mentionnée à l'article L. 423-47 du Code des impositions sur les biens et services verse au moins trimestriellement, sur un compte de dépôt de fonds au Trésor ou, à défaut, sur un compte de dépôt, les sommes recouvrées aux personnes mentionnées à l'article L. 321-12, après déduction des frais d'assiette et de recouvrement mentionnés au VII de l'article 1647 du Code général des impôts et, le cas échéant, des sommes indûment versées.

Art. D. 321-15 *(Rempl. à compter du 1er janvier 2025, D. n° 2024-610, 26 juin 2024)*. – Les sommes versées au titre de la taxe sur le transport maritime de passagers à destination d'espaces naturels protégés mentionnée à l'article L. 423-47 du Code des impositions sur les biens et services sont inscrites au budget des personnes mentionnées à l'article L. 321-12 et affectées à la préservation de l'espace naturel protégé qui est à l'origine de la ressource, le cas échéant par voie de subvention versée à la personne qui en assure la gestion dans le cadre d'un cahier des charges fixant notamment ses obligations.

Lorsqu'une réserve naturelle est dotée d'un plan de gestion arrêté par le préfet en application de l'article R. 332-22, ce plan mentionne les actions financées par les sommes mentionnées au premier alinéa.

Lorsqu'une collectivité territoriale est affectataire des sommes mentionnées au premier alinéa, celles-ci sont imputées sur un compte budgétaire spécifique et suivies au moyen de l'état des recettes ordinaires affectées, joint aux documents budgétaires de la collectivité.

CHAPITRE II. – CONSERVATOIRE DE L'ESPACE LITTORAL ET DES RIVAGES LACUSTRES

Section I. – Dispositions générales

Voir : Obs. sous intitulé Livre III / Loi pour la reconquête de la biodiversité, de la nature et des paysages (DEVL1400720L).

Art. R. 322-1. – Le conservatoire de l'espace littoral et des rivages lacustres est placé sous la tutelle du ministre chargé de la protection de la nature.

Dans le cadre du partenariat mentionné à l'article L. 322-1, les collectivités territoriales ou leurs groupements peuvent contribuer à l'action du conservatoire, notamment par l'apport de moyens humains et financiers, pour la réalisation de tout ou partie de ses missions définies au même article.

Des conventions de partenariat, approuvées par le conseil d'administration, fixent les conditions dans lesquelles ces contributions sont mises en œuvre.

Art. R. 322-2 *(Mod., D. n° 2017-1170, 17 juill. 2017)*. – Le Conservatoire de l'espace littoral et des rivages lacustres élabore un document stratégique d'intervention à long terme.

Le conservatoire fixe, compte tenu de la réglementation en vigueur, de sa stratégie d'intervention à long terme ainsi que des schémas de cohérence territoriale, des plans locaux d'urbanisme et des plans d'occupation des sols ou des documents d'urbanisme en tenant lieu, qu'ils soient rendus publics, en cours d'étude ou approuvés dans les conditions définies par le Code de l'urbanisme, les secteurs dans lesquels son action doit s'exercer en priorité.

Il peut demander aux ministres compétents que des mesures de sauvegarde soient prises pour éviter que le caractère naturel et l'équilibre écologique de ces secteurs soient compromis.

Stratégie d'intervention du Conservatoire du littoral. Le Conservatoire du littoral a défini une stratégie d'intervention 2015-2050, validée le 9 juillet 2015 (document complété par des stratégies d'intervention régionale), pour laquelle un nouveau contrat d'objectifs et de performance a été signé avec le Ministère de l'Écologie en août 2016, prévoyant la protection de 320 000 ha à l'horizon 2050 sur 1 000 sites protégés : 200 000 ha seront acquis auprès de propriétaires privés en métropole et outre-mer, 120 000 ha de domaine public seront affectés au Conservatoire. Cela correspond à une protection de 20 à 25 % du linéaire côtier.

Voir : Conservatoire du littoral, Stratégie d'intervention 2015-2050, sept. 2016. – Conservatoire du littoral, Ministère de l'Écologie, Contrat d'objectifs et de performance entre le Conservatoire du littoral et l'État 2016-2020, août 2016. – Conservatoire du littoral, Rapport annuel 2017, mars 2018.

Art. R. 322-3. – Le périmètre d'intervention du conservatoire de l'espace littoral et des rivages lacustres est étendu au territoire des communes et aux parties de territoire des communes suivantes :

I. – Unité écologique de la Camargue (département du Gard) :

1° Commune d'Aimargues ;

2° Commune du Cailar ;
3° Commune de Vauvert ;
4° Commune de Beauvoisin ;
5° Commune de Saint-Gilles.
II. – Unité écologique de la Crau (département des Bouches-du-Rhône) :
Commune de Saint-Martin-de-Crau : sous-sections cadastrales D 6, E 1, E 3, E 4, E 5, E 6, E 7 et E 8.
III. – Unité écologique des Maures (département du Var) :
1° Commune de Gonfaron :
a) Les parties des sous-sections cadastrales D1, D3 et D4 situées au sud de l'autoroute A 57 ;
b) Les sous-sections cadastrales D2, D5 et D6 ;
2° Commune du Luc : les parties des sous-sections cadastrales G 2 et G 3 situées au sud de l'autoroute A 57 ;
3° Commune du Cannet-des-Maures :
a) Les parties des sous-sections cadastrales F 2, G2 et G 3 situées au sud de l'autoroute A 57 ;
b) Les parties des sous-sections cadastrales F 3 et F 4 situées au sud de l'autoroute A 8 ;
c) La partie de la sous-section cadastrale F 1 située au sud des autoroutes A 57 et A 8 ;
d) Les sections H et I ;
4° Commune des Mayons ;
5° Commune de Vidauban :
a) Les parties des sous-sections cadastrales C 2, H 1, I 2, I 3 et I 4 situées au sud de l'autoroute A 8 ;
b) Les sous-sections cadastrales C 1, H 2, H 3 et I 1 ;
c) Les sections cadastrales D, E, F, G.
IV. – Unité écologique du Marais Vernier (département de l'Eure) :
1° Commune de Sainte-Opportune-la-Mare : sections cadastrales ZH-AC-AD-ZA ;
2° Commune de Saint-Ouen-des-Champs : sections cadastrales AB-AC ;
3° Commune de Saint-Thurien : section cadastrale AB.

Section II. – Patrimoine du conservatoire

Sous-section 1. – Constitution et aliénations

Art. R. 322-4. – Le conservatoire procède aux acquisitions nécessaires de terrains ou de droits immobiliers soit par entente amiable, *(Mots aj., D. n° 2017-1170, 17 juill. 2017)* « soit par préemption, » soit par voie d'expropriation.

Art. R. 322-5 *(Mod., D. n° 2013-938, 18 oct. 2013 ; D. n° 2015-1783, 28 déc. 2015)*. – Lorsque le conservatoire exerce directement le droit de préemption en application de l'article L. 215-2 du Code de l'urbanisme, les attributions confiées au président du conseil départemental sont exercées par le directeur du conservatoire.

Art. R. 322-6. – Le conservatoire ne peut se livrer à aucune opération de promotion immobilière en vue de la vente ou de la location de locaux ou de terrains.

Art. R. 322-7. – Le domaine propre du conservatoire, mentionné à l'article L. 322-3, est constitué des terrains dont il est devenu propriétaire et qu'il décide de conserver et de classer afin d'assurer la sauvegarde du littoral, le respect des sites naturels et l'équilibre écologique.

Le conseil d'administration du conservatoire classe dans son domaine propre, mentionné à l'article L. 322-9, les biens immobiliers qui lui appartiennent lorsqu'ils constituent un ensemble permettant l'établissement d'un plan de gestion conformément à l'article R. 322-13. Il procède dans les meilleurs délais à la cession des immeubles qui n'ont pas vocation à être classés dans son domaine propre.

Décision de classement. Intérêt à agir (non). L'acheteur évincé propriétaire des parcelles voisines ne dispose pas d'un intérêt à agir suffisamment direct et certain pour contester la délibération, adoptée postérieurement au refus qui lui a été opposé, par laquelle le Conservatoire décide de classer dans son domaine propre la parcelle convoitée. De même, le seul fait que cet acheteur évincé ait un projet de développement commercial sur cette parcelle n'est pas suffisant à lui conférer un intérêt à agir (■ CAA Marseille, 28 déc. 2018, n° 16MA03708).

Art. R. 322-8. – Le patrimoine immobilier administré par le conservatoire comporte, outre les biens qui sont sa propriété, les biens qui lui sont affectés ou remis en dotation par l'État, ainsi que les biens dont la gestion lui est confiée provisoirement par ce dernier, cet ensemble constituant le domaine relevant du conservatoire mentionné à l'article L. 322-9.

Art. R. 322-8-1 *(D. n° 2011-1612, 22 nov. 2011)*. – La convention d'attribution prévue à l'article L. 322-6-1 définit les conditions, et notamment les modalités de suivi, de l'utilisation des immeubles du domaine public de l'État attribués au Conservatoire de l'espace littoral et des rivages lacustres.

Elle est signée au nom de l'État par le préfet agissant en qualité de représentant du ministre chargé du domaine et sur proposition du chef du service gestionnaire du domaine public concerné.

Elle précise les conditions dans lesquelles le Conservatoire de l'espace littoral et des rivages lacustres ou l'organisme gestionnaire peuvent, en application de l'article L. 322-6-1, accorder des autorisations d'occupation non constitutives de droits réels et être substitués à l'État pour l'application des dispositions des articles L. 2122-1, L. 2125-5, R. 2122-4, R. 2125-1 et R. 2125-3 du Code général de la propriété des personnes publiques.

Les autorisations d'occupation sont contresignées par le préfet dans les cas où leur terme excède celui de la convention d'attribution.

La convention d'attribution et la convention de gestion mentionnent expressément qu'elles ne sont pas constitutives de droits réels.

À compter de la signature de la convention d'attribution, le Conservatoire de l'espace littoral et des rivages lacustres est substitué de plein droit à l'État pour la responsabilité, les charges et impôts de toute nature afférents aux immeubles en cause.

Il peut être mis fin par le préfet à la convention d'attribution avant la date prévue par celle-ci soit dans les cas prévus par la convention, soit pour inexécution des obligations par l'attributaire, soit pour des motifs d'intérêt général.

Les indemnités éventuellement dues à l'expiration, pour quelque cause que ce soit, de la convention d'attribution restent à la charge du Conservatoire de l'espace littoral et des rivages lacustres sauf dans les cas où la convention en dispose autrement.

Art. R. 322-8-2 *(D. n° 2011-1612, 22 nov. 2011)*. – La convention de gestion conclue entre le Conservatoire de l'espace littoral et des rivages lacustres et l'organisme gestionnaire du domaine attribué au conservatoire en application de l'article L. 322-6-1 est transmise pour approbation au préfet. Cette approbation est considérée comme acquise en l'absence de réponse dans le délai de deux mois à compter de la saisine du préfet.

Art. R. 322-8-3 *(D. n° 2011-1612, 22 nov. 2011)*. – Les revenus de toute nature produits par les immeubles attribués au Conservatoire de l'espace littoral et des rivages lacustres sont, dans les conditions prévues par la convention d'attribution et la convention de gestion, directement perçus et recouvrés par les organismes gestionnaires ou, à défaut de gestionnaire, par l'établissement public attributaire.

Art. R. 322-8-4 *(D. n° 2011-1612, 22 nov. 2011 ; mod., D. n° 2017-1170, 17 juill. 2017)*. – Le Conservatoire de l'espace littoral et des rivages lacustres adresse chaque année au préfet un bilan des actions qu'il mène sur les immeubles attribués. Lorsque la gestion des immeubles est confiée à un organisme mentionné à l'article L. 322-9, celui-ci adresse au Conservatoire de l'espace littoral et des rivages lacustres un compte rendu de gestion.

Art. R. 322-9. – La dation en paiement d'un immeuble en application de l'article 1716 *bis* du Code général des impôts vaut affectation de cet immeuble au ministère chargé de la protection de la nature et attribution à titre de dotation au conservatoire de l'espace littoral et des rivages lacustres, à la condition que le ministre et l'établissement public aient donné leur accord à la dation en paiement, dans la procédure régie par l'article 384 A *bis* de l'annexe II au Code général des impôts.

Sous-section 2. – Gestion

Art. R. 322-10. – La gestion du domaine relevant du conservatoire de l'espace littoral et des rivages lacustres est réalisée dans les conditions prévues aux articles L. 322-9 et L. 322-10.

Art. R. 322-11. – La convention de gestion signée entre le conservatoire et le gestionnaire définit notamment, en application de l'article L. 322-9, les obligations et les responsabilités des parties, les modalités de suivi de la gestion par le conservatoire, sa durée et son mode de résiliation.

La gestion des immeubles relevant de l'établissement public comprend au moins l'entretien et le gardiennage de ceux-ci ainsi que l'accueil du public le cas échéant.

Les conventions d'usage mentionnées à l'article L. 322-9 sont signées conjointement par le conservatoire et le gestionnaire. Elles peuvent avoir une durée supérieure à celle de la convention de gestion. Dans ce cas, le gestionnaire n'est lié au titulaire de la convention d'usage que jusqu'à l'échéance de la convention de gestion.

Art. R. 322-12. – La convention d'occupation mentionnée à l'article L. 322-10 est renouvelable par décision expresse. Toutefois, le conservatoire peut y mettre fin avant sa date d'expiration soit dans des conditions prévues par la convention, soit pour inexécution par le bénéficiaire de ses obligations, soit pour des motifs d'intérêt général. Dans ce dernier cas, le bénéficiaire est indemnisé pour la partie non amortie des aménagements et les travaux qu'il aura réalisés avec l'accord du conservatoire.

Art. R. 322-13 *(Mod., D. n° 2017-1170, 17 juill. 2017).* – Lorsque les immeubles relevant du conservatoire constituent un site cohérent au regard des objectifs poursuivis, un plan de gestion est élaboré par le conservatoire en concertation avec le gestionnaire et les communes concernées. À partir d'un bilan écologique et patrimonial ainsi que des protections juridiques existantes, le plan de gestion définit les objectifs et les orientations selon lesquels ce site doit être géré.

Le plan de gestion peut comporter des recommandations visant à restreindre l'accès du public et les usages des immeubles du site ainsi que, le cas échéant, leur inscription éventuelle dans les plans départementaux des espaces, sites et itinéraires de sports de nature mentionnés à l'article L. 311-3 du Code du sport.

Approuvé par le directeur du conservatoire, le plan de gestion est transmis au maire de la commune, au préfet de département et au préfet de région.

Art. R. 322-14. – Dans le cadre des orientations fixées par le conseil d'administration et en application de l'article L. 322-9, l'accès au domaine du conservatoire ainsi que les activités qui peuvent y être exercées peuvent être limités.

Art. R. 322-15 *(Rempl., D. n° 2014-813, 17 juill. 2014 ; D. n° 2017-1170, 17 juill. 2017)* (1). – Les gardes du littoral chargés des missions prévues à l'article L. 322-10-1 sont commissionnés par le ministre chargé de l'environnement et assermentés dans les conditions définies aux articles R. 172-2 à R. 172-7.

Dans l'exercice de leurs missions de police, ils portent la plaque ou l'écusson de police de l'environnement ainsi qu'un uniforme selon les modalités définies par un arrêté du ministre chargé de l'environnement.

Voir : note technique du 16 janv. 2018 relative au commissionnement et à l'exercice des fonctions de police judiciaire des agents des réserves naturelles et des gardes du littoral (NOR : TREL1722054N) ; A. 31 mai 2018, relatif au commissionnement de gardes du littoral (*BOME* n° 2018/6, 25 juin 2018).

Art. R. 322-15-1 *(Créé à compter du 1er décembre 2006, D. n° 2006-1100, 30 août 2006).* – Les gardes du littoral qui assurent la surveillance du domaine administré par le Conservatoire du littoral et des rivages lacustres en qualité de garde particulier sont commissionnés par le directeur du conservatoire. Ils sont agréés, assermentés et exercent leurs fonctions dans les conditions fixées aux articles R. 15-33-24 à R. 15-33-29-2 du Code de procédure pénale. Les dispositions des deuxième et quatrième alinéas de l'article R. 15-33-29-1 du Code de procédure pénale ne leur sont pas applicables.

Art. R. 322-16 *(Rempl., D. n° 2017-1170, 17 juill. 2017).* – Les bois, les forêts et les terrains à boiser appartenant au domaine relevant du Conservatoire de l'espace littoral et des rivages lacustres sont gérés dans le respect des articles L. 322-1 et L. 322-9.

Les bois et forêts susceptibles d'aménagement, d'exploitation régulière ou de reconstitution et les terrains à boiser acquis par le conservatoire relèvent du régime forestier dans les conditions prévues par le Code

(1) Dispositions d'application particulières et transitoires : V. D. n° 2017-1170, 17 juill. 2017, art. 19.

forestier, notamment par ses articles L. 211-1 et L. 214-3. Ils peuvent être identifiés, dans le document d'aménagement prévu à l'article L. 212-2 de ce code, comme réserves biologiques au sens de l'article L. 212-2-1 de ce même code.

Section II. – Administration

Sous-section 1. – Conseil d'administration

Art. R. 322-17 *(Mod., D. n° 2009-603, 28 mai 2009 ; D. n° 2011-195, 21 févr. 2011 ; D. n° 2013-282, 3 avr. 2013 ; mod. à compter du 1er janvier 2017, D. n° 2016-1842, 26 déc. 2016 ; mod., D. n° 2017-1170, 17 juill. 2017 ; mod. à compter du 1er janvier 2020, D. n° 2019-1190, 18 nov. 2019).* – I. – Le conseil d'administration du Conservatoire de l'espace littoral et des rivages lacustres comprend trente-quatre membres :

1° Le directeur de l'eau et de la biodiversité du ministère chargé de l'environnement ou son représentant ;

2° Un représentant du ministre chargé de l'aménagement du territoire désigné par celui-ci ;

3° Le directeur du budget du ministère chargé du budget ou son représentant ;

4° Le directeur de l'habitat, de l'urbanisme et des paysages du ministère chargé de l'urbanisme ou son représentant ;

5° *(Rempl., D. n° 2022-473, 4 avr. 2022)* Le directeur général des affaires maritimes, de la pêche et de l'aquaculture et l'adjoint du directeur général des affaires maritimes, de la pêche et de l'aquaculture du ministère chargé de la mer, ou leurs représentants ;

6° *(Abr., D. n° 2022-473, 4 avr. 2022)* ;

7° Le directeur général des outre-mer du ministère chargé de l'outre-mer ou son représentant ;

8° Le directeur général de la performance économique et environnementale des entreprises du ministère chargé de l'agriculture ou son représentant ;

9° Le directeur de la mémoire, du patrimoine et des archives du ministère de la défense ou son représentant ;

10° Le directeur général des patrimoines au ministère chargé de la culture ou son représentant ;

11° Le directeur général des collectivités locales du ministère de l'intérieur ou son représentant ;

12° Le directeur de l'immobilier de l'État du ministère chargé du domaine ou son représentant ;

13° Les neuf présidents des conseils de rivages ou leurs vice-présidents en tant que suppléants, élus conformément à l'article R. 322-32 ;

14° Trois députés et trois sénateurs, ou leurs suppléants ;

15° Quatre personnalités qualifiées nommées par arrêté du ministre chargé de la protection de la nature, dont trois représentant les associations et les fondations de protection de la nature et une représentant les organisations d'usagers du littoral ;

16° Deux représentants des communes ou de leurs groupements gestionnaires d'espaces naturels littoraux, ou leurs suppléants, désignés par l'Association des maires de France ;

17° Un représentant du personnel ou son suppléant, élu par le personnel du conservatoire sur des listes présentées par les organisations syndicales habilitées à présenter des candidats à l'élection du comité technique de l'établissement.

II. – Siègent au conseil d'administration avec voix consultative le directeur du conservatoire, le contrôleur financier, l'agent comptable et le président du conseil scientifique du conservatoire.

Art. R. 322-18 *(Rempl., D. n° 2017-1170, 17 juill. 2017).* – Les personnalités qualifiées sont nommées pour une durée de six ans renouvelable.

Le mandat des autres administrateurs prend fin de plein droit à l'expiration du mandat ou à la cessation des fonctions au titre desquels ils ont été désignés.

Art. R. 322-19. – En cas de vacance, pour quelque cause que ce soit, il est procédé dans les trois mois au remplacement des administrateurs qui ont cessé de faire partie du conseil. Le remplacement est effectué suivant les mêmes règles que celles suivies pour la nomination des administrateurs. Le mandat du nouvel administrateur expire à la date à laquelle aurait normalement pris fin celui de son prédécesseur.

Art. R. 322-20. – Les fonctions de président ou de membre du conseil d'administration n'ouvrent pas droit à rémunération.

Toutefois, les frais de déplacement et de séjour du président, des vice-présidents et des membres du conseil d'administration peuvent être remboursés dans les conditions prévues par la réglementation applicable aux fonctionnaires d'État.

Art. R. 322-21 *(Mod., D. n° 2017-1170, 17 juill. 2017).* – Le président du conseil d'administration et les deux vice-présidents sont élus en son sein par le conseil d'administration, à la majorité absolue et pour une période de trois ans renouvelable deux fois.

Art. R. 322-22. – Le conseil d'administration se réunit au moins deux fois par an. Il est convoqué par son président qui fixe l'ordre du jour.

La convocation est de droit si la moitié des membres au moins en adressent la demande écrite au président, ou si le ministre de tutelle la demande.

Art. R. 322-23. – Le conseil d'administration ne peut délibérer que si au moins la moitié des administrateurs sont présents. Si le quorum n'est pas atteint, le conseil est convoqué dans les quinze jours ; il délibère alors valablement quel que soit le nombre des administrateurs présents.

Art. R. 322-24. – Le conseil peut entendre toute personne dont il estime l'audition utile à son information.

Art. R. 322-25. – Les décisions sont prises à la majorité simple, sous réserve des dispositions de l'article L. 322-3.

En cas de partage égal des voix, celle du président est prépondérante.

Art. R. 322-26 *(Mod., D. n° 2006-1266, 16 oct. 2006 ; D. n° 2009-603, 28 mai 2009 ; mod. à compter du 1er janvier 2013, D. n° 2012-1247, 7 nov. 2012* (1) (2) *; mod., D. n° 2017-1170, 17 juill. 2017).* – I. – Le conseil d'administration règle par ses délibérations les affaires de l'établissement public et définit l'orientation de la politique à suivre.

II. – Il délibère notamment sur :

1° La stratégie foncière de l'établissement, les programmes pluriannuels d'investissement et les grandes orientations de l'aménagement et de la gestion des immeubles du domaine relevant du conservatoire ;

2° Les programmes d'intervention foncière et d'acquisition ;

3° Les contrats d'objectifs entre l'établissement et l'État ;

3° *bis* Les mesures générales relatives à l'organisation et au fonctionnement de l'établissement ;

4° Le classement des immeubles dans le domaine propre de l'établissement ainsi que l'échange, la vente et la cession des immeubles non classés ou de droits immobiliers ;

5° Le budget, les budgets rectificatifs, le tableau des emplois, le compte financier et l'affectation des résultats ;

6° Les emprunts ;

7° Les subventions versées aux organismes de toute nature concourant à la réalisation de ses missions et les prises de participation, extensions ou cessions de participation financière ainsi que la participation à des groupements d'intérêt public ou à des groupements d'intérêt économique ou scientifique ;

8° Les conventions de partenariat visées à l'article R. 322-1 ;

9° Les conventions types de gestion, d'usage et d'attribution ;

10° Les conventions d'occupation mentionnées à l'article L. 322-10 d'une durée supérieure à neuf ans ;

11° L'acceptation ou le refus des dons et legs d'un montant supérieur à un seuil qu'il détermine ou assortis de conditions particulières ;

12° L'attribution des contrats et des marchés d'un montant supérieur à un seuil qu'il détermine ou comportant des engagements d'une durée supérieure à celle qu'il fixe ;

13° La composition du conseil scientifique.

---

(1) Sur les conditions de modifications des présentes dispositions : V. D. n° 2012-1247, 7 nov. 2012, art. 292.

(2) Dispositions applicables sur l'ensemble du territoire de la République, D. n° 2012-1247, 7 nov. 2012, art. 293.

14° Les mesures proposées aux autorités compétentes en matière de gestion de la diversité biologique marine, d'accès, de navigation et de mouillage des navires, sur les parties maritimes du domaine relevant du conservatoire mentionnées à l'article L. 334-1 et les espaces maritimes adjacents, jusqu'à la limite d'un mille de la laisse de basse mer.

III *(Abr., D. n° 2017-1170, 17 juill. 2017)*.

IV. – Il est tenu informé des programmes de coopération du conservatoire avec les organismes étrangers et internationaux ayant une mission analogue.

V. – Il approuve les transactions au sens de l'article 2044 du Code civil et autorise le directeur à les signer.

Art. R. 322-27. – Le président du conseil d'administration peut recevoir délégation du conseil d'administration pour toutes décisions, à l'exception de celles qui ont trait à l'adoption du budget, au règlement des comptes et à l'aliénation des immeubles mentionnée à l'article L. 322-3.

Art. R. 322-28 *(Mod. à compter du 1er janvier 2013, D. n° 2012-1247, 7 nov. 2012)* (1) (2). – Les délibérations du conseil d'administration sont exécutoires à l'expiration d'un délai de huit jours si le ministre chargé de la protection de la nature n'a pas fait d'observations.

Toutefois, les délibérations relatives aux emprunts sont exécutoires si, dans un délai d'un mois, le ministre chargé de la protection de la nature et le ministre chargé du budget n'ont pas fait d'observations.

Les délais prévus au présent article courent à partir de la réception des délibérations et documents correspondants par les ministres précités et s'appliquent à défaut d'approbation expresse notifiée de ces ministres. Lorsque l'un de ces derniers demande par écrit des informations ou documents complémentaires, les délais sont suspendus jusqu'à la production de ces informations ou documents.

Les délibérations portant sur le budget et le compte financier sont exécutoires dans les conditions prévues par le titre III du décret n° 2012-1246 du 7 novembre 2012 relatif à la gestion budgétaire et comptable publique.

Publicité de la décision de classement dans le domaine public du Conservatoire du littoral. L'incorporation au domaine public d'un terrain appartenant au Conservatoire de l'espace littoral et des espaces lacustres est subordonnée à l'intervention d'une délibération du conseil d'administration de l'établissement classant ce terrain dans son domaine propre. L'entrée en vigueur de cette décision de classement, qui ne constitue pas une décision réglementaire et ne présente pas davantage le caractère d'une décision administrative individuelle, est subordonnée, en l'absence de dispositions contraires, à l'accomplissement de formalités adéquates de publicité. Les dispositions de l'article R. 322-28 du Code de l'environnement, qui ont pour seul objet de ménager au ministre chargé de la protection de la nature la possibilité de s'opposer, dans le délai de huit jours, à ce que les délibérations du conseil d'administration acquièrent un caractère exécutoire, ne sauraient être interprétées comme dispensant de l'exigence d'une publicité adéquate les délibérations pour lesquelles le ministre n'a pas fait usage de cette faculté. Ainsi, faute d'avoir fait l'objet d'aucune mesure de publicité, la délibération du Conservatoire de l'espace littoral et des rivages lacustres décidant de classer le domaine du Mas de Taxil dans son domaine propre, alors même qu'elle n'a pas suscité d'observations de la part du ministre chargé de la protection de la nature, n'est pas entrée en vigueur (■ CE, 5 déc. 2016, n° 398659, *CELRL : Dr. env.* 2017, 12).

Art. R. 322-29 *(Mod., D. n° 2017-1170, 17 juill. 2017)*. – Un conseil scientifique, composé d'au moins dix et d'au plus quinze personnalités, est placé auprès du directeur. Ses membres sont nommés pour une durée de six ans renouvelable. Il peut être consulté par le président du conseil d'administration ou le directeur sur toute question relative à la mission poursuivie par le conservatoire. Il peut également faire des recommandations.

Il désigne en son sein un président pour une durée de trois ans renouvelable.

Le président et les membres du conseil scientifique exercent leurs fonctions à titre gratuit. Ils sont remboursés de leurs frais de déplacement et de séjour dans les conditions prévues par la réglementation applicable aux fonctionnaires de l'État.

Le secrétariat du conseil scientifique est assuré par le conservatoire.

(1) Sur les conditions de modifications des présentes dispositions : V. D. n° 2012-1247, 7 nov. 2012, art. 292.
(2) Dispositions applicables sur l'ensemble du territoire de la République, D. n° 2012-1247, 7 nov. 2012, art. 293.

Sous-section 2. – Conseils de rivage (1)

Art. R. 322-30 *(Mod., D. n° 2009-650, 9 juin 2009 ; D. n° 2017-1170, 17 juill. 2017).* – I. – Les conseils de rivage sont au nombre de neuf :

1° Le conseil des rivages de Nord – Pas-de-Calais – Picardie (région Hauts-de-France) ;

2° Le conseil des rivages de Normandie (région Normandie) ;

3° Le conseil des rivages de Bretagne-Pays de la Loire (régions Bretagne et Pays de la Loire) ;

4° Le conseil des rivages du Centre-Atlantique (région Nouvelle-Aquitaine) ;

5° Le conseil des rivages de la Méditerranée (régions Occitanie et Provence-Alpes-Côte d'Azur) ;

6° Le conseil des rivages de la Corse ;

7° Le conseil des rivages français d'Amérique (Guadeloupe, Martinique, Guyane, Saint-Pierre-et-Miquelon, Saint-Barthélemy et Saint-Martin) ;

8° Le conseil des rivages français de l'océan Indien (La Réunion et Mayotte) ;

9° Le conseil des rivages des lacs.

II. – Les lacs entrant dans le champ d'intervention du Conservatoire de l'espace littoral et des rivages lacustres, lorsqu'ils sont situés en totalité ou en partie dans les cantons côtiers, ainsi que ceux qui constituent avec le littoral une unité écologique ou paysagère sont rattachés aux conseils de rivage maritime correspondants.

III. – Après accord du conseil d'administration, chaque conseil de rivage peut s'organiser en sections territoriales qui préparent les délibérations qui lui sont soumises.

Art. R. 322-31 *(Mod., D. n° 2009-650, 9 juin 2009 ; D. n° 2017-1170, 17 juill. 2017).* – La composition des conseils de rivage est fixée conformément au tableau suivant.

Les conseillers régionaux, généraux et territoriaux qui en font partie sont désignés par leur assemblée respective.

Le mandat des membres des conseils de rivage est d'une durée de six ans. Toutefois, il prend fin de plein droit à l'expiration du mandat électif au titre duquel ils ont été désignés. En cas de vacance, le remplacement est opéré suivant les règles prévues par l'article R. 322-19. Le mandat des membres du conseil de rivage est renouvelable.

Tableau de l'article R. 322-31

Composition des conseils de rivage

	NOMBRE DE CONSEILLERS	
	Régionaux	Généraux
I. – Rivages de Nord – Pas-de-Calais – Picardie		
Région Hauts-de-France	6	
Nord		2
Pas-de-Calais		2
Somme		2
Totaux	6	6
II. – Rivages de Normandie		
Région Normandie	8	
Seine-Maritime		2
Eure		2

(1) À compter du 31 mars 2011, date de la première réunion suivant le renouvellement du conseil général de Mayotte en 2011, « dans tous les lois et règlements en vigueur, la référence à la collectivité départementale de Mayotte est remplacée par la référence au Département de Mayotte : V. L. n° 2010-1487, 7 déc. 2010, art. 36 et 37. – NDLR.

	NOMBRE DE CONSEILLERS	
	Régionaux	Généraux
Calvados		2
Manche		2
Totaux	8	8
III. – Rivages de Bretagne – Pays de la Loire		
Région Bretagne	4	
Ille-et-Vilaine		1
Côtes-d'Armor		1
Finistère		1
Morbihan		1
Région Pays de la Loire	2	
Loire-Atlantique (y compris le lac de Grandlieu)		1
Vendée		1
Totaux	6	6
IV. – Rivages de Centre-Atlantique		
Région Nouvelle-Aquitaine	8	
Charente-Maritime		2
Gironde		2
Landes		2
Pyrénées-Atlantiques		2
Totaux	8	8
V. – Rivages de la Méditerranée		
Région Provence-Alpes-Côte d'Azur	3	
Alpes-Maritimes		1
Var		1
Bouches-du-Rhône		1
Région Occitanie	4	
Gard		1
Hérault		1
Aude		1
Pyrénées-Orientales		1
Totaux	7	7

	NOMBRE DE CONSEILLERS	
	Régionaux	Généraux
VI. – Rivages de la Corse		
Collectivité de Corse	8 conseillers à l'Assemblée de Corse	
Chambre des territoires		4 membres de la chambre des territoires désignés par celle-ci parmi ceux qui ne sont pas conseillers à l'Assemblée de Corse
Totaux	12	
VII. – Rivages français d'Amérique		
Collectivité territoriale de Martinique	4	
Guadeloupe	2	2
Collectivité territoriale de Guyane	4	
Collectivité territoriale de Saint-Pierre-et-Miquelon	2	
Collectivité de Saint-Barthélemy	2	
Collectivité de Saint-Martin	2	
Totaux	18	
VIII. – Rivages français de l'océan indien		
La Réunion	4	4
Département de Mayotte		4
Totaux	12	
IX. – Rivages des lacs		
Région Occitanie	2	
Aveyron		1
Région Auvergne-Rhône-Alpes	4	
Cantal		1
Puy-de-Dôme		1
Région Nouvelle-Aquitaine	3	
Corrèze		1
Creuse		1

	NOMBRE DE CONSEILLERS	
	Régionaux	Généraux
Haute-Vienne		1
Région Grand Est	5	
Aube		1
Haute-Marne		1
Marne		1
Région Bourgogne-Franche-Comté	1	
Jura		1
Savoie		1
Haute-Savoie		1
Lozère		1
Meuse		1
Meurthe et Moselle		1
Région Provence-Alpes-Côte d'Azur	3	
Hautes-Alpes		1
Alpes-de-Haute-Provence		1
Var		1
Totaux	18	18

Art. R. 322-32 *(Mod., D. n° 2017-1170, 17 juill. 2017)*. – Chaque conseil de rivage élit son président, son vice-président et son bureau.

Art. R. 322-33. – Les conseils de rivage se réunissent au moins une fois par an. Ils sont convoqués soit par leur président, soit par le président du conseil d'administration du conservatoire.

Art. R. 322-34. – Les préfets de régions et des départements intéressés, accompagnés des fonctionnaires qu'ils désignent, peuvent assister aux réunions de conseils de rivage.

Le président ou un vice-président, le directeur du conservatoire ou son représentant peuvent également assister aux réunions.

Art. R. 322-35. – L'instruction des affaires présentées aux conseils de rivage est assurée par les services du conservatoire en liaison avec les préfets des régions et des départements concernés.

Les conseils peuvent entendre toute personne dont ils estiment l'audition utile à leur information.

Art. R. 322-36. – I. – Les conseils de rivage :

1° Donnent leur avis sur les orientations de la politique du conservatoire et font toute suggestion à cet égard ;

2° Proposent un programme d'acquisitions relatif au littoral de leur compétence ;

3° Sont consultés sur les conventions de gestion, d'attribution et d'occupation afférentes aux immeubles situés dans leur champ de compétence et sont consultés sur les conventions de partenariat définies à l'article R. 322-1 concernant le territoire de leur compétence ;

4° Donnent leur avis sur les opérations particulières d'acquisition.

II. – Ils peuvent déléguer ce pouvoir à leur président.

Sous-section 3. – Direction et personnels

Art. R. 322-37 *(Mod., D. n° 2006-1266, 16 oct. 2006 ; D. n° 2011-195, 21 févr. 2011 ; D. n° 2017-1170, 17 juill. 2017)*. – Le directeur du conservatoire est nommé par décret, contresigné par le ministre chargé de l'aménagement du territoire, le ministre chargé de l'équipement et le ministre chargé de la protection de la nature.

Le directeur gère le budget ; il est à cet effet ordonnateur des recettes et des dépenses du conservatoire. Il recrute, nomme et gère le personnel. Il conclut et signe tous contrats ou conventions. Il ne peut contracter d'emprunt qu'en exécution des décisions du conseil d'administration approuvées dans les conditions prévues à l'article R. 322-28.

Le directeur conclut les acquisitions, échanges, ventes et cessions d'immeubles ou de droits immobiliers dans les conditions fixées par le conseil d'administration en application des 2° et 4° de l'article R. 322-26.

Il nomme les délégués des rivages du conservatoire qui, sous son autorité, mettent en œuvre, dans leur territoire de compétence, la politique de l'établissement définie par le conseil d'administration ; il peut également désigner des comptables secondaires après avis de l'agent comptable principal et agrément du ministre chargé du budget.

Il signe les contrats, conventions et marchés.

Il représente le conservatoire en justice et engage toute action en justice.

Il peut déléguer sa signature à des personnels de l'établissement, dans des limites qu'il détermine. Il peut déléguer une partie de ses pouvoirs aux personnels de l'établissement qu'il désigne pour exercer des fonctions de responsabilité.

Il assiste aux séances du conseil d'administration dont il prépare les délibérations et dont il exécute les décisions.

Il exerce les attributions conférées au conseil d'administration par le 14° du II de l'article R. 322-26, sur délégation du conseil d'administration et après consultation des conseils de rivages intéressés.

Préemption. Autorisation du conseil d'administration. Le directeur du conservatoire de l'espace littoral et des rivages lacustres ne peut légalement exercer le droit de préemption de cet établissement public que sur autorisation du conseil d'administration, ce qui était le cas en l'espèce (■ CAA Nantes, 20 févr. 2007, n° 06NT00014, *Conservatoire de l'espace littoral et des rivages lacustres*).

Art. R. 322-37-1 *(D. n° 2006-1266, 16 oct. 2006)*. – Lorsque le directeur du conservatoire exerce les compétences qui lui sont reconnues par l'article L. 322-10-4 pour la répression et la poursuite des contraventions de grande voirie, il notifie au préfet copie du procès-verbal de contravention dans les dix jours suivant la rédaction de celui-ci.

Art. R. 322-37-2 *(D. n° 2017-1170, 17 juill. 2017)*. – Le directeur procède à la publication de tous les actes réglementaires pris par le Conservatoire de l'espace littoral et des rivages lacustres ainsi qu'à celle des délibérations relatives à la constitution de son domaine, par insertion dans le recueil des actes administratifs de l'établissement.

Ce recueil est tenu à la disposition du public au siège du conservatoire et mis à sa disposition sous forme électronique de façon permanente et gratuite.

Section IV. – Dispositions financières

Art. R. 322-38 *(Mod., D. n° 2011-195, 21 févr. 2011)*. – Les ressources du conservatoire comprennent notamment :

1° Une dotation annuelle de l'État ;

2° Les subventions, avances, fonds de concours ou participations qui lui seront apportés par l'État, les collectivités territoriales et leurs groupements, les établissements publics et les sociétés nationales ainsi que par toutes les personnes morales ou physiques ;

3° Le produit des emprunts ou souscriptions autorisés ;

4° Les subventions qu'il pourra obtenir au lieu et place des collectivités territoriales et de leurs groupements, des établissements publics et sociétés, en exécution de conventions passées avec eux ;

5° Les revenus nets de ses biens meubles et immeubles ;

6° Le produit de la vente de ses biens meubles et immeubles ;

7° Les dons et legs ;

8° Toute taxe affectée au budget de l'établissement.

Art. D. 322-38-1 *(Créé à compter du 1er janvier 2025, D. n° 2024-610, 26 juin 2024).* **– Les espaces du conservatoire, et le cas échéant les ports associés, à destination desquels cet établissement bénéficie de l'affectation mentionnée au 2° de l'article L. 322-15 et ceux à destination desquels une autre personne bénéficie de cette affectation sont ceux mentionnés à l'article D. 321-13.**

Les conditions de l'affectation sont précisées par les dispositions de la sous-section 2 de la section 6 du chapitre Ier du titre II du présent livre.

Art. R. 322-39 *(Rempl. à compter du 1er janvier 2013, D. n° 2012-1247, 7 nov. 2012)* (1) (2). **– Le conservatoire est soumis aux dispositions des titres Ier et III du décret n° 2012-1246 du 7 novembre 2012 relatif à la gestion budgétaire et comptable publique.**

Art. R. 322-40 *(Abr. à compter du 1er janvier 2013, D. n° 2012-1247, 7 nov. 2012)* (1) (2).

Art. R. 322-41 *(Mod. à compter des dates prévues à l'article 18 du décret n° 2019-798 du 26 juillet 2019, D. n° 2019-798, 26 juill. 2019).* **– Les régies de recettes et d'avances peuvent être instituées dans les conditions prévues par le décret n° 2019-798 du 26 juillet 2019 relatif aux régies de recettes et aux régies d'avances des organismes publics.**

Section V. – Dispositions pénales

Art. R. 322-42. – Ainsi qu'il est dit au *e)* du 3° de l'article R. 48-1 du Code de procédure pénale partiellement reproduit ci-après :

Voir : CPP, art. R. 48-1.

TITRE III. – PARCS ET RÉSERVES

CHAPITRE Ier. – PARCS NATIONAUX

(Rempl., D. n° 2006-944, 28 juill. 2006)

Bibliographie : X. de Lesquen, *Articulation entre la charte d'un parc naturel régional et le schéma départemental des carrières : BDEI* nov. 2014, n° 54, p. 5-8. • I. Michallet, *Évolution du droit des parcs nationaux ; Note sous D. n° 2011-1030, 29 août 2011 relatif aux chartes des parcs nationaux, Journal officiel n° 0201, 31 août 2011, p. 14676 et D. n° 2011-2020, 29 déc. 2011 relatif aux parcs nationaux, Journal officiel n° 0302, 30 déc. 2011, p. 22715 : Rev. env.* mars 2012, n° 3, p. 25-28. • J. Untermaier, *L'adaptation des parcs nationaux existants au régime issu de la loi du 14 avril 2006 : AJDA* 2012, n° 26, p. 1458-1464. • P. Yolka, *(Re)nationaliser les parcs nationaux : JCP* A 2012, n° 49, p. 2. • L. Millet, *Les décrets d'application de la réforme législative des parcs nationaux : Dr. env.* 2006, p. 345.

COMMENTAIRE

Les dispositions réglementaires régissant les parcs nationaux ont été largement remaniées par deux textes adoptés en 2011 :

– le décret n° 2011-1030 du 29 août 2011 relatif aux chartes des parcs nationaux (*JORF* n° 0201, 31 août 2011, p. 14676), qui prévoit désormais la soumission des chartes des parcs nationaux à *une procédure d'évaluation environnementale ;*

– le décret n° 2011-2020 du 29 décembre 2011 relatif aux parcs nationaux (*JORF* n° 0302, 30 déc. 2011, p. 22715), venu modifier en profondeur les dispositions régissant les parcs nationaux.

Voir : Obs. sous intitulé Livre III / Loi pour la reconquête de la biodiversité, de la nature et des paysages (DEVL1400720L).

Règles présidant à la création des chartes de parcs nationaux

(1) Sur les conditions de modifications des présentes dispositions : V. D. n° 2012-1247, 7 nov. 2012, art. 292.

(2) Dispositions applicables sur l'ensemble du territoire de la République, D. n° 2012-1247, 7 nov. 2012, art. 293.

Le décret n° 2011-2020 du 29 décembre 2011 relatif aux parcs nationaux est venu préciser les règles présidant à la création des parcs nationaux.

Il détermine la nature des consultations, locales et nationales, à conduire à cette occasion sur le projet de charte, décrit la manière dont il convient d'articuler un projet de charte avec un schéma d'aménagement régional mis en révision, ainsi que les modalités de délimitation des zones du parc. Il renforce par ailleurs le contrôle des délibérations budgétaires du conseil d'administration du parc. Il précise enfin la manière d'instruire certaines demandes d'autorisations spéciales en cœur du parc et institue une procédure de consultation du directeur de l'établissement pour les projets de conventions pluriannuelles d'exploitation agricole ou de pâturage en cœur de parc national.

Ces mesures entrent en vigueur à compter du 31 décembre 2011 et s'appliquent, s'agissant des dispositions relatives à l'adoption ou à la révision des chartes des parcs nationaux, aux parcs existants à la date du 31 août 2011. En revanche, l'obligation faite, à l'occasion de l'élaboration ou de la révision de la charte, de transmettre le rapport environnemental aux personnes morales mentionnées à l'article R. 331-4 du Code de l'environnement (obligation prévue par l'article R. 331-7) n'est applicable qu'à compter du 1er janvier 2012. Il en est de même s'agissant des dispositions du second alinéa du II de l'article R. 331-19 du Code de l'environnement relatives à l'obligation de compléter, par de nouvelles pièces, le dossier devant accompagner les demandes d'autorisation d'urbanisme pour les travaux projetés dans un cœur de parc.

Évaluation environnementale des projets de chartes de parcs nationaux

Le décret n° 2011-1030 du 29 août 2011 relatif aux chartes des parcs nationaux a pour objet de soumettre les chartes des parcs nationaux à évaluation environnementale, au sens de la directive n° 2001/42/CE du Parlement européen et du Conseil du 27 juin 2001 relative à l'évaluation des incidences de certains plans et programmes sur l'environnement (*JOCE* n° L 197, 21 juill. 2001), et de définir la procédure applicable (V. art. R. 122-7, p. 1536).

Il prévoit notamment que le projet de charte doit être accompagné d'un rapport environnemental, soumis pour avis à la formation d'autorité environnementale du Conseil général de l'environnement et du développement durable (C. env., art. R. 331-7).

Ces nouvelles dispositions sont entrées en vigueur le 1er septembre 2011 et s'appliquent à l'ensemble des chartes en cours d'élaboration dans les parcs existants ou dans les parcs en voie de création. À noter toutefois, s'agissant des parcs en cours de création : l'obligation faite aux groupements d'intérêt public de préfiguration de joindre le rapport environnemental au projet de charte soumis pour avis aux collectivités territoriales n'est applicable qu'aux projets de charte adressés à ces collectivités à compter du 1er janvier 2012.

Section I. – Création et dispositions générales

Sous-section 1. – Création du parc

§ 1. – Procédure

Art. R. 331-1 *(Abr., D. n° 2006-943, 28 juill. 2006 ; rétabli dans la version suivante, D. n° 2006-944, 28 juill. 2006 ; mod. à compter du 1er janvier 2017, D. n° 2016-1842, 26 déc. 2016 ; mod., D. n° 2017-244, 27 févr. 2017).* **– Les principes fondamentaux applicables à l'ensemble des parcs nationaux sont arrêtés par le ministre chargé de la protection de la nature.**

Art. R. 331-2 *(Rempl., D. n° 2006-944, 28 juill. 2006).* **– Le groupement d'intérêt public prévu par l'article L. 331-3 est constitué conformément aux dispositions de l'article L. 131-8 et aux dispositions réglementaires prises pour son application.**

Il mène les études préalables à la création d'un parc national et élabore un dossier permettant d'apprécier l'intérêt de cette création.

Art. R. 331-3 *(Abr., D. n° 2006-943, 28 juill. 2006 ; rétabli dans la version suivante, D. n° 2006-944, 28 juill. 2006 ; mod., D. n° 2011-2020, 29 déc. 2011).* **– Le préfet chargé de suivre la procédure de création d'un parc, mentionné aux articles R. 331-4, R. 331-6 et R. 331-8, est celui du département dans lequel cette création est projetée ou, lorsque ce projet s'étend sur plus d'un département, le préfet coordonnateur désigné par le Premier ministre.**

Art. R. 331-4 *(Abr., D. n° 2006-943, 28 juill. 2006 ; rétabli dans la version suivante, D. n° 2006-944, 28 juill. 2006 ; mod., D. n° 2010-326, 22 mars 2010 ; D. n° 2011-2020, 29 déc. 2011).* **– Le dossier**

élaboré par le groupement d'intérêt public est soumis pour avis aux communes dont le territoire est susceptible d'être inclus pour tout ou partie dans le cœur du parc national et aux communes considérées comme ayant vocation à adhérer à la charte du parc national, aux établissements publics de coopération intercommunale à fiscalité propre auxquels ces communes appartiennent ainsi qu'aux départements *(Mots rempl., D. n° 2017-244, 27 févr. 2017)* « , aux régions et aux collectivités à statut particulier concernés ».

Le président du groupement d'intérêt public adresse également le dossier au Centre national de la propriété forestière et aux chambres consulaires intéressées ainsi qu'aux personnes dont il souhaite recueillir l'avis et qui figurent sur une liste établie après avis du préfet et publiée au recueil des actes administratifs de l'établissement public prévu à l'article R. 331-35.

Ces avis sont rendus dans un délai de deux mois à compter de la saisine. En l'absence de réponse à l'issue de ce délai, l'avis est réputé favorable.

1) Consultation des collectivités locales. Dès lors que les collectivités locales sont consultées dans la première phase de la procédure sur le principe même de la création, il ne saurait être exigé qu'elles disposent de la liste de toutes les mesures destinées à figurer ultérieurement dans le décret de classement, l'objet de la procédure étant précisément d'établir cette liste ; le juge se réservant, par ailleurs, de vérifier qu'à l'occasion de la consultation, il n'y ait eu aucune menace déclosive de l'administration (■ CE, ass., 29 juin 1973, *Roux et a. : Rec. CE*, p. 447, concl. Questiaux ; *JCP* N 1974, II, 17811, note Lefoulon). N'a pas nécessairement à être consultée une commune, bien que titulaire de droits réels ou d'usage sur des terrains destinés à être inclus dans la zone centrale du parc, les droits en question ne conférant en toute hypothèse aucune vocation particulière à l'inclusion de celle-ci dans la zone périphérique (■ CE, 29 janv. 1982, *Cne de Lantosque : Rec. CE*, p. 687 ; *Rev. jur. env.* 1/1983, p. 2, note Constantin).

2) Portée des avis. La portée des avis émis par les organismes consultés préalablement à la création d'un parc national en application du décret d'application du 31 octobre 1960 ne lie pas le Gouvernement (■ CE, ass., 20 nov. 1981, *SIVOM de St-Martin-Vésubie-Valdeblore : Rec. CE*, p. 434).

3) Application de la jurisprudence *Danthony*. Le projet de parc national doit être soumis pour avis aux organes délibérants des régions et départements intéressés, qui figurent parmi les personnes morales mentionnées à l'article R. 331-4, et leurs avis doivent être versés au dossier soumis à enquête publique. Toutefois, le non-respect de ces obligations n'est de nature à vicier la procédure et donc à entraîner l'illégalité du décret pris à l'issue de l'enquête publique que s'il a pu avoir pour effet de nuire à l'information de l'ensemble des personnes intéressées par l'opération ou s'il a été de nature à exercer une influence sur les résultats de l'enquête et, par suite, sur la décision de l'autorité administrative (■ CE, 29 oct. 2013, n° 360085, *Assoc. Les amis de la rade et des calanques*, préc.).

Art. R. 331-5 ***(Rempl., D. n° 2006-944, 28 juill. 2006)*. – Le dossier de création, accompagné des avis recueillis en application de l'article R. 331-4, est soumis par le ministre chargé de la protection de la nature au Premier ministre qui décide s'il convient de prendre en considération le projet de création du parc.**

Cette décision est publiée au *Journal officiel* de la République française.

En vue de l'information du public, lorsque le projet de création d'un parc est pris en considération, la décision et le plan de délimitation des espaces ayant vocation à être classés dans un cœur de parc sont affichés pendant un mois dans les mairies des communes intéressées.

Compétence du Conseil d'État en premier et dernier ressort. Eu égard à ses effets, l'arrêté du Premier ministre portant prise en considération d'un projet de parc national présente un caractère réglementaire. Il relève, en conséquence, de la compétence de premier ressort du Conseil d'État (■ CE, 14 juin 2018, n° 402690, Lebon 2018).

Art. R. 331-6 ***(Rempl., D. n° 2006-944, 28 juill. 2006 ; mod., D. n° 2011-2019, 29 déc. 2011* (1) *; D. n° 2011-2020, 29 déc. 2011)*. – La demande d'autorisation prévue par l'article L. 331-6 est soumise au préfet, qui statue après avis du conseil scientifique régional du patrimoine naturel concerné.**

Le silence gardé par le préfet pendant plus de *(Mot rempl. à compter du 1er mars 2017, D. n° 2017-81, 26 janv. 2017)* « quatre » mois sur la demande d'autorisation vaut décision de rejet.

L'autorisation n'est pas requise pour les travaux d'entretien normal.

(1) Dispositions d'application transitoires : V. D. n° 2011-2019, 29 déc. 2011, art. 13.

Lorsque les travaux, constructions ou installations ne sont pas soumis à l'article R. 122-2, les demandes d'autorisations faites en application de l'article L. 331-6 comprennent des éléments suffisants permettant d'apprécier les conséquences de l'opération sur l'espace protégé et son environnement. Ces éléments sont précisés par arrêté du ministre chargé de la protection de la nature.

Art. R. 331-7 *(Rempl., D. n° 2006-944, 28 juill. 2006 ; D. n° 2011-1030, 29 août 2011 ; D. n° 2011-2020, 29 déc. 2011)* (1). **– Le groupement d'intérêt public élabore le projet de charte du parc national et procède à son évaluation environnementale.**

(Mod. à compter du 1er septembre 2022, D. n° 2022-1025, 20 juill. 2022) (2) **Il transmet le projet de charte et le rapport environnemental pour avis aux personnes morales mentionnées à l'article R. 331-4, qui se prononcent dans les conditions et le délai prévus par cet article, et à la formation d'autorité environnementale de l'inspection générale de l'environnement et du développement durable.**

Art. R. 331-8 *(Rempl., D. n° 2006-944, 28 juill. 2006 ; mod., D. n° 2011-1030, 29 août 2011 ; mod., D. n° 2011-2020, 29 déc. 2011)* (3). **–** (4) **I. – Le préfet mentionné à l'article R. 331-3 ouvre, organise et le cas échéant coordonne l'enquête publique.**

II. – Cette enquête s'effectue dans les conditions prévues par les articles R. 123-1 à R. 123-27. Toutefois, par dérogation au 4° de l'article R. 123-8, dans le cas d'avis très volumineux, le dossier contient la liste de ces avis, qui peuvent être consultés au siège de l'établissement public du parc national ainsi que sur le site internet dudit établissement.

Outre les pièces prévues par l'article R. 123-8, le dossier soumis à enquête publique comprend :

1° Un rapport de présentation indiquant l'objet et les motifs de la création du parc national ;

2° Un document présentant les composantes du patrimoine naturel, culturel et paysager qui confèrent aux espaces du cœur du parc le caractère justifiant leur classement et comportant l'exposé des règles dont l'édiction est envisagée pour la protection de ces espaces ;

3° *(Mod. à compter du 1er septembre 2022, D. n° 2022-1025, 20 juill. 2022)* (2) **Le projet de charte, le rapport environnemental, l'avis émis par la formation d'autorité environnementale de l'inspection générale de l'environnement et du développement durable ainsi que le projet de composition du conseil d'administration de l'établissement public du parc ;**

4° Un document graphique indiquant les espaces inclus dans le cœur du parc ainsi que les espaces situés dans les communes ayant vocation à adhérer à la charte ;

5° S'il y a lieu, un document graphique délimitant les espaces urbanisés dans le cœur du parc, au sens de l'article L. 331-4.

III *(D. n° 2011-2020, 29 déc. 2011)* (5) **Le projet de création d'un parc national ou de révision de la charte est un projet d'importance nationale au sens du I de l'article R. 123-11.**

(1) La procédure prévue par les dispositions du présent article est applicable à l'élaboration et l'adoption des chartes des parcs nationaux existant au 31 août 2011, à l'exception de l'obligation de transmission du rapport environnemental aux personnes morales mentionnées à l'article R. 331-4 ici prévue, qui est applicable à compter du 1er janvier 2012. Les modalités de publicité prévues par l'article R. 331-12 sont applicables au décret les approuvant, D. n° 2011-2020, 29 déc. 2011, art. 29, I.

(2) Les présentes dispositions réglementaires peuvent être modifiées par des actes pris dans les mêmes formes que les actes dont elles étaient issues antérieurement au 1er septembre 2022, D. n° 2022-1025, 20 juill. 2022, art. 7, I.

(3) La procédure prévue par les dispositions du présent article est applicable à l'élaboration et l'adoption des chartes des parcs nationaux existant au 31 août 2011, à l'exception de l'obligation de transmission du rapport environnemental aux personnes morales mentionnées à l'article R. 331-4 prévue par l'article R. 331-7, qui est applicable à compter du 1er janvier 2012. Les modalités de publicité prévues par l'article R. 331-12 sont applicables au décret les approuvant, D. n° 2011-2020, 29 déc. 2011, art. 29, I.

(4) La procédure prévue par les dispositions du présent article est applicable à l'élaboration et l'adoption des chartes des parcs nationaux existants le 31 août 2011 et les modalités de publicité prévues par l'article R. 331-12 sont applicables au décret les approuvant, D. n° 2011-1030, 29 août 2011, art. 3.

(5) La procédure prévue par les dispositions du présent article est applicable à l'élaboration et l'adoption des chartes des parcs nationaux existant au 31 août 2011, à l'exception de l'obligation de transmission du rapport environnemental aux personnes morales mentionnées à l'article R. 331-4 prévue par l'article R. 331-7, qui est applicable à compter du 1er janvier 2012. Les modalités de publicité prévues par l'article R. 331-12 sont applicables au décret les approuvant, D. n° 2011-2020, 29 déc. 2011, art. 29, I.

Procédure d'enquête publique (régularité). Éléments non soumis à enquête. Le décret créant un parc national ne peut légalement imposer des suggestions ou interdictions qui n'auraient pas figuré dans le projet soumis à l'enquête publique (■ CE, ass., 29 juin 1973, *Roux et a. : Rec. CE* 1973, p. 447, préc.). Cependant, ne sont pas illégales des modifications qui améliorent la situation du requérant (■ CE, ass., 20 nov. 1981, *SIVOM Saint-Martin-Vésubie-Valdeblore : Rec. CE* 1981, p. 434 ; *RDP* 1982, p. 473, concl. Genevois ; *Rev. jur. env.* 2/1982, p. 194 et s., note F. Constantin).

Art. R. 331-9 (1) ***(Rempl., D. n° 2006-944, 28 juill. 2006 ; D. n° 2011-2020, 29 déc. 2011 ; D. n° 2017-244, 27 févr. 2017 ; mod. à compter du 1er juillet 2020, D. n° 2020-752, 19 juin 2020).*** **– Le projet de création du parc et le projet de charte peuvent être modifiés par le groupement d'intérêt public afin de tenir compte des observations recueillies, notamment du rapport et de l'avis du commissaire enquêteur ou de la commission d'enquête, des avis des préfets intéressés à la création du parc ainsi que des avis du Conseil national de la protection de la nature et des ministères concernés.**

Art. R. 331-10 ***(Rempl., D. n° 2006-944, 28 juill. 2006 ; D. n° 2011-2020, 29 déc. 2011)*** (2). **–** (3) **Le préfet de région adresse la charte aux maires des communes ayant vocation à y adhérer. Les conseils municipaux délibèrent sur leur adhésion dans un délai de quatre mois, après avoir recueilli l'avis des établissements publics de coopération intercommunale à fiscalité propre auxquels les communes appartiennent.**

Le préfet de la région dans laquelle l'établissement public du parc national a son siège constate l'ensemble des adhésions par un arrêté qui est publié au *Journal officiel* de la République française.

L'établissement public du parc élabore et tient à jour une carte du périmètre effectif du parc et la met à disposition sur son site internet.

§ 2. – Décret de création

Art. R. 331-11 ***(Rempl., D. n° 2006-944, 28 juill. 2006 ; mod., D. n° 2011-2020, 29 déc. 2011).*** **–** (4) **Le décret de création d'un parc national est pris sur le rapport des ministres intéressés.**

Il fixe la composition du conseil d'administration de l'établissement public du parc ainsi que le siège de cet établissement, qui peut être modifié par arrêté du ministre chargé de la protection de la nature sur proposition du conseil d'administration de l'établissement public.

S'il y a lieu, il abroge les décrets de classement des réserves naturelles incluses dans le cœur du parc.

Art. R. 331-12 ***(Rempl., D. n° 2006-944, 28 juill. 2006 ; mod., D. n° 2011-1030, 29 août 2011).*** **–** (5) **En vue de l'information du public, le décret de création est affiché pendant un mois dans les mairies des communes intéressées.**

Un avis relatif au décret de création est inséré par les soins du préfet mentionné à l'article R. 331-43 dans deux journaux diffusés dans les départements intéressés.

(1) La procédure prévue par les dispositions du présent article est applicable à l'élaboration et l'adoption des chartes des parcs nationaux existant au 31 août 2011, à l'exception de l'obligation de transmission du rapport environnemental aux personnes morales mentionnées à l'article R. 331-4 prévue par l'article R. 331-7, qui est applicable à compter du 1er janvier 2012. Les modalités de publicité prévues par l'article R. 331-12 sont applicables au décret les approuvant, D. n° 2011-2020, 29 déc. 2011, art. 29, I.

(2) La procédure prévue par les dispositions du présent article est applicable à l'élaboration et l'adoption des chartes des parcs nationaux existant au 31 août 2011, à l'exception de l'obligation de transmission du rapport environnemental aux personnes morales mentionnées à l'article R. 331-4 prévue par l'article R. 331-7, qui est applicable à compter du 1er janvier 2012. Les modalités de publicité prévues par l'article R. 331-12 sont applicables au décret les approuvant, D. n° 2011-2020, 29 déc. 2011, art. 29, I.

(3) La procédure prévue par les dispositions du présent article est applicable à l'élaboration et l'adoption des chartes des parcs nationaux existants le 31 août 2011 et les modalités de publicité prévues par l'article R. 331-12 sont applicables au décret les approuvant, D. n° 2011-1030, 29 août 2011, art. 3.

(4) La procédure prévue par les dispositions du premier alinéa du présent article est applicable à l'élaboration et l'adoption des chartes des parcs nationaux existants le 31 août 2011 et les modalités de publicité prévues par l'article R. 331-12 sont applicables au décret les approuvant, D. n° 2011-1030, 29 août 2011, art. 3.

(5) Les modalités de publicité prévues par les dispositions du présent article sont applicables au décret approuvant l'adoption des chartes des parcs nationaux existants le 31 août 201, D. n° 2011-1030, 29 août 2011, art. 3.

Le décret de création et la déclaration environnementale prévue au 2° du I de l'article L. 122-10 sont, dans un délai de deux mois, transmis à la formation d'autorité environnementale du Conseil général de l'environnement et du développement durable par le ministre chargé de la protection de la nature et mis à la disposition du public sur le site internet de l'établissement public pendant au moins six mois ainsi qu'au siège de ce dernier.

§ 3. - **Effets**

Art. R. 331-13 *(Abr., D. n° 2006-943, 28 juill. 2006 ; rétabli dans la version suivante, D. n° 2006-944, 28 juill. 2006)*. – Les signaux, bornes et repères destinés à matérialiser le périmètre du cœur du parc sont implantés dans les conditions fixées par la loi n° 43-374 du 6 juillet 1943 relative à l'exécution des travaux géodésiques et cadastraux et à la conservation des signaux, bornes et repères.

La décision par laquelle le conseil d'administration de l'établissement public du parc national donne à ces éléments un caractère permanent est notifiée par le directeur du parc aux maires qui en assurent l'affichage et, le cas échéant, la communication à l'occupant des lieux.

Sans préjudice des dispositions de l'article L. 331-19-1, les dommages et intérêts pouvant être dus à l'établissement public du parc national en raison de la dégradation ou de la destruction des éléments de signalisation pourront être égaux au montant des dépenses nécessitées par leur reconstitution, y compris celles afférentes aux opérations de géodésie, d'arpentage ou de nivellement nécessitées pour cette reconstitution.

Art. R. 331-14 *(Rempl., D. n° 2006-944, 28 juill. 2006 ; mod., D. n° 2007-673, 2 mai 2007 ; D. n° 2011-678, 16 juin 2011 ; D. n° 2011-2020, 29 déc. 2011 ; D. n° 2015-1676, 15 déc. 2015 ; D. n° 2015-1783, 28 déc. 2015 ; D. n° 2017-244, 27 févr. 2017)*. – I. – Les documents qui, en application du quatrième alinéa du III de l'article L. 331-3, doivent être compatibles ou rendus compatibles, dans un délai de trois ans à compter de l'approbation de la charte s'ils sont antérieurs à celle-ci, avec les objectifs de protection définis par cette dernière pour le cœur du parc sont les suivants :

1° Le plan régional de l'agriculture durable prévu par l'article L. 111-2-1 du Code rural et de la pêche maritime ;

2° Le schéma départemental de vocation piscicole prévu par l'article L. 433-2 du présent code ;

3° Le programme d'action de protection et d'aménagement des espaces agricoles et naturels périurbains prévu par l'article L. 113-1 du Code de l'urbanisme ;

4° Les programmes régionaux de la forêt et du bois prévus par l'article L. 122-1 du Code forestier ;

5° Les schémas régionaux de gestion sylvicole des forêts privées prévus par l'article L. 122-2 du même code ;

6° Les documents d'aménagement des bois et forêts du domaine de l'État prévus par les articles L. 122-3 et L. 212-1 du même code ;

7° Les documents d'aménagement, prévus par les articles L. 122-3 et L. 212-1 du même code, des bois et forêts susceptibles d'aménagement, d'exploitation régulière ou de reconstitution, et des terrains à boiser appartenant aux régions, aux départements, aux communes, aux sections de communes, aux établissements publics, aux établissements d'utilité publique, aux sociétés mutualistes et aux caisses d'épargne ;

8° Les règlements types de gestion prévus par les articles L. 122-3 et L. 212-4 du même code ;

9° Le schéma régional du climat, de l'air et de l'énergie prévu par l'article L. 222-1 du présent code ;

10° Le schéma départemental ou régional des carrières prévu par l'article L. 515-3 ;

11° Le plan départemental des espaces, sites et itinéraires relatifs aux sports de nature prévu par l'article L. 311-3 du Code du sport ou, à défaut, le plan départemental des itinéraires de promenade et de randonnée prévu par l'article L. 361-1 du présent code ;

12° Le plan départemental des itinéraires de randonnée motorisée prévu par l'article L. 361-2 ;

13° Le schéma directeur d'aménagement et de gestion des eaux prévu par l'article L. 212-1 ;

14° Le schéma d'aménagement et de gestion des eaux prévu par l'article L. 212-3 ;

15° Le schéma départemental de gestion cynégétique prévu par l'article L. 425-1 ;

16° Les orientations régionales de gestion et de conservation de la faune sauvage et de ses habitats prévues par l'article L. 414-8 ;

17° Le schéma régional de développement du tourisme et des loisirs prévu par l'article L. 131-7 du Code du tourisme ;

18° Le schéma d'aménagement touristique départemental prévu par l'article L. 132-1 du même code ;

19° *(Abr., D. n° 2017-244, 27 févr. 2017)* ;

20° Le schéma de mise en valeur de la mer prévu par l'article 57 de la loi n° 83-8 du 7 janvier 1983 modifiée relative à la répartition de compétences entre les communes, les départements, les régions et l'État.

21° Le schéma régional de développement de l'aquaculture marine prévu par l'article L. 923-1-1 du Code rural et de la pêche maritime.

II. – Lorsque les projets de ces documents sont soumis pour avis à l'établissement public du parc national en application du troisième alinéa du III de l'article L. 331-3 du présent code, ils sont accompagnés du rapport environnemental prévu par l'article R. 122-20 s'il est requis.

L'absence de réponse de l'établissement dans le délai de deux mois à dater de la réception de la demande d'avis vaut avis favorable.

Sous-section 2. – Extension, modification et révision

Art. R. 331-15 *(Rempl., D. n° 2006-944, 28 juill. 2006 ; D. n° 2011-1030, 29 août 2011 ; D. n° 2011-2020, 29 déc. 2011 ; mod., D. n° 2017-244, 27 févr. 2017).* **– Le périmètre du cœur du parc national et celui du territoire des communes ayant vocation à adhérer à la charte du parc national peuvent être étendus :**

1° Soit à la demande du conseil municipal des communes candidates avec l'accord du conseil d'administration de l'établissement public du parc national ;

2° Soit sur proposition du conseil d'administration de l'établissement public du parc national avec l'accord du conseil municipal des communes intéressées.

Dans les cas prévus au premier alinéa du II de l'article L. 331-3-1, le projet d'extension du périmètre du parc et d'adaptation correspondante de la charte est, après approbation par le ministre chargé de la protection de la nature, adressé pour avis par le président du conseil d'administration de l'établissement public du parc national aux établissements publics de coopération intercommunale à fiscalité propre auxquels la commune appartient ainsi qu'au département et à la région concernés.

(Mod. à compter du 1er septembre 2022, D. n° 2022-1025, 20 juill. 2022) (1) **En application du VI de l'article R. 122-17, il peut être accompagné d'une actualisation de l'évaluation environnementale de la charte ou d'une nouvelle évaluation environnementale de celle-ci et soumis à la formation d'autorité environnementale de l'inspection générale de l'environnement et du développement durable.**

Le préfet du département dans lequel l'établissement public du parc national a son siège soumet le projet, accompagné des avis recueillis, à enquête publique sur le territoire de la commune candidate à l'extension.

Lorsque le parc comprend des espaces maritimes qui constituent le cœur du parc ou des aires adjacentes, le projet est soumis, pour avis, au représentant de l'État en mer et au préfet de région compétent en matière de pêche maritime.

L'extension du périmètre du parc et l'adaptation correspondante de la charte sont décidées par décret en Conseil d'État, pris après avis du Conseil national de la protection de la nature et *(Mots rempl. à compter du 1er juillet 2020, D. n° 2020-752, 19 juin 2020)* **« des ministères concernés ». Le décret fait l'objet des mesures de publicité prévues à l'article R. 331-12.**

Art. R. 331-16 *(Abr., D. n° 2006-943, 28 juill. 2006 ; rétabli dans la version suivante, D. n° 2006-944, 28 juill. 2006 ; rempl., D. n° 2017-244, 27 févr. 2017).* **– Dans les cas prévus au premier alinéa du II de l'article L. 331-3-2, le projet de modification de la charte du parc national est, après approbation par le ministre chargé de la protection de la nature et consultation des personnes mentionnées à l'article R. 331-4, approuvé par le conseil d'administration de l'établissement public du parc.**

(Mod. à compter du 1er septembre 2022, D. n° 2022-1025, 20 juill. 2022) (1) **En application du VI de l'article R. 122-17, il peut être accompagné d'une actualisation de l'évaluation environnementale de la charte ou d'une nouvelle évaluation environnementale de celle-ci et soumis à la formation d'autorité environnementale de l'inspection générale de l'environnement et du développement durable.**

Le préfet du département dans lequel l'établissement public du parc national a son siège soumet le projet, accompagné des avis recueillis, à enquête publique sur le territoire de l'ensemble des communes concernées.

(1) Les présentes dispositions réglementaires peuvent être modifiées par des actes pris dans les mêmes formes que les actes dont elles étaient issues antérieurement au 1er septembre 2022, D. n° 2022-1025, 20 juill. 2022, art. 7, I.

Lorsque le parc comprend des espaces maritimes qui constituent le cœur du parc ou des aires adjacentes, le projet est également soumis, pour avis, au représentant de l'État en mer et au préfet de région compétent en matière de pêche maritime.

La charte modifiée est adoptée par décret en Conseil d'État, pris après avis du Conseil national de la protection de la nature et *(Mots rempl. à compter du 1er juillet 2020, D. n° 2020-752, 19 juin 2020)* « des ministères concernés ». Le décret fait l'objet des mesures de publicité prévues à l'article R. 331-12.

Art. R. 331-17 *(Rempl., D. n° 2006-944, 28 juill. 2006 ; D. n° 2011-2020, 29 déc. 2011 ; D. n° 2017-244, 27 févr. 2017).* – Dans les cas prévus au III de l'article L. 331-3-2, la révision de la charte du parc national est conduite selon la procédure prévue aux articles R. 331-7 à R. 331-10. L'établissement public du parc national remplit le rôle dévolu au groupement d'intérêt public.

Préalablement à l'engagement de la procédure, l'établissement public du parc national recueille l'accord du ministre chargé de la protection de la nature.

La révision de la charte est décidée par décret en Conseil d'État, après enquête publique réalisée sur le territoire de l'ensemble des communes concernées par le décret de création. Le décret fait l'objet des mesures de publicité prévues à l'article R. 331-12.

Sous-section 3. – Travaux et activités dans le cœur du parc

(Intitulé rempl., D. n° 2011-2020, 29 déc. 2011)

Art. R. 331-18 *(Rempl., D. n° 2006-944, 28 juill. 2006 ; mod., D. n° 2009-377, 3 avr. 2009 ; mod. à compter du 1er juillet 2020, D. n° 2020-752, 19 juin 2020).* – Le décret de création du parc fixe la liste des travaux qui peuvent faire l'objet de l'autorisation spéciale prévue par le I de l'article L. 331-4 et par le I de l'article L. 331-14.

Des travaux qui ne figurent pas sur cette liste peuvent néanmoins être autorisés après avis du Conseil national de la protection de la nature.

Les opérations de rénovation et de restauration ainsi que la réalisation d'aménagements et l'installation d'équipements ne constituent pas des travaux au sens du I de l'article L. 331-4 du Code de l'environnement lorsqu'elles sont effectuées à l'intérieur d'un bâtiment, ne changent pas la destination de celui-ci et ne conduisent pas à en modifier l'aspect extérieur.

Art. R. 331-19 *(Abr., D. n° 2006-943, 28 juill. 2006 ; rétabli, D. n° 2006-944, 28 juill. 2006 ; mod., D. n° 2009-377, 3 avr. 2009 ; D. n° 2011-2020, 29 déc. 2011 ; D. n° 2015-836, 9 juill. 2015* (1)*).* – I. – Les demandes, faites en application du I de l'article L. 331-4, d'autoriser des travaux, constructions et installations qui ne sont pas soumis à une autorisation d'urbanisme sont adressées à l'établissement public du parc national.

Lorsque la demande concerne les espaces urbanisés définis dans le décret de création, le directeur de l'établissement public la transmet avec son avis au préfet dans un délai de deux mois.

L'absence de réponse du directeur de l'établissement public ou du préfet dans un délai de trois mois à compter de la réception de la demande d'autorisation vaut décision implicite de rejet. Le délai est porté à *(Mot rempl. à compter du 1er mars 2017, D. n° 2017-81, 26 janv. 2017)* « quatre » mois lorsque les travaux ne figurent pas sur la liste mentionnée à l'article R. 331-18.

II. – Les demandes, faites en application du I de l'article L. 331-4, d'autoriser des travaux, constructions et installations soumis à une autorisation d'urbanisme sont adressées à l'autorité compétente pour délivrer l'autorisation en cause dans les délais et conditions prévus par le Code de l'urbanisme pour cette autorisation et instruites selon les procédures correspondantes. L'autorisation spéciale prévue par le I de l'article L. 331-4 et par le I de l'article L. 331-14 du Code de l'environnement est délivrée dans les conditions prévues par les articles R.* 425-6 et R.* 423-62 du Code de l'urbanisme.

(2) Est joint à la demande d'autorisation d'urbanisme un dossier qui comprend les pièces complémentaires suivantes :

a) Les éléments permettant d'apprécier les conséquences de l'opération sur l'espace protégé et son environnement mentionnés au 2° du IV ;

(1) Les présentes dispositions peuvent être modifiées par décret en Conseil d'État, D. n° 2015-836, 9 juill. 2015, art. 9.

(2) Dispositions applicables dans leur rédaction issue du décret n° 2011-2020 du 29 décembre 2011 aux déclarations préalables, aux demandes de permis de construire, aux demandes de permis d'aménager et aux demandes de permis de démolir déposées à compter du 1er janvier 2012, D. n° 2011-2020, 29 déc. 2011, art. 30.

b) Un plan des espaces nécessaires à la réalisation du projet, précisant leurs surfaces, et des abords du projet, précisant l'affectation des terrains avoisinants et, s'il y a lieu, des constructions avoisinantes ainsi que l'emplacement des canaux, plans d'eau et cours d'eau, dans un rayon de 100 mètres du projet, à une échelle comprise entre 1/2 000 et 1/5 000 ;

c) Les modalités d'accès des personnes au chantier et d'approvisionnement de celui-ci en matériels et matériaux depuis les limites du cœur du parc national, assorties, le cas échéant, d'une demande d'autorisation spéciale de circulation motorisée ou de survol motorisé lorsque celle-ci est requise par le décret de création du parc national.

d) Le cas échéant, les moyens mis en œuvre pour la gestion des déchets issus des travaux.

e) Le cas échéant, la présentation des conditions de fonctionnement de l'ouvrage réalisé.

III. – L'autorité compétente pour délivrer l'autorisation peut assortir cette autorisation de prescriptions motivées notamment par les nécessités de la protection de la faune et de la flore sauvages, relatives à la période ou au lieu d'implantation des travaux projetés.

IV. – Le ministre chargé de la protection de la nature fixe, par arrêté :

1° Le contenu du dossier de demande d'autorisation spéciale lorsque la demande n'est pas soumise à une autorisation d'urbanisme et la liste des pièces qui peuvent être sollicitées lorsqu'elles ne sont pas déjà requises au titre de l'évaluation des incidences Natura 2000 prévue au 8° du I de l'article R. 414-19.

2° Le contenu du dossier permettant d'apprécier les conséquences des travaux, constructions ou installations sur l'espace protégé et son environnement lorsqu'ils ne sont pas soumis à l'article R. 122-2.

3° Les modèles des dossiers mentionnés aux 1° et 2°, qui peuvent être retirés auprès du siège de chaque établissement public du parc national.

Art. R. 331-19-1 *(D. n° 2011-2020, 29 déc. 2011)*. – Le ministre chargé de la protection de la nature fixe par arrêté la composition du dossier de demande d'autorisation spéciale relative à l'organisation et au déroulement de manifestation publique dans le cœur du parc national.

Lorsque tout ou partie des pièces exigées a déjà été fourni au titre d'une demande d'autorisation prévue par le Code du sport, sur la demande du pétitionnaire, l'établissement public du parc national en demande la communication au service instructeur.

L'autorité compétente pour délivrer l'autorisation peut assortir cette autorisation de prescriptions motivées notamment par les nécessités de la protection de la faune et de la flore sauvages, relatives à la période ou à la localisation de cette manifestation publique.

L'autorisation tient lieu, le cas échéant, de l'autorisation de survol motorisé dans les conditions définies à l'article R. 331-19-2.

Art. R. 331-19-2 *(D. n° 2011-2020, 29 déc. 2011 ; rempl. à compter du 1er mars 2017, D. n° 2017-81, 26 janv. 2017)*. – Lorsque, sur le fondement de l'article L. 331-4-1, l'exercice d'une activité dans le cœur du parc est subordonné à une autorisation par le décret de réglementation ou par les modalités d'application de cette réglementation édictées par la charte, l'absence de réponse du directeur de l'établissement public ou du conseil d'administration de l'établissement public dans un délai de quatre mois à compter de la réception de la demande d'autorisation vaut décision implicite de rejet.

Sous-section 4. – Dispositions plus favorables pour certaines catégories de personnes

Art. R. 331-20 *(Rempl., D. n° 2006-944, 28 juill. 2006)*. – La réglementation et la charte du parc peuvent prévoir, au profit de catégories de personnes énumérées à l'article L. 331-4-2, des dispositions plus favorables, compatibles avec les objectifs de protection du cœur du parc, pour l'attribution d'une autorisation lorsque celle-ci porte sur les travaux suivants :

1° Travaux de rénovation, de modification ou d'extension des habitations existantes lors du classement du cœur du parc national, sous réserve qu'aucune entrave aux activités agricoles, pastorales ou forestières n'en résulte et qu'aucune voie d'accès nouvelle ne soit aménagée ;

2° Travaux de restauration d'un bâtiment dont il reste l'essentiel des murs porteurs lorsque son intérêt architectural ou patrimonial justifie son maintien, sous réserve d'en respecter les principales caractéristiques et de ne pas aménager de nouvelle voie d'accès ;

3° Travaux sur les autres bâtiments existants modifiant leur aspect extérieur ou leur destination.

Art. R. 331-21 *(Rempl., D. n° 2006-944, 28 juill. 2006)*. – La réglementation et la charte du parc peuvent prévoir, au profit de catégories de personnes énumérées à l'article L. 331-4-2, dans les zones du cœur du parc qu'elles identifient, des exceptions aux interdictions qu'elles édictent en matière notamment d'activités commerciales nécessaires à un tourisme compatible avec les objectifs du parc, d'utilisation des eaux, de circulation et, sans préjudice de l'application des dispositions particulières aux espèces animales et végétales, de prélèvement d'animaux ou de végétaux pour leur consommation personnelle.

Section II. – Aménagement et gestion des parcs nationaux Établissement public du parc national

Sous-section 1. – Tutelle et missions

(Intitulé. rempl., D. n° 2009-377, 3 avr. 2009)

Art. R. 331-22 *(Rempl., D. n° 2006-944, 28 juill. 2006 ; mod., D. n° 2009-377, 3 avr. 2009)*. – I. – L'établissement public du parc national est placé sous la tutelle du ministre chargé de la protection de la nature.

II. – Les établissements publics des parcs nationaux, outre les missions qui leur sont reconnues par les articles L. 331-8 et L. 331-9, ont pour vocation :

1° De contribuer à la politique de protection du patrimoine naturel, culturel et paysager ;

2° De soutenir et développer toute initiative ayant pour objet la connaissance et le suivi du patrimoine naturel, culturel et paysager ;

3° De concourir à la politique d'éducation du public à la connaissance et au respect de l'environnement.

À ces fins, ils peuvent, notamment, participer à des programmes de recherche, de développement, d'assistance technique et de conservation du patrimoine naturel, culturel et paysager, de formation, d'accueil et d'animation et adhérer à des syndicats mixtes, groupements d'intérêt public et autres organismes compétents en matière de protection de l'environnement, d'aménagement ou de développement durable, de tourisme, de gestion pastorale, de gestion de site naturel ou d'accueil du public en site naturel, ou coopérer avec eux.

(D. n° 2017-244, 27 févr. 2017) Ils peuvent également participer à des programmes de coopération internationale dans leur champ de compétences, après en avoir informé le ministre de tutelle.

Sous-section 2. – Administration générale

§ 1. – Conseil d'administration

Art. R. 331-23 *(Rempl., D. n° 2006-944, 28 juill. 2006)*. – I. – Le conseil d'administration règle par ses délibérations les affaires de l'établissement.

Il délibère notamment sur :

1° Les conditions générales d'organisation et de fonctionnement de l'établissement ;

2° Les règlements intérieurs du conseil d'administration, du bureau, du conseil scientifique et du conseil économique, social et culturel de l'établissement public ;

3° Les programmes généraux d'activité et d'investissement ;

4° Les projets de contrats d'objectifs avec l'État ;

5° Les programmes de contribution aux recherches et les subventions ;

6° Le bilan annuel, le compte de résultat et les propositions relatives à la constitution de réserves ;

7° Le rapport annuel d'activité ;

8° La politique tarifaire de l'établissement ainsi que les redevances dues au titre des autorisations temporaires d'occupation des immeubles affectés à l'établissement public ;

9° « Le budget » (1) et ses modifications ;

10° Les contrats, conventions et marchés excédant un montant fixé par lui ;

11° La conclusion d'emprunts à moyen ou long terme ;

(1) D. n° 2012-1247, 7 nov. 2012, art. 2.

12° Les conditions générales d'octroi d'avances à des organismes ou sociétés ayant pour objet de contribuer à l'exécution des missions de l'établissement ;

13° L'octroi d'hypothèques, de cautions ou d'autres garanties ;

14° L'acquisition ou l'aliénation des biens immobiliers, les baux et locations d'immeubles d'une durée supérieure à neuf ans ;

15° Les actions en justice à intenter au nom de l'établissement et les transactions ;

16° L'adhésion à des organismes dotés de la personnalité morale ;

17° L'acceptation ou le refus des dons et legs.

II. – Le conseil d'administration délibère également sur :

1° Les programmes de mise en œuvre de la charte du parc national par l'établissement ;

2° Les conventions d'application de la charte et les contrats de partenariats pour les projets concourant à la mise en œuvre de la charte prévus au I de l'article L. 331-3 ainsi que les conventions de mise en œuvre de l'article L. 331-9-1 ;

3° Les demandes d'avis qui lui sont faites en application du III de l'article L. 331-3 ;

4° Les propositions, faites aux autorités administratives compétentes en application de l'article L. 331-14, de mesures particulières à la pêche, la circulation en mer et la gestion du domaine public maritime dans le cœur du parc national ;

5° Les travaux ou mesures permettant de restaurer des écosystèmes dégradés ou de prévenir une évolution préjudiciable des milieux naturels dans le cœur du parc national, sur le rapport du directeur et du président du conseil scientifique ;

6° Le projet de révision de la charte.

Art. R. 331-24 *(Abr., D. n° 2006-943, 28 juill. 2006 ; rétabli dans la version suivante, D. n° 2006-944, 28 juill. 2006).* – Le conseil d'administration peut déléguer certaines de ses attributions au président du conseil d'administration ou au bureau, à l'exception de celles prévues aux 1°, 2°, 6°, 9°, 12° et 16° du I de l'article R. 331-23 et au 6° du II du même article.

Art. R. 331-25 *(Rempl., D. n° 2006-944, 28 juill. 2006).* – Le conseil d'administration peut consentir la délégation d'attribution prévue à l'article R. 331-24 au directeur de l'établissement, à l'exception, en outre, des attributions prévues aux 7°, 10° et 11° du I de l'article R. 331-23.

Il peut également autoriser le directeur, pour la durée de ses fonctions, à arrêter, en accord avec le « contrôleur budgétaire » (1), les modifications du budget qui n'affectent ni le montant de ce budget ni les effectifs du personnel. Le directeur rend compte des décisions prises en vertu de cette autorisation lors de la séance du conseil d'administration qui suit leur intervention.

Art. R. 331-26 (2) *(Rempl., D. n° 2006-943, 28 juill. 2006* (3) *; mod., D. n° 2011-2020, 29 déc. 2011 ; mod. à compter du 1er juillet 2020 sauf en tant qu'il concerne la Guyane, D. n° 2020-752, 19 juin 2020* (4) *; mod. à compter du 1er août 2021, D. n° 2021-1000, 30 juill. 2021).* – Les membres du conseil d'administration sont nommés par le ministre chargé de la protection de la nature pour une durée de six ans renouvelable.

Lorsque le conseil d'administration comprend *(Mots rempl., D. n° 2021-1320, 11 oct. 2021)* « des maires, des membres des conseils municipaux ou » des représentants d'établissements publics de coopération intercommunale élus dans chaque département, un arrêté du ministre chargé de la protection de la nature fixe les modalités d'organisation, par le préfet de département, de cette élection lorsqu'elles n'ont pas été prévues par le décret de création du parc.

Art. R. 331-27 *(Rempl., D. n° 2006-944, 28 juill. 2006).* – L'administrateur qui, au cours de son mandat, décède, démissionne ou perd la qualité au titre de laquelle il a été désigné est remplacé pour la durée du mandat restant à courir par une personne désignée dans les mêmes conditions.

(1) À compter du 1er janvier 2013, D. n° 2012-1247, 7 nov. 2012, art. 2 et 289.
(2) Article identifié par un R. et non plus par un R.*, D. n° 2007-397, 22 mars 2007, art. 13.
(3) Dispositions transitoires : V. D. n° 2006-944, 28 juill. 2006, art. 12.
(4) Application à la Guyane : V. D. n° 2020-752, 19 juin 2020.

Les membres du conseil d'administration exercent leurs fonctions à titre gratuit. Ils bénéficient du remboursement des frais de déplacement et de séjour supportés par eux dans les conditions prévues par la réglementation applicable aux fonctionnaires civils de l'État.

Art. R. 331-28 *(Abr., D. n° 2006-943, 28 juill. 2006 ; rétabli dans la version suivante, D. n° 2006-944, 28 juill. 2006)*. – Le conseil d'administration se réunit aussi souvent que la bonne marche de l'établissement l'exige et au moins deux fois par an, sur convocation de son président qui fixe l'ordre du jour.

La convocation est de droit si elle est demandée par le ministre chargé de la protection de la nature ou par la moitié au moins des membres du conseil sur un ordre du jour déterminé.

Le conseil d'administration ne peut valablement délibérer que si la moitié au moins de ses membres sont présents *(Mots aj., D. n° 2017-244, 27 févr. 2017)* « ou représentés ». Si le quorum n'est pas atteint, le conseil est à nouveau convoqué sur le même ordre du jour dans un délai de quinze jours. Il délibère alors valablement quel que soit le nombre de membres présents.

Les délibérations sont adoptées à la majorité des membres présents ou représentés. En cas de partage égal des voix, celle du président de séance est prépondérante.

Le commissaire du Gouvernement, le directeur, le directeur adjoint, le « contrôleur budgétaire » (1) et l'agent comptable assistent aux séances avec voix consultative.

Le conseil d'administration peut entendre toute personne dont il estime l'audition utile à son information.

Il est établi un procès-verbal de chaque séance du conseil d'administration, signé par le président de séance et par le secrétaire. Le procès-verbal est adressé sans délai au ministre chargé de la protection de la nature.

Art. R. 331-29 *(Rempl., D. n° 2006-944, 28 juill. 2006)* (2). – Le conseil d'administration élit en son sein le président du conseil d'administration et deux vice-présidents.

Le président du conseil d'administration anime et coordonne les activités du conseil d'administration et du bureau ainsi que les travaux de suivi, d'évaluation, de modification et de révision de la charte du parc national.

Il assure la mise en œuvre de la charte dans l'aire d'adhésion.

Une indemnité peut être allouée au président du conseil d'administration pour compenser les sujétions qui lui sont imposées par ses fonctions. Son montant est déterminé par le conseil d'administration dans la limite d'un plafond fixé par arrêté conjoint du ministre chargé de la protection de la nature et du ministre chargé du budget et prend la forme d'une allocation globale attribuée chaque année.

Art. R.* 331-30 *(Rempl. à compter du 1er août 2021, D. n° 2021-1000, 30 juill. 2021)*. – Le décret de création d'un parc naturel marin peut-être modifié selon les procédures définies à l'article L. 334-3-1 et dans les conditions suivantes :

1° Lorsque la modification porte sur la délimitation du périmètre du parc ou les orientations de gestion, le projet de décret de modification est adressé pour avis aux personnes et organismes figurant sur la liste prévue au 1° de l'article R. 334-29 ;

2° Lorsque la modification porte sur la composition ou l'organisation du conseil de gestion du parc, le projet de décret de modification est adressé pour avis aux personnes et organismes que les représentants de l'État chargés de conduire la procédure estiment intéressés par cette modification.

Art. R. 331-31 *(Rempl., D. n° 2006-944, 28 juill. 2006)*. – Le conseil d'administration constitue en son sein un bureau comprenant le président du conseil d'administration, le président du conseil scientifique, un président de conseil régional, un président de conseil général et au moins un représentant de l'État, un représentant des collectivités territoriales et de leurs groupements, le représentant du personnel de l'établissement et une personnalité nommée en raison de sa compétence.

La composition du bureau et les conditions de désignation de ses membres sont précisées par le règlement intérieur adopté par le conseil d'administration.

---

(1) À compter du 1er janvier 2013, D. n° 2012-1247, 7 nov. 2012, art. 2 et 289.

(2) Les dispositions du présent article relatives aux travaux de suivi, d'évaluation, de modification et de révision de la charte du parc national sont applicables aux travaux d'élaboration de la charte dans les parcs nationaux existants à la date de la publication de la loi n° 2006-436 du 14 avril 2006, D. n° 2006-944, 28 juill. 2006, art. 13.

Le bureau prépare les travaux et suit l'exécution des décisions du conseil d'administration, exerce les attributions que celui-ci lui a déléguées et, sauf urgence, examine les mesures réglementaires envisagées par le directeur.

Le directeur, le directeur adjoint, l'agent comptable et le « contrôleur budgétaire » (1) assistent aux réunions du bureau avec voix consultative.

§ 2. – Conseil scientifique, conseil économique, social et culturel

Art. R. 331-32 *(Rempl., D. n° 2006-944, 28 juill. 2006)* (2). – Un conseil scientifique assiste le conseil d'administration et le directeur dans l'exercice de leurs attributions, dans l'accomplissement des missions prévues à l'article R. 331-22 et à l'occasion des travaux de suivi, d'évaluation, de modification et de révision de la charte du parc national.

Ce conseil est composé de personnalités qualifiées dans les sciences de la vie, de la Terre et dans les sciences humaines et sociales, nommées par le préfet du département dans lequel l'établissement public du parc a son siège, pour une période de six ans renouvelable.

Les membres du conseil scientifique exercent leurs fonctions à titre gratuit. Ils bénéficient du remboursement des frais de déplacement et de séjour supportés par eux dans les conditions prévues par la réglementation applicable aux fonctionnaires civils de l'État.

Le président du conseil scientifique présente un rapport annuel d'activité au conseil d'administration.

Art. R. 331-33 *(Rempl., D. n° 2006-944, 28 juill. 2006)*. – Un conseil économique, social et culturel assiste le conseil d'administration et le directeur notamment en matière de politique contractuelle, de suivi de la mise en œuvre de la charte et d'animation de la vie locale.

Ce conseil est composé de représentants d'organismes, d'associations et de personnalités qui, en raison de leur objet ou de leur qualité participent à l'activité économique, sociale et culturelle dans le parc ou concourent à la vie locale, ainsi que des représentants des habitants et des usagers du parc.

La composition de ce conseil et les conditions de nomination de ses membres sont fixées par le règlement intérieur adopté par le conseil d'administration. Le conseil élit son président.

Le président du conseil économique, social et culturel présente un rapport annuel d'activité au conseil d'administration.

§ 3. – Directeur

Art. R. 331-34 *(Rempl., D. n° 2006-944, 28 juill. 2006* (2) *; mod., D. n° 2011-2019, 29 déc. 2011)* (3). – Le directeur exerce la direction générale de l'établissement public.

Il est assisté par un adjoint, nommé par arrêté du ministre chargé de la protection de la nature, qui le supplée en cas d'absence ou d'empêchement et auquel il peut déléguer une partie de ses pouvoirs.

Il prépare les délibérations du conseil d'administration et s'assure de leur exécution. Il exerce, par délégation, les attributions du conseil d'administration mentionnées à l'article R. 331-25.

Il assure le fonctionnement des services de l'établissement et, à ce titre, il prépare le budget, recrute et gère le personnel et dirige les services.

Il est ordonnateur des recettes et des dépenses de l'établissement.

Il signe les marchés publics.

Il peut déléguer sa signature.

Il représente l'établissement dans tous les actes de la vie civile et dans ses rapports avec les tiers. Il peut, en outre, par délégation du conseil d'administration, être chargé pour la durée de ses fonctions d'intenter au nom de l'établissement public les actions en justice ou de défendre l'établissement dans les actions intentées contre lui. Il en rend compte au conseil d'administration.

---

(1) Dispositions applicables dans leur rédaction issue du décret n° 2011-2020 du 29 décembre 2011 aux déclarations préalables, aux demandes de permis de construire, aux demandes de permis d'aménager et aux demandes de permis de démolir déposées à compter du 1er janvier 2012, D. n° 2011-2020, 29 déc. 2011, art. 30.

(2) Les dispositions du présent article relatives aux travaux de suivi, d'évaluation, de modification et de révision de la charte du parc national sont applicables aux travaux d'élaboration de la charte dans les parcs nationaux existants à la date de la publication de la loi n° 2006-436 du 14 avril 2006, D. n° 2006-944, 28 juill. 2006, art. 13.

(3) Dispositions d'application transitoires : V. D. n° 2011-2019, 29 déc. 2011, art. 13.

Il assure le secrétariat des différents organes de l'établissement public du parc et des commissions constituées pour le suivi, l'évaluation, la modification ou la révision de la charte du parc national.

Il établit le rapport annuel d'activité de l'établissement et le soumet pour approbation au conseil d'administration.

(Mod., D. n° 2016-1110, 11 août 2016) Il est saisi pour avis par l'autorité compétente pour prendre la décision d'autorisation du projet, de l'étude d'impact définie à l'article R. 122-5, lorsque des projets soumis à évaluation environnementale en application de l'article R. 122-2 sont envisagés dans le cœur, l'aire d'adhésion ou l'aire maritime adjacente. L'avis rendu ne tient pas lieu, sauf mention contraire, de l'avis conforme mentionné au II de l'article L. 331-4 ou au III de l'article L. 331-14.

Délégation de signature irrégulière. Aucun texte n'autorise le directeur du parc à déléguer sa signature à un chargé de mission. Par conséquent, les décisions prises sur le fondement de cette délégation irrégulière doivent être annulées (■ CAA Marseille, 10 nov. 1999, n° 97MA00068, *Boulanger*).

Art. R. 331-35 *(Rempl., D. n° 2006-944, 28 juill. 2006 ; mod., D. n° 2009-377, 3 avr. 2009).* – Lorsque le directeur prend un acte réglementaire dans le cadre de l'exercice des pouvoirs de police qui lui sont reconnus par l'article L. 331-10, il en informe le conseil d'administration.

Lorsque le directeur exerce les compétences qui lui sont reconnues par l'article L. 331-19-1 pour la répression et la poursuite des contraventions de grande voirie, il notifie au préfet copie du procès-verbal de contravention dans les dix jours suivant la rédaction de celui-ci.

Le directeur assure la publicité de tous les actes réglementaires pris par l'établissement public du parc ainsi que celle des décisions individuelles prises au titre de la police administrative spéciale du cœur du parc national.

Les actes réglementaires sont affichés pendant deux mois au siège de l'établissement public du parc et les décisions individuelles mentionnées au premier alinéa sont notifiées aux intéressés.

Ces actes réglementaires et décisions individuelles font l'objet, dans les trois mois suivant leur intervention, d'une publication au recueil des actes administratifs de l'établissement public. Cette publication fait courir les délais de recours des tiers contre les décisions individuelles.

Le recueil est tenu à la disposition du public au siège de l'établissement et mis à sa disposition sous forme électronique de façon permanente et gratuite.

§ 4. – Personnels

Art. R. 331-36 *(D. n° 2005-935, 2 août 2005 ; rempl., D. n° 2006-944, 28 juill. 2006).* – Les techniciens et les agents techniques de l'environnement de la spécialité « espaces protégés » qui sont commissionnés et assermentés sont assujettis au port de signes distinctifs dont la liste est fixée par arrêté du ministre chargé de l'environnement.

Ils sont astreints à porter, dans les conditions définies par arrêté du *(Mots rempl., D. n° 2014-813, 17 juill. 2014)* « ministre chargé de la protection de la nature », l'équipement et l'armement qui leur sont fournis par l'administration.

Art. R. 331-37 *(Rempl., D. n° 2006-944, 28 juill. 2006).* – Les techniciens et les agents techniques de l'environnement de la spécialité « espaces protégés » peuvent être appelés à exécuter un service pendant la nuit ainsi que les dimanches et les jours fériés.

Ils peuvent être astreints à loger par nécessité absolue de service dans la résidence administrative de leur affectation.

Sous-section 3. – Dispositions financières et comptables

Art. R. 331-38 *(Rempl., D. n° 2006-944, 28 juill. 2006 ; rempl. à compter du 1er janvier 2013, D. n° 2012-1247, 7 nov. 2012)* (1) (2). – L'établissement est soumis aux dispositions des titres Ier et III du décret n° 2012-1246 du 7 novembre 2012 relatif à la gestion budgétaire et comptable publique.

(1) Sur les conditions de modifications des présentes dispositions : V. D. n° 2012-1247, 7 nov. 2012, art. 292.

(2) Dispositions applicables sur l'ensemble du territoire de la République, D. n° 2012-1247, 7 nov. 2012, art. 293.

Art. R. 331-39 *(Rempl., D. n° 2006-944, 28 juill. 2006).* – L'agent comptable de l'établissement est nommé par arrêté conjoint du ministre chargé de la protection de la nature et du ministre chargé du budget.

Art. R. 331-40 *(Rempl., D. n° 2006-944, 28 juill. 2006).* – Les ressources de l'établissement public du parc prévues par l'article L. 331-11 sont notamment constituées par :

1° Les subventions de l'État, des collectivités publiques ou d'organismes publics ou privés et les recettes du mécénat ;

2° Les produits des contrats et conventions ;

3° Le produit de la vente de publications et documents sur quelque support que ce soit ;

4° Le produit des cessions et participations ;

5° Les revenus des biens meubles et immeubles ;

6° Les dons et legs ;

7° Le produit financier du résultat des placements de ses fonds ;

8° Le produit des aliénations ;

9° D'une manière générale, toutes les recettes autorisées par les lois et règlements.

Art. D. 331-40-1 *(Créé à compter du 1er janvier 2025, D. n° 2024-610, 26 juin 2024).* – Les parcs nationaux, et le cas échéant les sites classés adjacents et les ports associés, à destination desquels le gestionnaire bénéficie de l'affectation mentionnée au second alinéa de l'article L. 331-11 et les gestionnaires affectataires sont ceux mentionnés à l'article D. 321-13.

Les conditions de l'affectation sont précisées par les dispositions de la sous-section 2 de la section 6 du chapitre Ier du titre II du présent livre.

Art. R. 331-41 *(Rempl., D. n° 2006-944, 28 juill. 2006).* – Les dépenses de l'établissement comprennent les frais de personnel qui ne sont pas pris en charge par l'État ou les collectivités territoriales, les frais de fonctionnement et d'équipement et, d'une manière générale, toutes dépenses nécessaires à l'activité de l'établissement.

Art. R. 331-42 *(Abr., D. n° 2006-943, 28 juill. 2006 ; rétabli dans la version suivante, D. n° 2006-944, 28 juill. 2006 ; mod. à compter des dates prévues à l'article 18 du décret n° 2019-798 du 26 juillet 2019).* – Il peut être institué dans l'établissement des régies de recettes et des régies de dépenses dans les conditions prévues par le décret n° 2019-798 du 26 juillet 2019 relatif aux régies de recettes et d'avances des organismes publics.

NB : Conformément aux dispositions de l'article 18 du décret n° 2019-798 du 26 juillet 2019, ces dispositions entrent en vigueur le premier jour du mois suivant celui de la publication dudit décret et, s'agissant des régies créées avant cette date, le premier jour du sixième mois suivant cette même date.

Art. R. 331-42-1 *(Rempl. à compter du 1er janvier 2020, D. n° 2019-1580, 31 déc. 2019).* – La gestion comptable des parcs nationaux est assurée par le groupement comptable mentionné à l'article R. 131-33-1.

Voir : L. 24 juill. 2019, n° 2019-773, portant création de l'Office français de la biodiversité, modifiant les missions des fédérations des chasseurs et renforçant la police de l'environnement. D. 31 déc. 2019, n° 2019-1580, relatif à l'Office français de la biodiversité.

Voir : art. L. 131-8 et s., p. 181. Partie réglementaire, art. R. 131-33-1, p. 1632.

Sous-section 4. – Contrôle

Art. R. 331-43 *(Rempl., D. n° 2006-944, 28 juill. 2006 ; mod., D. n° 2017-244, 27 févr. 2017)* (1)). – Un commissaire du Gouvernement, nommé par arrêté du ministre chargé de la protection de la nature, est placé auprès de l'établissement. Il est suppléé en cas d'absence ou d'empêchement par un commissaire adjoint désigné selon les mêmes modalités.

Le commissaire du Gouvernement reçoit les convocations adressées aux membres du conseil d'administration et du bureau et siège avec voix consultative à toutes les réunions de ces instances ainsi qu'à celles des commissions qu'ils ont constituées. Il peut demander l'inscription de questions à l'ordre du jour du conseil d'administration.

(1) Dispositions transitoires : V. D. n° 2017-244, 27 févr. 2017, art. 36.

Il reçoit, dans les conditions qu'il fixe, copie des délibérations du conseil d'administration et, s'il le demande, des décisions prises sur délégation de ce conseil.

Voir : A. 2 juin 2017, portant nomination des commissaires du Gouvernement auprès des établissements publics des parcs nationaux (*JORF* n° 0134, 9 juin 2017).

Art. R. 331-44 *(Rempl., D. n° 2006-944, 28 juill. 2006 ; mod., D. n° 2011-2020, 29 déc. 2011).* – Les délibérations du conseil d'administration, à l'exception des délibérations budgétaires, sont exécutoires de plein droit si le commissaire du Gouvernement n'y fait pas opposition dans le délai de quinze jours qui suit soit la date de réunion du conseil d'administration s'il y a assisté ou s'il y était représenté, soit la date de réception du procès-verbal de la séance. Les délibérations budgétaires sont régies par l'article R. 331-38, elles sont exécutoires de plein droit si le ministre de tutelle et le ministre chargé du budget n'y font pas opposition dans le délai d'un mois qui suit la date de réception de la délibération.

Lorsqu'il demande par écrit des informations ou documents complémentaires, le délai est suspendu jusqu'à la production de ces informations ou documents.

Le commissaire du Gouvernement peut demander dans les délais susmentionnés une seconde délibération. En ce cas, la délibération, pour être confirmée, doit être adoptée à la majorité des membres composant le conseil d'administration.

Art. R. 331-45 *(Abr. puis rétabli dans la version suivante, D. n° 2006-943, 28 juill. 2006).* – (1) Si le désaccord persiste après la nouvelle délibération mentionnée à l'article R. 331-44, le commissaire du Gouvernement transmet le dossier dans les quarante-huit heures au ministre chargé de la protection de la nature, qui statue dans un délai d'un mois, le cas échéant après avis du ministre du budget.

Si le ministre du budget n'a pas fait connaître son avis huit jours avant l'expiration du délai imparti au ministre pour se prononcer, cet avis est réputé favorable à la levée de l'opposition.

Le silence gardé par le ministre chargé de la protection de la nature à l'expiration du délai qui lui est laissé pour se prononcer vaut levée de l'opposition.

Section III. – Dispositions particulières

Sous-section 1. – Dispositions particulières aux espaces maritimes des parcs nationaux

Art. R. 331-46 *(Rempl., D. n° 2006-944, 28 juill. 2006).* – L'appartenance d'espaces maritimes au cœur ou à une aire maritime adjacente d'un parc national emporte l'appartenance à ce cœur ou à cette aire maritime adjacente du domaine public maritime, des eaux et de l'espace aérien surjacent, sans préjudice du droit international applicable à ces espaces.

Art. R. 331-47 *(Rempl., D. n° 2006-944, 28 juill. 2006 ; mod., D. n° 2011-2020, 29 déc. 2011 ; mod. à compter du 1er janvier 2017, D. n° 2016-1842, 26 déc. 2016).* – Lorsque le parc national dont la création est projetée ou dont la charte est révisée comprend des espaces maritimes qui constituent un cœur de parc ou des aires adjacentes, les dispositions de la sous-section 1 de la section 1 du présent chapitre sont complétées par les dispositions suivantes :

1° La consultation sur le dossier élaboré par le groupement d'intérêt public organisée par l'article R. 331-4 est étendue à *(Mots rempl. à compter du 1er janvier 2020, D. n° 2019-1580, 31 déc. 2019)* « l'Office français de la biodiversité » ainsi qu'au comité régional des pêches maritimes et des élevages marins et à la section régionale de la conchyliculture intéressés ;

2° Le dossier soumis à l'enquête publique défini par l'article R. 331-8 comprend d'une part un document graphique qui délimite les espaces maritimes compris dans le cœur du parc national et ceux qui forment l'aire maritime adjacente, accompagné de l'indication des coordonnées géographiques correspondantes, et d'autre part un document indiquant les objectifs de protection et les orientations prévus pour ces espaces ; les directions départementales des territoires et de la mer et les directions interrégionales de la mer ou, outre-mer, les

(1) À compter du 1er janvier 2013, D. n° 2012-1247, 7 nov. 2012, art. 2 et 289.

directions de l'environnement, de l'aménagement et du logement et les directions de la mer territorialement compétentes pour les espaces maritimes du parc figurent parmi les lieux d'enquête ;

3° Aux avis, mentionnés à l'article R. 331-9, au vu desquels le ministre arrête le projet de charte sont ajoutés l'avis du représentant de l'État en mer et l'avis du préfet de région compétent en matière de pêche maritime ;

4° Aux mesures d'information du public prévues par l'article R. 331-12 s'ajoute l'affichage du décret de création dans les directions départementales des territoires et de la mer et les directions interrégionales de la mer ou, outre-mer, les directions de l'environnement, de l'aménagement et du logement et les directions de la mer territorialement compétentes pour les espaces maritimes du parc.

Voir : L. 24 juill. 2019, n° 2019-773, portant création de l'Office français de la biodiversité, modifiant les missions des fédérations des chasseurs et renforçant la police de l'environnement. D. 31 déc. 2019, n° 2019-1580, relatif à l'Office français de la biodiversité.

Voir : art. L. 131-8 et s., p. 181.

Art. R. 331-48 *(Rempl., D. n° 2006-944, 28 juill. 2006).* – L'extension des espaces maritimes compris dans un cœur de parc ou constitutifs d'une aire maritime adjacente est, par dérogation aux règles prévues par l'article R. 331-15, proposée conjointement par l'établissement public du parc national et le représentant de l'État en mer, après avis du préfet de région compétent en matière de pêche maritime.

Le projet d'extension est adressé pour avis aux personnes consultées en application de l'article R. 331-4 et du 1° de l'article R. 331-47.

(Rempl., D n° 2017-244, 27 févr. 2017) Il est soumis à une enquête publique organisée dans les conditions prévues au second alinéa du II de l'article L. 331-3-1.

L'extension est approuvée par décret en Conseil d'État.

Art. R. 331-49 *(Rempl., D. n° 2006-944, 28 juill. 2006).* – Lorsque l'établissement public du parc national a proposé à une « autorité environnementale » (1) de soumettre à un régime particulier l'une des activités énumérées au premier alinéa du II de l'article L. 331-14, cette autorité, si elle n'entend pas y donner suite, informe l'établissement des motifs de ce refus, à moins que ceux-ci soient liés à des considérations de défense nationale.

Art. R. 331-50 *(Abr. à compter du 1er mars 2017, D. n° 2017-81, 26 janv. 2017).*

Art. R. 331-51 *(Rempl., D. n° 2006-944, 28 juill. 2006).* – Lorsque le parc national comporte des espaces maritimes, le représentant de l'État en mer est membre du conseil d'administration de l'établissement public du parc national.

Sous-section 2. – Dispositions particulières aux départements d'outre-mer

Art. R. 331-52 *(Rempl., D. n° 2006-944, 28 juill. 2006).* – Dans les départements d'outre-mer, la réglementation et la charte du parc peuvent en outre prévoir, au profit de catégories de personnes énumérées à l'article L. 331-4-2, d'autoriser, dans le cœur du parc et en dehors des espaces urbanisés de ce cœur, les travaux de construction, de rénovation, de modification ou d'extension des bâtiments à usage d'habitation ou à usage artisanal, sous réserve que ces travaux ne portent pas atteinte au caractère du parc, qu'aucune entrave aux activités agricoles, pastorales ou forestières n'en résulte et qu'aucune voie d'accès nouvelle ne soit aménagée.

Art. R. 331-52-1 *(D. n° 2011-2020, 29 déc. 2011 ; mod., D. n° 2020-1060, 14 août 2020)* (2). – Lorsqu'un schéma d'aménagement régional est mis en révision avant l'approbation de la charte, celle-ci prend en compte, lorsqu'ils ont été adoptés à la date d'ouverture de l'enquête publique prévue par l'article R. 331-8 :

1° La délibération de l'assemblée délibérante de la région, du département ou de la collectivité décidant la mise en révision du schéma d'aménagement régional mentionnée à l'article L. 4433-10-4 du Code général des collectivités territoriales ;

2° Le projet arrêté par le président de l'assemblée délibérante de la région, du département ou de la collectivité, mentionné à l'article L. 4433-10-1 du même code ;

---

(1) D. n° 2016-1110, 11 août 2016, art. 4, I.
(2) Dispositions d'application particulières et transitoires : V. D. n° 2020-1060, 14 août 2020.

3° Le projet de schéma d'aménagement régional adopté par la délibération de l'assemblée délibérante de la région, du département ou de la collectivité mentionnée à l'article L. 4433-10-3 du même code.

Section IV. – Réserves intégrales

Art. R. 331-53 *(Rempl., D. n° 2006-944, 28 juill. 2006).* – Les réserves intégrales prévues à l'article L. 331-16 sont créées, après consultation des propriétaires, par décret pris sur le rapport du ministre chargé de la protection de la nature.

En l'absence de consentement écrit des propriétaires sur la nature et l'assiette des sujétions particulières envisagées, et le cas échéant sur leur indemnisation, le classement est prononcé par décret en Conseil d'État.

Art. R. 331-54 *(Rempl., D. n° 2006-944, 28 juill. 2006).* – Le plan de gestion de la réserve intégrale est adopté par le conseil d'administration de l'établissement public du parc sur proposition du conseil scientifique.

Section V. – Indemnités

Art. R. 331-55 *(Rempl., D. n° 2006-944, 28 juill. 2006).* – Les indemnités éventuellement dues en raison des mesures prises en application des articles L. 331-2, L. 331-9 et L. 331-16 sont à la charge de l'établissement.

Responsabilité du parc. Faute de gestion. Un parc national est responsable, dans les conditions du droit commun de la responsabilité administrative, des dégâts occasionnés par le gros gibier au propriétaire d'une exploitation forestière dans le périmètre du parc, sur le fondement des fautes commises dans la gestion cynégétique du parc (■ CAA Marseille, 13 sept. 2004, n° 99MA01772, *Parc national des Cévennes : Rev. jur. env.* 4/2004, p. 429, concl. Louis ; *AJDA* 2005, 1582, note Deguergue).

Art. R. 331-56 *(Rempl., D. n° 2006-944, 28 juill. 2006).* – Les propriétaires peuvent exiger de l'établissement l'acquisition de leur propriété lorsque les mesures prises pour l'aménagement et la gestion du parc ont diminué de plus de moitié les avantages de toute nature qu'ils en retiraient.

Art. R. 331-57 *(Rempl., D. n° 2006-944, 28 juill. 2006).* – Les demandes d'indemnités ainsi que les demandes d'acquisition prévues à l'article R. 331-56 sont adressées au directeur de l'établissement par lettre recommandée avec demande d'avis de réception.

Elles précisent les sommes demandées et leurs justifications.

Elles comportent l'indication des autres titulaires de droits réels ou de droits personnels sur les immeubles dont il s'agit.

L'établissement doit répondre dans un délai de quatre mois à dater de la réception de la demande. Cette réponse est motivée et précise les sommes offertes.

Art. R. 331-58 *(Rempl., D. n° 2006-944, 28 juill. 2006).* – À défaut d'accord amiable dans les six mois de la réception de la demande, ou si l'établissement public n'a pas répondu dans le délai fixé au dernier alinéa de l'article R. 331-57, l'intéressé peut saisir le juge de l'expropriation dans le ressort duquel sont situés les biens par lettre recommandée avec demande d'avis de réception adressée au secrétariat dudit juge.

Le juge statue sur les indemnités, sur le droit du demandeur d'exiger l'acquisition de ses biens par l'établissement public et éventuellement sur le prix de la cession.

Art. R. 331-59 *(Rempl. à compter du 1er janvier 2015, D. n° 2014-1635, 26 déc. 2014).* – Sous réserve qu'aux termes : « expropriant », « exproprié » et « ordonnance d'expropriation » soient substitués, selon les cas, les termes : « établissement chargé du parc », « demandeur » et « décret de création », les dispositions du livre III du Code de l'expropriation pour cause d'utilité publique sont applicables aux demandes d'indemnité ainsi qu'aux demandes tendant à l'acquisition d'immeubles par l'établissement public.

Toutefois, l'article L. 322-9 et les articles R. 322-2 à R. 322-5 du code susmentionné ne sont applicables qu'aux demandes tendant à l'acquisition d'immeubles par l'établissement.

Section VI. – Comité interministériel des parcs nationaux

(Section abr. à compter du 1er juillet 2020, D. n° 2020-752, 19 juin 2020)

Art. R. 331-60 *(Abr. à compter du 1er juillet 2020, D. n° 2020-752, 19 juin 2020).*

Section VI *(Rédaction antérieure)*. – Comité interministériel des parcs nationaux

Rédaction antérieure. Art. R. 331-60 *(Rempl., D. n° 2006-944, 28 juill. 2006)*. – Le comité interministériel des parcs nationaux est placé auprès du Premier ministre, qui en détermine la composition et le fonctionnement par arrêté.

Ce comité est consulté sur la création de nouveaux parcs, sur les projets de charte ainsi que sur les projets d'actes législatifs et réglementaires relatifs aux parcs nationaux.

Il peut être consulté par l'un des ministres intéressés sur toute question se rapportant à ces parcs.

Section VII. – Dispositions pénales

Sous-section 1. – Recherche et constatation des infractions

Art. R. 331-61 *(Abr., D. n° 2014-813, 17 juill. 2014)*.

Sous-section 2. – Sanctions pénales

Art. R. 331-62 *(Rempl., D. n° 2006-944, 28 juill. 2006)*. – Au sens de la présente sous-section, la réglementation applicable au cœur du parc national s'entend des dispositions législatives et réglementaires applicables aux parcs nationaux, des règles générales de protection du ou des cœurs de parc fixées par le décret de création, des modalités d'application par la charte du parc de ces règles générales ainsi que des dispositions réglementaires applicables au cœur du parc édictées par le directeur de l'établissement public du parc national en vertu des pouvoirs de police qui lui sont reconnus et par le maire dans le cas prévu au dernier alinéa de l'article L. 331-10.

Art. R. 331-63 *(Rempl., D. n° 2006-944, 28 juill. 2006)*. – Est puni de l'amende prévue pour les contraventions de la 2e classe le fait, en infraction à la réglementation applicable au cœur du parc national, d'utiliser une chose qui, par son bruit, est de nature à troubler le calme et la tranquillité des lieux.

Art. R. 331-64 *(Rempl., D. n° 2006-944, 28 juill. 2006 ; mod., D. n° 2011-2020, 29 déc. 2011)*. – Est puni de l'amende prévue pour les contraventions de la 3e classe le fait de contrevenir à la réglementation applicable au cœur du parc national concernant :

1° L'abandon, le dépôt, le jet, le déversement ou le rejet des ordures, déchets, matériaux ou tout autre objet de quelque nature que ce soit ;

2° La circulation et le stationnement des personnes et des véhicules autres que ceux mentionnés au 2° de l'article R. 331-67, la circulation et la divagation des animaux, le bivouac, le stationnement et le camping dans un véhicule ou une remorque habitable ou tout autre abri mobile ;

3° L'exercice de la plongée sous-marine et l'usage d'engins à moteur conçus pour la progression sous la mer.

Art. R. 331-65 *(Rempl., D. n° 2006-944, 28 juill. 2006)*. – Est puni de l'amende prévue pour les contraventions de la 4e classe le fait, en infraction à la réglementation applicable au cœur du parc national :

1° De porter atteinte, détenir ou transporter, de quelque manière que ce soit, des animaux non domestiques, des végétaux non cultivés quel que soit leur stade de développement ou des parties de ceux-ci, des minéraux ou des fossiles *(Mots aj., D. n° 2009-377, 3 avr. 2009)* « , ainsi que des éléments de constructions ou objets appartenant ou susceptibles d'appartenir au patrimoine historique, architectural ou archéologique » ;

2° D'introduire, à l'intérieur du cœur du parc national, des animaux ou des végétaux, quel que soit leur stade de développement ;

3° De troubler ou déranger volontairement des animaux, par quelque moyen que ce soit, sans y avoir été autorisé ;

4° De faire des inscriptions, signes ou dessins sur des pierres, arbres ou tout autre bien meuble ou immeuble ;

5° D'utiliser un éclairage artificiel, quel que soit son support, sa localisation et sa durée, à l'exclusion de l'éclairage des bâtiments à usage d'habitation, de l'éclairage public urbain et de l'éclairage utilisés par les services publics de secours.

Art. R. 331-66 *(Rempl., D. n° 2006-944, 28 juill. 2006)*. – Est puni de l'amende prévue pour les contraventions de la 4e classe le fait de ne pas respecter les dispositions de la réglementation applicable au cœur du parc national qui limitent ou interdisent la pratique de jeux ou de sports.

Art. R. 331-67 *(Rempl., D. n° 2006-944, 28 juill. 2006 ; mod., D. n° 2009-377, 3 avr. 2009 ; D. n° 2011-2020, 29 déc. 2011)*. – Est puni de l'amende prévue pour les contraventions de la 5e classe le fait, en infraction à la réglementation applicable au cœur du parc :

1° D'abandonner, déposer, jeter, déverser ou rejeter des ordures, déchets, matériaux ou tout autre objet de quelque nature que ce soit à l'aide d'un véhicule ;

2° De circuler ou, le cas échéant, de stationner avec tout type de véhicule terrestre ou maritime à moteur, y compris un véhicule nautique à moteur au sens du décret n° 96-611 du 4 juillet 1996 relatif à la mise sur le marché des bateaux de plaisance et des pièces et éléments d'équipement ;

3° D'emporter en dehors du cœur de parc national, mettre en vente, vendre ou acheter des animaux non domestiques, des végétaux non cultivés, quel que soit leur stade de développement, ou des parties de ceux-ci, des minéraux ou des fossiles, des éléments de constructions ou des objets appartenant ou susceptibles d'appartenir au patrimoine historique, architectural ou archéologique en provenance du cœur du parc national ;

4° De chasser ou détenir une arme pouvant être utilisée pour la chasse ;

5° De porter ou d'allumer du feu, notamment de fumer ;

6° De ne pas respecter les prescriptions dont peuvent être assorties les autorisations délivrées pour des travaux, constructions, installations ou aménagements.

Art. R. 331-68 *(Rempl., D. n° 2006-944, 28 juill. 2006)*. – Est puni de l'amende prévue pour les contraventions de la 5e classe le fait de ne pas respecter la réglementation applicable au cœur du parc national limitant ou interdisant :

1° Les activités agricoles, pastorales, forestières ;

2° La pêche en eau douce et la pêche sous-marine ou le port des armes ou engins correspondants ou leur détention dans un véhicule ou une embarcation circulant dans le cœur du parc national ;

3° La recherche ou l'exploitation de matériaux ;

4° Les activités commerciales ou artisanales ;

5° L'organisation de manifestations sportives ou culturelles ;

6° Les activités photographiques, cinématographiques, radiophoniques ou de télévision ;

7° Le survol du cœur du parc national.

1) **Notion d'activité commerciale.** Une activité de production constitue une activité commerciale interdite par la Charte du parc national de la Vanoise (■ CAA Lyon, 17 juin 2010, n° 08LY02344, *ONF*).

2) **Activités commerciales prohibées.** Est une activité commerciale prohibée sur le territoire d'un parc national une activité non autorisée de vente au public de biens ou de services, quels que soient la profession de la personne qui l'exerce, l'origine des biens ou des services vendus, l'importance du profit réalisé, et le caractère occasionnel ou non de cette activité (■ Cass. crim., 6 déc. 1995, *Labat : Rev. jur. env.* 1995 ; *Bull. crim.* 1995, n° 371).

3) **Pêche sous-marine prohibée.** Pour un exemple de condamnation, V. ■ CA Aix-en-Provence, 2 mai 2005, n° 772M20005.

Art. R. 331-69 *(Rempl., D. n° 2006-944, 28 juill. 2006 ; mod., D. n° 2019-1381, 17 déc. 2019)*. – Est puni de l'amende prévue pour les contraventions de la 5e classe le fait :

1° De déplacer ou d'endommager les signaux, bornes ou repères qui matérialisent le cœur du parc ;

2° De déverser dans le milieu naturel du cœur du parc national des huiles usagées.

Art. R. 331-70 *(Rempl., D. n° 2006-944, 28 juill. 2006)*. – Les infractions à la réglementation d'une réserve intégrale et les infractions réprimées par les dispositions des articles R. 331-63 à R. 331-66, lorsqu'elles sont commises dans une réserve intégrale, sont passibles de l'amende prévue pour les contraventions de la 5e classe.

Art. R. 331-71 *(Rempl., D. n° 2006-944, 28 juill. 2006)*. – Les personnes physiques reconnues responsables des infractions prévues à la présente section encourent en outre la peine complémentaire de confiscation de la chose qui a servi ou était destinée à commettre l'infraction ou de la chose qui en est le produit.

Art. R. 331-72 *(Rempl., D. n° 2010-671, 18 juin 2010)* (1). – Les personnes morales déclarées responsables pénalement, dans les conditions prévues à l'article 121-2 du Code pénal, des infractions définies par la présente section encourent, outre l'amende suivant les modalités prévues par l'article 131-41 du Code pénal,

(1) Application en Polynésie française, en Nouvelle-Calédonie et dans les îles Wallis-et-Futuna : V. D. n° 2010-671, 18 juin 2010, art. 8, I.

la peine de confiscation de la chose qui a servi ou était destinée à commettre l'infraction ou de la chose qui en est le produit.

Elles encourent, en outre, lorsqu'elles sont déclarées responsables pénalement des infractions définies aux articles R. 331-67 à R. 331-70 du présent code, la peine d'interdiction, pour une durée de trois ans au plus, d'émettre des chèques autres que ceux qui permettent le retrait de fonds par le tireur auprès du tiré ou ceux qui sont certifiés.

Art. R. 331-73 *(Rempl., D. n° 2006-944, 28 juill. 2006).* – La récidive des contraventions prévues aux articles R. 331-67 à R. 331-70 est réprimée conformément aux articles 132-11 et 132-15 du Code pénal.

Art. R. 331-74 *(Rempl., D. n° 2006-944, 28 juill. 2006).* – Ainsi que le prévoit l'article R. 48-1 du Code de procédure pénale, les dispositions de l'article 529 de ce code relatives à l'amende forfaitaire sont applicables aux contraventions prévues par les articles R. 331-63 à R. 331-66 du présent code.

Art. R. 331-75 *(D. n° 2006-944, 28 juill. 2006).* – En cas de condamnation prononcée en application de la présente section, le tribunal peut ordonner la remise à l'établissement public du parc national des animaux, végétaux et objets de quelque nature que ce soit enlevés frauduleusement dans le cœur du parc national.

Il peut également, en cas de condamnation prononcée pour l'une des infractions définies aux 5° et 6° de l'article R. 331-67 et au 1° de l'article R. 331-68, ordonner, aux frais de la personne condamnée, le rétablissement des lieux dans leur état antérieur. Ainsi qu'il est dit à l'article L. 331-28, il est alors fait application des dispositions des articles L. 480-7, L. 480-8 et L. 480-9 du Code de l'urbanisme.

Art. R. 331-76 *(D. n° 2006-944, 28 juill. 2006).* – Le recouvrement des restitutions ordonnées au profit de l'établissement et celui des dommages et intérêts qui lui sont accordés est effectué sans frais à son profit par les *(Mots rempl., D. n° 2014-551, 27 mai 2014)* « comptables de la direction générale des finances publiques ».

Sous-section 3. – Transaction

Voir : Circ. 22 oct. 2008, relative à l'exercice de la transaction pénale par les directeurs des établissements publics des parcs nationaux (*BOME* 21/2008).

Art. R. 331-77 et R. 331-78 *(Abr., D. n° 2014-368, 24 mars 2014).*

Section VII. – Parcs nationaux de France

(Abr. à compter du 1er janvier 2017, D. n° 2016-1842, 26 déc. 2016)

Voir : Obs. sous intitulé Livre III / Loi pour la reconquête de la biodiversité, de la nature et des paysages (DEVL1400720L). La loi prévoit notamment la création, au 1er janvier 2017, de l'« Agence française pour la biodiversité », constituée par la fusion de l'Office national de l'eau et des milieux aquatiques (ONEMA), de l'Atelier technique des espaces naturels (ATEN), de l'Agence des aires marines protégées (AAMP) et de l'Établissement public Parcs nationaux de France / Loi portant création de l'Office français de la biodiversité, modifiant les missions des fédérations des chasseurs (TREL1827740L). La loi prévoit la création de l'Office français de la biodiversité, constitué par la fusion de l'Agence française pour la biodiversité et de l'Office national de la chasse et de la faune sauvage.

Art. R. 331-79 à R. 331-84 *(Abr. à compter du 1er janvier 2017, D. n° 2016-1842, 26 déc. 2016).*

Section IX. – Dispositions propres à chacun des parcs nationaux

Art. R. 331-85 *(D. n° 2006-944, 28 juill. 2006 ; mod., D. n° 2007-266, 27 févr. 2007 ; D. n° 2007-296, 5 mars 2007 ; D. n° 2009-406, 15 avr. 2009 ; D. n° 2009-447, 21 avr. 2009 ; D. n° 2009-448, 21 avr. 2009 ; D. n° 2009-486, 29 avr. 2009 ; D. n° 2009-614, 3 juin 2009 ; D. n° 2009-1677, 29 déc. 2009 ; D. n° 2012-507, 18 avr. 2012).* – Les dispositions relatives à chacun des parcs nationaux sont énoncées aux décrets suivants :

1° Décret n° 2009-447 du 21 avril 2009 pris pour l'adaptation de la délimitation et de la réglementation du parc national de la Vanoise aux dispositions du Code de l'environnement issues de la loi n° 2006-436 du 14 avril 2006 ;

2° Décret n° 2009-449 du 22 avril 2009 pris pour l'adaptation de la délimitation et de la réglementation du parc national de Port-Cros aux dispositions du Code de l'environnement issues de la loi n° 2006-436 du 14 avril 2006 ;

3° Décret n° 2009-406 du 15 avril 2009 pris pour l'adaptation de la délimitation et de la réglementation du parc national des Pyrénées occidentales aux dispositions du Code de l'environnement issues de la loi n° 2006-436 du 14 avril 2006 ;

4° Décret n° 2009-1677 du 29 décembre 2009 pris pour l'adaptation de la délimitation et de la réglementation du Parc national des Cévennes aux dispositions du Code de l'environnement issues de la loi n° 2006-436 du 14 avril 2006 ;

5° Décret n° 2009-448 du 21 avril 2009 pris pour l'adaptation de la délimitation et de la réglementation du parc national des Écrins aux dispositions du Code de l'environnement issues de la loi n° 2006-436 du 14 avril 2006 ;

6° Décret n° 2009-486 du 29 avril 2009 pris pour l'adaptation de la délimitation et de la réglementation du parc national du Mercantour aux dispositions du Code de l'environnement issues de la loi n° 2006-436 du 14 avril 2006 ;

7° Décret n° 2009-614 du 3 juin 2009 pris pour l'adaptation de la délimitation et de la réglementation du parc national de la Guadeloupe aux dispositions du Code de l'environnement issues de la loi n° 2006-436 du 14 avril 2006 ;

8° Décret n° 2007-266 du 27 février 2007 créant le parc amazonien de Guyane ;

9° Décret n° 2007-296 du 5 mars 2007 créant le parc national de la Réunion ;

10° Décret n° 2012-507 du 18 avril 2012 créant le Parc national des Calanques ;

11° *(D. n° 2019-1132, 6 nov. 2019)* Décret n° 2019-1132 du 6 novembre 2019 créant le Parc national de forêts.

CHAPITRE II. – RÉSERVES NATURELLES

Voir : Circ. 13 mars 2006, relative à la mise en œuvre du décret n° 2005-491 du 18 mai 2005 relatif aux réserves naturelles. Procédures de création et de gestion des réserves naturelles nationales et des réserves naturelles régionales (*BOME* 8/2006).

Voir : Obs. sous intitulé Livre III / Loi pour la reconquête de la biodiversité, de la nature et des paysages (DEVL1400720L).

Bibliographie : C. Cans, *Réserves naturelles : une mauvaise loi ne pouvait pas donner lieu à un bon décret : Dr. env.* juill.-août 2005, n° 130, p. 166. • J.-M. Gilardeau, *Réserves naturelles : la marche à suivre : RD rur.* 2005, p. 47.

Section I. – Réserves naturelles nationales

Sous-section 1. – Classement, modifications et déclassement

§ 1. – Dispositions générales

Art. R. 332-1. – Après consultation du Conseil national de la protection de la nature, sur la base d'une étude scientifique attestant d'un intérêt écologique au regard des objectifs prévus aux articles L. 332-1 et L. 332-2, de l'indication des milieux à protéger et de leur superficie approximative ainsi que de la liste des sujétions envisagées, le ministre chargé de la protection de la nature saisit le préfet du projet de classement d'un territoire comme réserve naturelle nationale pour qu'il engage les consultations nécessaires.

Lorsque le projet de classement intéresse plusieurs départements, le ministre désigne un préfet coordonnateur.

Le préfet qui instruit le projet de réserve en informe le président du conseil régional.

1) Consultation du CNPN. La circonstance que le comité permanent du CNPN a examiné le projet quelques semaines après l'engagement de la procédure de classement est sans incidence sur la régularité de la procédure suivie dès lors que les avis des communes, ministres et services intéressés ont tous été rendus postérieurement à la consultation du comité permanent du CNPN (▪ CE, 19 mars 2003, n° 212029, *Fédération dptale des chasseurs de Charente-Maritime : Rec. CE,* p. 872 ; *Environnement* 2003, n°s 8-9, p. 25, note L. Benoît). La circonstance que le comité permanent du conseil national de protection de la nature a examiné le projet de réserve naturelle le 20 décembre 2006, alors que le ministre chargé de la protection de la nature a saisi le préfet de l'Isère du projet de création de la réserve le 16 décembre 2006 et l'a désigné à cette date préfet coordonnateur, est sans incidence sur la régularité de la procédure suivie, dès lors qu'il n'est pas contesté que les avis exigés par la réglementation en vigueur ont été rendus postérieurement à la consultation de ce comité (■ CE, 9 nov. 2015, n° 375209, *Assoc. Sauvegarde de notre patrimoine rural du Haut-Rhône* : Lebon ; Urbanisme-Aménagement, mars 2016, complément n° 26, p. 32, obs. Jégouzo).

2) Caractère non réglementaire de la lettre d'ouverture de la procédure de classement. L'arrêté par lequel le ministre chargé de l'environnement ouvre une procédure de classement en réserve naturelle ne revêt pas un caractère réglementaire (■ CAA Marseille, 10 nov. 2005, *Cie agricole de la Crau : JCP* A 2005, n° 1350, obs. Charret).

§ 2. – Procédure de consultation et d'enquête publique

Art. R. 332-2 *(Mod., D. n° 2011-2018, 29 déc. 2011)* (1). **– Le projet est soumis par le préfet à une enquête publique dans les formes prévues par les articles R. 123-4 à R. 123-27, sous réserve des dispositions des articles R. 332-4 à R. 332-8.**

Simultanément, le préfet recueille l'avis des administrations civiles et militaires intéressées, ainsi que celui de l'Office national des forêts lorsque le projet de réserve inclut des terrains relevant du régime forestier et celui du préfet maritime lorsque le projet comporte une partie maritime. Il consulte les collectivités territoriales dont le territoire est affecté par le projet de classement *(Mots rempl., D. n° 2017-244, 27 févr. 2017)* **« ainsi que, en zone de montagne, le comité de massif et, en zone maritime, le conseil maritime de façade ou ultramarin ».**

Les avis qui ne sont pas rendus dans un délai de trois mois sont réputés favorables.

1) Publicité de l'arrêté d'ouverture d'enquête. Pour une réserve naturelle qui n'est pas considérée comme un projet d'importance nationale, le moyen tiré de l'irrégularité de la procédure de publicité de l'avis d'ouverture de l'enquête publique, qui n'aurait pas été publié dans deux journaux à diffusion nationale, doit être écarté (■ CE, 9 nov. 2015, n° 375209, *Assoc. Sauvegarde de notre patrimoine rural du Haut-Rhône*, V. aussi notes ss art. R. 332-1, p. 2101 et art. R. 332-3, p. 2103).

2) Modifications du projet après enquête publique. Illégalité (oui). Un décret créant une réserve naturelle ne peut apporter des modifications importantes aux suggestions et interdictions figurant dans le projet soumis à l'enquête publique, notamment lorsque le décret a apporté au droit de chasse une restriction importante qui ne figurait pas dans le projet soumis à l'enquête (■ CE, ass., 20 mai 1983, *Club sportif de la Féve : AJDA* 1983, p. 486, concl. Genevois ; *Dr. adm.* 1983, comm. 232). Un décret créant une réserve naturelle ne peut apporter des modifications importantes aux suggestions figurant dans le projet soumis à enquête publique, notamment lorsque le décret de classement prévoit que les travaux réalisés hors du périmètre de la réserve pouvant avoir une incidence sur l'état des milieux naturels ou le fonctionnement hydraulique de la réserve sont soumis à autorisation du ministre chargé de la protection de la nature, alors que ces dispositions ne figuraient pas dans le dossier soumis à enquête publique (■ CE, 6ᵉ et 4ᵉ ss-sect., 21 mars 2001, nᵒˢ 197925 et 197926, *CCI du Havre : JurisData* n° 2001-062094).

3) Modification du périmètre après enquête publique. Illégalité (non). Si le périmètre définitif de la réserve naturelle diffère, de quelques hectares seulement, soit dans une proportion très minime de celui du projet soumis à l'enquête, cette différence, qui résulte de la prise en compte de certaines observations formulées lors de l'enquête et qui ne modifie ni les caractéristiques principales ni l'économie du projet n'a pas été de nature à affecter l'exactitude et la sincérité des informations portées à la connaissance du public (■ CE, 26 nov. 2010, n° 331078, *Sté Groupe Pizzorno Environnement : AJDA* 2010, p. 2291, note Y. Jegouzo).

4) Absence de changements de circonstances de fait. Validité de l'enquête publique. La circonstance que le décret de classement en réserve naturelle est intervenu plus de trois ans après la clôture de l'enquête publique est sans incidence sur la légalité de ce décret en l'absence de changement dans les circonstances de fait (■ CE, 19 févr. 1986, n° 50246, *Baudinière et Dubois : Rec. CE*, tables p. 624 ; *Rev. jur. env.* 1996, p. 314 ; *Dr. adm.* 1986, comm. 163).

5) Absence de levée des réserves du Commissaire enquêteur. Régularité de la procédure. Le moyen tiré de ce que certaines réserves du commissaire enquêteur n'auraient pas été levées est inopérant (■ CE, 30 déc. 1996, nᵒˢ 158791, 158806, 158817 et s., *Assoc. des usagers du Val-d'Allier et a.*).

6) Nécessité de consulter toutes les collectivités locales intéressées. Pour un exemple de

(1) Dispositions applicables aux enquêtes publiques dont l'arrêté d'ouverture et d'organisation est publié à compter du 1ᵉʳ juin 2012, D. n° 2011-2018, 29 déc. 2011, art. 17.

consultation régulière, V. ▪ CE, 27 juin 2007, n° 276292, *Groupement des exploitants des prairies alluvionnaires de l'estuaire de la Seine : Environnement* août 2007, n° 8, comm. 162.

7) Notion de collectivités locales intéressées. La circonstance que des communes dont le territoire n'est pas concerné par le projet auraient été consultées dans la phase d'instruction préalable du dossier, mais n'auraient pas été invitées à donner leur avis pendant l'instruction ne saurait vicier la régularité de la procédure suivie (▪ CE, 19 mars 2003, n° 212029, *Fédération départementale des chasseurs de Charente-Maritime : Rec. CE* 2003, p. 872 ; *Environnement* 2003, n°s 8-9, p. 25, note L. Benoît).

8) Avis des collectivités locales intéressées. Portée des avis. La circonstance que les avis des communes dont le territoire est concerné par le périmètre de la réserve soient défavorables est sans incidence sur la légalité du décret attaqué (▪ CE, 19 mars 2003, n° 212029, *Fédération départementale des chasseurs de Charente-Maritime : Rec. CE* 2003, p. 872 ; *Environnement* 2003, n°s 8-9, p. 25, note L. Benoît).

9) Avis des collectivités locales intéressées. Sens de l'avis. Aucune disposition n'impose que le sens de l'avis émis par les collectivités territoriales, ou par tout autre organisme consulté dans le cadre de la procédure préalable à la publication du décret, soit mentionné dans les visas du décret (▪ CE, 26 nov. 2010, n° 331078, *Sté Groupe Pizzorno Environnement : AJDA* 2010, p. 2291, note Y. Jegouzo).

10) Conséquence de l'omission d'une procédure obligatoire. Application de la jurisprudence Danthony (oui). L'application du principe selon lequel un vice affectant le déroulement d'une procédure administrative préalable, suivie à titre obligatoire ou facultatif, n'est de nature à entacher d'illégalité la décision prise que s'il ressort des pièces du dossier qu'il a été susceptible d'exercer, en l'espèce, une influence sur le sens de la décision prise ou qu'il a privé les intéressés d'une garantie, n'est pas exclue en cas d'omission d'une procédure obligatoire, à condition qu'une telle omission n'ait pas pour effet d'affecter la compétence de l'auteur de l'acte. En l'espèce, le conseil maritime de façade sud-atlantique, dont la consultation n'était pas obligatoire lors de la phase des consultations préalables obligatoires mais l'était devenue lors de l'adoption du décret modifiant la réserve naturelle, n'a pas été consulté par le préfet. Cette consultation ne constitue toutefois pas une garantie, et son omission n'a pas eu pour effet d'affecter la compétence de l'auteur du décret attaqué. Dans les circonstances particulières de l'espèce, il ne ressort pas des pièces du dossier que le défaut de consultation préalable du conseil maritime de façade sud-atlantique ait pu exercer une influence sur les dispositions du décret attaqué, le moyen est donc écarté (▪ CE, 3 juin 2020, n° 414018).

Art. R. 332-3 ***(Rempl., D. n° 2011-2018, 29 déc. 2011)*** (1). **– Le dossier soumis aux consultations et à l'enquête publique comprend les pièces et avis mentionnés à l'article R. 123-8 ainsi que :**

1° Un plan de délimitation, à une échelle suffisante, du territoire à classer et, le cas échéant, du périmètre de protection ;

2° Les plans cadastraux et états parcellaires correspondants ;

3° Une étude sur les incidences générales et les conséquences socio-économiques du projet ;

4° La liste des sujétions et des interdictions nécessaires à la protection de la réserve ainsi que les orientations générales de sa gestion ;

5° Un résumé de l'étude scientifique prévue à l'article R. 332-1.

(Mod., D. n° 2017-244, 27 févr. 2017) **La note de présentation non technique mentionnée à l'article R. 123-8 précise également les motifs et l'étendue de l'opération ainsi que la liste des communes intéressées. Cette liste comporte, pour chaque commune, l'indication des sections cadastrales correspondantes.**

1) Composition du dossier. Le moyen tiré de ce que le dossier serait irrégulier car il ne comporterait pas une appréciation sommaire des dépenses et le coût des acquisitions foncières, du fait que l'article R. 332-2 du Code de l'environnement indique que la procédure d'enquête publique est conduite dans les formes de l'expropriation pour cause d'utilité publique est inopérant, dès lors que le contenu du dossier est fixé par l'article R. 332-3 (▪ CE, 27 juin 2007, n° 276292, *Groupement des exploitants des prairies alluvionnaires de l'estuaire de la Seine : Environnement* août 2007, n° 8, comm. 162).

2) Dossier soumis à enquête publique. Étude des incidences générales et des conséquences socio-économiques. N'est pas entachée d'irrégularité la procédure de classement d'un territoire en

(1) Dispositions applicables aux enquêtes publiques dont l'arrêté d'ouverture et d'organisation est publié à compter du 1er juin 2012, D. n° 2011-2018, 29 déc. 2011, art. 17.

réserve naturelle dès lors que le dossier soumis à enquête publique comportait une brève note présentant les incidences générales et les conséquences socio-économiques qui seraient imposées par le décret créant la réserve, note complétée par une note de cadrage du préfet qui figurait également au dossier d'enquête publique, et qui exposait de manière précise l'économie générale du projet, ses conséquences socio-économiques tant sur le développement d'activités traditionnelles existantes que pour le développement d'activités nouvelles dans l'estuaire de la Seine (▪ CE, 6e et 4e ss-sect., 21 mars 2001, nos 197925 et 197926, *CCI du Havre : JurisData* n° 2001-062094. – V. également, dans le même sens, ▪ CE, 27 juin 2007, n° 276292, *Groupement des exploitants des prairies alluvionnaires de l'estuaire de la Seine : Environnement* août 2007, n° 8, comm. 162).

3) **Application jurisprudence Danthony.** Les inexactitudes, omissions ou insuffisances du dossier soumis aux consultations et à l'enquête publique ne sont susceptibles de vicier la procédure et donc d'entraîner l'illégalité de la décision prise au vu de ces consultations que si elles ont pu avoir pour effet de nuire à l'information complète de la population ou si elles ont été de nature à exercer une influence sur la décision de l'autorité administrative (▪ CE, 9 nov. 2015, n° 375209, *Assoc. Sauvegarde de notre patrimoine rural du Haut-Rhône*. V. notes ss art. R. 332-2, p. 2102).

4) **Absence de nécessité d'une étude d'incidences Natura 2000.** L'acte de création d'une réserve naturelle nationale, eu égard à son objet et à sa portée, définis par les dispositions de l'article L. 332-2 citées ci-dessus, n'a pas par lui-même le caractère d'un programme ou d'un projet d'activités, de travaux, d'aménagements d'ouvrages ou d'installations au sens des dispositions du I de l'article L. 414-4 du Code de l'environnement ; par suite, la commune du Cannet des Maures ne peut utilement soutenir que le décret attaqué aurait dû être précédé d'une étude d'incidences Natura 2000 (▪ CE, 26 nov. 2010, n° 331078, *Sté Groupe Pizzorno Environnement : AJDA* 2010, p. 2291, note Y. Jegouzo).

Art. R. 332-4 *(Abr., D. n° 2011-2018, 29 déc. 2011)* (1).

Art. R. 332-5 *(Mod., D. n° 2011-2018, 29 déc. 2011)* (2). **– Les propriétaires intéressés et les titulaires de droits réels peuvent faire connaître leur opposition ou leur consentement au classement, soit par une mention consignée sur le registre d'enquête, soit par lettre adressée au commissaire enquêteur ou à la commission d'enquête dans le délai d'un mois suivant la clôture de l'enquête. Leur silence vaut refus de consentir au classement.**

Toutefois, un propriétaire ou titulaire de droits réels est réputé avoir tacitement consenti au classement lorsque, ayant reçu notification de l'arrêté du préfet de mise à l'enquête et d'une lettre précisant les parcelles concernées par l'opération et lui indiquant que, faute de réponse dans le délai mentionné au premier alinéa son silence vaudra consentement, il n'a pas répondu dans ce délai.

La notification de l'arrêté préfectoral prévu au deuxième alinéa rend applicable le régime d'autorisation administrative spéciale pour toute destruction ou modification de l'état ou de l'aspect des lieux prévu à l'article L. 332-6.

1) **Opposition du propriétaire à l'inclusion de sa propriété dans une réserve naturelle classée. Absence d'effet.** L'opposition d'un propriétaire à l'inclusion de ses terrains dans le périmètre protégé n'est pas de nature à faire obstacle à la création d'une réserve naturelle dès lors, d'une part, que la zone considérée présente un intérêt en raison des caractéristiques du milieu naturel, de la richesse de sa flore et de la diversité de sa faune (▪ CE, 22 oct. 1999, n° 176362, *Cne de Stosswihr*) ou un intérêt écologique en raison de la richesse des biotopes et de la diversité de la faune notamment aviaire qui la caractérisent, que les restrictions apportées à l'exercice de la chasse et de la pêche sont limitées dans l'espace et dans le temps, que le classement résulte d'un décret en Conseil d'État (▪ CE, 29 juill. 1999, nos 176992, 177153, 178000 et 178846, *Mme Pesson et a. : RD rur.* 1999, jurispr. p. 240. ▪ CE, 22 janv. 2003, n° 230160, *Cne de Val d'Isère*) et enfin que le classement fait l'objet d'une enquête publique (▪ CE, 22 janv. 2003, n° 230160, *Cne de Val d'Isère*).

2) **Consentement des propriétaires (non).** Le consentement des propriétaires n'est pas requis lorsque la réserve est créée par décret en Conseil d'État (▪ CE, 26 nov. 2010, n° 331078, *Sté Groupe Pizzorno Environnement : AJDA* 2010, p. 2291, note Y. Jegouzo).

3) **Omission de la notification réglementaire à l'un des propriétaires concernés. Effet sur la régularité de la procédure de classe-**

(1) Dispositions applicables aux enquêtes publiques dont l'arrêté d'ouverture et d'organisation est publié à compter du 1er juin 2012, D. n° 2011-2018, 29 déc. 2011, art. 17.

(2) Dispositions applicables aux enquêtes publiques dont l'arrêté d'ouverture et d'organisation est publié à compter du 1er juin 2012, D. n° 2011-2018, 29 déc. 2011, art. 17.

ment (non). La notification au propriétaire, dès lors qu'elle a pour but de faire courir le délai au terme duquel son consentement peut être réputé acquis n'est pas une formalité obligatoire. Il en résulte que la seule circonstance, à la supposer établie, que ladite notification n'ait pas été faite à un propriétaire déterminé ne peut avoir une incidence particulière au regard de la légalité du décret portant création de la réserve (▪ CE, 21 févr. 1996, *SCI « Le Lac » : Rev. jur. env.* 1/1997, p. 110, note Ph. Billet ; *Dr. env.* 1996, n° 38, p. 10, obs. R. Romi ; *Dr. adm.* 1996, comm. 148).

Art. R. 332-6 ***(Mod., D. n° 2006-665, 7 juin 2006)*** (1). **– Le préfet consulte, sur la base du rapport d'enquête et des avis recueillis, la commission départementale de la nature, des paysages et des sites, et, lorsque le projet de classement a une incidence sur les sports de nature, la commission départementale des espaces, sites et itinéraires relatifs aux sports de nature.**

(D. n° 2017-244, 27 févr. 2017) **Les avis qui ne sont pas rendus dans un délai de six mois à compter de la saisine de l'autorité compétente pour réunir la commission sont réputés favorables.**

Art. R. 332-7. – Lorsque le classement intéresse plusieurs départements, les consultations prévues à l'article R. 332-6 sont assurées par le préfet de chaque département qui en transmet les résultats au préfet coordonnateur.

Art. R. 332-8. – À l'issue des consultations, le dossier comprenant les pièces relatives à l'enquête publique, les avis formulés en application de l'article R. 332-2 et les consentements ou oppositions recueillis est adressé, avec son avis, par le préfet du département ou par le préfet coordonnateur au ministre chargé de la protection de la nature.

§ 3. – Classement

Art. R. 332-9. – I. – Le projet de classement, modifié s'il y a lieu pour tenir compte des résultats de l'enquête et des consultations, est soumis à l'avis du Conseil national de la protection de la nature et des ministres chargés de l'agriculture, de la défense, du budget, de l'urbanisme, des transports, de l'industrie et des mines.

II. – Le ministre chargé de la protection de la nature doit recueillir l'accord :

1° Du ministre affectataire et du ministre chargé du domaine lorsque tout ou partie du territoire de la réserve projetée est inclus dans le domaine de l'État ;

2° ***(Mod., D. n° 2017-244, 27 févr. 2017)*** **Du ministre chargé de la forêt lorsque le classement intéresse une forêt relevant du régime forestier au titre des dispositions du 1° du I de l'article L. 211-1 du Code forestier ;**

3° Du ministre de la défense et du ministre chargé de l'aviation civile lorsque le classement entraîne des contraintes pour le survol du territoire ;

4° Du ministre de la défense et du ministre chargé de la mer lorsque le classement intéresse les eaux territoriales.

III. – Les autorités mentionnées aux I et II du présent article doivent se prononcer dans le délai de trois mois qui suit leur saisine. Passé ce délai, les avis sont réputés favorables et les accords réputés donnés.

Art. R. 332-10. – Le décret de classement précise les limites de la réserve naturelle, les actions, activités, travaux, constructions, installations et modes d'occupation du sol mentionnés au I de l'article L. 332-3 du présent code qui y sont réglementés ou interdits ainsi que les conditions générales de gestion de la réserve. Le classement est prononcé par décret en Conseil d'État en cas de désaccord d'un ou plusieurs propriétaires ou titulaires de droits réels.

1) Contreseing (non). Le décret de classement n'a pas à être contresigné par le ministre de l'Agriculture (▪ CE, 21 févr. 1996, *SCI « Le Lac » : Rec. CE*, tables p. 1029 ; *Rev. jur. env.* 1/1997, p. 110, note Ph. Billet ; *Dr. env.* 1996, n° 38, p. 10, obs. R. Romi ; *Dr. adm.* 1996, comm. 148. ▪ CE, 27 juin 2007, n° 276292, *Groupement des exploitants des prairies alluvionnaires de l'estuaire de la Seine : Environnement* août 2007, n° 8, comm. 162), ou par le ministre de l'Intérieur (▪ CE, 22 janv. 2003, n° 230160, *Cne de Val-d'Isère*). Aucune disposition du décret attaqué n'implique nécessairement l'intervention de mesures réglementaires ou individuelles que les ministres qui n'ont pas contresigné ce décret seraient compétents pour signer ou contresi-

(1) Dispositions transitoires : V. D. n° 2006-665, 7 juin 2006, art. 61.

gner ; par suite, le moyen tiré de ce que le décret attaqué n'aurait pas été contresigné par tous les ministres chargés de son exécution doit être écarté (■ CE, 26 nov. 2010, n° 331078, *Sté Groupe Pizzorno Environnement : AJDA* 2010, p. 2291, note Y. Jegouzo).

2) Consentement des propriétaires (non). Le consentement des propriétaires n'est pas requis lorsque la réserve est créée par décret en Conseil d'État (■ CE, 26 nov. 2010, n° 331078, *Sté Groupe Pizzorno Environnement : AJDA* 2010, p. 2291, note Y. Jegouzo).

§ 4. – Publicité

Art. R. 332-11. – **La décision de classement et le plan de délimitation sont affichés pendant quinze jours dans les mairies de chacune des communes dont tout ou partie du territoire est inclus dans la réserve. L'accomplissement de cette formalité est certifié par le maire qui adresse à cette fin un bulletin d'affichage au préfet.**

La décision de classement fait, en outre, l'objet d'une mention au recueil des actes administratifs de la préfecture et dans deux journaux diffusés dans tout le département. Lorsque le classement intéresse plusieurs départements, cette publicité est assurée par chacun des préfets intéressés.

Voir : Instr. 12 oct. 1995, BOI 9 B-1-95 du 27 oct. 1995 : l'acte de classement même non publié n'en est pas moins opposable, et conserve ses effets.

Art. R. 332-12. – **La décision de classement est notifiée par le préfet aux propriétaires et aux titulaires de droits réels.**

Lorsque l'identité ou l'adresse d'un propriétaire ou titulaire de droits réels est inconnu, la notification est valablement faite au maire qui en assure l'affichage et, le cas échéant, la communication à l'occupant des lieux.

Lorsqu'elle comporte des prescriptions particulières tendant à modifier l'état ou l'utilisation des lieux, la décision de classement est accompagnée de la mise en demeure de mettre ceux-ci en conformité avec ces prescriptions.

Art. R. 332-13 *(D. n° 2005-935, 2 août 2005 ; mod., D. n° 2010-326, 22 mars 2010 ; mod. à compter du 1er janvier 2013, D. n° 2012-1462, 26 déc. 2012 ; mod., D. n° 2015-1783, 28 déc. 2015 ; D. n° 2017-244, 27 févr. 2017 ; D. n° 2018-686, 1er août 2018).* – **I. – La décision de classement et le plan de délimitation de la réserve naturelle sont reportés s'il y a lieu :**

1° En annexe au plan local d'urbanisme, au plan d'occupation des sols maintenu en vigueur ou au plan de sauvegarde et de mise en valeur, dans les conditions prévues aux articles L. 313-1 et R. 153-60 du Code de l'urbanisme

2° En annexe aux documents de gestion forestière mentionnés à l'article L. 124-1 du Code forestier.

II. – En outre, la décision de classement est publiée au fichier immobilier ou, dans les départements du Bas-Rhin, du Haut-Rhin et de la Moselle, au livre foncier du lieu de situation de l'immeuble.

§ 5. – Modifications des limites ou de la réglementation. – Déclassement

Art. R. 332-14. – **L'extension du périmètre ou la modification de la réglementation d'une réserve naturelle nationale, son déclassement partiel ou total font l'objet des mêmes modalités d'enquête et de consultation et des mêmes mesures de publicité que celles qui régissent les décisions de classement.**

L'extension du périmètre ou la modification de la réglementation est prononcée par décret. Elle est prononcée par décret en Conseil d'État en cas de désaccord d'un ou plusieurs propriétaires ou titulaires de droits réels.

Le déclassement est prononcé par décret en Conseil d'État.

Applicabilité aux Terres australes et antarctiques françaises. Si l'article R. 332-14, rendu applicable dans les Terres australes et antarctiques françaises par l'article R. 643-1, prévoit que les mêmes modalités, notamment d'enquête, sont applicables pour l'extension du périmètre ou la modification de la réglementation d'une réserve naturelle nationale, il n'a pas eu pour effet de rendre applicables à ce territoire les dispositions relatives à l'enquête publique résultant de l'article R. 332-2 (■ CE, 21 nov. 2018, n° 407936 : *JurisData* n° 2018-020744).

Sous-section 2. – Gestion

§ 1. – Comité consultatif

Art. R. 332-15. – Dans chaque réserve naturelle nationale est institué un comité consultatif. Lorsque l'acte de classement n'en précise pas la composition, un arrêté du préfet du département ou, le cas échéant, du préfet coordonnateur la fixe, en respectant une représentation égale :

1° De représentants des administrations civiles et militaires et des établissements publics de l'État intéressés ;

2° D'élus locaux représentant les collectivités territoriales ou leurs groupements ;

3° De représentants des propriétaires et des usagers ;

4° De personnalités scientifiques qualifiées et de représentants d'associations agréées ayant pour principal objet la protection des espaces naturels.

Art. R. 332-16. – Les membres du comité consultatif sont nommés *(Mots rempl., D. n° 2018-686, 1er août 2018)* « pour cinq ans ». Leur mandat peut être renouvelé. Les membres décédés ou démissionnaires et ceux qui, en cours de mandat, cessent d'exercer les fonctions en raison desquelles ils ont été désignés sont remplacés. Dans ce cas, le mandat des nouveaux membres expire à la date à laquelle aurait normalement pris fin celui des membres qu'ils remplacent.

Le comité est présidé par le préfet ou son représentant. Le préfet maritime ou son représentant en assure la vice-présidence lorsque la réserve naturelle s'étend sur les eaux territoriales ou sur le domaine public maritime. Il se réunit au moins une fois par an sur convocation de son président.

Art. R. 332-17. – Le comité consultatif donne son avis sur le fonctionnement de la réserve, sur sa gestion et sur les conditions d'application des mesures prévues par la décision de classement. Il est consulté sur le projet de plan de gestion. Il peut demander au gestionnaire de la réserve naturelle la réalisation d'études scientifiques et recueillir tout avis en vue d'assurer la conservation, la protection et l'amélioration du milieu naturel de la réserve.

Il peut déléguer l'examen d'une question particulière à une formation restreinte.

§ 2. – Conseil scientifique

Art. R. 332-18. – Afin d'assister le gestionnaire de la réserve naturelle et le comité consultatif prévu à l'article R. 332-15, le préfet désigne un conseil scientifique qui peut être, soit propre à la réserve, soit commun avec celui d'une réserve naturelle comparable ou d'un parc national. Le conseil scientifique régional du patrimoine naturel peut tenir lieu de conseil scientifique de la réserve.

Le conseil scientifique est consulté sur le plan de gestion mentionné à l'article R. 332-21 et peut être sollicité sur toute question à caractère scientifique touchant la réserve.

§ 3. – Gestionnaire

Art. R. 332-19. – Le préfet ou, le cas échéant, le préfet coordonnateur désigne parmi les personnes mentionnées à l'article L. 332-8, après avis du comité consultatif, un gestionnaire de la réserve naturelle avec lequel il passe une convention.

Décision de confier la gestion d'une réserve naturelle. Autorité compétente. Le ministre chargé de la protection de la nature peut conventionnellement confier la gestion d'une réserve naturelle à un syndicat intercommunal non spécialement créé à cet effet (■ CE, 13 nov. 1998, n° 169515, *Syndicat intercommunal de la vallée de l'Ardèche : RD rur.* 1999, jurispr. p. 420). En revanche, le préfet était incompétent pour confier la gestion d'une réserve naturelle à un syndicat intercommunal avant la réforme opérée par la loi du 27 février 2002, complétée par le décret du 2 août 2005 (■ CE, 15 juin 1992, *Assoc. de Protection des Gorges de l'Ardèche : Rec. CE* 1992, p. 1130), même si le décret créant une réserve naturelle pouvait légalement charger le préfet de passer une convention avec l'une des personnes morales mentionnées (■ CE, 22 janv. 2003, nos 230160 et 230161, *Cne de Val-d'Isère et Assoc. des montagnards de la Vanoise : JCP* A 2003, n° 1561, note Billet). La nouvelle rédaction de l'article R. 322-19 a désormais rendu sans objet cette jurisprudence.

Art. R. 332-20. – Le gestionnaire de la réserve naturelle assure la conservation et, le cas échéant, la restauration du patrimoine naturel de la réserve. Il veille au respect des dispositions de la décision de classement en faisant appel à des agents commissionnés à cet effet par l'autorité administrative.

Il établit un rapport annuel d'activité qui rend notamment compte de l'application du plan de gestion et de l'utilisation des crédits qu'il reçoit, ainsi qu'un bilan financier de l'année écoulée et un projet de budget pour l'année suivante. Ces documents sont soumis à l'avis du comité consultatif.

§ 4. – Plan de gestion

Art. R. 332-21. – Dans les trois ans qui suivent sa désignation, le gestionnaire élabore un projet de plan de gestion de la réserve naturelle qui s'appuie sur une évaluation scientifique du patrimoine naturel de la réserve et de son évolution et décrit les objectifs que le gestionnaire s'assigne en vue de la protection des espaces naturels de la réserve. Il recueille l'avis du comité consultatif et du conseil scientifique de la réserve et joint ces avis au dossier transmis au préfet.

Est illégal l'arrêté préfectoral approuvant le renouvellement du plan de gestion d'une réserve naturelle qui comporte sept cahiers des charges à caractère réglementaire visant en particulier certaines pratiques agricoles dont les préconisations ne respectent pas l'acte de classement de la réserve naturelle (■ TA Rouen, 22 mai 2012, n° 1001043, *Assoc. Haute-Normandie Nature Environnement* / D. n° 97-1329, 30 déc. 1997 ; mod., D. n° 2004-1187, 9 nov. 2004).

Art. R. 332-22. – Le plan de gestion est arrêté pour une durée de cinq ans par le préfet, qui consulte le conseil scientifique régional du patrimoine naturel et les administrations civiles et militaires affectataires de terrains compris dans la réserve, ainsi que l'Office national des forêts lorsque la réserve inclut des forêts relevant du régime forestier. Le premier plan de gestion d'une réserve naturelle nouvellement créée est, en outre, soumis pour avis au Conseil national de la protection de la nature et pour accord à l'autorité militaire territorialement compétente, lorsque la réserve comprend des terrains militaires. Il est transmis pour information au ministre chargé de la protection de la nature.

À l'issue de la première période de cinq ans, la mise en œuvre du plan fait l'objet d'une évaluation et le plan est renouvelé et, le cas échéant, modifié par décision préfectorale *(Mots aj., D. n° 2017-244, 27 févr. 2017)* « , pour une période comprise entre cinq et dix ans ». Le nouveau plan est transmis pour information au ministre chargé de la protection de la nature. Si des modifications d'objectifs le justifient, le préfet consulte le Conseil national de la protection de la nature et, le cas échéant, recueille l'accord de l'autorité militaire territorialement compétente.

Sous-section 3. – Modification de l'état ou de l'aspect d'une réserve naturelle

Art. R. 332-23 *(Rempl. à compter du 1er mars 2017, D. n° 2017-81, 26 janv. 2017)*. – L'autorisation de modification de l'état ou de l'aspect d'une réserve naturelle requise en application des articles L. 332-6 et L. 332-9 est régie par les dispositions de la présente sous-section.

Toutefois, lorsque la modification de l'état ou de l'aspect d'une réserve naturelle est sollicitée pour un projet entrant dans le champ d'application de l'article L. 181-1, l'autorisation environnementale prévue par cet article tient lieu de l'autorisation requise par les articles L. 332-6 et L. 332-9. La demande est alors instruite et délivrée dans les conditions prévues par le chapitre unique du titre VIII du livre Ier pour l'autorisation environnementale et les dispositions de la présente sous-section ne sont pas applicables.

Art. R. 332-24 *Rempl. à compter du 1er mars 2017, D. n° 2017-81, 26 janv. 2017)*. – I. – La demande d'autorisation est adressée au préfet accompagnée :

1° D'une note précisant l'objet, les motifs et l'étendue de l'opération ;

2° D'un plan de situation détaillé ;

3° D'un plan général des ouvrages à exécuter ou des zones affectées par les modifications ;

4° D'éléments suffisants permettant d'apprécier les conséquences de l'opération sur l'espace protégé et son environnement ; ces éléments sont précisés par arrêté du ministre chargé de la protection de la nature.

II. – Le préfet se prononce sur la demande dans un délai de quatre mois, après avoir recueilli l'avis du ou des conseils municipaux des communes intéressées, du conseil scientifique régional du patrimoine naturel et de la commission départementale de la nature, des paysages et des sites. Les avis qui n'ont pas été formulés dans un délai de trois mois à compter de la date de la saisine de l'organisme consulté sont réputés favorables.

Le silence gardé par le préfet sur la demande d'autorisation vaut décision de rejet.

III. – Par dérogation au II, lorsque la demande d'autorisation de modification de l'état ou de l'aspect d'une réserve naturelle nationale est soumise à une autorisation d'urbanisme en application de l'article R.* 425-4 du Code de l'urbanisme :

1° Les avis qui n'ont pas été formulés dans un délai d'un mois à compter de la date de la saisine de l'organisme consulté pour les demandes devant faire l'objet d'une déclaration préalable et de deux mois pour les autres autorisations d'urbanisme sont réputés favorables ;

2° Le préfet prend sa décision dans les conditions et délais prévus par l'article R.* 423-61-1 du Code de l'urbanisme.

Art. R. 332-25 *(Mod., D. n° 2006-665, 7 juin 2006 ; D. n° 2018-686, 1er août 2018)* (1) (2). – Lorsque la commission départementale de la nature, des paysages et des sites ou le conseil scientifique régional du patrimoine naturel a émis un avis défavorable, la décision est prise par le ministre chargé de la protection de la nature après avis du Conseil national de la protection de la nature.

Dans ce cas, le préfet transmet le dossier de demande au ministre, avec l'ensemble des avis recueillis et en informe le demandeur. Le silence gardé par le ministre pendant quatre mois à compter de la réception de la demande d'autorisation vaut décision de rejet.

Art. R. 332-26 *(Mod., D. n° 2007-942, 15 mai 2007).* – Par dérogation aux articles R. 332-23 et R. 332-24, les propriétaires ou gestionnaires peuvent réaliser les travaux susceptibles de modifier l'état ou l'aspect de la réserve après déclaration au préfet lorsque ceux-ci sont prévus dans un document de gestion qui les décrit de façon détaillée et évalue leur impact et que ce document a fait l'objet d'une approbation par le préfet.

(D. n° 2017-244, 27 févr. 2017) Cette déclaration doit être faite un mois au moins avant le début des travaux. Le préfet peut s'opposer aux travaux dans un délai de quinze jours à compter de la réception de la déclaration s'il estime que les conditions mentionnées à l'alinéa précédent ne sont pas satisfaites.

Art. R. 332-27 *(Rempl., D. n° 2017-244, 27 févr. 2017).* – Lorsque des travaux urgents indispensables à la sécurité des personnes et des biens sont requis par l'autorité de police administrative, le gestionnaire désigné de la réserve naturelle en est informé sans délai par ladite autorité de police. Le préfet, s'il n'est pas l'ordonnateur de ces travaux, en est également informé.

Les travaux font l'objet d'une demande de régularisation adressée au préfet dans un délai de deux mois à compter de la fin des travaux. Cette demande est accompagnée d'une note, à laquelle est joint un plan de situation détaillé, précisant l'objet, les motifs, l'étendue de l'opération et ses conséquences et impacts sur l'espace protégé et son environnement. Cette note précise également les mesures de remise en état ou de compensation éventuellement déjà mises en œuvre.

Dans un délai de quatre mois à compter de la réception de la demande de régularisation, le préfet, après avoir recueilli l'avis du ou des maires intéressés et du conseil scientifique régional du patrimoine naturel, se prononce sur les mesures de remise en état ou de compensation à mettre en œuvre le cas échéant, dans un délai qu'il fixe. Les avis qui n'ont pas été formulés dans un délai de trois mois à compter de la date de la saisine par le préfet sont réputés rendus. Le silence gardé pendant quatre mois à compter de la réception de la demande par le préfet vaut décision d'acceptation.

Sous-section 4. – Périmètre de protection

Art. R. 332-28. – Les périmètres de protection prévus à l'article L. 332-16 sont institués par le préfet sur proposition ou avec l'accord des conseils municipaux intéressés.

La décision instituant un périmètre de protection autour d'une réserve naturelle nationale est reportée, s'il y a lieu, dans les documents prévus à l'article R. 332-13.

(1) Dispositions transitoires : V. D. n° 2006-665, 7 juin 2006, art. 61.
(2) À compter du 1er janvier 2013, D. n° 2012-1247, 7 nov. 2012, art. 2 et 289.

L'enquête publique prévue à l'article L. 332-16, précédée des consultations mentionnées à l'article R. 332-2, est menée dans les conditions fixées par ce même article.

Art. R. 332-29. – Le préfet désigne un gestionnaire du périmètre de protection parmi les personnes mentionnées à l'article L. 332-8.

Sous-section 5. – Dispositions financières

(Créée à compter du 1er janvier 2025, D. n° 2024-610, 26 juin 2024)

Art. D. 332-29-1 ***(Créé à compter du 1er janvier 2025, D. n° 2024-610, 26 juin 2024).*** **– Les réserves naturelles nationales, et le cas échéant les ports associés, à destination desquels le gestionnaire bénéficie de l'affectation mentionnée à l'article L. 332-8-1 et les gestionnaires affectataires sont ceux mentionnés à l'article D. 321-13.**

Les conditions de l'affectation sont précisées par les dispositions de la sous-section 2 de la section 6 du chapitre Ier du titre II du présent livre.

Section II. – Réserves naturelles régionales

Voir : Circ. 13 mars 2006, relative à la mise en œuvre du décret n° 2005-491 du 18 mai 2005 relatif aux réserves naturelles. Procédures de création et de gestion des réserves naturelles nationales et des réserves naturelles régionales (*BOME* 8/2006).

Sous-section 1. – Classement, modifications et déclassement

§ 1. – Dispositions générales

Art. R. 332-30. – I. – Lorsque le projet de création d'une réserve naturelle régionale est établi à l'initiative du président du conseil régional, ce dernier constitue un dossier qui comporte au moins les éléments suivants :

1° Une note indiquant l'objet, les motifs, l'étendue de l'opération et ***(Mots rempl., D. n° 2018-686, 1er août 2018)*** **« et, le cas échéant, la durée du classement » ;**

2° Une étude scientifique faisant apparaître l'intérêt de l'opération ;

3° La liste des communes intéressées ainsi qu'un plan de délimitation, à une échelle suffisante, du territoire à classer et, le cas échéant, du périmètre de protection ;

4° Les plans cadastraux et états parcellaires correspondants ;

5° La liste des sujétions et des interdictions nécessaires à la protection de la réserve ;

6° ***(Mots rempl., D. n° 2018-686, 1er août 2018)*** **« Le cas échéant, une note » précisant les modalités prévues pour la gestion, le gardiennage et la surveillance de la réserve.**

II. – Lorsque le projet est établi à la demande des propriétaires, cette demande est accompagnée d'un dossier comprenant les éléments énumérés au I ainsi que, s'il y a lieu, l'accord des titulaires de droits réels.

§ 2. – Procédure de consultation et d'enquête publique

Art. R. 332-31 ***(Rempl., D. n° 2017-244, 27 févr. 2017).*** **– I. – Le président du conseil régional procède aux consultations prévues aux 1° et 2° du II de l'article L. 332-2-1. À cette occasion, le préfet de région lui indique si l'État envisage la constitution d'une réserve naturelle nationale ou de toute autre forme de protection réglementaire sur le même site et l'informe des projets de grands travaux et d'équipements susceptibles d'être implantés sur le territoire de la réserve, ainsi que des servitudes d'utilité publique applicables au même territoire. Le préfet de région fait connaître au président du conseil régional l'avis de l'État dans un délai de trois mois. Passé ce délai, l'avis est réputé favorable.**

II. – Le projet résultant des consultations est soumis, conformément au III de l'article L. 332-2-1, à l'accord des propriétaires et titulaires de droits réels concernés.

Un propriétaire ou titulaire de droits réels est réputé avoir tacitement consenti au classement lorsque, ayant reçu notification du projet de classement et d'une lettre précisant les parcelles concernées par l'opération et lui indiquant que, faute de réponse dans un délai de trois mois, son silence vaudra consentement, il n'a pas répondu dans ce délai. Lorsque l'identité ou l'adresse d'un propriétaire ou titulaire de droits réels est

inconnue, la notification est valablement faite au maire qui en assure l'affichage et, le cas échéant, la communication à l'occupant des lieux. Les projets de classement qui incluent des parcelles appartenant au domaine de l'État sont notifiés aux services qui utilisent ces parcelles.

La notification du projet de classement en réserve naturelle rend applicable le régime d'autorisation administrative spéciale pour modification de l'état ou de l'aspect des lieux prévu à l'article L. 332-6.

III. – À défaut d'accord de l'ensemble des propriétaires ou titulaires de droits réels concernés, le projet de classement est soumis par le président du conseil régional à une enquête publique, qui a lieu dans les formes prévues par les articles R. 123-4 à R. 123-27. Le dossier soumis à l'enquête publique comprend l'ensemble des pièces et avis prévus à l'article R. 123-8 ainsi que l'ensemble des éléments mentionnés à l'article R. 332-30.

Art. R. 332-32 et R. 332-33 *(Abr., D. n° 2017-244, 27 févr. 2017).*

§ 3. – Classement par délibération

Art. R. 332-34. – Lorsque le projet a recueilli l'accord du ou des propriétaires et titulaires de droits réels intéressés, le conseil régional approuve le projet par délibération. Celle-ci fixe les limites de la réserve, les actions, activités, travaux, constructions, installations et modes d'occupation du sol mentionnés au I de l'article L. 332-3 qui y sont réglementés ou interdits, *(Mots rempl., D. n° 2018-686, 1er août 2018)* « et, le cas échéant, la durée du classement » ainsi que les modalités de gestion de la réserve et de contrôle des prescriptions qu'elle prévoit.

Art. R. 332-35. – Le classement est renouvelable par tacite reconduction, pour la durée fixée en application de l'article R. 332-34, sauf notification par un ou plusieurs propriétaires ou titulaires de droits réels du retrait de leur accord, dans un délai compris entre trois et six mois avant l'échéance. Dans ce dernier cas, le renouvellement de la décision de classement est prononcé par décret en Conseil d'État.

§ 4. – Classement par décret en Conseil d'État

Art. R. 332-36 *(Réf. rempl., D. n° 2017-244, 27 févr. 2017).* – En cas de désaccord d'un ou plusieurs propriétaires ou titulaires de droits réels, le conseil régional se prononce par délibération sur le projet, éventuellement modifié pour tenir compte des résultats de l'enquête publique et des consultations. La délibération fixe les limites de la réserve, les actions, activités, travaux, constructions, installations et modes d'occupation du sol mentionnés au I de l'article L. 332-3 qui y sont réglementés ou interdits, la durée du classement ainsi que les modalités de gestion de la réserve et de contrôle des prescriptions qu'elle prévoit.

Le président du conseil régional adresse le dossier, accompagné de cette délibération et des avis formulés au cours de l'instruction, au préfet qui le transmet au ministre chargé de la protection de la nature. Ce dernier soumet au Conseil d'État un projet de décret de classement accompagné de la délibération du conseil régional ainsi que de l'ensemble du dossier et communique ce projet pour information au président du conseil régional.

Art. R. 332-37. – Le renouvellement de la décision de classement est prononcé selon les mêmes modalités que le classement initial.

§ 5. – Publicité

Art. R. 332-38 *(Mod. à compter du 1er janvier 2013, D. n° 2012-1462, 26 déc. 2012).* – La décision de classement, qu'elle soit prise par délibération ou par décret en Conseil d'État, est publiée au recueil des actes administratifs du conseil régional et fait l'objet d'une mention dans deux journaux diffusés dans l'ensemble de la région. Cette décision et le plan de délimitation sont affichés pendant quinze jours dans chacune des communes dont tout ou partie du territoire est inclus dans la réserve.

Elle est notifiée aux propriétaires et titulaires de droits réels, communiquée aux maires des communes intéressées et publiée au fichier immobilier ou, dans les départements du Bas-Rhin, du Haut-Rhin et de la Moselle, au livre foncier par les soins du président du conseil régional.

Lorsque l'identité ou l'adresse d'un propriétaire ou titulaire de droits réels est inconnue, la notification est valablement faite au maire qui en assure l'affichage et, le cas échéant, la communication à l'occupant des lieux.

Art. R. 332-39. – La décision de classement et le plan de délimitation de la réserve naturelle sont reportés aux documents d'urbanisme et de gestion forestière mentionnés à l'article R. 332-13.

§ 6. – Modification des limites ou de la réglementation. – Déclassement

Art. R. 332-40. – L'extension du périmètre ou la modification de la réglementation d'une réserve naturelle régionale, son déclassement partiel ou total font l'objet des mêmes modalités de consultation et des mêmes mesures de publicité que celles qui régissent les décisions de classement.

L'extension du périmètre ou la modification de la réglementation d'une réserve classée par délibération du conseil régional est prononcée dans les mêmes formes. Toutefois, en cas de désaccord d'un ou plusieurs propriétaires ou titulaires de droits réels sur la mesure envisagée, ainsi que dans le cas où la réserve a été classée par décret en Conseil d'État, la décision est prise par décret en Conseil d'État, après enquête publique.

Le déclassement est prononcé après enquête publique par délibération du conseil régional prise de sa propre initiative ou sur une demande, présentée au moins un an avant l'expiration du classement, par le ou les propriétaires sur la demande desquels le classement a été prononcé.

Sous-section 2. – Gestion

Art. R. 332-41. – Dans chaque réserve naturelle régionale est institué un comité consultatif dont la composition, les missions et les modalités de fonctionnement sont fixées par le président du conseil régional. Les catégories de personnes mentionnées à l'article R. 332-15 doivent y être représentées. Un conseil scientifique peut, en outre, être institué par la même autorité.

Art. R. 332-42. – Le président du conseil régional désigne, parmi les personnes mentionnées à l'article L. 332-8, un gestionnaire avec lequel il passe une convention.

Art. R. 332-42-1 *(D. n° 2006-1266, 16 oct. 2006)*. – Lorsque le président du conseil régional exerce les compétences qui lui sont reconnues par l'article L. 332-22-1 pour la répression et la poursuite des contraventions de grande voirie, il notifie au préfet copie du procès-verbal de contravention dans les dix jours suivant la rédaction de celui-ci.

Art. R. 332-43. – Dans les trois ans suivant sa désignation, le gestionnaire élabore un projet de plan de gestion qui s'appuie sur une évaluation scientifique du patrimoine naturel de la réserve et de son évolution et décrit les objectifs que le gestionnaire s'assigne en vue de la protection des espaces naturels de la réserve. Il recueille l'avis du comité consultatif et, le cas échéant, du conseil scientifique de la réserve et joint ces avis au dossier transmis au président du conseil régional.

Le plan de gestion d'une réserve naturelle régionale est approuvé, après consultation du conseil scientifique régional du patrimoine naturel, par délibération du conseil régional.

Sous-section 3. – Modification de l'état ou de l'aspect d'une réserve naturelle

Art. R. 332-44 *(D. n° 2005-935, 2 août 2005 ; mod., D. n° 2011-2019, 29 déc. 2011* (1) *; D. n° 2017-244, 27 févr. 2017)*. – I. – La demande d'autorisation de modification de l'état ou de l'aspect d'une réserve naturelle, requise en application des articles L. 332-6 et L. 332-9, est adressée au président du conseil régional accompagnée :

1° D'une note précisant l'objet, les motifs et l'étendue de l'opération ;

2° D'un plan de situation détaillé ;

3° D'un plan général des ouvrages à exécuter ou des zones affectées par les modifications ;

4° D'éléments suffisants permettant d'apprécier les conséquences de l'opération sur l'espace protégé et son environnement, ces éléments sont précisés par arrêté du ministre chargé de la protection de la nature.

II. – Le conseil régional se prononce sur la demande dans un délai de quatre mois, après avoir recueilli l'avis du ou des conseils municipaux intéressés et du conseil scientifique régional du patrimoine naturel.

(1) Dispositions d'application transitoires : V. D. n° 2011-2019, 29 déc. 2011, art. 13.

Les avis qui n'ont pas été formulés dans un délai de deux mois à compter de la date de la saisine de l'organisme consulté sont réputés favorables.

En cas de silence du conseil régional à l'issue du délai mentionné au premier alinéa, l'accord est réputé refusé.

III. – Par dérogation au II, lorsque la demande d'autorisation de modification de l'état ou de l'aspect d'une réserve naturelle régionale est soumise à une autorisation d'urbanisme en application de l'article R.* 425-4 du Code de l'urbanisme, le conseil régional prend sa décision dans les conditions et délais prévus par l'article R.* 423-61-1 du même code.

Art. R. 332-44-1 *(D. n° 2017-244, 27 févr. 2017).* – Par dérogation à l'article R. 332-44, les propriétaires ou gestionnaires peuvent réaliser les travaux susceptibles de modifier l'état ou l'aspect de la réserve après déclaration au président du conseil régional lorsque ceux-ci sont prévus dans un document de gestion qui les décrit de façon détaillée et évalue leur impact et que ce document a fait l'objet d'une approbation par le conseil régional.

Cette déclaration doit être faite un mois au moins avant le début des travaux. Le président du conseil régional peut s'opposer aux travaux dans un délai de quinze jours à compter de la réception de la déclaration s'il estime que les conditions mentionnées à l'alinéa précédent ne sont pas satisfaites.

Art. R. 332-45 *(Rempl., D. n° 2017-244, 27 févr. 2017).* – Lorsque des travaux urgents indispensables à la sécurité des personnes et des biens sont requis par l'autorité de police administrative, le président du conseil régional et le gestionnaire désigné de la réserve naturelle en sont informés sans délai par ladite autorité de police. Le préfet, s'il n'est pas l'ordonnateur de ces travaux, en est également informé.

Les travaux font l'objet d'une demande de régularisation adressée au président du conseil régional dans un délai de deux mois à compter de la fin des travaux. Cette demande est accompagnée d'une note, à laquelle est joint un plan de situation détaillé, précisant l'objet, les motifs, l'étendue de l'opération et ses conséquences et impacts sur l'espace protégé et son environnement. Cette note précise également les mesures de remise en état ou de compensation éventuellement déjà mises en œuvre.

Dans un délai de quatre mois à compter de la réception de la demande de régularisation, le conseil régional, après avoir recueilli l'avis du ou des maires intéressés et du conseil scientifique régional du patrimoine naturel, se prononce sur les mesures de remise en état ou de compensation à mettre en œuvre le cas échéant, dans un délai qu'il fixe. Les avis qui n'ont pas été formulés dans un délai de deux mois à compter de la date de la saisine par le conseil régional sont réputés rendus. Le silence gardé pendant quatre mois à compter de la réception de la demande par le conseil régional vaut décision d'acceptation.

Art. R. 332-46. – Une réserve naturelle classée ou proposée pour le classement ne peut être comprise, en tout ou partie, dans une enquête aux fins d'expropriation pour cause d'utilité publique qu'après avis du conseil scientifique régional du patrimoine naturel et accord du président du conseil régional.

Ces accords et avis sont joints au dossier de l'enquête publique.

Sous-section 4. – Périmètres de protection

Art. R. 332-47. – Les périmètres de protection prévus à l'article L. 332-16 sont institués, après enquête publique menée dans les conditions prévues *(Réf. rempl., D. n° 2017-244, 27 févr. 2017)* « au III de l'article R. 332-31 », par délibération du conseil régional sur proposition ou après accord des conseils municipaux intéressés.

La décision instituant un périmètre de protection autour d'une réserve naturelle régionale est reportée, s'il y a lieu, dans les documents prévus à l'article R. 332-13.

Art. R. 332-48. – Le président du conseil régional désigne un gestionnaire du périmètre de protection parmi les personnes mentionnées à l'article L. 332-8.

Sous-section 5. – Dispositions financières

(Créée à compter du 1er janvier 2025, D. n° 2024-610, 26 juin 2024)

Art. D. 332-48-1 *(Créé à compter du 1er janvier 2025, D. n° 2024-610, 26 juin 2024).* – Les réserves naturelles régionales, et le cas échéant les ports associés, à destination desquels le gestionnaire bénéficie de l'affectation mentionnée à l'article L. 332-8-1 et les gestionnaires affectataires sont ceux mentionnés à l'article D. 321-13

Les conditions de l'affectation sont précisées par les dispositions de la sous-section 2 de la section 6 du chapitre Ier du titre II du présent livre.

Section II. – Réserves naturelles en Corse

Sous-section 1. – Classement

Voir : Circ. 13 mars 2006, relative à la mise en œuvre des articles R. 332-1 à R. 332-81 du Code de l'environnement. Procédure de création et de gestion des réserves naturelles en Corse (*BOME* n° 8/2006).

§ 1. – Classement à l'initiative de la collectivité de Corse
(Division mod., D. n° 2017-1777, 27 déc. 2017)

Art. R. 332-49 *(Rempl., D. n° 2017-244, 27 févr. 2017 ; mod., D. n° 2017-1777, 27 déc. 2017).* – I. – Le président du conseil exécutif de Corse établit, à la demande de la collectivité de Corse, un projet de création d'une réserve naturelle et constitue à cet effet un dossier comportant au moins les éléments énumérés à l'article R. 332-30.

Le président du conseil exécutif de Corse procède aux consultations prévues aux 1° et 2° du II de l'article L. 332-2-1. À cette occasion, le préfet de Corse lui indique si l'État envisage la constitution d'une réserve naturelle nationale ou de toute autre forme de protection réglementaire sur le même site et l'informe des projets de grands travaux et d'équipements susceptibles d'être implantés sur le territoire de la réserve, ainsi que des servitudes d'utilité publique applicables au même territoire. Le préfet de Corse fait connaître au président du conseil exécutif de Corse l'avis de l'État dans un délai de trois mois. Passé ce délai, l'avis est réputé favorable.

II. – Le projet résultant des consultations est soumis, conformément au III de l'article L. 332-2-1, à l'accord des propriétaires et titulaires de droits réels concernés.

Un propriétaire ou titulaire de droits réels est réputé avoir tacitement consenti au classement lorsque, ayant reçu notification de la décision du projet de classement et d'une lettre précisant les parcelles concernées par l'opération et lui indiquant que, faute de réponse dans un délai de trois mois, son silence vaudra consentement, il n'a pas répondu dans ce délai. Lorsque l'identité ou l'adresse d'un propriétaire ou titulaire de droits réels est inconnue, la notification est valablement faite au maire qui en assure l'affichage et, le cas échéant, la communication à l'occupant des lieux. Les projets de classement qui incluent des parcelles appartenant au domaine de l'État sont notifiés aux services qui utilisent ces parcelles.

La notification du projet de classement en réserve naturelle rend applicable le régime d'autorisation administrative spéciale pour modification de l'état ou de l'aspect des lieux prévu à l'article L. 332-6.

III. – À défaut d'accord de l'ensemble des propriétaires ou titulaires de droits réels concernés, l'Assemblée de Corse délibère sur les modalités d'ouverture et d'organisation de l'enquête publique, qui a lieu dans les formes prévues par les articles R. 123-4 à R. 123-27. Conformément aux dispositions de l'article L. 4422-25 du Code général des collectivités territoriales, le président du conseil exécutif assure l'exécution de cette délibération.

Le dossier soumis à l'enquête publique comprend l'ensemble des pièces et avis prévus à l'article R. 123-8 ainsi que l'ensemble des éléments mentionnés à l'article R. 332-30.

Art. R. 332-50 et R. 332-51 *(Abr., D. n° 2017-244, 27 févr. 2017).*

Art. R. 332-52. – Lorsque le projet a recueilli l'accord du ou des propriétaires et titulaires de droits réels, l'Assemblée de Corse approuve le projet par délibération. Celle-ci fixe les limites de la réserve, les actions, activités, travaux, constructions, installations et modes d'occupation du sol mentionnés *(Réf. rempl., D. n° 2017-244, 27 févr. 2017)* « au I » de l'article L. 332-3 qui y sont réglementés ou interdits, les modalités de gestion de la réserve et de contrôle des prescriptions qu'elle prévoit.

Art. R. 332-53. – En cas de désaccord d'un ou plusieurs propriétaires ou titulaires de droits réels, l'Assemblée de Corse délibère sur le projet, éventuellement modifié pour tenir compte des résultats de l'enquête publique et des consultations. La délibération fixe les limites de la réserve, les actions, activités, travaux, constructions, installations et modes d'occupation du sol mentionnés *(Réf. rempl., D. n° 2017-244, 27 févr. 2017)* « au I » de l'article L. 332-3 qui y sont réglementés ou interdits, les modalités de gestion de la réserve et de contrôle des prescriptions qu'elle prévoit.

Le président du conseil exécutif de Corse adresse le dossier, accompagné de la délibération de l'Assemblée de Corse et des avis formulés au cours de l'instruction, au préfet de Corse qui le transmet au ministre chargé de la protection de la nature. Ce dernier soumet au Conseil d'État un projet de décret de classement accompagné de la délibération de l'Assemblée de Corse ainsi que de l'ensemble du dossier et communique ce projet pour information au président du conseil exécutif de Corse.

§ 2. – Classement à la demande de l'État ou en vertu de son pouvoir de substitution

Art. R. 332-54 *(Mod., D. n° 2017-244, 27 févr. 2017 ; D. n° 2017-1777, 27 déc. 2017)*. – I. – Lorsque le préfet de Corse saisit le président du conseil exécutif de Corse, en application du I de l'article L. 332-2-2, d'une demande de classement en réserve naturelle afin d'assurer la mise en œuvre d'une réglementation communautaire ou d'une obligation résultant d'une convention internationale, il constitue un dossier comportant les éléments énumérés au I de l'article R. 332-30.

II. – Le président du conseil exécutif de Corse accuse réception de la demande de classement. Il dispose d'un délai de trois mois à compter de la réception de cette demande pour soumettre à l'Assemblée de Corse un projet de délibération portant sur l'étendue du territoire à classer et sur les mesures de protection envisagées. Lorsque l'Assemblée décide d'accéder à la demande de l'État, il est procédé comme pour le classement d'une réserve naturelle à l'initiative de la collectivité.

III. – En cas d'avis défavorable de la collectivité de Corse, ou en cas d'absence de saisine de l'Assemblée de Corse dans un délai de trois mois suivant la demande du préfet de Corse, l'État procède au classement selon les modalités définies aux articles R. 332-1 à R. 332-9.

Il en va de même si l'Assemblée de Corse n'a pas procédé au classement dans un délai de douze mois après réception du dossier.

§ 3. – Publicité

Art. R. 332-55 *(Mod., D. n° 2017-1777, 27 déc. 2017)*. – La décision de classement, qu'elle soit prise par la collectivité de Corse ou par l'État, est publiée au Recueil des actes administratifs de la collectivité de Corse et fait l'objet d'une mention dans deux journaux diffusés dans l'ensemble de la Corse. Cette décision et le plan de délimitation sont affichés pendant quinze jours dans chacune des communes dont tout ou partie du territoire est inclus dans la réserve.

La décision est notifiée aux propriétaires et titulaires de droits réels, communiquée aux maires des communes intéressées et publiée à la conservation des hypothèques.

Lorsque l'identité ou l'adresse d'un propriétaire ou titulaire de droits réels est inconnue, la notification est valablement faite au maire qui en assure l'affichage et, le cas échéant, la communication à l'occupant des lieux.

Ces formalités de publicité et de notification sont accomplies par le président du conseil exécutif de Corse s'agissant des réserves naturelles classées par la collectivité de Corse et par le préfet de Corse s'agissant des réserves naturelles classées en Corse par l'État.

Art. R. 332-56. – La décision de classement et le plan de délimitation de la réserve naturelle sont reportés, s'il y a lieu, aux documents d'urbanisme et de gestion forestière mentionnés à l'article R. 332-13.

Sous-section 2. – Modification des limites ou de la réglementation – Déclassement

Art. R. 332-57 *(Mod., D. n° 2017-1777, 27 déc. 2017)*. – I. – L'extension et la modification de la réglementation d'une réserve naturelle classée à l'initiative de la collectivité de Corse, son déclassement partiel ou total, font l'objet des mêmes modalités de consultation et des mêmes mesures de publicité que celles qui régissent les décisions de classement de ces réserves naturelles.

L'extension ou la modification de la réglementation d'une réserve naturelle classée à l'initiative de la collectivité de Corse est prononcée par délibération de l'Assemblée de Corse et, en cas de désaccord d'un ou plusieurs propriétaires ou titulaires de droits réels, par décret en Conseil d'État après enquête publique.

Le déclassement d'une telle réserve naturelle est prononcé par délibération de l'Assemblée de Corse après enquête publique.

II. – L'extension ou la modification de la réglementation d'une réserve naturelle classée à la demande de l'État, son déclassement partiel ou total, font l'objet des mêmes modalités de consultation et des mêmes mesures de publicité que celles qui régissent les décisions de classement de ces réserves naturelles.

L'extension ou la modification de la réglementation d'une réserve naturelle classée à la demande de l'État est prononcée après accord du préfet de Corse, par délibération de l'Assemblée de Corse et, en cas de désaccord d'un ou plusieurs propriétaires ou titulaires de droits réels, par décret en Conseil d'État après enquête publique. En cas de désaccord entre l'État et la collectivité de Corse, l'extension ou la modification de la réglementation de la réserve est prononcée selon les modalités définies à l'article R. 332-14.

Le déclassement d'une telle réserve naturelle est prononcé par délibération de l'Assemblée de Corse après accord du préfet de Corse et enquête publique.

III. – L'extension ou la modification de la réglementation d'une réserve naturelle classée en Corse par l'État, son déclassement partiel ou total, sont prononcées dans les conditions prévues pour les réserves naturelles nationales.

Sous-section 3. – Gestion

Art. R. 332-58. – Dans chaque réserve naturelle est institué un comité consultatif dont la composition, les missions et les modalités de fonctionnement sont fixées par le président du conseil exécutif de Corse. Les catégories de personnes mentionnées à l'article R. 332-15 doivent y être représentées. Un conseil scientifique peut, en outre, être institué par la même autorité.

Art. R. 332-59. – Le président du conseil exécutif de Corse désigne, parmi les personnes mentionnées à l'article L. 332-8, un gestionnaire avec lequel il passe une convention.

Art. R. 332-59-1 *(D. n° 2006-1266, 16 oct. 2006)*. – Lorsque le président du conseil exécutif de Corse exerce les compétences qui lui sont reconnues par l'article L. 332-22-1 pour la répression et la poursuite des contraventions de grande voirie, il notifie au préfet copie du procès-verbal de contravention dans les dix jours suivant la rédaction de celui-ci.

Art. R. 332-60. – Dans les trois ans suivant sa désignation, le gestionnaire élabore un projet de plan de gestion de la réserve qui s'appuie sur une évaluation scientifique du patrimoine naturel de la réserve et de son évolution et décrit les objectifs que le gestionnaire s'assigne en vue d'une protection optimale des espaces naturels de la réserve. Il recueille l'avis du comité consultatif et, le cas échéant, du conseil scientifique de la réserve et joint ces avis au dossier transmis au président du conseil exécutif de Corse.

Le plan de gestion des réserves naturelles de Corse est approuvé par délibération de l'Assemblée de Corse.

Art. R. 332-61 *(Mod., D. n° 2017-1777, 27 déc. 2017)*. – Dans les réserves naturelles classées en Corse par l'État ou à sa demande, les décisions relatives à l'application des articles R. 332-58 à R. 332-60 sont prises après accord du préfet de Corse. L'autorité militaire territorialement compétente est, en outre, consultée sur le projet de plan de gestion, en cas d'inclusion de terrains militaires dans le périmètre de la réserve.

En cas de carence de la collectivité de Corse constatée un an après la décision de classement de ces réserves naturelles, l'État en arrête les modalités de gestion et procède à la désignation de leur gestionnaire.

Sous-section 4. – Modification de l'état ou de l'aspect d'une réserve naturelle

§ 1. – Réserves naturelles classées par la collectivité territoriale de Corse

Art. R. 332-62 *(Mod., D. n° 2011-2019, 29 déc. 2011* (1) *; D. n° 2017-1777, 27 déc. 2017)*. – La demande d'autorisation de modification de l'état ou de l'aspect d'une réserve naturelle classée par la

(1) Dispositions d'application transitoires : V. D. n° 2011-2019, 29 déc. 2011, art. 13.

collectivité de Corse, requise par les articles L. 332-6 et L. 332-9, est adressée au président du conseil exécutif de Corse.

La demande d'autorisation est accompagnée d'un dossier précisant l'objet, les motifs, l'étendue de l'opération, d'un plan de situation détaillé, d'un plan général des ouvrages à exécuter, et d'éléments suffisants permettant d'apprécier les conséquences de l'opération sur l'espace protégé et son environnement précisés par arrêté du ministre chargé de la protection de la nature.

Art. R. 332-63 *(D. n° 2005-935, 2 août 2005 ; mod., D. n° 2017-244, 27 févr. 2017 ; D. n° 2017-1777, 27 déc. 2017)*. – L'Assemblée de Corse se prononce sur la demande dans un délai de quatre mois, après avoir consulté le ou les conseils municipaux intéressés et, dans le cas où la réserve naturelle a été classée à la demande de l'État, recueilli l'accord du préfet de Corse.

Les avis qui n'ont pas été formulés dans un délai de deux mois à compter de la date de la saisine des conseils municipaux consultés sont réputés favorables.

En cas de silence de l'Assemblée de Corse à l'issue du délai mentionné au premier alinéa, l'accord est réputé refusé.

Par dérogation au premier alinéa, lorsque la demande d'autorisation de modification de l'état ou de l'aspect d'une réserve naturelle classée par la collectivité de Corse est soumise à une autorisation d'urbanisme en application de l'article R.* 425-4 du Code de l'urbanisme, l'Assemblée de Corse prend sa décision dans les conditions et délais prévus par l'article R.* 423-61-1 du même code.

Art. R. 332-63-1 *(D. n° 2017-244, 27 févr. 2017)*. – Par dérogation aux articles R. 332-62 et R. 332-63, les propriétaires ou gestionnaires peuvent réaliser les travaux susceptibles de modifier l'état ou l'aspect de la réserve après déclaration au président du conseil exécutif de Corse lorsque ceux-ci sont prévus dans un document de gestion qui les décrit de façon détaillée et évalue leur impact et que ce document a fait l'objet d'une approbation par la collectivité territoriale de Corse.

Cette déclaration doit être faite un mois au moins avant le début des travaux. Le président du conseil exécutif peut s'opposer aux travaux dans un délai de quinze jours à compter de la réception de la déclaration s'il estime que les conditions mentionnées à l'alinéa précédent ne sont pas satisfaites.

Art. R. 332-64 *(D. n° 2005-935, 2 août 2005 ; mod., D. n° 2017-244, 27 févr. 2017 ; D. n° 2017-1777, 27 déc. 2017)*. – La décision d'autorisation n'exonère pas des autres autorisations éventuellement nécessaires pour réaliser l'opération. L'autorité compétente pour délivrer les autres autorisations recueille préalablement l'accord de la collectivité de Corse.

Lorsque des travaux urgents indispensables à la sécurité des personnes et des biens sont requis par l'autorité de police administrative, le président du conseil exécutif de Corse et le gestionnaire désigné de la réserve naturelle en sont informés sans délai par ladite autorité de police. Le préfet, s'il n'est pas l'ordonnateur de ces travaux, en est également informé.

Les travaux font l'objet d'une demande de régularisation adressée au président du conseil exécutif de Corse dans un délai de deux mois à compter de la fin des travaux. Cette demande est accompagnée d'une note, à laquelle est joint un plan de situation détaillé, précisant l'objet, les motifs, l'étendue de l'opération et ses conséquences et impacts sur l'espace protégé et son environnement. Cette note précise également les mesures de remise en état ou de compensation éventuellement déjà mises en œuvre.

Dans un délai de quatre mois à compter de la réception de la demande de régularisation, l'Assemblée de Corse, après avoir recueilli l'avis du ou des maires intéressés, se prononce sur les mesures de remise en état ou de compensation à mettre en œuvre le cas échéant, dans un délai qu'elle fixe. Les avis qui n'ont pas été formulés dans un délai de deux mois à compter de la date de la saisine par l'Assemblée de Corse sont réputés rendus. Le silence gardé pendant quatre mois à compter de la réception de la demande par la collectivité de Corse vaut décision d'acceptation.

§ 2. – Réserves naturelles classées en Corse par l'État

Art. R. 332-65 *(D. n° 2005-935, 2 août 2005 ; mod., D. n° 2017-244, 27 févr. 2017)*. – La demande d'autorisation de destruction ou de modification de l'état ou de l'aspect d'une réserve naturelle classée en Corse par l'État, requise par les articles L. 332-6 et L. 332-9, est adressée au préfet de Corse.

Il est statué sur cette demande dans les conditions prévues aux articles R. 332-23 à R. 332-26.

En cas de réalisation de travaux en application du dernier alinéa de l'article L. 332-9, il est fait application des dispositions de l'article R. 332-27. La référence au préfet est remplacée par la référence au préfet de Corse.

Sous-section 5. – Périmètres de protection

Art. R. 332-66 *(Mod., D. n° 2017-1777, 27 déc. 2017).* – Les périmètres de protection prévus à l'article L. 332-16 sont institués par délibération de l'Assemblée de Corse sur proposition ou après accord du ou des conseils municipaux autour des réserves naturelles classées par la collectivité de Corse. Leur création autour des réserves naturelles classées à la demande de l'État est subordonnée à l'accord du préfet de Corse.

Ces périmètres de protection sont institués par le préfet de Corse sur proposition ou après accord des conseils municipaux autour des réserves naturelles classées en Corse par l'État.

La décision instituant un périmètre de protection autour d'une réserve naturelle en Corse est reportée, s'il y a lieu, dans les documents prévus à l'article R. 332-13.

L'enquête publique prévue à l'article L. 332-16 est précédée des mêmes modalités de consultation que le classement initial de la réserve naturelle.

Art. R. 332-67 *(Mod., D. n° 2017-1777, 27 déc. 2017).* – La collectivité de Corse désigne un gestionnaire du périmètre de protection parmi les personnes mentionnées à l'article L. 332-8, après accord du préfet de Corse lorsqu'il s'agit d'un périmètre de protection institué autour de réserves naturelles classées en Corse par l'État ou à sa demande.

Sous-section 6. – Dispositions financières

(Créée à compter du 1er janvier 2025, D. n° 2024-610, 26 juin 2024)

Art. D. 332-67-1 *(Créé à compter du 1er janvier 2025, D. n° 2024-610, 26 juin 2024).* – Les réserves naturelles de Corse, et le cas échéant les ports associés, à destination desquels le gestionnaire bénéficie de l'affectation mentionnée à l'article L. 332-8-1 et les gestionnaires affectataires sont ceux mentionnés à l'article D. 321-13.

Les conditions de l'affectation sont précisées par les dispositions de la sous-section 2 de la section 6 du chapitre Ier du titre II du présent livre.

Section IV. – Dispositions pénales

Sous-section 1. – Constatation des infractions et poursuites

Art. R. 332-68 *(Mod., D. n° 2012-83, 24 janv. 2012 ; D. n° 2014-813, 17 juill. 2014).* – Les agents des réserves naturelles sont commissionnés par le ministre chargé de l'environnement dans les conditions définies par les articles R. 172-2 à R. 172-7. Ils sont assermentés dans les conditions définies par les mêmes articles.

Les agents commissionnés et assermentés des réserves naturelles sont, dans l'exercice de leurs missions de police, astreints à porter la plaque ou l'écusson de police de l'environnement ainsi qu'un uniforme selon les conditions définies par un arrêté du ministre en charge de la protection de la nature.

Voir : A. 4 janv. 2017, relatif à l'uniforme porté par les agents commissionnés et assermentés des réserves naturelles dans l'exercice de leurs missions de police de l'environnement (NOR : DEVL1627899A, *BOME* n° 2017/1, 25 janv. 2017).

Sous-section 2. – Sanctions

Art. R. 332-69 *(Rempl., D. n° 2006-944, 28 juill. 2006).* – Est puni de l'amende prévue pour les contraventions de la 2e classe le fait, en infraction à la réglementation d'une réserve naturelle, d'utiliser une chose qui, par son bruit, est de nature à troubler le calme et la tranquillité des lieux.

Art. R. 332-70 *(Rempl., D. n° 2006-944, 28 juill. 2006)*. – Est puni de l'amende prévue pour les contraventions de la 3e classe le fait de contrevenir à la réglementation applicable à la réserve naturelle concernant :

1° L'abandon, le dépôt, le jet, le déversement ou le rejet des ordures, déchets, matériaux ou tout autre objet de quelque nature que ce soit ;

2° La circulation et le stationnement des personnes et des véhicules autres que des véhicules terrestres à moteur, la circulation et la divagation des animaux, le bivouac, le stationnement et le camping dans un véhicule ou une remorque habitable ou tout autre abri mobile ;

3° L'exercice de la plongée sous-marine et l'usage d'engins à moteur conçus pour la progression sous la mer.

Art. R. 332-71 *(Rempl., D. n° 2006-944, 28 juill. 2006)*. – Est puni de l'amende prévue pour les contraventions de la 4e classe le fait, en infraction à la réglementation d'une réserve naturelle :

1° De porter atteinte, détenir ou transporter, de quelque manière que ce soit, des animaux non domestiques, des végétaux non cultivés quel que soit leur stade de développement ou des parties de ceux-ci, des minéraux ou des fossiles, sans préjudice de l'application de l'article L. 415-3 ;

2° D'introduire, à l'intérieur de la réserve naturelle, des animaux ou des végétaux, quel que soit leur stade de développement ;

3° De troubler ou déranger volontairement des animaux, par quelque moyen que ce soit, sans y avoir été autorisé ;

4° De faire des inscriptions, signes ou dessins sur des pierres, arbres ou tout autre bien meuble ou immeuble ;

5° D'utiliser un éclairage artificiel, quel que soit son support, sa localisation et sa durée, à l'exclusion de l'éclairage des bâtiments à usage d'habitation, de l'éclairage public urbain et de l'éclairage utilisés par les services publics de secours.

Art. R. 332-72. – Est puni des peines prévues pour les contraventions de la 4e classe le fait de ne pas respecter les dispositions de la décision de classement comme réserve naturelle qui réglementent ou interdisent la pratique de jeux ou de sports.

Art. R. 332-73 *(Rempl., D. n° 2006-944, 28 juill. 2006 ; mod., D. n° 2009-377, 3 avr. 2009)*. – Est puni de l'amende prévue pour les contraventions de la 5e classe le fait, en infraction à la réglementation d'une réserve naturelle :

1° D'abandonner, déposer, jeter, déverser ou rejeter des ordures, déchets, matériaux ou tout autre objet de quelque nature que ce soit à l'aide d'un véhicule ;

2° De circuler ou de stationner avec un véhicule terrestre à moteur ;

3° D'emporter en dehors de la réserve naturelle, mettre en vente, vendre ou acheter des animaux non domestiques, des végétaux non cultivés quel que soit leur stade de développement ou des parties de ceux-ci, des minéraux ou des fossiles, en provenance de la réserve naturelle ;

4° De chasser ou détenir une arme pouvant être utilisée pour la chasse ;

5° D'allumer du feu ;

6° De pénétrer ou de circuler à l'intérieur d'une réserve naturelle où l'entrée ou la circulation sont interdites ;

7° De ne pas respecter les prescriptions dont peuvent être assorties les autorisations délivrées pour des travaux, constructions, installations ou aménagements.

1) **Chasse.** Condamnation de trente-sept personnes pour exercice de la chasse dans une réserve naturelle (■ CA Douai, 2 oct. 2003, n° 02/02136-A, confirmé par ■ Cass. crim., 7 sept. 2004, n° 03-87.950).

2) **Circulation d'engins nautiques. Incompétence de l'autorité administrative.** Il ne résulte pas des dispositions de l'article R. 332-73 et de l'article 12 du décret du 21 février 2007, qui exposent les contrevenants à une peine d'amende infligée par l'autorité judiciaire, que des infractions telles que la pratique d'une activité nautique de « kite-surf » dans une zone de protection intégrale d'une réserve naturelle puissent être sanctionnées par une amende administrative. Il n'apparaît pas qu'une telle amende puisse trouver son fondement légal dans d'autres dispositions législatives ou réglementaires (■ TA Saint-Denis, 2 mai 2013, nos 1100783 et 1100227, *M. Landau et M. Mirouse : Rev. jur. env.* 2014, 548, note Sironneau).

Art. R. 332-74 *(Mod., D. n° 2006-944, 28 juill. 2006)*. – Est puni des peines prévues pour les contraventions de la 5e classe le fait de ne pas respecter les dispositions de la décision de classement comme réserve naturelle réglementant ou interdisant :

1° Les activités agricoles, pastorales, forestières ;

2° La pêche en eau douce, la pêche maritime et la pêche sous-marine ou le port des armes ou engins correspondants ou leur détention dans un véhicule ou une embarcation circulant dans la réserve naturelle ;

3° Les travaux publics ou privés, y compris ceux qui sont faits sur des bâtiments, la recherche ou l'exploitation de matériaux ou minerais, les activités industrielles, commerciales, artisanales ou publicitaires, les activités photographiques, cinématographiques, radiophoniques ou de télévision, le survol de la réserve ;

4° L'utilisation, à des fins publicitaires, et sous quelque forme que ce soit, de la dénomination d'une réserve naturelle ou de l'appellation « réserve naturelle », à l'intérieur ou en dehors des réserves.

Art. R. 332-75. – Est puni des peines prévues pour les contraventions de la 5e classe le fait de s'opposer à la visite de véhicules non clos, sacs, paniers ouverts, poches à gibier ou boîtes à herboriser, par les agents habilités à constater les infractions à la présente section.

Art. R. 332-76. – Les peines prévues aux articles R. 332-69 à R. 332-75 sont applicables aux infractions à la réglementation de toutes les réserves naturelles, quelle que soit l'autorité qui les a créées.

Art. R. 332-77 *(Rempl., D. n° 2006-944, 28 juill. 2006 ; D. n° 2010-671, 18 juin 2010)* (1). – Les personnes morales déclarées responsables pénalement dans les conditions prévues à l'article 121-2 du Code pénal des infractions définies par la présente section encourent, outre l'amende, suivant les modalités prévues par l'article 131-41 du Code pénal, la peine de confiscation de la chose qui a servi ou était destinée à commettre l'infraction ou de la chose qui en est le produit.

Elles encourent, en outre, lorsqu'elles sont déclarées responsables pénalement des infractions définies aux articles R. 332-73 à R. 332-75, la peine d'interdiction, pour une durée de trois ans au plus, d'émettre des chèques autres que ceux qui permettent le retrait de fonds par le tireur auprès du tiré ou ceux qui sont certifiés.

Art. R. 332-78. – La récidive des contraventions prévues aux articles R. 332-73 à R. 332-75 est réprimée conformément aux articles 132-11 et 132-15 du Code pénal.

Art. R. 332-79. – Ainsi que le prévoit l'article R. 48-1 du Code de procédure pénale, les dispositions de l'article 529 de ce code relatives à l'amende forfaitaire sont applicables aux contraventions prévues par les articles R. 332-69 à R. 332-72.

Art. R. 332-80. – En cas de condamnation en application des dispositions des 1° et 2° de l'article R. 332-73 et 2° de l'article R. 332-74, le tribunal peut ordonner la remise au gestionnaire de la réserve des animaux, végétaux et objets de quelque nature que ce soit enlevés frauduleusement dans la réserve.

Il peut prononcer la confiscation des engins et instruments dont les contrevenants se seront servis et des véhicules qu'ils auront utilisés pour commettre l'infraction.

Il peut, en cas de condamnation prononcée pour l'un des motifs énoncés aux 1° et 3° de l'article R. 332-74, ordonner, aux frais du condamné, le rétablissement des lieux dans leur état antérieur. Ainsi qu'il est dit à l'article L. 332-27, il est alors fait application des dispositions des articles L. 480-7, L. 480-8 et L. 480-9 du Code de l'urbanisme.

Art. R. 332-81 *(Mod., D. n° 2014-551, 27 mai 2014 ; D. n° 2017-1777, 27 déc. 2017)*. – Le recouvrement des dommages-intérêts qui seront accordés à l'État, à la région, à la collectivité de Corse ou au gestionnaire de la réserve naturelle est effectué sans frais à leur profit par le comptable de la direction générale des finances publiques.

(1) Application en Polynésie française, en Nouvelle-Calédonie et dans les îles Wallis-et-Futuna : V. D. n° 2010-671, 18 juin 2010, art. 8, I.

CHAPITRE III. – PARCS NATURELS RÉGIONAUX

Voir : D. n° 2012-21 du 6 janvier 2012 relatif à certaines dérogations aux mesures de protection de la faune et de la flore (NOR : DEVL1124380D). Note technique du 7 novembre 2018 relative au classement et au renouvellement de classement des parcs naturels régionaux et à la mise en œuvre de leurs chartes (NOR : TREL1826915N).

Voir : Obs. sous intitulé Livre III / Loi pour la reconquête de la biodiversité, de la nature et des paysages (DEVL1400720L).

La loi prévoit une importante modernisation des institutions locales en faveur de la biodiversité : les parcs naturels régionaux ; les établissements publics de coopération environnementale ; les espaces naturels sensibles ; les établissements publics territoriaux de bassin ; les réserves de biosphère et espaces remarquables ; et l'Agence des espaces naturels de la région d'Île-de-France.

Bibliographie : E. Glaser, *Charte d'un parc naturel régional : Rev. Lamy dr. coll. terr.* sept. 2014, n° 194, p. 33. • J.-M. Février, *Publicité dans un parc naturel régional ; Note sous Tribunal administratif de Montpellier, 26 mars 2013, jugement n° 1103919 : Rev. jur. env.* 2013, n° 6, p. 35-36. • B. Poujade, *Quelle est la nature juridique de la charte d'un parc naturel régional ? ; Note sous Conseil d'État, Section du contentieux, 8 février 2012, Union des Industries de Carrières et Matériaux de Construction (UNICEM) de Rhône-Alpes, n° 321219 : BJCL* mars 2012, n° 03/12, p. 195-207. • J.-M. Février, *Actualité réglementaire des parcs naturels régionaux : Environnement* janv. 2006, n° 1, comm. 2.

Art. R. 333-1 *(Mod., D. n° 2012-83, 24 janv. 2012)*. **– Créé à l'initiative des régions, dans le cadre de leur compétence en matière d'aménagement du territoire, un parc naturel régional a pour objet :**

1° De protéger les paysages et le patrimoine naturel et culturel, notamment par une gestion adaptée ;

2° De contribuer à l'aménagement du territoire ;

3° De contribuer au développement économique, social, culturel et à la qualité de la vie ;

4° De contribuer à assurer l'accueil, l'éducation et l'information du public ;

5° De réaliser des actions expérimentales ou exemplaires dans les domaines cités ci-dessus et de contribuer à des programmes de recherche.

Art. R. 333-2 *(Rempl., D. n° 2012-83, 24 janv. 2012 ; mod., D. n° 2017-1156, 10 juill. 2017)*. **– Le parc naturel régional est régi par une charte, mise en œuvre sur le territoire classé du parc par le syndicat mixte d'aménagement et de gestion prévu par l'article L. 333-3, par l'ensemble des collectivités territoriales et des établissements publics de coopération intercommunale à fiscalité propre ayant approuvé la charte et par l'État, en lien avec les partenaires intéressés.**

La charte définit les domaines d'intervention du syndicat mixte et les engagements de l'État, des collectivités territoriales et des établissements publics de coopération intercommunale à fiscalité propre permettant de mettre en œuvre les orientations et les mesures de protection, de mise en valeur et de développement qu'elle détermine.

Art. R. 333-3 *(Mod., D. n° 2007-673, 2 mai 2007 ; D. n° 2012-83, 24 janv. 2012)* (1). **– I. – La charte est établie à partir d'un diagnostic comprenant un inventaire du patrimoine** *(Mots rempl., D. n° 2017-1156, 10 juill. 2017)* (2) **« et une analyse des enjeux environnementaux, culturels, sociaux et économiques du territoire ».**

II. – *(Rempl., D. n° 2017-1156, 10 juill. 2017)* (2) **La charte comprend :**

1° Un rapport déterminant :

***a)* Les orientations de protection, de mise en valeur et de développement envisagées pour la durée du classement. En particulier, les objectifs de qualité paysagère sur le territoire du parc et les objectifs en matière de préservation et de remise en bon état des continuités écologiques sont définis ;**

***b)* Les mesures qui seront mises en œuvre sur le territoire classé, applicables à l'ensemble du parc ou dans des zones déterminées à partir des spécificités du territoire et, parmi ces mesures, celles qui sont prioritaires, avec l'indication de leur échéance prévisionnelle de mise en œuvre ;**

---

(1) Dispositions d'application particulières et transitoires : V. D. n° 2012-83, 24 janv. 2012, art. 19.

(2) Les présents articles, dans leur rédaction antérieure à celle résultant du décret n° 2017-1156 du 10 juillet 2017, restent applicables lorsque l'avis motivé de l'État sur l'opportunité du projet prévu à l'article L. 333-1 du présent code est intervenu avant l'entrée en vigueur de la loi n° 2016-1087 du 8 août 2016 pour la reconquête de la biodiversité, de la nature et des paysages, D. n° 2017-1156, 10 juill. 2017, art. 19.

c) Un dispositif d'évaluation de la mise en œuvre de la charte ainsi qu'un dispositif de suivi de l'évolution du territoire établi au regard des mesures prioritaires de la charte. Ces dispositifs indiquent la périodicité des bilans transmis au préfet et au président du conseil régional, en prévoyant notamment la réalisation du bilan prévu au III à l'issue d'un délai de douze ans à compter du classement ou du renouvellement du classement ;

d) Les modalités de la concertation pour sa mise en œuvre et les engagements des collectivités territoriales, des établissements publics de coopération intercommunale à fiscalité propre et de l'État pour mettre en œuvre ses orientations et mesures ;

2° Un plan du parc représentant le périmètre de classement potentiel et le périmètre classé, sur lequel sont délimitées, en fonction du patrimoine et des paysages, les différentes zones où s'appliquent les orientations et les mesures définies dans le rapport ; le plan caractérise toutes les zones du territoire selon leur nature et leur vocation dominante ;

3° Des annexes, comprenant notamment :

a) La liste des communes figurant dans le périmètre d'étude, avec mention des communes ayant approuvé la charte et des communes n'ayant pas approuvé la charte mais proposées pour constituer le périmètre de classement potentiel ;

b) La liste des établissements publics de coopération intercommunale à fiscalité propre ayant approuvé la charte ;

c) Une carte identifiant les communes et les établissements publics de coopération intercommunale à fiscalité propre ayant approuvé la charte et ceux ne l'ayant pas approuvée ;

d) Les projets de statuts initiaux ou modifiés du syndicat mixte d'aménagement et de gestion du parc ;

e) L'emblème du parc ;

f) Un plan de financement portant sur les trois premières années du classement ;

g) Le rapport environnemental et l'avis de l'autorité environnementale, prévus respectivement par les articles R. 122-20 et R. 122-21.

III. *(Rempl., D. n° 2017-1156, 10 juill. 2017)* (1) La révision de la charte est fondée sur le diagnostic prévu au I mis à jour et sur un bilan comprenant une évaluation de la mise en œuvre de la charte et une analyse des effets de la mise en œuvre de ses mesures prioritaires sur l'évolution du territoire, réalisées à partir des résultats des dispositifs d'évaluation et de suivi prévus au *c* du 1° du II.

1) Conformément à l'article 19 du décret n° 2017-1156 du 10 juillet 2017, les dispositions du présent article, dans leur rédaction antérieure à celle résultant dudit décret, restent applicables lorsque l'avis motivé de l'État sur l'opportunité du projet prévu à l'article L. 333-1 du Code de l'environnement est intervenu avant l'entrée en vigueur de la loi n° 2016-1087 du 8 août 2016 pour la reconquête de la biodiversité, de la nature et des paysages.

Voir : D. n° 2012-83, 24 janv. 2012, art. 20 : ces dispositions restent applicables...

2) Rapport de la charte d'un PNR. La notice du plan de référence de la charte d'un parc naturel régional pour les espaces boisés précisait dans ses dispositions que « Aucune extension urbaine ne peut entamer l'intégrité de ces espaces. Les seules constructions envisageables, dans les espaces boisés, sont : les constructions nécessaires à l'activité forestière (...), les équipements d'utilité publique (tels que routes, voies ferrées, stations d'épuration, châteaux d'eau, etc.) dès lors que les contraintes techniques le justifient et à condition de prendre toutes les précautions pour minimiser les atteintes à l'environnement et au paysage ; (...) » est considérée comme faisant partie intégrante du rapport de la charte du parc et comme ayant la même portée juridique, au sens de l'article R. 333-3 du Code de l'environnement (▪ CAA Versailles, 18 févr. 2016, n° 14VE03279, *Assoc. Les amis de la Terre du Val d'Ysieux*).

3) Cohérence entre le rapport et le plan de la charte d'un PNR. Il appartient aux auteurs de la charte d'un PNR de s'assurer de la cohérence des orientations et mesures mentionnées dans le rapport de la charte avec le zonage figurant dans le plan du parc et les indications qu'il comporte (▪ CE, 21 août 2019, n° 418498, *UNICEM PACAC* : *JurisData* n° 2019-014298).

(1) Les présents articles, dans leur rédaction antérieure à celle résultant du décret n° 2017-1156 du 10 juillet 2017, restent applicables lorsque l'avis motivé de l'État sur l'opportunité du projet prévu à l'article L. 333-1 du présent code est intervenu avant l'entrée en vigueur de la loi n° 2016-1087 du 8 août 2016 pour la reconquête de la biodiversité, de la nature et des paysages, D. n° 2017-1156, 10 juill. 2017, art. 19.

Art. R. 333-4 *(Rempl., D. n° 2012-83, 24 janv. 2012 ; mod., D. n° 2017-1156, 10 juill. 2017)*. – **Le décret portant classement ou renouvellement du classement en parc naturel régional prévu au quatrième alinéa du IV de l'article L. 333-1 est fondé sur l'ensemble des critères suivants :**

1° La qualité et l'identité du territoire, de son patrimoine naturel et culturel, ainsi que de ses paysages représentant pour la ou les régions concernées un ensemble remarquable mais fragile et menacé, et comportant un intérêt reconnu au niveau national ;

2° La cohérence et la pertinence des limites du territoire au regard de ce patrimoine et de ces paysages en tenant compte des éléments pouvant déprécier leur qualité et leur valeur ainsi que des dispositifs de protection et de mise en valeur existants ou projetés ;

3° La qualité du projet de charte, notamment de son projet de développement fondé sur la protection et la mise en valeur du patrimoine et des paysages ;

4° La détermination des collectivités et des établissements publics de coopération intercommunale à fiscalité propre dont l'engagement est essentiel pour mener à bien le projet ;

5° La capacité de l'organisme chargé de l'aménagement et de la gestion du parc naturel régional à conduire le projet de façon cohérente.

Le territoire d'un parc naturel régional n'est pas forcément d'un seul tenant. Le Conseil d'État a ainsi rappelé que le territoire d'une commune ayant refusé d'approuver le projet de charte d'un parc naturel régional ne peut être légalement inclus dans son périmètre ; qu'aucune disposition ou principe n'impose que le territoire d'un parc soit d'un seul tenant et sans enclave ; que les circonstances qu'une proportion, même notable, des communes incluses dans le périmètre d'étude du projet refusent finalement d'approuver la charte et que certaines soient enclavées ne sont pas, par elles-mêmes, de nature à faire obstacle au classement ; qu'il appartient au juge de l'excès de pouvoir d'apprécier si la décision délimitant, compte tenu de ces refus, le périmètre du parc n'est pas entachée d'une erreur manifeste d'appréciation au regard des objectifs poursuivis par la charte du parc et de l'ensemble des critères mentionnés à l'article R. 333-4 (■ CE, 8 juin 2016, n° 389062, *Assoc. Baronnies libres sans parc : AJDA* 2016, 1206, note de Montecler ; *Dr. env.* 2016, 259 ; *ibid.* 2016, 305, concl. Lesquen).

Art. R. 333-5 *(Mod., D. n° 2007-673, 2 mai 2007 ; D. n° 2012-83, 24 janv. 2012 ; D. n° 2017-1156, 10 juill. 2017)* (1). – **I. – La procédure de classement ou de renouvellement de classement est engagée par une délibération motivée du conseil régional qui prescrit l'élaboration ou la révision de la charte, détermine un périmètre d'étude et définit les modalités de l'association des collectivités territoriales concernées et de leurs groupements ainsi que celles de la concertation avec les partenaires intéressés.**

En Corse, les compétences de la région sont exercées par l'Assemblée de Corse.

Dans le cas d'un projet de parc interrégional, les régions adoptent des délibérations concordantes. Un des préfets de région concerné est désigné comme préfet coordonnateur dans les conditions prévues à l'article 66 du décret n° 2004-374 du 29 avril 2004 modifié relatif aux pouvoirs des préfets, à l'organisation et à l'action des services de l'État dans les régions et départements.

II. – Le préfet de région définit avec le président du conseil régional et, en cas de révision de la charte, avec le président du syndicat mixte d'aménagement et de gestion du parc les modalités d'association de l'État à l'élaboration ou à la révision de la charte, dès que la délibération prescrivant celle-ci lui a été transmise. Il leur communique la liste des services de l'État et de ses établissements publics qui y seront associés.

III. – Le cas échéant, une convention définit les opérations de la procédure de renouvellement du classement du parc confiées par le ou les conseils régionaux au syndicat mixte d'aménagement et de gestion du parc en application du dernier alinéa du I de l'article L. 333-3 ainsi que les conditions, notamment financières, dans lesquelles cette délégation est effectuée.

1) Conformément à l'article 19 du décret n° 2017-1156 du 10 juillet 2017, les dispositions du présent article, dans leur rédaction antérieure à celle résultant dudit décret, restent applicables lorsque l'avis motivé de l'État sur l'opportunité du projet prévu à l'article L. 333-1 du Code de l'environne-

(1) Les présents articles, dans leur rédaction antérieure à celle résultant du décret n° 2017-1156 du 10 juillet 2017, restent applicables lorsque l'avis motivé de l'État sur l'opportunité du projet prévu à l'article L. 333-1 du présent code est intervenu avant l'entrée en vigueur de la loi n° 2016-1087 du 8 août 2016 pour la reconquête de la biodiversité, de la nature et des paysages, D. n° 2017-1156, 10 juill. 2017, art. 19.

ment est intervenu avant l'entrée en vigueur de la loi n° 2016-1087 du 8 août 2016 pour la reconquête de la biodiversité, de la nature et des paysages.

2) Annulation partielle d'un décret pour incompatibilité avec une directive de l'UE. L'article d'un décret qui écarte, sans justification tirée de motifs impérieux de sécurité juridique ou d'ordre public, l'application de mesures réglementaires de transposition de la directive du 27 juin 2001 relative à l'évaluation des incidences de certains plans et programmes sur l'environnement, méconnaît les exigences de mise en conformité du droit français avec le droit de l'Union européenne (■ CE, 26 juin 2015, n° 360212, *Assoc. FNE* : *AJDA* 2015, p. 1293, note de Montecler ; *BDEI* sept. 2015, n° 59, p. 33, concl. Lesquen ; *Énergie – Env. Infrastr.* 2015, alerte 203, obs. A. M.-C., *ibid.* 204, obs. Tesson ; *Dr. env.* 2015, 380, obs. Hagège-Raduta).

3) Appréciation de la légalité des délibérations. Est inopérant le moyen tiré du non-respect, par les délibérations des conseils régionaux de décembre 2004, des dispositions de l'article R. 333-5 du Code de l'environnement dans sa rédaction issue d'un décret du 2 août 2005, dès lors que la légalité des délibérations s'apprécie à la date de celles-ci et que ne sauraient être invoqués des moyens tirés de la méconnaissance de textes entrés en vigueur pendant la procédure de classement (■ CE, 8 juin 2016, n° 389062, *Assoc. « Baronnies libres sans parc »* : *AJDA* 2016, p. 1206, note de Montecler).

Art. R. 333-5-1 *(Rempl., D. n° 2012-83, 24 janv. 2012 ; mod., D. n° 2017-1156, 10 juill. 2017)* (1). **– I. – Le périmètre d'étude d'un parc naturel régional ne peut pas inclure des espaces déjà compris dans le périmètre d'étude, classé ou de classement potentiel d'un autre parc naturel régional.**

II. – Le périmètre d'étude d'un parc naturel régional ne peut pas inclure des espaces déjà classés dans un parc naturel marin ou compris dans le périmètre d'étude d'un tel parc.

III. – Sans préjudice des dispositions de l'article L. 331-15-7, un même espace ne peut être inclus simultanément dans le périmètre d'étude d'un parc naturel régional et, selon le cas, dans :

1° Les espaces terrestres et maritimes compris dans le périmètre d'intervention du groupement d'intérêt public de préfiguration d'un parc national annexé à la convention constitutive de ce groupement ;

2° Le territoire d'une commune classé en cœur d'un parc national ou pour lequel cette commune a, ou conserve, vocation à adhérer à la charte du parc national ;

3° Une aire maritime adjacente à un cœur de parc national ;

NB : Conformément à l'article 19 du décret n° 2017-1156 du 10 juillet 2017, les dispositions du présent article, dans leur rédaction antérieure à celle résultant dudit décret, restent applicables lorsque l'avis motivé de l'État sur l'opportunité du projet prévu à l'article L. 333-1 du Code de l'environnement est intervenu avant l'entrée en vigueur de la loi n° 2016-1087 du 8 août 2016 pour la reconquête de la biodiversité, de la nature et des paysages.

Art. R. 333-6 *(Rempl., D. n° 2017-1156, 10 juill. 2017)* (1). **– I. – Dans un délai de six mois à compter de la réception de la délibération du conseil régional mentionnée au I de l'article R. 333-5, le préfet de région rend l'avis motivé sur l'opportunité du projet prévu au deuxième alinéa du III de l'article L. 333-1, au regard des critères énoncés à l'article R. 333-4. Passé ce délai, son avis est réputé favorable.**

Dans le cas de création d'un parc naturel régional, cet avis est précédé de la consultation du Conseil national de la protection de la nature et de la Fédération des parcs naturels régionaux de France, qui se prononcent dans un délai de deux mois à compter de leur saisine par le ministre chargé de l'environnement. Faute de réponse dans ce délai, les avis sont réputés favorables. Dans le cas d'une révision de charte, ces instances peuvent également être consultées, notamment en cas de modification significative du périmètre.

II. – La région élabore le projet de charte initiale et le syndicat mixte d'aménagement et de gestion du parc élabore le projet de charte révisée, dans les conditions prévues au premier alinéa du IV de l'article L. 333-1 et en tenant compte de l'avis motivé de l'État.

III. – La région transmet le projet de charte, initiale ou révisée, au préfet de région pour avis. Cet avis est précédé de la consultation du Conseil national de la protection de la nature et de la Fédération des parcs naturels régionaux de France qui se prononcent dans un délai de deux mois à compter de leur saisine par le ministre chargé de l'environnement. Faute de réponse dans ce délai, les avis sont réputés favorables.

(1) Les présents articles, dans leur rédaction antérieure à celle résultant du décret n° 2017-1156 du 10 juillet 2017, restent applicables lorsque l'avis motivé de l'État sur l'opportunité du projet prévu à l'article L. 333-1 du présent code est intervenu avant l'entrée en vigueur de la loi n° 2016-1087 du 8 août 2016 pour la reconquête de la biodiversité, de la nature et des paysages, D. n° 2017-1156, 10 juill. 2017, art. 19.

Le projet de charte peut être modifié pour tenir compte des avis mentionnés à l'alinéa précédent.

IV. – Le projet de charte, accompagné du rapport environnemental mentionné à l'article R. 122-20, est transmis pour avis à l'autorité environnementale, qui se prononce dans les conditions prévues à l'article L. 122-7.

NB : Conformément à l'article 19 du décret n° 2017-1156 du 10 juillet 2017, les dispositions du présent article, dans leur rédaction antérieure à celle résultant dudit décret, restent applicables lorsque l'avis motivé de l'État sur l'opportunité du projet prévu à l'article L. 333-1 du Code de l'environnement est intervenu avant l'entrée en vigueur de la loi n° 2016-1087 du 8 août 2016 pour la reconquête de la biodiversité, de la nature et des paysages.

Art. R. 333-6-1 *(D. n° 2005-1456, 21 nov. 2005 ; mod., D. n° 2011-2018, 29 déc. 2011 ; D. n° 2012-83, 24 janv. 2012 ; D. n° 2017-1156, 10 juill. 2017)* (1). – **Le projet de charte, constitutive ou révisée, arrêté par le président du conseil régional, est soumis à enquête publique selon la procédure prévue par les articles L. 123-1 à L. 123-18 et par les articles R. 123-3 à R. 123-2. Le dossier soumis à enquête publique comprend, outre les éléments prévus à l'article R. 123-8, au moins le rapport et le plan prévus aux 1° et 2° du II de l'article R. 333-3.**

Par dérogation aux articles L. 123-3 et R. 123-3, l'ouverture et l'organisation de l'enquête publique sont assurées par le président du conseil régional ; dans le cas d'un projet de parc interrégional, ces compétences sont exercées par le président de la région dans laquelle le parc a la plus grande étendue et le commissaire enquêteur ou la commission d'enquête est désigné par le président du tribunal administratif dans le ressort duquel est situé le chef-lieu de cette région.

En Corse, l'assemblée de Corse délibère sur les modalités d'ouverture et d'organisation de l'enquête publique qui a lieu dans les formes prévues par les articles L. 123-1 à L. 123-18 et par les articles R. 123-3 à R. 123-27. Conformément aux dispositions de l'article L. 4422-25 du Code général des collectivités territoriales, le président du conseil exécutif assure l'exécution de cette délibération.

Le projet de charte peut être modifié pour tenir compte des résultats de l'enquête et de l'avis de l'autorité environnementale.

Bibliographie : J.-M. Février, *La réforme des parcs naturels régionaux : Environnement* mai 2006, n° 5, comm. 54 ; *Actualité réglementaire des parcs naturels régionaux : Environnement* janv. 2006, n° 1, comm. 2. • R. Romi, *La création des parcs naturels régionaux : vers une véritable compétence partagée ? L'enquête publique sur la Charte constitutive : Dr. env.* déc. 2005, n° 134.

Art. R. 333-6-2 *(D. n° 2017-1156, 10 juill. 2017)* (2). – **Le projet de charte est transmis pour examen final au préfet de région, qui l'adresse sans délai au ministre chargé de l'environnement. Il lui transmet également, dès que possible, son avis motivé sur ce projet.**

Dans un délai de quatre mois à compter de la réception du projet de charte, le ministre chargé de l'environnement réalise un examen final de ce projet. Passé ce délai, cet examen est réputé favorable. Cet examen est précédé de la consultation des ministres chargés des collectivités territoriales, du budget, de l'aménagement du territoire, de l'agriculture, de l'urbanisme, de la culture, de l'industrie, du tourisme, de l'énergie, de la défense ainsi que d'autres ministres éventuellement intéressés et, le cas échéant, du secrétaire général de la mer, qui se prononcent dans un délai de deux mois à compter de leur saisine par le ministre chargé de l'environnement. Faute de réponse dans ce délai, les avis sont réputés favorables.

Le projet de charte peut être modifié pour tenir compte de l'examen final du ministre chargé de l'environnement.

NB : Conformément à l'article 19 du décret n° 2017-1156 du 10 juillet 2017, les dispositions du présent article, dans leur rédaction résultant dudit décret, ne s'appliquent pas aux parcs naturels régionaux et aux projets de parcs naturels régionaux pour lesquels l'État a émis l'avis motivé sur l'opportunité du projet avant l'entrée en vigueur de la loi n° 2016-1087 du 8 août 2016 pour la reconquête de la biodiversité, de la nature et des paysages.

(1) Dispositions applicables aux enquêtes publiques dont l'arrêté d'ouverture et d'organisation est publié à compter du 1er juin 2012, D. n° 2011-2018, 29 déc. 2011, art. 17.

(2) Les présentes dispositions créées par le décret n° 2017-1156 du 10 juillet 2017 ne s'appliquent pas aux parcs naturels régionaux et aux projets de parcs naturels régionaux pour lesquels l'État a émis l'avis motivé sur l'opportunité du projet avant l'entrée en vigueur de la loi n° 2016-1087 du 8 août 2016, D. n° 2017-1156, 10 juill. 2017, art. 19.

Art. R. 333-7 *(Rempl., D. n° 2012-83, 24 janv. 2012 ; mod., D. n° 2017-1156, 10 juill. 2017)* (1). **– La région adresse ce projet de charte aux départements, aux communes et aux établissements publics de coopération intercommunale à fiscalité propre territorialement concernés, qui disposent d'un délai de quatre mois à compter de leur saisine pour approuver la charte.**

Le conseil régional approuve ensuite la charte, sous réserve que les conditions cumulatives suivantes soient satisfaites :

– les communes ayant approuvé la charte représentent au moins les deux tiers des communes comprises dans le périmètre d'étude ;

– le territoire des communes ayant approuvé la charte inclus dans le périmètre d'étude représente au moins les trois quarts de la surface de ce périmètre ;

– la population des communes ayant approuvé la charte représente au moins la moitié de la population de l'ensemble des communes comprises dans le périmètre d'étude.

Au regard des délibérations favorables recueillies, le conseil régional approuve le périmètre proposé au classement ou au renouvellement du classement et propose, le cas échéant, un périmètre de classement potentiel, dans les conditions prévues au IV de l'article L. 333-1.

1) Conformément à l'article 19 du décret n° 2017-1156 du 10 juillet 2017, les dispositions des deux premiers alinéas du présent article, dans leur rédaction antérieure à celle résultant dudit décret, restent applicables lorsque l'avis motivé de l'État sur l'opportunité du projet prévu à l'article L. 333-1 du Code de l'environnement est intervenu avant l'entrée en vigueur de la loi n° 2016-1087 du 8 août 2016 pour la reconquête de la biodiversité, de la nature et des paysages.

2) Périmètre du parc. Contrôle restreint du juge. Le fait qu'un certain nombre de communes et d'établissements publics de coopération intercommunale concernés par le projet de charte n'aient pas approuvé ce projet ne fait pas obstacle à ce que les conseils régionaux de Provence-Alpes Côte d'Azur et de Rhône-Alpes l'approuvent, ceux-ci n'ayant proposé au classement que le territoire des 86 communes ayant délibéré en faveur du projet. Aucune disposition ou principe n'impose que le territoire d'un parc soit d'un seul tenant et sans enclave. Le juge de l'excès de pouvoir apprécie la décision délimitant, compte tenu de ces refus, le périmètre du parc et limite son contrôle à l'erreur manifeste d'appréciation (■ CE, 8 juin 2016, n° 389062, *Assoc. « Baronnies libres sans parc » : AJDA* 2016, p. 1206, note de Montecler, V. note sous art. R. 333-4 et s., p. 2123).

Art. R. 333-8 *(Rempl., D. n° 2017-1156, 10 juill. 2017)* (1). **– Le projet de charte approuvé, accompagné des accords des collectivités territoriales et des établissements mentionnés à l'article R. 333-7, ainsi que des éléments permettant d'établir la déclaration environnementale prévue au 2° du I de l'article L. 122-9, est transmis par le préfet de région, après vérification de la régularité de la procédure et du respect des conditions de classement, au ministre chargé de l'environnement.**

NB : Conformément à l'article 19 du décret n° 2017-1156 du 10 juillet 2017, les dispositions du présent article, dans leur rédaction antérieure à celle résultant dudit décret, restent applicables lorsque l'avis motivé de l'État sur l'opportunité du projet prévu à l'article L. 333-1 du Code de l'environnement est intervenu avant l'entrée en vigueur de la loi n° 2016-1087 du 8 août 2016 pour la reconquête de la biodiversité, de la nature et des paysages.

Art. R. 333-9 *(Abr., D. n° 2017-1156, 10 juill. 2017).* (1)

Consultation du CNPN. La consultation du CNPN n'est pas entachée d'irrégularité du fait que le projet de convention d'application de la charte n'a pas été communiqué au préalable aux membres de cet organisme. Ce document peut leur être communiqué en même temps que la convocation à la réunion (■ CE, 27 févr. 2004, n° 198124, *Centre régional de la propriété foncière de Lorraine-Alsace : Rec. CE* 2004, p. 98 ; *RFDA* 2004, p. 423, note Terneyre ; *RD imm.* 2004, p. 219 et 354, note Y. Jegouzo ; *JCP* A 3 mai 2004, n° 1327, note P. Billet ; *Constr.-Urb.* 2004, n° 84, obs. Benoit-Cattin ; *RD rur.* 2004, p. 323, note Chédozeau ; *RD rur.* 2004, p. 542, note Grimonprez). Les avis du CNPN n'ont qu'une valeur consultative. Dès lors, il ne saurait être fait grief à l'autorité administrative compétente pour prononcer le classement ou le renouvellement d'un classe-

(1) Les présents articles, dans leur rédaction antérieure à celle résultant du décret n° 2017-1156 du 10 juillet 2017, restent applicables lorsque l'avis motivé de l'État sur l'opportunité du projet prévu à l'article L. 333-1 du présent code est intervenu avant l'entrée en vigueur de la loi n° 2016-1087 du 8 août 2016 pour la reconquête de la biodiversité, de la nature et des paysages, D. n° 2017-1156, 10 juill. 2017, art. 19.

ment de ne pas avoir suivi ces avis. Le moyen tiré de ce que l'avis du Conseil national de la protection de la nature aurait été méconnu ne peut qu'être écarté (▪ CE, 20 déc. 2013, n° 363667, *Assoc. FNE et a. : Environnement* 2014, n° 21, note Trouilly ; *AJDA* 2014, 719).

Art. R. 333-10 *(Rempl., D. n° 2017-1156, 10 juill. 2017)*. – **Le projet de charte est adopté et le classement est prononcé par décret pris sur le rapport du ministre chargé de l'environnement.**

La charte ainsi que la déclaration environnementale prévue au 2° du I de l'article L. 122-9 peuvent être consultées au ministère en charge de l'environnement, dans la ou les préfectures de région, les préfectures et sous-préfectures territorialement concernées, au siège de la ou des régions concernées, à celui du syndicat mixte d'aménagement et de gestion du parc ainsi que sur le site internet de ce syndicat.

L'information du public est assurée dans les conditions prévues au I de l'article R. 122-23.

Art. R. 333-10-1 *(D. n° 2017-1156, 10 juill. 2017)*. – **I.** (1) **Dans le cas prévu au dernier alinéa du IV de l'article L. 333-1, l'approbation de la charte par la commune concernée emporte demande d'adhésion au syndicat mixte d'aménagement et de gestion du parc.**

La proposition du syndicat mixte d'aménagement et de gestion du parc naturel régional doit intervenir dans l'année qui suit le renouvellement général des conseils municipaux.

Dans le cas d'un parc interrégional, l'arrêté est adopté par le préfet de région coordonnateur mentionné au I de l'article R. 333-5 ou, si sa mission est achevée, par le préfet de la région dans laquelle se situe la commune sollicitant son intégration.

Le syndicat mixte d'aménagement et de gestion du parc actualise le plan du parc ainsi que la liste des communes figurant dans le périmètre classé et dans le périmètre de classement potentiel. Ces informations sont mises à disposition du public dans les conditions prévues au premier alinéa de l'article R. 333-10.

II. – Dans le cas prévu au VIII de l'article L. 333-1, l'approbation de la charte par la commune concernée emporte demande d'adhésion au syndicat mixte d'aménagement et de gestion du parc.

La proposition du syndicat mixte d'aménagement et de gestion du parc naturel régional doit intervenir dans les six mois qui suivent la publication du décret n° 2017-1156 du 10 juillet 2017 relatif aux parcs naturels régionaux ou dans l'année qui suit le renouvellement général des conseils municipaux.

Le syndicat mixte d'aménagement et de gestion du parc naturel régional actualise le plan du parc ainsi que la liste des communes figurant dans le périmètre classé. Ces informations sont mises à disposition du public dans les conditions prévues au premier alinéa de l'article R. 333-10.

NB : Conformément à l'article 19 du décret n° 2017-1156 du 10 juillet 2017, les dispositions du I du présent article, dans leur rédaction résultant dudit décret, ne s'appliquent pas aux parcs naturels régionaux et aux projets de parcs naturels régionaux pour lesquels l'État a émis l'avis motivé sur l'opportunité du projet avant l'entrée en vigueur de la loi n° 2016-1087 du 8 août 2016 pour la reconquête de la biodiversité, de la nature et des paysages.

NB : au dernier alinéa de cet article, au lieu de « premier alinéa », il convient de lire « deuxième alinéa ».

Art. R. 333-11 *(Rempl., D. n° 2017-1156, 10 juill. 2017)*. – **Le préfet de région informe le ministre chargé de l'environnement lorsqu'il constate que le fonctionnement ou l'aménagement d'un parc n'est pas conforme à la charte ou que le parc ne remplit plus les critères qui ont justifié son classement.**

Il peut être mis fin, par décret pris sur le rapport du ministre chargé de l'environnement, au classement du territoire en « parc naturel régional ».

Le ministre chargé de l'environnement invite au préalable la ou les régions concernées ainsi que l'organisme *chargé de l'aménagement* et de la gestion du parc à présenter leurs observations sur la mesure envisagée.

Il consulte le Conseil national de la protection de la nature, la Fédération des parcs naturels régionaux de France, les ministres mentionnés au deuxième alinéa de l'article R. 333-6-2 ainsi que d'autres ministres éventuellement intéressés et, le cas échéant, le secrétaire général de la mer, qui se prononcent dans un délai de deux mois à compter de leur saisine. Faute de réponse dans ce délai, les avis sont réputés favorables.

(1) Les présentes dispositions créées par le décret n° 2017-1156 du 10 juillet 2017 ne s'appliquent pas aux parcs naturels régionaux et aux projets de parcs naturels régionaux pour lesquels l'État a émis l'avis motivé sur l'opportunité du projet avant l'entrée en vigueur de la loi n° 2016-1087 du 8 août 2016, D. n° 2017-1156, 10 juill. 2017, art. 19.

Art. R. 333-12. – Le classement vaut autorisation d'utiliser la dénomination « parc naturel régional » et l'emblème du parc, déposés par le ministre chargé de l'environnement à l'Institut national de la propriété industrielle, sous la forme de marque collective.

Art. R. 333-13 *(Abr., D. n° 2017-1156, 10 juill. 2017).*

Art. R. 333-14 *(Rempl., D. n° 2007-673, 2 mai 2007 ; mod., D. n° 2011-2019, 29 déc. 2011* (1) *; D. n° 2012-83, 24 janv. 2012 ; D. n° 2015-1783, 28 déc. 2015 ; D. n° 2016-1110, 11 août 2016 ; D. n° 2017-1156, 10 juill. 2017)* (2). – I. – Le syndicat mixte d'aménagement et de gestion du parc naturel régional coordonne les dispositifs d'évaluation et de suivi prévus au c du 1° du II de l'article R. 333-3 et au 7° du II de l'article R. 122-20. Lors de la procédure de renouvellement de classement, il établit le diagnostic et le bilan prévus au III de l'article R. 333-3, il rédige le projet de charte et organise la concertation.

II. – Il peut participer à un programme d'actions en mer contribuant à la réalisation des orientations retenues par la charte pour les zones littorales et les zones maritimes du parc. Les modalités de cette participation sont définies par une convention passée avec les autorités de l'État compétentes.

III. – Il est associé à l'élaboration des schémas de cohérence territoriale et des plans locaux d'urbanisme en application de l'article L. 132-7 du Code de l'urbanisme, dans les conditions définies aux titres IV et V du livre Ier de ce code.

Il peut exercer la compétence d'élaboration, de suivi et de révision d'un schéma de cohérence territoriale, dans les conditions prévues par l'article L. 143-16 du Code de l'urbanisme.

Il est consulté lors de l'élaboration ou de la révision des documents figurant sur la liste fixée par l'article R. 333-15.

Lorsque des projets soumis à évaluation environnementale en application de l'article R. 122-2 sont envisagés sur le territoire du parc, il est saisi pour avis de l'étude d'impact définie à l'article R. 122-5 par l'autorité compétente pour prendre la décision d'autorisation du projet.

Le comité syndical du parc naturel régional peut déléguer à son bureau ou au président du parc le soin d'émettre les avis sollicités dans les cas mentionnés aux deux alinéas précédents.

1) Irrégularité de la procédure. Absence de consultation. En l'absence de consultation de l'organisme gestionnaire du parc sur l'étude d'impact d'un projet d'aménagement situé dans le périmètre du parc, la procédure est irrégulière (■ CE, 21 oct. 1992, n° 71719, *Catois : Rec. CE*, tables p. 1130 ; *Rev. jur. env.* 1993, p. 453. ■ CE, 7 avr. 1993, n° 107962, *Sté de Dietrich et Cie.* ■ CAA Douai, 25 oct. 2001, *Assoc. Opale environnement : Rev. jur. env.* 4/2002, concl. Yeznikian. ■ CE, 3 nov. 2006, n° 293794, *Syndicat intercommunal d'assainissement du Nord : Rec. CE* 2006, tables p. 906), à condition toutefois que le projet se situe dans le périmètre du parc (■ CE, 29 juill. 1998, n° 162061, *Min. Intérieur : Rev. jur. env.* 1999, p. 171, note P. Billet. ■ CE, 15 mai 2006, n° 278942, *Assoc. des riverains de la ligne des Carpates : Rec. CE* 2006, tables p. 907).

2) Documents devant parvenir au syndicat mixte de gestion du parc avant l'approbation du projet. La délibération du conseil municipal approuvant la création d'une zone d'aménagement concerté encourt l'annulation si le syndicat mixte de gestion du parc naturel régional n'a pas été en mesure de donner son avis avant cette délibération, dès lors que les documents lui sont parvenus postérieurement à la séance du conseil municipal (■ CAA Douai, 14 mai 2008, n° 06DA00197, *Assoc. « Vivre au pays de Wimille »*).

Art. R. 333-15 *(Rempl., D. n° 2017-1156, 10 juill. 2017).* – I. – Les documents qui doivent être soumis pour avis au syndicat mixte d'aménagement et de gestion du parc en application du VI de l'article L. 333-1 sont les suivants

1° Le plan départemental de protection du milieu aquatique et de gestion des ressources piscicoles prévu à l'article L. 433-4 ;

2° Le programme d'action de protection et d'aménagement des espaces agricoles et naturels périurbains prévu à l'article L. 113-21 du Code de l'urbanisme ;

3° Le plan de protection de l'atmosphère prévu à l'article L. 222-4 ;

(1) Dispositions d'application transitoires : V. D. n° 2011-2019, 29 déc. 2011, art. 13.
(2) V. note sous le II de l'article 15 du décret n° 2013-142 du 14 février 2013. – NDLR.

4° Le schéma départemental et le schéma régional des carrières prévu à l'article L. 515-3 ;

5° Le plan départemental des espaces, sites et itinéraires relatifs aux sports de nature prévu à l'article L. 311-3 du Code du sport ou, à défaut, le plan départemental des itinéraires de promenade et de randonnée prévu à l'article L. 361-1 du présent code ;

6° Le plan départemental des itinéraires de randonnée motorisée prévu à l'article L. 361-2 ;

7° Le schéma directeur d'aménagement et de gestion des eaux prévu à l'article L. 212-1 ;

8° Le schéma d'aménagement et de gestion des eaux prévu à l'article L. 212-3 ;

9° Le schéma départemental de gestion cynégétique prévu à l'article L. 425-1 ;

10° Le plan de prévention des risques naturels prévisibles prévu à l'article L. 562-1 ;

11° Le plan de gestion des risques d'inondation prévu à l'article L. 566-7 ;

12° Le plan de prévention des risques technologiques prévu à l'article L. 515-15 ;

13° Le plan de prévention des risques miniers prévu à l'article L. 174-5 du Code minier ;

14° Le schéma régional de développement du tourisme et des loisirs prévu à l'article L. 131-7 du Code du tourisme ;

15° Le schéma d'aménagement touristique départemental prévu à l'article L. 132-1 du Code du tourisme ;

16° Le projet de territoire du pôle d'équilibre territorial et rural prévu au I de l'article L. 5741-2 du Code général des collectivités territoriales ;

17° Le plan d'aménagement et de développement durable de la Corse prévu à l'article L. 4424-9 du Code général des collectivités territoriales ;

18° Le schéma directeur de la région Île-de-France prévu à l'article L. 123-1 du Code de l'urbanisme ;

19° Le schéma d'aménagement régional prévu à l'article L. 4433-7 du Code général des collectivités territoriales ;

20° Le schéma régional d'aménagement, de développement durable et d'égalité des territoires prévu à l'article L. 4251-1 du Code général des collectivités territoriales ;

21° Le schéma régional de cohérence écologique de la région Île-de-France prévu à l'article L. 371-3 ;

22° Le schéma régional du climat, de l'air et de l'énergie de la région Île-de-France et de la Corse prévu à l'article L. 222-1 ;

23° Le plan régional de prévention et de gestion des déchets des régions Île-de-France, Guadeloupe, La Réunion, des collectivités territoriales de Guyane et de Martinique et des collectivités territoriales à statut particulier exerçant les compétences d'une région, prévu à l'article L. 541-13 ;

24° Le document de planification régionale des infrastructures de transport de la région Île-de-France prévu à l'article L. 4413-3 du Code général des collectivités territoriales ;

25° Le programme régional de la forêt et du bois prévu à l'article L. 122-1 du Code forestier ;

26° La directive d'aménagement des bois et forêts prévue au 1° de l'article L. 122-2 du Code forestier ;

27° Le schéma régional d'aménagement des bois et forêts prévu au 2° de l'article L. 122-2 du Code forestier ;

28° Le schéma régional de gestion sylvicole des bois et forêts des particuliers prévu au 3° de l'article L. 122-2 du Code forestier ;

29° Le schéma de mise en valeur de la mer prévu à l'article 57 de la loi n° 83-8 du 7 janvier 1983 relative à la répartition de compétences entre les communes, les départements, les régions et l'État ;

30° Les schémas régionaux des infrastructures et des transports prévus à l'article L. 1213-1 du Code des transports, les schémas régionaux de l'intermodalité prévus à l'article L. 1213-3-1 du même code, les schémas régionaux du climat, de l'air et de l'énergie, les schémas régionaux de cohérence écologique et les plans régionaux de prévention et de gestion des déchets prévus respectivement aux articles L. 222-1, L. 371-3 et L. 541-13 du présent code, lorsque leur élaboration ou leur révision est en cours à la date de publication du décret n° 2017-1156 du 10 juillet 2017 relatif aux parcs naturels régionaux et avait été engagée à la date de publication de l'ordonnance n° 2016-1028 du 27 juillet 2016 dans les conditions prévues par son article 34.

II. – Lorsque ces documents doivent faire l'objet d'une évaluation environnementale en application de l'article R. 122-17, ils sont accompagnés du rapport environnemental prévu par l'article R. 122-20.

III. – Sous réserve des dispositions spécifiques relatives à ces documents, l'absence de réponse du syndicat mixte d'aménagement et de gestion du parc dans le délai de deux mois à compter de la saisine vaut avis favorable.

Art. D. 333-15-1 *(D. n° 2006-1614, 15 déc. 2006 ; mod., D. n° 2007-397, 22 mars 2007* (1) *; D. n° 2012-83, 24 janv. 2012).* – (2) **Les indemnités maximales votées en application du III de l'article L. 333-3 par les organes délibérants des syndicats mixtes d'aménagement et de gestion des parcs naturels régionaux pour l'exercice effectif des fonctions de président ou de vice-président sont déterminées en appliquant au montant du traitement mensuel correspondant à l'indice brut terminal de l'échelle indiciaire de la fonction publique les barèmes suivants :**

SUPERFICIE (en hectares)	TAUX EN POURCENTAGE de l'indice brut 1015	
	Président	Vice-président
De 0 à 49 999	27	11
De 50 000 à 99 999	29	13
De 100 000 à 199 999	31	15
Plus de 200 000	33	17

La superficie prise en compte est celle cadastrée et non cadastrée « hors eaux » du territoire géré par le syndicat mixte du parc naturel régional.

Art. R. 333-16. – **La gestion de la marque collective propre au parc et mentionnée à l'article R. 333-12 ne peut être confiée qu'à** *(Mots rempl., D. n° 2012-83, 24 janv. 2012)* **« l'organisme chargé de l'aménagement et de la gestion du parc naturel régional ». Les modalités de cette gestion sont fixées par le règlement joint au dépôt de la marque. Le déclassement** *(Mots rempl., D. n° 2017-1156, 10 juill. 2017)* **« ou le non-renouvellement du classement emportent » interdiction d'utiliser la marque déposée.**

CHAPITRE IV. – AIRES MARINES PROTÉGÉES

(D. n° 2006-1266, 16 oct. 2006 ; intit. rempl. à compter du 1er janvier 2017, D. n° 2016-1842, 26 déc. 2016)

Section I. – Dispositions générales

(Rempl. à compter du 1er janvier 2017, D. n° 2016-1842, 26 déc. 2016)

Voir : Obs. sous intitulé Livre III / Loi pour la reconquête de la biodiversité, de la nature et des paysages (DEVL1400720L). La loi prévoit notamment la création de l'« Agence française pour la biodiversité », constituée par la fusion de l'Office national de l'eau et des milieux aquatiques (ONEMA), de l'Atelier technique des espaces naturels (ATEN), de l'Agence des aires marines protégées (AAMP) et de l'établissement public Parcs nationaux de France / Loi portant création de l'Office français de la biodiversité, modifiant les missions des fédérations des chasseurs (TREL1827740L). La loi prévoit la création de l'Office français de la biodiversité, constitué par la fusion de l'Agence française pour la biodiversité et de l'Office national de la chasse et de la faune sauvage.

Voir : Décret n° 2019-1580 du 31 décembre 2019 relatif à l'Office français de la biodiversité (TREL1927968D).

Art. R. 334-1 *(Rempl. à compter du 1er janvier 2020, D. n° 2019-1580, 31 déc. 2019).* – **L'Office français de la biodiversité anime le réseau des aires marines protégées françaises et contribue à la participation de la France à la constitution et à la gestion des aires marines protégées décidées au niveau international.**

À cette fin, il peut se voir confier, après accord de son conseil d'administration, sur proposition du ministre chargé de l'environnement, la gestion directe d'aires marines protégées. Il apporte son appui technique, administratif et scientifique aux autres gestionnaires d'aires marines protégées et suscite des projets d'aires marines protégées afin de constituer un réseau cohérent.

(1) Dispositions applicables à Mayotte, dans les îles Wallis-et-Futuna, en Polynésie française, en Nouvelle-Calédonie et dans les Terres australes et antarctiques françaises, D. n° 2007-397, 22 mars 2007, art. 15.
(2) Conditions de modification : V. D. n° 2007-397, 22 mars 2007, art. 12.

Art. R. 334-2 *(Rempl. à compter du 1er janvier 2017, D. n° 2016-1842, 26 déc. 2016).* **– Entrent dans le champ de compétence de l'***(Mot rempl. à compter du 1er janvier 2020, D. n° 2019-1580, 31 déc. 2019)* **« office », outre les catégories d'aires marines protégées énumérées à l'article L. 334-1, les catégories d'espaces marins dont la protection, la restauration et la gestion durable requièrent des mesures réglementaires ou contractuelles ou un programme d'actions, lorsqu'elles ont fait l'objet d'une décision du ministre chargé de l'environnement, prise après avis du conseil d'administration de l'agence et du conseil national de la protection de la nature.**

Voir : A. 3 juin 2011, portant identification des catégories d'aires marines protégées entrant dans le champ de compétence de l'Agence des aires marines protégées (NOR : DEVL1113172A ; *JORF* n° 0155, 6 juill. 2011, p. 11719).

Art. R. 334-3 à R. 334-26 *(Abr. à compter du 1er janvier 2017, D. n° 2016-1842, 26 déc. 2016).*

Section II. – Les parcs naturels marins

Bibliographie : S. Mabile, *Les parcs naturels marins consacrés par le législateur : Rev. jur. env.* 2006, p. 251 ; *La création du Parc naturel marin d'Iroise : chèque en blanc à l'État ou nouvelle forme de gouvernance locale ? : Dr. env.* 2007, p. 301.

Sous-section 1. – Création

Art. R. 334-27 *(Rempl., D. n° 2012-83, 24 janv. 2012).* **– I. – La conduite de la procédure de création ou d'extension d'un parc naturel marin est confiée conjointement au représentant de l'État en mer et au préfet de département intéressés à cette création ou à cette extension par un arrêté des ministres chargés de la protection de la nature et de la mer.**

Lorsque le projet concerne deux façades maritimes métropolitaines ou plusieurs départements, le Premier ministre désigne un représentant de l'État en mer coordonnateur et, dans les conditions prévues à l'article 69 du décret n° 2004-374 du 29 avril 2004 modifié relatif aux pouvoirs des préfets, à l'organisation et à l'action des services de l'État dans les régions et départements, un préfet de département coordonnateur.

II. – L'arrêté prévu au premier alinéa du I définit le périmètre d'étude du parc naturel marin.

Le périmètre d'étude d'un parc naturel marin peut inclure des espaces déjà compris dans le périmètre d'étude d'un parc naturel régional. Dans ce cas, leur classement dans le parc naturel marin emporte abrogation de leur classement préalable dans le parc naturel régional, sans qu'il soit nécessaire de procéder aux consultations prévues aux articles R. 333-7 et R. 333-9.

Le périmètre d'étude d'un parc naturel marin ne peut pas inclure des espaces déjà classés en parc naturel régional, ni des espaces ayant été classés dans un parc naturel régional et compris dans le périmètre d'étude retenu pour le renouvellement de ce classement.

Art. R. 334-28 *(D. n° 2006-1266, 16 oct. 2006).* **– Le dossier de création comprend :**

1° Un document indiquant les limites du parc naturel marin projeté ;

2° Une synthèse de l'état du patrimoine marin et des usages du milieu marin ;

3° Les propositions d'orientations de gestion en matière de connaissance, de conservation et d'usage du patrimoine et du milieu marin ;

4° Le projet de composition du conseil de gestion du parc.

Art. R. 334-29 *(D. n° 2006-1266, 16 oct. 2006 ; mod., D. n° 2011-2018, 29 déc. 2011)* (1). **– Le projet de création d'un parc naturel marin est, simultanément ou successivement :**

1° Soumis pour avis aux personnes et organismes directement intéressés par le projet, figurant sur une liste établie par les représentants de l'État chargés de conduire la procédure et choisies parmi les catégories suivantes : services et établissements publics de l'État, régions et départements, communes littorales et leurs groupements, chambres de commerce et d'industrie, comités régionaux et locaux des pêches maritimes et des

(1) Dispositions applicables aux enquêtes publiques dont l'arrêté d'ouverture et d'organisation est publié à compter du 1er juin 2012, D. n° 2011-2018, 29 déc. 2011, art. 17.

élevages marins, sections régionales de la conchyliculture, organismes de gestion d'espaces naturels au sens du livre troisième du présent code. À défaut de réponse dans le délai de deux mois à compter de la réception de la demande d'avis, celui-ci est réputé favorable ;

2° Soumis à enquête publique par le préfet du département mentionné à l'article R. 334-27. L'enquête est organisée sur le territoire des communes littorales directement intéressées par le projet. Les directions départementales des territoires et de la mer et les directions interrégionales de la mer ou, outre-mer, les directions de l'environnement, de l'aménagement et du logement et les directions de la mer, territorialement compétentes figurent parmi les lieux d'enquête.

Art. R. 334-30 *(Rempl. à compter du 1er août 2021, D. n° 2021-1000, 30 juill. 2021 ; mod., D. n° 2022-969, 1er juill. 2022)*. – Le décret de création d'un parc naturel marin peut-être modifié selon les procédures définies à l'article L. 334-3-1 et dans les conditions suivantes :

1° Lorsque la modification porte sur la délimitation du périmètre du parc ou les orientations de gestion, le projet de décret de modification est adressé pour avis aux personnes et organismes figurant sur la liste prévue au 1° de l'article R. 334-29 ;

2° Lorsque la modification porte sur la composition ou l'organisation du conseil de gestion du parc, le projet de décret de modification est adressé pour avis aux personnes et organismes que les représentants de l'État chargés de conduire la procédure estiment intéressés par cette modification. À défaut de réponse dans un délai d'un mois à compter de la réception de la demande d'avis, celui-ci est réputé favorable.

Sous-section 2. – Administration

§ 1. – Les conseils de gestion

Art. R. 334-31 *(D. n° 2006-1266, 16 oct. 2006)*. – Les membres du conseil de gestion sont nommés pour une durée de cinq ans par arrêté conjoint du représentant de l'État en mer et du préfet du département qui ont conduit la procédure de création du parc naturel marin.

(Mots rempl. à compter du 1er janvier 2020, D. n° 2019-1580, 31 déc. 2019) Le membre du conseil de gestion qui au cours de son mandat, décède, démissionne ou perd la qualité au titre de laquelle il a été désigné est remplacé pour la durée du mandat restant à courir par une personne désignée dans les mêmes conditions.

Les membres du conseil de gestion exercent leurs fonctions à titre gratuit. Ils bénéficient du remboursement de leurs frais de déplacement et de séjour dans les conditions prévues par la réglementation applicable aux fonctionnaires civils de l'État.

Art. R. 334-32 *(D. n° 2006-1266, 16 oct. 2006)*. – Le conseil de gestion élit en son sein son président.

Art. R. 334-33 *(D. n° 2006-1266, 16 oct. 2006 ; mod., D. n° 2016-1842, 26 déc. 2016 ; D. n° 2017-81, 26 janv. 2017 ; D. n° 2018-565, 2 juill. 2018 ; D. n° 2018-1204, 21 déc. 2018 ; mod. à compter du 1er janvier 2020, D. n° 2019-1580, 31 déc. 2019)*. – Le conseil de gestion du parc naturel marin exerce notamment les attributions suivantes :

1° Il arrête son règlement intérieur, lequel fixe notamment la composition et le mode de fonctionnement du bureau ;

2° Il élabore et adopte le plan de gestion du parc naturel marin et le soumet à l'approbation du conseil d'administration de l'Office français de la biodiversité, après avoir recueilli s'il y a lieu l'accord préalable de l'autorité militaire compétente ;

3° Il définit le programme d'actions permettant la mise en œuvre du plan de gestion et en assure le suivi, l'évaluation périodique et la révision,

4° Sur délégation du conseil d'administration de l'Office français de la biodiversité, il fixe les modalités et critères d'attribution des concours financiers de l'office pour les opérations définies au plan de gestion ;

5° Il décide de l'appui technique apporté aux projets de protection de l'environnement et de développement durable ayant un impact positif sur la qualité des eaux, la conservation des habitats naturels et des espèces ;

6° Il se prononce sur les demandes d'autorisations d'activités mentionnées au quatrième alinéa de l'article L. 334-5, dans les conditions fixées par cet alinéa, à l'exclusion de celles concernant des projets relevant du I de l'article L. 121-8 ou de l'article L. 121-8-1 ;

7° Il émet au nom du conseil d'administration de l'Office français de la biodiversité l'avis que celui-ci doit donner sur un projet de schéma de mise en valeur de la mer qui concerne le parc naturel marin ;

8° Il adopte le rapport annuel d'activité relatif à la mise en œuvre du plan de gestion du parc naturel marin et l'adresse au président du conseil d'administration de l'office, aux représentants de l'État en mer et aux préfets des départements intéressés à la gestion du parc naturel marin ainsi qu'au préfet coordonnateur de bassin.

Lorsque le conseil de gestion a connaissance d'un projet de plan, de schéma, de programme ou autre document susceptible d'avoir des effets sur la qualité du milieu ou la conservation des habitats naturels et des espèces du parc naturel marin, il peut en obtenir communication de l'autorité chargée de son élaboration. Sont exceptés de cette communication tous projets relatifs aux activités de défense nationale.

Le conseil de gestion peut également proposer aux autorités de l'État compétentes en mer toute mesure nécessaire à la protection et à la gestion durable du parc naturel marin, notamment en matière d'occupation du domaine public maritime, d'utilisation des eaux, de pêche, de circulation, de loisir, d'utilisation des ondes, de mouillage des navires, et il est tenu informé des suites réservées à ses propositions.

NB : Se reporter aux dispositions de l'article 17 du décret n° 2017-81 du 26 janvier 2017 qui précisent les réserves d'entrée en vigueur.

Art. R. 334-34 *(D. n° 2006-1266, 16 oct. 2006).* – Le conseil de gestion du parc naturel marin peut déléguer à son bureau les attributions mentionnées aux 6° et 7° de l'article R. 334-33 ainsi qu'aux deux derniers alinéas du même article. Le bureau rend compte des décisions prises par délégation à la plus proche réunion du conseil de gestion.

Art. R. 334-35 *(D. n° 2006-1266, 16 oct. 2006 ; rempl. à compter du 1er janvier 2017, D. n° 2016-1842, 26 déc. 2016 ; mod. à compter du 1er janvier 2020, D. n° 2019-1580, 31 déc. 2019).* – Le représentant de l'État en mer et le préfet du département principalement intéressés à la gestion du parc naturel marin exercent auprès du conseil de gestion les fonctions de commissaire du Gouvernement. Ils peuvent se faire représenter.

Ils reçoivent les convocations adressées aux membres du conseil et du bureau et siègent avec voix consultative à toutes les réunions de ces instances ainsi qu'à celles des commissions qu'ils ont constituées.

Ils peuvent, conjointement, demander l'inscription de questions à l'ordre du jour du conseil.

Ils reçoivent copie des délibérations du conseil et, s'ils le demandent, des décisions prises sur délégation de ce conseil.

Les délibérations du conseil sont exécutoires de plein droit si le commissaire du Gouvernement n'y fait pas opposition dans le délai de quinze jours qui suit soit la date de réunion du conseil lorsqu'il y a assisté ou y était représenté, soit la date de réception du procès-verbal de la séance.

Lorsque le commissaire du Gouvernement demande par écrit des informations ou documents complémentaires, le délai est suspendu jusqu'à la production de ces informations ou documents.

Le commissaire du Gouvernement peut demander une seconde délibération dans les délais mentionnés au cinquième alinéa. Si après une seconde délibération le désaccord persiste, le commissaire du Gouvernement transmet le dossier dans les quarante-huit heures au ministre chargé de l'environnement.

Le ministre statue après avoir recueilli, s'il y a lieu, l'avis du ministre chargé de la mer, du ministre chargé des pêches maritimes et des cultures marines, du ministre chargé de l'outre-mer et du ministre chargé du budget. Si le ou les ministres consultés ne se sont pas prononcés dans les quinze jours suivant la date à laquelle leur avis a été sollicité, ils sont réputés être favorables à la levée de l'opposition.

L'opposition du commissaire du Gouvernement est levée de plein droit si le ministre chargé de l'environnement n'a pas statué dans le délai d'un mois.

§ 2. – Le délégué du directeur général

(Intitulé mod. à compter du 1er janvier 2020, D. n° 2019-1580, 31 déc. 2019)

Art. R. 334-36 *(D. n° 2006-1266, 16 oct. 2006 ; mod., D. n° 2011-2019, 29 déc. 2011* (1) *; D. n° 2016-1110, 11 août 2016 ; mod. à compter du 1er janvier 2017, D. n° 2016-1842, 26 déc. 2016 ; à*

(1) Dispositions d'application transitoires : V. D. n° 2011-2019, 29 déc. 2011, art. 13.

compter du 1er janvier 2020, D. n° 2019-1580, 31 déc. 2019). – **Le délégué du directeur général de l'Office français de la biodiversité auprès du conseil de gestion est nommé par lui après avis de ce conseil.**

Il assiste aux séances du conseil de gestion avec voix consultative.

Il exerce les compétences qui lui ont été attribuées dans le cadre des orientations et décisions arrêtées par le conseil d'administration de l'office et par le conseil de gestion du parc.

Il attribue les concours financiers dont le principe a été retenu par le conseil de gestion en application du 4° de l'article R. 334-33.

Il est ordonnateur secondaire des recettes et des dépenses de l'office.

Il présente le rapport annuel d'activité.

Il peut déléguer sa signature aux agents placés sous son autorité.

Lorsque des projets soumis à évaluation environnementale en application de l'article R. 122-2 sont envisagés dans le parc, il est saisi pour avis de l'étude d'impact définie à l'article R. 122-5 par l'autorité compétente pour prendre la décision d'autorisation du projet.

NB : Le décret n° 2016-1110 a été pris pour l'application de l'ordonnance n° 2016-1058 dont l'article 6 prévoit que « Les dispositions de la présente ordonnance s'appliquent :

– aux projets relevant d'un examen au cas par cas pour lesquels la demande d'examen au cas par cas est déposée à compter du 1er janvier 2017 ;

– aux projets faisant l'objet d'une évaluation environnementale systématique pour lesquels la première demande d'autorisation est déposée à compter du 16 mai 2017. Pour les projets pour lesquels l'autorité compétente est le maître d'ouvrage, ces dispositions s'appliquent aux projets dont l'enquête publique est ouverte à compter du premier jour du sixième mois suivant la publication de la présente ordonnance ;

– aux plans et programmes pour lesquels l'arrêté d'ouverture et d'organisation de l'enquête publique ou l'avis sur la mise à disposition du public est publié après le premier jour du mois suivant la publication de la présente ordonnance.

Art. R. 334-37 *(D. n° 2006-1266, 16 oct. 2006 ; mod. à compter du 1er janvier 2020, D. n° 2019-1580, 31 déc. 2019).* – **Lorsque le délégué du directeur général exerce, par délégation du directeur général, les compétences qui lui sont reconnues par l'article L. 334-7 pour la répression et la poursuite des contraventions de grande voirie, il notifie au préfet copie du procès-verbal de contravention dans les dix jours suivant la rédaction de celui-ci.**

§ 3. – Dispositions financières

Art. R. 334-38 *(Rempl. à compter du 1er janvier 2020, D. n° 2019-1580, 31 déc. 2019).* – **L'Office français de la biodiversité attribue les moyens financiers nécessaires à la mise en œuvre de celles des actions du programme d'actions du parc naturel marin qui relèvent de sa compétence. Ces moyens sont individualisés dans la comptabilité de l'office.**

Les sommes ainsi allouées par l'office peuvent être abondées par toute collectivité territoriale, organisme ou personne souhaitant soutenir l'action d'un parc naturel marin.

Section III. – Dispositions diverses

Art. R. 334-39 *(Créé dans un délai de deux mois à compter de la publication des arrêtés prévus à l'article R. 334-40 du présent code et au plus tard le 1er juillet 2017, D. n° 2017-300, 8 mars 2017).* – **Sont exonérés de l'obligation d'équipement d'un dispositif de partage des positions visant à éviter les collisions avec les cétacés, prévue à l'article L. 334-2-2, les navires ayant effectué moins de dix navigations au cours de l'année civile précédente dans le périmètre de l'aire marine protégée Pélagos ou de l'aire marine protégée Agoa.**

Est considéré comme une navigation au sens du présent article tout mouvement de navire à l'intérieur du périmètre de l'aire marine protégée, y compris au départ ou à destination d'un port, d'une installation ou d'une structure au large, d'une station de pilotage ou de tout autre point situé dans ce périmètre.

Art. R. 334-40 *(Créé dans un délai de deux mois à compter de la publication des arrêtés prévus à l'article R. 334-40 du présent code et au plus tard le 1er juillet 2017, D. n° 2017-300, 8 mars 2017).* – **En vue d'assurer le partage effectif des positions de cétacés entre les navires soumis à l'obligation prévue à l'article**

L. 334-2-2, le dispositif de partage des positions visant à éviter les collisions avec les cétacés mentionné à cet article répond à des caractéristiques et exigences techniques en matière :

1° De compatibilité avec tout navire soumis à l'obligation d'équipement ;

2° D'accessibilité et d'interopérabilité des données de position des cétacés recueillies, en temps réel, quel que soit le dispositif utilisé ;

3° D'identification des navires équipés.

Ces caractéristiques et exigences techniques sont précisées par arrêté conjoint du ministre chargé de l'environnement et du ministre chargé de la mer.

Un arrêté, pris dans les mêmes formes, établit la liste des dispositifs disponibles pour l'équipement des navires y répondant.

Voir : A. 2 mai 2017, fixant les caractéristiques et exigences techniques des dispositifs de partage des positions visant à éviter les collisions des navires avec les cétacés dans les aires marines protégées Pelagos (Méditerranée) et Agoa (Antilles) (*JORF* n° 0105, 4 mai 2017). A. 11 déc. 2017, fixant la liste des dispositifs disponibles pour le partage des positions visant à éviter les collisions des navires avec les cétacés dans les aires marines protégées Pelagos (Méditerranée) et Agoa (Antilles) (*JORF* n° 0291, 14 déc. 2017).

TITRE IV. – SITES

CHAPITRE Ier. – SITES INSCRITS ET CLASSÉS

Section I. – Inventaire et classement, modifications

Sous-section 1. – Inventaire et classement

Voir : Obs. sous intitulé Livre III / Loi pour la reconquête de la biodiversité, de la nature et des paysages (DEVL1400720L). La loi revoit en profondeur le régime des sites inscrits et classés.

Art. R. 341-1. – Le préfet communique la proposition d'inscription à l'Inventaire des sites et monuments naturels, pour avis du conseil municipal, aux maires des communes dont le territoire est concerné par ce projet.

Si le maire ne fait pas connaître au préfet la réponse du conseil municipal dans le délai de trois mois à compter de la réception de la demande d'avis, cette réponse est réputée favorable.

En Corse, la proposition d'inscription est communiquée par le président du conseil exécutif, lequel reçoit les avis des conseils municipaux consultés.

Art. R. 341-2 ***(Rempl., D. n° 2011-2018, 29 déc. 2011)*** (1). **– L'enquête publique prévue à l'article L. 341-1 préalablement à la décision d'inscription est ouverte et organisée par un arrêté du préfet dans les conditions fixées aux articles R. 123-2 à R. 123-27 du présent code. En Corse, l'assemblée de Corse délibère sur les modalités d'ouverture et d'organisation de l'enquête publique qui a lieu dans les formes prévues par les articles R. 123-4 à R. 123-27. Conformément aux dispositions de l'article L. 4422-25 du Code général des collectivités territoriales, le président du conseil exécutif assure l'exécution de cette délibération.**

Outre les documents et pièces énoncés à l'article R. 123-8, le dossier soumis à enquête publique comprend :

1° Un rapport de présentation comportant une analyse paysagère, historique et géomorphologique du site, les objectifs de l'inscription et, éventuellement, des orientations de gestion ;

2° Un plan de délimitation du site à inscrire ;

3° Les plans cadastraux correspondants.

Publicité collective régulière. Pour des exemples de publicité collective régulière dans l'hypothèse où plus de cent propriétaires intéressés sont concernés, V. ▪ Cass. crim., 23 mars 1999, *Geffré : LPA* 22 oct. 2000, n° 212, p. 16, note Giudicelli. ▪ CAA Bordeaux, 21 oct. 2004, n° 00BX00838.

(1) Dispositions applicables aux enquêtes publiques dont l'arrêté d'ouverture et d'organisation est publié à compter du 1er juin 2012, D. n° 2011-2018, 29 déc. 2011, art. 17.

Art. R. 341-3 *(Mod., D. n° 2011-2018, 29 déc. 2011)* (1). **– Le préfet fait procéder à l'insertion de l'arrêté prononçant l'inscription dans deux journaux, dont au moins un quotidien, dont la distribution est assurée dans les communes intéressées.**

L'arrêté prononçant l'inscription est en outre publié dans ces communes, pendant une durée qui ne peut être inférieure à un mois, par voie d'affichage à la mairie ; l'accomplissement de ces mesures de publicité est certifié par le maire, qui en informe aussitôt le préfet.

L'arrêté prononçant l'inscription est ensuite publié au Recueil des actes administratifs de la préfecture. Il prend effet à la date de cette publication.

En Corse, les mesures de publicité de la délibération prononçant l'inscription sont accomplies à la diligence du président du conseil exécutif, dans les conditions définies aux premier et deuxième alinéas du présent article.

La délibération de l'Assemblée de Corse prononçant l'inscription est publiée au recueil des actes administratifs de la collectivité territoriale et prend effet à la date de cette publication.

Opposabilité aux tiers. Publicité de l'inscription d'un site. La décision d'inscription est opposable aux tiers à la date de sa publication au *Journal officiel* (■ CE, 14 déc. 1981, *SA Centrale d'affichage : Rec. CE*, p. 466. ■ CE, 26 mars 1982, *Sté affichage Dauphin : Dr. adm.* 1982, n° 203). L'article 24 de la loi du 2 mai 1930 rendant la publicité de l'inscription d'un site obligatoire, la publication au *Journal officiel* sous forme d'un tableau récapitulatif donnant la liste des sites inscrits au cours d'une année rend les arrêtés d'inscription opposables au tiers (■ CE, 3 nov. 1995, n° 122794, *Préfet des Yvelines : JurisData* n° 1995-045900 ; *Dr. adm.* 1995, comm. 742). Par contre, l'absence d'une publication au *Journal officiel* d'une inscription à l'inventaire des sites a pour conséquence de rendre cette mesure de protection inopposable aux tiers (■ CE, 20 janv. 1978, *Cadiou et Lacroix : Rec. CE* 1978, p. 19. ■ CE, 14 oct. 1987, *Min. Urbanisme, Logement et Transports c/ SA Affichage Giraudy : Rec. CE* 1987, tables, p. 1006 ; *Dr. adm.* 1987, comm. 611). La publication d'une brochure contenant la liste des sites inscrits à une date donnée, ou bien la mention en annexe d'un arrêté préfectoral rappelant que toute publicité est interdite dans les sites classés ou inscrits, ne saurait avoir effet à l'égard des tiers ; il en va de même d'une mention au POS (■ CE, 10 févr. 1982, n° 19846, *Min. Environnement et Cadre de vie c/ Affichage Giraudy.* ■ CE, 14 oct. 1987, *Min. Urbanisme, Logement et Transports c/ SA Affichage Giraudy*, préc.).

Art. R. 341-4 *(Rempl., D. n° 2011-2018, 29 déc. 2011)* (1). **– L'enquête publique prévue à l'article L. 341-3 préalablement à la décision de classement est ouverte et organisée par un arrêté du préfet dans les conditions fixées aux articles R. 123-2 à R. 123-27 du présent code.**

Outre les documents et pièces listés à l'article R. 123-8, le dossier soumis à enquête publique comprend :

1° Un rapport de présentation comportant une analyse paysagère, historique et géomorphologique du site, les objectifs du classement et, éventuellement, des orientations de gestion ;

2° Le cas échéant, les prescriptions particulières de classement visées au troisième alinéa de l'article L. 341-6 ;

3° Un plan de délimitation du site à classer ;

4° Les plans cadastraux correspondants.

1) Violation du principe d'impartialité (non). Le fait qu'un responsable d'un service administratif soit en charge de conduire la procédure et de recueillir les observations des personnes intéressées ne saurait être considéré en lui-même comme contraire au principe d'impartialité (■ CE, 13 juill. 2007, n° 290963, *Yves et Rémi C. : AJDA* 2007, concl. Y. Aguila ; *Environnement* 2007, n° 10, comm. 175, J.-M. Février ; *Rev. jur. env.* 2008, p. 110, note Hélin). L'architecte des bâtiments de France du département intéressé peut ainsi être désigné par le préfet en qualité de chef de service chargé de suivre la procédure ■ CE, 8 juill. 1977, n° 01160 : *Rev. jur. env.* 1977, p. 397, concl. Gentot ; *AJDA* 1977, p. 620, note Nauwelaers et Dutheillet de Lamothe).

2) Décision d'ouverture de l'enquête. Décision insusceptible de recours. La décision par laquelle le ministre ouvre l'instance de classement d'un site constitue une décision pouvant faire l'objet d'un recours pour excès de pouvoir (■ CE, 29 juin 1955, *Sté des Usines « Renault » : Rec. CE*, p. 366). En revanche, la dépêche par laquelle le ministre de la Protection de la nature et de l'Environnement invite un préfet à organiser l'enquête publique en vue du classement d'un site présente

(1) Dispositions applicables aux enquêtes publiques dont l'arrêté d'ouverture et d'organisation est publié à compter du 1er juin 2012, D. n° 2011-2018, 29 déc. 2011, art. 17.

le caractère d'une mesure d'ordre intérieur non susceptible de faire l'objet d'un recours pour excès de pouvoir (■ CE, 14 mai 1982, *Sté « Grand Hôtel d'Ajaccio » : Rec. CE*, p. 178).

3) **Publicité de l'arrêté d'ouverture de l'enquête.** Les dispositions réglementaires n'exigent pas que l'arrêté portant ouverture de l'enquête soit publié dans des journaux locaux, mais il faut qu'il soit publié dans des journaux distribués sur le territoire des communes intéressées (■ CE, 21 nov. 1980, *Sté d'exploitation des sablières modernes : Rec. CE* 1980, p. 440).

4) **Notice explicative.** Un exposé des motifs indiquant l'objet de la mesure de protection, inclus dans le dossier soumis à enquête, peut tenir lieu de notice explicative (■ CE, 9 janv. 1980, *SA Les entreprises Guignon : Rec. CE* 1980, p. 4).

5) **Information des propriétaires non requis.** Aucune disposition réglementaire n'impose à l'Administration d'aviser personnellement les propriétaires intéressés de l'ouverture de l'enquête préalable au classement (■ CE, 26 juill. 1985, *Mme Malgat : Dr. adm.* 1985, n° 510). Le consentement des propriétaires pour l'inscription d'un site n'est pas non plus requis (■ CE, 18 déc. 1996, n° 129625, *Charbonnages de France*).

6) **Absence de changements de circonstances de fait. Validité de l'enquête publique.** La circonstance que le décret de classement est intervenu quatre ans après la clôture de l'enquête publique est sans incidence sur la légalité de ce décret en l'absence de changement important dans les circonstances de fait (■ CE, 19 juill. 1986, *Sté d'exploitation des sablières modernes : Rec. CE* 1986, tables, p. 621).

7) **Périmètre soumis à enquête publique et périmètre du classement.** Le Conseil d'État a annulé partiellement un décret de classement en tant qu'il prononce le classement de parcelles non comprises dans le périmètre soumis à enquête publique (■ CE, 28 déc. 1992, *Monti-Rossi : Rec. CE* 1992, tables, p. 1128 ; *Dr. adm.* 1993, n° 92 ; *Rev. jur. env.* 1993, p. 629).

8) **Enquêtes publiques légalement menées dans deux départements.** Aucune disposition législative ou réglementaire n'impose que l'arrêté d'ouverture de l'enquête publique soit un arrêté unique des deux préfets concernés lorsque le site dont le projet de classement est soumis à enquête publique s'étend sur deux départements (■ CE, 25 oct. 2002, n° 225157, *Dpt des Yvelines*).

Art. R. 341-5 *(Mod., D. n° 2006-665, 7 juin 2006* (1) *; D. n° 2011-2018, 29 déc. 2011)* (2). **– Pendant la durée de l'enquête, les propriétaires concernés peuvent faire connaître leur opposition ou leur consentement au projet de classement, soit par une mention consignée sur le registre de l'enquête, soit par lettre recommandée avec demande d'avis de réception adressée au commissaire enquêteur ou au président de la commission d'enquête au siège de l'enquête.**

À l'expiration de ce délai le silence du propriétaire équivaut à un défaut de consentement. Toutefois, lorsque l'arrêté de mise à l'enquête a été personnellement notifié au propriétaire, son silence à l'expiration du délai équivaut à un accord tacite.

Art. R. 341-6. – La décision de classement fait l'objet d'une publication au *Journal officiel*.

Art. R. 341-7. – Lorsque la décision de classement comporte des prescriptions particulières tendant à modifier l'état ou l'utilisation des lieux, elle doit être notifiée au propriétaire.

Cette notification s'accompagne de la mise en demeure d'avoir à mettre les lieux en conformité avec ces prescriptions particulières prévues par les dispositions du troisième alinéa de l'article L. 341-6.

Point de départ du délai de recours. Le délai de recours contentieux contre la décision de classement court à compter de la publication de la décision de classement au *Journal officiel*, peu important le fait que l'extrait du décret publié au *Journal officiel* annonçait que le texte complet pourrait être consulté en préfecture (■ CE, 7 nov. 1986, *Geouffre de la Pradelle : Rec. CE* 1986, tables, p. 621 ; *AJDA* 1987, p. 124). En revanche, si la décision de classement comporte des prescriptions particulières, tendant à modifier l'état ou l'utilisation des lieux, en application des dispositions des articles L. 341-6 et R. 341-7, le délai de recours contentieux ne court qu'à compter de la notification de la décision de classement au propriétaire (même arrêt). Dès lors, lorsque la décision de classement ne comporte pas de prescriptions particulières tendant à modifier l'état ou l'utilisation des lieux et qu'il a été publié régulièrement au *Journal officiel*, la notification de ce décret à un proprié-

(1) Dispositions transitoires : V. D. n° 2006-665, 7 juin 2006, art. 61.
(2) Dispositions applicables aux enquêtes publiques dont l'arrêté d'ouverture et d'organisation est publié à compter du 1er juin 2012, D. n° 2011-2018, 29 déc. 2011, art. 17.

taire postérieurement à la publication au *Journal officiel* n'a pas pour effet de rouvrir le délai de recours contentieux (■ CE, 12 déc. 1986, *Assoc. immobilière française : Dr. adm.* 1987, n° 134. ■ CE, 4 déc. 2014, n° 385793, *Cne de Baisieux : Énergie – Env. – Infrastr.* 2015, n° 16, note J.-M. F.). À noter cependant que le Conseil d'État semble avoir apporté une atténuation de la jurisprudence *Geouffre de la Pradelle* précitée, en jugeant que le délai de recours contentieux contre la décision de classement court au plus tard à compter du jour où le texte complet du décret et les documents annexés, dont la consultation en préfecture a été annoncée dans la publication d'un extrait du décret au *Journal officiel*, sont effectivement déposés à la préfecture (■ CE, 8 juill. 1992, n° 122262, *Fillon : Rec. CE* 1992, p. 286). Si une décision de classement de site est publiée par voie d'extrait, ainsi qu'il est loisible à l'administration de le faire, il appartient à celle-ci d'indiquer les modalités selon lesquelles il peut être pris connaissance de son texte intégral et des pièces qui y sont annexées. Le délai de recours court, en pareil cas, à compter de la date à laquelle il peut être pris connaissance du texte intégral (■ CE, 6 juill. 2016, n° 390891, *M. B. : Dr. env.* 2016, 291).

Art. R. 341-8. – La décision d'inscription ou de classement et le plan de délimitation du site sont reportés aux plans locaux d'urbanisme ou aux plans d'occupation des sols du territoire concerné.

Servitude d'utilité publique. L'inscription et le classement d'un site constituent des servitudes d'utilité publique qui doivent être mentionnées en annexes du PLU en application des dispositions de l'article L. 151-43 du Code de l'urbanisme. Dès lors, la circonstance que le site classé serait situé dans une zone constructible du POS est sans incidence sur la légalité du décret de classement (■ CE, 8 déc. 1993, *Amelin : Dr. adm.* 1994, n° 51).

Sous-section 2. – Modifications de l'état ou de l'aspect d'un site inscrit ou classé

§ 1. – Sites inscrits

Art. R. 341-9. – La déclaration préalable prévue au quatrième alinéa de l'article L. 341-1 est adressée au préfet de département, qui recueille l'avis de l'architecte des Bâtiments de France sur le projet.

Lorsque l'exécution des travaux est subordonnée, en vertu du Code de l'urbanisme, à la délivrance d'un permis de construire ou d'un permis de démolir, la demande de permis tient lieu de la déclaration préalable.

Lorsque l'exécution des travaux est subordonnée à une déclaration ou une autorisation d'utilisation du sol en application des dispositions réglementaires du titre IV du livre IV du Code de l'urbanisme, la déclaration ou la demande d'autorisation tient lieu de la déclaration préalable mentionnée au premier alinéa du présent article.

Voir : C. urb., art. R. 425-30.

§ 2. – Sites classés ou en instance de classement

Art. R. 341-9-1 *(D. n° 2022-422, 25 mars 2022)* (1). **– La procédure prévue à l'article R. 122-2-1 du Code de l'environnement est applicable aux demandes d'autorisation spéciale prévues aux articles L. 341-7 et L. 341-10 lorsqu'elles ne sont pas soumises à autorisation ou déclaration au titre du livre IV du Code de l'urbanisme.**

Ces décisions d'autorisation spéciale de travaux font l'objet d'une publication par voie électronique au recueil des actes administratifs.

Art. R. 341-10 *(Mod., D. n° 2006-944, 28 juill. 2006 ; mod. à compter du 1er octobre 2007, D. n° 2007-18, 5 janv. 2007 ; mod. D. n° 2009-377, 3 avr. 2009 ; mod. à compter du 1er mars 2017, D. n° 2017-81, 26 janv. 2017).* **– L'autorisation spéciale prévue aux articles L. 341-7 et L. 341-10 du présent code est délivrée par le préfet lorsqu'elle est demandée pour les modifications à l'état des lieux ou à leur aspect résultant :**

1° ***Des ouvrages mentionnés aux articles*** **R. 421-2 à R. 421-8 du Code de l'urbanisme à l'exception de ceux prévus par l'article R. 421-3 ;**

(1) Dispositions applicables aux premières demandes d'autorisations ou déclarations d'un projet déposées à compter du 27 mars 2022, D. n° 2022-422, 25 mars 2022.

2° Des constructions, travaux ou ouvrages soumis à déclaration préalable en application des articles R. 421-9 à R. 421-12 et R. 421-17 et R. 421-23 du Code de l'urbanisme ;

3° De l'édification ou de la modification de clôtures ;

4° *(D. n° 2024-295, 29 mars 2024)* (1) De l'abattage d'arbres de hautes tiges réalisé dans le cadre des travaux de débroussaillement mentionnés au deuxième alinéa de l'article L. 131-10 du Code forestier.

Si le monument naturel ou le site classé ou dont le classement est envisagé est situé en dehors des espaces urbanisés du cœur d'un parc national délimités par le décret de création de ce parc et que les modifications projetées figurent sur la liste prévue par l'article R. 331-18 du Code de l'environnement, cette autorisation est délivrée par le directeur de l'établissement public du parc national.

Lorsque l'autorisation spéciale est sollicitée pour un projet entrant dans le champ d'application de l'article L. 181-1, l'autorisation environnementale prévue par cet article tient lieu de l'autorisation requise par les articles L. 341-7 et L. 341-10. La demande est alors instruite et délivrée dans les conditions prévues par le chapitre unique du titre VIII du livre Ier pour l'autorisation environnementale et les dispositions du présent paragraphe ne sont pas applicables.

Voir : D. n° 2014-1271, 23 oct. 2014 (*JO* 1er nov.) : le silence gardé par l'administration pendant 1 an vaut refus.

Art. R. 341-11 *(Rempl., D. n° 2006-944, 28 juill. 2006).* **– Le préfet, ou le cas échéant le directeur de l'établissement public du parc national, décide après avis de l'architecte des Bâtiments de France et, chaque fois qu'il le juge utile, de la commission départementale de la nature, des paysages et des sites.**

Le préfet, ou le cas échéant le directeur de l'établissement public du parc national, informe la commission des décisions qu'il a prises.

Art. R. 341-11-1 *(D. n° 2022-422, 25 mars 2022)* (2). **– Lorsque le préfet ou, le cas échéant, le directeur de l'établissement public du parc soumet le projet à un examen au cas par cas en application des dispositions de l'article R. 122-2-1, le délai qui lui est imparti pour se prononcer sur la demande d'autorisation spéciale prévue aux articles L. 341-7 et L. 341-10 est suspendu à compter de l'envoi de cette décision au demandeur.**

Le demandeur transmet au préfet ou, le cas échéant, au directeur de l'établissement public du parc la décision prise en application du IV de l'article R. 122-3-1.

Lorsque l'autorité chargée de l'examen au cas par cas décide qu'un projet ne nécessite pas la réalisation d'une évaluation environnementale, la suspension du délai prévue au premier alinéa est levée à compter de la réception de cette décision par le préfet ou, le cas échéant, le directeur de l'établissement public du parc.

Lorsque le projet fait l'objet d'une évaluation environnementale, la suspension du délai prévu au premier alinéa est levée à compter de la réception par le préfet ou, le cas échéant, le directeur de l'établissement public du parc, du rapport du commissaire enquêteur ou de la commission d'enquête.

Art. R. 341-12. – (3) **L'autorisation spéciale est délivrée par le ministre chargé des sites dans les cas autres que ceux prévus à l'article R. 341-10, ainsi que lorsque ce ministre a décidé d'évoquer le dossier.**

Art. R. 341-13 *(Mod., D. n° 2006-665, 7 juin 2006* (4) *; D. n° 2015-836, 9 juill. 2015)* (5). **– Lorsqu'il statue pour l'application de l'article L. 341-10, le ministre décide, dans un délai de six mois à compter de la réception du dossier complet par le préfet, après avis de la commission départementale de la nature, des paysages et des sites et, chaque fois qu'il le juge utile, de la Commission supérieure des sites, perspectives et paysages. Toutefois, l'avis de la commission départementale n'est pas requis lorsque le ministre évoque le dossier. L'absence de décision à l'issue de ce délai vaut décision implicite de rejet.**

(1) Dispositions applicables aux demandes d'autorisations spéciales de travaux, prévues aux articles L. 341-7 et L. 341-10 du présent code, déposées à compter du 1er avril 2024, D. n° 2024-295, 29 mars 2024, art. 4

(2) Dispositions applicables aux premières demandes d'autorisations ou déclarations d'un projet déposées à compter du 27 mars 2022, D. n° 2022-422, 25 mars 2022.

(3) À compter du 1er janvier 2013, D. n° 2012-1247, 7 nov. 2012, art. 2 et 289.

(4) Dispositions transitoires : V. D. n° 2006-665, 7 juin 2006, art. 61.

(5) Les présentes dispositions peuvent être modifiées par décret en Conseil d'État, D. n° 2015-836, 9 juill. 2015, art. 9.

Si la commission départementale de la nature, des paysages et des sites n'a pas formulé d'avis dans un délai de quatre mois à compter de la réception du dossier complet par le préfet, cet avis est réputé favorable.

Lorsqu'un projet de travaux, d'ouvrage ou d'aménagement doit faire l'objet d'une enquête publique en application de l'article L. 123-2, la commission départementale de la nature, des paysages et des sites est consultée préalablement à l'enquête publique et son avis est joint au dossier d'enquête prévu à l'article R. 123-8.

Consultation de la Commission départementale des sites. Avis simple. La circonstance que le ministre donne son accord sous réserve d'une modification du projet ne lui impose pas de soumettre cette condition à la Commission des sites, puisqu'il n'est pas tenu de suivre l'avis de cette commission (■ CAA Douai, 15 févr. 2001, n° 99DA01476, *Lescot*).

Art. R. 341-13-1 *(D. n° 2022-422, 25 mars 2022)* (1). – Dans le cas prévu à l'article R. 341-9-1, le dossier complet de demande d'autorisation spéciale de travaux est transmis par le préfet au ministre chargé des sites dès que possible et au plus tard cinq jours après son dépôt.

Lorsque le ministre chargé des sites soumet le projet à un examen au cas par cas en application des dispositions de l'article R. 122-2-1, le délai de six mois prévu au premier alinéa de l'article R. 341-13 est suspendu à compter de l'envoi de cette décision au demandeur.

Le demandeur transmet au ministre la décision prise en application du IV de l'article R. 122-3-1.

Lorsque l'autorité chargée de l'examen au cas par cas décide qu'un projet ne nécessite pas la réalisation d'une évaluation environnementale, la suspension du délai prévue au premier alinéa est levée à compter de la réception de cette décision par le ministre.

Lorsque le projet fait l'objet d'une évaluation environnementale, sur demande du ministre chargé des sites, le préfet compétent saisit sans délai la commission départementale de la nature, des paysages et des sites afin que son avis soit joint au dossier d'enquête prévu à l'article R. 123-8. La suspension du délai prévu au premier alinéa est levée à compter de la réception par le ministre chargé des sites du rapport du commissaire enquêteur ou de la commission d'enquête.

Sous-section 3. – Dispositions financières

Art. R. 341-14. – Les préfets de région sont autorisés à subventionner les travaux d'entretien et de mise en valeur dans les sites inscrits, classés ou dans les zones de protection qui ont été établies en application de l'article 17 de la loi du 2 mai 1930 relative à la protection des monuments naturels et des sites à caractère artistique, historique, scientifique, légendaire ou pittoresque avant son abrogation.

Art. R. 341-15. – Lorsque les travaux visés à l'article R. 341-14 doivent s'exécuter dans un département d'outre-mer, les décisions de subvention les concernant sont prises par le préfet du département intéressé.

Art. D. 341-15-1 *(Créé à compter du 1er janvier 2025, D. n° 2024-610, 26 juin 2024).* – Les sites inscrits ou classés à destination desquels le gestionnaire bénéficie de l'affectation mentionnée à l'article L. 341-15-2 et les gestionnaires affectataires sont ceux mentionnés à l'article D. 321-13.

Les conditions de l'affectation sont précisées par les dispositions de la sous-section 2 de la section 6 du chapitre Ier du titre II du présent livre.

Section II. – Organismes

Sous-section 1. – Commission départementale de la nature, des paysages et des sites

(Rempl., D. n° 2006-665, 7 juin 2006) (2)

Art. R. 341-16 *(Rempl., D. n° 2006-665, 7 juin 2006* (2) *; mod., D. n° 2010-365, 9 avr. 2010).* – La commission départementale de la nature, des paysages et des sites concourt à la protection de la nature, à la préservation des paysages, des sites et du cadre de vie et contribue à une gestion équilibrée des ressources

(1) Dispositions applicables aux premières demandes d'autorisations ou déclarations d'un projet déposées à compter du 27 mars 2022, D. n° 2022-422, 25 mars 2022.

(2) Dispositions transitoires : V. D. n° 2006-665, 7 juin 2006, art. 61.

naturelles et de l'espace dans un souci de développement durable. Elle est régie par les dispositions des articles 8 et 9 du décret n° 2006-665 du 7 juin 2006.

I. – Au titre de la protection de la nature, la commission est notamment chargée d'émettre un avis, dans les cas et selon les modalités prévus par les dispositions législatives ou réglementaires, sur les projets d'actes réglementaires et individuels portant sur les réserves naturelles, les sites Natura 2000, les biotopes, la faune et la flore, le patrimoine géologique et les établissements hébergeant des animaux d'espèces non domestiques autres que les espèces de gibier dont la chasse est autorisée.

Elle constitue une instance de concertation qui peut être consultée sur la constitution, la gestion et l'évaluation du réseau Natura 2000 dans le département.

II. – Au titre de la préservation des sites et des paysages, du cadre de vie et de la gestion équilibrée de l'espace, la commission exerce notamment, dans les cas et selon les modalités prévus par les dispositions législatives ou réglementaires, les attributions suivantes :

1° Elle prend l'initiative des inscriptions et des classements de site, émet un avis sur les projets relatifs à ces classements et inscriptions ainsi qu'aux travaux en site classé ;

2° Elle veille à l'évolution des paysages et peut être consultée sur les projets de travaux les affectant ;

3° Elle émet les avis prévus par le Code de l'urbanisme ;

4° Elle se prononce sur les questions posées par la publicité, les enseignes et les pré-enseignes ;

5° Elle émet un avis sur les projets d'unités touristiques nouvelles.

III. – Au titre de la gestion équilibrée des ressources naturelles, la commission, dans les cas et selon les modalités prévus par les dispositions législatives ou réglementaires, *(Mots rempl., D. n° 2015-1676, 15 déc. 2015)* « élabore le schéma des carrières lorsqu'il est départemental ou rend son avis sur le projet de schéma des carrières lorsqu'il est régional. Elle se prononce sur les projets de décisions relatifs aux carrières. »

Art. R. 341-17 *(Rempl., D. n° 2006-665, 7 juin 2006* (1) *; mod., D. n° 2008-297, 1er avr. 2008).* – La commission départementale de la nature, des paysages et des sites est présidée par le préfet et composée de membres répartis en quatre collèges :

1° Un collège de représentants des services de l'État, membres de droit ; il comprend notamment le directeur régional de l'environnement ;

2° Un collège de représentants élus des collectivités territoriales et, le cas échéant, de représentants d'établissements publics de coopération intercommunale ;

3° Un collège de personnalités qualifiées en matière de sciences de la nature, de protection des sites ou du cadre de vie, de représentants d'associations agréées de protection de l'environnement et, le cas échéant, de représentants des organisations agricoles ou sylvicoles ;

4° Un collège de personnes compétentes dans les domaines d'intervention de chaque formation spécialisée.

Le préfet peut nommer des suppléants aux membres désignés au titre des 3° et 4° dans les mêmes conditions que les membres titulaires.

Formation de la commission. Si le procès-verbal ne précise pas la qualité de titulaire ou de suppléant des membres présents, l'absence de cette information est sans incidence sur la régularité de l'avis (■ CAA Bordeaux, 9 juill. 2015, n° 13BX01672, *SAS Carrières du Sud-Ouest*).

Art. R. 341-18 *(Rempl., D. n° 2006-665, 7 juin 2006* (1) *; mod., D. n° 2008-297, 1er avr. 2008).* – La commission se réunit en six formations spécialisées, présidées par le préfet ou son représentant et composées à parts égales de membres de chacun des quatre collèges.

À Paris, la formation spécialisée dite « de la faune sauvage captive » prévue à l'article R. 341-24 est présidée par le préfet de police.

Art. R. 341-19 *(Rempl., D. n° 2006-665, 7 juin 2006* (1) *; mod., D. n° 2015-1787, 28 déc. 2015 ; D. n° 2018-1180, 19 déc. 2018).* – La formation spécialisée dite « de la nature exerce les compétences dévolues à la commission au titre du I de l'article R. 341-16.

Les membres du quatrième collège sont des personnes ayant compétence en matière de protection de la flore et de la faune sauvage ainsi que des milieux naturels.

(1) Dispositions transitoires : V. D. n° 2006-665, 7 juin 2006, art. 61.

Lorsque la formation spécialisée se réunit en instance de concertation pour la gestion du réseau Natura 2000, le préfet peut inviter des représentants d'organismes consulaires et des activités présentes sur les sites Natura 2000, notamment agricoles, forestières, extractives, touristiques ou sportives, à y participer, sans voix délibérative.

Lorsque la formation spécialisée est chargée d'émettre un avis sur un acte réglementaire relatif à la protection de biotopes, d'habitats naturels ou de sites d'intérêt géologique, le préfet peut inviter des personnes et des représentants des organismes consulaires et des activités concernés à y participer, sans voix délibérative.

Art. R. 341-20 *(Rempl., D. n° 2006-665, 7 juin 2006)* (1). – La formation spécialisée dite « des sites et paysages exerce les compétences dévolues à la commission au titre des 1°, 2° et 3° du II de l'article R. 341-16.

Les membres du deuxième collège comprennent au moins un représentant d'établissement public de coopération intercommunale intervenant en matière d'urbanisme et d'aménagement du territoire.

(Mod. à compter du 1er mars 2017, D. n° 2017-81, 26 janv. 2017) Les membres du quatrième collège sont des personnes ayant compétence en matière d'aménagement et d'urbanisme, de paysage, d'architecture et d'environnement. Lorsque cette formation est consultée sur un projet d'installation de production d'électricité utilisant l'énergie mécanique du vent, un représentant des exploitants de ce type d'installations est invité à siéger à la séance au cours de laquelle la demande d'autorisation de cette exploitation est examinée et a, sur celle-ci, voix délibérative.

Art. R. 341-21 *(Rempl., D. n° 2006-665, 7 juin 2006)* (1). – La formation spécialisée dite « de la publicité exerce les compétences dévolues à la commission au titre du 4° du II de l'article R. 341-16.

Les membres du quatrième collège sont des professionnels représentant les entreprises de publicité et les fabricants d'enseignes.

Le maire de la commune intéressée par le projet ou le président *(Mots rempl., D. n° 2013-606, 9 juill. 2013)* « de l'établissement public de coopération intercommunale intéressé » est invité à siéger à la séance au cours de laquelle le projet est examiné et a, sur celui-ci, voix délibérative.

Art. R. 341-22 *(Rempl., D. n° 2006-665, 7 juin 2006)* (1). – La formation spécialisée dite « des unités touristiques » nouvelles exerce les compétences dévolues à la commission au titre du 5° du II de l'article R. 341-16.

Les membres du deuxième collège représentent des collectivités territoriales et des groupements intercommunaux appartenant au massif concerné et les membres du quatrième collège sont des représentants des chambres consulaires et d'organisations socioprofessionnelles intéressées par les unités touristiques nouvelles.

Art. R. 341-23 *(Rempl., D. n° 2006-665, 7 juin 2006)* (1). – La formation spécialisée dite « des carrières » exerce les compétences dévolues à la commission sur les sujets dont elle est saisie au titre du III de l'article R. 341-16.

Les membres du deuxième collège comprennent notamment le président du conseil général ou son représentant ainsi qu'un maire et les membres du quatrième collège sont des représentants des exploitants de carrières et des utilisateurs de matériaux de carrières.

Le maire de la commune sur le territoire de laquelle une exploitation de carrière est projetée est invité à siéger à la séance au cours de laquelle la demande d'autorisation de cette exploitation est examinée et a, sur celle-ci, voix délibérative.

1) Motivation de l'avis de la Commission départementale des carrières. Les juridictions administratives ont censuré à de multiples reprises des arrêtés d'autorisation pris sur le fondement d'un avis de la Commission des carrières non motivé, jugeant que les différentes observations présentées au cours de la séance ne sauraient être regardées comme constituant la motivation de cet avis (▪ CE, 7 mai 2008, n° 306333, *Assoc. Comité de sauvegarde du site de Clarency Valensole*. ▪ CAA Bordeaux, n° 03BX00973, *Assoc. pour la préservation des sites menacés de la Bouriane c/ Sté Denain Anzin Minéraux*. ▪ CAA Bordeaux, 22 févr. 2007, nos 03BX02368 et 04BX00400, *Viallet c/ Min. Écologie et Développe-*

(1) Dispositions transitoires : V. D. n° 2006-665, 7 juin 2006, art. 61.

ment durable. ▪ CAA Nantes, 31 oct. 2006, n° 05NT01712, *Sté Pigeon Carrières SAS c/ Min. Écologie et Développement durable.* ▪ CAA Bordeaux, 3 oct. 2006, n° 04BX00837, *Assoc. de défense du territoire d'Escluzels et de son environnement c/ Min. Écologie et Développement durable.* ▪ CAA Nantes, 24 juin 2008, n° 07NT03205, *SAS Lahaye TP.* ▪ CAA Nantes, 30 sept. 2008, n° 07NT02374, *Sté GSM.* ▪ TA Grenoble, 5 juill. 2007, n°s 0600213, 0600259, 0600266, 0601976, 0603593, 0604600 et 0701262, *Fiedler et a.* ▪ TA Marseille, 18 déc. 2008, n°s 0608666 et 0708250, *Assoc. Comité de sauvegarde du site de Clarency Valensole.* ▪ CE, 9 nov. 2011, n° 325478, *Sté Carrière et Ballastières de Normandie.* – V. cependant pour une décision jugeant que la motivation ressort suffisamment du procès-verbal de la réunion, ▪ CAA Bordeaux, 17 déc. 2008, n° 07BX01929 : *Environnement* févr. 2009, n° 16, note Gillig). Cette jurisprudence est devenue sans objet depuis l'abrogation des dispositions de l'article L. 512-2, III du Code de l'environnement qui prévoyait expressément que l'avis de la Commission départementale des carrières devait être motivé.

2) Voix délibérative du maire. Les dispositions de l'article R. 341-23 du Code de l'environnement prévoient expressément la présence, avec voix délibérative, du maire de la commune sur le territoire duquel une carrière est projetée et que par ailleurs, si le sous-préfet est présent lors de cette séance, il n'a qu'une voix consultative et non délibérative (▪ CAA Nantes, 17 avr. 2015, n° 14NT00056, *Assoc. « Agir pour la qualité de vie – Vallée du Loir »*).

Art. R. 341-24 ***(Rempl., D. n° 2006-665, 7 juin 2006)*** (1). **– La formation spécialisée dite « de la faune sauvage captive » exerce les compétences dévolues à la commission au titre du I de l'article R. 341-16 qui concernent la faune sauvage captive.**

Les membres du troisième collège sont des représentants d'associations agréées dans le domaine de la protection de la nature et des scientifiques compétents en matière de faune sauvage captive.

Les membres du quatrième collège sont des responsables d'établissements pratiquant l'élevage, la location, la vente ou la présentation au public d'animaux d'espèces non domestiques.

Art. R. 341-25 ***(Rempl., D. n° 2006-665, 7 juin 2006)*** (1). **– Lorsque la commission ou l'une de ses formations spécialisées est appelée à émettre un avis sur une affaire individuelle, la personne intéressée est invitée à formuler ses observations. La commission délibère en son absence.**

Le vote secret est de droit lorsque trois des membres de la commission ou de la formation spécialisée présents ou représentés le demandent.

Les rapports sont présentés par les chefs de service intéressés ou leurs représentants.

Les services de l'État, les maires des communes et les présidents des établissements publics de coopération intercommunale intéressés par une décision soumise pour avis à la commission ou à l'une de ses formations spécialisées et qui n'y sont ni présents ni représentés sont entendus à leur demande.

Art. R. 341-26 et R. 341-27 ***(Implicitement abr., D. n° 2006-665, 7 juin 2006)*** (1).

Sous-section 2. – Commission supérieure des sites, perspectives et paysages

Art. R. 341-28. – La Commission supérieure des sites, perspectives et paysages conseille le ministre chargé des sites pour l'élaboration et l'application sur l'ensemble du territoire d'une politique de protection, de conservation et de mise en valeur des monuments naturels, des sites et des paysages urbains et ruraux.

La commission émet un avis sur les questions dont l'examen lui est confié par les articles L. 341-2, L. 341-5, L. 341-6 et L. 341-13 ainsi que sur toute question que lui soumet le ministre chargé des sites.

Art. R. 341-29. – I ***(Rempl., D. n° 2017-1321, 6 sept. 2017).*** **– La Commission supérieure des sites, perspectives et paysages est présidée par le ministre chargé des sites ou son représentant. Elle comprend en outre :**

1° Huit représentants de l'État :

a) **Deux représentants du ministre chargé des sites, dont le directeur chargé des sites ou son représentant ;**

b) **Un représentant du ministre chargé du patrimoine ;**

c) **Un représentant du ministre chargé de l'urbanisme ;**

d) **Un représentant du ministre chargé des collectivités territoriales ;**

(1) Dispositions transitoires : V. D. n° 2006-665, 7 juin 2006, art. 61.

e) Un représentant du ministre chargé de l'agriculture ;
f) Un représentant du ministre chargé du tourisme ;
g) Un représentant du ministre chargé des transports ;
2° Huit titulaires d'un mandat électif dont :
a) Deux députés et deux sénateurs désignés par leur assemblée respective ;
b) Deux élus de communes concernées par un site classé, le premier désigné par l'Association des maires de France, le second, siégeant également au sein d'un établissement public de coopération intercommunale, désigné par l'Association des communautés de France ;
c) Un représentant de département désigné par l'Association des départements de France ;
d) Un représentant de région désigné par l'Association des régions de France ;
3° Quatorze personnalités qualifiées en matière de protection des sites, de cadre de vie, de sciences de la nature et de paysage, désignées par le ministre chargé des sites, dont un conseiller d'État proposé par le vice-président du Conseil d'État et un représentant du Conseil national de la protection de la nature proposé par ce conseil.

II. – Les membres de la commission autres que les membres représentant les ministères sont désignés pour trois ans. Leur mandat est renouvelable.

Art. R. 341-30 *(Abr., D. n° 2007-397, 22 mars 2007)* (1).

Art. R. 341-31. – La Commission supérieure des sites, perspectives et paysages, qui se réunit sur convocation de son président, ne peut délibérer valablement que si le tiers au moins de ses membres sont présents ou représentés.

La voix du président est prépondérante en cas de partage égal des voix.

Le scrutin secret est de droit si le tiers des membres présents ou représentés le demande.

Section III. – Dispositions pénales

Pas de dispositions réglementaires codifiées.

CHAPITRE II. – AUTRES SITES PROTÉGÉS

Pas de dispositions réglementaires codifiées.

TITRE V. – PAYSAGES

Voir : D. n° 2006-1643, 20 déc. 2006, portant publication de la Convention européenne du paysage, signée à Florence le 20 octobre 2000 et entrée en vigueur le 1er juillet 2006 (*JO* 22 déc.). – Circ. n° 94-88, 21 nov. 1994, prise pour l'application du décret n° 94-283 du 11 avril 1994 relative aux directives de protection et de mise en valeur des paysages (*BOMETT* n° 34, 30 déc. 1994). – Circ. n° 95-23, 15 mars 1995, relative aux instruments de protection et de mise en valeur des paysages (*BOMETT* n° 13, 20 mai 1995). – Circ. 31 mars 2005, relative à la politique du 1 % paysage et développement sur le réseau routier national (*BO Agriculture* 32/2005).

Voir : Obs. sous intitulé Livre III / Loi pour la reconquête de la biodiversité, de la nature et des paysages (DEVL1400720L).

CHAPITRE Ier. – DIRECTIVES DE PROTECTION ET DE MISE EN VALEUR DES PAYSAGES

(Créée, D. n° 2023-384, 19 mai 2023)

Art. R. 350-1. – I. – *Peuvent faire l'objet* de directives en application de l'article L. 350-1 les territoires remarquables mentionnés audit article dont l'intérêt paysager est notamment établi par leur unité et leur

(1) Dispositions applicables à Mayotte, dans les îles Wallis-et-Futuna, en Polynésie française, en Nouvelle-Calédonie et dans les Terres australes et antarctiques françaises, D. n° 2007-397, 22 mars 2007, art. 15.

cohérence, ou encore par leur richesse particulière en matière de patrimoine ou comme témoins de modes de vie et d'habitat ou d'activités et de traditions industrielles, artisanales, agricoles et forestières.

II. – Une directive de protection et de mise en valeur des paysages peut s'appliquer sur tout ou partie du territoire d'une ou plusieurs communes.

Art. R. 350-2. – La directive de protection et de mise en valeur des paysages énonce les orientations et les principes fondamentaux de protection et de mise en valeur des éléments caractéristiques constituant les structures d'un paysage inclus dans le champ d'application territorial qu'elle définit. Outre les documents graphiques qui lui sont annexés, elle est accompagnée d'un rapport de présentation et, le cas échéant, d'un cahier de recommandations.

Art. R. 350-3. – Le rapport de présentation, à partir d'une analyse de l'état initial du paysage à protéger et à mettre en valeur et de son caractère remarquable, expose les objectifs poursuivis en ce qui concerne la protection et la mise en valeur des structures de ce paysage.

Art. R. 350-4 *(Mod., D. n° 2010-368, 13 avr. 2010)*. – Les orientations et les principes fondamentaux de protection et de mise en valeur énoncés par la directive peuvent porter notamment, en fonction de la localisation des espaces et des éléments de paysage concernés, sur :

1° Les conditions de la réalisation de certaines catégories de travaux ou d'aménagements tels que les installations classées ;

2° L'implantation, l'aspect extérieur, le volume ou la hauteur des constructions ;

3° La mise en œuvre des dispositions applicables en matière de camping, caravanage, clôtures, démolitions, défrichements, coupes et abattages, ainsi qu'en matière de publicité, d'enseignes et préenseignes.

Art. R. 350-5. – Les documents graphiques font apparaître le périmètre d'application de la directive et comportent tous les éléments de nature à en éclairer les orientations et principes fondamentaux.

Art. R. 350-6. – La directive peut être accompagnée d'un cahier de recommandations relatif notamment aux modalités de restauration des espaces dégradés, de choix de certaines espèces végétales, d'entretien des éléments de paysage tels que haies, zones humides, chemins ou berges, arbres et plantations d'alignement, ou d'utilisation de certains matériaux de construction.

Art. R. 350-7. – La décision de mise à l'étude d'une directive de protection et de mise en valeur des paysages, que ce soit à l'initiative de l'État ou sur proposition d'une ou plusieurs collectivités territoriales, est prise par arrêté du ministre chargé de l'environnement, après consultation des ministres intéressés. Cet arrêté indique les objectifs du projet, dresse la liste des communes dont le territoire est concerné par l'étude et désigne le préfet responsable de la conduite du projet. Si la zone d'étude s'étend sur plusieurs départements, l'arrêté désigne un préfet coordonnateur.

L'arrêté est transmis à l'ensemble des collectivités territoriales concernées par la zone d'étude.

Art. R. 350-8. – L'élaboration et l'instruction du projet de directive sont conduites sous l'autorité du préfet compétent.

Art. R. 350-9. – Dans les trois mois suivant la transmission de l'arrêté ministériel, le préfet responsable de la conduite du projet fixe par arrêté les modalités de la concertation prévue à l'article L. 350-1 et la liste des personnes publiques ou privées qui y seront associées.

La concertation porte à la fois sur le contenu de la directive et sur la définition de son périmètre.

Art. R. 350-10. – La liste mentionnée à l'article R. 350-9 comprend l'ensemble des collectivités territoriales concernées par la zone d'étude et notamment les communes dont le territoire est affecté par cette étude et, s'il y a lieu, leurs groupements, les associations de protection de l'environnement agréées au titre de l'article L. 141-1 ainsi que les organisations professionnelles concernées par le projet.

L'arrêté du préfet est notifié à toutes les personnes publiques ou privées désignées sur la liste susvisée, publié au Recueil des actes administratifs de la préfecture du ou des départements concernés et mentionné dans deux journaux régionaux ou locaux diffusés dans l'ensemble du ou des départements.

Art. R. 350-11 *(Mod., D. n° 2006-665, 7 juin 2006)* (1). – Compte tenu des observations recueillies au cours de la concertation, le préfet établit un projet de directive qu'il soumet pour avis à chaque collectivité territoriale ou groupement de collectivités territoriales concerné. À défaut de réponse dans un délai de trois mois à compter de la transmission du projet, cet avis est réputé favorable.

Le préfet recueille ensuite l'avis de la ou des commissions départementales de la nature, des paysages et des sites et de la ou des commissions départementales d'aménagement foncier.

Le préfet consulte, en outre, le comité de massif ou le conseil de rivage territorialement concerné, lorsque le projet de directive affecte soit une zone de montagne, soit des communes littorales.

Art. R. 350-12. – À l'issue des consultations prévues à l'article R. 350-11 le projet est mis à la disposition du public pendant un mois dans les mairies des communes concernées. Un arrêté du préfet précise les modalités selon lesquelles le public peut prendre connaissance du projet et formuler des observations. Cet arrêté est mentionné huit jours au moins avant le début de la mise à disposition dans deux journaux régionaux ou locaux diffusés dans le ou les départements concernés.

Art. R. 350-13. – Le projet de directive, modifié s'il y a lieu pour tenir compte des avis et observations émis en application des articles R. 350-11 et R. 350-12, est transmis par le préfet au ministre chargé de l'environnement, accompagné des avis et observations recueillis et d'un rapport de synthèse sur les modalités et les résultats tant de la concertation que des consultations auxquelles il a été procédé. Copie en est adressée aux ministres chargés de l'urbanisme, des collectivités locales, de l'agriculture, de la culture, ainsi que, s'il y a lieu, aux autres ministres contresignataires.

La directive est approuvée par décret en Conseil d'État.

Art. R. 350-14. – Le décret approuvant la directive est affiché pendant quinze jours dans chacune des communes dont tout ou partie du territoire est inclus dans le périmètre de la directive.

En outre, il fait l'objet d'une mention en caractères apparents au recueil des actes administratifs de la préfecture et dans deux journaux régionaux ou locaux diffusés dans tout le département.

Le dossier de la directive est tenu à la disposition du public dans les mairies des communes mentionnées à l'alinéa premier.

Art. R. 350-15. – Le préfet, s'il estime qu'un ou plusieurs plans locaux d'urbanisme ou plans d'occupation des sols ou documents d'urbanisme en tenant lieu sont incompatibles avec la directive, en donne avis aux communes ou groupements de communes intéressés en les invitant à procéder, selon les formes prescrites, à la mise en compatibilité de ces plans ou documents.

Art. R. 350-16 *(Abr., D. n° 2011-1903, 19 déc. 2011).*

CHAPITRE II

(D. n° 2023-384, 19 mai 2023)

Section 1. – Dispositions communes

Art. R. 350-20 *(D. n° 2023-384, 19 mai 2023).* – Pour l'application de l'article L. 350-3, lorsqu'il est porté atteinte à une allée d'arbres ou un alignement d'arbres, le dossier de déclaration ou de demande d'autorisation comporte :

1° L'identité et les coordonnées du pétitionnaire ;

2° La localisation et la description de l'allée d'arbres ou de l'alignement d'arbres concerné et de la voie ouverte à la circulation publique le long de laquelle les arbres sont implantés ;

3° La description des opérations projetées faisant apparaître leur nature, le ou les arbres concernés ainsi que le motif fondant ces opérations, et pour celui-ci, les pièces spécifiques mentionnées à l'article R. 350-23 ou au 2° de l'article R. 350-28 ;

(1) Dispositions transitoires : V. D. n° 2006-665, 7 juin 2006, art. 61.

4° La preuve de l'information du propriétaire de l'allée ou de l'alignement d'arbres sur les opérations projetées lorsque celui-ci est différent du pétitionnaire ;

5° Le plan de situation à l'échelle de la commune ;

6° Le plan de masse coté dans les trois dimensions faisant notamment apparaître le ou les arbres concernés par les opérations, leur positionnement au sein de l'allée ou de l'alignement ainsi que la distance de leur implantation par rapport à la voie ouverte à la circulation publique ;

7° Des documents tels que photographies ou dessins permettant d'évaluer les effets du projet sur le paysage ;

8° Le descriptif et le calendrier des mesures de compensation envisagées en plus de celles nécessaires en application des articles L. 163-1 à L. 163-5. Le cas échéant, sont expliquées les raisons pour lesquelles la compensation ne peut pas être faite à proximité de l'allée ou de l'alignement, et la distance prévue.

Voir : art. L. 350-3, p. 673.

Art. R. 350-21 *(D. n° 2023-384, 19 mai 2023)*. – La déclaration ou l'autorisation, établie en deux exemplaires, est adressée par lettre recommandée avec demande d'avis de réception ou déposée contre décharge à la préfecture du département où est situé l'allée d'arbres ou l'alignement d'arbres concerné.

Elle peut aussi être adressée par voie électronique conformément aux dispositions de la section 2 du chapitre II du titre Ier du livre Ier du Code des relations entre le public et l'administration.

Lorsque le dossier ne comprend pas les pièces exigées à l'article R. 350-20, le représentant de l'État dans le département, dans le délai de quinze jours à compter de la réception de la demande, indique au pétitionnaire, par lettre recommandée avec demande d'avis de réception ou par voie électronique, de façon exhaustive, les pièces manquantes.

Art. R. 350-22 *(D. n° 2023-384, 19 mai 2023)*. – Le représentant de l'État dans le département informe sans délai le président du conseil départemental du dépôt d'une déclaration ou d'une demande d'autorisation lorsque l'allée ou l'alignement concerné borde une voie départementale, ainsi que de sa décision.

Section 2. – Dispositions propres à la déclaration

Art. R. 350-23 *(D. n° 2023-384, 19 mai 2023)*. – Pour justifier du motif des opérations projetées, relevant du troisième alinéa de l'article L. 350-3, la déclaration comporte :

1° Lorsque les opérations projetées sont envisagées en raison d'un risque sanitaire : une étude phytosanitaire ;

2° Lorsque l'état sanitaire ou mécanique du ou des arbres présente un danger pour la sécurité des personnes ou des biens : les éléments permettant d'établir de ce danger ;

3° Lorsque les opérations projetées sont envisagées parce que l'esthétique de la composition ne peut plus être assurée : les éléments permettant de démontrer que la préservation de la biodiversité peut être obtenue par d'autres mesures, dans le respect des dispositions des articles L. 411-1 et L. 411-2.

Art. R. 350-24 *(D. n° 2023-384, 19 mai 2023)*. – Lorsque l'atteinte à une allée d'arbres ou à un alignement d'arbres est fondée sur les risques phytosanitaires liés à la présence ou à la suspicion de présence d'un organisme nuisible règlementé en application du règlement (UE) 2016/2031 du Parlement européen et du Conseil du 26 octobre 2016, et fait l'objet de mesures individuelles de prévention, de surveillance et de lutte prises par le préfet de région en application de l'article R. 251-2-7 du Code rural et de la pêche maritime, il n'y a pas lieu à déclaration.

Art. R. 350-25 *(D. n° 2023-384, 19 mai 2023)*. – Le gestionnaire de voies ouvertes à la circulation publique qui a établi un plan de gestion fixant les principes de conservation et de renouvellement des allées d'arbres et alignements d'arbres bordant ces voies peut déposer une déclaration préalable unique pour l'ensemble des opérations relevant de ce régime et prévues par ce plan sur une durée pouvant aller jusqu'à cinq ans.

Le plan de gestion est alors joint au dossier de la déclaration unique.

Art. R. 350-26 *(D. n° 2023-384, 19 mai 2023)*. – Le représentant de l'État dans le département peut s'opposer aux opérations objet de la déclaration, ou les subordonner au respect de prescriptions destinées à garantir l'effectivité des mesures de compensation, dans le délai d'un mois à compter de la date de réception de la déclaration.

Le représentant de l'État dans le département notifie sa décision par lettre recommandée avec demande d'avis de réception ou par voie électronique.

Le déclarant ne peut commencer la réalisation des opérations qu'à l'issue du délai d'un mois et en l'absence d'opposition.

Lorsque l'impact du projet rend nécessaire la participation du public en application de l'article L. 123-19-2, le délai mentionné au premier alinéa est interrompu pendant la durée de la consultation et reporté à la date de sa clôture. Le représentant de l'État dans le département en informe le déclarant.

Art. R. 350-27 *(D. n° 2023-384, 19 mai 2023)*. – Lorsqu'en application du sixième alinéa de l'article L. 350-3 la déclaration préalable n'est pas requise en raison d'un danger imminent pour la sécurité des personnes, la personne qui a fait procéder aux opérations en informe sans délai le représentant de l'État dans le département par lettre recommandée avec demande d'avis de réception ou par voie électronique et présente les mesures de compensation qu'elle propose.

Cette information comporte les éléments mentionnés aux 1°, 2°, 5°, 6°, 7° et 8° de l'article R. 350-20 ainsi que :

1° La description des risques auxquels la sécurité des personnes était exposée ;

2° La description des opérations réalisées faisant apparaître leur nature et le ou les arbres concernés.

Le représentant de l'État dans le département dispose d'un mois à compter de la réception de l'information pour approuver les mesures de compensation proposées ou prescrire des mesures différentes ou complémentaires destinées à garantir l'effectivité de la compensation.

En l'absence de décision expresse dans ce délai, les mesures de compensations proposées sont réputées approuvées.

Section 3. – Autorisation

Art. R. 350-28 *(D. n° 2023-384, 19 mai 2023)*. – Pour l'application du quatrième alinéa de l'article L. 350-3, la demande d'autorisation comporte :

1° Les éléments mentionnés aux 1° à 8° de l'article R. 350-20 ;

2° La description des projets de travaux, d'ouvrages ou d'aménagements en cause et les raisons pour lesquelles les opérations projetées sur les arbres sont nécessaires.

Art. R. 350-29 *(D. n° 2023-384, 19 mai 2023)*. – Dans les quinze jours suivant la réception d'une demande d'autorisation, il est adressé au pétitionnaire :

1° Lorsque la demande est complète, un récépissé qui indique la date à laquelle, en l'absence de décision expresse, une autorisation tacite sera acquise ;

2° Lorsque la demande est incomplète, un courrier, notifié par lettre recommandée avec demande d'avis de réception ou par voie électronique, qui indique :

a) De façon exhaustive, les informations, pièces et documents manquants à produire en deux exemplaires ou sous format électronique, dans un délai d'un mois suivant la réception de cette lettre ;

b) Qu'à défaut de production de l'ensemble des informations, pièces et documents manquants dans ce délai, la demande fera l'objet d'une décision tacite de rejet.

Lorsque le dossier est complété dans le délai imparti, le représentant de l'État dans le département adresse au pétitionnaire le récépissé prévu au 1°.

Art. R. 350-30 *(D. n° 2023-384, 19 mai 2023)*. – Le représentant de l'État dans le département notifie la décision au pétitionnaire par lettre recommandée avec demande d'avis de réception ou par voie électronique au plus tard deux mois après la réception d'une demande complète ou des informations, pièces et documents qui complètent le dossier.

À défaut de notification dans ce délai, l'autorisation est réputée accordée dans les termes où elle a été demandée.

Lorsque l'impact du projet rend nécessaire la participation du public en application de l'article L. 123-19-2, le représentant de l'État dans le département en informe le pétitionnaire. Le délai mentionné au premier alinéa est interrompu pendant la durée de la consultation et reporté à la date de sa clôture.

Section 4. – Sanctions

Art. R. 350-31 *(D. n° 2023-384, 19 mai 2023)*. **– I. – Est puni de l'amende prévue pour les contraventions de la cinquième classe le fait d'abattre, de porter atteinte à un arbre, de compromettre la conservation ou de modifier radicalement l'aspect d'un ou de plusieurs arbres d'une allée d'arbres ou d'un alignement d'arbres qui bordent les voies ouvertes à la circulation publique dans une ou plusieurs des circonstances suivantes :**

1° Sans avoir procédé à la déclaration prévue au troisième alinéa de l'article L. 350-3 ou en cas d'opposition du représentant de l'État dans le département à cette déclaration ;

2° Sans avoir obtenu l'autorisation du représentant de l'État dans le département, prévue au quatrième alinéa du même article.

II. – Sont également punis de l'amende prévue pour les contraventions de la cinquième classe :

1° L'absence de mise en œuvre des mesures de compensation prévues par les cinquième et sixième alinéas de l'article L. 350-3 ;

2° Le non-respect des prescriptions destinées à garantir l'effectivité des mesures de compensation fixées par le représentant de l'État dans le département conformément au sixième alinéa de l'article L. 350-3 et à l'article R. 350-26.

TITRE VI. – ACCÈS À LA NATURE

CHAPITRE Ier. – ITINÉRAIRES DE RANDONNÉES

Pas de dispositions réglementaires codifiées.

CHAPITRE II. – CIRCULATION MOTORISÉE

Bibliographie : V. Jaworski, *Espaces naturels protégés : Rev. jur. env.* 2013, n° 4, p. 773-774.

Art. R. 362-1 *(D. n° 2011-269, 15 mars 2011 ; mod., D. n° 2017-1279, 9 août 2017)* (1). **– Les autorisations prévues au deuxième alinéa de l'article L. 362-3 sont délivrées dans les conditions fixées par les articles R. 331-20 et suivants du Code du sport.**

NB : Dispositions d'application particulières et transitoires : V. D. n° 2017-1279, 9 août 2017, art. 38.

Circulation en moto en dehors des chemins et des voies carrossables. V. ▪ CA Lyon, 19 oct. 2009, n° 08/01980. Il s'agissait en l'espèce d'une circulation sur un terrain appartenant au domaine public fluvial.

Art. R. 362-1-1 *(D. n° 2016-1412, 21 oct. 2016)*. **– Constitue un établissement touristique d'altitude offrant un service de restauration au sens de l'article L. 362-3 tout établissement offrant un service de restauration sur place situé au sein d'un domaine skiable au sens de l'article R. 122-8 du Code de l'urbanisme, à l'exclusion des refuges de montagne au sens de l'article L. 326-1 du Code du tourisme.**

Le convoyage de la clientèle vers ces établissements par des engins motorisés conçus pour la progression sur neige est autorisé dans les conditions fixées aux articles R. 362-1-2 et R. 362-1-3.

Art. R. 362-1-2 *(D. n° 2016-1412, 21 oct. 2016)*. **– L'autorisation de convoyage de la clientèle prévue à l'article L. 362-3 est accordée à l'exploitant de l'établissement touristique par le maire ou par le préfet si les itinéraires autorisés sont situés sur le territoire de plusieurs communes.**

Le convoyage aller et retour de la clientèle s'effectue par l'utilisation d'engins motorisés conçus pour la progression sur neige, sous la responsabilité de l'exploitant de l'établissement. La conduite des engins est

(1) Dispositions d'application particulières et transitoires : V. D. n° 2017-1279, 9 août 2017, art. 38.

assurée soit par l'exploitant ou ses salariés, soit par un prestataire disposant d'une relation contractuelle avec l'exploitant à l'exclusion des clients.

Le convoyage s'effectue sur les itinéraires définis dans l'autorisation du maire ou du préfet mentionnée au premier alinéa. Ces itinéraires doivent emprunter les pistes des domaines skiables, et en priorité les pistes d'entretien, en tenant compte des autres activités, de la sécurité des personnes transportées et du respect de l'environnement, en particulier de la faune et de la flore. Sous ces réserves, l'itinéraire desservant l'établissement correspond au plus court trajet possible et ne comporte pas d'arrêts autres que la desserte de l'établissement. Un itinéraire commun peut desservir plusieurs établissements dans le respect des conditions fixées au présent article.

Les itinéraires ne peuvent traverser ni le cœur d'un parc national, ni une réserve naturelle nationale, ni une réserve naturelle régionale, ni une zone de protection du biotope définie par arrêté préfectoral, ni une réserve biologique créée dans une zone identifiée par un document d'aménagement en application des articles L. 212-1 à L. 212-3 du Code forestier.

Le convoyage de la clientèle ne peut être autorisé que pendant la période hivernale d'exploitation des remontées mécaniques et au sein d'une plage horaire comprise entre l'heure de fermeture des pistes et vingt-trois heures.

Dans les limites définies aux alinéas précédents, l'autorisation de convoyage mentionnée au premier alinéa fixe notamment :

1° Le ou les itinéraires autorisés pour le convoyage ;

2° Les périodes de l'année et les plages horaires au sein desquelles le convoyage est autorisé ;

3° La liste des engins qui peuvent être utilisés pour le convoyage de la clientèle et les moyens de les identifier ;

4° Si nécessaire, des prescriptions particulières sur les conditions d'exécution du convoyage motivées par des motifs de sécurité, de protection de l'environnement ou de tranquillité publique. À cet effet, l'autorisation peut notamment limiter le gabarit, la masse, le niveau sonore et la vitesse de progression des engins de convoyage et leur imposer des dispositifs de signalisation et d'avertissement sonore appropriés.

Art. R. 362-1-3 *(D. n° 2016-1412, 21 oct. 2016)*. – La demande d'autorisation mentionnée à l'article R. 362-1-2 est présentée par l'exploitant de l'établissement et adressée par tout moyen, permettant d'établir une date certaine de réception, au maire de la commune où se situe l'établissement. Lorsque l'itinéraire proposé concerne plusieurs communes, le maire saisi de la demande l'adresse au préfet de département qui l'instruit selon les mêmes modalités. Le maire en informe le demandeur.

La demande est accompagnée d'un dossier comprenant :

1° L'identification et l'adresse du demandeur ;

2° Lorsque le demandeur est une personne morale, l'acte autorisant le représentant de cette personne morale à déposer la demande ;

3° Un plan de situation permettant de localiser la zone concernée par le convoyage et matérialisant le ou les itinéraires demandés au sein du domaine skiable ;

4° L'identification par tout moyen des engins destinés à assurer le convoyage de la clientèle, avec mention de leurs caractéristiques, notamment en termes de gabarit, de masse, de nombre de personnes transportées, de vitesse, de niveau sonore, de signalisation et de performances de freinage ;

5° Une attestation d'assurance souscrite conformément aux dispositions de l'article L. 211-1 du Code des assurances.

Le maire ou le préfet instruisent la demande. Ils recueillent l'avis de la commission départementale de la nature, des paysages et des sites sur l'itinéraire de convoyage demandé. Le silence gardé par le maire ou par le préfet pendant trois mois vaut rejet de la demande.

Le bénéficiaire d'une autorisation de convoyage qui souhaite modifier la consistance du parc des engins de convoyage autorisés adresse, selon le cas, au maire ou au préfet, une déclaration précisant les engins qu'il retire et ceux qu'il souhaite ajouter. Pour ces derniers, il précise leurs caractéristiques au sens du 4° ci-dessus et joint l'attestation d'assurance mentionnée au 5°. Le maire ou le préfet disposent d'un délai de deux mois pour faire opposition.

Art. R. 362-2 *(Anc. D. n° 92-258, 20 mars 1992 ; anc. art. R. 362-1, dénum., D. n° 2011-269, 15 mars 2011 ; mod., D. n° 2016-1413, 21 oct. 2016)*. – Est puni de l'amende prévue pour les contraventions de la 5e classe le fait, pour tout conducteur, de contrevenir aux dispositions des articles L. 362-1 et L. 362-3 concernant :

1° L'interdiction de la circulation des véhicules à moteur en dehors des voies classées dans le domaine public routier de l'État, des départements et des communes, des chemins ruraux et des voies privées ouvertes à la circulation publique des véhicules à moteur ;

2° L'interdiction d'utilisation, à des fins de loisirs, d'engins motorisés conçus pour la progression sur neige, sous réserve des dispositions du dernier alinéa de l'article L. 362-3.

Art. R. 362-3 *(Anc. D. n° 92-258, 20 mars 1992 ; anc. art. R. 362-2, dénum., D. n° 2011-269, 15 mars 2011)*. – Est puni de l'amende prévue pour les contraventions de la 5e classe le fait, pour tout conducteur, de contrevenir aux mesures édictées en application des articles L. 2213-4 et L. 2215-3 du Code général des collectivités territoriales.

Art. R. 362-4 *(Anc. D. n° 92-258, 20 mars 1992 ; anc. art. R. 362-3, dénum. et rempl., D. n° 2011-269, 15 mars 2011)*. – Toute publicité, quel qu'en soit le support, présentant un véhicule à moteur ne respectant pas les dispositions des articles L. 362-1 et L. 362-2 du présent code et des articles L. 2213-4 et L. 2215-3 du Code général des collectivités territoriales est punie de l'amende prévue pour les contraventions de la cinquième classe.

Art. R. 362-5 *(Anc. D. n° 92-258, 20 mars 1992 ; anc. art. R. 362-4, dénum., D. n° 2011-269, 15 mars 2011)*. – Lorsque le tribunal prononce l'immobilisation du véhicule en application de l'article L. 362-8, les articles R. 131-5 à R. 131-11 du Code pénal sont applicables.

Art. R. 362-6 *(Anc. art. R. 362-5, dénum., D. n° 2011-269, 15 mars 2011)*. – Les dispositions des articles L. 121-4, L. 234-1, L. 325-1 à L. 325-3, L. 325-6 à L. 325-11 et L. 417-1 du Code de la route sont applicables aux véhicules circulant en infraction aux dispositions des articles L. 362-1 et suivants du présent code et des arrêtés pris pour l'application des articles L. 2213-4 et L. 2215-3 du Code général des collectivités territoriales, selon les modalités prévues par les dispositions du Code de la route.

Art. R. 362-7 *(D. n° 2011-269, 15 mars 2011)*. – La récidive des contraventions prévues aux articles R. 362-2 à R. 362-4 est réprimée conformément aux articles 132-11 et 132-15 du Code pénal.

CHAPITRE III. – AUTRES MODES D'ACCÈS

Pas de dispositions réglementaires codifiées.

CHAPITRE IV. – ESPACES, SITES ET ITINÉRAIRES RELATIFS AUX SPORTS DE NATURE

Pas de dispositions réglementaires codifiées.

CHAPITRE V. – CAMPING ET CARAVANAGE

Art. R. 365-1. – Le camping et le caravanage peuvent être réglementés dans l'intérêt de la protection de la nature dans les conditions fixées par le décret n° 59-275 du 7 février 1959 modifié relatif au camping.

Art. R. 365-2 *(Mod. à compter du 1er octobre 2007, D. n° 2007-18, 5 janv. 2007 ; mod., D. n° 2015-1783, 28 déc. 2015)*. – Le camping et le stationnement des caravanes pratiqués isolément ainsi que la création de terrains de camping et de caravanage sont interdits dans les conditions fixées aux articles R. 111-32 à R. 111-35 et R. 111-47 à R. 111-50 du Code de l'urbanisme.

Art. R. 365-3 *(Mod. à compter du 1er octobre 2007, D. n° 2007-18, 5 janv. 2007 ; mod., D. n° 2015-1783, 28 déc. 2015)*. – Le camping et le stationnement des caravanes peuvent être réglementés dans l'intérêt de la protection des espaces remarquables, du paysage, de la faune et de la flore dans les conditions fixées au premier alinéa de l'article R. 111-34 du Code de l'urbanisme.

TITRE VII. – TRAME VERTE ET TRAME BLEUE

(D. n° 2011-738, 28 juin 2011)

Voir : Obs. sous intitulé Livre III / Loi pour la reconquête de la biodiversité, de la nature et des paysages (DEVL1400720L). La loi a notamment intégré au sein du Conseil national de la biodiversité les missions actuelles du Comité national « trames verte et bleue ».

CHAPITRE Ier. – COMITÉS « TRAMES VERTE ET BLEUE »

(D. n° 2011-738, 28 juin 2011 ; intitulé rempl., D. n° 2012-1492, 27 déc. 2012)

Section I. – Comité national « trames verte et bleue »

(Abr., D. n° 2017-339, 15 mars 2017)

NB : En application de l'article 5 du décret n° 2017-339 du 15 mars 2017 relatif au Comité national de la biodiversité, les avis rendus par le Comité national « trames verte et bleue » antérieurement à sa publication sont réputés avoir été pris par le Comité national de la biodiversité.

Art. D. 371-1 à D. 371-6 ***(Abr., D. n° 2017-339, 15 mars 2017).***

Voir : A. 24 janv. 2013, portant nomination des membres du Comité national « trames verte et bleue », articles 1er, 2 et 3 (*JO* 1er févr.).

Section II. – Comités régionaux « trames verte et bleue »

(Abr., D. n° 2017-370, 21 mars 2017) (1)

NB : En application de l'article 4 du décret n° 2017-370 du 21 mars 2017 relatif aux comités régionaux de la biodiversité, les avis rendus par le Comité régional « trames verte et bleue » antérieurement à sa publication sont réputés avoir été pris par le Comité régional de la biodiversité.

Art. D. 371-7 à D. 371-15 ***(Abr., D. n° 2017-370, 21 mars 2017).***

CHAPITRE II. – DISPOSITIONS COMMUNES

(D. n° 2012-1492, 27 déc. 2012)

Art. R. 371-16 ***(D. n° 2012-1492, 27 déc. 2012 ; mod., D. n° 2016-1071, 3 août 2016).*** **– La trame verte et bleue est un réseau formé de continuités écologiques terrestres et aquatiques identifiées par les schémas régionaux de cohérence écologique les schémas régionaux d'aménagement qui en tiennent lieu ainsi que par les documents de l'État, des collectivités territoriales et de leurs groupements auxquels des dispositions législatives reconnaissent cette compétence et, le cas échéant, celle de délimiter ou de localiser ces continuités.**

Elle constitue un outil d'aménagement durable du territoire.

Art. R. 371-17 ***(D. n° 2012-1492, 27 déc. 2012).*** **– La trame verte et bleue contribue à l'état de conservation favorable des habitats naturels et des espèces et au bon état écologique des masses d'eau. Elle s'étend jusqu'à la laisse de basse mer et, dans les estuaires, à la limite transversale de la mer.**

Art. R. 371-18 ***(D. n° 2012-1492, 27 déc. 2012).*** **– L'identification et la délimitation des continuités écologiques de la trame verte et bleue doivent notamment permettre aux espèces animales et végétales dont la préservation ou la remise en bon état constitue un enjeu national ou régional de se déplacer pour assurer leur cycle de vie et favoriser leur capacité d'adaptation.**

(1) Les avis rendus par le comité régional « trames verte et bleue » antérieurement à la publication du décret n° 2017-370 du 21 mars 2017 sont réputés avoir été pris par le comité régional de la biodiversité issu de ce texte, D. n° 2017-370, 21 mars 2017, art. 4.

Art. R. 371-19 *(D. n° 2012-1492, 27 déc. 2012)*. – I. – Les continuités écologiques constituant la trame verte et bleue comprennent des réservoirs de biodiversité et des corridors écologiques.

II. – Les réservoirs de biodiversité sont des espaces dans lesquels la biodiversité est la plus riche ou la mieux représentée, où les espèces peuvent effectuer tout ou partie de leur cycle de vie et où les habitats naturels peuvent assurer leur fonctionnement en ayant notamment une taille suffisante, qui abritent des noyaux de populations d'espèces à partir desquels les individus se dispersent ou qui sont susceptibles de permettre l'accueil de nouvelles populations d'espèces.

Un réservoir de biodiversité peut être isolé des autres continuités de la trame verte et bleue lorsque les exigences particulières de la conservation de la biodiversité ou la nécessité d'éviter la propagation de maladies végétales ou animales le justifient.

Les espaces définis au 1° du II de l'article L. 371-1 constituent des réservoirs de biodiversité.

III. – Les corridors écologiques assurent des connexions entre des réservoirs de biodiversité, offrant aux espèces des conditions favorables à leur déplacement et à l'accomplissement de leur cycle de vie.

Les corridors écologiques peuvent être linéaires, discontinus ou paysagers.

Les espaces mentionnés aux 2° et 3° du II de l'article L. 371-1 constituent des corridors écologiques.

IV. – Les cours d'eau, parties de cours d'eau et canaux mentionnés au 1° et au 3° du III de l'article L. 371-1 constituent à la fois des réservoirs de biodiversité et des corridors écologiques.

Les zones humides mentionnées au 2° et au 3° du III de l'article L. 371-1 constituent des réservoirs de biodiversité ou des corridors écologiques ou les deux à la fois.

Art. R. 371-20 *(D. n° 2012-1492, 27 déc. 2012)*. – La remise en bon état des milieux nécessaires aux continuités écologiques consiste dans le rétablissement ou l'amélioration de leur fonctionnalité.

Elle s'effectue notamment par des actions de gestion, d'aménagement ou d'effacement des éléments de fragmentation qui perturbent significativement leur fonctionnalité et constituent ainsi des obstacles. Ces actions tiennent compte du fonctionnement global de la biodiversité et des activités humaines.

II. – La préservation des milieux nécessaires aux continuités écologiques assure au moins le maintien de leur fonctionnalité.

III. – Les actions de préservation et de remise en bon état des milieux nécessaires aux continuités écologiques sont décidées et mises en œuvre, dans le respect des procédures qui leur sont applicables, par les acteurs concernés conformément à leurs compétences respectives.

Elles ne peuvent affecter les activités militaires répondant à un impératif de défense nationale.

Art. R. 371-21 *(D. n° 2012-1492, 27 déc. 2012)*. – La fonctionnalité des continuités écologiques s'apprécie notamment au regard :

- de la diversité et de la structure des milieux qui leur sont nécessaires et de leur niveau de fragmentation ;
- des interactions entre milieux, entre espèces et entre espèces et milieux ;
- de la densité nécessaire à l'échelle du territoire concerné.

CHAPITRE III. – ORIENTATIONS NATIONALES POUR LA PRÉSERVATION ET LA REMISE EN BON ÉTAT DES CONTINUITÉS ÉCOLOGIQUES

(D. n° 2012-1492, 27 déc. 2012)

Art. R. 371-22 *(D. n° 2012-1492, 27 déc. 2012)*. – Les documents de planification et projets relevant du niveau national qui doivent être compatibles avec les orientations nationales pour la préservation et la remise en bon état des continuités écologiques en application du sixième alinéa de l'article L. 371-2 sont ceux qui sont approuvés ou décidés par une loi, un décret ou un arrêté ministériel.

La compatibilité de ces documents de planification et projets s'apprécie notamment au regard des atteintes susceptibles d'être portées aux espaces constitutifs de la trame verte et bleue en application de l'article L. 371-1 ainsi qu'aux espèces, habitats et continuités écologiques d'importance nationale identifiés comme constituant des enjeux nationaux et transfrontaliers par le document-cadre adopté en application de l'article L. 371-2.

Art. R. 371-23 *(D. n° 2012-1492, 27 déc. 2012)*. – Les analyses ainsi que la décision de maintenir en vigueur ou de procéder à la révision des orientations nationales pour la préservation ou la remise en bon état

des continuités écologiques mentionnées au septième alinéa de l'article L. 371-2 relèvent conjointement des ministres chargés de l'environnement et de l'urbanisme et interviennent, dans les conditions prévues par le premier alinéa de l'article L. 371-2, au plus tard sept ans après l'adoption, la révision ou la précédente décision de maintenir en vigueur le document-cadre.

CHAPITRE IV. – SCHÉMAS RÉGIONAUX DE COHÉRENCE ÉCOLOGIQUE

(D. n° 2012-1492, 27 déc. 2012)

Section I. – Dispositions générales

Art. R. 371-24 *(D. n° 2012-1492, 27 déc. 2012 ; mod., D. n° 2016-1071, 3 août 2016)*. **– Afin d'assurer la cohérence nationale de la trame verte et bleue, le schéma régional de cohérence écologique ou le schéma régional d'aménagement qui en tient lieu prend en compte la nécessité de préserver les espèces, habitats et continuités écologiques d'importance nationale identifiés comme constituant des enjeux nationaux et transfrontaliers par le document-cadre adopté en application de l'article L. 371-2.**

Les réservoirs de biodiversité et corridors écologiques constitutifs de la trame verte et bleue régionale comprennent notamment les espaces dont l'intégration est prévue par le document-cadre adopté en application de l'article L. 371-2 ainsi que les milieux nécessaires à la remise en bon état et à la préservation des espèces, habitats et continuités écologiques d'importance nationale mentionnés à l'alinéa précédent.

Section II. – Contenu

Art. R. 371-25 *(D. n° 2012-1492, 27 déc. 2012)*. **– Le schéma régional de cohérence écologique, conformément à l'article L. 371-3, comporte notamment :**

– un diagnostic du territoire régional et une présentation des enjeux relatifs à la préservation et à la remise en bon état des continuités écologiques à l'échelle régionale ;

– un volet présentant les continuités écologiques retenues pour constituer la trame verte et bleue régionale et identifiant les réservoirs de biodiversité et les corridors qu'elles comprennent ;

– un plan d'action stratégique ;

– un atlas cartographique ;

– un dispositif de suivi et d'évaluation ;

– un résumé non technique.

Le contenu de ces composantes est précisé par les articles R. 371-26 à R. 371-31 et prend en compte les indications et recommandations du volet relatif à l'élaboration du schéma régional de cohérence écologique du document-cadre adopté en application de l'article L. 371-2.

Légalité du décret. La fédération requérante soutient que les dispositions R. 371-25 et R. 371-26 du décret méconnaissent le premier alinéa de l'article L. 371-1 dans la mesure où les schémas régionaux de cohérence écologique, dont elles ont pour objet de préciser le contenu, ne prennent pas suffisamment en compte les activités humaines, notamment agricoles, en milieu rural. Le Conseil d'État considère que l'article R. 371-26 qui prévoit que le diagnostic du territoire régional que comprend, en vertu de l'article R. 371-25, le schéma régional de cohérence écologique porte notamment sur les interactions entre la biodiversité et les activités humaines, ne méconnaît pas les dispositions du premier alinéa de l'article L. 371-1. En outre, les dispositions réglementaires critiquées se bornent à mettre en œuvre les articles L. 371-1 et suivants et que par suite, la fédération requérante ne peut utilement soutenir que les articles R. 371-25 et R. 371-26, tels qu'ils résultent du décret attaqué, méconnaissent l'article 6 de la Charte de l'environnement (■ CE, 30 juill. 2014, n° 369148, *Féd. départementale des chasseurs du Pas-de-Calais*).

Art. R. 371-26 *(D. n° 2012-1492, 27 déc. 2012)*. **– I. – Le diagnostic du territoire régional porte, d'une part, sur la biodiversité du territoire, en particulier les continuités écologiques identifiées à l'échelle régionale, et, d'autre part, sur les interactions entre la biodiversité et les activités humaines.**

II. – Les enjeux relatifs à la préservation et à la remise en bon état des continuités écologiques traduisent les atouts du territoire régional en termes de continuités écologiques, les menaces pesant sur celles-ci, ainsi que les

avantages procurés par ces continuités pour le territoire et les activités qu'il abrite. Les enjeux régionaux sont hiérarchisés et spatialisés et intègrent ceux partagés avec les territoires limitrophes.

Art. R. 371-27 *(D. n° 2012-1492, 27 déc. 2012).* – Le volet présentant les continuités écologiques retenues pour constituer la trame verte et bleue régionale et identifiant les réservoirs de biodiversité et les corridors qu'elles comprennent précise :

– les approches et la méthodologie retenues pour l'identification et le choix des réservoirs de biodiversité et des corridors écologiques ;

– les caractéristiques de ces deux éléments, leur contribution au fonctionnement écologique de l'ensemble du territoire régional et leur rattachement à l'une des sous-trames suivantes :

a) Milieux boisés ;

b) Milieux ouverts ;

c) Milieux humides ;

d) Cours d'eau ;

e) Milieux littoraux, pour les régions littorales ;

– les objectifs de préservation ou de remise en bon état qui leur sont assignés ;

– la localisation, la caractérisation et la hiérarchisation des obstacles à ces éléments ;

– un exposé de la manière dont ont été pris en compte les enjeux nationaux et transfrontaliers définis par le document-cadre adopté en application de l'article L. 371-2.

Art. R. 371-28 *(D. n° 2012-1492, 27 déc. 2012).* – Le plan d'action stratégique présente :

– les outils et moyens mobilisables compte tenu des objectifs de préservation et de remise en bon état des continuités écologiques de la trame verte et bleue régionale, selon les différents milieux ou acteurs concernés et en indiquant, le cas échéant, leurs conditions d'utilisation et leur combinaison ;

– des actions prioritaires et hiérarchisées en faveur de la préservation et de la remise en bon état des continuités écologiques ;

– les efforts de connaissance à mener, notamment en vue de l'évaluation de la mise en œuvre du schéma.

Les moyens et mesures ainsi identifiés par le plan d'action sont décidés et mis en œuvre, dans le respect des procédures qui leur sont applicables, par les acteurs concernés conformément à leurs compétences respectives.

Art. R. 371-29 *(D. n° 2012-1492, 27 déc. 2012).* – L'atlas cartographique comprend notamment :

– une cartographie des éléments de la trame verte et bleue régionale à l'échelle 1/100 000 ;

– une cartographie des objectifs de préservation ou de remise en bon état assignés aux éléments de la trame verte et bleue à l'échelle 1/100 000, identifiant les principaux obstacles à la fonctionnalité des continuités écologiques ;

– une carte de synthèse régionale schématique des éléments de la trame verte et bleue ;

– une cartographie des actions prioritaires inscrites au plan d'action stratégique.

Les éléments qui doivent figurer sur les cartes prévues par le présent article sont précisés par le document-cadre adopté en application de l'article L. 371-2.

Art. R. 371-30 *(D. n° 2012-1492, 27 déc. 2012).* – Le dispositif de suivi et d'évaluation s'appuie notamment sur des indicateurs relatifs aux éléments composant la trame verte et bleue régionale, à la fragmentation du territoire régional et son évolution, au niveau de mise en œuvre du schéma ainsi qu'à la contribution de la trame régionale aux enjeux de cohérence nationale de la trame verte et bleue. Il sert de base à l'analyse prévue au dernier alinéa de l'article L. 371-3.

Art. R. 371-31 *(D. n° 2012-1492, 27 déc. 2012).* – Le résumé non technique présente de manière synthétique l'objet du schéma, les grandes étapes de son élaboration, les enjeux du territoire régional en termes de continuités écologiques et les principaux choix ayant conduit à la détermination de la trame verte et bleue régionale. Il intègre également la carte de synthèse régionale schématique des éléments de la trame verte et bleue mentionnée à l'article R. 371-29.

Section III. – Procédure

Art. R. 371-32 *(D. n° 2012-1492, 27 déc. 2012).* – I. – Le projet de schéma régional de cohérence écologique est arrêté dans les mêmes termes par le président du conseil régional et le préfet de région.

Il est transmis, avec le rapport environnemental, aux collectivités, groupements de collectivités, établissements publics et syndicats énumérés par le troisième alinéa de l'article L. 371-3 ainsi qu'à l'autorité environnementale compétente en matière d'environnement et au conseil scientifique régional du patrimoine naturel.

L'avis du conseil scientifique régional du patrimoine naturel est réputé favorable s'il n'a pas été rendu par écrit dans un délai de trois mois à compter de sa saisine.

II. – Si le président du conseil régional et le préfet de région décident de modifier le projet avant de le soumettre à l'enquête publique pour tenir compte des avis ainsi recueillis, ils l'arrêtent à nouveau dans les mêmes termes.

Art. R. 371-33 *(D. n° 2012-1492, 27 déc. 2012 ; D. n° 2013-938, 18 oct. 2013).* – L'arrêté adoptant le schéma régional de cohérence écologique après son approbation par délibération du conseil régional est publié au recueil des actes administratifs de la préfecture du département chef-lieu de région. Un avis de publication est inséré par le préfet de région dans deux journaux nationaux ou régionaux diffusés dans les départements concernés.

Le schéma régional de cohérence écologique peut être consulté dans les préfectures et sous-préfectures de la région ainsi qu'au siège du conseil régional et des conseils départementaux de la région. Il est mis à disposition, avec la déclaration prévue par l'article L. 122-10 arrêtée dans les mêmes termes par le président du conseil régional et le préfet, par voie électronique sur les sites internet de la préfecture du département chef-lieu de région et du conseil régional.

Art. R. 371-34 *(D. n° 2012-1492, 27 déc. 2012 ; mod., D. n° 2017-339, 15 mars 2017).* – L'analyse des résultats obtenus par la mise en œuvre du schéma est réalisée conjointement par le président du conseil régional et le préfet de région au plus tard six ans à compter de la date d'adoption du schéma régional de cohérence écologique initial ou révisé ou celle décidant son maintien en vigueur. Cette analyse repose en particulier sur le dispositif de suivi et d'évaluation prévu à l'article R. 371-30. Cette analyse est publiée sur les sites internet de la préfecture du département chef-lieu de région et du conseil régional et portée à la connaissance du Comité national de la biodiversité.

Le conseil scientifique régional du patrimoine naturel se prononce, à la demande conjointe du président du conseil régional et du préfet de région et sur la base de l'analyse mentionnée au premier alinéa, sur le maintien en vigueur ou sur la nécessité de réviser ledit schéma ainsi que sur l'étendue de cette révision. À l'expiration d'un délai de trois mois, l'avis est réputé émis.

Les décisions concordantes du conseil régional et du préfet de région de maintenir en vigueur ou de réviser le schéma régional de cohérence écologique interviennent dans un délai de six mois suivant la publication de l'analyse susmentionnée. À défaut de décisions concordantes, le schéma régional de cohérence écologique est maintenu en vigueur.

CHAPITRE V. – DISPOSITIONS DIVERSES

(D. n° 2012-1492, 27 déc. 2012)

Art. R. 371-35 *(D. n° 2012-1492, 27 déc. 2012 ; mod., D. n° 2020-1060, 14 août 2020)* (1). – Les dispositions d'application des articles L. 371-1 à L. 371-4 à La Réunion, en Martinique, en Guadeloupe, en Guyane et à Mayotte sont précisées par l'article L. 4433-7-1 du Code général des collectivités territoriales.

(1) Dispositions d'application particulières et transitoires : V. D. n° 2020-1060, 14 août 2020.

LIVRE IV

PATRIMOINE NATUREL

(D. n° 2005-934, 2 août 2005 ; D. n° 2005-935, 2 août 2005 (1) (2) *; intitulé rempl., D. n° 2015-1787, 28 déc. 2015)*

TITRE Ier. – PROTECTION DU PATRIMOINE NATUREL

(Intitulé rempl., D. n° 2015-1787, 28 déc. 2015)

Voir : A. 30 mars 1999 relatif à l'organisation et au fonctionnement de la commission nationale consultative pour la faune sauvage captive (*JO* 3 avr. 1999), mod. – A. 25 mars 2004 fixant les règles générales de fonctionnement et les caractéristiques générales des installations des établissements zoologiques à caractère fixe et permanent, présentant au public des spécimens vivants de la faune locale ou étrangère (*JO* 1er avr. 2004), mod. – A. 13 déc. 2006 relatif aux réserves de chasse et de faune sauvage (*JO* 10 févr. 2007). – A. 19 févr. 2007 fixant les conditions de demande et d'instruction des dérogations définies au 4° de l'article L. 411-2 du Code de l'environnement portant sur des espèces de faune et de flore sauvages protégées (*JO* 19 avr. 2007), mod. – A. 29 oct. 2009 relatif à la protection et à la commercialisation de certaines espèces d'oiseaux sur le territoire national (*JO* 24 nov. 2009). – Circ. n° 89-43, 28 juill. 1989 relative à la mise en œuvre des dispositions du décret n° 88-443 du 25 avril 1988 relatif aux PNR (*BOMELTM* n° 29, 20 oct. 1989). – Circ. n° 89-56, 10 oct. 1989, relative au renforcement de la politique nationale de préservation de certains espaces et milieux littoraux (*BOMELTM* n° 34, 10 déc. 1989). – Circ. du 15 juill. 1999, relative aux recommandations sur l'utilisation de l'inventaire ZNIEFF pour l'identification des zones humides (*BOMATE* n° 6, 31 déc. 1999). – Circ. du 29 juill. 1999 relative aux zones de protection spéciale (*BOMATE* n° 1, 15 févr. 2000). – Circ. du 17 octobre 2003 relative à l'importation, l'exportation et la réexportation des espèces de faune et de flore sauvages menacées d'extinction et des parties ou produits qui en sont issus (*BOD* n° 6588, 28 oct. 2003), mise à jour au 6 avr. 2009. – Circ. DEB/PVEM n° 08-04, 13 août 2008 relative au programme de réalisation de nouveaux plans nationaux de restauration en 2009 (non publiée). – Circ. DEB/PVEM n° 08-07, 3 oct. 2008 relative aux éléments de cadrage, d'organisation et de méthodologie pour la conduite des plans nationaux d'actions pour les espèces menacées (non publiée). – Circ. DEB/PEVM n° 09-04, *8 sept. 2009 relative au programme* de réalisation de nouveaux plans nationaux d'actions en 2010 et compléments méthodologiques à la circulaire du 3 oct. 2008 (*BO MEEDDM* n° 2009/18, 10 oct. 2009).

---

(1) Les articles identifiés par un « R. » correspondent aux dispositions relevant d'un décret en Conseil d'État, ceux identifiés par un « R.* » correspondent aux dispositions relevant d'un décret en conseil d'État délibéré en conseil des ministres et ceux identifiés par un « D. » correspondent aux dispositions relevant d'un décret simple, D. n° 2005-934, 2 août 2005, art. 1er et D. n° 2005-935, 2 août 2005, art. 1er.

Les dispositions du Code de l'environnement qui citent en les reproduisant des articles d'autres codes ou décrets sont de plein droit modifiées par l'effet des modifications ultérieures de ces articles, D. n° 2005-935, 2 août 2005, art. 3.

(2) Les articles identifiés par un R.* du présent livre sont désormais identifiés par un R., D. n° 2007-397, 22 mars 2007, art. 13.

CHAPITRE Ier. – PRÉSERVATION ET SURVEILLANCE DU PATRIMOINE NATUREL

(Intitulé rempl., D. n° 2015-1787, 28 déc. 2015)

Section I. – Préservation du patrimoine naturel

(Intitulé rempl., D. n° 2015-1787, 28 déc. 2015)

Sous-section 1. – Mesures de protection des espèces animales non domestiques et végétales non cultivées

(Intitulé mod. D. n° 2015-1787, 28 déc. 2015)

Art. R. 411-1 *(Rempl., D. n° 2007-15, 4 janv. 2007* (1) *; mod., D. n° 2017-595, 21 avr. 2017).* **–** (2) **Les listes des espèces animales non domestiques et des espèces végétales non cultivées faisant l'objet des interdictions définies par l'article L. 411-1 sont établies par arrêté conjoint du ministre chargé de la protection de la nature et soit du ministre chargé de l'agriculture, soit, lorsqu'il s'agit d'espèces marines, du ministre chargé des pêches maritimes.**

Les espèces sont indiquées par le nom de l'espèce ou de la sous-espèce ou par l'ensemble des espèces appartenant à un taxon supérieur ou à une partie désignée de ce taxon.

Voir : Liste des espèces animales protégées (par ordre alphabétique) :

Territoire national : ***Amphibiens et reptiles***, A. 19 nov. 2007 fixant la liste des amphibiens et des reptiles protégés sur l'ensemble du territoire et les modalités de leur protection (*JO* 6 mai 2007). – ***Écrevisses autochtones***, A. 21 juill. 1983 relatif à la protection des écrevisses autochtones (*JO* 19 août 1983). – ***Esturgeons***, A. 20 déc. 2004 relatif à la protection de l'espèce Acipenser sturio (*JO* 7 janv. 2005). – ***Faune marine*** (mollusques, gastéropodes, bivalves, crustacés, échinodermes, oursins), A. 20 déc. 2004 fixant la liste des animaux de la faune marine protégés sur l'ensemble du territoire (*JO* 7 janv. 2005). – ***Insectes (liste nationale)***, A. 23 avr. 2007 fixant les listes des insectes protégés sur l'ensemble du territoire et les modalités de leur protection (*JO* 6 mai 2007). – ***Insectes***, Arrêté ministériel du 29 avril 2007 fixant la liste des insectes protégés sur le territoire national et les modalités de leur protection (*JO* 6 mai 2007). – ***Région Île-de-France***, A. 22 juill. 1993 relatif à la liste des insectes protégés en région Île-de-France complétant la liste nationale (*JO* 23 sept. 1993), modifié par l'arrêté du 29 juillet 2005 (*JO* 8 nov. 2005). – ***Mammifères marins***, A. 27 juill. 1995 modifié fixant la liste des mammifères marins protégés sur le territoire national (*JO* 1er oct. 1995). – ***Mammifères terrestres***, A. 23 avr. 2007 fixant la liste des mammifères terrestres protégés sur l'ensemble du territoire et les modalités de leur protection (*JO* 10 mai 2007). – ***Mollusques***, A. 23 avr. 2007 fixant les listes des mollusques protégés sur l'ensemble du territoire et les modalités de leur protection (*JO* 6 mai 2007). – ***Oiseaux***, A. 29 oct. 2009 fixant la liste des oiseaux protégés sur l'ensemble du territoire et les modalités de leur protection (*JO* 5 déc. 2009). – ***Poissons***, A. 8 déc. 1988 fixant la liste des espèces de poissons protégées sur l'ensemble du territoire national (*JO* 22 déc. 1988). – ***Tortues marines***, A. 14 oct. 2005 fixant la liste des tortues marines protégées sur le territoire national et les modalités de leur protection (*JO* 6 déc. 2005). – ***Vertébrés***, A. 9 juill. 1999 fixant la liste des espèces de vertébrés protégées menacées d'extinction en France et dont l'aire de répartition excède le territoire d'un département (*JO* 28 août 1999).

Guadeloupe : ***Insectes***, A. 19 nov. 2007 fixant la liste des insectes de la Guadeloupe protégés sur l'ensemble du territoire et les modalités de leur protection (*JO* 18 déc. 2007). – ***Reptiles et amphibiens***, A. 17 févr. 1989 fixant des mesures de protection des reptiles et amphibiens représentés dans le département de la Guadeloupe (*JO* 24 mars 1989), A. 10 févr. 2014 portant retrait de l'iguane vert de la liste des espèces protégées dans le département de la Guadeloupe (*JO* 18 févr. 2014).

Guyane : ***Oiseaux***, A. 15 mai 1986 fixant sur tout ou partie du territoire national des mesures de protection des oiseaux représentés dans le département de la Guyane (*JO* 25 juin 1986). – ***Mammifères***, A. 15 mai 1986 fixant sur tout ou partie du territoire national des mesures de protection des mammifères représentés dans le département de la Guyane (*JO* 25 juin 1986). – ***Poissons, grenouilles et crustacés (eaux douces)***, A. 7 sept. 1999 fixant la liste des espèces de poissons, grenouilles et crustacés représentés dans les cours d'eau et les plans d'eau de la Réunion (*JO* 19 oct. 1999). – ***Reptiles et amphibiens***, A. 15 mai 1986 fixant sur tout ou partie du territoire national des mesures de protection des reptiles et amphibiens représentés dans le département de la Guyane (*JO* 25 juin 1986).

La Réunion : ***Espèces animales***, A. 17 févr. 1989 fixant des mesures de protection des espèces animales représentées dans le département de la Réunion (*JO* 24 mars 1989). – ***Insectes***, A. 19 nov. 2007 fixant la liste des insectes de la Réunion protégés sur l'ensemble du territoire et les modalités de leur protection (*JO* 13 févr. 2008).

Terres australes et antarctiques françaises : ***Oiseaux***, A. 14 août 1998 fixant sur tout le territoire national des mesures de protection des oiseaux représentés dans les Terres australes et antarctiques françaises (*JO* 11 oct. 1998).

(1) Application à Mayotte : V. D. n° 2007-15, 4 janv. 2007, art. 5.

(2) V. T. appl. : A. 17 avr. 1981 puis A. 29 oct. 2009 (oiseaux) ; A. 17 avr. 1981 (mammifères) puis A. 23 avr. 2007 (mammifères terrestres) et A. 1er juill. 2011 (mammifères marins). – NDLR.

Voir : Liste des espèces végétales protégées :

Sur le territoire national : *Espèces végétales*, A. 20 janv. 1982 des espèces végétales protégées sur l'ensemble du territoire national pour prévenir la disparition d'espèces végétales menacées et permettre la conservation des biotopes correspondants (*JO* 13 mai 1982). - Espèces végétales marines, A. 19 juill. 1988 relatif à la liste des espèces végétales marines protégées (*JO* 9 août 1988).

Par régions : *Alsace*, A. 28 juin 1993 relatif à la liste des espèces végétales protégées en région Alsace complétant la liste nationale (*JO* 9 sept. 1993). - ***Aquitaine***, A. 8 mars 2002 relatif à la liste des espèces végétales protégées en région Aquitaine complétant la liste nationale (*JO* 4 mai 2002). - ***Auvergne***, A. 30 mars 1990 relatif à la liste des espèces végétales protégées en région Auvergne complétant la liste nationale (*JO* 10 mai 1990). - ***Basse-Normandie***, A. 27 avr. 1995 relatif à la liste des espèces végétales protégées en région Basse-Normandie complétant la liste nationale (*JO* 16 mai 1995). - ***Bourgogne***, A. 27 mars 1992 relatif à la liste des espèces végétales protégées en région Bourgogne complétant la liste nationale (*JO* 5 avr. 1992). - ***Bretagne***, A. 23 juill. 1987 relatif à la liste des espèces végétales protégées en région Bretagne complétant la liste nationale (*JO* 16 sept. 1987). - ***Centre***, A. 12 mai 1993 relatif à la liste des espèces végétales protégées en région Centre complétant la liste nationale (*JO* 14 juill. 1993). - ***Champagne-Ardenne***, A. 8 févr. 1988 relatif à la liste des espèces végétales protégées en région Champagne-Ardenne complétant la liste nationale (*JO* 11 mars 1988). - ***Corse***, A. 24 juin 1986 (*JO* 15 août 1986). - ***Franche-Comté***, A. 22 juin 1992 relatif à la liste des espèces végétales protégées en région Franche-Comté complétant la liste nationale (*JO* 4 août 1992). - ***Guadeloupe***, A. 26 déc. 1988 relatif à la liste des espèces végétales protégées en région Guadeloupe (*JO* 3 mars 1989). - ***Guyane***, A. 9 avr. 2001 relatif à la liste des espèces végétales protégées en région Guyane (*JO* 5 juill. 2001). - ***Haute-Normandie***, A. 3 avr. 1990 relatif à la liste des espèces végétales protégées en région Haute-Normandie complétant la liste nationale (*JO* 29 mai 1990). - ***Île-de-France***, A. 11 mars 1991 relatif à la liste des espèces végétales protégées en région Île-de-France complétant la liste nationale (*JO* 3 mai 1991). - ***Languedoc-Roussillon***, A. 29 oct. 1997 relatif à la liste des espèces végétales protégées en région Languedoc-Roussillon complétant la liste nationale (*JO* 16 janv. 1998). - ***Limousin***, A. 1er sept. 1989 relatif à la liste des espèces végétales protégées en région Limousin complétant la liste nationale (*JO* 19 nov. 1989). - ***Lorraine***, A. 3 janv. 1994 relatif à la liste des espèces végétales protégées en région Lorraine complétant la liste nationale (*JO* 4 mars 1994). - ***Martinique***, A. 26 déc. 1988 relatif à la liste des espèces végétales protégées en région Martinique complétant la liste nationale (*JO* 3 mars 1989). - ***Midi-Pyrénées***, A. 30 déc. 2004 relatif à la liste des espèces végétales protégées en région Midi-Pyrénées complétant la liste nationale (*JO* 2 avr. 2005). - ***Nord-Pas-de-Calais***, A. 1er avr. 1991 relatif à la liste des espèces végétales protégées en région Nord-Pas-de-Calais complétant la liste nationale (*JO* 17 mai 1991). - ***Pays-de-la-Loire***, A. 25 janv. 1993 relatif à la liste des espèces végétales protégées en région Pays-de-la-Loire complétant la liste nationale (*JO* 6 mars 1993). - ***Picardie***, A. 1er août 1989 relatif à la liste des espèces végétales protégées en région Picardie complétant la liste nationale (*JO* 10 oct. 1989). - ***Poitou-Charentes***, A. 19 avr. 1988 relatif à la liste des espèces végétales protégées en région Poitou-Charente complétant la liste nationale (*JO* 10 mai 1988). - ***Provence-Alpes-Côte-d'Azur***, A. 9 mai 1994 relatif à la liste des espèces végétales protégées en région Provence-Alpes-Côte-d'Azur complétant la liste nationale (*JO* 26 juill. 1994). - ***La Réunion***, A. 6 févr. 1987 relatif à la liste des espèces végétales protégées dans le département de La Réunion (*JO* 19 juin 1987). - ***Rhône-Alpes***, A. 4 déc. 1990 relatif à la liste des espèces végétales protégées en région Rhône-Alpes complétant la liste nationale (*JO* 29 janv. 1990).

1) Compétence discrétionnaire. Une association n'est pas fondée à demander l'annulation de la décision par laquelle le ministre a rejeté sa demande tendant à ce que soit pris un arrêté de biotope en vue de protéger les posidonies (■ CE, 17 mai 1991, n° 108903, *Assoc. SOS Environnement Var : Rev. jur. env.* 1991, p. 541).

2) Objet des arrêtés. Les arrêtés interministériels pris en application des articles R. 211-1 et suivants du Code rural (devenus R. 411-1 et suivants du présent code) pour fixer les listes des espèces animales et végétales à protéger n'ont pas pour objet et ne sauraient avoir pour effet d'interdire la réalisation de travaux ou d'opérations présentant un caractère d'utilité publique même si elles sont susceptibles de porter atteinte à des espèces protégées, dès lors que ces travaux ou opérations interviennent au terme d'une procédure régulière d'autorisation (■ CE, 14 avr. 1999, n° 185935, *Cne de La Petite Marche et a. : LPA* 31 mai 2001, n° 108, p. 20, note M. Staub. ■ CE, 9 mai 2001, n° 218263, *Mme Odile X.*).

Art. R. 411-2. – **Les arrêtés prévus à l'article R. 411-1 sont pris après avis du Conseil national de la protection de la nature. Le Conseil national de la chasse et de la faune sauvage est consulté lorsqu'il s'agit d'espèces dont la chasse est autorisée. Ces arrêtés sont publiés au *Journal officiel* de la République française.**

Liste d'espèces d'animaux domestiques. Si les articles R. 211-1, R. 211-2, R. 211-5 et R. 213-5 du Code de l'environnement (devenus R. 411-1, R. 411-2, R. 411-5 et R. 413-5) autorisent la fixation d'une liste des espèces, races et variétés d'animaux devant être regardées comme domestiques du fait des modifications qu'elles ont subies par sélection de la part de l'homme, une telle liste doit être édictée dans les mêmes conditions que la liste des espèces animales non domestiques protégées, c'est-à-dire par un acte pris conjointement par le ministre chargé de l'environnement et par le ministre chargé de l'agriculture, ou, le cas échéant, le ministre chargé des pêches maritimes, après avis du conseil national de protection de la nature et consultation éventuelle du Conseil national de la chasse et de la faune sauvage. Annulation de la circulaire du 12 octobre 2004 relative à la liste des espèces, races et variétés d'animaux domestiques signée par le seul ministre de l'Écologie et du Développement durable (■ CE, 24 févr. 2006, n° 275180, *Ligue pour la protection des oiseaux : Environnement* 2006, n° 4, p. 26, comm. P. Trouilly ; *Rev. jur. env.* 4/2007, p. 495, comm. V. Gervasoni).

Art. R. 411-3 *(Mod., D. n° 2007-15, 4 janv. 2007* (1) *; D. n° 2017-595, 21 avr. 2017).* **– Pour chaque espèce, les arrêtés interministériels prévus à l'article R. 411-1 précisent :**

1° La nature des interdictions mentionnées à l'article L. 411-1 qui sont applicables ;

2° La durée de ces interdictions, les parties du territoire et les périodes de l'année où elles s'appliquent.

Étendue des interdictions. Les ministres compétents en vertu de l'article R. 411-1 du Code de l'environnement peuvent édicter des règles relatives à la protection du milieu particulier des espèces protégées afin de poursuivre l'objectif général de conservation des espèces affirmé par la loi. Ces règles ne peuvent toutefois pas consister en une interdiction générale et absolue de modifier le milieu où vivent ces différentes espèces mais doivent au contraire être adaptées aux nécessités que la protection de certaines espèces impose en certains lieux. Annulation pour excès de pouvoir d'arrêtés qui interdisent de manière générale la destruction, l'altération ou la dégradation du milieu particulier de chacune des espèces protégées et prévoient que cette interdiction s'applique sur tout le territoire national et en tout temps (■ CE, 13 juill. 2006, n° 281812, *Féd. nationale des syndicats de propriétaires forestiers sylviculteurs : AJDA* 2006, n° 32, p. 1792, concl. Y. Aguila ; *Environnement* 2006, n° 10, p. 37, note P. Trouilly ; *RD rur.* 2006, n° 347, p. 49, note P. Billet). De même est entaché d'excès de pouvoir l'arrêté qui ne précise, pour chaque espèce considérée, ni la nature des interdictions applicables ni la durée de ces interdictions, les parties du territoire et les périodes de l'année où elles s'appliquent, et conduit ainsi à interdire de manière générale la destruction, l'altération ou la dégradation du milieu particulier de chacune des espèces protégées et à prévoir que cette interdiction s'applique sur tout le territoire de la Basse-Normandie et en tout temps (■ CAA Nantes, 13 juill. 2018, n° 16NT02904).

V. précédemment en sens contraire : les interdictions prononcées peuvent être permanentes, générales et étendues à l'ensemble du territoire (■ CA Colmar, 27 janv. 1984, n° 148/84).

Art. R. 411-3-1 *(D. n° 2022-1758, 30 déc. 2022).* **– I. – Pour l'application du présent article, on entend par :**

1° Activités : toutes installations, tous ouvrages, travaux ou activités professionnelles ou de loisirs ;

2° Capture ou mise à mort accidentelle : toute capture ou mise à mort d'une espèce mentionnée à l'annexe IV de la directive 92/43/CEE du 21 mai 1992 qui est intervenue malgré la mise en œuvre des mesures d'évitement et de réduction imposées dans le cadre d'une activité. Ne sont pas considérées comme accidentelles les captures et les mises à mort qui sont expressément autorisées en application des articles R. 411-6 et suivants du présent code ;

3° Système de recueil d'informations : processus, organisé et répété dans le temps, permettant la collecte d'informations sur les captures et mises à mort accidentelles ainsi que leur suivi, sur la base de rapports ou de déclarations du responsable d'une activité ou d'un tiers.

II. – Le ministre chargé de la protection de la nature définit, par arrêté, les modalités de mise en place d'un système de recueil d'informations sur les captures et mises à mort accidentelles de spécimens d'espèces énumérées à l'annexe IV, point a), de la directive 92/43/CEE du Conseil du 21 mai 1992 concernant la conservation des habitats naturels ainsi que de la faune et de la flore sauvages :

1° Lorsqu'il ressort des données scientifiques et techniques dont il dispose qu'une activité engendre des captures ou mises à mort accidentelles d'un niveau tel qu'elles sont susceptibles de porter atteinte au maintien dans un état de conservation favorable des populations de ces espèces ;

2° Lorsqu'en l'absence de données scientifiques et techniques, il estime nécessaire de recueillir de telles données pour apprécier si l'activité engendre des captures ou mises à mort accidentelles d'un niveau tel qu'elles sont susceptibles de porter atteinte au maintien dans un état de conservation favorable des populations de ces espèces.

Lorsqu'il s'agit d'espèces marines, l'arrêté est pris conjointement avec le ministre chargé de la pêche maritime.

(1) Application à Mayotte : V. D. n° 2007-15, 4 janv. 2007, art. 5.

L'arrêté est pris après avis du Conseil national de la protection de la nature.

Il précise notamment :

a) Les espèces concernées ;

b) Les activités devant faire l'objet d'un système de recueil d'informations sur les captures et mises à mort accidentelles ;

c) Les personnes tenues de déclarer les captures ou les mises à mort accidentelles ou d'élaborer les rapports sur les captures ou mises à mort accidentelles ;

d) Les modalités de collecte, de transmission et, le cas échéant, de mise à disposition des informations ;

e) Le territoire concerné ;

f) La durée du suivi ;

g) L'autorité compétente pour recevoir les rapports ou déclarations.

Art. R. 411-4 *(Mod., D. n° 2006-665, 7 juin 2006)* (1). – I. – Lorsqu'en vertu de l'article R. 411-3, les arrêtés interministériels prévoient que les interdictions peuvent être édictées sur certaines parties du territoire pour une durée déterminée ou pendant certaines périodes de l'année, la date d'entrée en vigueur et de cessation de ces interdictions est fixée par arrêté préfectoral, sauf pour le domaine public maritime où ces mesures relèvent du ministre chargé des pêches maritimes.

II. – En ce cas, l'arrêté préfectoral est pris après avis de la chambre départementale d'agriculture et de la commission départementale de la nature, des paysages et des sites.

III. – L'arrêté préfectoral est, à la diligence du préfet :

1° Affiché dans chacune des communes concernées ;

2° Publié au Recueil des actes administratifs ;

3° Publié dans deux journaux régionaux ou locaux diffusés dans tout le département.

Arrêtés interministériels. La publication est expressément limitée par l'article R. 211-4 du Code rural (actuel article R. 411-4 du Code de l'environnement) aux seuls arrêtés interministériels prévoyant une interdiction pour une durée limitée ou pendant certaines périodes de l'année (▪ TGI Colmar, Ord., 6 oct. 2000, n° RG.00/00098, *Alsace Nature Haut-Rhin : JurisData* n° 2000-159891 ; *Rev. jur. env.* 2/2001, p. 255, note S. Belier et R. Leost).

Voir : Pour les arrêtés préfectoraux, sous art. R. 411-15 et s., p. 2165.

Art. R. 411-5 *(Mod., D. n° 2007-15, 4 janv. 2007)* (2). – Sont considérées comme espèces animales non domestiques celles qui n'ont pas subi de modification par sélection de la part de l'homme.

Sont considérées comme des espèces végétales non cultivées celles qui ne sont ni semées, ni plantées à des fins agricoles ou forestières.

Espèces animales non domestiques. Indifférence à la captivité. *a) Droit communautaire.* À l'égard des espèces figurant à l'annexe I de la convention de Washington signée le 3 mai 1973 et à l'annexe A du règlement (CE) n° 338/97, les règlements (CEE) n° 3626/82 et (CE) n° 338/97 ne s'opposent pas à ce que la réglementation d'un État membre interdise sur son territoire toute utilisation commerciale de spécimens nés et élevés en captivité (▪ CJCE, 23 oct. 2001, aff. C-510/99, *Tridon : Rev. sc. crim.* 2002, n° 1, p. 165, note L. Idot ; *Dr. env.* 2002, n° 96, p. 53, note R. Romi). Mais la directive « oiseaux » du 2 avril 1979 ne s'applique pas aux spécimens d'oiseaux nés et élevés en captivité (▪ CJCE, 8 févr. 1996, aff. C-149/94, *Didier Vergy*).

b) Droit interne. Il découle de l'abrogation, par l'arrêté du 1er juillet 1985, de l'article 3 de l'arrêté du 28 février 1962, que les oiseaux nés et élevés en captivité, de même espèce que le gibier ne sont plus considérés comme des animaux domestiques et que leur commercialisation est interdite (▪ Cass. crim., 9 janv. 1992, n° 90-87.866, *Vandenberghe*). Les dispositions de l'article L. 211-1, 1° du Code rural (actuel article L. 411-1 du présent code), qui interdisent le transport et la détention d'espèces animales non domestiques déterminées par décret, s'appliquent aux animaux nés en captivité (▪ Cass. crim., 29 mars 2000, n° 98-86.054, *Boukobza*). Prenant le contrepied de la jurisprudence communautaire de l'époque, la Cour de cassation a décidé que les dispositions des articles L. 212-1, L. 213-1 à L. 213-4 du Code rural et des textes pris pour leur application qui se bornent à réglementer, sans les interdire, la détention, l'élevage et le

(1) Dispositions transitoires : V. D. n° 2006-665, 7 juin 2006, art. 61.

(2) Application à l'Outre-mer : V. D. n° 2007-15, 4 janv. 2007, art. 5.

commerce d'animaux d'espèces non domestiques s'appliquent à tous les spécimens de ces espèces, même nés en captivité (■ Cass. crim., 6 févr. 2001, n° 00-80.683, *Poulain* : *Dr. pén.* 2001, n° 7, p. 16, note J.-H. Robert). Elle a ensuite affirmé, conformément à la position de la CJCE, qu'à l'égard des espèces figurant à l'annexe I de la convention de Washington, ou à l'annexe A du règlement n° 338/97 CE du Conseil du 9 décembre 1996 relatif à la protection des espèces de faune et de flore sauvages, les interdictions d'utilisation, de mise en vente, de vente et d'achat édictées par l'article L. 411-1 du présent code et par l'arrêté ministériel du 15 mai 1986 s'appliquent aux spécimens issus d'élevage aussi bien qu'à ceux qui sont nés dans le milieu naturel (■ Cass. crim., 22 févr. 2005, n° 04-85.094 : *Dr. env.* 2005, n° 127, p. 70, rapport D. Guihal ; *AJDP* 2005, n° 6, p. 239, note M. Redon ; *Dr. pén.* 2005, n° 5, p. 14, note J.-H. Robert).

Le fait que les spécimens litigieux soient en captivité est indifférent sur le caractère domestique dans la mesure où, selon le Code de l'environnement, les animaux ne sont domestiques que lorsqu'ils subissent des modifications par sélection de la part de l'homme (■ CA Dijon, 24 mai 2007, n° 06/01095).

Sous-section 2. – Dérogations aux mesures de protection des espèces animales non domestiques et végétales non cultivées

(Intitulé rempl., D. n° 2007-15, 4 janv. 2007 ; mod., D. n° 2015-1787, 28 déc. 2015)

Art. R. 411-6 *(Rempl., D. n° 2007-15, 4 janv. 2007 ; mod., D. n° 2009-592, 26 mai 2009 ; D. n° 2017-81, 26 janv. 2017 ; D. n° 2015-836, 9 juill. 2015* (1)*)*. **– Les dérogations définies au 4° de l'article L. 411-2 sont accordées par le préfet, sauf dans les cas prévus aux articles R. 411-7 et R. 411-8.**

Le silence gardé pendant plus de quatre mois par l'autorité administrative sur une demande de dérogation vaut décision de rejet.

Toutefois, lorsque la dérogation est sollicitée pour un projet entrant dans le champ d'application de l'article L. 181-1, l'autorisation environnementale prévue par cet article tient lieu de la dérogation définie par le 4° de l'article L. 411-2. La demande est alors instruite et délivrée dans les conditions prévues par le chapitre unique du titre VIII du livre Ier pour l'autorisation environnementale et les dispositions de la présente sous-section ne sont pas applicables.

Voir : Arrêté ministériel du 19 février 2007 fixant les conditions de demande et d'instruction des dérogations définies au 4° de l'article L. 411-2 du Code de l'environnement portant sur des espèces de faune et de flore sauvages protégées (*JO* 19 avr. 2007), mod.

Art. R. 411-6-1 *(D. n° 2023-1366, 28 déc. 2023)*. **– Sont réputés répondre à une raison impérative d'intérêt public majeur, au sens du c du 4° du I de l'article L. 411-2 :**

1° *(Mod., D. n° 2024-899, 4 oct. 2024)* **Les projets d'installations de production d'énergies renouvelables ou de stockage d'énergie dans le système électrique, y compris leurs ouvrages de raccordement aux réseaux de transport et de distribution d'énergie, au sens de l'article L. 211-2-1 du Code de l'énergie, lorsqu'ils satisfont aux conditions prévues par les articles R. 211-1 à R. 211-12 du Code de l'énergie ;**

2° Les projets de réalisation d'un réacteur électronucléaire ou d'installation d'entreposage de combustibles nucléaires lorsqu'ils satisfont aux conditions prévues par l'article 3 du décret n° 2023-1366 du 28 décembre 2023.

Art. R. 411-6-2 *(D. n° 2024-704, 5 juill. 2024)*. **– Pour l'application des dispositions des articles L. 300-6 du Code de l'urbanisme, L. 300-6-2 du même code ou L. 122-1-1 du Code de l'expropriation pour cause d'utilité publique, sont portées à la connaissance de l'autorité compétente de l'État les informations essentielles lui permettant de fonder sa décision sur la reconnaissance d'une raison impérative d'intérêt public majeur, notamment :**

– les caractéristiques principales du projet et sa raison d'être ;

– le nombre d'emplois que le projet permet de créer et la contribution (avérée, chiffrée et identifiée) que le projet apporte au bassin d'emploi dans lequel il s'inscrit ;

– la description des enjeux attachés au projet urbain ou au programme de développement local ou national dans lequel s'inscrit le projet, et la cohérence du projet avec lesdits enjeux.

(1) Les présentes dispositions peuvent être modifiées par décret en Conseil d'État, D. n° 2015-836, 9 juill. 2015, art. 9.

Art. R. 411-7 *(Rempl., D. n° 2012-21, 6 janv. 2012).* – Lorsqu'elles concernent des opérations à des fins de recherche et d'éducation conduites sur le territoire de plus de dix départements par des personnes morales placées sous la tutelle ou le contrôle de l'État, les dérogations définies au 4° de l'article L. 411-2 sont accordées par le ministre chargé de la protection de la nature.

Art. R. 411-8 *(Rempl., D. n° 2007-15, 4 janv. 2007* (1)*; mod., D. n° 2009-592, 26 mai 2009 ; D. n° 2015-1201, 29 sept. 2015).* – Lorsqu'elles concernent des animaux appartenant à une espèce de vertébrés protégée au titre de l'article L. 411-1, menacée d'extinction en France en raison de la faiblesse, observée ou prévisible, de ses effectifs et dont l'aire de répartition excède le territoire d'un département, les dérogations définies au 4° de l'article L. 411-2 sont délivrées par le ministre chargé de la protection de la nature, pour les opérations suivantes : enlèvement, capture, destruction, transport en vue d'une réintroduction dans le milieu naturel, destruction, altération ou dégradation du milieu particulier de l'espèce.

Réintroduction d'ours. Dans la mesure où le nombre d'ours dont la réintroduction a été décidée ne représente qu'une compensation partielle de la diminution des effectifs due à des disparitions accidentelles antérieures, cette réintroduction ne peut être regardée comme étant de nature à provoquer les difficultés rencontrées par certains secteurs de l'économie locale, ni comme une décision ayant pour effet de porter atteinte à la biodiversité des sites concernés ou de compromettre le développement et l'aménagement de l'espace rural en zone de montagne. Dès lors, la décision attaquée, eu égard aux conditions dans lesquelles elle a été prise et aux mesures d'accompagnement qui l'entourent, tout en satisfaisant à l'objectif d'intérêt général qui s'attache à la sauvegarde d'une espèce animale menacée d'extinction, ne porte pas une atteinte excessive aux autres intérêts en présence (▪ CE, 23 févr. 2009, n° 292397, *Féd. transpyrénéenne des éleveurs de montagne et a. : Environnement* 2009, n° 4, p. 17, note P. Trouilly).

Voir également : sous art. L. 411-3, p. 718.

Art. R. 411-8-1 *(D. n° 2007-15, 4 janv. 2007).* – La liste des espèces mentionnées à l'article R. 411-8 est fixée par arrêté conjoint des ministres chargés, respectivement, de la protection de la nature et de l'agriculture et, lorsqu'elle concerne des espèces marines, par le ministre chargé des pêches maritimes, après avis du Conseil national de la protection de la nature.

Art. R. 411-9 *(Rempl., D. n° 2007-15, 4 janv. 2007)* (1). – Lorsqu'elles concernent des espèces marines, les dérogations définies aux articles R. 411-7 et R. 411-8 sont délivrées conjointement par le ministre chargé de la protection de la nature et le ministre chargé des pêches maritimes.

Art. R. 411-10 *(Mod., D. n° 2009-592, 26 mai 2009 ; D. n° 2015-1201, 29 sept. 2015).* – Les dérogations définies au 4° de l'article L. 411-2 peuvent être accordées :

1° Soit à titre permanent à des établissements publics ou privés qui se livrent à des recherches scientifiques ou à la constitution de collections d'intérêt national ;

2° Soit pour une durée limitée, sauf renouvellement sur demande du bénéficiaire, à d'autres personnes morales ou à des personnes physiques.

Art. R. 411-10-1 *(Créé, D. n° 2018-686, 1er août 2018).* – Toute modification substantielle d'une activité, d'une installation, d'un ouvrage ou de travaux ayant bénéficié d'une des dérogations mentionnées aux articles R. 411-6 à R. 411-8, qu'elle intervienne avant la réalisation du projet ou lors de sa mise en œuvre ou de son exploitation, est subordonnée à la délivrance d'une nouvelle dérogation.

Est regardée comme substantielle, la modification apportée à une activité, une installation, un ouvrage ou des travaux qui :

1° En constitue une extension devant faire l'objet d'une nouvelle évaluation environnementale en application du II de l'article R. 122-2 ;

2° Ou atteint des seuils quantitatifs et répond à des critères fixés par arrêté du ministre chargé de l'environnement ;

3° Ou est de nature à entraîner des dangers et inconvénients significatifs pour les intérêts mentionnés à l'article L. 411-1.

(1) Conditions de modification des présentes dispositions : V. D. n° 2007-15, 4 janv. 2007, art. 6.

Art. R. 411-10-2 *(Créé, D. n° 2018-686, 1er août 2018).* – Toute modification de même nature que celles mentionnées à l'article R. 411-10-1 ne présentant pas un caractère substantiel est portée par le bénéficiaire de la dérogation à la connaissance de l'autorité administrative compétente, avant sa réalisation, avec tous les éléments d'appréciation. Celle-ci peut imposer toute prescription complémentaire nécessaire au respect des dispositions de l'article L. 411-2 à l'occasion de ces modifications, mais aussi à tout moment s'il apparaît que le respect de ces dispositions n'est pas assuré par l'exécution des prescriptions préalablement édictées.

Le bénéficiaire de la dérogation peut demander une adaptation des prescriptions imposées par la décision. Le silence gardé sur cette demande pendant plus de deux mois à compter de l'accusé de réception délivré par le préfet vaut décision implicite de rejet.

Art. R. 411-11 *(Rempl., D. n° 2009-592, 26 mai 2009 ; mod., D. n° 2015-1201, 29 sept. 2015).* – Les dérogations définies au 4° de l'article L. 411-2 précisent les conditions d'exécution de l'opération concernée. Elles peuvent être subordonnées à la tenue d'un registre.

Le bénéficiaire d'une dérogation peut transférer celle-ci à une autre personne. Le nouveau bénéficiaire, au moins un mois avant la date d'effet du transfert, déclare celui-ci au préfet ou, dans les cas prévus aux articles R. 411-7 et R. 411-8, au ministre chargé de la protection de la nature. Cette déclaration mentionne, si le nouveau bénéficiaire est une personne physique, ses nom, prénoms et domicile et, s'il est une personne morale, sa dénomination ou sa raison sociale, sa forme juridique, l'adresse de son siège social ainsi que la qualité du signataire de la déclaration. Elle indique en outre la nature des activités du nouveau bénéficiaire et justifie la qualification des personnes amenées à mettre en œuvre l'opération autorisée.

Dans le délai d'un mois à compter de la date de réception de la déclaration, l'autorité qui l'a reçue en délivre récépissé ou, dans le cas où le nouveau bénéficiaire ne dispose pas des capacités suffisantes pour respecter les conditions dont est assortie la dérogation, refuse le transfert. Ce refus est notifié au bénéficiaire initial de la dérogation et à l'auteur de la déclaration. Si, dans le délai mentionné ci-dessus, cette autorité n'a ni délivré récépissé de la déclaration, ni refusé le transfert de la dérogation, ce transfert est autorisé.

Art. R. 411-12 *(Mod., D. n° 2009-592, 26 mai 2009).* – Les dérogations *(Mots rempl., D. n° 2015-1201, 29 sept. 2015)* « définies au 4° de l'article L. 411-2 » peuvent être suspendues ou révoquées, le bénéficiaire entendu, si les conditions fixées ne sont pas respectées.

Art. R. 411-13 *(Rempl., D. n° 2009-592, 26 mai 2009).* – (1) Les ministres chargés de la protection de la nature, de l'agriculture et le cas échéant des pêches maritimes fixent par arrêté conjoint pris après avis du Conseil national de la protection de la nature :

1° Les modalités de présentation et la procédure d'instruction des demandes de dérogations ; pour les opérations réalisées à l'intérieur d'un cœur de parc national, *(Mots rempl., D. n° 2012-21, 6 janv. 2012)* « la dérogation est délivrée après avis conforme du directeur de l'établissement public du parc national et tient lieu de l'autorisation spéciale prévue par le décret de création du parc. » ;

2° Si nécessaire, pour certaines espèces dont l'aire de répartition excède le territoire d'un département, les conditions et limites dans lesquelles les dérogations sont accordées afin de garantir le respect des dispositions du 4° de l'article L. 411-2 du Code de l'environnement.

Art. R. 411-13-1 *(D. n° 2019-1352, 12 déc. 2019)* (2). – Sans préjudice de l'application des dispositions des articles R. 411-8 et R. 411-8-1 relatives à la liste des espèces de vertébrés menacées d'extinction, un arrêté du ministre chargé de la protection de la nature fixe une liste d'espèces animales et végétales à la protection desquelles il ne peut être dérogé qu'après avis du Conseil national de la protection de la nature.

Art. R. 411-13-2 *(D. n° 2019-1352, 12 déc. 2019).* – Lorsque le Conseil national de protection de la nature ou le conseil scientifique régional du patrimoine naturel sont consultés sur une demande de dérogation, ils rendent leur avis dans un délai de deux mois. L'avis est réputé favorable à l'expiration de ce délai.

(1) V. T. appl. : A. 22 déc. 1999 ; A. 3 août 2017 (arachnides représentés sur le territoire de la Martinique) : *JO* 23 sept. 2017. – NDLR.

(2) Dispositions applicables aux demandes d'autorisation environnementale ou de dérogation présentées à compter du 1er janvier 2020, D. n° 2019-1352, 12 déc. 2019.

Art. R. 411-14. – Les dispositions de la présente sous-section s'appliquent à la capture temporaire d'animaux protégés en vertu du présent chapitre, en vue de leur baguage ou de leur marquage à des fins scientifiques.

Sous-section 3. – Mesures de protection de biotopes

(D. n° 2018-1180, 19 déc. 2018)

Art. R. 411-15 *(Rempl. à compter du 1er juin 2019, D. n° 2018-1180, 19 déc. 2018).* – I. – Pour l'application de la partie réglementaire du Code de l'environnement, on entend par biotope l'habitat nécessaire à l'alimentation, la reproduction, le repos ou la survie de spécimens d'une espèce figurant sur l'une des listes prévues à l'article R. 411-1.

II. – Peuvent être fixées par arrêté pris dans les conditions prévues au III les mesures tendant à favoriser la protection ou la conservation des biotopes tels que :

1° Mares, marécages, marais, haies, bosquets, landes, dunes, pelouses, récifs coralliens, mangroves, ou toutes autres formations naturelles, peu exploitées par l'homme ;

2° Bâtiments, ouvrages, mines et carrières dans les conditions définies ci-après, ou tous autres sites bâtis ou artificiels, à l'exception des habitations et des bâtiments à usage professionnel.

Cet arrêté ne peut être prescrit :

- pour les mines, qu'après intervention de la déclaration de l'arrêt des travaux mentionnée à l'article L. 163-2 du Code minier ou, à défaut, au terme de la validité du titre minier ;
- pour les carrières, qu'après la notification prévue à l'article R. 512-39-1.

Il tient compte de l'intérêt du maintien des activités existantes dans la mesure où elles sont compatibles avec les objectifs de protection du biotope concerné.

III. – L'arrêté mentionné au II est pris :

- par le préfet de département compétent lorsque la protection concerne des espaces terrestres ;
- par le représentant de l'État en mer lorsque la protection concerne des espaces maritimes.

Lorsque les mesures prises en mer concernent le domaine public maritime, l'arrêté est cosigné par le préfet de département compétent.

Lorsque les mesures concernent la pêche maritime, l'arrêté est cosigné par le préfet de région compétent en application de l'article R. 911-3 du Code rural et de la pêche maritime.

Cet arrêté précise le caractère temporaire ou permanent des mesures qu'il édicte et, le cas échéant, les périodes de l'année où elles sont applicables.

NB : Conformément aux dispositions de l'article 10 du décret n° 2018-1180 du 19 décembre 2018, ces dispositions entrent en vigueur le premier jour du sixième mois suivant celui de la publication dudit décret au *Journal officiel* de la République française.

1) Compétence du préfet. Si, à l'effet de prévenir la disparition d'espèces protégées, l'article R. 411-15 prévoit que l'autorité administrative a la faculté de prendre des mesures tendant à favoriser la conservation des biotopes, de telles mesures ne relèvent pas de la compétence directe du Premier ministre mais, pour une espèce telle que l'ours, de celle de chacun des préfets de département concernés (■ CE, 26 mai 1995, n° 118119, *Féd. d'intervention écopastorale : JurisData* n° 1995-043007 ; *Dr. adm.* 1995, comm. 499 ; *Rev. jur. env.* 1996, p. 449). Toutefois, bien que l'édiction d'un arrêté de biotope relève de la compétence du préfet, le ministre chargé de l'environnement a la possibilité, en usant de son pouvoir hiérarchique, de réformer cette décision préfectorale (■ CAA Bordeaux, 19 nov. 1998, n° 98BX01318, *MATE : JurisData* n° 1998-047039).

2) Détournement de pouvoir. En édictant un arrêté de biotope dont les prescriptions interdisent la chasse, la pêche, certaines activités agricoles par interdiction de l'emploi de pesticides, toutes activités minières et industrielles, le camping, la circulation du public et le survol du territoire à moins de 300 mètres, le préfet a utilisé les pouvoirs restreints qu'il tient de l'article R. 411-15 du présent code à des fins qui ne peuvent être poursuivies que par le classement en réserve naturelle qui ne relève pas de sa compétence (■ TA Bordeaux, 2 déc. 1982, nos 96181 et 99881, *SCI Vermerey*).

3) Arrêtés de biotope. *a)* Conditions. Aucune disposition législative ou réglementaire n'impose que les études scientifiques effectuées soient validées, en particulier par le Muséum d'histoire naturelle. Ainsi, dès lors que plusieurs études ont révélé que le biotope en cause abrite de nombreuses espèces végétales et animales protégées au niveau national et au niveau régional, les conclusions de ces études ne sauraient être remises en cause par le seul fait que le site n'a pas été classé dans le réseau Natura 2000 et que le projet de ZNIEFF n'a pas encore abouti. La circonstance qu'un autre biotope similaire existe à proximité n'est pas davantage de nature à établir le caractère injustifié de l'arrêté attaqué. En particulier il n'est pas établi que le biotope dit « Chaumes et bois de Clérignac » ne serait pas nécessaire à l'alimentation, la reproduction, le repos ou la survie des espèces protégées qu'il abrite (■ CAA Bordeaux, 29 nov. 2007, n°s 05BX00528, 05BX00529, 05BX00537 05BX00538, *Sté Fontaulière : Environnement* 2008, n° 5, p. 21, comm. J.-M. Février).

b) **Champ d'application.** Un arrêté de biotope peut englober des terres fermes dès lors que certaines especes d'oiseaux utilisent la partie terrestre pour se nourrir ou se reposer (■ TA Melun, 21 juin 2002, n°s 993612/4, 993615/4, 993640/4, 993667/4, 993668/4, *Joineau et a. : Dr. env.* 2002, n° 102, p. 235, note O. Cizel).

Milieux peu exploités par l'homme. Il importe peu que le biotope soit le résultat du travail de l'homme et qu'il soit exploité (■ TA Poitiers, 8 oct. 1998, *FDSEA de la Charente-Maritime : RD rur.* 1999, p. 410, concl. D. Raymond ; *Rev. jur. env.* 2000, p. 257, comm. P. Billet) ou que des activités agricoles y soient exploitées depuis très longtemps (■ TA Lyon, 27 sept. 1995, n° 9500621, *Deharte : Rev. jur. env.* 1-2/1996, p. 184, comm. P. Billet et J. Untermaier). Ainsi, si certaines parcelles incluses dans un arrêté de biotope sont utilisées pour l'élevage extensif, les lieux, même s'ils résultent partiellement du travail de l'homme durant les décennies passées, ont conservé un caractère naturel et constituent bien un biotope au sens de l'article R. 411-15 du présent code (■ CAA Bordeaux, 21 nov. 2002, n° 98BX02219, *FDSEA : JurisData* n° 2002-203335 ; *Environnement* 2003, chron. 19, comm. D. Deharbe ; *Rev. jur. env.* 2004, n° 1, p. 103, note P. Billet). De même, la circonstance que des plans d'eau résultent de l'exploitation de sablières et sont le résultat du travail de l'homme est sans incidence sur la légalité de l'arrêté portant protection de ce biotope (■ CAA Paris, 10 avr. 2003, n° 01PA01604, *SCI Morillon Corvol et Cie*). Dans une espèce il a été jugé que des prairies humides, bien qu'ayant fait l'objet d'une exploitation agricole intensive et donc étant ainsi partiellement le résultat du travail de l'homme, devaient être regardées comme ayant conservé un caractère naturel (■ TA Besançon, 30 sept. 2010, n° 0901478, *Thouverey*).

c) **Contenu.** L'arrêté ne peut interdire de manière générale toutes les actions qui peuvent porter atteinte à l'équilibre biologique des milieux (■ TA Versailles, 5 juill. 1994, n° 904238, *SCI du Planet : Rev. jur. env.* 1996, p. 185, comm. P. Billet et J. Untermaier ; *Dr. env.* 1995, n° 29, p. 15, comm. R. Romi) mais doit énumérer les actions de nature à détruire, altérer ou dégrader le milieu qui sont interdites (■ TA Versailles, 28 févr. 1995, n° 64704, *Masy et a.*). À propos de l'annulation d'un arrêté de biotope du grand tétras autorisant par exception une compétition de ski de fond (■ CAA Nancy, 4 déc. 2006, n° 05NC01448, *Assoc. fédérative régionale pour la protection de la nature Haut-Rhin : Environnement* 2007, comm. 38, note P. Trouilly).

Limitation dans le temps. La circonstance que le préfet n'a pas limité dans le temps les mesures de protection édictées ne permet pas de regarder sa décision comme revêtant un caractère général et absolu de nature à l'entacher d'illégalité dès lors que le temps nécessaire au rétablissement de l'équilibre du milieu ne peut être prédéterminé (■ CAA Bordeaux, 29 nov. 2007, n°s 05BX00528, 05BX00529, 05BX00537 et 05BX00538, *Sté Fontaulière : Environnement* 2008, n° 5, p. 21, comm. J.-M. Février. – V. également ■ TA Besançon, 23 nov. 2006, n° 0600510. ■ TA Besançon, 30 sept. 2010, n° 0901478, *Thouverey*).

Déclassement partiel d'une zone. Si le Code de l'environnement n'envisage pas explicitement qu'un arrêté de biotope puisse être pris en vue du déclassement partiel d'une réserve naturelle, laquelle obéit à un régime juridique distinct, aucune disposition ne l'interdit (■ CAA Douai, 24 avr. 2008, n° 07DA00417, *GDEAL*).

d) **Notion de formations naturelles peu exploitées par l'homme.** Des terrains ayant fait l'objet jusqu'à présent, pour l'essentiel, d'une exploitation agricole extensive et étant donc ainsi partiellement le résultat du travail de l'homme, doivent être regardés comme ayant conservé un caractère naturel. Ils peuvent donc être concernés par un arrêté de biotope (■ TA Besançon, 30 sept. 2010, n° 0901478).

e) **Effet des arrêtés de biotope.** Les arrêtés de biotope doivent être mentionnés dans les dossiers de demande d'autorisation d'aménagement, notamment dans les documents d'incidence (■ CAA Lyon, 19 oct. 2004, n° 01LY01238, *Mme Ghilaine Z.*). Ils ne font cependant pas obstacle à l'autorisation d'exploiter une carrière (■ CAA Lyon, 19 juin 1997, n° 95BX01785, *Comité de défense de Vingrau : JurisData* n° 1997-050711 ; *Dr. adm.* 1997, comm. 348), ni à la création d'une microcentrale hydroélectrique (■ CAA Bordeaux, 7 nov. 1996, n° 93BX00700, *Cne de Saint-Jean-du-Falga : JurisData* n° 1996-055898).

f) **Erreur manifeste d'appréciation.** Annulation de l'arrêté préfectoral instaurant une zone de protection de biotope et y incluant une nouvelle parcelle dès lors que la parcelle intégrée, pour environ 58 % de sa superficie totale, dans la zone de protection de biotope, ne comporte ni de station d'espèce végétale protégée, ni d'habitat naturel d'espèce animale. L'annulation ne concerne que le territoire de la parcelle litigieuse (■ CAA Marseille, 16 févr. 2016, n° 14MA03442, *SCI PEG 2000 c/ min. de l'Écologie et du Développement durable*).

g) **Indépendance des législations.** Dès lors que les dispositions régissant la délivrance d'un permis de construire relèvent d'une législation distincte de celle applicable à un arrêté de biotope, une association ne peut utilement arguer de ce que le permis de construire litigieux méconnaîtrait les dispositions d'un arrêté de biotope qui ne figure pas dans un document ou un plan d'urbanisme applicable à la zone considérée (▪ TA Strasbourg, 21 déc. 1992, *Assoc. fédérative régionale pour la protection de la nature c/ Cne de Wissembourg et a. : AJDA* 1993, p. 318, note H. Jacquot).

h) **Responsabilité de l'État.** Même en l'absence de dispositions de la loi du 10 juillet 1976 le prévoyant expressément, les sujétions imposées par un arrêté de protection de biotope peuvent donner lieu à indemnisation lorsque, excédant les aléas que comporte toute activité économique, le dommage qui en résulte revêt un caractère grave et spécial, et ne saurait, dès lors, être regardé comme une charge incombant normalement aux intéressés (▪ CE, 12 janv. 2009, n° 295915, *MEDD c/ Consorts de Sinéty : Environnement* 2009, n° 3, p. 38, comm. P. Trouilly. – V. déjà ▪ CAA Paris, 16 mai 2006, n° 03PA03031, *Consorts X : Environnement* 2006, n° 8-9, p. 20, comm. 91, note D. Gillig). Mais si les sujétions imposées par un arrêté de protection de biotope peuvent donner lieu à indemnisation lorsque le dommage qui en résulte revêt un caractère spécial et anormal, cette dernière condition n'est pas remplie dès lors que le requérant, en sa qualité de professionnel, ne pouvait ignorer les aléas que comporte toute activité économique, qui pèsent nécessairement sur la réalisation de toute opération d'aménagement de l'ampleur de celle qui était projetée dans une zone identifiée comme inondable et dont les terrains en cause avaient été inventoriés dès 1985 en zone naturelle d'intérêt écologique, faunistique et floristique (ZNIEFF) et en zone d'intérêt communautaire pour les oiseaux dans le cadre de la directive communautaire dite Habitats (▪ CAA Paris, 16 juin 2009, n° 06PA00509, *Sté Deschiron et Beronie c/ MEEDDAT*).

Voir : sur les sanctions pénales, art. L. 415-3 et R. 415-1, p. 758 et art. R. 415-1, p. 2227.

Art. R. 411-16 ***(Rempl. à compter du 1er juin 2019, D. n° 2018-1180, 19 déc. 2018).*** **– I. – L'arrêté préfectoral mentionné au III de l'article R. 411-15 est pris après avis du conseil scientifique régional du patrimoine naturel, de la commission départementale de la nature, des paysages et des sites et des communes sur le territoire desquelles le biotope protégé est situé.**

L'avis de la chambre départementale d'agriculture, de l'Office national des forêts, de la délégation régionale du centre national de la propriété forestière, du comité régional des pêches et des élevages marins et du comité régional de la conchyliculture est également recueilli lorsque les mesures définies par cet arrêté affectent les intérêts dont ils ont la charge.

À défaut de réponse dans les trois mois suivant la saisine, les avis sollicités au titre des alinéas précédents sont réputés favorables.

L'accord de l'autorité militaire compétente est requis lorsque l'arrêté concerne des emprises relevant du ministère de la défense, lorsque les mesures de protection prévues par l'arrêté sont susceptibles d'entraîner des contraintes pour le survol du territoire ou lorsque l'arrêté concerne des espaces marins ou le domaine public maritime.

II. – Cet arrêté est, à la diligence du ou des préfets :

1° Affiché dans chacune des communes concernées ;

2° Publié au Recueil des actes administratifs et mis en ligne sur le site internet de la préfecture ;

3° Mentionné dans deux journaux régionaux ou locaux diffusés dans l'ensemble du ou des départements concernés ;

4° Notifié aux propriétaires concernés.

Lorsque l'identité ou l'adresse d'un propriétaire est inconnue, la notification prévue au 4° est valablement faite au maire qui assure l'affichage de l'arrêté et sa communication à l'occupant des lieux si celui-ci est identifiable.

NB : Conformément aux dispositions de l'article 10 du décret n° 2018-1180 du 19 décembre 2018, ces dispositions entrent en vigueur le premier jour du sixième mois suivant celui de la publication dudit décret au *Journal officiel* de la République française.

1) Enquête publique. Non. Le préfet n'a pas à soumettre le projet d'arrêté de biotope à enquête publique (▪ TA Montpellier, 24 juin 1994, n° 892327, *Guipponi*. – V. également : ▪ CAA Nantes, 31 déc. 2009, n° 09NT00455, *SCOARNEC*).

2) Consultation. *Chambre d'agriculture.* Illégalité d'un arrêté préfectoral de biotope constitué par l'emprise d'une retenue d'eau et de ses rives dès lors qu'il n'a pas été précédé de la consultation de la chambre départementale d'agriculture (▪ TA

Poitiers, 26 nov. 1986, *Assoc. des Deux-Sèvres pour la sauvegarde de la nature : Rev. jur. env.* 1987, p. 384, note M. Prieur). Toutefois, le préfet n'est pas tenu de suivre l'avis négatif de la chambre d'agriculture (■ TA Poitiers, 2 oct. 1997, n° 952311, *Sibard*). *Avis du directeur régional de l'Office national des forêts.* À la suite de la réorganisation interne de cet établissement public en 2001, l'avis de l'office départemental satisfait aux exigences de l'article R. 411-16, les compétences du directeur régional de l'Office national des forêts ayant été transférées aux unités territoriales de l'office (■ CAA Nancy, 9 juin 2016, n° 15NC01912, *Assoc. Delta Club du Haut-Jura*). *Propriétaires.* Aucune disposition législative ou réglementaire ne prescrit la consultation des propriétaires concernés préalablement à l'édiction d'un arrêté créant une zone de protection de biotope (■ CAA Nantes, 31 déc. 2009, n° 09NT00455, *SCOARNEC*).

3) Publicité. Le fait que l'arrêté de biotope n'ait pas fait l'objet des mesures de publicité réglementaires ne l'entache pas d'illégalité et n'a d'incidence que sur son entrée en vigueur (■ TA Poitiers, 8 oct. 1998, *Fédération départementale des exploitants agricoles de Charente-Maritime*).

Art. R. 411-17 *(Mod., D. n° 2018-1180, 19 déc. 2018).* **– Le ou les préfets peuvent interdire, dans les mêmes conditions, les actions pouvant porter atteinte d'une manière indistincte à l'équilibre biologique ou à la fonctionnalité des milieux et notamment l'écobuage, le brûlage des chaumes, le brûlage ou le broyage des végétaux sur pied, la destruction des talus et des haies, l'épandage de produits antiparasitaires.**

NB : Conformément aux dispositions de l'article 10 du décret n° 2018-1180 du 19 décembre 2018, ces dispositions entrent en vigueur le premier jour du sixième mois suivant celui de la publication dudit décret au *Journal officiel* de la République française.

Sous-section 4. – Mesures de protection des sites d'intérêt géologique

(D. n° 2015-1787, 28 déc. 2015)

Voir : Note du 1er décembre 2016 relative à la protection des sites d'intérêts géologique, *BO Écologie, de l'Énergie, du Développement durable et de l'Aménagement du territoire* 25 déc. 2016, n° 201623.

Art. R. 411-17-1 *(D. n° 2015-1787, 28 déc. 2015).* **– I. – Dans chaque département, la liste des sites d'intérêt géologique faisant l'objet des interdictions définies au 4° du I de l'article L. 411-1 est arrêtée par le préfet.**

II. – Les sites d'intérêt géologique mentionnés au I répondent au moins à l'un des caractères suivants :

– constituer une référence internationale ;

– présenter un intérêt scientifique, pédagogique ou historique ;

– comporter des objets géologiques rares.

III. – En vue de protéger les sites d'intérêt géologique figurant sur la liste mentionnée au I, le ou les préfets territorialement compétents peuvent arrêter toutes mesures de nature à empêcher leur destruction, leur altération ou leur dégradation.

Lorsque les mesures concernent la pêche maritime, l'arrêté est cosigné par le préfet de région compétent.

Cet arrêté tient compte de l'intérêt du maintien des activités existantes dans la mesure où elles sont compatibles avec les objectifs de protection du site d'intérêt géologique concerné.

IV. – Dans les sites d'intérêt géologique mentionnés au I, les autorisations exceptionnelles de prélèvement de fossiles, minéraux et concrétions à des fins scientifiques ou d'enseignement sont délivrées par le préfet. La décision est notifiée au demandeur. Le silence gardé pendant plus de quatre mois par l'autorité administrative sur une demande d'autorisation exceptionnelle vaut décision de rejet.

Art. R. 411-17-2 *(D. n° 2015-1787, 28 déc. 2015).* **– I. – Les arrêtés et décisions mentionnés aux I, III et IV de l'article R. 411-17-1 sont pris après avis du conseil scientifique régional du patrimoine naturel, de la commission départementale de la nature, des paysages et des sites et des communes sur le territoire desquelles le site géologique est situé.**

II. – L'avis de la chambre départementale d'agriculture, de l'Office national des forêts, du centre régional de la propriété forestière, du comité régional des pêches et des élevages marins ainsi que du comité régional de la conchyliculture est également recueilli lorsque les mesures définies par l'arrêté mentionné au III de l'article R. 411-17-1 les concernent.

À défaut de réponse dans les trois mois suivant la saisine, les avis sollicités au titre des alinéas précédents sont réputés favorables.

L'accord de l'autorité militaire compétente est requis lorsque les arrêtés mentionnés au I et au III de l'article R. 411-17-1 concernent des emprises relevant du ministère de la Défense.

III. – Les arrêtés mentionnés aux I et III de l'article R. 411-17-1 sont, à la diligence du préfet :

1° Affichés dans chacune des communes concernées ;

2° Publiés au recueil des actes administratifs ;

3° Mentionnés dans deux journaux régionaux ou locaux diffusés dans tout le département ;

4° Notifiés aux propriétaires concernés.

Lorsque l'identité ou l'adresse d'un propriétaire est inconnue, la notification mentionnée au 4° est valablement faite au maire qui en assure l'affichage et la communication à l'occupant des lieux si celui-ci est identifiable.

Sous-section 5. – Zones prioritaires pour la biodiversité

(D. n° 2017-176, 13 févr. 2017)

Art. R. 411-17-3 *(D. n° 2017-176, 13 févr. 2017).* – Les zones prioritaires pour la biodiversité mentionnées au 1° du II de l'article L. 411-2 sont délimitées par arrêté du préfet, pris après avis de la commission départementale de la nature, des paysages et des sites, du conseil scientifique régional du patrimoine naturel, de la chambre départementale d'agriculture et, lorsque ces zones comportent des emprises relevant du ministère de la Défense, du commandant de la zone terre compétent.

Les avis mentionnés au précédent alinéa sont réputés rendus s'ils n'interviennent pas dans un délai de deux mois à compter de la transmission du projet.

Art. R. 411-17-4 *(D. n° 2017-176, 13 févr. 2017).* – Un projet de programme d'actions mentionné au 2° du II de l'article L. 411-2 est élaboré, pour chaque zone prioritaire pour la biodiversité, par le préfet, en concertation, conformément à l'article L. 114-1 du Code rural et de la pêche maritime, avec les collectivités territoriales et leurs groupements et les représentants des propriétaires et exploitants des terrains concernés.

Le programme d'actions est arrêté par le préfet, après mise en œuvre de la procédure de consultation prévue à l'article R. 411-17-3.

Art. R. 411-17-5 *(D. n° 2017-176, 13 févr. 2017).* – Le programme arrêté pour chaque zone prioritaire pour la biodiversité fixe, au titre des pratiques agricoles, les actions que les propriétaires et exploitants sont incités à mettre en œuvre, en rapport avec l'espèce pour laquelle la zone est délimitée, parmi les actions suivantes :

1° Maintien d'une couverture végétale du sol, permanente ou temporaire ;

2° Travail du sol, gestion des résidus de culture, apports de matière organique ;

3° Gestion des intrants, notamment des fertilisants, des produits phytosanitaires et de l'eau d'irrigation ;

4° Diversification des cultures par assolement et rotations culturales ;

5° Maintien ou création de haies ou d'autres éléments du paysage, de fossés d'infiltration et aménagements ralentissant ou déviant l'écoulement des eaux ;

6° Restauration ou entretien d'un couvert végétal spécifique ;

7° Restauration ou entretien de mares, plans d'eau ou zones humides.

Le programme détermine, pour chaque action, en fonction de la partie de la zone concernée, les objectifs à atteindre, en les quantifiant dans toute la mesure du possible, assortis des délais correspondants.

Il présente les moyens prévus pour atteindre ces objectifs et indique notamment les aides publiques dont certaines mesures peuvent bénéficier, ainsi que leurs conditions et modalités d'attribution.

Il expose les effets escomptés sur le milieu et précise les indicateurs quantitatifs qui permettront de les évaluer.

Le programme rappelle en outre les autres mesures prises, au titre du Code de l'environnement, en vue de la protection de l'espèce pour laquelle la zone est délimitée.

Le contenu du programme peut être précisé par arrêté conjoint des ministres chargés de l'agriculture et de l'environnement.

Art. R. 411-17-6 *(D. n° 2017-176, 13 févr. 2017).* – I. – Compte tenu des résultats de la mise en œuvre du programme d'actions mentionné au 2° du II de l'article L. 411-2, le préfet peut rendre obligatoires certaines de ces actions, en matière de pratiques agricoles, dans les conditions prévues au 3° du même II, à l'expiration d'un délai, courant à compter de la publication de ce programme, de cinq ans, qui peut être réduit jusqu'à trois ans au vu de l'évolution des habitats de l'espèce pour laquelle la zone a été délimitée et de ses effets sur le maintien dans un état de conservation favorable de cette espèce.

II. – La décision du préfet de rendre obligatoires certaines actions du programme est prise après mise en œuvre de la procédure de consultation prévue à l'article R. 411-17-3.

Elle est affichée dans les mairies des communes intéressées pendant au moins un mois. Elle est également notifiée aux propriétaires et exploitants des terrains concernés.

Sous-section 6. – Mesures de protection des habitats naturels.

(Sous-section créée, D. n° 2018-1180, 19 déc. 2018)

Art. R. 411-17-7 *(D. n° 2018-1180, 19 déc. 2018)*. – I. – La liste des habitats naturels pouvant faire l'objet des interdictions définies au 3° du I de l'article L. 411-1 est établie par arrêté du ministre chargé de la protection de la nature.

II. – En vue de protéger les habitats naturels figurant sur la liste visée au I, le ou les représentants de l'État territorialement compétents peuvent prendre toutes mesures de nature à empêcher leur destruction, leur altération ou leur dégradation. Ces mesures sont prises par arrêté :

– du préfet de département compétent lorsque la protection concerne des espaces terrestres ;

– du représentant de l'État en mer lorsque la protection concerne des espaces maritimes ;

Lorsque les mesures prises en mer concernent le domaine public maritime, l'arrêté est cosigné par le préfet de département compétent.

Lorsque les mesures concernent la pêche maritime, l'arrêté est cosigné par le préfet de région compétent en application de l'article R. 911-3 du Code rural et de la pêche maritime.

Cet arrêté tient compte de l'intérêt du maintien des activités existantes. Le cas échéant, il prévoit à cet effet des mesures permettant de rendre ces activités compatibles avec les objectifs de protection du ou des habitats naturels concernés.

III. – L'arrêté mentionné au II précise le caractère temporaire ou permanent des mesures qu'il édicte, et le cas échéant, les périodes de l'année où elles sont applicables.

IV. – L'arrêté mentionné au II est pris après avis du conseil scientifique régional du patrimoine naturel, de la commission départementale de la nature, des paysages et des sites et des communes sur le territoire desquelles l'habitat naturel est situé.

L'avis de la chambre départementale d'agriculture, de l'Office national des forêts, de la délégation régionale du centre national de la propriété forestière, du comité régional des pêches et des élevages marins, du comité régional de la conchyliculture est également recueilli lorsque les mesures définies par cet arrêté affectent les intérêts dont ils ont la charge.

À défaut de réponse dans les trois mois suivant la saisine, les avis sollicités au titre des alinéas précédents sont réputés favorables.

L'accord de l'autorité militaire compétente est requis lorsque cet arrêté concerne des emprises relevant du ministère de la Défense, lorsque les mesures de protection prévues par l'arrêté sont susceptibles d'entraîner des contraintes pour le survol du territoire ou lorsque l'arrêté concerne des espaces marins ou le domaine public maritime.

V. – L'arrêté mentionné au II est, à la diligence du ou des préfets :

1° Affiché dans chacune des communes concernées ;

2° Publié au Recueil des actes administratifs et mis en ligne sur le site internet de la préfecture ;

3° Mentionné dans deux journaux régionaux ou locaux diffusés dans l'ensemble du ou des départements concernés ;

4° Notifié aux propriétaires concernés.

Lorsque l'identité ou l'adresse d'un propriétaire est inconnue, la notification prévue au 4° est valablement faite au maire qui assure l'affichage de l'arrêté et sa communication à l'occupant des lieux, si celui-ci est identifiable

Art. R. 411-17-8 *(Créé, D. n° 2018-1180, 19 déc. 2018)*. – Sans préjudice de l'application d'autres réglementations et notamment celle prévue aux articles L. 414-4 et R. 414-19 et suivants, des dérogations peuvent être accordées en application du 4° de l'article L. 411-2. Les demandes de dérogation sont instruites selon la procédure ci-après :

I. – Après avis du conseil scientifique régional du patrimoine naturel réputé favorable à défaut de réponse dans un délai de trois mois après la saisine, les dérogations sont délivrées par le ou les préfets ayant pris l'arrêté mentionné au II de l'article R. 411-17-7. L'arrêté peut soumettre le bénéficiaire d'une dérogation à la tenue d'un registre dans lequel il indique les actions concrètes mises en œuvre en application de celle-ci.

Le silence gardé pendant plus de quatre mois par l'autorité administrative sur une demande de dérogation vaut décision de rejet.

II. – L'arrêté précise les conditions d'exécution de l'opération concernée.

III. – Si les conditions fixées par l'arrêté ne sont pas respectées, le ou les préfets peuvent, par arrêté, suspendre ou retirer la dérogation accordée. La décision de suspension ou de retrait est notifiée au bénéficiaire de la dérogation qui est préalablement entendu.

IV. – Un arrêté du ministre chargé de l'environnement fixe les modalités de présentation et la procédure d'instruction des demandes de dérogations.

Sous-section 7. – Réglementation particulière aux produits antiparasitaires et assimilés

(Anc. ss-sect. 4 dénum. en ss-sect. 5 puis 6 puis 7, D. n° 2015-1787, 28 déc. 2015 ; D. n° 2017-176, 13 févr. 2017 ; D. n° 2018-1180, 19 déc. 2018)

Art. R. 411-18. – Si l'emploi de produits antiparasitaires à usage agricole ou de produits assimilés risque de porter atteinte aux espèces protégées au titre de l'article L. 411-1, les conditions d'utilisation particulières sont définies conjointement par arrêtés des ministres chargés de l'agriculture, de la protection de la nature et de la prévention des pollutions et des risques, après avis du Conseil national de la protection de la nature et de la section spécialisée compétente de l'assemblée permanente des chambres d'agriculture.

Lorsqu'il s'agit d'espèces marines, l'avis du ministre chargé des pêches maritimes sur les conditions d'utilisation particulières des produits concernés est requis.

Sous-section 7. – Prise de vues ou de son

(Anc. ss-sect. 5, dénum. en sous-section 6 puis en 7 puis en 8, D. n° 2015-1787, 28 déc. 2015 ; D. n° 2017-176, 13 févr. 2017 ; D. n° 2018-1180, 19 déc. 2018)

Art. R. 411-19 *(Mod., D. n° 2006-944, 28 juill. 2006)*. – La recherche, l'approche, notamment par l'affût, et la poursuite d'animaux non domestiques, pour la prise de vues ou de son, peuvent être réglementées dans les conditions prévues par la présente section :

1° Dans le périmètre des cœurs des parcs nationaux, des réserves naturelles et des réserves nationales de chasse ;

2° En ce qui concerne les espèces protégées au titre de l'article L. 411-1, pendant les périodes ou dans les circonstances où ces espèces sont particulièrement vulnérables, sur tout ou partie du territoire national, y compris le domaine public maritime et les eaux territoriales.

Art. R. 411-20. – I. – La réglementation mentionnée à l'article R. 411-19 peut comporter par espèces d'animaux :

1° L'interdiction absolue de la prise de vues ou de son pendant les périodes ou dans les circonstances où ces espèces non domestiques sont particulièrement vulnérables ;

2° L'interdiction de procédés de recherche ou de l'usage d'engins, instruments ou matériels pour la prise de vues ou de son, de nature à nuire à la survie de ces animaux.

II. – Des dérogations à ces interdictions peuvent être accordées, par autorisation spéciale et individuelle, dans l'intérêt de la recherche ou de l'information scientifiques.

Art. R. 411-21 *(Mod., D. n° 2006-944, 28 juill. 2006)*. – I. – La réglementation mentionnée à l'article R. 411-19 est définie :

1° En ce qui concerne les espèces protégées au titre de l'article L. 411-1, après avis du Conseil national de la protection de la nature, par le ministre chargé de la protection de la nature et, pour les espèces marines, conjointement par le ministre chargé des pêches maritimes ;

2° Pour un cœur de parc national, par le directeur de l'établissement public du parc national ;

3° Pour une réserve naturelle nationale, par le ministre chargé de la protection de la nature ; pour une réserve naturelle régionale, par le conseil régional ; pour une réserve naturelle en Corse, soit par l'Assemblée de Corse, après accord du ministre chargé de la protection de la nature lorsque la réserve naturelle a été classée sur demande de l'État, soit par le ministre chargé de la protection de la nature lorsque la réserve a été classée par l'État ;

4° Pour une réserve nationale de chasse, par le ministre chargé de la chasse.

II. – Les autorisations spéciales mentionnées au II de l'article R. 411-20 sont délivrées par le préfet s'agissant des espèces protégées ainsi que dans les réserves nationales de chasse, dans les réserves naturelles nationales et dans les réserves classées par l'État en Corse ; par le directeur de l'établissement public du parc national dans un cœur de parc national ; par le président du conseil régional dans les réserves naturelles régionales ; par le président du conseil exécutif de Corse dans les réserves naturelles classées par la collectivité territoriale de Corse, et après accord du préfet de Corse lorsque la réserve a été classée à la demande de l'État.

Section I. – Inventaire du patrimoine naturel

(Section et intitulé rempl., D. n° 2016-1619, 29 nov. 2016)

Art. D. 411-21-1 *(Créé à compter du 31 décembre 2017, D. n° 2016-1619, 29 nov. 2016 ; mod., D. n° 2022-939, 27 juin 2022)*. – La saisie ou le versement des données brutes de biodiversité prévus au I de l'article L. 411-1 A est effectuée au moyen d'un téléservice créé par arrêté du ministre chargé de la protection de la nature.

La saisie et le versement des données brutes de biodiversité sont effectués conformément à des référentiels techniques comprenant des données de référence, des dictionnaires de données, des scénarios d'échanges et des méthodes ou protocoles de production, de validation et de diffusion des données qui sont approuvés par le ministre chargé de la protection de la nature et publiés au *Bulletin officiel* du ministère chargé de l'environnement.

La saisie ou le versement des données brutes de biodiversité, acquises à l'occasion des études d'évaluation mentionnées dans le troisième alinéa du I de l'article L. 411-1 A, est effectuée :

– avant le début de la procédure de participation du public décrite dans l'article L. 123-1-A lorsque celle-ci est requise ;

– avant la décision mentionnée dans ce même alinéa, lorsqu'aucune procédure de participation du public n'est requise.

La saisie ou le versement des données brutes de biodiversité, acquises à l'occasion des mesures de suivi des impacts environnementaux mentionnées dans le troisième alinéa du I de l'article L. 411-1 A, est effectué dans le délai de six mois après l'achèvement de chaque campagne d'acquisition de ces données.

Art. D. 411-21-2 *(Créé à compter du 31 décembre 2017, D. n° 2016-1619, 29 nov. 2016 ; mod., D. n° 2019-1580, 31 déc. 2019)*. – Les services régionaux de l'État chargés de l'environnement, l'Office français de la biodiversité et en dernier lieu le Muséum national d'histoire naturelle, procèdent chacun pour ce qui le concerne à un contrôle des données, les valident et les corrigent, le cas échéant, avant leur intégration dans l'inventaire du patrimoine naturel.

Art. D. 411-21-3 *(D. n° 2016-1619, 29 nov. 2016)*. – La diffusion des données contenues dans les inventaires mentionnés à l'article L. 411-1 A peut être restreinte :

– lorsque les données considérées figurent sur une liste arrêtée, au regard des nécessités de la protection de l'environnement, par le préfet de région, après avis du conseil scientifique régional du patrimoine naturel et du Muséum national d'histoire naturelle ;

– lorsqu'il existe un risque d'atteinte volontaire à l'espèce ou à l'élément faunistique, floristique, géologique, pédologique, minéralogique et paléontologique considéré dans la région en cause.

Les données sont alors diffusées à une échelle ne permettant pas leur localisation précise et, le cas échéant, sous réserve que le demandeur s'engage à ne pas divulguer la localisation qui lui est communiquée.

Section III. – Conseil scientifique régional du patrimoine naturel

Art. R. 411-22 *(Mod., D. n° 2015-1201, 29 sept. 2015 ; D. n° 2018-686, 1er août 2018).* – Le nombre de membres du conseil scientifique régional du patrimoine naturel prévu à l'article L. 411-1-A est fixé par le préfet de région, après avis de l'assemblée délibérante de la collectivité régionale. Il ne peut excéder 50.

Le mandat de ces membres est de cinq ans. Il est renouvelable. En cas de démission ou de décès d'un membre du conseil, il est procédé à son remplacement pour la durée du mandat restant à courir selon les modalités prévues pour la nomination.

Art. R. 411-23 *(Mod., D. n° 2009-592, 26 mai 2009 ; D. n° 2015-1201, 29 sept. 2015).* – Outre les cas de consultation obligatoire prévus par la réglementation en vigueur, le conseil scientifique régional du patrimoine naturel peut être saisi pour avis soit par le préfet de région, soit par le président du conseil régional ou, en Corse, par le président du conseil exécutif, sur toute question relative à la conservation du patrimoine naturel de la région et notamment sur :

1° La valeur scientifique des inventaires du patrimoine naturel lors de leur élaboration ou de leur mise à jour ;

2° Les propositions de listes régionales d'espèces protégées prévues à l'article L. 411-2 ;

3° Les orientations régionales de gestion de la faune sauvage et d'amélioration de la qualité de ses habitats prévues à l'article L. 414-8 ;

4° Toute question relative au réseau Natura 2000 défini à l'article L. 414-1.

Le conseil scientifique régional du patrimoine naturel, pour l'examen des demandes de dérogations définies au 4° de l'article L. 411-2 et à la condition que ces demandes portent sur des affaires courantes dont les catégories ont été préalablement définies par le président de ce conseil, peut accorder une délégation à l'un de ses membres afin de donner un avis au préfet ou, dans les cas prévus aux articles R. 411-7 et R. 411-8, au ministre chargé de la protection de la nature. Ce membre rend compte régulièrement au conseil de l'exercice de cette délégation.

Art. R. 411-24. – Le conseil scientifique régional du patrimoine naturel se réunit au moins deux fois par an à l'initiative soit du préfet de région, soit du président du conseil régional ou, en Corse, du président du conseil exécutif. En outre, son président est tenu de le réunir à la demande d'au moins la moitié des membres.

Sont examinées en priorité par le conseil les questions soumises par le préfet de région ou le président du conseil régional ou, en Corse, le président du conseil exécutif.

Art. R. 411-25 *(Mod., D. n° 2015-1201, 29 sept. 2015).* – Le quorum est atteint lorsque la moitié au moins des membres composant le conseil scientifique régional du patrimoine naturel sont présents, y compris les membres prenant part aux débats au moyen d'une conférence téléphonique ou audiovisuelle, ou ont donné mandat. Lorsque le quorum n'est pas atteint, le conseil délibère valablement sans condition de quorum après une nouvelle convocation portant sur le même ordre du jour.

Ses avis sont émis à la majorité des membres présents. En cas de partage égal des voix, celle du président est prépondérante. Les avis sont transmis au préfet de région, au président du conseil régional ou, en Corse, au président du conseil exécutif.

Art. R. 411-26. – Le secrétariat du conseil scientifique régional du patrimoine naturel est assuré par les services de la direction régionale de l'environnement qui, chaque année, proposent à l'approbation du conseil un compte-rendu d'activités.

Art. R. 411-27. – Le conseil scientifique régional du patrimoine naturel se dote d'un règlement intérieur.

Art. R. 411-28. – Le président du conseil scientifique régional du patrimoine naturel peut appeler à assister aux séances du conseil ou de groupes de travail organisés en son sein, à titre consultatif et pour l'examen de questions déterminées, tous représentants d'organismes qualifiés ou toutes personnalités susceptibles de l'éclairer.

Le préfet de région, le président du conseil régional et, en Corse, le président du conseil exécutif, ou leurs représentants, assistent de droit aux séances du conseil.

Art. R. 411-29. – Les membres du conseil scientifique régional du patrimoine naturel sont remboursés des frais occasionnés par leurs déplacements dans les conditions prévues par la réglementation applicable aux fonctionnaires de l'État.

Art. D. 411-29-1 *(Créé à compter du 1er janvier 2021, D. n° 2020-1413, 18 nov. 2020).* – Outre les remboursements prévus à l'article R. 411-29, les membres du conseil scientifique régional du patrimoine naturel perçoivent une indemnité d'exercice, liée à leur présence aux séances du conseil et aux missions qu'ils exercent par délégation du conseil.

L'indemnité versée est calculée au prorata de la présence ou de l'activité du membre, dans les conditions fixées par arrêté du ministre chargé de la protection de la nature.

Les personnes invitées à participer aux séances du conseil scientifique régional du patrimoine naturel ne peuvent prétendre à aucune indemnité. Il en est de même des suppléants qui assistent à une séance du conseil si le titulaire y est présent.

Art. R. 411-30. – Pour l'application de la présente section à Saint-Pierre-et-Miquelon, les termes ci-après sont remplacés comme suit :

1° « Préfet de région » par « préfet de la collectivité territoriale » ;

2° « Président du conseil régional » par « président du conseil général » ;

3° « Région » par « collectivité territoriale » ;

4° « Régional, régionale, régionales » par « territorial, territoriale, territoriales » ;

5° « La direction régionale de l'environnement » par « la préfecture ou tout autre service de l'État ayant reçu compétence de la part du préfet ».

Section IV. – Contrôle et gestion de l'introduction et de la propagation de certaines espèces animales et végétales

(Rempl., D. n° 2017-595, 21 avr. 2017)

Sous-section 1. – Contrôle de l'introduction dans le milieu naturel de spécimens appartenant à certaines espèces animales et végétales indigènes

Art. R. 411-31 *(Rempl., D. n° 2017-595, 21 avr. 2017).* – Pour l'application de l'article L. 411-4, des arrêtés conjoints du ministre chargé de la protection de la nature et du ministre chargé de l'agriculture ou, lorsqu'il s'agit d'espèces marines, du ministre chargé de la protection de la nature et du ministre chargé des pêches maritimes désignent les espèces dont l'introduction est interdite dans le milieu naturel.

Ces arrêtés sont pris après avis du Conseil national de la protection de la nature.

Après avis du Conseil national de la protection de la nature et du comité consultatif de la protection des végétaux, ils désignent également les espèces mentionnés au 2° du II de l'article R. 411-34, considérées comme des agents indigènes.

Art. R. 411-32 *(Rempl., D. n° 2017-595, 21 avr. 2017).* – I. – Toute personne souhaitant, pour des motifs d'intérêt général, procéder à l'introduction dans le milieu naturel d'animaux ou de végétaux appartenant à des espèces désignées en application des articles L. 411-4 et R. 411-31 adresse une demande au préfet du département du lieu où doivent être, selon le cas, lâchés les animaux ou plantés ou semés les végétaux.

II. – Cette demande est accompagnée d'un dossier qui comprend, outre l'indication, s'il s'agit d'une personne physique, de ses nom, prénoms et domicile, et, s'il s'agit d'une personne morale, de sa dénomination ou de sa raison sociale, de sa forme juridique, de l'adresse de son siège ainsi que de la qualité du signataire de la demande, l'information la plus complète sur :

1° L'aptitude technique du demandeur à conduire l'introduction ou, s'il ne l'exécute pas lui-même, à la faire conduire ;

2° Les motifs d'intérêt général qui justifient cette introduction ;

3° Si elle est envisagée en vue de la réintroduction ou du renforcement de la population d'une espèce, l'évaluation de son incidence sur l'état de conservation de l'espèce ;

4° Le nombre, l'origine ainsi que la provenance géographique des animaux ou des végétaux qu'il est envisagé d'introduire dans le milieu naturel ;

5° La situation sanitaire dans la région d'origine des animaux ou des végétaux dont l'introduction est envisagée et l'état sanitaire de ces animaux et végétaux ;

6° Les circonstances de temps et de lieu ainsi que l'ensemble des conditions générales d'exécution de la capture ou de l'enlèvement, du transport et de l'introduction des animaux ou des végétaux dans le milieu naturel, notamment au regard du droit de propriété ;

7° L'évaluation des conséquences de l'introduction, d'une part, sur les milieux naturels où elle doit avoir lieu ainsi que sur la faune et la flore qu'ils hébergent, d'autre part, sur la sécurité des personnes et des biens ainsi que sur les conditions dans lesquelles s'exercent, dans le territoire affecté par l'introduction, les activités humaines ;

8° La nature des mesures prévues pour accompagner et suivre dans le temps cette introduction ainsi que des dispositions nécessaires pour minimiser les risques qu'elle pourrait faire peser sur la sécurité des personnes et des biens ou sur la santé publique et, selon les cas, pour supprimer, réduire ou compenser les dommages qu'elle pourrait causer aux activités humaines, notamment agricoles, forestières, aquacoles et touristiques ;

9° L'évaluation de son coût total et la capacité financière du demandeur à y procéder ou à y faire procéder.

Art. R. 411-33 *(Rempl., D. n° 2017-595, 21 avr. 2017).* – Lorsque l'opération est susceptible d'affecter le territoire d'un pays étranger, le préfet du département du lieu d'introduction en informe sans délai le ministre des Affaires étrangères.

Art. R. 411-34 *(Abr., D. n° 2014-1510, 15 déc. 2014* (1)*; rétabli dans la version suivante, D. n° 2017-595, 21 avr. 2017).* – I. – L'autorisation d'introduction est délivrée par le préfet du département dans lequel l'introduction est envisagée, après consultation du conseil scientifique régional du patrimoine naturel et de la commission départementale de la nature, des paysages et des sites siégeant en formation spécialisée dite « de la nature ».

II. – Par exception au I, l'autorisation d'introduction est délivrée :

1° Par le ministre chargé de la protection de la nature, après consultation du Conseil national de la protection de la nature :

a) Lorsque l'introduction concerne des animaux appartenant à une espèce de vertébrés désignée en application des articles L. 411-4 et R. 411-31 et figurant par ailleurs sur la liste mentionnée à l'article R. 411-8-1 ;

b) Lorsque l'introduction est conduite par des personnes morales placées sous la tutelle ou le contrôle de l'État, dont les attributions ou les activités s'exercent au plan national ;

2° Conjointement par les ministres chargés, respectivement, de la protection de la nature et de l'agriculture, après consultation du Conseil national de la protection de la nature et du comité consultatif de la protection des végétaux, lorsque les espèces dont l'introduction dans le milieu naturel est envisagée sont des agents indigènes, au sens de l'article R. 258-1 du Code rural et de la pêche maritime, utilisés dans la lutte biologique contre les organismes nuisibles, au sens de l'article L. 251-3 du Code rural et de la pêche maritime.

Art. R. 411-35 *(Rempl., D. n° 2017-595, 21 avr. 2017).* – I. – L'autorisation peut être assortie de prescriptions spéciales.

Elle peut être refusée notamment si l'introduction envisagée n'est pas conciliable avec l'intérêt général qui s'attache à la protection de la santé et de la sécurité publiques, à la protection de l'environnement ou à la préservation de certaines activités humaines sur le territoire d'introduction.

Le silence gardé par l'autorité administrative compétente pendant plus de six mois à compter de l'enregistrement de la demande vaut décision de rejet.

II. – Les autorisations d'introduction sont publiées au recueil des actes administratifs de la préfecture ou, pour les autorisations mentionnées au II de l'article R. 411-34, au bulletin officiel du ministère chargé de la protection de la nature.

Art. R. 411-36 *(Rempl., D. n° 2017-595, 21 avr. 2017).* – En cas d'urgence, notamment à des fins de préservation de la sécurité publique, de prévention des dommages aux activités agricoles, forestières et aquacoles et de protection de la faune, de la flore et des habitats naturels, l'autorité administrative qui a autorisé une opération d'introduction dans le milieu naturel d'animaux appartenant à des espèces désignées en application des articles L. 411-4 et R. 411-31, peut, au besoin en se substituant au bénéficiaire de l'autorisation, faire capturer et éventuellement relâcher les animaux concernés.

---

(1) Dispositions d'application particulières et transitoires : V. D. n° 2014-1510, 15 déc. 2014, art. 4.

Le lâcher des animaux ne peut intervenir qu'après une évaluation de ses conséquences par le préfet du département où il est envisagé.

L'alinéa précédent est applicable lorsque l'autorité administrative envisage de relâcher dans un nouveau territoire des animaux n'ayant pas fait l'objet d'une introduction et appartenant à des espèces désignées en application des articles L. 411-4 et R. 411-31, dont l'évolution ou le comportement peuvent porter atteinte à la sécurité publique, aux activités agricoles, forestières et aquacoles ainsi qu'aux milieux naturels. Cette décision est prise par le préfet du département où il est envisagé de relâcher ces animaux, sauf dans le cas prévu à l'article R. 411-8.

Sous-section 2. – Prévention de l'introduction et de la propagation des espèces exotiques envahissantes

Art. R. 411-37 *(D. n° 2007-15, 4 janv. 2007 ; mod., D. n° 2007-397, 22 mars 2007* (1) *; rempl., D. n° 2017-595, 21 avr. 2017)*. – Lorsqu'une espèce animale ou végétale figure sur les listes établies en application des articles L. 411-5 ou L. 411-6, les dispositions de chacun de ces articles sont également applicables aux spécimens hybrides dont l'un des parents appartient à cette espèce.

§ 1. – Interdiction d'introduire dans le milieu naturel certaines espèces exotiques envahissantes

Art. R. 411-38 *(D. n° 2007-15, 4 janv. 2007 ; mod., D. n° 2014-1510, 15 déc. 2014* (2) *; rempl., D. n° 2017-595, 21 avr. 2017)*. – Les articles R. 411-32 à R. 411-35 sont applicables à l'introduction dans le milieu naturel d'animaux ou de végétaux appartenant à des espèces figurant sur les listes établies en application de l'article L. 411-5.

§ 2. – Interdiction d'introduire sur le territoire national certaines espèces exotiques envahissantes, et autres activités interdites en conséquence

(Intitulé rempl., D. n° 2014-1510, 15 déc. 2014 (2) *; D. n° 2017-595, 21 avr. 2017)*

Art. R. 411-39 *(Rempl., D. n° 2017-595, 21 avr. 2017)*. – I. – Les propriétaires d'animaux de compagnie appartenant à une espèce qui vient d'être inscrite sur les listes établies en application du I de l'article L. 411-6 sont autorisés à les conserver jusqu'à la mort de ces animaux, pour autant que les conditions suivantes soient remplies :

1° Les animaux sont détenus à des fins non commerciales ;

2° Les animaux étaient régulièrement détenus avant une date fixée par l'arrêté ministériel inscrivant l'espèce considérée sur ces listes, et les propriétaires se sont déclarés auprès de la préfecture du département du lieu de détention avant une date fixée par le même arrêté ;

3° Les animaux sont détenus en captivité et toutes les mesures appropriées sont prises pour s'assurer qu'ils ne puissent ni se reproduire ni s'échapper.

Lorsque l'une de ces conditions n'est pas satisfaite, le préfet peut faire application des articles R. 413-45 à R. 413-51.

II. – Les détenteurs d'un stock commercial de spécimens appartenant à une espèce qui vient d'être inscrite sur les listes établies en application du I de l'article L. 411-6 sont autorisés à détenir et à transporter des spécimens vivants ou des parties reproductibles de ces espèces, pour autant que les conditions suivantes soient remplies :

1° Le stock était régulièrement détenu avant une date fixée par l'arrêté ministériel inscrivant l'espèce considérée sur ces listes, et les détenteurs se sont déclarés auprès de la préfecture du département du lieu de détention avant une date fixée par le même arrêté ;

2° Avant des dates fixées par l'arrêté ministériel inscrivant l'espèce considérée sur ces listes, afin d'épuiser le stock, les spécimens le constituant sont soit vendus ou transférés à des établissements bénéficiaires de l'autorisation prévue au II de l'article L. 411-6 ou à des utilisateurs non commerciaux, soit abattus ou éliminés ;

---

(1) Dispositions applicables à Mayotte, dans les îles Wallis-et-Futuna, en Polynésie française, en Nouvelle-Calédonie et dans les Terres australes et antarctiques françaises, D. n° 2007-397, 22 mars 2007, art. 15.

(2) Dispositions d'application particulières et transitoires : V. D. n° 2014-1510, 15 déc. 2014, art. 4.

3° Les spécimens sont conservés et transportés en détention confinée et toutes les mesures appropriées sont prises pour s'assurer qu'ils ne puissent ni se reproduire ni s'échapper.

III. – Pour l'application du 3° du I et du 3° du II, un arrêté du ministre chargé de la protection de la nature précise les mesures appropriées ainsi que les caractéristiques particulières auxquelles doivent répondre les installations dans lesquelles sont détenus les spécimens, les règles de fonctionnement de celles-ci et les méthodes d'identification des animaux.

Art. R. 411-40 *(D. n° 2007-15, 4 janv. 2007 ; mod., D. n° 2014-1510, 15 déc. 2014* (1) *; rempl., D. n° 2017-595, 21 avr. 2017).* – I. – Tout établissement souhaitant introduire sur le territoire national, détenir, transporter, utiliser ou échanger des animaux ou des végétaux appartenant à des espèces figurant sur les listes établies en application du I de l'article L. 411-6 doit préalablement obtenir une autorisation délivrée :

1° Lorsque la demande porte sur des travaux de recherche sur ces espèces ou vise à leur conservation hors du milieu naturel, par le préfet du département de réalisation de l'opération ; dans le cas où cette opération concerne le transport d'animaux ou de végétaux, l'autorisation est délivrée par le préfet du département du lieu de départ ;

2° Dans les autres cas, par le ministre chargé de la protection de la nature.

II. – La demande d'autorisation est adressée à l'autorité compétente, accompagnée d'un dossier qui comprend, outre l'indication de la dénomination ou de la raison sociale, de la forme juridique, de l'adresse du siège de l'établissement ainsi que de la qualité du signataire de la demande, l'information la plus complète sur :

1° L'aptitude technique du demandeur à conduire l'opération envisagée ou, s'il ne l'exécute pas lui-même, à la faire conduire ;

2° Les motifs qui justifient cette opération ;

3° Le nombre, l'origine ainsi que la provenance géographique des animaux ou des végétaux qu'il envisage d'introduire sur le territoire national, de détenir, de transporter, d'utiliser ou d'échanger ;

4° Les codes de la nomenclature combinée conformément au règlement (CEE) n° 2658/87 du Conseil du 23 juillet 1987 relatif à la nomenclature tarifaire et statistique et au tarif douanier commun ;

5° La situation sanitaire dans la région d'origine des animaux ou des végétaux dont l'introduction est envisagée et l'état sanitaire de ces animaux ou végétaux ;

6° Les circonstances de temps et de lieu ainsi que l'ensemble des conditions générales de réalisation et de suivi de l'opération, en particulier une description des mesures prévues pour garantir que toute fuite ou propagation est impossible à partir des installations de détention dans lesquelles les spécimens seront conservés et manipulés, ainsi que lors de leur transport ;

7° Une évaluation des risques de fuite des spécimens, accompagnée d'une description des mesures prévues pour minimiser ces risques ;

8° Une description du système de surveillance prévu et du plan d'intervention d'urgence élaboré pour faire face à toute fuite ou propagation, y compris, le cas échéant, un plan d'éradication ;

9° L'évaluation du coût total de l'opération et la capacité financière du demandeur à y procéder ou à y faire procéder.

Art. R. 411-41 *(D. n° 2007-15, 4 janv. 2007 ; mod., D. n° 2014-1510, 15 déc. 2014* (1) *; rempl., D. n° 2017-595, 21 avr. 2017).* – L'autorisation ne peut être accordée que si les conditions énumérées à l'article 8, paragraphes 2 et 3, du règlement (UE) n° 1143/2014 du Parlement européen et du Conseil du 22 octobre 2014 relatif à la prévention et à la gestion de l'introduction et de la propagation des espèces exotiques envahissantes sont satisfaites.

Elle est assortie de prescriptions nécessaires pour assurer le respect des conditions mentionnées au premier alinéa et la protection de la santé et de la sécurité publiques.

Le silence gardé par l'autorité administrative compétente pendant plus de six mois à compter de l'enregistrement de la demande vaut décision de rejet.

(1) Dispositions d'application particulières et transitoires : V. D. n° 2014-1510, 15 déc. 2014, art. 4.

Art. R. 411-42 *(D. n° 2017-595, 21 avr. 2017)*. – I. – L'autorisation est publiée au recueil des actes administratifs de la préfecture lorsqu'elle relève du 1° du I de l'article R. 411-40, ou au bulletin officiel du ministère en charge de la protection de la nature lorsqu'elle relève du 2° du I du même article.

II. – Le titulaire de l'autorisation doit, à tout moment de l'opération, être en mesure de la présenter à toute réquisition des fonctionnaires et agents désignés aux articles L. 411-7 et L. 415-1.

§ 3. – Contrôles aux frontières prévus par le droit de l'Union européenne

Art. R. 411-43 *(Rempl., D. n° 2021-1858, 28 déc. 2021)* (1). – Les contrôles prévus par l'article L. 411-7 sont réalisés dans les postes de contrôle frontaliers désignés en application de l'article 59 du règlement (UE) 2017/625 du Parlement européen et du Conseil du 15 mars 2017 ou aux points d'entrée autorisés visés au paragraphe 2 de l'article 7 du règlement délégué (UE) 2019/2126 de la Commission du 10 octobre 2019.

Art. R. 411-44 *(D. n° 2017-595, 21 avr. 2017)*. – Les contrôles consistent en des contrôles documentaires et, si nécessaire, en des contrôles d'identité et des contrôles physiques.

Des prélèvements peuvent être opérés aux fins d'analyse en laboratoire, selon les modalités définies par arrêté conjoint du ministre chargé de l'environnement et du ministre chargé de l'agriculture.

Art. R. 411-45 *(D. n° 2017-595, 21 avr. 2017)*. – En cas de non-conformité du lot soumis aux contrôles, les agents habilités mentionnés à l'article L. 411-7 peuvent procéder à la destruction ou au refoulement de tout ou partie du lot, ou prescrire un traitement approprié de nature à assurer le respect des conditions d'introduction ou à prévenir tout risque de propagation d'espèces mentionnées au I de l'article L. 411-6.

En cas d'inexécution des mesures prescrites, les agents habilités mentionnés à l'article L. 411-7 font procéder à la destruction d'office du lot, aux frais du propriétaire ou du détenteur.

Sous-section 3. – Lutte contre certaines espèces animales et végétales introduites

Art. R. 411-46 *(D. n° 2017-595, 21 avr. 2017)*. – Le préfet de département ou, à partir de la laisse de basse mer, le préfet maritime, est l'autorité administrative compétente pour procéder ou faire procéder, en vertu de l'article L. 411-8, à la capture, au prélèvement, à la garde ou à la destruction de spécimens d'une espèce figurant sur l'une des listes établies en application des articles L. 411-5 et L. 411-6.

Art. R. 411-47 *(D. n° 2017-595, 21 avr. 2017)*. – I. – Le préfet précise par arrêté les conditions de réalisation des opérations, en particulier :

1° La période pendant laquelle elles sont menées ;

2° Les territoires concernés ;

3° L'identité et la qualité des personnes y participant ;

4° Les modalités techniques employées ;

5° La destination des spécimens capturés ou prélevés.

II. – Sauf en cas d'urgence et afin de prévenir une implantation évitable d'une des espèces figurant sur l'une des listes établies en application des articles L. 411-5 et L. 411-6, l'arrêté est pris après consultation du conseil scientifique régional du patrimoine naturel.

III. – L'arrêté mentionné au I est publié au recueil des actes administratifs de la préfecture.

IV. – Les modes de capture, de prélèvement, de garde et de destruction des spécimens mentionnés au I sont sélectifs par leur principe et leurs conditions d'emploi. Ils ne doivent pas avoir d'impact significatif sur les habitats naturels ou sur l'environnement.

V. – Lorsque l'arrêté mentionné au I le prévoit, les agents de l'administration ou les personnes auxquelles elle délègue ses droits peuvent pénétrer dans les propriétés privées ou les occuper temporairement, en se conformant *à la procédure prévue par la loi* du 29 décembre 1892 sur les dommages causés à la propriété privée par l'exécution de travaux publics.

(1) Application en Guadeloupe, en Guyane, en Martinique, à La Réunion, à Mayotte, à Saint-Barthélemy, à Saint-Martin et à Saint-Pierre-et-Miquelon : V. D. n° 2021-1858, 28 déc. 2021.

CHAPITRE II. – ENCADREMENT DES USAGES DU PATRIMOINE NATUREL

(Intitulé rempl. à compter du 1er juillet 2017, D. n° 2017-848, 9 mai 2017) (1)

Section I. – Activités soumises à autorisation ou à déclaration

(Rempl., D. n° 2017-1583, 17 nov. 2017) (2)

Sous-section 1. – Dispositions communes

Art. R. 412-1 *(Rempl., D. n° 2017-1583, 17 nov. 2017).* – Les arrêtés prévus à l'article L. 412-1, pris par le ministre chargé de l'environnement, précisent les espèces ou les catégories de spécimens d'animaux non domestiques et de végétaux non cultivés concernés, les activités soumises à autorisation ou à déclaration, le cas échéant les parties du territoire et les périodes de l'année où l'autorisation ou la déclaration desdites activités est requise.

Lorsqu'un établissement d'élevage, de vente, de location ou de transit d'animaux d'espèces non domestiques ou un établissement destiné à la présentation au public de spécimens vivants de la faune locale ou étrangère est titulaire de l'autorisation prévue par l'article L. 413-3, cette autorisation se substitue, pour la détention des espèces qu'elle mentionne, aux autorisations ou récépissés de déclaration requis par la présente section.

Art. R. 412-1-1 *(D. n° 2017-1583, 17 nov. 2017 ; mod., D. n° 2018-686, 1er août 2018).* – Le ministre chargé de l'environnement fixe par arrêté :

1° La forme des déclarations et des demandes d'autorisation ;

2° Les caractéristiques auxquelles doivent répondre les installations de production et de détention, ainsi que les règles générales dans le respect desquelles doivent s'exercer les activités mentionnées à l'article L. 412-1, notamment la tenue de registres et, le cas échéant, la formation ou l'expérience exigées du détenteur.

Lorsque ces activités portent sur des espèces mentionnées par le règlement (CE) n° 338/97 du Conseil du 9 décembre 1996 relatif à la protection des espèces de faune et de flore sauvages par le contrôle de leur commerce ou ses règlements d'application, ces arrêtés fixent également les mesures requises pour la mise en œuvre de ce règlement.

Le ministre détermine également par arrêté le délai accordé aux détenteurs de spécimens d'une espèce, en cas d'évolution des règles régissant la détention de cette espèce en application des arrêtés mentionnés au présent article, pour se mettre en conformité avec les nouvelles dispositions qui leur sont applicables.

Art. R. 412-1-2 *(D. n° 2017-1583, 17 nov. 2017).* – Les arrêtés ministériels prévus par les dispositions de la présente section sont pris après avis du Conseil national de la protection de la nature (3).

Pour les espèces marines, ces arrêtés sont pris conjointement par le ministre chargé de l'environnement et le ministre chargé des pêches maritimes.

Art. R. 412-1-3 *(Anc. art. R. 412-4 rempl., D. n° 2017-1583, 17 nov. 2017 ; dénum. et rempl., D. n° 2018-531, 28 juin 2018).* – Les personnes physiques ou morales qui, lors de l'inscription d'une espèce animale ou végétale sur la liste prévue à l'article L. 412-1, détiennent des spécimens de cette espèce, peuvent continuer à les détenir sans déposer la déclaration ou demander l'autorisation requise par cet article.

Toutefois, elles doivent :

1° Dans un délai de six mois à compter de l'inscription de l'espèce considérée, fournir au préfet les informations devant figurer dans la déclaration ou la demande d'autorisation en application du 1° de l'article R. 412-1-1 ;

2° Dans un délai d'un an à compter de l'inscription de l'espèce considérée, mettre en conformité leurs installations et les modalités d'exercice de leurs activités avec les prescriptions fixées en application du 2° de l'article R. 412-1-1.

---

(1) Dispositions applicables à Wallis-et-Futuna et dans les Terres australes et antarctiques françaises, D. n° 2017-848, 9 mai 2017, art. 4, I.

(2) Antérieurement à leur remplacement par le décret n° 2017-1583 du 17 novembre 2017, les présentes sections étaient ainsi composées : section 1 « Régime général d'autorisation » [articles R. 412-1 à R. 412-7] et section 2 « Régime propre à la capture, au ramassage et à la cession de certaines espèces » [articles R. 412-8 à R. 412-10]. – NDLR.

(3) V. T. appl. : A. 18 mars 2011 (*JO* 5 avr. 2011). – NDLR.

Art. R. 412-1-4 *(Anc. art. R. 412-6-1 créé, D. n° 2017-1583, 17 nov. 2017 ; dénum., D. n° 2018-531, 28 juin 2018).* – Lorsque des activités soumises à autorisation en application des arrêtés prévus à l'article L. 412-1 deviennent soumises à déclaration par suite d'une modification de ces arrêtés, les autorisations délivrées en application de la réglementation antérieure valent récépissé de déclaration pour l'application de la réglementation nouvelle.

Art. R. 412-1-5 *(Créé, D. n° 2018-531, 28 juin 2018).* – Lorsque la détention d'une espèce animale ou végétale est soumise à déclaration en application des arrêtés prévus à l'article L. 412-1 et qu'elle devient soumise à autorisation par suite d'une modification de ces arrêtés, les récépissés de déclaration délivrés en application de la réglementation antérieure valent autorisation de détention de cette espèce.

Toutefois, les personnes physiques ou morales titulaires d'un tel récépissé doivent :

1° Dans un délai de six mois à compter de la soumission de la détention de cette espèce à autorisation, fournir au préfet les informations devant figurer dans la demande d'autorisation en application du 1° de l'article R. 412-1-1 ;

2° Dans un délai d'un an à compter de la soumission à autorisation de la détention de l'espèce considérée, mettre en conformité leurs installations et les modalités d'exercice de leurs activités avec les prescriptions fixées en application du 2° de l'article R. 412-1-1.

Sous-section 2. – Activités soumises à autorisation

(Ancienne sous-section 1 dénum., D. n° 2018-531, 28 juin 2018)

Art. R. 412-2 *(Rempl., D. n° 2017-1583, 17 nov. 2017).* – I. – Les demandes d'autorisation mentionnées au 1° de l'article R. 412-1-1 sont adressées au préfet du département du lieu de réalisation de l'activité. Les demandes d'autorisation de transport sont adressées au préfet du département du lieu de départ. Les demandes d'autorisation d'importation sont adressées au préfet du département du lieu de destination des spécimens.

Conformément à l'article L. 112-9 du Code des relations entre le public et l'administration, les demandes peuvent être transmises par l'usage d'un téléservice mis en place par arrêté du ministre chargé de l'environnement.

II. – L'autorisation est individuelle et incessible.

Toutefois, lorsque les conditions prévues par les règlements portant modalités d'application du règlement (CE) n° 338/97 du Conseil du 9 décembre 1996 relatif à la protection des espèces de faune et de flore sauvages par le contrôle de leur commerce sont satisfaites, l'autorisation, attachée aux spécimens qu'elle concerne, reste valable quels que soient leurs détenteurs successifs.

III. – L'autorisation peut être délivrée pour une durée illimitée ou limitée, sauf renouvellement sur demande du bénéficiaire, selon la gravité des effets de l'activité considérée sur l'état de conservation des espèces concernées et des risques qu'ils présentent pour la santé, la sécurité et la salubrité publiques.

Elle peut être assortie de prescriptions particulières à l'espèce ou à l'exercice de l'activité considérée. Elle peut être subordonnée à la tenue d'un registre, qui doit être conservé par le bénéficiaire pendant une durée de cinq ans.

IV. – Le silence gardé par l'autorité administrative compétente pendant plus de deux mois à compter de la réception de la demande vaut décision de rejet.

Art. R. 412-2-1 *(D. n° 2018-531, 28 juin 2018).* – Toute modification apportée par le bénéficiaire d'une autorisation aux conditions de réalisation de son activité, aux installations ou à leurs conditions de fonctionnement, et de nature à entraîner un changement notable au regard des éléments figurant dans le dossier de demande d'autorisation, doit être portée par ce bénéficiaire à la connaissance du préfet, un mois au moins avant sa réalisation, avec tous les éléments d'appréciation.

S'il y a lieu, le préfet assortit l'autorisation de nouvelles prescriptions, dans les conditions prévues au III de l'article R. 412-2.

S'il estime que les modifications sont de nature à entraîner des dangers ou des inconvénients significatifs pour l'état de conservation des espèces concernées, le bien-être des animaux détenus ou la santé, la sécurité ou la salubrité publiques, le préfet, avant l'expiration du délai mentionné au premier alinéa, invite le bénéficiaire de l'autorisation à déposer une nouvelle demande d'autorisation. Dans ce cas, la réalisation des modifications envisagées est subordonnée à l'obtention de l'autorisation.

Art. R. 412-3 *(Rempl., D. n° 2017-1583, 17 nov. 2017).* – Si les conditions fixées par les arrêtés ministériels prévus au 2° de l'article R. 412-1-1 ou par l'autorisation individuelle prévue à l'article R. 412-2 ne sont pas respectées, l'autorisation peut être suspendue ou retirée, après que le bénéficiaire de l'autorisation a été invité à présenter ses observations.

Sous-section 3. – Activités soumises à déclaration

(Anc. ss-sect. 2 dénum., D. n° 2018-531, 28 juin 2018)

Art. R. 412-5 *(Rempl. D. n° 2017-1583, 17 nov. 2017).* – Les déclarations mentionnées au 1° de l'article R. 412-1-1 sont adressées à l'autorité compétente, définie selon les critères territoriaux mentionnés au I de l'article R. 412-2.

Conformément à l'article L. 112-9 du Code des relations entre le public et l'administration, ces déclarations peuvent être transmises par l'usage d'un téléservice mis en place par arrêté du ministre chargé de l'environnement.

Art. R. 412-6 *(Rempl., D. n° 2017-1583, 17 nov. 2017).* – Dans un délai d'un mois à compter de la réception d'une déclaration, il est adressé au déclarant :

1° Lorsque la déclaration est incomplète, un accusé de réception qui indique les pièces ou informations manquantes et invite le déclarant à fournir ces pièces ou informations dans les conditions prévues à l'article L. 114-5 du Code des relations entre le public et l'administration ;

2° Lorsque la déclaration est complète, un récépissé de déclaration qui indique soit la date à laquelle, en l'absence d'opposition, l'opération projetée pourra être entreprise, soit l'absence d'opposition qui permet d'entreprendre cette opération sans délai. Le récépissé est assorti d'une copie des prescriptions générales applicables en application du 2° de l'article R. 412-1-1 et, le cas échéant, de prescriptions particulières. En l'absence de récépissé, le silence gardé par l'administration pendant un mois vaut absence d'opposition à la déclaration.

Art. R. 412-6-1 *(D. n° 2018-531, 28 juin 2018).* – Toute modification apportée par le déclarant aux conditions de réalisation de son activité, aux installations ou à leurs conditions de fonctionnement, et de nature à entraîner un changement notable au regard des éléments du dossier de déclaration, doit être portée, avant sa réalisation, à la connaissance du préfet, avec tous les éléments d'appréciation.

S'il y a lieu, le préfet assortit de prescriptions complémentaires le récépissé de déclaration mentionné au 2° de l'article R. 412-6.

Sous-section 3. – Dispositions complémentaires pour la mise en œuvre de la convention sur le commerce international des espèces de faune et de flore sauvages menacées d'extinction

Art. R. 412-7 *(Rempl., D. n° 2017-1583, 17 nov. 2017).* – Les animaux et les végétaux ou leurs parties ou produits relevant du règlement (CE) n° 338/97 du Conseil du 9 décembre 1996 relatif à la protection des espèces de faune et de flore sauvages par le contrôle de leur commerce, ou de ses règlements d'application, peuvent être soumis au contrôle des documents d'accompagnement prévus par ces règlements et au contrôle de leur identité spécifique, de leurs caractéristiques physiques ou biologiques et du caractère licite de leur origine, sans préjudice de l'application des dispositions législatives ou réglementaires en vigueur relatives à la santé, à la sécurité publiques ou à la surveillance sanitaire des animaux et des végétaux et à la protection des animaux.

Art. R. 412-7-1 *(D. n° 2017-1583, 17 nov. 2017).* – I. – Le ministre chargé de l'environnement peut fixer par arrêté :

1° Une liste d'espèces animales non domestiques et d'espèces végétales non cultivées, ainsi que de parties ou produits issus de spécimens de ces espèces, dont le traitement, le conditionnement, le reconditionnement ou la transformation ne peuvent être effectués qu'au sein d'établissements préalablement habilités par le préfet du département de leur lieu d'implantation ;

2° Une liste d'espèces animales non domestiques et d'espèces végétales non cultivées, ainsi que de parties ou produits issus de spécimens de ces espèces, dont la mise en vente ou la vente ne peuvent être effectuées qu'au sein d'établissements préalablement habilités par le préfet du département de leur lieu d'implantation. Les arrêtés peuvent toutefois prévoir que cette obligation ne s'applique pas à la mise en vente et à la vente d'animaux ou de végétaux ainsi que de leurs parties ou produits par les personnes ayant procédé elles-mêmes au ramassage, à la récolte ou à la capture de ceux-ci.

II. – Le ministre chargé de l'environnement fixe par arrêté :

1° La forme des demandes d'habilitation ;

2° Les conditions d'habilitation des établissements concernés, en fonction des garanties professionnelles et financières présentées par leurs responsables, de la nature des activités entreprises et des caractéristiques des installations de traitement, de conditionnement, de reconditionnement ou de transformation ou des établissements de mise en vente ou de vente des produits concernés.

III. – Les demandes d'habilitation sont adressées au préfet du département du domicile ou du siège social du demandeur.

Conformément à l'article L. 112-9 du Code des relations entre le public et l'administration, les demandes peuvent être transmises par l'usage d'un téléservice mis en place par arrêté du ministre chargé de l'environnement.

L'habilitation peut être délivrée pour une durée illimitée ou limitée, sauf renouvellement sur demande du bénéficiaire, selon la gravité des effets des activités entreprises sur l'état de conservation des espèces concernées. Elle peut être assortie de prescriptions particulières à l'espèce ou à l'exercice des activités considérées.

IV. – Le silence gardé par l'autorité administrative compétente pendant plus de deux mois à compter de la réception de la demande vaut décision de rejet.

V. – Les établissements habilités tiennent à jour un registre détaillant chacune des opérations effectuées, dans les conditions prévues à l'article R. 412-10.

VI. – Si les conditions fixées par les arrêtés ministériels prévus au présent article et au 2° de l'article R. 412-1-1 ou par les autorisations individuelles prévues à l'article R. 412-2 ne sont pas respectées, l'habilitation peut être suspendue ou retirée, après que le bénéficiaire a été invité à présenter ses observations.

Art. R. 412-7-2 *(D. n° 2017-1583, 17 nov. 2017)*. – I. – Les procédures simplifiées d'autorisation, prévues par les règlements portant modalités d'application du règlement (CE) n° 338/97 du Conseil du 9 décembre 1996 relatif à la protection des espèces de faune et de flore sauvages par le contrôle de leur commerce, concernant les activités de cession à titre gratuit ou onéreux, d'utilisation commerciale ou non, d'importation, d'exportation et de réexportation mentionnées à l'article L. 412-1, ne peuvent bénéficier qu'à des personnes préalablement agréées.

II. – Le ministre chargé de l'environnement fixe par arrêté :

1° La forme des demandes d'agrément ;

2° Les conditions de délivrance de cet agrément.

III. – Les dispositions des III, IV et VI de l'article R. 412-7-1 sont applicables à la délivrance de ces agréments, l'autorité compétente pour délivrer l'agrément étant le préfet du département du domicile ou du siège social du demandeur.

IV. – Les établissements agréés tiennent à jour un registre détaillant chacune des opérations effectuées, dans les conditions prévues à l'article R. 412-10.

Section II. – Réglementations applicables à certaines activités

(Rempl., D. n° 2017-1583, 17 nov. 2017) (1)

Sous-section 1. – Régime propre au ramassage, à la récolte, à la capture et à la cession de certaines espèces

Art. R. 412-8 *(Rempl., D. n° 2017-1583, 17 nov. 2017)*. – Indépendamment des dispositions prévues aux articles R. 412-1 à R. 412-1-2, le ministre chargé de l'environnement arrête, après avis du Conseil national de la protection de la nature, la liste des animaux d'espèces non domestiques ou des végétaux d'espèces non cultivées

(1) Antérieurement à leur remplacement par le décret n° 2017-1583 du 17 novembre 2017, les présentes sections étaient ainsi composées : section 1 « Régime général d'autorisation » [articles R. 412-1 à R. 412-7] et section 2 « Régime propre à la capture, au ramassage et à la cession de certaines espèces » [articles R. 412-8 à R. 412-10]. – NDLR.

ou de leurs parties ou produits dont le ramassage, la récolte ou la capture et la cession à titre gratuit ou onéreux peuvent être interdits ou réglementés sur tout ou partie du territoire et pour des périodes déterminées.

Les dispositions de la présente sous-section ne s'appliquent pas aux espèces marines.

Illégalité des autorisations individuelles. Si les dispositions de l'article R. 412-8 du Code de l'environnement permettaient au préfet de la Manche d'interdire la récolte de la salicorne, ou de ne l'autoriser que sous certaines conditions tenant notamment à la qualité des bénéficiaires de cette autorisation, elles ne lui permettaient pas, en tout état de cause, de soumettre cette activité à un régime d'autorisation individuelle (■ TA Caen, 9 avr. 2010, n° 0901607, *Assoc. Manche Nature*). Est illégal l'arrêté qui autorise la cueillette des salicornes de manière indifférenciée, sans tenir compte des particularités de chaque site, alors même que sur certains l'espèce est menacée de disparition (■ CAA Nantes, 29 nov. 2013, n° 12NT01573, *Assoc. Manche Nature*).

Art. R. 412-9 ***(Rempl., D. n° 2017-1583, 17 nov. 2017).*** **– I. – Des arrêtés préfectoraux fixent, le cas échéant, les dates d'application des mesures mentionnées à l'article R. 412-8 et leurs modalités d'application.**

II. – Ces arrêtés sont :

1° Affichés dans chacune des communes concernées ;

2° Publiés au recueil des actes administratifs ;

3° Publiés dans deux journaux régionaux ou locaux diffusés dans tout le département.

Sous-section 2. – Régime propre au transport à des fins commerciales, à l'utilisation commerciale et à la vente de certaines espèces

Art. R. 412-10 ***(Rempl., D. n° 2017-1583, 17 nov. 2017).*** **– Indépendamment des dispositions prévues aux articles R. 412-1 à R. 412-1-2, le ministre chargé de l'environnement arrête, après avis du Conseil national de la protection de la nature, la liste des animaux d'espèces non domestiques ou des végétaux d'espèces non cultivées ou de leurs parties ou produits qui ne peuvent être transportés à des fins commerciales, utilisés à des fins commerciales ou vendus qu'à la condition, pour celui qui se livre à chacune de ces activités :**

1° D'avoir déclaré au préfet du département du lieu d'exercice de l'activité le stock initial de spécimens qu'il détient, en joignant à sa déclaration les justificatifs de l'origine de ce stock ;

2° De tenir à jour un registre détaillant chaque opération entraînant une modification du stock ;

3° D'adresser au préfet, chaque année avant le 31 mars, une copie des feuillets de ce registre détaillant les opérations effectuées l'année précédente.

Section III. – Utilisation à des fins scientifiques d'animaux d'espèces non domestiques

(D. n° 2013-118, 1er févr. 2013)

Art. R. 412-11 ***(D. n° 2013-118, 1er févr. 2013).*** **– La réalisation d'expériences biologiques, médicales ou scientifiques sur des animaux d'espèces non domestiques non tenus en captivité doit satisfaire aux conditions fixées à la section 6 du chapitre IV du titre Ier du livre II de la partie réglementaire du Code rural et de la pêche maritime.**

Section IV. – Accès aux ressources génétiques et aux connaissances traditionnelles associées et partage des avantages découlant de leur utilisation

(Créée à compter du 1er juillet 2017, D. n° 2017-848, 9 mai 2017) (1)

Sous-section 1. – Procédures déclaratives pour l'accès aux ressources génétiques sur le territoire national et le partage des avantages découlant de leur utilisation

Art. R. 412-12 ***(Créé à compter du 1er juillet 2017, D. n° 2017-848, 9 mai 2017)*** (1). **– Les modalités générales de partage des avantages mentionnées au IV de l'article L. 412-7 consistent :**

1° Lorsque les ressources génétiques sont utilisées à des fins de connaissance sur la biodiversité : soit en des actions de préservation in situ ou ex situ des espèces mentionnées dans la déclaration ou d'espèces proches, soit

(1) Dispositions applicables à Wallis-et-Futuna et dans les Terres australes et antarctiques françaises, D. n° 2017-848, 9 mai 2017, art. 4, I.

en des actions de collaboration, de coopération ou de contribution à des activités de recherche, d'éducation, de formation, de sensibilisation du public et des professionnels locaux, de transfert de compétences ou de transfert de technologies portant sur les espèces mentionnées dans la déclaration ou des espèces proches ;

2° Lorsque les ressources génétiques sont utilisées à des fins de conservation en collection : en des actions de préservation in situ ou ex situ des espèces mentionnées dans la déclaration ou d'espèces proches, par exemple dans le dépôt d'un double d'échantillon dans une collection ;

3° Lorsque les ressources génétiques sont utilisées à des fins de valorisation sans objectif direct de développement commercial : soit en des actions de préservation in situ ou ex situ des espèces mentionnées dans la déclaration ou d'espèces proches, soit en des actions de contribution, au niveau local, au développement de filières associées à l'utilisation durable des ressources génétiques mentionnées dans la déclaration ou permettant la valorisation de la biodiversité en lien avec les territoires qui ont contribué à la conservation de ces ressources.

Art. R. 412-13 *(Créé à compter du 1er juillet 2017, D. n° 2017-848, 9 mai 2017)* (1) *; mod., D. n° 2018-1126, 11 déc. 2018).* – I. – Toute personne souhaitant accéder à des ressources génétiques dans les cas prévus aux I et III de l'article L. 412-7 adresse une déclaration au ministre chargé de l'environnement.

II. – Cette déclaration est effectuée au moyen d'un formulaire arrêté par le ministre chargé de l'environnement, qui comprend :

1° S'il s'agit d'une personne physique, ses nom, prénoms et domicile et, s'il s'agit d'une personne morale, sa dénomination ou raison sociale, sa forme juridique, l'adresse de son siège social ainsi que la qualité du signataire de la déclaration ;

2° La description des activités en vue desquelles la déclaration est effectuée et de leur objectif ;

3° La désignation des taxons concernés, avec la meilleure précision possible et l'indication du lieu de prélèvement des échantillons ou, si le matériel est en collection, de l'entité détentrice des échantillons ;

4° La description des modalités techniques d'accès aux ressources génétiques et des conditions de collecte ;

5° Le calendrier prévisionnel de réalisation des activités ;

6° Le choix du demandeur parmi les modalités de partage des avantages applicables à son activité et le ou les bénéficiaires ;

7° Les informations confidentielles dont le déclarant estime que la divulgation pourrait porter atteinte au secret des affaires.

III. – Conformément à l'article L. 112-9 du Code des relations entre le public et l'administration, la déclaration peut être transmise par l'usage d'un téléservice mis en place par arrêté du ministre chargé de l'environnement.

Art. R. 412-14 *(Créé à compter du 1er juillet 2017, D. n° 2017-848, 9 mai 2017)* (1). – I. – Si la déclaration est incomplète, le ministre chargé de l'environnement invite le déclarant à la compléter. Dès que la déclaration est complète, ce ministre délivre au déclarant un récépissé. L'accès aux ressources génétiques mentionnées dans la déclaration est autorisé dès réception du récépissé par le déclarant.

II. – En cas de modification de la déclaration, le déclarant adresse au ministre chargé de l'environnement une déclaration rectificative qui est soumise aux mêmes formalités que la déclaration initiale.

Art. R. 412-15 *(Créé à compter du 1er juillet 2017, D. n° 2017-848, 9 mai 2017)* (1). – I. – Le récépissé de déclaration est transmis par le ministre chargé de l'environnement, le cas échéant après occultation ou disjonction des informations confidentielles :

1° Au Centre d'échange sur l'accès et le partage des avantages défini à l'article 14 du protocole sur l'accès aux ressources génétiques et le partage juste et équitable des avantages découlant de leur utilisation relatif à la convention sur la diversité biologique, adopté à Nagoya le 29 octobre 2010 ;

2° Lorsque l'accès aux ressources génétiques a lieu sur le territoire d'une collectivité où sont présentes des communautés d'habitants au sens de l'article L. 412-4, à la personne morale de droit public mentionnée à l'article L. 412-10.

II. – Un résumé des déclarations reçues est publié tous les six mois au *Bulletin officiel* du ministère chargé de l'environnement.

(1) Dispositions applicables à Wallis-et-Futuna et dans les Terres australes et antarctiques françaises, D. n° 2017-848, 9 mai 2017, art. 4, I.

Art. R. 412-16 *(Créé à compter du 1er juillet 2017, D. n° 2017-848, 9 mai 2017)* (1). – I. – Les détenteurs de collections scientifiques peuvent indiquer qu'ils souhaitent bénéficier, pour l'application de la présente sous-section à leurs activités, des dispositions de l'article L. 412-16.

Dans ce cas, à compter du 1er janvier de l'année suivant celle au cours de laquelle la demande a été formulée, ils sont seulement tenus d'adresser au ministre chargé de l'environnement, chaque année avant le 31 mars, une mise à jour des informations mentionnées lors de leurs précédentes déclarations, si celles-ci ont été modifiées au cours de l'année civile précédente, ainsi que les nouvelles déclarations éventuellement requises au titre des accès effectués au cours de cette année civile.

Conformément à l'article L. 112-9 du Code des relations entre le public et l'administration, ces informations peuvent être transmises par l'usage d'un téléservice mis en place par arrêté du ministre chargé de l'environnement.

II. – Si une déclaration est incomplète, le ministre chargé de l'environnement invite le déclarant à la compléter. Dès que la déclaration est complète, ce ministre délivre au déclarant le récépissé correspondant.

III. – Le ministre chargé de l'environnement transmet les déclarations reçues au titre du I et les récépissés correspondants, pour information, au ministre chargé de la recherche.

Il transmet également les récépissés, le cas échéant après occultation ou disjonction des informations confidentielles, au Centre d'échange sur l'accès et le partage des avantages défini à l'article 14 du protocole sur l'accès aux ressources génétiques et le partage juste et équitable des avantages découlant de leur utilisation relatif à la convention sur la diversité biologique, adopté à Nagoya le 29 octobre 2010.

IV. – Un résumé des déclarations reçues est publié chaque année au *Bulletin officiel* du ministère chargé de l'environnement.

Art. R. 412-17 *(Créé à compter du 1er juillet 2017, D. n° 2017-848, 9 mai 2017)* (1). – S'ils ont adopté la délibération prévue à l'article L. 412-15, les conseils régionaux de Guadeloupe et de La Réunion, les assemblées de Guyane et de Martinique et le conseil départemental de Mayotte exercent le rôle du ministre chargé de l'environnement pour l'application de la présente sous-section.

Sous-section 2. – Procédure d'autorisation pour l'accès aux ressources génétiques sur le territoire national et le partage des avantages découlant de leur utilisation

Art. R. 412-18 *(Créé à compter du 1er juillet 2017, D. n° 2017-848, 9 mai 2017* (1) *; mod., D. n° 2018-1126, 11 déc. 2018)*. – I. – Toute personne souhaitant accéder à des ressources génétiques en vue de leur utilisation à des fins autres que celles mentionnées aux I et III de l'article L. 412-7 et, en application du IV de ce même article, toute personne qui estime que les modalités générales de partage des avantages s'appliquant à son activité prévues à l'article R. 412-12 ne sont pas adaptées au cas particulier de son dossier, adresse une demande d'autorisation au ministre chargé de l'environnement.

II. – Cette demande est effectuée au moyen d'un formulaire arrêté par le ministre chargé de l'environnement, qui comprend :

1° S'il s'agit d'une personne physique, ses nom, prénoms et domicile et, s'il s'agit d'une personne morale, sa dénomination ou sa raison sociale, sa forme juridique, l'adresse de son siège social ainsi que la qualité du signataire de la demande ;

2° La description des activités en vue desquelles la demande est effectuée, leurs objectifs et leurs applications envisagées ;

3° La désignation des taxons concernés, avec la meilleure précision possible et l'indication du lieu de prélèvement des échantillons, en précisant s'il se situe dans les limites géographiques d'un parc national défini à l'article L. 331-1 ou, si le matériel est en collection, de l'entité détentrice des échantillons ;

4° La description des modalités techniques d'accès aux ressources génétiques et des conditions de collecte ;

5° Les éléments permettant d'évaluer l'impact sur la biodiversité de l'activité ou de ses applications envisagées, notamment en termes de restriction de l'utilisation durable ou de risque d'épuisement de la ressource génétique pour laquelle l'accès est demandé ;

---

(1) Dispositions applicables à Wallis-et-Futuna et dans les Terres australes et antarctiques françaises, D. n° 2017-848, 9 mai 2017, art. 4, I.

6° Le calendrier prévisionnel de réalisation des activités ;

7° Les propositions du demandeur en matière de partage des avantages, une présentation de ses capacités techniques et financières et, s'il le souhaite, la mention du délai, excédant le délai maximal prévu à l'article R. 412-19, proposé pour l'obtention d'un accord sur le partage des avantages ;

8° Les informations confidentielles dont le demandeur estime que la divulgation pourrait porter atteinte au secret des affaires.

III. – Conformément à l'article L. 112-9 du Code des relations entre le public et l'administration, la demande d'autorisation peut être transmise par l'usage d'un téléservice mis en place par arrêté du ministre chargé de l'environnement.

Art. R. 412-19 *(Créé à compter du 1er juillet 2017, D. n° 2017-848, 9 mai 2017)* (1). – Dès réception de la demande, le ministre chargé de l'environnement délivre au demandeur un accusé de réception mentionnant sa date d'enregistrement. Dans un délai de quinze jours ouvrables, le ministre chargé de l'environnement examine la complétude du dossier. S'il estime que la demande est incomplète, il invite le demandeur à régulariser le dossier dans les conditions prévues par les articles L. 114-5 et L. 114-6 du Code des relations entre le public et l'administration.

Dans un délai d'un mois à compter de la réception d'un dossier complet, le ministre chargé de l'environnement notifie au demandeur le délai retenu pour parvenir à un accord sur le partage des avantages. Ce dernier délai ne peut être supérieur à quatre mois, sauf si le demandeur a indiqué dans sa demande souhaiter voir fixer un délai plus long. Avant l'expiration de ce délai, le ministre peut refuser la demande, pour les motifs prévus aux 2° et 3° du IV de l'article L. 412-8.

Art. R. 412-20 *(Créé à compter du 1er juillet 2017, D. n° 2017-848, 9 mai 2017)* (1). – I. – Le contrat de partage des avantages peut se référer à un contrat type établi par arrêté du ministre chargé de l'environnement (2).

II. – Le seuil prévu au dernier alinéa du V de l'article L. 412-8 est fixé à mille euros.

Art. R. 412-21 *(Créé à compter du 1er juillet 2017, D. n° 2017-848, 9 mai 2017)* (1). – Lorsqu'il est fait usage de la procédure de conciliation prévue au VII de l'article L. 412-8, cette conciliation est organisée selon les principes applicables à la médiation définis aux articles L. 213-1 à L. 213-6 et R. 213-1 à R. 213-4 du Code de justice administrative. La juridiction compétente est le tribunal administratif dans le ressort duquel se trouvent les ressources génétiques faisant l'objet de la demande, ou le tribunal administratif de Paris lorsque ces ressources génétiques ne sont pas situées dans le ressort d'un seul tribunal administratif.

Art. R. 412-22 *(Créé à compter du 1er juillet 2017, D. n° 2017-848, 9 mai 2017)* (1). – I. – L'absence d'accord sur le partage des avantages à l'expiration du délai retenu, en application du second alinéa de l'article R. 412-19, pour parvenir à un accord ou, lorsqu'il a été recouru à la procédure de conciliation, à la date à laquelle la médiation est déclarée terminée, en application du second alinéa de l'article L. 213-6 du Code de justice administrative, emporte refus de la demande.

II. – En cas d'accord sur le partage des avantages, le ministre chargé de l'environnement statue sur la demande dans un délai de deux mois à compter de la signature de cet accord. L'absence de décision du ministre à l'issue de ce délai vaut délivrance de l'autorisation.

Lorsqu'il délivre l'autorisation, le ministre en fixe la durée de validité, en fonction des activités en vue desquelles la demande est formulée, et peut l'assortir de prescriptions concernant notamment les conditions d'utilisation des ressources génétiques.

Art. R. 412-23 *(Créé à compter du 1er juillet 2017, D. n° 2017-848, 9 mai 2017)* (1). – Lorsque l'activité en vue de laquelle la demande est présentée ou ses applications ont pour objet de maîtriser certaines composantes de la biodiversité en application d'autres législations, le refus de l'autorisation ne peut être motivé par le risque d'épuisement de la ressource.

(1) Dispositions applicables à Wallis-et-Futuna et dans les Terres australes et antarctiques françaises, D. n° 2017-848, 9 mai 2017, art. 4, I.

(2) V. T. appl. : A. 13 sept. 2017 (*JO* 29 sept. 2017). – NDLR.

Art. R. 412-24 *(Créé à compter du 1er juillet 2017, D. n° 2017-848, 9 mai 2017)* (1). – I. – L'arrêté d'autorisation et le contrat de partage des avantages sont transmis par le ministre chargé de l'environnement, le cas échéant après occultation ou disjonction des informations confidentielles :

1° Au Centre d'échange sur l'accès et le partage des avantages défini à l'article 14 du protocole sur l'accès aux ressources génétiques et le partage juste et équitable des avantages découlant de leur utilisation relatif à la convention sur la diversité biologique, adopté à Nagoya le 29 octobre 2010 ;

2° Lorsque l'accès aux ressources génétiques a lieu sur le territoire d'une collectivité où sont présentes des communautés d'habitants au sens de l'article L. 412-4, à la personne morale de droit public mentionnée à l'article L. 412-10.

II. – Un résumé des autorisations délivrées est publié tous les six mois au *Bulletin officiel* du ministère chargé de l'environnement.

Art. R. 412-25 *(Créé à compter du 1er juillet 2017, D. n° 2017-848, 9 mai 2017)* (1). – À la demande du bénéficiaire de l'autorisation ou de sa propre initiative, le ministre chargé de l'environnement peut, après sa délivrance, assortir l'autorisation de prescriptions complémentaires nécessaires pour garantir le partage juste et équitable des avantages découlant de l'utilisation des ressources génétiques ou contribuer à la conservation de la diversité biologique et à l'utilisation durable de ses éléments, ou atténuer celles des prescriptions initiales dont le maintien n'apparaît plus justifié.

Lorsque la demande du bénéficiaire de l'autorisation n'implique pas la modification du contrat de partage des avantages, le silence gardé sur cette demande plus de deux mois à compter de sa réception vaut acceptation.

Lorsque le contrat relatif au partage des avantages doit être modifié, il est fait application des dispositions relatives à la conclusion du contrat initial.

Art. R. 412-26 *(Créé à compter du 1er juillet 2017, D. n° 2017-848, 9 mai 2017)* (1). – Tout projet de modification des activités de nature à entraîner un changement notable des éléments sur le fondement desquels l'autorisation a été délivrée doit être porté par le bénéficiaire de l'autorisation à la connaissance du ministre chargé de l'environnement, accompagné des informations permettant d'en apprécier la portée.

Lorsque la demande du bénéficiaire de l'autorisation n'implique pas la modification du contrat de partage des avantages, le silence gardé sur cette demande plus de deux mois à compter de sa réception vaut acceptation. Pendant ce délai, le ministre peut, s'il y a lieu, assortir l'autorisation de prescriptions complémentaires.

Lorsque la demande implique la modification du contrat de partage des avantages, il est fait application des dispositions relatives à la conclusion du contrat initial.

Art. R. 412-27 *(Créé à compter du 1er juillet 2017, D. n° 2017-848, 9 mai 2017)* (1). – S'ils ont adopté la délibération prévue à l'article L. 412-15, les conseils régionaux de Guadeloupe et de La Réunion, les assemblées de Guyane et de Martinique et le conseil départemental de Mayotte exercent le rôle du ministre chargé de l'environnement pour l'application de la présente sous-section.

Sous-section 3. – Procédure d'autorisation pour l'utilisation des connaissances traditionnelles associées aux ressources génétiques

Art. R. 412-28 *(Créé à compter du 1er juillet 2017, D. n° 2017-848, 9 mai 2017* (1) *; mod., D. n° 2018-1126, 11 déc. 2018)*. – I. – Lorsqu'une ou plusieurs communautés d'habitants, au sens du 4° de l'article L. 412-4, de la Guyane ou des îles Wallis-et-Futuna, détiennent une connaissance traditionnelle associée à des ressources génétiques, toute personne souhaitant utiliser cette connaissance traditionnelle adresse une demande au ministre chargé de l'environnement.

II. – Cette demande est effectuée au moyen d'un formulaire arrêté par le ministre chargé de l'environnement, qui comprend :

1° S'il s'agit d'une personne physique, ses nom, prénoms et domicile et, s'il s'agit d'une personne morale, sa dénomination ou sa raison sociale, sa forme juridique, l'adresse de son siège social ainsi que la qualité du signataire de la demande ;

(1) Dispositions applicables à Wallis-et-Futuna et dans les Terres australes et antarctiques françaises, D. n° 2017-848, 9 mai 2017, art. 4, I.

2° La description des activités en vue desquelles la demande est effectuée, leurs objectifs et leurs applications envisagées ;

3° La description de la ou des connaissances traditionnelles concernées, l'indication de la ou des communautés d'habitants qui les détiennent, ou, si la ou les connaissances traditionnelles sont en collection, de l'entité détentrice de la collection et, si l'utilisation de ces connaissances traditionnelles nécessite d'accéder à des ressources génétiques, l'origine des échantillons auxquels le demandeur envisage d'avoir recours pour accéder à ces ressources ;

4° La description du protocole d'accès aux connaissances traditionnelles associées ;

5° La description de la qualification des personnes amenées à intervenir pour le compte du demandeur ;

6° Le calendrier prévisionnel de réalisation des activités ;

7° Les éléments permettant d'évaluer l'impact sur la biodiversité de l'activité ou de ses applications envisagées, notamment en termes de restriction de l'utilisation durable ou d'épuisement de la ressource génétique à laquelle est associée la connaissance traditionnelle faisant l'objet de la demande ;

8° Les propositions du demandeur en matière de partage des avantages et une présentation de ses capacités techniques et financières ;

9° Les informations confidentielles dont le demandeur estime que la divulgation pourrait porter atteinte au secret des affaires.

III. – Conformément à l'article L. 112-9 du Code des relations entre le public et l'administration, la demande d'autorisation peut être transmise par l'usage d'un téléservice mis en place par arrêté du ministre chargé de l'environnement.

Art. R. 412-29 *(Créé à compter du 1er juillet 2017, D. n° 2017-848, 9 mai 2017)* (1). – Dès réception de la demande, le ministre chargé de l'environnement délivre au demandeur un accusé de réception mentionnant sa date d'enregistrement. Dans un délai de quinze jours ouvrables, le ministre chargé de l'environnement examine la complétude du dossier. S'il estime que la demande est incomplète, il invite le demandeur à régulariser le dossier dans les conditions prévues par les articles L. 114-5 et L. 114-6 du Code des relations entre le public et l'administration.

Dans un délai d'un mois à compter de la réception d'un dossier complet, le ministre chargé de l'environnement le transmet à la personne morale de droit public mentionnée à l'article L. 412-10.

Art. D. 412-30 *(Créé à compter du 1er juillet 2017, D. n° 2017-848, 9 mai 2017)* (1) (2). – La personne morale de droit public mentionnée à l'article L. 412-10 est :

1° Pour la Guyane, l'établissement public mentionné à l'article L. 7124-19 du Code général des collectivités territoriales

2° Pour les îles Wallis-et-Futuna, conformément à l'article L. 635-2-1, la ou les circonscriptions territoriales sur lesquelles sont établies la ou les communautés d'habitants concernées. Toutefois, si la circonscription territoriale concernée ne manifeste pas expressément son accord pour organiser la consultation de la communauté d'habitants dans un délai de quinze jours à compter de sa saisine, cette consultation est organisée par l'administrateur supérieur des îles Wallis-et-Futuna.

Art. R. 412-31 *(Créé à compter du 1er juillet 2017, D. n° 2017-848, 9 mai 2017)* (1). – Dans un délai d'un mois à compter de sa saisine, la personne morale désignée à l'article D. 412-30 fixe le calendrier de la consultation de la ou des communautés d'habitants concernées et le notifie au demandeur.

La durée de la consultation doit être fixée de façon à permettre à cette personne morale de transmettre au ministre chargé de l'environnement le procès-verbal mentionné au 6° de l'article L. 412-11 dans un délai maximal de neuf mois à compter de sa saisine.

Pour garantir une information et une participation suffisantes de la ou des communautés d'habitants concernées, la durée de la consultation doit être d'au moins deux mois lorsque la demande porte sur

(1) Dispositions applicables à Wallis-et-Futuna et dans les Terres australes et antarctiques françaises, D. n° 2017-848, 9 mai 2017, art. 4, I.

(2) Par dérogation aux dispositions du présent article, jusqu'à la création de l'établissement public mentionné à l'article L. 7124-19 du Code général des collectivités territoriales, l'État est, pour la Guyane, la personne publique mentionnée à l'article L. 412-10 du Code de l'environnement, D. n° 2017-848, 9 mai 2017, art. 4, II.

l'utilisation d'une connaissance traditionnelle à des fins de connaissance sur la biodiversité ou de valorisation sans objectif direct de développement commercial, et d'au moins quatre mois dans les autres cas.

Art. R. 412-32 *(Créé à compter du 1er juillet 2017, D. n° 2017-848, 9 mai 2017)* (1). **– Le dossier de demande est tenu à la disposition de la ou des communautés d'habitants concernées pendant toute la durée de la consultation.**

Il leur est également présenté dans des conditions adaptées à leur mode de vie et à leur culture, en particulier dans une langue ou un dialecte qu'elles comprennent.

Le demandeur peut prendre part à la consultation de la ou des communautés d'habitants, avec l'accord de la personne morale désignée à l'article D. 412-30 et dans les conditions fixées par celle-ci.

Art. R. 412-33 *(Créé à compter du 1er juillet 2017, D. n° 2017-848, 9 mai 2017)* (1). **– En cas de consentement préalable de la ou des communautés d'habitants, la personne morale désignée à l'article D. 412-30 négocie et signe avec le demandeur le contrat de partage des avantages, au vu du procès-verbal mentionné au 6° de l'article L. 412-11. Ce contrat est conforme au contrat type figurant en annexe au présent article.**

Le demandeur transmet au ministre chargé de l'environnement le ou les contrats signés, ainsi que le ou les procès-verbaux correspondants.

Le ministre chargé de l'environnement statue sur la demande dans un délai de deux mois à compter de la réception des documents mentionnés à l'alinéa précédent. L'absence de décision du ministre à l'issue de ce délai vaut délivrance de l'autorisation.

L'arrêté accordant l'autorisation, assortie le cas échéant de conditions, fixe sa durée de validité, en fonction des activités au titre desquelles la demande est formulée.

Annexe à l'article R. 412-33

Contrat type de partage des avantages pour l'utilisation de connaissances traditionnelles associées à des ressources génétiques

(Annexe créée à compter du 1er juillet 2017, D. n° 2017-848, 9 mai 2017) (1)

Le présent contrat est conclu entre :

– l'établissement public mentionné à l'article L. 7124-19 du Code général des collectivités territoriales, représenté par son président (lorsque la connaissance traditionnelle est détenue par une ou plusieurs communautés d'habitants du territoire de la Guyane) ;

– la circonscription territoriale de... (Uvea/Alo/Sigave), représentée par (lorsque la connaissance traditionnelle est détenue par une ou plusieurs communautés d'habitants du territoire des îles Wallis-et-Futuna),

ci-après dénommé « la personne morale de droit public désignée à l'article D. 412-30 du Code de l'environnement »

d'une part, et

XXX, dont le siège social est situé..., dûment représenté par... en qualité de..., ci-après dénommé « l'utilisateur »

d'autre part,

Ci-après dénommées ensemble ou séparément la ou les « parties »,

Vu la convention sur la diversité biologique (ensemble deux annexes), adoptée à Rio de Janeiro le 22 mai 1992 et signée par la France le 13 juin 1992 ;

Vu le protocole sur l'accès aux ressources génétiques et le partage juste et équitable des avantages découlant de *leur utilisation relatif* à la convention sur la diversité biologique (ensemble une annexe), adopté à Nagoya le 29 octobre 2010 et signé par la France le 20 septembre 2011 ;

Vu le Code de l'environnement, notamment ses articles L. 412-9 à L. 412-14 et R. 412-28 à R. 412-38 ;

Vu la demande d'utilisation d'une connaissance traditionnelle associée à une ressource génétique présentée le...... par...... ;

Vu le procès-verbal en date du..... rédigé en application du 6° de l'article L. 412-11 du Code de l'environnement décrivant le déroulement de la consultation de la ou des communautés d'habitants concernées par la demande,

(1) Dispositions applicables à Wallis-et-Futuna et dans les Terres australes et antarctiques françaises, D. n° 2017-848, 9 mai 2017, art. 4, I.

Article 1er

Objet du contrat

Le présent contrat a pour objet de formaliser le consentement préalable donné en connaissance de cause par la ou les communautés d'habitants suivantes :

pour l'utilisation de la connaissance traditionnelle suivante :

aux fins suivantes :

Il précise les conditions d'utilisation de cette connaissance traditionnelle sous réserve desquelles le consentement a été donné, ainsi que les conditions de partage des avantages découlant de cette utilisation.

Ce contrat est enregistré sous le numéro :....

Article 2

Conditions d'utilisation de la connaissance traditionnelle

Article 3

Conditions de partage des avantages découlant de l'utilisation

3.1. Les avantages découlant de l'utilisation des connaissances traditionnelles associées aux ressources génétiques seront affectés aux projets décrits ci-dessous, bénéficiant directement aux communautés d'habitants mentionnées à l'article 1er :

Les projets doivent s'inscrire dans les actions mentionnées aux *a* à *f* du 3° de l'article L. 412-4 du Code de l'environnement :

a) Enrichissement ou préservation de la biodiversité in situ ou ex situ, tout en assurant son utilisation durable ;

b) Préservation des connaissances traditionnelles associées aux ressources génétiques par la création, le cas échéant, de bases de données sur les connaissances traditionnelles des communautés d'habitants concernées, avec leur consentement préalable donné en connaissance de cause, préservation des autres pratiques et savoirs traditionnels respectueux de la biodiversité ;

c) Contribution, au niveau local, à la création d'emplois pour la population et au développement de filières associées à l'utilisation durable des ressources génétiques ou des connaissances traditionnelles associées ou permettant la valorisation de la biodiversité, en lien avec les territoires qui ont contribué à la conservation de ces ressources ;

d) Collaboration, coopération ou contribution à des activités de recherche, d'éducation, de formation, de sensibilisation du public et des professionnels locaux, ou de transfert de compétences ou de transfert de technologies ;

e) Maintien, conservation, gestion, fourniture ou restauration de services écosystémiques sur un territoire donné ;

f) Versement de contributions financières.

3.2. Les conditions dans lesquelles ces projets doivent être menés en concertation et avec la participation de ces communautés d'habitants sont les suivantes :

3.3. Les avantages découlant de l'utilisation des connaissances traditionnelles sont attribués au profit :

– de la ou des communautés d'habitants suivantes ;

– de la personne morale de droit public désignée à l'article D. 412-30 du Code de l'environnement, qui en assure la gestion et la dévolution éventuelle au profit de la ou des communautés d'habitants concernées. Ces avantages font l'objet d'une comptabilité séparée. Ils ne peuvent être affectés qu'à des projets bénéficiant directement à la ou aux communautés d'habitants concernées et réalisés en concertation et avec la participation de cette ou de ces dernières.

En cas de disparition du bénéficiaire des avantages initialement désigné par le contrat, la personne morale de droit public désignée à l'article D. 412-30 du Code de l'environnement se substitue à lui (stipulation optionnelle, conformément au III de l'article L. 412-14 du Code de l'environnement).

Article 4

Publications des résultats

Les publications scientifiques et à destination du grand public mentionnent l'origine de la connaissance traditionnelle et le numéro d'enregistrement mentionné à l'article 1er.

Article 5

Durée et résiliation

Le présent contrat entre en vigueur à compter de la date de délivrance de l'autorisation prévue à l'article R. 412-33 du Code de l'environnement.

Il peut être résilié par la personne morale de droit public désignée à l'article D. 412-30 du Code de l'environnement en cas de manquement par l'utilisateur à l'une de ses stipulations. Cette résiliation interviendra de plein droit trois mois après l'envoi d'une mise en demeure de remédier au manquement signifiée par lettre recommandée avec demande d'avis de réception, demeurée infructueuse.

Article 6

Procédure de règlement amiable

Les parties s'efforcent de régler à l'amiable tout différend éventuel relatif à l'interprétation des stipulations du présent contrat ou à son exécution.

Tout différend entre l'utilisateur et la personne morale de droit public désignée à l'article D. 412-30 du Code de l'environnement doit faire l'objet, de la part de l'utilisateur, d'une lettre de réclamation exposant les motifs de son désaccord et indiquant, le cas échéant, les mesures correctrices demandées. La personne morale de droit public désignée à l'article D. 412-30 du Code de l'environnement dispose d'un délai de deux mois à compter de la réception de la lettre de réclamation pour notifier sa décision. L'absence de décision dans ce délai vaut rejet de la réclamation.

Article 7

Droit applicable et juridiction compétente

Le présent contrat est soumis au droit français.

En cas de différend lié à l'interprétation, l'exécution ou la validité du présent contrat, et à défaut de règlement amiable, le litige peut être porté devant la juridiction administrative territorialement compétente.

Fait à, le

Art. R. 412-34 ***(Créé à compter du 1er juillet 2017, D. n° 2017-848, 9 mai 2017)*** (1). **– À la demande du bénéficiaire de l'autorisation ou de sa propre initiative, le ministre chargé de l'environnement peut, après sa délivrance, assortir l'autorisation de prescriptions complémentaires nécessaires pour garantir le partage juste et équitable des avantages découlant de l'utilisation des connaissances traditionnelles associées aux ressources génétiques ou contribuer à la conservation de la diversité biologique et à l'utilisation durable de ses éléments, ou atténuer celles des prescriptions initiales dont le maintien n'apparaît plus justifié.**

Le ministre chargé de l'environnement transmet la demande du bénéficiaire de l'autorisation à la personne morale désignée à l'article D. 412-30 ou l'informe de son intention de modifier l'arrêté d'autorisation.

Lorsque la demande du bénéficiaire de l'autorisation n'implique pas la modification du contrat de partage des avantages, le silence gardé sur cette demande plus de deux mois à compter de sa réception vaut acceptation.

Lorsque le contrat relatif au partage des avantages doit être modifié, il est fait application des dispositions prévues aux articles R. 412-31 à R. 412-33.

Art. R. 412-35 ***(Créé à compter du 1er juillet 2017, D. n° 2017-848, 9 mai 2017)*** (1). **– Tout projet de modification des activités de nature à entraîner un changement notable des éléments sur le fondement desquels l'autorisation a été délivrée doit être porté par le bénéficiaire de l'autorisation à la connaissance du ministre chargé de l'environnement et de la personne morale désignée à l'article D. 412-30, accompagné des informations permettant d'en apprécier la portée.**

Lorsque la demande du bénéficiaire de l'autorisation n'implique pas la modification du contrat de partage des avantages, le silence gardé sur cette demande plus de deux mois à compter de sa réception vaut acceptation. Pendant ce délai, le ministre peut, s'il y a lieu, assortir l'autorisation de prescriptions complémentaires.

Lorsque la demande implique la modification du contrat de partage des avantages, il est fait application des dispositions prévues aux articles R. 412-31 à R. 412-33.

Art. R. 412-36 ***(Créé à compter du 1er juillet 2017, D. n° 2017-848, 9 mai 2017)*** (1). **– En cas de modification des stipulations du contrat de partage des avantages, de résiliation de ce contrat ou d'autre**

(1) Dispositions applicables à Wallis-et-Futuna et dans les Terres australes et antarctiques françaises, D. n° 2017-848, 9 mai 2017, art. 4, I.

événement affectant son exécution, la personne morale désignée à l'article D. 412-30 en informe sans délai le ministre chargé de l'environnement, qui apprécie les conséquences éventuelles en résultant pour l'autorisation.

Art. R. 412-37 *(Créé à compter du 1er juillet 2017, D. n° 2017-848, 9 mai 2017)* (1). – L'arrêté d'autorisation et le ou les contrats de partage des avantages sont transmis par le ministre chargé de l'environnement, le cas échéant après occultation ou disjonction des informations confidentielles, au Centre d'échange sur l'accès et le partage des avantages défini à l'article 14 du protocole sur l'accès aux ressources génétiques et le partage juste et équitable des avantages découlant de leur utilisation relatif à la convention sur la diversité biologique, adopté à Nagoya le 29 octobre 2010.

Un résumé des autorisations délivrées est publié tous les six mois au Bulletin officiel du ministère chargé de l'environnement.

Art. R. 412-38 *(Créé à compter du 1er juillet 2017, D. n° 2017-848, 9 mai 2017)* (1). – Si elle a adopté la délibération prévue à l'article L. 412-15, l'assemblée de Guyane exerce le rôle du ministre chargé de l'environnement pour l'application de la présente sous-section.

Sous-section 4. – Règles de conformité relatives à l'utilisation de ressources génétiques et de connaissances traditionnelles associées

Art. D. 412-39 *(D. n° 2017-848, 9 mai 2017)* (1). – I. – Le ministre chargé de la recherche est l'autorité compétente :

1° Pour recevoir, en application du paragraphe 1 de l'article 7 du règlement (UE) n° 511/2014 du Parlement européen et du Conseil du 16 avril 2014 relatif aux mesures concernant le respect par les utilisateurs dans l'Union du protocole de Nagoya sur l'accès aux ressources génétiques et le partage juste et équitable des avantages découlant de leur utilisation, les déclarations des bénéficiaires d'un financement pour des travaux de recherche impliquant l'utilisation de ressources génétiques et de connaissances traditionnelles associées aux ressources génétiques, attestant que l'utilisateur fait preuve de la diligence nécessaire conformément à l'article 4 du règlement ;

2° Pour assurer l'application, pour ce qui concerne les utilisations relevant du 1°, des paragraphes 3 à 5 de l'article 7 et des articles 9, 10, 12 et 13 du même règlement.

II. – Le ministre chargé de l'environnement est l'autorité compétente :

1° Pour recevoir, en application du paragraphe 2 de l'article 7 du règlement mentionné au 1° du I, les déclarations, au stade du développement final d'un produit élaboré par le biais de l'utilisation de ressources génétiques ou de connaissances traditionnelles associées aux ressources génétiques, attestant que l'utilisateur fait preuve de la diligence nécessaire conformément à l'article 4 du règlement ;

2° Pour assurer l'application, pour ce qui concerne les utilisations relevant du 1°, des paragraphes 3 à 5 de l'article 7 et des articles 9, 10, 12 et 13 du même règlement.

Sous-section 5. – Registre des collections au sein de l'Union européenne

Art. R. 412-40 *(Créé à compter du 1er juillet 2017, D. n° 2017-848, 9 mai 2017)* (1). – Le détenteur d'une collection de ressources génétiques peut demander l'inscription de tout ou partie de sa collection au registre européen des collections prévu à l'article 5 du règlement (UE) n° 511/2014 du Parlement européen et du Conseil du 16 avril 2014 relatif aux mesures concernant le respect par les utilisateurs dans l'Union du protocole de Nagoya sur l'accès aux ressources génétiques et le partage juste et équitable des avantages découlant de leur utilisation.

Les modalités de constitution du dossier de demande et de son examen ainsi que celles relatives au contrôle des collections inscrites au registre sont précisées par arrêté conjoint des ministres chargés de la recherche et de l'environnement.

(1) Dispositions applicables à Wallis-et-Futuna et dans les Terres australes et antarctiques françaises, D. n° 2017-848, 9 mai 2017, art. 4, I.

Art. D. 412-41 *(D. n° 2017-848, 9 mai 2017)* (1). – Le ministre chargé de la recherche est l'autorité compétente pour l'application de l'article 5 du règlement (UE) n° 511/2014 du Parlement européen et du Conseil du 16 avril 2014 relatif aux mesures concernant le respect par les utilisateurs dans l'Union du protocole de Nagoya sur l'accès aux ressources génétiques et le partage juste et équitable des avantages découlant de leur utilisation.

CHAPITRE III. – DÉTENTION EN CAPTIVITÉ ET CESSION D'ANIMAUX D'ESPÈCES NON DOMESTIQUES

(Intitulé rempl., D. n° 2017-230, 23 févr. 2017)

Art. R. 413-1 *(Mod., D. n° 2017-230, 23 févr. 2017)*. – I. – Ne sont pas soumis aux dispositions du présent chapitre :

1° Les établissements de pisciculture et d'aquaculture ;

2° Les établissements et instituts mentionnés à l'article L. 413-1 ;

3° Les établissements, expositions, foires ou marchés ne comprenant que des animaux d'espèces domestiques ;

4° Les établissements détenant exclusivement des espèces d'invertébrés, sauf lorsque ces établissements procèdent à la présentation au public de leurs spécimens ou détiennent des espèces figurant sur une liste fixée par arrêté du ministre chargé de la protection de la nature.

II. – Sont soumis aux dispositions des sections 1, 4 et 5 du présent chapitre les établissements détenant des animaux non domestiques autres que les établissements d'élevage, de vente et de transit des espèces de gibier dont la chasse est autorisée.

III. – Sont soumis aux dispositions des sections 2, 4 et 5 du présent chapitre les établissements d'élevage, de vente et de transit des espèces de gibier dont la chasse est autorisée.

IV. – Sont soumis aux dispositions des sections 1 ou 2 relatives aux certificats de capacité, selon les espèces qu'ils détiennent et les activités auxquelles ils se livrent, ainsi qu'aux dispositions des sections 3, 4 et 5 du présent chapitre, les établissements scientifiques, les établissements d'enseignement ainsi que les établissements et instituts spécialisés dans la recherche biologique, dans le contrôle biologique et dans les productions biologiques.

V. – Les dispositions du présent chapitre s'appliquent sans préjudice de celles de l'article L. 214-3 du Code rural et de la pêche maritime.

Art. R. 413-2 *(Rempl., D. n° 2023-954, 16 oct. 2023)*. – I. – Outre la mission mentionnée au dernier alinéa de l'article L. 413-9, la commission nationale consultative pour la faune sauvage captive :

1° Émet un avis sur les diplômes ou les conditions d'expérience professionnelle exigés à l'appui de la demande de certificat de capacité, conformément à l'article R. 413-5 ;

2° Émet un avis sur les demandes de certificat de capacité des établissements fixes ou mobiles dont l'objet principal est la présentation au public d'animaux appartenant à des espèces non domestiques et sur les conditions dans lesquelles le certificat peut être délivré sans consultation de la commission départementale de la nature, des paysages et des sites, conformément aux premier et troisième alinéas de l'article R. 413-6 ;

3° Émet un avis sur l'agrément, la suspension ou le retrait de l'agrément des personnes morales chargées de la collecte et du traitement des données du fichier national d'inscription des espèces animales sauvages protégées, conformément aux articles R. 413-23-5 et R. 413-23-7 ;

4° Émet un avis sur les diplômes ou les conditions d'expérience professionnelle exigés à l'appui de la demande de certificat de capacité mentionnée au I de l'article R. 413-26 ;

5° Organise l'épreuve d'aptitude pour les demandes de dispense de certificat de capacité concernant des activités de présentation au public d'animaux d'espèces non domestiques, conformément à l'article R. 413-4 ;

6° Organise l'épreuve d'aptitude pour les demandes de dispense de certificat de capacité concernant des activités autres que celles de présentation au public d'animaux d'espèces non domestiques, dans les cas prévus au II de l'article R. 413-26.

(1) Dispositions applicables à Wallis-et-Futuna et dans les Terres australes et antarctiques françaises, D. n° 2017-848, 9 mai 2017, art. 4, I.

II. – Par exception au 3° de l'article R. 133-3 du Code des relations entre le public et l'administration, les personnalités qualifiées nommées membres titulaires de la commission nationale consultative pour la faune sauvage captive sont remplacées, en cas d'absence ou d'empêchement, par des membres suppléants nommés dans les mêmes conditions.

Section I. – Conditions de détention et d'identification des animaux d'espèces non domestiques détenus en captivité

(Intitulé rempl., D. n° 2017-230, 23 févr. 2017)

Sous-section 1. – Certificat de capacité

Voir : A. 21 nov. 1997 définissant deux catégories d'établissements autres que les établissements d'élevage, de vente et de transit des espèces de gibier dont la chasse est autorisée, détenant des animaux d'espèces non domestiques (*JO* 5 févr. 1998), mod. – A. 12 déc. 2000 fixant les diplômes et les conditions d'expérience professionnelle requis par l'article R. 413-5 du Code de l'environnement pour la délivrance du certificat de capacité pour l'entretien d'animaux d'espèces non domestiques (*JO* 11 févr. 2001), mod. – A. 2 juill. 2009 fixant les conditions simplifiées dans lesquelles le certificat de capacité pour l'entretien des animaux d'espèces non domestiques peut être délivré (*JO* 23 juill. 2009). – Circ. DGALN/DEB/PEM n° 2009-06, 29 sept. 2009 relative au certificat de capacité pour la vente ou le transit d'animaux vivants d'espèces non domestiques autres que celles de gibier dont la chasse est autorisée (*BO MEEDDM* n° 2009/19, 25 oct. 2009).

Art. R. 413-3. – Le certificat de capacité prévu à l'article L. 413-2 est personnel.

Art. R. 413-4 *(Mod., D. n° 2009-883, 21 juill. 2009 ; D. n° 2011-759, 28 juin 2011 ; D. n° 2017-1310, 29 août 2017)*. – I. – Pour obtenir le certificat de capacité, le requérant doit présenter au préfet du département de son domicile une demande précisant ses nom, prénoms, domicile et le type de qualification générale ou spéciale sollicitée.

II. – Les requérants qui ne sont domiciliés ni dans un département français ni à Saint-Pierre-et-Miquelon adressent leur demande au préfet de police de Paris.

III. – La demande doit être accompagnée :

1° Des diplômes ou certificats justifiant des connaissances du candidat ou de son expérience professionnelle ;

2° De tout document permettant d'apprécier la compétence du candidat pour assurer l'entretien des animaux ainsi que l'aménagement et le fonctionnement de l'établissement qui les accueille.

IV. – La déclaration mentionnée au II de l'article L. 413-2 est adressée au préfet du département dans lequel le prestataire envisage de réaliser sa première prestation.

La déclaration comprend les documents suivants, le cas échéant traduits en langue française :

1° Les nom(s), prénom(s), nationalité et domicile du prestataire ;

2° La nature des prestations pour lesquelles la dispense est demandée ;

3° Une attestation certifiant que le prestataire est légalement établi dans un État membre de l'Union européenne ou dans un État partie à l'accord sur l'Espace économique européen, pour y exercer la ou les activités correspondant aux prestations faisant l'objet de la déclaration et qu'il n'encourt, lorsque l'attestation est délivrée aucune interdiction même temporaire d'exercer ;

4° La justification des qualifications professionnelles du prestataire ;

5° Lorsque l'accès ou l'exercice de l'activité envisagée, ou la formation y conduisant, n'est pas réglementé dans l'État membre d'établissement, la preuve par tout moyen que le prestataire a exercé cette activité dans un ou plusieurs États membres ou États parties à l'accord sur l'Espace économique européen pendant la durée mentionnée au 2° du II de l'article L. 413-2 ;

6° Un document fournissant les informations relatives aux couvertures d'assurance ou autres moyens de protection personnelle ou collective concernant la responsabilité professionnelle.

Dans un délai qui n'excède pas un mois à compter de la réception de la déclaration et des documents joints, le préfet du département informe le prestataire du résultat de ce contrôle ou procède à une demande d'informations complémentaires. Dans ce dernier cas, le préfet notifie sa décision finale dans un délai de deux mois à compter de la réception de la déclaration complète.

Si les qualifications professionnelles du prestataire sont d'un niveau équivalent à la formation exigée en application de l'article R. 413-5, le préfet lui délivre une attestation de dispense de certificat de capacité. Cette attestation indique la nature des prestations pour lesquelles elle est délivrée.

(Mod., D. n° 2023-954, 16 oct. 2023) En cas de différence substantielle, de nature à nuire à la santé ou à la sécurité du public ou des animaux, entre ces qualifications professionnelles et la formation exigée, le préfet saisit la commission nationale instituée par l'article L. 413-9 afin qu'elle organise une épreuve d'aptitude visant à offrir au prestataire sollicitant la dispense la possibilité de démontrer qu'il possède les connaissances et compétences requises pour un exercice sur le territoire français. Un arrêté du ministre chargé de la protection de la nature fixe les modalités de cette épreuve d'aptitude.

Le préfet délivre une attestation de qualification professionnelle valant attestation de dispense de certificat de capacité au demandeur ayant réussi l'épreuve d'aptitude.

Si le prestataire refuse de se soumettre à cette épreuve ou si les qualifications professionnelles évaluées au cours de celle-ci s'avèrent insuffisantes pour garantir la santé ou la sécurité du public ou des animaux, le prestataire est informé par le préfet qu'il ne peut réaliser la prestation envisagée en France.

Le déroulement de l'épreuve d'aptitude et la décision prise à l'issue de cette épreuve doivent intervenir dans un délai qui n'excède pas un mois à compter de la décision de soumettre le prestataire sollicitant la dispense à cette épreuve.

En l'absence de décision du préfet du département dans les délais mentionnés tant pour le contrôle de la déclaration que pour l'organisation et le déroulement de l'épreuve d'aptitude, la reconnaissance de la qualification professionnelle est réputée acquise et la prestation de services peut être réalisée.

Les attestations prévues aux alinéas précédents peuvent être suspendues ou retirées par le préfet du département en cas d'interdiction, même temporaire, d'exercice du prestataire dans l'État d'établissement ou en cas de manquements de nature à nuire à la santé ou la sécurité du public ou des animaux, après que le prestataire a été mis à même de présenter ses observations.

Lorsque le prestataire exerce temporairement sur le territoire français l'activité pour laquelle la reconnaissance de qualification professionnelle a été acquise, il en communique le lieu et la date au préfet du département où cette activité est exercée.

Refus de certificat. Ne commet pas d'erreur de droit le préfet qui refuse d'accorder un certificat de capacité en se fondant sur l'insuffisance du niveau des connaissances du demandeur tant en matière biologique et technique qu'en ce qui concerne la réglementation applicable à l'activité de présentation au public d'animaux domestiques (■ CAA Paris, 26 oct. 2004, n° 02PA02714, *Pierre X.*).

Art. R. 413-5 (1). – Le certificat de capacité est délivré par le préfet.

(Mod., D. n° 2023-954, 16 oct. 2023) Le ministre chargé de la protection de la nature fixe par arrêté, pris après avis de la commission instituée par l'article L. 413-9, les diplômes ou les conditions d'expérience professionnelle exigés à l'appui de la demande prévue par l'article R. 413-4.

1) Arrêté du 30 juin 1999. Illégalité. Dans la mesure où il n'a pas été soumis préalablement à la commission nationale consultative pour la faune captive, l'arrêté du 30 juin 1999 fixant les conditions de diplômes et d'expérience professionnelle requis par l'article R. 213-4 du Code rural (devenu R. 413-5 du Code de l'environnement) a été pris à la suite d'une procédure irrégulière et doit par conséquent être annulé (■ CE, 10 janv. 2001, n° 212940, *Chambre nationale des prestataires animaliers « Prestanimalia »*).

2) Arrêté du 12 décembre 2000. Légalité de l'arrêté du 12 décembre 2000 fixant les conditions de diplômes et d'expérience requis pour le certificat de capacité (■ CE, 30 juin 2003, n° 232347, *Chambre nationale des prestataires animaliers « Prestanimalia »*).

Art. R. 413-6 (1) *(Mod., D. n° 2006-665, 7 juin 2006)* (2). – *(Mod., D. n° 2023-954, 16 oct. 2023)* Lorsque l'objet principal des établissements fixes ou mobiles est la présentation au public d'animaux appartenant à des espèces non domestiques autres que celles figurant sur une liste arrêtée par le ministre chargé de la protection de la nature, le préfet saisit la commission nationale instituée par l'article L. 413-9.

Lorsque l'objet de l'établissement est différent de celui mentionné à l'alinéa précédent ou que la présentation au public porte sur des animaux figurant sur la liste prévue au même alinéa, le certificat de capacité est délivré après avis de la commission départementale de la nature, des paysages et des sites.

(1) V. T. appl. : A. 30 juin 1999 puis A. 12 déc. 2000. – NDLR.
(2) Dispositions transitoires : V. D. n° 2006-665, 7 juin 2006, art. 61.

(Mod., D. n° 2023-954, 16 oct. 2023) **Un arrêté du ministre chargé de la protection de la nature, pris après avis de la commission instituée par l'article L. 413-9, fixe, en fonction des diplômes et des conditions d'expérience, ainsi, éventuellement, que des espèces animales concernées, les cas où le certificat de capacité peut être délivré sans consultation de la commission départementale des sites, perspectives et paysages.**

Saisine de la Commission nationale consultative pour la faune sauvage captive. Dès lors que les animaux que le prévenu présentait au public ne figuraient pas sur la liste établie par le ministre chargé de la protection de la nature, c'est à juste titre que, préalablement à son arrêté lui refusant le certificat de capacité, le préfet a saisi la commission nationale consultative pour la faune sauvage captive (■ CA Toulouse, 13 janv. 2009, n° 08/00501, *Christian B.*).

Art. R. 413-7. – (1) **Le certificat de capacité peut être accordé pour une durée indéterminée ou limitée. Il peut être suspendu ou retiré, après que son détenteur a été mis à même de présenter ses observations.**

Le certificat de capacité mentionne les espèces ou groupes d'espèces et le type d'activités pour lesquels il est accordé, ainsi, éventuellement, que le nombre d'animaux dont l'entretien est autorisé.

Le bénéficiaire du certificat peut demander sa modification, laquelle est instruite dans les conditions prévues par le présent article et les articles R. 413-5 et R. 413-6.

Sous-section 2. – Autorisations d'ouverture des établissements

Art. R. 413-8. – **L'ouverture des établissements d'élevage, de vente, de location ou de transit d'animaux d'espèces non domestiques, ainsi que des établissements fixes ou mobiles destinés à la présentation au public de spécimens vivants de la faune locale ou étrangère, fait l'objet d'une autorisation préalable dans les conditions définies par la présente sous-section.**

Sont considérés comme appartenant à des espèces non domestiques les animaux n'ayant pas subi de modification par sélection de la part de l'homme (2).

Art. R. 413-9. – (3) **Les caractéristiques auxquelles doivent répondre les installations fixes ou mobiles ainsi que les règles générales de fonctionnement ou de transport et les méthodes d'identification des animaux détenus sont fixées par arrêtés conjoints des ministres chargés de la protection de la nature et de l'agriculture, après avis du Conseil national de la protection de la nature** (4)

Ces arrêtés peuvent exempter d'une partie de leurs dispositions certaines catégories d'établissements, notamment en raison du faible nombre d'animaux ou d'espèces qu'ils hébergent, dans la mesure où ces exemptions ne portent pas atteinte aux objectifs de protection de la nature et des animaux.

Annulation de l'arrêté du 3 mai 2017 (delphinariums). Conformément aux dispositions des articles R. 413-9 et L. 512-10 alors en vigueur du Code de l'environnement, l'arrêté du 3 mai 2017 a été pris après les avis du Conseil national de la protection de la nature et du Conseil supérieur de la prévention des risques technologiques ; l'organisme dont une disposition législative ou réglementaire prévoit la consultation avant l'intervention d'un texte doit être mis à même d'exprimer son avis sur l'ensemble des questions soulevées par ce texte ; par suite, dans le cas où, après avoir recueilli son avis, l'autorité compétente pour prendre le texte envisage d'apporter à son projet des modifications, elle ne doit procéder à une nouvelle consultation de cet organisme que si ces modifications posent des questions nouvelles ; il ressort des pièces du dossier que, postérieurement à cette consultation, outre le raccourcissement du délai pour réaliser les travaux de gros œuvre, passé de cinq à trois ans, ont été supprimées dans la version définitive de l'arrêté toutes les références à la possibilité de reproduction des cétacés de l'espèce Tursiops truncatus ; cette modification a pour résultat d'interdire la reproduction des cétacés de cette espèce alors que dans la version de l'arrêté soumise à consultation cette interdiction ne s'appliquait qu'aux cétacés de l'espèce Orcinus orca ; eu égard à la portée de cette disposition pour l'avenir des parcs aquatiques, elle constitue une question nouvelle sur laquelle le Conseil national de la protection de la nature et le Conseil supérieur de la prévention des risques technologiques n'ont pas été consultés ; dès lors leurs avis sont intervenus à

(1) V. T. appl. : A. 30 juin 1999 puis A. 12 déc. 2000. – NDLR.
(2) V. T. appl. : A. 11 août 2006 (*JO* 7 oct. 2006). – NDLR.
(3) V. T. appl. : A. 10 août 2004. – NDLR.
(4) V. T. appl. : A. 18 mars 2011 (*JO* 5 avr. 2011). – NDLR.

la suite d'une procédure irrégulière ; il ressort des pièces du dossier que cette irrégularité a été susceptible d'exercer, en l'espèce, une influence sur le sens de la décision prise ; ce motif, à lui seul, justifie l'annulation de l'arrêté contesté (■ CE, 29 janv. 2018, *Sté Marineland et a.*, n° 412210).

§ 1. – Demande d'autorisation

Art. R. 413-10. – La demande d'autorisation d'ouverture est adressée au préfet du département dans lequel est situé l'établissement.

Dans le cas des établissements mobiles, la demande est adressée au préfet du département dans lequel le demandeur a son domicile.

Pour Paris, ou lorsqu'un établissement mobile n'a son domicile ni dans un département français ni à Saint-Pierre-et-Miquelon, la demande est adressée au préfet de police de Paris.

Art. R. 413-11. – La demande d'autorisation, remise en sept exemplaires, mentionne :

1° S'il s'agit d'une personne physique, ses nom, prénoms et domicile et, s'il s'agit d'une personne morale, sa dénomination ou sa raison sociale, sa forme juridique, l'adresse de son siège social ainsi que la qualité du signataire de la demande ;

2° La nature des activités que le demandeur se propose d'exercer ;

3° La dénomination ou la raison sociale de l'établissement ; celle-ci ne doit pas comporter de termes servant à désigner des institutions faisant l'objet de dispositions législatives ou réglementaires telles que « parc national », « réserve naturelle » ou « conservatoire ».

Art. R. 413-12. – Lorsque l'établissement est soumis à autorisation en application de l'article L. 512-1, la demande d'autorisation présentée à ce titre vaut demande d'autorisation au titre de la présente sous-section.

Art. R. 413-13. – Le dossier présenté par le demandeur conformément aux dispositions des articles R. 413-10 à R. 413-12 doit en outre comprendre :

1° La liste des équipements fixes ou mobiles et le plan des installations ;

2° La liste des espèces et le nombre d'animaux de chaque espèce dont la détention est demandée, ainsi que le plan de leur répartition dans l'établissement ;

3° Une notice indiquant les conditions de fonctionnement prévues ;

4° Le certificat de capacité du ou des responsables de l'établissement.

Art. R. 413-14. – Les établissements d'élevage, de vente, de location, de transit ou de présentation au public d'animaux vivants d'espèces non domestiques sont classés, par arrêté du ministre chargé de la protection de la nature, en deux catégories.

La première catégorie regroupe les établissements qui présentent des dangers ou inconvénients graves pour les espèces sauvages et les milieux naturels ainsi que pour la sécurité des personnes.

La seconde catégorie regroupe les établissements qui, ne présentant pas de tels dangers ou inconvénients, doivent néanmoins respecter les prescriptions édictées en application de l'article R. 413-9 pour assurer la protection des espèces sauvages et des milieux naturels ainsi que la sécurité des personnes.

§ 2. – Instruction pour les établissements de la première catégorie

Art. R. 413-15. – Pour les établissements de la première catégorie, le préfet recueille l'avis des collectivités territoriales intéressées, qui doivent se prononcer dans le délai de quarante-cinq jours. Faute de réponse dans ce délai, les avis sont réputés favorables.

Art. R. 413-16 *(Mod., D. n° 2014-1510, 15 déc. 2014* (1)*; mod. à compter du 1er mars 2017, D. n° 2017-81, 26 janv. 2017).* – Lorsque l'établissement est soumis à autorisation en application de l'article L. 512-1, le préfet procède à l'enquête publique et aux consultations conformément aux dispositions prévues pour cette autorisation par la section 3 du chapitre unique du titre VIII du livre Ier.

(1) Dispositions d'application particulières et transitoires : V. D. n° 2014-1510, 15 déc. 2014, art. 4.

Art. R. 413-17 *(Mod., D. n° 2006-665, 7 juin 2006)* (1). – Dans tous les cas, le préfet recueille également l'avis de la commission départementale de la nature, des paysages et des sites, à laquelle il soumet ses propositions concernant soit le refus de la demande, soit les prescriptions envisagées.

Le demandeur a la faculté de se faire entendre par la commission. Il doit être informé par le préfet au moins huit jours à l'avance de la date et du lieu de la réunion de la commission et reçoit simultanément un exemplaire des propositions du préfet.

Art. R. 413-18. – Le préfet statue dans les cinq mois du jour de réception par la préfecture du dossier complet de demande d'autorisation. En cas d'impossibilité de statuer dans ce délai, le préfet, par arrêté motivé, fixe un nouveau délai.

Art. R. 413-19. – I. – L'arrêté d'autorisation d'ouverture fixe la liste des espèces ou groupe d'espèces, le nombre des animaux de chaque espèce ou groupe que l'établissement peut détenir ainsi que les activités susceptibles d'être pratiquées dans l'établissement.

Cette liste est arrêtée en fonction notamment des impératifs de protection des espèces, de la qualité des équipements d'accueil des animaux et des activités qui leur sont offertes.

II. – L'arrêté d'autorisation d'ouverture fixe également les prescriptions nécessaires en ce qui concerne :

1° La sécurité et la santé publiques ;

2° L'identification, le contrôle sanitaire et la protection des animaux ;

3° La prévention de la fuite d'animaux afin d'éviter d'éventuels dangers écologiques pour les espèces indigènes et la prévention de l'introduction d'organismes nuisibles extérieurs.

III. – Dans le cas des établissements présentant au public des spécimens vivants de la faune locale ou étrangère, l'arrêté d'autorisation d'ouverture fixe également les prescriptions nécessaires en ce qui concerne :

1° La détention des animaux dans des conditions visant à satisfaire les besoins biologiques et de conservation des différentes espèces, en prévoyant, notamment, un aménagement adapté des enclos en fonction de chaque espèce et le maintien de conditions d'élevage de qualité, assorti d'un programme étendu de nutrition et de soins vétérinaires prophylactiques et curatifs ;

2° La promotion de l'éducation et de la sensibilisation du public en ce qui concerne la conservation biologique, notamment par la fourniture de renseignements sur les espèces exposées et leurs habitats naturels ;

3° La participation aux activités favorisant la conservation des espèces animales.

Toutefois, peuvent être dispensés de tout ou partie de ces prescriptions particulières, dans des conditions prévues par arrêté des ministres chargés de la protection de la nature et de l'agriculture, les établissements présentant au public des spécimens vivants de la faune locale ou étrangère qui bénéficient des mesures d'exemption prévues à l'article R. 413-9.

IV. – L'autorisation d'ouverture des établissements mobiles ne peut être accordée que si les animaux d'espèces non domestiques présentés au public participent à un spectacle dans les conditions prévues par les articles R.* 214-84 à R.* 214-86 et R.* 215-9 du Code rural et de la pêche maritime.

Art. R. 413-20 *(Mod., D. n° 2009-592, 26 mai 2009)*. – En vue de l'information des tiers, une copie de l'arrêté d'autorisation et, le cas échéant, des arrêtés qui le complètent ou le modifient, est déposée à la mairie de la commune dans laquelle l'établissement est situé. Dans le cas des établissements mobiles, la mairie est celle *(Mots rempl., D. n° 2017-1522, 2 nov. 2017)* « où est situé l'organisme auprès duquel le titulaire de l'autorisation a fait élection de domicile dans les conditions prévues à l'article L. 264-1 du Code de l'action sociale et des familles ».

Un extrait de ces arrêtés, énumérant les conditions auxquelles l'établissement est soumis, est affiché à la mairie pendant une durée minimum d'un mois. Procès-verbal de l'accomplissement de ces formalités est dressé par le maire.

Le même extrait est affiché en permanence de façon visible, à l'entrée de l'établissement, par les soins du bénéficiaire de l'autorisation.

Une copie de l'arrêté est adressée aux collectivités locales consultées.

(1) Dispositions transitoires : V. D. n° 2006-665, 7 juin 2006, art. 61.

§ 3. – **Instruction pour les établissements de la deuxième catégorie**

Art. R. 413-21. – Pour les établissements de la deuxième catégorie prévue à l'article R. 413-14, le préfet examine la conformité du dossier de demande prévu aux articles R. 413-11 et R. 413-13, avec les impératifs mentionnés à l'article R. 413-19 ainsi qu'avec les prescriptions édictées en application de l'article R. 413-9.

En cas d'autorisation expresse, l'arrêté d'autorisation d'ouverture est rédigé conformément aux dispositions de l'article R. 413-19.

À défaut d'autorisation expresse ou de refus motivé du préfet avant l'expiration d'un délai de deux mois suivant la date du récépissé du dossier de la demande d'autorisation prévue aux articles R. 413-11 et R. 413-13, l'autorisation d'ouverture est réputée accordée.

Autorisation tacite. Dès lors que l'exigence d'une autorisation expresse, initialement prévue par le décret n° 77-1297 du 25 novembre 1977, pris pour l'application de la loi du 10 juillet 1976 relative à la protection de la nature, n'a été remplacée, concernant certains élevages, par un régime d'autorisation tacite que par le décret n° 97-503 du 21 mai 1997, portant mesures de simplification administrative, lequel a modifié en ce sens l'article R. 213-12 du Code rural, devenu l'article R. 413-21, alinéa 3, du Code de l'environnement, la cour d'appel n'était pas tenue de répondre à l'argumentation selon laquelle le prévenu aurait été titulaire d'une autorisation tacite faisant suite à la déclaration de son activité, en janvier 1977 puis en 1987, auprès des services préfectoraux (■ Cass. crim., 21 févr. 2006, n° 05-84.916).

Sous-section 3. – Modifications concernant l'exploitation ou le changement d'exploitant

Art. R. 413-22. – Toute modification apportée aux installations ou aux conditions de fonctionnement entraînant un changement notable du dossier de demande d'autorisation, tout transfert sur un autre emplacement de l'établissement ou d'une partie de l'établissement, nécessite une nouvelle demande d'autorisation qui est soumise aux mêmes formalités que la demande initiale.

Toutefois, les modifications tendant à mieux assurer le respect des prescriptions mentionnées aux articles R. 413-9 et R. 413-19 peuvent être apportées aux installations ou aux conditions de fonctionnement avec l'accord du préfet.

Art. R. 413-23. – Lorsqu'un établissement autorisé change d'exploitant, le nouvel exploitant doit en faire la déclaration au préfet dans le mois qui suit la prise en charge de l'établissement. Il est délivré un récépissé sans frais de cette déclaration.

Le nouveau responsable de l'établissement doit produire un certificat de capacité.

Toute cessation d'activité d'un établissement est déclarée au préfet, au plus tard dans le mois qui suit. Le titulaire de l'autorisation indique dans sa déclaration la destination qui sera donnée aux animaux sous le contrôle de l'administration.

Sous-section 4. – Identification des animaux d'espèces non domestiques détenus en captivité : marquage et enregistrement des données

(D. n° 2017-230, 23 févr. 2017)

Art. R. 413-23-1 *(D. n° 2017-230, 23 févr. 2017)*. – L'identification obligatoire des animaux d'espèces non domestiques prescrite par l'article L. 413-6 comporte, d'une part, le marquage de l'animal, d'autre part, l'inscription sur le fichier national prévu au même article des indications permettant d'identifier l'animal, notamment le nom et l'adresse de son propriétaire, ainsi que l'établissement d'une carte d'identification.

Art. R. 413-23-2 *(D. n° 2017-230, 23 févr. 2017)*. – Les modes et modalités de marquage sont fixés par arrêtés conjoints des ministres chargés de la protection de la nature et de l'agriculture.

Art. R. 413-23-3 *(D. n° 2017-230, 23 févr. 2017)*. – Le marquage est effectué sous la responsabilité du propriétaire dans le délai d'un mois suivant la naissance de l'animal et en tout état de cause avant toute cession de celui-ci.

Des arrêtés conjoints des ministres chargés de la protection de la nature et de l'agriculture précisent les conditions particulières dans lesquelles il peut être procédé au marquage dans un délai différent de celui mentionné au premier alinéa.

Art. R. 413-23-4 *(D. n° 2017-230, 23 févr. 2017)*. – I. – Toute personne procédant au marquage est tenue :

– de délivrer immédiatement au propriétaire de l'animal un document attestant de ce marquage ;

– d'adresser ce document dans les huit jours au gestionnaire du fichier national.

II. – Le vendeur ou le donateur est tenu :

– de délivrer immédiatement au propriétaire de l'animal le document attestant l'identification ;

– d'adresser dans les huit jours au gestionnaire du fichier national, pour les animaux des espèces mentionnées à l'article L. 413-6, l'attestation de cession prévue par le I de l'article L. 413-7.

III. – Le propriétaire signale au gestionnaire du fichier national, au plus tard dans un délai de quinze jours après l'événement, tout changement d'adresse ainsi que la mort ou le vol de l'animal.

Les modèles des documents et les modalités de mise en œuvre des dispositions du présent article sont précisés par arrêtés conjoints des ministres chargés de la protection de la nature et de l'agriculture.

Sous-section 5. – Fichier national d'identification des animaux d'espèces non domestiques détenus en captivité

(D. n° 2017-230, 23 févr. 2017)

Art. R. 413-23-5 *(D. n° 2017-230, 23 févr. 2017)*. – L'agrément mentionné à l'article L. 413-6 est délivré, après avis de la commission nationale consultative pour la faune sauvage captive, à une personne morale répondant aux conditions d'aptitude, d'expérience et de compétences techniques nécessaires à la tenue d'un fichier national d'identification comportant des informations nominatives, à l'issue d'un appel à candidatures.

Art. R. 413-23-6 *(D. n° 2017-230, 23 févr. 2017)*. – Les ministres chargés de l'environnement et de l'agriculture fixent par arrêtés conjoints les conditions dans lesquelles la personne agréée assure l'inscription de tous les animaux d'espèces non domestiques identifiés dans le fichier national, l'édition des documents liés à leur identification et le traitement des données propres à chaque espèce ou groupe d'espèces. Ces arrêtés précisent les modalités d'établissement, de contrôle et d'exploitation des données traitées par la personne agréée.

Art. R. 413-23-7 *(D. n° 2017-230, 23 févr. 2017)*. – Lorsque la personne agréée ne respecte pas les règles fixées par les arrêtés mentionnés à l'article R. 413-23-6, l'agrément peut être suspendu, pendant une durée qui ne peut excéder un an, ou retiré après avis de la commission nationale consultative pour la faune sauvage captive.

La personne intéressée est préalablement informée des motifs et de la nature des mesures envisagées et mise en mesure de présenter des observations écrites et, le cas échéant, sur sa demande, des observations orales.

Pendant la période de suspension, la personne intéressée conserve toutes les données existantes dans le fichier national et enregistre les demandes d'inscription dans ce fichier, qui lui sont transmises par les personnes mentionnées au II de l'article R. 413-23-4.

La décision de suspension ou de retrait d'agrément peut désigner l'institution ou le service public qui, à titre provisoire, assure les missions pour lesquelles l'agrément avait été délivré.

Art. R. 413-23-8 *(D. n° 2017-230, 23 févr. 2017)*. – Les données enregistrées sont conservées, selon l'espèce concernée, pendant une durée maximale de cinq ans suivant la déclaration de décès de l'animal.

En l'absence de déclaration de la mort de l'animal, les données sont conservées un an au plus après l'âge maximal que peuvent atteindre les animaux de l'espèce concernée.

Les arrêtés mentionnés à l'article R. 413-23-6 précisent pour chaque traitement de données la durée de conservation des données propre à chaque espèce.

Art. R. 413-23-9 *(D. n° 2017-230, 23 févr. 2017)*. – Les données sont mises à jour soit par les personnes, services ou organismes chargés de l'identification des animaux, soit par le responsable du traitement, saisi, le cas échéant, par le propriétaire ou le détenteur de l'animal, soit directement par ces derniers au moyen d'un accès personnel et sécurisé.

Art. R. 413-23-10 *(D. n° 2017-230, 23 févr. 2017)*. – Peuvent être destinataires des données, dans la limite de leurs attributions et aux seules fins prévues à l'article L. 413-6 :
– les personnes, services ou organismes qui contribuent à l'identification des animaux ;
– le directeur d'administration centrale chargé de la législation relative aux animaux d'espèces non domestiques détenus en captivité ou ses délégués ;
– les préfets ;
– les agents mentionnés à l'article L. 415-1 ;
– les agents des services de secours contre l'incendie ;
– les maires ;
– les organismes à vocation statistique pour l'analyse et l'information.

Section II. – Autorisation d'ouverture pour les établissements d'élevage, de vente et de transit des espèces de gibier dont la chasse est autorisée

Voir : A. 20 août 2009 relatif à l'identification des sangliers détenus au sein des établissements d'élevage, de vente ou de transit de catégorie A ou de catégorie B (*JO* 5 sept. 2009), mod. – A. 20 août 2009 fixant les caractéristiques et les règles générales de fonctionnement des installations et des établissements d'élevage, de vente ou de transit appartenant à la catégorie A et détenant des sangliers (*JO* 5 sept. 2009).

Art. R. 413-24. – I. – Les établissements se livrant à l'élevage, à la vente ou au transit des espèces de gibier dont la chasse est autorisée sont répartis en deux catégories :

1° Les établissements dont tout ou partie des animaux qu'ils détiennent sont destinés directement ou par leur descendance à être introduits dans la nature ; ces établissements constituent la catégorie A ;

2° Les établissements dont tous les animaux qu'ils détiennent ont une autre destination, notamment la production de viande ; ces établissements constituent la catégorie B.

II. – Ces deux catégories sont désignées respectivement par l'expression « catégorie A » et « catégorie B », dans la présente section.

Sous-section 1. – Certificat de capacité

Art. R. 413-25. – Le certificat de capacité prévu par l'article L. 413-2 est personnel.

Art. R. 413-26 *(Mod., D. n° 2009-883, 21 juill. 2009 ; D. n° 2011-759, 28 juin 2011)*. – I. – Pour obtenir le certificat de capacité, le requérant doit présenter au préfet une demande précisant ses nom, prénoms, domicile et le type de qualification générale ou spécialisée sollicitée.

La demande doit être accompagnée des diplômes, des certificats et de toute autre pièce justifiant des connaissances du requérant ou de son expérience professionnelle.

(Mod., D. n° 2023-954, 16 oct. 2023) Le ministre chargé de la protection de la nature fixe par arrêté, pris après avis du conseil institué par l'article R. 421-1 et de la commission nationale instituée par l'article L. 413-9, les diplômes ou les conditions d'expérience professionnelle exigés à l'appui de la demande de certificat de capacité.

II. – La déclaration mentionnée au II de l'article L. 413-2 est présentée dans les conditions fixées au IV de l'article R. 413-4 et instruite par le préfet du département dans les délais fixés par ce même article.

Elle donne lieu à la délivrance d'une attestation de dispense de certificat de capacité ou d'une attestation de qualification professionnelle valant attestation de dispense de certificat de capacité selon les modalités définies au IV de l'article R. 413-4.

Les attestations prévues à l'alinéa précédent peuvent être suspendues ou retirées par le préfet du département en cas d'interdiction, même temporaire, d'exercice du prestataire dans l'État d'établissement ou en cas de manquements de nature à nuire à la santé ou la sécurité du public ou des animaux, après que le prestataire a été mis à même de présenter ses observations.

Lorsque le prestataire exerce temporairement sur le territoire français l'activité pour laquelle la reconnaissance de qualification professionnelle a été acquise, il en communique le lieu et la date au préfet du département où cette activité est exercée.

Art. R. 413-27. – Le préfet délivre le certificat de capacité après avis du président de la chambre départementale d'agriculture.

Sous-section 2. – Autorisation d'ouverture des établissements

Art. R. 413-28. – L'ouverture des établissements se livrant à l'élevage, la vente ou le transit des espèces de gibier dont la chasse est autorisée fait l'objet d'une autorisation préalable dans les conditions définies à la présente sous-section.

Ne peuvent être autorisés au titre de la catégorie A les établissements détenant des animaux d'espèces interfécondes ou de variétés différentes d'une même espèce ou des animaux issus de leurs croisements. Toutefois, les ministres chargés de la chasse et de l'agriculture peuvent déterminer une liste d'animaux issus de tels croisements, d'espèces ou de variétés dont la détention peut être autorisée, lorsque leur introduction dans la nature ne présente aucun risque pour la préservation des espèces animales et de leurs variétés, ainsi que pour le maintien des équilibres biologiques auxquels ils participent. Ces arrêtés sont pris après avis du Conseil national de la chasse et de la faune sauvage et du Conseil national de la protection de la nature.

Ne peuvent être autorisés au titre de la catégorie B les établissements détenant des animaux d'espèces interfécondes ou issus de tels reproducteurs.

Absence d'autorisation tacite. Aucune disposition des articles R. 413-28 à R. 413-37 du Code de l'environnement relatifs aux autorisations d'ouverture des établissements d'élevage, de vente et de transit des espèces de gibier dont la chasse est autorisée n'institue de mécanisme d'autorisation tacite. Le pétitionnaire ne peut donc bénéficier d'une autorisation tacite (■ CAA Lyon, 11 avr. 2013, n° 12LY02405, *Eynard*).

Art. R. 413-29. – I. – Les caractéristiques auxquelles doivent répondre les installations des établissements de la catégorie A *(Mots aj., D. n° 2009-592, 26 mai 2009)* « et de la catégorie B » ainsi que leurs règles générales de fonctionnement sont fixées par arrêtés des ministres chargés de la chasse et de l'agriculture.

II. – Ces dispositions tendent notamment à garantir le bien-être des animaux, la qualité des produits et la protection du patrimoine naturel.

III. – Les arrêtés précisent notamment :

1° Les modalités d'élevage, d'entretien et de préparation à l'introduction dans le milieu naturel ;

2° Les règles sanitaires complétant les règles du Code rural en matière de lutte contre les maladies des animaux ;

3° Les exigences en termes de caractéristiques génétiques, morphologiques et éthologiques des animaux.

Art. R. 413-30. – Tout animal détenu dans un établissement doit être muni, dès son arrivée dans l'établissement ou le plus tôt possible après sa naissance, d'une marque inamovible permettant d'identifier sa provenance. Des arrêtés des ministres chargés de la chasse et de l'agriculture fixent les conditions dans lesquelles est effectué ce marquage. Ils prévoient également un dispositif particulier d'identification pour les animaux détenus dans des établissements de catégorie B permettant de les distinguer des animaux de même espèce destinés à l'introduction dans le milieu naturel.

§ 1. – Demande d'autorisation

Art. R. 413-31. – La demande d'autorisation est adressée par lettre recommandée, avec demande d'avis de réception, au préfet du département dans lequel l'établissement est situé.

Art. R. 413-32. – La demande d'autorisation mentionne :

1° S'il s'agit d'une personne physique, ses nom, prénoms et domicile et, s'il s'agit d'une personne morale, sa dénomination ou sa raison sociale, sa forme juridique, l'adresse de son siège social ainsi que la qualité du signataire de la demande ;

2° Le type de production que le demandeur se propose de réaliser, en précisant notamment la destination des produits ;

3° L'emplacement de l'établissement et, le cas échéant, sa dénomination.

Art. R. 413-33. – Lorsque l'établissement est soumis à déclaration en application de l'article L. 512-8, une copie de la déclaration est jointe à la demande d'autorisation.

Art. R. 413-34. – La demande d'autorisation est accompagnée d'un dossier qui comprend :

1° Le plan de situation ainsi qu'une notice descriptive de l'établissement et de ses abords ;

2° La liste des installations, des équipements et des clôtures, accompagnée de notices descriptives, ainsi que de plans à une échelle convenable pour l'étude du dossier ;

3° La liste des espèces dont l'élevage ou la détention sont envisagés, précisant, pour chacune d'entre elles, le volume des activités prévues ainsi que l'emplacement des animaux dans l'établissement ;

4° Une notice indiquant les modalités de fonctionnement prévues et comportant un plan sanitaire ;

5° Le certificat de capacité du responsable de la gestion de l'établissement.

§ 2. – Instruction de la demande

Art. R. 413-35. – I. – Le préfet s'assure préalablement :

1° En ce qui concerne les établissements de catégorie A, que les locaux, installations, aménagements ou équipements prévus, ainsi que les conditions de fonctionnement envisagées, sont conformes aux prescriptions mentionnées à l'article R. 413-29 ;

2° En ce qui concerne les établissements de catégorie B, que les clôtures isolent complètement et durablement de l'espace ouvert les animaux détenus ;

3° Que les locaux, installations, aménagements ou équipements prévus, ainsi que les conditions de fonctionnement envisagées, tiennent compte des prescriptions relatives à la protection de la nature, au contrôle sanitaire, à la protection des animaux et à la santé publique.

II. – Le préfet statue :

1° Pour les établissements de la catégorie A, après avis du directeur départemental de l'agriculture et de la forêt, du président de la chambre départementale d'agriculture, du président de la fédération départementale des chasseurs et d'un représentant d'une organisation professionnelle d'élevage du gibier ;

2° Pour les établissements de la catégorie B, après avis du directeur départemental de l'agriculture et de la forêt, du président de la chambre départementale d'agriculture et d'un représentant d'une organisation professionnelle d'élevage du gibier.

Art. R. 413-36. – L'arrêté d'autorisation d'ouverture fixe les conditions nécessaires pour assurer la conformité de l'établissement avec les prescriptions mentionnées aux articles R. 413-28 à R. 413-30 et R. 413-35, ainsi que la liste des espèces et variétés dont la détention est autorisée. Il précise également le volume maximum des activités.

Art. R. 413-37. – En vue de l'information des tiers, une copie de l'arrêté d'autorisation et, le cas échéant, des arrêtés qui le complètent ou le modifient, est déposée à la mairie de la commune dans laquelle l'établissement est situé.

Un extrait de cet arrêté, énumérant notamment les conditions auxquelles l'établissement est soumis, est affiché à la mairie pendant une durée minimum d'un mois. Procès-verbal de l'accomplissement de ces formalités est dressé par le maire.

Un avis est inséré par le préfet, aux frais de l'exploitant, au Recueil des actes administratifs.

Sous-section 3. – Modifications concernant l'exploitation ou le changement d'exploitant

Art. R. 413-38. – I. – Toute transformation, extension ou modification d'un établissement entraînant un changement notable des éléments qui constituent le dossier ayant donné lieu à autorisation est déclarée au préfet par lettre recommandée avec demande d'avis de réception deux mois au moins au préalable.

II. – Le préfet peut imposer :

1° Soit des prescriptions nécessaires à la mise en conformité des installations avec les dispositions de la présente section ;

2° Soit le dépôt d'une nouvelle demande d'autorisation.

III. – Si, en cours d'exploitation, les conditions ayant donné lieu à autorisation viennent à ne plus être réunies, le préfet met en demeure le titulaire de l'autorisation de satisfaire à ces conditions dans un délai déterminé, en tenant compte de l'importance des modifications à réaliser.

Art. R. 413-39. – Toute cession d'un établissement autorisé donne lieu de la part du bénéficiaire de la cession, dans le mois qui suit sa prise en charge de l'établissement, à déclaration au préfet dans les formes prévues aux articles R. 413-34 et R. 413-35. Le préfet procède alors au transfert de l'autorisation antérieure.

Lorsque le responsable de la gestion de l'établissement change, le titulaire de l'autorisation en fait la déclaration dans le mois qui suit, par lettre recommandée avec demande d'avis de réception, en y joignant le certificat de capacité du nouveau responsable.

Toute cessation d'activité d'un établissement est déclarée au préfet, au plus tard dans le mois qui suit. Le titulaire de l'autorisation indique dans sa déclaration la destination qui sera donnée aux animaux sous le contrôle de l'administration.

Section III. – Établissements soumis à déclaration

Art. R. 413-40. – Sont soumis à déclaration par le responsable de l'établissement au préfet du département où l'établissement est situé :

1° Dans la mesure où ils détiennent des animaux d'espèces non domestiques, l'ouverture des établissements scientifiques, des établissements d'enseignement ainsi que des établissements et instituts spécialisés dans la recherche biologique, dans le contrôle biologique et dans les productions biologiques ;

2° La fermeture de ces établissements ;

3° Les modifications affectant de façon substantielle les conditions de détention des animaux au sein de ces établissements.

Art. R. 413-41. – En cas de fermeture ou de modifications, le préfet fixe un délai au terme duquel le responsable de l'établissement doit assurer, sous le contrôle de l'administration, le placement de tous les animaux qu'il cesse de détenir.

Section IV. – Cession d'animaux d'espèces non domestiques

(D. n° 2017-230, 23 févr. 2017)

Art. R. 413-41-1 *(D. n° 2017-230, 23 févr. 2017)*. – Un arrêté du ministre chargé de la protection de la nature précise :

– le format et le contenu de l'attestation de cession mentionnée au I de l'article L. 413-7 ;

– le contenu du document d'information mentionné à l'article L. 413-8.

Section V. – Contrôle de l'autorité administrative

(Anc. sect. 4 rénum., D. n° 2017-230, 23 févr. 2017)

Art. R. 413-42. – Les établissements soumis aux dispositions du présent chapitre doivent tenir tous registres et documents administratifs permettant aux agents et services habilités d'en effectuer le contrôle. La liste et la nature de ces documents ainsi que les conditions de leur tenue sont précisées pour chaque catégorie d'établissements par arrêtés conjoints du ministre chargé de la protection de la nature et du ministre dont relève l'établissement.

Art. R. 413-43. – Des arrêtés conjoints des ministres mentionnés à l'article R. 413-9 fixent les règles de détention des animaux dans les établissements soumis aux dispositions du présent chapitre sans préjudice des dispositions relatives à l'expérimentation animale.

Art. R. 413-44. – I. – Les agents mentionnés à l'article L. 415-1 sont habilités à contrôler pour les établissements soumis aux dispositions du présent chapitre :

1° L'application des dispositions du présent chapitre ;

2° Le respect des conditions posées par l'arrêté d'autorisation ;

3° L'application des règles de détention des animaux.

II. – Sous l'autorité du préfet, il est procédé à des contrôles réguliers des établissements soumis aux dispositions du présent chapitre. Dans le cas des établissements présentant au public des spécimens vivants de la faune locale ou étrangère, ces contrôles ont lieu au moins une fois par an.

Section VI. – Sanctions administratives

(Anc. sect. 5 dénum., D. n° 2017-230, 23 févr. 2017)

Sous-section 1. – Dispositions applicables en cas d'absence d'autorisation ou de déclaration

Art. R. 413-45. – Lorsqu'un établissement soumis aux dispositions du présent chapitre est exploité sans avoir fait l'objet de l'autorisation ou de la déclaration prévues aux articles R. 413-8, R. 413-28 et R. 413-40, le préfet met l'exploitant en demeure, pour régulariser sa situation, de déposer, dans un délai déterminé, suivant le cas, une demande d'autorisation ou une déclaration.

Il peut par arrêté motivé suspendre l'exploitation de l'établissement jusqu'à la décision relative à la demande d'autorisation ou jusqu'au dépôt de la déclaration.

Il peut prescrire les mesures d'urgence nécessitées par le bien-être des animaux et la protection de l'environnement, des biens et des personnes.

Art. R. 413-46. – Si l'exploitant n'a pas obtempéré dans le délai fixé, le préfet peut :

1° Soit faire procéder d'office, aux frais de l'exploitant, à l'exécution des mesures prescrites ;

2° Soit obliger l'exploitant à consigner entre les mains d'un comptable public une somme répondant du montant des travaux à réaliser, laquelle sera restituée à l'exploitant au fur et à mesure de l'exécution des travaux ; il est, le cas échéant, procédé au recouvrement de cette somme comme en matière de créances étrangères à l'impôt et aux domaines.

Art. R. 413-47. – Si l'exploitant ne défère pas à la mise en demeure de régulariser sa situation ou si sa demande d'autorisation est rejetée, le préfet peut ordonner, en cas de nécessité, la fermeture ou la suppression de l'établissement.

Sous-section 2. – Dispositions applicables en cas de méconnaissance des prescriptions imposées

Art. R. 413-48. – Indépendamment des poursuites pénales qui peuvent être exercées et lorsqu'un agent mentionné à l'article L. 415-1 a constaté l'inobservation des conditions imposées à l'exploitant d'un établissement soumis aux dispositions du présent chapitre ou des règles de détention des animaux, le préfet met ce dernier en demeure de satisfaire à ces conditions ou de se conformer à ces règles dans un délai déterminé.

Art. R. 413-49 *(Mod., D. n° 2007-397, 22 mars 2007)* (1). **– Si, à l'expiration du délai imparti par le préfet en application de l'article R. 413-48, l'exploitant n'a pas obtempéré à cette injonction, le préfet peut :**

1° Soit faire procéder d'office, aux frais de l'exploitant, à l'exécution des mesures prescrites ;

2° Soit obliger l'exploitant à consigner entre les mains d'un comptable public une somme répondant du montant des travaux à réaliser, laquelle sera restituée à l'exploitant au fur et mesure de l'exécution des travaux ; il est, le cas échéant, procédé au recouvrement de cette somme comme en matière de créances étrangères à l'impôt et aux domaines ;

3° Soit, après avis de la commission départementale de la nature, des paysages et des sites, réunie en sa formation de la faune sauvage captive sauf cas d'urgence, suspendre par arrêté le fonctionnement de l'établissement jusqu'à exécution des conditions imposées ou ordonner, après avis de la même commission, la fermeture de l'établissement.

Sous-section 3. – Dispositions communes

Art. R. 413-50. – La fermeture de tout ou partie des établissements mentionnés à l'article L. 413-4 qui persistent à fonctionner irrégulièrement, est ordonnée dans un délai n'excédant pas deux ans à compter de la mise en demeure mentionnée aux articles R. 413-45 et R. 413-48.

(1) Dispositions applicables à Mayotte, dans les îles Wallis-et-Futuna, en Polynésie française, en Nouvelle-Calédonie et dans les Terres australes et antarctiques françaises, D. n° 2007-397, 22 mars 2007, art. 15.

Le préfet peut faire procéder, par un agent de la force publique, à l'apposition des scellés sur un établissement qui est maintenu en fonctionnement, soit en infraction à une mesure de fermeture ou de suspension prise en application des articles R. 413-45, R. 413-47, R. 413-49 ou du premier alinéa du présent article, soit en dépit d'un arrêté de refus d'autorisation.

Art. R. 413-51. – **Pendant la durée de la suspension de fonctionnement prononcée en application des articles R. 413-45 ou R. 413-49, l'exploitant est tenu d'assurer à son personnel le paiement des salaires, indemnités et rémunérations de toute nature auxquels il avait droit jusqu'alors.**

Lorsque la fermeture de l'établissement est ordonnée en application des articles R. 413-47, R. 413-49 ou R. 413-50, l'exploitant est tenu d'assurer, sous le contrôle de l'administration, le placement des animaux. À défaut de pouvoir assurer ce placement, il peut être procédé à l'euthanasie des animaux, sauf si cette mesure porte préjudice à la protection de la faune sauvage ou à la préservation de la biodiversité.

Euthanasie des animaux. Ne commet pas d'erreur manifeste d'appréciation la cour administrative d'appel qui juge que la légalité de l'arrêté ordonnant l'élimination d'office et aux frais de l'exploitant des sangliers présents dans son parc est subordonnée à l'existence d'une situation d'extrême urgence ou à l'impossibilité absolue d'assurer le placement des animaux (■ CE, 6 juill. 2007, n° 290376, *min. de l'Écologie c/ Imbert*).

CHAPITRE IV. – CONSERVATION DES HABITATS NATURELS, DE LA FAUNE ET DE LA FLORE SAUVAGES

Section I. – Sites Natura 2000

Voir : A. 16 nov. 2001 relatif à la liste des espèces d'oiseaux qui peuvent justifier la désignation de zones de protection spéciale au titre du réseau écologique européen Natura 2000 selon l'article L. 414-1-II (1er al.) du Code de l'environnement (*JO* 29 janv. 2002, p. 1935). – A. 16 nov. 2001 relatif à la liste des types d'habitats naturels et des espèces de faune et de flore sauvages qui peuvent justifier la désignation de zones spéciales de conservation au titre du réseau écologique européen Natura 2000 (*JO* 7 févr. 2002). – A. 19 avr. 2007 modifiant la liste des types d'habitats naturels et des espèces de faune et de flore sauvages qui peuvent justifier la désignation de zones spéciales de conservation au titre du réseau écologique européen Natura 2000 (*JO* 6 mai 2007). – Circ. 2 avr. 1998, 3 juin 1998 et 5 juin 1998 relatives au projet de loi et aux propositions complémentaires sur Natura 2000 (non publiées à ce jour au *Bulletin officiel* du ministère) : les circulaires précitées font référence à une circulaire du ministre de l'Environnement du 11 août 1997 relative à Natura 2000 annulée par le Conseil d'État (■ CE, 27 sept. 1999, n° 194468, *Assoc. coordination nationale Natura 2000 : Dr. env.* 1er janv. 2000, n° 75, p. 12-13, note R. Romi ; *LPA* 8 févr. 2000, n° 27, p. 11-13, note R. Romi). – Circ. 26 févr. 1999 relative à Natura 2000 (*BOMATE* n° 99/3, 8 juin 1999). – Circ. DNP/SDEN n° 2104, 21 nov. 2001 relative à la procédure de désignation des sites Natura 2000 (*BOMATE* n° 2002-1). – Circ. MEDD 26 juill. 2002 relative à la relance de la concertation Natura 2000 (*BOMEDD* n° 02/7, 2002). – Circ. interministérielle 5 oct. 2004 relative à l'évaluation des incidences des programmes et projets de travaux, d'ouvrages ou d'aménagements susceptibles d'affecter de façon notable les sites Natura 2000 (*BOMATE* n° 2004-21). – Circ. DNP/SDEN n° 2004-3, DGFAR/SDSTAR/C 2004-5046, 24 déc. 2004 relative à la gestion contractuelle des sites Natura 2000 en application des articles R. 214-23 à R. 214-33 du Code rural (non publiée). – Circ. DAJ/SD/D 2 P n° 2005-020403 et DNP/SDEN n° 2005-3, 4 avr. 2005 relative à l'achèvement du réseau Natura 2000, Procédure particulière pour les projets comprenant des terrains militaires (*BOMATE* n° 2005-11). – Circ. DNP/SDEN n° 2007 n° 1 DGFAR/SDER/C 2007-5023, 30 avr. 2007 relative à l'application des dispositions du 5° de l'article R. 414-11 et des articles R. 414-12 et R. 414-12-1 du Code de l'environnement se rapportant à la charte Natura 2000 (non publiée). – Circ. DNP/SDEN n° 2007-3DGFAR/SDER/C 2007-5068, 21 nov. 2007 relative à la gestion contractuelle des sites Natura 2000 en application des articles R. 414-8 à 18 du Code de l'environnement (non publiée). – Circ. DGPAAT/SDFB/C 2009-3038, 7 avr. 2009 relative à la prise en compte de Natura 2000 dans les documents d'aménagement des forêts relevant du régime forestier (non publiée).

Voir également : art. L. 414-1 et s., p. 741.

Sous-section 1. – Dispositions communes

Art. R. 414-1. – (1) **Pour l'application du I de l'article L. 414-1, un arrêté du ministre chargé de l'environnement fixe la liste des types d'habitats naturels et des espèces de faune et de flore sauvages qui peuvent justifier la mise en œuvre de la procédure de désignation de zones spéciales de conservation.**

Cette liste détermine également les types d'habitats naturels et les espèces dont la protection est prioritaire.

---

(1) V. T. appl. : A. 16 nov. 2001. – NDLR.

Art. R. 414-2. – (1) Pour l'application du II de l'article L. 414-1, un arrêté du ministre chargé de l'environnement fixe la liste des oiseaux sauvages qui peuvent justifier la mise en œuvre de la procédure de désignation de zones de protection spéciale.

Art. R. 414-2-1 *(D. n° 2008-457, 15 mai 2008)*. – Pour l'application de la présente section :

1° Sont considérés comme des espaces marins les espaces jusqu'où les plus hautes mers peuvent s'étendre en l'absence de perturbations météorologiques exceptionnelles ;

2° Est considéré comme majoritairement terrestre un site dans lequel la superficie des espaces terrestres est supérieure à la superficie des espaces marins et comme majoritairement marin un site dans lequel cette proportion est inverse.

3° *(D. n° 2022-1757, 30 déc. 2022)* Est considéré comme exclusivement terrestre un site dont la totalité de la superficie est constituée d'espaces terrestres.

Sous-section 2. – Procédure de désignation des sites Natura 2000

Art. R. 414-3 *(Rempl., D. n° 2008-457, 15 mai 2008 ; mod., D. n° 2015-211, 25 févr. 2015)*. – I. – Le projet de désignation d'un site Natura 2000 est établi :

– par le ou les préfets de département lorsque le site s'étend exclusivement sur des espaces terrestres ;

– par le préfet maritime lorsque le site s'étend exclusivement sur des espaces marins situés au-delà de la laisse de basse mer ;

– conjointement par le ou les préfets de département et le préfet maritime lorsque le site s'étend à la fois sur des espaces terrestres et des espaces marins ou lorsque le site s'étend exclusivement sur des espaces marins qui incluent l'estran.

II. – Lorsque le site inclut tout ou partie d'un terrain militaire, le ou les préfets compétents pour établir le projet de désignation d'un site Natura 2000 recueillent l'accord du commandant de la zone terre sur ce projet.

Lorsque le site comprend des espaces marins, ils recueillent l'accord du commandant de zone maritime sur la délimitation de ces espaces.

III *(Rempl., D. n° 2022-1757, 30 déc. 2022)*. – Le ou les préfets compétents pour établir le projet de désignation d'un site Natura 2000 soumettent pour avis le projet de périmètre du site :

1° Aux communes et aux établissements publics de coopération intercommunale concernés ;

2° Pour les sites exclusivement terrestres, au conseil régional ou, en Corse, à l'Assemblée de Corse ;

3° Lorsque le projet de périmètre recouvre en tout ou partie celui d'un espace naturel sensible, au conseil départemental concerné.

Ces collectivités ou établissements émettent leur avis motivé dans le délai de quatre mois à compter de leur saisine. A défaut de s'être prononcés dans ce délai, ils sont réputés avoir émis un avis favorable.

IV. –Le ou les préfets compétents pour établir le projet de désignation d'un site Natura 2000 transmettent au ministre chargé de l'environnement ce projet, assorti des avis qu'ils ont le cas échéant recueillis. S'ils s'écartent des avis motivés mentionnés au III, ils en indiquent les raisons dans le projet qu'ils transmettent.

1) Légalité de l'article R. 414-3. Dès lors que le décret du 8 novembre 2001 ne méconnaît ni la directive « Habitats », ni le 4° du II de l'article L. 110-1 du présent code et n'emporte, par lui-même, aucune atteinte au droit de propriété ni *aucune restriction au droit* d'usage attaché aux terrains, les requérants et intervenants ne sont pas fondés à soutenir que ce décret serait illégal pour ne pas avoir prévu d'associer les usagers et les propriétaires de terrains à la procédure de désignation des sites Natura 2000 (■ CE, 23 févr. 2005, n° 241796, *Assoc. coordination nationale Natura 2000 : JurisData* n° 2005-068295 ; *Environnement* 2005, comm. 42, note L. Benoit).

2) Consultation des communes et des EPCI. *a) Contenu.* Aucune disposition législative ou réglementaire n'impose au préfet de communiquer aux communes et aux établissements publics auxquels il soumet pour avis un projet de périmètre de zone de protection spéciale (ZPS) en application des dispositions des articles L. 414-1 et R. 414-3, la liste précise et exhaustive des espèces qui, parmi celles énumérées par l'arrêté du 16 novembre 2001, justifient la désignation du site envisagé (■ TA Amiens, 31 mars 2009, n° 0601414, *M. Carlier et a.*).

b) Refus de consultation. La décision par laquelle le préfet refuse de procéder à la consulta-

(1) V. T. appl. : A. 16 nov. 2001. – NDLR.

tion des communes et des établissements publics de coopération intercommunale concernés sur un projet de zone spéciale de conservation (ZSC) fait obstacle au déroulement de la procédure de désignation d'une telle zone. Une telle décision est par suite susceptible d'être déférée au juge de l'excès de pouvoir (■ CE, 16 janv. 2008, n° 292489, *MEDAD c/ Assoc. Manche Nature* : *JurisData* n° 2008-072960 ; *Environnement* 2008, n° 3, p. 31, comm. J.-M. Février ; *Dr. env.* 2008, n° 159, p. 19, comm. X. Braud ; *Rev. Lamy dr. coll. terr.* 2008, n° 37, p. 18, comm. E. Glaser).

Art. R. 414-4 ***(Rempl., D. n° 2006-922, 26 juill. 2006 ; mod., D. n° 2008-457, 15 mai 2008).*** **– Saisi d'un projet de désignation d'une zone spéciale de conservation, le ministre chargé de l'environnement peut proposer la zone pour la constitution du réseau écologique européen Natura 2000. Cette proposition est notifiée à la Commission européenne.**

(Mod., D. n° 2022-1757, 30 déc. 2022) **La notification de proposition de site à la Commission européenne est portée à la connaissance des maires des communes, des présidents des établissements publics de coopération intercommunale ainsi que, pour les sites exclusivement terrestres, du président du conseil régional ou, en Corse, du président du conseil exécutif et, lorsque le site recouvre en tout ou partie un espace naturel sensible, du président du conseil départemental consultés en application du III de l'article R. 414-3 par le ou les préfets ayant procédé à cette consultation.**

Lorsque la zone proposée est inscrite par la Commission européenne sur la liste des sites d'importance communautaire, le ministre chargé de l'environnement prend un arrêté la désignant comme site Natura 2000.

Dès lors que la Commission a inscrit un site sur la liste des SIC, le Gouvernement français, auquel aucun élément nouveau faisant obstacle à cette inscription n'a été porté entre la transmission du dossier à la Commission et la décision de cette dernière, est tenu de prendre un arrêté désignant le site concerné comme site Natura 2000. Il en va toutefois autrement si les irrégularités dont serait entachée la procédure nationale ayant précédé la transmission du dossier à la Commission étaient de nature à affecter la validité de la décision de la Commission et, par voie de conséquence, la légalité de cet arrêté ministériel (■ CAA Bordeaux, 25 févr. 2014, n° 11BX03436, *Min. de l'Écologie, du Développement durable, des Transports et du Logement* : *AJDA* 2014, p. 1469, « Marge de manœuvre du ministre pour le classement d'un site Natura 2000 »).

Art. R. 414-5. – Saisi d'un projet de désignation d'une zone de protection spéciale, le ministre chargé de l'environnement prend un arrêté désignant la zone comme site Natura 2000. Sa décision est notifiée à la Commission européenne.

1) Critères scientifiques de la zone. En décidant d'exclure une zone d'exploitation et de réaménagement coordonnés de carrières au motif qu'elle supporte une activité bénéficiant d'une autorisation de l'État, c'est-à-dire sur des critères administratifs et économiques et non sur des critères scientifiques, le ministre a commis une erreur de droit (■ TA Strasbourg, 21 nov. 2005, n° 040235, *Alsace Nature* : *Environnement* mai 2006, n° 5, p. 22, comm. n° 56, note F. Braud).

2) Notification préalable à la Commission européenne. Non. Bien que la directive « Habitats » prévoie que le réseau écologique européen dénommé « Natura 2000 » comprend d'une part des zones spéciales de conservation (ZSC), et d'autre part des zones de protection spéciale (ZPS) classées par les États membres en vertu des dispositions de la directive « Oiseaux », et même si les dispositions de l'article R. 414-4 du Code de l'environnement subordonnent la désignation par le ministre chargé de l'environnement d'une zone spéciale de conservation à la notification préalable d'une proposition à la Commission européenne, il n'en va pas de même pour les zones de protection spéciale, pour lesquelles l'article R. 414-5 du Code de l'environnement prévoit simplement que « Saisi d'un projet de désignation d'une zone de protection spéciale, le ministre chargé de l'environnement prend un arrêté désignant la zone comme site Natura 2000. Sa décision est notifiée à la Commission européenne ». Dès lors, le moyen tiré de l'absence de notification préalable à la Commission européenne est inopérant (■ TA Amiens, 31 mars 2009, n° 0601414, *M. Carlier et a.*).

Art. R. 414-6 ***(Mod., D. n° 2008-457, 15 mai 2008).*** **– Lorsque le site inclut tout ou partie d'un terrain militaire ou des espaces marins, le ministre chargé de l'environnement et le ministre de la Défense décident conjointement de proposer le site à la Commission européenne dans les conditions prévues à l'article R. 414-4 et de désigner le site comme site Natura 2000.**

Art. R. 414-7 *(Rempl., D. n° 2006-922, 26 juill. 2006 ; mod., D. n° 2008-457, 15 mai 2008 ; D. n° 2022-1757, 30 déc. 2022).* – L'arrêté portant désignation d'un site Natura 2000 est publié au *Journal officiel* de la République française.

Le ou les préfets ayant procédé à la consultation prévue au III de l'article R. 414-3 transmettent l'arrêté de désignation du site Natura 2000 et ses annexes, comportant notamment la carte du site, sa dénomination, sa délimitation ainsi que l'identification des habitats naturels et des espèces justifiant cette désignation, aux maires des communes, aux présidents des établissements publics de coopération intercommunale ainsi que, pour les sites exclusivement terrestres, au président du conseil régional ou, en Corse, au président du conseil exécutif et, lorsque le site recouvre en tout ou partie un espace naturel sensible, au président du conseil départemental. Cet envoi est effectué par voie électronique, sauf demande explicite contraire de la ou des personnes publiques.

Ces documents sont publiés sur le site internet de l'inventaire national du patrimoine naturel hébergé par le Muséum national d'histoire naturelle. Ils sont tenus à la disposition du public dans les services du ministère chargé de l'environnement, à la préfecture et dans les mairies des communes situées dans le périmètre du site.

Nature de l'arrêté de désignation. L'arrêté désignant un site Natura 2000 n'a pas le caractère d'un acte réglementaire dont les intéressés peuvent exciper, après l'expiration du délai de recours contentieux, de l'illégalité (■ CE, 19 juin 2006, n°s 266435, 282702 et 283079, *Fédération départementale des syndicats d'exploitants agricoles de la Vendée et a. : AJDA* 2006, n° 36, p. 2015, note X. Braud).

Sous-section 3. – Comités de pilotage et documents d'objectifs

(Rempl., D. n° 2006-922, 26 juill. 2006 ; mod. et intitulé rempl., D. n° 2008-457, 15 mai 2008)

§ 1. – Dispositions applicables aux sites Natura 2000 majoritairement ou exclusivement terrestres

(Intitulé rempl., D. n° 2008-457, 15 mai 2008 ; mod., D. n° 2022-1757, 30 déc. 2022)

Art. R. 414-7-1 *(D. n° 2022-1757, 30 déc. 2022).* – Pour l'application du présent paragraphe, l'autorité administrative est :

1° Lorsque le site est exclusivement terrestre, le président du conseil régional, le cas échéant désigné par une convention conclue entre les régions concernées pour les sites interrégionaux, ou, en Corse, le président du conseil exécutif ;

2° Lorsque le site est majoritairement terrestre, le préfet du département où est situé le site Natura 2000 ou, si le site s'étend sur plusieurs départements, le préfet coordonnateur désigné par arrêté du Premier ministre.

Art. R. 414-8 *(Rempl., D. n° 2006-922, 26 juill. 2006 ; mod., D. n° 2006-944, 28 juill. 2006 ; D. n° 2006-1266, 16 oct. 2006 ; D. n° 2008-457, 15 mai 2008 ; D. n° 2015-211, 25 févr. 2015 ; D. n° 2022-1757, 30 déc. 2022).* – I. – La composition du comité de pilotage Natura 2000 est arrêtée par l'autorité administrative.

Outre les membres mentionnés à l'article L. 414-2, le comité de pilotage Natura 2000 comprend notamment, en fonction des particularités locales, des représentants :

– de concessionnaires d'ouvrages publics ;
– de gestionnaires d'infrastructures ;
– des organismes consulaires ;
– des organisations professionnelles et d'organismes exerçant leurs activités dans les domaines agricole, sylvicole, des cultures marines, de la pêche, de la chasse [,] de l'extraction, du sport et du tourisme ;
– d'organismes exerçant leurs activités dans le domaine de la préservation du patrimoine naturel ;
– d'associations agréées de protection de l'environnement.

Lorsque le site Natura 2000 inclut pour partie des terrains relevant du ministère de la défense, le commandant de la zone terre ou son représentant est membre de droit du comité.

Lorsque le site Natura 2000 s'étend sur des espaces marins, le préfet maritime et le commandant de zone maritime ou leurs représentants sont membres de droit du comité de pilotage.

Lorsque le site Natura 2000 inclut des terrains relevant du régime forestier, le comité de pilotage comprend un représentant de l'Office national des forêts.

II. – Le comité de pilotage peut décider d'entendre toute personne ou tout organisme dont les connaissances et l'expérience sont de nature à éclairer ses travaux.

Voir : Circ. 27 avr. 2012 relative à la gestion contractuelle des sites Natura 2000 majoritairement terrestres en application des articles R. 414-8 à R. 414-18 du Code de l'environnement (*BO de l'Écologie, de l'Énergie, du Développement durable et de l'Aménagement du territoire*, 25 juin 2012, n° 11).

Rédaction antérieure. Art. R. 414-8. – Pour chaque site Natura 2000 est établi un document d'objectifs.
Le comité de pilotage Natura 2000 mentionné à l'article R. 414-10 est associé à l'élaboration du document d'objectifs.
Le document d'objectifs est arrêté par le préfet du département dans lequel est localisé le site Natura 2000 ou, si le site s'étend sur plusieurs départements, par un préfet coordonnateur désigné par le ministre chargé de l'environnement (1).
Lorsque des terrains relevant du ministère de la Défense sont inclus dans le périmètre d'un site Natura 2000, le document d'objectifs est arrêté conjointement avec le commandant de la région terre. Lorsque le site Natura 2000 est entièrement inclus dans un terrain relevant du ministère de la Défense, le document d'objectifs est arrêté par le commandant de la région terre.

Art. R. 414-8-1 *(D. n° 2006-922, 26 juill. 2006 ; mod., D. n° 2008-457, 15 mai 2008)*. **– Le préfet convoque les représentants des collectivités territoriales et de leurs groupements membres du comité de pilotage Natura 2000 afin qu'ils désignent le président du comité et la collectivité territoriale ou le groupement chargé, pour le compte du comité, d'élaborer le document d'objectifs. S'il n'est pas procédé à ces désignations lors de cette réunion, le préfet assure la présidence du comité de pilotage Natura 2000 et conduit l'élaboration du document d'objectifs.**

Après l'approbation du document d'objectifs, le préfet convoque les représentants des collectivités territoriales et de leurs groupements membres du comité de pilotage Natura 2000 afin qu'ils désignent, pour une durée de trois ans renouvelable, la collectivité territoriale ou le groupement chargé de suivre sa mise en œuvre et le président du comité. S'il n'est pas procédé à ces désignations lors de cette réunion, le préfet assure la présidence du comité de pilotage Natura 2000 et suit la mise en œuvre du document d'objectifs pour une durée de trois ans.

Art. R. 414-8-2 *(D. n° 2006-922, 26 juill. 2006 ; mod., D. n° 2008-457, 15 mai 2008 ; D. n° 2015-211, 25 févr. 2015 ; D. n° 2022-1757, 30 déc. 2022)*. **– Lorsque le site Natura 2000 est exclusivement constitué de terrains relevant du ministère de la défense, la composition du comité de pilotage est arrêtée conjointement par l'autorité administrative et le commandant de la zone terre. Le commandant de la zone terre convoque et préside le comité de pilotage et définit les modalités de son association à l'élaboration et au suivi de la mise en œuvre, sous son autorité, du document d'objectifs. Il le transmet pour approbation à l'autorité administrative dans les deux ans qui suivent la création du comité de pilotage.**

Art. R. 414-8-3 *(Anc. art. R. 414-9, dénum. et mod., D. n° 2008-457, 15 mai 2008 ; D. n° 2015-211, 25 févr. 2015 ; D. n° 2022-1757, 30 déc. 2022)*. **– Le document d'objectifs élaboré par le comité de pilotage Natura 2000 est soumis à l'approbation de l'autorité administrative qui peut, si elle estime que le document ne permet pas d'atteindre les objectifs qui ont présidé à la création du site, demander sa modification.**

Lorsque le document d'objectifs n'a pas été soumis à l'approbation de l'autorité administrative dans un délai de deux ans à compter de la création du comité de pilotage ou si, dans ce délai, celui-ci n'a pas procédé aux modifications qui lui ont été demandées, l'autorité administrative arrête le document d'objectifs du site Natura 2000 après en avoir informé le comité de pilotage et avoir recueilli ses observations.

Lorsque des terrains relevant du ministère de la défense sont inclus dans le périmètre d'un site Natura 2000, l'avis du commandant de la zone terre doit être recueilli préalablement à l'approbation du document d'objectifs. Les mesures qui concernent les terrains relevant du ministère de la défense et les espaces aériens adjacents doivent obtenir son accord.

(1) Le Conseil d'État a jugé « que l'article R.* 214-23 du Code de l'environnement, issu du décret n° 2001-1216 du 20 décembre 2001 [et aujourd'hui repris à l'article R. 414-8 de ce code], qui, s'il a été pris en Conseil d'État n'a pas été délibéré en Conseil des ministres, ne peut fixer pour la désignation du préfet coordonnateur une règle contraire à celle qui résulte de la modification apportée au décret [n° 82-390] du 10 mai 1982 par le décret [n° 2002-955] du 4 juillet 2002 [aujourd'hui reprise à l'article 66 du décret n° 2004-374 du 29 avril 2004] », ■ CE, 19 juin 2006, n° 266435, *Féd. dép. des syndicats d'exploitants agricoles de la Vendée et a.* – NDLR.

Lorsque le site Natura 2000 s'étend sur des espaces marins, l'accord du préfet maritime et celui du commandant de zone maritime sur les mesures qui concernent lesdits espaces doivent être recueillis préalablement à l'approbation du document d'objectifs.

Lorsque le document d'objectifs contient des mesures qui concernent la pêche maritime, il est soumis à l'accord du préfet de région mentionné à l'article R.* 911-3 du Code rural et de la pêche maritime.

Art. R. 414-8-4 *(Rempl., D. n° 2022-1757, 30 déc. 2022).* – La décision du président du conseil régional ou, en Corse, du président du conseil exécutif portant approbation du document d'objectifs d'un site Natura 2000 exclusivement terrestre est publié sur le site internet de la ou des régions concernées ou de la collectivité de Corse.

L'arrêté préfectoral portant approbation du document d'objectifs d'un site Natura 2000 majoritairement terrestre est publié au recueil des actes administratifs de la ou des préfectures intéressées.

Selon le cas, cette décision ou cet arrêté est transmis par l'autorité administrative aux maires des communes membres du comité de pilotage Natura 2000.

Le document d'objectifs d'un site Natura 2000 est tenu à la disposition du public dans les services de l'autorité administrative compétente ainsi que dans les mairies des communes concernées territorialement par le site Natura 2000.

Le projet de document d'objectifs élaboré par le comité de pilotage est un acte préparatoire à l'arrêté préfectoral pris, soit pour son approbation, soit pour arrêter lui-même le document d'objectifs. Il est insusceptible de recours (■ CAA Marseille, 7 janv. 2014, n° 11MA04669, *SARL Hol-Mag*).

Art. R. 414-8-5 *(Anc. art. R. 414-10, dénum. et mod., D. n° 2008-457, 15 mai 2008 ; D. n° 2015-211, 25 févr. 2015 ; D. n° 2022-1757, 30 déc. 2022).* – I. – Le comité de pilotage Natura 2000 suit la mise en œuvre du document d'objectifs. À cette fin, la collectivité territoriale ou le groupement ou, à défaut, l'autorité administrative qui lui a été substitué lui soumet au moins tous les trois ans un rapport qui retrace les mesures mises en œuvre et les difficultés rencontrées et indique, si nécessaire, les modifications du document de nature à favoriser la réalisation des objectifs qui ont présidé à la désignation du site, en tenant compte, notamment, de l'évolution des activités humaines sur le site.

II. – L'autorité administrative ou, le cas échéant, le commandant de la zone terre évalue périodiquement l'état de conservation des habitats naturels et des populations des espèces de faune et de flore sauvages qui justifient la désignation du site. Les résultats de cette évaluation sont communiqués aux membres du comité de pilotage Natura 2000.

Lorsqu'il apparaît que les objectifs qui ont présidé à la désignation du site n'ont pas été atteints ou ne sont pas susceptibles de l'être, l'autorité administrative ou, le cas échéant, le commandant de la zone terre met en révision le document d'objectifs et saisit le comité de pilotage à cette fin.

Art. R. 414-8-6 *(Anc. art. R. 414-10-1, dénum., D. n° 2008-457, 15 mai 2008).* – Le document d'objectifs est révisé dans les délais et selon les procédures prévus pour son élaboration.

§ 2. – Dispositions applicables aux sites Natura 2000 majoritairement marins
(D. n° 2008-457, 15 mai 2008)

Art. R. 414-9 *(D. n° 2008-457, 15 mai 2008).* – Les missions définies aux articles R. 414-9-1 à R. 414-9-7 sont assurées :

– par le préfet maritime lorsque le site Natura 2000 s'étend exclusivement sur des espaces marins situés au-delà de la laisse de basse mer ;

– conjointement par le préfet maritime et par le préfet de département dans tous les autres cas.

Toutefois, si les espaces marins du site s'étendent sur plus d'une zone maritime, un préfet maritime coordonnateur désigné par arrêté du Premier ministre est substitué au préfet maritime ; si les espaces terrestres du site s'étendent sur plus d'un département, un préfet coordonnateur désigné dans les mêmes conditions est substitué au préfet de département.

Art. R. 414-9-1 *(D. n° 2008-457, 15 mai 2008).* – Le ou les préfets arrêtent la composition du comité de pilotage Natura 2000 conformément aux dispositions de l'article R. 414-8.

Art. R. 414-9-2 *(D. n° 2008-457, 15 mai 2008)*. – Le ou les préfets convoquent et président le comité de pilotage. Ils peuvent en confier la présidence à l'un des membres représentant d'une collectivité territoriale ou d'un groupement de collectivités territoriales.

Art. R. 414-9-3 *(D. n° 2008-457, 15 mai 2008)*. – Le ou les préfets définissent les modalités d'association du comité de pilotage du site Natura 2000 à l'élaboration et au suivi de la mise en œuvre, sous leur autorité, du document d'objectifs.

L'élaboration et le suivi de la mise en œuvre du document d'objectifs peuvent être confiés, pour tout ou partie, par voie de convention, par le ou les préfets à un ou plusieurs membres du comité de pilotage, sur proposition de ce comité.

Art. R. 414-9-4 *(D. n° 2008-457, 15 mai 2008)*. – Le document d'objectifs est soumis à l'accord :

– du commandant de zone maritime pour les mesures qui concernent les espaces marins ;

– du préfet de région pour les mesures qui concernent la pêche maritime ;

– du préfet de département pour les mesures qui concernent le domaine public maritime lorsque le site Natura 2000 est entièrement situé au-delà de la laisse de basse mer ;

– et, le cas échéant, *(Mots rempl., D. n° 2015-211, 25 févr. 2015)* « du commandant de la zone terre » pour les mesures qui concernent les terrains relevant du ministère de la Défense et les espaces aériens adjacents.

Art. R. 414-9-5 *(D. n° 2008-457, 15 mai 2008 ; mod., D. n° 2022-1757, 30 déc. 2022)*. – L'arrêté portant approbation du document d'objectifs du site Natura 2000 est publié au recueil des actes administratifs de la ou des préfectures intéressées et transmis par le préfet ou les préfets aux maires des communes membres du comité de pilotage Natura 2000.

Le document d'objectifs est tenu à la disposition du public dans les services de l'État indiqués dans l'arrêté ainsi que dans les mairies des communes membres du comité de pilotage.

Art. R. 414-9-6 *(D. n° 2008-457, 15 mai 2008)*. – Le ou les préfets soumettent au moins tous les trois ans au comité de pilotage Natura 2000 un rapport sur la mise en œuvre du document d'objectifs.

Ils évaluent périodiquement l'état de conservation des habitats naturels et des populations des espèces de faune et de flore sauvages qui justifient la désignation du site et communiquent les résultats de cette évaluation aux membres du comité de pilotage Natura 2000.

Art. R. 414-9-7 *(D. n° 2008-457, 15 mai 2008)*. – Le document d'objectifs est révisé dans les conditions prévues pour son élaboration. Il doit être procédé à sa révision lorsqu'il apparaît que les objectifs qui ont présidé à la désignation du site n'ont pas été atteints ou ne sont pas susceptibles de l'être, en tenant compte de l'évolution des activités humaines sur le site.

§ 3. – Dispositions particulières applicables à certains sites Natura 2000
(D. n° 2008-457, 15 mai 2008)

Art. R. 414-10 *(D. n° 2008-457, 15 mai 2008)*. – Lorsque plus de la moitié de la superficie des espaces d'un site Natura 2000 est située dans le périmètre d'un cœur de parc national, le document d'objectifs établi par le conseil d'administration de l'établissement public du parc national prend la forme d'un document de mise en œuvre de la charte du parc national dont le contenu est conforme aux dispositions de l'article R. 414-11.

Les dispositions de ce document qui sont susceptibles d'affecter l'exécution de la politique militaire au sens de l'article L. 1142-1 du Code de la défense sont soumises à l'accord :

– *(Mots rempl., D. n° 2015-211, 25 févr. 2015)* « du commandant de la zone terre » lorsqu'elles concernent des terrains relevant du ministère de la Défense et les espaces aériens adjacents ;

– du commandant de zone maritime lorsqu'elles concernent des espaces marins.

Art. R. 414-10-1 *(D. n° 2008-457, 15 mai 2008)*. – Lorsque plus de la moitié de la superficie des espaces d'un site Natura 2000 est située dans le périmètre d'un parc naturel marin, le document d'objectifs est élaboré selon les modalités prévues pour le plan de gestion du parc naturel marin et intégré à ce plan.

§ 4. – Contenu du document d'objectifs

(Anc. § 3 dénum. et intitulé rempl., D. n° 2008-457, 15 mai 2008)

Art. R. 414-11 *(Rempl., D. n° 2006-922, 26 juill. 2006 ; mod., D. n° 2008-457, 15 mai 2008).* – Le document d'objectifs comprend :

1° Un rapport de présentation décrivant l'état de conservation et les exigences écologiques des habitats naturels et des espèces qui justifient la désignation du site, la localisation cartographique de ces habitats naturels et des habitats de ces espèces, les mesures et actions de protection de toute nature qui, le cas échéant, s'appliquent au site et les activités humaines qui s'y exercent au regard, notamment, de leurs effets sur l'état de conservation de ces habitats et espèces ;

2° Les objectifs de développement durable du site permettant d'assurer la conservation et, s'il y a lieu, la restauration des habitats naturels et des espèces qui justifient la désignation du site, en tenant compte des activités économiques, sociales, culturelles et de défense qui s'y exercent ainsi que des particularités locales ;

3° Des propositions de mesures de toute nature permettant d'atteindre ces objectifs indiquant les priorités retenues dans leur mise en œuvre en tenant compte, notamment, de l'état de conservation des habitats et des espèces au niveau national, des priorités mentionnées au second alinéa de l'article R. 414-1 et de l'état de conservation des habitats et des espèces au niveau du site ;

4° *(Rempl., D. n° 2015-959, 31 juill. 2015)* La liste des contrats Natura 2000 prévus aux articles R. 414-13 et suivants, y compris de ceux prenant la forme de contrats portant sur des engagements agroenvironnementaux, utilisables dans le site, et les cahiers des charges applicables à ces contrats, qui indiquent pour chaque action contractuelle l'objectif poursuivi, le périmètre d'application, les critères d'éligibilité, les obligations environnementales, les habitats et espèces concernés et son coût prévisionnel ;

5° La liste des engagements faisant l'objet de la charte Natura 2000 du site, telle que définie à l'article R. 414-12 ;

6° Les modalités de suivi des mesures projetées et les méthodes de surveillance des habitats et des espèces en vue de l'évaluation de leur état de conservation.

Sous-section 4. – Dispositions relatives aux chartes et aux contrats Natura 2000

(Rempl., D. n° 2006-922, 26 juill. 2006)

Art. R. 414-11-1 *(Créé, D. n° 2022-1757, 30 déc. 2022, art. 15).* – Pour l'application de la présente sous-section, l'autorité administrative est :

1° Lorsque le site est exclusivement terrestre, le président du conseil régional, le cas échéant désigné par une convention conclue entre les régions concernées pour les sites interrégionaux, ou, en Corse, le président du conseil exécutif ;

2° Dans les autres cas, le préfet. Celui-ci est, selon la nature des engagements, le préfet de département, le préfet de région ou le préfet maritime.

§ 1. – Charte Natura 2000

Art. R. 414-12 *(Rempl., D. n° 2006-922, 26 juill. 2006 ; mod., D. n° 2008-457, 15 mai 2008 ; D. n° 2022-1757, 30 déc. 2022).* – I. – La charte Natura 2000 d'un site est constituée d'une liste d'engagements contribuant à la réalisation des objectifs de conservation ou de restauration des habitats naturels et des espèces définis dans le document d'objectifs. Les engagements contenus dans la charte portent sur des pratiques de gestion des terrains et espaces inclus dans le site ou des pratiques sportives ou de loisirs respectueuses des habitats naturels et des espèces. La charte Natura 2000 du site précise les territoires dans lesquels s'applique chacun de ces engagements et l'autorité administrative auprès de laquelle ils sont souscrits.

II. – L'adhérent à la charte Natura 2000 du site s'engage pour une durée de cinq ans à compter de la réception du formulaire d'adhésion par l'autorité administrative qui en accuse réception.

L'adhésion à la charte Natura 2000 ne fait pas obstacle à la signature par l'adhérent d'un contrat Natura 2000.

Art. R. 414-12-1 *(D. n° 2006-922, 26 juill. 2006 ; mod., D. n° 2008-457, 15 mai 2008 ; D. n° 2015-211, 25 févr. 2015 ; D. n° 2022-1757, 30 déc. 2022).* – I. – L'autorité administrative, conjointement avec le commandant de la zone terre pour ce qui concerne les terrains relevant du ministère de la défense, s'assure du respect des engagements souscrits dans le cadre de la charte Natura 2000.

À cet effet, les services de l'autorité administrative peuvent, après en avoir avisé au préalable le signataire de la charte, vérifier sur place le respect des engagements souscrits.

Lorsque le signataire d'une charte Natura 2000 s'oppose à un contrôle, souscrit une fausse déclaration ou ne se conforme pas à l'un des engagements souscrits, l'autorité administrative peut décider de la suspension ou de la résiliation de son adhésion. Elle en informe l'administration fiscale et les services gestionnaires des aides publiques auxquelles donne droit l'adhésion à la charte.

II. – En cas de cession, pendant la période d'adhésion à la charte Natura 2000, de tout ou partie des terrains pour lesquels des engagements ont été souscrits, le cédant est tenu d'en informer l'autorité administrative. Le cessionnaire peut adhérer à la charte pour la période restant à courir de l'engagement initial.

Lorsque le titulaire d'une concession portant autorisation d'exploitation de cultures marines vient à changer, le nouveau concessionnaire peut adhérer à la charte Natura 2000 pour la période restant à courir de l'engagement initial.

§ 2. – **Contrat Natura 2000**

Art. R. 414-13 *(Rempl., D. n° 2015-959, 31 juill. 2015 ; mod., D. n° 2017-744, 4 mai 2017 ; D. n° 2017-1777, 27 déc. 2017 ; D. n° 2022-1757, 30 déc. 2022).* – I. – Un arrêté du ministre chargé de l'environnement fixe la liste des actions contractuelles éligibles à une contrepartie financière de la ou des autorités compétentes pour la gestion des fonds nationaux ou européens. Le cas échéant, un arrêté, pour les sites exclusivement terrestres, du président du conseil régional ou, en Corse, du conseil exécutif ou, pour les autres sites, du préfet de région précise cette liste compte tenu, notamment, des spécificités locales, des objectifs de conservation prioritaires et d'une allocation optimale des moyens. Cet arrêté établit également, en tant que de besoin, les barèmes de subvention applicables aux contrats Natura 2000.

II. – Le contrat Natura 2000 est conclu pour une durée maximal de cinq ans entre la ou les autorités compétentes pour la gestion des fonds nationaux ou européens, signataires du contrat, et, selon le cas, soit le titulaire de droits réels ou personnels portant sur des parcelles incluses dans le site, soit le professionnel ou l'utilisateur des espaces marins situés dans le site. Lorsque le contrat porte en tout ou partie sur des terrains relevant du ministère de la défense, il est contresigné par le commandant de la zone terre.

La ou les autorités compétentes pour la gestion des fonds nationaux et européens sont chargées de l'exécution des clauses financières du contrat.

III. – Dans le respect des cahiers des charges figurant dans le document d'objectifs mentionné à l'article R. 414-9, le contrat Natura 2000 comprend notamment :

1° Le descriptif des opérations à effectuer pour mettre en œuvre et atteindre les objectifs de conservation ou, s'il y a lieu, de restauration définis dans le document d'objectifs, avec l'indication des travaux et prestations d'entretien ou de restauration des habitats naturels, des espèces et de leurs habitats et la délimitation des espaces auxquels ils s'appliquent ;

2° Le descriptif des engagements qui donnent lieu au versement d'une contrepartie financière ainsi que le montant, la durée et les modalités de versement de cette contrepartie ;

3° Les points de contrôle et les justificatifs à produire permettant de vérifier le respect des engagements contractuels.

Art. R. 414-14 *(Rempl., D. n° 2006-922, 26 juill. 2006 ; mod., D. n° 2008-457, 15 mai 2008 ; D. n° 2015-959, 31 juill. 2015 ; D. n° 2017-1777, 27 déc. 2017 ; D. n° 2022-1757, 30 déc. 2022).* – Une convention passée entre la ou les autorités compétentes pour la gestion des fonds nationaux ou européens et l'organisme payeur régit les conditions dans lesquelles cet organisme payeur verse les sommes accordées par les autorités de gestion de fonds au titre de l'élaboration des documents d'objectifs, de la mise en œuvre des documents d'objectifs et des contrats Natura 2000.

L'organisme payeur rend compte de cette activité à l'autorité de gestion de fonds au ministre chargé de l'environnement et au ministre chargé de l'agriculture dans les conditions prévues à l'article D. 313-14 du Code rural et de la pêche maritime, ainsi qu'au ministre chargé des pêches maritimes et de l'aquaculture.

Art. R. 414-15 *(Rempl., D. n° 2006-922, 26 juill. 2006 ; mod., D. n° 2015-211, 25 févr. 2015 ; D. n° 2015-959, 31 juill. 2015 ; D. n° 2017-744, 4 mai 2017 ; D. n° 2017-1777, 27 déc. 2017D. n° 2022-1757, 30 déc. 2022).* – Le représentant de la ou des autorités compétentes pour la gestion des fonds nationaux ou européens, signataires du contrat, conjointement avec le commandant de la zone terre pour ce qui concerne les terrains relevant du ministère de la défense, s'assurent du respect des engagements souscrits dans le cadre des contrats Natura 2000.

À cet effet, des contrôles sur pièces sont menés par ces autorités gestionnaires de fonds ou l'organisme payeur. Ceux-ci peuvent, après en avoir avisé au préalable le titulaire du contrat, vérifier sur place le respect des engagements souscrits.

Art. R. 414-15-1 *(Rempl., D. n° 2015-959, 31 juill. 2015 ; mod., D. n° 2017-1777, 27 déc. 2017 ; D. n° 2022-1757, 30 déc. 2022).* – Lorsque le titulaire d'un contrat Natura 2000 s'oppose à un contrôle réalisé en application de l'article R. 414-15, lorsqu'il ne se conforme pas à l'un des engagements souscrits ou s'il fait une fausse déclaration, la ou les autorités compétentes pour la gestion des fonds nationaux ou européens signataires du contrat suspendent, réduisent ou suppriment en tout ou partie l'attribution des aides prévues au contrat. Ces dernières peuvent en outre résilier le contrat.

Art. R. 414-16 *(Rempl., D. n° 2006-922, 26 juill. 2006 ; D. n° 2008-457, 15 mai 2008 ; mod., D. n° 2015-959, 31 juill. 2015 ; D. n° 2017-1777, 27 déc. 2017).* – Lorsque tout ou partie d'un terrain sur lequel porte un contrat Natura 2000 fait l'objet d'une cession ou lorsque le titulaire d'une concession portant autorisation d'exploitation de cultures marines vient à changer, l'acquéreur ou le nouveau concessionnaire peuvent s'engager à poursuivre les engagements souscrits.

Dans ce cas, les engagements souscrits sont transférés à l'acquéreur ou au nouveau concessionnaire et donnent lieu à un avenant qui prend en compte le changement de cocontractant.

(Mod., D. n° 2022-1757, 30 déc. 2022) À défaut de transfert, le contrat est résilié de plein droit et la ou les autorités compétentes pour la gestion des fonds nationaux ou européens signataires du contrat statuent sur le remboursement des sommes perçues par le cédant ou l'ancien concessionnaire.

Art. R. 414-17 *(Rempl., D. n° 2006-922, 26 juill. 2006).* – Les dispositions du présent paragraphe ne sont pas applicables aux contrats Natura 2000 qui prennent la forme de contrats portant sur des engagements agroenvironnementaux. Ces contrats doivent néanmoins comporter, dans le respect des cahiers des charges figurant dans le document d'objectifs, des engagements propres à atteindre les objectifs de conservation poursuivis sur le site.

§ 3. – Dispositions communes

Art. R. 414-18 *(Rempl., D. n° 2015-959, 31 juill. 2015 ; mod., D. n° 2022-1757, 30 déc. 2022).* – Lorsqu'il est fait application des dispositions des articles R. 414-12-1 et R. 414-15-1, l'autorité administrative ou la ou les autorités compétentes pour la gestion des fonds nationaux ou européens signataires du contrat en indiquent les motifs au signataire de la charte ou au titulaire du contrat Natura 2000 et le mettent en mesure de présenter ses observations.

Art. R. 414-18-1 *(D. n° 2022-1757, 30 déc. 2022).* – Le président du conseil régional ou, en Corse, le président du conseil exécutif transmet au ministre chargé de l'environnement toutes les informations nécessaires afin de lui permettre de préparer et communiquer les éléments d'information et rapports requis en application des directives 92/43/CEE du Conseil du 21 mai 1992 concernant la conservation des habitats naturels ainsi que de la faune et de la flore sauvages et 2009/147/CE du Parlement européen et du Conseil du 30 novembre 2009 concernant la conservation des oiseaux sauvages.

Un arrêté du ministre chargé de l'environnement, pris après avis des présidents des conseils régionaux et, en Corse, du président du conseil exécutif, réputé favorable en l'absence de réponse dans un délai de deux mois, fixe la liste de ces informations ainsi que la périodicité et les modalités de transmission par le président du conseil régional et, en Corse, du président du conseil exécutif des informations relatives aux sites dont ils assurent la gestion.

Sous-section 5. – Dispositions relatives à l'évaluation des incidences Natura 2000

(Rempl., D. n° 2010-365, 9 avr. 2010) (1)

Art. R. 414-19 *(Rempl., D. n° 2010-365, 9 avr. 2010 ; mod., D. n° 2010-368, 13 avr. 2010 ; D. n° 2011-2019, 29 déc. 2011* (2) *; D. n° 2015-1783, 28 déc. 2015 ; D. n° 2016-1110, 11 août 2016 ; D. n° 2016-1613, 25 nov. 2016 ; D. n° 2022-1757, 30 déc. 2022).* – I. – La liste nationale des documents de planification, programmes ou projets ainsi que des manifestations et interventions qui doivent faire l'objet d'une évaluation des incidences sur un ou plusieurs sites Natura 2000 en application du 1° du III de l'article L. 414-4 est la suivante :

1° Les plans et programmes faisant l'objet d'une évaluation environnementale systématique ou après examen au cas par cas en application de l'article R. 122-17 du présent code et des articles R. 104-1 et suivants du Code de l'urbanisme ;

2° Les projets faisant l'objet d'une évaluation environnementale systématique ou d'un examen au cas par cas en application des articles R. 122-2 et R. 122-2-1 ;

3° Les installations, ouvrages, travaux et activités soumis à autorisation ou déclaration au titre des articles L. 214-1 à L. 214-3 et mentionnés dans le tableau annexé à l'article R. 214-1 ;

4° Les travaux, constructions ou installations soumis aux autorisations prévues par les dispositions du 1° et du 2° du I de l'article L. 331-4, des articles L. 331-5, L. 331-6, L. 331-14, L. 332-6 et L. 332-9 ;

5° Les travaux, constructions ou installations soumis aux autorisations prévues par les dispositions des articles L. 341-7 et L. 341-10 lorsqu'ils sont localisés en site Natura 2000 ;

6° Les documents de gestion forestière mentionnés au a du 1° et au a du 2° de l'article L. 122-3 du Code forestier et portant sur des forêts situées en site Natura 2000, sous réserve de l'application de l'article L. 122-7 du même code ;

7° Les coupes soumises à autorisation en application de l'article L. 312-9 du Code forestier, pour les forêts localisées en site Natura 2000 ;

8° Les coupes soumises à autorisation en application de l'article L. 124-5 du Code forestier pour les forêts localisées en site Natura 2000 et les coupes soumises à autorisation en application de l'article L. 141-3 du même code pour les forêts localisées en site Natura 2000, sous réserve de l'application de l'article L. 122-7 de ce code ;

9° Les coupes de plantes aréneuses soumises à autorisation en application de l'article L. 143-2 du Code forestier, lorsqu'elles sont localisées en site Natura 2000 ;

10° Les délimitations d'aires géographiques de production prévues à l'article L. 641-6 du Code rural et de la pêche maritime, dès lors que ces aires sont localisées en site Natura 2000 et qu'elles concernent une production viticole ;

11° Les traitements aériens faisant l'objet d'une dérogation à l'interdiction de pulvérisation aérienne des produits phytopharmaceutiques en application de l'article L. 253-8 du Code rural et de la pêche maritime, à l'exception des cas d'urgence ;

12° La délimitation des zones de lutte contre les moustiques prévue à l'article 1er du décret n° 65-1046 du 1er décembre 1965 pris pour l'application de la loi n° 64-1246 du 16 décembre 1964 relative à la lutte contre les moustiques, à l'exception des cas d'urgence justifiés par une menace imminente pour la santé humaine ;

13° L'exploitation de carrières soumise à déclaration et mentionnée aux points 5 et 6 de la rubrique 2510 de la nomenclature annexée à l'article R. 511-9, dès lors qu'elles sont localisées en site Natura 2000 ;

14° Les stations de transit de produits minéraux soumises à déclaration et mentionnées au point 2 de la rubrique 2516 et au point 2 de la rubrique 2517 de la nomenclature annexée à l'article R. 511-9, dès lors que ces stations sont localisées en site Natura 2000 ;

15° Les installations de collecte de déchets apportés par le producteur initial de ces déchets soumises à déclaration et mentionnées aux points 1b et 2b de la rubrique 2710 de la nomenclature annexée à l'article R. 511-9, dès lors que ces installations sont localisées en site Natura 2000 ;

16° Les travaux prévus dans la procédure d'arrêt de travaux miniers soumise à déclaration au titre de l'article L. 163-2 du Code minier, pour les installations concernant des substances mentionnées à l'article L. 111-1 du Code minier et le stockage souterrain mentionnées à l'article L. 211-2 du Code minier, dès lors que ces

(1) Dispositions transitoires : V. D. n° 2010-365, 9 avr. 2010, art. 3.
(2) Dispositions transitoires et particulières : V. D. n° 2011-2019, 29 déc. 2011, art. 13.

installations sont localisées en site Natura 2000. En cas de disparition ou de défaillance du responsable des installations, les travaux prescrits par l'autorité administrative, au-delà de la période de validité d'un titre minier, sont également soumis à évaluation des incidences sur le ou les sites Natura 2000 où les installations sont localisées, à l'exception des travaux réalisés en situation d'urgence ou de péril imminent ;

17° L'occupation d'une dépendance du domaine public d'une personne publique soumise à autorisation au titre de l'article L. 2122-1 du Code général de la propriété des personnes publiques, lorsque la dépendance occupée est localisée, en tout ou partie, en site Natura 2000 ;

18° Les manifestations sportives sans véhicule terrestre à moteur soumises à déclaration au titre de l'article R. 331-6 du Code du sport, pour les épreuves et compétitions se déroulant en tout ou partie sur une voie publique ou ouverte à la circulation publique dès lors qu'elles donnent lieu à la délivrance d'un titre international ou national ou que leur budget d'organisation dépasse 100 000 euros ;

19° L'homologation des circuits accordée en application de l'article R. 331-37 du Code du sport ;

20° Les manifestations sportives comportant la participation de véhicules terrestres à moteur soumises à déclaration ou autorisation au titre des troisième à cinquième alinéas de l'article R. 331-20 du Code du sport, pour les manifestations se déroulant soit, en tout ou partie, sur la voie publique, dès lors qu'elles donnent lieu à la délivrance d'un titre international ou national ou que leur budget d'organisation dépasse 100 000 euros, soit sur des voies non ouvertes à la circulation publique. Les manifestations qui se déroulent sur des circuits homologués après évaluation des incidences Natura 2000 réalisée en application du 19° du présent article sont dispensées d'une évaluation des incidences ;

21° Les rassemblements exclusivement festifs à caractère musical soumis à déclaration au titre de l'article L. 211-5 du Code de la sécurité intérieure et répondant aux caractéristiques prévues à l'article R. 211-2 du même code ;

22° Les manifestations sportives, récréatives ou culturelles à but lucratif soumises à déclaration en application de l'article R. 331-4 du Code du sport ;

23° Les manifestations nautiques en mer soumises à déclaration dans des conditions fixées par arrêté des ministres chargés de la mer et des sports, dès lors qu'elles donnent lieu à délivrance d'un titre international ou national ou que leur budget d'organisation dépasse 100 000 euros ou dès lors qu'elles concernent des engins motorisés ;

24° Les manifestations sportives nautiques, fêtes nautiques ou autres concentrations de bateaux, susceptibles d'entraver la navigation, soumises à autorisation au titre de l'article R. 4241-38 du Code des transports, lorsqu'elles concernent le rassemblement d'engins motorisés organisé sur une voie d'eau ou sur un plan d'eau intérieur et qu'elles sont localisées en site Natura 2000 ;

25° Les manifestations aériennes soumises à autorisation en application de l'article L. 6221-1 du Code des transports et de l'article R. 131-3 du Code de l'aviation civile, autres que les spectacles aériens publics simples définis par l'arrêté du 10 novembre 2021 relatif aux manifestations aériennes ;

26° Les installations classées soumises à enregistrements en application de l'article L. 512-7, dès lors que ces installations sont localisées en site Natura 2000.

II. – Sauf mention contraire, les documents de planification, programmes, projets, manifestations ou interventions listés au I sont soumis à l'obligation d'évaluation des incidences Natura 2000, que le territoire qu'ils couvrent ou que leur localisation géographique soient situés ou non dans le périmètre d'un site Natura 2000.

Voir également : art. L. 414-4 et nos annotations, p. 747.

1) Respect des objectifs de la directive « Habitats ». Le décret du 20 décembre 2001 relatif à la gestion des sites Natura 2000 et modifiant le Code rural s'étant borné à définir les règles qui s'appliquent dans le champ d'application que la loi a défini, le moyen tiré de ce que le champ prévu par le décret méconnaîtrait les objectifs figurant à l'article 6 de la directive « Habitats » doit, en tout état de cause être écarté (■ CE, 19 mars 2003, n°s 234073 et 234688, *Assoc. des élus de la montagne et a., Assoc. Coordination nationale Natura 2000 et a. : BJCL* n° 5/03, p. 334 et s. ; *Environnement* 2003, n° 6, p. 21, comm. L. Benoît).

2) Homologation des circuits accordée en application de l'article R. 331-37 du Code des sports et manifestations sportives. Le pouvoir réglementaire a légalement pu prévoir, aux termes du II de l'article R. 414-19 du Code de l'environnement, que, sauf mentions contraires, les documents de planification, programmes, projets, manifestations ou interventions énumérés à l'article R. 414-19 du Code de l'environnement sont soumis, indépendamment de leur localisation par rapport à un ou plusieurs sites Natura 2000, à une évaluation préalable de leurs incidences. Il ressort des dispositions des 23° et 24° du I de l'article R. 414-19 du

Code de l'environnement, dans leur rédaction issue de l'article 1er du décret n° 2010-365 du 9 avril 2010, que l'evaluation des incidences sur un ou plusieurs sites Natura 2000 doit être produite pour l'homologation des circuits accordée en application de l'article R. 331-37 du Code du sport et pour les manifestations organisées sur les voies ouvertes ou dans les lieux non ouverts à la circulation publique et comportant la participation de véhicules terrestres à moteur. Dès lors que ces activités sont susceptibles, en raison de leur nature ou de leur importance, d'affecter des sites protégés et d'avoir des conséquences sur la faune et la flore qui les occupent, le pouvoir réglementaire n'a pas méconnu l'article L. 414-4 du Code de l'environnement en les incluant dans la liste nationale dont il prévoit l'établissement (■ CE, 26 déc. 2012, nos 340395, 340424 et 340437, *France Nature Environnement*).

3) Programmes ou projets situés en dehors du périmètre d'un site Natura 2000. Pour les programmes ou projets situés en dehors du périmètre d'un site Natura 2000, ce n'est que si le projet en question est susceptible d'affecter de façon notable un ou plusieurs sites Natura 2000, compte tenu de la distance, de la topographie, de l'hydrographie, du fonctionnement des écosystèmes, de la nature ou de l'importance du programme ou du projet, des caractéristiques du ou des sites et de leur objectif de conservation, qu'il doit faire l'objet d'une évaluation des incidences éventuelles, au regard des objectifs de conservation des sites Natura 2000 (■ CAA Bordeaux, 9 déc. 2008, n° 07BX01278, *M. Lecoutre et a.*).

4) Évaluation des incidences. Est suffisante l'étude d'impact d'un projet de construction d'une éolienne à l'extrémité d'un site Natura 2000 qui comporte une carte permettant de localiser le projet par rapport audit site, une analyse des effets notables, temporaires ou permanents, que les travaux et aménagements envisagés peuvent avoir sur l'état de conservation des habitats naturels et des espèces ainsi qu'une étude d'évaluation de l'incidence de l'ouvrage sur ce site, faisant apparaître la très faible incidence de l'éolienne sur l'avifaune et les chiroptères présents (■ CAA Nantes, 12 mai 2010, n° 09NT01114, *Assoc. Donquichotte e.a.*).

Art. R. 414-20 *(Rempl., D. n° 2010-365, 9 avr. 2010)*. – I. – Les listes locales mentionnées au 2° du III et au IV de l'article L. 414-4 sont arrêtées, après avis du conseil scientifique régional du patrimoine naturel, selon leurs domaines de compétences respectifs, soit :

1° Par le préfet de département, après consultation de la commission départementale de la nature, des paysages et des sites réunie dans sa formation « Nature ». La commission prend en compte les débats de l'instance de concertation pour la gestion du réseau Natura 2000, réunie conformément à l'article R. 341-19. Pour l'examen de ces listes locales, le préfet fait appel notamment, pour siéger dans cette instance de concertation aux côtés des membres de la formation spécialisée dite de la nature, à des représentants des catégories mentionnées au V de l'article L. 414-4, et plus généralement à des représentants des activités concernées, notamment sportives. En Corse, les préfets de département consultent le conseil des sites de Corse prévu à l'article L. 4421-4 du Code général des collectivités territoriales ;

2° Par le préfet maritime, après avoir pris en compte les avis exprimés lors d'une ou plusieurs réunions de concertation auxquelles il invite les représentants des acteurs concernés, et notamment les représentants des catégories mentionnées au V de l'article L. 414-4, ainsi que des représentants des activités sportives concernées et des représentants d'associations agréées de protection de l'environnement.

II. – Lorsque les listes visées au 2° du III et au IV de l'article L. 414-4 peuvent concerner des activités militaires, l'accord préalable *(Mots rempl., D. n° 2015-211, 25 févr. 2015)* « du commandant de zone terre » ou du commandant de zone maritime, selon leurs domaines de compétences respectifs, est requis.

III. – Les listes locales visées au présent article sont publiées au recueil des actes administratifs du ou des départements concernés et portées à la connaissance du public par tout moyen adapté, et au moins par une insertion dans un journal diffusé dans la zone géographique concernée.

Art. R. 414-21 *(Rempl., D. n° 2010-365, 9 avr. 2010)*. – Toute personne souhaitant élaborer un document de planification, réaliser un programme ou un projet, organiser une manifestation ou procéder à une intervention mentionnés à l'article R. 414-19 ou figurant sur une liste locale mentionnée au 2° du III de l'article L. 414-4 accompagne son dossier de présentation du document de planification, sa demande d'autorisation ou d'approbation ou sa déclaration du dossier d'évaluation des incidences Natura 2000 mentionné à l'article R. 414-23. Lorsque le document, programme ou projet fait l'objet d'une enquête publique, cette évaluation est jointe au dossier soumis à enquête publique.

Le contenu de ce dossier peut se limiter à la présentation et à l'exposé définis au I de cet article, dès lors que cette première analyse permet de conclure à l'absence d'incidence sur tout site Natura 2000.

Mesures de nature à réduire les effets dommageables. Des requérants ne sont pas fondés à soutenir que c'est à tort que le tribunal administratif a rejeté leur demande tendant à l'annulation de l'arrêté autorisant le drainage de parcelles, par drains enterrés, dès lors que celui-ci propose, pour en compenser les inconvénients, la mise en herbe d'une parcelle de 4,4 hectares située dans un site « Natura 2000 » et que le préfet a imposé le maintien de cette parcelle en prairie permanente, l'obligation de maintien d'une prairie permanente n'apparaissant pas inadaptée compte tenu notamment de la localisation des terres objet de l'autorisation de drainage aux abord d'un site « Natura 2000 » (■ CAA Nantes, 29 déc. 2008, n° 08NT00801, *GAEC Le Margonnais et M. Lancereau*).

Art. R. 414-22 ***(Rempl., D. n° 2016-1110, 11 août 2016 ; mod., D. n° 2020-844, 3 juill. 2020*** (1) ***; D. n° 2022-1757, 30 déc. 2022).*** **– L'évaluation environnementale mentionnée au 1° et au 2° du I de l'article R. 414-19 ainsi que, selon les cas, l'étude d'incidence environnementale prévue à l'article R. 181-14 et le document d'incidences prévu à l'article R. 214-32 tiennent lieu de dossier d'évaluation des incidences Natura 2000 s'ils satisfont aux prescriptions de l'article R. 414-23.**

Le formulaire d'examen au cas par cas mentionné à l'article R. 122-3-1 contient la présentation et l'exposé définis au I de l'article R. 414-23.

Étude d'impact. Dès lors que l'étude d'impact analyse de manière suffisante l'incidence, au demeurant limitée, du projet sur le site « Natura 2000 », elle peut tenir lieu, ainsi qu'elle le précise, de document d'évaluation des incidences du projet sur ce site au sens de l'article R. 414-19 du présent code (■ CAA Bordeaux, 17 déc. 2008, n° 07BX01363, *M. Revol et a.*).

Art. R. 414-23 ***(Rempl., D. n° 2010-365, 9 avr. 2010).*** **– Le dossier d'évaluation des incidences Natura 2000 est établi, s'il s'agit d'un document de planification, par la personne publique responsable de son élaboration, s'il s'agit d'un programme, d'un projet ou d'une intervention, par le maître d'ouvrage ou le pétitionnaire, enfin, s'il s'agit d'une manifestation, par l'organisateur.**

Cette évaluation est proportionnée à l'importance du document ou de l'opération et aux enjeux de conservation des habitats et des espèces en présence.

I. – Le dossier comprend dans tous les cas :

1° Une présentation simplifiée du document de planification, ou une description du programme, du projet, de la manifestation ou de l'intervention, accompagnée d'une carte permettant de localiser l'espace terrestre ou marin sur lequel il peut avoir des effets et les sites Natura 2000 susceptibles d'être concernés par ces effets ; lorsque des travaux, ouvrages ou aménagements sont à réaliser dans le périmètre d'un site Natura 2000, un plan de situation détaillé est fourni ;

2° Un exposé sommaire des raisons pour lesquelles le document de planification, le programme, le projet, la manifestation ou l'intervention est ou non susceptible d'avoir une incidence sur un ou plusieurs sites Natura 2000 ; dans l'affirmative, cet exposé précise la liste des sites Natura 2000 susceptibles d'être affectés, compte tenu de la nature et de l'importance du document de planification, ou du programme, projet, manifestation ou intervention, de sa localisation dans un site Natura 2000 ou de la distance qui le sépare du ou des sites Natura 2000, de la topographie, de l'hydrographie, du fonctionnement des écosystèmes, des caractéristiques du ou des sites Natura 2000 et de leurs objectifs de conservation.

II. – Dans l'hypothèse où un ou plusieurs sites Natura 2000 sont susceptibles d'être affectés, le dossier comprend également une analyse des effets temporaires ou permanents, directs ou indirects, que le document de planification, le programme ou le projet, la manifestation ou l'intervention peut avoir, individuellement ou en raison de ses effets cumulés avec d'autres documents de planification, ou d'autres programmes, projets, manifestations ou interventions dont est responsable l'autorité chargée d'approuver le document de planification, le maître d'ouvrage, le pétitionnaire ou l'organisateur, sur l'état de conservation des habitats naturels et des espèces qui ont justifié la désignation du ou des sites.

III. – S'il résulte de l'analyse mentionnée au II que le document de planification, ou le programme, projet, manifestation ou intervention peut avoir des effets significatifs dommageables, pendant ou après sa réalisation ou pendant la durée de la validité du document de planification, sur l'état de conservation des habitats naturels et

(1) Dispositions applicables aux demandes d'avis ou d'examen au cas par cas et aux demandes déposées en application de l'article L. 512-7 du Code de l'environnement qui sont enregistrées à compter du 5 juillet 2020, D. n° 2020-844, 3 juill. 2020.

des espèces qui ont justifié la désignation du ou des sites, le dossier comprend un exposé des mesures qui seront prises pour supprimer ou réduire ces effets dommageables.

IV. – Lorsque, malgré les mesures prévues au III, des effets significatifs dommageables subsistent sur l'état de conservation des habitats naturels et des espèces qui ont justifié la désignation du ou des sites, le dossier d'évaluation expose, en outre :

1° La description des solutions alternatives envisageables, les raisons pour lesquelles il n'existe pas d'autre solution que celle retenue et les éléments qui permettent de justifier l'approbation du document de planification, ou la réalisation du programme, du projet, de la manifestation ou de l'intervention, dans les conditions prévues aux VII et VIII de l'article L. 414-4 ;

2° La description des mesures envisagées pour compenser les effets dommageables que les mesures prévues au III ci-dessus ne peuvent supprimer. Les mesures compensatoires permettent une compensation efficace et proportionnée au regard de l'atteinte portée aux objectifs de conservation du ou des sites Natura 2000 concernés et du maintien de la cohérence globale du réseau Natura 2000. Ces mesures compensatoires sont mises en place selon un calendrier permettant d'assurer une continuité dans les capacités du réseau Natura 2000 à assurer la conservation des habitats naturels et des espèces. Lorsque ces mesures compensatoires sont fractionnées dans le temps et dans l'espace, elles résultent d'une approche d'ensemble, permettant d'assurer cette continuité ;

3° L'estimation des dépenses correspondantes et les modalités de prise en charge des mesures compensatoires, qui sont assumées, pour les documents de planification, par l'autorité chargée de leur approbation, pour les programmes, projets et interventions, par le maître d'ouvrage ou le pétitionnaire bénéficiaire, pour les manifestations, par l'organisateur bénéficiaire.

1) Mesures préventives et palliatives. L'article R. 414-23 du Code de l'environnement n'exige la définition de mesures préventives et palliatives que pour autant qu'il résulte de l'évaluation que la manifestation peut avoir des effets significatifs dommageables sur l'état de conservation des habitats naturels et des espèces qui ont justifié la désignation du site en zone Natura 2000. En l'absence de tels effets significatifs, l'évaluation n'a pas à comporter de mesures préventives et palliatives (■ CAA Marseille, 12 mars 2015, n° 14MA00313, *min. de l'Écologie et du Développement durable e. a. c/ Assoc. Moto club de Goult*).

2) Insuffisance de l'analyse des effets du projet sur l'état de conservation des habitats naturels et des espèces ayant justifié la désignation des sites. Se situant dans un espace couvert par trois zones Natura 2000 susceptibles d'être affectées, compte tenu, notamment, de la surface de retournement concernée, l'évaluation des incidences Natura 2000 d'un projet de retournement de prairies permanentes sensibles était donc tenu de comprendre une analyse des effets temporaires ou permanents, directs ou indirects, qu'il pouvait induire sur l'état de conservation des habitats naturels et des espèces ayant justifié la désignation des sites. Les éléments de la demande d'autorisation et les éléments complémentaires versés au dossier ne permettant pas de rendre compte des effets ainsi induits, il y a lieu de suspendre l'exécution de l'arrêté ayant autorisé un tel projet (■ CAA Lyon, 26 févr. 2020, n° 20LY00674).

Art. R. 414-24 *(Rempl., D. n° 2010-365, 9 avr. 2010)*. – I. – L'autorité administrative compétente pour approuver, autoriser ou s'opposer à un document de planification, un programme, un projet, une manifestation ou une intervention exerce cette compétence dans les conditions prévues par les dispositions des VI, VII et VIII de l'article L. 414-4 en tenant compte, pour l'appréciation de l'absence d'atteinte aux objectifs de conservation d'un site Natura 2000, des éventuels effets cumulés avec d'autres documents de planification, ou d'autres programmes, projets, manifestations ou interventions.

II. – Lorsque la législation ou réglementation applicable au régime de déclaration concerné ne permet pas à l'autorité administrative compétente pour instruire un dossier de déclaration de s'opposer au programme, au projet, à la manifestation ou à l'intervention qui a fait l'objet d'une déclaration, cette autorité procède, conformément au VI de l'article L. 414-4, à l'instruction du dossier dans les conditions suivantes :

1° Dans un délai maximal de deux mois suivant la réception du dossier, l'autorité administrative compétente pour recevoir la déclaration notifie, le cas échéant, au déclarant soit :

a) Son accord pour que le document, programme, projet, manifestation ou intervention entre en vigueur ou soit réalisé ;

b) Son opposition au document ou à l'opération faisant l'objet de la déclaration soit en raison de son incidence significative sur un ou plusieurs sites Natura 2000 si les conditions fixées aux VII et VIII de l'article L. 414-4 ne sont pas réunies, soit en raison de l'absence ou du caractère insuffisant de l'évaluation des incidences ;

c) Une demande de lui fournir, dans un délai de deux mois, les documents ou précisions nécessaires pour apprécier l'incidence du document ou de l'opération ou garantir que les conditions fixées aux VII et VIII de l'article L. 414-4 sont réunies ; le déclarant est averti que, faute de produire les précisions demandées dans un délai de deux mois, le document ou l'opération soumis à déclaration fera l'objet d'une décision d'opposition tacite.

En l'absence de réponse de l'autorité administrative compétente dans un délai de deux mois à partir de la réception du dossier, le document ou l'opération peut entrer en vigueur ou être réalisé ;

2° Lorsque le déclarant est invité à produire des pièces ou des précisions complémentaires, le délai de deux mois ouvert à l'autorité compétente pour lui notifier, s'il y a lieu, son opposition est suspendu jusqu'à la réception des informations demandées.

Art. R. 414-25 *(D. n° 2010-365, 9 avr. 2010).* – Si l'évaluation des incidences Natura 2000 conclut à un effet significatif sur un ou plusieurs sites Natura 2000 d'un document de planification, programme, projet, manifestation ou intervention et que les conditions définies au VIII de l'article L. 414-4 imposent de recueillir l'avis préalable de la Commission européenne, le délai ouvert à l'autorité compétente pour autoriser, approuver ou s'opposer au document de planification, programme, projet, manifestation ou intervention est suspendu jusqu'à la date de réception de cet avis par l'autorité compétente. Le pétitionnaire ou le déclarant est informé par l'autorité compétente de la date à laquelle a été saisie la Commission, qui constitue la date de départ de la suspension du délai de réponse imparti à l'autorité compétente. Il est informé sans délai de la réponse de la Commission.

Art. R. 414-26 *(D. n° 2010-365, 9 avr. 2010).* – Lorsque les documents de planification, programmes ou projets d'activités, de travaux, d'aménagements, d'ouvrages ou d'installations ainsi que les interventions ou manifestations sont réalisés pour le compte du ministre de la Défense, celui-ci organise la mise en œuvre de la procédure d'évaluation d'incidences Natura 2000 selon des modalités compatibles avec la protection du secret de la défense nationale ainsi qu'avec les contraintes particulières aux opérations non prévisibles, urgentes et impératives de la défense nationale.

Sous-section 6. – Régime d'autorisation propre à Natura 2000

(D. n° 2011-966, 16 août 2011)

Art. R. 414-27 *(D. n° 2011-966, 16 août 2011 ; mod. à compter de la date prévue à l'article 26 du décret n° 2015-15 du 8 janvier 2015, D. n° 2015-15, 8 janv. 2015 ; mod., D. n° 2022-1757, 30 déc. 2022).* – La liste nationale de référence des documents de planification, programmes ou projets ainsi que des manifestations et interventions ne relevant pas d'un régime administratif d'autorisation, d'approbation ou de déclaration prévue au IV de l'article L. 414-4 est définie dans le tableau ci-après, avec les seuils et restrictions qu'il précise.

DOCUMENTS DE PLANIFICATION, programmes ou projets, manifestations et interventions	SEUILS ET RESTRICTIONS
1) Création de voie forestière.	Lorsque la réalisation est prévue en tout ou partie à l'intérieur d'un site Natura 2000 pour des voies permettant le passage de camions grumiers.
2) Création de voie de défense des forêts contre l'incendie.	Lorsque la réalisation est prévue en tout ou partie à l'intérieur d'un site Natura 2000.
3) Création de pistes pastorales.	Lorsque la réalisation est prévue en tout ou partie à l'intérieur d'un site Natura 2000 pour des voies permettant le passage de camions de transport de matériels ou des animaux.
4) Création de place de dépôt de bois.	Lorsque la réalisation est prévue en tout ou partie à l'intérieur d'un site Natura 2000 pour les places de dépôt nécessitant une stabilisation du sol.

DOCUMENTS DE PLANIFICATION, programmes ou projets, manifestations et interventions	SEUILS ET RESTRICTIONS
5) Création de pare-feu.	Lorsque la réalisation est prévue en tout ou partie à l'intérieur d'un site Natura 2000 pour les seuls pare-feu nécessitant des coupes rases.
6) Premiers boisements.	Lorsque la réalisation est prévue en tout ou partie à l'intérieur d'un site Natura 2000, au-dessus d'une superficie de boisement ou de plantation et dans les zones que détermine l'arrêté fixant la liste locale mentionnée au IV de l'article L. 414-4.
7) Retournement de prairies permanentes ou temporaires de plus de cinq ans ou de landes.	Pour la partie de la réalisation prévue à l'intérieur d'un site Natura 2000, hors l'entretien nécessaire au maintien de la prairie ou de la lande.
Installations, ouvrages, travaux et activités au-dessous des seuils fixés pour l'obligation de déclaration par le tableau annexé à l'article R. 214-1 pour les rubriques suivantes (du 8 au 24) :	
8) Prélèvements : 1.1.2.0. Prélèvements permanents ou temporaires issus d'un forage, puits ou ouvrage souterrain dans un système aquifère, à l'exclusion de nappes d'accompagnement de cours d'eau, par pompage, drainage, dérivation ou tout autre procédé.	Volume total prélevé supérieur à 6 000 m ³ par an.
9) Prélèvements : 1.2.1.0. A l'exception des prélèvements faisant l'objet d'une convention avec l'attributaire du débit affecté prévu par l'article L. 214-9 du Code de l'environnement, prélèvements et installations et ouvrages permettant le prélèvement, y compris par dérivation, dans un cours d'eau, dans sa nappe d'accompagnement ou dans un plan d'eau ou canal alimenté par ce cours d'eau ou cette nappe.	Capacité maximale supérieure à 200 m³/heure ou à 1 % du débit du cours d'eau ou à défaut, du débit global d'alimentation du canal ou plan d'eau.
10) Rejets 2.1.1.0. Systèmes d'assainissement collectif des eaux usées et installations d'assainissement non collectif destinés à collecter et traiter une charge brute de pollution organique, au sens de l'article R. 2224-6 du Code général des collectivités territoriales.	Charge brute de pollution organique supérieure à 6 kg/j de DBO5 par unité de traitement.
11) Rejets : 2.1.3.0. Épandage et stockage en vue d'épandage de boues produites dans un ou plusieurs systèmes d'assainissement collectif des eaux usées et installations d'assainissement non collectif.	Quantité de boues épandues dans l'année présentant les caractéristiques suivantes : quantité de matière sèche supérieure à 1,5 tonne ou azote total supérieur à 0,075 tonne.
12) Rejets : 2.1.4.0. Épandage et stockage en vue d'épandage d'effluents et de boues, à l'exception de celles mentionnées au 11.	Quantité d'effluents ou de boues épandues présentant les caractéristiques suivantes : azote total supérieur à 0,5 tonne/an ou volume annuel supérieur à 25 000 m³/an ou DBO5 supérieure à 250 kg/an.

DOCUMENTS DE PLANIFICATION, programmes ou projets, manifestations et interventions	SEUILS ET RESTRICTIONS
13) Rejets : 2.2.1.0. Rejet dans les eaux douces superficielles susceptible de modifier le régime des eaux, à l'exclusion des rejets des ouvrages visés au 10.	Capacité totale de rejet de l'ouvrage étant supérieure à 1000 m³/jour ou à 2,5 % du débit moyen interannuel du cours d'eau.
14) Rejets : 2.2.2.0. Rejets en mer.	Capacité totale de rejet supérieur à 10000 m³/jour.
15) Impacts sur le milieu aquatique ou la sécurité publique : 3.1.1.0. Installations, ouvrages, remblais et épis, dans le lit mineur d'un cours d'eau, constituant un obstacle à la continuité écologique.	Impact entraînant une différence de niveau supérieure à 10 cm lorsque la réalisation est prévue en tout ou partie à l'intérieur d'un site Natura 2000.
16) Impacts sur le milieu aquatique ou la sécurité publique : 3.1.4.0. Consolidation ou protection des berges, à l'exclusion des canaux artificiels, par des techniques autres que végétales vivantes.	Consolidation ou protection sur une longueur supérieure à 10 mètres lorsque la réalisation est prévue en tout ou partie à l'intérieur d'un site Natura 2000.
17) Impacts sur le milieu aquatique ou la sécurité publique : 3.2.2.0. Installations, ouvrages, remblais dans le lit majeur d'un cours d'eau.	Surface soustraite supérieure à 0,02 ha lorsque la réalisation est prévue en tout ou partie à l'intérieur d'un site Natura 2000.
18) Impacts sur le milieu aquatique ou la sécurité publique : 3.2.3.0. Création de plans d'eau, permanents ou non.	Superficie du plan d'eau étant supérieure à 0,05 ha.
19) Impacts sur le milieu aquatique ou la sécurité publique : 3.2.5.0. Création d'un barrage de retenue.	Barrage de retenue d'une hauteur supérieure à 1 mètre.
20) Impacts sur le milieu aquatique ou la sécurité publique : 3.3.1.0. Assèchement, mise en eau, imperméabilisation, remblais de zones humides ou de marais.	Zone asséchée ou mise en eau d'une surface supérieure à 0,01 ha pour la partie de la réalisation prévue à l'intérieur d'un site Natura 2000.
21) Impacts sur le milieu aquatique ou la sécurité publique : 3.3.2.0. Réalisation de réseaux de drainage.	Drainages d'une superficie supérieure à 1 ha pour la partie de la réalisation prévue à l'intérieur d'un site Natura 2000 ou lorsque le point de rejet se situe en site Natura 2000.
22) Impacts sur le milieu marin : 4.1.2.0. Travaux d'aménagement portuaires et autres ouvrages réalisés en contact avec le milieu marin et ayant une incidence directe sur ce milieu.	Coût des travaux ou ouvrages supérieur à 80000 €.
23) Régimes d'autorisation valant autorisation au titre des articles L. 214-1 et suivants du Code de l'environnement : 5.1.1.0, à l'exclusion des activités géothermiques de minime importance. Réinjection dans une même nappe des eaux prélevées pour la géothermie, l'exhaure des mines et carrières ou lors des travaux de génie civil.	Capacité totale de réinjection supérieure à 4 m³/heure.

DOCUMENTS DE PLANIFICATION, programmes ou projets, manifestations et interventions	SEUILS ET RESTRICTIONS
24) Défrichement dans un massif boisé dont la superficie est comprise entre 0,01 ha et le seuil mentionné au 1° de l'article L. 342-1 du Code forestier.	Lorsque la réalisation est prévue en tout ou partie à l'intérieur d'un site Natura 2000.
25) Travaux d'entretien, de réparation ou de renforcement de la structure des ponts et viaducs ainsi que les travaux dans les tunnels ferroviaires non circulés.	Hors l'entretien courant et lorsque la réalisation est prévue en tout ou partie à l'intérieur d'un site Natura 2000.
26) Travaux ou aménagements sur des parois rocheuses ou des cavités souterraines.	Lorsque la réalisation est prévue en tout ou partie à l'intérieur d'un site Natura 2000.
27) Mise en culture de dunes.	Lorsque la réalisation est prévue en tout ou partie à l'intérieur d'un site Natura 2000.
28) Arrachage de haies.	Lorsque la réalisation est prévue à l'intérieur d'un site Natura 2000 et dans les zones que détermine l'arrêté fixant la liste locale mentionnée au IV de l'article L. 414-4.
29) Aménagement d'un parc d'attractions ou d'une aire de jeux et de sports d'une superficie inférieure ou égale à deux hectares.	Lorsque la réalisation est prévue en tout ou partie à l'intérieur d'un site Natura 2000.
30) Installation de lignes ou câbles souterrains.	Lorsque la réalisation est prévue en tout ou partie à l'intérieur d'un site Natura 2000.
31) À moins qu'ils ne soient nécessaires à l'exécution d'un permis de construire, affouillements ou exhaussements du sol dont la profondeur ou la hauteur est inférieure à 2 mètres ou qui portent sur une surface inférieure à 100 m ².	Lorsque la réalisation est prévue en tout ou partie à l'intérieur d'un site Natura 2000 et au-dessus de seuils fixés par le préfet.
32) Éolienne dont la hauteur du mât et de la nacelle au-dessus du sol est inférieure à douze mètres.	Lorsque la réalisation est prévue en tout ou partie à l'intérieur d'un site Natura 2000.
33) Ouvrage de production d'électricité à partir de l'énergie solaire installés sur le sol dont la puissance crête est inférieure à trois kilowatts et dont la hauteur maximum au-dessus du sol ne peut pas dépasser un mètre quatre-vingts.	Lorsque la réalisation est prévue en tout ou partie à l'intérieur d'un site Natura 2000.
34) Création de chemin ou sentier pédestre, équestre ou cycliste.	Lorsque la réalisation est prévue en tout ou partie à l'intérieur d'un site Natura 2000.
35) Utilisation d'une hélisurface mentionnée à l'article 11 de l'arrêté du 6 mai 1995 relatif aux aérodromes et autres emplacements utilisés par les hélicoptères.	Lorsque la réalisation est prévue en tout ou partie à l'intérieur d'un site Natura 2000.
36) Manifestations sportives sans véhicule terrestre à moteur, pour les épreuves et compétitions se déroulant en dehors des voies publiques ou ouvertes à la circulation publique.	Lorsque la manifestation est prévue en tout ou partie à l'intérieur d'un site Natura 2000 et lorsque le nombre de participants dépassé un seuil fixé par le préfet, ce seuil étant supérieur ou égal à cent.

Art. R. 414-28 *(D. n° 2011-966, 16 août 2011).* **– I. – Toute personne souhaitant élaborer un document de planification, réaliser un programme ou un projet, organiser une manifestation ou procéder à une intervention dans le milieu naturel ou le paysage qui ne relève pas d'un régime administratif d'autorisation, de**

déclaration ou d'approbation au titre d'une législation ou d'une réglementation distincte de Natura 2000 et qui figure sur la liste locale prévue au IV de l'article L. 414-4 adresse une demande d'autorisation au préfet ayant arrêté cette liste en application de l'article R. 414-20.

II. – Le dossier de demande comprend :

1° S'il s'agit d'une personne physique, ses nom, prénoms et adresse, et, s'il s'agit d'une personne morale, sa dénomination ou raison sociale, sa forme juridique, l'adresse de son siège ainsi que la qualité du demandeur ;

2° L'évaluation des incidences Natura 2000 prévue à l'article R. 414-23. Le contenu de l'évaluation peut se limiter à la présentation et à l'exposé définis au I de cet article, dès lors que cette première analyse permet de conclure à l'absence d'incidence sur tout site Natura 2000.

III. – La demande est instruite par le préfet ayant établi la liste locale prévue au IV de l'article L. 414-4 dans les conditions prévues aux 1° et 2° du II de l'article R. 414-24 et à l'article R. 414-25 sous réserve des dispositions de l'article R. 414-26. La décision est prise par le même préfet.

Pour des documents de planification, programmes, projets, manifestations ou interventions relevant d'une même liste locale prévue au IV de l'article L. 414-4, présentant un caractère récurrent et émanant de la même personne physique ou morale, le préfet peut accepter de prendre une décision globale pour une année.

Art. R. 414-29 *(D. n° 2011-966, 16 août 2011)*. – I. – L'autorité mentionnée au IV *bis* de l'article L. 414-4 est l'autorité compétente pour autoriser, approuver ou recevoir la déclaration.

Lorsque le document de planification, le programme ou projet, la manifestation ou l'intervention ne relèvent pas d'un régime administratif d'autorisation, d'approbation ou de déclaration au titre d'une législation ou d'une réglementation distincte de Natura 2000, cette autorité est le préfet de département ou, au-delà de la laisse de basse mer, le préfet maritime. Lorsque le périmètre d'un tel document de planification, programme ou projet, manifestation ou intervention excède le ressort d'un département ou n'est que partiellement localisé au-delà de la laisse de basse mer, la décision motivée mentionnée au IV *bis* de l'article L. 414-4 est prise conjointement par les préfets de département territorialement compétents et, le cas échéant, le préfet maritime.

II. – Lorsque la décision motivée mentionnée au IV *bis* de l'article L. 414-4 intervient dans le cadre d'une procédure d'autorisation ou d'approbation, cette procédure est interrompue. Elle reprend dans les conditions prévues au I de l'article R. 414-24 à réception de l'évaluation des incidences Natura 2000 par l'autorité chargée d'autoriser ou d'approuver. Un nouveau délai, égal à celui prévu par la procédure applicable, commence à courir.

Lorsque la décision motivée mentionnée au IV *bis* de l'article L. 414-4 intervient dans le cadre d'une procédure de déclaration qui ouvre une faculté d'opposition à l'autorité compétente pendant un certain délai, ce délai est interrompu. La procédure reprend dans les conditions prévues au I de l'article R. 414-24 à réception de l'évaluation des incidences Natura 2000 par l'autorité chargée de recevoir la déclaration. Un nouveau délai, égal à celui prévu par la procédure applicable, commence à courir.

Lorsque la décision motivée mentionnée au IV *bis* de l'article L. 414-4 intervient avant l'achèvement d'une procédure de déclaration qui ne donne pas à l'autorité compétente la faculté de s'opposer, les effets de la déclaration sont suspendus. La procédure reprend dans les conditions prévues au II de l'article R. 414-24 à réception de l'évaluation des incidences Natura 2000 par l'autorité chargée de recevoir la déclaration.

Lorsque la décision motivée mentionnée au IV *bis* de l'article L. 414-4 concerne un document de planification, un programme ou un projet, une manifestation ou une intervention qui ne relève pas d'un régime administratif d'autorisation, d'approbation ou de déclaration au titre d'une législation ou d'une réglementation distincte de Natura 2000, sa mise en œuvre est suspendue et l'instruction est, à réception de l'évaluation des incidences Natura 2000, menée conformément aux 1° et 2° du II de l'article R. 414-24.

Section II. – Conservatoires régionaux d'espaces naturels

(D. n° 2011-1251, 7 oct. 2011)

Art. D. 414-30 *(D. n° 2011-1251, 7 oct. 2011 ; mod., D. n° 2017-1617, 28 nov. 2017 ; D. n° 2024-535, 11 juin 2024)* (1). – I. – L'agrément mentionné à l'article L. 414-11 peut être accordé pour une durée de dix ans à tout organisme satisfaisant aux conditions suivantes :

1. Être doté de la personnalité morale ;

(1) Dispositions applicables aux dossiers de demande d'agrément déposés à compter du 1er juillet 2024, D. n° 2024-535, 11 juin 2024, art. 4.

2. Avoir à titre principal un objet non commercial conforme au I de l'article L. 414-11 exercé depuis au moins trois ans ;

3. Avoir pour cadre d'action tout ou partie d'une région administrative ;

4. Adhérer à la fédération des conservatoires d'espaces naturels mentionnée au II de l'article L. 414-11 ;

5. Être doté d'un conseil scientifique constitué de spécialistes désignés pour leur compétence scientifique dans les disciplines des sciences de la vie et de la Terre.

L'agrément est délivré, après avis du conseil scientifique régional du patrimoine naturel, par décision conjointe du préfet de région et du président du conseil régional habilité par délibération du conseil régional ou, en Corse, du président du conseil exécutif habilité par délibération de l'Assemblée de Corse.

Il peut être retiré, après que l'organisme a été mis à même de présenter ses observations, par décision conjointe motivée de ces mêmes autorités en cas de manquement de l'organisme à ses obligations ou s'il cesse de remplir les conditions requises pour l'obtention de l'agrément.

Les décisions d'octroi et de retrait d'agrément sont notifiées à l'organisme et publiées aux recueils des actes administratifs de la préfecture de la région et de la région.

Le contenu du dossier de demande d'agrément est précisé par arrêté du ministre chargé de l'environnement. La demande d'agrément est nécessairement accompagnée d'un projet de plan stratégique sur dix ans.

II. – Les organismes agissant dans le territoire administratif d'une même région et réunissant les conditions mentionnées au I ont un conseil scientifique et un plan stratégique communs.

L'arrêté d'agrément pour ces organismes est commun.

Art. D. 414-31 *(D. n° 2011-1251, 7 oct. 2011 ; D. n° 2024-535, 11 juin 2024)* (1). **– I. – L'agrément vaut approbation du plan stratégique mentionné au dernier alinéa du I de l'article D. 414-30.**

Il permet l'utilisation par l'organisme de la dénomination « Conservatoire d'espaces naturels agréé » et de l'identité graphique associée, qui sont déposées auprès de l'Institut national de la propriété industrielle, sous la forme de marque collective, par la Fédération des conservatoires d'espaces naturels.

II. – Le conservatoire régional d'espaces naturels agréé est tenu :

1. Dans les conditions prévues par le plan stratégique, de réaliser et mettre en œuvre pour chaque ensemble cohérent de parcelles un plan de gestion, d'une durée minimale de cinq ans, approuvé par son conseil scientifique ;

2. De faire procéder, par son conseil scientifique, à l'évaluation des objectifs de chaque plan de gestion, avant son terme ;

3. De communiquer les plans de gestion et leurs évaluations aux autorités ayant délivré l'agrément ainsi qu'aux collectivités territoriales intéressées ;

4. De soumettre le projet d'acquisition ou de prise à bail d'une ou plusieurs parcelles à l'avis de son conseil scientifique

5. Lorsqu'il acquiert une ou plusieurs parcelles, de faire mention dans l'acte authentique de l'origine des fonds ayant permis l'achat ;

6. De mettre à la disposition du public les informations environnementales dont il dispose et notamment les plans de gestion mentionnés au 1 ;

7. De remettre un rapport annuel d'activité aux autorités ayant délivré l'agrément, au regard du plan stratégique décennal, en faisant état, le cas échéant, des modifications intervenues dans ses statuts, dans la composition du conseil scientifique ou dans l'organe de direction.

CHAPITRE V. – DISPOSITIONS PÉNALES

Section I. – Constatation des infractions

Pas de dispositions réglementaires codifiées.

(1) Dispositions applicables aux dossiers de demande d'agrément déposés à compter du 1er juillet 2024, D. n° 2024-535, 11 juin 2024, art. 4.

Section II. – Sanctions

Sous-section 1. – Préservation du patrimoine naturel

(Intitulé rempl., D. n° 2015-1787, 28 déc. 2015)

Art. R. 415-1 *(Rempl., D. n° 2007-15, 4 janv. 2007 ; mod., D. n° 2015-1787, 28 déc. 2015 ; D. n° 2017-595, 21 avr. 2017 ; D. n° 2018-1180, 19 déc. 2018).* – Est puni de l'amende prévue pour les contraventions de la quatrième classe le fait de :

1° Perturber de manière intentionnelle des espèces animales non domestiques protégées au titre de l'article L. 411-1 ;

2° Introduire dans le milieu naturel, par négligence ou par imprudence, tout spécimen d'une des espèces, animale ou végétale, mentionnées aux articles L. 411-4 à L. 411-6 ;

2° *bis* Introduire sur le territoire national, détenir, transporter, utiliser ou échanger des animaux ou des végétaux appartenant à des espèces figurant sur les listes établies en application du I de l'article L. 411-6 sans être en mesure de présenter aux agents chargés des contrôles l'autorisation requise en application du II de ce même article ;

3° Contrevenir aux dispositions des arrêtés préfectoraux pris en application des articles R. 411-15 à R. 411-17-2 et R. 411-17-7 à R. 411-17-8.

4° *(D. n° 2022-1758, 30 déc. 2022)* Contrevenir aux dispositions des arrêtés ministériels pris en application de l'article R. 411-3-1.

Inobservation d'un arrêté de biotope. L'inobservation des dispositions d'un arrêté de biotope constitue le délit réprimé par les articles L. 411-1 et L. 415-3, et non la contravention sanctionnée par l'article R. 415-1 du présent code (■ Cass. crim., 12 juin 1996, n°s 95-85.270 et 95-85.271 : *Dr. env.* 1997, n° 47, p. 11, note J.-H. Robert).

Voir également : sous art. L. 415-3, p. 758.

Art. R. 415-2. – Est puni de l'amende prévue pour les contraventions de la 3e classe le fait de contrevenir à la réglementation prise en application des articles R. 411-19 à R. 411-21.

Art. R. 415-2-1 *(D. n° 2017-176, 13 févr. 2017).* – Est puni de l'amende prévue pour les contraventions de la cinquième classe, le fait, pour le propriétaire ou l'exploitant d'un terrain, de ne pas respecter l'une des actions du programme mentionné au 2° du II de l'article L. 411-2 rendues obligatoires en application du 3° du même II.

La récidive de cette contravention est réprimée conformément aux articles 132-11 et 132-15 du Code pénal.

Sous-section 2. – Activités soumises à autorisation

Art. R. 415-3 *(Rempl., D. n° 2017-1583, 17 nov. 2017).* – Est puni de l'amende prévue pour les contraventions de la 4e classe :

1° Le fait de contrevenir aux dispositions réglementaires relatives au ramassage, à la récolte, à la capture et à la cession à titre onéreux ou gratuit d'animaux d'espèces non domestiques, de végétaux d'espèces non cultivées ou de leurs parties ou produits figurant sur la liste prévue à l'article R. 412-8 ;

2° Le fait de transporter à des fins commerciales, utiliser à des fins commerciales ou vendre des animaux d'espèces non domestiques ou des végétaux d'espèces non cultivées ou leurs parties ou produits figurant sur la liste fixée en application de l'article R. 412-10 :

– sans avoir déclaré au préfet du lieu de réalisation de l'activité le stock initial de spécimens détenus, ou sans avoir joint à cette déclaration les justificatifs de l'origine de ce stock ;

– ou sans tenir à jour un registre détaillant chaque opération entraînant une modification du stock ;

– ou sans adresser au préfet, chaque année avant le 31 mars, une copie des feuillets de ce registre détaillant les opérations effectuées l'année précédente.

Sous-section 3. – Détention en captivité et cession d'animaux d'espèces non domestiques

(D. n° 2017-230, 23 févr. 2017)

Art. R. 415-4 *(D. n° 2017-230, 23 févr. 2017).* – Est puni de l'amende prévue pour les contraventions de la 5ème classe le fait :

1° De ne pas procéder ou faire procéder à l'identification prévue par l'article L. 413-6 sur un animal mentionné au même article ;

2° De procéder ou faire procéder au marquage d'un animal mentionné à l'article L. 413-6 par une technique autre que celle prévue par les arrêtés pris en application de l'article R. 413-23-2 ;

3° De faire procéder au marquage d'un animal mentionné à l'article L. 413-6 par une personne autre que les personnes mentionnées par les arrêtés pris en application de l'article R. 413-23-2 ;

4° De procéder au marquage d'un animal mentionné à l'article L. 413-6 sans respecter les formalités prévues l'article R. 413-23-4 ;

5° De céder un animal mentionné à l'article L. 413-6 sans procéder à l'identification obligatoire prévue par ce même article ;

6° De céder un animal mentionné à l'article L. 413-6 sans respecter les formalités prévues à l'article R. 413-23-4.

Art. R. 415-5 *(D. n° 2017-230, 23 févr. 2017)*. – Est puni de l'amende prévue pour les contraventions de la 5ème classe le fait :

1° De publier une offre de cession d'un animal mentionné à l'article L. 413-6 sans mentionner le numéro d'identification de celui-ci en méconnaissance du III de l'article L. 413-7 ;

2° De ne pas délivrer l'attestation de cession imposée au I de l'article L. 413-7 au moment de la livraison d'un animal d'espèce non domestique à l'acquéreur lors de la cession à titre gratuit ou onéreux ;

3° De ne pas délivrer le document d'information sur les caractéristiques, les besoins et les conditions d'entretien de l'animal imposé à l'article L. 413-8 au moment de la livraison d'un animal d'espèce non domestique à l'acquéreur lors de la vente ;

4° De ne pas s'assurer que le nouveau détenteur dispose des autorisations administratives requises en application des articles L. 412-1, L. 413-2 ou L. 413-3, le cas échéant, pour la détention de l'animal cédé, préalablement à toute cession à titre gratuit ou onéreux d'un animal vivant d'espèce non domestique.

CHAPITRE VI. – CONSERVATOIRES BOTANIQUES NATIONAUX (1) (2)

(Rempl., D. n° 2021-762, 14 juin 2021)

Art. R. 416-1 *(Ancien art. D. 416-1, dénum. et rempl., D. n° 2021-762, 14 juin 2021)*. – Peuvent être agréés en tant que conservatoires botaniques nationaux les établissements qui exercent sur un territoire déterminé les missions d'intérêt général énumérées ci-après :

1° Développement de la connaissance sur la flore, la fonge, les végétations et les habitats, aux échelles territoriales nationale et biogéographiques. À ce titre, les conservatoires botaniques nationaux :

a) Participent à l'élaboration et à la mise en œuvre de l'inventaire du patrimoine naturel mentionné à l'article L. 411-1 A, en ce qui concerne les éléments de la flore, de la fonge, des végétations et des habitats. À ces fins, ils contribuent au développement de méthodes et de protocoles d'acquisition de données en appui aux programmes d'inventaire, de surveillance, de suivi et de cartographie ;

b) Développent des connaissances multidisciplinaires sur la flore, la fonge, les végétations et les habitats. À ce titre, ils participent à des programmes de recherche ;

c) Assurent la gestion de fonds documentaires et iconographiques ainsi que de collections végétales et fongiques ;

2° Gestion, diffusion et valorisation de données sur la flore, la fonge, les végétations et les habitats. À ce titre, ils :

a) Assurent la validation et la conservation des données qu'ils produisent, collectent et agrègent pour le compte des pouvoirs publics et contribuent ainsi, en tant que référents dans leur domaine de compétence, au développement des référentiels techniques mentionnés à l'article R. 131-34 concernant la flore, la fonge, les végétations et les habitats, permettant la mise en œuvre du système d'information sur la biodiversité ;

(1) Antérieurement à son remplacement le présent chapitre comportait deux sections : « Section 1. – (Art. D. 416-1 à D. 416-6) » et « Section 2. – Commission des conservatoires botaniques nationaux (Art. D. 416-7 et D. 416-8) ». – NDLR.

(2) Les conservatoires botaniques nationaux qui ont été agréés par le ministre chargé de la protection de la nature en application de l'article R. 416-5 du Code de l'environnement, dans sa rédaction antérieure au présent décret, conservent leur agrément jusqu'à son terme, D. n° 2021-762, 14 juin 2021.

b) Procèdent à l'analyse des données mentionnées à l'alinéa précédent, à leur diffusion et à leur valorisation par la production de supports d'informations scientifiques et d'indicateurs d'état de la flore, de la fonge, des végétations et des habitats. Ils alimentent ainsi les observatoires de la biodiversité aux échelles nationale et territoriales ;

3° Contribution à la gestion conservatoire de la flore, de la fonge, des ressources phytogénétiques sauvages, des végétations, des habitats et des espaces, et à la restauration écologique. À ce titre, ils :

a) Apportent un appui à l'État, aux collectivités territoriales et à leurs groupements, ainsi qu'à leurs établissements, et aux gestionnaires d'espaces, pour la conservation in situ et la restauration écologique des habitats ainsi que du patrimoine végétal et fongique ;

b) Assurent la conservation ex situ de matériel végétal et fongique, notamment à travers la gestion de collections conservatoires et de banques de graines et autres diaspores ;

4° Appui à l'élaboration et à la mise en œuvre des politiques publiques et de la réglementation aux échelles territoriales, nationale et européenne. À ce titre, ils :

a) Portent à la connaissance de l'État, des collectivités territoriales et de leurs groupements, ainsi qu'à leurs établissements et aux gestionnaires d'espaces, les informations nécessaires pour l'élaboration et la mise en œuvre de leurs stratégies et plans d'actions, en particulier pour favoriser la prise en compte des enjeux de préservation et de reconquête de la biodiversité végétale et fongique ;

b) Contribuent à l'évaluation de la flore, de la fonge, des végétations et des habitats, pour répondre aux obligations de la directive 92/43/CEE du Conseil du 21 mai 1992 concernant la conservation des habitats naturels ainsi que des espèces de la faune et de la flore sauvages et du règlement (UE) n° 1143/2014 du Parlement européen et du Conseil du 22 octobre 2014 relatif à la prévention et à la gestion de l'introduction et de la propagation des espèces exotiques envahissantes ;

c) Appuient la mise en œuvre des articles L. 411-1 et L. 411-3, en contribuant à l'élaboration des listes d'espèces protégées et des listes d'espèces exotiques envahissantes, en assurant l'animation de plans nationaux et régionaux d'actions et de plans de lutte contre certaines espèces exotiques envahissantes, ou en participant à leur mise en œuvre. Ils contribuent également à l'élaboration des listes d'espèces mentionnées à l'article L. 412-1.

d) Apportent un appui aux services de l'État dans le cadre de l'instruction et du suivi des procédures de police de l'environnement ;

5° Communication, sensibilisation et mobilisation des acteurs. À ce titre, ils :

a) Développent et gèrent des outils de vulgarisation, d'information, de sensibilisation, et de mobilisation citoyenne et des acteurs socio-professionnels.

b) Constituent un socle de connaissances nécessaires et mobilisables pour des actions de formation initiale et professionnelle ;

Au sens du présent article, la flore désigne la flore sauvage et les habitats désignent les habitats naturels et semi-naturels.

Art. R. 416-2 *(Ancien art. D. 416-2, dénum. et rempl., D. n° 2021-762, 14 juin 2021).* – Les modalités d'agrément sont fixées par arrêté du ministre chargé de la protection de la nature. Cet arrêté fixe un cahier des charges devant être respecté par le conservatoire botanique national. En particulier, ce cahier de charges explicite les compétences scientifiques et techniques des personnels du conservatoire botanique national, les modalités de diffusion des données et les référentiels techniques nécessaires à la conduite des missions d'intérêt général énumérées à l'article R. 416-1.

Art. R. 416-3 *(Ancien art. D. 416-3 dénum. et rempl., D. n° 2021-762, 14 juin 2021).* – L'agrément est accordé pour un territoire constitué d'un ensemble de divisions administratives et dont les limites tiennent compte, le cas échéant, de considérations biogéographiques. La zone de compétence d'un conservatoire botanique national est la partie terrestre du territoire d'agrément, comprenant le littoral jusqu'à la zone d'estran incluse. Un seul conservatoire botanique est agréé pour un territoire donné.

Au-delà de son territoire d'agrément, un conservatoire botanique national peut assurer la coordination d'actions à l'échelle d'une région administrative ou d'un territoire présentant des caractéristiques biologiques et géographiques communes, tel qu'une aire biogéographique, un massif montagneux ou un bassin hydrographique. Dans le cadre de la coordination technique des conservatoires botaniques nationaux confiée à l'Office français de la biodiversité, il peut se voir confier la coordination nationale de certaines actions. Il peut aussi mener des actions de coopération internationale dans la mesure où elles contribuent à l'accomplissement des missions d'intérêt général énumérées à l'article R. 416-1.

Art. R. 416-4 *(Ancien article D. 416-4, dénum. et rempl., D. n° 2021-762, 14 juin 2021).* – L'agrément en qualité de conservatoire botanique national est délivré, pour une durée de dix ans renouvelable, par le ministre chargé de la protection de la nature, après avis du Conseil national de la protection de la nature.

Lorsque l'activité ou le fonctionnement d'un conservatoire botanique national n'est pas conforme aux missions d'intérêt général énumérées à l'article R. 416-1 ou au cahier des charges, le ministre chargé de la protection de la nature peut, après une mise en demeure de s'y conformer restée sans effet au-delà du délai imparti, retirer l'agrément. Il recueille, au préalable, l'avis du Conseil national de la protection de la nature et entend le responsable de l'établissement.

Art. R. 416-5 *(Rempl., D. n° 2021-762, 14 juin 2021).* – L'agrément vaut autorisation d'utiliser, dans le cadre des activités du conservatoire, la dénomination « Conservatoire botanique national » et son identité graphique.

Le retrait de l'agrément emporte interdiction pour l'établissement d'utiliser la dénomination et l'identité graphique.

Est également autorisé l'usage de la dénomination et de l'identité graphique par l'Office français de la biodiversité et par toute entité regroupant exclusivement des conservatoires botaniques nationaux.

Art. D. 416-6 *(Implicitement abr., D. n° 2021-762, 14 juin 2021).*

Art. D. 416-7 *(Abr., D. n° 2018-686, 1er août 2018).*

Art. D. 416-8 *(Abr., D. n° 2018-686, 1er août 2018).*

TITRE II. – CHASSE

CHAPITRE Ier. – ORGANISATION DE LA CHASSE

Section I. – Conseil national de la chasse et de la faune sauvage

(Section rétablie, D. n° 2018-611, 16 juill. 2018)

Art. R. 421-1 *(Rétabli dans la version suivante, D. n° 2018-611, 16 juill. 2018).* – I. – Le Conseil national de la chasse et de la faune sauvage est composé, sous la présidence du ministre chargé de la chasse ou de son représentant, des membres suivants :

1° *a)* Le directeur chargé de la chasse ou son représentant ;

b) Le directeur chargé de la forêt ou son représentant ;

c) Le directeur général de l'*(Mots rempl. à compter du 1er janvier 2020, D. n° 2019-1580, 31 déc. 2019)* « Office français de la biodiversité » ou son représentant ;

d) Le directeur général de l'Office national des forêts ou son représentant ;

2° *a)* Le président de la Fédération nationale des chasseurs ou son représentant ;

b) Le président de l'Association nationale des lieutenants de louveterie ou son représentant ;

3° *a)* Six représentants de fédérations de chasseurs proposés par la Fédération nationale des chasseurs ;

b) Trois représentants d'associations nationales de chasse proposés par la Fédération nationale des chasseurs ;

c) Quatre personnalités qualifiées en raison de leurs compétences cynégétiques ;

d) Un représentant des collectivités territoriales proposé par le ministre de l'Intérieur ;

e) Quatre représentants des organisations professionnelles représentatives de l'agriculture et de la forêt ;

f) Quatre représentants des organismes scientifiques ou de protection de la nature compétents dans le domaine de la chasse, de la faune sauvage ou de la protection de la nature.

II. – Le directeur chargé des pêches maritimes et de l'aquaculture, ou son représentant, peut assister aux séances du conseil. Il siège à la place du directeur général de l'Office national des forêts avec voix délibérative lorsque le conseil délibère sur une question concernant la chasse maritime.

Le Conseil national de la chasse et de la faune sauvage est consulté sur les projets de loi et de décret modifiant les dispositions législatives et réglementaires de ce code relatives à la chasse. Par ailleurs, aux termes du I de l'article L. 332-3 du même code, l'acte de classement d'une réserve naturelle nationale peut soumettre à un régime particulier et, le cas échéant, interdire à l'intérieur de la réserve toute action susceptible de nuire au développement naturel de la faune et de la flore et, plus généralement, d'altérer le caractère de ladite réserve, notamment la chasse. Si l'article 19 du décret attaqué dispose que le préfet peut, après avis du conseil scientifique, réglementer l'exercice de la chasse et de la pêche, notamment les périodes et secteurs où elles peuvent être pratiquées et leurs modalités, ces dispositions, prises en application du I de l'article L. 332-3 et qui ne s'appliquent qu'au territoire de la réserve, n'ont eu ni pour objet ni pour effet de modifier les dispositions du Code de l'environnement relatives à la chasse. Par suite, le moyen tiré du défaut de consultation du Conseil national de la chasse et de la faune sauvage n'est pas fondé (■ CE, 26 nov. 2010, n° 331078, *Sté Groupe Pizzorno environnement : Dr. env.* 2011, n° 186, p. 9).

Art. R. 421-2 ***(Mod., D. n° 2009-592, 26 mai 2009 ; rétabli dans la version suivante, D. n° 2018-611, 16 juill. 2018).*** **– Les membres du conseil mentionnés au 3° du I de l'article R. 421-1 sont désignés par arrêté conjoint des ministres chargés de la chasse et de l'agriculture, pour une période de six ans renouvelable. Il est pourvu à leur remplacement ou à leur renouvellement partiel par moitié tous les trois ans, dans des conditions fixées par arrêté conjoint des mêmes ministres.**

Ces membres sont remplacés, en cas d'absence ou d'empêchement, par des membres suppléants nommés en même temps et dans les mêmes conditions que les membres titulaires.

Lorsqu'un poste de membre se trouve vacant par décès ou démission, ou lorsqu'un membre cesse, en cours de mandat, d'exercer les fonctions en raison desquelles il a été nommé, il est pourvu à son remplacement. Le nouveau membre reste en fonctions jusqu'à la date d'expiration normale du mandat de celui qu'il remplace.

Art. R. 421-3 ***(Rétabli dans la version suivante, D. n° 2018-611, 16 juill. 2018).*** **– Le Conseil national de la chasse et de la faune sauvage se réunit sur convocation de son président et au moins deux fois par an.**

Le secrétariat est assuré par le ministère chargé de la chasse.

Art. R. 421-4 ***(Rétabli dans la version suivante, D. n° 2018-611, 16 juill. 2018).*** **– Les avis du conseil sont émis à la majorité des membres présents. En cas de partage égal des voix, la voix du président est prépondérante.**

Le président peut appeler à participer aux séances du conseil, à titre consultatif, toute personne dont il estime opportun de recueillir l'avis.

Art. R. 421-5 ***(Rétabli dans la version suivante, D. n° 2018-611, 16 juill. 2018).*** **– Les fonctions de membre du Conseil national de la chasse et de la faune sauvage sont gratuites, de même que la participation aux séances des personnes invitées par le président en application du deuxième alinéa de l'article R. 421-4. Il peut toutefois être alloué des indemnités correspondant aux frais de déplacement et de séjour effectivement supportés à l'occasion des réunions, en application du décret n° 2006-781 du 3 juillet 2006 fixant les conditions et les modalités de règlement des frais occasionnés par les déplacements temporaires des personnels civils de l'État.**

Les membres suppléants ne peuvent prétendre à ces indemnités que s'ils remplacent un membre titulaire empêché ou absent.

Art. R. 421-6 ***(Implicitement abr., D. n° 2018-611, 16 juill. 2018).***

Section II. – Office national de la chasse et de la faune sauvage

(Abr. à compter du 1er janvier 2020, D. n° 2019-1580, 31 déc. 2019)

Sous-section 1. – Dispositions générales

Art. R. 421-7 ***(Abr., D. n° 2005-1238, 30 sept. 2005).***

Sous-section 2. – Administration générale

§ 1. – Conseil d'administration

Art. R. 421-8 *(Rempl., D. n° 2005-1238, 30 sept. 2005 ; mod., D. n° 2009-592, 26 mai 2009 ; D. n° 2013-282, 3 avr. 2013 ; D. n° 2016-115, 4 févr. 2016 ; D. n° 2018-914, 24 oct. 2018 ; abr. à compter du 1er janvier 2020, D. n° 2019-1580, 31 déc. 2019).*

Art. R. 421-9 *(Mod., D. n° 2005-1238, 30 sept. 2005 ; abr. à compter du 1er janvier 2020, D. n° 2019-1580, 31 déc. 2019).*

Art. R. 421-10 et R. 421-11 *(Abr. à compter du 1er janvier 2020, D. n° 2019-1580, 31 déc. 2019).*

Art. R. 421-12 *(Mod., D. n° 2005-1238, 30 sept. 2005 ; D. n° 2009-603, 28 mai 2009 ; abr. à compter du 1er janvier 2020, D. n° 2019-1580, 31 déc. 2019).*

Art. R. 421-13 *(Mod. à compter du 1er janvier 2013, D. n° 2012-1247, 7 nov. 2012 ; abr. à compter du 1er janvier 2020, D. n° 2019-1580, 31 déc. 2019).*

§ 2. – Directeur général

Art. R. 421-14 *(Créé à compter du 1er septembre 2009, D. n° 2009-1055, 28 août 2009 ; mod., D. n° 2012-509, 18 avr. 2012 ; abr. à compter du 1er janvier 2020, D. n° 2019-1580, 31 déc. 2019).*

§ 3. – Conseil scientifique

Art. R. 421-15 *(Abr. à compter du 1er janvier 2020, D. n° 2019-1580, 31 déc. 2019).*

Art. R. 421-16 *(Mod., D. n° 2005-1238, 30 sept. 2005 ; abr. à compter du 1er janvier 2020, D. n° 2019-1580, 31 déc. 2019).*

§ 4. – Personnels

Art. R. 421-17 *(Abr. à compter du 1er janvier 2020, D. n° 2019-1580, 31 déc. 2019).*

Art. R. 421-18 *(Mod., D. n° 2014-813, 17 juill. 2014 ; abr. à compter du 1er janvier 2020, D. n° 2019-1580, 31 déc. 2019).*

Art. R. 421-19 *(Abr. à compter du 1er janvier 2020, D. n° 2019-1580, 31 déc. 2019).*

Art. R. 421-20 et R. 421-20 *(Abr. à compter du 1er janvier 2020, D. n° 2019-1580, 31 déc. 2019).*

Art. R. 421-22 *(Mod., D. n° 2014-813, 17 juill. 2014 ; abr. à compter du 1er janvier 2020, D. n° 2019-1580, 31 déc. 2019).*

Art. R. 421-23 *(Abr., D. n° 2014-813, 17 juill. 2014).*

Art. R. 421-24 *(Abr. à compter du 1er janvier 2020, D. n° 2019-1580, 31 déc. 2019).*

Sous-section 3. – Dispositions financières

Art. R. 421-25 *(Mod., D. n° 2005-1238, 30 sept. 2005 ; mod. à compter du 1er janvier 2013, D. n° 2012-1247, 7 nov. 2012* (1) (2) *; abr. à compter du 1er janvier 2020, D. n° 2019-1580, 31 déc. 2019).*

Art. R. 421-26 *(Abr. à compter du 1er janvier 2020, D. n° 2019-1580, 31 déc. 2019).*

---

(1) Sur les conditions de modifications des présentes dispositions : V. D. n° 2012-1247, 7 nov. 2012, art. 292.

(2) Dispositions applicables sur l'ensemble du territoire de la République, D. n° 2012-1247, 7 nov. 2012, art. 293.

Sous-section 4. – Contrôle

Art. R. 421-27 ***(Mod., D. n° 2005-1238, 30 sept. 2005 ; D. n° 2009-592, 26 mai 2009 ; mod. à compter du 1er janvier 2013, D. n° 2012-1247, 7 nov. 2012*** (1) (2) ***; abr. à compter du 1er janvier 2020, D. n° 2019-1580, 31 déc. 2019).***

Art. R. 421-28 ***(Rempl. à compter du 1er janvier 2013, D. n° 2012-1247, 7 nov. 2012*** (1) (2) ***; abr. à compter du 1er janvier 2020, D. n° 2019-1580, 31 déc. 2019).***

Section II *(Rédaction antérieure).* – Office national de la chasse et de la faune sauvage

Sous-section 1 *(Rédaction antérieure).* – Dispositions générales

Rédaction antérieure. Art. R. 421-7 *(Abr., D. n° 2005-1238, 30 sept. 2005).*

Sous-section 2 *(Rédaction antérieure).* – Administration générale

§ 1 *(Rédaction antérieure).* – Conseil d'administration

Rédaction antérieure. Art. R. 421-8 ***(Rempl., D. n° 2005-1238, 30 sept. 2005 ; mod., D. n° 2009-592, 26 mai 2009 ; D. n° 2013-282, 3 avr. 2013 ; D. n° 2016-115, 4 févr. 2016 ; D. n° 2018-914, 24 oct. 2018).*** – Le conseil d'administration de l'Office national de la chasse et de la faune sauvage comprend :

1° Le directeur général de l'Agence française pour la biodiversité, ou son représentant ;

2° Le directeur chargé de la forêt représentant le ministre chargé de l'agriculture et de la forêt, ou son représentant ;

3° Le directeur du budget représentant le ministre chargé du budget, ou son représentant ;

4° Le directeur général de l'Office national des forêts, membre de droit, ou son représentant ;

5° Huit représentants de fédérations départementales ou interdépartementales des chasseurs, nommés sur proposition de la Fédération nationale des chasseurs ;

6° Deux représentants d'associations de chasse spécialisée les plus représentatives choisis sur une liste de huit noms établie par la Fédération nationale des chasseurs ;

7° Trois personnalités qualifiées dans le domaine de la chasse et de la faune sauvage, nommées par les ministres chargés de la chasse et de l'agriculture, après accord de la Fédération nationale des chasseurs ;

8° Un représentant des régions, un représentant des départements et un représentant des communes ;

9° Deux représentants d'organisations professionnelles agricoles et forestières ;

10° Deux représentants d'organismes de protection de la nature ;

11° Deux représentants titulaires et deux suppléants élus, pour six ans, par le personnel de l'Office national de la chasse et de la faune sauvage sur des listes présentées par les organisations syndicales habilitées à présenter des candidats à l'élection du comité technique de l'établissement.

Les membres prévus aux 5° à 10° ci-dessus sont désignés, en même temps qu'un nombre égal de suppléants appelés à les remplacer en cas d'absence ou d'empêchement, par arrêté conjoint du ministre chargé de la chasse et du ministre chargé de l'agriculture et de la forêt. Les suppléants des membres prévus au 6° sont choisis sur la même liste que les titulaires.

Le sous-directeur chargé de la chasse représentant le ministre chargé de la chasse, ou son représentant, ainsi qu'un représentant d'organisations de propriétaires ruraux désigné par arrêté conjoint des ministres chargés de la chasse et de l'agriculture, participent aux séances du conseil d'administration, à titre consultatif.

Le président peut appeler à participer aux séances du conseil d'administration, à titre consultatif, toute personne dont il estime opportun de recueillir l'avis.

Rédaction antérieure. Art. R. 421-9 ***(Mod., D. n° 2005-1238, 30 sept. 2005).*** – Les membres du conseil d'administration autres que les membres de droit sont désignés pour une période de six ans renouvelable. Il est pourvu à leur remplacement ou à leur renouvellement partiel par moitié tous les trois ans, dans les conditions fixées par arrêté du ministre chargé de la chasse.

Lorsqu'un poste de membre se trouve vacant par décès ou démission, ou lorsqu'un membre cesse en cours de mandat d'exercer les fonctions en raison desquelles il a été nommé, il est pourvu à son remplacement ; le nouveau membre reste en fonction jusqu'à l'expiration normale du mandat de celui qu'il remplace.

---

(1) Sur les conditions de modifications des présentes dispositions : V. D. n° 2012-1247, 7 nov. 2012, art. 292.

(2) Dispositions applicables sur l'ensemble du territoire de la République, D. n° 2012-1247, 7 nov. 2012, art. 293.

Rédaction antérieure. Art. R. 421-10. – Le président du conseil d'administration est nommé par décret pour trois ans parmi les membres autres que les membres de droit sur proposition du conseil d'administration.

Le conseil d'administration désigne parmi ses membres deux vice-présidents chargés pour trois ans, dans l'ordre fixé par le conseil, de remplacer le président absent ou empêché.

Rédaction antérieure. Art. R. 421-11. – Les fonctions de président ou de membre du conseil d'administration sont gratuites. Il peut toutefois leur être alloué des indemnités correspondant aux frais de déplacement ou de séjour effectivement supportés à l'occasion des réunions, en application du décret n° 90-437 du 28 mai 1990 modifié fixant les conditions et les modalités de règlement des frais occasionnés par les déplacements des personnels civils sur le territoire métropolitain de la France lorsqu'ils sont à la charge des budgets de l'État, des établissements publics nationaux à caractère administratif et de certains organismes subventionnés.

Les membres suppléants ne peuvent prétendre à ces indemnités que s'ils remplacent un membre titulaire empêché ou absent.

Rédaction antérieure. Art. R. 421-12 *(Mod., D. n° 2005-1238, 30 sept. 2005 ; D. n° 2009-603, 28 mai 2009).* – Le conseil d'administration se réunit sur convocation de son président, du ministre chargé de l'agriculture et de la forêt ou du ministre chargé de la chasse et au moins deux fois par an. Cette convocation écrite doit être adressée aux membres huit jours au moins avant la date de réunion.

Le conseil ne peut valablement délibérer que si le nombre des membres présents est au moins égal à la moitié du nombre des membres en exercice. Lorsque le quorum n'est pas atteint, le conseil est convoqué à nouveau dans les quinze jours qui suivent et délibère sur le même ordre du jour sans condition de quorum.

Les décisions sont prises à la majorité des voix des membres présents ; en cas de partage égal des voix, la voix du président est prépondérante.

Le directeur général de l'office, l'agent comptable, le « contrôleur budgétaire » (1) et le commissaire du Gouvernement peuvent assister aux séances du conseil d'administration avec voix consultative.

Rédaction antérieure. Art. R. 421-13. – I. – Le conseil d'administration règle par ses délibérations les affaires de l'établissement.

II. – Il délibère notamment sur :

1° La politique générale de l'établissement, compte tenu des orientations fixées par le Gouvernement dans le domaine de la chasse et de la faune sauvage ;

2° Le rapport annuel d'activité ;

3° Les programmes pluriannuels de développement et d'investissement ;

4° Le budget et, sous réserve des dispositions du dernier alinéa, les propositions de modification de ce budget qui font également l'objet d'un vote ;

5° Le compte financier et l'affectation du résultat ;

6° Les acquisitions et aliénations de biens immobiliers ;

7° Les baux et locations d'immeubles d'une durée excédant neuf années ;

8° Les emprunts ;

9° Les conventions, contrats, marchés, aides et subventions ;

10° L'acceptation des dons et legs ;

11° Les prises, extensions ou cessions de participation financière ainsi que la participation à des groupements d'intérêt public ou à des groupements d'intérêt économique ;

12° Le règlement intérieur ;

13° Les transactions.

III. – Le conseil d'administration peut déléguer au directeur général certaines de ses attributions, dans les conditions et sous les réserves qu'il juge utiles.

IV. – Toutefois, il ne peut pas déléguer les attributions mentionnées aux 1° à 8° du II et aux 10° à 12° du II. Il peut déléguer les attributions mentionnées aux 9° et 13° du II lorsque les montants financiers en cause sont inférieurs à un seuil qu'il détermine..

V *(Abr. à compter du 1er janvier 2013, D. n° 2012-1247, 7 nov. 2012)* (2) (3).

§ 2 *(Rédaction antérieure).* – **Directeur général**

Rédaction antérieure. Art. R. 421-14. – Le directeur général de l'Office national de la chasse et de la faune sauvage dirige l'établissement et assure le fonctionnement de l'ensemble des services. À ce titre, il a autorité sur l'ensemble du personnel. Il recrute et gère le personnel contractuel.

Il est ordonnateur principal des recettes et des dépenses de l'établissement.

(1) À compter du 1er janvier 2013, D. n° 2012-1247, 7 nov. 2012, art. 2 et 289.
(2) Sur les conditions de modifications des présentes dispositions : V. D. n° 2012-1247, 7 nov. 2012, art. 292.
(3) Dispositions applicables sur l'ensemble du territoire de la République, D. n° 2012-1247, 7 nov. 2012, art. 293.

Il est la personne responsable des marchés au sens de l'article 20 du Code des marchés publics. Il peut déléguer l'exercice de cette compétence à des personnels de conception et d'encadrement placés sous son autorité, pour la passation de conventions, contrats et marchés de travaux, de fournitures ou de services. Ces délégations énumèrent les catégories et les montants des marchés pour lesquels elles sont données.

Il prépare les délibérations du conseil d'administration et lui rend compte de leur exécution.

Il représente l'office en justice et dans tous les actes de la vie civile. Il décide des actions en justice tant en demande qu'en défense, dont il rend compte au conseil d'administration.

(Créé à compter du 1er septembre 2009, D. n° 2009-1055, 28 août 2009) Il délivre les permis de chasser et les autorisations de chasser accompagné au nom de l'office.

Le directeur général de l'Office national de la chasse et de la faune sauvage peut déléguer sa signature à des agents placés sous son autorité dans les conditions qu'il fixe.

(D. n° 2012-509, 18 avr. 2012) Une convention conclue entre le directeur général de l'office et le préfet de département, en qualité de représentant de l'État, détermine les modalités de coopération de l'office et de ses échelons territoriaux avec les services de l'État dans le département, notamment en matière de police de la chasse et de la nature, conforme à une convention type fixée par arrêté du ministre chargé de l'environnement.

§ 3 *(Rédaction antérieure)*. – Conseil scientifique

Rédaction antérieure. Art. R. 421-15. – Le conseil scientifique, placé auprès du directeur général de l'Office national de la chasse et de la faune sauvage, a pour mission de lui donner son avis sur :

1° Les grands axes de la recherche scientifique de l'établissement ;

2° Les protocoles d'étude de la faune sauvage et de ses habitats mis en place par l'établissement ;

3° La valorisation et l'application de la recherche, la diffusion des informations à caractère scientifique et technique tant au niveau national qu'international ;

4° La contribution de l'établissement à la constitution de banques de données techniques ou scientifiques ;

5° Les résultats des recherches et les programmes en cours ;

6° D'une manière générale, toute question scientifique qui lui est soumise par le directeur général ou le conseil d'administration de l'établissement.

Rédaction antérieure. Art. R. 421-16 *(Mod., D. n° 2005-1238, 30 sept. 2005)*. – I. – Le conseil scientifique est composé de douze membres choisis en fonction de leurs compétences scientifiques et techniques :

1° Dix membres appartenant à des organismes d'enseignement supérieur ou de recherche compétents en matière de protection de la nature et de préservation de la faune sauvage, nommés pour six ans, après avis du directeur général de l'Office national de la chasse et de la faune sauvage, par arrêté du ministre chargé de la chasse et du ministre chargé de l'agriculture et de la forêt ;

2° Deux membres désignés par le directeur général de l'office, pour six ans, parmi les personnels en activité de l'établissement titulaires d'un doctorat ou d'un diplôme d'ingénieur reconnu par l'État.

II. – Leur mandat est renouvelable. En cas de décès, d'empêchement définitif ou de démission, les membres sont remplacés dans les mêmes conditions que celles prévues pour leur nomination ; le nouveau membre reste en fonction jusqu'à la date d'expiration normale du mandat de celui qu'il remplace.

III. – Le conseil scientifique élit un président et un vice-président. Il se réunit au moins une fois par an sur convocation de son président, qui établit l'ordre du jour. Cette convocation est de droit si elle est demandée par la moitié des membres du conseil scientifique ou par le directeur général de l'office.

IV. – Le conseil ne peut délibérer valablement que si la moitié au moins des membres est présente. Les avis sont acquis à la majorité absolue des membres présents. Le conseil scientifique peut entendre toute personne de son choix dans le cadre de l'ordre du jour.

V. – Le conseil scientifique rend compte une fois par an de ses travaux devant le conseil d'administration de l'office.

VI. – Le directeur général de l'office et le responsable des études et de la recherche au sein de l'office ou leurs représentants, ainsi que le commissaire du Gouvernement, peuvent assister aux séances du conseil scientifique sans voix délibérative.

VII. – Le secrétariat du conseil scientifique est assuré par l'Office national de la chasse et de la faune sauvage.

VIII. – Les fonctions de membre du conseil scientifique sont gratuites. Il peut toutefois être alloué des indemnités correspondant aux frais de transport et de séjour effectivement supportés à l'occasion des réunions, dans les conditions fixées pour le règlement des frais occasionnés par les déplacements des personnels civils à la charge des budgets des établissements publics nationaux à caractère administratif.

§ 4 *(Rédaction antérieure)*. – Personnels

Rédaction antérieure. Art. R. 421-17. – Le personnel de l'Office national de la chasse et de la faune sauvage comprend des personnels titulaires de l'État ou des collectivités territoriales placés en position d'activité, de détachement ou mis à disposition conformément à leur statut ainsi que des personnels contractuels.

Les agents en fonction à l'Office national de la chasse et de la faune sauvage sont dotés, dans des conditions définies par décision du directeur général de l'établissement, d'équipements et d'effets d'habillement nécessaires à l'exécution des missions qui leur sont confiées. Ils sont responsables du maintien en bon état de cette dotation. À leur cessation de fonctions, ils restituent les matériels dont ils sont dotés.

Les frais relatifs au permis de chasser engagés par les agents de l'office dont les fonctions rendent nécessaire la détention de ce permis sont pris en charge par l'établissement dans les conditions et selon les modalités définies par délibération du conseil d'administration.

Rédaction antérieure. Art. R. 421-18. – *(Mod., D. n° 2014-813, 17 juill. 2014)* Les missions de police administrative de l'Office national de la chasse et de la faune sauvage sont assurées par les agents techniques et les techniciens de l'environnement de la spécialité milieux et faune sauvage ainsi que par des agents de la filière technique définie à l'article 2 du décret n° 98-1262 du 29 décembre 1998 portant statut des personnels de l'Office national de la chasse et de la faune sauvage.

Lorsqu'ils sont assermentés, ces agents exercent les missions de police judiciaire pour lesquelles ils sont habilités par la loi. Dans ce cadre, ils recherchent et constatent les infractions de jour, de nuit, les dimanches et les jours fériés. Leurs effectifs sont répartis par arrêté du ministre chargé de la protection de la nature.

Rédaction antérieure. Art. R. 421-19. – Les agents de l'Office national de la chasse et de la faune sauvage mentionnés à l'article R. 421-18 exercent les missions générales de l'établissement et celles qui leur sont prescrites par la loi.

Ils participent en outre à des activités techniques et à des actions de formation et d'information.

Ils peuvent être mobilisés dans les dispositifs de prévention, de surveillance, d'alerte et de lutte opérationnelle contre les incendies de forêt.

Ils ont place dans les plans de secours établis par le ministre de l'Intérieur, en particulier en ce qui concerne la prévention, la défense et la lutte contre les incendies dans les massifs boisés, landes et maquis.

Lorsque, en exécution de leurs missions, les agents de l'Office national de la chasse et de la faune sauvage mentionnés au deuxième alinéa de l'article R. 421-18 sont appelés à intervenir pour porter aide à toute personne en danger ou pour constater une infraction en dehors des heures normales de service, soit de leur propre initiative, soit en vertu d'une réquisition, ils sont considérés comme étant en service.

Rédaction antérieure. Art. R. 421-20. – Nul ne peut être commissionné s'il n'est reconnu apte à un service actif et pénible, titulaire de l'examen du permis de chasser et du permis de conduire de catégorie B et s'il n'a suivi préalablement une formation spécialisée définie par le directeur de l'établissement.

Rédaction antérieure. Art. R. 421-21. – Les agents mentionnés au premier alinéa de l'article R. 421-18 sont astreints, sauf dérogation accordée par le directeur général de l'Office national de la chasse et de la faune sauvage, à loger dans la résidence administrative de leur affectation au sens de l'article 4 du décret n° 90-437 du 28 mai 1990 modifié fixant les conditions et les modalités de règlement des frais occasionnés par le déplacement des personnels civils sur le territoire métropolitain de la France lorsqu'ils sont à la charge des budgets de l'État, des établissements publics nationaux à caractère administratif et de certains organismes subventionnés. Il peut leur y être attribué un logement par nécessité absolue de service. S'ils ne bénéficient pas d'une telle attribution, ils perçoivent une indemnité de logement.

Aux termes de l'article 28 du Code de procédure pénale, les fonctionnaires et agents des administrations et services publics auxquels des lois spéciales attribuent certains pouvoirs de police judiciaire exercent ces pouvoirs dans les conditions et dans les limites fixées par ces lois ; en application de l'article R. 221-17-6, alinéa 2 [R. 421-21] du Code de l'environnement, les agents de l'ONCFS sont tenus au port de signes distinctifs et d'un uniforme dans l'exercice de leurs fonctions. En conséquence est rejeté le pourvoi contre l'arrêt de la cour d'appel, chambre correctionnelle, en date du 28 février 2005, qui a renvoyé Hélène X... des fins de la poursuite du chef d'infractions à la législation sur la protection des espèces animales protégées (■ Cass. crim., 20 sept. 2005, n° 05-82.072).

Rédaction antérieure. Art. R. 421-22. – Les agents de l'Office national de la chasse et de la faune sauvage mentionnés au deuxième alinéa de l'article R. 421-18 sont astreints à porter l'équipement et l'armement qui leur sont fournis par l'établissement, conformément à la réglementation en vigueur. Ils sont responsables de ces équipement et armement qu'ils doivent maintenir en parfait état de fonctionnement. En cas de cessation provisoire ou définitive de fonction, ils les restituent ainsi que leurs munitions.

Dans l'exercice de leurs fonctions, les agents de l'Office national de la chasse et de la faune sauvage mentionnés au deuxième alinéa de l'article R. 421-18 sont tenus au port de signes distinctifs, *(Mots rempl., D. n° 2014-813, 17 juill. 2014)* « dans les conditions définies par arrêté du ministre chargé de la protection de la nature ».

Tout agent assermenté de l'Office national des forêts (ONF) est habilité par application des dispositions du Code forestier, notamment de ses articles L. 122-7 et L. 122-8, à dresser un procès-verbal valant foi jusqu'à preuve du contraire. Encourt, dès lors, la cassation l'arrêt qui, pour annuler le procès-verbal dressé par un agent de l'ONF, retient qu'il a effectué les constatations en tenue civile, en méconnaissance de l'article R. 221-17-6 du Code de l'environnement, devenu R. 421-22 du même code, qui prescrit le port de l'uniforme, lequel ne concerne que les agents de l'Office national de la chasse et de la faune.

Les constatations effectuées le 22 avril 2005, ayant conduit à la rédaction d'un procès-verbal le 25 avril 2005, ont été effectuées par un seul des deux agents en civil de l'Office national des forêts au cours d'un déplacement privé, en méconnaissance des dispositions de l'article [R. 421-22] qui prescrivent le port de l'uniforme ; en se déterminant ainsi, alors que l'article R. 421-22 ne concerne pas les agents assermentés de l'ONF, qui sont habilités à dresser individuellement procès-verbal valant foi jusqu'à preuve du contraire par les dispositions du Code forestier, notamment en ses articles L. 122-7 et L. 122-8, la cour d'appel, à qui il appartenait de s'assurer que le prévenu rapportait cette preuve contraire dans les conditions définies à l'article 431 du Code de procédure pénale et pour l'ensemble des constatations opérées, n'a pas justifié sa décision (■ Cass. crim., 3 juin 2009, n° 08-87.434 : *Bull. crim.* n° 111).

Rédaction antérieure. Art. R. 421-23 *(Abr., D. n° 2014-813, 17 juill. 2014).*

Rédaction antérieure. Art. R. 421-24. – Les agents de l'Office national de la chasse et de la faune sauvage mentionnés au deuxième alinéa de l'article R. 421-18 ayant définitivement cessé leurs fonctions peuvent recevoir l'honorariat de leur dernier grade par décision du directeur général de l'Office national de la chasse et de la faune sauvage.

Les agents honoraires peuvent porter l'uniforme et les insignes de leur grade dans les conditions fixées par le directeur général de l'Office national de la chasse et de la faune sauvage. En cas d'activités ou de comportement pouvant nuire au bon renom du service, ils peuvent se voir privés de l'honorariat par décision motivée du directeur général de l'Office national de la chasse et de la faune sauvage.

Sous-section 3 *(Rédaction antérieure).* – Dispositions financières

Rédaction antérieure. Art. R. 421-25 *(Mod., D. n° 2005-1238, 30 sept. 2005).* – *(Abr. à compter du 1er janvier 2013, D. n° 2012-1247, 7 nov. 2012)* (1) (2)

Des comptables secondaires peuvent être nommés par le directeur général après agrément de l'agent comptable. Des ordonnateurs secondaires peuvent être nommés par décision du directeur général, après accord du conseil d'administration.

Rédaction antérieure. Art. R. 421-26. – Il peut être constitué auprès de l'établissement des régies de recettes et des régies d'avances dans les conditions prévues par le décret n° 92-681 du 20 juillet 1992 relatif aux régies de recettes et aux régies d'avances des organismes publics.

Sous-section 4 *(Rédaction antérieure).* – Contrôle

Rédaction antérieure. Art. R. 421-27 *(Mod., D. n° 2005-1238, 30 sept. 2005).* – Le *(Mots rempl., D. n° 2009-592, 26 mai 2009)* « directeur chargé de la chasse » exerce les fonctions de commissaire du Gouvernement auprès de l'Office national de la chasse et de la faune sauvage. Il est suppléé en cas d'absence ou d'empêchement par le directeur général de la forêt et des affaires rurales, commissaire adjoint.

Il a accès aux réunions du conseil d'administration et de ses commissions ; il n'a pas voix délibérative mais peut être entendu chaque fois qu'il le demande. Il reçoit les convocations, ordres du jour et tous autres documents adressés aux membres du conseil d'administration.

Il contresigne les procès-verbaux des séances.

Il peut se faire communiquer toutes pièces, documents ou archives et procéder ou faire procéder à toutes vérifications.

Les décisions du conseil d'administration sont communiquées immédiatement au commissaire du Gouvernement. Dans les dix jours de cette communication, celui-ci peut en suspendre l'exécution jusqu'à décision conjointe du ministre chargé du budget, du ministre chargé de la chasse et du ministre chargé de l'agriculture et de la forêt qu'il saisit aux fins d'annulation. Si la décision ministérielle n'intervient pas dans le délai d'un mois à compter de la date à laquelle les ministres ont été saisis, la décision du conseil d'administration prend son entier effet.

(Rempl. à compter du 1er janvier 2013, D. n° 2012-1247, 7 nov. 2012) (1) (2) Les délibérations portant sur le budget et le compte financier sont exécutoires dans les conditions prévues par le titre III du décret n° 2012-1246 du 7 novembre 2012 relatif à la gestion budgétaire et comptable publique.

Les délibérations mentionnées aux 6°, 8°, 11° et 13° du II de l'article R. 421-13 deviennent exécutoires de plein droit si le ministre chargé de la chasse, le ministre chargé de l'agriculture et de la forêt ou le ministre chargé du budget n'y font pas opposition dans le mois qui suit la réception par eux du procès-verbal de la séance.

Rédaction antérieure. Art. R. 421-28 *(Mod., D. n° 2005-1238, 30 sept. 2005 ; D. n° 2007-397, 22 mars 2007* (3) *; rempl. à compter du 1er janvier 2013, D. n° 2012-1247, 7 nov. 2012)* (1) (2). – L'établissement public est soumis aux dispositions des titres Ier et III du décret n° 2012-1246 du 7 novembre 2012 relatif à la gestion budgétaire et comptable publique.

(1) Sur les conditions de modifications des présentes dispositions : V. D. n° 2012-1247, 7 nov. 2012, art. 292.

(2) Dispositions applicables sur l'ensemble du territoire de la République, D. n° 2012-1247, 7 nov. 2012, art. 293.

(3) Dispositions applicables à Mayotte, dans les îles Wallis-et-Futuna, en Polynésie française, en Nouvelle-Calédonie et dans les Terres australes et antarctiques françaises, D. n° 2007-397, 22 mars 2007, art. 15.

Section II. – Commission départementale de la chasse et de la faune sauvage

(Rempl., D. n° 2006-665, 7 juin 2006) (1)

Art. R. 421-29 *(Rempl., D. n° 2006-665, 7 juin 2006* (1) *; mod., D. n° 2018-530, 28 juin 2018).* – I. – La commission départementale de la chasse et de la faune sauvage concourt à l'élaboration, à la mise en œuvre et au suivi, dans le département, de la politique du gouvernement dans le domaine de la chasse et de la protection de la faune sauvage. Elle est régie par les dispositions des articles 8 et 9 du décret n° 2006-665 du 7 juin 2006.

Elle est notamment chargée d'émettre, dans le respect des équilibres biologiques et des intérêts agricoles et forestiers, un avis sur la gestion des espèces chassées et la préservation de leurs habitats, ainsi que sur la détermination des espèces visées à l'article L. 427-8.

II. – Dans les cas et selon les modalités prévus par les dispositions législatives ou réglementaires, la commission :

1° Se prononce sur les périodes, les modalités et pratiques de chasse, ainsi que sur celles de destruction des animaux classés susceptibles d'occasionner des dégâts ;

2° Est consultée sur l'attribution des plans de chasse et sur la gestion des lots de chasse sur les domaines publics fluvial et maritime ;

3° *(Rempl., D. n° 2022-1337, 19 oct. 2022)* Assure la coordination des méthodes et des actions destinées à prévenir les dégâts aux récoltes, aux cultures et aux forêts causés par le grand gibier et intervient en matière d'indemnisation de ces dégâts.

Art. R. 421-30 *(Rempl., D. n° 2006-665, 7 juin 2006* (1) *; mod., D. n° 2007-397, 22 mars 2007* (2) *; D. n° 2008-297, 1er avr. 2008 ; mod. à compter du 1er juillet 2014, D. n° 2013-1221, 23 déc. 2013 ; à compter du 1er janvier 2020, D. n° 2019-1580, 31 déc. 2019 ; mod., D. n° 2022-969, 1er juill. 2022).* – I. – La commission départementale de la chasse et de la faune sauvage est présidée par le préfet et à Paris, par le préfet de police. Elle comprend :

1° Des représentants de l'État et de ses établissements publics, dont le directeur départemental de l'agriculture et de la forêt, le directeur régional de l'environnement, le directeur régional de l'Office français de la biodiversité ou, à défaut, un représentant désigné par le directeur général, ainsi qu'un représentant des lieutenants de louveterie ;

2° Le président de la fédération départementale des chasseurs et des représentants des différents modes de chasse proposés par lui ;

3° Des représentants des piégeurs ;

4° Des représentants de la propriété forestière privée, de la propriété forestière non domaniale relevant du régime forestier et de l'Office national des forêts ;

5° Le président de la chambre d'agriculture du département et d'autres représentants des intérêts agricoles dans le département proposés par lui dans le respect des dispositions de l'article 1er du décret n° 90-187 du 28 février 1990 ;

6° Des représentants d'associations agréées au titre de l'article L. 141-1 actives dans le domaine de la conservation de la faune et de la protection de la nature ;

7° Des personnalités qualifiées en matière scientifique et technique dans le domaine de la chasse ou de la faune sauvage.

II. – La commission est composée pour un tiers de représentants des chasseurs.

Art. R. 421-31 *(Rempl., D. n° 2006-665, 7 juin 2006* (1) *; D. n° 2012-402, 23 mars 2012 ; mod. à compter du 1er juillet 2014, D. n° 2013-1221, 23 déc. 2013 ; mod., D. n° 2018-530, 28 juin 2018).* – La commission départementale de la chasse et de la faune sauvage constitue en son sein :

I *(Mod., D. n° 2022-1337, 19 oct. 2022).* – Une formation spécialisée pour exercer les attributions qui lui sont dévolues en matière de coordination de la prévention et d'indemnisation des dégâts de gibier.

---

(1) Dispositions transitoires : V. D. n° 2006-665, 7 juin 2006, art. 61.

(2) Dispositions applicables à Mayotte, dans les îles Wallis-et-Futuna, en Polynésie française, en Nouvelle-Calédonie et dans les Terres australes et antarctiques françaises, D. n° 2007-397, 22 mars 2007, art. 15.

Cette formation spécialisée se réunit sous la présidence du préfet et comporte pour moitié des représentants des chasseurs et, selon que les affaires concernent la coordination de la prévention et l'indemnisation des dégâts aux cultures et aux récoltes agricoles ou la coordination de la prévention et l'indemnisation des dégâts aux forêts, pour moitié des représentants des intérêts agricoles désignés dans le respect des dispositions de l'article 1er du décret n° 90-187 du 28 février 1990 ou des intérêts forestiers.

II. – Une formation spécialisée pour exercer les attributions qui lui sont dévolues relatives aux animaux classés susceptibles d'occasionner des dégâts.

Cette formation spécialisée se réunit sous la présidence du préfet.

Elle comprend :

1° Un représentant des piégeurs ;

2° Un représentant des chasseurs ;

3° Un représentant des intérêts agricoles ;

4° Un représentant d'associations agréées au titre de l'article L. 141-1 du Code de l'environnement, actives dans le domaine de la conservation de la faune et de la protection de la nature ;

5° Deux personnalités qualifiées en matière scientifique et technique dans le domaine de la chasse ou de la faune sauvage.

Un représentant de l'*(Mots rempl. à compter du 1er janvier 2020, D. n° 2019-1580, 31 déc. 2019)* « Office français de la biodiversité » et un représentant de l'association des lieutenants de louveterie assistent aux réunions avec voix consultative.

Art. R. 421-32 *(Rempl., D. n° 2006-665, 7 juin 2006)* (1). – Le vote secret est de droit lorsque trois des membres présents ou représentés le demandent.

Section IV. – Fédérations départementales des chasseurs

Sous-section 1. – Adhésion et participations exigibles des adhérents

Art. R. 421-33. – L'adhésion à la fédération départementale des chasseurs n'est pas obligatoire pour les marins pêcheurs professionnels et les conchyliculteurs, assimilés administrativement aux premiers, en ce qui concerne l'exercice de la chasse maritime.

Art. R. 421-34 *(Rempl., D. n° 2022-1337, 19 oct. 2022)*. – Les participations prévues au quatrième alinéa de l'article L. 426-5 sont fixées par l'assemblée générale sur proposition du conseil d'administration.

La participation des territoires de chasse est modulée en fonction de la part prise par les différents territoires, types de territoires ou unités de gestion au regard du niveau et de l'évolution des dégâts indemnisés.

Les participations peuvent être réparties entre tous les adhérents ou exigées des seuls adhérents chasseurs de grand gibier ainsi que, le cas échéant, des détenteurs de droits de chasse portant sur des territoires où est chassé le grand gibier. Ces participations prennent la forme d'une participation personnelle ou d'une participation pour chaque dispositif de marquage de grand gibier et de sanglier ou d'une combinaison de ces deux types de participation. Elles sont modulables en fonction des espèces, du sexe, des catégories d'âge du gibier et du territoire de chasse.

Sous-section 2. – Régime budgétaire et comptable

Art. R. 421-35 *(Mod., D. n° 2006-1097, 30 août 2006 ; D. n° 2019-933, 6 sept. 2019)*. – Les comptes de la fédération départementale sont établis suivant le plan comptable applicable aux associations de droit privé régies par la loi du 1er juillet 1901 relative au contrat d'association.

L'exercice comptable commence le 1er juillet et se termine le 30 juin.

L'ensemble des opérations directement rattachées à la prévention et à l'indemnisation des dégâts causés aux cultures et aux récoltes agricoles par le grand gibier fait l'objet d'une section dédiée en comptabilité qui retrace les flux financiers d'un compte bancaire autonome, dans les conditions précisées à l'article R. 426-1.

(1) Dispositions transitoires : V. D. n° 2006-665, 7 juin 2006, art. 61.

(Créé à compter de la campagne cynégétique 2020-2021, D. n° 2020-92, 6 févr. 2020) L'ensemble des opérations directement rattachées au fonds prévu au quatrième alinéa de l'article L. 421-14 fait l'objet d'une section dédiée en comptabilité qui retrace les flux financiers.

Art. R. 421-36 *(Mod., D. n° 2019-933, 6 sept. 2019)*. **– Le conseil d'administration arrête les comptes de l'exercice écoulé avant le 1er décembre. Il présente son rapport de gestion à l'assemblée générale. L'assemblée générale donne quitus au conseil d'administration et approuve les comptes.**

Art. R. 421-37 *(Mod., D. n° 2019-933, 6 sept. 2019)*. **– Le conseil d'administration établit un projet de budget qui retrace les charges et les produits prévisionnels de fonctionnement ainsi que les investissements de la fédération départementale. Les prévisions afférentes à la prévention et à l'indemnisation des dégâts causés aux cultures et aux récoltes agricoles par le grand gibier sont individualisées au sein du projet de budget.**

Art. R. 421-38. – Avant le 1er juin, l'assemblée générale vote les cotisations relatives à l'exercice à venir et approuve le budget. Celui-ci est transmis sans délai au préfet par le président de la fédération départementale des chasseurs.

Sous-section 3. – Missions de service public confiées à la fédération, ou auxquelles elle est associée

(Intitulé mod. D. n° 2020-87, 5 févr. 2020)

Art. R. 421-38-1 *(D. n° 2019-1432, 23 déc. 2019 ; mod. à compter du 1er juillet 2020, D. n° 2020-87, 5 févr. 2020)*. **– Pour l'adoption des décisions relatives aux associations communales de chasse agréées, la délivrance des autorisations de chasser accompagné et pour l'adoption des plans de chasse, le président de la fédération départementale ou interdépartementale des chasseurs peut déléguer sa signature à un agent placé sous son autorité.**

Ces décisions sont publiées dans un répertoire des actes officiels de la fédération dans le mois suivant. Ce répertoire est mis à la disposition du public sur le site internet de la fédération.

La diffusion du répertoire peut être effectuée à titre gratuit ou par vente au numéro ou par abonnement.

Art. R. 421-39 *(Mod., D. n° 2019-1432, 23 déc. 2019 ; mod. à compter du 1er juillet 2020, D. n° 2020-87, 5 févr. 2020)*. **– I. – Le préfet contrôle, conformément au premier alinéa de l'article L. 421-10, l'exécution par la fédération départementale des chasseurs des missions de service public auxquelles elle participe, notamment dans les domaines suivants :**

1° Mise en valeur du patrimoine cynégétique départemental et action en faveur de la protection et de la gestion de la faune sauvage ainsi que de ses habitats ;

2° Élaboration du schéma départemental de gestion cynégétique ;

3° Contribution à la prévention du braconnage ;

4° Information, éducation et appui technique à l'intention des gestionnaires de territoires et des chasseurs ;

4° ***bis*** **Délivrance des autorisations de chasser accompagné mentionnées à l'article L. 423-2 et organisation des formations pratiques élémentaires préalables ;**

5° Préparation à l'examen du permis de chasser et contribution à la validation du permis de chasser ;

6° Coordination des actions des associations communales et intercommunales de chasse agréées, agrément de celles-ci et édiction des décisions relatives à leur territoire et aux sanctions disciplinaires ;

6° ***bis*** **Mise en œuvre du plan de chasse prévue à l'article L. 425-8 ;**

7° Prévention et indemnisation des dégâts de grand gibier.

II. – À cet effet, et sans préjudice des obligations prévues au deuxième alinéa de l'article L. 421-10, le président de la fédération départementale des chasseurs fait parvenir au préfet, à sa demande, toutes informations sur les actions conduites par la fédération dans les domaines mentionnés ci-dessus. Les observations éventuelles du préfet sont portées dans les meilleurs délais à la connaissance du conseil d'administration et de l'assemblée générale de la fédération.

Voir : note du 26 février 2015 relative à la méthodologie de contrôle de l'exécution des missions de service public des fédérations départementales des chasseurs (NOR : DEVL1504857N, *BOME* n° 2015/5, 25 mars 2015).

Section V. – Fédérations interdépartementales des chasseurs

Art. R. 421-40. – Les dispositions réglementaires de la section 4 sont applicables de plein droit aux deux fédérations interdépartementales mentionnées à l'article L. 421-12, sous réserve des dispositions particulières définies aux articles R. 421-41 et R. 421-42.

Art. R. 421-41. – Le modèle de statuts fixé, en application de l'article L. 421-9, pour les fédérations départementales est applicable aux fédérations interdépartementales.

Toutefois, pour les fédérations interdépartementales, le modèle de statuts mentionné à l'alinéa précédent est adapté notamment en ce qui concerne la composition et le nombre de membres du conseil d'administration et du bureau afin d'assurer une représentation équitable des chasseurs des différents départements de la fédération interdépartementale.

Art. R. 421-42. – Le préfet compétent pour le contrôle des fédérations interdépartementales est le préfet du département du siège de la fédération.

Section VI. – Fédérations régionales des chasseurs

Art. R. 421-43. – Le montant de la cotisation que doit acquitter chaque fédération départementale et interdépartementale à la fédération régionale est égal au produit du nombre de ses adhérents de l'exercice précédent par le montant national maximum de la cotisation mentionnée au quatrième alinéa de l'article L. 421-14, auquel est appliqué un taux fixé par l'assemblée générale de la fédération régionale des chasseurs.

Art. R. 421-44. – Les comptes et le budget de la fédération régionale sont établis, et le contrôle, mentionné à l'article L. 421-10, est assuré, dans les conditions prévues aux articles R. 421-35 à R. 421-39. Le préfet chargé du contrôle est le préfet de région.

Section VII. – Fédération nationale des chasseurs

Sous-section 1. – Cotisations et contributions des fédérations départementales

Art. R. 421-45 *(Abr., D. n° 2020-92, 6 févr. 2020).*

Rédaction antérieure. Art. R. 421-45. – L'assemblée générale de la Fédération nationale des chasseurs fixe le montant de la cotisation qui lui est versée par chaque chasseur de grand gibier qui a validé un permis de chasser national.

Art. R. 421-46. – Le montant de la cotisation d'adhésion que doit acquitter chaque fédération départementale, interdépartementale ou régionale des chasseurs à la Fédération nationale des chasseurs est, en application du premier alinéa de l'article L. 421-14, fixé par l'assemblée générale de la Fédération nationale des chasseurs sur proposition de son conseil d'administration.

Art. R. 421-47 *(Abr., D. n° 2020-92, 6 févr. 2020).*

Sous-section 2. – Régime budgétaire et comptable

Art. R. 421-48. – Les comptes et le budget de la Fédération nationale des chasseurs sont établis conformément aux dispositions des articles R. 421-35 à R. 421-38.

Art. R. 421-49 *(Rempl. à compter de la campagne cynégétique 2020-2021, D. n° 2020-92, 6 févr. 2020).* – Les opérations relatives au fonds prévu au quatrième alinéa de l'article L. 421-14, menées par la Fédération nationale des chasseurs, font l'objet d'une section dédiée en comptabilité qui retrace notamment :

1° En produits :

a) Le produit des contributions mentionnées au sixième alinéa de l'article L. 421-5 ;

b) Le produit des placements financiers des ressources mentionnées ci-dessus ;

2° En charges : le coût des actions relatives au fonds prévu au quatrième alinéa de l'article L. 421-14.

NB : Conformément à l'article 4 du décret n° 2020-92 du 6 février 2020, ces dispositions résultant de l'article 3 dudit décret entrent en vigueur pour la campagne cynégétique 2020-2021.

Sous-section 2 *bis.* – Aide financière de la Fédération nationale aux fédérations départementales des chasseurs

(D. n° 2020-92, 6 févr. 2020)

Art. R. 421-49-1 *(D. n° 2020-92, 6 févr. 2020).* – Chaque fédération départementale des chasseurs pouvant bénéficier de l'aide prévue au neuvième alinéa de l'article L. 421-14 adresse à la Fédération nationale des chasseurs une demande comportant la justification du nombre de ses adhérents pour la campagne cynégétique précédente.

L'aide financière est versée par la Fédération nationale des chasseurs chaque année dans un délai maximum de quatre mois à compter de la réception de la demande mentionnée au premier alinéa.

Art. D. 421-49-2 *(D. n° 2020-92, 6 févr. 2020).* – L'aide financière prévue au neuvième alinéa de l'article L. 421-14 est accordée pour les fédérations départementales des chasseurs dont le nombre d'adhérents est inférieur ou égal à 5 000 pour la campagne cynégétique précédente.

Son montant est :
- de 2 € par adhérent pour les fédérations regroupant moins de 2 500 adhérents ;
- de 1,80 € par adhérent pour les fédérations regroupant entre 2 501 et 3 000 adhérents ;
- de 1,50 € par adhérent pour les fédérations regroupant entre 3 001 et 3 500 adhérents ;
- de 1,30 € par adhérent pour les fédérations regroupant entre 3 501 et 4 000 adhérents ;
- de 1 € par adhérent pour les fédérations regroupant entre 4 001 et 5 000 adhérents.

Sous-section 3. – Contrôle de l'exécution des missions de service public auxquelles est associée la Fédération nationale des chasseurs

Art. R. 421-50. – Pour l'application du premier alinéa de l'article L. 421-16, le président de la Fédération nationale des chasseurs transmet au ministre chargé de la chasse, à sa demande, toutes informations sur les actions qu'elle mène au titre des missions de service public auxquelles elle est associée. Les observations éventuelles du ministre sont portées dans les meilleurs délais à la connaissance du conseil d'administration et de l'assemblée générale de la Fédération nationale des chasseurs.

Section VII *bis.* – Fonds dédié à la protection et à la reconquête de la biodiversité

(Section créée à compter de la campagne cynégétique 2020-2021, D. n° 2020-92, 6 févr. 2020)

Art. D. 421-50-1 *(Créé à compter de la campagne cynégétique 2020-2021, D. n° 2020-92, 6 févr. 2020).* – Le montant de la contribution financière due par les fédérations départementales des chasseurs, en application du sixième alinéa de l'article L. 421-5, au fonds prévu au quatrième alinéa de l'article L. 421-14 est fixé à 5 euros par adhérent validant un permis de chasser.

NB : Conformément à l'article 4 du décret n° 2020-92 du 6 février 2020, ces dispositions résultant de l'article 3 dudit décret entrent en vigueur pour la campagne cynégétique 2020-2021.

Art. R. 421-50-2 *(Créé à compter de la campagne cynégétique 2020-2021, D. n° 2020-92, 6 févr. 2020).* – Les fédérations départementales des chasseurs versent au fonds prévu au quatrième alinéa de l'article L. 421-14 la contribution financière due en application du sixième alinéa de l'article L. 421-5.

Après décision de son assemblée générale, la Fédération nationale des chasseurs peut faire l'avance au fonds prévu au quatrième alinéa de l'article L. 421-14 de la contribution financière due par les fédérations départementales des chasseurs en application du sixième alinéa de l'article L. 421-5.

Dans ce cas, les fédérations départementales versent à la Fédération nationale le montant de la contribution dont elle a fait l'avance.

NB : Conformément à l'article 4 du décret n° 2020-92 du 6 février 2020, ces dispositions résultant de l'article 3 dudit décret entrent en vigueur pour la campagne cynégétique 2020-2021.

Art. R. 421-50-3 *(Créé à compter de la campagne cynégétique 2020-2021, D. n° 2020-92, 6 févr. 2020).* – L'assemblée générale de la Fédération nationale des chasseurs fixe les conditions de versement de la contribution de chaque fédération départementale des chasseurs relative au fonds prévu au quatrième alinéa de l'article L. 421-14.

NB : Conformément à l'article 4 du décret n° 2020-92 du 6 février 2020, ces dispositions résultant de l'article 3 dudit décret entrent en vigueur pour la campagne cynégétique 2020-2021.

Section VIII. – Comité d'experts sur la gestion adaptative

(Rempl., D. n° 2019-166, 5 mars 2019)

Art. D. 421-51 *(Rempl., D. n° 2019-166, 5 mars 2019).* – Une instance d'expertise, dénommée « comité d'experts sur la gestion adaptative », fournit au ministre chargé de la chasse des recommandations en termes de prélèvements des espèces à partir des données, études et recherches portant sur ces espèces et leurs habitats. Lorsqu'elles concernent des oiseaux migrateurs, ces recommandations tiennent compte des populations dans l'ensemble de leur aire de répartition.

Le comité d'experts se fonde notamment sur les données d'inventaires et de prélèvements analysées par les établissements publics compétents ainsi que sur les travaux réalisés par les établissements de recherche et les organismes compétents en matière d'inventaire et de gestion de la faune sauvage.

Art. D. 421-52 *(Rempl., D. n° 2019-166, 5 mars 2019).* – Le comité d'experts sur la gestion adaptative est placé auprès du ministre chargé de la chasse, qui fixe ses objectifs et son programme de travail.

Art. D. 421-53 *(Rempl., D. n° 2019-166, 5 mars 2019).* – Un arrêté du ministre chargé de la chasse fixe la composition du comité d'experts sur la gestion adaptative et ses modalités de fonctionnement.

Sur proposition d'un de ses membres, et sauf opposition d'au moins deux-tiers des membres, le comité d'experts peut entendre toute personne extérieure dont l'audition est de nature à éclairer ses recommandations.

Art. D. 421-54 (1) *(Rétabli, D. n° 2019-166, 5 mars 2019 ; mod., D. n° 2022-969, 1er juill. 2022).* – Le secrétariat du comité d'experts est assuré conjointement par l'Office français de la biodiversité et le Muséum national d'histoire naturelle.

Art. D. 421-55 *(D. n° 2019-166, 5 mars 2019).* – Le président du comité d'experts perçoit une indemnité d'exercice, liée à sa préparation et à sa participation aux séances du comité. Le montant de l'indemnité versée est fixé par arrêté du ministre chargé de la chasse. Les fonctions des autres membres sont gratuites, de même que la participation aux séances des personnes invitées en application du second alinéa de l'article D. 421-53. L'Office national de la chasse et de la faune sauvage peut toutefois leur verser des indemnités correspondant aux frais de déplacement et de séjour effectivement supportés à l'occasion des réunions, dans les conditions applicables aux fonctionnaires de l'État.

CHAPITRE II. – TERRITOIRE DE CHASSE

Section I. – Associations communales et intercommunales de chasse agréées

Sous-section 1. – Dispositions générales

Art. R. 422-1 *(Mod., D. n° 2019-1432, 23 déc. 2019).* – Les associations communales et intercommunales de chasse agréées sont constituées et fonctionnent dans les conditions prévues à la présente section.

Art. R. 422-2 *(Mod., D. n° 2019-1432, 23 déc. 2019).* – Toute modification apportée aux statuts, au règlement intérieur et de chasse doit être soumise à l'approbation du président de la fédération départementale des chasseurs.

(1) V. T. appl. : A. 7 févr. 2003 : *JO* 15 févr. 2003. – NDLR.

Art. R. 422-3 *(Abr., D. n° 2019-1432, 23 déc. 2019).*

Art. R. 422-4 *(Mod., D. n° 2019-1432, 23 déc. 2019).* – I. – Toute association de chasse agréée doit tenir à la disposition tant de ses membres que de toute personne intéressée, à son siège social :

1° La liste de ses membres ;

2° La liste des parcelles constituant le territoire de chasse de l'association ;

3° Ses statuts, son règlement intérieur et de chasse.

II. – Ces documents doivent être régulièrement mis à jour. Ils sont communiqués, ainsi que leurs modifications, à la fédération départementale des chasseurs.

Sous-section 2. – Institution des associations communales de chasse agréées

§ 1. – Départements où des associations communales de chasse agréées doivent être créées

Art. R. 422-5 *(Mod., D. n° 2022-1337, 19 oct. 2022).* – En vue de permettre au ministre chargé de la chasse d'établir la liste des départements où doivent être créées des associations communales de chasse agréées, le préfet consulte la fédération départementale des chasseurs et la chambre d'agriculture.

Il joint à sa consultation la liste des communes du département où la constitution d'un territoire de chasse paraît impossible.

Le président de la fédération départementale des chasseurs est tenu de réunir le conseil d'administration, qui se prononce à la majorité des deux tiers de ses membres présents ou représentés. Si cette majorité n'est pas acquise, le président convoque immédiatement une assemblée générale extraordinaire, qui se prononce à la majorité simple des votants. La fédération doit donner son avis dans le délai de deux mois à compter du jour où elle a été consultée par le préfet.

La chambre d'agriculture doit donner son avis dans le même délai, soit lors de sa session ordinaire la plus proche, soit si celle-ci ne peut intervenir dans le délai prescrit, lors d'une session extraordinaire convoquée à la demande du ministre chargé de l'agriculture.

Art. R. 422-6 *(Mod., D. n° 2022-1337, 19 oct. 2022).* – Le préfet transmet au conseil général les avis motivés de la fédération départementale des chasseurs, de la délégation régionale du Centre national de la propriété forestière et de la chambre d'agriculture. Le conseil général émet son avis lors de sa séance ordinaire la plus proche ou lors d'une séance extraordinaire.

Art. R. 422-7. – Dans le cas où cet avis est conforme, le ministre chargé de la chasse peut, sur proposition du préfet, inscrire par arrêté le département sur la liste des départements où doit être créée une association communale de chasse dans chaque commune autre que celles mentionnées au deuxième alinéa de l'article R. 422-5.

Art. R. 422-8. – L'arrêté ministériel est publié au *Journal officiel* et affiché pendant un mois dans toutes les communes de chaque département intéressé, aux emplacements utilisés habituellement par l'administration.

Art. R. 422-9. – La liste mentionnée à l'article L. 422-6 peut être complétée ultérieurement par arrêté du ministre chargé de la chasse pris après l'accomplissement des formalités prévues par les articles R. 422-5 à R. 422-8.

Art. R. 422-10. – Les formalités prévues aux articles R. 422-5 à R. 422-8 portent également sur la fixation des diverses superficies minimales prévues à l'article L. 422-13.

Art. R. 422-11. – Les minimums de surface fixés en application de l'article L. 422-13 peuvent être ultérieurement modifiés dans les formes prévues aux articles R. 422-5 à R. 422-8.

La décision modificative ne prend cependant effet qu'à l'expiration de la période de six années, telle qu'elle est définie à l'article R. 422-41, en cours à la date de la décision.

Cette décision emporte la révision, suivant les règles énoncées aux articles R. 422-17 à R. 422-32, du territoire de chasse de chacune des associations intéressées.

§ 2. – Départements où des associations communales de chasse agréées peuvent être créées

Art. R. 422-12 *(Mod., D. n° 2019-1432, 23 déc. 2019)*. – Dans les départements qui ne figurent pas sur la liste arrêtée par le ministre chargé de la chasse en application de l'article L. 422-6, le président de la fédération départementale des chasseurs détermine la liste des communes où est créée une association communale de chasse agréée.

Art. R. 422-13. – Pour le calcul de la proportion prévu à l'article L. 422-7, ne sont pas pris en compte :

1° Les terres qui sont exclues de plein droit du ressort d'une association communale de chasse agréée en vertu des 1°, 2° et 4° de l'article L. 422-10 ;

2° Les territoires déjà aménagés au 1er septembre 1963 supérieurs aux superficies déterminées à l'article L. 422-13 et pour lesquels l'une des trois conditions suivantes étaient remplies :

a) Paiement des impôts et taxes dus sur les chasses gardées ;

b) Surveillance par un garde assermenté ;

c) Signalisation assurée par des pancartes.

Art. R. 422-14 *(Mod., D. n° 2019-1432, 23 déc. 2019)*. – Les demandes prévues à l'article L. 422-7 sont présentées au maire. Elles peuvent l'être à tout moment. Le maire les transmet avec son avis au président de la fédération départementale des chasseurs dans le délai d'un mois.

Art. R. 422-15 *(Mod., D. n° 2019-1432, 23 déc. 2019)*. – Si le président de la fédération départementale des chasseurs donne une suite favorable à la demande, sa décision est publiée au répertoire des actes officiels de la fédération et affichée pendant un mois dans la commune intéressée aux emplacements utilisés habituellement par l'administration. L'accomplissement de cette mesure de publicité est certifié par le maire.

Art. R. 422-16. – La même procédure est applicable aux demandes, justifiant de l'accord amiable de la double majorité prévue à l'article L. 422-7, tendant à ce qu'une association communale de chasse agréée soit radiée de la liste départementale.

Sous-section 3. – Modalités de constitution

§ 1. – Enquête

Art. R. 422-17 *(Mod. à compter du 1er janvier 2015, D. n° 2014-1635, 26 déc. 2014 ; mod. D. n° 2019-1432, 23 déc. 2019)*. – L'enquête prévue à l'article L. 422-8 pour déterminer quels terrains seront soumis à l'action de l'association communale de chasse est effectuée par un commissaire enquêteur ou une commission d'enquête.

Le président de la fédération départementale des chasseurs désigne le commissaire enquêteur ou le président et les membres de la commission d'enquête parmi toutes personnes compétentes.

Sur l'action exercée par une association qui regroupe des titulaires de droits de chasse s'exerçant sur le territoire d'une commune, un arrêt d'une cour administrative d'appel, devenu définitif, a annulé l'arrêté préfectoral ayant fixé la liste des terrains soumis à l'action de l'association communale de chasse agréée (ACCA) de la commune, ainsi que l'arrêté ayant ultérieurement agréé celle-ci ; l'association regroupant des titulaires de droits de chasse ainsi des titulaires de droits de chasse sur la commune ont assigné l'ACCA en vue de voir prononcer sa dissolution. Relevant que l'annulation de l'arrêté préfectoral qui fixait la liste des terrains sur lesquels devait s'exercer l'action de l'ACCA privait celle-ci de tout objet et viciait sa constitution même puisque ses membres de droit n'étaient plus déterminables, l'arrêt retient ainsi, non pas une simple interruption temporaire d'activité, mais une impossibilité objective et irréversible de réaliser le but poursuivi par l'ACCA ; sans porter atteinte à la liberté d'association, la cour d'appel en a déduit l'existence de justes motifs permettant de prononcer la dissolution de l'association ; elle a ainsi légalement justifié sa décision (■ Cass. 1re civ., 17 févr. 2016 : *JurisData* n° 2016-002562).

Art. R. 422-18 *(Mod., D. n° 2019-1432, 23 déc. 2019)*. – La décision de désignation du commissaire enquêteur précise également :

1° La date à laquelle l'enquête sera ouverte et sa durée qui ne peut être inférieure à trois jours ;

2° Les heures et lieux où le public pourra voir le commissaire enquêteur ou la commission d'enquête et formuler ses observations sur un registre ouvert à cet effet. Ce registre à feuillets non mobiles est coté et paraphé par le commissaire enquêteur ou le président de la commission d'enquête.

Art. R. 422-19 *(Mod., D. n° 2019-1432, 23 déc. 2019).* – La décision du président de la fédération départementale des chasseurs est publiée au répertoire des actes officiels du président de la fédération et affichée à la porte de la mairie et aux lieux habituels d'affichage municipal sans que cette formalité soit limitée nécessairement à la commune où ont lieu les opérations d'enquête. L'accomplissement de cette mesure de publicité est certifié par le ou les maires concernés.

La décision est, en outre, insérée en caractères apparents dans la presse locale.

Art. R. 422-20. – Pendant le délai fixé conformément au 1° de l'article R. 422-18, les observations sur la constitution projetée de l'association communale de chasse et la consistance de son territoire de chasse peuvent être consignées par les intéressés directement sur le registre d'enquête. Elles peuvent également être adressées par écrit, au lieu fixé par le préfet pour l'ouverture de l'enquête, au commissaire enquêteur ou au président de la commission d'enquête, lequel les annexe au registre.

Art. R. 422-21. – Après avoir établi un relevé des droits de chasse, le commissaire enquêteur ou la commission d'enquête détermine la liste des terrains dont les propriétaires ou détenteurs du droit de chasse paraissent en droit, en application des dispositions de l'article L. 422-13, de formuler l'opposition prévue au 3° de l'article L. 422-10.

Art. R. 422-22. – I. – Le droit de chasse sur les terrains mentionnés à l'article R. 422-21 doit appartenir :

1° Soit à un propriétaire, à un nu-propriétaire, à un usufruitier à titre légal ou conventionnel, à des propriétaires indivis ou à un locataire titulaire d'un contrat de location ayant date certaine ;

2° Soit à un groupement de propriétaires ou détenteurs de droits de chasse, constitué sous forme d'association déclarée ou sous toute autre forme prévue par une convention ayant date certaine et justifiant de l'étendue, de la durée et de la date d'entrée en jouissance de ses droits.

II. – Pour l'application de la présente section, n'est pas considéré comme détenteur du droit de chasse le bénéficiaire du droit personnel de chasser attribué au fermier par le statut du fermage.

Art. R. 422-23 *(Mod., D. n° 2019-1432, 23 déc. 2019).* – Le commissaire enquêteur ou le président de la commission d'enquête adresse à tous les propriétaires ou détenteurs du droit de chasse une lettre recommandée avec demande d'avis de réception ou un envoi recommandé électronique au sens de l'article L. 100 du Code des postes et des communications électroniques.

Cette lettre rappelle l'affichage exécuté en application de l'article R. 422-8 ou de l'article R. 422-15.

Si l'intéressé figure dans la liste établie conformément à l'article R. 422-21, elle l'invite à faire connaître, par lettre recommandée avec demande d'avis de réception ou par un envoi recommandé électronique au sens de l'article L. 100 du Code des postes et des communications électroniques, au commissaire enquêteur, dans le délai de trois mois à compter de sa réception, s'il fait opposition en application du 3° ou du 5° de l'article L. 422-10.

Si l'intéressé ne figure pas dans la liste établie par le commissaire enquêteur conformément à l'article R. 422-21, la lettre l'invite à faire connaître, dans le même délai et par la même voie, s'il fait opposition en application du 5° de l'article L. 422-10.

Le propriétaire ou le détenteur de droits de chasse qui fait opposition en application du 3° de l'article L. 422-10 et dont le territoire est limitrophe d'enclaves au sens de l'article L. 422-20 doit indiquer s'il désire ou non y louer le droit de chasse dans les conditions de l'article R. 422-61.

1) Constitution. Agrément. La convocation de la première assemblée générale constitutive à laquelle participent tous les membres de droit énumérés par l'article L. 422-21 du Code de l'environnement est affichée dix jours à l'avance à la diligence du maire et l'assemblée procède immédiatement à l'élection d'un bureau de séance, établit la liste des terrains soumis à l'action de l'association et la liste des membres lesquels approuvent les statuts et procèdent à l'élection du premier conseil d'administration, à la suite de quoi le président de l'association communale adresse au préfet la demande d'agrément. Ainsi, lorsque la convocation a été faite pour 9 h 30 mais que la réunion n'a effectivement commencé qu'à 14 heures, la procédure a été irrégulière, un tel écart ayant généré le départ de plusieurs membres de droit. Il s'ensuit que l'agrément préfectoral doit être annulé (▪ CAA Bordeaux, 5 avr. 2012, n° 11BX00976, *ACCA de Feneyrols*, inédit).

2) Une association régulièrement déclarée dont l'objet social est, notamment, « la gestion des plans de chasse » sur le territoire d'une commune et dont il ressort des pièces du dossier qu'elle était titulaire, à la date d'introduction de sa demande devant le tribunal administratif, de baux de chasse portant sur des terrains soumis à l'action de l'association communale de chasse agréée en vertu d'un arrêté préfectoral et qui a, d'ailleurs, formé opposition, en application des dispositions du 3° de l'article L. 422-10 du Code de l'environnement, à leur incorporation, justifie d'un intérêt lui donnant qualité pour contester cet arrêté. La circonstance que l'association aurait été constituée postérieurement au début de l'enquête publique diligentée en vue de déterminer la liste des terrains soumis à l'association communale de chasse agréée est sans incidence sur la recevabilité de sa demande (▪ CAA Nantes, 16 nov. 2012, n° 11NT00707, *ACCA de Berné*, inédit).

3) Dans le cas où le préfet a nommé un comité de gestion jusqu'à désignation d'un nouveau conseil d'administration d'une ACCA, et que cet arrêté a été annulé, les membres du conseil d'administration en cause ne sont pas recevables à solliciter l'indemnisation d'un préjudice personnel, car outre le fait qu'une responsabilité prise au sein d'une ACCA est de nature révocable, aucun élément n'empêchait les membres du conseil dissous de se présenter à nouveau à d'autres élections, la dissolution ne présentant aucun caractère infâmant (▪ CAA Bordeaux, 19 juill. 2012, n° 11BX00330, inédit).

Art. R. 422-24. – **À l'appui de leur opposition, les personnes mentionnées aux 3° et 5° de l'article L. 422-10 doivent joindre toute justification pour la détermination tant de la surface du territoire intéressé que des droits de propriété dont il est l'objet.**

Le détenteur du droit de chasse peut faire opposition au titre du 3° de l'article L. 422-10 pour l'ensemble des droits de chasse sur le territoire intéressé, jusqu'à l'expiration de son contrat, et sans avoir à faire la preuve de l'accord du propriétaire, même si ce contrat réserve à celui-ci une partie du droit de chasse sur le territoire intéressé. Dans ce cas, le détenteur du droit de chasse devra justifier de l'existence et de l'étendue de ses droits.

De même s'il y a pluralité de détenteurs, l'opposition au titre du 3° de l'article L. 422-10 d'un seul détenteur suffit.

S'il s'agit d'une société détentrice, l'opposition au titre du 3° de l'article L. 422-10 est décidée conformément à ses statuts.

Art. R. 422-25. – **Lorsque le territoire en cause s'étend sur plusieurs communes, l'opposition doit être formée dans chacune de ces communes.**

Art. R. 422-26. – **Ceux des propriétaires ou détenteurs du droit de chasse qui ne figurent pas sur la liste mentionnée à l'article R. 422-21 et qui estimeraient néanmoins pouvoir faire opposition disposent pour la formuler d'un délai de trois mois à compter de la date d'expiration du délai de dix jours prévu à l'article R. 422-31.**

Art. R. 422-27. – **À l'expiration du délai de trois mois ouvert pour les oppositions, la commission d'enquête établit :**

1° La liste des terrains ayant fait l'objet d'une opposition au titre du 3° de l'article L. 422-10 qu'elle estime justifiée, ainsi que l'état des enclaves qui y sont comprises et la liste des terrains ayant fait l'objet d'une opposition au titre du 5° du même article ;

2° La liste des terrains pouvant être soumis à l'action de l'association communale, c'est-à-dire :

***a)* Les terrains d'un seul tenant d'une superficie inférieure aux minimums fixés par l'article L. 422-13, éventuellement modifiés ;**

***b)* Les terrains mentionnés à l'article R. 422-21 pour lesquels l'opposition n'a pas été formulée ;**

***c)* Les terrains mentionnés à l'article R. 422-21 pour lesquels l'opposition n'a pas été estimée fondée ;**

***d)* Les terrains du domaine privé de l'État, autres que les forêts domaniales, qui n'auront pas fait l'objet d'une décision d'exclusion conformément à l'article L. 422-11.**

Art. R. 422-28. – **Les résultats de l'enquête définie aux articles précédents sont rassemblés par le commissaire enquêteur ou par le président de la commission dans un dossier qui comprend :**

1° Le relevé initial des droits de chasse et la liste prévue à l'article R. 422-21 ;

2° Les avis de réception des lettres recommandées prévues à l'article R. 422-23 ;
3° Les déclarations d'opposition et leurs justifications prévues à l'article R. 422-24 ;
4° Les listes énumérées à l'article R. 422-27.

Art. R. 422-29. – Le dossier mentionné à l'article R. 422-28 est déposé à la mairie de la commune pour être communiqué à tous les intéressés, en même temps qu'est ouvert un registre coté et paraphé, destiné à recevoir les réclamations et observations des propriétaires et des détenteurs du droit de chasse.

Art. R. 422-30. – Avis du dépôt du dossier et de la constitution de l'association est donné par une insertion, faite au moins huit jours à l'avance, dans la presse locale, ainsi que par voie d'affiches et, éventuellement, par tous autres procédés en usage dans la commune intéressée. L'accomplissement de ces dernières mesures de publicité est certifié par le maire.

Art. R. 422-31 *(Mod., D. n° 2019-1432, 23 déc. 2019)*. – Au terme d'un délai de dix jours francs à compter de ce dépôt, le dossier complet de l'enquête est transmis au président de la fédération départementale des chasseurs, après avis du commissaire enquêteur ou de la commission d'enquête sur les observations présentées. Au cours de ce délai, le commissaire enquêteur ou la commission d'enquête peut entendre toute personne qu'il paraît utile de consulter.

Art. R. 422-32 *(Mod., D. n° 2019-1432, 23 déc. 2019)*. – Le président de la fédération départementale des chasseurs fixe la liste des terrains devant être soumis à l'action de l'association communale. Il avise, par lettre recommandée avec demande d'avis de réception ou par un envoi recommandé électronique au sens de l'article L. 100 du Code des postes et des communications électroniques, les propriétaires et détenteurs du droit de chasse dont l'opposition n'est pas acceptée.

Il fixe également la liste des enclaves mentionnée à l'article R. 422-27.

§ 2. – Assemblée constitutive et agrément de l'association communale de chasse agréée

Art. R. 422-33. – La convocation de la première assemblée générale constitutive de l'association à laquelle participent tous les membres de droit tels qu'ils sont énumérés par l'article L. 422-21 est affichée dix jours à l'avance, à la diligence du maire, aux emplacements utilisés habituellement par l'administration.

L'accomplissement de cette mesure de publicité est certifié par le maire.

Art. R. 422-34 *(Mod., D. n° 2019-1432, 23 déc. 2019)*. – L'assemblée mentionnée à l'article R. 422-33, dont le président est désigné par le président de la fédération départementale des chasseurs, procède immédiatement à l'élection d'un bureau de séance.

Elle établit la liste des terrains soumis à l'action de l'association et la liste des membres de ladite association conformément aux dispositions de l'article L. 422-21.

Ceux de ces membres qui sont présents ou régulièrement représentés approuvent les statuts sur proposition du président de séance.

Ils procèdent à l'élection du premier conseil d'administration.

Art. R. 422-35 *(Mod., D. n° 2019-1432, 23 déc. 2019)*. – L'affichage, dans les huit jours suivant celui de l'assemblée générale, de la liste mentionnée au deuxième alinéa de l'article R. 422-34 vaut notification aux propriétaires et détenteurs du droit de chasse intéressés.

L'accomplissement de cette mesure de publicité d'une durée minimum de dix jours est certifié par le maire.

La liste est communiquée au président de la fédération départementale des chasseurs par l'association par lettre recommandée avec demande d'avis de réception ou par un envoi recommandé électronique au sens de l'article L. 100 du Code des postes et des communications électroniques. Celui-ci la fixe et la publie au répertoire des actes officiels de la fédération départementale des chasseurs en même temps que la décision d'agrément prévue à l'article R. 422-39.

Art. R. 422-36. – Le conseil d'administration se réunit dans les huit jours suivants celui de l'assemblée générale, en vue de désigner le bureau qui comprend un président, un vice-président, un secrétaire et un trésorier.

Art. R. 422-37. – Le président procède à la déclaration de l'association dans les conditions prévues par l'article 5 de la loi du 1er juillet 1901 relative au contrat d'association et l'article 7 du décret du 16 août 1901 pris pour son exécution.

Art. R. 422-38 *(Mod., D. n° 2019-1432, 23 déc. 2019).* – I. – Le président de l'association communale déclarée adresse au président de la fédération départementale des chasseurs une demande d'agrément accompagnée des pièces suivantes :

1° Le récépissé de déclaration, avec indication de la date de publication au *Journal officiel* ;

2° Ses statuts en double exemplaire ;

3° Son règlement intérieur et de chasse en double exemplaire ;

4° La liste de ses membres ;

5° La liste des parcelles cadastrales constituant son territoire de chasse établi en application des articles L. 422-10 et L. 422-12 ou résultant d'accords amiables ;

6° Une notice indiquant les moyens financiers prévus pour faire face au paiement des indemnités d'apports et aux conséquences éventuelles de la responsabilité civile de l'association en cas d'accidents, de dégâts de gibier, de dégâts aux propriétés et récoltes, ces moyens consistant notamment en un contrat d'assurance convenable.

II. – Le président de la fédération départementale des chasseurs délivre l'agrément dans un délai de trois mois à compter de la réception du dossier complet de la demande d'agrément.

Art. R. 422-39 *(Mod., D. n° 2019-1432, 23 déc. 2019).* – Après vérification de l'accomplissement des formalités prévues aux articles R. 422-17 à R. 422-37 ainsi que du respect par les statuts et par le règlement intérieur des dispositions obligatoires énumérées aux articles R. 422-63 et R. 422-64, l'association communale est agréée par décision du président de la fédération départementale des chasseurs.

Art. R. 422-40 *(Mod., D. n° 2019-1432, 23 déc. 2019).* – La décision prévue l'article R. 422-39 est affichée dans la commune aux emplacements utilisés habituellement par l'administration. L'accomplissement de cette formalité est certifié par le maire. La décision est publiée au répertoire des actes officiels de la fédération départementale des chasseurs.

Art. R. 422-41 *(Mod., D. n° 2019-1432, 23 déc. 2019).* – Les apports prévus à l'article L. 422-9 sont réputés réalisés à la date d'agrément de l'association par le président de la fédération départementale des chasseurs, pour valoir jusqu'à l'expiration de périodes successives de cinq années chacune, dont la première a comme point de départ la date d'agrément de l'association communale, lorsque cette association a été constituée après le 28 juillet 2000.

Pour les associations constituées avant le 28 juillet 2000, dont les apports ont été réalisés pour valoir jusqu'à l'expiration de périodes successives de six ans, le point de départ de la première période de cinq ans correspond à la date d'expiration de la période de six ans en cours à la date du 28 juillet 2000.

Sous-section 4. – Territoire

§ 1. – Terrains soumis à l'action de l'association

Pas de dispositions réglementaires codifiées.

§ 2. – Terrains faisant l'objet d'une opposition

Art. R. 422-42 *(Mod., D. n° 2019-1432, 23 déc. 2019).* – Le territoire de chasse pouvant faire l'objet d'une opposition en vertu du 3° de l'article L. 422-10 doit être d'un seul tenant. Les voies ferrées, hors lignes à grande vitesse, routes, hors autoroutes, chemins, canaux et cours d'eau non domaniaux ainsi que les limites de communes n'interrompent pas la continuité des fonds.

Art. R. 422-43. – Pour l'application de l'article L. 422-13, sont considérés comme marais non asséchés les terrains périodiquement inondés sur lesquels se trouve une végétation aquatique.

Tout marais dont la superficie est inférieure au minimum prévu pour sa catégorie de terrain de chasse et qui est attenant à un étang ouvrant droit à opposition, tout étang dont la superficie est inférieure au minimum prévu pour sa catégorie de terrain de chasse et qui est attenant à un marais ouvrant droit à opposition suit le sort de cet étang ou de ce marais.

L'opposition concernant le droit de chasse dans les marais et les étangs n'est valable que pour le gibier d'eau.

L'opposition concernant le droit de chasse sur les terrains où existent des postes fixes pour la chasse aux colombidés n'est valable que pour cette seule chasse.

Il résulte de l'article R. 422-43 du Code de l'environnement que doit être regardé comme isolé au sens de l'article L. 422-10 du Code de l'environnement un étang qui n'est pas attenant à un marais ou à un autre étang ouvrant droit à opposition. L'article L. 422-13 du Code de l'environnement n'impose pas que les rives non immergées d'un étang soient prises en compte dans le calcul de sa superficie. Le moyen tiré de ce que l'article R. 422-43 du Code de l'environnement méconnaîtrait cette disposition, dès lors qu'il ne prévoit pas la prise en compte d'une bande de terre autour de la surface en eau de l'étang dans le calcul de sa superficie, ne peut dès lors qu'être écarté (■ CE, ch. 7, 30 déc. 2016 : *JurisData* n° 2016-028934).

Art. R. 422-44. – Dans le cas où l'opposition a été formée dans les conditions prévues aux deuxième et troisième alinéas de l'article R. 422-24, les obligations définies par l'article L. 422-15 incombent, pendant la durée du contrat ou de l'indivision, à celui ou à ceux qui ont souscrit la déclaration d'opposition ou à leurs ayants droit.

§ 3. – Apports

Art. R. 422-45. – Le propriétaire qui demeure en possession de la totalité de son droit de chasse et qui bénéficie du droit à opposition peut, à tout moment, proposer l'apport de son territoire à l'association :

1° Soit par une adhésion, sans réserves, à l'association communale avec les seuls droits conférés par l'article L. 422-22 ;

2° Soit par un contrat écrit avec l'association, qui précise les conditions de cet apport.

Art. R. 422-46. – I. – Sauf si le ou les propriétaires intéressés ont usé de leur droit à opposition, et sans avoir même à justifier de leur accord, le locataire du droit de chasse peut, dans les conditions prévues à l'article R. 422-45, faire apport de ce droit à l'association si tout à la fois :

1° Son contrat de location a pour terme certain une date postérieure à l'expiration de l'une des périodes mentionnées à l'article R. 422-41 ;

2° Ce contrat ne comporte aucune réserve en faveur du propriétaire, ni clause interdisant au locataire la cession de son droit de chasse.

II. – Toutefois cet apport du locataire ne vaut que jusqu'au terme de la période mentionnée à l'article R. 422-41 qui précède l'expiration du contrat de location.

III. – Dans tous les autres cas, l'apport du détenteur du droit de chasse ne peut être reçu qu'avec l'accord du ou des propriétaires intéressés, qui devront alors faire apport s'il y a lieu des droits qu'ils s'étaient réservés et souscrire, tant pour eux-mêmes que pour leurs ayants cause éventuels, aux conditions fixées par les articles R. 422-47 et R. 422-48.

Art. R. 422-47. – Les engagements prévus au 1° de l'article R. 422-45 et à l'article R. 422-46 sont conclus pour valoir jusqu'à l'expiration des périodes d'apport mentionnées à l'article R. 422-41.

Art. R. 422-48. – Le propriétaire, dans le cas d'un apport consenti en application du 1° de l'article R. 422-45, ou le détenteur du droit de chasse mentionné au III de l'article R. 422-46, s'il désire retirer son apport, ne le peut que dans les conditions prévues à l'article R. 422-52.

Art. R. 422-49. – Pour obtenir l'indemnité prévue à l'article L. 422-17, le propriétaire ou le détenteur du droit de chasse dont l'apport a été fait à l'association doit justifier d'une privation de revenus antérieurs ou d'améliorations apportées au territoire dont il avait la jouissance cynégétique.

Art. R. 422-50. – À défaut d'accord amiable, les indemnités prévues aux articles R. 422-49, R. 422-60 et R. 422-61 sont fixées par les juridictions de l'ordre judiciaire, conformément aux règles de droit commun en matière de compétence et de procédure applicables devant ces juridictions aux actions personnelles ou mobilières.

Art. R. 422-51. – À défaut du versement de l'indemnité dans le délai de trois mois à compter du jour de la signature d'un accord amiable ou du jour où le jugement fixant les droits des parties est devenu définitif, et aussi longtemps que l'indemnité n'est pas payée, l'exercice du droit de chasse par l'association sur le territoire intéressé est et demeure suspendu. Le propriétaire ou le détenteur du droit de chasse continue à user de leurs droits jusqu'au paiement de l'indemnité.

§ 4. – Modification du territoire de l'association

Art. R. 422-52 *(Mod., D. n° 2019-1432, 23 déc. 2019)*. – L'opposition mentionnée à l'article L. 422-18 est formulée par les personnes mentionnées aux 3° et 5° de l'article L. 422-10, par lettre recommandée avec demande d'avis de réception ou par un envoi recommandé électronique au sens de l'article L. 100 du Code des postes et des communications électroniques. À l'appui de leur demande, celles-ci joignent les justificatifs mentionnés au premier alinéa de l'article R. 422-24.

Le président de la fédération départementale des chasseurs statue dans un délai de quatre mois, au cours duquel il consulte le président de l'association, par lettre recommandée avec accusé de réception ou par un envoi recommandé électronique au sens de l'article L. 100 du Code des postes et des communications électroniques. Le président de l'association communale de chasse agréée dispose d'un délai de deux mois pour émettre un avis.

La décision fait l'objet de la publicité prévue à l'article R. 422-35.

Art. R. 422-53 *(Déclaré partiellement illégal dans la mesure où ses dispositions méconnaissent le principe d'égalité, CE, 5 oct. 2018, n° 407715, Ass. Saint-Hubert : JurisData n° 2018-017066)*. – Lorsque le propriétaire d'un terrain acquiert d'autres terrains constituant avec le premier un ensemble d'un seul tenant et dont la superficie dépasse le minimum fixé dans la commune pour ouvrir le droit à opposition, il peut exiger le retrait du fonds ainsi constitué du territoire de l'association. À l'appui de sa demande, il doit joindre les justificatifs mentionnés au premier alinéa de l'article R. 422-24.

Ce retrait s'effectue dans les conditions prévues à l'article R. 422-52.

> **Rédaction antérieure.** Art. R. 422-53. – Lorsque le propriétaire d'un terrain acquiert d'autres terrains constituant avec le premier un ensemble d'un seul tenant et dont la superficie dépasse le minimum fixé dans la commune pour ouvrir le droit à opposition, il peut exiger le retrait du fonds ainsi constitué du territoire de l'association. À l'appui de sa demande, il doit joindre les justificatifs mentionnés au premier alinéa de l'article R. 422-24.
> Ce retrait s'effectue dans les conditions prévues à l'article R. 422-52.

Une association de chasseurs a demandé au Premier ministre d'abroger, d'une part, l'article R. 422-53 du Code de l'environnement en tant qu'il exclut toute possibilité pour des propriétaires de terrains de se regrouper pour constituer un territoire dépassant le seuil d'opposition après la constitution d'une association communale de chasse agréée (ACCA) afin d'obtenir le retrait du fonds ainsi constitué du territoire de cette ACCA et en tant qu'il ne prévoit pas la dissolution d'une ACCA dès lors que n'est plus remplie la condition de l'accord amiable de 60 % des propriétaires représentant 60 % de la superficie du territoire de la commune et, d'autre part, l'article R. 422-63 du même code en tant qu'il ne garantit pas à tous les propriétaires membres d'une ACCA le même nombre de droits de vote.

Le Conseil d'État a annulé le refus du Premier Ministre de faire droit à la demande tendant à la modification des dispositions de l'article R. 422-53 du Code de l'environnement au motif qu'elles méconnaissent le principe d'égalité dans la mesure où « *le même motif d'intérêt général peut également justifier que le pouvoir réglementaire assortisse le retrait d'une ACCA d'un territoire de chasse formé par un regroupement de propriétaires de certaines conditions permettant de garantir la stabilité de ce territoire après sa sortie de l'ACCA, il ne saurait, en revanche, conduire à instaurer la différence de traitement, manifestement disproportionnée, consistant à réserver par principe aux seules personnes physiques propriétaires d'un terrain de chasse supérieur au seuil minimal le droit de demander le retrait de leur fonds du territoire d'une ACCA déjà constituée et à en exclure les propriétaires qui atteignent ce seuil minimal en se regroupant en vue d'exercer ensemble leurs droits de chasse.* » (■ CE, sect., 5 oct. 2018, n° 407715, *Association Saint Hubert*).

Art. R. 422-54. – I. – Cessent de faire partie du territoire de l'association ou perdent le caractère d'enclaves, les terrains qui, postérieurement à la constitution de ce territoire, remplissent l'une des conditions suivantes :

1° Être situés dans un rayon de 150 mètres autour de toute habitation nouvelle ;

2° Être entourés d'une clôture telle que définie à l'article L. 424-3 ;

3° Faire l'objet, pour les terrains faisant partie du domaine privé de l'État, d'une décision d'exclusion prévue par l'article L. 422-11 ;

4° Être classés dans le domaine public de l'État, des départements ou des communes, ou dans les forêts domaniales ou dans les emprises de la Société nationale des chemins de fer français ou de Réseau ferré de France.

II. – Le ou les propriétaires de ces terrains ne sont tenus au versement d'aucune indemnité à l'occasion de ce retrait, qui prend effet, respectivement, dans les deux premiers cas dès achèvement des travaux, dans les troisième et quatrième cas dès notification, par l'autorité compétente, de sa décision à l'association communale ou, le cas échéant, au détenteur du droit de chasse mentionné à l'article L. 422-20.

Art. R. 422-55 *(Mod., D. n° 2019-1432, 23 déc. 2019)*. – Si, pour quelque cause et dans quelque condition que ce soit, un territoire de chasse pour lequel il a été fait opposition en application du 3° de l'article L. 422-10 vient à être morcelé, toute fraction du territoire qui ne justifierait plus à elle seule le droit à opposition est, par décision du président de la fédération départementale des chasseurs, à la diligence du président de l'association communale de chasse agréée, suivant sa situation, soit comprise immédiatement dans le territoire de l'association, soit soumise à la procédure définie aux articles R. 422-59 à R. 422-61.

Avant de statuer, le président de la fédération départementale des chasseurs informe le propriétaire, par lettre recommandée avec demande d'avis de réception ou par un envoi recommandé électronique au sens de l'article L. 100 du Code des postes et des communications électroniques, du projet d'intégration de son territoire au sein de l'association. Le propriétaire dispose d'un délai de trois mois à compter de la réception de cette lettre pour formuler ses observations ou, le cas échéant, son opposition en application du 5° de l'article L. 422-10.

Art. R. 422-56 *(Mod., D. n° 2019-1432, 23 déc. 2019)*. – Si l'acquéreur d'un terrain exclu du territoire de l'association communale de chasse agréée en application du 5° de l'article L. 422-10 n'a pas, dans les conditions prévues à l'article L. 422-19, notifié au président de la fédération départementale des chasseurs, par lettre recommandée avec demande d'avis de réception ou par un envoi recommandé électronique au sens de l'article L. 100 du Code des postes et des communications électroniques, son intention de maintenir cette opposition, le terrain est, par décision du président de la fédération départementale des chasseurs, à la diligence du président de l'association communale de chasse agréée, incorporé dans le territoire de celle-ci. Le président de la fédération départementale des chasseurs informe préalablement le nouveau propriétaire de la demande du président de l'association communale de chasse agréée et recueille ses observations.

Art. R. 422-57 *(Mod., D. n° 2019-1432, 23 déc. 2019)*. – I. – Sont incorporés dans le territoire de l'association les terrains qui, postérieurement à la constitution de ce territoire, remplissent l'une des conditions suivantes :

1° Être situés dans un rayon de 150 mètres de toute construction qui n'est plus affectée à usage d'habitation ;

2° Ne plus être entourés d'une clôture répondant à la définition donnée par l'article L. 424-3 ;

3° Faire l'objet, pour les terrains faisant partie du domaine privé de l'État, d'une décision de l'autorité compétente abrogeant l'exclusion prévue à l'article L. 422-11 ;

4° Cesser de faire partie du domaine public de l'État, des départements ou des communes, des forêts domaniales ou des emprises de la Société nationale des chemins de fer français ou de Réseau ferré de France.

II. – L'apport de ces terrains à l'association intéressée prend effet respectivement :

1° Dans les deux premiers cas du I, au terme d'un délai de trois mois à compter de la notification qui en sera faite, par lettre recommandée avec demande d'avis de réception ou par un envoi recommandé électronique au sens de l'article L. 100 du Code des postes et des communications électroniques, au propriétaire intéressé, par le président de la fédération départementale des chasseurs sur proposition du président de l'association communale de chasse agréée, sauf opposition formulée par celui-ci en application des 3° ou 5° de l'article L. 422-10.

Le propriétaire dispose, pour faire connaître son opposition, d'un délai de deux mois à compter de la notification par le président de la fédération départementale des chasseurs de l'apport de ses terrains à l'association. Il doit fournir les justificatifs prévus au premier alinéa de l'article R. 422-24 ;

2° Dans les troisième et quatrième cas du I, à compter de la notification par l'autorité compétente, de sa décision, au président de l'association communale de chasse agréée.

Art. R. 422-58 *(Mod., D. n° 2019-1432, 23 déc. 2019)*. – Les différentes modifications mentionnées aux articles R. 422-53 à R. 422-57 sont décidées par le président de la fédération départementale des chasseurs. Elles sont portées à la connaissance tant des membres de l'association que des tiers par leur affichage, pendant dix jours au moins, à la diligence du maire sur demande du président de l'association, aux emplacements utilisés habituellement dans la commune par l'administration. L'accomplissement de cette mesure est certifié par le maire. Les modifications sont publiées au répertoire des actes officiels de la fédération départementale des chasseurs.

La formalité d'affichage mentionnée au précédent alinéa est également requise pour les apports et retraits volontaires mentionnés aux articles R. 422-45 à R. 422-48 qui seraient réalisés postérieurement à la constitution de l'association.

§ 5. - Enclaves

Art. R. 422-59. – Est considéré comme enclave au sens de l'article L. 422-20 tout terrain d'une superficie inférieure à celles qui sont prévues à l'article L. 422-13 et entièrement entouré par une ou plusieurs chasses organisées, même si ce terrain a sur la voie publique une issue suffisante pour son exploitation.

Constitue également une enclave tout ensemble de terrains contigus, répondant aux conditions rappelées à l'alinéa précédent et sur lequel le droit de chasse est détenu par une ou plusieurs personnes.

Art. R. 422-60. – Le droit de chasse dans les enclaves mentionnées à l'article R. 422-59 est dévolu à l'association communale pour être obligatoirement cédé par elle à la fédération départementale des chasseurs si elle lui en fait la demande.

Le propriétaire ou le détenteur du droit de chasse dans une enclave a droit à indemnité dans les conditions prévues à l'article R. 422-49.

En cas de cession du droit de chasse à la fédération, celle-ci rembourse à l'association le montant des sommes qu'elle a pu verser à l'intéressé.

Art. R. 422-61. – La fédération départementale des chasseurs décide si elle entend céder à l'enclavant le droit de chasse sur l'enclave par voie d'échange ou de location, ou si elle entend mettre en réserve ladite enclave.

En cas de désaccord sur les conditions d'échange ou de location et le montant des soultes ou des loyers, le litige est réglé dans les conditions prévues aux articles R. 422-50 et R. 422-51.

Le contrat ainsi intervenu, ou la mise en réserve, n'ont d'effet qu'autant que le terrain ne perd pas son caractère d'enclave.

Sous-section 5. – Dispositions obligatoires des statuts des associations communales de chasse agréées

Voir : note du 13 avril 2015 relative aux modèles de statut type d'une association communale de chasse agréée (ACCA), d'une association intercommunale de chasse agréée issue d'une union d'ACCA et d'une association intercommunale de chasse agréée issue d'une fusion d'ACCA (NOR : DEVL1502580N, *BOME* n° 2015/8, 10 mai 2015).

Art. R. 422-62 *(Mod., D. n° 2019-1432, 23 déc. 2019)*. – Les associations communales de chasse agréées :

1° Sont régies par des statuts, par un règlement intérieur et de chasse qui comprennent notamment les dispositions obligatoires énumérées aux articles R. 422-63 et R. 422-64 ;

2° Sont pourvues d'un conseil d'administration de trois, six ou neuf membres.

Art. R. 422-63 *(Mod., D. n° 2013-720, 2 août 2013 ; D. n° 2018-530, 28 juin 2018 ; D. n° 2019-1432, 23 déc. 2019)*. – Les statuts de l'association communale de chasse agréée doivent comprendre, outre les dispositions déjà prévues par les articles L. 422-21 et L. 422-22, les dispositions ci-après :

1° L'énoncé de ses objets conformes à ceux prévus à l'article L. 422-2, à l'exclusion de tout autre, notamment de la location de ses droits de chasse ;

2° L'indication de son titre, de son siège social et de son affiliation à la fédération départementale des chasseurs conformément aux statuts de celle-ci ;

3° L'indication de la durée illimitée de l'association ;

4° La liste des catégories de personnes admises à adhérer à l'association et qui comprennent, outre celles prévues à l'article L. 422-21, les titulaires du permis de chasser présentés à l'association par un propriétaire en contrepartie de l'apport volontaire de son droit de chasse, les modalités d'adhésion de ces personnes à l'association et l'obligation de fixer dans une convention écrite les termes de l'accord entre le propriétaire et l'association ;

5° Le nombre minimum d'adhérents nécessaires pour la constitution de l'association ;

6° Pour les titulaires du permis de chasser n'entrant dans aucune des catégories mentionnées au I de l'article L. 422-21 :

– d'une part, la fixation à 10 % au moins du pourcentage d'adhérents appartenant à cette catégorie par rapport au nombre total d'adhérents constaté l'année précédente ;

– d'autre part, les modalités d'admission et les conditions de présentation et d'instruction des demandes de cette catégorie de membres dont la liste est arrêtée par le conseil d'administration en donnant priorité, au besoin par tirage au sort entre les demandes, aux chasseurs non propriétaires et non titulaires de droits de chasse ;

7° Le nombre de membres et la composition du conseil d'administration qui doit comprendre deux tiers au moins de titulaires du permis de chasser, un tiers au plus de ces derniers n'entrant dans aucune des catégories définies au I de l'article L. 422-21 ;

8° Le caractère renouvelable du mandat des administrateurs ;

9° Le renouvellement intégral tous les trois ans du conseil d'administration, et l'élection du bureau après chacun de ces renouvellements ;

10° Le nombre de voix supplémentaires à l'assemblée générale susceptibles, dans la limite de six, d'être attribuées aux membres qui ont fait apport de leurs droits de chasse à l'association ;

11° L'interdiction pour chaque membre présent à l'assemblée générale de détenir plus d'un pouvoir ;

12° La possibilité pour l'association communale d'adhérer à une association intercommunale ou de s'en retirer, la décision étant prise en assemblée générale, à la majorité des deux tiers des suffrages exprimés ;

13° La constitution d'un fonds de réserve alimenté par un prélèvement sur les ressources annuelles afin, notamment, de régler les indemnités d'apports prévues à l'article L. 422-17 ;

14° La couverture de la responsabilité civile de l'association et de ses responsables pour l'exercice de leurs missions ;

15° L'énumération des ressources de l'association devant assurer l'équilibre du budget, ainsi composées :

a) Les cotisations des membres fixées d'après la catégorie à laquelle ils appartiennent, les membres mentionnés au 6° ci-dessus étant tenus au paiement d'une cotisation qui ne peut excéder le quintuple de la cotisation la moins élevée ;

b) Les revenus du patrimoine ;

c) Le montant des sanctions pécuniaires mentionnées au 16° ;

d) Les subventions ;

e) Les indemnités de toute nature susceptibles de lui être versées ;

f) Toute autre ressource autorisée par les lois ou règlements en vigueur ;

16° La possibilité pour le conseil d'administration d'infliger des sanctions pécuniaires aux membres de l'association titulaires du permis de chasser en cas d'infraction aux statuts, par un règlement intérieur et de chasse, dans la limite du montant des amendes prévues pour les contraventions de la deuxième classe ;

17° La possibilité pour le conseil d'administration de demander au président de la fédération départementale des chasseurs de prononcer :

a) Pour les propriétaires chasseurs apporteurs de droit de chasse, la suspension du droit de chasser sur le territoire de l'association, en cas de non-paiement de la cotisation après mise en demeure ou de fautes graves ou répétées ;

b) Pour les membres énumérés aux 1°, 2° et 3° du I de l'article L. 422-21 autres que ceux mentionnés au *a)* ci-dessus, la suspension du droit de chasser sur le territoire de l'association ou l'exclusion temporaire en cas de non-paiement de la cotisation après mise en demeure ou de fautes graves ou répétées ;

c) Pour les membres énumérés au II de l'article L. 422-21, la suspension du droit de chasser sur le territoire de l'association, l'exclusion temporaire ou définitive en cas de fautes graves ou répétées ;

18° La procédure disciplinaire applicable dans les cas prévus au 16° et au 17°, qui doit revêtir un caractère contradictoire ;

19° En cas de cessation d'activité ou de retrait d'agrément, la dévolution du solde de l'actif social à la fédération départementale ou interdépartementale des chasseurs, à une autre association communale de chasse agréée ou à une association intercommunale de chasse agréée issue d'une fusion ;

20° La possibilité pour l'association communale de fusionner avec une autre association communale ou intercommunale issue d'une fusion, la décision étant prise en assemblée générale, à la majorité des deux tiers des suffrages exprimés.

Cf. Note du ministère de l'Écologie, du Développement durable et de l'Énergie (NOR : DEVL1502580N) du 13 avril 2015 relative aux modèles de statut-type d'une association communale de chasse agréée (ACCA), d'une association intercommunale de chasse agréée issue d'une union d'ACCA et d'une association intercommunale de chasse agréée issue d'une fusion d'ACCA.

Art. R. 422-64 *(Mod., D. n° 2018-530, 28 juin 2018 ; D. n° 2019-1432, 23 déc. 2019).* **– Le règlement intérieur et de chasse de l'association détermine les droits et obligations des sociétaires, l'organisation interne de l'association. Il doit assurer, en outre, par l'éducation cynégétique des membres de l'association un exercice rationnel du droit de chasse dans le respect des propriétés et des récoltes. À ce titre, il doit prévoir :**

1° Dans l'intérêt de la sécurité des chasseurs et des tiers :

a) **L'interdiction de chasser, permanente ou temporaire, sur les parties du territoire où l'exercice de la chasse présenterait un danger ou une gêne grave en des lieux tels que chantiers ou stades, colonies de vacances, terrains de camping, jardins publics ou privés, installations sociales ;**

b) **La détermination, dans le cadre des dispositions législatives et réglementaires en vigueur, des conditions de destruction des animaux « susceptibles d'occasionner des dégâts » en particulier par la pose des pièges, lorsqu'il y aura délégation à l'association des droits mentionnés à l'article R. 422-79 ;**

c) **L'interdiction du droit de chasse à toute espèce de gibier sur les territoires frappés d'opposition pour le gibier d'eau ou les colombidés pendant la période d'exercice de ces chasses spécialisées.**

2° Dans l'intérêt des propriétés et des récoltes :

a) **L'interdiction d'établir des installations fixes, d'ouvrir des chemins, d'exécuter des travaux ou d'entreprendre des cultures sans accord du propriétaire ;**

b) **L'interdiction de pénétrer dans les bâtiments d'exploitation sans permission du propriétaire ou du locataire ;**

c) **L'obligation de remettre les haies, barrières et autres clôtures en l'état où elles ont été trouvées ;**

d) **Le respect des interdictions énoncées par le Code rural et le Code pénal en matière de circulation dans les terres cultivées ;**

e) **L'interdiction, temporaire ou permanente, de toute chasse sur les terrains de l'association en nature de vergers, jeunes plantations ou autres cultures fragiles.**

3° Dans l'intérêt de la chasse et de l'association en général :

a) **La limitation des périodes, des jours et des modes de chasse pour toutes ou certaines espèces de gibier ;**

b) **Éventuellement le nombre maximum de pièces de chaque espèce de gibier qui pourra être tué pendant une même journée par un chasseur ;**

c) **Les conditions dans lesquelles sera réalisée éventuellement la commercialisation du gibier tué ;**

d) **L'obligation pour l'association de prendre les mesures nécessaires à la mise en œuvre du plan de chasse du grand gibier institué dans le département. Il appartiendra à l'association de répartir entre ses membres le nombre de têtes de grand gibier qui sera attribué chaque année par son plan de chasse ;**

e) **Les conditions dans lesquelles les membres de l'association pourront se faire accompagner d'invités, ces invitations étant gratuites ;**

f) **La liste des sanctions statutaires telles que réprimandes et amendes encourues par les chasseurs qui commettraient des violations du règlement ou des fautes et imprudences.**

Les statuts et le règlement intérieur d'une ACCA étant enregistrés à la préfecture et approuvés par le DDAF ne peuvent faire l'objet d'une contestation que devant la juridiction administrative, nonobstant la circonstance que le motif de la contestation porte sur la prétendue irrégularité de l'assemblée générale lors de laquelle ils ont été soumis aux adhérents de l'association (▪ CA Chambéry, 6 mars 2007, n° 06/02165).

Sous-section 6. – Réserves et garderies

Art. R. 422-65 *(Mod., D. n° 2019-1432, 23 déc. 2019).* **– Les réserves des associations communales de chasse agréées sont soumises aux dispositions des articles R. 422-85 et R. 422-86.**

Art. R. 422-66 *(Mod., D. n° 2019-1432, 23 déc. 2019).* **– La liste des parcelles cadastrales constituant la réserve de l'association est approuvée par décision du président de la fédération départementale des chasseurs et fait l'objet de la publicité prévue à l'article R. 422-58.**

Art. R. 422-67. – La superficie de la réserve ne peut être inférieure à un dixième de la superficie totale du territoire de chasse de l'association.

Elle sera constituée dans des parties du territoire de chasse adaptées aux espèces de gibier à protéger et établies de manière à assurer le respect des propriétés et des récoltes ou plantations diverses.

Art. R. 422-68. – L'association communale de chasse agréée est tenue de faire assurer la garde de son territoire. Elle peut faire assermenter un ou plusieurs gardes particuliers. Ces gardes ne peuvent être membres de son conseil d'administration.

Sous-section 7. – Associations intercommunales de chasse agréées

Art. R. 422-69 *(Rempl., D. n° 2013-720, 2 août 2013).* – I. – Les associations intercommunales de chasse agréées peuvent être constituées par plusieurs associations communales agréées d'un même département sous forme d'une union dans laquelle chacune des associations communales conserve sa personnalité propre et dont elle a la faculté de se retirer.

L'union peut également être pratiquée entre associations intercommunales de chasse agréées issues d'une fusion ou entre associations intercommunales de chasse agréées issues d'une fusion et associations communales de chasse agréées.

II. – Les associations intercommunales de chasse agréées peuvent également être constituées par plusieurs associations communales de chasse agréées d'un même département sous forme d'une fusion dans laquelle chacune des associations communales apporte ses territoires et ses moyens de fonctionnement.

La fusion peut également être pratiquée entre associations intercommunales de chasse agréées issues d'une fusion ou entre associations intercommunales de chasse agréées issues d'une fusion et associations communales de chasse agréées.

Art. R. 422-70 *(Mod., D. n° 2013-720, 2 août 2013).* – En cas de constitution, par union, d'une association intercommunale de chasse agréée, les présidents des associations intéressées élaborent le projet des statuts mentionnés au 1° de l'article R. 422-74. Ils convoquent conjointement une assemblée générale constitutive de l'union qui comprend tous les membres des conseils d'administration des associations intéressées. Cette assemblée générale approuve les statuts, le règlement intérieur et le règlement de chasse.

En cas de constitution, par fusion, d'une association intercommunale de chasse agréée, les présidents des associations intéressées élaborent le projet des statuts mentionnés au 1° de l'article R. 422-74. Ils convoquent les assemblées générales de ces associations pour décider de leur fusion. Ils convoquent conjointement l'assemblée générale de constitution de l'association intercommunale de chasse agréée par fusion, qui comprend les membres de droit des associations intéressées tels qu'ils sont énumérés par l'article L. 422-21, pour approuver les statuts, le règlement intérieur et le règlement de chasse.

Art. R. 422-71. – À la diligence du président de l'association intercommunale, élu dans les conditions fixées par son statut, il est procédé à la déclaration de l'association conformément aux dispositions de l'article 5 de la loi du 1er juillet 1901 relative au contrat d'association et de l'article 7 du décret du 16 août 1901 pris pour son exécution.

« Considerant qu'aux termes de l'article L. 422-24 du Code de l'environnement : Les associations communales de chasse agréées peuvent constituer une ou plusieurs associations intercommunales de chasse agréées dans des conditions fixées par décret en Conseil d'État ; qu'aux termes de l'article R. 422-69 du même code : Les associations intercommunales de chasse agréées prévues par l'article L. 422-24 *peuvent être constituées* par deux ou plusieurs associations communales agréées d'un même département sous forme d'une union dans laquelle chacune des associations communales conserve sa personnalité propre, et dont elle a la faculté de se retirer ; qu'aux termes de l'article R. 422-71 du code : À la diligence du président de l'association intercommunale (...) il est procédé à la déclaration de l'association conformément aux dispositions de l'article 5 de la loi du 1er juillet 1901 (...) ; qu'enfin, aux termes de l'article R. 422-75 du code : Les statuts de l'association comprennent : (...) 10° Les conditions de retrait de l'union d'une association membre, ce retrait comportant notamment l'apurement des comptes (...) ; 11° Les conditions de la dissolution de l'association intercommunale, qui ne pourra intervenir que sur décision de l'assemblée générale et comportera, après apurement des comptes et restitution des apports, répartition du solde de l'actif entre les associations constitutives ; Considérant qu'il résulte de la combinaison de ces dispositions que l'assemblée générale est seule habilitée à décider, dans le respect des statuts, de la dissolution de l'association intercommunale de chasse agréée, laquelle ne peut, en outre, intervenir sans que les comptes aient été apurés et les apports restitués ; qu'en revanche, le préfet ne détient d'aucune disposition du Code de l'environnement ou de la loi du 1er juillet 1901 le pouvoir de prononcer la dissolution d'une telle association ; Considérant qu'il résulte de ce qui précède que le préfet du Cantal n'a pu sans entacher d'incompétence l'arrêté litigieux du 10 janvier 2008 déclarer dissoute l'AICA de la vallée de la Doire au motif que l'une des deux associations membres avait décidé de s'en retirer ; que, dès lors, les requérantes sont fondées à demander l'annulation de cet arrêté ainsi que du jugement n° 0601710 du 30 avril 2008 par lequel le tribunal a rejeté leur demande d'annulation ; » (■ CAA Lyon, 7 oct. 2010, 4e ch., n° 08LY01541, Inédit, *Association communale de chasse agréée de Tournemire c/ Min. Écologie, Énergie, Développement durable et Mer*).

Art. R. 422-72 *(Mod., D. n° 2013-720, 2 août 2013 ; D. n° 2019-1432, 23 déc. 2019)*. **– Pour être agréée, l'association intercommunale, ayant rempli les formalités mentionnées aux articles R. 422-70 et R. 422-71, adresse au président de la fédération départementale des chasseurs une demande d'agrément accompagnée des pièces suivantes :**

1° Le récépissé de déclaration, avec indication de la date de publication au *Journal officiel* ;

2° Ses statuts en double exemplaire ;

3° Son règlement intérieur et de chasse en double exemplaire ;

4° La liste des associations communales ou intercommunales concernées ;

5° La liste des parcelles cadastrales constituant le territoire de chasse de l'association intercommunale ;

6° Une notice indiquant les moyens financiers prévus pour faire face au paiement des indemnités d'apports et aux conséquences éventuelles de la responsabilité civile de l'association en cas d'accidents, de dégâts de gibier, de dégâts aux propriétés et récoltes, ces moyens consistant notamment en un contrat d'assurance convenable.

Art. R. 422-73 *(Mod., D. n° 2019-1432, 23 déc. 2019)*. **– Après vérification du respect par les statuts, par le règlement intérieur et de chasse des dispositions obligatoires mentionnées aux articles R. 422-75 à R. 422-77, l'association intercommunale est agréée par une décision du président de la fédération départementale des chasseurs, qui est affiché dans chacune des communes intéressées, aux emplacements utilisés habituellement par l'administration.**

Art. R. 422-74 *(Rempl., D. n° 2013-720, 2 août 2013 ; mod., D. n° 2019-1432, 23 déc. 2019)*. **– L'association intercommunale :**

1° Est régie par des statuts, un règlement intérieur et de chasse qui comprennent les dispositions obligatoires énumérées aux articles R. 422-75 à R. 422-77 ;

2° Est pourvue d'un conseil d'administration de six membres au moins et de dix-huit membres au plus.

Lorsqu'elle résulte d'une union, l'association intercommunale de chasse agréée dispose, dans les conditions fixées par ses statuts, d'une quote-part des cotisations versées par les membres de chaque association constitutive.

Art. R. 422-75 *(Mod., D. n° 2013-720, 2 août 2013)*. **– I. – Lorsque l'association intercommunale résulte d'une union, ses statuts comprennent :**

1° Les dispositions énoncées aux 1° et 2° de l'article R. 422-63 ;

2° La liste des associations qui la composent, avec indication de leur titre et de leur siège ;

3° Les droits et obligations réciproques de l'union et des associations qui la composent en ce qui concerne en particulier la mise en commun totale ou partielle des territoires de chasse, la garderie, la constitution de réserves, le repeuplement ;

4° L'inventaire, qui sera ensuite tenu à jour par le conseil d'administration, de l'actif de l'association intercommunale, avec indication des apports de toute nature consentis par chacune des associations membres ;

5° Le nombre des délégués de chacune des associations membres, qui constitueront l'assemblée générale et qui disposeront d'une voix chacun ;

6° La fixation, par l'assemblée générale, de la quote-part qui sera prélevée chaque année au profit de l'union sur les cotisations versées à chaque association par ses membres ;

7° L'énumération des ressources de l'association intercommunale, qui seront :

a) Les sommes versées par chaque association membre au titre des quotes-parts dues en exécution du 6°, ces versements étant effectués sur la base du nombre de membres existant au 1er juillet dans chaque association, et conformément à l'échéancier prévu par les statuts de l'association intercommunale ;

b) Le montant des amendes statutaires mentionnées à l'article R. 422-76 ;

c) Les subventions ;

d) Les indemnités et les dommages et intérêts ;

8° Dans la limite des attributions conférées à l'union par ses statuts, la possibilité pour le conseil d'administration de prononcer pour faute grave la suspension temporaire de l'exercice du droit de chasse à l'égard d'un membre de l'une des associations constitutives, et la procédure disciplinaire applicable à cette suspension

9° Les conditions d'admission dans l'union de nouvelles associations agréées ;

10° Les conditions de retrait de l'union d'une association membre, ce retrait comportant notamment l'apurement des comptes et le retour à l'association intéressée des biens dont elle avait fait apport ainsi que de son territoire de chasse ;

11° Les conditions de la dissolution de l'association intercommunale, qui ne pourra intervenir que sur décision de l'assemblée générale et comportera, après apurement des comptes et restitution des apports, répartition du solde de l'actif entre les associations constitutives.

II. – Lorsque l'association intercommunale résulte d'une fusion, ses statuts comprennent les dispositions prévues à l'article R. 422-63. Pour l'application du *a* du 17° de cet article, les propriétaires apporteurs de droit de chasse sont ceux qui ont fait un apport aux associations communales incluses dans les opérations de fusion.

Art. R. 422-76 *(Rempl., D. n° 2013-720, 2 août 2013 ; mod., D. n° 2019-1432, 23 déc. 2019)*. – Le règlement intérieur et de chasse de l'association intercommunale détermine son organisation interne.

Lorsque l'association intercommunale de chasse agréée résulte d'une union, il fixe, pour la partie des territoires de chasse mise en commun par les associations constitutives et conformément aux règles énoncées à l'article R. 422-64, les droits et obligations des membres de chaque association, les conditions d'exercice de la chasse et le tarif des amendes statutaires.

Lorsque l'association intercommunale de chasse agréée résulte d'une fusion, il est rédigé conformément aux dispositions de l'article R. 422-64.

Art. R. 422-77 *(Rempl., D. n° 2013-720, 2 août 2013 ; mod., D. n° 2019-1432, 23 déc. 2019)*. – Les statuts, le règlement intérieur et de chasse de chacune des associations constitutives d'une union sont, si nécessaire, mis en harmonie avec les dispositions qui régissent cette union.

Art. R. 422-78. – Les dispositions des articles R. 422-65 à R. 422-68 sont applicables aux associations intercommunales de chasse agréées.

Sous-section 8. – Dispositions diverses

Art. R. 422-79. – Les propriétaires, possesseurs ou fermiers peuvent déléguer à l'association communale ou intercommunale de chasse agréée les droits qui leur sont conférés par l'article L. 427-8 vis-à-vis des animaux *(Mot rempl., D. n° 2018-530, 28 juin 2018)* « susceptibles d'occasionner des dégâts » sur les territoires dont le droit de chasse a été apporté à l'association.

Art. R. 422-80. – Les titulaires du permis de chasser qui n'auraient pu obtenir leur admission dans l'une des associations de chasse agréées de leur choix adressent une demande à la fédération départementale des chasseurs qui leur indique leur possibilité d'inscription dans une autre association de chasse agréée.

Sous-section 9. – Cas particuliers de la Guadeloupe, de la Martinique et de la Réunion

Art. R. 422-81. – Les dispositions des articles R. 422-1 à R. 422-80 relatifs aux associations communales et intercommunales de chasse agréées ne sont applicables dans les départements de la Guadeloupe, de la Martinique et de la Réunion qu'après leur adaptation à la situation de ces départements réalisée par décret en Conseil d'État pris après avis des conseils généraux intéressés.

Section II. – Réserves de chasse et de faune sauvage

Sous-section 1. – Institution des réserves de chasse et de faune sauvage

Art. R. 422-82 *(Rempl., D. n° 2006-1432, 22 nov. 2006)*. – Les réserves de chasse et de faune sauvage prévues à l'article L. 422-27 sont instituées par le préfet.

La décision du préfet instituant une réserve fait l'objet de mesures de publicité dans des conditions définies par arrêté du ministre chargé de la chasse.

La décision du préfet rejetant la demande d'institution d'une réserve, qu'elle émane du détenteur du droit de chasse ou de la fédération départementale ou interdépartementale des chasseurs, doit être motivée.

Art. R. 422-83 *(Rempl., D. n° 2006-1432, 22 nov. 2006)*. – I. – Un arrêté du ministre chargé de la chasse fixe les formes et le contenu de la demande présentée par le détenteur du droit de chasse, cette demande doit préciser, notamment, les mesures qui seront prises pour prévenir les dommages aux activités humaines et maintenir les équilibres biologiques.

II. – Lorsque la demande est présentée par la fédération départementale ou interdépartementale des chasseurs, le dossier transmis au préfet comprend :

1° Une note présentant les motifs d'intérêt général qui justifient l'institution de la réserve ;

2° Un plan de situation au 1/25 000 indiquant le territoire à mettre en réserve, accompagné des plans cadastraux et des états parcellaires correspondants ;

3° Une note précisant la nature des mesures envisagées pour permettre la protection des habitats et le maintien des équilibres biologiques ainsi que pour assurer la tranquillité du gibier et pour prévenir les dommages aux activités humaines ;

4° La liste des propriétaires et des détenteurs de droits de chasse à l'intérieur de la réserve projetée ;

5° Une proposition d'indemnisation par la fédération lorsque la décision de mise en réserve est susceptible de causer aux personnes mentionnées au 4° ci-dessus un préjudice certain, grave et spécial.

Outre les exemplaires destinés au préfet et au directeur départemental de l'agriculture et de la forêt, la fédération remet au préfet autant d'exemplaires du dossier que de propriétaires et de détenteurs de droits de chasse.

Le préfet invite, par lettre recommandée avec demande d'avis de réception, les propriétaires et les détenteurs de droits de chasse intéressés à lui faire connaître leur accord ou leur opposition. Le courrier du préfet, adressé par lettre recommandée avec demande d'avis de réception ou par tout autre moyen lui conférant date certaine, précise les parcelles concernées par la mise en réserve envisagée et indique aux intéressés que, faute de réponse de leur part dans un délai de deux mois à compter de la réception du courrier, leur accord est réputé acquis.

Le préfet statue par arrêté motivé.

Art. R. 422-84 *(Rempl., D. n° 2006-1432, 22 nov. 2006)*. – I. – Le préfet peut supprimer une réserve de chasse et de faune sauvage :

1° À tout moment, pour un motif d'intérêt général ;

2° Sur demande du détenteur du droit de chasse ou de la fédération départementale ou interdépartementale des chasseurs présentée dans les conditions fixées par arrêté du ministre chargé de la chasse, à l'expiration :

a) De périodes quinquennales courant à compter de la date d'institution de la réserve ou, pour les réserves créées avant le 28 juillet 2000, à compter de la date d'expiration de la période de six ans en cours à la date du 28 juillet 2000 ;

b) Des baux de chasse consentis sur le domaine public fluvial, sur le domaine public maritime et sur les terrains mentionnés à l'article L. 121-2 du Code forestier pour les réserves assises sur ces domaines ou ces terrains ;

c) Des baux de chasse consentis dans le Bas-Rhin, dans le Haut-Rhin et en Moselle en application des articles L. 429-7 à L. 429-18.

II. – La décision de refus opposée par le préfet à la demande prévue au 2° ci-dessus doit être motivée.

Art. R. 422-85 *(Rempl., D. n° 2006-1432, 22 nov. 2006)*. – Un réseau départemental de réserves de chasse et de faune sauvage peut être institué et organisé dans des conditions fixées par le schéma départemental de gestion cynégétique.

Un rapport d'activité du réseau est présenté, chaque année, par le président de la fédération départementale ou interdépartementale des chasseurs devant la commission départementale de la chasse et de la faune sauvage.

Sous-section 2. – Fonctionnement des réserves de chasse et de faune sauvage

Art. R. 422-86 *(Rempl., D. n° 2019-1432, 23 déc. 2019).* – L'arrêté ou la décision d'institution de réserve prévoit l'exécution d'un plan de chasse ou d'un plan de gestion cynégétique lorsque celui-ci est nécessaire au maintien des équilibres biologiques et agro-sylvo-cynégétiques. Les conditions d'exécution de ce plan doivent être compatibles avec la protection du gibier et la préservation de sa tranquillité.

Tout autre acte de chasse est interdit.

Art. R. 422-87 *(Mod., D. n° 2006-1432, 22 nov. 2006).* – Des captures de gibier à des fins scientifiques ou de repeuplement peuvent être autorisées dans les conditions fixées par l'article L. 424-11

Art. R. 422-88 *(Rempl., D. n° 2006-1432, 22 nov. 2006).* – La destruction des animaux *(Mots rempl., D. n° 2018-530, 28 juin 2018)* « susceptibles d'occasionner des dégâts » par les détenteurs du droit de destruction ou leurs délégués s'effectue dans les conditions fixées en application de l'article L. 427-8. Toutefois, le préfet fixe, dans l'arrêté d'institution de la réserve, la période de l'année durant laquelle la destruction d'animaux *(Mot rempl., D. n° 2018-530, 28 juin 2018)* « susceptibles d'occasionner des dégâts » peut avoir lieu et les restrictions nécessaires pour assurer la protection du gibier et la préservation de sa tranquillité.

Art. R. 422-89 *(Mod., D. n° 2006-1432, 22 nov. 2006).* – Afin de favoriser la protection et le repeuplement du gibier, l'arrêté d'institution de la réserve peut réglementer ou interdire l'accès des véhicules, l'introduction d'animaux domestiques, l'utilisation d'instruments sonores et la prise d'images et de sons, quel qu'en soit le support, au sein de la réserve. À titre exceptionnel et lorsque de telles mesures s'avèrent nécessaires aux mêmes fins, ledit arrêté peut réglementer ou interdire l'accès des personnes à pied à l'exception du propriétaire ou de ses ayants droit.

Art. R. 422-90 *(Mod., D. n° 2006-1432, 22 nov. 2006).* – Afin de favoriser la protection et le repeuplement du gibier par la préservation de ses habitats, l'arrêté d'institution de la réserve détermine les mesures qui permettent la conservation et incitent à la restauration des biotopes tels que mares, marécages, marais, haies, bosquets, landes, dunes, pelouses ou toutes autres formations naturelles peu exploitées par l'homme dans la mesure où ces biotopes sont nécessaires à l'alimentation, à la reproduction, à la tranquillité ou à la survie du gibier.

Art. R. 422-91. – Afin de favoriser la protection et le repeuplement du gibier par le maintien de l'équilibre biologique du territoire mis en réserve, l'arrêté d'institution peut réglementer ou interdire les actions pouvant lui porter atteinte et notamment l'écobuage, le brûlage des chaumes, le brûlage ou le broyage des végétaux sur pied, la destruction des talus ou des haies, l'épandage de produits antiparasitaires.

Sous-section 3. – Réserves nationales de chasse et de faune sauvage

Art. R. 422-92 *(Rempl., D. n° 2006-1432, 22 nov. 2006).* – I. – Peuvent être constituées en réserves nationales les réserves de chasse et de faune sauvage qui présentent une importance particulière :

1° Soit en fonction des études scientifiques, techniques ou des démonstrations pratiques qui y sont poursuivies

2° Soit parce qu'elles abritent des espèces dont les effectifs sont en voie de diminution sur tout ou partie du territoire national ou des espèces présentant des qualités remarquables ;

3° Soit en raison de leur étendue.

II. – Les réserves nationales de chasse et de faune sauvage sont instituées soit à la demande de l'*(Mots rempl. à compter du 1er janvier 2020, D. n° 2019-1580, 31 déc. 2019)* « Office français de la biodiversité » après avis de la Fédération nationale des chasseurs, soit à l'initiative de tout établissement public qui en assure la gestion après avis de l'Office national de la chasse et de la faune sauvage et de la Fédération nationale des chasseurs.

III. – Dans chaque réserve nationale de chasse et de faune sauvage, est mis en place un comité directeur dont la composition est fixée par arrêté du ministre chargé de la chasse.

Art. R. 422-93 *(Mod. à compter du 1er juillet 2020, D. n° 2020-752, 19 juin 2020).* – Les réserves nationales sont constituées par arrêté du ministre de la chasse publié au *Journal officiel*. Il statue conjointement avec le ministre chargé de la mer, lorsque la réserve s'étend en zone de chasse maritime.

Les membres des comités directeurs des réserves nationales de chasse et de faune sauvage sont nommés :

1° Par le préfet de département territorialement compétent ou, si la réserve s'étend sur plusieurs départements, par le préfet coordonnateur désigné dans l'arrêté mentionné au premier alinéa ;

2° Par le représentant de l'État en mer lorsque la réserve s'étend en zone de chasse maritime, le cas échéant conjointement avec le préfet compétent au titre du 1°.

Art. R. 422-94 *(Rempl., D. n° 2006-1432, 22 nov. 2006).* – I. – *(Rempl. à compter du 1er janvier 2020, D. n° 2019-1580, 31 déc. 2019)* La gestion des réserves nationales de chasse et de faune sauvage est confiée par arrêté du ministre chargé de la chasse à l'Office français de la biodiversité ou à tout autre établissement public après l'accord du conseil d'administration de l'Office sur la base d'un programme ayant notamment pour objet :

1° La protection d'espèces de la faune sauvage et de leurs habitats ;

2° La réalisation d'études scientifiques et techniques ;

3° La mise au point de modèles de gestion cynégétique et de gestion des habitats de la faune sauvage ;

4° La formation des personnels spécialisés ;

5° L'information du public ;

6° La capture, à des fins de repeuplement, d'espèces appartenant à la faune sauvage.

II. – Les réserves nationales de chasse et de faune sauvage sont gérées dans les conditions définies par l'arrêté du ministre chargé de la chasse et par l'arrêté préfectoral d'institution de la réserve.

Art. R. 422-94-1 *(D. n° 2006-1432, 22 nov. 2006 ; mod. à compter du 1er janvier 2020, D. n° 2019-1580, 31 déc. 2019).* – La coordination du réseau des réserves nationales, notamment en vue de constituer des territoires de références, est organisée par voie de convention entre l'Office français de la biodiversité et la Fédération nationale des chasseurs.

L'Office français de la biodiversité remet, chaque année, au ministre chargé de la chasse un rapport d'activité, qui rend compte, notamment, des actions du réseau en matière de protection de la faune sauvage et de ses habitats et de maintien des équilibres biologiques.

Sous-section 4. – Dispositions particulières à la Corse

Pas de dispositions réglementaires codifiées.

Section III. – Chasse maritime

Art. R. 422-95. – Pour l'application du présent titre à la chasse maritime définie à l'article L. 422-28, les prolongements en mer des limites des départements côtiers et des communes limitrophes sont établis, s'il y a lieu, dans les conditions prévues aux articles L. 2112-1 et L. 3112-1 du Code général des collectivités territoriales.

Elle est exploitée, selon les cas, en aval de la limite de salure des eaux et sur le domaine public maritime dans les conditions prévues aux articles D. 422-114 et suivants.

Section IV. – Exploitation de la chasse sur le domaine de l'État

Sous-section 1. – Exploitation de la chasse dans les forêts de l'État

Art. D. 422-96. – Dans les forêts, bois et terrains à boiser définis au 1° de l'article L. 111-1 du Code forestier ainsi que dans les terrains à restaurer appartenant à l'État, la chasse est exploitée dans les conditions fixées par les articles R. 137-6 à R. 137-29 dudit code.

Sous-section 2. – Exploitation de la chasse sur le domaine public fluvial

§ 1. – Conditions d'exploitation en amont de la limite de salure des eaux

Art. D. 422-97. – Sur le domaine public fluvial en amont de la limite de salure des eaux, la chasse est exploitée au profit de l'État.

Art. D. 422-98 *(Mod., D. n° 2007-318, 7 mars 2007).* – La chasse sur le domaine public fluvial est, en règle générale, mise en location par voie d'adjudication publique ; elle peut être également exploitée par concession de licences à prix d'argent, ou, lorsque l'adjudication a été tentée sans succès, par voie de location amiable. Ces adjudications et locations sont régies par un cahier des charges dans les conditions prévues à l'article D. 422-119.

Le préfet fixe l'assiette des lots de chasse et détermine les lots qui sont exploités par voie de location et ceux qui sont exploités par concession de licences, après consultation du gestionnaire du domaine public fluvial et du directeur départemental de l'agriculture et de la forêt.

Lorsque le Conservatoire de l'espace littoral et des rivages lacustres est attributaire du domaine public fluvial, le directeur de cet établissement ou son représentant est consulté par le préfet préalablement à la délimitation des lots de chasse.

Toutefois, sur décision du préfet, certaines parties du domaine public fluvial peuvent être constituées en réserve de chasse au sens de l'article L. 422-27.

Art. D. 422-99. – Les adjudications doivent être annoncées au moins trois mois à l'avance par un avis publié dans deux journaux d'information générale habilités à recevoir les annonces judiciaires et légales dans le département.

Art. D. 422-100 *(Rempl., D. n° 2007-318, 7 mars 2007).* – La commission départementale de la chasse et de la faune sauvage est consultée par le préfet sur les demandes de participation à l'adjudication publique en vue d'obtenir la location d'un ou plusieurs lots déterminés.

Ces demandes sont adressées au préfet dans le délai de trente jours à compter de la publication de l'avis mentionné à l'article D. 422-99.

La commission est également consultée sur les demandes de locations amiables présentées en application de l'article D. 422-98.

Art. D. 422-101 *(Abr., D. n° 2007-318, 7 mars 2007).*

Art. D. 422-102. – I. – Les candidats doivent, à l'appui de leur demande, s'engager à réaliser, pendant la durée du bail, un programme d'exploitation et d'amélioration de la chasse dans le ou les lots sollicités, ce programme précisant les moyens techniques et financiers qui lui seront consacrés.

II. – Si les candidats sont déjà locataires d'un lot, ils doivent justifier, à l'appui de leur demande, de l'exécution du programme d'exploitation et d'amélioration mentionné au I.

III. – En outre, les demandes formulées par les associations de chasse ne peuvent être admises que si elles sont accompagnées de justifications répondant à chacune des conditions suivantes :

1° Avoir statutairement pour objet non seulement l'exploitation de la chasse mais aussi l'amélioration des conditions de son exercice, la préservation de la faune sauvage et le développement du capital cynégétique dans le respect des équilibres biologiques, notamment par le gardiennage ;

2° Être constituées en associations déclarées conformément à la loi du 1er juillet 1901 relative au contrat d'association et dotées d'un statut conforme au statut type arrêté par le ministre chargé de la chasse ;

3° Être affiliées à la fédération départementale des chasseurs.

Art. D. 422-103. – Trente jours au moins avant la date de l'adjudication, le préfet notifie aux candidats sa décision de les autoriser à participer à l'adjudication.

Le rejet des candidatures est prononcé par décision motivée du préfet. Il est notifié aux intéressés par lettre recommandée avec demande d'avis de réception.

Art. D. 422-104 *(Mod., D. n° 2007-318, 7 mars 2007).* – Lorsqu'un lot a fait l'objet d'une seule demande admise en application de l'article D. 422-102, il est consenti par le préfet une location amiable au profit de ce candidat. Les conditions financières sont fixées par le *(Mots rempl., D. n° 2014-552, 27 mai 2014)* « directeur départemental ou, le cas échéant, régional des finances publiques ou, à Saint-Pierre-et-Miquelon, le directeur des finances publiques », après avis du gestionnaire du domaine public fluvial.

À défaut de conclusion du contrat dans les quinze jours de la notification qui lui est faite à cet effet, le lot est mis en adjudication.

Art. D. 422-105 *(Mod., D. n° 2007-318, 7 mars 2007)*. – L'adjudication a lieu publiquement par-devant le préfet ou son représentant, assisté du gestionnaire du domaine public fluvial et du *(Mots rempl., D. n° 2014-552, 27 mai 2014)* « directeur départemental ou, le cas échéant, régional des finances publiques ou, à Saint-Pierre-et-Miquelon, du directeur des finances publiques » ou de leurs représentants.

Dans le cas où le Conservatoire de l'espace littoral et des rivages lacustres est attributaire du domaine public fluvial, l'adjudication a lieu en présence du directeur de cet établissement ou de son représentant.

La mise à prix ou le prix minimum est arrêté par le *(Mots rempl., D. n° 2014-552, 27 mai 2014)* « directeur départemental ou, le cas échéant, régional des finances publiques ou, à Saint-Pierre-et-Miquelon, le directeur des finances publiques », après avis du gestionnaire du domaine public fluvial.

Art. D. 422-106. – Lorsqu'un lot a fait l'objet de plusieurs demandes admises en application de l'article D. 422-102, il est mis en adjudication restreinte entre les candidats qui ont présenté ces demandes.

Si un candidat à l'adjudication est déjà locataire du lot, ce lot lui est, sur sa demande, attribué par préférence moyennant un prix correspondant à l'offre la plus élevée. Ce droit de préférence doit être exercé dès le prononcé de l'adjudication.

Art. D. 422-107. – Les lots pour lesquels aucune demande n'a été présentée ou pour lesquels aucune candidature n'a été retenue font l'objet d'une adjudication à laquelle peuvent participer tous les candidats visés au premier alinéa de l'article D. 422-103 et à l'article D. 422-104.

Art. D. 422-108 *(Mod., D. n° 2007-318, 7 mars 2007)*. – Dans les lots exploités par concession de licences, le nombre de ces licences et l'étendue des droits qu'elles confèrent à leurs bénéficiaires sont fixés, pour chaque lot, par le gestionnaire du domaine public fluvial et par le directeur départemental de l'agriculture et de la forêt.

Le prix des licences est arrêté par le *(Mots rempl., D. n° 2014-552, 27 mai 2014)* « directeur départemental ou, le cas échéant, régional des finances publiques ou, à Saint-Pierre-et-Miquelon, le directeur des finances publiques », après avis du gestionnaire du domaine public fluvial.

Art. D. 422-109 *(Mod., D. n° 2007-318, 7 mars 2007 ; D. n° 2014-552, 27 mai 2014 ; D. n° 2019-306, 11 avr. 2019)*. – Par dérogation aux dispositions de l'article D. 422-98, des locations amiables de lots de chasse peuvent être consenties, sans tentative d'adjudication préalable, aux associations communales ou intercommunales de chasse agréées lorsque celles-ci sont titulaires du droit de chasse sur un territoire contigu à la dépendance domaniale considérée. En l'absence d'associations communales ou intercommunales de chasse agréées, cette dérogation peut être appliquée aux associations de chasse répondant aux conditions mentionnées au III de l'article D. 422-102.

La liste des parties du domaine public fluvial qui pourront faire l'objet des locations prévues à l'alinéa ci-dessus est arrêtée par le préfet.

Les demandes de locations amiables prévues par le présent article sont adressées au préfet. Les locations sont conclues par le préfet sur proposition conjointe des représentants du gestionnaire du domaine public fluvial et de l'administration chargée des domaines.

Les conditions financières de ces locations sont fixées par le directeur départemental ou, le cas échéant, régional des finances publiques ou, à Saint-Pierre-et-Miquelon, le directeur des finances publiques, après avis du gestionnaire du domaine public fluvial.

Art. D. 422-110 *(Mod., D. n° 2007-318, 7 mars 2007)*. – Les locations amiables prévues à l'article D. 422-98 sont consenties selon les modalités fixées au dernier alinéa de l'article D. 422-109 après avis de la commission mentionnée à l'article D. 422-100 et du gestionnaire du domaine public fluvial.

Dans le cas où le Conservatoire de l'espace littoral et des rivages lacustres est attributaire du domaine public fluvial, l'avis du directeur de cet établissement ou de son représentant est recueilli par le préfet.

Art. D. 422-111 *(Mod., D. n° 2007-318, 7 mars 2007)*. – Le préfet peut demander à tout moment au locataire d'un lot de rendre compte au directeur départemental de l'agriculture et de la forêt de l'exécution du programme d'exploitation et d'amélioration prévu à l'article D. 422-102.

Art. D. 422-112. – L'exécution, par le locataire d'un lot, du programme d'exploitation et d'amélioration prévu à l'article D. 422-102 peut faire l'objet en cours de bail de contrôles des agents mentionnés à l'article R. 421-18.

En cas de manquement constaté et après mise en demeure infructueuse, la résiliation du bail est prononcée par le préfet.

Art. D. 422-113. – En dehors des secteurs où la chasse est interdite en application du décret du 6 février 1932 portant règlement général de police des voies de navigation intérieure, les lots dans lesquels le droit de chasse n'a pu être ni affermé ni concédé par voie de licences pendant une durée supérieure à un an sont obligatoirement constitués en réserve de chasse au sens de l'article L. 422-27.

§ 2. – **Conditions d'exploitation en aval de la limite de salure des eaux**

Art. D. 422-114. – Sur le domaine public fluvial à l'aval de la limite de salure des eaux, la chasse est exploitée dans les conditions fixées par les articles D. 422-115 à D. 422-127.

Sous-section 3. – Exploitation de la chasse sur le domaine public maritime

Art. D. 422-115. – Sur le domaine public maritime, la chasse est exploitée au profit de l'État dans le souci d'améliorer les conditions de son exercice, de préserver la faune sauvage et de développer le capital cynégétique dans le respect des équilibres biologiques.

Art. D. 422-116. – La chasse sur le domaine public maritime est exploitée, en règle générale, par voie de location sur adjudication publique. Elle peut l'être également par concession de licences à prix d'argent ou lorsque l'adjudication a été tentée sans succès, par voie de location amiable.

Des locations amiables peuvent, toutefois, être consenties sans mise en adjudication préalable, dans les conditions prévues à l'article D. 422-120.

Art. D. 422-117 *(Mod., D. n° 2007-318, 7 mars 2007)*. – Le préfet détermine les lots qui sont exploités par voie de location et ceux qui sont exploités par concession de licences, en dehors des réserves de chasse et de faune sauvage.

Lorsque le Conservatoire de l'espace littoral et des rivages lacustres est attributaire du domaine public maritime, le préfet recueille l'avis du directeur de cet établissement ou de son représentant, préalablement à la délimitation des lots de chasse.

Art. D. 422-118. – Les adjudications doivent être annoncées au moins un mois à l'avance par un avis publié dans deux journaux d'information générale du département.

La mise à prix minimum est arrêtée par le *(Mots rempl., D. n° 2014-552, 27 mai 2014)* « directeur départemental ou, le cas échéant, régional des finances publiques ou, à Saint-Pierre-et-Miquelon, le directeur des finances publiques ».

L'adjudication est prononcée par le préfet assisté du directeur départemental de l'équipement ou, le cas échéant, du chef du service maritime, du *(Mots rempl., D. n° 2014-552, 27 mai 2014)* « directeur départemental ou, le cas échéant, régional des finances publiques ou, à Saint-Pierre-et-Miquelon, du directeur des finances publiques », du directeur départemental de l'agriculture et de la forêt et du directeur départemental des affaires maritimes ou par leurs représentants. Dans le cas où le conservatoire est attributaire du domaine public maritime, l'adjudication est prononcée, dans les conditions ci-dessus, en présence du directeur du Conservatoire de l'espace littoral et des rivages lacustres ou de son représentant.

Art. D. 422-119. – Ces adjudications et les locations qui en résultent sont régies par un cahier des charges générales établi par le ministre chargé de la chasse, le ministre chargé du domaine et le ministre chargé de la mer.

Le cas échéant, les adjudications ou locations peuvent faire l'objet de clauses particulières établies par le ou les préfets intéressés.

Voir : A. 24 févr. 2014 portant approbation du cahier des charges fixant les clauses et les conditions générales de la location par l'État du droit de chasse sur le domaine public maritime sur les étangs et plans d'eau salés domaniaux et sur la partie des cours d'eau domaniaux située à l'aval de la limite de salure des eaux, à l'exclusion des circonscriptions des grands ports maritimes, pour la période du 1er juillet 2014 au 30 juin 2023 (*JO* 28 févr.).

Voir aussi : note du 3 mars 2014 pour la mise en œuvre des dispositions portant sur l'exploitation de la chasse sur le domaine public maritime de l'État (*BOME* n° 6/2014).

Art. D. 422-120. – Les locations amiables sans mise en adjudication préalable prévues à l'article D. 422-116 sont réservées à des associations remplissant les conditions suivantes :

1° Avoir statutairement pour buts non seulement l'exploitation de la chasse, mais aussi l'amélioration des conditions de son exercice, la préservation de la faune sauvage et le développement du capital cynégétique dans le respect des équilibres biologiques, notamment par le gardiennage ;

2° Être constituées en associations déclarées conformément à la loi du 1er juillet 1901 relative au contrat d'association, être ouvertes à l'adhésion de tout porteur de permis de chasser ou autorisation assimilée et dotée d'un statut conforme au statut type arrêté par le ministre chargé de la chasse, le Conseil national de la chasse et de la faune sauvage entendu ;

3° Être affiliées à une fédération départementale des chasseurs ; cette fédération départementale sera celle de la situation du lot lorsqu'il est situé dans un seul département ou celle du département comportant la plus vaste surface lorsque le lot s'étend sur plusieurs départements.

Art. D. 422-121 *(Mod., D. n° 2014-552, 27 mai 2014)*. – Les demandes de location amiable sont adressées au directeur départemental ou, le cas échéant, régional des finances publiques ou, à Saint-Pierre-et-Miquelon, au directeur des finances publiques qui est seul compétent pour fixer les conditions financières de la location.

(Mod., D. n° 2023-415, 30 mai 2023) Elles doivent être souscrites trois mois au moins avant l'expiration du bail dont le lot intéressé fait l'objet.

Toutefois la demande peut être souscrite à tout moment pour les lots qui n'auraient pas trouvé preneur en adjudication ou qui deviendraient vacants avant le terme normal de leur location ou encore dont la location aurait été différée.

Les locations sont conclues par le préfet sur proposition conjointe du directeur départemental de l'équipement ou, le cas échéant, du chef du service maritime, du directeur départemental ou, le cas échéant, régional des finances publiques ou, à Saint-Pierre-et-Miquelon, du directeur des finances publiques, du directeur départemental de l'agriculture et de la forêt et du directeur départemental des affaires maritimes ou de leurs représentants. Dans le cas où le conservatoire est attributaire du domaine public maritime, l'avis du directeur du Conservatoire de l'espace littoral et des rivages lacustres ou de son représentant est recueilli par le préfet.

Art. D. 422-122 *(Mod., D. n° 2023-694, 28 juill. 2023)*. – En cas de demande de location d'un même lot par plusieurs associations qui accepteraient les conditions d'affermage imposées, la location est consentie à celle des associations qui est estimée par le préfet présenter les garanties les plus sérieuses en termes d'exemplarité, notamment au regard du triple objectif assigné à l'organisation de la chasse sur les parties du domaine public visées à l'article D. 422-115.

Si les garanties sont jugées équivalentes, il sera procédé à une adjudication restreinte entre les associations intéressées.

Si un des candidats à l'adjudication restreinte est déjà locataire du lot, ce lot lui est, sur sa demande, attribué par préférence moyennant un prix correspondant à l'offre la plus élevée.

Pour bénéficier de ce droit de préférence, le locataire sortant doit justifier d'une location d'au moins trois années du lot concerné ou de la majeure partie de ce lot, avoir satisfait aux obligations de son bail et remplir les conditions fixées par l'article D. 422-120, ainsi que celles pour participer à l'adjudication.

Ce droit de préférence doit être exercé dès le prononcé de l'adjudication.

Art. D. 422-123. – Les locations amiables sont régies par le cahier des charges générales et, le cas échéant, par les clauses particulières prévues à l'article D. 422-119.

Art. D. 422-124. – Dans les lots exploités par concession de licences, le nombre de ces licences et l'étendue des droits qu'elles confèrent à leurs bénéficiaires sont fixés, pour chaque lot, conjointement par le directeur départemental de l'équipement ou, le cas échéant, le chef du service maritime, par le directeur départemental de l'agriculture et de la forêt et par le directeur départemental des affaires maritimes ou par leurs représentants.

Le prix des licences est arrêté par le *(Mots rempl., D. n° 2014-552, 27 mai 2014)* « directeur départemental ou, le cas échéant, régional des finances publiques ou, à Saint-Pierre-et-Miquelon, le directeur des finances publiques ».

Art. D. 422-125. – Les licences sont valables pour une année au maximum et leur validité expire, quelle que soit la date à laquelle elles ont été délivrées, au 30 juin suivant.

Art. D. 422-126. – Dans le cas où le Conservatoire de l'espace littoral et des rivages lacustres est attributaire du domaine public maritime, la convention d'attribution prévue à l'article L. 51-2 du Code du domaine de l'État précise les modalités selon lesquelles le conservatoire peut formuler toute proposition relative au respect des objectifs d'exploitation de la chasse mentionnés au premier alinéa de l'article D. 422-115.

La convention d'attribution prévoit également, en application de l'article R. 128-10 du Code du domaine de l'État, les conditions dans lesquelles l'établissement public attributaire perçoit et recouvre les produits de la chasse.

Art. D. 422-127. – Les dispositions de la présente sous-section ne font pas obstacle à celles du titre Ier du livre Ier du Code des ports maritimes relatif aux ports autonomes.

CHAPITRE III. – PERMIS DE CHASSER

Art. R. 423-1. – L'autorisation prévue par l'article L. 423-3 est délivrée annuellement par les directeurs départementaux ou interdépartementaux des affaires maritimes.

Cette autorisation est valable pour l'ensemble de la zone de chasse maritime.

Art. D. 423-1-1 *(D. n° 2024-889, 4 sept. 2024)*. – Le fichier national du permis de chasser mentionné à l'article L. 423-4 est mis en œuvre par l'Office français de la biodiversité et la fédération nationale des chasseurs.

Le fichier national du permis de chasser est constitué à partir des données du fichier central des titres permanents du permis de chasser de l'Office français de la biodiversité et des données du fichier central des validations et autorisations de chasser de la fédération nationale des chasseurs.

Ce fichier national du permis de chasser a pour finalité, au niveau national, dans un but de contrôle administratif, de permettre :

1° La consultation des titulaires du permis de chasser, d'autorisation de chasser et de validations nationales, départementales, annuelles ou temporaires du permis de chasser ;

2° La consultation des refus de délivrance du permis de chasser et de retrait de la validation du permis de chasser, des retraits et des suspensions du permis de chasser et de l'autorisation de chasser, ainsi que des résiliations des contrats d'assurance chasse ;

3° Le suivi statistique des finalités mentionnées aux 1° et 2°.

Art. D. 423-1-2 *(D. n° 2024-889, 4 sept. 2024)*. – Les catégories de données à caractère personnel enregistrées dans le fichier national du permis de chasser sont les suivantes :

I. – Données relatives au titulaire du permis de chasser :

a) État civil de la personne titulaire du permis de chasser (nom, nom d'usage, prénoms, date, lieu et pays de naissance, nationalité) ;

b) Adresse, lieu de résidence ou, le cas échéant, dernière adresse connue ;

c) Photographie d'identité ;

d) Le numéro de téléphone portable, le cas échéant.

II. – Données relatives au permis de chasser :

a) Numéro du permis de chasser ;

b) Date de délivrance du titre ;

c) Date de délivrance du dernier duplicata, le cas échéant ;

d) Date de suivi de la formation spéciale à la chasse à l'arc ou de délivrance du certificat d'expérience, le cas échéant ;

e) Organisme de délivrance ;

f) Validité du titre.

III. – Données relatives au titulaire de l'autorisation de chasser prévue à l'article L. 423-2 :

a) État civil de la personne titulaire de l'autorisation de chasser (nom, nom d'usage, prénoms, date, lieu et pays de naissance) ;

b) Adresse, lieu de résidence ou, le cas échéant, dernière adresse connue ;

c) Date et organisme de délivrance de l'autorisation de chasser ;

d) Date de début de validité de l'autorisation de chasser.

IV. – Données relatives aux accompagnateurs du titulaire de l'autorisation de chasser prévue à l'article L. 423-2 du code :

a) État civil de la personne accompagnatrice (nom, nom d'usage, prénoms, date, lieu et pays de naissance) ;

b) Adresse, lieu de résidence ou, le cas échéant, dernière adresse connue ;

c) Numéro du permis de chasser ;

d) Date de délivrance du titre ;

e) Date de délivrance du dernier duplicata, le cas échéant ;

f) Organisme de délivrance ;

g) Validité du titre ;

h) Date de suivi de la formation accompagnateur ;

i) Numéro d'identifiant du guichet unique.

V. – Données relatives au titulaire de la validation du permis de chasser :

a) État civil de la personne titulaire de la validation du permis de chasser (nom, nom d'usage, prénoms, date, lieu et pays de naissance) ;

b) Adresse, lieu de résidence ou, le cas échéant, dernière adresse connue ;

c) Date, heure et organisme de délivrance de la validation du permis de chasser ;

d) Date de début de validité de la validation du permis de chasser ;

e) Catégorie nationale, départementale, annuelle ou temporaire de la validation du permis de chasser et espèce concernée ;

f) Numéro du titre de validation du permis de chasser ;

g) Numéro d'identifiant du guichet unique ;

h) Date de suivi de la formation spéciale à la chasse à l'arc ou de délivrance du certificat d'expérience, le cas échéant ;

i) Historique des validations antérieures ;

j) Pour les permis de chasser ou de toute autre pièce administrative en tenant lieu délivrés par un État autre que la France :

1. État civil de la personne (nom, nom d'usage, prénoms, date, lieu et pays de naissance) ;
2. Nationalité ;
3. Adresse, lieu de résidence ou, le cas échéant, dernière adresse connue ;
4. Numéro du permis de chasser ;
5. Date de délivrance du titre ;
6. Organisme de délivrance ;
7. Validité du titre.

VI. – Données relatives aux événements affectant le permis de chasser, l'autorisation de chasser ou la validation du permis de chasser :

a) Mesures administratives (oui/non) ;

b) Mesures judiciaires (oui/non) ;

c) Nature de la mesure (retrait ou suspension) et date de début et de fin de la mesure.

Art. D. 423-1-3 *(D. n° 2024-889, 4 sept. 2024)*. – Peuvent avoir accès, aux seules fins de consultation, à tout ou partie des données à caractère personnel et informations enregistrées dans le traitement prévu à l'article D. 423-1-1 à raison de leurs attributions et dans la limite du besoin d'en connaître :

1° Les agents de l'Office français de la biodiversité individuellement désignés et habilités par son directeur général ;

2° Les agents de la fédération nationale des chasseurs individuellement désignés et habilités par son président.

Art. D. 423-1-4 *(D. n° 2024-889, 4 sept. 2024)*. – Sont destinataires, sur requête individuelle, de tout ou partie des données à caractère personnel et informations enregistrées dans le traitement prévu à l'article D. 423-1-1, à raison de leurs attributions et dans la limite du besoin d'en connaître :

1° Les inspecteurs de l'environnement mentionnés à l'article L. 172-1 affectés à l'Office français de la biodiversité et dans les parcs nationaux ;

2° Les agents de développement des fédérations départementales des chasseurs mentionnés à l'article L. 421-5 ;

3° Les agents des réserves naturelles mentionnés au I de l'article L. 332-20 et les agents de l'Office national des forêts commissionnés à raison de leurs compétences en matière forestière et assermentés à cet effet mentionné au 3° du II du même article ;

4° Les agents des services de la police nationale individuellement désignés et spécialement habilités soit par les chefs des services déconcentrés de la police nationale, soit par les chefs des services actifs à la préfecture de police ou, le cas échéant, par le préfet de police, soit par les chefs des services centraux de la police nationale ou, le cas échéant, par le directeur général de la police nationale ;

5° Les personnels de la gendarmerie nationale individuellement désignés et spécialement habilités par le directeur général de la gendarmerie nationale ;

6° Les agents des services des douanes individuellement désignés et spécialement habilités soit par les directeurs regionaux des douanes, soit par le directeur de l'Office national anti-fraude ou, le cas échéant, par le directeur général des douanes et droits indirects ;

7° Les agents des préfectures et des sous-préfectures chargés de l'application de la réglementation relative aux armes, aux éléments d'arme et aux munitions individuellement désignés et habilités par le préfet ;

8° Les agents du service à compétence nationale dénommé « service central des armes et explosifs » individuellement désignés et habilités par le chef de service.

Les agents mentionnés au 1° à 3° du présent article n'ont pas accès aux données mentionnées à l'article D. 423-1-5 relatives à l'enregistrement de la personne concernée au fichier national des interdits d'acquisition et de détention d'armes mentionné aux articles L. 312-16 et R. 312-77 du Code de la sécurité intérieure.

Art. D. 423-1-5 *(D. n° 2024-889, 4 sept. 2024)*. – Le fichier national du permis de chasser mentionné à l'article D. 423-1-1 peut procéder à la consultation automatique et, le cas échéant, simultanée, aux seules fins de vérifier si l'identité de la personne concernée n'y est pas enregistrée, du fichier national des interdits d'acquisition et de détention d'armes mentionné aux articles L. 312-16 et R. 312-77 du Code de la sécurité intérieure.

Art. D. 423-1-6 *(D. n° 2024-889, 4 sept. 2024)*. – Les données à caractère personnel et informations mentionnées aux I et II de l'article D. 423-1-2 sont conservées pendant une durée maximale de 99 ans conformément aux dispositions prévues par le fichier central des titres permanents du permis de chasser.

Les données à caractère personnel et informations mentionnées aux III à V de l'article D. 423-1-2 sont conservées pendant une durée de six années suivant le terme de la validation du permis de chasser et de l'autorisation de chasser délivrés par les fédérations départementales des chasseurs.

Les données à caractère personnel et informations mentionnées au VI de l'article D. 423-1-2 sont conservées jusqu'à la fin de la mesure administrative ou de la mesure judiciaire affectant le permis de chasser, l'autorisation de chasser ou la validation du permis de chasser. Ces mêmes données peuvent être conservées, en cas de recours contentieux dirigé contre ces mesures, en archivage intermédiaire, jusqu'à ce qu'il ait été définitivement statué sur le litige.

La mise à jour des données mentionnées à l'article D. 423-1-2 est réalisée quotidiennement par l'Office français de la biodiversité et la fédération nationale des chasseurs. Des vérifications périodiques sont mises en œuvre afin de garantir la fiabilité des données. Toute mise à jour des données à caractère personnel contenues dans le fichier central des titres permanents du permis de chasser et dans le fichier central des validations et autorisations de chasser est transmise au fichier national du permis de chasser aux fins d'actualisation des données.

Art. D. 423-1-7 *(D. n° 2024-889, 4 sept. 2024)*. – Les opérations de collecte, de modification, de consultation, de communication, de transfert, d'interconnexion et de suppression des données et informations du traitement font l'objet d'un enregistrement comprenant l'identification de l'auteur, la date, l'heure et la nature de l'opération. Ces informations sont conservées pendant trois ans.

Art. D. 423-1-8 *(D. n° 2024-889, 4 sept. 2024).* – I. – Le droit d'opposition ne s'applique pas au présent fichier en application de l'article 23 du règlement (UE) 2016/679 du 27 avril 2016 relatif à la protection des personnes physiques à l'égard du traitement des données à caractère personnel et à la libre circulation de ces données, et abrogeant la directive 95/46/CE.

II. – Les droits d'information, d'accès, de rectification et à la limitation des données mentionnés aux articles 13 à 16 et 18 du règlement (UE) 2016/679 du 27 avril 2016 précité s'exercent auprès de l'Office français de la biodiversité ou de la fédération national des chasseurs, en fonction de leurs attributions respectives.

Section I. – Examen pour la délivrance du permis de chasser

Sous-section 1. – Examen pour la délivrance du permis de chasser

Art. R. 423-2 (1) *(Mod., D. n° 2006-913, 24 juill. 2006 ; mod. à compter du 1er septembre 2009, D. n° 2009-1055, 28 août 2009 ; mod., D. n° 2010-181, 24 févr. 2010 ; mod. à compter du 1er janvier 2014, D. n° 2013-475, 5 juin 2013* (2) *; à compter du 1er janvier 2020, D. n° 2019-1580, 31 déc. 2019).* – L'examen préalable à la délivrance du permis de chasser comporte des épreuves théoriques sous forme de questions écrites et des épreuves pratiques sous forme d'exercices. Ces épreuves se déroulent au cours d'une même séance.

L'examen est organisé chaque année par l'Office français de la biodiversité selon des modalités fixées par arrêté du ministre chargé de la chasse. Il se déroule dans les installations de formation des différents départements, dont la conformité aux caractéristiques techniques définies par l'arrêté prévu par l'article R. 423-6 est vérifiée et attestée par l'office.

L'Office français de la biodiversité reçoit les demandes d'inscription à l'examen et adresse les convocations. Pour être recevable, la demande est accompagnée :

– du montant du droit d'examen et de la déclaration sur l'honneur prévus à l'article L. 423-6 ainsi que du certificat médical prévu audit article, datant de moins de deux mois ;

– du montant de la redevance pour la délivrance du permis de chasser, prévu à l'article R. 423-11 ;

– pour les majeurs en tutelle, d'une autorisation du juge des tutelles et pour les mineurs non émancipés, de l'autorisation de leur père, mère ou tuteur, de se présenter à l'examen du permis de chasser et d'obtenir la délivrance de ce permis en cas de réussite.

Est irrecevable toute demande d'inscription fondée sur une fausse déclaration.

Plusieurs sessions peuvent être organisées dans chaque département au cours d'une même année.

Art. R. 423-3 *(Rempl. à compter du 1er janvier 2014, D. n° 2013-475, 5 juin 2013)* (2). – Les candidats à l'examen préalable à la délivrance du permis de chasser présentent une demande d'inscription. En cas d'échec à l'examen, les candidats doivent déposer un nouveau dossier d'inscription.

Nul ne peut être admis à prendre part à l'examen s'il n'a quinze ans révolus le jour de l'épreuve et s'il n'a participé préalablement à au moins une séance de préparation aux questions écrites et une séance de formation aux exercices pratiques. Cette participation est attestée par le président de la fédération départementale ou interdépartementale des chasseurs où le candidat a suivi ces préparation et formation, ou son représentant.

Les candidats ayant été reçus à l'examen préalable à la délivrance du permis de chasser se voient délivrer ce permis, dans les conditions prévues par l'article R. 423-9.

« Considérant que l'ordonnance attaquée est principalement fondée sur les dispositions de l'article R. 423-3 du Code de l'environnement, expressément cité par le mémoire du préfet du Cher, enregistré le 16 mai 2009 au greffe du tribunal administratif d'Orléans et auquel la requérante a répondu ; qu'ainsi, le principe du contradictoire n'a pas été méconnu ;

Sur les conclusions tendant à l'annulation des décisions du 10 décembre 2008 et du 2 février 2009 :

Considérant qu'aux termes de l'article L. 423-5 du Code de l'environnement, alors en vigueur : La délivrance du permis de chasser est subordonnée à l'admission à un examen. Cet examen porte notamment sur la connaissance de la faune sauvage, sur la réglementation de la chasse ainsi que

(1) V. T. appl. : A. 29 oct. 2001 puis A. 7 oct. 2013 (*JO* 31 oct. 2013). – NDLR.
(2) Dispositions d'application transitoires : V. D. n° 2013-475, 5 juin 2013, art. 11. – NDLR.

sur les règles de sécurité qui doivent être respectées lors du maniement des armes dont la maîtrise sera évaluée à l'occasion d'une épreuve pratique. Il comporte des procédures éliminatoires et est organisé, pour le compte de l'État, par l'Office national de la chasse et de la faune sauvage avec le concours des fédérations départementales et interdépartementales des chasseurs dans des conditions définies par voie réglementaire. L'autorité administrative saisie d'un recours concernant la délivrance du permis de chasser consulte avant de statuer sur celui-ci un jury composé pour moitié de représentants de l'État et pour moitié de représentants de la fédération départementale des chasseurs. Toutefois, les personnes ayant obtenu, antérieurement au 1er juillet 1976, un permis de chasse ou une autorisation délivrée par l'administration des affaires maritimes sont dispensées de l'examen ; qu'aux termes de l'article R. 423-3 du même code, alors en vigueur : (...) L'Office national de la chasse et de la faune sauvage délivre le certificat de réussite aux épreuves de l'examen du permis de chasser. Ce certificat permet de solliciter un permis de chasser dans un délai de deux ans à compter de sa délivrance. ; qu'aux termes de l'article R. 423-9 du même code, alors en vigueur : (...) La délivrance du permis de chasser est subordonnée à la présentation d'un certificat attestant que le demandeur a subi avec succès l'examen prévu à l'article L. 423-5 (...) ;

Considérant que Mme X a sollicité le 24 novembre 2008 auprès du préfet du Cher la délivrance du permis de chasser, en produisant un certificat de l'Office national de la chasse, délivré le 30 mars 1996, selon lequel elle avait satisfait aux épreuves de l'examen de ce permis ; que ce certificat, datant de plus de deux ans au jour de la demande, ne permettait plus de solliciter un permis de chasser ; qu'aucune disposition légale ou réglementaire n'a maintenu la validité du certificat qu'elle a présenté ; qu'ainsi, le préfet du Cher était tenu de rejeter sa demande ; que, dès lors, les moyens tirés de l'abrogation de l'arrêté du 22 novembre 1993 relatif aux modalités de l'examen pour la délivrance du permis de chasser visé par l'ordonnance attaquée et du défaut de saisine du jury prévu par l'article L. 423-5 précité sont inopérants et doivent être écartés » (■ CAA Nantes, 15 avr. 2011, 4e ch., n° 10NT00077, *Schumacher c/ Min. Écologie, Développement durable, Transports et Logement* ; inédit).

Art. R. 423-4 *(Mod. à compter du 1er janvier 2014, D. n° 2013-475, 5 juin 2013)* (1). – **I. – Les questions écrites de l'examen portent sur les matières suivantes :**

1° Connaissance de la faune sauvage, de ses habitats et des modalités de leur gestion ;

2° Connaissance de la chasse ;

3° Connaissance des armes et des munitions, de leur emploi et des règles de sécurité ;

4° Connaissance des lois et règlements relatifs aux matières qui précèdent.

II. – Les exercices pratiques de l'examen portent sur :

1° Les conditions d'évolution sur un parcours de chasse simulé avec tir à blanc ;

2° Les conditions de maniement et de transport d'une arme de chasse ;

3° Le tir dans le respect des règles de sécurité.

III. – Un arrêté du ministre chargé de la chasse précise le programme et les modalités de l'examen. Les modalités des exercices pratiques peuvent être adaptées pour tenir compte des possibilités des candidats présentant un handicap compatible avec la pratique de la chasse.

....

Art. R. 423-6 *(Mod. à compter du 1er janvier 2014, D. n° 2013-475, 5 juin 2013)* (1). – (2) **Les formations organisées à l'intention des candidats à l'examen préalable à la délivrance du permis de chasser doivent correspondre au moins au programme de cet examen.**

Les caractéristiques techniques des installations de formation des fédérations départementales ou interdépartementales des chasseurs sont définies par arrêté du ministre chargé de la chasse, compte tenu des modalités de l'examen mentionnées à l'article R. 423-4 et des exigences de sécurité.

Art. R. 423-7 *(Rempl. à compter du 1er septembre 2009, D. n° 2009-1055, 28 août 2009 ; mod. à compter du 1er janvier 2014, D. n° 2013-475, 5 juin 2013* (1) *; mod. à compter du 1er janvier 2020, D. n° 2019-1580, 31 déc. 2019).* – **L'examen se déroule sous le contrôle d'agents de l'Office français de la biodiversité qui suivent une formation spéciale à l'inspection du permis de chasser qui les habilite à cette**

(1) Dispositions d'application transitoires : V. D. n° 2013-475, 5 juin 2013, art. 11. – NDLR.
(2) V. T. appl. : A. 29 oct. 2001 puis A. 7 oct. 2013 (*JO* 31 oct. 2013). – NDLR.

fonction sur l'ensemble du territoire. Ils procèdent à la notation conformément au barème établi par la commission nationale. Ils mettent fin à la séance d'examen pour un candidat en cas de comportement éliminatoire de celui-ci.

Sous-section 2. – Autorisation de chasser accompagné

Art. R. 423-8 *(Rempl., D. n° 2006-913, 24 juill. 2006 ; mod. à compter du 1er septembre 2009, D. n° 2009-1055, 28 août 2009 ; à compter du 1er janvier 2020, D. n° 2019-1580, 31 déc. 2019 ; à compter du 1er juillet 2020, D. n° 2020-87, 5 févr. 2020).* **– I. – Le programme de la formation pratique élémentaire prévue à l'article L. 423-2 est fixé par arrêté du ministre chargé de la chasse.**

La formation peut être suivie à partir de l'âge de quatorze ans et demi.

L'autorisation de chasser accompagné est délivrée par le président de la fédération départementale des chasseurs, sur demande de la personne ayant suivi, moins d'un an auparavant, la formation pratique élémentaire.

II. – Le demandeur joint à sa demande :

– une déclaration sur l'honneur signée de son représentant légal ou de lui-même s'il est émancipé ou majeur, attestant qu'il ne se trouve pas dans l'un des cas prévus par l'article L. 423-25 ;

– une déclaration sur l'honneur de chacune des personnes chargées de l'accompagnement attestant qu'elles sont titulaires d'un permis de chasser depuis plus de cinq années, n'ont jamais été privées du droit d'obtenir ou de détenir un permis de chasser par décision de justice et qu'elles disposent d'une assurance couvrant leur responsabilité civile pour cet accompagnement ;

– l'attestation de participation de chacune des personnes chargées de l'accompagnement à la formation à la sécurité à la chasse mentionnée au premier alinéa de l'article L. 423-2 ; cette attestation est valable dix ans.

III. – L'autorisation mentionne sa période de validité, qui court à compter de sa date de délivrance, les noms, prénoms, date de naissance et adresse du bénéficiaire, les noms et prénoms des personnes chargées de l'accompagnement ainsi que les numéros et date de délivrance de leur permis de chasser.

IV. – Le bénéficiaire de l'autorisation ne peut chasser qu'en présence d'un accompagnateur mentionné dans l'autorisation, dont le permis de chasser est validé et dont l'assurance couvre sa responsabilité civile pour cet accompagnement.

Section II. – Délivrance, validation, rétention et suspension administratives du permis de chasser

(Intitulé mod., D. n° 2020-87, 5 févr. 2020)

Sous-section 1. – Délivrance

Art. R. 423-9 (1) *(Rempl. à compter du 1er septembre 2009, D. n° 2009-1055, 28 août 2009* (2) *; mod., D. n° 2010-181, 24 févr. 2010 ; mod. à compter du 1er janvier 2014, D. n° 2013-475, 5 juin 2013* (3) *; à compter du 1er janvier 2020, D. n° 2019-1580, 31 déc. 2019 ; mod., D. n° 2020-87, 5 févr. 2020).* **– Le permis de chasser est délivré par le directeur général de l'Office français de la biodiversité.**

Un certificat provisoire est remis sans délai à toute personne reçue à l'examen du permis de chasser par l'agent de l'Office français de la biodiversité en ayant assuré le contrôle et la notation, sous réserve qu'elle ne se trouve pas dans l'un des cas énumérés aux articles L. 423-11 et L. 423-25 et l'atteste par une déclaration sur l'honneur.

Le certificat mentionné à l'alinéa précédent, vaut permis de chasser s'il est présenté avec une pièce d'identité avec photographie, pendant une durée de deux mois à compter de la date de réussite à l'examen du permis de chasser.

Dans ce délai, le directeur général de l'Office français de la biodiversité adresse le permis de chasser au bénéficiaire, à son domicile, ou, lorsque cette personne circule sur le territoire français sans domicile ni résidence fixes, à la mairie de la commune à laquelle est rattaché l'intéressé.

(1) V. T. appl. : A. 27 août 2009 (*JO* 30 août 2009). – NDLR.
(2) Dispositions transitoires : V. D. n° 2009-1055, 28 août 2009, art. 12.
(3) Dispositions d'application transitoires : V. D. n° 2013-475, 5 juin 2013, art. 11. – NDLR.

Le candidat auquel il n'est pas délivré de permis de chasser au motif qu'il se trouve dans l'un des cas énumérés aux articles L. 423-11 et L. 423-25 a droit au remboursement du montant de la redevance pour la délivrance du permis de chasser prévue à l'article R. 423-11.

Art. R. 423-10 *(Rempl., D. n° 2006-913, 24 juill. 20066 ; rempl. à compter du 1er septembre 2009, D. n° 2009-1055, 28 août 2009 ; mod., D. n° 2010-181, 24 févr. 2010 ; mod. à compter du 1er janvier 2014, D. n° 2013-475, 5 juin 2013* (1) *; à compter du 1er janvier 2020, D. n° 2019-1580, 31 déc. 2019 ; mod., D. n° 2021-1778, 23 déc. 2021)* (2). – Toute demande de délivrance du permis de chasser postérieurement au jour de la réussite à l'examen est adressée au directeur général de l'Office français de la biodiversité, accompagnée de l'attestation prévue au deuxième alinéa de l'article R. 423-9 et du montant de la redevance pour la délivrance du permis de chasser prévue à l'article R. 423-11 ou de la justification de ce qu'il a été acquitté.

Toute demande de duplicata du permis de chasser est adressée au directeur général de l'Office français de la biodiversité, qui délivre au demandeur un certificat de demande de duplicata, sous réserve que celui-ci ne se trouve pas dans l'un des cas énumérés aux articles L. 423-11 et L. 423-25 et l'atteste par une déclaration sur l'honneur.

Le certificat mentionné à l'alinéa précédent vaut permis de chasser pendant une durée de deux mois à compter de sa date de délivrance si son demandeur est titulaire d'un permis de chasser valide, s'il satisfait aux obligations prévues par les articles L. 423-12 à L. 423-16 et s'il présente, lors des contrôles, une pièce d'identité avec photographie.

Un arrêté du ministre chargé de la chasse précise les modalités d'application du présent article.

Art. R. 423-11 *(Rempl., D. n° 2010-181, 24 févr. 2010)*. – Il est institué une redevance d'un montant de trente euros pour la délivrance initiale du permis de chasser.

Ce montant est réduit à quinze euros pour la délivrance initiale du permis de chasser à un mineur âgé de plus de seize ans.

Une redevance d'un montant de trente euros est due pour la délivrance de chaque duplicata du permis de chasser.

La redevance est perçue par l'agent comptable de l'*(Mots rempl. à compter du 1er janvier 2020, D. n° 2019-1580, 31 déc. 2019)* « Office français de la biodiversité » au moment de l'inscription à l'examen du permis de chasser ou de la demande de duplicata.

Elle reste acquise à l'établissement public en cas de désistement ou de renonciation du candidat ou du demandeur.

Sous-section 2. – Validation du permis de chasser

Art. R. 423-12 *(Rempl., D. n° 2006-913, 24 juill. 2006 ; mod., D. n° 2014-551, 27 mai 2014)*. – I. – Pour obtenir la validation annuelle ou temporaire de son permis de chasser, le titulaire du permis présente, sous sa propre responsabilité, aux fédérations départementales ou interdépartementales des chasseurs de son choix ou aux comptables de la direction générale des finances publiques correspondants une demande dûment remplie et signée.

II. – La demande de validation du permis de chasser doit être accompagnée d'une déclaration sur l'honneur du demandeur :

- attestant qu'il est assuré dans les conditions prévues par l'article L. 423-16 ;
- attestant qu'il ne se trouve pas dans l'un des cas prévus à l'article L. 423-15 ;
- indiquant s'il se trouve dans l'un des cas prévus à l'article L. 423-25.

Les majeurs en tutelle doivent en outre joindre une autorisation du juge des tutelles et les mineurs non émancipés âgés de plus de seize ans l'autorisation de leur père, mère ou tuteur.

En fonction de la nature de la validation souhaitée, la demande de validation est accompagnée du montant du droit de timbre et des redevances cynégétiques, des cotisations, des contributions et des participations prévus à l'article L. 423-1.

---

(1) Dispositions d'application transitoires : V. D. n° 2013-475, 5 juin 2013, art. 11. – NDLR.

(2) Dispositions applicables aux demandes présentées à compter du 1er janvier 2022, D. n° 2021-1778, 23 déc. 2021.

III. – Si le chasseur se trouve dans l'un des cas prévus par l'article L. 423-15, la fédération départementale ou interdépartementale des chasseurs ou le comptable de la direction générale des finances publiques refuse de délivrer le document de validation. S'il se trouve dans l'un des cas prévus par l'article L. 423-25, le préfet en est informé et statue.

Art. R. 423-13 *(Rempl., D. n° 2006-913, 24 juill. 2006 ; mod., n° 2014-551, 27 mai 2014).* – (1) Après avoir constaté la recevabilité de la demande de validation du permis de chasser et le paiement du droit de timbre et des redevances cynégétiques, des cotisations, des contributions et des participations prévus à l'article L. 423-1, le comptable de la direction générale des finances publiques ou le régisseur des recettes de l'État placé auprès de la fédération départementale ou interdépartementale des chasseurs délivre le document de validation du permis de chasser, dont le modèle est agréé par le ministre chargé de la chasse.

Les modalités de constatation sur ce document du paiement du droit de timbre et des redevances cynégétiques, des cotisations, des contributions et des participations prévus à l'article L. 423-1 sont définies par arrêté conjoint du ministre chargé de la chasse et du ministre chargé du budget.

Art. R. 423-14. – (1) Un duplicata du document de validation peut être obtenu par le titulaire du permis de chasser auprès de la fédération départementale ou interdépartementale des chasseurs à laquelle il adhère, après vérification par celle-ci du paiement initial des droits et redevances dans des conditions définies par arrêté conjoint du ministre chargé de la chasse et du ministre chargé du budget.

Art. R. 423-15. – L'attestation de la souscription de l'assurance prévue à l'article L. 423-16 et dont la forme est fixée par un arrêté du ministre de l'Intérieur, du garde des Sceaux, ministre de la Justice, du ministre de l'Économie, des Finances et du Budget et du ministre chargé de la chasse est remise aux assurés, sur demande de leur part, dans un délai de quinze jours à compter de la date de la demande.

Art. R. 423-16. – Les contrats d'assurance garantissant la responsabilité civile des chasseurs dans les conditions prévues à l'article L. 423-16 doivent, en ce qui concerne les risques mentionnés à cet article, comporter des garanties et conditions conformes ou au moins équivalentes à celles qui sont fixées par arrêté du ministre de l'Intérieur, du garde des Sceaux, ministre de la Justice, du ministre de l'Économie, des Finances et du Budget et du ministre chargé de la chasse.

Art. R. 423-17 *(Mod. à compter du 1er septembre 2009, D. n° 2009-1055, 28 août 2009).* – En cas de résiliation du contrat d'assurance ou de suspension de la garantie en cours de période de validation, l'entreprise d'assurance est tenue d'informer le directeur général de l'*(Mots rempl. à compter du 1er janvier 2020, D. n° 2019-1580, 31 déc. 2019)* « Office français de la biodiversité » quinze jours au moins avant la date à laquelle la garantie cessera d'avoir effet.

Dès réception de cette notification, le directeur général prend les mesures nécessaires pour le retrait provisoire de la validation du permis de chasser, le titulaire du permis de chasser doit lui remettre son document de validation.

Le document de validation du permis de chasser est restitué après justification, par le demandeur, de la souscription d'un nouveau contrat ou de la cessation de la suspension de la garantie.

Art. R. 423-18. – Le document de validation du permis de chasser et l'attestation d'assurance de son titulaire doivent être présentés en même temps que le permis lors de tout contrôle en action de chasse.

Sous-section 3. – Modalités de validation du permis de chasser

Art. R. 423-19 *(Rempl., D. n° 2006-913, 24 juill. 2006).* – Le versement du droit de timbre et des redevances cynégétiques, des cotisations, des contributions et des participations prévus à l'article L. 423-1 ouvre droit à la validation du permis de chasser jusqu'à la fin, fixée au 30 juin, de la campagne de chasse au titre de laquelle la validation a été demandée.

(1) V. T. appl. : A. 28 oct. 2003. – NDLR.

Le versement du droit de timbre et des redevances cynégétiques temporaires, de la cotisation fédérale temporaire, des contributions et des participations prévus aux articles L. 423-1 et L. 423-20 ouvre droit à la validation du permis de chasser pour une durée de trois jours ou de neuf jours consécutifs.

Art. R. 423-20 *(Mod., D. n° 2019-933, 6 sept. 2019).* – Le versement de la redevance cynégétique nationale ou de la redevance cynégétique nationale temporaire valide le permis pour tout le territoire national, y compris pour les zones définies à l'article L. 422-28.

Le versement de la redevance cynégétique départementale ou de la redevance cynégétique départementale temporaire valide le permis pour le département dans lequel la validation a été accordée et, pour les territoires dont les droits de chasse sont détenus par le même titulaire, pour leur partie contiguë située dans les départements limitrophes, y compris pour les zones définies à l'article L. 422-28.

Art. R. 423-21 *(Rempl., D. n° 2019-933, 6 sept. 2019).* – La Fédération nationale des chasseurs détermine les modalités d'ouverture de la campagne de validation pour la saison cynégétique suivante. L'envoi et la mise en ligne des informations par les fédérations et les opérations de validation ne peuvent intervenir avant les dates fixées par l'assemblée générale de la Fédération nationale des chasseurs.

La validation départementale annuelle du permis de chasser peut être transformée en validation nationale annuelle par le paiement de la différence entre les sommes acquittées au titre de la validation départementale et celles acquittées au titre de la validation nationale.

Les validations temporaires peuvent être transformées en validations annuelles par le paiement de la différence entre le montant des sommes acquittées au titre de la validation temporaire et celui des sommes acquittées au titre de la validation annuelle.

Art. R. 423-21-1 *(D. n° 2014-551, 27 mai 2014).* – Le comptable public de l'État mentionné au dixième alinéa de l'article L. 423-21-1 du Code de l'environnement est un comptable de la direction générale des finances publiques.

Sous-section 4. – Dispositions propres à l'Île-de-France

Art. R. 423-22. – Pour l'application de l'article R. 423-20, les départements de Paris, des Hauts-de-Seine, de la Seine-Saint-Denis et du Val-de-Marne sont considérés comme formant un seul département.

Il en est de même pour les départements de l'Essonne, du Val-d'Oise et des Yvelines.

Art. R. 423-23 *(Abr. à compter du 1er septembre 2009, D. n° 2009-1055, 28 août 2009).*

Sous-section 5

Pas de dispositions réglementaires codifiées

Sous-section 6. – Refus et exclusions

Art. R. 423-24 *(Rempl., D. n° 2006-913, 24 juill. 2006 ; mod., D. n° 2019-933, 6 sept. 2019).* – Lorsque le préfet est informé du fait que le titulaire d'un permis de chasser revêtu de la validation annuelle ou temporaire se trouve dans l'un des cas prévus à l'article L. 423-15 ou à l'article L. 423-25, il procède au retrait de la validation.

Lorsque le préfet préfet retire la validation du permis de chasser, le titulaire doit lui remettre son document de validation.

Le droit de timbre, les redevances cynégétiques, les cotisations, les contributions et les participations acquittés ne sont pas remboursés.

Art. R. 423-25 *(Mod., D. n° 2006-913, 24 juill. 2006 ; D. n° 2020-87, 5 févr. 2020 ; D. n° 2021-1778, 23 déc. 2021).* – I. – Les affections médicales et infirmités rendant dangereuse la pratique de la chasse, mentionnées au 6° de l'article L. 423-15 sont les suivantes :

1° Toute infirmité ou mutilation ne laissant pas la possibilité d'une action de tir à tout moment, précise et sûre ;

2° Toute affection entraînant ou risquant d'entraîner des troubles moteurs, sensitifs ou psychiques perturbant la vigilance, l'équilibre, la coordination des mouvements ou le comportement ;

3° Toute affection entraînant ou risquant d'entraîner un déficit visuel ou auditif susceptible de compromettre ou de limiter les possibilités d'appréciation de l'objectif du tir et de son environnement ;

4° Toute intoxication chronique ou aiguë ou tout traitement médicamenteux dont les effets peuvent entraîner les mêmes risques.

II. – Le demandeur peut joindre à la déclaration sur l'honneur mentionnée aux articles R. 423-9 et R. 423-12 un certificat médical établi à son initiative par un médecin de son choix.

III. – Le certificat médical prévu à l'article L. 423-6 atteste que le candidat à l'examen du permis de chasser n'est pas atteint de l'une des affections médicales ou infirmités mentionnées au présent article.

IV. – Le certificat médical requis par le préfet en application du dernier alinéa de l'article L. 423-15 est délivré par un médecin assermenté. La liste des médecins assermentés peut être consultée à la préfecture. Le chasseur supporte les frais d'établissement du certificat médical. Lorsque ce certificat indique que le demandeur est atteint de l'une des affections médicales ou infirmités mentionnées au présent article, la validation du permis de chasser est refusée ou retirée.

Sous-section 7. – Rétention et suspension administratives

(Mod., D. n° 2020-87, 5 févr. 2020)

Art. R. 423-25-1 *(D. n° 2020-87, 5 févr. 2020).* – Dans les cas prévus à l'article L. 423-25-1, la décision de rétention du permis de chasser ou de l'autorisation de chasser accompagné, qu'elle soit ou non accompagnée de la remise matérielle de ce titre, donne lieu à l'établissement d'un avis de rétention dont un exemplaire est immédiatement remis au chasseur ou à l'accompagnateur du titulaire de l'autorisation de chasser accompagné.

Art. R. 423-25-2 *(D. n° 2020-87, 5 févr. 2020).* – L'avis de rétention indique notamment au chasseur ou au titulaire de l'autorisation de chasser accompagné à quel service il devra s'adresser pour se voir restituer son permis de chasser ou son autorisation de chasser accompagné. Pendant les douze heures qui suivent la fin de la période de rétention, le permis de chasser ou l'autorisation de chasser accompagné est tenu à la disposition du chasseur ou du titulaire de l'autorisation de chasser accompagné dans les bureaux du service désigné dans l'avis de rétention.

Toutefois, si la période de rétention expire entre dix-huit et vingt-deux heures, le délai de mise à disposition est prorogé jusqu'à midi le jour suivant.

À l'issue du délai de mise à disposition mentionné au deuxième alinéa, le permis de chasser ou l'autorisation de chasser accompagné lui est restitué par lettre recommandée avec demande d'avis de réception si aucune mesure de suspension n'a été décidée.

Art. R. 423-25-3 *(D. n° 2020-87, 5 févr. 2020).* – Lorsqu'une mesure de suspension a été prise en application de l'article L. 423-25-2, elle est notifiée à l'intéressé soit directement s'il se présente au service indiqué dans l'avis de rétention, soit par lettre recommandée avec demande d'avis de réception.

Cette décision est également communiquée au président de la fédération départementale des chasseurs qui délivre l'autorisation de chasser accompagné ou auprès de laquelle le permis de chasser est validé.

Art. R. 423-25-4 *(D. n° 2020-87, 5 févr. 2020).* – Le permis de chasser suspendu est conservé par l'Office français de la biodiversité pendant la durée prévue par la décision de son directeur général.

Art. R. 423-25-5 *(D. n° 2020-87, 5 févr. 2020).* – Lorsque l'intéressé n'a pas de domicile connu ou qu'il l'a quitté, la notification de la décision est adressée au maire du lieu de l'infraction en vue de l'affichage en mairie de cette notification.

Art. R. 423-25-6 *(D. n° 2020-87, 5 févr. 2020).* – En vue de l'application de la seconde phrase du dernier alinéa de l'article L. 423-25-6, toute décision du directeur général de l'Office français de la biodiversité portant suspension du permis de chasser est transmise sans délai en copie au procureur de la République dans le ressort duquel l'infraction a été commise.

Art. R. 423-25-7 *(Rempl., D. n° 2022-1337, 19 oct. 2022).* – Le procureur de la République communique sans délai au directeur général de l'Office français de la biodiversité toute décision judiciaire de suspension du permis de chasser, ainsi que toute décision judiciaire exécutoire ou définitive prononçant la peine complémentaire de retrait du permis de chasser assortie d'une interdiction de solliciter la délivrance d'un nouveau permis pendant trois ans au plus pour une infraction punie par le présent code ou pour l'une des infractions d'atteinte involontaire à la vie ou à l'intégrité physique de la personne commise à l'occasion de la pratique de la chasse, ou prononçant la peine complémentaire de privation du droit de conserver et d'obtenir le permis de chasser pour une infraction à la police de la chasse.

Art. R. 423-25-8 *(D. n° 2020-87, 5 févr. 2020 ; mod., D. n° 2021-1778, 23 déc. 2021)* (1). – Les articles R. 423-25-5 à R. 423-25-7 sont applicables à la mesure d'interdiction de délivrance du permis de chasser prévue à l'article L. 423-25-4 ainsi qu'à la délivrance du certificat mentionné à l'article R. 423-10.

Section III. – Affectation des redevances cynégétiques

Art. D. 423-25-9 *(D. n° 2020-1759, 29 déc. 2020)*. – L'agence de l'eau Adour-Garonne est chargée, pour le compte de l'ensemble des agences de l'eau, de la centralisation du produit des redevances prévues aux articles L. 423-19 et L. 423-20 du Code de l'environnement et du produit du droit de timbre prévu à l'article 1635 *bis* N du Code général des impôts.

Les redevances prévues aux articles L. 423-19 et L. 423-20 du Code de l'environnement ainsi que le droit de timbre prévu à l'article 1635 *bis* N du Code général des impôts sont versés à l'agent comptable de l'agence de l'eau Adour-Garonne par le comptable public ou le régisseur des recettes de l'État placé auprès d'une fédération départementale ou interdépartementale des chasseurs conformément à l'article L. 423-21-1 du Code de l'environnement.

Section IV. – Dispositions diverses

Art. R. 423-26 *(Mod. à compter du 1er janvier 2020, D. n° 2019-1580, 31 déc. 2019 ; mod., D. n° 2020-1759, 29 déc. 2020)*. – Des arrêtés conjoints du ministre de l'intérieur, du ministre des affaires étrangères, du ministre chargé de l'économie, des finances et du budget et du ministre chargé de la chasse fixent les détails d'application du présent chapitre en ce qui concerne les conditions de présentation de la demande de délivrance du permis de chasser et de sa validation.

Art. R. 423-27. – I. – Le jury mentionné au deuxième alinéa de l'article L. 423-5 comprend :

1° Deux représentants de l'État, désignés par le préfet du département où le demandeur d'un permis de chasser est domicilié ;

2° Deux représentants de la fédération départementale des chasseurs, dont un responsable de la formation préparatoire à l'examen du permis de chasser.

II. – Le jury examine les dossiers des recours dans le délai d'un mois à compter de sa saisine par l'autorité administrative ; à l'issue de ce délai, il est réputé avoir été consulté.

III. – Le silence gardé pendant plus de trois mois par l'autorité administrative vaut décision de rejet du recours dont elle a été saisie.

CHAPITRE IV. – EXERCICE DE LA CHASSE

Section I. – Protection du gibier

Art. R. 424-1. – Afin de favoriser la protection et le repeuplement du gibier, le préfet peut dans l'arrêté annuel prévu à l'article R. 424-6, pour une ou plusieurs espèces de gibier :

1° Interdire l'exercice de la chasse de ces espèces ou d'une catégorie de spécimen de ces espèces en vue de la reconstitution des populations ;

(1) Dispositions applicables aux demandes présentées à compter du 1er janvier 2022, D. n° 2021-1778, 23 déc. 2021.

2° Limiter le nombre des jours de chasse ;

3° Fixer les heures de chasse du gibier sédentaire et des oiseaux de passage.

Mesures particulières – Protection de l'ours brun. Le préfet est fondé, dans son arrêté fixant les dates d'ouverture et de fermeture de la chasse, à prendre des mesures particulières destinées à protéger l'ours brun lors de la chasse en battue. L'ours constituant en droit un gibier, c'est-à-dire une espèce non domestique vivant à l'état sauvage au sens des articles L. 424-1 et R. 424-1 du Code de l'environnement, le préfet tire sa compétence de ces dispositions destinées à favoriser la protection et le repeuplement du gibier, sans qu'il soit besoin de s'arrêter au fait qu'une espèce fait par ailleurs l'objet d'une mesure de protection de la faune (■ CAA Bordeaux, 18 oct. 2012, n° 10BX01881, *Féd. dép. des chasseurs de l'Ariège*, inédit).

Art. R. 424-2. – I. – La chasse en temps de neige est interdite. Toutefois, le préfet peut dans l'arrêté annuel autoriser en temps de neige :

1° La chasse au gibier d'eau :

a) En zone de chasse maritime ;

b) Sur les fleuves, rivières, canaux, réservoirs, lacs, étangs et dans les marais non asséchés, le tir au-dessus de la nappe d'eau étant seul autorisé ;

2° L'application du plan de chasse légal ;

3° La chasse à courre et la vénerie sous terre ;

4° La chasse du sanglier, du lapin, du renard et du pigeon ramier ;

5° La chasse des animaux dont la liste est établie, pour chaque département, par le ministre chargé de la chasse.

II. – Il fixe également les conditions restrictives d'exercice de ces chasses nécessaires à la protection des différentes espèces de gibier.

Art. R. 424-3. – En cas de calamité, incendie, inondation, gel prolongé, susceptible de provoquer ou de favoriser la destruction du gibier, le préfet peut, pour tout ou partie du département, suspendre l'exercice de la chasse soit à tout gibier, soit à certaines espèces de gibier.

La suspension s'étend sur une période de dix jours maximum et renouvelable. L'arrêté du préfet fixe les dates et heures auxquelles entre en vigueur et prend fin la période de suspension.

Voir : le protocole national « gel prolongé » établi par la circulaire du 8 mars 2013 relative aux actions à conduire liées à un contexte de gel prolongé (NOR : DEVL1303396C, *BOME* n° 8/2013).

Section II. – Temps de chasse

Sous-section 1. – Chasse à courre, à cor, à cri et au vol

Art. R. 424-4. – La chasse à courre, à cor et à cri est ouverte du 15 septembre au 31 mars.

La chasse au vol est ouverte à compter de la date d'ouverture générale de la chasse dans le département considéré jusqu'au dernier jour de février. Toutefois, pour la chasse aux oiseaux, ces dates sont fixées par arrêté du ministre chargé de la chasse.

Art. R. 424-5 *(Mod., D. n° 2006-665, 7 juin 2006)* (1). – La clôture de la vénerie sous terre intervient le 15 janvier.

Le préfet peut, sur proposition du directeur départemental de l'agriculture et de la forêt et après avis [de la] commission départementale de la chasse et de la faune sauvage et de la fédération des chasseurs, autoriser l'exercice de la vénerie du blaireau pour une période complémentaire à partir du 15 mai.

Les dispositions de l'article R. 424-5 ne contreviennent pas à celles de l'article L. 424-10, qui s'imposent aux chasseurs par vénerie et pendant toute la période de chasse (■ TA Besançon, 28 janv. 2014, n° 1301025, *ASPAS : Dr. env.* 2014, 303).

(1) Dispositions transitoires : V. D. n° 2006-665, 7 juin 2006, art. 61.

Sous-section 2. – Chasse à tir

§ 1. – Cas général

Art. R. 424-6 *(Mod., D. n° 2006-665, 7 juin 2006* (1) *; D. n° 2021-1779, 23 déc. 2021).* **– La chasse à tir est ouverte pendant les périodes fixées chaque année par arrêté du préfet, pris sur proposition du directeur départemental des territoires ou du directeur départemental des territoires et de la mer après avis [de la] commission départementale de la chasse et de la faune sauvage et de la fédération des chasseurs, et publié au moins sept jours avant la date de sa prise d'effet.**

Art. R. 424-7. – Les périodes d'ouverture générale doivent être comprises entre les dates énoncées au tableau suivant :

(Tableau mod., D. n° 2012-619, 3 mai 2012)

DÉPARTEMENTS appartenant aux régions suivantes	DATE D'OUVERTURE GÉNÉRALE au plus tôt le	DATE DE CLÔTURE GÉNÉRALE au plus tard le
Corse	Premier dimanche de septembre	Dernier jour de février
Languedoc-Roussillon, Provence-Alpes-Côte d'Azur, Poitou-Charentes, Limousin, Aquitaine, Midi-Pyrénées, Franche-Comté, Auvergne, Rhône-Alpes	Deuxième dimanche de septembre	Dernier jour de février
Nord - Pas-de-Calais, Picardie, Île-de-France, Centre, Haute-Normandie, Basse-Normandie, Bretagne, Pays de la Loire, Champagne-Ardenne, Lorraine (sauf la Moselle), Bourgogne	Troisième dimanche de septembre	Dernier jour de février

1) Grand Tétras. Le préfet des Hautes-Pyrénées avait fixé les dates de la chasse à tir du grand tétras pour la campagne 2008-2009 et le tribunal administratif de Pau avait rejeté le recours formé par l'association France Nature Environnement. La cour administrative d'appel de Bordeaux annule le tout au visa de la directive du Conseil du 2 avril 1979 sur la conservation des oiseaux sauvages, considérant que si la chasse du grand tétras n'est pas interdite de manière générale et absolue sur l'ensemble du territoire national, elle doit être réglementée de manière à assurer la conservation de cette espèce protégée dans son aire naturelle de distribution et de reproduction et que dans le cas soumis, les efforts de conservation ne suffisent pas à empêcher une diminution sensible des *effectifs, susceptible de conduire à terme à une* disparition de l'espèce, de sorte que celle-ci ne pourrait supporter des prélèvements supplémentaires (▪ CAA Bordeaux, 9 févr. 2012, n° 10BX01901, *France nature Environnement : JurisData* n° 2012-002926).

La même cour rend une décision identique en annulant un arrêté du préfet de l'Ariège qui avait autorisé des prélèvements de grands tétras (▪ CAA Bordeaux, 18 oct. 2012, deux arrêts, n°s 10BX02016 et 10BX02017, *Comité écologique ariégeois*, inédit).

2) Oie cendrée, oie rieuse et oie des moussons. Arrêté du 3 février 2012, permettant la chasse de ces oies du 1er au 10 février 2012 sur les treize départements du Nord, du Pas-de-Calais, de la Somme, de l'Aisne, de l'Oise, de la Seine-Maritime, du Calvados, de la Manche, d'Ille-et-Vilaine, de la Charente-Maritime, de la Gironde, des Landes et des Pyrénées-Atlantiques, à des fins d'examen scientifique, les ailes des oiseaux devant être déposées auprès de l'ONCFS (A. 3 févr. 2012 :

(1) Dispositions transitoires : V. D. n° 2006-665, 7 juin 2006, art. 61.

JO 4 févr. 2012). Cet arrêté frappé d'un recours a donné lieu à une décision de rejet d'une requête en suspension, au motif que les prélèvements autorisés sont limités à un nombre modeste qui n'est pas de nature à porter une atteinte suffisamment grave à la protection complète de ces espèces (■ CE, réf., 8 févr. 2012, n° 356465, *Assoc. pour la protection des animaux sauvages : JurisData* n° 2012-003154).

Mais, le Conseil d'État a annulé l'arrêté en relevant d'une part que les prélèvements autorisés aux fins d'étude scientifique ne s'inscrivent dans aucun programme de recherche, et notamment pas dans le programme d'amélioration des connaissances sur l'oie cendrée lancé en 2010 et d'autre part qu'il n'est pas justifié qu'il n'existerait pas d'autre solution satisfaisante que des tirs pour améliorer ces connaissances sur l'origine et les déplacements migratoires de cette espèce (■ CE, 7 nov. 2012, n° 356464, *Assoc. pour la protection des animaux sauvages : JurisData* n° 2012-025614).

3) Eider à duvet et courlis cendré. Arrêté du 3 février 2012, modifiant l'arrêté du 30 juillet 2008 relatif à la suspension de la chasse jusqu'au 30 juillet 2013 de certaines espèces (A. 3 févr. 2012 : *JO* févr. 2012). Le Conseil d'État a rejeté une requête en suspension de cet arrêté, au motif que l'allégation qu'il méconnaîtrait l'objectif de protection complète de ces espèces posé par la directive du 30 novembre 2009 n'est pas de nature à créer un doute sérieux sur sa légalité (■ CE, 8 févr. 2012, n° 356460, *Assoc. pour la protection des animaux sauvages*, inédit).

4) Statuant au fond, la Haute juridiction a rejeté le recours en retenant que l'autorisation de chasse est très limitée dans le temps et que la chasse ne peut se pratiquer qu'en mer et que l'association requérante n'apporte pas d'éléments précis à l'appui de son allégation que cette chasse est susceptible d'entraîner des confusions avec d'autres espèces de canard dont la chasse est fermée. Le Conseil d'État entend ainsi statuer sur la foi d'éléments circonstanciés et non pas sur de simples présomptions (■ CE, 26 déc. 2012, n° 356459, *Assoc. pour la protection des animaux sauvages*, inédit).

Art. R. 424-8 ***(Mod., D. n° 2007-1467, 12 oct. 2007 ; D. n° 2011-611, 31 mai 2011 ; D. n° 2018-686, 1er août 2018 ; D. n° 2020-59, 29 janv. 2020).*** **– Par exception aux dispositions de l'article R. 424-7, le préfet ne peut fixer les périodes d'ouverture de la chasse aux espèces de gibier figurant au tableau suivant qu'entre les dates et sous réserve des conditions spécifiques de chasse mentionnées dans ce tableau.**

(Mod., D. n° 2023-1363, 28 déc. 2023) **Toute personne autorisée à chasser le chevreuil ou le sanglier avant l'ouverture générale peut également chasser le renard à partir du 1er juin selon les modes de chasse autorisés dans les conditions spécifiques figurant au même tableau pour le chevreuil ou pour le sanglier :**

(Tab. mod., D. n° 2023-1363, 28 déc. 2023)

ESPÈCES	DATE D'OUVERTURE spécifique au plus tôt le	DATE DE CLÔTURE spécifique au plus tard le	CONDITIONS SPÉCIFIQUES de chasse
Chevreuil	1er juin	Dernier jour de février	Avant la date d'ouverture générale, ces espèces ne peuvent être chassées qu'à l'approche ou à l'affût, après autorisation préfectorale délivrée au détenteur du droit de chasse.
Cerf élaphe	1er septembre	Dernier jour de février	
Daim	1er juin	Dernier jour de février	
Mouflon	1er septembre	Dernier jour de février	
Chamois	1er septembre	Dernier jour de février	
Isard	1er septembre	Dernier jour de février	

ESPÈCES	DATE D'OUVERTURE spécifique au plus tôt le	DATE DE CLÔTURE spécifique au plus tard le	CONDITIONS SPÉCIFIQUES de chasse
Sanglier	1er juin	31 mai	Du 1er juin au 14 août, la chasse du sanglier ne peut être pratiquée qu'en battue, à l'affût ou à l'approche, après autorisation préfectorale délivrée au détenteur du droit de chasse et dans les conditions fixées par l'arrêté du préfet. Le bénéficiaire de l'autorisation adresse au préfet, avant le 15 septembre de la même année, le bilan des effectifs prélevés. Du 15 août à l'ouverture générale et de la clôture générale au 31 mars, la chasse du sanglier ne peut être pratiquée qu'en battue, ou à l'affût, ou à l'approche, dans les conditions fixées par l'arrêté du préfet. Du 1er avril au 31 mai, la chasse du sanglier ne peut être pratiquée que pour la protection des semis, à l'affût ou à l'approche, voire en battue à titre exceptionnel, après autorisation préfectorale délivrée au détenteur du droit de chasse et dans les conditions fixées par l'arrêté du préfet après avis de la commission départementale de la chasse et de la faune sauvage. Le bénéficiaire de l'autorisation adresse au préfet avant le 1er juillet de la même année le bilan des effectifs prélevés.
Grand tétras	Troisième dimanche de septembre	1er novembre	
Petit tétras	Troisième dimanche de septembre	11 novembre	
Lagopède des Alpes	Ouverture générale	11 novembre	
Perdrix bartavelle	Ouverture générale	11 novembre	
Gélinotte	Ouverture générale	11 novembre	
Lièvre variable	Ouverture générale	11 novembre	
Marmotte	Ouverture générale	11 novembre	
Perdrix grise de plaine	1er dimanche de septembre	Clôture générale	L'ouverture anticipée du premier dimanche de septembre à l'ouverture générale n'est possible que pour les populations naturelles, sur les territoires couverts pour toute la période d'ouverture par un plan de

ESPÈCES	DATE D'OUVERTURE spécifique au plus tôt le	DATE DE CLÔTURE spécifique au plus tard le	CONDITIONS SPÉCIFIQUES de chasse
			gestion cynégétique approuvé en application de l'article L. 425-15 du Code de l'environnement ou par un plan de chasse et si, du 1er septembre à l'ouverture générale, la chasse est pratiquée avec un chien d'arrêt, un chien leveur ou rapporteur de gibier. Cette possibilité n'est ouverte que dans les départements de l'Aisne, des Ardennes, de l'Aube, de la Marne, du Nord, du Pas-de-Calais et de la Somme.

Art. R. 424-9. – (1) **Par exception aux dispositions de l'article R. 424-6, le ministre chargé de la chasse fixe par arrêté les dates d'ouverture et de fermeture de la chasse aux oiseaux de passage et au gibier d'eau, après avis du Conseil national de la chasse et de la faune sauvage. Cet arrêté prévoit les conditions spécifiques de la chasse de ces gibiers.**

1) « Considérant qu'aux termes de l'article R. 424-1 du Code de l'environnement : Afin de favoriser la protection et le repeuplement du gibier, le préfet peut dans l'arrêté annuel prévu à l'article R. 424-6, pour une ou plusieurs espèces de gibier : / (...) 2° Limiter le nombre des jours de chasse (...) ; qu'aux termes de l'article R. 424-6 de ce code : La chasse à tir est ouverte pendant les périodes fixées chaque année par arrêté du préfet, pris sur proposition du directeur départemental de l'agriculture et de la forêt après avis de la commission départementale de la chasse et de la faune sauvage et de la Fédération des chasseurs, et publié au moins vingt jours avant la date de sa prise d'effet ; qu'enfin, aux termes de l'article R. 424-9 du même code : Par exception aux dispositions de l'article R. 424-6, le ministre chargé de la chasse fixe par arrêté les dates d'ouverture et de fermeture de la chasse aux oiseaux de passage et au gibier d'eau, après avis du Conseil national de la chasse et de la faune sauvage. Cet arrêté prévoit les conditions spécifiques de la chasse de ces gibiers ; Considérant qu'il résulte de la combinaison de ces dispositions, lesquelles ne sont pas contradictoires, que le préfet peut, sans modifier la période de chasse aux oiseaux de passage et au gibier d'eau que le ministre chargé de la chasse est seul compétent pour fixer annuellement, et pour des motifs de protection de la ressource cynégétique, limiter le nombre de jours par semaine au cours desquels la chasse de ces espèces sera pratiquée ; que, par suite, le préfet de l'Ain a pu, sans méconnaître l'article R. 424-9 précité du Code de l'environnement et afin de favoriser la reproduction du gibier d'eau, instituer dans le dernier paragraphe de l'article IV de l'arrêté du 1er juillet 2008 une suspension de la chasse du gibier d'eau les mardis et les vendre-

(1) Le Conseil d'État a suspendu « l'article 1er de l'arrêté du 19 janvier 2009 relatif aux dates de fermeture de la chasse aux oiseaux de passage et au gibier d'eau, hormis les limicoles et les oies [publié au *Journal officiel* du 21 janvier 2009], fixant au 10 février la fermeture de la chasse aux autres canards de surface (canard pilet, canard siffleur, canard souchet, sarcelle d'été, sarcelle d'hiver) [...] en tant qu'il autorise la chasse des ces espèces au delà du 2 février 2009 », CE réf. ord., 2 févr. 2009, n° 324321, *Ass. pour la protection des animaux sauvages et a.* – La Haute juridiction a également annulé « le refus du ministre de l'Écologie, du Développement durable, des Transports et du Logement d'abroger l'arrêté du 19 janvier 2009 modifié en tant qu'il fixe au 10 février la date de fermeture de la chasse aux oies cendrées, rieuses et des moissons », CE, 23 déc. 2011, n° 345350, *Ass. France Nature Environnement et a.* : *JurisData* n° 2011-029083

Elle a encore annulé « l'arrêté du ministre de l'Écologie, du Développement durable et de l'Énergie du 18 juillet 2013 modifiant l'arrêté du 24 mars 2006 relatif à l'ouverture de la chasse aux oiseaux de passage et au gibier d'eau [...] en tant qu'il fixe de manière permanente au premier samedi d'août l'ouverture de la chasse aux canards de surface, aux canards plongeurs, aux oies et aux limicoles sur les zones humides intérieures des cantons de Saint-Vivien-de-Médoc, Lesparre-Médoc, Saint-Ciers-sur-Gironde et Blaye », CE, 11 juin 2015, n° 372400, *Ligue pour la protection des oiseaux* : *JurisData* n° 2015-014472. – NDLR.

dis, sauf jours fériés ; que, par suite, le moyen tiré de l'incompétence du préfet à prendre les mesures attaquées au regard des dispositions de l'article R. 424-9 du Code de l'environnement ne peut qu'être écarté ; » (■ CAA Lyon, 5ᵉ ch., 21 juill. 2011, n° 10LY01284, *Association de défense des chasseurs de l'Ain (ACDAIN) c/ Min. Écologie, Développement durable, Transports et Logement*, inédit).

2) Il résulte de l'article R. 424-9 du Code de l'environnement et de l'article 1ᵉʳ de l'arrêté du 19 janvier 2009 que la pratique de la chasse aux oies au-delà du 31 janvier est interdite, sous peine de subir l'amende prévue pour les contraventions de la 5ᵉ classe par l'article R. 428-7 du Code de l'environnement. En reportant au 9 février la date à laquelle la verbalisation des contrevenants prendrait effet, le ministre a méconnu cette interdiction. La lettre par laquelle le ministre de l'Écologie a décidé que la verbalisation des contrevenants ne prendrait effet qu'à compter du 9 février suivant est annulée. En revanche il n'y a pas lieu, dans les circonstances de l'espèce, de faire droit aux conclusions des trois associations requérantes au titre de l'article L. 761-1 du Code de justice administrative (■ CE, 8 juin 2016 : *JurisData* n° 2016-012174).

3) Bécasse des bois. L'article R. 424-9 du Code de l'environnement permet au préfet, sur tout ou partie du département, de suspendre l'exercice de la chasse à tout gibier ou à certaines espèces, en cas de calamité, incendie, inondation, gel prolongé, susceptible de provoquer ou de favoriser la destruction du gibier. Cette suspension s'étend sur une période de dix jours maximum, renouvelable. Tel est le cas après une alerte au gel prolongé en vue d'assurer la protection des espèces d'oiseaux migrateurs hivernants, comme la bécasse des bois, après la constatation de nombreux oiseaux trouvés morts ou très affaiblis. La prolongation de la suspension après l'épisode de gel est justifiée par la nécessité de permettre la reconstitution du potentiel physiologique des oiseaux en période prénuptiale et assurer ainsi le renouvellement des espèces. L'arrêté du préfet suspendant temporairement la chasse de cette espèce n'est pas une mesure individuelle et n'a pas à être motivé au regard de la loi du 11 juillet 1979 (■ CAA Nantes, ch. 3, 25 nov. 2016, n° 15NT00737, *Préfet de Vendée*).

4) « Aux termes de l'article R. 424-9 du Code de l'environnement : « Par exception aux dispositions de l'article R. 424-6, le ministre chargé de la chasse fixe par arrêté les dates d'ouverture et de fermeture de la chasse aux oiseaux de passage et au gibier d'eau, après avis du Conseil national de la chasse et de la faune sauvage. Cet arrêté prévoit les conditions spécifiques de la chasse de ces gibiers. » En application de ces dispositions, l'article 1ᵉʳ de l'arrêté du 19 janvier 2009 relatif aux dates de fermeture de la chasse aux oiseaux de passage et au gibier d'eau a fixé la date de fermeture de la chasse aux oies au 31 janvier de chaque année. L'article R. 428-7 du Code de l'environnement dispose enfin que : « Est puni de l'amende prévue pour les contraventions de la 5ᵉ classe le fait de chasser : / En temps prohibé, en méconnaissance des articles R. 424-4 à R. 424-13 et des arrêtés préfectoraux pris pour leur application (...) ». Il résulte de ces dispositions que la pratique de la chasse aux oies au-delà du 31 janvier est interdite sous peine de l'amende prévue pour les contraventions de la 5ème classe. »

« L'association requérante a en outre versé au dossier la copie d'un courriel interne adressé par les services de la ministre aux agents de l'Office national de la chasse et de la faune sauvage, demandant de suspendre du 1ᵉʳ au 12 février inclus les interventions de police dans les marais et à veiller au respect de cette instruction ainsi que des articles de presse faisant état de la mise en place en 2017 d'un dispositif de tolérance similaire à celui retenu l'année précédente et permettant, en pratique, de poursuivre la chasse aux oies cendrées durant une partie du mois de février, en méconnaissance des dispositions rappelées au point 1. La Ligue pour la protection des oiseaux demande l'annulation pour excès de pouvoir de la décision, révélée par ces éléments concordants, par laquelle la ministre de l'Écologie, du développement durable et de l'énergie, chargée des relations internationales sur le climat a donné instruction aux agents compétents de ne pas verbaliser du 1ᵉʳ au 12 février 2017 inclus les personnes pratiquant la chasse des oies cendrées. Le ministre, appelé à produire en défense, n'a pas contesté l'existence d'une telle décision, dont il ressort des pièces du dossier que sa mise en œuvre effective n'était subordonnée à aucune autre décision.

En donnant instructions aux agents compétents de ne pas verbaliser, sur le fondement de l'article R. 428-7 du Code de l'environnement, les personnes pratiquant la chasse aux oies cendrées entre le 1ᵉʳ et le 12 février 2017 inclus, la ministre de l'Écologie, du Développement durable et de l'Énergie, chargée des relations internationales sur le climat a méconnu les dispositions rappelées au point 1 de son arrêté du 19 janvier 2009 relatif aux dates de fermeture de la chasse aux oiseaux de passage et au gibier d'eau. L'association requérante est par suite fondée à demander l'annulation de la décision qu'elle attaque. » (■ CE, 29 janv. 2018, *LPO*, n° 407350).

Art. R. 424-9-1 *(D. n° 2020-612, 19 mai 2020)*. – Les dérogations prévues par le troisième alinéa de l'article L. 424-2 sont accordées par arrêté pris dans les formes prévues à l'article R. 424-9.

Ces arrêtés précisent :

- les espèces qui font l'objet des dérogations ;
- les moyens, installations ou méthodes de capture ou de mise à mort autorisés ;
- les circonstances de temps et de lieu dans lesquelles ces dérogations peuvent être mises en œuvre ;
- les personnes autorisées à les mettre en œuvre ;
- les contrôles qui seront opérés.

§ 2. – Cas particuliers de la Guadeloupe, de la Martinique, de la Réunion et de Saint-Pierre-et-Miquelon

Art. R. 424-10. – Dans le département de la Guadeloupe, la période d'ouverture générale de la chasse doit être comprise entre les dates suivantes :

Date d'ouverture générale au plus tôt le 14 juillet ;

Date de clôture générale au plus tard le 1er dimanche de janvier.

Les espèces de gibier figurant au tableau ci-après ne peuvent être chassées que pendant les périodes comprises entre les dates suivantes :

	DATE D'OUVERTURE SPÉCIFIQUE au plus tôt le	DATE DE CLÔTURE SPÉCIFIQUE au plus tard le
Tourterelle	14 juillet	Dernier dimanche d'août
Grive	Premier dimanche d'octobre	Premier dimanche de janvier

Art. R. 424-11. – Dans le département de la Martinique, la période d'ouverture générale de la chasse doit être comprise entre les dates suivantes :

Date d'ouverture générale au plus tôt le dernier dimanche de juillet ;

Date de clôture générale au plus tard le 15 février.

Les espèces de gibier figurant au tableau ci-après ne peuvent être chassées que pendant les périodes comprises entre les dates suivantes :

	DATE D'OUVERTURE SPÉCIFIQUE au plus tôt le	DATE DE CLÔTURE SPÉCIFIQUE au plus tard le
Tourterelle, ortolan	Ouverture générale	30 septembre
Ramier, perdrix, grive	Ouverture générale	30 novembre

Art. R. 424-12. – Dans le département de la Réunion, les périodes de chasse doivent être comprises entre les dates suivantes :

(Tableau rempl., D. n° 2009-592, 26 mai 2009)

	DATE D'OUVERTURE SPÉCIFIQUE au plus tôt le :	DATE DE CLÔTURE SPÉCIFIQUE au plus tôt le :
Lièvre	1er mai	15 août
Tangue	15 février	15 avril
Cerf	1er juin	1er décembre
Gibier à plume	1er juin	15 août

Art. R. 424-13 *(Mod., D. n° 2021-733, 8 juin 2021).* – Dans l'archipel de Saint-Pierre-et-Miquelon, la période d'ouverture de la chasse doit être comprise entre les dates suivantes :

Date d'ouverture générale au plus tôt le 31 août ;

Date de clôture générale au plus tard le 31 mars.

Les espèces de gibier figurant au tableau ci-après ne peuvent être chassées que pendant les périodes comprises entre les dates et aux conditions spécifiques de chasse suivantes :

	DATE D'OUVERTURE SPÉCIFIQUE au plus tôt le	DATE DE CLÔTURE SPÉCIFIQUE au plus tard le	CONDITIONS SPÉCIFIQUES DE CHASSE
Gibier sédentaire			
Cerf de Virginie	31 août	2e dimanche de décembre	
Lièvre variable	31 août	Dernier dimanche de février	
Lièvre arctique	31 août	Dernier dimanche de février	
Gélinotte, lagopède	13 septembre	2 octobre	
Faisan de Colchide	Dernier samedi de septembre	Dernier dimanche de février	
Gibier migrateur			
Migrateurs de terre :			
Canards et limicoles	31 août	31 décembre	La chasse de ces espèces est interdite lorsque les eaux douces et le plan d'eau du Grand Barachois sont pris en glace.
Migrateurs de mer :			
Canards marins	1er octobre	31 mars	

Sous-section 3. – Dispositions particulières aux établissements professionnels de chasse à caractère commercial

(Créée à compter du 1er mars 2014, D. n° 2013-1302, 27 déc. 2013)

Art. R. 424-13-1 *(Créé à compter du 1er mars 2014, D. n° 2013-1302, 27 déc. 2013).* – Un établissement professionnel de chasse à caractère commercial fournit, sur des territoires dans lesquels il dispose d'un droit de chasse, des prestations de services cynégétiques sous forme d'actes de chasse réalisés en contrepartie d'une rémunération.

Art. R. 424-13-2 *(Créé à compter du 1er mars 2014, D. n° 2013-1302, 27 déc. 2013).* – I. – Sont soumises à déclaration préalable adressée par lettre recommandée avec demande d'avis de réception par le responsable de l'établissement au préfet du département où l'établissement est situé :

1° L'ouverture ou la fermeture d'un établissement professionnel de chasse à caractère commercial ;

2° Toute modification entraînant un changement notable des éléments de la déclaration notamment un changement de responsable ou de territoires.

II. – La déclaration mentionne :

1° S'il s'agit d'une personne physique : son nom, ses prénoms et son domicile ; s'il s'agit d'une personne morale : sa dénomination ou sa raison sociale, sa forme juridique, l'adresse de son siège social, le nom et l'adresse de ceux qui sont chargés de sa direction ;

2° Le caractère principal de l'activité cynégétique ;

3° L'emplacement de l'établissement.

III. – La déclaration est accompagnée d'un dossier comprenant :

1° Une notice descriptive de l'établissement comportant notamment des précisions sur les terrains de chasse concernés (plans de situation au 1/25 000, plan cadastral et liste des parcelles cadastrales, surfaces) ;

2° L'origine et l'étendue, en particulier la durée, des droits de chasse dont dispose l'établissement sur les territoires où s'exerce son activité ;

3° Une description des aménagements cynégétiques et les caractéristiques des clôtures éventuelles ;

4° La liste des espèces dont le lâcher et la chasse sont envisagés ;

5° *(Rempl. à compter du 1er novembre 2021, D. n° 2021-631, 21 mai 2021 puis à compter du 1er janvier 2023, D. n° 2021-631, 21 mai 2021)* Le numéro unique d'identification.

IV. – Il est donné récépissé de la déclaration dans un délai de deux mois, avec attribution d'un numéro d'identification de l'établissement à cinq ou six chiffres, les deux ou trois premiers étant ceux du département où est situé l'établissement et les trois derniers un numéro d'ordre.

En vue de l'information des tiers, le préfet adresse une copie du récépissé à la mairie de la commune dans laquelle l'établissement est situé et insère un avis au Recueil des actes administratifs.

Art. R. 424-13-3 *(Créé à compter du 1er mars 2014, D. n° 2013-1302, 27 déc. 2013).* – I. – Les actes de chasse exercés sur les territoires de l'établissement en dehors de l'activité commerciale de celui-ci ne bénéficient pas des dispositions dérogatoires du II de l'article L. 424-3.

II. – Sur proposition de la fédération départementale ou interdépartementale des chasseurs, le préfet peut imposer aux responsables des établissements qui, pour une saison de chasse et pour une espèce d'oiseaux données, entendent déroger au plan de gestion cynégétique mentionné à l'article L. 425-15, en application du premier alinéa du II de l'article L. 424-3, de munir les oiseaux de cette espèce, lâchés sur les terrains de cet établissement pendant la saison cynégétique considérée, d'un signe distinctif aisément visible à distance.

Dans ce cas, seuls les oiseaux porteurs de ce signe distinctif peuvent être chassés pendant la saison cynégétique considérée.

III. – Lorsque le responsable de l'établissement entend bénéficier, pour une saison de chasse et une espèce données, de la période de chasse prévue au second alinéa du II de l'article L. 424-3, les oiseaux de cette espèce lâchés pendant la période de chasse dérogatoire aux dates applicables dans le département sont munis d'un signe distinctif aisément visible à distance.

Pendant la période de chasse dérogatoire, seuls les oiseaux porteurs de ce signe distinctif peuvent être chassés.

IV. – Le signe distinctif mentionné aux II et III ne doit pas être à l'origine de lésion ou de mauvais traitement pour les oiseaux.

Un arrêté du ministre chargé de la chasse précise les caractéristiques de ce signe distinctif.

Art. R. 424-13-4 *(Créé à compter du 1er mars 2014, D. n° 2013-1302, 27 déc. 2013).* – I. – Le responsable de l'établissement professionnel de chasse à caractère commercial tient un registre des entrées et des sorties d'animaux faisant apparaître notamment :

– l'origine des animaux lâchés sur leur territoire (nom et adresse du fournisseur), leur nombre et les espèces concernées, les dates d'achat et de lâcher ;

– le nombre d'animaux, en indiquant les espèces concernées, qui sont prélevés lors de chaque journée de chasse.

II. – Les établissements professionnels de chasse à caractère commercial peuvent détenir avant leur lâcher des oiseaux d'élevage pendant une durée maximale de quinze jours sans qu'ils soient considérés comme des établissements d'élevage.

III. – Les établissements professionnels de chasse à caractère commercial sont soumis aux dispositions de l'article L. 424-8.

Sous-section 4. – Dispositions particulières aux enclos de chasse attenant à une habitation

(D. n° 2022-1337, 19 oct. 2022)

Art. R. 424-13-5 *(D. n° 2022-1337, 19 oct. 2022)*. – Le plan annuel de gestion d'un enclos prévu par le I de l'article L. 424-3 comporte au moins :

1° Les caractéristiques de l'enclos, notamment sa localisation, sa superficie, sa nature, les populations de grand gibier qu'il contient, ainsi que l'indication de la densité maximale de grand gibier par hectare qui en résulte ;

2° Lorsque l'enclos constitue un établissement professionnel de chasse à caractère commercial, la copie du registre des entrées et sorties des animaux, précisant l'origine de ceux-ci, pour l'année écoulée ;

3° Le descriptif des mesures de quarantaine, des mesures sanitaires et de biosécurité ainsi que des mesures relatives à l'élimination des déchets et sous-produits animaux mises en œuvre.

Un arrêté des ministres chargés de la chasse et de l'agriculture (1) précise les informations à fournir et les mesures du plan de gestion prévues au 3° que le détenteur du droit de chasse à l'intérieur d'un enclos est tenu d'appliquer, compte tenu des espèces d'animaux concernées.

Art. R. 424-13-6 *(D. n° 2022-1337, 19 oct. 2022)*. – Le détenteur du droit de chasse à l'intérieur d'un enclos dépose chaque année le plan de gestion de cet enclos auprès du président de la fédération départementale ou interdépartementale des chasseurs, qui l'approuve dans le délai de deux mois suivant sa transmission et le communique alors au préfet et au représentant dans le département de l'Office français de la biodiversité.

Le silence gardé sur le plan de gestion dans un délai de deux mois vaut approbation de ce plan. En ce cas, le détenteur du droit de chasse communique le plan déposé au préfet et au représentant dans le département de l'Office français de la biodiversité.

Art. R. 424-13-7 *(D. n° 2022-1337, 19 oct. 2022)*. – Si, dans le délai de deux mois suivant le dépôt du plan de gestion, le président de la fédération départementale ou interdépartementale des chasseurs estime que son contenu, les mesures qu'il comprend ou les conditions de sa mise en œuvre ne sont pas conformes aux dispositions de l'arrêté prévu par l'article R. 424-13-5 et, en particulier, ne permettent pas de garantir la prévention de la diffusion des dangers sanitaires mentionnés à l'article L. 424-3 ainsi que la préservation de la biodiversité et des continuités écologiques, il en refuse l'approbation par une décision motivée qui est notifiée au détenteur du droit de chasse dans l'enclos et transmise au préfet.

Le détenteur du droit de chasse dans l'enclos dispose d'un délai de deux mois après la notification du refus d'approbation pour déposer un plan de gestion modifié, qui est examiné dans les conditions prévues par l'article R. 424-13-6.

Art. R. 424-13-8 *(D. n° 2022-1337, 19 oct. 2022)*. – Faute d'avoir déposé un plan annuel de gestion ou d'avoir obtenu l'approbation de celui-ci par le président de la fédération départementale ou interdépartementale des chasseurs après deux dépôts consécutifs, le détenteur du droit de chasse ne peut bénéficier des dérogations au temps de chasse, aux modalités de gestion et aux participations aux frais d'indemnisation des dégâts du gibier à poil mentionnées aux deux premiers alinéas du I de l'article L. 424-3.

Le président de la fédération départementale ou interdépartementale des chasseurs en informe le préfet et le représentant dans le département de l'Office français de la biodiversité.

Section III. – Modes et moyens de chasse

Art. R. 424-14. – Le ministre chargé de la chasse fixe la nomenclature du gibier d'eau et des oiseaux de passage autres que la caille. Il peut, par arrêté pris après avis du Conseil national de la chasse et de la faune sauvage, suspendre pendant une durée maximale de cinq ans la possibilité de chasser certaines espèces de gibier qui sont en mauvais état de conservation.

Voir : A. 24 juill. 2013, relatif à la suspension de la chasse de certaines espèces de gibier en France métropolitaine (*JO* 30 juill.).

Voir : A. 1er août 2018, relatif à la suspension de la chasse de certaines espèces de gibier en France métropolitaine (*JO* 3 août).

(1) V. T. appl. : A. 8 avr. 2024 (*JO* 9 avr. 2024).

Il ressort du rapport de l'Office national de la chasse et de la faune sauvage et de nombreuses études que la barge à queue noire est globalement dans un état de conservation « vulnérable » pour la partie de sa population nicheuse en France ou qui est de passage en France et « quasi menacée » pour la partie de sa population en France. La France est le seul pays d'Europe dans lequel la chasse à la barge à queue noire est encore autorisée. Eu égard aux faibles effectifs de la barge à queue noire, en particulier de sa sous-espèce « continentale », et des menaces qui pèsent sur son habitat sur l'ensemble du continent européen, en décidant de suspendre pour cinq nouvelles années sa chasse sur l'ensemble du territoire métropolitain, le ministre n'a pas entaché son arrêté d'une erreur manifeste d'appréciation.

Pour décider de prolonger la suspension de la chasse au courlis cendré, le ministre s'est également appuyé sur un rapport de l'ONCFS duquel il ressort que si ces effectifs sont probablement en légère augmentation et que le risque de disparition de la partie de sa population hivernant en France est faible, le courlis cendré est dans un état de conservation « vulnérable » pour la partie de sa population nicheuse en France. La productivité de l'espèce au niveau européen apparaît faible et en diminution. En décidant de suspendre pour cinq nouvelles années la chasse au courlis cendré sur l'ensemble du territoire métropolitain, le ministre n'a pas entaché son arrêté d'une erreur manifeste d'appréciation (■ CE, 28 nov. 2014 : *JurisData* n° 2016-009381).

Art. R. 424-14-1 ***(D. n° 2006-1503, 29 nov. 2006).*** **– Le ministre chargé de la chasse peut autoriser, par arrêté, l'emploi d'appeaux pour la chasse à tir du grand gibier soumis à plan de chasse** (1).

Art. R. 424-15 ***(Mod., D. n° 2012-620, 3 mai 2012).*** **– Le ministre chargé de la chasse peut autoriser, dans les conditions qu'il détermine, l'usage des appeaux, appelants vivants ou artificiels, chanterelles pour la chasse des oiseaux de passage et du gibier d'eau ainsi que des corvidés suivants : corbeau freux *(Corvus frugilegus)*, corneille noire *(Corvus corone corone)* et pie bavarde *(Pica pica)*.**

Art. R. 424-15-1 ***(D. n° 2020-612, 19 mai 2020).*** **– Pour l'application des dispositions du troisième alinéa des articles L. 424-2 et L. 424-4, l'utilisation de modes et moyens de chasse consacrés par les usages traditionnels est autorisée dès lors qu'elle correspond à une exploitation judicieuse de certains oiseaux.**

Art. R. 424-16. – En matière de chasse maritime, les caractéristiques des engins flottants qui peuvent être utilisés pour la chasse et le rabat ainsi que les conditions de leur emploi sont déterminées après avis du Conseil national de la chasse et de la faune sauvage par arrêté conjoint du ministre chargé de la chasse et du ministre chargé de la marine marchande.

Art. R. 424-17. – I. – La chasse de nuit au gibier d'eau ne peut s'exercer dans les départements mentionnés à l'article L. 424-5 qu'à partir de huttes, tonnes, gabions, hutteaux ou autres postes fixes qui existaient au 1er janvier 2000 et qui ont fait l'objet d'une déclaration auprès du préfet du département de situation avant le 1er janvier 2001 ou, dans les cantons des départements des Côtes-d'Armor, du Finistère, de la Haute-Garonne, d'Ille-et-Vilaine, de la Meuse et des Hautes-Pyrénées non mentionnés à l'article 1er du décret n° 2000-755 du 1er août 2000 relatif à l'exercice de la chasse de nuit au gibier d'eau et modifiant le Code rural, avant le 1er juillet 2006.

II.– La déclaration est souscrite par le propriétaire de l'installation.

III. – Elle est accompagnée :

1° D'un descriptif du poste fixe, assorti de la désignation cadastrale du fonds où ce poste fixe est situé ou de sa localisation sur le domaine public, et indiquant, dans la mesure du possible, l'année de sa création ;

2° Si le propriétaire de l'installation n'est pas simultanément propriétaire du fonds, de l'identité de ce dernier et du titre par lequel celui-ci lui a permis d'y installer un poste fixe pour la chasse au gibier d'eau ;

3° D'un descriptif du plan d'eau ou du marais non asséché sur lequel s'exerce la chasse au gibier d'eau à partir du poste fixe, comportant la désignation cadastrale du fonds où est situé ce plan d'eau ou marais, ou sa localisation sur le domaine public, et faisant, le cas échéant, apparaître l'existence d'autres postes fixes de chasse au gibier d'eau sur le même plan d'eau ou marais non asséché ;

4° D'une attestation du déclarant qu'il a pris connaissance des dispositions de l'article L. 424-5.

---

(1) V. T. appl. : A. 22 déc. 2006 (*JO* 10 févr. 2007). – NDLR.

IV. – Le préfet délivre un récépissé de la déclaration avec attribution d'un numéro de poste fixe que le déclarant est tenu d'apposer à l'extérieur du poste fixe et, si ce poste est situé dans un terrain clos, à l'extérieur de celui-ci.

V. – Tout changement intervenant dans les éléments fournis à l'appui de la déclaration est porté à la connaissance du préfet par le propriétaire du poste fixe.

Art. R. 424-18 *(Mod. à compter du 1er janvier 2020, D. n° 2019-1580, 31 déc. 2019).* – Les chasseurs pratiquant la chasse de nuit au gibier d'eau à partir des postes fixes mentionnés à l'article R. 424-17 tiennent à jour, pour chacune de ces installations, un carnet de prélèvements et communiquent à la fédération départementale des chasseurs un récapitulatif annuel des prélèvements.

La fédération départementale des chasseurs procède au bilan annuel des prélèvements déclarés et le communique à la Fédération nationale des chasseurs et à l'Office français de la biodiversité.

L'Office français de la biodiversité publie chaque année le bilan national des prélèvements.

Un arrêté du ministre chargé de la chasse fixe les modalités d'application du présent article (1).

Art. R. 424-19. – Tout déplacement d'un poste fixe de chasse de nuit au gibier d'eau déclaré en application de l'article R. 424-17 est soumis à l'autorisation préalable du préfet.

La demande d'autorisation comporte les renseignements mentionnés à ce même article, ainsi qu'une évaluation des incidences sur la faune et la flore sauvages de l'installation du nouveau poste fixe et de la pratique de la chasse de nuit à partir de ce poste.

L'autorisation peut être refusée si le déplacement projeté est susceptible d'avoir une incidence négative sur la faune et la flore sauvages. Ce refus est motivé.

L'installation du nouveau poste fixe est subordonnée à la démolition ou à la désaffectation préalable du poste fixe auquel il se substitue.

L'évaluation de l'impact d'un déplacement de poste fixe de chasse de nuit de gibier d'eau doit se faire en tenant compte des potentialités comparées des deux sites, indépendamment de l'utilisation effective qui a pu en être ponctuellement faite. Eu égard au seul risque d'augmentation significative des captures de gibier d'eau induit par le déplacement du poste fixe de l'intéressé d'un territoire à un autre, c'est à bon droit que l'autorisation préfectorale a été annulée (▪ CAA Douai, 16 mai 2012, n° 11DA00234, *Assoc. Picardie Nature c/ Préfet de la Somme*, inédit).

Section IV. – Commercialisation et transport du gibier

Sous-section 1. – Interdiction permanente

Art. R. 424-20 *(Rempl., D. n° 2006-767, 29 juin 2006 ; mod., D. n° 2010-707, 29 juin 2010).* – Sont interdits le transport, la détention pour la vente, la mise en vente, la vente et l'achat :

1° Des animaux tués au titre d'un plan de chasse qui ne sont pas munis du dispositif de prémarquage ou de marquage prévu à l'article R. 425-10 ;

2° Des morceaux d'animaux tués au titre d'un plan de chasse qui ne sont pas accompagnés de l'attestation justifiant leur origine, prévue au 3e alinéa de l'article R. 425-11. Leur transport par les titulaires d'un permis de chasser valide est toutefois autorisé pendant la période où la chasse est ouverte.

Art. R. 424-21 *(Rempl., D. n° 2006-767, 29 juin 2006).* – I. – Sont interdits le transport, la détention pour la vente, la mise en vente, la vente ou l'achat :

1° Du grand gibier licitement tué à l'intérieur des enclos définis au I de l'article L. 424-3 qui n'est pas muni d'un dispositif de marquage du modèle prévu à l'article R. 425-10 ;

2° Des morceaux de grand gibier licitement tué à l'intérieur des enclos définis au I de l'article L. 424-3 qui ne sont pas accompagnés d'une attestation justifiant leur origine, établie par le responsable de l'enclos.

II. – Les modèles, les conditions d'utilisation du dispositif de marquage et de l'attestation sont fixés par arrêté du ministre chargé de la chasse.

(1) V. T. appl. : A. 21 janv. 2004 (*JO* 4 mars 2004). – NDLR.

III. – Les dispositifs de marquage sont délivrés par la fédération départementale ou interdépartementale des chasseurs aux responsables des enclos définis au I de l'article L. 424-3 au prix coûtant majoré des frais de gestion.

Art. R. 424-22 *(Rempl., D. n° 2006-767, 29 juin 2006)*. – Toute personne qui commercialise du gibier mort, y compris sous la forme de préparations alimentaires, doit disposer de registres, documents ou autres moyens permettant de connaître l'origine des animaux ou morceaux d'animaux qu'elle détient ou qu'elle a utilisés et indiquant, notamment, la date d'acquisition, l'identité du vendeur, l'espèce de l'animal ou la nature des morceaux.

Art. R. 424-23 *(Abr., D. n° 2006-767, 29 juin 2006 ; rétabli, D. n° 2018-530, 28 juin 2018)*. – Les dérogations aux interdictions prévues au premier alinéa de l'article L. 424-10 relatives aux nids et aux œufs sont délivrées :

– par le préfet lorsqu'elles portent sur des espèces dont la chasse est autorisée en application des articles L. 424-1 à L. 424-7 et selon une procédure définie par un arrêté du ministre chargé de la chasse ;

– par les autorités mentionnées aux articles R. 411-6 à R. 411-8 lorsqu'elles portent sur des espèces dont la capture ou la destruction est interdite en application des articles L. 411-1 et L. 411-2 et selon une procédure définie par un arrêté du ministre chargé de la protection de la nature.

Sous-section 2. – Interdiction temporaire

Pas de dispositions réglementaires codifiées

Section V. – Dispositions spéciales à la chasse maritime

Art. R. 424-24. – Les arrêtés pris par le ministre chargé de la chasse ou les préfets, en application des articles L. 424-1 et L. 424-4, sont applicables, selon qu'ils concernent ou non tous les départements côtiers, à l'ensemble de la zone de chasse maritime ou à la partie de cette zone correspondant aux départements intéressés.

Art. R. 424-25. – Une copie des procès-verbaux dressés en matière de chasse maritime est transmise au directeur départemental ou interdépartemental des affaires maritimes intéressé.

Section VI. – Règles de sécurité

Pas de dispositions réglementaires codifiées.

CHAPITRE V. – GESTION

Section I. – Schémas départementaux de gestion cynégétique

Art. R. 425-1 *(D. n° 2007-673, 2 mai 2007 ; mod., D. n° 2018-530, 28 juin 2018 ; D. n° 2022-1337, 19 oct. 2022 ; mod. à compter du 1er juillet 2024, D. n° 2023-1363, 28 déc. 2023)*. – Le schéma départemental de gestion cynégétique ne peut fixer des consignes de tir sélectif qui remettraient en cause l'équilibre agro-sylvo-cynégétique, notamment pour la chasse du sanglier.

Le schéma départemental de gestion cynégétique fixe les conditions de recours aux opération d'agrainage dissuasives conformément à l'article L. 425-5.

Ces opérations respectent les conditions suivantes :

1° La personne qui souhaite les mettre en œuvre communique leur localisation et les modalités de suivi et, le cas échéant, les modifications qu'elle y apporte ultérieurement, à la fédération départementale des chasseurs, qui peut s'y opposer ;

2° L'agrainage est linéaire et dispersé, sauf exception prévue par le schéma départemental de gestion cynégétique ;

3° La quantité maximale à distribuer ne peut pas dépasser 50 kilos pour 100 hectares boisés par semaine ;

4° L'agrainage a lieu au plus deux jours fixes par semaine ;

5° L'agrainage est suspendu du 15 février au 31 mars, sauf exception prévue par le schéma départemental de gestion cynégétique prise conformément à la proposition de la commission départementale de la chasse et de la faune sauvage.

Le projet de schéma départemental de gestion cynégétique est adressé, pour avis, aux organes de gestion des parcs nationaux et des parcs naturels régionaux en tant qu'il les concerne.

Ce schéma et l'arrêté préfectoral qui l'approuve sont publiés au recueil des actes administratifs de la préfecture.

Art. D. 425-1-A *(D. n° 2024-320, 8 avr. 2024)*. – En application du II de l'article L. 425-5, le schéma départemental de gestion cynégétique peut permettre le recours à l'agrainage et à l'affouragement dans les espaces clos empêchant complètement le passage des animaux non domestiques, dans les seuls cas suivants :

a) En cas d'exercice au sein de l'espace clos d'une activité agricole définie à l'article L. 311-1 du Code rural et de la pêche maritime ;

b) Dans le cadre d'un protocole scientifique validé par un organisme technique, scientifique ou de recherche ;

c) Dans le cadre de la pratique du tir sur place d'appâtage, conformément à la réglementation applicable ;

d) En cas de situation climatique ou sanitaire nécessitant un affouragement exceptionnel visant le bien-être des animaux présents dans l'enclos.

Le plan de gestion annuel de l'espace clos prévu à l'article L. 424-3 du Code de l'environnement décrit les mises en pratique de l'agrainage ou de l'affouragement en mentionnant le ou les motifs dérogatoires associés dans le respect du schéma départemental de gestion cynégétique en vigueur.

Section I. – Équilibre agro-sylvo-cynégétique

Pas de dispositions réglementaires codifiées.

Section II. – Plan de chasse

Sous-section 1. – Dispositions générales (1)

Art. R. 425-1 ancien *(Mod., D. n° 2006-665, 7 juin 2006 (2) ; dénum., D. n° 2007-673, 2 mai 2007).*

Art. R. 425-1-1 *(Rempl., D. n° 2008-259, 14 mars 2008 ; mod., D. n° 2018-686, 1er août 2018 ; mod. à compter de la campagne cynégétique 2020-2021, D. n° 2019-1432, 23 déc. 2019)*. – Le plan de chasse est obligatoire pour les cerfs élaphes, daims, mouflons, chamois, isards et chevreuils.

Après avis de la commission départementale de la chasse et de la faune sauvage, le préfet peut décider que le plan de chasse est, sur tout ou partie du département, obligatoire pour une espèce de gibier autre que celles mentionnées au premier alinéa. S'agissant des sangliers, l'instauration d'un plan de chasse est en outre soumise à l'avis de la fédération départementale ou interdépartementale des chasseurs.

Le plan de chasse est annuel. Pour le grand gibier, il peut être fixé, après avis de la commission départementale de la chasse et de la faune sauvage, pour une période de trois ans. Dans ce dernier cas, il peut faire l'objet d'une révision annuelle.

Lorsqu'un territoire cynégétique s'étend sur plusieurs départements et constitue une unité cohérente pour la gestion cynégétique, les dispositions mentionnées au deuxième alinéa font l'objet d'arrêtés conjoints des préfets concernés. Les dispositions mentionnées au troisième alinéa font l'objet de décisions des présidents de chaque fédération départementale intéressée.

Art. R. 425-2 *(Rempl. à compter de la campagne cynégétique 2020-2021, D. n° 2019-1432, 23 déc. 2019 ; mod., D. n° 2021-1779, 23 déc. 2021)*. – L'arrêté préfectoral prévu au deuxième alinéa de l'article L. 425-8 doit intervenir au moins sept jours avant le début de chaque campagne cynégétique.

(D. n° 2022-1337, 19 oct. 2022) Pour les territoires identifiés comme les plus affectés par un déséquilibre sylvo-cynégétique par le comité paritaire de la commission régionale de la forêt et du bois mentionné au deuxième

(1) V. T. appl. : A. 31 juill. 1989 (*JO* 8 août 1989) puis A. 22 janv. 2009 (*JO* 7 févr. 2009). – NDLR.
(2) Dispositions transitoires : V. D. n° 2006-665, 7 juin 2006, art. 61.

alinéa de l'article L. 113-2 du Code forestier, la formation spécialisée de prévention et d'indemnisation des dégâts de gibier de la commission départementale de la chasse et de la faune sauvage est également consultée préalablement à l'adoption de l'arrêté.

Le nombre minimal et le nombre maximal d'animaux fixés par cet arrêté s'imposent aux plans de chasse individuels.

Art. R. 425-3 *(Mod., D. n° 2008-259, 14 mars 2008).* **– Dans les départements ou parties de département où une espèce de gibier est soumise à un plan de chasse, la chasse de cette espèce ne peut être pratiquée que par les bénéficiaires de plans de chasse individuels attribués conformément aux dispositions des articles R. 425-4 à R. 425-17 ou leurs ayants droit.**

Au cours d'une surveillance effectuée sur une commune, des agents de l'Office national de la chasse et de la faune sauvage (ONCFS) ont remarqué la présence de sept chasseurs qui, selon eux, effectuaient une battue, sur un territoire pour partie situé en forêt domaniale ; ils ont procédé au contrôle des chasseurs, dont aucun ne portait de moyen d'identification ; un procès-verbal a été dressé notamment pour chasse sur le terrain d'autrui sans le consentement du propriétaire ou du détenteur du droit de chasse, chasse sans plan de chasse individuel obligatoire et non-respect des prescriptions du schéma départemental de gestion cynégétique relatives à la sécurité des chasseurs et des non-chasseurs ; poursuivis de ces chefs devant le tribunal de police, les prévenus ont été relaxés du chef de chasse sur le terrain d'autrui sans le consentement du propriétaire ou du détenteur du droit de chasse et déclarés coupables pour le surplus.

Les énonciations de l'arrêt attaqué et du jugement qu'il confirme mettent la Cour de cassation en mesure de s'assurer que la cour d'appel a, sans insuffisance ni contradiction, répondu aux chefs péremptoires des conclusions régulièrement déposées devant elle et caractérisé, en tous ses éléments, la contravention de non-respect des prescriptions du schéma départemental de gestion cynégétique relatives à la sécurité des chasseurs et des non-chasseurs dont elle a déclaré les prévenus coupables.

D'une part, il résulte des articles R. 425-3 et R. 425-4 du Code de l'environnement que dans les départements ou parties de département où une espèce de gibier est soumise à un plan de chasse, la chasse de cette espèce ne peut être pratiquée que par les bénéficiaires de plans de chasse individuels attribués pour un territoire donné, ou par leurs ayants droit ; ces plans peuvent être sollicités par toute personne détenant le droit de chasse sur le territoire concerné ; en outre, lorsque le contrat de location ou de mise à disposition gratuite le prévoit expressément, la demande est faite par le propriétaire ou son mandataire ; d'autre part, aux termes de l'article R. 428-13 du Code de l'environnement, est puni de l'amende prévue pour les contraventions de la cinquième classe le fait de chasser sans plan de chasse individuel lorsqu'il est obligatoire.

Pour déclarer les prévenus coupables de chasse sans plan de chasse individuel obligatoire, l'arrêt attaqué retient que sur questions des agents de l'ONCFS, l'organisateur de la chasse n'a communiqué qu'un bracelet pour un sanglier et pour un chevreuil pour le terrain privé où était censée se dérouler la chasse ; lorsque les agents lui ont précisé que ses chiens se trouvaient en forêt domaniale et poursuivaient des chevreuils, il n'a fourni aucun bracelet pour ce territoire et aucun autre chasseur n'a pu le faire ; les juges ajoutent que les agents, lors de leur intervention, n'ont jamais entendu ni vu les chasseurs tenter de rappeler leurs chiens qui étaient en action de chasse ; qu'en se déterminant ainsi, alors qu'elle ne pouvait déduire la commission de la contravention de chasse sans plan de chasse individuel de la non-détention de bracelets de marquage, la cour d'appel, à qui il appartenait de rechercher l'existence d'un tel plan pour le territoire concerné, n'a pas justifié sa décision (■ Cass. crim., 18 mai 2016 : *JurisData* n° 2014-029753).

Art. R. 425-4 *(Rempl., D. n° 2008-259, 14 mars 2008 ; mod. à compter de la campagne cynégétique 2020-2021, D. n° 2019-1432, 23 déc. 2019).* **– I. – Les personnes mentionnées au premier alinéa de l'article L. 425-7 peuvent présenter une demande de plan de chasse individuel. La demande de plan de chasse individuel annuel ou triennal et la demande de révision annuelle d'un plan de chasse individuel triennal doivent être accompagnées du bilan de la campagne cynégétique précédente et sont transmises selon les conditions fixées par arrêté du ministre chargé de la chasse.**

II. – Les demandes mentionnées au I sont adressées au président de la fédération départementale des chasseurs.

III. – En même temps qu'il adresse sa demande de plan de chasse le titulaire du droit de chasse en adresse copie aux propriétaires mentionnés au deuxième alinéa de l'article L. 425-7 qui l'ont demandé. Dans un délai de quinze

jours à compter de la réception de la copie de la demande de plan de chasse, ces propriétaires peuvent faire connaître leurs désaccords éventuels au président de la fédération départementale des chasseurs et au titulaire du droit de chasse.

IV. – À peine d'irrecevabilité, la demande est présentée dans les délais fixés par arrêté du ministre chargé de la chasse.

V. – Toute demande portant sur un territoire s'étendant sur plusieurs départements est adressée à chacun des présidents des fédérations départementales des chasseurs.

VI. – Dans les départements du Bas-Rhin, du Haut-Rhin et de la Moselle, le locataire d'un lot de chasse d'un ban communal envoie simultanément copie de sa demande de plan de chasse au maire concerné, ainsi qu'à la fédération départementale des chasseurs. Le maire peut formuler un avis ou une demande complémentaire auprès du président de la fédération départementale des chasseurs et du titulaire du droit de chasse.

Art. R. 425-5 *(Rempl. à compter de la campagne cynégétique 2020-2021, D. n° 2019-1432, 23 déc. 2019).* – Le président de la fédération départementale des chasseurs examine les demandes de plan de chasse individuel au vu, le cas échéant, des désaccords exprimés par des propriétaires dans les conditions prévues au II de l'article R. 425-4.

Les demandes de plan de chasse individuel portant sur un territoire s'étendant sur plusieurs départements sont transmises aux présidents des fédérations départementales intéressés.

Art. R. 425-6 *(Rempl., D. n° 2008-259, 14 mars 2008 ; mod. à compter de la campagne cynégétique 2020-2021, D. n° 2019-1432, 23 déc. 2019).* – Le président de la fédération départementale ou interdépartementale des chasseurs soumet les demandes de plan de chasse individuel et les demandes de révision annuelle des plans de chasse individuels triennaux à l'avis de la chambre d'agriculture, de l'Office national des forêts, de l'association départementale des communes forestières et de la délégation régionale du Centre national de la propriété forestière. Ces organismes se prononcent dans les délais fixés par arrêté du ministre chargé de la chasse. Dans les départements du Bas-Rhin, du Haut-Rhin et de la Moselle, les organisations représentatives des communes définies par arrêté du préfet sont également consultées.

Pour chaque demande de plan de chasse individuel annuel, les organismes mentionnés au premier alinéa émettent leur avis sur le nombre minimum et le nombre maximum d'animaux susceptibles d'être prélevés.

Pour chaque demande de plan de chasse triennal, les organismes mentionnés au premier alinéa émettent un avis portant :

1° Pour chacune des trois années cynégétiques, sur le nombre minimum d'animaux susceptibles d'être prélevés. Les minima peuvent être différents chaque année ;

2° Sur le nombre maximum d'animaux susceptibles d'être prélevés pour l'ensemble des trois années et, le cas échéant, sur un nombre maximum pour chacune des trois années.

Ces minima et maxima peuvent être répartis par sexe, par catégorie d'âge ou par catégorie de poids, afin d'assurer l'équilibre agro-sylvo-cynégétique du territoire intéressé. Toutefois, pour l'exercice de la chasse à courre, à cor et à cri, il n'est fait aucune distinction entre les animaux au sein d'une même espèce, sauf en ce qui concerne le cerf élaphe pour lequel il est seulement fait une distinction par sexe.

Art. R. 425-7 *(Abr., D. n° 2006-665, 7 juin 2006)* (1).

Art. R. 425-8 *(Rempl. à compter de la campagne cynégétique 2020-2021, D. n° 2019-1432, 23 déc. 2019).* – Dans les délais fixés par arrêté du ministre chargé de la chasse, le président de la fédération départementale des chasseurs notifie au demandeur le plan de chasse individuel annuel ou triennal ou la révision annuelle du plan de chasse individuel triennal. Le demandeur transmet éventuellement une copie de ces documents aux propriétaires mentionnés au III de l'article R. 425-4.

Pour les demandes portant sur un territoire s'étendant sur plusieurs départements, il est statué par décision conjointe des présidents des fédérations départementales des chasseurs intéressés.

Art. R. 425-9 *(Mod. à compter de la campagne cynégétique 2020-2021, D. n° 2019-1432, 23 déc. 2019 ; mod., D. n° 2021-1779, 23 déc. 2021).* – Des demandes de révision des décisions individuelles

(1) Dispositions transitoires : V. D. n° 2006-665, 7 juin 2006, art. 61.

peuvent être introduites auprès du président de la fédération départementale des chasseurs. Pour être recevables, ces demandes doivent être adressées par lettre recommandée avec demande d'avis de réception ou par un envoi recommandé électronique au sens de l'article L. 100 du Code des postes et des communications électroniques, dans un délai de quinze jours à compter de la date de notification des décisions contestées ; elles doivent être motivées. Le silence gardé par le président de la fédération départementale des chasseurs dans un délai d'un mois vaut décision implicite de rejet.

1) Pour être recevables, les demandes de révision des décisions individuelles doivent être adressées par lettre recommandée avec demande d'avis de réception, dans un délai de quinze jours à compter de la date de notification des décisions contestées ; elles doivent être motivées. Le silence gardé par le préfet dans un délai d'un mois vaut décision implicite de rejet. Un recours administratif obligatoire préalablement à la saisine du juge a été institué en matière de demande de révision de plan de chasse afin de laisser à l'autorité compétente pour en connaître le soin d'arrêter définitivement la position de l'administration. La décision prise à la suite de ce recours se substitue nécessairement à la décision initiale et dans ces conditions, les conclusions regardées comme tendant à l'annulation de la décision du préfet, directement présentées devant les premiers juges sans qu'il ait présenté le recours préalable prévu par l'article R. 425-9 du Code de l'environnement, sont irrecevables, sans qu'y fasse obstacle la circonstance que la décision attaquée soit une décision implicite de rejet (■ CAA Nancy, 26 nov. 2012, n° 12NC00152, inédit).

2) « Considérant qu'il ressort des pièces du dossier soumis au juge des référés que la campagne de chasse 2016-2017 pour le sanglier dans le département de Meurthe-et-Moselle, à laquelle sont afférentes les décisions attaquées, s'est étendue du 1er juin 2016 au 28 février 2017 et est donc désormais clôturée ; que, par suite, les décisions attaquées par M. B..., qui fixaient des minima et maxima de prélèvement de sangliers adultes et de jeunes sangliers pour cette campagne de chasse 2016-2017, ont épuisé leurs effets ; qu'est sans incidence à cet égard la circonstance que la méconnaissance des décisions attaquées est encore susceptible de fonder l'engagement de poursuites pénales à l'égard de M. B..., dès lors que, en raison de ses effets rappelés au point 4, une mesure de suspension ne saurait avoir pour conséquence d'empêcher l'engagement de poursuites reposant sur les manquements déjà intervenus ; qu'il résulte de ce qui précède que le pourvoi en cassation introduit par le requérant a perdu son objet ; » (■ CE, 6e ch., 19 oct. 2017, n° 407282, inédit).

Art. R. 425-10 ***(Mod., D. n° 2006-665, 7 juin 2006*** (1) ***; D. n° 2008-259, 14 mars 2008 ; mod. à compter de la campagne cynégétique 2020-2021, D. n° 2019-1432, 23 déc. 2019).*** **– I. – Pour permettre le contrôle de l'exécution des plans de chasse individuels, chaque animal abattu au titre du plan de chasse est muni d'un dispositif de marquage.**

II. – Dans les départements ou parties de département où les caractéristiques du territoire et d'organisation de la chasse le justifient, pour les espèces qu'il détermine, de manière permanente ou pour une durée déterminée, le ministre chargé de la chasse peut, sur proposition du président de la fédération départementale des chasseurs et après avis [de la] commission départementale de la chasse et de la faune sauvage, instaurer, par arrêté, un dispositif de prémarquage précédant le marquage définitif. Les modèles et les conditions d'utilisation des dispositifs de prémarquage et de marquage sont fixés par arrêté du ministre chargé de la chasse.

III. – Les dispositifs de marquage sont délivrés par la fédération départementale des chasseurs au bénéficiaire du plan de chasse en nombre égal à celui du nombre maximum d'animaux à tirer qui lui a été accordé.

La délivrance des dispositifs de marquage est subordonnée au versement à la fédération départementale ou interdépartementale des chasseurs par le bénéficiaire du plan de chasse, de la contribution mentionnée au troisième alinéa de l'article L. 426-5 et des participations prévues au quatrième alinéa du même article.

Dans le cas prévu au II, des dispositifs de prémarquage peuvent être délivrés au bénéficiaire du plan de chasse, à sa demande et sur décision du président de la fédération départementale des chasseurs, en nombre supérieur à celui des têtes de gibier accordé.

Le prévenu a été poursuivi des chefs de défaut de marquage et de transport d'un animal tué dépourvu de marquage. Il a soutenu qu'en application de l'article L. 425-6, alinéa 2, du Code de l'environnement, selon lequel le plan de chasse pour le gros gibier peut être fixé pour une durée de trois ans révisable annuellement, l'arrêté préfectoral du 19 juillet 2000 instituant un plan de

(1) Dispositions transitoires : V. D. n° 2006-665, 7 juin 2006, art. 61.

chasse pour le sanglier était, à l'issue dudit délai, devenu illégal. Pour écarter ce moyen, l'arrêt retient que le nombre d'animaux à prélever est déterminé chaque année sur le fondement de l'arrêté préfectoral contesté. Cette décision est justifiée dès lors, au surplus, que l'obligation de marquage à laquelle se trouve soumis le prévenu par l'article R. 425-10 du Code de l'environnement a pour objet de contrôler l'exécution du plan de chasse individuel, qui lui a été octroyé, le 9 décembre 2006, en application de l'article L. 425-7 du Code de l'environnement, plan dont il ne conteste pas la légalité.

Il résulte de la combinaison de l'article 23 du Code de procédure pénale et de l'article L. 428-27 du Code de l'environnement que les agents de l'office national de la chasse et de la faune sauvage ne peuvent procéder à la recherche du gibier à domicile que chez les aubergistes, les marchands de comestibles et dans les lieux ouverts au public. En l'espèce, la cour d'appel a rejeté le moyen de nullité selon lequel les saisies opérées, hors la présence d'un officier de police judiciaire, par les agents de l'office national de la chasse et de la faune sauvage aux domiciles de particuliers méconnaissait les dispositions de l'article 23 du Code de procédure pénale. L'arrêt énonce que ces agents n'ont procédé à aucune perquisition et à aucune saisie, si ce n'est le sanglier abattu dont ils ont récupéré les morceaux aux domiciles de deux personnes. Cette décision encourt la cassation dès lors que la cour d'appel a constaté que les morceaux de sanglier avaient été recherchés aux domiciles de particuliers. (■ Cass. crim., 6 oct. 2009 : *Juris-Data* n° 2009-050078).

Art. R. 425-10-1 *(D. n° 2008-259, 14 mars 2008 ; mod. à compter de la campagne cynégétique 2020-2021, D. n° 2019-1432, 23 déc. 2019).* – Les bénéficiaires de plans de chasse individuels concernant des territoires contigus appartenant à une même unité de gestion cynégétique peuvent les gérer ensemble dès lors que chacun d'eux a prélevé le nombre minimum d'animaux qui lui a été attribué. Les intéressés en informent le président de la fédération départementale des chasseurs par lettre recommandée avec demande d'avis de réception ou par un envoi recommandé électronique au sens de l'article L. 100 du Code des postes et des communications électroniques. Le maximum de prélèvement autorisé s'apprécie globalement et est égal à la somme des maxima des plans de chasse individuels en cause.

Art. R. 425-11 *(Mots aj., D. n° 2010-707, 29 juin 2010).* – Chaque animal abattu est, préalablement à tout transport et sur les lieux mêmes de sa capture, muni du dispositif de marquage, à la diligence et sous la responsabilité du bénéficiaire du plan de chasse individuel.

Toutefois, dans le cas prévu au deuxième alinéa de l'article R. 425-10, le dispositif de prémarquage est mis en place, à la diligence et sous la responsabilité de son détenteur, préalablement à tout transport et sur les lieux mêmes de la capture de l'animal. Le marquage définitif intervient le jour même et avant tout partage de l'animal dans les conditions prévues par arrêté ministériel.

Dans le cas où le titulaire d'un plan de chasse partage un animal, les morceaux ne peuvent être transportés qu'accompagnés chacun d'une attestation établie par le bénéficiaire du plan sous sa responsabilité, sauf par les titulaires d'un permis de chasser valide pendant la période où la chasse est ouverte.

Tout animal ou partie d'animal destiné à la naturalisation doit être accompagné du dispositif de marquage ou de l'attestation jusqu'à l'achèvement de la naturalisation.

Art. R. 425-12 *(Rempl., D. n° 2008-259, 14 mars 2008 ; mod. à compter de la campagne cynégétique 2020-2021, D. n° 2019-1432, 23 déc. 2019).* – Le préfet arrête les modalités de contrôle de l'exécution des plans de chasse après concertation avec la fédération départementale ou interdépartementale des chasseurs et après avis de la commission départementale de la chasse et de la faune sauvage.

Sur tout ou partie du département et pour les espèces qu'il détermine, le préfet peut notamment imposer au bénéficiaire d'un plan de chasse individuel une ou plusieurs des obligations suivantes :

1° Tenir à jour un carnet de prélèvements ;

2° Déclarer à un service de l'État assisté éventuellement par la fédération départementale ou interdépartementale des chasseurs, chaque animal prélevé dans un délai déterminé après la réalisation du tir ;

3° Conserver une partie de l'animal pendant une période déterminée ;

4° Présenter tout ou partie de l'animal prélevé à un service de l'État, à un de ses établissements publics ou à un agent de la fédération départementale ou interdépartementale des chasseurs désigné à cet effet par le préfet.

Art. R. 425-13 *(Rempl., D. n° 2008-259, 14 mars 2008 ; mod. à compter de la campagne cynégétique 2020-2021, D. n° 2019-1432, 23 déc. 2019).* **– Dans les dix jours suivant la clôture de la chasse de l'espèce en cause, tout bénéficiaire d'un plan de chasse individuel transmet à la fédération départementale ou interdépartementale des chasseurs et, éventuellement, aux propriétaires mentionnés au III de l'article R. 425-4 le nombre d'animaux prélevés en application de ce plan.**

(Mod., D. n° 2022-1337, 19 oct. 2022) **La fédération regroupe l'ensemble des informations recueillies et les transmet sans délai au préfet accompagnées des données brutes et d'une cartographie.**

Sous-section 2. – Dispositions particulières à la Corse

Art. R. 425-14. – Les dispositions de la sous-section précédente sont applicables en Corse sous réserve de celles de la présente sous-section.

Art. R. 425-15. – L'Assemblée de Corse exerce les compétences attribuées au préfet par les articles « R. 425-1-1 » (1) et R. 425-2. Elle désigne l'autorité qui lui propose l'institution des plans de chasse ainsi que le nombre minimum et le nombre maximum d'animaux à prélever, en application des articles « R. 425-1-1 » (1) et R. 425-2, et qui récapitule et présente les demandes de plans de chasse individuels en application de l'article R. 425-5.

Le président du conseil exécutif exerce les compétences attribuées au préfet par les articles R. 425-5, R. 425-6, R. 425-8 à R. 425-10 et R. 425-13.

Le ministre chargé de la chasse a disposé, avant de prendre son arrêté relatif au prélèvement maximal autorisé de la bécasse des bois avec un dispositif de marquage sur l'ensemble du territoire métropolitain, de la synthèse des orientations relatives à l'espèce établie par la Fédération nationale des chasseurs. Alors même qu'il n'était pas tenu de procéder au recueil préalable de données scientifiques, il a tenu compte des résultats des études disponibles pour décider de l'instauration d'un prélèvement maximal et pour en fixer le niveau. Le moyen tiré de l'erreur d'appréciation qu'aurait commise le ministre en fixant le quota maximal du prélèvement, en l'absence d'analyse préalable et de prise en compte de données scientifiques, ne peut être en tout état de cause qu'écarté. Il n'a pas non plus entaché son arrêté d'erreur d'appréciation, notamment au regard de la population totale des bécasses des bois de l'ensemble du territoire métropolitain, en fixant un quota maximal de 30 prélèvements par saison et par chasseur. L'arrêté contesté définit les modalités de contrôle du prélèvement maximal et celles du marquage qui accompagne le carnet de prélèvement dont le non-respect est puni des contraventions prévues par les articles R. 425-15 et R. 425-16 du Code de l'environnement. Il définit également les informations retirées de l'exploitation de ces moyens de contrôle et précise la périodicité et les conditions dans lesquelles il sera procédé à l'évaluation du dispositif mis en œuvre. L'arrêté attaqué n'est entaché d'aucune erreur d'appréciation dans la définition des mesures de contrôle propres à garantir la réalisation des objectifs qu'il fixe. En mettant à la charge des fédérations départementale des chasseurs, sans prévoir de compensations financières, la délivrance aux chasseurs d'un carnet de prélèvement et d'un dispositif de marquage, l'autorité réglementaire, qui ne leur a pas conféré de responsabilités excédant le contenu de leurs attributions, n'a pas fait peser sur les fédérations, qui perçoivent les cotisations obligatoires des chasseurs, des charges financières excessives (■ CE, 16 juill. 2012 : *JurisData* n° 2012-017262).

Art. R. 425-16 *(Rempl., D. n° 2006-665, 7 juin 2006)* (2). **– Dans les départements de la Haute-Corse et de la Corse-du-Sud, la commission départementale de la chasse et de la faune sauvage, lorsqu'elle procède à l'examen des demandes de plans de chasse individuels en application de l'article R. 425-6, est présidée par le président du conseil exécutif et comprend, outre les membres de la commission, deux conseillers à l'Assemblée de Corse, proposés par celle-ci.**

Les représentants des piégeurs, de la propriété forestière privée et de la propriété forestière non domaniale relevant du régime forestier, des intérêts agricoles dans le département, des associations agrées et les personnalités qualifiées sont nommés pour cinq ans par l'Assemblée de Corse sur proposition du président du conseil exécutif.

(1) V. D. n° 2007-673, 2 mai 2007, art. 14, III, 2°.
(2) Dispositions transitoires : V. D. n° 2006-665, 7 juin 2006, art. 61.

Art. R. 425-17 *(Rempl., D. n° 2008-259, 14 mars 2008 ; D. n° 2017-1777, 27 déc. 2017)*. – L'Assemblée de Corse exerce les compétences attribuées au préfet par l'article R. 425-12. Elle désigne les services de la collectivité de Corse qui exercent les attributions dévolues aux services de l'État par cet article.

Section IV. – Prélèvement maximal autorisé

Art. R. 425-18 *(Rempl., D. n° 2010-401, 23 avr. 2010)*. – L'arrêté par lequel le ministre chargé de la chasse peut fixer le nombre maximal d'animaux qu'un chasseur est autorisé à prélever pendant une période déterminée sur un territoire donné peut porter sur une ou plusieurs espèces, à l'exclusion de celles pour lesquelles un plan de chasse est obligatoire en application de l'article R. 425-1-1.

En vue de l'application du troisième alinéa de l'article L. 425-14, la Fédération nationale des chasseurs établit, à la demande du ministre, la synthèse des orientations relatives à l'espèce ou aux espèces pour lesquelles un arrêté est envisagé qui figurent dans le ou les schémas départementaux de gestion cynégétique applicables au territoire concerné. Le ministre peut également prendre en compte les études réalisées par les associations de chasse spécialisée.

Le nombre maximal d'animaux d'une ou plusieurs espèces qu'un chasseur est autorisé à prélever en application de l'arrêté ministériel mentionné au premier alinéa peut, par arrêté préfectoral pris sur proposition de la fédération départementale ou interdépartementale des chasseurs et après avis de la commission départementale de la chasse et de la faune sauvage :

- être réduit pour une période déterminée sur un territoire donné ;
- être fixé par jour ou par semaine.

En ayant disposé de la synthèse des orientations relatives à l'espèce établie par la Fédération nationale des chasseurs conformément à l'article R. 425-18 et n'étant pas tenu de procéder au recueil préalable de données scientifiques, le ministre a pu, sans erreur d'appréciation, instaurer un prélèvement maximal de la bécasse des bois sur l'ensemble du territoire métropolitain (■ CE, 16 juill. 2012, n° 351862, *Féd. dép. des chasseurs de Loire-Atlantique*, inédit : *JurisData* n° 2012-017262).

Art. R. 425-19 *(Rempl., D. n° 2010-401, 23 avr. 2010)*. – L'arrêté par lequel le préfet peut fixer le nombre maximal d'animaux qu'un chasseur est autorisé à prélever pendant une période déterminée sur un territoire donné peut porter sur une ou plusieurs espèces, à l'exclusion de celles pour lesquelles un plan de chasse est obligatoire en application de l'article R. 425-1-1 et de celles pour lesquelles un prélèvement maximal autorisé a été fixé par arrêté ministériel.

L'arrêté est pris sur une proposition de la fédération départementale ou interdépartementale des chasseurs qui comporte, s'il y a lieu, la proposition de modification correspondante du schéma départemental de gestion cynégétique, après avis de la commission départementale de la chasse et de la faune sauvage. Il emporte approbation de la modification proposée.

Si le ministre chargé de la chasse détermine ultérieurement pour la ou les mêmes espèces d'animaux, pour le même territoire et pour une période donnée, un prélèvement maximal inférieur, celui-ci se substitue à celui prévu par l'arrêté préfectoral, sur ledit territoire et pendant la période fixée par l'arrêté ministériel.

Art. R. 425-20 *(Rempl., D. n° 2010-401, 23 avr. 2010)*. – I. – L'arrêté par lequel le ministre chargé de la chasse ou le préfet fixe le nombre maximal qu'un chasseur est autorisé à prélever précise, outre la ou les espèces d'animaux concernées, le territoire et la période considérés ainsi que, le cas échéant, les limites quotidienne et hebdomadaire de ce prélèvement, et le ou les objectifs poursuivis par l'instauration de cette mesure.

Il définit également, dans le respect des dispositions des II et IV :

- les modalités de contrôle du respect du prélèvement maximal autorisé prévues pour cette ou ces espèces, notamment les caractéristiques du carnet de prélèvement et du dispositif de marquage lorsqu'ils sont obligatoires ;
- les informations retirées de l'exploitation des moyens de contrôle qui seront collectées par chaque fédération départementale ou interdépartementale des chasseurs ;
- la périodicité et les conditions dans lesquelles il sera procédé à l'évaluation de l'arrêté.

II. – Les modalités de contrôle du prélèvement maximal autorisé sont définies par l'arrêté ministériel ou préfectoral qui l'instaure de façon à garantir le respect de l'ensemble des dispositions de cet arrêté et à assurer la réalisation des objectifs qu'il poursuit.

Lorsque ce contrôle comprend la tenue d'un carnet de prélèvement et un dispositif de marquage, ce carnet et ce dispositif sont délivrés gratuitement au chasseur par la fédération départementale ou interdépartementale des chasseurs et sont valables sur l'ensemble du territoire concerné. Le carnet doit être rempli au moment du prélèvement, présenté à toute réquisition des agents mentionnés au 1° du I de l'article L. 428-20 et retourné, utilisé ou non, à la date fixée par l'arrêté, au président de la fédération départementale ou interdépartementale des chasseurs qui l'a délivré. La non-restitution du carnet de prélèvement par son titulaire fait obstacle à ce qu'il lui en soit délivré un autre pour la campagne cynégétique suivante.

(D. n° 2020-1091, 27 août 2020) Le chasseur peut utiliser l'application mobile mentionnée au I de l'article R. 425-20-3 pour enregistrer ses prélèvements, à la place du carnet de prélèvement. Dans ce cas, les articles R. 425-20-4 à R. 425-20-6 sont également applicables.

III. – Les informations collectées par chaque fédération départementale ou interdépartementale des chasseurs en application de l'arrêté instituant le prélèvement maximal autorisé sont communiquées avant le 31 décembre de chaque année :

– au ministre chargé de la chasse, à l'Office national de la chasse et de la faune sauvage et à la Fédération nationale des chasseurs lorsque l'arrêté est ministériel ;

– au préfet lorsque l'arrêté est préfectoral.

(Mod. à compter du 1er janvier 2020, D. n° 2019-1580, 31 déc. 2019) L'Office français de la biodiversité publie un bilan annuel de l'application des arrêtés ministériels instituant un prélèvement maximal autorisé, établi avec la Fédération nationale des chasseurs, avant le 31 mai de l'année suivante.

IV. – Un prélèvement maximal autorisé institué par arrêté ministériel fait l'objet d'une évaluation au moins tous les cinq ans. Sa modification, s'il y a lieu, est soumise à la procédure prévue par les articles L. 425-14 et R. 425-18.

Un prélèvement maximal autorisé institué par arrêté préfectoral fait l'objet d'une évaluation au moins à l'occasion de la révision du schéma départemental de gestion cynégétique. Sa modification, s'il y a lieu, est soumise à la procédure prévue par les articles L. 425-14 et R. 425-19.

V. – Un arrêté du ministre chargé de la chasse peut préciser les informations retirées de l'exploitation des moyens de contrôle ainsi que les modalités de leur collecte et déterminer le contenu de l'évaluation périodique des arrêtés.

Section IV *bis*. – Gestion adaptative des espèces

(D. n° 2020-1091, 27 août 2020)

Art. D. 425-20-1 *(D. n° 2020-1091, 27 août 2020)*. – La liste des espèces soumises à gestion adaptative est la suivante :

1° Gibier sédentaire

– Grand-tétras (Tetrao urogallus aquitanicus), à compter de la saison cynégétique 2021-2022 ;

2° Gibier d'eau

– Barge à queue noire (Limosa limosa) ;

– Courlis cendré (Numenius arquata) ;

3° Oiseaux de passage

– Tourterelle des bois (Streptopelia turtur).

Art. R. 425-20-2 *(D. n° 2020-1091, 27 août 2020)*. – Les arrêtés mentionnés à l'article L. 425-17 sont pris après consultation du comité d'experts sur la gestion adaptative.

Ces arrêtés peuvent préciser, après avis de la Fédération nationale des chasseurs, les conditions dans lesquelles les chasseurs ayant prélevé des spécimens d'une espèce soumise à gestion adaptative doivent présenter ou transmettre tout ou partie de l'animal à un service de l'État, à l'un de ses établissements publics ou à une fédération départementale des chasseurs.

Ces arrêtés fixent également les modalités d'élaboration d'un bilan des prélèvements et des contrôles correspondants.

Art. R. 425-20-3 *(D. n° 2020-1091, 27 août 2020).* – I. – Pour l'application de l'article L. 425-18, tout chasseur ayant prélevé un spécimen d'une espèce soumise à gestion adaptative, dès qu'il est en possession de l'animal, enregistre ce prélèvement sur une application mobile dédiée gérée par la Fédération nationale des chasseurs. La Fédération nationale des chasseurs détermine notamment les fonctions de sécurité nécessaires pour la protéger et gère la base de données associée.

Cette application a pour finalité de permettre l'enregistrement des prélèvements, notamment des spécimens des espèces soumises à gestion adaptative, et d'en assurer le suivi.

Cette application est mise gratuitement à la disposition des titulaires d'un permis de chasser valable par la Fédération nationale des chasseurs et les fédérations départementales des chasseurs.

Les données traitées dans l'application sont les suivantes :

1° L'identité du chasseur : nom et prénom ;

2° Sa date de naissance ;

3° Son mot de passe ;

4° Son numéro de téléphone mobile ;

5° Le numéro identifiant indiqué sur le document de validation du permis de chasser ;

6° Les coordonnées géographiques du lieu de prélèvement ;

7° La date et l'heure de l'enregistrement de la déclaration ;

8° L'espèce et le nombre de spécimens prélevés ;

9° Le mode de chasse pratiqué ;

10° Le département où a eu lieu le prélèvement ;

11° Le cas échéant, l'information selon laquelle les prélèvements ont eu lieu sur le domaine public maritime.

Les données mentionnées aux 1° à 5° du I du présent article ne sont pas communicables en application des articles L. 124-2 et L. 124-4.

Le chasseur saisit dans l'application mobile les informations mentionnées ci-dessus ; il n'est pas tenu de le faire pour les coordonnées géographiques du lieu de prélèvement lorsque celles-ci sont renseignées automatiquement par l'application mobile.

L'application mobile vérifie que ces champs sont correctement renseignés avant l'enregistrement des données. Les données sont transmises simultanément à la fédération départementale des chasseurs concernés, conformément au I de l'article L. 425-18, et à la Fédération nationale des chasseurs, au titre de la mission de gestion de l'application mobile et de la base de données associée. Cette transmission est horodatée.

À la déclaration du prélèvement, il est délivré au chasseur sur l'application mobile un accusé de déclaration ou d'enregistrement, sous forme d'un code-barres, également horodaté.

II. – Lorsque le chasseur ne dispose pas d'un téléphone mobile permettant l'enregistrement des données à l'aide de l'application prévue au I, il est tenu :

– d'apposer un dispositif de prémarquage sur l'animal prélevé ;

– d'inscrire le prélèvement sur un carnet de prélèvement, en renseignant le numéro du dispositif du prémarquage et l'ensemble des informations mentionnées au I ;

– de se rendre à la fédération départementale des chasseurs du lieu de prélèvement dans un délai de vingt-quatre heures à compter du prélèvement, afin d'enregistrer les informations inscrites sur le carnet de prélèvement dans l'application mobile dédiée au moyen d'un téléphone mobile ou d'un ordinateur mis à sa disposition. Si ce délai expire un jour non ouvré, il est prorogé jusqu'au jour ouvrable suivant.

Le dispositif de prémarquage ainsi que le carnet de prélèvement sont fournis gratuitement au chasseur par la fédération départementale des chasseurs dont il est membre.

Les caractéristiques et les conditions d'utilisation du dispositif de prémarquage et du carnet de prélèvement sont définies dans les arrêtés relatifs à chaque espèce soumise à gestion adaptative mentionnés à l'article L. 425-17.

III. – Lorsque le nombre maximal de spécimens à prélever annuellement est atteint, la Fédération nationale des chasseurs bloque sur l'application mobile la possibilité d'enregistrer des prélèvements. La Fédération nationale des chasseurs et les fédérations départementales des chasseurs concernées sont chargées d'informer immédiatement les chasseurs que les prélèvements sont suspendus. Un avis est également publié sur le site internet de l'Office français de la biodiversité.

Dans le cas où l'espèce est soumise à un prélèvement maximal autorisé, lorsqu'un chasseur a prélevé le nombre maximal de spécimens qu'il était autorisé à prélever pendant une période et sur un territoire déterminé, la

Fédération nationale des chasseurs ou la fédération départementale des chasseurs concernée bloque sur l'application mobile de ce chasseur la possibilité pour lui d'enregistrer des prélèvements.

Art. R. 425-20-4 *(D. n° 2020-1091, 27 août 2020).* – La Fédération nationale des chasseurs met gratuitement à disposition des agents de l'Office français de la biodiversité et des agents de développement des fédérations départementales une application mobile destinée exclusivement au contrôle des prélèvements permettant la lecture des codes-barres délivrés à tout chasseur contrôlé.

Toute personne détenant un spécimen d'une espèce soumise à gestion adaptative est tenue de présenter à l'agent en charge du contrôle le code-barres délivré par l'application mentionnée à l'article R. 425-20-3.

Art. R. 425-20-5 *(D. n° 2020-1091, 27 août 2020).* – Les données enregistrées dans l'application mentionnée à l'article R. 425-20-3 sont mises à disposition gratuitement de l'Office français de la biodiversité sous la coordination technique de la Fédération nationale des chasseurs. Elles ne peuvent être utilisées que pour la réalisation d'études scientifiques ou la recherche et la constatation des infractions prévues par le présent chapitre.

Les données enregistrées dans l'application sont conservées pendant une durée maximale de deux ans à compter de la clôture de la campagne cynégétique considérée pour celles énumérées du 1° au 5° du I de l'article R. 425-20-3, et pour une durée maximale de dix ans à compter de la clôture de la campagne cynégétique considérée pour celles énumérées du 6° au 11° du même I.

Art. R. 425-20-6 *(D. n° 2020-1091, 27 août 2020).* – En cas de non-transmission des données mentionnées à l'article R. 425-20-5, le ministre chargé de l'environnement met en demeure la Fédération nationale des chasseurs d'y procéder dans un délai qu'il fixe et qui ne peut être inférieur à deux semaines. À défaut de transmission dans le délai imparti, le ministre peut suspendre, pour la campagne cynégétique en cours, la chasse de l'espèce concernée.

Section V. – Prévention et indemnisation des dégâts sylvicoles de grand gibier

(D. n° 2008-259, 14 mars 2008)

Sous-section 1. – Dispositions générales

Art. R. 425-21 *(D. n° 2008-259, 14 mars 2008).* – Peuvent bénéficier des dispositions de l'article L. 425-12 les propriétaires de territoires forestiers gérés conformément à l'un des documents de gestion prévus à l'article L. 4 du Code forestier :

1° Dont les terrains sont incorporés dans le territoire de chasse d'une association communale ou intercommunale de chasse agréée ;

2° Ou, dans les départements du Bas-Rhin, du Haut-Rhin et de la Moselle, dont le droit de chasse est administré par la commune dès lors que cette dernière conserve le produit de la location de la chasse dans les conditions prévues à l'article L. 429-13.

Art. R. 425-22 *(D. n° 2008-259, 14 mars 2008).* – Sont concernés par les dispositions de l'article L. 425-12 du présent code les bénéficiaires du droit de chasse qui n'ont pas prélevé le nombre minimum d'animaux leur ayant été attribué au titre du plan de chasse à l'issue de la saison cynégétique précédant la demande d'indemnisation ou de prise en charge des dépenses de protection.

Art. R. 425-23 *(D. n° 2008-259, 14 mars 2008).* – Pour la mise en œuvre du régime de prévention et d'indemnisation des dégâts sylvicoles de grand gibier institué par l'article L. 425-12, l'équilibre sylvo-cynégétique est considéré comme fortement perturbé dès lors que la régénération d'un peuplement forestier est compromise par les dégâts causés par une espèce de grand gibier soumise à plan de chasse.

L'avenir d'un peuplement forestier est considéré comme compromis lorsque le nombre ou la densité de tiges ou de plants viables est inférieur à un seuil fixé par le préfet de région, après avis de la commission régionale de la forêt et des produits forestiers et de la fédération régionale des chasseurs.

Sous-section 2. – Protection des régénérations

Art. R. 425-24 *(D. n° 2008-259, 14 mars 2008).* – Lorsque l'équilibre sylvo-cynégétique est susceptible d'être fortement perturbé, soit en raison de dégâts sylvicoles constatés sur des territoires environnants, soit en raison de la densité de grand gibier, les propriétaires mentionnés à l'article R. 425-21 peuvent être conduits à installer, à titre préventif, des dispositifs de protection des semis ou des plants.

Chaque propriétaire adresse au bénéficiaire du droit de chasse mentionné à l'article R. 425-22, par lettre recommandée avec accusé de réception, une demande de prise en charge de tout ou partie des dépenses de protection qu'il a engagées. La demande doit préciser le type de peuplement forestier, sa localisation, la nature et le coût des dispositifs de protection réalisés.

Le propriétaire informe également de sa demande le directeur départemental de l'agriculture et de la forêt et le président de la fédération départementale ou interdépartementale des chasseurs.

Art. R. 425-25 *(D. n° 2008-259, 14 mars 2008).* – Le bénéficiaire du droit de chasse mentionné à l'article R. 425-22 est tenu de rembourser au propriétaire qui en a fait la demande dans les conditions prévues à l'article précédent :

1° La moitié des dépenses de protection engagées, pour les essences forestières sensibles mentionnées à l'article R. 425-26 ;

2° La totalité des dépenses de protection engagées, pour les autres essences forestières.

Le montant des dépenses de protection susceptibles d'être remboursées fait l'objet d'un plafond, calculé par hectare, arrêté par le préfet du département, après avis de la formation spécialisée pour les dégâts de gibiers en forêt de la commission départementale de la chasse et de la faune sauvage.

Le montant des aides publiques attribuées pour la mise en place des dispositifs de protection dans le cadre d'un investissement forestier est déduit du montant des dépenses de protection susceptibles d'être remboursées en application du présent article.

Art. R. 425-26 *(D. n° 2008-259, 14 mars 2008).* – Au sens de la présente sous-section sont considérées comme essences sensibles les essences forestières pour lesquelles les dégâts sont susceptibles d'être importants alors même que les populations de grand gibier sont faibles. La sensibilité d'une espèce est appréciée notamment en fonction des zones géographiques et des modes de régénération.

La liste des essences sensibles est dressée par la formation spécialisée pour les dégâts de gibiers en forêt de la commission départementale de la chasse et de la faune sauvage.

Art. R. 425-27 *(D. n° 2008-259, 14 mars 2008).* – Les parcelles ou parties de parcelles ayant bénéficié des dispositions de la présente section ne sont pas éligibles aux dispositions relatives à l'indemnisation des dégâts sylvicoles de grand gibier.

Sous-section 3. – Indemnisation des dégâts sylvicoles

Art. R. 425-28 *(D. n° 2008-259, 14 mars 2008).* – Lorsqu'il relève de l'article R. 425-21, le propriétaire d'un peuplement forestier dont l'avenir sylvicole a été compromis par les dégâts causés par des espèces de grand gibier soumises à plan de chasse peut demander au bénéficiaire du droit de chasse mentionné à l'article R. 425-22 le versement d'une indemnité.

La demande est présentée par lettre recommandée avec accusé de réception. La demande précise la nature, l'étendue et la localisation des dégâts et justifie que l'avenir du peuplement forestier est compromis.

Un constat contradictoire des dégâts est établi sur place entre le propriétaire et le bénéficiaire du droit de chasse ou leurs représentants.

À l'issue du constat contradictoire, le propriétaire peut réviser sa demande d'indemnité par lettre recommandée avec accusé de réception.

Le propriétaire informe de sa demande initiale et éventuellement de sa demande révisée le préfet et le président de la fédération départementale ou interdépartementale des chasseurs.

Art. R. 425-29 *(D. n° 2008-259, 14 mars 2008).* – L'indemnité correspondant aux dégâts sylvicoles est arrêtée de façon forfaitaire, par hectare, par le préfet après avis de la formation spécialisée pour les dégâts de gibier en forêt de la commission départementale de la chasse et de la faune sauvage dans le respect d'un barème défini conjointement par les ministres chargés de la chasse et de la forêt.

Le barème interministériel et le montant forfaitaire de l'indemnité arrêté par le préfet tiennent compte du renouvellement des peuplements endommagés, du coût des mesures de protection adaptées assurant la pérennité d'une nouvelle régénération et de la perte éventuelle de la valeur d'avenir des peuplements endommagés.

Art. R. 425-30 *(D. n° 2008-259, 14 mars 2008).* – Les parcelles ou parties de parcelles ayant bénéficié des dispositions de la présente sous-section ne sont pas éligibles aux dispositions relatives aux mesures de protection des régénérations.

Section VI. – Prévention des dégâts agricoles de grands gibiers

(Créée à compter du 1er janvier 2014, D. n° 2013-1221, 23 déc. 2013)

Art. R. 425-31 *(Créé à compter du 1er janvier 2014, D. n° 2013-1221, 23 déc. 2013).* – La commission départementale de la chasse et de la faune sauvage, après avoir examiné la liste des territoires du département conformément aux dixième et onzième alinéas de l'article R. 426-8, peut proposer au préfet la mise en œuvre à l'intérieur de ces territoires de mesures spécifiques de gestion, notamment :

- l'augmentation des prélèvements de gibier à l'origine des dégâts ;
- l'interdiction ou la restriction de l'agrainage ;
- l'interdiction de consignes restrictives de tir du gibier à l'origine des dégâts ;
- l'obligation de prélèvement de sangliers femelles ;
- le classement du sanglier comme espèce *(Mot rempl., D. n° 2018-530, 28 juin 2018)* « susceptible d'occasionner des dégâts » en application de l'article L. 427-8 ;
- la mise en œuvre de battues administratives prévues à l'article L. 427-6 ;
- la définition d'un nombre minimum de journées de chasse par saison de chasse et par territoire ;
- la définition d'un nombre de prélèvements de gibier à l'origine des dégâts par journée de chasse et par territoire ;
- la mise en œuvre de tout autre moyen de régulation des populations de gibiers à l'origine des dégâts lorsqu'il n'est pas possible d'effectuer cette régulation par des actions de chasse supplémentaires.

Art. R. 425-32 *(D. n° 2022-1337, 19 oct. 2022).* – En fin de saison cynégétique, la fédération départementale ou interdépartementale des chasseurs regroupe l'ensemble des informations recueillies relatives aux sangliers prélevés, y compris dans les départements où cette espèce n'est pas soumise à plan de chasse, et les transmet sans délai au préfet, accompagnées des données brutes et d'une cartographie.

CHAPITRE VI. – INDEMNISATION DES DÉGÂTS DE GIBIERS

Section I. – Procédure non contentieuse d'indemnisation des dégâts causés par le grand gibier aux cultures et aux récoltes agricoles

(Intitulé rempl., D. n° 2006-1097, 30 août 2006)

Sous-section 1. – Comptabilisation des opérations de prévention et d'indemnisation des dégâts de gibier

Art. R. 426-1 *(Mod., D. n° 2006-1097, 30 août 2006 ; mod. à compter du 1er janvier 2014, D. n° 2013-1221, 23 déc. 2013 ; mod., D. n° 2019-933, 6 sept. 2019).* – Les opérations relatives à la prévention et à l'indemnisation des dégâts causés aux cultures et aux récoltes agricoles par le grand gibier, menées par les fédérations départementales ou interdépartementales des chasseurs, font l'objet d'une section dédiée en comptabilité qui retrace notamment :

1° En produits :

a) Le produit des contributions mentionnées à l'article L. 426-5 ;

b) Le produit des participations mentionnées à l'article L. 426-5 ;

c) *(Abr., D. n° 2020-92, 6 févr. 2020).*

d) Le montant des sommes que la fédération a obtenues en application des articles L. 426-3, L. 426-4, L. 425-5-1 et L. 425-11 ;

e) Les produits des placements financiers des ressources mentionnées aux *a*, *b*, *c* et *d*.

2° En charges :

a) Le montant des indemnités versées aux victimes des dégâts mentionnés à l'article L. 426-1 ;

b) Le coût des actions techniques d'intérêt général afférentes à la prévention des dégâts de gibier, définies par les fédérations départementales ou interdépartementales des chasseurs en concertation avec les organisations professionnelles représentatives des exploitants agricoles et des propriétaires forestiers ;

c) Le financement de tout ou partie des charges d'estimation et de formation des estimateurs ;

d) Le financement des charges de gestion des dégâts de grand gibier ;

e) Le financement des charges de personnels affectés à la prévention et à l'indemnisation des dégâts de grand gibier ;

f) Les charges financières ;

g) Les frais de contentieux.

Art. R. 426-2 *(Mod., D. n° 2006-1097, 30 août 2006 ; mod. à compter du 1er janvier 2014, D. n° 2013-1221, 23 déc. 2013 ; abr., D. n° 2020-92, 6 févr. 2020).*

Sous-section 2. – Instances consultatives pour l'indemnisation des dégâts de gibier

(Intitulé rempl., D. n° 2006-665, 7 juin 2006) (1)

§ 1. – Commission nationale d'indemnisation des dégâts de gibier

(Intitulé rempl., D. n° 2006-665, 7 juin 2006) (1)

Art. R. 426-3 *(Mod., D. n° 2006-1097, 30 août 2006 ; mod. à compter du 1er juillet 2014, D. n° 2013-1221, 23 déc. 2013).* – I. – La Commission nationale d'indemnisation des dégâts de gibier se compose de quinze membres :

1° Un représentant du ministre chargé de la chasse, président ;

2° Le directeur général de l'*(Mots rempl. à compter du 1er janvier 2020, D. n° 2019-1580, 31 déc. 2019)* « Office français de la biodiversité », ou son représentant ;

3° Le directeur général de l'Office national des forêts, ou son représentant ;

4° Le président de l'assemblée permanente des chambres d'agriculture, ou son représentant ;

5° Le président du Centre national professionnel de la propriété forestière, ou son représentant ;

6° Le président de la Fédération nationale des chasseurs, ou son représentant ;

7° Cinq présidents des fédérations départementales de chasseurs nommés sur proposition du président de la Fédération nationale des chasseurs ;

8° Quatre représentants des organisations nationales d'exploitants agricoles habilitées en application de l'article 3 du décret n° 90-187 du 28 février 1990, nommés sur proposition du ministre de l'Agriculture.

II. – Les membres mentionnés aux 7° et 8° du I sont nommés par arrêté du ministre chargé de la chasse, pour cinq ans. Au cas où l'un de ces membres vient à cesser ses fonctions pour quelque cause que ce soit, son remplaçant est nommé pour la durée du mandat restant à courir.

III. – Ces membres sont remplacés, en cas d'absence ou d'empêchement, par des membres suppléants nommés dans les mêmes conditions.

IV. – Le président peut appeler à participer aux séances, à titre consultatif, toute personne dont il estime opportun de recueillir l'avis.

V. – Un membre de la commission nationale ne prend pas part au délibéré et au vote lorsque celle-ci examine une décision d'une commission départementale dont il l'a saisie, ou à laquelle il a, directement ou indirectement, un intérêt personnel.

(1) Dispositions transitoires : V. D. n° 2006-665, 7 juin 2006, art. 61.

Art. R. 426-4 *(Mod., D. n° 2006-1097, 30 août 2006).* **– La commission se réunit sur convocation de son président, au moins quatre fois par an.**

Les décisions de la Commission nationale d'indemnisation des dégâts de gibier sont prises à la majorité des voix, celle du président étant prépondérante en cas de partage égal des voix.

Art. R. 426-5 *(Mod., D. n° 2006-1097, 30 août 2006 ; mod. à compter du 1er janvier 2014, D. n° 2013-1221, 23 déc. 2013).* **– La Commission nationale d'indemnisation des dégâts de gibier établit, chaque année, pour chacune des principales denrées agricoles notamment le foin, au fur et à mesure de sa connaissance des cours réels des marchés, les limites supérieures et inférieures des fourchettes de prix à l'intérieur desquelles doivent être compris les barèmes départementaux d'indemnisation.**

Les prix ainsi établis correspondent à la valeur des récoltes, déduction faite des frais de séchage et de transport. Elle fixe également, chaque année, les valeurs minimale et maximale des frais de remise en état et le taux horaire du travail de remise en état lorsque celle-ci doit être effectuée manuellement, applicables par les fédérations départementales.

Sur proposition de la Fédération nationale des chasseurs, elle établit la liste des experts nationaux auxquels il peut être fait appel pour la constatation des dégâts de gibier ; ceux-ci sont choisis parmi les experts nationaux agricoles et fonciers inscrits sur la liste établie par le comité du Conseil national de l'expertise foncière, agricole et forestière, compte tenu de leurs compétences pour certains types de cultures et en matière de dégâts de gibier. Elle détermine les cas dans lesquels il doit être fait appel à des experts nationaux, ainsi que les modalités de leur intervention.

Elle élabore une grille nationale de référence, fixe les motifs et les taux applicables à la procédure de réduction d'indemnisation mentionnée au troisième alinéa de l'article L. 426-3.

Une fois par an, la Fédération nationale des chasseurs présente à la Commission nationale d'indemnisation des dégâts de gibier un bilan des dégâts de la dernière campagne, par département, par espèce, en volume, en valeur et en surface.

Le secrétariat de la commission est assuré par l'*(Mots rempl. à compter du 1er janvier 2020, D. n° 2019-1580, 31 déc. 2019)* **« Office français de la biodiversité ».**

§ 2. – Commission départementale de la chasse et de la faune sauvage

(Intitulé rempl., D. n° 2006-665, 7 juin 2006) (1)

Art. R. 426-6 *(Rempl., D. n° 2006-665, 7 juin 2006)* (1). **– La commission départementale de la chasse et de la faune sauvage dans sa formation spécialisée « indemnisation des dégâts de gibier aux cultures et aux récoltes agricoles » constitue la commission départementale prévue par l'article L. 426-5.**

Art. R. 426-7 *(Mod., D. n° 2006-665, 7 juin 2006* (1) *; mod. à compter du 1er janvier 2014, D. n° 2013-1221, 23 déc. 2013).* **– La commission départementale de la chasse et de la faune sauvage dans sa formation spécialisée pour l'indemnisation des dégâts de gibier aux cultures et aux récoltes agricoles se réunit au moins trois fois par an, sur convocation de son président.**

Art. R. 426-8 *(Mod., D. n° 2006-665, 7 juin 2006 ; rempl., D. n° 2006-1097, 30 août 2006 ; mod. à compter du 1er janvier 2014, D. n° 2013-1221, 23 déc. 2013 ; à compter de la campagne cynégétique 2020-2021, D. n° 2019-1432, 23 déc. 2019 ; mod., D. n° 2022-1337, 19 oct. 2022 ; D. n° 2023-1363, 28 déc. 2023).* **– Dans un délai maximal d'un mois après qu'elle a eu connaissance des fourchettes de prix retenues par la Commission nationale d'indemnisation des dégâts de gibier, la commission départementale de la chasse et de la faune sauvage dans sa formation spécialisée pour l'indemnisation des dégâts de gibier aux cultures et aux récoltes agricoles fixe le barème annuel de perte de récolte et de remise en état des cultures, en fonction duquel sont calculées les indemnités versées par la fédération départementale ou interdépartementale des chasseurs.**

Si aucune fourchette de prix n'a été retenue par la commission nationale pour des denrées dont la culture est limitée à certaines zones de production, la commission départementale fixe un prix correspondant à la valeur de la

(1) Dispositions transitoires : V. D. n° 2006-665, 7 juin 2006, art. 61.

récolte de ces denrées, en fonction des conditions locales du marché. Il en va de même pour les barèmes des modalités de remise en état que la Commission nationale d'indemnisation des dégâts de gibier n'a pas fixés, ainsi que pour les frais de remise en place des filets de récolte étendus au sol, pour faciliter la récolte des fruits qui tombent à terre.

Elle peut autoriser une indemnisation des dégâts occasionnés à des cultures sous contrat ou sous signe officiel de qualité et à des cultures biologiques, y compris pour le foin, à des prix plus élevés que ceux du barème départemental, sous réserve que l'exploitant produise, avec sa réclamation, les justificatifs nécessaires. Elle peut également majorer, dans la limite de 20 %, le barème d'indemnisation lorsque l'exploitant justifie avoir dû racheter une denrée autoconsommée qui a été détruite.

Elle transmet ses barèmes à la commission nationale dans les vingt jours suivant leur adoption et les notifie dans le même délai à la fédération départementale ou interdépartementale des chasseurs.

Elle définit les dates extrêmes habituelles d'enlèvement des différentes récoltes au-delà desquelles l'indemnisation n'est plus due. Elle détermine les cas de force majeure qu'elle peut être amenée à considérer.

Elle élabore une typologie départementale simplifiée des prairies du département et détermine chaque année à l'automne, en fonction des conditions climatiques du printemps et de l'été, le rendement moyen annuel en foin de chaque type de prairie.

La commission départementale peut, après l'estimation définitive, en cas de conditions climatiques défavorables avérées lors de la récolte, arrêter la liste limitative des dossiers susceptibles d'être réestimés, sous réserve que la culture soit encore sur pied et que le réclamant lui en fasse la demande écrite.

Elle dresse et met à jour la liste des estimateurs chargés des missions prévues à l'article R. 426-13, qu'elle désigne parmi ceux qui ont suivi la formation dispensée par la Fédération nationale des chasseurs.

Au moins un mois avant la nouvelle campagne cynégétique, la fédération départementale ou interdépartementale des chasseurs transmet au préfet et présente à la commission départementale :

1° Un bilan des dégâts de la dernière campagne, qui comprend les données brutes et cartographiées, par espèce, par unité de gestion cynégétique, en volume, en valeur et en surface. Ce bilan constitue le rapport prévu par la dernière phrase de l'article L. 425-8 ;

2° Un bilan de la localisation des opérations d'agrainage dissuasives et de leur suivi ainsi qu'un bilan du tir autour des points d'affûts avec dispositif d'appâts dans les départements où cette pratique est autorisée.

Au moins une fois par an, la commission départementale de la chasse et de la faune sauvage, dans sa formation spécialisée pour l'indemnisation des dégâts de gibier aux cultures et aux récoltes agricoles établit et remet régulièrement à jour, selon une méthodologie qu'elle définit à la majorité des deux tiers de ses membres, la liste des territoires du département où les dégâts de gibier aux cultures et aux récoltes agricoles sont significativement les plus importants. À défaut, cette méthodologie est définie par la Commission nationale d'indemnisation des dégâts de gibier.

Au moins une fois par an, la liste des territoires du département où les dégâts de gibier aux cultures et aux récoltes agricoles sont significativement les plus importants, établie conformément à l'alinéa précédent, est examinée par la commission départementale de la chasse et de la faune sauvage.

La commission départementale suit la mise en place effective des mesures techniques arrêtées en commission départementale de la chasse et de la faune sauvage visant à maintenir ou rétablir l'équilibre agro-sylvo-cynégétique. À cet effet, la fédération départementale ou interdépartementale des chasseurs lui présente au moins une fois par an les données de suivi et les résultats de l'évaluation de ces mesures.

Le présent litige s'inscrit, initialement, dans le cadre de la procédure non contentieuse d'indemnisation des dégâts causés par le grand gibier aux cultures et aux récoltes agricoles, prévue aux articles L. 426-1 et suivants du Code de l'environnement. L'article L. 426-7 du Code de l'environnement, qui prévoit que les actions en réparation du dommage causé aux cultures et aux récoltes par le gibier se prescrivent par six mois à partir du jour où les dégâts ont été commis, ne peut à l'évidence concerner la procédure spécifique non contentieuse, puisque le délai pour agir serait systématiquement expiré à l'issue de la phase « administrative préalable » devant la commission départementale de la chasse. L'action intentée par l'exploitant agricole contre la fédération départementale de la chasse est donc recevable.

L'exploitant agricole réclame à la fédération des chasseurs un complément d'indemnisation au visa de l'article R. 426-8 du Code de l'environnement, arguant de ce que la spécificité des cultures de maïs dégradées entraîne des surcoûts de production et des investissements importants, qui ne sont pas couverts par l'indemnité allouée en fonction du barème prévu à l'article L. 426-1 du Code de l'environnement. Toutefois, dès lors que l'exploitant agricole entend obtenir la réparation intégrale du préjudice qu'il allègue, son action est fondée sur la responsabilité délictuelle de droit commun. En effet, si la phase préalable reste encadrée par le barème administratif, l'action en réparation du préjudice intégral relève de la section II et donc des principes communs de la responsabilité pour faute. Il appartient donc à l'exploitant agricole de démontrer la faute qu'aurait commise la fédération départementale de chasse. Or, il n'invoque aucune faute de la fédération qui serait à l'origine de son manque à gagner. Il doit donc être déboutée de sa demande (■ CA Reims, 21 nov. 2014 : *JurisData* n° 2014-033089).

Art. R. 426-8-1 ***(D. n° 2006-1097, 30 août 2006 ; mod. à compter du 1er janvier 2014, D. n° 2013-1221, 23 déc. 2013).*** **– La commission départementale de la chasse et de la faune sauvage dans sa formation spécialisée pour l'indemnisation des dégâts de gibier aux cultures et aux récoltes agricoles statue sur le montant de l'indemnité lorsque l'exploitant conteste les conclusions de l'expertise, refuse la proposition de la fédération départementale ou interdépartementale des chasseurs chargée de l'indemnisation, ou saisit la commission directement en application du troisième alinéa de l'article R. 426-14. À sa demande, cet exploitant peut être entendu par la commission lors de l'examen de son dossier.**

Elle statue également sur les demandes d'indemnisation lorsqu'il est constaté que les dégâts ont été causés à des récoltes effectuées au-delà des dates extrêmes habituelles.

Art. R. 426-8-2 ***(D. n° 2006-1097, 30 août 2006 ; mod. à compter du 1er janvier 2014, D. n° 2013-1221, 23 déc. 2013).*** **– Le secrétariat de la commission départementale de la chasse et de la faune sauvage dans sa formation spécialisée pour l'indemnisation des dégâts de gibier aux cultures et aux récoltes agricoles est assuré par la direction départementale ou interdépartementale chargée de la chasse.**

Les décisions de cette commission relatives à la liste des estimateurs, aux barèmes départementaux, aux dates extrêmes habituelles d'enlèvement des récoltes, à la typologie et au rendement moyen annuel des prairies, prévus à l'article R. 426-8, ainsi qu'au délai de déclaration des dégâts dans le cas prévu au III de l'article R. 426-12 sont publiées au recueil des actes administratifs du département.

Art. R. 426-9 ***(Mod., D. n° 2006-665, 7 juin 2006*** (1) ***; D. n° 2006-1097, 30 août 2006 ; mod. à compter du 1er janvier 2014, D. n° 2013-1221, 23 déc. 2013).*** **– Les membres de la commission départementale de la chasse et de la faune sauvage dans sa formation spécialisée pour l'indemnisation des dégâts de gibier aux cultures et aux récoltes agricoles peuvent saisir la Commission nationale d'indemnisation des dégâts de gibier des décisions mentionnées à l'article R. 426-8, par courrier recommandé avec demande d'avis de réception, dans un délai de quinze jours à compter de la notification qui leur est faite de la délibération correspondante.**

Sous-section 3. – Conditions de l'indemnisation des dégâts de gibier

Art. R. 426-10 ***(Mod., D. n° 2006-1097, 30 août 2006 ; mod. à compter du 1er janvier 2014, D. n° 2013-1221, 23 déc. 2013).*** **– Au sens des dispositions du présent chapitre, il faut entendre par grand gibier les animaux appartenant aux espèces suivantes : sanglier, chevreuil, cerf élaphe, cerf sika, daim, chamois, mouflon, isard.**

Au sens des dispositions du présent chapitre, il faut entendre par parcelle culturale l'ensemble des parcelles ou des parties de parcelles cadastrales adjacentes d'une exploitation agricole supportant la même culture. Les fossés, rus, haies, bandes enherbées, bordures de champ, murets, alignements d'arbres, chemins et voies communales n'interrompent pas la continuité des parcelles culturales.

L'indemnisation d'une perte de récolte n'est due que si la récolte est effectivement réalisée sauf dans le cas où l'importance des dommages est telle qu'aucune récolte n'a été possible.

Droit à réparation. – Responsabilité du fait des animaux. – Dégâts causés par le gibier. En l'espèce, la fédération départementale des chasseurs, qui ne rapportait pas la preuve qu'il s'agissait de chevreuils provenant du fonds d'un pépiniériste dont les cultures avaient été endommagées, devait indemniser ce dernier de son préjudice (■ Cass. 3e civ., 12 mai 2010, n° 08-20.558, FS-P+B, *Fédération départementale des chasseurs du Loiret c/ P.* : *JurisData* n° 2010-006000).

(1) Dispositions transitoires : V. D. n° 2006-665, 7 juin 2006, art. 61.

Art. R. 426-11 *(Mod., D. n° 2006-1097, 30 août 2006 ; rempl. à compter du 1er janvier 2014, D. n° 2013-1221, 23 déc. 2013 ; mod., D. n° 2016-115, 4 févr. 2016). – (Rempl. à compter du 1er janvier 2024, D. n° 2023-1363, 28 déc. 2023)* Le seuil minimal prévu à l'article L. 426-3 est fixé à 150 € par exploitation et par campagne cynégétique, au sein de chaque département.

Les seuils d'ouverture de droits à indemnisation peuvent être réévalués, par arrêté du ministre chargé de la chasse, après avis de la Commission nationale d'indemnisation des dégâts de gibier, pour tenir compte de l'évolution des prix agricoles.

L'abattement proportionnel prévu au deuxième alinéa de l'article L. 426-3 est fixé à 2 % du montant des dommages retenus.

La réduction du montant de l'indemnisation en application du troisième alinéa de l'article L. 426-3 ne peut excéder 80 % du montant correspondant aux dommages retenus, abattement proportionnel de 2 % inclus.

En application du quatrième alinéa de l'article L. 426-3, les frais d'estimation sont intégralement à la charge du réclamant lorsque les quantités déclarées détruites sont plus de 10 fois supérieures aux dommages réels et pour moitié lorsque cette surévaluation atteint 5 à 10 fois.

Dans le cas où le réclamant est redevable auprès de la fédération départementale ou interdépartementale des chasseurs de tout ou partie des frais d'estimation des dommages, celle-ci lui adresse la facture correspondante. À défaut de son paiement dans un délai de soixante jours après sa date d'émission, la fédération départementale ou interdépartementale peut en imputer le montant sur l'indemnisation due.

En l'absence de faute de la fédération départementale des chasseurs, seules trouvent à s'appliquer au cas présent les dispositions des articles L. 426-1 et suivants du Code de l'environnement. La fédération départementale des chasseurs est soumise à un régime d'indemnisation collective et autonome reposant sur une responsabilité de plein droit excluant toute notion de faute. Ainsi, la victime des dégâts dispose d'une action indemnitaire limitée par un barème administratif complété par l'application d'un abattement proportionnel de 5 %.

S'agissant de l'indemnisation du préjudice de perte agricole, la surface relative aux dégâts principaux causés par les sangliers est évaluée à 169,39 ares, celle relative aux dégâts secondaires dus aux sangliers à 27,98 ares et celle pour les dégâts commis par les cervidés à 4,62 ares, soit une surface totale concernée par les dégâts causés par le gibier égale à 201,99 ares. Le rendement potentiel de la parcelle étant fixé à 87,50 quintaux par hectare, la perte de récolte s'établit à 176,75 quintaux de maïs grain. Le barème national pour la récolte de 2012 étant de 193 euros, la perte financière est chiffrée à 3 411 euros. Après application de l'abattement proportionnel de 5 %, la fédération département des chasseurs est condamnée au paiement de 3 240 euros. Il n'y a pas lieu à indemnisation d'un préjudice annexe au titre de la remise en état du champ après récolte, car la remise en état des sols après récolte de la culture n'est pas rendue nécessaire à raison des dégâts subis (■ CA Dijon, 10 mai 2016 : *JurisData* n° 2016-009329).

Sous-section 4. – Procédure d'indemnisation

Art. R. 426-12 *(Mod., D. n° 2006-1097, 30 août 2006 ; mod. à compter du 1er janvier 2014, D. n° 2013-1221, 23 déc. 2013).* – I. – Les exploitants agricoles qui ont subi des dégâts mentionnés à l'article L. 426-1 doivent adresser sans délai au président de la fédération départementale ou interdépartementale des chasseurs, par courrier ou télédéclaration, une déclaration indiquant :

1° Sous peine d'irrecevabilité de la demande, la date d'observation des premières manifestations des dégâts la nature, l'étendue et la localisation des dégâts ainsi que l'évaluation des quantités détruites et le montant de l'indemnité sollicitée, compte tenu du dernier barème départemental publié au recueil des actes administratifs du département ;

2° Si possible, l'espèce des animaux responsables des dégâts et le fonds de provenance présumée de ceux-ci ;

3° L'étendue des terres possédées ou exploitées par le réclamant dans le département et les cantons limitrophes, ainsi que la position des parcelles touchées par rapport à l'ensemble de ces terres. Il joint à sa déclaration ou, à défaut, tient à la disposition de l'estimateur soit un plan cadastral de ses parcelles exploitées, soit le registre parcellaire graphique utilisé pour les déclarations de ses parcelles dans le cadre de la politique agricole commune.

II. – La fédération départementale compétente pour statuer sur la demande d'indemnisation est celle du département de la parcelle endommagée.

III. – Dans le cas de dégâts occasionnés à des plants de vigne au moment du débourrement, le délai de déclaration des dégâts est fixé par la commission départementale de la chasse et de la faune sauvage dans sa formation spécialisée pour l'indemnisation des dégâts de gibier aux cultures et aux récoltes agricoles en fonction du stade de développement de la plante.

IV. – Pour permettre l'évaluation finale des dommages avant la récolte, l'exploitant agricole doit adresser une déclaration définitive, même en l'absence de dégâts intermédiaires, à la fédération départementale ou interdépartementale des chasseurs au moins huit jours ouvrés avant l'enlèvement des récoltes, par courrier ou télédéclaration.

Art. R. 426-13 *(Rempl. à compter du 1er janvier 2014, D. n° 2013-1221, 23 déc. 2013 ; mod., D. n° 2023-1363, 28 déc. 2023).* – Le président de la fédération départementale ou interdépartementale des chasseurs désigne le ou les estimateurs chargés de procéder à l'expertise des dégâts ayant donné lieu à déclaration parmi les personnes figurant sur la liste prévue à l'article R. 426-8. Toutefois, il peut s'abstenir de désigner un estimateur lorsque l'importance des dommages déclarés ne justifie pas cette intervention.

Dans les cas prévus par la Commission nationale d'indemnisation des dégâts de gibier en application du troisième alinéa de l'article R. 426-5, il demande à la fédération nationale de désigner un expert national parmi les personnes figurant sur la liste prévue au même article, pour accompagner l'estimateur.

Après avoir convoqué l'auteur de la déclaration de dégâts, l'estimateur constate sur place, conjointement, le cas échéant, avec l'expert national, l'état des lieux et des récoltes, estime la date des premiers dégâts, l'importance des dommages subis eu égard au rendement de la parcelle tel qu'il l'évalue, la cause des dégâts, les espèces de gibier qui en sont responsables et, si possible, leur provenance. Il recherche, éventuellement, si l'exploitant a une part de responsabilité dans la commission des dégâts et il le consigne dans son rapport.

L'estimateur procède au classement de la ou des parcelles culturales ayant subi des dégâts selon la typologie définie par la commission départementale de la chasse et de la faune sauvage, conformément au sixième alinéa de l'article R. 426-8.

L'expertise des dégâts déclarés en période de récolte ou après mise en œuvre de travaux, a lieu dans un délai de huit jours ouvrés à compter de la date de réception de la demande d'indemnisation, transmise par courrier ou par télédéclaration, au président de la fédération départementale ou interdépartementale des chasseurs. Dans les autres cas, l'estimateur peut intervenir dans un délai décidé en accord avec l'exploitant ou, à défaut, dans un délai de quinze jours.

Chaque fois que l'estimateur sera en mesure de quantifier une perte de récolte ou d'attester de la réalisation effective de travaux de remise en état, il établira un constat définitif en accord avec l'exploitant agricole. Dans le cas contraire, il établira un constat provisoire dans lequel il consignera ses observations. Le constat provisoire ne peut servir de base pour le paiement d'une indemnité par la fédération.

L'estimateur doit tenir compte, dans son évaluation définitive, des déclarations intermédiaires transmises par l'exploitant agricole à la fédération départementale ou interdépartementale des chasseurs. En dehors de la période des récoltes, lorsque les dégâts se poursuivent, et qu'ils ont déjà fait l'objet d'un constat provisoire par l'estimateur, la fédération départementale ou interdépartementale des chasseurs n'est pas tenue de missionner un estimateur à chaque nouvelle déclaration de l'exploitant.

Lorsque des travaux de remise en état, replantation, ressemis ou taille sont nécessaires, l'estimateur les consigne dans un constat provisoire en indiquant la période de réalisation des travaux et informe l'exploitant qu'il doit signaler la réalisation de ces travaux à la fédération départementale ou interdépartementale des chasseurs au plus tard huit jours après les avoir effectués. La fédération peut alors missionner un estimateur chargé de vérifier leur réalisation partielle ou totale.

En cas de dégâts occasionnés à des semis, l'estimateur doit établir, sans délai, en accord avec l'exploitant, soit un constat provisoire des dégâts de nature à justifier leur lien avec la perte qui sera évaluée au moment de la récolte, soit un constat provisoire pour évaluer les surfaces détruites à ressemer que la fédération indemnise sur la base des frais de premier ensemencement, à condition que des travaux de réimplantation soient effectués. Le choix d'une telle indemnisation ne fait pas obstacle à une indemnisation ultérieure pour perte s'il est constaté, au moment de la récolte, une différence de rendement pour la même culture entre les zones ainsi ressemées et celles qui sont indemnes de dégâts ou si les zones ressemées subissent, avant la récolte, de nouveaux dégâts.

En cas de dégâts occasionnés à des vergers ou à des vignes ayant entraîné un remplacement de plants, l'estimateur procède, à la demande de l'exploitant qui doit réitérer sa réclamation chaque année, à

l'évaluation annuelle de la perte de récolte jusqu'à ce que les nouvelles plantations aient retrouvé un potentiel de production équivalent à celui de plants de même nature indemnes de dégâts.

Les réclamants peuvent se faire assister ou représenter, à leurs frais, par toute personne de leur choix.

La parcelle culturale objet des dommages ne doit pas être récoltée avant l'expertise ou l'expiration du délai prévu pour celle-ci au cinquième alinéa du présent article. Si l'estimateur ne s'est pas présenté dans ce délai pour constater les dégâts, son estimation est réputée conforme à celle du demandeur. L'estimation des dégâts est également celle du demandeur lorsqu'aucun estimateur n'a été désigné.

L'estimateur donne, le cas échéant, son appréciation sur les raisons pour lesquelles le stade optimal de développement de la culture et les dates extrêmes habituelles d'enlèvement des récoltes fixées par la commission départementale de la chasse et de la faune sauvage dans sa formation spécialisée pour l'indemnisation des dégâts de gibier aux cultures et aux récoltes agricoles ont été dépassés.

L'estimateur transmet son rapport au président de la fédération départementale ou interdépartementale des chasseurs dans un délai de quinze jours suivant l'estimation.

En cas de désaccord important sur les pertes estimées, le réclamant peut organiser une contre-expertise à sa charge exclusive dans les 48 heures ouvrées suivant la notification qui lui a été faite de l'estimation, sans préjudice de la possibilité de contester l'expertise prévue par l'article R. 426-14. Elle a lieu en présence d'un estimateur désigné par la fédération départementale des chasseurs et d'un professionnel de l'expertise qui assiste l'exploitant.

1) Application du barème. Pour condamner la fédération départementale des chasseurs à indemniser la victime de dommages causés par des sangliers à une parcelle ensemencée de maïs, le jugement énonce qu'à aucun moment, la fédération qui a elle-même proposé une indemnisation calculée sur la base des constatations d'expert n'a évoqué son absence de responsabilité. En statuant par de tels motifs, impropres à établir l'existence de la faute commise par la fédération, la juridiction de proximité a violé l'article 1382 du Code civil. Pour condamner la fédération au paiement d'une certaine somme à titre de dommages-intérêts, le juge de proximité retient qu'en ignorant l'expertise diligentée par la victime et la proposition qui en découlait, la fédération a fait preuve de résistance abusive. En statuant par de tels motifs, tout en constatant que la fédération s'était bornée à refuser l'indemnisation fixée par un expert amiable mandaté par la victime et non celle conforme au barème d'indemnisation notifiée par la commission départementale de la chasse et de la faune sauvage qu'elle était tenue de proposer, la juridiction de proximité n'a pas donné de base légale à sa décision (■ Cass. 2e civ., 28 juin 2012, n° 11-18.415 : *JurisData* n° 2012-014378).

2) Obligation de caractériser la faute. C'est à tort qu'une cour d'appel accueille la demande d'indemnisation pour des dégâts causés à des vergers limitrophes par des lapins de garenne ayant fait l'objet d'une opération de réintroduction par l'association communale de chasse agréée et la fédération départementale des chasseurs, aux motifs que l'écorce des arbres a été rongée par les lapins et que le fait que propriétaire s'était réservé le droit de chasse sur les terres exploitées en vergers est inopérant, la victime des dégâts étant une personne morale distincte de son gérant propriétaire des parcelles. De tels motifs sont impropres à caractériser la faute de l'association communale de chasse (■ Cass. 2e civ., 12 avr. 2012, n° 10-28.329, inédit).

3) De même, il n'existe aucune obligation légale pour une fédération départementale de chasseurs de placer à ses frais une clôture autour d'une parcelle cultivée à protéger, de sorte que son inaction face aux demandes de l'exploitant ne peut être considérée comme fautive (■ Cass. 2e civ., 22 nov. 2012, n° 11-25.847, inédit).

4) Une commune propriétaire d'une parcelle d'où proviennent des sangliers et l'association communale titulaire du droit de chasse sur cette parcelle sont responsables des dégâts causés aux cultures voisines, dès lors que sont établies des fautes de négligence, pour la commune dans la surveillance et le bon état d'entretien des clôtures et pour l'association dans l'insuffisance des actions de chasse propres à remédier à la surpopulation de sangliers. En relevant l'existence des fautes caractérisées en fait, la cour d'appel n'a pas recouru à de simples présomptions (■ Cass. 2e civ., 8 mars 2012, n° 08-11.353 : *JurisData* n° 2012-026762).

5) Les articles R. 426-13 et suivants du Code de l'environnement prévoient que dans le cas de l'ouverture d'une procédure administrative amiable, si l'intéressé refuse l'indemnité proposée, le recours doit être formé devant la commission départementale puis, le cas échéant, devant la Commission nationale d'indemnisation. Est jugé irrecevable le recours judiciaire, le tribunal ne pouvant statuer avant l'achèvement de la procédure amiable (■ CA Bastia, 20 avr. 2016, n° 15/00241, *Féd. dép. des chasseurs de Haute-Corse*).

Art. R. 426-14 *(Mod., D. n° 2006-665, 7 juin 2006* (1)*; D. n° 2006-1097, 30 août 2006 ; rempl. à compter du 1er janvier 2014, D. n° 2013-1221, 23 déc. 2013).* – En cas de contestation de l'expertise par l'exploitant, le dossier chiffré est transmis par la fédération départementale ou interdépartementale des chasseurs à la commission départementale de la chasse et de la faune sauvage dans sa formation spécialisée pour l'indemnisation des dégâts de gibier aux cultures et aux récoltes agricoles.

Dès lors que le réclamant accepte les conclusions de l'expertise et qu'il n'est pas appliqué de réduction dans les cas prévus au troisième alinéa de l'article L. 426-3, le dossier, sous réserve de son éligibilité, est réglé par la fédération au réclamant dans les quinze jours qui suivent la notification des barèmes par le secrétariat de la commission départementale chargée de les fixer. Le règlement est accompagné d'un courrier simple retraçant précisément les modalités de calcul de l'indemnité.

En cas de contestation par l'exploitant des sommes versées, ce dernier saisit dans un délai de trente jours par courrier recommandé avec demande d'avis de réception la commission départementale de la chasse et de la faune sauvage dans sa formation spécialisée pour l'indemnisation des dégâts de gibier aux cultures et aux récoltes agricoles, avec copie à la fédération.

En cas de réduction de l'indemnisation au-delà de l'abattement de 2 % défini au deuxième alinéa de l'article L. 426-3, tel que mentionné au cinquième alinéa de l'article R. 426-11, ou de déduction des frais d'expertise dans les cas prévus à l'article L. 426-3, l'accord préalable du réclamant est sollicité par courrier recommandé avec demande d'avis de réception. Le réclamant dispose d'un délai de trente jours pour faire connaître sa décision. À défaut de réponse de sa part dans ce délai, il est réputé accepter la proposition et la fédération procède alors au paiement de l'indemnité proposée. En cas de refus, le dossier est transmis par la fédération départementale ou interdépartementale des chasseurs à la commission départementale de la chasse et de la faune sauvage dans sa formation spécialisée pour l'indemnisation des dégâts de gibier aux cultures et aux récoltes agricoles.

1) Il résulte des articles R. 426-13 et R. 426-14 du Code de l'environnement que la fédération des chasseurs ne peut être condamnée pour résistance abusive sur le fondement de l'article 1382 du Code civil du seul fait d'avoir refusé l'indemnisation fixée par un expert mandaté par le propriétaire, dès lors qu'elle avait proposé de l'indemniser conformément au barème et aux conclusions de l'estimateur (■ Cass. 2e civ., 28 juin 2012, n° 11-18.415 : *JurisData* n° 2012-014378).

2) L'introduction d'une instance judiciaire aux fins d'indemnisation des dégâts causés par le gibier dirigée contre une fédération départementale des chasseurs, si elle n'interdit pas la poursuite de la procédure administrative d'indemnisation de ces dégâts préalablement engagée, fait obstacle à l'application des dispositions de l'article R. 426-14 du Code de l'environnement, en ce qu'elles prévoient qu'en l'absence de réponse dans le délai d'un mois, la proposition d'indemnisation réitérée par la fédération est considérée comme acceptée. Si la proposition d'indemnisation par la fédération est acceptée, la saisine du juge à l'encontre de la fédération doit être considérée comme impossible, sauf le cas de la mise en cause de sa propre responsabilité délictuelle conformément à l'article L. 426-4 du Code de l'environnement. La victime ne peut donc accepter d'un côté l'indemnisation administrative due légalement par la fédération et en faire fixer ensuite le montant définitif à sa charge par voie judiciaire sans invoquer la faute de la fédération. Cette règle n'exclut pas toutefois que la victime puisse agir sur le seul fondement quasi délictuel prévu par l'article L. 426-4 à l'encontre d'un tiers responsable du dommage (■ Cass. 2e civ., 30 juin 2016, n° 15-21.907 : *JurisData* n° 2016-012857).

Art. R. 426-15 *(Mod., D. n° 2006-665, 7 juin 2006* (1)*; D. n° 2006-1097, 30 août 2006 ; mod. à compter du 1er janvier 2014, D. n° 2013-1221, 23 déc. 2013 ; mod., D. n° 2023-1363, 28 déc. 2023).* – La commission départementale de la chasse et de la faune sauvage dans sa formation spécialisée pour l'indemnisation des dégâts de gibier aux cultures et aux récoltes agricoles fixe, dans un délai de quatre-vingt-dix jours, le montant de l'indemnité, au vu du dossier d'expertise et, le cas échéant, des observations produites par le réclamant et la fédération départementale.

Le président de la commission départementale de la chasse et de la faune sauvage dans sa formation spécialisée pour l'indemnisation des dégâts de gibier aux cultures et aux récoltes agricoles peut convoquer

(1) Dispositions transitoires : V. D. n° 2006-665, 7 juin 2006, art. 61.

l'estimateur et le réclamant ; la commission départementale de la chasse et de la faune sauvage dans sa formation spécialisée pour l'indemnisation des dégâts de gibier aux cultures et aux récoltes agricoles délibère hors de leur présence.

Un membre de la commission départementale de la chasse et de la faune sauvage dans sa formation spécialisée pour l'indemnisation des dégâts de gibier aux cultures et aux récoltes agricoles ne prend pas part au délibéré et au vote lorsque la commission départementale de la chasse et de la faune sauvage dans sa formation spécialisée pour l'indemnisation des dégâts de gibier aux cultures et aux récoltes agricoles examine une demande d'indemnisation à laquelle il a, directement ou indirectement, un intérêt personnel.

La décision de la commission départementale de la chasse et de la faune sauvage dans sa formation spécialisée pour l'indemnisation des dégâts de gibier aux cultures et aux récoltes agricoles est notifiée par son secrétariat au réclamant et au président de la fédération départementale ou interdépartementale des chasseurs par courrier recommandé avec demande d'avis de réception.

Lorsqu'elle est prise à l'unanimité des membres présents ou représentés et que le montant de l'indemnisation qu'elle accorde n'excède pas 3 000 euros, la décision de la commission départementale de la chasse et de la faune sauvage dans sa formation spécialisée pour l'indemnisation des dégâts de gibier aux cultures et aux récoltes agricoles n'est pas susceptible de recours devant la Commission nationale d'indemnisation des dégâts de gibier. Dans ce cas, la notification prévue au quatrième alinéa indique le délai du recours juridictionnel ouvert contre cette décision. En l'absence de recours au-delà de ce délai, la décision est considérée comme acceptée par l'exploitant et la fédération. Celle-ci procède alors à son exécution.

Dans tous les autres cas, la décision de la commission départementale de la chasse et de la faune sauvage dans sa formation spécialisée pour l'indemnisation des dégâts de gibier aux cultures et aux récoltes peut être contestée par le réclamant ou le président de la fédération départementale devant la Commission nationale d'indemnisation des dégâts de gibier. Dans ces cas, la notification prévue au quatrième alinéa indique que le délai de recours ouvert contre cette décision devant la Commission nationale d'indemnisation des dégâts de gibier est de trente jours à compter de la date de notification. En l'absence de recours au-delà de ce délai, la décision est considérée comme acceptée par l'exploitant et la fédération. Celle-ci procède alors à son exécution.

Art. R. 426-16 *(Mod., D. n° 2006-665, 7 juin 2006* (1) *; D. n° 2006-1097, 30 août 2006 ; mod. à compter du 1er janvier 2014, D. n° 2013-1221, 23 déc. 2013 ; mod., D. n° 2023-1363, 28 déc. 2023).* – Le secrétariat de la Commission nationale d'indemnisation des dégâts de gibier instruit les demandes selon une procédure écrite et contradictoire. Le réclamant et le président de la fédération départementale ou interdépartementale des chasseurs sont informés qu'ils peuvent être entendus par la Commission nationale d'indemnisation des dégâts de gibier s'ils en font la demande. Ils peuvent se faire assister ou représenter.

La Commission nationale d'indemnisation des dégâts de gibier peut demander aux parties de lui communiquer tous documents utiles à l'instruction du dossier. Elle peut aussi convoquer les personnes de son choix.

Art. R. 426-17 *(Rempl. à compter du 1er janvier 2014, D. n° 2013-1221, 23 déc. 2013).* – Dans un délai de quatre-vingt-dix jours à compter de sa saisine, la Commission nationale d'indemnisation des dégâts de gibier décide de la suite à réserver au recours et, le cas échéant, fixe le montant de l'indemnité qu'elle notifie au réclamant et au président de la fédération départementale ou interdépartementale des chasseurs par courrier recommandé avec demande d'avis de réception. En l'absence de recours judiciaire dans le délai légal, par l'une ou l'autre des parties, la fédération départementale ou interdépartementale des chasseurs procède à l'exécution de cette décision.

Art. R. 426-18. – Tout réclamant qui, ayant demandé une indemnisation en application de l'article L. 426-1, obtient des responsables du dommage une indemnité à la suite, soit d'une action fondée sur l'article 1382 du Code civil, soit d'un accord amiable, est tenu de déclarer le montant de cette indemnité, dans les huit jours de sa perception, à la *(Mots rempl. à compter du 1er janvier 2014, D. n° 2013-1221, 23 déc. 2013)* « fédération départementale ou interdépartementale des chasseurs ».

Si la fédération a procédé au règlement de l'indemnité, celle-ci doit lui être reversée, à concurrence des sommes reçues du responsable du dommage.

(1) Dispositions transitoires : V. D. n° 2006-665, 7 juin 2006, art. 61.

Sous-section 5. – Dispositions diverses

Art. R. 426-19 ***(Rempl., D. n° 2006-1097, 30 août 2006 ; mod. à compter du 1er janvier 2014, D. n° 2013-1221, 23 déc. 2013). –*** (1) **Le montant et les modalités de rémunération et de remboursement des frais des estimateurs et des experts sont déterminés par la Fédération nationale des chasseurs. Ils sont communiqués à la Commission nationale d'indemnisation des dégâts de gibier dès leur établissement et lors de chacune de leur révision. Les fédérations départementales et interdépartementales des chasseurs transmettent ces informations à la commission départementale de la chasse et de la faune sauvage dans sa formation spécialisée pour l'indemnisation des dégâts de grands gibiers aux cultures et aux récoltes agricoles, chaque fois qu'elles en ont connaissance.**

Section II. – Indemnisation judiciaire des dégâts causés aux récoltes

Art. R. 426-20 ***(Mod., D. n° 2006-1097, 30 août 2006).*** **– Les actions en réparation des dommages causés aux cultures et aux récoltes par un gibier quelconque présentées devant les tribunaux judiciaires sont exercées conformément aux dispositions de la présente section.**

Art. R. 426-21 ***(Mod., D. n° 2008-522, 2 juin 2008 ; D. n° 2019-966, 18 sept. 2019)*** (2). **– Le tribunal judiciaire est compétent pour connaître des actions intentées en application de la présente section.**

NB : Conformément à l'article 9 du décret n° 2019-966 du 18 septembre 2019, les présentes dispositions entrent en vigueur le 1er janvier 2020.

Art. R. 426-22 ***(Mod. à compter du 1er janvier 2020, D. n° 2019-1333, 11 déc. 2019)*** (3). **– Le juge du tribunal judiciaire du lieu du dommage est saisi par requête remise ou adressée au greffe. Le greffier en délivre récépissé.**

1) Le mode de saisine du tribunal d'instance prévu par l'article R. 426-22 du Code de l'environnement est toujours celui de la déclaration au greffe (■ Cass. 2e civ., 10 déc. 2009, n° 09-10.030 : *JurisData* n° 2009-050728. ■ Cass. 2e civ., 15 déc. 2011, n° 10-20.442 : *JurisData* n° 2011-028364).

2) Il ne peut ainsi être jugé que si l'action spécifique est irrecevable faute de saisine par déclaration au greffe, celle engagée par assignation sur le fondement des articles 1382 et 1383 du Code civil serait recevable (■ Cass. 2e civ., 7 déc. 2006, n° 05-17.419 : *JurisData* n° 2006-036326 ; *Bull. civ.* 2006, II, n° 347).

3) Se plaignant de dégâts de sangliers commis le 25 juillet 2010 sur ses vignobles, un exploitant agricole a fait assigner le 2 février 2011 la fédération départementale des chasseurs de Haute-Corse devant un tribunal d'instance en réparation de son préjudice ; la fédération ayant invoqué l'irrecevabilité de la demande compte tenu du mode de saisine du tribunal, l'exploitant agricole a introduit une nouvelle procédure par une déclaration au greffe le 6 avril 2011.

Pour déclarer non prescrite l'action de l'exploitant agricole, l'arrêt énonce que, par lettre du 14 janvier 2011, la fédération a proposé d'allouer à l'exploitant agricole à titre d'indemnisation des dégâts suite à sa déclaration du 4 septembre 2010 et aux conclusions de l'expertise du 14 septembre 2010 une somme de 4 662 euros ; si elle a précisé que cette proposition vaut sur le seul fondement des articles L. 426-5 du Code de l'environnement et des articles R. 426-1 à R. 426-18 du Code de l'environnement et qu'elle n'emporte reconnaissance d'aucun autre droit ni aucune renonciation, elle a, sans pouvoir se dérober aux obligations lui incombant au titre du Code de l'environnement, reconnu formellement qu'une indemnité était due à l'exploitant agricole au titre des dégâts du gibier dont il avait été victime, interrompant ainsi au 14 janvier la prescription de six mois qui courait depuis le 25 juillet. En statuant ainsi, alors que les dégâts dont il était demandé réparation avaient été commis plus de six mois avant l'introduction de l'instance et que la mise en œuvre de la procédure amiable d'indemnisation des dégâts de gibiers n'est pas constitutive d'une reconnaissance de responsabilité interruptive de la courte prescription de six mois, la cour d'appel a violé les articles L. 426-5 et L. 426-7 du Code de l'environnement (■ Cass. 2e civ., 26 mars 2015 : *JurisData* n° 2015-006359).

(1) V. T. appl. : A. 12 mars 2002. – NDLR.
(2) Application en Nouvelle-Calédonie, en Polynésie française, dans les Terres australes et antarctiques françaises et dans les îles Wallis-et-Futuna : V. D. n° 2008-522, 2 juin 2008, art. 14.
(3) Dispositions applicables aux instances en cours au 1er janvier 2020, D. n° 2019-1333, 11 déc. 2019.

4) L'agriculteur victime a procédé à une déclaration de dégâts causés par du gibier dans une parcelle emblavée en maïs. Son action en indemnisation demandée à la fédération départementale des chasseurs est irrecevable dans la mesure où, après avoir fait délivrer une assignation à l'extrême limite du délai de six mois, prévu par l'article L. 426-7 du Code de l'environnement, compte tenu de la date de réalisation des dégâts, il ne s'est conformé aux modalités de saisine de la juridiction prévues à l'article R. 426-22 du Code de l'environnement, en saisissant le tribunal par la voie requise de déclaration au greffe, qu'après acquisition de la prescription puisque l'effet interruptif de prescription de la demande en justice ne pouvait opérer par la délivrance d'une assignation, non pas seulement affectée d'une irrégularité, mais impropre à saisir régulièrement la juridiction (■ CA Dijon, 3 mai 2016 : *JurisData* n° 2016-008810).

Art. R. 426-23 *(Mod. à compter du 1er janvier 2020, D. n° 2019-1333, 11 déc. 2019)* (1). **– Le greffier, soit verbalement lors du dépôt de la requête soit par lettre simple, convoque le demandeur à comparaître en conciliation**

Le greffier convoque le défendeur aux mêmes fins par lettre recommandée avec demande d'avis de réception.

Art. R. 426-24 *(Mod., D. n° 2006-1097, 30 août 2006 ; rempl. à compter du 1er janvier 2014, D. n° 2013 1221, 23 déc. 2013)*. **– En cas de conciliation, il en est dressé procès-verbal.**

À défaut de conciliation, le juge désigne un expert chargé :

– de définir le montant du dommage en faisant application des dispositions des articles L. 426-1 à L. 426-6, dans le cas où l'action est dirigée contre la fédération départementale ou interdépartementale des chasseurs ;

– de constater l'état des récoltes, l'importance des dommages causés aux récoltes par le gibier, d'indiquer d'où provient ce gibier, de préciser la cause de ces dommages, de rechercher si le gibier est en nombre excessif et pour quelle raison, dans les autres cas.

L'expertise sollicitée par la fédération des chasseurs ne peut valoir reconnaissance de sa responsabilité car elle est de droit selon l'article R. 426-24 du Code de l'environnement (■ Cass. 2e civ., 14 juin 2007, n° 06-15.860 : *JurisData* n° 2007-039534).

Art. R. 426-25. – Dès le dépôt du rapport d'expertise, toutes les parties sont convoquées par le greffier à l'audience par lettre recommandée avec demande d'avis de réception.

Art. R. 426-26. – À la demande d'une des parties, les dommages peuvent être évalués à l'époque de la récolte.

Art. R. 426-27 *(Mod., D. n° 2019-966, 18 sept. 2019)*. **– Si le tribunal judiciaire se déclare incompétent, il ordonne la continuation de l'expertise sur l'état des récoltes et le préjudice causé.**

Art. R. 426-28 *(Mod. à compter du 1er janvier 2020, D. n° 2019-1333, 11 déc. 2019)* (1). **– Lorsque plusieurs intéressés forment leurs demandes par la même requête, il est statué en premier et dernier ressort à l'égard de chacun des demandeurs d'après le montant des dommages-intérêts individuellement réclamés.**

Art. R. 426-29 *(Abr. à compter du 1er janvier 2020, D. n° 2019-1333, 11 déc. 2019)* (1).

CHAPITRE VII. – DESTRUCTION DES ANIMAUX SUSCEPTIBLES D'OCCASIONNER DES DÉGÂTS ET LOUVETERIE

(Intitulé mod., D. n° 2018-530, 28 juin 2018)

Section I. – Mesures administratives

Sous-section 1. – Louveterie

Art. R. 427-1. – Des officiers sont institués pour le service de la louveterie, sous le titre de lieutenants de louveterie, en vue d'assurer, sous le contrôle de la direction départementale de l'agriculture et de la forêt,

(1) Dispositions applicables aux instances en cours au 1er janvier 2020, D. n° 2019-1333, 11 déc. 2019.

l'exécution des destructions collectives ordonnées par le préfet en application des articles L. 427-6 et L. 427-7, ainsi que les missions pouvant leur être confiées par l'autorité préfectorale pour la destruction des animaux *(Mot rempl., D. n° 2018-530, 28 juin 2018)* « susceptibles d'occasionner des dégâts » et la répression du braconnage.

(D. n° 2009-592, 26 mai 2009) Pour le loup, les lieutenants de louveterie concourent, sous le contrôle de l'autorité préfectorale, à des opérations ponctuelles qu'elle a ordonnées aux fins prévues aux *a*, *b* et *c* du 4° de l'article L. 411-2 du Code de l'environnement et dans le cadre fixé conjointement par le ministre chargé de la protection de la nature et le ministre chargé de l'agriculture, après avis du Conseil national de la protection de la nature.

Ils sont les conseillers techniques de l'administration en matière de destruction d'animaux *(Mot rempl., D. n° 2018-530, 28 juin 2018)* « susceptibles d'occasionner des dégâts ».

Leurs fonctions sont bénévoles.

Art. R. 427-2. – *(Mod., D. n° 2009-1138, 22 sept. 2009)* Sur proposition du directeur départemental de l'agriculture et de la forêt et après avis du président de la fédération départementale des chasseurs, le préfet fixe, en fonction de la superficie, du boisement et du relief du département, le nombre des lieutenants de louveterie et nomme ces derniers pour une durée de cinq ans maximum, renouvelable. Leur mandat prend fin à la date de leur 75e anniversaire. Il leur délivre une commission qui détermine le territoire sur lequel ils exercent leurs attributions.

En cas de négligence dans leurs fonctions, d'abus ou pour toute autre cause grave, la commission peut leur être retirée par décision motivée du préfet.

L'arrêté prévu à l'article L. 427-3 fixe les conditions dans lesquelles, en cas d'empêchement, le lieutenant de louveterie titulaire peut se faire remplacer pour l'exercice de ses compétences techniques.

Si un lieutenant de louveterie vient à décéder, à démissionner ou à faire l'objet d'un retrait de commission, son remplaçant est nommé pour la durée restant à courir.

Art. R. 427-3. – *(Mod., D. n° 2009-1138, 22 sept. 2009)* Ne peuvent être nommées lieutenants de louveterie que des personnes de nationalité française, jouissant de leurs droits civiques, justifiant de leur aptitude physique par un certificat médical daté de moins de deux mois et de leur compétence cynégétique, résidant dans le département où elles sont amenées à exercer leurs fonctions ou dans un canton limitrophe et détenant un permis de chasser depuis au moins cinq années.

Chaque lieutenant de louveterie doit s'engager par écrit à entretenir, à ses frais, soit au moins quatre chiens courants réservés exclusivement à la chasse du sanglier ou du renard, soit au moins deux chiens de déterrage.

Sous-section 2. – Battues administratives

Art. R. 427-4. – Les chasses et battues ordonnées en application de l'article L. 427-6 ne peuvent être dirigées contre des animaux appartenant à une espèce dont la capture ou la destruction est interdite en application de l'article L. 411-1 que dans les conditions prévues par les textes qui organisent leur protection.

(Al. créé, D. n° 2018-530, 28 juin 2018) La liste des moyens interdits pour la réalisation des opérations mentionnées à l'article L. 427-6 est définie par un arrêté du ministre chargé de la chasse.

Sous-section 3. – Sécurité aérienne

Art. R. 427-5. – Le préfet peut autoriser la destruction, toute l'année, des animaux pouvant causer des atteintes graves à la sécurité aérienne dans les lieux où celle-ci est menacée.

Section II. – Droits des particuliers

Sous-section 1. – Classement des animaux susceptibles d'occasionner des dégâts

(Intitulé mod., D. n° 2018-530, 28 juin 2018)

Art. R. 427-6 *(Rempl., D. n° 2012-402, 23 mars 2012 ; mod, D. n° 2016-115, 4 févr. 2016 ; D. n° 2018-530, 28 juin 2018)*. – I. – Après avis du Conseil national de la chasse et de la faune sauvage, le

ministre chargé de la chasse fixe par arrêté trois listes d'espèces d'animaux classées susceptibles d'occasionner des dégâts :

1° (1) La liste des espèces d'animaux non indigènes classées susceptibles d'occasionner des dégâts sur l'ensemble du territoire métropolitain, précisant les périodes et les modalités de leur destruction ;

2° La liste des espèces d'animaux indigènes classées susceptibles d'occasionner des dégâts dans chaque département, établie sur proposition du préfet après avis de la commission départementale de la chasse et de la faune sauvage réunie en sa formation spécialisée mentionnée au II de l'article R. 421-31, précisant les périodes et les territoires concernés, ainsi que les modalités de destruction. Cette liste est arrêtée pour une période de trois ans, courant du 1er juillet de la première année au 30 juin de la troisième année ;

3° La liste complémentaire des espèces d'animaux classées susceptibles d'occasionner des dégâts par un arrêté annuel du préfet qui prend effet le 1er juillet jusqu'au 30 juin de l'année suivante. Cette liste précise les périodes et les modalités de destruction de ces espèces.

II. – Le ministre inscrit les espèces d'animaux sur chacune de ces trois listes pour l'un au moins des motifs suivants :

1° Dans l'intérêt de la santé et de la sécurité publiques ;

2° Pour assurer la protection de la flore et de la faune ;

3° Pour prévenir des dommages importants aux activités agricoles, forestières et aquacoles ;

4° Pour prévenir les dommages importants à d'autres formes de propriété.

Le 4° ne s'applique pas aux espèces d'oiseaux.

Le préfet détermine les espèces d'animaux susceptibles d'occasionner des dégâts en application du 3° du I du présent article pour l'un au moins de ces mêmes motifs.

Les listes des espèces d'animaux classées susceptibles d'occasionner des dégâts ne peuvent comprendre d'espèces dont la capture ou la destruction est interdite en application de l'article L. 411-1.

Voir : circulaire 26 mars 2012 relative à des modifications du Code de l'environnement et à la procédure de classement des espèces d'animaux nuisibles (*BOME* n° 8/2012).

1) Le Conseil d'État rejette la demande de suspension de l'arrêté du 2 août 2012 pris en application de l'article R. 427-6 du Code de l'environnement et classant certaines espèces parmi les espèces nuisibles. L'arrêté du 2 août 2012 (*JO* 18 août 2012) a fait l'objet d'une demande de suspension qui a été rejetée par le Conseil d'État au motif que s'agissant de la martre, de la belette et du putois, s'il n'est pas contesté que ces espèces ont elles-mêmes un rôle utile dans la préservation des équilibres écologiques, il ressort des pièces du dossier et des échanges lors de l'audience publique que l'excès de leur population dans certains territoires a des conséquences défavorables sur la protection de la faune ou de la flore ou provoque des dommages importants aux activités agricoles. Il ne résulte pas non plus des pièces du dossier que l'étude des solutions alternatives à la destruction des martres et putois ou la surveillance de leur population n'aurait pas été conduite (▪ CE, 16 nov. 2012, n° 363433, *Assoc. pour la protection des animaux sauvages : Juris-Data* n° 2012-028299).

2) Il a été jugé à propos du renard, de la fouine, de la belette que dès lors que ces populations sont nombreuses comme en font foi les comptes rendus de piégeage effectués durant les campagnes précédentes dans un département à forte production de volailles élevées en plein air, le préfet a fait une exacte appréciation de la situation locale en classant ces espèces dans la catégorie des animaux nuisibles, le fait que le renard puisse jouer lui-même un rôle de régulation étant sans influence (▪ CAA Bordeaux, 26 janv. 2012, n° 10BX01866, *min. Écologie*, inédit. ▪ CAA Bordeaux, 26 juin 2012, n° 11BX00471, *min. Écologie*, inédit. ▪ CAA Bordeaux, 27 juin 2012, n° 11BX00473, *min. Écologie*, inédit. ▪ CAA Marseille, 24 avr. 2012, n° 10MA01917, *min. Écologie*, inédit).

3) Mais s'il ne ressort pas des comptes rendus de piégeage et des données relatives aux dommages dus au putois que cet animal soit répandu de manière significative dans le département, c'est par erreur de droit que le préfet l'a classé comme nuisible (▪ CE, 16 juill. 2012, n° 346337, *Féd. dép. des chasseurs de la Seine-Maritime : Juris-Data* n° 2012-017012).

4) Il ne peut être dérogé à la directive européenne de conservation des oiseaux sauvages que s'il n'existe pas d'autres solutions satisfaisantes, et il appartient au préfet de démontrer qu'il a recherché ces méthodes alternatives à leur destruction. C'est ce qui a été jugé à plusieurs reprises

(1) V. T. appl. : A. 3 juill. 2019 (*JO* 6 juill. 2019). – NDLR.

à propos des corneilles, pies, geais des chênes, corbeaux freux, sansonnets (■ CAA Bordeaux, 26 janv. 2012, préc. – *ibid.*, 27 juin 2012, préc. – *ibid.*, 12 juill. 2012, n° 11BX00472, *min. Écologie*, inédit). La solution est la même pour la martre, faisant l'objet de mesures de gestion par la directive CEE du 21 mai 1992 et dont la destruction ne peut être autorisée qu'à défaut d'autres solutions alternatives (■ CAA Bordeaux, 27 juin 2012, préc.).

5) Pour justifier son intérêt pour agir, M. A. se prévaut, en premier lieu, de l'intérêt qu'il porte à la faune sauvage et à sa préservation, qui s'est traduit par la publication de nombreux articles dans des revues spécialisées, de son engagement, depuis plusieurs années, comme membre fondateur ou administrateur d'associations de protection de l'environnement, et de ce qu'il a pris part à la procédure de participation du public mise en œuvre, en application de l'article L. 120-1 du Code de l'environnement, sur le projet d'arrêté attaqué. Toutefois, ces circonstances ne sauraient par elles-mêmes être regardées comme lui conférant un intérêt personnel direct et certain à l'annulation de l'arrêté attaqué. M. A. fait valoir, en deuxième lieu, que l'article 7 de la Charte de l'environnement prévoit le droit de toute personne à participer à l'élaboration des décisions ayant une incidence sur l'environnement. Toutefois, contrairement à ce qui est soutenu, ces dispositions n'ont ni pour objet, ni pour effet de modifier les conditions d'appréciation par le juge administratif de l'intérêt donnant qualité pour agir contre les décisions ayant une incidence sur l'environnement. De même, les stipulations de l'article 9 de la convention d'Aarhus n'ont, en tout état de cause, ni pour objet, ni pour effet d'ouvrir à toute personne un droit de recours contre toute décision ayant une incidence sur l'environnement (■ CE, 26 oct. 2015 : *JurisData* n° 2015-023663).

6) L'irrégularité de la désignation d'une personne à la commission départementale de la chasse et de la faune sauvage ne peut être invoquée à l'appui d'un recours dirigé contre une décision prise après avis de cette commission, dès lors que l'arrêté préfectoral portant composition de cette commission, qui l'en a nommée membre en qualité de personnalité qualifiée, lequel n'a pas un caractère réglementaire, a été publié au recueil des actes administratifs et est devenu définitif.

Le corbeau freux, avec 4 620 spécimens recensés dans les comptes-rendus de destructions pour la saison 2013-2014, et la corneille noire, avec 1 127 spécimens recensés dans ces comptes-rendus pour la même saison, sont deux espèces répandues de façon significative dans le département des Vosges, susceptibles de porter atteinte aux cultures et élevages sur l'ensemble du département. S'agissant du renard, les comptes-rendus de piégeage font apparaître que le nombre de renards détruits par tir ou par piégeage dans le département des Vosges varie entre 923 spécimens pour la saison 2013-2014 et 1 362 spécimens pour la saison 2011-2012. Le renard est ainsi répandu de façon significative dans ce département, qui compte de nombreux élevages avicoles, suffisant à rendre la présence de cette espèce susceptible de porter atteinte à des intérêts protégés. S'agissant enfin de la fouine, le nombre de dommages déclarés a été croissant entre la saison 2011-2012 et la saison 2013-2014 pour atteindre, sur cette dernière saison, le chiffre de 65 dommages. Par suite, le ministre de l'Écologie n'a pas méconnu l'article R. 427-6 du Code de l'environnement ni commis une erreur d'appréciation en inscrivant le renard, la fouine, la corneille noire et le corbeau freux sur la liste des espèces nuisibles dans le département des Vosges (■ CE, 16 déc. 2016 : *JurisData* n° 2016-027683).

7) Modification de l'article R. 427-6. Le décret n° 2016-115 du 4 février 2016 (*JO* 6 févr. 2016) relatif à diverses dispositions d'ordre cynégétique modifie l'article R. 427-6 du Code de l'environnement. Il abroge l'arrêté précédent du 28 juin 2016. Après avis du Conseil national de la chasse et de la faune sauvage, le ministre chargé de la chasse fixe par arrêtés trois listes d'espèces d'animaux classés nuisibles. Il s'agit : ... 1° de la liste des espèces d'animaux non indigènes classées nuisibles sur l'ensemble du territoire métropolitain, précisant les périodes et les modalités de destruction ; ... 2° de la liste des espèces d'animaux indigènes, arrêtée pour trois ans du 1er juillet de la première année au 30 juin de la troisième année dans chaque département, établie sur proposition du préfet après avis de la commission départementale de la chasse et de la faune sauvage, précisant les périodes et les territoires concernés ainsi que les modalités de destruction d'ouverture et de fermeture ; ... 3° de la liste complémentaire des espèces d'animaux susceptibles d'être classées nuisibles, par un arrêté annuel du préfet prenant effet le 1er juillet jusqu'au 30 juin de l'année suivante, qui précise les périodes et les modalités de destruction de ces espèces.

8) Arrêté du 2 septembre 2016 (*JO* 14 sept. 2016) pris pour l'application de l'article R. 427-6 du Code de l'environnement, fixant la liste, les périodes et les modalités de destruction des espèces d'animaux non indigènes classées nuisibles sur l'ensemble du territoire métropolitain. Il s'agit, pour les oiseaux, de la bernache du Canada (*Branta canadensis*) chassable aux mêmes périodes que les oies et, pour les mammifères, du chien viverrin (*Nyctereutes procyonoïdes*), du ragondin (*Myocastor coypus*), du rat musqué (*Ondatra zibethi-*

cus), du raton laveur (*Procyon lotor*) et du vison d'Amérique (*Neovison vison* ou *Mustela vison*).

9) Grand cormoran. Arrêté du 8 août 2016 (*JO* 13 oct. 2016) fixant les quotas départementaux dans les limites desquelles des dérogations aux interdictions de destruction peuvent être accordées par les préfets concernant les grands cormorans (*Phalacrocorax carbo sinensis*) pour la période 2016-2019.

Art. R. 427-7 (1) ***(Abr., D. n° 2012-402, 23 mars 2012)*** (2).

Sous-section 2. – Exercice du droit de destruction

Art. R. 427-8 ***(Mod., D. n° 2009-592, 26 mai 2009).*** **– Le propriétaire, possesseur ou fermier, procède personnellement aux opérations de destruction des animaux *(Mot rempl., D. n° 2018-530, 28 juin 2018)* « susceptibles d'occasionner des dégâts », y fait procéder en sa présence ou délègue par écrit le droit d'y procéder.**

Le délégataire ne peut percevoir de rémunération pour l'accomplissement de sa délégation.

Sous-section 3. – Modalités de destruction

Art. R. 427-9 ***(Abr. à compter du 1er juillet 2012, D. n° 2012-402, 23 mars 2012).***

§ 1. – Toxiques

Art. R. 427-10 ***(Rempl. à compter du 1er juillet 2012, D. n° 2012-402, 23 mars 2012).*** **– L'emploi des produits toxiques pour la destruction des espèces d'animaux classés *(Mot rempl., D. n° 2018-530, 28 juin 2018)* « susceptibles d'occasionner des dégâts » est interdit.**

§ 2 ancien. – Déterrage

(Abr. à compter du 1er juillet 2012, D. n° 2012-402, 23 mars 2012)

Art. R. 427-11 et R. 427-12 ***(Abr. à compter du 1er juillet 2012, D. n° 2012-402, 23 mars 2012).***

§ 2. – Piégeage

(Anc. § 3 devenu le présent § à compter du 1er juillet 2012, D. n° 2012-402, 23 mars 2012)

Art. R. 427-13 (3). **– Le ministre chargé de la chasse fixe, après avis du Conseil national de la chasse et de la faune sauvage, la liste des types de piège dont l'emploi est autorisé.**

Ces pièges doivent être sélectifs par leur principe ou leurs conditions d'emploi.

Art. R. 427-14 ***(Mod., D. n° 2006-665, 7 juin 2006)*** (4). **–** (3) **Les modèles de piège de nature à provoquer des traumatismes physiques ne sont autorisés qu'après homologation d'un prototype présenté par le fabricant.**

Art. R. 427-15. – (3) **L'homologation prévue à l'article R. 427-14 est prononcée par le ministre chargé de la chasse. Son retrait est prononcé dans les mêmes formes.**

Art. R. 427-16 ***(Mod. à compter du 1er juillet 2007, D. n° 2006-1503, 29 nov. 2006 ; D. n° 2009-592, 26 mai 2009).*** **–** (3) **Toute personne qui utilise des pièges doit être agréée par le préfet.**

L'agrément est subordonné à la reconnaissance de la compétence professionnelle du demandeur ou à sa participation à une session de formation spécialisée sur la biologie des espèces prédatrices et leurs modes de capture, dans les conditions fixées par arrêté du ministre chargé de la chasse.

---

(1) Antérieurement à l'abrogation du présent article, le Conseil d'État avait jugé que « la liste établie par le préfet […] n'a pas pour objet de limiter le pouvoir du préfet d'ordonner des battues administratives contre des animaux qui, dans des circonstances de lieu et de temps particulières, sont qualifiés par lui de nuisibles », ■ CE, 31 mars 2010, n° 316563, *Assoc. fr. des équipes de vénerie sous terre* : *JurisData* n° 2010-002967. – NDLR.

(2) Dispositions transitoires : V. D. n° 2012-402, 23 mars 2012, art. 9. – NDLR.

(3) V. T. appl. : A. 29 janv. 2007 (*JO* 14 avr. 2007). – NDLR.

(4) Dispositions transitoires : V. D. n° 2006-665, 7 juin 2006, art. 61.

Les dispositions des deux alinéas précédents ne s'appliquent pas aux personnes qui capturent les ragondins et les rats musqués au moyen de boîtes ou de piège-cages. Elles ne s'appliquent pas non plus aux personnes qui capturent les corvidés au moyen de cages à corvidés, dans le cadre d'opérations de luttes collectives organisées par les groupements de défense contre les organismes *(Mot rempl., D. n° 2018-530, 28 juin 2018)* « susceptibles d'occasionner des dégâts » et leurs fédérations agréées conformément aux articles L. 252-1 à L. 252-5 du Code rural et de la pêche maritime.

Art. R. 427-17. – (1) Le ministre chargé de la chasse fixe les conditions d'utilisation des pièges, notamment de ceux qui sont de nature à provoquer des traumatismes, afin d'assurer la sécurité publique et la sélectivité du piégeage et de limiter la souffrance des animaux.

§ 3. – Tir

(Anc. § 4 devenu le présent § à compter du 1er juillet 2012, D. n° 2012-402, 23 mars 2012)

Art. R. 427-18. – La destruction à tir par armes à feu ou à tir à l'arc s'exerce, de jour, dans les conditions fixées par le ministre chargé de la chasse.

Le permis de chasser validé est obligatoire.

Art. R. 427-19 et R. 427-20 *(Abr. à compter du 1er juillet 2012, D. n° 2012-402, 23 mars 2012).*

Art. R. 427-21 *(Mod. à compter du 1er décembre 2006, D. n° 2006-1100, 30 août 2006 ; rempl., D. n° 2012-402, 23 mars 2012 ; D. n° 2016-115, 4 févr. 2016).* – Les fonctionnaires ou agents mentionnés aux 1°, 2°, 3°, 5°, 6° et 7° de l'article L. 428-20, les agents de l'*(Mots rempl. à compter du 1er janvier 2020, D. n° 2019-1580, 31 déc. 2019)* « Office français de la biodiversité » ainsi que les gardes particuliers sur le territoire sur lequel ils sont commissionnés sont autorisés à détruire à tir les animaux susceptibles d'occasionner des dégâts toute l'année, de jour seulement et sous réserve de l'assentiment du détenteur du droit de destruction.

Art. R. 427-22 à R. 427-24 *(Abr. à compter du 1er juillet 2012, D. n° 2012-402, 23 mars 2012).*

§ 4. – Utilisation des oiseaux de chasse au vol

(Anc. § 5 devenu le présent § à compter du 1er juillet 2012, D. n° 2012-402, 23 mars 2012)

Art. R. 427-25. – Les conditions d'utilisation des oiseaux de chasse au vol pour la destruction des animaux *(Mot rempl., D. n° 2018-530, 28 juin 2018)* « susceptibles d'occasionner des dégâts » sont arrêtées par le ministre chargé de la chasse.

Cette destruction peut s'effectuer, sur autorisation préfectorale individuelle, depuis la date de clôture générale de la chasse jusqu'au 30 avril pour les mammifères et jusqu'à l'ouverture générale de la chasse pour les oiseaux.

Sous-section 4. – Lâcher

Art. R. 427-26 *(Mod., D. n° 2018-530, 28 juin 2018).* – Le lâcher des animaux susceptibles d'occasionner des dégâts est soumis à autorisation individuelle du préfet, qui précise le nombre des animaux concernés, les périodes et les lieux du lâcher.

(D. n° 2022-1337, 19 oct. 2022) Toutefois, le lâcher de sangliers est interdit, que l'espèce soit classée susceptible d'occasionner des dégâts ou non, sauf au sein des terrains clos des établissements professionnels de chasse à caractère commercial prévus à l'article L. 424-3.

Sous-section 5. – Mesures diverses

Art. R. 427-27. – Le lâcher des animaux *(Mot rempl., D. n° 2018-530, 28 juin 2018)* « susceptibles d'occasionner des dégâts » est soumis à autorisation individuelle du préfet, qui précise le nombre des animaux concernés, les périodes et les lieux du lâcher.

(1) V. T. appl. : A. 29 janv. 2007 (*JO* 14 avr. 2007). – NDLR.

Section II. – Commercialisation et transport

Art. R. 427-28 *(Rempl., D. n° 2006-767, 29 juin 2006).* – **Sous réserve des dispositions du titre Ier du présent livre et de l'article L. 424-12, le transport, la détention pour la vente, la mise en vente, la vente et l'achat des animaux licitement détruits des espèces** *(Mot rempl., D. n° 2018-530, 28 juin 2018)* **« susceptibles d'occasionner des dégâts » sont :**

1° Libres toute l'année pour les mammifères ;

2° Interdits pour les oiseaux et leurs œufs, sauf pour les espèces dont la liste est fixée par arrêté du ministre chargé de la chasse.

Art. R. 427-29 *(Abr., D. n° 2006-767, 29 juin 2006).*

CHAPITRE VIII. – DISPOSITIONS PÉNALES

Section I. – Peines

(Rempl., D. n° 2007-533, 6 avr. 2007)

Sous-section 1. – Territoire

Art. R. 428-1 *(Rempl., D. n° 2007-533, 6 avr. 2007).* – **I. – Est puni de l'amende prévue pour les contraventions de la 5e classe le fait de chasser :**

1° Sur le terrain d'autrui sans le consentement du propriétaire ou du détenteur du droit de chasse ;

2° Sur un terrain ayant fait l'objet d'une opposition en application du 5° de l'article L. 422-10 ;

3° En infraction à la réglementation en vigueur dans les réserves de chasse et de faune sauvage créées en application des dispositions de l'article L. 422-27.

II. – Peut ne pas être considéré comme une infraction le passage des chiens courants sur l'héritage d'autrui, lorsque ces chiens sont à la suite d'un gibier lancé sur la propriété de leur maître, sauf l'action civile, s'il y a lieu, en cas de dommages.

Recevabilité – Fédération départementale de chasseurs – Chasse sur le terrain d'autrui. Une fédération départementale des chasseurs est recevable à se constituer partie civile du chef de chasse sur le terrain d'autrui. D'une part, l'article L. 421-6 du Code de l'environnement prévoit qu'une telle fédération peut exercer les droits reconnus à la partie civile en ce qui concerne les faits constituant une infraction aux dispositions du titre du même code intitulé « Chasse » et des textes pris pour son application, parmi lesquels figure l'article R. 428-1 de ce code qui incrimine et réprime la contravention de chasse sur le terrain d'autrui. D'autre part, depuis l'abrogation de l'article L. 428-33 du Code de l'environnement par l'ordonnance n° 201234 du 11 janvier 2012, la poursuite de cette infraction n'est plus soumise à la condition préalable d'une plainte de la partie intéressée au sens de ce texte (▪ Cass. crim., 5 nov. 2024, n° 23-84.742).

Art. R. 428-2 *(Rempl., D. n° 2007-533, 6 avr. 2007).* – **Est puni de l'amende prévue pour les contraventions de la 5e classe le fait pour les fermiers de la chasse, soit dans les bois relevant du régime forestier, soit sur les propriétés dont la chasse est louée au profit de l'État, des collectivités territoriales ou de leurs établissements publics, de contrevenir aux clauses et conditions de leurs cahiers des charges relatives à la chasse.**

N'a pas justifié sa décision, en se déterminant par des motifs empreints de contradiction, la cour d'appel qui, pour dire non établie la contravention de circulation de véhicules en forêt hors des routes et chemins et débouter l'ONF de sa demande de dommages et intérêts, en se référant expressément, pour l'exposé des faits, aux énonciations du jugement, retient que l'article 4 du cahier des clauses communes de la location de la chasse dans les forêts domaniales pour la région Lorraine interdit toute circulation d'engins motorisés dans les peuplements forestiers où la présence de l'engin stationné en pleine forêt a été constatée. Le juge énonce, par ailleurs, que l'exercice du droit de circuler par un locataire, muni d'une autorisation relative aux voies carrossables, lorsqu'il intervient dans le cadre de ses prérogatives de fermier de chasse et de sa gestion de la chasse, ne permet pas d'assimiler les faits relevés à une contravention (▪ Cass. crim., 10 févr. 2009, n° 08-83.603).

Sous-section 2. – Permis de chasser, autorisation de chasser accompagné et autorisation de chasse maritime

Art. R. 428-3 *(Rempl., D. n° 2007-533, 6 avr. 2007)*. – I. – Est puni de l'amende prévue pour les contraventions de la 5e classe le fait de chasser sans être titulaire :

1° Soit d'un permis de chasser valable prévu à l'article L. 423-1 ;

2° Soit de l'autorisation de chasser prévue à l'article L. 423-2 ;

3° Soit, pour la pratique de la chasse maritime par les marins-pêcheurs professionnels et les conchyliculteurs assimilés auxdits marins, d'un permis de chasser accompagné de l'autorisation prévue à l'article L. 423-3.

II. – Est puni de l'amende prévue pour les contraventions de la 5e classe le fait de chasser sans avoir souscrit l'assurance mentionnée à l'article L. 423-16.

Art. R. 428-4 *(Rempl., D. n° 2007-533, 6 avr. 2007)*. – Est puni de l'amende prévue pour les contraventions de la 1re classe le fait de chasser sans être porteur :

1° Soit d'un permis de chasser valable prévu à l'article L. 423-1, accompagné du document de validation de ce permis de chasser et de l'attestation de souscription d'assurance de son titulaire prévus à l'article R. 423-18 ;

2° Soit de l'autorisation de chasser prévue à l'article L. 423-2 ;

3° Soit, pour la pratique de la chasse maritime par les marins-pêcheurs professionnels et les conchyliculteurs assimilés auxdits marins, d'un permis de chasser non validé accompagné de l'autorisation prévue à l'article L. 423-3.

Sous-section 3. – Exercice de la chasse

§ 1. – Protection du gibier

Art. R. 428-5 *(Rempl., D. n° 2007-533, 6 avr. 2007)*. – Est puni de l'amende prévue pour les contraventions de la 5e classe le fait de chasser :

1° Une espèce de gibier dont la chasse n'est pas autorisée ;

2° *(Mod., D. n° 2019-933, 6 sept. 2019)* En méconnaissance des arrêtés pris en application des articles L. 424-1 et R. 424-1 pour prévenir la destruction et favoriser le repeuplement du gibier ;

3° Les espèces de gibier d'eau en méconnaissance des dispositions de l'article L. 424-6.

Art. R. 428-6 (1) *(Rempl., D. n° 2007-533, 6 avr. 2007 ; mod., D. n° 2010-707, 29 juin 2010)*. – Est puni de l'amende prévue pour les contraventions de la 4e classe le fait de :

1° Contrevenir aux arrêtés réglementant, en application de l'article L. 424-1, le report de la date de broyage et de fauchage de la jachère de tous terrains à usage agricole ;

2° Contrevenir aux arrêtés réglementant :

a) L'emploi des chiens pour la chasse ;

b) La divagation des chiens ;

c) Les entraînements, concours et épreuves de chiens de chasse ;

3° Contrevenir aux dispositions réglementaires prises en application des articles R. 424-2 et R. 424-3 ;

4° Contrevenir aux dispositions réglementaires prises pour favoriser la protection du gibier et le repeuplement au sein des réserves de chasse et de faune sauvage créées en application des dispositions de l'article L. 422-27.

§ 2. – Temps de chasse

Art. R. 428-7 *(Rempl., D. n° 2007-533, 6 avr. 2007 ; mod. à compter du 1er mars 2014, D. n° 2013-1302, 27 déc. 2013 ; mod., D. n° 2019-933, 6 sept. 2019)*. – Est puni de l'amende prévue pour les contraventions de la 5e classe le fait de chasser :

En temps prohibé, en méconnaissance des articles R. 424-4 à R. 424-13 et des arrêtés pris pour leur application.

(1) V. T. appl. : A. 16 mars 1955. – NDLR.

1) Selon l'article R. 428-7 du Code de l'environnement, est puni de l'amende prévue pour les contraventions de la 5e classe le fait de chasser notamment en temps prohibé, en méconnaissance des dispositions des articles R. 424-4 à R. 424-13 et des arrêtés préfectoraux pris pour leur application. De son côté, l'article R. 424-8 du Code de l'environnement dispose que, par exception aux dispositions de l'article R. 424-7, le préfet ne peut fixer les périodes d'ouverture de la chasse à certaines espèces de gibier qu'entre les dates et sous réserve de certaines conditions spécifiques de chasse. En l'espèce, il ressort de l'arrêté préfectoral que la chasse au sanglier pouvait être pratiquée entre le 15 août 2009 et le 31 janvier 2010 et sous les conditions propres à la chasse en battue. Il ressort de ces textes que, contrairement à ce que soutient la défense, les conditions prévues par les textes susmentionnés sont cumulatives. La chasse au sanglier ne peut se pratiquer qu'entre les dates prévues par l'arrêté, ce qui était respecté en l'espèce par les chasseurs contrôlés, mais également dans les conditions prévues pour la chasse en battue. L'élément légal de l'infraction ne fait donc pas défaut. Par contre, s'agissant de l'élément matériel, il n'est donné aucune information permettant de déterminer si les fusils détenus par les prévenus lors de la constatation de l'infraction étaient des fusils de chasse au sanglier, aucune constatation n'ayant été faite sur les fusils ou sur les munitions. En conséquence, la matérialité des faits n'étant pas suffisamment établie, un doute persiste qui doit bénéficier aux prévenus. Il convient donc de les renvoyer des fins de la poursuite (■ CA Montpellier, ch. corr. 3, 5 déc. 2012 : *JurisData* n° 2012-033952).

2) Il résulte de l'article R. 424-9 du Code de l'environnement et de l'article 1er de l'arrêté du 19 janvier 2009 que la pratique de la chasse aux oies au-delà du 31 janvier est interdite, sous peine de subir l'amende prévue pour les contraventions de la 5e classe par l'article R. 428-7 du Code de l'environnement. En reportant au 9 février la date à laquelle la verbalisation des contrevenants prendrait effet, le ministre a méconnu cette interdiction. La lettre par laquelle le ministre de l'Écologie a décidé que la verbalisation des contrevenants ne prendrait effet qu'à compter du 9 février suivant est annulée. En revanche il n'y a pas lieu, dans les circonstances de l'espèce, de faire droit aux conclusions des trois associations requérantes au titre de l'article L. 761-1 du Code de justice administrative (■ CE, 8 juin 2016 : *JurisData* n° 2016-012174).

Art. R. 428-7-1 *(Créé à compter du 1er mars 2014, D. n° 2013-1302, 27 déc. 2013).* **– Est puni de l'amende prévue pour les contraventions de la 5e classe :**

1° Le fait d'exploiter un établissement professionnel de chasse à caractère commercial sans avoir satisfait aux formalités d'inscription au registre du commerce ou au registre agricole et de déclaration auprès du préfet du département prévues au II de l'article L. 424-3 ;

2° Le fait pour le responsable d'un établissement professionnel de chasse à caractère commercial d'omettre, y compris par négligence, de tenir à jour le registre prévu au II de l'article L. 424-3 dans les conditions fixées au I de l'article R. 424-13-4 ou d'y apposer des mentions inexactes ;

3° Le fait de chasser les perdrix grises, perdrix rouges et faisans de chasse issus d'élevage sur le territoire d'un établissement professionnel de chasse à caractère commercial en dehors de la période autorisée pour ces établissements professionnels de chasse à caractère commercial en application du second alinéa du II de l'article L. 424-3 ;

4° Le fait, dans le cadre d'un établissement professionnel de chasse à caractère commercial, de procéder au lâcher d'oiseaux non munis du signe distinctif rendu obligatoire en application des dispositions des II et III de l'article R. 424-13-3 ou munis d'un signe distinctif non conforme à l'arrêté prévu au IV de ce même article ;

5° Le fait de chasser, sur le territoire d'un établissement professionnel de chasse à caractère commercial, des oiseaux non munis d'un signe distinctif lorsque seule la chasse d'oiseaux munis d'un tel signe est autorisée en application des dispositions de l'article R. 424-13-3.

§ 3. – Modes et moyens

Art. R. 428-8 *(Rempl., D. n° 2007-533, 6 avr. 2007 ; mod., D. n° 2018-530, 28 juin 2018).* **– Est puni de l'amende prévue pour les contraventions de la 5e classe le fait de :**

1° Chasser pendant la nuit dans des conditions autres que celles autorisées par l'alinéa 1er de l'article L. 424-4 et par l'article L. 424-5 ;

2° Chasser le gibier d'eau à la passée dans des conditions autres que celles prévues par l'alinéa 2 de l'article L. 424-4 ;

3° Contrevenir aux dispositions législatives et réglementaires relatives à l'emploi de modes, de moyens, d'engins ou d'instruments pour la chasse du gibier ou pour la destruction des animaux susceptibles d'occasionner des dégâts ;

4° Se déplacer en véhicule à moteur d'un poste de tir à un autre dans des conditions autres que celles prévues aux alinéas 7, 8 et 9 de l'article L. 424-4 ;

5° Contrevenir aux arrêtés relatifs à l'usage de drogues, appâts ou substances toxiques de nature à détruire ou à faciliter la destruction du gibier et des animaux susceptibles d'occasionner des dégâts ;

6° Contrevenir aux arrêtés pris en application du présent titre et relatifs à l'utilisation d'armes et éléments d'armes pour la chasse du gibier ou pour la destruction des animaux susceptibles d'occasionner des dégâts ;

7° Détenir ou être trouvé muni ou porteur, hors de son domicile, de filets, engins ou autres instruments de chasse prohibés.

8° *(D. n° 2023-882, 16 sept. 2023)* Se trouver en état d'ivresse manifeste à l'occasion d'une action de chasse ou de destruction en étant porteur d'une arme à feu ou d'un arc.

Art. R. 428-9 *(Rempl., D. n° 2007-533, 6 avr. 2007).* – Est puni de l'amende prévue pour les contraventions de la 4e classe le fait de :

1° Utiliser des appeaux, appelants vivants ou artificiels et chanterelles, sans respecter les conditions fixées par un arrêté ministériel pris en application de l'article R. 424-15 pour la chasse des oiseaux de passage et du gibier d'eau ou pour la destruction des animaux *(Mot rempl., D. n° 2018-530, 28 juin 2018)* « susceptibles d'occasionner des dégâts » ;

2° Contrevenir aux arrêtés pris en application du présent titre, relatifs à l'utilisation de munitions pour la chasse du gibier ou pour la destruction des animaux *(Mot rempl., D. n° 2018-530, 28 juin 2018)* « susceptibles d'occasionner des dégâts » ;

3° Contrevenir aux arrêtés réglementant le transport à bord d'un véhicule des armes de chasse ;

4° Contrevenir aux arrêtés préfectoraux réglementant la chasse du lapin à l'aide du furet ;

5° Rechercher ou poursuivre le gibier à l'aide de sources lumineuses, sans y être autorisé par l'autorité administrative pour les comptages et captures à des fins scientifiques ou de repeuplement.

Art. R. 428-10 *(Rempl., D. n° 2007-533, 6 avr. 2007).* – Est puni de l'amende prévue pour les contraventions de la 3e classe le fait de ne pas tenir à jour le carnet de prélèvement prévu au dernier alinéa de l'article L. 424-5.

§ 4. – Transport et commercialisation

Art. R. 428-11 *(Rempl., D. n° 2007-533, 6 avr. 2007 ; mod., D. n° 2010-707, 29 juin 2010 ; D. n° 2018-530, 28 juin 2018).* – Est puni de l'amende prévue pour les contraventions de la 5e classe le fait de :

1° Transporter à des fins commerciales, détenir pour la vente, mettre en vente, vendre et acheter des oiseaux vivants d'espèces dont la chasse est autorisée, sauf lorsque ces oiseaux figurent sur la liste des espèces fixée par arrêté du ministre chargé de la chasse en application du 2° du I de l'article L. 424-8, et sauf lorsque ces spécimens sont nés et élevés en captivité ;

2° Transporter à des fins commerciales, détenir pour la vente, mettre en vente, vendre et acheter des oiseaux licitement tués à la chasse, sauf lorsque ces oiseaux figurent sur la liste des espèces fixée par arrêté du ministre chargé de la chasse en application du 2° du I de l'article L. 424-8, et sauf lorsque ces spécimens sont nés et élevés en captivité ;

3° Méconnaître les restrictions apportées par l'autorité administrative en application du II de l'article L. 424-8 et des articles L. 424-12 et L. 424-13 ;

4° Pour les animaux tués au titre du plan de chasse, transporter, détenir pour la vente ou la naturalisation, mettre en vente, vendre et acheter ces animaux non munis du dispositif de pré-marquage ou de marquage, ou des morceaux de ces animaux non accompagnés de l'attestation justifiant leur origine sauf lorsque ces morceaux sont transportés par le titulaire d'un permis de chasser valide pendant la période où la chasse est ouverte ;

5° Pour le grand gibier licitement tué à l'intérieur des enclos définis au I de l'article L. 424-3, transporter, détenir pour la vente ou la naturalisation, mettre en vente, vendre et acheter ce grand gibier non muni d'un dispositif de marquage, ou des morceaux de ce grand gibier non accompagnés d'une attestation justifiant leur origine ;

6° En toute saison, mettre en vente, vendre, transporter ou acheter sciemment du gibier tué à l'aide d'engins ou d'instruments prohibés ;

7° *(Mod., D. n° 2019-933, 6 sept. 2019)* Détruire, enlever ou endommager intentionnellement les nids et les œufs des oiseaux dont la chasse est autorisée, ramasser leurs œufs dans la nature et les détenir en violation des dispositions de l'article L. 424-10 ou des règlements et des décisions individuelles pris pour son application, ainsi que détruire, enlever, vendre, acheter et transporter les portées ou petits de tous mammifères dont la chasse est autorisée, sous réserve des dispositions relatives aux animaux susceptibles d'occasionner des dégâts ;

8° Sans l'autorisation préfectorale prévue à l'article L. 424-11, introduire dans le milieu naturel du grand gibier ou des lapins, ou prélever dans le milieu naturel des animaux vivants d'espèces dont la chasse est autorisée ;

9° S'opposer, pour les chasseurs et les personnes les accompagnant, à la visite de leurs carniers, poches à gibier ou sacs par les agents mentionnés à l'article L. 428-29.

Art. R. 428-12 *(Rempl., D. n° 2007-533, 6 avr. 2007).* – Est puni de l'amende prévue pour les contraventions de la 3e classe le fait de contrevenir aux dispositions de l'article L. 424-9.

§ 5. – Obstruction à un acte de chasse

(D. n° 2010-603, 4 juin 2010) (1)

Art. R. 428-12-1 *(D. n° 2010-603, 4 juin 2010).* – Est puni de l'amende prévue pour les contraventions de la cinquième classe le fait, par des actes d'obstruction concertés, d'empêcher le déroulement d'un ou plusieurs actes de chasse tels que définis à l'article L. 420-3.

Le Conseil d'État rejette une requête tendant à l'annulation du refus d'abrogation du décret n° 2010-603 du 4 juin 2010 créant une contravention pour obstruction à un acte de chasse.

Si, pour contester la nécessité de la peine prévue par le décret n° 2010-603 du 4 juin 2010 créant une contravention pour obstruction à un acte de chasse, la requérante invoque le nombre restreint des actions d'obstruction à un acte de chasse, il ne ressort toutefois pas des pièces des dossiers qu'eu égard aux comportements incriminés, aux buts et à la nature des peines prévues, le décret attaqué aurait été pris en méconnaissance du principe de nécessité des incriminations et des peines. Les dispositions litigieuses ne sont, en tant qu'elles prévoient qu'entre dans la catégorie des contraventions de la cinquième classe « le fait, par des actes d'obstruction concertés, d'empêcher le déroulement d'un ou plusieurs actes de chasse tels que définis à l'article L. 420-3 du Code de l'environnement », ni obscures ni ambiguës et ne méconnaissent pas, par suite, le principe selon lequel les infractions pénales doivent être définies en termes suffisamment clairs et précis pour exclure l'arbitraire (■ CE, 11 juill. 2012, n° 344938, Assoc. *pour la protection des animaux sauvages : JurisData* n° 2012-019986).

Sous-section 4. – Gestion

§ 1. – Plan de chasse

Art. R. 428-13 *(Rempl., D. n° 2007-533, 6 avr. 2007).* – Est puni de l'amende prévue pour les contraventions de la 5e classe le fait de :

1° Chasser sans plan de chasse individuel lorsqu'il est obligatoire ;

2° Prélever un nombre d'animaux inférieur au minimum attribué par le plan de chasse individuel ;

3° Prélever un nombre d'animaux supérieur au maximum attribué par le plan de chasse individuel ;

4° Ne pas munir d'un dispositif de marquage ou de pré-marquage *(Mots aj., D. n° 2010-707, 29 juin 2010)* « conforme aux prescriptions des arrêtés pris en application de l'article R. 425-10 » un animal tué en application du plan de chasse individuel, sur le lieu même où il a été abattu ou retrouvé et préalablement à tout transport ;

5° Ne pas dater du jour de la capture le dispositif de marquage ou de pré-marquage préalablement à sa pose sur l'animal capturé.

---

(1) Sur la légalité de ces dispositions issues du décret n° 2010-603 du 4 juin 2010, V. ■ CE, 11 juill. 2012, n° 344938, Assoc. *pour la protection des animaux sauvages.* – NDLR.

Art. R. 428-14 *(Rempl., D. n° 2007-533, 6 avr. 2007 ; D. n° 2010-707, 29 juin 2010).* – Est puni de l'amende prévue pour les contraventions de la 3e classe le fait de :

1° Contrevenir aux dispositions fixant les modalités de contrôle de l'exécution des plans de chasse individuels prises en application des articles R. 425-12 et R. 425-17 ;

2° Ne pas communiquer le nombre d'animaux prélevés en application du plan de chasse individuel à la fédération départementale ou interdépartementale des chasseurs dans les conditions prévues à l'article R. 425-13.

§ 2. – Prélèvement maximal autorisé

Art. R. 428-15 *(Rempl., D. n° 2007-533, 6 avr. 2007).* – Est puni de l'amende prévue pour les contraventions de la 4e classe le fait de capturer un nombre d'animaux supérieur au prélèvement maximal autorisé par chasseur, pour une ou plusieurs espèces, pendant une période déterminée et sur un territoire donné.

Art. R. 428-16 *(Rempl., D. n° 2007-533, 6 avr. 2007).* – Est puni de l'amende prévue pour les contraventions de la 4e classe le fait de :

1° Ne pas munir d'un dispositif de marquage un animal capturé dans le cadre du prélèvement maximal autorisé, sur le lieu même où il a été abattu ou retrouvé et préalablement à tout transport ;

Ne pas tenir à jour le carnet de prélèvements prévu à l'article R. 425-20 *(Mots aj., D. n° 2020-1091, 27 août 2020)* « ou ne pas renseigner un prélèvement dans l'application mobile mentionnée à l'article R. 425-20-3 dans les conditions prévues par cet article ».

§ 3. – Plan de gestion cynégétique

Art. R. 428-17 *(Rempl., D. n° 2007-533, 6 avr. 2007).* – Est puni de l'amende prévue pour les contraventions de la 4e classe le fait de chasser en infraction avec les modalités de gestion prévues à l'article L. 425-15.

§ 4. – Schéma départemental de gestion cynégétique
(D. n° 2010-707, 29 juin 2010)

Art. R. 428-17-1 *(D. n° 2010-707, 29 juin 2010).* – Est puni de l'amende prévue pour les contraventions de la 4e classe le fait de contrevenir aux prescriptions du schéma départemental de gestion cynégétique relatives :

1° À l'agrainage et à l'affouragement ;

2° À la chasse à tir du gibier d'eau à l'agrainée ;

3° Aux lâchers de gibiers ;

4° À la sécurité des chasseurs et des non-chasseurs.

Art. R. 428-17-1-1 *(D. n° 2022-1337, 19 oct. 2022).* – Est puni de l'amende prévue pour les contraventions de la 4e classe le fait de pratiquer le nourrissage en vue de concentrer des sangliers sur un territoire.

§ 5. – Gestion adaptative des espèces
(D. n° 2020-1091, 27 août 2020)

Art. R. 428-17-2 *(D. n° 2020-1091, 27 août 2020).* – Est puni de l'amende prévue pour les contraventions de la 4e classe le fait de prélever un spécimen d'une espèce soumise à gestion adaptative après que le nombre maximal de spécimens de cette espèce à prélever annuellement a été atteint.

Art. R. 428-17-3 *(D. n° 2020-1091, 27 août 2020).* – Est puni de l'amende prévue pour les contraventions de la 4e classe le fait de ne pas enregistrer dans les conditions fixées à l'article R. 425-20-3 le prélèvement d'un spécimen d'une espèce soumise à gestion adaptative.

Lorsque l'espèce est également soumise à un prélèvement maximal autorisé, la contravention prévue par le présent article se substitue à celle prévue par le 2° de l'article R. 428-16.

Sous-section 5. – Participations instituées pour l'indemnisation des dégâts de gibier

Art. R. 428-18 *(Rempl., D. n° 2007-533, 6 avr. 2007).* – **Lorsque la fédération départementale ou interdépartementale des chasseurs institue des participations en application du quatrième alinéa de l'article L. 426-5, est puni de l'amende prévue pour les contraventions de la 4e classe le fait, pour un adhérent de cette fédération, de ne pas procéder au marquage du gibier mort, préalablement à tout transport, lorsqu'il n'est pas soumis à un plan de chasse dans le département.**

Sous-section 6. – Destruction des animaux susceptibles d'occasionner des dégâts et louveterie

(Intitulé mod., D. n° 2018-530, 28 juin 2018)

Art. R. 428-19 *(Rempl., D. n° 2007-533, 6 avr. 2007 ; mod., D. n° 2012-402, 23 mars 2012).* – **I. – Est puni de l'amende prévue pour les contraventions de la cinquième classe le fait de contrevenir aux dispositions des articles R. 427-10, R. 427-14, R. 427-16, R. 427-18 et R. 427-25 à R. 427-28 relatifs à la destruction, au lâcher, au transport et à la commercialisation des animaux** *(Mot rempl., D. n° 2018-530, 28 juin 2018)* **« susceptibles d'occasionner des dégâts », aux arrêtés et décisions individuelles pris pour leur application ainsi qu'aux arrêtés pris sur le fondement de l'article R. 427-6.**

II. – Est puni de l'amende prévue pour les contraventions de la 4e classe le fait, pour tout piégeur agréé en application de l'article R. 427-16, de ne pas respecter les conditions d'utilisation des pièges définies en application de l'article R. 427-17.

Section II. – Récidive

(Rempl., D. n° 2007-533, 6 avr. 2007)

Art. R. 428-20 *(Rempl., D. n° 2007-533, 6 avr. 2007).* – **La récidive des contraventions de la 5e classe prévues au présent chapitre est réprimée conformément aux articles 132-11 et 132-15 du Code pénal.**

Section III. – Peines applicables aux personnes morales et peines complémentaires

(Rempl., D. n° 2007-533, 6 avr. 2007)

Art. R. 428-21 *(Rempl., D. n° 2007-533, 6 avr. 2007 ; D. n° 2010-671, 18 juin 2010)* (1). – **Les personnes morales déclarées responsables pénalement dans les conditions prévues par l'article 121-2 du Code pénal des infractions définies au présent chapitre encourent, outre l'amende, suivant les modalités prévues par l'article 131-41 du Code pénal, la peine de confiscation de la chose qui a servi ou était destinée à commettre l'infraction ou de la chose qui en est le produit.**

Art. R. 428-22 *(Rempl., D. n° 2007-533, 6 avr. 2007).* – **Les personnes physiques encourent les peines complémentaires prévues aux 1° à 5° de l'article 131-16 du Code pénal.**

Art. R. 428-23 et R. 428-24 *(Implicitement abr., D. n° 2007-533, 6 avr. 2007).*

Section IV. – Constatation des infractions et poursuites

Sous-section 1. – Constatation des infractions

(Mod. à compter du 1er décembre 2006, D. n° 2006-1100, 30 août 2006)

§ 1. – Gardes-chasse particuliers

Art. R. 428-25 *(Créé à compter du 1er décembre 2006, D. n° 2006-1100, 30 août 2006).* – **Les gardes-chasse particuliers sont commissionnés, agréés, assermentés et exercent leurs fonctions dans les conditions**

(1) Application en Polynésie française, en Nouvelle-Calédonie et dans les îles Wallis-et-Futuna : V. D. n° 2010-671, 18 juin 2010, art. 8, I.

fixées aux articles R. 15-33-24 à R. 15-33-29-2 du Code de procédure pénale. La commission délivrée en application de l'article R. 15-33-24 de ce code précise les territoires pour lesquels le propriétaire ou le titulaire de droits d'usage dispose des droits de chasse que le garde-chasse particulier est chargé de surveiller.

§ 2. – Agents de développement des fédérations de chasseurs

Art. R. 428-26 *(Créé à compter du 1er décembre 2006, D. n° 2006-1100, 30 août 2006).* – I. – Par dérogation aux dispositions des articles R. 15-33-24 et R. 15-33-25 du Code de procédure pénale, les agents de développement des fédérations sont commissionnés par le président de la fédération départementale ou interdépartementale des chasseurs, qui adresse la demande d'agrément au préfet du département où se situe le siège de la fédération.

Outre les pièces prévues à l'article R. 15-33-25 du Code de procédure pénale, la demande d'agrément comporte la liste des conventions passées entre les propriétaires ou les détenteurs des droits de chasse et la fédération départementale ou interdépartementale des chasseurs dont ils sont membres, pour assurer la surveillance de leurs territoires. La fédération départementale ou interdépartementale des chasseurs tient à la disposition du préfet un exemplaire de ces conventions.

II. – Les agents de développement des fédérations sont agréés, assermentés et exercent leurs fonctions dans les conditions définies aux articles R. 15-33-24 à R. 15-33-29-2 du Code de procédure pénale. Toutefois, outre les mentions prévues à l'article R. 15-33-29-1, ils peuvent faire figurer sur leur vêtement la mention : « Agent de développement de la fédération départementale (ou interdépartementale) des chasseurs ».

La carte d'agrément est délivrée par le président de la fédération départementale ou interdépartementale des chasseurs.

Art. R. 428-27 *(Créé à compter du 1er décembre 2006, D. n° 2006-1100, 30 août 2006).* – Lorsqu'ils interviennent pour l'application de l'article L. 428-21, les agents de développement des fédérations départementales ou inter-départementales de chasseurs joignent aux procès-verbaux qu'ils dressent une copie de la convention passée entre le propriétaire ou le détenteur de droits de chasse sur le territoire duquel a été constatée l'infraction et la fédération qui les emploie.

§ 3. – Dispositions communes

Art. R. 428-28 *(Créé à compter du 1er décembre 2006, D. n° 2006-1100, 30 août 2006).* – Pour exercer leurs missions, les gardes-chasse particuliers et les agents de développement des fédérations départementales ou inter-départementales de chasseurs doivent être titulaires du permis de chasser.

Outre les pièces prévues à l'article R. 15-33-25 du Code de procédure pénale, la demande d'agrément comporte une photocopie du permis de chasser.

Sous-section 2. – Recherche des infractions

Pas de dispositions réglementaires codifiées.

Sous-section 3. – Poursuites

Pas de dispositions réglementaires codifiées.

Sous-section 4. – Dispositions diverses

Pas de dispositions réglementaires codifiées.

CHAPITRE IX. – DISPOSITIONS PARTICULIÈRES AUX DÉPARTEMENTS DU BAS-RHIN, DU HAUT-RHIN ET DE LA MOSELLE

Art. R. 429-1 *(Mod., D. n° 2006-1097, 30 août 2006 ; D. n° 2007-533, 6 avr. 2007).* – Les dispositions du présent titre sont applicables aux départements du Bas-Rhin, du Haut-Rhin et de la Moselle, à l'exception de celles des articles R. 422-1 à R. 422-80, R. 424-2, R. 424-7, R. 424-15, R. 426-1 à R. 426-29, R. 428-1, R. 428-8 (3°), R. 428-9 (1°) et R. 428-18, et sous réserve des dispositions du présent chapitre.

Section I. – Administration de la chasse sur le ban communal

Sous-section 1. – Ban communal

Pas de dispositions réglementaires codifiées.

Sous-section 2. – Exploitation du droit de chasse

Pas de dispositions réglementaires codifiées.

Sous-section 3. – Enclaves

Pas de dispositions réglementaires codifiées.

Sous-section 4. – Dispositions diverses

Pas de dispositions réglementaires codifiées.

Section II. – Exercice de la chasse

Sous-section 1. – Temps de chasse

Art. R. 429-2. – La période d'ouverture générale de la chasse doit être comprise entre les dates suivantes :

1° Date d'ouverture générale au plus tôt le 23 août ;

2° Date de clôture générale au plus tard le 1er février.

Art. R. 429-3. – I. – Par dérogation à l'article R. 429-2, les espèces de gibier ci-après ne peuvent être chassées que pendant les périodes comprises entre les dates suivantes :

1° Chevreuil mâle, du 15 mai au 1er février ;

2° *(Mot rempl., D. n° 2018-686, 1er août 2018)* « [C]erf élaphe » mâle, daim mâle, du 1er août au 1er février ;

3° Sanglier, du 15 avril au 1er février ;

4° Renard, lapin, du 15 avril au dernier jour de février.

II. – Le préfet peut autoriser le tir de nuit du sanglier, dans les conditions prévues à l'article L. 429-19.

Art. R. 429-4. – Le préfet peut, dans l'arrêté annuel d'ouverture de la chasse, réglementer ou interdire l'emploi de chiens.

Art. R. 429-5. – Le préfet peut, dans l'arrêté annuel d'ouverture de la chasse, réglementer ou interdire l'exercice de celle-ci par temps de neige.

Sous-section 2. – Plan de chasse

Art. R. 429-6. – La commission mentionnée à l'article R. 425-7 est complétée par la présence d'un maire et d'un chasseur désignés par le préfet.

Sous-section 3. – Modes et moyens de chasse

Art. R. 429-7 (1). – L'autorité administrative mentionnée à l'article L. 429-20 est le ministre chargé de la chasse ou par délégation le préfet du département.

Sous-section 4. – Commercialisation et transport du gibier

Pas de dispositions réglementaires codifiées.

(1) V. T. appl. : A. 12 juill. 1996. NDLR.

Section III. – Indemnisation des dégâts de gibier

Sous-section 1. – Régime général

Art. R. 429-8. – Un estimateur, chargé d'évaluer les dommages causés par le gibier, est désigné dans chaque commune pour la durée de la location de la chasse.

En cas d'accord entre le conseil municipal et les locataires de la chasse communale, l'estimateur est nommé par le maire. Cette nomination est soumise à l'approbation révocable du préfet.

À défaut d'accord, le préfet procède d'office à la nomination de l'estimateur.

L'estimateur est choisi parmi les habitants d'une commune voisine.

Art. R. 429-9. – Pour obtenir réparation des dommages causés par le gibier, à l'exception de ceux qui sont causés par les sangliers, le requérant adresse sa réclamation au maire.

Dès réception de la réclamation, le maire provoque une réunion du demandeur, du fermier de la chasse et de l'estimateur sur les lieux, afin de constater et d'évaluer les dommages et de rechercher un accord amiable. Les convocations sont faites par lettre recommandée avec demande d'avis de réception qui mentionne qu'en cas d'absence il sera quand même procédé à la constatation et à l'estimation des dégâts.

Art. R. 429-10. – Chacun des intéressés peut demander que les dommages soient évalués à l'époque de la récolte. Il est fait droit à cette demande.

Art. R. 429-11. – Un procès-verbal des débats auxquels donnent lieu la constatation et l'évaluation des dommages est dressé ; il fixe, le cas échéant, le montant des indemnités.

Le procès-verbal est signé par l'estimateur et déposé à la mairie moins d'une semaine après la réunion.

Art. R. 429-12. – Une opposition à l'estimation peut être formée auprès du maire dans les deux semaines qui suivent la réunion.

Il est délivré récépissé, sur sa demande, à celui qui fait opposition.

À défaut d'action intentée dans les deux semaines qui suivent cette opposition, les dommages sont considérés comme définitivement fixés.

Art. R. 429-13 *(Mod., D. n° 2006-1097, 30 août 2006).* – L'estimateur a droit, sur sa demande, à une indemnité fixée dans les conditions prévues à l'article R. 426-19.

Lorsque des dommages ont été constatés, les honoraires de l'estimateur et les frais sont à la charge de celui qui en est responsable ; dans le cas contraire ils sont à la charge des demandeurs en indemnité. Toutefois les honoraires et les frais peuvent être imposés en totalité ou en partie à celui qui a subi les dommages lorsque sa demande est manifestement exagérée.

Sur la demande de l'estimateur, la commune est tenue de lui payer les sommes prévues au deuxième alinéa du présent article, à charge pour elle de se retourner contre la partie à laquelle incombent ces frais.

Art. R. 429-14 *(Mod., D. n° 2019-966, 18 sept. 2019).* – Si le fermier d'une chasse n'habite pas dans le ressort du tribunal judiciaire dont relève la commune bailleresse, il désigne un représentant demeurant dans ce ressort pour suivre, en son nom, la procédure de fixation des dégâts et conclure tous arrangements ; les notifications prescrites lui sont adressées.

Cette désignation est notifiée au maire.

À défaut, le fermier n'est pas nécessairement convoqué à la réunion d'estimation des dégâts.

NB : Conformément à l'article 9 du décret n° 2019-966 du 18 septembre 2019, les présentes dispositions entrent en vigueur le 1er janvier 2020.

Art. R. 429-15 *(Abr., D. n° 2006-1097, 30 août 2006).*

Sous-section 2. – Dispositions particulières à l'indemnisation des dégâts causés par les sangliers

Art. R. 429-16 *(Abr., D. n° 2006-1097, 30 août 2006).*

Art. R. 429-17 *(Abr., D. n° 2006-1097, 30 août 2006).*

Section IV. – Pénalités

Sous-section 1. – Peines

§ 1. – Territoire

Art. R. 429-18. – **Est puni de l'amende prévue pour les contraventions de la 5e classe le fait de se trouver en appareil de chasse sur le terrain de chasse d'autrui en dehors du chemin destiné à l'usage commun alors même qu'aucun acte de chasse n'a été accompli, sauf le consentement du propriétaire de la chasse ou une autorisation pour d'autres motifs.**

Art. R. 429-19. – **Est puni de l'amende prévue pour les contraventions de la 5e classe le fait de laisser des chiens courants ou autres placés sous sa surveillance rechercher ou poursuivre le gibier sur le terrain de chasse d'autrui, sans le consentement du propriétaire.**

§ 2. – Exercice de la chasse

Art. R. 429-20. – **Est puni des peines prévues pour les contraventions de la 5e classe le fait de chasser en se servant de moyens, d'engins ou selon un mode prohibés en application de l'article L. 429-20.**

Art. R. 429-20-1 *(D. n° 2007-533, 6 avr. 2007).* – **Est puni de l'amende prévue pour les contraventions de la 4e classe le fait de chasser sans avoir au préalable versé la contribution personnelle unique fixée par le fonds départemental d'indemnisation en application de l'article L. 429-31.**

Sous-section 2. – Récidive

Art. R. 429-21. – **La récidive des contraventions prévues aux articles R. 429-18 à R. 429-20 est punie conformément à l'article 132-11 du Code pénal.**

Sous-section 3. – Peines accessoires et complémentaires

Pas de dispositions réglementaires codifiées.

TITRE III. – PÊCHE EN EAU DOUCE ET GESTION DES RESSOURCES PISCICOLES

Bibliographie L. Fonbaustier, *Une réforme en trompe-l'œil ? À propos du décret du 7 avril 2016 relatif à la pêche en eau douce : RD rur.* 2016, n° 445, p. 60-62. • G. Proutière-Maulion, *Gestion des ressources piscicoles : JCl. Env. et Dév. durable*, Fasc. 3900, 2024. • M. Redon, *Pêche en eau douce, protection et gestion des milieux aquatiques et ressources piscicoles : Rép. pén. Dalloz*, sept. 2022.

CHAPITRE Ier. – CHAMP D'APPLICATION

Section I. – Dispositions générales

Art. R. 431-1. – **En application de l'article L. 431-5, la demande par laquelle un propriétaire ou, le cas échéant, le détenteur du droit de pêche avec l'accord écrit du propriétaire, sollicite l'application des dispositions du présent titre et des textes pris pour son application à un ou plusieurs plans d'eau non visés à l'article L. 431-3, est adressée au préfet du département où est situé le plan d'eau.**

Lorsqu'un plan d'eau est situé sur le territoire de plusieurs départements, la demande est adressée au préfet du département où est située la surface en eau la plus étendue.

Art. R. 431-2. – I. – La demande comprend notamment les indications suivantes :

1° L'identité, l'adresse et les qualités du demandeur ;

2° La dénomination et la situation du plan d'eau ;

3° La situation cadastrale ;

4° La copie du titre de propriété ou, le cas échéant, la copie de l'acte de détention du droit de pêche et l'accord écrit du propriétaire ;

5° Un plan de situation au 1/25 000 du plan d'eau et de ses abords.

II. – Le demandeur précise la durée de l'application des dispositions du présent titre qu'il sollicite et qui ne peut être inférieure à cinq ans.

Art. R. 431-3. – Le préfet statue sur la demande et fixe la durée d'application au plan d'eau concerné des dispositions du présent titre. Cette durée ne peut excéder quinze ans.

Le préfet classe le plan d'eau soit en première catégorie, s'il est peuplé principalement de truites ou s'il paraît souhaitable d'y assurer une protection spéciale des poissons de cette espèce, soit en seconde catégorie dans les autres cas.

Art. R. 431-4. – Six mois avant l'expiration de la durée fixée, le renouvellement de l'application des dispositions du présent titre peut au moins pour une durée égale à cinq ans être demandé par le propriétaire ou, le cas échéant, par le détenteur du droit de pêche avec l'accord écrit du propriétaire, au préfet qui statue conformément aux dispositions de l'article R. 431-3.

Art. R. 431-5. – En cas de cession du plan d'eau à titre onéreux ou gratuit, l'ancien propriétaire ou ses ayants droit en informe le préfet dans le délai d'un mois à compter de la cession.

Art. R. 431-6 *(Mod., D. n° 2016-417, 7 avr. 2016 ; mod. à compter du 1er janvier 2017, D. n° 2016-1842, 26 déc. 2016).* – L'arrêté du préfet est notifié au propriétaire et, le cas échéant, au détenteur du droit de pêche. Il est publié au recueil des actes administratifs du département et affiché pendant un mois à la mairie de la ou des communes où est situé le plan d'eau. Il est transmis au représentant de *(Mots rempl. à compter du 1er janvier 2020, D. n° 2019-1580, 31 déc. 2019)* l'« Office français de la biodiversité » dans la région, ainsi qu'à la fédération départementale des associations agréées de pêche et de protection des milieux aquatiques. Copie en est adressée au ministre chargé de la pêche en eau douce.

Section II ancienne. – Piscicultures (1)

(Mod. à compter du 1er octobre 2006, D. n° 2006-880, 17 juill. 2006 ; dénum., D. n° 2007-978, 15 mai 2007)

Section II. – Eaux closes

(D. n° 2007-978, 15 mai 2007)

Art. R. 431-7 *(D. n° 2007-978, 15 mai 2007).* – Constitue une eau close au sens de l'article L. 431-4 le fossé, canal, étang, réservoir ou autre plan d'eau dont la configuration, qu'elle résulte de la disposition des lieux ou d'un aménagement permanent de ceux-ci, fait obstacle au passage naturel du poisson, hors événement hydrologique exceptionnel.

Un dispositif d'interception du poisson ne peut, à lui seul, être regardé comme un élément de la configuration des lieux au sens de l'alinéa précédent.

Voir : art. L. 431-1, p. 895 et art. L. 431-4, p. 898. – V. *infra*, Circ., 29 janv. 2008, relative à la définition des eaux closes (modalités d'application des articles L. 431-4 et R. 431-7 du Code de l'environnement) (*BO MEDAD* n° 2008/3, 15 févr. 2008).

1) Légalité du décret n° 2007-978 relatif à la définition des eaux closes. Le décret n° 2007-978 du 15 mai 2007 relatif aux eaux closes est jugé conforme à l'article L. 431-4 CE dès lors qu'il fait de la configuration des lieux le seul critère pertinent de la délimitation des eaux closes et qu'il précise qu'un dispositif d'interception du poisson ne peut être retenu comme élément de cette configu-

(1) Antérieurement aux modifications apportées par le décret n° 2006-880 du 17 juillet 2006 à la présente section, celle-ci comprenait les articles R. 431-7 à R. 431-43 répartis en six sous-sections. – NDLR.

ration. L'obstacle au passage du poisson ne peut résulter que des caractéristiques physiques pertinentes du fossé, canal, étang, réservoir ou autre plan d'eau, c'est-à-dire soit d'une configuration naturelle, soit d'un aménagement permanent qui transforme durablement la configuration des lieux et non d'un simple dispositif ayant pour seul objet d'empêcher temporairement le passage des poissons (■ CE, 27 oct. 2008, n° 307546, *Fédération départementale des associations agrées de la pêche et de protection du milieu aquatique de l'Orne : JurisData* n° 2008-074423, note P. Trouilly ; *Environnement*, déc. 2008).

2) Statut des lacs de montagne. Eu égard à leur spécificité, les lacs de montagne relèvent du régime des eaux libres (Rép. min. n° 1173, 26 juill. 2007 : *JO Sénat*, 3 janv. 2008).

Section II. – Piscicultures (1)

(Anc. sect. 2, dénum., D. n° 2007-978, 15 mai 2007)

Sous-section 1. – Dispositions générales

Art. R. 431-8 *(Anc. art. R. 431-7, dénum., D. n° 2007-978, 15 mai 2007).* **– Constituent des piscicultures régulièrement autorisées ou déclarées au sens de l'article L. 431-7 les piscicultures qui :**

– avant le 1er octobre 2006, ont été autorisées au titre de la législation des installations classées ou au titre de l'article L. 431-6 du Code de l'environnement ou des textes auquel il s'est substitué ;

– après le 1er octobre 2006, ont été autorisées au titre de la législation des installations classées ou ont fait l'objet d'une déclaration comme entrant dans la rubrique 3.2.7.0 de la nomenclature prévue à l'article L. 214-2, à laquelle le préfet ne s'est pas opposé.

Sous-section 2. – Dispositions applicables aux déclarations des droits, concessions ou autorisations portant sur des plans d'eau existant au 30 juin 1984

Art. R. 431-35. – La déclaration prévue à l'article L. 431-8 en vue de bénéficier des dispositions de l'article L. 431-7 doit être adressée par les titulaires de droits, concessions ou autorisations au préfet six mois au moins avant le début de l'exploitation envisagée.

Art. R. 431-36. – La déclaration prévue à l'article R. 431-35 comprend :

1° L'identité ou la raison sociale et l'adresse du titulaire ;

2° La dénomination du cours d'eau, un plan au 1/2 500 de l'enclos et de ses abords précisant sa surface, la désignation cadastrale des terrains concernés, ses limites et l'emplacement des dispositifs permanents de clôture ;

3° Soit un titre comportant un droit d'enclore, établi avant le 15 avril 1829, soit la preuve par tout moyen de la création de l'enclos en vue de la pisciculture par barrage établi avant le 15 avril 1829 sur un cours d'eau non domanial non classé ultérieurement au titre du régime des échelles à poissons, soit l'arrêté d'autorisation ou l'acte de concession ;

4° La nature de l'élevage et les modes de récolte du poisson.

Art. R. 431-37 *(Mod. à compter du 1er octobre 2006, D. n° 2006-880, 17 juill. 2006).* **– Le préfet, après avoir, dans un délai de deux mois, accusé réception de la déclaration :**

1° Soit délivre un certificat attestant la validité des droits ou prend un arrêté constatant le changement de titulaire de l'autorisation ou de la concession ;

2° Soit, si la validité des droits, de la concession ou de l'autorisation n'a pu être établie, invite le déclarant à déposer, selon le cas, une déclaration ou une demande d'autorisation.

Voir : Sur les effets de la déclaration, V. comm. sous art. L. 431-8, p. 899.

Art. R. 431-38 à R. 431-43 ***(Abr. à compter du 1er octobre 2006, D. n° 2006-880, 17 juill. 2006).***

(1) Antérieurement aux modifications apportées par le décret n° 2006-880 du 17 juillet 2006 à la présente section, celle-ci comprenait les articles R. 431-7 à R. 431-43 répartis en six sous-sections. – NDLR.

CHAPITRE II. – PRÉSERVATION DES MILIEUX AQUATIQUES ET PROTECTION DU PATRIMOINE PISCICOLE

Section I. – Obligations générales

Pas de dispositions réglementaires codifiées.

Section II. – Protection de la faune piscicole et de son habitat

Sous-section 1. – Protection des frayères, des zones de croissance et d'alimentation

(D. n° 2008-283, 25 mars 2008)

Voir : art. L. 432-3, p. 904. - V. art. R. 214-1, p. 1877 rubrique 3.1.5.0.

V. *infra*, Circ. 21 janv. 2009, relative aux frayères et aux zones de croissance ou d'alimentation de la faune piscicole (*BO MEEDDAT* n° 3, 25 févr. 2009, p. 23).

Art. R. 432-1 ***(Abr. à compter du 1er octobre 2006, D. n° 2006-880, 17 juill. 2006 ; rétabli dans la version suivante, D. n° 2008-283, 25 mars 2008).*** **– Les espèces de la faune piscicole dont les frayères et les zones d'alimentation et de croissance doivent être particulièrement protégées de la destruction par l'article L. 432-3 sont réparties, par arrêté du ministre chargé de l'environnement, entre les deux listes suivantes :**

1° Sont inscrites sur la première liste les espèces de poissons dont la reproduction est fortement dépendante de la granulométrie du fond du lit mineur d'un cours d'eau. L'arrêté précise les caractéristiques de la granulométrie du substrat minéral correspondant aux frayères de chacune des espèces ;

2° Sont inscrites sur la seconde liste les espèces de poissons dont la reproduction est fonction d'une pluralité de facteurs, ainsi que les espèces de crustacés.

Voir : *infra*, A. 23 avr. 2008 fixant la liste des espèces de poissons et de crustacés et la granulométrie caractéristiques des frayères en application de l'article R. 432-1 du Code de l'environnement (*JO* 8 mai 2008).

Art. R. 432-1-1 ***(D. n° 2008-283, 25 mars 2008).*** **– Le préfet de département établit les inventaires suivants :**

I. – Pour chacune des espèces de poissons figurant sur la première liste, un inventaire des parties de cours d'eau susceptibles d'abriter des frayères, établi à partir des caractéristiques de pente et de largeur de ces cours d'eau qui correspondent aux aires naturelles de répartition de l'espèce ;

II. – Pour chacune des espèces de poissons figurant sur la seconde liste, un inventaire des parties de cours d'eau ou de leurs lits majeurs dans lesquelles ont été constatées la dépose et la fixation d'œufs ou la présence d'alevins de l'espèce au cours de la période des dix années précédentes ;

III. – Pour chacune des espèces de crustacés figurant sur la seconde liste, un inventaire des parties de cours d'eau où la présence de l'espèce considérée a été constatée au cours de la période des dix années précédentes.

Jurisprudence. Injonction au préfet d'établir l'inventaire des frayères et des zones d'alimentation et de croissance des poissons (▪ TA Caen, 10 févr. 2015, n° 1401546).

Art. R. 432-1-2 ***(D. n° 2008-283, 25 mars 2008).*** **– Les inventaires établis en application de l'article R. 432-1-1 sont transmis à la fédération départementale ou interdépartementale des associations agréées de pêche et de protection du milieu aquatique, au conseil départemental de l'environnement et des risques sanitaires et technologiques et à la commission départementale de la nature, des paysages et des sites, qui disposent de trois mois pour émettre un avis.**

À défaut, cet avis est réputé favorable.

Art. R. 432-1-3 ***(D. n° 2008-283, 25 mars 2008).*** **– Le préfet arrête les inventaires prévus par l'article R. 432-1-1.**

Le ou les arrêtés sont publiés au recueil des actes administratifs du département.

Art. R. 432-1-4 ***(D. n° 2008-283, 25 mars 2008).*** **– Les inventaires prévus par l'article R. 432-1-1 sont arrêtés avant le 30 juin 2012.**

Les inventaires prévus par le II et le III de l'article R. 432-1-1 sont mis à jour au moins une fois tous les dix ans, selon les modalités prévues pour leur établissement.

Art. R. 432-1-5 *(D. n° 2008-283, 25 mars 2008).* **– I. – Constitue une frayère à poissons, au sens de l'article L. 432-3 :**

1° Toute partie de cours d'eau qui figure dans un inventaire établi en application du I de l'article R. 432-1-1 et dont le lit est constitué d'un substrat minéral présentant les caractéristiques de la granulométrie propre à la reproduction d'une des espèces de poissons inscrites sur la première liste prévue par l'article R. 432-1 ;

2° Toute partie de cours d'eau figurant dans un inventaire établi en application du II de l'article R. 432-1-1.

II. – Constitue une zone de croissance ou d'alimentation de crustacés, au sens de l'article L. 432-3, toute partie de cours d'eau figurant dans un inventaire établi en application du III de l'article R. 432-1-1.

Voir : *infra*, Circ. 21 janv. 2009 relative aux frayères et aux zones de croissance ou d'alimentation de la faune piscicole (*BO MEEDDAT* n° 3, 25 févr. 2009, p. 23).

Section III. – Obligations relatives aux ouvrages

(Abr. à compter du 1er janvier 2014, D. n° 2007-1760, 14 déc. 2007)

Sous-section 1. – Autorisation de vidange

Art. R. 432-2 *(Abr. à compter du 1er octobre 2006, D. n° 2006-880, 17 juill. 2006).*

Sous-section 2. – Dispositifs pour le passage des poissons migrateurs et classement des cours d'eau

Art. R. 432-3 et D. 432-4 *(Abr. à compter du 1er janvier 2014, D. n° 2007-1760, 14 déc. 2007).*

Section IV. – Contrôle des peuplements

Art. R. 432-5 *(Mod., D. n° 2019-352, 23 avr. 2019).* **– La liste des espèces de poissons, de crustacés et de grenouilles susceptibles de provoquer des déséquilibres biologiques dans les eaux visées au présent titre et dont l'introduction dans ces eaux est, de ce fait, interdite, est fixée comme suit :**

Poissons :

Le poisson-chat : *Ameiurus melas* ;

La perche soleil : *Lepomis gibbosus*.

Crustacés :

Le crabe chinois : *Eriocheir sinensis*.

Les espèces d'écrevisses autres que :

***Astacus astacus* : écrevisse à pattes rouges ;**

***Astacus torrentium* : écrevisse des torrents ;**

***Austropotamobius pallipes* : écrevisse à pattes blanches ;**

***Astacus leptodactylus* : écrevisse à pattes grêles.**

Grenouilles :

Les espèces de grenouilles autres que :

***Rana arvalis* : grenouille des champs ;**

***Rana dalmatina* : grenouille agile ;**

***Rana iberica* : grenouille ibérique ;**

***Rana honnorati* : grenouille d'Honnorat ;**

***Pelophylax kl. esculentus* : grenouille verte ou dite commune ;**

***Pelophylax lessonae* : grenouille de Lessona ;**

***Pelophylax perezi* : grenouille de Perez ;**

***Pelophylax ridibundus* : grenouille rieuse ;**

***Rana temporaria* : grenouille rousse ;**

***Pelophylax lessonae bergeri* : grenouille de Berger ;**

***Rana pyrenaica* : grenouille des Pyrénées ;**

***Pelophylax kl grafi* : grenouille de Graf.**

Voir : C. env., art. L. 432-10, 1°.

Transport. V. A. 17 déc. 1985, fixant la forme et le contenu de la demande d'autorisation de transport à l'état vivant de poissons, de grenouilles et de crustacés appartenant à des espèces susceptibles de provoquer des déséquilibres biologiques (*JO* 31 déc. 1985).

Art. R. 432-6 *(Mod., D. n° 2007-443, 25 mars 2007 ; D. n° 2008-690, 10 juill. 2008 ; D. n° 2016-417, 7 avr. 2016 ; mod. à compter du 1er janvier 2017, D. n° 2016-1842, 26 déc. 2016 ; à compter du 1er janvier 2020, D. n° 2019-1580, 31 déc. 2019).* **– I. – Les autorisations prévues par le 2° de l'article L. 432-10 et l'article L. 436-9 sont délivrées par le préfet du département.**

II. – L'autorisation d'introduire dans les eaux désignées par l'article L. 431-3 des poissons appartenant à une espèce qui ne figure pas sur la liste établie en application du 2° de l'article L. 432-10 ne peut être accordée qu'à des fins scientifiques après avis du Conseil national de protection de la nature. Toutefois, le préfet peut autoriser, à d'autres fins que scientifiques, l'introduction de poissons d'une de ces espèces lorsqu'elle figure sur une liste fixée par le ministre chargé de la pêche en eau douce après avis de l'Office français de la biodiversité et du Conseil national de protection de la nature.

III. – Les autorisations prévues à l'article L. 436-9 ne peuvent être délivrées qu'aux pétitionnaires justifiant des compétences scientifiques et techniques nécessaires à la conduite des actions mentionnées à cet article.

Ces autorisations sont délivrées après avis de l'Office français de la biodiversité, du président de la fédération départementale des associations agréées de pêche et de protection du milieu aquatique et du président de l'association agréée départementale ou interdépartementale des pêcheurs professionnels.

IV. – Un arrêté du ministre chargé de la pêche en eau douce fixe la forme et le contenu des demandes d'autorisation.

Voir : C. env., art. L. 432-10, 2°.

A. 17 déc. 1985, fixant la liste des espèces de poissons, de crustacés et de grenouilles représentées dans les eaux visées à l'article 413 du Code rural (*JO* 26 janv. 1986, p. 1464).

A. 20 mars 2013, fixant en application de l'article R. 432-6 du Code de l'environnement la liste des espèces de poissons non représentées dont l'introduction à d'autres fins que scientifiques peut être autorisée par le préfet (*JO* 29 mars 2013).

Voir : V. *infra*, A. 6 août 2013 fixant en application de l'article R. 432-6 du Code de l'environnement la forme et le contenu des demandes d'autorisations prévues au 2° de l'article L. 432-10 et à l'article L. 436-9 du Code de l'environnement (*JO* 28 sept. 2013), abrogeant l'arrêté du 12 janvier 1986. V. Circ. 22 oct. 2013 relative à l'instruction, en application des articles L. 432-10 et R. 432-6 du Code de l'environnement, des demandes d'autorisation d'introduction, à d'autres fins que scientifiques, de poissons d'espèces non représentées, modifié par A. 8 nov. 2016 (*JO* 19 nov. 2016).

Art. R. 432-7 *(Mod., D. n° 2008-690, 10 juill. 2008).* **– Lorsqu'elles portent sur l'introduction ou la capture de poissons dans une partie de cours d'eau ou dans un plan d'eau mitoyen à plusieurs départements, les autorisations prévues au 2° de l'article L. 432-10 et à l'article L. 436-9 sont délivrées par le préfet du département où sera effectivement réalisée l'opération.**

Lorsqu'elle porte sur le transport à travers plusieurs départements de poissons vivants appartenant à des espèces susceptibles de provoquer des déséquilibres biologiques, l'autorisation prévue à l'article L. 436-9est délivrée par le préfet du département de destination des poissons.

Voir : A. 17 déc. 1985, fixant la forme et le contenu de la demande de transport à l'état vivant de poissons, de grenouilles et de crustacés appartenant à des espèces susceptibles de provoquer des déséquilibres biologiques (*JO* 31 déc. 1985, p. 15686).

Art. R. 432-8. – L'autorisation comprend les indications suivantes :

1° L'identité du titulaire de l'autorisation, personne physique ou morale ;

2° Le but de l'opération ;

3° La désignation du lieu de l'opération ;

4° Le matériel utilisé pour la capture ou le transport des poissons ;

5° Les noms scientifiques et communs des espèces concernées, le stade de développement des poissons ainsi que leur quantité ;

6° La durée ou la période de validité de l'autorisation fixée en fonction de la nature de l'opération, qui ne peut toutefois excéder cinq années.

Art. R. 432-9 *(Mod., D. n° 2007-443, 25 mars 2007 ; mod. à compter du 1er janvier 2017, D. n° 2016-1842, 26 déc. 2016).* **– Dans le délai de six mois suivant la réalisation de l'opération, le titulaire**

de l'autorisation en informe *(Mots rempl. à compter du 1er janvier 2020, D. n° 2019-1580, 31 déc. 2019)* « l'Office français de la biodiversité ». Si la période de validité de l'autorisation est supérieure à un an, il lui adresse un compte rendu annuel.

Art. R. 432-10. – Les poissons capturés au cours d'opérations réalisées en cas de déséquilibres biologiques et appartenant aux espèces pour lesquelles l'autorisation a été délivrée sont remis au détenteur du droit de pêche ou détruits.

Les poissons capturés à des fins sanitaires ainsi que ceux capturés à d'autres fins et en mauvais état sanitaire sont détruits par le titulaire de l'autorisation.

Tous les poissons autres que ceux faisant l'objet de l'autorisation sont remis à l'eau.

Art. R. 432-11. – Est puni de l'amende prévue pour les contraventions de la 5e classe le fait de ne pas avoir respecté les prescriptions des autorisations mentionnées à l'article R. 432-6.

Art. R. 432-12. – Font l'objet de l'agrément prévu à l'article L. 432-12 les établissements de pisciculture ou d'aquaculture dont les produits sont utilisés en tout ou partie au repeuplement ou à l'alevinage des eaux mentionnées au présent titre.

Art. R. 432-13. – L'agrément d'un établissement est accordé, sur demande de l'exploitant, par décision du préfet du département où est situé l'établissement. Il donne lieu à inscription sur un registre départemental des établissements agréés.

Art. R. 432-14 *(Mod., D. n° 2008-690, 10 juill. 2008)*. – L'agrément est subordonné à l'engagement écrit pris par l'exploitant de respecter les obligations suivantes :

1° Accompagner toute fourniture d'un document justifiant l'identité de l'exploitant ;

2° Ne fournir que des lots de poissons ne présentant pas de vices apparents ;

3° Ne fournir des lots de poissons susceptibles de provoquer des déséquilibres biologiques et dont la liste est fixée par l'article R. 432-5 qu'au détenteur de l'autorisation mentionnée à l'article L. 436-9 ;

4° Déclarer sans délai au préfet toute mortalité anormale constatée dans son établissement ;

5° Accepter toutes les visites effectuées par le directeur des services vétérinaires ou son représentant.

Art. R. 432-15. – Le non-respect par l'exploitant d'une des obligations imposées à l'article R. 432-14 est constaté par les agents mentionnés à l'article L. 437-1 ou par les agents des services vétérinaires. Ces agents en font rapport dans les trois jours au directeur départemental de l'agriculture et de la forêt, lequel fait procéder sans délai à une enquête à laquelle l'exploitant ou son représentant est invité à participer.

Sans préjudice des mesures d'urgence prises en application des dispositions de l'article L. 223-5 du Code rural et de la pêche maritime, le préfet peut, au vu des conclusions de l'enquête et après avoir invité l'exploitant à présenter ses observations dans le délai d'un mois, prononcer le retrait de l'agrément. Cette décision est publiée au Recueil des actes administratifs du département.

Art. R. 432-16. – Lorsque l'agrément d'un établissement a été retiré, un nouvel agrément ne peut être accordé qu'après visite effectuée par le directeur des services vétérinaires ou son représentant.

Art. R. 432-17. – Tout changement du titulaire de l'agrément entraîne, pour un établissement agréé, la perte de son agrément. Un nouvel agrément est alors accordé dans les formes et conditions prévues aux articles R. 432-13 et R. 432-14.

Art. R. 432-18. – Est puni de l'amende prévue pour les contraventions de la 5e classe, le fait, pour l'exploitant d'un établissement de pisciculture ou d'aquaculture non agréé, de procéder à la livraison de lots de poissons en vue du rempoissonnement ou de l'alevinage des eaux mentionnées au présent titre.

CHAPITRE III. – GESTION DES MILIEUX AQUATIQUES ET DES RESSOURCES PISCICOLES

Section I. – Orientations de bassin

Art. D. 433-1 à D. 433-9 *(Abr., D. n° 2007-980, 15 mai 2007)*.

Section II. – Schéma départemental de vocation piscicole

Pas de dispositions réglementaires codifiées.

Section III. – Obligation de gestion

Pas de dispositions réglementaires codifiées.

CHAPITRE IV. – ORGANISATION DES PÊCHEURS

Section I. – Conseil supérieur de la pêche

(Implicitement abr. à compter du 28 avril 2007, D. n° 2007-443, 25 mars 2007) (1) (2).

Sous-section 1. – Dispositions générales

Art. R. 434-1 à R. 434-4 *(Abr. à compter du 28 avril 2007, D. n° 2007-443, 25 mars 2007).*

Sous-section 2. – Administration du Conseil supérieur de la pêche

Art. R. 434-5 *(Abr. à compter du 28 avril 2007, D. n° 2007-443, 25 mars 2007).*

§ 1. – Le conseil d'administration

Art. R. 434-6 à R. 434-11 *(Abr. à compter du 28 avril 2007, D. n° 2007-443, 25 mars 2007).*

§ 2. – Le directeur général

Art. R. 434-12 et R. 434-13 *(Abr. à compter du 28 avril 2007, D. n° 2007-443, 25 mars 2007).*

§ 3. – Les personnels techniques du Conseil supérieur de la pêche

Art. R. 434-14 à R. 434-18 *(Abr. à compter du 28 avril 2007, D. n° 2007-443, 25 mars 2007).*

Sous-section 3. – Dispositions financières et comptables

§ 1. – Organisation financière et comptable

Art. R. 434-19 à R. 434-23 *(Abr. à compter du 28 avril 2007, D. n° 2007-443, 25 mars 2007).*

§ 2. – Contrôles

Art. R. 434-24 *(Abr. à compter du 28 avril 2007, D. n° 2007-443, 25 mars 2007).*

Section II. – Organisation de la pêche de loisir

Art. R. 434-25 *(Mod., D. n° 2008-690, 10 juill. 2008).* **– Les pêcheurs amateurs aux engins et aux filets exerçant sur les eaux du domaine public doivent adhérer à l'association agréée de pêcheurs amateurs aux engins et aux filets sur les eaux du domaine public du département dans lequel ils pratiquent cette pêche.**

Les autres pêcheurs amateurs doivent adhérer à une association agréée de pêche et de protection du milieu aquatique

(1) Dispositions transitoires et particulières relatives à la substitution de « l'Office national de l'eau et des milieux aquatiques » au « Conseil supérieur de la pêche » : V. D. n° 2007-443, 25 mars 2007, art. 3 à 6. – NDLR.

(2) Dispositions applicables à Mayotte, D. n° 2007-443, 25 mars 2007, art. 9.

Art. R. 434-26 *(Mod., D. n° 2008-690, 10 juill. 2008)*. – L'agrément prévu pour ces associations peut être accordé aux associations constituées et déclarées conformément à la loi du 1er juillet 1901 relative au contrat d'association ou aux articles 21 à 79 du Code civil local maintenus en vigueur dans les départements du Haut-Rhin, du Bas-Rhin et de la Moselle par la loi du 1er juin 1924 mettant en vigueur la législation civile française dans ces départements, dont les statuts sont conformes à des statuts types pris par arrêté ministériel (1).

L'agrément de ces associations est délivré par le préfet. Son retrait est prononcé par la même autorité après avis de la fédération départementale des associations agréées de pêche et de protection du milieu aquatique.

L'agrément est accordé en fonction des droits de pêche détenus par l'association, du nombre de ses adhérents et de son aptitude à exercer les missions dévolues aux associations agréées par le premier alinéa de l'article L. 434-3.

Voir : *infra*, A. 16 janv. 2013, fixant les conditions d'agrément et les statuts types des associations agréées de pêche et de protection du milieu aquatique (*JO* 29 janv. 2013), abrogeant l'A. 9 déc. 1985.

Art. R. 434-27. – L'élection du président et du trésorier de ces associations est soumise à l'agrément du préfet. Le retrait d'un de ces agréments provoque une nouvelle élection.

Art. R. 434-28. – Le préfet veille à l'utilisation des ressources de l'association aux fins prévues par la loi ainsi qu'à l'exécution des obligations statutaires. La comptabilité de l'association lui est communiquée.

Art. R. 434-29 (2) *(Mod., D. n° 2008-690, 10 juill. 2008)*. – Dans chaque département, les associations agréées de pêche et de protection du milieu aquatique et, le cas échéant, l'association agréée de pêcheurs amateurs aux engins et aux filets sur les eaux du domaine public sont obligatoirement regroupées en une fédération départementale des associations agréées de pêche et de protection du milieu aquatique dont les statuts, qui doivent être conformes à des statuts types pris par arrêté ministériel, sont approuvés par le préfet.

Toute modification des statuts d'une fédération départementale doit être soumise dans les trois mois à l'approbation du préfet. La fédération départementale des associations agréées de pêche et de protection du milieu aquatique est constituée et déclarée conformément à la loi du 1er juillet 1901 relative au contrat d'association ou aux articles 21 à 79 du Code civil local maintenu en vigueur dans les départements du Haut-Rhin, du Bas-Rhin et de la Moselle par la loi du 1er juin 1924 mettant en vigueur la législation civile française dans ces départements.

Voir : *Infra*, **A. 16 janv. 2013, fixant les statuts types des fédérations départementales des associations agréées de pêche et de protection du milieu aquatique** (*JO* 29 janv. 2013), abrogeant l'A. 17 juill. 2008 (*JO* 1er août 2008).

Art. R. 434-30 *(Mod., D. n° 2007-443, 25 mars 20078 ; D. n° 2008-690, 10 juill. 2008)*. – En vue de coordonner les actions des associations agréées, leur sont applicables les décisions de la fédération départementale relatives à la protection des milieux aquatiques et à la mise en valeur piscicole. Ces décisions peuvent toutefois être déférées au préfet, qui statue après avis de la Fédération nationale de la pêche et de protection du milieu aquatique.

Lorsque la Fédération départementale a élaboré un plan de protection du milieu aquatique et de gestion des ressources piscicoles, les plans de gestion établis par les associations agréées en application de l'article L. 433-3 doivent être compatibles avec celui-ci.

Le préfet veille à l'utilisation des ressources de la fédération départementale aux fins prévues par la loi ainsi qu'à l'exécution des obligations statutaires. La comptabilité de la fédération lui est communiquée.

Art. R. 434-31 *(Rempl., D. n° 2008-690, 10 juill. 2008)*. – L'assemblée générale de la fédération départementale est composée de délégués des associations adhérentes ainsi que des membres du conseil d'administration de la fédération qui ne sont pas délégués.

Le président de chaque association adhérente est délégué de droit.

---

(1) V. T. appl. : A. 2 mars 2012 (*JO* 10 mars 2012). – NDLR.

(2) V. T. appl. : A. 9 déc. 1985 et A. 13 nov. 1997 ; A. 27 juin 2008 ; A. 17 juill. 2008 puis A. 16 janv. 2013. – NDLR.

Les autres délégués sont élus par les associations agréées de pêche et de protection du milieu aquatique, réunie chacune en assemblée générale, parmi les membres actifs à raison d'un délégué pour les associations comptant 250 à 1 000 membres actifs et d'un délégué supplémentaire par millier de membres pour les associations comptant plus de 1 000 membres actifs, dans la limite d'un nombre total de délégués par association de douze.

L'élection des délégués à l'assemblée générale de la fédération départementale est organisée pendant le trimestre précédant l'année à laquelle expirent les baux de pêche consentis par l'État sur le domaine public.

Art. R. 434-32 *(Rempl., D. n° 2008-690, 10 juill. 2008)*. – La fédération départementale est gérée par un conseil d'administration comprenant quinze membres représentant les associations agréées de pêche et de protection du milieu aquatique et un ou deux membres représentant l'association départementale agréée de pêcheurs amateurs aux engins et aux filets sur les eaux du domaine public lorsqu'elle existe.

Les membres du conseil d'administration de la fédération départementale sont désignés dans les conditions prévues par les articles R. 434-32-1 et R. 434-32-2, pendant le mois de mars précédant la date d'expiration des baux de pêche consentis par l'État sur le domaine public.

Art. R. 434-32-1 *(D. n° 2008-690, 10 juill. 2008)*. – I. – Les associations agréées de pêche et de protection du milieu aquatique élisent leurs quinze représentants au conseil d'administration de la fédération départementale par l'intermédiaire de leurs délégués à l'assemblée générale, réunis à cette fin.

Chaque association communique au préfet, sous couvert de la fédération, un état des membres actifs pour l'année précédant l'élection ainsi que la liste de ses délégués, au plus tard deux mois avant l'élection.

II. – Tout membre actif d'une association agréée de pêche et de protection du milieu aquatique peut être candidat au conseil d'administration de la fédération du département de son association, sous réserve de n'être ni salarié de cette fédération, ni chargé de son contrôle.

Toutefois, pour être effective, sa candidature doit être approuvée par l'association à laquelle il appartient.

Les déclarations de candidatures sont déposées au plus tard deux mois avant l'élection au conseil d'administration. La liste définitive des candidats certifiée par le préfet est transmise aux associations par la fédération au moins un mois avant l'élection.

III. – L'élection a lieu à bulletins secrets sous le contrôle du préfet. Un délégué empêché peut donner son pouvoir à un autre délégué, aucun délégué ne pouvant disposer de plus d'un pouvoir.

Les administrateurs élus sont les quinze candidats ayant réuni le plus de suffrages. En cas d'égalité des suffrages, il est procédé à un tirage au sort.

IV. – Il est procédé à une élection complémentaire si, avant les six derniers mois de l'échéance du mandat, cinq sièges d'administrateurs sont devenus vacants. Le mandat des administrateurs ainsi élus expire à l'échéance normale.

Art. R. 434-32-2 *(D. n° 2008-690, 10 juill. 2008)*. – I. – Le président de l'association départementale agréée de pêcheurs amateurs aux engins et aux filets sur les eaux du domaine public est membre de droit du conseil d'administration de la fédération départementale. Il choisit un suppléant.

II. – Si cette association compte plus de 500 membres, son assemblée générale élit un autre représentant au conseil d'administration et son suppléant, parmi les membres actifs.

Les déclarations de candidatures sont déposées au plus tard deux mois avant l'élection au conseil d'administration. La liste définitive des candidats et de leurs suppléants est transmise par le préfet qui la certifie à l'association, au moins un mois avant l'élection.

L'élection a lieu à bulletins secrets. L'administrateur élu est le candidat ayant réuni le plus de suffrages. En cas d'égalité des suffrages, il est procédé à un tirage au sort.

Art. R. 434-33 *(Rempl., D. n° 2008-690, 10 juill. 2008)*. – Le conseil d'administration élit en son sein un bureau comprenant au moins un président, un vice-président, un trésorier et un secrétaire.

L'élection du président et celle du trésorier sont soumises à l'agrément du préfet. Le retrait d'un de ces agréments provoque une nouvelle élection de l'ensemble du bureau par le conseil d'administration.

Le président et le trésorier entrent en fonctions à compter de la date de l'agrément de leur élection.

Art. R. 434-34 *(Rempl., D. n° 2008-690, 10 juill. 2008)*. – La commission spécialisée prévue par l'article L. 434-3 comprend trois membres élus par l'assemblée générale de l'association départementale agréée de pêcheurs amateurs aux engins et aux filets sur les eaux du domaine public et deux membres désignés par les représentants des associations agréées de pêche et de protection du milieu aquatique au conseil d'administration de la fédération.

Art. R. 434-35 *(Rempl., D. n° 2008-690, 10 juill. 2008).* – Le mandat des organes dirigeants des associations agréées et celui des fédérations départementales commencent respectivement le 1er janvier et le 1er avril précédant la date d'expiration des baux de pêche consentis par l'État sur le domaine public et se terminent respectivement le 31 décembre et le 31 mars précédant l'expiration des baux suivants.

Art. R. 434-36 *(Rempl. à compter du 1er juillet 2020, D. n° 2020-752, 19 juin 2020).* – En cas de défaillance d'une fédération départementale, le préfet peut décider d'office d'assurer à titre provisoire la gestion de son budget ou son administration.

Art. R. 434-37 *(Abr. à compter du 28 avril 2007, D. n° 2007-443, 25 mars 2007* (1) (2) *; rétabli dans la version suivante, D. n° 2008-690, 10 juill. 2008).* – La fédération départementale se dote d'un règlement intérieur qui précise, en tant que de besoin, les règles de fonctionnement et les obligations des associations adhérentes fixées par les statuts. Ce règlement intérieur est approuvé par l'assemblée générale.

Section III – Organisation de la pêche professionnelle

Art. R. 434-38. – La qualité de pêcheur professionnel en eau douce est reconnue à toute personne qui exerce la pêche à temps plein ou partiel dans les eaux mentionnées à l'article L. 431-3 selon les conditions fixées aux articles R. 434-39 à R. 434-41.

Art. R. 434-39. – Tout pêcheur professionnel en eau douce doit adhérer à l'association agréée départementale ou interdépartementale de pêcheurs professionnels en eau douce dans le ressort de laquelle il exerce son activité et détenir un droit de pêche.

Art. R. 434-40. – I. – L'adhésion à l'association agréée de pêcheurs professionnels en eau douce est subordonnée à l'engagement par le demandeur :

1° De participer à la *(Mots rempl., D. n° 2016-417, 7 avr. 2016)* « gestion durable des ressources piscicoles » et de tenir un carnet de pêche ;

2° De consacrer au moins 600 heures par an à la pêche professionnelle en eau douce.

II. *(Rempl. D. n° 2016-417, 7 avr. 2016)* – Les compagnons d'un pêcheur professionnel, au sens du 4° du II de l'article R. 435-10, doivent adhérer à l'association dans les conditions prévues au 1° du présent article. Leur adhésion est subordonnée à l'engagement de consacrer au moins 152 heures par an à la pêche professionnelle en eau douce.

Art. R. 434-41 *(Mod., D. n° 2016-417, 7 avr. 2016).* – Les marins pêcheurs professionnels qui pratiquent la pêche en eau douce doivent adhérer à l'association agréée de pêcheurs professionnels en eau douce.

Toutefois, les marins-pêcheurs professionnels embarqués à bord d'un navire armé *(Mots suppr. à compter d'une date fixée par l'arrêté mentionné au dernier alinéa de l'article R. 5232-4 et au plus tard le 1er janvier 2018, D. n° 2017-942, 10 mai 2017)* « ... » à la pêche lorsqu'ils pratiquent leur activité à temps plein ou partiel dans les eaux définies au premier alinéa de l'article L. 436-10 ne sont pas soumis aux dispositions de l'article R. 434-40.

Art. R. 434-42 *(Mod. à compter du 1er juillet 2020, D. n° 2020-752, 19 juin 2020).* – Peuvent être agréées par le préfet du département de leur siège social les associations de pêcheurs professionnels en eau douce constituées et déclarées conformément à la loi du 1er juillet 1901 relative au contrat d'association ou aux articles 21 à 79 du Code civil local maintenus en vigueur dans les départements du Haut-Rhin, du Bas-Rhin et de la Moselle par la loi du 1er juin 1924 mettant en vigueur la législation française dans ces

(1) Dispositions transitoires et particulières relatives à la substitution de « l'Office national de l'eau et des milieux aquatiques » au « Conseil supérieur de la pêche » : V. D. n° 2007-443, 25 mars 2007, art. 3 à 6. – NDLR.
(2) Dispositions applicables à Mayotte, D. n° 2007-443, 25 mars 2007, art. 9.

départements, dont les statuts sont conformes à des statuts types pris par arrêté ministériel. Le retrait d'agrément est prononcé par le préfet, dans les conditions fixées par l'arrêté ministériel mentionné ci-dessus.

Voir : A. 30 mars 2015 fixant les conditions d'agrément et les statuts types des associations agréées de pêcheurs professionnels en eau douce (*JO* 23 avr. 2015), abrogeant A. 13 déc. 1985 (*JO* 31 déc. 1985).

Art. R. 434-43 ***(Rempl. à compter du 1er juillet 2020, D. n° 2020-752, 19 juin 2020).*** **– Les statuts de ces associations agréées sont approuvés par le préfet du département de leur siège social. Toute modification des statuts d'une association agréée ou de son ressort territorial doit être communiquée au préfet du département du siège social, qui dispose de trois mois pour s'y opposer.**

Art. R. 434-44 ***(Mod., D. n° 2007-443, 25 mars 2007 ; mod. à compter du 1er janvier 2011, D. n° 2010-1773, 31 déc. 2010).*** **– La désignation du président et celle du trésorier sont soumises à l'agrément du préfet du département du siège social de l'association. Le retrait d'un de ces agréments par la même autorité provoque une nouvelle élection du bureau.**

Art. R. 434-45. – Le mandat des membres du conseil d'administration de l'association commence au début du troisième mois de jouissance des baux de pêche consentis par l'État sur le domaine public et se termine à la fin du deuxième mois suivant l'expiration de ces mêmes baux.

Art. R. 434-46. – Le préfet du département du siège social veille à l'utilisation des ressources de l'association aux fins prévues par la loi ainsi qu'à l'exécution des obligations statutaires. La comptabilité de l'association lui est communiquée.

Art. R. 434-47 ***(Rempl. à compter du 1er juillet 2020, D. n° 2020-752, 19 juin 2020).*** **– En cas de défaillance d'une association, le préfet du département de son siège social peut décider d'office d'assurer à titre provisoire la gestion de son budget ou son administration.**

CHAPITRE V. – DROIT DE PÊCHE

Art. R. 435-1. – Est puni de l'amende prévue pour les contraventions de la 2e classe le fait de pratiquer la pêche sans la permission de celui à qui le droit de pêche appartient.

Section I. – Droit de pêche de l'État

Sous-section 1. – Conditions générales d'exploitation

Art. R. 435-2. – Les eaux mentionnées à l'article L. 435-1 sont divisées en lots.

Dans chaque lot, sans préjudice des décisions de mise en réserve, le droit de pêche exercé par les pêcheurs amateurs aux lignes, par les pêcheurs amateurs aux engins et aux filets dans les eaux du domaine public et par les pêcheurs professionnels en eau douce fait l'objet d'exploitations distinctes.

Art. R. 435-3 ***(Mod., D. n° 2008-690, 10 juill. 2008).*** **– Le droit de pêche aux lignes ne peut être loué qu'à une association agréée de pêche et de protection du milieu aquatique, au profit de ses membres.**

Toutefois, ce droit peut être loué, dans le cas prévu au premier alinéa de l'article R. 435-23, à la fédération départementale des associations agréées de pêche et de protection du milieu aquatique au profit des membres des associations adhérentes à la fédération.

Art. R. 435-4. – Dans les eaux autres que celles définies à l'article R. 435-5, le droit de pêche aux engins et aux filets ne peut être loué qu'à un pêcheur professionnel, membre de l'association agréée départementale ou interdépartementale de pêcheurs professionnels en eau douce dont le ressort territorial couvre le département où est situé le lot.

Il peut également être attribué des licences de pêche aux engins et aux filets aux membres de l'association agréée départementale ou interdépartementale de pêcheurs professionnels en eau douce ainsi qu'aux membres

de l'association agréée départementale de pêcheurs amateurs aux engins et aux filets sur les eaux du domaine public. Lorsqu'un locataire de la pêche aux engins et aux filets a été désigné, les licences sont délivrées après que ce locataire a été entendu.

Art. R. 435-5. – Dans les eaux définies au deuxième alinéa de l'article L. 436-10 et dans les lacs domaniaux, le droit de pêche aux engins et aux filets ne peut être exercé que par l'attribution de licences au profit des membres de chacune des deux associations mentionnées au deuxième alinéa de l'article R. 435-4.

Art. R. 435-6 *(Rempl., D. n° 2016-417, 7 avr. 2016)*. – Lorsque l'emploi de filets n'est pas jugé nécessaire à l'exploitation d'un lot, des licences particulières peuvent cependant y être attribuées aux membres de l'association agréée départementale de pêcheurs amateurs aux engins et aux filets sur les eaux du domaine public.

Art. R. 435-7. – Les licences sont délivrées aux pêcheurs amateurs par le préfet. Elles autorisent l'utilisation dans un lot d'un nombre et d'un type déterminés d'engins et de filets définis dans la liste mentionnée à l'article R. 436-24.

Ces licences sont annuelles et nominatives. Le prix de chaque licence est déterminé chaque année par le *(Mots rempl., D. n° 2014-551, 27 mai 2014)* « directeur départemental ou, le cas échéant, régional des finances publiques ou, à Saint-Pierre-et-Miquelon, le directeur des finances publiques » après avis du service ou de l'établissement gestionnaire du domaine.

(D. n° 2016-417, 7 avr. 2016) Le pêcheur amateur détenteur d'une licence peut être accompagné d'une personne dont l'identité est indiquée sur la licence. Cette personne peut participer à la manœuvre des engins autorisés mentionnés à l'article R. 436-24, à l'exception des filets, dans la limite de cinq jours par an. Le non-respect de cette obligation entraîne le retrait de la licence du pêcheur amateur dans les conditions prévues à l'article R. 435-13.

Art. R. 435-8. – Les licences sont délivrées aux pêcheurs professionnels par le préfet après avis de la commission de bassin pour la pêche professionnelle en eau douce prévue à l'article R. 435-15.

Les licences sont nominatives. Elles sont délivrées pour cinq ans et font l'objet d'un renouvellement général. Toutefois, leur date d'expiration peut être prorogée d'un an dans les conditions fixées au premier alinéa de l'article R. 435-9. Le prix de chaque licence est fixé et révisé par le *(Mots rempl., D. n° 2014-551, 27 mai 2014)* « directeur départemental ou, le cas échéant, régional des finances publiques ou, à Saint-Pierre-et-Miquelon, le directeur des finances publiques » après avis du service ou de l'établissement gestionnaire du domaine.

Les demandes de licences de pêche professionnelle doivent comporter tous les éléments permettant d'apprécier la capacité du candidat à participer à la *(Mots rempl., D. n° 2016-417, 7 avr. 2016)* « gestion durable des ressources piscicoles » et le programme qu'il envisage d'engager pour l'exploitation de la pêche. Le candidat doit aussi indiquer s'il entend exercer la pêche professionnelle à temps plein ou à temps partiel.

Art. R. 435-9. – Les locations sont consenties, par voie de renouvellement général, pour une durée de cinq ans. Toutefois, la date d'expiration des contrats de location peut être prorogée d'un an, le cas échéant, par arrêté conjoint du ministre chargé du domaine et du ministre chargé de la pêche en eau douce.

Le montant des loyers ne peut être inférieur au prix de base fixé, pour chaque lot, par le *(Mots rempl., D. n° 2014-551, 27 mai 2014)* « directeur départemental ou, le cas échéant, régional des finances publiques ou, à Saint-Pierre-et-Miquelon, le directeur des finances publiques » après avis du service ou de l'établissement gestionnaire du domaine.

La location fait l'objet soit d'un acte administratif passé par le préfet, soit d'un procès-verbal d'adjudication.

Voir : A. 27 août 2009 prorogeant la durée des baux de pêche dans les eaux mentionnées à l'article L. 435-1 du Code de l'environnement (*JO* 18 sept. 2009). – D. n° 2010-1773, 31 déc. 2010 modifiant diverses dispositions relatives à la pêche en eau douce.

Art. R. 435-10. – I. – Les locataires de droit de pêche et les titulaires de licences s'engagent à se conformer aux prescriptions du cahier des charges pour l'exploitation du droit de pêche de l'État, établi par le préfet, après avis du *(Mots rempl., D. n° 2014-551, 27 mai 2014)* « directeur départemental ou, le cas échéant, régional des finances publiques ou, à Saint-Pierre-et-Miquelon, du directeur des finances publiques ».

II. – Ce cahier, conforme à un modèle fixé conjointement par le ministre chargé du domaine et par le ministre chargé de la pêche en eau douce, comporte des clauses et conditions générales portant notamment sur :

1° Les modalités de perception du prix des licences, les modalités de perception et de révision du prix des locations et des licences de pêche aux engins et aux filets attribuées aux pêcheurs professionnels, ainsi que les garanties exigées des locataires ;

2° Les conditions dans lesquelles les associations locataires du droit de pêche aux lignes peuvent conclure des accords de jouissance réciproque au profit de leurs membres respectifs ;

3° Les conditions dans lesquelles le locataire du droit de pêche aux engins et aux filets peut s'associer avec un cofermier pour l'exploitation de son lot ;

4° Les conditions dans lesquelles le locataire et, le cas échéant, le cofermier mentionné au 3° peuvent désigner un ou plusieurs compagnons pouvant faire acte de pêche en leur absence ;

5° Les obligations des locataires et des titulaires de licences en ce qui concerne :

a) La surveillance et le balisage des lots de pêche ;

b) *(Rempl., D. n° 2016-417, 7 avr. 2016)* La participation à la gestion durable des ressources piscicoles et, à ce titre, à des opérations de repeuplement et de pêche exceptionnelle ;

c) La fourniture de renseignements sur les captures effectuées et la tenue d'un carnet de pêche ;

6° Les conditions de résiliation du contrat de location ou du retrait de licence en application des articles R. 435-12 et R. 435-13 ainsi que les conditions de transfert du contrat de location.

III. – Le cahier des charges est complété, pour chaque lot, par les clauses et conditions particulières d'exploitation portant sur les objets mentionnés à l'article R. 435-16.

Voir : A. 11 déc. 2015 portant approbation du modèle de cahier des charges pour l'exploitation du droit de pêche de l'État dans les eaux mentionnées à l'article L. 435-1 du Code de l'environnement pour la période du 1er janvier 2017 au 31 décembre 2021 (*JO* 5 janv. 2016), abrogeant l'arrêté 6 janvier 2011 (*JO* 17 févr. 2011).

Note du 28 janvier 2016 relative au renouvellement général des locations du droit de pêche de l'État au 1er janvier 2017.

Art. R. 435-11. – I. – Le cahier des charges précise les cas dans lesquels les locataires de droit de pêche et les titulaires de licences s'engagent à renoncer à toute réduction de prix ou indemnisation par l'État en raison des troubles de jouissance dans l'exercice du droit de pêche provenant soit de mesures prises dans l'intérêt du domaine public fluvial ou pour la gestion des eaux concernées, soit du fait d'autres utilisateurs, et notamment :

1° Pour les modifications apportées à la police de la pêche, sous réserve des dispositions du dernier alinéa du présent article ;

2° Pour la réalisation de travaux ou de manœuvres ainsi que pour la mise en œuvre des mesures administratives nécessaires, soit pour les besoins de la navigation ou du flottage, soit pour l'entretien des voies et plans d'eau et de leurs accessoires, soit pour l'écoulement ou le régime des eaux, soit pour la circulation ou la protection du poisson, soit dans l'intérêt de la sécurité publique ;

3° Pour la délivrance de concession ou d'autorisation d'occupation de toute nature du domaine public fluvial ;

4° Pour les phénomènes *(Mots suppr., D. n° 2016-417, 7 avr. 2016)* « ... » naturels affectant soit le niveau des eaux, soit la structure du lit ou du fond et des berges de la voie ou du plan d'eau, soit les peuplements halieutiques ;

5° *(Rempl., D. n° 2016-417, 7 avr. 2016)* Pour les prélèvements opérés par les services compétents ou pour leur compte lors des pêches exceptionnelles autorisées en application de l'article L. 436-9 en vue de la surveillance de l'état des eaux prévue par l'article R. 212-22, de la destruction des espèces susceptibles de causer des déséquilibres biologiques énumérées à l'article R. 432-5 ou du sauvetage du poisson.

II. – Si des changements sont apportés aux réserves de pêche en cours de bail, le locataire du droit de pêche subit prorata temporis une augmentation ou bénéficie d'une diminution de loyer directement proportionnelle à la variation de longueur de la partie exploitable du lot, à condition toutefois que la variation soit au moins égale à 10 % de cette longueur.

Art. R. 435-12. – Le locataire d'un droit de pêche peut demander la résiliation de son bail si, en raison de leur nature ou de leur durée exceptionnelle, les opérations ou circonstances mentionnées aux 2° à 4° du I de l'article R. 435-11 sont de nature à modifier substantiellement les conditions d'exercice de ses droits.

La demande de résiliation n'est valable qu'à la condition d'être formulée par lettre recommandée un mois au plus tard après la date des événements qui motivent la demande.

Si elle est accordée, la résiliation prend effet au jour de la demande.

Art. R. 435-13. – I. – La résiliation du bail ou le retrait de la licence peut être prononcé par le préfet, après avis du *(Mots rempl., D. n° 2014-551, 27 mai 2014)* « directeur départemental ou, le cas échéant, régional des finances publiques ou, à Saint-Pierre-et-Miquelon, du directeur des finances publiques » :

1° Si le détendeur du droit de pêche ou les autres personnes habilitées à pêcher ne remplissent plus les conditions requises ou ne se conforment pas à leurs obligations, techniques ou financières, malgré une mise en demeure adressée au détenteur du droit de pêche ;

2° Si la voie ou le plan d'eau concerné est déclassé du domaine public ou vient à être inclus en tout ou partie dans un lac de retenue ;

3° Si le locataire en fait la demande en application de l'article R. 435-12.

II. – La résiliation ou le retrait est exclusif de toute indemnité. Toutefois, dans les cas mentionnés aux 2° et 3° du I, il est accordé, sur le prix payé d'avance, une réduction proportionnelle à la durée de jouissance dont le détenteur du droit de pêche a été privé.

III. – La résiliation ou le retrait est acquis de plein droit à l'État sans aucune formalité autre que sa notification par lettre recommandée avec demande d'avis de réception.

IV. – *(D. n° 2016-417, 7 avr. 2016)* Lorsque le bail consenti pour un lot a été résilié, le droit de pêche peut faire l'objet d'une nouvelle procédure de location ou d'attribution de licences de pêche pour la durée restant à courir jusqu'au prochain renouvellement général, dans les conditions prévues notamment aux articles R. 435-18 à R. 435-20.

Lorsqu'une licence de pêche aux engins et aux filets attribuée pour un lot a été retirée, une nouvelle licence peut être réattribuée dans les conditions prévues notamment aux articles R. 435-4 à R. 435-8.

Art. R. 435-14. – Une commission dénommée « commission technique départementale de la pêche », dont la composition est fixée par arrêté interministériel, est consultée par le préfet sur les modalités du lotissement et les clauses particulières à chaque lot.

Cette commission est également consultée sur les modifications susceptibles d'être apportées chaque année au nombre de licences pouvant être délivrées sur chaque lot, ainsi qu'au nombre et à la nature des engins et filets dont l'emploi est autorisé par ces licences.

Voir : A. 28 août 1987 fixant la composition de la commission technique départementale de la pêche (*JO* 2 sept. 1987), modifié par arrêté du 21 juillet 1993 (*JO* 1er sept. 1993) et D. n° 88-199, 29 févr. 1988 (*JO* 2 mars 1988).

Art. R. 435-15. – Il est institué dans chaque bassin hydrographique une commission pour la pêche professionnelle en eau douce. Sa composition et son mode de fonctionnement sont fixés par arrêté conjoint du ministre chargé de la pêche en eau douce et du ministre chargé du domaine. Cette commission est consultée par le préfet sur les demandes de location d'un ou de plusieurs lots pour l'exercice de la pêche professionnelle ou d'attribution d'une licence de pêche professionnelle. Elle est également consultée, en ce qui concerne la pêche professionnelle, sur les modalités de constitution des lots et les clauses particulières à chaque lot, les dates d'ouverture de la pêche et les mesures tendant à mettre en réserve certains lots ou secteurs de pêche.

Voir : *Infra*, A. 31 mars 2005 fixant la composition et le mode de fonctionnement de la commission de bassin pour la pêche professionnelle en eau douce (*JO* 20 avr. 2005). – Circ. 29 juill. 2005 relative à la commission de bassin pour la pêche professionnelle en eau douce (*BOME* n° 19/2005).

Sous-section 2. – Modalités de location des lots

Art. R. 435-16. – I. – À l'occasion de chaque renouvellement général des locations, le préfet établit la liste des lots, quel que soit l'organisme ou la collectivité gestionnaire du cours d'eau.

II. – Il détermine également les clauses et conditions particulières du cahier des charges pour l'exploitation de chaque lot, après avis, le cas échéant, de l'organisme ou de la collectivité gestionnaire. Ces clauses ont notamment pour objet :

1° La désignation des lots où l'exercice de la pêche est jugé nécessaire à une gestion rationnelle des ressources piscicoles ;

2° L'indication, pour les lots mentionnés au 1° du mode d'exploitation retenu, par voie de location ou de licences, et le nombre maximum de licences de chaque catégorie *(Mots aj., D. n° 2016-417, 7 avr. 2016)* « ainsi que celui de compagnons pouvant être désignés en application du 4° du II de l'article R. 435-10 lorsque le lot est loué à un pêcheur professionnel » ;

3° Les restrictions apportées à la nature, au nombre et aux dimensions des engins et des filets ;

4° La localisation des secteurs où l'emploi des engins et des filets est interdit ;

5° L'indication, pour les lots mentionnés à l'article R. 435-6, du nombre maximum de licences pouvant être attribuées ;

6° L'indication, pour l'ensemble des lots, du prix de base des loyers de la pêche aux lignes et, s'il y a lieu, de la pêche aux engins, ainsi que du prix des licences.

Art. R. 435-17 *(Mod., D. n° 2008-690, 10 juill. 2008).* – Six mois au moins avant l'expiration des baux en cours, le préfet notifie le cahier des charges, par lettre recommandée avec demande d'avis de réception, à la fédération départementale des associations agréées de pêche et de protection du milieu aquatique et à l'association agréée départementale ou interdépartementale de pêcheurs professionnels en eau douce.

Ce cahier est tenu à la disposition du public par les soins de la préfecture du département.

Voir : A. 27 août 2009 prorogeant la durée des baux de pêche dans les eaux mentionnées à l'article L. 435-1 du Code de l'environnement (*JO* 18 sept. 2009).

Art. R. 435-18 *(Mod., D. n° 2008-690, 10 juill. 2008).* – Toute association agréée de pêche et de protection du milieu aquatique qui désire obtenir la location d'un lot est tenue de présenter une demande, établie selon le modèle fixé par un arrêté conjoint du ministre chargé de la pêche en eau douce et du ministre chargé du domaine, accompagnée des pièces justificatives prévues par ledit arrêté.

Si elle est déjà locataire d'un lot, l'association doit justifier, à l'appui de sa demande, des améliorations apportées par elle à ce lot, notamment des mesures appliquées pour la lutte contre le braconnage et pour la gestion piscicole. Elle doit également justifier de ressources financières suffisantes permettant d'assurer dans l'avenir la poursuite de ces actions.

Si elle n'est pas locataire d'un lot, l'association doit, à l'appui de sa demande, prendre l'engagement de mettre en œuvre des mesures appropriées de lutte contre le braconnage et de *(Mots rempl., D. n° 2016-417, 7 avr. 2016)* « gestion durable des ressources piscicoles » et justifier de moyens financiers suffisants pour l'exécution de cet engagement.

Tout pêcheur professionnel qui désire obtenir la location d'un lot ou de plusieurs lots est tenu de former une demande établie selon le modèle fixé par un arrêté conjoint du ministre chargé de la pêche en eau douce et du ministre chargé du domaine. Cette demande est accompagnée d'un dossier comprenant les éléments permettant d'apprécier la capacité du candidat à participer à la gestion piscicole et le programme qu'il envisage d'engager pour l'exploitation du droit de pêche. Le candidat doit aussi indiquer s'il entend exercer la pêche professionnelle à temps plein ou à temps partiel.

S'il est déjà locataire d'un lot, le pêcheur professionnel doit aussi justifier, à l'appui de sa demande, des conditions dans lesquelles il a exercé la pêche précédemment.

Les demandes présentées par les pêcheurs professionnels sont soumises à l'avis de la commission de bassin pour la pêche professionnelle en eau douce, mentionnée à l'article R. 435-15.

Les demandes prévues par le présent article sont adressées au préfet par lettre recommandée quatre mois au moins avant l'expiration des baux en cours.

Art. R. 435-19. – Ne peuvent être accueillies que les demandes présentées par une association ou un pêcheur professionnel en mesure de satisfaire aux obligations de *(Mots rempl., D. n° 2016-417, 7 avr. 2016)* « gestion durable des ressources piscicoles » et de contribuer à la répression du braconnage.

En outre, le pêcheur professionnel doit présenter les garanties de solvabilité suffisantes et n'avoir pas fait l'objet, au cours des trois années précédentes, d'une condamnation pour infraction à la police de la pêche en eau douce.

Le rejet éventuel de ces demandes est prononcé par décision motivée du préfet et notifiée aux intéressés par lettre recommandée avec demande d'avis de réception.

Art. R. 435-20. – Lorsqu'un lot fait l'objet d'une seule demande admise en application de l'article R. 435-19, le pétitionnaire est invité par le préfet à signer l'acte de location et à fournir les garanties exigées.

À défaut de conclusion du contrat dans les quinze jours de la notification qui lui est faite à cet effet, le lot est mis en adjudication.

Art. R. 435-21. – La demande de renouvellement de location d'un lot de pêche aux engins et aux filets présentée par le locataire en place est satisfaite au prix du loyer fixé par le *(Mots rempl., D. n° 2014-551, 27 mai 2014)* « directeur départemental ou, le cas échéant, régional des finances publiques ou, à Saint-Pierre-et-Miquelon, le directeur des finances publiques » si elle est accueillie en application de l'article R. 435-19, même en présence d'autres demandes recevables.

À défaut de conclusion du contrat dans les quinze jours suivant la notification qui est faite au locataire à cet effet, le lot est mis en adjudication.

Art. R. 435-22 *(Mod., D. n° 2008-690, 10 juill. 2008)*. – Les lots qui n'ont pas été loués à l'amiable font l'objet d'une adjudication à laquelle peuvent participer toutes les personnes ayant présenté une demande recevable en application de l'article R. 435-19.

Toutefois, lorsqu'un lot déterminé a fait l'objet de plusieurs demandes recevables en application de l'article R. 435-19, il est mis en adjudication restreinte entre les candidats qui ont présenté ces demandes, sous réserve des dispositions de l'article R. 435-21.

Si une association agréée de pêche et de protection du milieu aquatique candidate à l'adjudication restreinte du droit de pêche aux lignes est déjà locataire du lot, ce lot lui est, sur sa demande, attribué par préférence, moyennant un prix correspondant à l'offre la plus élevée.

Art. R. 435-23 *(Rempl., D. n° 2016-417, 7 avr. 2016)*. – Lorsque l'adjudication d'un droit de pêche est restée infructueuse, ce droit est mis en réserve.

Toutefois, ce droit peut faire l'objet à tout moment :

1° Pour le droit de pêche aux lignes, d'une offre de location amiable par une association agréée de pêche et de protection du milieu aquatique ou par une fédération départementale des associations agréées de pêche et de protection du milieu aquatique ;

2° Pour le droit de pêche aux engins et aux filets, d'une demande d'attribution de licence par un membre de l'association agréée départementale de pêcheurs amateurs aux engins et aux filets sur les eaux du domaine public ou d'une demande de location ou d'attribution de licence présentée par un pêcheur professionnel.

Si l'association, la fédération ou le pêcheur satisfait aux conditions prévues par l'article R. 435-19 et si le montant du loyer proposé est au moins égal au prix de base mentionné au 6° de l'article R. 435-16, le droit de pêche lui est loué ou la licence lui est attribuée pour la durée de la location restant à courir ou pour une durée d'au plus un an lorsque la licence est attribuée à un membre de l'association agréée départementale de pêcheurs amateurs aux engins et aux filets sur les eaux du domaine public. »

Art. R. 435-24. – I. – Ne peuvent prendre part aux adjudications ni eux-mêmes ni par personnes interposées, directement ou indirectement, soit comme parties principales, soit comme associés ou cautions :

1° Sur tout le territoire national, les fonctionnaires et agents énumérés aux 1° et 2° de l'article L. 437-1 ;

2° Dans le ressort territorial de leur compétence, les autres fonctionnaires habilités à rechercher et à constater les infractions à la police de la pêche en application de l'article L. 437-1, les gardes champêtres ainsi que les fonctionnaires ou agents chargés de présider les adjudications ou de concourir aux procédures de location ;

3° Dans le ressort territorial de compétence des personnes mentionnées aux 1° et 2° ci-dessus, les parents et alliés en ligne directe de ces personnes ainsi que leurs conjoints.

II. – Toute location qui est faite en contravention aux dispositions du présent article est nulle.

Sous-section 3. – Procédure d'adjudication publique

Art. R. 435-25 *(Mod., D. n° 2008-690, 10 juill. 2008)*. – Le préfet fixe, après avis du *(Mots rempl., D. n° 2014-551, 27 mai 2014)* « directeur départemental ou, le cas échéant, régional des finances publiques ou, à Saint-Pierre-et-Miquelon, du directeur des finances publiques », la date, le lieu, l'heure et le mode de l'adjudication.

Sa décision est notifiée par l'envoi d'une lettre recommandée avec demande d'avis de réception, à peine de nullité des opérations, au moins un mois à l'avance, à la fédération départementale des associations agréées de pêche et de protection du milieu aquatique et à l'association agréée départementale ou interdépartementale des pêcheurs professionnels en eau douce. La décision est également publiée au recueil des actes administratifs de la préfecture du département.

Art. R. 435-26. – L'adjudication du droit de pêche a lieu publiquement par-devant le préfet ou son délégué, assisté du chef du service gestionnaire de la pêche et du *(Mots rempl., D. n° 2014-551, 27 mai 2014)* « directeur départemental ou, le cas échéant, régional des finances publiques ou, à Saint-Pierre-et-Miquelon, du directeur des finances publiques » ou de leurs représentants, sur la base du loyer annuel, soit aux enchères verbales, soit sur soumissions cachetées, soit par combinaison des enchères verbales et des soumissions cachetées, selon le mode d'adjudication choisi par le préfet.

Pour un même lot, l'adjudication de la pêche aux lignes précède, s'il y a lieu, celle de la pêche aux engins et aux filets.

Au moment de l'adjudication, l'ordre des lots peut être modifié et certains lots peuvent être retirés de l'adjudication sans que les candidats puissent élever aucune réclamation, ni prétendre à une quelconque indemnité.

L'adjudication des lots qui n'ont pu être attribués au cours de la séance faute d'offres suffisantes peut être remise sans nouvelle notification ni publication, au jour, à l'heure et au lieu fixés par le président de la séance d'adjudication.

Art. R. 435-27. – Toutes les contestations qui peuvent s'élever pendant les opérations d'adjudication sont tranchées immédiatement par le président de la séance d'adjudication.

Art. R. 435-28. – Aucune déclaration de command n'est admise, si elle n'est faite immédiatement après l'adjudication et séance tenante.

Art. R. 435-29. – Toute adjudication est définitive du moment où elle est prononcée sans que, dans aucun cas, il puisse y avoir lieu à surenchère.

Art. R. 435-30. – Un procès-verbal d'adjudication est établi sur-le-champ. Il est exécutoire de plein droit contre l'adjudicataire et sa caution, tant pour le paiement du prix principal de l'adjudication que pour les accessoires et frais.

La caution est, en outre, tenue solidairement et dans les mêmes conditions au paiement des dommages et restitutions sur folle enchère qu'aurait encourus l'adjudicataire.

Art. R. 435-31. – L'adjudicataire qui ne fournit pas les garanties exigées par le cahier des charges, dans les délais prescrits, est déclaré déchu de l'adjudication.

Lorsque le lot avait fait l'objet de demandes de location admises en application de l'article R. 435-19 de la part d'un seul ou de plusieurs candidats autres que l'adjudicataire déchu, il est procédé, selon le cas, ainsi qu'il est dit à l'article R. 435-20, premier alinéa, ou à l'article R. 435-22, sur la base du prix initialement prévu. Les personnes concernées sont informées par l'envoi d'une lettre recommandée avec demande d'avis de réception, huit jours au moins avant la date prévue pour la signature de l'acte de location ou la séance d'adjudication restreinte.

Dans le cas contraire, il est fait application des dispositions de l'article R. 435-23.

L'adjudicataire déchu est tenu de la différence entre son prix et celui de la nouvelle location, sans pouvoir réclamer l'excédent, s'il y en a.

Sous-section 4. – Attribution du produit du droit de pêche sur les voies d'eau du domaine public de l'État concédées à des collectivités ou établissements publics

Art. R. 435-32. – Dans les voies d'eau du domaine public de l'État concédées par application de l'article 5 du Code du domaine public fluvial et de la navigation intérieure, le produit du droit de pêche peut être attribué au concessionnaire dans les conditions fixées par le titre de concession.

Art. D. 435-33. – Les dispositions relatives au produit du droit de pêche sur le domaine qui est confié à Voies navigables de France sont énoncées au décret n° 91-797 du 20 août 1991 relatif aux recettes instituées au profit de l'établissement par l'article 124 de la loi n° 90-1168 du 29 décembre 1990 de finances pour 1991.

Section II. – Droit de pêche des riverains

(Rempl. à compter du 1er octobre 2008, D. n° 2008-720, 21 juill. 2008) (1)

Bibliographie : A. Gaonac'h, *Riverains d'un cours d'eau non domanial : exercice et partage du droit de pêche : RD rur.* nov. 2008, n° 367, comm. 219.

Voir : art. L. 435-5, p. 912.

Art. R. 435-34 *(Rempl. à compter du 1er octobre 2008, D. n° 2008-720, 21 juill. 2008).* – I. – Lorsque l'entretien de tout ou partie d'un cours d'eau non domanial est financé majoritairement par des fonds publics, la personne qui en est responsable en informe le préfet au plus tard deux mois avant le début des opérations.

Les informations communiquées au préfet sont les nom et prénom du représentant de cette personne, la nature des opérations d'entretien, leur montant, la part des fonds publics dans leur financement, leur durée, la date prévue de leur réalisation et, le cas échéant, leur échelonnement ; un plan du cours d'eau ou de la section de cours d'eau objet des travaux y est joint.

Le préfet peut mettre en demeure la personne à laquelle incombe l'obligation de fournir ces informations dans un délai qu'il fixe.

II. – Toutefois, lorsque les opérations d'entretien sont réalisées dans le cadre d'une opération déclarée d'intérêt général ou urgente sur le fondement de l'article L. 211-7, le dépôt du dossier d'enquête prévu par l'article R. 214-91 dispense de la communication des informations posée par le I.

Art. R. 435-35 *(Rempl. à compter du 1er octobre 2008, D. n° 2008-720, 21 juill. 2008).* – S'il ressort des informations communiquées ou du dossier d'enquête que le droit de pêche des propriétaires riverains du cours d'eau ou de la section objet des travaux doit, par application de l'article L. 435-5, être exercé gratuitement par une association de pêche et de protection du milieu aquatique, le préfet en informe la ou les associations agréées pour ce cours d'eau ou pour la section de cours d'eau concernée.

Celle-ci, dans un délai de deux mois, lui fait savoir si elle entend bénéficier de l'exercice de ce droit et assumer les obligations de participation à la protection du patrimoine piscicole et des milieux aquatiques et de gestion des ressources piscicoles qui en sont la contrepartie.

Art. R. 435-36 *(Rempl. à compter du 1er octobre 2008, D. n° 2008-720, 21 juill. 2008).* – À défaut d'association agréée pour la section de cours d'eau concernée ou en cas de renoncement de celle-ci à exercer le droit de pêche, le préfet informe la fédération départementale ou interdépartementale des associations agréées de pêche et de protection du milieu aquatique que l'exercice de ce droit lui revient.

Art. R. 435-37 *(Rempl. à compter du 1er octobre 2008, D. n° 2008-720, 21 juill. 2008).* – La date à compter de laquelle le droit de pêche du propriétaire riverain est exercé gratuitement pour une durée de cinq ans par l'association ou la fédération est celle prévue pour l'achèvement des opérations d'entretien. Toutefois, lorsque ces opérations ont un caractère pluriannuel ou qu'elles doivent être échelonnées, cette date est celle prévue pour l'achèvement selon le cas de la première phase ou de la phase principale.

Art. R. 435-38 *(Rempl. à compter du 1er octobre 2008, D. n° 2008-720, 21 juill. 2008).* – Un arrêté préfectoral qui reproduit les dispositions de l'article L. 435-5 :

– identifie le cours d'eau ou la section de cours d'eau sur lequel s'exerce gratuitement le droit de pêche du propriétaire riverain ;

– fixe la liste des communes qu'il ou elle traverse ;

– désigne l'association agréée de pêche et de protection du milieu aquatique ou la fédération départementale ou interdépartementale des associations agréées de pêche et de protection du milieu aquatique qui en est bénéficiaire ;

– et fixe la date à laquelle cet exercice gratuit du droit de pêche prend effet, sous réserve que les opérations qui le justifient aient été entreprises à cette date.

(1) Sur la légalité de ces dispositions dans leur rédaction issue du décret n° 2008-720 du 21 juill. 2008 : V. ▪ CE, 23 déc. 2010, n° 320852, *Féd. nat. de la propriété privée rurale.* – NDLR.

Voir : A. 5 déc. 2001 fixant un modèle type de convention relative à la mise à disposition gratuite de l'exercice du droit de pêche en application de l'article L. 435-5 du Code de l'environnement (*JO* 14 déc. 2001). Cet arrêté a été annulé en tant qu'il ne fait pas mention, dans le modèle-type de convention qu'il fixe, des obligations respectives des propriétaires et des AAPPMA relatives notamment à la gestion des ressources piscicoles résultant des articles L. 433-3 et L. 435-5 du Code de l'environnement (■ CE, 12 févr. 2003, n° 243170, *Assoc. des riverains de France : JCP* A 2003, n° 1731, note Billet).

Art. R. 435-39 *(Rempl. à compter du 1er octobre 2008, D. n° 2008-720, 21 juill. 2008).* **– L'arrêté préfectoral est affiché, pendant une durée minimale de deux mois, à la mairie de chacune des communes sur le territoire desquelles est situé le cours d'eau, ou les sections de cours d'eau, identifié.**

Il est en outre publié dans deux journaux locaux.

Il est notifié à l'association agréée de pêche et de protection du milieu aquatique ou à la fédération départementale ou interdépartementale des associations agréées de pêche et de protection du milieu aquatique bénéficiaire.

Section III. – Droit de passage

Art. R. 435-40. – Est puni de l'amende prévue pour les contraventions de la 4e classe le fait pour tout propriétaire, locataire, fermier ou titulaire d'un droit réel, riverain d'un cours d'eau domanial ou d'un plan d'eau domanial, de ne pas laisser à l'usage des pêcheurs un espace libre dans les conditions prévues à l'*(Mots rempl., D. n° 2016-417, 7 avr. 2016)* **« article L. 2131-2 du Code général de la propriété des personnes publiques ».**

CHAPITRE VI. – CONDITIONS D'EXERCICE DU DROIT DE PÊCHE

Section I. – Dispositions générales

Art. R. 436-3 *(Mod. à compter du 1er janvier 2008, D. n° 2007-1357, 14 sept. 2007).* **– Est puni de l'amende prévue pour les contraventions de la 3e classe le fait de pêcher sans avoir la qualité de membre d'une association agréée prévue à l'article L. 436-1 ou sans avoir acquitté la redevance visée à l'article L. 213-10-12 prévue au même article.**

Est puni de l'amende prévue pour les contraventions de la 1re classe le fait de pêcher sans être porteur du document justifiant de sa qualité de membre d'une association agréée et du paiement de la redevance visée à l'article L. 213-10-12, et valable pour le temps, le lieu et le mode de pêche pratiqué.

Art. R. 436-5. – Est puni de l'amende prévue pour les contraventions de la 3e classe le fait de pêcher sans respecter les conditions prévues à l'article L. 436-4.

Sous-section 1. – Temps et heures d'interdiction

§ 1. – Temps d'interdiction

Art. R. 436-6 *(Mod., D. n° 2010-243, 10 mars 2010 ; D. n° 2010-1110, 22 sept. 2010 ; D. n° 2019-352, 23 avr. 2019 ; mod. à compter du 1er août 2021, D. n° 2021-1000, 30 juill. 2021).* **– I. – À l'exception de la pêche de l'ombre commun qui est autorisée du troisième samedi de mai au troisième dimanche de septembre inclus, la pêche dans les eaux de 1re catégorie est autorisée du deuxième samedi de mars au troisième dimanche de septembre inclus.**

Dans ces eaux, tout brochet capturé du deuxième samedi de mars au vendredi précédant le dernier samedi d'avril doit être immédiatement remis à l'eau.

II. – Le préfet peut, par arrêté motivé, prolonger d'une à trois semaines la période d'ouverture fixée au I, dans les plans d'eau et les parties des cours d'eau ou les cours d'eau de haute montagne.

III. – Les dispositions spécifiques à l'exercice de la pêche des poissons appartenant aux espèces vivant alternativement dans les eaux douces et dans les eaux salées sont énoncées aux articles R. 436-55 à R. 436-58 et R. 436-65-3 à R. 436-65-5.

Art. R. 436-7 *(Mod., D. n° 2010-243, 10 mars 2010)*. – Dans les eaux de 2e catégorie, la pêche est autorisée toute l'année, à l'exception de :

1° La pêche du brochet, qui est autorisée du 1er janvier au dernier dimanche de janvier et *(Mots rempl., D. n° 2019-352, 23 avr. 2019)* « dernier samedi d'avril » au 31 décembre, inclus ;

2° La pêche de l'ombre commun, qui est autorisée du troisième samedi de mai au 31 décembre, inclus ;

3° La pêche de la truite fario, de l'omble ou saumon de fontaine, de l'omble chevalier et du cristivomer, ainsi que la pêche de la truite arc-en-ciel dans les cours d'eau ou les parties de cours d'eau classés à saumon ou à truite de mer, qui sont autorisées durant le temps d'ouverture de la pêche dans les eaux de la 1re catégorie.

Pouvoirs du préfet. L'interdiction de la pêche de salmonidés pendant toute une année doit être annulée dès lors que l'état de la ressource en saumon n'était pas de nature à justifier une telle mesure d'interdiction générale et absolue (■ TA Rouen, 6 mars 2008, nos 0600915 et 0500643, *Association de sauvegarde de pêche traditionnelle dans la baie du Mont St-Michel*).

Art. R. 436-8. – Lorsque les caractéristiques locales du milieu aquatique justifient des mesures particulières de protection du patrimoine piscicole, le préfet peut, par arrêté motivé, interdire la pêche d'une ou de plusieurs espèces de poissons dans certaines parties de cours d'eau ou de plans d'eau, pendant une durée qu'il détermine.

(D. n° 2016-417, 7 avr. 2016) Lorsque l'état de conservation d'une espèce le justifie, le ministre chargé de la pêche en eau douce peut, par arrêté, en interdire la pêche pendant une durée qu'il détermine.

Voir : A. 14 mars 2024 relatif aux périodes de pêche de l'anguille européenne (Anguilla anguilla) aux stades d'anguille jaune et d'anguille argentée en Méditerranée et dans les eaux douces des bassins Rhône-Méditerranée et Corse (*JO* du 30).

Art. R. 436-9. – Les dispositions de l'article R. 436-6 et des 1°, 2° et 3° de l'article R. 436-7 ne s'appliquent pas aux plans d'eau où sont mises en œuvre les dispositions du présent titre par application de l'article L. 431-5.

Art. R. 436-10. – La pêche des écrevisses à pattes rouges (*Astacus astacus*), des torrents (*Astacus torrentium*) à pattes blanches (*Austropotamobius pallipes*) et à pattes grêles (*Astacus leptodactylus*) est autorisée pendant une période de dix jours consécutifs commençant le quatrième samedi de juillet.

Art. R. 436-11 *(Mod., D. n° 2019-352, 23 avr. 2019)*. – La pêche de la grenouille verte ou dite commune (*Pelophylax kl. esculentus*) et de la grenouille rousse (*Rana temporaria*) est autorisée pendant une période maximum de dix mois fixée par le préfet.

Art. R. 436-12 *(Mod., D. n° 2016-417, 7 avr. 2016)*. – Il est interdit de pêcher dans les parties de cours d'eau, canaux ou plans d'eau dont le niveau est abaissé artificiellement, soit dans le but d'y opérer des curages ou travaux quelconques, soit en raison du chômage des usines ou de la navigation, soit à la suite d'accidents survenus aux ouvrages de retenue.

Toute personne responsable de l'abaissement des eaux doit, sauf cas de force majeure, avertir la gendarmerie, la fédération départementale des associations agréées de pêche et de protection des milieux aquatiques et le service chargé de la police de la pêche, au moins huit jours à l'avance, du moment où le niveau des eaux sera abaissé. En cas d'accident survenu à un ouvrage de retenue, la déclaration doit être faite immédiatement par le responsable de l'ouvrage.

Les dispositions du premier alinéa du présent article ne s'appliquent pas aux cas d'abaissement laissant subsister dans un cours d'eau, un canal ou une retenue à vocation saisonnière une hauteur d'eau ou un débit garantissant la vie et la circulation des poissons.

En vue d'assurer la protection du poisson, le préfet peut autoriser l'évacuation et le transport dans un autre cours d'eau ou plan d'eau qu'il désigne des poissons retenus ou mis en danger par l'abaissement artificiel du niveau des eaux.

Il peut, à la demande des détenteurs du droit de pêche ou en cas d'urgence, se substituer à ceux-ci pour accomplir toutes opérations nécessaires à la sauvegarde du poisson.

Ces dispositions ne s'appliquent pas aux vidanges de plans d'eau.

§ 2. – Heures d'interdiction

Art. R. 436-13. – La pêche ne peut s'exercer plus d'une demi-heure avant le lever du soleil, ni plus d'une demi-heure après son coucher.

(D. n° 2010-1110, 22 sept. 2010) Toutefois, la pêche de l'anguille, à tous les stades de son développement tels qu'ils sont définis à l'article R. 436-65-1 par les membres des associations départementales ou interdépartementales agréées de pêcheurs professionnels en eau douce, est autorisée à toute heure.

Art. R. 436-14. – Le préfet peut, toutefois, par arrêté, autoriser la pêche :

1° De la truite de mer depuis une demi-heure avant le lever du soleil jusqu'à deux heures après son coucher dans les cours d'eau figurant comme cours d'eau à truite de mer sur la liste établie par le ministre chargé de la pêche en eau douce ;

2° Des aloses, du flet, des lamproies et du mulet depuis deux heures avant le lever du soleil jusqu'à deux heures après son coucher dans les eaux mentionnées à l'article L. 435-1 ;

3° *(Abr., D. n° 2010-1110, 22 sept. 2010)* ;

4° Des aloses et des lamproies à toute heure dans les zones mentionnées à l'article L. 436-10 ;

5° De la carpe à toute heure dans les parties de cours d'eau et de plans d'eau de 2e catégorie et pendant une période qu'il détermine. Toutefois, depuis une demi-heure après le coucher du soleil jusqu'à une demi-heure avant son lever, aucune carpe capturée par les pêcheurs amateurs aux lignes ne peut être maintenue en captivité ou transportée.

Le préfet ne peut retirer un étang de la liste des cours d'eau sur lesquels la pêche de la carpe de nuit est autorisée à toute heure en application des articles R. 436-13 et R. 436-14 du Code de l'environnement, pour des motifs liés à l'ordre et à la tranquillité publics car les pouvoirs de police spéciale en matière de pêche en eau douce ne peuvent être utilisés que dans l'objectif de protection des milieux et des espèces piscicoles. Il appartient au maire de prendre des mesures plus restrictives au titre de son pouvoir de police général (■ TA Rennes, 6 févr. 2013, n° 1003170).

Art. R. 436-15 *(Mod., D. n° 2010-1110, 22 sept. 2010 ; D. n° 2016-417, 7 avr. 2016)*. – Les membres des associations agréées départementales ou interdépartementales de pêcheurs professionnels en eau douce peuvent placer, manœuvrer et relever leurs filets et engins quatre heures avant le lever du soleil et quatre heures après son coucher, ou à toute heure dans le cas prévu au 4° de l'article R. 436-14 et pour la pêche de l'anguille lorsqu'elle est autorisée.

Les autres pêcheurs ne peuvent placer, manœuvrer ou relever leurs filets et engins que pendant les heures où la pêche est autorisée en application des dispositions des articles R. 436-13 et R. 436-14.

Art. R. 436-16 *(Mod., D. n° 2010-1110, 22 sept. 2010)*. – Les filets et engins de toute nature doivent être retirés de l'eau du samedi dix-huit heures au lundi six heures, à l'exception toutefois des bosselles à anguilles, nasses et verveux, des carrelets, des couls, des lignes de fond, des éperviers et des balances à écrevisses ou à crevettes, ainsi que des engins destinés à la pêche de l'anguille inférieure à 12 centimètres.

Pendant le même temps, les engins actionnés par courant d'eau ou par un dispositif mécanique quelconque doivent être arrêtés. En outre, les nasses et verveux ne peuvent être ni placés, ni manœuvrés, ni relevés, à l'exception des bosselles à anguilles, nasses anguillères et engins destinés à la pêche de l'anguille de moins de 12 centimètres. En outre, les nasses et verveux, bosselles à anguilles et nasses anguillères exceptées, ne peuvent être ni placés, ni manœuvrés, ni relevés.

Sur les cours d'eau ou parties de cours d'eau classés comme cours d'eau à saumon en vertu de l'article R. 436-66, le ministre chargé de la pêche en eau douce peut porter à soixante heures la durée de la relève hebdomadaire pendant la période de remontée des migrateurs.

Sous-section 2. – Taille minimale des poissons, des grenouilles et des écrevisses

(Mod., D. n° 2019-352, 23 avr. 2019)

Art. R. 436-18 *(Mod., D. n° 2019-352, 23 avr. 2019)*. – Les poissons, grenouilles et écrevisses des espèces précisées ci-après ne peuvent être pêchés et doivent être remis à l'eau immédiatement après leur capture si leur longueur est inférieure à :

– 0,70 mètre pour le huchon ;

– 0,50 mètre pour le brochet ;
– 0,35 mètre pour le cristivomer ;
– 0,40 mètre pour le sandre dans les eaux de la 2e catégorie ;
– 0,30 mètre pour l'ombre commun et le corégone ;
– 0,20 mètre pour la lamproie fluviatile et 0,40 mètre pour la lamproie marine ;
– 0,23 mètre pour les truites autres que la truite de mer, l'omble ou saumon de fontaine et l'omble chevalier ;
– 0,30 mètre pour le black-bass dans les eaux de la 2e catégorie ;
– 0,20 mètre pour le mulet ;
– 0,09 mètre pour les écrevisses appartenant aux espèces mentionnées à l'article R. 436-10.

La longueur des poissons est mesurée du bout du museau à l'extrémité de la queue déployée, celle des écrevisses de la pointe de la tête, pinces et antennes non comprises, à l'extrémité de la queue déployée.

Les grenouilles dont les espèces sont mentionnées à l'article R. 436-11 ne peuvent être pêchées et doivent être remises à l'eau immédiatement après leur capture si leur corps est d'une longueur inférieure à 8 cm. La longueur du corps d'une grenouille est mesurée du bout du museau au cloaque.

Voir : A. 24 nov. 1987 fixant la liste des cours d'eau, parties de cours d'eau et plans d'eau où la taille minimum de capture de la truite et de l'omble de fontaine est ramenée à 0,18 mètre (*JO* 13 janv. 1988), mod. par A. 5 févr. 1993 (*JO* du 25).

Jurisprudence. Condamnation d'un pêcheur pour infraction aux dispositions relatives aux tailles légales de capture prévues aux articles R. 436-18 et R. 436-19. Dans cette décision, la juridiction retient le préjudice écologique pour non-respect de la réglementation de la pêche (*J. proximité Limoges*, 19 juin 2015, n° 15/00005738).

Art. R. 436-19 *(Mod., D. n° 2016-417, 7 avr. 2016 ; D. n° 2019-352, 23 avr. 2019)*. – Le préfet peut, par arrêté motivé, porter à 0,30 mètre ou 0,25 mètre ou ramener à 0,20 mètre ou à 0,18 mètre la taille minimum de l'omble ou saumon de fontaine, de l'omble chevalier et des truites autres que la truite de mer susceptibles d'être pêchés en fonction des caractéristiques de développement des poissons de ces espèces dans certains cours d'eau et plans d'eau.

Il peut également, dans les mêmes conditions, porter la taille minimum :
– du sandre à 0,50 mètre et du black-bass à 0,40 mètre dans les eaux de la 2e catégorie ;
– de l'ombre commun à 0,35 mètre et du brochet à 0,60 mètre dans les eaux de la 1re et de la 2e catégorie.

En outre, le préfet peut lever l'interdiction de pêcher la truite arc-en-ciel d'une longueur inférieure au minimum prévu par l'article R. 436-18 ou par le présent article dans les eaux de la 2e catégorie.

Pouvoir d'appréciation du préfet. Est jugé illégal l'arrêté préfectoral relatif à l'exercice de la pêche réduisant la taille de capture de la truite, en raison de l'absence de certitude suffisante permettant de savoir si la capacité de première reproduction de la truite fario était bien atteinte avant un dépassement de la taille de 0,20 mètre (■ CAA Lyon, 18 nov. 2008, n° 06LY01140).

Art. R. 436-20. – En cas d'épidémie ou de risque d'épidémie, le préfet peut lever temporairement, par arrêté, l'interdiction de pêcher certaines espèces de poissons dont la longueur est inférieure au minimum prévu par l'article R. 436-18 dans l'ensemble du département ou dans certains cours d'eau, canaux ou plans d'eau.

Sous-section 3. – Nombre de captures autorisées. – Conditions de capture

Art. R. 436-21 *(Mod., D. n° 2016-417, 7 avr. 2016 ; D. n° 2019-352, 23 avr. 2019)*. – Le nombre de captures de salmonidés autres que le saumon et, le cas échéant, la truite de mer, autorisé par pêcheur et par jour, est fixé à dix.

Dans les eaux classées en 1re catégorie, le nombre de captures de brochets autorisé par pêcheur de loisir et par jour est fixé à 2.

(D. n° 2016-417, 7 avr. 2016) Dans les eaux classées en 2e catégorie, le nombre de captures autorisé de sandres, brochets et black-bass, par pêcheur de loisir et par jour, est fixé à trois, dont deux brochets maximum.

Lorsque les caractéristiques locales du milieu aquatique justifient des mesures particulières de protection du patrimoine piscicole, le préfet peut, par arrêté motivé, diminuer le nombre de captures autorisées fixé ci-dessus dans les cours d'eau et les plans d'eau qu'il désigne.

Art. R. 436-22. – L'organisation de concours de pêche dans les cours d'eau de la 1re catégorie est soumise à l'autorisation préalable du préfet.

Le préfet dispose d'un délai de deux mois à compter de la date de l'accusé de réception de la demande d'autorisation pour faire connaître sa décision. Passé ce délai, le concours de pêche est réputé autorisé aux conditions de la demande.

Sous-section 4. – Procédés et modes de pêche autorisés

Art. R. 436-23. – I. – Les membres *(Mots rempl., D. n° 2016-417, 7 avr. 2016)* « des associations agréées de pêche et de protection des milieux aquatiques » peuvent pêcher au moyen :

1° *a)* De quatre lignes au plus dans les eaux de 2e catégorie ;

b) De deux lignes au plus dans les eaux domaniales de 1re catégorie ainsi que dans les plans d'eau de 1re catégorie désignés par le préfet ;

c) (Rempl., D. n° 2019-352, 23 avr. 2019) D'une ligne dans les eaux non domaniales de 1re catégorie.

Les lignes doivent être montées sur canne et munies de deux hameçons ou de trois mouches artificielles au plus. Elles doivent être disposées à proximité du pêcheur ;

2° De la vermée et de six balances au plus destinées à la capture des écrevisses et des crevettes ;

3° D'une carafe, ou bouteille, destinée à la capture des vairons et autres poissons servant d'amorces dont la contenance ne peut être supérieure à deux litres, dans les eaux de 2e catégorie. Le préfet peut autoriser ce moyen de pêche dans les eaux de 1re catégorie.

II. – Ils peuvent, en outre, dans les eaux non domaniales de 2e catégorie désignées par le ministre chargé de la pêche en eau douce, utiliser des engins et des filets mentionnés à l'article R. 436-24 dont la nature, les dimensions et le nombre sont fixés par le préfet.

III. – En outre, le préfet peut autoriser l'emploi d'un carrelet d'un mètre carré de superficie au plus et de lignes de fond munies pour l'ensemble de dix-huit hameçons au plus, dans les cours d'eau et les plans d'eau de 2e catégorie qu'il désigne.

IV. – Dans certaines parties de cours d'eau ou de plans d'eau et à titre exceptionnel, le préfet peut, par arrêté motivé, interdire l'emploi de certains modes ou procédés de pêche, limiter l'emploi des lignes mentionnées au 1° du I à des techniques particulières de pêche ou exiger de tout pêcheur qu'il remette immédiatement à l'eau *(Mots rempl., D. n° 2016-417, 7 avr. 2016)* « les spécimens capturés d'une ou de plusieurs espèces ou de toutes les espèces ».

Voir : A. 19 avr. 2011 fixant en application du II de l'article R. 436-23 du Code de l'environnement la liste des eaux non domaniales de deuxième catégorie où les membres des associations agréées de pêche et de protection du milieu aquatique peuvent utiliser des engins ou des filets dont la nature, les dimensions et le nombre sont fixés par le préfet, *JORF* 30 avr. 2011.

Art. R. 436-24. – I. – Dans les eaux de la 2e catégorie mentionnées au 1° de l'article L. 435-1, les membres des associations départementales agréées de pêcheurs amateurs aux engins et aux filets sur les eaux du domaine public peuvent pêcher au moyen d'engins, de filets et de lignes dont la nature, les dimensions et le nombre sont définis dans le cadre de la location du droit de pêche de l'État.

II. – Seuls peuvent être autorisés :

1° Plusieurs filets de type Araignée ou de type Tramail, d'une longueur cumulée maximum de 60 mètres, ou un carrelet de 25 mètres carrés de superficie au maximum, ou un filet de type Coulette dont l'écartement des branches est inférieur ou égal à 3 mètres, ou un filet de type Coul de 1,50 mètre de diamètre maximum ;

2° Un épervier ;

3° Trois nasses ;

4° *(Mod., D. n° 2010-1110, 22 sept. 2010)* Des bosselles à anguilles, des nasses de type anguillère, à écrevisses, à lamproie, au nombre total de six au maximum, dont au plus trois bosselles à anguilles ou nasses de type anguillère ;

5° Des balances à écrevisses, des balances à crevettes, au nombre total de six au maximum ;

6° Des lignes de fond munies pour l'ensemble d'un maximum de dix-huit hameçons ;

7° Trois lignes de traînes munies au plus de deux hameçons chacune ;

8° *(Abr., D. n° 2010-1110, 22 sept. 2010)* ;

9° Quatre lignes montées sur canne et munies chacune de deux hameçons au plus ou de trois mouches artificielles au plus.

Techniques de pêche autorisées. Le préfet ne peut légalement interdire l'utilisation du filet maillant par les pêcheurs aux engins et aux filets dès lors que cette pratique est explicitement autorisée par l'article R. 436-24 du Code de l'environnement (■ CAA Lyon, 21 avr. 2009, n° 06LY02498).

Art. R. 436-25 *(Mod. à compter du 1er janvier 2011, D. n° 2010-1773, 31 déc. 2010).* – I. – Dans les eaux de la 2e catégorie, ainsi que dans les plans d'eau de la 1re catégorie dont la liste est fixée par le ministre chargé de la pêche en eau douce, les membres des associations agréées de pêcheurs professionnels en eau douce peuvent pêcher au moyen d'engins, de filets et de lignes dont la nature, les dimensions et le nombre sont définis soit dans le cadre de la location du droit de pêche de l'État dans les eaux mentionnées à l'article L. 435-1, soit par arrêté du préfet pour tout ou partie des eaux non mentionnées à l'article L. 435-1, *(Mots rempl., D. n° 2016-417, 7 avr. 2016)* « soit par le récépissé de la déclaration ou l'autorisation de vidange de plan d'eau délivrés en application de la nomenclature annexée à l'article R. 214-1 », parmi les procédés et modes de pêche prévus au II et au III.

II. – Seul peut être autorisé l'usage des engins et filets suivants :

1° Filets de type Araignée ;

2° Filets de type Tramail ;

3° Filets de type Senne, dont la longueur ne peut excéder de plus d'un tiers la largeur mouillée du cours d'eau où ils sont utilisés ;

4° Filets barrage, baros ;

5° Éperviers ;

6° Carrelets, bouges, coulettes, couls ;

7° Dideaux ;

8° Nasses ;

9° Verveux ;

10° Bosselles à anguilles ;

11° Filets ronds ;

12° Balances à écrevisses ou à crevettes ;

13° Lignes de fond ;

14° Lignes de traîne ;

15° Tamis à civelle de 1,20 mètre de diamètre et de *(Mots rempl., D. n° 2019-352, 23 avr. 2019)* 2,50 mètres de profondeur au plus ;

16° Quatre lignes montées sur canne et munies chacune de deux hameçons au plus ou de trois mouches artificielles au plus.

III. – Peuvent en outre être autorisés les procédés et modes de pêche susceptibles d'améliorer la sélectivité de la pêche ou la qualité sanitaire des produits de la pêche ou les conditions de travail des pêcheurs professionnels, figurant sur une liste fixée par le ministre chargé de la pêche en eau douce, à des fins expérimentales.

L'arrêté ministériel fixe pour chacun la durée de l'expérimentation, qui ne peut être supérieure à cinq ans, et les modalités de son évaluation.

Art. R. 436-26. – I. – Sont seuls autorisés les filets, nasses, bosselles à anguilles et autres engins utilisés pour la pêche des poissons et des écrevisses dont les mailles ou espacements des verges sont carrés, rectangulaires, losangiques ou hexagonaux.

II. – Les dimensions des mailles et l'espacement minimum des verges sont fixés ainsi qu'il suit :

1° Côté des mailles carrées ou losangiques, petit côté des mailles rectangulaires, quart du périmètre des mailles hexagonales, espacement des verges :

a) *(Mod., D. n° 2016-417, 7 avr. 2016)* Pour le saumon et la truite de mer : 40 millimètres ;

b) Pour les espèces autres que celles désignées au *a* et au *c* : 27 millimètres ;

c) Pour l'anguille, le goujon, la loche, le vairon, la vandoise, l'ablette, les lamproies, le gardon, le chevesne, le hotu, la gremille et la brème ainsi que pour les espèces susceptibles de provoquer des déséquilibres biologiques : 10 millimètres ;

2° Pour la pêche de la civelle, la dimension de la maille des tamis peut être inférieure à 10 millimètres.

III. – Les balances à écrevisses ou à crevettes peuvent être indifféremment rondes, carrées ou losangiques ; leur diamètre ou leur diagonale ne doit pas dépasser 0,30 mètre.

IV. – Le diamètre de l'orifice d'entrée dans la dernière chambre de capture des bosselles ou des nasses à anguilles ne doit pas excéder 40 millimètres.

Art. R. 436-27. – Pour la pêche de la crevette dans les eaux saumâtres, le préfet peut autoriser l'emploi d'engins comportant des mailles ou des espacements de 5 millimètres.

Art. R. 436-28. – Les filets et engins de toute nature, fixes ou mobiles, lignes de fond comprises, ne peuvent occuper plus des deux tiers de la largeur mouillée du cours d'eau ou du plan d'eau dans les emplacements où ils sont utilisés.

Ils ne peuvent, à l'exception des lignes dormantes, être employés simultanément sur la même rive ou sur deux rives opposées, même par des pêcheurs différents, que s'ils sont séparés par une distance égale à trois fois au moins la longueur du plus long de ces filets ou engins.

La longueur des filets mobiles et notamment des araignées mesurés à terre et développés en ligne droite ne peut dépasser les deux tiers de la largeur mouillée du cours d'eau ; toutefois, le préfet peut porter cette longueur aux quatre cinquièmes de la largeur mouillée du cours d'eau lorsque l'irrégularité des courants est de nature à entraver notablement l'exercice normal de la pêche.

Lorsqu'il existe un chenal naturel, la largeur de celui-ci est substituée à la largeur mouillée du cours d'eau pour l'application des dispositions précédentes.

Le jalonnement des filets, dans les eaux mentionnées au 1° de l'article L. 435-1, est réglementé par le cahier des charges pour l'exploitation de la pêche aux engins et aux filets. Dans les eaux autres que celles mentionnées au 1° de l'article L. 435-1, la partie supérieure des filets doit être apparente au-dessus de l'eau sur toute la longueur tendue ou jalonnée d'une manière visible.

Art. R. 436-29. – La procédure de contrôle des filets et mailles, à l'occasion de leur utilisation, est fixée par le ministre chargé de la pêche en eau douce.

Sous-section 5. – Procédés et modes de pêche prohibés

Art. R. 436-30. – Il est interdit d'utiliser les filets traînants, à savoir ceux qui sont entraînés dans l'eau sous l'action d'une force quelconque autre que l'action directe du courant, à l'exception de l'épervier jeté à la main et manœuvré par un seul homme, du tamis, du coul, de la coulette et de la senne.

Art. R. 436-31. – Il est interdit dans les cours d'eau ou leurs dérivations d'établir des appareils, d'effectuer des manœuvres, de battre la surface de l'eau en vue de rassembler le poisson afin d'en faciliter la capture.

Art. R. 436-32. – I. – Il est interdit en vue de la capture du poisson :

1° De pêcher à la main ou sous la glace ou en troublant l'eau ou en fouillant sous les racines et autres retraites fréquentées par le poisson. Toutefois, pour la pêche à la ligne du goujon, le pilonnage effectué par le pêcheur lui-même est autorisé ;

2° D'employer tous procédés ou de faire usage de tous engins destinés à accrocher le poisson autrement que par la bouche. Toutefois, est autorisé pour retirer de l'eau le poisson déjà ferré l'emploi de l'épuisette et de la gaffe. Dans les cours d'eau et parties de cours d'eau classés comme cours d'eau à saumon, le préfet peut interdire l'usage de la gaffe ;

3° De se servir d'armes à feu, de fagots sauf pour la pêche *(Mots suppr., D. n° 2010-1110, 22 sept. 2010)* « ... » des écrevisses appartenant aux espèces autres que celles mentionnées à l'article R. 436-10 de lacets ou de collets, de lumières ou feux sauf pour la pêche de la civelle, de matériel de plongée subaquatique ;

4° De pêcher à l'aide d'un trimmer ou d'un engin similaire ;

5° D'utiliser des lignes de traîne en dehors des conditions fixées aux articles R. 436-24 et R. 436-25 ;

6° De pêcher aux engins et aux filets dans les zones inondées.

II. – Lorsque les caractéristiques locales du milieu aquatique justifient des mesures particulières de protection du patrimoine piscicole, le préfet peut, par arrêté motivé, interdire la pêche en marchant dans l'eau dans les cours d'eau et les plans d'eau qu'il désigne.

III. – Le préfet peut également interdire toute pêche dans les parties de cours d'eau, de canaux ou de plan d'eau dont le niveau est naturellement abaissé, en fixant par arrêté motivé, le cas échéant, les conditions de récupération des poissons.

Art. R. 436-33. – I. – Pendant la période d'interdiction spécifique de la pêche du brochet, la pêche au vif, au poisson mort ou artificiel et aux leurres susceptibles de capturer ce poisson de manière non accidentelle est interdite dans les eaux classées en 2e catégorie. Cette interdiction ne s'applique pas :

1° À la pêche du saumon dans les cours d'eau ou parties de cours d'eau classés comme cours d'eau à saumon ;

2° À certains cours d'eau, canaux et plans d'eau désignés par arrêté du préfet.

II. – Pendant la période d'interdiction spécifique de la pêche du brochet, l'emploi de l'épervier ainsi que des nasses et verveux, à l'exception des bosselles à anguilles et des nasses de type anguillère à écrevisses ou à lamproie, est interdit dans les eaux classées dans la 2e catégorie sauf pour la pêche d'autres espèces.

Art. R. 436-34. – I. – Il est interdit d'utiliser comme appât ou comme amorce :

1° Les œufs de poissons, naturels, frais, de conserve, ou mélangés à une composition d'appâts ou artificiels, dans tous les cours d'eau et plans d'eau ;

2° Les asticots et autres larves de diptères, dans les eaux de 1re catégorie.

II. – Le préfet peut, par arrêté motivé, autoriser l'emploi des asticots comme appât, sans amorçage, dans certains plans d'eau et cours d'eau ou parties de cours d'eau de 1re catégorie.

Art. R. 436-35. – Il est interdit d'appâter les hameçons, nasses, filets, verveux et tous autres engins avec les poissons des espèces dont la taille minimum a été fixée par les articles R. 436-18 et R. 436-19, des espèces protégées par les dispositions des articles L. 411-1, L. 411-2 et L. 412-1 et des espèces mentionnées aux 1° et 2° de l'article L. 432-10 *(Mots aj., D. n° 2010-1110, 22 sept. 2010)* « ainsi qu'avec la civelle, l'anguille ou sa chair ».

Sous-section 6. – Dispositions diverses

Art. R. 436-36. – Le ministre chargé de la pêche en eau douce fixe la liste des grands lacs intérieurs et des lacs de montagne pour lesquels le préfet peut établir par arrêté une réglementation spéciale pouvant porter dérogation aux prescriptions des articles R. 436-6, R. 436-7, R. 436-15, R. 436-16, R. 436-18, R. 436-21, R. 436-23, R. 436-26 et au 5° du I de l'article R. 436-32 (1). Cette réglementation est déterminée après avis d'une commission dont la composition est fixée pour chaque lac ou ensemble de lacs par le ministre chargé de la pêche en eau douce.

Voir : *infra* A. 15 mars 2012, fixant en application de l'article R. 436-36 du Code de l'environnement la liste des grands lacs intérieurs et des lacs de montagne pour lesquels peut être établie une réglementation spéciale de la pêche et la composition des commissions consultatives (*JO* 18 avr. 2012), modifié par A. 20 mars 2014 (*JO* 29 mars 2014) et par A., 25 août 2021 (*JO* 22 oct.) et abrogeant l'A. 5 mai 1986 (*JO* 25 mai 1986).

Art. R. 436-37. – Quand un cours d'eau ou un plan d'eau est mitoyen entre plusieurs départements, il est fait application, à défaut d'accord entre les préfets, des dispositions les moins restrictives dans les départements concernés.

Art. R. 436-38 *(Mod., D. n° 2007-443, 25 mars 2007 ; D. n° 2016-417, 7 avr. 2016 ; mod. à compter du 1er janvier 2017, D. n° 2016-1842, 26 déc. 2016 ; à compter du 1er janvier 2020, D. n° 2019-1580, 31 déc. 2019 ; mod., D. n° 2022-969, 1er juill. 2022).* – Les arrêtés du préfet prévus aux sous-sections 1 à 6 de la présente section sont pris après avis du directeur régional de l'Office français de la biodiversité, de la fédération départementale des associations agréées de pêche et de protection des milieux aquatiques et, le cas échéant, de l'association agréée des pêcheurs professionnels.

Sous-section 7. – Dispositions pénales

Art. R. 436-39. – Sont considérés comme des produits et moyens non autorisés au sens du deuxième alinéa de l'article L. 436-7 le déversement de substances chimiques dans un cours d'eau ou la modification du régime hydraulique d'un cours d'eau en vue de la capture ou de la destruction du poisson.

Art. R. 436-40. – I. – Est puni de l'amende prévue pour les contraventions de la 3e classe le fait :

1° De pêcher pendant les temps d'interdiction prévus par les articles R. 436-6, R. 436-7, R. 436-10, R. 436-11 et R. 436-12 ;

(1) V. T. appl. : A. 15 mars 2012 (*JO* 18 avr. 2012). – NDLR.

2° De pêcher pendant les heures d'interdiction prévues par les articles R. 436-13 à R. 436-17 ;
3° D'employer un procédé ou un mode de pêche prohibés en application des articles R. 436-23 à R. 436-28 et R. 436-30 à R. 436-35 ;
4° De pêcher, de transporter ou de vendre des poissons provenant des eaux soumises aux dispositions de la présente section qui n'ont pas les dimensions fixées par l'article R. 436-18 ou en application de l'article R. 436-19 ;
5° De pêcher ou de transporter des poissons provenant des eaux soumises aux dispositions de la présente section dont le nombre excède celui fixé par l'article R. 436-21 ;
6° D'organiser un concours de pêche dans un cours d'eau de 1re catégorie sans avoir obtenu l'autorisation prévue à l'article R. 436-22 ou sans respecter les prescriptions de l'autorisation ;
7° De ne pas respecter les prescriptions fixées par voie d'arrêté préfectoral, pris en application des articles R. 436-6, R. 436-7, R. 436-8, R. 436-12, R. 436-21, R. 436-23 et R. 436-32 ;
8° D'être trouvé, la nuit, porteur ou muni, hors de son domicile, d'instruments, filets ou engins de pêche prohibés destinés à être utilisés dans les eaux soumises aux dispositions de la présente section ;
9° De ne pas respecter les prescriptions du 5° de l'article R. 436-14 relatives au maintien en captivité et au transport des carpes.
II. – L'amende encourue est celle qui est prévue pour les contraventions de la 4e classe lorsque les infractions aux 1°, 3°, 4°, 5°, 6° et 7° du I sont commises de nuit.

Art. R. 436-41. – Est puni de l'amende prévue pour les contraventions de la 3e classe le fait de ne pas respecter les prescriptions fixées par les arrêtés du préfet pris en application de l'article R. 436-36.
L'amende encourue est celle qui est prévue pour les contraventions de la 4e classe lorsque les infractions sont commises de nuit.

Art. R. 436-42. – Est puni de l'amende prévue pour les contraventions de la 3e classe le fait, pour les contremaîtres, les employés de balisage et les mariniers, de contrevenir aux dispositions de l'article L. 436-8.

Sous-section 8. – Classement des cours d'eau, canaux et plans d'eau en deux catégories

Art. R. 436-43 *(Mod., D. n° 2007-443, 25 mars 2007 ; D. n° 2007-980, 15 mai 2007 ; mod. à compter du 1er janvier 2011, D. n° 2010-1773, 31 déc. 2010 ; à compter du 1er janvier 2017, D. n° 2016-1842, 26 déc. 2016 ; D. n° 2019-1580, 31 déc. 2019).* – Le classement des cours d'eau, canaux et plans d'eau mentionnés à l'article L. 431-3 dans les catégories définies au 10° de l'article L. 436-5 est fixé par arrêté du préfet ou par arrêté conjoint des préfets concernés lorsque le classement porte sur un cours d'eau, un canal ou un plan d'eau mitoyen ou commun à plusieurs départements, après avis des services géographiquement compétents de l'Office français de la biodiversité de la fédération départementale des associations agréées de pêche et de protection du milieu aquatique et de l'association agréée départementale ou interdépartementale des pêcheurs professionnels en eau douce.
Les dispositions du décret n° 58-873 du 16 septembre 1958 modifié déterminant le classement des cours d'eau en deux catégories ainsi que les arrêtés de classement pris par le ministre chargé de la pêche en eau douce restent en vigueur jusqu'à l'intervention des arrêtés pris en application de l'alinéa précédent.

Section II. – Autorisations exceptionnelles

Pas de dispositions réglementaires codifiées.

Section III. – Gestion et pêche des poissons appartenant aux espèces vivant alternativement dans les eaux douces et dans les eaux salées

Sous-section 1. – Dispositions générales

Art. R. 436-44. – Par exception à l'article L. 431-1 et en application de l'article L. 436-11, la présente section s'applique aux cours d'eau et aux canaux affluant à la mer, tant en amont de la limite de salure des eaux que dans leurs parties comprises entre cette limite et les limites transversales de la mer, à leurs affluents et sous-affluents ainsi qu'aux plans d'eau avec lesquels ils communiquent, dans la mesure où s'y trouvent des poissons migrateurs appartenant aux espèces suivantes :

1° Saumon atlantique (*Salmo salar*) ;

2° Grande alose (*Alosa alosa*) ;

3° Alose feinte (*Alosa fallax*) ;

4° Lamproie marine (*Petromyzon marinus*) ;

5° Lamproie fluviatile (*Lampetra fluviatilis*) ;

6° Anguille (*Anguilla anguilla*) ;

7° Truite de mer (*Salmo trutta, f. trutta*).

Voir : A. 26 nov. 1987 (*JO* 17 janv. 1988), modifié par l'arrêté du 24 novembre 1988, fixant la liste des cours d'eau ou parties de cours d'eau classés comme cours d'eau à truite de mer (*JO* 14 déc. 1988), modifié par arrêté du 11 janvier 2000 (*JO* 18 févr. 2000). – A. 26 nov. 1987 fixant la liste des cours d'eau ou parties de cours d'eau classés comme cours d'eau à saumon (*JO* 17 janv. 1988), modifié par l'arrêté du 24 novembre 1988 (*JO* 14 déc. 1988) et par l'arrêté du 11 janvier 2000 (*JO* 19 févr. 2000).

Sous-section 2. – Plan de gestion des poissons migrateurs

Art. R. 436-45 *(Mod., D. n° 2010-1110, 22 sept. 2010 ; D. n° 2016-417, 7 avr. 2016 ; D. n° 2018-847, 4 oct. 2018).* – Un plan de gestion des poissons migrateurs détermine, par bassin, par cours d'eau ou par groupe de cours d'eau :

1° Les mesures utiles à la reproduction, au développement, à la conservation et à la circulation de ces poissons, sous réserve des dispositions prévues par l'article L. 432-6 ;

2° Les modalités d'estimation des stocks et d'estimation de la quantité qui peut être pêchée chaque année ;

3° Les plans d'alevinage et les programmes de soutien des effectifs ;

4° Les conditions dans lesquelles sont fixées les périodes d'ouverture de la pêche ;

5° Les modalités de la limitation éventuelle des pêches, qui peuvent être adaptées en fonction des caractéristiques propres à la pêche professionnelle et à la pêche de loisir ;

6° Les conditions dans lesquelles sont délivrés et tenus les carnets de pêche, sous réserve des dispositions de l'article R. 436-64.

Toutefois, en ce qui concerne l'anguille, le plan de gestion des poissons migrateurs contribue à l'exécution du plan national de gestion de l'anguille pris pour l'application du règlement (CE) n° 1100/2007 du Conseil du 18 septembre 2007 instituant des mesures de reconstitution du stock d'anguilles européennes et des actes pris pour la mise en œuvre de ce plan.

Le plan a une durée de six ans. Toutefois, la validité des plans en vigueur à la date de publication du décret n° 2018-847 du 4 octobre 2018 est, quelle que soit la date à laquelle ils ont été arrêtés, fixée au 22 décembre 2021.

Art. R. 436-46. – Le plan de gestion des poissons migrateurs est arrêté par le préfet de région, président du comité de gestion compétent, par application de l'article R. 436-47, sur proposition du comité de gestion ou, à défaut, au vu des éléments recueillis par ce comité. Il peut être révisé dans les mêmes formes. Ce plan est publié au recueil des actes administratifs de chacun des départements faisant partie de la circonscription du comité.

Sous-section 3. – Comité pour la gestion des poissons migrateurs

Art. R. 436-47 *(Mod., D. n° 2016-417, 7 avr. 2016).* – Il est créé dans chacun des bassins suivants un comité de gestion des poissons migrateurs :

1° Les cours d'eau du bassin Artois-Picardie sont couverts par le comité de gestion des poissons migrateurs du bassin Artois-Picardie, dont la présidence est assurée par le préfet de la région Nord - Pas-de-Calais, préfet coordonnateur du bassin Artois-Picardie, ou son représentant ;

2° Les cours d'eau du bassin Rhin-Meuse sont couverts par le comité de gestion des poissons migrateurs du bassin Rhin-Meuse, dont la présidence est assurée par le préfet de la région Lorraine, préfet coordonnateur du bassin Rhin-Meuse, ou son représentant ;

3° Les cours d'eau du bassin Seine-Normandie sont couverts par le comité de gestion des poissons migrateurs du bassin Seine-Normandie, dont la présidence est assurée par le préfet de la région Île-de-France, préfet coordonnateur du bassin Seine-Normandie, ou son représentant ;

4° Les cours d'eau du bassin Loire-Bretagne dont l'embouchure est située dans les départements de la Manche, d'Ille-et-Vilaine, des Côtes-d'Armor, du Finistère et du Morbihan ainsi que leurs affluents, sont couverts par le comité de gestion des poissons migrateurs des cours d'eau bretons, dont la présidence est assurée par le préfet de la région Bretagne ou son représentant ;

5° Les cours d'eau compris dans le bassin Loire-Bretagne, à l'exclusion de ceux appartenant à la circonscription du comité de gestion des poissons migrateurs des cours d'eau bretons, sont couverts par le comité de gestion des poissons migrateurs du bassin de la Loire, dont la présidence est assurée par le préfet de la région Pays de la Loire ou son représentant ;

6° Les cours d'eau compris dans le bassin Adour-Garonne, à l'exclusion de ceux appartenant à la circonscription du comité de gestion des poissons migrateurs du bassin de l'Adour, sont couverts par le comité de gestion des poissons migrateurs du bassin de la Garonne, dont la présidence est assurée par le préfet de la région Aquitaine ou son représentant ;

7° Les cours d'eau des bassins de l'Adour et des cours d'eau côtiers dont l'embouchure est située dans les départements des Landes et des Pyrénées-Atlantiques, à l'exclusion de la Bidassoa, sont couverts par le comité de gestion des poissons migrateurs du bassin de l'Adour. La présidence de ce comité est assurée par le préfet de la région Aquitaine ou son représentant ;

8° Les cours d'eau du bassin Rhône-Méditerranée sont couverts par le comité de gestion des poissons migrateurs du bassin Rhône-Méditerranée et des cours d'eau méditerranéens, dont la présidence est assurée par le préfet de la région Rhône-Alpes, préfet coordonnateur du bassin Rhône-Méditerranée, ou son représentant ;

9° Les cours d'eau du bassin de la Corse sont couverts par le comité de gestion des poissons migrateurs de Corse, dont la présidence est assurée par le préfet de Corse, préfet coordonnateur du bassin de la Corse, ou son représentant.

Art. R. 436-48. – Outre la préparation des plans de gestion, le comité de gestion des poissons migrateurs est chargé :

1° De suivre l'application du plan et de recueillir tous les éléments utiles à son adaptation ou à son amélioration ;

2° De formuler à l'intention des pêcheurs de poissons migrateurs les recommandations nécessaires à la mise en œuvre du plan, et notamment celles relatives à son financement ;

3° De recommander aux détenteurs de droits de pêche et aux pêcheurs maritimes les programmes techniques de restauration de populations de poissons migrateurs et de leurs habitats adaptés aux plans de gestion, ainsi que les modalités de financement appropriées ;

4° De définir et de mettre en œuvre des plans de prévention des infractions à la présente section ;

5° De proposer au préfet de région compétent en matière de pêche maritime l'application de mesures appropriées au-delà des limites transversales de la mer dans tous les cas où ces mesures seraient nécessaires à une gestion équilibrée des poissons migrateurs ;

6° De donner un avis *(Mots suppr., D. n° 2010-1110, 22 sept. 2010)* « ... » sur le schéma directeur d'aménagement et de gestion des eaux du bassin et sur les schémas d'aménagement et de gestion des eaux des groupements de sous-bassins ou des sous-bassins de sa circonscription.

Art. R. 436-49 *(Mod., D. n° 2007-443, 25 mars 2007 ; mod. à compter du 1er janvier 2017, D. n° 2016-1842, 26 déc. 2016 ; à compter du 1er janvier 2020, D. n° 2019-1580, 31 déc. 2019)*. – I. – Chaque comité de gestion des poissons migrateurs est composé :

1° De représentants de l'État, dont un directeur régional de l'environnement et un directeur interrégional de la mer ;

2° De représentants des différentes catégories de pêcheurs amateurs en eau douce et de leurs associations ;

3° De représentants des pêcheurs professionnels en eau douce ;

4° De représentants des marins-pêcheurs professionnels exerçant leur activité dans la zone comprise entre la limite de salure des eaux et la limite transversale de la mer ;

5° D'un représentant de propriétaires riverains de la circonscription du comité désigné par le préfet de région, président du comité.

II. – En outre, deux conseillers régionaux et deux conseillers départementaux de la circonscription du comité, désignés par leurs assemblées respectives, peuvent participer avec voix délibérative aux travaux du comité.

III. – Le nombre et les modalités de désignation des représentants mentionnés aux 2°, 3° et 4° du I, ainsi que le nombre et la qualité des représentants de l'État, sont fixés par un arrêté conjoint du ministre chargé de la pêche en eau douce et du ministre chargé des pêches maritimes.

IV *(Mod., D. n° 2022-969, 1er juill. 2022)*. – Un directeur régional de l'Office français de la biodiversité et un représentant de l'Institut français de recherche pour l'exploitation de la mer désignés par ces organismes assistent, à titre consultatif, aux séances du comité.

Voir : A. 29 juill. 2016 fixant la composition des comités de gestion des poissons migrateurs (*JO* 24 août 2016).

À noter Les dispositions du décret n° 2010-130 du 11 février 2010 relatif à l'organisation et aux missions des directions interrégionales de la mer prennent effet dans chaque direction interrégionale de la mer à compter de la date de nomination du directeur interrégional de la mer, à l'exception de l'article 5.

Art. R. 436-50. – Les membres du comité de gestion des poissons migrateurs autres que les représentants de l'État sont nommés pour une durée de *(Nombre rempl., D. n° 2018-847, 4 oct. 2018)* « six » ans par le préfet de région, président du comité. Leur mandat est renouvelable.

Les membres du comité décédés ou démissionnaires et ceux qui, en cours de mandat, n'occupent plus les fonctions à raison desquelles ils ont été désignés, sont remplacés selon les mêmes modalités pour la durée du mandat restant à courir.

Art. R. 436-51. – Le comité de gestion des poissons migrateurs se réunit sur convocation de son président au moins deux fois par an. Le président arrête l'ordre du jour des travaux et fixe la date des séances. Le secrétariat du comité est assuré par les services de l'État.

Des rapporteurs désignés par le président du comité sont chargés de la présentation des affaires inscrites à l'ordre du jour.

Le président du comité peut recueillir l'avis de tout organisme ou association et décider d'entendre toute personne qualifiée.

Art. R. 436-52. – Le comité de gestion des poissons migrateurs ne peut valablement délibérer que si la moitié au moins de ses membres, ou de leurs représentants, sont présents. Toutefois, lorsqu'une convocation n'a pas permis de réunir le quorum, les délibérations intervenues à la suite d'une seconde convocation sont valables quel que soit le nombre des membres présents. Les délibérations sont prises à la majorité des voix des membres présents. En cas de partage des voix, la voix du président est prépondérante.

Art. R. 436-53. – Le préfet de région, président du comité, adresse chaque année un rapport sur l'activité du comité au ministre chargé de la pêche en eau douce et au ministre chargé des pêches maritimes.

Art. R. 436-54. – Les fonctions de membres du comité ne donnent pas lieu à rémunération.

Sous-section 4. – Exercice de la pêche des poissons migrateurs

§ 1. – Périodes, temps d'interdiction et engins de pêche

Art. R. 436-55. – La pêche du saumon et la pêche de la truite de mer sont interdites pendant une période de 180 jours comprise entre le 1er août et le 31 juillet de l'année suivante, dont au moins 120 jours consécutifs compris entre le 1er octobre et le 30 avril de la même période.

Art. R. 436-57 *(Mod., D. n° 2010-1110, 22 sept. 2010)*. – Les périodes d'ouverture de la pêche des poissons appartenant aux espèces mentionnées à l'article R. 436-44, à l'exception de l'anguille, sont arrêtées conformément au plan de gestion des poissons migrateurs, mentionné aux articles R. 436-45 et R. 436-46, par le préfet de département pour la pêche en eau douce et par le préfet de région compétent en matière de pêche maritime en aval de la limite de salure des eaux.

Art. R. 436-58. – Dans des situations exceptionnelles, le ministre chargé de la pêche en eau douce et le ministre chargé des pêches maritimes peuvent, par un arrêté conjoint et motivé, aux fins d'assurer une protection particulière de la ressource :

1° Augmenter pour les espèces mentionnées *(Mots rempl., D. n° 2010-1110, 22 sept. 2010)* « à l'article R. 436-55 » la durée des périodes d'interdiction ;

2° Prévoir des périodes d'interdiction de la pêche pour les autres espèces.

Art. R. 436-59. – Dans la zone comprise entre la limite de salure des eaux et les limites transversales de la mer, les filets et engins permettant la pêche des poissons migrateurs *(Mots aj., D. n° 2010-1110, 22 sept. 2010)* « , à l'exception de l'anguille de moins de 12 centimètres, » doivent être retirés de l'eau pendant une période de vingt-quatre heures par décade. La liste ainsi que les jours de relève de ces engins et filets sont fixés par le préfet compétent en matière de pêche maritime, après avis du comité de gestion des poissons migrateurs mentionné à l'article R. 436-48.

Art. R. 436-60. – En vue de la protection ou de l'exploitation rationnelle des poissons migrateurs, le préfet de département, en amont de la limite de salure des eaux, et le préfet compétent en matière de pêche maritime, en aval de cette limite, peuvent limiter pendant tout ou partie de l'année la pratique de nuit de certains modes de pêche.

Art. R. 436-61. – Dans la zone comprise entre la limite de salure des eaux et les limites transversales de la mer, il est interdit de pêcher les poissons migrateurs *(Mots suppr. D. n° 2016-417, 7 avr. 2016)* « ... » à moins de 50 mètres d'un barrage.

§ 2. – Mesures utiles à la reproduction, au développement, à la conservation et à la circulation des poissons

Art. R. 436-62. – Les dimensions au-dessous desquelles les poissons migrateurs ne peuvent être *(Mot aj., D. n° 2019-352, 23 avr. 2019)* « pêchés », gardés à bord, transbordés, débarqués, transportés, stockés, vendus, exposés ou mis en vente, mais doivent être rejetés aussitôt à l'eau, sont fixées ainsi qu'il suit :

1° Dans les eaux situées en amont de la limite de salure des eaux : pour le saumon : 0,50 mètre ; pour la truite de mer : 0,35 mètre ; *(Mots rempl., D. n° 2019-352, 23 avr. 2019)* « pour les aloses » : 0,30 mètre ;

2° Dans les eaux comprises entre la limite de salure des eaux et les limites transversales de la mer, celles fixées à l'annexe II du règlement (CEE) n° 3094-86 du 7 octobre 1986 modifié prévoyant certaines mesures techniques de conservation des ressources de pêche ;

3° Dans l'ensemble des eaux couvertes par l'article R. 436-44 : pour la lamproie marine : 0,40 mètre ; pour la lamproie fluviatile : 0,20 mètre.

Art. R. 436-63. – Pour assurer la bonne gestion et la conservation des poissons migrateurs *(Mots aj., D. n° 2010-1110, 22 sept. 2010)* « autres que l'anguille », le préfet de région, président du comité de gestion des poissons migrateurs, peut fixer, pour une année civile, par bassin ou par cours d'eau ou groupe de cours d'eau, une limitation de pêche selon les modalités fixées par le plan de gestion.

Lorsque la limite est atteinte, ce préfet le constate par un arrêté qui entraîne interdiction de poursuivre la pêche pour le bassin, pour le cours d'eau ou le groupe de cours d'eau.

Art. R. 436-64 *(Rempl., D. n° 2010-1110, 22 sept. 2010)*. – I. – Tout pêcheur en eau douce, professionnel ou de loisir, doit tenir à jour un carnet de pêche selon les modalités fixées par le plan de gestion des poissons migrateurs. Toutefois, pour la pêche de l'anguille, ces modalités sont fixées par arrêté du ministre chargé de la pêche en eau douce.

II. – En outre, toute capture d'anguille à l'aide d'engins ou de filets est enregistrée dans la fiche de pêche et déclarée selon les modalités fixées par l'arrêté prévu au I.

III. – Les obligations auxquelles sont tenus les pêcheurs de loisir ainsi que leurs associations pour permettre l'évaluation du nombre des pêcheurs d'anguille et du volume de leurs captures sont déterminées par arrêté du ministre chargé de la pêche en eau douce.

Voir : A. 22 oct. 2010 relatif aux obligations de déclaration des captures d'anguille européenne (Anguilla anguilla) par les pêcheurs en eau douce (*JO* 5 nov. 2010), mod. par A. 18 déc. 2013 (*JO* 9 janv. 2014). – C. 4 févr. 2011 relative à l'encadrement des activités de pêche de l'anguille en eau douce (*BO* MEDDTL n° 2011/4, 10 mars 2011).

A. 18 déc. 2013 fixant les obligations applicables aux pêcheurs professionnels en eau douce relatives à la tenue du carnet de pêche et à la déclaration des captures d'anguilles européennes (Anguilla anguilla) (*JO* 9 janv. 2014), mod. par A. 29 janv. 2020 (*JO* 1er févr.).

Art. R. 436-65 *(Mod., D. n° 2016-417, 7 avr. 2016 ; mod. à compter du 1er janvier 2017, D. n° 2016-1842, 26 déc. 2016).* – Toute personne qui est en action de pêche du saumon atlantique dans les eaux mentionnées à l'article R. 436-44 doit détenir une marque d'identification non utilisée et son carnet nominatif de pêche.

Dès la capture d'un saumon, et avant de le transporter, elle doit fixer sur le poisson une marque d'identification et remplir les rubriques de son carnet nominatif.

(Mod. à compter du 1er janvier 2020, D. n° 2019-1580, 31 déc. 2019) Les pêcheurs amateurs doivent, pour chaque capture, adresser une déclaration de capture à l'Office français pour la biodiversité. Les pêcheurs professionnels en eau douce doivent adresser chaque mois le relevé des captures qu'ils ont réalisées au même office.

Les modalités d'application du présent article sont fixées par arrêté conjoint du ministre chargé de la pêche en eau douce et du ministre chargé de la pêche maritime.

§ 3. – Pêche de l'anguille et mesures de conservation de l'espèce
(D. n° 2010-1110, 22 sept. 2010)

Art. R. 436-65-1 *(D. n° 2010-1110, 22 sept. 2010).* – I. – Pour l'application des dispositions réglementant l'exercice de la pêche de l'anguille, sont regardées comme :

1° Anguille de moins de 12 centimètres : l'anguille dont la longueur est inférieure à cette taille, y compris la civelle, alevin d'aspect translucide ;

2° Anguille argentée : l'anguille présentant une ligne latérale différenciée, une livrée dorsale sombre, une livrée ventrale blanchâtre et une hypertrophie oculaire ;

3° Anguille jaune : l'anguille dont la taille et l'aspect diffèrent de ceux décrits au 1° et au 2° ;

4° Anguille : toute anguille, quel que soit le stade de développement décrit aux 1° à 3° auquel elle est parvenue.

II. – Les unités de gestion de l'anguille correspondent à l'habitat naturel de l'anguille dans les bassins hydrographiques continentaux, y compris les zones colonisables par l'espèce ainsi que celles qui lui sont accessibles après équipement des ouvrages faisant obstacle à son passage, dans les zones estuariennes et dans les aires maritimes de répartition de cette espèce.

Les limites des unités de gestion de l'anguille sont fixées par arrêté du préfet de région, après avis du comité de gestion des poissons migrateurs du bassin dans lequel s'inscrit l'unité de gestion prévue, dans le respect des limites figurant dans le plan de gestion approuvé par la Commission européenne en application de l'article 2 du règlement (CE) n° 1100/2007 du Conseil du 18 septembre 2007 instituant des mesures de reconstitution du stock d'anguilles européennes.

Art. R. 436-65-2 *(D. n° 2010-1110, 22 sept. 2010).* – La pêche de l'anguille est interdite en dehors des unités de gestion de l'anguille.

Art. R. 436-65-3 *(D. n° 2010-1110, 22 sept. 2010).* – I. – La pêche de l'anguille de moins de 12 centimètres est interdite aux pêcheurs de loisir en tous lieux.

Elle est interdite à tout pêcheur, tant professionnel que de loisir, dans les cours d'eau, leurs affluents et sous-affluents, et dans les canaux dont l'embouchure est située sur la façade méditerranéenne, ainsi que dans les lagunes et étangs salés qui disposent d'un accès à la mer Méditerranée.

II. – La pêche de l'anguille de moins de 12 centimètres peut être autorisée aux pêcheurs professionnels dans les cours d'eau, leurs affluents et sous-affluents, et dans les canaux dont l'embouchure est située sur la mer du Nord, la Manche et la façade atlantique, ainsi que dans les lagunes et étangs salés qui disposent d'un accès à ces mers et océan, pendant une période de cinq mois consécutifs au plus, fixée par arrêté conjoint du ministre chargé de la pêche en eau douce et du ministre chargé de la pêche maritime.

Cette autorisation est délivrée aux membres des associations départementales ou interdépartementales agréées de pêcheurs professionnels en eau douce selon les modalités fixées par arrêté du ministre chargé de la pêche en eau douce et aux marins pêcheurs professionnels en zone maritime selon les modalités fixées par arrêté du ministre chargé de la pêche maritime.

III. – Les quotas de pêche de l'anguille de moins de 12 centimètres sont fixés et répartis par unité de gestion, pour chaque saison de pêche, par arrêté du ministre chargé de la pêche en eau douce et par arrêté du ministre chargé de la pêche maritime. Les arrêtés peuvent instaurer des quotas individuels.

Les modalités de répartition des quotas, de leur suivi et de leur contrôle sont définies par arrêté du ministre chargé de la pêche en eau douce pour les pêcheurs professionnels en eau douce et par le ministre chargé de la pêche maritime pour les marins pêcheurs professionnels.

Lorsqu'un quota de capture est épuisé, la poursuite de la pêche de l'anguille de moins de 12 centimètres par les pêcheurs concernés est interdite.

IV. – Les arrêtés prévus au III distinguent la part des captures qui doit être affectée au repeuplement et celle destinée à la consommation.

Voir : A. 4 oct. 2010 relatif à la mise en place d'autorisations de pêche de l'anguille en eau douce (*JO* 27 oct. 2010). – A. 29 sept. 2010 relatif aux dates de pêche de l'anguille européenne (Anguilla anguilla) (*JO* 24 oct. 2010). – A. 12 nov. 2010 relatif à l'encadrement de la pêche de l'anguille de moins de 12 centimètres par les pêcheurs professionnels en eau douce (*JO* 18 nov. 2010). – A. 12 nov. 2010 portant définition, répartition et modalités de gestion du quota d'anguille de moins de 12 cm pour la campagne de pêche 2010-2011 (*JO* 18 nov. 2010), mod. – A. 21 avr. 2011 (*JO* 3 mai 2011). – A. 24 nov. 2011 portant définition, répartition et modalités de gestion du quota d'anguilles de moins de 12 cm pour la campagne de pêche 2011-2012 (*JO* 2 déc. 2011), modifié par A. 2 juill. 2012 (*JO* 12 juill. 2012). – A. 30 oct. 2012 portant définition, répartition et modalités de gestion du quota d'anguilles de moins de 12 cm pour la campagne de pêche 2012-2013 (*JO* 1er nov. 2012). – A. 28 oct. 2013 portant définition, répartition et modalités de gestion du quota d'anguille européenne (Anguilla anguilla) de moins de 12 centimètres pour la campagne de pêche 2013-2014 (*JO* 31 oct. 2013). – A. 23 oct. 2014 portant définition, répartition et modalités de gestion du quota d'anguille européenne (Anguilla anguilla) de moins de 12 centimètres pour la campagne de pêche 2014-2015 (*JO* 28 oct. 2014), modifié par A. 5 nov. 2014 (*JO* 19 nov. 2014).

– A. 13 nov. 2011 relatif à l'encadrement de la pêche de l'anguille de moins de 12 cm par les pêcheurs professionnels en eau douce (*JO* 19 nov. 2011). – A. 31 oct. 2012 relatif à l'encadrement de la pêche de l'anguille de moins de 12 cm par les pêcheurs professionnels en eau douce (*JO* 1er nov. 2012). – A. 28 oct. 2013 relatif à l'encadrement de la pêche de l'anguille de moins de 12 centimètres par les pêcheurs professionnels en eau douce pour la campagne 2013-2014 (*JO* 31 oct. 2013). – A. 27 oct. 2014 relatif à l'encadrement de la pêche de l'anguille de moins de 12 centimètres par les pêcheurs professionnels en eau douce pour la campagne 2014-2015 (*JO* 30 oct. 2014). – A. 22 oct. 2015 relatif aux mesures de contrôle de la pêcherie professionnelle d'anguille (Anguilla anguilla) dans les eaux maritimes (*JO* 28 oct. 2015).

A. 23 oct. 2015 relatif à l'encadrement de la pêche de l'anguille de moins de 12 centimètres par les pêcheurs professionnels en eau douce pour la campagne 2015-2016 (*JO* 28 oct. 2015).

A. 20 oct. 2015 portant définition, répartition et modalités de gestion du quota d'anguille européenne (Anguilla anguilla) de moins de 12 centimètres pour la campagne de pêche 2015-2016 (*JO* 28 oct. 2015).

A. 17 oct. 2016 portant définition, répartition et modalités de gestion du quota d'anguille européenne (Anguilla anguilla) de moins de 12 centimètres pour la campagne de pêche 2016-2017 (*JO* 26 oct. 2016).

A. 25 oct. 2016 relatif à l'encadrement de la pêche de l'anguille de moins de 12 centimètres par les pêcheurs professionnels en eau douce pour la campagne 2016-2017 (*JO* 28 oct. 2016).

A. 14 mars 2024 relatif aux périodes de pêche de l'anguille européenne (Anguilla anguilla) aux stades d'anguille jaune et d'anguille argentée en Méditerranée et dans les eaux douces des bassins Rhône-Méditerranée et Corse (*JO* du 30).

A. 23 oct. 2024 relatif à la définition, la répartition et les modalités de gestion du quota d'anguille européenne (Anguilla anguilla) de moins de 12 cm par les pêcheurs professionnels en eau douce pour la campagne 2024-2025 (*JO* du 25).

A. 25 oct. 2024 portant définition, répartition et modalités de gestion du quota d'anguille européenne (Anguilla anguilla) de moins de 12 cm pour la campagne de pêche 2024-2025 (*JO* du 31).

Art. R. 436-65-4 ***(D. n° 2010-1110, 22 sept. 2010).*** **– I. – La pêche de l'anguille jaune est autorisée pendant une période fixée par unité de gestion, et le cas échéant par secteur, par arrêté conjoint du ministre chargé de la pêche en eau douce et du ministre chargé de la pêche maritime.**

II. – La pêche de l'anguille jaune par les pêcheurs professionnels, ainsi que, lorsqu'ils utilisent des engins ou des filets, par les membres des associations agréées de pêche et de protection du milieu aquatique et les pêcheurs de loisir en zone maritime, est subordonnée à l'obtention d'une autorisation délivrée selon les modalités fixées, selon le cas, par arrêté du ministre chargé de la pêche en eau douce ou par arrêté du ministre chargé de la pêche maritime.

Voir : A. 4 oct. 2010 relatif à la mise en place d'autorisations de pêche de l'anguille en eau douce (*JO* 27 oct. 2010). – A. 29 sept. 2010 relatif aux dates de pêche de l'anguille européenne (Anguilla anguilla) (*JO* 24 oct. 2010). – C. 4 févr. 2011 relative à l'encadrement des activités de pêche de l'anguille en eau douce (*BO* MEDDTL n° 2011/4, 10 mars 2011).

A. 20 janv. 2012 relatif aux dates de pêche de l'anguille européenne (Anguilla anguilla) aux stades anguille jaune et anguille argentée (*JO* 8 févr. 2012). – A. 1er mars 2013 relatif aux dates de pêche de l'anguille européenne (Anguilla anguilla) aux stades d'anguille jaune pour l'année 2013 et d'anguille argentée pour la campagne de pêche 2013-2014 (*JO* 3 mars 2013). – A. 27 janv. 2014 relatif aux dates de pêche de l'anguille européenne (Anguilla anguilla) aux stades d'anguille jaune pour l'année 2014 et d'anguille argentée pour la campagne de pêche 2014-2015 (*JO* 31 janv. 2014). Dates de pêche. – A. 28 oct. 2011 relatif aux dates de pêche de l'anguille européenne de moins de 12 cm (9 nov. 2011). – C. 4 févr. 2011 relative à l'encadrement des activités de pêche de l'anguille en eau douce (*BO* MEDDTL n° 2011/4, 10 mars 2011). – A. 29 oct. 2012 relatif aux dates de pêche de l'anguille européenne (Anguilla anguilla) de moins de 12 cm (*JO* 1er nov. 2012). – A. 28 oct. 2013 relatif aux dates de pêche de l'anguille européenne (Anguilla anguilla) de moins de 12 centimètres (*JO* 31 oct. 2013). – A. 5 févr. 2016 relatif aux périodes de pêche de l'anguille européenne (Anguilla anguilla) aux stades d'anguille jaune et d'anguille argentée (*JO* 10 févr. 2016). Cet arrêté définit les périodes de pêche de manière permanente et non plus pour une seule saison de pêche.

Art. R. 436-65-5 *(D. n° 2010-1110, 22 sept. 2010).* **– I. – La pêche de l'anguille argentée est interdite.**

II. – La pêche de l'anguille argentée peut toutefois être autorisée, sur certains cours d'eau et plans d'eau des unités de gestion de l'anguille Loire, Bretagne et Rhône-Méditerranée, aux membres des associations départementales ou interdépartementales agréées des pêcheurs professionnels en eau douce et aux marins pêcheurs professionnels pendant les périodes et dans des conditions fixées par arrêté conjoint du ministre chargé de la pêche en eau douce et du ministre chargé de la pêche maritime.

Elle est subordonnée à l'obtention d'une autorisation délivrée selon les modalités fixées, selon le cas, par arrêté du ministre chargé de la pêche en eau douce ou par arrêté du ministre chargé de la pêche maritime.

Voir : A. 4 oct. 2010 relatif à la mise en place d'autorisations de pêche de l'anguille en eau douce (*JO* 27 oct. 2010). – A. 29 sept. 2010 relatif aux dates de pêche de l'anguille européenne (Anguilla anguilla) (*JO* 24 oct. 2010). – C. 4 févr. 2011 relative à l'encadrement des activités de pêche de l'anguille en eau douce (*BO* MEDDTL n° 2011/4, 10 mars 2011).

Le référé tendant à la suspension de l'application de l'arrêté du 4 octobre 2010 aux motifs de l'absence de base légale prévoyant un régime d'autorisation a été rejeté par le Conseil d'État aux motifs que ce texte n'instaure pas en lui-même le principe des autorisations de pêche. Par ailleurs, le Conseil d'État observe que le règlement européen relatif à l'anguille n'interdit pas toute activité de pêche à l'anguille, mais prévoit des mesures de réduction de la pêche commerciale et de limitation de la pêche récréative, et que dès lors l'arrêté n'est pas contraire au règlement européen (CE, juge des référés, 14 mars 2011, n° 346968).

Art. R. 436-65-6 *(D. n° 2010-1110, 22 sept. 2010).* **– Les autorisations accordées en application des II des articles R. 436-65-3, R. 436-65-4 et R. 436-65-5 ne peuvent être renouvelées en cas de manquement, par leurs titulaires, aux obligations qui leur sont faites par les I et II de l'article R. 436-64.**

Art. R. 436-65-7 *(D. n° 2010-1110, 22 sept. 2010).* **– Le débarquement des captures d'anguille par les pêcheurs professionnels est effectué selon les modalités déterminées par arrêté du ministre chargé de la pêche maritime et du ministre chargé de la pêche en eau douce, dans les seuls lieux fixés par le préfet de département.**

Ces captures sont soumises à la réglementation de la pêche maritime en matière de transport et de première vente des poissons.

Art. R. 436-65-8 *(D. n° 2010-1110, 22 sept. 2010).* **– Les mesures relatives au repeuplement ainsi que le suivi, l'évaluation et le contrôle de celles-ci sont définis par arrêté conjoint du ministre chargé de la pêche en eau douce et du ministre chargé de la pêche maritime. »**

Art. R. 436-65-9 *(D. n° 2016-417, 7 avr. 2016).* **– Entre la limite de salure des eaux et la limite transversale de la mer, la pêche de loisir de l'anguille ne peut s'exercer plus d'une demi-heure avant le lever du soleil, ni plus d'une demi-heure après son coucher.**

Sous-section 5. – Classement en cours d'eau à saumon et à truite de mer

Art. R. 436-66. – Le ministre chargé de la pêche en eau douce établit la liste des cours d'eau classés comme cours d'eau à saumon et comme cours d'eau à truite de mer.

Sous-section 6. – Dispositions pénales

Art. R. 436-67. – Est puni de l'amende prévue pour les contraventions de la 3e classe :

1° Le fait, en amont de la limite de salure des eaux, de ne pas relâcher immédiatement après leur capture, des poissons migrateurs qui n'ont pas les dimensions minimales prévues par l'article R. 436-62 ;

2° Le fait de ne pas observer l'une des prescriptions fixées au premier alinéa de l'article R. 436-65.

Art. R. 436-68 *(Mod., D. n° 2010-1110, 22 sept. 2010)*. – I. – Est puni de l'amende prévue pour les contraventions de la 5e classe :

1° Le fait de pratiquer la pêche des poissons migrateurs en amont de la limite de salure des eaux pendant les périodes d'interdiction fixées en application des articles R. 436-55 à R. 436-58, R. 436-60 et R. 436-63 ;

2° Le fait de ne pas observer l'une des prescriptions fixées aux deuxième et troisième alinéas de l'article R. 436-65.

3° Le fait de pêcher l'anguille dans les lieux et pendant les périodes où, selon les différents stades de son développement, sa pêche est interdite ou sans y avoir été autorisé ou en méconnaissance de cette autorisation, en infraction aux dispositions des articles R. 436-65-2 à R. 436-65-5 ;

4° Le fait pour un pêcheur de ne pas tenir son carnet de pêche ou de ne pas enregistrer dans la fiche de pêche et de ne pas déclarer ses captures d'anguille selon les modalités fixées à l'article R. 436-64 ou de faire des déclarations inexactes ou mensongères ;

5° Le fait pour un pêcheur professionnel en eau douce de capturer des anguilles de moins de 12 centimètres lorsque le quota qui lui a été attribué est atteint. L'amende est appliquée autant de fois qu'il y a d'hectogrammes d'anguille pêchés au-delà du quota.

II. – La récidive des contraventions prévues au I est réprimée conformément aux dispositions de l'article 132-11 du Code pénal.

Braconnage d'anguilles. Condamnation d'une personne pratiquant le braconnage de civelles au paiement d'une amende de 10 000 € dont 5 000 € avec sursis, assortie de la publication de la décision dans la presse régionale et de la confiscation des engins de pêche (▪ CA Rennes, 11 sept. 2014, n° 2014/1234).

Section IV. – Réserves et interdictions permanentes de pêche

Sous-section 1. – Dispositions générales

Art. R. 436-69. – Afin de favoriser la protection ou la reproduction du poisson, des interdictions permanentes de pêche sont prononcées ou des réserves temporaires de pêche peuvent être instituées sur les eaux mentionnées aux articles L. 431-3 et L. 431-5.

Le champ d'application du premier alinéa du présent article est celui défini par l'article L. 431-2.

Sous-section 2. – Dispositions applicables aux interdictions permanentes de pêche

Art. R. 436-70. – Toute pêche est interdite :

1° Dans les dispositifs assurant la circulation des poissons dans les ouvrages construits dans le lit des cours d'eau ;

2° Dans les pertuis, vannages et dans les passages d'eau à l'intérieur des bâtiments.

Art. R. 436-71. – Toute pêche est interdite à partir des barrages et des écluses ainsi que sur une distance de 50 mètres en aval de l'extrémité de ceux-ci, à l'exception de la pêche à l'aide d'une ligne.

En outre, la pêche aux engins et aux filets est interdite sur une distance de 200 mètres en aval de l'extrémité de tout barrage et de toute écluse.

Art. R. 436-72. – Les interdictions édictées par l'article R. 436-71 ne sont pas applicables à la pêche de l'anguille *(Mots rempl., D. n° 2010-1110, 22 sept. 2010)* « argentée » dans les eaux de la 2e catégorie.

Sous-section 3. – Dispositions applicables aux réserves temporaires de pêche

Art. R. 436-73 *(Mod., D. n° 2007-443, 25 mars 2007 ; D. n° 2016-417, 7 avr. 2016 ; mod. à compter du 1er janvier 2017, D. n° 2016-1842, 26 déc. 2016 ; à compter du 1er janvier 2020, D. n° 2019-1580, 31 déc. 2019 ; D. n° 2022-969, 1er juill. 2022)*. – Le préfet du département, après avis du directeur régional de l'Office français de la biodiversité, de la fédération départementale des associations agréées de pêche et de protection des milieux aquatiques et, le cas échéant, de l'association agréée de pêcheurs professionnels en eau douce, peut, par arrêté, instituer des réserves de pêche où toute pêche est interdite pour une durée pouvant aller jusqu'à cinq années consécutives.

Art. R. 436-74. – I. – L'arrêté du préfet détermine :

1° L'emplacement, les limites amont et aval de la section concernée du cours d'eau, canal ou plan d'eau ;

2° La durée pendant laquelle la réserve de pêche est instituée.

II. – L'arrêté est transmis aux maires des communes concernées qui procèdent immédiatement à l'affichage en mairie. Cet affichage est maintenu pendant un mois et est renouvelé chaque année à la même date et pour la même durée pour les réserves de plus d'une année.

Art. R. 436-75. – En vertu de l'article L. 436-12, les dispositions de la présente sous-section ne sont pas applicables en Corse.

Art. R. 436-76. – Toutefois, les réserves existantes, en l'absence de délibération de l'Assemblée de Corse fixant les règles applicables aux réserves temporaires de pêche en Corse, demeurent régies par les dispositions des articles R. 436-73 et R. 436-74, ainsi que par les décisions prises sur leur fondement.

Sous-section 4. – Dispositions communes

Art. R. 436-77. – Le propriétaire riverain, privé totalement de l'exercice de son droit de pêche plus d'une année entière, peut adresser une demande d'indemnité au préfet. Celui-ci lui propose une indemnité, dont le montant doit être accepté par écrit.

À défaut d'accord amiable, l'indemnité est fixée par le tribunal administratif.

Art. R. 436-78. – Les interdictions permanentes de pêche et les réserves de pêche édictées en application de la présente section ne sont pas opposables *(Mots rempl. à compter du 1er janvier 2011, D. n° 2010-1773, 31 déc. 2010)* « aux pêches autorisées à titre exceptionnel en application de l'article L. 436-9 ».

Art. R. 436-79. – Est puni de l'amende prévue pour les contraventions de la 4e classe le fait, pour les pêcheurs aux lignes, de ne pas respecter les interdictions permanentes de pêche prévues aux articles R. 436-70 et R. 436-71 ainsi que les réserves de pêche prévues aux articles R. 436-73 et R. 436-74.

Dans le cas des pêcheurs aux engins et filets, la peine d'amende applicable est celle prévue pour les contraventions de la 5e classe.

Lorsque des infractions sont commises de nuit par les pêcheurs aux lignes, la peine d'amende applicable est celle prévue pour les contraventions de la 5e classe.

La récidive de la contravention prévue au deuxième alinéa du présent article est réprimée conformément aux dispositions de l'article 132-11 du Code pénal.

Section V. – Commercialisation

(Abr., D. n° 2019-352, 23 avr. 2019)

Section VI. – Dispositions particulières à certaines eaux

Sous-section 1. – Accords internationaux

§ 1. – Dispositions relatives à la pêche dans la section de la Bidassoa et de la baie du Figuier formant frontière avec l'Espagne

Art. R. 436-82. – Les dispositions des articles R. 436-6 à R. 436-79 ne sont pas applicables à la pêche dans la section de la Bidassoa et de la baie du Figuier formant frontière avec l'Espagne.

Art. R. 436-83. – L'exercice de la pêche dans la section de la Bidassoa et de la baie du Figuier formant frontière avec l'Espagne est soumis aux stipulations de la convention entre la France et l'Espagne relative à la pêche en Bidassoa et baie du Figuier du 14 juillet 1959 modifiée.

§ 2. – **Dispositions relatives à la pêche dans les eaux françaises du lac Léman**

Art. R. 436-84. – Les dispositions des articles R. 436-6 à R. 436-79 ne sont pas applicables à la pêche dans les eaux françaises du lac Léman.

Art. R. 436-85. – L'exercice de la pêche dans les eaux françaises du lac Léman est soumis aux stipulations de l'accord entre le Gouvernement de la République française et le Conseil fédéral suisse concernant la pêche dans le lac Léman du 20 novembre 1980 et de son règlement d'application modifiés.

Art. R. 436-86. – Est puni de l'amende prévue pour les contraventions de la 3e classe le fait de ne pas respecter les stipulations du règlement d'application mentionné à l'article R. 436-85. L'amende encourue est celle prévue pour les contraventions de la 4e classe lorsque les infractions ont été commises de nuit.

§ 3. – **Dispositions relatives à la pêche dans la section du Doubs formant frontière avec la Suisse**

Art. R. 436-87. – Les dispositions des articles R. 436-6 à R. 436-43 ne sont pas applicables à la pêche dans la section du Doubs formant frontière avec la Suisse.

Art. R. 436-88. – L'exercice de la pêche dans la section du Doubs formant frontière avec la Suisse est soumis aux stipulations de l'accord entre le Gouvernement de la République française et le Conseil fédéral suisse concernant l'exercice de la pêche et la protection des milieux aquatiques dans la partie du Doubs formant frontière entre les deux États du 29 juillet 1991 et de son règlement d'application modifié.

Art. R. 436-89. – Est puni de l'amende prévue pour les contraventions de la 3e classe le fait de ne pas respecter les stipulations du règlement d'application mentionné à l'article R. 436-88. L'amende encourue est celle prévue pour les contraventions de la 4e classe lorsque les infractions ont été commises de nuit.

Sous-section 2. – Dispositions applicables en Guadeloupe, Guyane, Martinique, Réunion et à Saint-Pierre-et-Miquelon

§ 1. – **Dispositions applicables à la Réunion**

Art. R. 436-90. – Les dispositions du présent chapitre, à l'exception de la sous-section 1 de la présente section, sont applicables à la Réunion sous réserve des dispositions qui suivent.

Art. R. 436-91. – Les dispositions de l'article R. 436-6 ne sont pas applicables à la Réunion, où la pêche est autorisée du premier samedi d'octobre au premier dimanche de mai inclus dans les eaux de 1re catégorie.

Art. R. 436-92. – I. – Les dispositions de l'article R. 436-23 ne sont pas applicables à la Réunion, où les membres *(Mots rempl., D. n° 2016-417, 7 avr. 2016)* « des associations agréées de pêche et de protection des milieux aquatiques » peuvent pêcher au moyen :

1° *a)* De deux lignes au plus dans les eaux de 2e catégorie ;

b) D'une ligne dans les eaux de 1re catégorie.

Les lignes doivent être montées sur canne et munies de deux hameçons au plus ou de trois mouches artificielles au plus. Elles doivent être disposées à proximité du pêcheur ;

2° De deux balances destinées à la capture des espèces appartenant au genre *Macrobrachium* (camaron, chevrette, écrevisse) et des espèces appartenant à la famille des Atyidae (chevaquine, crevette bouledogue) dans les eaux de 2e catégorie.

II. – En outre, le préfet peut autoriser l'emploi de lignes de fond munies, pour l'ensemble, de dix-huit hameçons au plus dans les cours d'eau et les plans d'eau de 2e catégorie.

Art. R. 436-93. – I. – Les dispositions de l'article R. 436-24 ne sont pas applicables à la Réunion, où, dans les eaux de la 2e catégorie entrant dans le champ d'application du 1° du I de l'article L. 435-1, les membres des associations départementales agréées de pêcheurs amateurs aux engins et aux filets sur les eaux du domaine public peuvent pêcher au moyen d'engins, de filets et de lignes dont la nature, les dimensions et le nombre sont définis dans le cadre de la location du droit de pêche de l'État.

II. – Seuls peuvent être autorisés :

1° Plusieurs filets, de type Araignée ou de type Tramail, d'une longueur cumulée au maximum de 25 mètres ;

2° Trois vouves, à savoir nasses en fibres végétales, dont le diamètre maximum ne peut excéder 80 centimètres ;

3° Deux balances destinées à la capture des espèces appartenant au genre *Macrobrachium* (camaron, chevrette, écrevisse) et des espèces appartenant à la famille des Atyidae (chevaquine, crevette bouledogue) ;

4° Des lignes de fond munies, pour l'ensemble, d'un maximum de dix-huit hameçons ;

5° Deux lignes montées sur canne et munies chacune de deux hameçons au plus ou de trois mouches artificielles au plus.

Art. R. 436-94. – Pour l'application à la Réunion des dispositions de l'article R. 436-40, la référence faite au 1° de cet article à l'article R. 436-6 est remplacée par la référence à l'article R. 436-91, et la référence faite au 3° du même article aux articles R. 436-23 et R. 436-24 est remplacée par la référence aux articles R. 436-92 et R. 436-93.

§ 2. – Dispositions applicables en Guadeloupe, Guyane, Martinique et à Saint-Pierre-et-Miquelon

Pas de dispositions réglementaires codifiées.

CHAPITRE VII. – DISPOSITIONS PÉNALES COMPLÉMENTAIRES

Section I. – Recherche et constatation des infractions

Sous-section 1. – Agents compétents

Art. R. 437-1 à R. 437-3 *(Abr., D. n° 2014-813, 17 juill. 2014).*

Sous-section 2. – Procès-verbaux

Pas de dispositions réglementaires codifiées.

Sous-section 3. – Recherche des infractions

Pas de dispositions réglementaires codifiées.

Sous-section 4. – Gardes-pêche particuliers

Art. R. 437-3-1 *(Créé à compter du 1er décembre 2006, D. n° 2006-1100, 30 août 2006 ; mod., D. n° 2019-352, 23 avr. 2019).* – Les gardes-pêche particuliers et les agents de développement des fédérations départementales ou interdépartementales des associations agréées de pêche et de protection du milieu aquatique sont commissionnés, agréés, assermentés et exercent leurs fonctions dans les conditions fixées aux articles R. 15-33-24 à R. 15-33-29-2 du Code de procédure pénale et en application de l'article L. 437-13 du présent code. La commission délivrée en application de l'article R. 15-33-24 de ce code précise les cours d'eau ou les plans d'eau, ou les parties de ceux-ci, où le propriétaire ou le détenteur des droits d'usage dispose des droits de pêche que le garde-pêche particulier est chargé de surveiller.

Outre les mentions prévues à l'article R. 15-33-29-1 du Code de procédure pénale, les agents de développement des fédérations départementales ou interdépartementales peuvent faire figurer sur leurs vêtements la mention : « agent de développement de la fédération départementale (ou interdépartementale) de pêche et de protection du milieu aquatique ».

Voir : A. 30 août 2006, relatif à la formation des gardes particuliers et à la carte d'agrément (*JO* 1er sept. 2006). – *Infra*, Circ. du 9 janv. 2007 relative à l'agrément des gardes particuliers (*BOMEDD* n° 3, 15 févr. 2007).

Sous-section 5. – Saisies

Art. R. 437-4 et R. 437-5 *(Abr., D. n° 2019-352, 23 avr. 2019).*

Rédaction antérieure. Art. R. 437-4. – La saisie du poisson effectuée en application de l'article L. 437-11 est constatée par un procès-verbal qui mentionne l'usage fait du poisson saisi. Ce procès-verbal est adressé dans les huit jours au chef du service chargé de la police de la pêche en eau douce.

Rédaction antérieure. Art. R. 437-5. – Est puni de l'amende prévue pour les contraventions de la 3e classe le fait de contrevenir à l'obligation prévue par l'article L. 437-12.

Section II. – Transaction

Art. R. 437-6 *(Abr., D. n° 2014-368, 24 mars 2014).*

Art. R. 437-7 *(Rempl., D. n° 2007-598, 24 avr. 2007 ; abr., D. n° 2019-352, 23 avr. 2019).*

Voir : L. 437-14, p. 921.

Art. R. 437-8 et R. 437-9 *(Abr., D. n° 2007-598, 24 avr. 2007).*

Section III. – Poursuites

Art. R. 437-10 *(Abr., D. n° 2007-598, 24 avr. 2007).*

Art. R. 437-11 *(Mod., D. n° 2007-443, 25 mars 2007 ; mod. à compter du 1er janvier 2017, D. n° 2016-1842, 26 déc. 2016 ; à compter du 1er janvier 2020, D. n° 2019-1580, 31 déc. 2019).* – Les rétributions pour les citations et significations d'exploits dues aux agents commissionnés de l'Office français de la biodiversité ou aux techniciens des travaux forestiers de l'État ou de l'office national des forêts à l'occasion d'actions et de poursuites exercées en application de l'article L. 437-17 sont calculées conformément aux dispositions du décret n° 96-1080 du 12 décembre 1996 modifié fixant le tarif des huissiers de justice en matière civile et commerciale.

Les contestations relatives à la rémunération de ces agents sont réglées selon la procédure prévue par les articles 704 à 719 du Code de procédure civile.

Section IV. – Action civile

Pas de dispositions réglementaires codifiées.

Section V. – Sanctions

Art. R. 437-12. – Est puni de l'amende prévue pour les contraventions de la 3e classe le fait de contrevenir aux dispositions de l'article L. 437-7.

Art. R. 437-13 *(Abr., D. n° 2019-352, 23 avr. 2019).*

Sous-section 1. – Circonstances aggravantes

Pas de dispositions réglementaires codifiées.

Sous-section 2. – Astreinte

Pas de dispositions réglementaires codifiées.

Sous-section 3. – Confiscation

Pas de dispositions réglementaires codifiées.

Sous-section 4. – Exclusion des associations agréées

Pas de dispositions réglementaires codifiées.

Sous-section 5. – Responsabilité des personnes morales

Pas de dispositions réglementaires codifiées.

CHAPITRE VIII. – DISPOSITIONS DIVERSES

Pas de dispositions réglementaires codifiées.

LIVRE V

PRÉVENTION DES POLLUTIONS, DES RISQUES ET DES NUISANCES

(D. n° 2007-1467, 12 oct. 2007) (1) (2) (3) (4)

TITRE PRÉLIMINAIRE. – ENQUÊTES TECHNIQUES ET CONSEIL SUPÉRIEUR DE LA PRÉVENTION DES RISQUES TECHNOLOGIQUES

(D. n° 2011-1891, 14 déc. 2011 ; intitulé rempl., D. n° 2022-427, 25 mars 2022)

Créé en 1976, le Conseil supérieur des installations classées avait initialement pour mission les installations classées, avant qu'il n'absorbe et ne remplace la commission consultative des installations nucléaires de base (D. n° 2010-882, 27 juill. 2010 : *JO* 29 juill. 2010, p. 14024), puis la commission de sécurité du transport, de la distribution et de l'utilisation du gaz et qu'il ne devienne le « Conseil supérieur de la prévention des risques technologiques » (Ord. n° 2010-418, 27 avr. 2010 : *JO* 30 avr. 2010, p. 7826 et D. n° 2011-1891, 14 déc. 2011 : *JO* 18 déc. 2011, p. 21398 ; mod., D. n° 2013-1272, 27 déc. 2013 : *JO* du 29, texte n° 33 et D. n° 2019-190, 14 mars 2019 : *JO* du 16, texte n° 3).

CHAPITRE Ier. – ENQUÊTES TECHNIQUES

(D. n° 2022-427, 25 mars 2022)

Section I. – Organisation du bureau enquête et analyse sur les risques industriels

Art. R. 501-1 *(D. n° 2022-427, 25 mars 2022 ; mod. à compter du 1er septembre 2022, D. n° 2022-1025, 20 juill. 2022)* (5). **– Le bureau d'enquêtes et d'analyses sur les risques industriels institué à l'article L. 501-5 est un service à compétence nationale placé auprès du chef de l'inspection générale de l'environnement et du développement durable.**

---

(1) Les articles du présent livre identifiés par un « R. » correspondent aux dispositions relevant d'un décret en Conseil d'État, ceux identifiés par un « D. » correspondent aux dispositions relevant d'un décret simple, D. n° 2007-1467, 12 oct. 2007, art. 1er.

(2) Les références contenues dans des dispositions de nature réglementaire à des dispositions abrogées par l'article 4 du décret n° 2007-1467 du 12 octobre 2007 sont remplacées par des références aux dispositions correspondantes du Code de l'environnement, D. n° 2007-1467, 12 oct. 2007, art. 2.

(3) Les dispositions du présent livre qui citent en les reproduisant des articles d'autres codes ou décrets sont de plein droit modifiées par l'effet des modifications ultérieures de ces articles, D. n° 2007-1467, 12 oct. 2007, art. 3.

(4) Dispositions applicables à Mayotte, D. n° 2007-1467, 12 oct. 2007, art. 15.

(5) Les présentes dispositions réglementaires peuvent être modifiées par des actes pris dans les mêmes formes que les actes dont elles étaient issues antérieurement au 1er septembre 2022, D. n° 2022-1025, 20 juill. 2022.

Art. R. 501-2 *(D. n° 2022-427, 25 mars 2022).* – Le directeur du bureau d'enquêtes et d'analyses sur les risques industriels dirige l'action de celui-ci. Il a autorité sur les personnels ainsi que, pour la conduite des enquêtes, sur les enquêteurs techniques extérieurs et experts auxquels il fait appel. Il peut déléguer sa signature aux fonctionnaires et agents relevant de son autorité.

Il détermine le champ d'investigation et les méthodes des enquêtes techniques au regard des objectifs fixés par l'article L. 501-2. Il désigne les enquêteurs techniques chargés d'en assurer l'organisation, la conduite et le contrôle.

Les ressources suffisantes pour mener ses missions sont mises à la disposition du directeur du bureau d'enquêtes et d'analyses sur les risques industriels.

Art. R. 501-3 *(D. n° 2022-427, 25 mars 2022). – (Mod. à compter du 1er septembre 2022, D. n° 2022-1025, 20 juill. 2022)* (1) Le directeur du bureau d'enquêtes et d'analyses sur les risques industriels est nommé pour une durée de cinq ans par arrêté du ministre chargé de l'environnement, sur proposition du chef de l'inspection générale de l'environnement et du développement durable.

Il est choisi parmi les agents de l'État de catégorie A disposant d'une expérience et d'une compétence significatives dans les domaines visés au I de l'article L. 501-1.

Le directeur du bureau d'enquêtes et d'analyses sur les risques industriels est soumis aux exigences de l'article L. 122-2 du Code général de la fonction publique.

La nomination du directeur du bureau d'enquêtes et d'analyses sur les risques industriels vaut commissionnement de ce dernier en qualité d'enquêteur technique.

Art. R. 501-4 *(D. n° 2022-427, 25 mars 2022).* – Outre le directeur, le bureau d'enquêtes et d'analyses sur les risques industriels comprend des enquêteurs techniques. Ces enquêteurs sont désignés par le directeur parmi les agents de catégorie A ou de niveau équivalent, de l'État ou d'un établissement public et ayant une expérience significative dans les domaines visés au I de l'article L. 501-1. Il peut comprendre également des agents techniques et administratifs.

La désignation des enquêteurs techniques vaut commissionnement de ces derniers.

Art. R. 501-5 *(D. n° 2022-427, 25 mars 2022).* – Les enquêteurs techniques autres que les personnels propres du bureau d'enquêtes et d'analyses sur les risques industriels sont commissionnés par le directeur du bureau d'enquêtes et d'analyses sur les risques industriels. Le commissionnement ne peut intervenir si la personne concernée a fait l'objet d'une condamnation ou d'une décision mentionnée au bulletin n° 2 du casier judiciaire national ou si elle déclare un lien d'intérêt direct dans le cadre de l'enquête à laquelle elle est censée collaborer.

Le commissionnement peut être retiré dans l'intérêt du service après que l'intéressé a été invité à faire connaître ses observations dans un délai déterminé.

La rémunération des enquêteurs techniques qui ne sont pas affectés au bureau d'enquêtes et d'analyses sur les risques industriels est fixée par arrêté conjoint du ministre chargé du budget et du ministre chargé de l'environnement.

Art. R. 501-6 *(D. n° 2022-427, 25 mars 2022).* – Le bureau d'enquêtes et d'analyses sur les risques industriels peut faire appel à des experts qui sont soumis au secret professionnel dans les mêmes conditions que ses agents. Dans le cadre de l'enquête à laquelle ils sont censés collaborer et avant le commencement de celle-ci, les experts adressent au directeur du bureau d'enquêtes et d'analyses sur les risques industriels une déclaration de leurs liens d'intérêt.

Section II. – Organisation de l'enquête

Art. R. 501-7 *(D. n° 2022-427, 25 mars 2022).* – Le directeur du bureau d'enquêtes et d'analyses sur les risques industriels peut décider d'ouvrir une enquête après un accident en tenant compte des éléments suivants :

a) La gravité de l'accident ;

(1) Les présentes dispositions réglementaires peuvent être modifiées par des actes pris dans les mêmes formes que les actes dont elles étaient issues antérieurement au 1er septembre 2022, D. n° 2022-1025, 20 juill. 2022.

b) L'existence d'une série d'accidents susceptibles d'affecter la sécurité dans son ensemble ;

c) La nature et l'intérêt du retour d'expérience potentiel.

Le directeur du bureau d'enquêtes et d'analyses sur les risques industriels décide, au plus tard deux mois après la survenue de l'accident, de lancer ou non une enquête, sauf dans les cas prévus au dernier alinéa du I de l'article L. 501-1 ou en cas de demande du ministre chargé de l'environnement.

Art. R. 501-8 *(D. n° 2022-427, 25 mars 2022).* – Le directeur du bureau d'enquêtes et d'analyses sur les risques industriels détermine les moyens et les compétences opérationnelles nécessaires à la réalisation de chaque enquête.

Il peut mettre en place une commission d'enquête s'il le juge préférable aux recours aux moyens propres du bureau d'enquête. Cette commission est présidée par un enquêteur du bureau d'enquêtes et d'analyses sur les risques industriels et comprend des membres choisis en fonction de leurs compétences et présentant des garanties d'indépendance et d'impartialité.

Art. R. 501-9 *(D. n° 2022-427, 25 mars 2022).* – Le directeur du bureau d'enquêtes et d'analyses sur les risques industriels conclut ses examens sur le site de l'accident dans les plus brefs délais possibles afin de permettre la remise en état et le redémarrage de l'installation dans les meilleurs délais, sous réserve de la délivrance des autorisations nécessaires prévues par les dispositions légales et réglementaires en vigueur.

Art. R. 501-10 *(D. n° 2022-427, 25 mars 2022).* – Les recommandations de sécurité sont des propositions d'amélioration de la sécurité formulées par le directeur du bureau d'enquêtes et d'analyses sur les risques industriels, sur la base des informations rassemblées dans le cadre de l'enquête de sécurité, en vue de prévenir des accidents ou des incidents.

Les recommandations sont établies après que le rapport et les projets de recommandations ont été communiqués aux destinataires et que ces derniers ont été informés de la possibilité de présenter des observations dans un délai déterminé.

Le rapport définitif est rendu public et les recommandations définitives sont adressées aux destinataires à l'issue de cette consultation.

Les destinataires de recommandations de sécurité émises à l'occasion d'une enquête technique font connaître au directeur du bureau d'enquêtes, dans un délai de deux mois après leur réception, les suites qu'ils entendent donner à ces recommandations. Les réponses aux recommandations de sécurité sont rendues publiques dans les mêmes formes que le rapport.

CHAPITRE II. – CONSEIL SUPÉRIEUR DE LA PRÉVENTION DES RISQUES TECHNOLOGIQUES

(Division créée, D. n° 2022-427, 25 mars 2022)

Art. D. 510-1 *(Rempl., D. n° 2021-679, 28 mai 2021).* – Le Conseil supérieur de la prévention des risques technologiques assiste les ministres chargés des installations classées pour la protection de l'environnement, de la sûreté nucléaire, de la sécurité industrielle et du transport des marchandises dangereuses et de la mer.

Le Conseil supérieur donne son avis dans tous les cas où la loi ou les règlements l'exigent.

Il étudie tout projet de réglementation ou toute question relative :

- aux installations classées pour la protection de l'environnement ;
- aux installations nucléaires de base ;
- aux canalisations de transport de gaz naturel ou assimilé, d'hydrocarbures et de produits chimiques ;
- aux canalisations de distribution de gaz ;
- aux appareils à pression ainsi qu'à la sécurité des installations d'utilisation des gaz combustibles ;
- au transport des marchandises dangereuses par voie maritime, ferroviaire ou guidée, routière, ou fluviale et à leur manutention dans les ports,

(Mod. à compter du 1er janvier 2025, D. n° 2024-1194, 19 déc. 2024) que les ministres chargés de ces sujets ou que l'Autorité de sûreté nucléaire et de radioprotection, s'agissant de questions relatives aux installations nucléaires de base ou au transport de substances radioactives, jugent utile de lui soumettre.

Art. D. 510-2 *(D. n° 2011-1891, 14 déc. 2011 ; D. n° 2015-536, 15 mai 2015* (1) *; D. n° 2021-679, 28 mai 2021).* – Le Conseil supérieur de la prévention des risques technologiques est composé outre son président et son vice-président :

I. – Des membres de droit suivants :

1° Le directeur ou le directeur général chargé de la prévention des risques au ministère chargé de l'environnement ou son représentant ;

2° Le directeur ou le directeur général chargé de l'énergie au ministère chargé de l'énergie ou son représentant ;

3° Le directeur ou le directeur général chargé de la santé au ministère chargé de la santé ou son représentant ;

4° Le directeur chargé de la sécurité civile au ministère de l'intérieur ou son représentant ;

5° Le directeur ou le directeur général chargé de l'industrie et des services au ministère chargé de l'industrie ou son représentant ;

6° Le directeur ou le directeur général chargé du travail au ministère chargé du travail ou son représentant ;

7° Le directeur ou le directeur général chargé de l'industrie agroalimentaire au ministère chargé de l'agriculture ou son représentant ;

8° *(Mod. à compter du 1er janvier 2025, D. n° 2024-1194, 19 déc. 2024)* Le président de l'Autorité de sûreté nucléaire et de radioprotection ou son représentant ;

II. – Des membres suivants nommés pour une durée de trois ans par arrêté du ministre chargé de l'environnement :

1° Six personnalités choisies en raison de leurs compétences sur les sujets énumérés à l'article D. 510-1 ;

2° Sept représentants des intérêts des exploitants des installations mentionnées à l'article D. 510-1, dont :

a) Trois proposés par le Mouvement des entreprises de France (MEDEF) ;

b) Un proposé par la Confédération des petites et moyennes entreprises (CPME) ;

c) Un proposé par CCI France ;

d) Un proposé par l'Assemblée permanente des chambres d'agriculture ;

e) Un proposé par la Fédération nationale des syndicats d'exploitants agricoles (FNSEA) ;

3° *(Mod. à compter du 1er janvier 2025, D. n° 2024-1194, 19 déc. 2024)* Sept personnes chargées ou ayant été chargées des contrôles des installations mentionnées à l'article D. 510-1, dont au moins un inspecteur de la sûreté nucléaire nommé après accord du président de l'Autorité de sûreté nucléaire et de radioprotection ;

4° Sept représentants du monde associatif comprenant :

a) Cinq membres d'associations mentionnées à l'article L. 141-1 ;

b) Un membre d'une association ayant pour objet la défense des victimes d'accidents technologiques ;

c) Un membre d'une association ayant pour objet la défense des consommateurs, proposé par le ministre chargé de la consommation ;

5° Quatre représentants des intérêts des collectivités territoriales proposés par l'Association des maires de France (AMF) et pouvant être soit des maires ou adjoints au maire, soit des présidents ou vice-présidents d'établissements publics de coopération intercommunale ;

6° Cinq représentants des intérêts des salariés des installations mentionnées à l'article D. 510-1, proposés par les organisations syndicales représentatives.

III. – En outre, le Conseil supérieur peut s'adjoindre un représentant de ministères directement intéressés par l'une des affaires inscrites à l'ordre du jour d'une de ses séances et ne figurant pas parmi les ministères disposant de membres de droit en vertu du I. Ce représentant désigné par le président du Conseil supérieur a voix délibérative.

Art. D. 510-3 *(D. n° 2011-1891, 14 déc. 2011 ; mod., D. n° 2021-679, 28 mai 2021).* – Chacun des membres des collèges définis aux 2° à 6° du II de l'article D. 510-2 propose une personne habilitée à le suppléer lors des séances du Conseil supérieur de la prévention des risques technologiques, choisie au sein du service, de l'organisme ou de l'association auquel il appartient.

Chacun des membres des collèges définis aux 2° et 6° du II du même article peut en outre proposer une personne uniquement habilitée à le suppléer lors de l'examen des affaires relatives aux installations nucléaires de base, une personne uniquement habilitée à le suppléer lors de l'examen des affaires relatives aux transports de matières dangereuses, et une personne uniquement habilitée à le suppléer lors de l'examen des affaires relatives aux canalisations ou aux installations mentionnées à l'article D. 510-1.

(1) Dispositions modifiables par des actes pris dans les formes requises pour leur modification antérieurement au 17 mai 2015, D. n° 2015-536, 15 mai 2015, art. 15, II.

Art. D. 510-4 *(D. n° 2011-1891, 14 déc. 2011 ; mod., D. n° 2021-679, 28 mai 2021).* – Le président et le vice-président du Conseil supérieur de la prévention des risques technologiques sont nommés par arrêté du ministre chargé de l'environnement.

Son secrétaire général est nommé par arrêté du ministre chargé de l'environnement parmi les membres de la direction ou de la direction générale chargée de la prévention des risques au ministère chargé de l'environnement. Il a voix consultative.

Le président peut, demander au vice-président ou à un représentant de la direction générale de la prévention des risques du ministère chargé de l'environnement, de le suppléer pour assurer la présidence de certaines réunions du conseil.

Art. D. 510-5 *(D. n° 2011-1891, 14 déc. 2011).* – Pour l'examen de certaines questions, le Conseil supérieur de la prévention des risques technologiques peut créer des groupes de travail dont il fixe la composition, la durée et le mandat. Les membres de ces groupes de travail sont nommés par arrêté du ministre chargé de l'environnement.

Art. D. 510-6 *(D. n° 2016-1625, 28 déc. 2016).* – Il est créé au sein du Conseil supérieur de la prévention des risques technologiques une sous-commission permanente chargée de préparer des avis du Conseil dans le domaine des appareils à pression. Cette sous-commission a compétence délibérative pour l'examen des décisions non réglementaires entrant dans ce domaine de compétence.

La sous-commission permanente est composée :

1° Des membres de droit suivants :

– le directeur général de la prévention des risques, ou son représentant ;

– le directeur général de l'énergie et du climat, ou son représentant ;

– *(Mod. à compter du 1er janvier 2025, D. n° 2024-1022, 13 nov. 2024)* le délégué général pour l'armement, ou son représentant ;

– *(Mod. à compter du 1er janvier 2025, D. n° 2024-1194, 19 déc. 2024)* le président de l'Autorité de sûreté nucléaire et de radioprotection, ou son représentant ;

2° Des membres suivants nommés par le ministre chargé de la sécurité industrielle :

– un membre du Conseil général de l'économie, de l'industrie, de l'énergie et des technologies ;

– au plus cinq personnes chargées ou ayant été chargées des contrôles des appareils à pression ;

– au plus quinze représentants des fabricants, exploitants et organismes techniques ou professionnels intéressés ;

– au plus quinze personnalités désignées en raison de leur compétence.

Ces membres ne peuvent se faire représenter que par un suppléant également nommé par arrêté.

Art. D. 510-7 *(D. n° 2021-679, 28 mai 2021 ; mod., D. n° 2022-273, 28 févr. 2022).* – Il est créé au sein du Conseil supérieur de la prévention des risques technologiques une sous-commission permanente chargée de préparer des avis du Conseil dans le domaine du transport des marchandises dangereuses. Cette sous-commission a compétence délibérative pour l'examen :

– des dispositions relatives à la transposition et la mise en œuvre des mesures d'adaptation aux progrès techniques de la directive 2008/68/CE du Parlement européen et du Conseil du 24 septembre 2008 relative au transport intérieur des marchandises dangereuses et des accords internationaux concernant le transport de marchandises dangereuses ;

– des dérogations, accords multilatéraux ou bilatéraux mentionnés au chapitre 1.5 des règlements RID, ADR et ADN ;

– des décisions non réglementaires entrant dans le domaine du transport des marchandises dangereuses.

La sous-commission permanente est composée :

1° Des membres de droit suivants ;

– le directeur général de l'énergie et du climat ou son représentant ;

– le directeur général des infrastructures, des transports et des mobilités ou son représentant ;

– le directeur général de l'aviation civile ou son représentant ;

– le délégué à la sécurité et à la circulation routières ou son représentant ;

– le directeur général de la prévention des risques ou son représentant ;

– le directeur général des entreprises ou son représentant ;

– le directeur général des douanes et droits indirects ou son représentant ;

– le directeur général de la sécurité civile et de la gestion des crises ou son représentant ;
– le directeur général de la gendarmerie nationale ou son représentant ;
– le délégué général pour l'armement ou son représentant ;
– le chef d'état-major de la marine ou son représentant ;
– le directeur général de la santé ou son représentant ;
– le directeur général du travail ou son représentant ;
– le directeur des affaires criminelles et des grâces ou son représentant ;
– *(Mod. à compter du 1er janvier 2025, D. n° 2024-1194, 19 déc. 2024)* le président de l'Autorité de sûreté nucléaire et de radioprotection ou son représentant.

2° Des membres suivants nommés par arrêté du ministre chargé du transport des matières dangereuses :
– huit représentants proposés par des laboratoires, organismes chargés des contrôles et des organismes de formation ;
– deux représentants proposés par des entreprises ferroviaires effectuant sur le réseau ferré national des transports de matières dangereuses ;
– un représentant proposé par SNCF Réseau ;
– un représentant proposé par l'Établissement public de sécurité ferroviaire ;
– un représentant proposé par Voies navigables de France ;
– un représentant proposé par une organisation représentative des compagnies aériennes ;
– onze représentants proposés par des organisations représentatives des transporteurs, distributeurs, et loueurs ;
– cinq représentants proposés par des organisations représentatives des industries productrices de matières dangereuses ;
– deux représentants proposés par des organisations représentatives des constructeurs de véhicules à moteur et de véhicules remorques ;
– trois agents chargés du contrôle du transport des matières dangereuses ;
– trois représentants proposés par Armateurs de France ;
– trois représentants proposés par des organisations syndicales les plus représentatives sur le plan national du personnel navigant (transport maritime) ;
– trois représentants proposés par des organisations syndicales les plus représentatives sur le plan national du personnel (transport terrestre) ;
– deux représentants proposés par des associations mentionnées à l'article L. 141-1 du présent code ;
– un représentant proposé par la Fédération française des sociétés d'assurances ;
– un représentant proposé par une organisation représentative des entreprises de manutention portuaire ;
– un représentant proposé par le comité interprofessionnel pour le développement de la formation dans les transports de marchandises dangereuses ;
– un représentant proposé par une association représentative des conseillers à la sécurité ;
– au plus cinq personnalités désignées en raison de leur compétence.

Ces membres ne peuvent se faire représenter que par un suppléant également nommé par arrêté.

Le président de la sous-commission est nommé par arrêté du ministre chargé du transport des matières dangereuses. Il peut être assisté d'un vice-président, nommé dans les mêmes conditions.

Le président peut, demander, le cas échéant, au vice-président, ou à un représentant de la direction générale de la prévention des risques du ministère chargé de l'environnement, de le suppléer pour assurer la présidence de certaines réunions de la sous-commission ou de ses sections.

Le secrétaire de la sous-commission est nommé par arrêté du ministre chargé du transport des matières dangereuses ; il a voix consultative.

La sous-commission peut constituer en son sein des sections chargées de préparer le travail de celle-ci. Pour certaines questions d'importance secondaire, ou en cas d'urgence, le président peut déléguer à une section le pouvoir d'émettre un avis au nom de la sous-commission.

Le président peut, s'il le juge utile, appeler à participer à titre consultatif aux travaux de la sous-commission ou de ses sections des personnes ne faisant pas partie de la sous-commission et dont la collaboration technique serait jugée nécessaire.

TITRE Ier. – INSTALLATIONS CLASSÉES POUR LA PROTECTION DE L'ENVIRONNEMENT (1)

CHAPITRE Ier. – DISPOSITIONS GÉNÉRALES

Section I. – Conseil supérieur de la prévention des risques technologiques

(Abr., D. n° 2011-1891, 14 déc. 2011)

Art. D. 511-1 à D. 511-8 *(Abr., D. n° 2011-1891, 14 déc. 2011).*

Section II. – Nomenclature des installations classées

Bibliographie : *Régime général.* O. Beineix, *Modifications de la nomenclature : quelles conséquences pour les installations existantes ? : BDEI* 2006/1, p. 7. • L. Chabanne-Pouzinin, *Sixième refonte de la nomenclature : Dr. env.* 2000, p. 10. • D. Déprez, *Installations classées : BDEI* 2015/60, p. 8. • C. Huglo et C. Lepage, *Les innovations du décret n° 94-484 du 9 juin 1994 sur les installations classées pour la protection de l'environnement au regard du projet de directive sur la prévention et la réduction intégrée de la pollution : LPA* 13 juill. 1994, p. 27. • C. Huglo, C. Lepage et E. Miteva, *Le décret du 10 août 2005 modifie la nomenclature ICPE : quelles conséquences pour les industriels ? : Environnement et Technique* oct. 2005, n° 250, p. 55. • B. Koëning et T. Murat, *Bréviaire de l'installation classée*, SAP, 5e éd., 2006. • M.-P. Maître, *Les impacts concrets des modifications récentes de la nomenclature ICPE sur les installations : Gaz. Pal.* 30 sept. 2010, n° 268, p. 28 ; *Les conséquences de la modification de la nomenclature ICPE : Environnement* oct. 2005, n° 10, p. 30 ; *Nouvelle modification de la nomenclature ICPE : Environnement* 2007, n° 1, p. 37. • M.-P. Maître et G. Brigant, *Toilettage de la nomenclature ICPE : première analyse des modifications : Gaz. Pal.* Spécial Droit de l'environnement, 28 et 29 juill. 2006, nos 209 à 210, p. 22. • M.-P. Maître et E. Miteva, *Nomenclature des installations classées pour la protection de l'environnement : JCl. Environnement* 2014, Fasc. 4000 et 4010, 2008. • Y. Razafindratandra, *La nouvelle nomenclature des installations classées : Dr. env.* 1994, p. 65 ; *Nomenclature. Choix de la bonne rubrique : Dr. env.* 1996, p. 9. • F.-G. Trébulle (dir.), *Droit des installations classées juin 2017-juin 2018 : Dr. env.* 2018, n° 268, p. 244. • G. Ullmann, *Les installations classées, deux siècles de législation et de nomenclature*, Cogiterra Éditions, 2015, 2 T.

Rubriques particulières. A. Babled, *La refonte de la nomenclature ICPE relative aux déchets : BDEI* 2010/27, p. 17. • B. Berhault, *Entrepôts soumis à déclaration : l'APG 1510 : Face au Risque* avr. 2009, n° 452, p. 25. • A. Dupie, *Modification de la nomenclature des installations classées : BDEI* 2011/31, p. 14. • L. Grinfogel, *Vers une nouvelle doctrine administrative en matière d'installations de traitement des déchets, Observations sur la circulaire du 24 décembre 2010 relative à la nouvelle nomenclature des installations de traitement des déchets : BDEI* 2011/33, p. 43. • A. Heudier, *Stations-service, des installations classées ouvertes au public : Face au Risque* avr. 2009, n° 452, p. 31. • M.-P. Maître, *Précisions sur les dispositions applicables aux installations de traitement de surfaces : Environnement* 2008, n° 2, p. 38 ; *Du classement des réservoirs mobiles de produits dangereux : Environnement* 2008, n° 10, p. 59 ; *Prescriptions générales applicables aux installations de stockage d'engrais soumises à déclaration sous la rubrique n° 1331 : Environnement* 2007, n° 1, p. 37 ; *Modifications des prescriptions relatives aux COV pour les installations soumises à la déclaration sous la rubrique n° 2450 : Environnement* 2007, n° 2, p. 36 ; *Installations de traitement de surface relevant de la rubrique n° 2565 de la nomenclature ICPE : détermination de nouvelles prescriptions : Environnement* 2006, n° 11, p. 27 ; *Nouvelles prescriptions applicables aux ICPE soumises à déclaration sous les rubriques 1434 et 1413 : Environnement* 2006, n° 12, p. 24. • M.-P. Maître et L. Dufour, *Nomenclature ICPE : impacts de la création de la rubrique 1435 « stations-service » : Environnement et technique* juin 2010, n° 297, p. 40. • J.-F. Michel, *Nettoyage à sec : connaître et anticiper les risques : Face au Risque* juin-juill. 2009, n° 454, p. 30. • S. Nataf, *Les éoliennes terrestres désormais inscrites à la nomenclature des ICPE : Gaz. Pal.* 24 sept. 2011, n° 267, p. 20. • N. Parot, *Enregistrement : les nouvelles rubriques : Face au risque* juin-juill. 2010, n° 464, p. 35. • E. Persico, *Régime des installations de compostage, note sous Arrêté du 22 avril 2008 fixant les règles techniques auxquelles doivent satisfaire les installations de compostage ou de stabilisation biologique aérobie soumises à autorisation : Dr. env.* 2008, n° 161, p. 28. • Wertenschlag, *Imbroglio juridique en matière d'entrepôts logistiques : AJDI* 2005. 353. • L. Wolf et C. Puel, *La soumission des éoliennes terrestres au régime des installations classées : obligations et conséquences : JCP* G 2011, 1032.

Art. R. 511-9. – La colonne « A » de l'annexe au présent article constitue la nomenclature des installations classées pour la protection de l'environnement.

Voir : l'annexe « Nomenclature des installations classées pour la protection de l'environnement et taxe générale sur les activités polluantes », en *appendice*, p. 3295.

(1) Sur la prévention des risques liés au vieillissement de certains équipements : V. A. 4 oct. 2010. – NDLR.

1) **Renforcement de la nomenclature par rapport au droit européen.** Il résulte des articles 174, 175 et 176 du traité instituant la Communauté européenne (repris aux articles 191, 192 et 193 TFUE) que la politique de l'Union dans le domaine de l'environnement contribue notamment à la poursuite des objectifs de préservation, de protection et d'amélioration de la qualité de l'environnement. À cette fin, le Parlement européen et le Conseil décident des actions à entreprendre par l'Union. Les mesures de protection ainsi arrêtées ne font pas obstacle au maintien et à l'établissement, par chaque État membre, de mesures de protection renforcées qui doivent être compatibles avec les traités et notifiées à la Commission. En soumettant à la rubrique 1332 non seulement les produits qui ne satisfont pas à l'essai de détonabilité prévu à la section 2 de l'annexe III du règlement (CE) n° 2003/2003 du 13 octobre 2003 relatif aux engrais, mais également ceux qui ne sont pas conformes aux dispositions de la section I de cette annexe, alors que cette dernière exigence ne résulte pas de la directive Seveso, le décret litigieux a ainsi établi une mesure de protection renforcée, au sens de l'article 175 du traité instituant la Communauté européenne, compatible avec les traités. Si cet article impose aux États membres l'obligation de communiquer à la Commission les mesures de protection renforcées qu'ils entendent maintenir ou établir en matière d'environnement, il ne subordonne pas la mise en œuvre des mesures envisagées à l'accord ou à la non-opposition de la Commission (V. ▪ CJUE, 21 juill. 2011, aff. C-2/10, *Azienda Agro-Zootecnica Franchini SARL et Eolica di Altamura srl : Rec. CJUE* 2010, p. I-6561). Par suite, l'absence de notification de la mesure de protection renforcée ainsi édictée avant l'intervention du décret attaqué n'est pas de nature à l'entacher d'illégalité (▪ CE, 13 févr. 2012, n° 331885, *Union des industries de la fertilisation : JCP* A 2013, act. 17, obs. A. Carpentier ; *LPA* 15 oct. 2012, p. 6, n° 206, note R. Bonnefont).

2) **Modification de la nomenclature en cours d'instance.** Dès lors que le juge administratif, lorsqu'il statue sur le fond en application de la législation relative aux ICPE, fait application des dispositions législatives et réglementaires en vigueur à la date de sa décision, une modification de la nomenclature intervenant en cours d'instance le conduit à considérer que l'installation en cause relève désormais de celle-ci. Annulant l'arrêté préfectoral qui mettait en demeure un industriel de régulariser sa situation administrative en déposant un dossier de demande d'autorisation ICPE au titre d'une nomenclature qui ne la concerne désormais plus, le juge prend en compte la nouvelle nomenclature et met en demeure l'industriel de déposer un dossier de demande d'autorisation sous la nouvelle rubrique (▪ CE, 26 juill. 2011, n° 324728, *Sté Lanvin SA : Dr. env.* 2012, p. 163, n° 201, obs. S. Marmin).

Art. R. 511-10 *(Rempl. à compter du 1er juin 2015, D. n° 2014-285, 3 mars 2014)* (1). **– I. – Les substances et mélanges dangereux mentionnés au I de l'article L. 515-32 sont les substances et mélanges dangereux et assimilés tels que définis à la rubrique 4000 de la nomenclature annexée à l'article R. 511-9, qui sont visés par les rubriques comprises entre 4100 et 4799, et celles numérotées 2760-4 et 2792.**

Il est défini, au sein de ces rubriques, des quantités dénommées quantités seuil haut ainsi que, pour certaines d'entre elles, des quantités seuil bas.

II. – Les installations mentionnées au I de l'article L. 515-32 sont les installations seuil bas et les installations seuil haut définies au III.

Les installations mentionnées à l'article L. 515-36 sont les seules installations seuil haut.

III. – Les installations seuil haut sont celles répondant à la règle de dépassement direct seuil haut ou à la règle de cumul seuil haut définies à l'article R. 511-11.

Les installations seuil bas sont celles, autres que les installations seuil haut, répondant à la règle de dépassement direct seuil bas ou à la règle de cumul seuil bas définies à l'article R. 511-11.

Art. R. 511-11 *(Créé à compter du 1er juin 2015, D. n° 2014-285, 3 mars 2014* (1) *; mod. à compter du 1er mars 2017, D. n° 2017-81, 26 janv. 2017 ; à compter du 1er avril 2019, D. n° 2019-190, 14 mars 2019).* **– I. – Une installation répond respectivement à la « règle de dépassement direct seuil bas » ou à la « règle de dépassement direct seuil haut » lorsque, pour l'une au moins des rubriques mentionnées au premier alinéa du I de l'article R. 511-10, les substances ou mélanges dangereux qu'elle vise sont susceptibles d'être présents dans les installation d'un même établissement relevant d'un même exploitant en quantité supérieure ou égale respectivement à la quantité seuil bas ou à la quantité seuil haut que cette rubrique mentionne.**

(1) Dispositions d'application particulières : V. D. n° 2014-285, 3 mars 2014, art. 4 modifié.

Pour une rubrique comprise entre 4100 et 4699, est comptabilisé l'ensemble des substances ou mélanges dangereux présentant la classe, catégorie ou mention de danger qu'elle mentionne, y compris les déchets visés par les rubriques 2700 à 2799 et les substances visées par les rubriques 4800 à 4899, mais à l'exclusion des substances ou mélanges dangereux nommément désignés aux rubriques 4700 à 4799, 2760-4 et 2792.

Pour l'application de la règle de dépassement direct seuil bas, les rubriques ne mentionnant pas de quantité seuil bas ne sont pas considérées.

II. – Les installations d'un même établissement relevant d'un même exploitant sur un même site répondent respectivement à la « règle de cumul seuil bas » ou à la « règle de cumul seuil haut » lorsqu'au moins l'une des sommes S_a, S_b ou S_c définies ci-après est supérieure ou égale à 1 :

a) Dangers pour la santé : la somme Sa est calculée, pour l'ensemble des substances ou mélanges dangereux présentant les classes, catégories et mentions de danger visées par les rubriques 4100 à 4199 (y compris, le cas échéant, les substances ou mélanges dangereux nommément désignés aux rubriques 4700 à 4899 et les déchets visés par les rubriques 2700 à 2799), suivant la formule :

$$Sa = \Sigma \frac{qx}{Qx,\, a}$$

où « q_x » désigne la quantité de substance ou mélange dangereux « x » susceptible d'être présente dans l'établissement et « $Q_{x,\, a}$ » la quantité seuil bas ou la quantité seuil haut mentionnée à la rubrique 2760-3, 2792 ou numérotée 4700 à 4799 applicable, si la substance ou le mélange dangereux est visé par l'une de ces rubriques, ou sinon la quantité seuil bas ou la quantité seuil haut mentionnée à la rubrique applicable numérotée 4100 à 4199. Si la substance ou le mélange dangereux est visé par plusieurs rubriques numérotées 4100 à 4199, la plus petite des quantités seuil bas ou seuil haut mentionnées par ces rubriques est utilisée ;

b) Dangers physiques : la somme S_b est calculée, pour l'ensemble des substances ou mélanges dangereux présentant les classes, catégories et mentions de danger visées par les rubriques 4200 à 4499 (y compris, le cas échéant, les substances ou mélanges dangereux nommément désignés aux rubriques 4700 à 4899 et les déchets visés par les rubriques 2700 à 2799), suivant la formule :

$$Sb = \Sigma \frac{qx}{Qx,\, b}$$

où « q_x » désigne la quantité de substance ou mélange dangereux « x » susceptible d'être présente dans l'établissement et « $Q_{x,\, b}$ » la quantité seuil bas ou la quantité seuil haut mentionnée à la rubrique 2760-4, 2792 ou numérotée 4700 à 4799 applicable, si la substance ou le mélange dangereux est visé par l'une de ces rubriques, ou sinon la quantité seuil bas ou la quantité seuil haut mentionnée à la rubrique applicable numérotée 4200 à 4499. Si la substance ou le mélange dangereux est visé par plusieurs rubriques numérotées 4200 à 4499, la plus petite des quantités seuil bas ou seuil haut mentionnées par ces rubriques est utilisée ;

c) Dangers pour l'environnement : la somme S_c est calculée, pour l'ensemble des substances ou mélanges dangereux présentant les classes, catégories et mentions de danger visées par les rubriques 4500 à 4599 (y compris, le cas échéant, les substances ou mélanges dangereux nommément désignés aux rubriques 4700 à 4899 et les déchets visés par les rubriques 2700 à 2799), suivant la formule :

$$Sc = \Sigma \frac{qx}{Qx,\, c}$$

où « q_x » désigne la quantité de substance ou mélange dangereux « x » susceptible d'être présente dans l'établissement et « $Q_{x,\, c}$ » la quantité seuil bas ou la quantité seuil haut mentionnée à la rubrique 2760-4, 2792 ou 4700 à 4799 applicable, si la substance ou le mélange dangereux est visé par l'une de ces rubriques, ou sinon la quantité seuil bas ou la quantité seuil haut mentionnée à la rubrique applicable numérotée 4500 à 4599. Si la substance ou le mélange dangereux est visé par plusieurs rubriques numérotées 4500 à 4599, la plus petite des quantités seuil bas ou seuil haut mentionnées par ces rubriques est utilisée ;

d) Pour l'application de la règle de cumul seuil bas, ne sont pas considérées dans les sommes S_a, S_b ou S_c les substances et mélanges dangereux nommément désignés aux rubriques 4700 à 4799 pour lesquels ladite rubrique ne mentionne pas de quantité seuil bas ;

e) Les substances dangereuses présentes dans un établissement en quantités inférieures ou égales à 2 % seulement de la quantité seuil pertinente ne sont pas prises en compte dans les quantités « q_x » si leur localisation à l'intérieur de l'établissement est telle que les substances ne peuvent déclencher un accident majeur ailleurs dans cet établissement.

NB : Sur les réserves d'entrée en vigueur, V. l'article 17 du décret n° 2017-81 du 26 janvier 2017 qui précise les réserves d'entrée en vigueur.

Champ d'application. Ce dispositif conduit à inclure dans la liste prévue à l'article L. 515-8 du Code de l'environnement (catégories et seuils de capacité des installations dans le voisinage desquelles des servitudes d'utilité publique peuvent être instituées) l'ensemble des installations utilisant des substances ou préparations relevant d'une rubrique comportant un seuil AS susceptibles d'être présentes dans un même établissement relevant d'un même exploitant sur un même site, dès lors que la condition qu'il précise portant sur la somme pondérée des quantités des divers types de substances ou préparations rapportées à leur seuil AS est satisfaite (■ CE, 19 mai 2017, n° 400678, *Sté Collet*).

Art. R. 511-12 *(Créé à compter du 1er juin 2015, D. n° 2014-285, 3 mars 2014)* (1). – Une substance ou un mélange dangereux participe au classement d'une installation vis-à-vis de la nomenclature mentionnée à l'article R. 511-9, par ordre de priorité, dans une des rubriques 2700 à 2799, 4700 à 4799, 4800 à 4899, si la substance ou le mélange est visé par l'une de ces rubriques ou, à défaut, dans la rubrique présentant la quantité seuil haut la plus basse parmi celles numérotées de 4100 à 4699 visant la substance ou le mélange dangereux.

En cas d'égalité des quantités seuil haut des rubriques numérotées de 4100 à 4699 visant la substance ou le mélange dangereux, l'installation est classée dans celle de ces rubriques présentant, en cas d'égalité, par ordre de priorité :

- la quantité seuil bas la plus basse ;
- le seuil d'autorisation le plus bas ;
- le seuil d'enregistrement le plus bas ;
- le seuil de déclaration le plus bas.

CHAPITRE II. – INSTALLATIONS SOUMISES À AUTORISATION, À ENREGISTREMENT OU À DÉCLARATION

(Intitulé rempl., D. n° 2010-368, 13 avr. 2010)

Voir : sur l'accès aux documents relatifs aux installations classées : comm. sous art. L. 124-1, p. 153.

Art. R. 512-1 *(Rempl. à compter du 1er mars 2017, D. n° 2017-81, 26 janv. 2017).* – Le présent chapitre s'applique aux installations soumises aux dispositions législatives du chapitre unique du titre VIII du livre Ier ainsi qu'aux dispositions du présent titre.

Section I. – Installations soumises à autorisation

Sous-section 1. – Demande d'autorisation

Art. R. 512-2 à R. 512-10 *(Abr. à compter du 1er mars 2017, D. n° 2017-81, 26 janv. 2017).*

Sous-section 2. – Instruction de la demande

Art. R. 512-11 à R. 512-13 *(Abr. à compter du 1er mars 2017, D. n° 2017-81, 26 janv. 2017).*

§ 1. – Enquête publique

Art. R. 512-14 *(Abr. à compter du 1er mars 2017, D. n° 2017-81, 26 janv. 2017).*

(1) Dispositions d'application particulières : V. D. n° 2014-285, 3 mars 2014, art. 4 modifié.

Art. R. 512-15 à R. 512-18 *(Abr., D. n° 2011-2018, 29 déc. 2011)* (1).

§ 2. – Consultations

Art. R. 512-19 à R. 512-25 *(Abr. à compter du 1er mars 2017, D. n° 2017-81, 26 janv. 2017).*

§ 3. – Fin de l'instruction

Art. R. 512-26 et R. 512-27 *(Abr. à compter du 1er mars 2017, D. n° 2017-81, 26 janv. 2017).*

Sous-section 3. – Autorisation et prescriptions

Art. R. 512-28 à R. 512-33 *(Abr. à compter du 1er mars 2017, D. n° 2017-81, 26 janv. 2017).*

Art. R. 512-34 *(Mod. à compter du 1er mars 2017, D. n° 2017-81, 26 janv. 2017).* – **Dans les installations d'élimination de déchets, pour une même catégorie de déchets, toute modification notable de leur origine géographique indiquée dans la demande d'autorisation ou, en l'absence d'indications dans celle-ci, constatée jusqu'alors, doit être portée, avant sa réalisation, à la connaissance du préfet avec tous les éléments d'appréciation.**

Le préfet fixe, s'il y a lieu, des prescriptions complémentaires dans les formes prévues à l'article R. 181-45.

Art. R. 512-35 *(Mod., D. n° 2011-1411, 31 oct. 2011 ; D. n° 2015-1614, 9 déc. 2015).* – **Les autorisations relatives aux installations de stockage de déchets, aux sites de stockage géologique de dioxyde de carbone et aux carrières sont données pour une durée limitée et fixent le volume maximal de produits stockés ou extraits, ainsi que les conditions de remise en état du site.**

Le cas échéant, la durée de validité de l'autorisation peut être prolongée à concurrence du délai d'exécution des prescriptions archéologiques édictées par le préfet de région en application du 4° de l'article R. 523-9 du Code du patrimoine.

1) **Champ d'application.** Ne constitue pas une installation de stockage des déchets au sens de cet article une unité de méthanisation de déchets ménagers comprenant des opérations de valorisation de ces déchets et qui ne permet le stockage de ces déchets sur le site que pour une durée limitée afin de permettre la maturation de ces déchets en vue de leur commercialisation concernant le compost conforme aux normes requises ou de leur évacuation, pour le compost ne répondant pas à ces normes, vers des centres de stockage en vue de leur élimination Par suite, le moyen tiré de la violation des dispositions de cet article, inapplicable au cas d'espèce, est inopérant (■ CAA Marseille, 10 juin 2011, n° 09MA01837).

2) **Mesures.** Sont suffisantes au regard des dispositions de l'article R. 512-35 les prescriptions de remise en état d'une carrière consistant en une scarification du fond de fouille pour favoriser l'établissement d'espèces pionnières, la constitution d'un jardin expérimental, des boisements et des cheminements ainsi que la protection du triton marbré, consistant à créer une mare à la place de l'abreuvoir actuel utilisé par cette espèce animale (■ CAA Bordeaux, 15 déc. 2015, n° 15BX00334, *Assoc. Cellettes Environnement*).

Art. R. 512-36. – **I. – Le préfet peut, par arrêté pris dans les formes et soumis aux modalités de publication fixées à la présente section, accorder, sur la demande de l'exploitant, une autorisation pour une durée limitée :**

1° Lorsque des procédés nouveaux doivent être mis en œuvre dans l'installation ;

2° Ou lorsque sont à prévoir, au voisinage du terrain sur lequel l'installation doit être réalisée, des transformations touchant aux conditions d'habitation ou au mode d'utilisation des sols.

II *(II abr. à compter du 2 décembre 2018, D. n° 2018-1054, 29 nov. 2018).*

Art. R. 512-37 *(Mod. à compter du 1er mars 2017, D. n° 2017-81, 26 janv. 2017).* – **Dans le cas où l'installation n'est appelée à fonctionner que pendant une durée de moins d'un an, dans des délais**

(1) Dispositions applicables aux enquêtes publiques dont l'arrêté d'ouverture et d'organisation est publié à compter du 1er juin 2012, D. n° 2011-2018, 29 déc. 2011, art. 17.

incompatibles avec le déroulement de la procédure normale d'instruction, le préfet peut accorder, à la demande de l'exploitant et sur le rapport de l'inspection des installations classées, une autorisation pour une durée de six mois renouvelable une fois, sans enquête publique et sans avoir procédé aux consultations prévues aux articles R. 181-23, R. 181-29 et R. 181-38.

L'arrêté préfectoral d'autorisation temporaire fixe les prescriptions prévues à l'article R. 181-43. Il est soumis aux modalités de publication fixées à l'article R. 181-44.

Voir : sur les installations mobiles : bibliographie et annotations sous art. L. 511-1, p. 937.

Bibliographie : *Sous ancien art. R. 512-37.* M.-P. Maître, *Autorisations temporaires ICPE : pourquoi, quand, comment ? : Environnement* juin 2006, n° 6, fiche pratique 3, p. 34.

Art. R. 512-38 *(Abr., D. n° 2010-368, 13 avr. 2010).*

Sous-section 4. – Mesures de publicité

Art. R. 512-39 *(Abr. à compter du 1er mars 2017, D. n° 2017-81, 26 janv. 2017).*

Voir : art. R. 181-44, p. 1735.

Sous-section 5. – Mise à l'arrêt définitif et remise en état

(D. n° 2010-368, 13 avr. 2010)

Voir : Circ. 2 avr. 1999, relative aux installations pour la protection de l'environnement, sites et sols pollués (*Mon. TP* 1999, Cah. 2, p. 312). – Circ. 8 févr. 2007, relative à l'implantation sur des sols pollués d'établissements accueillant des populations sensibles (*BOMEDAD* n° 2007/13, 15 juill. 2007). – Circ. 8 févr. 2007, relative aux installations classées. Prévention de la pollution des sols. Gestion des sols pollués (*BOMEDAD* n° 2007/13, 15 juill. 2007). – Circ. 8 févr. 2007, relative à la prévention de la pollution des sols. Modalités de gestion et de réaménagement des sites pollués (*BOMEDAD* n° 2007/15, 15 août 2007). – Circ. n° BPSPR/2008-1/DG, 11 janv. 2008, installations classées. Prévention de la pollution des sols. Gestion des sols pollués. Dispositif d'accompagnement des textes du 8 février 2007 (non publiée au *JO*). – Circ. 22 déc. 2008, relative au risque de défaillance d'entreprises et d'apparition de sites pollués orphelins (non publ.) – Circ. 15 avr. 2010 (*BO MEEDDM* n° 2010/8, 10 mai 2010) – Circ. 4 mai 2010, relative aux diagnostics des sols dans les lieux accueillant les enfants et les adolescents (*BO MEEDDM* n° 2010/12, 10 juill. 2010) – Circ. 26 mai 2011, relative à la cessation d'activité d'une installation classée chaîne de responsabilités – défaillance des responsables (*BOMEDDTL* n° 2011-14, 10 août 2011) – Circ. 17 déc. 2012, relative aux diagnostics des sols dans les lieux accueillant les enfants et les adolescents. – Deuxième vague de diagnostics (*BO MEDDE* n° 2013/1, 25 janv. 2013) – Note, 19 avr. 2017, relative aux sites et sols pollués – Mise à jour des textes méthodologiques de gestion des sites et sols pollués de 2007 (*BOMEEM* n° 2017/8, 10 mai 2017).

Bibliographie : *Ouvrages et articles.* P. Bianchi, *Sols pollués, la réhabilitation dans tous ses états : Face au Risque* oct. 2012, n° 486, p. 9. • Ph. Billet, *La police des sites pollués, en quête d'identité : Gaz. Pal.* 3-7 juin 2001, p. 11 ; *Sites anciens et responsabilités nouvelles des communes. Derniers développements en matière de police des sites pollués : BJCL* 2007, n° 10/07, p. 706 ; *Les nouvelles modalités de gestion administrative des sites et sols pollués. – À propos du décret relatif à la prévention et au traitement de la pollution des sols » : JCP* A 2013, n° 231 ; *Le traitement juridique de la question des sites contaminés en droit public*, in M. Mekki et E. Naim-Gesbert (dir.), *Droit public et droit privé de l'environnement : unité dans la diversité ?*, LGDJ, 2016, p. 77. • F. Braud et A. Moustardier, *Réflexions sur la réforme de la remise en état en matière d'installations classées par le décret du 13 septembre 2005 : Gaz. Pal.* 23 et 24 nov. 2005, n° 327-328, n° sp., p. 3. • CEDRE et SERES, *Sols contaminés, sols à décontaminer*, Publication des Facultés universitaires Saint-Louis, Bruxelles, 1996. • F.-J. Coutant et O. Salvador, *La réhabilitation d'anciens sites industriels : quel encadrement juridique ? : BDEI* 2008/15, p. 47. • C. Daniau, *Problèmes posés par la définition de l'état de référence des sols en santé environnementale : Responsabilité et environnement* avr. 2009, n° 54, p. 70. • D. Deharbe, *Les apports récents et incertains du droit des installations classées à la remise en état : Environnement* 2005, n° 11, p. 9. • A. Dupie, *La substitution exploitant/aménageur : le sort des brownfields en France : BDEI* 2009/24 suppl. au n° 24, p. 53. • F. Karg, N. Mazet et J.-D. Berard, *Friches urbaines : propositions pour une politique de développement écologique et d'aménagement local : Environnement et technique* janv.-févr. 2008, n° 273, p. 41. • F. Labelle et D. Thierry (dir.), *Droit des sites et sols pollués. Bilans et perspectives*, L'Harmattan, 2018. • L. Lanoy, *Réflexions sur le droit des sols : l'expropriation des sites pollués : Dr. env.* 2007, n° 154, p. 334. • M.-P. Maître, *Sols pollués : de nouveaux outils méthodologiques pérennisant la gestion des risques suivant l'usage : Environnement* 2007, n° 4, p. 33. • M.-P. Maître et I. Empain, *Réhabilitation des sites industriels : vers une responsabilité systématique des propriétaires : Environnement et technique* nov. 2012, n° 319, p. 52. • M.-P. Maître et E. Miteva, *Réhabilitation des sites et sols pollués : qui, quand, comment ? : Gaz. Pal.* n° spécial Droit de l'environnement, 21-22 déc. 2007, n° 355-356, p. 23. • E. Miteva, C. Huglo et C. Lepage, *L'essentiel de la modification du décret n° 77-1133 du 21 septembre 1977 relatif aux ICPE : Environnement et technique* nov. 2005, n° 251, p. 46. • A. Rebillard, *Haro sur les propriétaires de sites pollués : Environnement et technique* avr. 2012, n° 313, p. 52. • Y. Razafindratandra, *L'usage futur d'un* *sol pollué : un délicat consensus à trouver : Mon. TP* 2005, n° 5319, p. 178 ; *L'État garant ultime en matière de sites pollués, note sous circulaires du 8 février 2007 : Dr. env.* 2007, n° 149, p. 162. • P. Savin et P. Cuba-Sichler, *Sites et sols pollués : les nouveaux outils techniques et juridiques : Décideurs juridiques et financiers, Guide-annuaire* 2007, p. 142. • P. Savin et B. Mazel-Souchier, *Réhabilitation de sites industriels : nouveaux rôles du maire : Rev. Lamy dr. coll. terr.* 2007, n° 24, p. 51. • A. Souchon et P. Viterbo, *Réhabilitation des sites et sols pollués : nouveaux enjeux, nouveaux acteurs ? : BDEI* 2012/42 suppl., p. 50. • P. Steichen, *Le principe de responsabilité – Le cas des sites contaminés – aspects de droit privé*, in M. Mekki et E. Naim-Gesbert (dir.), *Droit public et droit privé de l'environnement : unité dans la diversité ?*, LGDJ, 2016, p. 101. • E. Terzic Baudrillart, *Étude juridique de l'obligation de remise en état des installations classées à la cessation définitive d'activité (ce de qu'elle est et de ceux qui en répondent)*, thèse Strasbourg, 2018. • F.-G. Trébulle, *Sols pollués : évolution du régime de la remise en état des sites d'exploitation d'installations classées : Dr. env.* 2005, n° 133, p. 263. • M. Vague, *Servitudes de restriction d'usage : outils de réconciliation pour le réaménagement des friches industrielles : Environnement et technique* juin 2007, n° 267, p. 52.

Rapports/guides. Min. Environnement, *Introduction à la méthodologie nationale de gestion des sites et sols pollués*, avr. 2017 ; *Méthodologie nationale de gestion des sites et sols pollués*, avr. 2017. Note du 19 avril 2017 *relative aux sites et sols pollués – Mise à jour des textes méthodologiques de gestion des sites et sols pollués de 2007*. • *Guide méthodologique de gestion des sites potentiellement pollués par des substances radioactives*, IRSN, ASN et MEDDE, déc. 2011.

Voir aussi : bibliographie ss. L. 512-21.

Voir égal. notes sous art. L. 512-6-1, p. 949.

1) Le régime de la mise à l'arrêt définitif d'une installation classée varie désormais selon le statut de l'installation, qu'elle soit autorisée, soumise à enregistrement ou déclarée. La jurisprudence antérieure à l'entrée en vigueur du régime de l'enregistrement conserve cependant de sa pertinence.

I – RÉGIME DE L'OBLIGATION DE REMISE EN ÉTAT

2) Installations classées concernées. L'obligation de la remise en état s'applique tant aux installations classées soumises à déclaration qu'à celles soumises à autorisation, et le préfet peut, à tout moment, imposer à l'exploitant les prescriptions relatives à la remise en état du site (▪ CAA Douai, 30 déc. 2003, n° 02DA00933, *Sté Carrosserie Saint-Christophe c/ Min. Écologie et Développement durable*. ▪ CAA Lyon, 11 avr. 2013, n° 12LY00201, *Sté Noblitex*).

3) Application dans le temps. L'obligation de remise en état du site imposée par l'article 34-1 du décret est applicable alors même que l'installation a cessé d'être exploitée avant l'entrée en vigueur de la loi du 19 juillet 1976, dès lors que ces installations demeurent susceptibles de présenter les dangers ou inconvénients énumérés à l'article L. 511-1 du Code de l'environnement (▪ CE, 9 nov. 2015, n° 369236, *Sté Arkema France : Gaz. Pal.* 26 janv. 2016, p. 25, note S. Edlinger. ▪ CE, 3 févr. 2017, n° 390437, *Sté d'aménagement des territoires : JurisData* n° 2017-001924 ; *BDEI* 2017, n° 68, p. 5, concl. X. de Lesquen). Si la loi ICPE du 19 juillet 1976 a été abrogée en 2000 ensuite de sa codification dans le Code de l'environnement, la circonstance que l'article 34-1 du décret du 21 septembre 1977, en vigueur à la date de la cessation d'activité de la société, ait fait référence à la loi du 19 juillet 1976 ne faisait pas obstacle à l'application des dispositions correspondantes du Code de l'environnement à cette société. En tout état de cause, en vertu des dispositions du Code de l'environnement, l'obligation de remise en état du site s'impose à la société Auto Corny. En conséquence, c'est à bon droit que le tribunal administratif a procédé à une substitution de base légale (▪ CAA Nancy, 23 juill. 2015, n° 14NC01078, *SARL Auto Corny*).

4) Articulation entre la législation « ICPE » et la législation « déchets ». Les dispositions de l'article L. 541-3 du Code de l'environnement ont créé un régime juridique distinct de celui des installations classées pour la protection de l'environnement, elles n'ont pas le même champ d'application et ne donnent pas compétence aux mêmes autorités. Ainsi, la remise en état du site ne peut être imposée au nouvel exploitant sur le fondement de l'article L. 541-3 (▪ CE, 17 nov. 2004, n° 252514, *Sté générale d'Archives : BDEI* 2/2005, p. 18, concl. Y. Aguila ; *JCP* A 2005, n° 1176, obs. Ph. Billet). En revanche, le propriétaire peut être tenu à titre subsidiaire en cas de disparition du dernier exploitant, s'il a fait preuve d'imprudence ou de négligence à l'égard de déchets présents sur son terrain, à remettre en état le site de l'installation classée sur le fondement de la législation déchets (▪ CE, 26 juill. 2011, n° 328651, *Cne de Palais-sur-Vienne : Rec. CE* 2011, tables p. 1035 ; *Environnement* 2011, comm. 131, obs. Ph. Billet ; *AJDI* 2012, p. 362, obs. B. Wertenschlag et Th. Geib ; *RJEP* 2012, comm. 26, concl. M. Guyomar. ▪ Cass. 3e civ., 11 juill. 2012, n° 11-10.478 : *Bull. civ.* 2012, III, n° 108 ; *AJDA* 2012, p. 1436 ; *D.* 2012, p. 2208, obs. M. Boutonnet ; *JCP* N 2012, n° 48, p. 1381, note S. Le Chuiton ; *RTDI* 2012/3, p. 29, obs. Ph. Billet. ▪ CE, 1er mars 2014, n° 354188, *Sté Natiocrédimurs* et Sté Finamur : *Environnement* 2013, comm. 42, obs. Ph. Billet ; *Dr. adm.* 2013, comm. 44, obs. J. Makowiak. ▪ CE, 25 sept. 2013, n° 358923, *Sté Wattelez c/ Cne de Palais-sur-Vienne : JurisData* n° 2013-020586 ; *JCP* A 2013, act. 775 ; *JCP* A 2014, 2082, obs. Ph. Billet ; *Environnement et dév. durable* déc. 2013, n° 12, p. 35, obs. M. Guérin. ▪ CE, 24 oct. 2014, *Unibail-Rodamco : JCP* A 2015, n° 2338, obs. Ph. Billet).

Voir : comm. sous art. L. 541-3, p. 1147.

5) Articulation entre la législation « ICPE » et la législation « sites et sols pollués ».

Voir : comm. sous art. L. 556-1 et s., p. 1262.

6) Conformité avec la CEDH. Le fait que la loi ICPE du 19 juillet 1976 met la dépollution d'un site industriel à la charge du dernier exploitant et non du propriétaire du bien pollué ne viole pas l'article 1er du premier Protocole additionnel de la Convention de sauvegarde des droits de l'homme et des libertés fondamentale : la remise en état du site résulte d'une obligation légale particulière dont la finalité est la protection de l'environnement et de la santé publique qui peut être mise à la charge de la locataire (▪ Cass. 3e civ., 2 avr. 2008, n° 07-12.155, *Sté Interfertil France : Environnement* 2008, n° 5, p. 28, note M. Boutonnet ; *JCP* G 2008, n° 39, p. 31, note B. Parance ; *D.* 2008, n° 35, p. 2472, note F.-G. Trébulle).

II – PROCÉDURE

7) Condition de forme de l'arrêté. En l'absence d'ambiguïté sur l'existence et les qualités de l'exploitant, une erreur de plume commise par le préfet (« SARL X » au lieu de « Sté nouvelle X ») n'emporte pas l'illégalité de l'arrêté imposant la remise en état du site (▪ CAA Douai, 17 mai 2001, n° 99DA01381, *Sté nouvelle Roger*. L'erreur de plume commise dans l'arrêté quant à la forme juridique revêtue par l'entreprise Z... (Sté Z au lieu Z, entrepreneur individuel est sans influence sur la légalité de la décision préfectorale (▪ CAA Douai, 31 mai 2001, n° 98DA00772, *M. et Mme Delevoy*).

8) Mise en demeure préalable. Les mesures prises sur le fondement de l'article 34-1 du décret de 1977 ne constituent pas la mise en œuvre d'une sanction administrative et n'ont pas, par conséquent, à être précédées d'une mise en demeure préalable (▪ CAA Lyon, 23 juin 1998, n° 97LY00469, *Min. Environnement c/ Cts Floret-Roulet*).

9) Principe du contradictoire. Alors même que le préfet a compétence liée, lorsque l'inspecteur des installations classées a constaté l'inobservation de conditions légalement imposées à l'exploitant d'une installation classée, pour édicter une mise en demeure de satisfaire à ces conditions dans un délai déterminé, la circonstance que le rapport de l'inspecteur constatant les manquements n'ait pas été préalablement porté à la connaissance de l'exploitant dans les conditions prescrites par le Code de l'environnement est de nature à entacher d'irrégularité la mise en demeure prononcée (▪ CE, 6 déc. 2012, n° 354241, *MEDDTL c/ SA Arcelormittal Real Etate France*).

10) Consultations préalables. Le préfet ne peut préciser les prescriptions de remise en état qu'après avis du Conseil départemental d'hygiène, avant de procéder à la mise en demeure d'effectuer les travaux nécessaires (▪ TA Paris, 21 nov. 2003, nos 9823832, 9906590 et 9908123, *Sté Total Solvants*). Sauf urgence (▪ CAA Nantes, 15 oct. 2002, *SNCF : RJ env.* 2003, p. 243, obs. R. Schneider. ▪ CAA Versailles, 21 oct. 2004, n° 02VE03238, *MEDD c/ Sté Paramelt*).

11) Motivation de l'arrêté. Un arrêté préfectoral prescrivant des mesures de diagnostic ou de remise en état constitue une mesure de police administrative, prise pour assurer la protection de la santé publique et doit être motivée en application des dispositions de la loi du 11 juillet 1979 (désormais, Code des relations entre le public et l'administration). Cette obligation ne saurait être satisfaite par le renvoi aux articles R. 512-1, R. 511-9 et suivants relatifs aux installations classées pour la protection de l'environnement, dès lors qu'il ne comporte l'énoncé d'aucune considération de droit susceptible de permettre d'identifier précisément les dispositions législatives ou réglementaires sur lesquelles le préfet a entendu fonder l'édiction de cette mesure dans l'exercice de son pouvoir de police spéciale des ICPE (▪ CAA Nancy, 10 janv. 2011, n° 09NC01891, *MEEDD c/ SA Sogepass*. – V. aussi ▪ CAA Nancy, 10 janv. 2011, n° 09NC01893, *MEEDD c/ Arcelormittal France : JurisData* n° 2011-002857 ; *Environnement et dév. durable* 2011, n° 4, p. 28°.

12) Délai de remise en état. Si les dispositions du Code de l'environnement (I des anciens articles R. 512-74 et R. 512-75, devenus respectivement les articles R. 512-39-1 et R. 512-39-2) prévoient un délai minimum entre la date de la notification de mise à l'arrêt et celle de la cessation d'activité entraînant libération des terrains, elles ne fixent, en revanche, aucun délai maximum entre ces deux dates. Dès lors que la décision de fermeture peut être regardée comme irrévocable et qu'il existe un désaccord sur l'usage futur du site, il appartient au préfet sur le fondement de l'article R. 512-75 du même code, devenu le V de son article R. 512-39-2, et sans préjudice des mesures qu'il peut prendre à tout moment, y compris après la mise à l'arrêt de l'installation, pour assurer la sauvegarde des intérêts mentionnées à l'article L. 511-1 du Code de l'environnement, de se prononcer sur cet usage, même si la fermeture effective de l'installation et la libération des terrains ne doivent intervenir qu'ultérieurement. Le préfet ne peut légalement refuser de se prononcer que s'il est saisi d'une annonce prématurée de cessation d'activité révélant la volonté manifeste de l'exploitant de détourner la procédure de son objet, notamment pour se prémunir contre une modification des règles d'urbanisme (■ CE, 20 mars 2013, n° 347516, *Min. écologie : AJDA* 2013, p. 657, obs. D. Poupeau ; *BDEI* 2013, n° 1647, obs. F. Labrousse et D. Simon ; *RDI* 2013, p. 418, obs. A. Van Lang). Est légal un arrêté refusant d'accorder un délai supplémentaire d'un an pour l'exécution de l'obligation de remise en état, au regard de la quantité de déchets à évacuer (■ CAA Nancy, 18 oct. 2004, n° 01NC00404, *Sté Alsacienne de matières premières*). La réglementation n'impose pas formellement un délai pour remettre le site de l'installation dans un état tel qu'il ne s'y manifeste aucun des dangers ou inconvénients mentionnés L. 511-1 du Code de l'environnement, ni qu'il y ait lieu à mise en demeure préalable. Ce délai relève de l'appréciation du préfet lorsqu'il met l'exploitant en demeure de procéder à cette remise en état (■ Cass. 3e civ., 16 janv. 2013, n° 11-27.101, *SCI LM c/ SA Cray Valley : Bull. civ.*, III, n° 4 ; *JCP* N 2013, n° 23, p. 59, obs O. Herrnberger ; *D.* 2013, n° 10, p. 647, obs. B. Parance).

III – ÉTENDUE DE L'OBLIGATION DE REMISE EN ÉTAT

13) Contenu des mesures de remise en état. L'ancien exploitant d'une décharge entrant dans les prévisions du Code de l'environnement s'agissant de l'obligation de remise en état, ou le cas échéant son ayant droit, est dans l'obligation de placer le site dans un état tel que ne soient susceptibles de s'y manifester aucun des dangers ou inconvénients susmentionnés, le cas échéant ensuite des prescriptions arrêtées par le préfet (■ CE, 10 juin 2011, n° 329899, *Roulet c/ Min. Écologie : JurisData* n° 2011-012355). Toutefois, aucune disposition n'a pour objet ou pour effet d'imposer à l'exploitant, dans le cadre de la remise en état du site, de remédier à des dommages ou des nuisances dépourvus de tout lien avec l'exploitation (■ CAA Versailles, 22 janv. 2008, n° 05VE01535, *MEDD c/ Gaz de France : Environnement* 2008, n° 4, p. 50, comm. P. Trouilly. ■ CAA Douai, 11 déc. 2008, n° 06DA01640, *SA Compagnie de FIVES Lille*). Le préfet peut ainsi ordonner la remise en l'état initial du sol en raison du risque avéré de pollution d'une nappe phréatique qui a été mise à nu du fait des travaux d'affouillement (■ CAA Marseille, 3 juill. 2008, n° 07MA00223, *Mendes*). Est en revanche illégal l'arrêté préfectoral qui prescrit au dernier exploitant de détruire les bâtiments dans lesquels il exerçait son activité, dès lors que si, aux termes du rapport d'expertise, une démolition rapide des bâtiments du site constitue une « solution optimale », les experts ont également considéré comme satisfaisantes et suffisantes les mesures de mise sous dépression efficace, de dépoussiérage précis et complet et le démontage précautionneux de la toiture selon les procédures classiques de désamiantage. Ainsi, ces mesures paraissent propres à faire disparaître toute trace d'amiante dont la présence est imputable au fonctionnement de l'ICPE, sans qu'il soit indispensable de procéder à la démolition des bâtiments (■ TA Cergy-Pontoise, 4 juill. 2007, n° 0407790, *Sté Comptoir des minéraux et des matières premières CMMP*).

14) Prescriptions complémentaires. Dès lors qu'il appartient à l'autorité administrative compétente en matière de police des installations classées de prendre à tout moment les mesures nécessaires à la protection des intérêts mentionnés à l'article L. 511-1, elle peut, à cet effet, modifier les prescriptions de remise en état du site sur le fondement de l'article L. 512-3, afin de prévenir des dangers ou inconvénients qui n'auraient pas été antérieurement pris en compte. Une telle modification dispense nécessairement l'exploitant de respecter les prescriptions initiales qui ont été modifiées (■ CE, 8 oct. 2012, n° 345013, *Sté Entreprise de Travaux et de Matériaux c/ Cne d'Illkirch-Graffenstaden*). Toutefois, même si l'exploitant d'une carrière a procédé aux travaux de remise en état du site, le préfet édicter des prescriptions complémentaires de surveillance des eaux souterraines et d'analyse de la qualité des matériaux de remblai, lorsqu'il a été constaté la présence sur le site de matériaux bitumeux présentant un risque de contamination des eaux souterraines. En effet, la circonstance qu'aucune pollution des eaux souterraines n'a été enregistrée par le service de distribution d'eau potable ne saurait, à elle seule, faire obstacle à ce que le préfet impose des prescriptions complémentaires de nature à prévenir tout risque de pollution et adaptées à la nature du risque (■ CAA Nancy, 14 mai 1998, n° 96NC01598, *SARL Roehrig : Rev. jur. env.* 1999, p. 138). Ni ces dispositions, ni aucun autre texte législatif ou réglementaire, ne font obligation au préfet d'imposer à l'exploitant d'une nouvelle installation classée auquel il délivre une autorisation, de prescrire, dans le même temps et par la même décision, la remise en état du site, géographiquement distinct, antérieurement exploité par celui-ci (■ CAA Nancy, 12 janv. 2004, n° 98NC01628, *Sté GMA*).

15) Usage futur du site. Le préfet ne peut imposer à l'exploitant que les prescriptions indispensables à la sauvegarde des intérêts mentionnés à l'article L. 511-1, ce qui ne lui permet pas de prescrire des mesures de réhabilitation du site en vue de son urbanisation, alors que le site a un usage industriel depuis 1930 (■ TA Strasbourg, 28 mai 2004, n°s 0202551 et 0301332, *Sté AXTER*). Dès lors que la décision de fermeture peut être regardée comme irrévocable et qu'il existe un désaccord sur l'usage futur du site, il appartient au préfet, et sans préjudice des mesures qu'il peut prendre à tout moment, y compris après la mise à l'arrêt de l'installation, pour assurer la sauvegarde des intérêts mentionnées à l'article L. 511-1 du Code de l'environnement, de se prononcer sur cet usage, même si la fermeture effective de l'installation et la libération des terrains ne doivent intervenir qu'ultérieurement. Le préfet ne peut légalement refuser de se prononcer que s'il est saisi d'une annonce prématurée de cessation d'activité révélant la volonté manifeste de l'exploitant de détourner la procédure de son objet, notamment pour se prémunir contre une modification des règles d'urbanisme (■ CE, 20 mars 2013, n° 347516, *min. de l'Écologie c/ Sté Manurhin Défense*).

16) Capacités financières. Lorsqu'il prescrit des mesures de remise en état, le préfet n'est pas tenu de prendre en compte les capacités financières de l'exploitant (■ TA Strasbourg, 5 déc. 2003, n° 02-02381, *SARL Boyon c/ Préfet de la Moselle*).

17) Responsabilité de l'État. Il n'y a pas faute du préfet dans la surveillance du site après la fermeture de l'exploitation du fait de la succession sur une longue période d'arrêtés préfectoraux imposant la remise en état d'un site : l'amiante n'a fait l'objet d'une interdiction en France qu'en 1997 et n'a été mis en cause pour la société intéressée qu'en 2007, s'agissant de l'environnement de cette installation classée, lorsqu'une étude menée par l'Institut national de veille sanitaire a établi les risques pour la santé des riverains ayant résidé à proximité du site jusqu'en 1972, année à partir de laquelle la société aurait cessé son activité amiante sur ce site. Il ne résulte pas de l'instruction que des risques liés à l'amiante auraient été établis à l'extérieur du site de la société en cause sur le territoire de la commune, pour la période postérieure à la période d'activité. Dans ces circonstances, la succession des arrêtés préfectoraux ne révèle pas une faute de l'administration dans sa mission de contrôle de ces installations après leur fermeture définitive, l'existence d'une telle faute devant s'apprécier en tenant compte des informations dont elle pouvait disposer quant à l'existence de facteurs de risques particuliers ou d'éventuels manquements de l'exploitant (■ CAA Versailles, 17 sept. 2015, n° 13VE01031, *Cne d'Aulnay-sous-Bois*). C'est à l'aune des intérêts protégés visés par l'article L. 511-1 du Code de l'environnement et en examinant les circonstances propres à chaque affaire, que doit notamment être appréciée une éventuelle faute de l'État dans le cadre de sa mission de police des ICPE. Le seul souci du propriétaire du terrain de retrouver des sols dépourvus de toute pollution ne relève pas des critères que le préfet de police doit prendre en compte pour apprécier s'il lui appartient de mettre en œuvre ses pouvoirs en vue de faire cesser les atteintes à l'environnement et aucune obligation de résultat ne pesant sur l'administration à l'égard du propriétaire du site, le préfet de police n'a pas manifesté de carence fautive dans l'exercice de sa mission de police des ICPE. Les dispositions du Code de l'environnement n'ayant pas pour finalité de conduire à la dépollution d'un site en vue d'une future utilisation inconditionnelle, il n'appartient pas à l'autorité administrative de mettre en œuvre les pouvoirs dont elle dispose afin de permettre un usage futur du site distinct de celui de la dernière période d'exploitation de l'installation (■ CAA Paris, 27 sept. 2018, n° 17PA01821, *Mutuelle d'épargne de retraite et de prévoyance CARAC*).

IV – MODIFICATIONS APPORTÉES PAR LE DÉCRET DU 13 SEPTEMBRE 2005

18) Légalité. Sur la légalité du décret du 13 septembre 2005, au regard notamment de la charte constitutionnelle de l'environnement (■ CE, 12 janv. 2009, n° 289080, *France Nature Environnement : BDEI* 2009, n° 19, p. 13 ; *Environnement* 2009, n° 3, p. 50, comm. D. Gillig ; *Environnement* 2009, n° 4, p. 20, comm. F.-X. Fort ; *Dr. adm.* 2009, n° 5, p. 42, comm. F.-X. Fort ; *BDEI* 2009, n° 22, p. 48, comm. V. Vidalens).

19) Usage futur du site. Dès lors que l'article R. 512-79 du Code de l'environnement (qui reprend les dispositions de l'article 34-5 du décret du 21 septembre 1977) impose au préfet de prendre en compte un usage du site comparable à celui de la dernière période d'exploitation de l'installation, est illégal l'arrêté préfectoral qui impose à l'exploitant une remise en état du site pour un usage d'habitation, excédant l'usage industriel qui était celui de la dernière période d'exploitation (■ CAA Lyon, 9 juin 2009, n° 07LY01508, *MEDAD c/ Sté Trigano MDC*).

Art. R. 512-39 *(Créé à compter du 1er juin 2022, D. n° 2021-1096, 19 août 2021)* (1). – Lorsque l'exploitant d'une ou plusieurs installations classées pour la protection de l'environnement arrête définitivement, au sens de l'article R. 512-75-1, une ou plusieurs installations d'un même site dont au moins une installation est soumise à autorisation et que les terrains concernés ne sont pas libérés, l'exploitant a la possibilité de différer sur demande expresse et justifiée la réhabilitation, telle que définie à l'article R. 512-75-1, ainsi que, le cas échéant, les opérations de détermination de l'usage futur prévues à l'article R. 512-39-2. Dans ce cas, l'exploitant notifie au préfet son intention de reporter la réhabilitation ainsi que, le cas échéant, les opérations de détermination de l'usage futur, et le calendrier associé.

Il transmet un exposé des justifications associées à cette demande trois mois au moins avant la mise à l'arrêt définitif ou, dans le cas des installations visées à l'article R. 512-35, six mois avant la mise à l'arrêt définitif. Ces justifications prennent en compte, y compris dans le cas de reports successifs, l'ensemble des installations classées pour la protection de l'environnement ayant déjà été arrêtées définitivement.

Le préfet arrête, dans les formes prévues à l'article R. 181-45, le report de la réhabilitation, en précisant notamment les mesures conditionnant la libération des terrains concernés, l'information préalable requise avant la mise en œuvre des opérations de réhabilitation, et la réévaluation périodique de la justification du report. L'absence de réponse du préfet dans un délai de quatre mois vaut refus de la demande.

Art. R. 512-39-1 *(D. n° 2010-368, 13 avr. 2010 ; mod. à compter du 12 juillet 2011, D. n° 2011-828, 11 juill. 2011 ; à compter du 1er juin 2022, D. n° 2021-1096, 19 août 2021* (1) *; mod., D. n° 2024-742, 6 juill. 2024).* – I. – Lorsqu'il procède à une cessation d'activité telle que définie à l'article R. 512-75-1, l'exploitant notifie au préfet la date d'arrêt définitif des installations trois mois au moins avant celle-ci, ainsi que la liste des terrains concernés. Ce délai est porté à six mois dans le cas des installations mentionnées à l'article R. 512-35. Il est donné récépissé sans frais de cette notification.

II. – La notification prévue au I indique les mesures prises ou prévues, ainsi que le calendrier associé, pour assurer, dès l'arrêt définitif des installations, la mise en sécurité, telle que définie à l'article R. 512-75-1, des terrains concernés du site.

III. – Dès que les mesures pour assurer la mise en sécurité sont mises en œuvre, l'exploitant fait attester, conformément à l'avant-dernier alinéa de l'article L. 512-6-1, de cette mise en œuvre par une entreprise certifiée dans le domaine des sites et sols pollués ou disposant de compétences équivalentes en matière de prestations de services dans ce domaine.

L'exploitant transmet cette attestation à l'inspection des installations classées.

Le référentiel auquel doit se conformer cette entreprise et les modalités d'audit mises en œuvre par les organismes certificateurs, accrédités à cet effet, pour délivrer cette certification, ainsi que les conditions d'accréditation des organismes certificateurs et notamment les exigences attendues permettant de justifier des compétences requises, sont définis par arrêté du ministre chargé de l'environnement.

IV. – Le cas échéant, la notification prévue au I inclut la demande de report prévue à l'article R. 512-39.

1) Compétence liée. Le préfet est tenu de mettre l'exploitant en demeure de notifier la cessation définitive de son activité dès lors que l'inspecteur des installations classées a constaté l'inobservation de cette formalité (▪ CAA Marseille, 8 janv. 2008, n° 05MA02598, *Me Hidoux agissant en qualité de liquidateur de la Sté Gilles*).

2) Preuve de la remise en état. Est entaché d'erreur de droit l'arrêt d'appel qui impose au repreneur d'établir la preuve de l'existence des dangers ou inconvénients allégués sans rechercher si l'exploitant précédant avait placé le site dans un état tel que ne soit susceptible de s'y manifester aucune des ces atteintes (▪ CE, 10 juin 2011, n° 329899, *Roulet c/ Min. Écologie : JurisData* n° 2011-012355).

3) Situation de l'ayant droit du dernier exploitant. L'obligation de remise en état du site imposée par l'article 34-1 du décret du 21 septembre 1977 (désormais art. R. 512-39-1), pèse sur l'ancien exploitant ou, si celui-ci a disparu, sur son ayant droit. Lorsque l'exploitant ou son ayant droit a cédé le site à un tiers, cette cession ne l'exonère de ses obligations que si le cessionnaire s'est substitué à lui en qualité d'exploitant (▪ CE, 9 nov. 2015, n° 369236, *Sté Arkema France : Gaz. Pal.* 26 janv. 2016, p. 25, note S. Edlinger). Dans le même sens, à propos d'une déclaration, l'obligation de remettre en état le site pèse sur l'exploitant

(1) Dispositions d'application transitoires : V. D. n° 2021-1096, 19 août 2021.

de cette installation, lequel doit s'entendre comme le déclarant, titulaire du récépissé de la déclaration. Dès lors que la Sté Établissement Carlier a effectué, le 18 février 2008, la déclaration prévue par les dispositions des articles L. 512-8 et suivants du Code de l'environnement, elle n'est pas fondée à se prévaloir de la déclaration du 19 avril 1995 par laquelle M.B..., ancien exploitant de la station-service, a informé l'administration de changements apportés à la conduite de l'activité, et est donc l'unique titulaire du récépissé de déclaration délivré le 21 février 2008 par le préfet du Loiret (■ CAA Nantes, 3 oct. 2016, n° 15NT01257, *Sarl Établissement Carlier*). Si la Sarl Établissement Carlier soutient que la société Total devrait néanmoins être considérée comme coexploitante de la station-service sur le fondement des dispositions de l'article L. 160-1 du Code de l'environnement, elle n'est pas fondée à invoquer ces dispositions, figurant au titre du Code de l'environnement relatif à la « Prévention et réparation de certains dommages causés à l'environnement », à l'encontre d'une décision prise sur le fondement de la police des installations classées, qui relève d'un régime distinct. En tout état de cause, elle ne saurait, à l'appui de cette argumentation, se référer à l'existence des clauses contractuelles la liant à son mandant, qui sont inopposables à l'administration (même arrêt). Sont toutefois déterminantes les stipulations d'un traité d'apport partiel d'actifs par lequel la société Rhône Poulenc Industrie a apporté à la société Activités chimiques, aux droits de laquelle est venue, en dernier lieu, la société Arkema France, l'ensemble des biens, droits et éléments de passif se rapportant à la fabrication, au traitement, à la transformation, au transport, à la recherche, à l'expérimentation et à la vente de produits chimiques, au nombre desquels figurent les activités relatives au chlorure de vinyle monomère à l'origine de la pollution du site. Ne commet pas d'erreur de droit la cour qui estime que la société Activités chimiques, aux droits de laquelle est venue, en dernier lieu, la société Arkema France, a été substituée à la société Rhône Poulenc par l'effet de ce traité d'apport partiel d'actifs, dès lors que ce traité couvrait l'activité d'enfouissement de déchets chlorés (même arrêt). Une convention conclue entre une société, agissant dans le cadre d'une mission d'aménagement confiée par une commune, et GDF pour mener à bien des études et travaux de réhabilitation ne peut avoir pour effet de substituer cette société à l'ancien exploitant d'une ICPE, seul soumis à l'obligation de remise en état du site sur lequel se trouvait l'installation (■ CE, 3 févr. 2017, n° 390437, *Sté d'aménagement des territoires : JurisData* n° 2017-001924 ; *BDEI* 2017, n° 68, p. 5, concl. X. de Lesquen). Il résulte de ces conditions de succession de responsabilité que si l'ADEME est intervenue pour procéder aux travaux de dépollution du fait de la carence de l'ancien exploitant et du propriétaire du site, celle-ci n'est pas fondée à obtenir le remboursement de ces sommes de la part du propriétaire mais de celle de l'exploitant pollueur (■ CA Toulouse, 18 oct. 2010, n° 09/03811, *ADEME c/ Estève et a.*).

Art. R. 512-39-2 ***(D. n° 2010-368, 13 avr. 2010 ; mod. à compter du 1er juin 2022, D. n° 2021-1096, 19 août 2021*** (1) ***; à compter du 1er janvier 2023, D. n° 2022-1588, 19 déc. 2022)*** (2). **– I *(Mod., D. n° 2024-742, 6 juill. 2024)*. – Lorsque l'exploitant procède à une cessation d'activité telle que définie à l'article R. 512-75-1 et que le ou les usages des terrains concernés ne sont pas déterminés par l'arrêté d'autorisation, le ou les usages à considérer sont déterminés conformément aux dispositions du présent article et à la typologie des usages définie au I de l'article D. 556-1 A.**

II. – Au moment de la notification prévue au I de l'article R. 512-39-1, l'exploitant transmet au maire ou au président de l'établissement public de coopération intercommunale compétent en matière d'urbanisme et aux propriétaires des terrains d'assiette des installations classées concernées par la cessation d'activité les plans du site et les études et rapports communiqués à l'administration sur la situation environnementale et sur les usages successifs du site, ainsi que ses propositions sur le ou les usages futurs qu'il envisage pour ces terrains. Il transmet dans le même temps au préfet une copie de ses propositions.

Les personnes consultées notifient au préfet et à l'exploitant leur accord ou désaccord sur ces propositions dans un délai de trois mois à compter de la réception des propositions de l'exploitant. En l'absence d'observations dans ce délai, leur avis est réputé favorable.

En cas d'avis favorable de l'ensemble des personnes consultées, l'exploitant informe le préfet et les personnes consultées du ou des usages futurs retenus pour les terrains concernés.

(1) Dispositions d'application transitoires : V. D. n° 2021-1096, 19 août 2021.
(2) Les demandes d'autorisation déposées avant le 1er janvier 2023 et les cessations d'activité notifiées avant cette date continuent d'être régies par les dispositions qui leur étaient antérieurement applicables, D. n° 2022-1588, 19 déc. 2022, art. 13.

III. – À défaut d'accord entre l'exploitant, le maire ou le président de l'établissement public de coopération intercommunale compétent et les propriétaires des terrains d'assiette concernés, l'usage retenu pour les terrains concernés est un usage comparable à celui de la dernière période d'exploitation des installations mises à l'arrêt définitif, sauf s'il est fait application des IV et V.

IV. – Dans les cas prévus au troisième alinéa de l'article L. 512-6-1, le maire ou le président de l'établissement public de coopération intercommunale peuvent transmettre au préfet, à l'exploitant et aux propriétaires des terrains, dans un délai de deux mois à compter de la notification du désaccord mentionnée au deuxième alinéa du II, un mémoire sur une éventuelle incompatibilité manifeste de l'usage comparable à celui de la dernière période d'exploitation des installations mises à l'arrêt définitif avec l'usage futur de la zone et des terrains voisins tel qu'il résulte des documents d'urbanisme. Le mémoire comprend également une ou plusieurs propositions de types d'usage pour le site.

V. – Dans un délai de deux mois après réception du mémoire et après avoir sollicité l'avis de l'exploitant et des propriétaires des terrains d'assiette concernés, le préfet se prononce sur l'éventuelle incompatibilité manifeste appréciée au regard des documents d'urbanisme en vigueur à la date de la notification prévue au I de l'article R. 512-39-1 et de l'utilisation des terrains situés au voisinage des terrains concernés. Il fixe le ou les usages à prendre en compte pour déterminer les mesures de gestion à mettre en œuvre dans le cadre de la réhabilitation et les communique au maire ou au président de l'établissement public de coopération intercommunale compétent en matière d'urbanisme et aux propriétaires des terrains d'assiette concernés.

À défaut de décision du préfet dans ce délai de deux mois ou en l'absence de transmission du mémoire, l'usage retenu est un usage appartenant à la même catégorie de la typologie des usages prévue par le I de l'article D. 556-1 A que celui de la dernière période d'exploitation des installations mises à l'arrêt définitif.

Art. R. 512-39-3 *Rempl., D. n° 2024-742, 6 juill. 2024).* – I. – Lorsqu'il procède à une cessation d'activité telle que définie à l'article R. 512-75-1 et que le ou les usages des terrains concernés sont déterminés, après application, le cas échéant, des dispositions de l'article R. 512-39-2, l'exploitant transmet au préfet, dans les six mois qui suivent l'arrêt définitif, un mémoire de réhabilitation précisant les mesures prises ou prévues pour assurer la protection des intérêts mentionnés à l'article L. 511-1 et, le cas échéant, à l'article L. 211-1, compte tenu du ou des usages prévus pour les terrains concernés. Toutefois, ce délai peut être prolongé par le préfet pour tenir compte des circonstances particulières liées à la situation des installations concernées.

Le mémoire comporte notamment un diagnostic tel que défini à l'article R. 556-2. Dans le cas où les opérations mentionnées au 1° du IV de l'article R. 512-75-1 sont finalisées après ce diagnostic, celui-ci est actualisé pour prendre en compte les terrains libérés à l'issue de ces opérations. En fonction des conclusions de ce diagnostic, ce mémoire comporte également :

1° Les objectifs de réhabilitation ;

2° Un plan de gestion comportant :

a) Les mesures de gestion de la pollution des différents milieux impactés sur le site et, le cas échéant, hors du site ;

b) Les travaux à réaliser pour mettre en œuvre les mesures de gestion et le calendrier prévisionnel associé, ainsi que les dispositions prises pour assurer la surveillance et la préservation des intérêts mentionnés à l'article L. 511-1 et, le cas échéant, à l'article L. 211-1, durant les travaux ;

c) En tant que de besoin, les dispositions prévues à l'issue des travaux pour assurer la surveillance des milieux, la conservation de la mémoire et les éventuelles restrictions d'usages limitant ou interdisant certains aménagements ou constructions, ou certaines utilisations de milieux.

Pour les installations relevant de l'article L. 181-28, le mémoire décrit les opérations déjà réalisées et celles restant à mettre en œuvre en application des conditions de réaménagement fixées par l'autorisation. Le diagnostic prévu dans le mémoire de réhabilitation tient compte des investigations déjà réalisées dans ce cadre et est proportionné aux enjeux du site, compte tenu des caractéristiques des milieux environnants et du ou des usages futurs du site.

Les mesures de gestion de la pollution des différents milieux impactés sur le site et, le cas échéant, hors du site, comprennent au moins le traitement des sources de pollution et la suppression des pollutions concentrées lorsque les résultats du diagnostic réalisé dans le cadre du mémoire de réhabilitation concluent à leur présence. Ces mesures de gestion sont proposées par l'exploitant. Elles sont fondées sur un bilan des coûts et des avantages prenant en compte l'efficacité des techniques disponibles, l'impact environnemental global et le coût qui doit rester économiquement acceptable. Elles doivent permettre d'atteindre un état des milieux réhabilités compatible avec les usages déterminés pour les terrains concernés par l'installation mise à l'arrêt ou, le cas échéant, les usages constatés à l'extérieur du site.

Par dérogation à l'alinéa précédent, l'exploitant peut proposer, dans son mémoire de réhabilitation, le maintien sur le site d'une ou de plusieurs zones de pollutions concentrées, lorsque sont réunies les conditions suivantes :

1° Le maintien sur le site ne porte pas atteinte aux intérêts mentionnés à l'article L. 511-1 et, le cas échéant, à l'article L. 211-1 ;

2° Le maintien sur le site inclut la coupure des voies de transfert des pollutions concentrées ;

3° Le bilan environnemental global du maintien sur le site des pollutions concentrées est plus favorable que celui de leur suppression ;

4° L'attestation prévue à l'avant-dernier alinéa du I confirme que les conditions fixées aux trois alinéas précédents sont remplies.

Le préfet peut arrêter des prescriptions permettant le respect des conditions fixées à ces mêmes alinéas.

Pour toute réhabilitation, les mesures de gestion permettent un usage du site au moins comparable à celui de la dernière période d'exploitation des installations mises à l'arrêt définitif.

Pour les installations mentionnées à la section 8 du chapitre V du présent titre, le mémoire de réhabilitation contient, en outre, l'évaluation et les propositions de mesures mentionnées à l'article R. 515-75.

Le mémoire de réhabilitation est accompagné, conformément à l'avant-dernier alinéa de l'article L. 512-6-1, d'une attestation de l'adéquation des mesures proposées pour la réhabilitation du site afin d'assurer la protection des intérêts mentionnés à l'article L. 511-1 et, le cas échéant, à l'article L. 211-1, en tenant compte des usages futurs et, le cas échéant, pour les installations relevant de l'article L. 181-28, des opérations prescrites par l'autorisation et réalisées en cours d'activité. Elle est établie par une entreprise certifiée dans le domaine des sites et sols pollués ou disposant de compétences équivalentes en matière de prestations de services dans ce domaine. Le référentiel auquel doit se conformer cette entreprise, les modalités d'audit mises en œuvre par les organismes certificateurs, accrédités à cet effet, pour délivrer cette certification ainsi que les conditions d'accréditation des organismes certificateurs, notamment les exigences attendues pour justifier des compétences requises, sont définis par arrêté du ministre chargé de l'environnement.

L'entreprise chargée de fournir l'attestation de l'adéquation des mesures proposées pour la réhabilitation du site, prévue au précédent alinéa, peut être la même que celle qui a réalisé le mémoire de réhabilitation.

Dans le cas où l'attestation indique que l'installation est à l'origine d'une pollution des milieux et que l'exposition des populations sur le site ou à proximité de celui-ci ne peut être exclue, l'exploitant transmet une copie du mémoire de réhabilitation, accompagné de son attestation, à l'agence régionale de santé concernée et en informe le préfet. L'agence régionale de santé fait part au préfet de ses observations dans un délai de quarante-cinq jours à compter de la réception de l'attestation.

II. – Le silence gardé par le préfet pendant quatre mois après la transmission de l'attestation prévue au I vaut accord sur les travaux et les mesures de surveillance des milieux proposés par l'exploitant. Pendant ce délai, le préfet peut demander des éléments complémentaires d'appréciation par décision motivée. Le délai est alors suspendu jusqu'à réception de ces éléments.

Par dérogation au précédent alinéa, lorsque l'exploitant propose de déroger au principe de la suppression des pollutions concentrées, le silence gardé par le préfet pendant quatre mois après la transmission de l'attestation prévue au I vaut rejet.

En tenant compte des éléments fournis en application du I, le préfet peut arrêter, dans les formes prévues à l'article R. 181-45, les prescriptions encadrant les travaux de réhabilitation, les mesures de surveillance des milieux et les restrictions d'usages nécessaires pendant la durée de ces travaux. Ces prescriptions sont fixées compte tenu du ou des usages déterminés et au regard d'un bilan des coûts et des avantages prenant en compte l'efficacité des techniques disponibles, l'impact environnemental global et le coût qui doit rester économiquement acceptable.

III. – Lorsque les travaux prescrits par le préfet ou, à défaut, définis dans le mémoire de réhabilitation sont réalisés, l'exploitant fait attester, conformément à l'avant-dernier alinéa de l'article L. 512-6-1, par une entreprise certifiée dans le domaine des sites et sols pollués ou disposant de compétences équivalentes en matière de prestations de services dans ce domaine, la conformité des travaux aux objectifs prescrits par le préfet ou définis dans le mémoire de réhabilitation. Le référentiel auquel doit se conformer cette entreprise, les modalités d'audit mises en œuvre par les organismes certificateurs, accrédités à cet effet, pour délivrer cette certification, ainsi que les conditions d'accréditation des organismes certificateurs, notamment les exigences attendues pour justifier des compétences requises, sont définis par arrêté du ministre chargé de l'environnement.

La conformité des travaux s'apprécie au regard notamment des mesures de gestion prévues et des travaux réalisés, ainsi que des dispositions mentionnées au c du 2° du I, actualisées si nécessaire.

L'exploitant transmet cette attestation au préfet, au maire ou au président de l'établissement public de coopération intercommunale compétent en matière d'urbanisme, ainsi qu'aux propriétaires des terrains. Il précise, le cas échéant, les dispositions actualisées mentionnées au c du 2° du I qu'il s'engage à mettre en œuvre et les éléments nécessaires à leur établissement.

L'entreprise chargée de fournir l'attestation prévue au précédent alinéa peut être la même que celle qui a réalisé le mémoire de réhabilitation défini au I ou qui a délivré l'attestation de l'adéquation des mesures proposées pour la réhabilitation du site. Elle ne peut être la même que celle qui a réalisé tout ou partie des travaux.

Dans le cas où l'exploitant ne démontre pas que la pollution résiduelle du site, après mise en œuvre des mesures de gestion, permet de garantir la compatibilité du site avec les usages mentionnés aux 3° et 6° de l'article D. 556-1 A, il remet au préfet, en même temps que l'attestation prévue aux alinéas précédents, un projet de secteur d'information sur les sols au sens de l'article L. 125-6.

IV. – Le préfet arrête, s'il y a lieu, les mesures de surveillance des milieux nécessaires ainsi que les modalités de conservation de la mémoire et les restrictions d'usages.

V. – Lorsque le mémoire de réhabilitation exigé au I conclut à l'absence de nécessité de mesures de gestion et de travaux, et lorsque l'attestation mentionnée au même I confirme la pertinence de cette conclusion, le silence gardé par le préfet pendant quatre mois après la transmission de cette attestation vaut accord sur cette absence de nécessité de mesures de gestion et de travaux. L'attestation mentionnée au I vaut alors pour l'attestation mentionnée au III.

VI. – La cessation d'activité est réputée achevée dans le délai de deux mois à l'issue de la transmission de l'attestation prévue au III, sauf dans les cas suivants :

1° Lorsque le préfet s'oppose à cet achèvement ou demande des compléments dans ce délai de deux mois ;

2° Lorsque les dispositions du IV s'appliquent, la cessation d'activité étant alors réputée achevée à la prise de l'arrêté mentionné au même IV ;

3° Lorsque les dispositions du V s'appliquent, la cessation d'activité étant alors réputée achevée quatre mois après la transmission de l'attestation mentionnée au I.

VII. – Une cessation d'activité réputée achevée ne fait pas obstacle à l'application des dispositions de l'article R. 512-39-4.

Voir : *Guide de mise en œuvre des restrictions d'usage applicables aux sites et sols pollués*, Rapport de la DGPR, janv. 2011.

Art. R. 512-39-3 *bis* *(Créé à compter du 1er juin 2022, D. n° 2021-1096, 19 août 2021)* (1). – Si, lors de la réhabilitation, les mesures de gestion mises en œuvre dans le cadre de la réhabilitation ne permettent pas, du fait d'une impossibilité technique imprévue engendrant des surcoûts manifestement excessifs, de garantir les intérêts mentionnés à l'article L. 511-1 et, le cas échéant, à l'article L. 211-1, compte tenu de l'usage futur déterminé par l'arrêté d'autorisation ou en application des II ou V de l'article R. 512-39-2, l'exploitant transmet au préfet un mémoire présentant les travaux réalisés, les travaux prévus non réalisés et les difficultés rencontrées. Ce mémoire expose également les justifications permettant d'apprécier l'impossibilité de satisfaire aux prescriptions prises en conformité de l'article R. 512-39-3 et l'incapacité de l'exploitant à garantir les intérêts mentionnés à l'article L. 511-1 et, le cas échéant, à l'article L. 211-1, compte tenu de l'usage futur déterminé.

Au regard des éléments transmis par l'exploitant et après consultation du maire ou du président de l'établissement public de coopération intercommunale compétent en matière d'urbanisme et des propriétaires des terrains d'assiette concernés, le préfet peut réviser l'usage déterminé et modifier en conséquence les prescriptions applicables, par arrêté pris dans les formes prévues à l'article R. 181-45. Cet arrêté est motivé, notamment, le cas échant, au regard d'une éventuelle incompatibilité avec l'usage futur de la zone initialement

(1) Dispositions d'application transitoires : V. D. n° 2021-1096, 19 août 2021.

portée à la connaissance du préfet lorsqu'il a été fait application du V de l'article R. 512-39-2. Les avis sollicités sont réputés favorables s'ils ne sont pas rendus dans un délai de deux mois.

Art. R. 512-39-4 *(D. n° 2010-368, 13 avr. 2010 ; mod., D. n° 2015-1004, 18 août 2015 ; mod. à compter du 1er mars 2017, D. n° 2017-81, 26 janv. 2017 ; à compter du 1er juin 2022, D. n° 2021-1096, 19 août 2021)* (1). – I. – À tout moment, même après la remise en état du site, le préfet peut imposer à l'exploitant, par arrêté pris dans les formes prévues à l'article R. 181-45, les prescriptions nécessaires à la protection des intérêts mentionnés à l'article L. 511-1 et, le cas échéant, à l'article L. 211-1.

En cas de modification ultérieure de l'usage du site, l'exploitant ne peut se voir imposer de mesures complémentaires induites par ce nouvel usage sauf s'il est lui-même à l'initiative de ce changement d'usage.

II. – À tout moment, après la remise en état du site effectuée par le tiers demandeur en application de l'article L. 512-21, le préfet peut imposer à ce tiers demandeur, par arrêté pris dans les formes prévues à l'article R. 181-45, les prescriptions nécessaires à la protection des intérêts mentionnés à l'article L. 511-1 et, le cas échéant, à l'article L. 211-1 pour ce qui est de la réhabilitation réalisée par lui.

En cas de modification ultérieure de l'usage du site, le tiers demandeur ne peut se voir imposer de mesures complémentaires induites par ce nouvel usage sauf s'il est lui-même à l'initiative de ce changement d'usage.

Art. R. 512-39-5 *(D. n° 2010-368, 13 avr. 2010 ; mod. à compter du 1er mars 2017, D. n° 2017-81, 26 janv. 2017 ; à compter du 1er janvier 2023, D. n° 2022-1588, 19 déc. 2022)* (2). – Pour les installations ayant cessé leur activité avant le 1er octobre 2005, le préfet peut imposer à tout moment à l'exploitant, par arrêté pris dans les formes prévues à l'article R. 181-45, les prescriptions nécessaires à la protection des intérêts mentionnés à l'article L. 511-1, en prenant en compte un usage du site appartenant à la même catégorie de la typologie des usages prévue au I de l'article D. 556-1 A que celui de la dernière période d'exploitation de l'installation.

Art. R. 512-39-6 *(D. n° 2010-368, 13 avr. 2010)*. – Pour la cessation d'activité d'installations inscrites sur la liste prévue à l'article L. 517-1 et qui relèvent du ministre de la Défense, ce ministre, en cas de désaccord entre les personnes mentionnées au II de l'article R. 512-39-2, sollicite pour l'application des dispositions du V de l'article R. 512-39-2 l'avis du préfet sur le ou les usages futurs du terrain à considérer.

Sous-section 6. – Dispositions propres à certaines catégories d'installations

(Anc. ss-sect. 5 dénum., D. n° 2010-368, 13 avr. 2010)

Art. R. 512-40 à R. 512-43 *(Abr. à compter du 1er mars 2017, D. n° 2017-81, 26 janv. 2017)*.

Art. R. 512-44 *(Abr., D. n° 2010-1701, 30 déc. 2010)*.

Art. R. 512-45 *(Mod. à compter du 1er janvier 2013, D. n° 2012-1343, 3 déc. 2012 ; à compter du 7 janvier 2014, D. n° 2013-374, 2 mai 2013 ; mod. à compter du 1er mars 2017, D. n° 2017-81, 26 janv. 2017, mod., D. n° 2019-1035, 9 oct. 2019)*. – Pour les installations soumises à l'autorisation mentionnée au premier alinéa de l'article L. 229-6, le préfet réexamine tous les cinq ans au moins les éléments de la demande d'autorisation mentionnés au 5° du I de l'article D. 181-15-2 et apporte à l'autorisation les modifications éventuellement nécessaires en prenant les arrêtés complémentaires prévus à l'article R. 181-45.

NB : Se reporte aux dispositions de l'article 17 du décret n° 2017-81 du 26 janvier 2017 qui précisent les réserves d'entrée en vigueur.

Art. R. 512-46 *(Abr., D. n° 2013-4, 2 janv. 2013)*.

(1) Dispositions d'application transitoires : V. D. n° 2021-1096, 19 août 2021.

(2) Les demandes d'autorisation déposées avant le 1er janvier 2023 et les cessations d'activité notifiées avant cette date continuent d'être régies par les dispositions qui leur étaient antérieurement applicables, D. n° 2022-1588, 19 déc. 2022, art. 13.

Section II. – Installations soumises à enregistrement

(D. n° 2010-368, 13 avr. 2010)

Voir : D. n° 2010-367, 13 avr. 2010, modifiant la nomenclature des installations classées et ouvrant certaines rubriques au régime de l'enregistrement (*JO* 14 avr. 2010). D. n° 2010-368, 13 avr. 2010, portant diverses dispositions relatives aux installations classées pour la protection de l'environnement et fixant la procédure d'enregistrement applicable à certaines de ces installations du 13 avril 2010 (*JO* 14 avr. 2010). - Circ. ministérielle du 22 septembre 2010, relative à la mise en œuvre du régime d'enregistrement de certaines catégories d'installations classées introduit par l'ordonnance n° 2009-663 du 11 juin 2009 (*BOMEEDDM* 25 oct. 2010). - Notice explicative pour la demande d'enregistrement pour une ou plusieurs installations classées pour la protection de l'environnement.

Née de la réforme opérée par l'ordonnance n° 2009-663 du 11 juin 2009 relative à l'enregistrement de certaines installations classées pour la protection de l'environnement, la procédure d'enregistrement a été conçue comme un moyen terme entre l'autorisation et la déclaration, dans le contexte de la loi n° 2009-179 du 17 février 2009 pour l'accélération des programmes de construction et d'investissement publics et privés. Ce contexte en explique largement les termes, réducteurs en ce qui concerne l'association du public au processus décisionnel comme en ce qui concerne l'évaluation environnementale, largement péjorés par rapport au droit commun de l'autorisation et en dépit des quelques retouches apportées par le décret n° 2015-1614 du 9 décembre 2015 modifiant et simplifiant le régime des installations classées pour la protection de l'environnement et relatif à la prévention des risques.

Sous-section 1. – Demande d'enregistrement

Art. R. 512-46-1 *(D. n° 2010-368, 13 avr. 2010)*. **– Toute personne qui se propose de mettre en service une installation soumise à enregistrement adresse, dans les conditions de la présente sous-section, une demande au préfet du département dans lequel cette installation doit être implantée.**

Lorsqu'un exploitant se propose de mettre en service plusieurs installations soumises à enregistrement sur un même site, une seule demande peut être présentée pour l'ensemble de ces installations.

(Créé à compter du 1er mars 2017, D. n° 2017-81, 26 janv. 2017) **Lorsqu'une installation doit être implantée sur le territoire de plusieurs départements, la demande d'enregistrement est adressée au préfet du département où doit être réalisée la plus grande partie du projet qui procède à l'instruction dans les conditions prévues au présent titre. La décision est prise par arrêté conjoint de ces préfets.**

Art. R. 512-46-2 *(D. n° 2010-368, 13 avr. 2010 ; mod. à compter du 1er mars 2017, D. n° 2017-81, 26 janv. 2017)*. **– Lorsque l'installation, par sa proximité ou sa connexité avec une installation soumise à autorisation ayant le même exploitant, est de nature à en modifier les dangers ou inconvénients, la demande adressée au préfet est conforme aux exigences de l'article R. 181-46 et est instruite dans les conditions prévues par cet article.**

Art. R. 512-46-3 *(D. n° 2010-368, 13 avr. 2010 ; mod. à compter du 16 mai 2017, D. n° 2015-1614, 9 déc. 2015* (1) *; à compter du 1er août 2021, D. n° 2021-1000, 30 juill. 2021 ; à compter du 1er mai 2022, D. n° 2021-1000, 30 juill. 2021)*. **– Dans tous les autres cas, il est remis une demande, en trois exemplaires augmentés du nombre de communes mentionnées à l'article R. 512-46-11, ou sous la forme dématérialisée d'une téléprocédure, qui mentionne :**

1° S'il s'agit d'une personne physique, ses nom, prénoms et domicile et, s'il s'agit d'une personne morale, sa dénomination ou sa raison sociale, sa forme juridique, l'adresse de son siège social ainsi que la qualité du signataire ;

2° L'emplacement sur lequel l'installation doit être réalisée ;

3° La description, la nature et le volume des activités que le demandeur se propose d'exercer ainsi que la ou les rubriques de la nomenclature dont l'installation relève ;

4° Une description des incidences notables que le projet, y compris les éventuels travaux de démolition, est susceptible d'avoir sur l'environnement et la santé humaine ainsi que, le cas échéant, les mesures et caractéristiques du projet destinées à éviter ou réduire ses probables effets négatifs notables sur l'environnement ou la santé humaine.

Un arrêté du ministre chargé des installations classées fixe le modèle national de demande d'enregistrement.

À la demande du préfet, le pétitionnaire fournit sous forme papier les exemplaires nécessaires pour procéder aux consultations.

---

(1) Dispositions applicables aux dossiers de demande d'enregistrement déposés à compter du 16 mai 2017, D. n° 2015-1614, 9 déc. 2015, art. 43, IV.

Le décret n° 2015-1614 du 9 décembre 2015 modifiant et simplifiant le régime des installations classées pour la protection de l'environnement et relatif à la prévention des risques a complété le dispositif au 16 mai 2017 : le pétitionnaire doit ainsi désormais joindre à l'appui de sa demande une description des incidences notables que l'installation est susceptible d'avoir sur l'environnement, sous la forme d'une « description des incidences notables qu'il est susceptible d'avoir sur l'environnement, en fournissant les informations demandées à l'annexe II.A. de la directive 2011/92/UE du Parlement européen et du Conseil du 13 décembre 2011 concernant l'évaluation des incidences de certains projets publics et privés sur l'environnement ». Ce complément permet de répondre aux critiques qui mettaient en évidence la difficulté à laquelle se heurtait le préfet pour décider de passer du régime de l'enregistrement à celui de l'autorisation (V. obs. ss. art. R. 512-46-9, p. 2394).

Voir : A. 3 mars 2017, fixant le modèle national de demande d'enregistrement d'une installation classée pour la protection de l'environnement (JO 31 mars 2017, texte n° 12).

Art. R. 512-46-4 ***(D. n° 2010-368, 13 avr. 2010 ; mod. à compter du 1er janvier 2013, D. n° 2012-616, 2 mai 2012 ; mod., D. n° 2013-4, 2 janv. 2013 ; D. n° 2017-626, 25 avr. 2017 ; mod. à compter du 16 mai 2017, D. n° 2015-1614, 9 déc. 2015 ; mod., D. n° 2018-704, 3 août 2018 ; D. n° 2019-1035, 9 oct. 2019 ; mod. à compter du 1er août 2021, D. n° 2021-1000, 30 juill. 2021).*** **– À la demande d'enregistrement doivent être jointes les pièces suivantes :**

1° Une carte au 1/25 000 ou, à défaut, au 1/50 000 sur laquelle sera indiqué l'emplacement de l'installation projetée ;

2° Un plan, à l'échelle de 1/2 500 au minimum, des abords de l'installation jusqu'à une distance qui est au moins égale à 100 mètres. Lorsque des distances d'éloignement sont prévues dans l'arrêté de prescriptions générales prévu à l'article L. 512-7, le plan au 1/2 500 doit couvrir ces distances augmentées de 100 mètres ;

3° Un plan d'ensemble, à l'échelle de 1/200 au minimum, indiquant les dispositions projetées de l'installation ainsi que, jusqu'à 35 mètres au moins de celle-ci, l'affectation des constructions et terrains avoisinants, le tracé des réseaux enterrés existants, les canaux, plans d'eau et cours d'eau. Une échelle plus réduite peut, à la requête du pétitionnaire, être admise par l'administration ;

4° Un document permettant au préfet d'apprécier la compatibilité des activités projetées avec l'affectation des sols prévue pour les secteurs délimités par le plan d'occupation des sols, le plan local d'urbanisme ou la carte communale

5° ***(Mod. à compter du 1er janvier 2023, D. n° 2022-1588, 19 déc. 2022)*** (1) **Dans le cas d'une installation à implanter sur un site nouveau, la proposition du demandeur sur le type d'usage futur, au sens du I de l'article D. 556-1 A, du site lorsque l'installation sera mise à l'arrêt définitif, accompagné de l'avis du propriétaire, lorsqu'il n'est pas le demandeur, ainsi que celui du maire ou du président de l'établissement public de coopération intercommunale compétent en matière d'urbanisme. Ces avis sont réputés émis si les personnes consultées ne se sont pas prononcées dans un délai de quarante-cinq jours suivant leur saisine par le demandeur ;**

6° Le cas échéant, l'évaluation des incidences Natura 2000 dans les cas et conditions prévus par les dispositions réglementaires de la sous-section 5 de la section 1 du chapitre IV du titre Ier du livre IV ;

7° Une description des capacités techniques et financières mentionnées à l'article L. 512-7-3 dont le pétitionnaire dispose ou, lorsque ces capacités ne sont pas constituées au dépôt de la demande d'enregistrement, les modalités prévues pour les établir au plus tard à la mise en service de l'installation ;

8° Un document justifiant du respect des prescriptions applicables à l'installation en vertu du présent titre, notamment les prescriptions générales édictées par le ministre chargé des installations classées en application du I de l'article L. 512-7. Ce document présente notamment les mesures retenues et les performances attendues par le demandeur pour garantir le respect de ces prescriptions ;

9° Les éléments permettant au préfet d'apprécier, s'il y a lieu, la compatibilité du projet avec les plans, schémas et programmes mentionnés aux 4°, 5°, 17° à 20°, 23° et 24° du tableau du I de l'article R. 122-17 ainsi qu'avec les mesures fixées par l'arrêté prévu à l'article R. 222-36 ;

(1) Les demandes d'autorisation déposées avant le 1er janvier 2023 et les cessations d'activité notifiées avant cette date continuent d'être régies par les dispositions qui leur étaient antérieurement applicables, D. n° 2022-1588, 19 déc. 2022, art. 13.

10° Lorsque les installations sont soumises à l'autorisation mentionnée au premier alinéa de l'article L. 229-6 :

a) Une description des matières premières, combustibles et auxiliaires susceptibles d'émettre des gaz à effet de serre ;

b) Une description des différentes sources d'émissions de gaz à effet de serre de l'installation ;

c) Une description des mesures de surveillance prises en en application de l'article L. 229-6. Ces mesures peuvent être actualisées par l'exploitant dans les conditions prévues par ce même article sans avoir à modifier son enregistrement ;

11° Pour les installations d'une puissance thermique supérieure à 20 MW générant de la chaleur fatale non valorisée à un niveau de température utile ou celles faisant partie d'un réseau de chaleur ou de froid, une analyse coûts-avantages afin d'évaluer l'opportunité de valoriser de la chaleur fatale notamment à travers un réseau de chaleur ou de froid. Un arrêté du ministre chargé des installations classées et du ministre chargé de l'énergie, pris dans les formes prévues à l'article L. 512-5, définit les installations concernées ainsi que les modalités de réalisation de l'analyse coûts-avantages ;

12° Pour les installations de combustion de puissance thermique supérieure ou égale à 20 MW, une description des mesures prises pour limiter la consommation d'énergie de l'installation. Sont fournis notamment les éléments sur l'optimisation de l'efficacité énergétique, tels que la récupération secondaire de chaleur.

Art. R. 512-46-5 *(D. n° 2010-368, 13 avr. 2010).* – La demande d'enregistrement indique, le cas échéant, la nature, l'importance et la justification des aménagements aux prescriptions générales mentionnées à l'article L. 512-7 sollicités par l'exploitant.

Art. R. 512-46-6 *(D. n° 2010-368, 13 avr. 2010).* – La demande d'enregistrement est complétée dans les conditions suivantes :

1° Lorsque l'implantation d'une installation nécessite l'obtention d'un permis de construire, la demande d'enregistrement doit être accompagnée ou complétée dans les dix jours suivant sa présentation par la justification du dépôt de la demande de permis de construire. L'octroi du permis de construire ne vaut pas enregistrement au sens des dispositions de la présente section ;

2° Lorsque l'implantation d'une installation nécessite l'obtention d'une autorisation de défrichement, la demande d'enregistrement doit être accompagnée ou complétée dans les dix jours suivant sa présentation par la justification du dépôt de la demande d'autorisation de défrichement. L'octroi de l'autorisation de défrichement ne vaut pas enregistrement au sens des dispositions de la présente section.

L'article R. 431-20 du Code de l'urbanisme précise, de son côté, que la demande de permis de construire doit être accompagnée de la justification de la demande d'enregistrement.

V. Note MTES, 3 juill. 2015, relative à l'instruction des demandes de permis de construire et des demandes d'autorisation d'exploiter une installation classée pour la protection de l'environnement.

Voir : art. L. 512-7-3, p. 969.

Art. R. 512-46-7 *(D. n° 2010-368, 13 avr. 2010 ; mod. à compter du 1er août 2021, D. n° 2021-1000, 30 juill. 2021).* – Le demandeur peut adresser, le cas échéant, en exemplaire unique et sous pli séparé sous forme papier, les informations dont il justifie qu'elles devraient rester confidentielles en application de l'article L. 512-7-1.

Sous-section 2. – Instruction de la demande

Art. R. 512-46-8 *(D. n° 2010-368, 13 avr. 2010 ; mod. à compter du 1er août 2021, D. n° 2021-1000, 30 juill. 2021).* – Le dossier de demande fourni par le demandeur, y compris les informations communiquées sous pli séparé, est adressé par le préfet à l'inspection des installations classées.

Si le préfet estime que l'installation projetée n'est pas comprise dans la nomenclature des installations classées, il en avise le demandeur.

Lorsqu'il estime soit que la demande ou les pièces jointes sont irrégulières ou incomplètes, soit que l'installation est soumise à un autre régime, le préfet invite le demandeur soit à régulariser ou compléter ce dossier, soit à substituer une demande d'autorisation ou une déclaration à la demande d'enregistrement. Dès que le dossier est complet et régulier, il en informe le demandeur.

Art. R. 512-46-9 *(Rempl. à compter du 1er août 2021, D. n° 2021-1000, 30 juill. 2021).* – Lorsque l'application des critères pertinents mentionnés à l'annexe de l'article R. 122-3-1 conduit à soumettre à évaluation environnementale le projet concerné par la demande d'enregistrement, le préfet prend la décision mentionnée à l'article L. 512-7-2 jusqu'à quinze jours après la fin de la consultation du public organisée en application des dispositions du paragraphe 1 de la présente sous-section.

Dans le cas où il est fait application du 3° de l'article L. 512-7-2, le préfet prend sa décision dans le même délai que celui mentionné au premier alinéa. Il motive dans cette décision l'absence de nécessité de soumettre le projet à évaluation environnementale au regard des critères pertinents mentionnés à l'annexe de l'article R. 122-3-1.

Dans les cas mentionnés aux alinéas précédents, ou lorsque le demandeur souhaite que sa demande d'enregistrement soit instruite selon les règles de procédure prévues par le chapitre unique du titre VIII du livre Ier, le demandeur fournit au préfet le dossier mentionné aux articles R. 181-13 et suivants. En cas d'application du 3° de l'article L. 512-7-2, la décision du préfet constitue la pièce mentionnée au 6° de l'article R. 181-13.

Lorsque l'installation est soumise à permis de construire, copie de la décision ou de la demande conduisant à appliquer la procédure d'autorisation environnementale est notifiée sans délai à l'autorité compétente pour délivrer ce permis.

Une des particularités du régime de l'enregistrement est qu'il est possible d'en sortir « par le haut » : le pétitionnaire peut en effet demander au préfet d'instruire sa demande sur le fondement du régime de l'autorisation, lequel en décide de façon discrétionnaire, comme le préfet peut décider, face à une demande d'enregistrement, de la requalifier en demande d'autorisation, avec révision de la composition du dossier de demande à cette fin. L'article L. 512-7-2 du Code de l'environnement limite les critères d'option du préfet, et les éléments de la motivation de sa décision : il peut ainsi en décider en raison soit de la sensibilité du milieu au regard de la localisation du projet, soit du cumul d'incidences avec d'autres projets, soit de l'importance des aménagements aux prescriptions qui lui sont applicables proposés par le pétitionnaire.

Art. R. 512-46-10 *(Rempl. à compter du 1er mars 2017, D. n° 2017-81, 26 janv. 2017).* – Par dérogation à l'article R. 181-36, le rayon d'affichage de l'avis au public est celui indiqué à l'article R. 512-46-11 lorsqu'il est fait application de l'article L. 512-7-2.

§ 1. – Information et consultations

Art. R. 512-46-11 *(D. n° 2010-368, 13 avr. 2010).* – Le préfet transmet, dans les quinze jours suivant la réception du dossier complet et régulier, un exemplaire de la demande et du dossier d'enregistrement pour avis au conseil municipal de la commune où l'installation est projetée à celui des communes concernées par les risques et inconvénients dont l'établissement peut être la source et au moins à celles dont une partie du territoire est comprise dans un rayon d'un kilomètre autour du périmètre de l'installation concernée.

Ne peuvent être pris en considération que les avis exprimés et communiqués au préfet par le maire dans les quinze jours suivant la fin de la consultation du public.

Art. R. 512-46-12 *(D. n° 2010-368, 13 avr. 2010 ; mod. à compter du 1er août 2021, D. n° 2021-1000, 30 juill. 2021).* – Le préfet fixe, par arrêté, les jours et les heures où le dossier est à la consultation du public et en informe le demandeur.

La consultation du public débute au plus tard trente jours après la réception du dossier complet et régulier, sauf cas exceptionnel résultant par exemple de la nature, de la complexité, de la localisation ou de la dimension du projet. Dans ces cas exceptionnels, l'arrêté précise la motivation de la décision.

Le cas échéant, cet arrêté est notifié à l'autorité compétente pour délivrer le permis de construire.

Art. R. 512-46-13 *(D. n° 2010-368, 13 avr. 2010).* – Un avis au public est affiché ou rendu public deux semaines au moins avant le début de la consultation du public, de manière à assurer une bonne information du public :

1° Par affichage à la mairie de chacune des communes mentionnées à l'article R. 512-46-11. L'accomplissement de cette formalité est certifié par le maire de chaque commune où il a lieu ;

2° Par mise en ligne sur le site internet de la préfecture, accompagné de la demande de l'exploitant mentionnée à l'article R. 512-46-3, pendant une durée de quatre semaines ;

3° Par publication aux frais du demandeur dans deux journaux diffusés dans le ou les départements intéressés, par les soins du préfet.

Le préfet peut prescrire tout autre procédé de publicité si la nature et l'importance des risques ou inconvénients que le projet est susceptible de présenter le justifient.

Cet avis au public, qui est publié en caractères apparents, précise la nature de l'installation projetée et l'emplacement sur lequel elle doit être réalisée, le lieu, les jours et horaires où le public pourra prendre connaissance du dossier, formuler ses observations sur un registre ouvert à cet effet et adresser toute correspondance. Il indique l'autorité compétente pour prendre la décision d'enregistrement et précise que l'installation peut faire l'objet d'un arrêté préfectoral d'enregistrement, éventuellement assorti de prescriptions particulières complémentaires aux prescriptions générales fixées par l'arrêté ministériel prévu au I de l'article L. 521-7, ou d'un arrêté préfectoral de refus.

Art. R. 512-46-14 *(D. n° 2010-368, 13 avr. 2010 ; mod. à compter du 16 mai 2017, D. n° 2015-1614, 9 déc. 2015)* (1). – Le dossier est tenu à disposition du public en mairie du lieu d'implantation du projet et sur le site internet de la préfecture pendant une durée de quatre semaines. À cette fin, le demandeur fournit au préfet une version électronique de son dossier de demande.

Le public peut formuler ses observations sur un registre ouvert à cet effet à la mairie du lieu d'implantation du projet, ou les adresser au préfet par lettre ou, le cas échéant, par voie électronique, avant la fin du délai de consultation du public. À l'expiration de celui-ci, le maire clôt le registre et l'adresse au préfet qui y annexe les observations qui lui ont été adressées.

Le décret n° 2015-1614 du 9 décembre 2015 complète les modalités d'information du public par la mise à disposition du dossier d'enregistrement sur le site Internet de la préfecture en plus de sa mise à disposition en mairie du lieu d'implantation de l'installation. Le pétitionnaire doit, à cette fin, fournir une version électronique de son dossier de demande.

Art. R. 512-46-15 *(D. n° 2010-368, 13 avr. 2010)*. – Il est procédé par les soins du demandeur, dès le dépôt de sa demande et jusqu'à la fin de la consultation, à l'affichage sur le site prévu pour l'installation d'un avis dont le contenu et la forme sont définis par arrêté du ministre chargé des installations classées (2).

§ 2. – Fin de l'instruction

Art. R. 512-46-16 *(D. n° 2010-368, 13 avr. 2010)*. – Au vu du dossier de demande, de l'avis des conseils municipaux intéressés et des observations du public, qui lui sont adressés par le préfet, l'inspection des installations classées établit un rapport, comportant ses propositions sur la demande d'enregistrement et, le cas échéant, ses propositions afin de protéger les intérêts mentionnés à l'article L. 511-1.

Art. R. 512-46-17 *(Rempl. à compter du 1er août 2021, D. n° 2021-1000, 30 juill. 2021)*. – Lorsque le préfet envisage soit de prononcer un refus d'enregistrement, soit d'édicter, en application du deuxième alinéa de l'article L. 512-7-3, des prescriptions particulières complétant, renforçant ou aménageant les prescriptions générales fixées par le ministre chargé des installations classées, il en informe le demandeur, en lui communiquant le rapport de l'inspection des installations classées, qui peut présenter ses observations dans un délai de quinze jours.

Lorsque le préfet envisage d'édicter, en application du deuxième alinéa de l'article L. 512-7-3, des prescriptions particulières aménageant les prescriptions générales fixées par le ministre chargé des installations classées, il saisit le conseil départemental de l'environnement et des risques sanitaires et technologiques. Le préfet peut également le saisir lorsqu'il l'estime nécessaire en raison des enjeux du projet.

(1) Dispositions applicables aux dossiers de demande d'enregistrement déposés à compter du 16 mai 2017, D. n° 2015-1614, 9 déc. 2015, art. 43, IV.
(2) V. T. appl. : A. 16 févr. 2012 (*JO* 27 avr. 2012). – NDLR.

Le rapport et les propositions de l'inspection des installations classées sont présentés au conseil départemental lorsqu'il est saisi. Dans le cas contraire, le rapport et les propositions de l'inspection des installations classées, ainsi que l'arrêté d'enregistrement ou de refus d'enregistrement lui sont transmis pour information dans un délai d'un mois suivant celui de la signature de cet arrêté.

Lorsque le conseil départemental est saisi, le demandeur est informé par le préfet au moins huit jours à l'avance de la date et du lieu de la réunion du conseil et reçoit simultanément un exemplaire des propositions de l'inspection des installations classées. Il a la possibilité de se faire entendre par le conseil ou de désigner, à cet effet, un mandataire et d'y présenter à sa demande les observations prévues au premier alinéa du présent article. Dans ce dernier cas, si le projet n'est pas modifié après la réunion, il n'y a pas lieu de procéder à la communication prévue au premier alinéa du présent article.

Art. R. 512-46-18 *(D. n° 2010-368, 13 avr. 2010 ; mod. à compter du 1er août 2021, D. n° 2021-1000, 30 juill. 2021)*. – Sauf s'il a décidé que la demande d'enregistrement sera instruite selon les règles de procédure prévues par les dispositions de la sous-section 2 de la section 1 du présent chapitre, le préfet statue dans un délai de cinq mois à compter de la réception du dossier complet et régulier. Il peut prolonger ce délai de deux mois, par arrêté motivé, dans des cas exceptionnels résultant par exemple de la nature, de la complexité, de la localisation ou de la dimension du projet.

La décision de refus ou d'enregistrement est motivée notamment au regard des articles L. 512-7 et L. 512-7-2 et de l'ensemble des critères pertinents mentionnés à l'annexe de l'article R. 122-3-1, et notifiée au pétitionnaire.

À défaut d'intervention d'une décision expresse dans les délais mentionnés au premier alinéa, le silence gardé par le préfet vaut décision de refus.

Sous-section 3. – Enregistrement et prescriptions complémentaires

Art. R. 512-46-19 *(D. n° 2010-368, 13 avr. 2010)*. – L'enregistrement, le cas échéant assorti de prescriptions particulières, est prononcé par arrêté du préfet.

Art. R. 512-46-20 *(D. n° 2010-368, 13 avr. 2010)*. – Dans le cas d'une installation implantée sur un site nouveau, l'arrêté d'enregistrement détermine également l'état dans lequel le site devra être remis par l'exploitant lors de l'arrêt définitif de l'installation.

Art. R. 512-46-21 *(D. n° 2010-368, 13 avr. 2010 ; mod. à compter du 1er janvier 2015, D. n° 2014-1501, 12 déc. 2014)*. – I. – Les enregistrements relatifs aux installations de carrières sont délivrés pour une durée limitée et fixent le volume maximal de produits stockés ou extraits, ainsi que les conditions de remise en état du site.

II. – Les enregistrements relatifs aux installations de stockage de déchets inertes sont délivrés pour une durée limitée, fixent le volume maximal de déchets stockés, la quantité de déchets inertes maximale annuelle admissible et le type de déchets inertes admissibles sur site en se référant à la liste des déchets de l'annexe II de l'article R. 541-8.

Régime des ISDI. Leur inertie a longtemps retenu les installations de gestion des déchets revêtant cette qualité hors du champ des ICPE, avec un régime édulcoré, avant que le décret n° 2006-302 du 15 mars 2006 pris pour l'application de l'article L. 541-30-1 du Code de l'environnement relatif aux installations de stockage de déchets inertes (JO 16 mars 2010) et son arrêté du même jour fixant la liste des types de déchets inertes admissibles dans des installations de stockage de déchets inertes et les conditions d'exploitation de ces installations (JO 22 mars 2016) (remplacé peu de temps après par l'arrêté du 28 octobre 2010 relatif aux installations de stockage de déchets inertes (JO 16 nov. 2010) ne viennent en renforcer les termes (V. Ph. Billet, « *Déchets du BTP : la fin de l'inertie réglementaire (Obs. sous D. n° 2006-302, 15 mars 2006)* » : *JCP* A 2006, n° 1105). Ce régime n'était cependant pas adapté à la réalité et à la diversité de ces déchets (à propos des déchets d'amiante-ciment, V. ▪ CJUE, 1er déc. 2011, *Commission c/ France*, aff. n° 515/10, qui condamne la France pour manquement à la Directive n° 1999/31 du 26 avril 1999 concernant la mise en décharge des déchets et à la décision du Conseil du 19 décembre 2002 établissant des critères et des procédures d'admission des déchets dans les décharges, décision suivie de l'arrêté du 12 mars 2012 relatif au stockage des déchets d'amiante (JO 6 avr. 2012, p. 6242) qui interdit le stockage de l'amiante dans des installations de stockage de déchets inertes). Le décret n° 2014-1501 du

12 décembre 2014 modifiant la nomenclature des installations classées (*JO* 14 déc. 2014) soumet à compter du 1er janvier 2015 les installations de stockage de déchets inertes (ISDI) à la législation des ICPE, en adoptant le régime de l'enregistrement, quel que soit le volume de déchets accueillis.

Voir : A. 12 déc. 2014, relatif aux conditions d'admission des déchets inertes dans les installations relevant des rubriques 2515, 2516, 2517 et dans les installations de stockage de déchets inertes relevant de la rubrique 2760 (*JO* 14 déc. 2014). A. 12 déc. 2014, relatif aux prescriptions générales applicables aux installations du régime de l'enregistrement relevant de la rubrique n° 2760 (*JO* 14 déc. 2014).

Art. R. 512-46-22 *(D. n° 2010-368, 13 avr. 2010 ; mod. à compter du 1er août 2021, D. n° 2021-1000, 30 juill. 2021)*. **– Le cas échéant, postérieurement à la mise en service de l'installation, le préfet fixe par arrêté complémentaire, sur proposition de l'inspection des installations classées, les prescriptions prévues par l'article L. 512-7-5. L'exploitant peut présenter ses observations. Le conseil départemental de l'environnement et des risques sanitaires et technologiques peut être consulté, lorsque le préfet l'estime nécessaire en raison des enjeux du projet, selon la procédure prévue par l'article R. 512-46-17.**

Lorsque le conseil départemental n'est pas consulté, le rapport et les propositions de l'inspection des installations classées, ainsi que l'arrêté complémentaire lui sont transmis pour information dans un délai d'un mois suivant celui de la signature de cet arrêté.

Les arrêtés prévus au précédent alinéa peuvent notamment prescrire la fourniture des informations prévues aux articles R. 512-46-3 et R. 512-46-4 ou leur mise à jour.

Art. R. 512-46-23 *(D. n° 2010-368, 13 avr. 2010)*. **– I. – Tout transfert d'une installation soumise à enregistrement sur un autre emplacement nécessite un nouvel enregistrement.**

II. – Toute modification apportée par le demandeur à l'installation, à son mode d'exploitation ou à son voisinage, et de nature à entraîner un changement notable des éléments du dossier de demande d'enregistrement, et notamment du document justifiant les conditions de l'exploitation projetée mentionné au 8° de l'article R. 512-46-4, doit être portée avant sa réalisation à la connaissance du préfet avec tous les éléments d'appréciation.

S'il estime, après avis de l'inspection des installations classées, que les modifications sont substantielles, le préfet invite l'exploitant à déposer une nouvelle demande d'enregistrement.

Une modification est considérée comme substantielle, outre les cas où sont atteints des seuils quantitatifs et des critères fixés par arrêté du ministre chargé des installations classées, dès lors qu'elle est de nature à entraîner des dangers ou inconvénients significatifs pour les intérêts mentionnés aux articles L. 211-1 et L. 511-1.

S'il estime que la modification n'est pas substantielle, le préfet fixe, s'il y a lieu, des prescriptions complémentaires, dans les formes prévues à l'article R. 512-46-22.

III. – Les nouveaux enregistrements prévus aux I et II sont soumis aux mêmes formalités que les demandes initiales.

Sous-section 4. – Mesures de publicité

Art. R. 512-46-24 *(Rempl. à compter du 1er mars 2017, D. n° 2017-81, 26 janv. 2017)*. **– En vue de l'information des tiers, l'arrêté d'enregistrement ou l'arrêté de refus fait l'objet des mêmes mesures de publicité que celles prévues par l'article R. 181-44 pour l'arrêté d'autorisation environnementale.**

Sous-section 5. – Mise à l'arrêt et remise en état

Voir : comm. sous Livre V, Titre Ier, Chapitre II, Section I « Installations soumises à autorisation », Sous-section 5 « Mise à l'arrêt définitif et remise en état des installations soumises à autorisation » : art. R. 512-39-1 et s., p. 2385.

Art. R. 512-46-24 *bis* *(Créé à compter du 1er juin 2022, D. n° 2021-1096, 19 août 2021)*. **– Lorsque l'exploitant d'une ou plusieurs installations classées pour la protection de l'environnement arrête définitivement, au sens de l'article R. 512-75-1, une ou plusieurs installations d'un même site dont au moins une installation est soumise à enregistrement et que les terrains concernés ne sont pas libérés, l'exploitant a la possibilité de différer sur demande expresse et justifiée la réhabilitation, telle que**

définie à l'article R. 512-75-1, ainsi que, le cas échéant, les opérations de détermination de l'usage futur prévues à l'article R. 512-46-26. Dans ce cas, l'exploitant notifie au préfet son intention de reporter la réhabilitation ainsi que, le cas échéant, les opérations de détermination de l'usage futur, et le calendrier associé.

Il transmet un exposé des justifications associées à cette demande trois mois au moins avant la mise à l'arrêt définitif. Ces justifications prennent en compte, y compris dans le cas de reports successifs, l'ensemble des installations classées pour la protection de l'environnement ayant déjà été arrêtées définitivement.

Le préfet arrête, dans les formes prévues à l'article R. 512-46-22, le report de la réhabilitation, en précisant notamment les mesures conditionnant la libération des terrains concernés, l'information préalable requise avant la mise en œuvre des opérations de réhabilitation, et la réévaluation périodique de la justification du report. L'absence de réponse du préfet dans un délai de quatre mois vaut refus de la demande.

Art. R. 512-46-25 *(D. n° 2010-368, 13 avr. 2010 ; mod. à compter du 12 juillet 2011, D. n° 2011-828, 11 juill. 2011 ; à compter du 1er juin 2022, D. n° 2021-1096, 19 août 2021* (1) *; mod., D. n° 2024-742, 6 juill. 2024).* – I. – Lorsqu'il procède à une cessation d'activité telle que définie à l'article R. 512-75-1, l'exploitant notifie au préfet la date d'arrêt définitif des installations trois mois au moins avant celle-ci, ainsi que la liste des terrains concernés. Il est donné récépissé sans frais de cette notification.

II. – La notification prévue au I indique les mesures prises ou prévues, ainsi que le calendrier associé, pour assurer, dès l'arrêt définitif des installations, la mise en sécurité, telle que définie à l'article R. 512-75-1, des terrains concernés du site.

III. – Dès que les mesures pour assurer la mise en sécurité sont mises en œuvre, l'exploitant fait attester, conformément à l'avant-dernier alinéa de l'article L. 512-7-6, de cette mise en œuvre par une entreprise certifiée dans le domaine des sites et sols pollués ou disposant de compétences équivalentes en matière de prestations de services dans ce domaine.

L'exploitant transmet cette attestation à l'inspection des installations classées.

Le référentiel auquel doit se conformer cette entreprise et les modalités d'audit mises en œuvre par les organismes certificateurs, accrédités à cet effet, pour délivrer cette certification, ainsi que les conditions d'accréditation des organismes certificateurs et notamment les exigences attendues permettant de justifier des compétences requises, sont définis par arrêté du ministre chargé de l'environnement.

IV. – Le cas échéant, la notification prévue au I inclut la demande de report prévue à l'article R. 512-46-24 *bis*.

Art. R. 512-46-26 *(D. n° 2010-368, 13 avr. 2010 ; mod. à compter du 1er juin 2022, D. n° 2021-1096, 19 août 2021* (1) *; à compter du 1er janvier 2023, D. n° 2022-1588, 19 déc. 2022)* (2). – I. – *(Mod., D. n° 2024-742, 6 juill. 2024)* Lorsque l'exploitant procède à une cessation d'activité telle que définie à l'article R. 512-75-1 et que le ou les usages des terrains concernés ne sont pas déterminés par l'arrêté d'enregistrement, le ou les usages à considérer sont déterminés conformément aux dispositions du présent article et à la typologie des usages définie au I de l'article D. 556-1 A.

II. – Au moment de la notification prévue au I de l'article R. 512-46-25, l'exploitant transmet au maire ou au président de l'établissement public de coopération intercommunale compétent en matière d'urbanisme et aux propriétaires du terrain d'assiette de ou des installations classées concernées par la cessation d'activité, les plans du site et les études et rapports communiqués à l'administration sur la situation environnementale et sur les usages successifs du site ainsi que ses propositions sur le ou les usages futurs qu'il envisage pour ces terrains. Il transmet dans le même temps au préfet une copie de ses propositions.

Les personnes consultées notifient au préfet et à l'exploitant leur accord ou désaccord sur ces propositions dans un délai de trois mois à compter de la réception des propositions de l'exploitant. En l'absence d'observations dans ce délai, leur avis est réputé favorable.

En cas d'avis favorable de l'ensemble des personnes consultées, l'exploitant informe le préfet et les personnes consultées du ou des usages futurs retenus pour les terrains concernés.

(1) Dispositions d'application transitoires : V. D. n° 2021-1096, 19 août 2021.

(2) Les demandes d'autorisation déposées avant le 1er janvier 2023 et les cessations d'activité notifiées avant cette date continuent d'être régies par les dispositions qui leur étaient antérieurement applicables, D. n° 2022-1588, 19 déc. 2022, art. 13.

III. – À défaut d'accord entre l'exploitant, le maire ou le président de l'établissement public de coopération intercommunale compétent et les propriétaires des terrains d'assiette concernés, l'usage retenu pour les terrains concernés est un usage comparable à celui de la dernière période d'exploitation des installations mises à l'arrêt définitif, sauf s'il est fait application des IV et V.

IV. – Dans les cas prévus au troisième alinéa de l'article L. 512-7-6, le maire ou le président de l'établissement public de coopération intercommunale peuvent transmettre au préfet, à l'exploitant et aux propriétaires des terrains, dans un délai de deux mois à compter de la notification du désaccord mentionnée au deuxième alinéa du II, un mémoire sur une éventuelle incompatibilité manifeste de l'usage comparable à celui de la dernière période d'exploitation des installations mises à l'arrêt définitif avec l'usage futur de la zone et des terrains voisins tel qu'il résulte des documents d'urbanisme. Le mémoire comprend également une ou plusieurs propositions d'usage pour le site.

V. – Dans un délai de deux mois après réception du mémoire et après avoir sollicité l'avis de l'exploitant et des propriétaires des terrains d'assiette concernés, le préfet se prononce sur l'éventuelle incompatibilité manifeste appréciée au regard des documents d'urbanisme en vigueur à la date de la notification prévue au I de l'article R. 512-46-25 et de l'utilisation des terrains situés au voisinage des terrains concernés. Il fixe le ou usages à prendre en compte pour déterminer les mesures de gestion à mettre en œuvre dans le cadre de la réhabilitation et les communique au maire ou au président de l'établissement public de coopération intercommunale compétent en matière d'urbanisme, et aux propriétaires des terrains d'assiette concernés.

À défaut de décision du préfet dans ce délai de deux mois ou en l'absence de transmission du mémoire, l'usage retenu est un usage appartenant à la même catégorie de la typologie des usages prévue au I de l'article D. 556-1 A que celui de la dernière période d'exploitation des installations mises à l'arrêt définitif.

Art. R. 512-46-27 *(Rempl., D. n° 2024-742, 6 juill. 2024).* – I. – Lorsqu'il procède à une cessation d'activité telle que définie à l'article R. 512-75-1 et que le ou les usages des terrains concernés sont déterminés, après application, le cas échéant, des dispositions de l'article R. 512-46-26, l'exploitant transmet au préfet, dans les six mois qui suivent l'arrêt définitif, un mémoire de réhabilitation précisant les mesures prises ou prévues pour assurer la protection des intérêts mentionnés à l'article L. 511-1 et, le cas échéant, à l'article L. 211-1, compte tenu du ou des usages prévus pour les terrains concernés. Toutefois, ce délai peut être prolongé par le préfet pour tenir compte des circonstances particulières liées à la situation des installations concernées.

Le mémoire comporte notamment un diagnostic tel que défini à l'article R. 556-2. Dans le cas où les opérations mentionnées au 1° du IV de l'article R. 512-75-1 sont finalisées après ce diagnostic, celui-ci est actualisé pour prendre en compte les terrains libérés à l'issue de ces opérations. En fonction des conclusions de ce diagnostic, ce mémoire comporte également :

1° Les objectifs de réhabilitation ;

2° Un plan de gestion comportant :

a) Les mesures de gestion de la pollution des différents milieux impactés sur le site et, le cas échéant, hors du site ;

b) Les travaux à réaliser pour mettre en œuvre les mesures de gestion et le calendrier prévisionnel associé, ainsi que les dispositions prises pour assurer la surveillance et la préservation des intérêts mentionnés à l'article L. 511-1 et, le cas échéant, à l'article L. 211-1, durant les travaux ;

c) En tant que de besoin, les dispositions prévues à l'issue des travaux pour assurer la surveillance des milieux, la conservation de la mémoire et les éventuelles restrictions d'usages limitant ou interdisant certains aménagements ou constructions, ou certaines utilisations de milieux.

Les mesures de gestion de la pollution des différents milieux impactés sur le site et, le cas échéant, hors de celui-ci, comprennent au moins le traitement des sources de pollution et la suppression des pollutions concentrées lorsque les résultats du diagnostic réalisé dans le cadre du mémoire de réhabilitation concluent à leur présence. Ces mesures de gestion sont proposées par l'exploitant. Elles sont fondées sur un bilan des coûts et des avantages prenant en compte l'efficacité des techniques disponibles, l'impact environnemental global et le coût qui doit rester économiquement acceptable. Elles doivent permettre d'atteindre un état des milieux réhabilités compatible avec les usages déterminés pour les terrains concernés par l'installation mise à l'arrêt ou, le cas échéant, les usages constatés à l'extérieur du site.

Par dérogation à l'alinéa précédent, l'exploitant peut proposer dans son mémoire de réhabilitation le maintien sur le site d'une ou plusieurs zones de pollutions concentrées, lorsque sont réunies les conditions suivantes :

1° Le maintien sur le site ne porte pas atteinte aux intérêts mentionnés à l'article L. 511-1 et, le cas échéant, à l'article L. 211-1 ;

2° Le maintien sur le site inclut la coupure des voies de transfert des pollutions concentrées ;

3° Le bilan environnemental global du maintien sur le site des pollutions concentrées est plus favorable que celui de leur suppression ;

4° L'attestation prévue à l'avant-dernier alinéa du I confirme que les conditions fixées aux trois alinéas précédents sont remplies.

Le préfet peut arrêter des prescriptions permettant le respect des conditions fixées à ces mêmes alinéas.

Pour toute réhabilitation, les mesures de gestion permettent un usage du site au moins comparable à celui de la dernière période d'exploitation des installations mises à l'arrêt définitif.

Le mémoire de réhabilitation est accompagné, conformément à l'avant-dernier alinéa de l'article L. 512-7-6, d'une attestation de l'adéquation des mesures proposées pour la réhabilitation du site afin d'assurer la protection des intérêts mentionnés à l'article L. 511-1 et, le cas échéant, à l'article L. 211-1, compte tenu du ou des usages futurs. Elle est établie par une entreprise certifiée dans le domaine des sites et sols pollués ou disposant de compétences équivalentes en matière de prestations de services dans ce domaine. Le référentiel auquel doit se conformer cette entreprise, les modalités d'audit mises en œuvre par les organismes certificateurs, accrédités à cet effet, pour délivrer cette certification, ainsi que les conditions d'accréditation des organismes certificateurs, notamment les exigences attendues pour justifier des compétences requises, sont définis par arrêté du ministre chargé de l'environnement.

L'entreprise chargée de fournir l'attestation de l'adéquation des mesures proposées pour la réhabilitation du site, prévue au précédent alinéa, peut être la même que celle qui a réalisé le mémoire de réhabilitation.

Dans le cas où l'attestation indique que l'installation est à l'origine d'une pollution des milieux et que l'exposition des populations sur ou à proximité du site ne peut être exclue, l'exploitant transmet une copie du mémoire de réhabilitation, accompagné de son attestation, à l'Agence régionale de santé et en informe le préfet. L'Agence régionale de santé fait part au préfet de ses observations dans un délai de quarante-cinq jours à compter de la réception de l'attestation.

II. – Le silence gardé par le préfet pendant quatre mois après la transmission de l'attestation prévue au I vaut accord sur les travaux et les mesures de surveillance des milieux proposés par l'exploitant. Pendant ce délai, le préfet peut demander des éléments complémentaires d'appréciation par décision motivée. Le délai est alors suspendu jusqu'à réception de ces éléments.

Par dérogation au précédent alinéa, lorsque l'exploitant propose de déroger au principe de suppression des pollutions concentrées, le silence gardé par le préfet pendant quatre mois après la transmission de l'attestation prévue au I vaut rejet.

En tenant compte des éléments fournis en application du I, le préfet peut arrêter, dans les formes prévues à l'article R. 512-46-22, les prescriptions encadrant les travaux de réhabilitation, les mesures de surveillance des milieux et les restrictions d'usages nécessaires pendant la durée de ces travaux. Ces prescriptions sont fixées compte tenu du ou des usages déterminés et au regard d'un bilan des coûts et des avantages prenant en compte l'efficacité des techniques disponibles, l'impact environnemental global et le coût qui doit rester économiquement acceptable.

III. – Lorsque les travaux prescrits par le préfet ou, à défaut, définis dans le mémoire de réhabilitation sont réalisés, l'exploitant fait attester, conformément à l'avant-dernier alinéa de l'article L. 512-7-6, par une entreprise certifiée dans le domaine des sites et sols pollués ou disposant de compétences équivalentes en matière de prestations de services dans ce domaine, de la conformité des travaux aux objectifs prescrits par le préfet ou définis dans le mémoire de réhabilitation. Le référentiel auquel doit se conformer cette entreprise, les modalités d'audit mises en œuvre par les organismes certificateurs, accrédités à cet effet, pour délivrer cette certification, ainsi que les conditions d'accréditation des organismes certificateurs, notamment les exigences attendues pour justifier des compétences requises, sont définis par arrêté du ministre chargé de l'environnement.

La conformité des travaux s'apprécie au regard notamment des mesures de gestion prévues et des travaux réalisés ainsi que des dispositions mentionnées au c du 2° du I, actualisées si nécessaire.

L'exploitant transmet cette attestation au préfet, au maire ou président de l'établissement public de coopération intercommunale compétent en matière d'urbanisme, ainsi qu'aux propriétaires des terrains. Il précise, le cas échéant, les dispositions actualisées mentionnées au c du 2° du I qu'il s'engage à mettre en œuvre et les éléments nécessaires à leur établissement.

L'entreprise chargée de fournir l'attestation prévue au précédent alinéa peut être la même que celle qui a réalisé le mémoire de réhabilitation défini au I ou qui à délivré l'attestation de l'adéquation des mesures proposées pour la réhabilitation du site. Elle ne peut être la même que celle qui a réalisé tout ou partie des travaux.

Dans le cas où l'exploitant ne démontre pas que la pollution résiduelle du site, après mise en œuvre des mesures de gestion, permet de garantir la compatibilité du site avec les usages mentionnés aux 3° et 6° de l'article D. 556-1 A, il remet au préfet, en même temps que l'attestation prévue aux alinéas précédents, un projet de secteur d'information sur les sols au sens de l'article L. 125-6.

IV. – Le préfet arrête, s'il y a lieu, les mesures de surveillance des milieux nécessaires ainsi que les modalités de conservation de la mémoire et les restrictions d'usages.

V. – Lorsque le mémoire de réhabilitation exigé au I conclut à l'absence de nécessité de mesures de gestion et de travaux, et lorsque l'attestation mentionnée au même I confirme la pertinence de cette conclusion, le silence gardé par le préfet pendant quatre mois après la transmission de cette attestation vaut accord sur cette absence de nécessité de mesures de gestion et de travaux. L'attestation mentionnée au I vaut alors pour l'attestation mentionnée au III.

VI. – La cessation d'activité est réputée achevée dans le délai de deux mois à l'issue de la transmission de l'attestation prévue au III, sauf dans les cas suivants :

1° Lorsque le préfet s'oppose à cet achèvement ou demande des compléments dans ce délai de deux mois ;

2° Lorsque les dispositions du IV s'appliquent, la cessation d'activité étant alors réputée achevée à la prise de l'arrêté mentionné au même IV ;

3° Lorsque les dispositions du V s'appliquent, la cessation d'activité étant alors réputée achevée quatre mois après la transmission de l'attestation mentionnée au I.

VII. – Une cessation d'activité réputée achevée ne fait pas obstacle à l'application des dispositions de l'article R. 512-46-28.

Art. R. 512-46-27 *bis* ***(Créé à compter du 1er juin 2022, D. n° 2021-1096, 19 août 2021)*** (1). **– Si, lors de la réhabilitation, les mesures de gestion mises en œuvre dans le cadre de la réhabilitation ne permettent pas, du fait d'une impossibilité technique imprévue engendrant des surcoûts manifestement excessifs, de garantir les intérêts mentionnés à l'article L. 511-1 et, le cas échéant, à l'article L. 211-1, compte tenu de l'usage futur déterminé par l'arrêté d'enregistrement ou en application des II ou V de l'article R. 512-46-26, l'exploitant transmet au préfet un mémoire présentant les travaux réalisés, les travaux prévus non réalisés et les difficultés rencontrées. Ce mémoire expose également les justifications permettant d'apprécier l'impossibilité de satisfaire aux prescriptions prises en conformité de l'article R. 512-46-27 et l'incapacité de l'exploitant à garantir les intérêts mentionnés à l'article L. 511-1 et, le cas échéant, à l'article L. 211-1, compte tenu de l'usage futur déterminé.**

Au regard des éléments transmis par l'exploitant et après consultation du maire ou du président de l'établissement public de coopération intercommunale compétent en matière d'urbanisme et des propriétaires des terrains d'assiette concernés, le préfet peut réviser l'usage déterminé et modifier en conséquence les prescriptions applicables, par arrêté pris dans les formes prévues à l'article R. 512-46-22. Cet arrêté est motivé, notamment, le cas échéant, au regard d'une éventuelle incompatibilité avec l'usage futur de la zone initialement portée à la connaissance du préfet lorsqu'il a été fait application du V de l'article R. 512-46-26. Les avis sollicités sont réputés favorables s'ils ne sont pas rendus dans un délai de deux mois.

Art. R. 512-46-28 ***(D. n° 2010-368, 13 avr. 2010 ; mod., D. n° 2015-1004, 18 août 2015 ; mod. à compter du 1er juin 2022, D. n° 2021-1096, 19 août 2021)*** (1). **– I. – À tout moment, même après la remise en état du site, le préfet peut imposer à l'exploitant, par arrêté pris dans les formes prévues à l'article**

(1) Dispositions d'application transitoires : V. D. n° 2021-1096, 19 août 2021.

R. 512-46-22, les prescriptions nécessaires à la protection des intérêts mentionnés à l'article L. 511-1 et, le cas échéant, à l'article L. 211-1.

En cas de modification ultérieure de l'usage du site, l'exploitant ne peut se voir imposer de mesures complémentaires induites par ce nouvel usage sauf s'il est lui-même à l'initiative de ce changement d'usage.

II. – À tout moment, après la remise en état du site effectuée par le tiers demandeur en application de l'article L. 512-21, le préfet peut imposer à ce tiers demandeur, par arrêté pris dans les formes prévues à l'article R. 512-46-22, les prescriptions nécessaires à la protection des intérêts mentionnés à l'article L. 511-1 et, le cas échéant, à l'article L. 211-1 pour ce qui est de la réhabilitation réalisée par lui.

En cas de modification ultérieure de l'usage du site, le tiers demandeur ne peut se voir imposer de mesures complémentaires induites par ce nouvel usage sauf s'il est lui-même à l'initiative de ce changement d'usage.

Art. R. 512-46-29 *(D. n° 2010-368, 13 avr. 2010).* – **Pour la cessation d'activité d'installations inscrites sur la liste prévue à l'article L. 517-1 et qui relèvent du ministre de la Défense, ce ministre, en cas de désaccord entre les personnes mentionnées au II de l'article R. 512-46-26, sollicite pour l'application des dispositions du V de l'article R. 512-46-26 l'avis du préfet sur le ou les usages futurs du terrain à considérer.**

Sous-section 6. – Dispositions transitoires

Art. R. 512-46-30 *(D. n° 2010-368, 13 avr. 2010).* – **Pour les installations relevant précédemment du régime de l'autorisation, et se trouvant soumises au régime de l'enregistrement suite à une modification du classement de la nomenclature en application du III de l'article L. 512-7, les dossiers de demande d'autorisation régulièrement déposés avant l'entrée en vigueur de la modification du classement ainsi que dans les deux mois suivant cette entrée en vigueur sont instruits selon les règles de procédure prévues par les dispositions de la sous-section 2 de la section 1 du présent chapitre.**

Section II. – Installations soumises à déclaration

(Anc. sect. 2 rénum., D. n° 2010-368, 13 avr. 2010)

Sous-section 1. – Dispositions générales

Art. R. 512-47 *(Mod., D. n° 2010-365, 9 avr. 2010 ; D. n° 2010-368, 13 avr. 2010 ; mod. à compter du 12 juillet 2011, D. n° 2011-828, 11 juill. 2011 ; à compter du 1er janvier 2016, D. n° 2015-1614, 9 déc. 2015)* (1) (2). – **I. – La déclaration relative à une installation est adressée, avant la mise en service de l'installation, au préfet du département dans lequel celle-ci doit être implantée.**

II. – Les informations à fournir par le déclarant sont :

1° S'il s'agit d'une personne physique, ses nom, prénoms et domicile et, s'il s'agit d'une personne morale, sa dénomination ou sa raison sociale, sa forme juridique, l'adresse de son siège social ainsi que la qualité du déclarant ;

2° L'emplacement sur lequel l'installation doit être réalisée ;

3° La nature et le volume des activités que le déclarant se propose d'exercer ainsi que la ou les rubriques de la nomenclature dans lesquelles l'installation doit être rangée ;

4° Si l'installation figure sur les listes mentionnées au III de l'article L. 414-4, une évaluation des incidences Natura 2000.

5° *(D. n° 2022-422, 25 mars 2022)* (3) **Le cas échéant, la mention des demandes d'autorisation ou des déclarations déjà déposées pour l'installation au titre d'une autre législation, avec la date de dépôt et la mention de l'autorité compétente, ou des demandes d'autorisation ou déclarations que le déclarant envisage de déposer pour cette même installation avec la mention de l'autorité compétente.**

(1) Les présentes dispositions ne s'appliquent pas aux déclarations déposées avant le 1er janvier 2016, V. D. n° 2015-1614, 9 déc. 2015, art. 43, I.

(2) Dispositions d'application : V. D. n° 2015-1614, 9 déc. 2015, art. 43, II.

(3) Dispositions applicables aux premières demandes d'autorisations ou déclarations d'un projet déposées à compter de sa date d'entrée en vigueur, D. n° 2022-422, 25 mars 2022.

III. - Le déclarant produit :

- un plan de situation du cadastre dans un rayon de 100 mètres autour de l'installation ;

- un plan d'ensemble à l'échelle de 1/200 au minimum, accompagné de légendes et, au besoin, de descriptions permettant de se rendre compte des dispositions matérielles de l'installation et indiquant l'affectation, jusqu'à 35 mètres au moins de celle-ci, des constructions et terrains avoisinants ainsi que les points d'eau, canaux, cours d'eau et réseaux enterrés. L'échelle peut être réduite au 1/1 000 pour rendre visibles les éléments mentionnés ci-dessus.

IV. - Le mode et les conditions d'utilisation, d'épuration et d'évacuation des eaux résiduaires et des émanations de toute nature ainsi que de gestion des déchets de l'exploitation sont précisés. La déclaration mentionne, en outre, les dispositions prévues en cas de sinistre.

V. - Un arrêté du ministre chargé des installations classées fixe le modèle national de déclaration et les conditions dans lesquelles cette déclaration et les documents mentionnés au présent article sont transmis par voie électronique.

1) Le décret n° 2015-1614 du 9 décembre 2015 modifiant et simplifiant le régime des installations classées pour la protection de l'environnement et relatif à la prévention des risques organise la dématérialisation et la simplification de la procédure de déclaration des ICPE, qui s'appliqueront à compter du 1er janvier 2016 (avec des possibilités d'aménagement jusqu'au 31 décembre 2020, afin d'aboutir à la suppression de la possibilité de déclaration sur papier à compter du 1er janvier 2021). Il remplace également le récépissé de déclaration par une « preuve » informatisée de dépôt du dossier. Un arrêté du 15 décembre 2015 relatif à la dématérialisation de la déclaration des installations classées pour la protection de l'environnement (*JO* 24 déc. 2015) fixe l'adresse internet à partir de laquelle les porteurs de projet peuvent effectuer leur déclaration en ligne. Un formulaire homologué est institué pour ceux qui souhaitent effectuer la déclaration sur support papier, jusqu'à la date d'abrogation de cette possibilité.

Voir : V. obs. sous art. L. 512-9, p. 971.

2) Champ d'application (cumul d'activités). À propos d'une activité d'élevage de chiens répartie sur plusieurs installations : ces installations se situent dans un environnement rapproché et occasionnent un cumul des nuisances, en particulier d'aboiement ; il n'est pas établi que ces différentes structures fonctionnent de manière autonome, s'agissant non seulement la fourniture en eau et en électricité, mais aussi des charges liées à l'exploitation comme le transport des animaux, les soins vétérinaires, l'achat des aliments ou encore la gestion des effluents. Dès lors, le préfet était fondé à considérer, pour l'application de l'annexe 3 de l'article R. 511-9 du Code de l'environnement, que les installations formaient un seul établissement qui, comportant de dix à cinquante chiens âgés de plus de quatre mois, était soumis à déclaration (■ CAA Nantes, 27 déc. 2017, n° 16NT02001). Compte tenu, de ce fait, de l'importance des éléments du dossier, le préfet a le pouvoir de demander la régularisation du dossier par l'exploitant, en cas de description incomplète (■ TA Lyon, 29 sept. 1993, *Mantaux : JurisData* n° 051162 ; *Gaz. Pal.* 1994, 2, pan. dr. adm., p. 184).

3) Champ d'application (déclassement). La circonstance que les installations sont déjà en service ne fait pas obstacle au dépôt d'un dossier de déclaration sur le fondement de l'article R. 512-47 du Code de l'environnement, dès lors que ces installations fonctionnaient régulièrement sous le régime de l'autorisation. Les modifications qui leur sont apportées ne relèvent pas du régime de l'autorisation (arrêté complémentaire ou dépôt d'un nouveau dossier de demande d'autorisation) mais de celui de la déclaration, lorsque ces modifications ont pour effet de faire cesser l'application du régime de l'autorisation (■ CAA Nancy, 30 juin 2017, n° 16NC00897, *Sté Borflex-Cafac-Bajolet*).

4) Dépôt de la demande. Si la déclaration est déposée par un tiers, celui-ci doit justifier d'un mandat lui permettant de déposer le dossier. Toutefois, un maire agissant pour le compte d'un syndicat intercommunal en voie de constitution est réputé avoir agi régulièrement (■ CE, 16 juin 1972, *Dame Bret : Rec. CE*, p. 450).

5) Annexes. *Règles d'urbanisme.* Aucune disposition n'impose au pétitionnaire qu'il indique dans sa déclaration les normes d'urbanisme applicables au terrain d'assiette sur lequel il envisage d'exploiter son installation (■ CAA Lyon, 23 mai 2017, n° 15LY01485, *Cne La Pierre*). ***Documents graphiques.*** S'ils ne respectent pas l'échelle indiquée, les plans doivent être toutefois suffisamment précis (■ CE, Ass., 18 avr. 1969, *Sieur Meunié : Rec. CE*, p. 208). Est valable à ce titre le dossier de déclaration comportant notamment un plan de situation du cadastre dans un rayon de 100 mètres et un plan d'ensemble, accompagné de légendes, pour lequel l'intéressée a demandé l'accord du préfet afin de réduire l'échelle au 1/1000e (■ CAA Lyon, 7 juin 2012, n° 1LY00740). La circonstance que la désignation cadastrale de la parcelle d'assiette de l'installation projetée portée sur la déclaration différerait de celle mentionnée sur un avis rendu par le maire est en tout état de cause sans influence sur la régularité de la déclaration dès lors qu'elle comporte toutes les indications propres à identifier l'emplacement retenu (▪ TA Châlons-en-Champagne, 15 juin 1999, n° 98-1626, *Assoc. Nouvelle Catalaunie*). Mais constitue une insuffisance de nature à entraîner l'annulation du récépissé de déclaration le plan de situation du cadastre joint au dossier de déclaration qui s'arrête à la limite de la section cadastrale, laquelle correspond également à la limite communale, et qui ne prend pas en considération la situation de l'environnement dans un rayon de cent mètres (▪ CAA Bordeaux, 3 nov. 2008, n° 06BX02466 : *Environnement* 2009, n° 1, p. 20, note D. Gillig). L'article R. 512-47 du Code de l'environnement n'impose pas que le dossier de déclaration comprenne l'indication des propriétaires des parcelles d'implantation ni qu'il fasse état de la situation des bâtiments par rapport aux règles d'urbanisme et au règlement sanitaire départemental (▪ CAA Nancy, 26 juin 2012, n° 11NC00636). Il n'oblige pas non plus l'exploitant à matérialiser sur les documents graphiques la limite des 35 mètres permettant de déterminer la distance entre notamment un captage d'eau potable et les bâtiments d'exploitation. En l'espèce, la demande de déclaration n'était ni incomplète, ni irrégulière en la forme puisque figuraient dans le dossier de déclaration l'indication exacte du captage d'eau, ainsi que le nombre exact de bovins (▪ CAA Nancy, 7 déc. 2009, n° 08NC00964, *MEEDDAT : JurisData* n° 2009-018574 ; *Environnement et dév. durable* mars 2010, n° 3, p. 27, D. Gillig. V. aussi ▪ CAA Marseille, 7 févr. 2012, n° 09MA04671, *Assoc. Avenir d'Alet*). ***Eaux résiduaires, émanations et déchets.*** Est irrégulièrement composée la déclaration qui ne comporte pas d'indications sur les conditions d'épuration et d'évacuation des eaux résiduaires et des émanations de toute nature ainsi que sur l'élimination des déchets et résidus de l'exploitation (▪ CE, 23 mars 1990, n° 62644, *Montagne*). ***Mesures en cas de sinistre.*** L'absence de renseignements relatifs aux dispositifs prévus en cas de sinistre n'empêche pas la remise du récépissé par le préfet (▪ CAA Paris, 5 nov. 1998, n° 96PA04205, *Assoc. de défense de l'environnement du Val-de-Gally*).

6) Liens avec le permis de construire. Si la demande de permis de construire doit être accompagnée de la justification du dépôt de la demande de déclaration (C. urb., art. R. 431-20), aucune disposition ne prévoit qu'une attestation du dépôt d'une demande de permis de construire doit être jointe au dossier de la déclaration (▪ TA Lille, 2 juin 2016, n° 1402470, *Assoc. de défense de l'environnement et du cadre de vie : JurisData* n° 2016-021261). Dans le sens de l'obligation de jonction de l'attestation de dépôt de la déclaration, ▪ CAA Bordeaux, 26 mai 2016, n° 14BX03568, *SAS Ranchère*. La circonstance que les installations n'auraient pas fait l'objet de la délivrance d'une autorisation de construire ou seraient implantées en violation des dispositions du plan local d'urbanisme applicables à de telles autorisations est par elle-même sans incidence sur la légalité du récépissé de déclaration (▪ CAA Marseille, 2 févr. 2016, n° 14MA03465, *SARL Dépannages réparations transports*).

Art. R. 512-48 *(Rempl. à compter du 1er janvier 2016, D. n° 2015-1614, 9 déc. 2015)* (1). **– Il est délivré immédiatement par voie électronique une preuve de dépôt de la déclaration.**

(D. n° 2022-422, 25 mars 2022) (2) **Quinze jours après la délivrance de la preuve de dépôt, le déclarant peut mettre en service et exploiter l'installation, sauf si le préfet soumet l'installation à un examen au cas par cas en application des dispositions de l'article R. 122-2-1. Dans ce cas, la mise en service ne peut intervenir qu'après soit une décision de ne pas prescrire d'évaluation environnementale prise en application du IV de l'article R. 122-3-1, soit une autorisation lorsque la décision prise en application de ces mêmes dispositions prescrit la réalisation d'une évaluation environnementale. Dans tous les cas, le déclarant transmet au préfet la décision rendue par l'autorité chargée de l'examen au cas par cas.**

Temporalité. Depuis le 1er janvier 2016, la preuve de dépôt a été substituée au récépissé prévu par la réglementation antérieure (▪ CAA Bordeaux, 28 août 2018, n° 16BX01879, *Préfet du Tarn-et-Garonne*).

Art. R. 512-49 *(Rempl. à compter du 1er janvier 2016, D. n° 2015-1614, 9 déc. 2015)* (1). **– Le site internet mis à disposition du déclarant donne accès aux prescriptions générales applicables à l'installation,**

(1) Les présentes dispositions ne s'appliquent pas aux déclarations déposées avant le 1er janvier 2016, V. D. n° 2015-1614, 9 déc. 2015, art. 43, I.

(2) Dispositions applicables aux premières demandes d'autorisations ou déclarations d'un projet déposées à compter de sa date d'entrée en vigueur, D. n° 2022-422, 25 mars 2022.

prises en application de l'article L. 512-10 et, le cas échéant, en application de l'article L. 512-9. Le déclarant reconnaît, avant de solliciter la délivrance de la preuve de dépôt, avoir pris connaissance de l'ensemble des prescriptions générales applicables à son installation.

La preuve de dépôt est mise à disposition sur le site internet de la ou des préfectures où est projetée l'installation, pour une durée minimale de trois ans. Le maire de la commune où l'installation doit être exploitée et, à Paris, le commissaire de police en reçoit une copie.

Voir : V. obs. sous art. L. 512-9, p. 971.

1) Compétence liée du préfet. Saisi par un exploitant d'une déclaration au titre de la législation sur les ICPE, le préfet doit vérifier que l'installation pour laquelle est déposée la déclaration relève bien de ce régime, qu'elle est régulière en la forme et complète ; si tel est le cas, le préfet est tenu de délivrer le récépissé de déclaration (▪ CAA Marseille, 2 févr. 2016, n° 14MA03465). Si l'exploitant, dans le dossier de déclaration qu'il a déposé, s'est borné à des indications sommaires, sans les précisions attendues, le dossier de déclaration ne peut être regardé comme complet : dès lors le préfet ne peut délivrer un récépissé de déclaration (▪ CAA Lyon, 26 juin 2018, n° 16LY03210).

2) Suivant les dispositions des articles 25 à 27 (C. env., R. 512-47 à R. 512-49) du décret du 21 septembre 1977, après que déclaration a été faite d'une installation dans les formes prévues à l'article 25, le préfet donne récépissé de la déclaration et communique au déclarant une copie des prescriptions générales applicable à l'installation ; il résulte de ces dispositions que la déclaration ne peut être regardée comme effective qu'après l'accomplissement de ces formalités qui conditionne d'ailleurs la mise en œuvre de la publicité prévue à l'article 27 (▪ CE, 1er juill. 1987, n° 69948, *Hardy : Rec. CE*, p. 243 ; *CJCE* 1988, p. 171, concl. Vigouroux ; *RFDA* 1988, p. 865, concl. Ch. Vigouroux).

3) Indépendance des législations. Si les dispositions de l'article L. 123-5 du Code de l'urbanisme [devenu L. 152-1] font obstacle à ce que l'exploitant d'une installation classée régulièrement déclarée puisse exercer son activité si celle-ci est proscrite par les dispositions du règlement du document d'urbanisme de la commune qui lui sont opposables, et l'exposent, le cas échéant, à des poursuites sur le fondement des articles L. 160-1 [devenu L. 610-1] et L. 480-1 et suivants du Code de l'urbanisme, ces dispositions ne sauraient fonder légalement un refus de délivrance par le préfet du récépissé de déclaration, dès lors que les conditions posées aux articles R. 512-47 et suivants du Code de l'environnement propres à la procédure déclarative sont remplies par le pétitionnaire (▪ CAA Nancy, 25 juill. 2014, n° 13NC01649 : *AJDA* 2014, p. 2226. – V. aussi ▪ CAA Nancy, 13 févr. 2014, n° 13NC01753, *Sté Localil : Rev. jur. env.* 2015/1, p. 172, obs. R. Schneider).

Art. R. 512-50 ***(Mod., D. n° 2010-368, 13 avr. 2010 ; mod. à compter du 1er janvier 2016, D. n° 2015-1614, 9 déc. 2015)*** (1). **– I. – Les conditions d'aménagement et d'exploitation doivent satisfaire aux prescriptions générales prévues aux articles L. 512-8 et L. 512-10 ainsi, le cas échéant, qu'aux dispositions particulières fixées en application des articles R. 512-52 et R. 512-53.**

II. – Les dispositions des arrêtés relatifs aux prescriptions générales prévus à l'article L. 512-10 sont applicables aux installations classées soumises à déclaration incluses dans un établissement qui comporte au moins une installation soumise au régime de l'autorisation dès lors que ces installations ne sont pas régies par l'arrêté préfectoral d'autorisation.

Art. R. 512-51 ***(Mod. à compter du 1er janvier 2016, D. n° 2015-1614, 9 déc. 2015)*** (1). **– Les prescriptions générales applicables aux installations soumises à déclaration font l'objet d'arrêtés préfectoraux pris en application de l'article L. 512-9 après avis du conseil départemental de l'environnement et des risques sanitaires et technologiques. Elles sont mises à disposition sur le site internet de la préfecture.**

Art. R. 512-52 ***(Rempl. à compter du 1er janvier 2016, D. n° 2015-1614, 9 déc. 2015)*** (1) (2). **– Si le déclarant veut obtenir la modification de certaines des prescriptions applicables à l'installation en vertu de l'article L. 512-10 ou, le cas échéant, de l'article L. 512-9, il adresse une demande au préfet, qui statue par arrêté.**

(1) Les présentes dispositions ne s'appliquent pas aux déclarations déposées avant le 1er janvier 2016, V. D. n° 2015-1614, 9 déc. 2015, art. 43, I.

(2) Dispositions d'application transitoires : V. D. n° 2015-1614, 9 déc. 2015, art. 43, III.

Un arrêté du ministre chargé des installations classées fixe le modèle national de présentation de cette demande et précise les conditions dans lesquelles elle est transmise par voie électronique.

L'arrêté préfectoral est pris sur le rapport de l'inspection des installations classées et, si le préfet décide de le recueillir, après avis du conseil départemental de l'environnement et des risques sanitaires et technologiques. Si ce conseil est consulté, le déclarant a la faculté de se faire entendre par lui ou de désigner, à cet effet, un mandataire. Il est informé au moins huit jours à l'avance de la date et du lieu de la réunion du conseil et reçoit simultanément un exemplaire des propositions de l'inspection des installations classées.

Le projet d'arrêté est porté par le préfet à la connaissance du déclarant, auquel un délai de quinze jours est accordé pour présenter éventuellement ses observations par écrit au préfet, directement ou par mandataire.

L'arrêté fait l'objet des mesures de publicité prévues à l'article R. 512-49.

Lorsque l'installation doit être implantée sur le territoire de plusieurs départements, la demande de modification est adressée, par voie électronique, aux préfets de ces départements qui procèdent à l'instruction dans les conditions du présent article. La décision est prise par arrêté conjoint de ces préfets.

1) Pouvoir d'appréciation du préfet. Lorsqu'il modifie les arrêtés types, le préfet ne doit pas aller à l'encontre des intérêts protégés par l'article L. 511-1 du Code de l'environnement (■ CE, 6 mars 2002, n° 210448, *GAEC de Quincampoix*).

2) Conditions d'octroi de la dérogation. En mentionnant dans son arrêté que la dérogation accordée permettait la réalisation de bâtiments susceptibles d'améliorer le confort des animaux, les conditions de travail et le « travail de valorisation » du lait effectué par cette entreprise agricole, le préfet n'a commis aucune erreur de droit, de telles considérations figurant au nombre de celles qui peuvent, le cas échant, motiver une telle mesure, dès lors qu'elle demeure compatible avec la commodité du voisinage, la sécurité publique et l'ensemble des enjeux mentionnés par l'article L. 511-1 du Code de l'environnement (■ CAA Lyon, 8 janv. 2013, 12LY01069). La valeur patrimoniale de la propriété ne figure pas au titre de ces intérêts (■ TA Strasbourg, 5 févr. 2010, n° 0605635, *Steinmetz : Environnement et dév. durable* 2010, n° 4, p. 31, Gillig).

3) Dérogations octroyées (exemples). La combinaison des dispositions des articles L. 512-12 et R. 512-52 du Code de l'environnement et de l'article 4 de l'arrêté du 7 février 2005 permet au préfet, pour une installation déterminée, d'adapter par arrêté les règles de distance définies par le paragraphe 2.1.1 de l'annexe I de cet arrêté, au vu d'un rapport de l'inspection des installations classées et après avis du CODERST, en assortissant éventuellement sa décision de prescriptions spéciales, lorsque ne sont pas applicables les dispositions dérogatoires de ce paragraphe. Ainsi, il peut être simultanément fait application pour une même exploitation, compte tenu de la localisation des installations, tant des dispositions du paragraphe 2.1.1 de l'annexe I que, selon les modalités et règles de procédure mentionnées ci-dessus, de celles de l'article 4 de l'arrêté du 7 février 2005. L'exploitant a donc pu obtenir valablement l'autorisation d'augmenter la taille de son élevage bovin tout en réduisant la distance minimale entre son exploitation et les habitations des tiers dès lors que la commodité du voisinage est assurée et que les intérêts mentionnés à l'article L. 511-1 du Code de l'environnement sont garantis (■ CE, 1er mars 2013, n° 350782, *GAEC Henguelle Bertrand : JurisData* n° 2013-003721).

4) Délai de recours des tiers. V. art. R. 514-3-1, p. 2424.

Art. R. 512-53 ***(Abr., D. n° 2010-368, 13 avr. 2010 ; rétabli dans la version suivante à compter du 1er janvier 2016, D. n° 2015-1614, 9 déc. 2015)*** (1). **– I. – Les arrêtés préfectoraux prévus au troisième alinéa de l'article L. 512-9 et à l'article L. 512-12 sont pris sur le rapport de l'inspection des installations classées et après avis du conseil départemental de l'environnement et des risques sanitaires et technologiques.**

Le déclarant a la faculté de se faire entendre par le conseil ou de désigner, à cet effet, un mandataire. Il est informé au moins huit jours à l'avance de la date et du lieu de la réunion du conseil et reçoit simultanément un exemplaire des propositions de l'inspection des installations classées.

Le projet d'arrêté est porté par le préfet à la connaissance du déclarant, auquel un délai de quinze jours est accordé pour présenter éventuellement ses observations par écrit au préfet, directement ou par mandataire.

L'arrêté fait l'objet des mesures de publicité prévues à l'article R. 512-49.

(1) Les présentes dispositions ne s'appliquent pas aux déclarations déposées avant le 1er janvier 2016, V. D. n° 2015-1614, 9 déc. 2015, art. 43, I.

Lorsque l'installation doit être implantée sur le territoire de plusieurs départements, les préfets de ces départements procèdent à l'instruction dans les conditions du présent article. La décision est prise par arrêté conjoint de ces préfets.

II. – Si l'exploitant veut obtenir la modification de certaines des prescriptions prises en application du I, il adresse au préfet une demande par voie électronique. L'instruction est conduite dans les conditions prévues au I.

Voir : V. obs. sous le nouvel article R. 512-74, p. 2414.

Art. R. 512-54 *(Rempl., D. n° 2009-1541, 11 déc. 2009).* – I. – Tout transfert d'une installation soumise à déclaration sur un autre emplacement nécessite une nouvelle déclaration.

II. – Toute modification apportée par le déclarant à l'installation, à son mode d'exploitation ou à son voisinage, entraînant un changement notable des éléments du dossier de déclaration initiale doit être portée, avant sa réalisation, à la connaissance du préfet. *(Phrase aj. à compter du 1er janvier 2016, D. n° 2015-1614, 9 déc. 2015)* (1) « Un arrêté du ministre chargé des installations classées fixe le modèle national de déclaration de ces modifications et précise les conditions dans lesquelles cette déclaration est transmise par voie électronique. »

S'il estime que la modification est substantielle, le préfet invite l'exploitant à déposer une nouvelle déclaration.

Une modification est considérée comme substantielle, outre les cas où sont atteints des seuils quantitatifs et des critères fixés par arrêté du ministre chargé des installations classées, dès lors qu'elle est de nature à entraîner des dangers ou inconvénients significatifs pour les intérêts mentionnés aux articles L. 211-1 et L. 511-1.

III. – Les nouvelles déclarations prévues aux I et II sont soumises aux mêmes formalités que les déclarations initiales.

Voir : V. art. R. 181-46, p. 1736 et A. 15 déc. 2015, relatif à la dématérialisation de la déclaration des installations classées pour la protection de l'environnement (*JO* 24 déc. 2015).

Sous-section 2. – Contrôle périodique de certaines installations

Voir : V. *supra*, bibliographie sous art. L. 512-11, p. 973.

§ 1. – Dispositions générales (2)

Art. R. 512-55 *(Mod., D. n° 2010-368, 13 avr. 2010).* – Les installations classées pour la protection de l'environnement soumises à l'obligation de contrôle périodique prévu à l'article L. 512-11 sont fixées à l'annexe de l'article R. 511-9.

Toutefois, les installations classées figurant à cette annexe ne sont pas soumises à l'obligation de contrôle périodique lorsqu'elles sont incluses dans un établissement qui comporte au moins une installation soumise au régime de l'autorisation ou de l'enregistrement *(Mots aj. à compter du 2 décembre 2018, D. n° 2018-1054, 29 nov. 2018)* « au titre de la nomenclature des installations classées pour la protection de l'environnement ».

Art. R. 512-56 *(Mod., D. n° 2011-1460, 7 nov. 2011).* – Le contrôle périodique de certaines catégories d'installations classées soumises à déclaration, prévu à l'article L. 512-11, est effectué à la demande écrite de l'exploitant de l'installation classée par un organisme agréé dans les conditions fixées par les articles R. 512-61 à R. 512-66. La demande précise la ou les rubriques de la nomenclature dont relèvent les installations à contrôler ainsi que la date de mise en service de chacune d'elles.

Les contrôles périodiques des installations classées soumises à simple déclaration n'étant effectués qu'à la demande de l'exploitant, il ne peut être fait grief au préfet de ne pas avoir diligenté un tel contrôle dès lors qu'une telle demande ne lui a pas été adressée (■ CAA Bordeaux, 9 févr. 2016, n° 14BX00054).

Art. R. 512-57 *(Rempl., D. n° 2011-1460, 7 nov. 2011).* – I. – La périodicité du contrôle est de cinq ans maximum. Toutefois, cette périodicité est portée à dix ans maximum pour les installations dont le système de

(1) Les présentes dispositions ne s'appliquent pas aux déclarations déposées avant le 1er janvier 2016, V. D. n° 2015-1614, 9 déc. 2015, art. 43, I.

(2) V. aussi D. n° 2009-835, 6 juill. 2009 (premier contrôle périodique de certaines catégories d'installations classées soumises à déclaration). – NDLR.

« management environnemental » a été certifié conforme à la norme internationale ISO 14001 par un organisme de certification accrédité par le Comité français d'accréditation (COFRAC) ou par tout autre organisme d'accréditation signataire de l'accord de reconnaissance multilatéral établi par la coordination européenne des organismes d'accréditation (« European Cooperation for Accreditation » ou « EA »).

II. – Sont dispensées du contrôle prévu au I les installations exploitées par une organisation bénéficiant d'un enregistrement en application du règlement (CE) n° 1221/2009 du 25 novembre 2009 concernant la participation volontaire des organisations à un système communautaire de management environnemental et d'audit (« EMAS »), sous réserve que la déclaration environnementale établie par cette organisation en application de ce règlement couvre la conformité des installations classées à la réglementation.

Art. R. 512-58 *(Mod., D. n° 2011-1460, 7 nov. 2011 ; D. n° 2013-4, 2 janv. 2013 ; mod. à compter du 1er janvier 2016, D. n° 2015-1614, 9 déc. 2015)* (1). – Pour chaque catégorie d'installations, des arrêtés pris en application de l'article L. 512-10 fixent les prescriptions sur le respect desquelles porte le contrôle périodique et définissent celles dont le non-respect constitue une non-conformité majeure entraînant l'information du préfet dans les conditions prévues à l'article R. 512-59-1.

Ces arrêtés peuvent prévoir les conditions dans lesquelles l'obligation de contrôle périodique peut être aménagée pour les installations ayant une durée d'utilisation inférieure à six mois par an.

Le contrôle porte sur le respect des prescriptions édictées par les arrêtés mentionnés au premier alinéa, complétées par celles édictées par les arrêtés préfectoraux mentionnés aux articles L. 512-9 et L. 512-12, ainsi qu'aux articles R. 512-52 et R. 512-53.

Le premier contrôle d'une installation a lieu dans les six mois qui suivent sa mise en service.

Lorsqu'une installation relevant du régime de l'autorisation ou de l'enregistrement vient à être soumise au régime de la déclaration avec contrôle périodique, le premier contrôle a lieu avant l'expiration d'un délai de cinq ans.

Ce délai court soit à compter de la publication du décret modifiant la nomenclature si la modification de régime de classement de l'installation est due à une modification de la nomenclature, soit à compter de la date de la déclaration de l'exploitant si cette modification du régime de classement est due à une diminution de l'activité de l'installation.

Lorsqu'une installation non classée ou, relevant du régime de la déclaration sans contrôle périodique et régulièrement mise en service, vient à être soumise à l'obligation de contrôle périodique en vertu d'un décret modifiant la nomenclature des installations classées, l'exploitant procède à ce contrôle au plus tard deux ans après la date à laquelle l'arrêté mentionné au premier alinéa est rendu applicable à cette installation.

Voir : D. n° 2009-835, 6 juill. 2009, relatif au premier contrôle périodique de certaines catégories d'installations soumises à déclaration (*JO* 8 juill. 2009). Ce texte fixe un échéancier pour la réalisation du premier contrôle périodique des installations mises en service entre le 30 juin 2008 et le 30 juin 2009 (contrôle au plus tard le 30 juin 2014).

Art. R. 512-59 *(Mod., D. n° 2011-1460, 7 nov. 2011 ; mod. à compter du 2 décembre 2018, D. n° 2018-1054, 29 nov. 2018 ; à compter du 1er août 2021, D. n° 2021-1000, 30 juill. 2021)*. – L'organisme de contrôle périodique remet son rapport de visite à l'exploitant de l'installation classée en un exemplaire, le cas échéant par voie électronique, dans un délai de soixante jours après la visite. Le rapport comporte la totalité des résultats du contrôle et précise les points de non-conformité et de non-conformité majeure telle que définie à l'article R. 512-58. Un arrêté du ministre chargé des installations classées fixe son format et la nature des autres informations qu'il contient.

L'exploitant tient les deux derniers rapports à la disposition de l'inspection des installations classées dont il relève en application de l'article R. 514-1.

L'organisme de contrôle périodique conserve, pour chaque installation contrôlée, les résultats de ses deux dernières visites.

Voir : *A. 12 mars 2012, fixant certaines modalités d'exécution des contrôles périodiques de certaines catégories d'installations classées soumises à déclaration (JO 31 mars 2012).*

(1) Les présentes dispositions ne s'appliquent pas aux déclarations déposées avant le 1er janvier 2016, V. D. n° 2015-1614, 9 déc. 2015, art. 43, I.

Art. R. 512-59-1 *(D. n° 2011-1460, 7 nov. 2011 ; mod. à compter du 1er août 2021, D. n° 2021-1000, 30 juill. 2021)*. – Lorsque le rapport de visite mentionné à l'article R. 512-59 fait apparaître des non-conformités majeures telles que définies à l'article R. 512-58, l'exploitant adresse à l'organisme de contrôle par écrit et dans les trois mois qui suivent la réception du rapport de visite un échéancier des dispositions qu'il entend prendre pour y remédier.

Après avoir pris les dispositions nécessaires pour remédier à ces non-conformités et dans un délai maximal d'un an à compter de la réception du rapport de visite, l'exploitant adresse une demande écrite à l'organisme agréé qui a réalisé le contrôle initial pour que soit réalisé un contrôle complémentaire ne portant que sur les prescriptions dont la méconnaissance a entraîné des non-conformités majeures.

Ce contrôle complémentaire est effectué au plus tard dans les deux mois qui suivent la date de la demande de l'exploitant. L'organisme agréé adresse à l'exploitant un rapport complémentaire à son rapport de visite initial dans un délai d'un mois après la visite.

L'organisme agréé informe le préfet et l'inspection des installations classées compétente de l'existence de non-conformités majeures dans un délai d'un mois à compter de la constatation d'un des cas suivants :

1° S'il n'a pas reçu l'échéancier de mise en conformité de l'exploitant dans le délai prévu au premier alinéa ;

2° S'il n'a pas reçu de demande écrite de contrôle complémentaire de l'exploitant dans le délai prévu au deuxième alinéa ;

3° Si le contrôle complémentaire a fait apparaître que des non-conformités majeures persistent. Dans ce cas, le délai d'un mois court à compter de l'envoi du rapport complémentaire à l'exploitant.

Cette information comprend l'envoi, selon le cas, d'un extrait du rapport de visite initial mentionnant les non-conformités majeures, de l'échéancier de mise en conformité ou d'une copie du rapport complémentaire.

Art. R. 512-60 *(Rempl. à compter du 1er mars 2017, D. n° 2017-81, 26 janv. 2017 ; mod. à compter du 1er août 2021, D. n° 2021-1000, 30 juill. 2021)*. – L'organisme de contrôle périodique transmet chaque trimestre au préfet, à l'inspection des installations classées compétente et au ministre en charge des installations classées la liste des contrôles effectués pendant le trimestre écoulé. Ce bilan est transmis de manière dématérialisée. Les modalités de déclaration et le contenu de ce bilan sont fixés par arrêté ministériel.

§ 2. – Agrément des organismes de contrôle

Art. R. 512-61 *(Mod., D. n° 2015-1200, 29 sept. 2015)*. – Les organismes de contrôle périodique sont agréés par arrêté du ministre chargé des installations classées. L'arrêté est publié au *Journal officiel* de la République française.

L'arrêté d'agrément mentionne le périmètre pour lequel l'organisme de contrôle périodique est compétent.

Pour le contrôle des installations visées aux articles R. 517-1 à R. 517-8, les organismes de contrôle périodique doivent en outre, s'il y a lieu, être habilités en application des articles R. 2311-7 et R. 2311-8 du Code de la défense relatifs à la protection du secret de la défense nationale.

Voir : A. 22 mai 2015, portant agrément des organismes pour effectuer le contrôle périodique de certaines catégories d'installations classées soumises à déclaration (*JO* 31 mai 2015) (entré en vigueur au 1er juin 2015), mod. en dernier lieu par A. 4 juin 2018 (*JO* 5 juill. 2018).

En prenant l'option d'une approche des compétences de l'organisme de contrôle par « groupe » et non plus par « rubrique », le nouveau régime de l'agrément est plus englobant : une modification dans les rubriques d'un groupe n'a pas d'incidence sur la compétence de l'organisme de contrôle et n'impose pas une modification formelle de son agrément.

Art. R. 512-62. – L'organisme qui souhaite obtenir l'agrément adresse au ministre chargé des installations classées une demande dont le contenu est défini par arrêté de ce ministre.

Voir : V. A. du 29 août 2008 fixant le contenu de la demande d'agrément pour effectuer le contrôle périodique de certaines catégories d'installations classées soumises à déclaration (*JO* 3 oct. 2008).

Art. R. 512-63. – L'agrément peut être retiré par arrêté du ministre chargé des installations classées, si l'organisme de contrôle périodique ne remplit pas ses obligations, s'il cesse de remplir l'une des conditions qui ont présidé à la délivrance de l'agrément ou s'il a fait l'objet d'une sanction au titre de l'article R. 514-5, après que le représentant de l'organisme de contrôle périodique a été invité à présenter ses observations.

Art. R. 512-64. – Ne peuvent être agréés que les organismes qui sont accrédités par le Comité français d'accréditation (COFRAC) ou par tout autre organisme d'accréditation signataire de l'accord de reconnaissance multilatéral établi dans le cadre de la coordination européenne des organismes d'accréditation (European Cooperation for Accreditation ou « EA ») sur la base de la norme NF EN ISO CEI 17020 (Critères généraux pour le fonctionnement des différents types d'organismes procédant à l'inspection) appliquée aux activités définies aux articles R. 512-56 à R. 512-66.

Art. R. 512-65. – L'organisme agréé porte à la connaissance du ministre chargé des installations classées toute modification des éléments au vu desquels l'agrément a été délivré.

Art. R. 512-66. – La qualité des prestations des organismes de contrôle périodique peut être évaluée à la demande du ministre chargé des installations classées.

Les agents de l'inspection des installations classées peuvent assister aux visites de contrôle périodique.

Sous-section 3. – Mise à l'arrêt définitif et remise en état

(D. n° 2010-368, 13 avr. 2010)

Voir : Commentaires sous Livre V, Titre Ier, Chapitre II, Section I « Installations soumises à autorisation », Sous-section 5 « Mise à l'arrêt définitif et remise en état des installations soumises à autorisation » : art. R. 512-39-1 et s., p. 2385.

Art. R. 512-66-1 *(D. n° 2010-368, 13 avr. 2010 ; mod. à compter du 12 juillet 2011, D. n° 2011-828, 11 juill. 2011 ; mod. à compter du 1er janvier 2016, D. n° 2015-1614, 9 déc. 2015* (1)*; mod. à compter du 1er juin 2022, D. n° 2021-1096, 19 août 2021* (2) *; à compter du 1er janvier 2023, D. n° 2022-1588, 19 déc. 2022* (3) *; mod., D. n° 2024-742, 6 juill. 2024)*. – I. – Lorsqu'il procède à une cessation d'activité telle que définie à l'article R. 512-75-1, l'exploitant notifie au préfet la date d'arrêt définitif des installations un mois au moins avant celle-ci, ainsi que la liste des terrains concernés. Il est donné récépissé sans frais de cette notification. Un arrêté du ministre chargé des installations classées fixe le modèle national de cette notification et précise les conditions dans lesquelles elle est transmise par voie électronique.

II. – La notification prévue au I indique les mesures prises ou prévues, ainsi que le calendrier associé, pour assurer, dès l'arrêt définitif des installations concernées, la mise en sécurité telle que définie à l'article R. 512-75-1, des terrains concernés du site.

III. – Lorsque la mise en sécurité est achevée, l'exploitant en informe par écrit le maire ou le président de l'établissement public de coopération intercommunale compétent en matière d'urbanisme, le ou les propriétaires des terrains concernés et l'inspection des installations classées pour la protection de l'environnement.

Si l'installation relève des rubriques de la nomenclature des installations classées pour la protection de l'environnement définies à l'article R. 512-66-3, l'attestation prévue à l'article L. 512-12-1 est jointe à cette information. Cette attestation est établie par une entreprise certifiée dans le domaine des site et sols pollués ou disposant de compétences équivalentes en matière de prestations de services dans ce domaine. Le référentiel auquel doit se conformer cette entreprise et les modalités d'audit mises en œuvre par les organismes certificateurs, accrédités à cet effet, pour délivrer cette certification, ainsi que les conditions d'accréditation des organismes certificateurs et notamment les exigences attendues permettant de justifier des compétences requises, sont définis par arrêté du ministre chargé de l'environnement.

IV. – L'exploitant procède à la réhabilitation des terrains des installations concernées de manière à ce qu'il permette un usage futur du site appartenant à la même catégorie de la typologie des usages prévue au I de l'article D. 556-1 A que la dernière période d'exploitation des installations. Lorsque la réhabilitation est achevée, l'exploitant en informe par écrit le préfet, le ou les propriétaires des terrains concernés ainsi que le maire ou le président de l'établissement public de coopération intercommunale compétent en matière d'urbanisme.

(1) Les présentes dispositions ne s'appliquent pas aux déclarations déposées avant le 1er janvier 2016, V. D. n° 2015-1614, 9 déc. 2015, art. 43, I.

(2) Dispositions d'application transitoires : V. D. n° 2021-1096, 19 août 2021.

(3) Les demandes d'autorisation déposées avant le 1er janvier 2023 et les cessations d'activité notifiées avant cette date continuent d'être régies par les dispositions qui leur étaient antérieurement applicables, D. n° 2022-1588, 19 déc. 2022, art. 13.

Le silence gardé par le préfet pendant deux mois à compter de la réception de cette information vaut acceptation des conditions de la cessation d'activité, qui est alors réputée achevée au terme de ce délai.

V. – Une cessation d'activité réputée achevée ne fait pas obstacle à l'application des dispositions de l'article R. 512-66-2.

VI. – Par dérogation aux dispositions du I à V du présent article, l'exploitant procède à la cessation d'activité de ses installations classées soumises à déclaration en se référant aux dispositions des articles R. 512-39 à R. 512-39-6, lorsque cette cessation s'inscrit dans le cadre de la cessation d'activité de l'ensemble d'un site également constitué d'installations classées dont l'autorisation environnementale tient lieu de récépissé de déclaration au sens du 7° du I de l'article L. 181-2.

Modèle de la notification : V. A. 15 déc. 2015, relatif à la dématérialisation de la déclaration des installations classées pour la protection de l'environnement (JO 24 déc. 2015).

Art. R. 512-66-2 *(D. n° 2010-368, 13 avr. 2010 ; mod., D. n° 2015-1004, 18 août 2015).* **– I. – À tout moment, même après la remise en état du site, le préfet peut imposer à l'exploitant, par arrêté pris dans les formes prévues à l'article L. 512-12, les prescriptions nécessaires à la protection des intérêts mentionnés à l'article L. 511-1.**

En cas de modification ultérieure de l'usage du site, l'exploitant ne peut se voir imposer de mesures complémentaires induites par ce nouvel usage sauf s'il est lui-même à l'initiative de ce changement d'usage.

II. – À tout moment, après la remise en état du site effectuée par le tiers demandeur en application de l'article L. 512-21, le préfet peut imposer à ce tiers demandeur, par arrêté pris dans les formes prévues à l'article R. 512-52, les prescriptions nécessaires à la protection des intérêts mentionnés à l'article L. 511-1 pour ce qui est de la réhabilitation réalisée par lui.

En cas de modification ultérieure de l'usage du site, le tiers demandeur ne peut se voir imposer de mesures complémentaires induites par ce nouvel usage sauf s'il est lui-même à l'initiative de ce changement d'usage.

Voir : annot. sous art. R. 512-39-1, p. 2385.

Art. R. 512-66-3 *(Créé à compter du 1er juin 2022, D. n° 2021-1096, 19 août 2021* (1) *; mod., D. n° 2024-742, 6 juill. 2024).* **– Les rubriques de la nomenclature des installations classées pour la protection de l'environnement définie à l'article R. 511-9 du Code de l'environnement pour lesquelles l'attestation prévue à l'article L. 512-12-1 est requise sont les suivantes : 1434, 1435, 1436, 1450, 1455, 1510, 1511, 1530, 1532, 1630, 1716, 1978, 2170, 2175, 2240, 2311, 2330, 2340, 2345, 2350, 2351, 2355, 2415, 2420, 2440, 2450, 2516, 2517, 2521, 2530, 2531, 2546, 2550, 2551, 2552, 2560, 2561, 2562, 2563, 2564, 2565, 2567, 2570, 2640, 2660, 2661, 2662, 2663, 2711, 2713, 2714, 2716, 2718, 2719, 2791, 2792, 2793, 2795, 2798, 2910 (lorsque des combustibles liquides ou solides sont utilisés), 2925, 2930, 2940, 2950, 4110, 4120, 4130, 4140, 4150, 4210-1, 4220, 4320, 4321, 4330, 4331, 4410, 4411, 4420, 4421, 4422, 4440, 4441, 4442, 4510, 4511, 4610, 4620, 4630, 4701, 4702, 4705, 4706, 4707, 4709, 4711, 4714, 4716, 4717, 4718, 4719, 4722, 4723, 4724, 4726, 4727, 4728, 4729, 4730, 4731, 4732, 4733, 4734, 4735, 4736, 4737, 4738, 4739, 4740, 4741, 4742, 4743, 4744, 4745, 4746, 4747, 4748, 4801.**

Section IV. – Dispositions communes à l'autorisation, à l'enregistrement et à la déclaration

(Anc. sect. 3 dénum. et intitulé rempl., D. n° 2010-368, 13 avr. 2010)

Sous-section 1. – Dispositions générales

§ 1. – Implantation sur plusieurs départements

Art. R. 512-67 *(Abr. à compter du 1er mars 2017, D. n° 2017-81, 26 janv. 2017).*

(1) Dispositions d'application transitoires : V. D. n° 2021-1096, 19 août 2021.

§ 2. – Changement d'exploitant

Art. R. 512-68 *(Mod. à compter du 1er janvier 2016, D. n° 2015-1614, 9 déc. 2015* (1) *; mod. à compter du 1er mars 2017, D. n° 2017-81, 26 janv. 2017).* – **Sans préjudice des dispositions de l'article R. 181-47, et sauf dans le cas prévu à l'article R. 516-1, lorsqu'une installation classée soumise[] à enregistrement ou à déclaration change d'exploitant, le nouvel exploitant en fait la déclaration au préfet dans le mois qui suit la prise en charge de l'exploitation. Un arrêté du ministre chargé des installations classées fixe le modèle national de cette déclaration et précise les conditions dans lesquelles elle est transmise par voie électronique.**

Cette déclaration mentionne, s'il s'agit d'une personne physique, les nom, prénoms et domicile du nouvel exploitant et, s'il s'agit d'une personne morale, sa dénomination ou sa raison sociale, sa forme juridique, l adresse de son siège social ainsi que la qualité du déclarant. Pour les installations prévues à l'article R. 512-55, la déclaration est accompagnée d'un justificatif de réalisation du dernier contrôle périodique

Il est délivré un récépissé sans frais de cette déclaration.

Voir : A. 15 déc. 2015, relatif à la dématérialisation de la déclaration des installations classées pour la protection de l'environnement (*JO* 24 déc. 2015). Entré en vigueur le 1er janv. 2016, il maintient la possibilité d'une transmission sur support papier jusqu'au 31 déc. 2020.

1) Obligation de déclaration de changement d'exploitant. Même si la personne qui se propose de mettre en service une installation déclare, dans le dossier de demande d'autorisation, qu'une fois l'autorisation accordée et pour le cas où l'ampleur du projet l'exigerait, la création d'une structure juridique chargée d'assurer la gestion et l exploitation de l'installation serait envisagée, il y a un changement d'exploitant qui doit faire l'objet d'une déclaration au préfet. Lorsqu'il est saisi d'une demande dirigée contre une décision autorisant ou refusant d'autoriser l'ouverture d'une installation classée pour la protection de l'environnement, le juge administratif doit apprécier cette demande au regard des circonstances de droit et de fait existant à la date à laquelle il statue sur le litige. Dès lors, et malgré l'illégalité des motifs retenus tant par le préfet que par le tribunal administratif pour rejeter la demande d'autorisation, il a l'obligation de rejeter la demande si la modification ultérieure de la situation juridique du terrain d'assiette de l'installation projetée fait désormais obstacle à ce que cette autorisation puisse être légalement accordée (■ CAA Nantes, 31 déc. 1991, nos 89NT00903 et 89NT01037, *Mainguy*).

2) Reprise d'activité. Dès lors que la reprise d'une activité de stockage et de récupération de déchets métalliques n'entraîne pas de changement notable dans les éléments du dossier d'autorisation, l'exploitant peut procéder à une simple déclaration sans devoir déposer une nouvelle demande d'autorisation. Le préfet peut cependant imposer des prescriptions complémentaires d'exploitation (en l'occurrence, limitation à 30 000 tonnes de la quantité annuelle de déchets métalliques traités) (■ CE, 11 févr. 2005, n° 237870, *SA Corepa et Sté Refinal Industries SA : BDEI* 2/2005, p. 10, concl. M. Guyomar ; *Environnement* 2005, n° 5, p. 29, note D. Gillig ; *Rev. jur. env.* 4/2006, p. 486, comm. R. Schneider).

§ 3. – Rapport d'incident ou d'accident

Art. R. 512-69 *(Mod., D. n° 2010-368, 13 avr. 2010 ; D. n° 2020-1168, 24 sept. 2020).* – **L'exploitant d'une installation soumise à autorisation, à enregistrement ou à déclaration est tenu de déclarer, dans les meilleurs délais, à l'inspection des installations classées les accidents ou incidents survenus du fait du fonctionnement de cette installation qui sont de nature à porter atteinte aux intérêts mentionnés à l'article L. 511-1.**

Un rapport d'accident ou, sur demande de l'inspection des installations classées, un rapport d'incident est transmis par l'exploitant au préfet et à l'inspection des installations classées. Il précise, notamment, les circonstances et les causes de l'accident ou de l'incident, les substances dangereuses en cause, s'il y a lieu, les effets sur les personnes et l'environnement, les mesures d'urgence prises, les mesures prises ou

(1) Les présentes dispositions ne s'appliquent pas aux déclarations déposées avant le 1er janvier 2016, V. D. n° 2015-1614, 9 déc. 2015, art. 43, I.

envisagées pour éviter un accident ou un incident similaire et pour en pallier les effets à moyen ou à long terme. Si une enquête plus approfondie révèle des éléments nouveaux modifiant ou complétant ces informations ou les conclusions qui en ont été tirées, l'exploitant est tenu de mettre à jour les informations fournies et de transmettre ces mises à jour au préfet ainsi qu'à l'inspection des installations classées.

Voir : A. 9 déc. 2020 portant création et organisation du bureau d'enquêtes et d'analyses sur les risques industriels (*JO* du 10).

Obligation formelle. L'inobservation des seuils moyens d'émission de substances polluantes impartis par l'arrêté d'autorisation d'une installation classée n'est pas une condition préalable de l'obligation d'information : doivent être déclarés tous les incidents de nature à porter atteinte aux intérêts énumérés par l'article L. 511-1 du Code de l'environnement, et non pas seulement ceux dont il apparaît, a posteriori, qu'ils ont effectivement lésé ces intérêts, la cour d'appel a méconnu le sens et la portée des textes susvisés (▪ Cass. crim., 4 oct. 2005, n° 04-87.654 : *Bull. crim.* n° 250 ; *BDEI* 4/2006, p. 51, obs. A. Beziz Ayache ; *Dr. env.* 2005, n° 134, p. 288, comm. D. Guihal ; *Dr. pén.* 2006, n° 1, p. 19, comm. J.-H. Robert ; *Rev. jur. env.* 2006, p. 508, obs. V. Jaworski ; *Rev. sc. crim.* 2006, n° 1, p. 68, comm. Y. Mayaud).

Bibliographie : M. Baucomont, *La déclaration des accidents et incidents au sein des installations classées : une formalité aléatoire aux effets primordiaux : BDEI*, n° 8/2007, p. 7.

§ 4. – Remise en service

Art. R. 512-70 *(Mod., D. n° 2010-368, 13 avr. 2010)*. **– Le préfet peut décider que la remise en service d'une installation momentanément hors d'usage par suite d'un incendie, d'une explosion ou de tout autre accident résultant de l'exploitation sera subordonnée, selon le cas, à une nouvelle autorisation, à un nouvel enregistrement ou à une nouvelle déclaration.**

Charge de la preuve relative au fait générateur de l'accident. Il est à la fois nécessaire et suffisant, pour que le préfet puisse légalement recourir à ses dispositions, que l'accident ayant entraîné la mise hors d'usage de l'installation classée résulte, au moins partiellement, de l'exploitation de celle-ci (▪ CE, 2 nov. 2005, n° 255244, *MEDD c/ Sté OTC Provence : JurisData* n° 2005-069208 ; *AJDA* 2006, p. 165 ; *Environnement* 2006, n° 1, comm. 8, note D. Gillig ; *BDEI* 2006, n° 1, p. 45, concl. M. Guyomar ; *Rev. jur. env.* n° 3/2006, p. 338, comm. R. Schneider. – V. également ▪ TA Amiens, 15 avr. 2008, n°s 05.02532 et 07.02434, *Sté Ecoval : JurisData* n° 2008-366291 ; *Environnement* oct. 2008, p. 55, note D. Gillig ; *Rev. jur. env.* 2009, p. 511, obs. R. Schneider).

§ 5. – Agrément des organismes de contrôle

Art. R. 512-71. – Le ministre chargé des installations classées peut procéder, par arrêté, à l'agrément de laboratoires ou d'organismes en vue de la réalisation des analyses et contrôles qui peuvent être prescrits en application du présent titre et mis à la charge des exploitants.

Voir : A. 15 déc. 2016, portant agrément des laboratoires ou des organismes pour effectuer certains types de prélèvements et d'analyses à l'émission des substances dans l'atmosphère (*JO* 23 déc. 2016).

Art. R. 512-72. – Des arrêtés du ministre chargé des installations classées pris après avis du « Conseil supérieur de la prévention des risques technologiques » (1) **fixent les conditions de délivrance de ces agréments.**

Voir : A. 11 mars 2010, portant modalités d'agrément des laboratoires ou des organismes pour certains types de prélèvements et d'analyses à l'émission des substances dans l'atmosphère (*JO* 18 avr. 2010). Conformément à l'annexe 1 du décret n° 2015-622 du 5 juin 2015 relatif à certaines commissions administratives à caractère consultatif relevant du ministère de l'Écologie, du Développement durable et de l'énergie (*JO* 7 juin 2015), la Commission d'agrément des laboratoires ou des organismes pour certains types de prélèvements et d'analyses à l'émission des substances dans l'atmosphère est renouvelée pour une durée de cinq ans à compter du 8 juin 2015 (8 juin 2020).

(1) À compter du 30 avril 2010, Ord. n° 2010-418, 27 avr. 2010, art. 3.

§ 6. – Mesures de gestion pour les sites et sols pollués
(D. n° 2013-5, 2 janv. 2013)

Art. R. 512-72-1 *(D. n° 2013-5, 2 janv. 2013)*. – **Lorsque la protection des intérêts mentionnés à l'article L. 511-1 le justifie, le ministre chargé des installations classées fixe par arrêté pris, selon le cas, en application des articles L. 512-5, L. 512-7 ou L. 512-10, après avis du Conseil supérieur de la prévention des risques technologiques, les méthodes de diagnostic, de prévention, de traitement ou de réduction de la pollution des sols applicables respectivement aux différentes catégories d'installations classées.**

§ 7. – Surveillance de l'installation
(Anc. § 6 dénum., D. n° 2013-5, 2 janv. 2013)

Art. R. 512-73. – **Lorsqu'une installation a fait l'objet d'une mesure de suppression, de fermeture ou de suspension, l'exploitant est tenu de prendre toutes dispositions nécessaires pour la surveillance de l'installation, la conservation des stocks, l'enlèvement des matières dangereuses, périssables ou gênantes ainsi que des animaux se trouvant dans l'installation.**

À défaut pour l'exploitant de prendre les dispositions nécessaires, il pourra être fait application des procédures prévues à l'article « L. 171-8 » (1).

En cas d'application de l'article L. 514-7 à une installation publique ou privée travaillant pour les armées, le projet de décret prévu à cet article est soumis pour avis au ministre de la Défense, avant son examen par le « Conseil supérieur de la prévention des risques technologiques » (2).

1) Sanctions. L'exploitant qui ne prend pas toutes les dispositions nécessaires pour la surveillance de l'installation, la conservation des stocks, l'enlèvement des matières dangereuses, périssables ou gênantes est passible de sanctions administratives en application des dispositions de l'article L. 514 1 du Code de l'environnement (■ CAA Paris, 22 nov. 2001, n° 00PA00135, *Min. de l'Aménagement du territoire et de l'Environnement c/ Sté Les Tubes de Montreuil*).

2) Pouvoirs du préfet. Compte tenu des circonstances (activité parallèle d'importation d'explosifs ; destruction des installations ; vols d'explosifs) et des circonstances prévalant dans la région (Corse) en ce qui concerne la sécurité publique et de la nécessité de prendre des mesures urgentes pour préserver l'ordre public, le préfet est fondé à regarder comme nécessairement inopérante la mise en demeure qui aurait été adressée à la société responsable de procéder à l'enlèvement des explosifs entreposés dans ses installations. Cette circonstance est de nature à le dispenser légalement de l'accomplissement de cette formalité (■ CE, 31 mai 1989, n° 76236, *Min. envir. c/ Sté corse de pyrotechnie Socopy* : *Rec. CE*, tables, p. 801).

3) Faute de l'État. Dès lors que le préfet a exercé ses pouvoirs de police dans de brefs délais à compter de la date à laquelle il a été informé de la situation, afin de faire régulariser puis cesser l'exploitation de l'installation en cause qui n'avait pas été régulièrement déclarée, et que les services de l'État ont procédé à un suivi de cette installation, le fait que le préfet n'ait pas fait usage de ses pouvoirs lui permettant d'imposer à l'exploitant de consigner une somme répondant du montant des travaux à réaliser ou de procéder d'office à la fermeture de l'installation ne suffit pas à caractériser une carence fautive de la part du préfet, compte tenu des diligences déjà accomplies par les services de l'État et de l'état d'impécuniosité des occupants. Les services de l'État n'ont donc pas fait preuve d'inaction et commis une faute de nature à engager la responsabilité de l'État (■ CAA Nantes, 15 juin 2018, n° 16NT01939, *Préfet de la Mayenne*).

§ 8. – Caducité
(D. n° 2010-368, 13 avr. 2010 ; anc. § 7 dénum., D. n° 2013-5, 2 janv. 2013)

Art. R. 512-74 *(D. n° 2010-368, 13 avr. 2010 ; mod., D. n° 2012-189, 7 févr. 2012* (3) *; à compter du 1er mars 2017, D. n° 2017-81, 26 janv. 2017)*. – **I. – L'arrêté d'enregistrement ou la déclaration cesse de**

(1) D. n° 2015-1614, 9 déc. 2015, art. 30.
(2) À compter du 30 avril 2010, Ord. n° 2010-418, 27 avr. 2010, art. 3.
(3) Dispositions applicables aux installations autorisées, enregistrées ou déclarées après le 1er février 2009 et pour lesquelles le permis de construire n'est pas caduc au 9 février 2012, D. n° 2012-189, 7 févr. 2012, art. 12.

produire effet lorsque, sauf cas de force majeure ou de demande justifiée et acceptée de prorogation de délai, l'installation n'a pas été mise en service dans le délai de trois ans.

Le délai de mise en service est suspendu jusqu'à la notification à l'auteur de la décision administrative ou à l'exploitant, dans les deux premières hypothèses, d'une décision devenue définitive ou, dans la troisième, irrévocable en cas de :

1° Recours devant la juridiction administrative contre l'arrêté d'enregistrement ou la déclaration ;

2° Recours devant la juridiction administrative contre le permis de construire ;

3° Recours devant un tribunal de l'ordre judiciaire, en application de l'article L. 480-13 du Code de l'urbanisme, contre le permis de construire ayant fait l'objet d'un dépôt de demande simultané conformément au premier alinéa de l'article L. 512-15 du présent code.

II *(Rempl., D. n° 2024-742, 6 juill. 2024)*. – En application de l'article L. 512-19, sauf cas de force majeure ou de demande justifiée et acceptée de prorogation de délai, l'arrêté d'autorisation, l'arrêté d'enregistrement ou la déclaration cesse de produire effet lorsque l'exploitation a été interrompue pendant plus de trois années consécutives, à la suite d'un constat de l'inspection des installations classées ou d'une information de l'exploitant.

Le préfet peut alors mettre en demeure l'exploitant de procéder à la cessation d'activité de son installation, ou de la partie concernée de son installation, au sens de l'article R. 512-75-1. Le projet d'arrêté de mise en demeure est communiqué préalablement par le préfet à l'exploitant qui dispose d'un mois pour présenter ses observations éventuelles par écrit.

Condition de la caducité. Est caduque l'autorisation d'exploiter une décharge de déchets qui n'a pas été mise en service 3 ans après la délivrance de l'autorisation d'exploitation (■ CE, 1 févr. 1985, n° 41634, *Cne d'Ons-en-Bray et a. : Rec. CE*, T., p. 698). Sauf le cas de force majeure, la société bénéficiaire d'une autorisation dispose d'un délai de trois ans pour mettre en service cette installation. Outre le cas où des travaux seraient entrepris dans le seul but d'échapper à l'application de la règle qu'elles édictent, seule une absence de fonctionnement effectif des activités faisant l'objet de l'autorisation d'exploiter une installation classée est de nature à emporter la caducité d'une telle autorisation. Toutefois, le délai de validité d'une telle autorisation est suspendu entre la date d'introduction d'un recours devant la juridiction administrative dirigé contre cet acte et la date de notification au bénéficiaire de l'autorisation de la décision devenue irrévocable statuant sur ce recours. Lorsque cette dernière décision rejette le recours formé contre cet acte, le délai de validité suspendu recommence à courir pour la durée restante à compter de la date de notification de la décision juridictionnelle (■ CE, 22 mai 2012, n° 339504, *Cne d'Izeaux*). Ces dispositions ne peuvent recevoir application que si l'absence de mise en service ou l'interruption de l'exploitation n'est pas imputable au fait de l'administration. Le fait de l'administration, notamment le retrait de l'autorisation, a pour effet, non de suspendre, mais d'interrompre le délai de caducité. Un nouveau délai de caducité commence à courir lorsque le fait de l'administration cesse de produire son effet interruptif, ce qui est notamment ainsi lorsque le juge administratif, saisi d'un recours, annule la décision de retrait de l'autorisation (même arrêt, V. aussi ■ CE, 25 juin 2012, n° 338601, *Cne Fos-sur-Mer*). Au regard, notamment, des obligations qui pèsent sur l'exploitant en cas de cessation définitive de l'activité et de la nécessité de mettre à même l'autorité administrative de procéder aux contrôles qui lui incombent, l'interruption du fonctionnement d'une installation classée durant plus de deux ans sur une partie seulement de la zone concernée par l'autorisation n'entraîne pas en principe la caducité partielle de celle-ci. Il ne pourrait en aller autrement que dans l'hypothèse où, par le même acte, aurait été autorisée l'exploitation de plusieurs installations classées distinctes (■ CE, 27 sept. 2006, n° 269553, *Cté d'agglomération de Montpellier : RFDA* 2006, p. 1279 ; *LPA* 6 déc. 2006, p. 13, concl Y. Aguilla). En l'absence de démonstration d'un défaut total d'exploitation d'une carrière durant deux années consécutives, une commune n'est pas fondée à soutenir que le préfet ne pouvait autoriser une société à se substituer à une autre pour la poursuite de cette exploitation (■ CAA Lyon, 8 déc. 2009, n° 08LY00069, *Cne Saint-Étienne-Cantales : Environnement* 2010, comm. 62, obs. D. Gillig). Lorsque le préfet, au lieu de modifier l'autorisation initiale, délivre une nouvelle autorisation d'exploiter une installation classée en l'assortissant de prescriptions plus rigoureuses, les délais de caducité pour absence d'exploitation ou de mise en service prévus à l'article R. 512-38 du Code de l'environnement courent à compter de cette nouvelle autorisation (■ CE, 18 févr. 2011, n° 318234, *Lille Métropole Communauté urbaine*).

Voir : V. jurisprudence sur la caducité de l'autorisation environnementale : sous art. R. 181-48, p. 1740.

§ 9. – Déclaration des émissions polluantes et des déchets produits
(D. n° 2013-4, 2 janv. 2013)

Art. R. 512-75 *(D. n° 2013-4, 2 janv. 2013 ; mod. à compter du 1er mars 2017, D. n° 2017-81, 26 janv. 2017).* **– Sans préjudice des obligations, prévues par le quatrième alinéa de l'article R. 181-54, qui lui sont faites en matière de déclaration des émissions de gaz à effet de serre par l'arrêté d'autorisation et de la déclaration prévue par l'article R. 229-20, l'exploitant d'une installation soumise à autorisation ou à enregistrement adresse au préfet, au plus tard le 31 mars de chaque année, pour chaque installation, la déclaration des émissions polluantes et des déchets que produit son installation. Cette déclaration est adressée par voie électronique. Pour l'exploitant qui est également soumis à la déclaration prévue à l'article R. 229-20, la date du 31 mars est remplacée par celle mentionnée à cet article.**

Les critères d'assujettissement des installations à cette déclaration, les émissions, polluants et déchets à déclarer et les modalités de la déclaration sont fixés par arrêté du ministre chargé des installations classées, pris en application des articles L. 512-5 et L. 512-7.

§ 10. – Cessation d'activité
(Créé à compter du 1er juin 2022, D. n° 2021-1096, 19 août 2021) (1)

Art. R. 512-75-1 *(Créé à compter du 1er juin 2022, D. n° 2021-1096, 19 août 2021 ; m.od. à compter du 1er janvier 2023, D. n° 2022-1588, 19 déc. 2022)* (2). **– I. – La cessation d'activité est un ensemble d'opérations administratives et techniques effectuées par l'exploitant d'une ou plusieurs installations classées pour la protection de l'environnement afin de continuer à garantir les intérêts mentionnés à l'article L. 511-1 et, le cas échéant, à l'article L. 211-1, lorsqu'il n'exerce plus les activités justifiant le classement de ces installations au titre de la nomenclature définie à l'article R. 511-9 sur une ou plusieurs parties d'un même site.**

La cessation d'activité se compose des opérations suivantes :

1° La mise à l'arrêt définitif ;

2° La mise en sécurité ;

3° Si nécessaire, la détermination du ou des usages futurs selon les modalités prévues aux articles R. 512-39-2, R. 512-46-26 et R. 512-66-1 ;

4° La réhabilitation ou remise en état.

Les installations temporaires créées exclusivement pour la réalisation d'opérations relatives à la cessation d'activité sur les terrains concernés sont réglementées en tant que de besoin par arrêté pris dans les formes prévues aux articles R. 181-45, R. 512-46-22 ou L. 512-12.

II. – Les obligations en matière de cessation d'activité relatives à une installation classée dont l'activité est réduite d'une manière telle qu'elle relève d'un autre régime restent celles applicables avant cette réduction d'activité.

Lorsqu'une évolution de la nomenclature des installations classées conduit une installation à relever d'un autre régime, les obligations en matière de cessation d'activité sont celles du nouveau régime applicable.

III. – La mise à l'arrêt définitif consiste à arrêter totalement ou à réduire dans une mesure telle qu'elles ne relèvent plus de la nomenclature définie à l'article R. 511-9 toutes les activités classées d'une ou plusieurs installations classées d'un même site, indépendamment de la poursuite d'autres activités sur le site et de la libération des terrains.

IV. – La mise en sécurité comporte notamment, pour la ou les installations concernées par la cessation d'activité, les mesures suivantes :

1° L'évacuation des produits dangereux et, pour les installations autres que les installations de stockage de déchets, la gestion des déchets présents ;

2° Des interdictions ou limitations d'accès ;

3° La suppression des risques d'incendie et d'explosion ;

(1) Dispositions d'application transitoires : V. D. n° 2021-1096, 19 août 2021.

(2) Les demandes d'autorisation déposées avant le 1er janvier 2023 et les cessations d'activité notifiées avant cette date continuent d'être régies par les dispositions qui leur étaient antérieurement applicables, D. n° 2022-1588, 19 déc. 2022, art. 13.

4° La surveillance des effets de l'installation sur son environnement, tenant compte d'un diagnostic proportionné aux enjeux.

En tant que de besoin, les opérations engagées dans le cadre de la mise en sécurité s'accompagnent de mesures de gestion temporaires ou de restrictions d'usage temporaires.

V. – En outre, l'exploitant doit placer le site dans un état tel qu'il ne puisse porter atteinte aux intérêts mentionnés à l'article L. 511-1 et, le cas échéant, à l'article L. 211-1, sur les terrains voisins de ceux concernés par la cessation d'activité.

VI. – La réhabilitation ou remise en état consiste à placer le ou les terrains d'assiette d'une ou plusieurs installations classées pour la protection de l'environnement dans un état permettant le ou les usages futurs du site déterminés, dans le respect des intérêts mentionnés à l'article L. 511-1 et, le cas échéant, de l'article L. 211-1, selon les dispositions, le cas échéant, des articles R. 512-39-2 à R. 512-39-3 *bis* et R. 515-75, R. 512-46-26 et R. 512-46-27 *bis* ou R. 512-66-1.

VII *(D. n° 2024-742, 6 juill. 2024).* – Lorsque la ou les installations concernées par la cessation d'activité continuent d'être le siège d'une activité qui ne justifie plus leur classement au titre de la nomenclature définie à l'article R. 511-9, les mesures prises sur le fondement du 1° du I et du IV peuvent être adaptées, pour répondre aux nécessités de l'activité qui continue, selon les modalités précisées par l'arrêté ministériel prévu au III des articles R. 512-39-1, R. 512-46-25 et R. 512-66-1.

Art. R. 512-75-2 *(Créé à compter du 1er juin 2022, D. n° 2021-1096, 19 août 2021).* **– Le ministre chargé de l'environnement fixe par arrêté les modèles des attestations prévues aux III de l'article R. 512-39-1, aux I et III de l'article R. 512-39-3, au III de l'article R. 512-46-25, aux I et III de l'article R. 512-46-27, et au III de l'article R. 512-66-1.**

§ 11. – Réhabilitation d'un site par un tiers

(D. n° 2015-1004, 18 août 2015 ; dénum. à compter du 1er juin 2022, D. n° 2021-1096, 19 août 2021) (1)

Afin de ne pas retarder la mise en valeur de terrains qui auraient été pollués par le fonctionnement d'une installation classée, retard le plus souvent lié aux difficultés d'identification du responsable de la pollution ou à sa défense contentieuse contre sa mise en cause, la loi ALUR permet à un tiers de demander à se substituer au responsable dans son obligation de remise en état. Ce dispositif est cependant limité au cas de terrains affectés par le fonctionnement d'une installation classée, quel que soit son régime, à l'exclusion des autres causes de pollution. Ainsi lors de la mise à l'arrêt définitif d'une installation classée ou postérieurement à cette dernière, un tiers dit « tiers intéressé » peut demander au préfet « de se substituer à l'exploitant, avec son accord, pour réaliser les travaux de réhabilitation en fonction de l'usage que ce tiers envisage pour le terrain concerné ». L'accord de l'exploitant conditionne donc la mise en œuvre de cette substitution, laquelle doit également être autorisée par le préfet. C'est cependant à l'égard de la seule autorité administrative que la loi organise la substitution et non à l'égard de tiers susceptibles d'être affectés dans leurs droits du fait de l'état du terrain. Elle ne règle pas non plus le cas de dommages qui les affecteraient postérieurement à cette réhabilitation. Le décret n° 2015-1004 du 18 août 2015 portant application de l'article L. 512-21 du Code de l'environnement décrit la procédure de substitution et les modalités de constitution, d'appel et de levée des garanties financières à première demande que le tiers doit constituer. Une fois la substitution autorisée, elle est pleine et entière : le tiers peut faire l'objet de contrôles dans la mise en œuvre des mesures qu'il a acceptées et, surtout, de sanctions administratives le contraignant à cette mise en œuvre. Toutefois, cette substitution doit être efficace ou elle n'est plus : en cas de défaillance du tiers demandeur et d'impossibilité de mettre en œuvre les garanties financières (le critère est cumulatif), le dernier exploitant est tenu des mesures de réhabilitation pour l'usage défini dans les conditions qui auraient dû prévaloir en l'absence de substitution. Il en va de même en cas de substitution avortée, lorsque le tiers demandeur valablement autorisé n'a pas transmis au préfet, dans les délais prescrits, l'attestation de la maîtrise foncière du terrain, ou l'autorisation du propriétaire de réaliser les travaux prescrits, et l'attestation de constitution des garanties financières : l'arrêté est alors caduc et le dernier exploitant est tenu de réaliser les travaux de remise en état. La loi dite « ASAP » n° 2020-1525 du 7 décembre 2020 d'accélération et de simplification de l'action publique organise une procédure de substitution du tiers intéressé par un autre tiers (art. 57, V. art L. 512-21 V, p. 979).

(1) Dispositions d'application transitoires : V. D. n° 2021-1096, 19 août 2021.

Bibliographie : P. Billet, *La réhabilitation des sites pollués en droit publics : certitudes sur quelques incertitudes*, in F. Labelle et D. Thierry (dir.), *Droit des sites et sols pollués. Bilans et perspectives*, L'Harmattan, 2018, p. 55 ; *La loi ALUR et les sols pollués : JCP* A 2014, n° 2262. • J.-P. Bus et F. Vellin, *Sites et sols pollués : les procédures « tiers demandeur » et « changement d'usage » : Décideurs juridiques et financiers* 2017, n° 193, p. 14. • L. Esteve de Palmas et X. Liève, *Les garanties financières, condition essentielle du transfert de responsabilité : JCP* N 2016, n° 6, p. 26. • D. Gillig, *La procédure de substitution du tiers intéressé au dernier exploitant d'une installation classée : Énergie – Env. – Infrastr.* 2015, prat. 9. • M. Mekki, *ICPE : précisions sur le tiers intéressé chargé de l'obligation administrative de réhabilitation : JCP* N 2015, n° 37, act. 868. • B. Parance, *Des précisions sur les modalités de reconversion des friches industrielles : RLDC* 2016/, p. 63. • N. Reboul-Maupin, *Reconversion des friches industrielles par les aménageurs et les promoteurs immobiliers : vers une efficacité attendue des modalités de réhabilitation d'une installation classée pour la protection de l'environnement ! : RTDI* 2015, p. 19 • A. Souchon, *Le tiers demandeur : l'émergence d'un nouveau débiteur de l'obligation de remise en état : BDEI* 2014/n° sp., p. 33. • B. Wertenschlag et T. Geib, *La procédure du « tiers intéressé » : un passage obligé pour les aménageurs AJDI* 2016, p. 397.

Art. R. 512-76 *(Rempl., D. n° 2024-742, 6 juill. 2024)*. – **I. – Le tiers, ci-après appelé « tiers demandeur », qui souhaite, dans le cadre des dispositions de l'article L. 512-21, se substituer au dernier exploitant pour réaliser les travaux de réhabilitation de tout ou partie d'un terrain ayant accueilli une installation classée mise à l'arrêt définitif et, le cas échéant, pour mettre en œuvre tout ou partie des mesures de mise en sécurité, recueille l'accord du dernier exploitant sur le ou les types d'usages futurs qu'il envisage, au sens du I de l'article D. 556-1 A, et sur l'étendue du transfert des obligations de mise en sécurité, de réhabilitation et de surveillance. L'accord précise s'il porte également sur le dossier prévu au I de l'article R. 512-78, dans le cas où celui-ci a déjà été constitué par le tiers demandeur.**

II. – Lorsque le ou les types d'usages envisagés par le tiers demandeur sont identiques à l'usage défini dans l'arrêté d'autorisation ou d'enregistrement de l'installation mise à l'arrêt définitif ou à celui déterminé en application des articles L. 512-6-1, L. 512-7-6 ou L. 512-12-1, la procédure est poursuivie conformément aux dispositions du IV.

III. – Lorsque le ou les types d'usages envisagés par le tiers demandeur ne sont pas ceux définis dans l'arrêté d'autorisation ou d'enregistrement de l'installation, ni ceux déterminés en application des articles L. 512-6-1, L. 512-7-6 ou L. 512-12-1, ou si la procédure permettant de déterminer le type d'usage futur du site définie, selon le cas, aux articles R. 512-39-2 ou R. 512-46-26, n'a pas encore été menée à son terme, le tiers demandeur recueille également l'avis du maire ou du président de l'établissement public de coopération intercommunale compétent en matière d'urbanisme et, s'il ne s'agit pas du dernier exploitant, celui du propriétaire du terrain sur lequel est située l'installation. En l'absence de réponse dans un délai de trois mois suivant la réception de la proposition, leur avis est réputé favorable.

IV. – Le tiers demandeur adresse au préfet une demande d'accord préalable comprenant :

1° L'accord écrit mentionné au I du dernier exploitant ;

2° La proposition du ou des types d'usages futurs qu'il envisage ;

3° Le cas échéant, les avis prévus au III.

Au vu de la proposition du tiers demandeur, des avis prévus au III, des documents d'urbanisme en vigueur au moment où le tiers demandeur dépose sa demande et de l'utilisation des terrains situés au voisinage du site, le préfet statue sur la demande d'accord préalable. S'il l'accepte, il détermine le ou les types d'usage futur du site. Il fixe le délai dans lequel le dossier prévu au I de l'article R. 512-78 doit lui être adressé par le tiers demandeur. Ce ou ces types d'usages sont notifiés au tiers demandeur, au dernier exploitant, au maire ou au président de l'établissement public de coopération intercommunale compétent en matière d'urbanisme et au propriétaire du terrain. Le silence gardé par le préfet pendant plus de deux mois après réception du dossier vaut rejet de la demande préalable.

V. – Un tiers peut faire connaitre son intérêt pour la substitution avant la notification de la cessation d'activité de l'installation par l'exploitant, en transmettant au préfet les documents prévus au IV, ainsi que la date prévue de cessation d'activité.

Dans ce cas, le préfet peut statuer sur la demande d'accord préalable dès que la cessation d'activité lui a été notifiée par l'exploitant. Il informe le tiers demandeur de la date de réception de cette notification. Le silence gardé par le préfet plus de deux mois après cette information du tiers vaut rejet de la demande.

VI. – Lorsqu'un autre tiers intéressé souhaite se substituer au tiers demandeur en application du dernier alinéa du V de l'article L. 512-21, le silence gardé par le préfet pendant plus de deux mois après réception de la demande de substitution, vaut rejet de cette demande.

Art. R. 512-77 *(Rempl., D. n° 2024-742, 6 juill. 2024)*. – Lorsque le tiers demandeur ne se substitue au dernier exploitant que pour une partie des mesures de mise en sécurité, telles que définies au IV de l'article R. 512-75-1, le dernier exploitant assure la mise en œuvre des autres mesures de mise en sécurité.

Lorsque le tiers demandeur ne se substitue au dernier exploitant que sur une partie du terrain pour la réhabilitation, le dernier exploitant assure la remise en état du site sur la partie restante, pour l'usage défini dans l'arrêté d'autorisation ou d'enregistrement de l'installation mise à l'arrêt définitif ou, à défaut, pour celui déterminé en application des articles L. 512-6-1, L. 512-7-6 ou L. 512-12-1.

Art. R. 512-78 *(Rempl., D. n° 2024-742, 6 juill. 2024)*. – I. – Le tiers demandeur transmet au préfet un dossier de demande de substitution comprenant :

1° Les mesures de mise en sécurité à mettre en œuvre conformément au IV de l'article R. 512-75-1, lorsque le tiers demandeur se substitue pour les réaliser ;

2° Un mémoire de réhabilitation, dont le contenu est défini au I de l'article R. 512-39-3, élaboré au vu de l'état du site au moment de l'arrêt définitif de l'installation. Ce mémoire est accompagné de l'attestation garantissant l'adéquation des mesures proposées pour la réhabilitation du site, dans les cas où celle-ci serait exigée de l'exploitant auquel le tiers s'est substitué en application de l'avant dernier alinéa de l'article L. 512-6-1 ou L. 512-7-6 ;

3° Une estimation du montant des travaux de réhabilitation, de surveillance, de restrictions d'usage, et des mesures de mise en sécurité lorsque le tiers demandeur se substitue pour les réaliser ;

4° Une estimation de la durée des travaux de réhabilitation et des mesures de mise en sécurité lorsque le tiers demandeur se substitue pour les réaliser, ainsi que le calendrier associé ;

5° Un document présentant ses capacités techniques et financières ;

6° Un document présentant la façon selon laquelle le dernier exploitant et le tiers demandeur entendent se répartir, d'une part, les mesures de mise en sécurité, les travaux de réhabilitation et les mesures de surveillance sur le site et, d'autre part, les mesures de gestion des pollutions et de surveillance dues à l'installation classée hors du site si elles sont nécessaires pour préserver les intérêts mentionnés à l'article L. 511-1 et, le cas échéant, à l'article L. 211-1 ;

7° L'accord écrit du dernier exploitant sur les différentes pièces du dossier citées au 1° à 6°.

II. – Au vu du dossier transmis par le tiers demandeur, le préfet statue sur la substitution et, s'il l'accepte, définit, par arrêté pris dans les formes prévues aux articles R. 181-45, R. 512-46-22 ou R. 512-52 :

1° Les mesures de mise en sécurité à mettre en œuvre lorsque le tiers demandeur se substitue pour les réaliser ;

2° Les travaux de réhabilitation à réaliser. Ces prescriptions sont fixées compte tenu du ou des usages retenus et, le cas échéant, des usages constatés à l'extérieur du site, ainsi que sur la base du bilan des coûts et des avantages prenant en compte l'efficacité des techniques disponibles, l'impact environnemental global et le coût qui doit rester économiquement acceptable ;

3° Le délai dans lequel les travaux mentionnés aux 1° et 2° doivent être mis en œuvre ;

4° Les mesures de surveillance nécessaires sur le site et, le cas échéant, hors du site ;

5° Le montant et la durée des garanties financières prévues au V de l'article L. 512-21. Dans ce montant, il est distingué, d'une part, le coût des travaux mentionnés aux 1° et 2° et, d'autre part, le coût des mesures de surveillance ou de restrictions d'usage envisagées. La durée des garanties financières couvre la durée des travaux mentionnés aux 1° et 2° et celle de la surveillance.

Cet arrêté fixe également le délai dans lequel le tiers demandeur adresse au préfet l'attestation de la maîtrise foncière du terrain, ou l'autorisation du propriétaire de réaliser les travaux prescrits, et l'attestation de constitution des garanties financières couvrant la totalité du montant de celles-ci. Au-delà de ce délai, l'arrêté est caduc et le dernier exploitant réalise les opérations composant la cessation d'activité, au sens de l'article R. 512-75-1, dans les conditions prévues aux articles L. 512-6-1, L. 512-7-6 ou L. 512-12-1.

Cet arrêté est notifié au tiers demandeur, au dernier exploitant, au maire ou au président de l'établissement public de coopération intercommunale compétent en matière d'urbanisme et au propriétaire du terrain.

Pour la détermination de la nature, du montant et de la durée des travaux de réhabilitation, le préfet peut faire appel, aux frais du tiers demandeur, à un tiers expert.

Le silence gardé par le préfet pendant un délai de quatre mois suivant la réception du dossier vaut rejet de la demande.

Par un arrêté distinct, le préfet peut également prescrire au dernier exploitant les mesures de surveillance nécessaires conformément à l'accord entre le dernier exploitant et le tiers demandeur mentionné au 7° du I.

III. – En cas de découverte d'élément nouveau relatif à la pollution ou en cas de modification du projet rendant nécessaire la modification des travaux de réhabilitation initialement prescrits, le tiers demandeur informe le préfet et lui adresse un nouveau mémoire de réhabilitation mis à jour, accompagné, dans les mêmes conditions qu'au 2° du I, d'une nouvelle attestation de l'adéquation des mesures proposées avec les objectifs de réhabilitation du site.

Si ces modifications le rendent nécessaire, le tiers demandeur étend ses garanties financières en termes de montant ou de durée, afin de couvrir la modification des travaux de réhabilitation initialement prescrits. Il en informe le préfet et lui adresse l'attestation prévue au huitième alinéa du I de l'article R. 512-80 au moins trois mois avant l'échéance des garanties financières initiales. À défaut, il est fait application des dispositions de l'article L. 171-8.

IV. – Lorsque qu'il réalise les mesures pour assurer la mise en sécurité, le tiers demandeur fait attester de leur mise en œuvre conformément aux articles L. 512-6-1, L. 512-7-6 ou L. 512-12-1, dans les cas où cette attestation serait exigée de l'exploitant auquel il se substitue.

Le tiers demandeur transmet cette attestation à l'inspection des installations classées.

À l'issue de la mise en sécurité, si la situation le requiert, le tiers demandeur réalise un diagnostic complémentaire permettant de s'assurer de l'adéquation des mesures de réhabilitation prévues dans le mémoire de réhabilitation avec l'usage futur. En cas d'inadéquation, le tiers demandeur transmet un nouveau mémoire de réhabilitation accompagné, dans les mêmes conditions qu'au 2° du I, d'une nouvelle attestation de l'adéquation des mesures proposées pour la réhabilitation du site.

V. – Dès lors que les travaux de réhabilitation sont réalisés, le tiers demandeur fait attester de leur conformité avec les travaux prescrits par le préfet, conformément aux dispositions de l'avant-dernier alinéa des articles L. 512-6-1 ou L. 512-7-6.

Le tiers demandeur transmet cette attestation au préfet, au maire ou au président de l'établissement public de coopération intercommunale compétent en matière d'urbanisme, ainsi qu'aux propriétaires des terrains et à l'exploitant. Il précise, le cas échéant, les dispositions actualisées de surveillance ou de restrictions d'usage qu'il s'engage à mettre en œuvre et les éléments nécessaires à leur établissement.

VI. – L'inspecteur de l'environnement constate par procès-verbal la réalisation des travaux. Le préfet adresse un exemplaire de ce procès-verbal au tiers demandeur, au dernier exploitant ainsi qu'au maire ou au président de l'établissement public de coopération intercommunale compétent en matière d'urbanisme et au propriétaire du terrain. Ce procès-verbal a pour effet de permettre la levée de l'exigence des garanties financières relatives aux travaux de mise en sécurité et de réhabilitation. En l'absence de mesures de surveillance, de conservation de la mémoire ou de restriction d'usage, ce procès-verbal permet de considérer la cessation d'activité comme achevée.

VII. – Le préfet arrête, s'il y a lieu, dans les formes prévues aux articles R. 181-45, R. 512-46-22 ou R. 512-52, les mesures de surveillance des milieux nécessaires sur le site et hors du site ainsi que les modalités de conservation de la mémoire et les restrictions d'usages. La prise de ces arrêtés permet de considérer la cessation d'activité comme achevée.

La prise de l'arrêté de restrictions d'usage permet la levée des garanties financières relatives à celles-ci.

À l'issue de la période de surveillance, le préfet prononce, par arrêté, la levée de l'obligation de constitution des garanties financières relatives à cette surveillance.

Art. R. 512-79 *(Rempl., D. n° 2024-742, 6 juill. 2024).* – Lorsqu'une installation classée n'a plus d'exploitant connu, le préfet peut autoriser un tiers demandeur à mettre en œuvre les mesures de mise en sécurité qui n'auraient pas été menées à leur terme par l'exploitant et à réaliser les travaux de réhabilitation des terrains occupés par cette installation.

La procédure à suivre en l'absence d'exploitant est celle définie à l'article R. 512-78, à l'exception des mesures prévues à l'égard du dernier exploitant et des deux dispositions particulières suivantes :

1° Le tiers demandeur dépose directement un dossier de demande de substitution, sans faire de demande d'accord préalable au sens du IV de l'article R. 512-76. Ce dossier comprend la proposition d'usage futur et les avis recueillis conformément au III de l'article R. 512-76 ;

2° Le tiers demandeur est responsable de l'ensemble des opérations de cessation d'activité décrites à l'article R. 512-75-1, y compris les mesures de surveillance sur le site et hors de celui-ci.

Art. R. 512-80 *(D. n° 2015-1004, 18 août 2015 ; mod., D. n° 2017-1456, 9 oct. 2017 ; mod., D. n° 2024-742, 6 juill. 2024)*. – I. – Les garanties financières exigées sur le fondement de l'article L. 512-21 résultent au choix du tiers demandeur :

1° De l'engagement écrit d'un établissement de crédit, d'une société de financement, d'une entreprise d'assurance ou d'une société de caution mutuelle ;

2° D'une consignation entre les mains de la Caisse des dépôts et consignations ;

3° De l'engagement écrit, portant garantie autonome à première demande au sens de l'article 2321 du Code civil, de la personne physique, où que soit son domicile, ou de la personne morale, où que se situe son siège social, qui possède plus de la moitié du capital du tiers demandeur ou qui contrôle le tiers demandeur au regard des critères énoncés à l'article L. 233-3 du Code de commerce. Dans ce cas, le garant doit lui-même être bénéficiaire d'un engagement écrit d'un établissement de crédit, d'une entreprise d'assurance, d'une société de caution mutuelle, ou avoir procédé à une consignation entre les mains de la Caisse des dépôts et consignations.

Lorsque le siège social de la personne morale garante n'est pas situé dans un État membre de l'Union européenne ou dans un État partie à l'accord sur l'Espace économique européen, le garant doit disposer d'une agence, d'une succursale ou d'une représentation établie en France ;

4° Pour les établissements sous tutelle de l'État ou d'une collectivité, d'un courrier émanant, respectivement, de leur ministère ou de leur collectivité de tutelle attestant que l'établissement a inscrit dans son budget annuel le montant des travaux de réhabilitation et, le cas échéant, de mise en sécurité ou, à défaut, a demandé l'inscription de ce montant dans son prochain budget annuel ;

5° Pour les collectivités, une délibération de l'assemblée représentant la collectivité précisant le montant provisionné et la ligne budgétaire concernée.

Le tiers demandeur adresse au préfet une attestation de constitution des garanties financières avant le démarrage des travaux de réhabilitation et, le cas échéant, de mise en sécurité.

Un arrêté conjoint du ministre chargé de l'économie et du ministre chargé des installations classées précise les pièces nécessaires à la consignation et à la déconsignation à la Caisse des dépôts et consignation ainsi que les modèles d'attestation de constitution de garanties financières (1).

II. – Le garant s'engage sur le montant et la durée des garanties financières prescrits par l'arrêté préfectoral prévu au II de l'article R. 512-78. Son engagement est levé à l'achèvement de la cessation d'activité, conformément aux dispositions du VI et VII du même article.

III. – Le montant des garanties financières peut être modifié par un arrêté complémentaire. Celui-ci ne crée d'obligations qu'à la charge du tiers demandeur, à qui il appartient de réviser contractuellement le montant des garanties financières dans un délai fixé par le préfet.

IV. – En cas de manquement à l'obligation de constitution de garanties financières, il est fait application des dispositions de l'article L. 171-8.

V. – Le préfet met en œuvre les garanties financières conformément aux dispositions du I de l'article R. 516-3 :

– soit en cas de non-exécution par le tiers demandeur des opérations mentionnées, au II de l'article R. 512-78, y compris dans le cas où s'applique l'article R. 512-79 ou au II de l'article R. 512-79, dans les conditions prévues au I de l'article L. 171-8 ;

– soit en cas d'ouverture d'une procédure de liquidation judiciaire à l'encontre du tiers demandeur ;

– soit en cas de disparition du tiers demandeur personne morale par suite de sa liquidation amiable ou judiciaire ou du décès du tiers demandeur personne physique.

VI. – Les sanctions administratives prévues à l'article L. 171-8 qui sont infligées au tiers demandeur sont portées à la connaissance du garant.

Afin de simplifier la procédure du « tiers demandeur » et de promouvoir la mise en œuvre de ce dispositif, l'article 2 du décret n° 2017-1456 du 9 octobre 2017 a supprimé l'obligation de constitution de garanties financières « à première demande ». L'arrêté du 9 octobre 2017 qui modifie l'arrêté originel du 18 août 2015 relatif à l'attestation de garanties financières, comporte en annexe des modèles d'attestation des garanties financières que doit constituer le tiers demandeur : Annexe I : acte d'engagement à première demande pour les garanties financières prévues

(1) V. T. appl. : A. 18 août 2015 : *JO* 29 août 2015. – NDLR.

au I de l'article R. 512-80 (1°) du Code de l'environnement ; Annexe II : acte de cautionnement solidaire pour les garanties financières prévues au I de l'article R. 512-80 (1°) du Code de l'environnement ; Annexe III : acte d'engagement à première demande d'une personne morale possédant les qualités definies au I de l'article R. 512-80 (3°) du Code de l'environnement ; Annexe V : cautionnement solidaire du garant personne morale ; Annexe VI : cautionnement solidaire du garant personne physique.

Voir : A. 18 août 2015, relatif à l'attestation de garanties financières requises par l'article L. 512-21 du Code de l'environnement (*JO* 29 août 2015), mod. A. 9 oct. 2017 (*JO* 19 oct. 2017).

Art. R. 512-81 *(Rempl., D. n° 2024-742, 6 juill. 2024)*. **– À l'exception du cas prévu à l'article R. 512-79, en cas d'appel des garanties financières et de l'impossibilité de les recouvrer, le dernier exploitant est tenu de réaliser la mise en sécurité du site et de la faire attester, conformément aux articles L. 512-6-1, L. 512-7-6 ou L. 512-12-1.**

Sous-section 2. – Mise à l'arrêt définitif et remise en état

(Abr., D. n° 2010-368, 13 avr. 2010)

Ce dispositif a été abrogé par le décret n° 2010-368 du 13 avril 2010 portant diverses dispositions relatives aux installations classées pour la protection de l'environnement et fixant la procédure d'enregistrement applicable à certaines de ces installations et reporté, *mutatis mutandis*, sous le régime des installations soumises à autorisation (R. 512-39-1), à enregistrement (R. 512-46-25) et à déclaration (R. 512-66-1), modifié par la suite.

Art. R. 512-74 ancien *(Abr., D. n° 2010-368, 13 avr. 2010).*

Voir : sous art. R. 512-39-1 et s., p. 2385 et art. R. 512-66-1 et s., p. 2410.

Art. R. 512-75 ancien à R. 512-79 ancien *(Abr., D. n° 2010-368, 13 avr. 2010).*

Voir : sous art. R. 512-39-1 et s., p. 2385 et art. R. 512-66-1 et s., p. 2410.

Art. R. 512-80 ancien *(Abr., D. n° 2010-368, 13 avr. 2010).*

CHAPITRE III. – INSTALLATIONS FONCTIONNANT AU BÉNÉFICE DES DROITS ACQUIS

Art. R. 513-1 *(Mod. à compter du 1er janvier 2016, D. n° 2015-1614, 9 déc. 2015)* (1). **– I. – Pour les installations existantes relevant des dispositions de l'article L. 513-1, l'exploitant doit fournir au préfet les indications suivantes :**

1° S'il s'agit d'une personne physique, ses nom, prénoms et domicile. S'il s'agit d'une personne morale, sa dénomination ou sa raison sociale, sa forme juridique et l'adresse de son siège social, ainsi que la qualité du déclarant ;

2° L'emplacement de l'installation ;

3° La nature et le volume des activités exercées ainsi que la ou les rubriques de la nomenclature dans lesquelles l'installation doit être rangée.

II. – Un arrêté du ministre chargé des installations classées fixe le modèle national des renseignements à fournir pour les installations soumises au régime de la déclaration et précise les conditions dans lesquelles ils sont transmis par voie électronique. Ce modèle n'est pas utilisable lorsque ces renseignements concernent une installation soumise au régime de la déclaration incluse dans un établissement qui comporte au moins une installation soumise au régime de l'autorisation ou de l'enregistrement.

Voir : V. obs. sous art. L. 513-1, p. 981.

Voir : A. 15 déc. 2015, relatif à la dématérialisation de la déclaration des installations classées pour la protection de l'environnement (*JO* 24 déc. 2015), qui impose dans ce cas l'utilisation du formulaire CERFA n° 15274. Sur l'articulation du régime de l'enregistrement avec celui des règles d'antériorité, V. Circ. 22 sept. 2010, relative à la mise en œuvre du régime d'enregistrement de certaines catégories d'installations classées introduit par l'ordonnance n° 2009-663 du 11 juin 2009 (point VII, *a*).

(1) Les présentes dispositions ne s'appliquent pas aux déclarations déposées avant le 1er janvier 2016, V. D. n° 2015-1614, 9 déc. 2015, art. 43, I.

Art. R. 513-2 *(Mod., D. n° 2010-368, 13 avr. 2010 ; D. n° 2011-985, 23 août 2011 ; mod. à compter du 1er janvier 2016, D. n° 2015-1614, 9 déc. 2015* (1) *; mod. à compter du 1er mars 2017, D. n° 2017-81, 26 janv. 2017 ; mod., D. n° 2020-1168, 24 sept. 2020 ; mod. à compter du 1er août 2021, D. n° 2021-1000, 30 juill. 2021 ; mod., D. n° 2023-722, 3 août 2023).* – Dans le cas prévu à l'article R. 513-1, le préfet peut exiger la production des pièces mentionnées aux articles R. 181-13 à R. 181-15, y compris l'étude de dangers prévue à l'article L. 181-25, R. 512-46-3, R. 512-46-4 et R. 512-47.

Il peut, en particulier, demander la production d'une étude montrant que les dangers ou inconvénients, eu égard aux caractéristiques des installations et à leur impact potentiel, sont prévenus de manière appropriée, éventuellement moyennant des mesures complémentaires de prévention, de limitation ou de protection que l'exploitant s'engage à mettre en œuvre, assorties d'un délai de réalisation.

Par ailleurs, les exploitants d'installations classées relevant de l'article L. 515-45 joignent les éléments permettant le calcul du montant des garanties financières conformément au II de l'article R. 515-101.

Le préfet peut prescrire, dans les conditions prévues aux articles R. 181-45, R. 512-46-22 et R. 512-53, les mesures propres à sauvegarder les intérêts mentionnés à l'article L. 511-1.

Ces mesures ne peuvent entraîner de modifications importantes touchant le gros-œuvre de l'installation ou des changements considérables dans son mode d'exploitation, sauf dans les cas suivants :

1° Lorsque les engagements pris par l'exploitant dans l'étude qu'il a produite sont manifestement insuffisants pour assurer la préservation de la salubrité et de la sécurité publiques ainsi que de la santé, à la condition que les mesures envisagées ne soient pas disproportionnées par rapport à ce que nécessite la protection de ces intérêts ;

2° Lorsque les mesures prévues par l'arrêté du préfet sont nécessaires pour satisfaire aux exigences de la directive 2010/75/UE du Parlement européen et du Conseil du 24 novembre 2010 relative aux émissions industrielles (prévention et réduction intégrées de la pollution).

Si l'installation relève de l'annexe I de la directive précitée, le préfet prend, dans les conditions prévues à l'article R. 181-45, un arrêté permettant la poursuite de l'exploitation, à moins que l'installation concernée ait déjà fait l'objet d'un arrêté pris en application de ce dernier article aux fins de satisfaire aux exigences de la directive. L'arrêté pris en application du présent alinéa comporte celles des prescriptions prévues aux articles R. 515-60 à R. 515-69 relatives au contenu de l'autorisation des installations relevant de l'annexe I de la directive qui sont nécessaires pour satisfaire à ces exigences. Cet arrêté est soumis à consultation du public dans les conditions prévues à l'article L. 123-19-2.

Les dispositions des quatrième à huitième alinéas cessent d'être applicables si l'exploitation a été interrompue pendant deux années consécutives, sauf le cas de force majeure, ou si l'installation se trouve dans les cas prévus aux articles R. 181-46, R. 512-46-23, R. 512-54 et R. 512-70.

1) Articulation des compétences. Si les prescriptions générales que le ministre peut ainsi rendre applicables aux installations existantes, sur le fondement et dans les conditions fixées par l'article L. 512-5 du Code de l'environnement, ne privent pas le préfet de son pouvoir propre de police spéciale vis-à-vis de l'exploitant d'une installation existante fonctionnant au bénéfice des droits acquis, qui lui permet de prendre des mesures relatives à une installation donnée, ces prescriptions générales ne sont pas soumises aux limitations qui s'imposent au préfet en vertu de l'article R. 513-2 du Code de l'environnement ; toutefois, les prescriptions générales que le ministre peut imposer aux installations concernées ne doivent pas être disproportionnées par rapport à ce que nécessite la protection des intérêts mentionnés par l'article L. 511-1 du Code de l'environnement (■ CE, 8 oct. 2012, n° 340486, *Confédération Coop de France*).

2) Application dans le temps. Le droit d'antériorité ne bénéficie qu'aux exploitations exerçant régulièrement une activité non soumise à déclaration ni à autorisation au titre de la législation des installations classées et qui, après que ladite activité a été classée dans la nomenclature des installations classées, continuent à fonctionner sans modification de leurs conditions d'exploitation. Dès lors qu'en 1992, le dépôt pétrolier exploité par la société requérante avait d'ores et déjà fait l'objet d'un classement dans la nomenclature sous l'empire de la loi du 19 juillet 1976, cette société, dont l'activité n'entre pas dans le champ d'application de l'article L. 513-1 du Code de l'environnement, ne peut revendiquer le bénéfice de l'antériorité ni, en conséquence, bénéficier des dispositions du troisième alinéa de l'article R. 513-2 du même code (■ CAA Marseille, 11 juill. 2011,

(1) Les présentes dispositions ne s'appliquent pas aux déclarations déposées avant le 1er janvier 2016, V. D. n° 2015-1614, 9 déc. 2015, art. 43, I.

n° 08MA04178, *SAS Dépôt pétrolier de Port-la-Nouvelle*).

3) **Notion de modifications importantes du gros œuvre.** Des prescriptions complémentaires qui entraînent le remplacement de l'ammoniac par un flu de frigorigène particulier, nécessitant le percement de murs, le remplacement intégral des tuyauteries, des évaporateurs et des condenseurs, l'installation en toiture d'une tour de refroidissement d'une échelle d'accès, le renforcement de l'ossature métallique pour supporter les nouveaux évaporateurs, la mise en place d'une ossature secondaire pour supporter de nouvelles tuyauteries, constituent des modifications importantes du gros œuvre, un changement considérable dans le mode d'exploitation, avec une interruption temporaire partielle de l'exploitation et une perte permanente de polyvalence des chambres froides et une diminution de la capacité de congélation, qui ne peuvent être imposées sur le fondement de l'article 37, alinéa 3 du décret du 21 septembre 1977 (art. R. 513-2) (■ CE, 12 janv. 2004, n° 212067, *Sté de transports et entrepôts frigorifiques [STEF]*. – Sur les suites de cette affaire en termes de responsabilité de l'État, V. ■ TA Lyon, 14 déc. 2006, *Sté de transports et entrepôts frigorifiques : AJDA* 2007, p. 1312, concl. G. Gondouin. – V. aussi ■ CAA Bordeaux, 30 juill. 2009, n° 08BX00685, *Sté aquacole de l'Île de Ré*). Ces modifications doivent être justifiées au regard de la dangerosité effective de l'installation (■ CAA Nantes, 9 juin 2009, n° 08NT01086, *Sté P. Leseur*).

CHAPITRE IV. – CONTRÔLE ET CONTENTIEUX DES INSTALLATIONS CLASSÉES

Section I. – Contrôle et sanctions administratifs

Art. R. 514-1. – Le directeur régional *(Mots rempl., D. n° 2010-368, 13 avr. 2010)* « de l'environnement, de l'aménagement et du logement » est chargé, sous l'autorité du préfet du département, de l'organisation de l'inspection des installations classées.

Art. R. 514-2 *(Abr., D. n° 2014-813, 17 juill. 2014)*.

Art. R. 514-3 *(Abr., D. n° 2014-813, 17 juill. 2014)*.

Voir : Circ. 21 mai 2010, relative au commissionnement et à l'assermentation des inspecteurs des installations classées (*BO MEEDDM* n° 2010/11, 25 juin 2010). Instruction du Gouvernement du 31 décembre 2019 relative aux actions nationales de l'inspection des installations classées pour l'année 2020 (non publ.).

Art. R. 514-3-1 (1) ***(Rempl. à compter du 1er mars 2017, D. n° 2017-81, 26 janv. 2017 ; mod. à compter du 2 décembre 2018, D. n° 2018-1054, 29 nov. 2018 ; mod., D. n° 2024-423, 10 mai 2024)*** (2). **– Sans préjudice de l'article L. 411-2 du Code des relations entre le public et l'administration, les décisions mentionnées aux articles L. 211-6 et L. 214-10 et au I de l'article L. 514-6 peuvent être déférées à la juridiction administrative :**

1° Par les tiers intéressés en raison des inconvénients ou des dangers que le fonctionnement de l'installation présente pour les intérêts mentionnés aux articles L. 211-1 et L. 511-1 dans un délai de deux mois à compter du premier jour de la publication ou de l'affichage de ces décisions ;

2° Par les demandeurs ou exploitants, dans un délai de deux mois à compter de la date à laquelle la décision leur a été notifiée.

1) Le décret n° 2017-81 du 26 janvier 2017 relatif à l'autorisation environnementale *JO* 27 janv. 2017) uniformise le délai de recours des tiers contre les décisions relatives aux ICPE soumises à autorisation et le réduit de 1 an à 4 mois (C. env., art. R. 181-50). Il maintient toutefois à 2 mois le délai des recours diligentés par les demandeurs ou exploitants d'ICPE (C. env., art. R. 514-3-1).

JURISPRUDENCE RENDUE SOUS LE RÉGIME ANTÉRIEUR

2) **Notification des délais de recours.** La société qui avait demandé à réhabiliter le site mis à l'arrêt et non seulement à poursuivre l'activité de production de matières plastiques doit être regardée comme ayant la qualité de demandeur

(1) V. CE avis, 29 mai 2015, n° 381560, *Ass. Nonant Environnement : JurisData* n° 2015-012826. – NDLR.
(2) Dispositions applicables aux décisions administratives prises à compter du 1er septembre 2024, D. n° 2024-423, 10 mai 2024, art. 5.

ou d'exploitant au sens des dispositions de l'article R. 514-3-1 du Code de l'environnement. Elle disposait dès lors d'un délai de deux mois pour contester la décision qui lui avait été notifiée. En l'absence de recours formé dans les délais, l'arrêté préfectoral la concernant est ainsi devenu définitif (▪ CAA Douai, 3 mai 2018, n° 16DA00908, *Sté Industrial et Environmental Platform SAS*). Ces dispositions ne sont pas applicables lorsque l'arrêté autorisant l'ouverture d'une installation classée comporte des indications erronées relatives au délai dans lequel les intéressés pouvaient former un recours contentieux (quatre années mentionnées, au lieu d'une année), celles-ci étant plus favorables que le délai prévu par les textes (▪ CAA Douai, 28 mai 2014, n° 13DA00022, *Assoc. pour la défense des intérêts du Veauvillois*).

3) Rétroactivité (non). Il ne saurait se déduire des seuls termes des dispositions de l'article R. 514-3-1 du Code de l'environnement, dans sa rédaction applicable à compter du 1er janvier 2011, que le nouveau délai de recours contentieux d'un an pour les tiers pouvait être opposé au requérant, dès lors que ces dispositions réglementaires sont dépourvues de portée rétroactive (▪ CAA Marseille, 10 nov. 2015, n° 14MA01468, *Comité de défense Les Hauts de Badones-Montimas : BDEI* mars 2016 p. 34, note D. Gillig ; *BDEI* mars 2016, p. 28, note J.-N. Clément).

4) Intérêt à agir des personnes physiques. Est recevable à agir le propriétaire d'un bien immobilier situé à moins de 200 mètres de la limite nord-est du périmètre de l'exploitation autorisée, dans un milieu rural très ouvert, dépourvu d'obstacle naturel ou artificiel quelconque susceptible d'isoler significativement cette propriété immobilière d'une telle exploitation. En raison de son importance et de sa nature, l'installation litigieuse est susceptible de présenter pour le requérant des dangers et inconvénients tels qu'il justifie d'un intérêt suffisamment direct lui donnant qualité pour la contester (▪ CAA Nantes, 20 mars 2015, n° 13NT00855, *Sté des carrières de Bray-en-Val : BDEI* mars 2016, p. 34, note D. Gillig).

5) Intérêt à agir des personnes morales de droit privé. L'intérêt à agir s'apprécie au regard, d'une part, de l'objet que l'association s'est donnée pour mission de remplir, et, d'autre part, de son ressort géographique. Le requérant, un syndicat viticole reconnu comme un organisme de défense et de gestion, et qui a pour objet statutaire de contribuer à la mission générale de préservation et de mise en valeur des terroirs, ainsi que des produits qui en sont issus, a intérêt à agir contre l'autorisation d'exploiter une carrière à ciel ouvert, alors même que la carrière projetée avait déjà fait l'objet d'autorisation d'exploiter dix ans auparavant (▪ CAA Marseille, 7 juill. 2015, n° 12MA04547, *Synd. viticole AOC Clairette du Languedoc : BDEI* mars 2016, p. 34, note D. Gillig). Une association qui a pour but la défense, la protection et l'amélioration de l'environnement du quartier et qui est membre de la commission locale d'information et de surveillance de l'installation dispose d'un intérêt pour agir à l'encontre d'un arrêté préfectoral autorisant l'exploitation d'un centre de stockage de déchets non dangereux dans ce quartier (▪ CAA Marseille, 10 nov. 2015, n° 14MA01468, *Comité de défense Les Hauts de Badones-Montimas : BDEI* mars 2016 p. 34, note D. Gillig ; *BDEI* mars 2016, p. 28, note J.-N. Clément. – V. aussi ▪ CAA Douai, 28 mai 2014, n° 13DA00022, préc.).

Section II. – Dispositions pénales

Art. R. 514-4 ***(Mod., D. n° 2010-368, 13 avr. 2010 ; D. n° 2013-4, 2 janv. 2013 ; mod. à compter du 7 janvier 2014, D. n° 2013-374, 2 mai 2013 ; mod. à compter du 1er janvier 2016, D. n° 2015-1614, 9 déc. 2015*** (1) ***; mod. à compter du 1er mars 2017, D. n° 2017-81, 26 janv. 2017 ; mod., D. n° 2017-782, 5 mai 2017).*** **– Est puni de la peine d'amende prévue pour les contraventions de la 5e classe :**

1° Le fait d'exploiter une installation soumise à déclaration sans avoir fait la déclaration prévue à l'article L. 512-8 ;

2° Le fait de ne pas prendre les mesures imposées en vertu de l'article L. 514-4 sans qu'ait été pris, en raison de l'urgence, l'avis du maire ou de la commission consultative départementale compétente ;

3° Le fait d'exploiter une installation soumise à autorisation sans satisfaire aux règles générales et prescriptions techniques prévues à l'article L. 512-5 et aux articles R. 181-43, R. 181-45 et R. 181-54, R. 512-75 et au I de l'article R. 515-71 ;

4° ***bis*** **Le fait d'exploiter une installation soumise à enregistrement sans satisfaire aux prescriptions générales ou particulières prévues par les articles L. 512-7, L. 512-7-3 et L. 512-7-5 ;**

(1) Les présentes dispositions ne s'appliquent pas aux déclarations déposées avant le 1er janvier 2016, V. D. n° 2015-1614, 9 déc. 2015, art. 43, I.

5° Le fait d'exploiter une installation soumise à déclaration sans satisfaire aux prescriptions générales ou particulières prévues aux articles R. 512-50 à R. 512-53 ;

6° Le fait d'omettre de procéder aux notifications prévues aux II des articles R. 181-46, R. 512-46-23 et R. 512-54 ;

7° Le fait d'omettre de faire la déclaration ou la notification prévue aux articles R. 181-47, R. 512-68 et R. 512-39-1, R. 512-46-25 et R. 512-66-1 ;

8° Le fait de ne pas respecter, après cessation de l'exploitation d'une installation classée, les prescriptions de l'arrêté préfectoral pris en application des articles R. 512-39-3 à R. 512-39-5, R. 512-46-27, R. 512-46-28 et R. 512-66-2 ;

9° Le fait d'omettre de fournir les informations prévues à l'article R. 513-1 ;

10° Le fait d'omettre d'adresser la déclaration prévue à l'article R. 512-69 ;

11° Le fait d'exploiter une installation classée sans respecter les mesures prescrites par les arrêtés préfectoraux pris sur le fondement de l'article L. 512-20 ;

12° Le fait d'exploiter une installation classée sans respecter les mesures prescrites par les arrêtés préfectoraux pris sur le fondement de l'article L. 223-1.

1) Exploitation sans autorisation. Sont coupables des délits d'exploitation irrégulière d'installations classées les prévenus qui ont stocké pendant plusieurs années des véhicules, carcasses, engins de chantier, ferrailles qui jonchent le sol sur plusieurs parcelles leur appartenant alors qu'ils avaient été informés des risques et des infractions que cela représentait et mis en demeure de débarrasser (■ Cass. crim., 11 sept. 2018, n° 17-83.276). Sur la condamnation pour modification notable d'une porcherie sans notification préalable à l'administration, V. ■ CA Rennes, 6 févr. 2003, *Gasnier : JurisData* n° 2003-216056.

2) Cumul d'infractions. Ne viole pas la règle *non bis in idem* l'arrêt qui reconnaît le prévenu coupable de la double infraction d'exploitation sans autorisation préalable d'une installation classée et d'exploitation d'une installation classée malgré suspension administrative, dès lors que ces deux qualifications sont susceptibles d'être appliquées concurremment puisqu'elles sanctionnent des faits distincts (■ Cass. crim., 15 mai 2018, n° 17-82.409).

3) Inobservation des prescriptions techniques. Est suffisamment motivée et libellée une citation en justice qui fait référence, pour caractériser les faits reprochés, aux prescriptions de l'arrêté d'autorisation, les organes de la société en ayant nécessairement connaissance (■ Cass. crim., 7 mars 2006, n° 05-86.030, *Sté Agronor : Gaz. Pal.* 15 mars 2006, n° 74, p. 11 ; *Dr. env.* 2006, n° 138, p. 125, note D. Guihal ; *Rev. jur. env.* 2007, n° 4, p. 546, comm. V. Jaworsky). Toutefois, les juges doivent rechercher si les manquements relevés au regard des prescriptions de l'arrêté d'autorisation résultaient de l'abstention de l'un des organes ou représentants de la société prévenue et s'ils avaient été commis pour le compte de cette société (■ Cass. crim., 19 avr. 2017, n° 16-81.095, 788).

4) Prescription (non). La prescription de l'action publique est interrompue par le procès-verbal établi par l'inspecteur des installations classées le 25 juin 2012, transmis au procureur de la République, constatant l'infraction d'exploitation non autorisée d'une ICPE commise par la société Bio Cos Natura, intervenu dans le délai de prescription qui avait débuté le 15 juillet 2009, date de mise en liquidation de cette société (■ Cass. crim., 15 mai 2018, n° 17-80.358).

5) Suppression de l'infraction (non). Une demande de permis de construire formulée postérieurement au délai d'un an imposé à l'exploitant d'une ICPE pour se mettre en conformité n'empêche pas la constatation de l'infraction : En matière de contravention, il suffit, pour l'application de la loi pénale, que le fait punissable soit matériellement constaté, seule la force majeure étant de nature à supprimer l'infraction. Par ailleurs, est fondé l'arrêt qui, pour retenir l'élément intentionnel du délit, retient que les exigences au titre de la conditionnalité d'octroi des aides européennes sont sans rapport avec le respect de la réglementation applicable aux installations classées d'élevage de bovins, s'agissant de législations différentes n'utilisant pas les mêmes critères, que les eaux blanches du matériel de traite n'avaient pas été collectées dans une poche plastique étanche comme proposé par l'exploitant, que les démarches entreprises par les prévenus en vue d'obtenir un permis de construire, qui ne visaient pas spécialement à se conformer à l'arrêté de mise en demeure, n'excluent pas leur intention de poursuivre l'exploitation en contrariété des prescriptions qui leur avaient été faites (■ Cass. crim., 27 févr. 2018, n° 17-81.771).

6) Responsabilité délictuelle. Le fait d'omettre de notifier au préfet la date de la cessation définitive de l'activité d'une exploitation constitue une infraction et oblige également à réparer le préjudice subi du fait de ce retard (■ CA Paris, 16e ch., sect. A, 9 mai 2007, n° 05/20658, *SAS Finelec Câblerie de la Seine c/ SA Draka Paricable : JurisData* n° 2007-340186 ; *Environnement* 2007, n° 11, p. 23, comm. 196, note M. Boutonnet ; *Rev. Lamy dr. aff.* 2008, n° 24, p. 74, comm. V. Vidalens).

7) Identification du responsable. Dès lors que la délégation faite à un directeur de branche portait expressément sur les questions d'environnement, de pollution et d'installations classées, celui-ci disposait des moyens, de la compétence et de l'autorité nécessaires pour faire face et est responsable du délit d'exploitation d'une installation classée sans autorisation (■ Cass. crim., 21 oct. 2014, n° 13-85.406). Est coupable de l'infraction d'exploitation d'une ICPE sans autorisation la personne qui a acheté une installation au franc symbolique et ne s'est pas conformé aux prescriptions préfectorales de se conformer aux dispositions de l'arrêté initial d'autorisation (■ Cass. crim., 1er avr. 2006, n° 07-86.096).

Art. R. 514-5. – **Est puni de l'amende prévue pour les contraventions de la 5e classe le fait de réaliser un contrôle périodique sans disposer de l'agrément prévu à l'article R. 512-61.**

Est puni de la même peine le fait de ne pas faire réaliser le contrôle périodique prévu par les articles R. 512-56 à R. 512-60.

La récidive de la contravention prévue au présent article est réprimée conformément aux articles 132-11 et 132-15 du Code pénal.

CHAPITRE V. – DISPOSITIONS PARTICULIÈRES À CERTAINES INSTALLATIONS

Section I. – Carrières

(Rempl., D. n° 2015-1676, 15 déc. 2015)

Sous-section 1. – Dispositions générales

(Division créée, D. n° 2015-1676, 15 déc. 2015)

Art. R. 515-1 *(Abr. à compter du 1er mars 2017, D. n° 2017-81, 26 janv. 2017).*

Le dispositif antérieur prévoyait : « Dans le cas des carrières et de leurs installations annexes, la commission départementale de la nature, des paysages et des sites est consultée, pour l'application du présent titre, en lieu et place de la commission compétente en matière d'environnement et de risques sanitaires et technologiques ». V. désormais article R. 341-16, II du présent code.

Sous-section 2. – Dispositions applicables aux schémas régionaux des carrières

(Division créée, D. n° 2015-1676, 15 déc. 2015)

Jusqu'à l'intervention de la loi ALUR du 24 mars 2014, la planification reposait sur le schéma départemental des carrières qui définissait « les conditions générales d'implantation des carrières dans le département [et prenait] en compte l'intérêt économique national, les ressources et les besoins en matériaux du département et des départements voisins, la protection des paysages, des sites et des milieux naturels sensibles, la nécessité d'une gestion équilibrée de l'espace, tout en favorisant une utilisation économe des matières premières ». Il fixait également « les objectifs à atteindre en matière de remise en état et de réaménagement des sites ». Cette perspective des besoins en matériaux des départements voisins ne pouvait qu'inciter à un changement d'échelle. La loi ALUR abroge le dispositif départemental antérieur, qu'elle remplace par le schéma régional des carrières qui en reprend l'essentiel des termes, qu'il complète de la définition des « conditions générales d'implantation des carrières et les orientations relatives à la logistique nécessaire à la gestion durable des granulats, des matériaux et des substances de carrières dans la région » ; de la prise en compte de l'intérêt économique non seulement national mais également régional ; des ressources, « y compris marines et issues du recyclage, ainsi que les besoins en matériaux dans et hors de la région, la protection des paysages, des sites et des milieux naturels sensibles, la préservation de la ressource en eau, la nécessité d'une gestion équilibrée et partagée de l'espace, l'existence de modes de transport écologiques, tout en favorisant les approvisionnements de proximité, une utilisation rationnelle et économe des ressources et le recyclage ». Il identifie également « les gisements potentiellement exploitables d'intérêt national ou régional et recense les carrières existantes » et « fixe les objectifs à atteindre en matière de limitation et de suivi des impacts et les orientations de remise en état et de réaménagement des sites ». Il dépasse ainsi le site carrier qui prévalait antérieurement pour s'inscrire dans une logique économique plus globale et ne s'arrête plus aux seules ressources extractibles mais s'attache également aux ressources issues de recyclage, qu'il doit favoriser.

Les schémas départementaux restent en vigueur jusqu'à l'approbation d'un schéma régional, qui doit intervenir avant le 1er janvier 2020 en métropole et avant le 1er janvier 2025 en outre-mer.

Voir : Instruction du Gouvernement du 4 août 2017 relative à la mise en œuvre des schémas régionaux des carrières (*BO MTEL* n° 2017/14, 25 sept. 2017).

Art. R. 515-2 *(Rempl., D. n° 2015-1676, 15 déc. 2015).* **– Le schéma régional des carrières est constitué, outre d'une notice le présentant et le résumant, d'un rapport et de documents cartographiques.**

I. – Le rapport comporte deux parties. Il présente tout d'abord :

1° Un bilan du ou des précédents schémas des carrières au sein de la région, analysant, d'une part, les éventuelles difficultés techniques ou économiques rencontrées dans l'approvisionnement en ressources minérales au cours des périodes où il a ou ont été mis en œuvre ainsi que, d'autre part, l'impact sur l'environnement dû à l'exploitation des carrières existantes et à la logistique qui lui est associée ;

2° Un état des lieux comportant :

***a)* Un inventaire des ressources minérales primaires d'origine terrestre de la région et de leurs usages, précisant les gisements d'intérêt régional et national ;**

***b)* Un inventaire des carrières de la région précisant leur situation administrative, les matériaux extraits, et une estimation des réserves régionales par type de matériaux ;**

***c)* Un inventaire des ressources minérales secondaires utilisées dans la région, de leurs usages, et une estimation des ressources mobilisables à l'échelle de la région ;**

***d)* Un inventaire des ressources minérales primaires d'origine marine utilisées dans la région et de leurs usages, précisant, le cas échéant, celles extraites des fonds du domaine public maritime, du plateau continental ou de la zone économique exclusive adjacents au territoire terrestre de la région ;**

***e)* Une description qualitative et quantitative des besoins actuels et de la logistique des ressources minérales dans la région, identifiant les infrastructures et les modes de transports utilisés et distinguant ceux dont l'impact sur le changement climatique est faible ; cette description inclut les flux de ressources minérales échangés avec les autres régions ;**

3° Une réflexion prospective à douze ans portant sur :

***a)* Les besoins régionaux en ressources minérales ;**

***b)* Les besoins extérieurs à la région en ressources minérales qu'elle produit ;**

***c)* L'utilisation rationnelle et économe des ressources minérales primaires par un développement de l'approvisionnement de proximité et l'emploi de ressources minérales secondaires ; faute de pouvoir favoriser l'approvisionnement de proximité, l'usage de modes de transport alternatifs à la route doit être privilégié ;**

***d)* Le développement des modes de transport des ressources minérales dont l'impact sur le changement climatique est faible ;**

4° Une analyse des enjeux de nature sociale, technique et économique liés à l'approvisionnement durable en ressources minérales ainsi que des enjeux de nature environnementale, paysagère et patrimoniale, liés à la production des ressources minérales et à la logistique qui lui est associée ;

5° Plusieurs scénarios d'approvisionnement, assortis d'une évaluation de leurs effets au regard des enjeux définis précédemment et précisant les mesures permettant d'éviter, de réduire et, le cas échéant, de compenser les atteintes aux enjeux environnementaux identifiés ;

6° Une analyse comparative de ces scénarios, explicitant la méthode mise en œuvre et les critères retenus pour cette analyse ;

II. – Compte tenu du scénario d'approvisionnement retenu, le rapport fixe, ensuite, les dispositions prévoyant :

1° Les conditions générales d'implantation des carrières ;

2° Les gisements d'intérêt régional et national ;

3° Les objectifs :

***a)* Quantitatifs de production de ressources minérales primaires d'origine terrestre ;**

***b)* De limitation et de suivi des impacts des carrières ;**

4° Les orientations en matière :

***a)* D'utilisation rationnelle et économe des ressources minérales primaires ;**

***b)* De remise en état et de réaménagement des carrières ;**

***c)* De logistique, notamment pour favoriser le recours à des modes de transport dont l'impact sur le changement climatique est faible ;**

5° Les mesures nécessaires :

a) À la préservation de l'accès aux gisements d'intérêt régional ou national afin de rendre possible leur exploitation ;

b) À l'atteinte des objectifs des plans de prévention et de gestion des déchets prévus à l'article L. 541-11, en termes de recyclage et de valorisation des déchets permettant la production de ressources minérales secondaires ;

c) À la compatibilité du schéma régional des carrières avec les dispositions des schémas directeurs d'aménagement et de gestion des eaux et des schémas d'aménagement et de gestion des eaux et avec les règlements de ces derniers, s'ils existent ;

d) À la prise en compte du schéma régional de cohérence écologique, s'il existe ;

e) Au respect des mesures permettant d'éviter, de réduire ou, le cas échéant, de compenser les atteintes à l'environnement que la mise en œuvre du schéma régional est susceptible d'entraîner ;

6° Les objectifs, les orientations et les mesures qui peuvent avoir des effets hors de la région, ainsi que les mesures de coordination nécessaires ;

7° Les modalités de suivi et d'évaluation du schéma.

Art. R. 515-3 *(Rempl., D. n° 2015-1676, 15 déc. 2015).* – Les documents cartographiques du schéma régional des carrières sont établis à l'échelle 1/100 000. Ils définissent :

1° Les zones de gisements potentiellement exploitables compte tenu des enjeux identifiés au 4° du I de l'article R. 515-2 en mettant en évidence les gisements d'intérêt régional ou national ;

2° La localisation :

a) Des carrières accompagnée de l'identification des ressources minérales qui en sont extraites et de l'importance de leur production ;

b) Des lieux de production des ressources minérales secondaires, accompagnée de l'identification de ces dernières et de l'importance de leur production ;

c) Des flux de ressources minérales primaires d'origine marine extraites des fonds du domaine public maritime, du plateau continental ou de la zone économique exclusive adjacents à la région, s'il y a lieu ;

d) Des principaux bassins de consommation de ressources minérales de la région, en précisant la provenance de celles-ci et l'importance des utilisations ;

e) Des échanges de ressources minérales avec les autres régions, accompagnée des volumes correspondants ;

f) Des infrastructures de transport et des nœuds intermodaux ;

3° Les projections sur douze ans concernant :

a) La localisation des bassins de production des ressources minérales primaires d'origine terrestre ;

b) La localisation des bassins de production des ressources minérales secondaires ;

c) L'évolution des données énumérées aux points *c* à *f* du 2° du présent article.

Documents graphiques annexés. Constatant que la cartographie de l'emprise d'une nappe alluviale annexée à un schéma départemental des carrières n'a, selon les indications du schéma lui-même, qu'un caractère indicatif, la cour retient qu'il convient dès lors de prendre en compte l'étude complémentaire réalisée par l'auteur du document graphique (le BRGM) pour apprécier la complémentarité d'une autorisation avec le schéma, ceci alors même que la cartographie révisée n'a pas encore été annexée au schéma (▪ CAA Lyon, 18 déc. 2003, n°s 01LY00535 et 01LY00658, *Charles*). *A contrario* : il résulte des dispositions de l'article L. 515-3 Code de l'environnement que les documents graphiques du schéma départemental des carrières sont, en tant qu'ils délimitent les zones dont la protection doit être privilégiée, opposables aux demandes d'autorisation et produisent des effets juridiques (▪ CE, 15 mars 2006, n° 264699, *Assoc. pour l'étude et la protection de l'Allier et de sa nappe alluviale Charles*). Le préfet ne méconnaît pas le principe de compatibilité avec le schéma départemental des carrières en autorisant l'exploitation d'une carrière dont une partie est située dans une zone identifiée par le schéma comme zone à protéger et dans laquelle les carrières ne peuvent être autorisées qu'exceptionnellement (▪ CAA Nancy, 4 août 2006, n° 05NC00003, *Assoc. Flore 54*). La portée des documents graphiques ne saurait s'apprécier au regard des dispositions de la notice du schéma, à laquelle il n'appartient pas de conférer ou non du caractère réglementaire : le préfet ne peut donc se prévaloir des dispositions de la notice selon lesquelles la cartographie ne présenterait qu'un caractère informatif (▪ TA Clermont-Ferrand, 24 avr. 2007, n° 0600935, *Assoc. pour la protection de l'Allier et de ses nappes fluviales*).

Art. R. 515-4 *(Rempl., D. n° 2015-1676, 15 déc. 2015).* – Pour élaborer le projet de schéma régional des carrières, le préfet de région s'appuie sur un comité de pilotage qu'il préside. Il en définit la composition, l'organisation et le fonctionnement.

Ce comité comprend, notamment :

– des représentants des services de l'État, dont la direction régionale en charge de l'environnement et l'agence régionale de santé ;

– des représentants élus du conseil régional, des collectivités territoriales de la région, de leurs établissements publics ou de leurs groupements ;

– des représentants de professionnels, dont des représentants des filières d'extraction et de première transformation des granulats, des matériaux et des substances de carrières ainsi que des représentants de la filière de recyclage des déchets du bâtiment et des travaux publics ;

– des personnalités qualifiées en matière de sciences de la nature, de protection des sites ou du cadre de vie, des représentants d'associations de protection de l'environnement mentionnés au deuxième alinéa de l'article R. 141-1 et des représentants des organisations agricoles ou sylvicoles.

Avant l'achèvement du projet devant être soumis aux procédures de consultation et de participation prévues à l'article R. 515-5, les établissements publics de coopération intercommunale concernés par les bassins de production des ressources minérales primaires d'origine terrestre, identifiés en application du *a* du 3° de l'article R. 515-3, sont saisis pour avis des propositions élaborées en application du II de l'article R. 515-2 et disposent d'un délai de deux mois pour transmettre leurs observations et leurs propositions. Ces établissements publics peuvent consulter les communes d'implantation des carrières. Ils disposent, dans ce cas, d'un délai supplémentaire d'un mois pour transmettre l'avis de ces communes.

Le comité tient compte des observations et des propositions formulées à cette occasion pour élaborer le scénario d'approvisionnement définitivement retenu par le projet.

Art. R. 515-4-1 *(Implicitement abr., D. n° 2015-1676, 15 déc. 2015).*

Art. R. 515-5 *(Rempl., D. n° 2015-1676, 15 déc. 2015).* – Le préfet de région fait procéder aux consultations prévues au II de l'article L. 515-3 et saisit l'autorité environnementale.

Les préfets d'autres régions ainsi que les conseils régionaux de celles-ci et la formation spécialisée dite « des carrières » des commissions départementales de la nature, des paysages et des sites de départements situés hors de la région sont également consultés si ces régions ou départements consomment des granulats ou des substances de carrières d'intérêt régional ou national extraits dans la région.

Le projet, accompagné des avis des autorités administratives et du rapport environnemental, est ensuite soumis à une procédure de participation du public conformément aux dispositions de l'article *(Réf. rempl., D. n° 2017-626, 25 avr. 2017)* « L. 123-19 ».

Le cas échéant, au vu du résultat de ces consultations, le projet est modifié.

Évaluation environnementale du SDC. Il résulte des dispositions des articles L. 122-4, R. 122-17, L. 515-3 et R. 515-7 du Code de l'environnement que les décisions d'approbation et de révision des schémas départementaux des carrières doivent être systématiquement précédées d'une évaluation environnementale et des dispositions des articles L. 122-5 et R. 122-17 que les décisions de modification de ces schémas qui présentent un caractère mineur peuvent être dispensés d'une nouvelle évaluation environnementale ou de son actualisation, après un examen au cas par cas (▪ CE, 19 juin 2015, n° 386291, *Cne de Saint-Leu et a.* V. aussi ▪ TA Réunion, 16 juin 2016, n°s 1400553, 1400911, 1401020 et 1401028, *Cne de Saint-Leu*).

Art. R. 515-6 *(Rempl., D. n° 2015-1676, 15 déc. 2015).* – Le schéma régional des carrières est arrêté par le préfet de région qui en assure la publication au recueil des actes administratifs de la préfecture et le rend public dans les conditions prévues à l'article *(Réf. rempl., D. n° 2017-626, 25 avr. 2017)* « R. 122-23 ».

Art. R. 515-7 *(Rempl., D. n° 2015-1676, 15 déc. 2015).* – Au plus tard six ans après la publication du schéma régional des carrières, le préfet de région procède à l'évaluation de sa mise en œuvre. Il consulte à cette occasion le comité de pilotage. Le rapport d'évaluation est publié sur le site internet de la préfecture de région.

Si à l'issue d'une évaluation le préfet de région estime que des modifications sont nécessaires, il fait procéder, selon les cas, à une mise à jour ou à une révision du schéma.

La procédure de mise à jour, qui ne s'applique que si les modifications apportées au schéma ne sont pas substantielles, est dispensée des consultations prévues par l'article L. 515-3. Le projet de schéma mis à jour est soumis à l'avis du comité de pilotage. Le schéma mis à jour est rendu public selon les modalités prévues à l'article R. 515-6.

Le schéma est révisé selon une procédure identique à celle prévue pour son élaboration.

Sous-section 3. – Dispositions applicables aux schémas départementaux des carrières

(Division créée, D. n° 2015-1676, 15 déc. 2015) (1)

Art. R. 515-8 *(Implicitement abr., D. n° 2015-1676, 15 déc. 2015).*

Art. R. 515-8-1 *(D. n° 2015-1676, 15 déc. 2015).* **– I. – Le schéma départemental des carrières est constitué d'une notice présentant et résumant le schéma, d'un rapport et de documents graphiques.**

II. – Le rapport présente :

1° Une analyse de la situation existante concernant, d'une part, les besoins du département et ses approvisionnements en matériaux de carrières et, d'autre part, l'impact des carrières existantes sur l'environnement ;

2° Un inventaire des ressources connues en matériaux de carrières qui souligne éventuellement l'intérêt particulier de certains gisements ;

3° Une évaluation des besoins locaux en matériaux de carrières dans les années à venir, qui prend en compte éventuellement des besoins particuliers au niveau national ;

4° Les orientations prioritaires et les objectifs à atteindre dans les modes d'approvisionnement de matériaux, afin de réduire l'impact des extractions sur l'environnement et de favoriser une utilisation économe des matières premières ;

5° Un examen des modalités de transport des matériaux de carrières et les orientations à privilégier dans ce domaine ;

6° Les zones dont la protection, compte tenu de la qualité et de la fragilité de l'environnement, doit être privilégiée ;

7° Les orientations à privilégier dans le domaine du réaménagement des carrières.

III. – Les documents graphiques présentent de façon simplifiée, mais explicite :

1° Les principaux gisements connus en matériaux de carrières ;

2° Les zones définies au 6° du II ;

3° L'implantation des carrières autorisées.

Insuffisance de la notice explicative. Est illégal le schéma départemental des carrières dont la partie du rapport dénommée « impact environnement des carrières » se borne à recenser, d'une manière générale, les divers inconvénients que les carrières sont susceptibles de présenter pour l'environnement sans jamais exposer l'impact concret des carrières existantes dans le département et dont la partie du rapport intitulée « Les valeurs environnementales et patrimoniales » présente seulement un exposé général des différentes mesures de protection en matière d'environnement, ne contient aucun élément sur les zones présentant un intérêt particulier pour l'environnement dans le département et, par suite, comme telles, susceptibles de faire l'objet d'une protection privilégié. Enfin, si la carte des Données qui localise les zones sensibles du département est très difficilement lisible et exploitable, l'administration ne peut utilement se prévaloir du fait que cette carte ne constitue qu'une réduction d'une carte qui aurait été disponible dans les locaux de la DIREN, dès lors que le dossier mis à disposition du public doit se suffire à lui-même (■ CAA Lyon, 11 mai 2010, n° 08LY02557, *Féd. de la région Auvergne pour la Nature et l'Environnement et a.*).

Art. R. 515-8-2 *(D. n° 2015-1676, 15 déc. 2015).* **– Le projet de schéma est adressé au conseil départemental et aux commissions départementales de la nature, des paysages et des sites des départements voisins, qui disposent d'un délai de deux mois pour donner leur avis. À défaut de réponse dans ce délai, l'avis est réputé favorable.**

(1) Les dispositions de la présente sous-section 3 demeurent en vigueur au plus tard jusqu'au 1er janvier 2020 en métropole et jusqu'au 1er janvier 2025 en Guadeloupe, en Guyane, en Martinique, à La Réunion, à Mayotte, à Saint-Martin et à Saint-Pierre-et-Miquelon : D. n° 2015-1676, 15 déc. 2015, art. 2.

La commission départementale de la nature, des paysages et des sites établit alors le schéma départemental des carrières, conformément aux prescriptions de l'article L. 515-3 dans sa rédaction antérieure à la loi n° 2014-366 du 24 mars 2014 pour l'accès au logement et un urbanisme rénové, et en tenant compte des observations du public recueillies lors de l'accomplissement de la procédure d'information prévue à l'article L. 122-8.

Art. R. 515-8-3 *(D. n° 2015-1676, 15 déc. 2015)*. – Pour l'examen des dispositions du schéma départemental des carrières susceptibles d'avoir un impact sur les mesures de protection de la santé de la population, notamment pour l'examen des parties du rapport mentionnées aux 4° et 6° du II de l'article R. 515-8-1, le directeur général de l'agence régionale de santé ou son représentant siège à la commission avec voix consultative.

Art. R. 515-8-4 *(D. n° 2015-1676, 15 déc. 2015)*. – Le schéma départemental des carrières est approuvé par arrêté préfectoral.

L'arrêté est publié au recueil des actes administratifs de la préfecture et fait l'objet d'une insertion dans deux journaux locaux diffusés dans le département.

Il indique que le schéma départemental des carrières peut être consulté à la préfecture et dans les sous-préfectures.

Le schéma départemental des carrières est adressé au conseil départemental.

Il est également adressé aux commissions départementales de la nature, des paysages et des sites des départements voisins.

Art. R. 515-8-5 *(D. n° 2015-1676, 15 déc. 2015)*. – La commission départementale de la nature, des paysages et des sites établit, périodiquement et au moins tous les trois ans, un rapport sur l'application du schéma départemental des carrières.

Ce rapport peut être consulté en préfecture et en sous-préfectures.

Art. R. 515-8-6 *(D. n° 2015-1676, 15 déc. 2015)*. – Le schéma départemental des carrières est révisé dans un délai maximal de dix ans à compter de son approbation et selon une procédure identique à son adoption.

Toutefois, à l'intérieur du délai précité, la commission départementale de la nature, des paysages et des sites peut proposer la mise à jour du schéma départemental des carrières sans procéder aux consultations et formalités prévues à la présente section, à condition que cette mise à jour ne porte pas atteinte à l'économie générale du schéma.

Caducité. L'arrêté préfectoral qui approuve un schéma en précisant qu'il est « approuvé pour une durée de 10 ans à compter de la date du présent arrêté » donne à l'approbation du schéma un effet limité dans le temps, qui n'est pas contraire aux dispositions législatives et réglementaires en vigueur, et en l'absence de prorogation du délai ainsi fixé ou d'approbation d'une révision dudit schéma, celui-ci cesse de produire ses effets à l'issue du délai de 10 ans (▪ CAA Bordeaux, 10 juill. 2012, n° 11BX01908, *Sté Vinci Construction Terrassement*). Si l'article R. 515-7 du Code de l'environnement dispose que le schéma départemental est révisé dans un délai maximum de dix ans suivant son approbation, aucune disposition législative ou réglementaire ne prévoit la caducité de ce document dans le cas il n'aurait pas été révisé dans un délai de dix ans, de sorte que la compatibilité des projets doit être appréciée conformément au schéma existant (▪ CAA Bordeaux, 15 déc. 2015, n° 15BX00334, *Assoc. Cellettes Environnement*. Dans le même sens ▪ CAA Bordeaux, 30 mai 2017, n° 15BX01790, *Assoc. « Non à la carrière de Voulgezac et ses environs » et a.*).

Art. R. 515-8-7 *(D. n° 2015-1676, 15 déc. 2015)*. – Les dispositions de la présente sous-section demeurent applicables aux schémas départementaux des carrières jusqu'à l'adoption des schémas régionaux prévus à l'article L. 515-3 dans sa rédaction issue de la loi n° 2014-366 du 24 mars 2014 pour l'accès au logement et un urbanisme rénové.

Section II – Stockage souterrain de produits dangereux

Art. R. 515-9. – L'autorisation prévue au premier alinéa de l'article L. 515-7 pour le stockage souterrain en couches géologiques profondes de produits dangereux non radioactifs est délivrée par le préfet dans les mêmes conditions que celles prévues par le chapitre II du présent titre pour l'autorisation d'installation classée pour la protection de l'environnement.

Art. R. 515-10. – La prolongation pour une durée illimitée d'une autorisation de stockage souterrain en couches géologiques profondes de produits dangereux non radioactifs lorsque tout apport de déchets a cessé définitivement depuis au moins un an, prévue au deuxième alinéa de l'article L. 515-7, est délivrée par le préfet dans les conditions prévues par la présente section.

Art. R. 515-11. – I. – Toute personne qui souhaite obtenir la prolongation d'autorisation mentionnée à l'article R. 515-10 adresse une demande au préfet du département qui a délivré l'autorisation.

II. – La demande, remise en neuf exemplaires :

1° Mentionne, s'il s'agit d'une personne physique, ses nom, prénom et domicile et, s'il s'agit d'une personne morale, sa dénomination ou sa raison sociale, sa forme juridique, l'adresse de son siège social ainsi que la qualité du signataire de la demande ;

2° Mentionne la localisation, la nature et le volume des produits dangereux pour lesquels le pétitionnaire demande une prolongation pour une durée illimitée de l'autorisation de stockage ;

3° Décrit l'organisation du stockage, de manière à permettre d'apprécier les dangers ou les inconvénients de l'installation. Le demandeur peut adresser en un exemplaire unique et sous pli séparé les informations dont la divulgation serait susceptible de porter atteinte à la sécurité publique ;

4° Indique le périmètre et les règles souhaitées, lorsque le demandeur requiert l'institution de servitudes d'utilité publique prévues à l'article L. 515-12 ;

5° Décrit les capacités techniques et financières du pétitionnaire.

III. – Chaque exemplaire de la demande comprend en annexe les pièces suivantes :

1° Une carte au 1/25 000 sur laquelle est indiqué l'emplacement du stockage souterrain ;

2° Un plan représentant les installations de surface à l'échelle de 1/2 500 au minimum et couvrant une zone s'étendant jusqu'à une distance de 200 mètres des abords de ces installations. Sur ce plan sont indiqués tous bâtiments avec leur affectation, les voies de chemin de fer, les voies publiques, les points d'eau, canaux et cours d'eau ;

3° Un plan à l'échelle du 1/200 au minimum indiquant la localisation du stockage de produits dangereux ;

4° Un bilan écologique comprenant une étude d'impact.

L'étude d'impact comporte, outre les éléments exigés par l'article *(Réf. rempl. à compter du 1er mars 2017, D. n° 2017-81, 26 janv. 2017)* « R. 122-5 », une analyse comparative des données du stockage et des mesures envisagées par rapport à l'étude d'impact réalisée en vue de la délivrance de l'autorisation initiale ;

5° Un exposé des solutions alternatives au maintien du stockage avec leurs conséquences respectives et indiquant les motifs pour lesquels le projet présenté a été retenu ;

6° Une étude de sûreté du confinement à long terme de la matrice réceptrice compte tenu de ses caractéristiques géotechniques ;

7° Le cas échéant, une notice relative à la conformité de l'installation projetée avec les prescriptions législatives et réglementaires relatives à l'hygiène et à la sécurité du personnel.

Art. R. 515-12. – Le silence gardé par le préfet pendant plus de vingt-quatre mois sur une demande de prolongation d'une autorisation de stockage vaut décision de rejet.

Art. R. 515-13 *(Mod., D. n° 2022-563, 15 avr. 2022)*. – Le préfet peut faire procéder, aux frais du demandeur et par un organisme tiers expert, à une analyse critique de ceux des éléments du dossier, et en particulier de l'étude de sûreté, qui justifient des vérifications particulières. Cette analyse critique est jointe au dossier soumis à l'enquête publique.

Art. R. 515-14 *(Rempl., D. n° 2011-2018, 29 déc. 2011)* (1). – Une enquête publique est organisée dans les formes prévues à la section 2 du chapitre III du titre II du livre Ier et *(Réf. rempl. à compter du 1er mars 2017, D. n° 2017-81, 26 janv. 2017)* « aux articles L. 181-10 et R. 181-36 ».

Toutefois, le délai de quarante-huit heures prévu à l'article R. 123-15 est porté à huit jours.

(1) Dispositions applicables aux enquêtes publiques dont l'arrêté d'ouverture et d'organisation est publié à compter du 1er juin 2012, D. n° 2011-2018, 29 déc. 2011, art. 17.

Art. R. 515-15 *(Mod., D. n° 2012-189, 7 févr. 2012)* (1). **– Le bilan écologique et l'exposé des solutions alternatives au maintien du stockage mentionnés aux 4° et 5° du III de l'article R. 515-11 sont soumis pour avis à la commission de suivi de site mentionnée à l'article L. 125-1, lorsqu'elle existe.**

Art. R. 515-16. – Le conseil municipal de chacune des communes où le stockage est implanté et celui de chacune de celles dont le territoire se situe dans le rayon d'affichage sont appelés à donner leur avis sur la demande de prolongation de l'autorisation de stockage au vu du dossier mis à l'enquête. L'avis est réputé favorable s'il n'est pas émis dans un délai de deux mois.

Art. R. 515-17 *(Mod., D. n° 2011-210, 24 févr. 2011)*. **– Le préfet communique un exemplaire de la demande de prolongation de l'autorisation aux services départementaux de l'équipement, de l'agriculture, de la sécurité civile, à la direction régionale de l'environnement, à la direction régionale de l'industrie, de la recherche et de l'environnement, à l'agence régionale de santé, aux services de l'inspection du travail et aux services chargés de la police des eaux.**

Art. R. 515-18. – Au vu du dossier d'enquête et des avis prévus aux articles R. 515-14 à R. 515-17, l'inspection des installations classées établit un rapport sur les résultats de l'enquête et sur la demande de prolongation d'autorisation. Ce rapport peut recommander des prescriptions. Il est présenté au conseil départemental de l'environnement et des risques sanitaires et technologiques.

Le pétitionnaire ou le mandataire qu'il désigne est entendu à sa demande par le conseil. Il est informé par le préfet au moins huit jours à l'avance de la date et du lieu de la réunion du conseil et reçoit simultanément un exemplaire du rapport de l'inspection des installations classées.

Art. R. 515-19. – Le projet d'arrêté statuant sur la demande est porté par le préfet à la connaissance du demandeur. Ce dernier dispose d'un délai de quinze jours pour présenter ses observations par écrit.

Le projet d'arrêté est ensuite transmis par le préfet au ministre chargé de l'environnement, afin que celui-ci le soumette, pour avis, au « Conseil supérieur de la prévention des risques technologiques » (2).

Art. R. 515-20. – L'arrêté préfectoral de prolongation d'autorisation fixe des prescriptions de nature à prévenir ou, s'il y a lieu, à réduire les pollutions, notamment, à longue distance ainsi que les pollutions transfrontalières.

L'arrêté d'autorisation fixe les moyens d'analyses et de mesures nécessaires au contrôle du stockage et à la surveillance de ses effets sur l'environnement et la durée pendant laquelle un suivi est réalisé, ainsi que les conditions dans lesquelles les résultats de ces analyses et mesures sont portés à la connaissance de l'inspection des installations classées et du service chargé de la police des eaux.

L'arrêté fixe également les mesures d'urgence qui incombent au pétitionnaire sous le contrôle de l'autorité de police et les obligations de celui-ci en matière d'information et d'alerte des personnes susceptibles d'être affectées par un accident, quant aux risques encourus, aux mesures de sécurité à prendre et au comportement à adopter.

Art. R. 515-21. – Des arrêtés complémentaires peuvent être pris par le préfet sur proposition de l'inspection des installations classées et après avis du conseil départemental de l'environnement et des risques sanitaires et technologiques. Ils peuvent fixer toute prescription additionnelle que la protection des intérêts mentionnés à l'article L. 511-1 rend nécessaire ou atténuer celles des prescriptions initiales dont le maintien n'est plus justifié. L'exploitant peut se faire entendre et présenter ses observations dans les conditions prévues au premier alinéa de l'article R. 515-19.

Les arrêtés prévus au précédent alinéa peuvent prescrire en particulier la mise à jour des informations prévues à l'article R. 515-11.

Art. R. 515-22. – Toute modification des conditions de stockage de nature à entraîner un changement notable des éléments du dossier de demande de prolongation de l'autorisation doit être portée, avant sa réalisation, à la connaissance du préfet avec tous les éléments d'appréciation.

---

(1) Dispositions applicables aux commissions créées à compter du 9 février 2012, D. n° 2012-189, 7 févr. 2012, art. 12.

(2) À compter du 30 avril 2010, Ord. n° 2010-418, 27 avr. 2010, art. 3.

Le préfet fixe, s'il y a lieu, des prescriptions additionnelles dans les formes prévues à l'article R. 515-21.

S'il estime, après avis de l'inspection des installations classées, que les modifications sont de nature à entraîner des dangers ou inconvénients mentionnés à l'article L. 511-1, il invite l'exploitant à déposer une nouvelle demande soumise aux mêmes formalités que la demande de prolongation d'autorisation initiale.

Moyen sérieux tiré de l'illégalité d'un PPRT méconnaissant les obligations de concertation (■ CAA Nantes, 27 nov. 2015, n° 15NT02185).

Art. R. 515-23. – L'institution, en application des dispositions de l'article L. 515-12, de servitudes d'utilité publique à l'intérieur d'un périmètre délimité autour du stockage peut être demandée en même temps que la demande de prolongation pour une durée illimitée de l'autorisation de celui-ci.

Elle peut être également demandée par le maire de la commune d'implantation ou à l'initiative du préfet.

Le préfet arrête le projet de servitudes sur le rapport de l'inspection des installations classées et après consultation de la direction départementale de l'équipement et du service chargé de la sécurité civile.

La mise en place de servitudes d'utilité publique est effectuée selon les formes prévues aux articles R. 515-24 à R. 515-31.

Légalité du décret du décret du 13 septembre 2005. Le décret n° 2005-1170 du 13 septembre 2005 modifiant le décret n° 77-1133 du 21 septembre 1977 ne méconnaît pas les hypothèses établies par la loi dans lesquelles des servitudes d'utilité publique peuvent être instituées et n'est donc pas illégal (■ CE, 12 janv. 2009, n° 289080, Assoc. *France Nature Environnement*).

Section III. – Installations susceptibles de donner lieu à des servitudes d'utilité publique

Sous-section 1. – Dispositions relatives aux installations classées

(Division créée, D. n° 2013-5, 2 janv. 2013) (1)

Art. R. 515-24 ***(Mod., D. n° 2013-5, 2 janv. 2013*** **(1)** ***; mod. à compter du 1er juin 2015, D. n° 2014-284, 3 mars 2014 ; à compter du 1er août 2021, D. n° 2021-1000, 30 juill. 2021).*** **– Les dispositions de la présente sous-section sont applicables dans le cas où l'installation donne lieu à l'institution des servitudes d'utilité publique prévues aux articles L. 515-8 à L. 515-12.**

1) Indépendance. Nonobstant leur lien, la demande d'autorisation d'exploitation d'une installation classée et l'institution de servitudes d'utilité publique autour de cette installation en raison des dangers qu'elle présente font l'objet de procédures et de décisions distinctes, de sorte que les éventuelles irrégularités affectant l'arrêté de servitudes n'affecte pas nécessairement l'arrêté d'autorisation (■ CAA Nantes, 22 oct. 2010, n° 09NT01230, Assoc. *Koad Bihan*).

2) Limite. L'annulation de l'arrêté d'autorisation d'exploiter entraîne, par voie de conséquence, celle de l'arrêté de servitudes pour défaut de base légale (■ TA Amiens, 21 avr. 2009, n° 0602591, *Mme Brunelle*).

3) Légalité. Rejet de la requête dirigée contre l'article 8 du décret n° 2005-1170 du 13 septembre 2005 modifiant le décret n° 77-1133 du 21 septembre 1977 : la rédaction de cette disposition ne méconnaît pas les hypothèses distinctement établies par la loi et ne remet pas en cause la possibilité pour le préfet d'intervenir à tout moment (■ CE, 12 janv. 2009, n° 289080, Assoc. *France Nature Environnement*).

Art. R. 515-25 ***(Abr. à compter du 1er juin 2015, D. n° 2014-284, 3 mars 2014).***

Art. R. 515-26 ***(Abr. à compter du 1er juin 2015, D. n° 2014-284, 3 mars 2014).***

Art. R. 515-27 ***(Abr. à compter du 1er juin 2015, D. n° 2014-284, 3 mars 2014).***

---

(1) Dispositions applicables aux projets d'institution de servitudes d'utilité publique communiqués par le préfet en application du IV de l'article R. 515-31-2 du Code de l'environnement à compter du 1er avril 2013, D. n° 2013-5, 2 janv. 2013, art. 5, II.

Caractère complet de l'arrêté d'ouverture de l'enquête : concernant l'ouverture d'une installation de stockage de déchets, il a été jugé que le défaut de mention du périmètre et des servitudes d'utilité publique envisagées dans l'arrêté d'ouverture d'enquête publique et l'avis d'enquête publique n'est pas de nature à créer un doute sérieux quant à la légalité de l'arrêté (■ CE, 14 oct. 2009, n° 320543, *Assoc. Espérance environnement* ; V. O. Cartonn, *Référé-suspension et autorisation préfectorale d'exploitation d'une décharge : un contentieux utile ? : BDEI* 2010). Est suffisant pour assurer l'information de l'administration et de la population le dossier d'enquête comportant un plan représentant le périmètre de chacune des zones de dangers au sein desquelles ont été instituées des servitudes d'utilité publique et permettant d'identifier et de localiser au sein de chacun de ces périmètres les parcelles concernées et comportant une notice de présentation répertoriant les parcelles zone par zone et indiquant leur superficie respective (■ TA Orléans, 18 nov. 2008, n° 052558, *Mme Ponroy*). Les dispositions de l'article R. 515-27 qui prévoient la consultation du maire ne s'appliquent qu'aux enquêtes publiques portant spécifiquement sur l'instauration de servitudes d'utilité publique et ne s'appliquent donc pas dans le cadre des autres enquêtes publiques (■ CAA Bordeaux, 15 nov. 2016, n° 14BX02063, *Assoc. Châtillon Développement durable, préc.*).

Art. R. 515-28 *(Abr. à compter du 1er juin 2015, D. n° 2014-284, 3 mars 2014).*

Art. R. 515-29 *(Abr. à compter du 1er juin 2015, D. n° 2014-284, 3 mars 2014).*

Art. R. 515-30 *(Abr. à compter du 1er juin 2015, D. n° 2014-284, 3 mars 2014).*

Art. R. 515-31 *(Rempl. à compter du 1er août 2021, D. n° 2021-1000, 30 juill. 2021).* **– Dans les cas prévus aux articles L. 515-8 à L. 515-12, des servitudes d'utilité publique peuvent être instituées par le préfet à la demande de l'exploitant ou du demandeur de l'autorisation, du maire de la commune d'implantation de l'installation ou sur le territoire de laquelle sont situés les terrains, ou de sa propre initiative. Le préfet arrête le projet correspondant sur le rapport de l'inspection des installations classées.**

Le dossier est instruit conformément aux dispositions des R. 515-92 à R. 515-96, sauf s'il est fait application des articles R. 515-31-1 à R. 515-31-7. Le cas échéant, pour l'application de ces articles, les mots : « demandeur de l'autorisation » sont remplacés par le mot : « exploitant ».

Voir : V. les jurisprudences citées sous art. R. 515-24, p. 2435.

Sous-section 2. – Dispositions spécifiques aux sols pollués par certaines exploitations

(D. n° 2013-5, 2 janv. 2013) (1)

Bibliographie : D. Gillig, *La prise en compte des risques naturels et technologiques par les POS/PLU : Actes prat. ing. immobilières* 1er avr. 2015. ● C. Cazamajour, *Reconversion des sites et sols pollués : enjeux et contraintes juridiques : Actes prat. et ing. immobilières* 1er avr. 2015. ● J.-P. Bus, *Droit réel de restriction d'usage : une innovation juridique : D.* 2015, 64. ● M. Mekki, *La gestion conventionnelle des risques liés aux sols et sites pollués à l'aune de la loi Alur : JCP* N 2014. ● X. Couton : *les modifications apportées au traitement des sols et sites pollués par la loi ALUR : Rev. Construction* 1er juin 2014. ● Ph. Billet, *La loi ALUR et les sols pollués : JCP* A 15 sept. 2014, n° 37, 2262. ● V. Sol et F. Chaillou, *Quel encadrement contractuel pour la reconversion des friches industrielles ? Actes prat. ing. immobilière* 1er avr. 2013. ● Ph. Billet, *Les nouvelles modalités de gestion administrative des sites et sols pollués – À propos du décret relatif à la prévention et au traitement de la pollution des sols : JCP* A 2013, n° 44, p. 2134. ● A. Bouillié et J.-N. Clément, *Le décret n° 2013-5 du 2 janvier 2013 relatif à la prévention et au traitement de la pollution des sols : Environnement* avr. 2013, n° 4, comm. 26.

Art. R. 515-31-1 *(D. n° 2013-5, 2 janv. 2013)* (1). **– Sur les terrains pollués par l'exploitation d'une installation classée et sur les emprises des sites de stockage de déchets ainsi que, si nécessaire, à l'intérieur d'une bande de 200 mètres autour de ces terrains et emprises, des servitudes d'utilité publique peuvent être instituées en application de l'article L. 515-12 par le préfet à la demande de l'exploitant, du propriétaire du terrain ou du maire de la commune où sont situés les terrains, ou de sa propre initiative.**

(1) Dispositions applicables aux projets d'institution de servitudes d'utilité publique communiqués par le préfet en application du IV de l'article R. 515-31-2 du Code de l'environnement à compter du 1er avril 2013, D. n° 2013-5, 2 janv. 2013 art. 5, II.

Lorsque l'institution de ces servitudes à l'intérieur d'un périmètre délimité autour d'une installation classée est demandée conjointement avec l'autorisation d'installation, la décision autorisant l'installation ne peut intervenir qu'après qu'il a été statué sur le projet d'institution des servitudes.

Le préfet arrête le projet de servitude d'utilité publique sur le rapport de l'inspection des installations classées.

Art. R. 515-31-2 *(D. n° 2013-5, 2 janv. 2013)* (1). – Ce projet définit les servitudes, parmi celles prévues aux articles L. 515-8 à L. 515-12, de nature à parer aux risques liés à la pollution du sol et du sous-sol ou à la présence de déchets. Il doit être établi de manière notamment à :

1° Éviter les usages du sol ou du sous-sol qui ne sont pas compatibles avec la pollution qui affecte celui-ci ou la présence des déchets considérés ;

2° Fixer, si nécessaire, les précautions préalables à toute intervention ou travaux sur le site ;

3° En cas de besoin, prévoir l'entretien et la surveillance du site.

II. – L'appréciation des risques liés à la pollution du sol et du sous-sol ou à la présence de déchets tient compte des caractéristiques physico-chimiques des substances présentes, de la nature du sol et du sous-sol, des usages actuels ou envisagés sur le terrain et des intérêts à protéger.

III. – Le périmètre des servitudes est délimité en considération des caractéristiques du terrain, notamment de la topographie, de l'hydrographie, de l'hydrogéologie, du couvert végétal, des constructions et des voies existantes.

IV. – L'exploitant, le propriétaire du ou des terrains objets de la servitude et le maire ont, avant mise à l'enquête, communication du projet.

Art. R. 515-31-3 *(D. n° 2013-5, 2 janv. 2013)* (1). – I. – L'enquête publique est organisée dans les formes prévues à la section 2 du chapitre III du titre II du livre Ier et au présent article.

II. – Le dossier établi en vue de l'enquête publique, mentionné à l'article R. 123-8, est complété par :

1° Une notice de présentation ;

2° Un plan faisant ressortir le périmètre défini en application de l'article R. 515-31-2 ainsi que les aires correspondant à chaque catégorie de servitudes ;

3° Un plan parcellaire des terrains et bâtiments indiquant leurs usages actuels et envisagés ;

4° L'énoncé des règles envisagées dans la totalité du périmètre ou dans certaines de ses parties.

III. – Les frais de constitution du dossier sont à la charge de l'exploitant.

IV. – L'avis au public, prévu à l'article R. 123-11, mentionne le périmètre ainsi que les servitudes envisagées.

V *(D. n° 2024-742, 6 juill. 2024)*. – La durée de l'enquête publique est fixée par l'autorité compétente pour ouvrir et organiser l'enquête. Cette durée ne peut être inférieure à trente jours.

Art. R. 515-31-4 *(D. n° 2013-5, 2 janv. 2013)* (1). – Dès qu'il a saisi le président du tribunal administratif conformément à l'article R. 123-5, le préfet communique un exemplaire du projet aux maires des communes sur le territoire desquelles s'étend le périmètre de manière à ce que leurs conseils municipaux puissent émettre leur avis. Faute d'avis émis dans le délai de trois mois, l'avis est réputé favorable.

Art. R. 515-31-5 *(D. n° 2013-5, 2 janv. 2013)* (1). – Dans le cas prévu au troisième alinéa de l'article L. 515-12, le préfet sollicite l'avis écrit des propriétaires des terrains et des conseils municipaux des communes sur le territoire desquelles s'étend le périmètre mentionné à l'article R. 515-31-2. Faute d'avis émis dans le délai de trois mois cet avis est réputé favorable.

Art. R. 515-31-6 *(D. n° 2013-5, 2 janv. 2013)* (1). – Au vu des résultats de l'enquête, ou, dans le cas prévu à l'article R. 515-31-5, au vu de l'avis des propriétaires concernés et de l'avis du ou des conseils municipaux, l'inspection des installations classées établit un rapport sur les résultats de la consultation et ses conclusions sur le projet de servitudes.

(Mod., D. n° 2024-742, 6 juill. 2024) Le préfet peut solliciter l'avis du conseil départemental de l'environnement et des risques sanitaires et technologiques sur le projet de servitudes. L'exploitant, le propriétaire des terrains et le maire de la ou des communes où se situent les terrains concernés par les

(1) Dispositions applicables aux projets d'institution de servitudes d'utilité publique communiqués par le préfet en application du IV de l'article R. 515-31-2 du Code de l'environnement à compter du 1er avril 2013, D. n° 2013-5, 2 janv. 2013, art. 5, II.

servitudes ont la faculté de se faire entendre par le conseil ou de désigner à cet effet un mandataire. Ils sont informés par le préfet, au moins huit jours à l'avance, de la date et du lieu de la réunion du conseil et reçoivent simultanément un exemplaire du rapport et des conclusions de l'inspection des installations classées.

Art. R. 515-31-7 *(D. n° 2013-5, 2 janv. 2013)* (1). – L'acte instituant les servitudes est notifié par le préfet aux maires des communes sur le territoire desquelles s'étend le périmètre mentionné à l'article R. 515-31-2, à l'exploitant et à chacun des propriétaires des terrains et des autres titulaires de droits réels ou de leurs ayants droit lorsqu'ils sont connus.

(Mod., D. n° 2024-742, 6 juill. 2024) Cet acte fait l'objet, en vue de l'information des tiers, d'une publication au recueil des actes administratifs des services de l'État dans le département et d'une publicité foncière.

Les frais afférents à cette publicité sont à la charge de l'exploitant de l'installation classée.

Section IV. – Installations où sont manipulés des organismes génétiquement modifiés

(Intitulé rempl. à compter du 1er janvier 2022, D. n° 2021-1905, 30 déc. 2021) (2)

Art. R. 515-32 *(Mod., D. n° 2011-1177, 23 sept. 2011* (3) *; mod. à compter du 1er janvier 2022, D. n° 2021-1905, 30 déc. 2021).* – La mise en œuvre d'organismes génétiquement modifiés dans une installation figurant à la nomenclature des installations classées est soumise à autorisation ou à déclaration.

L'autorisation d'utilisation d'organismes génétiquement modifiés est délivrée par l'autorité compétente pour délivrer l'autorisation ou donner récépissé.

Les dispositions relatives à l'utilisation confinée d'organismes génétiquement modifiés à des fins de production industrielle sont énoncées au chapitre II du titre III du présent livre.

Art. R. 515-33 à R. 515-35 *(Abr., D. n° 2011-1177, 23 sept. 2011)* (3).

Art. R. 515-36 *(Mod., D. n° 2008-1273, 5 déc. 2008 ; mod. à compter du 1er janvier 2022, D. n° 2021-1905, 30 déc. 2021)* (2). – Le Comité d'expertise des utilisations confinées d'organismes génétiquement modifié est consulté par le ministre chargé des installations classées sur les règles générales applicables aux installations classées figurant à la rubrique 2680 de la nomenclature, fixées en application des articles L. 512-5 et L. 512-10. Il dispose d'un délai de deux mois pour formuler son avis. S'il ne s'est pas prononcé dans ce délai, son avis est réputé favorable.

Section V. – Installations de traitement de déchets

(Intitulé rempl. à compter du 12 juillet 2011, D. n° 2011-828, 11 juill. 2011)

Art. R. 515-37 *(Mod., D. n° 2010-368, 13 avr. 2010 ; mod. à compter du 12 juillet 2011, D. n° 2011-828, 11 juill. 2011).* – Lorsque l'installation est soumise à agrément en application de l'article L. 541-22, cet agrément est délivré dans les conditions suivantes :

L'agrément de l'exploitant d'une installation soumise à autorisation ou à enregistrement est délivré en même temps que celle-ci. L'arrêté précise la nature et l'origine des déchets qui peuvent être traités, les quantités maximales admises et les conditions de leur traitement. Il fixe, le cas échéant, des prescriptions particulières spécifiques à certaines catégories de déchets.

L'exploitant d'une installation déjà autorisée ou enregistrée est considéré comme agréé si l'arrêté d'autorisation ou d'enregistrement comporte les indications mentionnées à l'alinéa précédent. Dans le cas contraire, l'agrément est accordé par arrêté complémentaire, pris en application de l'article *(Réf. rempl. à compter du 1er mars 2017, D. n° 2017-81, 26 janv. 2017)* « R. 181-45 » ou R. 512-46-22.

(1) Dispositions applicables aux projets d'institution de servitudes d'utilité publique communiqués par le préfet en application du IV de l'article R. 515-31-2 du Code de l'environnement à compter du 1er avril 2013, D. n° 2013-5, 2 janv. 2013 art. 5, II.

(2) Dispositions d'application transitoires : V. D. n° 2021-1905, 30 déc. 2021.

(3) Les agréments en cours de validité le 26 septembre 2011 demeurent valables dans les conditions et jusqu'au terme du délai fixés dans la décision d'agrément, D. n° 2011-1177, 23 sept. 2011, art. 7.

En cas de changement d'exploitant, le nouvel exploitant en informe le préfet dans le mois qui suit la prise en charge de l'exploitation. L'agrément est délivré dans les formes prévues par l'article R. 512-31 ou R. 512-46-22.

L'exploitant d'une installation soumise à déclaration est réputé agréé si la déclaration faite conformément aux dispositions de l'article R. 512-47 précise la nature des déchets à traiter, les quantités maximales et les conditions de traitement. Dans le cas contraire, l'exploitant adresse au préfet une déclaration complémentaire.

Le préfet peut notifier à l'exploitant, dans les deux mois à compter de la réception de la déclaration, une décision motivée refusant l'agrément ou imposant des prescriptions spéciales, s'il constate que l'installation n'est pas à même de respecter les obligations du chapitre Ier du titre IV du présent livre.

Voir : art. L. 181-2, p. 293 aux termes duquel l'autorisation environnementale vaut désormais agrément au titre de l'article L. 541-22 du même code.

Art. R. 515-38 *(Mod à compter du 1er mars 2017, D. n° 2017-81, 26 janv. 2017).* **– L'agrément peut être suspendu ou retiré par arrêté motivé du préfet en cas de manquement de l'exploitant à ses obligations. L'intéressé doit recevoir une mise en demeure et avoir la possibilité d'être entendu.**

Lorsque le préfet décide, en cas de manquement, de retirer l'agrément d'une installation classée pour la protection de l'environnement, il est tenu, au préalable, de mettre en demeure l'exploitant de ladite installation. L'absence de cette mise en demeure est de nature à entraîner l'illégalité de la décision si elle a privé l'exploitant d'une garantie et a été susceptible d'exercer une influence sur le sens de l'arrêté en cause (▪ CAA Bordeaux, 29 avr. 2014, n° 12BX00271, *SELARL Sudre*).

Section VI. – Installations soumises à un plan de prévention des risques technologiques

Sous-section 1. – Plan de prévention des risques technologiques

Voir : Circ. 15 avr. 2010, relative à la mise en application du décret n° 2010-368 du 13 avril 2010 (*BOMEEDDM* n° 2010/8, 10 mai 2010). – Circ. 4 mars 2010, relative aux études de dangers remises en application de l'article L. 551-2 du Code de l'environnement. – Circ. 10 mai 2010, récapitulant les règles méthodologiques applicables aux études de dangers, à l'appréciation de la démarche de réduction du risque à la source et aux plans de prévention des risques technologiques (PPRT) dans les installations classées en application de la loi du 30 juillet 2003 (*BOMEEDDM* n° 12, 10 juill. 2010). – Circ. 20 juill. 2010, relative à l'exercice du droit d'évocation par le préfet de région. – V. concernant Loi n° 2010-1645, 28 déc. 2010 de programmation des finances publiques pour les années 2011 à 2014, annexe.

Voir : V. Circ. 11 avr. 2013, relative à l'élaboration et la mise en œuvre des plans de prévention des risques technologiques (PPRT) (*BO MEDDE* n° 2013/8, 10 mai 2013) ; Circ. 25 juin 2013, relative au traitement des plates-formes économiques dans le cadre des plans de prévention des risques technologiques (PPRT) (*BO MEDDE* n° 2013/14, 10 août 2013. Instruction du Gouvernement du 31 mars 2016 relative à l'accélération de la mise en œuvre des plans de prévention des risques technologiques ; *BOMEDAT* - Note technique du 7 novembre 2017 relative à la mise en œuvre des mesures alternatives des PPRT.

Bibliographie : L. Dutheillet de Lamothe, *Plans de prévention des risques technologiques – Précisions sur les installations soumises à PPRT : Énergie – Env. – Infrastr.* 2017. • M. Deffairi : *L'ordonnance n° 2015-1324 du 22 octobre 2015 : l'acte II de la prévention des risques technologiques : Énergie – Env. – Infrastr.* 2016. • A. Muller-Curzydlo, *PPRT et dispense d'évaluation environnementale : Énergie – Env. – Infrastr.* 2016. • *Ordonnance relative aux plans de prévention des risques technologiques : Énergie – Env. – Infrastr.* 2015. • J.-J. Martel, *L'impact des risques naturels et technologiques sur la valeur vénale ou locative : Actes prat. ing. immobilière* 1 avr. 2015.

Art. R. 515-39 *(Mod., D. n° 2011-208, 24 févr. 2011 ; D. n° 2017-780, 5 mai 2017).* **– Dans chaque département, le préfet recense les installations mentionnées au premier alinéa de l'article L. 515-15, dans lesquels sont susceptibles de survenir des accidents pouvant entraîner des effets sur la salubrité, la santé et la sécurité publiques, directement ou par pollution du milieu.**

Un plan de prévention des risques technologiques est établi pour chaque installation, ou pour chaque site comportant plusieurs de ces installations.

Absence d'erreur manifeste d'appréciation dans l'élaboration d'un PPRT autour des installations de raffinage de produits pétroliers figurant sur la liste prévue à l'article L. 515-36 (▪ CE, 12 oct. 2016, n° 390489).

Adaptation des mesures de protection prescrites et du classement des différentes zones malgré l'usage d'un logiciel à deux dimensions alors qu'il exige qu'il existe des logiciels plus précis à trois dimensions (même arrêt).

Art. R. 515-40 *(Mod. à compter du 1er janvier 2013, D. n° 2012-616, 2 mai 2012)*. **– I. – L'élaboration d'un plan de prévention des risques technologiques est prescrite par un arrêté du préfet qui détermine :**

1° Le périmètre d'étude du plan ;

2° La nature des risques pris en compte ;

3° Les services instructeurs ;

4° La liste des personnes et organismes associés définie conformément aux dispositions de l'article L. 515-22, ainsi que les modalités de leur association à l'élaboration du projet.

I *bis*. – Il mentionne si une évaluation environnementale est requise en application de l'article R. 122-18. Lorsqu'elle est explicite, la décision de l'autorité de l'État compétente en matière d'environnement est annexée à l'arrêté.

II. – L'arrêté fixe également les modalités de la concertation avec les habitants, les associations locales et les autres personnes intéressées. Les dispositions correspondantes de l'arrêté préfectoral doivent être soumises préalablement au conseil municipal de chaque commune dont tout ou partie du territoire est compris dans le périmètre du plan. L'avis du conseil municipal est réputé émis à défaut de réponse dans le mois qui suit la saisine. Le bilan de la concertation est communiqué aux personnes associées et rendu public dans des conditions que l'arrêté détermine.

III. – Lorsque le périmètre d'étude du plan de prévention des risques technologiques s'étend sur plusieurs départements, les arrêtés prévus à la présente sous-section sont pris conjointement par les préfets de ces départements. Le préfet du département le plus exposé est chargé de conduire la procédure.

IV. – Le plan de prévention des risques technologiques doit être approuvé dans les dix-huit mois qui suivent l'intervention de l'arrêté prescrivant son élaboration. Si les circonstances l'exigent, notamment pour prendre en compte la complexité du plan ou l'ampleur et la durée des consultations, le préfet peut, par arrêté motivé, fixer un nouveau délai.

1) Modalités de la concertation. Si les modalités de la concertation sont définies mais qu'elles ne sont assorties d'aucune précision quant aux conditions dans lesquelles elles doivent être mises en œuvre puis portées à la connaissance du public, les dispositions de l'article L. 515-22 sont méconnues, d'autant plus lorsque les mesures de publicité ne peuvent être regardées comme suffisantes pour permettre au public d'être informé de l'existence de la concertation et d'y participer (■ TA Toulouse, 15 nov. 2012, nos 1001280, 1003126, 1003199 et 1003241, *Sté Esso ASF* ; confirmé par ■ CAA Bordeaux, 6 mai 2014, n° 13BX00167, *Min. de l'Écologie*). Dès lors qu'il n'est pas établi que le fait que le préfet ait décidé de prolonger le délai d'approbation du PPRT serait la cause de la renonciation de candidats à louer un immeuble situé dans le champ d'application du PPRT, le préjudice subi par le propriétaire de cet immeuble ne présente pas un lien de causalité direct et certain avec la décision du préfet (■ CAA Lyon, 22 déc. 2015, n° 13LY02885, *SCI Monier*). L'application de l'article L. 300-2 du Code de l'urbanisme implique nécessairement que l'autorité chargée d'élaborer le document d'urbanisme objet de la concertation définisse avec suffisamment de précision les conditions dans lesquelles se déroule cette concertation auprès du public ; que, dès lors, en prévoyant l'organisation « le cas échéant » d'une réunion publique sans définir les conditions dans lesquelles il apparaîtrait nécessaire d'organiser une telle réunion, les préfets ont méconnu les dispositions des articles L. 300-2 du Code de l'urbanisme et L. 515-22 du Code de l'environnement (■ CAA Nantes, 15 avr. 2016, n° 15NT01185, *Min. Environnement*, confirmant ■ TA Orléans, 10 févr. 2015, n° 1400693, *ARUSS Gaz Touraine*). « L'auteur d'un recours tendant à l'annulation de la décision préfectorale approuvant un plan de prévention des risques technologiques peut utilement invoquer l'irrégularité de procédure résultant de la méconnaissance des modalités de concertation définies [...] mais ne peut utilement exciper de l'illégalité de la décision par laquelle le préfet a fixé ces modalités » (■ CE, 6 déc. 2017, n° 400735, *Min. de l'Environnement, de l'Énergie et de la Mer*, note F. Tesson : *Contestation de la décision approuvant un plan de prévention des risques technologiques : La Semaine Juridique Administrations et Collectivités territoriales* 18 déc. 2017, n° 50, act. 839). Pour une concertation suffisante : ■ CAA Marseille, 1er juin 2018, n° 16MA0447.

2) Délai d'approbation. Si les dispositions de l'article R. 515-40 prévoient un délai d'élaboration du PPRT de 18 mois, ce délai n'est pas prescrit à peine de nullité, de sorte que le fait que le plan soit approuvé au-delà de ce délai sans qu'une décision de prolongation n'ait été prise n'est pas de nature à l'entacher d'illégalité (■ TA Caen, 20 oct. 2016, n° 1502259, *Cne d'Hérouville-Saint-Clair*, préc.).

3) Responsabilité. Un PPRT annulé pour vice de procédure du fait de l'absence de jonction de l'avis des personnes associées à la procédure d'enquête n'entraîne pas la responsabilité de l'État en raison de ce que, en l'absence d'un tel vice, rien ne prouve qu'un PPRT différent aurait été décidé avec un zonage et des règles différentes de celles qui ont été retenues (▪ CAA Bordeaux, 27 avr. 2017, n° 16BX02126).

Bibliographie : F. Tesson, *Conditions de l'élaboration des plans de prévention des risques technologiques : JCP* A 2017. – R. Jeannel, *Les entreprises riveraines, oubliées des plans de prévention des risques technologiques : BDEI* sept. 2014, n° 1798.

Art. R. 515-41 *(Mod., D. n° 2011-208, 24 févr. 2011 ; mod. à compter du 1er mars 2017, D. n° 2017-81, 26 janv. 2017 ; mod., D. n° 2017-780, 5 mai 2017).* **– I. – Le plan de prévention des risques technologiques comprend :**

1° Des documents graphiques faisant apparaître le périmètre d'exposition aux risques et les zones et secteurs mentionnés respectivement aux articles L. 515-15 et L. 515-16 du présent code ;

2° Un règlement comportant, en tant que de besoin, pour chaque zone ou secteur :

***a)* Les mesures d'interdiction et les prescriptions mentionnées à l'article L. 515-16-1 ;**

***b)* Les servitudes d'utilité publique instituées en application de l'article L. 515-8 et les servitudes instaurées par les articles L. 5111-1 à L. 5111-7 du Code de la défense ;**

***c)* L'instauration du droit de délaissement ou du droit de préemption, de la mise en œuvre de l'expropriation pour cause d'utilité publique ;**

***d)* Les mesures de protection des populations prévues à l'article L. 515-16-2 du présent code ;**

***e)* L'échéancier de mise en œuvre des mesures prévues par le plan, conformément aux dispositions de l'article L. 515-18 ;**

3° Les recommandations formulées en application de l'article L. 515-16-8 ;

4° Le cas échéant, les mesures supplémentaires de prévention des risques prévues par l'article L. 515-17.

II. – Pour la délimitation des périmètres, zones et secteurs et pour la définition des mesures qui y sont applicables, il est tenu compte des travaux et mesures déjà prescrits aux exploitants en application des articles L. 181-12, L. 181-14 et L. 512-5, dont le délai de réalisation est inférieur à cinq ans, ainsi que des mesures supplémentaires de prévention des risques prévues à l'article L. 515-17.

III. – Au plan de prévention des risques technologiques sont jointes, le cas échéant, des informations portant sur :

1° Le coût des mesures supplémentaires de prévention des risques prévues par l'article L. 515-17 et l'estimation du coût des mesures prévues par les articles L. 515-16-3 et L. 515-16-4 qu'elles permettent d'éviter ;

2° L'estimation du coût des mesures qui restent susceptibles d'être prises en application des articles L. 515-16-3 et L. 515-16-4 ;

3° L'ordre de priorité retenu pour la mise en œuvre des différentes mesures prévues par le plan.

Les articles R. 515-41 et R. 515-42 ne méconnaissent pas les stipulations de l'article 14 de la Convention européenne de sauvegarde des droits de l'Homme et des libertés fondamentales qui proscrivent toute discrimination dans la jouissance des droits et libertés consacrés par la convention et notamment l'usage des biens tel que garanti par l'article 1er du premier protocole à cette convention (▪ CAA Douai, 30 janv. 2014, n° 12DA00449, *Sté Autoimpianti*).

Art. R. 515-42 *(Mod., D. n° 2017-780, 5 mai 2017).* **– Les travaux de protection prescrits en application de l'article L. 515-16-2 ne peuvent porter que sur des aménagements dont le coût n'excède pas 10 % de la valeur vénale ou estimée du bien avant l'intervention de l'arrêté prévu à l'article R. 515-40.**

Compte tenu du fait que ces dispositions prennent en considération la situation spécifique des propriétaires tiers par rapport aux installations en limitant les obligations mises à leur charge et que le coût des travaux de protection susceptibles d'être prescrits aux propriétaires riverains dans ces limites peut être compensé par des avantages fiscaux et des aides publiques, elles ne portent pas atteinte au principe d'égalité devant les charges publiques (▪ CE, 12 oct. 2016, n° 390489).

Art. R. 515-43 *(Mod., D. n° 2011-208, 24 févr. 2011 ; mod. à compter du 1er mars 2017, D. n° 2017-81, 26 janv. 2017 ; mod. D. n° 2017-780, 5 mai 2017).* **– I. – Si les éléments contenus dans les études de dangers se révèlent insuffisants, le préfet peut, pour l'élaboration du projet de plan, prescrire aux exploitants la communication des informations nécessaires en leur possession, dans les conditions prévues à l'article R. 181-45.**

II. – Le projet de plan, élaboré selon les modalités définies par l'arrêté prévu à l'article R. 515-40, et accompagné d'une notice présentant les mesures qu'il prévoit et leur justification au regard des dispositions de l'article L. 515-16, est soumis aux personnes et organismes associés. À défaut de réponse dans un délai de deux mois à compter de la saisine, leur avis est réputé favorable. Le cas échéant, le projet de plan est soumis pour avis au syndicat mixte d'aménagement et de gestion du parc naturel régional en application de l'article R. 333-15.

Le fait que les avis émis par les personnes et organismes associés n'ont pas été joints au dossier soumis à enquête publique et le fait que deux de ces avis sont assortis de la mention « réputé favorable » au motif que les personnes consultées n'ont pas répondu dans le délai de deux mois, alors que la première s'est prononcée défavorablement et que la seconde a émis des réserves, est de nature à fausser l'information du public et donc à entacher d'irrégularité la procédure d'élaboration du PPRT (■ CAA Bordeaux, 6 mai 2014, n° 13BX00167, *Min. de l'Écologie*).

Art. R. 515-44 *(Mod., D. n° 2011-208, 24 févr. 2011 ; D. n° 2011-2018, 29 déc. 2011 ; D. n° 2017-780, 5 mai 2017)* (1). **– I. – Le projet de plan, éventuellement modifié pour tenir compte des résultats de la concertation et des avis émis par les personnes et organismes associés, est soumis à une enquête publique organisée dans les formes prévues par la section 2 du chapitre III du titre II du livre Ier.**

Le dossier de l'enquête comprend les documents et informations mentionnés à l'article R. 515-41, les documents établis à l'issue de la concertation et les avis émis en application du II de l'article R. 515-43. Il comprend également la notice mentionnée au II de l'article R. 515-43. Lorsque le projet comporte des mesures supplémentaires de prévention des risques, le dossier est complété par une note indiquant les mesures prévues aux articles L. 515-16-1 à L. 515-16-4 qu'elles permettent d'éviter et par les documents graphiques mentionnés au 1° du I de l'article R. 515-41 tels qu'ils se présenteraient en l'absence de mesures supplémentaires.

La durée de l'enquête publique est d'un mois. Elle peut éventuellement être prorogée une fois pour la même durée.

II. – À l'issue de l'enquête publique, le plan éventuellement modifié est approuvé par arrêté préfectoral dans un délai de trois mois à compter de la réception en préfecture du rapport du commissaire-enquêteur ou de la commission d'enquête. Si les circonstances l'exigent, notamment pour prendre en compte l'importance des remarques formulées, le préfet peut, par arrêté motivé, fixer un nouveau délai.

1) Avis des personnes associées. Les avis des personnes et organismes associés à la procédure d'élaboration du PPRT n'ayant pas été joints au dossier dans les formes prescrites par l'article R. 515-44, cette omission constitue une irrégularité substantielle entachant d'illégalité l'arrêté litigieux (■ TA Toulouse, 15 nov. 2012, nos 1001280, 1003126, 1003199 et 1003241, *Sté Esso SAF* ; confirmé par ■ CAA Bordeaux, 6 mai 2014, n° 13BX00167, *Min. de l'Écologie*).

2) Rapport du commissaire enquêteur. Les dispositions de l'article R. 515-44 renvoient aux articles R. 123-1 et suivants du Code de l'environnement et imposent donc au commissaire enquêteur d'indiquer au moins sommairement, en donnant son avis personnel, les raisons qui déterminent le sens de son avis (■ CAA Bordeaux, 6 mai 2014, n° 13BX00167, *Min. de l'Écologie*). La recommandation de la Commission d'enquête assortissant son avis favorable et selon laquelle « la société devra tout mettre en œuvre pour réduire le risque à la source au niveau du stockage de kérosène par des équipements et des dispositifs de sécurité répondant aux meilleurs techniques disponibles » ne subordonne pas l'établissement du PPRT à la réalisation de nouvelles études ou à une intervention préalable de l'industriel, de sorte qu'elle ne peut être regardée comme une « réserve » qui aurait dû conduire l'administration à retarder les opérations d'approbation du plan (■ CAA Douai, 7 avr. 2016, n° 14DA01464, *Sté Collet*, préc.).

Art. R. 515-45 *(Abr., D. n° 2017-780, 5 mai 2017)*.

Art. R. 515-46. – Un exemplaire des arrêtés prévus aux articles R. 515-40 et R. 515-44 est adressé aux personnes et organismes associés. Chaque arrêté est affiché pendant un mois dans les mairies des

(1) Dispositions applicables aux enquêtes publiques dont l'arrêté d'ouverture et d'organisation est publié à compter du 1er juin 2012, D. n° 2011-2018, 29 déc. 2011, art. 17.

communes et au siège des établissements publics de coopération intercommunale concernés en tout ou partie par le plan de prévention des risques technologiques. Mention de cet affichage est insérée, par les soins du préfet, dans un journal diffusé dans le département ou les départements intéressés.

Ces arrêtés sont, en outre, publiés au recueil des actes administratifs de l'État de chaque département.

Le plan approuvé est tenu à la disposition du public à la préfecture, en mairie, au siège des établissements publics de coopération intercommunale compétents en matière de plans locaux d'urbanisme concernés en tout ou partie par le plan de prévention des risques technologiques, ainsi que par voie électronique.

Art. R. 515-47. – I. – Le plan de prévention des risques technologiques est révisé dans les formes prévues par la présente sous-section pour son élaboration.

II. – L'approbation du nouveau plan emporte abrogation des dispositions correspondantes de l'ancien plan.

III. – Lorsque la révision est partielle et n'est pas motivée par une aggravation du risque, la concertation et l'enquête publique ne sont organisées que dans les communes sur le territoire desquelles les modifications proposées seront applicables. Le dossier de l'enquête publique comprend alors, outre l'avis des personnes et organismes associés :

1° Une note synthétique présentant l'objet des modifications envisagées ;

2° Les documents graphiques et le règlement mentionnés au I de l'article R. 515-41 tels qu'ils se présenteraient après modification avec l'indication des dispositions faisant l'objet d'une modification et le rappel, le cas échéant, de la disposition précédemment en vigueur.

Art. R. 515-48 ***(Rempl., D. n° 2017-780, 5 mai 2017 ; mod. à compter du 1er août 2021, D. n° 2021-1000, 30 juill. 2021).*** **– Dans le cas prévu au III de l'article L. 515-22-1, le préfet consulte le conseil départemental de l'environnement et des risques sanitaires et technologiques mentionné à l'article R. 181-39 sur l'abrogation du plan de prévention des risques technologiques.**

L'arrêté d'abrogation du plan de prévention des risques technologiques est notifié aux maires des communes et aux présidents des établissements publics de coopération intercommunale dont le territoire est couvert en tout ou partie par ce plan. Il fait l'objet des mesures d'affichage et de publication prévues aux premier et deuxième alinéas de l'article R. 515-46 pour l'arrêté d'approbation du plan de prévention des risques technologiques.

Sur les conséquences d'une abrogation. La présence en annexe du PLU du plan de prévention des risques technologiques alors que ce dernier, à la date d'approbation du PLU, était déjà abrogé est, par elle-même, sans incidence sur la légalité de ce PLU. Par ailleurs, les références à un plan de prévention des risques technologiques déjà abrogé, figurant au PLU, n'ont pas eu pour effet d'entacher d'illégalité ce plan dans son ensemble (■ CAA Douai, 1er févr. 2018, n° 16DA00362).

Art. R. 515-49 ***(Abr., D. n° 2022-901, 17 juin 2022).***

Art. R. 515-50 ***(Mod., D. n° 2020-133, 18 févr. 2020).*** **– I. – L'élaboration du plan de prévention des risques technologiques concernant une installation mentionnée à l'article L. 517-1 et relevant du ministre de la défense est prescrite par arrêté de ce ministre.**

Cet arrêté fixe les modalités particulières de la concertation.

Les autres procédures prévues par la présente sous-section sont accomplies à la diligence du préfet.

II. – À la demande du ministre de la défense, le préfet disjoint du dossier soumis à l'enquête publique et aux consultations les éléments :

– soumis à des règles de protection du secret de la défense nationale dans le domaine militaire ou industriel ;

– nécessaires à la sauvegarde des intérêts de la défense nationale. Les résultats de l'enquête publique ainsi que les avis recueillis sont transmis par le préfet au ministre de la défense.

Lorsque le périmètre du plan de prévention des risques technologiques ne s'étend pas au-delà des limites de l'emprise relevant du ministre de la défense, un arrêté de ce ministre approuve le plan. Cet arrêté est communiqué au préfet pour l'information des tiers en application de la présente sous-section.

Dans le cas contraire, un arrêté conjoint du préfet et du ministre de la défense approuve le plan de prévention des risques technologiques.

III ***(Abr., D. n° 2022-901, 17 juin 2022).***

Sous-section 2. – Rapport d'évaluation

Art. R. 515-51. – **Le rapport prévu à l'article L. 515-26 estime la probabilité d'occurrence et le coût des dommages matériels potentiels aux tiers, pour chacun des accidents identifiés dans l'étude de dangers comme pouvant présenter des effets graves sur les biens situés à l'extérieur de l'établissement. Cette estimation tient compte des mesures propres à réduire la probabilité et les effets de ces accidents. Le cas échéant et dans la limite des données disponibles, le rapport distingue les biens des particuliers, les biens professionnels privés, les biens des collectivités territoriales, de l'État et des établissements publics.**

Sont exclues de l'estimation les atteintes aux personnes, les atteintes aux biens situés dans le périmètre de l'établissement et les atteintes aux biens vacants et sans maître. Le rapport explicite et justifie les paramètres retenus pour l'estimation et présente les résultats sous une forme agrégée.

Le rapport est transmis au préfet ainsi qu'au président *(Mots rempl., D. n° 2012-189, 7 févr. 2012)* (1) **« de la commission de suivi de site, si cette dernière est constituée ».**

Il est révisé et transmis dans les mêmes conditions, au plus tard six mois après chaque révision de l'étude de dangers.

Section VI. – Installations d'élevage

(D. n° 2011-63, 17 janv. 2011 ; intitulé rempl., D. n° 2016-1661, 5 déc. 2016)

Pas de dispositions réglementaires.

Art. R. 515-52 à R. 515-57 *(Abr., D. n° 2016-1661, 5 déc. 2016).*

Section VIII. – Installations visées à l'annexe I de la directive 2010/75/UE du Parlement européen et du Conseil du 24 novembre 2010 relative aux émissions industrielles (2)

(D. n° 2013-374, 2 mai 2013)

Commentaire. La directive 2010/75/UE du Parlement européen et du Conseil du 24 novembre 2010 relative aux émissions industrielles (directive IED) qui refond et remplace notamment la directive 2008/1/CE relative à la prévention et à la réduction intégrées de la pollution a été transposée en droit interne par l'ordonnance n° 2012-7 du 5 janvier 2012, ses décrets d'application n° 2013-374 du 2 mai portant transposition des dispositions générales et du chapitre II de la directive IED et 2013-375 du 2 mai 2013 modifiant la nomenclature des installations classées et trois arrêtés du même jour : un qui modifie l'arrêté du 29 juin 2004 relatif au bilan de fonctionnement (*JO* 4 mai 2013) – un qui modifie l'arrêté du 15 décembre 2009 fixant certains seuils et critères (COV) (*JO* 4 mai 2013) – un relatif aux définitions, liste et critères de la directive IED (*JO* 4 mai 2013). Le décret n° 2013-374 prévoit, pour les installations concernées, les compléments à apporter à la demande d'autorisation, les dispositions spécifiques à prévoir au sein de l'arrêté préfectoral d'autorisation, les conditions du réexamen périodique des autorisations, les particularités de la procédure de mise à l'arrêt définitif ainsi que les modalités de consultation lors des réexamens.

Bibliographie : S. Beauvillard, *Transposition de la Directive IED : un bouleversement du paysage réglementaire des installations classées : BDEI* 2013/1595. – Ph. Merle, *Directive IED, 4 ans après : BDEI* 2017/spéc, suppl., p. 13.

Sous-section 1. – Installations visées

Art. R. 515-58 *(D. n° 2013-374, 2 mai 2013 ; mod. à compter du 1er mars 2017, D. n° 2017-81, 26 janv. 2017 ; mod., D. n° 2017-626, 25 avr. 2017 ; D. n° 2023-722, 3 août 2023).* – **Sans préjudice notamment des dispositions du chapitre Ier du titre VIII du livre Ier, de celles de la section 1 du chapitre II du présent titre applicables en matière d'autorisation et de celles du chapitre III du titre Ier du livre V, les dispositions de la présente section sont applicables aux installations relevant des rubriques 3000 à 3999 dans la colonne A du**

(1) Dispositions applicables aux commissions créées à compter du 9 février 2012, D. n° 2012-189, 7 févr. 2012, art. 12.

(2) V. T. appl. : A. 2 mai 2013 (*JO* 4 mai 2013). – NDLR.

tableau annexé à l'article R. 511-9 constituant la nomenclature des installations classées pour la protection de l'environnement ainsi qu'aux installations ou équipements s'y rapportant directement, exploités sur le même site, liés techniquement à ces installations et susceptibles d'avoir des incidences sur les émissions et la pollution.

V. not. la décision d'exécution (UE) 2018/1147 de la Commission du 10 août 2018 établissant les conclusions sur les meilleures techniques disponibles (MTD) pour le traitement des déchets, au titre de la dir. 2010/75/UE du Parlement européen et du Conseil, ainsi que la décision d'exécution (UE) 2019/2031 de la Commission du 12 nov. 2019 établissant les conclusions sur les meilleures techniques disponibles dans les industries agroalimentaire et laitière, au titre de la dir. 2010/75/UE du Parlement européen et du Conseil ainsi que A. 27 févr. 2020 relatif aux meilleures techniques disponibles (MTD) applicables à certaines installations classées du secteur de l'agroalimentaire relevant du régime de l'autorisation au titre des rubriques 3642, 3643 ou 3710 (pour lesquelles la charge polluante principale provient d'installations relevant des rubriques 3642 ou 3643) de la nomenclature des installations classées pour la protection de l'environnement (*JO* 27 mars 2020).

Sous-section 2. – Demande d'autorisation

Art. R. 515-59 *(D. n° 2013-374, 2 mai 2013 ; mod., D. n° 2015-1614, 9 déc. 2015 ; mod. à compter du 1er mars 2017, D. n° 2017-81, 26 janv. 2017).* **– La demande d'autorisation ou les pièces qui y sont jointes en application de l'article R. 181-13 comportent également :**

I. *(Mod., D. n° 2024-529, 10 juin 2024)* (1) **– Des compléments à l'étude d'impact ou à l'étude d'incidence environnementale portant sur les meilleures techniques disponibles présentant :**

1° La description des mesures prévues pour l'application des meilleures techniques disponibles prévue à l'article L. 515-28. Cette description complète la description des mesures réductrices et compensatoires mentionnées à l'article R. 122-5.

Cette description comprend une comparaison du fonctionnement de l'installation avec :

– les meilleures techniques disponibles décrites dans les conclusions sur les meilleures techniques disponibles mentionnées à l'article L. 515-28 et au I de l'article R. 515-62 ;

– les meilleures techniques disponibles figurant au sein des documents de référence sur les meilleures techniques disponibles adoptés par la Commission européenne avant le 7 janvier 2013 mentionnés à l'article R. 515-64 en l'absence de conclusions sur les meilleures techniques disponibles mentionnées au I de l'article R. 515-62.

Cette comparaison positionne les niveaux des rejets par rapport aux niveaux d'émission associés aux meilleures techniques disponibles figurant dans les documents ci-dessus.

Si l'exploitant souhaite que les prescriptions de l'autorisation soient fixées sur la base d'une meilleure technique disponible qui n'est décrite dans aucune des conclusions sur les meilleures techniques disponibles applicables, cette description est complétée par une proposition de meilleure technique disponible et par une justification de cette proposition en accordant une attention particulière aux critères fixés par l'arrêté du ministre chargé des installations classées prévu aux articles R. 515-62 et R. 515-63.

Lorsque l'activité ou le type de procédé de production utilisé n'est couvert par aucune des conclusions sur les meilleures techniques disponibles ou si ces conclusions ne prennent pas en considération toutes les incidences possibles de l'activité ou du procédé utilisé sur l'environnement, cette description propose une meilleure technique disponible et une justification de cette proposition en accordant une attention particulière aux critères fixés par l'arrêté du ministre chargé des installations classées prévu aux articles R. 515-62 et R. 515-63 ;

2° L'évaluation prévue à l'article R. 515-68 lorsque l'exploitant demande à bénéficier de cet article ;

3° Le rapport de base mentionné à l'article L. 515-30 lorsque l'activité implique l'utilisation, la production ou le rejet de substances ou de mélanges dangereux pertinents mentionnés à l'article 3 du règlement (CE) n° 1272/2008 du 16 décembre 2008 relatif à la classification, à l'étiquetage et à l'emballage des substances et des mélanges, et un risque de contamination du sol et des eaux souterraines sur le site de l'exploitation.

Ce rapport contient les informations nécessaires pour comparer l'état de pollution du sol et des eaux souterraines avec l'état du site d'exploitation lors de la mise à l'arrêt définitif de l'installation.

(1) Dispositions applicables aux projets pour lesquels la première autorité compétente pour autoriser le projet ou l'autorité chargée de l'examen au cas par cas sont saisies à compter du 11 juin 2024, D. n° 2024-529, 10 juin 2024, art. 4.

Il comprend au minimum :

a) Des informations relatives à l'utilisation actuelle et, si elles existent, aux utilisations précédentes du site ;

b) Les informations disponibles sur les mesures de pollution du sol et des eaux souterraines à l'époque de l'établissement du rapport ou, à défaut, de nouvelles mesures de cette pollution eu égard à l'éventualité d'une telle pollution par les substances ou mélanges mentionnés au premier alinéa du présent 3°.

Un arrêté du ministre chargé des installations classées précise les conditions d'application du présent 3° et le contenu de ce rapport.

II. – Une proposition motivée de rubrique principale choisie parmi les rubriques 3000 à 3999 qui concernent les installations ou équipements visés à l'article R. 515-58 et de conclusions sur les meilleures techniques disponibles relatives à la rubrique principale.

Voir : art. R. 122-5, p. 1508.

Bibliographie : V. Laforest et R. Berthéas, *Ambiguïté entre technologies propres et meilleures techniques disponibles : Vertigo - la revue électronique en sciences de l'environnement* [En ligne] sept. 2005, Vol. 6, n° 2 |.

Sous-section 3. – Autorisation et prescriptions

§ 1. – Contenu de l'autorisation

Art. R. 515-60 *(D. n° 2013-374, 2 mai 2013).* – Sans préjudice des dispositions de[s] *(Réf. rempl. à compter du 1er mars 2017, D. n° 2017-81, 26 janv. 2017)* « articles R. 181-43 et R. 181-54 », l'arrêté d'autorisation fixe au minimum :

a) Des valeurs limites d'émission pour les substances polluantes dont la liste est arrêtée par le ministre chargé des installations classées et pour les autres substances polluantes qui, eu égard à leur nature et à leur potentiel de transferts de pollution d'un milieu à l'autre, sont susceptibles d'être émises en quantités significatives. Ces valeurs limites d'émission peuvent être remplacées par des paramètres ou des mesures techniques garantissant un niveau équivalent de protection de l'environnement. L'arrêté fixe également des prescriptions permettant d'évaluer le respect de ces valeurs limites à moins qu'il ne se réfère aux règles générales et prescriptions techniques fixées par les arrêtés pris en application de l'article L. 512-5 ;

b) Des prescriptions en matière de surveillance des émissions, en spécifiant la méthode de mesure, la fréquence des relevés et la procédure d'évaluation, basées sur la partie des conclusions sur les meilleures techniques disponibles relative à la surveillance ;

c) La périodicité de la fourniture obligatoire au préfet des résultats de la surveillance des émissions mentionnée au *b*, accompagnée de toute autre donnée complémentaire nécessaire au contrôle du respect des prescriptions de l'autorisation. L'arrêté précise les informations à fournir quant aux résultats de cette surveillance, la période au titre de laquelle elles sont fournies, qui ne peut excéder un an, et la nature des données complémentaires à transmettre ;

d) Des mesures relatives à la surveillance et à la gestion des déchets ;

e) Des prescriptions garantissant la protection du sol et des eaux souterraines, concernant notamment les moyens nécessaires à l'entretien et à la surveillance périodique des mesures prises afin de garantir cette protection ;

f) S'agissant des substances ou mélanges visés au 3° du I de l'article R. 515-59, des prescriptions concernant la surveillance périodique du sol et des eaux souterraines définissant notamment la fréquence de cette surveillance. Cette dernière est d'au moins une fois tous les cinq ans pour les eaux souterraines et d'au moins une fois tous les dix ans pour le sol, à moins que cette surveillance ne soit fondée sur une évaluation systématique du risque de pollution ;

g) Les mesures relatives aux conditions d'exploitation lors de l'arrêt définitif de l'installation et l'état dans lequel doit être remis le site lors de cet arrêt définitif dans le respect *(Réf. suppr. à compter du 1er mars 2017, D. n° 2017-81, 26 janv. 2017)* « ... » des articles L. 512-6-1 et L. 515-30.

Art. R. 515-61 *(D. n° 2013-374, 2 mai 2013).* – L'arrêté d'autorisation mentionne, parmi les rubriques 3000 à 3999 qui concernent les installations ou équipements visés à l'article R. 515-58, la rubrique principale de l'exploitation ainsi que les conclusions sur les meilleures techniques disponibles relatives à la rubrique principale.

§ 2. – Prescriptions et application des meilleures techniques disponibles

Voir : A. 2 mai 2013, relatif aux définitions, liste et critères de la directive 2010/75/UE du 24 novembre 2010 relative aux émissions industrielles (*JO* 4 mai 2013, p. 7673) Mod., A. 29 mai 2017 (*JO* 11 juill. 2017).

Art. R. 515-62 *(D. n° 2013-374, 2 mai 2013).* – I. – Sans préjudice des dispositions de[s] *(Réf. rempl. à compter du 1er mars 2017, D. n° 2017-81, 26 janv. 2017)* « R. 181-43 et R. 181-54 », les conclusions sur les meilleures techniques disponibles adoptées par la Commission européenne en application de la directive 2010/75/UE du 24 novembre 2010 servent de référence pour la fixation des conditions d'autorisation imposées par les arrêtés préfectoraux d'autorisation.

II. – Lorsque les prescriptions de l'autorisation sont fixées sur la base d'une meilleure technique disponible qui n'est décrite dans aucune des conclusions sur les meilleures techniques disponibles applicables, cette technique est déterminée en accordant une attention particulière aux critères fixés par arrêté du ministre chargé des installations classées. Ces prescriptions s'appliquent sans préjudice des dispositions du paragraphe 3 de la présente sous-section, notamment de celles des articles R. 515-67 et R. 515-68.

Lorsque les conclusions visées au premier alinéa du présent II ne contiennent pas de niveaux d'émission associés à ces meilleures techniques, l'arrêté d'autorisation fixe des prescriptions assurant que la technique visée au premier alinéa du présent II garantit un niveau de protection de l'environnement équivalent à celui résultant des meilleures techniques décrites dans ces conclusions.

Art. R. 515-63 *(D. n° 2013-374, 2 mai 2013).* – Lorsqu'une activité ou un type de procédé de production utilisé n'est couvert par aucune des conclusions sur les meilleures techniques disponibles ou lorsque ces conclusions ne prennent pas en considération toutes les incidences possibles de l'activité ou du procédé sur l'environnement, l'arrêté d'autorisation fixe les prescriptions sur la base des meilleures techniques disponibles déterminées en accordant une attention particulière aux critères fixés par arrêté du ministre chargé des installations classées.

Art. R. 515-64 *(D. n° 2013-374, 2 mai 2013).* – Dans l'attente de conclusions sur les meilleures techniques disponibles, les meilleures techniques disponibles figurant au sein des documents de référence sur les meilleures techniques disponibles adoptés par la Commission européenne avant le 6 janvier 2011 valent conclusions sur les meilleures techniques disponibles pour l'application de la présente section à l'exception de ses articles R. 515-66, R. 515-67 et R. 515-68.

§ 3. – Valeurs limites d'émission paramètres et mesures équivalents

Art. R. 515-65 *(D. n° 2013-374, 2 mai 2013).* – I. – Sans préjudice de[s] *(Réf. rempl. à compter du 1er mars 2017, D. n° 2017-81, 26 janv. 2017)* « R. 181-43 et R. 181-54 », les valeurs limites d'émission et les paramètres et mesures techniques équivalents mentionnés au a de l'article R. 515-60 sont fondés sur les meilleures techniques disponibles, sans prescrire l'utilisation d'une technique ou d'une technologie spécifique.

II. – Les valeurs limites d'émission mentionnées à l'article R. 515-66 sont applicables au point de rejet externe des émissions et aucune dilution intervenant avant ce point n'est prise en compte pour la détermination de ces valeurs.

III. – Le traitement par une station d'épuration des rejets indirects de substances polluantes dans l'eau peut être pris en considération pour la détermination des valeurs limites d'émission mentionnées à l'article R. 515-66 si celles-ci garantissent un niveau équivalent de protection de l'environnement dans son ensemble et pour autant qu'il n'en résulte pas une augmentation des charges polluantes dans le milieu.

Art. R. 515-66 *(D. n° 2013-374, 2 mai 2013).* – I. – Sans préjudice de[s] *(Réf. rempl. à compter du 1er mars 2017, D. n° 2017-81, 26 janv. 2017)* « R. 181-43 et R. 181-54 », lorsque les conclusions sur les meilleures techniques disponibles fixent des niveaux d'émission associés à ces meilleures techniques, des valeurs limites d'émission sont fixées pour les mêmes périodes, ou pour des périodes plus courtes, et pour les mêmes conditions de référence que celles associées auxdits niveaux.

II. – En application de[s] *(Réf. rempl. à compter du 1er mars 2017, D. n° 2017-81, 26 janv. 2017)* « R. 181-43 et R. 181-54 », l'arrêté d'autorisation peut en outre fixer des valeurs limites d'émission pour d'autres périodes et pour d'autres conditions de référence.

Art. R. 515-67 *(D. n° 2013-374, 2 mai 2013)*. – Les valeurs limites d'émission mentionnées à l'article R. 515-66 n'excèdent pas, dans des conditions normales d'exploitation, les niveaux d'émission associés aux meilleures techniques disponibles décrites dans les conclusions sur les meilleures techniques disponibles applicables mentionnées au I de l'article R. 515-62.

Art. R. 515-68 *(D. n° 2013-374, 2 mai 2013 ; mod., D. n° 2015-1614, 9 déc. 2015)*. – I. – Sans préjudice de[s] *(Réf. rempl. à compter du 1er mars 2017, D. n° 2017-81, 26 janv. 2017)* « R. 181-43 et R. 181-54 » et par dérogation aux dispositions de l'article R. 515-67, les valeurs limites d'émission mentionnées à l'article R. 515-66 peuvent, sur demande de l'exploitant, excéder, dans des conditions d'exploitation normales, les niveaux d'émission associés aux meilleures techniques disponibles s'il justifie dans une évaluation que l'application des dispositions de l'article R. 515-67 entraînerait une hausse des coûts disproportionnée au regard des bénéfices pour l'environnement, en raison :

a) De l'implantation géographique de l'installation concernée ou des conditions locales de l'environnement ; ou

b) Des caractéristiques techniques de l'installation concernée.

Le préfet précise, dans l'arrêté d'autorisation :

– les raisons ayant conduit à l'application de ce I, y compris son appréciation sur le résultat de l'évaluation quant au caractère disproportionné du surcoût au regard des bénéfices attendus pour l'environnement ;

– la justification des prescriptions imposées à l'exploitant.

L'application de ces dispositions donne lieu à une réévaluation lors de chaque réexamen.

II. – L'évaluation prévue au I compare, avec les justificatifs nécessaires, les coûts induits par le respect des dispositions de l'article R. 515-67 aux bénéfices attendus pour l'environnement. Elle analyse l'origine de ce surcoût au regard des deux causes mentionnées aux *a* et *b* du I.

III. *(D. n° 2017-849, 9 mai 2017)* Le préfet sollicite l'avis du conseil départemental de l'environnement et des risques sanitaires et technologiques sur les prescriptions dont il envisage d'assortir l'autorisation ou sur le refus qu'il prévoit d'opposer à la demande de dérogation.

Il en informe le pétitionnaire au moins huit jours avant la réunion du conseil, lui indique la date et le lieu de cette réunion, lui transmet le projet qui fait l'objet de la demande d'avis et l'informe de la faculté qui lui est offerte d'être entendu ou de se faire représenter lors de cette réunion du conseil.

Commentaire. Le décret n° 2017-849 du 9 mai 2017 modifiant les dispositions réglementaires du Code de l'environnement relatives aux installations mentionnées à l'annexe I de la directive 2010/75/UE du Parlement européen et du Conseil du 24 novembre 2010 relative aux émissions industrielles (JO 10 mai 2017) simplifie les démarches administratives et rend plus opérationnelle la mise en œuvre de la directive (IED). En phase avec le nouveau régime de l'autorisation environnementale, il rétablit l'avis obligatoire du CODERST sur les prescriptions dont le préfet envisage d'assortir l'autorisation ou sur le refus qu'il prévoit d'opposer à la demande de dérogation.

Art. R. 515-69 *(D. n° 2013-374, 2 mai 2013)*. – L'arrêté d'autorisation peut déroger, pour une durée n'excédant pas neuf mois, au I de l'article R. 515-65 et à l'article R. 515-67 en cas d'expérimentation et d'utilisation de techniques émergentes à condition que, à l'issue de cette durée, l'utilisation de ces techniques ait cessé ou que les émissions de l'activité respectent les dispositions de l'article R. 515-67.

Sous-section 4. – Réexamen

Commentaire. Le décret n° 2017-849 du 9 mai 2017 modifie sensiblement le contenu du dossier de réexamen qui était resté fondé sur le dispositif institué pour la transposition de la directive IPPC. Cette solution, destinée à garantir une certaine *stabilité réglementaire*, a cependant conduit à alourdir la procédure, ce qui a conduit à revenir aux exigences de la directive IED : analyse de la conformité aux conclusions des meilleures techniques disponibles et justification d'une demande de dérogation ; avis de l'exploitant dans le cadre des trois situations de réexamen obligatoire des conditions d'autorisation prévues par la directive (pollution importante constatée, sécurité d'exploitation engagée, normes de qualité environnementale nouvelles ou révisées à respecter).

Art. R. 515-70 *(D. n° 2013-374, 2 mai 2013)*. – I. – Dans un délai de quatre ans à compter de la publication au *Journal officiel* de l'Union européenne des décisions concernant les *(Mot aj., D. n° 2017-849,*

9 mai 2017) « nouvelles » conclusions sur les meilleures techniques disponibles relatives à la rubrique principale mentionnées à l'article R. 515-61 :

– les prescriptions dont sont assortis les arrêtés d'autorisation des installations ou équipements visés à l'article R. 515-58 sont réexaminées *(Mots rempl., D. n° 2017-849, 9 mai 2017)* « au regard des meilleures techniques disponibles, et en tenant compte, le cas échéant, des arrêtés pris en application de l'article L. 512-5. Elles sont », au besoin, actualisées pour assurer notamment leur conformité aux articles R. 515-67 et R. 515-68 ;

– ces installations ou équipements doivent respecter lesdites prescriptions.

II. – Si aucune des conclusions sur les meilleures techniques disponibles n'est applicable, les prescriptions de l'autorisation sont réexaminées et, le cas échéant, actualisées lorsque l'évolution des meilleures techniques disponibles permet une réduction sensible des émissions.

III. – Les prescriptions dont est assortie l'autorisation sont réexaminées et, si nécessaire, actualisées au minimum dans les cas suivants :

a) La pollution causée est telle qu'il convient de réviser les valeurs limites d'émission fixées dans l'arrêté d'autorisation ou d'inclure de nouvelles valeurs limites d'émission ;

b) La sécurité de l'exploitation requiert le recours à d'autres techniques ;

c) Lorsqu'il est nécessaire de respecter une norme de qualité environnementale, nouvelle ou révisée.

Art. R. 515-71 *(D. n° 2013-374, 2 mai 2013 ; mod. à compter du 1er mars 2017, D. n° 2017-81, 26 janv. 2017 ; mod., D. n° 2017-849, 9 mai 2017).* – I. – En vue du réexamen prévu au I de l'article R. 515-70, l'exploitant adresse au préfet les informations nécessaires, sous la forme d'un dossier de réexamen dans les douze mois qui suivent la date de publication des décisions concernant les conclusions sur les meilleures techniques disponibles. Pour tout ou partie des installations d'élevage, le ministre chargé des installations classées peut fixer par arrêté un délai supérieur, qui ne peut toutefois pas dépasser vingt-quatre mois.

II. – En vue du réexamen prévu au II et au III de l'article R. 515-70, le préfet prescrit, par arrêté pris dans les formes prévues par l'article R. 181-45, la remise du dossier de réexamen dans un délai ne dépassant pas douze mois à compter de la date de signature de cet arrêté.

III. – Sauf si un arrêté ministériel a fixé les conditions d'une transmission par voie électronique, le dossier de réexamen est remis en trois exemplaires.

Lorsque le dossier de réexamen est soumis à consultation du public en application de l'article L. 515-29, l'exploitant fournit le nombre d'exemplaires de ce dossier nécessaires à l'organisation de cette consultation. Ce dossier comporte un résumé non technique.

L'exploitant joint également une version du dossier de réexamen au format électronique.

IV. – Si ce dossier doit être soumis à consultation du public, dès que le dossier est complet et régulier, le préfet en informe l'exploitant.

Art. R. 515-72 *(Rempl., D. n° 2017-849, 9 mai 2017).* – Le dossier de réexamen comporte :

1° Des éléments d'actualisation du dossier de demande d'autorisation portant sur les meilleures techniques disponibles, prévus au 1° du I de l'article R. 515-59, accompagnés, le cas échéant, de l'évaluation prévue au I de l'article R. 515-68 ;

2° L'avis de l'exploitant sur la nécessité d'actualiser les prescriptions en application du III de l'article R. 515-70 ;

3° *À la demande du préfet*, toute autre information nécessaire aux fins du réexamen de l'autorisation, notamment les résultats de la surveillance des émissions et d'autres données permettant une comparaison du fonctionnement de l'installation avec les meilleures techniques disponibles décrites dans les conclusions sur les meilleures techniques disponibles applicables et les niveaux d'émission associés aux meilleures techniques disponibles.

Art. R. 515-73 *(D. n° 2013-374, 2 mai 2013).* – I. – Le réexamen tient compte de toutes les nouvelles conclusions sur les meilleures techniques disponibles ou de toute mise à jour de celles-ci applicables à l'installation, depuis que l'autorisation a été délivrée ou réexaminée pour la dernière fois.

II. – Si le réexamen conclut à l'absence de nécessité d'actualiser les prescriptions et en l'absence d'arrêté complémentaire pris conformément à l'article L. 515-29, le préfet le notifie à l'exploitant.

Sous-section 5. – Inspections

Art. R. 515-74 *(D. n° 2013-374, 2 mai 2013).* – Après chaque visite d'inspection, le rapport mentionné à l'article L. 514-5 est notifié à l'exploitant dans un délai de deux mois après la visite.

Sous-section 6. – Mise à l'arrêt définitif

Art. R. 515-75 *(D. n° 2013-374, 2 mai 2013 ; mod. à compter du 1er mars 2017, D. n° 2017-81, 26 janv. 2017).* – I. – Lors de la mise à l'arrêt définitif de l'installation et en vue de la remise du site dans son état initial, l'exploitant inclut dans le mémoire prévu à l'article R. 512-39-3 une évaluation de l'état de pollution du sol et des eaux souterraines par les substances ou mélanges dangereux mentionnés au 3° du I de l'article R. 515-59. Ce mémoire est fourni par l'exploitant même si cet arrêt ne libère pas du terrain susceptible d'être affecté à un nouvel usage.

II. – Si l'installation a été, par rapport à l'état constaté dans le rapport de base mentionné au 3° du I de l'article R. 515-59, à l'origine d'une pollution significative du sol et des eaux souterraines par des substances ou mélanges mentionnés au I, l'exploitant propose également dans ce mémoire les mesures permettant la remise du site dans l'état prévu au deuxième alinéa du présent II.

(Mots suppr. à compter du 1er juin 2022, D. n° 2021-1096, 19 août 2021) (1) En tenant compte de la faisabilité technique des mesures envisagées, l'exploitant remet le site dans un état au moins similaire à celui décrit dans le rapport de base. Cette remise en état doit également permettre un usage futur du site déterminé conformément aux articles R. 181-43 et R. 512-39-2.

Sous-section 7. – Consultation et information du public

§ 1. – Consultation du public

Art. R. 515-76 *(D. n° 2013-374, 2 mai 2013 ; abr. à compter du 2 décembre 2018, D. n° 2018-1054, 29 nov. 2018).*

Art. R. 515-77 *(D. n° 2013-374, 2 mai 2013 ; mod., D. n° 2015-1614, 9 déc. 2015).* – I. – Pour la mise à disposition du public prévue *(Mots rempl. à compter du 2 décembre 2018, D. n° 2018-1054, 29 nov. 2018)* « à l'article » L. 515-29, le préfet fixe par arrêté dans les deux mois suivant la réception du dossier de réexamen complet et régulier, les jours et les heures où ce dossier est mis à la disposition du public conformément *(Mots rempl. à compter du 2 décembre 2018, D. n° 2018-1054, 29 nov. 2018)* « à l'article » L. 515-29 et en informe l'exploitant.

II. – Un avis au public est affiché ou rendu public deux semaines au moins avant le début de la consultation :

1° Par affichage à la mairie de chacune des communes dont une partie du territoire est située à une distance inférieure au plus grand des rayons d'affichage fixé dans la nomenclature des installations classées pour les rubriques des installations faisant l'objet de la mise à disposition du public. L'accomplissement de cette formalité est certifié par le maire de chaque commune où il a lieu ;

2° Par mise en ligne sur le site internet de la préfecture, accompagné du résumé non technique du dossier de réexamen prévu au III de l'article R. 515-71, le cas échéant, pendant une durée de quatre semaines ;

3° Par publication aux frais de l'exploitant dans deux journaux diffusés dans le ou les départements intéressés, par les soins du préfet.

Le préfet peut prescrire tout autre procédé de publicité si la nature et l'importance des risques ou inconvénients que l'installation est susceptible de présenter le justifient.

Cet avis au public, qui est publié en caractères apparents, précise :

a) La ou les décisions pouvant être adoptées au terme de la procédure de mise à disposition du public et l'autorité compétente pour les prendre ;

b) La nature de l'installation concernée, son emplacement ;

(1) Dispositions d'application transitoires : V. D. n° 2021-1096, 19 août 2021.

c) L'information selon laquelle, le cas échéant, le dossier mis à la disposition du public est transmis à un autre État, membre de l'Union européenne ou partie à la convention sur l'évaluation de l'impact sur l'environnement dans un contexte transfrontière, signée à Espoo le 25 février 1991, sur le territoire duquel le projet est susceptible d'avoir des incidences notables ;

d) Le lieu, les jours et horaires où le public pourra prendre connaissance du dossier, formuler ses observations sur un registre ouvert à cet effet et adresser toute correspondance.

III. – Le dossier de réexamen est tenu à disposition du public en mairie du lieu d'implantation de l'installation pendant une durée de quatre semaines. Le public peut formuler ses observations sur un registre ouvert à cet effet à la mairie ou les adresser au préfet par lettre ou, le cas échéant, par voie électronique, avant la fin du délai de consultation du public. À l'expiration de celui-ci, le maire clôt le registre et l'adresse au préfet qui y annexe les observations qui lui ont été adressées.

IV. – Il est procédé par les soins de l'exploitant, *(Mots rempl., D. n° 2017-849, 9 mai 2017)* « dès réception de l'information mentionnée au I » et jusqu'à la fin de la consultation, à l'affichage d'un avis sur le site.

§ 2. – Consultation des communes

Art. R. 515-78 *(Rempl. à compter du 2 décembre 2018, D. n° 2018-1054, 29 nov. 2018)*. – Le conseil municipal de la commune où l'installation est implantée et celui de chacune des communes dont une partie du territoire est située à une distance, prise à partir du périmètre de l'installation, inférieure au rayon d'affichage fixé dans la nomenclature des installations classées pour la rubrique dont l'installation relève, auxquelles le préfet peut adjoindre d'autres communes par décision motivée, sont appelés à donner leur avis sur le dossier de réexamen dès la mise à disposition du public.

Ne sont pris en considération que les avis exprimés au plus tard dans les quinze jours suivant la clôture de la consultation.

§ 3. – Information du public

Art. R. 515-79 *(D. n° 2013-374, 2 mai 2013 ; mod., D. n° 2015-1614, 9 déc. 2015)*. – I. – Sans préjudice des dispositions du chapitre IV du titre II du livre Ier, lorsqu'une décision concernant l'octroi, le réexamen ou l'actualisation d'une autorisation a été prise, sont diffusées, par voie électronique, les informations suivantes :

a) L'arrêté d'autorisation [...] qui précise la manière dont il a été tenu compte des résultats des consultations menées en application de l'article *(Réf. rempl. à compter du 1er mars 2017, D. n° 2017-81, 26 janv. 2017)* « L. 181-10 » ou la notification prévue au II de l'article R. 515-73 ;

b) Le rapport de l'inspection des installations classées qui mentionne ou décrit notamment :

– les résultats des consultations menées avant que la décision ne soit prise ;

– les documents de référence sur les meilleures techniques disponibles applicables ;

– la méthode utilisée pour déterminer les prescriptions des arrêtés d'autorisation, y compris les valeurs limites d'émission au regard des meilleures techniques disponibles et des niveaux d'émission associés aux meilleures techniques disponibles.

II *(Mod. à compter du 1er juin 2022, D. n° 2021-1096, 19 août 2021)* (1). – Sont également diffusés, par voie électronique, la notification prévue au I de l'article R. 512-39-1, le mémoire prévu au I de l'article R. 512-39-3 et, le cas échéant, les arrêtés préfectoraux prévus aux II et IV de l'article R. 512-39-3.

Sous-section 8. – Dispositions transitoires

Art. R. 515-80 *(D. n° 2013-374, 2 mai 2013)*. – Les dispositions de la présente sous-section s'appliquent sans préjudice de la date d'application des conclusions sur les meilleures techniques disponibles prévue au I de l'article R. 515-70.

(1) Dispositions d'application transitoires : V. D. n° 2021-1096, 19 août 2021.

Art. R. 515-81 *(D. n° 2013-374, 2 mai 2013)*. – Les installations qui, au 7 janvier 2013, sont visées par la directive 2008/1/CE du 15 janvier 2008 relative à la prévention et à la réduction intégrées de la pollution et qui, à cette même date, sont en service et détiennent une autorisation ou dont les exploitants ont introduit une demande complète et régulière d'autorisation, à la condition d'être mises en service au plus tard le 7 janvier 2014, respectent les dispositions des articles R. 515-60 à R. 515-68, des II et III de l'article R. 515-70, de l'article R. 515-74 et de l'article R. 515-75 au plus tard le 7 janvier 2014.

L'exploitant adresse au préfet, avant la première actualisation des prescriptions, le rapport de base lorsque l'activité relève du 3° du I de l'article R. 515-59.

Art. R. 515-82 *(D. n° 2013-374, 2 mai 2013)*. – I. – Les installations qui, entrées en service avant le 7 janvier 2013, n'étaient pas visées par la directive 2008/1/CE du 15 janvier 2008 relative à la prévention et à la réduction intégrées de la pollution, respectent les dispositions des articles mentionnés à l'article R. 515-81 et celles du premier alinéa de l'article L. 515-28 au plus tard le 7 juillet 2015.

II. – Afin de se conformer aux dispositions de la présente section, les exploitants de ces installations remettent avant le 7 janvier 2014 un dossier de mise en conformité dont le contenu est identique à celui du dossier de réexamen prévu à l'article R. 515-72. Ils joignent à ce dossier le rapport de base lorsque l'activité relève du 3° du I de l'article R. 515-59.

Art. R. 515-83 *(D. n° 2013-374, 2 mai 2013)*. – Pour les réexamens déclenchés, en application du I de l'article R. 515-70, par la publication au *Journal officiel* de l'Union européenne avant le 7 janvier 2013 de décisions concernant les conclusions sur les meilleures techniques disponibles relatives à la rubrique principale et par dérogation au I de l'article R. 515-71, l'exploitant adresse au préfet le dossier de réexamen avant le 7 janvier 2014.

Art. R. 515-84 *(D. n° 2013-374, 2 mai 2013)*. – Sans préjudice de l'article R. 513-1, l'exploitant d'une installation visée aux articles R. 515-81 et R. 515-82 fait parvenir au préfet, dans un délai de six mois à compter de l'entrée en vigueur du décret n° 2013-374 du 2 mai 2013 portant transposition des dispositions générales et du chapitre II de la directive 2010/75/UE du Parlement européen et du Conseil du 24 novembre 2010 relative aux émissions industrielles (prévention et réduction intégrées de la pollution), les deux propositions prévues au II de l'article R. 515-59.

Section IX. – Installations classées pour la protection de l'environnement susceptibles de créer des accidents majeurs impliquant des substances dangereuses

(Créée à compter du 1er juin 2015, D. n° 2014-284, 3 mars 2014)

Le décret n° 2014-284 du 3 mars 2014 modifiant le titre Ier du livre V du Code de l'environnement détermine les dispositions communes aux installations classées susceptibles de créer des accidents majeurs impliquant des substances dangereuses, en application de la directive 2012/18/UE du 4 juillet 2012 dite « Seveso 3 ». La nomenclature ICPE a été adaptée à ce nouveau dispositif par le décret n° 2014-1501 du 12 décembre 2014 modifiant la nomenclature des installations classées (*JO* 14 déc. 2014)

Sous-section 1. – Dispositions communes

Art. R. 515-85 *(Créé à compter du 1er juin 2015, D. n° 2014-284, 3 mars 2014)*. – Lorsque les accidents susceptibles de se produire au sein des installations peuvent produire des effets dans un pays frontalier, l'autorité compétente transmet aux autorités de ce pays les documents et informations visés à l'article R. 122-10 dans les conditions prévues à cet article.

Art. R. 515-86 *(Créé à compter du 1er juin 2015, D. n° 2014-284, 3 mars 2014 ; mod., D. n° 2020-1168, 24 sept. 2020)*. – I. – À l'issue de la procédure prévue au II de l'article L. 515-32, l'exploitant informe le préfet du résultat de ce recensement.

À compter du 31 décembre 2015, ce recensement est effectué tous les quatre ans, au 31 décembre.

Il est, par ailleurs, réalisé pour la première fois ou mis à jour :

1° Dans un délai raisonnable :

a) Avant la mise en service d'un nouvel établissement relevant du régime défini à la présente section ;

b) Avant la réalisation de modifications des installations ou des activités d'un établissement entraînant un changement de l'inventaire des substances dangereuses ayant pour conséquence de le faire entrer dans le régime défini à la présente section ou, si l'établissement en relève déjà, de le faire passer du régime « seuil bas » au régime « seuil haut » défini à la sous-section 2 ou, à l'inverse, du régime « seuil haut » au régime « seuil bas » ;

c) Avant la réalisation de modifications pouvant avoir des conséquences importantes sur le plan des dangers liés aux accidents majeurs ;

2° Dans le délai d'un an à compter du jour où, pour d'autres raisons que celles mentionnées au 1°, un établissement entre dans le régime défini à la présente section.

Les catégories d'informations et les modalités de leur transmission au préfet sont fixées par un arrêté du ministre chargé des installations classées.

Le résultat du recensement des substances dangereuses est communiqué par le préfet à toute personne sur demande, sous réserve des dispositions des articles L. 124-4 et L. 515-35.

II. – Lorsque l'exploitant souhaite faire application des dispositions définies au e du II de l'article R. 511-11, il communique au préfet un document technique démontrant l'impossibilité, pour une ou plusieurs substances, de déclencher un accident majeur, directement ou par répercussion sur d'autres installations. Ce document est mis à jour en cas de modification de la quantité de la ou des substances considérées, ainsi qu'à chaque modification de leur localisation dans l'établissement et à chaque modification des modalités de leur utilisation au sein du site.

Art. R. 515-87 *(Rempl., D. n° 2020-1168, 24 sept. 2020).* – I. – La politique de prévention des accidents majeurs définie à l'article L. 515-33 est réexaminée au moins tous les cinq ans et mise à jour, si nécessaire.

Elle est par ailleurs réalisée ou réexaminée et mise à jour :

1° Dans un délai raisonnable :

a) Avant la mise en service d'un nouvel établissement relevant du régime défini à la présente section ;

b) Avant la mise en œuvre de modifications des installations ou des activités d'un établissement entraînant un changement de l'inventaire des substances dangereuses ayant pour conséquence de le faire entrer dans le régime défini à la présente section ou, si l'établissement en relève déjà, de le faire entrer dans le régime défini à la sous-section 2 ou de l'en faire sortir ;

c) Avant la réalisation de modifications pouvant avoir des conséquences importantes sur le plan des dangers liés à des accidents majeurs ;

2° Dans le délai d'un an à compter du jour où, pour d'autres raisons que celles mentionnées au 1°, un établissement entre dans le régime défini à la présente section ;

3° Dans les meilleurs délais possibles, à la suite d'un accident majeur dans l'établissement.

II. – Le document définissant la politique de prévention des accidents majeurs ainsi que les réexamens périodiques dont il fait l'objet sont soumis à l'avis du comité social et économique prévu à l'article L. 2311-2 du Code du travail.

Art. R. 515-88 *(Créé à compter du 1er juin 2015, D. n° 2014-284, 3 mars 2014).* – L'exploitant tient les exploitants d'installations classées voisines soumises à autorisation ou à enregistrement ainsi que les exploitants d'installations nucléaires de base et d'ouvrages visés aux articles R. 551-7 à R. 551-11 informés des risques d'accidents majeurs identifiés dans l'étude de dangers définie à l'article *(Réf. rempl. à compter du 1er mars 2017, D. n° 2017-81, 26 janv. 2017)* « L. 181-25 », dès lors que les conséquences de ces accidents majeurs sont susceptibles d'affecter lesdites installations. Il transmet copie de cette information au préfet.

Art. R. 515-88-1 *(D. n° 2020-1168, 24 sept. 2020).* – L'ensemble des exploitants d'établissements relevant de la présente section et pour lesquels le risque ou les conséquences d'un accident majeur peuvent être accrus du fait de leur situation géographique et de leur proximité avec d'autres établissements relevant également de la présente section, échangent les informations adéquates pour permettre la prise en compte de la nature et de l'étendue du danger global d'accident majeur dans la politique de prévention des accidents majeurs de chacun de ces établissements, conformément à l'article L. 515-33.

Ces exploitants coopèrent entre eux pour l'information du public et des sites voisins et, le cas échéant, pour la communication au préfet des informations nécessaires à la préparation du plan particulier d'intervention.

Ne peuvent être communiqués, dans le cadre de ces échanges d'informations et de cette coopération entre établissements, les éléments soumis à des règles de protection du secret de la défense nationale ou les éléments nécessaires à la sauvegarde des intérêts de la défense nationale.

Art. R. 515-89 *(Rempl., D. n° 2020-1168, 24 sept. 2020)*. – Sans préjudice des dispositions de l'article L. 124-7, le préfet fait procéder à la mise à disposition du public, par voie électronique, des informations mentionnées à l'article L. 515-34 :

1° Avant la mise en service d'un établissement relevant du champ d'application de la présente section ;

2° Avant la mise en œuvre de modifications d'installations ou d'activités qui entraînent un changement de l'inventaire des substances dangereuses d'un établissement ayant pour conséquence de le faire entrer dans le régime défini à la présente section ou, si l'établissement en relève déjà, de le faire entrer dans le régime défini à la sous-section 2 ou de l'en faire sortir ;

3° Avant la réalisation de modifications pouvant avoir des conséquences importantes sur le plan des dangers liés aux accidents majeurs ;

4° Dans un délai aussi court que possible à compter du jour où l'établissement entre dans le champ d'application de la présente section pour d'autres raisons que celles mentionnées aux 1° et 2°, et dans un délai ne pouvant dépasser un mois à compter de la date de disponibilité de cette information.

Le préfet s'assure que ces informations sont en permanence à la disposition du public.

Les catégories d'informations devant être tenues, en permanence, à la disposition du public par voie électronique sont définies par un arrêté du ministre chargé des installations classées.

5° L'article R. 515-90 est complété par un alinéa ainsi rédigé :

« Lorsque le préfet dispose d'informations complémentaires à celles fournies par l'exploitant, en ce qui concerne l'environnement immédiat de l'établissement, il met ces informations à la disposition de l'exploitant. Ces informations comprennent, lorsqu'elles sont disponibles, les coordonnées d'établissements voisins, sites industriels, zones et aménagements. L'exploitant en tient compte pour compléter ou mettre à jour les facteurs susceptibles d'être à l'origine, ou d'accroître le risque ou les conséquences d'un accident majeur et d'effets domino. » ;

Art. R. 515-90 *(Créé à compter du 1er juin 2015, D. n° 2014-284, 3 mars 2014 ; mod. à compter du 1er mars 2017, D. n° 2017-81, 26 janv. 2017 ; mod., D. n° 2020-1168, 24 sept. 2020)*. – L'étude de dangers mentionnée à l'article L. 181-25 justifie que l'exploitant met en œuvre les mesures de maîtrise des risques internes à l'établissement dans des conditions économiques acceptables, c'est-à-dire celles dont le coût n'est pas disproportionné par rapport aux bénéfices attendus, soit pour la sécurité globale de l'installation, soit pour la protection des intérêts mentionnés à l'article L. 511-1.

L'étude de dangers démontre par ailleurs qu'une politique de prévention des accidents majeurs telle que mentionnée à l'article L. 515-33 est mise en œuvre de façon appropriée.

Lorsque le préfet dispose d'informations complémentaires à celles fournies par l'exploitant, en ce qui concerne l'environnement immédiat de l'établissement, il met ces informations à la disposition de l'exploitant. Ces informations comprennent, lorsqu'elles sont disponibles, les coordonnées d'établissements voisins, sites industriels, zones et aménagements. L'exploitant en tient compte pour compléter ou mettre à jour les facteurs susceptibles d'être à l'origine, ou d'accroître le risque ou les conséquences d'un accident majeur et d'effets domino.

Art. R. 515-90-1 *(D. n° 2020-1168, 24 sept. 2020)*. – Les programmes d'inspection des établissements relevant de la présente section sont conçus en vue d'un examen, planifié et systématique, des systèmes techniques, des systèmes d'organisation et des systèmes de gestion appliqués dans l'établissement concerné, afin de s'assurer, notamment, que :

1° L'exploitant prouve qu'il a :

a) Pris des mesures appropriées et qu'elles sont fonctionnelles, compte tenu des diverses activités de l'établissement, en vue de prévenir tout accident majeur ;

b) Prévu des moyens appropriés et qu'ils sont opérationnels, pour limiter les conséquences d'accidents majeurs sur le site et hors de celui-ci ;

2° Les données et les informations reçues dans l'étude de dangers reflètent fidèlement la situation de l'établissement ;

3° Soient fournies les informations permettant au préfet de remplir les obligations prévues à l'article L. 515-34.

Sous-section 2. – Dispositions spécifiques pour les installations présentant des dangers particulièrement importants pour la sécurité et la santé des populations voisines et pour l'environnement

Art. R. 515-91 *(Créé à compter du 1er juin 2015, D. n° 2014-284, 3 mars 2014)*. – L'institution des servitudes prévues à l'article L. 515-37 à l'intérieur d'un périmètre délimité autour de l'installation peut être demandée, conjointement avec l'autorisation d'installation, par le demandeur de cette autorisation.

Elle peut être également demandée par le maire de la commune d'implantation ou à l'initiative du préfet, saisis d'une demande d'autorisation d'installation.

Lorsqu'il est saisi par le demandeur de l'autorisation ou par le maire d'une demande tendant à l'institution de servitudes ou lorsqu'il en prend l'initiative, le préfet arrête le projet correspondant sur le rapport de l'inspection des installations classées.

Art. R. 515-92 *(Rempl. à compter du 1er août 2021, D. n° 2021-1000, 30 juill. 2021)*. – I. – Le projet indique quelles servitudes, parmi celles définies à l'article L. 515-8 et, le cas échéant, à l'article L. 515-12, sont susceptibles de s'appliquer, éventuellement de façon modulée suivant les zones concernées et dans les conditions, le cas échéant, de l'article L. 515-37.

II. – Le demandeur de l'autorisation et le maire ont, avant mise à l'enquête, communication de la liste des servitudes envisagées.

Art. R. 515-92-1 *(Créé à compter du 1er août 2021, D. n° 2021-1000, 30 juill. 2021)*. – Le périmètre des servitudes est délimité en vue de limiter l'exposition des personnes à des accidents à cinétique rapide présentant un danger grave pour la vie humaine.

L'appréciation de la nature et de l'intensité des dangers courus tient compte des équipements et dispositifs de prévention et d'intervention, des installations de confinement, des mesures d'aménagement envisagées au titre des servitudes d'utilité publique.

Le périmètre est étudié en considération des caractéristiques du site, notamment de la topographie, de l'hydrographie, du couvert végétal, des constructions et des voies existantes.

Art. R. 515-93 *(Créé à compter du 1er juin 2015, D. n° 2014-284, 3 mars 2014 ; mod. à compter du 1er mars 2017, D. n° 2017-81, 26 janv. 2017)*. – I. – L'enquête publique est réalisée dans les formes prévues à la section 2 du chapitre III du titre II du livre Ier et aux articles L. 181-10 et R. 181-36 ».

II. – Le dossier établi en vue de l'enquête publique est complété par :

1° Une notice de présentation ;

2° Un plan faisant ressortir le périmètre établi en application de l'article R. 515-91 ainsi que les aires correspondant à chaque catégorie de servitudes ;

3° Un plan parcellaire des terrains et bâtiments indiquant leur affectation ;

4° L'énoncé des règles envisagées dans la totalité du périmètre ou dans certaines de ses parties.

III. – Les frais de dossier sont à la charge de l'exploitant.

L'avis au public, mentionné à l'article R. 123-11, mentionne le périmètre ainsi que les servitudes envisagées.

Les conseils municipaux des communes sur lesquelles s'étend le périmètre établi en application de l'article R. 515-91 sont appelés à donner leur avis dès l'ouverture de l'enquête.

Le maire de la commune d'implantation et le demandeur sont consultés dans les conditions précisées par le quatrième alinéa de l'article R. 123-17 et par le dernier alinéa de l'article R. 123-18.

Il peut être pris connaissance du mémoire en réponse du maire dans les conditions des deux derniers alinéas de l'article R. 123-21.

Art. R. 515-94 *(Créé à compter du 1er juin 2015, D. n° 2014-284, 3 mars 2014)*. – Au vu du dossier de l'enquête et de l'avis du ou des conseils municipaux, l'inspection des installations classées, après consultation du service déconcentré de l'État en charge de l'urbanisme, du service chargé de la sécurité civile et, le cas échéant, des autres services intéressés, établit un rapport sur les résultats de l'enquête et ses conclusions sur le projet.

Le rapport et ses conclusions sont soumis au conseil départemental de l'environnement et des risques sanitaires et technologiques. Le demandeur et le maire de la ou des communes d'implantation ont la faculté de se faire entendre par le conseil ou de désigner à cet effet un mandataire. Ils sont informés par le préfet, au moins huit jours à l'avance, de la date et du lieu de la réunion du conseil et reçoivent simultanément un exemplaire du rapport et des conclusions de l'inspection des installations classées.

Art. R. 515-95 *(Créé à compter du 1er juin 2015, D. n° 2014-284, 3 mars 2014).* – L'autorité administrative ne peut autoriser l'installation qu'après avoir statué sur le projet d'institution des servitudes.

Art. R. 515-96 *(Créé à compter du 1er juin 2015, D. n° 2014-284, 3 mars 2014).* – L'acte instituant les servitudes est notifié par le préfet aux maires concernés et au demandeur de l'autorisation.

Il est notifié, par le préfet, à chacun des propriétaires, des titulaires de droits réels ou de leurs ayants droit, lorsqu'ils sont connus.

Cet acte fait l'objet, en vue de l'information des tiers, des mesures de publicité prévues à l'article *(Réf. rempl. à compter du 1er mars 2017, D. n° 2017-81, 26 janv. 2017)* « R. 181-44 ».

Les frais afférents à cette publicité sont à la charge de l'exploitant de l'installation classée.

Art. R. 515-97 *(Créé à compter du 1er juin 2015, D. n° 2014-284, 3 mars 2014 ; mod. à compter du 1er juillet 2021, D. n° 2021-872, 30 juin 2021).* – Les informations prévues à l'article L. 515-38 sont notamment communiquées par écrit aux établissements recevant du public, au sens de l'article R. 143-2 du Code de la construction et de l'habitation, et à toutes les installations classées voisines susceptibles d'être affectés en cas d'accident majeur.

Les informations sont envoyées à chaque mise à jour suite à un changement notable et au moins tous les cinq ans.

Art. R. 515-98 *(Créé à compter du 1er juin 2015, D. n° 2014-284, 3 mars 2014 ; mod. à compter du 1er mars 2017, D. n° 2017-81, 26 janv. 2017 ; mod., D. n° 2020-1168, 24 sept. 2020).* – I. – L'étude de dangers mentionnée à l'article L. 181-25 démontre qu'a été établi un plan d'opération interne et qu'a été mis en œuvre un système de gestion de la sécurité de façon appropriée.

II. – L'étude de dangers fait l'objet d'un réexamen sous la forme d'une notice au moins tous les cinq ans et d'une révision, si nécessaire.

Lors du réexamen, l'exploitant recense également les technologies éprouvées et adaptées qui, à coût économiquement acceptable, pourraient permettre une amélioration significative de la maîtrise des risques, compte tenu de l'environnement du site. Il les hiérarchise en fonction, notamment, de la probabilité, de la gravité et de la cinétique des accidents potentiels qu'elles contribueraient à éviter et de leur coût rapporté au gain en sécurité attendu. Il se prononce sur les technologies qu'il retient et précise le délai dans lequel il les met en œuvre.

L'étude de dangers est, par ailleurs, réalisée ou réexaminée et, le cas échéant, révisée :

1° Dans un délai raisonnable :

a) Avant la mise en service d'un nouvel établissement relevant du régime défini à la présente sous-section ;

b) Avant la mise en œuvre de modifications d'installations ou d'activités entraînant un changement de l'inventaire des substances dangereuses d'un établissement ayant pour conséquence de le faire entrer dans le régime défini à la présente sous-section ;

c) Avant la réalisation de modifications pouvant avoir des conséquences importantes sur le plan des dangers liés aux accidents majeurs ;

2° Dans le délai de deux ans à compter du jour où l'établissement entre dans le régime défini à la présente sous-section, pour d'autres raisons que celles mentionnées au 1° ;

3° Dans les meilleurs délais possibles, à la suite d'un accident majeur dans l'établissement ;

4° À tout moment, à l'initiative de l'exploitant, lorsque des faits nouveaux le justifient ou pour tenir compte de nouvelles connaissances techniques relatives à la sécurité, découlant, notamment, de l'analyse des accidents ou, autant que possible, des quasi-accidents », ainsi que de l'évolution des connaissances en matière d'évaluation des dangers.

En outre, le préfet peut prescrire un réexamen, par arrêté motivé, après que l'exploitant a été mis à même de présenter ses observations sur le projet d'arrêté.

La notice de réexamen de l'étude de dangers, la synthèse du recensement des technologies et, le cas échéant, l'étude de dangers révisée sont transmis, sans délai, au préfet.

Si l'instruction de l'étude de dangers révisée conclut à l'absence de nécessité d'actualiser les prescriptions, le préfet le notifie, dans un délai raisonnable, à l'exploitant.

Si l'instruction de l'étude de dangers conclut à la persistance de dangers inacceptables pour les intérêts protégés en vertu de l'article L. 511-1, le préfet prend un arrêté complémentaire en application de l'article L. 181-14 ou, s'il estime qu'aucune mesure complémentaire n'est de nature à faire disparaître ces dangers, transmet au ministre chargé des installations classées un rapport en vue de la mise en œuvre par ce dernier de la procédure prévue à l'article L. 514-7.

III. – L'étude de dangers est communiquée à toute personne sur demande, sous réserve des dispositions des articles L. 124-4 et L. 515-35. Lorsque les articles L. 124-4 et L. 515-35 font obstacle à la mise à disposition intégrale de l'étude de dangers, le résumé non technique de cette étude, comprenant au moins des informations générales sur les risques liés aux accidents majeurs et sur les effets potentiels d'un accident majeur sur la santé publique et l'environnement, est mis à disposition.

Art. R. 515-99 *(Créé à compter du 1er juin 2015, D. n° 2014-284, 3 mars 2014 ; mod., D. n° 2020-1168, 24 sept. 2020).* – L'exploitant met en œuvre les procédures et actions prévues par le système de gestion de la sécurité prévu à l'article L. 515-40 et lui affecte des moyens appropriés.

Ce système de gestion de la sécurité est réalisé pour la première fois ou réexaminé et mis à jour :
– avant la mise en service d'une installation relevant du régime défini à la présente sous-section ;
– avant la mise en œuvre de modifications pouvant avoir des conséquences importantes sur le plan des dangers liés aux accidents majeurs ou de modifications des installations ou des activités entraînant un changement de l'inventaire des substances dangereuses d'un établissement ayant pour conséquence de le faire entrer dans le régime défini à la présente sous-section ;
– dans le délai de deux ans à compter du jour où l'établissement entre dans le régime défini à la présente sous-section pour d'autres raisons que celles mentionnées aux deux alinéas précédents ;
– à la suite d'un accident majeur.

Un arrêté du ministre chargé des installations classées précise les catégories d'informations contenues dans le système de gestion de la sécurité.

Art. R. 515-100 *(Rempl., D. n° 2020-1168, 24 sept. 2020).* – I. – Afin d'atteindre les objectifs énoncés à l'article L. 515-41, le plan d'opération interne définit, notamment, les mesures d'organisation, les méthodes d'intervention et les moyens mis en œuvre par l'exploitant de nature à :

1° Contribuer à fournir à l'autorité compétente les informations nécessaires à l'établissement des plans d'urgence et à la détermination des mesures et des obligations incombant à l'exploitant mentionnées au III ;

2° Assurer, en ce qui concerne l'exploitant, la remise en état et le nettoyage de l'environnement après un accident majeur.

Ce plan est établi avant la mise en service. Il est testé à des intervalles n'excédant pas un an et mis à jour à des intervalles n'excédant pas trois ans.

II. – Il est, par ailleurs, réalisé pour la première fois ou mis à jour :

1° Dans un délai raisonnable :

a) Avant la mise en service d'un nouvel établissement relevant du régime défini à la présente sous-section ;

b) Avant la mise en œuvre de modifications des installations ou des activités entraînant un changement de l'inventaire des substances dangereuses de l'établissement ayant pour conséquence de le faire entrer dans le régime défini à la présente sous-section ;

c) Avant la mise en œuvre de modifications pouvant avoir des conséquences importantes sur le plan des dangers liés aux accidents majeurs ;

2° Dans le délai de deux ans à compter de la date où un établissement entre dans le régime défini à la présente sous-section, pour d'autres raisons que celles mentionnées au 1° ;

3° À la suite d'un accident majeur.

La mise à jour tient compte des modifications intervenues dans les installations concernées, des nouvelles connaissances techniques et des connaissances concernant les mesures à prendre en cas d'accidents majeurs ainsi que du retour d'expérience.

Les données et les informations devant figurer dans un plan d'opération interne sont définies par un arrêté du ministre chargé des installations classées.

III. – Un arrêté préfectoral ou, le cas échéant, l'arrêté préfectoral d'autorisation fixe également les mesures d'urgence qui incombent à l'exploitant, sous le contrôle de l'autorité de police, et les obligations de celui-ci en

matière d'information et d'alerte des personnes susceptibles d'être affectées par un accident, quant aux dangers encourus, aux mesures de sécurité et au comportement à adopter.

Section X – Éoliennes

(Créée à compter du 1er mars 2017, D. n° 2017-81, 26 janv. 2017)

Le 44° de l'article 6 du décret n° 2017-81 du 26 janvier 2017 relatif à l'autorisation environnementale complète le chapitre V du livre I par une section 10 consacrée aux éoliennes, reprenant les dispositions des articles R. 553-1 et suivants. L'article R. 553-9 relatif à la commission consultative compétente n'a toutefois pas été repris dans la nouvelle section.

Sous-section 1. – Garanties financières applicables aux installations autorisées

Voir : D. n° 2017-81, 26 janv. 2017, relatif à l'autorisation environnementale (*JO* 27 janv. 2017, n° 23).

Art. R. 515-101 *(Créé à compter du 1er mars 2017, D. n° 2017-81, 26 janv. 2017)*. **– I. – La mise en service d'une installation de production d'électricité utilisant l'énergie mécanique du vent soumise à autorisation au titre du 2° de l'article L. 181-1 est subordonnée à la constitution de garanties financières visant à couvrir, en cas de défaillance de l'exploitant lors de la remise en état du site, les opérations prévues à l'article R. 515-106. Le montant des garanties financières exigées ainsi que les modalités d'actualisation de ce montant sont fixés par l'arrêté d'autorisation de l'installation.**

II. – Un arrêté du ministre chargé de l'environnement fixe, en fonction de l'importance des installations, les modalités de détermination et de réactualisation du montant des garanties financières qui tiennent notamment compte du coût des travaux de démantèlement.

III. – Lorsque la société exploitante est une filiale au sens de l'article L. 233-3 du Code de commerce et en cas de défaillance de cette dernière, la responsabilité de la société mère peut être recherchée dans les conditions prévues à l'article L. 512-17.

Voir : – D. n° 2011-984 du 23 août 2011, modifiant la nomenclature des installations classées vent : (*JO* 25 août 2011) ;

– A. 26 août 2011, relatif à la remise en état et à la constitution des garanties financières pour les installations de production d'électricité utilisant l'énergie mécanique du vent (*JO* 27 août 2011) ;

– A. 26 août 2011, relatif aux installations de production d'électricité utilisant l'énergie mécanique du vent au sein d'une installation soumise à déclaration au titre de la rubrique 2980 de la législation des installations classées pour la protection de l'environnement (*JO* 27 août 2011) ;

– A. 26 août 2011, relatif aux installations de production d'électricité utilisant l'énergie mécanique du vent au sein d'une installation soumise à autorisation au titre de la rubrique 2980 de la législation des installations classées pour la protection de l'environnement (*JO* 27 août 2011) ;

– Circ. 29 août 2011, relative aux conséquences et orientations du classement des éoliennes dans le régime des installations classées (*BO* n° 16, 10 sept. 2011) ;

– Guide relatif à l'élaboration des études d'impacts des projets de parcs éoliens terrestres, décembre 2016, préparé par le MEEM.

La loi Grenelle II du 12 juillet 2010 portant engagement national pour l'environnement a soumis les parcs éoliens au régime des ICPE, subordonnant la mise en service des éoliennes soumises à autorisation à la démonstration, par l'exploitant, de ses capacités techniques et financières. Concernant les capacités financières, il s'agit notamment que l'exploitant constitue des garanties financières ayant pour finalité de s'assurer que le coût de démantèlement et de remise en état du site en cas de défaillance de l'exploitant sera bien assumé par ce dernier. Les modalités de calcul, de constitution et d'affectation des garanties financières ont été précisées par arrêté. Ces garanties financières visent à couvrir, en cas de défaillance de l'exploitant lors de la remise en état du site, les opérations notamment :

- le démantèlement des installations ;
- l'excavation des fondations ;
- la remise en état des terrains ;
- la valorisation ou l'élimination des déchets de démolition ou de démantèlement dans les filières dûment autorisées à cet effet.

Voir également : Décret n° 2014-1273 du 30 octobre 2014, relatif aux exceptions à l'application du principe « silence vaut acceptation » sur le fondement du 4° du I de l'article 21 de la loi n° 2000-321 du 12 avril 2000 relative aux droits des citoyens dans leurs relations avec les administrations ; Décisions (UE) 2018/620 de la Commission du 20 avril 2018 relative aux spécifications techniques de la composante « services » de Copernicus conformément au règlement (UE) n° 377/2014 du Parlement européen et du Conseil (*JOUE* n° L 102, 23 avr. 2018) ; Rép. min. n° 52071 : *JOAN* Q 16 juin 2009, p. 5736.

1) Les éoliennes soumises au régime des ICPE. L'assujettissement des éoliennes au régime des installations classées constitue l'une des nouveautés de la Loi portant engagement national pour l'environnement dite « Grenelle 2 ». L'application du régime des ICPE aux éoliennes est conditionnée par une modification de la nomenclature des installations classées, prise par décret (▪ CE, 26 déc. 2012, n° 357152, *Assoc. France Énergie Éolienne.* ▪ CE, 13 juill. 2012, nos 353565 et 353577, *Sté Volkswind France.* ▪ CE, 26 déc. 2012, n° 357152, *Assoc. France Énergie Éolienne.* ▪ CE, 1re ss-sect., 13 juill. 2012, n° 353577, *Sté Innovent : Gaz. Pal.* 12 sept. 2012, nos 256-257, p. 22).

Voir : V. en ce sens : D. n° 2011-984 du 23 août 2011, modifiant la nomenclature des installations classées : *JORF* n° 0196, 25 août 2011, p. 14368.

2) Les éoliennes soumises à autorisation. Le législateur prévoit, d'ores et déjà, que les éoliennes terrestres dont la hauteur du mât dépasse les 50 mètres sont soumises au régime de l'autorisation au plus tard un an à compter de la date de publication de la loi Grenelle, soit au plus tard le 13 juillet 2011. Ainsi, le législateur n'hésite pas à empiéter sur le pouvoir réglementaire, et prévoit nécessairement que le décret portant modification de la nomenclature ICPE sera pris dans le délai d'un an à compter de la publication de la loi Grenelle 2.

3) Pouvoirs du Premier ministre en matière d'implantation d'éoliennes. S'il résulte des dispositions combinées des articles L. 553-1 du Code de l'environnement et 10 de la loi n° 2000-108 du 10 février 2000 que le législateur a entendu que les installations terrestres de production d'électricité utilisant l'énergie mécanique du vent constituant des unités de production composées d'un nombre de machines électrogènes au moins égal à cinq et dont la hauteur des mâts dépasse cinquante mètres soient soumises à autorisation, il ne résulte ni de ces dispositions, ni des travaux parlementaires, que le législateur ait entendu priver le Premier ministre de l'exercice du pouvoir de police spéciale qu'il détient en vertu de l'article L. 511-2 du Code de l'environnement pour soumettre à autorisation, enregistrement ou déclaration les autres installations classées pour la protection de l'environnement (▪ CE, 13 juill. 2012, nos 353565 et 353577, *Sté Volkswind France*).

4) Sur la mise en place d'un dispositif de droit acquis. Le législateur prévoit une entrée en vigueur échelonnée dans le temps de cette disposition, en mettant en place, comme en matière d'ICPE, un dispositif de droit acquis. Les installations éoliennes déjà en service à la date de publication de la loi Grenelle 2 doivent faire l'objet d'une déclaration auprès du préfet dans l'année qui suivra la publication du décret modifiant la nomenclature des ICPE. À titre transitoire, les projets éoliens en cours, ayant déjà fait l'objet d'une enquête publique, de l'étude d'impact et ayant obtenu le permis de construire, à la date de la modification de la nomenclature ICPE, peuvent poursuivre la procédure conformément aux dispositions applicables avant cette modification. Aucune autre formalité propre à l'application du régime ICPE ne leur est donc imposée. Toutefois, au terme de cette procédure, ces installations éoliennes seront soumises au droit applicable aux ICPE.

5) Sur la distance d'éloignement. La distance d'éloignement des éoliennes par rapport aux zones habitées, fixée à 500 mètres, par la loi n° 2010-788 du 12 juillet 2010 portant engagement national pour l'environnement, devient une distance minimale que le préfet pourra augmenter « au regard de l'étude d'impact » réalisée pour le projet. Lorsqu'un projet de plan local d'urbanisme a été arrêté, leur implantation est en outre subordonnée à l'obtention d'une délibération favorable du conseil communautaire ou municipal compétent.

La délivrance de l'autorisation est conditionnée par son éloignement par rapport à certaines constructions et zones, notamment celles d'habitations, telles qu'elles sont définies dans les documents d'urbanisme en vigueur à la date de publication de la loi. Cette disposition appelle plusieurs observations. D'une part, en fixant une distance minimum, le législateur a tranché une question laissée jusque-là à l'appréciation des juges administratifs et confère ainsi une certaine sécurité juridique à ce type d'implantation. En effet, il existe un contentieux important relatif soit aux troubles anormaux du voisinage, soit à la conformité d'un permis de construire une éolienne au zonage. Le juge administratif admet, sur le fondement des dispositions de l'article R. 111-2 du Code de l'urbanisme, que l'implantation d'éoliennes en zone U ou AU est exclue, en raison de l'incompatibilité de ce type d'installation avec le voisinage habité. Une telle disposition confirme l'analyse du juge. D'autre part, compte tenu de l'absence de définition par les dispositions du Code de l'urbanisme des notions utilisées par le législateur, telles que celle de « zones destinées à l'habitation », l'appréciation de ces notions devra certainement être laissée à l'appréciation du juge administratif. En effet, la question de savoir si le législateur a entendu viser tant les zones urbanisées que celles à urbaniser reste entière. Enfin, cette disposition, en visant les zones définies dans les documents d'urbanisme en vigueur à la date de publication de la loi, tend à éviter que les communes modifient les documents d'urbanisme pour empêcher l'implantation de telles installations.

En zone littorale, celui-ci peut également leur permettre de déroger au principe d'extension de l'urbanisation en continuité avec l'existant, après avis de la commission départementale compétente en matière de nature, de paysages et de sites. Les règles régissant leur implantation vis-à-vis des installations militaires, météorologiques et aériennes seront précisées.

Constitutionnalité de la loi n° 2015-992. L'article L. 553-1, relatif aux autorisations d'exploiter les installations terrestres de production d'électricité utilisant l'énergie mécanique du vent dont la hauteur des mâts dépasse cinquante mètres, prévoit que la distance d'éloignement entre ces installations et les constructions à usage d'habitation, les immeubles habités et les zones destinées à l'habitation définies dans les documents d'urbanisme, au respect de laquelle est subordonnée la délivrance de l'autorisation d'exploiter, est au minimum de cinq cents mètres et doit être appréciée au regard de l'étude d'impact prévue à l'article L. 122-1. Ces dispositions ne méconnaissent ni le principe de la participation du public aux décisions ayant une incidence sur l'environnement ni aucune autre exigence constitutionnelle et sont conformes à la Constitution (▪ Cons. const., 13 août 2015, n° 2015-718 DC : *JO* 18 août, consid. 43 à 46).

Soumise à autorisation préfectorale, l'installation d'un parc éolien, situé en deçà des distances d'éloignement d'un radar météorologique, nécessite d'obtenir, en amont, l'accord de Météo France, en ce que les éoliennes ne doivent pas perturber le radar. Cependant, une réponse négative de l'autorité de securité météorologique peut créer une situation préjudiciable pour l'exploitant, car, entravant l'instruction de la demande d'autorisation d'exploitation, elle conduit à son rejet. Le refus d'accord de Météo France à l'implantation d'éoliennes fait grief (▪ CE, 11 mai 2016, n° 387484, *Météo France*).

6) Démantèlement. La prescription relative au démantèlement du site n'est pas une condition susceptible d'affecter la légalité du permis de construire, dès lors qu'elle est uniquement liée aux conditions futures d'exploitation de l'installation. Elle ne relève pas de dispositions dont le permis de construire aurait pour objet d'assurer le respect. La requérante (ADEF) fait valoir qu'en vertu de l'article L. 553-3 du Code de l'environnement, l'exploitant des éoliennes doit prévoir le démantèlement en procédant à la consignation d'une somme suffisante au démontage. Or, l'association *souligne que le préfet ne précise ni le montant* des fonds à consigner, ni les modalités de cette consignation ; qu'ainsi, un doute subsiste sur l'existence d'une quelconque garantie du démantèlement du site à terme. En l'espèce, les sommes nécessaires au démantèlement sont bloquées sur un compte par les investisseurs qui sont en l'occurrence des banques, des groupes pétroliers et des entreprises industrielles (▪ CAA Douai, 15 déc. 2005, n°s 05DA00438 à 05DA00539, *Sté d'exploitation du parc éolien du mont d'Hezecques et a. : JurisData* n° 2005-296673). Le moyen tiré de ce qu'une obligation légale de remise en état des lieux, au terme de l'exploitation des installations en cause, induirait nécessairement la réversibilité des travaux à cette échéance est sans incidence sur l'appréciation du caractère difficilement réversible de ces derniers à laquelle doit procéder le juge des référés pour regarder la condition d'urgence comme étant remplie ; que pour justifier, en l'espèce, l'urgence de la suspension sollicitée, après avoir relevé que la construction de sept aérogénérateurs était de nature à créer, du fait de leur caractère difficilement réversible, s'agissant notamment des massifs de fondation qui en constituent le socle, et alors même que ces installations sont en principe démontables et soumises à l'obligation de démantèlement en fin d'exploitation prévue par l'article L. 553-3 du Code de l'environnement, le juge des référés s'est, sans commettre d'erreur de droit, livré à une appréciation souveraine des faits qui n'est pas entachée de dénaturation ; qu'il n'a pas davantage dénaturé les faits, dans l'appréciation de cette condition, en jugeant que ces installations étaient de nature à porter une atteinte grave à la situation de l'association requérante au regard de l'objet social qu'elle défend, nonobstant les circonstances qu'elles présentaient à la fois un intérêt public national et un intérêt public local pour la commune de Joncels et qu'un effort particulier d'insertion des aérogénérateurs dans le site avait été effectué (▪ CE, 29 janv. 2008, n° 307870). Il n'est pas établi que lors du démantèlement du site, les travaux de remise en état initial ne seraient pas réalisables et que partant les travaux autorisés revêtiraient un caractère irréversible ; que pour ce motif et en les admettant suffisamment précis, les moyens tirés de la violation de l'article R. 111-14-2 du Code de l'urbanisme, qui ne peut fonder légalement une décision de refus, et de l'article 2 de la Charte de l'environnement, ne peuvent qu'être écartés (▪ CAA Marseille, 19 juill. 2013, n° 11MA00431, inédit au Recueil Lebon).

Voir : les débats sur le projet de loi sur la transition énergétique et la croissance verte, notamment les propositions d'amendements et les débats relatifs à la distance minimale de parcs éoliens de 1 000 mètres, ramenée à 500 mètres.

7) Éoliennes offshore et principe d'égalité. L'établissement d'éoliennes sur le domaine public maritime entraîne des contraintes particulières liées tant aux règles relatives à l'occupation de ce domaine qu'à l'importance, à la durée et au coût des travaux de démantèlement et de remise en état du site en fin d'exploitation ; que par suite, le législateur a pu soumettre les exploitants de telles installations à des obligations plus strictes ; que le grief tiré de la violation du principe d'égalité doit, dès lors, être écarté (▪ Cons. const., déc. 7 juill. 2005, n° 2005-516 DC, *Loi de programme fixant les orientations de la politique énergétique*, consid. 21).

8) Sur la suppression des zones de développement de l'éolien. La loi visant à préparer la transition vers un système énergétique sobre et portant diverses dispositions sur la tarification de l'eau et sur les éoliennes (▪ Cons. const., déc. 11 avr. 2013, n° 2013-666 DC).

9) Indépendance des législations. La circonstance que le projet litigieux méconnaîtrait les dispositions de l'article L. 553-1 du Code de l'environnement, lesquelles sont relatives aux conditions régissant la délivrance des autorisations d'exploiter des installations terrestres de production d'électricité utilisant l'énergie mécanique du vent, est sans incidence sur la légalité de l'autorisation de construire prévue (▪ CAA Nantes, 15 janv. 2016, n° 14NT02264, *Garrec, SAS La Compagnie du vent*).

10) Autorisation unique et éoliennes. Le Conseil d'État précise les règles applicables dans un avis rendu sur demande du tribunal administratif. Si l'autorisation unique est entachée d'un vice de forme, et contrairement à l'autorisation unique dans les autres régimes, en matière d'éoliennes, « l'autorisation unique, alors même qu'elle doit être regardée comme une autorisation environnementale depuis le 1er mars 2017, continue également à produire ses effets en tant qu'elle vaut permis de construire. Le juge, saisi de moyen dirigés contre l'autorisation unique en tant qu'elle vaut permis de construire, statue alors comme juge de l'excès de pouvoir sur cette partie de l'autorisation.

Pour se prononcer sur la légalité de l'autorisation avant la mise en service de l'installation, le juge doit vérifier « la pertinence des modalités selon lesquelles le pétitionnaire prévoit de disposer de capacités financières et techniques suffisantes pour assumer l'ensemble des exigences susceptibles de découler du fonctionnement, de la cessation éventuelle de l'exploitation et de la remise en état du site au regard des intérêts mentionnés à l'article L. 511-1 du Code de l'environnement, ainsi que les garanties de toute nature qu'il peut être appelé à constituer à cette fin ». Après la mise en service de l'installation, il appartient au juge de vérifier « la réalité et le caractère suffisant des capacités financières et techniques du pétitionnaire ». De plus, après la délivrance de l'autorisation, le préfet peut toujours prescrire un arrêté complémentaire pour demander des précisions ou la mise à jour des informations relatives aux capacités techniques et financières de l'exploitant ; il peut mettre en demeure de satisfaire à cette demande dans un délai déterminé et, s'il n'y est pas déféré, il peut prendre les sanctions administratives. Les tiers peuvent saisir le préfet « s'ils estiment que l'exploitant ne justifie pas disposer des capacités techniques et financières exigées par l'article L. 181-27 du Code de l'environnement, et contester devant le juge administratif l'éventuel refus du préfet de prendre les mesures qu'ils estiment nécessaires (▪ CE, 26 juill. 2018, n° 416831 : comm. J.-M. Pastor, *Office du juge sur les autorisations uniques au titre des installations classées : AJDA* 2018, 1583 ; P. Picquet, *La régularisation d'une autorisation environnementale en cas de vice de procédure : AJDA* 2018, 1567).

11) Éoliennes offshore. Validité de l'autorisation et des garanties financières données y comprises en cas de disparition du concessionnaire (▪ CAA Nantes, 3 avr. 2018, n° 17NT01851)

12) Capacités financières insuffisantes. Ne justifie pas d'une capacité financière suffisante une société qui ne justifie pas des conditions d'un emprunt à hauteur de 80 % du montant de la garantie et dont les fonds propres n'ont été libérés qu'à hauteur de 10 % de la somme avancée ; le fait que la société mère se soit portée garante de la réhabilitation du site en cas de défaillance de l'exploitant est sans incidence sur les capacités financières elles-mêmes (▪ CAA Lyon, 10 juill. 2018, n° 16LY02858).

13) Incidence de l'avis donné par le préfet comme autorité environnementale à propos d'une autorisation d'éoliennes. Illégalité en application de la directive communautaire du 13 décembre 2011 (▪ CAA Lyon, 15 mai 2018, n° 16LY03067).

14) L'application du régime ICPE aux installations éoliennes implique nécessairement la réalisation d'une étude d'impact et d'une enquête publique. Dès lors, cette disposition n'a plus lieu d'être, à compter de la modification de la nomenclature ICPE, laquelle doit être réalisée par décret avant le 13 juillet 2011 (▪ CAA Nantes, 26 juill. 2013, n° 12NT00082, *Assoc. Cadre de Vie et Environnement Melgven-Rosporden*. ▪ CAA Marseille, 19 juill. 2013, n° 11MA00431, *Nouvelles énergies dynamiques*. ▪ CE, 17 juill. 2013, n° 362022, *Cne d'Ollières*. ▪ CE, 7 nov. 2012, n° 351411, *Sté Énergie renouvelable du Languedoc*. ▪ CE, 28 sept. 2012, nos 340285 et 340524, *SNC Parc éolien Guern*).

Bibliographie : A. Gence, *Champ d'éoliennes et fermes photovoltaïques : JCP* N 2018, n° 20,

1184. – P. Mozol, *Les implications du principe de non-régression sur l'obligation d'évaluation environnementale* : *JCP* A 2018. – C. Le Bihan Graf et L. Rosenbleh, *Les enseignements des premiers jugements rendus par les tribunaux administratifs concernant les décisions d'attribution et les autorisations d'exploiter des éoliennes en mer* : *Énergie – Env. – Infrastr.* 2016, étude, 11. – F. Schneider, *Un régime contentieux spécial pour les projets d'énergies marines renouvelables* : *AJDA* 2016, p. 485. – L. Wolffet et C. Puel, *La soumission des éoliennes terrestres au régime des installations classées : obligations et conséquences* : *JCP* G 2011, n° 39, 1032. – S. Nataf, *Les éoliennes terrestres désormais inscrites à la nomenclature des ICPE* : *Gaz. Pal.* 23 sept. 2011, p. 20. – E. Paillard et J. Vuagnoux-Gauch, *Fausse alerte sur l'éolien offshore* : *Rev. Environnement* oct. 2011, n° 10, comm. 107. – L. Le Corre, *Nouveau durcissement du régime juridique des éoliennes en perspective – À propos du rapport d'information sur l'énergie éolienne* : Rapp. AN n° 2398, 31 mars 2010 ; *JCP* A 2010, n° 19, 2165. – E. Ravanas, *Quelques réflexions autour de problématiques immobilières rencontrées dans les projets éoliens et photovoltaïques* : *JCP* N 2009, n° 40, p. 1275. – J. Lepers, *Éoliennes : quelle insertion dans l'environnement ?* Conclusions sur CAA Douai, 1er déc. 2005, *Sté d'exploitation du parc éolien du Mont d'Hezecques et a.* : *Environnement* avr. 2006, n° 4, étude 7. – J.-M. Berly, *La situation juridique des éoliennes* : *RD imm.* 2003, n° 3, p. 215. – B. Lilian, *À propos du jugement du tribunal administratif de Rennes du 17 Juin 2002, A/Préfet du Finistère, Implantation des éoliennes* : *Environnement* 2002, n° 10, comm. 120, p. 19.

Art. R. 515-102 *(Créé à compter du 1er mars 2017, D. n° 2017-81, 26 janv. 2017)*. – I. – Les garanties financières exigées au titre de l'article L. 515-46 sont constituées dans les conditions prévues aux I, III et V de l'article R. 516-2 et soumises aux dispositions des articles R. 516-5 à R. 516-6. Le préfet les appelle et les met en œuvre :

– soit en cas de non-exécution par l'exploitant des opérations mentionnées à l'article R. 515-106, après intervention des mesures prévues au I de l'article L. 171-8 ;

– soit en cas d'ouverture ou de prononcé d'une procédure de liquidation judiciaire à l'égard de l'exploitant ;

– soit en cas de disparition de l'exploitant personne morale par suite de sa liquidation amiable ou du décès de l'exploitant personne physique.

II. – Lorsque les garanties financières sont constituées dans les formes prévues au e du I de l'article R. 516-2, et que l'appel mentionné au I est demeuré infructueux, le préfet appelle les garanties financières auprès de l'établissement de crédit, la société de financement, l'entreprise d'assurance, la société de caution mutuelle ou le fonds de garantie ou la Caisse des dépôts et consignations, garant de la personne morale ou physique mentionnée au e susmentionné :

– soit en cas d'ouverture ou de prononcé d'une procédure de liquidation judiciaire à l'encontre du garant personne physique ou morale mentionné au e susmentionné ;

– soit en cas de disparition du garant personne morale par suite de sa liquidation amiable ou du décès du garant personne physique mentionné au e susmentionné ;

– soit en cas de notification de la recevabilité de la saisine de la commission de surendettement par le garant personne physique ;

– soit en cas de défaillance du garant personne physique, ou du garant personne morale résultant d'une sommation de payer suivie de refus ou demeurée sans effet pendant un délai d'un mois à compter de la signification de la sommation faite à celui-ci par le préfet.

Art. R. 515-103 *(Créé à compter du 1er mars 2017, D. n° 2017-81, 26 janv. 2017)*. – Les installations de production d'électricité utilisant l'énergie mécanique du vent existantes à la date d'entrée en vigueur du décret n° 2011-984 du 23 août 2011 modifiant la nomenclature des installations classées, pour y introduire les installations mentionnées à l'article L. 515-44, sont mises en conformité avec les obligations de garanties financières prévues à l'article L. 515-46, dans un délai de quatre ans à compter de la date de publication dudit décret.

Art. R. 515-104 *(Créé à compter du 1er mars 2017, D. n° 2017-81, 26 janv. 2017 ; mod. à compter du 2 décembre 2018, D. n° 2018-1054, 29 nov. 2018)*. – Lorsque l'installation change d'exploitant, le nouvel exploitant joint à la déclaration prévue à l'article R. 181-47 le document mentionné à l'article R. 515-102 attestant des garanties que le nouvel exploitant a constituées.

Sous-section 2. – Remise en état du site par l'exploitant d'une installation déclarée, autorisée ou enregistrée

Art. R. 515-105 *(Créé à compter du 1er mars 2017, D. n° 2017-81, 26 janv. 2017 ; mod. à compter du 1er juin 2022, D. n° 2021-1096, 19 août 2021)* (1). – Par dérogation à l'article R. 512-39, aux I, II et III de l'article R. 512-39-1, aux articles R. 512-39-2 à R. 512-39-6, R. 512-66-1 à R. 512-66-2, aux I, V et VI de l'article R. 512-75-1 et à l'article R. 512-75-2, la mise à l'arrêt définitif d'une installation de production d'électricité utilisant l'énergie mécanique du vent classée au titre de l'article L. 511-2 est régie par la présente section.

Art. R. 515-106 *(Créé à compter du 1er mars 2017, D. n° 2017-81, 26 janv. 2017 ; mod. à compter du 1er juin 2022, D. n° 2021-1096, 19 août 2021)* (1). – Les opérations de démantèlement et de remise en état d'un site après exploitation comprennent :

1° Le démantèlement des installations de production ;

2° L'excavation de tout ou partie des fondations ;

3° La remise en état des terrains sauf si leur propriétaire souhaite leur maintien en l'état ;

4° La réutilisation, le recyclage, la valorisation ou à défaut l'élimination des déchets de démolition ou de démantèlement dans les filières dûment autorisées à cet effet.

5° *(Mod., D. n° 2024-742, 6 juill. 2024)* L'intervention, conformément à l'avant-dernier de l'article L. 512-6-1, d'une entreprise certifiée dans le domaine des sites et sols pollués ou disposant de compétences équivalentes en matière de prestations de services dans ce domaine, pour attester de la mise en œuvre des opérations prévues par les points 1° à 4°.

Un arrêté du ministre chargé de l'environnement fixe les conditions techniques de démantèlement et de remise en état, ainsi que le référentiel auquel doit se conformer l'entreprise mentionnée au 5°, les modalités d'audit mises en œuvre par les organismes certificateurs, accrédités à cet effet, pour délivrer cette certification, et les conditions d'accréditation des organismes certificateurs et notamment les exigences attendues permettant de justifier des compétences requises.

Les opérations de démantèlement et de remise en état d'un site sont également réalisées en cas de remplacement d'un ou plusieurs aérogénérateurs constituant une modification notable au sens de l'article R. 181-46.

Voir : Avis du conseil d'État n° 416831 du 26 juillet 2018, commenté sous art. R. 515-101, p. 2458.

Bibliographie : G. Mémeteau, *Éoliennes et voisinage (partie II) : RD rur.* 2018 I.

1) Sur le démantèlement et la remise en état du site. Avant la loi Grenelle 2, l'article L. 553-3 du Code de l'environnement prévoyait que l'exploitant d'une installation produisant de l'électricité à partir de l'énergie mécanique du vent est responsable de son démantèlement et de la remise en état du site à la fin de l'exploitation.

Le nouvel article L. 553-3 issu de l'article 90, VII de la loi Grenelle 2 étend l'obligation à la société mère en cas de défaillance de l'exploitant. Pour garantir la bonne exécution de ces obligations, l'exploitant est tenu de constituer, dès le début de la production, puis au titre des exercices comptables suivants, les garanties financières nécessaires.

2) Le législateur prévoit un dispositif de remise en état distinct des autres catégories d'installations classées.

3) L'exploitant d'une installation éolienne est désormais soumis aux obligations de démantèlement et de remise en état du site, quel que soit le motif de la cessation de l'activité. La circonstance que le législateur prévoit une obligation de démantèlement distincte de celle de la remise en état du site résulte vraisemblablement de la particularité d'une installation éolienne. Par cette distinction, le législateur met en exergue la nécessité de remédier à l'impact paysager d'une telle installation.

4) Le dispositif de responsabilité subsidiaire de la société mère pour le démantèlement et la remise en état du site. Une telle responsabilité est également prévue pour la remise en état des autres ICPE, mais à l'inverse de celle-ci, le régime de responsabilité applicable en matière d'éoliennes ne prévoit aucune condition relative à une procédure de liquidation ou à la caractérisation d'une faute de la société mère.

(1) Dispositions d'application transitoires : V. D. n° 2021-1096, 19 août 2021.

5) La constitution de garanties financières par l'exploitant ou la société propriétaire de l'installation dès le début de la production, puis au titre des exercices comptables suivants. L'article L. 553-3 du Code de l'environnement prévoit qu'un décret en Conseil d'État devra déterminer avant le 31 décembre 2010 les prescriptions générales régissant les opérations de démantèlement et de remise en état d'un site ainsi que les conditions de constitution et de mobilisation des garanties financières. Le même décret doit également préciser les conditions de constatation par le préfet de département de la carence d'un exploitant ou d'une société propriétaire pour conduire ces opérations et les formes dans lesquelles s'exerce dans cette situation l'appel aux garanties financières. En cas de manquement à ces obligations, le mécanisme de la consignation, auquel sont déjà soumises les ICPE, devra être appliqué.

6) Sur l'étude d'impact. Il ne résulte pas de ces dispositions que les éléments relatifs au démantèlement des éoliennes doivent être indiqués dans l'étude d'impact (■ CAA Marseille, 15 mars 2012, n° 10MA01595, *EDF*). Sur l'évaluation du produit de la vente des éoliennes démantelées et le coût de remise en état du site d'implantation (■ CAA Bordeaux, 2 févr. 2012, n° 10BX00612, *Sté Compagnie du Vent*).

Voir : – D. n° 2011-985 du 23 août 2011, pris pour l'application de l'article L. 553-3 du Code de l'environnement (*JO* 25 août 2011) ;

– A. du 26 août 2011, relatif à la remise en état et à la constitution des garanties financières pour les installations de production d'électricité utilisant l'énergie mécanique du vent (*JO* 27 août 2011).

7) Rép. min. n° 15168 : *JO* Sénat Q 12 janv. 2012 ; *JO* Sénat Q 16 sept. 2010 et Rép. min. n° 12530 : *JO* Sénat Q 18 mars 2010.

8) Démantèlement et contentieux de l'urgence. Le moyen tiré de ce que l'article L. 553-3 du Code de l'environnement impose aux exploitants d'éoliennes le démantèlement des installations et une remise en état des lieux à la fin de l'exploitation, donc la réversibilité des travaux à cette échéance est sans incidence sur l'appréciation du caractère difficilement réversible de ces derniers à laquelle doit procéder le juge des référés, saisi d'une demande de suspension d'un permis de construire, pour regarder la condition d'urgence comme remplie (■ CE, 8e/3e ssr, 29 janv. 2008, n° 307870).

9) Contrôle de l'obligation de remise en état dans l'arrêté d'autorisation. Condition suffisante (oui) (■ CAA Nantes, 3 avr. 2018, n° 17NT01943).

Art. R. 515-107 *(Créé à compter du 1er mars 2017, D. n° 2017-81, 26 janv. 2017)*. **– I. – Lorsqu'une installation de production d'électricité utilisant l'énergie mécanique du vent est mise à l'arrêt définitif, l'exploitant notifie au préfet la date de cet arrêt un mois au moins avant celui-ci. Il est donné récépissé sans frais de cette notification.**

II. – La notification prévue au I indique les mesures prises ou prévues pour assurer les opérations prévues à l'article R. 515-106.

III. – En cas de carence de l'exploitant dans la mise en œuvre des mesures prévues au II, il est fait application des procédures prévues à l'article L. 171-8. Le cas échéant, le préfet met en œuvre les garanties financières dans les conditions prévues à l'article R. 515-102.

IV. – À tout moment, même après la remise en état du site, le préfet peut imposer à l'exploitant, par arrêté pris en application des articles L. 181-12, L. 181-14, L. 512-7-5, L. 512-12 ou L. 512-20, les prescriptions nécessaires à la protection des intérêts mentionnés à l'article L. 511-1.

Art. R. 515-108 *(Rempl. à compter du 1er juin 2022, D. n° 2021-1096, 19 août 2021)* (1). **– Lorsque les travaux, prévus à l'article R. 515-106 ou prescrits par le préfet, sont réalisés, l'exploitant en informe le préfet et lui transmet l'attestation établie par l'entreprise mentionnée au 5° de l'article R. 515-106.**

L'attestation est également transmise au maire ou au président de l'établissement public de coopération intercommunale compétent en matière d'urbanisme ainsi qu'au propriétaire du terrain.

Sauf opposition ou demande complémentaire du préfet dans un délai de deux mois à l'issue de la transmission de l'attestation, la remise en état du site est réputée achevée.

Sous-section 3. – Caducité

Art. R. 515-109 *(Créé à compter du 1er mars 2017, D. n° 2017-81, 26 janv. 2017)*. **– I. – Les délais mentionnés aux premiers alinéas des articles R. 181-48 et R. 512-74 peuvent être prorogés dans la limite**

(1) Dispositions d'application transitoires : V. D. n° 2021-1096, 19 août 2021.

d'un délai total de dix ans, incluant le délai initial de trois ans, par le représentant de l'État dans le département, sur demande de l'exploitant, en l'absence de changement substantiel de circonstances de fait et de droit ayant fondé l'autorisation ou la déclaration, lorsque, pour des raisons indépendantes de sa volonté, l'exploitant ne peut mettre en service son installation dans ce délai.

Nonobstant les dispositions des deux premières phrases de l'article R. 123-24, la prorogation susmentionnée emporte celle de la validité de l'enquête publique.

II. – Pour les installations mentionnées au premier et au quatrième alinéa de l'article L. 515-44, le bénéfice des droits acquis est soumis aux règles de caducité prévues aux articles *(Réf. rempl. à compter du 2 décembre 2018, D. n° 2018-1054, 29 nov. 2018)* « R. 181-48 », R. 512-74 et au I du présent article dans les conditions suivantes :

1° Le délai de mise en service de trois ans court à compter du 1er janvier 2016 ou à compter de la date de notification à son bénéficiaire du permis de construire mentionné à l'article L. 515-44 si celle-ci est postérieure au 1er janvier 2016 ;

2° Le délai de mise en service n'excède pas huit ans, ce délai incluant les trois ans mentionnés à l'alinéa précédent ;

3° Le délai de mise en service est suspendu jusqu'à la notification à l'auteur de la décision administrative ou à l'exploitant d'une décision devenue définitive en cas de recours devant la juridiction administrative contre le permis de construire mentionné à l'article L. 515-44 ;

4° Le délai de mise en service est suspendu jusqu'à la notification à l'auteur de la décision administrative ou à l'exploitant d'une décision devenue irrévocable en cas de recours devant un tribunal de l'ordre judiciaire en application de l'article L. 480-13 du Code de l'urbanisme contre le permis de construire mentionné à l'article L. 515-44.

III. – En vue de l'information des tiers, la décision de prorogation du délai de mise en service prévue par le présent article fait l'objet des mesures de publicité prévues au 2° et au 4° de l'article R. 181-44.

Si cette décision est acquise implicitement, la demande fait l'objet des mesures de publicité prévues par l'article L. 232-2 du Code des relations entre le public et l'administration.

Section XI. – Installations industrielles susceptibles de mettre en œuvre ou de générer des substances radioactives

(Créée à compter du 1er juillet 2018, D. n° 2018-434, 4 juin 2018 ; intit. rempl., D. n° 2022-174, 14 févr. 2022)

Art. R. 515-110 *(Créé à compter du 1er juillet 2018, D. n° 2018-434, 4 juin 2018 ; mod., D. n° 2022-174, 14 févr. 2022)*. – L'exploitant d'une installation industrielle exerçant une activité figurant sur la liste définie à l'article D. 515-111 fait, afin de connaître les concentrations d'activité des radionucléides concernés, caractériser, dans un délai de six mois suivant le début de l'exploitation, les substances susceptibles d'en contenir.

Cette caractérisation radiologique est réalisée par des organismes accrédités par le Comité français d'accréditation ou par un autre organisme membre de la Coopération européenne pour l'accréditation et ayant signé les accords de reconnaissance mutuelle multilatéraux, dans les conditions fixées par l'article R. 1333-37 du Code de la santé publique.

Une nouvelle caractérisation radiologique est réalisée à chaque modification notable des matières premières utilisées ou du procédé industriel.

Art. D. 515-111 *(Créé à compter du 1er juillet 2018, D. n° 2018-434, 4 juin 2018)*. – Les installations industrielles soumises à l'obligation de caractérisation radiologique mentionnée à l'article R. 515-110 sont celles qui exercent les activités suivantes :

1° Extraction de terres rares à partir de monazite, traitement des terres rares et production de pigments en contenant ;

2° Production de composés du thorium, fabrication de produits contenant du thorium et travail mécanique de ces produits ;

3° Traitement de minerai de niobium/tantale et d'aluminium ;

4° Production pétrolière et gazière, hors forage de recherche ;

5° Production d'énergie géothermique, hors géothermie de minime importance ;

6° Production de pigments de dioxyde de titane ;
7° Production thermique de phosphore ;
8° Industrie du zircon et du zirconium, dont l'industrie des céramiques réfractaires ;
9° Production d'engrais phosphatés ;
10° Production de ciment, dont la maintenance de fours à clinker ;
11° Centrales thermiques au charbon, dont la maintenance de chaudière ;
12° Production d'acide phosphorique ;
13° Production de fer primaire ;
14° Activités de fonderie d'étain, plomb, ou cuivre ;
15° Traitement par filtration d'eaux souterraines circulant dans des roches magmatiques ;
16° Extraction de matériaux naturels d'origine magmatique tel que les granitoïdes, les porphyres, le tuf, la pouzzolane et la lave lorsqu'ils sont destinés à être utilisés comme produits de construction.

Art. R. 515-112 *(Créé à compter du 1er juillet 2018, D. n° 2018-434, 4 juin 2018)*. – L'exploitant compare les concentrations d'activité des radionucléides naturels présents dans les substances identifiées par la caractérisation radiologique mentionnée à l'article R. 515-110 aux valeurs limites d'exemption pour les radionucléides naturels fixées dans le tableau 1 de l'annexe 13-8 du Code de la santé publique. Si une ou plusieurs des concentrations d'activité en radionucléides naturels dépassent la valeur limite d'exemption, la substance concernée est considérée comme substance radioactive d'origine naturelle.

Les résultats des mesures prévues en application du présent article sont reportés par l'exploitant dans des documents tenus à la disposition de l'autorité administrative compétente.

Art. R. 515-112-1 *(D. n° 2022-174, 14 févr. 2022)*. – L'exploitant d'une installation dans laquelle est réalisée une opération de valorisation mentionnée au I de l'article R. 1333-6-1 du Code de la santé publique respecte les obligations fixées à l'article R. 1333-6-3 du même code.

Section XI. – Installations de combustion moyennes

(Section créée à compter du 20 décembre 2018, D. n° 2018-1161, 18 déc. 2018)

Art. R. 515-113 *(Créé à compter du 20 décembre 2018, D. n° 2018-1161, 18 déc. 2018)*. – Les dispositions de la présente section sont applicables aux installations de combustion moyennes relevant des rubriques 2910 ou 3110 de la nomenclature des installations classées pour la protection de l'environnement, soumises aux dispositions de la directive (UE) 2015/2193 du Parlement européen et du Conseil du 25 novembre 2015 relative à la limitation des émissions de certains polluants dans l'atmosphère en provenance des installations de combustion moyennes.

Art. R. 515-114 *(Créé à compter du 20 décembre 2018, D. n° 2018-1161, 18 déc. 2018)*. – I. – L'exploitant d'une installation de combustion moyenne communique à l'autorité compétente les informations suivantes :

– le nom et le siège social de l'exploitant et l'adresse du lieu où l'installation est implantée ;
– la puissance thermique nominale de l'installation de combustion moyenne, exprimée en MW thermiques ;
– le type d'installation de combustion moyenne (moteur diesel, turbine à gaz, moteur à double combustible, autre moteur ou autre installation de combustion moyenne) ;
– le type et la proportion des combustibles utilisés, selon les catégories de combustibles établies à l'annexe II de la directive (UE) 2015/2193 du Parlement européen et du Conseil du 25 novembre 2015 relative à la limitation des émissions de certains polluants dans l'atmosphère en provenance des installations de combustion moyennes ;
– la date de début d'exploitation de l'installation de combustion moyenne ou, lorsque la date exacte de début d'exploitation est inconnue, la preuve que l'exploitation a débuté avant le 20 décembre 2018 ;
– le secteur d'activité de l'installation classée ou l'établissement dans lequel elle est exploitée (code NACE) ;
– le nombre prévu d'heures d'exploitation annuelles de l'installation de combustion moyenne et la charge moyenne en service ;

– dans le cas où l'installation de combustion moyenne fonctionne moins de 500 heures par an dans des conditions fixées par un arrêté du ministre chargé des installations classées, un engagement à ne pas dépasser cette durée maximale de fonctionnement.

II. – Ces informations sont communiquées :

1° Pour les installations mises en service avant le 20 décembre 2018 :

– au plus tard le 31 décembre 2023 pour les installations de puissance supérieure à 5 MW ;

– au plus tard le 31 décembre 2028 pour les installations de puissance supérieure ou égale à 1 MW et inférieure ou égale à 5 MW,

2° Pour les autres installations, avant l'autorisation, l'enregistrement ou la déclaration mentionnés aux articles L. 512-1, L. 512-7 et L. 512-8.

Art. R. 515-115 *(Créé à compter du 20 décembre 2018, D. n° 2018-1161, 18 déc. 2018).* – Dans les conditions prévues aux articles R. 181-46, R. 512-46-23 et R. 512-54, l'exploitant porte à la connaissance de l'autorité administrative compétente, avant sa réalisation, toute modification prévue de l'installation de combustion moyenne qui serait susceptible d'avoir une incidence sur les valeurs limites d'émission applicables. Il actualise les informations demandées à l'article R. 515-114, en tenant compte, le cas échéant, des demandes de l'autorité administrative compétente.

Art. R. 515-116 *(Créé à compter du 20 décembre 2018, D. n° 2018-1161, 18 déc. 2018 ; mod., D. n° 2022-970, 1er juill. 2022).* – I. – Les informations prévues à l'article R. 515-114, le cas échéant actualisées dans les cas prévus à l'article R. 515-115, sont communiquées à l'autorité administrative compétente par voie électronique selon des modalités définies par un arrêté du ministre chargé des installations classées.

II. – Ces informations, contenues dans un registre tenu par ce ministre, sont mises à la disposition du public, y compris sur l'internet, conformément à la directive 2003/4/CE du Parlement européen et du Conseil du 28 janvier 2003 concernant l'accès du public à l'information en matière d'environnement et abrogeant la directive 90/313/CEE du Conseil.

Art. R. 515-116-1 *(D. n° 2022-970, 1er juill. 2022).* – À la demande de l'autorité compétente, l'exploitant met à sa disposition les données relatives à la mise en service et au suivi de l'exploitation d'une installation relevant de la présente section. Les données concernées sont précisées par arrêté du ministre chargé des installations classées. Lorsqu'elle est saisie par une personne sollicitant l'accès à ces données, l'autorité compétente formule une telle demande à l'exploitant en vue de leur transmission.

Section XIII. – Plateformes industrielles

(Créée à compter du 1er janvier 2020, D. n° 2019-1212, 21 nov. 2019)

Sous-section 1. – Organisation et reconnaissance des plateformes industrielles

Art. R. 515-117 *(Créé à compter du 1er janvier 2020, D. n° 2019-1212, 21 nov. 2019).* – I. – L'inscription d'une plateforme industrielle sur l'arrêté prévu à l'article L. 515-48 est subordonnée à la conclusion d'un contrat de plateforme entre les installations classées pour la protection de l'environnement qui souhaitent se regrouper.

Le contrat de plateforme :

1° Détermine les domaines de responsabilité qui font l'objet d'une gestion mutualisée ;

2° Désigne un gestionnaire de plateforme parmi les personnes morales de droit français exploitantes d'au moins une des installations regroupées ;

3° Précise, pour chacun des domaines de responsabilité visés au 1°, les limites dans lesquels le gestionnaire de plateforme a compétence, sans préjudice des responsabilités propres qui lui incombent en sa qualité d'exploitant d'installations classées pour la protection de l'environnement ;

4° Définit les conditions d'évolution de la composition de la plateforme ;

5° Définit les conditions de répartition entre les partenaires des responsabilités dévolues au gestionnaire en cas de résiliation du contrat ou de suspension de la plateforme.

II. – Le gestionnaire de la plateforme transmet au préfet la demande d'inscription présentant le territoire délimité et homogène de la plateforme industrielle complétée du contrat de plateforme mentionné au I du présent article et, le cas échéant, des pièces complémentaires exigées en application des dispositions de la présente section.

Lorsque le projet de plateforme est situé sur le territoire de plusieurs départements, le préfet compétent pour conduire la procédure est le préfet du département où sont situées la majorité des installations partenaires.

Le préfet dispose d'un délai de deux mois à réception du dossier complet pour formuler des observations sur le projet de plateforme et la conformité du contrat aux dispositions de la présente section. Il s'assure que le contrat permet au gestionnaire de plateforme de s'acquitter de ses obligations telles que prévues par le I. Si des observations sont formulées, le gestionnaire dispose d'un mois pour procéder aux adaptations requises.

À l'issue de l'instruction, le préfet transmet le dossier de demande assorti de son avis au ministre chargé des installations classées en vue de l'inscription sur la liste des plateformes prévue à l'article L. 515-48. Le gestionnaire de plateforme est informé de la transmission du dossier.

Le silence gardé par le ministre à l'issue d'un délai de deux mois à compter de la transmission du dossier de demande du gestionnaire par le préfet vaut décision implicite de rejet.

III. – Dans le champ des responsabilités visées au 3° du I du présent article, le gestionnaire de la plateforme est la personne mentionnée au I de l'article L. 171-8, sans préjudice des obligations incombant à chaque exploitant au titre de la législation relative aux installations classées.

IV. – Le gestionnaire de la plateforme notifie au préfet les modifications qu'il est envisagé d'apporter au contrat de plateforme. En particulier, il tient le préfet informé de toute entrée d'un nouveau partenaire et de toute sortie d'un partenaire existant.

Dans un délai de deux mois à compter de la réception des informations visées à l'alinéa précédent, le préfet peut formuler des observations, voire émettre un avis défavorable aux modifications lorsqu'elles ne sont pas de nature à permettre au gestionnaire de s'acquitter de ses obligations telles que prévues par le I. Le préfet tient le ministre informé des observations émises qui sont notifiées au gestionnaire de plateforme. Dans l'hypothèse où l'avis du préfet est défavorable aux modifications proposées, le silence gardé par le ministre à l'issue d'un délai de deux mois à compter de la transmission de l'avis du préfet vaut décision implicite de rejet de la demande de modification.

V. – Lorsqu'un pétitionnaire entend bénéficier des dispositions découlant de son intégration à une plateforme dans le cadre d'une demande d'autorisation, d'enregistrement ou dans sa déclaration d'installation classée pour la protection de l'environnement, il en informe le préfet et justifie que son intégration pourra aboutir dans le cadre du contrat de plateforme.

Art. R. 515-118 *(Créé à compter du 1er janvier 2020, D. n° 2019-1212, 21 nov. 2019).* – Lorsque la prévention et la gestion des accidents visés aux articles L. 515-32 et L. 515-15 est inscrite dans les domaines de responsabilité visés au 1° du I de l'article R. 515-117, le dossier mentionné au II comporte également une déclaration précisant les engagements de chaque partenaire en matière de sécurité des procédés, hygiène et sécurité au travail, protection de l'environnement et droit à l'information, ainsi que l'engagement de chaque partenaire à participer aux opérations collectives de sécurité. Un arrêté du ministre chargé des installations classées pour la protection de l'environnement en fixe la liste.

Le gestionnaire de plateforme est également tenu de notifier au préfet toute modification des engagements ainsi souscrits notamment dans l'hypothèse visée au IV de l'article R. 515-117.

Le contrat précise également les modalités de prise en charge des effets entre partenaires des éventuels incidents ou accidents survenant au sein de la plateforme.

Sous-section 2. – Dispositions d'adaptation à la situation des installations présentes sur une plateforme industrielle

(Division créée, D. n° 2019-1212, 21 nov. 2019)

Art. R. 515-119 *(Créé à compter du 1er janvier 2020, D. n° 2019-1212, 21 nov. 2019).* – Dans le cas prévu à l'article R. 515-118, les installations relevant des partenaires de la plateforme forment un ensemble pour l'application de la section 6 du présent chapitre.

Au vu des engagements énoncés par la déclaration visée au 1er alinéa de l'article R. 515-118, le préfet peut prescrire par arrêté aux partenaires toute mesure propre à améliorer substantiellement le niveau de protection de la plateforme, notamment par des mesures de protection, de réduction de la vulnérabilité ou d'organisation de leurs activités. Il peut subordonner l'autorisation d'installations nouvelles ou l'extension d'installations existantes au sein de la plateforme, au respect de prescriptions relatives à leur construction, leur utilisation ou leur exploitation.

Les conséquences liées aux effets entre partenaires des éventuels incidents ou accidents survenant au sein de la plateforme sont réglées par le contrat de plateforme.

Pour l'application de l'article R. 515-51, « l'extérieur de l'établissement » s'entend de l'extérieur de la plateforme et les tiers sont les personnes physiques ou morales dont les biens sont extérieurs à la plateforme.

Art. R. 515-120 *(Créé à compter du 1er janvier 2020, D. n° 2019-1212, 21 nov. 2019)*. – Le préfet peut requérir du gestionnaire de la plateforme les évaluations et la mise en œuvre des remèdes mentionnés à l'article L. 512-20, réalisées à l'échelle de la plateforme.

Art. R. 515-121 *(Créé à compter du 1er janvier 2020, D. n° 2019-1212, 21 nov. 2019)*. – Lorsque le traitement d'effluents est inscrit au contrat de plateforme au titre du 1° du I de l'article R. 515-117, les valeurs limites d'émission, ou, le cas échéant, le schéma de maîtrise des émissions, figurant dans les arrêtés régissant chaque installation concernée de la plateforme prennent en compte les capacités épuratoires des équipements visés au contrat de plateforme situées en aval. La valeur limite ou le schéma pour chaque installation est déterminé de façon à ce que le rejet final soit conforme aux valeurs limites attendues pour le rejet concerné, et qu'il n'en résulte pas une augmentation des charges polluantes dans le milieu.

CHAPITRE VI. – DISPOSITIONS FINANCIÈRES

Art. R. 516-1 *(Mod., D. n° 2011-1411, 31 oct. 2011 ; mod. à compter du 1er juillet 2012, D. n° 2012-633, 3 mai 2012 ; mod. à compter du 1er janvier 2015, D. n° 2014-1501, 12 déc. 2014 ; mod., D. n° 2015-1250, 7 oct. 2015 ; mod. à compter du 1er mars 2017, D. n° 2017-81, 26 janv. 2017 ; D. n° 2022-563, 15 avr. 2022 ; D. n° 2024-742, 6 juill. 2024)*. – Les installations dont la mise en activité est subordonnée à l'existence de garanties financières et dont le changement d'exploitant est soumis à autorisation préfectorale sont :

1° Les installations de stockage des déchets, à l'exclusion des installations de stockage de déchets inertes ;

2° Les carrières ;

3° Les installations figurant sur la liste prévue à l'article L. 515-36 ;

4° Les sites de stockage géologique de dioxyde de carbone.

Sont exemptées des obligations de constitution de garanties financières les installations classées mentionnées aux 1°, 2°, 3° et 4° qui sont exploitées directement par l'État ou qui bénéficient d'une garantie financière de la part de l'État leur permettant d'effectuer les opérations visées au deuxième alinéa de l'article L. 516-1.

La demande d'autorisation de changement d'exploitant, à laquelle sont annexés les documents établissant les capacités techniques et financières du nouvel exploitant et la constitution de garanties financières est adressée au préfet.

Cette demande est instruite dans les formes prévues aux articles R. 181-45 et R. 512-46-22.

Pour les installations mentionnées aux 1° et 2°, l'avis de la commission consultative départementale compétente n'est pas requis. À défaut de notification d'une décision expresse dans un délai de trois mois, le silence gardé par le préfet vaut autorisation de changement d'exploitant.

Pour les installations mentionnées aux 3° et 4°, à défaut de notification d'une décision expresse dans un délai de trois mois, le silence gardé par le préfet vaut refus de l'autorisation de changement d'exploitant. ;

Voir : A. 5 févr. 2014 encadrant la constitution de garanties financières par le biais d'un fonds de garantie privé prévue au I de l'article R. 516-2 du Code de l'environnement. A. 9 oct. 2017, modifiant l'arrêté du 18 août 2015 relatif à l'attestation de garanties financières requises par l'article L. 512-21 du Code de l'environnement. Avis du Conseil d'État n° 416831 du 26 juillet 2018 (26/07/2018 *JO* – Lois et décrets) commenté sous R. 515-101.

Bibliographie : M. T.-D., *Contrôle des garanties certaines de la capacité financière d'une future ICPE : JCP* 2016, nos 9-101, n° 202. • J.-N. Clément, *L'actualité des garanties financières dans le droit des ICPE : l'évolution du régime des garanties financières constituées en application du 5° de l'article R. 516-1 du Code de l'environnement : Énergie – Env. – Infrastr.* 2015, n° 5, comm. 46. • D. Gillig, *Le régime des garanties financières après l'entrée en vigueur du décret n° 2015-1250 du 7 octobre 2015 : Énergie - Env. - Infrastr.* 2015, n° 12, prat. 10.

1) Autorisation de changement d'exploitant et remise en état. Si aucune autorisation de changement d'exploitant n'a été sollicitée, ni la circonstance que la gestion et l'exploitation du site avait été confiée à un tiers, ni le fait que ce tiers avait obtenu l'autorisation d'augmenter les capacités de production en cause n'est de nature à soustraire l'exploitant de droit à son obligation de remise en état (▪ CAA Douai, 22 mai 2008, n° 06DA01271, *Sté Novergie*). Dans le même sens, l'existence d'un contrat confiant à un tiers l'exploitation de l'installation classée, alors que ce changement d'exploitant n'a pas fait l'objet d'une autorisation préfectorale, est inopposable à l'administration et l'exploitant d'origine conserve donc la responsabilité de la remise en état (▪ CE, 29 mars 2010, n° 318886, *Communauté de Cnes de Fécamp*). Dès lors qu'une autorisation de changement d'exploitant est requise, le préfet ne peut pas autoriser un nouvel exploitant à se substituer à l'ancien au moyen d'un simple récépissé d'exploitation (▪ CAA Douai, 9 déc. 2010, n° 09DA01646, *Sté de transformation en récupération d'automobiles et de platinage*). Le fait que le montant auquel le pétitionnaire a estimé les garanties financières dans sa demande d'autorisation soit différent du montant exigé par le préfet n'est pas en soi de nature à démontrer l'inexactitude du montant des garanties financières (▪ CAA Marseille, 11 juill. 2011, n° 09MA02014, *Comité de sauvegarde de Clarency-Valensol*).

2) Appréciation des capacités techniques et financières. V. jurisprudences rendues sous le visa de l'article L. 512-1 du Code de l'environnement. Les garanties financières, dont le montant est fixé par l'arrêté d'autorisation et qui sont constituées par l'exploitant après la mise en service de l'installation, ne peuvent pas être mentionnées dans la demande d'autorisation, cette dernière devant seulement préciser les modalités de constitution des garanties financières (▪ CAA Marseille, 10 mai 2016, n° 14MA04491, *Organisme de défense de l'appellation d'origine contrôlée Châteauneuf-du-Pape*). La justification des capacités financières et techniques est une condition de l'autorisation quelle que soit la taille et l'importance de l'installation (▪ CAA Nantes, 28 juin 2002, *Chudeau : RJ env.* 2003, 239, obs. Schneider.) Le fait qu'une société soit une filiale d'une autre ou qu'elle s'engage à augmenter son capital n'atteste pas de ses capacités financières (▪ CAA Nancy, 25 juill. 2014, n°s 12NC00669, 12NC00670 et 12NC00705, *Sté Hambrégie SAS : Dr. env.* 2014, 346). Justifications insuffisantes pour permettre au public d'être informé ; informations conditionnelles et imprécises (▪ CAA Douai, 1re ch., 16 nov. 2017, n° 15DA01535).

3) Les modalités de changement d'exploitant. La transmission de la qualité d'exploitant nécessite une autorisation préfectorale préalable, peu important la conclusion d'un contrat administratif confiant l'exploitation de l'installation à un cocontractant privé (▪ CE, 29 mars 2010, n° 318886, *Communauté de Cnes de Fécamp : AJDA* 2010, n° 29, p. 1655, comm. M. Moliner-Dubost). Lorsqu'une société reprend à son compte la demande déposée par le premier pétitionnaire, une telle demande, formulée au cours de l'instruction de la demande d'autorisation, ne constitue pas un changement d'exploitant au sens de l'article R. 516-1 du Code de l'environnement, de sorte que les garanties financières ne sont pas exigibles (▪ CAA Bordeaux, 9 juill. 2015, n° 13BX01664, *Assoc. Vivre au sud du parc*).

4) Délai de trois mois. Les dispositions de l'article R. 516-1 imposant au préfet de prendre sa décision dans un délai de trois mois s'applique aux arrêtés d'autorisation de changement d'exploitant et non au cas d'une autorisation initiale (▪ CAA Nantes, 25 mars 2011, n° 10NT00043, *Sté Guintoli*).

5) Égalité devant les charges publiques. Dès lors que le principe d'égalité ne fait pas obstacle à ce que des personnes placées dans des situations différentes soient traitées différemment, le fait que les installations classées exploitées directement par l'État sont exemptées de l'obligation de constitution de garanties financières ne viole pas ce principe car l'État n'est pas dans une situation comparable à celle des autres exploitants d'installations classées en ce qui concerne sa capacité à financer les mesures de surveillance et de mise en sécurité du site (▪ CE, 12 juin 2013, n° 360702, *Fédération des Entreprises du Recyclage*. ▪ CE, 28 nov. 2013, n° 363301, *Fédération des entreprises des recyclage*).

6) Fixation des garanties : Montant des garanties. Les garanties sont normalement fixées de manière forfaitaire mais le préfet peut fixer un autre montant à la condition que celui-ci soit validé par un organisme tiers agréé (▪ CAA Lyon, 25 mai 2004, *SNC Sablières du Val-d'Allier : RJE* 2006, 96).

7) Référé liberté (non). N'est pas fondée une demande de référé liberté contre une mesure de suspension justifiée notamment par la non-satisfaction de la clause de garantie financière (CE, Juge des référés, 30 juin 2017, n° 411483).

Art. R. 516-2 *(Rempl. à compter du 1er juillet 2012, D. n° 2012-633, 3 mai 2012 ; mod., D. n° 2010-1172, 5 oct. 2010* (1)*; D. n° 2011-1411, 31 oct. 2011 ; D. n° 2015-1250, 7 oct. 2015 ; D. n° 2022-1495, 24 nov. 2022 ; D. n° 2024-742, 6 juill. 2024).* – I. – Les garanties financières exigées à l'article L. 516-1 résultent, au choix de l'exploitant :

a) De l'engagement écrit d'un établissement de crédit, d'une société de financement, d'une entreprise d'assurance ou d'une société de caution mutuelle ;

b) D'une consignation entre les mains de la Caisse des dépôts et consignations ;

c) *(Abr.)* ;

d) D'un fonds de garantie privé, proposé par un secteur d'activité et dont la capacité financière adéquate est définie par arrêté du ministre chargé des installations classées (2) ; ou

e) De l'engagement écrit, portant garantie autonome au sens de l'article 2321 du Code civil, de la personne physique, où que soit son domicile, ou de la personne morale, où que se situe son siège social, qui possède plus de la moitié du capital de l'exploitant ou qui contrôle l'exploitant au regard des critères énoncés à l'article L. 233-3 du Code de commerce. Dans ce cas, le garant doit lui-même être bénéficiaire d'un engagement écrit d'un établissement de crédit, d'une société de financement, d'une entreprise d'assurance, d'une société de caution mutuelle ou d'un fonds de garantie mentionné au *d* ci-dessus, ou avoir procédé à une consignation entre les mains de la Caisse des dépôts et consignations.

Lorsque le siège social de la personne morale garante n'est pas situé dans un État membre de l'Union européenne ou dans un État partie à l'accord sur l'Espace économique européen, le garant doit disposer d'une agence, d'une succursale ou d'une représentation établie en France.

L'exploitant de plusieurs installations répondant aux dispositions de l'article L. 515-36 peut mutualiser les garanties financières exigées au titre du 3° de l'article R. 516-1. Un arrêté conjoint du ministre chargé de l'économie et du ministre chargé des installations classées fixe les modalités de constitution de la garantie financière mutualisée entre établissements, y compris à la suite d'un appel partiel ou total de celle-ci, ainsi que les modalités de sa révision en cas de modification affectant l'une des installations couvertes par cette garantie mutualisée.

II. – L'arrêté d'autorisation fixe le montant des garanties financières exigées ainsi que les modalités d'actualisation de ce montant.

III. – Dès la mise en activité de l'installation, l'exploitant transmet au préfet un document attestant la constitution des garanties financières. Ce document est établi selon un modèle défini par arrêté conjoint du ministre chargé de l'économie et du ministre chargé des installations classées (3).

IV. – Les garanties financières exigées à l'article L. 516-1 sont constituées en vue de la réalisation des opérations définies ci-dessous, et sont mises en œuvre par le préfet dans les conditions prévues à l'article R. 516-3. Le montant des garanties financières est établi d'après les indications de l'exploitant et compte tenu du coût des opérations suivantes, telles qu'elles sont indiquées dans l'arrêté d'autorisation :

1° Pour les installations de stockage de déchets :

a) Surveillance du site ;

b) Interventions en cas d'accident ou de pollution ;

c) Remise en état du site après exploitation ;

2° Pour les carrières :

Remise en état du site après exploitation.

Dans le cas où le site comporte des installations de stockage de déchets inertes résultant de son exploitation, les garanties financières tiennent aussi compte de :

– la surveillance des installations de stockage de déchets inertes et de terres non polluées résultant de l'exploitation de la carrière lorsqu'elles sont susceptibles de donner lieu à un accident majeur à la suite d'une défaillance ou d'une mauvaise exploitation, tel que l'effondrement d'une verse ou la rupture d'une digue ;

---

(1) Pour les installations déjà autorisées à la date de publication au *Journal officiel* du décret n° 2010-1172 du 5 octobre 2010, le montant des garanties financières est mis en conformité avec les dispositions de ce décret au plus tard le 1er mai 2014. Les dispositions de ce décret s'appliquent aux nouvelles carrières dont l'autorisation intervient après sa date de publication au *Journal officiel*, D. n° 2010-1172, 5 oct. 2010, art. 2.

(2) V. T. appl. : A. 5 févr. 2014 (*JO* 28 févr. 2014). – NDLR.

(3) V. T. appl. : A. 31 juill. 2012 (*JO* 8 août 2012). – NDLR.

– l'intervention en cas d'effondrement de verses ou de rupture de digues constituées de déchets inertes et de terres non polluées résultant de l'industrie extractive lorsque les conséquences sont susceptibles de donner lieu à un accident majeur.

3° Pour les installations mentionnées au 3° de l'article R. 516-1 :

a) Surveillance et maintien en sécurité de l'installation, y compris, si nécessaire, le reconditionnement et l'évacuation des substances, préparations ou mélanges dangereux présents sur le site et susceptibles d'affecter l'environnement ;

b) Interventions en cas d'accident ou de pollution.

Un arrêté du ministre chargé des installations classées fixe les règles de calcul du montant des garanties financières exigibles en application du 3° de l'article R. 516-1. Il précise par ailleurs les modalités d'application de ces règles pour l'actualisation des garanties financières des installations existantes.

Un arrêté conjoint du ministre de l'économie et du ministre chargé des installations classées fixe la méthodologie de calcul des garanties financières mutualisées en application du dernier alinéa du I, en fonction du nombre d'établissements concernés et sur la base des montants des garanties financières qui seraient isolément exigés pour chacun d'entre eux en l'absence de mutualisation. ;

4° Pour les sites de stockage mentionnés au 4° de l'article R. 516-1 :

a) Mise en œuvre des mesures prévues par le plan de postfermeture incluant notamment la mise à l'arrêt définitif du site et sa surveillance durant une période d'au moins trente ans après sa mise à l'arrêt définitif. Ce montant correspond au minimum au montant de la soulte prévu au *d* du I de l'article L. 229-47 ;

b) Interventions en cas de risques de fuites ou de fuites de dioxyde de carbone ou d'accident ou de pollution avant ou après la mise à l'arrêt définitif du site ;

c) La restitution, en cas de fuites, de quotas d'émissions de gaz à effet de serre

V. – Les garanties financières sont constituées pour une période minimale de trois ans et doivent être renouvelées au moins trois mois avant leur échéance.

Par dérogation à l'alinéa précédent, lorsque le respect de la période minimale de trois ans amènerait à dépasser la durée de validité de l'autorisation d'exploiter, la période de validité des garanties financières peut être égale à la durée restant à courir de cette autorisation.

En cas de non-renouvellement des garanties financières, le garant informe le préfet par lettre recommandée avec accusé de réception au moins trois mois avant l'échéance de validité de ces garanties. Cette obligation est sans effet sur la durée de l'engagement du garant.

Voir : V. *supra*, A. 9 février 2004, relatif à la détermination du montant des garanties financières de remise en état des carrières prévues par la législation des installations classées (*JO* 31 mars 2004, n° 77), modifié en dernier lieu par l'arrêté du 24 décembre 2009.

Caractere régulier et suffisant des garanties financières. Dès lors que le délai de constitution des garanti est prévu, que les risques couverts par ces garanties correspondent à ceux identifiés dans l'étude de dangers et ne semblent pas avoir été minimisés, que le montant des garanties retenu par le préfet est proche de celui proposé par l'exploitant et qu'une formule d'actualisation des garanties a été ajoutée par un arrêté complémentaire, les moyens tirés de l'irrégularité et de l'insuffisance des garanties financières doivent être rejetés (▪ CAA Marseille, 11 juill. 2011, n° 09MA02014, *Comité de Sauvegarde de Clarency-Valensol*).

Bibliographie : A. Dupie, *La modification de l'article R. 516-2 du Code de l'environnement : l'aboutissement tardif de la transposition de la directive CE du 5 mars 2006 sur la gestion des déchets de l'industrie extractive : BDEI* nov. 2010, n° 30, p. 16.

Art. R. 516-3 *(Rempl., D. n° 2015-1250, 7 oct. 2015 ; mod., D. n° 2024-742, 6 juill. 2024).* – I. – Le préfet met en œuvre les garanties financières :

– soit en cas de non-exécution par l'exploitant des opérations mentionnées au IV de l'article R. 516-2, après intervention des mesures prévues au I de l'article L. 171-8 ;

– soit en cas d'ouverture ou de prononcé d'une procédure de liquidation judiciaire à l'égard de l'exploitant ;

– soit en cas de disparition de l'exploitant personne morale par suite de sa liquidation amiable ou du décès de l'exploitant personne physique.

Dans le cadre de cette mise en œuvre, lorsque les garanties financières sont constituées dans les formes prévues aux *a*, *d* et *e* du I de l'article R. 516-2, le préfet les appelle dans un premier temps, puis ordonne, selon le cas, à l'établissement de crédit, la société de financement, l'entreprise d'assurance, la société de caution mutuelle ou le fonds de garantie privé de consigner les sommes appelées auprès de la Caisse des dépôts et consignations.

II. – Lorsque les garanties financières sont constituées dans les formes prévues au e du I de l'article R. 516-2, et que l'appel mentionné au I du présent article est demeuré infructueux, le préfet appelle les garanties financières auprès de l'établissement de crédit, la société de financement, l'entreprise d'assurance, la société de caution mutuelle ou le fonds de garantie ou la Caisse des dépôts et consignations, garant de la personne morale ou physique mentionnée au *e* susmentionné :

– soit en cas d'ouverture ou de prononcé d'une procédure de liquidation judiciaire à l'encontre du garant personne physique ou morale mentionné au e susmentionné ;

– soit en cas de disparition du garant personne morale par suite de sa liquidation amiable ou du décès du garant personne physique mentionné au e susmentionné ;

– soit en cas de notification de la recevabilité de la saisine de la commission de surendettement par le garant personne physique ;

– soit en cas de défaillance du garant personne physique, ou du garant personne morale résultant d'une sommation de payer suivie de refus ou demeurée sans effet pendant un délai d'un mois à compter de la signification de la sommation faite à celui-ci par le préfet.

II. – Lorsque les garanties financières sont constituées dans les formes prévues au *e* du I de l'article R. 516-2, et que l'appel mentionné au I du présent article est demeuré infructueux, le préfet appelle les garanties financières auprès de l'établissement de crédit, la société de financement, l'entreprise d'assurance, la société de caution mutuelle ou le fonds de garantie ou la Caisse des dépôts et consignations, garant de la personne morale ou physique mentionnée au *e* susmentionné :

– soit en cas d'ouverture ou de prononcé d'une procédure de liquidation judiciaire à l'encontre du garant personne physique ou morale mentionné au *e* susmentionné ;

– soit en cas de disparition du garant personne morale par suite de sa liquidation amiable ou du décès du garant personne physique mentionné au *e* susmentionné ;

– soit en cas de notification de la recevabilité de la saisine de la commission de surendettement par le garant personne physique ;

– soit en cas de défaillance du garant personne physique, ou du garant personne morale résultant d'une sommation de payer suivie de refus ou demeurée sans effet pendant un délai d'un mois à compter de la signification de la sommation faite à celui-ci par le préfet.

Art. R. 516-4 *(Abr., D. n° 2015-1250, 7 oct. 2015 ; rétabli, D. n° 2024-742, 6 juill. 2024)*. – Les dispositions de l'article R. 171-3 sont applicables aux sommes consignées en application du dernier alinéa de l'article L. 516-1.

Art. R. 516-5 *(Mod. à compter du 1er juillet 2012, D. n° 2012-633, 3 mai 2012 ; mod., D. n° 2015-1004, 18 août 2015 ; mod. à compter du 1er mars 2017, D. n° 2017-81, 26 janv. 2017 ; mod., D. n° 2024-742, 6 juill. 2024)*. – I. – Le montant des garanties financières peut être modifié par un arrêté complémentaire pris dans les formes prévues à l'article R. 181-45 ou R. 512-46-22, notamment dans les cas mentionnés à l'article R. 516-5-2. L'arrêté complémentaire ne crée d'obligations qu'à la charge de l'exploitant, à qui il appartient de réviser contractuellement le montant des garanties financières dans un délai fixé par le préfet.

II. – Lorsque le site a été remis en état totalement ou partiellement ou lorsque l'activité a été totalement ou partiellement arrêtée, le préfet détermine, dans les formes prévues à l'article R. 181-45 ou R. 512-46-22, la date à laquelle peut être levée, en tout ou partie, l'obligation de garanties financières, en tenant compte des dangers ou inconvénients résiduels de l'installation. Le préfet peut demander la réalisation, aux frais de l'exploitant, d'une évaluation critique par un tiers expert des éléments techniques justifiant la levée de l'obligation de garantie.

Art. R. 516-5-1 *(Abr., D. n° 2024-742, 6 juill. 2024)*.

Art. R. 516-5-2 *(Créé à compter du 1er juillet 2012, D. n° 2012-633, 3 mai 2012)*. – L'exploitant informe le préfet, dès qu'il en a connaissance, de tout changement de garant, de tout changement de formes de garanties financières ou encore de toutes modifications des modalités de constitution des garanties financières, telles que définies à l'article R. 516-1, ainsi que de tout changement des conditions d'exploitation conduisant à une modification du montant des garanties financières.

Art. R. 516-6 *(Rempl., D. n° 2015-1250, 7 oct. 2015)*. **– La décision du préfet constatant qu'il n'y a plus lieu de maintenir les garanties financières est communiquée au garant.**

1) Autorisation de changement d'exploitant et remise en état. Si aucune autorisation de changement d'exploitant n'a été sollicitée, ni la circonstance que la gestion et l'exploitation du site avait été confiée à un tiers, ni le fait que ce tiers avait obtenu l'autorisation d'augmenter les capacités de production en cause n'est de nature à soustraire l'exploitant de droit à son obligation de remise en état (■ CAA Douai, 22 mai 2008, n° 06DA01271, *Sté Novergie*). Dans le même sens, l'existence d'un contrat confiant à un tiers l'exploitation de l'installation classée, alors que ce changement d'exploitant n'a pas fait l'objet d'une autorisation préfectorale, est inopposable à l'administration et l'exploitant d'origine conserve donc la responsabilité de la remise en état (■ CE, 29 mars 2010, n° 318886, *Communauté de Cnes de Fécamp*). Dès lors qu'une autorisation de changement d'exploitant est requise, le préfet ne peut pas autoriser un nouvel exploitant à se substituer à l'ancien au moyen d'un simple récépissé d'exploitation (■ CAA Douai, 9 déc. 2010, n° 09DA01646, *Sté de transformation en récupération d'automobiles et de platinage*). Le fait que le montant auquel le pétitionnaire a estimé les garanties financières dans sa demande d'autorisation soit différent du montant exigé par le préfet n'est pas en soi de nature à démontrer l'inexactitude du montant des garanties financières (■ CAA Marseille, 11 juill. 2011, n° 09MA02014, *Comité de sauvegarde de Clarency-Valensol*).

2) Appréciation des capacités techniques et financières. Voir les jurisprudences rendues sous le visa de l'article L. 512-1 du Code de l'environnement. Les garanties financières, dont le montant est fixé par l'arrêté d'autorisation et qui sont constituées par l'exploitant après la mise en service de l'installation, ne peuvent pas être mentionnées dans la demande d'autorisation, cette dernière devant seulement préciser les modalités de constitution des garanties financières (■ CAA Marseille, 10 mai 2016, n° 14MA04491, *Organisme de défense de l'appellation d'origine contrôlée Châteauneuf-du-Pape*).

3) Les modalités de changement d'exploitant. La transmission de la qualité d'exploitant nécessite une autorisation préfectorale préalable, peu important la conclusion d'un contrat administratif confiant l'exploitation de l'installation à un cocontractant privé (■ CE, 29 mars 2010, n° 318886, *Communauté de Cnes de Fécamp* : *AJDA* 2010, n° 29, p. 1655, comm. M. Moliner-Dubost). Lorsqu'une société reprend à son compte la demande déposée par le premier pétitionnaire, une telle demande, formulée au cours de l'instruction de la demande d'autorisation, ne constitue pas un changement d'exploitant au sens de l'article R. 516-1 du Code de l'environnement, de sorte que les garanties financières ne sont pas exigibles (■ CAA Bordeaux, 9 juill. 2015, n° 13BX01664, *Assoc. Vivre au sud du parc*).

4) Délai de trois mois. Les dispositions de l'article R. 516-1 imposant au préfet de prendre sa décision dans un délai de trois mois s'applique aux arrêtés d'autorisation de changement d'exploitant et non au cas d'une autorisation initiale (■ CAA Nantes, 25 mars 2011, n° 10NT00043, *Sté Guintoli*).

5) Égalité devant les charges publiques. Dès lors que le principe d'égalité ne fait pas obstacle à ce que des personnes placées dans des situations différentes soient traitées différemment, le fait que les installations classées exploitées directement par l'État sont exemptées de l'obligation de constitution de garanties financières ne viole pas ce principe car l'État n'est pas dans une situation comparable à celle des autres exploitants d'installations classées en ce qui concerne sa capacité à financer les mesures de surveillance et de mise en sécurité du site (■ CE, 12 juin 2013, n° 360702, *Fédération des Entreprises du Recyclage*. ■ CE, 28 nov. 2013, n° 363301, *Fédération des entreprises des recyclage*).

CHAPITRE VII. – DISPOSITIONS DIVERSES

Section I – Procédure pour les installations relevant de la défense

Art. R. 517-1 *(Mod., D. n° 2021-862, 30 juin 2021)* (1). **– Les dispositions du présent titre s'appliquent, sous réserve des dispositions de la présente section, aux installations classées relevant du ministère de la Défense appartenant aux organismes, unités ou établissements suivants :**

1° États-majors, directions et services de l'administration centrale du ministère de la Défense ;

(1) Sur les conditions de modification des présentes dispositions : V. D. n° 2021-862, 30 juin 2021.

2° Postes de commandement opérationnel, fortifications et points sensibles militaires ;

3° Corps de troupe, unités, formations et états-majors des armées de terre, de mer, de l'air et de l'espace et de la gendarmerie ainsi que les organismes inter-armées ou à vocation inter-armées ; *(Mod., D. n° 2023-534, 29 juin 2023)*

4° Organismes et établissements du service de santé des armées, de la délégation générale pour l'armement, du service de l'énergie opérationnelle et du secrétariat général pour l'administration ;

5° Bases de fusées, bases aériennes, navales et aéronavales, camps militaires d'entraînement ;

6° Écoles militaires et centres de formation, d'instruction et d'application des officiers, sous-officiers, engagés, ingénieurs et techniciens des armées ;

7° Centres mobilisateurs et entrepôts militaires de réserve générale ;

8° Stations des réseaux de transmission des armées, installations opérationnelles de surveillance et de défense, stations radiogoniométriques ;

9° Arsenaux et établissements de recherche, de fabrication, de réparation et d'entretien de matériels de guerre, armes, munitions et équipements militaires relevant du ministre de la Défense ;

10° Centres d'essais et d'expérimentation de matériels militaires relevant du ministre de la Défense ;

11° Centres d'études, de recherche, de préparation, de montage et de vérification de matériels sensibles relevant du ministre de la Défense ;

12° Dépôts militaires d'hydrocarbures et de liquides inflammables, dépôts de munitions et de matériels d'armement, pyrotechnies militaires, oléoducs relevant du ministre de la Défense ;

13° Organismes relevant d'un autre ministère ou entreprises installées dans des locaux ou des terrains clos du domaine militaire compris dans des zones protégées au sens de l'article 413-7 du Code pénal.

Art. R. 517-2 *(Rempl. à compter du 1er mars 2017, D. n° 2017-81, 26 janv. 2017).* – Le ministre de la Défense exerce pour les installations mentionnées à l'article R. 517-1 les pouvoirs et attributions dévolus au préfet par les dispositions du chapitre unique du titre VIII du livre Ier et par celles du présent titre.

Art. R. 517-3 *(Abr. à compter du 1er mars 2017, D. n° 2017-81, 26 janv. 2017).*

Art. R. 517-3-1 *(D. n° 2010-368, 13 avr. 2010 ; mod., D. n° 2020-133, 18 févr. 2020).* – Pour les installations soumises à enregistrement, la procédure d'information du public et de consultation prévue aux articles R. 512-46-11 à R. 512-46-15 est dirigée par le préfet sur l'initiative du ministre de la défense.

Le dossier est mis à disposition du public dans les conditions prévues par les dispositions législatives relatives à la protection du secret de la défense nationale.

Les observations recueillies lors de la consultation du public et les avis des conseils municipaux sont transmis par le préfet au ministre de la défense.

L'arrêté d'enregistrement, signé par le ministre de la défense, est communiqué au préfet en vue de l'information des tiers en application du 1° et du 5° du I de l'article R. 512-46-24.

Art. R. 517-4 *(Mod., D. n° 2010-368, 13 avr. 2010 ; D. n° 2011-2018, 29 déc. 2011* (1) *; mod. à compter du 1er mars 2017, D. n° 2017-81, 26 janv. 2017 ; mod., D. n° 2020-133, 18 févr. 2020).* – Pour les installations classées soumises à enregistrement réalisées dans le cadre d'opérations sensibles intéressant la défense nationale mentionnées à l'article L. 2391-1 du Code de la défense intéressant la défense nationale, les dispositions des articles R. 512-46-11 à R. 512-46-15 ne sont pas applicables. L'instruction du dossier est poursuivie par l'autorité militaire compétente et l'enregistrement est délivré par décret pris sur proposition du ministre de la défense.

Art. R. 517-5. – La décision, prise par le ministre de la Défense, de création d'une installation mentionnée à l'article R. 517-1 et soumise à déclaration en vertu des articles L. 512-8 à L. 512-13, vaut déclaration. Cette décision est prise au vu d'un dossier comprenant les pièces prévues à l'article R. 512-47. Elle est communiquée au préfet en vue de l'application des dispositions du deuxième alinéa de l'article R. 512-49.

(1) Dispositions applicables aux enquêtes publiques dont l'arrêté d'ouverture et d'organisation est publié à compter du 1er juin 2012, D. n° 2011-2018, 29 déc. 2011, art. 17.

Les prescriptions générales prévues à l'article R. 512-50 sont applicables, *(Mots rempl. à compter du 1er janvier 2016, D. n° 2015-1614, 9 déc. 2015)* (1) « sans préjudice des dispositions des articles R. 512-52 et R. 512-53 ».

Art. R. 517-6 *(Abr. à compter du 1er mars 2017, D. n° 2017-81, 26 janv. 2017).*

Art. R. 517-7 *(Rempl. à compter du 1er mars 2017, D. n° 2017-81, 26 janv. 2017).* **– Le ministre de la Défense transmet chaque année au ministre chargé de l'environnement un rapport sur les conditions d'application des dispositions du présent titre.**

Lorsque leur importance le justifie, les rapports particuliers relatifs aux installations établis par les services du ministre de la Défense sont adressés aux préfets concernés.

Art. R. 517-8 *(Mod., D. n° 2020-133, 18 févr. 2020).* **– Les exploitants des installations classées publiques ou privées, travaillant pour les armées, et soumises à des règles de protection du secret de la défense nationale, qui n'entrent pas dans la définition de l'article R. 517-1, doivent porter à la connaissance du préfet les informations, définies par les autorités militaires, qui sont soumises à des règles de protection de la défense nationale et qu'il y a lieu de protéger au cours des procédures prévues par le présent titre.**

Les inspecteurs de ces installations classées doivent être habilités au secret de la défense nationale. Il en est de même des personnels des laboratoires ou organismes appelés à procéder aux analyses et contrôles des prélèvements effectués dans ces installations.

Section I. – Installations de produits explosifs

(Abr. à compter du 4 juillet 2010, D. n° 2010-455, 4 mai 2010)

Art. R. 517-9 *(Abr. à compter du 4 juillet 2010, D. n° 2010-455, 4 mai 2010).*

Section II. – Autres dispositions

Art. R. 517-10. – Les attributions conférées au préfet par le présent titre sont exercées à Paris par le préfet de police.

TITRE II. – PRODUITS CHIMIQUES, BIOCIDES ET SUBSTANCES À L'ÉTAT NANOPARTICULAIRE

(Intitulé rempl., D. n° 2012-232, 17 févr. 2012)

CHAPITRE Ier. – CONTRÔLE DES PRODUITS CHIMIQUES

Présentation. Le décret n° 2010-150 du 17 février 2010 relatif au contrôle des produits chimiques et biocides vient adapter les textes réglementaires français au règlement REACH. Il fait suite à l'ordonnance du 26 février 2009 qui avait procédé à cette mise en conformité pour la partie législative du droit français. Il abroge le décret n° 85-217 du 13 février 1985 portant sur le contrôle des produits chimiques. Les dispositions du décret portent sur les prélèvements, analyses et essais, la protection du secret de la formule intégrale des mélanges, mais aussi les modalités d'application des sanctions administratives prévues dans la partie législative du code ainsi que sur les sanctions pénales qui prévoient de nombreuses incriminations.

(1) Les présentes dispositions ne s'appliquent pas aux déclarations déposées avant le 1er janvier 2016, V. D. n° 2015-1614, 9 déc. 2015, art. 43, I.

Section I. – Dispositions générales

(Rempl., D. n° 2010-150, 17 févr. 2010)

Art. R. 521-1 *(Rempl., D. n° 2010-150, 17 févr. 2010 ; mod., D. n° 2011-396, 13 avr. 2011)*. – Les exemptions au règlement (CE) n° 1907/2006 [du 18 décembre 2006] prévues au III de l'article L. 521-1 sont délivrées par décision conjointe du ministre de la Défense et du ministre chargé de l'environnement, sauf dans les cas d'urgence opérationnelle pour lesquels la décision est prise par le ministre de la Défense qui en informe alors le ministre chargé de l'environnement. Dans les deux cas, le ministre de la Défense peut déléguer son pouvoir par arrêté.

La décision est notifiée au demandeur.

La décision précise l'identité de la substance, du mélange ou de l'article concerné, la durée de l'exemption et, le cas échéant, les conditions de son renouvellement. En l'absence de décision explicite à l'issue d'un délai de six mois à compter de la réception de la demande, celle-ci est réputée rejetée. Un arrêté conjoint du ministre chargé de l'environnement et du ministre de la Défense précise les conditions de présentation et d'instruction des demandes.

Conditions de présentation et d'instruction des demandes d'exemption-défense. L'arrêté conjoint du ministre chargé de l'environnement et du ministre de la Défense du 22 mars 2011 précise que la demande d'exemption défense comporte un dossier administratif et un dossier technique. La décision accordant l'exemption est prononcée au profit d'une ou plusieurs personnes physiques ou morales, et fait l'objet d'une notification au demandeur et au(x) bénéficiaire(s) dans les cas où il(s) diffère(nt) du demandeur. Le demandeur adresse chaque année au ministre de la Défense et au ministre de l'Environnement un rapport sur la mise en œuvre de ces prescriptions. En outre, tout changement notable de situation doit être porté à la connaissance des ministres.

Voir : A. 22 mars 2011, définissant les conditions de présentation et d'instruction des demandes d'exemption au règlement (CE) n° 1907/2006 du Parlement européen et du Conseil du 18 décembre 2006 concernant l'enregistrement, l'évaluation et l'autorisation des substances chimiques, ainsi que les restrictions applicables à ces substances (REACH) lorsque cela s'avère nécessaire aux intérêts de la défense nationale (*JO* 7 avr. 2011, n° 82, NOR : DEFD1106196A).

Art. R. 521-1-1 *(D. n° 2023-925, 5 oct. 2023)*. – Afin de ne pas porter atteinte aux intérêts essentiels de la défense nationale en application du dernier alinéa de l'article L. 521-5, le fournisseur d'article au sens du règlement (CE) n° 1907/2006 ne communique pas à l'Agence européenne des produits chimiques les informations prévues à l'article 33, paragraphe 1 dudit règlement relatives :

1° Aux matériels de guerre et matériels assimilés soumis à une autorisation préalable d'exportation mentionnés à l'annexe de la directive 2009/43/CE du Parlement européen et du Conseil du 6 mai 2009 simplifiant les conditions des transferts de produits liés à la défense dans la Communauté ;

2° Aux articles constituant des biens à double usage relevant de l'annexe I du règlement (UE) 2021/821 du Parlement européen et du Conseil du 20 mai 2021 instituant un régime de l'Union de contrôle des exportations, du courtage, de l'assistance technique, du transit et des transferts en ce qui concerne les biens à double usage, et dont la technologie nécessaire au développement, à la production ou à l'utilisation est soumise à contrôle d'exportation au titre du chapitre E de chaque catégorie de cette annexe.

Sous-section 1. – Prélèvements, analyses et essais

Art. R. 521-2 *(Rempl., D. n° 2010-150, 17 févr. 2010)*. – Les agents mentionnés à l'article L. 521-12 effectuent les prélèvements d'échantillons de substances, de mélanges et d'articles en application de l'article L. 521-14 dans les conditions prévues par la présente sous-section.

Art. R. 521-2-1 *(D. n° 2010-150, 17 févr. 2010)*. – Tout prélèvement comporte, en principe, trois échantillons. Dans le cas d'un article, l'échantillon est constitué de tout l'article ou d'une partie de cet article.

S'il ne peut être procédé au prélèvement de trois échantillons en raison de la faible quantité de substance ou de mélange, la totalité de la quantité disponible de cette substance ou du mélange constitue le prélèvement et est remise au laboratoire retenu pour effectuer les analyses ou les essais. Le prélèvement est mis sous scellés dans le respect des conditions fixées à l'article R. 521-2-4.

Art. R. 521-2-2 *(D. n° 2010-150, 17 févr. 2010)*. – Dans les cas où le prélèvement comporte trois échantillons, le premier échantillon est laissé à la garde du directeur de l'établissement. Si le directeur de l'établissement, ou son représentant, ou, à défaut, la personne présente lors du prélèvement refuse de conserver l'échantillon en dépôt, mention en est faite au procès-verbal dressé en application de l'article R. 521-2-5 et l'échantillon est conservé dans les mêmes conditions que celles prévues pour le troisième échantillon décrites ci-après.

Le deuxième échantillon est destiné au laboratoire chargé des analyses ou des essais.

Le troisième échantillon est conservé, aux fins d'expertise judiciaire, par le service dont relève l'agent effectuant le contrôle dans un endroit qu'il désigne ou par le laboratoire chargé des analyses ou des essais avec l'accord de ce dernier dans des conditions de stockage garantissant la conservation optimale de son état initial conformément aux bonnes pratiques de laboratoire. Cet échantillon est conservé jusqu'au règlement définitif de l'affaire.

Art. R. 521-2-3 *(D. n° 2010-150, 17 févr. 2010)*. – Conformément aux dispositions du troisième alinéa du I de l'article L. 521-14, lorsque le contrôle a lieu dans une installation de fabrication ou de stockage ou si les substances ou produits faisant l'objet du prélèvement sont conditionnés en vrac, les prélèvements d'échantillons sont réalisés en présence du directeur d'établissement ou de son représentant.

Le prélèvement est effectué par le directeur de l'établissement ou son représentant. En cas de refus de leur part, mention en est portée au procès-verbal dressé en application de l'article R. 521-2-5.

L'agent effectuant le contrôle peut alors procéder au prélèvement ou y fait procéder, sous sa direction, par une entreprise extérieure compétente. Si le directeur de l'établissement ou son représentant refuse que soit effectué le prélèvement ou, refusant d'assister à l'opération, empêche qu'il ait lieu, mention en est portée au procès-verbal dressé en application de l'article R. 521-2-5.

Le directeur de l'établissement ou son représentant communique à l'agent effectuant le contrôle l'information sur les risques éventuels liés à cette opération et les mesures qu'il convient de mettre en œuvre pour réaliser le prélèvement en toute sécurité.

Si nécessaire, l'établissement met à disposition de l'agent effectuant le contrôle et, le cas échéant, de l'entreprise extérieure l'information sur les risques communiquée à son propre personnel, les équipements de protection individuelle adéquats, le matériel nécessaire pour effectuer le prélèvement ainsi que l'information pertinente à cet égard.

Si le prélèvement est réalisé par une entreprise extérieure à l'établissement, les conditions dans lesquelles il est effectué respectent les règles d'organisation de la prévention applicables aux travaux effectués dans un établissement par une entreprise extérieure prévues par les articles R. 4511-1 et suivants du Code du travail.

Art. R. 521-2-4 *(D. n° 2010-150, 17 févr. 2010)*. – Les échantillons sont scellés. Le scellé de chaque échantillon tient fixée une étiquette d'identification portant les mentions suivantes écrites à l'encre indélébile :

1° Les nom, prénoms ou raison sociale et adresse de la personne chez qui le prélèvement est effectué ;

2° La dénomination sous laquelle la substance, le mélange ou l'article est détenu et sa composition, telle qu'elle est déclarée par le directeur de l'établissement ou par son représentant ou telle qu'elle figure éventuellement sur l'étiquetage du contenant dans lequel est effectué le prélèvement ;

3° La date, l'heure et le lieu du prélèvement ;

4° Le numéro d'ordre de chaque échantillon ;

5° Le numéro d'enregistrement du prélèvement attribué par le service auquel appartient l'agent effectuant le contrôle ;

6° Les nom, qualité et résidence administrative de l'agent effectuant le contrôle ainsi que sa signature.

Art. R. 521-2-5 *(D. n° 2010-150, 17 févr. 2010)*. – Tout prélèvement donne lieu à la rédaction d'un procès-verbal comportant les mentions suivantes :

1° La date, l'heure et le lieu du prélèvement ;

2° Les nom, prénoms ou raison sociale et adresse de la personne chez laquelle le prélèvement a été effectué. Si le prélèvement a lieu dans un véhicule, un navire ou un aéronef professionnel utilisé pour le transport des substances ou préparations, les noms et domiciles des personnes figurant sur les lettres de voiture ou connaissements comme expéditeurs et destinataires ;

3° Un exposé succinct des circonstances dans lesquelles le prélèvement a été effectué ;

4° Les mentions exigées au premier alinéa de l'article R. 521-2-2 et au deuxième alinéa de l'article R. 521-2-3, la dénomination telle que précisée au 2° de l'article R. 521-2-4, le numéro d'enregistrement du prélèvement attribué par le service auquel appartient l'agent effectuant le contrôle et, le cas échéant, toute autre indication jugée utile permettant d'établir l'authenticité des échantillons prélevés ;

5° Les nom, qualité et la résidence administrative de l'agent effectuant le contrôle ainsi que sa signature.

Le directeur de l'établissement, son représentant, ou, à défaut, la personne présente lors du prélèvement peut faire insérer au procès-verbal toutes déclarations qu'il juge utiles. Il est invité à signer le procès-verbal. En cas de refus de signer, mention en est portée au procès-verbal. Une copie du procès-verbal est transmise au directeur de l'établissement dans un délai de cinq jours après le prélèvement.

Art. R. 521-2-6 *(D. n° 2010-150, 17 févr. 2010)*. – Le laboratoire chargé des analyses ou des essais vérifie, avant toute analyse ou essai, l'intégrité du scellé apposé sur l'échantillon qu'il a reçu.

Art. R. 521-2-7 *(D. n° 2010-150, 17 févr. 2010 ; mod. à compter du 1er mai 2012, D. n° 2012-597, 27 avr. 2012)*. – Les échantillons sont analysés par un laboratoire de l'État, de l'Agence nationale de sécurité du médicament et des produits de santé ou par un laboratoire désigné par le représentant de l'État dans le département du lieu de prélèvement.

Dans ce dernier cas, le laboratoire doit satisfaire aux critères généraux de fonctionnement des laboratoires d'essais énoncés dans les normes internationales en vigueur et s'ils sont accrédités dans au moins un domaine correspondant à la quantification et l'identification de substances dans une matrice par le Comité français d'accréditation (COFRAC) ou tout organisme européen équivalent signataire de l'accord multilatéral établi dans le cadre de la coordination européenne des organismes d'accréditation.

Art. R. 521-2-8 *(D. n° 2010-150, 17 févr. 2010)*. – Lorsque les échantillons à analyser ont été confiés à un laboratoire désigné par le représentant de l'État dans les conditions décrites à l'article R. 521-2-7, ce dernier ne peut sous-traiter des analyses et essais ou faire appel à un expert qu'après accord du représentant de l'État.

Art. R. 521-2-9 *(D. n° 2010-150, 17 févr. 2010)*. – Dès l'achèvement des analyses ou essais, le laboratoire à qui a été confié l'échantillon établit un rapport dans lequel il consigne le résultat de ces essais ou analyses, ainsi que les méthodes utilisées pour les réaliser.

Ce rapport est adressé au service administratif dont relève l'agent qui a effectué le contrôle. Lorsque le laboratoire a sous-traité les travaux ou a fait appel à un expert, le rapport du laboratoire sous-traitant ou celui de cet expert est joint au rapport mentionné à l'alinéa précédent.

Le service administratif dont relève l'agent qui a effectué le contrôle informe le directeur de l'établissement des résultats des analyses ou essais.

En cas de manquements constatés à la réglementation, le service administratif dont relève l'agent transmet le rapport du laboratoire mentionnant ces manquements au directeur de l'établissement dans le délai d'un mois à compter de la date de réception de ce rapport.

Art. R. 521-2-10 *(D. n° 2010-150, 17 févr. 2010)*. – Dans le cas où il détient un échantillon, le directeur de l'établissement est avisé qu'il peut demander dans un délai de dix jours à compter de la date de réception du rapport mentionné au dernier alinéa de l'article R. 521-2-9 à faire procéder, à ses frais, à une analyse ou à des essais de cet échantillon en s'adressant au laboratoire qui a réalisé les analyses ou les essais ou à un laboratoire de son choix répondant aux critères visés par le deuxième alinéa de l'article R. 521-2-7.

Le laboratoire chargé des analyses ou des essais vérifie avant toute analyse ou essai l'intégrité du scellé apposé sur l'échantillon qu'il a reçu.

Le directeur de l'établissement transmet les résultats de cette analyse au service dont relève l'agent qui a effectué le contrôle.

Sous-section 2. – Protection du secret de la formule intégrale des mélanges

Art. D. 521-2-11 *(D. n° 2010-150, 17 févr. 2010)*. – Les informations mentionnées au II de l'article L. 521-7 peuvent être transmises par les autorités administratives compétentes à l'*(Mots rempl., D. n° 2011-385, 11 avr. 2011)* « Agence nationale de sécurité sanitaire de l'alimentation, de l'environnement et du travail ». L'agence prend toutes dispositions utiles pour que ces informations ne soient accessibles qu'aux personnes qu'elle a nommément désignées pour en assurer le traitement et la conservation et qui sont astreintes au secret professionnel. Les autorités administratives compétentes peuvent transmettre, selon les mêmes conditions de confidentialité, les informations relatives à la formule intégrale des mélanges aux centres antipoison définis à l'article L. 6141-4 du Code de la santé publique, ainsi qu'à l'organisme compétent mentionné à l'article L. 4411-4 du Code du travail, en vue de permettre l'exercice de leurs missions de conseil, de soins ou de prévention des risques liés aux produits chimiques, notamment en cas d'urgence.

Sous-section 3. – Modalités d'application des sanctions administratives

Art. R. 521-2-12 *(D. n° 2010-150, 17 févr. 2010)*. – Les mesures prévues aux 1° à 4° de l'article L. 521-18 n'interviennent qu'après que la personne intéressée a été mise à même de présenter des observations écrites, dans le délai fixé par le préfet, et, le cas échéant, sur sa demande, des observations orales. Cette personne peut se faire assister par un conseil ou représenter par un mandataire de son choix.

Art. R. 521-2-13 *(D. n° 2010-150, 17 févr. 2010)*. – L'astreinte ordonnée en application de l'article L. 521-18 commence à courir à compter de la date de la notification à l'intéressé de la décision.

Pour ordonner cette astreinte, le préfet apprécie l'inexécution ou le retard dans l'exécution des mesures prescrites, en tenant compte, s'il y a lieu, de la survenance d'événements qui ne sont pas imputables à l'intéressé.

L'astreinte cesse de courir le jour où les mesures prescrites sont exécutées. Elle est alors liquidée par le préfet à la demande de l'intéressé et recouvrée dans les conditions prévues à l'article L. 521-19.

Sous-section 4. – Sanctions pénales

Il convient de noter que les dispositions applicables aux produits chimiques sont à lire parallèlement avec les dispositions applicables en droit du travail. Ainsi, s'agissant des sanctions pénales, un nouvel article R. 4741-3-1 du Code du travail prévoit qu'est puni de l'amende prévue pour les contraventions de 5e classe le fait de ne pas donner aux travailleurs et à leurs représentants l'accès aux informations prévues à l'article 35 du règlement REACH.

Art. R. 521-2-14 *(D. n° 2010-150, 17 févr. 2010 ; mod., D. n° 2012-530, 19 avr. 2012 ; D. n° 2014-1175, 13 oct. 2014 ; D. n° 2015-1790, 28 déc. 2015)*. – Est puni de la peine d'amende prévue pour les contraventions de la cinquième classe le fait :

1° Pour un producteur ou un importateur d'articles, de ne pas effectuer la notification prévue au 2 de l'article 7 du règlement (CE) n° 1907/2006 [du 18 décembre 2006] conformément aux délais prévus au 7 de cet article ;

2° Pour un représentant exclusif, de ne pas tenir disponibles et à jour les informations sur les quantités importées et sur les clients auxquelles elles ont été vendues en méconnaissance du 2 de l'article 8 du règlement (CE) n° 1907/2006 [du 18 décembre 2006] ;

3° Pour un fabricant ou un importateur ou un producteur d'articles, de ne pas effectuer la notification prévue au 2 de l'article 9 du règlement (CE) n° 1907/2006 [du 18 décembre 2006] ;

4° Pour un distributeur, de ne pas avoir fourni à l'acteur ou au distributeur immédiatement en amont dans la chaîne d'approvisionnement les informations mentionnées au 2 de l'article 37 du règlement (CE) n° 1907/2006 [du 18 décembre 2006] qui lui ont été transmises ;

5° Pour le fournisseur d'une substance, de ne pas fournir les informations prévues à l'article 32 du règlement (CE) n° 1907/2006 [du 18 décembre 2006] dans les conditions fixées par cet article ;

6° Pour un fabricant, importateur ou utilisateur en aval, de ne pas fournir à l'Agence européenne des produits chimiques et à l'utilisateur en aval les raisons pour lesquelles une utilisation n'est pas incluse dans l'évaluation en méconnaissance du 3 de l'article 37 du règlement (CE) n° 1907/2006 [du 18 décembre 2006] ;

7° Pour un utilisateur en aval, de ne pas rédiger le rapport de sécurité chimique prévu au paragraphe 4 de l'article 37 du règlement (CE) n° 1907/2006 [du 18 décembre 2006] ;

8° Pour un déclarant ou utilisateur en aval, de ne pas communiquer à l'Agence européenne des produits chimiques les informations demandées en application de l'article 40, du 4 de l'article 41 et dans les délais fixés au 4 de ce même article, et de l'article 46 du règlement (CE) n° 1907/2006 [du 18 décembre 2006] ;

9° Pour un déclarant, de ne pas communiquer au ministre chargé de l'environnement les informations demandées en application du a de l'article 49 du règlement (CE) n° 1907/2006 [du 18 décembre 2006] ;

10° Pour un déclarant, de ne pas notifier le redémarrage de la fabrication ou de l'importation de la substance ou de la production ou de l'importation d'un article dont il avait déclaré cesser la fabrication ou l'importation et le fait pour l'utilisateur en aval de cette substance ou de cet article de ne pas notifier à l'Agence européenne des produits chimiques le redémarrage de son utilisation, en méconnaissance du 2 de l'article 50 du règlement (CE) n° 1907/2006 [du 18 décembre 2006] ;

11° Pour un utilisateur en aval, de ne pas effectuer la notification prévue à l'article 66 du règlement (CE) n° 1907/2006 [du 18 décembre 2006] dans les délais prévus à cet article ;

12° De ne pas communiquer à la Commission européenne et au ministre chargé de l'environnement les informations énumérées à l'article 27 du règlement (CE) n° 1005/2009 du 16 septembre 2009 relatif à des substances qui appauvrissent la couche d'ozone, dans les conditions prévues à cet article ou les informations prévues à l'article 19 du règlement (UE) n° 517-2014 du Parlement européen et du Conseil du 16 avril 2014 relatif aux gaz à effets de serre fluorés et abrogeant le règlement (CE) n° 842/2006 dans les conditions prévues à cet article ;

13° De ne pas communiquer au ministre chargé de l'environnement les informations prévues au 2 de l'article 5 du règlement (CE) n° 850/2004 du Parlement européen et du Conseil du 29 avril 2004 concernant les polluants organiques persistants et modifiant la directive 79/117/CEE ;

14° De ne pas communiquer au ministre chargé de l'environnement les informations prévues à l'article 9 du règlement (CE) n° 689/2008 du Parlement européen et du Conseil du 17 juin 2008 concernant les exportations et importations de produits chimiques dangereux ;

15° Pour un utilisateur en aval, sans préjudice des mesures prises sur le fondement des dispositions du chapitre II du titre Ier du livre IV de la quatrième partie du Code du travail, de ne pas mettre en œuvre et de ne pas recommander les mesures appropriées visant à assurer une maîtrise valable des risques prévues au 5 de l'article 37 du règlement (CE) n° 1907/2006 [du 18 décembre 2006] ;

16° Pour un fabricant, un importateur, un utilisateur en aval ou un distributeur, d'importer, de mettre en vente, de détenir en vue de la vente ou de la distribution à titre gratuit, de vendre ou de distribuer à titre gratuit une substance ou un mélange dont l'étiquette ne respecte pas les règles de contenu et d'apposition, en méconnaissance des dispositions des articles 17 à 28, des paragraphes 1 et 2 de l'article 29, des articles 30 à 33 du règlement (CE) n° 1272/2008 [du Parlement européen et du Conseil du 16 décembre 2008] ;

17° Pour un fabricant, un importateur, un utilisateur en aval ou un distributeur, d'importer, de mettre en vente, de détenir en vue de la vente ou de la distribution à titre gratuit, de vendre ou de distribuer à titre gratuit une substance ou un mélange dans un emballage non conforme aux dispositions de l'article 35 du règlement (CE) n° 1272/2008 [du Parlement européen et du Conseil du 16 décembre 2008].

18° *(D. n° 2023-925, 5 oct. 2023)* Pour un fournisseur d'articles, au sens du règlement (CE) n° 1907/2006, de ne pas communiquer une ou plusieurs des informations prévues à l'article 33, paragraphe 1, dudit règlement, à l'exception des informations dont la divulgation serait susceptible de porter atteinte aux intérêts essentiels de la défense nationale mentionnés à l'article L. 521-5.

Art. R. 521-2-14-1 *(D. n° 2012-530, 19 avr. 2012)*. – La récidive des contraventions mentionnées à l'article R. 521-2-14 est réprimée conformément aux articles 132-11 et 132-15 du Code pénal.

Art. R. 521-2-15 *(D. n° 2010-150, 17 févr. 2010)*. – Est puni de la peine d'amende prévue pour les contraventions de la quatrième classe :

1° Pour un déclarant, le fait, en méconnaissance du 3 de l'article 26 du règlement (CE) n° 1907/2006 [du 18 décembre 2006], de répéter des études requérant des essais sur des animaux vertébrés alors qu'il était informé de l'existence d'études effectuées par un ou des déclarants antérieurs ;

2° Pour un déclarant, le fait de ne pas respecter une décision rejetant une proposition d'essai en méconnaissance du *d* du 3 de l'article 40 du règlement (CE) n° 1907/2006 [du 18 décembre 2006] ;

3° Pour le déclarant désigné par l'agence pour réaliser un essai en application du e du 3 de l'article 40 du règlement (CE) n° 1907/2006 [du 18 décembre 2006], le fait de ne pas réaliser cet essai dans les conditions fixées par l'Agence européenne des produits chimiques.

Art. R. 521-2-16 *(D. n° 2010-150, 17 févr. 2010)*. – Est puni de la peine d'amende prévue pour les contraventions de la troisième classe le fait :

1° Pour un fabricant ou un importateur ou un producteur d'articles, de ne pas respecter les conditions imposées par l'Agence européenne des produits chimiques en application du 4 de l'article 9 du règlement (CE) n° 1907/2006 [du 18 décembre 2006] ;

2° Pour le fournisseur d'un article, de ne pas communiquer au destinataire de l'article ou au consommateur, qui en fait la demande, les informations dont il dispose prévues à l'article 33 du règlement (CE) n° 1907/2006 [du 18 décembre 2006] dans les conditions prévues à cet article ;

3° Pour le propriétaire d'une étude visée au premier alinéa de l'article 30 du règlement (CE) n° 1907/2006 [du 18 décembre 2006], le refus de communiquer cette étude ou la preuve des coûts de cette étude en méconnaissance de ce même article ;

4° Pour un fabricant, importateur, utilisateur en aval, distributeur, le fait de ne pas conserver les informations en méconnaissance du 1 de l'article 36 du règlement (CE) n° 1907/2006 [du 18 décembre 2006] *(Mots aj., D. n° 2012-530, 19 avr. 2012)* « et du 1 de l'article 49 du règlement (CE) n° 1272/2008 [du Parlement européen et du Conseil du 16 décembre 2008] » ;

5° Pour tout acteur de la chaîne d'approvisionnement d'une substance ou d'un mélange, de ne pas communiquer à l'acteur ou au distributeur situé immédiatement en amont dans la chaîne d'approvisionnement les informations prévues à l'article 34 du règlement (CE) n° 1907/2006 [du 18 décembre 2006] ;

6° Le fait, pour le titulaire d'une autorisation, ou un utilisateur en aval visé au paragraphe 2 de l'article 56 du règlement (CE) n° 1907/2006 [du 18 décembre 2006], de ne pas mentionner le numéro d'autorisation de la substance sur l'étiquette de la substance ou du mélange contenant cette substance en méconnaissance de l'article 65 de ce même règlement.

Voir : comm. sur la notion d'article, au-dessus de art. L. 521-1, p. 1079.

Voir également : Avis aux opérateurs économiques sur l'obligation de communiquer des informations sur les substances contenues dans les articles en application des articles 7.2 et 33 du règlement REACH (*JO* 14 janv. 2016). Avis aux opérateurs économiques sur l'obligation de communiquer des informations sur les substances contenues dans les articles en application des articles 7.2 et 33 du règlement n° 1907/2006 (REACH) – Interprétation du seuil de 0,1 % (masse/masse) cité aux articles 7.2 et 33 publié le 8 juin 2011.

Bibliographie : M. Bacache, *La mise en œuvre des différents mécanismes de responsabilité liés à l'usage de pesticides en agriculture – La responsabilité civile à l'épreuve des risques sanitaires liés aux pesticides : Énergie – Env. – Infrastr.* 2018.

Section II. – Mise sur le marché et emploi de certains produits et substances

(Mod. à compter du 27 juin 2008, D. n° 2007-1496, 18 oct. 2007 ; mod., D. n° 2009-1685, 30 déc. 2009 ; D. n° 2011-396, 13 avr. 2011 ; D. n° 2012-755, 9 mai 2012 (1) *; D. n° 2014-1175, 13 oct. 2014)* (2)

Sous-section 1. – Produits phytopharmaceutiques

Bibliographie : G. Thevenot, *L'encadrement juridique des incertitudes scientifiques liées aux pesticides : l'exemple des produits phytopharmaceutiques : Énergie – Env. – Infrastr.* 2018, n° 6, dossier 13. • Y. Petit, *Produits phytopharmaceutiques et biocides – Accès aux documents relatifs à la mise sur le marché des produits phytopharmaceutiques et biocides, dont le glyphosate : RD rur.* 2017. • I. Doussan, *Pesticides à usage agricole ou produits phytopharmaceutiques : JCl. Environnement et dév. durable*, Fasc. 4095, 2010.

Voir : A. 14 avr. 1998 modifié, établissant la liste des substances actives dont l'incorporation est autorisée dans les produits phytopharmaceutiques.

(1) Dispositions applicables aux demandes présentées à compter du 1er juillet 2012, D. n° 2012-755, 9 mai 2012, art. 7. I.

(2) Antérieurement aux modifications opérées par le II de l'article 4 du décret n° 2014-1175 du 13 octobre 2014, la présente section comportait cinq sous-sections composées comme suit : sous-section 1 (art. R. 521-3), sous-section 2 divisée en 16 paragraphes (R. 521-4 à R. 521-42-6), sous-section 3 (D. 521-43), sous-section 4 (R. 521-44 à R. 521-53) et sous-section 5 (R. 521-54 à R. 521-68). Ces modifications entraînent ainsi une rupture de la numérotation des sous-sections et des articles. – NDLR.

Art. R. 521-3 *(Mod., D. n° 2012-755, 9 mai 2012)* (1). **– Les dispositions relatives à la mise sur le marché des produits phytopharmaceutiques sont énoncées aux articles R. 253-1 à D. 253-55 du Code rural [et de la pêche maritime].**

Bibliographie : H. Guillot, *La récidive du ministre sanctionnée par le Conseil d'État : RD rur.* 2013, n° 417, comm. 222.

1) AMM : principe actif. Erreur de droit pour n'avoir considéré comme principe actif une substance inscrite sur la liste des substances autorisées sans avoir prouvé qu'elle n'était pas active (▪ CE, 7 mars 2012, n° 332805, *Mouvement pour les droits et le respect des générations futures : RFDA* 2012, 600). Le fait que l'AFSSA n'ait pas fait mention de cette substance, l'acide pélargonique, au sein du Round up express ni comme principe actif ni à un autre titre ne permet pas de justifier de cette qualité (même arrêt). Voir également pour une définition du principe actif (▪ CJUE, 19 juin 2014, aff. C-11/13, *Bayer Crop Science AG c/ Deutsches Patent- und Markenamt*, Demande de décision préjudicielle).

2) AMM et identité des produits. Une demande d'AMM fondée sur l'article R. 253-52 du Code rural c'est-à-dire dispensée d'une nouvelle évaluation, ne peut aboutir que si les 2 produits utilisent la même substance active, la même formule et ont les mêmes effets (▪ CE, 17 oct. 2007, n° 292943, *Sté Endymis*). Est légal le refus du ministre de l'Agriculture de délivrer une AMM pour un produit différent du produit de référence (même arrêt).

3) Retrait d'une AMM délivrée sur le fondement de l'article R. 253-52. Le retrait de l'AMM dans le pays d'origine entraîne *ipso facto* le retrait de l'AMM subséquente. En revanche, sursis à la décision du refus de commercialiser les stocks compte tenu des intérêts en cause du fait de l'absence d'urgence (▪ CE, référé, 8 août 2007, n° 307563, *Sté Phyteron : Dr. env.* 2007, n° 154, p. 323, obs. Laudijois).

4) Validité de l'autorisation. L'autorisation est donnée pour 10 ans après vérification de l'innocuité, de la sélectivité et de l'efficacité du produit. Cette durée ne peut être modifiée sauf dans le cas où un usage limité est nécessaire dans le cadre d'une AMM par reconnaissance mutuelle et compte tenu d'une menace liée à la substance active non inscrite sur la liste (▪ CE, 3 oct. 2011, n° 336647, *Union nationale de l'apiculture française*) rendu à propos du Cruiser. Le ministre ne peut simultanément prétendre à l'innocuité du produit et ne l'autoriser que pour un an.

5) Légalité des AMM (non). Erreur de méthodologie de l'AFSSA dans le non-respect des quotients de dangers pour les abeilles prévus par l'arrêté interministériel du 6 sept. 1994 portant application du décret n° 94-359 du 5 mai 1994 relatif au contrôle des produits phytopharmaceutiques (▪ CE, 16 févr. 2011, n°s 314016 et s., *Confédération paysanne et a.*). Le fait que le pétitionnaire ait procédé à cette évaluation est sans incidence dès lors que l'AFSSA ne s'est pas prononcée.

6) Légalité du retrait d'AMM (oui). Dès lors que les conditions d'obtention ont changé (▪ CE, 27 févr. 2008, n° 292082, *Sté Holding SARL Bourgeois : Environnement* août-sept. 2008, n° 125, obs. Billet).

7) Interprétation de la Directive 2001/82/CE – Article 65 – Régime national d'autorisation préalable. Exclusion des éleveurs du bénéfice de la procédure simplifiée d'autorisation de mise sur le marché – Obligation de disposer d'une autorisation d'effectuer du commerce en gros – Obligation de disposer d'un établissement sur le territoire de l'État membre d'importation – Obligations de pharmacovigilance (▪ CJUE, 27 oct. 2016, aff. C-114/15, *Procédure pénale c/ Association des utilisateurs et distributeurs de l'agrochimie européenne (Audace) e.a.*, Renvoi préjudiciel).

8) Illégalité d'une dérogation à l'interdiction d'épandage par voie aérienne pour non-respect des conditions de l'AMM (▪ CAA Nantes, 12 juin 2014, n° 13NT00137).

Sous-section 2. – Substances et mélanges dangereux

(Intitulé mod., D. n° 2014-1175, 13 oct. 2014)

§ 1. – Dispositions propres aux substances et mélanges dangereux pour la santé

Art. R. 521-4 *(Mod., D. n° 2014-1175, 13 oct. 2014)*. **– Les dispositions propres aux substances et mélanges dangereux définies à l'article L. 1342-2 du Code de la santé publique sont énoncées aux articles R. 1342-1 à R. 1342-12 et R. 1343-1 et R. 1343-2 du même code.**

(1) Dispositions applicables aux demandes présentées à compter du 1er juillet 2012, D. n° 2012-755, 9 mai 2012, art. 7, I.

§ 2. – Autres produits contenant des composés du mercure, des composés d'arsenic ou des composés organostanniques

Art. R. 521-13. – Il est interdit de mettre sur le marché, détenir en vue de la vente, céder à titre onéreux ou gratuit, acquérir ou utiliser des produits de protection du bois contenant des composés du mercure et des composés de l'arsenic.

Il est interdit de mettre sur le marché le bois traité avec des composés de l'arsenic.

Art. R. 521-14 *(Rempl., D. n° 2007-1496, 18 oct. 2007).* – Par dérogation aux dispositions de l'article R. 521-13, les substances et *(Mot rempl., D. n° 2014-1175, 13 oct. 2014)* « mélanges » de protection du bois constituées de solutions de composés inorganiques du type CCA (cuivre-chrome-arsenic) de type C peuvent être mises en œuvre au moyen de procédés utilisant le vide ou la pression pour l'imprégnation du bois dans des installations déclarées ou autorisées au titre de la rubrique 2415 de la nomenclature des installations classées, si elles sont autorisées *(Mots rempl., D. n° 2016-859, 29 juin 2016)* (1) « à l'issue d'une procédure d'autorisation de mise à disposition sur le marché prévue par le règlement (UE) n° 528/2012 du Parlement européen et du Conseil du 22 mai 2012 ».

Le bois ainsi traité ne doit pas être mis sur le marché avant que l'agent de protection ne soit complètement fixé.

Les entreprises qui utilisent aux fins ci-dessus décrites des composés de l'arsenic tiennent à la disposition de l'autorité administrative, pour être présentés sur toute réquisition de l'autorité compétente, les renseignements relatifs aux quantités de produits utilisés et aux zones d'utilisation.

Art. R. 521-15. – I. – Par dérogation aux dispositions de l'article R. 521-13, le bois traité avec des solutions de type CCA dans les conditions décrites à l'article R. 521-14 peut être mis sur le marché pour un usage professionnel et industriel lorsque le traitement est mis en œuvre pour préserver l'intégrité structurelle du bois à des fins de sécurité.

II. – Le bois ainsi traité est destiné aux usages suivants :

1° Charpente de bâtiments publics, agricoles, administratifs et industriels ;

2° Ponts et ouvrages d'art ;

3° Bois d'œuvre dans les eaux douces et saumâtres ;

4° Écrans acoustiques ;

5° Paravalanches ;

6° Glissières et barrières de sécurité du réseau autoroutier ;

7° Pieux de clôture servant au parcage des animaux ;

8° Ouvrages de retenue des terres ;

9° Poteaux de transmission électrique et de télécommunications ;

10° Traverses de chemin de fer souterrain.

III. – En aucun cas le bois ainsi traité ne peut être utilisé :

1° Dans les constructions à usage d'habitation ;

2° Dans toute application comportant un risque de contact répété avec la peau ;

3° Dans les eaux marines ;

4° À des fins agricoles autres que celles liées aux pieux de clôture pour animaux et aux usages de charpente ou autres structures mentionnés au I du présent article ;

5° Dans toute application dans laquelle le bois traité risque d'entrer en contact avec des produits intermédiaires ou finis destinés à l'alimentation humaine ou animale.

IV. – Un arrêté du ministre chargé de l'environnement détermine les mentions qui doivent être portées sur le bois ainsi traité mis sur le marché.

Art. R. 521-15-1 *(D. n° 2007-1496, 18 oct. 2007).* – I. – Par dérogation aux dispositions de l'article R. 521-13 le bois traité avec des composés de l'arsenic qui était utilisé dans la Communauté avant le 30 septembre 2007 ou qui a été mis sur le marché communautaire conformément aux règles du présent paragraphe peut rester en place et continuer à être utilisé jusqu'à ce qu'il atteigne la fin de sa durée de vie utile.

---

(1) Dispositions applicables aux demandes en cours d'instruction au 1er juillet 2016, D. n° 2016-859, 29 juin 2016, art. 8.

II. – Le bois traité avec des solutions CCA qui était utilisé dans la Communauté avant le 30 septembre 2007, ou qui a été mis sur le marché conformément aux règles du présent paragraphe :

1° Peut être utilisé ou réutilisé sous réserve du respect de ses conditions d'emploi, énumérées à l'article R. 521-15 ;

2° Peut être mis sur le marché de l'occasion sous réserve du respect de ses conditions d'emploi, énumérées à l'article R. 521-15.

Art. R. 521-16. – **Il est interdit d'utiliser des composés organostanniques, des composés du mercure et des composés de l'arsenic pour le traitement des eaux industrielles, indépendamment de leur usage.**

Art. R. 521-17. – **Il est interdit d'utiliser des composés du mercure pour l'imprégnation des textiles lourds industriels et des fils destinés à leur fabrication.**

Sous-section 5. – Gaz à effet de serre fluorés utilisés comme agent extincteur dans les systèmes de protection contre les incendies, comme diélectrique dans les appareils de commutation électrique ou comme solvant

(Rempl., D. n° 2011-396, 13 avr. 2011 ; intitulé mod., D. n° 2015-1790, 28 déc. 2015)

1) Présentation. Le décret n° 2011-396 du 13 avril 2011 relatif à des substances appauvrissant la couche d'ozone et à certains gaz à effet de serre fluorés, aux biocides et au contrôle des produits chimiques (*JO* n° 89, 15 avr. 2011) définit les modalités de certification des entreprises intervenant dans le traitement des gaz à effet de serre fluorés contenus dans des systèmes de protection contre les incendies, des appareillages de connexion à haute tension et des solvants, et actualise la réglementation applicable aux secteurs de la réfrigération et de la climatisation. Il s'adresse aux entreprises et personnels intervenant dans le traitement des gaz à effet de serre fluorés contenus dans des systèmes de protection contre les incendies, des appareillages de connexion à haute tension et des solvants.

2) D. 2015-1790 du 30 décembre 2015. Les fluides frigorigènes utilisés dans les équipements de climatisation et de réfrigération ou pompes à chaleur sont de puissants gaz à effet de serre qui peuvent appauvrir la couche d'ozone. Leur usage est encadré par le droit de l'Union européenne, notamment les règlements n° 1005/2009 du 16 septembre 2009 et n° 517/2014 du 16 avril 2014. Le décret 2015-1790 adapte le Code de l'environnement à leurs dispositions. Il encadre les conditions de vente des équipements dont la charge en fluide frigorigène est effectuée en usine mais qui nécessitent de faire appel à une entreprise titulaire d'une certification réglementaire, appelée « attestation de capacité », pour effectuer leur assemblage. Sans modifier les filières de distribution des équipements, il permet d'assurer que seuls les professionnels autorisés prendront livraison de ces équipements ainsi que tout particulier ou entreprise démontrant qu'il respectera les obligations réglementaires applicables à l'assemblage de ces équipements. Il définit un programme progressif d'interdiction d'utilisation des différentes substances objet du règlement n° 1005/2009. Il fixe une obligation de se défaire de fluides frigorigènes de type chlorofluorocarbures faisant l'objet d'interdictions d'utilisation depuis plus de dix ans. Il crée enfin la base réglementaire pour pouvoir simplifier, par arrêté ministériel, les dispositions relatives à la fiche d'intervention, obligatoire pour toute manipulation de fluides frigorigènes.

Art. R. 521-54 *(Rempl., D. n° 2011-396, 13 avr. 2011).* – **Les dispositions relatives aux gaz à effet de serre fluorés utilisés en tant que fluides frigorigènes dans des équipements de réfrigération ou de climatisation sont énoncées à la section 6 du chapitre III du titre IV du présent livre.**

Art. R. 521-55 *(D. n° 2011-396, 13 avr. 2011).* – **La présente sous-section réglemente les conditions de mise sur le marché, d'utilisation, de récupération et de destruction des gaz à effet de serre fluorés utilisés comme agent extincteur dans les systèmes de protection contre les incendies, comme diélectrique dans les** *(Mots rempl., D. n° 2015-1790, 28 déc. 2015)* **« appareils de commutation électrique » ou comme solvant.**

§ 1. – Dispositions générales

Art. R. 521-56 *(D. n° 2011-396, 13 avr. 2011).* – **Pour l'application de la présente section, sont considérés comme :**

1° « Gaz à effet de serre fluorés » les gaz définis à l'article 2 du *(Mots rempl., D. n° 2015-1790, 28 déc. 2015)* **« règlement (UE) n° 517/2014 du Parlement européen et du Conseil du 16 avril 2014 relatif aux gaz à effets de serre fluorés et abrogeant le règlement (CE) n° 842/2006 » ;**

2° « Distributeurs » les personnes qui cèdent à titre onéreux ou gratuit et remettent, dans le cadre d'une activité professionnelle, les gaz à effet de serre fluorés.

§ 2. – **Cession, acquisition et récupération des gaz à effet de serre fluorés**

Art. R. 521-57 *(Rempl., D. n° 2015-1790, 28 déc. 2015).* – Les distributeurs ne peuvent céder à titre onéreux ou gratuit des gaz à effet de serre fluorés qu'à :
– d'autres distributeurs ;
– des entreprises procédant à l'installation, l'entretien, la maintenance, la réparation, la mise hors service des équipements fixes de protection contre l'incendie et disposant du certificat mentionné à l'article R. 521-60 ;
– des entreprises procédant à l'installation, l'entretien, la maintenance, la réparation, la mise hors service des appareils de commutation électrique contenant des gaz à effet de serre fluorés dont le personnel détient le certificat mentionné à l'article R. 521-59 ou un certificat équivalent délivré dans un des États membres de l'Union européenne ;
– des entreprises procédant à la récupération de gaz à effet de serre fluorés contenus dans des appareils de commutation électrique ou à la récupération de solvants à base de gaz à effet de serre fluorés dont le personnel détient le certificat mentionné à l'article R. 521-59 ou un certificat équivalent délivré dans un des États membres de l'Union européenne.

Le certificat équivalent délivré dans un des États membres de l'Union européenne est traduit en langue française sur demande du distributeur ou de l'inspecteur de l'environnement.

Art. R. 521-57-1 *(D. n° 2015-1790, 28 déc. 2015).* – Les distributeurs reprennent sans frais les déchets d'emballages ayant contenu des gaz à effet de serre fluorés qui leur sont retournés dans la limite du nombre d'emballages qu'ils ont distribués l'année précédente.

Art. R. 521-58 *(D. n° 2011-396, 13 avr. 2011).* – Les distributeurs tiennent un registre mentionnant, pour chaque cession de gaz à effet de serre fluoré, le nom de l'acquéreur, le numéro de son certificat, la nature du gaz à effet de serre fluoré et les quantités cédées.

§ 3. – **Dispositions relatives aux certifications et aux agréments**

Art. R. 521-59 *(D. n° 2011-396, 13 avr. 2011 ; mod., D. n° 2015-1790, 28 déc. 2015 ; mod. à compter du 2 décembre 2018, D. n° 2018-1054, 29 nov. 2018).* – Seuls les organismes agréés à cette fin dans les conditions prévues au présent article sont habilités à délivrer au personnel le certificat mentionné :
– à l'article 5 du règlement (CE) n° 304/2008 [du 2 avril 2008] en ce qui concerne les systèmes de protection contre l'incendie et les extincteurs contenant certains gaz à effet de serre fluorés ;
– à l'article 3 du règlement (UE) n° 2015/2066 en ce qui concerne les gaz à effet de serre fluorés contenus dans des appareils de commutation électrique fixes ;
– à l'article 3 du règlement (CE) n° 306/2008 [du 2 avril 2008] en ce qui concerne certains solvants à base de gaz à effet de serre fluorés.

Ces organismes organisent l'évaluation du personnel mentionnée :
– à l'article 11 du règlement (CE) n° 304/2008 [du 2 avril 2008] en ce qui concerne les systèmes de protection contre l'incendie et les extincteurs contenant certains gaz à effet de serre fluorés ;
– à l'article 5 du règlement (UE) n° 2015/2066 en ce qui concerne les gaz à effet de serre fluorés contenus dans des appareils de commutation électrique fixes ;
– à l'article 5 du règlement (CE) n° 306/2008 [du 2 avril 2008] en ce qui concerne certains solvants à base de gaz à effet de serre fluorés.

L'agrément de ces organismes est accordé, pour une durée maximale de cinq ans, par arrêté des ministres chargés de l'environnement et de l'industrie.

Un arrêté du ministre chargé de l'environnement précise :
– les conditions dans lesquelles l'agrément est délivré, notamment les critères que doit respecter l'organisme agréé, ainsi que les conditions du retrait de cet agrément ;
– le contenu de la demande de certificat ainsi que les modalités de sa délivrance, de sa suspension et de son retrait.

Art. R. 521-60 *(D. n° 2011-396, 13 avr. 2011).* – Seuls les organismes agréés à cette fin dans les conditions prévues au présent article sont habilités à délivrer aux entreprises le certificat mentionné à l'article 8 du règlement (CE) n° 304/2008 [du 2 avril 2008] en ce qui concerne les systèmes de protection contre l'incendie et les extincteurs contenant certains gaz à effet de serre fluorés.

L'agrément de ces organismes est accordé pour une durée maximale de cinq ans par arrêté du ministre chargé de l'environnement. Cet arrêté définit les missions pour lesquelles l'organisme est agréé.

Un arrêté *(Mots rempl., D. n° 2015-1790, 28 déc. 2015)* « du ministre chargé de l'environnement » fixe :

– les conditions dans lesquelles l'agrément est délivré, et notamment les critères que doit respecter l'organisme agréé, ainsi que les conditions du retrait de cet agrément ;

– le contenu de la demande de certificat ainsi que les modalités de sa délivrance, de sa suspension et de son retrait.

Art. R. 521-61 *(D. n° 2011-396, 13 avr. 2011).* – L'organisme qui a délivré à une entreprise le certificat mentionné à l'article R. 521-60 communique, à la demande de cette entreprise, à tout autre organisme agréé les informations qu'il détient se rapportant à cette entreprise.

Les organismes tiennent à la disposition de l'Agence de l'environnement et de la maîtrise de l'énergie, du public et des distributeurs de gaz à effet de serre fluorés une liste à jour des entreprises et du personnel titulaires d'un certificat.

Les organismes agréés adressent chaque année à l'Agence de l'environnement et de la maîtrise de l'énergie les données relatives aux quantités de gaz à effet de serre fluorés acquises, chargées dans des équipements, récupérées, cédées et stockées au 1er janvier et au 31 décembre de l'année civile précédente par l'ensemble des entreprises auxquelles ils ont délivré un certificat, en distinguant les gaz neufs de ceux qui ont déjà été utilisés. Ils y joignent une liste des entreprises auxquelles ils ont suspendu ou retiré le certificat mentionné à l'article R. 521-60 ainsi que les motifs de la suspension et du retrait.

Un arrêté *(Mots rempl., D. n° 2015-1790, 28 déc. 2015)* « du ministre chargé de l'environnement » fixe la nature et les modalités de transmission de ces informations.

§ 4. – Dispositions relatives aux entreprises

Art. R. 521-62 *(Rempl., D. n° 2015-1790, 28 déc. 2015).* – Tout exploitant d'équipement fixe de protection contre l'incendie contenant des gaz à effet de serre fluorés fait procéder à son installation, à son entretien, à sa réparation ou à sa mise hors service ainsi qu'aux contrôles d'étanchéité prévus à l'article 4 du règlement (UE) n° 517/2014 du 16 avril 2014, par une entreprise titulaire du certificat mentionné à l'article R. 521-60.

Tout exploitant d'appareil de commutation électrique contenant des gaz à effet de serre fluorés fait procéder à son installation, à son entretien, à sa maintenance, à sa réparation ou à sa mise hors service ainsi qu'aux contrôles d'étanchéité prévus à l'article 4 du règlement (UE) n° 517/2014 du 16 avril 2014, par du personnel titulaire du certificat mentionné à l'article R. 521-59.

Le respect des dispositions des deux alinéas précédents est démontré par la remise à l'exploitant d'une copie des certificats mentionnés à ces deux alinéas.

En application de l'article 3, paragraphe 3, du règlement (UE) n° 517/2014 du 16 avril 2014, l'exploitant d'un équipement sur lequel une fuite de gaz à effet de serre fluoré a été détectée ne peut le recharger tant qu'il n'a pas été réparé.

Art. R. 521-63 *(D. n° 2011-396, 13 avr. 2011).* – Les entreprises mentionnées à l'article R. 521-62 adressent chaque année à l'organisme agréé qui leur a délivré le certificat mentionné à l'article R. 521-60 une déclaration se rapportant à l'année civile précédente et mentionnant, pour chaque gaz à effet de serre fluoré, les quantités :

1° Acquises ;

2° Chargées ;

3° Récupérées ;

4° Cédées.

Cette déclaration mentionne également l'état de leurs stocks au 1er janvier et au 31 décembre de l'année civile précédente.

La nature et les modalités de transmission de ces informations sont fixées par arrêté *(Mots rempl., D. n° 2015-1790, 28 déc. 2015)* « du ministre chargé de l'environnement ».

Si ces informations ne sont pas transmises à l'échéance prescrite par l'arrêté précité, l'organisme agréé peut, après que l'entreprise a été amenée à présenter ses observations, suspendre le certificat jusqu'à la transmission de la déclaration.

Après obtention du certificat et pendant toute la durée de sa validité, l'entreprise informe l'organisme qui a émis ce certificat de tout changement susceptible de modifier le respect des conditions de délivrance de celui-ci fixées au 1 de l'article 8 du règlement (CE) n° 304/2008 [du 2 avril 2008] dans le délai d'un mois.

L'organisme agréé peut retirer le certificat lorsque l'entreprise qui en est titulaire ne remplit plus les conditions au vu desquelles le certificat a été délivré. Le retrait du certificat ne peut intervenir qu'après que l'entreprise a été mise à même de présenter ses observations.

Art. R. 521-64 *(D. n° 2011-396, 13 avr. 2011)*. – Les distributeurs de gaz à effet de serre fluorés sont tenus de transmettre chaque année à l'Agence de l'environnement et de la maîtrise de l'énergie les données relatives aux quantités de gaz à effet de serre fluorés mises sur le marché, stockées, reprises et retraitées.

La nature et les modalités de transmission de ces informations sont fixées par arrêté *(Mots rempl., D. n° 2015-1790, 28 déc. 2015)* « du ministre chargé de l'environnement ».

Art. R. 521-65 *(D. n° 2011-396, 13 avr. 2011 ; mod., D. n° 2020-133, 18 févr. 2020)*. – Les modalités d'application de la présente sous-section aux activités soumises à des règles de protection du secret de la défense nationale sont fixées par arrêté conjoint des ministres chargés de la défense et de l'environnement.

§ 5. – Dispositions particulières aux gaz à effet de serre fluorés utilisés comme diélectrique dans les appareillages de connexion à haute tension ou comme solvant

Art. R. 521-66 *(D. n° 2011-396, 13 avr. 2011)*. – Les personnes procédant à la récupération de gaz à effet de serre fluorés contenus dans les appareillages de connexion à haute tension ou à la récupération de solvants à base de gaz à effet de serre fluorés adressent chaque année à l'Agence de l'environnement et de la maîtrise de l'énergie une déclaration des quantités de gaz à effet de serre fluorés qu'ils ont récupérées en vue de les traiter et des quantités émises dans l'atmosphère. Cette déclaration mentionne l'identité, la dénomination ou la raison sociale et l'adresse des exploitants des installations de destruction, de recyclage et de régénération auxquelles ont été remis des gaz, l'adresse des installations si elle est différente, ainsi que les quantités de chaque type de gaz livrées dans chacune des installations.

La nature et les modalités de transmission de ces informations sont fixées par arrêté *(Mots rempl., D. n° 2015-1790, 28 déc. 2015)* « du ministre chargé de l'environnement ».

§ 6. – Sanctions pénales

Art. R. 521-67 *(D. n° 2011-396, 13 avr. 2011)*. – Est puni de l'amende prévue pour les contraventions de la 3e classe le fait :

1° Pour un distributeur de gaz à effet de serre fluorés, de ne pas respecter ses obligations d'information, contrairement aux dispositions de l'article R. 521-64 ;

2° Pour une entreprise, de ne pas adresser à l'organisme agréé les informations prévues à l'article R. 521-63 ;

3° Pour les personnes procédant à la récupération de gaz à effet de serre fluorés contenus dans les appareillages de connexion à haute tension ou à la récupération de solvants à base de gaz à effet de serre fluorés, de ne pas adresser à l'Agence de l'environnement et de la maîtrise de l'énergie les informations prévues à l'article R. 521-66.

Art. R. 521-68 *(Rempl., D. n° 2015-1790, 28 déc. 2015)*. – I. – Est puni de l'amende prévue pour les contraventions de la cinquième classe le fait :

1° Pour tout exploitant d'équipement fixe de protection contre l'incendie ou d'appareil de commutation électrique contenant des gaz à effet de serre fluorés, de faire procéder au contrôle d'étanchéité sans se conformer aux prescriptions de l'article R. 521-62 ;

2° Pour tout exploitant d'équipement fixe de protection contre l'incendie ou d'appareil de commutation électrique contenant des gaz à effet de serre fluorés, de ne pas prendre les mesures prévues par l'arrêté mentionné à l'article R. 521-62 pour mettre fin aux fuites constatées ;

3° Pour tout exploitant d'équipement fixe de protection contre l'incendie ou d'appareil de commutation électrique contenant des gaz à effet de serre fluorés, de ne pas faire installer ces équipements par une personne certifiée en méconnaissance de l'article R. 521-62 ou de ne pas faire contrôler l'étanchéité de ces équipements aux fréquences prévues à l'article 4 du règlement (UE) n° 517/2014 du 16 avril 2014 ;

4° Pour tout exploitant d'équipement fixe de protection contre l'incendie ou d'appareil de commutation électrique contenant des gaz à effet de serre fluorés ou d'équipement fixe contenant des solvants à base de gaz à effet de serre fluorés, de ne pas faire procéder à la récupération des gaz à effet de serre fluorés lors de l'installation, l'entretien, la maintenance, la réparation ou la mise hors service en méconnaissance de l'article 8 du règlement (UE) n° 517/2014 du 16 avril 2014 ;

5° Pour toute entreprise titulaire du certificat mentionné à l'article R. 521-60, de ne pas conduire les contrôles d'étanchéité des systèmes fixes de protection contre l'incendie conformément aux dispositions combinées de l'article 4 du règlement (UE) n° 517/2014 du 16 avril 2014 et des articles 3, 4, 5 et 6 du règlement (CE) n° 1497/2007 du 18 décembre 2007 ;

6° Pour toute personne titulaire du certificat mentionné à l'article R. 521-59, de ne pas conduire les contrôles d'étanchéité des appareils de commutation électrique conformément aux dispositions de l'article 4 du règlement (UE) n° 517/2014 du 16 avril 2014 ;

7° Pour toute entreprise, de procéder à l'installation, l'entretien, la maintenance, la réparation ou la mise hors service ou à la récupération des gaz à effet de serre fluorés contenus dans des équipements fixes de protection contre l'incendie sans être titulaire du certificat mentionné à l'article R. 521-60 ;

8° Pour toute entreprise, de confier l'installation, l'entretien, la maintenance, la réparation, la mise hors service des appareils de commutation électrique ou la récupération des gaz à effet de serre fluorés qu'ils contiennent à des personnels dépourvus du certificat mentionné à l'article R. 521-59 ;

9° Pour toute entreprise, d'acquérir à titre onéreux ou gratuit des gaz à effet de serre fluorés sans être titulaire du certificat mentionné à l'article R. 521-60 ou sans que les membres de son personnel appelés à manipuler ces gaz détiennent le certificat mentionné à l'article R. 521-59, lorsque cette acquisition s'inscrit dans le cadre de l'article 11, paragraphe 4, du règlement (UE) n° 517/2014 du 16 avril 2014 ;

10° Pour toute personne physique, d'acquérir à titre onéreux ou gratuit des gaz à effet de serre fluorés sans être titulaire du certificat mentionné à l'article R. 521-59, lorsque cette acquisition s'inscrit dans le cadre de l'article 11, paragraphe 4, du règlement (UE) n° 517/2014 du 16 avril 2014 ;

11° Pour toute entreprise titulaire du certificat mentionné à l'article R. 521-60, de ne pas récupérer les gaz à effet de serre fluorés conformément aux dispositions de l'article 8 du règlement (UE) n° 517/2014 du 16 avril 2014 ;

12° Pour tout distributeur, de céder à titre onéreux ou gratuit des gaz à effet de serre fluorés à d'autres personnes que celles mentionnées à l'article R. 521-57 ;

13° Pour tout distributeur, de ne pas reprendre les emballages ayant contenu des gaz à effet de serre fluorés dans les conditions prévues à l'article R. 521-57-1 ;

14° Pour tout distributeur, de mettre sur le marché des équipements fixes de protection contre l'incendie ou des appareils de commutation électrique contenant des gaz à effet de serre fluorés en méconnaissance de l'article 11, paragraphe 1, du règlement (UE) n° 517/2014 du 16 avril 2014.

II. – La récidive des contraventions prévues au présent article est réprimée conformément aux articles 132-11 et 132-15 du Code pénal.

Sous-section 6. – Gaz à effet de serre fluorés de la catégorie des hydrofluorocarbures (HFC) y compris les hydrofluorooléfines (HFO)

(D. n° 2019-526, 27 mai 2019)

DISPOSITIONS COMMUNES À TOUS LES USAGES

Art. R. 521-69 *(D. n° 2019-526, 27 mai 2019)*. – Les dispositions de la présente sous-section s'appliquent aux gaz à effet de serre fluorés de la catégorie des hydrofluorocarbures (HFC), y compris les hydrofluorooléfines (HFO).

Elles s'appliquent sans préjudice des dispositions de la sous-section 5, dans le cas où les HFC sont utilisés comme agent extincteur dans les systèmes de protection contre les incendies ou comme solvant, et des dispositions de la section 6 du chapitre III du titre IV du livre V, dans le cas où les HFC sont utilisés en tant que fluide frigorigène dans des équipements de réfrigération ou de climatisation.

Art. R. 521-70 *(D. n° 2019-526, 27 mai 2019)*. **– Pour l'application de l'article 20 du règlement (UE) n° 517/2014 du Parlement européen et du Conseil du 16 avril 2014 relatif aux gaz à effet de serre fluorés et abrogeant le règlement (CE) n° 842/2006, toute personne responsable de l'introduction sur le territoire national d'HFC, y compris les HFO, en provenance d'un autre État membre, en vrac ou dans des équipements préchargés, déclare à l'Agence de l'environnement et de la maîtrise de l'énergie, au plus tard le 31 mars, les quantités effectivement introduites au cours de l'année précédente. Toute personne responsable de la sortie d'HFC, y compris les HFO, du territoire national à destination d'un autre État membre, en vrac ou dans des équipements préchargés, déclare chaque année à l'Agence de l'environnement et de la maîtrise de l'énergie, au plus tard le 31 mars, les quantités effectivement sorties au cours de l'année précédente.**

Un arrêté du ministre chargé de l'environnement fixe les modalités de transmission de ces informations.

Art. R. 521-71 *(D. n° 2019-526, 27 mai 2019)*. **– Est puni de l'amende prévue pour les contraventions de la 3e classe le fait d'introduire sur le territoire national, ou d'en faire sortir, en provenance ou à destination d'un autre État membre de l'Union européenne, des HFC, y compris des HFO, sans respecter l'obligation de déclaration prévue à l'article R. 521-70.**

CHAPITRE II. – APPROBATION DES SUBSTANCES ACTIVES BIOCIDES ET AUTORISATION DE MISE À DISPOSITION SUR LE MARCHÉ DES PRODUITS BIOCIDES

(Rempl., D. n° 2016-859, 29 juin 2016) (1) (2)

Voir : Décret n° 2016-859 du 29 juin 2016 relatif aux procédures d'approbation, de mise à disposition sur le marché ainsi que de déclaration des produits et des substances actives biocides (*JO* 30 juin 2016).

La loi n° 2015-1567 du 2 décembre 2015 procède à une simplification dans l'organisation administrative française. L'Agence nationale de sécurité sanitaire de l'alimentation, de l'environnement et du travail (ANSES) se voit confier l'ensemble des missions d'évaluation et d'autorisation, en lieu et place du partage entre l'Anses et le ministère en charge de l'écologie. Le décret n° 2016-859 du 29 juin 2016 est relatif aux procédures d'approbation, de mise à disposition sur le marché et de déclaration des produits biocides et des substances actives biocides. Le texte modifie les dispositions du Code de l'environnement relatives aux procédures d'autorisation de mise sur le marché des produits biocides à la suite du transfert à l'ANSES de la compétence pour la délivrance, la modification et le retrait de ces autorisations. Il maintient la compétence du ministre chargé de l'environnement pour la délivrance des autorisations de mise sur le marché au titre des dérogations « cent quatre-vingt jours » prévues par l'article 55 du règlement 528/2012 biocides. Le texte procède également à un toilettage de certaines dispositions redondantes avec celles du même règlement ainsi qu'à la mise en cohérence des références réglementaires dans différents codes et décrets.

Section I. – Dispositions générales

Art. R. 522-1 *(Rempl., D. n° 2016-859, 29 juin 2016)*. **– L'emploi des substances actives biocides, la mise à disposition sur le marché des produits biocides et des articles traités par ces produits ainsi que leur expérimentation dans les conditions énoncées au I de l'article L. 522-1 sont soumises aux dispositions du présent chapitre.**

---

(1) Antérieurement à son remplacement par le décret n° 2016-859 du 30 juin 2016, le présent chapitre comportait les articles R. 522-1 et R. 522-2 ainsi que sept sections composées comme suit : section 1 (art. R. 522-3 et R. 522-4), section 2 (art. R. 522-5 à R. 522-26), section 3 (art. R. 522-27 à R. 522-29), section 4 (art. R. 522-30 à R. 522-31), section 5 (art. R. 522-32 à R. 522-35), section 6 (art. R. 522-36 à R. 522-42) et section 7 (art. R. 522-43). – NDLR.

(2) Dispositions applicables aux demandes en cours d'instruction au 1er juillet 2016, D. n° 2016-859, 29 juin 2016, art. 8

Art. R. 522-2 *(Rempl., D. n° 2016-859, 29 juin 2016).* – L'organisme désigné au présent chapitre comme « Agence nationale » est l'Agence nationale chargée de la sécurité sanitaire de l'alimentation, de l'environnement et du travail, mentionnée à l'article L. 1313-1 du Code de la santé publique.

Les autorités compétentes mentionnées au paragraphe 1 de l'article 81 du règlement (UE) n° 528/2012 du Parlement européen et du Conseil du 22 mai 2012 sont, sauf disposition contraire, soit le ministre chargé de l'environnement, soit le directeur général de l'Agence nationale.

Section II. – Exemptions dans l'intérêt de la défense nationale

Art. R. 522-3 *(Rempl., D. n° 2016-859, 29 juin 2016).* – Les demandes d'exemption au règlement (UE) n° 528/2012 du Parlement européen et du Conseil du 22 mai 2012 mentionnées au II de l'article L. 522-1 sont adressées conjointement au ministre de la Défense et au ministre chargé de l'environnement.

Les exemptions sont accordées par arrêté conjoint du ministre de la Défense et du ministre chargé de l'environnement, sauf dans des cas d'urgence opérationnelle où cet arrêté est pris par le seul ministre de la Défense qui en informe le ministre chargé de l'environnement. Dans les deux cas, le ministre de la Défense peut déléguer son pouvoir par arrêté.

L'arrêté accordant une exemption précise le produit biocide ou l'article traité concerné, en tant qu'il contient une certaine substance active, la durée de l'exemption et, le cas échéant, les conditions auxquelles est subordonné son renouvellement. Il est notifié au demandeur et une copie en est adressée à l'Agence nationale.

Faute de réponse à l'issue d'un délai de six mois à compter de la réception de la demande d'exemption, celle-ci est réputée rejetée.

Un arrêté conjoint du ministre chargé de l'environnement et du ministre de la Défense précise les conditions de présentation et d'instruction des demandes d'exemption ainsi que les modalités de renouvellement des exemptions accordées.

Section III. – Approbation et renouvellement de l'approbation des substances actives biocides

Art. R. 522-4 *(Rempl., D. n° 2016-859, 29 juin 2016).* – L'Agence nationale est l'autorité compétente pour exercer les missions dévolues par le règlement (UE) n° 528/2012 du 22 mai 2012 à « l'autorité d'évaluation » et à « l'autorité réceptrice » des demandes d'approbation et de renouvellement d'approbation des substances actives présentées au titre du même règlement.

Lorsque l'Agence nationale informe le demandeur, l'Agence européenne des produits chimiques et les autorités compétentes des autres États membres qu'elle a validé une demande en application du paragraphe 5 de l'article 7 du même règlement, elle en informe simultanément le ministre chargé de l'environnement.

Lorsque l'Agence nationale s'apprête à rejeter la demande en application du paragraphe 4 de l'article 7 de ce même règlement, elle en informe le ministre chargé de l'environnement au moins 15 jours avant d'en informer l'Agence européenne des produits chimiques et le demandeur.

Lorsque la demande a été validée, l'Agence nationale procède à son évaluation conformément aux articles 8 et 14 de ce règlement. Elle informe le ministre chargé de l'environnement des conclusions de son évaluation ou de ses recommandations relatives à la demande d'approbation ou de renouvellement de l'approbation de la substance active et, le cas échéant, des projets d'avis relatifs à l'approbation de ces substances qu'elle entend proposer à l'Agence européenne au moins cinq jours ouvrés avant de les transmettre à l'Agence européenne des produits chimiques.

Section IV. – Autorisation de mise à disposition sur le marché des produits biocides

Sous-section 1. – Autorisation de mise à disposition sur le marché des produits biocides à l'exception de ceux utilisés à des fins de recherche et de développement

Art. R. 522-5 *(Rempl., D. n° 2016-859, 29 juin 2016).* – Les décisions relatives aux demandes d'autorisation de mise à disposition sur le marché des produits biocides ainsi qu'aux demandes de modification, de renouvellement ou de retrait de ces autorisations prises au titre des procédures prévues par le règlement (UE) n° 528/2012 du 22 mai 2012 et par ses règlements d'exécution sont délivrées par le directeur général de l'Agence nationale, sous réserve de l'article R. 522-6.

Elles sont rendues publiques par voie électronique, dans les meilleurs délais, par l'Agence nationale, à l'exclusion de toute information portant atteinte à la protection des données à caractère personnel ou au secret *(Mots rempl., D. n° 2018-1126, 11 déc. 2018)* **« des affaires ».**

Bibliographie : *Modalités d'approbation, de mise à disposition sur le marché, de déclaration et d'utilisation des produits biocides et des substances actives biocides : Énergie – Env. – Infrastr.* 2016. • C. Huglo et B. Berger, *Loi DDADUE – Prévention des risques : le droit français s'adapte aux directives européennes : Énergie – Env. – Infrastr.* 2016.

Sur la Publicité. L. Boulet et L. Frossard, *Un an de droit de la publicité : Chronique par Communication Commerce électronique* juill. 2018, nos 7-8, chron. 9. • L. De Redon, G. Thevenot, P.-E. Bouillot et Y. Soyeux : *Propos introductifs à la journée d'étude : contexte et enjeux : Énergie – Env. – Infrastr.* 2018. • S. Cazet, *Accès aux documents : Revue Europe* 2017. • F. Jamay, *Un accès à l'information élargi concernant les effets des pesticides sur l'environnement et la santé : vers une définition plus stricte du secret industriel et commercial : Énergie – Env. – Infrastr.* 2017.

1) Étiquetage : légalité d'un arrêté préfectoral exigeant le retrait de certaines mentions et l'adjonction d'autres (oui). « Le diminutif "bio" ne peut être utilisé dans le nom commercial d'une levure ou d'un additif utilisés dans la production biologique d'aliments pour animaux que si ces produits répondent aux exigences du règlement (CE) n° 834-2007 du Conseil du 28 juin 2007 ou sont conformes à celui-ci ; qu'il ressort des pièces du dossier et n'est pas contesté que ni le Biomos ni le Bioplex n'ont fait l'objet d'une autorisation d'utilisation dans la production biologique » (■ CAA Nantes, 3e ch., 9 févr. 2018, n° 16NT00824).

2) Droit à l'information. Le droit à l'information couvre les informations sur les émissions y compris prévisibles dans l'environnement ; il couvre également les informations permettant au public de contrôler si l'évaluation des émissions effectives ou prévisibles, sur la base de laquelle l'autorité compétente a autorisé le produit ou la substance en cause, est correcte ainsi que les données relatives aux incidences à plus ou moins long terme des émissions sur l'environnement (■ CJUE 5e ch., 23 nov. 2016, n° C-673/13P).

Art. R. 522-6 *(Rempl., D. n° 2016-859, 29 juin 2016 ; mod. à compter du 1er janvier 2020, D. n° 2019-1379, 18 déc. 2019)*. **– Les dérogations mentionnées au paragraphe 1 de l'article 55 du règlement (UE) n° 528/2012 du 22 mai 2012 sont délivrées par le ministre chargé de l'environnement qui, sauf en cas d'urgence, consulte préalablement l'Agence nationale.**

Faute de réponse du ministre à l'issue d'un délai de trois mois à compter de la réception d'une demande de dérogation mentionnée au premier alinéa, celle-ci est réputée rejetée.

Les décisions délivrées par le ministre sont transmises à l'Agence nationale pour être rendues publiques dans les conditions prévues à l'article R. 522-5.

NB : Conformément à l'article 19 du décret n° 2019-1379 du 18 décembre 2019, ces dispositions entrent en vigueur le 1er janvier 2020.

Bibliographie : A. Muller-Curdyzlo, *Prorogation de l'autorisation de mise sur le marché et l'utilisation du produit biocide Phéro-Ball Pin : Énergie – Env. – Infrastr.* 2018.

Art. R. 522-7 *(Rempl., D. n° 2016-859, 29 juin 2016)*. **– Lors de l'évaluation d'un dossier relatif à un produit biocide contenant une substance remplissant les critères définis au paragraphe 1 de l'article 5 du règlement (UE) n° 528/2012 du 22 mai 2012, l'Agence nationale informe le ministre chargé de l'environnement des conclusions de l'évaluation qu'elle a menée conformément au point 10 de l'annexe VI du même règlement, au moins cinq jours ouvrés avant de les transmettre au demandeur et, le cas échéant, aux États membres concernés. Lorsque le produit est destiné à un usage professionnel, l'Agence nationale informe également le ministre chargé du travail, dans les mêmes délais.**

Art. R. 522-8 *(Rempl., D. n° 2016-859, 29 juin 2016)*. – (1) **Lorsqu'elle effectue l'évaluation d'un dossier nécessitant la réalisation d'une évaluation comparative en application de l'article 23 du règlement (UE) n° 528/2012 du 22 mai 2012, l'Agence nationale communique au ministre chargé de l'environnement son projet de rapport d'évaluation comparative au moins cinq jours ouvrés avant de transmettre ses conclusions à l'Agence européenne des produits chimiques et, le cas échéant, aux États membres concernés. Lorsque le**

(1) Dispositions abrogées à compter du 9 juin 2009, D. n° 2006-672, 8 juin 2006, art. 17 et 18 ; prorogées pour une durée de cinq ans, D. n° 2009-613, 4 juin 2009, art. 4 et D. n° 2009-620, 6 juin 2009, art. 1er et ann. ; renouvelées pour une durée d'un an à compter du 8 juin 2014, D. n° 2014-589, 6 juin 2014, art 1er et ann. ; puis prorogées pour une durée de cinq ans à compter du 8 juin 2015, D. n° 2015-622, 5 juin 2015. – NDLR.

produit est destiné à un usage professionnel, l'Agence nationale informe, en outre et dans les mêmes conditions, le ministre chargé du travail.

Art. R. 522-9 *(Rempl., D. n° 2016-859, 29 juin 2016)*. – Lorsqu'elle effectue l'évaluation d'un dossier présenté au titre de l'article 39 du règlement (UE) n° 528/2012 du 22 mai 2012, l'Agence nationale informe le ministre chargé de l'environnement de ses conclusions, au moins cinq jours ouvrés avant de les transmettre au demandeur.

Art. R. 522-10 *(Rempl., D. n° 2016-859, 29 juin 2016)*. – Lorsque l'Agence nationale reçoit une notification de mise à disposition sur le marché d'un produit biocide appartenant à une famille de produits en application du paragraphe 6 de l'article 17 du règlement (UE) n° 528/2012 du 22 mai 2012 et que cette notification satisfait aux critères définis à ce même article, elle modifie l'autorisation de mise à disposition sur le marché de la famille de produits.

Lorsque l'Agence nationale reçoit une notification de mise à disposition sur le marché d'un produit biocide en application du paragraphe 1 de l'article 27 du même règlement et que cette notification satisfait aux critères définis à ce même article, elle édite une autorisation de mise à disposition sur le marché dont le contenu est conforme à l'article 22 de ce règlement.

Art. R. 522-11 *(Rempl., D. n° 2016-859, 29 juin 2016)*. – Les décisions prises par le directeur général de l'Agence nationale en application du onzième alinéa de l'article L. 1313-1 du Code de la santé publique sont prises conformément aux règles fixées par les arrêtés mentionnés au deuxième alinéa de l'article R. 522-16 du présent code.

L'Agence nationale adresse une copie de chaque décision aux ministres chargés, respectivement, de l'environnement et du travail, dans un délai de cinq jours ouvrés à compter de la délivrance de celle-ci.

À compter de la réception de cette copie, ces ministres disposent d'un délai de 30 jours pour s'opposer, par arrêté motivé, aux décisions du directeur général de l'Agence nationale.

En cas d'opposition des ministres, l'Agence nationale procède à un nouvel examen du dossier, à l'issue duquel elle transmet à ces derniers ses conclusions dans un délai de 30 jours puis délivre soit, le cas échéant, une décision modifiée, soit une décision confirmative de la décision initiale.

Art. R. 522-12 *(Rempl., D. n° 2016-859, 29 juin 2016)*. – Les délais de grâce prévus à l'article 52 du règlement (UE) n° 528/2012 du 22 mai 2012 sont de 180 jours pour la mise à disposition sur le marché et de 180 jours supplémentaires pour l'utilisation des stocks existants des produits concernés. Les mêmes délais s'appliquent à l'écoulement des produits ayant fait l'objet d'une première autorisation de mise à disposition sur le marché.

Ces délais peuvent toutefois être réduits si la décision de l'Agence nationale relative à la mise à disposition sur le marché des produits ou un arrêté du ministre chargé de l'environnement le prévoit.

Lorsque le maintien de la mise à disposition sur le marché ou la poursuite de l'utilisation du produit biocide présente un risque inacceptable pour la santé humaine, pour la santé animale ou pour l'environnement, aucun délai de grâce n'est accordé.

Sous-section 2. – Autorisation de mise à disposition sur le marché des produits biocides à des fins de recherche et de développement

Art. R. 522-13 *(Rempl., D. n° 2016-859, 29 juin 2016)*. – Toute expérience ou tout essai portant sur une substance active ou un produit biocide susceptible d'avoir les effets mentionnés au paragraphe 3 de l'article 56 du règlement (UE) n° 528/2012 du 22 mai 2012 est subordonné à une autorisation du directeur général de l'Agence nationale qui détermine les conditions dans lesquelles ces expériences ou ces essais peuvent être effectués.

Art. R. 522-14 *(Rempl., D. n° 2016-859, 29 juin 2016)*. – La notification, conformément aux dispositions du paragraphe 2 de l'article 56 du règlement (UE) n° 528/2012 du 22 mai 2012, d'une expérience ou d'un essai effectué sur le territoire national et susceptible d'impliquer ou d'entraîner la dissémination dans l'environnement d'un produit biocide est adressée à l'Agence nationale, qui tient à jour un registre de ces expériences ou essais.

Sous-section 3. – Mesures individuelles d'interdiction, de restriction ou d'application de prescriptions particulières pour la mise sur le marché, la détention ou l'utilisation d'un produit biocide

Art. R. 522-15 *(Rempl., D. n° 2016-859, 29 juin 2016).* – Sans préjudice des missions confiées à l'Agence nationale, les mesures d'interdiction, de restriction ou d'application de prescriptions particulières concernant la mise sur le marché, la délivrance, l'utilisation et la détention d'un produit biocide mentionnées à l'article L. 522-5-1 sont prises par un arrêté du ministre chargé de l'environnement. Ce dernier transmet, préalablement à son adoption, le projet d'arrêté au responsable de la mise à disposition sur le marché qui, sauf en cas d'urgence, dispose d'un délai de 15 jours pour faire part de ses éventuelles observations.

Lorsque l'arrêté concerne un produit biocide autorisé à l'issue d'une procédure d'autorisation de mise à disposition sur le marché prévue par le règlement (UE) n° 528/2012 du 22 mai 2012 et pour lequel l'une des conditions énoncées au paragraphe 1 de l'article 48 de ce même règlement est remplie, le directeur général de l'Agence nationale modifie ou retire, le cas échéant, l'autorisation de mise à disposition sur le marché du produit biocide dans un délai de 30 jours à compter de la publication de l'arrêté.

Lorsque l'arrêté concerne un produit biocide autorisé à l'issue d'une procédure d'autorisation de mise à disposition sur le marché prévue par le même règlement et pour lequel l'une des conditions énoncées à son article 88 est remplie, le ministre chargé de l'environnement en informe, sans délai, la Commission européenne et les autres États membres. Le directeur général de l'Agence nationale modifie ou retire, le cas échéant, l'autorisation de mise à disposition sur le marché du produit biocide conformément aux actes d'exécution pris par la Commission européenne prévus à ce même article 88.

Pour les produits pouvant, à titre transitoire, être mis sur le marché sans procédure d'autorisation de mise à disposition sur le marché en application du paragraphe 2 de l'article 89 de ce règlement, le ministre chargé de l'environnement transmet, préalablement à son adoption, le projet d'arrêté au responsable de la mise à disposition sur le marché du produit qui, sauf en cas d'urgence, dispose d'un délai de 15 jours pour faire part de ses éventuelles observations.

Section V. – Dispositions applicables à la vente, l'application et l'utilisation de certains groupes de produits biocides

Art. R. 522-16 *(Rempl., D. n° 2016-859, 29 juin 2016 ; mod. à compter du 1er janvier 2020, D. n° 2019-1379, 18 déc. 2019).* – Les arrêtés relatifs aux conditions d'exercice des activités de vente de produits biocides et d'articles traités par ces produits ainsi qu'aux activités d'application de ces produits à titre professionnel, pris en application de l'article L. 522-4, précisent les usages et les types de produits biocides auxquels ils s'appliquent et définissent, notamment, les obligations de formation qui s'imposent aux personnes exerçant ces activités ainsi que les obligations de traçabilité de la distribution et de l'utilisation de ces produits.

Les arrêtés relatifs aux conditions d'utilisation de certaines catégories de produits biocides pris en application de l'article L. 522-4 peuvent prévoir toute mesure d'interdiction, de restriction ou d'application de prescriptions particulières pour la mise à disposition sur le marché ou l'utilisation de produits biocides. Ils précisent les substances actives, les types de produits et les usages auxquels ils s'appliquent.

NB : Conformément à l'article 19 du décret n° 2019-1379 du 18 décembre 2019, ces dispositions entrent en vigueur le 1er janvier 2020

Art. R. 522-16-1 *(Créé à compter du 1er octobre 2019, D. n° 2019-642, 26 juin 2019)* (1). – Les catégories de produits mentionnées à l'article L. 522-18, pour lesquels certaines pratiques commerciales sont prohibées, sont les produits relevant des types 14 et 18 définis par le règlement (UE) n° 528/2012 du Parlement européen et du Conseil du 22 mai 2012 concernant la mise à disposition sur le marché et l'utilisation des produits biocides.

Ces dispositions ne s'appliquent pas aux produits biocides admissibles à la procédure d'autorisation simplifiée conformément à l'article 25 du même règlement.

NB : Conformément à l'article 2 du décret n° 2019-642 du 26 juin 2019, ces dispositions entrent en vigueur le 1er octobre 2019. Elles s'appliquent aux contrats conclus ou renouvelés à partir de cette date.

(1) Dispositions applicables aux contrats conclus ou renouvelés à partir du 1er octobre 2019, D. n° 2019-642, 26 juin 2019.

Art. R. 522-16-2 *(Créé à compter du 1er octobre 2019, D. n° 2019-642, 26 juin 2019)* (1). **– I. – Les catégories de produits biocides mentionnées à l'article L. 522-5-3, pour lesquels il est interdit de faire de la publicité commerciale à destination du grand public, sont les suivantes :**

1° Les produits relevant des types 14 et 18 définis par le règlement (UE) n° 528/2012 du Parlement européen et du Conseil du 22 mai 2012 concernant la mise à disposition sur le marché et l'utilisation des produits biocides ;

2° Les produits appartenant aux types 2 et 4 définis par ce même règlement et classés, selon les dispositions du règlement (CE) n° 1272/2008 du Parlement européen et du Conseil du 16 décembre 2008 relatif à la classification, à l'étiquetage et à l'emballage des substances et des mélanges, comme dangereux pour le milieu aquatique de catégorie 1 : toxicité aiguë de catégorie 1 (H 400) et toxicité chronique de catégorie 1 (H 410).

II ***(Annulé, CE, 21 avr. 2023, n° 433889, Comité interprofessionnel des huiles essentielles françaises)***

Rédaction antérieure. II. – Pour les produits mentionnés au I, toute publicité à destination des professionnels est rédigée dans le respect des dispositions de l'article 72 du règlement (UE) n° 528/2012 mentionné au 1° du I. Elle fait, en outre, apparaître, de manière claire et lisible, les éléments suivants :

1° Deux phrases ainsi rédigées : « Avant toute utilisation, assurez-vous que celle-ci est indispensable, notamment dans les lieux fréquentés par le grand public. Privilégiez chaque fois que possible les méthodes alternatives et les produits présentant le risque le plus faible pour la santé humaine et animale et pour l'environnement. »

2° La mention du type de produits biocides associé au produit, tel que défini par l'annexe V du règlement (UE) n° 528/2012 du Parlement européen et du Conseil du 22 mai 2012 mentionné précédemment.

III. – Les dispositions du présent article ne s'appliquent pas aux produits biocides admissibles à la procédure d'autorisation simplifiée conformément à l'article 25 du règlement (UE) n° 528/2012 du Parlement européen et du Conseil du 22 mai 2012 concernant la mise à disposition sur le marché et l'utilisation des produits biocides.

NB : Conformément à l'article 3 du décret n° 2019-643 du 26 juin 2019, ces dispositions entrent en vigueur le 1er octobre 2019. Elles s'appliquent aux contrats conclus ou renouvelés à partir de cette date

Art. R. 522-16-3 *(D. n° 2019-1052, 14 oct. 2019)*. **– Sous réserve des termes des autorisations délivrées aux différents produits biocides en application du règlement (UE) n° 528/2012 du Parlement européen et du Conseil du 22 mai 2012, précédemment mentionné, les catégories de produits biocides mentionnées à l'article L. 522-5-2, qu'il est interdit de céder directement en libre-service à des utilisateurs non professionnels, sont les suivantes :**

– les produits pour lesquels des données permettent d'établir ou de suspecter l'apparition de résistances ;

– les produits pour lesquels des cas d'intoxication involontaire sont signalés ;

– les produits non admissibles à la procédure d'autorisation simplifiée mentionnée au III de l'article R. 522-16-2, pour lesquels des données établissent qu'ils sont fréquemment utilisés en méconnaissance des règles visant à préserver la santé humaine ou l'environnement, figurant dans leur autorisation de mise sur le marché ou dans la notice élaborée par leur fabricant.

Un arrêté du ministre chargé de l'environnement, pris après avis de l'Agence nationale chargée de la sécurité sanitaire de l'alimentation, de l'environnement et du travail, précise les produits biocides, éventuellement définis comme l'ensemble des produits contenant une même substance active, ou les types de produits biocides, entrant dans chacune de ces catégories. Cet arrêté détermine le délai laissé aux distributeurs pour mettre en œuvre l'interdiction de les céder en libre service mentionnée au premier alinéa.

Art. R. 522-17 *(Rempl., D. n° 2016-859, 29 juin 2016)*. **– I. – L'étiquetage d'un produit biocide mis sur le marché au titre du paragraphe 2 de l'article 89 du règlement (UE) n° 528/2012 du 22 mai 2012 comporte :**

1° L'identification du produit et des substances qu'il contient ;

2° Des instructions d'utilisation, de stockage, de transport et d'élimination.

II. – Sont, par ailleurs, interdites les mentions « produit biocide à faible risque », « non toxique », « ne nuit pas à la santé », « naturel », « respectueux de l'environnement », « respectueux des animaux » ou toute autre indication similaire.

Un arrêté conjoint des ministres chargés, respectivement, du travail, de l'environnement, de la consommation et de la santé définit, conformément à l'article 72 du règlement (UE) n° 528/2012 du 22 mai 2012, les règles d'étiquetage et de publicité applicables à ces produits.

(1) Dispositions applicables aux contrats conclus ou renouvelés à partir du 1er octobre 2019, D. n° 2019-642, 26 juin 2019.

Section VI. – Déclaration des produits biocides

Art. R. 522-18 *(Rempl., D. n° 2016-859, 29 juin 2016).* – **La déclaration des produits biocides prévue au I de l'article L. 522-2 est adressée, par voie électronique, à l'Agence nationale, préalablement à la première mise à disposition sur le marché, sur le territoire national.**

Elle comporte :

1° Le nom du responsable de la mise à disposition sur le marché du produit ;

2° Le nom commercial du produit ;

3° Le ou les types de produits présentés conformément à l'annexe V du règlement (UE) n° 528/2012 du 22 mai 2012 ;

4° Le nom et la quantité ou la concentration de chacune des substances actives contenues dans le produit ;

5° La classification du produit selon le règlement (CE) n° 1272/2008 du 16 décembre 2008 ;

6° La fiche de données de sécurité prévue par l'article 31 du règlement (CE) n° 1907/2006 du 18 décembre 2006 ;

7° Le type d'usage ;

8° Le numéro de dossier figurant sur le registre des produits biocides défini à l'article 71 du règlement (UE) n° 528/2012 du 22 mai 2012, ou, le cas échéant, le numéro de l'autorisation de mise à disposition sur le marché du produit

9° Le cas échéant, les catégories d'utilisateurs auxquels le produit est destiné.

Art. R. 522-19 *(Rempl., D. n° 2016-859, 29 juin 2016).* – (1) **Toute modification d'une des informations mentionnées aux 2°, 3° ou 4° de l'article R. 522-18, telle qu'elle a été déclarée, donne lieu à une nouvelle déclaration.**

Toute modification d'une des informations mentionnées aux 1°, 5°, 6°, 7°, 8° ou 9° du même article ainsi que tout retrait d'un produit du marché volontairement ou du fait d'une décision administrative donne lieu à une mise à jour de la déclaration initiale, dans un délai d'un mois à compter de chacune des modifications en cause.

Art. R. 522-20 *(Rempl., D. n° 2016-859, 29 juin 2016).* – **L'Agence nationale délivre un numéro d'enregistrement au produit biocide dans les deux mois suivant sa déclaration, si celle-ci est conforme aux conditions énoncées à l'article R. 522-18.**

Elle rend publiques les informations relatives au produit biocide déclaré énumérées à ce même article.

Art. R. 522-21 *(Rempl., D. n° 2016-859, 29 juin 2016).* – **Les informations relatives aux produits biocides mis à disposition sur le marché, mentionnés au II de l'article L. 522-2, sont adressées, par voie électronique, à l'organisme désigné par l'arrêté des ministres chargés, respectivement, de la santé, du travail, de l'environnement et de l'agriculture mentionné à l'article R. 1342-13 du Code de la santé publique.**

Ces informations sont, pour chaque produit biocide, et quelle que soit sa dangerosité, celles mentionnées à l'article R. 1342-15 du Code de la santé publique.

Art. R. 522-22 *(Rempl., D. n° 2016-859, 29 juin 2016).* – **En application de l'article L. 522-3, les quantités de produits biocides mises sur le marché entre le 1er janvier et le 31 décembre sont déclarées chaque année à l'Agence nationale par voie électronique, avant le 1er avril de l'année suivante.**

Section VII. – Dispositions communes aux approbations de substances actives biocides et aux autorisations de produits biocides

Art. R. 522-23 *(Rempl., D. n° 2016-859, 29 juin 2016).* – **Les informations prévues au III de l'article L. 522-2 incluent :**

1° Les nouvelles données ou informations concernant les effets nocifs de la substance active ou du produit sur l'homme, en particulier sur les groupes de personnes vulnérables, sur les animaux ou sur l'environnement ;

---

(1) Dispositions abrogées à compter du 9 juin 2009, D. n° 2006-672, 8 juin 2006, art. 17 et 18 ; prorogées pour une durée de cinq ans, D. n° 2009-613, 4 juin 2009, art. 4 et D. n° 2009-620, 6 juin 2009, art. 1er et ann. ; renouvelées pour une durée d'un an à compter du 8 juin 2014, D. n° 2014-589, 6 juin 2014, art 1er et ann. ; puis prorogées pour une durée de cinq ans à compter du 8 juin 2015, D. n° 2015-622, 5 juin 2015. – NDLR.

2° Les données indiquant que la substance active est susceptible d'induire le développement de résistances ;
3° Les nouvelles données ou informations indiquant que le produit biocide n'est pas suffisamment efficace.

Art. R. 522-24 *(Rempl., D. n° 2016-859, 29 juin 2016)*. – Sont soumises au versement d'une redevance à l'Agence nationale les demandes instruites par l'Agence nationale en application du premier alinéa de l'article R. 522-4, du premier alinéa de l'article R. 522-5 et de l'article R. 522-10.

Y sont également soumises les demandes, mentionnées au paragraphe 4 de l'article 66 du règlement (UE) n° 528/2012 du 22 mai 2012, visant à préserver la confidentialité de certaines données.

Ces redevances couvrent l'ensemble des dépenses engagées pour la conservation, l'examen, l'exploitation et l'expertise des informations fournies par le demandeur ainsi que les dépenses engagées pour la délivrance des autorisations et la mise à jour du registre européen des produits biocides.

Un arrêté conjoint des ministres chargés, respectivement, de l'environnement et du budget précise les montants et les modalités de perception de ces redevances.

Section VIII. – Sanctions pénales

Art. R. 522-25 *(Rempl., D. n° 2016-859, 29 juin 2016)*. – I. – Est puni de la peine d'amende prévue pour les contraventions de la 5e classe le fait :

1° De mettre à disposition sur le marché un produit biocide sans avoir déclaré les informations prévues à l'article R. 522-18 ;

2° De mettre à disposition sur le marché un produit biocide sans mettre à jour la déclaration prévue au premier alinéa de l'article L. 522-2 dans les conditions prévues au premier alinéa de l'article R. 522-19 ;

3° De mettre à disposition sur le marché un produit biocide en méconnaissance des dispositions prévues par l'article 69 du règlement (UE) n° 528/2012 du 22 mai 2012 ou des dispositions de l'article R. 522-17 et de l'arrêté prévu à ce même article ;

4° De mettre à disposition sur le marché un article traité par un produit biocide, sans faire figurer dans le dispositif d'étiquetage les renseignements prévus par l'article 58 du règlement (UE) n° 528/2012 du 22 mai 2012 ;

5° De mettre à disposition sur le marché un produit biocide sans avoir procédé aux notifications de mise à disposition sur le marché prévues au paragraphe 6 de l'article 17, au paragraphe 1 de l'article 27 et au point a de l'article 51 du règlement (UE) n° 528/2012 du 22 mai 2012, dans les conditions prévues par ces articles ;

6° De diffuser une publicité pour un produit biocide en méconnaissance des dispositions de l'article 72 du règlement (UE) n° 528/2012 du 22 mai 2012 *(Mots aj. à compter du 1er octobre 2019, D. n° 2019-643, 26 juin 2019)* (1) « ou de l'article R. 522-16-2 » ;

7° De mettre à disposition sur le marché un produit sans avoir fourni les informations nécessaires sur ce produit, mentionnées au II de l'article L. 522-2 ;

8° D'exercer l'activité d'application à titre professionnel de produits biocides mentionnée au premier alinéa de l'article R. 522-16 sans disposer de personnels formés conformément aux dispositions du premier alinéa de l'article R. 522-16.

9° *(D. n° 2019-1052, 14 oct. 2019)* De vendre en libre-service à des utilisateurs non professionnels un des produits mentionnés au dernier alinéa de l'article R. 522-16-3.

La récidive est réprimée conformément aux articles 132-11 et 132-15 du Code pénal.

II. – Est puni de la peine d'amende prévue pour les contraventions de la 3e classe le fait :

1° De mettre à disposition sur le marché un produit biocide sans mettre à jour la déclaration prévue au I de l'article L. 522-2 dans les conditions prévues au second alinéa de l'article R. 522-19 ;

2° De mettre à disposition sur le marché un produit biocide sans procéder à la déclaration prévue à l'article L. 522-3 ;

3° De ne pas mettre à disposition les informations relatives au traitement biocide appliqué à l'article traité conformément au paragraphe 5 de l'article 58 du règlement (UE) n° 528/2012 du Parlement européen et du Conseil du 22 mai 2012.

Pour une confirmation d'une ordonnance de non-lieu rendue à propos du gaucho en raison de l'absence de fraude dans la demande d'autorisation : ■ Cass. crim., 4 janv. 2017, n° 15-86.401.

(1) Dispositions applicables aux contrats conclus ou renouvelés à partir du 1er octobre 2019, D. n° 2019-642, 26 juin 2019.

CHAPITRE III. – DISPOSITIONS COMMUNES AUX PRODUITS CHIMIQUES ET BIOCIDES

Section I. – Autorités compétentes pour la mise en œuvre des règlements communautaires

Sous-section 1. – Évaluation et contrôle des risques présentés par les substances existantes

Art. R. 523-1. – Le ministre chargé de l'environnement prend les décisions relatives à l'évaluation et au contrôle des risques présentés par les substances existantes conformément aux articles 9, 10, 12, 13 et 16 du règlement n° 793/93/CEE du 23 mars 1993 concernant l'évaluation et le contrôle des risques présentés par les substances existantes.

Sous-section 2. – Exportations et importations de certains produits chimiques dangereux

Art. R. 523-2. – Le ministre chargé de l'environnement prend les décisions relatives à l'exportation et à l'importation de certains produits chimiques dangereux conformément aux articles 3, 4 et 5 du règlement n° 304/2003/CE du 28 janvier 2003 concernant les exportations et importations de certains produits chimiques dangereux.

Sous-section 3. – Substances qui appauvrissent la couche d'ozone

Art. R. 523-3. – Le ministre chargé de l'environnement prend les décisions relatives à la production, l'importation, l'exportation, l'offre, l'utilisation et la récupération de substances qui appauvrissent la couche d'ozone conformément aux articles 3, 4 et 6 du règlement n° 2037/2000/CEE du 29 juin 2000 relatif à des substances qui appauvrissent la couche d'ozone.

Section II. – Commission des produits chimiques et biocides (1)

(Mod., D. n° 2011-385, 11 avr. 2011 ; mod. à compter du 10 mai 2011, D. n° 2011-578, 25 mai 2011 (2) *; à compter du 1er mai 2012, D. n° 2012-597, 27 avr. 2012 ; rempl. à compter de la date d'entrée en vigueur de l'arrêté prévu au II de l'article D. 523-5 du présent code, D. n° 2014-1175, 13 oct. 2014 ; abr. à compter du 1er janvier 2020, D. n° 2019-1379, 18 déc. 2019)*

Art. D. 523-4 *(Anc. art. R. 523-4, dénum. et rempl. à compter de la date d'entrée en vigueur de l'arrêté prévu au II de l'article D. 523-5 du présent code, D. n° 2014-1175, 13 oct. 2014 ; mod., D. n° 2016-859, 29 juin 2016* (3) *; abr. à compter du 1er janvier 2020, D. n° 2019-1379, 18 déc. 2019).*

Art. D. 523-5 (4) *(Anc. art. R. 523-5, dénum. et rempl. à compter de la date d'entrée en vigueur de l'arrêté prévu au II du présent article, D. n° 2014-1175, 13 oct. 2014 ; D. n° 2016-859, 29 juin 2016* (3) *; abr. à compter du 1er janvier 2020, D. n° 2019-1379, 18 déc. 2019).*

Art. D. 523-6 *(Anc. art. R. 523-6, dénum. et rempl. à compter de la date d'entrée en vigueur de l'arrêté prévu au II de l'article D. 523-5 du présent code, D. n° 2014-1175, 13 oct. 2014 ; abr. à compter du 1er janvier 2020, D. n° 2019-1379, 18 déc. 2019).*

Art. D. 523-7 *(Anc. art. R. 523-6 dénum. et rempl. à compter de la date d'entrée en vigueur de l'arrêté prévu au II de l'article D. 523-5 du présent code, D. n° 2014-1175, 13 oct. 2014 ; abr. à compter du 1er janvier 2020, D. n° 2019-1379, 18 déc. 2019).*

(1) Les présentes dispositions sont applicables pour une durée de cinq ans à compter du 10 mai 2011, D. n° 2011-578, 25 mai 2011, art. 5.

(2) Les présentes dispositions sont applicables pour une durée de cinq ans à compter du 10 mai 2011, D. n° 2011-578, 25 mai 2011, art. 5.

(3) Dispositions applicables aux demandes en cours d'instruction au 1er juillet 2016, D. n° 2016-859, 29 juin 2016, art. 8.

(4) V. A. 5 avr. 2011 (BO MEDDTL n° 2011/8, 10 mai 2011, p. 4). – NDLR.

Section II *(Rédaction antérieure)*. – Commission des produits chimiques et biocides (1)

(Mod., D. n° 2011-385, 11 avr. 2011 ; mod. à compter du 10 mai 2011, D. n° 2011-578, 25 mai 2011 (2) *; à compter du 1er mai 2012, D. n° 2012-597, 27 avr. 2012 ; rempl. à compter de la date d'entrée en vigueur de l'arrêté prévu au II de l'article D. 523-5 du présent code, D. n° 2014-1175, 13 oct. 2014)*

Présentation. La Commission des produits chimiques et biocides (CPCB) est une instance de consultation qui a pour principale mission de rendre des avis au ministère en charge de l'environnement sur l'inscription des substances actives biocides, rapportées par la France, et sur les demandes d'autorisation de mise sur le marché français des produits biocides. Un décret du 25 mai 2011 a apporté certaines modifications concernant le fonctionnement de la Commission (D. n° 2011-578, 25 mai 2011, relatif à la commission des produits chimiques et biocides : JO 27 mai 2011). Ainsi, la consultation de la CPCB devient facultative afin que celle-ci puisse se consacrer à des questions particulièrement importantes. Par ailleurs, la composition de la commission s'étoffe afin de représenter en plus grand nombre les organisations professionnelles du secteur des produits chimiques et biocides, de la distribution et des utilisateurs, ainsi que du milieu associatif.

Art. D. 523-4 *(Anc. art. R. 523-4, dénum. et rempl. à compter de la date d'entrée en vigueur de l'arrêté prévu au II de l'article D. 523-5 du présent code, D. n° 2014-1175, 13 oct. 2014).* – (2) **La commission des produits chimiques et biocides, placée auprès du ministre chargé de l'environnement, peut être consultée sur tout projet de texte relatif au contrôle des produits chimiques et biocides ainsi que sur toute question relative à ces produits que le ministre chargé de l'environnement lui soumet.**

(Rempl., D. n° 2016-859, 29 juin 2016) (3) **Lorsqu'ils lui sont transmis par le ministre chargé de l'environnement, la commission peut, si elle le juge utile, prendre position sur les avis de l'Agence européenne des produits chimiques mentionnés au paragraphe 4 de l'article 8 ou au paragraphe 3 de l'article 14 du règlement (UE) n° 528/2012 du 22 mai 2012.**

(Abr., D. n° 2016-859, 29 juin 2016) (3).

Elle peut se saisir de toute question relative aux produits chimiques et biocides sur lesquels elle juge utile de donner un avis.

Art. D. 523-5 *(Anc. art. R. 523-5, dénum. et rempl. à compter de la date d'entrée en vigueur de l'arrêté prévu au II du présent article, D. n° 2014-1175, 13 oct. 2014).* – (4) **I. – La commission comprend :**

1° Un président et un vice-président nommés par le ministre chargé de l'environnement ;

2° *(Rempl., D. n° 2016-859, 29 juin 2016)* (3) **Un premier collège représentant l'État composé de :**

a) **Deux représentants du ministre chargé de l'environnement ;**

b) **Un représentant désigné sur proposition du ministre chargé de la santé ;**

c) **Un représentant désigné sur proposition du ministre chargé de la consommation ;**

d) **Un représentant désigné sur proposition du ministre chargé de l'agriculture ;**

e) **Un représentant désigné sur proposition du ministre chargé de l'industrie ;**

f) **Un représentant désigné sur proposition du ministre chargé de [...] la recherche ;**

g) **Un représentant désigné sur proposition du ministre chargé du travail ;**

3° Un deuxième collège composé de quatre représentants des organisations professionnelles du secteur des produits chimiques et biocides, de la distribution et des utilisateurs ;

4° Un troisième collège composé de deux représentants d'associations, choisis parmi les associations de protection de l'environnement agréées au niveau national conformément aux dispositions de l'article L. 141-1 du Code de l'environnement, les associations de défense des consommateurs agréées au niveau national conformément aux dispositions de l'article L. 411-1 du Code de la consommation, ou les associations ayant une activité dans le domaine de la qualité de la santé et de la prise en charge des

(1) Dispositions abrogées à compter du 9 juin 2009, D. n° 2006-672, 8 juin 2006, art. 17 et 18 ; prorogées pour une durée de cinq ans, D. n° 2009-613, 4 juin 2009, art. 4 et D. n° 2009-620, 6 juin 2009, art. 1er et ann. ; renouvelées pour une durée d'un an à compter du 8 juin 2014, D. n° 2014-589, 6 juin 2014, art 1er et ann. ; puis prorogées pour une durée de cinq ans à compter du 8 juin 2015, D. n° 2015-622, 5 juin 2015. – NDLR.

(2) Les présentes dispositions sont applicables pour une durée de cinq ans à compter du 10 mai 2011, D. n° 2011-578, 25 mai 2011, art. 5.

(3) Dispositions applicables aux demandes en cours d'instruction au 1er juillet 2016, D. n° 2016-859, 29 juin 2016, art. 8.

(4) V. A. 5 avr. 2011 (BO MEDDTL n° 2011/8, 10 mai 2011, p. 4). – NDLR.

malades agréées au niveau national conformément aux dispositions de l'article L. 1114-1 du Code de la santé publique ;

5° Un quatrième collège composé de deux représentants des salariés, issus des organisations syndicales les plus représentatives au niveau national ;

6° Un cinquième collège composé des représentants d'organismes d'expertise suivants :

a) Le directeur général de l'Agence nationale de sécurité sanitaire de l'alimentation, de l'environnement et du travail ;

b) Le directeur de l'organisme mentionné à l'article L. 4411-4 du Code du travail ;

c) Le directeur général de l'Institut national de l'environnement industriel et des risques ;

d) Le directeur général de l'Agence nationale de sécurité du médicament et des produits de santé ;

e) Le directeur général de l'*(Mots rempl. à compter du 1er mai 2016, D. n° 2016-523, 27 avr. 2016)* « Agence nationale de santé publique » ;

f) Un représentant des organismes chargés de la toxicovigilance mentionnés à l'article L. 1341-1 du Code de la santé publique.

II. – Les membres énumérés aux 3°, 4° et 5° du I sont nommés par arrêté du ministre chargé de l'environnement.

Le représentant de l'organisme visé au *f* du 6° du I est nommé par arrêté du ministre chargé de l'environnement sur proposition du ministre chargé de la santé.

Ces membres ainsi que leurs suppléants, de même que le président et le vice-président, sont nommés pour une durée de cinq ans.

III. – En cas d'empêchement ou d'absence de son président, la commission est présidée par le vice-président.

Art. D. 523-6 *(Anc. art. R. 523-6, dénum. et rempl. à compter de la date d'entrée en vigueur de l'arrêté prévu au II de l'article D. 523-5 du présent code, D. n° 2014-1175, 13 oct. 2014).* – (1) Le secrétariat de la commission est assuré par le ministre chargé de l'environnement ou son représentant. Les membres du secrétariat assistent aux réunions de la commission.

Les membres de la commission, ainsi que toute personne qu'elle consulte, sont tenus de respecter la confidentialité des informations qu'ils sont amenés à connaître.

Lors de chaque vote, en cas de partage égal des voix, la voix du président ou, en son absence, du vice-président, est prépondérante.

La commission adopte son règlement intérieur qui est soumis à l'approbation du ministre chargé de l'environnement.

Art. D. 523-7 *(Anc. art. R. 523-6 dénum. et rempl. à compter de la date d'entrée en vigueur de l'arrêté prévu au II de l'article D. 523-5 du présent code, D. n° 2014-1175, 13 oct. 2014).* – (1) Les membres de la commission exercent leurs fonctions à titre gratuit. Il peut toutefois leur être alloué des indemnités correspondant aux frais de déplacement et de séjour effectivement supportés à l'occasion des réunions, dans les conditions fixées par le décret n° 2006-781 du 3 juillet 2006 fixant les conditions et les modalités de règlement des frais occasionnés par les déplacements temporaires des personnels civils de l'État.

Section III. – Groupe interministériel des produits chimiques

Art. D. 523-8 *(D. n° 2013-785, 29 août 2013 ; mod. à compter du 1er juin 2021, D. n° 2021-662, 26 mai 2021).* – Le groupe interministériel des produits chimiques est chargé de contrôler la conformité aux bonnes pratiques de laboratoire, figurant aux annexes I et II du présent article, de tout laboratoire d'essais situé sur le territoire français et déclarant appliquer les bonnes pratiques de laboratoire pour la réalisation d'essais non cliniques destinés à l'évaluation des effets sur l'homme, les animaux et l'environnement effectués à des fins réglementaires sur tous les produits chimiques autres que les produits mentionnés à l'article L. 5311-1 du Code de la santé publique et les médicaments vétérinaires mentionnés à l'article L. 5141-1 du Code de la santé publique.

La périodicité des inspections des installations d'essais effectuées par le groupe interministériel des produits chimiques ne peut excéder vingt-quatre mois.

(1) Les présentes dispositions sont applicables pour une durée de cinq ans à compter du 10 mai 2011, D. n° 2011-578, 25 mai 2011, art. 5.

Annexe I

(Rempl. à compter du 1er juin 2021, D. n° 2021-662, 26 mai 2021)

Les dispositions pour l'inspection et la vérification des bonnes pratiques de laboratoire (BPL) qui figurent aux parties A et B sont celles qui figurent respectivement aux annexes I (Guides pour les systèmes de vérification du respect des bonnes pratiques de laboratoire) et II (Directives pour la conduite d'inspections d'installation d'essais et de vérifications d'études) de la décision-recommandation du Conseil de l'OCDE sur la conformité aux principes de bonnes pratiques de laboratoire (C[89] 87 [final]) du 2 octobre 1989, telles que révisées par la décision du Conseil de l'OCDE modifiant les annexes de la décision-recommandation du Conseil sur le respect des principes de bonnes pratiques de laboratoire (C[95] 8 [final]) du 9 mars 1995.

PARTIE A

Guides révisés pour les systèmes de vérification du respect des bonnes pratiques de laboratoire

Définitions de termes

Définitions de termes

À la terminologie de l'annexe II de l'article D. 523-8 s'ajoutent les définitions suivantes :

– **« principes de BPL » : principes de bonnes pratiques de laboratoire compatibles avec les principes de l'OCDE de bonnes pratiques de laboratoire, tels que visées à l'annexe II de l'article D. 523-8 ;**

– **« vérification du respect des BPL » : inspection périodique d'installations d'essais et/ou vérification d'études réalisées afin de s'assurer du respect des principes de BPL ;**

– **« programme (national) de respect des BPL » : dispositif particulier établi par le Comité français d'accréditation pour vérifier le respect des BPL par les installations d'essais situées sur son territoire, au moyen d'inspections et de vérifications d'études ;**

– **« autorité de vérification en matière de BPL » : le Comité français d'accréditation est l'autorité de surveillance chargée de contrôler la conformité aux bonnes pratiques de laboratoire de toute installation d'essais située sur le territoire français et déclarant appliquer les BPL pour la réalisation d'essais non cliniques destinés à l'évaluation des effets sur l'homme, les animaux et l'environnement effectués à des fins réglementaires sur tous les produits chimiques autres que les produits mentionnés à l'article L. 5311-1 du Code de la santé publique et les médicaments vétérinaires mentionnés à l'article L. 5141-1 du Code de la santé publique.**

– **« inspection d'installation d'essais » : examen sur place des procédures et des méthodes appliquées dans l'installation d'essais afin d'évaluer le degré de conformité aux principes de BPL. Au cours des inspections, la structure administrative et les modes opératoires normalisés de l'installation d'essais sont examinés, le personnel technique d'encadrement est interviewé, la qualité ainsi que l'intégrité des données obtenues par l'installation sont évaluées et il en est rendu compte dans un rapport ;**

– **« vérification d'étude » : comparaison des données brutes et des rapports qui y sont associés avec le rapport provisoire ou final, en vue de déterminer si les données brutes ont été notifiées avec exactitude, de vérifier si les essais ont été menés conformément au plan d'étude et aux modes opératoires normalisés, d'obtenir des informations complémentaires ne figurant pas dans le rapport et d'établir si les méthodes utilisées pour obtenir les données ne risquaient pas d'entacher leur validité ;**

– **« inspecteur » : personne qui réalise l'inspection de l'installation d'essais et la vérification d'étude pour le compte du Comité français d'accréditation ;**

– **« degré de conformité aux BPL » : degré d'adhésion aux principes de BPL d'une installation d'essais, qui est évalué par le Comité français d'accréditation ;**

– **« autorité réglementaire » : organisme national ayant juridiquement compétence pour les questions touchant au contrôle des produits chimiques.**

Programme national de respect des BPL

La vérification du respect des BPL vise à établir si les installations d'essais ont appliqué, pour la conduite de leurs études, les principes de bonnes pratiques de laboratoire et si elles sont en mesure de garantir une qualité suffisante pour les données obtenues.

Le Comité français d'accréditation publie des informations détaillées sur l'activité relative aux BPL sous forme d'un programme de respect des bonnes pratiques de laboratoire.

Le programme de respect des bonnes pratiques de laboratoire du Comité français d'accréditation s'applique aux produits chimiques à l'exception des produits mentionnés à l'article L. 5311-1 du Code de la santé publique et des médicaments vétérinaires mentionnés à l'article L. 5141-1 du Code de la santé publique qui relèvent de la compétence des agences de sécurité sanitaire (respectivement l'Agence nationale de sécurité du médicament et des produits de santé et l'Agence nationale de sécurité sanitaire de l'alimentation, de l'environnement et du travail) ; il comprend :

– le rappel des dispositions législatives et réglementaires applicables en matière d'inspection, quant à l'accès aux installations d'essai et aux données détenues par celles-ci (y compris aux spécimens, aux modes opératoires normalisés, à toute autre documentation...) ;

– la description de la procédure que suivent les installations d'essais pour figurer dans le programme annuel de contrôle ;

– des indications relatives aux inspections d'installations d'essais mises en œuvre par le Comité français d'accréditation qui peuvent être :

– soit des inspections générales de l'installation d'essai, soit des inspections de site et/ou des vérifications d'une ou de plusieurs études en cours ou déjà achevées ;

– soit des inspections d'installations d'essais et de vérifications d'études spéciales faites à la demande d'une autre autorité réglementaire ;

– des indications relatives à la périodicité des inspections et au bilan des inspections de l'année précédente ;

– les mesures susceptibles d'être prises dans le cadre du suivi des inspections d'installations d'essai et vérifications d'études.

Suivi des inspections d'installations d'essais et des vérifications d'études

Lorsqu'une inspection d'installation d'essais ou de vérification d'étude a été achevée, l'inspecteur doit établir un rapport écrit sur ses conclusions.

Le Comité français d'accréditation examine ces rapports en vue d'établir la décision de conformité aux principes des BPL ou de prendre les mesures nécessaires à la mise en conformité de l'installation :

Si aucun écart n'est constaté, ou seulement un écart mineur, le Comité français d'accréditation peut :

– publier une déclaration indiquant que l'installation d'essais a été inspectée et que son fonctionnement a été estimé conforme aux principes de BPL. La date de l'inspection doit y figurer, et, le cas échéant, les catégories d'essais inspectés dans l'installation d'essais à ce moment-là devront être incluses ; ces déclarations peuvent être utilisées pour fournir des informations aux autorités (nationales) de vérification en matière de BPL dans d'autres pays membres de l'OCDE,

et/ou

– communiquer à l'autorité réglementaire qui a demandé la vérification d'étude un rapport détaillé sur les conclusions

Dans tous les cas, si des écarts mineurs sont constatés, l'installation d'essai est tenue de les rectifier.

Quand de graves écarts sont constatés, le Comité français d'accréditation peut :

– refuser ou suspendre la reconnaissance de conformité aux principes des BPL, la décision étant motivée par les défaillances ou anomalies constatées et susceptibles d'altérer la validité des études conduites dans l'installation d'essai ;

– exclure l'installation d'essai du programme annuel de respect des BPL et informer la Commission et les autorités compétentes des États membres des écarts constatés ;

– introduire une action devant les tribunaux, dès lors que la situation le justifie et que les procédures légales ou administratives le permettent.

Procédures d'appel

Les problèmes ou les divergences de vues surgissant entre les inspecteurs et la direction des installations d'essais sont normalement résolus pendant l'inspection de l'installation d'essais ou la vérification d'étude. Toutefois, il n'est pas toujours possible de parvenir à un accord. En cas de contestation de la décision de conformité, l'installation d'essais est invitée à exposer son point de vue devant les instances d'appel du Comité français d'accréditation.

PARTIE B

Directives révisées pour la conduite d'inspections d'installations d'essais et de vérifications d'études

Introduction

L'objet de cette partie de la présente annexe est d'énoncer des directives mutuellement acceptables par les pays membres de l'OCDE, pour la conduite d'inspections d'installations d'essais et de vérifications d'études. Elle traite principalement des inspections d'installations d'essais, auxquelles se consacrent en grande partie les inspecteurs chargés de vérifier la conformité aux BPL.

Les inspections d'installations d'essais comportent le plus souvent une vérification d'étude ou « examen » ; ces vérifications d'études devront aussi être menées de temps à autre, à la demande, par exemple, d'une autorité réglementaire. On trouvera à la fin de la présente annexe des indications d'ordre général sur la conduite de vérifications d'études.

Les inspections d'installations d'essais visent à déterminer le degré de conformité des installations d'essais et des études aux principes de BPL et à vérifier l'intégrité des données pour s'assurer que les résultats obtenus sont d'une qualité suffisante pour que les autorités nationales réglementaires puissent procéder à une évaluation et prendre des décisions. Les inspections donnent lieu à l'établissement de rapports qui décrivent le degré de conformité des installations d'essais aux principes de BPL.

De plus amples précisions sur la plupart des points soulevés dans la présente partie de l'annexe peuvent être obtenues en se référant aux documents consensus sur les BPL de l'OCDE (par exemple sur le rôle et les responsabilités du directeur d'étude).

Définitions de termes

Inspections d'installations d'essais

Des inspections visant à vérifier le respect des principes de BPL peuvent être effectuées dans toute installation d'essais où sont obtenues, à des fins de réglementation, des données sur l'innocuité des produits pour la santé et l'environnement.

Les inspecteurs peuvent être tenus de vérifier les données relatives aux propriétés physiques, chimiques, toxicologiques ou écotoxicologiques d'une substance ou d'une préparation. Dans certains cas, les inspecteurs peuvent avoir besoin de l'aide de spécialistes de disciplines particulières.

Compte tenu de la grande diversité des installations (s'agissant tant de l'agencement des locaux que de la structure administrative) et des différents types d'études rencontrés lors des inspections, le jugement des inspecteurs chargés d'évaluer le degré et l'ampleur de la conformité aux principes de BPL est essentiel. Il n'en reste pas moins que les inspecteurs doivent s'efforcer d'adopter une démarche uniforme pour évaluer si dans le cas d'une installation d'essais précise ou d'une étude particulière un degré de conformité adéquat est atteint pour chaque principe de BPL.

Dans les sections suivantes, des directives sont données sur les divers aspects de l'installation d'essais, y compris à son personnel et aux procédures qui sont susceptibles d'être examinées par les inspecteurs. Dans chacune des sections, l'objet visé est indiqué et les points précis qui pourraient faire l'objet d'un examen lors d'une inspection d'installation d'essais sont énumérés à titre d'exemple. Ces listes ne se veulent pas exhaustives et ne doivent pas être considérées comme telles.

Les inspecteurs ne doivent pas se préoccuper du plan scientifique de l'étude, ni de l'interprétation des résultats obtenus dans les études portant sur les risques pour la santé humaine et l'environnement. Ces questions sont du ressort des autorités réglementaires auxquelles les données sont soumises à des fins de réglementation.

Les inspections d'installations d'essais et les vérifications d'études perturbent inévitablement les activités normales des installations d'essais. Les inspecteurs doivent donc effectuer leur travail de façon méthodique et selon un plan soigneusement établi et, dans la mesure du possible, tenir compte des souhaits de la direction de l'installation d'essais quant aux heures auxquelles ils peuvent se rendre dans certaines parties de l'installation.

Lors des inspections d'installations d'essais et vérifications d'études, les inspecteurs ont accès à des données confidentielles ayant une valeur commerciale. Il est indispensable qu'ils veillent à ce que ces informations ne soient vues que par le personnel autorisé.

Procédures d'inspection

Préinspection

Objet : faire connaître à l'inspecteur l'installation soumise à inspection, notamment sa structure administrative, l'agencement de ses locaux et l'éventail des études qui y sont effectuées.

Avant d'effectuer une inspection d'installation d'essais ou une vérification d'étude, les inspecteurs doivent se familiariser avec l'installation qu'ils vont visiter. Ils doivent passer en revue toutes les informations existantes sur l'installation. Ces informations peuvent comprendre des rapports d'inspection antérieurs, un plan des locaux, des organigrammes, des rapports d'étude, des protocoles d'essai, ainsi qu'un *curriculum vitae* (CV) du personnel. Ces documents apporteront des renseignements sur :

- **la nature, les dimensions et l'agencement de l'installation ;**
- **l'éventail des études susceptibles d'être rencontrées au cours de l'inspection, et**
- **la structure administrative de l'installation.**

Les inspecteurs doivent noter en particulier les carences éventuelles des inspections d'installations d'essais précédentes.

Les installations d'essais peuvent être informées de la date et de l'heure d'arrivée des inspecteurs, de l'objectif et de la durée prévue de la visite d'inspection. Les installations d'essais pourront ainsi veiller à ce que le personnel concerné soit présent et que la documentation appropriée soit disponible. Dans les cas où des documents ou dossiers particuliers doivent être examinés, il peut être utile d'en informer l'installation d'essais à l'avance afin que celle-ci puisse les communiquer immédiatement à l'inspecteur au cours de sa visite.

Réunion préliminaire

Objet : informer la direction et le personnel de l'installation des raisons de l'inspection d'installation d'essais ou de la vérification d'étude qui va avoir lieu et identifier les secteurs de l'installation, les études choisies pour vérification, les documents et les membres du personnel susceptibles d'être concernés.

Les détails administratifs et pratiques d'une inspection d'installation d'essais ou d'une vérification d'étude doivent être examinés avec la direction de l'installation au début de la visite. A la réunion préliminaire, les inspecteurs doivent :

– **présenter dans leurs grandes lignes l'objet et la portée de leur visite ;**

– **indiquer la documentation dont ils ont besoin pour procéder à l'inspection de l'installation d'essais, telle que listes des études en cours et terminées, plans des études, modes opératoires normalisés, rapports d'étude, etc. C'est à ce stade qu'il convient de décider de l'accès aux documents pertinents et, le cas échéant, de prendre des dispositions permettant leur reproduction ;**

– **demander des précisions ou des informations sur la structure administrative (organisation) et le personnel de l'installation ;**

– **demander des informations sur la conduite d'études qui ne sont pas soumises aux BPL dans les secteurs de l'installation d'essais où sont menées des études de BPL ;**

– **procéder à une première détermination des parties de l'installation d'essais concernées par l'inspection d'installation d'essais ;**

– **décrire les documents et spécimens qui seront nécessaires pour l'étude (les études) en cours ou terminée(s) sélectionnée(s) en vue d'une vérification d'étude ;**

– **indiquer qu'une réunion de clôture aura lieu à la fin de l'inspection.**

Avant de mener plus loin une inspection d'installation d'essais, il est souhaitable que l'inspecteur prenne contact avec le service de l'installation chargé de l'assurance qualité (AQ).

En règle générale, les inspecteurs trouvent utile d'être accompagnés par un membre du service interne chargé de l'assurance qualité lors de la visite d'une installation.

Les inspecteurs peuvent éventuellement demander qu'une pièce leur soit réservée pour examiner les documents, et pour d'autres activités.

Organisation et personnel

Objet : déterminer si l'installation d'essais dispose d'un personnel qualifié, de ressources en personnel et de services de soutien suffisants pour la diversité et le nombre des études entreprises ; vérifier que la structure administrative est appropriée et que la direction a mis en place pour son personnel une politique de formation et de surveillance sanitaire, adaptée aux études entreprises dans l'installation.

La direction doit être invitée à fournir certains documents, tels que :

– **un plan des locaux ;**

– **les organigrammes de la gestion de l'installation et de son organisation au plan scientifique ;**

– **les CV du personnel impliqué dans la (les) catégorie(s) d'études choisies pour vérification ;**

– **la (les) liste(s) des études en cours et terminées ainsi que les informations sur la nature de l'étude, les dates de début et d'achèvement, les systèmes d'essai, les méthodes d'application de l'élément d'essai et le nom du directeur d'étude ;**

– **la politique suivie en matière de surveillance sanitaire du personnel ;**

– **des descriptions de tâches, ainsi que des dossiers sur les programmes de formation du personnel ;**

– **un index des modes opératoires normalisés de l'installation ;**

– **les modes opératoires normalisés spécifiques en rapport avec les études ou les procédures inspectées ou vérifiées ;**

– **la (les) liste(s) des directeurs d'études et des donneurs d'ordre impliqués dans les études vérifiées.**

L'inspecteur doit vérifier, en particulier :

– **les listes des études en cours et terminées pour évaluer le volume des travaux entrepris par l'installation d'essais ;**

– **l'identité et les qualifications des directeurs d'étude, du responsable du service d'assurance qualité, ainsi que celles d'autres membres du personnel ;**

– **l'existence de modes opératoires normalisés pour tous les domaines d'essai pertinents.**

Programme d'assurance qualité

Objet : déterminer si la direction dispose de systèmes appropriés pour s'assurer que les études sont conduites en accord avec les principes de BPL.

Le responsable du service « assurance qualité » doit être invité à faire la démonstration des systèmes et des méthodes prévues pour l'inspection et la vérification de la qualité des études, ainsi que du système utilisé pour enregistrer les observations effectuées lors de la vérification de la qualité. Les inspecteurs doivent vérifier :

– **les qualifications du responsable AQ et de tout le personnel du service placé sous sa direction ;**

– **l'indépendance du service AQ par rapport au personnel participant aux études ;**

– **la façon dont le service AQ programme et effectue les inspections, et dont il vérifie les phases critiques relevées dans une étude, ainsi que les ressources disponibles pour les activités d'inspection et de vérification de la qualité ;**

– **les dispositions prévues pour assurer la vérification sur la base d'échantillons dans le cas où la durée des études est si brève qu'il est impossible de vérifier chacune d'entre elles ;**

– **l'ampleur et la précision des vérifications d'assurance qualité lors de la réalisation pratique de l'étude ;**

– **l'ampleur et la précision des vérifications d'assurance qualité appliquées aux tâches courantes de l'installation d'essais ;**

– **les procédures d'assurance qualité applicables à la vérification du rapport final, afin de veiller à ce que celui-ci soit conforme aux données brutes ;**

– **la notification à la direction, par le service AQ, des problèmes de nature à altérer la qualité ou l'intégrité d'une étude ;**

– **les mesures prises par le service AQ lorsque des écarts sont constatés ;**

– **le rôle de l'AQ (le cas échéant) dans le cas où des études sont effectuées en partie ou en totalité dans des laboratoires sous-traitants ;**

– **la contribution (le cas échéant) du service AQ à l'examen, la révision et la mise à jour des modes opératoires normalisés.**

Installations

Objet : déterminer si les dimensions, l'agencement et la localisation de l'installation d'essais, tant à l'intérieur qu'à l'extérieur, lui permettent de répondre aux exigences des études entreprises.

L'inspecteur doit vérifier :

– **que l'agencement de l'installation permet une séparation suffisante des différentes activités de manière que, par exemple, les éléments d'essai, les animaux, les régimes alimentaires, les spécimens pathologiques, etc., d'une étude ne puissent être confondus avec ceux d'une autre ;**

– **qu'il existe des procédures de contrôle et de surveillance des conditions d'environnement et qu'elles opèrent convenablement dans les zones les plus importantes, comme l'animalerie et les autres salles réservées aux systèmes d'essai biologiques, les aires de stockage des substances d'essai et les secteurs de laboratoires ;**

– **que l'entretien général des diverses installations est suffisant et qu'il existe des procédures de lutte contre les parasites, en cas de besoin.**

Soin, logement et confinement des systèmes d'essai biologiques

Objet : déterminer si, dans le cas d'études sur les animaux ou d'autres systèmes d'essai biologiques, l'installation d'essais dispose d'un équipement approprié et des conditions suffisantes pour assurer leur soin, leur logement et leur confinement, de manière à prévenir le stress et autres problèmes qui pourraient affecter les systèmes d'essai et donc la qualité des données.

Une installation d'essais peut réaliser des études nécessitant diverses espèces animales ou végétales ainsi que des systèmes microbiologiques ou d'autres systèmes cellulaires ou infra-cellulaires. Le type de systèmes d'essai utilisé détermine les aspects relatifs aux soins, au logement et au confinement que l'inspecteur doit vérifier. En se fiant à son jugement, l'inspecteur vérifie selon les systèmes d'essai :

– **que les installations sont adaptées aux systèmes d'essai biologiques utilisés et aux exigences de l'essai à effectuer ;**

– **que des dispositions sont prévues pour mettre en quarantaine les animaux et les végétaux introduits dans l'installation, et qu'elles fonctionnent de manière satisfaisante ;**

– **que des dispositions sont prévues pour isoler les animaux (ou les autres éléments d'un système d'essai, le cas échéant) dont on sait ou dont on soupçonne qu'ils sont malades ou porteurs de maladies ;**

– **qu'un contrôle et des registres appropriés sur la santé, le comportement ou d'autres aspects, en fonction des caractéristiques du système d'essai soient prévus ;**

– **que l'équipement destiné à assurer les conditions d'environnement requises pour chaque système d'essai biologique est adéquat, bien entretenu et efficace ;**

– que les cages pour animaux, râteliers, réservoirs et autres récipients, ainsi que les autres équipements accessoires sont maintenus dans un état de propreté suffisant ;

– que les analyses visant à vérifier les conditions d'environnement et les systèmes de soutien sont effectuées de la façon requise ;

– qu'il existe des dispositifs pour l'enlèvement et l'évacuation des déchets animaux et des résidus des systèmes d'essai et que ces dispositifs sont utilisés de façon à réduire au minimum l'infestation par les parasites, les odeurs, les risques de maladies et la contamination de l'environnement ;

– que des aires de stockage sont prévues pour les aliments pour animaux ou des produits équivalents, pour tous les systèmes d'essai ; que ces aires ne sont pas utilisées pour stocker d'autres matériaux tels que substances d'essai, produits chimiques de lutte contre les parasites ou désinfectants, et qu'elles sont séparées des zones abritant les animaux ou les autres systèmes d'essai biologiques ;

– que les aliments et les litières stockés doivent être à l'abri de conditions néfastes d'environnement, d'infestation et de contamination.

Appareils, matériaux, réactifs et spécimens

Objet : déterminer si l'installation d'essais dispose d'appareils en bon état de marche, convenablement situés, en quantité suffisante et de capacité adéquate pour répondre aux exigences des essais qui y sont effectués et s'assurer que : les matériaux, les réactifs et les spécimens sont correctement étiquetés, utilisés et stockés.

L'inspecteur doit vérifier :

– que les appareils sont propres et en bon état de marche ;

– que des registres ont été tenus sur le fonctionnement, l'entretien, la vérification, l'étalonnage et la validation des équipements et des appareils de mesure (y compris des systèmes informatiques) ;

– que les matériaux et les réactifs chimiques sont correctement étiquetés et stockés à la bonne température et que les dates d'expiration sont respectées. Les étiquettes des réactifs devraient en indiquer l'origine, la nature et la concentration et/ou d'autres informations pertinentes ;

– que l'identification des spécimens précise bien le système d'essai, l'étude effectuée, la nature et la date de prélèvement du spécimen ;

– que les appareils et les matériaux utilisés n'altèrent pas de façon appréciable le système d'essai.

Systèmes d'essai

Objet : déterminer s'il existe des procédures appropriées pour la manipulation et le contrôle des divers systèmes d'essai requis par les études entreprises dans l'installation, par exemple des systèmes chimiques, physiques, cellulaires, microbiologiques, végétaux ou animaux.

Systèmes d'essai physiques et chimiques

L'inspecteur doit vérifier :

– que la stabilité des éléments d'essai et de référence a été déterminée conformément aux prescriptions éventuelles du plan d'étude, et que les éléments de référence visés dans les plans d'essai ont été utilisés ;

– que, dans les systèmes automatisés, les données obtenues sous forme de graphiques, de courbes d'enregistrement ou de sorties d'imprimante ont été classées comme données brutes et archivées.

Systèmes d'essai biologiques

Prenant en compte les points pertinents ci-dessus relatifs au soin, au logement et au confinement des systèmes d'essai biologiques, l'inspecteur doit vérifier :

– que les systèmes d'essai correspondent à ce qui est défini dans les plans d'étude ;

– que les systèmes d'essai sont identifiés correctement, et si cela est nécessaire et approprié, de manière univoque tout au long de l'étude ; qu'il existe des registres sur la réception et sur le nombre de systèmes d'essai reçus utilisés, remplacés ou rejetés, largement étayés de pièces justificatives ;

– que les logements ou les récipients des systèmes d'essai sont correctement identifiés avec toutes les informations nécessaires ;

– qu'il existe une séparation suffisante entre les études conduites sur les mêmes espèces animales (ou les mêmes systèmes d'essai biologiques) mais avec des substances différentes ;

– que la séparation des espèces animales (et des autres systèmes d'essai biologiques) est assurée de manière satisfaisante, dans l'espace et dans le temps ;

– que l'environnement des systèmes d'essai biologiques est tel qu'il est défini dans le plan d'étude ou dans les modes opératoires normalisés, notamment en ce qui concerne la température ou les cycles lumière/obscurité ;

– que les registres sur la réception, la manutention, le logement ou le confinement, le soin et l'évaluation de l'état de santé sont adaptés aux caractéristiques des systèmes d'essai ;

– qu'il existe des registres sur l'examen, la quarantaine, la morbidité, la mortalité, le comportement, ainsi que sur le diagnostic et le traitement des affections des systèmes d'essai animaux et végétaux ou sur d'autres aspects analogues adaptés à chaque système d'essai biologique ;

– que des dispositions sont prévues pour l'élimination satisfaisante des systèmes d'essai à l'issue des essais.

Eléments d'essai et de référence

Objet : déterminer si l'installation d'essais dispose de procédures destinées : i) à s'assurer que la nature, la puissance, la quantité et la composition des éléments d'essai et de référence sont conformes aux prescriptions et ii) à réceptionner et à stocker correctement les éléments d'essai et de référence.

L'inspecteur doit vérifier :

– qu'il existe des registres sur la réception (y compris sur l'identité de la personne qui en est responsable), la manutention, l'échantillonnage, l'utilisation et le stockage des éléments d'essai et de référence ;

– que les récipients des éléments d'essai et de référence sont correctement étiquetés ;

– que les conditions de stockage sont à même de préserver la concentration, la pureté et la stabilité des éléments d'essai et de référence ;

– lorsqu'il y a lieu, que des registres sont tenus pour déterminer l'identité, la pureté, la composition et la stabilité des éléments d'essai et de référence et pour en prévenir la contamination ;

– lorsqu'il y a lieu, qu'il existe des procédures (modes opératoires normalisés) pour la détermination de l'homogénéité et de la stabilité des mélanges contenant des éléments d'essai et de référence ;

– lorsqu'il y a lieu, que les récipients contenant des mélanges (ou des dilutions) des éléments d'essai ou de référence sont étiquetés et des registres sont tenus sur l'homogénéité et la stabilité de leur contenu ;

– si la durée de l'essai est supérieure à quatre semaines, que des échantillons de chaque lot des éléments d'essai et de référence ont été prélevés à des fins d'analyse et qu'ils ont été conservés pendant une durée appropriée ;

– que des procédures sont prévues pour le mélange des éléments de façon à éviter les erreurs d'identification et la contamination réciproque.

Modes opératoires normalisés

Objet : déterminer si l'installation d'essais dispose de modes opératoires normalisés écrits pour tous les aspects importants de ses activités, compte tenu du fait qu'il s'agit là d'un des principaux moyens pour la direction de contrôler les activités de l'installation. Ces modes opératoires ont un rapport direct avec les aspects les plus courants des essais menés par l'installation d'essais.

L'inspecteur doit vérifier :

– que chaque secteur de l'installation d'essais a un accès immédiat à des exemplaires agréés des modes opératoires normalisés appropriés ;

– qu'il y a des procédures pour la révision et la mise à jour des modes opératoires normalisés ;

– que tout amendement ou changement dans les modes opératoires normalisés a été agréé et daté ;

– que des dossiers chronologiques des modes opératoires normalisés sont tenus à jour ;

– que des modes opératoires normalisés sont disponibles pour les activités suivantes, et éventuellement pour d'autres activités :

I. – Réception, détermination de l'identité, de la pureté, de la composition et de la stabilité, étiquetage, manutention, échantillonnage, utilisation et stockage des éléments d'essai et de référence ;

II. – Utilisation, entretien, nettoyage, étalonnage et validation des appareils de mesure, des systèmes informatiques et des équipements de régulation des conditions ambiantes ;

III. – Préparation des réactifs et dosage des préparations ;

IV. – Tenue de registres, établissement de rapports, stockage et consultation des registres et rapports ;

V. – Préparation et régulation des conditions ambiantes des zones contenant le système d'essai ;

VI. – Réception, transfert, localisation, caractérisation, identification et entretien des systèmes d'essai ;
VII. – Manipulation des systèmes d'essai avant, pendant et à la fin de l'étude ;
VIII. – Elimination des systèmes d'essai ;
IX. – Utilisation d'agents de lutte contre les parasites et d'agents nettoyants ;
X. – Opérations liées au programme d'assurance qualité.

Réalisation de l'étude

Objet : vérifier qu'il existe des plans d'étude écrits et que les plans et le déroulement des études sont en accord avec les principes de BPL.

L'inspecteur doit vérifier :

– que le plan d'étude a été signé par le directeur d'étude ;

– que toutes les modifications apportées au plan d'étude ont été signées et datées par le directeur d'étude ;

– que la date d'agrément du plan de l'étude par le donneur d'ordre a été enregistrée ;

– que les mesures, les observations et les examens sont réalisés conformément au plan d'étude et aux modes opératoires normalisés appropriées ;

– que les résultats de ces mesures, observations et examens ont été enregistrés de manière directe, rapide, précise et lisible et qu'ils ont été signés (ou paraphés) et datés ;

– que toutes les modifications apportées aux données brutes, y compris à celles mises en mémoire sur ordinateur, ne se superposent pas aux mentions précédentes, indiquent la raison, la date de la modification et l'identité de la personne qui y a procédé ;

– que les données obtenues par ordinateur ou mises en mémoire sont identifiées et que les procédures de sauvegarde ou de protection contre les amendements non autorisés sont appropriées ;

– que les systèmes informatiques utilisés dans le cadre de l'étude sont fiables, exacts et ont été validés ;

– que tous les événements imprévus consignés dans les données brutes ont été étudiés et évalués ;

– que les résultats présentés dans les rapports (provisoires ou finals) de l'étude sont concordants et complets et qu'ils reflètent correctement les données brutes.

Compte rendu des résultats de l'étude

Objet : vérifier que les rapports finals sont établis en accord avec les principes de BPL.

Lorsqu'il examine un rapport final, l'inspecteur doit vérifier :

– qu'il est signé et daté par le directeur d'étude pour indiquer qu'il prend la responsabilité de la validité de l'étude et confirme que l'étude a été conduite conformément aux principes de BPL ;

– qu'il est signé et daté par les autres principaux chercheurs, si des rapports émanant des principaux chercheurs dans les disciplines auxquelles l'étude fait appel y sont inclus ;

– qu'une déclaration sur l'assurance qualité figure dans le rapport, qu'elle est signée et datée ;

– que les amendements éventuels ont été apportés par le personnel compétent ;

– que le rapport donne la liste des emplacements dans les « archives » de tous les échantillons, spécimens et données brutes.

Stockage et conservation des documents

Objet : déterminer si l'installation a établi des registres et des rapports adéquats et si des dispositions appropriées ont été prises pour assurer le stockage et la conservation en toute sécurité des documents et des matériels.

L'inspecteur doit vérifier :

– qu'une personne a été désignée comme responsable des archives ;

– les salles « d'archives » servant au stockage des plans d'étude, des données brutes (y compris celles obtenues dans le cadre d'études sur les BPL ayant été interrompues), des rapports finaux, des échantillons et des spécimens, ainsi que des registres sur les qualifications et la formation du personnel ;

– la procédure de consultation du matériel archivé ;

– les procédures qui limitent l'accès aux archives au personnel autorisé et les registres où figure le nom des personnes ayant accès aux données brutes, diapositives, etc. ;

– qu'un inventaire des matériels retirés des archives, ou à l'inverse rentrés est tenu ;

– que les documents et les matériaux sont conservés pendant le temps nécessaire ou approprié et que des mesures sont prises pour éviter qu'ils ne soient perdus ou endommagés par le feu, des conditions ambiantes nocives, etc

Vérifications d'études

En général, les inspections d'installations d'essais comportent, entre autres, des vérifications d'études qui consistent en des examens d'études en cours ou complétées. Des vérifications d'études particulières sont également souvent requises par les autorités réglementaires ; celles-ci peuvent être effectuées indépendamment d'inspections d'installations d'essais. En raison de la grande diversité des études qui peuvent être ainsi vérifiées, il ne convient de donner que des indications d'ordre général, et les inspecteurs et autres personnes prenant part à la vérification devront toujours exercer leur jugement sur la nature et la portée des examens qu'ils effectueront. Leur but doit être de reconstruire l'étude en comparant le rapport final au plan d'étude, aux modes opératoires normalisés, aux données brutes et autres documents archivés. Dans certains cas, les inspecteurs peuvent avoir besoin de l'aide d'experts pour mener efficacement une vérification d'étude - par exemple, lorsqu'ils doivent examiner au microscope des coupes de tissus.

Lorsqu'il effectue une vérification d'étude, l'inspecteur doit :

– obtenir le nom, la description des tâches et le résumé de la formation et de l'expérience de certains membres du personnel engagés dans l'étude ou les études, tels que le directeur d'étude et les principaux chercheurs ;

– s'assurer qu'il existe un nombre suffisant de personnes formées dans les domaines se rapportant à l'étude ou aux études entreprises ;

– déterminer les différents appareils ou équipements spéciaux utilisés dans l'étude et examiner les registres relatifs à la calibration, à l'entretien et au service de ces équipements ;

– examiner les registres relatifs à la stabilité des éléments d'essai, aux analyses de ces éléments et des préparations, aux analyses d'aliments ;

– essayer de déterminer, dans la mesure du possible à travers un entretien, les tâches dévolues à des personnes choisies participant à l'étude, pour savoir si ces personnes ont disposé de suffisamment de temps pour accomplir les tâches qui leur étaient assignées dans le plan d'étude ;

– se procurer des exemplaires de tous les documents décrivant les procédures de contrôle ou faisant partie intégrante de l'étude, notamment :

I. – Le plan de l'étude ;

II. – Les modes opératoires normalisés en vigueur à l'époque où l'étude a été faite ;

III. – Les registres, carnets de laboratoire, dossiers, fiches de travail, sorties d'imprimante, etc. ; la vérification des calculs, le cas échéant ;

IV. – Le rapport final.

Dans les études pour lesquelles des animaux (par exemple des rongeurs et d'autres mammifères) sont utilisés, l'inspecteur doit examiner ce qu'il advient d'un certain pourcentage d'animaux depuis leur arrivée à l'installation d'essais jusqu'à leur autopsie. Il doit accorder une attention particulière aux dossiers concernant :

– le poids corporel des animaux, les quantités d'eau et d'aliments ingérées, la préparation et l'administration des doses, etc. ;

– les observations cliniques et les résultats d'autopsie ;

– les examens biologiques ;

– la pathologie.

Fin de l'inspection ou de la vérification d'étude

À la fin de l'inspection, l'équipe d'inspection discute ses observations et ses conclusions avec les représentants de l'installation d'essai, au cours d'une réunion de clôture.

À l'issue de cette inspection un rapport est établi et transmis à l'installation d'essai et au Comité français d'accréditation. Ce rapport d'inspection se compose de fiches de non-conformité et de conclusions générales et techniques quant au respect des principes de BPL par l'installation. Les fiches de non-conformité présentent les écarts au référentiel des principes de BPL et les propositions d'actions correctives formulées par l'installation pour remédier à ces écarts.

Si une inspection fait apparaître un écart majeur par rapport aux principes des BPL, susceptible de compromettre l'intégrité ou l'authenticité de l'étude vérifiée, ou d'autres études réalisées dans l'installation, il est clairement notifié dans le rapport d'inspection remis à l'installation d'essai et au Comité français d'accréditation.

Les mesures prises par le Comité français d'accréditation dépendront de la nature et de l'ampleur du manquement au respect des principes des BPL.

Après l'inspection de l'installation d'essai, un certificat d'évaluation de conformité aux principes BPL est établi, il indique notamment la date d'inspection et le statut de conformité de l'installation.

Lorsqu'une vérification d'étude a été réalisée à la demande d'une autorité de contrôle compétente, un compte rendu complet est établi et adressé à cette autorité concernée par le Comité français d'accréditation.

Annexe II

(Rempl. à compter du 1er juin 2021, D. n° 2021-662, 26 mai 2021)

Principes de L'OCDE de bonnes pratiques de laboratoire (BPL)

Section I

Introduction

Les principes de bonnes pratiques de laboratoire (BPL) adoptés par le Conseil de l'OCDE en 1981, en annexe à la décision du Conseil relative à l'acceptation mutuelle des données pour l'évaluation des produits chimiques (C[81] 30 final), ont été révisés et mis à jour par le présent document.

Les présents principes relatifs aux bonnes pratiques de laboratoire ont pour objet de promouvoir l'obtention de données d'essai de qualité. Une qualité comparable des données d'essai est la base même de l'acceptation mutuelle de ces données par les pays. Si chaque pays peut se fier sans réserve aux données d'essais obtenues dans d'autres pays, il sera possible d'éviter une répétition des essais et donc d'économiser du temps et des ressources. L'application de ces principes devrait contribuer à empêcher la création d'obstacles techniques aux échanges et améliorer encore la protection de la santé humaine et de l'environnement.

1. *Champ d'application*

Les présents principes relatifs aux bonnes pratiques de laboratoire devront s'appliquer aux essais de sécurité non cliniques pratiqués sur des éléments contenus dans des pesticides, des additifs pour l'alimentation humaine et animale et des produits chimiques industriels. Ces éléments soumis à des essais sont souvent des produits chimiques de synthèse, mais peuvent avoir une origine naturelle ou biologique et être des organismes vivants dans certaines circonstances. Les essais effectués sur ces éléments visent à fournir des données sur leurs propriétés et/ou leur innocuité du point de vue de la santé humaine et/ou de l'environnement.

Les études de sécurité non cliniques ayant trait à la santé et à l'environnement couvertes par les principes de bonnes pratiques de laboratoire comprennent les recherches effectuées au laboratoire, en serre et sur le terrain.

Sauf dérogation prévue par des dispositions particulières, les présents principes de bonnes pratiques de laboratoire s'appliquent à toutes les études de sécurité non cliniques ayant trait à la santé et à l'environnement requises par la réglementation à des fins d'homologation ou d'autorisation de pesticides, d'additifs pour l'alimentation humaine et animale, ainsi qu'aux fins de la réglementation de produits chimiques industriels.

2. *Terminologie*

2.1. Bonnes pratiques de laboratoire

Les bonnes pratiques de laboratoire forment un système de garantie de qualité portant sur le mode d'organisation des études de sécurité non cliniques ayant trait à la santé et à l'environnement et sur les conditions dans lesquelles ces études sont planifiées, réalisées, contrôlées, enregistrées, archivées et diffusées.

2.2. Termes relatifs à l'organisation d'une installation d'essai

1. L'installation d'essai comprend les personnes, les locaux et les équipements qui sont nécessaires à la réalisation de l'étude de sécurité non clinique ayant trait à la santé et à l'environnement. Pour les études multisites, réalisées sur plusieurs sites, l'installation d'essai comprend le site où se trouve le directeur de l'étude et tous les autres sites d'essai, qui peuvent être considérés individuellement ou collectivement comme des installations d'essai.

2. Le site d'essai comprend le ou les emplacements sur lesquels une ou des phases d'une étude donnée sont réalisées.

3. La direction de l'installation d'essai comprend la ou les personnes investies de l'autorité et de la responsabilité officielle de l'organisation et du fonctionnement de l'installation d'essai, conformément aux présents principes de bonnes pratiques de laboratoire.

4. La direction du site d'essai comprend la ou les personnes (si on en a désigné) chargées d'assurer que la ou les phases de l'étude, dont elles sont responsables, se déroulent conformément aux présents principes de bonnes pratiques de laboratoire.

5. Le donneur d'ordre est la personne morale qui commande, parraine ou soumet une étude de sécurité non clinique ayant trait à la santé et à l'environnement.

6. Le directeur de l'étude est la personne responsable de la conduite générale de l'étude de sécurité non clinique ayant trait à la santé et à l'environnement.

7. Le responsable principal des essais est la personne qui, dans le cas d'une étude multisites, exerce, au nom du directeur de l'étude, des responsabilités bien définies pour les phases de l'étude qui lui sont déléguées. Le directeur de l'étude ne peut déléguer au ou aux responsables principaux des essais sa responsabilité de la conduite générale de l'étude, s'agissant notamment d'approuver le plan de l'étude, avec ses amendements, et le rapport final, et de veiller au respect de tous les principes pertinents de bonnes pratiques de laboratoire.

8. Le programme d'assurance qualité est un système précis, englobant le personnel correspondant, qui est indépendant de la conduite de l'étude et vise à donner à la direction de l'installation d'essai l'assurance que les présents principes de bonnes pratiques de laboratoire sont bien respectés.

9. Les modes opératoires normalisés sont des modes opératoires étayés par des documents qui décrivent la façon de réaliser des essais ou travaux dont le détail ne figure pas normalement dans le plan de l'étude ou dans les lignes directrices pour les essais.

10. Le schéma directeur (plan chronologique des études) est une compilation des informations devant aider à l'évaluation de la charge de travail et au suivi des études réalisées dans une installation d'essai.

2.3. Termes relatifs à l'étude de sécurité non clinique ayant trait à la santé et à l'environnement

1. Une étude de sécurité non clinique ayant trait à la santé et à l'environnement, appelée simplement « étude » ci-après, consiste en une expérience ou un ensemble d'expériences au cours desquelles on examine un élément d'essai, au laboratoire ou dans l'environnement, en vue d'obtenir sur ses propriétés et/ou sur sa sécurité des données destinées à être soumises aux autorités réglementaires compétentes.

2. Une étude à court terme est une étude de courte durée réalisée avec des techniques courantes, largement utilisées.

3. Le plan de l'étude est un document qui définit les objectifs de l'étude et les dispositifs expérimentaux nécessaires à son déroulement, avec tout amendement éventuel.

4. Un amendement au plan de l'étude est une modification apportée délibérément à ce plan après la date du début de l'étude.

5. Une déviation du plan de l'étude est un écart non délibéré à ce plan, survenant après la date du début de l'étude.

6. Le système d'essai désigne tout système biologique, chimique ou physique, ou toute combinaison de ceux-ci, qui est utilisé dans une étude.

7. Les données brutes représentent l'ensemble des comptes rendus et des documents originaux de l'installation d'essai ou des copies conformes de ceux-ci, qui résultent des observations et des travaux originaux réalisés dans le cadre d'une étude. Les données brutes peuvent aussi comporter, par exemple, des photographies, des copies sur microfilm ou sur microfiche, des données sur support informatique, des relevés d'observations sur cassette, des enregistrements automatiques de données ou tout autre moyen de conservation de données réputé capable d'assurer un stockage des informations en toute sécurité pour une certaine durée, comme indiqué au paragraphe 10 de la section II ci-dessous.

8. Un spécimen désigne tout matériau prélevé dans un système d'essai pour examen, analyse ou conservation.

9. La date du commencement des expériences est la date à laquelle les premières données particulières à l'étude sont obtenues.

10. La date de la fin des expériences est la dernière date à laquelle des données provenant de l'étude sont obtenues.

11. La date du début de l'étude est la date à laquelle le directeur de l'étude signe le plan de l'étude.

12. La date de la fin de l'étude est la date à laquelle le directeur de l'étude signe le rapport final.

2.4. Termes relatifs à l'élément d'essai

1. Un élément d'essai est un article qui fait l'objet d'une étude.

2. Un élément de référence (« élément de contrôle ») représente tout article utilisé en vue de fournir une base de comparaison avec l'élément d'essai.

3. Un lot représente une quantité déterminée d'un élément d'essai ou de référence qui est produite au cours d'un cycle de fabrication bien défini de façon qu'elle présente normalement un caractère uniforme et qui doit être désignée comme telle.

4. Un véhicule représente tout agent dont on se sert comme milieu porteur pour mélanger, disperser ou solubiliser l'élément d'essai ou de référence en vue de faciliter son administration ou son application au système d'essai.

Section II

Principes de bonnes pratiques de laboratoire

1. *Organisation et personnel de l'installation d'essai*

1.1. Responsabilités de la direction de l'installation d'essai

1. La direction de toute installation d'essai doit veiller au respect des présents principes relatifs aux bonnes pratiques de laboratoire dans l'installation et s'assurer de la bonne exécution, chez tout sous-traitant dont l'activité concerne une partie de l'étude, des tâches nécessaires à ce respect.

2. Elle doit, à tout le moins :

a) **S'assurer de l'existence d'une déclaration qui désigne la ou les personnes exerçant, dans une installation d'essai, les responsabilités de gestion telles qu'elles sont définies par les présents principes de bonnes pratiques de laboratoire ;**

b) **S'assurer qu'un nombre suffisant de personnes qualifiées, ainsi que d'installations, équipements et matériaux appropriés, sont disponibles pour que l'étude se déroule en temps voulu et de façon adéquate ;**

c) **Veiller à la tenue d'un dossier contenant les qualifications, la formation, l'expérience et la description des tâches de toutes les personnes de niveau professionnel et technique ;**

d) **Veiller à ce que le personnel comprenne clairement les tâches qu'il doit remplir et, lorsqu'il y a lieu, le former à ces tâches ;**

e) **Veiller à ce que des modes opératoires normalisés pertinents et techniquement valides soient définis et suivis, et approuver tout mode opératoire normalisé nouveau ou révisé ;**

f) **Veiller à l'existence d'un programme d'assurance qualité doté d'un personnel spécifiquement affecté et vérifier que la responsabilité de l'assurance qualité est assumée conformément aux présents principes de bonnes pratiques de laboratoire ;**

g) **Vérifier que, pour chaque étude, une personne possédant les qualifications, la formation et l'expérience requises soit nommée directeur de l'étude par la direction, avant le début de l'étude. Le remplacement du directeur de l'étude doit se faire conformément à des procédures établies et doit être étayé par des documents ;**

h) **Vérifier, dans le cas d'une étude multisites, qu'un responsable principal des essais possédant la formation, les qualifications et l'expérience requises est désigné, s'il y a lieu, pour superviser la ou les phases de l'étude qui lui sont déléguées. Le remplacement d'un responsable principal des essais doit se faire conformément à des procédures établies et doit être étayé par des documents ;**

i) **Veiller à ce que le directeur de l'étude approuve le plan de l'étude en toute connaissance de cause ;**

j) **Vérifier que le directeur de l'étude a mis le plan de l'étude approuvé à la disposition du personnel chargé de l'assurance qualité ;**

k) **Veiller au maintien d'un fichier chronologique de tous les modes opératoires normalisés ;**

l) **S'assurer qu'une personne est désignée comme responsable de la gestion des archives ;**

m) **Veiller au maintien d'un schéma directeur ;**

n) **Veiller à ce que les fournitures reçues par l'installation d'essai remplissent les conditions nécessaires à leur utilisation dans une étude ;**

o) **Vérifier, dans le cas d'une étude multisites, qu'il existe un système transparent de communication entre le directeur de l'étude, le ou les responsables principaux des essais, les responsables du ou des programmes d'assurance qualité et le personnel de l'étude ;**

p) **Vérifier que les éléments d'essai et les éléments de référence sont correctement caractérisés ;**

q) **Instaurer des procédures garantissant que les systèmes informatiques conviennent à l'objectif recherché et qu'ils sont validés, utilisés et entretenus conformément aux présents principes de bonnes pratiques de laboratoire.**

3. Lorsqu'une ou plusieurs phases d'une étude se déroulent sur un site d'essai, la direction du site (si on en a désigné une) assumera les responsabilités décrites précédemment, à l'exception de celles qui figurent aux points 1.1.2 (*g, i, j* et *o*).

1.2. Responsabilités du directeur de l'étude

1. Le directeur de l'étude est seul en charge du contrôle de l'étude et assume la responsabilité de la conduite générale de l'étude et de l'établissement du rapport final.

2. Le directeur de l'étude est notamment investi des responsabilités suivantes, dont la liste n'est pas limitative. Il doit :

a) **Approuver, par une signature datée, le plan de l'étude et tout amendement qui lui serait apporté ;**

b) **Veiller à ce que le personnel chargé de l'assurance qualité dispose en temps utile d'une copie du plan de l'étude et de tout amendement éventuel et communiquer de façon efficace avec le personnel chargé de l'assurance qualité en fonction des besoins du déroulement de l'étude ;**

c) S'assurer que le personnel qui réalise l'étude dispose bien des plans de l'étude, avec leurs amendements et les modes opératoires normalisés ;

d) Vérifier que le plan de l'étude et le rapport final dans le cas d'une étude multisites décrivent et définissent le rôle de chaque responsable principal des essais et de chaque site ou installation d'essai intervenant dans le déroulement de l'étude ;

e) Veiller au respect des procédures décrites dans le plan de l'étude, évaluer et répertorier l'incidence de toute déviation du plan sur la qualité et l'intégrité de l'étude, et prendre des mesures correctives appropriées, le cas échéant ; constater les déviations par rapport aux modes opératoires normalisés au cours de la réalisation de l'étude ;

f) Veiller à ce que toutes les données brutes obtenues soient pleinement étayées par des documents et enregistrées ;

g) Vérifier que les systèmes informatiques utilisés dans l'étude ont été validés ;

h) Signer et dater le rapport final afin d'indiquer qu'il accepte la responsabilité de la validité des données et préciser dans quelle mesure l'étude respecte les présents principes de bonnes pratiques de laboratoire ;

i) Veiller à ce que le plan de l'étude, le rapport final, les données brutes et les pièces justificatives soient transférés aux archives après achèvement (conclusion comprise) de l'étude.

1.3. Responsabilités du responsable principal des essais

Le responsable principal des essais s'assurera que les phases de l'étude qui lui sont déléguées se déroulent conformément aux principes applicables de bonnes pratiques de laboratoire.

1.4. Responsabilités du personnel de l'étude

1. Tout le personnel participant à la réalisation de l'étude doit être bien informé des parties des principes de bonnes pratiques de laboratoire applicables à sa participation à l'étude.

2. Le personnel de l'étude aura accès au plan de l'étude et aux modes opératoires normalisés qui s'appliquent à sa participation à l'étude. Il lui incombe de respecter les instructions données dans ces documents. Toute déviation par rapport à ces instructions doit être étayée par des documents et signalée directement au directeur de l'étude ou, le cas échéant, au ou aux responsables principaux des essais.

3. Il incombe à tout le personnel de l'étude d'enregistrer les données brutes de manière rapide et précise, conformément aux présents principes de bonnes pratiques de laboratoire, et d'assumer la responsabilité de la qualité de ces données.

4. Le personnel de l'étude doit prendre les précautions d'hygiène nécessaires pour réduire au minimum le risque auquel il est exposé et pour assurer l'intégrité de l'étude. Il doit avertir les personnes compétentes de tout état de santé ou affection dont il a connaissance et qui peut influer sur l'étude, de façon que les membres du personnel concernés puissent être exclus des opérations où leur intervention pourrait nuire à l'étude.

2. *Programme d'assurance qualité*

2.1. Généralités

1. L'installation d'essai doit avoir un programme d'assurance qualité faisant appel à tout document utile, qui permette de vérifier que les études sont réalisées conformément aux présents principes de bonnes pratiques de laboratoire.

2. Le programme d'assurance qualité doit être confié à une ou à des personnes, désignées par la direction et directement responsables devant celle-ci, qui ont l'expérience des méthodes d'essai.

3. Ces personnes ne doivent pas participer à la réalisation de l'étude visée par le programme.

2.2. Responsabilités du personnel chargé de l'assurance qualité

Le personnel chargé de l'assurance qualité est responsable des tâches suivantes, dont la liste n'est pas limitative :

a) Conserver des copies de tous les plans d'étude et modes opératoires normalisés approuvés qui sont utilisés dans l'installation d'essai et avoir accès à un exemplaire à jour du schéma directeur ;

b) Vérifier que le plan de l'étude contient les informations nécessaires au respect des présents principes de bonnes pratiques de laboratoire. Cette vérification devra être étayée par des documents ;

c) Procéder à des inspections pour établir si toutes les études se déroulent conformément aux présents principes de bonnes pratiques de laboratoire. Des inspections doivent également établir si des plans d'étude et des modes opératoires normalisés ont été mis à la disposition du personnel d'étude et sont respectés.

Ces inspections peuvent être de trois types, comme le précisent les modes opératoires normalisés du programme d'assurance qualité :
- inspections portant sur l'étude ;
- inspections portant sur l'installation ;
- inspections portant sur le procédé.

Les comptes rendus de ces inspections doivent être conservés ;

d) Examiner les rapports finals afin de confirmer que les méthodes, les modes opératoires et les observations sont fidèlement et entièrement décrits et que les résultats consignés reflètent de façon exacte et complète les données brutes des études ;

e) Rendre compte promptement par écrit de tout résultat d'inspection à la direction et au directeur de l'étude, ainsi qu'au ou aux responsables principaux des essais et aux directions respectives, le cas échéant ;

f) Rédiger et signer une déclaration, qui sera insérée dans le rapport final et précisera la nature des inspections et les dates auxquelles elles ont eu lieu, y compris la ou les phases de l'étude inspectées, ainsi que les dates auxquelles les résultats des inspections ont été communiqués à la direction et au directeur de l'étude, ainsi qu'au ou aux responsables principaux des essais, le cas échéant. Cette déclaration servira, en outre, à confirmer que le rapport final reflète les données brutes.

3. *Installations*

3.1. Généralités

1. Par ses dimensions, sa construction et sa localisation, l'installation d'essai doit répondre aux exigences de l'étude et permettre de réduire au minimum les perturbations qui pourraient altérer la validité de l'étude.

2. L'agencement de l'installation d'essai doit permettre une séparation suffisante des différentes activités, de manière à assurer une exécution correcte de chaque étude.

3.2. Installations relatives au système d'essai

1. L'installation d'essai doit comporter un nombre suffisant de salles ou de locaux pour assurer la séparation des systèmes d'essai et le confinement des projets utilisant des substances ou des organismes connus pour être ou suspectés d'être biologiquement dangereux.

2. L'installation d'essai doit disposer de salles ou de locaux appropriés pour le diagnostic, le traitement et le contrôle des maladies, de sorte que les systèmes d'essai ne subissent pas un degré inacceptable de détérioration.

3. L'installation d'essai doit disposer de salles ou d'aires de stockage en suffisance pour les fournitures et pour les équipements. Les salles ou aires de stockage doivent être séparées des salles ou locaux accueillant les systèmes d'essai et suffisamment protégées contre l'infestation, la contamination et/ou la détérioration.

3.3. Installations de manutention des éléments d'essai et de référence

1. Pour éviter une contamination ou des mélanges, il doit exister des salles ou des locaux distincts pour la réception et le stockage des éléments d'essai et de référence ainsi que pour le mélange des éléments d'essai avec un véhicule.

2. Les salles ou aires de stockage des éléments d'essai doivent être séparées des salles ou locaux abritant les systèmes d'essai. Elles doivent permettre le maintien de l'identité, de la concentration, de la pureté et de la stabilité et assurer un stockage sûr des substances dangereuses.

3.4. Salles d'archives

Il faut prévoir des salles d'archives pour le stockage et la consultation en toute sécurité des plans d'étude, des données brutes, des rapports finals, des échantillons, des éléments d'essai et de référence et des spécimens. La conception technique et les conditions de l'archivage doivent protéger le contenu contre toute détérioration indue.

3.5. Evacuation des déchets

La manutention et l'évacuation des déchets doivent s'effectuer de manière à ne pas mettre en péril l'intégrité des études. Il faut pour cela disposer d'installations permettant de collecter, de stocker et d'évacuer les déchets de façon appropriée, et définir des procédures de décontamination et de transport.

4. *Appareils, matériaux et réactifs*

1. Les appareils, notamment les systèmes informatiques validés, utilisés pour l'obtention, le stockage et la consultation des données et pour la régulation des facteurs d'environnement qui interviennent dans l'étude doivent occuper un emplacement correct, être de conception appropriée et avoir une capacité suffisante.

2. Les appareils utilisés dans une étude doivent être périodiquement inspectés, nettoyés, entretenus et étalonnés conformément aux modes opératoires normalisés. Il faut tenir un relevé de ces activités. L'étalonnage doit être traçable aux étalons nationaux ou au système international d'unités (SI), s'il y a lieu.

3. Les appareils et matériaux utilisés dans une étude ne doivent pas interférer de façon préjudiciable avec les systèmes d'essai.

4. Il faut étiqueter les produits chimiques, réactifs et solutions et en mentionner la nature (avec la concentration, le cas échéant), la date d'expiration et les instructions particulières pour le stockage. Il faut disposer d'informations sur l'origine, la date de préparation et la stabilité. La date d'expiration peut être prorogée sur la base d'une évaluation ou d'une analyse étayée par des documents.

5. *Systèmes d'essai*

5.1. Physiques et chimiques

1. Les appareils utilisés pour l'obtention de données chimiques et physiques doivent occuper un emplacement correct, être de conception appropriée et avoir une capacité suffisante.

2. L'intégrité des systèmes d'essai physiques et chimiques doit être vérifiée.

5.2. Biologiques

1. Il faut créer et maintenir des conditions convenables pour le stockage, le logement, la manipulation et l'entretien des systèmes d'essai biologiques, afin de s'assurer de la qualité des données.

2. Les systèmes d'essai animaux et végétaux récemment reçus doivent être isolés jusqu'à ce que leur état sanitaire ait été évalué. Si l'on observe une mortalité ou une morbidité anormale, le lot considéré ne doit pas être utilisé dans les études et être, s'il y a lieu, détruit dans le respect des règles d'humanité. Au commencement de la phase expérimentale d'une étude, les systèmes d'essai doivent être exempts de toute maladie ou symptôme qui pourrait interférer avec l'objectif ou le déroulement de l'étude. Des sujets d'essai qui tombent malades ou sont blessés au cours d'une étude doivent être isolés et soignés, si besoin est, pour préserver l'intégrité de l'étude. Tout diagnostic et traitement de toute maladie, avant ou pendant une étude, doit être consigné.

3. Il faut tenir des registres mentionnant l'origine, la date d'arrivée et l'état à l'arrivée des systèmes d'essai.

4. Les systèmes d'essai biologiques doivent être acclimatés à l'environnement d'essai pendant une période suffisante avant la première administration ou application de l'élément d'essai ou de référence.

5. Tous les renseignements nécessaires à une identification correcte des systèmes d'essai doivent figurer sur leur logement ou leur récipient. Chaque système d'essai susceptible d'être extrait de son logement ou de son récipient pendant le déroulement de l'étude doit porter dans la mesure du possible des marques d'identification appropriées.

6. Pendant leur utilisation, les logements ou récipients des systèmes d'essai doivent être nettoyés et désinfectés à intervalles appropriés. Toute matière venant au contact d'un système d'essai ne doit pas contenir de contaminants à des concentrations qui interféreraient avec l'étude. La litière des animaux doit être changée selon les impératifs de bonnes pratiques d'élevage. L'utilisation d'agents antiparasitaires doit être explicitée.

7. Les systèmes d'essai utilisés dans des études sur le terrain doivent être disposés de façon à éviter que la dispersion de produits épandus et l'utilisation antérieure de pesticides ne viennent interférer avec l'étude.

6. *Eléments d'essai et de référence*

6.1. Réception, manutention, échantillonnage et stockage

1. Il faut tenir des registres mentionnant la caractérisation des éléments d'essai et de référence, la date de réception, la date d'expiration et les quantités reçues et utilisées dans les études.

2. Il faut définir des méthodes de manipulation, d'échantillonnage et de stockage qui assurent le maintien de l'homogénéité et de la stabilité dans toute la mesure du possible et évitent une contamination ou un mélange.

3. Les récipients de stockage doivent porter des renseignements d'identification, la date d'expiration et les instructions particulières de stockage.

6.2. Caractérisation

1. Tout élément d'essai et de référence doit être identifié de façon appropriée (code, numéro d'immatriculation du Chemical Abstracts Service [numéro du CAS], nom, paramètres biologiques, par exemple).

2. Pour chaque étude, il faut connaître la nature exacte des éléments d'essai ou de référence, notamment le numéro du lot, la pureté, la composition, les concentrations ou d'autres caractéristiques qui permettent de définir chaque lot de façon appropriée.

3. Lorsque l'élément d'essai est fourni par le donneur d'ordre, il doit exister un mécanisme, défini en coopération par le donneur d'ordre et l'installation d'essai, qui permet de vérifier l'identité de l'élément d'essai soumis à l'étude.

4. Pour toutes les études, il faut connaître la stabilité des éléments d'essai et de référence dans les conditions de stockage et d'essai.

5. Si l'élément d'essai est administré ou appliqué dans un véhicule, il faut déterminer l'homogénéité, la concentration et la stabilité de l'élément d'essai dans ce véhicule. Pour les éléments d'essai utilisés dans les études sur le terrain (mélanges en réservoir, par exemple) ces informations peuvent être obtenues grâce à des expériences distinctes en laboratoire.

6. Un échantillon de chaque lot de l'élément d'essai sera conservé à des fins d'analyse pour toutes les études, à l'exception des études à court terme.

7. *Modes opératoires normalisés*

1. Une installation d'essai doit posséder des modes opératoires normalisés écrits, approuvés par la direction de l'installation, qui doivent assurer la qualité et l'intégrité des données obtenues par cette installation. Les révisions des modes opératoires normalisés doivent être approuvées par la direction de l'installation d'essai.

2. Chaque section ou zone distincte de l'installation d'essai doit avoir un accès immédiat aux modes opératoires normalisés correspondant aux travaux qui s'y effectuent. Des ouvrages, méthodes d'analyse, articles et manuels publiés peuvent servir de compléments à des modes opératoires normalisés.

3. Les déviations par rapport aux modes opératoires normalisés relatifs à l'étude doivent être étayées par des documents et reconnues comme applicables par le directeur de l'étude, ainsi que par le ou les responsables principaux des essais, le cas échéant.

4. On doit disposer de modes opératoires normalisés pour les catégories suivantes d'activités de l'installation d'essai, dont la liste n'est pas limitative. Les tâches précises mentionnées sous chaque rubrique visée ci-après doivent être considérées comme des exemples :

1. Eléments d'essai et de référence :

Réception, identification, étiquetage, manutention, échantillonnage et stockage.

2. Appareils, matériaux et réactifs :

a) **Appareils ;**

Utilisation, entretien, nettoyage et étalonnage.

b) **Systèmes informatiques :**

Validation, exploitation, entretien, sécurité, maîtrise des modifications et sauvegarde.

c) **Matériaux, réactifs et solutions :**

Préparation et étiquetage.

3. Enregistrement des données, établissement des rapports, stockage et consultation des données :

Codage des études, collecte des données, établissement des rapports, systèmes d'indexation, exploitation des données, y compris l'emploi de systèmes informatisés.

4. Système d'essai (lorsqu'il y a lieu) :

a) **Préparation du local et conditions d'ambiance pour le système d'essai ;**

b) **Méthodes de réception, de transfert, de mise en place correcte, de caractérisation, d'identification et d'entretien du système d'essai ;**

c) **Préparation du système d'essai, observations et examens avant, pendant et à la conclusion de l'étude ;**

d) **Manipulation des individus appartenant au système d'essai qui sont trouvés mourants ou morts au cours de l'étude.**

e) **Collecte, identification et manipulation de spécimens, y compris l'autopsie et l'histopathologie ;**

f) **Installation et disposition de systèmes d'essai sur des parcelles expérimentales ;**

g) **Méthodes d'élimination des déchets.**

5. Mécanismes d'assurance qualité :

Affectation du personnel chargé de l'assurance qualité à la planification, l'établissement du calendrier, la réalisation, l'explication et la notification des inspections.

8. *Réalisation de l'étude*

8.1. Plan de l'étude

1. Pour chaque étude, il convient d'établir un plan écrit avant le début des travaux. Le plan de l'étude doit être approuvé par le directeur de l'étude, qui le date et le signe, et sa conformité aux BPL doit être vérifiée par le personnel d'assurance qualité comme indiqué au point 2.2 *b* ci-dessus. Ce plan doit également être approuvé par la direction de l'installation d'essai et le donneur d'ordre.

2. *a)* Les amendements apportés au plan de l'étude doivent être justifiés et approuvés par le directeur de l'étude, qui les date et les signe, puis conservés avec le plan de l'étude ;

b) Les déviations du plan de l'étude doivent être décrites, expliquées, déclarées et datées en temps utile par le directeur de l'étude et par le ou les responsables principaux des essais, puis conservées avec les données brutes de l'étude.

3. Pour les études à court terme, on peut utiliser un plan général d'étude accompagné d'un complément spécifique de l'étude considérée.

8.2. Contenu du plan de l'étude

Le plan de l'étude doit comporter les renseignements suivants, dont la liste n'est pas limitative :

1. Identification de l'étude, de l'élément d'essai et de l'élément de référence :

a) **Un titre descriptif ;**

b) **Un exposé précisant la nature et l'objet de l'étude ;**

c) **L'identification de l'élément d'essai par un code ou par un nom (IUPAC, numéro du CAS, paramètres biologiques, etc.) ;**

d) **L'élément de référence à utiliser.**

2. Renseignements relatifs au donneur d'ordre et à l'installation d'essai :

a) **Le nom et l'adresse du donneur d'ordre ;**

b) **Le nom et l'adresse de toute installation d'essai et de tout site d'essai concernés ;**

c) **Le nom et l'adresse du directeur de l'étude ;**

d) **Le nom et l'adresse du ou des responsables principaux des essais, et la ou les phases de l'étude déléguées par le directeur de l'étude au ou aux responsables principaux des essais.**

3. Dates :

a) **La date de l'approbation du plan de l'étude par apposition de la signature du directeur de l'étude. La date de l'approbation du plan de l'étude par apposition de la signature de la direction de l'installation d'essai et du donneur d'ordre ;**

b) **Les dates proposées pour le début et la fin de l'expérimentation.**

4. Méthodes d'essai :

L'indication de la ligne directrice de l'OCDE pour les essais ou d'une autre ligne directrice ou méthode à utiliser.

5. Points particuliers (lorsqu'il y a lieu) :

a) **La justification du choix du système d'essai ;**

b) **La caractérisation du système d'essai, c'est-à-dire l'espèce, la race, la variété, l'origine, le nombre d'individus, la gamme de poids, le sexe, l'âge et autres informations pertinentes ;**

c) **La méthode d'administration et les raisons de son choix ;**

d) **Les taux de dose et/ou les concentrations, ainsi que la fréquence et la durée de l'administration ou de l'application ;**

e) **Des renseignements détaillés sur la conception de l'expérience, qui comprennent une description du déroulement chronologique de l'étude, de tous les matériaux, méthodes et conditions, de la nature et de la fréquence des analyses, des mesures, des observations et des examens à réaliser, ainsi que des méthodes statistiques à utiliser (le cas échéant).**

6. Enregistrements et comptes rendus :

La liste des enregistrements et des comptes rendus qu'il faut conserver.

8.3. Réalisation de l'étude

1. Il faut donner à chaque étude une identification qui lui soit propre. Tous les éléments relatifs à une étude donnée doivent porter cette identification. Les spécimens de l'étude doivent être identifiés de façon à confirmer leur origine. Cette identification doit permettre la traçabilité, en tant que de besoin, du spécimen et de l'étude.

2. L'étude doit se dérouler conformément au plan arrêté.

3. Toutes les données obtenues au cours de la réalisation de l'étude doivent être enregistrées de manière directe, rapide, précise et lisible par la personne qui les relève. Les relevés de données doivent être signés ou paraphés et datés.

4. Toute modification des données brutes doit être consignée de façon à ne pas cacher la mention précédente ; il faut indiquer la raison du changement avec la date, la signature ou le paraphe de la personne qui y procède.

5. Les données obtenues directement sous forme d'entrée informatique doivent être identifiées comme telles lors de l'introduction des données par la ou les personnes responsables de la saisie directe. La conception du système informatique doit toujours permettre la rétention de l'intégralité des vérifications à rebours de façon à montrer toutes les modifications apportées aux données sans cacher la mention initiale. Il doit être possible d'associer toutes les modifications apportées aux données avec les personnes y ayant procédé grâce, par exemple, à des signatures électroniques mentionnant la date et l'heure. Les raisons des modifications seront mentionnées.

9. *Établissement du rapport sur les résultats de l'étude*

9.1. Généralités

1. Il faut établir un rapport final pour chaque étude. Pour les études à court terme, un rapport final normalisé pourra être préparé et s'accompagner d'un complément particulier à l'étude.

2. Les responsables principaux des essais ou les scientifiques participant à l'étude doivent signer et dater leurs rapports.

3. Le directeur de l'étude doit signer et dater le rapport final afin d'indiquer qu'il assume la responsabilité de la validité des données. Le degré de conformité avec les présents principes de bonnes pratiques de laboratoire doit être indiqué.

4. Les corrections et additions apportées à un rapport final doivent se présenter sous forme d'amendements. Ces amendements doivent préciser clairement la raison des corrections ou des additions et être signés et datés par le directeur de l'étude.

5. La remise en forme du rapport final pour se conformer aux conditions de soumission imposées par une autorité nationale réglementaire ou chargée de l'homologation ne constitue pas une correction, une addition ou un amendement à ce rapport final.

9.2. Contenu du rapport final

Le rapport final doit donner les renseignements suivants, sans se limiter à ceux-ci :

1. Identification de l'étude et des éléments d'essai et de référence :

a) **Un titre descriptif ;**

b) **L'identification de l'élément d'essai par un code ou par un nom (IUPAC, numéro du CAS, paramètres biologiques, etc.) ;**

c) **L'identification de l'élément de référence par un nom ;**

d) **La caractérisation de l'élément d'essai, notamment sa pureté, sa stabilité et son homogénéité.**

2. Renseignements relatifs au donneur d'ordre et à l'installation d'essai :

a) **Le nom et l'adresse du donneur d'ordre ;**

b) **Le nom et l'adresse de chaque installation et site d'essai concernés ;**

c) **Le nom et l'adresse du directeur de l'étude ;**

d) **Le nom et l'adresse du ou des responsables principaux des essais et les phases de l'étude qui leur sont déléguées, le cas échéant ;**

e) **Le nom et l'adresse des scientifiques ayant fourni des comptes rendus pour le rapport final.**

3. Dates :

Les dates de début et d'achèvement de l'expérimentation.

4. Déclaration :

Une déclaration sur le programme d'assurance qualité énumérant les types d'inspections réalisées et leurs dates, y compris la ou les phases inspectées, ainsi que les dates auxquelles chacun des résultats des inspections a été communiqué à la direction et au directeur de l'étude, ainsi qu'au ou aux responsables principaux des essais, le cas échéant. Cette déclaration servira, en outre, à confirmer que le rapport final reflète les données brutes.

5. Description des matériaux et des méthodes d'essai :

a) **Une description des méthodes et des matériaux utilisés ;**

b) **L'indication de la ligne directrice de l'OCDE pour les essais, ou d'une autre ligne directrice ou méthode.**

6. Résultats :

a) **Un résumé des résultats ;**

b) **Toutes les informations et les données demandées par le plan de l'étude ;**

c) **Un exposé des résultats, comprenant les calculs et les déterminations d'intérêt statistique ;**

d) **Une évaluation et un examen des résultats et, s'il y a lieu, des conclusions.**

7. Stockage :

Le lieu où le plan de l'étude, les échantillons des éléments d'essai et de référence, les spécimens, les données brutes, ainsi que le rapport final doivent être conservés.

10. *Stockage et conservation des archives et des matériaux*

10.1. Seront conservés dans les archives pendant la période de dix ans :

a) **Le plan de l'étude, les données brutes, les échantillons des éléments d'essai et de référence, les spécimens et le rapport final de chaque étude ;**

b) **Des rapports sur toutes les inspections réalisées conformément au programme d'assurance qualité, ainsi que les schémas directeurs ;**

c) Les relevés des qualifications, de la formation, de l'expérience et des descriptions des tâches du personnel ;
d) Des comptes rendus et des rapports relatifs à l'entretien et à l'étalonnage de l'équipement ;
e) Les documents relatifs à la validation des systèmes informatiques ;
f) Le dossier chronologique de tous les modes opératoires normalisés ;
g) Des comptes rendus de surveillance de l'environnement.

Au-delà de cette période, l'élimination définitive de tout matériel d'étude doit être étayée par des documents. Lorsque des échantillons des éléments d'essai et de référence et des spécimens sont éliminés avant l'expiration de la période de conservation requise pour quelque raison que ce soit, cette élimination doit être justifiée et étayée par des documents. Des échantillons des éléments d'essai et de référence et des spécimens ne doivent être conservés qu'aussi longtemps que la qualité de la préparation en permet l'évaluation.

10.2. Le matériel conservé dans des archives sera indexé de façon à en faciliter le stockage et la consultation méthodiques.

10.3. Seul le personnel autorisé par la direction aura accès aux archives. Toute entrée et sortie de matériel archivé doit être correctement consignée.

10.4. Si une installation d'essai ou un dépôt d'archives cesse ses activités et n'a pas de successeur légal, les archives doivent être remises au ou aux donneurs d'ordre de la ou des études.

Art. D. 523-9 *(Rempl. à compter du 1er juin 2021, D. n° 2021-662, 26 mai 2021).* **– Chaque année, le Comité français d'accréditation établit et publie sur son site internet un rapport relatif à l'application des bonnes pratiques de laboratoire en France pour les essais mentionnés à l'article L. 521-2. Ce rapport contient une liste des laboratoires inspectés, la date à laquelle ces inspections ont été faites et un bref résumé des conclusions des inspections. Il est transmis aux services compétents de la Commission européenne et de l'Organisation de coopération et développement économiques.**

Art. D. 523-10 *(Rempl. à compter du 1er juin 2021, D. n° 2021-662, 26 mai 2021).* **– Tout laboratoire déclarant appliquer les bonnes pratiques de laboratoire pour les essais mentionnés à l'article L. 521-2 adresse une demande de conformité au Comité français d'accréditation.**

Au vu des résultats des inspections et des vérifications exécutées par le Comité français d'accréditation ou par une autre autorité de vérification en matière de bonnes pratiques de laboratoire signataire d'un accord de reconnaissance réciproque, le Comité français d'accréditation constate si les bonnes pratiques de laboratoire décrites en annexes I et II de l'article D. 523-8 ont été bien appliquées.

À l'issue de ce contrôle et s'il est satisfaisant, le directeur général du Comité français d'accréditation prend une décision reconnaissant, au nom de l'État, la conformité aux bonnes pratiques de laboratoire selon les modalités prévues aux annexes I et II de l'article D. 523-8.

Toute décision prise par le directeur général du Comité français d'accréditation en application de l'article L. 521-2 est transmise, à sa demande, au ministre chargé de la santé. Le dossier ayant correspondant à cette décision est transmis, à sa demande, au ministre chargé de la santé.

Art. D. 523-11 *(Abr. à compter du 1er juin 2021, D. n° 2021-662, 26 mai 2021).*

CHAPITRE IV. – PRÉVENTION DES RISQUES POUR LA SANTÉ ET L'ENVIRONNEMENT RÉSULTANT DE L'EXPOSITION AUX SUBSTANCES À L'ÉTAT NANOPARTICULAIRE

(D. n° 2012-232, 17 févr. 2012)

Le décret n° 2012-232 du 17 février 2012 (*JO* 19 févr. 2012) insère un chapitre IV au sein de la partie réglementaire du code et crée les articles R. 523-12 à R. 523-21 du Code de l'environnement.

En substance, le décret précise que l'obligation de déclaration est soumise à un seuil minimum annuel de production, d'importation ou de distribution de la substance à l'état nanoparticulaire en l'état ou contenue dans un mélange sans y être liée, fixé à 100 grammes. Cette déclaration est à adresser tous les ans avant le 1er mai au ministre chargé de l'environnement, et sera ensuite gérée, avec les données qu'elle contient, par l'Agence nationale de sécurité sanitaire de l'alimentation, de l'environnement et du travail (ANSES). Dans le cadre de sa déclaration, il est possible pour le déclarant de demander la confidentialité de certaines informations, dès lors qu'il est en mesure de justifier que de telles informations portent atteinte au secret industriel et commercial ou à la propriété intellectuelle des résultats de recherche. Toutefois, l'ensemble de ces dispositions n'entreront en vigueur qu'au 1er janvier 2013.

Enfin, le décret prévoit les sanctions applicables en cas de défaut de déclaration ou de déclaration tardive. À cet égard, le ministre en charge de l'environnement peut ordonner le paiement d'une amende au plus égale à 300 euros et une astreinte journalière de 300 euros. Toutefois, ces dispositions relatives aux sanctions n'entreront en vigueur qu'au 1er juillet 2013.

Voir : D. n° 2012-232, 17 févr. 2012, relatif à la déclaration annuelle des substances à l'état nanoparticulaire pris en application de l'article L. 523-4 du Code de l'environnement.

Art. R. 523-12 *(Créé à compter du 1er janvier 2013, D. n° 2012-232, 17 févr. 2012)*. **– Pour l'application du présent chapitre, on entend par :**

« Substance à l'état nanoparticulaire » : substance telle que définie à l'article 3 du règlement (CE) n° 1907/2006 [du 18 décembre 2006], fabriquée intentionnellement à l'échelle nanométrique, contenant des particules, non liées ou sous forme d'agrégat ou sous forme d'agglomérat, dont une proportion minimale des particules, dans la distribution des tailles en nombre, présentent une ou plusieurs dimensions externes se situant entre 1 nm et 100 nm.

Cette proportion minimale peut être réduite dans des cas spécifiques lorsque cela se justifie pour des raisons tenant à la protection de l'environnement, à la santé publique, à la sécurité ou à la compétitivité. Elle est précisée par un arrêté conjoint des ministres chargés de l'environnement, de l'agriculture, de la santé, du travail et de l'industrie.

Par dérogation à cette définition, les fullerènes, les flocons de graphène et les nanotubes de carbone à paroi simple présentant une ou plusieurs dimensions externes inférieures à 1 nm sont à considérer comme des substances à l'état nanoparticulaire.

Aux fins de cette définition, les termes « particule », « agglomérat » et « agrégat » sont définis comme suit :

a) **On entend par « particule » un fragment de matière possédant des contours physiques bien définis ;**

b) **On entend par « agrégat » une particule constituée de particules fortement liées ou fusionnées ;**

c) **On entend par « agglomérat » un amas de particules ou d'agrégats faiblement liés dont la surface externe globale correspond à la somme des surfaces de ses constituants individuels.**

« Substance à l'état nanoparticulaire contenue dans un mélange sans y être liée » : substance à l'état nanoparticulaire incorporée intentionnellement dans un mélange dont elle est susceptible d'être extraite ou libérée dans des conditions normales ou raisonnablement prévisibles d'utilisation ;

« Territoire » : le territoire national, à l'exclusion de la Nouvelle-Calédonie, de la Polynésie française, de Wallis-et-Futuna et des Terres australes et antarctiques françaises ;

« Fabricant » : toute personne fabriquant dans l'exercice de ses activités professionnelles sur le territoire, pour son propre usage ou en vue de leur cession à titre onéreux ou gratuit, une substance à l'état nanoparticulaire, en l'état ou contenue dans un mélange sans y être liée, ou un matériau destiné à rejeter une telle substance dans des conditions normales ou raisonnablement prévisibles d'utilisation ;

« Importateur » : toute personne qui introduit dans l'exercice de ses activités professionnelles sur le territoire une substance à l'état nanoparticulaire, en l'état ou contenue dans un mélange sans y être liée, ou un matériau destiné à rejeter une telle substance dans des conditions normales ou raisonnablement prévisibles d'utilisation, en provenance d'un autre État membre de l'Union européenne ou d'un État tiers ;

« Distributeur » : toute personne établie sur le territoire, y compris un détaillant, qui exécute des opérations de stockage et de cession à titre onéreux ou gratuit à des utilisateurs professionnels d'une substance à l'état nanoparticulaire, en l'état ou contenue dans un mélange sans y être liée, ou d'un matériau destiné à rejeter une telle substance dans des conditions normales ou raisonnablement prévisibles d'utilisation ;

« Utilisateur professionnel » : toute personne établie sur le territoire, autre que le fabricant ou l'importateur, qui utilise, dans l'exercice de ses activités professionnelles une substance à l'état nanoparticulaire, en l'état ou contenue dans un mélange sans y être liée, ou un matériau destiné à rejeter une telle substance dans des conditions normales ou raisonnablement prévisibles d'utilisation ;

« Recherche et développement scientifiques » : toute activité d'expérimentation scientifique, d'analyse ou de recherche, telle que définie à l'article 3 du règlement (CE) n° 1907/2006 [du 18 décembre 2006] ;

« Activités de recherche et de développement axées sur les produits et les processus » : tout développement scientifique lié à l'élaboration de produits ou à la diversification des utilisations d'une substance, tel que défini à l'article 3 du règlement (CE) n° 1907/2006 [du 18 décembre 2006].

Dans sa recommandation n° 2011/696 du 18 octobre 2011 relative à la définition des nanomatériaux (*JOUE* 20 oct. 2011), la Commission entend par « nanomatériau » : « un matériau naturel, formé accidentellement ou manufacturé contenant des particules libres, sous forme d'agrégat ou sous forme d'agglomérat, dont au moins 50 % des particules, dans la répartition numérique par taille, présentent une ou plusieurs dimensions externes se situant entre 1 nm et 100 nm ». Ainsi, alors que le droit français exige que la fabrication soit intentionnelle, le droit européen vise quant à lui tant les nanomatériaux formés accidentellement que manufacturés.

Art. R. 523-13 *(Créé à compter du 1er janvier 2013, D. n° 2012-232, 17 févr. 2012)*. **– Chaque fabricant, importateur et distributeur d'une substance à l'état nanoparticulaire, en l'état ou contenue dans un mélange sans y être liée, ou de matériaux destinés à rejeter cette substance dans des conditions normales ou raisonnablement prévisibles d'utilisation effectuent la déclaration exigée à l'article L. 523-1 dès lors qu'il produit, importe ou distribue au moins 100 grammes par an de cette substance.**

Cette déclaration est adressée chaque année, avant le 1er mai, au ministre chargé de l'environnement. Elle se rapporte à l'année civile précédente et mentionne les données exigées à l'article L. 523-1. La gestion des déclarations et des données qu'elles contiennent est confiée à l'Agence nationale de sécurité sanitaire de l'alimentation, de l'environnement et du travail.

Un arrêté conjoint des ministres chargés de l'environnement, de l'agriculture, de la santé, du travail et de l'industrie précise le contenu et les conditions de présentation de cette déclaration.

Voir : A. 6 août 2012, relatif au contenue et aux conditions de présentation de la déclaration annuelle des substances à l'état nanoparticulaire, pris en application des articles R. 523-12 et R. 523-13 du Code de l'environnement (*JO* 10 août 2012).

Cet arrêté définit notamment les informations à fournir pour caractériser l'identité du déclarant, l'identité de la substance à l'état nanoparticulaire, l'usage de ce type de substance, de même que les quantités de substance à l'état nanoparticulaire produites, distribuées ou importées. Il établit en outre la règle de la réalisation de la déclaration par voie électronique.

Art. R. 523-14 *(Créé à compter du 1er janvier 2013, D. n° 2012-232, 17 févr. 2012)*. **– Lorsque la production, l'importation ou la distribution de la substance à l'état nanoparticulaire, en l'état ou contenue dans un mélange sans y être liée, ou de matériaux destinés à rejeter cette substance dans des conditions normales ou raisonnablement prévisibles d'utilisation, se fait dans le cadre d'une activité de recherche et développement scientifiques sans mise sur le marché, le déclarant peut se contenter de ne déclarer que son identité et le secteur d'activité concerné.**

Art. R. 523-15 *(Créé à compter du 1er janvier 2013, D. n° 2012-232, 17 févr. 2012)*. **– Lorsque les fabricants, importateurs et distributeurs visés à l'article R. 523-13 sont des organismes publics de recherche, la déclaration qu'ils effectuent peut être une déclaration unique couvrant l'ensemble de leurs activités de recherche.**

Un arrêté conjoint des ministres chargés de l'environnement et de la recherche précise le contenu et les conditions de présentation de cette déclaration unique.

Art. R. 523-16 *(Créé à compter du 1er janvier 2013, D. n° 2012-232, 17 févr. 2012)*. **– Si la déclaration mentionnée aux articles R. 523-13 à R. 523-15 est incomplète, l'Agence nationale de sécurité sanitaire de l'alimentation, de l'environnement et du travail demande au déclarant de la compléter ou d'apporter les précisions nécessaires dans un délai de deux mois.**

Art. R. 523-17 *(Créé à compter du 1er janvier 2013, D. n° 2012-232, 17 févr. 2012)*. **– Les informations mentionnées à l'article L. 523-2 sont transmises à l'Agence nationale de sécurité sanitaire de l'alimentation, de l'environnement et du travail dans un délai de deux mois à compter de la réception du courrier adressé par le ministre chargé de l'environnement demandant leur communication.**

Art. R. 523-18 *(Créé à compter du 1er janvier 2013, D. n° 2012-232, 17 févr. 2012)*. **– Le déclarant mentionne les informations pour lesquelles il demande la confidentialité parce que leur mise à disposition du public porterait atteinte au secret** *(Mots rempl., D. n° 2018-1126, 11 déc. 2018)* **« des affaires » ou à la propriété intellectuelle des résultats de recherche. Il justifie alors sa demande.**

Les informations contenues dans une demande de brevet demeurent confidentielles jusqu'à la publication de celui-ci dont le déclarant est tenu d'informer le ministre chargé de l'environnement lors de la déclaration suivante.

Lorsque la production, l'importation ou la distribution de la substance à l'état nanoparticulaire, en l'état ou contenue dans un mélange sans y être liée, ou de matériaux destinés à rejeter cette substance dans des conditions normales ou raisonnablement prévisibles d'utilisation, se fait dans le cadre d'une activité de recherche et développement axée sur les produits et les processus sans mise sur le marché, les informations déclarées sont systématiquement considérées comme confidentielles, sans que le déclarant ait à en faire la demande.

Art. R. 523-19 *(Créé à compter du 1er janvier 2013, D. n° 2012-232, 17 févr. 2012).* – La mise à disposition du public prévue aux articles L. 523-1 et L. 523-2 est réalisée chaque année au plus tard six mois après la date limite de déclaration.

Art. R. 523-20 *(Créé à compter du 1er janvier 2013, D. n° 2012-232, 17 févr. 2012).* – Lorsqu'une personne tenue de faire une déclaration au titre de l'article L. 523-1 du Code de l'environnement souhaite faire usage de la dérogation relative à la mise à disposition du public prévue au troisième alinéa de cet article, elle le signale dans sa déclaration. Elle transmet alors une demande justifiée de dérogation au ministre de la Défense dans un délai maximum de cinq jours à compter de la date de la déclaration.

La dérogation est accordée par décision du ministre de la Défense. La dérogation est notifiée au demandeur et transmise à l'Agence nationale de sécurité sanitaire de l'alimentation, de l'environnement et du travail. En l'absence de décision explicite à l'issue d'un délai de trois mois à compter de la réception de la demande, celle-ci est réputée rejetée.

Un arrêté conjoint du ministre de la Défense et du ministre chargé de l'environnement précise les conditions de présentation et d'instruction des demandes de dérogation.

Voir : A. 24 janvier 2013, définissant les conditions de présentation et d'instruction des demandes de dérogation relatives) à la mise à la disposition du public de la déclaration annuelle des substances à l'état nanoparticulaire, pris en application de l'article R. 523-20 du Code de l'environnement (*JO* 9 févr. 2013).

Art. R. 523-21 *(Créé à compter du 1er juillet 2013, D. n° 2012-232, 17 févr. 2012).* – Lorsqu'un fabricant, un importateur ou un distributeur n'a pas transmis la déclaration prévue à l'article L. 523-1 à l'échéance prévue par l'article R. 523-13 ou lorsque les informations demandées à un déclarant en application de l'article R. 523-16 ou celles demandées à un fabricant, un importateur ou un utilisateur en application de l'article R. 523-17 ne sont pas transmises aux échéances prévues par ces deux articles, le ministre chargé de l'environnement peut ordonner le paiement d'une amende au plus égale à 3 000 euros et une astreinte journalière de 300 euros courant à partir du jour de la décision la fixant et jusqu'à la satisfaction de l'obligation.

Art. D. 523-22 *(Créé à compter du 1er janvier 2013, D. n° 2012-233, 17 févr. 2012 ; D. n° 2017-765, 4 mai 2017).* – Sont désignés, en application de l'article L. 523-3, comme organismes à la disposition desquels l'Agence nationale de sécurité sanitaire de l'alimentation, de l'environnement et du travail peut mettre les informations obtenues en application des articles L. 523-1 et L. 523-2 :

– l'Agence française de sécurité sanitaire des produits de santé (1) ;
– l'Institut national de veille sanitaire ;
– l'Institut national de recherche et de sécurité ;
– l'Institut national de l'environnement industriel et des risques ;
– les organismes chargés de la toxicovigilance mentionnés à l'article L. 1341-1 du Code de la santé publique.
– *(D. n° 2023-196, 22 mars 2023)* le Haut Conseil de la santé publique.

Cette mise à disposition est effectuée, à la demande des organismes mentionnés plus haut, à des fins d'évaluation des risques et dans la limite des informations correspondant à leur domaine d'expertise.

Les informations obtenues en application des articles L. 523-1 et L. 523-2 peuvent également être mises à disposition des observatoires régionaux des déchets par l'Agence nationale de sécurité sanitaire de l'alimentation, de l'environnement et du travail pour l'exercice de leurs missions et dans la limite des informations correspondant à leur domaine d'expertise.

Ces organismes assurent la gestion de ces informations dans le respect des règles de protection et de confidentialité des données prévues à l'article L. 521-7.

(1) À compter du 1er mai 2012, lire : « Agence nationale de sécurité du médicament et des produits de santé », V. D. n° 2012-597, 27 avr. 2012, art. 5, I et 6, I. – NDLR.

TITRE III. – ORGANISMES GÉNÉTIQUEMENT MODIFIÉS

Bibliographie : Ph. Billet, *OGM : les débats sont clos et leur régime arrêté : RD rur.* 2007, n° 352, p. 2. • R. Lecomte, *Codification du Code de l'environnement : au tour du Livre V de la partie réglementaire : JCP* G 2007, n° 44, act. 509. • R. Romi, *Les décrets OGM : des textes d'attente... : Dr. env.* mai 2007, n° 148, p. 127.

Voir : *Textes de référence droit interne* : D. n° 89-306, 11 mai 1989, portant création d'une commission de génie génétique, modifié par le décret n° 93-75 du 18 janvier 1993. – D. n° 93-235, 23 févr. 1993, portant création de la commission d'étude de la dissémination des produits issus du génie biomoléculaire. – D. n° 93-774, 27 mars 1993, fixant la liste des techniques de modifications génétiques et les critères de classement des organismes génétiquement modifiés, modifié par le décret n° 94-527 du 21 juin 1994 et par le décret n° 98-18 du 8 janvier 1998. – D. n° 96-850, 20 sept. 1996, relatif au contrôle de la dissémination volontaire et de la mise sur le marché, à des fins civiles, de produits composés en tout ou partie d'organismes génétiquement modifiés. – D. n° 94-359, 5 mai 1994, relatif au contrôle des produits phytopharmaceutiques, modifié par décret n° 99-242 du 26 mars 1999, article 24. – A. 6 sept. 1994, portant application du décret, modifié par arrêté du 1er février 1996, arrêté du 24 septembre 1996, arrêté du 12 janvier 1998, arrêté du 27 mai 1998. – D. n° 94-46, 5 janv. 1994, fixant les conditions de dissémination volontaire des organismes génétiquement modifiés destinés à l'alimentation humaine, autres que les plantes, les semences, les plants et les animaux ou entrant dans la composition des produits de nettoyage des matériaux et objets destinés à entrer en contact avec des denrées, produits ou boissons, destinés à l'alimentation de l'homme ou des animaux. – D. n° 95-487, 28 avr. 1995, pris pour l'application, s'agissant d'organismes animaux génétiquement modifiés, du titre III de la loi n° 92-654 du 13 juillet 1992, modifié par décret n° 99-242 du 26 mars 1999, article 25. – D. n° 95-1172, 6 nov. 1995, pris pour l'application du titre III de la loi n° 92-654 du 13 juillet 1992, en ce qui concerne les médicaments à usage humains et les produits mentionnés aux 8, 9 et 10 de l'article L. 511-1 du Code de la santé publique, modifié par décret n° 99-144 du 4 mars 1999. – D. n° 95-1173, 6 nov. 1995, pris pour l'application du titre III de la loi n° 92-654 du 13 juillet 1992, en ce qui concerne les médicaments vétérinaires, modifié par décret n° 99-242 du 26 mars 1999, article 26, décret n° 99-553 du 2 juillet 1999, article 16. – A. 23 déc. 1999. – D. n° 96-317, 10 avr. 1996, pris pour l'application du titre III de la loi n° 92-654 du 13 juillet 1992, en ce qui concerne les éléments ou produits du corps humain génétiquement modifié après avoir été prélevés ou recueillis. – A. 30 nov. 2001. – D. n° 97-685, 30 mai 1997, pris pour l'application, s'agissant d'alimentation animale, du titre III de la loi n° 92-654 du 13 juillet 1992, modifié par décret n° 99-242 du 26 mars 1999, article 27. – D. n° 98-318, 28 avr. 1998, relatif au contrôle des matières fertilisantes et des supports de culture composées en tout ou partie d'organismes génétiquement modifiés. – A. 5 mars 2013 portant création d'un traitement automatisé de données à caractère personnel relatif à la dématérialisation des procédures d'agrément ou de déclaration des projets d'utilisation d'organismes génétiquement modifiés en milieu confiné à des fins d'enseignement, de recherche et de développement prévues par les dispositions du chapitre II du titre III du livre V de la partie réglementaire du Code de l'environnement, publié au *Journal officiel* du 22 mars 2013 (Dématérialisation des procédures d'agrément ou de déclaration des projets d'utilisation d'OGM en milieu confiné à des fins d'enseignement, de recherche et de développement : création d'un traitement automatisé de données à caractère personnel) – A. 14 mars 2014 interdisant la commercialisation, l'utilisation et la culture des variétés de semences de maïs génétiquement modifié (*JO* 15 mars 2014), confirmé par la loi n° 2014-567 du 2 juin 2014 relative à l'interdiction de la mise en culture des variétés de maïs génétiquement modifié.

V. également note de service DGAL/SDQPV n° 2004-8071 du 15 mars 2004 précisant les modalités du contrôle de la dissémination volontaire d'OGM dans l'environnement (*BO min.* Agriculture 19 mars 2004, n° 12/2004).

À noter : La loi du 12 novembre 2013 habilitant le Gouvernement à simplifier les relations entre l'administration et les citoyens prévoit que le silence gardé pendant plus de deux mois par l'administration sur une demande vaut acceptation.

42 décrets ont ainsi été publiés au *Journal officiel* du 1er novembre 2014 concernant la règle « le silence de l'administration vaut accord », permettant de renverser la règle jusqu'à présent effective selon laquelle « le silence de l'administration valait rejet ». L'entrée en vigueur de la nouvelle règle est fixée au 12 novembre 2014 pour les procédures relevant de l'État et de ses établissements publics notamment s'agissant de l'agrément pour une première utilisation confinée d'un OGM de classe de confinement 2.

CHAPITRE Ier. – DISPOSITIONS GÉNÉRALES

Section I. – Définitions des techniques

Art. D. 531-1. – Les organismes, en particulier les micro-organismes, génétiquement modifiés mentionnés à l'article L. 531-1 sont obtenus notamment par les techniques définies ci-après :

1° Les techniques de recombinaison de l'acide nucléique impliquant la formation de nouvelles combinaisons de matériel génétique par l'insertion de molécules d'acide nucléique produites par quelque moyen que ce soit, en dehors d'un organisme, dans un virus, dans un plasmide bactérien ou dans tout autre système vecteur, et leur

incorporation dans un organisme hôte dans lequel elles ne sont pas présentes à l'état naturel mais dans lequel elles peuvent se multiplier de façon continue ;

2° Les techniques impliquant l'incorporation directe dans un micro-organisme ou dans un organisme de matériaux héréditaires préparés à l'extérieur du micro-organisme, ou de l'organisme, la macro-injection, la micro-injection, la micro-encapsulation et la macro-encapsulation, l'électroporation et l'utilisation de microprojectiles ;

3° Les techniques de fusion cellulaire (y compris la fusion de protoplastes) ou d'hybridation dans lesquelles des cellules vivantes présentant de nouvelles combinaisons de matériaux génétiques héréditaires sont constituées par la fusion de deux cellules ou davantage, au moyen de méthodes ne survenant pas de façon naturelle.

Art. D. 531-2. – Les techniques mentionnées à l'article L. 531-2, qui ne sont pas considérées comme donnant lieu à une modification génétique, sont les suivantes :

1° À condition qu'elles ne fassent pas appel aux techniques de recombinaison de l'acide nucléique recombinant ou à des organismes génétiquement modifiés :

a) La fécondation *in vitro* ;

b) Les processus naturels tels que la conjugaison, la transduction, la transformation ou l'infection virale ;

c) L'induction polyploïde ;

2° À condition qu'elles n'impliquent pas l'utilisation d'organismes génétiquement modifiés en tant qu'organismes récepteurs ou parentaux :

a) (Partiellement déclaré illégal, CE, 7 févr. 2020, n° 388649, Confédération paysanne et a. : JurisData n° 2020-001725) (1) La mutagenèse ;

b) La fusion cellulaire, y compris la fusion de protoplastes, de cellules de n'importe quelle espèce eucaryote, y compris d'hybridomes, et les fusions de cellules végétales d'organismes qui peuvent échanger du matériel génétique par des méthodes de sélection traditionnelles ;

c) L'infection de cellules vivantes par les virus, viroïdes ou prions ;

d) L'autoclonage, qui consiste en la suppression de séquences de l'acide nucléique dans une cellule d'un organisme, suivie ou non de la réinsertion de tout ou partie de cet acide nucléique ou d'un équivalent synthétique, avec ou sans étapes mécaniques ou enzymatiques préalables, dans des cellules de la même espèce ou dans des cellules d'espèces étroitement liées du point de vue phylogénétique qui peuvent échanger du matériel génétique par le biais de processus physiologiques naturels, si le micro-organisme qui en résulte ne risque pas de causer des maladies pouvant affecter l'homme, les animaux ou les végétaux et s'il est utilisé en milieu confiné.

L'autoclonage peut comporter l'utilisation des vecteurs recombinants dont une longue expérience a montré que leur utilisation dans les micro-organismes concernés était sans danger.

Contestation de la légalité de l'article D. 531-2. Compte tenu de l'argumentation de la requête, les conclusions doivent être regardées comme tendant à la contestation du refus d'abrogation des dispositions de l'article D. 531-2 en tant qu'elles excluent du champ d'application des dispositions du code régissant les organismes génétiquement modifiés les variétés obtenues par mutagénèse et comme tendant à ce que soit prononcé un moratoire sur les variétés de plantes, rendues tolérantes aux her-

(1) Le Conseil d'État a précisé que « l'annulation du refus d'abroger les dispositions du *a)* du 2° de l'article D. 531-2 du Code de l'environnement implique nécessairement que le Premier ministre modifie ces dispositions par décret pris après avis du Haut Conseil des biotechnologies, de telle sorte que ne soient inscrites sur la liste prévue à cet article, conformément à ce qui découle de l'interprétation donnée par la Cour de justice, en particulier des motifs du point 51 de son arrêt [n° C-528/16 du 25 juillet 2018], que les seules techniques ou méthodes de mutagénèse qui peuvent être regardées comme ayant été traditionnellement utilisées pour diverses applications et dont la sécurité est avérée depuis longtemps ». Par la même décision, la Haute juridiction a formulé un certain nombre d'injonctions aux autorités de l'État dans les articles 2 à 5 de sa décision, et notamment celle adressée au Premier ministre, de modifier le *a)* du 2° de l'article D. 531-2 du Code de l'environnement, en fixant par décret pris après avis du Haut Conseil des biotechnologies, la liste limitative des techniques ou méthodes de mutagenèse traditionnellement utilisées pour diverses applications et dont la sécurité est avérée depuis longtemps, dans un délai de six mois à compter de la notification de sa décision. Elle a également enjoint aux autorités compétentes d'identifier, dans un délai de neuf mois à compter de la notification de sa décision, au sein du catalogue commun des variétés des espèces de plantes agricoles, celles des variétés, en particulier parmi les variétés rendues tolérantes aux herbicides (VRTH), qui y auraient été inscrites sans que soit conduite l'évaluation à laquelle elles auraient dû être soumises compte tenu de la technique ayant permis de les obtenir et d'apprécier, s'agissant des variétés ainsi identifiées, s'il y a lieu de faire application des dispositions du 2 de l'article 14 de la directive 2002/53/CE du 13 juin 2002 et des articles L. 535-6 et L. 535-7 du Code de l'environnement. – NDLR.

bicides, obtenues par mutagénèse. Sursis à statuer en attendant les réponses aux 4 questions préjudicielles portant sur le point de savoir si les organismes obtenus par mutagenèse sont soumis aux règles posées par la directive relative à la dissémination volontaire d'OGM dans l'environnement d'une part (consid. 13), et par la directive concernant le catalogue commun des variétés des espèces de plantes agricoles d'autre part (consid. 14) ; sur la marge d'appréciation des États membres par rapport à la directive relative à la dissémination d'OGM dans l'environnement (consid. 21) ; sur la validité de cette directive au regard du principe de précaution (consid. 30). ▪ CE, 3 oct. 2016, n° 388649, *Confédération paysanne et a. : AJDA* 2016, 1836 ; *Énergie – Env. – Infrastr.* 2017, n° 3, concl. Cortot-Boucher ; *RJ env.* 2017, 302, note Brosset. L'arrêt a été rendu par la Cour de justice de l'Union européenne le 25 juillet 2018 (aff. C528/16 : *AJDA* 2018, 1523 ; *Dr. envir.* 2018, 383, note Hermon).

Le Conseil d'État en a tiré les conséquences en considérant que les organismes obtenus par mutagénèse doivent respecter la réglementation relative aux OGM et qu'en conséquence les associations sont fondées à demander l'abrogation du *a)* 2° de l'article D. 531-2 du Code de l'environnement qui exclut la mutagénèse des OGM (▪ CE, 7 févr. 2020, n° 388649, *Confédération paysanne et a. : Lebon* ; Y. Petit, *OGM : les OGM obtenus par mutagenèse doivent respecter la réglementation alternative aux OGM : RD rur.*2020, n° 483, comm. 97 ; A. Muller-Curzydlo, *Conseil d'État : organismes obtenus par mutagenèse : Énergie – Env. – Infrastr.* 2020, n° 3, alerte 41 ; Gaillard, *Énergie – Env. – Infrastr.* 2019, n° 20 ; Hemmon, *Dr. env.* 2020, 111, comm).

Par un arrêt *Confédération paysanne c/ Premier ministre* du 7 février 2023 (▪ CJUE, 7 févr. 2023, aff. C-688/21), la Cour de justice de l'Union européenne a conclu que les organismes obtenus par des techniques de mutagenèse, qui sont fondées sur les mêmes modalités de modification par l'agent mutagène du matériel génétique de l'OGM qu'une technique de mutagenèse traditionnellement utilisée pour diverses applications et dont la sécurité est avérée depuis longtemps, mais qui se distingue de cette seconde technique par d'autres caractéristiques sont, en principe, exclues de l'exemption prévue par la directive pour autant qu'il soit établi que ces caractéristiques soient susceptibles d'entraîner des modifications du matériel génétique différentes par leur nature ou par le rythme auquel se produisent celles qui résultent de l'application de la seconde méthode de mutagenèses. Toutefois, les effets inhérents aux cultures *in vitro* ne justifient pas en tant que tel que soient exclus de cette exemption les organismes obtenus par l'application *in vitro*.

Depuis lors, l'Union européenne a élaboré un nouveau texte qui autorise sous le titre de nouveaux OGM la mutagenèse sous certaines conditions, cette technologie n'étant pas considérée comme produisant un OGM. Le texte est en phase conclusive, mais n'a pas encore été voté.

De plus, en application du principe de précaution, le ministre devait rechercher s'il existait des éléments accréditant un risque de dommages graves et irréversibles pour l'environnement où d'atteinte à l'environnement et dans l'affirmative de veiller à ce que les procédures d'évaluation du risque soient mises en œuvre par les autorités publiques. En vertu du principe de précaution, il appartenait au Premier ministre « de rechercher s'il existait, en lien avec leurs caractéristiques ou les modalités d'utilisation qui leur sont propres, des éléments circonstanciés de nature à accréditer l'hypothèse d'un risque de dommage grave et irréversible pour l'environnement ou d'atteinte à l'environnement susceptible de nuire de manière grave à la santé ». Si cette condition était remplie, il lui incombait de veiller à ce que des procédures d'évaluation du risque identifié soient mises en œuvre par les autorités publiques ou sous leur contrôle et de vérifier que des mesures de protection étaient prises pouvant aller jusqu'à l'interdiction. En l'espèce, ces facteurs de risque sont pour partie liés aux pratiques culturales et n'ont pas été pris en compte complètement et directement dans le cadre de la mise sur le marché. C'est donc à tort que le Premier ministre a refusé de prendre quelque mesure que ce soit et, il lui est enjoint dans un délai de 6 mois à compter de la notification de la décision, d'améliorer la connaissance d'apparition et de développement des résistances des adventices ou à l'augmentation des usages des aux herbicides. (même arrêt).

(V. sous art. L. 531-2, comm. n° 3, p. 1103). L'arrêt tranche la question et reconnaît que les plantes obtenues par mutagenèse sont des OGM. L'article D. 531-2 devra doit être modifié en conséquence.

Art. D. 531-3 ***(Rempl., D. n° 2011-1177, 23 sept. 2011)*** (1). **– Les techniques et les définitions mentionnées aux articles D. 531-1 et D. 531-2 sont interprétées et mises en œuvre en fonction de l'évolution des connaissances scientifiques dans le domaine du génie génétique, de la génétique moléculaire et de la biologie cellulaire.**

(1) Les agréments en cours de validité le 26 septembre 2011 demeurent valables dans les conditions et jusqu'au terme du délai fixés dans la décision d'agrément, D. n° 2011-1177, 23 sept. 2011, art. 7.

Section III. – Commission d'étude de la dissémination des produits issus du génie biomoléculaire

(Sect. comprenant les anciens articles D. 531-15 à D. 531-23 abr., D. n° 2008-279, 21 mars 2008. – V. ce texte).

CHAPITRE II. – UTILISATION CONFINÉE DES ORGANISMES GÉNÉTIQUEMENT MODIFIÉS

(Rempl., D. n° 2011-1177, 23 sept. 2011) (1)

Le décret n° 2011-1177 du 23 septembre 2011 relatif à l'utilisation confinée d'organismes génétiquement modifiés est pris en application des articles 11 et 13 de la loi n° 2008-595 du 25 juin 2008 relative aux OGM. Il concerne les utilisations à des fins de recherche, de développement ou d'enseignement et les utilisations à des fins de production industrielle.

L'utilisation confinée d'OGM est conditionnée à l'obtention d'un agrément délivré par la préfecture dans le cas de production industrielle d'OGM et par le ministre chargé de la recherche dans le cas d'utilisation à des fins de recherche. Le nouveau décret vient modifier cette procédure conformément à la directive n° 2009/41/CE du Parlement européen et du Conseil du 6 mai 2009 relative à l'utilisation confinée de micro-organismes génétiquement modifiés.

Conformément à la directive n° 2009/41/CE, il faut comprendre par « utilisation confinée » toute opération dans laquelle des micro-organismes sont génétiquement modifiés ou dans laquelle des OGM sont cultivés, stockés, transportés, détruits, éliminés ou utilisés de toute autre manière et pour laquelle des mesures de confinement spécifiques sont prises pour limiter le contact de ces micro-organismes avec l'ensemble de la population et l'environnement ainsi que pour assurer à ces derniers un niveau élevé de sécurité.

Le décret définit le classement des OGM en groupes en fonction des risques qu'ils présentent pour la santé publique ou pour l'environnement : du groupe I présentant le risque le plus faible au groupe IV le plus élevé. Sont par ailleurs précisés les critères de classement des utilisations confinées d'OGM en 4 classes de confinement en fonction du groupe de l'organisme et des caractéristiques de l'opération.

S'agissant des utilisations de classe de confinement 1, c'est-à-dire à faible risque, les établissements sont soumis à une simple déclaration d'utilisation de l'OGM. La composition du dossier est indiquée dans le décret. Les utilisations confinées d'OGM relevant des classes de confinement 2 à 4 sont soumises à agrément. Pour les classes de confinement 3 et 4, les exploitants sont soumis à un régime plus strict : ils doivent notamment mettre à disposition du public un dossier d'information lorsqu'il s'agit d'un agrément relatif à la première utilisation confinée de l'OGM, et prévoir un plan d'urgence qui définit les modalités d'organisation, les méthodes d'intervention et les moyens nécessaires, y compris en matière d'alerte et d'information à mettre en œuvre pour assurer la protection du personnel et de la population.

Le décret établit en outre les conditions de mise en œuvre d'organismes génétiquement modifiés dans le domaine de la production industrielle auparavant soumises à la réglementation des installations classées (R. 515-32 et s. du Code de l'environnement). Les dispositions désormais applicables à l'utilisation confinée d'OGM à des fins industrielles sont les dispositions générales applicables à toute utilisation confinée ainsi que les dispositions applicables aux utilisations à des fins de recherche. Des adaptations sont cependant prévues aux R. 532-25 et suivants du Code de l'environnement nouvellement créés, notamment en ce qui concerne la compétence du préfet et non du ministre de la Recherche ou la délivrance de l'agrément sans condition de durée, mais avec l'obligation d'évaluer au moins tous les cinq ans les utilisations confinées, les mesures de confinement et les autres mesures de protection.

Ainsi, le décret n° 2011-1177 du 23 septembre 2011 comporte les mesures suivantes :

– la mise à la disposition du public d'un dossier d'information par l'exploitant lorsque l'agrément pour l'utilisation confinée d'organismes génétiquement modifiés porte sur la première utilisation de tels organismes dans une installation ;

– les conditions de mise en œuvre d'organismes génétiquement modifiés dans le domaine de la production industrielle ;

– les critères de classement des utilisations confinées d'organismes génétiquement modifiés en fonction du groupe de l'organisme génétiquement modifié et des caractéristiques de l'opération ;

– les critères d'établissement de l'innocuité des organismes génétiquement modifiés pour l'environnement et la santé publique ;

– les conditions de délivrance de l'agrément à l'exploitant de l'installation par l'autorité administrative.

(1) Les agréments en cours de validité le 26 septembre 2011 demeurent valables dans les conditions et jusqu'au terme du délai fixés dans la décision d'agrément, D. n° 2011-1177, 23 sept. 2011, art. 7.

Section I. – Dispositions générales

Art. R. 532-1 *(Rempl., D. n° 2011-1177, 23 sept. 2011).* – **Les dispositions du présent chapitre ne s'appliquent pas aux organismes génétiquement modifiés utilisés uniquement de manière confinée dont l'innocuité pour la santé publique et l'environnement a été établie par application des critères énumérés dans la partie B de l'annexe II de la directive 2009/41/CE du Parlement européen et du Conseil du 6 mai 2009 relative à l'utilisation confinée de micro-organismes génétiquement modifiés.**

Art. D. 532-2 *(Anc. art. R. 532-2, dénum. et rempl., D. n° 2011-1177, 23 sept. 2011).* – **Le classement en groupes, prévu par l'article L. 532-1, des organismes, en particulier des micro-organismes, génétiquement modifiés en fonction des risques qu'ils présentent pour la santé publique ou pour l'environnement obéit aux critères suivants :**

1° Le groupe I comprend les organismes, en particulier les micro-organismes, génétiquement modifiés réunissant les conditions suivantes :

a) **L'organisme, en particulier le micro-organisme, récepteur ou parental, n'est susceptible ni de provoquer une maladie chez l'homme, les animaux ou les végétaux ni de causer des effets négatifs sur l'environnement ;**

b) **Le vecteur et l'insert sont d'une nature telle qu'ils ne puissent doter l'organisme, notamment le micro-organisme, génétiquement modifié d'un phénotype susceptible de provoquer une maladie chez l'homme, les animaux ou les végétaux ou de causer des effets négatifs sur l'environnement ;**

c) **L'organisme génétiquement modifié, en particulier le micro-organisme, n'est susceptible ni de provoquer une maladie chez l'homme, les animaux ou les végétaux ni de causer des effets négatifs sur l'environnement ;**

2° Le groupe II comprend les agents biologiques pouvant provoquer une maladie chez l'homme et constituer un danger pour les travailleurs, ou causer des effets négatifs sur l'environnement. Leur propagation dans la collectivité est peu probable et il existe généralement une prophylaxie ou un traitement efficaces ;

3° Le groupe III comprend les agents biologiques pouvant provoquer une maladie grave chez l'homme et constituer un danger sérieux pour les travailleurs, ou causer des effets négatifs sur l'environnement. Leur propagation dans la collectivité est possible mais il existe généralement une prophylaxie ou un traitement efficaces ;

4° Le groupe IV comprend les agents biologiques qui provoquent des maladies graves chez l'homme et constituent un danger sérieux pour les travailleurs, ou causent des effets négatifs sur l'environnement. Le risque de leur propagation dans la collectivité est élevé et il n'existe généralement ni prophylaxie ni traitement efficace.

Légalité. Neuf associations et syndicats ont contesté la légalité de l'article D. 531-2 du Code de l'environnement, excluant du champ de la réglementation des organismes génétiquement modifiés les organismes obtenus par mutagénèse. Le Premier ministre ayant refusé d'abroger cet article, les requérants ont saisi le Conseil d'État aux fins d'enjoindre à ce dernier de procéder à cette abrogation et de prononcer un moratoire sur les variétés de plantes, rendues tolérantes aux herbicides, obtenues par mutagénèse. La Haute juridiction administrative a renvoyé à la CJUE quatre questions relatives à la réglementation européenne des OGM (▪ CE, 3 oct. 2016, n° 388649, *Confédération paysanne et a.*). La cour de Justice a donné raison pour une large part aux associations considérant que les plantes obtenues par mutagénèse étaient soumises à la législation OGM (V. sous art. L. 531-2, comm. n° 3, p. 1103). Mais, une nouvelle législation est en cours d'élaboration au niveau communautaire pour contourner cette décision en définissant différemment les organismes obtenus par mutagenèse en fonction du nombre de mutations réalisées.

Voir : C. Hermon, *L'adaptation du droit aux évolutions technologiques. Le cas de la mutagénèse* : *RD rur.* 2017, n° 449. – E. Cortot-Boucher, *Les variétés de plantes obtenues par mutagénèse doivent-elles être regardées comme des OGM ?* : *Énergie – Env. – Infrastr.* 2017, n° 1.

Art. D. 532-3 *(Anc. art. R. 532-3, dénum. et rempl., D. n° 2011-1177, 23 sept. 2011 ; mod. à compter du 1er janvier 2022, D. n° 2021-1905, 30 déc. 2021)* (1). – **Le classement, prévu par l'article L. 532-1, des**

(1) Dispositions d'application transitoires : V. D. n° 2021-1905, 30 déc. 2021.

utilisations confinées d'organismes, en particulier de micro-organismes, génétiquement modifiés en classes de confinement en fonction du groupe de l'organisme défini à l'article D. 532-2 et des caractéristiques de l'opération, obéit aux critères suivants :

1° La classe de confinement 1 est constituée des opérations mettant en œuvre des organismes génétiquement modifiés du groupe I et dont le risque pour la santé humaine et pour l'environnement est nul ou négligeable ;

2° La classe de confinement 2 est constituée des opérations mettant en œuvre des organismes génétiquement modifiés du groupe II et dont le risque pour la santé humaine et pour l'environnement est faible ;

3° La classe de confinement 3 est constituée des opérations mettant en œuvre des organismes génétiquement modifiés du groupe III et dont le risque pour la santé humaine et pour l'environnement est modéré ;

4° La classe de confinement 4 est constituée des opérations mettant en œuvre des organismes génétiquement modifiés du groupe IV et dont le risque pour la santé humaine ou pour l'environnement est élevé.

Ces classes de confinement correspondent aux niveaux de confinement 1, 2, 3 et 4 définis à l'annexe IV de la directive 2009/41/CE du Parlement européen et du Conseil du 6 mai 2009 relative à l'utilisation confinée de micro-organismes génétiquement modifiés.

Si les caractéristiques de l'opération exigent un niveau de confinement différent de celui qu'entraîne ce classement, l'utilisation d'un organisme génétiquement modifié peut être rangée sur avis du Comité d'expertise des utilisations confinées d'organismes génétiquement modifiés dans une autre classe de confinement que celle prévue par ledit classement.

Art. R. 532-4 *(Rempl., D. n° 2011-1177, 23 sept. 2011 ; abr. à compter du 1er janvier 2022, D. n° 2021 1905, 30 déc. 2021).* (1)

Section II. – Comité d'expertise des utilisations confinées d'organismes génétiquement modifiés

(Créée à compter du 1er janvier 2022, D. n° 2021-1905, 30 déc. 2021) (1)

Art. D. 532-4 *(Créé à compter du 1er janvier 2022, D. n° 2021-1905, 30 déc. 2021).* – Le comité prévu à l'article L. 532-1, dénommé « Comité d'expertise des utilisations confinées d'organismes génétiquement modifiés », est composé d'au maximum quinze membres répartis, en fonction de leurs domaines d'expertise respectifs, de la manière suivante :

– quatre membres au moins disposant d'une expertise reconnue en virologie humaine ou animale ;
– deux membres au moins en biologie ou en pathologie végétales ;
– un membre au moins en parasitologie ou en mycologie ;
– un membre au moins en génie génétique ou en biotechnologie ;
– un membre au moins en génétique humaine ;
– un membre au moins en matière de recherche impliquant des animaux vivants ;
– trois membres au moins en bactériologie, y compris en bactériologie végétale.

Les membres du comité, parmi lesquels le président est désigné, sont nommés, par arrêté du ministre chargé de la recherche pour une durée de cinq ans, renouvelable une fois.

Deux de ces membres sont nommés sur proposition du ministre de la défense.

Art. R. 532-4-1 *(Créé à compter du 1er janvier 2022, D. n° 2021-1905, 30 déc. 2021).* – En cas de démission ou de décès d'un membre du comité, il peut être remplacé pour la durée restant à courir de son mandat.

En cas de vacance de la présidence, le comité désigne, en son sein, à la demande du ministre chargé de la recherche, la personne chargée d'en assurer l'intérim.

Cette désignation s'effectue à la majorité des membres présents ou représentés, sans règle de quorum.

Art. D. 532-4-2 *(Créé à compter du 1er janvier 2022, D. n° 2021-1905, 30 déc. 2021).* – En cas d'empêchement, le président est suppléé par le doyen d'âge des membres.

(1) Dispositions d'application transitoires : V. D. n° 2021-1905, 30 déc. 2021.

Art. R. 532-4-3 *(Créé à compter du 1er janvier 2022, D. n° 2021-1905, 30 déc. 2021).* – Le président peut appeler des experts extérieurs à participer aux travaux du comité, en tant que collaborateurs occasionnels, si leur collaboration technique est jugée nécessaire. Lorsqu'ils prennent part aux débats, ils n'ont pas voix délibérative.

Art. D. 532-4-4 *(Créé à compter du 1er janvier 2022, D. n° 2021-1905, 30 déc. 2021).* – Sauf pour les remplacements intervenant au titre de la dernière année d'un mandat en cours et pour les membres proposés par le ministère de la défense, la nomination des membres du comité intervient à l'issue d'une procédure d'appel public à candidatures. Cette procédure s'applique également aux membres souhaitant effectuer un second mandat.

Les candidats adressent au ministre chargé de la recherche un dossier comportant une lettre de motivation, un *curriculum vitae*, assorti d'une liste de leurs publications.

Le ministre de la défense adresse au ministre chargé de la recherche, pour chacun des membres qu'il propose, le dossier mentionné à l'alinéa précèdent.

Art. R. 532-4-5 *(Créé à compter du 1er janvier 2022, D. n° 2021-1905, 30 déc. 2021).* – Les membres du comité adressent la déclaration d'intérêt préalable prévue à l'article L. 411-5 du Code de la recherche au ministre chargé de la recherche.

Elle est transmise au président du comité à l'occasion de l'entrée en fonctions des membres.

Les experts extérieurs mentionnés à l'article R. 532-4-3 du présent code sont soumis à cette obligation, à laquelle ils se conforment au début de leur collaboration et, en tout état de cause, avant leur participation aux séances du comité.

Art. R. 532-4-6 *(Créé à compter du 1er janvier 2022, D. n° 2021-1905, 30 déc. 2021).* – Les membres du comité ne peuvent participer aux débats portant sur les demandes d'avis prévues au présent chapitre, s'ils ont un intérêt, direct ou indirect, à l'affaire examinée.

Cette règle s'applique également aux experts extérieurs mentionnés à l'article R. 532-4-3.

Art. D. 532-4-7 *(Créé à compter du 1er janvier 2022, D. n° 2021-1905, 30 déc. 2021).* – En cas d'urgence ou de vacance de la présidence, le ministre de la recherche exerce les missions dévolues au président par l'article R. 133-5 du Code des relations entre le public et l'administration pour convoquer les membres aux séances et en fixer l'ordre du jour.

Art. R. 532-4-8 *(Créé à compter du 1er janvier 2022, D. n° 2021-1905, 30 déc. 2021).* – Le comité adopte un règlement intérieur qui précise son fonctionnement. Ce règlement énonce, notamment, les règles de déontologie applicables aux membres du comité. Il prévoit, à cet effet, les conditions dans lesquelles les membres du comité s'abstiennent de prendre part aux discussions et aux votes, en vue de prévenir toute situation de conflit d'intérêts.

Il est approuvé par la majorité des deux tiers des membres. Il est soumis à l'approbation du ministre chargé de la recherche.

Art. D. 532-4-9 *(Créé à compter du 1er janvier 2022, D. n° 2021-1905, 30 déc. 2021).* – Les membres du comité et le comité lui-même dans ses avis préservent la confidentialité des informations qu'ils sont amenés à connaître, notamment au regard de la protection de la propriété intellectuelle et industrielle.

Art. D. 532-4-10 *(Créé à compter du 1er janvier 2022, D. n° 2021-1905, 30 déc. 2021).* – Le président ou un membre du comité peuvent être désignés par le ministre chargé de la recherche, le cas échéant, à la demande d'une autre autorité compétente en matière d'utilisation confinée d'organismes génétiquement modifiés, pour participer aux travaux de l'Union européenne relevant du domaine de compétence du comité.

Art. D. 532-4-11 *(Créé à compter du 1er janvier 2022, D. n° 2021-1905, 30 déc. 2021).* – Le président, les membres du comité et les experts extérieurs mentionnés à l'article D. 532-4-3 perçoivent une indemnité dont les modalités et le taux sont arrêtés par le ministre chargé de la recherche. Le remboursement de leurs frais de déplacement est effectué dans les conditions prévues par le décret n° 2006-781 du 3 juillet 2006 fixant les conditions et les modalités de règlement des frais occasionnés par les déplacements temporaires des personnels civils de l'État.

Section III – Dispositions relatives aux utilisations confinées d'organismes génétiquement modifiés à des fins de recherche, de développement ou d'enseignement

(Ancienne section II dénum. à compter du 1er janvier 2022, D. n° 2021-1905, 30 déc. 2021) (1)

Voir : A. 5 mars 2013, portant création d'un traitement automatisé de données à caractère personnel relatif à la dématérialisation des procédures d'agrément ou de déclaration des projets d'utilisation d'organismes génétiquement modifiés en milieu confiné à des fins d'enseignement, de recherche et de développement prévues par les dispositions du chapitre II du titre III du livre V de la partie réglementaire du Code de l'environnement, publié au *Journal officiel* du 22 mars 2013 (Dématérialisation des procédures d'agrément ou de déclaration des projets d'utilisation d'OGM en milieu confiné à des fins d'enseignement, de recherche et de développement : création d'un traitement automatisé de données à caractère personnel).

Sous-section 1. – Dispositions relatives à l'autorisation d'utilisation

(Intitulé mod. à compter du 1er janvier 2022, D. n° 2021-1905, 30 déc. 2021)

Art. R. 532-5 *(Rempl. à compter du 1er janvier 2022, D. n° 2021-1905, 30 déc. 2021).* **– L'autorisation d'utilisation prévue à l'article L. 532-3 est délivrée, pour une durée qui ne peut excéder cinq ans, par décision du ministre chargé de la recherche. Elle est transmise pour information, à sa demande, au ministre chargé de l'environnement.**

L'autorisation peut être renouvelée dans les mêmes conditions.

Art. R. 532-6 *(Rempl., D. n° 2011-1177, 23 sept. 2011 ; mod. à compter du 1er janvier 2022, D. n° 2021-1905, 30 déc. 2021).* **– La demande d'autorisation d'utilisation est adressée au ministre chargé de la recherche.**

Elle est établie par l'exploitant de l'installation dans laquelle l'utilisation doit être mise en œuvre.

Elle indique :

1° S'il s'agit d'une personne physique, ses nom, prénoms et domicile et, s'il s'agit d'une personne morale, sa dénomination ou sa raison sociale, sa forme juridique, l'adresse de son siège social ainsi que la qualité du signataire de la demande ;

2° L'adresse de l'installation dans laquelle aura lieu l'utilisation qui fait l'objet de la demande et l'agrément dont elle dispose, le cas échéant ;

3° La nature de l'utilisation que le demandeur se propose d'exercer ;

4° Les organismes génétiquement modifiés qui seront utilisés et la classe de confinement dont relève cette utilisation ;

5° Le nom du responsable de l'utilisation et ses qualifications ;

6° Les capacités financières de la personne privée exploitant une installation relevant d'une classe de confinement 3 ou 4 ;

7° Les procédures internes permettant de suspendre provisoirement l'utilisation ou de cesser l'activité.

Cette demande est accompagnée d'un dossier technique comportant, notamment, le descriptif de l'installation et des mesures de confinement. Son contenu est fixé par arrêté conjoint des ministres chargés, respectivement, de la recherche, de la santé et de l'environnement.

Lorsqu'elle font suite à une autorisation valant agrément en application de l'article R. 532-11, les demandes d'autorisation d'utilisation portant sur des classes de confinement égales ou inférieures à celles de l'autorisation sont présentées selon les mêmes modalités. Elles sont toutefois dispensées de la présentation de l'installation et des mesures de confinement. Elles mentionnent le numéro d'agrément de l'installation.

Voir : A. 28 mars 2012, relatif au dossier technique demandé pour les utilisations confinées d'organismes génétiquement modifiés prévu aux articles R. 532-6, R. 532-14 et R. 532-26 du Code de l'environnement.

Art. R. 532-7 *(Rempl., D. n° 2011-1177, 23 sept. 2011 ; mod. à compter du 1er janvier 2022, D. n° 2021-1905, 30 déc. 2021).* **– Dans sa demande, l'exploitant de l'installation peut indiquer les informations autres que celles mentionnées à l'article L. 532-4-1 qu'il souhaite ne pas voir divulguées à des tiers et fournit les éléments de nature à justifier le caractère confidentiel de ces informations. Le ministre**

(1) Dispositions d'application transitoires : V. D. n° 2021-1905, 30 déc. 2021.

chargé de la recherche, après consultation du demandeur en cas de divergence, décide des informations qui sont tenues confidentielles. L'autorisation porte mention de cette décision.

Art. R. 532-8 *(Rempl., D. n° 2011-1177, 23 sept. 2011 ; mod., D. n° 2015-692, 18 juin 2015 ; mod. à compter du 1er janvier 2022, D. n° 2021-1905, 30 déc. 2021).* – La demande d'autorisation d'une utilisation confinée d'organismes génétiquement modifiés des classes de confinement 3 ou 4 comprend un plan d'urgence.

Ce plan définit les modalités d'organisation, les méthodes d'intervention et les moyens nécessaires, y compris en matière d'alerte et d'information, que l'exploitant de l'installation met en œuvre pour assurer la protection du personnel, de la population ou de l'environnement.

Il est modifié chaque fois que les conditions de mise en œuvre des organismes génétiquement modifiés rendent sa mise à jour nécessaire, et lors du renouvellement de l'autorisation.

Une copie du plan d'urgence est :

1° Disponible en permanence dans l'installation où est mise en œuvre l'utilisation confinée ;

2° Transmise par le ministre chargé de la recherche au maire de la commune ou de l'arrondissement dans lequel l'utilisation confinée doit être mise en œuvre qui le transmet aux autres autorités susceptibles d'être appelés à prendre des mesures en cas d'accident.

Il en est de même des modifications de ce plan d'urgence.

Art. R. 532-9 *(Rempl., D. n° 2011-1177, 23 sept. 2011 ; mod., D. n° 2015-692, 18 juin 2015 ; mod. à compter du 1er janvier 2022, D. n° 2021-1905, 30 déc. 2021).* – Le ministre chargé de la recherche délivre au demandeur un accusé de réception du dossier de demande d'autorisation d'utilisation mentionnant sa date de réception. Si le dossier est incomplet ou irrégulier, il invite le demandeur à compléter ou à régulariser celui-ci et l'informe de ce que le délai dans lequel il doit être statué sur la demande est suspendu jusqu'à la réponse et qu'en l'absence de réponse dans un délai qu'il fixe la demande sera réputée abandonnée.

Dès que le dossier de demande d'autorisation d'utilisation est complet, le ministre chargé de la recherche le transmet au Comité d'expertise des utilisations confinées d'organismes génétiquement modifiés pour avis et notifie à l'intéressé la date à laquelle, en l'absence de décision expresse, la demande sera réputée rejetée ou, en application du quatrième alinéa de l'article R. 532-11, accordée.

Le ministre chargé de la recherche peut à tout moment, sur proposition du Comité d'expertise des utilisations confinées d'organismes génétiquement modifiés, inviter le demandeur à lui communiquer des informations complémentaires en l'informant de ce que le délai dans lequel il doit être statué sur la demande est suspendu jusqu'à la réponse et qu'en l'absence de réponse dans un délai de deux mois la demande sera réputée rejetée.

Au cours de l'examen de la demande d'agrément d'utilisation, le Comité d'expertise des utilisations confinées d'organismes génétiquement modifiés peut entendre le demandeur. Il peut également déléguer, en tant que de besoin, un ou plusieurs de ses membres pour visiter l'installation.

Art. R. 532-10 *(Rempl., D. n° 2011-1177, 23 sept. 2011 ; mod. à compter du 1er janvier 2022, D. n° 2021-1905, 30 déc. 2021).* – Le Comité d'expertise des utilisations confinées d'organismes génétiquement modifiés transmet son avis au ministre chargé de la recherche dans un délai de trente-cinq jours.

Ce délai est porté à soixante-quinze jours en cas de première demande d'autorisation d'utilisation confinée d'organismes génétiquement modifiés de classe de confinement 3 ou 4.

Il est suspendu pendant la même période que le délai dans lequel il doit être statué sur la demande d'autorisation d'utilisation en cas de mise en œuvre du troisième alinéa de l'article R. 532-9.

Art. R. 532-11 *(Rempl., D. n° 2011-1177, 23 sept. 2011 ; mod., D. n° 2015-692, 18 juin 2015 ; mod. à compter du 1er janvier 2022, D. n° 2021-1905, 30 déc. 2021).* – Le ministre chargé de la recherche statue sur la demande par décision notifiée au demandeur dans un délai de quarante-cinq jours à compter de la date de réception du dossier.

Ce délai est de quatre-vingt-dix jours en cas de première demande d'autorisation d'utilisation confinée d'organismes génétiquement modifiés de classe de confinement 3 ou 4.

La décision d'autorisation mentionne qu'elle ne vaut que pour l'utilisation présentée dans la demande, sous réserve que l'agrément de l'installation soit en cours de validité.

Lorsque la décision porte sur une première demande, elle mentionne que l'autorisation vaut agrément de l'installation pour la classe de confinement correspondant à l'utilisation présentée dans la demande et, le cas échéant, pour les classes inférieures.

En l'absence de décision contraire du ministre chargé de la recherche, l'utilisation d'un organisme génétiquement modifié de classe de confinement 2 dont l'autorisation est demandée pour la première fois par l'intéressé peut être entreprise après l'expiration d'un délai de quarante-cinq jours.

Si, après avoir recueilli l'avis du Comité d'expertise des utilisations confinées d'organismes génétiquement modifiés, le ministre chargé de la recherche estime que l'utilisation projetée n'est pas soumise aux dispositions législatives du présent titre ou du présent chapitre, ou est soumise à déclaration d'utilisation, il en avise le demandeur dans les quarante-cinq jours qui suivent la réception de la demande. Ce délai est de quatre-vingt-dix jours en cas de première demande d'autorisation d'utilisation de classe de confinement 3 ou 4.

Art. R. 532-12 *(Rempl., D. n° 2011-1177, 23 sept. 2011 ; mod., D. n° 2015-692, 18 juin 2015 ; mod. à compter du 1er janvier 2022, D. n° 2021-1905, 30 déc. 2021).* – L'autorisation d'utilisation peut être assortie de prescriptions spéciales, en particulier si, dans la même installation, il est utilisé des organismes génétiquement modifiés de classes de confinement différentes. Dans ce cas, les prescriptions applicables à la classe de confinement la plus élevée peuvent être exigées pour l'ensemble des utilisations mises en œuvre dans cette installation.

Art. R. 532-13 *(Rempl., D. n° 2011-1177, 23 sept. 2011 ; mod. à compter du 1er janvier 2022, D. n° 2021-1905, 30 déc. 2021).* – I. – Lorsque la demande d'autorisation porte sur la première utilisation confinée d'organismes génétiquement modifiés de classe de confinement 3 ou 4 telle que définie à l'article D. 532-3, elle comprend en outre un dossier d'information destiné au public.

Ce dossier comprend :

1° Les informations ne pouvant être considérées comme confidentielles en application de l'article L. 532-4-1 ;

2° L'adresse du Comité d'expertise des utilisation d'organismes génétiquement modifiés, auprès de qui le public peut faire connaître ses éventuelles observations.

Il est ajouté à ce dossier après délivrance de l'autorisation toutes informations utiles sur le classement des organismes génétiquement modifiés qui pourront être mis en œuvre dans l'installation ainsi que sur les mesures de confinement, les moyens d'intervention en cas de sinistre et les prescriptions techniques au respect desquels l'autorisation est subordonnée.

II. – Dès la délivrance de l'autorisation, l'exploitant transmet le dossier d'information destiné au public au maire de la commune ou de l'arrondissement où est située l'installation ainsi qu'au préfet du département.

III. – Un avis au public est affiché en mairie pendant un mois, aux frais de l'exploitant de l'installation et par les soins du maire, dans les huit jours qui suivent la réception du dossier à la mairie.

IV. – Cet avis mentionne l'organisme génétiquement modifié utilisé et l'adresse de l'installation dans laquelle l'utilisation doit être réalisée ; il indique que le dossier d'information est consultable sur place et les jours et heures de consultation. L'accomplissement de cet affichage est certifié par le maire de la commune.

Information du public. L'information du public est considérée comme complète si les données nécessaires ont été mises en ligne sur internet, un comité local de suivi a été mis en place, une fiche d'information a été affichée dans les mairies concernées et une consultation du public a été organisée (■ CAA Nancy, 10 janv. 2011, nos 09NC01483 et 09NC01171, *Institut national de recherche agronomique*).

Sous-section 2. – Dispositions relatives à la déclaration d'utilisation

Art. R. 532-14 *(Rempl., D. n° 2011-1177, 23 sept. 2011 ; mod. à compter du 1er janvier 2022, D. n° 2021-1905, 30 déc. 2021).* – La déclaration prévue à l'article L. 532-3 est effectuée auprès du ministre chargé de la recherche, pour une utilisation dont la durée ne peut excéder cinq ans. Elle peut être renouvelée dans les mêmes conditions.

La déclaration est établie par l'exploitant de l'installation dans laquelle l'utilisation doit être mise en œuvre.

Elle indique :

1° Si le déclarant est une personne physique, ses nom, prénoms et domicile et, s'il s'agit d'une personne morale, sa dénomination ou sa raison sociale, sa forme juridique, l'adresse de son siège social ainsi que la qualité du signataire de la déclaration ;

2° L'adresse de l'installation dans laquelle aura lieu l'utilisation qui fait l'objet de la déclaration ;

3° Le cas échéant, le numéro d'agrément de l'installation ;

4° La nature de l'utilisation que le déclarant se propose d'exercer ;

5° Les organismes génétiquement modifiés qui seront utilisés et la classe de confinement dont ils relèvent ;

6° Le nom du responsable de l'utilisation et ses qualifications ;

7° Les procédures internes permettant de suspendre provisoirement l'utilisation ou de cesser l'activité.

Cette déclaration est accompagnée d'un dossier technique dont le contenu est fixé par arrêté conjoint des ministres chargés respectivement de l'environnement, de la santé et de la recherche.

Dans une installation agréée pour les utilisations présentant un risque nul ou négligeable, le dossier d'évaluation du risque mentionné au quatrième alinéa du I de l'article L. 532-3 se conforme aux prescriptions de cet arrêté.

L'exploitant de l'installation peut indiquer dans sa déclaration les informations autres que celles mentionnées à l'article L. 532-4-1 qu'il souhaite ne pas voir divulguées à des tiers dans les conditions prévues à l'article R. 532-7.

Voir : A. 28 mars 2012, relatif au dossier technique demandé pour les utilisations confinées d'organismes génétiquement modifiés prévu aux articles R. 532-6, R. 532-14 et R. 532-26 du Code de l'environnement.

Art. R. 532-15 *(Rempl., D. n° 2011-1177, 23 sept. 2011 ; mod., D. n° 2015-692, 18 juin 2015 ; mod. à compter du 1er janvier 2022, D. n° 2021-1905, 30 déc. 2021).* – Si le dossier de déclaration d'utilisation est incomplet, le ministre chargé de la recherche invite le déclarant à le compléter.

Dès que le dossier est complet, le ministre chargé de la recherche délivre un récépissé au déclarant.

L'utilisation peut être entreprise dès réception du récépissé.

Le récépissé de déclaration d'utilisation mentionne qu'il ne vaut que pour l'utilisation confinée prévue sous réserve que l'agrément soit en cours de validité.

En tant que de besoin, le ministre chargé de la recherche peut solliciter l'avis du Comité d'expertise des utilisations confinées d'organismes génétiquement modifiées sur la déclaration. L'avis est rendu dans un délai de trente-cinq jours à compter de la date de saisine du comité.

Lorsqu'il est procédé à une déclaration d'utilisation de classe de confinement 1, en l'absence d'opposition du ministre chargé de la recherche à l'expiration d'un délai de quarante-cinq jours à compter de la date de récépissé de la déclaration, l'installation est réputée agréée pour toute utilisation relevant de cette classe. Le récépissé de déclaration mentionne ce délai.

Le ministre chargé de la recherche peut à tout moment inviter le déclarant à lui communiquer des informations complémentaires.

Art. R. 532-16 *(Rempl., D. n° 2011-1177, 23 sept. 2011 ; mod., D. n° 2015-692, 18 juin 2015 ; mod. à compter du 1er janvier 2022, D. n° 2021-1905, 30 déc. 2021).* – Le ministre de la recherche délivre en même temps que le récépissé les prescriptions générales applicables à l'utilisation déclarée, fixées par l'arrêté prévu à l'article R. 532-17. Si l'installation est déjà agréée pour l'utilisation confinée d'organismes génétiquement modifiés pour une classe de confinement égale ou supérieure, ces prescriptions indiquent le niveau de confinement qui doit être respecté pour l'ensemble des utilisations déclarées ou autorisées.

Sous-section 3. – Dispositions communes à l'agrément et à la déclaration d'utilisation

Art. R. 532-17 *(Rempl., D. n° 2011-1177, 23 sept. 2011 ; mod., D. n° 2015-692, 18 juin 2015 ; mod. à compter du 1er janvier 2022, D. n° 2021-1905, 30 déc. 2021).* – Des prescriptions techniques générales, applicables aux utilisations confinées d'organismes génétiquement modifiés, peuvent être fixées par arrêté conjoint des ministres chargés respectivement de l'environnement, de la santé et de la recherche, après avis du Comité d'expertise des utilisations confinées d'organismes génétiquement modifiés.

Art. D. 532-17-1 *(Implicitement abr., D. n° 2011-1177, 23 sept. 2011).*

Art. R. 532-18 *(Rempl., D. n° 2011-1177, 23 sept. 2011 ; mod., D. n° 2015-692, 18 juin 2015 ; mod. à compter du 1er janvier 2022, D. n° 2021-1905, 30 déc. 2021).* – Dans une installation agréée, l'exploitant déclare au ministre chargé de la recherche toute modification notable affectant la partie du dossier technique consacrée à la description de l'installation et des mesures de confinement.

En cas de changement d'exploitant de l'installation agréée ou de responsable de l'utilisation confinée d'organismes génétiquement modifiés autorisée ou déclarée, le nouvel exploitant de l'installation ou le nouveau responsable de l'utilisation informent sans délai le ministre chargé de la recherche.

Art. D. 532-18-1 *(Implicitement abr., D. n° 2011-1177, 23 sept. 2011).*

Art. R. 532-19 *(Rempl., D. n° 2011-1177, 23 sept. 2011 ; mod., D. n° 2015-692, 18 juin 2015 ; mod. à compter du 1er janvier 2022, D. n° 2021-1905, 30 déc. 2021).* – L'exploitant de l'installation peut demander au ministre chargé de la recherche la modification de certaines des prescriptions applicables à l'utilisation ou des conditions de mise en œuvre des utilisations autorisées ou déclarées. Le ministre statue dans un délai de quarante-cinq jours conformément à la procédure prévue aux articles R. 532-9 à R. 532-11.

Art. R. 532-20 *(Rempl., D. n° 2011-1177, 23 sept. 2011 ; mod., D. n° 2015-692, 18 juin 2015 ; mod. à compter du 1er janvier 2022, D. n° 2021-1905, 30 déc. 2021).* – Dans le cas d'utilisations de classes de confinement 2 à 4, si l'exploitant souhaite poursuivre l'utilisation confinée pour laquelle il dispose d'une autorisation ou d'un récépissé de déclaration, une nouvelle demande d'autorisation ou une nouvelle déclaration d'utilisation est adressée au ministre chargé de la recherche, au moins quarante-cinq jours avant l'expiration du délai prévu par l'autorisation ou par le récépissé de déclaration.

Si l'exploitant souhaite poursuivre des utilisations confinées relevant de ces classes de confinement à l'issue de la période de validité de l'agrément de l'installation, une nouvelle demande d'autorisation est adressée au ministre chargé de la recherche, au moins quarante-cinq jours avant l'expiration de la durée de validité de l'agrément. Dans ce cas, le dossier technique prévu à l'article R. 532-6 ne présente que le descriptif de l'installation et des mesures de confinement.

Dans le cas d'utilisations de classe de confinement 1, si l'exploitant souhaite poursuivre des utilisations confinées de classe de confinement 1 à l'issue de la période de validité de l'agrément de l'installation, une nouvelle déclaration est adressée au ministre chargé de la recherche, au moins quarante-cinq jours avant l'expiration de la durée de validité de l'agrément. Dans ce cas, le dossier technique mentionné à l'article R. 532-14 ne présente que le descriptif de l'installation et des mesures de confinement.

Une nouvelle demande doit être adressée en cas de modification notable des conditions de l'utilisation d'organismes génétiquement modifiés ayant fait l'objet de l'autorisation ou de la déclaration d'utilisation, notamment en cas de changement de classe de confinement de l'utilisation ou d'aggravation du risque présenté par l'utilisation autorisée ou déclarée.

Art. R. 532-21 *(Rempl., D. n° 2011-1177, 23 sept. 2011 ; mod., D. n° 2015-692, 18 juin 2015 ; mod. à compter du 1er janvier 2022, D. n° 2021-1905, 30 déc. 2021).* – Dans le cas où, après la délivrance de l'autorisation ou du récépissé de déclaration, l'exploitant de l'installation a connaissance d'éléments d'information nouveaux susceptibles de modifier l'évaluation des dangers ou des inconvénients pour la santé publique ou l'environnement, il en informe sans délai le ministre chargé de la recherche.

Art. R. 532-22 *(Rempl., D. n° 2011-1177, 23 sept. 2011).* – I. – L'exploitant de l'installation informe *(Mots aj. à compter du 1er janvier 2022, D. n° 2021-1905, 30 déc. 2021)* « , sans délai, » les ministres chargés, respectivement, de la santé, de la recherche et de l'environnement, le préfet du département ainsi que le maire de la commune et le directeur général de l'Agence régionale de santé de tout accident, c'est-à-dire de tout incident qui entraîne, pendant l'utilisation confinée, une dissémination importante et involontaire d'organismes, en particulier de micro-organismes, génétiquement modifiés pouvant présenter un danger immédiat ou différé pour l'environnement ou la santé publique.

Cette information porte sur :

1° Les circonstances de l'accident ;

2° La désignation des organismes génétiquement modifiés libérés ;

3° Les quantités d'organismes génétiquement modifiés libérées ;

4° Toute information nécessaire à l'évaluation des effets de l'accident sur la santé publique ou l'environnement ;

5° Les mesures d'urgence prises.

II. – Le ministre chargé de la recherche informe la Commission européenne de tout accident dès qu'il en a été informé. Il indique les circonstances de l'accident, la désignation des organismes génétiquement modifiés libérés, les quantités d'organismes génétiquement modifiés libérées, les circonstances de l'accident, les mesures prises ainsi qu'une analyse de l'accident assortie de recommandations destinées à limiter les conséquences de l'accident et à éviter que de tels accidents ne se reproduisent.

Art. R. 532-23 *(Rempl., D. n° 2011-1177, 23 sept. 2011 ; mod., D. n° 2015-692, 18 juin 2015 ; mod. à compter du 1er janvier 2022, D. n° 2021-1905, 30 déc. 2021).* – En application de l'article L. 532-5, le ministre chargé de la recherche peut, par décision, suspendre ou retirer l'autorisation ou suspendre les effets de la déclaration ou mettre fin à ceux-ci en cas de manquement de l'exploitant ou du responsable de l'utilisation à ses obligations, après avoir, sauf urgence, mis en demeure l'intéressé de respecter ses obligations et lui avoir donné la possibilité d'être entendu.

Art. D. 532-24 *(Anc. art. R. 532-24, dénum. et rempl., D. n° 2011-1177, 23 sept. 2011).* – Lorsque les organismes génétiquement modifiés sont mis à disposition de tiers en vue d'une utilisation confinée, ils sont munis d'une étiquette ou accompagnés d'un document indiquant :

1° Le nom de l'organisme génétiquement modifié ;

2° Le nom et l'adresse complète de la personne responsable de la mise à disposition ;

3° Une mention spécifiant : « Contient des organismes génétiquement modifiés ».

S'il y a lieu, l'*(Mot rempl. à compter du 1er janvier 2022, D. n° 2021-1905, 30 déc. 2021)* « autorisation » précise que cet étiquetage doit être complété dans les conditions prévues au 7 du B de l'annexe IV de la directive du 12 mars 2001 relative à la dissémination volontaire d'organismes génétiquement modifiés dans l'environnement.

Voir : D. n° 2012-128, 30 janv. 2012, relatif à l'étiquetage des denrées alimentaires issues de filières qualifiées « sans organismes génétiquement modifiés », *JORF* n° 0026, 31 janv. 2012, p. 1770.

Section IV. – Dispositions relatives à l'utilisation confinée d'organismes génétiquement modifiés à des fins de production industrielle

(Ancienne section 3 dénum. à compter du 1er janvier 2022, D. n° 2021-1905, 30 déc. 2021) (1)

Art. R. 532-25 *(D. n° 2011-1177, 23 sept. 2011 ; mod. à compter du 1er janvier 2022, D. n° 2021-1905, 30 déc. 2021).* – Les dispositions des sections 1 à 3 s'appliquent aux utilisations confinées d'organismes génétiquement modifiés à des fins de production industrielle sous réserve des adaptations prévues par la présente section.

Le préfet est l'autorité compétente.

Sous-section 1. – Dispositions relatives à l'autorisation

(Intitulé mod. à compter du 1er janvier 2022, D. n° 2021-1905, 30 déc. 2021)

Art. R. 532-26 *(D. n° 2011-1177, 23 sept. 2011 ; mod. à compter du 1er mars 2017, D. n° 2017-81, 26 janv. 2017 ; à compter du 1er janvier 2022, D. n° 2021-1905, 30 déc. 2021).* – Par dérogation à l'article R. 532-5, l'autorisation d'utilisation prévue à l'article L. 532-3 est délivrée sans condition de durée.

Pour l'application de l'article R. 532-6, le dossier d'autorisation est constitué des éléments définis aux 1° à 6° de l'article R. 532-6 ainsi que des éléments suivants issus du dossier de demande d'autorisation au titre des installations classées, le cas échéant actualisés au jour du dépôt de la demande d'autorisation :

1° Les capacités financières de la personne privée exploitant une installation relevant d'une classe de confinement 3 ou 4 ;

2° Les procédures internes permettant de suspendre provisoirement l'utilisation ou de cesser l'activité ;

(1) Dispositions d'application transitoires : V. D. n° 2021-1905, 30 déc. 2021.

3° En cas d'utilisation confinée d'organismes génétiquement modifiés de classe de confinement 3 ou 4, le plan opération interne défini à l'article R. 181-54, qui vaut plan d'urgence.

La demande d'autorisation d'utilisation est accompagnée d'un dossier technique dont le contenu est fixé par arrêté conjoint des ministres chargés respectivement de l'environnement, de la santé et de la recherche.

Voir : A. 28 mars 2012, relatif au dossier technique demandé pour les utilisations confinées d'organismes génétiquement modifiés prévu aux articles R. 532-6, R. 532-14 et R. 532-26 du Code de l'environnement.

Sous-section 2. – Dispositions relatives à la déclaration d'utilisation

Art. R. 532-27 *(D. n° 2011-1177, 23 sept. 2011 ; mod., D. n° 2015-1614, 9 déc. 2015 ; mod. à compter du 1er janvier 2022, D. n° 2021-1905, 30 déc. 2021).* – Dans les cas prévus à l'article L. 532-3, la déclaration effectuée conformément à l'article R. 512-47, complétée des éléments mentionnés à l'article R. 532-14, tient lieu de déclaration d'utilisation.

Art. R. 532-28 *(D. n° 2011-1177, 23 sept. 2011 ; mod. à compter du 1er janvier 2022, D. n° 2021-1905, 30 déc. 2021).* – Par dérogation à l'article R. 512-51, premier alinéa, des prescriptions techniques générales, applicables aux utilisations confinées d'organismes génétiquement modifiés, peuvent être fixés par arrêté préfectoral après avis du Comité d'expertise des utilisations confinées d'organismes génétiquement modifiés.

Sous-section 3. – Dispositions communes à l'autorisation et à la déclaration d'utilisation

(Intitulé mod. à compter du 1er janvier 2022, D. n° 2021-1905, 30 déc. 2021)

Art. R. 532-29 *(D. n° 2011-1177, 23 sept. 2011 ; D. n° 2013-4, 2 janv. 2013).* – Sans préjudice de l'application des articles *(Réf. rempl. à compter du 1er mars 2017, D. n° 2017-81, 26 janv. 2017)* « R. 181-46 », R. 512-46-23 et R. 512-54, l'évaluation des utilisations confinées, les mesures de confinement et les autres mesures de protection sont revues par l'exploitant au minimum tous les cinq ans. Si des modifications substantielles sont mises en évidence, l'exploitant en informe le préfet dans les plus brefs délais et notamment lorsque l'une ou plusieurs des conditions suivantes sont réunies :

1° Il a connaissance d'éléments d'information nouveaux susceptibles de modifier l'évaluation des dangers ou des inconvénients pour la santé publique ou l'environnement ;

2° Le risque présenté par l'utilisation est aggravé ;

3° Les mesures de confinement ne sont plus appropriées ou la classe attribuée aux utilisations confinées a changé ;

4° Les conditions de l'utilisation sont modifiées de façon notable.

Le préfet évalue si une nouvelle demande doit lui être adressée et en informe l'exploitant.

Art. R. 532-30 *(D. n° 2011-1177, 23 sept. 2011).* – L'exploitant de l'installation informe le préfet de tout accident dans les conditions définies à l'article R. 512-69. Il indique notamment les circonstances de l'accident, la désignation des organismes génétiquement modifiés libérés, les quantités d'organismes génétiquement modifiés libérées, les mesures prises ainsi qu'une analyse de l'accident assortie de recommandations destinées à en limiter les conséquences et à éviter que de tels accidents ne se reproduisent. Le préfet transmet ces informations à l'agence régionale de santé et au ministre chargé de l'environnement qui en informe la Commission européenne.

Art. R. 532-31 *(D. n° 2011-1177, 23 sept. 2011 ; mod. à compter du 1er janvier 2022, D. n° 2021-1905, 30 déc. 2021).* – Si l'exploitant de l'installation classée a déjà obtenu, pour une même installation classée, une ou plusieurs autorisations ou une ou plusieurs déclarations pour l'utilisation confinée d'organismes génétiquement modifiés en application de la présente section, le préfet précise le niveau de confinement qui doit être respecté pour l'ensemble des utilisations déclarées ou autorisées.

Section V. – Dispositions particulières relatives à la défense nationale

(Ancienne section IV dénum. à compter du 1er janvier 2022, D. n° 2021-1905, 30 déc. 2021)

Art. R. 532-32 *(D. n° 2011-1177, 23 sept. 2011, mod., D. n° 2020-133, 18 févr. 2020 ; mod. à compter du 1er janvier 2022, D. n° 2021-1905, 30 déc. 2021).* – Les dispositions des sections 1 à 3 s'appliquent aux utilisations confinées d'organismes génétiquement modifiés à des fins de recherche, de développement ou d'enseignement sous réserve des adaptations prévues par la présente section lorsqu'elles sont mises en œuvre :

1° Soit dans des établissements dépendant du ministère de la défense ;

2° Soit, à la demande de ce ministère, par des établissements publics ou organismes privés, dès lors que ces utilisations sont soumises, en tout ou partie, à des règles de protection du secret de la défense nationale, ou qu'elles nécessitent l'emploi d'informations couvertes par ce même secret.

Le ministre de la défense est l'autorité compétente pour prendre les décisions mentionnées à la section 2 et pour délivrer le récépissé en matière de déclaration.

Art. R. 532-33 *(D. n° 2011-1177, 23 sept. 2011 ; mod. à compter du 1er janvier 2022, D. n° 2021-1905, 30 déc. 2021).* – Le dossier de demande d'autorisation ou de déclaration mentionnés respectivement à l'article R. 532-6 et R. 532-14 est adressé au ministre de la défense.

Les informations couvertes en tout ou partie par le secret de la défense nationale figurant dans le dossier de demande d'autorisation ou dans le dossier de déclaration d'utilisation sont signalées conformément aux articles R. 2311-3 et R. 2311-4 du Code de la défense. Ces informations sont disjointes du dossier transmis au maire.

Les procédures de consultation en vue de recueillir les avis sont menées en conformité avec les dispositions susmentionnées du Code de la défense.

Art. R. 532-34 *(D. n° 2011-1177, 23 sept. 2011 ; mod. à compter du 1er janvier 2022, D. n° 2021-1905, 30 déc. 2021).* – Les membres du Comité d'expertise des utilisations confinées d'organismes génétiquement modifiés exercent leur droit de visite sur place dans les établissements mentionnés à l'article R. 532-32 dans la limite des compétences reconnues à ce comité par le présent titre.

Seuls les membres de ce comité habilités à connaître des informations ou supports protégés par le secret de la défense nationale, en vertu des articles R. 2311-8 à R. 2311-8-2 du Code de la défense, peuvent siéger ou exercer un droit de visite en application de l'article R. 532-9 lorsque le dossier contient de telles informations ou de tels supports.

Section VI. – Dispositions particulières applicables aux recherches impliquant la personne humaine

(Créée à compter du 1er janvier 2022, D. n° 2021-1905, 30 déc. 2021) (1)

Art. R. 532-35 *(Créé à compter du 1er janvier 2022, D. n° 2021-1905, 30 déc. 2021).* – Les dispositions des sections 1 à 3 du présent chapitre s'appliquent aux utilisations confinées d'organismes génétiquement modifiés dans le cadre d'une recherche impliquant la personne humaine mentionnée à l'article L. 1121-1 du Code de la santé publique, y compris dans le cadre d'un essai clinique de médicaments mentionné à l'article L. 1124-1 du même code, sous réserve des adaptations prévues par la présente section.

Les dispositions relatives à l'agrément de l'installation ne s'appliquent pas aux recherches relevant de la présente section.

Art. R. 532-36 *(Créé à compter du 1er janvier 2022, D. n° 2021-1905, 30 déc. 2021).* – L'Agence nationale de sécurité du médicament et des produits de santé est l'autorité administrative compétente pour prendre les décisions mentionnées à la section 3 et pour délivrer le récépissé en matière de déclaration ou l'autorisation d'utilisation.

Art. R. 532-37 *(Créé à compter du 1er janvier 2022, D. n° 2021-1905, 30 déc. 2021).* – Pour l'application de la présente section aux recherches impliquant la personne humaine mentionnées à l'article L. 1123-15 du Code de la santé publique, lorsque l'Agence nationale de sécurité du médicament et des produits de santé ne dispose pas d'agents possédant le niveau d'habilitation requis au titre du secret de la défense nationale, compte tenu du niveau de classification de la recherche impliquant la personne humaine envisagée, l'autorité administrative compétente est le Premier ministre.

(1) Dispositions d'application transitoires : V. D. n° 2021-1905, 30 déc. 2021.

Art. R. 532-38 *(Créé à compter du 1er janvier 2022, D. n° 2021-1905, 30 déc. 2021).* – Le promoteur de la recherche impliquant la personne humaine, tel que défini à l'article L. 1121-1 du Code de la santé publique ou, s'agissant d'essais cliniques de médicaments, au point 14 de l'article 2 du règlement (UE) n° 536/2014 du Parlement européen et du Conseil du 16 avril 2014 relatif aux essais cliniques de médicaments à usage humain et abrogeant la directive 2001/20/CE, est responsable de l'utilisation confinée envisagée.

Il adresse le dossier de demande d'autorisation mentionné à l'article R. 532-6 ou la déclaration mentionnée à l'article R. 532-14 au directeur général de l'Agence nationale de sécurité du médicament et des produits de santé.

Si le dossier de déclaration ou la demande d'autorisation d'utilisation est incomplet, le directeur général de l'agence demande au promoteur de le compléter.

Le promoteur peut indiquer, dans sa déclaration ou dans sa demande d'autorisation, les informations autres que celles mentionnées à l'article L. 532-4-1 qu'il souhaite ne pas voir divulguées à des tiers, dans les conditions prévues à l'article R. 532-7.

Art. R. 532-39 *(Créé à compter du 1er janvier 2022, D. n° 2021-1905, 30 déc. 2021).* – Lorsqu'une déclaration pour une utilisation de classe de confinement 1 est déposée, l'Agence nationale de sécurité du médicament et des produits de santé délivre un récépissé au promoteur, dès que le dossier est complet. Elle saisit le Comité d'expertise des utilisations confinées d'organismes génétiquement modifiés mentionné à l'article D. 532-4, si elle a un doute sur le niveau de confinement requis ou sur l'existence d'un risque de dissémination volontaire.

Ce comité d'expertise tient à disposition de l'Agence nationale de sécurité du médicament et des produits de santé les critères d'appréciation relatifs aux niveaux de confinement et au risque de dissémination qu'il met régulièrement à jour.

L'agence informe le promoteur de la saisine du comité d'expertise.

Elle peut, à tout moment, demander au promoteur de lui communiquer des informations complémentaires.

S'il est saisi, le comité d'expertise rend son avis à l'agence dans un délai de trente-cinq jours à compter de la date de sa saisine.

Le récépissé de déclaration d'utilisation mentionne qu'il ne vaut que pour l'utilisation confinée prévue et pour la durée de la recherche concernée.

Art. R. 532-40 *(Créé à compter du 1er janvier 2022, D. n° 2021-1905, 30 déc. 2021).* – Lorsqu'une demande d'autorisation est déposée, l'Agence nationale de sécurité du médicament et des produits de santé saisit le Comité d'expertise des utilisations confinées d'organismes génétiquement modifiés.

Il rend son avis dans un délai de trente-cinq jours à compter de sa saisine. Ce délai est porté à soixante-quinze jours en cas de première demande d'autorisation d'utilisation confinée d'organismes génétiquement modifiés de classe de confinement 3 ou 4.

L'Agence nationale de sécurité du médicament et des produits de santé peut, à tout moment, demander au promoteur de lui communiquer des informations complémentaires.

Elle statue sur la demande d'autorisation pour une utilisation de classe de confinement 2, dans un délai de quarante-cinq jours et, pour une utilisation de classe de confinement 3 ou 4, dans un délai de quatre-vingt-dix-jours, à compter de la date de réception du dossier, et après avis conforme du comité d'expertise.

L'autorisation mentionne qu'elle ne vaut que pour l'utilisation confinée prévue et pour la durée de la recherche concernée.

Art. R. 532-41 *(Créé à compter du 1er janvier 2022, D. n° 2021-1905, 30 déc. 2021).* – L'avis du Comité d'expertise des utilisations confinées d'organismes génétiquement modifiés précise la classe de confinement dont relève la recherche.

Le cas échéant, son avis précise si la recherche comporte une phase de dissémination volontaire de l'organisme génétiquement modifié nécessitant une autorisation en application de l'article L. 533-3.

Outre le récépissé de déclaration ou l'autorisation d'utilisation mentionnés à l'article R. 532-36, l'Agence nationale de sécurité du médicament et des produits de santé transmet, le cas échéant, au promoteur, à titre d'information, l'avis du comité d'expertise.

Art. R. 532-42 *(Créé à compter du 1er janvier 2022, D. n° 2021-1905, 30 déc. 2021).* – L'utilisation confinée ne peut être entreprise qu'après que la mise en œuvre de la recherche a été autorisée.

Dans le cas où, après la délivrance du récépissé de déclaration ou de l'autorisation, le promoteur a connaissance d'éléments d'information nouveaux susceptibles de modifier l'évaluation des dangers ou des inconvénients pour la santé publique ou l'environnement présentés par l'utilisation, il en informe, sans délai, le directeur général de l'Agence nationale de sécurité du médicament et des produits de santé. Ce directeur peut prendre les mesures mentionnées à l'article L. 532-5.

Une nouvelle déclaration ou une nouvelle demande d'autorisation est adressée en cas de modification notable des conditions de l'utilisation d'organismes génétiquement modifiés ayant fait l'objet de la déclaration d'utilisation ou de l'autorisation, notamment en cas d'aggravation du risque présenté par l'utilisation déclarée.

Art. R. 532-43 *(Créé à compter du 1er janvier 2022, D. n° 2021-1905, 30 déc. 2021).* – Les dispositions des articles R. 532-18 et R. 532-20 ne sont pas applicables aux utilisations confinées mises en œuvre dans le cadre de recherches impliquant la personne humaine et d'essais cliniques de médicaments.

Art. R. 532-44 *(Créé à compter du 1er janvier 2022, D. n° 2021-1905, 30 déc. 2021).* – Pour l'application de l'article R. 532-13, dès la délivrance de l'autorisation, le promoteur transmet le dossier d'information destiné au public à l'Agence nationale de sécurité du médicament et des produits de santé. Cette information est diffusée sur le site internet de l'agence et mentionne l'organisme génétiquement modifié utilisé et les sites dans lesquels l'utilisation doit être réalisée.

CHAPITRE III. – DISSÉMINATION VOLONTAIRE ET MISE SUR LE MARCHÉ D'ORGANISMES GÉNÉTIQUEMENT MODIFIÉS

Voir : D. n° 2007-358, 19 mars 2007, relatif à la dissémination volontaire à toute autre fin que la mise sur le marché de produits composés en tout ou partie d'organismes génétiquement modifiés (*JO* 20 mars 2007). - D. n° 2007-359, 19 mars 2007, relatif à la procédure d'autorisation de mise sur le marché de produits non destinés à l'alimentation composés en tout ou partie d'organismes génétiquement modifiés (*JO* 20 mars 2007).

Ne respectant pas suffisamment le droit du public à l'information sur les cultures OGM, le CE annule, à compter du 30 juin 2010, les dispositions de l'article 5, du I de l'article 6, des articles 10 et 13 et du premier alinéa de l'article 16 du décret n° 2007-358 du 19 mars 2007 et les dispositions du *e)* et du treizième alinéa de l'article 2, du I de l'article 11, de l'article 13 et de l'article 17 du décret n° 2007-359 du 19 mars 2007. Le CE estime que la transposition de la directive 2001/18 doit se faire par voie législative et non réglementaire. Deux hypothèses sont envisagées : soit une grande loi sur l'information en matière d'environnement soit une loi spécifique sur l'information relative aux OGM (■ CE, 24 juill. 2009, nos 305314 et 305315, *CRII GEN : AJDA* 2009, p. 1818, note S. J. Liéber ; *RFDA* n° 5, sept. 2009, p. 963, note E. Geffray ; *Environnement et dév. durable* 2009, p. 36, note P. Trouilly).

Section I. – Dissémination volontaire à toute autre fin que la mise sur le marché

Voir : A. 19 mars 2007, relatif à la collecte d'informations sur la mise en culture de végétaux génétiquement modifiés.

Sous-section 1. – Dispositions communes

§ 1. – Procédure d'autorisation

Art. R. 533-1. – L'autorisation de dissémination volontaire à toute autre fin que la mise sur le marché de produits composés en tout ou partie d'organismes génétiquement modifiés, prévue par l'article L. 533-3, est délivrée par le ministre chargé de l'environnement, sauf lorsqu'il en est disposé autrement par des dispositions particulières à certains produits.

Dans ce cas, l'autorité chargée de statuer sur la demande d'autorisation recueille l'accord du ministre chargé de l'environnement.

L'autorisation est délivrée par écrit.

1) La question de savoir si la mutagenèse constitue une technique dont le produit est soumis à la réglementation sur les OGM est une question d'interprétation du droit communautaire nécessitant une question préjudicielle à la Cour de justice de l'Union européenne (■ CE, 3 oct. 2016, n° 388649).

Dominique Ritleng, *Chronique Jurisprudence administrative française intéressant le droit de l'Union européenne – Application de la jurisprudence Arcelor dans un cas où est invoquée la violation du principe de précaution* : *RTD eur.* 2017, 322 ; Fanny Tarlet, *Mutations génétiques et juridiques autour de la décision Arcelor Fanny Tarlet* : *AJDA* 2017, 288. La Cour de justice a répondu positivement par un arrêt en date du 27 juillet 2018 affaires C 528/16.

2) Illégalité d'un arrêté d'interdiction de mise en culture. L'interdiction de mise en culture du Mon 810 est illégale dans la mesure où les avis donnés par la Commission européenne et l'EFSA sont positifs même si l'instruction a été faite sur la base de l'ancienne réglementation moins favorable à la santé et à l'environnement et si de nouvelles études sont intervenues en dehors de celles prises en compte par l'EFSA (■ CE, 15 avr. 2016, n° 376809).

Art. R. 533-2. – (1) **La demande d'autorisation, accompagnée du versement mentionné à l'article L. 535-4, est adressée à l'autorité administrative compétente qui procède à son instruction.**

Elle est établie par le responsable de la dissémination. Elle est accompagnée d'un dossier technique, d'un résumé du dossier destiné à être transmis à la Commission européenne pour information et d'une fiche d'information destinée au public.

Les disséminations, au cours d'une période déterminée, d'un même organisme génétiquement modifié ou d'une même combinaison d'organismes génétiquement modifiés, sur un même site ou sur des sites différents, peuvent faire l'objet d'une seule demande d'autorisation dès lors qu'elles sont effectuées dans le même but.

Art. R. 533-3 *(Mod., D. n° 2019-135, 26 févr. 2019)*. **– I. – Le dossier technique comprend les éléments mentionnés aux annexes II et III de la directive 2001/18/CE du 12 mars 2001 relative à la dissémination volontaire d'organismes génétiquement modifiés dans l'environnement, notamment :**

1° Tous les éléments d'information permettant d'évaluer l'impact des essais sur la santé publique et sur l'environnement ;

2° Un plan de surveillance destiné à déceler les effets du ou des organismes génétiquement modifiés sur la santé publique et sur l'environnement ;

3° Des informations sur la surveillance, les méthodes correctives, le traitement des déchets et les plans de suivi des opérations et d'interventions en cas d'urgence ; *(Mod. à compter du 1er janvier 2022)* (2)

4° Une évaluation des effets et des risques pour la santé publique et pour l'environnement établie dans les conditions prévues à l'annexe II de la directive du 12 mars 2001 précitée, les conclusions prévues au D de cette annexe, ainsi que les références bibliographiques et l'indication des méthodes utilisées.

II (1). **– La composition du dossier technique et le contenu du plan de surveillance peuvent être précisés par arrêté du ministre compétent pour statuer sur la demande d'autorisation.**

Lorsque la composition du dossier technique et le contenu du plan de surveillance concernent des expérimentations réalisées dans les conditions prévues au titre IV du livre Ier de la cinquième partie du Code de la santé publique et portant sur des médicaments vétérinaires, l'arrêté est pris par les ministres chargés de l'agriculture et de la santé sur proposition du directeur général de l'Agence nationale de sécurité sanitaire de l'alimentation, de l'environnement et du travail.

III. – Le demandeur peut se référer à des données ou à des résultats fournis lors de précédentes demandes d'autorisation par d'autres demandeurs, ou présenter toute information complémentaire pertinente, à condition que ces informations, données ou résultats ne soient pas confidentiels ou que ces demandeurs aient donné leur accord par écrit.

La décision du ministre chargé de l'agriculture autorisant l'INRA, en juin 2005, à disséminer dans l'environnement des porte-greffes de vigne génétiquement modifiés pour induire une résistance au *grapevine fanleaf* virus, agent principal de la maladie du court-noué, a été validée par les juges d'appel. *Elle a en effet considéré* que les mesures de suivi de la dissémination ont été précisément édictées par le ministre : destruction immédiate ou stérilisation des rejets éventuels, dévitalisation, arrachage et incinération des ceps après l'expérimentation, désinfection du sol et suivi régulier pendant l'ensemble du programme expérimental. Ainsi, l'argument tenant à la violation du principe de précaution a été rejeté par la Cour au motif qu'aucun risque

(1) V. T. appl. : A. 19 mars 2007 : *JO* 20 mars 2007. – NDLR.
(2) Dispositions d'application transitoires : V. D. n° 2021-1905, 30 déc. 2021.

pour l'environnement et la santé publique n'aurait été identifié (■ CAA Nancy, 17 janv. 2011, n° 09NC01483, *Institut National de Recherche Agronomique*).

Art. R. 533-4. – Le résumé du dossier mentionné à l'article R. 533-2 est établi conformément à la ***(Mots rempl. à compter du 1er janvier 2022, D. n° 2021-1905, 30 déc. 2021)*** **(1) « décision du Conseil 2002/813/CE du 3 octobre 2002 instituant le formulaire de synthèse de la notification concernant la dissémination volontaire d'organismes génétiquement modifiés dans l'environnement à d'autres fins que leur mise sur le marché ».**

Art. R. 533-5 (2) ***(Annulé à compter du 30 juin 2010, CE, 24 juill. 2009, n° 305315, Comité de recherche et d'information indépendantes sur le génie génétique (CRII GEN) : JurisData n° 2009-007655).***

Rédaction antérieure. Art. R. 533-5. – (2) La fiche d'information destinée au public, dont le contenu est fixé par arrêté du ministre compétent pour statuer sur la demande d'autorisation, indique notamment :

1. Le but et les utilisations prévues de la dissémination ;
2. Le nom et l'adresse du demandeur ;
3. La description synthétique et la localisation de la dissémination ;
4. La description générale du ou des organismes génétiquement modifiés ;
5. Les méthodes et plans de surveillance des opérations et d'interventions en cas d'urgence ;
6. Le résumé de l'évaluation des effets et des risques pour l'environnement.

Art. R. 533-6. – ***(Deux premiers alinéas annulés à compter du 30 juin 2010, CE, 24 juill. 2009, n° 305315, Comité de recherche et d'information indépendantes sur le génie génétique (CRII GEN) : JurisData n° 2009-007655).***

L'autorité administrative compétente, le ministre chargé de l'environnement et les organismes consultés respectent les droits de propriété intellectuelle afférents aux données reçues.

Si, pour quelque raison que ce soit, le demandeur retire sa demande d'autorisation, l'autorité administrative compétente, le ministre chargé de l'environnement et les organismes consultés doivent respecter le caractère confidentiel des informations relatives à la demande de dissémination.

Art. R. 533-7 ***(Mod., D. n° 2008-1273, 5 déc. 2008).*** **– L'autorité administrative compétente pour statuer sur la demande peut proposer à la Commission européenne, après avis** ***(Mots rempl. à compter du 1er janvier 2022, D. n° 2021-1905, 30 déc. 2021)*** **(1) « de l'Agence nationale de sécurité sanitaire, de l'alimentation, de l'environnement et du travail », la mise en œuvre d'une procédure différenciée pour les organismes génétiquement modifiés répondant aux critères définis par l'annexe V de la directive 2001/18/CE du 12 mars 2001 relative à la dissémination volontaire d'organismes génétiquement modifiés dans l'environnement, si les disséminations de ces organismes génétiquement modifiés dans certains écosystèmes ont permis d'acquérir une expérience suffisante.**

Dans les cas où une décision communautaire autorise la mise en œuvre d'une procédure différenciée d'autorisation de dissémination pour certains organismes génétiquement modifiés, l'autorité administrative compétente pour statuer sur la demande d'autorisation informe la Commission européenne de sa décision de recourir ou non à cette procédure.

Art. R. 533-8 ***(Mod., D. n° 2008-1273, 5 déc. 2008 ; mod. à compter du 1er janvier 2022, D. n° 2021-1905, 30 déc. 2021)*** **(1). – Dès réception de la demande d'autorisation mentionnée à l'article R. 533-2, l'autorité administrative compétente délivre au demandeur un accusé de réception mentionnant sa date d'enregistrement et précisant les conditions dans lesquelles, à l'expiration du délai d'instruction, à défaut d'une décision expresse, la demande sera réputée rejetée.**

Elle examine sans délai si le dossier est complet. Lorsqu'elle estime qu'un des éléments du dossier est incomplet ou irrégulier, elle invite le demandeur à le compléter ou à régulariser celui-ci. La période comprise entre cette demande et la régularisation du dossier n'est pas prise en compte dans le calcul des délais prévus à l'article R. 533-11.

(1) Dispositions d'application transitoires : V. D. n° 2021-1905, 30 déc. 2021.
(2) V. T. appl. : A. 19 mars 2007 : *JO* 20 mars 2007. – NDLR.

Dès que le dossier est complet, l'autorité administrative compétente transmet sans délai, pour avis, le dossier technique mentionné à l'article R. 533-3 à l'Agence nationale de sécurité sanitaire, de l'alimentation, de l'environnement et du travail. Cette agence évalue les risques pour l'environnement et la santé publique, notamment en examinant le dossier technique mentionné à l'article R. 533-3. Elle transmet son avis à l'autorité administrative compétente et au ministre chargé de l'environnement dans un délai de soixante jours à compter de la date d'enregistrement de la demande.

L'autorité administrative compétente et l'Agence nationale de sécurité sanitaire, de l'alimentation, de l'environnement et du travail peuvent, à tout moment, par une demande motivée, inviter le demandeur à leur communiquer des informations complémentaires. La période comprise entre la demande d'information et la réponse n'est pas prise en compte dans le calcul des délais prévus au présent article et à l'article R. 533-11.

Lorsque l'Agence nationale de sécurité sanitaire, de l'alimentation, de l'environnement et du travail demande des informations complémentaires directement au demandeur, elle en informe l'autorité administrative compétente.

L'autorité administrative compétente peut, à tout moment, par une demande motivée, inviter le demandeur à lui communiquer des informations complémentaires. La période comprise entre la demande d'information et la réponse n'est pas prise en compte dans le calcul des délais prévus au présent article et à l'article R. 533-11.

Art. R. 533-9. – L'autorité administrative compétente transmet le résumé du dossier technique à la Commission européenne dans un délai de trente jours à compter de la date d'enregistrement de la demande.

Art. R. 533-10 *(Annulé à compter du 30 juin 2010, CE, 24 juill. 2009, n° 305315, Comité de recherche et d'information indépendantes sur le génie génétique (CRII GEN) : JurisData n° 2009-007655).*

> **Rédaction antérieure. Art. R. 533-10.** – L'autorité administrative consulte le public par voie électronique sur la demande d'autorisation, à l'exclusion des informations reconnues confidentielles, afin de recueillir ses observations. Un avis publié au *Journal officiel* de la République française annonce les modalités et la durée de cette consultation.
>
> La période pendant laquelle se déroule cette consultation n'est pas prise en compte dans le calcul du délai de quatre-vingt-dix jours prévu à l'article R. 533-11, sous réserve que ce délai ne soit pas prolongé de plus de trente jours de ce fait.

Art. R. 533-11. – Lorsque l'autorité administrative compétente n'est pas le ministre chargé de l'environnement, l'accord de ce dernier est réputé acquis s'il n'a pas fait connaître à cette autorité son opposition dans un délai de quatorze jours à compter de la fin de la consultation du public.

L'autorité administrative compétente notifie au demandeur sa décision dans un délai de quatre-vingt-dix jours à compter de la date d'enregistrement de sa demande et la transmet à la Commission européenne. Ce délai peut être suspendu ou prorogé en application *(Mots rempl. à compter du 1er janvier 2022, D. n° 2021-1905, 30 déc. 2021)* (1) « des dispositions de l'article R. 533-8 ». Le refus d'autorisation doit être motivé.

En l'absence de réponse dans ce délai, la demande d'autorisation est réputée rejetée. L'autorité administrative compétente est tenue de fournir d'office au demandeur les motifs de ce rejet.

L'autorisation mentionne que les organismes génétiquement modifiés utilisés pour la dissémination doivent être étiquetés dans les conditions prévues au 8 du A de l'annexe IV de la directive 2001/18/CE du 12 mars 2001 relative à la dissémination volontaire d'organismes génétiquement modifiés dans l'environnement et précise s'il y a lieu de compléter cet étiquetage dans les conditions prévues au 7 du B de la même annexe.

Elle est rendue publique sous forme électronique.

Art. R. 533-12. – Toute personne ayant accès au dossier mentionné à l'article R. 533-3 est tenue au secret professionnel dans les conditions et sous les peines prévues à l'article 226-13 du Code pénal.

Art. R. 533-13 *(Annulé à compter du 30 juin 2010, CE, 24 juill. 2009, n° 305315, Comité de recherche et d'information indépendantes sur le génie génétique (CRII GEN) : JurisData n° 2009-007655).*

Art. R. 533-14. – En cas de changement de responsable de la dissémination au cours de l'instruction de la demande d'autorisation ou après la délivrance de l'autorisation, le nouveau responsable informe l'autorité administrative compétente dans le délai d'un mois.

(1) Dispositions d'application transitoires : V. D. n° 2021-1905, 30 déc. 2021.

Art. R. 533-15. – Le responsable de la dissémination veille au respect des prescriptions imposées par l'autorisation.

Si une modification, intentionnelle ou non, de la dissémination volontaire d'un organisme génétiquement modifié ou d'une combinaison d'organismes génétiquement modifiés peut avoir des conséquences du point de vue des risques pour la santé publique et l'environnement après que l'autorité administrative compétente a donné son autorisation écrite, ou si de nouveaux éléments d'information sur ces risques deviennent disponibles, soit pendant que l'autorité compétente procède à l'instruction de la demande, soit après qu'elle a donné son autorisation écrite, le responsable de la dissémination doit immédiatement :

1° Prendre toute mesure de sa compétence pour protéger la santé publique et l'environnement ;

2° Informer l'autorité administrative compétente avant toute modification intentionnelle ou dès que la modification non intentionnelle est connue ou que les nouveaux éléments d'information sont disponibles ;

3° Réviser les mesures spécifiées dans sa demande d'autorisation.

Art. R. 533-16 *(Partiellement annulé à compter du 30 juin 2010, CE, 24 juill. 2009, n° 305315, Comité de recherche et d'information indépendantes sur le génie génétique (CRII GEN) : JurisData n° 2009-007655 ; abr. à compter du 1er janvier 2022, D. n° 2021-1905, 30 déc. 2021)* (1).

> **Rédaction antérieure.** Art. R. 533-16. – *(Al. annulé à compter du 30 juin 2010, CE, 24 juill. 2009, n° 305315, Comité de recherche et d'information indépendantes sur le génie génétique (CRII GEN) : JurisData n° 2009-007655).*
>
> Si l'autorité administrative compétente dispose d'informations sur des éléments nouveaux susceptibles d'avoir des conséquences significatives du point de vue des risques pour la santé publique et l'environnement, elle fait procéder à une nouvelle évaluation des risques et rend ces éléments accessibles au public.
>
> Conformément à l'article L. 535-2, elle peut exiger du responsable de la dissémination qu'il modifie les conditions de celle-ci, qu'il la suspende ou qu'il y mette fin, et elle en informe le public.

Art. R. 533-17. – Le responsable de la dissémination autorisée communique à l'autorité administrative compétente les résultats de cette dissémination en ce qui concerne les risques éventuels pour la santé publique et l'environnement, dans les conditions définies par l'autorisation.

Ces résultats sont présentés sous la forme d'un rapport dont le modèle est fixé par l'autorité communautaire compétente.

S'il y a lieu, le responsable de la dissémination informe l'autorité administrative compétente des types de produits pour lesquels il a l'intention de demander par la suite l'une des autorisations mentionnées aux articles L. 533-3 et L. 533-5.

Sous-section 2. – Dispositions particulières à certains produits

Art. R. 533-18. – Les dispositions de la sous-section 1 de la présente section sont applicables aux produits mentionnés dans la présente sous-section, sous réserve des dispositions des articles R. 533-19 à R. 533-24.

§ 1. – Dispositions relatives aux plantes, semences, plants et animaux

Art. R. 533-19. – Les dispositions particulières applicables aux plantes, semences et plants génétiquement modifiés sont énoncées au décret n° 93-1177 du 18 octobre 1993 modifié pris pour l'application, s'agissant de plantes, semences et plants, du titre III de la loi n° 92-654 du 13 juillet 1992 relative au contrôle de l'utilisation et de la dissémination volontaire d'organismes génétiquement modifiés et modifiant la loi n° 76-663 du 19 juillet 1976 relative aux installations classées pour la protection de l'environnement.

Art. R. 533-20. – Les dispositions particulières applicables aux organismes animaux génétiquement modifiés sont énoncées au décret n° 95-487 du 28 avril 1995 modifié pris pour l'application, s'agissant d'organismes animaux génétiquement modifiés, du titre III de la loi n° 92-654 du 13 juillet 1992 relative au contrôle de l'utilisation et de la dissémination volontaire d'organismes génétiquement modifiés et modifiant la loi n° 76-663 du 19 juillet 1976 relative aux installations classées pour la protection de l'environnement.

(1) Dispositions d'application transitoires : V. D. n° 2021-1905, 30 déc. 2021.

§ 2. – **Dispositions relatives aux recherches impliquant la personne humaine**
(Mod., D. n° 2019-526, 27 mai 2019)

Art. R. 533-21 *(Rempl. à compter du 1er janvier 2022, D. n° 2021-1905, 30 déc. 2021)* (1). – Dans le cas de dissémination volontaire d'organismes génétiquement modifiés concernant des recherches impliquant la personne humaine, la demande d'autorisation de dissémination est accompagnée de l'autorisation d'utilisation ou du récépissé de déclaration d'utilisation confinée d'organismes génétiquement modifiés, ainsi que, le cas échéant, de l'avis du Comité d'expertise des utilisations confinées d'organismes génétiquement modifiés. L'autorisation de dissémination est délivrée par le ministre chargé de l'environnement, selon les modalités prévues aux articles R. 533-1 à R. 533-17, après application des dispositions des articles R. 532-35 à R. 532-44.

§ 3. – **Dispositions relatives aux médicaments vétérinaires**

Art. R. 533-22 *(Rempl., D. n° 2019-135, 26 févr. 2019)*. – Les dispositions de la sous-section 1 s'appliquent aux médicaments vétérinaires composés en tout ou partie d'organismes génétiquement modifiés.

Lorsqu'elle est demandée à des fins d'expérimentations réalisées dans les conditions prévues au titre IV du livre Ier de la cinquième partie du Code de la santé publique et portant sur des médicaments vétérinaires, l'autorisation mentionnée à l'article L. 533-3 est délivrée par le directeur général de l'Agence nationale de sécurité sanitaire de l'alimentation, de l'environnement et du travail après accord du ministre chargé de l'environnement.

Le responsable de la dissémination mentionné à l'article R. 533-2 est le promoteur défini à l'article R. 5141-3 du Code de la santé publique.

§ 4. – **Dispositions relatives aux denrées alimentaires et produits destinés à l'alimentation des animaux et aux matériaux et objets au contact de ces denrées**
(Intitulé mod., D. n° 2019-135, 26 févr. 2019)

Art. R. 533-23 *(Rempl., D. n° 2019-135, 26 févr. 2019)*. – S'agissant des organismes génétiquement modifiés destinés à entrer dans la composition des produits utilisés pour le nettoyage des matériaux et objets destinés à entrer en contact avec des denrées, produits et boissons pour l'alimentation humaine et animale, l'autorité administrative compétente pour délivrer l'autorisation mentionnée à l'article L. 533-3 est le ministre chargé de l'agriculture.

Art. R. 533-23-1 *(D. n° 2019-135, 26 févr. 2019)*. – S'agissant des organismes génétiquement modifiés autres que les plantes, semences, plants et animaux, et destinés à être utilisés en alimentation humaine sous la forme de denrées, produits ou boissons, l'autorité administrative compétente pour délivrer l'autorisation mentionnée à l'article L. 533-3 est le ministre chargé de l'agriculture.

Art. R. 533-23-2 *(D. n° 2019-135, 26 févr. 2019)*. – S'agissant des produits destinés à l'alimentation animale composés en tout ou partie d'organismes génétiquement modifiés autres que les plantes, semences, plants et animaux, l'autorité administrative compétente pour délivrer l'autorisation mentionnée à l'article L. 533-3 est le ministre chargé de l'agriculture.

§ 5. – **Dispositions relatives aux matières fertilisantes et produits phytopharmaceutiques**

Art. R. 533-24 *(Mod., D. n° 2012-755, 9 mai 2012* (2)*; mod. à compter du 1er août 2015, D. n° 2015-890, 21 juill. 2015)*. – Les dispositions particulières applicables aux matières fertilisantes et produits phytopharmaceutiques composés en tout ou partie d'organismes génétiquement modifiés sont énoncées aux articles R. 253-5 et R. 255-28 du Code rural [et de la pêche maritime].

(1) Dispositions d'application transitoires : V. D. n° 2021-1905, 30 déc. 2021.

(2) Dispositions applicables aux demandes présentées à compter du 1er juillet 2012, D. n° 2012-755, 9 mai 2012, art. 7, I.

Section II. – Mise sur le marché

Voir : A. 18 oct. 2000, fixant le contenu du dossier technique accompagnant la demande d'autorisation de dissémination volontaire d'organismes génétiquement modifiés dans le cadre de recherches biomédicales portant sur des médicaments à usage humain ou des produits mentionnés aux 8°, 9° et 10° de l'article L. 5121-1 du Code de la santé publique. – A. 19 mars 2007, relatif à la dissémination volontaire dans l'environnement et à la mise sur le marché de certains produits composés en tout ou partie d'organismes génétiquement modifiés.

Sous-section 1. – Dispositions communes

§ 1. – Procédure d'autorisation

Art. R. 533-25. – Lorsque la première mise sur le marché communautaire d'un organisme génétiquement modifié ou d'une combinaison d'organismes génétiquement modifiés en tant que produits ou éléments de produits a lieu sur le territoire français, l'autorisation prévue à l'article L. 533-5 est délivrée par le ministre chargé de l'environnement, sauf lorsqu'il en est disposé autrement par les dispositions particulières à certains produits.

Dans ce cas, l'autorité chargée de statuer sur la demande d'autorisation recueille l'accord du ministre chargé de l'environnement.

Art. R. 533-26. – I. – La demande d'autorisation, accompagnée du versement mentionné à l'article L. 535-4, est adressée à l'autorité administrative compétente, qui procède à son instruction.

II. – Elle est établie par le responsable de la mise sur le marché. Elle est accompagnée d'un dossier technique.

Sauf dispositions particulières arrêtées par la Commission européenne, ce dossier technique comporte notamment :

1° Les informations techniques prévues aux annexes III et IV de la directive 2001/18/CE du 12 mars 2001 relative à la dissémination volontaire des organismes génétiquement modifiés dans l'environnement. Ces informations doivent tenir compte, notamment, de la diversité des sites d'utilisation des organismes génétiquement modifiés en tant que produits ou éléments de produits et des résultats obtenus lors de disséminations effectuées au titre de la recherche et du développement ;

2° Une évaluation des risques pour la santé publique et l'environnement et les conclusions relatives aux incidences potentielles sur l'environnement de la mise sur le marché mentionnées à la section D de l'annexe II de la directive du 12 mars 2001 précitée ;

3° Les conditions pour la mise sur le marché du produit, y compris les conditions spécifiques d'utilisation et de manipulation ;

4° La durée proposée pour l'autorisation, dans la limite de dix ans ;

5° *(Annulé à compter du 30 juin 2010, CE, 24 juill. 2009, n° 305314, Comité de recherche et d'information indépendantes sur le génie génétique (CRII GEN) : JurisData n° 2009-007559)* ;

6° Un projet d'étiquetage conforme aux dispositions de l'annexe IV de la directive du 12 mars 2001 précitée et du règlement n° 1830/2003 du 22 septembre 2003 concernant la traçabilité et l'étiquetage des organismes génétiquement modifiés et la traçabilité des produits destinés à l'alimentation humaine ou animale produits à partir d'organismes génétiquement modifiés ;

7° Un projet d'emballage ou de conditionnement extérieur conforme aux dispositions de l'annexe IV de la directive du 12 mars 2001 précitée ;

8° Une synthèse du dossier, dont le modèle est fixé par la décision du Conseil n° 2002/812/CE du 3 octobre 2002 instituant le formulaire de synthèse de la notification concernant la mise sur le marché d'organismes génétiquement modifiés en tant que produits ou éléments de produits, destinée à être transmise à la Commission européenne et aux États membres pour information ;

9° Des informations sur le ou les organismes génétiquement modifiés pour lesquels une expérience suffisante a déjà été acquise par le demandeur de l'autorisation ou un tiers, sous réserve que ces résultats ne soient pas confidentiels ou que le tiers ait donné son accord par écrit.

III (1) *(Annulé à compter du 30 juin 2010, CE, 24 juill. 2009, n° 305314, Comité de recherche et d'information indépendantes sur le génie génétique (CRII GEN) : JurisData n° 2009-007559).*

(1) V. T. appl. : A. 19 mars 2007 : *JO* 20 mars 2007. – NDLR.

Art. R. 533-27. – Le demandeur peut proposer à l'autorité administrative compétente de ne pas fournir tout ou partie des informations requises par la section B de l'annexe IV de la directive du 12 mars 2001 précitée lorsque la mise sur le marché de l'organisme génétiquement modifié ne présente pas de risques pour la santé publique ou l'environnement au vu des résultats des précédentes disséminations effectuées en application de la section 1 du présent chapitre ou d'autres données scientifiques.

Si de nouvelles informations concernant les risques que l'organisme génétiquement modifié présente pour la santé publique ou l'environnement sont devenues disponibles avant que l'autorisation écrite soit accordée, le demandeur de l'autorisation doit prendre immédiatement toute mesure de sa compétence pour protéger la santé publique et l'environnement. Il en informe l'autorité administrative compétente. Il révise en outre les informations et conditions spécifiées dans sa demande.

Art. R. 533-28. – Pour les demandes d'autorisation de mise sur le marché de certains types d'organismes génétiquement modifiés, l'autorité administrative compétente pour statuer sur la demande peut proposer de retenir des critères et exigences d'information différents de ceux prévus aux articles R. 533-26 et R. 533-27.

Lorsque ces règles d'information, ou celles proposées par un autre État membre ou par la Commission européenne, ont été arrêtées dans les conditions prévues à l'article 30 de la directive 2001/18/CE du 12 mars 2001 relative à la dissémination volontaire des organismes génétiquement modifiés dans l'environnement, elles se substituent à celles mentionnées à cet article.

Art. R. 533-29 *(Mod., D. n° 2008-1273, 5 déc. 2008 ; mod. à compter du 1er janvier 2022, D. n° 2021-1905, 30 déc. 2021)* (1). – Dès réception de la demande d'autorisation mentionnée à l'article R. 533-26, l'autorité administrative compétente délivre au demandeur un accusé de réception mentionnant sa date d'enregistrement et transmet la synthèse du dossier à la Commission européenne et aux États membres.

Cette autorité examine, sans délai, si le dossier est complet. Lorsqu'elle estime qu'un des éléments du dossier est incomplet ou irrégulier, elle invite le demandeur à le compléter ou à le régulariser.

Lorsque la demande porte sur des produits pour lesquels l'Autorité européenne de sécurité des aliments est compétente, l'autorité vérifie, en outre, qu'elle respecte les obligations résultant de l'article 32 *ter* du règlement 178/2002 du Parlement européen et du Conseil du 28 janvier 2002 établissant les principes généraux et les prescriptions générales de la législation alimentaire, instituant l'Autorité européenne de sécurité des aliments et fixant des procédures relatives à la sécurité des denrées alimentaires.

Dès que le dossier est complet, et sous réserve des dispositions du premier alinéa de l'article R. 533-30-1, l'autorité administrative compétente transmet la demande à la Commission européenne et, pour avis, à l'Agence nationale de la sécurité sanitaire, de l'alimentation, de l'environnement et du travail.

L'Agence nationale de sécurité sanitaire, de l'alimentation, de l'environnement et du travail évalue les risques pour l'environnement et la santé publique, notamment en examinant le dossier technique mentionné à l'article R. 533-2. Il transmet son avis à l'autorité administrative compétente pour statuer sur la demande dans un délai de soixante jours à compter de la date d'enregistrement de la demande.

Dans le cas où le ministre chargé de l'environnement n'est pas chargé de l'instruction de la demande, l'Agence nationale de sécurité sanitaire, de l'alimentation, de l'environnement et du travail lui transmet également son avis dans les mêmes délais. L'accord de ce ministre est réputé acquis s'il n'a pas fait connaître à l'autorité administrative compétente pour statuer sur la demande, son opposition à l'autorisation dans un délai de quatorze jours à compter de la date à laquelle il a reçu l'avis de cette agence ou de l'expiration du délai de soixante jours mentionné à l'alinéa précédent.

Art. R. 533-30. – Dans les quatre-vingt-dix jours à compter de la date d'enregistrement de la demande, l'autorité administrative compétente établit un rapport d'évaluation et le transmet au demandeur.

Lorsque le rapport d'évaluation indique que le ou les organismes génétiquement modifiés peuvent être mis sur le marché, l'autorité administrative compétente le transmet à la Commission européenne, assorti de tous les éléments d'information sur lesquels elle a fondé son rapport et, le cas échéant, des informations complémentaires mentionnées à l'article R. 533-35 ainsi que des conditions particulières relatives à la mise sur le marché qu'elle propose.

(1) Dispositions d'application transitoires : V. D. n° 2021-1905, 30 déc. 2021.

Lorsque le rapport d'évaluation indique que le ou les organismes génétiquement modifiés ne doivent pas être mis sur le marché, l'autorité administrative compétente le transmet à la Commission européenne, accompagné de tous les éléments d'information sur lesquels elle a fondé son rapport et, le cas échéant, des informations complémentaires mentionnées à l'article R. 533-35, au plus tôt quinze jours après l'envoi de ce rapport au demandeur et au plus tard cent cinq jours après la date d'enregistrement de la demande. Le cas échéant, elle informe la Commission européenne du retrait de la demande.

Le contenu des rapports d'évaluation est fixé par les dispositions de l'annexe VI de la directive 2001/18/CE du 12 mars 2001 relative à la dissémination volontaire des organismes génétiquement modifiés dans l'environnement et est précisé, en tant que besoin, par arrêté du ministre compétent pour statuer sur la demande.

Art. R. 533-30-1 *(Créé à compter du 1er janvier 2022, D. n° 2021-1905, 30 déc. 2021)* (1). – Lorsque l'autorité administrative compétente constate, lors de l'examen du dossier présenté à l'appui d'une demande portant sur des produits pour lesquels l'Autorité européenne de sécurité des aliments est compétente, que ce dossier n'est pas conforme aux exigences posées à l'article 32 *ter* du règlement n° 178/2002 du Parlement européen et du Conseil du 28 janvier 2002 établissant les principes généraux et les prescriptions générales de la législation alimentaire, instituant l'Autorité européenne de sécurité des aliments et fixant des procédures relatives à la sécurité des denrées alimentaires, cette autorité administrative invite le demandeur à le régulariser ou à lui fournir des justifications valables dans un délai qu'elle lui fixe. Elle l'informe également de ce que le délai dans lequel il doit être statué sur la demande, fixé à l'article R. 533-30, est suspendu jusqu'à la réception de sa réponse et qu'en l'absence de réponse dans le délai fixé, sa demande donnera lieu à une déclaration de non-validité entraînant, de droit, son rejet.

Lorsqu'en application du paragraphe 4 ou du paragraphe 5 de l'article 32 *ter* du même règlement, une demande d'autorisation ou de renouvellement, après avoir été déclarée non-valide, est présentée, une nouvelle fois, à l'autorité administrative, les délais liés à l'application de la période de six mois prévue à chacun de ces paragraphes ne sont pas pris en compte pour calculer le délai imparti par l'article R. 533-30 à cette autorité administrative pour établir le rapport d'évaluation de la demande d'autorisation ou de renouvellement.

Art. R. 533-31. – En l'absence d'objection motivée d'un État membre ou de la Commission européenne dans un délai de soixante jours à compter de la date de diffusion du rapport d'évaluation par la Commission, ou lorsque d'éventuelles objections ont été levées dans un délai de cent cinq jours à compter de la même date, l'autorité administrative compétente délivre l'autorisation de mise sur le marché de l'organisme génétiquement modifié ou de la combinaison d'organismes génétiquement modifiés.

Elle notifie cette autorisation au demandeur et en informe les États membres et la Commission européenne dans un délai de trente jours à compter de cette notification.

Lorsqu'une objection formulée par un État membre ou la Commission européenne n'a pas été levée dans les délais ci-dessus mentionnés, l'autorisation ne peut être accordée qu'après décision de l'autorité communautaire compétente.

Dans le cas où l'autorité administrative compétente pour statuer sur la demande d'autorisation estime que le ou les organismes génétiquement modifiés ne doivent pas être mis sur le marché, le rejet de la demande ne peut être prononcé que par une décision écrite et motivée.

Art. R. 533-32. – L'autorisation est écrite. Elle est délivrée pour une période maximale de dix ans. Dans tous les cas, *elle indique* :

1° Sa portée, notamment l'identité du ou des organismes génétiquement modifiés devant être mis sur le marché en tant que produits ou éléments de produits et leur identificateur unique ;

2° Sa période de validité ;

3° Les conditions de mise sur le marché du produit, y compris les éventuelles conditions spécifiques d'utilisation, de manipulation et d'emballage du ou des organismes génétiquement modifiés, en tant que produits ou éléments de produits, et les conditions de protection des écosystèmes, environnements ou zones géographiques particuliers ;

(1) Dispositions d'application transitoires : V. D. n° 2021-1905, 30 déc. 2021.

4° L'obligation pour le demandeur, sans préjudice des informations confidentielles mentionnées à l'*(Réf. rempl. à compter du 1er janvier 2022, D. n° 2021-1905, 30 déc. 2021)* (1) « article L. 535-3 », de tenir des échantillons de contrôle à la disposition de l'autorité administrative compétente ;

5° Les obligations en matière d'étiquetage, satisfaisant aux exigences prévues par l'annexe IV de la directive 2001/18/CE du 12 mars 2001 relative à la dissémination volontaire des organismes génétiquement modifiés dans l'environnement ;

6° Les obligations en matière de surveillance, mentionnées à l'annexe VII de la directive du 12 mars 2001 précitée complétée par la décision du Conseil 2002/811/CE du 3 octobre 2002 établissant les notes explicatives complétant l'annexe VII de la directive 2001/18/CE relative à la dissémination volontaire d'organismes génétiquement modifiés dans l'environnement, notamment en ce qui concerne le plan de surveillance et la transmission des rapports, le calendrier correspondant, ainsi que, le cas échéant, toute obligation qui pourrait incomber à la personne qui vend le produit ou à tout utilisateur.

Art. R. 533-33. – Une nouvelle autorisation est nécessaire pour que l'organisme génétiquement modifié ou la combinaison d'organismes génétiquement modifiés puissent être utilisés à d'autres fins que celles qui sont spécifiées dans la demande d'autorisation.

Art. R. 533-34 *(Mod. à compter du 1er janvier 2022, D. n° 2021-1905, 30 déc. 2021)* (1). – I. – Sous réserve des conditions particulières énoncées au présent article, s'appliquent à la demande de renouvellement d'une autorisation les mêmes conditions que celles applicables à la demande d'autorisation.

II. – La demande de renouvellement, accompagnée du versement mentionné à l'article L. 535-4, est adressée, neuf mois avant la date de l'échéance de l'autorisation initiale, à l'autorité administrative qui l'a délivrée.

Elle est établie par le responsable de la mise sur le marché. Elle est accompagnée notamment :

1° D'une copie de l'autorisation de mise sur le marché ;

2° D'un rapport sur les résultats de la surveillance mentionnée au 6° de l'article R. 533-32 ;

3° De toute information nouvelle devenue disponible sur les risques du produit pour la santé publique ou pour l'environnement ;

4° Le cas échéant, d'une proposition tendant à modifier les conditions relatives à la surveillance et à la durée de validité de l'autorisation.

Le contenu de la demande de renouvellement peut être précisé par arrêté du ministre compétent pour statuer sur la demande de renouvellement.

La décision d'autorisation de mise sur le marché reste valable jusqu'à ce qu'il ait été statué sur son renouvellement.

III. – En l'absence d'objection motivée d'un État membre ou de la Commission européenne dans un délai de soixante jours à compter de la date de diffusion du rapport d'évaluation par la Commission, ou lorsque d'éventuelles objections ont été levées dans un délai de soixante-quinze jours à compter de la même date, l'autorité administrative compétente accorde le renouvellement de l'autorisation.

Elle notifie cette autorisation au demandeur et en informe les États membres et la Commission européenne dans un délai de trente jours à compter de cette notification.

IV. – Lorsqu'une objection formulée par un État membre ou la Commission européenne n'a pas été levée dans les délais ci-dessus mentionnés, le renouvellement de l'autorisation ne peut être accordé qu'après décision de l'autorité communautaire compétente.

Dans le cas où l'autorité administrative compétente pour statuer sur la demande estime que l'autorisation initiale ne peut pas être renouvelée, le rejet de la demande ne peut être prononcé que par une décision écrite et motivée.

V. – L'autorisation est renouvelée pour une durée de dix ans, sauf si une raison particulière justifie une durée différente.

Art. R. 533-35 *(Mod. à compter du 1er janvier 2022, D. n° 2021-1905, 30 déc. 2021)* (1). – L'autorité administrative compétente et l'Agence nationale de sécurité sanitaire, de l'alimentation, de l'environnement et du travail peuvent, à tout moment, par une demande motivée, inviter le demandeur à leur communiquer des

(1) Dispositions d'application transitoires : V. D. n° 2021-1905, 30 déc. 2021.

informations complémentaires. La période comprise entre la demande d'information et la réponse n'est pas prise en compte pour calculer les délais prévus aux articles R. 533-29 à R. 533-34 afin de se prononcer sur la demande d'autorisation ou de renouvellement.

Lorsque l'agence demande des informations complémentaires directement au demandeur, elle en informe l'autorité administrative compétente.

Art. R. 533-36. – L'autorité administrative compétente communique à la Commission européenne et aux États membres tout élément nouveau d'information relatif aux risques présentés par le ou les organismes génétiquement modifiés pour la santé publique ou pour l'environnement qui viendrait à être connu avant la délivrance de l'autorisation. Elle peut alors formuler des observations ou des objections motivées à la mise sur le marché.

Art. R. 533-37. – I *(Annulé à compter du 30 juin 2010, CE, 24 juill. 2009, n° 305314, Comité de recherche et d'information indépendantes sur le génie génétique (CRII GEN) : JurisData n° 2009-007559).*

II. – L'autorité administrative compétente, le ministre chargé de l'environnement et les organismes consultés respectent les droits de propriété intellectuelle afférents aux données reçues.

III. – Si, pour quelque raison que ce soit, le demandeur retire sa demande d'autorisation ou de renouvellement, l'autorité administrative compétente, le ministre chargé de l'environnement et les organismes consultés doivent respecter le caractère confidentiel des informations relatives à la demande de mise sur le marché.

Art. R. 533-38. – En cas de changement de responsable de la mise sur le marché au cours de l'instruction de la demande d'autorisation ou après la délivrance de l'autorisation, le nouveau responsable informe l'autorité administrative compétente dans le délai d'un mois.

§ 2. – Surveillance

Art. R. 533-39 *(Annulé à compter du 30 juin 2010, CE, 24 juill. 2009, n° 305314, Comité de recherche et d'information indépendantes sur le génie génétique (CRII GEN) : JurisData n° 2009-007559).*

Art. R. 533-40. – L'autorité administrative compétente communique sans délai à la Commission européenne et aux États membres les éléments d'information qui lui ont été transmis par le titulaire de l'autorisation en application de l'article L. 535-1.

En outre, le titulaire de l'autorisation révise les informations qu'il a fournies dans sa demande initiale.

Art. R. 533-41. – Dans les soixante jours à compter de la réception d'éléments nouveaux d'information susceptibles d'avoir des conséquences sur l'appréciation des risques pour la santé publique ou pour l'environnement présentés par des organismes génétiquement modifiés dont la mise sur le marché a été autorisée, l'autorité administrative compétente pour les produits en cause transmet à la Commission européenne un nouveau rapport d'évaluation indiquant si et en quoi il convient de modifier ou retirer l'autorisation de mise sur le marché.

En l'absence d'objection motivée d'un État membre ou de la Commission européenne dans le délai de soixante jours à compter de la date de diffusion du nouveau rapport d'évaluation ou lorsque d'éventuelles objections ont été levées dans un délai de soixante-quinze jours à compter de la même date, l'autorité administrative compétente modifie l'autorisation dans le sens proposé ou la retire. Elle notifie au demandeur l'autorisation modifiée ou le retrait d'autorisation et en informe les États membres et la Commission européenne dans un délai de trente jours à compter de cette notification.

Art. R. 533-42 *(Abr. à compter du 1er janvier 2022, D. n° 2021-1905, 30 déc. 2021)* (1).

§ 3. – Dispositions diverses

Art. R. 533-43 *(Mod., D. n° 2008-1273, 5 déc. 2008 ; annulé à compter du 30 juin 2010, CE, 24 juill. 2009, n° 305314, Comité de recherche et d'information indépendantes sur le génie génétique (CRII GEN) : JurisData n° 2009-007559).*

(1) Dispositions d'application transitoires : V. D. n° 2021-1905, 30 déc. 2021.

Art. R. 533-44. – Toute personne ayant accès au dossier technique mentionné à l'article R. 533-26 ou à la demande de renouvellement mentionnée à l'article R. 533-34 est tenue au secret professionnel dans les conditions et sous les peines prévues à l'article 226-13 du Code pénal.

Art. R. 533-45. – Les organismes génétiquement modifiés mis sur le marché en vertu de l'une des autorisations mentionnées aux articles L. 533-5 ou L. 533-6 ou délivrées en application du règlement n° 1829/2003 du 22 septembre 2003 concernant les denrées alimentaires et les aliments pour animaux génétiquement modifiés, doivent être étiquetés dans les conditions prévues au 8 du A de l'annexe IV de la directive 2001/18/CE du 12 mars 2001 relative à la dissémination volontaire des organismes génétiquement modifiés dans l'environnement et, le cas échéant, dans les conditions prévues au 7 du B de la même annexe et à l'alinéa a de l'article 4.6 du règlement n° 1830/2003 du 22 septembre 2003 concernant la traçabilité et l'étiquetage des organismes génétiquement modifiés et la traçabilité des produits destinés à l'alimentation humaine ou animale produits à partir d'organismes génétiquement modifiés.

Les dispositions du premier alinéa ne sont pas applicables, en ce qui concerne les produits destinés à être directement transformés, aux traces d'organismes génétiquement modifiés présents dans une proportion qui n'excède pas 0,9 % à condition que ces traces soient fortuites ou techniquement inévitables.

Sous-section 2. – Dispositions particulières à la mise sur le marché de certains produits

Art. R. 533-46. – Les dispositions de la sous-section 1 de la présente section sont applicables aux produits mentionnés dans la présente sous-section, sous réserve des dispositions des articles R. 533-47 à R. 533-51.

§ 1. – Dispositions relatives aux semences, plants et animaux

Art. R. 533-47. – Les dispositions particulières applicables aux semences et plants génétiquement modifiés sont énoncées au décret n° 81-605 du 18 mai 1981 modifié pris pour l'application de la loi du 1er août 1905 sur la répression des fraudes en ce qui concerne le commerce des semences et plants.

Art. R. 533-48. – Les dispositions particulières applicables aux organismes animaux génétiquement modifiés sont énoncées au décret n° 95-487 du 28 avril 1995 modifié pris pour l'application, s'agissant d'organismes animaux génétiquement modifiés, du titre III de la loi n° 92-654 du 13 juillet 1992 relative au contrôle de l'utilisation et de la dissémination volontaire d'organismes génétiquement modifiés et modifiant la loi n° 76-663 du 19 juillet 1976 relative aux installations classées pour la protection de l'environnement.

§ 2. – Dispositions relatives aux médicaments à usage humain et vétérinaire

Art. R. 533-49 *(Rempl. à compter du 1er janvier 2022, D. n° 2021-1905, 30 déc. 2021)* (1). – I. – L'autorisation de mise sur le marché, prévue aux titres II et III du règlement (CE) n° 726/2004 du 31 mars 2004 du Parlement et du Conseil du 31 mars 2004 établissant des procédures communautaires pour l'autorisation et la surveillance en ce qui concerne les médicaments à usage humain et à usage vétérinaire, et instituant une Agence européenne des médicaments, vaut autorisation au titre de l'article L. 533-5, pour les médicaments, à usage humain ou vétérinaires, composés, en tout ou partie, d'organismes génétiquement modifiés.

II. – Les dispositions des articles R. 533-25 à R. 533-45 s'appliquent à toutes les autorisations autres que celles définies au I du présent article. Le cas échéant, s'y appliquent également :

1° Pour les médicaments à usage humain et les produits mentionnés aux 8°, 9°, 10°, 12°, 13° et 17° de l'article L. 5121-1 du Code de la santé publique, les dispositions du titre II du livre Ier de la cinquième partie de ce code. Pour les autorisations d'accès précoce et les autorisations d'accès compassionnel à un médicament à usage humain composé en tout ou partie d'organismes génétiquement modifiés, les durées de l'autorisation et de

(1) Dispositions d'application transitoires : V. D. n° 2021-1905, 30 déc. 2021.

son renouvellement sont celles prévues aux articles L. 5121-12 et L. 5121-12-1 ainsi qu'aux sous-sections 2 des sections 7 et 7 *bis* du chapitre Ier du titre II de la même partie de ce code ;

2° Pour les médicaments vétérinaires, les dispositions du titre IV du livre Ier de la cinquième partie du même code.

III. – L'autorisation mentionnée à l'article R. 533-25 du présent code est délivrée, après accord du ministre chargé de l'environnement, par le directeur général de l'Agence nationale de sécurité sanitaire de l'alimentation, de l'environnement et du travail pour les médicaments vétérinaires et par le directeur général de l'Agence nationale de sécurité du médicament et des produits de santé pour les médicaments à usage humain et les produits mentionnés aux 8°, 9°, 10°, 12°, 13° et 17° de l'article L. 5121-1 du Code de la santé publique, dans la mesure où ils sont composés, en tout ou partie, d'organismes génétiquement modifiés.

IV. – Dans le cadre des autorisations d'accès précoce mentionnées à l'article L. 5121-12 du Code de la santé publique et des autorisations d'accès compassionnel mentionnées à l'article L. 5121-12-1 du même code, de médicament à usage humain composé, en tout ou partie, d'organismes génétiquement modifiés, et pour l'application de l'article R. 533-29 du présent code, l'Agence nationale de sécurité du médicament et des produits de santé saisit, pour avis, l'Agence nationale de sécurité sanitaire de l'alimentation, de l'environnement et du travail, lorsqu'elle a un doute sur les risques pour l'environnement et la santé publique de la dissémination volontaire ou lorsque l'organisme génétiquement modifié n'a pas déjà été évalué dans le cadre d'une première autorisation. Si l'Agence nationale de sécurité du médicament et des produits de santé ne saisit pas l'Agence nationale de sécurité sanitaire de l'alimentation, de l'environnement et du travail, l'accord du ministre chargé de l'environnement n'est pas requis.

V. – Pour les médicaments vétérinaires composés, en tout ou partie, d'organismes génétiquement modifiés, les dispositions relatives à la composition du dossier technique, au contenu et à la durée du plan de surveillance ainsi qu'à la demande de renouvellement qui leur sont applicables en vertu de l'article R. 533-46 peuvent être complétées par un arrêté des ministres chargés de l'agriculture et de la santé, pris sur proposition du directeur général de l'Agence nationale de sécurité sanitaire de l'alimentation, de l'environnement et du travail.

Pour les médicaments à usage humain et les produits mentionnés aux 8°, 9°, 10°, 12°, 13° et 17° de l'article L. 5121-1 du Code de la santé publique composés, en tout ou partie, d'organismes génétiquement modifiés, les dispositions relatives à la composition du dossier technique, au contenu et à la durée du plan de surveillance ainsi qu'à la demande de renouvellement peuvent être complétées par un arrêté du ministre chargé de la santé, pris sur proposition du directeur général de l'Agence nationale de sécurité du médicament et des produits de santé.

§ 3. – Dispositions relatives aux denrées alimentaires et produits destinés à l'alimentation des animaux et aux matériaux et objets au contact de ces denrées

Art. R. 533-50. – Les dispositions particulières applicables aux denrées alimentaires et produits destinés à l'alimentation des animaux et aux matériaux et objets au contact de ces denrées composés en tout ou partie d'organismes modifiés sont énoncés au décret n° 73-138 du 12 février 1973 modifié portant application de la loi du 1er août 1905 sur la répression des fraudes et falsifications en ce qui concerne les procédés et les produits utilisés pour le nettoyage des matériaux et objets destinés à entrer en contact des denrées, produits et boissons pour l'alimentation de l'homme et des animaux.

§ 4. – *Dispositions relatives aux matières fertilisantes et produits phytopharmaceutiques*

Art. R. 533-51 *(Mod., D. n° 2012-755, 9 mai 2012* (1)*; mod. à compter du 1er août 2015, D. n° 2015-890, 21 juill. 2015 ; à compter du 1er janvier 2022, D. n° 2021-1905, 30 déc. 2021)* (2). – Les dispositions particulières applicables aux produits phytopharmaceutiques et matières fertilisantes composés en tout ou partie d'organismes génétiquement modifiés sont énoncées aux articles D. 253-18 à D. 253-21, R. 255-27 et R. 255-28 du Code rural et de la pêche maritime

(1) Dispositions applicables aux demandes présentées à compter du 1er juillet 2012, D. n° 2012-755, 9 mai 2012, art. 7, I.

(2) Dispositions d'application transitoires : V. D. n° 2021-1905, 30 déc. 2021.

CHAPITRE IV. – SURVEILLANCE BIOLOGIQUE DU TERRITOIRE

Pas de dispositions réglementaires codifiées.

CHAPITRE V. – CONTRÔLE ET SANCTIONS ADMINISTRATIFS

Pas de dispositions réglementaires codifiées.

CHAPITRE VI. – DISPOSITIONS PÉNALES

Section I. – Constatation des infractions

Sous-section 1. – Utilisation confinée d'organismes génétiquement modifiés

§ 1. – Utilisation confinée d'organismes génétiquement modifiés à des fins de recherche, de développement ou d'enseignement

(§ rempl. à compter du 1er janvier 2022, D. n° 2021-1905, 30 déc. 2021) (1)

Art. R. 536-1 *(Rempl. à compter du 1er janvier 2022, D. n° 2021-1905, 30 déc. 2021).* – Le commissionnement des agents habilités en vertu de l'article L. 536-1 à rechercher et à constater les infractions réprimées par l'article L. 536-3 et par le IV de l'article R. 536-11 est délivré par le ministre de la recherche.

Lorsqu'il commissionne des fonctionnaires ou agents publics qui ne sont pas placés sous son autorité, le ministre de la recherche recueille préalablement l'accord du ministre sous l'autorité duquel ils sont placés.

Lorsque ces fonctionnaires et agents sont affectés à un établissement public, le commissionnement est délivré après avis du directeur de cet établissement.

Le commissionnement précise les missions exercées et fixe sa durée. Il détermine le ressort territorial dans lesquels l'agent habilité exerce ses missions.

NB : Conformément au I de l'article 10 du décret n° 2021-1905 du 30 décembre 2021, ces dispositions entrent en vigueur le 1er janvier 2022, sous les réserves énoncées au II et dans les conditions précisées au III dudit article 10 auquel il convient de se reporter.

Art. R. 536-2 *(Rempl. à compter du 1er janvier 2022, D. n° 2021-1905, 30 déc. 2021).* – Le ministre chargé de la recherche vérifie que les agents qu'il envisage de commissionner disposent des compétences techniques ou scientifiques et juridiques nécessaires à l'exercice de leurs missions.

Ces agents justifient de leurs compétences techniques ou scientifiques soit en étant titulaires d'un doctorat ou d'un diplôme de niveau équivalent, soit en étant fonctionnaires de catégorie A, soit, s'ils ne sont pas fonctionnaires, en occupant un emploi correspondant à cette catégorie.

Art. R. 536-3 *(Rempl. à compter du 1er janvier 2022, D. n° 2021-1905, 30 déc. 2021).* – Le commissionnement délivré en application du deuxième alinéa de l'article R. 172-1 pour rechercher les infractions mentionnées au 2° du II de l'article L. 172-1 vaut commissionnement au titre du présent paragraphe sans qu'il y ait lieu de procéder à une nouvelle prestation de serment.

L'habilitation en qualité d'inspecteur de l'Agence nationale de sécurité du médicament et des produits de santé effectuée par le directeur de l'agence en application de l'article R. 5412-1 du Code de la santé publique vaut commissionnement au titre du présent paragraphe pour la recherche des infractions réprimées par l'article L. 536-3 et par le IV de l'article R. 536-11 du présent code.

NB : Conformément au I de l'article 10 du décret n° 2021-1905 du 30 décembre 2021, ces dispositions entrent en vigueur le 1er janvier 2022, sous les réserves énoncées au II et dans les conditions précisées au III dudit article 10 auquel il convient de se reporter.

(1) Dispositions d'application transitoires : V. D. n° 2021-1905, 30 déc. 2021.

Art. R. 536-4 *(Rempl. à compter du 1er janvier 2022, D. n° 2021-1905, 30 déc. 2021).* – Les dispositions des articles R. 536-8 à R. 536-9-1 et R. 536-10-1 sont applicables au commissionnement délivré par le ministre de la recherche en application du présent paragraphe.

NB : Conformément au I de l'article 10 du décret n° 2021-1905 du 30 décembre 2021, ces dispositions entrent en vigueur le 1er janvier 2022, sous les réserves énoncées au II et dans les conditions précisées au III dudit article 10 auquel il convient de se reporter.

Art. R. 536-4-1 *(D. n° 2011-1177, 23 sept. 2011* (1) *; implicitement abr. à compter du 1er janvier 2022, D. n° 2021-1905, 30 déc. 2021).*

§ 2. – Utilisation confinée d'organismes génétiquement modifiés à des fins de production industrielle

Art. R. 536-5 *(Rempl., D. n° 2011-1177, 23 sept. 2011* (1) *; mod. à compter du 1er janvier 2022, D. n° 2021-1905, 30 déc. 2021)* (2). – Les personnes mentionnées au deuxième alinéa de l'article R. 172-1 peuvent, conformément à l'article L. 536-1, rechercher et constater les infractions aux dispositions des articles L. 536-3 à L. 536-5 et R. 536-11.

§ 3. – Dispositions particulières à la défense nationale

Art. R. 536-6 *(Rempl., D. n° 2011-1177, 23 sept. 2011)* (1). – En matière d'utilisation confinée d'organismes génétiquement modifiés dans le cadre de la défense nationale, le ministre compétent mentionné aux articles R. 536-1 à R. 536-4 est le ministre de la Défense.

Art. R. 536-6-1 *(D. n° 2011-1177, 23 sept. 2011* (1) *; mod., D. n° 2019-1271, 2 déc. 2019).* – En matière d'utilisation confinée d'organismes génétiquement modifiés dans le cadre de la défense nationale, les personnes mentionnées aux articles R. 536-1 et R. 536-2 doivent être habilitées en application des articles R. 2311-8 à R. 2311-8-2 du Code de la défense pour connaître des informations ou supports protégés par le secret de la défense nationale.

Sous-section 2. – Dissémination volontaire à toute autre fin que la mise sur le marché

(Rempl. à compter du 1er janvier 2022, D. n° 2021-1905, 30 déc. 2021) (2)

Art. R. 536-7 *(Rempl. à compter du 1er janvier 2022, D. n° 2021-1905, 30 déc. 2021).* – Le commissionnement des agents habilités en vertu de l'article L. 536-1 à rechercher et à constater les infractions aux dispositions de la section 1 du chapitre III du présent titre est délivré par le ministre compétent, selon les produits concernés, pour statuer sur la demande d'autorisation.

Le commissionnement précise les missions exercées et fixe sa durée. Il détermine le ressort territorial dans lesquels l'agent habilité exerce ses missions.

Lorsque ces agents sont affectés à un établissement public, le commissionnement est délivré après avis du directeur de cet établissement.

NB : Conformément au I de l'article 10 du décret n° 2021-1905 du 30 décembre 2021, ces dispositions entrent en vigueur le 1er janvier 2022, sous les réserves énoncées au II et dans les conditions précisées au III dudit article 10 auquel il convient de se reporter.

Art. R. 536-7-1 *(Créé à compter du 1er janvier 2022, D. n° 2021-1905, 30 déc. 2021).* – L'autorité chargée du commissionnement en application de l'article R. 536-7 vérifie que ces agents disposent des compétences techniques et juridiques nécessaires à l'exercice de leurs missions.

Ils justifient de leurs compétences techniques soit en disposant d'un niveau de qualification dans une discipline scientifique au moins égal à celui d'un diplôme universitaire de deuxième cycle, soit en étant fonctionnaires de catégorie A ou de catégorie B, soit, s'ils ne sont pas fonctionnaires, en occupant un emploi correspondant à ces catégories.

---

(1) Les agréments en cours de validité le 26 septembre 2011 demeurent valables dans les conditions et jusqu'au terme du délai fixés dans la décision d'agrément, D. n° 2011-1177, 23 sept. 2011, art. 7.

(2) Dispositions d'application transitoires : V. D. n° 2021-1905, 30 déc. 2021.

Art. R. 536-8 *(Rempl. à compter du 1er janvier 2022, D. n° 2021-1905, 30 déc. 2021).* **– Les agents commissionnés ne peuvent exercer leurs fonctions qu'après avoir prêté serment devant le tribunal judiciaire de leur résidence administrative.**

La formule du serment est la suivante :

« Je jure et promets de bien et loyalement remplir mes fonctions et d'observer, en tout, les devoirs qu'elles m'imposent. Je jure également de ne rien révéler ou utiliser de ce qui sera porté à ma connaissance à l'occasion de l'exercice de mes fonctions. »

Il n'est pas procédé à une nouvelle prestation de serment en cas de passage à un grade ou à un emploi supérieur, de changement de résidence administrative ou de modification du champ des infractions pour lesquelles le commissionnement a été délivré.

NB : Conformément au I de l'article 10 du décret n° 2021-1905 du 30 décembre 2021, ces dispositions entrent en vigueur le 1er janvier 2022, sous les réserves énoncées au II et dans les conditions précisées au III dudit article 10 auquel il convient de se reporter.

Art. R. 536-9 *(Rempl. à compter du 1er janvier 2022, D. n° 2021-1905, 30 déc. 2021).* **– L'autorité chargée du commissionnement délivre à l'agent une carte de commissionnement qui comporte la photographie de son titulaire et mentionne ses nom et prénom, ainsi que ses attributions.**

L'agent est muni de sa carte de commissionnement lorsqu'il exerce ses fonctions.

NB : Conformément au I de l'article 10 du décret n° 2021-1905 du 30 décembre 2021, ces dispositions entrent en vigueur le 1er janvier 2022, sous les réserves énoncées au II et dans les conditions précisées au III dudit article 10 auquel il convient de se reporter.

Art. R. 536-9-1 *(Créé à compter du 1er janvier 2022, D. n° 2021-1905, 30 déc. 2021).* **– Lorsqu'un agent ne remplit plus les conditions prévues à l'article R. 536-7-1 ou lorsque son comportement se révèle incompatible avec le bon exercice de ses missions de police, le commissionnement peut être retiré ou suspendu pour une durée de six mois au plus, renouvelable une fois, par l'autorité qui l'a délivré, après avoir invité l'intéressé à faire connaître ses observations dans un délai qu'elle détermine. Le chef du service d'affectation de l'agent ou du directeur de l'établissement public dont il relève en est informé.**

La décision de suspension ou de retrait est transmise au procureur de la République du tribunal judiciaire de la résidence administrative de l'agent concerné.

Art. R. 536-10 *(Rempl. à compter du 1er janvier 2022, D. n° 2021-1905, 30 déc. 2021).* **– Dans le cas de fonctionnaires ou d'agents déjà assermentés pour des fonctions d'inspection, la réitération de prestation de serment prévue par la présente sous-section n'est pas requise.**

Les fonctionnaires ou agents relevant de cette situation dispose d'une carte professionnelle unique, justifiant de l'ensemble de leurs habilitations.

Art. R. 536-10-1 *(Créé à compter du 1er janvier 2022, D. n° 2021-1905, 30 déc. 2021).* **– Les dispositions du présent paragraphe ne sont pas applicables aux agents des services de l'État chargés de la défense nationale, mentionnés à l'article L. 172-3. Ces agents sont assermentés après avoir été commissionnés par le seul ministre de la défense.**

Section II. – Sanctions

(Rempl., D. n° 2011-1177, 23 sept. 2011) (1)

Art. R. 536-11 *(Rempl., D. n° 2011-1177, 23 sept. 2011 ; mod. à compter du 1er janvier 2022, D. n° 2021-1905, 30 déc. 2021)* (2). **– I. – Est puni de la peine d'amende prévue pour les contraventions de la troisième classe tout exploitant le fait pour d'une installation dans laquelle est mise en œuvre une utilisation confinée d'organismes génétiquement modifiés de classe de confinement 3 ou 4, tel que définie à l'article D. 532-3, de ne pas procéder au dépôt d'un dossier d'information à la mairie de la**

(1) Les agréments en cours de validité le 26 septembre 2011 demeurent valables dans les conditions et jusqu'au terme du délai fixés dans la décision d'agrément, D. n° 2011-1177, 23 sept. 2011, art. 7.

(2) Dispositions d'application transitoires : V. D. n° 2021-1905, 30 déc. 2021.

commune ou de l'arrondissement d'implantation de l'installation, dans les conditions prévues à l'article R. 532-13.

II. – Est puni de la peine d'amende prévue pour les contraventions de la cinquième classe le fait pour tout exploitant d'une installation dans laquelle est mise en œuvre une utilisation confinée d'organismes génétiquement modifiés de ne pas informer l'autorité administrative compétente d'un accident de nature à porter atteinte à l'environnement ou à la santé publique survenu au cours de l'utilisation, conformément à l'article R. 532-22.

III. – Est puni de la peine d'amende prévue pour les contraventions de la cinquième classe le fait pour tout exploitant d'une installation dans laquelle est mise en œuvre une utilisation confinée d'organismes génétiquement modifiés soumise à déclaration de ne pas avoir fait la déclaration dans les conditions prévues aux articles L. 532-3 et R. 532-14.

IV. – Est puni de la peine d'amende prévue pour les contraventions de cinquième classe, le fait, pour tout promoteur d'une recherche impliquant la personne humaine définie à l'article L. 1121-1 du Code de la santé publique, y compris dans le cadre d'un essai clinique de médicaments mentionné à l'article L. 1124-1 du même code, de mettre en œuvre une utilisation confinée d'organismes génétiquement modifiés de risque nul ou négligeable soumise à déclaration auprès de l'autorité compétente, sans avoir effectué cette déclaration dans les conditions prévues aux articles R. 532-35 à R. 532-44.

Art. R. 536-12 *(Implicitement abr., D. n° 2011-1177, 23 sept. 2011).*

CHAPITRE VII. – DISPOSITIONS DIVERSES

Pas de dispositions réglementaires codifiées.

TITRE IV. – DÉCHETS

CHAPITRE Ier. – DISPOSITIONS GÉNÉRALES RELATIVES À LA PRÉVENTION ET À LA GESTION DES DÉCHETS

(Intitulé rempl. à compter du 12 juillet 2011, D. n° 2011-828, 11 juill. 2011)

Voir : Circ. 1er mars 1994, relative aux déchets industriels assimilables aux déchets ménagers.

A. 9 sept. 1997 modifié, relatif aux décharges existantes et nouvelles installations de stockage de déchets ménagers.

Circ. 17 juin 2002, relative aux installations de type « déchetterie » dont les clients seraient des producteurs « non ménages » (*MEDD* 2002/9, 4 déc. 2002 : *BO* 4 déc. 2002, p. 66).

Circ. 17 juin 2002, relative à l'article 9 de l'arrêté ministériel relatif aux décharges existantes et aux nouvelles installations de stockage de déchets ménagers et assimilés (*MEDD* 2002/9, 4 déc. 2002 : *BO* 4 déc. 2002, p. 66).

Circ. 4 juill. 2002, relative aux installations de stockage de déchets ménagers et assimilés (*MEDD* 2002/9, 4 déc. 2002 : *BO* 4 déc. 2002, p. 66).

A. 20 sept. 2002, relatif aux installations d'incinération et de coïncinération de déchets dangereux (*JO* 1er déc. 2002).

Circ. 10 juin 2003, relative au stockage de déchets dangereux (*BOMEDD* 15 nov. 2003, n° 21, p. 69).

Circ. 24 nov. 2004, relative à la résorption des décharges non autorisées.

Circ. 24 déc. 2010, relative aux modalités d'application des décrets n° 2009-1341, nos 2010-369 et 2010-875 modifiant la nomenclature des installations classées exerçant une activité de traitement de déchets (*BO* 25 janv. 2011, p. 118).

Transposition de la directive-cadre déchets du 19 novembre 2008. Le présent chapitre a été profondément refondu par le décret n° 2011-828 du 11 juillet 2011 transposant la directive-cadre relative aux déchets du 19 novembre 2008 (n° 2008/98/CE), pris en application de la loi du 12 juillet 2010 portant engagement national pour l'environnement et du règlement du 14 juin 2006 relatif aux transferts transfrontières de déchets. Dans ce cadre, le décret introduit notamment de nouvelles définitions et précise les différentes opérations de gestion des déchets.

Section I. – Dispositions générales

Sous-section 1. – Conseil national de l'économie circulaire

(Intitulé mod., D. n° 2020-1249, 12 oct. 2020 ; intitulé rempl., D. n° 2021-726, 8 juin 2021)

Art. D. 541-1 (1) *(D. n° 2009-1043, 27 août 2009 ; mod., D. n° 2021-726, 8 juin 2021).* – Le Conseil national de l'économie circulaire est placé auprès du ministre chargé de l'environnement.

Le ministre chargé de l'environnement et le ministre chargé de l'économie peuvent le saisir pour avis de toutes les questions relatives à l'économie circulaire, de l'extraction des matières à la gestion des déchets, à l'exclusion des déchets radioactifs. Ces avis sont remis au Gouvernement.

Le Conseil national de l'économie circulaire peut être consulté sur les projets de textes législatifs et réglementaires ayant une incidence dans ce domaine.

Il peut se saisir de toute question d'intérêt national concernant l'économie circulaire.

Le Conseil national de l'économie circulaire participe à l'élaboration et au suivi des stratégies nationales en matière d'économie circulaire.

Le Conseil national [de l'économie circulaire] assure le suivi de la mise en œuvre des orientations de la politique en matière d'économie circulaire, en particulier telles qu'elles sont définies par les directives européennes et par les lois y afférentes.

Le Conseil national de l'économie circulaire est tenu informé des orientations des comités stratégiques des filières industrielles du Conseil national de l'industrie en matière d'économie circulaire et notamment d'allongement de la durée de vie des produits, d'écoconception, de recyclage et de valorisation des déchets.

Mission du Conseil national des déchets. Le Conseil national des déchets a un rôle principalement consultatif sur toutes les questions afférentes aux déchets, à l'exception des déchets radioactifs.

Art. D. 541-2 *(Mod., D. n° 2008-1232, 27 nov. 2008 ; rempl., D. n° 2009-1043, 27 août 2009* (1) *; mod., D. n° 2015-1827, 29 déc. 2015 ; D. n° 2017-210, 20 févr. 2017 ; D. n° 2021-726, 8 juin 2021 ; D. n° 2021-1334, 13 oct. 2021).* – I. – Le Conseil national de l'économie circulaire comprend les membres suivants répartis en six collèges :

1° Collège de l'État et de ses établissements publics :

– le directeur général de la prévention des risques ou son représentant ;
– le commissaire général au développement durable ou son représentant ;
– le directeur du budget ou son représentant ;
– le directeur général des outre-mer ou son représentant ;
– le directeur général de la performance économique et environnementale des entreprises ou son représentant ;
– le directeur général de la santé ou son représentant ;
– le président de l'Agence de la transition écologique ou son représentant.

Les représentants du collège de l'État assistent aux délibérations du Conseil national des déchets avec voix consultative.

2° Collège des élus locaux :

– deux représentants désignés par l'Association des maires de France (AMF) ;
– trois représentants désignés par l'Assemblée des communautés de France (AdCF) ;
– un représentant désigné par l'association France urbaine ;
– un représentant désigné par l'Assemblée des communautés de France (AdCF) ;
– un représentant désigné par Régions de France.

3° Collège des associations :

– deux représentants d'associations nationales de consommateurs agréées au plan national en application de l'article L. 811-1 du Code de la consommation sur proposition du collège des consommateurs et des usagers du Conseil national de la consommation ;

(1) Dispositions abrogées à compter du 9 juin 2009, D. n° 2006-672, 8 juin 2006, art. 17 et 18 ; prorogées pour une durée de cinq ans, D. n° 2009-613, 4 juin 2009, art. 4 et D. n° 2009-620, 6 juin 2009, art. 1er et ann. ; renouvelées pour une durée d'un an à compter du 8 juin 2014, D. n° 2014-589, 6 juin 2014, art 1er et ann. ; puis prorogées pour une durée de cinq ans à compter du 8 juin 2015, D. n° 2015-622, 5 juin 2015. – NDLR.

– quatre représentants d'associations de protection de l'environnement ;
– quatre associations travaillant dans le domaine de l'économie circulaire.

4° Collège des entreprises :
– un représentant du Mouvement des entreprises de France, un représentant de la Confédération des petites et moyennes entreprises et un représentant de l'Union des employeurs de l'économie sociale et solidaire ;
– un représentant du Conseil national de l'industrie désigné sur proposition de son vice-président ;
– un représentant des entreprises de recyclage des matériaux désigné sur proposition de l'Alliance Recyclage ;
– deux représentants des entreprises du secteur du traitement des déchets désignés sur proposition de la Confédération des métiers de l'environnement ;
– trois représentants des entreprises de production sectorielle désignés sur proposition du Mouvement des entreprises de France et de la Confédération des petites et moyennes entreprises ;
– un représentant des entreprises du secteur de la distribution, désigné sur proposition du Mouvement des entreprises de France et de la Confédération des petites et moyennes entreprises ;
– un représentant des organisations syndicales représentatives d'exploitants agricoles à vocation générale ;
– un représentant des organismes agréés pour la gestion des déchets issus de certains produits ;
– deux représentants des entreprises du secteur de la réparation et du réemploi dont un de l'économie sociale et solidaire ;

5° Collège des salariés :
– trois représentants des organisations syndicales de salariés représentatives au plan national.

6° Collège des parlementaires :
– un député désigné par le président de l'Assemblée nationale ;
– un sénateur désigné par le président du Sénat.

II *(Mod., D. n° 2024-640, 27 juin 2024)* (1) (2). – Le ministre chargé de l'environnement peut nommer jusqu'à cinq personnalités qualifiées choisies pour leurs compétences en matière d'économie circulaire, qui assistent aux délibérations du Conseil national de l'économie circulaire avec voix délibérative.

III. – À l'exception de ceux mentionnés au 1°, les membres du conseil, leurs suppléants et les personnalités qualifiées sont nommés par arrêté du ministre chargé de l'environnement.

Composition. Les représentants au Conseil national des déchets sont répartis en cinq collèges dont l'origine remonte au Grenelle de l'environnement, l'État, les syndicats, le patronat, les organisations non gouvernementales et les collectivités locales.

Art. D. 541-3 *(Mod., D. n° 2009-1043, 27 août 2009* (3) *; D. n° 2017-210, 20 févr. 2017 ; D. n° 2021-726, 8 juin 2021 ; D. n° 2024-640, 27 juin 2024)* (1). – Les membres du Conseil national de l'économie circulaire et leurs suppléants sont nommés pour une durée de cinq ans.

Lorsqu'un membre cesse ses fonctions, notamment lorsqu'il perd la qualité en raison de laquelle il avait été nommé, son suppléant le remplace pour la durée du mandat restant à accomplir. Il est nommé un nouveau suppléant pour la durée du mandat restant à accomplir.

Les fonctions des membres du Conseil national de l'économie circulaire sont exercées à titre gratuit.

Art. D. 541-4 (3) *(Mod., D. n° 2009-1043, 27 août 2009 ; D. n° 2021-726, 8 juin 2021).* – Le président du Conseil national de l'économie circulaire est nommé par arrêté du ministre chargé de l'environnement parmi les membres titulaires.

Deux vice-présidents peuvent être désignés parmi les membres titulaires par le ministre chargé de l'environnement. Ils suppléent le président en cas d'absence de celui-ci.

Le secrétariat du Conseil national de l'économie circulaire est assuré par la direction générale de la prévention des risques du ministère chargé de l'environnement, qui associe les autres membres mentionnés au 1° du I de l'article D. 541-2 à la préparation des réunions du conseil.

(1) Dispositions dérogatoires : V. D. n° 2024-640, 27 juin 2024.
(2) Dispositions particulières d'application : V. D. n° 2024-640, 27 juin 2024.
(3) Dispositions abrogées à compter du 9 juin 2009, D. n° 2006-672, 8 juin 2006, art. 17 et 18 ; prorogées pour une durée de cinq ans, D. n° 2009-613, 4 juin 2009, art. 4 et D. n° 2009-620, 6 juin 2009, art. 1er et ann. ; renouvelées pour une durée d'un an à compter du 8 juin 2014, D. n° 2014-589, 6 juin 2014, art 1er et ann. ; puis prorogées pour une durée de cinq ans à compter du 8 juin 2015, D. n° 2015-622, 5 juin 2015. – NDLR.

Art. D. 541-5 (1) *(Mod., D. n° 2009-1043, 27 août 2009 ; D. n° 2021-726, 8 juin 2021).* – Le Conseil national de l'économie circulaire arrête son règlement intérieur.

Art. D. 541-6 (1) *(Mod., D. n° 2009-1043, 27 août 2009 ; D. n° 2021-726, 8 juin 2021).* – Le Conseil national de l'économie circulaire se réunit sur convocation de son président, en tant que de besoin, et au moins deux fois par an.

Les avis et les travaux du Conseil national de l'économie circulaire sont mis à la disposition du public par voie électronique.

Art. D. 541-6-1 *(Rempl., D. n° 2020-1249, 12 oct. 2020)* (2). – I. – La commission inter-filières de responsabilité élargie des producteurs, visée au II de l'article L. 541-10, est placée auprès du ministre chargé de l'environnement.

II. – La commission inter-filières de responsabilité élargie des producteurs comprend 1 président et 5 collèges ainsi composés :

1° Le collège des producteurs des catégories de produits soumis à responsabilité élargie des producteurs composé de 5 représentants ainsi répartis :

– 2 représentants désignés sur proposition du Mouvement des entreprises de France ;
– 2 représentants désignés sur proposition de la Confédération des petites et moyennes entreprises ;
– 1 représentant désigné sur proposition de l'Association française des entreprises privées ;

2° Le collège des collectivités territoriales constitué de 5 représentants ainsi répartis :

– 2 représentants désignés sur proposition de l'Association des maires de France ;
– 1 représentant désigné sur proposition de l'Assemblée des communautés de France ;
– 1 représentant désigné sur proposition de l'Assemblée des départements de France ;
– 1 représentant désigné sur proposition de l'Association des régions de France ;

3° Le collège des associations de protection de l'environnement agréés en application de l'article L. 141-1, des associations de défense des consommateurs agréées en application de l'article L. 811-1 du Code de la consommation et des associations reconnues d'utilité publique dans le domaine de l'économie sociale et solidaire, constitué de 5 représentants ainsi répartis :

– 1 représentant désigné sur proposition de l'Association « France Nature Environnement » ;
– 1 représentant désigné sur proposition de l'Association « Zero Waste France » ;
– 1 représentant désigné sur proposition de l'Association « Les Amis de la Terre » ;
– 1 représentant désigné sur proposition de l'Union nationale des associations familiales ;
– 1 représentant désigné sur proposition de la Chambre française de l'économie sociale et solidaire ;

4° Le collège des opérateurs de la prévention et de la gestion des déchets, y compris de l'insertion ou l'économie sociale et solidaire, composé de 5 représentants ainsi répartis :

– 1 représentant désigné sur proposition de la Confédération des métiers de l'environnement ;
– 1 représentant désigné sur proposition de la Fédération professionnelle des entreprises du recyclage ;
– 1 représentant désigné sur proposition de l'Alliance Recyclage ;
– 1 représentant désigné sur proposition de la Fédération des entreprises d'insertion ;
– 1 représentant désigné sur proposition de la Fédération des acteurs professionnels du réemploi, de la réparation, de la réduction et de la réutilisation ;

5° Le collège de l'État comprenant :

– le directeur général chargé de la prévention des risques, ou son représentant ;
– le directeur général des entreprises, ou son représentant ;
– le directeur général de la concurrence, de la consommation et de la répression des fraudes, ou son représentant ;
– le directeur général des collectivités locales, ou son représentant ;
– le directeur général des outre-mer, ou son représentant.

(1) Dispositions abrogées à compter du 9 juin 2009, D. n° 2006-672, 8 juin 2006, art. 17 et 18 ; prorogées pour une durée de cinq ans, D. n° 2009-613, 4 juin 2009, art. 4 et D. n° 2009-620, 6 juin 2009, art. 1er et ann. ; renouvelées pour une durée d'un an à compter du 8 juin 2014, D. n° 2014-589, 6 juin 2014, art 1er et ann. ; puis prorogées pour une durée de cinq ans à compter du 8 juin 2015, D. n° 2015-622, 5 juin 2015. – NDLR.

(2) Dispositions d'application transitoires : V. D. n° 2020-1249, 12 oct. 2020.

III. – Un représentant de tout autre ministère concerné par les filières soumises au dispositif de responsabilité élargie des producteurs est invité à participer aux travaux de la commission si la nature du dossier examiné est liée à sa compétence.

IV. – Un représentant de l'établissement public défini à l'article L. 131-3 et un représentant des censeurs d'État sont invités à participer à titre permanent aux travaux de la commission.

V. – Le président peut convier des représentants des éco-organismes ou d'autres personnalités qualifiées ou experts à participer aux travaux de la commission.

VI. – Chaque entité mentionnée aux 1°, 2°, 3° et 4° du II nomme, en sus des représentants titulaires, un à quatre suppléants.

VII. – Les représentants cités au 1° du II peuvent désigner, chacun, une personne qualifiée pour les accompagner, choisie en fonction de la nature des dossiers inscrits à l'ordre du jour. Ils en informent le secrétariat de la commission au moins 48 heures avant la réunion de la commission. Ce délai est réduit à 24 heures lorsque la commission est convoquée en urgence.

VIII. – À l'exception des membres cités au 5° du II, les membres de la commission et leurs suppléants sont nommés par arrêté du ministre chargé de l'environnement. La durée du mandat est de trois ans, renouvelable.

Les fonctions des membres de la commission sont exercées à titre gratuit.

IX. – Le président de la commission inter-filières est nommé par arrêté du ministre chargé de l'environnement. Il est nommé pour une période de trois ans renouvelable.

En cas d'empêchement du président, le directeur général chargé de la prévention des risques, ou son représentant, le supplée pour assurer la présidence de la commission.

Le secrétariat est assuré par la direction générale chargée de la prévention des risques.

X. – En cas d'empêchement, le membre titulaire peut se faire représenter par un des suppléants mentionnés au VI.

XI. – La commission est consultée pour avis notamment sur :

– les projets d'arrêtés portant cahiers des charges impartis aux éco-organismes ou systèmes individuels de chaque filière ;

– les demandes d'agrément des éco-organismes et des systèmes individuels ;

– les projets d'arrêtés relatifs aux modulations des contributions financières versées par les producteurs, prévues à l'article L. 541-10-3 ;

– les orientations des actions de communication inter-filières mises en œuvre par le ministre chargé de l'environnement en application de l'article L. 541-10-2-1, et le bilan de ces actions.

Elle peut également être consultée par le ministère chargé de l'environnement sur les projets de textes législatifs et réglementaires ayant une incidence sur les filières de responsabilité élargie des producteurs.

La commission est informée annuellement du bilan des travaux des comités de parties prenantes de chaque éco-organisme.

Les arrêtés portant cahiers des charges prévus en application du II de l'article L. 541-10 peuvent prévoir des cas supplémentaires de consultation pour avis ou d'information de la commission.

XII. – Le président de la commission inter-filières peut saisir pour avis tout comité des parties prenantes mentionné à l'article L. 541-10 sur toute question relative à l'exercice de la responsabilité élargie des producteurs relevant de l'agrément de l'éco-organisme.

XIII. – Les avis émis par la commission le sont à titre consultatif. Ces avis sont rendus publics.

XIV. – Le président de la commission réunit la commission inter-filières au moins trois fois par an. Il la réunit également sur demande d'un tiers de ses membres ou du ministre chargé de l'environnement.

XV. – La commission arrête son règlement intérieur.

XVI. – Aucun membre de la commission ne peut être salarié ou membre *(Mots rempl., D. n° 2021-726, 8 juin 2021)* « de la direction » d'un éco-organisme agréé ou de l'entreprise qui a mis en place un système individuel agréé, ou d'un organisme ou entreprise candidate à un tel agrément en application du II de l'article L. 541-10.

Les membres de la commission adressent une déclaration au secrétariat de la commission lors de leur entrée en fonctions. La déclaration précise la participation à une instance décisionnelle d'un tel organisme ou d'une telle entreprise, l'exercice d'une activité rémunérée pour le compte d'un tel organisme ou d'une telle entreprise ou toute participation financière de la structure représentée par le membre au capital d'un tel organisme ou d'une telle entreprise, les subventions ou montants reçus d'un tel organisme ou d'une telle entreprise par la structure que représente le membre. Cette déclaration est rendue publique.

Tout membre de la commission qui est par ailleurs administrateur d'un tel organisme ou d'une telle entreprise ne participe pas aux points de l'ordre du jour des réunions concernant l'agrément d'un éco-organisme ou d'un système individuel de la filière concernée. Il peut être suppléé. En cas d'absence de son suppléant, il peut donner pouvoir à un autre membre sans mandat de vote.

Annexe à l'article D. 541-6-1 relative à la composition de la commission des filières de responsabilité élargie des producteurs

(D. n° 2015-1826, 29 déc. 2015 ; abr., D. n° 2021-726, 8 juin 2021)

Obligation de consultation de la commission interfilière sur certains textes. Annulation partielle de l'arrêté du 1er décembre 2020 modifiant le cahier des charges des écoorganismes de la filière de responsabilité élargie des producteurs pour les déchets diffus spécifiques (DDS) ménagers en l'absence de consultation préalable de la commission interfilières de responsabilité élargie des producteurs (■ CE, 6e ch., 20 mars 2024, n° 450282).

Art. D. 541-6-2 ***(Créé à compter du 4 mai 2012, D. n° 2012-602, 30 avr. 2012 ; rempl., D. n° 2016-1890, 27 déc. 2016 ; abr., D. n° 2018-901, 22 oct. 2018).***

Art. D. 541-6-3 ***(D. n° 2015-1827, 29 déc. 2015 ; mod., D. n° 2021-726, 8 juin 2021).*** **– L'Agence de la transition écologique publie annuellement un rapport d'observation des coûts et des financements du service public de gestion des déchets.**

Sous-section 2. – Classification des déchets

La classification des déchets est basée sur la nomenclature européenne. Elle a pour objectif un meilleur contrôle des déchets lors de leur gestion. Tout déchet marqué d'un astérisque sur la liste des déchets est considéré comme un déchet dangereux. Le producteur d'un déchet est responsable de sa classification correcte.

Voir : Dir. 2008/98/CE, 19 nov. 2008, relative aux déchets. – Décision de la Commission n° 2000/532/CE du 3 mai 2000 remplaçant la décision 94/3/CE établissant une liste de déchets en application de l'article 1er, point *a)*, de la directive 75/442/CEE du Conseil relative aux déchets, modifiée, et la décision 94/904/CE du Conseil établissant une liste de déchets dangereux en application de l'article 1er, paragraphe 4, de la directive 91/689/CEE du Conseil relative aux déchets dangereux, modifiée.

Art. R. 541-7. **– Il est établi une liste unique des déchets qui figure à** ***(Mots rempl., D. n° 2016-288, 10 mars 2016)*** **« l'annexe de la décision 2000/532/CE de la Commission du 3 mai 2000 remplaçant la décision 94/3/CE établissant une liste de déchets en application de l'article 1er, point *a)*, de la directive 75/442/CEE du Conseil relative aux déchets et la décision 94/904/CE du Conseil établissant une liste de déchets dangereux en application de l'article 1er, paragraphe 4, de la directive 91/689/CEE du Conseil relative aux déchets dangereux ». Toutes les informations relatives aux déchets prévues par le présent titre et ses textes d'application doivent être fournies en utilisant les codes indiqués dans cette liste.**

Liste des déchets telle qu'elle figure à l'annexe de la Décision n° 2000/532/CE du 3 mai 2000

portant liste des déchets visés à l'article 7 de la directive 2008/98/CE

Liste des déchets

Index : Chapitres de la liste

01	Déchets provenant de l'exploration et de l'exploitation des mines et des carrières ainsi que du traitement physique et chimique des minéraux
02	Déchets provenant de l'agriculture, de l'horticulture, de l'aquaculture, de la sylviculture, de la chasse et de la pêche ainsi que de la préparation et de la transformation des aliments
03	Déchets provenant de la transformation du bois et de la production de panneaux et de meubles, de pâte à papier, de papier et de carton

04	Déchets provenant des industries du cuir, de la fourrure et du textile
05	Déchets provenant du raffinage du pétrole, de la purification du gaz naturel et du traitement pyrolytique du charbon
06	Déchets des procédés de la chimie minérale
07	Déchets des procédés de la chimie organique
08	Déchets provenant de la fabrication, de la formulation, de la distribution et de l'utilisation (FFDU) de produits de revêtement (peintures, vernis et émaux vitrifiés), mastics et encres d'impression
09	Déchets provenant de l'industrie photographique
10	Déchets provenant de procédés thermiques
11	Déchets provenant du traitement chimique de surface et du revêtement des métaux et autres matériaux, et de l'hydrométallurgie des métaux non ferreux
12	Déchets provenant de la mise en forme et du traitement physique et mécanique de surface des métaux et matières plastiques
13	Huiles et combustibles liquides usagés (sauf huiles alimentaires et huiles figurant aux chapitres 05 et 12)
14	Déchets de solvants organiques, d'agents réfrigérants et propulseurs (sauf chapitres 07 et 08)
15	Emballages et déchets d'emballages ; absorbants, chiffons d'essuyage, matériaux filtrants et vêtements de protection non spécifiés ailleurs
16	Déchets non décrits ailleurs sur la liste
17	Déchets de construction et de démolition (y compris déblais provenant de sites contaminés)
18	Déchets provenant des soins médicaux ou vétérinaires et/ou de la recherche associée (sauf déchets de cuisine et de restauration ne provenant pas directement des soins médicaux)
19	Déchets provenant des installations de gestion des déchets, des stations d'épuration des eaux usées hors site et de la préparation d'eau destinée à la consommation humaine et d'eau à usage industriel
20	Déchets municipaux (déchets ménagers et déchets assimilés provenant des commerces, des industries et des administrations), y compris les fractions collectées séparément

01	**DÉCHETS PROVENANT DE L'EXPLORATION ET DE L'EXPLOITATION DES MINES ET DES CARRIÈRES AINSI QUE DU TRAITEMENT PHYSIQUE ET CHIMIQUE DES MINÉRAUX**
01 01	déchets provenant de l'extraction des minéraux
01 01 01	déchets provenant de l'extraction des minéraux métallifères
01 01 02	déchets provenant de l'extraction des minéraux non métallifères
01 03	déchets provenant de la transformation physique et chimique des minéraux métallifères

01 03 04*	stériles acidogènes provenant de la transformation du sulfure
01 03 05*	autres stériles contenant des substances dangereuses
01 03 06	stériles autres que ceux visés aux rubriques 01 03 04 et 01 03 05
01 03 07*	autres déchets contenant des substances dangereuses provenant de la transformation physique et chimique des minéraux métallifères
01 03 08	déchets de poussières et de poudres autres que ceux visés à la rubrique 01 03 07
01 03 09	boues rouges issues de la production d'alumine autres que celles visées à la rubrique 01 03 10
01 03 10*	boues rouges issues de la production d'alumine contenant des substances dangereuses, autres que les déchets visés à la rubrique 01 03 07
01 03 99	déchets non spécifiés ailleurs
01 04	déchets provenant de la transformation physique et chimique des minéraux non métallifères
01 04 07*	déchets contenant des substances dangereuses provenant de la transformation physique et chimique des minéraux non métallifères
01 04 08	déchets de graviers et débris de pierres autres que ceux visés à la rubrique 01 04 07
01 04 09	déchets de sable et d'argile
01 04 10	déchets de poussières et de poudres autres que ceux visés à la rubrique 01 04 07
01 04 11	déchets de la transformation de la potasse et des sels minéraux autres que ceux visés à la rubrique 01 04 07
01 04 12	stériles et autres déchets provenant du lavage et du nettoyage des minéraux autres que ceux visés aux rubriques 01 04 07 et 01 04 11
01 04 13	déchets provenant de la taille et du sciage des pierres autres que ceux visés à la rubrique 01 04 07
01 04 99	déchets non spécifiés ailleurs
01 05	boues de forage et autres déchets de forage
01 05 04	boues et autres déchets de forage à l'eau douce
01 05 05*	boues et autres déchets de forage contenant des hydrocarbures
01 05 06*	boues de forage et autres déchets de forage contenant des substances dangereuses
01 05 07	boues et autres déchets de forage contenant des sels de baryum, autres que ceux visés aux rubriques 01 05 05 et 01 05 06
01 05 08	boues et autres déchets de forage contenant des chlorures, autres que ceux visés aux rubriques 01 05 05 et 01 05 06
01 05 99	déchets non spécifiés ailleurs
02	**DÉCHETS PROVENANT DE L'AGRICULTURE, DE L'HORTICULTURE, DE L'AQUACULTURE, DE LA SYLVICULTURE, DE LA CHASSE ET DE LA PÊCHE AINSI QUE DE LA PRÉPARATION ET DE LA TRANSFORMATION DES ALIMENTS**

02 01	déchets provenant de l'agriculture, de l'horticulture, de l'aquaculture, de la sylviculture, de la chasse et de la pêche
02 01 01	boues provenant du lavage et du nettoyage
02 01 02	déchets de tissus animaux
02 01 03	déchets de tissus végétaux
02 01 04	déchets de matières plastiques (à l'exclusion des emballages)
02 01 06	fèces, urine et fumier (y compris paille souillée), effluents, collectés séparément et traités hors site
02 01 07	déchets provenant de la sylviculture
02 01 08*	déchets agrochimiques contenant des substances dangereuses
02 01 09	déchets agrochimiques autres que ceux visés à la rubrique 02 01 08
02 01 10	déchets métalliques
02 01 99	déchets non spécifiés ailleurs
02 02	déchets provenant de la préparation et de la transformation de la viande, des poissons et autres aliments d'origine animale
02 02 01	boues provenant du lavage et du nettoyage
02 02 02	déchets de tissus animaux
02 02 03	matières impropres à la consommation ou à la transformation
02 02 04	boues provenant du traitement *in situ* des effluents
02 02 99	déchets non spécifiés ailleurs
02 03	déchets provenant de la préparation et de la transformation des fruits, des légumes, des céréales, des huiles alimentaires, du cacao, du café, du thé et du tabac, de la production de conserves, de la production de levures et d'extraits de levures, de la préparation et de la fermentation de mélasses
02 03 01	boues provenant du lavage, du nettoyage, de l'épluchage, de la centrifugation et de la séparation
02 03 02	déchets d'agents de conservation
02 03 03	déchets de l'extraction aux solvants
02 03 04	matières impropres à la consommation ou à la transformation
02 03 05	boues provenant du traitement *in situ* des effluents
02 03 99	déchets non spécifiés ailleurs
02 04	déchets de la transformation du sucre
02 04 01	terre provenant du lavage et du nettoyage des betteraves
02 04 02	carbonate de calcium déclassé
02 04 03	boues provenant du traitement *in situ* des effluents

02 04 99	déchets non spécifiés ailleurs
02 05	déchets provenant de l'industrie des produits laitiers
02 05 01	matières impropres à la consommation ou à la transformation
02 05 02	boues provenant du traitement *in situ* des effluents
02 05 99	déchets non spécifiés ailleurs
02 06	déchets de boulangerie, pâtisserie, confiserie
02 06 01	matières impropres à la consommation ou à la transformation
02 06 02	déchets d'agents de conservation
02 06 03	boues provenant du traitement *in situ* des effluents
02 06 99	déchets non spécifiés ailleurs
02 07	déchets provenant de la production de boissons alcooliques et non alcooliques (sauf café, thé et cacao)
02 07 01	déchets provenant du lavage, du nettoyage et de la réduction mécanique des matières premières
02 07 02	déchets de la distillation de l'alcool
02 07 03	déchets de traitements chimiques
02 07 04	matières impropres à la consommation ou à la transformation
02 07 05	boues provenant du traitement *in situ* des effluents
02 07 99	déchets non spécifiés ailleurs
03	**DÉCHETS PROVENANT DE LA TRANSFORMATION DU BOIS ET DE LA PRODUCTION DE PANNEAUX ET DE MEUBLES, DE PÂTE À PAPIER, DE PAPIER ET DE CARTON**
03 01	déchets provenant de la transformation du bois et de la fabrication de panneaux et de meubles
03 01 01	déchets d'écorce et de liège
03 01 04*	sciure de bois, copeaux, chutes, bois, panneaux de particules et placages contenant des substances dangereuses
03 01 05	sciure de bois, copeaux, chutes, bois, panneaux de particules et placages autres que ceux visés à la rubrique 03 01 04
03 01 99	déchets non spécifiés ailleurs
03 02	déchets des produits de protection du bois
03 02 01*	composés organiques non halogénés de protection du bois
03 02 02*	composés organochlorés de protection du bois
03 02 03*	composés organométalliques de protection du bois
03 02 04*	composés inorganiques de protection du bois
03 02 05*	autres produits de protection du bois contenant des substances dangereuses

03 02 99	produits de protection du bois non spécifiés ailleurs
03 03	déchets provenant de la production et de la transformation de papier, de carton et de pâte à papier
03 03 01	déchets d'écorce et de bois
03 03 02	liqueurs vertes (provenant de la récupération de liqueur de cuisson)
03 03 05	boues de désencrage provenant du recyclage du papier
03 03 07	refus séparés mécaniquement provenant du broyage de déchets de papier et de carton
03 03 08	déchets provenant du tri de papier et de carton destinés au recyclage
03 03 09	déchets de boues résiduaires de chaux
03 03 10	refus fibreux, boues de fibres, de charge et de couchage provenant d'une séparation mécanique
03 03 11	boues provenant du traitement *in situ* des effluents autres que celles visées à la rubrique 03 03 10
03 03 99	déchets non spécifiés ailleurs
04	**DÉCHETS PROVENANT DES INDUSTRIES DU CUIR, DE LA FOURRURE ET DU TEXTILE**
04 01	déchets provenant de l'industrie du cuir et de la fourrure
04 01 01	déchets d'écharnage et refentes
04 01 02	résidus de pelanage
04 01 03*	déchets de dégraissage contenant des solvants sans phase liquide
04 01 04	liqueur de tannage contenant du chrome
04 01 05	liqueur de tannage sans chrome
04 01 06	boues, notamment provenant du traitement *in situ* des effluents, contenant du chrome
04 01 07	boues, notamment provenant du traitement *in situ* des effluents, sans chrome
04 01 08	déchets de cuir tanné (refentes sur bleu, dérayures, échantillonnages, poussières de ponçage), contenant du chrome
04 01 09	déchets provenant de l'habillage et des finitions
04 01 99	déchets non spécifiés ailleurs
04 02	déchets de l'industrie textile
04 02 09	matériaux composites (textile imprégné, élastomère, plastomère)
04 02 10	matières organiques issues de produits naturels (par exemple graisse, cire)
04 02 14*	déchets provenant des finitions contenant des solvants organiques
04 02 15	déchets provenant des finitions autres que ceux visés à la rubrique 04 02 14
04 02 16*	teintures et pigments contenant des substances dangereuses
04 02 17	teintures et pigments autres que ceux visés à la rubrique 04 02 16

04 02 19*	boues provenant du traitement *in situ* des effluents contenant des substances dangereuses
04 02 20	boues provenant du traitement *in situ* des effluents autres que celles visées à la rubrique 04 02 19
04 02 21	fibres textiles non ouvrées
04 02 22	fibres textiles ouvrées
04 02 99	déchets non spécifiés ailleurs
05	**DÉCHETS PROVENANT DU RAFFINAGE DU PÉTROLE, DE LA PURIFICATION DU GAZ NATUREL ET DU TRAITEMENT PYROLYTIQUE DU CHARBON**
05 01	déchets provenant du raffinage du pétrole
05 01 02*	boues de dessalage
05 01 03*	boues de fond de cuves
05 01 04*	boues d'alkyles acides
05 01 05*	hydrocarbures accidentellement répandus
05 01 06*	boues contenant des hydrocarbures provenant des opérations de maintenance de l'installation ou des équipements
05 01 07*	goudrons acides
05 01 08*	autres goudrons
05 01 09*	boues provenant du traitement *in situ* des effluents contenant des substances dangereuses
05 01 10	boues provenant du traitement *in situ* des effluents autres que celles visées à la rubrique 05 01 09
05 01 11*	déchets provenant du nettoyage d'hydrocarbures avec des bases
05 01 12*	hydrocarbures contenant des acides
05 01 13	boues du traitement de l'eau d'alimentation des chaudières
05 01 14	déchets provenant des colonnes de refroidissement
05 01 15*	argiles de filtration usées
05 01 16	déchets contenant du soufre provenant de la désulfuration du pétrole
05 01 17	mélanges bitumineux
05 01 99	déchets non spécifiés ailleurs
05 06	déchets provenant du traitement pyrolytique du charbon
05 06 01*	goudrons acides
05 06 03*	autres goudrons
05 06 04	déchets provenant des colonnes de refroidissement
05 06 99	déchets non spécifiés ailleurs

05 07	déchets provenant de la purification et du transport du gaz naturel
05 07 01*	déchets contenant du mercure
05 07 02	déchets contenant du soufre
05 07 99	déchets non spécifiés ailleurs
06	**DÉCHETS DES PROCÉDÉS DE LA CHIMIE MINÉRALE**
06 01	déchets provenant de la fabrication, formulation, distribution et utilisation (FFDU) d'acides
06 01 01*	acide sulfurique et acide sulfureux
06 01 02*	acide chlorhydrique
06 01 03*	acide fluorhydrique
06 01 04*	acide phosphorique et acide phosphoreux
06 01 05*	acide nitrique et acide nitreux
06 01 06*	autres acides
06 01 99	déchets non spécifiés ailleurs
06 02	déchets provenant de la FFDU de bases
06 02 01*	hydroxyde de calcium
06 02 03*	hydroxyde d'ammonium
06 02 04*	hydroxyde de sodium et hydroxyde de potassium
06 02 05*	autres bases
06 02 99	déchets non spécifiés ailleurs
06 03	déchets provenant de la FFDU de sels et leurs solutions et d'oxydes métalliques
06 03 11*	sels et solutions contenant des cyanures
06 03 13*	sels et solutions contenant des métaux lourds
06 03 14	sels solides et solutions autres que ceux visés aux rubriques 06 03 11 et 06 03 13
06 03 15*	oxydes métalliques contenant des métaux lourds
06 03 16	oxydes métalliques autres que ceux visés à la rubrique 06 03 15
06 03 99	déchets non spécifiés ailleurs
06 04	déchets contenant des métaux autres que ceux visés à la section 06 03
06 04 03*	déchets contenant de l'arsenic
06 04 04*	déchets contenant du mercure
06 04 05*	déchets contenant d'autres métaux lourds
06 04 99	déchets non spécifiés ailleurs
06 05	boues provenant du traitement *in situ* des effluents

06 05 02*	boues provenant du traitement *in situ* des effluents contenant des substances dangereuses
06 05 03	boues provenant du traitement *in situ* des effluents autres que celles visées à la rubrique 06 05 02
06 06	déchets provenant de la FFDU de produits chimiques contenant du soufre, de la chimie du soufre et des procédés de désulfuration
06 06 02*	déchets contenant des sulfures dangereux
06 06 03	déchets contenant des sulfures autres que ceux visés à la rubrique 06 06 02
06 06 99	déchets non spécifiés ailleurs
06 07	déchets provenant de la FFDU des halogènes et de la chimie des halogènes
06 07 01*	déchets contenant de l'amiante provenant de l'électrolyse
06 07 02*	déchets de charbon actif utilisé pour la production du chlore
06 07 03*	boues de sulfate de baryum contenant du mercure
06 07 04*	solutions et acides, par exemple acide de contact
06 07 99	déchets non spécifiés ailleurs
06 08	déchets provenant de la FFDU du silicium et des dérivés du silicium
06 08 02*	déchets contenant des chlorosilanes dangereux
06 08 99	déchets non spécifiés ailleurs
06 09	déchets provenant de la FFDU des produits chimiques contenant du phosphore et de la chimie du phosphore
06 09 02	scories phosphoriques
06 09 03*	déchets de réactions basées sur le calcium contenant des substances dangereuses ou contaminées par de telles substances
06 09 04	déchets de réactions basées sur le calcium autres que ceux visés à la rubrique 06 09 03
06 09 99	déchets non spécifiés ailleurs
06 10	déchets provenant de la FFDU de produits chimiques contenant de l'azote, de la chimie de l'azote et de la production d'engrais
06 10 02*	déchets contenant des substances dangereuses
06 10 99	déchets non spécifiés ailleurs
06 11	déchets provenant de la fabrication des pigments inorganiques et des opacifiants
06 11 01	déchets de réactions basées sur le calcium provenant de la production de dioxyde de titane
06 11 99	déchets non spécifiés ailleurs
06 13	déchets des procédés de la chimie minérale non spécifiés ailleurs
06 13 01*	produits phytosanitaires inorganiques, agents de protection du bois et autres biocides
06 13 02*	charbon actif usé (sauf rubrique 06 07 02)

06 13 03	noir de carbone
06 13 04*	déchets provenant de la transformation de l'amiante
06 13 05*	suies
06 13 99	déchets non spécifiés ailleurs
07	**DÉCHETS DES PROCÉDÉS DE LA CHIMIE ORGANIQUE**
07 01	déchets provenant de la fabrication, formulation, distribution et utilisation (FFDU) de produits organiques de base
07 01 01*	eaux de lavage et liqueurs mères aqueuses
07 01 03*	solvants, liquides de lavage et liqueurs mères organiques halogénés
07 01 04*	autres solvants, liquides de lavage et liqueurs mères organiques
07 01 07*	résidus de réaction et résidus de distillation halogénés
07 01 08*	autres résidus de réaction et résidus de distillation
07 01 09*	gâteaux de filtration et absorbants usés halogénés
07 01 10*	autres gâteaux de filtration et absorbants usés
07 01 11*	boues provenant du traitement *in situ* des effluents contenant des substances dangereuses
07 01 12	boues provenant du traitement *in situ* des effluents autres que celles visées à la rubrique 07 01 11
07 01 99	déchets non spécifiés ailleurs
07 02	déchets provenant de la FFDU de matières plastiques, caoutchouc et fibres synthétiques
07 02 01*	eaux de lavage et liqueurs mères aqueuses
07 02 03*	solvants, liquides de lavage et liqueurs mères organiques halogénés
07 02 04*	autres solvants, liquides de lavage et liqueurs mères organiques
07 02 07*	résidus de réaction et résidus de distillation halogénés
07 02 08*	autres résidus de réaction et résidus de distillation
07 02 09*	gâteaux de filtration et absorbants usés halogénés
07 02 10*	autres gâteaux de filtration et absorbants usés
07 02 11*	boues provenant du traitement *in situ* des effluents contenant des substances dangereuses
07 02 12	boues provenant du traitement *in situ* des effluents autres que celles visées à la rubrique 07 02 11
07 02 13	déchets plastiques
07 02 14*	déchets provenant d'additifs contenant des substances dangereuses
07 02 15	déchets provenant d'additifs autres que ceux visés à la rubrique 07 02 14
07 02 16*	déchets contenant des silicones dangereux

07 02 17	déchets contenant des silicones autres que ceux visés à la rubrique 07 02 16
07 02 99	déchets non spécifiés ailleurs
07 03	déchets provenant de la FFDU de teintures et pigments organiques (sauf section 06 11)
07 03 01*	eaux de lavage et liqueurs mères aqueuses
07 03 03*	solvants, liquides de lavage et liqueurs mères organiques halogénés
07 03 04*	autres solvants, liquides de lavage et liqueurs mères organiques
07 03 07*	résidus de réaction et résidus de distillation halogénés
07 03 08*	autres résidus de réaction et résidus de distillation
07 03 09*	gâteaux de filtration et absorbants usés halogénés
07 03 10*	autres gâteaux de filtration et absorbants usés
07 03 11*	boues provenant du traitement *in situ* des effluents contenant des substances dangereuses
07 03 12	boues provenant du traitement *in situ* des effluents autres que celles visées à la rubrique 07 03 11
07 03 99	déchets non spécifiés ailleurs
07 04	déchets provenant de la FFDU de produits phytosanitaires organiques (sauf rubriques 02 01 08 et 02 01 09), d'agents de protection du bois (sauf section 03 02) et d'autres biocides
07 04 01*	eaux de lavage et liqueurs mères aqueuses
07 04 03*	solvants, liquides de lavage et liqueurs mères organiques halogénés
07 04 04*	autres solvants, liquides de lavage et liqueurs mères organiques
07 04 07*	résidus de réaction et résidus de distillation halogénés
07 04 08*	autres résidus de réaction et résidus de distillation
07 04 09*	gâteaux de filtration et absorbants usés halogénés
07 04 10*	autres gâteaux de filtration et absorbants usés
07 04 11*	boues provenant du traitement *in situ* des effluents contenant des substances dangereuses
07 04 12	boues provenant du traitement *in situ* des effluents autres que celles visées à la rubrique 07 04 11
07 04 13*	déchets solides contenant des substances dangereuses
07 04 99	déchets non spécifiés ailleurs
07 05	déchets provenant de la FFDU des produits pharmaceutiques
07 05 01*	eaux de lavage et liqueurs mères aqueuses
07 05 03*	solvants, liquides de lavage et liqueurs mères organiques halogénés
07 05 04*	autres solvants, liquides de lavage et liqueurs mères organiques

07 05 07*	résidus de réaction et résidus de distillation halogénés
07 05 08*	autres résidus de réaction et résidus de distillation
07 05 09*	gâteaux de filtration et absorbants usés halogénés
07 05 10*	autres gâteaux de filtration et absorbants usés
07 05 11*	boues provenant du traitement *in situ* des effluents contenant des substances dangereuses
07 05 12	boues provenant du traitement *in situ* des effluents autres que celles visées à la rubrique 07 05 11
07 05 13*	déchets solides contenant des substances dangereuses
07 05 14	déchets solides autres que ceux visés à la rubrique 07 05 13
07 05 99	déchets non spécifiés ailleurs
07 06	déchets provenant de la FFDU des corps gras, savons, détergents, désinfectants et cosmétiques
07 06 01*	eaux de lavage et liqueurs mères aqueuses
07 06 03*	solvants, liquides de lavage et liqueurs mères organiques halogénés
07 06 04*	autres solvants, liquides de lavage et liqueurs mères organiques
07 06 07*	résidus de réaction et résidus de distillation halogénés
07 06 08*	autres résidus de réaction et résidus de distillation
07 06 09*	gâteaux de filtration et absorbants usés halogénés
07 06 10*	autres gâteaux de filtration et absorbants usés
07 06 11*	boues provenant du traitement *in situ* des effluents contenant des substances dangereuses
07 06 12	boues provenant du traitement *in situ* des effluents autres que celles visées à la rubrique 07 06 11
07 06 99	déchets non spécifiés ailleurs
07 07	déchets provenant de la FFDU de produits chimiques issus de la chimie fine et de produits chimiques non spécifiés ailleurs
07 07 01*	eaux de lavage et liqueurs mères aqueuses
07 07 03*	solvants, liquides de lavage et liqueurs mères organiques halogénés
07 07 04*	autres solvants, liquides de lavage et liqueurs mères organiques
07 07 07*	résidus de réaction et résidus de distillation halogénés
07 07 08*	autres résidus de réaction et résidus de distillation
07 07 09*	gâteaux de filtration et absorbants usés halogénés
07 07 10*	autres gâteaux de filtration et absorbants usés
07 07 11*	boues provenant du traitement *in situ* des effluents contenant des substances dangereuses

07 07 12	boues provenant du traitement *in situ* des effluents autres que celles visées à la rubrique 07 07 11
07 07 99	déchets non spécifiés ailleurs
08	**DÉCHETS PROVENANT DE LA FABRICATION, DE LA FORMULATION, DE LA DISTRIBUTION ET DE L'UTILISATION (FFDU) DE PRODUITS DE REVÊTEMENT (PEINTURES, VERNIS ET ÉMAUX VITRIFIÉS), MASTICS ET ENCRES D'IMPRESSION**
08 01	déchets provenant de la FFDU et du décapage de peintures et vernis
08 01 11*	déchets de peintures et vernis contenant des solvants organiques ou d'autres substances dangereuses
08 01 12	déchets de peintures ou vernis autres que ceux visés à la rubrique 08 01 11
08 01 13*	boues provenant de peintures ou vernis contenant des solvants organiques ou autres substances dangereuses
08 01 14	boues provenant de peintures ou vernis autres que celles visées à la rubrique 08 01 13
08 01 15*	boues aqueuses contenant de la peinture ou du vernis contenant des solvants organiques ou autres substances dangereuses
08 01 16	boues aqueuses contenant de la peinture ou du vernis autres que celles visées à la rubrique 08 01 15
08 01 17*	déchets provenant du décapage de peintures ou vernis contenant des solvants organiques ou autres substances dangereuses
08 01 18	déchets provenant du décapage de peintures ou vernis autres que ceux visés à la rubrique 08 01 17
08 01 19*	boues aqueuses contenant de la peinture ou du vernis contenant des solvants organiques ou autres substances dangereuses
08 01 20	suspensions aqueuses contenant de la peinture ou du vernis autres que celles visées à la rubrique 08 01 19
08 01 21*	déchets de décapants de peintures ou vernis
08 01 99	déchets non spécifiés ailleurs
08 02	déchets provenant de la FFDU d'autres produits de revêtement (y compris des matériaux céramiques)
08 02 01	déchets de produits de revêtement en poudre
08 02 02	boues aqueuses contenant des matériaux céramiques
08 02 03	suspensions aqueuses contenant des matériaux céramiques
08 02 99	déchets non spécifiés ailleurs
08 03	déchets provenant de la FFDU d'encres d'impression
08 03 07	boues aqueuses contenant de l'encre
08 03 08	déchets liquides aqueux contenant de l'encre
08 03 12*	déchets d'encres contenant des substances dangereuses
08 03 13	déchets d'encres autres que ceux visés à la rubrique 08 03 12

08 03 14*	boues d'encre contenant des substances dangereuses
08 03 15	boues d'encre autres que celles visées à la rubrique 08 03 14
08 03 16*	déchets de solution de morsure
08 03 17*	déchets de toner d'impression contenant des substances dangereuses
08 03 18	déchets de toner d'impression autres que ceux visés à la rubrique 08 03 17
08 03 19*	huiles dispersées
08 03 99	déchets non spécifiés ailleurs
08 04	déchets provenant de la FFDU de colles et mastics (y compris produits d'étanchéité)
08 04 09*	déchets de colles et mastics contenant des solvants organiques ou d'autres substances dangereuses
08 04 10	déchets de colles et mastics autres que ceux visés à la rubrique 08 04 09
08 04 11*	boues de colles et mastics contenant des solvants organiques ou d'autres substances dangereuses
08 04 12	boues de colles et mastics autres que celles visées à la rubrique 08 04 11
08 04 13*	boues aqueuses contenant des colles ou mastics contenant des solvants organiques ou d'autres substances dangereuses
08 04 14	boues aqueuses contenant des colles et mastics autres que celles visées à la rubrique 08 04 13
08 04 15*	déchets liquides aqueux contenant des colles ou mastics contenant des solvants organiques ou d'autres substances dangereuses
08 04 16	déchets liquides aqueux contenant des colles ou mastics autres que ceux visés à la rubrique 08 04 15
08 04 17*	huile de résine
08 04 99	déchets non spécifiés ailleurs
08 05	déchets non spécifiés ailleurs dans le chapitre 08
08 05 01*	déchets d'isocyanates
09	**DÉCHETS PROVENANT DE L'INDUSTRIE PHOTOGRAPHIQUE**
09 01	déchets de l'industrie photographique
09 01 01*	bains de développement aqueux contenant un activateur
09 01 02*	bains de développement aqueux pour plaques offset
09 01 03*	bains de développement contenant des solvants
09 01 04*	bains de fixation
09 01 05*	bains de blanchiment et bains de blanchiment/fixation
09 01 06*	déchets contenant de l'argent provenant du traitement *in situ* des déchets photographiques

09 01 07	pellicules et papiers photographiques contenant de l'argent ou des composés de l'argent
09 01 08	pellicules et papiers photographiques sans argent ni composés de l'argent
09 01 10	appareils photographiques à usage unique sans piles
09 01 11*	appareils photographiques à usage unique contenant des piles visées aux rubriques 16 06 01, 16 06 02 ou 16 06 03
09 01 12	appareils photographiques à usage unique contenant des piles autres que ceux visés à la rubrique 09 01 11
09 01 13*	déchets liquides aqueux provenant de la récupération *in situ* de l'argent autres que ceux visés à la rubrique 09 01 06
09 01 99	déchets non spécifiés ailleurs
10	**DÉCHETS PROVENANT DE PROCÉDÉS THERMIQUES**
10 01	déchets provenant de centrales électriques et autres installations de combustion (sauf chapitre 19)
10 01 01	mâchefers, scories et cendres sous chaudière (sauf cendres sous chaudière visées à la rubrique 10 01 04)
10 01 02	cendres volantes de charbon
10 01 03	cendres volantes de tourbe et de bois non traité
10 01 04*	cendres volantes et cendres sous chaudière d'hydrocarbures
10 01 05	déchets solides de réactions basées sur le calcium, provenant de la désulfuration des gaz de fumée
10 01 07	boues de réactions basées sur le calcium, provenant de la désulfuration des gaz de fumée
10 01 09*	acide sulfurique
10 01 13*	cendres volantes provenant d'hydrocarbures émulsifiés employés comme combustibles
10 01 14*	mâchefers, scories et cendres sous chaudière provenant de la coïncinération contenant des substances dangereuses
10 01 15	mâchefers, scories et cendres sous chaudière provenant de la coïncinération autres que ceux visés à la rubrique 10 01 14
10 01 16*	cendres volantes provenant de la coïncinération contenant des substances dangereuses
10 01 17	cendres volantes provenant de la coïncinération autres que celles visées à la rubrique 10 01 16
10 01 18*	déchets provenant de l'épuration des gaz contenant des substances dangereuses
10 01 19	déchets provenant de l'épuration des gaz autres que ceux visés aux rubriques 10 01 05, 10 01 07 et 10 01 18
10 01 20*	boues provenant du traitement *in situ* des effluents contenant des substances dangereuses
10 01 21	boues provenant du traitement *in situ* des effluents autres que celles visées à la rubrique 10 01 20

10 01 22*	boues aqueuses provenant du nettoyage des chaudières contenant des substances dangereuses
10 01 23	boues aqueuses provenant du nettoyage des chaudières autres que celles visées à la rubrique 10 01 22
10 01 24	sables provenant de lits fluidisés
10 01 25	déchets provenant du stockage et de la préparation des combustibles des centrales à charbon
10 01 26	déchets provenant de l'épuration des eaux de refroidissement
10 01 99	déchets non spécifiés ailleurs
10 02	déchets provenant de l'industrie du fer et de l'acier
10 02 01	déchets de laitiers de hauts fourneaux et d'aciéries
10 02 02	laitiers non traités
10 02 07*	déchets solides provenant de l'épuration des fumées contenant des substances dangereuses
10 02 08	déchets solides provenant de l'épuration des fumées autres que ceux visés à la rubrique 10 02 07
10 02 10	battitures de laminoir
10 02 11*	déchets provenant de l'épuration des eaux de refroidissement contenant des hydrocarbures
10 02 12	déchets provenant de l'épuration des eaux de refroidissement autres que ceux visés à la rubrique 10 02 11
10 02 13*	boues et gâteaux de filtration provenant de l'épuration des fumées contenant des substances dangereuses
10 02 14	boues et gâteaux de filtration provenant de l'épuration des fumées autres que ceux visés à la rubrique 10 02 13
10 02 15	autres boues et gâteaux de filtration
10 02 99	déchets non spécifiés ailleurs
10 03	déchets de la pyrométallurgie de l'aluminium
10 03 02	déchets d'anodes
10 03 04*	scories provenant de la production primaire
10 03 05	déchets d'alumine
10 03 08*	scories salées de seconde fusion
10 03 09*	crasses noires de seconde fusion
10 03 15*	écumes inflammables ou émettant, au contact de l'eau, des gaz inflammables en quantités dangereuses
10 03 16	écumes autres que celles visées à la rubrique 10 03 15
10 03 17*	déchets goudronnés provenant de la fabrication des anodes

10 03 18	déchets carbonés provenant de la fabrication des anodes autres que ceux visés à la rubrique 10 03 17
10 03 19*	poussières de filtration des fumées contenant des substances dangereuses
10 03 20	poussières de filtration des fumées autres que celles visées à la rubrique 10 03 19
10 03 21*	autres fines et poussières (y compris fines de broyage de crasses) contenant des substances dangereuses
10 03 22	autres fines et poussières (y compris fines de broyage de crasses) autres que celles visées à la rubrique 10 03 21
10 03 23*	déchets solides provenant de l'épuration des fumées contenant des substances dangereuses
10 03 24	déchets solides provenant de l'épuration des fumées autres que ceux visés à la rubrique 10 03 23
10 03 25*	boues et gâteaux de filtration provenant de l'épuration des fumées contenant des substances dangereuses
10 03 26	boues et gâteaux de filtration provenant de l'épuration des fumées autres que ceux visés à la rubrique 10 03 25
10 03 27*	déchets provenant de l'épuration des eaux de refroidissement contenant des hydrocarbures
10 03 28	déchets provenant de l'épuration des eaux de refroidissement autres que ceux visés à la rubrique 10 03 27
10 03 29*	déchets provenant du traitement des scories salées et du traitement des crasses noires contenant des substances dangereuses
10 03 30	déchets provenant du traitement des scories salées et du traitement des crasses noires autres que ceux visés à la rubrique 10 03 29
10 03 99	déchets non spécifiés ailleurs
10 04	déchets provenant de la pyrométallurgie du plomb
10 04 01*	scories provenant de la production primaire et secondaire
10 04 02*	crasses et écumes provenant de la production primaire et secondaire
10 04 03*	arséniate de calcium
10 04 04*	poussières de filtration des fumées
10 04 05*	autres fines et poussières
10 04 06*	déchets solides provenant de l'épuration des fumées
10 04 07*	boues et gâteaux de filtration provenant de l'épuration des fumées
10 04 09*	déchets provenant de l'épuration des eaux de refroidissement contenant des hydrocarbures
10 04 10	déchets provenant de l'épuration des eaux de refroidissement autres que ceux visés à la rubrique 10 04 09
10 04 99	déchets non spécifiés ailleurs

10 05	déchets provenant de la pyrométallurgie du zinc
10 05 01	scories provenant de la production primaire et secondaire
10 05 03*	poussières de filtration des fumées
10 05 04	autres fines et poussières
10 05 05*	déchets solides provenant de l'épuration des fumées
10 05 06*	boues et gâteaux de filtration provenant de l'épuration des fumées
10 05 08*	déchets provenant de l'épuration des eaux de refroidissement contenant des hydrocarbures
10 05 09	déchets provenant de l'épuration des eaux de refroidissement autres que ceux visés à la rubrique 10 05 08
10 05 10*	crasses et écumes inflammables ou émettant, au contact de l'eau, des gaz inflammables en quantités dangereuses
10 05 11	crasses et écumes autres que celles visées à la rubrique 10 05 10
10 05 99	déchets non spécifiés ailleurs
10 06	déchets provenant de la pyrométallurgie du cuivre
10 06 01	scories provenant de la production primaire et secondaire
10 06 02	crasses et écumes provenant de la production primaire et secondaire
10 06 03*	poussières de filtration des fumées
10 06 04	autres fines et poussières
10 06 06*	déchets solides provenant de l'épuration des fumées
10 06 07*	boues et gâteaux de filtration provenant de l'épuration des fumées
10 06 09*	déchets provenant de l'épuration des eaux de refroidissement contenant des hydrocarbures
10 06 10	déchets provenant de l'épuration des eaux de refroidissement autres que ceux visés à la rubrique 10 06 09
10 06 99	déchets non spécifiés ailleurs
10 07	déchets provenant de la pyrométallurgie de l'argent, de l'or et du platine
10 07 01	scories provenant de la production primaire et secondaire
10 07 02	crasses et écumes provenant de la production primaire et secondaire
10 07 03	déchets solides provenant de l'épuration des fumées
10 07 04	autres fines et poussières
10 07 05	boues et gâteaux de filtration provenant de l'épuration des fumées
10 07 07*	déchets provenant de l'épuration des eaux de refroidissement contenant des hydrocarbures
10 07 08	déchets provenant de l'épuration des eaux de refroidissement autres que ceux visés à la rubrique 10 07 07

10 07 99	déchets non spécifiés ailleurs
10 08	déchets provenant de la pyrométallurgie d'autres métaux non ferreux
10 08 04	fines et poussières
10 08 08*	scories salées provenant de la production primaire et secondaire
10 08 09	autres scories
10 08 10*	crasses et écumes inflammables ou émettant, au contact de l'eau, des gaz inflammables en quantités dangereuses
10 08 11	crasses et écumes autres que celles visées à la rubrique 10 08 10
10 08 12*	déchets goudronnés provenant de la fabrication des anodes
10 08 13	déchets carbonés provenant de la fabrication des anodes autres que ceux visés à la rubrique 10 08 12
10 08 14	déchets d'anodes
10 08 15*	poussières de filtration des fumées contenant des substances dangereuses
10 08 16	poussières de filtration des fumées autres que celles visées à la rubrique 10 08 15
10 08 17*	boues et gâteaux de filtration provenant de l'épuration des fumées contenant des substances dangereuses
10 08 18	boues et gâteaux de filtration provenant de l'épuration des fumées autres que ceux visés à la rubrique 10 08 17
10 08 19*	déchets provenant de l'épuration des eaux de refroidissement contenant des hydrocarbures
10 08 20	déchets provenant de l'épuration des eaux de refroidissement autres que ceux visés à la rubrique 10 08 19
10 08 99	déchets non spécifiés ailleurs
10 09	déchets de fonderie de métaux ferreux
10 09 03	laitiers de four de fonderie
10 09 05*	noyaux et moules de fonderie n'ayant pas subi la coulée contenant des substances dangereuses
10 09 06	noyaux et moules de fonderie n'ayant pas subi la coulée autres que ceux visés à la rubrique 10 09 05
10 09 07*	noyaux et moules de fonderie ayant subi la coulée contenant des substances dangereuses
10 09 08	noyaux et moules de fonderie ayant subi la coulée autres que ceux visés à la rubrique 10 09 07
10 09 09*	poussières de filtration des fumées contenant des substances dangereuses
10 09 10	poussières de filtration des fumées autres que celles visées à la rubrique 10 09 09
10 09 11*	autres fines contenant des substances dangereuses
10 09 12	autres fines non visées à la rubrique 10 09 11

10 09 13*	déchets de liants contenant des substances dangereuses
10 09 14	déchets de liants autres que ceux visés à la rubrique 10 09 13
10 09 15*	révélateur de criques usagé contenant des substances dangereuses
10 09 16	révélateur de criques usagé autre que celui visé à la rubrique 10 09 15
10 09 99	déchets non spécifiés ailleurs
10 10	déchets de fonderie de métaux non ferreux
10 10 03	laitiers de four de fonderie
10 10 05*	noyaux et moules de fonderie n'ayant pas subi la coulée contenant des substances dangereuses
10 10 06	noyaux et moules de fonderie n'ayant pas subi la coulée autres que ceux visés à la rubrique 10 10 05
10 10 07*	noyaux et moules de fonderie ayant subi la coulée contenant des substances dangereuses
10 10 08	noyaux et moules de fonderie ayant subi la coulée autres que ceux visés à la rubrique 10 10 07
10 10 09*	poussières de filtration des fumées contenant des substances dangereuses
10 10 10	poussières de filtration des fumées autres que celles visées à la rubrique 10 10 09
10 10 11*	autres fines contenant des substances dangereuses
10 10 12	autres fines non visées à la rubrique 10 10 11
10 10 13*	déchets de liants contenant des substances dangereuses
10 10 14	déchets de liants autres que ceux visés à la rubrique 10 10 13
10 10 15*	révélateur de criques usagé contenant des substances dangereuses
10 10 16	révélateur de criques usagé autre que celui visé à la rubrique 10 10 15
10 10 99	déchets non spécifiés ailleurs
10 11	déchets provenant de la fabrication du verre et des produits verriers
10 11 03	déchets de matériaux à base de fibre de verre
10 11 05	fines et poussières
10 11 09*	déchets de préparation avant cuisson contenant des substances dangereuses
10 11 10	déchets de préparation avant cuisson autres que ceux visés à la rubrique 10 11 09
10 11 11*	petites particules de déchets de verre et poudre de verre contenant des métaux lourds (par exemple tubes cathodiques)
10 11 12	déchets de verre autres que ceux visés à la rubrique 10 11 11
10 11 13*	boues de polissage et de meulage du verre contenant des substances dangereuses
10 11 14	boues de polissage et de meulage du verre autres que celles visées à la rubrique 10 11 13

10 11 15*	déchets solides provenant de l'épuration des fumées contenant des substances dangereuses
10 11 16	déchets solides provenant de l'épuration des fumées autres que ceux visés à la rubrique 10 11 15
10 11 17*	boues et gâteaux de filtration provenant de l'épuration des fumées contenant des substances dangereuses
10 11 18	boues et gâteaux de filtration provenant de l'épuration des fumées autres que ceux visés à la rubrique 10 11 17
10 11 19*	déchets solides provenant du traitement *in situ* des effluents contenant des substances dangereuses
10 11 20	déchets solides provenant du traitement *in situ* des effluents autres que ceux visés à la rubrique 10 11 19
10 11 99	déchets non spécifiés ailleurs
10 12	déchets provenant de la fabrication des produits en céramique, briques, carrelage et matériaux de construction
10 12 01	déchets de préparation avant cuisson
10 12 03	fines et poussières
10 12 05	boues et gâteaux de filtration provenant de l'épuration des fumées
10 12 06	moules déclassés
10 12 08	déchets de produits en céramique, briques, carrelage et matériaux de construction (après cuisson)
10 12 09*	déchets solides provenant de l'épuration des fumées contenant des substances dangereuses
10 12 10	déchets solides provenant de l'épuration des fumées autres que ceux visés à la rubrique 10 12 09
10 12 11*	déchets de glaçure contenant des métaux lourds
10 12 12	déchets de glaçure autres que ceux visés à la rubrique 10 12 11
10 12 13	boues provenant du traitement *in situ* des effluents
10 12 99	déchets non spécifiés ailleurs
10 13	déchets provenant de la fabrication de ciment, chaux et plâtre et d'articles et produits dérivés
10 13 01	déchets de préparation avant cuisson
10 13 04	déchets de calcination et d'hydratation de la chaux
10 13 06	fines et poussières (sauf rubriques 10 13 12 et 10 13 13)
10 13 07	boues et gâteaux de filtration provenant de l'épuration des fumées
10 13 09*	déchets provenant de la fabrication d'amiante-ciment contenant de l'amiante
10 13 10	déchets provenant de la fabrication d'amiante-ciment autres que ceux visés à la rubrique 10 13 09

10 13 11	déchets provenant de la fabrication de matériaux composites à base de ciment autres que ceux visés aux rubriques 10 13 09 et 10 13 10
10 13 12*	déchets solides provenant de l'épuration des fumées contenant des substances dangereuses
10 13 13	déchets solides provenant de l'épuration des fumées autres que ceux visés à la rubrique 10 13 12
10 13 14	déchets et boues de béton
10 13 99	déchets non spécifiés ailleurs
10 14	déchets de crématoires
10 14 01*	déchets provenant de l'épuration des fumées contenant du mercure
11	**DÉCHETS PROVENANT DU TRAITEMENT CHIMIQUE DE SURFACE ET DU REVÊTEMENT DES MÉTAUX ET AUTRES MATÉRIAUX, ET DE L'HYDROMÉTALLURGIE DES MÉTAUX NON FERREUX**
11 01	déchets provenant du traitement chimique de surface et du revêtement des métaux et autres matériaux (par exemple, procédés de galvanisation, de revêtement de zinc, de décapage, de gravure, de phosphatation, de dégraissage alcalin et d'anodisation)
11 01 05*	acides de décapage
11 01 06*	acides non spécifiés ailleurs
11 01 07*	bases de décapage
11 01 08*	boues de phosphatation
11 01 09*	boues et gâteaux de filtration contenant des substances dangereuses
11 01 10	boues et gâteaux de filtration autres que ceux visés à la rubrique 11 01 09
11 01 11*	liquides aqueux de rinçage contenant des substances dangereuses
11 01 12	liquides aqueux de rinçage autres que ceux visés à la rubrique 11 01 11
11 01 13*	déchets de dégraissage contenant des substances dangereuses
11 01 14	déchets de dégraissage autres que ceux visés à la rubrique 11 01 13
11 01 15*	éluats et boues provenant des systèmes à membrane et des systèmes d'échange d'ions contenant des substances dangereuses
11 01 16*	résines échangeuses d'ions saturées ou usées
11 01 98*	autres déchets contenant des substances dangereuses
11 01 99	déchets non spécifiés ailleurs
11 02	déchets provenant des procédés hydrométallurgiques des métaux non ferreux
11 02 02*	boues provenant de l'hydrométallurgie du zinc (y compris jarosite et goethite)
11 02 03	déchets provenant de la production d'anodes pour les procédés d'électrolyse aqueuse
11 02 05*	déchets provenant des procédés hydrométallurgiques du cuivre contenant des substances dangereuses

11 02 06	déchets provenant des procédés hydrométallurgiques du cuivre autres que ceux visés à la rubrique 11 02 05
11 02 07*	autres déchets contenant des substances dangereuses
11 02 99	déchets non spécifiés ailleurs
11 03	boues et solides provenant de la trempe
11 03 01*	déchets cyanurés
11 03 02*	autres déchets
11 05	déchets provenant de la galvanisation à chaud
11 05 01	mattes
11 05 02	cendres de zinc
11 05 03*	déchets solides provenant de l'épuration des fumées
11 05 04*	flux utilisé
11 05 99	déchets non spécifiés ailleurs
12	**DÉCHETS PROVENANT DE LA MISE EN FORME ET DU TRAITEMENT PHYSIQUE ET MÉCANIQUE DE SURFACE DES MÉTAUX ET MATIÈRES PLASTIQUES**
12 01	déchets provenant de la mise en forme et du traitement mécanique et physique de surface des métaux et matières plastiques
12 01 01	limaille et chutes de métaux ferreux
12 01 02	fines et poussières de métaux ferreux
12 01 03	limaille et chutes de métaux non ferreux
12 01 04	fines et poussières de métaux non ferreux
12 01 05	déchets de matières plastiques d'ébarbage et de tournage
12 01 06*	huiles d'usinage à base minérale contenant des halogènes (pas sous forme d'émulsions ou de solutions)
12 01 07*	huiles d'usinage à base minérale sans halogènes (pas sous forme d'émulsions ou de solutions)
12 01 08*	émulsions et solutions d'usinage contenant des halogènes
12 01 09*	émulsions et solutions d'usinage sans halogènes
12 01 10*	huiles d'usinage de synthèse
12 01 12*	déchets de cires et graisses
12 01 13	déchets de soudure
12 01 14*	boues d'usinage contenant des substances dangereuses
12 01 15	boues d'usinage autres que celles visées à la rubrique 12 01 14
12 01 16*	déchets de grenaillage contenant des substances dangereuses
12 01 17	déchets de grenaillage autres que ceux visés à la rubrique 12 01 16

12 01 18*	boues métalliques (provenant du meulage et de l'affûtage) contenant des hydrocarbures
12 01 19*	huiles d'usinage facilement biodégradables
12 01 20*	déchets de meulage et matériaux de meulage contenant des substances dangereuses
12 01 21	déchets de meulage et matériaux de meulage autres que ceux visés à la rubrique 12 01 20
12 01 99	déchets non spécifiés ailleurs
12 03	déchets provenant du dégraissage à l'eau et à la vapeur (sauf chapitre 11)
12 03 01*	liquides aqueux de nettoyage
12 03 02*	déchets du dégraissage à la vapeur
13	**HUILES ET COMBUSTIBLES LIQUIDES USAGÉS (sauf huiles alimentaires et huiles figurant aux chapitres 05, 12 et 19)**
13 01	huiles hydrauliques usagées
13 01 01*	huiles hydrauliques contenant des PCB
13 01 04*	huiles hydrauliques chlorées (émulsions)
13 01 05*	huiles hydrauliques non chlorées (émulsions)
13 01 09*	huiles hydrauliques chlorées à base minérale
13 01 10*	huiles hydrauliques non chlorées à base minérale
13 01 11*	huiles hydrauliques synthétiques
13 01 12*	huiles hydrauliques facilement biodégradables
13 01 13*	autres huiles hydrauliques
13 02	huiles moteur, de boîte de vitesses et de lubrification usagées
13 02 04*	huiles moteur, de boîte de vitesses et de lubrification chlorées à base minérale
13 02 05*	huiles moteur, de boîte de vitesses et de lubrification non chlorées à base minérale
13 02 06*	huiles moteur, de boîte de vitesses et de lubrification synthétiques
13 02 07*	huiles moteur, de boîte de vitesses et de lubrification facilement biodégradables
13 02 08*	autres huiles moteur, de boîte de vitesses et de lubrification
13 03	huiles isolantes et fluides caloporteurs usagés
13 03 01*	huiles isolantes et fluides caloporteurs contenant des PCB
13 03 06*	huiles isolantes et fluides caloporteurs chlorés à base minérale autres que ceux visés à la rubrique 13 03 01
13 03 07*	huiles isolantes et fluides caloporteurs non chlorés à base minérale
13 03 08*	huiles isolantes et fluides caloporteurs synthétiques
13 03 09*	huiles isolantes et fluides caloporteurs facilement biodégradables
13 03 10*	autres huiles isolantes et fluides caloporteurs

13 04	hydrocarbures de fond de cale
13 04 01*	hydrocarbures de fond de cale provenant de la navigation fluviale
13 04 02*	hydrocarbures de fond de cale provenant de canalisations de môles
13 04 03*	hydrocarbures de fond de cale provenant d'un autre type de navigation
13 05	contenu de séparateurs eau/hydrocarbures
13 05 01*	déchets solides provenant de dessableurs et de séparateurs eau/hydrocarbures
13 05 02*	boues provenant de séparateurs eau/hydrocarbures
13 05 03*	boues provenant de déshuileurs
13 05 06*	hydrocarbures provenant de séparateurs eau/hydrocarbures
13 05 07*	eau mélangée à des hydrocarbures provenant de séparateurs eau/hydrocarbures
13 05 08*	mélanges de déchets provenant de dessableurs et de séparateurs eau/hydrocarbures
13 07	combustibles liquides usagés
13 07 01*	fuel oil et diesel
13 07 02*	essence
13 07 03*	autres combustibles (y compris mélanges)
13 08	huiles usagées non spécifiées ailleurs
13 08 01*	boues ou émulsions de dessalage
13 08 02*	autres émulsions
13 08 99*	déchets non spécifiés ailleurs
14	**DÉCHETS DE SOLVANTS ORGANIQUES, D'AGENTS RÉFRIGÉRANTS ET PROPULSEURS (sauf chapitres 07 et 08)**
14 06	déchets de solvants, d'agents réfrigérants et d'agents propulseurs d'aérosols/de mousses organiques
14 06 01*	chlorofluorocarbones, HCFC, HFC
14 06 02*	autres solvants et mélanges de solvants halogénés
14 06 03*	autres solvants et mélanges de solvants
14 06 04*	boues ou déchets solides contenant des solvants halogénés
14 06 05*	boues ou déchets solides contenant d'autres solvants
15	**EMBALLAGES ET DÉCHETS D'EMBALLAGES, ABSORBANTS, CHIFFONS D'ESSUYAGE, MATÉRIAUX FILTRANTS ET VÊTEMENTS DE PROTECTION NON SPÉCIFIÉS AILLEURS**
15 01	emballages et déchets d'emballages (y compris les déchets d'emballages municipaux collectés séparément)
15 01 01	emballages en papier/carton
15 01 02	emballages en matières plastiques

15 01 03	emballages en bois
15 01 04	emballages métalliques
15 01 05	emballages composites
15 01 06	emballages en mélange
15 01 07	emballages en verre
15 01 09	emballages textiles
15 01 10*	emballages contenant des résidus de substances dangereuses ou contaminés par de tels résidus
15 01 11*	emballages métalliques contenant une matrice poreuse solide dangereuse (par exemple amiante), y compris des conteneurs à pression vides
15 02	absorbants, matériaux filtrants, chiffons d'essuyage et vêtements de protection
15 02 02*	absorbants, matériaux filtrants (y compris les filtres à huile non spécifiés ailleurs), chiffons d'essuyage et vêtements de protection contaminés par des substances dangereuses
15 02 03	absorbants, matériaux filtrants, chiffons d'essuyage et vêtements de protection autres que ceux visés à la rubrique 15 02 02
16	**DÉCHETS NON DÉCRITS AILLEURS DANS LA LISTE**
16 01	véhicules hors d'usage de différents moyens de transport (y compris machines tous terrains) et déchets provenant du démontage de véhicules hors d'usage et de l'entretien de véhicules (sauf chapitres 13, 14, et sections 16 06 et 16 08)
16 01 03	pneus hors d'usage
16 01 04*	véhicules hors d'usage
16 01 06	véhicules hors d'usage ne contenant ni liquides ni autres composants dangereux
16 01 07*	filtres à huile
16 01 08*	composants contenant du mercure
16 01 09*	composants contenant des PCB
16 01 10*	composants explosifs (par exemple coussins gonflables de sécurité)
16 01 11*	patins de freins contenant de l'amiante
16 01 12	patins de freins autres que ceux visés à la rubrique 16 01 11
16 01 13*	liquides de frein
16 01 14*	antigels contenant des substances dangereuses
16 01 15	antigels autres que ceux visés à la rubrique 16 01 14
16 01 16	réservoirs de gaz liquéfié
16 01 17	métaux ferreux
16 01 18	métaux non ferreux
16 01 19	matières plastiques

16 01 20	verre
16 01 21*	composants dangereux autres que ceux visés aux rubriques 16 01 07 à 16 01 11, 16 01 13 et 16 01 14
16 01 22	composants non spécifiés ailleurs
16 01 99	déchets non spécifiés ailleurs
16 02	déchets provenant d'équipements électriques ou électroniques
16 02 09*	transformateurs et accumulateurs contenant des PCB
16 02 10*	équipements mis au rebut contenant des PCB ou contaminés par de telles substances autres que ceux visés à la rubrique 16 02 09
16 02 11*	équipements mis au rebut contenant des chlorofluorocarbones, des HCFC ou des HFC
16 02 12*	équipements mis au rebut contenant de l'amiante libre
16 02 13*	équipements mis au rebut contenant des composants dangereux (3) autres que ceux visés aux rubriques 16 02 09 à 16 02 12
16 02 14	équipements mis au rebut autres que ceux visés aux rubriques 16 02 09 à 16 02 13
16 02 15*	composants dangereux retirés des équipements mis au rebut
16 02 16	composants retirés des équipements mis au rebut autres que ceux visés à la rubrique 16 02 15
16 03	loupés de fabrication et produits non utilisés
16 03 03*	déchets d'origine minérale contenant des substances dangereuses
16 03 04	déchets d'origine minérale autres que ceux visés à la rubrique 16 03 03
16 03 05*	déchets d'origine organique contenant des substances dangereuses
16 03 06	déchets d'origine organique autres que ceux visés à la rubrique 16 03 05
16 03 07*	mercure métallique
16 04	déchets d'explosifs
16 04 01*	déchets de munitions
16 04 02*	déchets de feux d'artifice
16 04 03*	autres déchets d'explosifs
16 05	gaz en récipients à pression et produits chimiques mis au rebut
16 05 04*	gaz en récipients à pression (y compris les halons) contenant des substances dangereuses
16 05 05	gaz en récipients à pression autres que ceux visés à la rubrique 16 05 04
16 05 06*	produits chimiques de laboratoire à base de ou contenant des substances dangereuses, y compris les mélanges de produits chimiques de laboratoire
16 05 07*	produits chimiques d'origine minérale à base de ou contenant des substances dangereuses, mis au rebut
16 05 08*	produits chimiques d'origine organique à base de ou contenant des substances dangereuses, mis au rebut

16 05 09	produits chimiques mis au rebut autres que ceux visés aux rubriques 16 05 06, 16 05 07 ou 16 05 08
16 06	piles et accumulateurs
16 06 01*	accumulateurs au plomb
16 06 02*	accumulateurs Ni-Cd
16 06 03*	piles contenant du mercure
16 06 04	piles alcalines (sauf rubrique 16 06 03)
16 06 05	autres piles et accumulateurs
16 06 06*	électrolytes de piles et accumulateurs collectés séparément
16 07	déchets provenant du nettoyage de cuves et fûts de stockage et de transport (sauf chapitres 05 et 13)
16 07 08*	déchets contenant des hydrocarbures
16 07 09*	déchets contenant d'autres substances dangereuses
16 07 99	déchets non spécifiés ailleurs
16 08	catalyseurs usés
16 08 01	catalyseurs usés contenant de l'or, de l'argent, du rhénium, du rhodium, du palladium, de l'iridium ou du platine (sauf rubrique 16 08 07)
16 08 02*	catalyseurs usés contenant des métaux ou composés de métaux de transition dangereux
16 08 03	catalyseurs usés contenant des métaux ou composés de métaux de transition non spécifiés ailleurs
16 08 04	catalyseurs usés de craquage catalytique sur lit fluide (sauf rubrique 16 08 07)
16 08 05*	catalyseurs usés contenant de l'acide phosphorique
16 08 06*	liquides usés employés comme catalyseurs
16 08 07*	catalyseurs usés contaminés par des substances dangereuses
16 09	substances oxydantes
16 09 01*	permanganates, par exemple, permanganate de potassium
16 09 02*	chromates, par exemple, chromate de potassium, dichromate de sodium ou de potassium
16 09 03*	peroxydes, par exemple, peroxyde d'hydrogène
16 09 04*	substances oxydantes non spécifiées ailleurs
16 10	déchets liquides aqueux destinés à un traitement hors site
16 10 01*	déchets liquides aqueux contenant des substances dangereuses
16 10 02	déchets liquides aqueux autres que ceux visés à la rubrique 16 10 01
16 10 03*	concentrés aqueux contenant des substances dangereuses
16 10 04	concentrés aqueux autres que ceux visés à la rubrique 16 10 03
16 11	déchets de revêtements de fours et réfractaires

16 11 01*	revêtements de fours et réfractaires à base de carbone provenant de procédés métallurgiques contenant des substances dangereuses
16 11 02	revêtements de fours et réfractaires à base de carbone provenant de procédés métallurgiques autres que ceux visés à la rubrique 16 11 01
16 11 03*	autres revêtements de fours et réfractaires provenant de procédés métallurgiques contenant des substances dangereuses
16 11 04	autres revêtements de fours et réfractaires provenant de procédés métallurgiques non visés à la rubrique 16 11 03
16 11 05*	revêtements de fours et réfractaires provenant de procédés non métallurgiques contenant des substances dangereuses
16 11 06	revêtements de fours et réfractaires provenant de procédés non métallurgiques autres que ceux visés à la rubrique 16 11 05
17	**DÉCHETS DE CONSTRUCTION ET DE DÉMOLITION (Y COMPRIS DÉBLAIS PROVENANT DE SITES CONTAMINÉS)**
17 01	béton, briques, tuiles et céramiques
17 01 01	béton
17 01 02	briques
17 01 03	tuiles et céramiques
17 01 06*	mélanges ou fractions séparées de béton, briques, tuiles et céramiques contenant des substances dangereuses
17 01 07	mélanges de béton, briques, tuiles et céramiques autres que ceux visés à la rubrique 17 01 06
17 02	bois, verre et matières plastiques
17 02 01	bois
17 02 02	verre
17 02 03	matières plastiques
17 02 04*	bois, verre et matières plastiques contenant des substances dangereuses ou contaminés par de telles substances
17 03	mélanges bitumineux, goudron et produits goudronnés
17 03 01*	mélanges bitumineux contenant du goudron
17 03 02	mélanges bitumineux autres que ceux visés à la rubrique 17 03 01
17 03 03*	goudron et produits goudronnés
17 04	métaux (y compris leurs alliages)
17 04 01	cuivre, bronze, laiton
17 04 02	aluminium
17 04 03	plomb
17 04 04	zinc

17 04 05	fer et acier
17 04 06	étain
17 04 07	métaux en mélange
17 04 09*	déchets métalliques contaminés par des substances dangereuses
17 04 10*	câbles contenant des hydrocarbures, du goudron ou d'autres substances dangereuses
17 04 11	câbles autres que ceux visés à la rubrique 17 04 10
17 05	terres (y compris déblais provenant de sites contaminés), cailloux et boues de dragage
17 05 03*	terres et cailloux contenant des substances dangereuses
17 05 04	terres et cailloux autres que ceux visés à la rubrique 17 05 03
17 05 05*	boues de dragage contenant des substances dangereuses
17 05 06	boues de dragage autres que celles visées à la rubrique 17 05 05
17 05 07*	ballast de voie contenant des substances dangereuses
17 05 08	ballast de voie autre que celui visé à la rubrique 17 05 07
17 06	matériaux d'isolation et matériaux de construction contenant de l'amiante
17 06 01*	matériaux d'isolation contenant de l'amiante
17 06 03*	autres matériaux d'isolation à base de ou contenant des substances dangereuses
17 06 04	matériaux d'isolation autres que ceux visés aux rubriques 17 06 01 et 17 06 03
17 06 05*	matériaux de construction contenant de l'amiante
17 08	matériaux de construction à base de gypse
17 08 01*	matériaux de construction à base de gypse contaminés par des substances dangereuses
17 08 02	matériaux de construction à base de gypse autres que ceux visés à la rubrique 17 08 01
17 09	autres déchets de construction et de démolition
17 09 01*	déchets de construction et de démolition contenant du mercure
17 09 02*	déchets de construction et de démolition contenant des PCB (par exemple, mastics, sols à base de résines, double vitrage, condensateurs, contenant des PCB)
17 09 03*	autres déchets de construction et de démolition (y compris en mélange) contenant des substances dangereuses
17 09 04	déchets de construction et de démolition en mélange autres que ceux visés aux rubriques 17 09 01, 17 09 02 et 17 09 03
18	**DÉCHETS PROVENANT DES SOINS MÉDICAUX OU VÉTÉRINAIRES ET/OU DE LA RECHERCHE ASSOCIÉE (sauf déchets de cuisine et de restauration ne provenant pas directement des soins médicaux)**
18 01	déchets provenant des maternités, du diagnostic, du traitement ou de la prévention des maladies de l'homme
18 01 01	objets piquants et coupants (sauf rubrique 18 01 03)

18 01 02	déchets anatomiques et organes, y compris sacs de sang et réserves de sang (sauf rubrique 18 01 03)
18 01 03*	déchets dont la collecte et l'élimination font l'objet de prescriptions particulières vis-à-vis des risques d'infection
18 01 04	déchets dont la collecte et l'élimination ne font pas l'objet de prescriptions particulières vis-à-vis des risques d'infection (par exemple vêtements, plâtres, draps, vêtements jetables, langes)
18 01 06*	produits chimiques à base de ou contenant des substances dangereuses
18 01 07	produits chimiques autres que ceux visés à la rubrique 18 01 06
18 01 08*	médicaments cytotoxiques et cytostatiques
18 01 09	médicaments autres que ceux visés à la rubrique 18 01 08
18 01 10*	déchets d'amalgame dentaire
18 02	déchets provenant de la recherche, du diagnostic, du traitement ou de la prévention des maladies des animaux
18 02 01	objets piquants et coupants (sauf rubrique 18 02 02)
18 02 02*	déchets dont la collecte et l'élimination font l'objet de prescriptions particulières vis-à-vis des risques d'infection
18 02 03	déchets dont la collecte et l'élimination ne font pas l'objet de prescriptions particulières vis-à-vis des risques d'infection
18 02 05*	produits chimiques à base de ou contenant des substances dangereuses
18 02 06	produits chimiques autres que ceux visés à la rubrique 18 02 05
18 02 07*	médicaments cytotoxiques et cytostatiques
18 02 08	médicaments autres que ceux visés à la rubrique 18 02 07
19	**DÉCHETS PROVENANT DES INSTALLATIONS DE GESTION DES DÉCHETS, DES STATIONS D'ÉPURATION DES EAUX USÉES HORS SITE ET DE LA PRÉPARATION D'EAU DESTINÉE À LA CONSOMMATION HUMAINE ET D'EAU À USAGE INDUSTRIEL**
19 01	déchets de l'incinération ou de la pyrolyse de déchets
19 01 02	déchets de déferraillage des mâchefers
19 01 05*	gâteaux de filtration provenant de l'épuration des fumées
19 01 06*	déchets liquides aqueux provenant de l'épuration des fumées et autres déchets liquides aqueux
19 01 07*	déchets solides provenant de l'épuration des fumées
19 01 10*	charbon actif usé provenant de l'épuration des gaz de fumées
19 01 11*	mâchefers contenant des substances dangereuses
19 01 12	mâchefers autres que ceux visés à la rubrique 19 01 11
19 01 13*	cendres volantes contenant des substances dangereuses
19 01 14	cendres volantes autres que celles visées à la rubrique 19 01 13

19 01 15*	cendres sous chaudière contenant des substances dangereuses
19 01 16	cendres sous chaudière autres que celles visées à la rubrique 19 01 15
19 01 17*	déchets de pyrolyse contenant des substances dangereuses
19 01 18	déchets de pyrolyse autres que ceux visés à la rubrique 19 01 17
19 01 19	sables provenant de lits fluidisés
19 01 99	déchets non spécifiés ailleurs
19 02	déchets provenant des traitements physico-chimiques des déchets (notamment, déchromatation, décyanuration, neutralisation)
19 02 03	déchets prémélangés composés seulement de déchets non dangereux
19 02 04*	déchets prémélangés contenant au moins un déchet dangereux
19 02 05*	boues provenant des traitements physico-chimiques contenant des substances dangereuses
19 02 06	boues provenant des traitements physico-chimiques autres que celles visées à la rubrique 19 02 05
19 02 07*	hydrocarbures et concentrés provenant d'une séparation
19 02 08*	déchets combustibles liquides contenant des substances dangereuses
19 02 09*	déchets combustibles solides contenant des substances dangereuses
19 02 10	déchets combustibles autres que ceux visés aux rubriques 19 02 08 et 19 02 09
19 02 11*	autres déchets contenant des substances dangereuses
19 02 99	déchets non spécifiés ailleurs
19 03	déchets stabilisés/solidifiés
19 03 04*	déchets marqués comme dangereux partiellement stabilisés, autres que ceux visés à la rubrique 19 03 08
19 03 05	déchets stabilisés autres que ceux visés à la rubrique 19 03 04
19 03 06*	déchets catalogués comme dangereux, solidifiés
19 03 07	déchets solidifiés autres que ceux visés à la rubrique 19 03 06
19 03 08*	mercure partiellement stabilisé
19 04	déchets vitrifiés et déchets provenant de la vitrification
19 04 01	déchets vitrifiés
19 04 02*	cendres volantes et autres déchets du traitement des gaz de fumée
19 04 03*	phase solide non vitrifiée
19 04 04	déchets liquides aqueux provenant de la trempe des déchets vitrifiés
19 05	déchets de compostage
19 05 01	fraction non compostée des déchets municipaux et assimilés
19 05 02	fraction non compostée des déchets animaux et végétaux

19 05 03	compost déclassé
19 05 99	déchets non spécifiés ailleurs
19 06	déchets provenant du traitement anaérobie des déchets
19 06 03	liqueurs provenant du traitement anaérobie des déchets municipaux
19 06 04	digestats provenant du traitement anaérobie des déchets municipaux
19 06 05	liqueurs provenant du traitement anaérobie des déchets animaux et végétaux
19 06 06	digestats provenant du traitement anaérobie des déchets animaux et végétaux
19 06 99	déchets non spécifiés ailleurs
19 07	lixiviats de décharges
19 07 02*	lixiviats de décharges contenant des substances dangereuses
19 07 03	lixiviats de décharges autres que ceux visés à la rubrique 19 07 02
19 08	déchets provenant d'installations de traitement des eaux usées non spécifiés ailleurs
19 08 01	déchets de dégrillage
19 08 02	déchets de dessablage
19 08 05	boues provenant du traitement des eaux usées urbaines
19 08 06*	résines échangeuses d'ions saturées ou usées
19 08 07*	solutions et boues provenant de la régénération des échangeurs d'ions
19 08 08*	déchets provenant des systèmes à membrane contenant des métaux lourds
19 08 09	mélanges de graisse et d'huile provenant de la séparation huile/eaux usées contenant seulement des huiles et graisses alimentaires
19 08 10*	mélanges de graisse et d'huile provenant de la séparation huile/eaux usées autres que ceux visés à la rubrique 19 08 09
19 08 11*	boues contenant des substances dangereuses provenant du traitement biologique des eaux usées industrielles
19 08 12	boues provenant du traitement biologique des eaux usées industrielles autres que celles visées à la rubrique 19 08 11
19 08 13*	boues contenant des substances dangereuses provenant d'autres traitements des eaux usées industrielles
19 08 14	boues provenant d'autres traitements des eaux usées industrielles autres que celles visées à la rubrique 19 08 13
19 08 99	déchets non spécifiés ailleurs
19 09	déchets provenant de la préparation d'eau destinée à la consommation humaine ou d'eau à usage industriel
19 09 01	déchets solides de première filtration et de dégrillage
19 09 02	boues de clarification de l'eau
19 09 03	boues de décarbonatation

19 09 04	charbon actif usé
19 09 05	résines échangeuses d'ions saturées ou usées
19 09 06	solutions et boues provenant de la régénération des échangeurs d'ions
19 09 99	déchets non spécifiés ailleurs
19 10	déchets provenant du broyage de déchets contenant des métaux
19 10 01	déchets de fer ou d'acier
19 10 02	déchets de métaux non ferreux
19 10 03*	fraction légère des résidus de broyage et poussières contenant des substances dangereuses
19 10 04	fraction légère des résidus de broyage et poussières autres que celles visées à la rubrique 19 10 03
19 10 05*	autres fractions contenant des substances dangereuses
19 10 06	autres fractions autres que celles visées à la rubrique 19 10 05
19 11	déchets provenant de la régénération de l'huile
19 11 01*	argiles de filtration usées
19 11 02*	goudrons acides
19 11 03*	déchets liquides aqueux
19 11 04*	déchets provenant du nettoyage d'hydrocarbures avec des bases
19 11 05*	boues provenant du traitement *in situ* des effluents contenant des substances dangereuses
19 11 06	boues provenant du traitement *in situ* des effluents autres que celles visées à la rubrique 19 11 05
19 11 07*	déchets provenant de l'épuration des gaz de combustion
19 11 99	déchets non spécifiés ailleurs
19 12	déchets provenant du traitement mécanique des déchets (par exemple, tri, broyage, compactage, granulation) non spécifiés ailleurs
19 12 01	papier et carton
19 12 02	métaux ferreux
19 12 03	métaux non ferreux
19 12 04	matières plastiques et caoutchouc
19 12 05	verre
19 12 06*	bois contenant des substances dangereuses
19 12 07	bois autres que ceux visés à la rubrique 19 12 06
19 12 08	textiles
19 12 09	minéraux (par exemple sable, cailloux)
19 12 10	déchets combustibles (combustible issu de déchets)

19 12 11*	autres déchets (y compris mélanges) provenant du traitement mécanique des déchets contenant des substances dangereuses
19 12 12	autres déchets (y compris mélanges) provenant du traitement mécanique des déchets autres que ceux visés à la rubrique 19 12 11
19 13	déchets provenant de la décontamination des sols et des eaux souterraines
19 13 01*	déchets solides provenant de la décontamination des sols contenant des substances dangereuses
19 13 02	déchets solides provenant de la décontamination des sols autres que ceux visés à la rubrique 19 13 01
19 13 03*	boues provenant de la décontamination des sols contenant des substances dangereuses
19 13 04	boues provenant de la décontamination des sols autres que celles visées à la rubrique 19 13 03
19 13 05*	boues provenant de la décontamination des eaux souterraines contenant des substances dangereuses
19 13 06	boues provenant de la décontamination des eaux souterraines autres que celles visées à la rubrique 19 13 05
19 13 07*	déchets liquides aqueux et concentrés aqueux provenant de la décontamination des eaux souterraines contenant des substances dangereuses
19 13 08	déchets liquides aqueux et concentrés aqueux provenant de la décontamination des eaux souterraines autres que ceux visés à la rubrique 19 13 07
20	**DÉCHETS MUNICIPAUX (DÉCHETS MÉNAGERS ET DÉCHETS ASSIMILÉS PROVENANT DES COMMERCES, DES INDUSTRIES ET DES ADMINISTRATIONS), Y COMPRIS LES FRACTIONS COLLECTÉES SÉPARÉMENT**
20 01	fractions collectées séparément (sauf section 15 01)
20 01 01	papier et carton
20 01 02	verre
20 01 08	déchets de cuisine et de cantine biodégradables
20 01 10	vêtements
20 01 11	textiles
20 01 13*	solvants
20 01 14*	acides
20 01 15*	déchets basiques
20 01 17*	produits chimiques de la photographie
20 01 19*	pesticides
20 01 21*	tubes fluorescents et autres déchets contenant du mercure
20 01 23*	équipements mis au rebut contenant des chlorofluorocarbones
20 01 25	huiles et matières grasses alimentaires

20 01 26*	huiles et matières grasses autres que celles visées à la rubrique 20 01 25
20 01 27*	peinture, encres, colles et résines contenant des substances dangereuses
20 01 28	peinture, encres, colles et résines autres que celles visées à la rubrique 20 01 27
20 01 29*	détergents contenant des substances dangereuses
20 01 30	détergents autres que ceux visés à la rubrique 20 01 29
20 01 31*	médicaments cytotoxiques et cytostatiques
20 01 32	médicaments autres que ceux visés à la rubrique 20 01 31
20 01 33*	piles et accumulateurs visés aux rubriques 16 06 01, 16 06 02 ou 16 06 03 et piles et accumulateurs non triés contenant ces piles
20 01 34	piles et accumulateurs autres que ceux visés à la rubrique 20 01 33
20 01 35*	équipements électriques et électroniques mis au rebut contenant des composants dangereux, autres que ceux visés aux rubriques 20 01 21 et 20 01 23 (3)
20 01 36	équipements électriques et électroniques mis au rebut autres que ceux visés aux rubriques 20 01 21, 20 01 23 et 20 01 35
20 01 37*	bois contenant des substances dangereuses
20 01 38	bois autres que ceux visés à la rubrique 20 01 37
20 01 39	matières plastiques
20 01 40	métaux
20 01 41	déchets provenant du ramonage de cheminée
20 01 99	autres fractions non spécifiées ailleurs
20 02	déchets de jardins et de parcs (y compris les déchets de cimetière)
20 02 01	déchets biodégradables
20 02 02	terres et pierres
20 02 03	autres déchets non biodégradables
20 03	autres déchets municipaux
20 03 01	déchets municipaux en mélange
20 03 02	déchets de marchés
20 03 03	déchets de nettoyage des rues
20 03 04	boues de fosses septiques
20 03 06	déchets provenant du nettoyage des égouts
20 03 07	déchets encombrants
20 03 99	déchets municipaux non spécifiés ailleurs

(3) Par « composants dangereux provenant d'équipements électriques et électroniques » on entend notamment des piles et accumulateurs visés à la section 16 06 et considérés comme dangereux, des aiguilles de mercure, du verre provenant de tubes cathodiques et autres verres activés, et etc.

Art. R. 541-8 *(Rempl. à compter du 12 juillet 2011, D. n° 2011-828, 11 juill. 2011 ; mod., D. n° 2016-288, 10 mars 2016 ; D. n° 2020-1573, 11 déc. 2020).* – Au sens du présent titre, on entend par :

Déchet dangereux : tout déchet qui présente une ou plusieurs des propriétés de dangers énumérées à l'annexe III de la directive 2008/98/CE du Parlement européen et du Conseil du 19 novembre 2008 relative aux déchets et abrogeant certaines directives. Ils sont signalés par un astérisque dans la liste des déchets mentionnée à l'article R. 541-7.

Déchet non dangereux : tout déchet qui ne présente aucune des propriétés qui rendent un déchet dangereux.

Déchets POP : tout déchet constitué, contenant ou contaminé par l'une ou plusieurs des substances figurant sur la liste de l'annexe IV du règlement (UE) 2019/1021 du Parlement européen et du Conseil du 20 juin 2019 concernant les polluants organiques persistants, et dont la teneur en cette ou ces substances est égale ou supérieure aux limites de concentration fixées par ladite annexe.

Déchet inerte : tout déchet qui ne subit aucune modification physique, chimique ou biologique importante, qui ne se décompose pas, ne brûle pas, ne produit aucune réaction physique ou chimique, n'est pas biodégradable et ne détériore pas les matières avec lesquelles il entre en contact d'une manière susceptible d'entraîner des atteintes à l'environnement ou à la santé humaine.

Déchet ménager : tout déchet, dangereux ou non dangereux, dont le producteur est un ménage.

Déchet d'activités économiques : tout déchet, dangereux ou non dangereux, dont le producteur initial n'est pas un ménage

Bibliographie : *Déchets dangereux.* D. Deharbe et Y. Borrel, *De l'inertie juridique du déchet inerte à sa plasticité réglementaire : Dr. env.* mars 2015, n° 232, p. 98. • L. Neyret, *Trafic de déchets dangereux : quand les dépollueurs se font pollueurs : Environnement* juin 2014, n° 6, comm. 48. • S. Deliancourt, *Le régime juridique du transport des déchets dangereux : BDEI* sept. 2012, n° 41. • M. Lehardy, *La nature du Clemenceau devant les autorités françaises : matériel de guerre ou déchet dangereux ? Dr. env.* mai 2006, n° 138, p. 146 à 151.

Déchets inertes. Ph. Billet, *L'élimination des déchets inertes : Environnement* juin 2006, p. 15 à 17. • C. Huglo, C. Lepage et M.-P. Maître, *Du nouveau pour les installations de stockage de déchets inertes : Environnement et technique* mai 2006, n° 256, p. 49 à 52. • Y. Razafindratandra, *Produits dangereux, déchets inertes et déchets ménagers : de nouvelles règles : Dr. env.* mai 2006, n° 138, p. 141 à 145.

Voir : Ci-dessus Annexe de la décision n° 2000/532/CE du 3 mai 2000 portant liste des déchets visés à l'article 7 de la directive 2008/98/CE et annexe III de la directive 2008/98/CE relative aux déchets indiquant les propriétés qui rendent les déchets dangereux.

Déchets ménagers. Au sens et pour l'application des règles relatives à la détermination des dépenses susceptibles d'être prises en compte pour la détermination du taux de la taxe d'enlèvement des ordures ménagères (TEOM) a le caractère d'un déchet ménager tout bien ayant la nature d'un déchet habituellement produit par les ménages, que ce soit au sein ou hors du foyer (■ CE, 8-3 ch., 18 sept. 2023, n° 466461 : *Lebon*).

Art. R. 541-8-1 *(D. n° 2016-630, 19 mai 2016).* – Un combustible solide de récupération est un déchet non dangereux solide, composé de déchets qui ont été triés de manière à en extraire la fraction valorisable sous forme de matière dans les conditions technico-économiques du moment, préparé pour être utilisé comme combustible dans une installation relevant de la rubrique 2971 de la nomenclature des installations classées pour la protection de l'environnement. Reste un combustible solide de récupération, celui auquel sont associés des combustibles autorisés au B de la rubrique 2910. Un arrêté du ministre chargé de l'environnement fixe les caractéristiques de ces combustibles, la liste des installations où ils peuvent être préparés ainsi que les obligations auxquelles les exploitants de ces dernières installations sont soumis en vue de garantir la conformité des combustibles préparés à ces caractéristiques.

Art. R. 541-9 *(Rempl., D. n° 2016-288, 10 mars 2016).* – Les propriétés qui rendent les déchets dangereux ainsi que les méthodes d'essai à utiliser sont fixées à l'annexe III de la directive 2008/98/CE du Parlement européen et du Conseil du 19 novembre 2008 relative aux déchets et abrogeant certaines directives.

Art. R. 541-10 *(Abr., D. n° 2016-288, 10 mars 2016).*

Art. R. 541-11 *(Mod., D. n° 2016-288, 10 mars 2016 ; D. n° 2020-1573, 11 déc. 2020).* – Le préfet peut décider, dans des cas exceptionnels, sur la base de preuves techniques et scientifiques fournies par le détenteur à partir d'expertises extérieures, qu'un déchet classé sur la liste mentionnée à l'article R. 541-7 comme dangereux ne possède aucune des propriétés de l'annexe III de la directive 2008/98/CE du Parlement européen et du Conseil du 19 novembre 2008 relative aux déchets et abrogeant certaines directives.

Le préfet peut également, dans des cas exceptionnels, par une décision motivée, prise après que le détenteur a été mis à même de présenter ses observations, décider qu'un déchet qui n'est pas classé comme dangereux sur la liste mentionnée à l'article R. 541-7 présente cependant une ou plusieurs des propriétés énumérées à l'annexe III de la directive 2008/98/CE du Parlement européen et du Conseil du 19 novembre 2008 relative aux déchets et abrogeant certaines directives.

Le préfet compétent est celui du lieu de détention des déchets.

Les décisions prises en application du présent article sont communiquées annuellement à la Commission européenne.

Art. R. 541-11-1 *(Créé à compter du 12 juilliet 2011, D. n° 2011-828, 11 juill. 2011 ; mod., D. n° 2020-1573, 11 déc. 2020).* – Le déclassement de déchets dangereux en déchets non dangereux ne peut se faire par dilution en vue d'une diminution des concentrations initiales en substances dangereuses sous les seuils définissant le caractère dangereux d'un déchet. Il en est de même pour le déclassement de déchets POP.

Sous-section 3. – Dispositions particulières aux groupements d'intérêt public

Art. R. 541-12. – Le décret n° 83-204 du 15 mars 1983 relatif aux groupements d'intérêt public est applicable aux groupements d'intérêt public institués par l'article L. 541-43, sous réserve des dispositions suivantes :

1° Les arrêtés d'approbation du contrat constitutif du groupement d'intérêt public et de ses modifications éventuelles sont signés par le ministre chargé de l'environnement, le ministre chargé du budget, le ministre chargé de l'industrie, le ministre chargé des collectivités locales et, le cas échéant, le ministre chargé de l'outre-mer ;

2° Le commissaire du Gouvernement auprès du groupement d'intérêt public est désigné par le ministre chargé de l'environnement.

Sous-section 4. – Mélange de déchets

(Créée à compter du 1er janvier 2012, D. n° 2011-1934, 22 déc. 2011) (1)

Art. D. 541-12-1 *(Créé à compter du 1er janvier 2012, D. n° 2011-1934, 22 déc. 2011).* – Pour l'application de l'article L. 541-7-2, une catégorie de déchets dangereux est constituée par des déchets ayant le même état physique et présentant les mêmes propriétés de danger énumérées à *(Mots rempl., D. n° 2016-288, 10 mars 2016)* « l'annexe III de la directive 2008/98/CE du Parlement européen et du Conseil du 19 novembre 2008 relative aux déchets et abrogeant certaines directives ».

Art. D. 541-12-2 *(Créé à compter du 1er janvier 2012, D. n° 2011-1934, 22 déc. 2011).* – Tout exploitant d'une installation visée à l'article L. 511-1 soumise à autorisation ou à enregistrement peut solliciter l'autorisation de procéder aux mélanges prévus au premier alinéa de l'article L. 541-7-2 auprès du préfet.

L'exploitant fournit, à l'appui de sa demande, tous les éléments de justification nécessaires comprenant notamment :

– une description des types de déchets destinés à être mélangés ;

– le cas échéant, une description des types de substances, matières ou produits destinés à être mélangés aux déchets ;

– le descriptif des opérations de mélange prévues, en particulier au regard des meilleures techniques disponibles, ainsi que les mesures envisagées pour limiter les dangers et inconvénients pour les intérêts mentionnés à l'article L. 511-1 ;

– les procédures mises en place pour éviter un mélange inapproprié, soit un mélange de déchets qui ne s'effectuerait pas selon les meilleures techniques disponibles ou qui mettrait en danger la santé humaine, nuirait à l'environnement ou aggraverait les effets nocifs des déchets mélangés sur l'une ou l'autre ;

(1) Dispositions d'application transitoires : V. D. n° 2011-1934, 22 déc. 2011, art. 2.

– les mesures organisationnelles et opérationnelles prévues en cas de mélange inapproprié, notamment celles visant à prévenir les risques pour l'environnement et la santé humaine dans l'attente de la séparation des matières ou de leur transfert vers une installation adaptée.

Le préfet statue sur la demande d'autorisation de mélange selon les procédures prévues aux articles *(Réf. rempl. à compter du 1er mars 2017, D. n° 2017-81, 26 janv. 2017)* « R. 181-45 » ou R. 512-46-22.

Procédure d'obtention d'une dérogation à l'interdiction de mélange de déchets dangereux. Cet article détaille la procédure d'obtention d'une dérogation auprès du préfet pour les exploitants d'installations classées pour la protection de l'environnement soumises à autorisation ou à enregistrement.

Art. D. 541-12-3 *(Créé à compter du 1er janvier 2012, D. n° 2011-1934, 22 déc. 2011).* – L'exploitant d'une installation autorisée à procéder aux mélanges prévus au premier alinéa de l'article L. 541-7-2 tient à jour un registre comprenant notamment :

– les éléments de justification mentionnés à l'article D. 541-12-2 ;

– la liste des déchets concernés et leur classification selon la nomenclature prévue à *(Mots rempl., D. n° 2016-288, 10 mars 2016)* « l'article R. 541-7 » ;

– le cas échéant, la liste des substances et leurs numéros du registre Chemical Abstracts Service (CAS) ainsi que la liste des matières et des produits mélangés aux déchets dangereux.

Sous-section 5. – Sortie du statut de déchet

(Créée à compter du 1er octobre 2012, D. n° 2012-602, 30 avr. 2012)

Cette sous-section précise la procédure au terme de laquelle des déchets peuvent cesser d'être des déchets lorsqu'ils ont subi une opération de valorisation ou de recyclage et répondent à des critères spécifiques. Elle précise également les conditions de traçabilité de ces déchets devenus produits.

Bibliographie : M.-P. Maître, *Comment sortir un déchet du statut déchet ? : Énergie – Env. – Infrastr.* mars 2016, n° 3, p. 54-56. • Ph. Billet, *La fin du déchet : Environnement* déc. 2012, n° 12, alerte 111.

Voir : A. 3 oct. 2012, relatif au contenu du dossier de demande de sortie du statut de déchet.

Art. D. 541-12-4 *(Créé à compter du 1er octobre 2012, D. n° 2012-602, 30 avr. 2012).* – Les dispositions de la présente sous-section définissent les modalités selon lesquelles sont adoptés les critères mentionnés à l'article L. 541-4-3 ainsi que la procédure applicable à la sortie du statut de déchet.

Art. D. 541-12-5 *(Créé à compter du 1er octobre 2012, D. n° 2012-602, 30 avr. 2012 ; mod., D. n° 2015-1827, 29 déc. 2015).* – Dans le cas où les critères en fonction desquels des déchets cessent d'être des déchets ont été définis au niveau de l'Union européenne, en application du paragraphe 2 de l'article 6 de la directive 2008/98/CE du Parlement européen et du Conseil du 19 novembre 2008 relative aux déchets et abrogeant certaines directives, ces critères sont retenus pour l'application de l'article L. 541-4-3.

Dans les autres cas, les critères mentionnés au même article sont fixés conformément aux articles D. 541-12-6 à D. 541-12-14.

Art. D. 541-12-6 *(Rempl., D. n° 2015-1827, 29 déc. 2015).* – L'autorité compétente pour fixer les critères de sortie du statut de déchet est le ministre chargé de l'environnement.

Art. D. 541-12-7 *(Rempl., D. n° 2015-1827, 29 déc. 2015 ; mod., D. n° 2021-380, 1er avr. 2021).* – Tout producteur ou détenteur de déchets, ou le mandataire de son choix, peut demander à l'autorité compétente de fixer des critères pour que des déchets qu'il produit ou détient cessent d'avoir le statut de déchets.

La demande peut, le cas échéant, être présentée conjointement par plusieurs producteurs ou détenteurs, le mandataire de chacun d'entre eux ou un mandataire unique les représentant tous.

Art. D. 541-12-8 *(Rempl., D. n° 2015-1827, 29 déc. 2015).* – Le demandeur adresse à l'autorité compétente un dossier comprenant les informations permettant d'établir que le déchet satisfait aux conditions définies à l'article L. 541-4-3 pour l'opération de valorisation envisagée. Ce dossier est accompagné d'un résumé non technique, ne contenant pas d'informations confidentielles, destiné à faciliter la prise de connaissance par le public des informations contenues dans le dossier. Le dossier et le résumé sont adressés en deux exemplaires et communiqués également par la voie électronique. L'autorité compétente en accuse réception auprès du demandeur.

Le cas échéant, le demandeur peut adresser, en exemplaire unique et sous pli séparé, les informations dont la diffusion lui apparaîtrait de nature à entraîner la divulgation de secrets de fabrication.

Le contenu du dossier est fixé par arrêté du ministre chargé de l'environnement.

Le demandeur fournit toute information supplémentaire nécessaire à l'établissement des critères de sortie du statut de déchets demandée par l'autorité compétente.

Art. D. 541-12-9 *(Rempl., D. n° 2015-1827, 29 déc. 2015).* – L'autorité compétente vérifie la recevabilité du dossier de demande de sortie du statut de déchet.

Art. D. 541-12-10 *(Rempl. à compter du 1er janvier 2016, D. n° 2015-1614, 9 déc. 2015 ; mod., D. n° 2015-1827, 29 déc. 2015).* – L'autorité compétente peut exiger la production, aux frais du demandeur, d'une analyse critique d'éléments du dossier effectuée par un organisme extérieur expert. Le choix de l'organisme extérieur expert fait l'objet d'une validation préalable par l'autorité compétente.

La décision de l'autorité compétente d'exiger la production d'une analyse critique peut intervenir à tout moment de la procédure d'examen de la demande.

Art. D. 541-12-11 *(Rempl., D. n° 2015-1827, 29 déc. 2015 ; D. n° 2018-901, 22 oct. 2018 ; D. n° 2021-380, 1er avril 2021).* – Les critères de sortie du statut de déchet incluent :

a) Les déchets autorisés utilisés en tant qu'intrants pour l'opération de valorisation ;

b) Les procédés et techniques de traitement autorisés ;

c) Les critères de qualité applicables aux matières issues de l'opération de valorisation qui cessent d'être des déchets, conformément aux normes applicables aux produits, y compris, si nécessaire, les valeurs limites pour les polluants ;

d) Les exigences pour les systèmes de gestion, conformément à l'article D. 541-12-14 ;

e) L'exigence d'une attestation de conformité, conformément à l'article D. 541-12-13.

Ils peuvent également inclure un contrôle par un tiers, le cas échéant accrédité.

Ces critères sont fixés par arrêté du ministre chargé de l'environnement, à l'exception des matières définies à l'article L. 255-1 du Code rural et de la pêche maritime dont les critères sont fixés conformément aux dispositions des articles L. 255-1 et suivant du même code. Ces critères peuvent être fixés pour une durée déterminée.

Tout producteur ou détenteur de déchets entrant dans le champ d'application de l'arrêté mentionné à l'alinéa précédent peut mettre en œuvre la procédure de sortie de statut de déchets établie dans cet arrêté, s'il en respecte les dispositions.

Art. D. 541-12-12 *(Rempl., D. n° 2015-1827, 29 déc. 2015 ; D. n° 2018-901, 22 oct. 2018 ; D. n° 2021-380, 1er avr. 2021).* – Le ministre chargé de l'environnement peut fixer par arrêté des critères de sortie de statut de déchet sans avoir été saisi d'une demande.

Art. D. 541-12-13 *(Rempl., D. n° 2015-1827, 29 déc. 2015 ; mod.,D. n° 2021-380, 1er avr. 2021).* – I. – Le producteur ou détenteur de déchets qui met en œuvre la procédure de sortie du statut de déchet établit, pour chaque lot de substances ou objets qui ont cessé d'être des déchets, une attestation de conformité permettant de prouver le respect des critères de fin du statut de déchet, notamment en termes de contrôle et d'autocontrôle de la qualité, et, le cas échéant, d'accréditation.

Si l'arrêté fixant les critères de sortie de statut de déchet le prévoit, il transmet cette attestation de conformité à la personne à qui le lot de substances ou objets a été remis.

II. – Le ministre chargé de l'environnement peut fixer par arrêté des critères de contrôle par un tiers, le cas échéant accrédité, pour la sortie du statut de déchet.

L'arrêté précise les éléments suivants :

- la fréquence du contrôle ;
- les procédures, les procédés et les déchets ou produits qui font l'objet du contrôle ;

– les modalités d'échantillonnage ainsi que les modalités de conservation d'échantillons pouvant être soumis à une analyse par un tiers.

L'arrêté peut porter sur plusieurs types d'installations ou plusieurs types de flux de déchet.

Le contrôle est déclenché par le producteur ou du détenteur de déchet qui réalise une sortie du statut de déchet et est réalisé à ses frais.

Il conserve une copie de l'attestation de conformité pendant au moins cinq ans. Cette copie est tenue à disposition de l'autorité compétente.

Art. D. 541-12-14 *(Rempl., D. n° 2015-1827, 29 déc. 2015)*. – L'exploitant d'une installation définie aux articles L. 214-1 ou L. 511-1 qui met en œuvre la procédure de sortie du statut de déchet applique un système de gestion de la qualité défini par arrêté du ministre chargé de l'environnement.

Art. D. 541-12-15 *(Abr., D. n° 2015-1827, 29 déc. 2015)*.

Sous-section 6. – Police administrative

(D. n° 2013-301, 10 avr. 2013) (1)

Art. R. 541-12-16 *(D. n° 2013-301, 10 avr. 2013)* (1). – Sans préjudice de dispositions particulières, lorsque les dispositions du présent titre s'appliquent sur le site d'une installation classée pour la protection de l'environnement, l'autorité titulaire du pouvoir de police mentionnée à l'article L. 541-3 est l'autorité administrative chargée du contrôle de cette installation.

Cet article précise que lorsque les dispositions du Code de l'environnement relatives aux déchets s'appliquent sur le site d'une installation classée, l'autorité titulaire du pouvoir de police des déchets est l'autorité administrative chargée du contrôle de ce type d'installations, soit le préfet. Le maire est donc incompétent pour prendre des mesures en application de l'article L. 541-3 sur le site d'une installation classée (■ CAA Versailles, 6 déc. 2018, n° 16VE02841, *SCI Yerres Développement*). La compétence du préfet, autorité de police des installations classées, s'étend également aux dépôts sauvages de déchets lorsqu'ils se trouvent sur le site d'une telle installation dès lors que l'article R. 541-12-16 n'opère aucune distinction entre les différents types de déchets entrant dans son champ d'application (■ Cass. 3e civ., 1 avr. 2021, n° 19-23.695). La compétence dérogatoire du préfet s'éteint avec la cessation définitive d'exploitation de l'installation classée (■ CAA Toulouse, 4e ch., 19 oct. 2023, n° 21TL04816).

Sous-section 7. – Information des consommateurs sur la règle de tri des déchets issus des produits soumis au principe de responsabilité élargie du producteur

(Créée à compter du 1er janvier 2015, D. n° 2014-1577, 23 déc. 2014 ; mod., D. n° 2021-835, 29 juin 2021) (2) (3)

L'introduction de la signalétique commune « Triman » résulte de l'engagement 255 du Grenelle de l'environnement. Elle vise à simplifier le geste de tri et vise à augmenter le recyclage.

Bibliographie : Yedikardachian, *Produits recyclables : entrée en vigueur tardive et timide du pictogramme « Triman » : BDEI* mars 2015, n° 56 p. 15.

Art. R. 541-12-17 *(Rempl., D. n° 2021-835, 29 juin 2021)*. – La signalétique prévue au premier alinéa de l'article L. 541-9-3 est définie à l'annexe du présent article.

(1) Dispositions transitoires : V. D. n° 2013-301, 10 avr. 2013, art. 7. – NDLR.

(2) Tout éco-organisme agréé au 30 juin 2021transmet sa proposition d'information conformément aux dispositions du premier alinéa de l'article R. 541-12-18 du présent code, dans un délai de trois mois à compter de cette date. Tout producteur ayant mis en place un système individuel, agréé au 30 juin 2021, transmet sa proposition d'information aux ministres de l'environnement et de la consommation dans un délai de trois mois à compter de cette date, D. n° 2021-835, 29 juin 2021.

(3) Les producteurs, qu'ils aient transféré leur obligation de responsabilité élargie à un éco-organisme ou mis en place un système individuel, peuvent, s'ils le souhaitent, appliquer les présentes dispositions avant le 1er janvier 2022. Dans le cas contraire, les produits soumis à un dispositif de responsabilité élargie qui sont mis sur le marché à destination des ménages avant cette date restent régis jusqu'au 31 décembre 2021 par les dispositions des articles R. 541-12-17 et R. 541-12-18 du Code de l'environnement, dans leur rédaction en vigueur à la date du 30 juin 2021, D. n° 2021-835, 29 juin 2021.

Signalétique mentionnée à l'article R. 541-12-17

(D. n° 2021-835, 29 juin 2021, ann.)

Art. R. 541-12-18 *(Rempl., D. n° 2021-835, 29 juin 2021 ; mod., D. n° 2022-975, 1er juill. 2022)*. – Tout éco-organisme mis en place en application de l'article L. 541-10 élabore, dans un délai de trois mois à compter de la date de son premier agrément, l'information mentionnée au deuxième alinéa de l'article L. 541-9-3, laquelle précise les modalités de tri ou d'apport du déchet issu du produit. Il transmet sa proposition motivée aux ministres chargés de l'environnement et de la consommation après consultation de son comité des parties prenantes. La proposition est réputée acquise à compter de son acceptation par les ministres ou, à défaut, si aucun des deux ministres ne s'y est opposé, à l'expiration d'un délai de deux mois à compter de la plus tardive des deux dates de réception. Dans le cas contraire, ou sur demande motivée de l'un au moins des ministres, l'éco-organisme transmet une proposition révisée prenant en compte leurs observations dans le délai d'un mois à compter de leur réception.

Lorsque plusieurs éco-organismes sont agréés pour une même catégorie de produits, ils se coordonnent afin de formuler une proposition conjointe.

Cette information peut être définie, en tant que de besoin, par un arrêté conjoint des ministres chargés de l'environnement et de la consommation après avis de la commission inter-filières de responsabilité élargie des producteurs. Le cas échéant, elle remplace l'information établie par l'éco-organisme.

L'éco-organisme peut, sur son initiative, ou doit, lorsque c'est à la demande de l'un au moins des deux ministres, réviser cette information dans les conditions mentionnées au premier alinéa.

L'éco-organisme publie cette information sur son site internet et en informe ses adhérents à compter de la date à laquelle celle-ci est acquise. Sous réserve qu'ils décident de l'appliquer avant cette échéance, les producteurs qui ont transféré l'obligation de responsabilité élargie à un éco-organisme appliquent la signalétique et cette information au plus tard douze mois après la date à laquelle celle-ci est acquise. Cette information peut également prévoir que les produits fabriqués ou importés avant cette échéance bénéficient d'un délai d'écoulement des stocks n'excédant pas six mois à compter de celle-ci. S'agissant des emballages mentionnés à l'article R. 543-43, le délai d'écoulement des stocks s'applique aux emballages fabriqués ou importés avant qu'ils n'aient été utilisés pour l'emballage des produits.

Art. R. 541-12-19 *(D. n° 2021-835, 29 juin 2021)*. – Le producteur qui met en place un système individuel propose l'information précisant les modalités de tri ou d'apport du déchet issu du produit qui est mentionnée au deuxième alinéa de l'article L. 541-9-3 dans le cadre de sa demande d'agrément.

Il applique la signalétique et l'information au plus tard douze mois à compter de la date à laquelle son agrément a été délivré. Cette information peut également prévoir que les produits fabriqués ou importés par le producteur avant cette échéance bénéficient d'un délai d'écoulement des stocks n'excédant pas six mois à compter de celle-ci.

Il peut, sur son initiative, ou doit, lorsque c'est à la demande du ministre chargé de l'environnement ou de celui en charge de la consommation, réviser cette information dans les conditions précisées au premier alinéa de l'article R. 541-12-18.

Art. R. 541-12-20 *(D. n° 2021-835, 29 juin 2021)*. – Les producteurs de produits soumis à un dispositif de responsabilité élargie en France peuvent remplacer la signalétique définie à l'annexe de l'article R. 541-12-17 par une autre signalétique commune encadrée réglementairement par l'Union européenne ou par un autre État membre de l'Union européenne, conformément au principe de reconnaissance mutuelle prévu par les articles 34 et 36 du traité sur le fonctionnement de l'Union européenne, dès lors que cette autre signalétique informe le consommateur que les produits concernés font l'objet de règles de tri et qu'elle est d'application obligatoire. De même, les producteurs peuvent également remplacer l'information définie à l'article R. 541-12-18 par une autre information commune encadrée réglementairement par l'Union européenne ou par un autre État membre de l'Union européenne, dès lors que cette autre information présente les mêmes caractéristiques que celle mise en place en application du premier alinéa de l'article R. 541-12-18, et qu'elle est d'application obligatoire.

Art. R. 541-12-21 *(D. n° 2021-835, 29 juin 2021 ; mod., D. n° 2022-975, 1er juill. 2022).* – La signalétique prévue au premier alinéa de l'article L. 541-9-3 est accolée à l'information mentionnée au deuxième alinéa du même article.

Pour les emballages mentionnés au 1° de l'article L. 541-10-1 ainsi que pour ceux mis à disposition des consommateurs dans le cadre d'une activité de restauration visés au 2° du même article, cette signalétique est apposée sur l'emballage, à l'exclusion des emballages de boissons en verre.

Cette signalétique et cette information peuvent être apposées sous forme d'autocollants.

Lorsque la surface du plus grand des côtés d'un produit ou de son emballage est inférieure à dix centimètres carrés et qu'aucun autre document n'est fourni avec le produit, la signalétique et l'information peuvent figurer sur un support dématérialisé. Lorsque la surface est comprise entre dix centimètres carrés et vingt centimètres carrés, seule l'information peut figurer sur un support dématérialisé.

S'agissant des produits ou emballages cylindriques ou sphériques, les surfaces de dix et vingt centimètres carrés mentionnées au précédent alinéa sont portées à vingt et quarante centimètres carrés.

Art. R. 541-12-22 *(D. n° 2021-835, 29 juin 2021).* – Les éco-organismes ainsi que les producteurs qui mettent en place un système individuel mettent l'information mentionnée au deuxième alinéa de l'article L. 541-9-3 à la disposition du public par voie électronique, sans frais, dans un standard ouvert, aisément réutilisable et exploitable par un système de traitement automatisé.

Art. R. 541-12-23 *(D. n° 2021-835, 29 juin 2021).* – La signalétique et l'information appelant l'attention des consommateurs sur le fait que certains produits font l'objet d'un dispositif de consigne en application de l'article L. 541-10-11 sont régies par la présente sous-section.

Art. R. 541-12-24 *(D. n° 2021-835, 29 juin 2021).* – Pour l'application du troisième alinéa de l'article L. 541-9-3, le dispositif harmonisé de règles de tri visé est celui défini à l'article R. 543-54-1.

Section II. – Plans de prévention et de gestion des déchets

(Intitulé rempl. et mod. à compter du 12 juillet 2011, D. n° 2011-828, 11 juill. 2011 ; mod., D. n° 2015-1614, 9 déc. 2015 ; D. n° 2016-811, 17 juin 2016) (1)

Circ. DPPR/SDPPD, 27 déc. 1995 relative aux plans d'élimination des déchets ménagers et assimilés (non publiée).

Circ. 25 avr. 2007 relative aux plans de gestion des déchets ménagers (non publiée).

NOR : DEVP0700241C A. du 2 mars 2023 relatif au plan national de prévention des déchets 2021-2027 (NOR : TREP2232098A) (*JO* du 25 ; *BO min. Écologie*, 7 avr. 2023).

Bibliographie : C. Enckell et E. Gelot, *Réforme de la planification des déchets : un échelon régional pour simplifier le millefeuille administratif* : *Dr. env.* nov. 2016, n° 250, p. 386-388.

Sous-section 1. – Plan régional de prévention et de gestion des déchets

(Mod. à compter du 12 juillet 2011, D. n° 2011-828, 11 juill. 2011 (2) ; rempl., D. n° 2016-811, 17 juin 2016)

Art. R. 541-13 *(Rempl., D. n° 2016-811, 17 juin 2016).* – Le plan régional de prévention et de gestion des déchets prévu à l'article L. 541-13 a pour objet de coordonner à l'échelle régionale les actions entreprises

(1) Antérieurement aux modifications opérées par le décret n° 2016-811 du 17 juin 2016, la présente section comportait quatre sous-sections composées comme suit : sous-section 1 (article R. 541-13 à D. 541-28), sous-section 2 (R. 541-29 à R. 541-41), sous-section 3 (R. 541-41-1 à R. 541-41-18) et sous-section 4 (R. 541-41-19 à R. 541-41-23). – NDLR.

(2) Antérieurement aux modifications opérées par l'article 10 du décret n° 2011-828 du 11 juillet 2011, la présente sous-section comprenait deux paragraphes intitulés « Plans d'élimination des déchets ménagers et assimilés » et « Collecte des déchets » et comportant respectivement les articles R. 541-13 à R. 541-27 et R. 541-28. – NDLR.

par l'ensemble des parties prenantes concernées par la prévention et la gestion des déchets. Il est établi dans les conditions et selon les modalités définies à la présente sous-section.

Art. R. 541-14 *(Rempl., D. n° 2016-811, 17 juin 2016).* – Pour l'application de la présente sous-section, l'autorité compétente est le président du conseil régional. Pour la Corse, l'autorité compétente est celle prévue à l'article L. 4424-37 du Code général des collectivités territoriales.

Art. R. 541-14-1 *(Implicitement abr., D. n° 2016-811, 17 juin 2016).*

Art. R. 541-15 *(Rempl., D. n° 2016-811, 17 juin 2016).* – Le plan régional de prévention et de gestion des déchets concerne l'ensemble des déchets suivants, qu'ils soient dangereux, non dangereux non inertes ou non dangereux inertes :

1° Les déchets produits dans la région par les ménages, les activités économiques, les collectivités, les administrations ;

2° Les déchets gérés dans la région : collectés ou traités dans une installation de collecte ou de traitement de déchets, utilisés dans une installation de production en substitution de matière première, dans une installation de production d'énergie, dans une carrière ou dans la construction d'ouvrages de travaux publics en substitution de matière première ;

3° Les déchets importés pour être gérés dans la région, exportés pour être gérés hors de la région.

Art. R. 541-16 *(Rempl., D. n° 2016-811, 17 juin 2016 ; mod., D. n° 2020-1573, 11 déc. 2020)* (1). – I. – Le plan régional de prévention et de gestion des déchets comprend :

1° Un état des lieux de la prévention et de la gestion des déchets, qui comporte :

a) Un inventaire des déchets par nature, quantité et origine ;

b) Un descriptif des mesures existantes à l'échelle régionale en faveur de la prévention des déchets, notamment celles prévues par les programmes locaux de prévention des déchets ménagers et assimilés prévus à l'article L. 541-15-1, en identifiant, le cas échéant, les territoires encore non couverts par de tels programmes ;

c) Une description et un bilan de l'organisation de la collecte des déchets y compris en ce qui concerne la couverture matérielle et territoriale de la collecte séparée, des mesures destinées à améliorer cette organisation, ainsi qu'une analyse de la nécessité de nouveaux systèmes de collecte comportant, notamment un état des lieux de la mise en place de la tarification ;

d) Un recensement des installations et des ouvrages existants qui gèrent des déchets et des capacités de déchets qu'ils peuvent accepter, y compris les éventuelles dispositions particulières concernant les huiles usagées, les déchets dangereux, les déchets contenant des quantités non négligeables de matières premières critiques, les véhicules hors d'usage, les déchets de piles et accumulateurs, les déchets d'équipements électriques et électroniques, et les déchets d'emballages ;

e) Un recensement des projets d'installation de gestion de déchets pour lesquels une demande d'autorisation d'exploiter, une demande d'enregistrement ou une déclaration a été déposée en application du titre Ier du présent livre, ainsi que des projets de grands travaux prévus dans d'autres documents de planification ;

2° Une prospective à termes de six ans et de douze ans de l'évolution tendancielle des quantités de déchets produites sur le territoire, intégrant les évolutions démographiques et économiques prévisibles ;

3° Des objectifs en matière de prévention, de recyclage, de valorisation et d'élimination des déchets, déclinant les objectifs nationaux définis à l'article L. 541-1 de manière adaptée aux particularités régionales, et des indicateurs qui pourront en rendre compte lors du suivi du plan, notamment en ce qui concerne la quantité de déchets produits et leur traitement ainsi que les déchets ménagers et assimilés qui sont éliminés ou font l'objet d'une valorisation énergétique. Ces objectifs peuvent être différenciés selon les zones du territoire couvertes par le plan et la nature des déchets ;

4° Une planification de la prévention des déchets à termes de six ans et douze ans, qui recense les actions prévues et identifie les actions à prévoir par les différents acteurs concernés pour atteindre les objectifs de prévention des déchets mentionnés au 3° du présent I, ainsi que leur calendrier ;

---

(1) Dispositions d'application : V. D. n° 2020-1573, 11 déc. 2020.

5° Une planification de la gestion des déchets à termes de six ans et douze ans, qui recense les actions prévues et identifie les actions à prévoir par les différents acteurs concernés pour atteindre les objectifs de gestion des déchets mentionnés au 3° du présent I, ainsi que leur calendrier. Le plan mentionne notamment les installations qu'il apparaît nécessaire de créer, d'adapter ou de fermer afin d'atteindre ces objectifs et de gérer l'ensemble de déchets pris en compte, dans le respect des limites mentionnées à l'article R. 541-17 et en cohérence avec les principes de proximité et d'autosuffisance, appliqués de manière proportionnée aux flux de déchets concernés (déchets non dangereux non inertes, déchets non dangereux inertes ou déchets dangereux) et adaptée aux bassins de vie. Cette planification est complétée par une évaluation des financements, en particulier des investissements, nécessaires pour satisfaire les besoins identifiés en matière d'installations de traitement, y compris les financements à la charge des collectivités territoriales ;

6° Un plan régional d'action en faveur de l'économie circulaire telle que définie à l'article L. 110-1-1 ;

7° Une synthèse des actions menées par les autorités compétentes pour prévenir et empêcher les abandons de déchets et pour faire disparaître les dépôts illégaux de déchets.

II. – Le plan précise l'identification des installations permettant de collecter et de traiter les déchets produits en situation exceptionnelle, notamment en cas de pandémie ou de catastrophe naturelle, en distinguant ceux dont la production trouve sa cause dans le caractère exceptionnel de la situation et ceux dont la collecte et le traitement peuvent se voir affectés par cette situation. Les précisions concernant l'organisation de la collecte sont coordonnées avec les dispositions relatives à la sécurité civile prises notamment par les communes et leurs groupements.

1) **Plans de gestions des déchets et précision de l'implantation des projets.** Les plans de gestion que les autorités compétentes des États membres sont tenues d'établir doivent comporter soit une carte géographique déterminant le lieu précis d'implantation des sites d'élimination des déchets, soit des critères de localisation suffisamment précis (conditions géologiques et hydrogéologiques, distance par rapport aux habitats, interdiction de réaliser des installations à proximité de zones sensibles ou existence d'infrastructures adéquates) pour que l'autorité compétente chargée de délivrer une autorisation « soit en mesure d'établir si le site ou l'installation en cause s'inscrit dans le cadre de la gestion prévue par le plan » (■ CJCE, 1er avr. 2004, aff. jtes nos C-53/02 et C-217/02, *Cne Braine-le-Château et Tillieut e.a. c/ Rég. wallonne : Études foncières* 2004, n° 109, p. 36, obs. F. Haumont et P. Steichen).

2) **Insuffisance de l'inventaire prospectif des quantités de déchets à éliminer.** NB : la jurisprudence citée ci-après a été rendue sous l'empire de dispositions relatives aux plans départementaux d'élimination de déchets, mais demeure pertinente pour l'appréciation de l'inventaire prospectif. Ne satisfait pas au 2° du présent texte le plan départemental d'élimination des déchets ménagers et assimilés adopté en 2004 dès lors qu'il définit un inventaire prospectif des quantités de déchets à éliminer selon leur nature et leur origine à l'échéance de 2005 et à celle de 2010 et non à l'échéance de cinq et dix ans (■ CAA Nantes, 28 mars 2007, n° 06NT00557, *Min. Écologie et du Développement durable*). Est illégal le plan d'élimination des déchets ménagers qui ne comporte pas certains éléments obligatoires, tels que le recensement précis des installations de stockage de déchets régulièrement autorisées ou les inventaires prospectifs des proportions de déchets qui seront à terme de 5 ou 10 ans respectivement recyclés, valorisés, détruits ou stockés (■ TA Orléans, 6 déc. 1994, nos 94-635 et 94-823, *Saillard et Assoc. Pour la protection du confluent de la Loire et de l'Allier et de ses environs*). Est illégal le plan d'élimination des déchets ménagers qui ne comporte aucun inventaire prospectif, établi par catégories sur 5 ans et 10 ans, des quantités de déchets à éliminer ni, aux mêmes échéances, des proportions relatives aux déchets destinés à être valorisés, incinérés ou stockés (■ TA Lyon, 9 juin 1999, nos 9804625 et 9804626, *Giroud et Assoc. Pour l'amélioration du plan départemental d'élimination des déchets ménagers et assimilés du département de l'Ain et le développement d'une gestion écologique des déchets c/ Préfet de l'Ain*). Est illégal le plan d'élimination des déchets ménagers qui évalue les perspectives relatives à la production des déchets et à l'organisation future de leur gestion et de leur traitement, sur deux ans et six ans, sans qu'il soit justifié de l'impossibilité dans laquelle se seraient trouvés les services préfectoraux de disposer de données actualisées, conformément aux dispositions réglementaires (■ TA Versailles, 24 oct. 2000, n° 976051, *Assoc. Essonne Nature Environnement*). La circonstance que l'inventaire prospectif du plan départemental d'élimination des déchets ménagers se fonde sur une hypothèse d'augmentation des quantités de déchets à traiter ne saurait, à elle seule, constituer une méconnaissance des objectifs visés par la loi dès lors que cette augmentation tient à une meilleure prise en compte des quantités alimentant les décharges sauvages dans les filières de valorisa-

tion et de traitement (■ TA Poitiers, 8 avr. 1999, n° 96-1769, *Assoc. de défense pour la protection des sites et de l'environnement en Poitou-Charentes c/ Préfet des Deux-Sèvres*). La circonstance que le plan départemental d'élimination des déchets ménagers privilégie l'incinération ne constitue pas une méconnaissance de la loi et de ses objectifs tendant à « prévenir ou réduire la production et la nocivité des déchets », dès lors que la valorisation énergétique n'est pas exclue des modes de valorisation des déchets et qu'une part significative, rapportée aux autres modes (en l'espèce 48 %), est réservée à ce mode de valorisation des déchets (même jugement). Crée un doute sérieux quant à la légalité de la délibération qui approuve la révision du plan départemental des déchets ménagers et assimilés le fait d'approuver un plan qui ne distingue pas de manière prospective les déchets ménagers et assimilés contrairement aux prescriptions du 2° de l'article R. 541-14 (■ CAA Douai, 14 sept. 2010, n° 10DA00965, *Dpt de l'Oise c/ Min. Écologie, de l'Énergie, du Développement durable et de la Mer*).

Point de départ des prospectives. Le point de départ des échéances de six et douze ans doit être fixé à la date à laquelle le plan est approuvé et non à la date à laquelle il a été mis en révision (■ CAA Marseille, 29 juin 2018, n° 16MA01826, *Sté Cydel*).

Art. D. 541-16-1 *(D. n° 2016-811, 17 juin 2016)*. **– Les flux de déchets suivants font l'objet d'une planification spécifique de leur prévention et de leur gestion dans le cadre du plan régional conformément au III de l'article L. 541-13 :**

1° Les biodéchets. Dans ce cadre, le plan comprend notamment :

– un recensement des mesures de prévention des biodéchets, dont les actions de lutte contre le gaspillage alimentaire ;

– une synthèse des actions prévues concernant le déploiement du tri à la source des biodéchets par les collectivités territoriales en application de l'article L. 541-1 ;

– l'identification des possibilités de mutualisation des collectes et des traitements des flux des biodéchets des ménages, des biodéchets des entreprises et des déchets organiques des exploitations agricoles ;

2° *(Rempl., D. n° 2020-1573, 11 déc. 2020)* (1) **Les déchets de construction et de démolition. Dans ce cadre, le plan comprend notamment l'identification en quantité et en qualité des ressources minérales secondaires mobilisables à l'échelle de la région de façon à permettre une bonne articulation avec le schéma régional des carrières défini aux articles R. 515-2 et suivants. Il peut également comporter une synthèse des actions relatives au déploiement de la reprise des déchets mises en œuvre par les éco-organismes précisant notamment le maillage prévu au 4° de l'article L. 541-10-1.**

Art. D. 541-16-2 *(D. n° 2016-811, 17 juin 2016 ; mod., D. n° 2020-1573, 11 déc. 2020)* (1). **– I. – Les flux de déchets suivants font l'objet d'une planification de leur collecte, de leur tri ou de leur traitement dans le cadre du plan régional conformément au III de l'article L. 541-13 :**

1° Les déchets ménagers et assimilés. Le plan comprend notamment une synthèse des actions prévues concernant le déploiement de la tarification incitative pour les déchets ménagers et assimilés ;

2° Les déchets amiantés. Le plan comprend notamment une planification du maillage du territoire en installations de collecte de ces déchets ;

3° Les déchets d'emballages ménagers et de papiers graphiques relevant des filières à responsabilité élargie des producteurs. Le plan comprend notamment :

– une planification de l'implantation des centres de tri nécessaires dans le cadre de l'extension progressive des consignes de tri à l'ensemble des emballages plastiques prévue par l'article L. 541-1 ;

– une planification du déploiement de modalités harmonisées de collecte séparée des déchets d'emballages ménagers et de papiers graphiques, à l'aide de schémas types harmonisés d'organisation de la séparation des flux de déchets, de consignes de tri correspondantes et de couleurs des contenants associés prévus à l'article L. 541-10-9 du Code de l'environnement ;

II. – Les flux de déchets suivants peuvent également faire l'objet d'une planification de leur collecte, de leur tri ou de leur traitement dans le cadre du plan régional conformément au III de l'article L. 541-13 :

1° *(Mod., D. n° 2022-1495, 24 nov. 2022)* **Les véhicules hors d'usage. Le plan prévoit notamment une planification des installations de traitement en adéquation avec le gisement du territoire ;**

(1) Dispositions d'application : V. D. n° 2020-1573, 11 déc. 2020.

2° Les déchets de textiles, linge de maison et chaussures relevant de la filière à responsabilité élargie des producteurs. Le plan prévoit notamment une planification des centres de tri de ces déchets.

Art. R. 541-17 *(Rempl., D. n° 2016-811, 17 juin 2016)*. – I. – Le plan détermine, en fonction des objectifs fixés en application du 3° du I de l'article R. 541-16, une limite aux capacités annuelles d'élimination par stockage des déchets non dangereux non inertes. Cette limite s'applique aux projets de création de toute nouvelle installation, aux projets d'extension de capacité d'une installation existante ou aux projets de modification substantielle de la nature des déchets admis dans une telle installation. Cette limite est fixée de sorte que :

a) En 2020, la capacité annuelle d'élimination par stockage des déchets non dangereux non inertes ne soit pas supérieure à 70 % de la quantité des déchets non dangereux non inertes admis en installation de stockage en 2010 ;

b) En 2025, la capacité annuelle d'élimination par stockage des déchets non dangereux non inertes ne soit pas supérieure à 50 % de la quantité des déchets non dangereux non inertes admis en installation de stockage en 2010.

II. – Le plan détermine, en fonction des objectifs fixés en application du 3° du I de l'article R. 541-16, une limite aux capacités annuelles d'élimination par incinération des déchets non dangereux non inertes. Cette limite s'applique aux projets de création de toute nouvelle installation, aux projets d'extension de capacité d'une installation existante ou aux projets de modification substantielle de la nature des déchets admis dans une telle installation. Cette limite est fixée de sorte que :

a) En 2020, la capacité annuelle d'élimination par incinération des déchets non dangereux non inertes sans valorisation énergétique ne soit pas supérieure à 75 % de la quantité des déchets non dangereux non inertes admis en installation d'élimination par incinération des déchets non dangereux non inertes sans valorisation énergétique en 2010 ;

b) En 2025, la capacité annuelle d'élimination par incinération des déchets non dangereux non inertes sans valorisation énergétique ne soit pas supérieure à 50 % de la quantité des déchets non dangereux non inertes admis en installation d'élimination par incinération des déchets non dangereux non inertes sans valorisation énergétique en 2010.

Art. R. 541-18 *(Rempl., D. n° 2016-811, 17 juin 2016)*. – Pour la Guadeloupe, la Guyane, la Martinique, La Réunion et Saint-Pierre-et-Miquelon, les objectifs de limite de capacités annuelles d'élimination par stockage et d'élimination par incinération des déchets fixés au I et au II de l'article R. 541-17 sont reportés de dix ans.

Art. R. 541-19 *(Rempl., D. n° 2016-811, 17 juin 2016)*. – Le plan prévoit une ou plusieurs installations de stockage de déchets non dangereux et une ou plusieurs installations de stockage de déchets inertes, en veillant à leur répartition géographique qu'il prévoit en cohérence avec le principe d'autosuffisance. Le plan indique les secteurs géographiques qui paraissent les mieux adaptés à cet effet. Il justifie la capacité prévue des installations.

Art. D. 541-20 *(Anc. art. R. 541-20, dénum. en D. 541-20 et rempl., D. n° 2016-811, 17 juin 2016 ; mod., D. n° 2020-1573, 11 déc. 2020)*. – I. – Sont tenus de transmettre à l'autorité compétente pour l'élaboration du plan régional de prévention et de gestion des déchets les informations prévues par l'article L. 541-15-2 :

a) L'Agence de l'environnement et de la maîtrise de l'énergie ;

b) Les chambres consulaires ;

c) Les exploitants d'installations de gestion de déchets et leur fédérations professionnelles ;

d) Les collectivités territoriales et leurs groupements compétents en matière de collecte et de traitement de déchets ;

e) Les éco-organismes agréés ainsi que les systèmes individuels approuvés ou attestés ;

f) Les services de l'État ;

g) Les conseils départementaux, jusqu'à l'approbation du premier plan régional de prévention et de gestion des déchets conforme à la présente section ;

h) Les cellules économiques régionales de la construction.

La liste des données régionales transmises par les éco-organismes et systèmes individuels agréés et leurs modalités de transmission peuvent être définies par arrêté du ministre chargé de l'environnement.

II. – Si l'autorité compétente a établi avec un organisme d'observation des déchets une convention régissant les modalités de traitement des données pour l'observation des déchets, les acteurs visés au I transmettent, sur demande de l'autorité, les résultats de l'observation actualisés à l'autorité compétente et, dans le respect des règles de confidentialité, à cet organisme.

Avis du Conseil général. Le Conseil général n'a pas à être saisi pour avis avant le CoDERST (anciennement conseil départemental d'hygiène) et la commission consultative (■ CAA Bordeaux, 17 nov. 2008, n° 06BX02145, *Lacroix c/ Dpt de la Réunion*). De même, le CoDERST n'a pas à être saisi de nouveau pour avis avant la deuxième enquête publique dès lors que celle-ci a porté sur un dossier identique à celui soumis à une première enquête publique et que le département avait jugé irrégulière, faute d'avoir été précédée de l'avis de son Conseil général (même décision).

Art. R. 541-21 *(Rempl., D. n° 2016-811, 17 juin 2016).* – **Dans chaque région, une commission consultative d'élaboration et de suivi est constituée. Sa composition et ses modalités de fonctionnement sont fixées par l'autorité compétente. Elle comporte au moins des représentants des collectivités territoriales, de leurs groupements compétents en matière de collecte et de traitement de déchets, de l'État, des organismes publics concernés, des organisations professionnelles concernées, des éco-organismes et des associations agréées de protection de l'environnement.**

Art. R. 541-22 *(Rempl., D. n° 2016-811, 17 juin 2016).* – **I. – L'autorité compétente, après avoir recueilli l'avis de la commission consultative d'élaboration et de suivi mentionnée à l'article R. 541-21, soumet pour avis le projet de plan et le rapport environnemental prévu à l'article L. 122-6 :**

1° Aux conseils régionaux des régions limitrophes ;

2° À la conférence territoriale de l'action publique ;

3° Aux autorités organisatrices en matière de collecte et de traitement des déchets ;

4° Au préfet de région, lorsque le plan n'est pas élaboré sous son autorité ;

5° Pour la Corse, aux commissions et conseil mentionnés au deuxième alinéa de l'article L. 4424-37 du Code général des collectivités territoriales.

II. – À défaut de réponse dans le délai de quatre mois à compter de la réception du projet de plan et du rapport environnemental, les personnes consultées en application du I sont réputées avoir donné un avis favorable.

III. – L'autorité compétente arrête le projet de plan et le rapport environnemental, éventuellement modifiés pour tenir compte des avis recueillis.

IV. – Si, dans les conditions prévues aux articles L. 541-15 et R. 541-27, le préfet de région élabore le projet de plan, il recueille l'avis de la commission consultative d'élaboration et de suivi mentionnée à l'article R. 541-21 et soumet pour avis le projet de plan et le rapport environnemental à l'autorité compétente ainsi qu'aux personnes mentionnées au I du présent article. Il arrête le projet de plan et le rapport environnemental dans les conditions fixées au II et au III du présent article.

Contenu du dossier d'enquête. Aucune disposition législative ou réglementaire applicable à la procédure d'élaboration des plans départementaux de gestion des déchets ménagers n'impose à l'Administration de mentionner, dans le dossier d'enquête, les risques que présente l'incinération des déchets pour la santé humaine et l'environnement, ces risques étant évalués dans le cadre de la procédure d'autorisation à laquelle est subordonnée l'exploitation des incinérateurs prévus par le plan (■ CAA Bordeaux, 17 nov. 2008, n° 06BX02145, *Lacroix c/ Dpt de la Réunion*). De même, le dossier d'enquête n'a pas à chiffrer le coût de la gestion des REFIOM (résidus d'épuration des fumées d'incinération des ordures ménagères) dont le plan prévoit le stockage dans un centre de stockage de déchets ultimes relevant du plan régional d'élimination des déchets industriels spéciaux, ni celui du risque purement hypothétique de pollution des nappes phréatiques par l'utilisation de mâchefers non conformes à la réglementation en vigueur (même décision).

Art. R. 541-23 *(Rempl., D. n° 2016-811, 17 juin 2016).* – **I. –** *(Mod. à compter du 1er septembre 2022, D. n° 2022-1025, 20 juill. 2022)* (1) **Le projet de plan et le rapport environnemental sont soumis à évaluation**

(1) Les présentes dispositions réglementaires peuvent être modifiées par des actes pris dans les mêmes formes que les actes dont elles étaient issues antérieurement au 1er septembre 2022, D. n° 2022-1025, 20 juill. 2022.

environnementale et adressés à cette fin à la mission régionale d'autorité environnementale de l'inspection générale de l'environnement et du développement durable conformément à l'article R. 122-17.

II. – Le projet de plan, accompagné du rapport environnemental, d'une évaluation des enjeux économiques et de l'avis de l'autorité environnementale est soumis à enquête publique réalisée conformément au chapitre III du titre II du livre Ier.

Le dossier d'enquête comprend, outre les documents mentionnés à l'alinéa précédent :

1° Une notice explicative précisant l'objet de l'enquête, la portée du projet de plan et les justifications des principales mesures qu'il comporte ;

2° Les avis émis sur ce projet en application de l'article R. 541-22 et la manière dont il en a été tenu compte.

III. – Le plan est approuvé par délibération de l'organe délibérant de l'autorité compétente publiée à son recueil des délibérations.

Un exemplaire du plan, du rapport environnemental et de la déclaration prévue au 2° du I de l'article L. 122-10 est déposé dans un délai de deux mois suivant son approbation au siège de l'autorité compétente. Un exemplaire de ces documents est adressé dans le même délai au ministre chargé de l'environnement, au préfet de région et aux préfets des départements.

Lorsque le plan est élaboré par le préfet de région, celui-ci l'approuve par arrêté publié au recueil des actes administratifs de la préfecture de région. Un exemplaire du plan, du rapport environnemental et de la déclaration prévue au 2° du I de l'article L. 122-10 est adressé dans un délai de deux mois suivant son approbation au ministre chargé de l'environnement, à l'autorité compétente et aux préfets des départements de la région.

Le plan est disponible sur le site internet de l'autorité compétente. L'acte d'approbation du plan fait l'objet d'une insertion dans au moins deux journaux régionaux ou locaux diffusés dans les départements couverts par le plan.

Art. R. 541-24 *(Rempl., D. n° 2016-811, 17 juin 2016).* – L'autorité compétente présente à la commission consultative d'élaboration et de suivi au moins une fois par an un rapport relatif à la mise en œuvre du plan.

Ce rapport contient :

1° Le recensement des installations de gestion des déchets autorisées, enregistrées ou ayant un récépissé de déclaration depuis l'approbation du plan ;

2° Le suivi des indicateurs définis par le plan en application du 3° du I de l'article R. 541-16.

Art. R. 541-24-1 et R. 541-24-2 *(Implicitement abr., D. n° 2016-811, 17 juin 2016).*

Art. R. 541-25 *(Rempl., D. n° 2016-811, 17 juin 2016).* – L'autorité compétente met en place une politique d'animation et d'accompagnement des parties prenantes concernées par la prévention et la gestion des déchets afin d'assurer la coordination nécessaire à l'atteinte des objectifs du plan. À ce titre, le plan peut prévoir une contractualisation entre parties prenantes pour la mise en œuvre des actions qu'il prévoit.

Art. R. 541-26 *(Rempl., D. n° 2016-811, 17 juin 2016 ; mod., D. n° 2020-1573, 11 déc. 2020).* – I. – Le plan fait l'objet d'une évaluation par l'autorité compétente au moins tous les six ans. Cette évaluation comprend :

1° Un nouvel état des lieux de la prévention et de la gestion des déchets réalisé conformément à l'article R. 541-16 ;

2° Une synthèse des suivis annuels, qui comporte en particulier le bilan des indicateurs définis par le plan en application du 3° du I de l'article R. 541-16 ;

3° Une comparaison entre le nouvel état des lieux de la prévention et de la gestion des déchets et les objectifs initiaux du plan.

L'évaluation est transmise pour information à la commission consultative d'élaboration et de suivi du plan et au préfet de région.

II. – Sur la base de l'évaluation prévue au I, l'autorité compétente peut proposer la révision partielle ou complète du plan.

III. – La proposition visée au II est soumise, pour avis, à la commission consultative d'élaboration et de suivi du plan et au préfet de région. L'organe délibérant de l'autorité compétente statue ensuite sur le principe et l'étendue de la révision par une délibération qui est publiée au recueil de ses délibérations.

Le plan est révisé dans les formes prévues pour son élaboration, à l'exception de l'enquête publique mentionnée au III de l'article L. 541-14, qui est remplacée par une consultation du public selon les modalités définies au II de l'article L. 541-15. Si les modifications apportées ne mettent pas en cause l'économie générale du plan, il fait l'objet, après avis de la commission consultative d'élaboration et de suivi du plan, d'une révision simplifiée non soumise aux dispositions de l'article R. 541-23.

Lorsqu'un plan est mis en révision, il demeure applicable jusqu'à la date de publication de l'acte approuvant sa révision.

Art. R. 541-27 *(Mod. à compter du 12 juillet 2011, D. n° 2011-828, 11 juill. 2011* (1)*; rempl., D. n° 2016-811, 17 juin 2016).* – En l'absence d'adoption d'un plan régional de prévention et de gestion des déchets, le préfet de région peut, conformément à l'article L. 541-15, demander par lettre motivée au président du conseil régional l'élaboration d'un tel plan. Il peut également demander par lettre motivée au président du conseil régional une nouvelle délibération sur un projet n'ayant pas été approuvé par l'assemblée délibérante ainsi que, s'il considère que cela est nécessaire à la réalisation des objectifs définis à l'article L. 541-1, la révision d'un plan existant.

Si, à l'expiration d'un délai de dix-huit mois, le projet de plan ou le projet de révision du plan n'a pas été adopté, le préfet de région se substitue à l'autorité compétente pour élaborer et approuver le plan dans les conditions définies à la présente sous-section. Cette substitution fait l'objet d'un arrêté motivé qui est publié au recueil des actes administratifs de la préfecture de région et au recueil des délibérations du conseil régional.

Art. D. 541-28 *(Implicitement abr., D. n° 2016-811, 17 juin 2016).*

Sous-section 2. – Programmes locaux de prévention des déchets ménagers et assimilés

(Anc. ss-sect. 4, dénum. en ss-sect. 2, D. n° 2016-811, 17 juin 2016)

Bibliographie : P. Billet, *Les programmes locaux de prévention des déchets ménagers et assimilés* : *JCP* A 2015, n° 46, p. 37-39.

Art. R. 541-41-19 *(Créé à compter du 14 septembre 2015, D. n° 2015-662, 10 juin 2015)* (2). – Les programmes locaux de prévention des déchets ménagers et assimilés prévus à l'article L. 541-15-1 ont pour objet de coordonner l'ensemble des actions qui sont entreprises tant par les pouvoirs publics que par les organismes privés en vue d'assurer la réalisation des objectifs définis à l'article L. 541-1. Ils sont établis dans les conditions et selon les modalités définies à la présente sous-section.

Art. R. 541-41-20 *(Créé à compter du 14 septembre 2015, D. n° 2015-662, 10 juin 2015)* (2). – Le programme local de prévention des déchets ménagers et assimilés est élaboré par la collectivité territoriale ou le groupement de collectivités territoriales qui assure la collecte des déchets des ménages.

Des collectivités territoriales et des groupements de collectivités territoriales dont les territoires sont contigus ou forment un espace cohérent peuvent s'associer pour élaborer un programme commun.

Art. R. 541-41-21 *(Créé à compter du 14 septembre 2015, D. n° 2015-662, 10 juin 2015)* (2). – Le programme local de prévention des déchets ménagers et assimilés couvre l'ensemble du territoire de la ou des collectivités territoriales et groupements de collectivités territoriales qui l'élaborent.

Art. R. 541-41-22 *(Créé à compter du 14 septembre 2015, D. n° 2015-662, 10 juin 2015)* (2). – Une commission consultative d'élaboration et de suivi du programme local de prévention des déchets ménagers et assimilés est constituée par la collectivité territoriale ou le groupement de collectivités territoriales, qui en fixe la composition, nomme son président et désigne le service chargé de son secrétariat.

Elle définit son programme de travail, son mode de fonctionnement et des modalités de concertation avec les acteurs concernés par la prévention des déchets ménagers et assimilés sur le territoire qui ne sont pas représentés dans la commission.

(1) Dispositions particulières et transitoires : V. D. n° 2011-828, 11 juill. 2011, art. 29.
(2) Dispositions d'application transitoires pour les programmes locaux de prévention des déchets ménagers : V. D. n° 2015-662, 10 juin 2015, art. 2.

Art. R. 541-41-23 *(Créé à compter du 14 septembre 2015, D. n° 2015-662, 10 juin 2015)* (1). – Le programme local de prévention des déchets ménagers et assimilés comporte notamment :

1° Un état des lieux qui :

a) Recense l'ensemble des acteurs concernés ;

b) Identifie les types et quantités de déchets ménagers et assimilés produits et, si l'information est disponible, les acteurs qui en sont à l'origine ;

c) Rappelle, le cas échéant, les mesures menées en faveur de la prévention des déchets ménagers et assimilés ;

d) Décrit les évolutions prévisibles des types et quantités de déchets ménagers et assimilés produits, le cas échéant selon leur origine, en l'absence de mesures nouvelles ;

2° Les objectifs de réduction des déchets ménagers et assimilés ;

3° Les mesures à mettre en œuvre pour atteindre ces objectifs, avec :

a) L'identification des collectivités, personnes ou organismes auxquelles elles incombent ;

b) La description des moyens techniques, humains et financiers nécessaires ;

c) L'établissement d'un calendrier prévisionnel de leur mise en œuvre ;

4° Les indicateurs relatifs à ces mesures ainsi que la méthode et les modalités de l'évaluation et du suivi du programme

Le programme propose aux acteurs concernés des modalités de diffusion et d'échange des informations relatives aux mesures.

Art. R. 541-41-24 *(Créé à compter du 14 septembre 2015, D. n° 2015-662, 10 juin 2015)* (1). – Le projet de programme local de prévention des déchets ménagers et assimilés est, après avis de la commission consultative d'élaboration et de suivi, arrêté par l'exécutif de la ou des collectivités territoriales ou du groupement de collectivités territoriales, qui le met à la disposition du public, dans les conditions prévues à l'article L. 120-1.

S'il y a lieu, la commission consultative d'élaboration et de suivi est consultée sur le projet de programme modifié à l'issue de cette mise à disposition.

Art. R. 541-41-25 *(Créé à compter du 14 septembre 2015, D. n° 2015-662, 10 juin 2015)* (1). – Le programme local de prévention des déchets ménagers et assimilés est adopté par l'organe délibérant de la collectivité territoriale ou du groupement de collectivités territoriales.

Lorsque différentes collectivités territoriales se sont associées pour élaborer un programme en commun, celui-ci est adopté dans les mêmes termes par les organes délibérants de chaque collectivité.

Art. R. 541-41-26 *(Créé à compter du 14 septembre 2015, D. n° 2015-662, 10 juin 2015)* (1). – Le programme local de prévention des déchets ménagers et assimilés adopté est mis à la disposition du public au siège de la ou des collectivités territoriales ou du groupement de collectivités territoriales et par voie électronique lorsque cette ou ces collectivités ou ce groupement disposent d'un site.

L'exécutif de la ou des collectivités territoriales ou du groupement de collectivités territoriales informe le préfet de région *(Mots aj., D. n° 2016-811, 17 juin 2016)* « , le conseil régional » et l'ADEME de l'adoption de ce programme dans les deux mois qui suivent la délibération de la collectivité territoriale ou du groupement de collectivités territoriales ou la dernière des délibérations lorsque le programme est commun à plusieurs collectivités territoriales et leur transmet le programme adopté par voie électronique.

Art. R. 541-41-27 *(Créé à compter du 14 septembre 2015, D. n° 2015-662, 10 juin 2015)* (1). – Le bilan annuel du programme local de prévention des déchets ménagers et assimilés prévu à l'article L. 541-15-1 est présenté à la commission consultative d'élaboration et de suivi.

Il évalue l'impact des mesures mises en œuvre sur l'évolution des quantités de déchets ménagers et assimilés produites, notamment au moyen des indicateurs prévus au 4° de l'article R. 541-41-23 lorsqu'ils peuvent être renseignés annuellement.

L'exécutif de la ou des collectivités territoriales ou du groupement de collectivités territoriales fait rapport de ce bilan et de l'avis de la commission à l'organe délibérant.

(1) Dispositions d'application transitoires pour les programmes locaux de prévention des déchets ménagers : V. D. n° 2015-662, 10 juin 2015, art. 2.

La mise à disposition du public du bilan annuel prévue à l'article L. 541-15-1 s'effectue selon les modalités prévues par le premier alinéa de l'article R. 541-41-26.

Art. R. 541-41-28 *(Créé à compter du 14 septembre 2015, D. n° 2015-662, 10 juin 2015)* (1). – **Le programme local de prévention des déchets ménagers et assimilés peut être modifié selon les modalités prévues pour son élaboration.**

Il fait l'objet d'une évaluation tous les six ans par la commission prévue par l'article R. 541-41-22. Le président de la commission transmet cette évaluation à l'exécutif de la ou des collectivités territoriales ou du groupement de collectivités territoriales qui en fait rapport à l'organe délibérant, lequel se prononce sur la nécessité d'une révision partielle ou totale du programme.

Le programme est révisé selon les modalités prévues pour son élaboration.

Section III. – Traitement des déchets

(Intitulé rempl. à compter du 12 juillet 2011, D. n° 2011-828, 11 juill. 2011)

Voir : A. 8 sept. 1993, fixant les modalités de transfert de certains biens, droits et obligations du Commissariat à l'énergie atomique à l'Agence nationale pour la gestion des déchets radioactifs (*JO* 17 sept. 1993, p. 7012).

A. 20 sept. 2002, modifié relatif aux installations d'incinération et de coïncinération de déchets non dangereux et aux installations incinérant des déchets d'activités de soins à risques infectieux (*JO* 17 mars 2005, texte n° 21).

A. 20 sept. 2002, modifié relatif aux installations d'incinération et de coïncinération de déchets dangereux (*JO* 17 mars 2005, texte n° 22).

Circ. 9 déc. 2005, relative à la mise en conformité des usines d'incinération de déchets dangereux et des installations de coïncinération de déchets avec les dispositions des arrêtés ministériels du 20 septembre 2002, non publiée.

Circ. 1er mars 2006, relative à la mise en œuvre du décret n° 2005-635 du 30 mai 2005 relatif au contrôle des circuits de traitement des déchets (*BOMEDD* 2006/10, 31 mai 2006).

Circ. DPPR/SPD3/DB n° 060535 du 6 juin 2006 relative aux installations de stockage de déchets non dangereux.

A. 30 oct. 2006, fixant le contenu des registres mentionnés à l'article 2 du décret n° 2005-635 du 30 mai 2005 relatif au contrôle des circuits de traitement des déchets et le formulaire du bordereau de suivi des déchets radioactifs mentionné à l'article 4 (*JO* 26 nov. 2006, n° 274).

A. 12 déc. 2014, relatif aux conditions d'admission des déchets inertes dans les installations relevant des rubriques 2515, 2516, 2517 et dans les installations de stockage de déchets inertes relevant de la rubrique 2760 de la nomenclature des installations classées.

A. 15 févr. 2016, relatif aux installations de stockage de déchets non dangereux.

Sous-section 1. – Traçabilité des déchets, terres excavées et sédiments

(D. n° 2021-345, 30 mars 2021)

Les exigences en matière de traçabilité des déchets dangereux, des terres excavées et des sédiments ont été modifiées par la loi n° 2020-105 du 10 février 2020 relative à la lutte contre le gaspillage et à l'économie circulaire. Elle prévoit notamment la dématérialisation des bordereaux de suivi des déchets sur une plateforme nationale. Il s'agit de la plateforme Trackdechets.

Art. R. 541-42 *(Mod., D. n° 2015-159, 11 févr. 2015 ; mod. à compter du 1er juillet 2018, D. n° 2018-434, 4 juin 2018 ; mod., D. n° 2021-838, 29 juin 2021)*. – **Pour l'application de la présente sous-section, les déchets dangereux sont les déchets mentionnés à l'article R. 541-8 et les déchets radioactifs sont les déchets, issus d'une activité nucléaire, définis à l'article L. 542-1-1.**

Les dispositions de la présente sous-section ne s'appliquent aux déchets radioactifs ainsi définis que s'ils sont destinés à être traités dans des installations relevant du titre Ier du présent livre.

Lorsqu'un déchet mentionné à l'alinéa précédent relève également du régime des déchets d'activité de soins à risque infectieux ou des pièces anatomiques d'origine humaine des articles R. 1335-1 à R. 1335-12 du Code de la santé publique, seules ces dernières dispositions lui sont applicables.

Art. R. 541-43 *(Rempl., D. n° 2021-321, 25 mars 2021)*. – **I. – Pour l'application du I de l'article L. 541-7, les exploitants des établissements produisant ou expédiant des déchets, les collecteurs, les transporteurs, les**

(1) Dispositions d'application transitoires pour les programmes locaux de prévention des déchets ménagers : V. D. n° 2015-662, 10 juin 2015, art. 2.

négociants, les courtiers, et les exploitants des installations de transit, de regroupement ou de traitement de déchets tiennent à jour un registre chronologique de la production, de l'expédition, de la réception et du traitement de ces déchets et des produits et matières issus de la valorisation de ces déchets. Ce registre est conservé pendant au moins trois ans.

Les ménages sont exonérés de l'obligation de tenir un registre. Des arrêtés pris dans les conditions fixées à l'article R. 541-48 peuvent également exonérer de cette obligation les personnes mentionnées au premier alinéa du I pour certaines catégories de déchets, si leur valorisation ou leur élimination, compte tenu des quantités en cause ou des caractéristiques des déchets, ne sont pas susceptibles de porter atteinte à la santé de l'homme ou à l'environnement.

II. – Le ministre chargé de l'environnement met en place une base de données électronique centralisée, dénommée « registre national des déchets », dans laquelle sont enregistrées les données transmises par les personnes suivantes :

1° Les exploitants des établissements produisant ou expédiant des déchets dangereux ou des déchets POP ;

2° Les collecteurs, les transporteurs, les négociants, les courtiers de déchets dangereux ou de déchets POP ;

3° Les exploitants des installations de transit, de regroupement ou de traitement de déchets dangereux ou de déchets POP ;

4° Les exploitants des installations d'incinération ou de stockage de déchets non dangereux non inertes ;

5° Les exploitants des installations dans lesquelles les déchets perdent leur statut de déchet selon les dispositions de l'article L. 541-4-3.

À compter du 1er janvier 2022, ces personnes transmettent par voie électronique au ministre chargé de l'environnement les données constitutives du registre mentionné au I. Cette transmission se fait au moyen du télé-service mis en place par le ministre chargé de l'environnement ou par échanges de données informatisées selon les modalités définies par le ministre chargé de l'environnement. Elle a lieu, au plus tard, sept jours après la production, l'expédition, la réception ou le traitement des déchets ou des produits et matières issus de la valorisation des déchets, et chaque fois que cela est nécessaire pour mettre à jour ou corriger une donnée.

Les personnes exonérées, en application du deuxième alinéa du I, de la tenue du registre prévu au même I sont également exonérées de la transmission des données prévue à l'alinéa précédent.

Afin d'assurer la sauvegarde des intérêts de la défense nationale, des modalités spécifiques de transmission peuvent être prévues pour les services placés sous l'autorité du ministre de la défense, dans des conditions définies par arrêté conjoint du ministre chargé de l'environnement et du ministre de la défense.

La gestion du registre national des déchets peut être confiée à une personne morale de droit public désignée par le ministre chargé de l'environnement.

III. – Les personnes s'étant acquittées de l'obligation de transmission des informations au registre national des déchets n'ont plus l'obligation de tenir à jour et de conserver le registre prévu au I. Les données présentes dans le registre national des déchets demeurent accessibles à la personne les ayant transmises, de façon à ce qu'elle puisse les présenter aux autorités en charge du contrôle, à leur demande.

La transmission des informations du bordereau électronique au système de gestion des bordereaux de suivi de déchets mentionné à l'article R. 541-45 vaut transmission des informations au registre national des déchets lorsque cette transmission respecte les conditions du II en matière de délai et de contenu.

La transmission des informations au registre national des terres excavées et sédiments mentionné à l'article R. 541-43-1 vaut transmission des informations au registre national des déchets lorsque cette transmission respecte les conditions du II en matière de délai et de contenu.

Voir : A. 29 févr. 2012, fixant le contenu des registres mentionnés aux articles R. 541-43 et R. 541-46 du Code de l'environnement.

Registre de suivi des déchets. Le décret n° 2011-823 du 11 juillet 2011 a étendu l'obligation de tenue d'un registre de suivi des déchets à tous les déchets et plus uniquement aux déchets dangereux ; sont de plus désormais concernés les collecteurs de déchets (INFOREG, *Le registre de suivi des déchets : CDE* 2013, n° 1, prat. 1).

Art. R. 541-43-1 *(D. n° 2021-321, 25 mars 2021)*. – I. – Pour l'application du II de l'article L. 541-7, les personnes produisant ou expédiant des terres excavées et des sédiments, les collecteurs, les transporteurs, les négociants, les courtiers, les exploitants des installations de transit, de regroupement ou de traitement de terres excavées et sédiments, et les personnes valorisant des terres excavées et des sédiments tiennent à jour un registre chronologique de la production, de l'expédition et de la réception de ces terres et sédiments. Ce registre est conservé pendant au moins trois ans. Le registre permet d'identifier précisément la destination ou le lieu de valorisation des terres excavées et sédiments.

II. – Le ministre chargé de l'environnement met en place une base de données électronique centralisée, dénommée « registre national des terres excavées et sédiments« , dans laquelle sont enregistrées les données transmises par les personnes produisant ou traitant des terres excavées et sédiments, y compris les personnes effectuant une opération de valorisation de terres excavées et sédiments et les personnes exploitant une installation de transit ou de regroupement de terres excavées et sédiments. Le registre national des terres excavées et sédiments et le registre national des déchets mentionné à l'article R. 541-43 peuvent constituer une unique base de données.

Ces personnes transmettent par voie électronique au ministre chargé de l'environnement les données constitutives du registre mentionné au I. Cette transmission a lieu, au plus tard, le dernier jour du mois suivant l'expédition, la réception ou le traitement, y compris la valorisation, des terres excavées et sédiments, et chaque fois que cela est nécessaire pour mettre à jour ou corriger une donnée. Cette transmission se fait au moyen du télé-service mis en place par le ministre chargé de l'environnement ou par échanges automatisés de données selon les modalités définies par le ministre chargé de l'environnement.

Afin d'assurer la sauvegarde des intérêts de la défense nationale, des modalités spécifiques de transmission peuvent être prévues pour les services placés sous l'autorité du ministre de la défense, dans des conditions définies par arrêté conjoint du ministre chargé de l'environnement et du ministre de la défense.

La transmission des informations au registre national des déchets, mentionné à l'article R. 541-43, vaut transmission des informations au registre national des terres excavées et sédiments lorsque cette transmission respecte les conditions du présent II en matière de délai et de contenu.

La transmission des informations du bordereau électronique au système de gestion des bordereaux de suivi de déchets mentionné à l'article R. 541-45 vaut transmission des informations au registre national des terres excavées et sédiments lorsqu'elle respecte les conditions du présent II en matière de délai et de contenu.

La gestion du registre national des terres excavées et sédiments peut être confiée à une personne morale de droit public désignée par le ministre chargé de l'environnement.

Les personnes s'étant acquittées de l'obligation de transmission des informations au registre national des terres excavées et sédiments n'ont plus l'obligation de tenir à jour et de conserver le registre prévu au I.

Les données présentes dans le registre national des terres excavées et sédiments demeurent accessibles à la personne les ayant transmises, de façon à ce qu'elle puisse les présenter aux autorités en charge du contrôle, à leur demande.

III. – Pour l'application du présent article, le site de l'excavation mentionné au II de l'article L. 541-7 correspond :

1° Pour les terres excavées, à l'emprise des travaux, au sens de l'article R. 554-1, ou, le cas échéant, à l'emprise foncière placée sous la responsabilité de l'exploitant de l'installation classée pour la protection de l'environnement, dans la limite d'une distance parcourue par les terres excavées au maximum de trente kilomètres entre l'emplacement de leur excavation et l'emplacement de leur utilisation au sein de l'emprise des travaux ou de l'installation classée pour la protection de l'environnement ;

2° Pour les sédiments, à l'emprise de l'opération de dragage et des berges du cours d'eau.

IV. – Sont exemptés des obligations prévues aux I et II :

1° Les ménages ;

2° Sans préjudice des articles R. 541-43 et R. 541-45, les producteurs de terres excavées et sédiments :

a) Pour les terres excavées issus d'une opération d'aménagement ou de construction produisant un volume total de terres excavées inférieur à 500 m^3 ;

b) Pour les sédiments excavés issus d'une opération de dragage produisant un volume total de sédiments inférieur à 500 m^3.

3° Sans préjudice des articles R. 541-43 et R. 541-45, les personnes valorisant des terres excavées et sédiments lorsque le volume utilisé pour une même opération de valorisation est inférieur à 500 m^3.

Art. R. 541-44 *(Mod. à compter du 12 juillet 2011, D. n° 2011-828, 11 juill. 2011 ; mod., D. n° 2015-159, 11 févr. 2015).* – Les exploitants des installations nucléaires, des installations individuelles définies au second alinéa du I de l'article R. * 1333-40 du Code de la défense et des systèmes nucléaires militaires mentionnés à l'article L. 1333-15 du Code de la défense et les exploitants des installations classées produisant des déchets et des installations assurant le traitement de déchets doivent fournir à l'administration compétente une déclaration annuelle sur la nature, les quantités [,] le traitement réalisé et la destination ou l'origine de ces déchets.

(D. n° 2016-288, 10 mars 2016) Ces exploitants ne sont pas soumis à cette obligation pour les déchets entrant dans le champ d'application du règlement n° 1069/2009 du Parlement européen et du Conseil du 21 octobre 2009 établissant des règles sanitaires applicables aux sous-produits animaux et produits dérivés non destinés à la consommation humaine et abrogeant le règlement n° 1774/2002 (règlement relatif aux sous-produits animaux), à l'exception des déchets dangereux, des biodéchets et des déchets destinés à l'incinération, à la mise en décharge, à la méthanisation ou au compostage.

Déclaration annuelle. Le décret n° 2011-828 du 11 juillet 2011 a étendu l'obligation de déclaration annuelle des déchets à tous les déchets, qu'ils soient ou non dangereux.

Art. R. 541-44-1 *(D. n° 2020-1758, 29 déc. 2020)* (1). – Les éco-organismes agréés adressent par voie électronique au ministre chargé de l'environnement la déclaration des informations relatives aux déchets exportés, prévue au III de l'article L. 541-10-6, au plus tard :

– le 31 mars pour les exportations de déchets ayant eu lieu du 1er juillet au 31 décembre de l'année précédente ;
– le 30 septembre de l'année pour les exportations de déchets ayant eu lieu du 1er janvier au 30 juin de la même année.

Un arrêté du ministre chargé de l'environnement précise le contenu et les modalités de transmission de la déclaration mentionnée au premier alinéa.

Art. R. 541-45 *(Rempl. à compter du 1er janvier 2022, D. n° 2021-321, 25 mars 2021 ; à compter du 1er janvier 2022, D. n° 2021-1395, 27 oct. 2021).* – I. – Le ministre chargé de l'environnement met en place une base de données électronique centralisée, dénommée « système de gestion des bordereaux de suivi de déchets ».

Toute personne qui produit des déchets dangereux ou des déchets POP, tout collecteur de petites quantités de ces déchets, toute personne ayant reconditionné ou transformé ces déchets et toute personne détenant des déchets dont le producteur n'est pas connu et les remettant à un tiers émet, à cette occasion, un bordereau électronique dans le système de gestion des bordereaux de suivi de déchets. Lors de la réception et de la réexpédition des déchets, le transporteur et la personne qui reçoit les déchets complètent le bordereau électronique.

Lorsqu'une transformation ou un traitement aboutit à produire des déchets dont la provenance reste identifiable, l'auteur du traitement informe l'expéditeur initial des déchets de leur destination ultérieure en complétant le bordereau électronique.

Si la personne qui reçoit des déchets en refuse la prise en charge, elle en avise sans délai, en mentionnant dans le bordereau électronique le motif de refus, l'expéditeur initial dans le cas mentionné au troisième alinéa ci-dessus, l'émetteur du bordereau électronique ainsi que, le cas échéant, les autorités chargées de son contrôle, de celui de l'expéditeur initial et de celui de l'émetteur.

Si elle en accepte la prise en charge, elle en avise l'expéditeur initial dans le cas prévu au troisième alinéa et l'émetteur, en mentionnant dans le bordereau électronique le traitement subi par les déchets, dans un délai d'un mois à compter de leur réception. Si le traitement est réalisé après ce délai, elle met de nouveau à jour le bordereau électronique dès que le traitement a été effectué.

Si, dans le mois suivant la date prévue pour la réception des déchets, l'émetteur n'a pas reçu la mise à jour du bordereau attestant leur prise en charge, il en avise les autorités compétentes ainsi que, le cas échéant, l'expéditeur initial des déchets en cause.

L'ensemble des étapes d'émission et de mise à jour du bordereau électronique s'effectuent au moyen d'un téléservice mis en place par le ministre chargé de l'environnement ou par échanges de données informatisées selon les modalités définies par le ministre chargé de l'environnement. Un récépissé de saisie est délivré au déclarant à chaque étape d'émission et de mise à jour.

(1) Le présent article, relatif à la déclaration incombant aux éco-organismes mentionnés à la première phrase du quatrième alinéa de l'article 130 de la loi 2020-105 du 10 février 2020, leur est applicable à compter de l'échéance de leur agrément ou approbation et au plus tard au 1er janvier 2023 : V. D. n° 2020-1758, 29 déc. 2020.

Afin d'assurer la sauvegarde des intérêts de la défense nationale, des modalités spécifiques peuvent être prévues pour le ministère de la défense dans des conditions définies par arrêté conjoint du ministre chargé de l'environnement et du ministre de la défense.

La tenue du système de gestion des bordereaux de suivi de déchets peut être confiée à une personne morale de droit public désignée par le ministre chargé de l'environnement.

Le récépissé de saisie est transmis par le déclarant à tout agent en charge du contrôle.

(Mod. à compter du 1er janvier 2024, D. n° 2021-1395, 27 oct. 2021) Sont exclues de ces dispositions les personnes qui remettent un véhicule hors d'usage à une installation de traitement agréée en application des articles R. 543-154 à R. 543-171, les personnes qui ont notifié un transfert transfrontalier de déchets conformément au règlement n° 1013/2006 du Parlement européen et du Conseil du 14 juin 2006 concernant les transferts de déchets, les ménages, les personnes qui sont admises à déposer des déchets dangereux dans des déchetteries ou qui les remettent à un collecteur de petites quantités de déchets dangereux.

Sont également exclues de ces dispositions les personnes qui remettent des déchets mentionnés au premier alinéa de l'article R. 541-42 à un producteur, importateur ou distributeur qui a mis en place un système individuel de collecte et de traitement de ces déchets en application de l'article L. 541-10, ou à un éco-organisme mis en place en application de l'article L. 451-10 qui pourvoit à la gestion de ces déchets en application du II du même article. Dans ce cas, le bordereau est émis par le producteur, importateur ou distributeur qui a mis en place le système individuel, ou par l'éco-organisme.

II. – Toute personne qui produit des déchets radioactifs, tout collecteur de petites quantités de ces déchets, toute personne ayant reconditionné ou transformé ces déchets et toute personne détenant des déchets radioactifs dont le producteur n'est pas connu et les remettant à un tiers émet, à cette occasion, un bordereau qui accompagne les déchets. Lors de la réception et de la réexpédition des déchets, le transporteur et la personne qui reçoit les déchets complètent le bordereau. Toute personne qui émet, reçoit ou complète l'original ou la copie d'un bordereau en conserve une copie pendant trois ans pour les collecteurs et les transporteurs, et pendant cinq ans dans les autres cas.

Lorsqu'une transformation ou un traitement aboutit à produire des déchets dont la provenance reste identifiable, l'auteur du traitement informe l'expéditeur initial des déchets de leur destination ultérieure.

Si la personne qui reçoit des déchets en refuse la prise en charge, elle en avise sans délai, en leur adressant copie du bordereau mentionnant le motif du refus, l'expéditeur initial dans le cas mentionné au deuxième alinéa, l'émetteur du bordereau, ainsi que, le cas échéant, les autorités chargées de son contrôle, de celui de l'expéditeur initial et de celui de l'émetteur.

Si elle en accepte la prise en charge, elle en avise l'expéditeur initial, dans le cas prévu au deuxième alinéa, et l'émetteur en leur adressant copie du bordereau indiquant le traitement subi par les déchets, dans un délai d'un mois à compter de la réception de ceux-ci. Si le traitement est réalisé après ce délai, une nouvelle copie du bordereau est adressée à son émetteur et, le cas échéant, à l'expéditeur initial, dès que le traitement a été effectué.

Si, dans le mois suivant la date prévue pour la réception des déchets, l'émetteur n'a pas reçu copie du bordereau attestant leur prise en charge, il en avise les autorités compétentes ainsi que, le cas échéant, l'expéditeur initial des déchets en cause.

Sont exclues de ces dispositions les personnes qui ont notifié un transfert transfrontalier de déchets conformément au règlement n° 1013/2006 du Parlement européen et du Conseil du 14 juin 2006 concernant les transferts de déchets, ainsi que les ménages.

Voir : Règlement n° 837/2010 de la Commission du 23 septembre 2010 modifiant le règlement 1418/2007 concernant l'exportation de certains déchets destinés à être valorisés vers certains pays n'appartenant pas à l'OCDE, *JOUE* L 250, 24 sept. 2010.

Art. D. 541-45-1 *(Créé à compter du 1er juillet 2021, D. n° 2020-1817, 29 déc. 2020)*. – I. – Les devis concernant les travaux mentionnés à l'article L. 541-21-2-3 indiquent :

1° Une estimation de la quantité totale de déchets qui seront générés par l'entreprise de travaux durant le chantier ;

2° Les modalités de gestion et d'enlèvement des déchets générés durant le chantier qui sont prévues par l'entreprise de travaux, à savoir :

– l'effort de tri réalisé sur le chantier et la nature des déchets pour lesquels une collecte séparée est prévue ;

– le cas échéant, le broyage des déchets sur le chantier ou autres dispositions techniques dans le cadre de travaux de jardinage.

3° Le ou les points de collecte où l'entreprise de travaux prévoit de déposer les déchets issus du chantier, identifiés par leur raison sociale, leur adresse et le type d'installation ;

4° Une estimation des coûts associés aux modalités de gestion et d'enlèvement de ces déchets.

II. – Le bordereau de dépôt prévu à l'article L. 541-21-2-3 est rempli et signé conjointement par l'entreprise de travaux ayant déposé les déchets et par l'installation où les déchets ont été déposés chacun en ce qui concerne leurs responsabilités respectives.

L'installation de collecte où les déchets ont été déposés précise :

– la date de dépôt des déchets ;

– sa raison sociale, son adresse et, le cas échéant, son numéro SIRET ou SIREN ;

– la nature des déchets déposés après examen visuel ;

– pour chacun des déchets, la quantité déposée exprimée en volume ou en masse estimée suite à un examen visuel ou mesurée par un dispositif de pesée.

L'entreprise ayant déposé les déchets précise :

– le nom ou la raison sociale, l'adresse et, le cas échéant, le numéro de SIRET ou SIREN du ou des maître(s) d'ouvrage ayant commandité les travaux ;

– sa raison sociale, son numéro SIRET ou SIREN et son adresse.

Un arrêté du ministre chargé de la construction et du ministre chargé de l'environnement précise le contenu du bordereau de dépôt.

Art. R. 541-46 *(Rempl. à compter du 12 juillet 2011, D. n° 2011-828, 11 juill. 2011 ; mod., D. n° 2013-301, 10 avr. 2013* (1) *; abr., D. n° 2021-321, 25 mars 2021).*

Rédaction antérieure. Art. R. 541-46 *(Rempl. à compter du 12 juillet 2011, D. n° 2011-828, 11 juill. 2011). – (Mod., D. n° 2013-301, 10 avr. 2013)* (1) Les exploitants des installations visées à l'article L. 214-1 soumises à autorisation ou à déclaration ou des installations visées à l'article L. 511-1 soumises à autorisation, à enregistrement ou à déclaration qui traitent des substances ou objets qui sont des déchets afin qu'ils cessent d'être des déchets conformément à l'article L. 541-4-3 tiennent un registre chronologique de la nature, du traitement et de l'expédition de ces substances ou objets. Ce registre est conservé pendant au moins cinq ans.

Ils fournissent à l'administration compétente une déclaration annuelle sur la nature et les quantités de ces substances ou objets qui quittent leur installation.

Voir : A. 29 févr. 2012, fixant le contenu des registres mentionnés aux articles R. 541-43 et R. 541-46 du Code de l'environnement.

Art. R. 541-47 *(Abr. à compter du 12 juillet 2011, D. n° 2011-828, 11 juill. 2011 ; rétabli à compter du 1er juillet 2018, D. n° 2018-434, 4 juin 2018).* – Les déchets radioactifs issus d'une activité nucléaire, au sens de l'article L. 542-1-1, dont la concentration d'activité dépasse les valeurs limites d'exemption figurant dans le tableau 1 de l'annexe 13-8 du Code de la santé publique, ne peuvent être stockés que dans des installations soumises à un régime d'autorisation régi par les codes de la défense, de l'environnement ou minier et mettant en œuvre un programme de contrôle radiologique adapté.

Art. R. 541-48 *(Mod. à compter du 12 juillet 2011, D. n° 2011-828, 11 juill. 2011 ; mod., D. n° 2015-159, 11 févr. 2015 ; D. n° 2017-539, 13 avr. 2017 ; D. n° 2021-321, 25 mars 2021 ; D. n° 2021 838, 29 juin 2021).* – Les modalités d'application de la présente sous-section sont fixées en tant que de besoin par arrêté du ministre chargé de l'environnement ou, pour les déchets radioactifs mentionnés à l'article R. 541-42 et provenant des installations nucléaires de base, des installations individuelles définies au second alinéa du I de l'article R.* 1333-40 du Code de la défense ou des systèmes nucléaires militaires mentionnés à l'article L. 1333-15 du Code de la défense, par arrêté pris conjointement avec le ministre de la défense.

Ces arrêtés fixent notamment :

1° Le contenu des registres mentionnés aux articles R. 541-43 et R. 541-43-1 ;

2° Le modèle, le contenu et les modalités de transmission des déclarations mentionnées à l'article R. 541-44 ;

(1) Dispositions transitoires : V. D. n° 2013-301, 10 avr. 2013, art. 7. – NDLR.

2° *bis* Pour chacun des registres nationaux prévus aux articles R. 541-43 et R. 541-43-1, la finalité du traitement informatique effectué, le service auprès duquel s'exerce le droit d'accès, les catégories de données à caractère personnel et informations enregistrées, les durées de conservation des données ainsi transmises, et les destinataires ou catégories de destinataires habilités à recevoir communication de ces données ;

3° Les modèles, le contenu et les modalités de gestion des bordereaux mentionnés à l'article R. 541-45, y compris la finalité du traitement informatique effectué, le service auprès duquel s'exerce le droit d'accès, les catégories de données à caractère personnel et informations enregistrées, les durées de conservation des données ainsi transmises, et les destinataires ou catégories de destinataires habilités à recevoir communication de ces données.

Sous-section 2. – Installations de stockage et d'incinération

(D. n° 2021-345, 30 mars 2021)

Art. D. 541-48-1 *(D. n° 2021-345, 30 mars 2021).* – I. – Le présent article réglemente les conditions de contrôle par vidéo des déchargements de déchets non dangereux non inertes dans les installations de stockage et d'incinération.

Les dispositions du présent article sont applicables à compter du 1er juillet 2021 :

– aux installations de stockage de déchets relevant de la rubrique 2760-2-b de la nomenclature des installations classées pour la protection de l'environnement ;

– aux installations d'incinération de déchets relevant de la rubrique 2771 de la nomenclature des installations classées pour la protection de l'environnement.

Elles ne sont pas applicables :

– aux installations exclusivement utilisées pour les déchets que l'exploitant produit ;

– aux déchargements de déchets liquides, de terres excavées ou de sédiments.

II. – L'exploitant d'une installation visée à l'article D. 541-48-4 met en place un dispositif mobile ou fixe de contrôle par vidéo des déchargements de déchets non dangereux non inertes selon les modalités prévues par les articles suivants. Le traitement de données à caractère personnel mis en œuvre dans le cadre de ce dispositif de contrôle par vidéo a pour finalité le contrôle, par l'exploitant et par l'autorité administrative compétente, du respect des dispositions du chapitre unique du titre VIII du livre Ier, du chapitre Ier du titre IV et du titre Ier du livre V de la partie législative du Code de l'environnement et des textes pris pour leur application. Le droit d'accès prévu aux articles 49, 105 et 119 de la loi n° 78-17 du 6 janvier 1978 relative à l'informatique, aux fichiers et aux libertés s'exerce auprès de l'exploitant de l'installation.

Le dispositif de contrôle par vidéo enregistre :

– les images des opérations de déchargement de manière à pouvoir identifier le contenu qui est déchargé ;

– la plaque d'immatriculation de chaque véhicule réceptionné dans l'installation à cette fin.

III. – Le comité social et économique de l'installation, à défaut, les institutions représentatives du personnel, sont consultés avant l'installation du dispositif du contrôle par vidéo.

L'avis de l'organisme consulté est rendu, à la majorité des membres présents, après communication par l'exploitant d'une présentation du dispositif de contrôle par vidéo précisant ses caractéristiques, y compris la présence ou non d'une visualisation en temps réel, et les modalités de protection des données personnelles ainsi que les fonctions des personnes habilitées mentionnées au V.

En l'absence de comité social et économique et d'institutions représentatives du personnel, les personnels sont consultés dans les conditions prévues à l'alinéa précédent.

La présence d'un dispositif de contrôle par vidéo des déchargements fait l'objet d'une signalisation à l'entrée de l'installation et ainsi que dans les locaux filmés par l'intermédiaire de panneaux, en nombre suffisant, affichés en permanence, lisibles et compréhensibles dans les lieux concernés, qui comportent *a minima* :

– le pictogramme d'une caméra indiquant que le lieu est placé sous surveillance vidéo ;

– la finalité du traitement installé ;

– la durée de conservation des images ;

– le nom ou la qualité et le numéro de téléphone du responsable de l'exploitation ;

– le droit d'introduire une réclamation auprès de la Commission nationale de l'informatique et des libertés (CNIL), ainsi que

– la procédure à suivre pour demander l'accès aux enregistrements visuels les concernant.

L'exploitant informe individuellement les salariés de l'exploitation de la présence et de la localisation du dispositif de contrôle par vidéo des déchargements des déchets.

L'exploitant s'assure que les producteurs, détenteurs et transporteurs des déchets réceptionnés dans l'installation informent individuellement leurs salariés susceptibles d'être filmés dans la zone de contrôle par vidéo de l'installation.

IV. – Le temps cumulé d'indisponibilité du dispositif de contrôle par vidéo est inférieur à dix jours calendaires sur une année.

Pour les installations de stockage de déchets relevant de la rubrique 2760-2-b de la nomenclature des installations classées comportant un quai de débarquement mobile, le temps cumulé d'indisponibilité du dispositif de contrôle par vidéo est inférieur à vingt jours calendaires sur une année,

Toute indisponibilité du dispositif ne peut excéder cinq jours consécutifs.

Un journal recense les périodes d'indisponibilité et les opérations de maintenance effectuées sur le dispositif de contrôle par vidéo.

Les données sont enregistrées numériquement et doivent inclure des informations permettant de déterminer, sur tout extrait de la séquence vidéo, la date, l'heure d'enregistrement et, le cas échéant, l'emplacement de la caméra.

Les données ne comportent aucune information sonore et, si des personnes ont été filmées, leur image est anonymisée par tous moyens de nature à empêcher leur identification.

Ces données sont conservées pendant un an. Au terme de ce délai, les données sont effacées automatiquement.

V. – Ont seuls accès aux données et informations mentionnées au présent article, le cas échéant en temps réel, le personnel de l'installation habilités à cet effet par l'exploitant. L'exploitant prend toutes les mesures pour réserver l'accès aux enregistrements aux seules personnes habilitées, notamment par un dispositif d'authentification de ces personnes.

Les données et informations mentionnées au présent article, le cas échéant en temps réel, peuvent être consultées par :

1° Les agents de l'État mentionnés à l'article L. 541-44, dans la limite de leurs attributions respectives et de leur besoin d'en connaître dans le cadre de leurs missions ;

2° Les personnes intervenant, à la demande de l'exploitant ou des agents mentionnés au 1°, pour le compte d'organismes d'audit ou de conseil. Cet accès est soumis à l'autorisation de l'exploitant et à la présence, au moment de la visualisation, d'une personne mentionnée au premier alinéa du présent article.

Les données sont accessibles sur site. Elles sont transmises sous une forme utilisable à la demande des agents de l'État mentionnés au 1°.

Lorsque les données ont, dans le délai d'un an mentionné au dernier alinéa du IV, été extraites et transmises aux agents de l'État mentionné au 1° pour les besoins d'une procédure judiciaire ou administrative, elles sont conservées selon les règles propres à chacune de ces procédures.

Art. R. 541-48-2 *(D. n° 2021-345, 30 mars 2021).* – I. – Le respect des critères de performance mentionnés à l'article L. 541-30-2 est justifié par le producteur ou le détenteur des déchets auprès de l'exploitant de l'installation de stockage de déchets non dangereux non inertes au moyen d'une attestation délivrée par une personne tierce accréditée, selon des modalités définies par arrêté du ministre chargé des installations classées.

II. – Le prix hors taxe habituellement facturé pour des déchets de même nature prévu à l'article L. 541-30-2 est calculé en faisant la moyenne, pondérée par la quantité de déchets réceptionnés sur la période considérée, des prix hors taxe facturés aux différents producteurs ou détenteurs pour les déchets de même nature réceptionnés dans l'installation de stockage et dont le prix n'est pas plafonné en application de l'article L. 541-30-2.

Cette moyenne est calculée sur les douze mois précédant le mois avant celui de la réception des déchets dans l'installation de stockage.

Cette moyenne ne tient pas compte des prix facturés à un établissement appartenant à l'entreprise exploitante de l'installation, ni à une entreprise distincte appartenant au même groupe, au sens de l'article L. 233-16 du Code de commerce, lorsque ces prix conduisent à augmenter la moyenne qui résulte de l'application des premier et deuxième alinéas du présent II.

Le prix qui résulte de l'application du présent II ne peut être inférieur au coût de la mise en décharge de ces déchets tel qu'il résulte de l'article 10 de la directive 1999/31/CE du Conseil du 26 avril 1999 concernant la mise en décharge des déchets. Si tel est le cas, l'exploitant facture au producteur ou au détenteur des déchets mentionné au premier alinéa de l'article L. 541-30-2 un prix permettant de couvrir l'ensemble des coûts mentionnés à l'article 10 de cette directive, à l'exclusion de tout autre coût. Il tient les pièces justificatives nécessaires à la disposition de l'autorité administrative compétente.

Pour l'application du présent article, les déchets de même nature sont identifiés comme tels sur la base de la liste mentionnée à l'article R. 541-7.

Art. R. 541-48-3 *(D. n° 2021-345, 30 mars 2021)*. – I. – L'interdiction d'élimination dans les installations de stockage de déchets non dangereux non inertes des déchets non-dangereux valorisables prévue au 7° de l'article L. 541-1 du Code de l'environnement s'applique, à l'exclusion des ordures ménagères résiduelles régies par le III ci-après :

1° À compter du 1er janvier 2022, au chargement des bennes ou des autres contenants concernés lorsqu'il est constitué, en masse, à plus de 30 % de métal, à plus de 30 % de plastique, à plus de 30 % de verre, à plus de 30 % de bois ou à plus de 30 % de fraction minérale inerte composée de béton, de briques, de tuiles, de céramiques et de pierres ;

2° À compter du 1er janvier 2022, au chargement des bennes ou autres contenants concernés lorsqu'il est constitué, en masse, à plus de 50 % de papier, à plus de 50 % de plâtre ou à plus de 50 % de biodéchets ;

3° À compter du 1er janvier 2024, au chargement des bennes ou autres contenants concernés constitué à plus de 30 %, en masse, de biodéchets ;

4° À compter du 1er janvier 2025, au chargement des bennes ou autres contenants concernés dont le contenu est constitué à plus de 30 %, en masse, de déchets textiles ;

5° À compter du 1er janvier 2025, au chargement des bennes ou autres contenants concernés constitué à plus de 70 %, en masse, de l'ensemble des déchets mentionnés aux 1° à 4° ;

6° À compter du 1er janvier 2028, au chargement des bennes ou autres contenants concernés constitué à plus de 50 %, en masse, de l'ensemble des déchets mentionnés aux 1° à 4°.

II. – Les dispositions du I ne s'appliquent pas :

1° Aux déchets mentionnés au 1 duodecies du II de l'article 266 *sexies* du Code des douanes dont, en vertu de l'arrêté prévu par ces dispositions, la valorisation matière est interdite ou l'élimination prescrite ;

2° Aux déchets et résidus de tri mentionnés au premier alinéa de l'article L. 541-30-2 ;

3° Aux résidus de tri issus d'installations qui réalisent un tri de déchets, à la condition qu'elles respectent les prescriptions édictées par l'arrêté du ministre chargé des installations classées prévu au premier alinéa de l'article L. 541-24 ;

4° Aux déchets réceptionnés en application du second alinéa de l'article L. 541-25-2 ;

5° Aux déchets non valorisables issus d'opérations de valorisation de déchets ou de processus de production. Un arrêté du ministre chargé de l'environnement précise les déchets concernés, selon les règles de classification mentionnées à l'article R. 541-7 ;

6° Aux cadavres et sous-produits d'animaux et leurs produits dérivés tels que définis aux articles 2 et 3 du règlement (CE) n° 1069/2009 du Parlement européen et du Conseil du 21 octobre 2009 établissant des règles sanitaires applicables aux sous-produits animaux et produits dérivés non destinés à la consommation humaine et abrogeant le règlement (CE) n° 1774/2002 (règlement relatif aux sous-produits animaux), lorsque le représentant de l'État constate par arrêté qu'il est nécessaire, en raison de circonstances exceptionnelles, de déroger à l'application du I ;

7° Aux déchets dont la réception est autorisée par un arrêté du représentant de l'État pris en application de l'article L. 512-20 ;

8° Aux déchets issus de catastrophes naturelles dont la réception est autorisée par arrêté du représentant de l'État.

III. – L'interdiction d'élimination dans les installations de stockage de déchets non dangereux non inertes des déchets non-dangereux valorisables prévue au 7° de l'article L. 541-1 du Code de l'environnement s'applique, pour les ordures ménagères résiduelles mentionnées à l'article R. 2224-23 du Code général des collectivités territoriales qui ne sont ni des encombrants ni des déchets collectés en déchetterie :

1° À compter du 1er janvier 2025, au chargement des bennes ou des autres contenants concernés comportant plus de 65 %, en masse, de biodéchets ainsi que de déchets relevant du principe de responsabilité élargie du producteur en application de l'article L. 541-10-1 ;

2° À compter du 1er janvier 2030, au chargement des bennes ou des autres contenants concernés comportant plus de 60 %, en masse, de biodéchets et de déchets soumis au principe de responsabilité élargie du producteur en application de l'article L. 541-10-1.

Les seuils prévus ci-dessus s'appliquent également aux déchets issus du traitement, notamment par tri mécano-biologique, d'ordures ménagères résiduelles.

IV. – L'exploitant de l'installation de stockage de déchets non dangereux met en place une procédure de contrôle des déchets entrants.

Cette procédure comporte notamment :

1° Un rapport annuel de caractérisation des déchets apportés dans l'installation dont la réalisation incombe au producteur des déchets ou à défaut leur détenteur. Cette tâche peut être confiée à l'exploitant de l'installation ou à un laboratoire s'ils disposent des compétences techniques requises. L'arrêté mentionné ci-après peut prévoir une fréquence de rapport de caractérisation différente, si les caractéristiques des déchets concernés le justifient ;

2° Un contrôle visuel des déchets lors de leur admission sur site ou de leur déchargement par les préposés de l'exploitant. Lorsqu'il est constaté lors de ce contrôle que les dispositions du présent article ne sont pas respectées, l'exploitant refuse la réception des déchets. En cas de doute, l'exploitant peut faire procéder à une caractérisation de ces déchets. Les frais correspondants sont à la charge du producteur ou détenteur des déchets lorsqu'il est constaté que les dispositions du présent article ne sont pas respectées et à la charge de l'exploitant dans le cas contraire.

Les modalités de mise en œuvre de cette procédure de contrôle, notamment le contenu du rapport de caractérisation, les analyses et tests requis et les conditions dans lesquelles s'opère le contrôle visuel, sont précisées par arrêté du ministre chargé des installations classées.

Art. R. 541-48-4 *(D. n° 2021-345, 30 mars 2021)*. – I. – Les producteurs des déchets non dangereux qui ne sont pas pris en charge par le service public local de gestion des déchets ne peuvent faire procéder à leur élimination dans des installations de stockage et d'incinération de déchets non dangereux non inertes que s'ils justifient respecter les obligations de tri prescrites par les articles L. 541-21-1, L. 541-21-2, L. 541-21-2-1 et L. 541-21-2-2.

À cette fin, est transmise chaque année à l'exploitant de l'installation une attestation sur l'honneur signée par les représentants légaux des producteurs de déchets concernés comprenant :

1° La liste de leurs obligations de tri ;

2° La description des éléments de nature à démontrer le respect de ces obligations et notamment la liste des collectes séparées mises en place et les consignes de tri associées.

L'attestation sur l'honneur du producteur de déchets est transmise, préalablement à la réception de tout déchet pour l'année en cours, par ce producteur ou, lorsque les déchets sont apportés à l'installation par un autre détenteur que celui-ci, par ce dernier.

II. – La réception dans les installations mentionnées au I des déchets pris en charge par le service public local de gestion des déchets est subordonnée à la transmission annuelle à l'exploitant par la collectivité compétente en matière de traitement de documents justifiant le respect des obligations de collecte séparée définies à l'article L. 2224-16 du Code général des collectivités territoriales par chaque collectivité compétente en matière de collecte.

Lorsque l'exploitant est la collectivité compétente en matière de traitement des déchets, celle-ci tient ces documents à la disposition des inspecteurs des installations classées.

Ces documents décrivent les consignes de tri à la source et les dispositifs de collecte séparée mis en place pour la collecte des déchets ménagers et assimilés. Cette description concerne tous les déchets concernés, qu'ils soient collectés en porte-à-porte, en point d'apport volontaire ou en déchetterie. Les documents portent sur :

1° Les emballages ménagers composés majoritairement de papier, de verre, de métal, ou de plastique,

2° Les papiers graphiques ;

3° Les déchets encombrants, de façon à justifier la collecte séparée des déchets encombrants composés majoritairement de papier, de verre, de métal, ou de plastique ;

4° Les déchets de construction et de démolition constitués majoritairement de bois, de fraction minérale, de plâtre, de papier, de verre, de métal, ou de plastique ;

5° Les autres déchets composés majoritairement de papier, de verre, de métal, ou de plastique ;

6° À compter du 1er janvier 2025, les déchets dangereux et les déchets textiles.

7° À compter du 1er janvier 2024, ces documents doivent justifier la mise en place d'une collecte séparée des biodéchets ou, pour les zones où n'est pas organisée cette collecte, que les biodéchets sont traités par compostage domestique ou de proximité.

III. – Les I et II ne s'appliquent pas :

1° Aux déchets mentionnés au 1 duodecies du II de l'article 266 *sexies* du Code des douanes dont, en vertu de l'arrêté prévu par ces dispositions, la valorisation matière est interdite ou l'élimination prescrite ;

2° Aux résidus de tri issus d'installations qui réalisent un tri de déchets, à la condition qu'elles respectent les prescriptions édictées par l'arrêté du ministre chargé des installations classées prévu au premier alinéa de l'article L. 541-24 ;

3° Aux installations de stockage ou d'incinération de déchets non dangereux non inertes exclusivement utilisées aux fins d'élimination des déchets que l'exploitant produit.

Section IV. – Collecte, transport, négoce et courtage de déchets

(Mod. à compter du 12 juillet 2011, D. n° 2011-828, 11 juill. 2011)

Voir : A. 29 mai 2009, relatif au transport de marchandises dangereuses par voies terrestres (TMD).

A. 12 août 1998 (ATE), relatif à la composition du dossier de déclaration et au récépissé de déclaration pour l'exercice de l'activité de transport de déchets (*JO* 26 sept. 1998, p. 14707).

A. 9 sept. 1998 (ATE), relatif à la composition du dossier de déclaration et au récépissé de déclaration pour l'exercice de l'activité de négoce et de courtage de déchets.

Circ. 16 déc. 1998 relative à la mise en œuvre du décret n° 98-679 du 30 juillet 1998 relatif au transport par route, au négoce et au courtage de déchets (NOR : ATEP9980003C ; *BO min. Environnement* n° 99/2, 25 mars 1999).

Circ. 1er mars 2006 relative à la mise en œuvre du décret n° 2005-635 du 30 mai 2005 relatif au contrôle des circuits de traitement des déchets (*BOMEDD* n° 2006/10, 31 mai).

A. 31 mai 2021 fixant le contenu des registres déchets, terres excavées et sédiments mentionnés aux articles R. 541-43 et R. 541-43-1 du Code de l'environnement (*JO* 3 août).

A. 26 juill. 2022 définissant le contenu des déclarations au système de gestion électronique des bordereaux de suivi de déchets énoncés à l'article R. 541-45 du Code de l'environnement, pour les déchets dangereux de fluides frigorigènes et autres déchets dangereux de fluides en contenants sous pression (*JO* 4 août).

Sous-section 1. – Dispositions générales

Art. R. 541-49 ***(Mod. à compter du 12 juillet 2011, D. n° 2011-828, 11 juill. 2011 ; mod., D. n° 2016-288, 10 mars 2016 ; D. n° 2020-1573, 11 déc. 2020).*** **– Les dispositions de la présente sous-section régissent l'exercice des activités de collecte [,] de transport par route, de négoce et de courtage de déchets.**

Le transport comprend tout ou partie des phases suivantes : le chargement, le déplacement et le déchargement.

§ 1. – De la collecte et du transport des déchets

Art. R. 541-49-1 ***(Créé à compter du 12 juillet 2011, D. n° 2011-828, 11 juill. 2011 ; abr., D. n° 2020-1573, 11 déc. 2020).***

Art. R. 541-50 ***(Mod. à compter du 1er juillet 2012 et du 12 juillet 2011, D. n° 2011-828, 11 juill. 2011 ; mod., D. n° 2013-301, 10 avr. 2013*** (1) ***; D. n° 2020-1573, 11 déc. 2020).*** **– I. – Les personnes qui souhaitent exercer une activité de collecte ou de transport de déchets doivent déposer une déclaration auprès du préfet du département où se trouve leur siège social, s'il s'agit d'une personne morale, ou leur domicile, s'il s'agit d'une personne physique :**

1° Dès lors qu'elles collectent ou transportent une quantité supérieure à 0,1 tonne par chargement de déchets dangereux définis à l'article R. 541-8 ;

2° Dès lors qu'elles collectent ou transportent une quantité supérieure à 0,5 tonne par chargement de déchets non dangereux.

(1) Dispositions transitoires : V. D. n° 2013-301, 10 avr. 2013, art. 7. – NDLR.

II. – Sont exemptés de cette obligation de déclaration :

1° Les personnes qui transportent les déchets qu'elles produisent et qui sont soumises aux dispositions législatives du titre Ier du présent livre ;

2° Les personnes effectuant uniquement la collecte de déchets ménagers pour le compte de collectivités publiques ;

3° Les personnes qui collectent ou transportent par route des terres non souillées, des déchets de briques, de béton, de tuiles, de céramiques et d'autres matériaux de démolition propres et triés, des gravats et des pierres ;

4° *(Abr. à compter du 1er janvier 2022, D. n° 2021-1395, 27 oct. 2021)* ;

5° Les personnes effectuant la livraison de produits et équipements neufs qui reprennent auprès des consommateurs finaux les déchets similaires à ces produits et équipements, y compris leurs emballages, dans le cadre de leur activité de distribution.

6° Les exploitants des installations visées à l'article L. 511-1 soumises à autorisation, à enregistrement ou à déclaration et relevant de la rubrique 2710 de la nomenclature des installations classées.

7° *(D. n° 2022-1495, 24 nov. 2022)* Les personnes mentionnées au 6° de l'article R. 543-154 qui assurent la collecte des véhicules hors d'usage.

Art. R. 541-51 *(Mod. à compter du 12 juillet 2011, D. n° 2011-828, 11 juill. 2011)*. – I. – La déclaration prévue au I de l'article R. 541-50 comporte :

1° Un engagement du déclarant de ne transporter les déchets que vers des installations de traitement conformes au titre Ier du présent livre ;

2° Un engagement de procéder à la gestion des déchets transportés par ses soins qu'il aurait abandonnés, déversés ou orientés vers une destination non conforme à la réglementation relative au traitement des déchets ;

3° Un engagement d'informer sans délai, en cas d'accident ou de déversement accidentel de déchets, le préfet territorialement compétent.

II. – Un arrêté conjoint du ministre chargé des transports et du ministre chargé de l'environnement précise la composition du dossier de déclaration et fixe les formes dans lesquelles il en est donné récépissé par le préfet.

Exclusion de la qualité de détenteur ou de producteur pour le transporteur des déchets sous conditions. Une société dont l'activité a uniquement consisté à collecter et transporter des déchets pour le compte de tiers jusqu'à un centre de tri autorisé, conformément aux règles régissant son activité et sans commettre de négligence, ne peut être regardée comme ayant la qualité de producteur ou de détenteur des déchets (■ CE, 2 juin 2023, n° 450086, *Lebon* T.).

Art. R. 541-52. – La déclaration est renouvelée tous les cinq ans.

Art. R. 541-53 *(Mod. à compter du 12 juillet 2011, D. n° 2011-828, 11 juill. 2011)*. – Une copie du récépissé mentionné à l'article R. 541-51 est conservée à bord de chaque engins de collecte ou de transport et doit être présentée à toute réquisition des agents chargés du contrôle au titre des articles L. 541-44 et L. 541-45.

Art. R. 541-54 *(Mod. à compter du 12 juillet 2011, D. n° 2011-828, 11 juill. 2011)*. – L'activité *(Mots rempl., D. n° 2013-301, 10 avr. 2013)* (1) « de collecte ou de transport » par route de déchets classés dans la catégorie des marchandises dangereuses en application de l'accord européen relatif au transport international des marchandises dangereuses par route est soumise à autorisation.

Les autorisations délivrées pour le transport des marchandises dangereuses valent autorisation au titre de la présente sous-section.

§ 2. – Du négoce et du courtage des déchets

Art. R. 541-54-1 *(Créé à compter du 12 juillet 2011, D. n° 2011-828, 11 juill. 2011)*. – Au sens du présent titre, on entend par :

1° Négociant : tout acteur de la gestion des déchets qui entreprend pour son propre compte l'acquisition et la vente ultérieure de déchets, y compris les négociants qui ne prennent pas physiquement possession des déchets. Le négociant est détenteur des déchets au sens du présent chapitre ;

(1) Dispositions transitoires : V. D. n° 2013-301, 10 avr. 2013, art. 7. – NDLR.

2° Courtier : tout acteur de la gestion des déchets qui organise la valorisation ou l'élimination de déchets pour le compte de tiers, y compris les courtiers qui ne prennent pas physiquement possession des déchets. Le tiers pour le compte duquel la valorisation ou l'élimination est organisée reste détenteur des déchets au sens du présent chapitre.

Art. R. 541-55. – Les négociants et les courtiers de déchets doivent être déclarés pour l'exercice de leur activité auprès du préfet du département où se trouve leur siège social ou, à défaut, le domicile du déclarant.

Art. R. 541-56. – I. – La déclaration prévue à l'article R. 541-55 comporte les pièces permettant au préfet de s'assurer que le déclarant est inscrit au registre du commerce et des sociétés.

II. – Le dossier du déclarant comporte également :

1° Un engagement du déclarant d'orienter les déchets vers des *(Mots rempl., D. n° 2020-1573, 11 déc. 2020)* « personnes exerçant une activité de collecte ou de transport » déclarées ou autorisées au titre de la présente sous-section ;

2° Un engagement de traiter ou faire traiter les déchets dans des installations conformes au titre Ier du présent livre.

III. – Un arrêté du ministre chargé de l'environnement précise la composition du dossier de déclaration et fixe les formes dans lesquelles il en est donné récépissé par le préfet.

Art. R. 541-57. – La déclaration est renouvelée tous les cinq ans.

Art. R. 541-58 *(Mod. à compter du 1er juillet 2012 et du 12 juillet 2011, D. n° 2011-828, 11 juill. 2011 ; mod., D. n° 2013-301, 10 avr. 2013)* (1). – Dans le cas où des négociants ou des courtiers exécutent une opération de collecte ou de transport de déchets, ils sont également assujettis aux dispositions applicables à l'exercice de l'activité de transport par route de déchets.

§ 3. – Dispositions diverses

Art. R. 541-59 *(Mod. à compter du 12 juillet 2011, D. n° 2011-828, 11 juill. 2011 ; mod. à compter du 1er juillet 2012, D. n° 2011-828, 11 juill. 2011)*. – Dans le cas où le collecteur [,] le transporteur, le négociant ou le courtier ne respecte pas les obligations définies à la présente sous-section, le préfet peut le mettre en demeure de régulariser sa situation dans un délai de trois mois. À défaut de régularisation dans ce délai, et jusqu'à ce qu'il y ait été procédé, le préfet peut suspendre l'activité de collecte [,] de transport.de négoce ou de courtage de déchets si la poursuite de l'activité risque d'engendrer des nuisances telles que celles mentionnées à l'article L. 541-1. Il se prononce par arrêté motivé.

Art. R. 541-60 *(Mod. à compter du 12 juillet 2011, D. n° 2011-828, 11 juill. 2011 ; mod. à compter du 1er juillet 2012, D. n° 2011-828, 11 juill. 2011)*. – Toute personne titulaire d'une autorisation délivrée par un autre État membre de la Communauté européenne ou par un autre État partie à l'accord instituant l'Espace économique européen ou ayant effectué une déclaration visant le même objet en application de l'article 26 de la directive 2008/98/CE du Parlement européen et du Conseil du 19 novembre 2008 relative aux déchets et abrogeant certaines directives peut exercer en France les activités de transport, de négoce et de courtage de déchets régies par la présente sous-section.

Art. R. 541-61. – Sans préjudice de la réglementation relative au transport des marchandises dangereuses, des arrêtés conjoints des ministres chargés respectivement des transports, de la santé et de l'environnement fixent en tant que de besoin, pour des raisons de protection de la santé humaine et de l'environnement :

1° Des prescriptions particulières à certaines catégories de déchets lors de leur transport, concernant notamment les conditions d'emballage, de conditionnement et d'étiquetage, les obligations de signalisation des véhicules, les conditions de chargement ;

2° *(Rempl. à compter du 12 juillet 2011, D. n° 2011-828, 11 juill. 2011)* Des dispositions relatives au matériel de collecte ou de transport et à la collecte ou au transport.

---

(1) Dispositions transitoires : V. D. n° 2013-301, 10 avr. 2013, art. 7. – NDLR.

Sous-section 2. – Collecte des déchets ménagers et assimilés

(Créée à compter du 12 juillet 2011, D. n° 2011-828, 11 juill. 2011)

Art. R. 541-61-1 *(Rempl., D. n° 2020-1573, 11 déc. 2020).* – **La collecte et le traitement des déchets ménagers et assimilés sont régis par le présent livre et par les articles R. 2224-23 à R. 2224-29-1 du Code général des collectivités territoriales.**

Renvoi au Code général des collectivités territoriales. Cet article, introduit par le décret n° 2011-828 du 11 juillet 2011, établit un renvoi exprès au Code général des collectivités territoriales pour la collecte et le traitement des déchets ménagers par les collectivités territoriales.

Sous-section 3. – Collecte séparée des déchets dans les établissements recevant du public

(D. n° 2020-1758, 29 déc. 2020)

Art. R. 541-61-2 *(D. n° 2020-1758, 29 déc. 2020).* – **Sont soumis à l'obligation prévue à l'article L. 541-21-2-2 les établissements recevant du public produisant plus de 1 100 litres de déchets, tous déchets confondus, par semaine.**

Section V – Dispositions particulières aux mouvements transfrontaliers de déchets

(Anc. ss-sect. 2 de la section 4 devenue la présente section à compter du 12 juillet 2011, D. n° 2011-828, 11 juill. 2011)

Art. R. 541-62 *(Rempl., D. n° 2015-1396, 3 nov. 2015)* (1). – **L'autorité compétente au sens des 19°, 20° et 21° de l'article 2 du règlement mentionné au I de l'article L. 541-40 est le ministre chargé de l'environnement.**

Lorsque les déchets destinés à être transférés sont préalablement collectés auprès de plusieurs détenteurs, l'installation dans laquelle ces déchets sont regroupés avant le transfert constitue le lieu d'expédition unique mentionné au II de l'article L. 541-40.

En cas de mélange des déchets ne permettant plus d'identifier leur origine, la fin du transfert est constatée dans la première installation visée à l'article L. 511-1 soumise à autorisation ou à enregistrement qui procède à un tel mélange sur le territoire national.

Art. R. 541-63 *(Rempl. à compter du 12 juillet 2011, D. n° 2011-828, 11 juill. 2011).* – **En cas de collecte sur le territoire national et de regroupement de déchets destinés à être exportés, le notifiant précise l'origine des déchets et les coordonnées de leurs producteurs dans le document de notification et les documents de mouvement figurant respectivement à l'annexe IA et à l'annexe IB du règlement communautaire mentionné à l'article L. 541-40.**

Les dispositions du présent article ne sont pas applicables si les déchets ainsi collectés et regroupés subissent, préalablement à leur exportation, un mélange qui ne permet plus d'identifier leur origine, à condition qu'il soit réalisé dans une installation visée à l'article L. 511-1 soumise à autorisation ou à enregistrement.

Art. R. 541-64 *(Rempl. à compter du 12 juillet 2011, D. n° 2011-828, 11 juill. 2011* (2) *; mod., D. n° 2016-288, 10 mars 2016).* – **Pour l'application de l'article 6 du règlement communautaire mentionné à l'article L. 541-40, la garantie financière est une garantie autonome à première demande au sens de l'article 2321 du Code civil ou une consignation entre les mains de la Caisse des dépôts et consignations.**

Cette garantie est attestée par l'établissement de crédit, l'institution mentionnée à l'article L. 518-1 du Code monétaire et financier ou l'entreprise d'assurance qui l'a délivrée ou par la déclaration de consignation quand les garanties financières résultent d'une consignation entre les mains de la Caisse des dépôts et consignations. Elle est constituée au bénéfice de l'autorité compétente désignée en application de l'article R. 541-62.

(1) Dispositions entrant en vigueur le 1er janvier 2016 dans les départements des régions suivantes : Alsace, Auvergne, Basse-Normandie, Champagne-Ardenne, Franche-Comté, Haute-Normandie, Languedoc-Roussillon, Midi-Pyrénées, Provence-Alpes-Côte d'Azur, Rhône-Alpes, Guadeloupe, Martinique, Guyane et La Réunion et de la collectivité territoriale de Corse, D. n° 2015-1396, 3 nov. 2015, art. 4.

(2) Dispositions particulières et transitoires : V. D. n° 2011-828, 11 juill. 2011, art. 29.

Un arrêté du ministre chargé de l'environnement fixe les pièces à fournir pour la consignation et la déconsignation.

En cas de transfert dont le lieu d'expédition et le lieu de la destination sont situés sur le territoire national mais transitant par un ou plusieurs États tiers, la garantie financière mentionnée aux alinéas précédents peut être constituée au bénéfice de l'autorité compétente désignée en application de l'article R. 541-62.

Art. R. 541-64-1 *(Créé à compter du 12 juillet 2011, D. n° 2011-828, 11 juill. 2011)* (1). – En cas d'importation de déchets depuis un État tiers à l'Union européenne ou à l'Association européenne de libre échange, lorsque l'autorité compétente étrangère d'expédition n'exige pas de garantie financière, le notifiant constitue au bénéfice de l'autorité compétente française une garantie financière conforme aux dispositions de l'article R. 541-64 et de l'article 6 du règlement communautaire mentionné à l'article L. 541-40.

La constitution de cette garantie financière n'est pas exigée lorsqu'une garantie de même montant est exigée par l'autorité compétente d'expédition étrangère, à condition que le notifiant apporte la preuve de la constitution de cette garantie au bénéfice de l'autorité compétente d'expédition étrangère.

Une garantie financière complémentaire doit être constituée au bénéfice de l'autorité compétente française lorsque la garantie exigée par l'autorité compétente d'expédition étrangère est d'un montant inférieur à celui exigé en application du premier alinéa. Le montant de cette garantie financière complémentaire est égal à la différence entre la garantie constituée auprès de l'autorité compétente étrangère et celle qui aurait été exigée par l'autorité compétente nationale en application du premier alinéa.

Art. R. 541-64-2 *(Créé à compter du 12 juillet 2011, D. n° 2011-828, 11 juill. 2011)* (1). – En cas d'importation de déchets dans les conditions prévues à l'article 6, paragraphe 6, du règlement communautaire mentionné à l'article L. 541-40, le notifiant constitue au bénéfice de l'autorité compétente française la nouvelle garantie prévue à cet article du règlement.

Les dispositions de l'alinéa précédent ne sont pas applicables si l'installation qui réalise l'opération intermédiaire dans les conditions prévues à l'article 6, paragraphe 6, du règlement communautaire est une installation visée à l'article L. 511-1 soumise à autorisation ou à enregistrement.

Art. R. 541-64-3 *(Créé à compter du 12 juillet 2011, D. n° 2011-828, 11 juill. 2011)* (1). – Le document attestant de la constitution de la garantie financière exigible est transmis à l'autorité compétente française bénéficiaire dans les trente jours suivant la date à laquelle cette dernière a transmis son accusé de réception du dossier de notification à la personne qui organise le transfert. Le consentement au transfert de l'autorité compétente d'expédition ne peut être délivré en l'absence de ce document.

Art. R. 541-64-4 *(Créé à compter du 12 juillet 2011, D. n° 2011-828, 11 juill. 2011)*. – Un arrêté du ministre chargé de l'environnement précise les modalités d'attestation et de calcul des garanties visées à la présente section.

Section VI. – Stockage de déchets inertes

(Abr., D. n° 2016-288, 10 mars 2016)

Art. R. 541-65 à R. 541-75 *(Abr., D. n° 2016-288, 10 mars 2016)*.

Section VII. – Dispositions pénales

(Anc. sect. 6 dénum. à compter du 12 juillet 2011, D. n° 2011-828, 11 juill. 2011)

Sous-section 1. – Abandon d'ordures, déchets, matériaux ou autres objets

Art. R. 541-76 *(Rempl., D. n° 2020-1573, 11 déc. 2020)*. – Le fait de déposer, dans des conteneurs, poubelles ou bennes adaptés aux déchets ou aux emplacements désignés à cet effet pour ce type de déchets par l'autorité administrative compétente, des ordures, déchets, matériaux ou tout autre objet de quelque nature

(1) Dispositions particulières et transitoires : V. D. n° 2011-828, 11 juill. 2011, art. 29.

qu'il soit, en vue de leur enlèvement par le service de collecte, sans respecter les conditions fixées par cette autorité, notamment en matière d'adaptation du contenant à leur enlèvement, de jours et d'horaires de collecte, ou de tri des ordures, est sanctionné dans les conditions prévues au titre III du livre VI de la partie réglementaire du Code pénal.

1) Déchets mal présentés et encombrement de la voie publique. Collecte des encombrants. Constitue un dépôt illégal de déchets puni par l'amende prévue pour les contraventions de la 2e classe le fait de ne pas respecter, lors du dépôt d'encombrants sur le trottoir, les règles de présentation à la collecte des encombrants définies par le maire au titre des dispositions de l'article R. 2224-26 du Code général des collectivités territoriales, en l'espèce des branchages déposés n'étaient pas liés et ne respectaient donc pas les formes prescrites (■ Cass. crim., 30 janv. 2007, n° 06-87.557, F-D : *Environnement* juin 2007, comm. 115, P. Billet).

2) Déchargement de déchets sur la voie publique. Est punissable le déchargement de gravats qui déborde d'un terrain privé sur l'accotement d'un chemin dépendant du domaine public communal (■ Cass. crim., 7 nov. 2006, n° 06-85.603, F-P+F : *Dr. pén.* 2007, comm. 14, M. Véron ; *Environnement* mai 2007, comm. 87, Ph. Billet).

3) Imputabilité du dépôt ou de l'abandon de déchets et absence d'infraction. Dès lors qu'aucun dépôt, abandon ou jet d'ordures ne lui étaient personnellement imputables, le directeur d'un supermarché ne peut pas être condamné pénalement sur le fondement de l'article R. 632-1 du Code pénal s'il laissait le vent emporter les déchets abandonnés par les clients du supermarché sur le parking, faute d'installation de poubelles en nombre suffisant (■ Cass. crim., 28 juin 2005, n° 05-80.185, *Francis A : Dr. pén.* oct. 2005, comm. 137, M. Véron ; *Environnement* nov. 2005, comm. 72).

4) Nuisances olfactives et absence d'infraction. Ne constitue pas l'infraction visée à l'article R. 632-1 du Code pénal le fait de créer de fortes nuisances olfactives, dès lors que celles-ci ne caractérisent pas un jet ou une exposition de choses nuisibles au-devant des édifices du prévenu et sur la voie publique (■ Cass. crim., 11 févr. 1987, n° 86-92.589).

5) Abandon de déchets et jouissance du terrain. Cassation d'un arrêt ayant condamné un prévenu pour avoir abandonné des déchets hors des emplacements autorisés dès lors qu'il rapportait la preuve qu'il avait la jouissance des parcelles sur lesquelles il stockait ces déchets, la contravention n'étant donc pas caractérisée (■ Cass. crim., 15 sept. 2015, n° 14-86.83 : *JurisData* n° 2015-020517).

Art. R. 741-76-1 *(D. n° 2020-1573, 11 déc. 2020)*. **– Le fait de déposer, d'abandonner, de jeter ou de déverser, en un lieu public ou privé, à l'exception des emplacements, conteneurs, poubelles ou bennes adaptés aux déchets désignés à cet effet pour ce type de déchets par l'autorité administrative compétente, des ordures, déchets, déjections, matériaux, liquides insalubres ou tout autre objet de quelque nature qu'il soit est sanctionné dans les conditions prévues au titre III du livre VI de la partie réglementaire du Code pénal.**

Sous-section 2. – Abandon d'épaves de véhicules ou d'ordures, déchets, matériaux et autres objets transportés dans un véhicule

Art. R. 541-77 *(Rempl., D. n° 2020-1573, 11 déc. 2020)*. **– Le fait de déposer, d'abandonner, de jeter ou de déverser, en lieu public ou privé, à l'exception des emplacements désignés à cet effet par l'autorité administrative compétente, soit une épave de véhicule, soit des ordures, déchets, déjections, matériaux, liquides insalubres ou tout autre objet de quelque nature qu'il soit, lorsque ceux-ci ont été transportés avec l'aide d'un véhicule, est sanctionné dans les conditions prévues au titre III du livre VI de la partie réglementaire du Code pénal.**

Sous-section 3. – Contrôle des circuits de traitement des déchets

Art. R. 541-78 *(Mod. à compter du 1er avril 2019, D. n° 2019-190, 14 mars 2019 ; mod., D. n° 2020-1573, 11 déc. 2020 ; D. n° 2020-1758, 29 déc. 2020 ; D. n° 2021-321, 25 mars 2021 ; D. n° 2021-838, 29 juin 2021 ; D. n° 2021-1179, 14 sept. 2021 ; mod., D. n° 2024-1221, 27 déc. 2024)*. **– Sans préjudice des peines prévues à l'article L. 541-46, est puni de l'amende prévue pour les contraventions de la 4e classe :**

1° Le fait, pour les personnes mentionnées aux articles R. 541-43 et R. 541-43-1, de ne pas respecter les obligations de tenue de registre ou de transmission d'information dans les conditions prévues à ces articles ;

2° Le fait, pour les personnes mentionnées au 1°, de refuser de mettre le registre des déchets à la disposition des agents mentionnés à l'article L. 541-44 ou aux articles R. 1411-11 et R. 1411-12 du Code de la défense ;

3° Le fait, pour les personnes qui sont soumises à l'obligation de déclaration prévue aux articles R. 541-44 et R. 544-44-1, de ne pas transmettre cette déclaration à l'administration ;

4° Le fait, pour les personnes soumises aux obligations prévues à l'article R. 541-45, de ne pas émettre, compléter ou envoyer le bordereau de suivi des déchets dans les conditions prévues à cet article ou de ne pas aviser les autorités dans les cas prévus au même article et à l'article R. 541-47 ;

5° Le fait, pour les personnes mentionnées au 4°, de refuser de mettre le bordereau de suivi des déchets à la disposition des agents mentionnés à l'article L. 541-44, l'article R. 596-1 ou aux articles R. 1411-11 et R. 1411-12 du Code de la défense ;

6° Le fait de réceptionner, dans une installation de gestion de déchets, des déchets que l'exploitant n'est pas autorisé à y recevoir ;

7° Le fait de détenir, dans une installation de gestion de déchets, des quantités de déchets supérieures aux quantités maximales autorisées ;

8° Le fait pour un producteur ou un détenteur de déchets de remettre les déchets à une personne non autorisée à les prendre en charge, en méconnaissance de l'article L. 541-2, y compris lorsqu'ils ont été mélangés à d'autres déchets ou confiés à un opérateur pour son traitement en dehors du territoire national ;

9° Le fait pour les producteurs ou détenteurs de déchets de ne pas justifier le respect de leurs obligations de tri conformément à l'article L. 541-2-1 ;

10° Le fait de mélanger des déchets qui ont été collectés séparément afin de faire l'objet d'une opération de préparation en vue de la réutilisation, de recyclage ou d'autres opérations de valorisation avec d'autres déchets ou matériaux ayant des propriétés différentes, contrairement au I de l'article L. 541-21 ;

11° Le fait pour les personnes soumises aux obligations de tri prévus aux articles L. 541-21-1 ou L. 541-21-2 de ne pas respecter ces obligations ;

12° Le fait de mélanger des biodéchets ayant fait l'objet d'un tri à la source, contrairement au I de l'article L. 541-21-1, avec d'autres type de déchets, à l'exception des cas prévus à l'article L. 541-38 ;

13° Le fait pour les personnes soumises aux obligations prévues par l'article D. 543-226-2 de ne pas délivrer l'attestation prévue par ce même article ;

14° Le fait pour une personne physique de méconnaître l'interdiction prévue par l'article L. 541-21-1 en éliminant des biodéchets par brûlage à l'air libre ou au moyen d'équipements ou matériels extérieurs sans disposer de la dérogation prévue à l'article D. 543-227-1 ou sans respecter les conditions dont elle est assortie ;

15° *(Abr.)* ;

16° Le fait de mettre à disposition ou vendre un équipement ou matériel extérieur destiné à l'élimination des biodéchets par brûlage ;

17° Le fait pour une personne exerçant une activité de collecte ou de transport de déchets de ne pas déposer la déclaration prévue par les dispositions de l'article R. 541-50 ;

18° Le fait pour les personnes soumises aux obligations prévues par l'article D. 543-284 de ne pas délivrer l'attestation prévue par ce même article ;

19° 19° Le fait de réaliser une sortie du statut de déchet ou de se prévaloir du premier alinéa du I *ter* de l'article L. 541-4-3 sans respecter les critères ou les conditions prévus sur le fondement de cet article ou par des actes d'exécution pris en application du paragraphe 2 de l'article 6 de la directive 2008/98/CE du Parlement européen et du Conseil du 19 novembre 2008 relative aux déchets et abrogeant certaines directives ;

20° 20° e fait pour l'exploitant d'un établissement recevant du public, au sens de l'article L. 123-1 du Code de la construction et de l'habitation, de ne pas organiser la collecte séparée des déchets du public reçu dans son établissement ainsi que des déchets générés par son personnel dans les conditions prévues par les dispositions des articles L. 541-21-2-2 et R. 541-61-2 ;

21° *(Annulé « sauf en ce [qu'il s'applique] aux producteurs ou détenteurs de déchets ayant régulièrement informé, avant le 12 février 2022, l'exploitant d'une installation de stockage de déchets non dangereux et non inertes de la nature et de la quantité de déchets à réceptionner en application des dispositions de l'article L. 541-30-2 du Code de l'environnement », CE, 28 mars 2024, n° 456187, Féd. Nat. des activités de dépollution ; abr., D. n° 2024-1221, 27 déc. 2024)* ;

22° *(Annulé « sauf en ce [qu'il s'applique] aux producteurs ou détenteurs de déchets ayant régulièrement informé, avant le 12 février 2022, l'exploitant d'une installation de stockage de déchets non dangereux et non inertes de la nature et de la quantité de déchets à réceptionner en application des dispositions de l'article L. 541-30-2 du Code de l'environnement », CE, 28 mars 2024, n° 456187, Féd. Nat. des activités de dépollution - abr., D. n° 2024-1221, 27 déc. 2024)* ;

23° Le fait, pour un producteur ou un détenteur de boues d'épuration ou de digestats de boues d'épuration, de ne pas respecter les pourcentages prévus aux deux premiers alinéas de l'article R. 543-313 et calculés selon les modalités prévues au dernier alinéa de cet article.

Sous-section 4. – Transport, opérations de courtage et de négoce

Art. R. 541-79. – Est puni de l'amende prévue pour les contraventions de la 4e classe le fait de réaliser un transport par route de déchets sans détenir à bord du véhicule une copie du récépissé mentionné au II de l'article R. 541-51.

Sous-section 5. – Stockage de déchets inertes

Art. R. 541-80 à R. 541-82 *(Abr. à compter du 1er janvier 2015, D. n° 2014-1501, 12 déc. 2014).*

Sous-section 6. – Transferts transfrontaliers de déchets

(D. n° 2010-577, 31 mai 2010)

Voir : A. 13 juill. 2011 relatif aux modalités de constitution des garanties financières en matière de transferts transfrontaliers de déchets. Circ. 3 juill. 2013 relative aux transferts transfrontaliers de déchets.

A. 23 juill. 2015 portant création d'un traitement de données à caractère personnel dénommé « GISTRID » relatif aux transferts transfrontaliers de déchets (NOR : DEVP1517965A ; *JO* 1er août).

Art. R. 541-83 *(D. n° 2010-577, 31 mai 2010).* – Est puni de l'amende prévue pour les contraventions de la 4e classe le fait de procéder ou faire procéder à un transfert transfrontalier de déchets sans l'accompagner du document d'information prévu par l'annexe VII du règlement (CE) 1013/2006 du Parlement européen et du Conseil du 14 juin 2006 concernant les transferts de déchets ou lorsque ce document ou le document de mouvement prévu par l'annexe IB de ce règlement est renseigné de façon incomplète ou inexacte.

Art. R. 541-84 *(D. n° 2010-577, 31 mai 2010).* – Est puni de l'amende prévue pour les contraventions de la 5e classe le fait :

1° De procéder ou faire procéder à un transfert transfrontalier de déchets sans l'accompagner d'une copie du contrat conclu entre la personne organisant le transfert et le destinataire en application de l'article 18 du règlement (CE) 1013/2006 du Parlement européen et du Conseil du 14 juin 2006 concernant les transferts de déchets ;

2° Après l'obtention des autorisations prévues à l'article 9 du règlement précité et en l'absence de circonstances imprévues mentionnées au 2 de l'article 13 dudit règlement, de procéder à des modifications essentielles du transfert transfrontalier de déchets tenant à l'itinéraire, à l'acheminement ou au transporteur, sans en avoir informé les autorités compétentes conformément à l'article 17 du règlement précité ;

3° De ne pas indiquer dans la notification prévue à l'article 4 du règlement précité les opérations ultérieures non intermédiaires et la destination des déchets dans un autre État que l'État de destination en application du 6 de l'article 4 du règlement précité.

Voir : Règlement 837/2010 de la Commission, 23 sept. 2010, modifiant le règlement 1418/2007 concernant l'exportation de certains déchets destinés à être valorisés vers certains pays n'appartenant pas à l'OCDE, *JOUE* L 250, 24 sept. 2010.

Art. R. 541-85 *(D. n° 2010-577, 31 mai 2010).* – La récidive des infractions définies à l'article R. 541-84 est réprimée conformément aux articles 132-11 et 132-15 du Code pénal.

Sous-section 7. – Habilitation et assermentation des agents des collectivités territoriales

(D. n° 2020-1575, 11 déc. 2020)

Art. R. 541-85-1 *(D. n° 2020-1575, 11 déc. 2020 ; mod., D. n° 2022-975, 1er juill. 2022).* – L'habilitation des agents des collectivités territoriales ou de leurs groupements pour constater les infractions prévues aux articles R. 632-1, R. 634-2 et R. 635-8 du Code pénal est délivrée par l'autorité de nomination.

Cette autorité vérifie que l'agent a suivi une formation, notamment de droit pénal et de procédure pénale, et dispose des compétences techniques et juridiques nécessaires.

La décision d'habilitation précise l'objet de l'habilitation.

Lorsque l'agent ne remplit plus les conditions prévues au deuxième alinéa ou que son comportement se révèle incompatible avec le bon exercice de ses missions, l'habilitation peut être suspendue ou retirée. Le procureur de la République du tribunal judiciaire de la résidence administrative de l'agent est informé de la décision de suspension ou de retrait.

Art. R. 541-85-2 *(D. n° 2020-1575, 11 déc. 2020)*. – **Les agents désignés conformément aux dispositions de l'article R. 541-85-1 prêtent serment devant le tribunal judiciaire de leur résidence administrative, au siège de ce tribunal ou, le cas échéant, de l'une de ses chambres de proximité. Un procès-verbal en est dressé et une copie remise à l'intéressé.**

La formule du serment est la suivante :

« Je jure et promets de bien et loyalement remplir mes fonctions et d'observer en tout les devoirs qu'elles m'imposent. Je jure également de ne rien révéler ou utiliser de ce qui sera porté à ma connaissance à l'occasion de l'exercice de mes fonctions. »

Art. R. 541-85-3 *(D. n° 2020-1575, 11 déc. 2020)*. – **L'autorité chargée de l'habilitation délivre à l'agent une carte d'habilitation qui comporte la photo de son titulaire, mentionne ses nom et prénom ainsi que ses attributions. Elle atteste de son assermentation. L'agent est muni de sa carte d'habilitation lorsqu'il exerce les missions définies à l'article R. 541-85-1.**

Section VIII. – Agrément des éco-organismes, approbation des systèmes individuels, contrôles périodiques et sanctions administratives

(Rempl. à compter du 1er janvier 2021, sous réserve des dispositions des III à VII de l'article 4 du décret n° 2020-1455 du 27 novembre 2020, D. n° 2020-1455, 27 nov. 2020) (1)

Sous-section 1. – Dispositions relatives aux éco-organismes

§ 1. – Agrément des éco-organismes

Art. R. 541-86 *(Rempl. à compter du 1er janvier 2021, D. n° 2020-1455, 27 nov. 2020)* (2). – **Tout éco-organisme qui sollicite un agrément en application du II de l'article L. 541-10 adresse à l'autorité administrative un dossier de demande qui comprend notamment :**

1° Une description des mesures prévues pour répondre aux objectifs et exigences du cahier des charges et respecter les dispositions de la section 2 du chapitre Ier du titre IV du livre V du Code de l'environnement et des textes réglementaires pris pour leur application, en particulier :

a) **Les contributions financières projetées en application de l'article L. 541-10-2 et leurs perspectives d'évolution pendant la durée de l'agrément ;**

b) **Les principes des procédures de passation des marchés de prévention et de gestion des déchets prévues à l'article L. 541-10-6 ;**

c) **Les éléments justifiant la mise en place du dispositif financier prévu à l'article L. 541-10-7, en cas de défaillance de l'éco-organisme, lorsque celui-ci lui est applicable ;**

d) **Les projets de contrats types prévus aux articles R. 541-102, R. 541-104, R. 541-105 et R. 541-119 ;**

(1) Antérieurement à son remplacement par le décret n° 2020-1455 du 27 novembre 2020, la présente section (intitulée ; « Agrément des éco-organismes, approbation des systèmes individuels, contrôles périodiques et sanctions administratives ») était divisée en deux sous-sections (intitulées : « Agrément des éco-organismes et approbation des systèmes individuels » et « Contrôles périodiques et sanctions administratives ») comprenant respectivement les articles R. 541-86 et R. 541-87 et R. 541-88 à R. 541-94. – NDLR.

(2) Les éco-organismes et les systèmes individuels mentionnés dans la première phrase du quatrième alinéa de l'article 130 de la loi n° 2020-105 du 10 février 2020 restent régis, s'agissant de leurs modalités d'exercice, par le III de l'article R. 541-86 et les articles R. 541-87 à R. 541-94 du présent code, dans leur rédaction en vigueur le 29 novembre 2020, jusqu'à l'échéance de leur agrément ou approbation et au plus tard le 1er janvier 2023, D. n° 2020-1455, 27 nov. 2020.

2° Une estimation des effets qualitatifs et des performances quantitatives attendus de ces mesures pour atteindre chacun des objectifs fixés par le cahier des charges, accompagnée d'une explication des hypothèses sous-jacentes à ces estimations et d'une justification du caractère suffisant de ces mesures ;

3° Une évaluation des mesures qui pourraient être mises en œuvre pour atteindre, le cas échéant, des performances supérieures à chacun de ces objectifs accompagnée d'une estimation des coûts induits ;

4° Une description des capacités techniques et des moyens financiers et organisationnels de l'organisme à la date de la demande et une projection de leur évolution prévisible durant la période d'agrément, accompagnée d'une explication des hypothèses sous-jacentes à ces projections et une justification de l'adéquation de ces éléments avec les mesures décrites en application du 1° ;

5° Une description de la gouvernance, comprenant la liste des producteurs qui participent à la mise en place collective de l'éco-organisme à la date de la demande, ses statuts, et notamment, lorsque la forme adoptée par l'éco-organisme est celle d'une société par actions, la liste de ses actionnaires et la composition du conseil d'administration ainsi que leurs pouvoirs respectifs, ainsi que la liste des producteurs qui projettent de lui transférer leur obligation de responsabilité élargie à la date de la demande ;

6° Une estimation des quantités de déchets issus des produits pour lesquels l'éco-organisme sollicite un agrément et un document exposant :

a) Sa stratégie de développement des filières de réemploi et de valorisation des déchets ;

b) Les mesures prévues pour évaluer périodiquement la performance de gestion des déchets et adopter une démarche de progrès continu tenant compte de la hiérarchie des modes de traitement des déchets et du principe de proximité mentionnés au II de l'article L. 541-1.

Le demandeur indique dans son dossier de demande les informations qu'il contient dont la communication serait susceptible de porter atteinte à des secrets protégés par la loi.

Le demandeur peut apporter des compléments à son dossier de sa propre initiative, avant la fin de la procédure d'instruction. Lorsque ces compléments ne modifient pas substantiellement le contenu du dossier, le délai prévu à l'article R. 541-87 n'est pas prorogé.

Rédaction antérieure. Art. R. 541-86 *(D. n° 2016-1890, 27 déc. 2016 ; mod., D. n° 2017-1607, 27 nov. 2017).* – I. – Tout éco-organisme qui sollicite un agrément ou tout producteur, importateur ou distributeur qui sollicite l'approbation d'un système individuel en application du II de l'article L. 541-10 adresse sa demande aux ministres compétents.

Son dossier de demande comprend notamment :

1° Une description des mesures mises en œuvre ou prévues pour répondre aux exigences du cahier des charges fixé en application du II de l'article L. 541-10, une estimation des effets qualitatifs et des performances quantitatives attendus de ces mesures, accompagnée d'une explication des hypothèses sous-jacentes à ces estimations, et une justification du caractère suffisant de ces mesures ;

2° Une description des capacités techniques et financières de l'organisme à la date de la demande et une projection des capacités dont il disposerait durant la période d'agrément, accompagnée d'une explication des hypothèses sous-jacentes à ces projections, et une justification de l'adéquation de ces capacités techniques et financières avec les exigences du cahier des charges ;

3° Un engagement de contrôle annuel par un commissaire aux comptes du respect du but non lucratif imposé par le 3° du II de l'article L. 541-10.

Le dossier de demande d'agrément d'un éco-organisme comprend également une description de la gouvernance retenue en vue d'assurer les missions qui lui sont confiées par le cahier des charges et de la manière dont cette gouvernance permet de répondre aux exigences du II de l'article L. 541-10, notamment celle de la non-lucrativité de ces missions.

Le demandeur indique dans son dossier de demande les informations de ce dossier dont la communication porterait atteinte au secret *(Mots rempl., D. n° 2018-1126, 11 déc. 2018)* « des affaires » protégé par l'article L. 311-6 du Code des relations entre le public et l'administration.

Les ministres compétents statuent sur la demande d'agrément ou d'approbation dans un délai de six mois.

II. – Les éco-organismes sont agréés et les systèmes individuels sont approuvés par les ministres compétents pour une durée maximale de six ans renouvelables si les demandeurs établissent qu'ils disposent des capacités techniques et financières pour répondre aux exigences d'un cahier des charges, fixé par arrêté interministériel, et après avis de l'instance représentative des parties prenantes de la filière.

La décision de refus d'agrément ou d'approbation est motivée.

Lorsqu'un éco-organisme est détenteur de plusieurs agréments, les exigences mentionnées au premier alinéa s'apprécient dans le champ d'intervention spécifique à chaque agrément.

III. – L'éco-organisme agréé informe les ministres compétents pour délivrer l'agrément de tout projet de modification de sa gouvernance susceptible d'affecter la façon dont celle-ci permet de répondre aux exigences du II de l'article L. 541-10 et de tout projet modifiant notablement les capacités techniques et financières qui ont conduit à son agrément.

Art. R. 541-87 *(Rempl. à compter du 1er janvier 2021, sous réserve des dispositions du IV de l'article 4 du décret n° 2020-1455 du 27 novembre 2020, D. n° 2020-1455, 27 nov. 2020 ; mod., D. n° 2024-1221,*

27 déc. 2024). – **Les ministres chargés de l'environnement et de l'économie se prononcent sur la demande d'agrément dans un délai de six mois à compter de la date de dépôt du dossier complet, sous réserve que les dispositions propres à certaines filières fixent un délai différent. Au terme de ce délai, la demande est réputée acceptée en l'absence de réponse de leur part.**

Ces ministres peuvent fixer une durée d'agrément plus brève que celle qui est sollicitée par le demandeur, sans qu'elle puisse être inférieure à un an, en motivant leur décision au regard des éléments présentés dans le dossier de demande d'agrément et de la maturité de la filière. Dans ce cas, le demandeur met à jour les éléments de son dossier de demande mentionnés au 2° et au 4° de l'article R. 541-86 qui le nécessitent et au plus tard dans un délai de trois mois à compter de la date de son agrément.

La décision de refus d'agrément est motivée.

> **Rédaction antérieure.** Art. R. 541-87 *(D. n° 2016-1890, 27 déc. 2016).* – En cas d'arrêt de l'activité soumise à agrément, quelle qu'en soit la cause, et notamment en cas de retrait ou de non-renouvellement de cet agrément, l'éco-organisme utilise les provisions constituées pour charges futures pour l'exécution des obligations contractées vis-à-vis des tiers dans le cadre de cette activité. Il prévoit, dans le cadre des contrats qu'il passe avec les producteurs, importateurs et distributeurs par lesquels ceux-ci lui transfèrent l'obligation mentionnée au II de l'article L. 541-10, le traitement dans un but non lucratif de l'éventuel reliquat, après ces opérations, des provisions constituées pour charges futures.

Art. R. 541-88 *(Rempl. à compter du 1er janvier 2021, sous réserve des dispositions du IV de l'article 4 du décret n° 2020-1455 du 27 novembre 2020, D. n° 2020-1455, 27 nov. 2020).* – **Toute demande de renouvellement d'agrément est adressée à l'autorité administrative au moins six mois avant son échéance. Cette demande est instruite dans les conditions fixées aux articles R. 541-86 et R. 541-87.**

L'arrêté qui fixe le cahier des charges peut prévoir un délai plus court que celui indiqué au précédent alinéa.

> **Rédaction antérieure.** Art. R. 541-88 *(Anc. art. R. 541-86 créé à compter du 1er octobre 2014, D. n° 2014-759, 2 juill. 2014 ; mod., D. n° 2016-288, 10 mars 2016 ; devenu le présent article, D. n° 2016-1890, 27 déc. 2016).* – La réalisation des contrôles périodiques prévus au IV de l'article L. 541-10, auxquels sont soumis les producteurs, importateurs ou distributeurs qui ont mis en place un système individuel approuvé de collecte et de traitement des déchets issus de leurs produits et les éco-organismes agréés est effectuée sans préjudice des missions de veille sur le maintien des capacités financières des éco-organismes agréés confiées pendant toute la durée de l'agrément au censeur d'État prévu au II de l'article L. 541-10.

Art. R. 541-89 *(Rempl. à compter du 1er janvier 2021, sous réserve des dispositions du IV de l'article 4 du décret n° 2020-1455 du 27 novembre 2020, D. n° 2020-1455, 27 nov. 2020).* – **L'éco-organisme agréé informe l'autorité administrative de tout projet susceptible de modifier notablement les éléments décrits dans son dossier de demande d'agrément, en particulier ceux qui concernent la gouvernance, les capacités techniques, les moyens financiers ou organisationnels et les mesures mentionnées au 1° de l'article R. 541-86.**

> **Rédaction antérieure.** Art. R. 541-89 *(Anc. art. R. 541-87 créé à compter du 1er octobre 2014, D. n° 2014-759, 2 juill. 2014 ; devenu le présent article et mod., D. n° 2016-1890, 27 déc. 2016).* – Les contrôles périodiques prévus à l'article R. 541-88 sont réalisés au cours de l'avant-dernière année de validité de l'agrément délivré à l'éco-organisme ou de l'approbation d'un système individuel. Lorsque la durée de l'agrément ou de l'approbation est supérieure à quatre ans, un contrôle est également réalisé au cours de la deuxième année de sa validité.

§ 2. – Comité des parties prenantes

Art. R. 541-90 *(Implicitement abr. à compter du 1er janvier 2021, sous réserve des dispositions du IV de l'article 4 du décret n° 2020-1455 du 27 novembre 2020, D. n° 2020-1455, 27 nov. 2020).*

> **Rédaction antérieure.** Art. R. 541-90 *(Anc. art. R. 541-88 créé à compter du 1er octobre 2014, D. n° 2014-759, 2 juill. 2014 ; devenu le présent article, D. n° 2016-1890, 27 déc. 2016).* – Les organismes habilités à réaliser ces contrôles sont accrédités à cet effet en tant que tierce partie indépendante par le Comité français d'accréditation (COFRAC) ou par tout autre organisme d'accréditation signataire de l'accord de reconnaissance multilatéral établi dans le cadre de la coordination européenne des organismes d'accréditation (« *European Cooperation for Accreditation* », ou « EA »).

Art. D. 541-90 *(Créé à compter du 1er janvier 2021, D. n° 2020-1455, 27 nov. 2020).* – **Le comité des parties prenantes prévu au I de l'article L. 541-10 est composé de quatre collèges, comprenant un nombre égal de membres et au moins deux membres chacun. Ces collèges sont composés respectivement :**

1° De représentants des producteurs des catégories de produits pour lesquels l'éco-organisme est agréé. Lorsque ce collège compte deux membres, l'éco-organisme désigne au moins un représentant des producteurs indépendant

des membres de l'instance de gouvernance. Lorsque le collège compte plus de deux membres, il désigne une majorité de représentants des producteurs indépendants des membres de l'instance de gouvernance. Cette exigence peut toutefois être écartée si elle se heurte à une impossibilité pratique tenant aux caractéristiques du secteur économique concerné ;

2° De représentants d'opérateurs de la prévention et de la gestion des déchets issus des produits relevant de son agrément, dont au moins un représentant de l'économie sociale et solidaire lorsque des opérations de gestion des déchets assurées ou soutenues par l'éco-organisme sont réalisées par ce secteur économique ;

3° De représentants des collectivités territoriales ou de leurs groupements compétents en matière de planification ou de gestion des déchets ;

4° De représentants des associations de protection de l'environnement agréées en application de l'article L. 141-1 du Code de l'environnement et des associations de défense des consommateurs agréées en application de l'article L. 811-1 du Code de la consommation.

Lorsque l'éco-organisme est agréé pour plusieurs des filières à responsabilité élargie des producteurs énumérées à l'article L. 541-10-1, il met en place un comité des parties prenantes pour chacune de ces filières.

Lorsqu'une obligation de reprise des produits usagés s'applique aux distributeurs, un représentant des distributeurs de ces produits au moins est invité à participer au comité des parties prenantes. Ce ou ces représentants ne prennent pas part aux votes.

Art. R. 541-91 *(Implicitement abr. à compter du 1er janvier 2021, sous réserve des dispositions du IV de l'article 4 du décret n° 2020-1455 du 27 novembre 2020, D. n° 2020-1455, 27 nov. 2020).*

Rédaction antérieure. Art. R. 541-91 *(Anc. art. R. 541-89 créé à compter du 1er octobre 2014, D. n° 2014-759, 2 juill. 2014 ; mod., D. n° 2016-288, 10 mars 2016 ; devenu le présent article et mod., D. n° 2016-1890, 27 déc. 2016).* – Les contrôles prévus à l'article R. 541-88 portent sur le respect de toutes les clauses du cahier des charges d'agrément ou d'approbation, en particulier sur celles relatives :

– aux objectifs et obligations concernant la collecte et le traitement des déchets, l'information et la communication, la prévention de la production de déchets, les études, la recherche et le développement ;

– aux obligations comptables et financières ;

– aux relations avec les différents acteurs de la filière ;

– au suivi, à l'observation et au contrôle de la filière.

Le contenu détaillé des contrôles est précisé pour chaque filière dans le cahier des charges d'agrément ou d'approbation. S'agissant des agréments ou des approbations intervenus avant l'entrée en vigueur du décret n° 2014-759 du 2 juillet 2014 relatif aux contrôles périodiques et aux sanctions prévus à l'article L. 541-10 du Code de l'environnement, la liste des clauses à contrôler est arrêtée par les ministres signataires de l'arrêté portant cahier des charges.

Art. D. 541-91 *(Créé à compter du 1er janvier 2021, D. n° 2020-1455, 27 nov. 2020).* – L'éco-organisme nomme les membres du comité sur la proposition des organisations qu'il aura préalablement désignées.

Le mandat est de trois ans ou de la durée de l'agrément lorsque celle-ci est plus courte. Le mandat est renouvelable.

L'éco-organisme assure le secrétariat du comité sans prendre part aux votes. Il peut désigner parmi ses membres un président qui est chargé de conduire les débats.

Les fonctions des membres du comité sont exercées à titre gratuit. L'éco-organisme prend en charge les frais qui sont nécessaires à leur participation au comité.

Lors de sa première réunion, le comité adopte son règlement intérieur. Celui-ci précise notamment les modalités de convocation des membres du comité, d'établissement de l'ordre du jour, de consultation à distance, de prévention des risques de conflit d'intérêt et de participation de personnes qualifiées ainsi que les règles de quorum et de majorité.

Art. R. 541-92 *(Implicitement abr. à compter du 1er janvier 2021, sous réserve des dispositions du IV de l'article 4 du décret n° 2020-1455 du 27 novembre 2020, D. n° 2020-1455, 27 nov. 2020).*

Rédaction antérieure. Art. R. 541-92 *(Anc. art. R. 541-90 créé à compter du 1er octobre 2014, D. n° 2014-759, 2 juill. 2014 ; devenu le présent article, D. n° 2016-1890, 27 déc. 2016).* – L'éco-organisme ou le titulaire d'une approbation d'un système individuel fournit à l'organisme réalisant un contrôle tout document ou toute information nécessaire à ce contrôle.

Art. D. 541-92 *(Créé à compter du 1er janvier 2021, D. n° 2020-1455, 27 nov. 2020).* **– L'éco-organisme saisit le comité pour avis sur les projets suivants :**

1° La proposition d'information précisant les modalités de tri ou d'apport du déchet issu du produit qui est mentionnée au deuxième alinéa de l'article L. 541-9-3 ;

2° Les propositions d'engagements pris en application du II de l'article L. 541-9-6 ;

3° Les décisions de l'éco-organisme relatives au montant de la contribution financière et au barème national mentionnés à l'article L. 541-10-2, ainsi que les propositions relatives aux modulations des contributions financières mentionnées à l'article L. 541-10-3 ;

4° Les décisions d'affectation des ressources financières et les modalités d'attribution des financements aux fonds mentionnés aux articles L. 541-10-4 et L. 541-10-5 lorsque ces dispositions lui sont applicables, ainsi que les principes des procédures de passation des marchés de prévention et de gestion des déchets prévus au I et au II de l'article L. 541-10-6 et, le cas échéant, les dérogations prévues à l'article R. 541-117 ;

5° Le projet de plan de prévention et d'écoconception commun prévu à l'article L. 541-10-12 ;

6° La révision du document de stratégie mentionné au 6° de l'article R. 541-86 et les projets de modifications notables des éléments décrits dans le dossier de demande d'agrément mentionnés à l'article R. 541-89 ;

7° Les projets d'actions de communication ;

8° Le projet de plan prévu au VII de l'article L. 541-10 et à l'article R. 541-130.

Art. R. 541-93 ***(Implicitement abr. à compter du 1er janvier 2021, sous réserve des dispositions du IV de l'article 4 du décret n° 2020-1455 du 27 novembre 2020, D. n° 2020-1455, 27 nov. 2020).***

> **Rédaction antérieure.** Art. R. 541-93 *(Anc. art. R. 541-91 créé à compter du 1er octobre 2014, D. n° 2014-759, 2 juill. 2014 ; devenu le présent article, D. n° 2016-1890, 27 déc. 2016).* – Le compte rendu rédigé à l'issue de chaque contrôle périodique est transmis concomitamment par l'organisme indépendant à l'éco-organisme agréé ou au titulaire de l'approbation du système individuel et au ministre chargé de l'environnement. Ce compte rendu ou, le cas échéant, une version dont ont été retirées les informations détenues de façon confidentielle par l'éco-organisme ou par le titulaire de l'approbation du système individuel dans le cadre de son activité est transmis par le ministre chargé de l'environnement à la commission consultative d'agrément de la filière.
>
> Lorsque le contrôle périodique porte sur un éco-organisme agréé, ce dernier transmet en outre ce compte rendu au censeur d'État désigné auprès de lui, qui peut, s'il l'estime utile, faire connaître au ministre chargé de l'environnement ses observations sur la partie du compte rendu relative aux obligations financières de l'éco-organisme, dans le délai d'un mois après la date de réception du compte rendu.

Art. D. 541-93 *(Créé à compter du 1er janvier 2021, D. n° 2020-1455, 27 nov. 2020).* **– L'éco-organisme informe le comité :**

1° Du suivi et de la mise en œuvre de l'agrément ainsi que du rapport annuel d'activité de l'éco-organisme ;

2° De la synthèse des plans individuels et communs de prévention et d'écoconception prévue à l'article R. 541-101 ;

3° Des conclusions de l'autocontrôle prévu à l'article R. 541-127 et, le cas échéant, du plan d'actions correctives prévu à l'article R. 541-129 ;

4° Des programmes de recherche et développement mentionnés à l'article R. 541-118.

Art. R. 541-94 ***(Implicitement abr. à compter du 1er janvier 2021, sous réserve des dispositions du IV de l'article 4 du décret n° 2020-1455 du 27 novembre 2020, D. n° 2020-1455, 27 nov. 2020).***

> **Rédaction antérieure.** Art. R. 541-94 *(Anc. art. R. 541-92 créé à compter du 1er octobre 2014, D. n° 2014-759, 2 juill. 2014 ; devenu le présent article, D. n° 2016-1890, 27 déc. 2016).* – Les procédures et sanctions prévues au V et au VI de l'article L. 541-10 peuvent être déclenchées et infligées en cas d'inobservation par le titulaire d'une approbation d'un système individuel ou par un éco-organisme agréé d'une clause du cahier des charges relevant des catégories suivantes :
>
> – clauses relatives aux objectifs et obligations concernant la collecte et le traitement des déchets (réutilisation, recyclage et autres formes de valorisation), l'information et la communication, la prévention de la production de déchets, les études, la recherche et le développement ;
>
> – clauses comptables et financières relatives au caractère non lucratif de l'activité, à l'équilibre économique du système et aux règles de bonne gestion financière ;
>
> – clauses relatives aux obligations concernant les relations du titulaire avec les différents acteurs de la filière, soit, selon les filières, les producteurs, importateurs et distributeurs, les collectivités territoriales, les acteurs de l'économie sociale et solidaire, les associations de consommateurs et de protection de l'environnement, l'organisme coordonnateur de la filière, les autres titulaires d'un agrément ou d'une approbation, les personnes ayant mis en place des systèmes individuels, les prestataires de collecte et de traitement des déchets ;

– clauses relatives au suivi, à l'observation, et au contrôle de la filière concernant les informations à transmettre aux ministres signataires, à l'Agence de l'environnement et de la maîtrise de l'énergie et aux instances représentatives des parties prenantes de la filière, en particulier, lorsque celle-ci a été installée, la commission consultative d'agrément.

Art. D. 541-94 *(Créé à compter du 1er janvier 2021, D. n° 2020-1455, 27 nov. 2020)*. – Le cahier des charges peut prévoir d'autres cas d'information du comité ou de saisine pour avis sur des projets susceptibles d'avoir une incidence notable sur l'activité de l'éco-organisme.

Art. D. 541-95 *(Créé à compter du 1er janvier 2021, D. n° 2020-1455, 27 nov. 2020)*. – Lorsque le comité émet un avis défavorable à la suite d'une première saisine sur un des projets mentionnés à l'article D. 541-92, l'éco-organisme lui transmet, dans un délai n'excédant pas un mois, un projet modifié ou des informations complémentaires et saisit le comité pour un second avis. L'éco-organisme n'est pas lié par les avis du comité.

Art. D. 541-96 *(Créé à compter du 1er janvier 2021, D. n° 2020-1455, 27 nov. 2020)*. – Les avis du comité sont rendus publics par l'éco-organisme sur son site internet en retirant, le cas échéant, les informations susceptibles de porter atteinte à un secret protégé par la loi. Toutefois, lorsqu'une seconde délibération est intervenue conformément aux dispositions de l'article D. 541-95, l'éco-organisme peut décider de ne pas rendre publique la première délibération.

Sauf urgence dûment motivée, les projets mentionnés à l'article D. 541-92 ne peuvent être exécutés ou transmis à l'autorité administrative qu'après la publication de l'avis du comité dans les conditions prévues au précédent alinéa et, le cas échéant, après la publication du second avis du comité lorsque celui-ci est requis conformément à l'article D. 541-95. En cas d'urgence, l'avis peut être rendu public postérieurement.

Art. D. 541-97 *(Créé à compter du 1er janvier 2021, D. n° 2020-1455, 27 nov. 2020)*. – Tout éco-organisme met en place son comité au plus tard deux mois à compter de la date de son premier agrément. Il le réunit au moins une fois par an pour présenter le bilan de son activité et ses orientations stratégiques pour la période à venir.

Art. D. 541-98 *(Créé à compter du 1er janvier 2021, D. n° 2020-1455, 27 nov. 2020)*. – Le comité des parties prenantes désigne un représentant chargé de présenter un bilan annuel de son activité à la commission inter-filières.

§ 3. – Dispositions relatives à la prévention des déchets et à l'écoconception des produits

Art. R. 541-99 *(Créé à compter du 1er janvier 2021, sous réserve des dispositions du IV de l'article 4 du décret n° 2020-1455 du 27 novembre 2020, D. n° 2020-1455, 27 nov. 2020)*. – Pour l'application de l'article L. 541-10-3 relatif aux modulations des contributions financières versées par les producteurs, dans un délai de six mois à compter de la date de son agrément, l'éco-organisme détermine les critères de performance environnementale pertinents pour les produits ou groupes de produits relevant de son agrément et dont l'usage est similaire. Pour chacun de ces critères, il estime les performances pouvant être atteintes au regard des meilleures techniques disponibles et les différentiels de coûts correspondants. Il élabore une proposition de programme pluriannuel d'évolution des primes et pénalités fondée sur cette estimation ou sur d'autres critères de référence qu'il propose.

Chaque éco-organise transmet les éléments mentionnés au précédent alinéa pour accord au ministre chargé de l'environnement, après consultation de son comité des parties prenantes. L'accord est réputé acquis en l'absence d'opposition dans un délai de deux mois suivant la réception de la proposition.

L'éco-organisme peut réviser ces modulations dans les conditions fixées à l'alinéa précédent.

Lorsque les modulations sont fixées par l'arrêté prévu au troisième alinéa de l'article L. 541-10-3, leurs critères et amplitudes s'appliquent à l'identique à chacun des éco-organismes agréés pour une même catégorie de produits.

Art. R. 541-100 *(Créé à compter du 1er janvier 2021, sous réserve des dispositions du IV de l'article 4 du décret n° 2020-1455 du 27 novembre 2020, D. n° 2020-1455, 27 nov. 2020)*. – Pour l'application de la quatrième phrase du troisième alinéa de l'article L. 541-10-3, l'éco-organisme réalise une évaluation de l'impact des critères et montants des modulations et de leur adéquation au regard des objectifs atteints, au plus tard trois ans à compter de la date de son agrément. L'éco-organisme propose, si besoin est, une révision des critères de performance environnementale au regard de l'évolution des meilleures techniques disponibles et une révision du programme pluriannuel d'évolution des primes et pénalités. Ces modulations sont adoptées dans les conditions fixées à l'article R. 541-99.

Art. R. 541-101 *(Créé à compter du 1er janvier 2021, D. n° 2020-1455, 27 nov. 2020).* – L'éco-organisme publie au moins tous les trois ans une synthèse actualisée des plans individuels et communs de prévention et d'écoconception qui lui sont transmis en application de l'article L. 541-10-12.

Art. R. 541-102 *(Créé à compter du 1er janvier 2021, D. n° 2020-1455, 27 nov. 2020).* – Lorsque le cahier des charges prévoit que l'éco-organisme contribue à la prise en charge des coûts afférents à des actions de prévention des déchets issus des produits relevant de son agrément, l'éco-organisme établit un contrat type qui prévoit notamment le montant et les modalités de son soutien financier.

Le cahier des charges peut préciser les modalités d'application du présent article et les clauses minimales du contrat type.

§ 4. – Dispositions relatives à la gestion des déchets

Art. R. 541-103 *(Créé à compter du 1er janvier 2021, D. n° 2020-1455, 27 nov. 2020).* – Tout éco-organisme qui pourvoit à la collecte des déchets issus des produits relevant de son agrément est tenu de mettre à disposition de leurs détenteurs un nombre de points de collecte suffisant pour assurer une gestion efficace des déchets sur l'ensemble du territoire national.

La collecte des déchets dont la gestion est la plus rentable ne peut s'effectuer au détriment des autres catégories de déchets.

Art. R. 541-104 *(Créé à compter du 1er janvier 2021, D. n° 2020-1455, 27 nov. 2020).* – Lorsque le cahier des charges dispose que l'éco-organisme contribue à la prise en charge des coûts des opérations de gestion des déchets issus des produits relevant de son agrément auprès des collectivités qui ont supporté les coûts de gestion de ces déchets, l'éco-organisme établit un contrat type qui prévoit :

1° Les modalités de la collecte et du traitement des déchets ;

2° Le montant et les modalités de versement des soutiens financiers.

Le cahier des charges peut prévoir que les dispositions du présent article s'appliquent également lorsque l'éco-organisme contribue financièrement à la prise en charge des coûts de gestion des déchets auprès d'autres personnes.

Art. R. 541-105 *(Créé à compter du 1er janvier 2021, D. n° 2020-1455, 27 nov. 2020).* – Pour l'application du VI de l'article L. 541-10 et du III de l'article L. 541-10-8, ou lorsque le cahier des charges le prévoit, tout éco-organisme établit un contrat type qui précise les modalités de la reprise sans frais des déchets dont il n'est pas détenteur auprès des personnes qui ont procédé à leur collecte ou à leur traitement. Ce contrat type prévoit :

1° Les modalités de présentation des déchets et les conditions de leur enlèvement ;

2° La transmission annuelle aux personnes mentionnées au premier alinéa des informations relatives aux quantités de déchets enlevés auprès d'elles et aux conditions dans lesquelles ces déchets ont été traités.

Art. R. 541-106 *(Créé à compter du 1er janvier 2021, D. n° 2020-1455, 27 nov. 2020).* – Tout éco-organisme est tenu de contracter, sur l'ensemble du territoire national, avec toute personne qui en fait la demande, dès lors qu'elle accepte les clauses du contrat type établi en application de l'article R. 541-104 ou de l'article R. 541-105.

Art. R. 541-107 *(Créé à compter du 1er janvier 2021, D. n° 2020-1455, 27 nov. 2020).* – Lorsque plusieurs éco-organismes sont agréés pour une même catégorie de produits, les cahiers des charges peuvent leur imposer de mettre en place, selon les modalités qu'ils précisent, un organisme coordonnateur, qui est agréé pour une durée de six ans renouvelable, par les ministres chargés de l'environnement et de l'économie. Il est doté d'un censeur d'État chargé d'exercer les missions prévues au III de l'article L. 541-10.

Le cahier des charges peut notamment prévoir que cet organisme est chargé de répartir les zones géographiques du territoire national sur lesquelles chacun de ces éco-organismes est tenu de pourvoir ou de contribuer à la gestion des déchets issus de ces produits. Les obligations mentionnées aux articles R. 541-103 à R. 541-106 s'appliquent, dans ce cas, à chacun de ces éco-organismes sur la zone géographique qui lui est attribuée par l'organisme coordonnateur.

Art. R. 541-108 *(Créé à compter du 1er janvier 2021, D. n° 2020-1455, 27 nov. 2020).* – L'organisme coordonnateur doit justifier dans son dossier de demande d'agrément qu'il dispose de capacités techniques et financières lui permettant de répondre aux exigences du cahier des charges.

Un arrêté conjoint des ministres chargés de l'environnement et de l'économie précise les conditions dans lesquelles l'agrément est délivré, en particulier le contenu du dossier de demande d'agrément, et celles dans lesquelles il peut y être mis fin en cas de manquement du titulaire à ses engagements (1).

Art. R. 541-109 *(Créé à compter du 1er janvier 2021, D. n° 2020-1455, 27 nov. 2020).* – Chaque éco-organisme met en œuvre des procédures permettant de s'assurer que les tiers qui gèrent pour son compte des déchets dont il est considéré comme détenteur en application du V de l'article L. 541-10 respectent les prescriptions législatives et réglementaires relatives à la gestion de ces déchets. Il met en place un dispositif d'évaluation de ces procédures, en adoptant s'il y a lieu les mesures correctives nécessaires.

Art. R. 541-110 *(Créé à compter du 1er janvier 2021, D. n° 2020-1455, 27 nov. 2020).* – Le cahier des charges peut préciser les modalités d'application du présent paragraphe, notamment :

1° Les montants du barème national prévu au quatrième alinéa de l'article L. 541-10-2 ;

2° Les conditions de mise à disposition des points de collecte des déchets mentionnés à l'article R. 541-103 et les conditions dans lesquelles ces points de collecte sont progressivement déployés sur le territoire national ;

3° Les clauses minimales qui doivent figurer dans les contrats types prévus aux articles R. 541-104 et R. 541-105 ;

4° Les conditions de répartition des zones géographiques du territoire national où chacun des éco-organismes agréé sur une même catégorie de produits est tenu de pourvoir ou de contribuer à la collecte des déchets issus de ces produits lorsqu'un organisme coordonnateur est mis en place en application du dernier alinéa du II de l'article L. 541-10.

§ 5. – Dispositions relatives à la prise en charge des déchets abandonnés

Art. R. 541-111 *(Créé à compter du 1er janvier 2021, sous réserve des dispositions du IV de l'article 4 du décret n° 2020-1455 du 27 novembre 2020, D. n° 2020-1455, 27 nov. 2020).* – Pour l'application du présent paragraphe, on entend par :

1° « Dépôt illégal de déchets abandonnés » : un amoncellement de déchets abandonnés dont la quantité totale estimée de déchets le composant excède le seuil fixé à l'article 2 du décret n° 2019-1176 du 14 novembre 2019 pris pour l'application du *b* du 1 *octies* et du 1 *terdecies* du II de l'article 266 *sexies* du Code des douanes, pour les dépôts comprenant des déchets relevant de la responsabilité élargie du producteur ;

2° « Opérations de nettoiement » : les opérations de ramassage de déchets issus des produits mentionnés à l'article R. 541-116 abandonnés ou déposés dans les espaces publics, y compris naturels, en méconnaissance des prescriptions relatives à la gestion des déchets ;

3° « Personne publique » : toute personne morale de droit public, y compris les collectivités territoriales et leurs groupements, en charge de la salubrité publique sur son territoire ou de l'entretien de terrains relevant de sa gestion, dès lors que s'y trouvent des déchets devant faire l'objet d'opérations de résorption ou de nettoiement en application des dispositions du présent paragraphe.

Art. R. 541-112 *(Créé à compter du 1er janvier 2021, sous réserve des dispositions du IV de l'article 4 du décret n° 2020-1455 du 27 novembre 2020, D. n° 2020-1455, 27 nov. 2020).* – Les éco-organismes prennent en charge les opérations de gestion de déchets relatives à la résorption d'un dépôt illégal comportant des déchets issus de produits relevant de leur agrément selon les modalités prévues aux articles

(1) V. T. appl. : A. 8 oct. 2021 (*JO* 13 nov. 2021). – NDLR.

R. 541-113 à R. 541-116, y compris ceux issus des produits identiques ou similaires à ces produits mis en vente ou distribués antérieurement à la date d'entrée en vigueur de l'obligation de responsabilité élargie du producteur.

Toutefois, ne sont pas concernés par les dispositions du présent article les éco-organismes dont la quantité de déchets issus des produits relevant de leur agrément qui est présente dans le dépôt est inférieure à 0,1 tonne lorsqu'il s'agit de déchets dangereux et de 1 tonne lorsqu'il s'agit de déchets non dangereux ou inertes.

Art. R. 541-113 *(Créé à compter du 1er janvier 2021, sous réserve des dispositions du IV de l'article 4 du décret n° 2020-1455 du 27 novembre 2020, D. n° 2020-1455, 27 nov. 2020).* – Lorsque la personne publique décide de pourvoir elle-même à la résorption du dépôt de déchets, elle en informe les éco-organismes concernés préalablement aux opérations de gestion de ces déchets. Elle leur fournit le procès-verbal de constat d'infraction aux dispositions relatives à l'abandon d'ordures, déchets, matériaux et autres objets, qui mentionne les parcelles cadastrales où sont abandonnés les déchets, l'estimation de leur quantité totale, la présence de déchets issus de produits soumis au principe de responsabilité élargie du producteur, et l'absence d'identification du ou des auteurs du dépôt illégal à la date de la constatation ou, lorsque le ou les auteurs sont identifiés, l'échec des mesures de police administrative visant à résorber le dépôt. La personne publique fournit également une évaluation du coût des opérations de gestion de ces déchets et indique dans quels délais les éco-organismes pourront demander à un tiers expert de confirmer les évaluations avant d'entamer les opérations de gestion de ces déchets. Ce délai ne peut pas être inférieur à un mois. À l'issu de ce délai, les éco-organismes concernés signent avec la personne publique une convention de partenariat.

À l'issue de la résorption du dépôt, la personne publique communique aux éco-organismes concernés les documents attestant l'exécution des opérations de gestion des déchets qui ont été réalisées et des coûts correspondants. Chaque éco-organisme lui verse une contribution financière qui couvre 80 % des coûts qu'elle a supportés pour la gestion des déchets issus de produits relevant de leur agrément. Ce taux de contribution peut être augmenté dans les collectivités d'outre-mer mentionnées au quatrième alinéa de l'article L. 541-10-2, dans les conditions fixées par cet article.

Lorsque plusieurs éco-organismes sont agréés pour une même catégorie de produits, leurs obligations sont réparties entre eux au prorata des tonnages estimés de ces produits mis sur le marché par leurs adhérents respectifs l'année précédente.

Lorsque plusieurs personnes publiques sont concernées par la résorption du dépôt, elles se coordonnent pour déterminer celles qui réalisent les opérations de gestion des déchets et les modalités de répartition des financements et des contributions des éco-organismes entre-elles. Elles signent à cet effet une convention de partenariat.

Art. R. 541-114 *(Créé à compter du 1er janvier 2021, sous réserve des dispositions du IV de l'article 4 du décret n° 2020-1455 du 27 novembre 2020, D. n° 2020-1455, 27 nov. 2020).* – Les éco-organismes peuvent se coordonner pour recourir à un tiers expert désigné avec l'accord de la personne publique afin qu'il constate, lors de la réalisation des opérations de gestion des déchets, les quantités relevant de leurs responsabilités respectives et les coûts de gestion correspondants. Lorsque les opérateurs chargés de réaliser la gestion des déchets n'ont pas été sélectionnés à l'issue d'une procédure concurrentielle par la personne publique, les éco-organismes peuvent conjointement décider que l'assiette des coûts pris en compte pour déterminer leur contribution financière est celle établie par le tiers expert.

Art. R. 541-115 *(Créé à compter du 1er janvier 2021, sous réserve des dispositions du IV de l'article 4 du décret n° 2020-1455 du 27 novembre 2020, D. n° 2020-1455, 27 nov. 2020).* – Lorsque tous les éco-organismes concernés par les déchets abandonnés dans le dépôt illégal de déchets se sont coordonnés pour conclure un accord visant à pourvoir à sa résorption ou qu'un seul éco-organisme est concerné, la personne publique peut décider de leur confier tout ou partie des opérations de gestion au lieu d'y pourvoir dans les conditions prévues à l'article R. 541-113.

La personne publique supporte dans ce cas 20 % des coûts de gestion de ces déchets et, le cas échéant, les coûts correspondants à la gestion des déchets issus de produits qui ne sont pas soumis à la responsabilité élargie du producteur. Ce taux peut être réduit dans les collectivités d'outre-mer mentionnées au quatrième alinéa de l'article L. 541-10-2, dans les conditions fixées par cet article.

Art. R. 541-116 *(Créé à compter du 1er janvier 2021, sous réserve des dispositions du IV de l'article 4 du décret n° 2020-1455 du 27 novembre 2020, D. n° 2020-1455, 27 nov. 2020).* – Pour les produits mentionnés aux 1°, 19°, 20° et 21° de l'article L. 541-10-1, les éco-organismes contribuent financièrement aux coûts de la gestion des déchets issus des produits relevant de leur agrément qui sont supportés par les personnes publiques dans le cadre des opérations de nettoiement, y compris ceux issus des produits identiques ou similaires mis en vente ou distribués antérieurement à la date d'entrée en vigueur de l'obligation de responsabilité élargie. Le montant de cette contribution est de 80 % des coûts de nettoiement. Ce plafond de contribution peut être augmenté dans les collectivités d'outre-mer mentionnées au quatrième alinéa de l'article L. 541-10-2, dans les conditions fixées par cet article.

§ 6. – Modalités de passation des marchés de prévention et de gestion des déchets

Art. R. 541-117 *(Créé à compter du 1er janvier 2021, D. n° 2020-1455, 27 nov. 2020).* – Pour l'application du I de l'article L. 541-10-6, la somme de la pondération de chacun des deux critères qu'il prévoit est au moins égale à celle qui est affectée par l'éco-organisme au critère relatif au prix des prestations.

L'éco-organisme peut déroger aux dispositions du premier alinéa lorsqu'il justifie qu'elles sont inadaptées au marché qu'il projette. Il transmet dans ce cas les justifications et sa proposition de pondération des critères mentionnés au présent article pour accord à l'autorité administrative après consultation de son comité des parties prenantes. L'accord est réputé acquis en l'absence d'opposition dans un délai d'un mois suivant la réception de la proposition.

Le cahier des charges peut préciser les modalités d'application du présent paragraphe.

§ 7. – Soutien des projets de recherche et développement

Art. R. 541-118 *(Créé à compter du 1er janvier 2021, D. n° 2020-1455, 27 nov. 2020).* – Tout éco-organisme soutient des projets de recherche et de développement en cohérence avec les objectifs fixés par le cahier des charges, notamment pour développer l'écoconception et la performance environnementale des produits au regard des critères mentionnés à l'article L. 541-10-3 et accompagner les mesures des plans de prévention et d'écoconception prévus en application de l'article L. 541-10-12.

Ces projets sont établis dans le cadre de partenariats ou sélectionnés selon une procédure non discriminatoire fondée sur des critères d'attribution transparents.

§ 8. – Dispositions relatives aux contributions financières et à leur gestion

Art. R. 541-119 *(Créé à compter du 1er janvier 2021, D. n° 2020-1455, 27 nov. 2020 ; mod., D. n° 2021-1904, 30 déc. 2021).* – Tout éco-organisme établit un contrat type destiné aux producteurs qui souhaitent lui transférer leur obligation de responsabilité élargie, qui prévoit notamment :

1° Le montant des contributions financières mentionnées à l'article L. 541-10-2, ainsi que les modulations prévues en application de l'article L. 541-10-3 ;

2° Les modalités de mise en œuvre des mesures mentionnées au premier alinéa du III de l'article L. 541-10 ainsi que la proposition de transmission sans frais pour leur compte des données énumérées à l'article L. 541-10-13 ;

3° L'obligation pour le producteur de verser la contribution financière à un autre éco-organisme agréé désigné selon les modalités prévues à l'article L. 541-10-7 dans les cas de défaillance mentionnés à l'article R. 541-124.

L'éco-organisme est tenu de contracter avec tout producteur qui en fait la demande dès lors que celui-ci accepte les clauses du contrat type.

Pour des produits identiques, les contributions prévues par le barème mentionné au 1° du présent article sont les mêmes, quel que soit leur lieu de mise sur le marché sur le territoire national. Toutefois, l'éco-organisme peut décider que la contribution financière prévue à l'article L. 541-10-2 prend la forme d'un forfait pour les producteurs qui mettent sur le marché de petites quantités de produits. Dans ce cas, il s'assure périodiquement que le montant du forfait permet de couvrir les coûts mentionnés au même article.

Art. R. 541-120 *(Créé à compter du 1er janvier 2021, D. n° 2020-1455, 27 nov. 2020). – (Mod., D. n° 2023 152, 2 mars 2023)* Le cahier des charges mentionné au II de l'article L. 541-10 peut prévoir que l'éco-organisme applique aux contributions financières que lui verse le producteur une réfaction correspondant aux quantités de déchets dont le producteur assure la collecte séparée et le traitement, sous réserve que les conditions suivantes soient satisfaites :

1° La gestion de ces déchets tend à atteindre les objectifs fixés à l'éco-organisme ;

2° La réfaction est déterminée en prenant en compte les coûts supportés par l'éco-organisme pour des opérations de gestion des déchets comparables à celles assurées par le producteur ;

3° La réfaction ne peut conduire à exempter le producteur des pénalités prévues en application de l'article L. 541-10-3.

Art. R. 541-120-1 *(D. n° 2022-975, 1er juill. 2022)*. – Chaque éco-organisme met en œuvre des actions permettant de sensibiliser les producteurs à leur obligation de responsabilité élargie, ainsi que des procédures permettant d'identifier ceux qui ne s'en acquittent pas et de les accompagner dans une démarche de mise en conformité puis, en cas d'échec de ces mesures, de les signaler au ministre chargé de l'environnement en précisant les types et les quantités de produits estimés ainsi que l'ensemble des démarches réalisées.

Art. R. 541-121 *(Créé à compter du 1er janvier 2021, sous réserve des dispositions du IV de l'article 4 du décret n° 2020-1455 du 27 novembre 2020, D. n° 2020-1455, 27 nov. 2020 ; mod., D. n° 2022-975, 1er juill. 2022)*. – Les contributions perçues par les éco-organismes sont utilisées dans leur intégralité pour les missions agréées et pour les frais de fonctionnement afférents à ces missions. Lorsqu'un éco-organisme est titulaire de plusieurs agréments, cette obligation s'apprécie pour chaque catégorie de produits pour laquelle l'éco-organisme est titulaire d'un agrément, sous réserve des dispositions de mutualisation des opérations de prévention et de gestion des déchets prévues, le cas échéant, par les cahiers des charges.

Art. R. 541-122 *(Créé à compter du 1er janvier 2021, sous réserve des dispositions du IV de l'article 4 du décret n° 2020-1455 du 27 novembre 2020, D. n° 2020-1455, 27 nov. 2020)*. – Tout éco-organisme prend les mesures nécessaires pour disposer, dans un délai de vingt-quatre mois à compter de la date de son premier agrément, d'une trésorerie en moyenne annuelle glissante correspondant à un montant d'au moins 20 % des contributions financières versées annuellement par les producteurs qui lui ont transféré l'obligation mentionnée au I de l'article L. 541-10. L'éco-organisme peut employer ce montant pour assurer la continuité de ses obligations de responsabilité élargie en cas d'événement imprévu et après en avoir informé le censeur d'État.

Le montant minimal de trésorerie est réduit à due concurrence du montant garanti par le dispositif financier prévu en application de l'article L. 541-10-7 et calculé conformément à l'article R. 541-123. Cette réduction ne peut toutefois conduire à ce que le montant minimal de trésorerie soit inférieur à 10 % du montant des contributions annuelles.

Art. R. 541-123 *(Créé à compter du 1er janvier 2021, sous réserve des dispositions du IV de l'article 4 du décret n° 2020-1455 du 27 novembre 2020, D. n° 2020-1455, 27 nov. 2020)* (1) *; mod., D. n° 2022-975, 1er juill. 2022)*. – Le dispositif financier mentionné à l'article L. 541-10-7 résulte, au choix de l'éco-organisme :

1° De l'engagement écrit d'un établissement de crédit, d'une société de financement, d'une entreprise d'assurance ou d'une société de caution mutuelle ;

2° D'une consignation entre les mains de la Caisse des dépôts et consignations ;

3° D'un fonds de garantie privé, qui peut être mis en place par l'organisme coordonnateur prévu au dernier alinéa du II de l'article L. 541-10 ;

4° De l'engagement écrit, portant garantie autonome au sens de l'article 2321 du Code civil, d'une ou plusieurs personnes morales présentes au capital de l'éco-organisme. Dans ce cas, le ou les garants doivent eux-mêmes être bénéficiaires de l'engagement, de la consignation, ou d'un fonds de garantie tels que mentionnés aux 1°, 2° et 3° ci-dessus.

Le montant garanti par ce dispositif financier est calculé de façon à assurer la prise en charge, pendant deux mois, des coûts de collecte, de transport et de traitement des déchets qui seraient supportés, en cas de défaillance de l'éco-organisme, par les collectivités territoriales ou leurs groupements dans le cadre du service

(1) Dispositions d'application particulières et transitoires, D. n° 2020-1455, 27 nov. 2020.

public de gestion des déchets et par les autres personnes auxquelles il apporte un soutien financier à la prise en charge des coûts de gestion des déchets en application d'une disposition législative ou réglementaire. À ce titre, il couvre un sixième des ressources financières annuelles du fonds dédié au financement du réemploi et de la réutilisation prévu à l'article L. 541-10-5.

Ce montant est fixé à hauteur de ses obligations de responsabilité élargie du producteur et dans la limite d'un plafond de 50 millions d'euros. L'éco-organisme estime ce montant lors de sa demande d'agrément et l'actualise lorsque les hypothèses prises en compte pour l'établir le modifient de 20 % ou plus et tous les trois ans au moins.

Art. R. 541-124 *(Créé à compter du 1er janvier 2021, sous réserve des dispositions du IV de l'article 4 du décret n° 2020-1455 du 27 novembre 2020, D. n° 2020-1455, 27 nov. 2020)* (1). – Le contrat établi par l'éco-organisme en application de l'article R. 541-123 prévoit que le montant garanti par le dispositif financier mentionné à l'article L. 541-10-7 est transmis à un autre éco-organisme agréé désigné dans les conditions prévues au même article, en cas :

1° D'arrêt de l'activité soumise à agrément, quelle qu'en soit la cause, y compris en cas de suspension ou de retrait de l'agrément ;

2° De non-renouvellement de l'agrément à son échéance, lorsque les producteurs qui en assurent la gouvernance ne mettent pas en place un nouvel éco-organisme ou n'adhèrent pas à un autre éco-organisme agréé à cette échéance.

L'éco-organisme est libéré de l'obligation mentionnée à l'article L. 541-10-7, en cas de non-renouvellement de son agrément, dans un délai de deux mois à compter de son échéance.

En cas d'événement imprévu susceptible de conduire à une défaillance de l'éco-organisme, l'autorité administrative peut suspendre l'obligation mentionnée à l'article L. 541-10-7 pendant une période qui ne peut excéder douze mois, afin de lui permettre d'assurer la continuité de ses autres obligations de responsabilité élargie.

Art. R. 541-125 *(Créé à compter du 1er janvier 2021, sous réserve des dispositions du IV de l'article 4 du décret n° 2020-1455 du 27 novembre 2020, D. n° 2020-1455, 27 nov. 2020)*. – Les fonctions de censeur d'État auprès des éco-organismes et organismes coordonnateurs mentionnées au III de l'article L. 541-10 et à l'article R. 541-107 sont exercées par des membres du service du contrôle général économique et financier. Le chef de ce service désigne un censeur d'État auprès de chaque éco-organisme ou organisme coordonnateur agréé.

Dans le cadre de sa mission de surveillance des capacités financières de ces organismes, le censeur d'État veille notamment à l'application des dispositions relatives à la gestion financière mentionnées au III de l'article L. 541-10 et des dispositions du présent paragraphe.

Le censeur d'État assiste aux réunions du conseil d'administration ou de l'instance de gouvernance et des comités qui lui sont rattachés. Il peut, s'agissant des éco-organismes, assister aux réunions de leur comité des parties prenantes. Il peut faire procéder à tout audit en rapport avec sa mission, aux frais de l'organisme concerné.

Les organismes communiquent au censeur d'État, à sa demande, tous documents et informations nécessaires à l'accomplissement de sa mission.

Le censeur d'État adresse un rapport à l'autorité administrative chaque fois qu'il l'estime nécessaire et au moins une fois par an.

§ 9. – Autocontrôle des éco-organismes

Art. R. 541-126 *(Créé à compter du 1er janvier 2021, D. n° 2020-1455, 27 nov. 2020)*. – Pour l'application du II de l'article L. 541-10, on entend par « autocontrôle périodique reposant sur des audits indépendants réguliers« les mesures de surveillance du respect des obligations du cahier des charges ainsi que des dispositions de la section 2 du chapitre Ier du titre IV du livre V du présent code et des textes réglementaires pris pour son application. Ces mesures sont mises en œuvre conformément aux dispositions du présent paragraphe, sous la responsabilité de l'éco-organisme, par un organisme de contrôle qu'il choisit parmi ceux mentionnés à l'alinéa suivant.

(1) Dispositions d'application particulières et transitoires, D. n° 2020-1455, 27 nov. 2020.

Les organismes habilités à réaliser les autocontrôles sont indépendants de l'éco-organisme et accrédités à cet effet par le Comité français d'accréditation (COFRAC) ou par tout autre organisme d'accréditation signataire de l'accord de reconnaissance multilatéral établi dans le cadre de la coordination européenne des organismes d'accréditation (« European Cooperation for Accreditation », ou « EA »). Ces organismes peuvent accéder à toute information ou document nécessaire à leur mission. Le présent alinéa s'applique notamment aux organismes habilités à réaliser les contrôles des producteurs qui sont organisés par les éco-organismes en application des 4° et 5° de l'article R. 541-128.

Art. R. 541-127 *(Créé à compter du 1er janvier 2021, D. n° 2020-1455, 27 nov. 2020).* – Tout éco-organisme élabore un programme d'autocontrôle comprenant les éléments mentionnés à l'article R. 541-128. Il transmet sa proposition pour accord à l'autorité administrative accompagnée de l'avis du comité des parties prenantes et de l'organisme de contrôle au moins huit mois avant la fin de la période de deux ans prévue au premier alinéa du II de l'article L. 541-10. L'accord est réputé acquis en l'absence d'opposition dans un délai d'un mois suivant la réception de la proposition. Lorsque plusieurs éco-organismes sont agréés pour une même catégorie de produits, ils se coordonnent afin de formuler une proposition de programme d'autocontrôle conjointe.

Le cahier des charges peut fixer, en tant que de besoin, des éléments d'évaluation complémentaires à ceux prévus à l'article R. 541-128 et une périodicité d'autocontrôle plus fréquente.

Art. R. 541-128 *(Créé à compter du 1er janvier 2021, D. n° 2020-1455, 27 nov. 2020).* – Le programme d'autocontrôle de l'éco-organisme prévoit au moins l'évaluation des éléments suivants :

1° Le respect des objectifs fixés par le cahier des charges et l'adéquation des mesures mises en œuvre pour y parvenir ;

2° La gestion financière, qui porte en particulier sur le respect des dispositions suivantes :

a) L'adéquation de la comptabilité analytique mise en place en application du III de l'article L. 541-10 avec les coûts de prévention et de gestion relatifs aux différentes catégories de produits et de déchets qui en sont issus ;

b) Les modalités prévues, en cas de changement d'éco-organisme en application du III de l'article L. 541-10, pour le transfert aux producteurs des contributions qui n'ont pas été utilisées ;

c) La conformité du dispositif financier prévu en application de l'article L. 541-10-7 ;

3° Le niveau de couverture des coûts de gestion des déchets mentionnés à l'article L. 541-10-2 en précisant, le cas échéant, ceux qui sont partagés avec d'autres personnes ;

4° La conformité des contributions et de leurs modulations aux clauses du contrat type mentionné à l'article R. 541-119, vérifiée pour chaque catégorie de produit. La méthode de vérification consiste à contrôler 20 % au moins des quantités de produits mis sur le marché par les producteurs adhérents à l'éco-organisme, sauf si l'éco-organisme démontre que ce seuil est techniquement inadapté ;

5° La qualité des données recueillies ou communiquées en application du VI de l'article L. 541-9, du III de l'article L. 541-10-6 et des articles L. 541-10-13 à L. 541-10-15, notamment en procédant au contrôle de la conformité d'une partie significative des données transmises par les producteurs adhérents à l'éco-organisme ;

6° Le respect des procédures de passation de marché conduites en application du I et du II de l'article L. 541-10-6 ;

7° La mise en œuvre des procédures relatives à la gestion des déchets prévues à l'article R. 541-109.

Art. R. 541-129 *(Créé à compter du 1er janvier 2021, D. n° 2020-1455, 27 nov. 2020 ; mod., D. n° 2024-1121, 27 déc. 2024).* – L'éco-organisme élabore un projet de plan d'actions correctives prenant en compte les conclusions du rapport d'autocontrôle dans un délai de deux mois à compter de l'échéance de réalisation de l'autocontrôle. Il transmet le rapport d'autocontrôle et le projet de plan d'actions correctives au censeur d'État qui peut lui faire connaître ses observations relatives au respect des obligations financières dans un délai d'un mois. Le censeur d'État informe l'autorité administrative de ces observations.

Lorsque le censeur d'État communique des observations sur le projet de plan d'actions correctives, l'éco-organisme élabore, dans un délai d'un mois à compter de leur réception, le plan en tenant compte de ces observations et le met en œuvre en conséquence. Il communique le rapport d'autocontrôle et le plan d'actions correctives à l'autorité administrative. Il met à disposition du public sur son site internet une synthèse des conclusions de ces documents, en retirant les informations relevant d'un secret protégé par la loi.

§ 10. – Dispositions spécifiques relatives à l'outre-mer

Art. R. 541-130 *(Créé à compter du 1er janvier 2021, D. n° 2020-1455, 27 nov. 2020).* – Chaque éco-organisme élabore le plan prévu au VII de l'article L. 541-10 dans un délai de six mois à compter de la date de son agrément. Il transmet le projet de plan pour accord à l'autorité administrative, après consultation de son comité des parties prenantes et des collectivités d'outre-mer compétentes en matière de planification ou de gestion des déchets concernées. L'accord de l'autorité administrative est réputé acquis en l'absence d'opposition dans un délai de deux mois suivant la réception du projet de plan.

Dans les trois ans qui suivent la mise en œuvre du plan, l'éco-organisme élabore un bilan de sa mise en œuvre et évalue les progrès en matière de collecte et de traitement des déchets dans chacun des territoires concernés. Lorsque la performance reste inférieure à celle atteinte, en moyenne, sur le territoire métropolitain, l'éco-organisme révise les mesures du plan dans les conditions prévues au II de l'article L. 541-9-6, après consultation de son comité des parties prenantes et des collectivités qui sont compétentes en matière de planification ou de gestion des déchets.

L'éco-organisme peut déroger aux dispositions du présent article pour ceux des territoires d'outre-mer mentionnés au VII de l'article L. 541-10 dont il justifie que les performances de collecte et de traitement des déchets issus des produits relevant de son agrément sont au moins égales à celles atteintes, en moyenne, sur le territoire métropolitain. Dans ce cas, il présente ces éléments à l'autorité administrative dans les conditions mentionnées au premier alinéa.

Art. R. 541-131 *(Créé à compter du 1er janvier 2021, sous réserve des dispositions du IV de l'article 4 du décret n° 2020-1455 du 27 novembre 2020, D. n° 2020-1455, 27 nov. 2020).* – Le barème majoré prévu à la deuxième phrase du quatrième alinéa de l'article L. 541-10-2 est fixé en tenant compte :

1° Des surcoûts de gestion des déchets résultant de l'éloignement et, le cas échéant, de l'insularité propres à chaque collectivité d'outre-mer, estimés par comparaison aux coûts moyens observés sur le territoire métropolitain ;

2° Des surcoûts liés à la maturité des installations de collecte et de traitement des déchets propres à chaque collectivité d'outre-mer, estimés au regard des investissements nécessaires pour atteindre, compte tenu de l'objectif mentionné au VII de l'article L. 541-10, un niveau de performances comparable à celui des installations implantées sur le territoire métropolitain.

Art. R. 541-132 *(Créé à compter du 1er janvier 2021, D. n° 2020-1455, 27 nov. 2020).* – Conformément au deuxième alinéa du II de l'article L. 541-10, le cahier des charges peut prévoir que l'éco-organisme est tenu de pourvoir temporairement à la gestion des déchets issus des produits relevant de son agrément, sur le territoire des collectivités compétentes en matière de gestion des déchets qui en font la demande. Dans ce cas, le cahier des charges précise les conditions de mise en œuvre de cette mesure.

Sous-section 2. – Dispositions relatives aux systèmes individuels

§ 1. – Agrément des systèmes individuels

Art. R. 541-133 *(Créé à compter du 1er janvier 2021, D. n° 2020-1455, 27 nov. 2020).* – Tout producteur qui sollicite un agrément en application du II de l'article L. 541-10 en vue de la mise en place d'un système individuel de collecte et de traitement des déchets issus de ses produits adresse un dossier de demande à l'autorité administrative qui comprend notamment :

1° Une description des mesures prévues pour répondre aux objectifs et exigences du cahier des charges et respecter les dispositions de la section 2 du chapitre Ier du titre IV du livre V du présent code et des textes réglementaires pris pour son application, y compris les éléments suivants :

a) Les modalités de marquage permettant d'identifier les déchets issus de ses produits et, le cas échéant, l'information précisant les modalités de tri ou d'apport du déchet issu du produit prévue en application du deuxième alinéa de l'article L. 541-9-3 ;

b) Les modalités de la reprise sans frais de ces déchets dans les conditions prévues à l'article R. 541-138 et de la mise en place d'une prime au retour dans les conditions prévues à l'article R. 541-139 ou, lorsque le producteur souhaite être dispensé de cette dernière obligation, la démonstration qu'une telle prime n'est pas de nature à améliorer l'efficacité de la collecte des déchets issus de ses produits et qu'elle ne contribue pas à prévenir leur abandon ou leur dépôt dans un autre système de collecte ;

c) Les modalités de mise en place et de fonctionnement des fonds dédiés au financement de la réparation, du réemploi et de la réutilisation, prévus aux articles L. 541-10-4 et L. 541-10-5 lorsque ces dispositions lui sont applicables ;

d) Les éléments justifiant la mise en place de la garantie financière prévue en cas de défaillance dans les conditions prévues à l'article R. 541-140 ;

2° Une estimation des effets qualitatifs et des performances quantitatives attendus de ces mesures pour atteindre chacun des objectifs fixés par le cahier des charges, accompagnée d'une explication des hypothèses sous-jacentes à ces estimations et d'une justification du caractère suffisant de ces mesures ;

3° Une description des capacités techniques du producteur et des moyens financiers et organisationnels affectés au système individuel à la date de la demande, une projection de leur évolution prévisible durant la période d'agrément, accompagnée d'une explication des hypothèses sous-jacentes à ces projections, enfin la justification de l'adéquation de ces éléments avec les mesures décrites en application du 1° ;

4° Une estimation des quantités de déchets issus de ses produits durant la période d'agrément.

Le demandeur indique dans son dossier de demande les informations qu'il contient dont la communication est susceptible de porter atteinte à des secrets protégés par la loi.

Art. R. 541-134 *(Créé à compter du 1er janvier 2021, D. n° 2020-1455, 27 nov. 2020 ; mod. D. n° 2024-1121, 27 déc. 2024).* – Les ministres chargés de l'environnement et de l'économie se prononcent sur la demande d'agrément dans un délai de quatre mois à compter du dépôt du dossier complet, sous réserve que les dispositions propres à certaines filières fixent un délai différent. Au terme de ce délai, la demande est réputée acceptée en l'absence de réponse de leur part.

Ces ministres peuvent fixer une durée d'agrément plus brève que celle qui est sollicitée par le demandeur, sans qu'elle puisse être inférieure à un an, en motivant leur décision au regard des éléments présentés dans le dossier de demande d'agrément et de la maturité de la filière.

La décision de refus d'agrément est motivée.

Art. R. 541-135 *(Créé à compter du 1er janvier 2021, D. n° 2020-1455, 27 nov. 2020).* – Toute demande de renouvellement d'agrément est adressée à l'autorité administrative au moins quatre mois avant l'échéance de celui-ci. Cette demande est instruite dans les conditions fixées aux articles R. 541-133 et R. 541-134.

Art. R. 541-136 *(Créé à compter du 1er janvier 2021, D. n° 2020-1455, 27 nov. 2020).* – Le producteur dont le système individuel est agréé informe l'autorité administrative de tout projet modifiant notablement les éléments décrits dans son dossier de demande d'agrément, en particulier les mesures décrites en application du 1° de l'article R. 541-133 et les capacités techniques ou les moyens financiers ou organisationnels qui ont conduit à son agrément.

§ 2. – Conditions d'exercice des systèmes individuels

Art. R. 541-137 *(Créé à compter du 1er janvier 2021, D. n° 2020-1455, 27 nov. 2020).* – Sauf lorsque le cahier des charges en dispose autrement, les objectifs applicables au système individuel pour la collecte et le traitement des déchets issus de ses produits sont ceux qui sont fixés aux éco-organismes pour la même catégorie de produits.

Art. R. 541-138 *(Créé à compter du 1er janvier 2021, D. n° 2020-1455, 27 nov. 2020).* – Le système individuel assure une reprise sans frais des déchets sur leur lieu de production ou de détention. Il peut prévoir d'autres modes de collecte en complément. Il peut préciser les modalités de présentation et de préparation des déchets que doit respecter le détenteur pour permettre leur enlèvement.

Art. R. 541-139 *(Créé à compter du 1er janvier 2021, D. n° 2020-1455, 27 nov. 2020).* – La prime au retour des déchets prend la forme d'un montant financier versé au détenteur du déchet ou d'une caution restituée à l'utilisateur ou au consommateur du produit lors de sa reprise. Son montant est fixé par le producteur à un niveau suffisant pour inciter le détenteur à retourner le produit usagé ou le déchet qui en est issu.

Le présent article n'est pas applicable aux systèmes individuels agréés en ayant démontré, dans les conditions prévues à l'article R. 541-133, que la mise en œuvre de la prime au retour n'est pas nécessaire pour améliorer la collecte des déchets et prévenir leur abandon.

Art. R. 541-140 *(Créé à compter du 1er janvier 2021, D. n° 2020-1455, 27 nov. 2020)*. – Le système individuel dispose d'une garantie financière destinée à couvrir les coûts de gestion des déchets issus de ses produits en cas d'arrêt de l'activité soumise à agrément, y compris en cas de retrait ou de non-renouvellement de cet agrément.

La garantie financière résulte, au choix du producteur :

1° De l'engagement écrit d'un établissement de crédit, d'une société de financement, d'une entreprise d'assurance ou d'une société de caution mutuelle ;

2° D'une consignation entre les mains de la Caisse des dépôts et consignations ;

3° De l'engagement écrit, portant garantie autonome au sens de l'article 2321 du Code civil, d'une ou plusieurs personnes morales présentes au capital du producteur qui met en place le système individuel. Dans ce cas, le ou les garants doivent être eux-mêmes bénéficiaires de l'engagement, de la consignation ou d'un fonds de garantie tels que mentionnés aux 1° et 2° ci-dessus.

Le contrat afférent à cette garantie financière prévoit que le montant nécessaire à la couverture des coûts de la gestion des déchets en cas d'arrêt de l'activité est transmis à un éco-organisme agréé pour la même catégorie de produits ou à un autre système individuel, afin de leur permettre d'assumer les obligations de gestion des déchets que le système individuel n'a pas pu remplir. L'éco-organisme est désigné par l'autorité administrative ou le système individuel approuvé par elle au moment de la cessation d'activité.

Le montant de la garantie financière est déterminé par le producteur de façon à permettre de couvrir les coûts de la gestion prévisionnelle des déchets issus des produits mis sur le marché par le producteur depuis la date du premier agrément de son système individuel, déduction faite de ceux de ces déchets dont il a déjà assuré le traitement. Ce montant est actualisé au moins une fois tous les deux ans en fonction de l'évolution des hypothèses de calcul précisées au présent alinéa.

Art. R. 541-141 *(Créé à compter du 1er janvier 2021, D. n° 2020-1455, 27 nov. 2020)*. – Le producteur qui arrête son activité soumise à agrément peut conclure un accord avec un autre producteur ayant mis en place un système individuel agréé sur la même catégorie de produits, afin de lui transférer ses obligations de responsabilité élargie, y compris la garantie financière prévue à l'article R. 541-140. Cette opération est soumise à agrément dans les conditions prévues à l'article R. 541-134.

§ 3. – Autocontrôle des producteurs en système individuel

Art. R. 541-142 *(Créé à compter du 1er janvier 2021, D. n° 2020-1455, 27 nov. 2020)*. – Pour l'application du II de l'article L. 541-10, on entend par « autocontrôle périodique reposant sur des audits indépendants réguliers » les mesures de surveillance du respect des obligations du cahier des charges ainsi que des dispositions de la section 2 du chapitre Ier du titre IV du livre V du présent code et des dispositions réglementaires prises pour son application. Ces mesures sont mises en œuvre conformément aux dispositions du présent paragraphe, sous la responsabilité du producteur ayant mis en place le système individuel, par un organisme de contrôle qu'il choisit parmi ceux mentionnés à l'alinéa suivant.

Les organismes habilités à réaliser les autocontrôles sont indépendants du système individuel qui fait l'objet de l'autocontrôle et accrédités à cet effet par le Comité français d'accréditation (COFRAC) ou par tout autre organisme d'accréditation signataire de l'accord de reconnaissance multilatéral établi dans le cadre de la coordination européenne des organismes d'accréditation (« European Cooperation for Accreditation », ou « EA »). Ils peuvent accéder à toute information ou document nécessaire à leur mission.

Art. R. 541-143 *(Créé à compter du 1er janvier 2021, D. n° 2020-1455, 27 nov. 2020)*. – Tout producteur ayant opté pour le système individuel élabore un programme d'autocontrôle comprenant les éléments mentionnés à l'article R. 541-144. Il transmet sa proposition pour accord à l'autorité administrative accompagnée de l'avis de l'organisme de contrôle au moins six mois avant la fin de la période de deux ans prévue au premier alinéa du II de l'article L. 541-10. L'accord est réputé acquis en l'absence d'opposition dans un délai d'un mois suivant la réception de la proposition.

Le cahier des charges peut fixer, en tant que de besoin, des éléments d'évaluation complémentaires à ceux prévus à l'article R. 541-144 et une périodicité d'autocontrôle annuelle.

Art. R. 541-144 *(Créé à compter du 1er janvier 2021, D. n° 2020-1455, 27 nov. 2020).* – Le programme d'autocontrôle du producteur en système individuel prévoit au moins l'évaluation des éléments suivants :

1° Le respect des objectifs fixés par le cahier des charges ;

2° La gestion financière, qui porte en particulier sur le respect des dispositions relatives à la garantie financière prévue au neuvième alinéa du I de l'article L. 541-10 ;

3° La prise en charge des coûts de gestion des déchets issus de ses produits, notamment :

a) Les mesures mises en œuvre pour assurer la reprise sans frais des déchets issus de ses produits en tout point du territoire national ;

b) Le montant de la prime au retour et, le cas échéant, la pertinence de sa mise en place pour améliorer l'efficacité de la collecte ;

4° La qualité des données recueillies ou communiquées en application des articles L. 541-10-13 et L. 541-10-14 ;

5° Le respect des prescriptions législatives et réglementaires relatives à la gestion des déchets issus des produits désignés par l'agrément, y compris par les opérateurs avec lesquels le producteur a conclu un contrat portant sur tout ou partie des opérations de gestion des déchets.

Art. R. 541-145 *(Créé à compter du 1er janvier 2021, D. n° 2020-1455, 27 nov. 2020).* – Le producteur qui a opté pour le système individuel transmet à l'autorité administrative le rapport d'autocontrôle et le plan d'actions correctives élaboré en conséquence dans un délai de deux mois à compter de l'échéance prévue pour réaliser l'autocontrôle. Il met à disposition du public sur son site internet une synthèse des conclusions de ces documents en retirant, le cas échéant, les informations relevant d'un secret protégé par la loi. Le producteur qui ne dispose pas de site internet en informe l'autorité administrative, afin qu'elle publie ces documents pour son compte.

Sous-section 3. – Fonds dédiés au financement de la réparation, du réemploi et de la réutilisation

§ 1. – Fonds dédié au financement de la réparation

Art. R. 541-146 *(Créé à compter du 1er janvier 2021, sous réserve des dispositions des IV et V de l'article 4 du décret n° 2020-1455 du 27 novembre 2020, D. n° 2020-1455, 27 nov. 2020).* – Pour l'application de l'article L. 541-10-4, sont concernées les catégories suivantes de produits lorsqu'ils sont destinés à être utilisés par les ménages, y compris s'ils sont susceptibles d'être utilisés par des professionnels :

1° Les équipements électriques et électroniques mentionnés au 5° de l'article L. 541-10-1 qui relèvent des catégories définies à l'article R. 543-172, à l'exception des lampes et des panneaux photovoltaïques ;

2° Les éléments d'ameublement mentionnés au 10° de l'article L. 541-10-1 et les produits textiles d'habillement, chaussures et linge de maison mentionnés au 11° du même article ;

3° Les jouets, articles de sport et de loisirs, et les articles de bricolage et de jardin mentionnés respectivement au 12°, 13° et 14° de l'article L. 541-10-1.

Sont également concernés ceux de ces produits mis en vente ou distribués antérieurement à la date d'entrée en vigueur de l'obligation de responsabilité élargie.

Pour l'application de l'article L. 541-10-4, on entend par « consommateur« toute personne physique qui agit à des fins qui n'entrent pas dans le cadre de son activité commerciale, industrielle, artisanale, libérale ou agricole.

Art. R. 541-147 *(Créé à compter du 1er janvier 2021, sous réserve des dispositions des IV et V de l'article 4 du décret n° 2020-1455 du 27 novembre 2020, D. n° 2020-1455, 27 nov. 2020 ; mod., D. n° 2021-1904, 30 déc. 2021 ; mod. à compter du 1er juillet 2024, D. n° 2024-123, 20 févr. 2024).* – Le cahier des charges précise le montant des ressources financières allouées au fonds par l'éco-organisme ou le producteur qui met en place un système individuel, ce montant ne pouvant être inférieur à 10 % des coûts estimés de la réparation des produits relevant de leur agrément et qui sont détenus par les consommateurs. Il peut prévoir une progressivité afin que le montant soit atteint au plus tard six ans après sa date d'entrée en vigueur. Ne sont pas concernées par cette disposition les opérations de réparation effectuées dans le cadre de la garantie légale ou d'une garantie commerciale.

Lorsque le montant annuel des ressources financières allouées au fonds précisé dans le cahier des charges en application de l'alinéa précédent n'est pas intégralement dépensé au cours de l'exercice annuel considéré :

1° Le montant restant est réaffecté l'année suivante au fonds dédié au financement de la réparation ;

2° La part minimale de financement de la réparation mentionnée à l'article R. 541-148 peut être fixée par arrêté du ministre chargé de l'environnement.

Validation du seuil minimal de ressources financières attribuées au fonds de réparation par les écoorganismes et les systèmes individuels. Le décret n° 2021-1904 du 30 décembre 2021 a modifié ce seuil, le faisant passer de 20 % à 10 % des coûts estimés de la réparation des produits relevant de la filière REP dont relève l'écoorganisme ou le système individuel concerné. Sa légalité était contestée au regard du principe de non-régression de l'environnement, des objectifs de la politique nationale de prévention et de gestion des déchets et des objectifs de réduction des émissions de gaz à effet de serre. L'abaissement du seuil minimal de ressources financières attribuées au fonds de réparation ne méconnaît pas ces grands principes dès lors que les fonds effectivement alloués à la réparation sont fixés dans les cahiers des charges de chaque filière REP dans des conditions qui permettent de garantir l'objectif législatif de réparation (■ CE, 6e et 5e ch. réunies, 28 mars 2024, n° 461907).

Art. R. 541-148 *(Créé à compter du 1er janvier 2021, sous réserve des dispositions des IV et V de l'article 4 du décret n° 2020-1455 du 27 novembre 2020, D. n° 2020-1455, 27 nov. 2020* (1) *; D. n° 2021-1904, 30 déc. 2021).* – Tout éco-organisme d'une filière concernée par l'obligation de créer un fonds dédié au financement de la réparation participe au financement des coûts de réparation des produits relevant de son agrément et qui sont détenus par des consommateurs, à l'exception de ceux mis sur le marché par un producteur ayant mis en place un système individuel agréé ou ayant transféré l'obligation mentionnée au I de l'article L. 541-10 à un autre éco-organisme agréé.

Chaque éco-organisme établit les modalités d'emploi des fonds et les critères de labellisation des réparateurs, ainsi que la part minimale de financement de la réparation, en respectant les conditions fixées à l'article R. 541-150. Cette part peut prendre la forme de forfaits établis en fonction du type de produit et de la nature de la réparation.

L'éco-organisme peut exclure certains produits du financement des coûts de réparation lorsque les conditions techniques ou économiques ne permettent pas leur réparation dans des conditions satisfaisantes.

Chaque éco-organisme élabore les éléments mentionnés aux alinéas précédents dans un délai de six mois à compter de la date de son premier agrément et transmet sa proposition pour accord à l'autorité administrative après consultation de son comité des parties prenantes. L'accord est réputé acquis en l'absence d'opposition dans un délai de deux mois suivant la réception de la proposition.

Ces éléments peuvent être révisés dans les conditions mentionnées à l'alinéa précédent.

Lorsque plusieurs éco-organismes sont soumis à l'obligation de créer un fonds dédié au financement de la réparation pour une même catégorie de produits, ils peuvent se coordonner afin de formuler une proposition de mutualisation de ces fonds. Leurs obligations de financement sont alors réparties entre eux au prorata des quantités estimées de ces produits mis sur le marché par leurs adhérents respectifs l'année précédente.

(Créé à compter du 1er juillet 2024, D. n° 2024-123, 20 févr. 2024) Les éco-organismes agréés pour au moins une des catégories de produits mentionnés aux 5°, 12°, 13° et 14° de l'article L. 541-10-1 mettent en place une plateforme unique, commune à l'ensemble de ces catégories, permettant le versement de la part de financement de la réparation aux réparateurs labellisés.

Art. R. 541-149 *(Créé à compter du 1er janvier 2021, sous réserve des dispositions des IV et V de l'article 4 du décret n° 2020-1455 du 27 novembre 2020, D. n° 2020-1455, 27 nov. 2020).* – Tout producteur qui met en place un système individuel soumis à l'obligation de créer un fonds dédié au financement de la réparation participe au financement des coûts de réparation de ceux de ses produits qu'il a mis sur le marché. Il présente, dans sa demande d'agrément, la liste des produits concernés, la part minimale de financement de

(1) Dispositions d'application particulières et transitoires, D. n° 2020-1455, 27 nov. 2020.

la réparation, ainsi que les modalités d'emploi du fonds et les critères de labellisation des réparateurs, en respectant les conditions fixées à l'article R. 541-150.

Le producteur peut proposer d'abonder à hauteur de son obligation un fonds mis en place par un éco-organisme agréé pour la même catégorie de produits, à condition d'avoir obtenu l'accord de ce dernier.

Art. R. 541-150 *(Créé à compter du 1er janvier 2021, sous réserve des dispositions des IV et V de l'article 4 du décret n° 2020-1455 du 27 novembre 2020, D. n° 2020-1455, 27 nov. 2020 ; mod. à compter du 1er juillet 2024, D. n° 2024-123, 20 févr. 2024).* – Les modalités d'emploi des fonds et les critères de labellisation des réparateurs sont établis de manière transparente et non discriminatoire.

I. – Les modalités d'emploi des fonds satisfont aux exigences suivantes :

1° Les opérations de réparation auxquelles le fonds participe respectent le principe de proximité en fixant une distance maximale entre le lieu de dépôt du produit à réparer par l'utilisateur et le lieu de réalisation des opérations de réparation ;

2° Le fonds ne participe pas au financement des opérations de réparation effectuées dans le cadre de la garantie légale ou d'une garantie commerciale ;

3° La participation financière est versée au réparateur labellisé dans un délai de quinze jours à compter de la réception du duplicata de la facture acquittée de la réparation ;

II. – Les critères de labellisation des réparateurs comportent :

1° L'engagement de fournir une garantie commerciale associée à l'opération de réparation dont la durée ne peut être inférieure à trois mois ;

2° L'engagement d'informer le consommateur des conditions de participation du fonds au financement de la réparation, en procédant à un affichage lisible de l'extérieur du local où la prestation de réparation est proposée et sur le site internet du réparateur lorsqu'il dispose d'un tel site ;

3° Des conditions de qualification professionnelle.

III. – L'éco-organisme saisi d'une demande de labellisation d'un réparateur se prononce dans un délai de trois mois à compter de la date de réception d'un dossier complet. Passé ce délai, la labellisation est réputée accordée.

Art. R. 541-151 *(Créé à compter du 1er janvier 2022, sous réserve des dispositions des IV et V de l'article 4 du décret n° 2020-1455 du 27 novembre 2020, D. n° 2020-1455, 27 nov. 2020 ; mod. à compter du 1er juillet 2024, D. n° 2024-123, 20 févr. 2024).* – I. – Chaque éco-organisme joint la liste des réparateurs qu'il labellise aux informations mises à disposition du public en application du 1° de l'article L. 541-10-15.

II. – Tout distributeur de produits concernés par un fonds dédié au financement de la réparation en application de l'article L. 541-10-4 communique au consommateur, de manière visible, lisible et facilement accessible, les informations relatives à la part minimale de financement de la réparation mentionnée à l'article R. 541-148.

Art. R. 541-152 *(Créé à compter du 1er janvier 2021, D. n° 2020-1455, 27 nov. 2020).* – Le cahier des charges peut préciser les modalités d'application du présent paragraphe.

§ 2. – Fonds dédié au financement du réemploi et de la réutilisation

Art. R. 541-153 *(Créé à compter du 1er janvier 2021, sous réserve des dispositions des IV et VI de l'article 4 du décret n° 2020-1455 du 27 novembre 2020, D. n° 2020-1455, 27 nov. 2020).* – Pour l'application de l'article L. 541-10-5, sont concernés les produits énumérés au deuxième alinéa du même article, y compris ceux de ces produits mis en vente ou distribués antérieurement à la date d'entrée en vigueur de l'obligation de responsabilité élargie applicable aux producteurs de ces produits.

Art. R. 541-154 *(Créé à compter du 1er janvier 2021, sous réserve des dispositions des IV et VI de l'article 4 du décret n° 2020-1455 du 27 novembre 2020, D. n° 2020-1455, 27 nov. 2020).* – Tout éco-organisme d'une filière concernée par l'obligation de créer un fonds dédié au financement du réemploi et de la réutilisation fixe les conditions d'éligibilité des bénéficiaires ainsi que les critères et conditions d'attribution des financements, en respectant les conditions prescrites à l'article R. 541-156.

L'éco-organisme élabore les éléments mentionnés à l'alinéa précédent dans un délai de six mois à compter de la date de son premier agrément et transmet sa proposition pour accord à l'autorité administrative après consultation de son comité des parties prenantes. L'accord est réputé acquis en l'absence d'opposition dans un délai de deux mois suivant la réception de la proposition.

Ces éléments peuvent être révisés dans les conditions mentionnées à l'alinéa précédent.

Lorsque plusieurs éco-organismes sont soumis à l'obligation de créer un fonds dédié au financement du réemploi et de la réutilisation pour une même catégorie de produits, ils peuvent se coordonner afin de formuler une proposition de mutualisation de ces fonds. Leurs obligations de financement sont alors réparties entre eux au prorata des quantités estimées de ces produits mis sur le marché par leurs adhérents respectifs l'année précédente.

Art. R. 541-155 *(Créé à compter du 1er janvier 2021, sous réserve des dispositions des IV et VI de l'article 4 du décret n° 2020-1455 du 27 novembre 2020, D. n° 2020-1455, 27 nov. 2020).* – Tout producteur qui met en place un système individuel soumis à l'obligation de créer un fonds dédié au financement du réemploi et de la réutilisation précise les conditions d'éligibilité des bénéficiaires ainsi que les critères et conditions d'attribution des financements dans le dossier de sa demande d'agrément.

Le producteur peut proposer d'abonder à hauteur de son obligation un fonds mis en place par un éco-organisme agréé sur la même catégorie de produits, à condition d'avoir obtenu l'accord de ce dernier.

Art. R. 541-156 *(Créé à compter du 1er janvier 2021, sous réserve des dispositions des IV et VI de l'article 4 du décret n° 2020-1455 du 27 novembre 2020, D. n° 2020-1455, 27 nov. 2020 ; mod., D. n° 2021-1904, 30 déc. 2021).* – Les financements sont attribués sur la base de procédures ouvertes à toute personne éligible qui en formule la demande.

Les conditions d'éligibilité des bénéficiaires et les critères d'attribution des financements sont établis de manière transparente et non discriminatoire.

Les critères d'attribution prévoient que les opérations de réemploi ou de réutilisation soutenues respectent le principe de proximité en fixant une distance maximale entre le lieu de dépôt du produit et celui de réalisation des opérations.

Art. R. 541-157 *(Créé à compter du 1er janvier 2021, D. n° 2020-1455, 27 nov. 2020).* – Le cahier des charges peut préciser les modalités d'application du présent paragraphe.

Sous-section 4. – Reprise des produits usagés par les distributeurs

§ 1. – Dispositions générales

Art. R. 541-158 *(Créé à compter du 1er janvier 2021, sous réserve des dispositions du VII de l'article 4 du décret n° 2020-1455 du 27 novembre 2020, D. n° 2020-1455, 27 nov. 2020).* – Pour l'application de la présente sous-section, est considérée comme distributeur toute personne physique ou morale qui, quelle que soit la technique de distribution utilisée, y compris par communication à distance, fournit à l'utilisateur final à titre commercial des produits relevant du régime de responsabilité élargie du producteur et soumis à l'obligation de reprise en application de l'article L. 541-10-8.

Art. R. 541-159 *(Créé à compter du 1er janvier 2021, sous réserve des dispositions du VII de l'article 4 du décret n° 2020-1455 du 27 novembre 2020, D. n° 2020-1455, 27 nov. 2020 ; mod. à compter de date prévue à l'article 4 du décret n° 2021-1941 du 31 décembre 2021, D. n° 2021-1941, 31 déc. 2021). – (Mod., D. n° 2023-152, 2 mars 2023)* Les produits soumis à l'obligation de reprise prévue à l'article L. 541-10-8 sont ceux qui sont mentionnés au V du même article ainsi que les produits ou matériaux de construction du secteur du bâtiment qui sont mentionnés au 4° de l'article L. 541-10-1 et les pneumatiques qui sont mentionnés au 16° de l'article L. 541-10-1.

Art. R. 541-160 *(Créé à compter du 1er janvier 2021, sous réserve des dispositions du VII de l'article 4 du décret n° 2020-1455 du 27 novembre 2020, D. n° 2020-1455, 27 nov. 2020 ; à compter de date prévue à l'article 4 du décret n° 2021-1941 du 31 décembre 2021, D. n° 2021-1941, 31 déc. 2021 ; à compter du*

1er janvier 2024, D. n° 2023-152, 2 mars 2023). – Les seuils de surface de vente ou le chiffre d'affaires à partir desquels les obligations de reprise s'appliquent sont les suivants :

a) S'agissant des équipements électriques et électroniques mentionnés au 5° de l'article L. 541-10-1, les obligations de reprise prévues au I de l'article L. 541-10-8 s'appliquent sans seuil. Celles qui sont prévues au II du même article s'appliquent aux distributeurs disposant, dans les magasins de détails, d'une surface de vente consacrée à ces produits d'au moins 400 m^2 ;

b) S'agissant des contenus et contenants de produits chimiques mentionnés au 7° de l'article L. 541-10-1, à l'exception des produits pyrotechniques et des extincteurs, les obligations de reprise prévues aux I et II de l'article L. 541-10-8 s'appliquent aux distributeurs disposant, dans les magasins de détail, d'une surface de vente consacrée à ces produits d'au moins 200 m^2. Celles du I du même article s'appliquent aux distributeurs qui proposent ces produits à la vente en livraison dont le chiffre d'affaire annuel associé est supérieur à 100 000 euros ;

c) S'agissant des produits pyrotechniques et des extincteurs relevant du 7° de l'article L. 541-10-1, les obligations de reprise prévues aux I et II de l'article L. 541-10-8 s'appliquent sans seuil ;

d) S'agissant des éléments d'ameublement mentionnés au 10° de l'article L. 541-10-1 :

– les obligations de reprise prévues au I de l'article L. 541-10-8 s'appliquent aux distributeurs disposant, dans les magasins de détail, d'une surface de vente consacrée à ces produits d'au moins 200 m^2, et aux distributeurs qui proposent ces produits à la vente en livraison dont le chiffre d'affaires annuel associé est supérieur à 100 000 euros ;

– celles qui sont prévues au II du même article s'appliquent aux distributeurs disposant, dans les magasins de détail, d'une surface de vente consacrée à ces produits d'au moins 1 000 m^2 ;

e) S'agissant des cartouches de gaz combustible à usage unique, les obligations de reprise prévues aux I et II de l'article L. 541-10-8 s'appliquent aux distributeurs disposant, dans les magasins de détail, d'une surface de vente consacrée à ces produits d'au moins 1 m^2 en tenant compte de chacune des étagères utilisées pour proposer les produits à la vente. Celles du I du même article s'appliquent sans seuil à ceux dont la distribution s'effectue par livraison ;

f) S'agissant des jouets, des articles de sport et de loisir, ainsi que des articles de bricolage et de jardin mentionnés respectivement au 12°, 13° et 14° de l'article L. 541-10-1 :

– les obligations de reprise prévues au I de l'article L. 541-10-8 s'appliquent aux distributeurs disposant, dans les magasins de détail, d'une surface de vente consacrée à chacune de ces catégories de produits d'au moins 200 m^2 et aux distributeurs qui proposent ces produits à la vente en livraison dont le chiffre d'affaires annuel associé est supérieur à 100 000 euros ;

– les obligations de reprise prévues au II du même article s'appliquent aux distributeurs disposant, dans les magasins de détail, d'une surface de vente consacrée à ces produits d'au moins 400 m^2. Cette obligation est toutefois limitée, pour les magasins de détail dont la surface de vente reste inférieure à 1000 m^2, aux produits usagés dont toutes les dimensions extérieures sont inférieures à 160 cm et dont le transport ne nécessite pas un équipement ;

g) S'agissant des produits ou matériaux de construction du secteur du bâtiment mentionnés au 4° de l'article L. 541-10-1, les obligations de reprise des déchets prévues au II de l'article L. 541-10-8 s'appliquent aux distributeurs dont la surface de vente est supérieure à 4000 m^2, la surface de vente étant définie comme l'ensemble des surfaces dédiées à la vente de produits et de matériaux de construction du secteur du bâtiment, y compris les surfaces de stockages attenantes ou à proximité immédiate destinées à la fourniture de ces produits et matériaux aux clients.

h) S'agissant des pneumatiques mentionnés au 16° de l'article L. 541-10-1 :

– les obligations de reprise prévues au I de l'article L. 541-10-8 s'appliquent sans seuil ;

– les obligations de reprise prévues au II du même article s'appliquent aux distributeurs de pneumatiques destinés aux voitures particulières et camionnettes ainsi qu'aux distributeurs de pneumatiques destinés aux véhicules à moteur à deux ou trois roues disposant, dans les magasins de détail, d'une surface de vente consacrée à ces produits d'au moins 250 m^2, la surface de vente étant définie comme l'ensemble des surfaces dédiées à la vente de pneumatiques, y compris les surfaces de stockages attenantes qui y sont affectées. Ces obligations de reprise ne sont applicables qu'aux déchets de pneumatiques détenus par des particuliers, dans la limite de huit pneumatiques usagés par an et par détenteur.

Les distributeurs concernés par les dispositions de l'alinéa précédent peuvent demander aux personnes leur apportant ces déchets de pneumatiques d'établir une attestation sur l'honneur certifiant qu'elles n'ont pas apporté plus de huit pneumatiques usagés à des distributeurs au cours de l'année.

i) (Créé à compter du 18 août 2025, D. n° 2024-1221, 27 déc. 2024) S'agissant des batteries mentionnées au 6° de l'article L. 541-10-1, les obligations de reprise prévues aux I et II de l'article L. 541-10-8 s'appliquent sans seuil.

Art. R. 541-161 *(Créé à compter du 1er janvier 2021, sous réserve des dispositions du VII de l'article 4 du décret n° 2020-1455 du 27 novembre 2020, D. n° 2020-1455, 27 nov. 2020 ; mod., D. n° 2024-1046, 19 nov. 2024)*. – I. – Lorsque la vente s'effectue en magasin et sans livraison, la reprise des produits usagés s'effectue sur le lieu de vente ou à proximité immédiate.

Lorsque la vente s'effectue avec une livraison, la reprise des produits usagés s'effectue au point de livraison, ou auprès d'un point de collecte de proximité que le distributeur finance et organise ou fait organiser lorsqu'il s'agit de produits transportables sans équipement, ou par la mise à disposition d'une solution de renvoi sans frais pour le détenteur telle qu'un service postal ou équivalent lorsque les caractéristiques des produits usagés le permettent. Le produit usagé peut être renvoyé directement auprès d'un opérateur de la prévention ou de la gestion des déchets en contrat avec un éco-organisme agréé sur cette catégorie de produit lorsque celui-ci le propose.

II. – Pour les produits ou matériaux mentionnés au *g* de l'article R. 541-160, la reprise peut s'effectuer auprès d'une ou de plusieurs installations situées à une distance au plus égale à cinq kilomètres du lieu de vente, à condition que chacune d'elles reprenne sans frais, dans les conditions prévues à l'article R. 543-290-4, l'ensemble des produits et matériaux usagés que le distributeur est tenu de reprendre, et que chaque utilisateur final puisse se défaire de ses produits et matériaux dans au moins une de ces installations.

Avant de proposer cette modalité de reprise, le distributeur recueille l'accord des gestionnaires de chacune des installations par la signature d'une convention dont une copie est transmise par ces derniers à l'éco-organisme ou aux éco-organismes agréés avec lesquels ils sont en contrat.

Une installation peut satisfaire à l'obligation de reprise de plusieurs distributeurs si elle dispose des capacités suffisantes pour reprendre la quantité totale de produits usagés correspondante.

Art. R. 541-162 *(Créé à compter du 1er janvier 2021, sous réserve des dispositions du VII de l'article 4 du décret n° 2020-1455 du 27 novembre 2020, D. n° 2020-1455, 27 nov. 2020)*. – L'obligation de reprise prévue au II de l'article L. 541-10-8 s'applique dans la limite des produits de nature et de dimensions équivalentes qui sont proposés à la vente par le distributeur.

Lorsque le distributeur propose temporairement des produits à la vente, il n'est pas tenu d'assurer la reprise des produits usagés prévue au II de l'article L. 541-10-8 en dehors des périodes de vente.

Art. R. 541-163 *(Créé à compter du 1er janvier 2021, sous réserve des dispositions du VII de l'article 4 du décret n° 2020-1455 du 27 novembre 2020, D. n° 2020-1455, 27 nov. 2020)*. – L'utilisateur final est informé dans le lieu de vente des conditions de reprise mises à sa disposition de manière visible, lisible et facilement accessible, et avant que la vente ne soit conclue. En cas de vente à distance, le distributeur s'assure que cette information est fournie à l'acheteur de manière visible, lisible et facilement accessible préalablement à la conclusion de la vente.

(D. n° 2024-1046, 19 nov. 2024) Lorsque la reprise des produits ou matériaux mentionnés au *g* de l'article R. 541-160 s'effectue dans les installations mentionnées au II de l'article R. 541-161, l'information de l'utilisateur final comprend les nom, adresse, coordonnées et horaires d'ouverture de chacune de ces installations ainsi que les catégories d'utilisateurs pouvant y être accueillies.

Art. R. 541-164 *(Créé à compter du 1er janvier 2021, sous réserve des dispositions du VII de l'article 4 du décret n° 2020-1455 du 27 novembre 2020, D. n° 2020-1455, 27 nov. 2020)*. – Le distributeur peut refuser de reprendre le produit usagé qui, à la suite d'une contamination ou d'une mauvaise manipulation, présente un risque pour la sécurité et la santé du personnel chargé de la reprise que les équipements de protection individuels conventionnels ou les moyens de conditionnement courants mis à disposition par les producteurs ou leur éco-organisme en application de l'article R. 541-165 ne permettent pas d'éviter.

Dans ce cas, le distributeur est tenu d'informer le détenteur du produit usagé refusé des solutions alternatives de reprise.

Art. R. 541-165 *(Créé à compter du 1er janvier 2021, sous réserve des dispositions du VII de l'article 4 du décret n° 2020-1455 du 27 novembre 2020, D. n° 2020-1455, 27 nov. 2020 ; mod., D. n° 2024-1046, 19 nov. 2024).* – Les producteurs ou leur éco-organisme mettent sans frais à disposition des distributeurs et des points de collecte de proximité mentionnés au second alinéa du I de l'article R. 541-161, des conteneurs ou bennes adaptés à la collecte des produits usagés dont les utilisateurs se défont auprès de ces derniers, ainsi que les équipements de protection individuels associés.

Art. R. 541-165-1 *(Créé à compter du 18 août 2025, D. n° 2024-1221, 27 déc. 2024).* – Lorsque qu'un distributeur est tenu, en application de l'article L. 541-10-8, de reprendre des batteries usagées et des équipements électriques et électroniques usagés, il place les conteneurs ou bennes de collecte dédiés à ces produits usagés à proximité immédiate les uns des autres.

Ces conteneurs ou bennes sont identifiés par une signalétique mentionnant explicitement le geste de tri approprié afin de collecter séparément les batteries et les équipements électriques et électroniques. Dans la mesure du possible, ils sont fermés et leur contenu est rendu inaccessible au public.

§ 2. – Sanctions pénales

Art. R. 541-166 *(Créé à compter du 1er janvier 2021, sous réserve des dispositions du VII de l'article 4 du décret n° 2020-1455 du 27 novembre 2020, D. n° 2020-1455, 27 nov. 2020).* – Est puni de l'amende prévue pour les contraventions de cinquième classe le fait pour un distributeur, y compris en cas de vente à distance :

1° De ne pas assurer la reprise d'un produit usagé dont son détenteur se défait dans les conditions définies aux articles R. 541-161 et R. 541-162 ;

2° De ne pas respecter les obligations d'information prévues à l'article R. 541-163.

La récidive des contraventions de la cinquième classe prévues au présent article est réprimée conformément aux dispositions des articles 132-11 et 132-15 du Code pénal.

Sous-section 5. – Dispositions relatives aux personnes qui facilitent les ventes de produits par l'utilisation d'une interface électronique

Art. R. 541-167 *(Créé à compter du 1er janvier 2022, D. n° 2020-1455, 27 nov. 2020).* – Le registre mentionné à l'article L. 541-10-9 contient les informations suivantes :

1° Les éléments d'identification du tiers qui propose le produit à la vente en utilisant l'interface électronique :

a) Sa raison sociale ;

b) Son nom commercial ou son nom d'utilisateur tel que communiqué sur l'interface électronique ;

c) Son identifiant fourni par l'interface électronique ;

d) Son lieu d'établissement ;

e) Son numéro de taxe sur la valeur ajoutée intracommunautaire ou, s'il en est dépourvu, ses numéros d'identité définis à l'article R. 123-221 du Code de commerce ou, pour une entreprise non résidente, son numéro d'immatriculation auprès de l'administration fiscale de son pays de résidence ;

2° L'identifiant unique délivré en application de l'article L. 541-10-13 au tiers qui propose le produit à la vente lorsque ce dernier est également le producteur du produit, ou l'identifiant unique délivré au producteur du produit et qui a été communiqué au tiers proposant le produit à la vente conformément à l'article L. 541-10-10 ;

3° Les quantités de produits relevant du principe de responsabilité élargie du producteur, par catégories, vendues par le tiers par l'intermédiaire de l'interface électronique ;

4° Le cas échéant, les modalités de reprise des produits usagés mises en place par le tiers qui propose le produit à la vente conformément à l'article L. 541-10-8.

Art. R. 541-168 *(Créé à compter du 1er janvier 2022, D. n° 2020-1455, 27 nov. 2020).* – La personne mentionnée à l'article L. 541-10-9 communique à tout éco-organisme qui en fait la demande les informations mentionnées au 3° de l'article R. 541-167 agrégées pour chaque identifiant unique des producteurs qui lui ont transféré l'obligation mentionnée au I de l'article L. 541-10, afin de lui permettre de vérifier la cohérence des quantités de produits mis sur le marché qui lui ont été déclarées par ces mêmes producteurs.

Art. R. 541-169 *(Créé à compter du 1er janvier 2022, D. n° 2020-1455, 27 nov. 2020).* – Lorsque les produits proposés à la vente sont associés à une obligation de reprise de produits usagés en application de l'article L. 541-10-8, la personne mentionnée à l'article L. 541-10-9 s'assure que l'information sur les conditions de cette reprise est délivrée à l'acheteur par le tiers proposant les produits à la vente préalablement à la conclusion de la vente. Lorsque le tiers ne propose pas cette reprise, la personne mentionnée à l'article L. 541-10-9 est tenue de remplir cette obligation pour son compte dans les conditions prévues aux articles R. 541-161 à R. 541-164.

Sous-section 6. – Actions de communication inter-filières

Art. R. 541-170 *(Créé à compter du 1er janvier 2021, D. n° 2020-1455, 27 nov. 2020).* – La commission inter-filières de responsabilité élargie des producteurs mentionnée à l'article D. 541-6-1 est consultée pour avis sur les orientations des actions de communication inter-filières mises en œuvre par le ministère chargé de l'environnement en application de l'article L. 541-10-2-1.

Elle est également informée du bilan de ces actions.

Art. R. 541-171 *(Créé à compter du 1er janvier 2021, sous réserve des dispositions du IV de l'article 4 du décret n° 2020-1455 du 27 novembre 2020, D. n° 2020-1455, 27 nov. 2020).* – La redevance prévue à l'article L. 541-10-2-1 est perçue en contrepartie des prestations d'études, de création, de production, de diffusion et d'évaluation des actions de communication fournies par le ministère chargé de l'environnement aux producteurs qui ont mis en place un système individuel et aux éco-organismes. Le montant de la redevance est fixé en application de tarifs arrêtés par le ministre chargé de l'environnement dans les conditions prévues à l'article R. 541-172. Les produits de la redevance sont attribués à son budget conformément au III de l'article 17 de la loi organique n° 2001-692 du 1er août 2001 relative aux lois de finances.

Art. R. 541-172 *(Créé à compter du 1er janvier 2021, D. n° 2020-1455, 27 nov. 2020).* – Les tarifs mentionnés à l'article R. 541-171 sont établis dans les conditions suivantes :

1° La répartition des coûts entre chacun des producteurs en système individuel et chacun des éco-organismes est opérée au prorata des charges relatives à la prévention et à la gestion des déchets de chacune de ces personnes appréciées sur une période antérieure pertinente ;

2° Les produits de la redevance n'excèdent pas 0,3 % du montant total des charges mentionnées à l'alinéa précédent pour l'ensemble des filières de responsabilité élargie des producteurs ;

3° Lorsqu'une action de communication ne concourt à aucun des objectifs fixés en application de l'article L. 541-10 à un producteur en système individuel ou à un éco-organisme, la redevance due par ces personnes fait l'objet d'une réfaction au prorata du coût relatif à cette action.

Sous-section 7. – Autres dispositions communes à la responsabilité élargie des producteurs

§ 1. – Modalités relatives à la délivrance et l'utilisation de l'identifiant unique

Art. R. 541-173 *(Créé à compter du 1er janvier 2022, D. n° 2020-1455, 27 nov. 2020).* – Tout producteur indique l'identifiant unique prévu à l'article L. 541-10-13 dans le document relatif aux conditions générales de vente ou, lorsqu'il n'en dispose pas, dans tout autre document contractuel communiqué à l'acheteur.

Tout producteur disposant d'un site internet communique son identifiant unique dans les mêmes conditions que les informations mentionnées à l'article 19 de la loi n° 2004-575 du 21 juin 2004 pour la confiance dans l'économie numérique.

§ 2. – Dispositions diverses

Art. R. 541-174 *(Créé à compter du 1er janvier 2021, D. n° 2020-1455, 27 nov. 2020 ; annulé, CE, 10 nov. 2023, n° 449213, Sté EcoDDS : JurisData n° 2023-020119).*

Rédaction antérieure. Art. R. 541-174 *(Créé à compter du 1er janvier 2021, D. n° 2020-1455, 27 nov. 2020).* – Tout producteur de produits, qu'il soit établi en France, dans un autre État membre de l'Union Européenne ou un pays tiers, peut désigner une personne physique ou morale établie en France en tant que mandataire chargé d'assurer le respect de ses obligations relatives au régime de responsabilité élargie des producteurs. Cette personne est subrogée dans toutes les obligations de responsabilité élargie du producteur dont elle accepte le mandat.

Lorsque les producteurs transfèrent leur obligation de responsabilité élargie à un éco-organisme, le contrat de mandat prévoit que les contributions et modulations prévues en application des articles L. 541-10-2 et L. 541-10-3 répercutées par le mandataire sur les producteurs concernés ne peuvent faire l'objet d'une réfaction.

Art. R. 541-175 *(Créé à compter du 1er janvier 2021, D. n° 2020-1455, 27 nov. 2020)* (1). – **Tout éco-organisme ou tout producteur ayant mis en place un système individuel procède à l'évaluation des quantités de déchets issus des produits relevant de son agrément au plus tard trois ans à compter de la date de son agrément. Lorsque la durée de son agrément est inférieure ou égale à trois ans, il procède à cette évaluation au plus tard six mois avant son échéance. Le cas échéant, il met à jour cette évaluation dans le cadre de sa demande de renouvellement d'agrément.**

Art. R. 541-176 *(Créé à compter du 1er janvier 2021, D. n° 2020-1455, 27 nov. 2020).* – **Les mesures de prévention et de gestion des déchets élaborées par tout éco-organisme ou producteur ayant mis en place un système individuel sont compatibles avec les plans pris en application des articles L. 541-11, L. 541-11-1 et L. 541-13 du Code de l'environnement, ainsi qu'avec les schémas régionaux d'aménagement, de développement durable et d'égalité des territoires mentionnés à l'article L. 4251-1 du Code général des collectivités territoriales.**

Art. R. 541-177 *(Créé à compter du 1er janvier 2021, D. n° 2020-1455, 27 nov. 2020).* – **Lorsque la commission inter-filières de responsabilité élargie des producteurs est consultée sur toute proposition d'un éco-organisme ou d'un producteur ayant mis en place un système individuel, les délais impartis à l'autorité administrative pour se prononcer sur la proposition en application de la présente section sont augmentés d'un mois.**

Art. R. 541-178 *(Créé à compter du 1er janvier 2021, D. n° 2020-1455, 27 nov. 2020).* – **Au sens de la présente section, l'autorité administrative s'entend, sans préjudice des compétences propres du ministre chargé de l'environnement, des ministres compétents pour délivrer l'agrément en application de l'article R. 541-87 s'agissant des éco-organismes et de l'article R. 541-134 s'agissant des systèmes individuels.**

Art. R. 541-179 *(D. n° 2021-1904, 30 déc. 2021).* – **Tout éco-organisme ou tout producteur ayant mis en place un système individuel assure la continuité de ses missions relatives à la prévention et à la gestion des déchets issus des produits relevant de son agrément, même lorsque les objectifs qui lui sont applicables sont atteints.**

Section IX. – Informations du public sur les produits générateurs de déchets

Sous-section 1. – Affichage de l'indice de réparabilité

Art. R. 541-210 *(Créé à compter du 1er janvier 2021, D. n° 2020-1757, 29 déc. 2020).* – **L'indice de réparabilité des équipements électriques et électroniques prévu à l'article L. 541-9-2 consiste en une note sur dix destinée à être portée à la connaissance des consommateurs au moment de l'acte d'achat d'un équipement neuf.**

Cet indice se rapporte à chaque modèle de cet équipement.

Art. R. 541-211 *(Rempl., D. n° 2024-316, 5 avr. 2024).* – **Aux fins de la présente sous-section, sont applicables les définitions prévues aux 1° à 8° de l'article R. 541-217.**

Art. R. 541-212 *(Créé à compter du 1er janvier 2021, D. n° 2020-1757, 29 déc. 2020).* – **I. – Les producteurs ou importateurs établissent pour les équipements électriques ou électroniques qu'ils mettent sur**

(1) Dispositions d'application particulières et transitoires, D. n° 2020-1455, 27 nov. 2020.

le marché, l'indice de réparabilité ainsi que les paramètres ayant permis de l'établir selon des modalités précisées par l'arrêté mentionné au III de l'article R. 541-214.

II. – Les producteurs ou les importateurs communiquent sans frais et sous un format dématérialisé aux distributeurs ou aux vendeurs au moment du référencement et à la livraison des équipements électriques et électroniques pour chaque modèle d'équipements mis sur le marché :

1° L'indice de réparabilité selon les modalités et la signalétique prévues par l'arrêté mentionné au I de l'article R. 541-213 ;

2° Les paramètres ayant permis d'établir l'indice de réparabilité, selon le format prévu par l'arrêté mentionné au I de l'article R. 541-213.

III. – Lorsqu'il ne se confond pas avec le vendeur, le distributeur communique sans frais, dans les mêmes conditions mentionnées au II, l'indice et les paramètres de son calcul au vendeur au moment du référencement et à la livraison des équipements électriques et électroniques.

IV. – L'indice peut de surcroît être apposé directement sur chaque équipement ou sur l'emballage par voie d'étiquetage ou de marquage, en respectant la signalétique prévue par l'arrêté mentionné au I de l'article R. 541-213.

V. – Les informations mentionnées au II sont mises à disposition du public par voie électronique et communiquées sans frais par les producteurs ou importateurs, dans un délai de quinze jours, à toute personne qui en fait la demande pendant une période d'au minimum deux ans après la mise sur le marché de la dernière unité d'un modèle d'équipement.

Art. R. 541-213 *(Créé à compter du 1er janvier 2021, D. n° 2020-1757, 29 déc. 2020)*. – I (1). – Lorsque l'équipement électrique ou électronique est proposé à la vente en magasin, le vendeur fait figurer, selon les modalités et la signalétique prévues par arrêté des ministres chargés de l'environnement et de l'économie, l'indice de réparabilité fourni par le producteur ou l'importateur, de manière visible, sur chaque équipement proposé à la vente, ou à proximité immédiate (1).

II. – Lorsque l'équipement électrique ou électronique est proposé à la vente à distance, le vendeur affiche l'indice de réparabilité de manière visible dans la présentation de l'équipement et à proximité de son prix, selon les modalités et la signalétique prévues par l'arrêté mentionné au I.

III. – Le vendeur met également à disposition des consommateurs les paramètres ayant permis d'établir l'indice de réparabilité de l'équipement, par tout procédé approprié.

Art. R. 541-214 *(Créé à compter du 1er janvier 2021, D. n° 2020-1757, 29 déc. 2020)*. – I. – L'indice de réparabilité est calculé à partir des critères suivants :

1° Une note sur vingt relative à la durée de disponibilité de la documentation technique et relative aux conseils d'utilisation et d'entretien, auprès des producteurs, réparateurs, et des consommateurs ;

2° Une note sur vingt relative au caractère démontable de l'équipement entendu comme le nombre d'étapes de démontage pour un accès unitaire aux pièces détachées, ainsi que les caractéristiques des outils nécessaires et des fixations entre pièces détachées ;

3° Une note sur vingt relative aux durées de disponibilité sur le marché des pièces détachées et aux délais de livraison, auprès des producteurs, des distributeurs en pièces détachées, des réparateurs et des consommateurs ;

4° Une note sur vingt relative au rapport entre le prix de vente des pièces détachées par le constructeur ou l'importateur et le prix de vente des équipements par le constructeur ou l'importateur, calculée selon les modalités prévues par arrêté ;

5° Une note sur vingt relative à des critères spécifiques à la catégorie d'équipements concernée.

II. – L'indice de réparabilité est obtenu en additionnant les cinq notes obtenues puis en divisant ce total par dix pour exprimer une note synthétique sur une échelle de 1 à 10.

III. – Pour chaque catégorie d'équipements électriques et électroniques, un arrêté des ministres chargés de l'environnement et de l'économie précise l'ensemble des critères et sous- critères, y compris les critères spécifiques à la catégorie, ainsi que les modes de calcul de l'indice.

(1) V. T appl. : A. 29 déc. 2020 : *JO* 31 déc. 2020. – NDLR.

Sous-section 2

(D. n° 2024-316, 5 avr. 2024)

Art. R. 541-215 *(D. n° 2024-316, 5 avr. 2024)*. – La présente sous-section s'applique aux catégories d'équipements électriques et électroniques neufs définies par arrêté des ministres chargés de l'environnement et de l'économie.

Art. R. 541-216 *(D. n° 2024-316, 5 avr. 2024)*. – L'indice de durabilité établi par les producteurs ou importateurs en application du II de l'article L. 541-9-2 consiste en une note fixée, pour chaque modèle d'équipement, selon les modalités prévues ci-après. Cette note est portée à la connaissance des consommateurs au moment de l'achat de l'équipement.

L'indice de durabilité remplace l'indice de réparabilité prévu au I de l'article L. 541-9-2 à compter de l'entrée en vigueur des obligations relatives à l'indice de durabilité pour la catégorie d'équipement concernée.

Art. R. 541-217 *(D. n° 2024-316, 5 avr. 2024)*. – Aux fins de la présente sous-section, on entend par :

1° « Mise à disposition sur le marché » : toute fourniture, dans le cadre d'une activité commerciale, d'un équipement destiné à être distribué ou utilisé sur le marché national, à titre onéreux ou gratuit ;

2° « Mise sur le marché » : la première mise à disposition d'un équipement sur le marché national ;

3° « Producteur » : toute personne physique ou morale qui fabrique un équipement ou le fait concevoir et le commercialise sous son propre nom ou sa propre marque ;

4° « Importateur » : toute personne physique ou morale qui met sur le marché national un équipement en provenance d'États membres de l'Union européenne ou de pays tiers ;

5° « Distributeur » : toute personne physique ou morale faisant partie de la chaîne d'approvisionnement, autre que le producteur ou l'importateur, qui propose à la vente un équipement sur le marché national ;

6° « Vendeur » : toute personne physique ou morale qui, dans le cadre d'une activité commerciale, met à disposition sur le marché en vendant, y compris à distance, des équipements à des consommateurs ;

7° « Vente à distance » : contrat conclu à distance entre un vendeur professionnel et un consommateur, dans le cadre d'un système organisé de vente, sans la présence physique simultanée du professionnel et du consommateur, par le recours exclusif à une ou plusieurs techniques de communication à distance jusqu'à la conclusion du contrat ;

8° « Modèle » : une version d'un équipement dont toutes les unités partagent les mêmes caractéristiques techniques pertinentes aux fins du calcul de l'indice ;

9° « Modèles équivalents » : un groupe de modèles qui possède les mêmes caractéristiques techniques pertinentes aux fins du test de fiabilité à réaliser, et qui est mis sur le marché ou mis en service par le même fabricant, importateur ou autre metteur sur le marché en tant qu'autre modèle avec une autre référence de modèle.

Art. R. 541-219 *(D. n° 2024-316, 5 avr. 2024)*. – L'autorité administrative assure un accès centralisé aux informations mentionnées au II de l'article R. 541-218 dans les conditions définies ci-après.

Pour chaque catégorie d'équipements, l'indice, les paramètres de calcul ayant permis de l'établir, à l'exclusion de ceux concernant le prix des pièces détachées, ainsi que les informations relatives à l'identification des modèles et aux modalités de calcul des notes font l'objet d'une diffusion publique par le portail interministériel unique mentionné à l'article R. 321-8 du Code des relations entre le public et l'administration.

Les données sont transmises et publiées sous la responsabilité du producteur ou de l'importateur conformément à un schéma de données disponible sur ce portail. Un arrêté des ministres chargés de l'environnement et de l'économie précise, en tant que de besoin, les modalités techniques de mise en œuvre du schéma de données.

Ces données sont réutilisables dans les conditions prévues par le titre II du livre III du Code des relations entre le public et l'administration et selon les termes de la licence ouverte mentionnée au 1° du I de l'article D. 323-2-1 de ce même code.

En cas d'actualisation du calcul de la note de l'indice de durabilité d'un modèle, ces données sont mises à jour dans un délai ne pouvant excéder un mois.

Art. R. 541-220 *D. n° 2024-316, 5 avr. 2024)*. – I. – Lorsque l'équipement est proposé à la vente en magasin, le vendeur fait figurer, selon les modalités et la signalétique prévues par l'arrêté mentionné au I de l'article R. 541-218, l'indice de durabilité, de manière visible, lisible et aisément accessible sur chaque équipement proposé à la vente ou à proximité immédiate.

II. – Lorsque l'équipement est proposé à la vente à distance, le vendeur affiche l'indice de durabilité de manière visible, lisible et aisément accessible dans la présentation de l'équipement et dans toutes les pages internet sur lesquelles il est proposé de procéder à l'achat de l'équipement, à proximité de l'indication de son prix, selon les modalités et la signalétique prévues par l'arrêté mentionné au I de l'article R. 541-218. Cette obligation ne s'applique pas aux pages récapitulatives de commande et de paiement.

III. – Le vendeur met également à disposition des consommateurs le tableau mentionné au 2° du II de l'article R. 541-218 par tout procédé approprié. Lorsque l'équipement est proposé à la vente en magasin, un affichage en rayon informe le consommateur de l'existence du tableau et de la possibilité d'y avoir accès. Sur demande du client, un exemplaire doit lui être délivré sous un format papier ou dématérialisé, selon son choix. Lorsque l'équipement est proposé à la vente en ligne, ce tableau est accessible directement depuis les pages internet où est affiché l'indice de durabilité.

Art. R. 541-221 *(D. n° 2024-316, 5 avr. 2024)*. – I. – L'indice de durabilité est calculé à partir des critères et paramètres suivants :

1° Une note fixée sur une échelle de 0 à 10 relative à la réparabilité des équipements, qui tient compte notamment de l'accessibilité de la documentation technique, de la facilité de démontage, de la disponibilité et du prix des pièces détachées ;

2° Une note fixée sur une échelle de 0 à 10 relative à la fiabilité des équipements, qui tient compte notamment de la résistance aux contraintes et à l'usure, de la facilité de la maintenance et de l'entretien, ainsi que de l'existence d'une garantie commerciale et d'un processus qualité ;

3° Le cas échéant, une note fixée sur une échelle de 0 à 10 relative à l'amélioration logicielle et matérielle des équipements.

L'indice de durabilité est calculé à partir des notes mentionnées aux 1° et 2° et, le cas échéant, 3°. Il s'exprime en une note globale sur une échelle de 0 à 10.

II. – Pour chaque catégorie d'équipements concernés, un arrêté des ministres chargés de l'environnement et de l'économie précise l'ensemble des critères et sous-critères pris en compte, ainsi que les modalités de calcul de l'indice.

III. – L'arrêté mentionné au I de l'article R. 541-218 peut prévoir que certains critères ou sous-critères liés à la fiabilité de l'équipement peuvent être établis sur un seul modèle pour un ensemble de modèles pouvant être considérés comme équivalents.

Sous-section 3. – Le label national « anti-gaspillage alimentaire »

(Ancienne sous-section 2 créée, D. n° 2020-1757, 29 déc. 2020 ; dénum., D. n° 2024-316, 5 avr. 2024)

Art. D. 541-222 *(Ancien article D. 541-215 créé, D. n° 2020-1651, 22 déc. 2020 ; dénum., D. n° 2024-316, 5 avr. 2024)*. – I. – Toute personne morale de droit public ou de droit privé qui contribue aux objectifs nationaux de réduction du gaspillage alimentaire définis au 10° de l'article L. 541-1 peut bénéficier du label « anti-gaspillage alimentaire ». Ce label est la propriété exclusive de l'État. Il garantit que ses titulaires respectent les dispositions définies dans un référentiel relatif à la réduction du gaspillage alimentaire et aux modalités de contribution aux objectifs nationaux afférents. Les dispositions de ce référentiel peuvent être adaptées selon les secteurs d'activité concernés et distinguer plusieurs niveaux d'avancement dans la réduction du gaspillage alimentaire.

II. – Pour obtenir le label, les personnes morales font l'objet d'une évaluation par un organisme certificateur.

Art. D. 541-223 *(Ancien D. 541-216 créé, D. n° 2020-1651, 22 déc. 2020 ; dénum. et mod., D. n° 2024-316, 5 avr. 2024)*. – I. – Le référentiel du label « anti-gaspillage alimentaire » précise les modalités de mise en œuvre de la labellisation prévue aux articles D. 541-222 à D. 541-226. Il définit en particulier les critères auxquels les personnes morales doivent satisfaire pour être labellisées ainsi que les procédures de contrôle et de suivi associées. Il peut préciser également les missions et les prérogatives des organismes certificateurs.

II. – Le référentiel est approuvé par arrêté du ministre chargé de l'environnement et du ministre chargé de l'alimentation (1). Il est élaboré et révisé selon les besoins après consultation des parties prenantes concernées.

Art. D. 541-224 *(Ancien D. 541-217 créé, D. n° 2020-1651, 22 déc. 2020 ; dénum., D. n° 2024-316, 5 avr. 2024).* **– Les organismes certificateurs sont sélectionnés par le ministre chargé de l'environnement. Les organismes certificateurs sélectionnés sont habilités à délivrer le label et à le renouveler, ils en assurent le suivi et peuvent procéder, le cas échéant, à sa suspension ou son retrait.**

Art. D. 541-225 *(Ancien D. 541-218 créé, D. n° 2020-1651, 22 déc. 2020 ; dénum. et mod., D. n° 2024-316, 5 avr. 2024).* **– I. – Toute personne morale qui souhaite obtenir le label « anti-gaspillage alimentaire » doit demander à un organisme certificateur sélectionné d'évaluer sa démarche au regard des exigences du référentiel.**

II. – L'organisme certificateur évalue le respect des dispositions du référentiel mentionné à l'article D. 541-223. Lorsqu'un audit inopiné est diligenté en raison de l'existence d'éléments concordants de nature à remettre en cause la labellisation accordée, l'organisme certificateur transmet sans délai les résultats de cet audit au ministère chargé de l'environnement.

III. – Lorsque l'organisme certificateur établit qu'une personne morale satisfait aux dispositions définies par le référentiel, la labellisation lui est délivrée pour une durée de trois ans. L'organisme certificateur qui accorde la labellisation en informe sans délais le ministère chargé de l'environnement.

IV. – Chaque organisme certificateur sélectionné communique un bilan annuel d'audit au ministère chargé de l'environnement.

Art. D. 541-226 *(Ancien D. 541-219 créé, D. n° 2020-1651, 22 déc. 2020 ; dénum., D. n° 2024-316, 5 avr. 2024).* **– Sont mis à disposition sur le site internet du ministère chargé de l'environnement :**

– le référentiel et ses déclinaisons par secteur d'activité ;

– le règlement d'usage de la marque qui matérialise la labellisation « anti-gaspillage alimentaire » ;

– la liste des organismes certificateurs sélectionnés pour délivrer le label ;

– la liste à jour des personnes morales labellisées.

Sous-section 4. – Information du consommateur sur les qualités et caractéristiques environnementales des produits générateurs de déchets

(Ancienne section créée 3, D. n° 2022-748, 29 avr. 2022 (2) ; dénum., D. n° 2024-316, 5 avr. 2024)

Art. R. 541-227 *(Ancien R. 541-220 créé, D. n° 2022-748, 29 avr. 2022 ; dénum., D. n° 2024-316, 5 avr. 2024).* **– Les qualités et caractéristiques environnementales des produits générateurs de déchets mentionnées à l'article L. 541-9-1 s'entendent comme les caractéristiques destinées à informer le consommateur sur les conditions relatives à une meilleure prévention et gestion des déchets.**

Relèvent de l'information sur les qualités et caractéristiques environnementales, au sens de l'article L. 541-9-1 et dans les conditions prévues par la présente sous-section, les produits neufs mis sur le marché à destination du consommateur mentionnés à l'article R. 541-228.

Sont soumis à l'obligation d'information ainsi définie les producteurs, importateurs ou tout autre metteur sur le marché déclarant, pour les produits mentionnés à l'article R. 541-228 qu'ils mettent sur le marché national, un chiffre d'affaire supérieur à 10 millions d'euros et sont responsables annuellement de la mise sur le marché national d'au moins 10 000 unités de ces produits.

Art. R. 541-228 *(Ancien R. 541-221 créé, D. n° 2022-748, 29 avr. 2022 ; dénum. et mod., D. n° 2024-316, 5 avr. 2024).* **– I. – Relèvent de l'information du consommateur sur la réparabilité ou la durabilité, les équipements électriques ou électroniques auxquels sont applicables l'indice de réparabilité ou l'indice de durabilité définis en application de l'article L. 541-9-2.**

Cette information est matérialisée sous la forme de l'affichage d'un indice de réparabilité ou, à compter du 1er janvier 2024, d'un indice de durabilité, conformément aux dispositions des articles R. 541-210 à R. 541-214.

(1) V. T. appl. : A. 28 févr. 2023 (*JO* 2 mars 2023). – NDLR.
(2) Dispositions d'application particulières : V. D. n° 2022-748, 29 avr. 2022.

II. – Relèvent de l'information du consommateur sur la compostabilité, les types et catégories d'emballages figurant sur la liste mentionnée au quatrième alinéa de l'article R. 543-226.

Cette information est exprimée sous la forme de la mention « emballage compostable ».

III. – L'incorporation de matière recyclée est mesurée comme la proportion globale en masse de matériaux issus du recyclage au sens de l'article L. 541-1-1.

Relèvent de l'information du consommateur sur l'incorporation de matière recyclée, les catégories de produits mentionnées aux 3°, 5°, 6°, 7°, 10°, 11° à l'exception des articles en cuir, 13°, 14° et 15° de l'article L. 541-10-1.

Cette information est exprimée pour ces produits sous la forme de la mention « produit comportant au moins [%] de matières recyclées ».

Relèvent également de l'information du consommateur sur l'incorporation de matière recyclée, les emballages mentionnés au 1° de l'article L. 541-10-1.

Cette information est exprimée pour ces produits sous la forme de la mention « emballage comportant au moins [%] de matières recyclées ».

IV. – Relèvent de l'information du consommateur sur l'emploi de ressources renouvelables, les produits ou matériaux de construction mentionnés au 4° de l'article L. 541-10-1 et faisant l'objet d'une déclaration environnementale dans les conditions prévues à l'article R. 171-17 du Code de la construction et de l'habitation.

Cette information est rendue disponible dans les conditions et selon les modalités prévues à la sous-section 1 de la section 3 du chapitre Ier du titre VII du livre Ier de la partie réglementaire du Code de la construction et de l'habitation

V. – Relèvent de l'information du consommateur sur les possibilités de réemploi, les emballages mentionnés au 1° de l'article L. 541-10-1.

Les possibilités de réemploi s'entendent comme les possibilités pour un emballage de remplir les conditions mentionnées au 3° de l'article R. 541-350 pour pouvoir être qualifié d'emballage réemployé ou réutilisé.

Cette information est exprimée sous la forme de la mention « emballage réemployable » ou « emballage rechargeable ».

VI. – La recyclabilité s'entend comme étant la capacité de recyclage effective des déchets issus de produits identiques ou similaires. La recyclabilité est caractérisée pour ces déchets par :

1° La capacité à être efficacement collecté à l'échelle du territoire, via l'accès de la population à des points de collecte de proximité ;

2° La capacité à être trié, c'est-à-dire orienté vers les filières de recyclage afin d'être recyclé ;

3° L'absence d'éléments ou substances perturbant le tri, le recyclage ou limitant l'utilisation de la matière recyclée ;

4° La capacité à ce que la matière recyclée produite par les processus de recyclage mis en œuvre représente plus de 50 % en masse du déchet collecté ;

5° La capacité à être recyclé à l'échelle industrielle et en pratique, notamment via une garantie que la qualité de la matière recyclée obtenue est suffisante pour garantir la pérennité des débouchés, et à ce que la filière de recyclage puisse justifier d'une bonne capacité de prise en charge des produits pouvant s'y intégrer.

L'information sur la recyclabilité est mise à disposition du consommateur sous la mention « produit majoritairement recyclable » ou « emballage majoritairement recyclable », lorsque ces cinq critères sont remplis. Si la matière recyclée produite par les processus de recyclage mis en œuvre représente plus de 95 % en masse du déchet collecté, l'information mise à disposition peut comporter la mention « produit entièrement recyclable ».

Elle est communiquée au producteur par l'éco-organisme auquel il a transféré son obligation de responsabilité élargie prévue à l'article L. 541-10, le cas échéant avec la mise à disposition d'un outil de calcul de la recyclabilité du produit selon une méthode harmonisée. Lorsque le producteur a mis en place un système individuel de responsabilité élargie, il détermine cette information sous sa responsabilité.

Lorsque la capacité à être recyclé correspond à un recyclage de matières majoritairement réincorporées dans des produits de nature équivalente qui répondent à un usage et une destination identiques sans perte fonctionnelle de la matière, le producteur peut compléter l'information sur la recyclabilité par la mention « produit recyclable en un produit de même nature » ou « emballage recyclable en un emballage de même nature ».

Relèvent de l'information du consommateur sur la recyclabilité, les catégories de produits mentionnées aux 1°, 3°, 4°, 5°, 6°, 7°, 10°, 11°, 12°, 13°, 14° et 15° de l'article L. 541-10-1.

VII. – Relèvent de l'information du consommateur sur la présence de métaux précieux, eu égard aux incidences environnementales de leurs conditions d'extraction, les métaux suivants : l'or, l'argent, le platine et le palladium.

L'information relative aux métaux précieux est mise à disposition pour les catégories de produits mentionnées aux 5° et 15° de l'article L. 541-10-1.

Cette information est exprimée en masse, dès lors que celle-ci est supérieure à 1 milligramme, soit sous la forme de la mention « contient au moins [X milligrammes] de métaux précieux », soit par l'indication du détail de chaque métal précieux présent, exprimée en masse minimum dans la même unité, sous la forme de la mention « contient au moins [X milligrammes] d'or, d'argent, de platine, de palladium ».

VIII. – Relèvent de l'information du consommateur sur la présence de terres rares, eu égard aux incidences environnementales de leurs conditions d'extraction, les éléments suivants : scandium, yttrium, lanthane, cérium, praséodyme, néodyme, prométhium, samarium, europium, gadolinium, terbium, dysprosium, holmium, erbium, thulium, ytterbium, lutécium.

L'information relative aux terres rares est mise à disposition pour les catégories de produits mentionnées aux 5° et 15° de l'article L. 541-10-1.

Cette information est exprimée en masse, dès lors que celle-ci est supérieure à 1 milligramme, soit sous la forme de la mention « contient au moins [X milligrammes] de terres rares », soit par l'indication du détail de chaque terre rare exprimée en masse minimum dans la même unité, sous la forme de la mention « contient au moins [X milligrammes] de scandium, yttrium, lanthane, cérium, praséodyme, néodyme, prométhium, samarium, europium, gadolinium, terbium, dysprosium, holmium, erbium, thulium, ytterbium, lutécium ».

IX. – L'information du consommateur relative à la présence d'une substance dangereuse s'applique dès lors que celle-ci est présente en concentration supérieure à 0,1 % en pourcentage massique dans une substance, un mélange ou un article, au sens des points 1, 2 et 3 de l'article 3 du règlement (CE) n° 1907/2006 du Parlement européen et du Conseil du 18 décembre 2006 concernant l'enregistrement, l'évaluation et l'autorisation des substances chimiques, ainsi que les restrictions applicables à ces substances (REACH) instituant une agence européenne des produits chimiques, modifiant la directive 1999/45/CE et abrogeant le règlement (CEE) n° 793/93 du Conseil et le règlement (CE) n° 1488/94 de la Commission ainsi que la directive 76/769/CEE du Conseil et les directives 91/155/CEE, 93/67/CEE, 93/105/CE et 2000/21/CE de la Commission, à l'exception des médicaments.

À l'alinéa précédent, on entend par substance dangereuse, toute substance identifiée par le décret, pris après avis de l'Agence nationale de sécurité sanitaire de l'alimentation, de l'environnement et du travail, mentionné au dernier alinéa de l'article L. 541-9-1, relatif à l'identification des substances dangereuses dans les produits générateurs de déchets.

Cette information est exprimée sous la forme de la mention « contient une substance dangereuse » ou, lorsque la substance dangereuse présente est contenue dans la liste mentionnée au paragraphe 1 de l'article 59 du règlement (CE) n° 1907/2006 du 18 décembre 2006 précité et publiée en vertu du paragraphe 10 de cet article 59, sous la forme de la mention « contient une substance extrêmement préoccupante ». L'information est complétée du nom de chacune des substances dangereuses présentes.

Toutefois, cette modalité de mise à disposition de l'information ne s'applique pas aux substances mentionnées aux 1° et 2° de l'article R. 5232-19 du Code de la santé publique, pour lesquelles les modalités d'information mentionnées à l'article R. 5232-20 du même code s'appliquent.

La mise à disposition de l'information est réalisée au plus tard six mois après l'identification de la substance en tant que substance dangereuse.

X. – L'information du consommateur relative à la traçabilité pour les produits mentionnés au 11° de l'article L. 541-10-1 s'entend de l'indication géographique du pays où s'effectue principalement chacune des opérations suivantes, lorsqu'elles existent :

1° Le tissage ;

2° La teinture et l'impression ;

3° La confection.

Pour les chaussures inclues au 11° de l'article L. 541-10-1, ces opérations sont les suivantes :

1° Le piquage ;

2° Le montage ;

3° La finition.

Cette information est exprimée sous forme de la mention, pour chaque étape, du pays où celle-ci a été réalisée.

XI. – L'information du consommateur relative à la présence de microfibres plastiques dans les produits mentionnés au 11° de l'article L. 541-10-1, s'entend comme la proportion en masse de fibres synthétiques dans le produit. Cette information est mise à disposition dès lors que la proportion de fibres synthétiques est supérieure à 50 %.

Elle est exprimée sous la forme de la mention « rejette des microfibres plastiques dans l'environnement lors du lavage ».

Art. R. 541-229 *(Ancien R. 541-222 créé, D. n° 2022-748, 29 avr. 2022 ; dénum. et mod., D. n° 2024-316, 5 avr. 2024).* – Le producteur ou importateur et tout autre metteur sur le marché des produits mentionnés à l'article R. 541-228 met à disposition les informations sur les qualités et caractéristiques environnementales de ces produits ou catégories de produits prévues par ce même article ainsi que les informations sur les primes et pénalités mentionnées à l'article L. 541-10-3 et versées par le producteur en fonction de critères de performance environnementale. Cette mise à disposition se fait sous un format dématérialisé, accessible sans frais au moment de l'acte d'achat et réutilisable de façon à permettre une agrégation. À cette fin, pour chaque produit mentionné à l'article R. 541-228, le producteur ou importateur met à disposition l'information prévue sur un site ou une page internet dédié comportant une fiche intitulée « fiche produit relative aux qualités et caractéristiques environnementales » de façon à permettre ces recherches et requêtes directes sur internet ainsi que l'extraction des données en vue d'un éventuel traitement automatisé des informations présentées.

Toutefois, pour les substances visées au IX de l'article R. 541-228, cette mise à disposition de l'information peut être réalisée au moyen d'une application désignée par arrêté du ministre chargé de l'environnement. Dans le cas où la mise à disposition de l'information est réalisée au moyen d'une application, si un site ou une page internet dédié doit être établi pour au moins une autre qualité ou caractéristique environnementale, ce site ou cette page devra mentionner que l'information sur les substances dangereuses est réalisée par le biais d'une application et comporter un lien internet direct vers celle-ci.

Un arrêté du ministre chargé de l'environnement précise, en tant que de besoin, les caractéristiques techniques et les modalités de présentation des sites ou pages internet dédiés aux qualités et caractéristiques environnementales des produits mentionnés à l'article R. 541-21.

L'obligation de mise à disposition des informations mentionnées à l'article R. 541-228 demeure applicable pendant deux ans après la mise sur le marché de la dernière unité du produit concerné.

Toute mise à disposition des informations relatives aux qualités et caractéristiques environnementales volontairement effectuée sur un support matériel doit se conformer aux dispositions de l'article R. 541-228.

Les modalités d'information définies au présent article ne sont pas applicables aux qualités et caractéristiques environnementales mentionnées aux I et IV de l'article R. 541-228.

Art. R. 541-223 *(Ancien R. 541-223 créé à compter du 1er mai 2022, D. n° 2022-748, 29 avr. 2022* (1) *; dénum., D. n° 2024-316, 5 avr. 2024).* – Il est interdit de faire figurer sur un produit ou un emballage, neuf à destination du consommateur, les mentions « biodégradable », « respectueux de l'environnement » ou toute autre allégation environnementale équivalente.

Sous-section 5. – Modalités de certification et contrôle du label écologique de l'Union européenne

(Ancienne Sous-section 4 créée à compter du 25 mars 2022, D. n° 2022-410, 23 mars 2022 (2) *; dénum., D. n° 2024-316, 5 avr. 2024)*

Art. D. 541-231 *(Ancien D. 541-225 crée à compter du 25 mars 2022, D. n° 2022-410, 23 mars 2022 ; dénum., D. n° 2024-316, 5 avr. 2024 ; dénum., D. n° 2024-316, 5 avr. 2024).* – On entend par :

1° « Produit » : toute marchandise ou service au sens du règlement (CE) n° 66/2010 du Parlement européen et du Conseil du 25 novembre 2009 établissant le label écologique de l'Union européenne ;

---

(1) Les produits ou emballages auxquels le présent article s'applique bénéficient d'un délai d'écoulement des stocks jusqu'au 1er janvier 2023, dès lors qu'ils ont été fabriqués ou importés avant la date de publication du présent décret, D. n° 2022-748, 29 avr. 2022.

(2) Dispositions d'application particulières : V. D. n° 2022-410, 23 mars 2022.

2° « Organisme certificateur » : tout organisme de certification exerçant des activités de certification en France et satisfaisant aux exigences de l'annexe V du règlement (CE) n° 66/2010 du Parlement européen et du Conseil du 25 novembre 2009 établissant le label écologique de l'Union européenne ;

3° « Accréditation » : attestation délivrée par un organisme national d'accréditation selon laquelle un organisme d'évaluation de la conformité satisfait aux critères définis par les normes harmonisées et, le cas échéant, à toute autre exigence supplémentaire, notamment celles fixées dans les programmes sectoriels pertinents, requis pour effectuer une opération spécifique d'évaluation de la conformité ;

4° « Organisme national d'accréditation » : l'unique organisme dans un État membre chargé de l'accréditation, qui tire son autorité de cet État conformément au règlement (CE) n° 765/2008 du Parlement européen et du Conseil du 9 juillet 2008 fixant les prescriptions relatives à l'accréditation et abrogeant le règlement (CEE) n° 339/93 du Conseil.

Art. D. 541-232 *(Ancien D. 541-226 crée à compter du 25 mars 2022, D. n° 2022-410, 23 mars 2022 ; dénum., D. n° 2024-316, 5 avr. 2024).* – Pour attribuer le label écologique de l'Union européenne à un ou des produits listés par arrêté du ministre chargé de l'environnement, un organisme certificateur doit être accrédité, à cette fin, par un organisme national d'accréditation, soit en France, par le comité français d'accréditation ou par tout autre organisme d'accréditation signataire d'un accord de reconnaissance multilatéral pris dans le cadre de la coordination européenne des organismes d'accréditation.

Art. D. 541-233 *(Ancien D. 541-227 crée à compter du 25 mars 2022, D. n° 2022-410, 23 mars 2022 ; dénum. et mod., D. n° 2024-316, 5 avr. 2024).* – Dans le respect des critères et modalités définis par le règlement n° 66/2010 du Parlement européen et du Conseil du 25 novembre 2009 établissant le label écologique de l'Union européenne, et les décisions de la Commission afférentes, les modalités de vérification et de contrôle que doit respecter un organisme certificateur pour attribuer le label écologique de l'Union européenne à un produit mentionné à l'article D. 541-232 sont précisées dans une notice de certification du label écologique de l'Union européenne.

Art. D. 541-234 *(Ancien D. 541-228 crée à compter du 25 mars 2022, D. n° 2022-410, 23 mars 2022 ; dénum. et mod., D. n° 2024-316, 5 avr. 2024).* – Dès lors que l'organisme national d'accréditation a admis la recevabilité d'une demande d'accréditation d'un organisme certificateur pour la certification du label visé dans la présente sous-section, l'organisme certificateur peut exercer son activité de certification, telle que définie à l'article D. 541-233. Il peut continuer à exercer cette activité pendant une durée d'un an au maximum à compter de la notification de la recevabilité de sa demande. Pendant cette période, les certificats sont émis hors accréditation. À défaut d'accréditation obtenue dans ce délai, il doit cesser cette activité.

Art. D. 541-235 *(Ancien D. 541-229 crée à compter du 25 mars 2022, D. n° 2022-410, 23 mars 2022 ; dénum. et mod., D. n° 2024-316, 5 avr. 2024).* – I. – L'organisme national d'accréditation et l'organisme certificateur informent le ministère chargé de l'environnement et l'Agence de l'environnement et de la maîtrise de l'énergie de toute suspension, retrait ou résiliation de son accréditation.

II. – Dès la réception de la décision de suspension de son accréditation, l'organisme de certification informe ses clients et cesse toute référence à l'accréditation. Un organisme dont l'accréditation est suspendue ne peut plus accepter de nouveaux clients, ni réaliser d'audit initial de certification, ni rendre de décisions de renouvellement relatives au certificat de produits ou services titulaire du label écologique de l'Union européenne.

III. – En cas de retrait d'accréditation, l'organisme certificateur n'est plus autorisé à délivrer de certificat ni à maintenir les certificats existants. L'organisme certificateur dont l'accréditation a été retirée doit cesser toutes les activités liées à la certification considérée et en informer immédiatement le ministère chargé de l'environnement, l'Agence de l'environnement et de maîtrise de l'énergie ainsi que ses clients pour que ces derniers puissent s'adresser à un autre organisme de certification accrédité à cet effet, afin de transférer le cas échéant la certification détenue dans les conditions prévues à l'article D. 541-236 du Code de l'environnement.

Art. D. 541-236 *(Ancien D. 541-230 rempl., D. n° 2023-843, 30 août 2023 ; dénum. et mod., D. n° 2024-316, 5 avr. 2024).* – Le transfert d'une certification est défini comme la reconnaissance, par un autre organisme certificateur, d'une certification existante et valide, conformément aux textes pris en application de règlement (CE) n° 66/2010 du Parlement européen et du Conseil du 25 novembre 2009 établissant le label écologique de l'Union européenne.

Un transfert ne peut s'effectuer qu'entre deux organismes certificateurs couverts par une accréditation en cours de validité ou dont les demandes d'accréditation ont été jugées recevables, pour le domaine concerné, afin que l'organisme certificateur récepteur puisse émettre sa propre certification.

L'ancien organisme certificateur transmet à l'organisme récepteur, sous un délai de trente jours ouvrables à compter de la date de réception de la demande de transfert formulée par l'entreprise certifiée :

– une copie du certificat émis, en cours de validité ;

– les caractéristiques ou la composition du produit certifié ainsi que les éventuelles modifications apportées au produit depuis sa certification ;

– le procès-verbal de clôture et fiches de non-conformité complétées du dernier audit et confirmation écrite de l'absence de non-conformité majeure au cours des 2 derniers audits ;

– les plaintes éventuelles.

L'organisme récepteur examine, par une revue documentaire, les documents transmis, listés ci-dessus, et prend la décision d'accord ou de refus concernant le transfert de la certification. L'organisme récepteur notifie aux parties intéressées sa décision concernant le transfert.

À défaut de réception de tout ou partie des documents listés ci-dessus ou en cas de doute sur la conformité des produits par rapport aux règles du label écologique de l'Union européenne, un audit complémentaire peut être mené par l'organisme récepteur afin de disposer des éléments nécessaires au transfert, sans préjudice des dispositions de l'article D. 541-233.

Les résultats de l'audit peuvent conduire l'organisme certificateur à refuser le transfert.

Un transfert est effectif dès lors que le client est certifié par l'organisme de certification récepteur.

Art. D. 541-237 *(Ancien D. 541-231 crée à compter du 25 mars 2022, D. n° 2022-410, 23 mars 2022 ; dénum. et mod., D. n° 2024-316, 5 avr. 2024).* – I. – Les représentants des organismes certificateurs accrédités pour la certification du label écologique de l'Union européenne pour les produits mentionnés à l'article D. 541-232 participent aux réunions organisées par la Commission européenne relatives au label écologique de l'Union européenne.

Un comité de pilotage, réunissant au moins une fois par an le ministère en charge de l'environnement, l'Agence de l'environnement et de la maîtrise de l'énergie ainsi que les organismes certificateurs accrédités pour la certification du label écologique de l'Union européenne, établit la liste des représentants.

II. – Les organismes certificateurs accrédités pour la certification du label écologique de l'Union européenne doivent :

1° Transmettre à l'Agence de l'environnement et de la maîtrise de l'énergie des statistiques, sous le format demandé, ces statistiques relatives au label écologique de l'Union européenne lors des campagnes semestrielles de la Commission européenne :

2° Recueillir et transmettre à l'Agence de l'environnement et de la maîtrise de l'énergie, sous le format demandé, les données quantitatives et qualitatives nécessaires à l'évaluation des critères du label, en particulier dans le cadre de la révision de ces critères ;

3° Renseigner le registre dématérialisé de la Commission européenne relatif aux entreprises titulaires du label écologique de l'Union européenne ;

4° Répondre à toute autre sollicitation du ministère en charge de l'environnement ou de l'agence de l'environnement et de la maîtrise de l'énergie.

Art. D. 541-238 *(Ancien D. 541-232 crée à compter du 25 mars 2022, D. n° 2022-410, 23 mars 2022 ; dénum. et mod., D. n° 2024-316, 5 avr. 2024).* – Pour les produits mentionnés à l'article D. 541-226, l'Agence de l'environnement et de la maîtrise de l'énergie publie sur son site internet les éléments suivants :

1° La liste des organismes certificateurs accrédités ;

2° la notice de certification du label écologique de l'Union européenne.

Art. D. 541-239 *(Ancien article D. 541-232-1 créé, D. n° 2023-843, 30 août 2023 ; dénum. et mod., D. n° 2024-316, 5 avr. 2024).* – Un organisme certificateur ayant certifié des produits parmi les catégories mentionnées à l'article D. 541-232 du Code de l'environnement avant l'entrée en vigueur du présent décret,

dispose de trois mois à compter de la publication de l'arrêté du ministre chargé de l'environnement désignant ces produits pour déposer une demande d'accréditation.

Section X. – Lutte pour le réemploi et contre le gaspillage

(Section créée à compter du 1er janvier 2021, D. n° 2020-1724, 28 déc. 2020)

Sous-section 1. – Produits alimentaires invendus

Art. D. 541-310 *(Ancien article D. 543-306 créé, D. n° 2016-1962, 28 déc. 2016 ; mod. à compter du 1er janvier 2021, D. n° 2020-1274, 20 oct. 2020 ; dénum. à compter de la même date, D. n° 2020-1724).* – **Seules peuvent faire l'objet d'un don pour l'application de l'article L. 541-15-5 les denrées alimentaires qui respectent les prescriptions suivantes :**

1° Pour les denrées soumises à une date limite de consommation (DLC), le délai restant jusqu'à son expiration est, au jour de prise en charge du don par l'association d'aide alimentaire habilitée en application de l'article L. 266-2 du Code de l'action sociale et des familles, égal ou supérieur à 48 heures. Ce délai peut être inférieur si l'association est en mesure de justifier qu'elle est apte à redistribuer les denrées concernées avant l'expiration de la date limite de consommation ;

2° L'étiquetage des denrées comporte les mentions obligatoires prévues par le règlement (UE) n° 1169/2011 du Parlement européen et du Conseil du 25 octobre 2011 modifié concernant l'information des consommateurs sur les denrées alimentaires.

Par exception au 2°, l'association bénéficiaire du don peut prendre en charge un lot de denrées dont les mentions d'étiquetage sont erronées ou ont été omises, à la condition que le responsable des informations sur les denrées alimentaires ait communiqué au donateur les mentions rectifiées ou omises dudit lot. Au moment de la mise à disposition du lot de denrées au consommateur final, ces mentions doivent lui être rendues accessibles au moyen d'un affichage ou d'un document d'accompagnement dont les indications sont lisibles, précises, claires et aisément compréhensibles par les bénéficiaires.

Toutefois, la rectification des mentions ne peut pas porter sur le numéro de lot, la date limite de consommation si elle existe, ni sur la liste des ingrédients signalant la présence d'allergènes à déclaration obligatoire.

Un arrêté du ministre chargé de l'agriculture fixe les catégories de denrées alimentaires qui sont exclues du don compte tenu du risque sanitaire que leur conservation peut engendrer (1).

Art. D. 541-311 *(Ancien article D. 543-307 créé, D. n° 2016-1962, 28 déc. 2016 ; mod. à compter du 1er janvier 2021, D. n° 2020-1274, 20 oct. 2020 ; dénum. et mod. à compter de la même date, D. n° 2020-1724).* – **La convention par laquelle les personnes mentionnées au II de l'article L. 541-15-6 donnent à une association d'aide alimentaire habilitée en application de l'article L. 266-2 du Code de l'action sociale et des familles doit remplir les conditions suivantes :**

1° Elle précise que le tri des denrées alimentaires respectant les modalités décrites à l'article D. 541-310 est effectué par le donateur ;

2° Elle précise que l'association bénéficiaire du don peut en refuser tout ou partie lorsque, notamment, ses capacités de transport, de stockage ou les possibilités de distribution ne sont pas suffisantes ou qu'après contrôle visuel des denrées celles-ci paraissent impropres à la consommation ou que les exigences réglementaires en vigueur en matière d'hygiène et de sécurité sanitaire ne sont pas respectées ;

3° Elle définit les modalités d'enlèvement, de transport et de stockage des denrées alimentaires, ainsi que les responsabilités respectives du donateur et de l'association bénéficiaire dans ces opérations ;

4° Elle précise les modalités selon lesquelles est assurée, par les deux parties, la traçabilité des denrées alimentaires objet du don et prévoit l'établissement d'un bon de retrait qui justifie la réalité du don.

Art. D. 541-312 *(Ancien article D. 543-308 créé à compter du 1er janvier 2020, D. n° 2019-302, 11 avr. 2019 ; mod. à compter du 1er janvier 2021, D. n° 2020-1274, 20 oct. 2020 ; dénum. et mod. à compter de la*

(1) V. T. appl. : A. 12 avr. 2017 (*JO* 21 avr. 2017) puis 19 mai 2020 (*JO* 23 mai 2020) puis 7 janv. 2021 (*JO* 10 janv. 2021). – NDLR.

même date, D. n° 2020-1724). – Les personnes mentionnées au II de l'article L. 541-15-6 disposent d'un plan de gestion de la qualité du don de denrées alimentaires qui comprend :

1° Un plan de sensibilisation de l'ensemble du personnel à la lutte contre le gaspillage alimentaire et au don de denrées alimentaires ;

2° Un plan de formation des personnels chargés de tout ou partie des opérations liées à la réalisation de dons ;

3° Les conditions d'organisation du don de denrées alimentaires, y compris de gestion de la sous-traitance ;

4° Des procédures visant à évaluer la qualité du don, à enregistrer les défauts signalés par l'association destinataire du don de denrées alimentaires et suivre les actions correctives engagées.

Dans chaque établissement, est désignée une personne qualifiée responsable de la coordination, du suivi et du respect de ce plan de gestion. Cette personne veille au respect de l'application des dispositions prévues aux articles D. 541-310 et D. 541-311.

Le plan de gestion de la qualité du don et les résultats des contrôles sont régulièrement communiqués à l'association destinataire du don de denrées alimentaires. Ils alimentent l'obligation de publicité des engagements en faveur de la lutte contre le gaspillage alimentaire mentionnée à l'article L. 541-15-6-1 et sont transmis à l'autorité administrative sur demande.

Sous-section 2. – Produits non alimentaires invendus (1)

Art. D. 541-320 *(Créé à compter du 1er janvier 2021, D. n° 2020-1724, 28 déc. 2020).* – Les produits d'hygiène et de puériculture mentionnés au quatrième alinéa du I de l'article L. 541-15-8 sont :

1° Les produits d'hygiène, y compris les produits de beauté, suivants, à l'exception des produits relevant du règlement (UE) n° 2017/745 du 5 avril 2017 soumis à prescription médicale :

a) Les produits de soins et de nettoyage de la peau, des cheveux et du cuir chevelu, les teintures capillaires, les produits de coiffage ;

b) Les produits de soin et de démaquillage destinés au contour des yeux, les produits de démaquillage ;

c) Les produits dépilatoires, pour le rasage, de décoloration des poils ;

d) Les produits destinés à corriger les odeurs corporelles : déodorants ou antiperspirants ;

e) Les produits destinés à être appliqués sur les lèvres ;

f) Les produits solaires ;

g) Les produits d'hygiène dentaire et buccale ;

h) Les produits d'hygiène intime externe ;

i) Les savons ;

j) Les produits de protection hygiénique, les couches, les produits d'hygiène à usage unique dont le papier toilette, les mouchoirs, les bâtonnets ouatés, les lingettes préimbibées pour usages corporels ;

k) Les produits de lessive et d'entretien pour le linge et la vaisselle, les produits de nettoyage courant pour la maison ainsi que leurs accessoires y compris les seaux, les éponges, les serpillières ;

2° Les produits de puériculture suivants :

a) Les articles mentionnés à l'article 2 du décret n° 91-1292 du 20 décembre 1991 relatif à la prévention des risques résultant de l'usage des articles de puériculture ;

b) Les biberons, tétines de biberons et sucettes soumis aux dispositions du décret n° 92-631 du 8 juillet 1992 relatif aux matériaux et objets destinés à entrer en contact avec les denrées, produits et boissons pour l'alimentation de l'homme ou des animaux ainsi que les anneaux de dentition soumis aux dispositions du décret n° 2010-166 du 22 février 2010 relatif à la sécurité des jouets ;

c) Les ustensiles nécessaires à l'alimentation et à la préparation des aliments des enfants en bas âge.

Les listes mentionnées aux 1° et 2° sont précisées, en tant que de besoin, par arrêté du ministre chargé de l'environnement.

(1) Sur les dates d'application aux produits des dispositions de l'article L. 541-15-8 du présent code voir : D. n° 2020-1724, 28 déc. 2020. – NDLR.

Art. R. 541-321 *(Créé à compter du 1er janvier 2021, D. n° 2020-1724, 28 déc. 2020)*. – La convention de don des invendus mentionnée à l'article L. 541-15-8 remplit au moins les conditions suivantes :

1° Elle précise que le tri des produits invendus qui font l'objet du don ainsi que le contrôle des exigences réglementaires en vigueur en matière d'hygiène et de sécurité sont à la charge de la personne qui procède au don ;

2° Elle prévoit que le bénéficiaire du don peut en refuser tout ou partie jusqu'à ce qu'il procède à l'enlèvement des produits lorsque, notamment, ses capacités de transport, de stockage ou les possibilités de redistribution ne sont pas suffisantes, ou qu'après contrôle visuel des produits ceux-ci ne paraissent pas fonctionnels ou conformes aux exigences réglementaires en vigueur en matière d'hygiène. Le refus de don est formulé par écrit ;

3° Elle prévoit que la personne qui procède au don assure le stockage des produits invendus qui font l'objet du don pendant un délai suffisant, convenu entre les différentes parties concernées, pour que le bénéficiaire puisse procéder à leur enlèvement durant ce délai. Elle précise qu'en l'absence d'enlèvement par le bénéficiaire à l'expiration du délai convenu entre les parties ou, à défaut, à l'expiration d'un délai d'un mois à compter de la proposition de don, le bénéficiaire est réputé avoir refusé le don ;

4° Elle précise les modalités selon lesquelles est assurée, par les deux parties, la traçabilité des produits invendus objets du don et prévoit l'établissement d'un bon de retrait qui justifie la réalité du don ;

5° Elle précise les conditions dans lesquelles la propriété des produits invendus est transférée de la personne qui procède au don au bénéficiaire du don.

Art. R. 541-322 *(Créé à compter du 1er janvier 2021, D. n° 2020-1724, 28 déc. 2020)*. – Le bénéficiaire du don peut prendre en charge un lot de produits dont les mentions d'étiquetage sont erronées ou ont été omises, à la condition que la personne à qui incombe la responsabilité de faire figurer ces informations sur les produits ait communiqué à la personne qui procède au don les mentions rectifiées ou omises dudit lot.

Au moment de la mise à disposition du lot de produits au consommateur final, ces mentions doivent lui être rendues accessibles au moyen d'un document d'accompagnement dont les indications sont lisibles, précises, claires et aisément compréhensibles par les bénéficiaires.

Toutefois, la rectification des mentions ne peut pas porter sur le numéro de lot, la date limite de consommation si elle existe, ni sur la liste des ingrédients signalant la présence d'allergènes à déclaration obligatoire, ni sur les marquages, notices et avertissements relatifs à la sécurité des produits imposés par les réglementations applicables au produit lors de sa mise sur le marché.

Art. R. 541-323 *(Créé à compter du 1er janvier 2021, D. n° 2020-1724, 28 déc. 2020)*. – I. – Les conditions d'exemption de l'obligation de réemploi, réutilisation ou recyclage des produits invendus mentionnées au 2° du I de l'article L. 541-15-8 sont remplies lorsque ces produits répondent aux critères cumulatifs suivants :

1° Il n'existe pas de marché ou de demande pour des produits présentant les mêmes fonctions et caractéristiques principales que l'invendu ou aucun de ces produits ne continue d'être mis sur le marché ;

2° Aucune installation de recyclage des matériaux composant majoritairement en masse ces produits n'accepte de recycler ces produits invendus ou les produits invendus ne peuvent être recyclés dans des conditions répondant à l'objectif de développement durable mentionné à l'article L. 541-15-8.

II. – Pour l'application du 2° du I :

1° Les installations de recyclage prises en compte sont celles situées à moins de 1500 km du point d'enlèvement et qui respectent des dispositions équivalentes à celles du titre Ier du livre V du présent code ;

2° Sont considérées comme répondant à l'objectif de développement durable les opérations de recyclage effectuées dans des installations mentionnées au précédent alinéa et dont le coût est soit :

a) Comparable à ceux supportés par d'autres détenteurs de produits invendus comparables, ou de déchets issus de tels produits, dans des quantités comparables ;

b) Inférieur à 20 % du prix de vente du produit invendu ;

c) Inférieur au double du coût de l'élimination du produit invendu.

Art. R. 541-324 *(Créé à compter du 1er janvier 2021, D. n° 2020-1724, 28 déc. 2020)*. – Les personnes qui détiennent des produits invendus soumis à un principe de responsabilité élargie du producteur en application de l'article L. 541-10 ayant fait l'objet de trois refus de don peuvent transférer leurs obligations prévue à l'article L. 541-15-8 en remettant sans frais ces produits à un éco-organisme agréé pour pourvoir à la gestion de ces produits sous réserve que la contribution financière mentionnée à l'article L. 541-10-2 correspondant à ces produits ait été versée lors de leur mise sur le marché.

Sous-section 3. – Produits en plastique à usage unique

Art. D. 541-330 (1) *(Ancien article D. 543-294 rempl. à compter du 1er janvier 2020, D. n° 2019-1451, 24 déc. 2019* (2) *; dénum. et mod. à compter du 1er janvier 2021, D. n° 2020-1724, 28 déc. 2020 ; mod. à compter du 2 janvier 2021, D. n° 2020-1828, 31 déc. 2020)* (3). – Pour l'application du III de l'article L. 541-15-10 et de la présente section, on entend par :

1° « Plastique » : un matériau constitué d'un polymère tel que défini à l'article 3, point 5, du règlement (CE) n° 1907/2006 du Parlement européen et du Conseil du 18 décembre 2006, auquel des additifs ou autres substances peuvent avoir été ajoutés, et qui peut jouer le rôle de composant structurel principal de produits finaux, à l'exception des polymères naturels qui n'ont pas été chimiquement modifiés et des peintures, encres et adhésifs ;

2° « Produit en plastique à usage unique » : produit fabriqué entièrement ou partiellement à partir de plastique et qui n'est pas conçu, créé ou mis sur le marché pour accomplir, pendant sa durée de vie, plusieurs trajets ou rotations en étant retourné à un producteur pour être rempli à nouveau, ou qui n'est pas conçu, créé ou mis sur le marché pour être réutilisé pour un usage identique à celui pour lequel il a été conçu ;

3° « Producteur » : toute personne physique ou morale qui, à titre professionnel, met sur le marché, et notamment qui fabrique, remplit, vend ou importe, quelle que soit la technique de vente utilisée, y compris par le biais de contrats à distance, des produits en plastique à usage unique ou des produits en plastique à usage unique remplis ;

4° « Mise à disposition » : la fourniture ou la mise sur le marché d'un produit destiné à être distribué, consommé ou utilisé sur le territoire national dans le cadre d'une activité commerciale, à titre onéreux ou gratuit ;

5° « Mise sur le marché » : la mise à disposition pour la première fois sur le territoire national ;

6° « Plastiques oxodégradables », des matières plastiques renfermant des additifs qui, sous l'effet de l'oxydation, conduisent à la fragmentation de la matière plastique en micro-fragments ou à une décomposition chimique ;

7° « Gobelets et verres »

a) Les gobelets et verres pour boissons composés en tout ou partie de polystyrène expansé, y compris leurs moyens de fermeture et couvercles ;

b) Les gobelets et verres pour boissons autres que ceux mentionnés au *a* et composés entièrement de plastique *(Mots aj. à compter du 3 juillet 2021, D. n° 2020-1828, 31 déc. 2020)* « ou composés partiellement de plastique, avec une teneur supérieure à une teneur maximale fixée par un arrêté précisant la teneur maximale de plastique autorisée et les conditions dans lesquelles la teneur de plastique est progressivement diminuée pour tendre vers une valeur nulle » (4) ;

8° « Assiettes jetables de cuisine pour la table » : les assiettes composées entièrement de plastique et par « autres assiettes » : les assiettes composées partiellement de plastique, y compris avec un film plastique ;

9° « Couverts » : les fourchettes, couteaux, cuillères, baguettes ainsi que tout autre ustensile de table similaire servant à prélever, découper ou mélanger des aliments, hormis *(Mots suppr. à compter du 3 juillet 2021, D. n° 2020-1828, 31 déc. 2020)* « ... » les ustensiles de dosage de produits non alimentaires ;

(1) Antérieurement à son transfert et à son abrogation au 1er janvier 2021 le présent article devait être modifié au 3 juillet 2021 : D. n° 2019-1451, 24 déc. 2019. – NDLR.

(2) Les pailles, couverts, piques à steak, couvercles à verre jetables, plateaux-repas, pots à glace, saladiers, boîtes et bâtonnets mélangeurs pour boissons frappés d'une interdiction de mise à disposition, à compter du 1er janvier 2020, en application du III de l'article L. 541-10-5 du Code de l'environnement bénéficient d'un délai d'écoulement des stocks de ces produits n'excédant pas six mois à compter de cette date, dès lors qu'ils ont été fabriqués ou importés avant cette date, D. n° 2019-1451, 24 déc. 2019. – NDLR.

(3) Les produits frappés d'une interdiction de mise à disposition en application du 2° du III de l'article L. 541-15-10 [du présent code] bénéficient d'un délai d'écoulement des stocks jusqu'au 1er juillet 2021, dès lors qu'ils ont été fabriqués ou importés avant le 1er janvier 2021, à l'exception des produits dont l'interdiction de mise à disposition entre en vigueur le 3 juillet 2021 en application du présent article, qui ne bénéficient pas d'un tel délai, D. n° 2020-1828, 31 déc. 2020.

(4) V. T. appl. : A. 24 sept. 2021 (*JO* 15 oct. 2021). – NDLR.

10° « Contenants ou récipients en polystyrène expansé » :

a) Les récipients pour aliments en polystyrène expansé destinés à la consommation sur place ou nomade, c'est-à-dire les récipients tels que les boîtes, avec ou sans moyen de fermeture, utilisés pour contenir des aliments qui sont destinés à être consommés immédiatement, soit sur place, soit à emporter, généralement consommés dans le récipient, et prêts à être consommés sans autre préparation, telle que le fait de les cuire, de les bouillir ou de les réchauffer, à l'exception des récipients pour boissons, des assiettes et des sachets et emballages contenant des aliments ;

b) Les récipients pour boissons en polystyrène expansé, y compris leurs bouchons et couvercles ;

11° « Pailles à l'exception de celles destinées à être utilisées à des fins médicales » : les pailles *(Mots rempl. à compter du 3 juillet 2021, D. n° 2020-1828, 31 déc. 2020)* « qui sont mentionnées à la partie B de l'annexe de la directive (UE) 2019/904 », hormis celles qui relèvent de la directive 90/385/CEE ou de la directive 93/42/CEE ou du règlement UE 2017/745 ;

12° « Couvercles à verre jetables » : les couvercles à verre ou à gobelet pour boissons ;

13° « Confettis » : les confettis destinés à être utilisés à des fins décoratives ou festives ;

Art. R. 541-330-1 *(Ancien article R. 543-72-1 créé à compter du 1er juillet 2016, D. n° 2016-379, 30 mars 2016 ; mod., D. n° 2021-763, 14 juin 2021 ; dénum. et mod., D. n° 2023-162, 7 mars 2023).* – Pour l'application du II de l'article L. 541-15-10, on entend par :

1° « Sacs en plastique » : les sacs, avec ou sans poignées, composés de plastique, qui sont fournis aux consommateurs dans les points de vente de marchandises ou de produits ;

2° « Sacs en matières plastiques à usage unique » : les sacs en plastique légers, définis comme des sacs d'une épaisseur inférieure à 50 microns, ainsi que les sacs en plastique très légers, définis comme les sacs en plastique d'une épaisseur inférieure à 15 microns nécessaires à des fins d'hygiène ou fournis comme emballage primaire pour les denrées alimentaires en vrac lorsque que cela contribue à prévenir le gaspillage alimentaire ;

3° « Sacs de caisse » : les sacs mis à disposition, à titre onéreux ou gratuit, dans les points de vente pour l'emballage des marchandises des clients lors du passage en caisse ;

4° « Sacs compostables en compostage domestique » : les sacs en plastique très légers qui répondent aux exigences de la norme française homologuée relative aux spécifications pour les plastiques aptes au compostage domestique, ainsi que les sacs légalement fabriqués ou commercialisés dans un État membre de l'Union européenne ou en Turquie, ou légalement fabriqués dans un État partie à l'accord instituant l'Espace économique européen, et présentant des garanties équivalentes ;

5° « Matière biosourcée » : toute matière d'origine biologique à l'exclusion des matières intégrées dans des formations géologiques ou fossilisées ;

6° « Teneur biosourcée » : pourcentage, exprimé en fraction de carbone total, de matières biosourcées contenues dans le sac, déterminé selon la méthode de calcul spécifiée par la norme internationale en vigueur relative à la détermination de la teneur en carbone biosourcé des plastiques.

Art. D. 541-331 *(Ancien article D. 543-295 rempl. à compter du 1er janvier 2020, D. n° 2019-1451, 24 déc. 2019* (1) *; dénum. et mod. à compter de la même date, D. n° 2020-1724, 28 déc. 2020 ; dénum. et mod. à compter du 1er janvier 2021, D. n° 2020-1724, 28 déc. 2020 ; rempl. à compter du 2 janvier 2021, D. n° 2020-1828, 31 déc. 2020* (2) *; mod., D. n° 2020-1828, 31 déc. 2020).* – L'interdiction de mise à disposition de produits en plastique à usage unique mentionnée aux 1° et 2° du III de l'article L. 541-15-10 s'applique également aux produits qui sont des emballages au sens de l'article R. 543-43 du Code de l'environnement.

---

(1) Les pailles, couverts, piques à steak, couvercles à verre jetables, plateaux-repas, pots à glace, saladiers, boîtes et bâtonnets mélangeurs pour boissons frappés d'une interdiction de mise à disposition, à compter du 1er janvier 2020, en application du III de l'article L. 541-10-5 du Code de l'environnement bénéficient d'un délai d'écoulement des stocks de ces produits n'excédant pas six mois à compter de cette date, dès lors qu'ils ont été fabriqués ou importés avant cette date, D. n° 2019-1451, 24 déc. 2019. – NDLR.

(2) Les produits frappés d'une interdiction de mise à disposition en application du 2° du III de l'article L. 541-15-10 [du présent code] bénéficient d'un délai d'écoulement des stocks jusqu'au 1er juillet 2021, dès lors qu'ils ont été fabriqués ou importés avant le 1er janvier 2021, à l'exception des produits dont l'interdiction de mise à disposition entre en vigueur le 3 juillet 2021 en application du présent article, qui ne bénéficient pas d'un tel délai, D. n° 2020-1828, 31 déc. 2020.

Art. D. 541-332 *(Ancien article D. 543-296* (1) *créé, D. n° 2016-1170, 30 août 2016 ; rempl. à compter du 1er janvier 2020, D. n° 2019-1451, 24 déc. 2019* (2) *; dénum. et mod. à compter du 1er janvier 2021, D. n° 2020-1724, 28 déc. 2020 ; rempl. à compter du 2 janvier 2021, D. n° 2020-1828, 31 déc. 2020)* (3). – L'interdiction de mise à disposition de produits en plastique à usage unique mentionnée aux 1° et 2° du III de l'article L. 541-15-10 s'applique également aux produits en plastique qui présentent des performances de durabilité, de résistance, et de solidité comparables à celles de produits à usage unique. Les produits conçus, créés et mis sur le marché pour accomplir, pendant leur durée de vie, plusieurs trajets ou rotations en étant retourné à un producteur pour être remplis à nouveau ne sont pas concernés par cette interdiction.

Art. D. 541-333 *(Ancien article D. 543-296-1 créé à compter du 1er janvier 2018, D. n° 2017-291, 6 mars 2017 ; dénum. et mod. à compter du 1er janvier 2021, D. n° 2020-1724, 28 déc. 2020).* – Pour l'application du troisième alinéa du III de l'article L. 541-15-10, on entend par :

1° « Produit cosmétique » : tout produit au sens de l'article L. 5131-1 du Code de la santé publique ;

2° « Cosmétique rincé » : produit destiné à être enlevé par un rinçage à l'eau immédiatement après utilisation ;

3° « Exfoliation » : une exfoliation de l'épiderme, c'est-à-dire la séparation des parties mortes se détachant de l'épiderme ;

4° « Particule » : un fragment de matière possédant des contours physiques bien définis ;

5° « Particules plastiques solides » : toute particule solide, notamment les microparticules de taille inférieure à 5 mm, composée en tout ou en partie de matière plastique et obtenue par un procédé de façonnage à chaud ;

6° « Particules d'origine naturelle non susceptibles de subsister dans les milieux et d'y propager des principes actifs chimiques ou biologiques » : particules solides d'origine naturelle dont un arrêté du ministre chargé de l'environnement précise le temps et les conditions de dégradation ;

7° « Particules d'origine naturelle non susceptibles d'affecter les chaînes trophiques animales » : particules solides d'origine naturelle ne contenant pas ou ne libérant pas lors de leur dégradation dans l'eau de mer de substance classée, soit en raison d'un danger pour l'environnement, soit en raison d'un danger pour la santé humaine, par un arrêté du ministre chargé de l'environnement.

Art. R. 541-334 *(Ancien article R. 543-72-2 créé à compter du 1er juillet 2016, D. n° 2016-379, 30 mars 2016 ; dénum. et mod., D. n° 2023-162, 7 mars 2023).* – La teneur biosourcée minimale des sacs en matières plastiques à usage unique mentionnés au 2° du II de l'article L. 541-15-10 est de :

- 30 % à partir du 1er janvier 2017 ;
- 40 % à partir du 1er janvier 2018 ;
- 50 % à partir du 1er janvier 2020 ;
- 60 % à partir du 1er janvier 2025.

Art. D. 541-334 *(Ancien article D. 543-296-2 créé à compter du 1er janvier 2020, D. n° 2017-291, 6 mars 2017 ; dénum. et mod. à compter du 1er janvier 2021, D. n° 2020-1724, 28 déc. 2020 ; abr. à compter du 2 janvier 2021, D. n° 2020-1828, 31 déc. 2020* (3) *; rét., D. n° 2021-1318, 8 oct. 2021 ; annulé, CE, 9 déc. 2022, n° 458440, Synd. Alliance Plasturgie et Composites du futur (Plastalliance) et a. : JurisData n° 2022-021008).*

---

(1) Antérieurement à son transfert et à son abrogation au 1er janvier 2021 le présent article devait être modifié au 3 juillet 2021 : D. n° 2019-1451, 24 déc. 2019. – NDLR.

(2) Les pailles, couverts, piques à steak, couvercles à verre jetables, plateaux-repas, pots à glace, saladiers, boîtes et bâtonnets mélangeurs pour boissons frappés d'une interdiction de mise à disposition, à compter du 1er janvier 2020, en application du III de l'article L. 541-10-5 du Code de l'environnement bénéficient d'un délai d'écoulement des stocks de ces produits n'excédant pas six mois à compter de cette date, dès lors qu'ils ont été fabriqués ou importés avant cette date, D. n° 2019-1451, 24 déc. 2019. – NDLR.

(3) Les produits frappés d'une interdiction de mise à disposition en application du 2° du III de l'article L. 541-15-10 [du présent code] bénéficient d'un délai d'écoulement des stocks jusqu'au 1er juillet 2021, dès lors qu'ils ont été fabriqués ou importés avant le 1er janvier 2021, à l'exception des produits dont l'interdiction de mise à disposition entre en vigueur le 3 juillet 2021 en application du présent article, qui ne bénéficient pas d'un tel délai, D. n° 2020-1828, 31 déc. 2020.

Rédaction antérieure. Art. D. 541-334 *(Ancien article D. 543-296-2 créé à compter du 1er janvier 2020, D. n° 2017-291, 6 mars 2017 ; dénum. et mod. à compter du 1er janvier 2021, D. n° 2020-1724, 28 déc. 2020 ; abr. à compter du 2 janvier 2021, D. n° 2020-1828, 31 déc. 2020* (1) *; rét., D. n° 2021-1318, 8 oct. 2021).* – I. – Pour l'application du 16e alinéa du III de l'article L. 541-15-10, on entend par :

1° « Fruits et légumes » : les plantes ou une partie de ces plantes telle que les tiges, racines, tubercules, feuilles, fruits, graines, qui sont destinées à l'alimentation humaine, ainsi que les champignons comestibles ;

2° « Fruits et légumes frais non transformés » : les fruits et légumes frais respectant les limites de préparation définies par les actes suivants :

– les normes de commercialisation telles que mentionnées par le règlement (CE) n° 543/2011 du 7 juin 2011 portant modalités d'application du règlement (CE) n° 1234/2007 en ce qui concerne les secteurs des fruits et légumes et des fruits et légumes transformés ;

– les normes de commercialisation telles que mentionnées par le règlement (UE) n° 1333/2011 du 19 décembre 2011 fixant des normes de commercialisation pour les bananes, des dispositions relatives au contrôle du respect de ces normes de commercialisation et des exigences relatives aux communications dans le secteur de la banane ;

– ainsi que les arrêtés pris en application de l'article 4 du décret n° 55-1126 du 19 août 1955 portant application de l'article L. 214-1 du Code de la consommation en ce qui concerne le commerce des fruits et légumes ;

3° « Conditionnement » : récipient, enveloppe externe ou dispositif d'attache, recouvrant entièrement ou partiellement les fruits et légumes, afin de constituer une unité de vente pour le consommateur et en assurer la présentation au point de vente ;

4° « Matière plastique » : le matériau tel que défini à l'article D. 541-330 du Code de l'environnement.

II. – Sont exemptés de l'obligation mentionnée à la première phrase du 16e alinéa du III de l'article L. 541-15-10, et conformément à la deuxième phrase de ce même alinéa, les fruits et légumes présentant un risque de détérioration à la vente en vrac suivants :

1° Les tomates à côtes, les tomates allongées relevant du segment Cœur, les tomates cerises ou cocktail (variétés miniatures), les oignons primeurs, les navets primeurs, les choux de Bruxelles, les haricots verts, le raisin, les pêches, nectarines, et les abricots, jusqu'au 30 juin 2023 ;

2° Les endives, les asperges, les brocolis, les champignons, les pommes de terre primeur, les carottes primeur, et les petites carottes, jusqu'au 31 décembre 2024 ;

3° La salade, la mâche, les jeunes pousses, les herbes aromatiques, les épinards, l'oseille, les fleurs comestibles, les pousses de haricot mungo, jusqu'au 31 décembre 2024 ;

4° Les cerises, les canneberges, les airelles, et les physalis, jusqu'au 31 décembre 2024 ;

5° Les fruits mûrs à point, c'est-à-dire les fruits vendus au consommateur final à pleine maturité, et dont l'emballage présenté à la vente indique une telle mention, jusqu'au 30 juin 2026 ;

6° Les graines germées, jusqu'au 30 juin 2026 ;

7° Les framboises, les fraises, les myrtilles, les mûres, les groseilles, la surelle, la surette et la groseille pays, les cassis, et les kiwaïs, jusqu'au 30 juin 2026.

III. – Afin de permettre l'écoulement des stocks d'emballages, les fruits et légumes produits ou importés avant le 1er janvier 2022 et qui ne sont pas exemptés en application du II peuvent être exposés à la vente avec un conditionnement composé pour tout ou partie de matière plastique jusqu'à 6 mois à compter de cette date.

Afin de permettre l'écoulement des stocks d'emballages, les fruits et légumes mentionnés au 1° du II produits ou importés avant l'échéance qui y est mentionnée peuvent être exposés à la vente avec un conditionnement composé pour tout ou partie de matière plastique jusqu'à 4 mois à compter de ladite échéance.

Art. R. 541-335 *(D. n° 2021-1279, 30 sept. 2021)* (2). **– Les produits à usage unique listés ci-après, composés pour tout ou partie de plastique, ou leur emballage portent respectivement le marquage prévu aux annexes I, II, III et IV du règlement d'exécution (UE) 2020/2151 de la Commission du 17 décembre 2020 établissant les règles concernant des spécifications harmonisées relatives au marquage des produits en plastique à usage unique énumérés dans la partie D de l'annexe de la directive (UE) 2019/904 du Parlement européen et du Conseil relative à la réduction de l'incidence de certains produits en plastique sur l'environnement :**

1° Les serviettes hygiéniques, les tampons et les applicateurs de tampons ;

2° Les lingettes pré-imbibées pour usages corporels et domestiques ;

(1) Les produits frappés d'une interdiction de mise à disposition en application du 2° du III de l'article L. 541-15-10 [du présent code] bénéficient d'un délai d'écoulement des stocks jusqu'au 1er juillet 2021, dès lors qu'ils ont été fabriqués ou importés avant le 1er janvier 2021, à l'exception des produits dont l'interdiction de mise à disposition entre en vigueur le 3 juillet 2021 en application du présent article, qui ne bénéficient pas d'un tel délai, D. n° 2020-1828, 31 déc. 2020.

(2) Dès lors qu'ils ont été mis sur le marché avant le 3 juillet 2021, les produits visés au présent article bénéficient d'un délai d'écoulement des stocks courant jusqu'au 31 décembre 2022, D. n° 2021-1279, 30 sept. 2021.

3° Les produits du tabac, au sens de l'article L. 3512-1 du Code de la santé publique, comportant des filtres et les filtres commercialisés pour être utilisés en combinaison avec des produits du tabac ;

4° Les gobelets et les verres pour boissons, à l'exception de ceux qui ne contiennent du plastique qu'à l'état de traces.

Le marquage est apposé conformément aux modalités fixées aux annexes mentionnées au premier alinéa. Les exemptions de marquage prévues aux annexes I, II et III du règlement d'exécution (UE) 2020/2151 de la Commission du 17 décembre 2020 établissant les règles concernant des spécifications harmonisées relatives au marquage des produits en plastique à usage unique énumérés dans la partie D de l'annexe de la directive (UE) 2019/904 du Parlement européen et du Conseil relative à la réduction de l'incidence de certains produits en plastique sur l'environnement sont applicables.

Art. R. 541-336 *(Créé à compter du 1er janvier 2023, D. n° 2022-507, 8 avr. 2022)* (1). – I. – Est puni de l'amende prévue pour les contraventions de la troisième classe le fait :

1° Pour l'exploitant d'un établissement recevant du public ou le responsable d'un local professionnel, de distribuer gratuitement des bouteilles en plastique contenant des boissons en méconnaissance du dixième alinéa du 2° du III de l'article L. 541-15-10 ;

2° Pour un producteur, un importateur ou un distributeur qui met sur le marché les produits mentionnés à l'article R. 541-335, de méconnaître les obligations de marquage définies au même article.

II. – Est puni de l'amende prévue pour les contraventions de la cinquième classe le fait :

1° Pour un producteur, un importateur ou un distributeur, de méconnaître une des interdictions de mise à disposition ou de mise sur le marché définies aux deuxième, troisième, quatrième, dixième ou onzième alinéas du III de l'article L. 541-15-10 ;

2° Pour un producteur, un importateur ou un distributeur, de méconnaître l'interdiction de mise sur le marché définie au dix-septième alinéa du III de l'article L. 541-15-10 ;

La récidive des contraventions de la cinquième classe prévues au présent article est réprimée conformément aux dispositions des articles 132-11 et 132-15 du Code pénal.

Art. D. 541-337 *(Annulé, CE, 8 nov. 2024, n° 475669, Synd. Alliance Plasturgie et Composites du futur (Plastalliance) : JurisData n° 2024-020414).*

Rédaction antérieure. Art. D. 541-337 *(Créé à compter du 1er juillet 2023, D. n° 2023-478, 20 juin 2023)* (2). – I. – Pour l'application du 16e alinéa du III de l'article L. 541-15-10, on entend par :

1° « Fruits et légumes » : les plantes ou une partie de ces plantes telle que les tiges, racines, tubercules, feuilles, fruits, graines, qui sont destinées à l'alimentation humaine, ainsi que les champignons comestibles ;

2° « Fruits et légumes frais non transformés » : les fruits et légumes frais respectant les limites de préparation définies par les actes suivants :

– les normes de commercialisation telles que mentionnées par le règlement (CE) n° 543/2011 du 7 juin 2011 portant modalités d'application du règlement (CE) n° 1234/2007 en ce qui concerne les secteurs des fruits et légumes et des fruits et légumes transformés ;

– les normes de commercialisation telles que mentionnées par le règlement (UE) n° 1333/2011 du 19 décembre 2011 fixant des normes de commercialisation pour les bananes, des dispositions relatives au contrôle du respect de ces normes de commercialisation et des exigences relatives aux communications dans le secteur de la banane ;

– ainsi que les arrêtés pris en application de l'article 4 du décret n° 55-1126 du 19 août 1955 portant application de l'article L. 214-1 du Code de la consommation en ce qui concerne le commerce des fruits et légumes ;

3° « Conditionnement » : récipient, enveloppe externe ou dispositif d'attache, recouvrant entièrement ou partiellement les fruits et légumes, afin de constituer une unité de vente pour le consommateur et en assurer la présentation au point de vente.

4° « Matière plastique » : le matériau tel que défini à l'article D. 541-330 du Code de l'environnement.

(1) Dispositions applicables qu'à compter du 1er janvier 2025 aux emballages de produits pour lesquels les cahiers des charges des signes d'identification de la qualité et de l'origine prévus aux articles L. 641-1 à L. 641-13 du présent code interdisent le réemploi ou la réutilisation de leur emballage, D. n° 202-507, 8 avr. 2022.

(2) La définition mentionnée au 3° du I du présent article exclut les élastiques nécessaires au regroupement de plusieurs petits fruits ou légumes, tels que ceux qui sont présentés à la vente avec des fanes (radis, carottes, etc.) ou encore les herbes aromatiques, D. n° 2023-478, 20 juin 2023, art. 2.

II. – Sont exemptés de l'obligation mentionnée à la première phrase du 16e alinéa du III de l'article L. 541-15-10, et conformément à la deuxième phrase de ce même alinéa, les fruits et légumes présentant un risque de détérioration à la vente en vrac suivants :

1° Les endives, les asperges, les brocolis, les champignons, les pommes de terre primeur, les carottes primeur et les petites carottes ;

2° La salade, la mâche, les jeunes pousses, les herbes aromatiques, les épinards, l'oseille, les fleurs comestibles, les pousses de haricot mungo ;

3° Les cerises, les canneberges, les airelles et les physalis ;

4° Les fruits mûrs à point, c'est-à-dire les fruits vendus au consommateur final à pleine maturité, et dont l'emballage présenté à la vente indique une telle mention ;

5° Les graines germées ;

6° Les framboises, les fraises, les myrtilles, les mûres, les groseilles, la surelle, la surette et la groseille pays, les cassis et les kiwaïs.

III. – Afin de permettre l'écoulement des stocks d'emballages, les fruits et légumes qui ne sont pas exemptés en application du II peuvent être exposés à la vente avec un conditionnement composé pour tout ou partie de matière plastique jusqu'au 31 décembre 2023.

Sous-section 4. – Autres dispositions relatives à la lutte contre le gaspillage

(Sous-section créée compter du 1er janvier 2022, D. n° 2020-1724, 28 déc. 2020)

Art. D. 541-340 *(Créé compter du 1er janvier 2022, D. n° 2020-1724, 28 déc. 2020)*. – **Pour l'application du quatorzième alinéa du III de l'article L. 541-15-10, on entend par « fontaine d'eau potable », tout dispositif de distribution d'eau potable, raccordés à un réseau d'eau potable, permettant le remplissage d'un récipient pour boisson.**

Sont soumis à l'obligation de mettre à disposition du public au moins une fontaine d'eau potable, les établissements recevant du public relevant de la première, la deuxième ou la troisième catégorie telles que définies à l'article R. 123-19 du Code de la construction et de l'habitation, dès lors qu'ils sont déjà raccordés à un réseau d'eau potable.

Le nombre de fontaines mis à disposition du public est adapté à la capacité d'accueil de l'établissement. Ce nombre est d'au moins une fontaine d'eau potable pour les établissements pouvant accueillir simultanément 301 personnes. Il est augmenté d'une fontaine d'eau potable par tranche supplémentaire de 300 personnes.

Ces fontaines d'eau potable sont indiquées par une signalétique visible et leur accès est libre et sans frais.

Art. D. 541-341 *(Créé compter du 1er janvier 2022, D. n° 2020-1724, 28 déc. 2020)*. – **Sont soumis à l'obligation d'utiliser de la vaisselle, des couverts ainsi que des récipients de transport des aliments et des boissons réemployables, et de procéder à leur collecte en vue de leur réemploi, conformément au dix-neuvième alinéa du III de l'article L. 541-15-10, les services de restauration à domicile qui proposent un abonnement à des prestations de repas préparés qui sont livrés au moins quatre fois par semaine.**

Art. D. 541-342 *(Créé compter du 1er janvier 2023, D. n° 2020-1724, 28 déc. 2020)*. – **Sont soumises à l'obligation de servir les repas et boissons dans de la vaisselle réemployable ainsi qu'avec des couverts réemployables, conformément au dix-huitième alinéa du III de l'article L. 541-15-10, les personnes ayant une activité professionnelle de restauration sur place, qu'elle soit leur activité principale ou non, qu'elle soit en intérieur ou en extérieur, dès lors qu'elle permet de restaurer simultanément au moins 20 personnes.**

Art. R. 541-343 *(Créé à compter du 1er janvier 2023, D. n° 2022-507, 8 avr. 2022)* (1). – **I. – Est puni de l'amende prévue pour les contraventions de la troisième classe le fait, pour un vendeur de boissons à emporter, de ne pas adopter une tarification plus basse lorsque la boisson est vendue dans un récipient réemployable présenté par le consommateur par rapport au prix demandé lorsque la boisson est servie dans un gobelet jetable, en méconnaissance du cinquième alinéa du III de l'article L. 541-15-10.**

II. – Est puni de l'amende prévue pour les contraventions de la cinquième classe le fait :

1° Pour l'exploitant d'un établissement recevant du public mentionné à l'article D. 541-340, de ne pas mettre de fontaine d'eau potable à disposition du public en méconnaissance de cet article ;

(1) Dispositions applicables qu'à compter du 1er janvier 2025 aux emballages de produits pour lesquels les cahiers des charges des signes d'identification de la qualité et de l'origine prévus aux articles L. 641-1 à L. 641-13 du présent code interdisent le réemploi ou la réutilisation de leur emballage, D. n° 202-507, 8 avr. 2022.

2° Pour l'exploitant d'un service de restauration à domicile mentionné à l'article D. 541-341, d'utiliser de la vaisselle, des couverts ou des récipients de transport des aliments ou boissons qui ne soient pas réemployables ou de ne pas procéder à leur collecte en vue de leur réemploi en méconnaissance de cet article ;

3° Pour une personne ayant une activité de restauration sur place mentionnée à l'article D. 541-342, de servir des repas ou boissons dans de la vaisselle, ou avec des couverts, qui ne soient pas réemployables en méconnaissance de cet article.

La récidive des contraventions de la cinquième classe prévues au présent article est réprimée conformément aux dispositions des articles 132-11 et 132-15 du Code pénal.

Art. R. 541-344 *(D. n° 2024-359, 18 avr. 2024).* – En cas d'inobservation des prescriptions prévues au III de l'article L. 541-15-10, le préfet est l'autorité administrative compétente pour engager les mesures prévues à l'article L. 171-8.

Art. D. 541-345 *(D. n° 2024-373, 23 avr. 2024).* – Pour l'application du premier alinéa du V de l'article L. 541-15-10, un échantillon de produit fourni dans le cadre d'une démarche commerciale s'entend d'une petite quantité de marchandise dont le conditionnement est différent du produit commercialisé et qui est cédé gratuitement aux consommateurs.

Les denrées alimentaires qui ne sont pas préemballées et qui sont remises gratuitement aux consommateurs pour une consommation immédiate et sur place ne sont pas des échantillons au sens du premier aliéna du V de l'article L. 541-15-10.

Art. D. 541-346 *(D. n° 2024-373, 23 avr. 2024).* – Tout professionnel tenant à la disposition des consommateurs des échantillons de produits mentionnés à l'article D. 541-345 peut informer les consommateurs par tout moyen que ces échantillons ne peuvent leur être remis qu'à leur demande. Lorsque le professionnel recourt à une technique de communication à distance, la première demande exprimée par les consommateurs permet la remise successive d'échantillons jusqu'à renonciation de leur part.

Sous-section 5. – Sanctions pénales

(Sous-section créée compter du 1er janvier 2021, D. n° 2020-1724, 28 déc. 2020 ; rempl. à compter du 1er janvier 2023, D. n° 2022-507, 8 avr. 2022) (1)

Art. R. 541-350 *(Rempl. à compter du 1er janvier 2023, D. n° 2022-507, 8 avr. 2022 ; mod., D. n° 2023-162, 7 mars 2023).* – I. – La présente sous-section précise les modalités d'application du 1° du I et du II de l'article L. 541-1.

II. – Au sens de la présente sous-section, on entend par :

1° « Emballages », ceux qui remplissent les conditions précisées à l'article R. 543-43 ;

2° « Producteur », celui qui remplit les conditions précisées à l'article R. 543-43 ;

3° « Emballage réemployé ou réutilisé », un emballage faisant l'objet d'au moins une deuxième utilisation pour un usage de même nature que celui pour lequel il a été conçu, et dont le réemploi ou la réutilisation est organisé par ou pour le compte du producteur. Un emballage faisant l'objet d'au moins une deuxième utilisation en étant rempli au point de vente dans le cadre de la vente en vrac, ou à domicile s'il s'agit d'un dispositif de recharge organisé par le producteur, est réputé être réemployé.

III. – Les dispositions de la présente sous-section ne sont pas applicables :

1° Aux emballages de produits pour lesquels une disposition législative ou réglementaire nationale ou communautaire interdit le réemploi ou la réutilisation de ces emballages en raison d'impératifs d'hygiène ou de sécurité du consommateur ;

2° Aux emballages de produits dont la mise sur le marché requiert une autorisation qui proscrit leur réemploi ou la réutilisation ou impose une obligation d'élimination du produit usagé avec son contenant ;

IV. – L'unité de mesure des emballages réemployés ou réutilisés correspond à chaque emballage qu'il soit primaire, secondaire, ou tertiaire au sens de l'article R. 543-43.

(1) Dispositions applicables qu'à compter du 1er janvier 2025 aux emballages de produits pour lesquels les cahiers des charges des signes d'identification de la qualité et de l'origine prévus aux articles L. 641-1 à L. 641-13 du présent code interdisent le réemploi ou la réutilisation de leur emballage, D. n° 202-507, 8 avr. 2022.

Toutefois, le producteur peut adopter une autre unité de mesure des emballages réemployés ou réutilisés correspondant à une capacité équivalente, lorsqu'il peut justifier qu'une telle unité de mesure équivalente est plus adaptée aux produits emballés. Dans ce cas, l'unité de mesure correspond à une capacité équivalente à 0,5 litre s'agissant des liquides, et de 0,5 kilogramme dans les autres cas.

Art. R. 541-351 *(Rempl. à compter de cette même date, D. n° 2022-507, 8 avr. 2022).* – Les obligations relatives à la mise sur le marché d'emballages réemployés ou réutilisés s'imposent à tout producteur responsable de la mise sur le marché d'au moins dix mille unités de produits emballés par an ainsi qu'à tout éco-organisme agréé pour les emballages.

Les producteurs concernés s'acquittent de leurs obligations soit de façon individuelle soit en participant à une structure collective dont l'obligation annuelle correspond à la somme des obligations minimales incombant à chacun des adhérents.

Les producteurs qui ont adhéré à un éco-organisme s'acquittent de leur obligation par cet éco-organisme, qui remplit, dans ce cas, le rôle de structure collective.

Art. D. 541-352 *(Créé à compter du 1er janvier 2023, D. n° 2022-507, 8 avr. 2022).* – La proportion minimale d'emballages réemployés ou réutilisés à mettre sur le marché annuellement est fixée de la manière suivante :

1° Pour les producteurs déclarant un chiffre d'affaire annuel inférieur à 20 millions d'euros :
- 5 % en 2026 ;
- 10 % en 2027 ;

2° Pour les producteurs déclarant un chiffre d'affaire annuel compris entre20 et 50 millions d'euros :
- 5 % en 2025 ;
- 7 % en 2026 ;
- 10 % en 2027 ;

3° Pour les producteurs déclarant un chiffre d'affaire annuel supérieur à 50 millions d'euros :
- 5 % en 2023 ;
- 6 % en 2024 ;
- 7 % en 2025 ;
- 8 % en 2026 ;
- 10 % en 2027.

Art. R. 541-353 *(Créé à compter du 1er janvier 2023, D. n° 2022-507, 8 avr. 2022).* – Pour atteindre les objectifs d'emballages réemployés ou réutilisés à mettre sur le marché fixés à l'article D. 541-352, tout éco-organisme agréé pour les emballages met en œuvre les modulations prévues à l'article L. 541-10-3 et contribue au développement de solutions de réemploi et de réutilisation, y compris pour d'autres emballages que ceux relevant de sa catégorie d'agrément, en s'appuyant notamment sur les fonds prévus au V de l'article L. 541-10-18. Ces contributions prennent la forme de soutiens financiers attribués sur la base de procédures ouvertes à tout personne éligible qui en formule la demande ou sur la base de procédures de sélection concurrentielles.

Art. R. 541-354 *(Créé à compter du 1er janvier 2023, D. n° 2022-507, 8 avr. 2022).* – Toute personne soumise à l'obligation prévue à l'article R. 541-351 communique annuellement à l'autorité administrative mentionnée à l'article L. 541-10-13 la quantité totale d'emballages qu'elle a, ou que ses adhérents ont, mis sur le marché ainsi que la proportion d'emballages réemployés ou réutilisés.

Sous-section 6. – Prévention des pertes de granulés de plastiques industriels dans l'environnement

(Sous-section créée à compter du 1er janvier 2022, D. n° 2021-461, 16 avr. 2021)

Art. D. 541-360 *(Créé à compter du 1er janvier 2022, D. n° 2021-461, 16 avr. 2021).* – Pour l'application de l'article L. 541-15-11 et au sens de la présente sous-section, on entend par :

1° « Plastique », un matériau constitué d'un polymère tel que défini à l'article 3, point 5, du règlement (CE) n° 1907/2006 du Parlement européen et du Conseil du 18 décembre 2006, auquel des additifs ou autres substances peuvent avoir été ajoutés, et qui peut jouer le rôle de composant structurel principal de produits finaux, à l'exception des polymères naturels qui n'ont pas été chimiquement modifiés ;

2° « Granulés de plastiques industriels », les matières plastiques commercialisées sous différentes formes, dont les dimensions externes sont supérieures à 0,01 mm et inférieures à 1 cm ;

3° « Sites de production, de manipulation et de transport », les sites industriels où sont fabriqués, manutentionnés, stockés, utilisés, ou transformés des granulés de plastiques industriels et au sein desquels la quantité totale de granulés de plastiques industriels susceptible d'être présente est supérieure à 5 tonnes, ainsi que les aires de lavage de citernes, fûts et autres contenants de transport de granulés de plastiques industriels.

Art. D. 541-361 *(D. n° 2021-461, 16 avr. 2021)* (1). – Les sites de production, de manipulation et de transport de granulés de plastiques industriels sont dotés d'équipements prévenant leur rejet canalisé dans l'environnement.

Les zones de ces sites où des granulés de plastiques industriels sont susceptibles d'être répandus accidentellement sont associées à des dispositifs de confinement et de récupération prévenant leur dissémination dans l'environnement.

Les équipements et dispositifs mentionnés aux précédents alinéas sont adaptés aux dimensions des granulés susceptibles d'être présents dans ces sites.

Art. D. 541-362 *(Créé à compter du 1er janvier 2022, D. n° 2021-461, 16 avr. 2021)*. – Tout exploitant d'un site de production, de manipulation et de transport de granulés de plastiques industriels adopte des procédures prévenant la dispersion de granulés de plastiques industriels dans l'environnement.

Ces procédures visent à :

a) Identifier les zones où des granulés de plastiques industriels sont susceptibles d'être rejetés ou répandus accidentellement dans l'environnement ;

b) Vérifier périodiquement que les emballages utilisés pour le stockage et le transport des granulés de plastiques industriels sont conçus et manipulés de sorte à minimiser le risque de dissémination de ces granulés dans l'environnement ;

c) Confiner et ramasser tout granulé de plastique industriel répandu accidentellement dans l'enceinte du site ;

d) Procéder régulièrement au nettoyage des bassins de rétention situés en amont des équipements mentionnés au premier alinéa de l'article D. 541-361 et des abords du site placés sous le contrôle de l'exploitant ;

e) Inventorier et s'assurer régulièrement du bon état de fonctionnement des équipements et dispositifs mentionnés à l'article D. 541-361 ;

f) Former et sensibiliser, notamment par voie d'affichage, le personnel et les tiers intervenant sur le site ;

g) Réaliser des contrôles internes semestriels de ces procédures.

Les procédures mentionnées aux précédents alinéas sont adaptées aux dimensions des granulés susceptibles d'être présents dans ces sites.

Art. D. 541-363 *(Créé à compter du 1er janvier 2022, D. n° 2021-461, 16 avr. 2021)*. – Un arrêté du ministre chargé de l'environnement peut préciser les exigences minimales applicables aux équipements et dispositifs visés à l'article D. 541-361 et aux procédures visées à l'article D. 541-362. Ces exigences minimales sont adaptées aux dimensions des granulés susceptibles d'être présents dans les sites.

Art. D. 541-364 *(Créé à compter du 1er janvier 2022, D. n° 2021-461, 16 avr. 2021)*. – Pour l'application du II de l'article L. 541-15-11, on entend par « inspections régulières », les audits des procédures mentionnées à l'article D. 541-362.

Ces audits sont mis en œuvre conformément aux dispositions du présent article, dans un délai de un an à compter de leur mise en œuvre, puis au moins tous les trois ans, sous la responsabilité de l'exploitant de chaque site de production, de manipulation et de transport de granulés de plastiques industriels, par un organisme certificateur qu'il choisit parmi ceux mentionnés à l'alinéa suivant.

Les organismes certificateurs habilités à réaliser les audits mentionnés au présent article sont indépendants de l'exploitant du site et accrédités à cet effet par le Comité français d'accréditation (COFRAC), ou par tout autre

(1) Les dispositions applicables à compter du 1er janvier 2023, aux sites de production, de manipulation et de transport de granulés de plastiques industriels dont l'exploitation a démarré avant le 1er janvier 2021, D. n° 2021-461, 16 avr. 2021.

organisme d'accréditation signataire de l'accord de reconnaissance multilatéral établi dans le cadre de la coordination européenne des organismes d'accréditation (« European Cooperation for Accreditation », ou « EA »), selon les dispositions de la norme ISO/IEC 17021 « Évaluation de la conformité - Exigences pour les organismes procédant à l'audit et à la certification des systèmes de management » ou selon les dispositions de toute autre norme ou spécification technique présentant des garanties équivalentes.

Ces audits peuvent être réalisés dans le cadre des audits de certification des systèmes de management de la qualité effectués par des organismes certificateurs accrédités conformément aux dispositions du précédent alinéa.

Les organismes certificateurs accèdent à toute information ou document nécessaire à leur mission.

L'exploitant met à disposition du public sur son site internet une synthèse de chaque rapport d'audit, en retirant les informations relevant d'un secret protégé par la loi.

Sous-section 7. – Impression et distribution de tickets et bons d'achat

(Créée à compter du 1er août 2023, D. n° 2022-1565, 14 déc. 2022)

Art. D. 541-370 *(Créé à compter du 1er août 2023,D. n° 2022-1565, 14 déc. 2022).* – L'impression et la distribution systématiques des tickets et bons d'achat, mentionnés aux 1° à 4° du IV de l'article L. 541-15-10, s'entendent de leur impression et de leur remise à chaque client pour toute transaction, quels que soient le montant et la nature de celle-ci.

Art. D. 541-371 *(Créé à compter du 1er août 2023,D. n° 2022-1565, 14 déc. 2022).* – Ne sont pas concernés par les interdictions prévues par le IV de l'article L. 541-15-10 :

1° Les tickets de caisse ou autres documents de facturation remis aux consommateurs sur lesquels sont mentionnées l'existence et la durée de la garantie légale de conformité en application de l'article D. 211-7 du Code de la consommation ;

2° Les tickets de caisse ou autres documents de facturation, imprimés par les instruments de pesage à fonctionnement non automatique seuls ou connectés à un terminal point de vente réglementés par le décret n° 2001-387 du 3 mai 2001 relatif au contrôle des instruments de mesure, ou remis aux consommateurs conformément aux dispositions réglementaires prises pour l'application de l'article L. 112-1 du Code de la consommation ;

3° Les opérations de paiement par carte bancaire annulées, n'ayant pas abouti, ou soumises à un régime de pré-autorisation ou faisant l'objet d'un crédit, qui donnent lieu, pour raisons de sécurité, à l'impression d'un ticket remis au consommateur ;

4° Les tickets remis par des automates dont la conservation et la présentation sont nécessaires pour bénéficier d'un produit ou d'un service et permettre, le cas échéant, le calcul du montant dû en contrepartie.

Art. D. 541-372 *(Créé à compter du 1er août 2023,D. n° 2022-1565, 14 déc. 2022).* – Dans les surfaces de vente et les établissements recevant du public, le consommateur est informé, à l'endroit où s'effectue le paiement, par voie d'affichage et de manière lisible et compréhensible, que, sauf exception légale, l'impression et la remise des tickets de caisse et de carte bancaire ne sont réalisées qu'à sa demande.

Sous-section 8. – Cession à titre gratuit de matériel médical

(D. n° 2024-205, 6 mars 2024)

Art. D. 541-380 *(D. n° 2024-205, 6 mars 2024).* – Pour l'application de l'article L. 541-15-13, peut faire l'objet d'une cession à titre gratuit le matériel médical provenant :

1° D'un établissement de santé mentionné à l'article L. 6111-1 du Code de la santé publique ;

2° D'un établissement ou service mentionné au 6° du I de l'article L. 312-1 du Code de l'action sociale et des familles ;

3° D'un prestataire de service ou distributeur de matériels mentionné à l'article L. 5232-3 du Code de la santé publique ;

4° D'une officine de pharmacie mentionnée à l'article L. 5125-1 Code de la santé publique ;

5° D'un distributeur mentionné au 5° de l'article R. 5211-4 du Code de la santé publique.

Art. D. 541-381 *(D. n° 2024-205, 6 mars 2024).* – Pour l'application de l'article L. 541-15-13, peut faire l'objet d'une cession à titre gratuit le matériel médical relevant de la catégorie des aides techniques au sens de l'article D. 245-10 du Code de l'action sociale et des familles et respectant les dispositions du règlement (UE) 2017/745 du Parlement européen et du Conseil du 5 avril 2017 relatif aux dispositifs médicaux.

Est exclu tout matériel médical ayant fait l'objet d'un retrait du marché, faisant ou ayant fait l'objet d'une suspension ou d'un retrait de sa certification ou dont le marquage CE a été indûment apposé, ainsi que tout matériel gagé ou immobilisé par une action administrative ou judiciaire.

La vérification de ces conditions incombe au cédant.

Art. D. 541-382 *(D. n° 2024-205, 6 mars 2024).* – I. – La cession à titre gratuit mentionnée à l'article L. 541-15-13 consiste en l'aliénation gratuite que le cédant fait de matériel médical au profit d'une autre personne, le bénéficiaire, de manière actuelle et irrévocable, marquant le transfert définitif de la propriété.

II. – La convention mentionnée à l'article L. 541-15-13 prévoit :

1° Que le bénéficiaire peut refuser tout ou partie des biens objet de la cession à titre gratuit, notamment si ses capacités de transport, de stockage ou les possibilités de redistribution ne sont pas suffisantes, que les produits ne sont pas fonctionnels ou s'il estime que les biens ne répondent pas aux éléments contenus dans l'attestation visée au 3°. Le refus peut être exprimé à tout moment jusqu'à ce que le transfert de propriété n'ait eu lieu. Le refus est formulé par écrit ;

2° Que le cédant assure le stockage dans des conditions adaptées aux produits concernés, pendant une durée déterminée, jusqu'à enlèvement des biens cédés. Au terme de ce délai et en l'absence d'enlèvement, le bénéficiaire est réputé avoir refusé le bien cédé ;

3° Les modalités selon lesquelles est garantie, par les deux parties, la traçabilité du matériel médical conformément à la règlementation en vigueur. Elle prévoit l'établissement d'un bon de retrait qui justifie la réalité de la cession et la remise par le cédant d'une attestation certifiant que le matériel médical a bénéficié d'un usage conforme à la destination prévue par son fabricant et d'une maintenance régulière conforme aux dispositions définies par ce dernier ;

4° Que le bénéficiaire s'engage à signaler à l'Agence nationale de sécurité du médicament et des produits de santé les incidents de vigilance dont il a connaissance.

III. – Pour chaque don, pouvant contenir plusieurs biens cédés, sont précisées, en annexe de la convention mentionnée au II, a minima les informations suivantes :

1° Le nom commercial du matériel médical, sa référence produit ;

2° L'identifiant unique des dispositifs du produit prévu à l'article 27 du règlement 2017/745 du Parlement européen et du Conseil du 5 avril 2017 relatif aux dispositifs médicaux, le numéro de série du matériel médical ou, à défaut, toute information permettant d'identifier avec précision le modèle du produit ;

3° La date de première mise en service du matériel médical, ou, dans le cas où le dispositif n'a jamais été mis en service, la date de première acquisition ;

4° La durée de vie du dispositif telle que définie par le fabricant ;

5° L'attestation mentionnée au 3° du II du présent article.

IV. – Le bénéficiaire tient à la disposition de l'Agence nationale de sécurité du médicament et des produits de santé, des ordres professionnels mentionnés à la quatrième partie du Code de la santé publique lorsqu'ils sont concernés et de l'agence régionale de santé territorialement compétente, la convention mentionnée au II et son ou ses annexes mentionnées au III.

CHAPITRE II. – DISPOSITIONS PARTICULIÈRES À LA GESTION DURABLE DES MATIÈRES ET DES DÉCHETS RADIOACTIFS

Voir : A. 30 oct. 2006, fixant le contenu des registres mentionnés à l'article 2 du décret n° 2005-635 du 30 mai 2005 relatif au contrôle *des circuits de traitement des déchets et le formulaire du bordereau de suivi des déchets radioactifs mentionné à l'article 4* (JO 26 nov. 2006, n° 274).

A. 23 juill. 2008, portant homologation de la décision n° 2008-DC-0095 de l'Autorité de sûreté nucléaire du 29 janvier 2008 fixant les règles techniques auxquelles doit satisfaire l'élimination des effluents et des déchets contaminés par les radionucléides, ou susceptibles de l'être du fait d'une activité nucléaire, prise en application des dispositions de l'article R. 1333-12 du Code de la santé publique (*JO* 2 août 2008, n° 0179, p. 12407, texte n° 45).

A. 9 oct. 2008, relatif aux informations à transmettre à l'Agence nationale pour la gestion des déchets radioactifs en vue de l'édition 2009 de l'inventaire national des matières et déchets radioactifs (*JO* 21 oct. 2008, n° 246).

A. 9 oct. 2008, relatif à la nature des informations que les responsables d'activités nucléaires et les entreprises mentionnées à l'article L. 1333-10 du Code de la santé publique ont obligation d'établir, de tenir à jour et de transmettre périodiquement à l'Agence nationale pour la gestion des déchets radioactifs (*JO* 21 oct. 2008, n° 246).

Circ. 17 nov. 2008, relative à la prise en charge de certains déchets radioactifs et de sites de pollution radioactive – Missions d'intérêt général de l'ANDRA (*BO min. Équipement* 2008/23, 25 déc. 2008).

A. 23 déc. 2008, définissant le document uniforme de suivi utilisé pour la présentation des demandes d'autorisation, l'octroi de l'autorisation et la transmission de l'accusé de réception concernant les procédures applicables aux transferts transfrontaliers de déchets radioactifs et de combustible nucléaire usé (*JO* 24 déc. 2008, n° 0299, p. 19910, texte n° 8).

Section I. – Agence nationale pour la gestion des déchets radioactifs

Sous-section 1. – Dispositions générales

Art. R. 542-1 *(Rempl., D. n° 2010-47, 13 janv. 2010).* **– L'Agence nationale pour la gestion des déchets radioactifs (ANDRA) est placée sous la tutelle des ministres chargés respectivement de l'énergie, de la recherche et de l'environnement.**

Sous-section 2. – Organisation administrative

Art. R. 542-2 *(Mod., D. n° 2010-47, 13 janv. 2010)* (1). **– Le conseil d'administration de l'agence comprend :**

1° Un député et un sénateur désignés par l'Office parlementaire d'évaluation des choix scientifiques et technologiques ;

2° Six représentants de l'État, nommés sur proposition respective des ministres chargés de l'énergie, de la recherche, de l'environnement, du budget, de la défense et de la santé ;

3° Sept personnalités qualifiées, dont :

– deux élus locaux ;

– deux personnalités qualifiées désignées en raison de leur expérience dans le domaine des activités nucléaires ;

– deux personnalités qualifiées proposées par le ministre chargé de l'environnement ;

– une personnalité qualifiée au titre de la recherche ;

4° Huit représentants des salariés de l'agence, élus conformément aux dispositions du décret n° 83-1160 du 26 décembre 1983 portant application de la loi [n° 83-675] du 26 juillet 1983 relative à la démocratisation du secteur public.

Art. R. 542-3 *(Mod., D. n° 2010-47, 13 janv. 2010).* **– Le président est choisi, sur proposition du conseil d'administration, parmi les membres du conseil mentionnés aux 1° et 3° de l'article R. 542-2. Il est nommé par décret pris sur le rapport conjoint des ministres de tutelle de l'agence.**

Art. R. 542-4 *(Mod., D. n° 2010-47, 13 janv. 2010).* **– À l'exception de ceux mentionnés aux 1° et 4° de l'article R. 542-2, ces membres sont nommés par décret pris sur le rapport du ministre chargé de l'énergie.**

Art. R. 542-5 *(Mod., D. n° 2010-47, 13 janv. 2010).* **– La durée du mandat des membres du conseil d'administration de l'agence est de cinq ans.**

Les membres du conseil d'administration mentionnés au 2° de l'article R. 542-2 qui cessent d'exercer leurs fonctions ou qui perdent la qualité en raison de laquelle ils ont été nommés sont remplacés dans les conditions fixées par la loi n° 83-675 du 26 juillet 1983 modifiée relative à la démocratisation du secteur public.

(1) Le conseil d'administration de l'Agence nationale pour la gestion des déchets radioactifs (ANDRA), tel qu'il est composé le 15 janvier 2010, est maintenu en fonction jusqu'à l'installation du nouveau conseil dans les conditions résultant du décret n° 2010-47 du 13 janvier 2010 et au plus tard jusqu'au 31 mars 2010, D. n° 2010-47, 13 janv. 2010, art. 14.

Art. R. 542-6 *(Mod., D. n° 2018-1126, 11 déc. 2018).* – Les membres du conseil d'administration ainsi que les personnes appelées à assister à ses réunions sont tenus de respecter la confidentialité des délibérations du conseil. Ils ne doivent divulguer aucun secret des affaires dont ils pourraient avoir connaissance dans l'exercice de leur mandat.

Art. R. 542-7. – Un membre du conseil d'administration peut se faire représenter à la séance par un autre membre. Aucun membre ne peut recevoir plus de trois mandats.

Art. R. 542-8. – Le conseil d'administration de l'agence se réunit au moins trois fois par an. Son président en fixe l'ordre du jour.

Sauf en cas d'urgence, le lieu, la date et l'ordre du jour sont portés au moins deux semaines à l'avance à la connaissance des membres du conseil d'administration, du commissaire du Gouvernement, du « contrôleur budgétaire » (1) et du directeur général.

Le commissaire du Gouvernement, le « contrôleur budgétaire » (1) et le directeur général assistent aux séances avec voix consultative.

Le conseil d'administration ne peut valablement délibérer que si la moitié au moins de ses membres sont présents ou représentés.

Toutefois, les décisions prises à la suite d'une nouvelle convocation sur le même ordre du jour dans un délai de vingt jours sont valables sans condition de quorum.

Les délibérations sont prises à la majorité des voix des membres présents ou représentés. En cas de partage égal des voix, celle du président est prépondérante.

Le président peut également appeler à participer aux séances avec voix consultative toute personne dont il juge la présence utile pour l'étude d'un point particulier de l'ordre du jour.

Les délibérations font l'objet de procès-verbaux signés par le président et notifiés aux membres, au commissaire du Gouvernement, au « contrôleur budgétaire » (1) et au directeur général dans les deux semaines qui suivent la séance.

Art. R. 542-9 *(Mod., D. n° 2010-47, 13 janv. 2010).* – I. – Le conseil d'administration de l'agence règle par ses délibérations les affaires de l'établissement en ce qui concerne notamment :

1° Les conditions générales d'organisation et de fonctionnement de l'établissement ;

2° Le programme des activités de l'établissement ;

3° « Le budget » (2) et, le cas échéant, les états rectificatifs en cours d'année ;

4° Les comptes de chaque exercice et l'affectation des résultats ;

5° Les emprunts ;

6° Les acquisitions, échanges et aliénations de biens immobiliers ainsi que les prises et cessions à bail d'une durée supérieure à trois ans ;

7° Les projets d'investissement, dans les conditions qu'il détermine ;

8° La création de filiales, les prises, extensions et cessions de participations financières ;

9° Les acquisitions et cessions de droits de propriété industrielle ;

10° Les conditions générales de recrutement, d'emploi et de rémunération du personnel ;

11° Les conditions générales de passation des contrats, conventions et marchés ;

12° Les conditions générales d'attribution des subventions et avances remboursables.

II. – Il arrête son règlement intérieur.

Art. R. 542-10 *(Mod., D. n° 2010-47, 13 janv. 2010).* – Les délibérations du conseil d'administration de l'agence sont exécutoires de plein droit sauf si le commissaire du Gouvernement ou le « contrôleur budgétaire » (1) y fait opposition dans le délai de quatorze jours qui suit la réception des procès-verbaux notifiés dans les conditions prévues au dernier alinéa de l'article R. 542-8.

S'il forme opposition, le commissaire du Gouvernement ou le « contrôleur budgétaire » (1) en réfère immédiatement, selon le cas, au ministre chargé de l'énergie ou au ministre chargé du budget, qui doit se prononcer dans le délai d'un mois. À défaut de décision dans ce délai, la délibération est exécutoire.

(1) À compter du 1er janvier 2013, D. n° 2012-1247, 7 nov. 2012, art. 2 et 289.
(2) D. n° 2012-1247, 7 nov. 2012, art. 2.

Art. R. 542-11 *(Mod., D. n° 2010-47, 13 janv. 2010).* – Le commissaire du Gouvernement placé auprès de l'agence est le directeur général chargé de l'énergie au ministère chargé de l'énergie. Il peut à tout moment se faire communiquer tous documents, pièces ou archives et procéder ou faire procéder à toutes vérifications. Il fait connaître l'avis du Gouvernement sur les problèmes évoqués.

En cas d'empêchement, il peut se faire représenter aux séances du conseil d'administration ou du comité financier par un fonctionnaire placé sous son autorité.

Art. R. 542-12. – Le directeur général de l'agence est nommé sur proposition du président du conseil d'administration, par décret pris sur le rapport des ministres de tutelle. Il représente l'établissement dans tous les actes de la vie civile.

Il prépare les réunions du conseil d'administration, met en œuvre ses décisions et lui rend compte de leur exécution. Il exerce la direction des services de l'agence et a, à ce titre, autorité sur le personnel.

Dans le cadre des règles définies par le conseil d'administration, il a notamment qualité pour :

1° Liquider et ordonnancer les recettes et les dépenses ;

2° Déterminer l'emploi des fonds disponibles et le placement des réserves et procéder aux acquisitions, aliénations et transferts de valeurs ;

3° Décider des prises et cessions à bail de biens immobiliers lorsque la durée du bail n'est pas supérieure à trois ans ;

4° Passer au nom de l'établissement tous actes et contrats et tous marchés de travaux, de fournitures ou de services ;

5° Prendre toutes mesures conservatoires et exercer toutes les actions en justice ;

6° Engager, gérer et licencier les agents de l'établissement.

Art. R. 542-13 *(Mod., D. n° 2010-47, 13 janv. 2010 ; D. n° 2018-1126, 11 déc. 2018).* – (1) I. – Le conseil d'administration est assisté par un comité financier qui est consulté sur :

1° L'arrêté annuel des comptes ;

2° Les programmes pluriannuels et les prévisions de recettes et de dépenses associées ;

3° Toute autre question d'ordre financier.

II. – Le conseil d'administration arrête la composition du comité financier et précise ses modalités de fonctionnement. Le comité est présidé par un membre du conseil d'administration.

III. – Le commissaire du Gouvernement, le contrôleur budgétaire (2) et le directeur général de l'établissement peuvent assister aux réunions de ce comité.

IV. – Les membres du comité financier ainsi que les personnes appelées à assister à ses réunions sont tenus de respecter la confidentialité des délibérations. Ils ne doivent divulguer aucun secret des affaires dont ils pourraient avoir connaissance dans l'exercice de leur mandat.

Art. R. 542-14 *(Mod., D. n° 2010-47, 13 janv. 2010).* – I. – Le conseil scientifique de l'agence est composé de douze membres au plus, nommés pour cinq ans par arrêté conjoint des ministres chargés, respectivement, de l'énergie, de l'environnement et de la recherche. Le haut-commissaire nommé en application de l'article L. 332-4 du Code de la recherche est membre de droit de ce conseil.

Son président est nommé en son sein par arrêté conjoint de ces ministres.

Le président du conseil d'administration et le directeur général de l'agence peuvent assister aux séances du conseil scientifique.

II. – Ce conseil est consulté sur les programmes de recherche et développement conduits par l'agence :

1° Il émet des avis sur ces programmes et fait des recommandations sur les priorités, en prenant en compte les aspects scientifiques et techniques ainsi que le coût de ces programmes ;

2° Il émet un avis sur la pertinence des activités scientifiques de l'agence au regard de ses missions, en prenant en compte, le cas échéant, les recommandations incluses dans le rapport annuel de la commission nationale mentionnée à l'article L. 542-3 ;

(1) À la suite des modifications prescrites par l'article 10 du décret n° 2010-47 du 13 janvier 2010, deux « III » coexistent au sein du présent article. – NDLR.

(2) À compter du 1er janvier 2013, D. n° 2012-1247, 7 nov. 2012, art. 2 et 289.

3° Il est tenu informé de l'exécution de ces programmes ;

4° Il en évalue les résultats.

III. – Les avis, recommandations et rapports du conseil scientifique sont communiqués au conseil d'administration.

Art. D. 542-15 *(Anc. art. R. 542-15, dénum. et mod. à compter du 1er juillet 2018, D. n° 2018-434, 4 juin 2018 ; à compter du 1er janvier 2025, D. n° 2024-1194, 19 déc. 2024).* – L'agence est dotée d'une commission nationale des aides dans le domaine radioactif qui a pour objet d'émettre un avis sur l'utilisation, dans le domaine des missions d'intérêt général de l'agence mentionnées au 6° de l'article L. 542-12, de la subvention publique visée à l'article L. 542-12-1, et en particulier sur :

1° Les priorités d'attribution des fonds ;

2° Les stratégies de traitement des sites de pollution radioactive ;

3° Les principes de prise en charge aidée des déchets radioactifs ;

4° Les dossiers individuels qui lui sont soumis.

La commission nationale des aides dans le domaine radioactif est composée :

1° Des membres de droit suivants :

– le directeur général de l'Agence nationale pour la gestion des déchets radioactifs ou son représentant ;
– le directeur général de l'énergie et du climat ou son représentant ;
– le directeur général de la prévention des risques ou son représentant ;
– le président de l'Autorité de sûreté nucléaire et de radioprotection ou son représentant ;
– le président de l'Agence de l'environnement et de la maîtrise de l'énergie ou son représentant ;
– le ministre chargé de la radioprotection ou son représentant ;
– l'administrateur général du Commissariat à l'énergie atomique ou son représentant ;
– le président de l'Association des maires de France ou son représentant ;

2° Des membres suivants, nommés pour un mandat, renouvelable, d'une durée de quatre ans, par arrêté des ministres chargés de l'énergie, de la sûreté nucléaire et de la radioprotection :

– le président de la commission ;
– deux représentants d'associations agréées pour la protection de l'environnement ;
– un représentant d'un établissement public foncier.

L'Agence nationale pour la gestion des déchets radioactifs assure le secrétariat de cette commission, qui définit ses modalités de fonctionnement dans son règlement intérieur.

Art. R. 542-16 *(D. n° 2010-47, 13 janv. 2010).* – La commission consultative des marchés instituée auprès de l'agence est chargée de formuler un avis préalablement à la passation des contrats et marchés de toute nature ayant pour objet la fourniture à l'agence de produits, de services ou de travaux. Un arrêté conjoint des ministres de tutelle et des ministres chargés de l'économie et du budget précise la composition de cette commission. Il indique les seuils des montants à partir desquels les projets de contrats et marchés lui sont transmis pour avis.

En application du IV de l'article 4 de la loi n° 85-704 du 12 juillet 1985 relative à la maîtrise d'ouvrage publique et à ses rapports avec la maîtrise d'œuvre privée, l'agence applique ses règles de passation et d'exécution des contrats lorsqu'elle intervient en tant que mandataire d'un maître de l'ouvrage public pour la mission d'intérêt général qui lui est confiée au 6° de l'article L. 542-12.

Sous-section 3. – Dispositions financières et comptables

Art. R. 542-17 *(Anc. art. R. 542-15 dénum., D. n° 2010-47, 13 janv. 2010).* – Les ressources de l'agence comprennent notamment :

1° La rémunération des services rendus ;

2° Le produit des redevances, notamment de celles qui sont applicables aux inventions et procédés nouveaux à la réalisation desquels l'établissement contribue ;

3° Les subventions de l'État, des collectivités locales, des établissements publics et de tous organismes publics ou privés, nationaux, communautaires ou internationaux ;

4° L'intérêt et le remboursement des prêts et avances éventuellement consentis par l'établissement ;

5° Le produit des participations ;

6° Les revenus des biens meubles et immeubles de l'établissement et le produit de leur aliénation ;
7° Le produit des publications ;
8° Le produit des dons et legs ;
9° Les produits financiers ;
10° Les produits des emprunts ;
11° Le produit des taxes qui lui est affecté dans les conditions prévues par les lois de finances.

Art. R. 542-18 *(Anc. art. R. 542-16 dénum., D. n° 2010-47, 13 janv. 2010)* (1). **– L'agence se conforme, en matière de gestion financière et comptable, aux règles en usage dans les sociétés industrielles et commerciales.**

À la fin de chaque année, le directeur général établit et présente à l'approbation du conseil d'administration le bilan et le compte de résultat de l'établissement.

L'agence est soumise au contrôle de deux commissaires aux comptes désignés par le président de la cour d'appel dans le ressort de laquelle se trouve le siège de l'établissement.

(Créé à compter du 1er octobre 2021, D. n° 2021-29, 14 janv. 2021) **Les disponibilités de l'agence sont déposées au Trésor dans les conditions définies aux articles 46, 47 et 197 du décret n° 2012-1246 du 7 novembre 2012 relatif à la gestion budgétaire et comptable publique.**

Art. R. 542-19 *(Anc. art. R. 542-17 dénum., D. n° 2010-47, 13 janv. 2010)* (1). **– L'agence est soumise au « contrôle budgétaire »** (2) **de l'État prévu par les décrets n° 53-707 du 9 août 1953 relatif au contrôle de l'État sur les entreprises publiques nationales et certains organismes ayant un objet d'ordre économique et social et n° 2012-1246 du 7 novembre 2012 relatif à la gestion budgétaire et comptable publique. Le contrôle de la gestion financière de l'établissement est assuré par un « contrôleur budgétaire »** (2).

Section II. – Concertation préalable à la réalisation d'un laboratoire souterrain

Art. D. 542-18 (1) ***(Abr., D. n° 2017-231, 23 févr. 2017).***

JURISPRUDENCE SOUS L'ANCIEN ARTICLE D. 542-18

Intérêt à agir. La seule qualité d'habitant de la région, sur laquelle a été autorisée l'installation d'un laboratoire souterrain de recherche sur le stockage à long terme des déchets radioactifs, ne confère pas un intérêt à agir au requérant, dès lors que celui-ci ne justifie pas avoir une résidence dans le voisinage immédiat ou proche de ce laboratoire, ni dans l'une des communes situées dans le périmètre de 10 kilomètres autour du site et qui ont été consultées à ce titre lors de l'enquête publique (■ CE, 21 nov. 2001, n° 213056, *Delrez*). Ne justifient pas d'un intérêt suffisant à agir contre un décret relatif à la procédure de concertation préalable à l'installation d'un laboratoire de recherches souterrain en vue du stockage de certains déchets radioactifs en milieu granitique, les requérants résidant sur un département qui ne peut être concerné par le décret, compte tenu de la nature de ses terrains (■ CE, 21 nov. 2001, n° 213209, *Assoc. des élus meusiens opposés à l'implantation du laboratoire d'enfouissement des déchets nucléaires et favorables à un développement durable*).

Art. D. 542-19 (1) ***(Abr., D. n° 2017-231, 23 févr. 2017).***

Section III. – Autorisation d'installation et d'exploitation d'un laboratoire souterrain

Art. R. 542-20 *(Mod., D. n° 2017-626, 25 avr. 2017).* **– La demande d'autorisation d'installation et d'exploitation d'un laboratoire souterrain destiné à étudier l'aptitude des formations géologiques profondes à stocker des déchets radioactifs est adressée par l'Agence nationale pour la gestion des déchets radioactifs à ses ministres de tutelle. Elle est accompagnée d'un dossier comprenant :**

1° La justification de ses capacités techniques et financières ;

(1) Deux articles R. 542-18 et D. 542-18 ainsi que deux articles R. 542-19 et D. 542-19 coexistent, les premiers créés par le décret n° 2007-1467 du 12 octobre 2007 et les seconds issus de la dénumérotation des articles R. 542-16 et R. 542-17 par le décret n° 2010-47 du 13 janvier 2010. – NDLR.

(2) À compter du 1er janvier 2013, D. n° 2012-1247, 7 nov. 2012, art. 2 et 289.

2° Un mémoire précisant l'objet de l'opération et comportant tous les renseignements d'ordre géologique et géophysique disponibles quant au caractère favorable des formations à étudier. Ce mémoire présente, en les justifiant au regard des objectifs à atteindre en matière de sûreté, la description et les moyens du programme d'études qu'il est envisagé de mener dans le laboratoire souterrain ainsi qu'en surface ;

3° Une carte au 1/25 000 sur laquelle figurent le périmètre des terrains occupés par les installations de surface, le périmètre des terrains sous lesquels sera situé le laboratoire et le puits principal d'accès au laboratoire ainsi que le périmètre de protection ;

4° Une description des installations de surface et souterraines envisagées ;

5° L'étude d'impact définie à l'article R. 122-5 ;

6° Une étude exposant les dangers éventuels que peut présenter l'installation en cas d'accident et justifiant les mesures propres à en réduire la probabilité et les effets ;

7° Une notice relative à la conformité de l'installation projetée avec les prescriptions législatives et réglementaires relatives à l'hygiène et à la sécurité du personnel ;

8° Un projet de cahier des charges.

Art. R. 542-21. – Les ministres chargés, respectivement, de l'énergie et de la sûreté des installations nucléaires transmettent le dossier accompagnant la demande d'autorisation aux préfets des départements sur le territoire desquels se trouve tout ou partie du périmètre de protection projeté.

L'enquête publique est régie par les dispositions des articles R. 123-1 à R. 123-33, sous réserve des dispositions ci-après :

Le préfet compétent pour engager la procédure d'enquête est celui du département où doit se situer le puits principal d'accès au laboratoire. Ce préfet prend l'avis des services intéressés et provoque entre eux une conférence administrative.

L'avis d'enquête publique est affiché et l'enquête effectuée dans les communes incluses dans le périmètre de protection, dans les communes dont une partie du territoire est située à moins d'un kilomètre des limites du périmètre de protection précité, ainsi que dans les communes dont une partie du territoire est à moins de dix kilomètres du puits principal d'accès au laboratoire.

La transmission aux ministres chargés de l'énergie et de la sûreté des installations nucléaires du rapport et des conclusions relatives à l'enquête doit avoir lieu dans un délai d'un mois à compter du jour où le rapport de la commission d'enquête a été remis au préfet.

Cette transmission est accompagnée du compte rendu de la conférence administrative et de l'avis du préfet.

Art. R. 542-22. – Parallèlement à l'organisation et au déroulement de l'enquête publique, le préfet transmet pour avis le dossier de demande d'autorisation aux conseils régionaux, généraux et municipaux dans le ressort desquels se déroule l'enquête publique, qui disposent d'un délai de trois mois à compter de la réception du dossier pour délibérer et faire parvenir leur avis au préfet.

À l'issue de ce délai, le préfet transmet aux ministres chargés, respectivement, de l'énergie et de la sûreté des installations nucléaires les résultats de cette consultation.

Art. R. 542-23. – I. – Le décret en Conseil d'État prévu par l'article L. 542-7 fixe la durée de l'autorisation et les conditions de son éventuel renouvellement. Il détermine le périmètre de protection prévu à l'article L. 542-9, ainsi que les mesures générales de police que les préfets des départements intéressés pourront prescrire ou mettre en œuvre pour assurer l'installation et le bon fonctionnement du laboratoire.

II. – Il est assorti d'un cahier des charges qui précise notamment :

1° Les périmètres d'emprise et les caractéristiques principales des installations de surface et du laboratoire souterrain ;

2° Les prescriptions particulières auxquelles doit se conformer l'exploitant pour les travaux de construction et l'exploitation du laboratoire ;

3° Les mesures assurant la sécurité des personnes et l'intégrité des biens susceptibles d'être affectés par l'existence du laboratoire pendant sa construction, son exploitation et après la cessation de ses activités ;

4° Les conditions de remise en état du site, si celui-ci n'est pas retenu ultérieurement pour un stockage souterrain ;

5° Les programmes de recherches et d'études envisagés, ainsi qu'un calendrier indicatif de leur réalisation.

Art. R. 542-24. – En ce qui concerne la demande d'autorisation d'installation et d'exploitation d'un laboratoire souterrain mentionnée à l'article R. 542-20, l'absence de décret conjoint des ministres chargés, respectivement, de l'industrie et de l'environnement au terme d'une période de plus de cinq ans vaut décision de rejet.

Section IV. – Comité local d'information et de suivi

Art. R. 542-25 *(D. n° 2011-210, 24 févr. 2011)*. – I. – Le comité local d'information et de suivi prévu par l'article L. 542-13 comprend :

1° Le préfet et le directeur régional de l'industrie, de la recherche et de l'environnement ou leurs représentants ;

2° Deux députés et deux sénateurs désignés par leur assemblée respective ;

3° Des élus des collectivités territoriales consultées à l'occasion de l'enquête publique préalable à l'autorisation d'installation et d'exploitation du laboratoire ou concernées par les travaux de recherche préliminaires à l'autorisation d'un centre de stockage prévus à l'article L. 542-6, en nombre au moins égal au total des membres désignés au titre des 1° et 2° ci-dessus et 4° à 10° ci-dessous, proposés par les assemblées auxquelles ils appartiennent ;

4° Deux à huit représentants d'associations de protection de l'environnement ;

5° Deux à quatre représentants des syndicats d'exploitants agricoles représentatifs ;

6° Deux à six représentants d'organisations professionnelles ;

7° Deux à six représentants d'organisations syndicales de salariés représentatives ;

8° Un à deux représentants de professions médicales ;

9° Deux à quatre personnalités qualifiées ;

10° Le titulaire de l'autorisation prévue à l'article L. 542-10-1 ou son représentant ;

11° Le directeur général de l'agence régionale de santé ou son représentant.

II *(Mod. à compter du 1er janvier 2025, D. n° 2024-1194, 19 déc. 2024)*. – Le titulaire de l'autorisation d'installation et d'exploitation du laboratoire et le président de l'Autorité de sûreté nucléaire et de radioprotection ou leurs représentants peuvent assister aux séances du comité avec voix consultative.

III. – La liste des collectivités territoriales représentées au comité local d'information et de suivi en application du 3° du I est fixée par arrêté du ministre chargé de l'énergie.

IV. – Les membres du comité qui perdent la qualité au titre de laquelle ils ont été désignés cessent de faire partie du comité. Il est procédé à leur remplacement selon les modalités prévues à l'article L. 542-13 et à la présente section.

Désignation du CLIS. Dès lors que la limite réglementaire de deux représentants d'associations de protection de l'environnement prévue au point 4° de cet article est atteinte, le préfet n'est pas tenu d'en désigner un autre quand bien même il y aurait une place vacante au sein du Comité local d'information et de suivi (▪ CAA Nancy, 14 déc. 2017, nos 16NC02793 et 17NC00072, *ASODEDRA*).

Art. R. 542-26. – Lorsque les communes consultées à l'occasion de l'enquête publique préalable à l'autorisation d'installation et d'exploitation du laboratoire ou concernées par les travaux de recherche préliminaires à l'autorisation d'un centre de stockage prévus à l'article L. 542-6 sont situées dans plusieurs départements ou régions, siègent au titre du 1° du I de l'article R. 542-25 les préfets et directeurs régionaux de l'industrie, de la recherche et de l'environnement de chacun de ces départements ou régions.

Art. R. 542-27 *(Mod., D. n° 2013-938, 18 oct. 2013)*. – Le préfet du département où se trouve le puits principal d'accès au laboratoire désigne par arrêté, après consultation du ou des présidents du conseil départemental des départements sur lesquels s'étend le périmètre du laboratoire, les membres du comité prévus aux 3°, 4°, 5°, 6°, 7°, 8° et 9° du I de l'article R. 542-25.

La désignation des membres prévus aux 5°, 6° et 7° du I de l'article R. 542-25 est faite sur proposition des syndicats ou organisations professionnelles considérées.

Art. R. 542-28. – Après la publication de l'arrêté prévu à l'article R. 542-27, le ou les présidents des conseils généraux compétents nomment le président du comité, qui procède aux convocations de celui-ci.

Art. R. 542-29. – Pour accomplir sa mission, le comité local d'information et de suivi a accès à tout moment aux installations du laboratoire souterrain, sur demande de son président.

Un arrêté *(Mots rempl. à compter du 1er juillet 2018, D. n° 2018-434, 4 juin 2018)* « des ministres chargés de l'énergie, de la sûreté nucléaire et » des finances fixe la liste des entreprises concernées par l'activité de stockage des déchets radioactifs en couche géologique profonde devant concourir, en application de l'article L. 542-13, à la couverture des frais d'établissement et de fonctionnement du comité.

Art. R. 542-30. – Le comité local d'information et de suivi établit son règlement intérieur, qui précise notamment les modalités de fonctionnement de son secrétariat.

La décision de constituer le comité en association est prise par la majorité des membres le constituant.

Section V. – Groupement d'intérêt public

(Rétablie, D. n° 2021-897, 6 juill. 2021)

Art. D. 542-31 à D. 542-33 *(Abr. sous réserve des dispositions de l'article 14 du décret n° 2012-91 du 26 janvier 2012, D. n° 2012-91, 26 janv. 2012. – V. ce texte)* (1) (2).

Art. R. 542-33 *(D. n° 2021-897, 6 juill. 2021)*. – Toute personne qui prévoit d'introduire sur le territoire national des combustibles usés ou des déchets radioactifs en vue de leur traitement sans que cette opération soit couverte par un accord intergouvernemental conforme aux dispositions du I de l'article L. 542-2-1 adresse au ministre chargé de l'énergie une demande pour que soit conclu un accord intergouvernemental permettant cette opération.

La demande est accompagnée d'un dossier indiquant la nature et les quantités des combustibles usés ou déchets radioactifs en cause, l'identité de leur propriétaire et, si le contrat ou l'accord doit être passé avec une personne autre que le propriétaire, l'identité de cette personne, l'État où se trouvent ces substances radioactives, ainsi que les périodes prévisionnelles de réception et de traitement de ces substances et, s'il y a lieu, les perspectives d'utilisation ultérieure des matières qui seraient séparées lors du traitement. Le dossier précise les conséquences attendues de l'opération sur la sûreté des installations et la radioprotection.

(Mod. à compter du 1er janvier 2025, D. n° 2024-1194, 19 déc. 2024) Le ministre chargé de l'énergie transmet pour avis la demande assortie du dossier au ministre des affaires étrangères et à l'Autorité de sûreté nucléaire et de radioprotection. À défaut de réponse dans un délai de deux mois, leur avis est réputé favorable.

Le ministre chargé de l'énergie fait connaître au demandeur, dans un délai de six mois suivant sa saisine, la décision d'engager ou non des négociations en vue de la conclusion d'un accord intergouvernemental.

Si les opérations envisagées nécessitent une modification des dispositions applicables en matière de radioprotection, le ministre chargé de l'énergie consulte les ministres chargés de la sûreté nucléaire et de la radioprotection avant la conclusion de l'accord intergouvernemental.

Art. R. 542-33-1 *(D. n° 2021-897, 6 juill. 2021)*. – Afin de garantir le respect des articles L. 542-2 et L. 542-2-1, un exploitant qui assure ou envisage d'assurer le traitement de combustibles usés ou de déchets radioactifs provenant du territoire national et de l'étranger met en place des dispositifs permettant, eu égard aux technologies de traitement mises en œuvre, de répartir les déchets radioactifs qui sont expédiés hors du territoire national et ceux qui relèvent d'une gestion à long terme sur le territoire national et d'attribuer à chaque destinataire la part qui lui revient.

La répartition des déchets issus du traitement obéit aux principes suivants :

1° L'activité radioactive expédiée vers l'étranger correspond à celle introduite sur le territoire national en tenant compte des durées de vie des substances radioactives et de la décroissance de leur radioactivité ainsi que de la nature physique des substances traitées et des transformations apportées par le procédé de traitement ;

(1) Dispositions applicables à Wallis-et-Futuna, en Polynésie française, en Nouvelle-Calédonie et dans les Terres australes et antarctiques françaises, D. n° 2012-91, 26 janv. 2012, art. 15.

(2) Dans tous les textes réglementaires, la référence aux décrets et aux dispositions réglementaires codifiées mentionnés à l'article 13 du décret n° 2012-91 du 26 janvier 2012 est remplacée par la référence à ce même décret, D. n° 2012-91, 26 janv. 2012, art. 16.

2° La masse des substances radioactives expédiée vers l'étranger correspond à celle introduite sur le territoire national, en tenant compte de la nature physique des substances traitées et des transformations apportées par le procédé de traitement.

Sont exclues du bilan des activités et des masses introduites sur le territoire national et expédiées vers l'étranger, celles qui se retrouvent sous forme de matières valorisables, de rejets autorisés ou de déchets occasionnés par le seul usage des installations de l'exploitant.

Les conditions d'attribution à chaque destinataire sont, sous réserve de l'article R. 542-33-2, déterminées en fonction de :

1° L'activité radiologique et des principales caractéristiques physiques des combustibles usés et des déchets radioactifs à traiter ;

2° L'activité radiologique et des principales caractéristiques physiques des déchets à répartir.

Art. R. 542-33-2 *(D. n° 2021-897, 6 juill. 2021).* – Il peut être dérogé aux attributions faites à des destinataires étrangers, en application des conditions d'attribution posées par l'article R. 542-33-1 et des règles fixées pour leur mise en œuvre par l'arrêté prévu par l'article R. 542-33-4, de la part qui leur revient après traitement de leurs combustibles usés ou de leurs déchets radioactifs.

Les attributions autorisées par cette dérogation sont fondées sur des règles de répartition dont les destinataires et l'exploitant sont convenus. Elles assurent l'expédition vers l'étranger de l'ensemble des déchets radioactifs issus du traitement et respectent les principes de répartition énoncés à l'article R. 542-33-1.

La demande de dérogation aux attributions résultant des conditions réglementaires d'attribution des déchets et, s'il y a lieu, la demande de modification du ou des accords intergouvernementaux, est présentée par l'exploitant.

(Mod. à compter du 1er janvier 2025, D. n° 2024-1194, 19 déc. 2024) La dérogation est autorisée par le ministre chargé de l'énergie après consultation de l'Autorité de sûreté nucléaire et de radioprotection et après que les États étrangers concernés ont donné leur accord à la reprise des déchets résultant de l'opération d'attribution proposée, cette reprise devant intervenir dans les délais prévus par les accords intergouvernementaux lorsqu'ils existent ou dans les délais spécifiés par le ministre chargé de l'énergie. La dérogation ne peut cependant recevoir application qu'après la modification du ou des accords intergouvernementaux lorsque celle-ci est nécessaire.

Le silence gardé pendant plus de douze mois sur la demande de dérogation à compter de sa réception vaut décision de rejet.

Art. R. 542-33-3 *(D. n° 2021-897, 6 juill. 2021).* – Le recours à l'équivalent prévu aux articles L. 542-2 et L. 542-2-2 peut être autorisé en vue de permettre l'accélération du calendrier d'expédition des déchets radioactifs hors du territoire national, en comparaison du calendrier qui découlerait de l'attribution précisée à l'article R. 542-33-1, sans conduire à une modification significative des besoins prévisibles d'installations d'entreposage ou de stockage mentionnés à l'article L. 542-1-2. Il est déterminé en tenant compte, d'une part, de la nocivité des déchets concernés au regard de la protection de la santé des personnes, de la sécurité et de l'environnement, appréciée sur le fondement d'un indicateur représentatif de leur radiotoxicité pour l'homme sur le long terme, et, d'autre part, de la masse de ces déchets.

La demande d'autorisation et, s'il y a lieu, la demande de modification du ou des accords intergouvernementaux, est présentée par l'exploitant.

(Mod. à compter du 1er janvier 2025, D. n° 2024-1194, 19 déc. 2024) L'autorisation est délivrée par le ministre chargé de l'énergie après consultation de l'Autorité de sûreté nucléaire et de radioprotection et après que les États étrangers concernés ont donné leur accord à la reprise des déchets résultant de l'opération d'attribution proposée, cette reprise devant intervenir dans les délais prévus par les accords intergouvernementaux lorsqu'ils existent ou dans les délais spécifiés par le ministre chargé de l'énergie. L'autorisation ne peut cependant recevoir application qu'après la modification du ou des accords intergouvernementaux lorsque celle-ci est nécessaire.

L'autorisation précise les modalités de calcul de l'indicateur mentionné au premier alinéa, qui sont adaptées aux spécificités de l'opération, de manière à garantir le respect des articles L. 542-2 et L. 542-2-2.

Art. R. 542-33-4 *(D. n° 2021-897, 6 juill. 2021).* – Un exploitant qui assure ou envisage d'assurer le traitement de combustibles usés ou de déchets radioactifs provenant de l'étranger doit disposer d'un système de suivi des entrées de combustibles usés et de déchets radioactifs et des sorties de déchets radioactifs à expédier vers l'étranger. Ce système précise les quantités et la nature physique des substances par provenance tient le décompte des déchets traités et organise leur attribution à chaque destinataire. Il enregistre les dates de réception de ces substances sur le territoire national, les périodes de leur traitement et les dates de sortie des déchets du territoire national. Il est adapté aux conditions d'application de chaque accord intergouvernemental.

Art. R. 542-33-5 *(D. n° 2021-897, 6 juill. 2021 ; mod. à compter du 1er janvier 2025, D. n° 2024-1194, 19 déc. 2024)*. – Un arrêté du ministre chargé de l'énergie, pris après avis de l'Autorité de sûreté nucléaire et de radioprotection, approuve, pour chaque exploitant, les principales caractéristiques des dispositifs et du système de suivi mentionnés respectivement aux articles R. 542-33-1 et R. 542-33-4.

Art. R. 542-33-6 *(D. n° 2021-897, 6 juill. 2021)*. – La mise en œuvre par les exploitants du système de suivi prévu par l'article R. 542-33-4 peut, à tout moment, faire l'objet d'un contrôle sur demande du ministre chargé de l'énergie.

Art. R. 542-33-7 *(D. n° 2021-897, 6 juill. 2021)*. – L'exploitant transmet, sur demande, au ministre chargé de l'énergie les contrats et accords signés dans le cadre des accords intergouvernementaux.

Art. R. 542-33-8 *(D. n° 2021-897, 6 juill. 2021)*. – L'exploitant de l'installation de traitement est responsable, en application de l'article L. 542-1, des déchets occasionnés par le seul usage de ses installations.

Art. R. 542-33-9 *(D. n° 2021-897, 6 juill. 2021)*. – Le rapport annuel mentionné au II de l'article L. 542-2-1 comprend :

1° Un inventaire des quantités de combustibles usés, de déchets radioactifs et de matières radioactives, notamment le plutonium et l'uranium, entreposées dans les installations de traitement de l'exploitant, en précisant, pour chacune d'entre elles, la part revenant à chaque État, y compris la France et en tenant compte des équivalents autorisés en application de l'article R. 542-33-3 ;

2° Pour chaque État étranger, un échéancier prévisionnel indiquant les dates de traitement des combustibles usés et déchets livrés et non encore traités, une estimation des quantités de déchets radioactifs qui seront expédiés et une description de leur nature, un calendrier prévisionnel des opérations d'expédition et une présentation des principales étapes nécessaires pour les mettre en œuvre, notamment sur le plan technique et réglementaire ;

3° Une analyse des faits et changements marquants intervenus depuis la précédente édition du rapport et une analyse des réalisations par rapport aux prévisions de l'année précédente ;

4° Les résultats chiffrés, arrêtés au 31 décembre, du système de suivi prévu par l'article R. 542-33-4.

(Mod. à compter du 1er janvier 2025, D. n° 2024-1194, 19 déc. 2024) Le rapport établi au titre de l'année civile précédente est remis le 30 juin au plus tard au ministre chargé de l'énergie, aux ministres chargés de la sûreté nucléaire et de la radioprotection, à l'Agence nationale pour la gestion des déchets radioactifs et à l'Autorité de sûreté nucléaire et de radioprotection. Il est mis à la disposition du public par l'exploitant qui publie à cet effet, dans deux journaux à diffusion nationale, un avis indiquant les modalités pour y accéder.

Section VI. – Importation, exportation, transit et transfert avec emprunt du territoire national de déchets radioactifs ou de combustible nucléaire usé

(Rempl. à compter du 24 décembre 2008, D. n° 2008-1380, 19 déc. 2008) (1)

Sous-section 1. – Dispositions communes

Art. R. 542-34 *(Rempl. à compter du 24 décembre 2008, D. n° 2008-1380, 19 déc. 2008)*. – La présente section est applicable à l'importation et à l'exportation de déchets radioactifs ou de combustible nucléaire usé, ainsi qu'à leur transit par le territoire national et à leur transfert avec emprunt du territoire national dans le cadre d'échanges entre États étrangers.

(1) Dispositions transitoires : V. D. n° 2008-1380, 19 déc. 2008, art. 2.

Toutefois sont exclus de ces dispositions :

a) Les transferts de sources scellées périmées ou en fin d'utilisation, effectués dans les conditions prévues à l'article R. 1333-52 du Code de la santé publique ;

b) Les transferts, en vue d'une nouvelle utilisation, de matières radioactives récupérées à l'issue d'un traitement de déchets radioactifs ou de combustible nucléaire usé ;

c) Les transferts de déchets qui ne contiennent que des matières radioactives naturelles qui n'ont pas été utilisées pour leur propriété radioactive.

Le respect des dispositions de la présente section ne dispense pas du respect d'autres réglementations applicables, notamment celles relatives à la protection et au contrôle des matières nucléaires prévues par le Code de la défense, celles relatives à la protection contre les rayonnements ionisants prévues par le Code de la santé publique ou celles relatives au transport des matières dangereuses.

Art. R. 542-35 *(Rempl. à compter du 24 décembre 2008, D. n° 2008-1380, 19 déc. 2008).* – Pour l'application de la présente section, est regardée comme le détenteur de déchets radioactifs ou de combustible nucléaire usé la personne qui, avant d'effectuer le transfert de ces matières, en est responsable en vertu du droit national applicable à ces matières et qui décide leur transfert à un destinataire.

Lorsque le détenteur n'est pas ressortissant d'un État membre de la Communauté européenne, il est tenu de désigner une personne responsable de la conduite des opérations qui, agissant au nom et pour le compte du détenteur, le représente sur le territoire de la Communauté européenne.

Art. R. 542-36 *(Rempl. à compter du 24 décembre 2008, D. n° 2008-1380, 19 déc. 2008).* – Les opérations relevant de l'article R. 542-34 sont soumises à autorisation ou consentement préalable du ministre chargé de l'énergie dans les conditions et selon les modalités prévues par la présente section.

(Mod. à compter du 1er janvier 2025, D. n° 2024-1194, 19 déc. 2024) Le ministre chargé de l'énergie tient l'Autorité de sûreté nucléaire et de radioprotection informée de chaque demande d'autorisation ou de consentement dont il est saisi.

L'autorisation délivrée pour le transfert de déchets radioactifs ou de combustible nucléaire usé n'exonère pas de leurs responsabilités respectives le détenteur et le propriétaire de ces matières, le transporteur, le destinataire du transfert ou toute autre personne participant au transfert.

Art. R. 542-37 *(Rempl. à compter du 24 décembre 2008, D. n° 2008-1380, 19 déc. 2008).* – Un document uniforme de suivi est utilisé pour la présentation de la demande d'autorisation, l'octroi de l'autorisation et la transmission de l'accusé de réception.

Toute condition supplémentaire à laquelle est subordonnée l'autorisation d'un transfert est mentionnée dans le document uniforme de suivi.

Lorsque le ministre chargé de l'énergie le demande, le document uniforme de suivi est présenté en langue française, la traduction étant certifiée conforme.

Un arrêté conjoint des ministres chargés de l'énergie, des transports, de l'environnement, de la santé et des douanes détermine le modèle du document uniforme de suivi.

Art. R. 542-38 *(Rempl. à compter du 24 décembre 2008, D. n° 2008-1380, 19 déc. 2008).* – Une autorisation de transfert est accordée pour une durée qui ne peut excéder trois ans.

Elle peut être délivrée pour la réalisation de plus d'une opération relevant de l'article R. 542-34, à condition que :

1° Les déchets radioactifs ou le combustible nucléaire usé présentent pour l'essentiel les mêmes caractéristiques physiques, chimiques et radioactives ;

2° Les opérations s'effectuent du même expéditeur vers le même destinataire et relèvent du contrôle des mêmes autorités compétentes ;

3° Lorsque l'importation ou l'exportation implique le transit par le territoire d'un pays tiers n'appartenant pas à la Communauté européenne, le transfert s'effectue par les mêmes postes frontaliers d'entrée et de sortie de la Communauté européenne et les mêmes postes frontaliers du ou des États concernés n'appartenant pas à la Communauté européenne, sauf dispositions contraires convenues entre les autorités compétentes.

Art. R. 542-39 *(Rempl. à compter du 24 décembre 2008, D. n° 2008-1380, 19 déc. 2008).* – Sans préjudice de tout autre document d'accompagnement exigé par les dispositions en vigueur, chaque opération relevant de l'article R. 542-34 est accompagnée du document uniforme de suivi, comprenant notamment l'autorisation de transfert, y compris dans les cas d'autorisation couvrant plusieurs opérations en application de l'article R. 542-38.

Lorsque les opérations sont effectuées par chemin de fer, le document uniforme de suivi est tenu à la disposition des autorités compétentes de tous les pays concernés.

Lorsque les opérations sont effectuées par voie maritime ou par voie fluviale, le représentant du transporteur prévient la capitainerie du port, au moins quarante-huit heures avant l'accostage du navire ou du bateau, de l'arrivée des déchets radioactifs ou du combustible nucléaire usé.

Sous-section 2. – Importation en provenance d'un État membre de la Communauté européenne

Art. R. 542-40 *(Rempl. à compter du 24 décembre 2008, D. n° 2008-1380, 19 déc. 2008).* – Lorsque le ministre chargé de l'énergie est saisi par les autorités compétentes d'un État membre de la Communauté européenne d'une demande d'importation en France de déchets radioactifs ou de combustible nucléaire usé, il vérifie que cette demande est régulièrement renseignée. Dans le délai de trente jours à compter de la réception de la demande, il adresse un accusé de réception aux autorités compétentes de l'État membre d'origine et en transmet une copie aux autres autorités compétentes concernées par l'opération.

Si le ministre chargé de l'énergie estime que la demande n'est pas régulièrement renseignée, il demande, dans les vingt jours suivant la réception de la demande, les éléments d'information manquants aux autorités compétentes de l'État membre d'origine et en informe les autres autorités compétentes concernées.

Dans les dix jours suivant la réception des éléments d'information sollicités et au plus tôt après expiration du délai de vingt jours mentionné à l'alinéa précédent, le ministre chargé de l'énergie adresse l'accusé de réception aux autorités compétentes de l'État membre d'origine et en transmet une copie aux autres autorités compétentes concernées.

Art. R. 542-41 *(Rempl. à compter du 24 décembre 2008, D. n° 2008-1380, 19 déc. 2008).* – Dans le délai de deux mois suivant la date de l'accusé de réception, qui peut être prorogé d'un mois au plus si la demande en est formulée avant l'expiration du délai de deux mois, le ministre chargé de l'énergie notifie aux autorités compétentes de l'État membre d'origine son consentement, qui peut être assorti des conditions qu'il estime nécessaires, ou son refus de consentir à l'opération.

En l'absence de notification dans le délai fixé au premier alinéa, le ministre chargé de l'énergie est réputé avoir donné son consentement.

Le refus de donner son consentement ou la délivrance d'un consentement sous condition doit être motivé. La motivation est fondée sur la législation française applicable à la gestion des matières et déchets radioactifs ou sur la législation française, communautaire ou internationale applicable au transport de matières radioactives.

Tout retard injustifié ou manque de coopération des autorités compétentes d'un autre État membre est communiqué à la Commission par le ministre chargé de l'énergie.

Art. R. 542-42 *(Rempl. à compter du 24 décembre 2008, D. n° 2008-1380, 19 déc. 2008).* – Le destinataire informe sans délai le ministre chargé de l'énergie de tout incident ne permettant pas l'importation dans les conditions prévues des déchets radioactifs ou du combustible nucléaire usé.

Art. R. 542-43 *(Rempl. à compter du 24 décembre 2008, D. n° 2008-1380, 19 déc. 2008).* – Dans un délai de quinze jours à compter de la réception des déchets radioactifs ou du combustible nucléaire usé, le destinataire transmet l'accusé de réception du document uniforme de suivi au ministre chargé de l'énergie, qui en transmet une copie aux autorités compétentes des États concernés par l'opération.

Sous-section 3. – Exportation à destination d'un État membre de la Communauté européenne

Art. R. 542-44 *(Rempl. à compter du 24 décembre 2008, D. n° 2008-1380, 19 déc. 2008).* – La demande d'autorisation d'exporter des déchets radioactifs ou du combustible nucléaire usé à destination d'un État membre de la Communauté européenne est adressée par le détenteur au ministre chargé de l'énergie, en utilisant le document uniforme de suivi.

Le ministre chargé de l'énergie transmet la demande régulièrement renseignée contenue dans le document uniforme de suivi aux autorités compétentes de l'État de destination et, si le transfert implique d'emprunter le territoire d'autres États, aux autorités compétentes de ces États, en vue de recueillir leur consentement.

Art. R. 542-45 *(Rempl. à compter du 24 décembre 2008, D. n° 2008-1380, 19 déc. 2008).* – Lorsque tous les consentements nécessaires ont été donnés que ce soit de façon expresse ou tacite, le ministre chargé de l'énergie peut autoriser le transfert. Il notifie sa décision au détenteur dans un délai de six mois suivant le dépôt de la demande, ce délai étant prorogé, en cas de demande d'éléments d'information manquants, de la durée nécessaire à la transmission des informations sollicitées. Il informe de sa décision les autorités compétentes de l'État de destination et, le cas échéant, les autorités compétentes des autres États de transit.

L'autorisation et les conditions supplémentaires imposées le cas échéant par le ministre chargé de l'énergie ou les autorités compétentes des autres États consultés sont mentionnées dans le document uniforme de suivi.

Art. R. 542-46 *(Rempl. à compter du 24 décembre 2008, D. n° 2008-1380, 19 déc. 2008).* – Le détenteur informe sans délai le ministre chargé de l'énergie de tout incident ne permettant pas le transfert dans les conditions prévues des déchets radioactifs ou du combustible nucléaire usé.

Art. R. 542-47 *(Rempl. à compter du 24 décembre 2008, D. n° 2008-1380, 19 déc. 2008).* – Lorsque le ministre chargé de l'énergie reçoit la copie de l'accusé de réception du transfert que lui a transmise l'autorité compétente de l'État de destination, il en adresse une copie au détenteur d'origine.

Sous-section 4. – Importation en provenance d'un État n'appartenant pas à la Communauté européenne

Art. R. 542-48 *(Rempl. à compter du 24 décembre 2008, D. n° 2008-1380, 19 déc. 2008).* – La demande d'autorisation d'importer sur le territoire national des déchets radioactifs ou du combustible nucléaire usé en provenance d'un État n'appartenant pas à la Communauté est adressée par le destinataire au ministre chargé de l'énergie, en utilisant le document uniforme de suivi.

La demande doit être accompagnée d'une déclaration du destinataire certifiant que le détenteur établi dans un pays tiers s'engage à reprendre les déchets radioactifs ou le combustible nucléaire usé si l'importation ne peut être menée à bien dans les conditions prévues et que les autorités compétentes de cet État acceptent cette obligation de retour.

Art. R. 542-49 *(Rempl. à compter du 24 décembre 2008, D. n° 2008-1380, 19 déc. 2008).* – Si le transfert des déchets radioactifs ou du combustible nucléaire usé implique d'emprunter le territoire d'autres États membres de la Communauté européenne, le ministre chargé de l'énergie transmet la demande d'autorisation d'importation contenue dans le document uniforme de suivi aux autorités compétentes de ces États en vue de recueillir leur consentement.

Art. R. 542-50 *(Rempl. à compter du 24 décembre 2008, D. n° 2008-1380, 19 déc. 2008).* – Si tous les consentements nécessaires pour le transfert ont été donnés que ce soit de façon expresse ou tacite, le ministre chargé de l'énergie peut autoriser l'importation. Il notifie sa décision au destinataire dans le délai prévu à l'article R. 542-45. Il informe de sa décision les autorités compétentes de l'État d'expédition ainsi que, le cas échéant, les autorités compétentes des autres États membres dont le territoire est emprunté lors du transfert.

L'autorisation et les conditions supplémentaires imposées le cas échéant par le ministre chargé de l'énergie ou par les autorités compétentes des États consultés sont mentionnées dans le document uniforme de suivi.

Art. R. 542-51 *(Rempl. à compter du 24 décembre 2008, D. n° 2008-1380, 19 déc. 2008).* – Le destinataire informe sans délai le ministre chargé de l'énergie de tout incident ne permettant pas le transfert dans les conditions prévues des déchets radioactifs ou du combustible nucléaire usé.

Art. R. 542-52 *(Rempl. à compter du 24 décembre 2008, D. n° 2008-1380, 19 déc. 2008).* – Dans un délai de quinze jours à compter de la réception des déchets radioactifs ou du combustible nucléaire usé, le destinataire transmet l'accusé de réception du transfert figurant dans le document uniforme de suivi au ministre chargé de l'énergie, qui en transmet une copie aux autorités compétentes des États concernés.

Sous-section 5. – Exportation à destination d'un État n'appartenant pas à la Communauté européenne

Art. R. 542-53 *(Rempl. à compter du 24 décembre 2008, D. n° 2008-1380, 19 déc. 2008)*. – La demande d'autorisation d'exportation de déchets radioactifs ou de combustible nucléaire usé à destination d'un État n'appartenant pas à la Communauté européenne est adressée par le détenteur au ministre chargé de l'énergie, en utilisant le document uniforme de suivi.

Le ministre chargé de l'énergie transmet la demande contenue dans le document uniforme de suivi aux autorités compétentes du pays tiers de destination et, si le transfert implique le transit sur le territoire d'autres États membres de la Communauté européenne, aux autorités compétentes de ces États, en vue de recueillir leur consentement.

Art. R. 542-54 *(Rempl. à compter du 24 décembre 2008, D. n° 2008-1380, 19 déc. 2008)*. – Si tous les consentements nécessaires pour le transfert ont été donnés que ce soit de façon expresse ou tacite, le ministre chargé de l'énergie peut autoriser l'exportation. Il notifie sa décision au destinataire dans le délai prévu à l'article R. 542-45. Il informe de sa décision les autorités compétentes de l'État de destination ainsi que, le cas échéant, les autorités compétentes des autres États membres dont le territoire est utilisé pour le transit lors du transfert.

Art. R. 542-55 *(Rempl. à compter du 24 décembre 2008, D. n° 2008-1380, 19 déc. 2008)*. – Aucune autorisation d'exportation ne peut être délivrée :

1° Pour une destination située au sud du 60e parallèle de l'hémisphère Sud ;

2° À destination d'un État partie à l'accord ACP-CE de Cotonou de partenariat entre les membres du groupe des États d'Afrique, des Caraïbes et du Pacifique, d'une part, et la Communauté européenne et ses États membres, d'autre part, sous réserve du retour des matières après traitement ;

3° À destination d'un pays tiers qui ne dispose pas d'un encadrement juridique et des moyens techniques et administratifs qui lui permettent d'assurer en toute sécurité la gestion des déchets radioactifs ou du combustible nucléaire usé.

Art. R. 542-56 *(Rempl. à compter du 24 décembre 2008, D. n° 2008-1380, 19 déc. 2008)*. – Le détenteur informe sans délai le ministre chargé de l'énergie de tout incident ne permettant pas le transfert des déchets radioactifs ou de combustible nucléaire usé dans les conditions prévues.

Art. R. 542-57 *(Rempl. à compter du 24 décembre 2008, D. n° 2008-1380, 19 déc. 2008)*. – Dans un délai de quinze jours à compter de l'arrivée des déchets radioactifs ou du combustible nucléaire usé à leur destination dans le pays tiers, le détenteur notifie au ministre chargé de l'énergie l'achèvement du transfert, en indiquant le dernier bureau des douanes de la Communauté par lequel le transfert a été effectué. Cette notification est accompagnée d'une déclaration ou d'un certificat du destinataire attestant que les déchets radioactifs ou le combustible usé ont atteint la destination prévue et indiquant le bureau des douanes d'entrée dans le pays tiers de destination.

Art. R. 542-58 *(Rempl. à compter du 24 décembre 2008, D. n° 2008-1380, 19 déc. 2008)*. – Lorsque le ministre chargé de l'énergie reçoit la copie de l'accusé de réception du transfert que lui a transmise l'autorité compétente de l'État de destination, il en adresse une copie au détenteur d'origine.

Sous-section 6. – Emprunt du territoire national lors des échanges entre États membres de la Communauté européenne et transit sur le territoire national

Art. R. 542-59 *(Rempl. à compter du 24 décembre 2008, D. n° 2008-1380, 19 déc. 2008)*. – Les dispositions des articles R. 542-40 et R. 542-41 s'appliquent :

1° À l'emprunt du territoire national à l'occasion de transferts de déchets radioactifs ou de combustible nucléaire usé entre États membres de la Communauté européenne ;

2° Au transit en France à l'occasion de transferts de déchets radioactifs ou de combustible nucléaire usé d'un État membre de la Communauté vers un État n'appartenant pas à la Communauté ;

3° Au transit en France à l'occasion de transferts de déchets radioactifs ou de combustible nucléaire usé d'un État n'appartenant pas à la Communauté vers un État membre de la Communauté, les autorités compétentes de cet État membre agissant alors à l'égard de la France en lieu et place de celles de l'État d'expédition ;

4° Au transit en France à l'occasion de transferts de déchets radioactifs ou de combustible nucléaire usé entre États n'appartenant pas à la Communauté lorsque la France n'est pas le premier État membre de la Communauté traversé, les autorités compétentes du premier État membre de la Communauté traversé agissant alors à l'égard de la France en lieu et place de celles de l'État d'expédition.

Art. R. 542-60 *(Rempl. à compter du 24 décembre 2008, D. n° 2008-1380, 19 déc. 2008).* – Lorsque des déchets radioactifs ou du combustible nucléaire usé en provenance d'un État n'appartenant pas à la Communauté et à destination d'un État n'appartenant pas à la Communauté doivent transiter par la France et que celle-ci est le pays d'entrée dans la Communauté, la demande d'autorisation de transit est adressée au ministre chargé de l'énergie par la personne responsable en France de la conduite des opérations de transfert, en utilisant le document uniforme de suivi.

La demande doit comporter une déclaration certifiant que le détenteur s'engage à reprendre les déchets radioactifs ou le combustible nucléaire usé si le transit ne peut être mené à bien dans les conditions prévues et que les autorités compétentes de l'État d'expédition acceptent cette obligation de retour.

Si les déchets radioactifs ou le combustible nucléaire usé à la sortie du territoire national doivent transiter par le territoire d'États membres de la Communauté européenne, le ministre chargé de l'énergie transmet la demande d'autorisation de transit figurant dans le document uniforme de suivi aux autorités compétentes de ces États. Les dispositions des articles R. 542-40 et R. 542-41 s'appliquent alors.

Si tous les consentements nécessaires ont été donnés que ce soit de façon expresse ou tacite, le ministre chargé de l'énergie peut autoriser le transfert. Il notifie sa décision à la personne responsable en France de la conduite des opérations de transfert dans le délai prévu à l'article R. 542-45. Il informe de sa décision les autorités compétentes des États d'expédition et de destination, ainsi que, le cas échéant, les autorités des autres États dont le territoire est emprunté par les déchets radioactifs ou le combustible nucléaire usé.

L'autorisation et les conditions supplémentaires imposées le cas échéant par le ministre chargé de l'énergie ou par les autorités compétentes des autres États consultés sont mentionnées dans le document uniforme de suivi.

Le refus de donner son consentement ou la délivrance d'un consentement sous condition doit être motivé. La motivation est fondée sur la législation française, communautaire ou internationale applicable au transport de matières radioactives.

Art. R. 542-61 *(Rempl. à compter du 24 décembre 2008, D. n° 2008-1380, 19 déc. 2008).* – La personne responsable de la conduite des opérations informe sans délai le ministre chargé de l'énergie de tout incident ne permettant pas le transfert des déchets radioactifs ou du combustible nucléaire usé dans les conditions prévues.

Art. R. 542-62 *(Rempl. à compter du 24 décembre 2008, D. n° 2008-1380, 19 déc. 2008).* – Dans un délai de quinze jours à compter de la date de l'arrivée à destination des déchets radioactifs ou du combustible nucléaire usé, la personne responsable de la conduite des opérations notifie au ministre chargé de l'énergie l'achèvement du transfert dans le pays tiers de destination en indiquant le bureau des douanes de la Communauté par lequel le transfert a été opéré.

À l'appui de cette notification, la personne responsable de la conduite des opérations joint une déclaration ou un certificat du destinataire des déchets radioactifs ou du combustible nucléaire usé attestant que les déchets radioactifs ou le combustible nucléaire usé ont atteint leur destination prévue et indiquant le poste frontière d'entrée dans le pays tiers de destination.

Art. R. 542-63 *(Rempl. à compter du 24 décembre 2008, D. n° 2008-1380, 19 déc. 2008).* – Le transit, le retour en France ou l'emprunt du territoire national en cas de transfert entre États membres de la Communauté européenne ne peuvent être refusés pour les déchets radioactifs ou le combustible nucléaire usé réexportés vers leur pays d'origine dans les cas suivants :

1° L'autorisation a été accordée lors du transfert initial des déchets radioactifs ou des combustibles nucléaires usés ;

2° La réexportation concerne les mêmes matières après traitement ou la réexportation est effectuée dans les mêmes conditions et avec les mêmes spécifications que lors du transit initial ;

3° L'État de destination enjoint à un détenteur de déchets radioactifs ou de combustible nucléaire usé de les réexporter dans leur pays d'origine.

Sous-section 7. – Dispositions diverses

Art. R. 542-64 *(Rempl. à compter du 24 décembre 2008, D. n° 2008-1380, 19 déc. 2008).* – Lorsque le ministre chargé de l'énergie a donné son consentement à l'exportation de déchets radioactifs ou de combustible nucléaire usé ou à un transfert impliquant un transit sur le territoire national de déchets radioactifs ou de combustible nucléaire usé, il est réputé avoir donné son consentement au retour de ces matières :

a) Lorsque le consentement initial concernait le transfert de matières aux fins du traitement, pour autant que le retour concerne des déchets radioactifs ou d'autres produits équivalents aux matières initiales après traitement, et que l'opération respecte toutes les dispositions applicables ;

b) Dans le cas prévu à l'article R. 542-65, si le retour est effectué dans les mêmes conditions et avec les mêmes spécifications, après accomplissement des formalités exigées.

Art. R. 542-65 *(Rempl. à compter du 24 décembre 2008, D. n° 2008-1380, 19 déc. 2008).* – Le ministre chargé de l'énergie peut décider qu'un transfert autorisé ne sera pas mené à bien, si les conditions applicables aux transferts cessent d'être remplies conformément à la présente section ou si l'exécution du transfert n'est pas conforme aux autorisations délivrées ou aux consentements donnés en application de la présente section.

Le ministre chargé de l'énergie informe immédiatement de sa décision les autorités compétentes des autres États concernés par le transfert.

Si le transfert avait pour objet l'exportation de déchets radioactifs ou de combustible nucléaire usé, le ministre chargé de l'énergie autorise, selon la procédure prévue aux articles R. 542-44 et R. 542-45, le retour sur le territoire national des matières dont le transfert n'a pu être mené à bien, en vue de leur reprise par leur détenteur, à moins qu'un autre arrangement garantissant la sécurité nucléaire ait été conclu.

Le détenteur est tenu de reprendre les déchets radioactifs ou le combustible nucléaire usé dont le transfert ne peut être mené à bien, à moins qu'un autre arrangement garantissant la sécurité nucléaire ait été conclu. La personne titulaire de l'autorisation prend, le cas échéant, des mesures correctives de sûreté.

Les coûts résultant de ce que le transfert ne peut être mené à bien sont à la charge du détenteur, sauf convention en disposant autrement conclue entre le détenteur et toute personne concernée par le transfert. Ces coûts sont à la charge du destinataire en cas d'importation en provenance d'un État n'appartenant pas à la Communauté européenne et à la charge de la personne responsable de la conduite de l'opération de transfert en cas de transit sur le territoire national au sens de l'article R. 542-59.

Art. R. 542-66 *(Rempl. à compter du 24 décembre 2008, D. n° 2008-1380, 19 déc. 2008).* – Les dispositions des articles L. 541-41 et L. 541-42 s'appliquent aux transferts de déchets radioactifs ou de combustible nucléaire usé effectués en méconnaissance des règles prévues par la présente section, l'autorité compétente étant le ministre chargé de l'énergie.

Section VII. – Obligations déclaratives relatives aux matières et déchets radioactifs

(D. n° 2008-375, 29 août 2008 (1))

Voir : A. 9 oct. 2008, relatif à la nature des informations que les responsables d'activités nucléaires et les entreprises mentionnées à l'article L. 1333-10 du Code de la santé publique ont l'obligation d'établir, de tenir à jour et de transmettre périodiquement à l'Agence nationale pour la gestion des déchets radioactifs.

Art. R. 542-67 *(D. n° 2008-875, 29 août 2008 ;* (1) *; mod., D. n° 2014-996, 2 sept. 2014 ; D. n° 2015 159, 11 févr. 2015).* – Aux fins de réaliser l'inventaire national prévu au 1° de l'article L. 542-12, tout exploitant d'un site accueillant soit une ou plusieurs installations nucléaires de base, soit une ou plusieurs installations nucléaires intéressant la défense mentionnées à l'article L. 1333-15 du Code de la défense, soit

(1) Dispositions transitoires : V. D. n° 2008-875, 29 août 2008.

une ou plusieurs installations classées pour la protection de l'environnement au titre des activités nucléaires visées à l'annexe (1) à l'article R. 511-9 du Code de l'environnement, soit plusieurs de ces catégories d'installations est tenu de transmettre chaque année à l'Agence nationale pour la gestion des déchets radioactifs un inventaire des matières et déchets radioactifs présents sur ce site, arrêté au 31 décembre de l'année écoulée.

L'inventaire, assorti d'une présentation sommaire du site et de l'indication du régime administratif dont il relève, comporte la description des matières et déchets radioactifs selon leurs caractéristiques physiques et leur importance quantitative. Les déchets radioactifs sont répartis par famille.

Lorsque le site comprend une installation nucléaire de base présentant le caractère d'un réacteur nucléaire, d'une usine de traitement de combustibles nucléaires usés, d'une installation d'entreposage ou de stockage de substances radioactives, l'exploitant complète l'inventaire annuel par une annexe indiquant la répartition par producteur et par famille des déchets radioactifs présents sur ce site.

Pour une installation nucléaire intéressant la défense mentionnée au premier alinéa du présent article, l'inventaire ne comporte que la description des déchets radioactifs se rapportant à cette installation.

Art. R. 542-68 *(D. n° 2008-875, 29 août 2008* (1) *; mod. à compter du 1er juillet 2018, D. n° 2018-434, 4 juin 2018).* – Toute personne responsable d'activités nucléaires qui n'entre pas dans les prévisions de l'article R. 542-67 du présent code, est tenu de transmettre chaque année à l'Agence nationale pour la gestion des déchets radioactifs un inventaire des déchets radioactifs détenus, arrêté au 31 décembre de l'année écoulée, en indiquant la filière de gestion utilisée.

Art. R. 542-69 *(D. n° 2008-875, 29 août 2008)* (1). – Tout exploitant d'un site mentionné à l'article R. 542-67 est tenu de transmettre tous les trois ans à l'Agence nationale pour la gestion des déchets radioactifs un rapport comportant pour ce site des informations sur les quantités prévisionnelles de matières radioactives et de déchets radioactifs par famille. En l'absence d'une solution de gestion définitive adaptée à ces déchets, le rapport précise les types d'installations d'entreposage envisagées, leurs capacités disponibles et leur durée prévisionnelle d'exploitation.

Pour une installation nucléaire intéressant la défense *(Mots aj., D. n° 2015-159, 11 févr. 2015)* « mentionnée au premier alinéa de l'article R. 542-67 », le rapport triennal ne comporte que la description des déchets radioactifs se rapportant à cette installation.

Art. R. 542-70 *(D. n° 2008-875, 29 août 2008)* (1). – L'Agence nationale pour la gestion des déchets radioactifs accuse réception, y compris par voie électronique, des documents qui lui sont transmis en application de la présente section et délivre, dans les cinq mois suivant la date limite de réception fixée par la réglementation, à l'exploitant ou à la personne responsable qui en fait la demande lors de la transmission des documents une attestation exprimant l'avis de l'agence sur la conformité aux exigences réglementaires des documents reçus.

Art. R. 542-71 *(D. n° 2008-875, 29 août 2008)* (1). – La sanction pécuniaire prévue en cas de manquement aux obligations d'information définies par la présente section est prononcée, après avis du ministre chargé de l'environnement, par le ministre chargé de l'énergie. Le ministre chargé de l'énergie statue soit d'office après avoir recueilli l'avis de l'Agence nationale pour la gestion des déchets radioactifs, soit sur demande de l'agence. En l'absence d'avis émis dans les deux mois suivant la saisine, les avis prévus au présent article sont réputés donnés. La décision prononçant la sanction est publiée au *Journal officiel* de la République française.

Art. R. 542-72 *(D. n° 2008-875, 29 août 2008)* (1). – Un arrêté conjoint *(Mots rempl. à compter du 1er juillet 2018, D. n° 2018-434, 4 juin 2018)* « des ministres chargés de l'énergie et de la sûreté nucléaire » détermine les modalités d'application de la présente section. Il précise la nature des informations devant figurer dans les inventaires et rapports exigés, notamment la notion de famille de déchets et les dates de référence à prendre en compte. Il fixe les délais et modalités de communication des documents à l'Agence nationale pour la gestion des déchets radioactifs.

(1) Dispositions transitoires : V. D. n° 2008-875, 29 août 2008.

Section VII. – Comité de coordination industrielle pour les déchets radioactifs

(Abr. à compter du 1er janvier 2020, D. n° 2019-1379, 18 déc. 2019)

Art. R. 542-73 ***(Abr. à compter du 1er janvier 2020, D. n° 2019-1379, 18 déc. 2019).***

Section VII *(Rédaction antérieure)*. – Comité de coordination industrielle pour les déchets radioactifs

(D. n° 2010-47, 13 janv. 2010)

Rédaction antérieure. Art. R. 542-73 *(D. n° 2010-47, 13 janv. 2010)*. – (1) Il est institué auprès du directeur général chargé de l'énergie au ministère chargé de l'énergie un comité de coordination industrielle pour les déchets radioactifs pour une durée de cinq ans à compter de la publication du décret n° 2010-47 du 13 janvier 2010 relatif à l'Agence nationale pour la gestion des déchets radioactifs (ANDRA) et à la création du comité de coordination industrielle pour les déchets radioactifs. Ce comité formule des avis et des recommandations sur l'organisation, le développement et l'optimisation des filières de gestion des déchets radioactifs et assure le suivi des financements mis en œuvre pour la construction, l'exploitation et la surveillance des centres de stockage de ces déchets.

Le comité de coordination industrielle pour les déchets radioactifs est composé :

- du directeur général chargé de l'énergie au ministère chargé de l'énergie, ou de son représentant, qui le préside ;
- du directeur général de l'Agence nationale pour la gestion des déchets radioactifs, ou de son représentant ;
- d'un représentant désigné par chacune des principales entreprises exploitantes d'installations nucléaires de base dont la liste est fixée par arrêté du ministre chargé de l'énergie.

Section IX. – Plan national de gestion des matières et déchets radioactifs

(Rempl., D. n° 2022-1547, 9 déc. 2022)

Sous-section 1. – Dispositions générales

Art. D. 542-74 ***(Rempl., D. n° 2022-1547, 9 déc. 2022).*** **– Le plan national de gestion des matières et des déchets radioactifs prévu à l'article L. 542-1-2 est élaboré et mis en œuvre dans le respect des principes et objectifs de la présente section.**

Un arrêté du ministre chargé de l'énergie définit les actions à mener, les échéances associées et précise notamment les objectifs de création d'installations ou de modification d'installations existantes qui découlent des prescriptions du plan national de gestion des matières et des déchets radioactifs.

(Mod. à compter du 1er janvier 2025, D. n° 2024-1194, 19 déc. 2024) **Les travaux prévus par la présente section sont principalement prescrits à l'Agence nationale pour la gestion des déchets radioactifs ou aux producteurs ou détenteurs de matières ou de déchets radioactifs. Si nécessaire, les modalités de financement de ces études sont précisées conformément aux responsabilités définies aux articles L. 542-1 et suivants.**

Lorsqu'un producteur ou détenteur de matières ou de déchets radioactifs estime ne pas être en mesure de respecter une échéance fixée par les prescriptions prises en application de la présente section, il en informe sans délai le ministre chargé de l'énergie en exposant les raisons de cette impossibilité et en proposant un nouveau délai.

En cas de manquement aux prescriptions de la présente section et de l'arrêté mentionné au présent article, et en l'absence de justification suffisante, l'autorité administrative compétente peut faire application des mesures et sanctions prévues à l'article L. 171-8 du Code de l'environnement ou, si elles en relèvent, à l'alinéa 4 de l'article L. 311-5-7 du Code de l'énergie.

(1) Dispositions abrogées à compter du 9 juin 2009, D. n° 2006-672, 8 juin 2006, art. 17 et 18 ; prorogées pour une durée de cinq ans, D. n° 2009-613, 4 juin 2009, art. 4 et D. n° 2009-620, 6 juin 2009, art. 1er et ann. ; renouvelées pour une durée d'un an à compter du 8 juin 2014, D. n° 2014-589, 6 juin 2014, art 1er et ann. ; puis prorogées pour une durée de cinq ans à compter du 8 juin 2015, D. n° 2015-622, 5 juin 2015. – NDLR.

Art. D. 542-75 *(Rempl., D. n° 2022-1547, 9 déc. 2022)*. – En vue de recenser les besoins prévisibles d'installations d'entreposage ou de stockage de matières et de déchets radioactifs, le plan national de gestion des matières et des déchets radioactifs prend en compte les objectifs de la politique énergétique mentionnés aux articles L. 100-1-A et suivants du Code de l'énergie. À cette fin, les actions à mettre en œuvre dans le cadre du plan national de gestion des matières et des déchets radioactifs tiennent compte de la nécessité que la politique de gestion des matières et des déchets radioactifs soit résiliente à l'évolution de ces objectifs, notamment ceux relatifs à la part du nucléaire dans la production d'électricité et à la réduction de la dépendance aux importations. Les actions prévues par le plan visent à éclairer les choix de politique énergétique et à garantir la résilience de la politique de gestion des matières et des déchets radioactifs à l'évolution de ces derniers et face à des situations de crise.

Lorsque les prescriptions du plan national de gestion des matières et des déchets radioactifs présentent une incidence sur les objectifs de la politique énergétique, notamment sur la sécurité d'approvisionnement mentionnée à l'article L. 100-1 du Code de l'énergie, elles sont prises en compte par les exploitants concernés dans l'élaboration du plan stratégique mentionné à l'article L. 311-5-7 du même code. Les prescriptions mentionnées à l'article D. 542-81 sont notamment concernées.

Art. D. 542-76 *(Rempl., D. n° 2022-1547, 9 déc. 2022)*. – La gestion des matières et des déchets radioactifs vise à ce que :

1° Les stratégies de gestion soient définies en prenant en compte l'ensemble des avantages et inconvénients des options possibles de gestion, au regard en particulier, au-delà des enjeux prioritaires de sûreté et de sécurité nucléaires, des enjeux environnementaux, sanitaires, des impacts liés aux transports, des enjeux territoriaux, des enjeux économiques et des enjeux de la défense nationale ;

2° Les stratégies de gestion soient adaptées à l'hétérogénéité et à la dangerosité des déchets considérés et proportionnées aux enjeux mentionnés au 1° ;

3° La construction des installations d'entreposage et de stockage soit anticipée au regard des perspectives de saturation ;

4° Les besoins en capacités d'entreposage et de stockage soient optimisées et anticipées au regard notamment des perspectives d'utilisation des matières radioactives et en tenant compte des objectifs mentionnés à l'article D. 542-77.

Art. D. 542-77 *(Rempl., D. n° 2022-1547, 9 déc. 2022)*. – La politique de gestion des déchets radioactifs vise à la caractérisation, au traitement et au conditionnement des déchets radioactifs en vue de :

1° La poursuite de la réduction du volume des déchets produits, y compris par le déploiement de solutions de valorisation ;

2° L'identification et le développement de procédés permettant d'obtenir une forme physico-chimique des déchets la plus inerte possible en vue de faciliter leur gestion ultérieure ;

3° La définition de modes de conditionnement qui limitent les contraintes pour la sûreté des sites des exploitants producteurs ou gestionnaires des déchets durant les phases d'exploitation et à long terme ;

4° La mise en œuvre de procédés industriels soutenables dans des conditions techniques et économiques acceptables.

Art. D. 542-78 *(Rempl., D. n° 2022-1547, 9 déc. 2022)*. – Les détenteurs de matières et de déchets radioactifs, en lien avec l'Agence nationale pour la gestion des déchets radioactifs, transmettent au ministre chargé de l'énergie, dans les conditions définies par le plan national de gestions des matières et des déchets radioactifs, l'actualisation des coûts de gestion des substances mentionnées au troisième alinéa du I de l'article L. 542-1-2. Ces coûts intègrent notamment les coûts de transport, d'entreposage, de caractérisation, de traitement éventuel et de stockage.

Avant chaque nouvelle édition du plan et dans les conditions fixées par l'arrêté mentionné à l'article D. 542-74, les producteurs et détenteurs de matières et de déchets radioactifs et l'Agence nationale pour la gestion des déchets radioactifs communiquent au ministre chargé de l'énergie les informations relatives aux coûts des principaux grands projets déployés dans le cadre du plan national de gestion des matières et des déchets radioactifs, ainsi que leurs variations. Ces données sont rendues publiques, sous réserve des secrets protégés par la loi.

Art. D. 542-79 *(Rempl., D. n° 2022-1547, 9 déc. 2022).* – Sans préjudice des articles R. 542-67 et R. 542-68, l'inventaire prévu au 1° de l'article L. 542-12 est complété par les données suivantes, pour l'application du plan national de gestion des matières et des déchets radioactifs :

– les informations relatives aux stocks et aux quantités prévisionnelles de matières et de déchets radioactifs en fonction de différents scénarios de politique énergétique définis par le plan national de gestion des matières et des déchets radioactifs ;

– les capacités existantes et prévues d'entreposage et de stockage des matières et des déchets radioactifs ;

– la localisation de ces entreposages et stockages ;

– l'identification des volumes de déchets produits par le démantèlement des installations nucléaires, en particulier les déchets d'assainissement, avec les incertitudes associées ;

– les informations demandées à l'article D. 542-97 en ce qui concerne les sources scellées ;

– pour chaque famille de déchets, l'identification des types et volumes de déchets pour lesquels il existe des difficultés de prise en charge, et les travaux de recherche et développement correspondant ;

– l'appréciation de la nocivité des matières et déchets radioactifs.

Sous-section 2. – Gestion des entreposages de matières et de déchets radioactifs

Art. D. 542-80 *(Rempl., D. n° 2022-1547, 9 déc. 2022).* – Afin d'anticiper la saturation des entreposages de matières et de déchets radioactifs, les détenteurs de matières et de déchets radioactifs tiennent à jour l'état de disponibilité des capacités d'entreposage de ces substances par catégorie de matières et de déchets.

Les détenteurs de matières et de déchets radioactifs identifient les besoins futurs en capacité d'entreposage, au moins pour les trente années suivantes, et définissent des calendriers prévisionnels de déploiement de ces capacités.

(Mod. à compter du 1er janvier 2025, D. n° 2024-1194, 19 déc. 2024, art. 3, 1° et 9) Les détenteurs communiquent ces informations annuellement au ministre chargé de l'énergie et à l'Autorité de sûreté nucléaire et de radioprotection.

Art. D. 542-81 *(Rempl., D. n° 2022-1547, 9 déc. 2022).* – Les détenteurs de combustibles usés élaborent des stratégies d'entreposage de leurs combustibles usés selon différents scénarios de politique énergétique définis par le plan national de gestion des matières et des déchets radioactifs. Ces stratégies portent sur une période de trente ans et intègrent l'étude des différentes technologies d'entreposage disponibles pour répondre aux besoins identifiés par le plan national de gestion des matières et des déchets radioactifs au regard des caractéristiques des combustibles usés devant être entreposés. Ces stratégies sont communiquées au ministre chargé de l'énergie dans les conditions fixées par l'arrêté mentionné à l'article D. 542-74. Les éventuelles objections à ces stratégies formulées par le ministre chargé de l'énergie sont prises en compte par les détenteurs. Le ministre chargé de l'énergie peut prescrire par arrêté des éléments de ces stratégies.

Sous-section 3. – Gestion des matières radioactives

Art. D. 542-82 *(Rempl., D. n° 2022-1547, 9 déc. 2022).* – L'information prévue à l'article L. 542-13-2 est effectuée un an avant l'échéance de chaque mise à jour du plan national de gestion des matières et des déchets radioactifs. À cette fin, chaque propriétaire de matières radioactives élabore un document présentant les perspectives de valorisation, associées à des jalons décisionnels et d'avancement, pour chaque matière dont il est propriétaire. Ces documents sont élaborés dans les conditions fixées par l'arrêté mentionné à l'article D. 542-74 et décrites par le plan, et selon les orientations définies par la programmation pluriannuelle de l'énergie mentionnée à l'article L. 141-1 du Code de l'énergie.

(Mod. à compter du 1er janvier 2025, D. n° 2024-1194, 19 déc. 2024) Le caractère valorisable des substances radioactives est évalué à chaque édition du plan par le ministre chargé de l'énergie après avis de l'Autorité de sûreté nucléaire et de radioprotection émis sur les documents remis par les propriétaires en application du précédent alinéa.

Art. D. 542-83 *(Rempl., D. n° 2022-1547, 9 déc. 2022).* – L'arrêté mentionné à l'article D. 542-74 détermine les matières pour lesquelles sont menées des études sur la faisabilité de leur stockage, dans le cas où elles seraient requalifiées comme déchets. Ces études intègrent une évaluation du coût de ce mode de gestion, sur la base d'un inventaire radiologique et chimique détaillé des substances considérées.

Sous-section 4. – Gestion à long terme des déchets radioactifs

Art. D. 542-84 *(Rempl., D. n° 2022-1547, 9 déc. 2022)*. – Les stockages historiques sont les lieux où ont été stockés avant l'année 2000 des déchets radioactifs qui ne relèvent pas de la responsabilité de l'Agence nationale pour la gestion des déchets radioactifs et pour lesquels les producteurs ou détenteurs n'envisageaient pas, lors de leur dépôt, une gestion dans les filières externes dédiées à la gestion des déchets radioactifs existantes ou en projet, à l'exclusion des lieux de stockage de résidus et stériles miniers.

Dans les conditions fixées par le plan national de gestion des matières et des déchets radioactifs et l'arrêté mentionné à l'article D. 542-74, les exploitants définissent un programme de surveillance et une stratégie de long terme pour la gestion des stockages historiques. Cette stratégie applique l'orientation selon laquelle les déchets contenus dans les stockages historiques sont gérés en priorité dans les filières existantes ou en projet lorsque leurs quantités et leur nature le permettent. Pour chaque stockage historique, les avantages et inconvénients des choix possibles de gestion sont évalués conformément à l'article D. 542-76.

(Mod. à compter du 1er janvier 2025, D. n° 2024-1194, 19 déc. 2024) Les ministres chargés de la sûreté nucléaire et de l'énergie peuvent autoriser, après avis de l'Autorité de sûreté nucléaire et de radioprotection, la poursuite d'une gestion *in situ* dans le respect des intérêts mentionnés à l'article L. 593-1, sans préjudice des procédures définies au titre Ier ou au titre IX du présent livre.

Les détenteurs ou les producteurs prennent les dispositions permettant de maintenir la mémoire des stockages historiques de déchets radioactifs.

Art. D. 542-85 *(Rempl., D. n° 2022-1547, 9 déc. 2022)*. – Les déchets radioactifs à très courte durée de vie provenant des activités mentionnées à l'article R. 1333-7 du Code de la santé publique sont gérés par décroissance radioactive dans des conditions permettant d'assurer que leur activité a suffisamment décru pour qu'ils soient gérés dans des filières non spécifiquement autorisées pour les déchets radioactifs.

Art. D. 542-86 *(Rempl., D. n° 2022-1547, 9 déc. 2022)*. – La gestion des déchets radioactifs de très faible activité fait l'objet d'une stratégie industrielle globale mise à jour régulièrement par l'Agence nationale pour la gestion des déchets radioactifs, en lien avec les producteurs de déchets, dans les conditions fixées par le plan national de gestion des matières et des déchets radioactifs et par l'arrêté mentionné à l'article D. 542-74.

Cette stratégie intègre une analyse des avantages et inconvénients des options possibles de gestion telle que prévue par l'article D. 542-76 et précise les coûts associés à chaque option envisagée.

Elle tient compte du calendrier prévisionnel de déploiement des différentes options envisageables et préserve les capacités de stockage en prenant en considération les possibilités de densification des déchets stockés et de valorisation de certains types de déchets radioactifs de très faible activité.

Cette stratégie intègre, le cas échéant :

– l'extension des capacités de stockage existantes ;

– la création d'installations de stockage centralisées ;

– le développement d'installations de stockage décentralisées ;

– la valorisation de certaines substances métalliques de très faible activité selon les dispositions des articles R. 1333-6-1 à D. 1333-6-4 du Code de la santé publique, pour laquelle un retour d'expérience de sa mise en œuvre est réalisée dans les conditions fixées par l'arrêté mentionné à l'article D. 542-74 et décrites par le plan.

Cette stratégie est élaborée sur la base des estimations prévisionnelles de la production de déchets radioactifs de très faible activité de l'inventaire mentionné au 1° de l'article L. 542-12. Ces estimations identifient les volumes de déchets liés à l'assainissement des structures et des sols contaminés ainsi que les incertitudes associées.

Pour les installations nucléaires de base, ces estimations prennent pour hypothèse un assainissement des installations permettant leur déclassement à terme.

Art. D. 542-87 *(Abr. à compter du 1er janvier 2025, D. n° 2024-1194, 19 déc. 2024)*.

Art. D. 542-88 *(Rempl., D. n° 2022-1547, 9 déc. 2022).* – Sur la base de l'inventaire des déchets de faible activité à vie longue, la gestion de ces déchets est définie par une stratégie industrielle mise à jour régulièrement par l'Agence nationale pour la gestion des déchets radioactifs en lien avec les producteurs de déchets.

Cette stratégie industrielle de gestion est élaborée sur la base de scénarios de gestion qui tiennent compte de l'hétérogénéité des déchets de faible activité à vie longue et des options de gestion associées existantes ou en projet.

Cette stratégie intègre le calendrier prévisionnel de déploiement des capacités de stockage associées à chaque famille de déchets.

Cette stratégie intègre une analyse des avantages et inconvénients des choix possibles de gestion telle que prévue par l'article D. 542-76 et précise les coûts associés à chaque option envisagée.

L'Agence nationale pour la gestion des déchets radioactifs poursuit les travaux pour la gestion des déchets de faible activité à vie longue dans un stockage à faible profondeur. Les modalités de déploiement de ce mode de gestion sont définies par le plan national de gestion des matières et des déchets radioactifs.

Art. D. 542-89 *(Rempl., D. n° 2022-1547, 9 déc. 2022).* – Les recherches et études relatives à la gestion des déchets de haute activité et de moyenne activité à vie longue mentionnés à l'article 3 de la loi n° 2006-739 du 28 juin 2006 de programme relative à la gestion durable des matières et déchets radioactifs sont organisées dans le cadre du plan national de gestion des matières et des déchets radioactifs.

Art. D. 542-90 *(Rempl., D. n° 2022-1547, 9 déc. 2022).* – Les prescriptions du plan national de gestion des matières et des déchets radioactifs relatives à la gestion des déchets de haute activité et moyenne activité à vie longue visent à poursuivre la mise en œuvre de l'option de gestion dans un centre de stockage en couche géologique profonde mentionnée à l'article L. 542-10-1, sans préempter les choix de gestion futurs.

Elles visent à répondre aux objectifs suivants :

1° Poursuivre les études techniques autour de ces déchets, notamment celles nécessaires :

à la mise en œuvre du projet de stockage en couche géologique profonde, telles que celles concernant le conditionnement de ces colis, leurs spécifications d'acceptation dans le stockage et l'accueil des déchets bitumés ;

à la mise à jour des chroniques de livraison vers le stockage, au moins à chaque mise à jour du plan national de gestion des matières et des déchets radioactifs, et à l'anticipation des besoins de capacités d'entreposages associées ;

2° Encadrer les conditions de mise en œuvre du projet de stockage en couche géologique profonde, en particulier les modalités de gouvernance, de déploiement de la phase industrielle pilote et de réversibilité du projet ;

3° Maintenir une dynamique de recherche autour des options de gestion alternatives ou complémentaires au stockage en couche géologique profonde ;

4° Permettre l'information régulière du public et son association aux décisions relatives à la gestion de ces déchets, en particulier pour le déploiement du projet de stockage en couche géologique profonde.

Art. D. 542-91 *(Rempl., D. n° 2022-1547, 9 déc. 2022).* – L'inventaire sur lequel l'Agence nationale pour la gestion des déchets radioactifs se fonde pour mener les études et recherches relatives à la conception du centre de stockage prévu à l'article L. 542-10-1 comprend, pour l'application du plan national de gestion des matières et des déchets radioactifs, un inventaire de référence et un inventaire de réserve.

L'inventaire de réserve prend en compte les incertitudes liées notamment à la mise en place de nouvelles filières de gestion de déchets ou à des évolutions de politique énergétique.

Le centre de stockage est conçu pour accueillir les déchets de l'inventaire de référence.

Il est également conçu pour être en mesure d'accueillir les substances qui figurent à l'inventaire de réserve, sous réserve le cas échéant d'évolutions dans sa conception pouvant être mises en œuvre en cours d'exploitation à un coût économiquement acceptable.

(Mod. à compter du 1er janvier 2025, D. n° 2024-1194, 19 déc. 2024) L'inventaire des déchets à retenir pour la demande d'autorisation de création du centre de stockage peut être précisé par arrêté du ministre chargé de l'énergie pris après avis de l'Autorité de sûreté nucléaire et de radioprotection et de l'Agence nationale pour la gestion des déchets radioactifs.

Art. D. 542-92 *(Rempl., D. n° 2022-1547, 9 déc. 2022).* – S'ils ne figurent pas dans l'inventaire de référence, les combustibles usés issus de l'exploitation des réacteurs électronucléaires, des réacteurs expérimentaux et de la propulsion nucléaire navale sont intégrés dans l'inventaire de réserve.

Art. D. 542-93 *(Rempl., D. n° 2022-1547, 9 déc. 2022 ; mod. à compter du 1er janvier 2025, D. n° 2024-1194, 19 déc. 2024).* – Le ministre chargé de l'énergie et l'Autorité de sûreté nucléaire et de radioprotection sont tenus informés, à chaque mise à jour du plan national de gestion des matières et des déchets radioactifs, de l'avancement des mesures prises pour respecter l'échéance mentionnée à l'article L. 542-1-3. Dans le cas d'une évolution substantielle de ces mesures, l'information correspondante est transmise dans les meilleurs délais.

Art. D. 542-94 *(Rempl., D. n° 2022-1547, 9 déc. 2022).* – L'évaluation des coûts afférents à la mise en œuvre des solutions de gestion à long terme des déchets radioactifs de haute et de moyenne activité à vie longue prévue à l'article L. 542-12 est mise à jour régulièrement et, en tout état de cause, lors de l'autorisation de création du centre de stockage prévu à l'article L. 542-10-1, de sa mise en service, de la fin de sa phase industrielle pilote et de chacun de ses réexamens périodiques prévus à l'article L. 593-18.

Cette évaluation est accompagnée de l'évaluation du coût du stockage des déchets de l'inventaire de réserve.

Les estimations des chroniques de dépenses liées au projet pour les dix années à compter de l'autorisation de création sont rendues publiques. Elles sont mises à jour tous les cinq ans sur dix années glissantes.

Art. D. 542-95 *(Rempl., D. n° 2022-1547, 9 déc. 2022).* – Les travaux relatifs à la définition et au déploiement de filières de gestion adaptées aux déchets pour lesquels aucune filière de gestion n'est disponible ou envisagée sont définis par le plan national de gestion des matières et des déchets radioactifs ou par l'arrêté mentionné à l'article D. 542-74, notamment s'agissant des sources scellées usagées, des déchets issus de la gestion des anciennes mines d'uranium, des déchets tritiés, des déchets activés des petits producteurs et des huiles, liquides organiques et déchets sans filière.

Art. D. 542-96 *(Rempl., D. n° 2022-1547, 9 déc. 2022 ; mod. à compter du 1er janvier 2025, D. n° 2024-1194, 19 déc. 2024).* – L'Agence nationale pour la gestion des déchets radioactifs propose, en liaison avec les producteurs et détenteurs de déchets concernés, les modalités de mise en place d'une filière de gestion à long terme des déchets sans filière produits avant l'année 2015, en vue de sa mise en place avant l'année 2030. Elle rend compte de l'avancement de ses travaux et du calendrier prévisionnel de déploiement de cette filière au ministre chargé de l'énergie, au ministre de la défense et à l'Autorité de sûreté nucléaire et de radioprotection.

Art. D. 542-97 *(D. n° 2022-1547, 9 déc. 2022).* – Lors de la réalisation de l'inventaire prévu à l'article L. 542-12, l'Agence nationale pour la gestion des déchets radioactifs procède à une estimation des sources scellées usagées susceptibles d'être collectées en dernier recours sur demande de leurs détenteurs en application de l'article R. 1333-161 du Code de la santé publique dans les cinq années suivant la publication de l'inventaire et s'assure de la compatibilité de ses capacités volumiques et radiologiques d'entreposage avec cette évaluation.

Le cas des sources scellées usagées est pris en compte dans l'élaboration des spécifications d'acceptation des colis dans les centres de stockage en projet destinés aux déchets de faible et de moyenne activité à vie longue et de haute activité.

Sous-section 5. – Enjeux transversaux à la gestion des matières et des déchets radioactifs

Art. D. 542-98 *(D. n° 2022-1547, 9 déc. 2022).* – Le plan national de gestion des matières et des déchets radioactifs et l'arrêté mentionné à l'article D. 542-74 définissent les actions relatives aux enjeux transversaux de gestion des matières et des déchets radioactifs.

Art. D. 542-99 *D. n° 2022-1547, 9 déc. 2022).* – Les dispositions des articles D. 542-78, D. 542-79, D. 542-80, D. 542-81 et D. 542-82, ainsi que les actions qui y sont mentionnées, ne s'appliquent pas aux combustibles usés issus des activités de défense ni aux matières nécessaires à la défense.

CHAPITRE III. – DISPOSITIONS PROPRES À CERTAINES CATÉGORIES DE PRODUITS ET DE DÉCHETS (R) (1)

Ce chapitre instaure un traitement spécifique pour certaines catégories de déchets. Il établit notamment le mécanisme de responsabilité du producteur pour les déchets suivants : déchets d'équipements électriques et électroniques, véhicules hors d'usage, piles et accumulateurs usagés, emballages, fluides frigorigènes fluorés, pneumatiques, papiers graphiques, textiles, déchets d'activité de soins à risque infectieux, déchets ménagers issus de produits chimiques pouvant présenter un risque pour la santé et l'environnement, déchets d'ameublement.

Section I – Déchets d'activités de soins et assimilés

Bibliographie : C. Guillermou, *L'élargissement de la responsabilité des producteurs dans la gestion des déchets médicaux des patients en autotraitement : BDEI* janv. 2011, n° 31, p. 19. • C. Guillermou, *L'élargissement de la responsabilité des producteurs dans la gestion des déchets médicaux des patients en autotraitement : BDEI* janv. 2011, n° 31.

Voir : Circ. n° 90-74, 21 sept. 1990, relative aux schémas territoriaux d'élimination des déchets hospitaliers (*BOMETT* 30 nov. 1990, n° 30).

A. min., 7 sept. 1999, relatif au contrôle des filières d'élimination des déchets d'activités de soins à risques infectieux et assimilés et des pièces anatomiques.

A. 7 sept. 1999, relatif aux modalités d'entreposage des déchets d'activités de soins à risques infectieux et assimilés et des pièces anatomiques.

A. 20 sept. 2002, modifié, relatif aux installations d'incinération et de coïncinération de déchets non dangereux et aux installations incinérant des déchets d'activités de soins à risques infectieux.

Circ. DH'bS/E4/DGS/SD7B/DRT/CT2/2005/34 n° 2005-34, 11 janv. 2005, relative au conditionnement des déchets d'activités de soins à risques infectieux et assimilés (*BO min. Santé* 2005/2, 15 mars 2005, p. 73).

A. 24 nov. 2003, relatif aux emballages des déchets d'activités de soins à risques infectieux et assimilés et des pièces anatomiques d'origine humaine, modifié.

Circ. DGS/SDEA1/DPPR n° 2008-225, 9 juill. 2008, relative à la mise en œuvre de l'appareil de prétraitement par désinfection des déchets d'activités de soins à risques infectieux « ECODAS T150 » (*BO min. Santé* n° 2008/8, 15 sept. 2008).

A. 29 mai 2009 relatif aux transports de marchandises dangereuses par voies terrestres (dit « arrêté TMD »).

Art. R. 543-1. – Les dispositions relatives aux déchets d'activités de soins et assimilés sont énoncées aux articles R. 1335-1 à R. 1335-14 du Code de la santé publique.

Section II. – Déchets d'exploitation et résidus des cargaisons des navires

Voir : Droit communautaire : Dir. (UE) 2019/883 du Parlement européen et du Conseil du 17 avril 2019 relative aux installations de réception portuaires pour le dépôt des déchets des navires, modifiant la directive 2010/65/UE et abrogeant la directive 2000/59/CE (*JOUE* n° L. 151 du 7 juin 2019).

Droit interne : circulaire n° 2005-86 du 8 novembre 2005 relative aux installations portuaires de réception et de traitement des déchets d'exploitation des navires prévues par la directive 2000/59 du 27 novembre 2000 (*BO min. Équipement* n° 24, 10 janv. 2006).

Décret n° 2006-401 du 3 avril 2006 portant publication du protocole de 1996 à la Convention de 1972 sur la prévention de la pollution des mers résultant de l'immersion de déchets, fait à Londres le 7 novembre 1996 (*JO* 5 avr. 2006, n° 81).

Instruction du 20 avril 2007 relative au contrôle de légalité. Mise en œuvre des dispositions de la directive 2000/59/CE du Parlement européen et du Conseil du 27 novembre 2000 sur les installations de réception portuaires pour les déchets d'exploitation des navires et les résidus de cargaison (*BO min. Équipement* n° 9-2007, 25 mai 2007).

A. 25 févr. 2008, modifiant l'arrêté du 5 juillet 2004 portant sur les informations à fournir au port par les capitaines de navires sur les déchets d'exploitation et les résidus de cargaison de leurs navires (*JO* 5 mars 2008).

Art. R. 543-2 *(Mod., D. n° 2009-876, 17 juill. 2009)*. **– Les règles relatives aux déchets d'exploitation et résidus des cargaisons des navires sont fixées aux articles R. 343-1 à R. 343-3 du Code des ports maritimes.**

(1) Dispositions particulières d'application concernant les éco-organismes et les systèmes individuels approuvés pour les produits soumis à responsabilité élargie du producteur : V. : D. n° 2020-1925, 29 déc. 2020. – NDLR.

Section III. – Huiles minérales ou synthétiques, lubrifiantes ou industrielles

(Rempl. à compter du 1er janvier 2022, D. n° 2021-1395, 27 oct. 2021)

Voir : Circ. 25 juin 1986, relative aux lots d'huiles usagées souillées de PCB.

Circ. DPPR n° 389, 29 mars 1999, relative à l'arrêté du 28 janvier 1999, relatif aux conditions d'élimination et de ramassage des huiles usagées (contrôle d'admission des huiles usagées chez les éliminateurs).

Circ. n° 99-897, 6 juill. 1999, relative aux données annuelles de l'observatoire des huiles usagées.

A. 27 oct. 2021 portant cahier des charges des écoorganismes de la filière à responsabilité élargie du producteur des huiles minérales ou synthétiques, lubrifiantes ou industrielles.

Voir : Avis n° 94-A-31 du Conseil de la concurrence du 6 décembre 1994 relatif à une demande d'avis sur un projet de décret portant réglementation de l'élimination des huiles usagées.

Art. R. 543-3 ***(Rempl. à compter du 1er janvier 2022, D. n° 2021-1395, 27 oct. 2021).*** **– I. – La présente section précise les modalités de gestion des déchets issus des huiles minérales ou synthétiques, lubrifiantes ou industrielles ainsi que les conditions de mise en œuvre de l'obligation de responsabilité élargie du producteur applicable aux producteurs de ces huiles et lubrifiants en vertu du 17° de l'article L. 541-10-1.**

II. – On entend par :

1° « Huiles minérales ou synthétiques, lubrifiantes ou industrielles », celles susceptibles de générer des huiles usagées, qui relèvent des usages suivants :

- **pour moteurs thermiques et turbines ;**
- **pour engrenages ;**
- **pour mouvements ;**
- **pour compresseurs ;**
- **multifonctionnelles ;**
- **pour systèmes hydrauliques et amortisseurs ;**
- **pour usages électriques ;**
- **pour le traitement thermique ;**
- **non solubles pour le travail des métaux ;**
- **utilisés comme fluides caloporteurs.**

Un arrêté du ministre chargé de l'environnement peut préciser la liste des produits concernés.

Les huiles minérales ou synthétiques, lubrifiantes ou industrielles sont désignées ci-après comme les huiles ;

2° « Producteur », toute personne physique ou morale qui, à titre professionnel, soit produit en France, soit importe ou introduit pour la première fois sur le marché national, par quelque technique de vente que ce soit, des huiles relevant de la présente section, destinées à être cédées à titre onéreux ou à titre gratuit à l'utilisateur final ou à être utilisées directement sur le territoire national. Dans le cas où ces huiles sont cédées sous la marque d'un revendeur ou d'un donneur d'ordre dont l'apposition résulte d'un document contractuel, ce revendeur ou ce donneur d'ordre est considéré comme producteur ;

Ne sont pas considérées comme producteur les personnes qui importent ou introduisent pour la première fois sur le marché national des équipements contenant des huiles autres que les véhicules terrestres à moteur, au sens du 1° de l'article L. 110-1 du Code de la route, et les engins mobiles non routiers tels que définis au deuxième alinéa de l'article R. 224-7 du Code de l'environnement ;

3° « Huiles usagées », les huiles devenues impropres à l'usage auquel elles étaient initialement destinées ;

4° « Régénération des huiles usagées », toute opération de recyclage permettant de produire des huiles de base par un raffinage d'huiles usagées, impliquant notamment l'extraction des contaminants, des produits d'oxydation et des additifs contenus dans ces huiles. Les opérations de conversion d'huiles usagées en combustibles ou carburants ne relèvent pas des opérations de régénération des huiles usagées ;

5° « Collecteur d'huiles usagées », toute personne exerçant, à titre professionnel, une activité de collecte d'huiles usagées auprès de détenteurs, sans procéder à leur regroupement, en vue de les remettre à un collecteur-regroupeur d'huiles usagées ;

6° « Collecteur-regroupeur d'huiles usagées », toute personne exerçant, à titre professionnel, une activité de collecte d'huiles usagées auprès de détenteurs et procédant à leur regroupement en vue de leur traitement.

Définitions. Le décret du 11 juillet 2011 n° 2011-828 a modifié la définition d'huiles usagées et a introduit celle de régénération.

Sous-section 1. – Gestion des huiles usagées

Art. R. 543-4. – Les détenteurs doivent recueillir les huiles usagées provenant de leurs installations et les *(Mot rempl. à compter du 12 juillet 2011, D. n° 2011-828, 11 juill. 2011)* « entreposer » dans des conditions de séparation satisfaisantes, évitant notamment les mélanges avec de l'eau ou tout autre déchet non huileux.

Les détenteurs doivent disposer d'installations étanches permettant la conservation des huiles jusqu'à leur ramassage ou leur *(Mot rempl. à compter du 12 juillet 2011, D. n° 2011-828, 11 juill. 2011)* « traitement ». Ces installations doivent être accessibles aux véhicules chargés d'assurer le ramassage.

Art. R. 543-5 *(Rempl. à compter du 1er janvier 2022, D. n° 2021-1395, 27 oct. 2021).* – I *(Rempl. à compter du 1er janvier 2024, D. n° 2021-1395, 27 oct. 2021).* – Toute collecte d'huiles usagées fait l'objet du bordereau mentionné à l'article R. 541-45.

II. – Sur toute collecte d'huiles usagées, le collecteur-regroupeur procède contradictoirement au prélèvement de deux échantillons représentatifs avant tout mélange des huiles collectées. L'un de ces échantillons est conservé par le collecteur-regroupeur, l'autre est conservé, selon le cas, soit par le détenteur des huiles usagées, soit par leur collecteur jusqu'au traitement final du lot d'huiles usagées. *(Mots rempl. à compter du 1er janvier 2024, D. n° 2021-1395, 27 oct. 2021)* « Ces échantillons portent le numéro du bordereau mentionné au I du présent article ».

III. – Toute opération de tri, transit ou regroupement de lots d'huiles usagées, ainsi que de traitement, est effectuée dans une installation relevant des dispositions du titre Ier du présent livre, ou dans toute autre installation réalisant ces opérations qui est située dans un autre État membre de l'Union européenne ou dans un État tiers, dès lors que cette installation respecte des dispositions équivalentes à celles du titre Ier du livre V du présent code et de la présente sous-section.

IV. – Un arrêté du ministre chargé de l'environnement peut préciser les modalités d'application des I et II.

Art. R. 543-6 *(Implicitement abr. à compter du 1er janvier 2022, D. n° 2021-1395, 27 oct. 2021 ; rétabli à compter du 1er juillet 2022, D. n° 2021-1395, 27 oct. 2021).* – Afin d'assurer la traçabilité des huiles usagées et, le cas échéant, le soutien financier prévu à l'article R. 543-10, les collecteurs et les collecteurs-regroupeurs qui réalisent des opérations de gestion, au sens de l'article L. 541-1-1, des huiles usagées sont enregistrés auprès des éco-organismes ou des systèmes individuels créés en application de l'article L. 541-10.

Sous-section 2. – Obligations de responsabilité élargie des producteurs

Art. R. 543-7 *(Rempl. à compter du 1er janvier 2022, D. n° 2021-1395, 27 oct. 2021).* – Les dispositions de la présente sous-section ne sont pas applicables aux huiles usagées issues de l'exploitation de navires ou de bâtiments pour la navigation, qui relèvent des dispositions du décret n° 2010-697 du 25 juin 2010 portant diverses dispositions d'application de la convention de Strasbourg du 9 septembre 1996 relative à la collecte, au dépôt et à la réception des déchets survenant en navigation rhénane et intérieure ou sont soumises à la redevance mentionnée à l'article R. 5321-38 du Code des transports.

Art. R. 543-8 *(Rempl. à compter du 1er janvier 2022, D. n° 2021-1395, 27 oct. 2021).* – Pour mettre en œuvre la responsabilité élargie des producteurs d'huiles qui lui ont transféré leurs obligations en application du I de l'article L. 541-10, l'éco-organisme, d'une part, pourvoit à la collecte, au transport, à la régénération ainsi qu'au recyclage des huiles usagées, d'autre part, contribue financièrement à la réalisation d'opérations de même nature. Il assure ces missions sur l'ensemble du territoire national afin de permettre la collecte d'huiles usagées auprès de tout détenteur qui en fait la demande, dans les conditions prévues par la présente sous-section.

Art. R. 543-9 *(Rempl. à compter du 1er janvier 2022, D. n° 2021-1395, 27 oct. 2021).* – Lorsqu'il pourvoit à la gestion des déchets, l'éco-organisme passe des marchés dans les conditions prévues aux I et II de l'article L. 541-10-6 pour assurer la collecte sans frais des huiles usagées auprès de tout détenteur, y compris des collectivités territoriales ou de leurs groupements compétents en matière de collecte de déchets, ainsi que leur transport, leur régénération ou une autre opération de recyclage.

Durée de validité de l'agrément. Prorogation. La prorogation de la durée de validité des agréments en application des dispositions portant réglementation de la récupération des huiles usagées ne porte pas une atteinte illégale à la liberté du commerce et de l'industrie (■ CE, 23 mars 1988, n° 56382, *Groupement professionnel pour la revalorisation des lubrifiants usagés*).

Art. R. 543-10 *(Rempl. à compter du 1er janvier 2022, D. n° 2021-1395, 27 oct. 2021).* **– Lorsqu'il contribue financièrement à la gestion des déchets, l'éco-organisme supporte les coûts de collecte, y compris de transport, auprès de tout collecteur d'huiles usagées ou collecteur-regroupeur d'huiles usagées qui en fait la demande, dès lors que celui-ci assure un service de collecte sans frais qui est précisé par un contrat type établi dans les conditions prévues à l'article R. 541-104. Le montant des soutiens financiers prévu par ce contrat type en application du 2° du même article est au moins égal aux coûts supportés par l'éco-organisme pour les opérations équivalentes qu'il assure dans le cadre des marchés passés en application de l'article R. 543-9. Ce contrat type prévoit également les dispositions suivantes :**

1° Tout collecteur d'huiles usagées les remet à un collecteur-regroupeur d'huiles usagées en relation avec l'éco-organisme ;

2° Tout collecteur-regroupeur d'huiles usagées est tenu de reprendre les huiles usagées qui lui sont confiées par un collecteur d'huiles usagées en relation avec l'éco-organisme ;

3° Tout collecteur-regroupeur d'huiles usagées les remet à une installation de régénération ou de recyclage en relation avec l'éco-organisme.

Lorsque cela est nécessaire pour accompagner la trajectoire de progrès des objectifs de régénération et de recyclage définis dans le cahier des charges prévu au II de l'article L. 541-10, celui-ci peut prévoir que l'éco-organisme contribue temporairement à la prise en charge des coûts de collecte, y compris de transport, des huiles usagées devant faire l'objet d'une opération de valorisation énergétique auprès de tout collecteur-regroupeur d'huiles usagées titulaire du contrat mentionné au premier alinéa du présent article.

Art. R. 543-11 *(Rempl. à compter du 1er janvier 2022, D. n° 2021-1395, 27 oct. 2021).* **– Lorsqu'il contribue financièrement à la gestion des déchets, l'éco-organisme supporte également les coûts de la régénération et du recyclage des huiles usagées auprès de tout opérateur de régénération ou de recyclage qui en fait la demande, selon des modalités précisées par un contrat type établi dans les conditions prévues à l'article R. 541-104. L'éco-organisme contribue, dans les mêmes conditions, aux coûts de transport des huiles usagées entre l'installation mentionnée au III de l'article R. 543-5 et l'installation de régénération ou de recyclage. Le montant des soutiens financiers prévu par ce contrat type en application du 2° du même article est au moins égal aux coûts supportés par l'éco-organisme pour les opérations équivalentes qu'il assure dans le cadre des marchés passés en application de l'article R. 543-9.**

Art. R. 543-12 *(Abr. à compter du 12 juillet 2011, D. n° 2011-828, 11 juill. 2011 ; rétabli à compter du 1er janvier 2022, D. n° 2021-1395, 27 oct. 2021).* **– L'éco-organisme supporte les coûts de la gestion des huiles usagées dont la contamination empêche la régénération ou le recyclage en l'absence d'identification du ou des auteurs de cette pollution.**

Art. R. 543-13 *(Rempl. à compter du 1er janvier 2022, D. n° 2021-1395, 27 oct. 2021).* **– L'éco-organisme met à disposition sans frais, auprès des collecteurs d'huiles usagées avec lesquels il contracte en application des articles R. 543-9 ou R. 543-10, et qui en font la demande, des contenants et équipements de protection individuels adaptés à la collecte de ces huiles usagées, ainsi qu'auprès des collectivités territoriales ou de leurs groupements compétents en matière de gestion des déchets qui en font la demande.**

Art. R. 543-14 *(Implicitement abr. à compter du 1er janvier 2022, D. n° 2021-1395, 27 oct. 2021).*

Art. R. 543-15 *(Implicitement abr. à compter du 1er janvier 2022, D. n° 2021-1395, 27 oct. 2021).*

Art. R. 543-16 *(Abr. à compter du 12 juillet 2011, D. n° 2011-828, 11 juill. 2011).*

Section IV. – Substances dites « PCB »

La présente section a été modifiée par le décret n° 2013-301 du 10 avril 2013 pour tenir compte de la fin du plan d'élimination et de décontamination des appareils pollués à plus de 500 ppm de PCB et pour introduire une planification de l'élimination et de la décontamination des appareils contenant plus de 50 ppm de PCB d'ici à 2025 ainsi que le prévoit la Convention de Stockholm sur les polluants organiques persistants.

Art. R. 543-17. – **Sont soumis aux dispositions de la présente section les polychlorobiphényles, les polychloroterphényles, le monométhyl-tétrachloro-diphényl méthane, le monométhyl-dichloro-diphényl méthane, le monométhyl-dibromo-diphényl méthane, ainsi que tout mélange dont la teneur cumulée en ces substances est supérieure à 50 ppm en masse.**

Par abréviation, les substances précitées ainsi que tout mélange dont la teneur cumulée en ces substances est supérieure à 50 ppm en masse sont appelés PCB dans la présente section.

Art. R. 543-18 *(Rempl., D. n° 2013-301, 10 avr. 2013)* (1). – **Pour l'application de la présente section, l'autorité titulaire du pouvoir de police est le préfet.**

Art. R. 543-19 *(Rempl., D. n° 2013-301, 10 avr. 2013)* (1). – **Est réputé contenir des PCB tout appareil qui a contenu des PCB sauf s'il a fait l'objet d'une décontamination suivie d'une remise en service pour une durée minimale de six mois au terme de laquelle il est démontré que le produit contenu dans l'appareil après substitution ne contient pas de PCB selon les modalités prévues à l'article R. 543-32.**

Sous-section 1. – Interdiction d'utilisation des PCB

Art. R. 543-20. – *(Mod., D. n° 2013-301, 10 avr. 2013)* (1) **Il est interdit d'acquérir, détenir en vue de la vente ou céder à titre onéreux ou gratuit des PCB ou des appareils contenant des PCB.**

(D. n° 2013-301, 10 avr. 2013) (1) **En outre, la détention d'appareils contenant des PCB ou tout mélange de ces substances dont la teneur ou la teneur cumulée est supérieure à 500 ppm en masse, est interdite.**

Art. R. 543-21 *(Rempl., D. n° 2013-301, 10 avr. 2013)* (1). – **Sous réserve des dispositions de l'article R. 543-22, il est interdit de détenir des appareils dont le fluide contient des PCB :**

- **à partir du 1er janvier 2017 si l'appareil a été fabriqué avant le 1er janvier 1976 ;**
- **à partir du 1er janvier 2020 si l'appareil a été fabriqué après le 1er janvier 1976 et avant le 1er janvier 1981 ;**
- **à partir du 1er janvier 2023 si l'appareil a été fabriqué après le 1er janvier 1981.**

Art. R. 543-22 *(Rempl., D. n° 2013-301, 10 avr. 2013)* (1). – **Tout détenteur de plus de 150 appareils dont le fluide contient des PCB, qui souhaite organiser la décontamination ou l'élimination de ses appareils selon un échéancier différent de celui défini à l'article R. 543-21, en fait la demande au ministre chargé de l'environnement. Il lui propose, avant le 1er janvier 2014, un calendrier de décontamination ou d'élimination de ses appareils. Il peut également lui proposer des conditions de détention de ses appareils dérogatoires à l'article R. 543-31. Ces modalités particulières de détention et de décontamination ou d'élimination sont appelées « plan particulier ».**

Le plan particulier doit prévoir au minimum de décontaminer ou d'éliminer la moitié des appareils avant le 1er janvier 2020 et tous les appareils avant le 31 décembre 2025.

Le contenu du dossier de demande de plan particulier est défini par arrêté du ministre chargé de l'environnement.

Le plan particulier est approuvé par arrêté du ministre chargé de l'environnement.

Voir : A. 28 oct. 2013, relatif au contenu du dossier de demande de plan particulier de décontamination et d'élimination des appareils contenant des PCB.

Art. R. 543-23. – **Il est interdit de séparer des PCB d'autres substances aux fins de réutilisation des PCB.**

Art. R. 543-24. – **Il est interdit de remplir des** *(Mot rempl., D. n° 2013-301, 10 avr. 2013)* (1) **« appareils » avec des PCB.**

Art. R. 543-25 *(Mod., D. n° 2010-368, 13 avr. 2010 ; mod. à compter du 12 juillet 2011, D. n° 2011-828, 11 juill. 2011 ; mod., D. n° 2013-301, 10 avr. 2013)* (1). – **En cas de vente d'un immeuble**

(1) Dispositions transitoires : V. D. n° 2013-301, 10 avr. 2013, art. 7. – NDLR.

dans lequel se trouve un appareil dont le fluide contient des PCB et quel qu'en soit l'usage, public ou privatif, professionnel ou d'habitation, le vendeur est tenu d'en informer l'acheteur. Le vendeur déclare ce changement de détention à l'inventaire national selon les dispositions fixées par arrêté du ministre chargé de l'environnement.

En cas de mise à l'arrêt définitif, en application de dispositions [des articles] R. 512-39-1, R. 512-46-25 ou R. 512-66-1, d'une installation classée dont seule l'alimentation électrique justifiait l'utilisation d'un appareil contenant des PCB, le détenteur est tenu de faire traiter cet appareil dans les conditions fixées à l'article R. 543-33.

Préalablement à la démolition de tout ou partie d'un bâtiment, tout appareil contenant des PCB doit être traité dans les conditions fixées à l'article R. 543-33.

Débiteur de l'obligation de destruction des transformateurs contenant des PCB. Détenteur. Est illégal un arrêté préfectoral mettant en demeure le propriétaire d'un terrain de procéder à la remise en état du site au titre de la législation relative aux installations classées, et de produire, à ce titre, les certificats de destruction, établis par un centre habilité à cet effet, des deux transformateurs contenant des polychlorobiphényles et polychloroterphényles (PCB), ainsi que les justificatifs relatifs au dégazage et à l'inertage des citernes ayant contenu du fuel domestique, dès lors qu'il ne s'est pas substitué à la société exploitante en titre de l'activité, soumise à la législation relative aux installations classées et n'a pas à ce titre repris les droits et obligations de celle-ci (■ CAA Nantes, 10 oct. 2006, n° 05NT00783, *Guilland*). Le préfet ne peut imposer au propriétaire de faire procéder à la destruction des deux transformateurs en sa qualité de détenteur visée par les présentes dispositions dès lors que si, par l'expression « tout détenteur », l'autorité réglementaire a entendu désigner toute personne, même autre que l'exploitant, les dispositions en cause ont été prises pour l'application de la loi du 15 juillet 1975 [art. L. 541-1 et s.] relative à l'élimination des déchets, laquelle crée un régime juridique distinct de celui des installations classées pour la protection de l'environnement, n'a pas le même champ d'application et ne donne pas compétence aux mêmes autorités (même décision).

Sous-section 2. – Caractérisation, étiquetage, déclaration et utilisation des appareils contenant des PCB

(Rempl., D. n° 2013-301, 10 avr. 2013) (1)

Voir : A. 7 janv. 2014, relatif aux modalités d'analyse et d'étiquetage et aux conditions de détention des appareils contenant des PCB. A. 14 janv. 2014, relatif au contenu et aux modalités de la déclaration d'appareils contenant des PCB.

Art. R. 543-26 *(Rempl., D. n° 2013-301, 10 avr. 2013)* (1). **– Tout détenteur d'appareils susceptibles de contenir des PCB est tenu d'en connaître la teneur.**

Les modalités d'analyse sont définies par arrêté du ministre chargé de l'environnement.

Art. R. 543-27 *(Rempl., D. n° 2013-301, 10 avr. 2013)* (1). **– Les détenteurs d'un appareil dont le volume de fluide contenant ou susceptible de contenir des PCB est supérieur à 5 dm³ sont tenus d'en faire la déclaration à l'inventaire des appareils contenant des PCB. Les détenteurs tiennent à jour les informations les concernant.**

Dans le cas des condensateurs électriques, le seuil de 5 dm³ est défini comme la somme des volumes contenus par les différents éléments d'une unité complète.

Le contenu et les modalités de la déclaration sont fixés par arrêté du ministre chargé de l'environnement.

Art. R. 543-28 *(Rempl., D. n° 2013-301, 10 avr. 2013)* (1). **– L'Agence de l'environnement et de la maîtrise de l'énergie met en place et exploite l'inventaire des appareils contenant des PCB mentionné à l'article R. 543-27.**

Art. R. 543-29 *(Rempl., D. n° 2013-301, 10 avr. 2013)* (1). **– Les appareils dont le volume de fluide contenant ou susceptible de contenir des PCB est supérieur à 5 dm³ sont étiquetés.**

Un étiquetage doit également figurer sur les portes des locaux où se trouve l'appareil.

Le contenu et les modalités de l'étiquetage sont définis par arrêté du ministre chargé de l'environnement.

(1) Dispositions transitoires : V. D. n° 2013-301, 10 avr. 2013, art. 7. – NDLR.

Art. R. 543-30 *(Rempl., D. n° 2013-301, 10 avr. 2013)* (1). – Un appareil est considéré comme non pollué par les PCB s'il est fabriqué après le 4 février 1987, qu'il est hermétiquement scellé ou qu'il est démontré qu'aucun fluide diélectrique contenant un mélange d'isomère dont le numéro de registre CAS est le 76253-60-6 n'a été ajouté avant le 18 juin 1994 et que l'appareil n'a pas de plaque indiquant « UGILEC-T ».

Les appareils fabriqués après le 18 juin 1994 sont considérés comme non pollués par les PCB.

Art. R. 543-31 *(Rempl., D. n° 2013-301, 10 avr. 2013)* (1). – I. – Les conditions de détention des appareils contenant des PCB doivent satisfaire aux prescriptions générales définies par arrêté du ministre chargé de l'environnement.

Si le détenteur veut obtenir la modification de certaines des prescriptions définies par cet arrêté, il adresse une demande au préfet du département dans lequel se trouve l'appareil, qui statue par arrêté.

L'arrêté préfectoral fait l'objet des mesures de publicité prévues à l'article R. 512-49. Le préfet le porte à la connaissance du détenteur, auquel un délai de quinze jours est accordé pour présenter éventuellement ses observations par écrit, directement ou par mandataire.

II. – Les détenteurs de plus de 150 appareils peuvent également déroger à certaines prescriptions définies par l'arrêté mentionné au premier alinéa selon les modalités définies à l'article R. 543-22.

Sous-section 3. – Décontamination et traitement des PCB

§ 1. – Dispositions générales

Art. R. 543-32 *(Mod. à compter du 12 juillet 2011, D. n° 2011-828, 11 juill. 2011 ; mod., D. n° 2013 301, 10 avr. 2013)* (1). – I. – Est considérée comme activité de traitement de déchets contenant des PCB toute activité de destruction des molécules des substances mentionnées à l'article R. 543-17.

II. – Est considérée comme activité de décontamination toute opération ou ensemble d'opérations qui permettent que des appareils, objets, matières, sols ou substances liquides contaminés par des PCB soient traités de manière à abaisser leur taux de substances mentionnées à l'article R. 543-17. Ces opérations peuvent comprendre la substitution, c'est-à-dire toutes les opérations par lesquelles les PCB sont remplacés par des liquides appropriés ne contenant pas de substances mentionnées à l'article R. 543-17.

S'agissant des appareils, la décontamination permet de ramener la teneur cumulée en substances citées à l'article R. 543-17 à une valeur inférieure à 50 ppm en masse.

Sont considérés comme appareils n'ayant subi qu'une décontamination partielle ceux ayant été décontaminés jusqu'à ce que leur teneur cumulée en PCB soit ramenée à une valeur comprise entre 50 et 500 ppm en masse.

Entre le sixième mois et le douzième mois après la remise en service de l'appareil décontaminé, le détenteur est tenu de réaliser une analyse de la teneur cumulée en PCB pour s'assurer que celle-ci est inférieure à 50 ppm en masse. Pour les détenteurs de plus de 150 appareils ayant un plan particulier, cette analyse peut être remplacée par un suivi après dépollution de cette teneur dans le cadre du système de contrôle de qualité de l'opérateur de la dépollution garantissant une teneur cumulée en PCB inférieure à 50 ppm en masse.

Les appareils décontaminés, ayant contenu des PCB, sont étiquetés par leur détenteur [.] Le contenu et les modalités de l'étiquetage sont définis par arrêté du ministre chargé de l'environnement.

Art. R. 543-33 *(Rempl., D. n° 2013-301, 10 avr. 2013)* (1). – Tout détenteur, à quelque titre que ce soit, de déchets contenant des PCB est tenu de les faire traiter soit par une entreprise agréée dans les conditions définies à l'article R. 543-34, soit dans une installation classée pour la protection de l'environnement autorisée à les traiter, soit dans une installation qui a obtenu une autorisation dans un autre État membre de l'Union européenne.

Le mélange de déchets contenant des PCB avec d'autres déchets ou toute autre substance préalablement à la remise à l'entreprise agréée ou à l'installation autorisée est interdit.

(1) Dispositions transitoires : V. D. n° 2013-301, 10 avr. 2013, art. 7. – NDLR.

§ 2. – **Conditions de délivrance des agréments**

Art. R. 543-34 *(Rempl., D. n° 2013-301, 10 avr. 2013)* (1). – **Tout exploitant d'une installation mobile de décontamination de déchets contenant des PCB doit avoir reçu un agrément.**

L'agrément est délivré pour une durée maximale de cinq ans par le préfet du département où se situe le siège de l'entreprise suivant les procédures fixées à l'article R. 543-37. Il est suspendu ou retiré par arrêté motivé du préfet en cas de manquement de l'exploitant à ses obligations. L'intéressé doit recevoir préalablement une mise en demeure et être mis à même de présenter ses observations.

L'agrément est assorti d'un cahier des charges qui définit les droits et obligations du titulaire et qui comporte notamment les dispositions prévues à l'article R. 543-37.

Art. R. 543-35 *(Mod., D. n° 2013-301, 10 avr. 2013)* (1). – **Le dossier de demande d'agrément que doit constituer le pétitionnaire comprend :**

1° Les nom, prénom, domicile et qualité du pétitionnaire ou, s'il s'agit d'une société, sa raison sociale, sa forme juridique et la composition de son capital. Les nom, prénom et qualité du signataire de la demande d'agrément et la justification de ses pouvoirs. Les nom, prénom et qualité du responsable de l'exploitation ;

2° Une notice technique décrivant l'installation *(Mots suppr., D. n° 2013-301, 10 avr. 2013)* (1) **« ... » et les moyens mis en œuvre et indiquant notamment :**

a) Le type d'activité de traitement ou de décontamination ;

b) Les capacités de traitement de décontamination et le cas échéant *(Mots rempl., D. n° 2013-301, 10 avr. 2013)* (1) **« d'entreposage » ;**

c) Les procédés de traitement et leurs caractéristiques techniques ;

d) Les modalités d'élimination des résidus issus des installations de traitement et de décontamination ;

3° Un descriptif des moyens en personnel et en matériel de l'entreprise, y compris ceux disponibles pour procéder aux contrôles et aux vérifications préalablement au traitement des déchets ;

4° Une liste indiquant la nature des déchets contenant des PCB qui peuvent être *(Mots rempl., D. n° 2013-301, 10 avr. 2013)* (1) **« traités [;] »**

5° Une justification des capacités financières de l'entreprise à faire face aux risques que son activité, et éventuellement la cessation de celle-ci, pourraient présenter pour l'environnement ;

6° Les coûts prévisionnels de traitement ou de décontamination des déchets pour lesquels l'agrément est demandé et un projet de tarification des services rendus ;

7° Un projet de cahier des charges.

Art. R. 543-36 *(Abr., D. n° 2013-301, 10 avr. 2013* (1) *; rétabli dans la version suivante, D. n° 2017-1607, 27 nov. 2017).* – **Le préfet statue sur les demandes d'agrément dans un délai de quatre mois.**

§ 3. – **Droits et obligations du titulaire de l'agrément**

Art. R. 543-37. – **Le cahier des charges prévu à l'article R. 543-34 comporte** *(Mots rempl., D. n° 2013-301, 10 avr. 2013)* (1) **« notamment les éléments suivants » :**

1° *(Mod., D. n° 2013-301, 10 avr. 2013)* (1) **La description de l'activité de traitement pour lequel l'agrément est délivré, en distinguant :**

a) La décontamination des appareils contenant des PCB ;

b) La substitution du fluide PCB des appareils ;

c) La décontamination des autres objets et matériaux contenant des PCB ;

d) La décontamination des fluides contenant des PCB ;

e) La régénération des fluides à base de PCB ;

2° La liste des déchets contenant des PCB admissibles dans l'installation ;

3° L'énumération des moyens en matériel et en personnel nécessaires pour procéder de façon satisfaisante au contrôle des déchets réceptionnés ;

4° L'indication de l'efficacité minimale requise du traitement effectué ;

(1) Dispositions transitoires : V. D. n° 2013-301, 10 avr. 2013, art. 7. – NDLR.

5° La destination ultérieure des fluides, objets, matériaux ou appareils décontaminés et l'obligation de délivrer un certificat attestant la décontamination ;

6° L'engagement d'afficher la tarification des services rendus ainsi que ses modifications ;

7° L'engagement d'accepter, dans la limite des capacités de traitement et de stockage de l'entreprise, tout déchet contaminé par des PCB produit sur le territoire national, remis conformément aux prescriptions fixées pour l'acceptation des déchets aux conditions financières annoncées et sans discrimination de provenance ni de qualité dans la mesure des capacités techniques de l'installation ;

8° L'obligation d'accepter en cas d'urgence tout lot de déchets contenant des PCB désigné par le ministre chargé de l'environnement ;

9° L'interdiction de faire effectuer par une entreprise tierce un traitement pour lequel l'entreprise est elle-même agréée, sauf en cas de force majeure ;

10° L'obligation de remettre les déchets contenant des PCB issus des opérations liées au traitement pour lequel l'entreprise est agréée à une entreprise agréée pour effectuer le traitement nécessaire à leur élimination ou autorisée dans un autre État membre de la Communauté européenne ;

11° L'obligation d'afficher en permanence et de façon visible dans *(Mots suppr., D. n° 2013-301, 10 avr. 2013)* (1) « ... » l'installation l'arrêté d'agrément.

Art. R. 543-37-1 *(D. n° 2013-301, 10 avr. 2013)* (1). – Pour chaque opération de décontamination ou d'élimination d'un appareil réputé contenir des PCB, l'exploitant d'une installation fixe ou mobile ayant traité l'appareil est tenu de délivrer un certificat attestant de la décontamination ou de l'élimination de l'appareil. Ce certificat précise le numéro de série de l'appareil ainsi que le type de traitement réalisé.

Art. R. 543-38. – Si le titulaire de l'agrément désire assurer une publicité commerciale en excipant de la qualité d'entreprise agréée, cette publicité doit mentionner la date de l'agrément, le type d'activité de traitement pour lequel l'agrément est délivré et, au cas où l'activité s'exerce dans une installation de traitement, la liste des déchets contenant des PCB admissibles dans cette installation

Sous-section 4. – Dispositions diverses

Art. R. 543-39. – Des arrêtés conjoints du ministre chargé de l'environnement et des autres ministres intéressés fixent, en tant que de besoin, les modalités d'application de la présente section.

Art. R. 543-40 *(Abr., D. n° 2013-301, 10 avr. 2013)* (1).

Sous-section 5. – Dispositions pénales

Art. R. 543-41 *(Mod., D. n° 2013-301, 10 avr. 2013)* (1). – Est puni de la peine d'amende prévue par le 5° de l'article 131-13 du Code pénal pour les contraventions de la cinquième classe le fait :

1° Démolir tout ou partie d'un bâtiment sans éliminer préalablement les appareils contenant des PCB, en méconnaissance du troisième alinéa de l'article R. 543-25 ;

2° Détenir un appareil dont le fluide contient une teneur cumulée en PCB supérieure à 500 ppm en masse, en méconnaissance de l'article R. 543-20 ;

3° Ne pas procéder à la décontamination ou à l'élimination d'un appareil dont le fluide contient des PCB, en méconnaissance de l'article R. 543-21 ou d'un plan particulier mentionné à l'article R. 543-22 ;

4° Ne pas déclarer un appareil à l'inventaire national ou faire une déclaration erronée, en méconnaissance de l'article R. 543-26 ;

5° Ne pas respecter les conditions de détention des appareils contenant des PCB, en méconnaissance de l'article R. 543-31 ou d'un plan particulier mentionné à l'article R. 543-22.

(1) Dispositions transitoires : V. D. n° 2013-301, 10 avr. 2013, art. 7. – NDLR.

Section V. – Emballages

Responsabilité élargie du producteur – Emballages. Cette section pose le régime de la responsabilité élargie du producteur d'emballages qui a d'abord été instauré au niveau communautaire. Une distinction est toutefois opérée entre emballages ménagers et emballages dont les détenteurs finaux ne sont pas des ménages.

Voir : *Droit communautaire :* directive n° 94/62 relative aux emballages et aux déchets d'emballages (JOCE n° L 47, 18 févr. 2004) modifiée par les directives n° 2005/20/CE du 9 mars 2005 et n° 2013/2/UE du 7 février 2013.

Déc. n° 250/270/CE de la Commission du 22 mars 2005 établissant les tableaux correspondant au système de bases de données conformément à la directive n° 94/62/CE du Parlement européen et du Conseil relative aux emballages et aux déchets d'emballages.

Voir : *Droit interne :* Avis aux producteurs et aux détenteurs de produits emballés (JO 11 janv. 2006, n° 9).

A. 9 janv. 2008, pris en application de l'article R. 543-46 du Code de l'environnement (JO 22 févr. 2008, n° 45, p. 3152) (Dispositions applicables aux emballages en verre).

A. 3 mars 2009, portant approbation des modalités de contrôle d'un système d'élimination d'emballages usagés mis en place par un producteur ou un importateur de produits emballés destinés aux ménages (JO 14 mars 2009, n° 62).

A. 7 févr. 2012, relatif aux exemples d'application des critères précisant la notion d'« emballage » définis à l'article R. 543-43 du Code de l'environnement.

A. 20 juill. 2023 portant cahier des charges des écoorganismes, des systèmes individuels et des organismes coordonnateurs de la filière à responsabilité élargie des producteurs d'emballages servant à commercialiser des produits consommés ou utilisés par des professionnels ayant une activité de restauration et portant modification de l'arrêté du 29 novembre 2016 modifié relatif à la procédure d'agrément et portant cahier des charges des écoorganismes de la filière des emballages ménagers (JO du 30).

Sous-section 1. – Dispositions générales

(Intitulé rempl., D. n° 2023-162, 7 mars 2023)

§ 1. – Définitions

(D. n° 2023-162, 7 mars 2023)

Art. R. 543-42 *(Mod., D. n° 2023-162, 7 mars 2023).* **– Sont soumis aux dispositions de la présente section tous les emballages fabriqués, importés, détenus en vue de la vente ou de la distribution à titre gratuit, mis en vente, vendus, mis en location ou distribués à titre gratuit.**

Art. R. 543-43 *(Mod. à compter du 12 juillet 2011, D. n° 2011-828, 11 juill. 2011 ; à compter du 1er janvier 2021, D. n° 2020-1724, 28 déc. 2020 et D. n° 2020-1725, 29 déc. 2020 ; mod., D. n° 2023-162, 7 mars 2023).* **– I. – Pour l'application de la présente section, on entend par « emballage » tout objet, quelle que soit la nature des matériaux dont il est constitué, destiné à contenir et à protéger des marchandises, à permettre leur manutention et leur acheminement du producteur au consommateur ou à l'utilisateur, et à assurer leur présentation. Tous les articles « à jeter » utilisés aux mêmes fins doivent être considérés comme des emballages.**

La définition d'« emballage » repose en outre sur les critères suivants :

1° Un article est considéré comme un emballage s'il correspond à la définition susmentionnée, sans préjudice d'autres fonctions que l'emballage pourrait également avoir, à moins que l'article ne fasse partie intégrante d'un produit et qu'il ne soit nécessaire pour contenir, soutenir ou conserver ce produit durant tout son cycle de vie et que tous les éléments ne soient destinés à être utilisés, consommés ou éliminés ensemble ;

2° Les articles conçus pour être remplis au point de vente et les articles à usage unique vendus, remplis ou conçus pour être remplis au point de vente sont considérés comme des emballages pour autant qu'ils jouent un rôle d'emballage ;

3° Les composants d'emballages et les éléments auxiliaires intégrés à l'emballage sont considérés comme des parties de l'emballage auquel ils sont intégrés. Les éléments auxiliaires accrochés directement ou fixés à un produit et qui jouent un rôle d'emballage sont considérés comme des emballages, à moins qu'ils ne fassent partie intégrante d'un produit et que tous les éléments ne soient destinés à être consommés ou éliminés ensemble ;

Des exemples illustrant l'application de ces critères sont précisés par arrêté du ministre chargé de l'environnement (1).

II. – L'emballage est constitué uniquement de :

1° L'emballage de vente ou emballage primaire, c'est-à-dire l'emballage conçu de manière à constituer, au point de vente, un article destiné à l'utilisateur final ou au consommateur ;

2° L'emballage groupé ou emballage secondaire, c'est-à-dire l'emballage conçu de manière à constituer, au point de vente, un groupe d'un certain nombre d'articles, qu'il soit vendu à l'utilisateur final ou au consommateur, ou qu'il serve seulement à garnir les présentoirs aux points de vente. Il peut être séparé des marchandises qu'il contient ou protège sans en modifier les caractéristiques ;

3° L'emballage de transport ou emballage tertiaire, c'est-à-dire l'emballage conçu de manière à faciliter la manutention et le transport d'un certain nombre d'articles ou d'emballages groupés en vue d'éviter leur manipulation physique et les dommages liés au transport. L'emballage de transport ne comprend pas les conteneurs de transport routier, ferroviaire, fluvial, maritime ou aérien.

III. – Pour l'application de la présente section, on entend par :

1° « Déchets d'emballages », tout emballage, partie ou résidu d'emballage couvert par la définition du déchet figurant à l'article L. 541-1-1, à l'exclusion des résidus de production ;

2° « Emballage réemployable », un emballage qui a été conçu, créé et mis sur le marché pour pouvoir accomplir pendant son cycle de vie plusieurs trajets ou rotations en étant rempli à nouveau ou réemployé pour un usage identique à celui pour lequel il a été conçu ;

3° « Emballage composite », un emballage composé de deux ou plusieurs couches de matériaux différents qui ne peuvent être séparées à la main et forment une seule unité, composé d'un récipient intérieur et d'une coque extérieure, qui est rempli, entreposé, transporté et vidé comme tel ;

4° « Emballage ménager », tout emballage de produits consommés ou utilisés par les ménages ;

5° « Emballage mixte alimentaire », tout emballage de produits alimentaires susceptibles d'être consommés ou utilisés à la fois par les ménages et par les professionnels ayant une activité de restauration ;

6° « Emballage de la restauration », tout emballage de produits alimentaires consommés ou utilisés spécifiquement par les professionnels ayant une activité de restauration.

Un arrêté du ministre chargé de l'environnement peut préciser, notamment sur le fondement de critères de contenance ou de circuits de distribution, les emballages qui sont considérés comme destinés spécifiquement aux professionnels ayant une activité de restauration ;

7° « Producteur », toute personne qui, à titre professionnel, emballe ou fait emballer ses produits en vue de leur mise sur le marché, tout importateur dont les produits sont commercialisés dans des emballages ou, si le producteur ou l'importateur ne peuvent être identifiés, la personne responsable de la première mise sur le marché de ces produits ;

8° « Professionnel ayant une activité de restauration », personne ayant une activité professionnelle de restauration, sur place ou à emporter, y compris les débits de boisson, qu'elle soit son activité principale ou non, qu'elle soit en intérieur ou en extérieur.

IV. – Pour l'application de la présente sous-section, on entend également par :

1° « Récipients pour boissons », les récipients d'une capacité maximale de trois litres, utilisés pour contenir des boissons, notamment les bouteilles, y compris lorsque ce sont des emballages composites au sens du présent article ;

2° « Bouchons et couvercles en plastique », les bouchons et couvercles en plastique, à l'exception des bouchons et couvercles en métal dotés de scellés en plastique.

Voir : A. 6 août 2013, modifiant l'arrêté du 7 février 2012 relatif aux exemples d'application des critères précisant la notion d'« emballage » définis à l'article R. 543-43 du Code de l'environnement.

Des mandrins en forme de rouleau, de tube ou de cylindre, autour desquels sont enroulés des produits souples, vendus aux consommateurs, constituent des « emballages » (■ CJCE, 10 nov. 2016, n° C-530/15, *Éco-Emballages SA*).

(1) T. appl. : A. 7 févr. 2012 (*JO* 23 févr. 2012). – NDLR.

§ 2. – Prise en compte des exigences liées à l'environnement dans la conception et la fabrication des emballages
(D. n° 2023-162, 7 mars 2023)

Art. R. 543-44 *(Mod. à compter du 12 juillet 2011, D. n° 2011-828, 11 juill. 2011)*. – Les emballages mentionnés à l'article R. 543-42 doivent satisfaire aux exigences essentielles définies ci-dessous :

1° Exigences portant sur la fabrication et la composition de l'emballage :

a) L'emballage doit être conçu et fabriqué de manière à limiter son volume et sa masse au minimum nécessaire pour assurer un niveau suffisant de sécurité, d'hygiène et d'acceptabilité.

b) L'emballage doit être conçu, fabriqué et commercialisé de manière à permettre son réemploi ou sa valorisation, y compris sa préparation en vue de sa réutilisation ou son recyclage, et à réduire au minimum son incidence sur l'environnement lors de la gestion des déchets d'emballages ou des déchets d'opérations de traitement des déchets d'emballages.

c) L'emballage doit être conçu et fabriqué en veillant à réduire au minimum la teneur en substances et matières nuisibles et autres substances dangereuses des matériaux d'emballage et de leurs éléments, dans les émissions, les cendres ou le lixiviat qui résultent de l'incinération ou du stockage des emballages ou des déchet d'opérations de traitement des déchets d'emballages.

2° Exigences portant sur le caractère réemployable ou valorisable d'un emballage :

a) L'emballage réemployable doit répondre simultanément aux exigences suivantes :

– ses propriétés physiques et ses caractéristiques doivent lui permettre de supporter plusieurs trajets ou rotations dans les conditions d'utilisation normalement prévisibles ;

– il doit pouvoir être traité en vue d'une nouvelle utilisation dans le respect des règles applicables en matière de santé et de sécurité des travailleurs ;

– il doit être conçu et fabriqué de façon qu'il soit conforme aux exigences propres à l'emballage valorisable lorsqu'il cesse d'être réemployé et devient ainsi un déchet.

a) L'emballage valorisable doit être conçu et fabriqué de façon à permettre au moins l'une des formes de valorisation suivantes :

– Préparation en vue de la réutilisation : les déchets d'emballages doivent pouvoir être préparés en vue d'une nouvelle utilisation dans le respect des règles applicables en matière de santé et de sécurité des travailleurs.

– Recyclage de matériaux :

Un certain pourcentage en masse des matériaux utilisés doit pouvoir être recyclé pour la production de biens commercialisables, dans le respect des normes en vigueur dans la Communauté européenne. Ce pourcentage peut varier en fonction du type de matériau constituant l'emballage.

– Valorisation énergétique :

Les déchets d'emballages traités en vue de leur valorisation énergétique doivent posséder une valeur calorifique suffisante pour permettre d'optimiser la récupération d'énergie.

– Compostage :

La nature biodégradable des déchets d'emballages traités en vue du compostage ne doit pas faire obstacle à la collecte séparée ni au processus ou à l'activité de compostage dans lesquels ils sont introduits.

– Biodégradation :

Les déchets d'emballages biodégradables doivent pouvoir subir une décomposition physique, chimique, thermique ou biologique telle que la plus grande partie du compost obtenu se décompose finalement en dioxyde de carbone, en biomasse et en eau.

Art. R. 543-44-1 *(Créé à compter du 3 juillet 2024, D. n° 2020-1724, 28 déc. 2020)*. – Les récipients pour boissons en plastique à usage unique au sens du 2° de l'article D. 541-330 et qui disposent d'un bouchon ou d'un couvercle en plastique sont conçus pour que leur bouchon ou couvercle reste attaché au corps du récipient lors de leur utilisation.

Le précédent alinéa n'est pas applicable aux récipients pour boissons en verre ou en métal dont les bouchons et les couvercles sont en plastique ni aux récipients pour boissons en plastique à usage unique contenant des denrées alimentaires destinées à des fins médicales spéciales au sens de l'article 2 point *g)* du règlement (UE) n° 609/2013 du Parlement européen et du Conseil du 12 juin 2013 et qui sont sous forme liquide.

Art. R. 543-45. – La somme des niveaux de concentration en plomb, cadmium, mercure et chrome hexavalent présents dans l'emballage ou dans ses éléments ne doit pas dépasser 600 parties par million (ppm) en masse s'ils ont été fabriqués après le 30 juin 1998, 250 ppm en masse s'ils ont été fabriqués après le 30 juin 1999 et, enfin, 100 ppm en masse s'ils ont été fabriqués après le 30 juin 2001.

Ces niveaux de concentration ne s'appliquent pas aux emballages composés entièrement de verre cristal qui respectent la norme homologuée NF B 30-004.

Art. D. 543-45-1 *(Créé à compter du 1er janvier 2021, D. n° 2020-1725, 29 déc. 2020)* (1). – L'interdiction d'utiliser des huiles minérales sur les emballages, prévue à l'article 112 de la loi n° 2020-105 du 10 février 2020 relative à la lutte contre le gaspillage et à l'économie circulaire, s'applique aux huiles minérales comportant des substances perturbant le recyclage des déchets d'emballages ou limitant l'utilisation du matériau recyclé en raison des risques que présentent ces substances pour la santé humaine. Un arrêté du ministre chargé de l'environnement précise les substances concernées.

Art. D. 543-45-2 *(Créé à compter du 1er janvier 2025, D. n° 2021-1610, 9 déc. 2021)*. – I. – Pour l'application du présent article, on entend par « plastique », tout matériau tel que défini au 1° de l'article D. 541-330.

II. – En application du II de l'article L. 541-9, le taux d'incorporation de plastique recyclé des bouteilles pour boissons composées majoritairement en masse de polyéthylène téréphtalate est au moins de 25 %. Ce taux est calculé comme étant la masse de polyéthylène téréphtalate recyclé de chaque bouteille rapportée à la masse totale de plastique de ladite bouteille.

Rédaction future. II. – *(Mod. à compter du 1er janvier 2030, D. n° 2021-1610, 9 déc. 2021)* En application du II de l'article L. 541-9, le taux d'incorporation de plastique recyclé des bouteilles pour boissons en plastique tel que défini à l'article D. 541-330 est au moins de 30 %. Ce taux est calculé comme étant la masse de plastique recyclé de chaque bouteille rapportée à la masse totale de plastique de ladite bouteille.

Le précédent alinéa n'est pas applicable :

– aux étiquettes en papier qui sont apposées sur ces bouteilles ;

– aux bouteilles pour boissons contenant des denrées alimentaires destinées à des fins médicales spéciales au sens de l'article 2 point g) du règlement (UE) n° 609/2013 du Parlement européen et du Conseil du 12 juin 2013 et qui sont sous forme liquide ;

– aux bouteilles pour boissons en verre ou en métal dont les bouchons ou les couvercles sont en plastique.

Tout éco-organisme mis en place en application de l'article L. 541-10 pour les catégories de produits relevant des 1° ou 2° de l'article L. 541-10-1 vérifie le respect du présent article auprès des producteurs qui lui ont transféré l'obligation mentionnée au I de l'article L. 541-10. À cette fin, ceux-ci lui communiquent, à sa demande, les éléments justifiant du respect du taux d'incorporation en matière recyclée mentionné au précédent alinéa.

Le cas échéant, l'éco-organisme informe l'autorité administrative des constats de non-respect des dispositions du présent article au plus tard dans les 2 mois à compter du constat.

III. – Les dispositions du II du présent article ne sont pas applicables aux bouteilles de lait non réfrigérées.

Les dispositions du présent III sont réexaminées avant le 31 décembre 2025 au regard d'un bilan tenant compte notamment de la disponibilité des différents types de récipients pour le lait non réfrigéré et des avis donnés par l'Autorité européenne de sécurité des aliments aux demandes d'autorisation d'utilisation de plastique recyclé pour ces bouteilles introduites dans les conditions prévues à l'article 9 du règlement n° 1935/2004 du parlement européen et du conseil du 27 octobre 2004 concernant les matériaux et objets destinés à entrer en contact avec des denrées alimentaires.

Art. R. 543-46 *(Rempl. à compter du 1er janvier 2021, D. n° 2020-1725, 29 déc. 2020)*. – Un arrêté conjoint des ministres chargés respectivement de l'environnement, de l'industrie et de la consommation rend

(1) Dispositions applicables à compter des dates prévues à l'article 112 de la loi n° 2020-105 du 10 février 2020 : À compter du 1er janvier 2022, il est interdit d'utiliser des huiles minérales sur des emballages et à compter du 1er janvier 2025, il est interdit d'utiliser des huiles minérales pour des impressions à destination du public. Pour les lettres de prospectus publicitaires et de catalogues non sollicités visant à faire de la promotion commerciale, cette interdiction s'applique à compter du 1er janvier 202, D. n° 2020-1725, 29 déc. 2020. – NDLR.

publique la liste des catégories d'emballages qui, en vertu d'une décision des autorités de l'Union européenne, ne sont pas soumis aux obligations mentionnées aux articles R. 543-45 et D. 543-45-1.

Art. R. 543-47. – Sont réputés satisfaire aux dispositions des articles R. 543-44 et R. 543-45 les emballages conformes aux normes européennes harmonisées dont les références ont été publiées au *Journal officiel* de la République française ou, à défaut, aux normes françaises ou d'un autre État membre de la Communauté européenne, reconnues par la Commission des Communautés européennes, dont les références ont été publiées au *Journal officiel* de la République française.

Art. R. 543-48. – Le fabricant de l'emballage ou son mandataire établi dans un État membre de la Communauté européenne ou dans un autre État partie à l'accord instituant l'Espace économique européen assure et déclare, suivant la procédure interne de contrôle de la fabrication décrite ci-dessous, que l'emballage qu'il met sur le marché satisfait aux dispositions des articles R. 543-44 et R. 543-45.

Lorsque ni le fabricant ni son mandataire ne sont établis dans un État membre de la Communauté européenne ou dans un autre État partie à l'accord instituant l'Espace économique européen, ces obligations incombent à la personne responsable de la mise sur le marché de l'emballage.

Notion de fabricant d'emballage et de fabricant de matériaux d'emballage. Le fabricant d'emballages n'est pas nécessairement celui qui associe ou fait mettre en rapport des marchandises avec le produit destiné à l'emballage. Le fabricant de sacs en plastique à poignées remis aux clients gratuitement ou à titre onéreux dans des magasins doit être considéré comme un fabricant d'emballages (■ CJCE, 16 févr. 2006, aff. C-26/05, *Plato Plastik Robert Frank GmbH*).

Art. R. 543-49 *(Mod. à compter du 1er janvier 2021, D. n° 2020-1725, 29 déc. 2020)*. – Le fabricant de l'emballage ou son mandataire ou la personne responsable de la mise sur le marché d'un emballage communique à leur demande aux agents chargés du contrôle un dossier comportant :

1° Une déclaration écrite attestant de la conformité de l'emballage aux exigences définies aux articles R. 543-44, R. 543-45 et D. 543-45-1 ;

2° ne documentation technique relative à la conception et à la fabrication de l'emballage ou du type d'emballage, contenant les éléments nécessaires à l'évaluation de la conformité de cet emballage aux exigences mentionnées aux articles R. 543-44, R. 543-45 et D. 543-45-1 tels que :

a) Une description générale de l'emballage et de sa composition (matériaux, en particulier, métaux lourds mentionnés à l'article R. 543-45) ;

b) Des dessins de conception et de fabrication ainsi que les descriptions et explications nécessaires à la compréhension de ces dessins ;

c) La liste des normes mentionnées à l'article R. 543-47, appliquées entièrement ou en partie, et les résultats des calculs de conception et des contrôles effectués dans le cadre de ces normes ;

d) Lorsque ces normes n'ont pas été appliquées ou en l'absence de normes, une description des solutions adoptées pour satisfaire aux exigences mentionnées ci-dessus et les résultats des calculs de conception et des contrôles effectués ;

e) Les résultats des mesures effectuées afin de vérifier que les niveaux de concentration de métaux lourds mentionnés à l'article R. 543-45 ne sont pas dépassés.

Art. R. 543-50. – En cas de contrôle effectué au cours des deux années civiles suivant l'année de la première mise sur le marché, le fabricant de l'emballage ou son mandataire ou, à défaut, la personne responsable de la mise sur le marché doit être en mesure de présenter cette déclaration de conformité et la documentation technique qui l'accompagne, dans les quinze jours, aux agents qui en sont chargés.

Art. R. 543-51. – Le responsable de la mise sur le marché d'un emballage plein, s'il n'est pas le fabricant de l'emballage, doit être en mesure, en cas de contrôle et dans les mêmes conditions que ci-dessus, de présenter une déclaration écrite de la conformité des emballages utilisés du lieu de conditionnement au lieu de vente au consommateur final.

Art. R. 543-52 *(Rempl. à compter du 1er janvier 2021, D. n° 2020-1725, 29 déc. 2020)*. – Un arrêté conjoint des ministres chargés respectivement de l'environnement et de l'industrie précise les conditions dans lesquelles les fabricants d'emballages ou les utilisateurs d'emballages, responsables de leur mise sur le marché, doivent fournir les informations permettant d'établir les tableaux statistiques communiqués annuellement à la Commission européenne, en application de l'article 12 de la directive 94/62/CE du Parlement européen et du Conseil du 20 décembre 1994 relative aux emballages et aux déchets d'emballages.

Sous-section 2. – Déchets d'emballages ménagers

(Rempl., D. n° 2023-162, 7 mars 2023) (1)

Art. R. 543-53 *(Rempl., D. n° 2023-162, 7 mars 2023).* – Les dispositions de la présente sous-section s'appliquent à la gestion des déchets d'emballages ménagers, à l'exception des déchets :

1° D'emballages de produits chimiques pouvant présenter un risque significatif pour la santé et l'environnement qui sont régis par la section 14 du présent chapitre ;

2° De bouteilles rechargeables de gaz destinées à un usage non professionnel qui sont régis par la section 16 du présent chapitre.

Art. R. 543-54 *(Rempl., D. n° 2023-162, 7 mars 2023).* – On entend par « dispositif harmonisé de règles de tri », la liste des types de déchets d'emballages ménagers faisant l'objet d'une collecte séparée.

Ce dispositif concerne tous les déchets d'emballages ménagers constitués majoritairement de verre, d'acier, d'aluminium, de papier, de carton, de plastique ou de bois, ainsi que leurs bouchons et leurs couvercles, vidés de leur contenu.

Toute personne morale participant à la collecte séparée des déchets d'emballages ménagers, notamment les collectivités territoriales, leurs groupements ou les syndicats mixtes ayant instauré la collecte séparée des déchets d'emballages ménagers et les éco-organismes agréés, met en œuvre le dispositif harmonisé de règles de tri, au plus tard le 31 décembre 2022.

Art. R. 543-55 *(Rempl., D. n° 2023-162, 7 mars 2023).* – I. – Les producteurs d'emballages ménagers et mixtes alimentaires qui ont transféré leurs obligations, en application du 1° de l'article L. 541-10-1, à un éco-organisme agréé pour les déchets d'emballages ménagers lui versent une contribution financière.

II. – Les cahiers des charges pris en application du II de l'article L. 541-10 pour les filières mentionnées aux 1° et 2° de l'article L. 541-10-1 précisent les conditions d'application du I et :

1° La part des coûts du service public de gestion des déchets incombant à l'éco-organisme, fixée de manière à permettre aux collectivités territoriales concernées de céder les déchets d'emballages triés par filière de matériaux aux opérateurs de gestion avec une marge financière nulle ou positive ;

2° La part des coûts, incombant à l'éco-organisme, de gestion des déchets d'emballages ménagers issus de la consommation hors foyer collectés par le service public de gestion des déchets, les services propreté des collectivités territoriales et des gestionnaires d'espaces accueillant du public ;

3° Les modalités selon lesquelles les coûts supportés par les éco-organismes agréés au titre du paragraphe 2 de la sous-section 3 de la présente section correspondant à la gestion des déchets d'emballages mixtes alimentaires collectés auprès des professionnels ayant une activité de restauration sont pris en charge par les éco-organismes agréés pour les déchets d'emballages ménagers. Ces coûts sont déterminés en fonction de la proportion des déchets d'emballages mixtes alimentaires parmi les déchets d'emballages collectés auprès des professionnels ayant une activité de restauration et de la caractérisation de ces déchets mixtes.

Ils peuvent mentionner les prescriptions techniques auxquelles doivent satisfaire, pour chaque filière de matériaux, les déchets d'emballages lorsque l'éco-organisme agréé conclut, pour la gestion de ces déchets, des accords avec les fabricants d'emballages ou de matériaux d'emballage.

Art. R. 543-56 *(Rempl., D. n° 2023-162, 7 mars 2023).* – Les opérateurs d'installations qui effectuent des opérations de tri sur des déchets d'emballages ménagers sont tenus de communiquer à l'Agence de l'environnement et de la maîtrise de l'énergie les données statistiques relatives aux quantités entrantes et sortantes traitées chaque année par catégories.

(1) Antérieurement à son remplacement par le décret n° 2023-162 du 7 mars 2023, la présente sous-section comprenait les articles R. 543-53 à R. 543-65. – NDLR.

Sous-section 3. – Déchets d'emballages dont les détenteurs finaux ne sont pas les ménages

(Rempl., D. n° 2023-162, 7 mars 2023) (1)

§ 1. – Dispositions générales

Art. R. 543-57 *(Abr. à compter du 1er janvier 2021, D. n° 2020-1725, 29 déc. 2020 ; rétabli, D. n° 2023-162, 7 mars 2023).* – Les dispositions de la présente sous-section s'appliquent à la gestion des déchets d'emballages dont les détenteurs finaux ne sont pas des ménages.

Elles ne dispensent pas de l'application de l'article R. 543-54 relatif aux règles de tri pour les déchets résultant d'emballages de produits qui ont été consommés ou utilisés par des ménages.

Elles ne sont pas applicables aux déchets d'emballage de produits soumis aux dispositions du chapitre II du titre VI du livre IV de la quatrième partie de la partie réglementaire du Code du travail.

Art. R. 543-58 *(Abr. à compter du 1er janvier 2021, D. n° 2020-1725, 29 déc. 2020 ; rétabli, D. n° 2023-162, 7 mars 2023).* – I. – Les seuls modes de traitement pour les déchets d'emballage mentionnés au premier alinéa de l'article R. 543-57 sont la préparation en vue de la réutilisation, le recyclage ou toute autre mode de valorisation, y compris la valorisation énergétique.

II. – À cette fin, les détenteurs de déchets d'emballage mentionnés au premier alinéa de l'article R. 543-57 doivent :

1° Soit procéder eux-mêmes à leur valorisation ;

2° Soit les céder par contrat à l'exploitant d'une installation de valorisation ;

3° Soit les céder par contrat à un intermédiaire assurant une activité de collecte, de transport par route, de négoce ou de courtage de déchets, régie par les articles R. 541-49 à R. 541-61, en vue de leur valorisation ;

4° Soit les remettre à un éco-organisme agréé ou à un opérateur de gestion de déchets ayant un contrat avec un éco-organisme agréé pour la gestion des déchets d'emballage de la restauration en application des dispositions du paragraphe 2 de la présente sous-section.

III. – S'ils remettent leurs déchets au service public de gestion des déchets, les professionnels doivent se conformer au dispositif harmonisé de règles de tri mentionné à l'article R. 543-54.

Art. R. 543-59 *(Abr. à compter du 1er janvier 2021, D. n° 2020-1725, 29 déc. 2020 ; rétabli, D. n° 2023-162, 7 mars 2023).* – Les détenteurs de déchets d'emballage mentionnés au premier alinéa de l'article R. 543-57 sont tenus de ne pas les mélanger à d'autres déchets de leurs activités qui ne peuvent pas être valorisés selon la ou les mêmes voies.

S'ils les cèdent à un tiers, ils doivent en assurer le stockage provisoire et la mise à disposition dans des conditions propices à leur valorisation ultérieure.

Art. R. 543-60 *(Abr. à compter du 1er janvier 2021, D. n° 2020-1725, 29 déc. 2020 ; rétabli, D. n° 2023-162, 7 mars 2023).* – Le contrat mentionné aux 2° et 3° du II de l'article R. 543-58 mentionne, notamment, la nature et les quantités des déchets d'emballage pris en charge.

Art. R. 543-61 *(Abr. à compter du 1er janvier 2021, D. n° 2020-1725, 29 déc. 2020 ; rétabli, D. n° 2023-162, 7 mars 2023).* – La valorisation des déchets d'emballage mentionnés au premier alinéa de l'article R. 543-57 s'effectue dans des installations inscrites à la nomenclature prévue à l'article L. 511-2 du présent code.

Ces déchets peuvent être traités dans toute autre installation autorisée à cet effet dans un autre État membre de l'Union européenne ou dans un autre État, dès lors que le transfert de ces déchets hors du territoire national est réalisé conformément aux dispositions du règlement (CE) n° 1013/2006 du Parlement européen et du Conseil du 14 juin 2006 concernant les transferts de déchets.

Art. R. 543-62 *(Abr. à compter du 1er janvier 2021, D. n° 2020-1725, 29 déc. 2020 ; rétabli, D. n° 2023-162, 7 mars 2023).* – Les détenteurs des déchets d'emballage mentionnés au premier alinéa de

(1) Antérieurement à son remplacement par le décret n° 2023-162 du 7 mars 2023, la présente sous-section comprenait les articles R. 543-66 à R. 543-72. – NDLR.

l'article R. 543-57, notamment les exploitants d'installations de valorisation et les personnes qui exercent des activités de collecte, transport, négoce, courtage, tiennent à la disposition des agents de l'État mentionnés à l'article L. 541-44 toutes informations sur la gestion des déchets d'emballage qu'ils produisent ou détiennent.

Ces informations précisent, notamment, la nature et les quantités des déchets d'emballage gérés, les modalités de cette gestion et, pour les déchets qui ont été remis à des tiers, les dates correspondantes, l'identité de ces derniers ainsi que les termes du contrat passé conformément à l'article R. 543-60.

§ 2. – Déchets d'emballages de la restauration

Art. R. 543-63 *(Abr. à compter du 1er janvier 2021, D. n° 2020-1725, 29 déc. 2020 ; rétabli, D. n° 2023-162, 7 mars 2023)*. – I. – Les producteurs d'emballages de la restauration qui ont transféré leurs obligations en application du 2° de l'article L. 541-10-1, à un éco-organisme agréé pour les déchets d'emballages de la restauration lui versent une contribution financière.

II. – Tout éco-organisme agréé pour les déchets d'emballages de la restauration pourvoit, auprès des professionnels ayant une activité de restauration, à la gestion de leurs déchets d'emballages de la restauration et d'emballages mixtes alimentaires, et, le cas échéant, couvre les coûts des personnes qui assurent la reprise sans frais de ces mêmes déchets.

Art. R. 543-64 *(Abr., D. n° 2016-1890, 27 déc. 2016 ; rétabli, D. n° 2023-162, 7 mars 2023)*. – Lorsqu'il pourvoit à la gestion, l'éco-organisme assure auprès des professionnels ayant une activité de restauration la reprise sans frais de leurs déchets d'emballages de la restauration et d'emballages mixtes alimentaires dans les conditions suivantes :

1° Afin de bénéficier de la reprise sans frais par un éco-organisme, le professionnel de la restauration justifie auprès de celui-ci l'absence de prise en charge de ses déchets d'emballages par les collectivités territoriales mentionnées à l'article L. 2224-13 du Code général des collectivités territoriales.

Lorsque le volume hebdomadaire moyen de ses déchets d'emballages collectés est supérieur à 1 100 litres, le professionnel de la restauration doit les avoir triés à la source dans les conditions définies au premier alinéa de l'article D. 543-281.

Lorsque le volume hebdomadaire moyen de déchets d'emballages collectés auprès d'un professionnel de la restauration est inférieur ou égal à 1 100 litres, la collecte peut être conjointe quels que soient les matériaux, à l'exception des déchets d'emballages en verre qui font l'objet d'une collecte distincte ;

2° L'éco-organisme passe des marchés dans les conditions prévues aux I et II de l'article L. 541-10-6 ;

3° Le cahier des charges pris en application du II de l'article L. 541-10 précise les modalités d'application du présent article, notamment les conditions de déploiement progressif du service de reprise sans frais des déchets pour que l'ensemble du territoire soit couvert dans un délai de trois ans à compter de la date du premier agrément délivré sur la base de ses dispositions.

Art. R. 543-65 *(Rempl., D. n° 2023-162, 7 mars 2023)*. – Lorsqu'il couvre les coûts liés à la reprise par un opérateur de gestion des déchets d'emballages de la restauration et d'emballages mixtes alimentaires des professionnels ayant une activité de restauration, l'éco-organisme établit un contrat type conformément à l'article R. 541-104.

Art. R. 543-66 *(Rempl., D. n° 2023-162, 7 mars 2023)*. – Pour les emballages de la restauration et les emballages mixtes alimentaires collectés auprès des professionnels ayant une activité de restauration qui sont destinés au réemploi, l'éco-organisme couvre les coûts des personnes qui assurent la reprise sans frais de ces emballages et, le cas échéant, pourvoit à la gestion de ces emballages.

Lorsqu'il couvre les coûts, l'éco-organisme établit un contrat type, dans les conditions prévues à l'article R. 541-104, qui précise notamment les modalités de couverture de ces coûts. Le cahier des charges pris en application du II de l'article L. 541-10 précise les critères d'éligibilité et la nature des dépenses prises en charges par l'éco-organisme.

Lorsqu'il pourvoit à la gestion des emballages, l'éco-organisme passe des marchés dans les conditions fixées au I et au II de l'article L. 541-10-6 du Code de l'environnement.

Art. R. 543-67 *(Implicitement abr., D. n° 2023-162, 7 mars 2023)*.

Rédaction antérieure. Art. R. 543-67. – I *(Rempl. à compter du 12 juillet 2011, D. n° 2011-828, 11 juill. 2011).* – Les seuls modes de traitement pour les déchets d'emballage mentionnés à l'article R. 543-66 sont la préparation en vue de la réutilisation, le recyclage ou toute autre mode de valorisation, y compris la valorisation énergétique.

II. – À cette fin, les détenteurs de déchets d'emballage mentionnés à l'article R. 543-66 doivent :

1° *(Rempl., D. n° 2016-1890, 27 déc. 2016)* Soit procéder eux-mêmes à leur valorisation ;

2° *(Rempl., D. n° 2016-1890, 27 déc. 2016)* Soit les céder à l'exploitant d'une installation de valorisation ;

3° Soit les céder par contrat à un intermédiaire assurant une activité de transport par route, de négoce ou de courtage de déchets, régie par les articles R. 541-49 à R. 541-61.

III. – Ces dispositions ne sont pas applicables aux détenteurs de déchets d'emballage mentionnés au II du présent article qui produisent un volume hebdomadaire de déchets inférieur à 1 100 litres et qui les remettent au service de collecte et de traitement des communes. Les dispositions de l'article R. 543-69 sont applicables à ces détenteurs selon l'organisation du service de collecte.

Élimination des déchets d'emballage. Une commune est fondée à ne pas appliquer aux déchets d'un centre commercial, en grande partie constitués d'emballages, alors même que ces déchets ne seraient pas toxiques ou dangereux, le régime applicable aux déchets des ménages et par conséquent à refuser la mise en place de conteneurs demandés par celui-ci, dès lors que, compte tenu des quantités de déchets à enlever, notamment des quantités de déchets d'emballage, rendant nécessaire pour ces derniers le traitement spécial mentionné par les dispositions du décret du 13 juillet 1994, la collecte et le traitement desdits déchets comporte des sujétions techniques particulières (■ CAA Marseille, 9 sept. 2005, n° 02MA00201, *SCI Le Polygone*).

Art. R. 543-68 *(Rempl. à compter du 1er janvier 2021, D. n° 2020-1725, 29 déc. 2020 ; implicitement abr., D. n° 2023-162, 7 mars 2023).*

Art. R. 543-69 et R. 543-69 *(Implicitement abr., D. n° 2023-162, 7 mars 2023).*

Art. R. 543-71 *(Mod. à compter du 12 juillet 2011, D. n° 2011-828, 11 juill. 2011 ; mod., D. n° 2016-1890, 27 déc. 2016 ; implicitement abr., D. n° 2023-162, 7 mars 2023).*

Art. R. 543-72 *(Mod. à compter du 12 juillet 2011, D. n° 2011-828, 11 juill. 2011 ; mod., D. n° 2016-1890, 27 déc. 2016 ; implicitement abr., D. n° 2023-162, 7 mars 2023).*

Sous-section 4 ancienne. – Limitation des sacs en matières plastiques à usage unique

(Créée à compter du 1er juillet 2016, D. n° 2016-379, 30 mars 2016 ; abr., D. n° 2023-162, 7 mars 2023)

Art. R. 543-72-1 *(Créé à compter du 1er juillet 2016, D. n° 2016-379, 30 mars 2016 ; mod., D. n° 2021-763, 14 juin 2021 ; dénum. et mod., D. n° 2023-162, 7 mars 2023. – V. C. envir., art. R. 541-330-1).*

Art. R. 543-72-2 *(Créé à compter du 1er juillet 2016, D. n° 2016-379, 30 mars 2016 ; dénum. et mod., D. n° 2023-162, 7 mars 2023. – V. C. envir., art. R. 541-334).*

Art. R. 543-72-3 *(Créé à compter du 1er juillet 2016, D. n° 2016-379, 30 mars 2016 ; abr., D. n° 2023-162, 7 mars 2023).*

Sous-section 4. – Dispositions pénales

(Anc. ss-sect. 5 dénum., D. n° 2023-162, 7 mars 2023)

Art. R. 543-73 *(Mod. à compter du 1er janvier 2022, D. n° 2020-1724, 28 déc. 2020).* – **Est puni de l'amende prévue pour les contraventions de la 3e classe le fait :**

1° De mettre sur le marché un emballage non conforme aux exigences mentionnées aux articles R. 543-44 et R. 543-45 ;

2° De ne pas présenter la déclaration de conformité ou la documentation technique mentionnées à l'article R. 543-49 dans les délais et conditions prévus aux articles R. 543-50 et R. 543-51 ;

3° De mettre sur le marché un emballage sans présenter la déclaration écrite de conformité dans les conditions prévus aux articles R. 543-50 et R. 543-51.

4° D'apposer une étiquette directement sur un fruit ou un légume, à l'exception de celles qui sont compostables en compostage domestique et constituées de tout ou partie de matières biosourcées, en

méconnaissant ainsi l'article 80 de la loi n° 2020-105 du 10 février 2020 relative à la lutte contre le gaspillage et à l'économie circulaire.

Constitutionnalité de l'interdiction d'apposer une étiquette non compostable en compostage domestique sur un fruit ou un légume et de ses modalités de sanction. Cette interdiction poursuit l'objectif à valeur constitutionnelle de protection de l'environnement et ne méconnaît ni le principe de liberté d'entreprendre ni le principe d'égalité devant la loi. Le pouvoir réglementaire pouvait, sans méconnaître le principe de légalité des délits et des peines, sanctionner d'une contravention le manquement à cette interdiction (■ Cons. const., 16 juin 2023, n° 2023-1055 QPC).

Art. R. 543-74. – **Est puni de l'amende prévue pour les contraventions de la 5e classe :**

1° Le fait de mélanger des déchets d'emballage avec d'autres déchets de son activité, qui ne puissent être valorisés selon la ou les mêmes voies, et de les rendre ainsi impropres à toute valorisation ;

2° Le fait de céder ou de prendre en charge des déchets d'emballage sans passer le contrat prévu à l'article R. 543-67.

Section V. – Fluides frigorigènes utilisés dans les équipements thermodynamiques (1)

(Intitulé mod., D. n° 2015-1790, 28 déc. 2015)

Voir : A. 20 déc. 2007, modifié relatif à la déclaration annuelle des organismes agréés, des distributeurs de fluides frigorigènes et des producteurs de fluides frigorigènes et d'équipements contenant des fluides frigorigènes (*JO* 17 janv. 2008, n° 14). Texte modifié par l'arrêté du 10 mars 2008 (*JO* 18 avr. 2008, n° 92).

A. modifié du 30 juin 2008, relatif à la délivrance des attestations de capacité aux opérateurs prévues à l'article R. 543-99 du Code de l'environnement (*JO* 18 juill. 2008, n° 166).

Avis du 9 août 2008 relatif aux organismes agréés par les ministres en charge de l'environnement et de l'industrie dans le cadre du dispositif de contrôle des émissions de fluides frigorigènes à base de CFC, HCFC ou HFC (*JO* 9 août 2008, n° 185).

A. modifié du 13 octobre 2008, relatif à la délivrance des attestations d'aptitude prévues à l'article R. 543-106 du Code de l'environnement (*JO* 25 nov. 2008, n° 274).

A. 5 mars 2009, pris pour l'application de l'article 6 du règlement (CE) n° 303/2008 de la Commission du 2 avril 2008 et modifiant l'arrêté du 13 octobre 2008 relatif à la délivrance des attestations d'aptitude prévues à l'article R. 543-106 du Code de l'environnement (*JO* 18 mars 2009, n° 65).

Avis aux organismes agréés par les ministres en charge de l'environnement et de l'industrie en application de l'article R. 543-99 du Code de l'environnement (*JO* 26 oct. 2010).

A. 3 sept. 2010, relatif aux modalités d'application des articles R. 543-75 à R. 543-123 du Code de l'environnement portant sur les fluides frigorigènes pour les activités relevant du secret de la défense nationale (*JO* 15 sept. 2010).

A. 28 nov. 2011, modifiant les arrêtés pris en application des articles R. 543-98, R. 543-99, R. 543-105 et R. 543-106 du Code de l'environnement relatifs aux fluides frigorigènes utilisés dans les équipements frigorifiques et climatiques.

A. 29 févr. 2016, relatif à certains fluides frigorigènes et aux gaz à effet de serre fluorés.

Art. R. 543-75 *(Mod., D. n° 2011-396, 13 avr. 2011)*. – **La présente section réglemente les conditions de mise sur le marché, d'utilisation, de récupération et de destruction des substances suivantes, qu'elles se présentent isolément ou dans un mélange, qu'elles soient vierges, récupérées, recyclées ou régénérées, et lorsqu'elles sont utilisées ou destinées à être utilisées en tant que fluide frigorigène dans des** ***(Mots rempl., D. n° 2015-1790, 28 déc. 2015)*** **« équipements thermodynamiques dont les équipements frigorifiques et climatiques » :**

1. Catégorie des chlorofluorocarbures (CFC) :

(exemple : CFCl3 = CFC-11, CF2Cl2 = CFC-12, C2F3Cl3 = CFC-113, C2F4Cl2 = CFC-114, C2F5Cl = CFC-115...)

2. Catégorie des hydrochlorofluorocarbures (HCFC) :

(exemple : CHF2Cl = HCFC-22, C2HF3Cl2 = HCFC-123, C2HF4Cl = HCFC-124...)

3. ***(Mots rempl., D. n° 2015-1790, 28 déc. 2015)*** **« Catégorie des hydrofluorocarbures (HFC), à l'exception des hydrofluorooléfines (HFO) » :**

(exemple : CH2FCF3 = HFC-134a, CH2F2 = HFC-32, CHF2CF3 = HFC-125, CHF3 = HFC-23, CH3CHF2 = HFC-152a...)

4. Catégorie des perfluorocarbones (PFC) (exemple : CF4 = PFC-14, C2 F6 = PFC-116...).

(1) V. Min. industrie, avis : *JO* 17 avr. 2009 (et, sur sa légalité, CE, 23 déc. 2011, n° 332738, *Sté Star Light*). – NDLR.

La présente section ne s'applique pas :
– aux navires battant pavillon d'un État tiers à l'Union européenne ;
– aux navires battant pavillon d'un État membre de l'Union européenne en dehors des ports français et des eaux intérieures maritimes et territoriales françaises.

Sous-section 1. – Dispositions générales

Art. R. 543-76 *(Mod., D. n° 2011-396, 13 avr. 2011 ; D. n° 2015-1790, 28 déc. 2015)*. – Pour l'application de la présente section, sont considérés comme :

1° « Équipements » les systèmes de réfrigération, de climatisation, y compris les pompes à chaleur, les systèmes thermodynamiques, notamment les cycles organiques de Rankine au sens de l'article 2 du règlement (UE) n° 517/2014 du Parlement européen et du Conseil du 16 avril 2014 relatif aux gaz à effets de serre fluorés et abrogeant le règlement (CE) n° 842/2006, les systèmes de climatisation des véhicules, contenant des fluides frigorigènes, seuls ou en mélange ;

2° « Détenteurs des équipements » les personnes exerçant un pouvoir réel sur le fonctionnement technique des équipements mentionnés à l'alinéa précédent, qu'elles en soient ou non propriétaires ;

3° « Producteurs de fluides frigorigènes » non seulement les personnes qui produisent des fluides frigorigènes mais également celles qui importent ou introduisent sur le territoire national ces fluides à titre professionnel ;

4° « Producteurs d'équipements » non seulement les personnes qui produisent des équipements préchargés contenant des fluides frigorigènes mais également celles qui importent ou introduisent sur le territoire national ces équipements préchargés à titre professionnel ;

5° [«] Distributeurs de fluides frigorigènes [»]. Les personnes qui cèdent à titre onéreux ou gratuit, dans le cadre d'une activité professionnelle, des fluides frigorigènes à un opérateur, à d'autres distributeurs ou aux personnes produisant, dans des installations relevant des dispositions du titre Ier du présent livre, des équipements préchargés contenant de tels fluides ;

Ne sont pas considérés comme distributeurs les opérateurs qui procèdent à la récupération des fluides et les cèdent à des distributeurs pour qu'ils les mettent en conformité avec leurs spécifications d'origine ou pour qu'ils les détruisent.

6° « Opérateurs » les entreprises et les organismes qui procèdent à titre professionnel à tout ou partie des opérations suivantes :

a) La mise en service d'équipements ;

b) L'entretien et la réparation d'équipements, dès lors que ces opérations nécessitent une intervention sur le circuit contenant des fluides frigorigènes ;

c) Le contrôle de l'étanchéité des équipements ;

d) Le démantèlement des équipements ;

e) La récupération et la charge des fluides frigorigènes dans les équipements ;

f) Toute autre opération réalisée sur des équipements nécessitant la manipulation de fluides frigorigènes.

1° *(Rempl., D. n° 2016-1740, 15 déc. 2016)* « Distributeurs d'équipements », les personnes qui cèdent à titre onéreux ou gratuit, dans le cadre de leur activité professionnelle, des équipements à d'autres distributeurs d'équipement, à des opérateurs ou à d'autres personnes.

Ne sont toutefois pas considérés comme distributeurs d'équipements :

– les opérateurs mentionnés au cinquième alinéa de l'article R. 543-84 qui acquièrent un équipement auprès d'un distributeur d'équipement en vue de sa revente et de son installation par eux-mêmes chez un utilisateur final ;

– les personnes qui, dans le cadre de leur activité professionnelle, acquièrent un équipement auprès d'un distributeur d'équipement en vue de le faire installer pour leur compte par un opérateur mentionné au cinquième alinéa de l'article R. 543-84.

Les organismes de formation et les concepteurs d'équipements sont aussi considérés comme des opérateurs dès lors que leur personnel manipule des fluides frigorigènes.

Les producteurs d'équipements ne sont pas considérés comme des opérateurs dès lors qu'ils ne réalisent pas d'autres opérations nécessitant la manipulation des fluides frigorigènes que la charge initiale de leurs équipements dans des installations relevant des dispositions du titre Ier du présent livre.

Art. R. 543-77 *(Rempl., D. n° 2015-1790, 28 déc. 2015).* – Pour les équipements à circuit hermétiquement scellé, préchargés en fluide frigorigène, dont la mise en service consiste exclusivement en un raccordement à des réseaux électrique, hydraulique ou aéraulique, les mentions prévues à l'article 12, paragraphe 3, du règlement (UE) n° 517/2014 du 16 avril 2014 sont apposées par les producteurs de ces équipements avant leur mise sur le marché. Pour tous les autres équipements, l'indication doit être apposée par les opérateurs réalisant la mise en service des équipements.

Les mentions prévues à l'article 12, paragraphe 3, du règlement (UE) n° 517/2014 du 16 avril 2014 sont apposées de façon visible, lisible et indélébile, par les opérateurs sur les équipements déjà en service lors du premier contrôle d'étanchéité effectué au titre de l'article R. 543-79 après le 1er juillet 2016.

Art. R. 543-77-1 *(D. n° 2015-1790, 28 déc. 2015 ; mod., D. n° 2016-1740, 15 déc. 2016).* – Les personnes proposant des équipements à la vente au public informent ce dernier par voie de marquage ou d'affichage des conditions d'assemblage et de mise en service des équipements prévues à l'article R. 543-78. En outre, ce marquage ou cet affichage facilitent l'accès aux coordonnées des opérateurs titulaires de l'attestation de capacité par un renvoi approprié vers la liste de ces opérateurs mentionnée à l'article R. 543-114.

Ces informations sont apposées lisiblement sur l'emballage des équipements ou affichées sur le lieu où ces derniers sont exposés.

Ces informations figurent également dans les documents utilisés à des fins publicitaires.

Sous-section 2. – Prévention des fuites de fluides frigorigènes

Art. R. 543-78 *(Rempl., D. n° 2011-396, 13 avr. 2011 ; D. n° 2015-1790, 28 déc. 2015).* – Tout détenteur d'équipement est tenu de faire procéder à sa charge en fluide frigorigène, à sa mise en service ou à toute autre opération réalisée sur cet équipement qui nécessite une intervention sur le circuit frigorifique par un opérateur disposant de l'attestation de capacité prévue à l'article R. 543-99 ou d'un certificat équivalent délivré dans un des États membres de l'Union européenne et traduit en français.

L'assemblage d'un équipement ou des circuits contenant ou conçus pour contenir des fluides frigorigènes, y compris l'opération au cours de laquelle les conduites de fluides frigorigènes sont connectées pour compléter un circuit frigorifique, est effectué par un opérateur disposant de l'attestation de capacité prévue à l'article R. 543-99 ou d'un certificat équivalent délivré dans un des États membres de l'Union européenne et traduit en français ou par une entreprise certifiée pour les opérations de brasage fort, brasage tendre ou soudure sous réserve que son activité soit encadrée par un opérateur disposant de l'attestation de capacité prévue à l'article R. 543-99 ou d'un certificat équivalent délivré dans un des États membres de l'Union européenne.

Toutefois, le recours à un opérateur n'est pas obligatoire pour la mise en service des équipements à circuit hermétique préchargés en fluide frigorigène, contenant moins de deux kilogrammes de fluide dès lors que leur mise en service consiste exclusivement en un raccordement à des réseaux électrique, hydraulique ou aéraulique.

Le respect des dispositions du présent article est démontré par la remise d'une copie de l'attestation de capacité mentionnée à l'article R. 543-99 ou du certificat équivalent délivré dans un des États membres de l'Union européenne.

Voir : Avis du 17 avril 2009 du ministre de l'Économie destiné aux producteurs et aux distributeurs d'équipements préchargés de climatisation, de réfrigération et de pompes à chaleur et la décision du Conseil d'État n° 332738 du 23 décembre 2011.

Art. R. 543-79 *(Rempl., D. n° 2015-1790, 28 déc. 2015).* – Le détenteur d'un équipement dont la charge en HCFC est supérieure à deux kilogrammes, ou dont la charge en HFC ou PFC est supérieure à cinq tonnes équivalent CO_2 au sens du règlement (UE) n° 517/2014 du 16 avril 2014, fait procéder, lors de la mise en service de cet équipement, à un contrôle d'étanchéité des éléments assurant le confinement du fluide frigorigène par un opérateur disposant de l'attestation de capacité prévue à l'article R. 543-99 ou d'un certificat équivalent délivré dans un des États membres de l'Union européenne et traduit en langue française.

Ce contrôle est ensuite périodiquement renouvelé dans les conditions définies par arrêté du ministre chargé de l'environnement. Il est également renouvelé à chaque fois que des modifications ayant une incidence sur le circuit contenant les fluides frigorigènes sont apportées à l'équipement.

(Mod. à compter du 1er janvier 2025, D. n° 2024-1194, 19 déc. 2024) Si des fuites de fluides frigorigènes sont constatées lors de ce contrôle, l'opérateur responsable du contrôle en dresse le constat par un document qu'il remet au détenteur de l'équipement, lequel prend toutes mesures pour remédier à la fuite qui a été constatée. Pour les équipements contenant plus de trois cents kilogrammes de HCFC ou plus de 500 tonnes équivalent CO_2 de HFC ou PFC, l'opérateur adresse une copie de ce constat au représentant de l'État dans le département ou à l'Autorité de sûreté nucléaire et de radioprotection si ces équipements sont implantés dans le périmètre d'une installation nucléaire de base telle que définie à l'article L. 593-2.

Art. R. 543-79-1 *(D. n° 2015-1790, 28 déc. 2015)*. – À compter du 1er juillet 2016, le contrôle d'étanchéité des équipements est attesté par l'apposition d'une marque de contrôle. Lorsque des fuites sont constatées lors du contrôle d'étanchéité de l'équipement et que leur réparation ne peut être faite immédiatement, il est apposé sur l'équipement une marque dite de défaut d'étanchéité. Ces deux marques et les conditions de leur apposition sont définies par arrêté du ministre chargé de l'environnement.

Art. R. 543-80. – Le détenteur d'un équipement *(Mots rempl., D. n° 2015-1790, 28 déc. 2015)* « dont la charge en HCFC est supérieure à trois kilogrammes, ou dont la charge en HFC ou PFC est supérieure à cinq tonnes équivalent CO_2 au sens du règlement (UE) n° 517/2014 du 16 avril 2014, » conserve pendant au moins cinq ans les documents attestant que les contrôles d'étanchéité ont été réalisés, constatant éventuellement l'existence de fuites et faisant état de ce que les réparations nécessaires ont été réalisées, et les tient à disposition des opérateurs intervenant ultérieurement sur l'équipement et de l'administration.

Art. R. 543-81. – Un arrêté *(Mots rempl., D. n° 2015-1790, 28 déc. 2015)* « du ministre chargé de l'environnement » fixe la périodicité et les conditions des contrôles d'étanchéité des équipements.

Art. R. 543-82 *(Rempl., D. n° 2015-1790, 28 déc. 2015)*. – L'opérateur établit une fiche d'intervention pour chaque opération nécessitant une manipulation des fluides frigorigènes effectuée sur un équipement.

Pour tout équipement dont la charge en HCFC est supérieure à trois kilogrammes ou dont la charge en HFC ou PFC est supérieure à 5 tonnes équivalent CO_2 au sens du règlement (UE) n° 517/2014 du 16 avril 2014, cette fiche est signée conjointement par l'opérateur et par le détenteur de l'équipement qui conserve l'original. L'opérateur et le détenteur de l'équipement conservent un exemplaire de cette fiche pendant au moins cinq ans à compter de la date de signature de la fiche et le tiennent à la disposition des opérateurs intervenant ultérieurement sur l'équipement et de l'administration.

Un arrêté du ministre chargé de l'environnement fixe le contenu et précise les conditions d'élaboration et de détention de la fiche d'intervention mentionnée ci-dessus.

Les dispositions du présent article ne s'appliquent pas aux opérations de récupération de fluides frigorigènes effectuées sur les équipements hors d'usage soumis aux dispositions des articles R. 543-156 à R. 543-165 ou aux dispositions des articles R. 543-179 à R. 543-206.

Art. R. 543-83 *(Rempl., D. n° 2011-396, 13 avr. 2011)*. – Les documents, fiches et registres prévus aux articles R. 543-79 à R. 543-82 peuvent être établis sous forme électronique.

Sous-section 3. – Cession, acquisition, utilisation et récupération des fluides frigorigènes et de leurs emballages

(Intitulé rempl., D. n° 2015-1790, 28 déc. 2015)

Art. R. 543-84 *(Rempl., D. n° 2011-396, 13 avr. 2011 ; mod., D. n° 2015-1790, 28 déc. 2015)*. – Les distributeurs ne peuvent céder à titre onéreux ou gratuit et remettre des fluides frigorigènes qu'à d'autres distributeurs, qu'aux personnes produisant des équipements préchargés contenant de tels fluides dans des installations relevant des dispositions du titre Ier du présent livre, ainsi qu'aux opérateurs disposant de l'attestation de capacité prévue à l'article R. 543-99 ou d'un certificat équivalent délivré dans un des États membres de l'Union européenne et traduit en français.

Lors de la cession, les distributeurs mentionnent sur la facture la part du prix destinée à couvrir d'une part l'obligation de reprise prévue à l'article R. 543-91 et d'autre part les coûts de traitements dans le cas où le distributeur est également le producteur ou lorsqu'un contrat entre producteur et distributeur stipule que le distributeur assume opérationnellement et financièrement l'obligation de traitement prévue à l'article R. 543-95.

Les distributeurs d'équipements ne peuvent céder à titre onéreux ou gratuit des équipements préchargés contenant des fluides frigorigènes et nécessitant pour leur assemblage ou mise en service, en application de l'article R. 543-78, le recours à un opérateur disposant de l'attestation de capacité prévue à l'article R. 543-99 ou d'un certificat équivalent délivré dans un des États membres de l'Union européenne traduit en langue française, qu'aux personnes suivantes :

– les autres distributeurs d'équipements ;

– les opérateurs disposant de l'attestation de capacité prévue à l'article R. 543-99 ou d'un certificat équivalent délivré dans un des États membres de l'Union européenne et traduit en langue française ;

– les personnes justifiant, lors de la cession des équipements, avoir conclu, pour l'assemblage et la mise en service de ces équipements, un contrat auprès d'un opérateur disposant de l'attestation de capacité prévue à l'article R. 543-99 ou d'un certificat équivalent délivré dans un des États membres de l'Union européenne traduit en langue française. Le contenu du contrat est précisé par arrêté du ministre chargé de l'environnement. Ce contrat indique notamment le type d'équipement (climatisation ou pompe à chaleur) et la famille du fluide frigorigène employé.

Art. R. 543-85 *(Rempl., D. n° 2015-1790, 28 déc. 2015)*. – Les distributeurs de fluides frigorigènes et les distributeurs d'équipements tiennent un registre justifiant de la cession des fluides ou des équipements aux personnes mentionnées à l'article R. 543-84.

Le contenu de ce registre, qui peut être établi sous forme électronique, est défini par arrêté du ministre chargé de l'environnement.

Les distributeurs de fluides frigorigènes et les distributeurs d'équipements conservent ce registre pendant une durée de cinq ans.

Art. R. 543-86. – Sont interdites l'importation, la mise sur le marché, la cession à titre onéreux ou gratuit des fluides frigorigènes conditionnés dans des emballages destinés à un usage unique.

Art. R. 543-87 *(Mod., D. n° 2015-1790, 28 déc. 2015 ; mod. à compter du 1er janvier 2025, D. n° 2024-1194, 19 déc. 2024)*. – Toute opération de dégazage dans l'atmosphère d'un fluide frigorigène est interdite, sauf si elle est nécessaire pour assurer la sécurité des personnes. Le détenteur de l'équipement prend toute disposition de nature à éviter le renouvellement de cette opération. Le détenteur de l'équipement porte à la connaissance du représentant de l'État dans le département, ou à l'Autorité de sûreté nucléaire et de radioprotection si l'équipement est situé dans le périmètre d'une installation nucléaire de base telle que définie à l'article L. 593-2, les opérations de dégazage ayant entraîné ponctuellement une émission de plus de 20 kilogrammes de fluides frigorigènes ou ayant entraîné au cours de l'année civile des émissions cumulées supérieures à 100 kilogrammes.

Art. R. 543-88. – Lors de la charge, de la mise en service, de l'entretien ou du contrôle d'étanchéité d'un équipement, s'il est nécessaire de retirer tout ou partie du fluide frigorigène qu'il contient, l'intégralité du fluide ainsi retiré doit être récupérée. Lors du démantèlement d'un équipement, le retrait et la récupération de l'intégralité du fluide frigorigène sont obligatoires.

Art. R. 543-89. – Sous réserve des dispositions de l'article R. 543-90, toute opération de recharge en fluide frigorigène d'équipements présentant des défauts d'étanchéité identifiés est interdite.

Art. R. 543-90. – Afin de détecter les fuites des climatisations automobiles dont la charge en fluide est inférieure à deux kilogrammes et lorsque la configuration de l'équipement rend difficile cette détection, une unique opération de recharge en fluide frigorigène contenant un traceur fluorescent est tolérée. Dans ce cas, la recharge doit être limitée à la moitié de la charge nominale de l'équipement et la totalité du fluide doit être récupérée dès la détection de la fuite.

Art. R. 543-91 *(Rempl., D. n° 2015-1790, 28 déc. 2015)*. – Les distributeurs de fluides frigorigènes mettent à disposition de leurs clients des contenants pour assurer la reprise des déchets de fluides et reprennent sans frais chaque année les fluides frigorigènes qui leur sont rapportés dans ces contenants, dans la limite du tonnage global de fluides frigorigènes qu'ils ont eux-mêmes distribués l'année précédente. Ils reprennent également sans frais les emballages ayant contenu des fluides frigorigènes dans la limite du nombre d'emballages qu'ils ont distribués l'année précédente.

Les distributeurs de fluides frigorigènes sont tenus de reprendre sans frais les fluides frigorigènes non utilisés et non déballés qu'ils ont distribués et qui leur sont rapportés dans leur emballage d'origine.

Les dispositions du présent article ne s'appliquent pas aux déchets de fluides frigorigènes récupérés soit à l'occasion du démantèlement des véhicules opéré dans les conditions prévues par les articles R. 543-153 à R. 543-171, soit dans le cadre du traitement des déchets d'équipements électriques et électroniques préchargés effectuée dans les conditions prévues par les articles R. 543-172 à R. 543-206.

Art. R. 543-92. – Les opérateurs doivent :

1° Soit remettre aux distributeurs les fluides frigorigènes récupérés qui ne peuvent être réintroduits dans les équipements dont ils proviennent ou dont la réutilisation est interdite, ainsi que les emballages ayant contenu des fluides frigorigènes ;

2° Soit faire traiter sous leur responsabilité ces fluides et emballages.

Art. R. 543-93 *(Abr., D. n° 2010-456, 4 mai 2010 ; rétabli dans la version suivante, D. n° 2015-1790, 28 déc. 2015)*. – Toute personne détenant des fluides frigorigènes de la catégorie des CFC, y compris ceux contenus dans des équipements, s'en défait au plus tard le 1er juillet 2016. Ces fluides sont récupérés conformément aux dispositions de la présente section.

Le présent article ne s'applique pas aux CFC contenus dans des équipements à circuit hermétique ne présentant aucun orifice permettant de les recharger en fluide frigorigène.

Art. R. 543-94 *(Mod., D. n° 2007-1869, 26 déc. 2007 ; D. n° 2015-1790, 28 déc. 2015)*. – Les producteurs de fluides frigorigènes et les producteurs d'équipements préchargés, autres que les véhicules soumis aux dispositions des articles R. 543-153 à R. 543-171 et les équipements électriques et électroniques soumis aux dispositions des articles R. 543-172 à R. 543-206, sont tenus de récupérer sans frais chaque année les fluides frigorigènes repris par les distributeurs dans les conditions fixées à l'article R. 543-91. Cette obligation de récupération pèse, sur les producteurs au prorata des quantités globales qu'ils ont déclaré avoir mises sur le marché l'année précédente en application de l'article R. 543-98.

Art. R. 543-95. – À partir du 8 mai 2008, les producteurs de fluides frigorigènes et d'équipements préchargés sont tenus de traiter ou de faire traiter les fluides frigorigènes qu'ils ont récupérés afin de les mettre en conformité avec leurs spécifications d'origine permettant leur réutilisation lorsqu'elle est autorisée. Si une telle mise en conformité est impossible à réaliser ou si la réutilisation du fluide est interdite, les fluides récupérés doivent être détruits.

Art. R. 543-96 *(Mod., D. n° 2015-1790, 28 déc. 2015)*. – La mise en conformité des fluides frigorigènes avec leurs spécifications d'origine ou leur destruction sont effectuées dans des installations relevant des dispositions du titre Ier du présent livre, ou dans toute autre installation de traitement autorisée à cet effet dans un autre État de la Communauté européenne ou dans un pays tiers à la Communauté européenne, dès lors que le transfert transfrontalier des déchets de fluides frigorigènes est conforme aux dispositions du règlement n° 1013/2006 du Parlement européen et du Conseil du 14 juin 2006 concernant les transferts de déchets.

Art. R. 543-97. – Les producteurs de fluides frigorigènes et d'équipements contenant de tels fluides peuvent créer des organismes afin de remplir collectivement les obligations qui leur incombent en matière de reprise et de traitement de ces fluides.

Art. R. 543-98. – *(Rempl., D. n° 2011-396, 13 avr. 2011)* Les distributeurs, les producteurs d'équipements préchargés et les producteurs de fluides frigorigènes sont tenus de transmettre chaque année à l'Agence de l'environnement et de la maîtrise de l'énergie les données relatives aux quantités de fluides frigorigènes mises sur le marché, stockées, reprises ou retraitées le cas échéant.

Un arrêté *(Mots rempl., D. n° 2015-1790, 28 déc. 2015)* « du ministre chargé de l'environnement » fixe la nature et les modalités de transmission de ces informations.

Sous-section 4. – Dispositions relatives aux opérateurs

Voir : Avis relatif aux organismes agréés par les ministres en charge de l'environnement et de l'industrie en application de l'article R. 543-99 du Code de l'environnement (*JO* 25 janv. 2014).

Art. R. 543-99. – Les opérateurs mentionnés à l'article R. 543-76 doivent obtenir une attestation de capacité délivrée par un organisme agréé à cette fin dans les conditions prévues aux articles R. 543-108 à R. 543-112. Dans le cas où un opérateur possède plusieurs établissements, une attestation de capacité doit être obtenue pour chaque établissement.

L'attestation de capacité est délivrée pour une durée maximale de cinq ans après vérification par l'organisme agréé que l'opérateur remplit les conditions de capacité professionnelle prévue à l'article R. 543-106 et possède les outillages appropriés. Elle précise les types d'équipements sur lesquels l'opérateur peut intervenir ainsi que les types d'activités qu'il peut exercer.

Voir : Avis aux organismes agréés par les ministres en charge de l'environnement et de l'industrie en application de l'article R. 543-99 du Code de l'environnement (*JO* 12 juill. 2013).

Art. R. 543-100 *(Rempl., D. n° 2011-396, 13 avr. 2011).* – Les opérateurs adressent chaque année à l'organisme qui leur a délivré l'attestation de capacité une déclaration se rapportant à l'année civile précédente et mentionnant, pour chaque fluide frigorigène, les quantités :

1° Acquises ;

2° Chargées ;

3° Récupérées ;

4° Cédées.

Cette déclaration mentionne également l'état des stocks au 1er janvier et au 31 décembre de l'année civile précédente

Art. R. 543-101. – Si ces informations ne sont pas transmises à l'échéance prescrite ci-dessus, l'organisme agréé peut, après que l'opérateur a été amené à présenter ses observations, suspendre l'attestation de capacité jusqu'à la transmission de la déclaration.

Art. R. 543-102. – Après obtention de l'attestation de capacité et pendant toute la durée de sa validité, l'opérateur informe, dans le délai d'un mois, l'organisme qui a émis cette attestation de tout changement susceptible de modifier le respect des conditions de capacité professionnelle et des conditions de détention des outillages appropriés.

Art. R. 543-103. – L'organisme agréé peut vérifier à tout moment la présence et le bon état de fonctionnement des outillages dont l'opérateur doit disposer.

Art. R. 543-104. – L'organisme agréé peut retirer à l'opérateur l'attestation de capacité soit lorsqu'il ne remplit plus les conditions au vu desquelles l'attestation a été délivrée, soit lorsqu'il est intervenu sur des équipements ou a réalisé des opérations en dehors des cas prévus par ladite attestation. Le retrait de l'attestation ne peut intervenir qu'après que l'opérateur a été mis à même de présenter ses observations.

Art. R. 543-105. – Un arrêté *(Mots rempl., D. n° 2015-1790, 28 déc. 2015)* « du ministre chargé de l'environnement » établit la liste des types d'activités que les opérateurs peuvent effectuer. Il définit également le modèle de l'attestation de capacité, le contenu de la demande d'attestation, les modalités de sa délivrance ainsi que les modalités selon lesquelles elle peut être suspendue ou retirée. Il fixe enfin les conditions relatives à la détention et aux caractéristiques des outillages nécessaires en fonction des types d'activités et des types d'équipements sur lesquels sont réalisées les opérations.

Art. R. 543-106 *(Mod. à compter du 5 juillet 2011, D. n° 2011-396, 13 avr. 2011 ; mod., D. n° 2015-1790, 28 déc. 2015).* – L'opérateur satisfait aux conditions de capacité professionnelle lorsque les personnes qui procèdent sous sa responsabilité aux opérations décrites à l'article R. 543-76 sont titulaires :

1° Soit d'une attestation d'aptitude, correspondant aux types d'activités exercées et aux types d'équipements utilisés, délivrée par un organisme certifié ;

2° Soit d'un certificat équivalant à l'attestation d'aptitude mentionnée au 1°, délivrée dans un État membre de l'Union européenne et correspondant aux types d'activités exercées et aux types d'équipements utilisés ;

Art. R. 543-107. – Les compétences professionnelles correspondant aux types d'activités exercées et aux types d'équipements utilisés sont décrites dans des référentiels faisant l'objet d'un arrêté *(Mots rempl., D. n° 2015-1790, 28 déc. 2015)* « du ministre chargé de l'environnement ». Cet arrêté précise également les conditions de délivrance de l'attestation d'aptitude mentionnée à l'article R. 543-106.

Sous-section 5. – Dispositions relatives aux organismes agréés

Art. R. 543-108 *(Rempl., D. n° 2015-1790, 28 déc. 2015)*. – L'agrément des organismes chargés de délivrer aux opérateurs une attestation de capacité est accordé pour une durée maximale de cinq ans par le ministre chargé de l'environnement.

À compter du 1er janvier 2018, la délivrance et le maintien de cet agrément sont subordonnés à l'accréditation, délivrée par le Comité français d'accréditation (COFRAC) ou par tout autre organisme d'accréditation signataire de l'accord de reconnaissance multilatéral établi par la coordination européenne des organismes d'accréditation (European Cooperation for Accreditation, EA) pour la délivrance des attestations de capacité, au titre de la norme prévue par un arrêté du ministre chargé de l'environnement.

Art. R. 543-109. – La décision d'agrément définit les missions pour lesquelles l'organisme est agréé et la durée de l'agrément. À cet agrément est joint un cahier des charges qui mentionne :

1° Les attestations de capacité pouvant être délivrées en fonction du type d'équipements sur lesquels interviennent les opérateurs et du type d'activités de ces opérateurs ;

2° Les procédures de délivrance, de suspension ou de retrait des attestations de capacité ;

3° Les moyens à mettre en œuvre pour procéder à la vérification des opérateurs prévue à l'article R. 543-104

Art. R. 543-110. – La délivrance de l'agrément peut être subordonnée au respect de certaines obligations à la charge de ces organismes telles qu'une couverture minimale du territoire national.

Art. R. 543-111. – Le renouvellement de l'agrément peut être subordonné à la réalisation d'un volume minimal d'activités pendant la période d'agrément précédente.

Art. R. 543-112. – Un arrêté *(Mots rempl., D. n° 2015-1790, 28 déc. 2015)* « du ministre chargé de l'environnement » précise les conditions dans lesquelles l'agrément est délivré, et notamment les critères que doit respecter l'organisme agréé ainsi que les conditions du retrait de cet agrément.

Art. R. 543-113. – À la demande d'un opérateur, l'organisme qui lui a délivré une attestation de capacité communique à tout autre organisme agréé les informations qu'il détient se rapportant à cet opérateur.

Art. R. 543-114 *(Rempl., D. n° 2011-396, 13 avr. 2011)*. – Les organismes agréés tiennent à la disposition de l'Agence de l'environnement et de la maîtrise de l'énergie, du public et des distributeurs une liste à jour des opérateurs titulaires d'une attestation de capacité.

Art. R. 543-115. – Les organismes agréés adressent chaque année à l'Agence de l'environnement et de la maîtrise de l'énergie les données relatives aux quantités de fluides frigorigènes acquises, cédées et stockées par l'ensemble des opérateurs auxquels ils ont délivré une attestation de capacité. Ils y joignent une liste des opérateurs auxquels ils ont suspendu ou retiré l'attestation de capacité ainsi que les motifs de la suspension et du retrait.

Art. R. 543-116. – L'arrêté mentionné à l'article R. 543-98 fixe également la nature et les modalités de transmission des informations mentionnées aux articles R. 543-113 à R. 543-115.

Sous-section 6. – Dispositions diverses

(Anc. ss-sect. 5 dénum., D. n° 2011-396, 13 avr. 2011)

Art. R. 543-117. – Les entreprises enregistrées conformément aux articles 4, 5 et 6 du décret n° 92-1271 du 7 décembre 1992 abrogé dans les conditions prévues à l'article 20 du décret n° 2007-737 du 7 mai 2007 relatif à certains fluides frigorigènes utilisés dans les équipements frigorifiques et climatiques sont réputées répondre aux dispositions des articles R. 543-99 à R. 543-105 pour la durée de validité du certificat d'inscription qui leur a été délivré et au plus tard jusqu'au 4 juillet 2009.

Dans l'hypothèse où la durée du certificat d'inscription expire avant le 4 juillet 2008, ce certificat est automatiquement prorogé jusqu'à cette date.

Art. R. 543-118. – Les opérateurs qui, au 8 mai 2007, interviennent exclusivement sur des équipements dont la charge en fluide est inférieure ou égale à deux kilogrammes disposent d'un délai expirant le 4 juillet 2009 pour obtenir l'attestation de capacité prévue à l'article R. 543-99.

Art. R. 543-119. – Un enregistrement auprès d'un organisme agréé conformément aux articles R. 543-108 à R. 543-112, assorti d'un engagement sur l'honneur de respecter *(Mots rempl., D. n° 2011-396, 13 avr. 2011)* « les obligations des articles R. 543-86 à R. 543-90 » et R. 543-92 à R. 543-93 et de continuer à n'intervenir que sur des équipements dont la charge en fluide est inférieure ou égale à deux kilogrammes, vaut attestation de capacité jusqu'à expiration de ce délai.

Art. R. 543-120. – Les opérateurs enregistrés devront, en outre, tant qu'ils n'ont pas obtenu l'attestation de capacité prévue à l'article R. 543-99, transmettre chaque année avant le 31 janvier aux organismes qui les ont enregistrés une déclaration précisant, pour chaque fluide frigorigène, les quantités achetées, les quantités chargées dans des équipements, les quantités récupérées au cours de l'année civile, en distinguant celles destinées respectivement à être traitées ou être réutilisées, et l'état des stocks au 1er janvier et au 31 décembre de l'année civile en cours.

Art. R. 543-121 *(Mod., D. n° 2015-1790, 28 déc. 2015 ; D. n° 2020-133, 18 févr. 2020).* – Les modalités d'application de la présente section aux activités soumises à des règles de protection du secret de la défense nationale font l'objet d'un arrêté conjoint des ministres chargés de la défense et de l'environnement.

Sous-section 7. – Dispositions pénales

(Anc. ss-sect. 6 dénum., D. n° 2011-396, 13 avr. 2011)

Art. R. 543-122. – Est puni de l'amende prévue pour les contraventions de la 3e classe le fait :

1° *(Rempl., D. n° 2011-396, 13 avr. 2011)* Pour un détenteur, lorsque les opérations d'entretien ou de réparation nécessitent une intervention quelconque sur le circuit frigorifique, de faire charger, mettre en service, entretenir ou réparer un équipement sans recourir à un opérateur titulaire d'une attestation de capacité prévue à l'article R. 543-99 ou d'un certificat équivalent délivré dans un des États membres de l'Union européenne et traduit en français, contrairement aux dispositions de l'article R. 543-78 ;

2° *(Abr., D. n° 2011-396, 13 avr. 2011).*

3° Pour un opérateur :

a) De ne pas établir de fiche d'intervention, contrairement aux dispositions des articles R. 543-82 et R. 543-83 ;

b) *(Rempl., D. n° 2011-396, 13 avr. 2011)* D'acquérir à titre onéreux ou gratuit des fluides frigorigènes sans être titulaire de l'attestation de capacité prévue à l'article R. 543-99, ni d'un certificat équivalent délivré dans un des États membres de l'Union européenne et traduit en français, contrairement aux dispositions de l'article R. 543-84 ;

c) De ne pas adresser à l'organisme agréé les informations prévues à l'article R. 543-100 ;

d) De ne pas informer l'organisme agréé de tout changement susceptible de modifier le respect des conditions de capacité professionnelle ou les conditions de détention de l'outillage approprié, contrairement aux dispositions de l'article R. 543-102 ;

e) De ne pas transmettre à l'organisme agréé auprès duquel il a été enregistré les informations mentionnées au dernier alinéa de l'article R. 543-120.

4° Pour un producteur de fluides frigorigènes ou d'équipement, un distributeur ou un organisme agréé, de ne pas respecter leurs obligations d'information, contrairement aux dispositions des articles R. 543-98 et R. 543-113 à R. 543-116.

Art. R. 543-123 *(Mod., D. n° 2011-396, 13 avr. 2011 ; D. n° 2015-1790, 28 déc. 2015)*. – I. – Est puni de l'amende prévue pour les contraventions de la 5e classe le fait :

1° Pour les détenteurs d'équipements, de ne pas faire contrôler l'étanchéité des équipements pour lesquels ce contrôle est obligatoire et de ne pas prendre toutes mesures pour mettre fin aux fuites constatées, en méconnaissance de l'article R. 543-79 ;

2° Pour tout producteur ou distributeur, d'importer, de mettre sur le marché ou de céder à titre onéreux ou gratuit des fluides frigorigènes conditionnés dans des emballages destinés à un usage unique, en méconnaissance de l'article R. 543-86 ;

3° Pour un opérateur ou un détenteur, de procéder à toute opération de dégazage dans l'atmosphère de fluides frigorigènes, sauf cas de nécessité pour assurer la sécurité des personnes, en méconnaissance de l'article R. 543-87 ;

4° Pour un opérateur, de ne pas procéder à la récupération intégrale des fluides frigorigènes lors de l'installation, de l'entretien, de la réparation ou du démantèlement d'un équipement, en méconnaissance de l'article R. 543-88 ;

5° Pour un opérateur, de procéder à toute opération de recharge en fluide frigorigène d'équipements présentant des défauts d'étanchéité, en méconnaissance de l'article R. 543-89, sauf dans le cas des exceptions prévues à l'article R. 543-90 ;

6° Pour un opérateur, de ne pas remettre aux distributeurs les fluides frigorigènes ou leurs emballages non traités sous sa responsabilité, en méconnaissance des dispositions des articles R. 543-92 et R. 543-93 ;

7° Pour un opérateur, de ne pas faire traiter sous sa responsabilité les fluides et emballages non remis aux distributeurs, contrairement aux dispositions des articles R. 543-92 et R. 543-93 ;

8° Pour les producteurs de fluides frigorigènes et d'équipements et les distributeurs, de ne pas procéder aux opérations de reprise sans frais supplémentaires, de collecte, de retraitement pour mise en conformité avec leurs spécifications d'origine permettant leur réutilisation ou de destruction intégrale des fluides frigorigènes ou de leurs emballages, contrairement à l'article R. 543-91 et aux articles R. 543-94 à R. 543-96 ;

9° Pour un opérateur de procéder à la mise en service, à l'entretien, la réparation ou la maintenance, lorsque ces opérations nécessitent une intervention quelconque sur le circuit frigorifique, au contrôle d'étanchéité ou au démantèlement des équipements, à la récupération et à la charge des fluides frigorigènes, ou à toute autre opération nécessitant la manipulation de fluides frigorigènes, sans être titulaire de l'attestation de capacité prévue à l'article R. 543-99, ni d'un certificat équivalent délivré dans un des États membres de l'Union européenne et traduit en français ;

10° Pour un distributeur, de céder à titre onéreux ou gratuit des fluides frigorigènes à un opérateur ne disposant ni de l'attestation de capacité, ni d'un certificat équivalent délivré dans un des États membres de l'Union européenne et traduit en français, contrairement aux dispositions de l'article R. 543-84.

11° Pour un distributeur d'équipements, de céder à titre onéreux ou gratuit des équipements préchargés contenant des fluides frigorigènes à d'autres personnes que celles mentionnées à l'article R. 543-84 ;

12° Pour un distributeur de fluides frigorigènes, de ne pas tenir le registre mentionné à l'article R. 543-85 ;

13° Pour un distributeur d'équipements, de ne pas tenir le registre mentionné à l'article R. 543-85 ;

14° Pour un producteur, de mettre sur le marché des fluides frigorigènes sans apporter la preuve que le trifluorométhane obtenu en tant que sous-produit de la fabrication a été détruit ou récupéré, en méconnaissance de l'article 7, paragraphe 2, du règlement (UE) n° 517/2014 du 16 avril 2014 ;

15° Pour un distributeur d'équipements, de mettre sur le marché des équipements frigorifiques ou climatiques après leur date d'interdiction indiquée à l'annexe III du règlement (UE) n° 517/2014 du 16 avril 2014, en méconnaissance de l'article 11, paragraphe 1, du même règlement.

II. – La récidive des contraventions prévues au présent article est réprimée conformément aux articles 132-11 et 132-15 du Code pénal.

Section VI. – Piles et accumulateurs

(Rempl., D. n° 2009-1139, 22 sept. 2009 (1) *; mod. à compter du 12 juillet 2011, D. n° 2011-828, 11 juill. 2011)*

Bibliographie : J. Flajollet-Millan, *Déchets de piles et accumulateurs : la réforme se poursuit : BDEI* nov. 2009, n° 24, p. 11. • E. Durrant, *Le nouveau décret piles et accumulateurs : un renforcement de l'existant : Dr. env.* déc. 2009, n° 174, p. 34. • E. Durant, *La directive relative aux piles et accumulateurs ainsi qu'à leurs déchets : Dr. env.* nov. 2006, n° 143, p. 339 à 341. • O. Guichardaz, *Piles et accumulateurs : la nouvelle directive publiée : Environnement et technique* nov. 2006, n° 261, p. 14. • M. Wemaere, *La nouvelle directive sur la gestion des piles et accumulateurs : L'Usine nouvelle* 29 juin 2006, n° 3016, p. 72. • Conseil économique et social (CES), Groupe de travail « piles », *Rapport et proposition pour la collecte et le recyclage des piles et accumulateurs portables en France*, CES, Paris, févr. 1997.

Voir : *Droit communautaire :* Dir. n° 2006/66/CE, modifiée, du Parlement européen et du Conseil du 6 septembre 2006 relative aux piles et accumulateurs ainsi qu'aux déchets de piles et d'accumulateurs et abrogeant la directive n° 91/157/CEE (*JOUE* n° 266, 26 sept. 2006, p. 1).

Déc. n° 2008/763/CE du 29 sept. 2008 établissant, conformément à la directive n° 2006/66/CE du Parlement européen et du Conseil, une méthode commune pour le calcul des ventes annuelles de batteries et accumulateurs portables aux utilisateurs finals (*JOUE* n° L 262, 1er oct. 2008).

Déc. n° 2009/851/CE du 25/11/09, établissant un questionnaire permettant aux États membres de rendre compte de la mise en œuvre de la directive n° 2006/66/CE du Parlement européen et du Conseil relative aux piles et accumulateurs ainsi qu'aux déchets de piles et d'accumulateurs (*JOUE* n° L 312, 27 nov. 2009).

Règl. Comm. UE n° 1103/2010, 29 nov. 2010 établissant, conformément à la directive 2006/66/CE du Parlement européen et du Conseil, des règles relatives au marquage de la capacité des piles secondaires (rechargeables) et accumulateurs portables et des piles et accumulateurs automobiles (*JOUE* n° L 313, 30 nov. 2010).

Dir. 2013/56/UE du Parlement européen et du Conseil du 20 novembre 2013 modifiant la directive 2006/66/CE du Parlement européen et du Conseil relative aux piles et accumulateurs ainsi qu'aux déchets de piles et d'accumulateurs en ce qui concerne la mise sur le marché de piles et d'accumulateurs portables contenant du cadmium destinés à être utilisés dans des outils électriques sans fil et de piles bouton à faible teneur en mercure.

Règl. 2023/1542 du Parlement européen et du Conseil du 12 juillet 2023 relatif aux batteries et aux déchets de batteries, modifiant la directive 2008/98/CE et le règlement (UE) 2019/1020, et abrogeant la directive 2006/66/CE.

Voir : *Droit interne :* Circ. 7 janv. 1997, relative à l'organisation de la collecte, du recyclage et de l'élimination des piles et accumulateurs.

A. modifié du 9 nov. 2009, relatif au transit, au regroupement, au tri et au traitement des piles et accumulateurs usagés prévus à l'article R. 543-131 du chapitre III du titre IV du livre V de la partie réglementaire du Code de l'environnement (*JO* 14 nov. 2009, n° 0264, p. 19688, texte n° 7).

A. 18 nov. 2009, relatif à la procédure d'enregistrement et de déclaration au registre national pour les piles et accumulateurs prévu à l'article R. 543-132 du Code de l'environnement (*JO* 15 déc. 2009, n° 0290, p. 21585, texte n° 3).

Responsabilité élargie du producteur de piles et accumulateurs. Cette section modifiée par les décrets n° 2009-1139 du 22 septembre 2009 relatif à la mise sur le marché des piles et accumulateurs et à l'élimination des piles et accumulateurs usagés et modifiant le Code de l'environnement et le décret du 11 juillet 2011 n° 2011-828 portant diverses dispositions relatives à la prévention et à la gestion des déchets pose le régime de la responsabilité élargie du producteur de piles et accumulateurs qu'ils soient portables, automobiles ou industriels. Les producteurs sont ainsi tenus de reprendre et de traiter les piles et accumulateurs au prorata du tonnage qu'ils mettent sur le marché sur le territoire national. Cette reprise et ce traitement peuvent être effectués par le biais d'éco-organismes agréés ou d'un système individuel approuvé pour les piles et accumulateurs portables et automobiles. Les piles et accumulateurs industriels font l'objet d'un système de reprise spécifique. En sus de ce régime de responsabilité élargie du producteur, les piles et accumulateurs doivent répondre à des critères spécifiques de mise sur le marché.

Sous-section 1. – Champ d'application et définitions

Art. R. 543-124 *(Rempl., D. n° 2009-1139, 22 sept. 2009)*. **– I. – La présente section s'applique à tous les types de piles et d'accumulateurs, quels que soient leur forme, leur volume, leur poids, leurs matériaux constitutifs ou leur utilisation.**

(1) V. note sous D. n° 2009-1139, 22 sept 2009, art. 1er. – NDLR.

II. – Sont exclus du champ d'application de la présente section :

1° Les piles et accumulateurs utilisés dans les équipements liés à la protection des intérêts essentiels de la sécurité de l'État, les armes, les munitions et le matériel de guerre, *(Mots rempl. à compter du 12 juillet 2011, D. n° 2011-828, 11 juill. 2011)* « si ces équipements sont destinés » à des fins spécifiquement militaires ;

2° Les piles et accumulateurs utilisés dans les équipements destinés à être lancés dans l'espace.

Art. R. 543-125 *(Rempl., D. n° 2009-1139, 22 sept. 2009 ; mod. à compter du 12 juillet 2011, mod., D. n° 2011-828, 11 juill. 2011 ; D. n° 2012-617, 2 mai 2012).* – Pour l'application de la présente section :

1° Est considérée comme pile ou accumulateur toute source d'énergie électrique obtenue par transformation directe d'énergie chimique, constituée d'un ou de plusieurs éléments primaires (non rechargeables) ou d'un ou de plusieurs éléments secondaires (rechargeables) ;

2° Est considérée comme assemblage en batteries toute série de piles ou d'accumulateurs interconnectés ou enfermés dans un boîtier pour former une seule et même entité complète que l'utilisateur final n'est pas censé démanteler ou ouvrir ;

3° Est considéré comme pile ou accumulateur portable toute pile, pile bouton, assemblage en batterie ou accumulateur qui est scellé et peut être porté à la main et qui n'est par ailleurs ni une pile ou un accumulateur industriel ni une pile ou un accumulateur automobile ;

4° Est considéré comme pile ou accumulateur automobile toute pile ou accumulateur destiné à alimenter un système de démarrage, d'éclairage ou d'allumage ;

5° Est considéré comme pile ou accumulateur industriel toute pile ou accumulateur conçu à des fins exclusivement industrielles ou professionnelles ou utilisé dans tout type de véhicule électrique ;

6° Est considéré comme pile bouton toute pile ou accumulateur portable de la forme d'un disque de petite taille, dont le diamètre est plus grand que la hauteur et qui est utilisé dans des applications spéciales telles que les appareils auditifs, les montres, les petits appareils portatifs ou comme énergie de réserve ;

7° Est considérée comme producteur toute personne située sur le territoire national qui, quelle que soit la technique de vente utilisée, y compris par communication à distance, met des piles ou des accumulateurs sur le marché pour la première fois sur le territoire national à titre professionnel, y compris ceux qui sont intégrés dans des équipements électriques et électroniques tels que définis à l'article R. 543-172 ou dans des véhicules tels que définis à l'article R. 543-154 ;

8° Est considérée comme distributeur toute personne qui, quelle que soit la technique de distribution utilisée, y compris par communication à distance, fournit à titre commercial des piles ou des accumulateurs à celui qui va les utiliser.

9° Est considérée comme une mise sur le marché la fourniture ou la mise à disposition à des tiers de piles et accumulateurs sur le territoire douanier de l'Union européenne, à titre onéreux ou gratuit, y compris l'importation sur le territoire de l'Union européenne ;

10° Est considérée comme une fourniture ou une mise à disposition à des tiers pour la première fois sur le territoire national, la fabrication, l'introduction ou l'importation, sur le territoire national, de piles et accumulateurs destinés à être distribués ou utilisés par l'utilisateur final sur le territoire national ;

11° Est considéré comme le taux national de collecte séparée de l'année civile, mentionné à l'article R. 543-128-5, le pourcentage obtenu en divisant les tonnages de déchets de piles et accumulateurs portables collectés séparément pendant ladite année civile par les tonnages moyens de piles et accumulateurs portables mis sur le marché national pendant la même année civile et les deux années *précédentes* ;

12° *(Créé à compter du 1er janvier 2021, D. n° 2020-1725, 29 déc. 2020)* Est considéré comme un outil électrique sans fil tout appareil portatif alimenté par une pile ou un accumulateur et destiné à des activités d'entretien, de construction ou de jardinage.

Sous-section 2. – Mise sur le marché des piles et accumulateurs

Art. R. 543-126 *(Rempl., D. n° 2009-1139, 22 sept. 2009 ; mod., D. n° 2015-849, 9 juill. 2015 ; mod. à compter du 1er janvier 2021, D. n° 2020-1725, 29 déc. 2020).* – I. – Sans préjudice de l'article R. 318-10 du Code de la route, les piles et les accumulateurs mis sur le marché, y compris ceux qui sont intégrés dans des équipements électriques et électroniques tels que définis à l'article R. 543-172 du présent code, ne contiennent pas plus de 0,0005 % de mercure en poids et pour les piles et accumulateurs portables pas plus de 0,002 % de cadmium en poids.

II. – La restriction de l'utilisation de cadmium dans les piles et accumulateurs portables mentionnée au I ne s'applique pas aux usages suivants :

– systèmes d'urgence et d'alarme, notamment les éclairages de sécurité ;

– équipements médicaux ;

Art. R. 543-127 *(Rempl., D. n° 2009-1139, 22 sept. 2009).* – I. – Les systèmes de marquage sont les suivants :

1° Les piles, accumulateurs et assemblages en batterie mis sur le marché sont marqués du symbole figurant au I du tableau ci-dessous, qui précise également les modalités d'affichage de ce symbole ;

2° Les piles, accumulateurs et piles bouton mis sur le marché et contenant plus de 0,0005 % de mercure, plus de 0,002 % de cadmium ou plus de 0,004 % de plomb sont marqués du symbole chimique correspondant : Hg, Cd ou Pb. Les modalités d'affichage de ces symboles sont fixées au II du tableau ci-dessous ;

3° La capacité des piles et accumulateurs portables et automobiles mis sur le marché est indiquée selon les modalités fixées par un arrêté conjoint des ministres chargés de l'environnement, de l'industrie et de la consommation.

II. – L'arrêté mentionné au I (3°) du présent article détermine, en tant que de besoin, les cas dans lesquels les dispositions du présent article ne s'appliquent pas.

Tableau de l'article R. 543-127

I. – Le symbole mentionné au I (1°) de l'article R. 543-127 respecte les modalités d'affichage suivantes :

1° Le symbole indiquant que les piles, accumulateurs et assemblages en batterie usagés font l'objet d'une collecte *(Mot rempl. à compter du 12 juillet 2011, D. n° 2011-828, 11 juill. 2011)* « séparée » est la poubelle sur roues barrée d'une croix, figurant ci-dessous :

2° Ce symbole couvre au moins 3 % de la surface du côté le plus grand de la pile, de l'accumulateur ou de l'assemblage en batterie, sans dépasser les dimensions de 5 cm × 5 cm. Pour les éléments cylindriques, le symbole couvre au moins 1,5 % de la surface de la pile ou de l'accumulateur, sans dépasser les dimensions de 5 cm × 5 cm. Si la taille de la pile, de l'accumulateur ou de l'assemblage en batterie est telle que la surface du symbole serait inférieure à 0,5 cm × 0,5 cm, le marquage de la pile, de l'accumulateur ou de l'assemblage en batterie n'est pas exigé, mais un symbole d'au moins 1 cm × 1 cm est imprimé sur l'emballage ;

3° Ce symbole est imprimé de façon visible, lisible et indélébile.

II. – Les symboles mentionnés au I (2°) de l'article R. 543-127 respectent les modalités d'affichage suivantes :

1° Ces symboles sont imprimés sous le symbole de la poubelle sur roues barrée d'une croix ;

2° Ces symboles couvrent une surface égale à au moins 25 % de la surface couverte par le symbole de la poubelle sur roues barrée d'une croix ;

3° Ces symboles sont imprimés de façon visible, lisible et indélébile.

Art. R. 543-127-1 *(Rempl., D. n° 2015-849, 9 juill. 2015).* – Les piles et accumulateurs qui ne satisfont pas aux exigences de la présente section peuvent continuer à être commercialisés jusqu'à épuisement des stocks, sous réserve qu'ils aient été légalement mis sur le marché avant le 26 septembre 2008, ou avant le 1er octobre 2015 pour les piles bouton dont la teneur en mercure est inférieure à 2 % en poids, ou avant le 31 décembre 2016 pour les piles et accumulateurs destinés à être utilisés dans les outils électriques sans fils *(Mots rempl. à compter du 1er janvier 2021, D. n° 2020-1725, 29 déc. 2020)* « définis à l'article R. 543-125 ».

Sous-section 3. – Prévention et gestion des déchets de piles et d'accumulateurs

(Rempl. à compter du 1er janvier 2021, D. n° 2020-1725, 29 déc. 2020)

Art. R. 543-128 *(Implicitement abr., D. n° 2009-1139, 22 sept. 2009)* (1).

§ 1. – Piles et accumulateurs portables

Art. R. 543-128-1 *(D. n° 2009-1139, 22 sept. 2009 ; mod. à compter du 12 juillet 2011, D. n° 2011-828, 11 juill. 2011).* – Les distributeurs de piles et accumulateurs portables reprennent gratuitement, et sans obligation d'achat de piles ou d'accumulateurs neufs, les déchets de piles et d'accumulateurs portables du même type que les piles et accumulateurs portables qu'ils commercialisent et qui leur sont apportés par les utilisateurs. Ils informent les utilisateurs de la possibilité d'apporter des déchets de piles et d'accumulateurs portables sur leurs points de vente. Les conteneurs mis à la disposition des utilisateurs à cet effet sont mis en évidence et facilement accessibles.

Art. R. 543-128-2 *(Rempl. à compter du 12 juillet 2011, D. n° 2011-828, 11 juill. 2011).* – Les distributeurs, les communes, leurs groupements ou les syndicats mixtes compétents ou d'autres détenteurs, notamment les exploitants des installations de traitement des équipements électriques et électroniques, qui procèdent à la collecte séparée des déchets de piles et d'accumulateurs portables les entreposent dans des conditions permettant d'assurer leur enlèvement et leur traitement et de prévenir les risques pour l'environnement et la santé humaine liés à cet entreposage.

Art. R. 543-128-3 *(Rempl. à compter du 1er janvier 2021, D. n° 2020-1725, 29 déc. 2020).* – Les producteurs de piles et accumulateurs portables sont soumis aux obligations de responsabilité élargie.

Les éco-organismes et systèmes individuels mis en place par les producteurs de piles et accumulateurs portables reprennent sans frais ou font reprendre sans frais, puis traitent ou font traiter les déchets de piles et d'accumulateurs portables collectés séparément dans les conditions et par les personnes mentionnées aux articles R. 543-128-1 et R. 543-128-2.

Art. R. 543-128-4 *(D. n° 2009-1139, 22 sept. 2009 ; abr. à compter du 1er janvier 2021, D. n° 2020-1725, 29 déc. 2020).*

Art. R. 543-128-5 *(Rempl. à compter du 1er janvier 2021, D. n° 2020-1725, 29 déc. 2020).* – Les producteurs de piles et accumulateurs portables prennent les mesures tendant à atteindre annuellement un taux national minimal de collecte séparée de 45 %. Le cahier des charges fixe l'objectif de collecte applicable aux producteurs ou à leur éco-organisme afin d'atteindre au moins ce taux.

§ 2. – Piles et accumulateurs automobiles

Art. R. 543-129 *(Implicitement abr., D. n° 2009-1139, 22 sept. 2009)* (1).

Art. R. 543-129-1 *(D. n° 2009-1139, 22 sept. 2009 ; mod. à compter du 12 juillet 2011, D. n° 2011-828, 11 juill. 2011).* – Les distributeurs de piles et accumulateurs automobiles reprennent gratuitement, et sans obligation d'achat de piles ou d'accumulateurs neufs, les déchets de piles et d'accumulateurs automobiles du même type que les piles et accumulateurs automobiles qu'ils commercialisent et qui leur sont apportés par les utilisateurs. Ils informent les utilisateurs de la possibilité d'apporter des déchets de piles et d'accumulateurs automobiles sur leurs points de vente.

Art. R. 543-129-2 *(D. n° 2009-1139, 22 sept. 2009 ; mod. et rempl. à compter du 12 juillet 2011, D. n° 2011-828, 11 juill. 2011).* – Les distributeurs, les communes, leurs groupements ou les syndicats mixtes compétents ou d'autres détenteurs, notamment les opérateurs mentionnés à l'article R. 543-156, qui

(1) V. note sous D. n° 2009-1139, 22 sept 2009, art. 1er. – NDLR.

procèdent à la collecte séparée des déchets de piles et d'accumulateurs automobiles les entreposent dans des conditions permettant d'assurer leur enlèvement et leur traitement et de prévenir les risques pour l'environnement et la santé humaine liés à cet entreposage.

Art. R. 543-129-3 *(D. n° 2009-1139, 22 sept. 2009 ; mod. à compter du 12 juillet 2011, D. n° 2011-828, 11 juill. 2011 ; à compter du 1er janvier 2021, D. n° 2020-1725, 29 déc. 2020 puis à compter du 1er janvier 2022, D. n° 2020-1725, 29 déc. 2020).* – I. – Les producteurs de piles et accumulateurs automobiles enlèvent ou font enlever, puis traitent ou font traiter, à leurs frais, les déchets de piles et d'accumulateurs automobiles collectés séparément dans les conditions fixées aux articles R. 543-129-1 et R. 543-129-2, que les personnes mentionnées à l'article R. 543-129-2 leur demandent d'enlever. Les producteurs peuvent en convenir autrement par des accords directs avec les utilisateurs, autres que les ménages, des piles et accumulateurs automobiles qu'ils mettent sur le marché sur le territoire national. Dans ce dernier cas, les accords prévoient les conditions dans lesquelles les utilisateurs assurent tout ou partie du traitement de ces déchets dans les conditions prévues à l'article R. 543-131.

Les obligations d'enlèvement et de traitement sont réparties entre les producteurs au prorata des tonnages de piles et accumulateurs automobiles qu'ils mettent sur le marché sur le territoire national et pour lesquels ils n'ont pas conclu d'accord direct avec les utilisateurs de piles et accumulateurs automobiles.

Art. R. 543-129-4 *(D. n° 2009-1139, 22 sept. 2009 ; abr. à compter du 1er janvier 2021, D. n° 2020-1725, 29 déc. 2020).*

§ 3. – Piles et accumulateurs industriels

Art. R. 543-130 *(Rempl., D. n° 2009-1139, 22 sept. 2009 ; à compter du 12 juillet 2011, D. n° 2011-828, 11 juill. 2011).* – I. – Les producteurs de piles et accumulateurs industriels mettent en place des dispositifs de reprise permettant aux utilisateurs des piles et accumulateurs industriels qu'ils mettent sur le marché sur le territoire national et aux exploitants des installations de traitement des équipements électriques et électroniques dans lesquels ces piles et accumulateurs industriels sont intégrés de se défaire gratuitement de ces piles et accumulateurs industriels une fois usagés. Ces dispositifs de reprise prévoient la mise à disposition de points d'apport volontaire pour ces utilisateurs et exploitants, ou tout autre dispositif équivalent.

II. – Les producteurs de piles et accumulateurs industriels informent par tout moyen approprié les utilisateurs de piles et accumulateurs industriels des modalités de collecte qu'ils mettent en œuvre, de l'importance de collecter séparément ces déchets en vue de leur traitement et leur recyclage, ainsi que de la signification des symboles mentionnés aux I et II du tableau de l'article R. 543-127 et des effets potentiels des substances utilisées dans les piles et accumulateurs sur l'environnement et la santé humaine.

III. – Les producteurs de piles et accumulateurs industriels assurent le traitement des piles et accumulateurs industriels usagés dont les utilisateurs et les exploitants des installations de traitement des équipements électriques et électroniques se défont dans les conditions fixées au I du présent article.

IV. – Les producteurs de piles et accumulateurs industriels peuvent créer des structures pour remplir collectivement les obligations qui leur incombent en application des I à III du présent article.

V. – Les producteurs de piles et accumulateurs industriels peuvent remplir tout ou partie des obligations qui leur incombent au titre du présent article en passant avec les utilisateurs des piles et accumulateurs industriels qu'ils mettent sur le marché sur le territoire national des accords directs qui fixent notamment les conditions dans lesquelles les utilisateurs assurent tout ou partie de la gestion de ces déchets selon les obligations déterminées à l'article R. 543-131.

Sous-section 4. – Traitement des déchets de piles et d'accumulateurs

Art. R. 543-131 *(Rempl., D. n° 2009-1139, 22 sept. 2009).* – I. – Le traitement des piles et accumulateurs portables, automobiles et industriels usagés est réalisé dans des installations exploitées conformément au titre Ier du livre V du Code de l'environnement tenant compte des meilleures techniques disponibles et répondant aux exigences techniques fixées par arrêté du ministre chargé de l'environnement (1). Cet arrêté fixe également les rendements minimaux des procédés de recyclage des *(Mots rempl. à compter du 12 juillet 2011, D. n° 2011-828, 11 juill. 2011)* « déchets de piles et d'accumulateurs » ainsi que, en tant que de besoin, les modalités de calcul de ces rendements.

II. – Ces déchets peuvent être traités dans toute autre installation autorisée à cet effet dans un autre État membre de l'Union européenne ou dans un autre État, dès lors que le transfert de ces déchets hors du territoire national est réalisé conformément aux dispositions du règlement (CE) n° 1013/2006 du Parlement européen et du Conseil du 14 juin 2006 concernant les transferts de déchets.

Sous-section 5. – Registre

Art. R. 543-132 *(Rempl., D. n° 2009-1139, 22 sept. 2009).* – Un registre est créé, tenu et exploité par l'agence de l'environnement et de la maîtrise de l'énergie pour que les producteurs de piles et accumulateurs et les personnes qui traitent, exportent ou expédient hors du territoire national en vue de leur traitement des *(Mots rempl. à compter du 12 juillet 2011, D. n° 2011-828, 11 juill. 2011)* « déchets de piles et d'accumulateurs » s'y enregistrent. Les producteurs y déclarent les quantités et les types de piles et accumulateurs qu'ils mettent sur le marché, enlèvent ou font enlever et traitent ou font traiter. Les personnes qui traitent, exportent ou expédient hors du territoire national en vue de leur traitement des *(Mots rempl. à compter du 12 juillet 2011, D. n° 2011-828, 11 juill. 2011)* « déchets de piles et d'accumulateurs » déclarent les quantités et types de piles et accumulateurs concernés.

Un arrêté conjoint des ministres chargés de l'environnement et de l'industrie fixe les procédures d'enregistrement et de déclaration sur ce registre, la nature des informations qui y figurent ainsi que les modalités de communication de ces informations (2).

Sous-section 6. – Sanctions pénales

Art. R. 543-133 *(Rempl., D. n° 2009-1139, 22 sept. 2009).* – Est puni de l'amende prévue pour les contraventions de 3e classe le fait :

1° Pour un producteur :

a) De mettre sur le marché une pile ou un accumulateur sans respecter les dispositions prévues à l'article R. 543-127 ;

b) De ne pas communiquer les informations prévues à l'article R. 543-132 ;

2° Pour un distributeur, de ne pas reprendre *(Mots rempl. à compter du 12 juillet 2011, D. n° 2011-828, 11 juill. 2011)* « un déchet de pile ou d'accumulateur » dans les conditions prévues aux articles R. 543-128-1 et R. 543-129-1 ;

3° Pour une personne qui traite, exporte ou expédie hors du territoire national en vue de leur traitement des *(Mots rempl. à compter du 12 juillet 2011, D. n° 2011-828, 11 juill. 2011)* « déchets de piles et d'accumulateurs », de ne pas communiquer les informations prévues à l'article R. 543-132.

Art. R. 543-134 *(Rempl., D. n° 2009-1139, 22 sept. 2009 ; mod. et rempl. à compter du 12 juillet 2011, D. n° 2011-828, 11 juill. 2011 ; à compter du 1er janvier 2021, D. n° 2020-1725, 29 déc. 2020).* – Est puni de l'amende prévue pour les contraventions de la cinquième classe le fait :

1° Pour un producteur :

a) De mettre sur le marché une pile ou un accumulateur sans respecter les dispositions prévues à l'article R. 543-126 ;

b) De ne pas enlever ou faire enlever, traiter ou faire traiter un déchet de piles ou d'accumulateurs automobiles dans les conditions prévues à l'article R. 543-129-3 ;

c) De ne pas reprendre ou assurer le traitement d'un déchet de piles ou d'accumulateurs industriels dans les conditions prévues à l'article R. 543-130 ;

2° Pour les personnes visées à l'article R. 543-131, de ne pas traiter ou faire traiter un déchet de piles ou d'accumulateurs dans les conditions prévues par cet article.

Art. R. 543-135 et R. 543-136 *(Implicitement abr., D. n° 2009-1139, 22 sept. 2009).*

---

(1) V. T. appl. : A. 9 nov. 2009 (*JO* 14 nov. 2009). – NDLR.

(2) V. T. appl. : A. 26 juin 2001 (*JO* 12 juill. 2001) puis à compter du 1er mai 2010, A. 18 nov. 2009 (*JO* 15 déc. 2009). – NDLR.

Section VI *(Rédaction future)*. – Batteries (1)

(Section modif. à de nombreuses reprises puis rempl. à compter du 18 août 2025 à l'exception de l'article R. 543-128 en vigueur à compter du 1er janvier 2026, D. n° 2024-1221, 27 déc. 2024)

Art. R. 543-124 *(Rempl. à compter du 18 août 2025, D. n° 2024-1221, 27 déc. 2024)*. – La présente section précise les conditions de mise en œuvre de l'obligation de responsabilité élargie du producteur applicable aux producteurs de batteries en application du 6° de l'article L. 541-10-1, et les modalités de gestion des déchets qui en sont issus, conformément au règlement (UE) 2023/1542 du Parlement européen et du Conseil du 12 juillet 2023 relatif aux batteries et aux déchets de batteries.

Pour l'application de la présente section, on entend par « producteur« toute personne physique ou morale telle que définie à l'article 3, point 47, de ce règlement ainsi que tout opérateur économique qui met à disposition sur le marché, pour la première fois sur le territoire français, une batterie résultant d'une préparation en vue du réemploi, d une préparation en vue d'une réaffectation, d'opérations de réaffectation ou de remanufacturage, au sens de l'article 56, paragraphe 2, du même règlement.

Art. R. 543-125 *(Rempl. à compter du 18 août 2025, D. n° 2024-1221, 27 déc. 2024)*. – I. – Pour mettre en œuvre la responsabilité élargie des producteurs de batteries qui leur ont transféré leurs obligations en application du I de l'article L. 541-10, les éco-organismes pourvoient à la prévention et à la gestion des déchets issus de ces produits. Tout éco-organisme exerce son activité agréée pour l'une ou plusieurs des catégories de batteries suivantes :

1° Batteries portables ;

2° Batteries destinées aux moyens de transport légers (batteries MTL) ;

3° Batteries de démarrage, d'éclairage et d'allumage (batteries SLI) ;

4° Batteries industrielles ;

5° Batteries de véhicules électriques.

Pour mettre en œuvre la responsabilité élargie des producteurs de batteries, tout système individuel mis en place par un producteur pourvoit à la prévention et à la gestion des déchets issus de ses produits, relevant d'une ou plusieurs des catégories mentionnées ci-dessus.

II. – Par dérogation aux délais prévus aux articles R. 541-87 et R. 541-134, le délai dans lequel les ministres chargés de l'environnement et de l'économie se prononcent sur la demande d'agrément d'un éco-organisme ou d'un système individuel, pour la filière à responsabilité élargie des producteurs de batteries, est de trois mois.

Art. R. 543-126 *(Rempl. à compter du 18 août 2025, D. n° 2024-1221, 27 déc. 2024)*. – Les coûts couverts par le producteur au titre de l'article 56, paragraphe 4, points a à d, du règlement (UE) 2023/1542 du 12 juillet 2023 sont indiqués sur le point de vente d'une batterie neuve, sans faire état du montant de la modulation prévue à l'article L. 541-10-3.

Art. R. 543-127 *(Rempl. à compter du 18 août 2025, D. n° 2024-1221, 27 déc. 2024)*. – I. – Le traitement des déchets de batteries, notamment leur préparation au recyclage et leur valorisation, est réalisé conformément aux dispositions des articles 70 à 72 du règlement (UE) 2023/1542 du 12 juillet 2023 et au principe de proximité prévu au 4° du II de l'article L. 541-1 du présent code.

II. – Pour l'application de l'article 57 du règlement (UE) 2023/1542 du 12 juillet 2023, les opérateurs de gestion des déchets de batteries sont soumis à une procédure de sélection non discriminatoire, réalisée par les éco-organismes agréés ou les producteurs ayant mis en place un système individuel agréé, sur la base de critères d'attribution transparents incluant la prise en compte du principe de proximité, et qui n'impose pas de charge disproportionnée aux petites et moyennes entreprises.

Art. R. 543-128 *(Rempl. à compter du 1er janvier 2026, D. n° 2024-1221, 27 déc. 2024,)*. – I. – Pour l'application de l'article L. 541-10-19, un opérateur de gestion de déchets ne peut gérer des déchets de

(1) Antérieurement à son remplacement par le décret n° 2024-1221 du 27 décembre 2024 l'ancienne section 7 (intitulée : « Piles et accumulateurs ») était divisée en six sous-sections (intitulées : « Champ d'application et définitions », « Mise sur le marché des piles et accumulateurs », « Prévention et gestion des déchets de piles et d'accumulateurs », « Traitement des déchets de piles et d'accumulateurs », « Registre » et « Sanctions pénales ») et elle comprenait les articles R. 543-124 à R. 543-136. – NDLR.

batteries que s'il a conclu préalablement un contrat écrit relatif à la gestion de ces déchets, soit avec un éco-organisme agréé, soit avec un producteur ayant mis en place un système individuel agréé.

Les opérateurs de collecte, de transit ou de regroupement, y compris les distributeurs ou les garagistes, ne sont pas tenus de disposer d'un tel contrat dès lors qu'ils remettent les déchets à un opérateur de traitement ayant lui-même conclu un contrat soit avec un éco-organisme agréé, soit avec un producteur ayant mis en place un système individuel agréé. Dans ce cas, l'opérateur de traitement fournit à l'opérateur de collecte, de transit ou de regroupement un document justificatif de l'existence et de l'adéquation du contrat.

L'alinéa précédent s'applique également aux acteurs effectuant des activités de recherche et développement visant à tester, améliorer la recyclabilité ou développer des solutions techniques de recyclage de déchets de batteries, pour ce qui concerne les déchets de batteries sur lesquels sont pratiqués de telles activités.

II. – Le contrat mentionné au I est conclu avec un éco-organisme agréé pour la catégorie de déchets concernée ou avec un producteur ayant mis en place un système individuel agréé pour les déchets issus de ses produits.

III. – Un arrêté des ministres chargés de l'environnement et de l'industrie définit les dispositions et clauses minimales, parmi lesquelles celles relatives au respect du principe de proximité, devant figurer dans les contrats et les documents justificatifs mentionnés au I.

IV. – Tout opérateur mentionné au I du présent article est tenu de présenter les contrats ou les documents justificatifs exigés à ce I, à la demande de tout inspecteur de l'environnement au sens du I de l'article L. 172-1.

S'il est constaté qu'un opérateur mentionné au I gère des déchets sans disposer préalablement des contrats ou des justificatifs nécessaires, le préfet du département où exerce cet opérateur l'avise des faits qui lui sont reprochés et de la sanction qu'il encourt. L'intéressé est mis à même de présenter ses observations, écrites ou orales, dans le délai d'un mois, le cas échéant, assisté d'un conseil ou représenté par un mandataire de son choix.

Au terme de cette procédure, le préfet peut, par une décision motivée qui indique les voies et délais de recours, prononcer une amende administrative dont le montant tient compte de la gravité des manquements constatés et des avantages qui en sont retirés et qui ne peut excéder, par tonne de déchets de batteries, 750 € pour une personne physique et 3 750 € pour une personne morale.

La décision mentionne le délai et les modalités de paiement de l'amende. L'amende est recouvrée conformément aux dispositions du décret n° 2012-1246 du 7 novembre 2012 relatif à la gestion budgétaire et comptable publique.

Art. R. 543-129 *(Rempl. à compter du 18 août 2025, D. n° 2024-1221, 27 déc. 2024).* **– Est puni de l'amende prévue pour les contraventions de cinquième classe le fait :**

1° Pour un fabricant, de mettre sur le marché ou en service une batterie, y compris pour ses propres besoins, sans respecter les dispositions figurant à l'article 38 du règlement (UE) 2023/1542 du 12 juillet 2023 ;

2° Pour un fournisseur d'éléments de batteries et de modules de batteries, de ne pas respecter les dispositions figurant à l'article 39 du même règlement ;

3° Pour un mandataire, de ne pas respecter les dispositions figurant à l'article 40 du même règlement ;

4° Pour un importateur, de mettre sur le marché une batterie, sans respecter les dispositions figurant à l'article 38 du même règlement, lorsque son article 44 s'applique, et de ne pas respecter les dispositions de son article 41 ;

5° Pour un distributeur, de mettre à disposition sur le marché une batterie sans respecter les dispositions figurant à l'article 38 du même règlement, lorsque son article 44 s'applique, et de ne pas respecter les dispositions figurant à son article 42 ;

6° Pour un prestataire de services d'exécution de commande, de ne pas respecter les dispositions figurant à l'article 43 du même règlement ;

7° Pour un opérateur économique, de mettre sur le marché ou en service des batteries qui ont fait l'objet d'une préparation en vue du réemploi, d'une préparation en vue de la réaffectation, d'une réaffectation ou d'un remanufacturage, sans respecter les dispositions de l'article 45 du même règlement ;

8° Pour les détenteurs de déchets de batteries, de ne pas traiter ou faire traiter ces déchets dans les conditions prévues par les articles 70 à 72 du même règlement et l'article R. 543-127 du présent code ;

9° Pour un recycleur, de ne pas atteindre les objectifs en matière de rendement de recyclage et valorisation des matières prévus à l'article 71 du même règlement ;

10° Pour un producteur, de mettre sur le marché une batterie, y compris incorporée dans un appareil, un moyen de transport léger ou un véhicule, sans respecter les dispositions prévues à l'article L. 541-10-13 et pour une

personne qui traite, exporte ou expédie hors du territoire national en vue de leur traitement des déchets de batteries, de ne pas communiquer les informations mentionnées à ce même article.

Section VIII. – Déchets de pneumatiques

(Rempl., D. n° 2023-152, 2 mars 2023) (1)

Bibliographie : P. Billet, *La refonte du régime de gestion des déchets de pneumatiques : Énergie. – Env. – Infrastr.* 2015, n° 11, p. 41-44. • B. Morgat, *La valorisation agricole des pneus ne finance pas leur élimination finale : Environnement et technique* avr. 2007, n° 265, p. 12. • Y. Aguila, *L'élimination des pneumatiques usagés : Dr. env.* avr. 2006, n° 137, p. 91, concl. sous CE, 28 déc. 2005, n°s 264778 et 264779, *Sect. Syndicale des collecteurs carcassiers.* • P. Billet, *L'élimination des pneumatiques usagés : Dr. env.* avr. 2003, p. 59.

Voir : Circ. 8 nov. 2005, relative au traitement des stocks abandonnés de pneumatiques usagés (*BOMEDD* n° 24, 30 déc. 2005).

A. 27 juin 2023 portant cahiers des charges des écorganismes, des systèmes individuels et des organismes coordonnateurs de la filière à responsabilité élargie du producteur des pneumatiques (*JO* 7 juill.).

Responsabilité élargie du producteur de pneumatiques. Cette section pose le régime de la responsabilité élargie du producteur de pneumatiques : celui-ci doit collecter ou faire collecter puis traiter les déchets de pneumatiques dans la mesure du tonnage qu'il a mis sur le marché national l'année précédente. La collecte et le traitement des déchets pneumatiques, qui sont soumis à agrément, peuvent être effectués par la mise en œuvre de systèmes individuels ou le financement d'organismes créés à cette fin. La valorisation de ces déchets doit être privilégiée depuis l'entrée en vigueur du décret n° 2011-828 du 11 juillet 2011 portant diverses dispositions relatives à la prévention et à la gestion des déchets.

Art. R. 543-137 *(Rempl., D. n° 2023-152, 2 mars 2023).* **– I. – La présente section précise les modalités de gestion des déchets de pneumatiques et les conditions de mise en œuvre de l'obligation de responsabilité élargie du producteur applicable aux producteurs de ces pneumatiques en vertu du 16° de l'article L. 541-10-1.**

II. – La présente section s'applique aux pneumatiques, y compris les pneumatiques pleins et les pneumatiques solidaires d'une virole par conception, à l'exception de ceux qui équipent les équipements électriques et électroniques définis à l'article R. 543-172, les jouets définis à l'article R. 543-320, les articles de sport et de loisirs définis à l'article R. 543-330 ainsi que les articles de bricolage et de jardin définis à l'article R. 543-340.

Un arrêté du ministre chargé de l'environnement peut préciser la liste des produits concernés.

III. – Le cahier des charges mentionné au II de l'article L. 541-10 précise les conditions d'entrée en vigueur de la présente section pour les pneumatiques pleins mentionnés au II.

Il précise également les conditions dans lesquelles les pneus sur jantes sont pris en charge par les éco-organismes et les systèmes individuels agréés. Il peut, en particulier, prévoir les modalités du soutien financier apporté par les producteurs aux opérations de désassemblage de la jante réalisées par les distributeurs assurant la reprise des pneumatiques prévue au II de l'article L. 541-10-8 ou les opérateurs de gestion des déchets.

IV. – Pour l'application de la présente section, sont considérées comme producteurs les personnes physiques ou morales qui, à titre professionnel, soit produisent en France, soit importent ou introduisent pour la première fois sur le marché national, par quelque technique de vente que ce soit, des pneumatiques relevant de la présente section destinés à être cédés à titre onéreux ou à titre gratuit à l'utilisateur final ou à être utilisés directement sur le territoire national. Dans le cas où ces pneumatiques sont cédés sous la marque d'un revendeur ou d'un donneur d'ordre dont l'apposition résulte d'un document contractuel, ce revendeur ou ce donneur d'ordre est considéré comme producteur.

Sont également considérées comme producteurs les personnes qui importent ou introduisent pour la première fois sur le marché national des produits équipés de pneumatiques relevant de la présente section.

(1) Antérieurement à son remplacement par le décret n° 2022-1495 du 24 novembre 2022, la présente section 8 (intitulée : « Déchets de pneumatiques ») était divisée en trois sous-sections (intitulées « Gestion des déchets de pneumatiques », « Dispositions pénales » et « Sanctions administratives ») et elle comprenait les articles R. 543-137 à R. 543-152-1. – NDLR.

Art. R. 543-138 *(Rempl., D. n° 2023-152, 2 mars 2023).* – Il est interdit :

1° D'abandonner, de déposer dans le milieu naturel ou de brûler à l'air libre des pneumatiques ;

2° De réceptionner des déchets de pneumatiques dans les installations de stockage de déchets et dans les installations d'incinération sans valorisation énergétique de déchets ;

3° De réceptionner des déchets de pneumatiques dans les exploitations agricoles.

Un arrêté du ministre chargé de l'environnement peut préciser les exigences à respecter pour le traitement et la valorisation des déchets de pneumatiques.

Art. R. 543-140 *(Rempl., D. n° 2023-152, 2 mars 2023).* – Les professionnels détenteurs de déchets de pneumatiques et les collectivités territoriales ou leurs groupements, lorsque ces collectivités ou ces groupements ont procédé à la collecte séparée des déchets de pneumatiques, prennent les dispositions nécessaires permettant de préserver le potentiel de réutilisation, de recyclage et de valorisation de ces déchets en attendant leur collecte, notamment en les conservant à l'abri des intempéries. Ils s'abstiennent de les rendre délibérément impropres à la réutilisation, au recyclage ou la valorisation.

Un arrêté du ministre chargé de l'environnement peut préciser les exigences applicables en vue de la préservation du potentiel de réutilisation, de recyclage et de valorisation des déchets de pneumatiques par les professionnels.

Valorisation des pneumatiques usagés. Exemples. Participe à la revalorisation de ces matériaux encouragée par le présent texte l'utilisation de pneumatiques usagés dans la constitution de la couche drainante d'un centre de stockage de déchets (▪ CE, 26 nov. 2008, n° 301151, *Synd. mixte de la vallée de l'Oise*, annulant, mais pas sur ce moyen. ▪ CAA Douai, 30 nov. 2006, n° 05DA01495, *Min. Écologie et Dpt durable et SA Valnor*). L'utilisation de pneumatiques usagés pour le remblaiement d'une carrière constitue non pas une opération d'élimination de ces déchets ni une opération de stockage ou de traitement de ceux-ci ou de déchets ménagers mais une opération de valorisation au sens du présent texte (▪ CAA Bordeaux, 26 juin 2008, n° 05BX01533, *Assoc. pour la sauvegarde de la Gartempe*).

Art. R. 543-141 *(Rétabli, D. n° 2023-152, 2 mars 2023).* – Toute opération de tri, transit ou regroupement de déchets de pneumatiques ainsi que de traitement est effectuée dans une installation relevant des dispositions du titre Ier du présent livre ou dans toute autre installation réalisant ces opérations et située dans un autre État membre de l'Union européenne ou dans un État tiers, dès lors que cette installation respecte des dispositions équivalentes à celles du titre Ier du livre V et de la présente sous-section et dispose des autorisations nationales équivalentes pour traiter des déchets de pneumatiques.

Sous-section 2. – Obligations de responsabilité élargie des producteurs

Art. R. 543-142 *(Rempl., D. n° 2023-152, 2 mars 2023).* – Tout éco-organisme assure la gestion des déchets de pneumatiques relevant de son agrément, y compris lorsqu'ils ont été mis en vente ou distribués antérieurement à la date d'entrée en vigueur de l'obligation de responsabilité élargie du producteur.

Art. R. 543-143 *(Rempl., D. n° 2023-152, 2 mars 2023).* – Sans préjudice des dispositions de l'article R. 541-165, les producteurs ou leur éco-organisme :

1° Soit mettent des contenants et équipements de protection individuels adaptés à la collecte des déchets de pneumatiques à disposition des collectivités territoriales ou de leurs groupements compétents en matière de gestion des déchets qui en font la demande, sans frais ;

2° Soit leur accordent un soutien financier additionnel à celui prévu à l'article R. 541-104, permettant de compenser les coûts d'acquisition de ces contenants et équipements.

Art. R. 543-144 *(Rempl., D. n° 2023-152, 2 mars 2023).* – Le cahier des charges mentionné au II de l'article L. 541-10 précise les modalités de prise en charge des déchets de pneumatiques issus d'opérations d'ensilage, notamment la quantité annuelle maximale de ces déchets devant être prise en charge par les éco-organismes et les systèmes individuels.

Sous-section 3. – Dispositions relatives à l'outre-mer

Art. R. 543-145 *(Rempl., D. n° 2023-152, 2 mars 2023).* **– Dans chacune des collectivités territoriales régies par l'article 73 de la Constitution, à Saint-Martin et à Saint-Pierre-et-Miquelon, l'éco-organisme peut donner mandat à une personne morale afin que celle-ci mette en œuvre ou facilite la mise en œuvre pour son compte de tout ou partie des mesures de prévention et de gestion des déchets de pneumatiques relevant de son agrément. Ce mandat n'a pas pour effet de transférer tout ou partie des obligations de responsabilité élargie incombant à l'éco-organisme à cette personne, ni de limiter les obligations de l'éco-organisme dans l'atteinte des objectifs qui lui sont fixés.**

Le mandat passé entre l'éco-organisme et cette personne peut notamment prévoir que ces mesures de prévention et de gestion sont alors mises en œuvre par cette personne dans les conditions d'agrément de l'éco-organisme, notamment au travers des contrats types de l'éco-organisme qui sont prévus aux articles R. 541-102, R. 541-104 et R. 541-105. Le mandat peut également prévoir que cette personne peut pourvoir à ces mesures en passant des marchés, pour le compte de l'éco-organisme, dans les conditions prévues aux I et II de l'article L. 541-10-6.

Section IX. – Véhicules

(Concernant le manquement de la France à ses obligations de transposition de la directive n° 2000/53/CE du 18 septembre 2000, relative aux véhicules hors d'usage, V. la note sous le décret n° 2003-727 du 1er août 2003, codifié pour l'essentiel aux articles R. 543-154 à R. 543-172 du Code de l'environnement). — (Rempl., D. n° 2022-1495, 24 nov. 2022) (1)

Bibliographie : Ph. Billet, *VHU, les mots pour le dire : Dr. env.* mars 2011, n° 188, p. 90. • E. Durant, *La prise en compte de la fin de vie des véhicules hors d'usage dans la procédure de réception communautaire : Dr. env.* juill.-août 2007, n° 150, p. 189 à 190 ; *Décret Véhicules hors d'usage : la volonté de se conformer au droit communautaire : Dr. env.* avr. 2011, n° 189, p. 129.

Voir : *Droit communautaire :* Directive modifiée n° 2000/53/CE, 18 sept. 2000, relative aux véhicules hors d'usage.

Directive modifiée n° 2005/64/CE, 26 oct. 2005, concernant la réception par type des véhicules à moteur au regard des possibilités de leur réutilisation, de leur recyclage et de leur valorisation, et modifiant la directive n° 70/156/CEE du Conseil (*JOUE* n° L 310, 25 nov. 2005).

▪ CJUE, 15 avr. 2010, aff. C-64/09, Commission / France, condamnation de la France pour mauvaise transposition de la directive relative aux véhicules hors d'usage, J. Dupont-Lassalle, Europe juin 2010, n° 6, p. 30.

Voir : *Droit interne :* A. 19 janv. 2005, relatif au calcul des taux de réemploi, de recyclage et de valorisation des véhicules hors d'usage (*JO* 5 févr. 2005, n° 30).

A. 19 janv. 2005, relatif aux déclarations annuelles des producteurs de véhicules, des broyeurs agréés et des démolisseurs agréés de véhicules hors d'usage (*JO* 5 févr. 2005, n° 30).

A. 13 mai 2005, relatif à la composition et aux modalités de fonctionnement de la commission de suivi des filières de traitement des véhicules hors d'usage (*JO* 31 mai 2005, n° 125).

Circ. 7 avr. 2006, relative au recensement des opérateurs agréés dans le cadre de la mise en place de la filière d'élimination des véhicules hors d'usage (VHU) (*BOMEDD* n° 2006/10, 31 mai 2006).

A. 26 mai 2006, modifiant l'arrêté du 5 novembre 1984 relatif à l'immatriculation des véhicules (*JO* 10 juin 2006, formulaire CERFA 12514*01).

A. 29 avr. 2009 fixant les modalités d'application des dispositions du Code de la route relatives aux véhicules endommagés pour les voitures particulières et les camionnettes (*JO* 14 mai).

A. 27 juin 2011, relatif aux réseaux de centres VHU agréés mis en place par les producteurs ou groupements de producteurs en application de l'article R. 543-156-1 du Code de l'environnement.

A. 9 mars 2012, concernant les dispositions relatives à la construction des véhicules, composants et équipements visant l'élimination des véhicules hors d'usage.

A. 2 mai 2012, relatif aux agréments des exploitants des centres VHU et aux agréments des exploitants des installations de broyage de véhicules hors d'usage.

(1) Antérieurement à son remplacement par le décret n° 2022-1495 du 24 novembre 2022, la présente section 9 (intitulée : « Véhicules ») était divisée en trois sous-sections (intitulées « Dispositions relatives à la prévention et à la gestion des véhicules hors d'usage », « Dispositions relatives à la communication d'informations » et « Dispositions pénales ») et elle comprenait les articles R. 543-153 à R. 543-171. – NDLR.

A. 22 août 2013, relatif à l'instance d'évaluation de l'équilibre économique de la filière des véhicules hors d'usage prévue à l'article R. 543-157-1 du Code de l'environnement.

Circ. 27 août 2012, relative aux modalités d'application de l'arrêté du 2 mai 2012 relatif aux agréments des exploitants de centre VHU et aux agréments des exploitants des installations de broyage de véhicules hors d'usage.

A. 28 avr. 2017 définissant le contenu et les modalités de mise en œuvre du plan d'actions des producteurs automobiles en application du 3° de l'article R. 543-158 du Code de l'environnement (*JO* du 30).

A. 20 nov. 2023 portant cahiers des charges des écoorganismes, des systèmes individuels et des organismes coordonnateurs de la filière à responsabilité élargie des producteurs de voitures particulières, de camionnettes, de véhicules à moteur à deux ou trois roues et quadricycles à moteur (*JO* du 26).

Responsabilité élargie du constructeur automobile – Véhicules hors d'usage (VHU). Suite à une décision de la Cour de justice de l'Union européenne du 15 avril 2010 (aff. C-64/09) qui avait condamné la France pour manquement à son obligation de transposition de la directive 2000/53/CE du Parlement européen et du Conseil, du 18 septembre 2000, *relative aux véhicules hors d'usage,* le décret n° 2011-153 du 4 février 2011 *portant diverses dispositions d'adaptation au droit communautaire en matière de gestion des véhicules hors d'usage et des déchets d'équipements électriques et électroniques* a été adopté. Dans ce cadre les constructeurs automobiles voient leurs obligations en matière de responsabilité élargie du producteur renforcées ; ils doivent ainsi mettre en place un réseau de centre VHU agréé aux fins de reprise, de stockage, de dépollution et de démontage des véhicules hors d'usage puis de remise, après traitement, à un broyeur agréé. Les informations nécessaires aux opérations de traitement de ces véhicules doivent être fournies par les constructeurs aux centres VHU. Cette filière s'inscrit dans des objectifs de valorisation, de réutilisation et de recyclage des véhicules hors d'usage dont la viabilité économique fait l'objet d'une surveillance.

Art. R. 543-153 *(Rempl., D. n° 2022-1495, 24 nov. 2022).* – I. – La présente section précise les modalités de gestion des déchets des voitures particulières, camionnettes, véhicules à moteur à deux ou trois roues et quadricycles à moteur ainsi que les conditions de mise en œuvre de l'obligation de responsabilité élargie du producteur applicable aux producteurs de ces catégories de véhicules en vertu du 15° de l'article L. 541-10-1.

Sont exclus du champ d'application de la présente section les produits relevant d'un autre alinéa de l'article L. 541-10-1.

II. – La présente section s'applique indépendamment de la manière dont le véhicule a été entretenu ou réparé pendant son utilisation et de la circonstance que le véhicule est équipé de pièces fournies par le producteur ou d'autres pièces ou équipements supplémentaires quel qu'en soit le fabricant.

III. – Les règles régissant la construction des voitures particulières, camionnettes, véhicules à moteur à deux ou trois roues et quadricycles à moteur relatives aux bruits, aux émissions polluantes, à l'utilisation de substances dangereuses et visant à faciliter le démontage, le désassemblage et la dépollution de ces véhicules sont définies au chapitre VIII du titre Ier du livre III de la partie réglementaire du Code de la route.

Art. R. 543-154 *(Rempl., D. n° 2022-1495, 24 nov. 2022).* – Pour l'application du 15° de l'article L. 541-10-1 et au sens de la présente section, on entend par :

1° « Voitures particulières, camionnettes, véhicules à moteur à deux ou trois roues et quadricycles à moteur », les véhicules qui relèvent des catégories mentionnées à l'article R. 311-1 du Code de la route suivantes :

a) Véhicules de catégorie M ou N ayant un poids maximal inférieur ou égal à 3,5 tonnes ;

b) Véhicules de catégorie L ;

c) Véhicules d'intérêt général pouvant relever de l'une des catégories de véhicules mentionnées aux a et b ;

2° « Véhicule hors d'usage (VHU) », tout véhicule mentionné au 1° qui constitue un déchet, au sens de l'article L. 541-1-1.

La circonstance qu'un véhicule conserve une valeur commerciale est sans incidence sur son statut de déchet ;

3° « Véhicule hors d'usage complet », tout véhicule hors d'usage qui n'est pas dépourvu de sa carrosserie, de son groupe motopropulseur, de son pot catalytique, de sa batterie de traction pour les véhicules qui en étaient équipés lors de leur mise sur le marché, qui ne renferme pas de déchets ou d'équipements non homologués qui lui ont été ajoutés et qui, par leur nature ou leur quantité, augmentent notablement son coût de traitement ;

4° « Véhicule abandonné », tout véhicule relevant des articles L. 541-21-3, L. 541-21-4 et L. 541-21-5 du Code de l'environnement dont le titulaire du certificat d'immatriculation n'est pas connu ou pour lesquels ce titulaire ne s'est pas conformé à l'une des mesures prévues à ces articles ;

5° « Producteur », toute personne physique ou morale qui, à titre professionnel, soit produit en France, soit importe ou introduit pour la première fois sur le marché national, par quelque technique de vente que ce soit, des véhicules neufs relevant de la présente section destinés à être cédés à l'utilisateur final.

Dans le cas où ces véhicules sont cédés sous la marque d'un revendeur ou d'un donneur d'ordre dont l'apposition résulte d'un document contractuel, ce revendeur ou ce donneur d'ordre est considéré comme producteur

6° « Collecteur », toute personne physique ou morale qui assure la collecte et le transport de véhicules hors d'usage ;

7° « Centre VHU », toute personne physique ou morale qui assure la réception, l'entreposage, la dépollution, le démontage de pièces ou le désassemblage, y compris le découpage et le compactage, des véhicules hors d'usage en vue de leur traitement ultérieur ;

8° « Dépollution », toute opération consistant à retirer et isoler de manière sélective les matériaux et composants dangereux, au sens de l'article R. 541-8, afin qu'ils ne contaminent pas les déchets issus du broyage des véhicules hors d'usage ;

9° « Broyeur », toute personne physique ou morale assurant des opérations de broyage, soit toute opération de traitement des véhicules hors d'usage comprenant au moins la séparation sur site des métaux ferreux des autres matériaux par l'utilisation d'un équipement de fragmentation et de tri, y compris celle réalisée par une installation de tri post-broyage.

Sous-section 1. – Gestion des véhicules hors d'usage

§ 1. – Dispositions relatives aux centres VHU et aux broyeurs

Art. R. 543-155 *(Rempl., D. n° 2022-1495, 24 nov. 2022).* – I. – Un véhicule hors d'usage ne peut être remis par son détenteur, le cas échéant un collecteur, qu'auprès d'un centre VHU ou d'une installation de traitement de véhicules hors d'usage située dans un autre État membre de l'Union européenne ou dans un État tiers, dès lors que cette installation respecte des dispositions équivalentes à celles de la présente sous-section et celles de l'article R. 322-9 du Code de la route.

II. – Les centres VHU réceptionnent sans frais dans leurs installations les véhicules hors d'usage qui leur sont remis ou cédés par leur détenteur, y compris le cas échéant un collecteur, quel qu'en soit le producteur, ainsi que ceux relevant des articles L. 541-21-3, L. 541-21-4 et L. 541-21-5 et ceux livrés à la destruction en application des articles L. 325-7 et L. 325-8 du Code de la route.

Art. R. 543-155-1 *(D. n° 2022-1495, 24 nov. 2022 puis mod. à compter du 1er janvier 2024, D. n° 2022-1495, 24 nov. 2022).* – I. – Les installations qui ne sont pas enregistrées au titre de la rubrique 2712 de la nomenclature des installations classées ne peuvent réceptionner de véhicules hors d'usage.

Toutefois, les centres VHU titulaires d'un agrément délivré avant le 1er janvier 2025 qui ne sont pas soumis à enregistrement au titre de la rubrique mentionnée au précédent alinéa peuvent réceptionner des véhicules hors d'usage, tant que cet agrément n'est pas retiré ou suspendu dans les conditions prévues à l'article R. 515-38.

II. – Tout centre VHU disposant d'un contrat conclu avec un éco-organisme en application de l'article L. 541-10-26 peut réaliser les opérations de gestion de tout véhicule hors d'usage correspondant à la catégorie d'agrément de l'éco-organisme. Il peut laisser, en l'état, à disposition des systèmes individuels les véhicules hors d'usage qui lui auraient été remis et pour lesquels il n'aurait pas conclu le contrat prévu à l'article L. 541-10-26.

Tout centre VHU ne disposant pas d'un contrat conclu avec un éco-organisme en application de l'article L. 541-10-26 ne peut réaliser que les opérations de gestion de véhicules hors d'usage pour lesquelles il dispose d'un contrat conclu avec le système individuel du producteur de ces véhicules. Il laisse, en l'état, à disposition des autres systèmes individuels ou éco-organismes les véhicules hors d'usage qui lui auraient été remis et pour lesquels il n'aurait pas conclu le contrat prévu à l'article L. 541-10-26.

Tout centre VHU mentionné au précédent alinéa peut proposer aux systèmes individuels et aux éco-organismes avec lesquels il n'a pas conclu le contrat prévu à l'article L. 541-10-26, d'assurer la gestion des véhicules hors d'usage qui lui auraient été remis et qui relèveraient de ces systèmes individuels ou éco-organismes.

En cas d'acceptation de la proposition du centre VHU par un éco-organisme, ce dernier propose au centre VHU de conclure le contrat type mentionné au II de l'article R. 543-160, dans les conditions prévues au III du même article.

En cas d'acceptation de la proposition du centre VHU par un système individuel, ce dernier propose au centre VHU de conclure le contrat type mentionné au II de l'article R. 543-161.

La proposition du centre VHU est réputée refusée en l'absence d'acceptation par le système individuel ou l'éco-organisme dans un délai de deux mois suivant la réception de la proposition.

Lorsqu'un véhicule hors d'usage remis à un centre VHU ne relève de l'agrément d'aucun éco-organisme ou système individuel, ce centre peut réaliser les opérations de gestion de ce véhicule.

Art. R. 543-155-2 *(D. n° 2022-1495, 24 nov. 2022).* – I. – Seuls les véhicules hors d'usage ayant fait l'objet d'une dépollution complète et d'un désassemblage par un centre VHU peuvent faire l'objet d'une opération de broyage.

II. – Les broyeurs ne peuvent réceptionner que des véhicules hors d'usage, ou des parties découpées de véhicules hors d'usage, provenant de centres VHU ou d'installations de traitement de véhicules hors d'usage situées dans un autre État membre de l'Union européenne ou dans un État tiers, sous réserve que ces installations respectent des dispositions équivalentes à celles de la présente sous-section.

III. – À compter du 1er janvier 2025, les résidus de broyage non métalliques issus de véhicules hors d'usage n'ayant pas fait l'objet d'une opération de tri post-broyage pour valorisation ne peuvent être éliminés dans des installations de stockage de déchets.

Le précédent alinéa est applicable dans les collectivités régies par l'article 73 de la Constitution, à Saint-Martin et à Saint-Pierre-et-Miquelon à compter du 1er janvier 2030.

IV. – Un arrêté du ministre chargé de l'environnement peut préciser les conditions et les modalités de réception, d'entreposage, de dépollution, de démontage de pièces, de désassemblage, et de traitement des véhicules hors d'usage, y compris des régimes d'audit, d'inspection et de certification des centres VHU et broyeurs.

Art. R. 543-155-3 *(D. n° 2022-1495, 24 nov. 2022).* – Toute pièce issue des opérations de démontage des véhicules hors d'usage réalisées par un centre VHU et répondant aux conditions prévues au II de l'article L. 541-4-3 fait l'objet d'un marquage approprié apposé par le centre VHU afin d'en assurer la traçabilité.

Ces pièces sont conditionnées, entreposées et transportées selon des pratiques qui permettent de préserver leur intégrité et leur qualité.

Art. R. 543-155-4 *D. n° 2022-1495, 24 nov. 2022 puis mod. à compter du 1er janvier 2024, D. n° 2022-1495, 24 nov. 2022).* – Tout centre VHU indique le numéro de dossier figurant dans l'accusé de réception délivré dans le cadre de la demande mentionnée à l'article R. 512-46-3 ou, à défaut, le numéro d'agrément prévu au deuxième alinéa du I de l'article R. 543-155-1 dans le document relatif aux conditions générales de vente ou, lorsqu'il n'en dispose pas, dans tout autre document contractuel communiqué à l'acheteur de pièces issues des opérations de démontage des véhicules hors d'usage.

Art. R. 543-155-5 *(D. n° 2022-1495, 24 nov. 2022).* – I. – Les centres VHU assurent une traçabilité de chaque véhicule hors d'usage qu'ils réceptionnent jusqu'à son transfert vers un broyeur.

II. – Les broyeurs confirment au centre VHU ayant assuré la réception initiale d'un véhicule hors d'usage, la destruction effective du véhicule dans un délai de quinze jours à compter de la date de broyage du véhicule.

Un arrêté du ministre chargé de l'environnement peut préciser les modalités d'application de cet article.

Art. R. 543-155-6 *(D. n° 2022-1495, 24 nov. 2022).* – Les centres VHU et les broyeurs tiennent à la disposition du public des informations sur :

1° Le traitement des véhicules hors d'usage, notamment en ce qui concerne leur dépollution et leur désassemblage ;

2° Le développement et l'optimisation des méthodes de réutilisation et de valorisation des pièces et matériaux provenant des véhicules hors d'usage ;

3° Les progrès réalisés dans la réduction des quantités de déchets à éliminer et l'augmentation des taux de réutilisation et de valorisation des pièces et matériaux ;

4° Les méthodes de traçabilité des pièces mentionnées au premier alinéa de l'article R. 543-155-3.

Dans le cas de centres VHU et de broyeurs disposant d'un site internet, ces informations sont mises à disposition du public par voie électronique.

Art. R. 543-155-7 *(D. n° 2022-1495, 24 nov. 2022 puis abr. à compter du 1er janvier 2025, D. n° 2022-1495, 24 nov. 2022).*

Rédaction antérieure. Art. R. 543-155-7 *(D. n° 2022-1495, 24 nov. 2022).* – Tout exploitant d'une installation de stockage, de dépollution, de démontage, de découpage ou de broyage des véhicules hors d'usage relevant du a du 1° de l'article R. 543-154, ou des cyclomoteurs à trois roues hors d'usage, doit en outre être agréé à cet effet.

Cet agrément est délivré, suspendu ou retiré selon les modalités prévues à l'article R. 515-37 et à l'article R. 515-38.

Est annexé à cet agrément un cahier des charges qui fixe les obligations du bénéficiaire.

Le contenu de ce cahier des charges est défini à l'article R. 543-155-8 pour les centres VHU et à l'article R. 543-155-9 pour les broyeurs.

Un arrêté conjoint des ministres chargés, respectivement, de l'environnement, de l'intérieur, de l'économie et de l'industrie précise le contenu et les modalités de délivrance de l'agrément.

Art. R. 543-155-8 *(D. n° 2022-1495, 24 nov. 2022, puis abr. à compter du 1er janvier 2025, D. n° 2022-1495, 24 nov. 2022).*

Rédaction antérieure. Art. R. 543-155-8 *(D. n° 2022-1495, 24 nov. 2022).* – Le cahier des charges mentionné à l'article R. 543-155-7 impose aux centres VHU agréés, notamment :

1° De procéder au traitement des véhicules pris en charge dans un ordre déterminé, en commençant par la dépollution ;

2° D'extraire certains matériaux et composants ;

3° De contrôler l'état des composants démontés en vue de leur réutilisation et d'assurer, le cas échéant, leur traçabilité par l'apposition d'un marquage approprié, lorsqu'il est techniquement possible ;

4° De ne remettre :

a) Les véhicules hors d'usage traités qu'aux broyeurs agréés ou, sous leur responsabilité, à d'autres centres VHU agréés ;

b) Les déchets issus du traitement des véhicules hors d'usage qu'à des installations exploitées conformément aux dispositions du titre Ier du présent livre ou dans toute autre installation de traitement autorisée à cet effet dans un autre État membre de l'Union européenne ou dans un autre État ;

5° De communiquer au ministre chargé de l'environnement :

a) Des informations sur les modalités juridiques et financières de prise en charge des véhicules hors d'usage ainsi que sur les conditions techniques, juridiques, économiques et financières dans lesquelles les centres VHU agréés exercent leurs activités ;

b) Le nombre et le tonnage de véhicules pris en charge ;

c) Le nombre et le tonnage de véhicules hors d'usage remis, directement ou via d'autres centres VHU agréés, aux broyeurs agréés ;

d) Le tonnage de produits ou déchets issus du traitement des véhicules hors d'usage remis à des tiers ;

e) Les taux de réutilisation et recyclage et réutilisation et valorisation atteints par l'opérateur ;

6° De tenir à la disposition des opérateurs économiques avec lesquels ils collaborent leurs performances en matière de réutilisation et recyclage et de réutilisation et valorisation des véhicules hors d'usage ;

7° De se conformer, lorsque le véhicule est pris en charge pour destruction, aux prescriptions de l'article R. 322-9 du Code de la route ;

8° De délivrer au détenteur du véhicule hors d'usage un certificat de destruction dans les conditions prévues à l'article R. 322-9 du Code de la route ;

9° De constituer, le cas échéant, une garantie financière, dans les conditions prévues à l'article L. 516-1 ;

10° De se conformer aux dispositions relatives au stockage des véhicules et des fluides, matériaux ou composants extraits de ces véhicules ;

11° De justifier de l'atteinte d'un taux de réutilisation et de recyclage minimal et d'un taux de réutilisation et de valorisation minimal des véhicules hors d'usage ;

12° De se conformer aux prescriptions définies en vue de l'atteinte des objectifs assignés à la filière, y compris par le biais d'une coopération avec les autres opérateurs économiques ;

13° De se conformer aux prescriptions imposées en matière de traçabilité des véhicules hors d'usage.

Art. R. 543-155-9 *(D. n° 2022-1495, 24 nov. 2022 puis abr. à compter du 1er janvier 2025, D. n° 2022-1495, 24 nov. 2022).*

Rédaction antérieure. Art. R. 543-155-9 *(D. n° 2022-1495, 24 nov. 2022).* – Le cahier des charges mentionné à l'article R. 543-155-7 impose aux broyeurs, notamment :

1° De ne prendre en charge que les véhicules hors d'usage qui ont été préalablement traités par un centre VHU agréé ;

2° De broyer les véhicules hors d'usage ;

3° De ne remettre les déchets issus du broyage des véhicules hors d'usage qu'à des installations exploitées conformément aux dispositions du titre Ier du présent livre ou dans toute autre installation de traitement autorisée à cet effet dans un autre État membre de l'Union européenne ou dans un autre État ;

4° De communiquer au ministre chargé de l'environnement :

a) Des informations sur les modalités juridiques et financières de prise en charge des véhicules hors d'usage ainsi que les conditions techniques, juridiques, économiques et financières dans lesquelles les broyeurs exercent leurs activités ;

b) Le nombre et le tonnage de véhicules pris en charge ;

c) Le tonnage de produits ou déchets issus du traitement des véhicules hors d'usage remis à des tiers ;

d) Les résultats de l'évaluation prévue au 8° ;

5° De tenir à la disposition des opérateurs économiques avec lesquels ils collaborent leurs performances en matière de réutilisation et recyclage et de réutilisation et valorisation des véhicules hors d'usage ;

6° De constituer, le cas échéant, une garantie financière, dans les conditions prévues à l'article L. 516-1 ;

7° De se conformer aux dispositions relatives au stockage des véhicules et des matériaux issus du broyage de ces véhicules ;

8° De procéder, au moins tous les trois ans, à une évaluation de la performance de leur processus industriel de traitement des résidus de broyage issus de véhicules hors d'usage, en distinguant, le cas échéant, les opérations réalisées en aval de leur installation ;

9° De justifier de l'atteinte d'un taux de réutilisation et de recyclage minimal et d'un taux de réutilisation et de valorisation minimal des véhicules hors d'usage en distinguant, le cas échéant, les opérations réalisées en aval de leur installation ;

10° De se conformer aux prescriptions définies en vue de l'atteinte des objectifs assignés à la filière, y compris par le biais d'une coopération avec les autres opérateurs économiques ;

11° De se conformer aux prescriptions imposées en matière de traçabilité des véhicules hors d'usage, et notamment de confirmer au centre VHU agréé ayant assuré la prise en charge initiale des véhicules hors d'usage la destruction effective des véhicules, dans un délai de quinze jours à compter de la date de leur broyage.

§ 2. – Dispositions relatives aux producteurs et aux autres opérateurs économiques

Art. R. 543-156 *(Rempl., D. n° 2022-1495, 24 nov. 2022).* **– I. – Sans préjudice des secrets protégés par la loi, dans un délai de six mois suivant la date de réception d'un type de véhicule neuf, que cette réception soit au niveau national ou européen, son producteur fournit aux centres VHU les informations et consignes en langue française requises pour permettre la dépollution, le démontage, le désassemblage et les autres opérations de traitement appropriées des véhicules hors d'usage.**

Ces informations indiquent les différentes pièces et matériaux des véhicules ainsi que l'emplacement de toutes les substances dangereuses dans les véhicules.

II. – Sans préjudice des secrets protégés par la loi, chaque fabricant de pièces utilisées dans les véhicules fournit aux centres VHU les informations et consignes en langue française requises pour permettre le démontage, le stockage, le contrôle et le référencement des pièces mentionnées à l'article R. 543-155-3.

III. – Les informations mentionnées aux I et II du présent article sont mises à disposition sans frais auprès des centres VHU sous forme de manuels ou par le canal des médias électroniques.

Art. R. 543-156-1 *(Rempl., D. n° 2022-1495, 24 nov. 2022).* **– Lorsque cela est techniquement possible, les producteurs de véhicules, les fabricants de pièces, de substances et de matériaux utilisés dans les véhicules, les entreprises d'assurance automobile, les opérateurs de gestion de déchets et les professionnels de la réparation ou de l'entretien des véhicules mettent en place des systèmes de collecte des déchets issus des opérations de réparation ou d'entretien de ces véhicules.**

Dans le cadre des opérations de réparation ou d'entretien des véhicules, les pièces usagées qu'un opérateur a trié afin qu'elles soient reconditionnées, au sens de l'article R. 122-4 du Code de la consommation, et qui n'ont, ainsi, pas pris le statut de déchet font l'objet d'un marquage approprié, apposé par l'opérateur afin d'en assurer la traçabilité.

Voir : A. 27 juin 2011, relatif aux réseaux de centres VHU agréés mis en place par les producteurs ou groupements de producteurs en application de l'article R. 543-156-1 du Code de l'environnement.

Art. R. 543-156-2 *(D. n° 2022-1495, 24 nov. 2022).* **– Chaque producteur, en liaison notamment avec les fabricants de pièces, substances et matériaux utilisés dans ses véhicules, indique dans son bilan annuel d'activité, dans la documentation promotionnelle publiée lors de la mise sur le marché des nouveaux véhicules et dans tout autre document approprié destiné au public :**

1° Les actions entreprises en matière de construction des véhicules afin de limiter l'utilisation de substances dangereuses visées à l'article R. 318-10 du Code de la route, de faciliter le démontage, le désassemblage et la dépollution des véhicules hors d'usage, la réutilisation et la valorisation de leurs pièces et matériaux et de limiter la quantité et la nocivité pour l'environnement des déchets provenant des véhicules ;

2° Le pourcentage de chaque type de matériau recyclé intégré aux véhicules et les actions engagées pour accroître la part de ces matériaux dans les véhicules ;

3° Les informations relatives aux taux de réutilisation, de recyclage et de valorisation des véhicules hors d'usage.

Dans le cas de producteurs disposant d'un site internet, ces informations sont mises à disposition du public par voie électronique.

Sous-section 2. – Obligations de responsabilité élargie des producteurs

§ 1. – Dispositions relatives aux éco-organismes

Art. R. 543-160 *(Rempl., D. n° 2022-1495, 24 nov. 2022).* – I. – Pour mettre en œuvre la responsabilité élargie des producteurs de voitures particulières, de camionnettes, de véhicules à moteur à deux ou trois roues et quadricycles à moteur qui lui ont transféré leurs obligations en application du I de l'article L. 541-10, l'éco-organisme contribue financièrement ou pourvoit à la prévention, à la collecte sur le lieu de détention, au transport, à la réception, à l'entreposage, à la dépollution, au démontage, au désassemblage et au traitement des véhicules hors d'usage.

Il assure ces missions sur l'ensemble du territoire national afin de permettre la collecte et le transport sans frais depuis le lieu de détention des véhicules hors d'usage complets et des véhicules abandonnés, auprès de tout détenteur qui en fait la demande, ainsi que la réception sans frais des véhicules hors d'usage complets et des véhicules abandonnés, dans les conditions prévues par la présente sous-section.

II. – Lorsqu'il contribue financièrement aux coûts des opérations de gestion des véhicules hors d'usage mentionnées au I du présent article, l'éco-organisme établit un contrat type relatif à ces opérations, dans les conditions prévues à l'article R. 541-104.

L'éco-organisme justifie des montants des soutiens financiers qu'il propose de sorte à ce qu'ils tiennent compte des recettes tirées de la réutilisation et du recyclage et correspondent à des services de gestion des déchets présentant un bon rapport coût-efficacité.

III *(Créé à compter du 1er janvier 2024, D. n° 2022-1495, 24 nov. 2022).* – Lorsqu'il pourvoit à la gestion des véhicules hors d'usage sur l'ensemble du territoire national, tout éco-organisme peut également contribuer financièrement à la gestion des véhicules hors d'usage relevant de son agrément qui sont réceptionnés par un centre VHU dans le cas mentionné au troisième alinéa du II de l'article R. 543-155-1. En ce cas, par dérogation à l'article R. 541-106, il n'est pas tenu de contracter avec l'ensemble des centres VHU en faisant la demande.

IV *(Créé à compter du 1er janvier 2024, D. n° 2022-1495, 24 nov. 2022).* – Tout éco-organisme reprend les véhicules qui lui sont mis à disposition par un centre VHU en application du II de l'article R. 543-155-1. Cette reprise est effectuée dans un délai d'au plus quinze jours à compter de la date de notification de l'éco-organisme par le centre VHU. Ce délai peut être augmenté avec l'accord du centre VHU. L'éco-organisme verse au centre VHU une compensation financière pour les opérations de réception et d'entreposage de ces véhicules.

Dans le cas où le centre VHU propose à l'éco-organisme d'assurer la gestion de ces véhicules, conformément au II de l'article R. 543-155-1, le délai mentionné au précédent alinéa s'entend à compter de la date de refus de la proposition du centre VHU par l'éco-organisme.

Art. R. 543-160-1 *(D. n° 2022-1495, 24 nov. 2022).* – Tout éco-organisme assure également la gestion des véhicules hors d'usage relevant de son agrément lorsque ces véhicules ont été mis sur le marché avant la date mentionnée au 15° de l'article L. 541-10-1.

Art. R. 543-160-2 *(D. n° 2022-1495, 24 nov. 2022).* – Tout éco-organisme met en œuvre des procédures permettant de s'assurer que les personnes avec lesquelles il conclut des contrats de gestion de véhicules hors d'usage respectent les prescriptions législatives et réglementaires relatives à la gestion de ces déchets et des fluides frigorigènes qu'ils contiennent. Il met en place un dispositif d'évaluation de ces procédures et adopte s'il y a lieu les mesures correctives nécessaires.

Art. R. 543-160-3 *(D. n° 2022-1495, 24 nov. 2022).* – Les contrats conclus par les éco-organismes avec les opérateurs de gestion de déchets ne peuvent interdire le démontage de pièces de véhicules hors d'usage en vue de leur réutilisation ou valorisation, hormis la revente aux particuliers des éléments pyrotechniques des véhicules.

Art. R. 543-160-4 *(D. n° 2022-1495, 24 nov. 2022)*. – Dans un délai de dix-huit mois à compter de la date de son premier agrément, tout éco-organisme transmet au ministre chargé de l'environnement les éléments démontrant qu'il est le bénéficiaire d'un nombre suffisant de contrats conclus avec des opérateurs de gestion de déchets pour lui permettre, compte tenu des capacités de traitement disponibles de ces opérateurs et eu égard aux autres contrats les liant à d'autres éco-organismes et systèmes individuels, de pourvoir à la collecte sur le lieu de détention et en tout point du territoire national, au transport, à la réception, à l'entreposage, à la dépollution, au démontage, au désassemblage et au traitement de l'ensemble des véhicules hors d'usage relevant de son agrément.

Art. R. 543-160-5 *(D. n° 2022-1495, 24 nov. 2022)*. – Pour l'application des dispositions du paragraphe 5 de la sous-section 1 de la section 8 du chapitre Ier du titre IV du livre V de la partie réglementaire du présent code aux déchets issus des produits relevant de la présente section, et par dérogation aux dispositions du 1° de l'article R. 541-111, tout véhicule abandonné mentionné au 4° de l'article R. 543-154 est regardé comme constituant un dépôt illégal de déchets abandonnés.

Le second alinéa de l'article R. 541-112 n'est pas applicable dans le cas des déchets issus des produits relevant de la présente section.

§ 2. – Dispositions relatives aux systèmes individuels

Art. R. 543-161 *(Rempl., D. n° 2022-1495, 24 nov. 2022)*. – I. – Pour mettre en œuvre la responsabilité élargie des producteurs de voitures particulières, de camionnettes, de véhicules à moteur à deux ou trois roues et quadricycles à moteur, tout système individuel mis en place par un producteur pourvoit à la prévention, à la collecte sur le lieu de détention, au transport, à la réception, à l'entreposage, à la dépollution, au démontage, au désassemblage et au traitement des véhicules hors d'usage issus de ses produits.

Conformément aux dispositions de l'article R. 541-138, il assure ces missions sur l'ensemble du territoire national afin de permettre la collecte et le transport sans frais depuis le lieu de détention des véhicules hors d'usage complets et des véhicules abandonnés, auprès de tout détenteur qui en fait la demande, ainsi que la réception sans frais des véhicules hors d'usage complets et des véhicules abandonnés, dans les conditions prévues par la présente sous-section.

II. – Tout système individuel peut également contribuer financièrement aux coûts des opérations de gestion des véhicules hors d'usage mentionnées au I du présent article auprès des personnes assurant ces opérations. Il établit alors un contrat type qui prévoit notamment les modalités de gestion des véhicules hors d'usage.

Il justifie des montants des soutiens financiers qu'il propose de sorte à ce qu'ils tiennent compte des recettes tirées de la réutilisation et du recyclage et correspondent à des services de gestion des déchets présentant un bon rapport coût-efficacité.

III *(ICréé à compter du 1er janvier 2024, D. n° 2022-1495, 24 nov. 2022)*. – Tout système individuel reprend les véhicules qui lui sont mis à disposition par un centre VHU en application du II de l'article R. 543-155-1. Cette reprise est effectuée dans un délai d'au plus quinze jours à compter de la date de notification du système individuel par le centre VHU. Ce délai peut être augmenté avec l'accord du centre VHU. Le système individuel verse au centre VHU une compensation financière pour les opérations de réception et d'entreposage de ces véhicules.

Dans le cas où le centre VHU propose au système individuel d'assurer la gestion de ces véhicules, conformément au II de l'article R. 543-155-1, le délai mentionné au précédent alinéa s'entend à compter de la date de refus opposé à la proposition du centre VHU par le système individuel.

Art. R. 543-161-1 *(D. n° 2022-1495, 24 nov. 2022)*. – Tout système individuel assure également la gestion des véhicules hors d'usage relevant de son agrément lorsque ces véhicules ont été mis sur le marché avant la date mentionnée au 15° de l'article L. 541-10-1.

Art. R. 543-161-2 *(D. n° 2022-1495, 24 nov. 2022)*. – Tout système individuel met en œuvre des procédures permettant de s'assurer que les personnes avec lesquelles il conclut des contrats de gestion de véhicules hors d'usage respectent les prescriptions législatives et réglementaires relatives à la gestion de ces déchets et des fluides frigorigènes qu'ils contiennent. Il met en place un dispositif d'évaluation de ces procédures, en adoptant s'il y a lieu les mesures correctives nécessaires.

Art. R. 543-161-3 *(D. n° 2022-1495, 24 nov. 2022).* – Les contrats conclus par les systèmes individuels avec les opérateurs de gestion de déchets ne peuvent interdire le démontage de pièces de véhicules hors d'usage en vue de leur réutilisation ou valorisation, hormis la revente aux particuliers des éléments pyrotechniques des véhicules.

Art. R. 543-161-4 *(D. n° 2022-1495, 24 nov. 2022).* – Dans un délai de dix-huit mois à compter de la date de son premier agrément, tout système individuel transmet au ministre chargé de l'environnement les éléments démontrant qu'il est le bénéficiaire d'un nombre suffisant de contrats conclus avec des opérateurs de gestion de déchets pour lui permettre, compte tenu des capacités de traitement disponibles de ces opérateurs et eu égard aux autres contrats les liant à d'autres éco-organismes et systèmes individuels, de pourvoir à la collecte sur le lieu de détention et en tout point du territoire national, au transport, à la réception, à l'entreposage, à la dépollution, au démontage, au désassemblage et au traitement de l'ensemble des véhicules hors d'usage relevant de son agrément.

Art. R. 543-161-5 *(D. n° 2022-1495, 24 nov. 2022).* – Par dérogation au dernier alinéa de l'article R. 541-140, le montant de la garantie financière mentionnée au même article est déterminé de façon à permettre de couvrir les coûts prévisionnels de gestion des véhicules hors d'usage issus des véhicules mis sur le marché par le producteur pendant une année à compter de son agrément.

§ 3. – Dispositions spécifiques relatives à l'outre-mer

Sous-paragraphe 1. – Plan de prévention et de gestion des véhicules hors d'usage

Art. R. 543-165 *(Rempl., D. n° 2022-1495, 24 nov. 2022).* – I. – En complément des informations prévues aux articles R. 541-86 et R. 541-133, le dossier de demande d'agrément de tout éco-organisme ou système individuel comporte un plan de prévention et de gestion des véhicules hors d'usage dans les collectivités régies par l'article 73 de la Constitution, à Saint-Martin et à Saint-Pierre-et-Miquelon ayant pour objectif d'améliorer les performances de collecte et de traitement des véhicules hors d'usage dans ces territoires ainsi que de prévenir et résorber la présence des véhicules mentionnés aux articles L. 541-21-3, L. 541-21-4 et L. 541-21-5.

Ce plan se substitue, pour les éco-organismes, au plan mentionné à l'article R. 541-130.

II. – Tout éco-organisme ainsi que tout système individuel met en œuvre le plan mentionné au I du présent article dans toute collectivité régie par l'article 73 de la Constitution, à Saint-Martin et à Saint-Pierre-et-Miquelon, pour laquelle le taux d'abandon des véhicules relevant de son agrément, exprimé comme le rapport entre le nombre de véhicules abandonnés ayant été répertoriés durant l'année considérée et le nombre de véhicules réceptionnés dans les conditions prévues à l'article R. 543-155 durant la même année, est supérieur à 10 %.

Ce plan prévoit le versement, à partir du 1er janvier 2024, d'une prime au retour au titulaire du certificat d'immatriculation sous réserve qu'il s'agisse d'une personne physique et que son véhicule hors d'usage soit complet. Il en précise les conditions et modalités.

Le montant de cette prime au retour peut être adapté à chacun des territoires concernés.

III. – Tout éco-organisme ainsi que tout système individuel évalue chaque année les progrès réalisés en matière de prévention des abandons de véhicules, de collecte et de traitement des véhicules hors d'usage dans chacun des territoires concernés.

Tout éco-organisme ainsi que tout système individuel pour lequel le taux d'abandon reste supérieur à 10 % pendant trois années consécutives révise les mesures de son plan dans les conditions prévues au II de l'article L. 541-9-6, après consultation des collectivités compétentes en matière de planification ou de gestion des déchets et, pour les éco-organismes, de leur comité des parties prenantes.

Art. R. 543-165-1 *(D. n° 2022-1495, 24 nov. 2022).* – Tout éco-organisme ainsi que tout système individuel procède à une évaluation du nombre de véhicules hors d'usage relevant de son agrément, distinguant les véhicules mentionnés aux articles L. 541-21-3, L. 541-21-4 et L. 541-21-5 présents dans chaque collectivité régie par l'article 73 de la Constitution, à Saint-Martin et à Saint-Pierre-et-Miquelon, au plus tard trois ans à compter de la date de son agrément. Lorsque la durée de son agrément est inférieure ou égale à trois ans, il procède à cette évaluation au plus tard six mois avant son échéance. Le cas échéant, il met à jour cette évaluation dans le cadre de sa demande de renouvellement d'agrément.

Les éco-organismes et les systèmes individuels peuvent se coordonner pour réaliser ces évaluations.

Sous-paragraphe 2. – Dispositions relatives aux véhicules abandonnés

Art. R. 543-166 *(Rempl., D. n° 2022-1495, 24 nov. 2022).* – Dans les collectivités régies par l'article 73 de la Constitution, à Saint-Martin et à Saint-Pierre-et-Miquelon, le paragraphe 5 de la sous-section 1 de la section 8 du chapitre Ier n'est pas applicable aux véhicules hors d'usage, à l'exception de l'article R. 541-111, dans les conditions prévues à l'article R. 543-160-5. Les dispositions de ce paragraphe sont remplacées par les dispositions du présent sous-paragraphe.

Art. R. 543-166-1 *(D. n° 2022-1495, 24 nov. 2022).* – I. – Dans chaque collectivité régie par l'article 73 de la Constitution, à Saint-Martin et à Saint-Pierre-et-Miquelon, les éco-organismes et les systèmes individuels se coordonnent pour prendre en charge les opérations de repérage et de gestion de déchets relatives à la résorption d'un dépôt illégal de véhicules relevant de leur catégorie d'agrément selon les modalités prévues à l'article R. 543-166-2, y compris lorsque ces véhicules ont été mis sur le marché avant la date mentionnée au 15° de l'article L. 541-10-1.

A cette fin, les éco-organismes et les systèmes individuels signent avec les personnes publiques des territoires concernés des conventions de prise en charge.

II. – Dans chacun de ces territoires, pour les véhicules relevant du a du 1° de l'article R. 543-154, tout éco-organisme et système individuel peut refuser de prendre en charge les opérations de gestion d'un dépôt illégal de véhicules dès lors que le nombre moyen des véhicules dont il a assuré la prise en charge est, sur trois ans, au moins égal à 20 % du nombre moyen de véhicules qu'il a mis sur le marché dans le territoire considéré sur la même période.

Art. R. 543-166-2 *(D. n° 2022-1495, 24 nov. 2022).* – La personne publique communique aux éco-organismes et systèmes individuels le procès-verbal de constat mentionné aux articles L. 541-21-3, L. 541-21-4 et L. 541-21-5 qui mentionne les parcelles cadastrales où est situé le dépôt illégal de véhicules, l'estimation de la quantité totale de véhicules et l'absence d'identification des titulaires des certificats d'immatriculation des véhicules constituant le dépôt à la date de la constatation ou, lorsque les titulaires des certificats d'immatriculation des véhicules sont identifiés, le constat de ce qu'ils ne se sont pas conformés à l'une des mesures de police prévues à ces articles.

La personne publique concernée par ces dépôts illégaux peut prescrire le délai de réalisation des opérations de gestion des déchets mentionnées au I de l'article R. 543-166-1, ce délai courant à compter de la date de communication de l'ensemble des informations mentionnées au précédent alinéa. Ce délai ne peut être inférieur à cinq jours pour les dépôts constitués de plus de dix véhicules.

À l'issue de la résorption du dépôt, les éco-organismes et les systèmes individuels communiquent à la personne publique concernée les documents attestant l'exécution des opérations de gestion du dépôt illégal de véhicules qui ont été réalisées.

Sous-section 3. – Contrôles et sanctions

(D. n° 2024-1221, 27 déc. 2024)

Art. R. 543-167 *(D. n° 2024-1221, 27 déc. 2024).* – I. – Tout opérateur de gestion de déchets mentionné au I de l'article L. 541-10-26 est tenu de présenter les contrats exigés à ce même article et répondant aux exigences du II de l'article R. 543-155-1, à la demande de tout inspecteur de l'environnement au sens du I de l'article L. 172-1.

II. – S'il est constaté qu'un opérateur procède à des opérations de gestion des véhicules hors d'usage mentionnées au I de l'article L. 541-10-26 sans disposer préalablement des contrats mentionnés au I, le préfet du département où exerce cet opérateur l'avise des faits qui lui sont reprochés et de la sanction qu'il

encourt. L'intéressé est mis à même de présenter ses observations, écrites ou orales, dans le délai d'un mois, le cas échéant assisté d'un conseil ou représenté par un mandataire de son choix.

Au terme de cette procédure, le préfet peut, par une décision motivée qui indique les voies et délais de recours, prononcer une amende administrative dont le montant tient compte de la gravité des manquements constatés et des avantages qui en sont retirés et qui ne peut excéder, par véhicule hors d'usage, 750 € pour une personne physique et 3 750 € pour une personne morale.

La décision mentionne le délai et les modalités de paiement de l'amende. L'amende est recouvrée conformément aux dispositions du décret n° 2012-1246 du 7 novembre 2012 relatif à la gestion budgétaire et comptable publique.

Art. R. 543-168 *(D. n° 2024-1221, 27 déc. 2024).* **– Est puni de l'amende prévue pour les contraventions de la quatrième classe le fait pour un centre VHU de ne pas procéder sans frais à la réception dans son installation d'un véhicule hors d'usage conformément aux dispositions du II de l'article R. 543-155.**

Section X – Équipements électriques et électroniques

Bibliographie : *Général.* Matveeff, *DEEE : filières agréées et parallèles, deux poids, deux mesures ? : BDEI* nov. 2011, n° 36, p. 5. • J. Asscher, *La notion de producteur de DEEE en question : BDEI* juill. 2009, n° 2, p. 21.

DEEE ménagers. S. Berges et S. Becker, *Producteurs de panneaux photovoltaïques : de nouvelles obligations en matière de traitement de déchets : JCP* E 2014, p. 9, n° 44.

Voir : ***Droit communautaire :*** avis du 11 juin 2009 du Comité économique et social européen sur la « Proposition de directive du Parlement européen et du Conseil relative aux déchets d'équipements électriques et électroniques ».

Dir. n° 2011/65 modifiée du 8 juin 2011, relative à la limitation de l'utilisation de certaines substances dangereuses dans les équipements électriques et électroniques.

Dir. n° 2012/19/UE du Parlement européen et du Conseil du 4 juillet 2012 relative aux déchets d'équipements électriques et électroniques (DEEE) (refonte).

Voir : ***Droit interne :*** A. 23 nov. 2005, relatif à l'agrément prévu à l'article 19 du décret n° 2005-829 du 20 juillet 2005 relatif à la composition des équipements électriques et électroniques et à l'élimination des déchets issus de ces équipements (*JO* 4 déc. 2005, n° 282, p. 18745, texte n° 13).

A. 23 nov. 2005, relatif aux modalités de traitement des déchets d'équipements électriques et électroniques prévues à l'article 21 du décret n° 2005-829 du 20 juillet 2005 relatif à la composition des équipements électriques et électroniques et à l'élimination des déchets issus de ces équipements, modifié (*JO* n° 282, 4 déc. 2005, p. 18745, texte n° 13).

A. modifié du 25 novembre 2005, fixant les cas et conditions dans lesquels l'utilisation dans les équipements électriques et électroniques de plomb, de mercure, de cadmium, de chrome hexavalent, de polybromobiphényles ou de polybromodiphényléthers est autorisée (*JO* 29 nov. 2005, n° 277).

A. 6 déc. 2005, relatif aux agréments et approbations prévus aux articles 9, 10, 14 et 15 du décret n° 2005-829 du 20 juillet 2005 (C. env., art. R. 543-182 à R. 543-185 et R. 543-189 à R. 543-192) relatif à la composition des équipements électriques et électroniques et à l'élimination des déchets issus de ces équipements (*JO* 16 déc. 2005, n° 292, p. 19389, texte n° 79).

A. 13 juill. 2006, pour l'application de l'article 2 du décret n° 2005-829 du 20 juillet 2005 relatif à la composition des équipements électriques et électroniques et à l'élimination des déchets qui en sont issus, modifié (*JO* 29 août 2006, n° 199, p. 12801).

Circ. 30 nov. 2012, relative à la gestion des plastiques issus des déchets d'équipements électriques et électroniques.

A. 8 oct. 2014 relatif aux conditions que doit remplir un mandataire au sens de la section 10 du chapitre III du titre IV du livre V du Code de l'environnement afin de pouvoir assurer le respect des obligations qui incombent au producteur lui ayant donné mandat.

A. 5 mars 2020 relatif à la limitation de l'utilisation de certaines substances dangereuses dans les équipements électriques et électroniques (*JO* du 18).

A. 8 oct. 2021 relatif à la procédure d'agrément des organismes coordonnateurs des filières REP (*JO* 13 nov.).

A. 27 oct. 2021 portant cahiers des charges des écoorganismes, des systèmes individuels et des organismes coordonnateurs de la filière à responsabilité élargie du producteur des équipements électriques et électroniques.

Responsabilité élargie du producteur – Déchets d'équipements électriques et électroniques (DEEE). Cette section pose le régime de la responsabilité élargie du producteur d'équipements électriques et électroniques ; celui-ci doit procéder ou contribuer financièrement à la collecte séparée des DEEE, puis les traiter ou les faire traiter à proportion de la quantité annuelle d'équipements électriques et électroniques qu'il met sur le marché. La collecte et le traitement des DEEE peuvent être effectués par la mise en œuvre de systèmes individuels ou l'adhésion à un éco-organisme. Une distinction est opérée entre DEEE ménagers et DEEE professionnels. Ce dispositif a été modifié par le décret du 2 mai 2012, n° 2012-617 qui instaure notamment une sanction à l'encontre des opérateurs de traitement de DEEE ménagers qui traiteraient ces déchets en dehors de la filière spécifique constituée des éco-organismes agréés et des systèmes individuels approuvés (■ CE, 12 juin 2013, n° 360648, *Fédération des entreprises du recyclage*).

Sous-section 1. – Dispositions relatives à la limitation de l'utilisation des substances dangereuses dans les équipements électriques et électroniques

(D. n° 2013-988, 6 nov. 2013)

§ 1. – Champ d'application

Art. R. 543-171-1 *(D. n° 2013-988, 6 nov. 2013 ; mod., D. n° 2019-1431, 23 déc. 2019)*. – I. – La présente sous-section s'applique aux équipements électriques et électroniques qui sont classés dans les catégories suivantes :

1° Gros appareils ménagers ;

2° Petits appareils ménagers ;

3° Équipements informatiques et de télécommunications ;

4° Matériel grand public ;

5° Matériel d'éclairage ;

6° Outils électriques et électroniques ;

7° Jouets, équipements de loisir et de sport ;

8° Dispositifs médicaux ;

9° Instruments de contrôle et de surveillance, y compris instruments de contrôle et de surveillance industriels ;

10° Distributeurs automatiques ;

11° Autres équipements électriques et électroniques n'entrant pas dans les catégories ci-dessus.

II. – Sont exclus du champ d'application de la présente sous-section :

1° Les équipements nécessaires à la protection des intérêts essentiels de sécurité de l'État, y compris les armes, les munitions et le matériel de guerre destinés à des fins spécifiquement militaires ;

2° Les équipements destinés à être envoyés dans l'espace ;

3° Les équipements qui sont spécifiquement conçus pour être installés en tant que partie d'un autre type d'équipement, qui ne relève pas du champ d'application de la présente sous-section ou en est exclu, qui ne peuvent remplir leur fonction que s'ils font partie de cet autre équipement et qui ne peuvent être remplacés que par le même équipement spécifiquement conçu ;

4° Les gros outils industriels fixes ;

5° Les grosses installations fixes ;

6° Les moyens de transport de personnes ou de marchandises, à l'exception des véhicules électriques à deux roues qui ne sont pas réceptionnés par type ;

7° Les engins mobiles non routiers destinés exclusivement à un usage professionnel ;

8° Les dispositifs médicaux implantables actifs ;

9° Les panneaux photovoltaïques destinés à être utilisés dans un système conçu, monté et installé par des professionnels pour une utilisation permanente en un lieu donné, en vue de la production d'énergie à partir de la lumière du soleil, pour des applications publiques, commerciales, industrielles et résidentielles ;

10° Les équipements spécifiquement conçus aux seules fins de recherche et de développement, disponibles uniquement dans un contexte interentreprises ;

11° Les orgues à tuyaux.

III. – Les dispositions de la présente sous-section s'appliquent sans préjudice des dispositions relatives à la gestion des déchets définies dans le présent code.

§ 2. – Définitions

Art. R. 543-171-2 *(D. n° 2013-988, 6 nov. 2013)*. – Pour l'application de la présente sous-section, on entend par :

1° « Équipements électriques et électroniques » : les équipements électriques et électroniques nécessitant pour fonctionner des courants électriques ou des champs électromagnétiques pour l'exécution d'au moins une fonction prévue et les équipements de production, de transfert et de mesure de ces courants et champs, conçus pour être utilisés à une tension ne dépassant pas 1 000 volts en courant alternatif et 1 500 volts en courant continu ;

2° « Gros outils industriels fixes » : un ensemble de grande ampleur de machines, d'équipements et/ou de composants, qui fonctionnent ensemble pour une application spécifique, installés de façon permanente et démontés par des professionnels dans un lieu donné, utilisés et entretenus par des professionnels dans un centre de fabrication industrielle ou dans un établissement de recherche et développement ;

3° « Grosse installation fixe » : une combinaison de grande ampleur de plusieurs types d'appareils et, le cas échéant, d'autres dispositifs, qui sont assemblés et installés par des professionnels pour être utilisés de façon permanente à un endroit prédéfini et dédié, et démontés par des professionnels ;

4° « Câbles » : tous les câbles d'une tension nominale inférieure à 250 volts qui ont une fonction de connexion ou de prolongation pour raccorder l'équipement électrique et électronique au réseau ou pour raccorder deux ou plusieurs équipements électriques et électroniques entre eux ;

5° « Fabricant » : toute personne physique ou morale qui fabrique un équipement électrique et électronique ou fait concevoir ou fabriquer un équipement électrique et électronique et le commercialise sous son propre nom ou sa propre marque ;

6° « Mandataire » : toute personne physique ou morale établie dans l'Union européenne ayant reçu mandat écrit du fabricant pour agir en son nom aux fins de l'accomplissement de tâches déterminées ;

7° « Distributeur » : toute personne physique ou morale faisant partie de la chaîne d'approvisionnement, autre que le fabricant ou l'importateur, qui met un équipement électrique et électronique à disposition sur le marché ;

8° « Importateur » : toute personne physique ou morale établie dans l'Union européenne qui met un équipement électrique et électronique provenant d'un pays tiers sur le marché de l'Union européenne ;

9° « Opérateurs économiques » : le fabricant, le mandataire, l'importateur et le distributeur ;

10° « Mise à disposition sur le marché » : toute fourniture d'un équipement électrique et électronique destiné à être distribué, consommé ou utilisé sur le marché de l'Union européenne dans le cadre d'une activité commerciale, à titre onéreux ou gratuit ;

11° « Mise sur le marché » : la première mise à disposition d'un équipement électrique et électronique sur le marché de l'Union européenne ;

12° « Norme harmonisée » : une norme adoptée par l'un des organismes européens de normalisation visés à l'annexe I du règlement (UE) n° 1025/2012 du Parlement européen et du Conseil du 25 octobre 2012 relatif à la normalisation européenne, modifiant les directives 89/686/CEE et 93/15/CEE du Conseil ainsi que les directives 94/9/CE, 94/25/CE, 95/16/CE, 97/23/CE, 98/34/CE, 2004/22/CE, 2007/23/CE, 2009/23/CE et 2009/105/CE du Parlement européen et du Conseil et abrogeant la décision 87/95/CEE du Conseil et la décision 1673/2006/CE du Parlement européen et du Conseil ;

13° « Spécifications techniques » : un document fixant les exigences techniques devant être respectées par un produit, processus ou service ;

14° « Marquage CE » : le marquage par lequel le fabricant indique que le produit est conforme aux exigences applicables de la législation d'harmonisation de l'Union européenne prévoyant son apposition ;

15° « Évaluation de la conformité » : processus évaluant s'il est démontré que les exigences de la présente sous-section relative à un équipement électrique et électronique ont été respectées ;

16° « Surveillance du marché » : les opérations effectuées et les mesures prises par les autorités publiques pour garantir que les équipements électriques et électroniques sont conformes aux exigences définies dans la présente sous-section et ne portent pas atteinte à la santé et à la sécurité ou à d'autres aspects de la protection de l'intérêt public ;

17° « Rappel » : toute mesure visant à obtenir le retour d'un produit qui a déjà été mis à la disposition de l'utilisateur final ;

18° « Retrait » : toute mesure visant à empêcher la mise à disposition sur le marché d'un produit de la chaîne d'approvisionnement ;

19° « Matériau homogène » : soit un matériau dont la composition est parfaitement uniforme, soit un matériau constitué d'une combinaison de matériaux, qui ne peut être divisé ou séparé en différents matériaux, au moyen d'actions mécaniques, telles que le dévissage, le coupage, le broyage, le meulage et les procédés abrasifs ;

20° « Dispositif médical » : un dispositif médical au sens de l'article L. 5211-1 du Code de la santé publique et qui est aussi un équipement électrique et électronique ;

21° « Dispositif médical de diagnostic *in vitro* » : un dispositif médical de diagnostic *in vitro* au sens de l'article L. 5221-1 du Code de la santé publique ;

22° « Dispositif médical implantable actif » : tout dispositif médical implantable actif au sens de l'article L. 5211-1 du Code de la santé publique ;

23° « Instruments de contrôle et de surveillance industriels » : les instruments de contrôle et de surveillance conçus à des fins exclusivement industrielles ou professionnelles ;

24° « Pièce détachée » : une pièce distincte d'un équipement électrique et électronique pouvant remplacer une pièce d'un équipement électrique et électronique. L'équipement électrique et électronique ne peut fonctionner comme prévu sans cette pièce. La fonctionnalité de l'équipement électrique et électronique est rétablie ou mise à jour lorsque la pièce est remplacée par une pièce détachée ;

25° *(Rempl., D. n° 2019-1431, 23 déc. 2019)* « Engins mobiles non routiers mis à disposition uniquement pour un usage professionnel » : engins disposant d'un bloc d'alimentation embarqué ou avec commande de dispositif de déplacement alimentée par une source d'énergie externe, dont le fonctionnement nécessite soit la mobilité, soit un déplacement continu ou semi-continu entre une succession d'emplacements de travail fixes pendant le travail, et qui sont mis à disposition uniquement pour un usage professionnel ;

26° « Agents chargés du contrôle » : les agents mentionnés à l'article L. 541-44.

§ 3. – Limitation de l'utilisation de certaines substances dangereuses dans les équipements électriques et électroniques

Art. R. 543-171-3 *(D. n° 2013-988, 6 nov. 2013 ; mod., D. n° 2019-1431, 23 déc. 2019)*. – I. – Les équipements électriques et électroniques mis sur le marché, y compris les câbles et les pièces détachées destinées à leur réparation, à leur réemploi, à la mise à jour de leurs fonctionnalités ou au renforcement de leur capacité, ne contiennent aucune des substances énumérées à l'annexe II de la directive 2011/65/UE du Parlement européen et du Conseil du 8 juin 2011 relative à la limitation de l'utilisation de certaines substances dangereuses dans les équipements électriques et électroniques, dans une concentration en poids dans les matériaux homogènes supérieure à celle précisée par cette même annexe.

Les conditions dans lesquelles certains équipements électriques et électroniques sont exemptés de la règle générale de limitation de l'utilisation de certaines substances dangereuses définie au I sont fixées par les annexes III et IV de la directive 2011/65/UE du 8 juin 2011 déjà mentionnée.

Un arrêté du ministre chargé de l'environnement détermine la teneur des règles résultant de l'application des alinéas précédents compte tenu des modifications apportées aux annexes II, III et IV de la directive 2011/65/UE.

II. – Le I ne s'applique pas :

1° Aux dispositifs médicaux et aux instruments de contrôle et de surveillance mis sur le marché avant le 22 juillet 2014, aux dispositifs médicaux de diagnostic *in vitro* mis sur le marché avant le 22 juillet 2016, aux instruments de contrôle et de surveillance industriels mis sur le marché avant le 22 juillet 2017 et à tout autre équipement électrique et électronique qui ne relevait pas du champ d'application défini par l'article R. 543-175, dans sa rédaction antérieure à l'entrée en vigueur du décret n° 2013-988 du 6 novembre 2013, et mis sur le marché avant le 22 juillet 2019 ;

2° Aux câbles ou pièces détachées destinés à la réparation, au réemploi, à la mise à jour des fonctionnalités ou au renforcement de la capacité des équipements suivants :

a) Les équipements électriques et électroniques mis sur le marché avant le 1er juillet 2006 ;

b) Les dispositifs médicaux mis sur le marché avant le 22 juillet 2014 ;

c) Les instruments de contrôle et de surveillance mis sur le marché avant le 22 juillet 2014 ;

d) Les dispositifs médicaux de diagnostic *in vitro* mis sur le marché avant le 22 juillet 2016 ;

e) Les instruments de contrôle et de surveillance industriels mis sur le marché avant le 22 juillet 2017 ;

f) Tout autre équipement électrique et électronique qui ne relevait pas du champ d'application défini par l'article R. 543-175, dans sa rédaction en vigueur avant l'entrée en vigueur du décret n° 2013-988 du 6 novembre 2013, et mis sur le marché avant le 22 juillet 2019 ;

g) Les équipements électriques et électroniques bénéficiant d'une exemption figurant aux annexes III et IV de la directive 2011/65/UE du 8 juin 2011 déjà mentionnée et mis sur le marché avant expiration de l'exemption ;

III. – À condition que le réemploi s'effectue dans le cadre de systèmes de récupération interentreprises en circuit fermé et contrôlables et que le réemploi des pièces détachées soit notifié aux consommateurs, le I ne s'applique pas aux pièces détachées réemployées suivantes issues :

1° D'un équipement électrique et électronique mis sur le marché avant le 1er juillet 2006 et qui se trouve dans un équipement électrique et électronique mis sur le marché avant le 1er juillet 2016 ;

2° De dispositifs médicaux ou d'instruments de contrôle et de surveillance mis sur le marché avant le 22 juillet 2014 et qui se trouvent dans un équipement électrique et électronique mis sur le marché avant le 22 juillet 2024 ;

3° De dispositifs médicaux de diagnostic *in vitro* mis sur le marché avant le 22 juillet 2016 et qui se trouvent dans un équipement électrique et électronique mis sur le marché avant le 22 juillet 2026 ;

4° D'instruments de contrôle et de surveillance industriels mis sur le marché avant le 22 juillet 2017 et qui se trouvent dans un équipement électrique et électronique mis sur le marché avant le 22 juillet 2027 ;

5° De tout autre équipement électrique et électronique qui ne relevait pas du champ d'application défini par l'article R. 543-175, dans sa rédaction en vigueur avant l'entrée en vigueur du décret n° 2013-988 du 6 novembre 2013, mis sur le marché avant le 22 juillet 2019, et qui se trouve dans un équipement électrique et électronique mis sur le marché avant le 22 juillet 2029.

§ 4. – Obligations des fabricants

Art. R. 543-171-4 *(D. n° 2013-988, 6 nov. 2013)*. – I. – Les fabricants s'assurent, lorsqu'ils mettent un équipement électrique et électronique sur le marché, que celui-ci a été conçu et fabriqué conformément aux exigences mentionnées à l'article R. 543-171-3.

II. – Les fabricants établissent la documentation technique requise et mettent ou font mettre en œuvre la procédure de contrôle interne de la fabrication conformément à l'annexe II, module A, de la décision 768/2008/CE du Parlement européen et du Conseil du 9 juillet 2008 relative à un cadre commun pour la commercialisation des produits et abrogeant la décision 93/465/CEE du Conseil.

III. – Lorsque, à l'issue de cette procédure de contrôle interne ou de celle mentionnée au III de l'article R. 543-171-10, il est démontré que l'équipement électrique et électronique respecte les exigences applicables, les fabricants établissent une déclaration UE de conformité et apposent le marquage CE sur le produit fini.

IV. – Les fabricants conservent la documentation technique et la déclaration UE de conformité pendant une durée de dix ans à partir de la mise sur le marché de l'équipement électrique et électronique.

V. – Les fabricants s'assurent que des procédures sont en place pour que la production en série reste conforme aux exigences fixées à l'article R. 543-171-3. Ils tiennent compte des modifications de la conception ou des caractéristiques du produit ainsi que des modifications des normes harmonisées ou des spécifications techniques par rapport auxquelles la conformité d'un équipement électrique et électronique est déclarée.

VI. – Les fabricants tiennent un registre des équipements électriques et électroniques non conformes et des rappels de produits. Ils informent les distributeurs d'un tel suivi.

VII. – Les fabricants s'assurent que leur équipement électrique et électronique porte un numéro de type, de lot ou de série, ou un autre élément permettant son identification ou, lorsque la taille ou la nature de l'équipement électrique et électronique ne le permet pas, que les informations requises figurent sur l'emballage ou dans un document accompagnant l'équipement électrique et électronique.

VIII. – Les fabricants indiquent leur nom, leur raison sociale ou leur marque déposée et l'adresse à laquelle ils peuvent être contactés sur l'équipement électrique et électronique ou, lorsque ce n'est pas possible, sur son emballage ou dans un document accompagnant l'équipement électrique et électronique. L'adresse doit préciser un lieu unique où le fabricant peut être contacté. Ces dispositions ne s'appliquent pas lorsque d'autres dispositions au moins aussi strictes relatives à l'apposition du nom et de l'adresse du fabricant sont en vigueur au titre d'autres législations.

IX. – Les fabricants qui considèrent ou ont des raisons de croire qu'un équipement électrique et électronique qu'ils ont mis sur le marché n'est pas conforme aux dispositions de la présente sous-section prennent sans délai les mesures correctives nécessaires pour le mettre en conformité, le retirer ou le rappeler, si nécessaire, et en informent immédiatement l'un des services dont relèvent les agents chargés du contrôle ainsi que les autorités nationales compétentes des États membres de l'Union européenne dans lesquels ils ont mis l'équipement électrique et électronique à disposition, en fournissant des précisions, notamment, sur la non-conformité constatée et toute mesure corrective adoptée.

X. – Sur requête motivée de l'un des services dont relèvent les agents chargés du contrôle ou d'une autorité nationale compétente d'un État membre de l'Union européenne, les fabricants communiquent toutes les informations et tous les documents nécessaires pour démontrer la conformité de l'équipement électrique et électronique avec les dispositions de la présente sous-section, dans une langue aisément compréhensible par cette autorité, et coopèrent, à la demande du service précédemment mentionné ou de cette autorité nationale, à la mise en œuvre de toute mesure adoptée en vue de garantir la conformité des équipements électriques et électroniques qu'ils ont mis sur le marché avec les dispositions de la présente sous-section.

Art. R. 543-171-5 *(D. n° 2013-988, 6 nov. 2013)*. – Un importateur ou un distributeur est considéré comme un fabricant pour l'application de la présente sous-section et est soumis aux obligations incombant au fabricant en vertu de l'article R. 543-171-4 lorsqu'il met un équipement électrique et électronique sur le marché sous son propre nom ou sa propre marque, ou modifie un équipement électrique et électronique déjà mis sur le marché de telle sorte que la conformité aux exigences applicables peut en être affectée.

§ 5. – Obligations des mandataires

Art. R. 543-171-6 *(D. n° 2013-988, 6 nov. 2013)*. – I. – Les fabricants peuvent désigner, par écrit, un mandataire. Le mandataire exécute les tâches indiquées dans le mandat reçu du fabricant. Le mandat autorise au moins le mandataire :

– à tenir la déclaration UE de conformité et la documentation technique à la disposition des services dont relèvent les agents chargés du contrôle pendant une durée de dix ans suivant la mise sur le marché de l'équipement électrique et électronique ;

– sur requête motivée de l'un de ces mêmes services ou d'une autorité nationale compétente d'un État membre de l'Union européenne, à leur communiquer toutes les informations et tous les documents nécessaires pour démontrer la conformité de l'équipement électrique et électronique avec les dispositions de la présente sous-section ;

– à coopérer, à la demande de l'un des services précédemment mentionnés ou de l'autorité nationale compétente d'un État membre de l'Union européenne, à toute mesure adoptée en vue de garantir la conformité avec les dispositions de la présente sous-section des équipements électriques et électroniques couverts par son mandat.

II. – Les obligations énoncées au I de l'article R. 543-171-4 et l'établissement de la documentation technique ne peuvent faire l'objet du mandat du mandataire.

§ 6. – Obligations des importateurs

Art. R. 543-171-7 *(D. n° 2013-988, 6 nov. 2013)*. – I. – Les importateurs ne mettent sur le marché que des équipements électriques et électroniques conformes aux dispositions de la présente sous-section.

II. – Les importateurs s'assurent, avant de mettre un équipement électrique et électronique sur le marché, que la procédure appropriée d'évaluation de la conformité a été appliquée par le fabricant et que ce dernier a respecté les exigences visées aux VI et VII de l'article R. 543-171-4. Ils s'assurent également que le fabricant a établi la documentation technique et que l'équipement électrique et électronique porte le marquage CE et est accompagné des documents requis.

III. – Lorsqu'un importateur considère ou a des raisons de croire qu'un équipement électrique et électronique n'est pas conforme aux exigences mentionnées à l'article R. 543-171-3, il ne met cet équipement électrique et électronique sur le marché qu'après que celui-ci a été mis en conformité et après avoir informé le fabricant ainsi que l'un des services dont relèvent les agents chargés du contrôle.

IV. – Les importateurs indiquent leur nom, leur raison sociale ou leur marque déposée et l'adresse à laquelle ils peuvent être contactés sur l'équipement électrique et électronique ou, lorsque ce n'est pas possible, sur son emballage ou dans un document accompagnant l'équipement électrique et électronique. Ces dispositions ne s'appliquent pas lorsque d'autres dispositions au moins aussi strictes relatives à l'apposition du nom et de l'adresse de l'importateur sont en vigueur au titre d'autres législations.

V. – Les importateurs tiennent un registre des équipements électriques et électroniques non conformes et des rappels d'équipements électriques et électroniques. Ils informent les distributeurs d'un tel suivi.

VI. – Les importateurs qui considèrent ou ont des raisons de croire qu'un équipement électrique et électronique qu'ils ont mis sur le marché n'est pas conforme aux dispositions de la présente sous-section prennent sans délai les mesures correctives nécessaires pour le mettre en conformité, le retirer ou le rappeler, si nécessaire, et en informent immédiatement l'un des services dont relèvent les agents chargés du contrôle ainsi que les autorités nationales compétentes des États membres dans lesquels ils ont mis l'équipement électrique et électronique en fournissant des précisions, notamment, sur la non-conformité constatée et toute mesure corrective adoptée.

VII. – Pendant une durée de dix ans suivant la mise sur le marché de l'équipement électrique et électronique, les importateurs tiennent une copie de la déclaration UE de conformité à la disposition des services dont relèvent les agents chargés du contrôle et s'assurent que la documentation technique peut leur être fournie sur demande.

VIII. – Sur requête motivée de l'un des services précédemment mentionnés ou d'une autorité nationale compétente d'un État membre de l'Union européenne, les importateurs leur communiquent toutes les informations et tous les documents nécessaires pour démontrer la conformité d'un équipement électrique et électronique avec les dispositions de la présente sous-section, dans une langue aisément compréhensible par cette autorité, et coopèrent, à la demande de l'un de ces services ou de cette autorité, à la mise en œuvre de toute mesure adoptée en vue de garantir la conformité des équipements électriques et électroniques qu'ils ont mis sur le marché avec les dispositions de la présente sous-section.

§ 7. – Obligations des distributeurs

Art. R. 543-171-8 *(D. n° 2013-988, 6 nov. 2013)*. – I. – Les distributeurs vérifient, avant de mettre un équipement électrique et électronique à disposition sur le marché, que cet équipement porte le marquage CE et qu'il est accompagné des documents requis rédigés en français. Ils vérifient également que le fabricant et l'importateur ont respecté les exigences qui s'imposent à eux, mentionnées respectivement aux VII et VIII de l'article R. 543-171-4 et au IV de l'article R. 543-171-7.

II. – Lorsqu'un distributeur considère ou a des raisons de croire qu'un équipement électrique et électronique n'est pas conforme aux exigences mentionnées à l'article R. 543-171-3, il ne met cet équipement électrique et électronique à disposition sur le marché qu'après que celui-ci a été mis en conformité et après avoir informé le fabricant ou l'importateur ainsi que l'un des services dont relèvent les agents chargés du contrôle.

III. – Les distributeurs qui considèrent ou ont des raisons de croire qu'un équipement électrique et électronique qu'ils ont mis à disposition sur le marché n'est pas conforme aux dispositions de la présente sous-section veillent à ce que les mesures correctives nécessaires pour le mettre en conformité, le retirer ou le rappeler soient prises, si nécessaire, et en informent immédiatement l'un des services dont relèvent les agents chargés du contrôle ainsi que les autorités nationales compétentes des États membres dans lesquels ils ont mis à disposition sur le marché l'équipement électrique et électronique en fournissant des précisions, notamment, sur la non-conformité constatée et toute mesure corrective adoptée.

IV. – Sur requête motivée de l'un de ces services ou d'une autorité nationale compétente d'un autre État membre de l'Union européenne, les distributeurs leur communiquent toutes les informations et tous les documents nécessaires pour démontrer la conformité d'un équipement électrique et électronique avec les dispositions de la présente sous-section et coopèrent, à la demande de l'un de ces services ou de cette autorité nationale, à la mise en œuvre de toute mesure adoptée en vue de garantir la conformité des équipements électriques et électroniques qu'ils ont mis à disposition sur le marché avec les dispositions de la présente sous-section.

§ 7-1. – Obligations des prestataires de services d'exécution de commandes

(D. n° 2022-975, 1er juill. 2022)

Art. R. 543-171-8-1 *(D. n° 2022-975, 1er juill. 2022)*. – Le prestataire de services d'exécution de commandes tel que défini par le 11) de l'article 3 du règlement (UE) 2019/1020 du 20 juin 2019 du Parlement européen et du Conseil sur la surveillance du marché et la conformité des produits établi dans l'Union, effectue les tâches mentionnées aux paragraphes 3 et 4 de l'article 4 de ce règlement pour les équipements électriques et électroniques qu'il traite, lorsque le fabricant n'est pas établi dans l'Union et n'a pas désigné de mandataire, et en l'absence d'importateur.

§ 8. – Obligations imposées à l'ensemble des opérateurs économiques

Art. R. 543-171-9 *(D. n° 2013-988, 6 nov. 2013).* – Les opérateurs économiques identifient à l'intention des services dont relèvent les agents chargés du contrôle pendant une durée de dix ans suivant la mise sur le marché de l'équipement électrique et électronique :

a) Tout opérateur économique qui leur a fourni un équipement électrique et électronique ;

b) Tout opérateur économique auquel ils ont fourni un équipement électrique et électronique.

§ 9. – Attestation de conformité des équipements électriques et électroniques

Art. R. 543-171-10 *(D. n° 2013-988, 6 nov. 2013 ; D. n° 2019-1431, 23 déc. 2019).* – I. – La déclaration UE de conformité atteste que le respect des exigences visées à l'article R. 543-171-3 a été démontré.

II. – La déclaration UE de conformité est établie selon le modèle figurant à l'annexe VI de la directive 2011/65/UE du Parlement européen et du Conseil du 8 juin 2011 relative à la limitation de l'utilisation de certaines substances dangereuses dans les équipements électriques et électroniques et contient les éléments précisés dans cette annexe. Elle est tenue à jour et est rédigée ou traduite en français pour les équipements électriques et électroniques mis sur le marché ou mis à disposition sur le marché français.

Un arrêté du ministre chargé de l'environnement détermine la teneur des règles résultant de l'application de l'alinéa précédent compte tenu des modifications apportées à l'annexe VI de la directive 2011/65/UE.

III. – La conformité avec les exigences fixées à l'article R. 543-171-3 peut également être démontrée en application d'une autre procédure d'évaluation de la conformité dès lors que celle-ci est au moins aussi stricte que la procédure organisée par la présente sous-section. Dans ce cas, une documentation technique unique peut être élaborée.

IV. – En établissant la déclaration UE de conformité, le fabricant assume la responsabilité de la conformité de l'équipement électrique et électronique avec les dispositions de la présente sous-section.

Art. R. 543-171-11 *(D. n° 2013-988, 6 nov. 2013).* – I. – Le marquage CE est apposé de façon visible, lisible et indélébile sur l'équipement électrique et électronique fini ou sur sa plaque signalétique. Lorsque la nature du produit ne le permet pas ou ne le justifie pas, il est apposé sur son emballage et sur les documents d'accompagnement.

II. – Le marquage CE est apposé avant la mise sur le marché de l'équipement électrique et électronique.

III. – En l'absence de preuve contraire, l'apposition du marquage CE sur un équipement électrique et électronique vaut présomption de conformité aux dispositions de la présente sous-section.

IV. – Les matériaux, composants et équipements électriques et électroniques ayant fait l'objet d'essais et de mesures démontrant leur conformité avec les exigences prévues à l'article R. 543-171-3 ou qui ont été évalués conformément à des normes harmonisées dont les références ont été publiées au *Journal officiel* de l'Union européenne sont présumés conformes aux exigences de la présente sous-section.

§ 10. – Dispositions pénales

Art. R. 543-171-12 *(D. n° 2013-988, 6 nov. 2013).* – I. – Est puni de l'amende prévue pour les contraventions de la troisième classe le fait pour un fabricant, un importateur ou un distributeur :

a) De mettre sur le marché ou de mettre à disposition sur le marché un équipement électrique et électronique sans respecter l'obligation d'apposer le marquage CE ;

b) De mettre sur le marché ou de mettre à disposition sur le marché un équipement électrique et électronique en apposant des inscriptions de nature à créer des confusions avec le marquage CE ou à en compromettre la visibilité ou la lisibilité en violation du I de l'article R. 543-171-11.

II. – Est puni de l'amende prévue pour les contraventions de la cinquième classe le fait :

1° Pour un fabricant :

a) De mettre sur le marché ou de mettre à disposition sur le marché un équipement électrique et électronique sans respecter les dispositions prévues à l'article R. 543-171-3 ;

b) De mettre sur le marché ou de mettre à disposition sur le marché un équipement électrique et électronique indûment muni du marquage CE ;

2° Pour un fabricant, un importateur ou un mandataire de ne pas être en mesure de présenter aux agents chargés du contrôle la déclaration UE de conformité et la documentation technique.

3° *(D. n° 2022-975, 1er juill. 2022)* Pour un fabricant, un importateur, un mandataire ou un prestataire de services d'exécution de commandes tel que défini à l'article R. 543-171-8-1, de mettre sur le marché ou de mettre à disposition sur le marché un équipement électrique et électronique ne portant pas les informations mentionnées au paragraphe 4 de l'article 4 du règlement (UE) 2019/1020 du Parlement européen et du Conseil sur la surveillance du marché et la conformité des produits établi dans l'Union.

Sous-section 2. – Dispositions relatives aux déchets d'équipement électrique et électronique

(Anc. ss-sect. 1 à 6 de la présente section devenues les paragraphes 1 à 6 de la nouvelle ss-sect. 2, D. n° 2013-988, 6 nov. 2013)

Le décret n° 214-928 du 19 août 2014 a modifié les dispositions de cette sous-section afin d'assurer la transposition de la directive 2012-19/UE relative aux déchets d'équipements électriques et électroniques. Ont ainsi notamment été explicitées les notions de DEEE professionnels et ménagers.

§ 1. – Dispositions générales

(Anc. ss-sect. 1 de la présente section devenue le présent paragraphe, D. n° 2013-988, 6 nov. 2013)

Art. R. 543-172 *(Rempl., D. n° 2014-928, 19 août 2014 ; mod. à compter du 1er janvier 2021, D. n° 2020-1725, 29 déc. 2020)*. – I. – La présente sous-section précise les conditions de mise en œuvre de l'obligation de responsabilité élargie du producteur applicable aux équipements électriques et électroniques, et aux déchets qui en sont issus, y compris tous les composants, sous-ensembles et produits consommables faisant partie intégrante du produit au moment de la mise au rebut.

On entend par « équipements électriques et électroniques » les équipements fonctionnant grâce à des courants électriques ou à des champs électromagnétiques, ainsi que les équipements de production, de transfert et de mesure de ces courants et champs, conçus pour être utilisés à une tension ne dépassant pas 1 000 volts en courant alternatif et 1 500 volts en courant continu.

II. – [La] présente sous-section s'applique à tous les équipements électriques et électroniques tels que définis dans le I, sous réserve des dispositions du III et de l'article R. 543-172-1.

Ces équipements sont classés dans les catégories suivantes :

1° Équipement d'échange thermique ;

2° Écrans, moniteurs et équipements comprenant des écrans d'une surface supérieure à 100 cm^2 ;

3° Lampes ;

4° Gros équipements ;

5° Petits équipements ;

6° Petits équipements informatiques et de télécommunications ;

7° Panneaux photovoltaïques ;

8° *(Créé à compter du 1er janvier 2022, D. n° 2021-1213, 22 sept. 2021)* Cycles à pédalage assisté définis au 6.11 de l'article R. 311-1 du Code de la route et engins de déplacement personnel motorisés définis au 6.15 du même article.

III. – Les sous-ensembles électriques et électroniques mentionnés au premier alinéa du I, destinés à être reliés entre eux de façon modulaire et réversible par des liaisons matérielles ou immatérielles, sont considérés, au sens de la présente sous-section, comme des équipements électriques et électroniques, sauf lorsqu'ils sont cédés à des producteurs d'équipements électriques et électroniques dans lesquels lesdits sous-ensembles sont destinés à être intégrés.

Dans ce qui précède, une liaison, à l'exclusion de tout collage, soudure ou sertissage, est considérée comme réversible lorsqu'elle peut être séparée au moyen d'actions mécaniques, telles que le dévissage, par des outils simples et couramment employés.

Art. R. 543-172-1 *(D. n° 2014-928, 19 août 2014)*. – I. – Sont exclus du champ d'application de la présente sous-section :

1° Les équipements électriques et électroniques qui sont spécifiquement conçus et installés pour s'intégrer dans un autre type d'équipement exclu du champ d'application de la présente sous-section ou n'en relevant pas, et qui ne peuvent remplir leur fonction que s'ils font partie de cet équipement.

Les ouvrages de bâtiments et de génie civil ne font pas partie des autres types d'équipements visés à l'alinéa précédent ;

2° Les équipements électriques et électroniques liés à la protection des intérêts essentiels de sécurité de l'État, les armes, les munitions et autres matériels de guerre, s'ils sont liés à des fins exclusivement militaires ;

3° Les éléments volumineux non électriques fixés de façon permanente au bâtiment ou au sol :

a) Servant à loger, protéger, guider, supporter un équipement électrique et électronique ;

b) Servant au transport de fluides vers ou depuis un équipement électrique et électronique ;

c) Mis en mouvement par des équipements électriques et électroniques lorsqu'ils peuvent être facilement désolidarisés lors de leur démontage sur site ;

4° Les gros outils industriels fixes, à l'exception des équipements électriques et électroniques présents dans ces derniers qui ne sont pas spécifiquement conçus et montés pour s'y intégrer et pouvant donc remplir leur fonction même s'ils ne font pas partie de l'outil industriel fixe sur lequel ils sont montés ;

5° Les ampoules à filament.

II. – En plus des exclusions objet du I du présent article, sont exclus de la présente sous-section à partir du 15 août 2018 :

1° Les équipements destinés à être envoyés dans l'espace ;

2° Les grosses installations fixes, à l'exception des équipements électriques et électroniques présents dans ces dernières qui ne sont pas spécifiquement conçus et montés pour s'y intégrer et pouvant donc remplir leur fonction même s'ils ne font pas partie de la grosse installation fixe sur laquelle ils sont montés ;

3° Les moyens de transport de personnes ou de marchandises, à l'exception des véhicules électriques à deux roues qui ne sont pas homologués ;

4° Les engins mobiles non routiers destinés exclusivement à un usage professionnel ;

5° Les équipements spécifiquement conçus aux seules fins de recherche et de développement, et qui sont disponibles uniquement dans un contexte interentreprises, à l'exception des équipements électriques et électroniques présents dans ces derniers qui ne sont pas spécifiquement conçus et montés pour s'y intégrer et pouvant donc remplir leur fonction, même s'ils ne font pas partie de ces équipements ;

6° Les dispositifs médicaux implantables actifs, ainsi que les dispositifs médicaux et les dispositifs médicaux de diagnostic *in vitro*, lorsque ces dispositifs deviennent normalement infectieux avant la fin de leur cycle de vie sans que ne soit prévue de possibilité de désinfection, de stérilisation, ou de démontage des parties souillées avant leur mise au rebut.

III. – Dans le I du présent article, on entend par « gros outils industriels fixes » un ensemble de grande ampleur de machines, d'équipements ou de composants, qui fonctionnent ensemble pour une application spécifique, installés de façon permanente et démontés par des professionnels dans un lieu donné, et utilisés et entretenus par des professionnels dans un centre de fabrication industrielle ou un établissement de recherche et développement.

Dans le II du présent article, on entend par :

1° « Grosse installation fixe » : une combinaison de grande ampleur de plusieurs types d'appareils et, le cas échéant, d'autres dispositifs, qui, à la fois :

a) Sont assemblés, installés et démontés par des professionnels ;

b) Sont destinés à être utilisés de façon permanente comme partie intégrante d'une construction ou d'une structure à un endroit prédéfini et dédié ;

c) Ne peuvent être remplacés que par le même équipement spécifiquement conçu ;

2° « Engins mobiles non routiers » : engins disposant d'un bloc d'alimentation embarqué, dont le fonctionnement nécessite soit la mobilité, soit un déplacement continu ou semi-continu entre une succession d'emplacements de travail fixes pendant le travail.

Art. R. 543-172-2 *(D. n° 2014-928, 19 août 2014 ; mod. à compter du 1er janvier 2021, D. n° 2020-1725, 29 déc. 2020)*. – [L]e taux de collecte national minimal à atteindre annuellement est de 65 % du poids moyen d'équipement électrique et électronique mis sur le marché français au cours des trois années précédentes, ou de 85 % des déchets d'équipements électriques et électroniques produits, en poids. Le cahier des charges fixe l'objectif de collecte applicable aux producteurs ou à leur éco-organisme afin d'atteindre au moins ce taux.

Art. R. 543-173 *(Rempl. à compter du 1er janvier 2021, D. n° 2020-1725, 29 déc. 2020).* – [A]u sens de la présente sous-section :

1° Sont considérés comme des déchets d'équipements électriques et électroniques provenant des ménages ceux désignés ci-après comme les déchets d'équipements électriques et électroniques ménagers ainsi que les déchets d'équipements électriques et électroniques d'origine commerciale, industrielle, institutionnelle et autre qui, en raison de leur nature et de leur quantité, sont similaires à ceux provenant des ménages. Les déchets provenant d'équipements électriques et électroniques qui sont susceptibles d'être utilisés à la fois par les ménages et par des utilisateurs autres que les ménages sont considérés comme étant des déchets d'équipements électriques et électroniques provenant des ménages ;

2° Sont considérés comme des déchets d'équipements électriques et électroniques professionnels les autres déchets de ces équipements ;

3° Sont considérés comme des substances ou mélanges dangereux ceux répondant aux critères d'une des classes ou catégories de danger prévues à l'annexe I du règlement (CE) n° 1272/2008 du 16 décembre 2008 relatif à la classification, à l'étiquetage et à l'emballage des substances et des mélanges.

Un arrêté conjoint des ministres chargés, respectivement, de l'environnement et de l'industrie précise, en tant que de besoin, les conditions d'application du présent article.

Art. R. 543-174 *(Rempl., D. n° 2014-928, 19 août 2014 ; mod. à compter du 1er janvier 2021, D. n° 2020-1725, 29 déc. 2020).* – I. – Est considérée comme producteur toute personne physique ou morale qui, quelle que soit la technique de vente utilisée, y compris par communication à distance telle que la vente par correspondance, internet ou téléphone :

a) Est établie en France et fabrique des équipements électriques et électroniques sous son propre nom ou sa propre marque, ou fait concevoir ou fabriquer des équipements électriques et électroniques et les commercialise sous son propre nom ou sa propre marque en France ;

b) Est établie en France et revend, sous son propre nom ou sa propre marque des équipements produits par d'autres fournisseurs, le revendeur ne devant pas être considéré comme « producteur » lorsque la marque du producteur figure sur l'équipement conformément au *a* ;

c) Est établie en France et met sur le marché, à titre professionnel, des équipements électriques et électroniques provenant d'un pays tiers ou d'un autre État membre ;

d) Est établie dans un autre État membre ou dans un pays tiers et vend en France des équipements électriques et électroniques par communication à distance directement aux ménages ou à des utilisateurs autres que les ménages.

Une personne qui assure exclusivement un financement en vertu de ou conformément à un contrat de financement n'est pas considérée comme « producteur », à moins qu'elle n'agisse aussi comme producteur au sens des *a* à *d*.

II. – On entend par :

1° « Mise sur le marché » : la première mise à disposition d'un produit sur le marché, à titre professionnel, sur le territoire national ;

2° « Mise à disposition sur le marché » : toute fourniture d'un produit destiné à être distribué, consommé ou utilisé sur le marché dans le cadre d'une activité commerciale, à titre onéreux ou gratuit ;

3° « Contrat de financement » : tout contrat ou accord de prêt, de leasing, de location ou de vente différée concernant un équipement quelconque, qu'il soit prévu ou non, dans les conditions de ce contrat ou accord ou de tout contrat ou accord accessoire, qu'un transfert de propriété de cet équipement aura ou pourra avoir lieu ;

4° « Dispositif médical » : un dispositif médical ou accessoire d'un dispositif médical au sens de l'article 1er, paragraphe 2, point *a* ou *b*, respectivement, de la directive 93/42/CEE du Conseil du 14 juin 1993 relative aux dispositifs médicaux et qui est un équipement électrique et électronique ;

5° « Dispositif médical de diagnostic *in vitro* » : un dispositif médical de diagnostic *in vitro* ou accessoire d'un dispositif médical de diagnostic *in vitro* au sens de l'article 1er, paragraphe 2, point *b* ou *c*, respectivement, de la directive 98/79/CE du Parlement européen et du Conseil du 27 octobre 1998 relative aux dispositifs médicaux de diagnostic *in vitro* et qui est un équipement électrique et électronique ;

6° « Dispositif médical implantable actif » : un dispositif médical implantable actif au sens de l'article 1er, paragraphe 2, point *c*, de la directive 90/385/CEE du Conseil du 20 juin 1990 concernant le rapprochement des législations des États membres relatives aux dispositifs médicaux implantables actifs et qui est un équipement électrique et électronique.

Art. R. 543-175 *(Abr. à compter du 1er janvier 2021, D. n° 2020-1725, 29 déc. 2020 ; rétabli, D. n° 2022-975, 1er juill. 2022).* – Tout producteur établi en France qui vend des équipements électriques et électroniques par communication à distance directement à des ménages ou à des utilisateurs autres que les ménages dans un autre État membre de l'Union européenne, désigne par mandat écrit une personne physique ou morale établie dans cet État qui est chargée d'assurer le respect des obligations qui lui incombent au titre de la réglementation relative aux déchets d'équipements électriques et électroniques applicable dans cet État.

§ 2. – Dispositions relatives à la conception des équipements électriques et électroniques

(Anc. ss-sect. 2 de la présente section devenue le présent paragraphe et intitulé rempl., D. n° 2013-988, 6 nov. 2013)

Art. R. 543-175 ancien *(Abr., D. n° 2013-988, 6 nov. 2013).*

Art. R. 543-176 *(Mod., D. n° 2009-1139, 22 sept. 2009 ; mod., D. n° 2014-928, 19 août 2014 ; D. n° 2015-849, 9 juill. 2015).* – Les équipements relevant du I de l'article R. 543-172 doivent être conçus et fabriqués de façon à faciliter leur réemploi, leur réutilisation, leur démantèlement et leur valorisation.

Les équipements électriques et électroniques sont conçus de manière que les piles et accumulateurs usagés puissent être aisément enlevés. Lorsqu'ils ne peuvent pas être enlevés aisément par l'utilisateur final, les équipements électriques et électroniques sont conçus de manière que les piles et accumulateurs usagés puissent être aisément enlevés par des professionnels qualifiés indépendants du fabricant. Tous les équipements électriques et électroniques auxquels des piles ou accumulateurs sont incorporés sont accompagnés d'instructions indiquant comment l'utilisateur final ou les professionnels qualifiés indépendants peuvent enlever sans risques ces piles et accumulateurs. Si nécessaire, les instructions informent également l'utilisateur final des types de piles ou d'accumulateurs incorporés dans l'équipement électrique et électronique.

Les dispositions du précédent alinéa ne s'appliquent pas lorsque, pour des raisons de sécurité ou de fonctionnement, des raisons médicales ou d'intégrité des données, le fonctionnement continu est indispensable et requiert une connexion permanente entre l'appareil et la pile ou accumulateur.

Art. R. 543-177. – Chaque équipement électrique et électronique mis sur le marché après le 13 août 2005 doit être revêtu d'un marquage permettant d'identifier son producteur et de déterminer qu'il a été mis sur le marché après cette date.

Les producteurs doivent, en outre, apposer sur chacun des équipements électriques et électroniques ménagers mis sur le marché après le 13 août 2005 le pictogramme figurant à l'annexe au présent article. Si les dimensions de l'équipement ne le permettent pas, ce pictogramme figure sur l'emballage et sur les documents de garantie et notices d'utilisation qui l'accompagnent.

Annexe

Symbole pour le marquage des équipements électriques et électroniques

Le symbole indiquant que les équipements électriques et électroniques font l'objet d'une collecte sélective représente une poubelle sur roues barrée d'une croix, comme ci-dessous. Ce symbole doit être apposé d'une manière visible, lisible et indélébile.

Art. R. 543-178 *(Mod., D. n° 2011-153, 4 févr. 2011 ; D. n° 2013-988, 6 nov. 2013 ; D. n° 2017-1607, 27 nov. 2017 ; mod. à compter du 1er janvier 2021, D. n° 2020-1725, 29 déc. 2020).* – Pour chaque type de nouvel équipement électrique et électronique mis sur le marché après le 13 août 2005, les producteurs et leur éco-organisme mettent gratuitement à la disposition des exploitants d'installations chargées du traitement des déchets d'équipement électriques et électroniques les informations nécessaires à ce traitement, y compris, dans la mesure où les installations en ont besoin pour se conformer à la présente sous-section, les différents composants et matériaux présents dans les équipements électriques et électroniques ainsi que l'emplacement des substances et mélanges dangereux dans ces équipements.

Les producteurs et leur éco-organisme s'acquittent de cette obligation, le cas échéant par voie électronique, un an au plus tard après la commercialisation de l'équipement.

§ 3. – Dispositions relatives à la collecte des déchets d'équipements électriques et électroniques ménagers
(Anc. ss-sect. 3 de la présente section devenue le présent paragraphe, D. n° 2013-988, 6 nov. 2013)

Art. R. 543-179 *(Abr. à compter du 1er janvier 2021, D. n° 2020-1725, 29 déc. 2020).*

Art. R. 543-180 (1) *(Abr. à compter du 1er janvier 2021, D. n° 2020-1725, 29 déc. 2020).*

Art. R. 543-181 et R. 543-182 *(Abr. à compter du 1er janvier 2021, D. n° 2020-1725, 29 déc. 2020).*

Art. R. 543-183 *(Mod. à compter du 12 juillet 2011, D. n° 2011-828, 11 juill. 2011 ; mod., D. n° 2012-617, 2 mai 2012 ; D. n° 2014-928, 19 août 2014 ; abr. à compter du 1er janvier 2021, D. n° 2020-1725, 29 déc. 2020).*

Art. R. 543-184 et R. 543-185 *(Abr. à compter du 1er janvier 2021, D. n° 2020-1725, 29 déc. 2020).*

Art. R. 543-186 *(Mod. à compter du 12 juillet 2011, D. n° 2011-828, 11 juill. 2011).* – Les déchets d'équipements électriques et électroniques collectés sont entreposés *(Mots rempl., D. n° 2014-928, 19 août 2014)* « et transportés de manière à assurer des conditions optimales de préparation en vue du réemploi et de la réutilisation, du recyclage et du confinement des substances dangereuses ».

Art. R. 543-187 *(Mod. à compter du 12 juillet 2011, D. n° 2011-828, 11 juill. 2011 ; mod., D. n° 2014-928, 19 août 2014).* – Les communes ou leurs groupements, les producteurs, les distributeurs et les *(Mots rempl. à compter du 1er janvier 2021, D. n° 2020-1725, 29 déc. 2020)* « éco-organismes » mettent en œuvre les actions qu'ils jugent appropriées pour informer les utilisateurs d'équipements électriques et électroniques ménagers :

1° De l'obligation de ne pas mélanger les déchets d'équipements électriques et électroniques avec les déchets municipaux non triés ;

2° Des systèmes de collecte et de reprise d'équipements électriques et électroniques usagés mis à leur disposition

3° Des effets potentiels sur l'environnement et la santé humaine de la présence de substances dangereuses dans les équipements électriques et électroniques ;

4° De la priorité à donner à la prévention de la production de déchets, notamment par le réemploi des équipements électriques et électroniques ;

5° Du rôle respectif des différents acteurs dans le réemploi des équipements électriques et électroniques, la réutilisation, la réparation, le recyclage et les autres formes de valorisation des déchets d'équipements électriques et électroniques ;

6° De la signification du symbole prévu à l'article R. 543-177.

(1) V. T. appl. : A. 8 oct. 2014 (*JO* 15 oct. 2014). – NDLR.

§ 4. – **Dispositions relatives à la gestion des déchets d'équipements électriques et électroniques**
(Anc. ss-sect. 4 de la présente section devenue le présent paragraphe, D. n° 2013-988, 6 nov. 2013 ; intitulé mod., D. n° 2016-288, 10 mars 2016)

Sous-paragraphe 1. – *Enlèvement et traitement des déchets d'équipements électriques et électroniques ménagers*
(Anc. § 1 de la ss-sect. 4 de la présente section devenue le présent ss-§, D. n° 2013-988, 6 nov. 2013)

Art. R. 543-188 *(Rempl. à compter du 1er janvier 2021, D. n° 2020-1725, 29 déc. 2020).* **– En application de leur obligation de responsabilité élargie, les producteurs d'équipements électriques et électroniques ménagers sont tenus d'enlever ou de faire enlever, puis de traiter ou de faire traiter les déchets d'équipements électriques et électroniques ménagers collectés séparément, quelle que soit la date à laquelle ces équipements ont été mis sur le marché. Ces obligations sont réparties entre les producteurs selon les catégories et sous-catégories d'équipements définies au II de l'article R. 543-172, au prorata des équipements électriques et électroniques ménagers mis sur le marché.**

Art. R. 543-189. – Un arrêté conjoint des ministres chargés de l'environnement, de l'industrie et des collectivités territoriales agrée les *(Mot rempl. à compter du 12 juillet 2011, D. n° 2011-828, 11 juill. 2011)* **« éco-organisme[s] » auxquels adhèrent les producteurs pour remplir les obligations prévues à l'article R. 543-188.**

Art. R. 543-190 *(Mod. à compter du 12 juillet 2011, D. n° 2011-828, 11 juill. 2011 ; mod., D. n° 2012-617, 2 mai 2012 ; D. n° 2014-928, 19 août 2014 ; abr. à compter du 1er janvier 2021, D. n° 2020-1725, 29 déc. 2020).*

Art. R. 543-191 *(Mod., D. n° 2014-928, 19 août 2014 ; abr. à compter du 1er janvier 2021, D. n° 2020-1725, 29 déc. 2020).*

Art. R. 543-192 *(Mod. à compter du 12 juillet 2011, D. n° 2011-828, 11 juill. 2011 ; mod., D. n° 2012-617, 2 mai 2012) ; D. n° 2014-928, 19 août 2014 ; abr. à compter du 1er janvier 2021, D. n° 2020-1725, 29 déc. 2020).*

Art. R. 543-193 *(Mod. à compter du 12 juillet 2011, D. n° 2011-828, 11 juill. 2011 ; abr. à compter du 1er janvier 2021, D. n° 2020-1725, 29 déc. 2020).*

Art. R. 543-194 *(Abr., D. n° 2014-928, 19 août 2014).*

Art. R. 543-194-1 *(Abr., D. n° 2016-288, 10 mars 2016).*

Exclusion d'un traitement des DEEE ménagers en dehors de la filière agréée. Cet article, qui se borne à préciser les conditions d'application de l'article L. 541-10-2 du Code de l'environnement, ne porte atteinte par lui-même ni à la liberté contractuelle, ni à la liberté du commerce et de l'industrie, ni au droit de la concurrence (▪ CE, 12 juin 2013, n° 360648, *Fédération des entreprises du recyclage*).

Sous-paragraphe 2. – *Enlèvement et traitement des déchets d'équipements électriques et électroniques professionnels*
(Anc. § 2 de la ss-sect. 4 de la présente section devenue le présent ss-§, D. n° 2013-988, 6 nov. 2013)

Art. R. 543-195 *(Rempl., D. n° 2012-617, 2 mai 2012 ; mod., D. n° 2014-928, 19 août 2014 ; mod. à compter du 1er janvier 2021, D. n° 2020-1725, 29 déc. 2020).* **– I. – En application de leur obligation de responsabilité élargie, [l]es producteurs d'équipements électriques et électroniques professionnels sont tenus d'enlever ou de faire enlever, puis de traiter ou de faire traiter à leurs frais les déchets issus des équipements professionnels qu'ils ont mis sur le marché après le 13 août 2005 ainsi que les déchets issus des équipements professionnels mis sur le marché jusqu'à cette date lorsqu'ils les remplacent par des équipements équivalents ou assurant la même fonction.**

Cet enlèvement s'effectue à partir d'un point de regroupement sur le site d'utilisation accessible par les producteurs avec un véhicule équipé de moyens de manutention adaptés, à compter d'un seuil d'enlèvement que les producteurs établissent. Les producteurs mettent gratuitement à disposition des utilisateurs les moyens de conditionnement de ces déchets, dès lors qu'un conditionnement spécifique est nécessaire au transport de ces déchets. Dans le cas où ce seuil d'enlèvement n'est pas atteint, cet enlèvement s'effectue par tout autre moyen approprié que les producteurs déterminent.

Le ministre chargé de l'environnement peut définir ce seuil d'enlèvement dans le cadre de l'agrément prévu à l'article R. 543-197 et de l'attestation prévue à l'article R. 543-197-1.

II. – Les utilisateurs enlèvent et traitent, à leur frais, les déchets issus des équipements électriques et électroniques professionnels mis sur le marché avant le 13 août 2005, autres que ceux visés au I.

III. – Les producteurs et distributeurs d'équipements électriques et électroniques professionnels :

1° Informent par tous moyens appropriés les utilisateurs et les détenteurs de ces équipements sur les solutions mises en place en application du présent article ;

2° Peuvent informer les acheteurs des coûts de la gestion des déchets d'équipements électriques et électroniques. Ces coûts n'excèdent pas la meilleure estimation disponible des coûts réellement supportés.

Art. R. 543-196 ***(Rempl., D. n° 2012-617, 2 mai 2012 ; mod., D. n° 2014-928, 19 août 2014 ; abr. à compter du 1er janvier 2021, D. n° 2020-1725, 29 déc. 2020).***

Art. R. 543-197 ***(Mod. à compter du 12 juillet 2011, D. n° 2011-828, 11 juill. 2011 ; mod., D. n° 2012-617, 2 mai 2012 ; D. n° 2014-928, 19 août 2014 ; abr. à compter du 1er janvier 2021, D. n° 2020-1725, 29 déc. 2020).***

Art. R. 543-197-1 ***(Rempl., D. n° 2014-928, 19 août 2014 ; abr. à compter du 1er janvier 2021, D. n° 2020-1725, 29 déc. 2020).***

Rédaction antérieure. Art. R. 543-197-1 *(D. n° 2012-617, 2 mai 2012 ; rempl., D. n° 2014-928, 19 août 2014)*. – I. – L'attestation consiste en un engagement du producteur à :

1° Respecter les conditions juridiques et techniques, prévues à l'article R. 543-195, dans lesquelles est opéré l'enlèvement des déchets d'équipements électriques et électroniques professionnels sur le territoire national ;

2° Collecter l'ensemble des déchets issus des équipements électriques et électroniques qu'il a mis sur le marché après le 13 août 2005 et les déchets issus des équipements professionnels mis sur le marché jusqu'à cette date lorsqu'il les remplace par des équipements équivalents ou assurant la même fonction, afin de contribuer à l'atteinte des objectifs de collecte fixés au niveau national. Cette disposition ne concerne pas les déchets issus des équipements électriques et électroniques pour lesquels l'utilisateur ou le détenteur ne souhaite pas bénéficier des solutions d'enlèvement et de traitement mises en place par le producteur en application de l'article R. 543-195 ;

3° Respecter les conditions juridiques et techniques dans lesquelles est opéré le traitement de ces déchets en France ou à l'étranger et, à cet effet, à mettre notamment en œuvre de manière régulière des mesures de suivi, de revue, de contrôles et d'audits directs des prestataires de traitement auxquels il fait appel ;

4° Atteindre les objectifs de valorisation des déchets et de recyclage et de réutilisation des composants, des matières et des substances prévus à l'article R. 543-200 ;

5° Satisfaire aux obligations d'information prévues à l'article R. 543-178 et aux obligations d'information à destination des utilisateurs et détenteurs en général ;

6° Disposer d'une capacité financière permettant d'assurer ses obligations concernant les déchets issus des équipements électriques et électroniques qu'il a mis sur le marché après le 13 août 2005 et les déchets issus des équipements professionnels mis sur le marché jusqu'à cette date lorsqu'il les remplace par des équipements équivalents ou assurant la même fonction.

II. – Cette attestation est signée par le producteur. Le volet de cette attestation relatif au 6° du I est contresigné par le commissaire aux comptes du producteur ou, lorsque le producteur n'y est pas assujetti, par l'expert-comptable du producteur ou le directeur financier du producteur.

III. – Le producteur devra être en mesure à tout moment de justifier, auprès du ministre en charge de l'environnement, du respect de ces engagements et des moyens mis en œuvre pour les atteindre.

IV. – Cette attestation est transmise annuellement dans le cadre du registre national des producteurs d'équipements électriques et électroniques mis en place en application de l'article R. 543-202. Les informations figurant dans cette attestation sont communicables à toute personne, à l'exception de celles relatives aux 3° et 6° du I, qui ne sont accessibles qu'au producteur concerné et aux autorités en charge du contrôle.

V. – S'il est constaté que l'attestation transmise n'est pas conforme aux dispositions du présent article, ou que le producteur ne respecte pas les engagements pris dans le cadre de cette attestation, le ministre chargé de l'environnement en avise le producteur qui est mis à même de présenter ses observations écrites ou orales dans un délai d'un mois. À défaut de mise en conformité, l'attestation pourra être retirée du registre national des producteurs d'équipements électriques et électroniques et le producteur considéré comme ne respectant pas les dispositions de l'article R. 543-195.

Cette attestation est signée par le producteur. Le volet de cette attestation relatif au point 5° est contresigné par le commissaire aux comptes du producteur ou, lorsque le producteur n'y est pas assujetti, par l'expert-comptable du producteur ou le directeur financier du producteur. Cette attestation est transmise annuellement dans le cadre du registre national des producteurs d'équipements électriques et électroniques mis en place en application de l'article R. 543-202. Les informations figurant dans cette attestation sont communicables à toute personne, à l'exception de celles relatives aux points 2° et 5°, qui ne sont accessibles qu'au producteur concerné et aux autorités en charge du contrôle.

S'il est constaté que l'attestation transmise n'est pas conforme aux dispositions du présent article, le producteur en est avisé et l'attestation pourra être retirée du registre national des producteurs d'équipements électriques et électroniques.

Art. R. 543-198 *(Abr., D. n° 2014-928, 19 août 2014).*

Art. R. 543-199 *(Abr., D. n° 2016-288, 10 mars 2016).*

*Sous-paragraphe 3. – **Modalités de gestion des déchets d'équipement électriques et électroniques***
(Anc. paragraphe 3 de la sous-section 4 de la présente section devenue le présent sous-paragraphe, D. n° 2013-988, 6 nov. 2013 ; intitulé mod., D. n° 2016-288, 10 mars 2016)

Art. R. 543-200 *(Mod. à compter du 12 juillet 2011, D. n° 2011-828, 11 juill. 2011 ; mod., D. n° 2014-928, 19 août 2014 ; mod. à compter du 1er janvier 2021, D. n° 2020-1725, 29 déc. 2020).* **– Le traitement des déchets d'équipements électriques et électroniques doit être réalisé dans des installations répondant aux exigences techniques fixées par arrêté du ministre chargé de l'environnement et respectant les dispositions du titre Ier du présent livre.**

Ces opérations peuvent également être effectuées dans toute autre installation autorisée à cet effet dans un autre État membre de l'Union européenne ou dans un autre État dès lors que le transfert de ces déchets hors de France est réalisé conformément aux dispositions du règlement n° 1013/2006 du Parlement européen et du Conseil du 14 juin 2006 concernant les transferts de déchets.

À l'occasion de toute opération de traitement, les producteurs ayant mis en place un système individuel et les éco-organismes sont tenus d'effectuer ou de faire effectuer un traitement des matières et composants des déchets d'équipements électriques et électroniques et de faire extraire tous les fluides, conformément aux prescriptions de l'arrêté mentionné au premier alinéa du présent article.

Art. R. 543-200-1 *(D. n° 2016-288, 10 mars 2016 ; mod., D. n° 2017-1607, 27 nov. 2017 ; mod. à compter du 1er janvier 2021, D. n° 2020-1725, 29 déc. 2020).* **– I. – Au sens du présent article, on entend par :**

1° « Opérateur de transit » : un opérateur recevant des déchets et les réexpédiant, sans réaliser d'autre opération qu'une rupture de charge et un entreposage temporaire dans l'attente de la reprise de ces déchets et de leur évacuation vers une installation de gestion des déchets ;

2° « Opérateur de regroupement » : un opérateur recevant des déchets et les réexpédiant, après avoir procédé à leur déconditionnement et reconditionnement pour constituer des lots de tailles plus importantes.

II. – Pour l'application de l'article L. 541-10-20, un opérateur de gestion de déchets ne peut gérer des déchets d'équipements électriques et électroniques que s'il a conclu préalablement un contrat écrit relatif à la gestion de ces déchets, soit avec un éco-organisme agréé, soit avec un producteur ayant mis en place un système individuel agréé, soit, pour ce qui concerne un opérateur de collecte, de transit ou de regroupement, avec un opérateur de traitement, auquel il remet les déchets concernés, ayant lui-même conclu un contrat entrant dans le champ des deux alinéas précédents. Dans ce cas, l'opérateur de traitement fournit à l'opérateur de collecte, de transit ou de regroupement un document justificatif de l'existence et de l'adéquation du contrat.

III. – Le contrat mentionné au II est conclu avec un éco-organisme agréé pour la catégorie de déchets concernés ou avec un producteur ayant mis en place un système individuel agréé pour les déchets issus de ses produits.

IV. – Un arrêté conjoint des ministres chargés de l'environnement et de l'industrie définit les dispositions et clauses minimales devant figurer dans les contrats et les documents justificatifs mentionnés au II (1).

V. – Tout opérateur mentionné au II du présent article est tenu de présenter les contrats ou les documents justificatifs exigés à ce II, à la demande de tout inspecteur de l'environnement au sens du I de l'article L. 172-1.

S'il est constaté qu'un opérateur mentionné au II gère des déchets sans disposer préalablement des contrats ou des justificatifs nécessaires, le préfet du département où exerce l'opérateur concerné l'avise des faits qui lui sont reprochés et de la sanction qu'il encourt. L'intéressé est mis à même de présenter ses observations, écrites ou orales, dans le délai d'un mois, le cas échéant, assisté d'un conseil ou représenté par un mandataire de son choix.

(1) V. T. appl. : A. 26 mai 2016 (*JO* 11 juin 2016). – NDLR.

Au terme de cette procédure, le préfet peut, par une décision motivée qui indique les voies et délais de recours, prononcer une amende administrative dont le montant tient compte de la gravité des manquements constatés et des avantages qui en sont retirés et qui ne peut excéder 750 € pour une personne physique et 3 750 € pour une personne morale par tonne de déchets d'équipements électriques et électroniques.

La décision mentionne le délai et les modalités de paiement de l'amende. L'amende est recouvrée conformément aux dispositions du décret n° 2012-1246 du 7 novembre 2012 relatif à la gestion budgétaire et comptable publique.

§ 5. – Dispositions relatives au suivi et au contrôle

(Anc. ss-sect. 5 de la présente section devenue le présent paragraphe, D. n° 2013-988, 6 nov. 2013)

Art. R. 543-201 *(D. n° 2014-928, 19 août 2014 ; abr. à compter du 1er janvier 2021, D. n° 2020-1725, 29 déc. 2020).*

Art. R. 543-202 *(Mod. à compter du 12 juillet 2011, D. n° 2011-828, 11 juill. 2011 ; D. n° 2014-928, 19 août 2014 ; abr. à compter du 1er janvier 2022, D. n° 2020-1725, 29 déc. 2020).*

Art. R. 543-202-1 *(Abr., D. n° 2016-288, 10 mars 2016).*

Art. R. 543-203. – Les distributeurs d'équipements électriques et électroniques ménagers et les acquéreurs d'équipements électriques et électroniques professionnels peuvent demander à leurs fournisseurs de leur communiquer les documents établissant que les producteurs remplissent pour ces équipements l'ensemble des obligations qui leur incombent.

Art. R. 543-204 *(Abr., D. n° 2013-988, 6 nov. 2013).*

§ 6. – Dispositions pénales

(Anc. ss-sect. 6 de la présente section devenue le présent paragraphe, D. n° 2013-988, 6 nov. 2013)

Art. R. 543-205 *(Rempl. à compter du 1er janvier 2021, D. n° 2020-1725, 29 déc. 2020).* – Est puni de l'amende prévue pour les contraventions de la 3e classe le fait :

1° Pour un producteur :

a) De mettre sur le marché un équipement électrique et électronique sans respecter les dispositions prévues à l'article R. 543-177 ;

b) De ne pas respecter les obligations d'information prévues au deuxième alinéa du I de l'article L. 541-10-20 ; *(Mod. à compter du 1er janvier 2022, D. n° 2020-1725, 29 déc. 2020)*

c) De ne pas communiquer les informations prévues à l'article R. 543-178, au 1° du III de l'article R. 543-195 » ;

2° Pour un distributeur, y compris en cas de vente à distance, de ne pas respecter les obligations d'information prévues au troisième alinéa du I de l'article L. 541-10-20.

Art. R. 543-206 *(Mod. à compter du 12 juillet 2011, D. n° 2011-828, 11 juill. 2011 ; mod., D. n° 2012-617, 2 mai 2012 ; D. n° 2014-928, 19 août 2014 ; D. n° 2015-849, 9 juill. 2015 ; mod. à compter du 1er janvier 2021, D. n° 2020-1725, 29 déc. 2020).* – Est puni de l'amende prévue pour les contraventions de la 5e classe le fait, pour un producteur ou un mandataire d'un producteur établi dans un autre État membre :

1° De concevoir un équipement électrique et électronique sans que les piles et accumulateurs usagés puissent être aisément enlevés soit par l'utilisateur final, soit par un professionnel qualifié indépendant du fabricant, dans les conditions prévues à l'article R. 543-176 ;

2° De ne pas effectuer ou faire effectuer le traitement des composants mentionné à l'article R. 543-200 ;

Sous-section 3. – Exigences minimales applicables aux transferts transfrontaliers d'équipements électriques et électroniques usagés

(D. n° 2014-928, 19 août 2014)

Cette sous-section introduite pour assurer la transposition de la directive 2012/19/UE relative aux déchets d'équipements électriques et électroniques précise les exigences minimales applicables aux transferts transfrontaliers d'équipements électriques et électroniques usagés.

Art. R. 543-206-1 *(D. n° 2014-928, 19 août 2014).* – Au sens de la présente sous-section, on entend par détenteur d'équipement électrique et électronique usagé toute personne qui se trouve en possession de ces équipements.

Art. R. 543-206-2 *(D. n° 2014-928, 19 août 2014).* – I. – Afin de pouvoir faire la distinction entre des équipements électriques et électroniques et des déchets d'équipements électriques et électroniques, lorsqu'il déclare son intention de transférer ou qu'il transfère des équipements électriques et électroniques usagés et non des déchets d'équipements électriques et électroniques, leur détenteur tient à disposition des agents mentionnés à l'article L. 541-44 et chargés du contrôle des dispositions de la présente sous-section les documents suivants à l'appui de cette déclaration :

1° Une copie de la facture et du contrat relatif à la vente ou au transfert de propriété de l'équipement électrique et électronique, indiquant que celui-ci est destiné à être réemployé directement et qu'il est totalement fonctionnel ;

2° Une preuve d'évaluation ou d'essais, sous la forme d'une copie des certificats d'essais ou autres preuves du bon fonctionnement, pour chaque article du lot, et un protocole comprenant toutes les informations consignées conformément au II du présent article ;

3° Une déclaration du détenteur qui organise le transport des équipements électriques et électroniques, indiquant que le lot ne contient aucun matériel ou équipement constituant un déchet au sens de l'article L. 541-1-1.

En outre, il assure une protection appropriée contre les dommages pouvant survenir lors du transport, du chargement et du déchargement, en particulier au moyen d'un emballage suffisant et d'un empilement approprié du chargement.

II. – Afin de démontrer que les objets transférés sont des équipements électriques et électroniques usagés et non des déchets d'équipements électriques et électroniques, leur détenteur effectue des tests afin de s'assurer du bon fonctionnement de chacun d'entre eux et évalue la présence de substances dangereuses. Il consigne le résultat de ces tests et évaluations et établit un procès-verbal d'essai par équipements électriques et électroniques comportant les informations suivantes :

1° Le nom de l'article (nom de l'équipement, s'il est énuméré à l'annexe II ou IV de la directive 2012/19/UE du 4 juillet 2012 relative aux déchets d'équipements électriques et électroniques, selon le cas, et catégorie visée à l'annexe I ou III de la même directive, selon le cas) ;

2° Le numéro d'identification de l'équipement (numéro de type), le cas échéant ;

3° L'année de production si elle est connue ;

4° Le nom et l'adresse de l'entreprise chargée d'attester le bon fonctionnement ;

5° La date et les résultats des essais ;

6° Le type d'essais réalisés.

Avant tout transfert transfrontière, ce procès-verbal d'essai est fixé solidement, mais de manière non permanente, soit sur l'équipement électrique et électronique lui-même s'il n'est pas emballé, soit sur son emballage, de façon à pouvoir être lu sans déballer l'équipement.

III. – Chaque chargement d'équipements électriques et électroniques usagés transféré doit être accompagné :

1° D'un document de transport pertinent, comme une lettre de voiture internationale, dite CMR, prévue par la convention relative au contrat de transport international de marchandises par route ;

2° D'une déclaration de la personne habilitée sur sa responsabilité.

Art. R. 543-206-3 *(D. n° 2014-928, 19 août 2014).* – Le 1° et le 2° du I et le II de l'article R. 543-206-2 ne s'appliquent pas lorsque des preuves concluantes attestent que le transfert a lieu dans le cadre d'un accord de transfert entre entreprises et que l'une des conditions suivantes est remplie :

1° Des équipements électriques et électroniques sont renvoyés, en cas de défaut, au producteur ou à un tiers agissant pour le compte du producteur pour une réparation sous garantie en vue de leur réemploi ;

2° Des équipements électriques et électroniques destinés à un usage professionnel, usagés, sont renvoyés au producteur ou à un tiers agissant pour le compte du producteur ou à l'installation d'un tiers dans des pays dans lesquels s'applique la décision C (2001) 107/ final du Conseil de l'OCDE concernant la révision de la décision C (92) 39/ final sur le contrôle des mouvements transfrontières de déchets destinés à des opérations de valorisation, pour remise à neuf ou réparation dans le cadre d'un contrat valide, en vue de leur réemploi ;

3° Des équipements électriques et électroniques destinés à un usage professionnel, usagés et défectueux, tels que des dispositifs médicaux ou des parties de ceux-ci, sont renvoyés au producteur, ou à un tiers agissant pour le compte du producteur, pour analyse des causes du caractère défectueux des équipements, dans le cadre d'un contrat valide, dans les cas où une telle analyse ne peut être effectuée que par le producteur ou un tiers agissant pour le compte du producteur.

Art. R. 543-206-4 *(D. n° 2014-928, 19 août 2014)*. – En l'absence de preuve qu'un objet est un équipement électrique et électronique usagé et non un déchet d'équipement électrique et électronique au moyen des documents mentionnés aux I, II et III de l'article R. 543-206-2 ou des preuves concluantes mentionnées à l'article R. 543-206-3 et en l'absence d'une protection appropriée contre les dommages pouvant survenir lors du transport, du chargement et du déchargement, en particulier au moyen d'un emballage suffisant et d'un empilement approprié du chargement, qui relèvent des obligations du détenteur qui organise le transport, cet objet est un déchet d'équipement électrique et électronique et le chargement constitue un transfert illégal de déchets. Dans ces circonstances, le chargement sera traité conformément aux articles 24 et 25 du règlement (CE) n° 1013/2006 du 14 juin 2006 concernant les transferts de déchets.

Section X. – Imprimés papiers et papiers à usage graphique destinés à être imprimés

(Rempl., D. n° 2008-1298, 10 déc. 2008 ; D. n° 2010-945, 24 août 2010 ; intitulé rempl. à compter du 1er janvier 2021, D. n° 2020-1725, 29 déc. 2020)

Bibliographie : P. Billet, *Contribution en nature des publications de presse au régime de la responsabilité élargie des producteurs de papiers : Énergie – Env. – Infrastr.* 2016, p. 32-35. • P. Billet, *Les déchets d'imprimés dans les petits papiers du droit financier de l'environnement. – À propos du décret n° 2008-1298 du 10 décembre 2008 : JCP* A 2009, n° 1.

Responsabilité élargie du producteur – imprimés papier et papiers à usage graphique. Celui qui émet ou fait émettre des imprimés papiers et celui qui met sur le marché des papiers à usage graphique, transformés, manufacturés, conditionnés et destinés à être imprimés par ou pour le compte d'utilisateurs finaux est tenu de contribuer à la collecte, à la valorisation et à l'élimination des déchets d'imprimés papiers, ménagers et assimilés qui en résultent. La collecte, la valorisation et l'élimination sont gérées par un organisme agréé.

Sous-section 1. – Modalités de gestion de la contribution à la collecte, à la valorisation et à l'élimination des déchets d'imprimés papiers et de papiers à usage graphique destinés à être imprimés

Art. D. 543-207 *(Ancien D. 543-207 dénum. et rempl. à compter du 1er janvier 2021, D. n° 2020-1725, 29 déc. 2020)*. – au sens de la présente section, on entend par :

1° « Imprimés papiers » : tout support papier imprimé, à l'exception des papiers d'hygiène et des papiers d'emballage ;

2° « Papiers à usage graphique » : les papiers à copier, les papiers graphiques, les enveloppes et les pochettes postales ;

3° « Livres » : un ensemble imprimé, illustré ou non, publié sous un titre, ayant pour objet la reproduction d'une œuvre de l'esprit d'un ou plusieurs auteurs en vue de l'enseignement, de la diffusion de la pensée et de la culture ;

4° « Producteur » :

a) Tout donneur d'ordre qui émet ou fait émettre des imprimés papiers, y compris à titre gratuit, à destination des utilisateurs finaux sur le territoire national ;

b) Toute personne qui met sur le marché national des papiers à usage graphique, transformés, manufacturés, conditionnés et destinés à être imprimés par ou pour le compte d'utilisateurs finaux, et dont la collecte et le traitement des déchets qui en sont issus relèvent de la compétence des collectivités territoriales et de leurs groupements ;

5° « Donneur d'ordre » : la personne à l'origine de la politique générale promotionnelle, d'annonce, d'information ou commerciale, ou celle au nom ou sous l'appellation de laquelle cette politique a été menée ;

6° « Utilisateur final » : la personne physique ou morale qui consomme un produit manufacturé mis sur le marché.

Art. R. 543-208 *(Ancien D. 543-208 dénum. et rempl. à compter du 1er janvier 2021, D. n° 2020-1725, 29 déc. 2020).* – Les donneurs d'ordre mentionnés au a du 4° de l'article R. 543-207 déclarent auprès de l'éco-organisme auquel ils ont transféré l'obligation de responsabilité élargie du producteur le tonnage d'imprimés papiers qu'ils ont émis ou fait émettre à destination des utilisateurs finaux, au cours de l'année civile précédente, à l'exclusion des imprimés réalisés à partir de papiers à usage graphique, transformés, manufacturés, conditionnés et destinés à être imprimés, mentionnés à l'article R. 543-208-1.

Les imprimés papiers que les donneurs d'ordre ont émis ou fait émettre, expédiés hors du territoire national ou ne générant pas de déchets ménagers et assimilés, sont exclus de l'assiette de la contribution.

Art. R. 543-208-1 *(Ancien D. 543-208-1 dénum. et rempl. à compter du 1er janvier 2021, D. n° 2020-1725, 29 déc. 2020).* – Les metteurs sur le marché de papiers à usage graphique mentionnés au *b* du 4° de l'article R. 543-207 déclarent auprès de l'éco-organisme auquel ils ont transféré l'obligation de responsabilité élargie du producteur le tonnage de papiers à usage graphique, transformés, manufacturés, conditionnés et destinés à être imprimés par ou pour le compte d'utilisateurs finaux, que ces metteurs sur le marché ont, à titre professionnel, fabriqués, importés ou introduits en France au cours de l'année civile précédente. Dans le cas de papiers à usage graphique vendus sous la seule marque d'un revendeur, celui-ci est considéré comme le metteur sur le marché.

Les papiers à usage graphique expédiés hors du territoire national ou ne générant pas de déchets ménagers et assimilés sont exclus de l'assiette de la contribution due par les producteurs à l'éco-organisme.

Les intermédiaires entre les metteurs sur le marché et les utilisateurs finaux de la chaîne de distribution des papiers à usage graphique, transformés, manufacturés, conditionnés et destinés à être imprimés fournissent, le cas échéant, les informations nécessaires, selon des modalités fixées dans le cahier des charges, afin de permettre aux metteurs sur le marché d'effectuer leurs déclarations et, notamment, de déterminer la quantité de ces papiers à usage graphique expédiée hors du territoire national ou ne générant pas de déchets ménagers et assimilés.

Pour la détermination de la quantité de papiers à usage graphique ne générant pas de déchets ménagers et assimilés, le contributeur peut opter pour l'application d'une réduction forfaitaire du tonnage à déclarer. La réduction forfaitaire, fixée dans le cahier des charges, correspond au pourcentage national de papiers à usage graphique destinés à être imprimés produisant des déchets dont la collecte et le traitement ne sont pas effectués par des collectivités territoriales, leurs groupements ou des syndicats mixtes compétents.

Art. D. 543-208-2 à D. 543-210 *(Abr. à compter du 1er janvier 2017, D. n° 2015-1827, 29 déc. 2015).*

Art. R. 543-210-1 *(Rempl. à compter du 1er janvier 2021, D. n° 2020-1725, 29 déc. 2020 puis abr. à compter du 1er janvier 2022, D. n° 2020-1725, 29 déc. 2020).*

Sous-section 2. – Barème et modalités de calcul de la contribution financière et de son reversement

Art. R. 543-211 *(Ancien D. 543-211 dénum. et rempl. à compter du 1er janvier 2021, D. n° 2020-1725, 29 déc. 2020 puis mod. à compter du 1er janvier 2023, D. n° 2020-1725, 29 déc. 2020).* – La contribution financière due par les producteurs à l'éco-organisme est fixée, pour chaque personne tenue de s'en acquitter, proportionnellement au poids des imprimés papiers que cette personne a émis ou fait émettre et des papiers à usage graphique, transformés, manufacturés, conditionnés et destinés à être imprimés que cette personne a mis sur le marché.

Art. D. 543-211-1 *(Créé à compter du 1er janvier 2017, D. n° 2015-1827, 29 déc. 2015; abr. à compter du 1er janvier 2021, D. n° 2020-1725, 29 déc. 2020).*

Sous-section 3. – Modalités de contribution des publications de presse sous forme de prestations en nature

(Division créée à compter du 1er janvier 2021, D. n° 2020-1725, 29 déc. 2020 puis abr. à compter du 1er janvier 2023, D. n° 2020-1925, 29 déc. 2020)

Art. D. 543-212 (1) ***(Rempl. à compter du 1er janvier 2021, D. n° 2020-1725, 29 déc. 2020 puis abr. à compter du 1er janvier 2023, D. n° 2020-1925, 29 déc. 2020).***

Art. D. 543-212-1 (2) ***(Rempl. à compter du 1er janvier 2021, D. n° 2020-1725, 29 déc. 2020 puis abr. à compter du 1er janvier 2023, D. n° 2020-1925, 29 déc. 2020).***

Art. D. 543-212-2 ***(Rempl. à compter du 1er janvier 2021, D. n° 2020-1725, 29 déc. 2020 puis abr. à compter du 1er janvier 2023, D. n° 2020-1925, 29 déc. 2020).***

Art. D. 543-212-3 (2) ***(Créé à compter du 1er janvier 2017, D. n° 2016-917, 5 juill. 2016 ; abr. à compter du 1er janvier 2023, D. n° 2020-1925, 29 déc. 2020).***

Sous-section 4. – Prise en compte des exigences liées à l'environnement dans la conception et la fabrication des imprimés papiers

(Sous-section créée à compter du 1er janvier 2021, D. n° 2020-1725, 29 déc. 2020)

Art. D. 543-213 ***(Implicitement abr., D. n° 2010-945, 24 août 2010 ; rétabli à compter du 1er janvier 2021, D. n° 2020-1725, 29 déc. 2020)*** (3). **– Le présent article précise les modalités d'interdiction d'utiliser des huiles minérales pour les impressions à destination du public et pour les lettres de prospectus publicitaires et de catalogues non sollicités visant à faire de la promotion commerciale, qui est mentionnée à l'article 112 de la loi n° 2020-105 du 10 février 2020 relative à la lutte contre le gaspillage et à l'économie circulaire.**

L'interdiction s'applique aux huiles minérales comportant des substances perturbant le recyclage des déchets de papier ou limitant l'utilisation des matériaux recyclés à partir des déchets collectés avec les déchets de papier en raison des risques que présentent ces substances pour la santé humaine. Un arrêté du ministre chargé de l'environnement précise les substances concernées.

Sous-section 5. – Dispositions pénales

(Sous-section créée à compter du 1er janvier 2021, D. n° 2020-1725, 29 déc. 2020)

Art. R. 543-213-1 ***(Créé à compter du 1er janvier 2021, D. n° 2020-1725, 29 déc. 2020)*** (3). **– Est puni de l'amende prévue pour les contraventions de la 3e classe le fait de méconnaître les exigences mentionnées à l'article D. 543-213.**

---

(1) Après le premier acquittement de l'écocontribution sur le fondement du décret n° 2016-917 du 5 juillet 2016, et jusqu'au 31 décembre 2022, pour un donneur d'ordre mentionné à l'article D. 543-212 qui s'acquitte partiellement en nature de sa contribution, la part d'augmentation annuelle du montant de celle-ci qui n'est pas due à une augmentation du volume de papier qu'il met sur le marché ou à l'évolution des modulations de la contribution financière qui s'appliquent aux papiers qu'il met sur le marché est convertie en une augmentation de sa contribution en nature, D. n° 2016-917, 5 juill. 2016, art. 2.

(2) V. T. appl. : A. 28 déc. 2016 (*JO* 31 déc. 2016). – NDLR.

(3) Dispositions applicables à compter des dates prévues à l'article 112 de la loi n° 2020-105 du 10 février 2020 : À compter du 1er janvier 2022, il est interdit d'utiliser des huiles minérales sur des emballages et à compter du 1er janvier 2025, il est interdit d'utiliser des huiles minérales pour des impressions à destination du public. Pour les lettres de prospectus publicitaires et de catalogues non sollicités visant à faire de la promotion commerciale, cette interdiction s'applique à compter du 1er janvier 202, D. n° 2020-1725, 29 déc. 2020. – NDLR.

Section XII. – Produits textiles d'habillement, chaussures, linge de maison destinés aux ménages, et produits textiles neufs pour la maison (1)

(Section créée, D. n° 2008-602, 25 juin 2008 ; intitulé rempl. à compter du 1er janvier 2021, D. n° 2020-1725, 29 déc. 2020)

Art. R. 543-214 *(Rempl. à compter du 1er janvier 2021, D. n° 2020-1725, 29 déc. 2020).* – La présente section précise les conditions de mise en œuvre de l'obligation de responsabilité élargie du producteur applicable aux producteurs de produits textiles d'habillement, de chaussures, de linge de maison neuf destiné aux particuliers et de produits textiles neufs pour la maison, ainsi que les obligations des producteurs relatives à la gestion des déchets issus de ces produits.

Pour l'application de la présente section, on entend par « producteur » toute personne physique ou morale qui, à titre professionnel, soit fabrique en France, soit importe ou introduit pour la première fois sur le marché national des produits mentionnés au présent article destinés à être cédés à titre onéreux ou à titre gratuit à l'utilisateur final par quelque technique de vente que ce soit ou à être utilisés directement sur le territoire national. Dans le cas où ces produits sont cédés sous la marque d'un revendeur ou d'un donneur d'ordre dont l'apposition résulte d'un document contractuel, ce revendeur ou ce donneur d'ordre est considéré comme producteur.

Un arrêté conjoint des ministres chargés, respectivement, de l'environnement et de l'industrie peut préciser la liste des produits concernés.

Art. R. 543-215 *(Rempl. à compter du 1er janvier 2021, D. n° 2020-1725, 29 déc. 2020).* – Les organismes agréés déterminent le montant global de la contribution financière qu'ils perçoivent auprès des producteurs qui leur ont transféré leur obligation de responsabilité élargie afin de couvrir les coûts de prévention et de gestion des déchets résultant de l'application du cahier des charges.

La contribution que les éco-organismes agréés perçoivent des producteurs est fixée par ces éco-organismes, en fonction du nombre d'unités et/ou de la masse des produits mis sur le marché par ces personnes, sans préjudice des modulations fixées en application de l'article L. 541-10-3.

La contribution due par chacun des producteurs est calculée sur la base de ses déclarations auprès de l'éco-organisme agréé auquel il a transféré son obligation de responsabilité élargie.

Les éco-organismes agréés rendent public le tarif des contributions financières mentionnées au présent article.

Art. R. 543-216 *(D. n° 2008-602, 25 juin 2008).* – Toute mention de son agrément par le titulaire se réfère à l'activité pour laquelle celui-ci est accordé.

Art. R. 543-217 *(D. n° 2008-602, 25 juin 2008 ; mod. à compter du 12 juillet 2011, D. n° 2011-828, 11 juill. 2011 ; abr. à compter du 1er janvier 2021, D. n° 2020-1725, 29 déc. 2020).*

Art. R. 543-218 *(Rempl. à compter du 1er janvier 2021, D. n° 2020-1725, 29 déc. 2020).* – Le cahier des charges précise notamment :

1° Les objectifs d'insertion par l'activité économique des personnes sans emploi, rencontrant des difficultés sociales et professionnelles particulières au sens de l'article L. 5132-1 du Code du travail, exprimés en volume d'heures de travail ou de formation réalisées par ces personnes dans le cadre des conventions conclues avec des opérateurs de tri. Ces objectifs sont fixés chaque année en fonction du tonnage supplémentaire, par rapport à l'année précédente, de déchets triés ;

2° Les conditions dans lesquelles le titulaire de l'agrément passe une convention avec chaque opérateur de tri en vue de contribuer à la prise en charge des coûts de recyclage et de traitement de la fraction de déchets non réemployés issue du tri des déchets ;

3° Les conditions minimales à fixer avec chaque opérateur de tri conventionné en matière de réemploi, de recyclage et de valorisation matière des déchets triés, et la minoration de la contribution versée à l'opérateur de tri

(1) Antérieurement aux modifications opérées par l'article 6, 2°, 5° et 7° du décret n° 2020-1725, 29 déc. 2020, la présente section comprenait trois sous-section respectivement intitulées : Sous-section 1. – Dispositions relatives à l'agrément des organismes visés à l'article L. 541-10-3 (Art. R. 543-214 à R. 543-216) ; Sous-section 2. – Dispositions relatives à l'approbation des systèmes individuels visés à l'article L. 541-10-3 (Art. R. 541-217) et Sous-section 3. – Dispositions communes aux agréments et aux approbations (R. 543-218 à R. 543-224). – NDLR.

en cas de non-respect par ce dernier d'un objectif minimum d'insertion des personnes sans emploi, rencontrant des difficultés sociales et professionnelles particulières ;

4° Le barème des soutiens à la communication relative à la collecte séparée des déchets textiles que le titulaire de l'agrément verse aux communes, établissements publics de coopération intercommunale ou syndicats mixtes compétents qui coordonnent la collecte séparée des déchets.

Art. R. 543-219 *(Mod., D. n° 2014-524, 22 mai 2014 ; D. n° 2015-1709, 22 déc. 2015 ; mod. à compter du 1er janvier 2017, D. n° 2016-1849, 23 déc. 2016 ; à compter du 1er septembre 2017, D. n° 2017-826, 5 mai 2017 ; à compter du 1er janvier 2021, D. n° 2020-1725, 29 déc. 2020).* – Doivent notamment être regardées comme des personnes rencontrant des difficultés, au regard de l'emploi au sens de la présente section, les personnes entrant dans les catégories suivantes :

– les demandeurs d'emploi inscrits au chômage depuis plus de douze mois ;
– les allocataires du revenu de solidarité active L. n° 2015-1556, 30 nov. 2015, art. ;
– les personnes reconnues travailleurs handicapés par la commission des droits et de l'autonomie des personnes handicapées et les personnes titulaires de la carte mobilité inclusion comportant la mention « invalidité » définie à l'article L. 241-3 du Code de l'action sociale et des familles ou de la carte d'invalidité définie à l'article L. 241-3 du même code dans sa rédaction antérieure au 1er janvier 2017 ;
– les jeunes âgés de seize à vingt-cinq ans révolus d'un niveau de formation V sans diplôme, V *bis* ou VI ;
– les jeunes suivis par une mission locale dans le cadre d'un contrat d'insertion dans la vie sociale défini à l'article L. 5131-4 du Code du travail ;
– les bénéficiaires de l'allocation spécifique de solidarité, de l'allocation parent isolé ou de l'allocation adulte handicapé ;
– *(Mod. à compter du 1er juillet 2024, D. n° 2024-606, 26 juin 2024)* les personnes mentionnées à l'article L. 5132-3 du Code du travail, agréées par l'opérateur France Travail ;
– les salariés recrutés en contrat d'accompagnement dans l'emploi ou en contrat initiative emploi ;
– les personnes employées dans les groupements d'employeurs définis à l'article L. 1253-1 du Code du travail qui conduisent des actions d'insertion et de qualification.

Un arrêté conjoint des ministres chargés, respectivement, de l'environnement, de l'économie, de l'industrie et de l'emploi peut fixer les modalités de décompte des heures de travail ou de formation comptabilisées dans l'objectif d'insertion des personnes rencontrant des difficultés au regard de l'emploi mentionné deuxième alinéa de l'article R. 543-218.

Art. R. 543-220 et R. 543-221 ***(Abr. à compter du 1er janvier 2022, D. n° 2020-1725, 29 déc. 2020).***

Art. R. 543-222 à R. 543-224 ***(Abr. à compter du 1er janvier 2021, D. n° 2020-1725, 29 déc. 2020).***

Section XII *(Rédaction antérieure).* – Déchets de produits textiles d'habillement, de chaussures ou de linge de maison destinés aux ménages

(D. n° 2008-602, 25 juin 2008)

Voir : A. 23 nov. 2022 portant cahiers des charges des écoorganismes et des systèmes individuels de la filière à responsabilité élargie du producteur des textiles, chaussures et linge de maison (TLC) (*JO* du 25).

Bibliographie : P. Billet, *La nouvelle trame du recyclage des déchets textiles : JCP* A 2008, n° 29.

Responsabilité élargie du producteur – produits textiles d'habillement. Chaussures et linge de maison. Cette section a été introduite par le décret n° 2008-602 du 25 juin 2008 relatif au recyclage et au traitement des déchets issus des produits textiles d'habillement, des chaussures ou du linge de maison neufs destinés aux ménages. Elle pose le régime de la contribution ou de la prise en charge du recyclage et du traitement de ces déchets par les personnes qui mettent sur le marché national, à titre professionnel, des produits textiles d'habillement, des chaussures ou du linge de maison neufs destinés aux ménages. La filière de recyclage et de traitement de ces déchets se voit fixer des objectifs en termes d'insertion de personnes en difficulté au regard de l'emploi.

Sous-section 1 *(Rédaction antérieure)*. – Dispositions relatives à l'agrément des organismes visés à l'article L. 541-10-3

Rédaction antérieure. Art. R. 543-214 *(D. n° 2008-602, 25 juin 2008)*. – Les organismes visés à l'article L. 541-10-3 sont agréés pour une durée maximale de six ans par arrêté conjoint des ministres chargés de l'écologie et de l'industrie après avis du ministre en charge de l'emploi.

Chaque organisme justifie, à l'appui de sa demande d'agrément, de ses capacités techniques et financières à mener à bonne fin les opérations requises pour favoriser, par le biais des conventions qu'il signe et de la redistribution des contributions financières qu'il collecte, le réemploi, le recyclage, la valorisation matière et le traitement des déchets mentionnés à l'article L. 541-10-3 et indique les conditions dans lesquelles il prévoit de satisfaire aux clauses du cahier des charges dont cet agrément sera assorti.

La demande d'agrément mentionne à cet effet les objectifs que l'organisme entend atteindre et précise les différentes conventions qu'il envisage de passer avec les personnes mentionnées au premier alinéa de l'article L. 541-10-3, les opérateurs de tri et les communes, établissements publics de coopération intercommunale ou syndicats mixtes en charge de *(Mots rempl. à compter du 12 juillet 2011, D. n° 2011-828, 11 juill. 2011)* « la collecte et du traitement » des déchets.

Rédaction antérieure. Art. R. 543-215 *(D. n° 2008-602, 25 juin 2008)*. – Les organismes agréés déterminent le montant global de la contribution financière qu'ils perçoivent auprès des personnes mentionnées au premier alinéa de l'article L. 541-10-3 de manière à couvrir, chaque année, les dépenses résultant de l'application du cahier des charges mentionné à l'article R. 543-214.

Le barème de la contribution que les organismes agréés perçoivent des personnes mentionnées au premier alinéa de l'article L. 541-10-3 est fixé par ces organismes, en fonction du nombre d'unités et/ou de la masse des produits mis sur le marché par ces personnes. Ce barème peut tenir compte de différences objectives de situation dans le traitement et le recyclage des déchets issus des produits concernés ; la contribution peut notamment être minorée pour les produits respectant les critères du label écologique mentionné par le règlement (CE) 1980/2000 du 17 juillet 2000 susvisé ou de tout système de labellisation écologique équivalent.

La contribution due par chacune des personnes mentionnées au premier alinéa de l'article L. 541-10-3 est calculée sur la base de ses déclarations auprès de l'organisme agréé.

Les organismes agréés rendent public le barème arrêté. Ils informent au préalable les ministères chargés de l'écologie et de l'industrie de tout changement de barème de la contribution et rendent public ce nouveau barème deux mois au moins avant son entrée en vigueur.

Rédaction antérieure. Art. R. 543-216 *(D. n° 2008-602, 25 juin 2008)*. – Toute mention de son agrément par le titulaire se réfère à l'activité pour laquelle celui-ci est accordé.

Sous-section 2 *(Rédaction antérieure)*. – Dispositions relatives à l'approbation des systèmes individuels visés à l'article L. 541-10-3

Rédaction antérieure. Art. R. 543-217 *(D. n° 2008-602, 25 juin 2008)*. – Les systèmes individuels de recyclage et de traitement des déchets, visés à l'article L. 541-10-3, sont approuvés pour une durée maximale de six ans par arrêté conjoint des ministres chargés de l'écologie et de l'industrie après avis du ministre en charge de l'emploi.

Chaque personne qui se propose de mettre en place un système individuel justifie, à l'appui de sa demande d'approbation, de ses capacités techniques et financières à mener à bonne fin les opérations requises pour favoriser le réemploi, le recyclage, la valorisation matière et le traitement des déchets mentionnés à l'article L. 541-10-3 et indique les conditions dans lesquelles elle prévoit de satisfaire aux clauses du cahier des charges dont cette approbation sera assortie. Elle indique, le cas échéant, les objectifs qu'elle entend atteindre par des conventions avec les opérateurs de tri et les communes, établissements publics de coopération intercommunale ou syndicats mixtes en charge de *(Mots rempl. à compter du 12 juillet 2011, D. n° 2011-828, 11 juill. 2011)* « la collecte et du traitement » des déchets.

Sous-section 3 *(Rédaction antérieure)*. – Dispositions communes aux agréments et aux approbations

Rédaction antérieure. Art. R. 543-218 *(D. n° 2008-602, 25 juin 2008)*. – Le cahier des charges mentionné aux articles R. 543-214 et R. 543-217 précise les objectifs fixés à l'organisme agréé ou à la personne titulaire de l'approbation et les actions à engager pour atteindre ces objectifs.

Sont ainsi précisés les objectifs fixés en termes de quantités de déchets mentionnés à l'article L. 541-10-3 triées, réemployées, recyclées ou valorisées et les objectifs en matière de recherche et développement.

Sont également précisés les objectifs d'insertion des personnes rencontrant des difficultés au regard de l'emploi au sens de l'article L. 541-10-3, exprimés en volume d'heures de travail ou de formation réalisées par ces personnes dans le cadre des conventions conclues avec des opérateurs de tri. Ces objectifs sont fixés chaque année en fonction du tonnage supplémentaire, par rapport à l'année précédente, de déchets triés.

Le cahier des charges précise par ailleurs les conditions dans lesquelles le titulaire de l'agrément ou, le cas échéant, le titulaire de l'approbation passera une convention avec chaque opérateur de tri en vue de contribuer à la prise en charge des coûts de recyclage et de traitement de la fraction de déchets non réemployés issue du tri des déchets mentionnés au premier alinéa de l'article L. 541-10-3. Le cahier des charges précise notamment les conditions minimales à fixer avec chaque opérateur de tri conventionné en matière de réemploi, de recyclage et de valorisation matière des déchets triés, et prévoit la minoration de la contribution versée à l'opérateur de tri en cas de non-respect par ce dernier d'un objectif minimum d'insertion des personnes rencontrant des difficultés au regard de l'emploi.

Le cahier des charges précise enfin le barème des soutiens à la communication relative à la collecte *(Mot rempl. à compter du 12 juillet 2011, D. n° 2011-828, 11 juill. 2011)* « séparée » des déchets textiles que le titulaire de l'agrément versera aux communes, établissements publics de coopération intercommunale ou syndicats mixtes compétents qui coordonnent la collecte sélective des déchets mentionnés au premier alinéa de l'article L. 541-10-3.

Lorsque le titulaire de l'approbation verse un tel soutien financier aux opérations de communication relative à la collecte *(Mot rempl. à compter du 12 juillet 2011, D. n° 2011-828, 11 juill. 2011)* « séparée » de déchets textiles menées par les communes, établissements publics de coopération intercommunale ou syndicats mixtes compétents, le cahier des charges précise le barème de ces soutiens.

Rédaction antérieure. Art. R. 543-219 *(D. n° 2008-602, 25 juin 2008)*. – Doivent notamment être regardées comme des personnes rencontrant des difficultés, au regard de l'emploi au sens de l'article L. 541-10-3, les personnes entrant dans les catégories suivantes :

– les demandeurs d'emploi inscrits au chômage depuis plus de douze mois ;

– les allocataires du revenu *(Mots rempl., D. n° 2015-1709, 22 déc. 2015)* « de solidarité active » L. n° 2015-1556, 30 nov. 2015, art. ;

– les personnes reconnues travailleurs handicapés par la commission des droits et de l'autonomie des personnes handicapées et les personnes titulaires de la *(Mots rempl. à compter du 1er janvier 2017, D. n° 2016-1849, 23 déc. 2016)* « carte mobilité inclusion comportant la mention « invalidité » définie à l'article L. 241-3 du Code de l'action sociale et des familles ou de la carte d'invalidité définie à l'article L. 241-3 du même code dans sa rédaction antérieure au 1er janvier 2017 » ;

– les jeunes âgés de seize à vingt-cinq ans révolus d'un niveau de formation V sans diplôme, V *bis* ou VI ;

– les jeunes suivis par une mission locale dans le cadre d'un contrat d'insertion dans la vie sociale défini à l'article L. 5131-4 du Code du travail ;

– les bénéficiaires de l'allocation spécifique de solidarité *(Mots suppr. à compter du 1er septembre 2017, D. n° 2017-826, 5 mai 2017)* « ... », de l'allocation parent isolé ou de l'allocation adulte handicapé ;

– *(Rempl., D. n° 2014-524, 22 mai 2014)* les personnes mentionnées à l'article L. 5132-3 du Code du travail, agréées par Pôle emploi [;]

– les salariés recrutés en contrat d'accompagnement dans l'emploi ou en contrat initiative emploi ;

– les personnes employées dans les groupements d'employeurs définis à l'article L. 1253-1 du Code du travail qui conduisent des actions d'insertion et de qualification.

Un arrêté conjoint des ministres en charge de l'économie, de l'industrie, de l'écologie et de l'emploi fixe les modalités de décompte des heures de travail ou de formation comptabilisées dans l'objectif d'insertion des personnes rencontrant des difficultés au regard de l'emploi mentionné au troisième alinéa de l'article R. 543-218.

Rédaction antérieure. Art. R. 543-220 *(D. n° 2008-602, 25 juin 2008)*. – Les organismes titulaires de l'agrément mentionné à l'article R. 543-214 et les personnes titulaires de l'approbation mentionnée à l'article R. 543-217 communiquent chaque année avant le 15 juillet aux ministres chargés de l'écologie, de l'industrie et de l'emploi ainsi qu'à l'Agence de l'environnement et de la maîtrise de l'énergie le rapport d'activité de l'année précédente. Ce rapport comporte notamment le bilan financier, les résultats chiffrés obtenus en matière de tri, de réemploi, de recyclage de valorisation matière des déchets mentionnés au premier alinéa de l'article L. 541-10-3 ainsi qu'en matière de recherche et développement, et les résultats chiffrés obtenus en matière d'insertion des personnes rencontrant des difficultés au regard de l'emploi.

Rédaction antérieure. Art. R. 543-221 *(D. n° 2008-602, 25 juin 2008)*. – Les organismes titulaires de l'agrément mentionné à l'article R. 543-214 et les personnes titulaires de l'approbation mentionnée à l'article R. 543-217 transmettent aux ministres chargés de l'écologie, de l'industrie et de l'emploi ainsi qu'à l'Agence de l'environnement et de la maîtrise de l'énergie toute information demandée attestant le respect des obligations figurant dans leur cahier des charges.

Rédaction antérieure. Art. R. 543-222 *(D. n° 2008-602, 25 juin 2008)*. – En cas d'inobservation par le titulaire des clauses du cahier des charges annexé à l'agrément ou à l'approbation, le ministre chargé de l'écologie peut, après consultation des ministres chargés de l'industrie et de l'emploi, le mettre en demeure de satisfaire à ses obligations dans un délai qui ne saurait être inférieur à deux mois.

À défaut pour le titulaire de s'être conformé à ses obligations dans ce délai, les ministres chargés de l'écologie et de l'industrie peuvent décider, après avis du ministre en charge de l'emploi, du retrait de l'agrément ou de l'approbation après que le titulaire a été mis à même de présenter ses observations.

Rédaction antérieure. Art. R. 543-223 *(D. n° 2008-602, 25 juin 2008)*. – Le fait pour une personne visée à l'article L. 541-10-3 de mettre sur le marché national à titre professionnel un produit textile d'habillement, une paire de chaussures ou un linge de maison neufs destinés aux ménages, sans avoir versé la contribution financière visée au troisième alinéa de l'article L. 541-10-3 auprès d'un organisme dûment agréé, ou, à défaut, sans avoir mis en place un système individuel faisant l'objet de l'arrêté d'approbation visé au quatrième alinéa de ce même article, est puni de l'amende prévue pour les contraventions de la 3e classe.

L'amende est due pour chaque produit textile d'habillement, paire de chaussures ou linge de maison neufs destinés aux ménages.

Rédaction antérieure. Art. R. 543-224 *(D. n° 2008-602, 25 juin 2008)*. – Des arrêtés conjoints des ministres en charge de l'écologie, de l'industrie et de l'emploi précisent en tant que de besoin les modalités d'application de la présente section.

Section XIII. – Biodéchets

(Créée à compter du 12 juillet 2011, D. n° 2011-828, 11 juill. 2011)

Voir : Circ. 28 juin 2001, du ministre de l'Environnement, relative à la gestion des déchets organiques (*BOMATE* 2001/7).

A. 12 juill. 2011 fixant les seuils définis à l'article R. 543-225 du Code de l'environnement (*JO* du 23).

Circ. 10 janv. 2012, relative aux modalités d'application de l'obligation de tri à la source des biodéchets par les gros producteurs (*BO MEDDE* n° 2012/02 du 10 févr. 2012).

Circ. 13 déc. 2012, relative aux règles de fonctionnement des installations de compostage de proximité (*BO MEDDE* n° 2012/24 du 10 janv. 2013).

Collecte et valorisation des biodéchets. Le décret n° 2011-828 du 11 juillet 2011 a apporté des précisions sur l'obligation de tri ou de collecte et de valorisation qui pèse sur les producteurs ou détenteurs de biodéchets en quantité importante. Les notions de biodéchets et de quantité importante sont ainsi définies.

Art. R. 543-225 *(Créé à compter du 12 juillet 2011, D. n° 2011-828, 11 juill. 2011).* **– I. – Sont considérés comme étant composés majoritairement de biodéchets au sens de l'article L. 541-21-1 les déchets dans lesquelles la masse de biodéchets, tels que définis à l'article R. 541-8, représente plus de 50 % de la masse de déchets considérés, une fois exclus les déchets d'emballages.**

II. – Sont considérées comme des producteurs ou détenteurs d'une quantité importante de biodéchets au sens de l'article L. 541-21-1 les personnes qui produisent ou détiennent des quantités de déchets d'huiles alimentaires ou d'autres biodéchets supérieures aux seuils fixés par arrêté du ministre chargé de l'environnement pour ces deux catégories de déchets (1)**, à l'exception des installations de traitement de déchets et des ménages.**

Lorsqu'une personne produit ou détient des biodéchets sur plusieurs sites ou dans plusieurs établissements, le seuil s'apprécie en fonction des quantités produites ou détenues sur chaque site ou par chaque établissement.

Voir aussi : A. 12 juill. 2011, NOR : DEVP1109656A, *JO* 23 juill. 2011, qui échelonne dans le temps l'entrée en vigueur de l'obligation de mise en place d'un tri sélectif et de valorisation en fonction des tonnages de déchets détenus.

Art. R. 543-226 *(Rempl., D. n° 2020-1573, 11 déc. 2020 ; mod. à compter du 31 décembre 2023, D. n° 2020-1573, 11 déc. 2020).* **– Les producteurs ou détenteurs de biodéchets, tels que définis à l'article L. 541-1-1, autres que les déchets d'huiles alimentaires, sont tenus d'en assurer le tri à la source en vue de leur recyclage.**

Les producteurs ou détenteurs d'une quantité importante de déchets d'huiles alimentaires sont tenus d'en assurer le tri à la source en vue de leur valorisation matière ou énergétique.

Les biodéchets conditionnés dans des emballages sont valorisés selon les modalités prévues aux alinéas précédents. Lorsqu'ils sont conditionnés dans un emballage non compostable, non méthanisable ou non biodégradable, ils sont, au préalable, déconditionnés pour permettre une valorisation de qualité dans les conditions prévues par un arrêté du ministre chargé de l'environnement.

Un arrêté du ministre chargé de l'environnement et du ministre chargé de l'agriculture fixe la liste des types et des catégories d'emballages compostables, méthanisables et biodégradables qui peuvent faire l'objet d'une collecte conjointe avec des biodéchets ayant fait l'objet d'un tri à la source, ainsi que les normes qui leur sont applicables.

Un arrêté du ministre chargé de l'environnement définit les modalités de déconditionnement des biodéchets conditionnés dans un emballage non compostable, non méthanisable ou non biodégradable.

Art. D. 543-226-1 *(Abr., D. n° 2020-1573, 11 déc. 2020).*

Art. D. 543-226-2 *(Créé à compter du 1er juillet 2016, D. n° 2016-288, 10 mars 2016).* **– Les tiers mentionnés au troisième alinéa de l'article R. 543-226 délivrent chaque année, avant le 31 mars, aux producteurs ou détenteurs de biodéchets leur ayant confié des déchets l'année précédente, une attestation mentionnant les quantités exprimées en tonnes, la nature des déchets qu'ils ont collectés séparément l'année précédente en vue de leur valorisation et leur destination de valorisation finale.**

Cette attestation peut être délivrée par voie électronique.

(1) V. T. appl. : A. 12 juill. 2011 (*JO* 23 juill. 2011). – NDLR.

Art. R. 543-227 *(Rempl., D. n° 2020-1573, 11 déc. 2020 ; mod., D. n° 2021-855, 30 juin 2021).* – Les dispositions des articles R. 543-225 à D. 543-226-2 ne sont pas applicables aux déchets de taille ou d'élagage de végétaux lorsqu'ils font l'objet d'une valorisation énergétique.

Art. D. 543-227-1 *(D. n° 2020-1573, 11 déc. 2020).* – I. – Les dérogations individuelles aux interdictions mentionnées au II de l'article L. 541-21-1 concernent les espèces végétales envahissantes dont la liste est définie par les arrêtés mentionnés aux articles L. 411-5 et L. 411-6, les espèces végétales nuisibles à la santé humaine dont la liste est fixée en application de l'article L. 1338-1 du Code de la santé publique, et les biodéchets dont la destruction est ordonnée en application des articles L. 201-4, L. 250-7 et L. 251-14 du Code rural et de la pêche maritime.

En ce qui concerne les espèces mentionnées au premier alinéa du présent article, les dérogations ne peuvent être accordées qu'à la condition qu'aucune solution alternative efficace d'élimination, garantissant un niveau de sécurité environnementale équivalent sur le plan du risque de dispersion de vecteurs contaminants, n'existe.

Ces dérogations sont d'une durée maximale d'un an, renouvelable sur demande.

II. – La demande de dérogation est adressée par le producteur ou détenteur des biodéchets au préfet du département dans lequel il souhaite effectuer le brûlage à l'air libre ou au moyen d'équipements ou matériels extérieurs. Elle mentionne :

1° L'identité et l'adresse du demandeur, notamment son numéro SIREN pour les personnes morales ;
2° La zone concernée par l'arrachage ou l'abattage et le lieu du brûlage ;
3° Le motif de la dérogation demandée ;
4° Une justification de la nécessité du brûlage par rapport à d'autres moyens de traitement ;
5° Le biodéchet concerné ;
6° La période de réalisation de l'opération ;
7° Les conditions de sécurité environnementale et sanitaire encadrant l'ensemble de l'opération depuis l'arrachage ou l'abattage jusqu'au traitement des végétaux.

III. – Dans le cas de mesures ordonnées en application du II de l'article L. 201-4 du Code rural et de la pêche maritime, la demande de dérogation peut prendre la forme d'une déclaration de début et de fin de chantier de la part du producteur ou détenteur des biodéchets assorti d'un des justificatifs suivants :

1° Notification de mesures administratives signée de l'autorité compétente au titre de cet article ;
2° Résultats d'analyse officielle.

IV. – La dérogation peut être suspendue ou révoquée si les conditions fixées ne sont pas respectées.

Art. R. 543-227-2 (1) *(D. n° 2021-855, 30 juin 2021).* – I. – Les dispositions du seizième alinéa du I de l'article L. 541-1 sont applicables aux installations de tri mécano-biologiques qui effectuent un tri de déchets en mélange comportant notamment une part de déchets biodégradables, en vue d'une valorisation de tout ou partie de ces déchets biodégradables, y compris lorsque le traitement de ces derniers débute durant la phase de tri. Elles ne sont pas applicables aux installations qui effectuent comme unique traitement des déchets biodégradables une stabilisation avant élimination.

II. – La création de nouvelles installations de tri mécano-biologiques, l'augmentation de la capacité autorisée d'installations existantes et les autres modifications notables d'installations existantes, lorsque ces installations répondent ou continuent de répondre aux conditions définies à la première phrase du I du présent article, ne peuvent être autorisées que lorsque les collectivités territoriales et établissements publics de coopération intercommunale compétents en matière de collecte et de traitement de déchets ménagers et assimilés qui font traiter ces derniers dans ces installations ont mis en place un dispositif de tri à la source des biodéchets, dans les conditions précisées au III du présent article.

Lorsque la modification notable porte uniquement sur une extension de la zone de chalandise de l'installation, associée, le cas échéant, à une augmentation de capacité, ne sont concernées que les collectivités ou établissements objets de cette extension.

Lorsque seule une partie des collectivités territoriales ou établissements publics de coopération intercommunale a mis en place un dispositif de tri à la source des biodéchets conformément au III du présent article, l'autorisation est accordée pour le traitement des seuls déchets collectés par ces collectivités et établissements.

(1) V. T appl. : A. 7 juill. 2021 (*JO* 20 août 2021). – NDLR.

Les dispositions du présent article ne sont pas applicables aux modifications notables ayant trait à la sécurité des installations, à la réduction des nuisances générées par les installations, à l'amélioration des performances environnementales des installations, ainsi que celles rendues nécessaires pour se conformer à une obligation réglementaire et celles concourant à la mise en place de la gestion et du traitement des biodéchets triés à la source.

III. – Le tri à la source des biodéchets est considéré comme généralisé sur le territoire de la collectivité territoriale ou de l'établissement public de coopération intercommunale compétent en matière de collecte et de traitement des déchets lorsque l'une des trois conditions suivantes est respectée :

1° La collectivité ou l'établissement respecte les deux objectifs suivants :

a) Au moins 95 % de la population est couverte par un dispositif de tri à la source des déchets alimentaires ou de cuisine. Un arrêté du ministre chargé de l'environnement définit les modalités de ce calcul et les dispositifs techniques de tri à la source pris en compte ;

b) La quantité annuelle d'ordures ménagères résiduelles produite sur le territoire concerné est inférieure à un seuil défini par arrêté du ministre chargé de l'environnement en fonction de la typologie des communes du territoire ;

2° La quantité de biodéchets restants dans les ordures ménagères résiduelles, établie après étude de caractérisation, est inférieure à un seuil fixé par arrêté du ministre chargé de l'environnement ;

3° La quantité de biodéchets détournée des ordures ménagères résiduelles au moyen du tri à la source, en kg par habitant, est d'au moins 50 % de la quantité de biodéchets, en kg par habitant, présents dans les ordures ménagères résiduelles avant la mise en place du tri à la source. Cette donnée est obtenue par caractérisation des ordures ménagères résiduelles, effectuée avant et après la mise en place du tri à la source. Lorsque des dispositifs de tri à la source des biodéchets ont déjà été mis en place avant la première caractérisation des ordures ménagères résiduelles effectuée au titre du présent alinéa, les quantités de biodéchets détournées préalablement à cette caractérisation sont évaluées selon des modalités définies par arrêté du ministre chargé de l'environnement.

Les ordures ménagères résiduelles visées au présent III sont celles définies à l'article R. 2224-23 du Code général des collectivités territoriales, hors déchets collectés en déchetterie.

Les collectivités territoriales et établissements publics de coopération intercommunale qui ont généralisé le tri à la source des biodéchets conformément aux 2° et 3° du présent III réalisent une étude de caractérisation des ordures ménagères résiduelles au moins une fois tous les six ans sur un échantillon représentatif conformément à une méthodologie définie par arrêté du ministre chargé de l'environnement.

IV. – Afin de permettre la constitution de la demande de création ou de modification mentionnée au II du présent article, les collectivités territoriales et les établissements publics de coopération intercommunale mentionnés à ce même II transmettent à l'exploitant de l'installation ou au pétitionnaire, à sa demande, les pièces justifiant de la généralisation du tri à la source des biodéchets conformément au III du présent article.

L'exploitant ou le pétitionnaire transmet ces pièces à l'autorité administrative compétente dans le cadre du dossier de demande d'autorisation environnementale prévu aux articles R. 181-13 et suivants ou du porter à connaissance prévu au II de l'article R. 181-46.

Les collectivités et établissements mentionnés au premier alinéa du présent IV transmettent à l'exploitant de l'installation les pièces justifiant de la généralisation du tri à la source des biodéchets conformément au III tous les trois ans à compter de l'autorisation de l'installation, de l'augmentation de capacité ou de la réalisation de la modification notable. L'exploitant en conserve un exemplaire pendant trois ans et tient ces pièces à la disposition de l'inspection des installations classées.

Lorsqu'il apparaît, à l'occasion de la transmission de pièces visée au précédent alinéa, qu'une collectivité territoriale ou un établissement public de coopération intercommunale ne respecte plus l'une des conditions fixées au III du présent article, la collectivité ou l'établissement dispose d'un délai d'un an pour s'y conformer à nouveau et transmettre les pièces justificatives nécessaires à l'exploitant. Passé ce délai, les déchets ménagers et assimilés collectés par cette collectivité ou cet établissement ne sont plus admis dans l'installation.

V. – Dans les collectivités relevant de l'article 73 de la Constitution ainsi qu'à Saint-Martin et Saint-Pierre-et-Miquelon, le présent article ne s'applique pas aux installations de tri mécano-biologiques n'effectuant pas de valorisation matière des déchets biodégradables contenus dans les déchets traités.

Section XIV. – Produits chimiques pouvant présenter un risque significatif pour la santé et l'environnement

(D. n° 2012-13, 4 janv. 2012 ; intitulé rempl. à compter du 1er janvier 2021, D. n° 2020-1725, 29 déc. 2020)

Voir : Avis relatif au champ d'application de la filière de responsabilité élargie du producteur des produits chimiques pouvant présenter un risque significatif pour la santé et l'environnement (*JO* 20 févr. 2014).

A. 1er déc. 2020 fixant la liste des produits chimiques mentionnés au 7° de l'article L. 541-10-1 du Code de l'environnement.

A. 1er oct. 2021 portant cahier des charges des écoorganismes et des systèmes individuels de la filière à responsabilité élargie des producteurs des contenus et contenants des produits chimiques pouvant présenter un risque significatif pour la santé et l'environnement mentionnés au 7° de l'article L. 541-10-1 du Code de l'environnement et relevant des catégories 1° à 10° de l'article R. 543-228 (*JO* du 28).

Principe et champ d'application de la responsabilité élargie du producteur. Le décret n° 2012-13 du 4 janvier 2012 relatif à la prévention et à la gestion des déchets ménagers issus de produits chimiques pouvant présenter un risque significatif pour la santé et l'environnement instaure une filière de gestion de ces déchets sous la responsabilité du metteur sur le marché des produits chimiques listés par arrêté ministériel. Le metteur sur le marché doit en assurer, lui-même ou en adhérant à un organisme agréé, la collecte ou l'enlèvement et le traitement sans frais pour le détenteur.

Sous-section 1. – Champ d'application et définitions

Art. R. 543-228 *(Rempl. à compter du 1er janvier 2021, D. n° 2020-1725, 29 déc. 2020 ; mod., D. n° 2021-984, 26 juill. 2021).* **– I. – La présente section précise les conditions de mise en œuvre de l'obligation de responsabilité élargie du producteur applicable aux producteurs de contenus et contenants des produits chimiques pouvant présenter un risque significatif pour la santé et l'environnement. Un arrêté conjoint des ministres chargés, respectivement, de l'environnement et de l'industrie peut préciser la liste des produits concernés** (1).

II. – Pour l'application de la présente section :

1° Est considéré comme présentant un risque significatif pour la santé le produit dont la dangerosité, ponctuelle ou permanente, est susceptible d'entraîner une altération notable, temporaire ou définitive, de la santé humaine ;

2° Est considéré comme présentant un risque significatif pour l'environnement le produit dont la dangerosité, ponctuelle ou permanente, est susceptible d'entraîner une détérioration notable, temporaire ou définitive, du sol ou du sous-sol ou de la qualité des milieux naturels ou de l'intégrité de la faune ou de la flore.

III. – La présente section s'applique aux contenus et contenants de produits chimiques qui relèvent des catégories de produits suivantes :

1° Produits pyrotechniques ;

2° Extincteurs et autres appareils à fonction extinctrice ;

3° Produits à base d'hydrocarbures ;

4° Produits d'adhésion, d'étanchéité et de réparation ;

5° Produits de traitement et de revêtement des matériaux et produits de préparation de surface ;

6° Produits d'entretien spéciaux ou de protection ;

7° Produits chimiques usuels ;

8° Solvants et diluants ;

9° Produits biocides et phytopharmaceutiques ménagers ;

10° Engrais ménagers ;

11° Produits colorants et teintures pour textile ;

12° Encres, produits d'impression et photographiques ;

13° Générateurs d'aérosols et cartouches de gaz.

IV. – Sont exclus du champ d'application de la présente section :

1° Les déchets d'emballages relevant de la section 5 du chapitre III du titre IV du livre V autres que ceux issus des produits figurant sur la liste prévue au I ;

(1) V. T. appl. : A. 16 août 2012 (*JO* 23 août 2012). – NDLR.

2° Les déchets relevant du chapitre III du titre IV du livre V à l'exclusion de ceux relevant de la section 5 et de la présente section ;

3° Les déchets relevant de la section 7 du chapitre Ier du titre Ier du livre II de la quatrième partie du Code de la santé publique ;

4° Les déchets relevant de la sous-section 2 de la section 1 du chapitre V du titre III du livre III de la première partie du Code de la santé publique ;

5° *(Rempl. à compter du 1er janvier 2022, D. n° 2021-1395, 27 oct. 2021)* Les déchets issus des huiles minérales ou synthétiques, lubrifiantes ou industrielles mentionnées au 17° de l'article L. 541-10-1.

Art. R. 543-229 *(Rempl. à compter du 1er janvier 2021, D. n° 2020-1725, 29 déc. 2020)*. – Pour l'application du 7° de l'article L. 541-10-1 et au sens de la présente section, on entend par :

1° « Producteur », au sens du I de l'article L. 541-10, toute personne physique ou morale qui, à titre professionnel, soit fabrique en France, soit importe ou introduit pour la première fois sur le marché national des produits chimiques relevant de la présente section destinés à être cédés à titre onéreux ou à titre gratuit à l'utilisateur final par quelque technique de vente que ce soit ou à être utilisés directement sur le territoire national. Dans le cas où des produits chimiques pouvant présenter un risque significatif pour la santé et l'environnement sont vendus sous la seule marque d'un revendeur, le revendeur est considéré comme metteur sur le marché ;

2° « Distributeur », toute personne physique ou morale qui, quelle que soit la technique de distribution utilisée, y compris par communication à distance, fournit à l'utilisateur final à titre commercial des produits chimiques relevant de la présente section.

Sous-section 2. – Collecte, enlèvement et traitement

Art. R. 543-230 *(Rempl. à compter du 1er janvier 2021, D. n° 2020-1725, 29 déc. 2020)*. – Les producteurs, les distributeurs ainsi que les collectivités territoriales et leurs groupements prennent, chacun en ce qui le concerne, des mesures de prévention visant à réduire la quantité et la nocivité des déchets issus de produits chimiques pouvant présenter un risque significatif pour la santé et l'environnement ainsi que la part de ces déchets collectés avec les ordures ménagères non triées.

Art. R. 543-231 *(Rempl. à compter du 1er janvier 2021, D. n° 2020-1725, 29 déc. 2020)*. – I. – Les producteurs sont tenus de pourvoir à la collecte séparée, à l'enlèvement et au traitement, sans frais pour les détenteurs, des déchets issus des produits chimiques pouvant présenter un risque significatif pour la santé et l'environnement dans les conditions prévues au I de l'article L. 541-10.

II. – Les obligations des producteurs sont réparties entre eux en fonction des quantités de produits qu'ils mettent sur le marché national chaque année selon les catégories figurant au III de l'article R. 543-228.

Art. R. 543-232 *(Rempl. à compter du 1er janvier 2021, D. n° 2020-1725, 29 déc. 2020 puis mod. à compter du 1er janvier 2022, D. n° 2020-1725, 29 déc. 2020)*. – L'obligation de collecte séparée des déchets issus de produits chimiques pouvant présenter un risque significatif pour la santé et l'environnement faite aux metteurs sur le marché adhérant à un organisme agréé est assurée par :

1° La mise en place, en collaboration avec les collectivités territoriales, d'un dispositif de collecte de ces déchets sur des points d'apport volontaire qui couvre l'ensemble du territoire national ;

2° La prise en charge des coûts supportés par les collectivités territoriales et leurs groupements pour la collecte séparée de ces déchets ;

3° La reprise des déchets auprès des distributeurs qui en ont assuré la collecte en application de l'article L. 541-10-8.

Art. R. 543-233 (1) *(Abr. à compter du 1er janvier 2021, D. n° 2020-1725, 29 déc. 2020)*.

Art. R. 543-234 et R. 543-235 *(D. n° 2012-13, 4 janv. 2012 ; abr. à compter du 1er janvier 2021, D. n° 2020-1725, 29 déc. 2020)*.

(1) V. T. appl. : A. 14 sept. 2015 : *JO* 29 sept. 2015. – NDLR.

Art. R. 543-236 *(D. n° 2012-13, 4 janv. 2012 ; mod. à compter du 1er janvier 2021, D. n° 2020-1725, 29 déc. 2020).* – Sont affichées sur les points de collecte séparée des déchets issus de produits chimiques pouvant présenter un risque significatif pour la santé et l'environnement, de manière visible, claire et précise, les informations destinées aux utilisateurs relatives à la nature des déchets repris et aux précautions à prendre en matière de manutention et de transport de ces déchets. Les conteneurs ou autres dispositifs mis à la disposition des utilisateurs à cet effet sont mis en évidence et facilement accessibles dans des conditions préservant la sécurité des utilisateurs.

Les déchets ainsi collectés sont entreposés dans des conditions permettant d'assurer leur enlèvement, leur tri, leur transport et leur traitement spécifique et de prévenir tout risque pour l'environnement et la santé humaine lié à cet entreposage.

Un arrêté du ministre chargé de l'environnement, qui est publié au *Journal officiel* de la République française, précise, en tant que de besoin, les exigences à respecter pour cette collecte.

Les moyens mis en œuvre préviennent les risques associés aux déchets pris individuellement, collectivement et en mélange, et assurent la sécurité des activités, des lieux et des personnes.

Art. R. 543-237 *(D. n° 2012-13, 4 janv. 2012 ; mod. à compter du 1er janvier 2021, D. n° 2020-1725, 29 déc. 2020).* – I. – Le traitement des déchets issus de produits chimiques pouvant présenter un risque significatif pour la santé et l'environnement est réalisé dans des installations exploitées conformément au titre Ier du livre V du Code de l'environnement, tenant compte des meilleures techniques disponibles et respectant le principe de proximité afin que le traitement soit effectué le plus près possible des lieux où les déchets sont collectés.

Un arrêté du ministre chargé de l'environnement, qui est publié au *Journal officiel* de la République française, précise, en tant que de besoin, des exigences à respecter pour ce traitement.

II. – Ces déchets peuvent être traités dans toute autre installation autorisée à cet effet dans un autre État membre de l'Union européenne ou dans un autre État, dès lors que le transfert de ces déchets hors du territoire national est réalisé conformément aux dispositions du règlement (CE) n° 1013/2006 du Parlement européen et du Conseil du 14 juin 2006 concernant les transferts de déchets, et à destination d'installations respectant des dispositions équivalentes à celles du titre Ier du livre V du Code de l'environnement et à celles fixées par l'arrêté prévu au I du présent article.

Sous-section 3. – Suivi de la filière

Art. R. 543-238 *(Rempl. à compter du 1er janvier 2021, D. n° 2020-1725, 29 déc. 2020 puis abr. à compter du 1er janvier 2022, D. n° 2020-1725, 29 déc. 2020).*

> **Rédaction antérieure. Art. R. 543-238** *(D. n° 2012-13, 4 janv. 2012).* – I. – Les systèmes individuels approuvés en application de l'article R. 543-233 et les organismes agréés en application de l'article R. 543-234 transmettent chaque année avant le 15 mai à l'Agence de l'environnement et de la maîtrise de l'énergie un tableau d'indicateurs qui comprend notamment les quantités de produits mis sur le marché, les quantités de déchets collectés et les quantités de déchets traités.
>
> L'Agence de l'environnement et de la maîtrise de l'énergie élabore et publie un tableau d'indicateurs et un rapport annuel de suivi de la filière des déchets ménagers issus de produits chimiques pouvant présenter un risque significatif pour la santé et l'environnement.
>
> Un arrêté conjoint des ministres chargés de l'environnement et de l'industrie, qui est publié au *Journal officiel* de la République française, précise la liste des indicateurs ainsi que les modalités de transmission.
>
> II. – Tout système individuel approuvé en application de l'article R. 543-233 et tout organisme agréé en application de l'article R. 543-234 tiennent à la disposition des ministres chargés de l'environnement et de l'industrie et de l'Agence de l'environnement et de la maîtrise de l'énergie les données relatives à l'identification, aux quantités de produits mis sur le marché et aux montants perçus pour chacun de leurs metteurs sur le marché adhérents sur les trois dernières années.
>
> III. – Les metteurs sur le marché sont tenus de mettre à disposition des organismes agréés en application de l'article R. 543-234 les données nécessaires afin que ces organismes puissent remplir les obligations des précédents alinéas.

Voir : A. 31 juill. 2014, fixant la liste des indicateurs et les modalités de transmission en application du I de l'article R. 543-238 du Code de l'environnement (*JO* 9 août 2014).

Sous-section 4. – Sanctions administratives

Art. R. 543-239 *(D. n° 2012-13, 4 janv. 2012 ; mod. à compter du 1er janvier 2021, D. n° 2020-1725, 29 déc. 2020).* – I. – En cas de non-respect par une personne physique ou morale procédant à la collecte séparée des déchets issus de produits chimiques pouvant présenter un risque significatif pour la santé et l'environnement des dispositions prévues aux trois premiers alinéas de l'article R. 543-236, le préfet l'avise des faits qui lui sont reprochés et de la sanction qu'elle encourt. L'intéressé est mis à même de présenter ses observations, écrites ou orales, dans le délai d'un mois, le cas échéant, assisté d'un conseil ou représenté par un mandataire de son choix.

Au terme de cette procédure, le préfet peut, par une décision motivée qui indique les voies et délais de recours, prononcer une amende administrative dont le montant tient compte de la gravité des manquements constatés. Ce montant ne peut excéder 750 € pour une personne physique et 3 750 € pour une personne morale par tonne de déchets collectés.

II. – Les décisions prises en application du présent article mentionnent le délai et les modalités de paiement de l'amende. L'amende est recouvrée conformément aux dispositions du décret n° 2012-1246 du 7 novembre 2012 relatif à la gestion budgétaire et comptable publique.

Section XV. – Éléments d'ameublement

(D. n° 2012-22, 6 janv. 2012 ; intitulé rempl. à compter du 1er janvier 2021, D. n° 2020-1725, 29 déc. 2020)

Voir : A. 12 oct. 2023 portant cahiers des charges d'agrément des écoorganismes, des systèmes individuels et des organismes coordonnateurs de la filière à responsabilité élargie du producteur des éléments d'ameublement désignés à l'article R. 543-240 du Code de l'environnement (*JO* du 18).

Responsabilité élargie du producteur d'éléments d'ameublement. Le décret n° 2012-13 du 4 janvier 2012 *relatif à la gestion des déchets d'éléments d'ameublement* instaure une filière de gestion de ces déchets sous la responsabilité du metteur sur le marché des éléments d'ameublement ménagers et professionnels listés par arrêté ministériel. Le metteur sur le marché doit en assurer, lui-même ou en adhérant à un éco-organisme agréé, la collecte ou l'enlèvement et le traitement sans frais pour le détenteur. Ces déchets d'éléments d'ameublement font l'objet d'un plan de réutilisation et de recyclage.

Sous-section 1. – Dispositions générales

Art. R. 543-240 *(D. n° 2012-22, 6 janv. 2012 ; mod. à compter du 1er janvier 2018, D. n° 2017-1607, 27 nov. 2017 ; à compter du 1er janvier 2021, D. n° 2020-1725, 29 déc. 2020 ; mod., D. n° 2022-975, 1er juill. 2022).* – La présente section s'applique aux éléments d'ameublement et à leurs déchets.

I. – La présente section précise les conditions de mise en œuvre de l'obligation de responsabilité élargie du producteur aux éléments d'ameublement, ainsi que les modalités de gestion des déchets qui en sont issus.

On entend par « éléments d'ameublement » les biens meubles et leurs composants dont la fonction principale est de contribuer à l'aménagement d'un lieu d'habitation, de commerce ou d'accueil du public en offrant une assise, un couchage, du rangement, un plan de pose ou de travail, ou en apportant une décoration des murs, sols et fenêtres avec des produits finis amovibles à base de textiles naturels ou synthétiques, ainsi que leurs accessoires, quels que soient les matériaux qui les composent.

Un arrêté conjoint des ministres chargés, respectivement, de l'environnement et de l'industrie peut préciser la liste des produits concernés (1).

II. – Sont exclus du champ d'application de la présente section :

1° Les biens meubles et leurs composants relevant de la section 10 du chapitre III du titre IV du livre V de la partie réglementaire du Code de l'environnement ;

2° Les éléments d'agencement spécifiques de locaux professionnels constituant des installations fixes qui, à la fois, sont :

a) Conçues sur mesure ;

(1) V. T. appl. : A. 5 août 2013 (*JO* 14 août 2013). – NDLR.

b) Assemblées et installées par un agenceur professionnel ;

c) Destinées à être utilisées de façon permanente comme partie intégrante de l'immeuble ou de la structure, à un emplacement dédié prédéfini ;

d) Et ne peuvent être remplacées que par un élément similaire spécifiquement conçu à cet effet ;

3° Les éléments de mobilier urbain installés sur le domaine et dans les espaces publics ;

4° Les revêtements de sol, de mur et de plafond relevant de la section 19 du même chapitre, notamment les moquettes destinées à être installées de façon permanente dans les bâtiments.

III. – Les éléments d'ameublement définis au I relèvent au moins d'une des catégories suivantes :

1° Meubles de salon/séjour/salle à manger ;

2° Meubles d'appoint ;

3° Meubles de chambres à coucher ;

4° Literie ;

5° Meubles de bureau ;

6° Meubles de cuisine ;

7° Meubles de salle de bains ;

8° Meubles de jardin ;

9° Sièges ;

10° Mobiliers techniques, commerciaux et de collectivité ;

11° Produits rembourrés d'assise ou de couchage ;

12° Éléments de décoration textiles tels que les tapis, moquettes, rideaux, et voilages, ainsi que leurs accessoires, quels que soient les matériaux qui composent ces accessoires.

Voir : P. Billet, *La double-face du matelas médical dans le cadre de la filière des déchets d'élément d'ameublement : Énergie – Env. – Infrastr.* 2016, n° 10.

Art. R. 543-241 *(Abr. à compter du 1er janvier 2018, D. n° 2017-1607, 27 nov. 2017).*

Art. R. 543-242 *(D. n° 2012-22, 6 janv. 2012 ; mod. à compter du 1er janvier 2021, D. n° 2020-1725, 29 déc. 2020).* – Pour l'application de la présente section :

1° Est considérée comme producteur toute personne qui fabrique, importe, assemble ou introduit pour la première fois sur le marché national à titre professionnel des éléments d'ameublement soit destinés à être cédés à titre onéreux ou gratuit à l'utilisateur final, quelle que soit la technique de cession, soit utilisés directement sur le territoire national. Dans le cas où ces éléments sont cédés sous la marque d'un revendeur ou d'un donneur d'ordre dont l'apposition résulte d'un document contractuel, ce revendeur ou ce donneur d'ordre est considéré comme metteur sur le marché ;

2° Est considérée comme distributeur toute personne qui, quelle que soit la technique de distribution utilisée, y compris par communication à distance ou électronique, fournit à titre commercial des éléments d'ameublement à celui qui va les utiliser.

Sous-section 2. – Dispositions relatives à la prévention et à la gestion des déchets

Art. R. 543-243 *(D. n° 2012-22, 6 janv. 2012).* – Les *(Mot rempl. à compter du 1er janvier 2021, D. n° 2020-1725, 29 déc. 2020)* « producteurs », les distributeurs, les détenteurs, les collectivités territoriales et leurs groupements dans les conditions énumérées à l'article L. 2224-13 du Code général des collectivités territoriales prennent, chacun en fonction des capacités techniques et économiques dont ils disposent, les mesures de prévention définies notamment aux articles R. 543-248, R. 543-249 et visant à réduire la quantité et la nocivité des déchets d'éléments d'ameublement ainsi qu'à favoriser le réemploi des éléments dont l'état fonctionnel et sanitaire est satisfaisant ou la réutilisation des déchets d'éléments d'ameublement.

Art. R. 543-244 *(D. n° 2012-22, 6 janv. 2012 ; mod. à compter du 1er janvier 2018, D. n° 2017-1607, 27 nov. 2017 ; à compter du 1er janvier 2021, D. n° 2020-1725, 29 déc. 2020).* – Les producteurs, les distributeurs, les détenteurs, les collectivités territoriales et leurs groupements prennent, chacun en fonction des capacités techniques et économiques dont ils disposent, les mesures définies notamment aux articles R. 543-249 et R. 543-250 afin de réduire la part des déchets d'éléments d'ameublement collectés avec les déchets non triés.

Sous-section 3. – Dispositions relatives à la collecte, à l'enlèvement, à l'entreposage et au traitement des déchets

§ 1. – Dispositions relatives aux modalités de collecte, d'enlèvement, d'entreposage et de traitement des déchets

Art. R. 543-245 *(Rempl. à compter du 1er janvier 2021, D. n° 2020-1725, 29 déc. 2020).* – I. – Les producteurs sont tenus d'assurer la prise en charge de la collecte, l'enlèvement et le traitement, sans frais pour les détenteurs, des déchets issus des éléments d'ameublement qu'ils ont mis sur le marché.

II. – Les obligations des producteurs sont réparties entre eux chaque année en fonction et dans la limite des quantités d'éléments d'ameublement que chacun a mis sur le marché national l'année précédente, selon les catégories d'éléments d'ameublement définies au III de l'article R. 543-240.

III. – En cas d'agrément de plusieurs éco-organismes, un mécanisme de péréquation financière, dénommé équilibrage, peut être mis en place afin que chacun d'eux contribue équitablement aux coûts de collecte, d'enlèvement et de traitement supportés par les éco-organismes. Les modalités de cet équilibrage sont précisées par le cahier des charges.

Art. R. 543-246 *(Rempl. à compter du 1er janvier 2021,D. n° 2020-1725, 29 déc. 2020 ; mod., à compter du 1er janvier 2022, D. n° 2020-1725, 29 déc. 2020).* – I. – Les éco-organismes sont tenus de mettre en place un dispositif de collecte qui couvre l'ensemble du territoire national et qui reprend gratuitement les déchets d'éléments d'ameublement dont les détenteurs souhaitent se défaire, que ceux-ci soient des ménages ou non. Ce dispositif peut être assuré par :

1° La mise en place, en collaboration avec les collectivités locales et leurs groupements, d'un dispositif de collecte séparée des déchets et la prise en charge des coûts supportés par ces collectivités et leurs groupements dans le cadre de cette collecte séparée, calculés par référence à un barème national ;

2° La prise en charge des coûts supportés par les collectivités territoriales et leurs groupements pour la collecte non séparée des déchets par le service public de gestion des déchets, calculés par référence à un barème national ;

3° La mise en place d'un dispositif de collecte des déchets dans des points d'apport volontaire accessibles aux détenteurs y compris auprès des distributeurs qui assurent la reprise des déchets en application de l'article L. 541-10-8 ;

4° La mise en place d'un dispositif de collecte directe auprès de détenteurs qui ne sont pas des ménages, dès lors que le volume de déchets dépasse un seuil fixé par le cahier des charges.

Les modalités d'organisation de ce dispositif sont adaptées aux différentes zones du territoire national dans les conditions définies par le cahier des charges.

II *(Rempl., D. n° 2022-975, 1er juill. 2022).* – Lorsque les producteurs adhèrent à un éco-organisme dont le dispositif de collecte prévu au I est assuré dans les conditions prévues au 1°, au 3° ou au 4° du même I, cet éco-organisme pourvoit à l'enlèvement et au traitement des déchets ainsi collectés séparément, sauf dans le cas prévu au III.

Lorsque les producteurs adhèrent à un éco-organisme dont le dispositif de collecte prévu au I est assuré dans les conditions prévues au 2° du I, cet éco-organisme prend en charge les coûts supportés par les collectivités territoriales et leurs groupements pour l'enlèvement et le traitement des déchets ainsi collectés non séparément, par référence à un barème national.

III *(D. n° 2022-975, 1er juill. 2022).* – Tout éco-organisme agréé pour les produits mentionnés au 12° de l'article R. 543-240 est tenu de prendre en charge la part des coûts supportés par les opérateurs de tri mentionnés à l'article R. 543-218 pour la gestion des déchets issus des éléments de décoration textiles qui seraient collectés et triés avec les produits textiles d'habillement, de chaussures, de linge de maison neuf destiné aux particuliers et de produits textiles neufs pour la maison qui sont mentionnés au 11° de l'article L. 541-10-1. A cet effet, il verse une participation financière aux éco-organismes mis en place par les producteurs de produits mentionnés au 11° de l'article L. 541-10-1.

Le cahier des charges pris en application du II de l'article L. 541-10 précise les modalités de cette participation financière.

Art. R. 543-247 *(Rempl. à compter du 1er janvier 2021, D. n° 2020-1725, 29 déc. 2020).* – Pour toute vente d'élément d'ameublement intervenant avant le 1er janvier 2026, les producteurs et les intermédiaires successifs font apparaître sur les factures de vente les coûts unitaires qu'ils supportent pour la gestion des déchets d'éléments d'ameublement.

Dans le cas où les producteurs adhèrent à un éco-organisme agréé, ces coûts unitaires correspondent aux montants des contributions acquittées par élément d'ameublement auprès de l'éco-organisme agréé.

Art. R. 543-248 *(D. n° 2012-22, 6 janv. 2012).* – Les *(Mots rempl. à compter du 1er janvier 2021, D. n° 2020-1725, 29 déc. 2020)* « producteurs », les distributeurs, les collectivités territoriales et leurs groupements qui procèdent à la collecte séparée des déchets d'éléments d'ameublement informent sur les points de collecte dont ils assurent la gestion et par tout moyen approprié les utilisateurs sur la nature des déchets repris et l'importance de collecter séparément ces déchets afin de favoriser leur préparation en vue de leur réutilisation ou leur valorisation.

Art. R. 543-249 *(D. n° 2012-22, 6 janv. 2012).* – Les *(Mot rempl. à compter du 1er janvier 2021, D. n° 2020-1725, 29 déc. 2020)* « producteurs », les distributeurs, les collectivités territoriales et leurs groupements qui procèdent à la collecte séparée des déchets d'éléments d'ameublement les entreposent dans des conditions prévenant tout risque pour l'environnement et la santé humaine et permettant d'assurer leur enlèvement, leur transport, leur tri et leur traitement spécifique en préservant notamment leur aptitude à la réutilisation et à la valorisation.

Un arrêté conjoint des ministres chargés de l'environnement et de l'industrie précise, le cas échéant, les exigences à respecter pour cet entreposage.

Art. R. 543-250 *(D. n° 2012-22, 6 janv. 2012).* – I. – Les déchets d'éléments d'ameublement sont traités dans le respect de la hiérarchie des modes de traitement définie au 2° de l'article L. 541-1.

II. – Le traitement de ces déchets est réalisé dans des installations exploitées conformément au titre Ier du livre V du Code de l'environnement en veillant à ce qu'il soit effectué au plus près de leur lieu de collecte et en tenant compte des meilleures techniques disponibles.

Un arrêté du ministre chargé de l'environnement précise, le cas échéant, les exigences applicables à ce traitement.

III. – Ces opérations peuvent également être effectuées dans toute autre installation autorisée à cet effet dans un autre État membre de l'Union européenne ou dans un pays tiers dès lors que le transfert de ces déchets hors du territoire national est réalisé conformément aux dispositions du règlement n° 1013/2006 du Parlement européen et du Conseil du 14 juin 2006 concernant les transferts de déchets et à destination d'installations respectant des dispositions équivalentes à celles du II du présent article.

§ 2 ancien. – Dispositions relatives à l'approbation des systèmes individuels visés à l'article L. 541-10-6
(Intitulé mod., D. n° 2016-288, 10 mars 2016 ; abr. à compter du 1er janvier 2021, D. n° 2020-1725, 29 déc. 2020)

Art. R. 543-251 *(D. n° 2012-22, 6 janv. 2012 ; mod. à compter du 1er janvier 2018, D. n° 2017-1607, 27 nov. 2017 ; abr. à compter du 1er janvier 2021, D. n° 2020-1725, 29 déc. 2020).*

§ 3 ancien. – Dispositions relatives à l'agrément des organismes visés à l'article L. 541-10-6
(Intitulé mod., D. n° 2016-288, 10 mars 2016 ; abr. à compter du 1er janvier 2021, D. n° 2020-1725, 29 déc. 2020)

Art. R. 543-252 *(D. n° 2012-22, 6 janv. 2012 ; mod. à compter du 1er janvier 2018, D. n° 2017-1607, 27 nov. 2017 ; abr. à compter du 1er janvier 2021, D. n° 2020-1725, 29 déc. 2020).*

Art. R. 543-253 *(Rempl. à compter du 1er janvier 2018, D. n° 2017-1607, 27 nov. 2017 ; abr. à compter du 1er janvier 2021, D. n° 2020-1725, 29 déc. 2020).*

§ 2. – Dispositions communes aux approbations et aux agréments
(Ancien § 4 rénum. à compter du 1er janvier 2021, D. n° 2020-1725, 29 déc. 2020 puis abr. à compter du 1er janvier 2022, D. n° 2020-1725, 29 déc. 2020)

Art. R. 543-254 (1) *(D. n° 2012-22, 6 janv. 2012 ; mod. à compter du 1er janvier 2018, D. n° 2017-1607, 27 nov. 2017 ; à compter du 1er janvier 2021, D. n° 2020-1725, 29 déc. 2020 ; puis abr. à compter du 1er janvier 2022, D. n° 2020-1725, 29 déc. 2020).*

(1) V. T. appl. : A. 5 août 2013 (*JO* 14 août 2013). – NDLR.

§ 2 *(Rédaction antérieure)*. – **Dispositions relatives à l'approbation des systèmes individuels visés à l'article L. 541-10-6**
(Intitulé mod., D. n° 2016-288, 10 mars 2016)

Rédaction antérieure. Art. R. 543-251 *(D. n° 2012-22, 6 janv. 2012 ; mod. à compter du 1er janvier 2018, D. n° 2017-1607, 27 nov. 2017)*. – Les systèmes individuels de collecte et de traitement des déchets mis en place par les metteurs sur le marché sont approuvés par arrêté conjoint des ministres chargés de l'environnement et de l'industrie pour une durée maximale de six ans renouvelable.

Le cahier des charges, défini par arrêté conjoint des ministres chargés de l'environnement et de l'industrie, précise notamment :

1° La couverture nationale appropriée, en fonction de chaque territoire ;

2° Les conditions et exigences techniques de collecte, d'enlèvement, de regroupement, de tri et de transport des déchets ;

3° Les conditions et les exigences techniques de traitement des déchets issus d'éléments d'ameublement ;

4° Les objectifs en matière de réutilisation, de recyclage et de valorisation ;

5° Les études conduites sur l'optimisation des dispositifs de collecte, d'enlèvement et de traitement, y compris de recyclage et de valorisation des déchets ;

6° Les actions relatives à l'éco-conception des produits visant notamment à réduire la teneur en substances nocives des éléments d'ameublement et la quantité de déchets générés ;

7° Les actions locales et nationales de communication en direction notamment des détenteurs soulignant l'importance :

- de remettre les éléments d'ameublement utilisés et les déchets d'éléments d'ameublement dont l'état fonctionnel et sanitaire est satisfaisant aux acteurs de l'économie sociale et solidaire pour favoriser leur réemploi et leur réutilisation ;
- des systèmes de collecte mis à leur disposition ;
- de ne pas se défaire de ces déchets avec les déchets non triés ;

8° Les informations à transmettre annuellement au ministre chargé de l'environnement et à l'Agence de l'environnement et de maîtrise de l'énergie (ADEME) ;

9° L'obligation de communiquer aux ministres chargés de l'environnement et de l'industrie et à l'ADEME un rapport annuel d'activité.

Voir : A. 17 avr. 2014, relatif à la procédure d'approbation et portant cahier des charges des systèmes individuels de la filière des déchets d'éléments d'ameublement conformément à l'article R. 543-251 du Code de l'environnement.

§ 3 *(Rédaction antérieure)*. – **Dispositions relatives à l'agrément des organismes visés à l'article L. 541-10-6**
(Intitulé mod., D. n° 2016-288, 10 mars 2016)

Rédaction antérieure. Art. R. 543-252 *(D. n° 2012-22, 6 janv. 2012 ; mod. à compter du 1er janvier 2018, D. n° 2017-1607, 27 nov. 2017)*. – Les éco-organismes auxquels adhèrent les metteurs sur le marché sont agréés par arrêté conjoint des ministres chargés de l'environnement, de l'industrie et des collectivités territoriales pour une durée maximale de six ans renouvelable.

L'organisme qui sollicite un agrément établit sa demande dans les conditions définies à l'article R. 541-86, afin de répondre aux exigences d'un cahier des charges fixé par arrêté conjoint des ministres chargés de l'environnement, de l'industrie et des collectivités territoriales.

Outre les 1° à 9° mentionnés au I de l'article R. 543-251, celui-ci indique notamment :

1° Les modalités d'organisation des dispositifs de collecte prévus à l'article R. 543-246, et notamment des dispositifs de collecte séparée mis en place dans le cadre du service public de gestion des déchets, de points d'apport volontaire accessibles au détenteur ou d'une collecte directe auprès des détenteurs qui ne sont pas des ménages ;

2° Le niveau et les modalités de prise en charge des coûts de collecte séparée des déchets d'éléments d'ameublement supportés par les collectivités territoriales et leurs groupements en application de l'article R. 543-246 ;

3° Le niveau et les modalités de participation aux coûts de collecte, d'enlèvement et de traitement des déchets d'éléments d'ameublement collectés non séparément par les collectivités territoriales et leurs groupements en application de l'article R. 543-246 ;

4° Les objectifs de maillage territorial des points de collecte accessible aux détenteurs ;

5° Les modalités de collecte gratuite des déchets d'éléments d'ameublement issus des activités de réemploi et de réutilisation des acteurs de l'économie sociale et solidaire ;

6° La modulation du niveau des contributions des metteurs sur le marché adhérant à l'organisme en fonction de critères d'écoconception des produits ;

7° Les relations entre cet organisme et les prestataires de collecte et de traitement, notamment en matière de concurrence ;

8° Le cas échéant, les relations avec l'organisme coordonnateur mentionné au III de l'article R. 543-245 ;

9° Le cas échéant, les modalités de l'équilibrage, mentionné au III de l'article R. 543-245, entre obligations et résultats effectifs de prévention et de gestion des déchets d'éléments d'ameublement par les éco-organismes agréés ;

10° L'obligation de communiquer aux ministres chargés de l'environnement, de l'industrie et des collectivités territoriales ainsi qu'à l'ADEME un rapport annuel d'activité.

Rédaction antérieure. Art. R. 543-253 *(D. n° 2012-22, 6 janv. 2012 ; rempl. à compter du 1er janvier 2018, D. n° 2017-1607, 27 nov. 2017)*. – L'organisme coordonnateur est agréé, après avis de l'instance représentative des parties prenantes de la filière, par arrêté conjoint des ministres chargés de l'environnement, de l'industrie et des collectivités territoriales pour une durée maximale de six ans renouvelable, s'il établit qu'il dispose des capacités techniques et financières pour répondre aux exigences d'un cahier des charges fixé par arrêté conjoint de ces ministres.

§ 4 *(Rédaction antérieure).* – Dispositions communes aux approbations et aux agréments

Rédaction antérieure. Art. R. 543-254 *(D. n° 2012-22, 6 janv. 2012).* – Les metteurs sur le marché déclarent annuellement à l'Agence de l'environnement et de la maîtrise de l'énergie soit directement s'ils ont mis en place un système individuel approuvé, soit par le biais de l'organisme agréé auquel ils adhèrent ou, le cas échéant, de l'organisme coordonnateur, les informations suivantes :

– les quantités d'éléments d'ameublement qu'ils mettent sur le marché *(Mots aj. à compter du 1er janvier 2018, D. n° 2017-1607, 27 nov. 2017)* « , par catégorie d'éléments d'ameublement » ;

– les modalités de gestion des déchets d'éléments d'ameublement qu'ils ont mises en œuvre ;

– les quantités de déchets collectées, enlevées, remises en vue de la réutilisation et traitées, y compris les taux de valorisation matière et énergétique.

À partir de ces informations, l'Agence de l'environnement et de la maîtrise de l'énergie est chargée de l'élaboration et de la publication d'un rapport annuel de suivi et d'indicateurs sur la filière des déchets d'éléments d'ameublement.

Un arrêté conjoint des ministres chargés de l'environnement et de l'industrie précise la liste d'informations que les producteurs doivent transmettre, les modalités de communication de ces informations ainsi que les indicateurs à élaborer (1).

Sous-section 4 ancienne. – Dispositions relatives au contrôle et aux sanctions administratives

(Sous-section abr. à compter du 1er janvier 2021, D. n° 2020-1725, 29 déc. 2020)

Art. R. 543-255 et R. 543-256 *(D. n° 2012-22, 6 janv. 2012 ; abr. à compter du 1er janvier 2021, D. n° 2020-1725, 29 déc. 2020).*

Sous-section 4 *(Rédaction antérieure).* – Dispositions relatives au contrôle et aux sanctions administratives

Rédaction antérieure. Art. R. 543-255 *(D. n° 2012-22, 6 janv. 2012).* – I. – En cas de non-respect par une personne physique ou morale procédant à la collecte séparée des déchets d'éléments d'ameublement des dispositions prévues à l'article R. 543-249, le préfet l'avise des faits qui lui sont reprochés et de la sanction qu'elle encourt. L'intéressé est mis à même de présenter ses observations, écrites ou orales, dans le délai d'un mois, le cas échéant, assisté d'un conseil ou représenté par un mandataire de son choix.

Au terme de cette procédure, le préfet peut infliger, par une décision motivée qui indique les voies et délais de recours, une amende administrative dont le montant tient compte de la gravité des manquements constatés. Ce montant ne peut excéder par tonne de déchets collectés 750 euros pour une personne physique et 3 750 euros pour une personne morale.

II. – Les décisions prises en application du présent article mentionnent le délai et les modalités de paiement de l'amende. Celle-ci est recouvrée conformément aux dispositions des articles 76 à 79 du décret n° 62-1587 du 29 décembre 1962 portant règlement général sur la comptabilité publique.

Rédaction antérieure. Art. R. 543-256 *(D. n° 2012-22, 6 janv. 2012).* – Sont chargés de contrôler l'application de la présente sous-section les fonctionnaires et agents de l'État mentionnés à l'article L. 541-44.

Sous-section 4. – Sanctions pénales

(Ancienne sous-section 5 créée, D. n° 2016-288, 10 mars 2016 ; dénum. à compter du 1er janvier 2021, D. n° 2020-1725, 29 déc. 2020)

Art. R. 543-256-1 *(D. n° 2016-288, 10 mars 2016 ; mod. à compter du 1er janvier 2021, D. n° 2020-1725, 29 déc. 2020).* **– Est puni de l'amende prévue pour les contraventions de la 3e classe le fait de ne pas respecter les obligations d'information prévues à l'article L. 541-10-21.**

Section XVI. – Bouteilles rechargeables de gaz destinées à un usage individuel et déchets de bouteilles de gaz

(Créée à compter du 1er janvier 2013, D. n° 2012-1538, 28 déc. 2012)

Cette section généralise la mise en place d'une consigne ou d'un système équivalent de reprise des bouteilles de gaz par les metteurs sur le marché qui doivent également mettre en place un système individuel de collecte approuvé ou adhérer à un éco-organisme agréé afin d'assurer la gestion des déchets de ces bouteilles de gaz.

(1) V. T. appl. : A. 5 août 2013 (*JO* 14 août 2013). – NDLR.

Sous-section 1. – Champ d'application et définitions

Art. R. 543-257 *(Créé à compter du 1er janvier 2013, D. n° 2012-1538, 28 déc. 2012).* – I. – La présente section s'applique aux bouteilles rechargeables de gaz destinées à un usage individuel et aux déchets de ces bouteilles de gaz.

II. – Sont exclus du champ d'application de la présente section :

1° Les cartouches de gaz et les générateurs d'aérosols ;

2° Les bouteilles de gaz destinées exclusivement aux professionnels.

III. – Les sous-sections 1, 3 et 4 de la section 5 du chapitre III du titre IV du livre V de la partie réglementaire du Code de l'environnement demeurent applicables.

Art. R. 543-258 *(Créé à compter du 1er janvier 2013, D. n° 2012-1538, 28 déc. 2012).* – Pour l'application de la présente section :

1° Est considéré comme « bouteille de gaz rechargeable destinée à un usage individuel », ci-après dénommé « bouteille de gaz », tout récipient sous pression contenant des gaz liquéfiés, comprimés ou dissous, pouvant être rechargé, d'une capacité unitaire en eau ne dépassant pas 150 litres et destiné à être utilisé par un ménage compte tenu de sa nature et des circuits par lequel il est distribué ;

2° Est considérée comme « metteur sur le marché » toute personne qui, à titre professionnel, soit produit et met à disposition pour la première fois en France, soit importe ou introduit pour la première fois sur le marché national des bouteilles de gaz pleines destinées à être cédées à titre onéreux ou gratuit à l'utilisateur final, quelle que soit la technique de cession, y compris par communication à distance ou électronique ;

3° Est considérée comme « distributeur » toute personne qui, quelle que soit la technique de distribution utilisée, y compris par communication à distance ou électronique, fournit à titre commercial à l'utilisateur final des bouteilles de gaz pleines ;

4° Est considérée comme « consigne » la somme versée par l'utilisateur lors de la première cession d'une bouteille de gaz et qui lui est remboursée lors de la restitution de celle-ci, même non vidée ;

5° Est considéré comme « bulletin de consignation » tout document attestant le versement par l'utilisateur de bouteilles de gaz de cette consigne et mentionnant les conditions de sa restitution ;

6° Est considéré comme « système équivalent au dispositif de la consigne », et dénommé ci-après « système de reprise équivalent », tout système de reprise mis en place par un metteur sur le marché, autre que la consigne, qui incite l'utilisateur à restituer la bouteille de gaz après usage et qui favorise la réutilisation des bouteilles de gaz en organisant leur reprise et leur collecte, à titre gratuit pour l'utilisateur.

Sous-section 2. – Dispositions relatives à la prévention et à la mise en place d'une consigne ou d'un système de reprise équivalent

§ 1. – Dispositions relatives à la prévention de la production de déchets de bouteilles de gaz

Art. D. 543-259 *(Créé à compter du 1er janvier 2013, D. n° 2012-1538, 28 déc. 2012).* – I. – Les bouteilles de gaz, à l'exception de celles relevant de l'article L. 5211-1 du Code de la santé publique, doivent être conçues de façon à favoriser, compte tenu des possibilités techniques et économiques existantes, leur réemploi et leur réutilisation.

II. – Les metteurs sur le marché, les distributeurs, les collectivités territoriales et leurs groupements dans les conditions énumérées à l'article L. 2224-13 du Code général des collectivités territoriales prennent, chacun en fonction des capacités techniques et économiques dont il dispose, les mesures de prévention *(Mots suppr., D. n° 2016-836, 24 juin 2016)* « ... », visant à réduire la quantité et la nocivité des déchets de bouteilles de gaz ainsi qu'à favoriser le réemploi des bouteilles de gaz et la réutilisation des déchets de bouteilles de gaz.

§ 2. – Dispositions relatives à la mise en place d'une consigne ou d'un système de reprise équivalent des bouteilles de gaz

Art. D. 543-260 *(Créé à compter du 1er janvier 2013, D. n° 2012-1538, 28 déc. 2012 ; D. n° 2016-836, 24 juin 2016).* – I. – Tout metteur sur le marché assortit la cession d'une bouteille de gaz pleine à un utilisateur soit d'une consigne, soit d'un système de reprise équivalent, de nature à inciter l'utilisateur à la restituer après usage et à permettre, pendant son cycle de vie, plusieurs remplissages pour un usage identique à celui pour lequel la bouteille a été conçue.

II. – En cas de recours à une consigne, le metteur sur le marché délivre ou fait délivrer à l'utilisateur un bulletin de consignation mentionnant au moins la marque, le nom du metteur sur le marché, la date de l'achat et le nom de l'utilisateur. Le metteur sur le marché conserve un exemplaire de ce bulletin de consignation. Le montant de la consigne est remboursé intégralement à l'utilisateur quand il rapporte la bouteille de gaz à un point du réseau prévu au IV.

Le metteur sur le marché définit les modalités de remboursement du montant de la consigne dans le cas où l'utilisateur ne disposerait plus du bulletin de consignation. Ce remboursement peut être fait après que l'utilisateur a restitué la bouteille de gaz dans un point du réseau prévu au IV et ne pas correspondre au montant intégral de la consigne. Ces modalités de remboursement sont affichées ou disponibles sur les lieux de vente et disponibles auprès du metteur sur le marché.

III. – Si le metteur sur le marché choisit de proposer à l'utilisateur un système de reprise équivalent, il propose l'incitation de son choix aux utilisateurs de bouteilles de gaz de sa marque afin qu'ils restituent ces dernières.

IV. – Tout metteur sur le marché met en place et maintient un réseau de points dans lesquels l'utilisateur a la possibilité de restituer ses bouteilles de gaz après usage, comportant au moins tous les établissements vendant les bouteilles de gaz de ce metteur sur le marché à l'utilisateur final.

Il fournit aux points de ce réseau toute information nécessaire à l'identification des bouteilles ainsi qu'aux modalités de leur reprise, dont le nom des personnes à contacter, les délais d'intervention et les moyens prévus pour assurer la reprise.

La reprise est faite gratuitement et sans condition. Les points du réseau doivent être en nombre suffisant par rapport à la population desservie et situés à des endroits facilement accessibles à leurs utilisateurs dans chaque zone du territoire.

Les metteurs sur le marché fournissent aux points de leur réseau des dispositifs d'entreposage adaptés aux exigences de la présente sous-section et conformes à la réglementation en vigueur. Ils organisent l'enlèvement des bouteilles de gaz qui y sont rapportées dans des conditions appropriées pour chaque point de leur réseau afin notamment de limiter la durée d'entreposage.

V. – Sur demande de l'administration, tout metteur sur le marché transmet au ministre chargé de l'environnement notamment les informations suivantes :

– en cas de consigne, les modalités de cette consigne et de son remboursement ;
– en cas de système de reprise équivalent, la nature et les modalités de l'incitation proposée aux utilisateurs pour qu'ils restituent les bouteilles de gaz.

Art. D. 543-261 *(Créé à compter du 1er janvier 2013, D. n° 2012-1538, 28 déc. 2012 ; mod., D. n° 2016-836, 24 juin 2016).* – I. – Afin de faciliter la mise en œuvre de la consigne ou du système de reprise équivalent, chaque metteur sur le marché s'assure que le marquage des bouteilles de gaz qu'il met sur le marché national permet de l'identifier en complétant, le cas échéant, le marquage prévu par le décret n° 2001-386 du 3 mai 2001 relatif aux équipements sous pression transportables et pris pour l'application du 1° de l'article 2 du décret n° 97-34 du 15 janvier 1997 relatif à la déconcentration des décisions administratives individuelles et par l'arrêté du 3 mai 2004 relatif à l'exploitation des récipients sous pression transportables.

II. – Afin de faciliter la restitution des bouteilles de gaz, les metteurs sur le marché informent les utilisateurs sur les modalités de la consigne ou des systèmes de reprise équivalents qu'ils ont mis en place, notamment sur la localisation des points du réseau prévu au IV de l'article R. 543-260. Les metteurs sur le marché mettent cette information, ainsi que des supports d'information affichables ou distribuables aux utilisateurs, à la disposition de leurs distributeurs. Cette information est également mise à la disposition de l'utilisateur sur un site internet.

Sous-section 3. – Dispositions relatives à la gestion des déchets de bouteilles de gaz dont le détenteur s'est défait hors des circuits de consigne ou de systèmes équivalents mis en place par les metteurs sur le marché et au traitement des déchets de bouteilles de gaz

(Mod., D. n° 2016-836, 24 juin 2016)

Art. R. 543-262 *(Rempl., D. n° 2016-836, 24 juin 2016).* – Lorsque des déchets de bouteilles de gaz dont le détenteur s'est défait hors des circuits de consigne ou des systèmes équivalents mis en place par les metteurs sur le marché sont collectés par les collectivités territoriales, le metteur sur le marché prend en charge la reprise à titre gratuit des déchets de ses propres bouteilles de gaz, sur demande des exploitants des installations qui ont collecté ces déchets.

Le metteur sur le marché informe les collectivités territoriales des modalités de reprise des déchets de ses bouteilles de gaz. Ces informations sont également disponibles sur un site internet.

Art. R. 543-263 à R. 543-268 *(Abr., D. n° 2016-836, 24 juin 2016).*

Sous-section 4. – Dispositions relatives au suivi de la filière

Art. R. 543-269 *(Créé à compter du 1er janvier 2013, D. n° 2012-1538, 28 déc. 2012 ; mod., D. n° 2016-836, 24 juin 2016).* – I. – Les metteurs sur le marché transmettent, chaque année, avant le 31 mars, à l'Agence de l'environnement et de la maîtrise de l'énergie, un tableau d'indicateurs qui comprend notamment des données en termes :

- de mises sur le marché ;
- de modalités et de performance de la consigne ou du système de reprise équivalent ;
- de collecte, d'enlèvement et de traitement des déchets de bouteilles de gaz.

À partir de ces informations, l'Agence de l'environnement et de la maîtrise de l'énergie est chargée de l'élaboration et de la publication d'un rapport annuel de suivi et d'indicateurs sur la filière des bouteilles de gaz.

Un arrêté du ministre chargé de l'environnement précise la liste des indicateurs ainsi que les modalités de transmission.

II. – Tout metteur sur le marché de bouteilles de gaz concerné tient à disposition du ministre chargé de l'environnement et de l'Agence de l'environnement et de la maîtrise de l'énergie les données relatives aux indicateurs susmentionnés transmis au cours des trois dernières années.

Sous-section 5. – Sanctions administratives

Art. R. 543-270 *(Créé à compter du 1er janvier 2013, D. n° 2012-1538, 28 déc. 2012 ; mod., D. n° 2016-836, 24 juin 2016).* – I. – En cas de non-respect par un metteur sur le marché de l'obligation de mise en place d'une consigne ou d'un système de reprise équivalent, en application de l'article R. 543-260, ou de reprise à titre gratuit des déchets de bouteilles de gaz en application de l'article D. 543-262, le ministre chargé de l'environnement l'avise des faits qui lui sont reprochés et de la sanction qu'il encourt. L'intéressé est mis à même de présenter ses observations, écrites ou orales, dans le délai d'un mois, le cas échéant, assisté d'un conseil ou représenté par un mandataire de son choix.

Au terme de cette procédure, le ministre chargé de l'environnement peut, par une décision motivée qui indique les voies et délais de recours, prononcer une amende administrative dont le montant tient compte de la gravité des manquements constatés. Ce montant ne peut excéder 750 € pour une personne physique et 3 750 € pour une personne morale par tonne de bouteilles de gaz concernées.

II. – En cas de non-respect par un metteur sur le marché de l'obligation de transmettre des indicateurs à l'Agence de l'environnement et de la maîtrise de l'énergie en application du I de l'article R. 543-269, le ministre chargé de l'environnement l'avise des faits qui lui sont reprochés et de la sanction qu'il encourt. L'intéressé est mis à même de présenter ses observations, écrites ou orales, dans le délai d'un mois, le cas échéant, assisté d'un conseil ou représenté par un mandataire de son choix.

Au terme de cette procédure, le ministre chargé de l'environnement peut, par une décision motivée qui indique les voies et délais de recours, prononcer une amende administrative dont le montant tient compte de la gravité des manquements constatés. Ce montant ne peut excéder 1 500 € pour une personne physique et 7 500 € pour une personne morale.

III. – Les décisions prises en application du présent article mentionnent le délai et les modalités de paiement de l'amende. L'amende est recouvrée conformément aux dispositions du décret n° 2012-1246 du 7 novembre 2012 relatif à la gestion budgétaire et comptable publique.

Section XVII. – Recyclage des navires

(D. n° 2015-1827, 29 déc. 2015)

Art. D. 543-271 *(D. n° 2015-1827, 29 déc. 2015)*. – La présente section est applicable aux installations de recyclage des navires qui entrent dans le champ d'application du règlement (UE) n° 1257/2013 du Parlement européen et du Conseil du 20 novembre 2013 relatif au recyclage des navires et modifiant le règlement (CE) n° 1013/2006 et la directive 2009/16/CE.

Art. D. 543-272 *(D. n° 2015-1827, 29 déc. 2015)*. – Tout exploitant d'une installation de recyclage de navires est agréé à cet effet.

Art. D. 543-273 *(D. n° 2015-1827, 29 déc. 2015)*. – L'agrément est délivré, suspendu ou retiré selon les modalités prévues aux articles R. 515-37 et R. 515-38.

L'agrément est délivré par le préfet du département dans lequel se situe l'installation de recyclage de navires, après avis du conseil de l'environnement et des risques sanitaires et technologiques, pour une durée maximale de cinq ans renouvelable.

Art. D. 543-274 *(D. n° 2015-1827, 29 déc. 2015)*. – La demande d'agrément justifie du respect des exigences prévues aux *a*, *b*, *c*, *d*, *e*, *f*, *g*, *h*, *i*, *j* et *k* du 1 de l'article 13 du règlement (UE) n° 1257/2013 du 20 novembre 2013.

En outre, la demande d'agrément mentionne :

a) Des informations ayant trait à l'identification de l'installation de recyclage de navires :

– le nom de l'installation ;

– l'adresse complète de l'installation ;

– la personne de contact principale ;

– le numéro de téléphone ;

– l'adresse du courrier électronique ;

– le nom, l'adresse et les coordonnées du propriétaire.

b) Des informations complémentaires :

– la ou les méthode (s) de recyclage ;

– le (s) type (s) et la taille des navires qui peuvent être recyclés ;

– le nombre de salariés à la date de la demande ;

– le volume maximal de recyclage de navires effectué au cours d'une année donnée, sur les dix dernières années (en tonnes de déplacement lège ou LDT) ;

– toute restriction et condition imposée au fonctionnement de l'installation de recyclage de navires, y compris en ce qui concerne la gestion des déchets dangereux ;

– la description de l'installation de recyclage de navires (plan d'ensemble, profondeur de l'eau, accessibilité, etc.).

Enfin, la demande d'agrément comprend le plan relatif à l'installation de recyclage des navires, élaboré en tenant compte de la présentation figurant à l'annexe au présent article.

Art. D. 543-275 *(D. n° 2015-1827, 29 déc. 2015)*. – Une fois l'agrément délivré, le préfet de département transmet copie de l'agrément et des informations accompagnant la demande d'agrément contenues à l'article D. 543-274 au ministre chargé de l'environnement.

Art. D. 543-276 *(D. n° 2015-1827, 29 déc. 2015)*. – L'autorité compétente à laquelle sont envoyées les informations mentionnées au *b* du 1 de l'article 6 et au 4 de l'article 7 du règlement (UE) n° 1257/2013 du 20 novembre 2013 est le ministre chargé de l'environnement.

Art. R. 543-277 *(Rempl. à compter du 1er janvier 2017, D. n° 2016-1890, 27 déc. 2016)*. – L'autorité compétente pour approuver le plan de recyclage d'un navire, prescrit à l'article 7 du règlement (UE) n° 1257/2013 du 20 novembre 2013 est le ministre chargé de l'environnement.

Le ministre dispose d'un délai de quatre mois à compter de la date de réception de la demande complète et régulière de l'exploitant de l'installation de recyclage pour se prononcer sur celle-ci. Passé ce délai, le silence gardé par le ministre vaut rejet de la demande.

Section XVIII. – Déchets de papier, de métal, de plastique, de verre, de textiles, de bois, de fraction minérale et de plâtre

(Créée à compter du 1er juillet 2016, D. n° 2016-288, 10 mars 2016 ; intitulé rempl., D. n° 2021-950, 16 juill. 2021 ; intitulé rempl. à compter du 1er janvier 2025, D. n° 2021-950, 16 juill. 2021)

Art. D. 543-278 *(Rempl., D. n° 2021-950, 16 juill. 2021).* – La présente section réglemente les conditions de tri à la source et de collecte séparée :

– des déchets non dangereux de papier, de métal, de plastique, de verre et de bois, y compris pour les déchets de construction et de démolition ;

– et, pour des déchets de construction et de démolition, des déchets de fraction minérale et de plâtre.

Les dispositions de la présente section ne sont pas applicables aux ménages.

Conformément à l'article L. 541-21, elles ne sont pas non plus applicables aux communes ou groupements de communes dans le cadre de leurs compétences mentionnées aux articles L. 2224-13 et L. 2224-14 du Code général des collectivités territoriales.

Les exploitants des établissements recevant du public mentionnés à l'article R. 541-61-2 qui respectent les dispositions de l'article L. 541-21-2-2 sont réputés satisfaire aux obligations de collecte séparée mentionnées au premier alinéa de l'article D. 543-281, uniquement pour les déchets du public reçu dans leur établissement.

Art. D. 543-279 *(Rempl., D. n° 2021-950, 16 juill. 2021).* – Pour l'application de la présente section, sont considérés comme :

1° *(Mod. à compter du 1er janvier 2025, D. n° 2021-950, 16 juill. 2021)* « Déchets de papier, de métal, de plastique, de verre, de textiles, de bois, de fraction minérale et de plâtre » :

– les déchets non dangereux, y compris de construction et de démolition, composés majoritairement en masse de papier (y compris le carton), de métal, de plastique, de verre ou de bois ;

– et les déchets non dangereux de construction et de démolition composés majoritairement en masse de fractions minérales (béton, briques, tuiles et céramiques, pierres) ou de plâtre.

2° *(Mod. à compter du 1er janvier 2025, D. n° 2021-950, 16 juill. 2021)* « Producteurs et détenteurs de déchets » : les producteurs et détenteurs de déchets de papier, de métal, de plastique, de verre, de textiles, de bois, de fraction minérale et de plâtre.

Sous-section 1. – Dispositions communes aux déchets de papier, de métal, de plastique, de verre, de textiles, de bois, de fraction minérale et de plâtre

(Intitulé rempl., D. n° 2021-950, 16 juill. 2021 ; intitulé rempl. à compter du 1er janvier 2025, D. n° 2021-950, 16 juill. 2021)

Art. D. 543-280 *(Créé à compter du 1er juillet 2016, D. n° 2016-288, 10 mars 2016 ; mod., D. n° 2021-950, 16 juill. 2021).* – Les dispositions de la présente sous-section sont applicables :

1° Aux producteurs et détenteurs de déchets qui n'ont pas recours au service assuré par les collectivités territoriales en application de l'article L. 2224-14 du Code général des collectivités territoriales ;

2° Aux producteurs et détenteurs qui ont recours au service assuré par les collectivités territoriales en application de l'article L. 2224-14 du Code général des collectivités territoriales, et qui produisent ou prennent possession de plus de 1 100 litres de déchets, tous déchets confondus, par semaine. Dans le cas où plusieurs producteurs ou détenteurs de déchets sont installés sur une même implantation et sont desservis par le même prestataire de gestion des déchets, les dispositions de la présente sous-section leur sont applicables s'ils produisent ou prennent possession de plus de 1 100 litres de déchets par semaine sur l'ensemble de l'implantation.

Par dérogation, les dispositions de la présente sous-section ne sont pas applicables aux producteurs et détenteurs de déchets de construction et de démolition, pour les déchets produits sur leurs chantiers respectant l'une des conditions suivantes :

a) Il n'est pas possible d'affecter, sur l'emprise du chantier, une surface au moins égale à 40 m^2 pour le stockage des déchets ;

b) Le volume total de déchets généré sur l'ensemble de la durée du chantier, tous déchets confondus, est inférieur à 10 m^3.

Art. D. 543-281 *(Rempl., D. n° 2021-950, 16 juill. 2021). – (Mod. à compter du 1er janvier 2025, D. n° 2021-950, 16 juill. 2021)* Les producteurs ou détenteurs de déchets trient à la source les déchets de papier, de métal, de plastique, de verre, de textiles [,] de bois, de fraction minérale et de plâtre entre eux et par rapport aux autres déchets.

(Mod. à compter du 1er janvier 2025, D. n° 2021-950, 16 juill. 2021) Par dérogation aux dispositions du précédent alinéa, les déchets appartenant à la catégorie des déchets de papier, de métal, de plastique, de verre, de textiles [,] de bois et de fraction minérale peuvent être conservés ensemble en mélange, pour tout ou partie des flux, dès lors que cela n'affecte pas leur capacité à faire l'objet d'une préparation en vue de leur réutilisation, d'un recyclage ou d'autres opérations de valorisation conformément à la hiérarchie des modes de traitement, définie à l'article L. 541-1 du présent code. La valorisation des déchets ainsi collectés conjointement présente une efficacité comparable à celle obtenue au moyen d'une collecte séparée de chacun des flux de déchets.

Lorsque certains déchets de papier, de métal, de plastique, de verre, *(Mots aj. à compter du 1er janvier 2025, D. n° 2021-950, 16 juill. 2021)* « de textiles [,] » de bois, de fraction minérale et de plâtre ne sont pas traités sur place, leurs producteurs ou détenteurs organisent leur collecte séparément des autres déchets pour permettre leur tri ultérieur et leur valorisation.

Sur demande de l'autorité compétente ou du représentant de l'État, tout producteur ou détenteur de déchet visé par la présente section et par la section 13 du présent chapitre est tenu de réaliser un audit par tiers indépendant, afin d'attester du respect des obligations prévues par la présente section ou par la section 13 du présent chapitre. Cet audit est réalisé dans un délai de deux mois. Le rapport d'audit est transmis dans un délai de quinze jours à l'autorité compétente ou au représentant de l'État.

Art. D. 543-282 *(Créé à compter du 1er juillet 2016, D. n° 2016-288, 10 mars 2016 ; mod., D. n° 2021-950, 16 juill. 2021).* – Les producteurs et détenteurs de déchets :

– soit procèdent eux-mêmes à la valorisation de ces déchets ;

– soit cèdent ces déchets à l'exploitant d'une installation de valorisation ;

– soit cèdent ces déchets à un intermédiaire assurant une activité de collecte, de transport, de négoce ou de courtage de déchets mentionnée aux articles R. 541-50 et R. 541-54-1 en vue de leur valorisation.

Art. D. 543-283 *(Créé à compter du 1er juillet 2016, D. n° 2016-288, 10 mars 2016 ; abr., D. n° 2021-950, 16 juill. 2021).*

Art. D. 543-284 *(Créé à compter du 1er juillet 2016, D. n° 2016-288, 10 mars 2016 ; mod., D. n° 2021-950, 16 juill. 2021).* – Les exploitants d'installation mentionnés au troisième alinéa de l'article D. 543-282 délivrent chaque année, avant le 31 mars, aux producteurs ou détenteurs de déchets leur ayant cédé des déchets de papier, de métal, de plastique, de verre, *(Mots aj. à compter du 1er janvier 2025, D. n° 2021-950, 16 juill. 2021)* « de textiles [,] » de bois, de fraction minérale et de plâtre l'année précédente une attestation mentionnant les quantités exprimées en tonnes, la nature des déchets qui leur ont été confiés l'année précédente en vue de leur valorisation et leurs destinations de valorisation finale.

Les intermédiaires mentionnés au quatrième alinéa de l'article D. 543-282 délivrent chaque année, avant le 31 mars, aux producteurs ou détenteurs de déchets leur ayant cédé des déchets de papier, de métal, de plastique, de verre, *(Mots aj. à compter du 1er janvier 2025, D. n° 2021-950, 16 juill. 2021)* « de textiles [,] » de bois, de fraction minérale et de plâtre l'année précédente une attestation mentionnant les quantités exprimées en tonnes, la nature des déchets qu'ils ont collectés séparément l'année précédente en vue de leur valorisation et leurs destinations de valorisation finale.

Les attestations mentionnées aux deux alinéas précédents peuvent être délivrées par voie électronique.

Voir : A. 18 juill. 2018, relatif à l'attestation mentionnée à l'article D. 543-284 du Code de l'environnement (*JO* 29 juill. 2018)

Sous-section 2. – Dispositions spécifiques aux déchets de papiers de bureau

Art. D. 543-285 *(Créé à compter du 1er juillet 2016, D. n° 2016-288, 10 mars 2016).* – Pour l'application de la présente sous-section, sont considérés comme « Déchets de papiers de bureau », les déchets de papiers suivants :

– les déchets d'imprimés papiers ;

- les déchets de livres ;
- les déchets de publications de presse ;
- les déchets d'articles de papeterie façonnés ;
- les déchets d'enveloppes et de pochettes postales ;
- les déchets de papiers à usage graphique.

Art. D. 543-286 *(Rempl., D. n° 2021-950, 16 juill. 2021)*. – I. – Les dispositions de la présente sous-section sont applicables à tous les producteurs et détenteurs de déchets de papiers de bureau, sur chacune de leurs implantations regroupant plus de 20 personnes.

II. – Dans le cas où plusieurs producteurs ou détenteurs de déchets de papiers de bureau sont installés sur une même implantation et sont desservis par le même prestataire de gestion des déchets de papiers de bureau, le nombre de personnes mentionné au I s'entend comme le total des personnes regroupées sur cette implantation au titre des différents producteurs et détenteurs de déchets.

III. – Les personnes mentionnées aux I et II sont tout personnel, de droit public ou privé, dont les fonctions professionnelles impliquent normalement la production de déchets de papier de bureau au sens de l'article D. 543-285, relevant des catégories socioprofessionnelles précisées par arrêté du ministre chargé de l'environnement (1).

Art. D. 543-287 *(Créé à compter du 1er juillet 2016, D. n° 2016-288, 10 mars 2016)*. – Les producteurs ou détenteurs de déchets de papiers de bureau sont soumis aux obligations des articles D. 543-281 à D. 543-284 pour ces papiers de bureau.

Section XIX. – Produits ou matériaux de construction du secteur du bâtiment

(Rempl. à compter du 1er janvier 2022, D. n° 2021-1941, 31 déc. 2021) (2)

Sous-section 1. – Dispositions générales

Art. R. 543-288 *(Créé à compter du 1er janvier 2022, D. n° 2021-1941, 31 déc. 2021)*. – La présente section précise les conditions de mise en œuvre de l'obligation de responsabilité élargie des producteurs applicable aux produits ou matériaux de construction du secteur du bâtiment, destinés aux ménages ou aux professionnels, conformément au 4° de l'article L. 541-10-1, et les modalités de gestion des déchets qui en sont issus.

Art. R. 543-289 *(Créé à compter du 1er janvier 2022, D. n° 2021-1941, 31 déc. 2021 ; mod., D. n° 2022-975, 1er juill. 2022)*. – I. – Pour l'application du 4° du L. 541-10-1 et au sens de la présente section, on entend par :

1° « Produits ou matériaux de construction du secteur du bâtiment » : les produits et les matériaux, y compris les revêtements de murs, sols et plafonds, qui sont destinés à être incorporés, installés ou assemblés de façon permanente dans un bâtiment ou utilisés pour les aménagements liés à son usage situés sur son terrain d'assiette, y compris ceux relatifs au stationnement des véhicules, et à l'exception des produits et matériaux utilisés uniquement pour la durée du chantier ;

2° « Bâtiment » : tout bien immeuble tel que défini au 2° de l'article L. 111-1 du Code de la construction et de l'habitation, quelle que soit sa destination ;

3° « Déchets du bâtiment » : les déchets issus des produits ou matériaux de construction du secteur du bâtiment qui sont produits lors des opérations de construction, de rénovation, d'entretien ou de démolition d'un bâtiment et des aménagements liés à son usage.

---

(1) V. T. appl. : A. 27 avr. 2016 (*JO* 7 mai 2016). – NDLR.

(2) Antérieurement à son remplacement par le décret n° 2021-1941 du 31 décembre 2021, la présente section 19 (intitulée ; « Déchets issus de matériaux, produits et équipements de construction ») était divisée en trois sous-sections (intitulées : « Définitions », « Champ d'application et information sur le lieu de reprise » et « Mise à disposition des documents de contrôle ») comprenant respectivement les articles D. 543-288, D. 543-289 et D. 543-290. – NDLR.

II. – La présente section s'applique aux produits ou matériaux de construction du secteur du bâtiment relevant des catégories de produits et matériaux suivantes :

1° Produits et matériaux de construction constitués majoritairement en masse de minéraux ne contenant ni verre, ni laines minérales ou plâtre, relevant des familles suivantes :

a) Béton et mortier ou concourant à leur préparation ;

b) Chaux ;

c) Pierre types calcaire, granit, grès et laves ;

d) Terre cuite ou crue ;

e) Ardoise ;

f) Mélange bitumineux ou concourant à la préparation de mélange bitumineux, à l'exclusion des membranes bitumineuses ;

g) Granulat, hormis ceux indiqués au a et au f ;

h) Céramique ;

i) Produits et matériaux de construction d'origine minérale non cités dans une autre famille de cette catégorie ;

2° Autres produits et matériaux de construction relevant des familles suivantes :

a) Produits et matériaux de construction constitués majoritairement en masse de métal, hormis ceux indiqués au *d* ;

b) Produits et matériaux de construction constitués majoritairement en masse de bois, hormis ceux indiqués au *d* ;

c) Mortiers, enduits, peintures, vernis, résines, produits de préparation et de mise en œuvre, y compris leur contenant, autres que ceux mentionnés au 7° de l'article L. 541-10-1 ;

d) Menuiseries comportant du verre, parois vitrées et produits de construction connexes ;

e) Produits et matériaux de construction à base de plâtre hormis ceux mentionnés au c ;

f) Produits et matériaux de construction constitués majoritairement en masse de plastique ;

g) Produits et matériaux de construction à base de membranes bitumineuses ;

h) Produits et matériaux de construction à base de laine de verre ;

i) Produits et matériaux de construction à base de laine de roche ;

j) Produits de construction d'origine végétale, animale, ou autres matériaux non cités dans une autre famille de cette catégorie.

Un arrêté du ministre de l'environnement peut préciser la liste des produits concernés.

III. – Les dispositions prévues par la présente section s'appliquent également aux déchets issus de produits ou matériaux de construction du secteur du bâtiment mis en vente ou distribués avant le 1er janvier 2022, y compris ceux dont la mise en marché a été interdite avant cette date.

IV. – Sont exclus du champ d'application de la présente section :

1° Les terres excavées ;

2° Les outils et équipements techniques industriels ;

3° Les installations nucléaires de base telles que définies à l'article L. 593-2 ;

4° Les monuments funéraires.

Art. R. 543-290 *(Créé à compter du 1er janvier 2022, D. n° 2021-1941, 31 déc. 2021).* – Pour l'application de la présente section, est considéré comme producteur, toute personne physique ou morale qui, à titre professionnel :

– soit fabrique ou fait fabriquer des produits ou matériaux de construction du secteur du bâtiment qu'elle met à disposition sur le marché national sous son propre nom ou sa propre marque en vue d'être utilisés par toute personne qui réalise ou fait réaliser par un tiers des travaux de construction ou de rénovation sur le territoire national ;

– soit importe ou introduit pour la première fois sur le marché national des produits ou matériaux de construction du secteur du bâtiment destinés à être utilisés sur le territoire national.

Dans le cas où des produits ou matériaux de construction du secteur du bâtiment sont mis à disposition sur le marché sous la marque d'un revendeur, le revendeur est considéré comme producteur.

Sous-section 2. – Dispositions relatives aux éco-organismes

Art. R. 543-290-1 *(Créé à compter du 1er janvier 2022, D. n° 2021-1941, 31 déc. 2021).* – Tout éco-organisme exerce son activité agréée pour l'une ou les deux catégories mentionnées au II de l'article R. 543-289.

Art. R. 543-290-2 *(Créé à compter du 1er janvier 2022, D. n° 2021-1941, 31 déc. 2021).* – Tout éco-organisme propose aux producteurs de déduire de leur contribution financière la part correspondant aux produits ou matériaux de construction qu'ils ont cédés et dont ils sont en mesure de justifier que ces produits ou matériaux ont été employés à des fins de constructions autres que celles relevant de la présente section, telles que la réalisation d'ouvrages de génie civil et de travaux publics, afin que les produits ou matériaux de construction utilisés pour la réalisation d'ouvrages de génie civil et de travaux publics ne soient pas pris en compte dans l'assiette de calcul du montant de la contribution financière.

À cet effet, le contrat type prévu à l'article R. 541-119 peut inclure des modalités d'identification des produits ou matériaux pour lesquels le producteur contribue à la prévention et à la gestion des déchets du bâtiment auprès de l'éco-organisme auquel il adhère.

Art. R. 543-290-3 *(Créé à compter du 1er janvier 2022, D. n° 2021-1941, 31 déc. 2021).* – Le contrat type établi par l'éco-organisme conformément à l'article R. 541-119 peut prévoir que le producteur précise dans ses conditions générales de vente que la part du coût unitaire qu'il supporte pour la gestion des déchets est répercutée à l'acheteur sans possibilité de réfaction.

Art. R. 543-290-4 *(Créé à compter du 1er janvier 2022, D. n° 2021-1941, 31 déc. 2021).* – I. – Pour l'application du I de l'article L. 541-10-23 et de la présente sous-section, on entend par :

1° « Collecte séparée » :

a) La collecte de déchets du bâtiment triés à la source et collectés séparément selon tout ou partie des flux spécifiés au premier alinéa de l'article D. 543-281, y compris, le cas échéant, les autres déchets du bâtiment collectés séparément par rapport à ces flux, ou selon tout ou partie des flux correspondants aux déchets issus de chacune des catégories et familles de produits ou matériaux énumérés au II de l'article R. 543-289, et des déchets dangereux qui font l'objet d'un tri à part conformément aux dispositions de l'article L. 541-7-2 ;

b) La collecte conjointe par les personnes mentionnées au II de tout ou partie des flux de déchets non dangereux qui est spécifiée au deuxième alinéa de l'article D. 543-281, sous réserve du respect du critère d'efficacité de la valorisation des déchets prévu à la deuxième phrase du même alinéa.

2° « Reprise des déchets » : la reprise de déchets du bâtiment faisant l'objet d'une collecte séparée réalisée :

a) Par une installation qui accueille les déchets du bâtiment apportés par leurs détenteurs ;

b) Par des opérateurs de gestion de déchets auprès des entreprises du secteur du bâtiment qui regroupent dans leurs installations des déchets du bâtiment issus de leur activité ;

c) Par des opérateurs de gestion de déchets sur le lieu d'un chantier de construction, rénovation ou démolition, lorsque la quantité de déchets produits est supérieure à 50 m^3.

II. – Les conditions de la collecte conjointe de plusieurs flux prévue au *b* du 1° du I sont ouvertes :

1° Aux déchèteries des collectivités locales ou leurs groupements qui assurent une collecte de déchets du bâtiment uniquement dans le cadre du service public de gestion des déchets ;

2° Aux distributeurs de produits ou matériaux de construction du secteur du bâtiment qui assurent une reprise des déchets du bâtiment dans les conditions prévues en application de l'article L. 541-10-8 ;

3° Aux entreprises du secteur du bâtiment qui sont mentionnées au *b* du 2° du I ;

4° Aux personnes qui assurent la reprise de déchets du bâtiment produits sur le lieu d'un chantier de construction, rénovation ou démolition lorsqu'il n'est pas possible d'affecter, sur l'emprise du chantier, une surface au moins égale à 40 m^2 pour le stockage des déchets.

5° *(D. n° 2024-1046, 19 nov. 2024)* Aux installations mentionnées au II de l'article R. 541-161.

III. – L'éco-organisme peut proposer des règles de tri plus exigeantes que celles prévues au I aux personnes qui assurent une reprise des déchets du bâtiment et qui le souhaitent, en contrepartie d'une compensation financière.

Art. R. 543-290-5 *(Créé à compter du 1er janvier 2022, D. n° 2021-1941, 31 déc. 2021).* – I. – En application du II de l'article L. 541-10-23, tout éco-organisme met en place, dans les conditions prévues au présent article, le maillage territorial des installations de reprise des déchets mentionnées au a du 2° du I de l'article R. 543-290-4.

II. – Chaque éco-organisme établit pour chaque région du territoire national, et pour chaque collectivité territoriale à statut particulier exerçant les compétences d'une région, un projet de maillage territorial tenant compte des plans régionaux de prévention et de gestion des déchets mentionnés à l'article L. 541-13 ou, le cas échéant, des schémas régionaux d'aménagement, de développement durable et d'égalité des territoires mentionnés à l'article L. 4251-1 du Code général des collectivités territoriales.

Ce projet tient compte des modalités d'accès aux installations existantes, y compris aux déchèteries des collectivités locales ou de leurs groupements qui assurent une collecte de déchets du bâtiment dans le cadre du service public de gestion des déchets.

Il permet de satisfaire les objectifs suivants appréciés pour chaque maillage territorial :

1° Sauf lorsque que le plan ou le schéma régional mentionné au premier alinéa du présent II en dispose autrement, la distance moyenne à l'échelle régionale entre le lieu de production des déchets et l'installation de reprise des déchets est de l'ordre de 10 km. Toutefois, dans les zones où la densité d'habitants et d'activités économiques est faible, cette distance est de l'ordre de 20 km ;

2° Lorsque le maillage ne permet pas de respecter cette distance, l'éco-organisme propose des mesures de reprise des déchets auprès de leur détenteur ou de compensation financière des coûts de transport ;

3° Toute installation de reprise des déchets incluse dans le maillage propose aux détenteurs de reprendre sans frais l'ensemble des déchets du bâtiment ayant fait l'objet d'un tri permettant d'assurer leur collecte séparée ;

4° Au moins la moitié des installations incluses dans le maillage à l'échelle régionale reprend également les déchets dangereux ;

5° La capacité de collecte des installations de reprise correspond à la quantité estimée de déchets du bâtiment produite dans la zone considérée.

III. – Le projet de maillage est établi en concertation avec les collectivités territoriales chargées du service public de gestion des déchets, les autorités compétentes en matière de planification et de gestion des déchets, ainsi qu'avec les opérateurs des installations de reprise et les représentants des organisations professionnelles du secteur de la construction du bâtiment.

Après consultation de son comité des parties prenantes, l'éco-organisme transmet ce projet de maillage, avec les avis recueillis, pour accord à l'autorité administrative compétente pour délivrer l'agrément, au plus tard dix mois à compter de la date de son agrément. L'accord de cette autorité est réputé acquis en l'absence d'opposition dans un délai de deux mois suivant la réception du projet de maillage.

IV. – Le cahier des charges précise les modalités d'application du présent article, notamment :

1° Les caractéristiques des zones pour lesquelles la distance de 20 km mentionnée au II peut être retenue ;

2° Les conditions dans lesquelles les installations incluses dans le maillage mettent en place des zones dédiées au réemploi et à la réutilisation des produits et matériaux de construction usagés et les conditions d'accès à ces zones pour les acteurs du réemploi et de la réutilisation ;

3° Les conditions de déploiement progressif des installations de reprise des déchets prévues par le projet de maillage.

Art. R. 543-290-6 *(Créé à compter du 1er janvier 2022, D. n° 2021-1941, 31 déc. 2021).* – Pour mettre en œuvre la responsabilité élargie des producteurs de produits et de matériaux de construction du secteur du bâtiment qui lui ont transféré leurs obligations en application du I de l'article L. 541-10, l'éco-organisme :

– d'une part, couvre les coûts de toute personne qui assure la reprise sans frais des déchets qui font l'objet d'une collecte séparée dans les conditions définies au I de l'article R. 541-290-4 ;

– d'autre part, pourvoit à la collecte de ces déchets lorsque cela est nécessaire afin d'assurer le maillage prévu à l'article R. 543-290-5.

Pour le transport et le traitement des produits et matériaux de construction du secteur du bâtiment usagés, l'éco-organisme pourvoit à ces opérations et, le cas échéant, contribue financièrement à ces opérations.

Il assure ces missions sur l'ensemble du territoire national dans les conditions prévues par la présente sous-section.

Art. R. 543-290-7 *(Créé à compter du 1er janvier 2022, D. n° 2021-1941, 31 déc. 2021).* – Lorsqu'il pourvoit à la gestion des déchets, l'éco-organisme passe des marchés dans les conditions prévues aux I et II de l'article L. 541-10-6.

Art. R. 543-290-8 *(Créé à compter du 1er janvier 2022, D. n° 2021-1941, 31 déc. 2021).* – I. – Lorsqu'il couvre les coûts liés à la reprise des déchets, l'éco-organisme établit un contrat type relatif à chacune des deux modalités de collecte séparée des flux de déchets qui sont prévues au *a* du 1° du I de l'article R. 543-290-4 ainsi qu'à la collecte conjointe prévue au *b* du 1° du I du même article, dans les conditions prévues aux articles R. 541-104 et R. 541-105.

Ce contrat type précise respectivement :

1° Les modalités de la couverture des coûts supportés par toute personne assurant la reprise des déchets du bâtiment, y compris les coûts afférents aux opérations de collecte, et les obligations qui lui incombent en matière de traçabilité de ces déchets ;

2° Les modalités de la collecte séparée des déchets auprès des personnes qui ont assuré cette reprise, afin que l'éco-organisme pourvoie à leur transport et leur traitement.

II. – L'éco-organisme peut permettre aux personnes qui le souhaitent de céder sans frais à un opérateur de traitement des déchets de leur choix les déchets dont elles ont assuré la reprise. Dans ce cas, l'éco-organisme inclut dans le contrat type les dispositions relatives à la prise en charge des coûts du transport et du traitement de ces déchets ainsi que les dispositions relatives aux performances de valorisation et de traçabilité de ces déchets.

III. – Pour les déchets du bâtiment collectés en mélange avec d'autres types de déchets dans le cadre du service public de gestion des déchets, l'éco-organisme contribue à la prise en charge des coûts supportés par les collectivités ou leurs groupements pour le transport et le traitement des déchets sous réserve que la performance de réemploi et des différents modes de valorisation des déchets du bâtiment ainsi collectés soit au moins équivalente aux objectifs correspondants qui sont fixés par le cahier des charges.

IV. – Les montants des soutiens financiers prévus par le contrat type sont déterminés sur la base des coûts de référence qui sont supportés par l'éco-organisme pour les opérations de gestion des déchets comparables auxquelles il pourvoit. Lorsque l'éco-organisme ne dispose pas de ces coûts de référence en raison du déploiement progressif de son activité, l'éco-organisme justifie des montants des soutiens financiers qu'il propose de sorte à ce qu'ils correspondent à des coûts présentant un bon rapport coût-efficacité.

Art. R. 543-290-9 *(Créé à compter du 1er janvier 2022, D. n° 2021-1941, 31 déc. 2021 ; mod., D. n° 2022-975, 1er juill. 2022).* – En cas de reprise de déchets du bâtiment dans les cas mentionnés aux *b* et *c* du 2° du I de l'article R. 543-290-4, les frais liés au transport de ces déchets vers le premier point de reprise sont pris en charge par l'éco-organisme à hauteur de 80 % des coûts de référence mentionnés au IV de l'article R. 543-290-8 sous réserve que la valorisation de ces déchets sur les chantiers dont ils sont issus ne soit techniquement pas possible, sauf dans le cas mentionné au 2° du II de l'article R. 543-290-5 pour lequel la prise en charge est de 100 %, sans réserve.

Art. R. 543-290-10 *(Créé à compter du 1er janvier 2022, D. n° 2021-1941, 31 déc. 2021).* – Les producteurs qui assurent eux-mêmes ou organisent pour leur compte des opérations de gestion de déchets du bâtiment participant à l'atteinte des objectifs fixés à l'éco-organisme peuvent bénéficier de la déduction prévue au troisième alinéa du I de l'article L. 541-10-23. Pour calculer le montant de cette déduction, l'éco-organisme respecte les conditions visées à l'article R. 541-120.

Art. R. 543-290-11 *(Créé à compter du 1er janvier 2022, D. n° 2021-1941, 31 déc. 2021).* – L'éco-organisme peut limiter la prise en charge des coûts de gestion des déchets issus des produits ou matériaux de construction du secteur du bâtiment dont la mise en marché a été interdite avant le 1er janvier 2022 aux déchets ménagers et assimilés, au sens de l'article R. 2224-23 du Code général des collectivités territoriales, qui sont collectés dans le cadre du service public de gestion des déchets. Le coût annuel de gestion de ces déchets est pris en charge pour moitié par les producteurs de produits ou matériaux mentionnés au 1° du II de l'article R. 543-289 et pour l'autre moitié par les producteurs de produits ou matériaux mentionnés au 2° du II de l'article R. 543-289.

Art. R. 543-290-12 *(Créé à compter du 1er janvier 2022, D. n° 2021-1941, 31 déc. 2021).* – Lorsque plusieurs éco-organismes sont agréés pour les produits ou matériaux de construction du secteur du bâtiment, y compris pour des catégories différentes de produits ou matériaux de construction du secteur du bâtiment, ces éco-organismes mettent en place un organisme coordonnateur chargé des missions suivantes :

1° Il met en place un guichet unique offrant aux détenteurs de déchets du bâtiment un accès simplifié aux différents services de la reprise des déchets ;

2° Il formule une proposition de maillage territorial commun aux éco-organismes selon les dispositions prévues à l'article R. 543-290-5 et définit les modalités de gestion conjointe des points de reprise afin que toute installation de reprise des déchets incluse dans le maillage propose aux détenteurs de reprendre au moins l'ensemble des flux de déchets spécifiés au premier alinéa de l'article D. 543-281 ;

3° Il formule une proposition de contrat type mentionné à l'article R. 543-290-8 unique destiné aux collectivités qui assurent la reprise des déchets du bâtiment dans le cadre du service public de gestion des déchets ;

4° Lorsque des éco-organismes sont agréés pour une même catégorie de produits ou matériaux de construction du secteur du bâtiment, il s'assure de la cohérence des modalités de la prise en charge des coûts de gestion des déchets issus des produits et matériaux de construction du secteur du bâtiment dont la mise en marché est désormais interdite mentionnés à l'article R. 543-290-11.

Section XX. – Méthanisation de déchets non dangereux ou de matières végétales brutes

(Créée à compter du 1er janvier 2017, D. n° 2016-929, 7 juill. 2016)

Art. D. 543-291 *(Rempl., D. n° 2022-1120, 4 août 2022).* – Est considérée comme culture principale toute culture remplissant au moins l'une des conditions suivantes :

1° Unique culture récoltée sur une parcelle au cours d'une année civile ;

2° Culture déclarée comme culture principale dans une demande d'aide relevant d'un régime de soutien relevant de la politique agricole commune ;

3° Culture récoltée sur une parcelle pour laquelle aucune demande d'aide relevant d'un régime de soutien relevant de la politique agricole commune n'a été faite pour l'année de récolte ;

4° Culture présente sur la parcelle au 1er juin, ou, le cas échéant, à une autre date comprise entre le 1er juin et le 15 juin, définie par le représentant de l'État dans le département, au regard des spécificités climatiques et des pratiques culturales ;

5° Culture pérenne mentionnée à l'article R. 411-9-11-1 du Code rural et de la pêche maritime ou culture cultivée sur une parcelle sur laquelle une culture pérenne est implantée.

Plusieurs cultures principales peuvent être récoltées sur une même parcelle au cours d'une même année civile.

Les cultures intermédiaires désignent les cultures cultivées sur le territoire de l'Union européenne qui ne sont pas des cultures principales et qui sont semées et récoltées sur une parcelle entre deux cultures principales récoltées sur une année civile ou deux années civile consécutives.

Par dérogation aux alinéas précédents, la biomasse récoltée sur une prairie permanente ou une zone tampon enherbée ne constitue pas une culture principale.

Art. D. 543-292 *(Rempl., D. n° 2022-1120, 4 août 2022).* – Les installations de méthanisation de déchets non dangereux ou de matières végétales brutes peuvent être approvisionnées par des cultures principales dans une proportion maximale de 15 % du tonnage brut total des intrants.

Pour les installations de production de biométhane injecté dans un réseau de gaz naturel, commercialisé ou consommé, mises en service après le 1er janvier 2017, la proportion maximale de cultures principales est applicable pour chaque lot de biométhane mentionné à l'article R. 446-1 du Code de l'énergie.

Pour les autres installations de méthanisation mises en service après le 1er janvier 2017, la proportion maximale de cultures principales est applicable au tonnage brut total des intrants utilisés sur les trois dernières années.

Art. D. 543-293 *(Créé à compter du 1er janvier 2017, D. n° 2016-929, 7 juill. 2016 ; mod., D. n° 2022-1120, 4 août 2022).* – Il peut être dérogé aux dispositions de l'article D. 543-292 pour l'approvisionnement des installations de méthanisation de déchets non dangereux ou de matières végétales

brutes par des cultures alimentaires ou énergétiques cultivées à titre de cultures principales provenant de zones reconnues contaminées, notamment par des métaux lourds, et définies par arrêté préfectoral relatif à des restrictions d'utilisation et de mise sur le marché pour raisons sanitaires des productions agricoles végétales issues de ces zones contaminées.

La dérogation est accordée dans les conditions fixées par les articles R. 512-31, R. 181-45 ou R. 512-52.

Section XXI. – Produits en plastique dont l'abandon est de nature à générer des déchets terrestres et marins

(D. n° 2016-1170, 30 août 2016 ; intitulé rempl. à compter du 1er janvier 2018, D. n° 2017-291, 6 mars 2017)

Sous-section 1. – Dispositions générales

(Rempl. à compter du 1er janvier 2020, D. n° 2019-1451, 24 déc. 2019 (1) *; abr. à compter du 1er janvier 2021, D. n° 2020-1724, 28 déc. 2020)*

Art. D. 543-294 (2) ***(Rempl. à compter du 1er janvier 2020, D. n° 2019-1451, 24 déc. 2019 ; dénum. et abr. à compter du 1er janvier 2021, D. n° 2020-1724, 28 déc. 2020. – V. C. envir., art. D. 541-330).***

Sous-section 2. – Produits jetables en plastique

(Rempl. à compter du 1er janvier 2020, D. n° 2019-1451, 24 déc. 2019 (1) *; abr. à compter du 1er janvier 2021, D. n° 2020-1724, 28 déc. 2020)*

Art. D. 543-295 (2) ***(Rempl. à compter du 1er janvier 2020, D. n° 2019-1451, 24 déc. 2019 ; dénum. et abr. à compter du 1er janvier 2021, D. n° 2020-1724, 28 déc. 2020. – V. C. envir., art. D. 541-331).***

Art. D. 543-296 (2) ***(Rempl. à compter du 1er janvier 2020, D. n° 2019-1451, 24 déc. 2019 ; dénum. et abr. à compter du 1er janvier 2021, D. n° 2020-1724, 28 déc. 2020. – V. C. envir., art. D. 541-332).***

Sous-section 3. – Cosmétiques et cotons-tiges de nature à générer des déchets marins

(Créée à compter du 1er janvier 2018, D. n° 2017-291, 6 mars 2017 ; intitulé mod. à compter du 1er janvier 2020, D. n° 2017-291, 6 mars 2017)

Art. D. 543-296-1 et D. 543-296-1 ***(Créé à compter du 1er janvier 2018, D. n° 2017-291, 6 mars 2017 ; dénum. et abr. à compter du 1er janvier 2021, D. n° 2020-1724, 28 déc. 2020. – V. C. envir., art. D. 541-333 et D. 541-334).***

Section XXII. – Bateaux de plaisance ou de sport

(Créée à compter du 1er janvier 2018, D. n° 2016-1840, 23 déc. 2016 ; intitulé rempl. à compter du 1er janvier 2021, D. n° 2020-1725, 29 déc. 2020)

Voir : A. 6 déc. 2023 portant cahiers des charges des écoorganismes et des systèmes individuels de la filière à responsabilité élargie du producteur des bateaux de plaisance ou de sport (*JO* du 7).

Les modalités de mise en œuvre de la filière de responsabilité élargie du producteur de bateaux de plaisance ou de sport sont entrées en vigueur le 1er janvier 2018. Ça n'est toutefois qu'à compter du 1er janvier 2019 que les metteurs sur le marché national de ces bateaux seront tenus de contribuer au recyclage et au traitement des déchets qui en sont issus.

---

(1) Les pailles, couverts, piques à steak, couvercles à verre jetables, plateaux-repas, pots à glace, saladiers, boîtes et bâtonnets mélangeurs pour boissons frappés d'une interdiction de mise à disposition, à compter du 1er janvier 2020, en application du III de l'article L. 541-10-5 du Code de l'environnement bénéficient d'un délai d'écoulement des stocks de ces produits n'excédant pas six mois à compter de cette date, dès lors qu'ils ont été fabriqués ou importés avant cette date, D. n° 2019-1451, 24 déc. 2019. – NDLR.

(2) Antérieurement à son transfert et à son abrogation au 1er janvier 2021 le présent article devait être modifié au 3 juillet 2021 : D. n° 2019-1451, 24 déc. 2019. – NDLR.

Sous-section 1. – Dispositions générales

Art. R. 543-297 *(Rempl. à compter du 1er janvier 2021, D. n° 2020-1725, 29 déc. 2020).* – I. – La présente section précise les conditions de mise en œuvre de l'obligation de responsabilité élargie du producteur applicable aux navires de plaisance ou de sport.

[A]u sens de la présente section, les notions de bateau et navire au sens qui leur est donné dans le Code des transports sont confondues et le terme de bateau est utilisé.

II *(Rempl., D. n° 2023-1144, 6 déc. 2023).* – Pour l'application de la présente section, on entend par :

1° « Bateau de plaisance ou de sport » :

a) Tout bateau de plaisance défini au 6° de l'article R. 4000-1 du Code des transports et tout navire de plaisance défini au 1° du I de l'article L. 5000-2 du même code, dès lors qu'ils répondent aux critères figurant au 2° de l'article R. 5113-7 du Code des transports, à l'exclusion des embarcations propulsées par l'énergie humaine ;

b) Tout véhicule nautique à moteur dès lors qu'il répond aux critères figurant au 3° de l'article R. 5113-7 du Code des transports ;

2° « Bateau de plaisance ou de sport hors d'usage », tout bateau mentionné au 1° qui constitue un déchet, au sens de l'article L. 541-1-1.

La circonstance qu'un bateau conserve une valeur commerciale est sans incidence sur son statut de déchet ;

3° « Bateau de plaisance ou de sport abandonné », tout bateau abandonné régi par l'article L. 5141-1 du Code des transports ou par l'article L. 1127-3 du Code général de la propriété des personnes publiques ;

4° « Épave », toute épave de navire régie par l'article L. 5142-1 du Code des transports ;

5° « Déchet issu de bateau de plaisance ou de sport », tout bateau de plaisance ou de sport mentionné aux 2° à 4° du présent II dont le détenteur se défait ou dont il a l'intention ou l'obligation de se défaire.

III. – Est considéré comme « producteur » toute personne qui fabrique, importe ou introduit pour la première fois sur le marché national à titre professionnel des bateaux de plaisance ou de sport destinés à être cédés à titre onéreux ou gratuit à l'utilisateur final, quelle que soit la technique de cession. Dans le cas où ces bateaux sont cédés sous la marque d'un revendeur ou d'un donneur d'ordre dont l'apposition résulte d'un document contractuel, ce revendeur ou ce donneur d'ordre est considéré comme producteur.

IV. – Est considéré comme « mis sur le marché national » le bateau de plaisance et de sport soumis :

1° À l'obligation d'immatriculation prévue par l'article L. 5112-1-1 du Code des transports s'il est destiné à la navigation en mer ;

2° À l'obligation d'immatriculation ou à l'obligation d'enregistrement prévues respectivement par les articles L. 4111-2 et D. 4111-10 du même code s'il est destiné à la navigation sur les eaux intérieures.

Art. D. 543-298 *(Créé à compter du 1er janvier 2022, D. n° 2021-1914, 30 déc. 2021).* – Le produit de l'affectation mentionnée à l'article L. 541-10-25-1 est versé mensuellement en proportion des sommes recouvrées chaque mois.

Sous-section 2 ancienne. – Dispositions relatives à la prévention et à la gestion des déchets

(Sous-section abr. à compter du 1er janvier 2021, D. n° 2020-1725, 29 déc. 2020)

Art. R. 543-298 *(Créé à compter du 1er janvier 2018, D. n° 2016-1840, 23 déc. 2016 ; abr. à compter du 1er janvier 2021, D. n° 2020-1725, 29 déc. 2020).*

Sous-section 2. – Dispositions relatives à la prévention et à la gestion des déchets (1)

(Ancienne sous-section 3 dénum. et mod. à compter du 1er janvier 2021, D. n° 2020-1725, 29 déc. 2020 ; intitulé rempl ?, D. n° 2023-1144, 6 déc. 2023)

Art. R. 543-299 *(Créé à compter du 1er janvier 2018, D. n° 2016-1840, 23 déc. 2016 ; abr. à compter du 1er janvier 2021, D. n° 2020-1725, 29 déc. 2020).*

(1) Antérieurement aux modifications opérées par l'article 6, 2°, 5° et 7° du décret n° 2020-1725, 29 déc. 2020, la présente sous-section comprenait quatre paragraphes respectivement intitulés : § 1. – Dispositions relatives aux modalités de traitement, y compris le recyclage, des déchets issus des bateaux de plaisance ou de sport (Art. R. 543-299 à R. 543-301) ; § 2. – Dispositions relatives à l'approbation des systèmes individuels (Art. R. 541-302) et § 3. – Dispositions relatives à l'agrément des éco-organismes (R. 543-303) et § 4. – Dispositions communes aux approbations et aux agréments (Art. R. 543-305). – NDLR.

Art. R. 543-300 *(Rempl., D. n° 2023-1144, 6 déc. 2023).* – Pour mettre en œuvre la responsabilité élargie des producteurs de bateau de plaisance ou de sport qui lui ont transféré leurs obligations en application du I de l'article L. 541-10, l'éco-organisme pourvoit ou, le cas échéant, contribue financièrement à la prévention et à la gestion des déchets issus de bateau de plaisance ou de sport.

Il assure ces missions sur l'ensemble du territoire national afin de permettre la collecte et le transport sans frais depuis le lieu de détention des déchets issus de bateaux de plaisance ou de sport, auprès de tout détenteur qui en fait la demande, ainsi que la réception sans frais des bateaux de plaisance ou de sport hors d'usage dont les détenteurs se sont défaits dans des centres de traitement prévus à cet effet.

Le cahier des charges pris en application du II de l'article L. 541-10 précise les modalités d'application du présent article.

Art. R. 543-301 *(Créé à compter du 1er janvier 2018, D. n° 2016-1840, 23 déc. 2016).* – I – Les déchets issus des bateaux de plaisance ou de sport sont traités dans le respect de la hiérarchie des modes de traitement définie au 2° du II de l'article L. 541-1 et du principe de proximité défini au 4° du II de l'article L. 541-1.

II. – Le traitement de ces déchets est réalisé dans des installations exploitées conformément au titre Ier du livre V en tenant compte des meilleures techniques disponibles.

III. – Ces opérations peuvent également être effectuées dans toute autre installation autorisée à cet effet dans un autre État membre de l'Union européenne ou dans un pays tiers dès lors que le transfert de ces déchets hors du territoire national est réalisé conformément aux dispositions du règlement n° 1013/2006 du Parlement européen et du Conseil du 14 juin 2006 concernant les transferts de déchets et à destination d'installations respectant des dispositions équivalentes à celles du II du présent article.

Art. R. 543-302 *(Abr. à compter du 1er janvier 2021, D. n° 2020-1725, 29 déc. 2020 ; rétabli, D. n° 2023-1144, 6 déc. 2023).* – Pour l'application des dispositions du paragraphe 5 de la sous-section 1 de la section 8 du chapitre Ier du titre IV du livre V de la partie réglementaire du présent code aux déchets issus des produits relevant de la présente section, et par dérogation aux dispositions du 1° de l'article R. 541-111, tout bateau de plaisance ou de sport abandonné et toute épave mentionnés aux 3° et 4° du II de l'article R. 543-297 est regardé comme un dépôt illégal de déchets abandonnés.

Le second alinéa de l'article R. 541-112 n'est pas applicable aux déchets issus des produits relevant de la présente section.

Art. R. 543-303 *(Créé à compter du 1er janvier 2018, D. n° 2016-1840, 23 déc. 2016 ; abr. à compter du 1er janvier 2021, D. n° 2020-1725, 29 déc. 2020).*

Art. R. 543-304 *(Abr. avant son entrée en vigueur, D. n° 2017-1607, 27 nov. 2017 et à compter du 1er janvier 2021, D. n° 2020-1725, 29 déc. 2020).*

Art. R. 543-305 *(Créé à compter du 1er janvier 2018, D. n° 2016-1840, 23 déc. 2016 ; mod. à compter du 1er janvier 2021, D. n° 2020-1725, 29 déc. 2020 puis abr. à compter du 1er janvier 2022, D. n° 2020-1725, 29 déc. 2020).*

Section XXIII. – Produits alimentaires invendus

(D. n° 2016-1962, 28 déc. 2016 ; abr. à compter du 1er janvier 2021, D. n° 2020-1724, 28 déc. 2020)

Art. D. 543-306 (1) *(D. n° 2016-1962, 28 déc. 2016 ; mod. à compter du 1er janvier 2021, D. n° 2020-1274, 20 oct. 2020 ; dénum. et abr. à compter de la même date, D. n° 2020-1724, 28 déc. 2020. – V. C. envir., art. D. 541-310).*

Art. D. 543-307 *(D. n° 2016-1962, 28 déc. 2016 ; mod. à compter du 1er janvier 2021, D. n° 2020-1274, 20 oct. 2020 ; dénum. et abr. à compter de la même date, D. n° 2020-1724, 28 déc. 2020. – V. C. envir., art. D. 541-311).*

(1) V. T. appl. : A. 12 avr. 2017 (*JO* 21 avr. 2017) puis 19 mai 2020 (*JO* 23 mai 2020) puis 7 janv. 2021 (*JO* 10 janv. 2021). – NDLR.

Art. D. 543-308 *(Créé à compter du 1er janvier 2020, D. n° 2019-302, 11 avr. 2019 ; mod. à compter du 1er janvier 2021, D. n° 2020-1274, 20 oct. 2020 ; dénum. et abr. à compter de la même date, D. n° 2020-1724, 28 déc. 2020. – V. C. envir., art. D. 541-312).*

Section XXIV. – Produits du tabac

(Section créée à compter du 1er janvier 2021, D. n° 2020-1725, 29 déc. 2020)

Art. R. 543-309 *(Créé à compter du 1er janvier 2021, D. n° 2020-1725, 29 déc. 2020).* – La présente section précise les conditions de mise en œuvre de l'obligation de responsabilité élargie du producteur applicable aux produits du tabac équipés de filtres composés en tout ou partie de plastique et aux produits qui sont destinés à être utilisés avec des produits du tabac, conformément au 19° de l'article L. 541-10-1, et les modalités de gestion des déchets qui en sont issus.

Art. R. 543-310 *(Créé à compter du 1er janvier 2021, D. n° 2020-1725, 29 déc. 2020).* – Pour l'application du 19° de l'article L. 541-10-1 et au sens de la présente section, on entend par :

1° « Produits du tabac », les produits du tabac au sens de l'article L. 3512-1 du Code de la santé publique ;

2° « Produits qui sont destinés à être utilisés avec des produits du tabac », les produits destinés à être utilisés en combinaison avec des produits du tabac, comportant ou non du plastique, et qui sont susceptibles de conduire à la production de déchets nuisibles à l'environnement après consommation des produits du tabac, tels que les filtres ;

3° « Producteur », au sens du I de l'article L. 541-10, les personnes physiques ou morales qui procèdent à la première mise sur le marché national à titre professionnel des produits du tabac équipés de filtres comportant ou non du plastique, ou des produits qui sont destinés à être utilisés avec des produits du tabac, en vue d'une cession au consommateur final.

Art. R. 543-310-1 *(D. n° 2024-359, 18 avr. 2024).* – Pour l'application du premier alinéa de l'article L. 541-10-28, les éco-organismes réalisent au moins une fois par an des actions de sensibilisation d'envergure nationale sur le risque d'incendie lié à l'abandon de déchets issus des produits visés à la présente section, particulièrement dans les espaces exposés aux feux de forêts et de végétation et le long des voies de circulation.

Le cahier des charges pris en application du II de l'article L. 541-10 fixe la part annuelle minimale des contributions que les éco-organismes consacrent à ces actions, celle-ci devant être comprise entre 1 % et 6 % du montant total des contributions perçues par eux.

Art. R. 543-310-2 *(D. n° 2024-359, 18 avr. 2024).* – Pour l'application du deuxième alinéa de l'article L. 541-10-28, le montant de la redevance représentant la participation des éco-organismes et des systèmes individuels au coût des actions de communication réalisées par le ministre chargé de l'environnement pour la prévention des incendies de forêt pouvant avoir pour cause l'usage ou l'abandon de produits visés par la présente section est fixé par arrêté de ce ministre dans la limite de 3 % du montant total des charges relatives à la prévention et à la gestion des déchets issus de ces produits supportées l'année précédente par ces éco-organismes et producteurs.

Ce montant est attribué au budget du ministre chargé de l'environnement conformément au III de l'article 17 de la loi organique n° 2001-692 du 1er août 2001 relative aux lois de finances.

La répartition des coûts entre chacun des éco-organismes et des producteurs en système individuel est opérée au prorata des charges supportées par chacun d'eux l'année précédente pour la prévention et la gestion des déchets issus des produits visés à la présente section.

Section XXV. – Boues et digestats de boues d'épuration

(Section créée, D. n° 2021-1179, 14 sept. 2021)

Art. R. 543-311 *(D. n° 2021-1179, 14 sept. 2021).* – Sans préjudice des dispositions de l'article R. 211-29, la présente section définit les conditions dans lesquelles les boues d'épuration et les digestats de boues d'épuration peuvent être traités par compostage conjointement avec d'autres matières utilisées comme structurants et issues de matières végétales.

Art. R. 543-312 *(D. n° 2021-1179, 14 sept. 2021).* – Au sens de la présente section, on entend par :

Boues d'épuration : les sédiments résiduaires des installations de traitement ou de prétraitement biologique, physique ou physicochimique des eaux usées, tels que définis à l'article R. 211-26, y compris celles produites par des installations visées à l'article L. 511-1 ;

Digestats de boues d'épuration : les résidus liquides, pâteux ou solides issus de la méthanisation de boues d'épuration, seules ou en mélange avec d'autres matières ;

Compostage : un procédé biologique aérobie contrôlé comportant une phase de montée en température, qui permet l'hygiénisation et la stabilisation par dégradation ou réorganisation de la matière organique, et conduit à l'obtention d'un compost utilisable comme amendement ou engrais organique ;

Structurants : toute matière issue de matières végétales ajoutée au processus de compostage afin de laisser circuler l'air et de contribuer à la montée en température ;

Déchets verts : les matières végétales issues de la tonte de pelouses, de la taille de haies et d'arbustes, d'élagages, de débroussaillement et d'autres pratiques similaires, qui peuvent, ou non, être des structurants.

Art. R. 543-313 *(D. n° 2021-1179, 14 sept. 2021).* – À compter du 1er janvier 2022, la masse de déchets verts utilisés comme structurants n'excède pas 100 % de la masse de boues d'épuration et de digestats de boues d'épuration utilisée dans le mélange.

À compter du 1er janvier 2024, la masse de déchets verts utilisés comme structurants n'excède pas 80 % de la masse de boues d'épuration et de digestats de boues d'épuration utilisée dans le mélange.

Au plus tard le 1er janvier 2026, l'Agence de l'environnement et de la maîtrise de l'énergie remet au ministre chargé de l'environnement un rapport sur la disponibilité du gisement de déchets verts pour la valorisation organique des déchets alimentaires triés à la source et sur l'opportunité de modifier le seuil défini à l'alinéa précédent au vu des besoins en matières fertilisantes utilisables en agriculture biologique.

Les pourcentages mentionnés aux deux premiers alinéas du présent article s'appliquent pour chaque année civile, sur la base des quantités de boues d'épuration, de digestats de boues d'épuration et de déchets verts admis sur l'installation de compostage et déclarées dans le registre de l'installation prévu par le premier alinéa du I de l'article R. 541-43.

Si une installation de compostage utilise des structurants à d'autres fins que le compostage de boues d'épuration ou de digestats de boues d'épuration, l'exploitant tient à disposition des autorités de contrôle les éléments permettant de justifier les quantités utilisées pour le compostage des boues d'épuration ou digestats de boues d'épuration.

Section XXVI. – Jouets

(Ancienne section XXV créée à compter du 1er janvier 2022, D. n° 2021-1213, 22 sept. 2021 ; dénum. D. n° 2022-975, 1er juill. 2022)

Art. R. 543-320 *(Créé à compter du 1er janvier 2022, D. n° 2021-1213, 22 sept. 2021).* – I. – La présente section précise les conditions de mise en œuvre de l'obligation de responsabilité élargie du producteur applicable aux producteurs de jouets en application du 12° de l'article L. 541-10-1.

II. – La présente section s'applique aux jouets qui relèvent des familles de produits suivantes :

1° Les jouets, tels que définis à l'article 2 du décret n° 2010-166 du 22 février 2010 relatif à la sécurité des jouets ;

2° Les maquettes, les puzzles, les jeux de société.

Sont exclus du champ d'application de la présente section les articles d'écriture ou de dessin et les produits relevant du 5° de l'article L. 541-10-1.

Un arrêté du ministre chargé de l'environnement peut préciser la liste de certains produits concernés.

III. – Pour l'application de la présente section, sont considérées comme producteurs toutes personnes physiques ou morales qui, à titre professionnel, soit fabriquent en France, soit importent, soit assemblent ou introduisent pour la première fois sur le marché national des jouets, au sens de la présente section, destinés à être cédés à titre onéreux ou à titre gratuit à l'utilisateur final par quelque technique de vente que ce soit ou à être utilisés directement sur le territoire national. Dans le cas où des jouets sont vendus sous la seule marque d'un revendeur, le revendeur est considéré comme metteur sur le marché.

Section XXVII. – Articles de sport et de loisirs

(Ancienne section XXVI créée à compter du 1er janvier 2022, D. n° 2021-1213, 22 sept. 2021 ; dénum., D. n° 2022-975, 1er juill. 2022)

Art. R. 543-330 *(Créé à compter du 1er janvier 2022, D. n° 2021-1213, 22 sept. 2021).* **– I. – La présente section précise les conditions de mise en œuvre de l'obligation de responsabilité élargie du producteur applicable aux producteurs d'articles de sport et de loisirs en application du 13° de l'article L. 541-10-1.**

II. – La présente section s'applique aux articles de sport et de loisirs qui relèvent des familles de produits suivantes :

1° Les cycles définis au 6.10 de l'article R. 311-1 du Code de la route et les engins de déplacement personnel non motorisés définis au 6.16 du même article ;

2° Les produits destinés à la pratique sportive et ceux destinés aux activités de plein air.

Les accessoires des produits mentionnés au présent II relèvent des familles leur étant afférentes.

Sont exclus du champ d'application de la présente section les produits conçus pour être exclusivement utilisés par des professionnels, les produits inamovibles des terrains de sport et ceux relevant du 5° de l'article L. 541-10-1.

Un arrêté du ministre chargé de l'environnement peut préciser la liste de certains produits concernés.

III. – Pour l'application de la présente section sont considérées comme producteurs toutes personnes physiques ou morales qui, à titre professionnel, soit fabriquent en France, soit importent, soit assemblent ou introduisent pour la première fois sur le marché national des articles de sport et de loisirs relevant de la présente section destinés à être cédés à titre onéreux ou à titre gratuit à l'utilisateur final par quelque technique de vente que ce soit ou à être utilisés directement sur le territoire national. Dans le cas où des articles de sport et de loisirs sont vendus sous la seule marque d'un revendeur, le revendeur est considéré comme metteur sur le marché.

Section XXVIII. – Articles de bricolage et de jardin

(Ancienne section XXVII créée à compter du 1er janvier 2022, D. n° 2021-1213, 22 sept. 2021 ; dénum., D. n° 2022-975, 1er juill. 2022)

Art. R. 543-340 *(Créé à compter du 1er janvier 2022, D. n° 2021-1213, 22 sept. 2021).* **– I. – La présente section précise les conditions de mise en œuvre de l'obligation de responsabilité élargie du producteur applicable aux producteurs d'articles de bricolage et de jardin en application du 14° de l'article L. 541-10-1.**

II. – La présente section s'applique aux articles de bricolage et de jardin qui relèvent des familles de produits suivantes :

1° Les outillages du peintre ;

2° Les machines et appareils motorisés thermiques ;

3° Les matériels de bricolage, dont l'outillage à main, autres que ceux relevant des 1° et 2° ;

4° Les produits et matériels destinés à l'entretien et l'aménagement du jardin, à l'exception des ornements décoratifs et des piscines relevant du 12° de l'article L. 541-10-1 ou du 4° du même article.

Les accessoires des produits mentionnés au présent II relèvent des familles leur étant afférentes.

Sont exclus du champ d'application de la présente section les produits conçus pour être exclusivement utilisés par des professionnels, la quincaillerie, les aménagements maçonnés et les produits relevant du 5° de l'article L. 541-10-1.

Un arrêté du ministre chargé de l'environnement peut préciser la liste de certains produits concernés.

III. – Pour l'application de la présente section sont considérées comme producteurs les personnes physiques ou morales qui, à titre professionnel, soit fabriquent en France, soit importent, soit assemblent ou introduisent pour la première fois sur le marché national des articles de bricolage et de jardin relevant de la présente section destinés à être cédés à titre onéreux ou à titre gratuit à l'utilisateur final par quelque technique de vente que ce soit ou à être utilisés directement sur le territoire national. Dans le cas où des articles de bricolage et de jardin sont vendus sous la seule marque d'un revendeur, le revendeur est considéré comme metteur sur le marché.

Section XXIX. – Dispositions communes aux emballages ménagers et aux imprimés papiers et papiers à usage graphique

(D. n° 2023-906, 28 sept. 2023)

Art. D. 543-350 *(D. n° 2023-906, 28 sept. 2023).* – Le niveau de prise en charge des coûts supportés par le service public de gestion des déchets d'emballages ménagers et de papiers prévu au III de l'article L. 541-10-18 est fixé, selon les modalités prévues à l'article L. 541-10-2, à 80 % pour les coûts relatifs à la gestion des déchets d'emballages ménagers et à 50 % pour les coûts relatifs à la gestion des déchets d'imprimés papiers et de papiers à usage graphique.

Art. D. 543-351 *(D. n° 2023-906, 28 sept. 2023).* – Les dispositifs d'information d'intérêt général du public sur la prévention et la gestion des déchets mentionnés au VII de l'article L. 541-10-18 sont gérés par les éco-organismes agréés pour la filière à responsabilité élargie du producteur mentionnée au 1° de l'article L. 541-10-1 de manière transparente et non discriminatoire.

À cette fin, les éco-organismes agréés peuvent définir les modalités de mise à disposition gratuite et de gestion des encarts d'information, dans le respect des dispositions du présent article et des articles D. 543-352 à D. 543-355.

Le cas échéant, ces modalités sont transmises par l'éco-organisme pour accord au ministère chargé de l'environnement, après consultation de son comité des parties prenantes. L'accord est réputé acquis en l'absence d'opposition dans un délai d'un mois suivant la réception de la proposition.

Les éco-organismes agréés établissent un bilan annuel de cette mise à disposition, qui précise notamment le nombre d'encarts d'information mis à disposition et le montant de primes associé, les bénéficiaires et les types de supports utilisés, la nature de l'information diffusée, les caractéristiques techniques des encarts. Ce bilan est présenté au comité des parties prenantes de chacun des éco-organismes concerné et adressé au ministère chargé de l'environnement.

Art. D. 543-352 *(D. n° 2023-906, 28 sept. 2023).* – I. – La valorisation d'un encart mis à disposition sur un emballage, un imprimé papier ou un papier à usage graphique donné est établie à 50 % du tarif public.

(1) II. – La prime mentionnée au VII de l'article L. 541-10-18 ne peut représenter plus de 20 % du montant annuel total de la contribution due par produit par un même adhérent au titre de la gestion des déchets d'emballages ménagers et des déchets d'imprimés papiers ou de papiers à usage graphique, à l'exception des publications de presse pour lesquelles elle peut atteindre 100 %.

III. – La prime relative aux encarts publiés pour une année donnée est accordée par l'éco-organisme agréé au plus tard dans les trente jours suivant la transmission à l'éco-organisme de la preuve de mise à disposition des encarts et du respect des dispositions mentionnées aux articles D. 543-353 à D. 543-355.

Art. D. 543-353 *(D. n° 2023-906, 28 sept. 2023).* – I. – Les encarts d'information d'intérêt général du public sont mis à disposition auprès :

– des collectivités territoriales en charge du service public de gestion des déchets ou leurs représentants ;

– des collectivités territoriales en charge de la planification de la prévention et de la gestion des déchets ou leurs représentants ;

– des associations de protection de l'environnement agréées en application de l'article L. 141-1, des associations de défense des consommateurs agréées en application de l'article L. 811-1 du Code de la consommation ;

– de l'État, dans le cadre des actions de communication inter-filières mentionnées à l'article L. 541-10-2-1 du présent code.

II. – En l'absence de demande de mise à dispositions d'encarts par les personnes mentionnées au I, les éco-organismes agréés au titre de la filière à responsabilité élargie du producteur d'emballages, d'imprimés papiers et de papiers à usage graphique mentionnée au 1° de l'article L. 541-10-1 peuvent également mettre à disposition des bénéficiaires de la prime des contenus visuels contribuant à une information d'intérêt général du public sur la prévention et la gestion des déchets de toute nature.

(1) Dispositions d'application particulières et transitoires : V. D. n° 2023-906, 28 sept. 2023, art. 2.

Ces contenus ne peuvent avoir de visée publicitaire ou promotionnelle, y compris en faveur des bénéficiaires de ces dispositifs. Ils sont transmis pour accord au ministère chargé de l'environnement préalablement à leur mise à disposition.

Art. D. 543-354 *(D. n° 2023-906, 28 sept. 2023)*. – I. – Pour être éligible à la prime mentionnée au VII de l'article L. 541-10-18 un emballage répond au moins aux critères de performance environnementale suivants :

1° Bénéficier d'au moins une prime dans le cadre de la modulation de sa contribution, à l'exception de la prime relative à l'incorporation de matières issues du recyclage ;

2° Etre composé à 100 % de matières issues du recyclage.

II. – Pour être éligible à cette même prime, un imprimé papier ou un papier à usage graphique répond au moins aux critères de performance environnementale suivants :

1° La teneur minimale en fibres recyclées du papier est de :

– 75 % pour les publications de presse imprimées sur papier journal ;

– 10 % pour les autres publications de presse ;

– 100 % pour les imprimés papiers et papiers à usage graphique hors presse ;

2° Les autres fibres sont issues de forêts gérées durablement ;

3° Pour les imprimés papiers et papiers à usage graphique distribués en France métropolitaine, le cumul des distances entre le fournisseur du papier, le lieu d'impression et le centre principal de diffusion est inférieur à 1 500 km ; lorsque cette distance est comprise entre 1 500 et 3 000 kilomètres, la prime mentionnée au VII de l'article L. 541-10-18 ne peut représenter plus de 75 % du montant annuel total de la contribution due par produit par un même adhérent.

Art. D. 543-355 *(D. n° 2023-906, 28 sept. 2023)*. – L'encart d'information mentionné au VII de l'article L. 541-10-18 respecte les caractéristiques techniques suivantes :

1° Le poids et la taille de l'emballage, de l'imprimé papier ou du papier à usage graphique sur lequel est mis à disposition l'encart d'information sont inférieurs ou égaux au poids et à la taille de ce même emballage, imprimé papier ou papier à usage graphique ne mettant pas à disposition d'encart d'information ;

2° Il respecte une superficie non divisible minimale de 156 cm^2 ;

3° Il comporte la mention « Cet encart d'information est mis à disposition gratuitement au titre de l'article L. 541-10-18 du Code de l'environnement. »

Lorsqu'il est apposé sur un emballage, il est en outre visible que l'emballage soit plein ou vide.

Section XXX. – Textiles sanitaires à usage unique

(Section créée à compter du 1er janvier 2025, D. n° 2024-1166, 5 déc. 2025)

Art. R. 543-360 *(Créé à compter du 1er janvier 2025, D. n° 2024-1166, 5 déc. 2025)*. – I. – Les dispositions de la présente section précisent les conditions de mise en œuvre de l'obligation de responsabilité élargie du producteur applicable aux producteurs de textiles sanitaires à usage unique, y compris les lingettes préimbibées pour usages corporels et domestiques, conformément au 21° de l'article L. 541-10-1.

II. – Pour l'application de la présente section, on entend par :

1° « Textile sanitaire à usage unique » : tout produit d'hygiène, de soins, de protection, d'entretien, de nettoyage ou de désinfection, fabriqué entièrement ou partiellement à partir de fibres naturelles, artificielles ou synthétiques, et qui n'est pas conçu, créé ou mis sur le marché pour être réutilisé dans des conditions sanitaires optimales pour un usage identique à celui pour lequel il a été conçu ;

2° « Producteur » : au sens du I de l'article L. 541-10,

a) Toute personne physique ou morale établie en France qui, à titre professionnel, fabrique, vend ou importe, quelle que soit la technique de vente utilisée, y compris par le biais de contrats à distance, et met sur le marché national des textiles sanitaires à usage unique ;

b) Toute personne physique ou morale établie dans un autre État membre ou dans un pays tiers qui, à titre professionnel, vend en France directement à des ménages privés ou à des utilisateurs autres que des ménages privés, par le biais de contrats à distance des textiles sanitaires à usage unique ;

c) Toute personne physique ou morale établie en France qui, à titre professionnel, vend dans un autre État membre directement à des ménages privés ou à des utilisateurs autres que les ménages privés, par le biais de contrats à distance des textiles sanitaires à usage unique.

Dans le cas où des textiles sanitaires à usage unique sont vendus sous la seule marque d'un revendeur, le revendeur est considéré comme metteur sur le marché.

III. – Les dispositions de la présente section s'appliquent aux textiles sanitaires à usage unique, relevant des catégories de produits suivantes :

1° Les lingettes, y compris les lingettes préimbibées pour usages corporels et domestiques ;

2° Les équipements de protection individuelle, linges et vêtements ;

3° Les produits d'hygiène en papier autres que ceux relevant des 1° et 2°, à l'exception de ceux destinés à rejoindre les réseaux publics de collecte et les installations d'assainissement non collectif mentionnés respectivement aux articles L. 1331-1 et L. 1331-1-1 du Code de la santé publique ;

4° Les produits d'hygiène et de protection intime absorbants ;

5° Les produits utilisés pour des soins médicaux, y compris les dispositifs médicaux tels que définis au II de l'article L. 5211-1 de ce code, sans préjudice, le cas échéant, de l'application des dispositions du Code de la santé publique.

Art. R. 543-361 *(Créé à compter du 1er janvier 2025, D. n° 2024-1166, 5 déc. 2025).* – Pour mettre en œuvre la responsabilité élargie des producteurs de textiles sanitaires à usage unique qui leur ont transféré leurs obligations en application du I de l'article L. 541-10, les éco-organismes contribuent ou pourvoient à la prévention et à la gestion des déchets issus de ces produits, à l'exception de ceux mentionnés à l'article R. 1335-1 du Code de la santé publique.

Art. R. 543-362 *(Créé à compter du 1er janvier 2025, D. n° 2024-1166, 5 déc. 2025).* – Au titre de leurs missions de prévention, les éco-organismes et systèmes individuels mis en place par les producteurs de textiles sanitaires à usage unique :

1° Encouragent des habitudes de consommation responsables et informent les consommateurs sur la disponibilité de produits alternatifs réutilisables et de systèmes de réemploi ;

2° Soutiennent le développement des produits alternatifs réutilisables et systèmes de réemploi. Ce soutien ne s'applique pas à certains de ces produits ou systèmes dès lors qu'ils ne sont pas économiquement viables ou qu'ils présentent un bilan environnemental global défavorable par rapport aux textiles sanitaires à usage unique. La liste de ces produits est fixée dans le cahier des charges prévu au II de l'article L. 541-10.

Art. R. 543-363 *(Créé à compter du 1er janvier 2025, D. n° 2024-1166, 5 déc. 2025).* – Sans préjudice des dispositions de l'article R. 541-116, le cahier des charges précise les modalités de couverture des coûts afférents aux mesures de sensibilisation, d'information des consommateurs, d'encouragement en faveur des habitudes de consommation responsables, de nettoyage, de transport et de traitement des déchets sauvages issus des textiles sanitaires à usage unique, ainsi qu'à la collecte des données et à leur communication.

Art. R. 543-364 *(Créé à compter du 1er janvier 2025, D. n° 2024-1166, 5 déc. 2025).* – Un arrêté du ministre chargé de l'environnement précise, en tant que de besoin, les catégories de produits relevant de la présente section. S'il concerne les produits utilisés pour des soins médicaux mentionnés au 5° du III de l'article R. 543-360, cet arrêté est également signé par le ministre chargé de la santé.

TITRE V. – DISPOSITIONS PARTICULIÈRES À CERTAINS OUVRAGES OU CERTAINES INSTALLATIONS

CHAPITRE Ier. – ÉTUDE DE DANGERS

Section I. – Ouvrages d'infrastructures de stationnement, chargement ou déchargement de matières dangereuses

Sous-section 1. – Dispositions relatives à tous les ouvrages

Art. R. 551-1. – Le contenu de l'étude de dangers, à laquelle sont soumis les ouvrages d'infractructures routières, ferroviaires, portuaires ou de navigation intérieure et les installations multimodales en application de la présente section, doit être en relation avec l'importance des risques engendrés par l'installation. En tant que de besoin, cette étude donne lieu à une analyse de risques qui prend en compte la probabilité d'occurrence, la cinétique et la gravité des accidents potentiels, que leur cause soit interne ou externe, selon une méthodologie qu'elle explicite. Elle définit et justifie les mesures propres à réduire la probabilité et les effets de ces accidents.

L'étude prend en compte les matières dangereuses potentiellement présentes dans l'ouvrage considéré, sous réserve des dispositions de l'article R. 551-6. Cependant, dans le cas où l'ouvrage est susceptible d'accueillir des matières dangereuses dont les quantités et la nature sont variables, l'étude de dangers peut se limiter à des scénarios types, représentatifs des accidents les plus significatifs.

L'étude de dangers prend en compte les installations et équipements exploités ou projetés qui, par leur proximité ou leur connexité, sont de nature à modifier les risques liés à l'ouvrage.

Un arrêté des ministres chargés des transports de matières dangereuses, pris après consultation *(Mots rempl., D. n° 2021-678, 28 mai 2021)* « du Conseil supérieur de la prévention des risques technologiques », peut préciser les critères techniques et méthodologiques à prendre en compte pour les études de dangers, en les adaptant, le cas échéant, à chaque catégorie d'ouvrages concernée (1).

Voir : L'arrêté du 18 déc. 2009 relatif aux critères techniques et méthodologiques à prendre en compte pour les études de dangers des ouvrages d'infrastructures de transport où stationnent, sont chargés ou déchargés des véhicules ou des engins de transport contenant des matières dangereuses (NOR : DEVP0927768A) précise le contenu de cette étude et les critères technologiques et méthodologiques à prendre en compte. Il est complété par la circulaire du 4 mars 2010 (NOR : DEVP1005879C).

Bibliographie : M. Sousse, *Grenelle 2 : le traitement des risques industriels et naturels : Environnement et dév. Durable*, 2010, n° 10, étude n° 25.

Art. R. 551-2. – N'entrent pas dans le champ d'application de la présente section les ouvrages d'infrastructures de transport dont l'exploitation est réglementée en tant qu'installation ou équipement connexe, par le biais de l'arrêté d'autorisation et d'arrêtés complémentaires le cas échéant, soit d'une installation classée pour la protection de l'environnement au sens de l'article L. 511-1, soit d'une installation nucléaire de base au sens de *(Mots rempl. à compter du 1er avril 2019, D. n° 2019-190, 14 mars 2019)* « l'article L. 593-2 », soit d'un stockage souterrain de gaz ou d'hydrocarbures liquides ou liquéfiés au sens des articles 104 à 104-8 du Code minier.

Voir : Circ. 15 nov. 2012, relative à la réaction des études de dangers remises en application de l'article L. 551-2 du Code de l'environnement, texte du 15 novembre 2012, paru au *Bulletin officiel* le 10 décembre 2012.

Art. R. 551-3 *(Rempl., D. n° 2011-609, 30 mai 2011)*. – L'étude de dangers relative à un ouvrage d'une infrastructure de transport soumise aux dispositions de la présente section, ou sa révision, est adressée au représentant de l'État dans le département où se situe cet ouvrage, selon les cas et dans les conditions précisées aux articles R. 551-7 à R. 551-11.

Toutefois, l'étude de dangers est adressée par le maître d'ouvrage de l'infrastructure de transport six mois au plus tard avant le démarrage des travaux lorsqu'une infrastructure de transport nouvelle est soumise aux dispositions de la présente section ou lorsqu'un ouvrage nouveau est construit au sein d'une infrastructure soumise à ces dispositions.

L'étude de dangers est mise à jour selon la périodicité fixée par les dispositions de l'article L. 551-2.

Art. R. 551-4 *(Rempl., D. n° 2011-609, 30 mai 2011)*. – Lorsqu'un ouvrage d'infrastructure existant est nouvellement soumis aux dispositions de la présente section suite à des modifications substantielles de l'ouvrage ou à la modification du trafic dans l'infrastructure au sein de laquelle il se trouve, l'étude de dangers mentionnée à l'article R. 551-3 est adressée six mois avant le démarrage des travaux de modification ou le démarrage du nouveau trafic.

Lorsqu'un ouvrage d'infrastructure soumis aux dispositions de la présente section accueille un trafic nouveau susceptible de modifier la nature des risques au sein de cette infrastructure ou fait l'objet de travaux de modifications substantielles, l'étude de dangers mentionnée à l'article R. 551-3, ou sa révision, est adressée six mois avant le démarrage des travaux de modification ou le démarrage du nouveau trafic.

(1) V. T. appl. : A. 18 déc. 2009 (*JO* 24 déc. 2009). – NDLR.

Art. R. 551-5. – Le préfet du département où est situé un ouvrage d'infrastructure de transport peut, après consultation de la *(Mots rempl., D. n° 2021-678, 28 mai 2021)* « sous-commission permanente chargée du transport des marchandises dangereuses au sein du Conseil supérieur de la prévention des risques technologiques », soumettre cet ouvrage à une étude de dangers, même s'il n'atteint pas les seuils définis à la sous-section 2, si la dangerosité particulière de certaines matières régulièrement présentes dans l'ouvrage et si une vulnérabilité importante des personnes et des biens situés à proximité le justifient.

Voir : Note technique du 22 juin 2015 relative aux études de dangers remises en application de l'article L. 551-2 du Code de l'environnement et au porter-à-connaissance concernant les gares de triage.

Art. R. 551-6. – Les matières dangereuses transportées dans des engins de transport non soumis à *(Mot rempl., D. n° 2011-609, 30 mai 2011)* « signalisation » ne sont pas prises en compte dans les études de dangers.

Par « engins de transport », il faut entendre les véhicules routiers, wagons, conteneurs, conteneurs-citernes, citernes mobiles et conteneurs à gaz à éléments multiples.

Voir : Circ. 19 nov. 2012, relative aux mesures de maîtrise des risques et au porter à connaissance à mettre en œuvre dans le cadre des études de dangers remises en application de l'article L. 551-2 du Code l'environnement (NOR : DEVP1237179C) (*BOMEDDE* 2012-23, 25 déc. 2012).

Art. R. 551-6-1 *(D. n° 2011-609, 30 mai 2011)*. – « Les arrêtés fixant les prescriptions d'aménagement et d'exploitation des ouvrages d'infrastructure prévues à l'article L. 551-3 sont pris par le représentant de l'État dans le département selon les modalités définies aux articles R. 551-6-2 et R. 551-6-3.

Ces arrêtés précisent notamment :

1° Les prescriptions d'exploitation relatives aux mesures d'urgence incombant, suivant le cas, au maître d'ouvrage, au gestionnaire de l'infrastructure, au propriétaire, à l'exploitant ou à l'opérateur, ainsi que leurs obligations en matière d'information et d'alerte des personnes susceptibles d'être affectées par un accident, quant aux dangers encourus, aux mesures de sécurité et au comportement à adopter ;

2° L'obligation pour le maître d'ouvrage de l'infrastructure, son gestionnaire, son propriétaire, son exploitant ou l'opérateur en faisant usage de déclarer, dans les meilleurs délais et au plus tard sous un mois au représentant de l'État dans le département, les accidents ou incidents survenus du fait du fonctionnement de cet ouvrage qui sont de nature à porter atteinte aux intérêts mentionnés à l'article L. 551-3 ;

3° Le cas échéant, les obligations d'affichage destinées à informer certains utilisateurs de règles d'utilisation de l'ouvrage d'infrastructure.

Contenu de l'étude. Il résulte des dispositions de l'article R. 551-6-1 du Code de l'environnement que les obligations en matière d'information et d'alerte des personnes exposées aux risques d'accidents quant aux dangers encourus, aux mesures de sécurité et au comportement à adopter incombant, suivant les cas, au maître d'ouvrage, au gestionnaire de l'infrastructure, au propriétaire, à l'exploitant ou à l'opérateur, ne sont pas limitées aux seules personnes physiques ou morales intervenant ou localisées sur le site de la gare de triage mais concernent l'ensemble des personnes qui sont situées dans la zone des effets potentiels des phénomènes dangereux devant être pris en compte par l'étude de dangers, notamment les populations alentours.

Art. R. 551-6-2 *(D. n° 2011-609, 30 mai 2011)*. – Sans préjudice de la consultation prévue à l'article L. 551-5, le représentant de l'État dans le département communique les prescriptions qu'il envisage de prendre, sauf en cas d'urgence, à la personne qui a réalisé l'étude de dangers ainsi qu'au maître d'ouvrage de l'infrastructure concernée qui peuvent présenter leurs observations dans un délai de quinze jours.

Art. R. 551-6-3 *(D. n° 2011-609, 30 mai 2011)*. – Les arrêtés pris en application de l'article R. 551-6-1 sont publiés au recueil des actes administratifs de la préfecture.

Art. R. 551-6-4 *(D. n° 2011-609, 30 mai 2011)*. – Les décisions prises en application de l'article L. 551-3 et du II de l'article L. 551-4 peuvent être déférées à la juridiction administrative conformément aux dispositions de l'article L. 551-6 dans les délais suivants :

1° Par les personnes consultées en application des dispositions de l'article R. 551-6-2 dans un délai de deux mois à compter du jour où ces décisions leur ont été notifiées ;

2° *(Mots rempl. à compter du 1er mars 2017, D. n° 2017-81, 26 janv. 2017)* « Par les tiers intéressés » en raison des dangers que le fonctionnement de l'ouvrage présente pour les intérêts mentionnés à l'article L. 551-3, dans un délai d'un an à compter de la publication de ces décisions, ce délai étant, le cas échéant, prolongé jusqu'à la fin d'une période de six mois suivant la mise en service de l'ouvrage dans les cas prévus au deuxième alinéa de l'article R. 551-3.

Art. R. 551-6-5 *(D. n° 2011-609, 30 mai 2011).* – Est puni de l'amende prévue pour les contraventions de la 5e classe le fait de ne pas respecter les prescriptions d'un arrêté pris en application de l'article L. 551-3.

Sous-section 2. – Dispositions relatives à chaque catégorie d'ouvrages

Art. R. 551-7. – Les aires routières de stationnement ouvertes à la circulation publique et au stationnement de véhicules de transport de matières dangereuses dont la capacité totale de stationnement de poids lourds est supérieure à 150 poids lourds sont soumises à la présente section.

Pour l'application du présent article, les matières dangereuses prises en compte sont celles qui sont définies par *(Mots rempl., D. n° 2011-609, 30 mai 2011)* « l'accord européen relatif au transport international des marchandises dangereuses par route conclu le 30 septembre 1957 (accord dit "ADR") ».

(D. n° 2011-609, 30 mai 2011) L'étude de dangers est réalisée par le gestionnaire de l'infrastructure.

Voir : A. 15 juin 2012, fixant la liste des ouvrages d'infrastructures routières, ferroviaires, portuaires ou de navigation intérieure et des installations multimodales soumis aux dispositions de la partie réglementaire du Code de l'environnement portant application de l'article L. 551-2 du Code de l'environnement (*JO* 3 août 2012, n° 179, p. 12756 à 12757).

Art. R. 551-8 *(D. n° 2011-609, 30 mai 2011).* – Les sites de séjour temporaire ferroviaires, tels que gares de triage ou faisceaux de relais, dans lesquels sont présents simultanément un nombre moyen de wagons de matières dangereuses supérieur à 50 sont soumis à la présente section.

Pour l'application du présent article, les matières dangereuses prises en compte sont celles qui sont définies par *(Mots rempl., D. n° 2011-609, 30 mai 2011)* « le règlement concernant le transport international ferroviaire des marchandises dangereuses (règlement dit "RID") ».

L'étude de dangers est réalisée par le gestionnaire de l'infrastructure.

Voir : Note technique du 22 juin 2015 relative aux études de dangers remises en application de l'article L. 551-2 du Code de l'environnement et au porter à connaissance concernant les gares de triage.

Art. R. 551-8-1 *(D. n° 2011-609, 30 mai 2011).* – Lorsque le représentant de l'État dans le département envisage d'édicter, en application de l'article R. 551-6-1, des prescriptions relatives à des ouvrages d'infrastructure ferroviaire, il les notifie, sauf urgence, à l'Établissement public de sécurité ferroviaire qui donne son avis dans un délai de deux mois. En l'absence de réponse dans ce délai, l'avis est réputé favorable.

Lorsque l'avis de l'Établissement public de sécurité ferroviaire est défavorable, le représentant de l'État dans le département transmet sous quinze jours le projet d'arrêté ainsi que l'avis de l'Établissement public de sécurité ferroviaire au ministre chargé du transport des matières dangereuses qui donne son avis dans un délai de deux mois sur le projet d'arrêté. En l'absence de réponse dans ce délai, l'avis est réputé défavorable.

Art. R. 551-9 *(Mod., D. n° 2011-609, 30 mai 2011).* – *(Mod. à compter du 1er juin 2021, D. n° 2021-618, 19 mai 2021)* Les ouvrages des ports intérieurs ou du secteur fluvial d'un grand port fluvio-maritime d'un trafic annuel total de marchandises, dangereuses ou non, supérieur à 1 million de tonnes par an, et ceux dans lesquels stationnent, sont transportés ou manutentionnés des matières et objets explosibles de la classe 1 (autres que de la classe 1.4 S) sont soumis à la présente section.

Pour l'application du présent article, les matières dangereuses et les matières et objets explosibles pris en compte sont ceux qui sont définis par l'accord européen relatif au transport international des marchandises dangereuses par voies de navigation intérieures conclu le 26 mai 2000 et son règlement annexé (accord dit « ADN »).

L'étude de dangers est réalisée par le gestionnaire de chaque ouvrage de l'infrastructure, c'est-à-dire au sens du présent article, de chaque terminal.

Art. R. 551-10 *(D. n° 2011-609, 30 mai 2011).* – Les ouvrages des ports maritimes d'un trafic annuel total de marchandises, dangereuses ou non, supérieur à 4 millions de tonnes par an, et ceux dans lesquels

stationnent, sont transportés ou manutentionnés des matières et objets explosibles de la classe 1 (autres que de la classe 1.4 S) sont soumis à la présente section.

Pour l'application du présent article, les matières dangereuses et les matières et objets explosibles pris en compte sont ceux qui sont définis par l'arrêté du 18 juillet 2000 modifié réglementant le transport et la manutention des matières dangereuses dans les ports maritimes, dit « arrêté RPM ».

L'étude de dangers est réalisée par le gestionnaire de chaque ouvrage de l'infrastructure, c'est-à-dire au sens du présent article, de chaque terminal.

Art. R. 551-11 *(D. n° 2011-609, 30 mai 2011).* **– Les plates-formes multimodales qui comportent au moins un ouvrage d'infrastructures routières, ferroviaires ou portuaires dépassant les seuils fixés aux articles R. 551-7 à R. 551-10 sont soumises à la présente section.**

Pour l'application du présent article, les matières dangereuses prises en compte sont celles qui sont définies par les réglementations des différents modes de transport utilisés sur la plate-forme mentionnées aux articles R. 551-7 à R. 551-10.

L'étude de dangers est réalisée par le gestionnaire de chaque ouvrage de l'infrastructure.

Art. R. 551-12. – Un arrêté des ministres chargés des transports de matières dangereuses peut, le cas échéant, préciser les modalités de calcul des seuils prévus aux articles R. 551-7 à R. 551-11.

Art. R. 551-13. – Pour chacune des catégories d'ouvrages faisant l'objet de la présente sous-section, les ministres chargés des transports de matières dangereuses publient par arrêté la liste nominative des ouvrages concernés, autres que ceux visés à l'article R. 551-5.

Voir : A. 15 juin 2012, fixant la liste des ouvrages d'infrastructures routières, ferroviaires, portuaires ou de navigation intérieure et des installations multimodales soumis aux dispositions de la partie réglementaire du Code de l'environnement portant application de l'article L. 551-2 du Code de l'environnement (*JO* 3 août 2012, n° 179, p. 12756 à 12757).

Section II. – Autres dispositions

Art. R. 551-14 *(Mod., D. n° 2007-1869, 26 déc. 2007 ; mod. à compter du 1er mars 2017, D. n° 2017-81, 26 janv. 2017 ; à compter du 1er avril 2019, D. n° 2019-190, 14 mars 2019 ; à compter du 1er juillet 2023, D. n° 2023-13, 11 janv. 2023)* (1). **– Outre celle prévue celles prévues aux articles L. 181-25 et L. 181-28-5, des études de danger, au sens de l'article L. 551-1, sont prévues aux dispositions suivantes :**

1° À l'article R. 542-20 ;

2° Aux articles R. 593-18, R. 593-30, R. 593-67 et R. 593-75.

CHAPITRE II. – GARANTIES FINANCIÈRES

Pas de dispositions réglementaires codifiées.

CHAPITRE III. – ÉOLIENNES

(Abr. à compter du 1er mars 2017, D. n° 2017-81, 26 janv. 2017)

Section I. – Garanties financières applicables aux installations autorisées

Art. R. 553-1 à R. 553-4 *(Abr. à compter du 1er mars 2017, D. n° 2017-81, 26 janv. 2017).*

(1) Les demandes d'autorisation relevant du titre VI du livre Ier du Code minier déposées antérieurement au 1er juillet 2023 sont instruites selon les dispositions législatives et réglementaires dans leur rédaction antérieure à cette date. Toutefois, dans le cas où le pétitionnaire a déposé, antérieurement au 1er juillet 2023 et pour un même projet, une demande d'autorisation relevant du titre VI du livre Ier du Code minier pour laquelle le président tribunal administratif n'a pas encore été saisi aux fins de la soumettre à enquête publique et une demande d'autorisation environnementale qui est en phase d'examen, le dossier de cette dernière est complété par les pièces complémentaires requises pour les projets relevant du 3° de l'article L. 181-1 du Code de l'environnement et la durée mentionnée à l'article R. 181-17 est suspendue jusqu'à la réception des éléments permettant l'organisation de l'enquête publique conjointe, D. n° 2023-13, 11 janv. 2023, art. 10.

Section II. – Remise en état du site par l'exploitant d'une installation déclarée, autorisée ou enregistrée

Art. R. 553-5 à R. 553-8 *(Abr. à compter du 1er mars 2017, D. n° 2017-81, 26 janv. 2017).*

Section III. – Commission consultative compétente

Art. R. 553-9 *(Abr. à compter du 1er mars 2017, D. n° 2017-81, 26 janv. 2017).*

Section IV. – Caducité

Art. R. 553-10 *(Abr. à compter du 1er mars 2017, D. n° 2017-81, 26 janv. 2017).*

CHAPITRE IV. – SÉCURITÉ DES OUVRAGES SOUTERRAINS, AÉRIENS OU SUBAQUATIQUES

(D. n° 2010-1600, 20 déc. 2010 ; intitulé rempl. à compter du 1er janvier 2018, D. n° 2017-1557, 10 nov. 2017)

Voir : *Textes de référence.* A. 22 déc. 2010, fixant les modalités de fonctionnement du guichet unique prévu à l'article L. 554-2 du Code de l'environnement (A. 22 déc. 2010 : *JO* 26 févr. 2011, p. 3545, NOR : DEVP1031532A) ; A. 23 déc. 2010, relatif aux obligations des exploitants d'ouvrages et des prestataires d'aide envers le téléservice « reseaux-et-canalisations.gouv.fr » (A. 29 déc. 2010 : *JO* 29 déc. 2010, p. 22917, NOR : DEVP1031533A) ; A. 23 juin 2011, portant reconnaissance de protocoles encadrant les échanges de données entre le téléservice « reseaux-et-canalisations.gouv.fr » et ses partenaires (A. 23 juin 2011 : *BO MEDDTL* 25 juill. 2011, NOR : DEVP1114683A).

Le décret du 9 décembre 2015 (D. n° 2015-1614, 9 déc. 2015, modifiant et simplifiant le régime des installations classées pour la protection de l'environnement et relatif à la prévention des risques : *JORF* 11 déc. 2015, p. 22818), concernant les exploitants et porteurs de projets d'installations classées ou de canalisations de transport de gaz, d'hydrocarbures et de produits chimiques, modifie diverses dispositions relatives à la prévention des risques, notamment celles relatives aux canalisations de transport de gaz, d'hydrocarbures et de produits chimiques, en plus de procéder à la dématérialisation de la procédure de déclaration des ICPE, ainsi qu'à la modification du régime de l'enregistrement des ICPE. Précisons que les modifications concernant la prévention des risques relatifs aux canalisations de transport de gaz, d'hydrocarbures et de produits chimiques sont essentiellement formelles.

L'ordonnance du 10 mars 2016 (Ord. n° 2016-282, 10 mars 2016, relative à la sécurité des ouvrages de transport et de distribution : *JORF* 11 mars 2016, texte n° 2) est venue instituer, au sein du Code de l'environnement, pour l'ensemble des canalisations à risques, un socle transverse destiné à servir de support aux règlements de sécurité qui leur sont applicables.

Si le rapport au Président de la République relatif à l'ordonnance du 10 mars 2016 (Rapp., 10 mars 2016 : *JORF* 11 mars 2016, texte n° 1) indique notamment que « ce socle permettra d'asseoir les règlements de sécurité existants relatifs à la conception, la construction et l'exploitation de ces canalisations », la mise en application de ces mesures est en réalité subordonnée à l'adoption du décret en Conseil d'État devant préciser les canalisations effectivement concernées. Les arrêtés actuellement en vigueur, adoptés sur la base de dispositions législatives qui ne sont pas dans l'immédiat abrogées, demeurent applicables. Ces réglementations devraient, lors de leur mise à jour, conserver leurs spécificités, tout en relevant désormais de ce socle commun, dans la mesure où les risques liés à la fuite de canalisations d'hydrocarbures, de gaz ou d'eau surchauffée ne sont pas de même nature et nécessitent des règles spécifiques.

Le « toilettage » opéré par l'ordonnance a essentiellement pour effet de préciser, à l'article L. 554-1, le champ d'application de cette législation en visant non plus les « réseaux » mais les « ouvrages constituant les réseaux » afin d'y inclure leurs installations annexes (telles que des stations de compression) et d'y remplacer l'ajout des « ouvrages construits en vue de prévenir des inondations et les submersions » (réalisé par l'article 58-I-1° de la loi n° 2014-58 du 27 janvier 2014) par un renvoi à l'article L. 562-8-1 du Code de l'environnement, concernant ces ouvrages, étant précisé que cet article avait également été complété, par la même loi du 27 janvier 2014, par la mention expresse de l'application des dispositions des articles L. 554-2 à L. 554-5 du Code de l'environnement sur « les travaux à proximité des ouvrages ». Relevons que l'ordonnance a oublié d'actualiser la rédaction de cet article afin de viser désormais les articles L. 554-2 à L. 554-4 dudit code et non les articles L. 554-2 à L. 554-5. En outre, l'ordonnance vise à énoncer, à l'article L. 554-1 précité, les mesures mises en œuvre : consultation du « guichet unique » prévu à l'article L. 554-2, déclaration préalable des travaux, investigations nécessaires, mise en place de précautions particulières, déclaration des dommages et dégradations. Elle a également pour objet de préciser les sanctions pénales applicables en cas de non-respect des obligations imposées par cette législation et de prévoir, après mise en demeure, le paiement d'amendes administratives dans les conditions à préciser par décret en Conseil d'État. Enfin, elle vient préciser les conditions de recherche et de constatations des infractions.

Bibliographie : P. Sablière, *La réglementation des canalisations à risques : Énergie – Env. – Infrastr.* 2016, n° 5, comm. 35.

Section I. – Travaux à proximité des ouvrages

(Division créée à compter du 1er janvier 2018, D. n° 2017-1557, 10 nov. 2017)

Voir : *Textes de référence.* D. n° 2012-970, 20 août 2012, relatif aux travaux effectués à proximité des réseaux de transport et de distribution (*D. n° 2012-970, 20 août 2012, NOR : DEVP1220874A*) ; A. 28 juin 2012, pris en application de l'arrêté du 15 février 2012 (*A. 28 juin 2013, JO 8 juill. 2012, p. 11212, NOR : DEVP1224278A*) ; A. 15 févr. 2012, pris en application du chapitre IV du titre V du livre V du Code de l'environnement (*A. 15 févr. 2012, JO 22 févr. 2012, p. 2988, NOR : DEVP1116359A*) ; A. 30 juin 2012, portant approbation de prescriptions techniques prévues à l'article R. 554-29 du Code de l'environnement (*A. 30 juin 2012, NOR : DEVP1226038A*).

Le 1er janvier 2017 : Entrée en vigueur de l'obligation de disposer d'une autorisation d'intervention à proximité des réseaux pour certaines personnes intervenant pour le maître d'ouvrage ou pour l'exécutant des travaux et de l'obligation de disposer d'une certification pour les prestataires effectuant des relevés topographiques géoréférencés.

Le 1er janvier 2019 : Entrée en vigueur de l'obligation d'utiliser des plans des réseaux géoréférencés fondés sur le meilleur fond de plan disponible auprès de l'autorité locale compétente, dans le cas de travaux à proximité de réseaux enterrés sensibles pour la sécurité, s'agissant de travaux situés dans les unités urbaines.

Le 1er janvier 2026 : Entrée en vigueur de l'obligation d'utiliser des plans des réseaux géoréférencés fondés sur le meilleur fond de plan disponible auprès de l'autorité locale compétente, dans le cas de travaux à proximité de réseaux enterrés sensibles pour la sécurité, s'agissant de travaux hors des unités urbaines (Cf. A. 15 févr. 2012, art. 23).

Art. R. 554-1 ***(D. n° 2010-1600, 20 déc. 2010 ; mod., D. n° 2011-1241, 5 oct. 2011 ; D. n° 2012-970, 20 août 2012).*** **– Pour l'application du présent chapitre, on entend par :**

– ouvrage : tout ou partie de canalisation, ligne, installation appartenant à une des catégories mentionnées au I ou au II de l'article R. 554-2 ainsi que leurs branchements et équipements ou accessoires nécessaires à leur fonctionnement ;

– ouvrage en service : ouvrage dont l'exploitation n'est pas définitivement arrêtée ;

– responsable d'un projet : personne physique ou morale, de droit public ou de droit privé, pour le compte de laquelle les travaux sont exécutés, ou son représentant ayant reçu délégation ;

– exécutant des travaux : personne physique ou morale assurant l'exécution des travaux ;

– déclarant : personne physique ou morale effectuant la déclaration de projet de travaux ou la déclaration d'intention de commencement de travaux prévues respectivement aux articles R. 554-21 et R. 554-25 ;

– emprise des travaux : extension maximale de la zone des travaux prévue par le responsable du projet ou par l'exécutant des travaux, y compris les zones de préparation du chantier, d'entreposage et de circulation d'engins ;

– zone d'implantation d'un ouvrage : la zone contenant l'ensemble des points du territoire situés à moins de 50 mètres du fuseau de l'ouvrage. Pour les ouvrages linéaires, il est retenu une zone de largeur constante contenant l'ensemble des points situés à moins de 50 mètres du fuseau de l'ouvrage. Un arrêté du ministre chargé de la sécurité des réseaux de transport et de distribution peut fixer des dimensions différentes pour certaines catégories de réseaux en raison de leur sensibilité particulière aux actes de malveillance ou de terrorisme, de l'importance de leur extension dans les zones urbanisées, ou de la rapidité de leur développement ;

– fuseau d'un ouvrage ou d'un tronçon d'ouvrage : volume contenant l'ouvrage ou le tronçon d'ouvrage déterminé à partir de sa localisation théorique, de ses dimensions, de son tracé, compte tenu de l'incertitude de sa localisation, et, pour un ouvrage aérien, de sa mobilité selon l'environnement dans lequel il est situé.

– travaux sans impact sur les réseaux souterrains : travaux entrant dans l'une des catégories suivantes :

a) **Travaux ne comportant ni fouille, ni enfoncement, ni forage du sol et ne faisant subir au sol ni compactage, ni surcharge, ni vibrations susceptibles d'affecter les réseaux souterrains ;**

b) **Travaux en sous-sol consistant uniquement à ajouter, enlever ou modifier des éléments à l'intérieur de tubes, fourreaux, galeries techniques, existants et souterrains, à condition que ces travaux ne soient en aucun cas susceptibles d'affecter l'intégrité externe ou le tracé de ces infrastructures ;**

c) **Pose dans le sol à plus de 1 mètre de tout affleurant de clous, chevilles, vis de fixation de longueur inférieure à 10 cm et de diamètre inférieur à 2 cm ;**

d) **Remplacement à plus de 1 mètre de tout affleurant de poteaux à l'identique, sans creusement supérieur à celui de la fouille initiale en profondeur et en largeur, et à condition que le creusement ne dépasse pas 40 cm de profondeur ;**

– travaux suffisamment éloignés d'un réseau aérien : travaux dont l'emprise :

a) **Ne s'approche pas à moins de 5 mètres du fuseau du réseau, en projection horizontale, si les travaux ne sont pas soumis à permis de construire ;**

b) Est située intégralement à l'extérieur de la zone d'implantation du réseau, si les travaux sont soumis à permis de construire.

Art. R. 554-2 *(D. n° 2010-1600, 20 déc. 2010 ; D. n° 2011-1241, 5 oct. 2011 ; mod., D. n° 2012-970, 20 août 2012 ; mod. à compter du 1er juillet 2014, D. n° 2014-627, 17 juin 2014 ; mod., D. n° 2015-526, 12 mai 2015* (1) *; mod. à compter du 1er mars 2017, D. n° 2017-81, 26 janv. 2017).* – Le présent chapitre s'applique aux travaux effectués, sur le domaine public ou sur des propriétés privées, à proximité des ouvrages souterrains, aériens ou subaquatiques, y compris les ouvrages militaires relevant du ministre de la Défense, entrant dans les catégories suivantes :

I. – Catégories d'ouvrages sensibles pour la sécurité

– canalisations de transport et canalisations minières contenant des hydrocarbures liquides ou liquéfiés ;

– canalisations de transport et canalisations minières contenant des produits chimiques liquides ou gazeux ;

– canalisations de transport, de distribution et canalisations minières contenant des gaz combustibles ;

– canalisations de transport et de distribution de vapeur d'eau, d'eau surchauffée, d'eau chaude, d'eau glacée et de tout fluide caloporteur ou frigorigène, et tuyauteries rattachées en raison de leur connexité à des installations classées pour la protection de l'environnement en application de l'article « L. 181-1 » ;

– *(Mod. à compter du 19 décembre 2024, D. n° 2024-552, 17 juin 2024)* lignes électriques et réseaux d'éclairage public mentionnés au 3° de l'article R. 4544-12 du Code du travail, à l'exception des lignes électriques aériennes à basse tension et à conducteurs isolés ;

– installations destinées à la circulation de véhicules de transport public ferroviaire ou guidé ;

– canalisations de transport de déchets par dispositif pneumatique sous pression ou par aspiration ;

– ouvrages conçus ou aménagés en vue de prévenir les inondations et les submersions.

II. – Autres catégories d'ouvrages

– installations de communications électroniques, lignes électriques et réseaux d'éclairage public autres que ceux définis au I ;

– canalisations de prélèvement et de distribution d'eau destinée à la consommation humaine, à l'alimentation en eau industrielle ou à la protection contre l'incendie, en pression ou à écoulement libre, y compris les réservoirs d'eau enterrés qui leur sont associés ;

– canalisations d'assainissement, contenant des eaux usées domestiques ou industrielles ou des eaux pluviales.

Les dispositions du présent chapitre ne s'appliquent pas aux ouvrages sous-marins situés au-delà du rivage de la mer tel que défini à l'article L. 2111-4 du Code général de la propriété des personnes publiques.

Sous-section 1. – Guichet unique

(Anc. section 1 devenue la présente sous-section à compter du 1er janvier 2018, D. n° 2017-1557, 10 nov. 2017)

Art. R. 554-3 *(D. n° 2010-1600, 20 déc. 2010, transféré dans la présente section et rempl., D. n° 2011-1241, 5 oct. 2011 ; mod. à compter du 1er juillet 2014, D. n° 2014-627, 17 juin 2014 ; à compter du 1er janvier 2018, D. n° 2017-1557, 10 nov. 2017).* – Les dispositions de la présente sous-section ne s'appliquent pas aux ouvrages aériens mentionnés au II de l'article R. 554-2, s'ils sont visibles, sauf si leur exploitant demande au guichet unique leur enregistrement en tant qu'ouvrage sensible conformément au deuxième alinéa du I de l'article R. 554-7. Les travaux à proximité de ces ouvrages restent toutefois soumis aux dispositions des sous-sections suivantes. En outre les dispositions de l'article R. 554-7 restent applicables aux lignes électriques aériennes, à basse tension et à conducteurs isolés, lorsque les travaux à proximité de ces lignes sont soumis aux obligations déclaratives fixées par la section 12 du chapitre IV du titre III du livre V de la quatrième partie de la partie réglementaire du Code du travail.

Art. R. 554-4 *(D. n° 2010-1600, 20 déc. 2010 ; mod., D. n° 2012-970, 20 août 2012* (2) *; mod. à compter du 1er juillet 2014, D. n° 2014-627, 17 juin 2014 ; à compter du 1er janvier 2025, D. n° 2024-1022, 13 nov.*

(1) Dispositions d'application particulières et transitoires : V. D. n° 2015-526, 12 mai 2015, art. 30 et 31.

(2) Sur la légalité des modifications apportées par le décret n° 2012-970 du 20 août 2012, V. CE, 11 juin 2014, n° 362878 *Sté Sogelink : JurisData* n° 2014-013699. NDLR.

2024). – Pour la gestion du guichet unique, qui est accessible par voie électronique, l'Institut national de l'environnement industriel et des risques est chargé, dans les conditions prévues au présent chapitre et par les arrêtés du ministre chargé de la sécurité des réseaux de transport et de distribution pris pour son application :

1° De recueillir, enregistrer et mettre à jour les coordonnées des exploitants des ouvrages mentionnés à l'article R. 554-2 et les zones d'implantation de ces ouvrages ainsi que, le cas échéant, les relevés topographiques d'ouvrages non identifiés découverts à l'occasion de travaux, dans une base de données nationale unique comportant un outil cartographique ;

2° De mettre gratuitement à la disposition des responsables de projets et des particuliers ou des entreprises exécutant ou prévoyant l'exécution de travaux à proximité des ouvrages mentionnés à l'article R. 554-2 les informations et les formulaires de déclaration complètement préremplis leur permettant de remplir les obligations prévues par le présent chapitre, soit directement, soit par l'intermédiaire de prestataires bénéficiant d'un accès spécifique aux informations gérées par le guichet unique ;

3° De mettre à la disposition des services de l'État, des collectivités territoriales ou de leurs groupements, ainsi que des autorités publiques locales compétentes pour l'établissement et la mise à jour des fonds de plan employés pour la transmission des données de localisation des réseaux, les informations gérées par le guichet unique, le cas échéant en liaison avec les prestataires mentionnés au 2°, nécessaires à l'exercice de leurs missions respectives de service public ;

4° D'inviter les exploitants n'ayant pas rempli les obligations qui leur incombent à l'égard du guichet unique en vertu du présent chapitre à y remédier et de signaler au ministre chargé de la sécurité des réseaux de transport et de distribution les cas d'absence de mise en conformité au-delà d'un délai de deux mois à compter de cette invitation, ainsi que d'engager les actions nécessaires s'il est établi qu'un exploitant qui a enregistré des réseaux sur le guichet unique n'existe plus et n'a pas de successeur identifié susceptible de répondre aux déclarations ;

5° De mettre à la disposition des particuliers ou entreprises exécutant des travaux les prescriptions techniques que ceux-ci doivent respecter afin de prévenir tout endommagement des ouvrages présents à proximité.

Pour l'exercice de ces missions, l'établissement public chargé de la gestion du guichet met en œuvre une comptabilité analytique lui permettant de distinguer les dépenses occasionnées par la création, l'exploitation, la mise à jour et la maintenance du guichet unique.

Un arrêté du ministre chargé de la sécurité des réseaux de transport et de distribution précise les conditions d'exercice de ces missions de nature à garantir en permanence la sécurité, la fiabilité et la disponibilité des informations gérées, la traçabilité des consultations effectuées ainsi que les modalités d'accès à ces informations des services de l'État, des collectivités territoriales ou de leurs groupements et des autorités publiques locales compétentes mentionnées au 3°.

Voir : D. n° 2011-1241, 5 oct. 2011, relatif à l'exécution de travaux à proximité de certains ouvrages souterrains, aériens ou subaquatiques de transport ou de distribution (*JO* n° 0233, 7 oct. 2011, p. 16952). A. 12 oct. 2011, modifiant l'arrêté du 22 décembre 2010 fixant les modalités de fonctionnement du guichet unique prévu à l'article L. 554-2 du Code de l'environnement et A. 23 déc. 2010, relatif aux obligations des exploitants d'ouvrages et des prestataires d'aide envers le téléservice « reseaux-et-canalisations.gouv.fr » (*JO* n° 0303, 31 déc. 2011, p. 22990).

Consultation du guichet unique. Le décret n° 2011-1241 du 5 octobre 2011 relatif à l'exécution de travaux à proximité de certains ouvrages souterrains, aériens ou subaquatiques de transport ou de distribution vient encadrer les modalités de réalisation de travaux près de ces ouvrages. Si son entrée en vigueur est fixée au 1er juillet 2012, le décret précise que dès le 1er avril 2012, les maîtres d'ouvrages ainsi que les exécutants de travaux consultant le guichet unique sont dispensés de consulter en mairie la liste des exploitants ayant des réseaux implantés au sein de la commune du lieu d'exécution des travaux.

Art. R. 554-5 *(Créé à compter du 31 mars 2012, D. n° 2010-1600, 20 déc. 2010)* (1). – Les communes tiennent à la disposition des personnes qui prévoient des travaux sur leur territoire et qui ne disposent pas d'un accès électronique au guichet unique la liste des exploitants de réseaux présents sur le territoire de la commune, ainsi que les informations concernant ces derniers dont ces personnes ont besoin pour répondre aux obligations fixées par le présent chapitre telles que transmises par le service mentionné à l'article R. 554-4.

(1) La date d'entrée en vigueur initialement prévue au 30 septembre 2011 est reportée au 31 mars 2012 par le II de l'article 5 du décret n° 2011-1241 du 5 octobre 2011.

Art. R. 554-6 *(D. n° 2010-1600, 20 déc. 2010).* – Les personnes proposant des prestations de service rémunérées aux responsables de projet et aux particuliers ou entreprises exécutant des travaux, qui sollicitent l'accès aux données enregistrées et mises à jour par le guichet unique en application de l'article L. 554-3, signent une convention annuelle avec l'établissement gestionnaire de ce service. Cette convention précise la nature des données accessibles à ces personnes et les modalités de leur transmission ainsi que les règles relatives à la fiabilité et à la sécurité des données que ces personnes communiquent aux responsables de projets ou aux particuliers ou entreprises exécutant des travaux et les règles relatives à la traçabilité des consultations des données du guichet unique qu'elles effectuent. Un arrêté du ministre chargé de la sécurité des réseaux de transport et de distribution précise la nature de ces règles.

Art. R. 554-7 *(D. n° 2010-1600, 20 déc. 2010 ; mod., D. n° 2012-970, 20 août 2012 ; mod. à compter du 1er juillet 2014, D. n° 2014-627, 17 juin 2014).* – I. – L'exploitant de tout ouvrage mentionné à l'article R. 554-2 communique au guichet unique, pour chacune des communes sur le territoire desquelles se situe cet ouvrage, sa zone d'implantation et la catégorie mentionnée à l'article R. 554-2 dont il relève ainsi que les coordonnées du service devant être informé préalablement à tous travaux prévus à sa proximité. Dans le cas des ouvrages sensibles pour la sécurité mentionnés au I de l'article R. 554-2, ces coordonnées comprennent obligatoirement un numéro d'appel permettant en permanence un contact immédiat avec l'exploitant afin de lui signaler des travaux urgents ou l'endommagement accidentel de l'ouvrage (1). Peut toutefois être exclu de la communication prévue au présent alinéa tout ouvrage ou tronçon d'ouvrage implanté sur une parcelle non librement accessible au public dont le propriétaire est également exploitant de l'ouvrage ou tronçon ; il en va de même lorsque le propriétaire de la parcelle est également propriétaire de l'ouvrage ou du tronçon, sous réserve, lorsque son exploitant est une personne différente, qu'il existe entre eux une convention portant sur la sécurité des travaux. Un arrêté du ministre chargé de la sécurité des réseaux de transport et de distribution fixe les éléments que doit obligatoirement comporter cette convention ainsi que les obligations particulières applicables à la préparation et l'exécution de travaux sur une telle parcelle.

L'exploitant d'un ouvrage mentionné au II de l'article R. 554-2 peut demander au guichet unique son enregistrement en tant qu'ouvrage sensible, en raison des conséquences importantes qui pourraient résulter de son endommagement pour la sécurité des personnes et des biens, pour la protection de l'environnement ou pour la continuité de son fonctionnement. Si le service classe l'ouvrage comme ouvrage sensible, toutes les règles relatives aux ouvrages sensibles pour la sécurité fixées par le présent chapitre s'appliquent alors à cet ouvrage.

II. – Lorsqu'un exploitant remet un ouvrage à son propriétaire ou transfère son exploitation à un autre exploitant, il lui transmet les données relatives à cet ouvrage mentionnées au I telles qu'elles ont été enregistrées sur le guichet unique.

III. – Un arrêté du ministre chargé de la sécurité des réseaux de transport et de distribution précise les caractéristiques techniques des informations mentionnées au I du présent article et les modalités de leur transmission au guichet unique.

Art. R. 554-8 *(D. n° 2010-1600, 20 déc. 2010).* – L'exploitant d'un ouvrage souterrain entrant dans le champ du présent chapitre et enregistré par le guichet unique conformément à l'article R. 554-7 dont l'exploitation est définitivement arrêtée, sans obligation de démantèlement, en informe le guichet unique. Il remet à ce dernier, dans les conditions fixées par l'arrêté mentionné à l'article R. 554-7, les plans détaillés de l'ouvrage non démantelé qui se substituent à la zone d'implantation mentionnée à cet article. L'exploitant est alors dispensé de toute obligation ultérieure d'information des responsables de projet et des personnes exécutant des travaux en ce qui concerne cet ouvrage.

(Al. créé à compter du 1er janvier 2025, D. n° 2024-1022, 13 nov. 2024) Si l'arrêt définitif ne concerne qu'une partie des ouvrages de l'exploitant, ce dernier peut, alternativement aux dispositions précédentes,

(1) L'obligation de transmission, par les exploitants, de la catégorie de l'ouvrage et des coordonnées du service compétent fixée au présent alinéa entre en vigueur au 30 septembre 2011. L'obligation de transmission, par les exploitants, de la zone d'implantation des ouvrages fixée au même alinéa entre en vigueur au 30 juin 2013, D. n° 2010-1600, 20 déc. 2010, art. 2.

L'obligation de communication, par les exploitants, de la zone d'implantation des ouvrages, fixée au premier alinéa du présent article est suspendue jusqu'au 31 décembre 2013, D. n° 2013-1272, 27 déc. 2013, art. 6, I.

fournir les plans détaillés de la partie d'ouvrage non démantelée dans ses réponses aux déclarations mentionnées aux articles R. 554-21 et R. 554-25, tant que l'information au guichet unique prévue à l'alinéa précédent n'a pas été réalisée pour cette partie d'ouvrage.

Art. R. 554-9 *(D. n° 2010-1600, 20 déc. 2010).* – Sans préjudice des dispositions des articles R. 554-7 et R. 554-8, lorsqu'un exploitant possède les plans d'un branchement ou d'une antenne qui dessert exclusivement des bâtiments ou équipements situés sur un terrain privé, ou qui en est issu, il tient à la disposition du propriétaire du terrain le plan de la partie de l'ouvrage située sur ce terrain ou qui en est issue.

Art. R. 554-10 (1) *(Créé à compter du 1er janvier 2012, D. n° 2011-762, 28 juin 2011 ; mod., D. n° 2012-970, 20 août 2012 ; D. n° 2013-1272, 27 déc. 2013 ; rempl. à compter du 1er janvier 2018, D. n° 2017-1557, 10 nov. 2017 ; mod. à compter du 1er janvier 2025, D. n° 2024-1022, 13 nov. 2024).* – I. – L'Institut national de l'environnement industriel et des risques calcule, pour chaque année civile, le montant de la redevance (R 1) mentionnée au 1° de l'article L. 554-2-1, à partir des données enregistrées sur le guichet unique le dernier lundi de l'année précédente par chacun des exploitants des ouvrages mentionnés à l'article R. 554-2, pour l'ensemble des ouvrages qu'eux-mêmes ainsi que leurs filiales au sens de l'article L. 233-1 du Code de commerce exploitent sur le territoire national.

Le montant de cette redevance est déterminé en fonction de l'étendue des zones d'implantation des ouvrages exploités, de la sensibilité de ces ouvrages pour la sécurité ou la vie économique et du nombre de communes concernées par ces ouvrages.

À défaut d'enregistrement d'une zone d'implantation dans une commune où un ouvrage est implanté, le territoire de cette commune est considéré comme zone d'implantation de l'ouvrage.

Sont considérés comme sensibles pour la sécurité ou la vie économique les ouvrages mentionnés au I de l'article R. 554-2, les installations de communications électroniques mentionnées au II du même article et les ouvrages ayant fait l'objet d'un enregistrement comme ouvrages sensibles conformément au deuxième alinéa de l'article R. 554-7.

Le calcul de la redevance R 1 s'établit ainsi :

R 1 = A × (IS × 1,15 + IN - I1) × (1 - B/N)

Où :

IS représente l'étendue cumulée des zones d'implantation des ouvrages sensibles pour la sécurité ou la vie économique exploités sur le territoire national. Elle est exprimée en hectares ;

IN représente l'étendue cumulée des zones d'implantation des ouvrages autres que les ouvrages sensibles pour la sécurité ou la vie économique. Elle est exprimée en hectares ;

I1 est une étendue fixée par le ministre chargé de la sécurité des réseaux de transport et de distribution. Elle est exprimée en hectares ;

N représente le nombre de communes sur le territoire desquelles les ouvrages sont implantés ;

A est un montant par hectare fixé annuellement par arrêté du ministre chargé de la sécurité des réseaux de transport et de distribution ; B, également fixé annuellement par arrêté du ministre chargé de la sécurité des réseaux de transport et de distribution, est compris entre un tiers et deux tiers. Ces montant sont fixés de telle sorte que R 1 n'excède pas, ajouté au produit de la redevance mentionnée à l'article R. 554-15, l'ensemble des dépenses occasionnées durant une même année pour l'exploitation, la mise à jour et la maintenance du guichet unique mentionné à l'article L. 554-2 du Code de l'environnement, auxquelles sont ajoutés, d'une part, un cinquième des dépenses occasionnées par la création du guichet, chaque année pendant cinq ans à compter de l'ouverture de ses services aux exploitants d'ouvrages et aux personnes proposant des prestations de service mentionnées à l'article L. 554-6, et, d'autre part, les dépenses occasionnées par la mise en place d'améliorations de ce guichet excédant le seul cadre de sa maintenance, chaque année pendant au plus cinq ans à compter de leur mise en place.

Si la redevance R 1 calculée par application de la formule ci-dessus est inférieure à 150 euros, le montant de cette redevance est regardé comme nul.

(1) Par dérogation aux dispositions du premier alinéa du I et du premier alinéa du II du présent article R. 554-10, le calcul des redevances prévues aux I et II précités, dues au titre de 2018, sera établi à partir des données enregistrées sur le guichet unique le 30 septembre 2018, D. n° 2017-1557, 10 nov. 2017, art. 11, II.

II. – L'Institut national de l'environnement industriel et des risques calcule, pour chaque année civile, le montant de la redevance (R 2) due par les exploitants d'installations de communications électroniques, destinée à assurer le financement du guichet unique mentionné à l'article L. 50 du Code des postes et des communications électroniques, à partir des données enregistrées sur le guichet unique le dernier lundi de l'année précédente par chacun des exploitants d'installations de communications électroniques au sens de l'article R. 554-2, pour l'ensemble des ouvrages qu'eux-mêmes ainsi que leurs filiales au sens de l'article L. 233-1 du Code de commerce exploitent sur le territoire national.

Le montant de la redevance précitée, due par chaque exploitant d'installations de communications électroniques, est déterminé en fonction de la nature des ouvrages des exploitants bénéficiaires potentiels du guichet unique et de l'étendue des zones d'implantation de ces ouvrages.

À défaut d'enregistrement d'une zone d'implantation dans une commune où un ouvrage est implanté, le territoire de cette commune est considéré comme zone d'implantation de l'ouvrage.

Le calcul de la redevance R 2 s'établit ainsi :

R 2 = C × (IT - I2)

Où :

C est un montant par hectare fixé annuellement par arrêté conjoint du ministre chargé de la sécurité des réseaux de transport et de distribution et du ministre chargé des communications électroniques. Ce montant est fixé de telle sorte que R 2 n'excède pas l'ensemble des dépenses occasionnées durant une même année pour l'exploitation, la mise à jour et la maintenance du guichet unique, auxquelles sont ajoutées les dépenses occasionnées par la mise en place d'améliorations de ce guichet excédant le seul cadre de sa maintenance, chaque année pendant au plus cinq ans à compter de leur mise en place ;

IT représente l'étendue cumulée des zones d'implantation des installations de communications électroniques mentionnées au II de l'article R. 554-2. Elle est exprimée en hectares ;

I2 est une étendue fixée par le ministre chargé de la sécurité des réseaux de transport et de distribution et le ministre chargé des communications électroniques. Elle est exprimée en hectares.

Si la redevance R 2 calculée par application de la formule ci-dessus est inférieure à 150 euros, le montant de cette redevance est regardé comme nul.

III. – Un arrêté du ministre chargé de la sécurité des réseaux de transport et de distribution fixe les modalités particulières d'enregistrement sur le guichet unique des données relatives à tout exploitant qui est filiale d'une autre société au sens de l'article L. 233-1 du Code de commerce.

Voir : Article 16 de la loi n° 2017-227 du 24 février 2017 ratifiant les ordonnances n° 2016-1019 du 27 juillet 2016 relative à l'autoconsommation d'électricité et n° 2016-1059 du 3 août 2016 relative à la production d'électricité à partir d'énergies renouvelables et visant à adapter certaines dispositions relatives aux réseaux d'électricité et de gaz et aux énergies renouvelables, publiée au *Journal officiel* du 25 février 2017.

Art. R. 554-11 *(Abr. à compter du 1er janvier 2018, D. n° 2017-1557, 10 nov. 2017).*

Art. R. 554-12 *(Créé à compter du 1er janvier 2012, D. n° 2011-762, 28 juin 2011 ; mod. à compter du 1er janvier 2018, D. n° 2017-1557, 10 nov. 2017).* – Sur la base des règles de calcul fixées à l'article R. 554-10 et, le cas échéant, des états des acomptes versés, l'Institut national de l'environnement industriel et des risques fixe le montant total dû par chaque exploitant et met en recouvrement la redevance mentionnée ou son solde, après déduction, le cas échéant, des acomptes versés. La date limite de paiement indiquée sur la facture ne peut-être antérieure au trentième jour qui suit la date d'émission de cette facture. Une majoration de 10 % est appliquée à la somme à payer en cas de défaut de paiement à la date spécifiée.

Art. R. 554-13 *(Abr. à compter du 1er janvier 2018, D. n° 2017-1557, 10 nov. 2017).*

Art. R. 554-14 *(Créé à compter du 1er janvier 2012, D. n° 2011-762, 28 juin 2011).* – I. – La redevance mentionnée au 2° de l'article *(Réf. rempl. à compter du 1er janvier 2018, D. n° 2017-1557, 10 nov. 2017)* « L. 554-2-1 » est due au titre d'une année civile.

II. – Lors de la demande d'accès aux données du guichet unique institué par l'article L. 554-2, le demandeur précise à l'Institut national de l'environnement industriel et des risques le nombre de régions qu'il veut couvrir dans le cadre de ses prestations de services.

Art. R. 554-15 *(Créé à compter du 1er janvier 2012, D. n° 2011-762, 28 juin 2011 ; mod. à compter du 1er juillet 2014, D. n° 2014-627, 17 juin 2014 ; à compter du 1er janvier 2018, D. n° 2017-1557, 10 nov. 2017).* – La redevance mentionnée au I de l'article R. 554-14 est fixée comme suit :

$P = D + R_e \times E$;

Où :

P est le montant de la redevance due ;

R_e représente le nombre de régions couvertes par les services de prestation offerts ;

D et E sont des termes fixés annuellement dont le mode de calcul est déterminé par arrêté du ministre chargé de la sécurité des réseaux de transport et de distribution de telle sorte que la valeur de D ne dépasse pas la valeur maximale de $R_e \times E$ et que le produit de la redevance mise en recouvrement pour une année représente au maximum cinq centièmes des dépenses occasionnées durant cette même année pour l'exploitation, la mise à jour et la maintenance du guichet unique mentionné à l'article L. 554-2 auxquelles est ajouté chaque année pendant cinq ans, à compter de l'ouverture des services de ce guichet aux exploitants d'ouvrages et aux personnes proposant des prestations de service mentionnées à l'article R. 554-6, un cinquième des dépenses occasionnées pour la création de ce guichet.

Art. R. 554-16 *(Créé à compter du 1er janvier 2012, D. n° 2011-762, 28 juin 2011).* – I. – Au vu des demandes d'accès aux données du guichet unique et, le cas échéant, des états des acomptes versés, l'Institut national de l'environnement industriel et des risques fixe le montant total dû par chaque redevable mentionné à l'article R. 554-15 et met en recouvrement la redevance ou son solde, après déduction le cas échéant des acomptes versés.

II. – La date limite de paiement indiquée sur la facture ne peut être antérieure au trentième jour qui suit la date d'émission de cette facture. Une majoration de 10 % est appliquée à la somme à payer en cas de défaut de paiement à la date spécifiée.

Art. R. 554-17 *(Créé à compter du 1er janvier 2012, D. n° 2011-762, 28 juin 2011).* – I. – Les redevances mentionnées *(Réf. rempl. à compter du 1er janvier 2018, D. n° 2017-1557, 10 nov. 2017)* « au I de l'article R. 554-10 » peuvent donner lieu chaque année au paiement d'acomptes dont la périodicité est fixée par l'Institut national de l'environnement industriel et des risques.

II. – Leur montant est arrondi à l'euro le plus proche. La fraction d'euro égale à 0,50 est comptée pour 1.

III. – L'Institut national de l'environnement industriel et des risques rend compte annuellement au ministre chargé de la sécurité des réseaux de transport et de distribution de l'utilisation et de la gestion des produits des redevances mentionnées au I.

Sous-section 2. – Champ d'application

(Anc. sect. 2, D. n° 2011-1241, 5 oct. 2011 devenue la présente sous-section. à compter du 1er janvier 2018, D. n° 2017-1557, 10 nov. 2017)

Art. R. 554-19 *(Mod. à compter du 1er janvier 2018, D. n° 2017-1557, 10 nov. 2017).* – I. – Les sous-sections 3 à 7 de la présente section ne s'appliquent pas :

1° Aux travaux qui sont sans impact sur les réseaux souterrains et qui sont suffisamment éloignés de tout réseau aérien au sens de l'article R. 554-1 ;

2° Aux travaux agricoles et horticoles de préparation superficielle du sol à une profondeur n'excédant pas 40 cm et aux travaux agricoles saisonniers de caractère itinérant, tels qu'arrosage et récolte.

II. – Les sous-sections 3 et 4 de la présente section ne s'appliquent pas aux travaux urgents réalisés conformément à l'article R. 554-32.

Sous-section 3. – Mesures à prendre lors de l'élaboration des projets de travaux

(Anc. ss-sect. 1, D. n° 2011-1241, 5 oct. 2011 devenue la présente sous-section à compter du 1er janvier 2018, D. n° 2017-1557, 10 nov. 2017)

Art. R. 554-20 *(Créé à compter du 1er juillet 2012, D. n° 2011-1241, 5 oct. 2011)* (1). – Le responsable de projet qui envisage la réalisation de travaux vérifie au préalable s'il existe dans ou à proximité de l'emprise

(1) Dispositions dérogatoires : V. D. n° 2011-1241, 5 oct. 2011, art. 5, IV.

des travaux un ou plusieurs ouvrages en service d'une des catégories mentionnées à l'article R. 554-2. Pour ce faire, au stade de l'élaboration du projet, il consulte le guichet unique, directement ou par l'intermédiaire d'un prestataire ayant passé une convention avec celui-ci conformément à l'article R. 554-6, afin d'obtenir la liste et les coordonnées des exploitants de chacun de ces ouvrages ainsi que les plans détaillés des ouvrages en arrêt définitif d'exploitation.

Voir : D. n° 2011-1241, 5 oct. 2011, art. 5, IV (dispositions dérogatoires).

Faute du responsable de projet. Est engagée la responsabilité de la société responsable de travaux de forage ayant transpercé une canalisation de gaz haute pression appartenant à GRTgaz, dès lors qu'elle avait connaissance de la canalisation, et a indiqué une adresse erronée sur la déclaration d'intention de commencement de travaux (DICT) adressée à la société GRTgaz, a déclaré aux services de GRTgaz reporter la prise de rendez-vous pour une visite commune sur les lieux, et entrepris les travaux de forage sans disposer de la localisation exacte de l'ouvrage et en méconnaissance de sa propre DICT (▪ CAA Versailles, 4 mars 2021, n° 18VE03890). De même est engagée la responsabilité du propriétaire qui a effectué des travaux d'affouillements d'environ 0,40 m, sans rechercher s'il existait des réseaux souterrains, alors même que la présence du câble souterrain à haute tension était cartographiée, causant des dommages au réseau de câble à haute tension souterrain (▪ CA Aix-en-Provence, 1re et 7e ch. réunies, 5 mai 2022, n° 20/10284).

Art. R. 554-21 *(Créé à compter du 1er juillet 2012, D. n° 2011-1241, 5 oct. 2011 ; mod., D. n° 2012-970, 20 août 2012 ; mod. à compter du 1er juillet 2014, D. n° 2014-627, 17 juin 2014 ; à compter du 1er janvier 2018, D. n° 2017-1557, 10 nov. 2017).* – I. – Le responsable du projet adresse une déclaration de projet de travaux à chacun des exploitants d'ouvrages en service mentionnés à l'article précédent, et dont la zone d'implantation est touchée par l'emprise des travaux, à l'exception des suivants :

1° Les exploitants de réseaux souterrains :

– si les travaux sont sans impact sur les réseaux souterrains ;

– ou s'il s'agit de travaux de réfection des voiries routières dans lesquelles des tranchées ont été ouvertes, lorsque ces travaux sont effectués en application de l'article L. 141-11 du Code de la voirie routière, ou de travaux de contrôle de la qualité du compactage des remblais de tranchées, à condition qu'ils n'agrandissent pas les tranchées concernées, et que le responsable de projet de ces travaux dispose des informations relatives à la localisation de chacun des ouvrages présents dans ces tranchées et entrant dans le champ du présent chapitre soit par le biais des déclarations au titre de l'ouverture des tranchées prévues au I de l'article R. 554-22 et à l'article R. 554-26 et du relevé topographique prévu à l'article R. 554-34, soit par le biais d'une déclaration du responsable du projet relatif à l'ouverture des tranchées mentionnant la profondeur minimale des réseaux neufs et existants dans ces tranchées à la date du remblaiement provisoire ;

– ou s'il s'agit de travaux non soumis à permis de construire sur un terrain privé sous la direction du propriétaire de ce terrain, à condition que celui-ci ait passé une convention sur la sécurité des travaux avec ces exploitants, et en prescrive l'application à l'exécutant des travaux ;

2° Les exploitants de réseaux aériens si les travaux sont suffisamment éloignés de ces réseaux au sens de l'article R. 554-1 ;

3° Les exploitants de réseaux enterrés longeant les voiries et ceux de réseaux aériens, dans le cas de travaux d'intervention sur d'autres réseaux ou de travaux d'entretien tels que l'élagage, le débroussaillage, la peinture, la réparation, le remplacement de matériel ou le curage de fossés sans modification de leur profil ni de leur tracé, sous réserve que l'exploitant et le responsable de projet aient signé une convention portant sur la sécurité et sur les éventuelles conditions d'information préalable aux travaux, que la couverture géographique de cette convention comprenne la zone des travaux et que le responsable de projet intègre dans le dossier de consultation des entreprises puis dans le marché de travaux les mesures de sécurité et d'information prévues par cette convention ;

4° Les exploitants des branchements ou antennes de réseaux de distribution qui desservent ou sont issus exclusivement des bâtiments ou équipements situés sur un terrain appartenant au responsable du projet, sous réserve que ce dernier fournisse à l'exécutant des travaux les informations dont il dispose sur l'identification et la localisation de ces branchements ou antennes et mette en œuvre les autres dispositions de l'article R. 554-23 en cas d'incertitude sur leur localisation ;

5° Le responsable du projet s'il est lui-même exploitant du réseau.

Ces exceptions ne dispensent pas de l'application des dispositions prévues à l'article R. 554-20 et aux sous-sections suivantes.

II *(Mod. à compter du 1er janvier 2025, D. n° 2024-1022, 13 nov. 2024)*. – Dans sa déclaration, il décrit le plus précisément possible cette emprise ainsi que la nature des opérations susceptibles d'avoir un impact sur les ouvrages situés dans ou à proximité de cette emprise. À cette occasion, il précise, lorsqu'il en a connaissance, si des éléments fixes de la voirie et de l'espace public, tels que trottoirs, bordurettes, clôtures, murs, façades et affleurants de réseau, sont susceptibles d'être modifiés durablement du fait de la réalisation du projet.

III. – Un arrêté du ministre chargé de la sécurité des réseaux de transport et de distribution fixe le modèle du formulaire de la déclaration de projet de travaux ainsi que sa notice d'emploi, les règles relatives, le cas échéant, à la dématérialisation des échanges entre le responsable de projet et les exploitants et les règles relatives à la précision minimale des informations accompagnant la déclaration. Il peut prévoir d'autres exceptions que celles mentionnées au I du présent article, lorsque les travaux qui en bénéficient sont sans incidence sur les réseaux à proximité desquels ils sont effectués.

Voir : Articles 2 et 4 de l'arrêté du 15 février 2012 relatif à l'exécution de travaux à proximité de certains ouvrages souterrains, aériens ou subaquatiques de transport ou de distribution (A. 15 févr. 2012, *JO* 22 févr. 2012, NOR : DEVP1116359A).

Art. R. 554-22 *(Créé à compter du 1er juillet 2012, D. n° 2011-1241, 5 oct. 2011 ; mod. à compter du 1er janvier 2020, D. n° 2018-899, 22 oct. 2018 ; à compter du 1er janvier 2025, D. n° 2024-1022, 13 nov. 2024)*. – I. – Les exploitants sont tenus de répondre, sous leur responsabilité, dans le délai de neuf jours, jours fériés non compris, après la date de réception de la déclaration de projet de travaux dûment remplie. Ce délai est porté à quinze jours, jours fériés non compris, lorsque la déclaration est adressée sous forme non dématérialisée. La réponse, sous forme d'un récépissé, est adressée au déclarant. Elle lui apporte toutes informations utiles pour que les travaux soient exécutés dans les meilleures conditions de sécurité, notamment celles relatives à la localisation des ouvrages existants considérés et celles relatives aux précautions spécifiques à prendre selon la nature des opérations prévues et selon la nature, les caractéristiques et la configuration de ces ouvrages. Elle signale le cas échéant les dispositifs importants pour la sécurité qui sont situés dans l'emprise des travaux.

Lorsque la déclaration concerne un ouvrage mentionné au II de l'article R. 554-2, l'exploitant peut signaler dans le récépissé que cet ouvrage présente une criticité particulière, en raison de la probabilité d'occurrence de dommages susceptibles d'affecter l'ouvrage et de la gravité des conséquences que pourraient engendrer de tels dommages, justifiant que cet ouvrage soit assimilé à un réseau sensible pour la sécurité pour l'application du présent chapitre. La criticité peut être liée aux missions de service public que l'ouvrage permet de remplir. Les dispositions particulières aux réseaux sensibles pour la sécurité au sens de l'article R. 554-2 prévues au I de l'article R. 554-7 et à l'article R. 554-30 s'appliquent alors à cet ouvrage dans le cadre du projet de travaux concerné.

L'exploitant d'un ouvrage empruntant un fourreau hébergeant des ouvrages de même catégorie, au sens de l'article R. 554-2, peut indiquer, dans sa réponse, que les données sur la localisation de son ouvrage figurent dans le récépissé transmis par l'exploitant propriétaire du fourreau, ou désigné par son propriétaire pour en assurer la gestion, à condition qu'une convention ait été préalablement signée entre les deux exploitants. Cette convention définit les conditions dans lesquelles l'exploitant propriétaire du fourreau, ou désigné par son propriétaire pour en assurer la gestion, se substitue à l'exploitant de l'ouvrage pour la transmission des données de localisation.

Pour l'application des dispositions du présent chapitre, la réponse fournie par l'exploitant propriétaire du fourreau ou désigné par son propriétaire pour en assurer la gestion est réputée avoir été transmise par l'exploitant de l'ouvrage et satisfaire aux obligations de transmission des données cartographiques de localisation de l'exploitant de l'ouvrage empruntant le fourreau.

Si les informations contenues dans la déclaration ne permettent pas à l'exploitant de l'ouvrage d'apporter une réponse satisfaisante, celui-ci indique au déclarant dans le délai maximal indiqué au I du présent article les compléments qui doivent être fournis. Cette demande de complément peut notamment porter sur la délimitation de la zone d'emprise des travaux affectant le sol.

Si l'exploitant effectue des mesures de localisation de ses ouvrages afin de respecter les règles relatives à la précision minimale mentionnées au VI, celui-ci dispose d'un délai complémentaire de quinze jours, jours fériés

non compris, pour la fourniture au déclarant des éléments relatifs à la localisation de l'ouvrage conformes à ces critères. Il en informe le déclarant dans le délai maximal indiqué au premier alinéa du présent article.

II. – L'exploitant peut, à son initiative ou en application de l'arrêté prévu au VI du présent article, apporter tout ou partie des informations nécessaires, notamment celles relatives à la localisation de l'ouvrage, dans le cadre d'une réunion sur site. Dans ce cas, il prend contact pour la prise de rendez-vous avec le déclarant dans le délai maximal indiqué au I du présent article. Si le déclarant ne souhaite pas un rendez-vous à brève échéance, il prend l'initiative d'un nouveau contact avec l'exploitant pour la prise de rendez-vous. L'exploitant peut profiter de la réunion sur site pour effectuer sous sa responsabilité des mesures de localisation de la partie de son ouvrage située dans l'emprise du projet qui soient de nature à lever toute incertitude de localisation au sens du II de l'article R. 554-23. Il dispose alors d'un délai complémentaire de quinze jours, jours fériés non compris, pour la fourniture au déclarant des éléments relatifs à la localisation de l'ouvrage.

III. – L'exploitant indique en outre si une modification ou une extension de son ouvrage est envisagée dans un délai inférieur à trois mois. En cas de modification de son ouvrage non prévisible dans ce délai, il prévient le déclarant préalablement à l'exécution de la modification par un envoi complémentaire au récépissé.

IV. – Les exploitants d'ouvrages aériens ne sont pas tenus de joindre au récépissé de déclaration les éléments relatifs à la localisation de l'ouvrage, lorsque le déclarant n'a pas demandé ces éléments dans sa déclaration.

V. – Si le marché de travaux ou la commande des travaux n'est pas signé dans les trois mois suivant la date de la consultation du guichet unique prévue à l'article R. 554-20, le responsable du projet renouvelle sa déclaration sauf si le marché de travaux prévoit des mesures techniques et financières permettant de prendre en compte d'éventuels ouvrages supplémentaires ou modifications d'ouvrages, et si les éléments nouveaux dont le responsable de projet a connaissance ne remettent pas en cause le projet.

VI. – Un arrêté du ministre chargé de la sécurité des réseaux de transport et de distribution fixe le modèle du formulaire du récépissé de la déclaration de projet de travaux ainsi que sa notice d'emploi, les règles relatives, le cas échéant, à la dématérialisation de l'envoi du récépissé, les règles relatives à la précision minimale des informations accompagnant le récépissé et les cas où un rendez-vous sur site à la demande de l'exploitant pour préciser la localisation de son ouvrage est obligatoire. En outre, il fixe les modalités de traitement des déclarations incomplètes et encadre les mesures financières relatives à la prise en compte des ouvrages supplémentaires ou des modifications d'ouvrages.

Voir : Articles 3 et 5 de l'arrêté du 15 février 2012 relatif à l'exécution de travaux à proximité de certains ouvrages souterrains, aériens ou subaquatiques de transport ou de distribution (A. 15 févr. 2012, *JO* 22 févr. 2012, NOR : DEVP1116359A).

Renouvellement de l'autorisation. Le responsable de projet qui envisage de réaliser des travaux à proximité d'ouvrages doit, d'une part, adresser à chacun des exploitants d'ouvrages en service et dont la zone d'implantation est touchée par l'emprise des travaux, une déclaration de projet de travaux dans les conditions fixées par l'article R. 554-21 de ce code et, d'autre part, procéder, sauf exceptions prévues au V de l'article R. 554-22, à une nouvelle déclaration dans les mêmes conditions si le marché de travaux ou la commande des travaux ne sont pas signés dans les trois mois suivant la date de la consultation du guichet unique. Le défaut de renouvellement est passible de sanction administrative (■ CE, 6e et 5e ch. réunies, 10 juill. 2023, n° 452045 : *Lebon T.*, p. 817). Voir pour un exemple dans lequel les exceptions mentionnées au V de l'article R. 554-2 ont été retenues, même affaire, arrêt rendu sur renvoi après cassation ■ CAA Nantes, 2e ch., 4 oct. 2024, n° 23NT02089.

Art. R. 554-23 ***(Créé à compter du 1er juillet 2012, D. n° 2011-1241, 5 oct. 2011 ; mod., D. n° 2012-970, 20 août 2012 ; mod. à compter du 1er juillet 2014, D. n° 2014-627, 17 juin 2014 ; mod. à compter du 1er janvier 2020, D. n° 2018-899, 22 oct. 2018).*** **– I. – Le responsable du projet annexe au dossier de consultation des entreprises copie de l'ensemble des déclarations de projet de travaux qu'il a effectuées et des réponses reçues des exploitants d'ouvrages en service, ainsi que, le cas échéant, les résultats de ses propres investigations et le tracé des ouvrages concernés par l'emprise des travaux dont il est lui-même exploitant, ou situés sur un terrain dont il est propriétaire et qui seraient dispensés de la déclaration prévue à l'article R 554-21.**

Si, à titre exceptionnel, certains des éléments prévus à l'alinéa précédent ne sont pas disponibles à la date de la consultation des entreprises, ils sont directement annexés au marché de travaux. Cette possibilité n'est tolérée que si les éléments concernés ne sont pas susceptibles de remettre en cause le projet de travaux.

II. – Lorsque les plans fournis par un exploitant en réponse aux déclarations de projet de travaux ne respectent pas les critères de précision fixés par arrêté du ministre chargé de la sécurité des réseaux de transport et de distribution, le responsable du projet effectue des investigations complémentaires sur demande et à la charge de cet exploitant pour ce qui concerne la localisation des ouvrages ou tronçons d'ouvrages qu'il exploite. L'arrêté précité fixe en outre les échéances d'entrée en vigueur de ces dispositions et les cas de dispense de réalisation des investigations complémentaires.

Les investigations complémentaires sont confiées à un prestataire certifié ou ayant recours à un prestataire certifié. Elles sont prévues dans un lot séparé du marché de travaux ou dans un marché séparé. Les investigations complémentaires précèdent la réalisation des travaux. Si elles nécessitent des travaux, elles sont précédées d'une déclaration conforme à l'article R. 554-25. Le résultat des investigations est ajouté aux réponses des exploitants d'ouvrages, selon le cas dans le dossier de consultation des entreprises ou dans le marché de travaux. Il est également porté, par le responsable du projet, à la connaissance des exploitants des ouvrages concernés dans le délai de quinze jours, jours fériés non compris, après la date de disponibilité du résultat des investigations.

Lorsque pour des raisons techniques les investigations complémentaires ne permettent pas d'obtenir le niveau de précision requis pour l'ensemble des ouvrages ou tronçons concernés par l'emprise des travaux, le marché de travaux en tient compte et prévoit les mesures techniques et financières permettant, lors des travaux, d'une part, soit de procéder à des opérations de localisation au démarrage des travaux, soit d'appliquer les précautions nécessaires à l'intervention à proximité des ouvrages ou tronçons d'ouvrages dans l'ensemble des zones d'incertitude situées à une distance maximale de leur localisation théorique fixée par arrêté du ministre chargé de la sécurité des réseaux de transport et de distribution, et d'autre part de prendre en compte une localisation réelle des ouvrages qui serait susceptible de remettre en cause le projet.

III. – Lorsque des investigations complémentaires n'ont pas à être réalisées en application du II du présent article, le responsable du projet procède à des opérations de localisation à sa propre charge lorsqu'il l'estime nécessaire. C'est notamment le cas lorsque l'incertitude sur la localisation d'un ouvrage ou tronçon d'ouvrage souterrain en service est susceptible de remettre en cause le projet de travaux ou la sécurité. Les opérations de localisation font, le cas échéant, l'objet de clauses financières spécifiques dans le marché de travaux ou sont prévues dans un lot séparé du marché de travaux ou dans un marché séparé. Si des opérations de localisation sont effectuées, leur résultat est ajouté aux réponses des exploitants d'ouvrages dans le dossier de consultation des entreprises ou dans le marché de travaux. Dans le cas contraire, l'exécutant des travaux intervient en tenant compte des conditions techniques et financières particulières prévues dans le marché permettant d'appliquer les précautions nécessaires dans les zones d'incertitude mentionnées au II du présent article. Le résultat des opérations de localisation éventuelles est transmis aux exploitants des ouvrages concernés sous réserve que ces opérations aient été effectuées dans les mêmes conditions que les investigations complémentaires prévues au II du présent article.

IV. – L'exploitant de tout ouvrage dont un ou plusieurs tronçons souterrains présentent une précision de localisation insuffisante engage une démarche en vue d'améliorer cette précision. Dans ce cadre, il prévoit prioritairement le traitement des tronçons, y compris leurs branchements éventuels, dont l'incertitude de localisation est supérieure à 1,5 mètre.

L'exécutant des travaux applique les précautions particulières définies par le guide technique prévu à l'article R. 554-29 aux travaux à proximité de branchements non localisés mais dotés d'un affleurant visible depuis le domaine public.

V. – Un arrêté du ministre chargé de la sécurité des réseaux de transport et de distribution définit les critères de précision applicables aux ouvrages, les critères selon lesquels les investigations complémentaires sont effectuées, notamment dans le cas particulier des branchements, les modalités de prise en charge financière des coûts correspondants par l'exploitant concerné, les modalités de la certification, et le cas échéant d'exemption de certification ou de reconnaissance d'équivalence à cette certification, des prestataires auxquels il est fait appel pour la réalisation de ces investigations, et les modalités de prise en compte de leur résultat, par le responsable du projet, d'une part, et par l'exploitant concerné, d'autre part. Il fixe les conditions particulières d'exécution des travaux à proximité des ouvrages ou tronçons d'ouvrages dont la localisation est incertaine.

Investigations complémentaires. Le décret n° 2011-1241 du 5 octobre 2011 prévoit que le responsable du projet doit mettre en œuvre des investigations complémentaires lorsqu'une incertitude demeure quant à la localisation précise des réseaux sensibles environnants. Ces investigations complémentaires ont vocation à sécuriser les périmètres concernés par les travaux en permettant une bonne étude du sous-sol afin d'éviter des accidents, tels que ceux qui sont survenus ces dernières années du fait de l'endommagement de conduites de gaz lors de l'exécution de marchés publics de travaux sur la voirie. Le pouvoir réglementaire a donc alourdi les obligations pesant sur le responsable du projet.

Voir : Articles 11 et 23 de l'arrêté du 15 février 2012 relatif à l'exécution de travaux à proximité de certains ouvrages souterrains, aériens ou subaquatiques de transport ou de distribution (A. 15 févr. 2012, *JO* 22 févr. 2012, NOR : DEVP1116359A).

Sous-section 4. – Mesures à prendre préalablement à l'exécution des travaux

(Anc. ss-sect. 2 devenue la présente sous-section à compter du 1er janvier 2018, D. n° 2017-1557, 10 nov. 2017)

Art. R. 554-24 *(Créé à compter du 1er juillet 2012, D. n° 2011-1241, 5 oct. 2011)* (1). **– L'exécutant des travaux consulte le guichet unique, directement ou par l'intermédiaire d'un prestataire ayant passé une convention avec celui-ci conformément à l'article R. 554-6, afin d'obtenir la liste et les coordonnées des exploitants des ouvrages en service concernés par les travaux appartenant à l'une des catégories mentionnées à l'article R. 554-2, ainsi que les plans détaillés des ouvrages en arrêt définitif d'exploitation.**

Voir : D. n° 2011-1241, 5 oct. 2011, art. 5, IV (dispositions dérogatoires) ; article 4 de l'arrêté du 15 février 2012 relatif à l'exécution de travaux à proximité de certains ouvrages souterrains, aériens ou subaquatiques de transport ou de distribution (A. 15 févr. 2012, *JO* 22 févr. 2012, NOR : DEVP1116359A).

Art. R. 554-25 *(Créé à compter du 1er juillet 2012, D. n° 2011-1241, 5 oct. 2011 ; mod. à compter du 1er juillet 2014, D. n° 2014-627, 17 juin 2014 ; à compter du 1er janvier 2018, D. n° 2017-1557, 10 nov. 2017 ; à compter du 1er janvier 2020, D. n° 2018-899, 22 oct. 2018).* **– I. – L'exécutant des travaux adresse une déclaration d'intention de commencement de travaux à chacun des exploitants d'ouvrages en service mentionnés à l'article précédent et dont la zone d'implantation est touchée par l'emprise des travaux, à l'exception des suivants :**

– les exploitants de réseaux mentionnés au I de l'article R. 554-21 ;

– les exploitants ayant indiqué dans leur récépissé de déclaration de projet de travaux relatif au même projet qu'ils ne sont pas concernés, à condition que ce récépissé date de moins de trois mois, et qu'aucune indication contraire n'ait été donnée dans un envoi complémentaire délivré au responsable du projet en application du III de l'article R. 554-22.

Ces exceptions ne dispensent pas de l'application des dispositions prévues à l'article R. 554-24 et aux sous-sections suivantes.

II. – La déclaration d'intention de commencement de travaux reprend, dans le volet relatif à la déclaration de projet de travaux, exactement les mêmes informations que celles portées dans la déclaration de projet de travaux à laquelle elle se rapporte. Elle comporte l'indication aussi précise que possible de la localisation et du périmètre de l'emprise des travaux et de la nature des travaux et techniques opératoires prévus.

III. – Un arrêté du ministre chargé de la sécurité des réseaux de transport et de distribution fixe le modèle de la déclaration d'intention de commencement de travaux ainsi que sa notice d'emploi, les règles relatives, le cas échéant, à la dématérialisation de l'envoi de la déclaration et les règles relatives à la précision minimale des informations accompagnant la déclaration. Il prévoit, le cas échéant, les mêmes autres exceptions que celles mentionnées au III de l'article R. 554-21.

IV. – Sous réserve du respect des dispositions de l'article R. 554-23 en cas d'incertitude sur la localisation géographique d'au moins un des ouvrages souterrains, et lorsqu'il n'est matériellement pas possible d'attendre la réponse à la déclaration de projet de travaux pour émettre l'ordre d'engagement des travaux auprès de l'exécutant, la déclaration de projet de travaux et la déclaration d'intention de commencement de travaux relatives à un même projet peuvent être effectuées conjointement par le responsable de projet et l'exécutant

(1) Dispositions dérogatoires : V. D. n° 2011-1241, 5 oct. 2011, art. 5, IV.

des travaux, et à partir d'un document unique. C'est notamment le cas lorsque le responsable du projet est également exécutant des travaux ou pour les opérations unitaires dont l'emprise géographique est très limitée et dont le temps de réalisation est très court, définies par arrêté du ministre chargé de la sécurité des réseaux de transport et de distribution.

Voir : Article 3 de l'arrêté du 15 février 2012 relatif à l'exécution de travaux à proximité de certains ouvrages souterrains, aériens ou subaquatiques de transport ou de distribution (A. 15 févr. 2012, *JO* 22 févr. 2012, NOR : DEVP1116359A).

Art. R. 554-26 *(Créé à compter du 1er juillet 2012, D. n° 2011-1241, 5 oct. 2011 ; mod. à compter du 1er avril 2015, D. n° 2014-627, 17 juin 2014 ; à compter du 1er janvier 2025, D. n° 2024-1022, 13 nov. 2024).* **– I. – Les exploitants sont tenus de répondre, sous leur responsabilité, dans le délai de sept jours, jours fériés non compris, après la date de réception de la déclaration d'intention de commencement de travaux dûment remplie. Ce délai est porté à neuf jours, jours fériés non compris, lorsque la déclaration est adressée sous forme non dématérialisée. Dans le cas où il est fait usage de la faculté prévue au IV de l'article R. 554-25, le délai de réponse est fixé conformément aux dispositions du I de l'article R. 554-22. La réponse, sous forme d'un récépissé, est adressée à l'exécutant des travaux qui a fait la déclaration. Elle lui apporte toutes informations utiles pour que les travaux soient exécutés dans les meilleures conditions de sécurité, notamment celles relatives à la localisation des ouvrages existants considérés, à une échelle et avec un niveau de précision appropriés, et celles relatives aux précautions spécifiques à prendre selon les techniques de travaux prévues et selon la nature, les caractéristiques et la configuration de ces ouvrages. Elle indique, le cas échéant, la référence des chapitres applicables du guide technique mentionné à l'article R. 554-29 relatifs aux travaux effectués à proximité d'ouvrages spécifiques et les moyens de les obtenir. Elle signale, le cas échéant, les dispositifs importants pour la sécurité qui sont situés dans l'emprise des travaux.**

L'exploitant d'un ouvrage empruntant un fourreau hébergeant des ouvrages de même catégorie, au sens de l'article R. 554-2, peut indiquer, dans sa réponse, que les données sur la localisation de son ouvrage figurent dans le récépissé transmis par l'exploitant propriétaire du fourreau, ou désigné par son propriétaire pour en assurer la gestion, à condition qu'une convention ait été préalablement signée entre les deux exploitants. Cette convention définit les conditions dans lesquelles l'exploitant propriétaire du fourreau, ou désigné par son propriétaire pour en assurer la gestion, se substitue à l'exploitant de l'ouvrage pour la transmission des données de localisation.

Pour l'application des dispositions du présent chapitre, la réponse fournie par l'exploitant propriétaire du fourreau ou désigné par son propriétaire pour en assurer la gestion est réputée avoir été transmise par l'exploitant de l'ouvrage et satisfaire aux obligations de transmission des données cartographiques de localisation de l'exploitant de l'ouvrage empruntant le fourreau.

Lorsque la déclaration est incomplète, l'exploitant de l'ouvrage indique au déclarant, dans le délai indiqué à l'alinéa précédent, les compléments qui doivent lui être fournis. Le délai qui lui est imparti pour répondre à la déclaration d'intention de commencement de travaux ne court qu'à compter de la réception de ces éléments complémentaires.

II. – L'exploitant peut, à son initiative ou en application de l'arrêté prévu au V du présent article, apporter tout ou partie des informations nécessaires, notamment celles relatives à la localisation de l'ouvrage, dans le cadre d'une réunion sur site. Dans ce cas, il prend contact avec le déclarant dans le délai maximal indiqué au I du présent article pour convenir d'un rendez-vous avec lui. Si le déclarant ne souhaite pas un rendez-vous à brève échéance, il prend l'initiative d'un nouveau contact avec l'exploitant pour la prise de rendez-vous. Pour les ouvrages présentant des enjeux importants en termes de sécurité justifiés par leurs caractéristiques propres ou par leurs conditions d'insertion dans l'environnement, ce mode opératoire est obligatoire, sauf s'il a été déjà appliqué en réponse à la déclaration de projet de travaux.

III. – L'exploitant indique en outre si une modification ou une extension de l'ouvrage qu'il exploite est envisagée dans un délai inférieur à trois mois. En cas de modification de son ouvrage non prévisible dans ce délai, il prévient le déclarant préalablement à l'exécution de la modification par un envoi complémentaire au récépissé.

IV. – Les exploitants d'ouvrages aériens ne sont pas tenus de joindre au récépissé de déclaration les éléments relatifs à la localisation de l'ouvrage, lorsque l'exécutant des travaux n'a pas demandé ces éléments dans sa déclaration.

V. – Un arrêté du ministre chargé de la sécurité des réseaux de transport et de distribution fixe le modèle du récépissé de la déclaration d'intention de commencement de travaux ainsi que sa notice d'emploi, les règles

relatives, le cas échéant, à la dématérialisation de l'envoi du récépissé, les règles relatives à la précision minimale des informations accompagnant le récépissé et les cas où un rendez-vous sur site à la demande de l'exploitant pour préciser la localisation de son ouvrage est obligatoire. Il fixe en outre les modalités de traitement des déclarations incomplètes.

VI. – À défaut de réponse d'un exploitant dans le délai imparti, l'exécutant des travaux renouvelle sa déclaration par lettre recommandée avec accusé de réception ou par tout moyen apportant des garanties équivalentes. L'exploitant est tenu de répondre sous un délai de deux jours ouvrés. Les travaux ne peuvent être entrepris avant l'obtention de tous les récépissés de déclaration relatifs à des ouvrages en service sensibles pour la sécurité. Le marché de travaux comporte une clause prévoyant que l'exécutant des travaux ne doit pas subir de préjudice en cas de retard dans l'engagement des travaux dû à l'absence de réponse d'un exploitant à une relance fondée, et fixant les modalités de l'indemnisation correspondante.

Voir : Article 5 de l'arrêté du 15 février 2012 relatif à l'exécution de travaux à proximité de certains ouvrages souterrains, aériens ou subaquatiques de transport ou de distribution (A. 15 févr. 2012, *JO* 22 févr. 2012, NOR : DEVP1116359A).

Art. R. 554-27 *(Créé à compter du 1er juillet 2012, D. n° 2011-1241, 5 oct. 2011).* – I. – Pour chacun des ouvrages souterrains en service identifiés, le responsable du projet procède ou fait procéder, sous sa responsabilité et à ses frais, à un marquage ou un piquetage au sol permettant, pendant toute la durée du chantier, de signaler le tracé de l'ouvrage et, le cas échéant, la localisation des points singuliers, tels que les affleurants, les changements de direction et les organes volumineux ou présentant une sensibilité particulière. Ces opérations sont identifiées de manière explicite dans le marché ou la commande. Le marquage ou piquetage est obligatoire pour tout élément souterrain situé dans l'emprise ou à moins de 2 mètres, en projection horizontale, de l'emprise des travaux, et susceptible, compte tenu de sa profondeur, d'être endommagé par les travaux, sauf dans les zones non directement concernées par les travaux et celles où il est techniquement impossible, telles que les bâtiments laissés en place ou les cours d'eau. Il est effectué en tenant compte de l'incertitude de la localisation de l'ouvrage concerné.

II. – Lorsque le nombre des ouvrages souterrains présents ou la forte proximité entre eux est susceptible de nuire à la lisibilité du marquage ou piquetage individuel des ouvrages, par exemple dans les centres urbains denses, *(Mots rempl. à compter du 1er janvier 2020, D. n° 2018-899, 22 oct. 2018)* « ou dans les cas de dispense d'investigations complémentaires prévus au II de l'article R. 554-23 », celui-ci peut être remplacé par un marquage ou piquetage de la partie de l'emprise des travaux dans laquelle des ouvrages souterrains sont présents et justifient l'emploi de techniques adaptées à la proximité d'ouvrages souterrains. De même, lorsque l'emprise des travaux prévus est de très faible superficie, le marquage ou piquetage individuel des ouvrages peut être remplacé par un marquage ou piquetage du périmètre de la zone de terrassement.

III. – Lorsqu'un exploitant d'ouvrage souterrain ne fournit pas les plans de l'ouvrage qu'il exploite lors de la réponse à la déclaration d'intention de commencement de travaux, le marquage ou piquetage initial est établi par ses soins et à ses frais.

IV. – Le marquage ou piquetage est maintenu en bon état tout au long du chantier par chacun des exécutants des travaux au fur et à mesure de leurs interventions respectives.

V *(Créé à compter du 1er juillet 2014, D. n° 2014-627, 17 juin 2014).* Les modalités du marquage ou piquetage et les critères mentionnés au II sont précisés par un arrêté du ministre chargé de la sécurité des réseaux de transport et de distribution.

Marchés publics de travaux, implantation des ouvrages et piquetage. Les dispositions nouvelles de l'article R. 554-27 du présent code, créées par le décret n° 2011-1241 du 5 octobre 2011 peuvent être rapprochées des dispositions contenues à l'article 27 du Cahier des clauses administratives générales applicable aux marchés publics de travaux (CCAG – Travaux) issu de l'arrêté du 8 septembre 2009. En effet, l'article 27 de ce document est consacré à l'implantation des ouvrages et aux piquetages.

Sous-section 5. – Mesures de prévention lors des travaux

(Anc. ss-sec. 3 devenue la présente sous-section à compter du 1er janvier 2018, D. n° 2017-1557, 10 nov. 2017)

Art. R. 554-28 *(Créé à compter du 1er juillet 2012, D. n° 2011-1241, 5 oct. 2011 ; mod. à compter du 1er janvier 2020, D. n° 2018-899, 22 oct. 2018).* – I. – Si des ouvrages sont découverts après la commande ou après la signature du marché d'exécution de travaux attribué à une personne physique ou morale, celle-ci en informe par écrit le responsable du projet. Les actions complémentaires rendues nécessaires font l'objet, si ce cas n'a pas été prévu dans le marché de travaux initial, d'un avenant au marché ou d'un nouveau marché à la charge du responsable du projet. Si les ouvrages découverts sont susceptibles d'être sensibles pour la sécurité, l'exécutant des travaux ou, en cas de carence, le responsable du projet sursoit aux travaux adjacents jusqu'à décision du responsable du projet, prise par un ordre écrit, sur les mesures à prendre. Si des investigations complémentaires sont effectuées, elles le sont en conformité avec le II de l'article R. 554-23 et leur résultat est porté à la connaissance des exploitants des ouvrages concernés s'ils ont pu être identifiés, ou au guichet unique dans le cas contraire. Si le responsable du projet et l'exécutant des travaux ont pleinement respecté les dispositions les concernant des articles R. 554-21, R. 554-23 et R. 554-24, leur coût est à la charge entière de l'exploitant des ouvrages identifiés.

II. – En cas de différence notable entre l'état du sous-sol constaté au cours du chantier et les informations portées à la connaissance de l'exécutant des travaux, qui entraînerait un risque pour les personnes lié au risque d'endommagement d'un ouvrage sensible pour la sécurité, l'exécutant des travaux sursoit aux travaux adjacents jusqu'à décision du responsable du projet, prise par un ordre écrit, sur les mesures à prendre.

III. – Avant le lancement du chantier, les parties définissent entre elles les modalités suivant lesquelles l'arrêt de travaux pourra intervenir.

IV. – Le marché de travaux comporte une clause prévoyant que l'exécutant des travaux ne subisse pas de préjudice en cas d'arrêt de travaux justifié par une des situations décrites au I ou au II du présent article, ou par la découverte ou l'endommagement accidentel d'un branchement non localisé et non doté d'affleurant visible depuis le domaine public ou d'un tronçon d'ouvrage, sensible ou non sensible pour la sécurité, dont la position exacte s'écarterait des données de localisation qui ont été fournies à l'exécutant des travaux de plus d'une distance fixée par arrêté du ministre chargé de la sécurité des réseaux de transport et de distribution en fonction de la classe de précision de l'ouvrage indiquée par l'exploitant. Cette clause fixe en outre les modalités de l'indemnisation correspondante. Elle ne s'applique pas aux travaux d'investigations complémentaires prévus au II de l'article R. 554-23.

V. – Un arrêté du ministre chargé de la sécurité des réseaux de transport et de distribution définit les modalités d'ajournement de l'exécution d'un chantier, en particulier le modèle de constat contradictoire établi entre l'exécutant des travaux et le responsable du projet, et celui de l'ordre de service d'arrêt de travaux, ainsi que les conditions de la reprise du chantier.

Voir : Articles 16, 23 et 25 de l'arrêté du 15 février 2012 relatif à l'exécution de travaux à proximité de certains ouvrages souterrains, aériens ou subaquatiques de transport ou de distribution (A. 15 févr. 2012, *JO* 22 févr. 2012, NOR : DEVP1116359A).

Art. R. 554-29 *(Créé à compter du 1er juillet 2012, D. n° 2011-1241, 5 oct. 2011).* – Les méthodes et modalités relatives à la conception des projets et à leur réalisation que le responsable de projet prévoit, d'une part, et les techniques que l'exécutant des travaux prévoit d'appliquer, d'autre part, à proximité des ouvrages en service, pour tous travaux ou investigations entrant dans le champ du présent chapitre, ainsi que les modalités de leur mise en œuvre, assurent, dans l'immédiat et à terme, la conservation et la continuité de service des ouvrages, ainsi que la sauvegarde, compte tenu des dangers éventuels présentés par un endommagement des ouvrages, de la sécurité des personnes et des biens et la protection de l'environnement.

Les prescriptions techniques visant cet objectif sont fixées par un guide technique élaboré par les professions concernées et approuvé par un arrêté des ministres chargés de la sécurité des réseaux de transport et de distribution et du travail. Cet arrêté fixe en outre les modalités d'information des services de secours et des exploitants ainsi que les dispositions immédiates de sécurité à prendre en cas d'endommagement de l'ouvrage.

Voir : Articles 17, 18 et 19 de l'arrêté du 15 février 2012 relatif à l'exécution de travaux à proximité de certains ouvrages souterrains, aériens ou subaquatiques de transport ou de distribution (A. 15 févr. 2012, *JO* 22 févr. 2012, NOR : DEVP1116359A).

Art. R. 554-30 *(Créé à compter du 1er juillet 2012, D. n° 2011-1241, 5 oct. 2011).* – Avant de répondre aux déclarations d'intention de commencement de travaux, les exploitants d'ouvrages en service sensibles pour la sécurité évaluent, lorsque l'ouvrage ne comporte pas de dispositif automatique ou manœuvrable à distance de mise en sécurité, la stratégie de mise en sécurité de l'ouvrage qu'il faudrait appliquer en cas d'incident et :

– identifient les organes de coupure susceptibles d'être manœuvrés en cas d'incident ; ces organes sont mentionnés dans la réponse à la déclaration d'intention de commencement de travaux dès lors qu'ils sont situés dans l'emprise des travaux prévus ; toutefois, seules les personnes dûment autorisées par les exploitants d'ouvrages peuvent manœuvrer ces organes ;

– prennent, le cas échéant, des dispositions complémentaires visant à permettre une mise en sécurité plus efficace et rapide, en fonction de la configuration du chantier ou des risques d'atteinte aux intérêts mentionnés à l'article R. 554-2, et selon des critères qu'ils tiennent à la disposition des agents mentionnés à l'article R. 554-36.

Art. R. 554-31 *(Créé à compter du 1er juillet 2012, D. n° 2011-1241, 5 oct. 2011)*. – I. – Le responsable du projet informe les personnes qui travaillent sous sa direction, selon des moyens et modalités appropriés, des dispositions qu'il les charge de mettre en œuvre, conformément aux articles R. 554-20, R. 554-21, R. 554-23 R. 554-27 et R. 554-28. Il s'assure de leur formation et de leur qualification minimale nécessaire, et, le cas échéant, de la disponibilité de l'autorisation d'intervention à proximité de réseaux correspondante.

II. – L'exécutant des travaux informe les personnes qui travaillent sous sa direction, selon des moyens et modalités appropriés, de la localisation des ouvrages qui ont été identifiés puis repérés conformément à l'article R. 554-27 et des mesures de prévention et de protection qui doivent être mises en œuvre lors de l'exécution des travaux. Il s'assure de leur formation et de leur qualification minimale nécessaire, et, le cas échéant, de la disponibilité de l'autorisation d'intervention à proximité de réseaux correspondante, notamment lorsque cela est prévu par l'arrêté mentionné au III du présent article, et de manière systématique pour les personnes intervenant lors des travaux urgents prévus à l'article R. 554-32. Il est tenu d'aviser l'exploitant de l'ouvrage dans les plus brefs délais en cas de dégradation, même superficielle, d'un ouvrage en service, de déplacement accidentel de plus de 10 cm d'un ouvrage souterrain en service flexible, ou de toute autre anomalie. Cette obligation peut être satisfaite par l'établissement d'un constat contradictoire entre l'exécutant des travaux et l'exploitant de l'ouvrage concerné par le sinistre ou l'anomalie.

Il porte à la connaissance des personnes qui travaillent sous sa direction les dispositifs ayant un impact sur la sécurité qui lui ont été précisés par l'exploitant conformément à l'article R. 554-30. Il veille à ce que ces dispositifs, lorsqu'ils sont situés dans l'emprise des travaux, restent accessibles pendant la durée du chantier et à ce qu'ils ne soient pas dégradés ou rendus inopérants du fait de la réalisation des travaux. L'exécutant des travaux s'en assure après chaque phase importante du chantier réalisée dans l'environnement immédiat des dispositifs ayant un impact sur la sécurité.

Il conserve un exemplaire du récépissé de la déclaration d'intention de commencement de travaux sur le chantier pendant toute la durée de celui-ci.

III. – Un arrêté du ministre chargé de la sécurité des réseaux de transport et de distribution fixe les règles relatives à la compétence des personnes travaillant sous la direction du responsable de projet ou de l'exécutant des travaux, celles relatives aux autorisations d'intervention à proximité de réseaux correspondantes, et le modèle de constat contradictoire à utiliser en cas de sinistre ou d'anomalie.

Voir : Article 21 de l'arrêté du 15 février 2012 relatif à l'exécution de travaux à proximité de certains ouvrages souterrains, aériens ou subaquatiques de transport ou de distribution (A. 15 févr. 2012, *JO* 22 févr. 2012, NOR : DEVP1116359A).

Sous-section 6. – Travaux urgents, renouvellement des déclarations

(Anc. ss-sec. 4 devenue la présente sous-section à compter du 1er janvier 2018, D. n° 2017-1557, 10 nov. 2017)

Art. R. 554-32 *(Créé à compter du 1er juillet 2012, D. n° 2011-1241, 5 oct. 2011 ; mod. à compter du 1er juillet 2014, D. n° 2014-627, 17 juin 2014)*. – Les travaux non prévisibles effectués en cas d'urgence justifiée par la sécurité, la continuité du service public ou la sauvegarde des personnes ou des biens, ou en cas de force majeure, sont dispensés de déclaration de projet de travaux et peuvent être effectués sans que leur exécutant n'ait à faire de déclaration d'intention de commencement de travaux, à condition que l'ensemble des personnes intervenant sous sa direction lors des travaux urgents dispose de l'autorisation d'intervention à proximité de réseaux prévue à l'article R. 554-31 et respecte les consignes particulières de sécurité applicables à de tels travaux. La personne qui ordonne ces travaux, quelle qu'elle soit, recueille systématiquement auprès des exploitants des ouvrages en service sensibles pour la sécurité, préalablement aux travaux et après consultation du guichet unique selon les mêmes modalités que celles fixées par l'article R. 554-20, les informations utiles pour que les travaux soient exécutés dans les meilleures conditions de sécurité. Les exploitants concernés fournissent ces informations dans des délais compatibles avec la situation d'urgence. Lorsque la personne qui ordonne les travaux urgents n'est pas l'exécutant des travaux, elle porte à la connaissance de celui-ci le résultat de la consultation du guichet unique ainsi que les réponses des exploitants selon des modalités et dans des délais compatibles avec la situation d'urgence. En cas d'absence de fourniture par un exploitant des informations utiles dans un délai compatible avec la situation d'urgence, l'ordre d'engagement des travaux mentionne explicitement que le réseau de l'exploitant concerné est considéré comme situé au droit de la zone d'intervention. Cet ordre d'engagement sous forme écrite est obligatoire sauf lorsque l'exécutant intervient dans le cadre d'une convention d'astreinte préétablie.

Pour tous les ouvrages, le commanditaire des travaux adresse dans les meilleurs délais et par écrit un avis de travaux urgents aux exploitants. Cet avis peut être adressé en outre au préfet lorsque le commanditaire n'a pu obtenir les informations utiles d'un exploitant d'ouvrage sensible dans un délai compatible avec la situation d'urgence.

Un arrêté du ministre chargé de la sécurité des réseaux de transport et de distribution précise les modalités de recueil des informations et d'exécution des travaux dans les cas d'urgence ou de force majeure, en particulier les règles de sécurité qui sont appliquées en cas d'incertitude sur l'existence ou la localisation des ouvrages dans le cadre de tels travaux.

Art. R. 554-33 *(Créé à compter du 1er juillet 2012, D. n° 2011-1241, 5 oct. 2011).* – I. – Si les travaux annoncés dans la déclaration d'intention de commencement de travaux ne sont pas entrepris dans le délai de trois mois à compter de la date de la consultation du guichet unique prévue à l'article R. 554-24, le déclarant effectue une nouvelle déclaration dans laquelle il apporte, le cas échéant, les modifications nécessaires.

II. – En cas d'interruption des travaux supérieure à trois mois, le déclarant effectue une nouvelle déclaration.

III. – Si la durée des travaux dépasse six mois, ou si le délai d'exécution des travaux dépasse celui annoncé dans la déclaration, le déclarant effectue une nouvelle déclaration au-delà de ce délai auprès des exploitants d'ouvrages sensibles pour la sécurité, à moins que des réunions périodiques n'aient été planifiées entre les parties dès le démarrage du chantier.

Sous-section 7. – Relevés topographiques

(Anc. ss-sect. 5 devenue la présente sous-section à compter du 1er janvier 2018, D. n° 2017-1557, 10 nov. 2017)

Art. R. 554-34 *(Créé à compter du 1er juillet 2012, D. n° 2011-1241, 5 oct. 2011).* – Lorsque les travaux concernent la construction, l'extension ou la modification d'un ouvrage mentionné à l'article R. 554-2, le responsable du projet fait procéder à la fin des travaux à la vérification du respect des distances minimales entre ouvrages prévues par la réglementation, ainsi qu'au relevé topographique de l'installation. Si le premier exploitant de l'ouvrage construit, étendu ou modifié diffère du responsable du projet, le relevé topographique est effectué par un prestataire certifié à cet effet ou ayant recours à un prestataire certifié. Un arrêté du ministre chargé de la sécurité des réseaux de transport et de distribution fixe les modalités de cette certification *(Mots aj. à compter du 1er juillet 2014, D. n° 2014-627, 17 juin 2014)* « , et le cas échéant de son exemption ou de reconnaissance d'équivalence à cette certification ».

La précision de ce relevé est telle que, pour tous travaux ultérieurs à proximité de la même installation, aucune *(Mots aj. à compter du 1er janvier 2020, D. n° 2018-899, 22 oct. 2018)* « mesure de localisation par l'exploitant ou » investigation complémentaire ne soit nécessaire pour localiser l'ouvrage.

Voir : Articles 15 et 23 de l'arrêté du 15 février 2012 relatif à l'exécution de travaux à proximité de certains ouvrages souterrains, aériens ou subaquatiques de transport ou de distribution (A. 15 févr. 2012, *JO* 22 févr. 2012, NOR : DEVP1116359A).

Sous-section 8. – Contrôles, sanctions et aménagements

(Anc. sect. 3 devenue la présente sous-section à compter du 1er janvier 2018, D. n° 2017-1557, 10 nov. 2017)

Art. R. 554-35 *(Créé à compter du 1er janvier 2013, D. n° 2011-1241, 5 oct. 2011 ; mod. à compter du 1er juillet 2014, D. n° 2014-627, 17 juin 2014 ; à compter du 1er janvier 2018, D. n° 2017-1557, 10 nov. 2017 ; à compter du 1er janvier 2025, D. n° 2024-1022, 13 nov. 2024).* – Sans préjudice des sanctions pénales prévues par le II de l'article L. 554-1-1, une amende administrative dont le montant ne peut être supérieur à 1 500 euros peut être appliquée pour chacun des manquements suivants :

1° L'exploitant d'un ouvrage ne fournit pas au guichet unique, ou ne lui fournit qu'au-delà du délai réglementaire, tout ou partie des coordonnées ou zones d'implantation prévues à l'article R. 554-7 ou les mises à jour de ces éléments ;

1° *bis* L'exploitant d'un ouvrage dont l'exploitation est définitivement arrêtée n'a pas transmis au guichet unique ou aux déclarants les plans détaillés de l'ouvrage non démantelé prévus à l'article R. 554-8 ;

2° Le prestataire fournit des prestations d'appui à la réalisation des déclarations prévues aux articles R. 554-21 et R. 554-25 sans être titulaire d'une convention en cours de validité avec le guichet unique, ou sans respecter les termes de cette convention ;

3° Le responsable du projet n'adresse pas à un ou plusieurs des exploitants concernés la déclaration de projet de travaux prévue à l'article R. 554-21 ou ne l'a pas renouvelée en méconnaissance du V de l'article R. 554-22 ;

3° *bis* Le responsable du projet n'a pas adressé à un ou plusieurs des exploitants concernés les compléments prévus au I de l'article R. 554-22 relatifs à une déclaration de projet de travaux ;

4° Le responsable du projet commande des travaux sans avoir communiqué à l'exécutant les déclarations et réponses aux déclarations de projet de travaux correspondantes ou sans avoir prévu les investigations complémentaires ou les clauses contractuelles appropriées, lorsque celles-ci sont nécessaires en application des articles R. 554-21, R. 554-22, R. 554-23, R. 554-26 et R. 554-28, ou sans avoir communiqué le résultat de ces investigations aux exécutants de travaux et aux exploitants concernés ;

5° L'exploitant d'un ouvrage ne fournit pas au déclarant, ou lui fournit au-delà du délai maximal réglementaire, la réponse à une déclaration de projet de travaux prévue à l'article R. 554-22, ou la réponse à une déclaration d'intention de commencement de travaux prévue à l'article R. 554-26, ou les informations utiles pour que des travaux urgents mentionnés à l'article R. 554-32 soient exécutés dans les meilleures conditions de sécurité, ou ne prend pas en compte le résultat des investigations complémentaires fourni par le responsable de projet en application du II de l'article R. 554-23 ;

6° L'exploitant d'un ouvrage fournit dans la réponse à une déclaration de projet de travaux prévue à l'article R. 554-22, ou dans la réponse à une déclaration d'intention de commencement de travaux prévue à l'article R. 554-26, des informations dont la qualité n'est pas conforme au présent chapitre ;

6° *bis* L'exécutant des travaux n'a pas adressé, à un ou plusieurs des exploitants concernés, la déclaration d'intention de commencement de travaux prévue à l'article R. 554-25 ou ne l'a pas renouvelée en méconnaissance des dispositions de l'article R. 554-33 ;

7° L'exécutant des travaux effectue des travaux à proximité d'un ouvrage mentionné à l'article R. 554-2 sans avoir communiqué à un ou plusieurs des exploitants concernés les éléments manquants ou devant être complétés prévus à l'article R. 554-26 relatifs à une déclaration d'intention de commencement de travaux, ou avant d'avoir obtenu des informations sur la localisation des ouvrages conformément à cet article ;

7° *bis* Le responsable de projet et l'exécutant de travaux ont effectué conjointement la déclaration de projet de travaux et la déclaration d'intention de commencement de travaux relatives à un même projet sans respecter les dispositions prévues au IV de l'article R. 554-25 ;

8° La personne à qui incombe la réalisation ou le maintien du marquage ou piquetage n'a pas respecté les exigences de l'article R. 554-27 ;

9° L'exécutant des travaux engage ou poursuit des travaux en contradiction avec un ordre écrit établi en application de l'article R. 554-28 ;

10° Le responsable du projet prépare des travaux ou lorsque l'exécutant des travaux les met en œuvre sans respecter les exigences de l'article R. 554-29 ou de l'article R. 554-31 ;

11° L'exécutant des travaux ne maintient pas l'accès aux dispositifs ayant un impact sur la sécurité prévus à l'article R. 554-30, ou les dégrade, ou les rend inopérants ;

12° La personne qui ordonne des travaux leur donne indûment la qualification d'urgence prévue à l'article R. 554-32, ou lorsque l'exécutant des travaux effectue des travaux selon les dispositions de l'article R. 554-32 sans que ces travaux aient reçu cette qualification ;

12° *bis* Le commanditaire de travaux urgents a ordonné les travaux sans avoir recueilli, auprès des exploitants d'ouvrages en service sensibles pour la sécurité, les informations utiles pour que les travaux soient exécutés dans les meilleures conditions de sécurité, ou sans avoir transmis à l'exécutant des travaux le résultat de la consultation du guichet unique et les réponses des exploitants en méconnaissance de l'article R. 554-32, ou bien l'ordre d'engagement n'est pas conforme aux dispositions de l'article R. 554-32 ;

13° L'exploitant d'un ouvrage ou d'un tronçon d'ouvrage construit postérieurement à la date d'application du présent chapitre l'exploite ou en confie l'exploitation à un tiers sans avoir fait procéder à la vérification du respect des distances minimales entre ouvrages ou au relevé topographique prévus par l'article R. 554-34 ;

14° Le prestataire fournit au responsable de projet des relevés de mesure pour les investigations complémentaires prévues aux articles R. 554-23 et R. 554-28 ou pour le relevé topographique prévu à l'article R. 554-34 sans être prestataire certifié ou sans avoir eu recours à un prestataire certifié.

Le montant maximal de l'amende pour chaque infraction définie au présent article est doublé en cas de récidive.

Art. R. 554-36 *(Créé à compter du 1er janvier 2013, D. n° 2011-1241, 5 oct. 2011).* – Sont chargés de surveiller l'application du présent chapitre, pour les catégories d'ouvrages mentionnées à l'article R. 554-2, les agents mentionnés à l'article L. 554-4 du Code de l'environnement.

En cas de manquement, les agents dressent un procès-verbal.

Art. R. 554-37 *(Créé à compter du 1er janvier 2013, D. n° 2011-1241, 5 oct. 2011).* – Les manquements reprochés et le montant de l'amende administrative envisagée sont notifiés à la personne physique ou morale visée. Dans le délai d'un mois à compter de la notification, celle-ci peut accéder au dossier et présenter ses observations sur le projet de sanction administrative.

À l'issue de ce délai, le représentant de l'État dans le département peut prononcer une amende administrative, qu'il notifie à l'intéressé en lui indiquant le délai dans lequel il s'en acquitte et les voies de recours qui lui sont ouvertes. L'amende est recouvrée conformément aux dispositions *(Réf. rempl. à compter du 1er janvier 2018, D. n° 2017-1557, 10 nov. 2017)* « des articles 108 à 111 du décret n° 2012-1246 du 7 novembre 2012 relatif à la gestion budgétaire et comptable publique ».

Art. R. 554-38 *(Créé à compter du 1er janvier 2018, D. n° 2017-1557, 10 nov. 2017.* – Le préfet peut, après en avoir préalablement informé le procureur de la République et le maire, ordonner la suspension immédiate de travaux effectués à proximité des canalisations mentionnées à l'article L. 554-5 dans des conditions présentant un danger grave pour la sécurité publique.

En cas de refus d'obtempérer de l'exécutant des travaux, il peut faire procéder par un agent de la force publique à l'apposition des scellés sur le périmètre de l'emprise des travaux ou sur les engins utilisés pour les effectuer.

Art. R. 554-39 *(Anc. art. R. 554-38, dénum. à compter du 1er janvier 2018, D. n° 2017-1557, 10 nov. 2017).* – Des aménagements aux dispositions du présent chapitre peuvent être accordés, pour un projet de travaux particulier, par le ministre chargé de la sécurité des réseaux de transport et de distribution et après avis du Conseil supérieur de la prévention des risques technologiques mentionné à l'article D. 510-1 sur proposition du représentant de l'État dans le département.

Les demandes d'aménagements sont présentées par le responsable du projet. Elles proposent les dispositions compensatoires permettant de garantir un niveau de sécurité et de protection de l'environnement au moins équivalent à celui fixé par le présent chapitre.

Section II. – Sécurité des canalisations de transport et de distribution à risques

(Créée à compter du 1er janvier 2018, D. n° 2017-1557, 10 nov. 2017)

Sous-section 1. – Définitions et catégories

Art. R. 554-40 *(Créé à compter du 1er janvier 2018, D. n° 2017-1557, 10 nov. 2017 ; D. n° 2020-843, 3 juill. 2020).* – Pour l'application des dispositions de la présente section et de celles du chapitre V, les définitions suivantes sont utilisées :

Une section de canalisation est une partie de canalisation délimitée par deux organes d'isolement.

Un tronçon de canalisation est, au sein d'une section, un élément ou un ensemble d'éléments de canalisation de caractéristiques homogènes assemblés bout à bout.

La création d'un nouveau tronçon ou d'une nouvelle section de canalisation, y compris les installations annexes qu'elle contient, consistant soit à prolonger une canalisation existante soumise à autorisation, soit à rattacher une nouvelle branche à une telle canalisation, est à considérer comme une modification de la canalisation existante tant que les seuils définis au 2° de l'article R. 555-2 ne sont pas atteints.

La dimension nominale (DN) d'un tronçon de canalisation désigne la dimension des composants de ce tronçon, en référence aux normes applicables aux canalisations. Elle est exprimée par les lettres DN suivies par un nombre entier sans unité qui est indirectement lié aux dimensions réelles, en millimètres, de l'alésage ou du diamètre extérieur des raccordements d'extrémité.

Un système de gestion de la sécurité est constitué de l'ensemble des dispositions mises en œuvre par l'exploitant relatives à l'organisation, aux fonctions, aux procédures et aux ressources de tout ordre ayant pour objet la prévention et le traitement des incidents et des accidents sur les canalisations qu'il exploite.

La mise en service d'une canalisation est la première mise en mouvement du fluide véhiculé. L'utilisation du fluide devant être véhiculé, pour la réalisation d'une épreuve mentionnée à l'article R. 554-44, ou pour le remplissage de la canalisation à faible pression, n'est pas considérée comme une mise en service.

L'exploitant d'une canalisation, s'il n'en est pas le propriétaire, est la personne désignée dans le cadre d'une convention signée avec celui-ci. Dans le cas d'une canalisation soumise à autorisation, cette convention est approuvée par l'autorité compétente pour délivrer l'autorisation. Dans le cas d'une canalisation de transport, l'exploitant est également appelé transporteur.

Art. R. 554-41 *(Créé à compter du 1er janvier 2018, D. n° 2017-1557, 10 nov. 2017 ; mod., D. n° 2020-843, 3 juill. 2020; modifié à compter du 1er janvier 2025, D. n° 2024-1022, 13 nov. 2024).* – I. – Les canalisations de transport de gaz naturel ou assimilé, d'hydrocarbures ou de produits chimiques mentionnées au 1° de l'article L. 554-5 sont celles qui répondent aux caractéristiques suivantes, qu'elles soient aériennes, souterraines ou subaquatiques, et qui transportent un fluide relevant d'une des trois natures de produits définies respectivement aux 1°, 2° et 3° du présent article :

1° Canalisations de transport de gaz naturel ou assimilé : canalisations transportant soit du gaz naturel, soit un gaz dont les caractéristiques en permettent le transport ou l'injection dans des canalisations de transport de gaz naturel, dans les conditions fixées par le transporteur en application de l'article L. 453-4 du Code de l'énergie ;

2° Canalisations de transport d'hydrocarbures liquides ou liquéfiés : canalisations, autres que de transport de gaz naturel ou assimilé, transportant du pétrole brut, du naphta, des gaz de pétrole liquéfiés, des produits destinés à un usage de carburants ou de combustibles ou destinés à être mélangés directement ou après traitement à ces produits ;

3° Canalisations de transport de produits chimiques : canalisations, autres que de transport de gaz naturel ou assimilé ou d'hydrocarbures liquides ou liquéfiés, transportant un produit autre que l'air et l'eau ;

4° La terminaison d'une canalisation de transport se situe, quel que soit le sens de circulation du fluide :

a) Lorsqu'elle rejoint un réseau de distribution de gaz : poste inclus, après la dernière bride du poste de livraison ou de rebours lorsque celui-ci est démontable ou, dans le cas contraire, après son dernier organe d'isolement ;

b) Lorsqu'elle rejoint une canalisation mentionnée au 1° ou au 2° de l'article L. 554-7 : après l'organe d'isolement séparant les deux canalisations ou, à défaut, à la soudure ou au joint de raboutage de celles-ci ;

c) Lorsqu'elle est constituée à son extrémité d'un équipement de connexion avec des installations mobiles dont le raccordement est intermittent : après cet équipement ;

d) Lorsqu'elle est alimentée par une unité de production de gaz mentionnés au 1° du I du présent article ou d'hydrogène destiné à être mélangé au gaz naturel ou assimilé : après le dernier organe d'isolement du poste d'injection poste inclus ;

e) Lorsqu'elle rejoint une installation autre que celles mentionnées aux *a*, *b*, *c* et *d* : après le dernier organe d'isolement de la dernière installation annexe de la canalisation ;

f) Lorsqu'elle quitte le territoire national.

Les canalisations des installations annexes mentionnées au c du 3° de l'article L. 554-7 sont soumises aux dispositions de la présente section et des textes pris pour son application relatives aux canalisations de transport.

II. – Les canalisations de distribution de gaz mentionnées au 2° de l'article L. 554-5 répondent simultanément aux caractéristiques suivantes, qu'elles soient aériennes, souterraines ou subaquatiques :

1° Le fluide véhiculé est un combustible gazeux à la température de 15 °C à la pression atmosphérique ;

2° La pression maximale en service ne dépasse pas 10 bar si le diamètre nominal dépasse 200, et ne dépasse pas 16 bar dans les autres cas, sauf pour les canalisations mentionnées au II *bis* ci-après ;

3° Font partie d'une canalisation de distribution les conduites, les postes de détente, les postes d'injection, les organes de coupure, les branchements ainsi que les accessoires nécessaires à son fonctionnement, en particulier ceux dédiés à l'alimentation directe des usagers ;

4° Les canalisations reliant entre eux deux réseaux de distribution publique de gaz sont des canalisations de distribution, que les communes dont le territoire est traversé par ces liaisons possèdent ou non une telle distribution, et que les gestionnaires de ces liaisons soient ou non des distributeurs de rang 1 ;

5° La terminaison amont d'une canalisation de distribution est :

a) Dans le cas d'une alimentation par une canalisation de transport ou par une autre canalisation de distribution, celle fixée par le 4° du I du présent article ;

b) Dans le cas d'une alimentation en gaz de pétrole liquéfié, l'aval du poste de prédétente ;

c) Dans le cas d'une alimentation par une unité de production de gaz mentionnés au 1° du I du présent article ou d'hydrogène destiné à être mélangé au gaz naturel ou assimilé : poste inclus, à la dernière bride du poste d'injection, lorsque celui-ci est démontable ou, dans le cas contraire, après le dernier organe d'isolement du poste d'injection ;

6° La terminaison aval d'une canalisation de distribution est :

a) L'entrée de l'organe de coupure mentionné au IV du présent article dans le cas d'un bâtiment d'habitation ;

b) L'entrée de l'organe de coupure défini par arrêté du ministre chargé de la sécurité civile dans le cas d'un établissement recevant du public ;

c) L'aval du dernier organe de coupure, en aval du poste de détente lorsque celui-ci existe, si elle dessert une autre canalisation de distribution ;

d) L'aval de l'organe de coupure générale des installations non soumises aux dispositions du présent chapitre ;

7° La terminaison aval d'une canalisation de distribution lorsqu'elle rejoint un réseau de transport se situe avant le dernier organe d'isolement du poste de rebours, poste exclu.

II *bis*. – Les canalisations de distribution de gaz à hautes caractéristiques sont les canalisations de distribution de gaz au sens du II dont les caractéristiques dépassent l'un ou l'autre des seuils mentionnés au 2° du II, et qui ont été mises en service avant le 1er juillet 2012, ou qui ont fait l'objet après cette date d'une opération effectuée sans augmentation ni de la pression maximale en service ni du diamètre nominal et consistant à remplacer ou déplacer un tronçon existant, à raccorder des usagers individuels ou une unité de production de gaz mentionnés au 1° du I du présent article, ou à réaliser une liaison telle que celles mentionnées au 2° du II de l'article R. 554-52.

III. – Les canalisations assurant le transport et la distribution d'énergie thermique mentionnées au 3° de l'article L. 554-5 répondent simultanément aux caractéristiques suivantes, qu'elles soient aériennes, souterraines ou subaquatiques :

1° Le fluide véhiculé est de l'eau surchauffée à une température pouvant excéder 120 °C ou de la vapeur d'eau ;

2° La pression maximale admissible est supérieure à 0,5 bar ;

3° La dimension nominale (DN) est supérieure à 32 ;

4° Le produit de la pression maximale admissible exprimée en bar par la dimension nominale est supérieur à 1 000 bar.

IV. – Les canalisations destinées à l'utilisation du gaz dans les bâtiments mentionnées au 4° de l'article L. 554-5 répondent simultanément aux caractéristiques suivantes, qu'elles soient aériennes, souterraines ou subaquatiques :

1° Le fluide véhiculé répond à la définition du 1° du II du présent article ;

2° La terminaison amont est l'entrée de l'organe de coupure générale situé à l'entrée du bâtiment, et desservant selon le cas un ou plusieurs usagers individuels ;

3° Les usagers individuels desservis occupent des locaux d'habitation.

Art. R. 554-42 *(Créé à compter du 1er janvier 2018, D. n° 2017-1557, 10 nov. 2017)*. – Le ministre chargé de la sécurité des réseaux de transport et de distribution précise, le cas échéant, par arrêté, les caractéristiques des terminaisons et des installations annexes comprises dans les canalisations mentionnées à l'article R. 554-41.

Sous-section 2. – Construction, mise en service, exploitation et contrôle des canalisations

Art. R. 554-43 *(Créé à compter du 1er janvier 2018, D. n° 2017-1557, 10 nov. 2017 ; mod., D. n° 2020-133, 18 févr. 2020 ; D. n° 2020-843, 3 juill. 2020).* – I. – Les prescriptions techniques prévues à l'article L. 554-8 sont fixées par des arrêtés du ministre chargé de la sécurité des réseaux de transport et de distribution, pris après avis du Conseil supérieur de la prévention des risques technologiques. Ces arrêtés peuvent être précisés par des guides techniques élaborés par les professions concernées et approuvés par le ministre chargé de la sécurité des réseaux de transport et de distribution.

Pour les canalisations destinées à l'utilisation du gaz dans les bâtiments, auxquelles sont susceptibles d'être raccordés des appareils ou des matériels à gaz mentionnés à l'article R. 557-8-1 ou des produits relevant du règlement (UE) n° 305/2011 du Parlement européen et du Conseil du 9 mars 2011 établissant des conditions harmonisées de commercialisation pour les produits de construction et abrogeant la directive 89/106/CEE du Conseil, les prescriptions techniques sont définies par arrêté des ministres chargés de la sécurité industrielle, de la construction, de la santé et de la sécurité civile, pris après avis du Conseil supérieur de la prévention des risques technologiques.

Ces arrêtés tiennent compte notamment, d'une part, de l'efficacité des meilleures techniques disponibles et de leur économie, d'autre part, de la qualité, de la vocation et de l'utilisation des milieux environnants, de la présence humaine qui y est recensée, des activités qui y sont exercées ainsi que de la préservation de la ressource en eau. Ils fixent en outre, le cas échéant, les seuils à partir desquels ces prescriptions s'appliquent, ainsi que les prescriptions particulières pour les canalisations construites selon des réglementations différentes de la réglementation en vigueur.

II. – Des prescriptions techniques spécifiques peuvent être fixées, pour les canalisations qui relèvent de la défense nationale ou qui présentent un intérêt pour la défense nationale, par arrêté conjoint du ministre chargé de la sécurité des réseaux de transport et de distribution et du ministre chargé de la défense, après avis du Conseil supérieur de la prévention des risques technologiques.

Ces arrêtés peuvent également préciser les modalités selon lesquelles les éléments soumis à des règles de protection du secret de la défense nationale sont soustraits des dossiers destinés à l'information ou la participation du public.

Art. R. 554-44 *(Créé à compter du 1er janvier 2018, D. n° 2017-1557, 10 nov. 2017).* – Les arrêtés mentionnés à l'article R. 554-43 peuvent soumettre certaines canalisations à une ou plusieurs des opérations de contrôles suivantes :

a) Des contrôles administratifs initiaux des canalisations nouvelles ou modifiées ;

b) Des épreuves, essais ou vérifications de conformité d'éléments neufs ou réparés des canalisations ;

c) Des contrôles administratifs périodiques des canalisations en service ;

d) Des actions de contrôle menées pour assurer l'intégrité des canalisations en service et la préservation des intérêts mentionnés à l'article L. 554-5.

Les opérations mentionnées aux *a* à *d* ci-dessus sont à la charge de l'exploitant. Toutefois, pour toute canalisation mentionnée au IV de l'article R. 554-41, destinée à l'utilisation du gaz, alimentée par une canalisation de distribution de gaz, et qui n'est pas sous la garde de l'usager final, ces actions de contrôle sont menées sous la responsabilité de l'exploitant de cette canalisation de distribution.

Ces arrêtés précisent celles des opérations mentionnées aux *a* à *d* dont la surveillance est confiée à des organismes habilités mentionnés aux articles R. 554-55 à R. 554-57.

Ils précisent en outre les modalités, préalablement aux travaux de construction, de modification ou de réparation d'une canalisation nécessitant plus de deux soudures, d'information du service chargé du contrôle, et d'information selon le cas des services de voirie intéressés, des propriétaires des parcelles privées et des gestionnaires des espaces naturels protégés.

Art. R. 554-45 *(Rempl., D. n° 2020-843, 3 juill. 2020).* – Avant la mise en service de toute canalisation nouvelle ou modifiée, l'exploitant informe le service chargé du contrôle et tient à sa disposition un dossier qui atteste que la canalisation ou sa partie modifiée est conforme aux dispositions de la présente sous-section, complétées, le cas échéant, par les dispositions de l'arrêté d'autorisation.

Les délais et modalités de cette information, le contenu de ce dossier et les critères précisant les tronçons soumis à cette obligation ainsi que les conditions de mise en service sont définis par un arrêté du ministre chargé de la sécurité des réseaux de transport et de distribution, pris après avis du Conseil supérieur de la prévention des risques technologiques.

Art. R. 554-46 *(Rempl., D. n° 2020-843, 3 juill. 2020)*. – I. – Une étude de dangers, dont le contenu est prévu à l'article R. 555-10-1, est établie préalablement à la conception :

1° De toute canalisation de transport soumise à autorisation mentionnée à l'article R. 555-2. Dans ce cas, cette étude est produite dans le cadre de la demande d'autorisation, conformément aux dispositions de l'article R. 555-8 ;

2° De toute opération mentionnée au II *bis* de l'article R. 554-41, hors opérations n'entraînant pas de changement des éléments de l'étude de dangers, notamment de maintenance, de remplacement à l'identique ou à l'intérieur du périmètre d'une installation annexe. Dans ce cas, cette étude est remise au service chargé du contrôle mentionné à l'article R. 554-58 quarante-cinq jours avant la construction de la canalisation.

II. – Toute canalisation mentionnée au I est conçue, construite et exploitée conformément aux dispositions et mesures prévues par l'étude de dangers, sauf disposition contraire prévue dans l'arrêté d'autorisation.

Pour toute canalisation de transport en service soumise à autorisation, ainsi que pour toute canalisation de distribution de gaz à hautes caractéristiques mentionnée au II *bis* de l'article R. 554-41, l'étude de dangers fait l'objet d'un réexamen au moins quinquennal. Ce réexamen porte en particulier sur les canalisations ou tronçons de canalisation pour lesquels des changements de caractéristiques ou des conditions d'exploitation sont intervenus ou pour lesquels l'environnement, notamment l'urbanisation, a évolué. À l'issue de ce réexamen, l'étude de dangers est mise à jour si nécessaire sur les canalisations ou tronçons de canalisation concernés.

La notice de réexamen et le cas échéant la mise à jour de l'étude de dangers est transmise au service chargé du contrôle.

Les canalisations d'un même réseau peuvent, à l'initiative de l'exploitant, faire l'objet d'une notice de réexamen et le cas échéant d'une mise à jour de l'étude de dangers globale ou à l'échelle de chacun des départements traversés.

Le cas échéant, les mesures compensatoires de sécurité rendues nécessaires sont mises en place au plus tard dans un délai de trois ans suivant la transmission de la mise à jour de l'étude de dangers, selon un calendrier privilégiant le traitement des zones les plus sensibles au plan humain ou environnemental. Des délais plus courts peuvent être fixés par arrêté pris dans les formes prévues à l'article R. 554-62 et à l'article R. 555-22.

Art. R. 554-47 *(Créé à compter du 1er janvier 2018, D. n° 2017-1557, 10 nov. 2017 ; mod., D. n° 2020-843, 3 juill. 2020)*. – I. – Un plan de sécurité et d'intervention est établi, pour toute canalisation, par l'exploitant en liaison avec les autorités publiques chargées des secours et le service chargé du contrôle. Il est transmis à ces services avant toute mise en service de la canalisation. Les canalisations d'un même réseau peuvent faire l'objet d'un plan de sécurité et d'intervention unique à l'échelle de chacun des départements traversés.

Le plan de sécurité et d'intervention n'est pas obligatoire pour les réseaux de distribution de gaz desservant moins de 500 clients.

II. – Le plan de sécurité et d'intervention définit les modalités d'organisation de l'exploitant et les moyens et méthodes qu'il prévoit de mettre en œuvre, en cas d'accident survenant aux ouvrages, pour protéger le personnel, les populations et l'environnement. Il précise les relations avec les autorités publiques chargées des secours et son articulation avec le plan Orsec départemental. Les mesures prévues doivent être proportionnées aux risques encourus.

Le comité social et économique de l'établissement de l'exploitant, s'il existe, est consulté sur le plan de sécurité et d'intervention.

Le plan de sécurité et d'intervention est mis à jour de façon complète et testé à des intervalles n'excédant pas cinq ans. Des mises à jour partielles sont effectuées à une fréquence plus grande si nécessaire, notamment en cas de modification de coordonnées des parties prenantes, de connexion avec un nouvel ouvrage ou d'arrêt définitif d'ouvrages raccordés.

Art. R. 554-48 *(Créé à compter du 1er janvier 2018, D. n° 2017-1557, 10 nov. 2017)*. – L'exploitant établit et met en œuvre un programme de surveillance et de maintenance des canalisations qu'il exploite, destiné à assurer le maintien de l'intégrité des canalisations pendant toute la durée de leur exploitation et de leurs arrêts temporaires, afin de préserver les intérêts mentionnés à l'article L. 554-5. Ce programme tient compte des points singuliers des canalisations sur l'ensemble de leur tracé, selon des critères fixés par un arrêté du ministre chargé de la sécurité des réseaux de transport et de distribution, pris après avis du Conseil supérieur de la prévention des risques technologiques.

Pour les canalisations présentant le potentiel de risques le plus élevé, et selon des critères fixés par l'arrêté précité, l'exploitant met en place en outre un système de gestion de la sécurité.

Art. R. 554-49 *(Créé à compter du 1er janvier 2018, D. n° 2017-1557, 10 nov. 2017).* – L'exploitant est tenu de déclarer au préfet, dans les meilleurs délais, les incidents ou accidents qui sont de nature à porter une atteinte significative aux intérêts mentionnés à l'article L. 554-5.

Toutefois, pour toute canalisation destinée à l'utilisation du gaz dans les bâtiments, et alimentée par une canalisation de distribution de gaz, la déclaration est effectuée par l'exploitant de cette canalisation de distribution.

Art. R. 554-50 *(Créé à compter du 1er janvier 2018, D. n° 2017-1557, 10 nov. 2017).* – L'exploitant adresse chaque année au service chargé du contrôle un rapport d'activité comportant un bilan :

– de la mise en œuvre du programme de surveillance et de maintenance de la canalisation ;

– le cas échéant, de l'application et de la performance du système de gestion de la sécurité ;

– des incidents et accidents survenus éventuellement et des mesures prises pour en limiter les conséquences et pour en éviter le renouvellement ;

– des exercices de mise en œuvre du plan de sécurité et d'intervention, le cas échéant ;

– des travaux de tiers à proximité de la canalisation ;

– des travaux de réparation de la canalisation s'il s'agit d'une canalisation mentionnée au 1° ou au 3° de l'article L. 554-5 ;

– des quantités transportées, s'il s'agit d'une canalisation de transport d'hydrocarbures liquides ou liquéfiés, sauf si elle relie deux unités du site d'un même exploitant.

Art. R. 554-51 *(Créé à compter du 1er janvier 2018, D. n° 2017-1557, 10 nov. 2017).* – Le ministre chargé de la sécurité des réseaux de transport et de distribution peut, compte tenu du caractère disproportionné du coût des solutions techniques à mettre en œuvre, d'une expérimentation ou d'une situation transitoire, prévoir par arrêté pris après avis du Conseil supérieur de la prévention des risques technologiques, pour un ensemble de canalisations présentant des caractéristiques communes, des aménagements aux dispositions de la présente section dans des conditions visant à assurer un niveau équivalent de protection des intérêts mentionnés à l'article L. 554-5.

Art. R. 554-52 *(Créé à compter du 1er janvier 2018, D. n° 2017-1557, 10 nov. 2017 ; mod., D. n° 2020-843, 3 juill. 2020).* – I. – Les dispositions de la présente sous-section sont applicables :

1° Aux canalisations de transport de gaz naturel ou assimilé, d'hydrocarbures ou de produits chimiques, à l'exception de celles mentionnées au 2° du II ;

2° Aux canalisations de distribution de gaz à hautes caractéristiques mentionnées au II *bis* de l'article R. 554-41.

Toutefois, pour les canalisations des installations annexes mentionnées au c du 3° de l'article L. 554-7, les articles R. 554-46 et R. 554-47 ne sont pas applicables.

II. – Les dispositions de la présente sous-section sont applicables à l'exception des articles R. 554-45 et R. 554-46 :

1° Aux canalisations de distribution de gaz mentionnées au II de l'article R. 554-41 autres que celles mentionnées au II *bis* de l'article R. 554-41 ;

2° Aux canalisations de transport de gaz naturel ou assimilé mentionnées au 1° de l'article L. 554-5 qui ont été mises en service avant le 1er juillet 2012, lorsqu'elles relient entre eux deux réseaux de distribution publique de gaz et traversent le territoire de communes ne possédant pas une telle distribution et dont les caractéristiques ne dépassent pas l'un ou l'autre des seuils mentionnés au 2° du II de l'article R. 554-41.

III. – Les dispositions de la présente sous-section sont applicables à l'exception de l'article R. 554-46 aux canalisations assurant le transport et la distribution d'énergie thermique.

IV. – Les dispositions de la présente sous-section sont applicables à l'exception des articles R. 554-45 à R. 554-48 et R. 554-50 aux canalisations destinées à l'utilisation du gaz dans les bâtiments d'habitation.

Sous-section 3. – Canalisations fonctionnant au bénéfice des droits acquis

Art. R. 554-53 *(Créé à compter du 1er janvier 2018, D. n° 2017-1557, 10 nov. 2017)*. – Sans préjudice des dispositions de l'article R. 555-23, toute canalisation qui, régulièrement mise en service sans relever des dispositions en vigueur de la présente section ni des dispositions qui les ont précédées, peut continuer de fonctionner dans le respect des dispositions de la présente section qui ne remettent pas en cause de façon substantielle le tracé et les dispositions constructives originelles.

Sous-section 4. – Changement d'exploitant

Art. R. 554-54 *(Créé à compter du 1er janvier 2018, D. n° 2017-1557, 10 nov. 2017)*. – Sans préjudice des dispositions de l'article R. 555-27, en cas de changement d'exploitant d'une canalisation, l'ensemble des pièces administratives et techniques prévues par la présente section et par ses arrêtés d'application sont remises au nouvel exploitant.

Sous-section 5. – Habilitation des organismes de contrôle

Art. R. 554-55 *(Créé à compter du 1er janvier 2018, D. n° 2017-1557, 10 nov. 2017)*. – I. – Tout organisme désirant obtenir l'habilitation prévue aux articles R. 554-44 et R. 555-31 ou, le cas échéant, par les arrêtés prévus à l'article R. 554-43, adresse au ministre chargé de la sécurité des réseaux de transport et de distribution une demande d'habilitation précisant le domaine des analyses, expertises ou contrôles pour lequel l'habilitation est demandée. La demande est accompagnée d'un dossier comportant la description de l'organisation de l'organisme et de l'ensemble des moyens humains et matériels et des compétences dont dispose l'organisme dans le domaine pour lequel l'habilitation est demandée. Sont jointes au dossier les accréditations, certifications ou autres justifications relatives à ses compétences dans ce domaine ou des domaines voisins.

Le pétitionnaire fournit les documents statutaires et contractuels relatifs à ses liens éventuels avec des opérateurs exerçant leur activité dans le domaine pour lequel l'habilitation est demandée. Il s'engage par écrit à garantir, jusqu'à l'arrêt définitif de la canalisation concernée, la confidentialité des informations recueillies au cours ou à l'occasion de ses analyses, expertises ou contrôles, sauf à l'égard de l'autorité administrative qui les a demandés et de l'exploitant.

II. – *(Mod. à compter du 1er janvier 2025, D. n° 2024-1022, 13 nov. 2024)* L'habilitation pour les actions de surveillance prévues au *b* de l'article R. 554-44 est subordonnée en outre, sauf indication contraire fixée par un arrêté prévu à l'article R. 554-43 et justifiée par un parc de canalisations soumises à ces actions de surveillance très limité, à l'accréditation du pétitionnaire délivrée dans les conditions définies par arrêté du ministre chargé de la sécurité des réseaux de transport et de distribution, dans le délai maximal fixé par la décision d'habilitation, par le Comité français d'accréditation ou par un organisme d'accréditation signataire de l'accord multilatéral de reconnaissance mutuelle pris dans le cadre de la coopération européenne des organismes d'accréditation, et à la souscription d'une assurance couvrant la responsabilité civile du pétitionnaire. Elle peut également être subordonnée à une couverture minimale du territoire national et à une participation active aux instances de normalisation et de coordination technique dans les domaines couverts par l'habilitation.

III. – Un arrêté du ministre chargé de la sécurité des réseaux de transport et de distribution, pris après avis du Conseil supérieur de la prévention des risques technologiques, peut fixer des conditions complémentaires à l'octroi de l'habilitation.

Art. R. 554-56 *(Créé à compter du 1er janvier 2018, D. n° 2017-1557, 10 nov. 2017)*. – L'habilitation est prononcée par le ministre chargé de la sécurité des réseaux de transport et de distribution. Elle précise la durée de sa validité ainsi que les catégories d'analyses, expertises et contrôles pour lesquelles elle est accordée.

Le silence gardé par le ministre pendant plus de six mois sur une demande d'habilitation initiale vaut décision de rejet.

Le silence gardé par le ministre pendant plus de quatre mois sur une demande de renouvellement d'habilitation vaut décision d'acceptation.

(Mod. à compter du 1er janvier 2025, D. n° 2024-1022, 13 nov. 2024) L'habilitation peut être restreinte, suspendue ou retirée par le ministre lorsque l'organisme ou certaines de ses agences cessent de remplir les

conditions au vu desquelles l'habilitation a été délivrée et après que l'organisme a été mis à même de présenter ses observations.

Art. R. 554-57 *(Créé à compter du 1er janvier 2018, D. n° 2017-1557, 10 nov. 2017).* – Les organismes habilités sont soumis au contrôle du ministre chargé de la sécurité des réseaux de transport et de distribution.

Ils lui adressent, avant le 15 février de chaque année, un rapport sur l'activité exercée au cours de l'année précédente.

Sous-section 6. – Autorités compétentes, publicité des actes administratifs et voies de recours

Art. R. 554-58 *(Créé à compter du 1er janvier 2018, D. n° 2017-1557, 10 nov. 2017).* – I. – Pour l'application de la présente section, l'autorité administrative compétente est :

– pour les canalisations de transport soumises à autorisation, ou les tronçons de ces canalisations concernés, l'autorité administrative compétente pour délivrer l'autorisation définie à l'article R. 555-4 ;

– pour les autres canalisations, le préfet du département dans lequel est implanté la canalisation ou le tronçon de canalisation concerné.

II. – Pour l'application du I de l'article L. 554-9, l'autorité administrative compétente est le préfet du département dans lequel est implanté la canalisation ou le tronçon de canalisation concerné.

III. – Le service instructeur et de contrôle chargé de contrôler le respect des dispositions de la présente section et de celles du chapitre V du présent titre est, selon le cas, la direction régionale de l'environnement, de l'aménagement et du logement, la direction de l'environnement, de l'aménagement et du logement, ou la direction régionale et interdépartementale de l'environnement et de l'énergie d'Île-de-France.

Les agents chargés de l'instruction des dossiers et du contrôle sont les inspecteurs de l'environnement mentionnés à l'article L. 172-1.

Toutefois pour le contrôle technique de l'exploitation des canalisations relevant du ministre de la Défense ou dont l'intérêt pour la défense nationale est reconnu par l'acte d'autorisation, ainsi que pour leurs conduites de raccordement et leurs extensions, l'autorité administrative compétente dispose des services désignés à cet effet par le ministre de la Défense.

Le contrôle de la construction et de l'exploitation de toute canalisation concernée par le présent chapitre est exercé auprès du maître d'ouvrage lors de la construction et auprès de l'exploitant lorsque la canalisation est en service.

Art. R. 554-59 *(Créé à compter du 1er janvier 2018, D. n° 2017-1557, 10 nov. 2017).* – L'information des tiers sur les arrêtés ministériels individuels et sur les autres actes individuels pris en application du présent chapitre et du chapitre V s'effectue dans le respect du secret de la défense nationale, du secret industriel et de tout secret protégé par la loi.

Art. R. 554-60 *(Créé à compter du 1er janvier 2018, D. n° 2017-1557, 10 nov. 2017 ; mod., D. n° 2020-843, 3 juill. 2020).* – I. – *(Mod. à compter du 1er janvier 2025, D. n° 2024-1022, 13 nov. 2024)* Les arrêtés ministériels individuels et les autres décisions ministérielles individuelles pris en application du présent chapitre et du chapitre V sont publiés au *Bulletin officiel* du ministère chargé de la sécurité des réseaux de transport et de distribution.

II. – Les arrêtés et les autres actes préfectoraux individuels pris en application du présent chapitre et du chapitre V sont publiés au recueil des actes administratifs et sur le site internet de la préfecture concernée pendant une durée minimale d'un an.

III. – Les arrêtés et les autres actes individuels, ministériels ou préfectoraux, pris en application des articles R. 555-4, R. 555-27 R. 555-30 et R. 555-33, sont adressés aux maires des communes concernées ou aux présidents des établissements publics de coopération intercommunale compétents en matière d'urbanisme concernés.

Art. R. 554-61 *(Créé à compter du 1er janvier 2018, D. n° 2017-1557, 10 nov. 2017).* – I. – Les décisions individuelles prises en application des dispositions du présent chapitre et du chapitre V peuvent être déférées à la juridiction administrative :

a) Par les tiers intéressés en raison des inconvénients ou des dangers que le fonctionnement de la canalisation présente pour les intérêts mentionnés à l'article L. 554-5, dans un délai de quatre mois à compter de la publication de ces décisions ;

b) Par les pétitionnaires ou exploitants, dans un délai de deux mois à compter de la date à laquelle la décision leur a été notifiée.

II. – Les décisions individuelles mentionnées au premier alinéa du I peuvent faire l'objet d'un recours gracieux ou hiérarchique dans le délai de deux mois. Ce recours administratif prolonge de deux mois les délais mentionnés au I.

III. – Les tiers intéressés peuvent déposer une réclamation auprès du préfet, à compter de la mise en service d'un projet de canalisation autorisé, aux seules fins de contester l'insuffisance ou l'inadaptation des prescriptions définies dans l'autorisation, en raison des inconvénients ou des dangers que le fonctionnement de la canalisation présente pour les intérêts mentionnés à l'article L. 554-5.

Le préfet dispose d'un délai de deux mois, à compter de la réception de la réclamation, pour y répondre de manière motivée. À défaut, la réponse est réputée négative.

S'il estime la réclamation fondée, le préfet fixe des prescriptions complémentaires dans les formes prévues à l'article R. 555-22.

Sous-section 7. – Prescriptions techniques particulières

(Ss-sect. créée, D. n° 2020-843, 3 juill. 2020)

Art. R. 554-62 *(D. n° 2020-843, 3 juill. 2020)*. – Pour les canalisations de transport non soumises à autorisation et de distribution mentionnées aux I à III de l'article R. 554-41, le préfet peut fixer, par arrêté pris sur proposition du service chargé du contrôle, des prescriptions techniques particulières nécessaires à la protection des intérêts mentionnés à l'article L. 554-5 et portant sur :

- leur exploitation, surveillance et maintenance ;
- la réalisation de contrôles techniques, d'analyses ou d'expertises, incluant la possibilité de prévoir la réalisation d'une étude de dangers dont le contenu est prévu à l'article R. 555-10-1.

Le projet d'arrêté est porté par le préfet à la connaissance de l'exploitant, auquel un délai de quinze jours est accordé pour présenter éventuellement ses observations par écrit, directement ou par mandataire.

Le préfet peut solliciter l'avis de la commission départementale compétente en matière d'environnement et de risques sanitaires et technologiques lorsqu'il l'estime nécessaire en raisons des enjeux.

Les frais induits par ces prescriptions sont à la charge de l'exploitant.

Sous-section 8. – Sanctions

(Sous-section créée à compter du 1er janvier 2025, D. n° 2024-1022, 13 nov. 2024)

Art. R. 554-63 *(Créé à compter du 1er janvier 2025, D. n° 2024-1022, 13 nov. 2024)*. – Est puni de la peine d'amende prévue pour les contraventions de la 5e classe :

1° Le fait de ne pas satisfaire aux prescriptions techniques mentionnées à l'article R. 554-43 ;

2° Le fait de ne pas satisfaire aux opérations de contrôles mentionnées à l'article R. 554-44 ;

3° Le fait de ne pas respecter les délais et modalités de l'information ou de ne pas mettre à disposition le dossier en application de l'article R. 554-45 ;

4° Le fait de ne pas transmettre l'étude de dangers, avant la construction d'une canalisation, dans le délai prévu au 2° du I de l'article R. 554-46 ;

5° Le fait de ne pas respecter l'obligation de concevoir, construire et exploiter une canalisation conformément aux dispositions et mesures prévues par l'étude de dangers en méconnaissance du II de l'article R. 554-46 ;

6° Le fait de ne pas réaliser le réexamen et la mise à jour, lorsqu'elle est nécessaire, de l'étude de dangers, en application de l'article R. 554-46 ou ne pas mettre en place dans les délais, lorsqu'elles sont requises, les mesures compensatoires de sécurités, prévues au même article ;

7° Le fait d'omettre d'établir ou de transmettre le plan de sécurité et d'intervention prévu à l'article R. 554-47, ou de ne pas mettre à jour ou tester ce plan dans les délais prévus au même article ;

8° Le fait d'omettre d'établir ou de mettre en œuvre le programme de surveillance et de maintenance prévu à l'article R. 554-48 ;

9° Le fait d'omettre de faire la déclaration prévue à l'article R. 554-49 ;

10° Le fait d'omettre la transmission du rapport d'activité prévue à l'article R. 554-50 ;

11° Le fait de ne pas respecter les conditions de l'habilitation mentionnées à l'article R. 554-56 ;

12° Le fait de ne pas respecter les prescriptions fixées en application de l'article R. 554-62.

CHAPITRE V. – CANALISATIONS DE TRANSPORT DE GAZ NATUREL OU ASSIMILÉ, D'HYDROCARBURES ET DE PRODUITS CHIMIQUES

(D. n° 2012-615, 2 mai 2012 ; intitulé mod. à compter du 1er janvier 2018, D. n° 2017-1557, 10 nov. 2017)

Le présent chapitre a été créé par l'article 3 du décret n° 2012-615 du 2 mai 2012 relatif à la sécurité, l'autorisation et la déclaration d'utilité publique des canalisations de transport de gaz, d'hydrocarbures et de produits chimiques (D. n° 2012-615, 2 mai 2012, *JO* 4 mai 2012, p. 7874, NOR : DEVP1129128D). Sont concernés les maîtres d'ouvrage prévoyant la construction de canalisations de transport de gaz, d'hydrocarbures et de produits chimiques, exploitants de ces ouvrages également désignés « transporteurs », et collectivités sur le territoire desquelles sont implantées ces canalisations. Ce chapitre vise à encadrer les procédures d'autorisation et de déclaration d'utilité publique relatives à la construction et à l'exploitation des canalisations de transport de gaz, d'hydrocarbures et de produits chimiques, à définir les règles relatives à la sécurité, à la protection de l'environnement et au contrôle applicables à ces ouvrages, à définir les règles spécifiques aux canalisations relevant du service public de l'énergie et à fixer le régime de redevances d'occupation du domaine public. Ces dispositions sont entrées en vigueur le 5 mai 2012, le lendemain de la publication du décret précité.

Section I. – Dispositions générales

(Abr. à compter du 1er janvier 2018, D. n° 2017-1557, 10 nov. 2017)

Art. R. 555-1 *(Abr. à compter du 1er janvier 2018, D. n° 2017-1557, 10 nov. 2017).*

Section II. – Procédure d'autorisation

Art. R. 555-2 *(Rempl., D. n° 2020-843, 3 juill. 2020).* **– Les canalisations de transport soumises à autorisation de construction et d'exploitation en application de l'article L. 555-1 sont celles mentionnées au I de l'article R. 554-41 qui remplissent au moins l'une des deux conditions suivantes :**

1° Le fluide est transporté à une pression maximale en service supérieure ou égale à 4 bar et est :

***a)* Soit du dioxyde de carbone ;**

***b)* Soit, dans les conditions normales de température et de pression, un gaz inflammable ou nocif ou toxique, ou un liquide inflammable ;**

2° La longueur de la canalisation est supérieure ou égale à 2 kilomètres, ou le produit de son diamètre extérieur par sa longueur est supérieur ou égal à 500 mètres carrés.

Le caractère inflammable, nocif ou toxique d'un fluide s'entend au sens des définitions de l'annexe I du règlement (CE) n° 1272/2008 du Parlement européen et du Conseil du 16 décembre 2008 relatif à la classification, à l'étiquetage et à l'emballage des substances et des mélanges.

Sous-section 1. – Demande d'autorisation

Art. R. 555-3 *(D. n° 2012-615, 2 mai 2012)* (1). **– Toute personne qui se propose de construire et d'exploiter elle-même ou de faire exploiter par un tiers une canalisation de transport soumise à autorisation effectue une demande d'autorisation conformément à la présente sous-section.**

Art. R. 555-4 *(Rempl. à compter du 1er janvier 2025, D. n° 2024-1022, 13 nov. 2024).* **– L'autorisation prévue à l'article L. 555-1 est accordée :**

1° Par arrêté conjoint du ministre chargé de la sécurité du transport par canalisation et du ministre chargé de l'énergie, s'il s'agit d'une canalisation de transport de gaz naturel ou assimilé ou d'hydrocarbures liquides ou liquéfiés présentant un intérêt pour la défense nationale ;

2° Par arrêté du ministre chargé de la sécurité du transport par canalisation s'il s'agit d'une canalisation de transport de produits chimiques présentant un intérêt pour la défense nationale ;

3° Par arrêté préfectoral ou inter-préfectoral en dehors des cas prévus aux 1° et 2° du présent article.

(1) Dispositions d'application transitoires et dérogatoires : V. D. n° 2012-615, 2 mai 2012, art. 11, I. – NDLR.

Cette autorisation cesse de produire ses effets si l'information prévue à l'article R. 554-45 n'a pas été effectuée dans un délai de cinq ans à compter de la date de notification de l'arrêté, sauf cas de force majeure ou de demande justifiée et acceptée de prorogation de délai.

Ce délai est suspendu jusqu'à la notification à l'auteur de la décision administrative ou à l'exploitant, d'une décision devenue définitive en cas de :

1° Recours devant la juridiction administrative contre l'arrêté d'autorisation ;

2° Recours devant la juridiction administrative contre l'arrêté prononçant la déclaration d'utilité publique.

Art. R. 555-5 *(D. n° 2012-615, 2 mai 2012 ; mod., D. n° 2020-843, 3 juill. 2020)*. – I. – Pour les canalisations soumises à autorisation ministérielle, la demande d'autorisation est adressée au ministre chargé de la sécurité du transport par canalisation ainsi qu'au préfet du département concerné ou, si le projet concerne plusieurs départements, au préfet coordonnateur de l'instruction défini à l'article R. 555-6. Celui-ci en informe les préfets des autres départements concernés par les risques et inconvénients dont la canalisation peut être la source et au moins ceux dont le projet prévoit la traversée ou dont une partie du territoire est située à une distance du tracé prévu inférieure à :

a) 500 mètres, si le fluide transporté est liquide dans les conditions normales de température et de pression ou s'il est inflammable ou toxique ;

b) 100 mètres, dans les autres cas.

Elle est adressée en outre, le cas échéant, aux ministres concernés visés à l'article R. 555-4.

II. – Pour les canalisations soumises à autorisation préfectorale, la demande est adressée au préfet du département concerné ou, si le projet concerne plusieurs départements, au préfet coordonnateur de l'instruction défini à l'article R. 555-6, qui en informe les préfets des autres départements concernés, selon les mêmes critères que ceux applicables aux canalisations soumises à autorisation ministérielle.

Art. R. 555-6 *(D. n° 2012-615, 2 mai 2012)*. – Lorsque le projet concerne plusieurs départements, le préfet coordonnateur de l'instruction du dossier est le préfet du département où est située la plus grande longueur de la canalisation.

Art. R. 555-7 *(D. n° 2012-615, 2 mai 2012)*. – Lorsqu'une demande de déclaration d'utilité publique des travaux de construction et d'exploitation est simultanément présentée, la demande d'autorisation le mentionne.

Art. R. 555-8 *(D. n° 2012-615, 2 mai 2012 ; mod. à compter du 1er janv. 2018, D. n° 2017-1557, 10 nov. 2017 ; mod., D. n° 2020-843, 3 juill. 2020)*. – La demande d'autorisation de construire et exploiter une canalisation de transport est accompagnée d'un dossier, fourni en autant d'exemplaires que demandé par le préfet ou le préfet coordonnateur de l'instruction pour assurer les consultations prévues par la présente section et, le cas échéant, la section 3, et comportant les pièces suivantes :

1° S'il s'agit d'une personne physique, ses nom, prénom et domicile ou, s'il s'agit d'une personne morale, sa dénomination ou sa raison sociale, sa forme juridique, l'adresse de son siège social ainsi que la qualité du signataire de la demande ; il est accompagné, pour les canalisations de transport de gaz relevant de la mission de service public définie à l'article L. 121-32 du Code de l'énergie, de la justification de l'existence d'un siège social en France ou dans un État membre de l'Espace économique européen et de la désignation d'un représentant fiscal en France ;

2° Un mémoire exposant les capacités techniques, économiques et financières du pétitionnaire. Ce mémoire comporte une description des moyens dont le pétitionnaire dispose ou qu'il s'engage à mettre en œuvre en termes d'organisation, de personnels et de matériels ;

3° Une présentation des caractéristiques techniques et économiques de l'ouvrage de transport prévu ainsi que, le cas échéant, des raccordements à des ouvrages existants du même pétitionnaire ou à des ouvrages tiers ;

4° Une carte au 1/25 000 comportant le tracé de la ou des canalisations projetées permettant de connaître les communes traversées, avec l'indication des emprunts envisagés du domaine public. Cette carte est accompagnée, si nécessaire, d'une seconde carte permettant de préciser l'implantation des ouvrages projetés, établie à l'échelle appropriée ;

5° Une étude de dangers élaborée par le pétitionnaire et sous sa responsabilité, analysant les risques que peut présenter l'ouvrage et ceux qu'il encourt du fait de son environnement, et dont le contenu minimal est fixé par l'article R. 555-10-1 ;

6° Éventuellement, toute convention liant l'entreprise à des tiers et relative à l'exploitation de la canalisation ;

7° Éventuellement, toute convention liant l'entreprise à des tiers et relative soit au financement de la construction, soit à l'usage de la canalisation, ces pièces n'étant pas jointes au dossier soumis à l'enquête publique ;

8° Lorsque le pétitionnaire demande la déclaration d'utilité publique des travaux, la largeur des bandes de servitudes qu'il sollicite conformément à l'article R. 555-34, ou lorsqu'il ne demande pas la déclaration d'utilité publique, une annexe foncière indiquant la nature et la consistance des terrains qu'il se propose d'acquérir et celles des servitudes qu'il se propose d'établir, par convention avec l'ensemble des propriétaires des terrains concernés par le tracé du projet de canalisation, afin d'obtenir dans une bande d'au moins 5 mètres de largeur des garanties équivalentes à celles fixées par les articles L. 555-27 et L. 555-28 ;

9° Une note justifiant le choix du tracé retenu parmi les différentes solutions possibles, au regard de l'analyse des enjeux de sécurité et de protection de l'environnement effectuée, le cas échéant, dans le cadre de l'étude d'impact et de l'étude de dangers ;

10° Un résumé non technique de l'ensemble des pièces prévues au présent article et, le cas échéant, à l'article R. 555-9, sous une forme facilitant la prise de connaissance par le public des informations contenues dans la demande d'autorisation.

Art. R. 555-9 *(D. n° 2012-615, 2 mai 2012* (1) (2) *; mod., D. n° 2020-843, 3 juill. 2020).* – La demande d'autorisation est complétée par les pièces suivantes, le cas échéant :

1° L'étude d'impact prévue à l'article L. 122-1 dont le contenu est défini à l'article R. 122-5 et complété par les éléments mentionnés à l'article R. 555-10, lorsque le projet fait l'objet d'une évaluation environnementale, ou, si le projet ne nécessite pas la réalisation d'une évaluation environnementale à l'issue de l'examen au cas par cas prévu par l'article R. 122-3, la décision correspondante, assortie, le cas échéant, de l'indication par le pétitionnaire des modifications apportées aux caractéristiques et mesures du projet ayant motivé cette décision ;

2° Lorsque les caractéristiques de la canalisation de transport ou des travaux ou aménagements liés à sa construction dépassent les seuils fixés par l'article R. 214-1, et sauf si l'étude d'impact mentionnée au 1° contient déjà ces éléments, un document indiquant les incidences des travaux de construction et d'exploitation de la canalisation sur la ressource en eau et, le cas échéant, les mesures envisagées ainsi que la compatibilité du projet avec le schéma directeur et le schéma d'aménagement et de gestion des eaux ;

3° L'évaluation mentionnée aux articles R. 1511-4 à R. 1511-6 du Code des transports, lorsque les travaux constituent un grand projet d'infrastructures de transport tel que défini au 2° de l'article R. 1511-1 du même code ;

4° Les conclusions du débat public ou de la concertation organisés, le cas échéant, en application de l'article L. 121-8 ;

5° Pour les canalisations de transport dont l'autorisation de construire et exploiter est délivrée après enquête publique, les trois derniers bilans et comptes de résultats de l'entreprise ou, le cas échéant, les déclarations bancaires appropriées, ces pièces n'étant pas jointes au dossier soumis à l'enquête publique ; toutefois, ces pièces ne sont pas exigées si le pétitionnaire a fourni ces documents à l'appui d'une demande présentée dans le même département depuis moins d'un an.

Art. R. 555-10 *(D. n° 2012-615, 2 mai 2012).* – L'étude d'impact mentionnée au 1° de l'article R. 555-9 comporte les dispositions prévues pour prévenir ou remédier aux dommages liés à la construction ou à l'exploitation de la canalisation, susceptibles de porter atteinte aux espaces naturels protégés ou reconnus, ou à l'espace agricole et forestier en application des articles L. 112-3 et L. 123-24 du Code rural et de la pêche maritime.

Lorsque l'analyse détaillée des risques pour la protection de l'environnement et la présentation des dispositions prévues pour les prévenir figurent dans l'étude de dangers prévue au *(Réf. rempl. à compter du 1er janvier 2018, D. n° 2017-1557, 10 nov. 2017)* « 5° de l'article R. 555-8 », l'étude d'impact le mentionne.

Art. R. 555-10-1 *(Créé à compter du 1er janvier 2018, D. n° 2017-1557, 10 nov. 2017).* – L'étude de dangers mentionnée au 5° de l'article R. 555-8 :

a) Présente une description des phénomènes dangereux susceptibles d'intervenir, que leur cause soit d'origine interne ou externe, et décrit leur probabilité, la nature et l'extension des conséquences qu'ils peuvent avoir pour

(1) Les dispositions du présent 1° entrent en vigueur à compter du 1er juin 2012, D. n° 2012-615, 2 mai 2012, art. 11, IV. – NDLR.

(2) Dispositions transitoires : V. D. n° 2012-615, 2 mai 2012, art. 11, IV. – NDLR.

les personnes, pour les biens et pour l'environnement, et notamment précise les risques de pollution accidentelle pour l'environnement, au regard des enjeux décrits dans l'étude d'impact ou lorsque cette dernière n'est pas requise dans l'étude de dangers, notamment en ce qui concerne le milieu aquatique et les espaces naturels sensibles ;

b) Aux fins de détermination des zones d'effets mentionnées au *b* de l'article R. 555-30, identifie parmi ces phénomènes dangereux et selon des critères fixés par un arrêté du ministre chargé de la sécurité du transport par canalisation après avis du Conseil supérieur de la prévention des risques technologiques :

– le phénomène dangereux dit « de référence » majorant engendrant les distances d'effets les plus étendues ;

– lorsque ce dernier est de probabilité très faible, le phénomène dangereux dit « de référence réduit », qui est, parmi les phénomènes dangereux résiduels, celui engendrant les distances d'effets les plus étendues ;

c) Définit et justifie les mesures propres à réduire la probabilité d'occurrence et les effets des accidents éventuels ;

d) Recense les aménagements et constructions significatifs susceptibles de recevoir des personnes situés dans la zone des dangers létaux liée au phénomène dangereux de référence majorant ;

e) (Mod. à compter du 1er janvier 2025, D. n° 2024-1022, 13 nov. 2024) Justifie le respect des normes relatives à la sécurité et à la protection de l'environnement applicables aux canalisations de transport ainsi que la compatibilité du produit avec l'ouvrage, compte tenu notamment de la pression maximale en service envisagée ;

f) Précise notamment les dispositions prises au stade de la conception, de la construction et de l'exploitation de l'ouvrage ;

g) Indique la nature et l'organisation des moyens d'intervention dont le pétitionnaire dispose ou dont il s'est assuré le concours en vue de prévenir ou limiter les effets d'un éventuel sinistre ainsi que les principes selon lesquels sera établi ou mis à jour le plan de sécurité et d'intervention prévu à l'article R. 554-47 ;

h) Fournit les éléments indispensables pour l'élaboration par les autorités publiques du plan Orsec départemental défini par l'article R. 741-8 du Code de la sécurité intérieure ;

i) Dans le cas des canalisations de transport de gaz naturel et assimilé, prévoit les dispositions nécessaires pour qu'à toutes sorties vers les installations des clients non domestiques directement raccordés et vers les réseaux de distribution, le gaz dégage une odeur suffisamment caractéristique pour que les fuites éventuelles soient perceptibles, et prévoir, pour les tronçons des canalisations de transport dans lesquels le gaz ne serait pas traité pour dégager une telle odeur, les moyens alternatifs permettant d'assurer un niveau de sécurité équivalent en cas de fuite. Cette odeur doit disparaître par la combustion complète du gaz » ;

Sous-section 2. – Examen de l'état complet et régulier du dossier et engagement de l'instruction

Art. R. 555-11 *(D. n° 2012-615, 2 mai 2012 ; mod., D. n° 2020-843, 3 juill. 2020).* – I. – Le préfet ou le préfet coordonnateur de l'instruction saisit le préfet de région en application du 4° de l'article R. 523-9 du Code du patrimoine relatif aux opérations d'archéologie préventive.

II. – Lorsque l'importance particulière des dangers ou inconvénients de la canalisation le justifie, le préfet ou le préfet coordonnateur de l'instruction peut exiger la production, aux frais du pétitionnaire, d'une analyse critique de l'étude de dangers mentionnée au 5° de l'article R. 555-8, ou d'éléments de cette étude, ou d'autres éléments du dossier d'autorisation, justifiant des vérifications particulières. La décision du préfet d'imposer une analyse critique peut intervenir à tout moment de la procédure d'autorisation sans interrompre cette dernière. Lorsque l'analyse critique est produite avant la clôture de l'enquête visée à l'article R. 555-16, elle est jointe au dossier. L'analyse critique est effectuée par un organisme choisi en accord avec l'administration.

Sous-section 3. – Consultations

Art. R. 555-12 *(Créé à compter du 1er juin 2012, D. n° 2012-615, 2 mai 2012* (1) (2) *; D. n° 2020-843, 3 juill. 2020).* – Lorsque le projet fait l'objet d'une évaluation environnementale, l'autorité environnementale définie à l'article R. 122-6 est consultée à réception de la demande d'autorisation conformément à l'article L. 122-1 et dans les conditions fixées par l'article R. 122-7.

(1) Dispositions transitoires : V. D. n° 2012-615, 2 mai 2012, art. 11, IV. – NDLR.
(2) D. n° 2016-1110, 11 août 2016, art. 4, I.

Art. R. 555-13 *(D. n° 2012-615, 2 mai 2012 ; mod. à compter du 1er janvier 2018, D. n° 2017-1557, 10 nov. 2017 ; mod., D. n° 2020-843, 3 juill. 2020).* – Le préfet ou le préfet coordonnateur de l'instruction communique pour information la demande d'autorisation accompagnée d'un exemplaire du dossier mentionné à l'article R. 555-8 :

a) Au service d'incendie et de secours ;

b) Aux autorités militaires ;

c) Aux personnes publiques gestionnaires des domaines publics traversés par le projet.

Art. R. 555-14 *(D. n° 2012-615, 2 mai 2012 ; mod. à compter du 1er mars 2017, D. n° 2017-81, 26 janv. 2017 ; à compter du 1er janvier 2018, D. n° 2017-1557, 10 nov. 2017 ; mod., D. n° 2020-843, 3 juill. 2020).* – I. – Le préfet ou le préfet coordonnateur de l'instruction communique pour avis la demande d'autorisation accompagnée d'un exemplaire du dossier mentionné à l'article R. 555-8 aux communes concernées par les risques et inconvénients dont la canalisation peut être la source et au moins celles dont le projet prévoit la traversée ou dont une partie du territoire est située à une distance du tracé prévu inférieure à :

a) 500 mètres si le fluide transporté est liquide dans les conditions normales de température et de pression ou s'il est inflammable ou toxique ;

b) 100 mètres dans les autres cas.

Dans le cas où la compétence en matière d'urbanisme est exercée par un établissement public de coopération intercommunal, celui-ci est consulté en lieu et place des communes concernées.

II. – Sans préjudice de la consultation d'autres services, collectivités territoriales ou établissements publics notamment lorsque celle-ci est prévue par la réglementation en vigueur, la consultation concerne en outre, le cas échéant :

1° Dans le cas où la canalisation traverse un espace agricole : la chambre départementale ou interdépartementale d'agriculture et la commission départementale de la préservation des espaces naturels, agricoles et forestiers ;

2° Lorsque les caractéristiques de la canalisation de transport ou des travaux ou aménagements liés à sa construction dépassent les seuils de l'autorisation fixés par l'article R. 214-1, les personnes et organismes prévus aux articles R. 181-18, R. 181-22 et R. 181-24.

III. – Les services, organismes et autorités consultés donnent leur avis dans un délai de deux mois, faute de quoi il est réputé favorable.

IV. – Le préfet ou le préfet coordonnateur de l'instruction transmet les résultats des consultations au pétitionnaire. Au vu de la réponse de ce dernier il réunit en tant que de besoin dans les trente jours une conférence avec celui-ci et les services et organismes intéressés.

Art. R. 555-15 *(Abr., D. n° 2020-843, 3 juill. 2020).*

Sous-section 4. – Enquête publique

Art. R. 555-16 *(D. n° 2012-615, 2 mai 2012 ; D. n° 2020-843, 3 juill. 2020 ; mod. à compter du 1er janvier 2025, D. n° 2024-1022, 13 nov. 2024).* – I. – Lorsque l'enquête publique relative à la demande d'autorisation de construire et exploiter est requise en application des dispositions du chapitre III du titre II du livre Ier, elle est effectuée conformément à ce chapitre et aux dispositions ci-après.

II. – Le périmètre de l'enquête publique couvre dans toutes les communes concernées au sens du I de l'article R. 555-14.

III (1) (2). – Elle peut être menée conjointement, le cas échéant, dans les conditions fixées par l'article L. 123-6, avec :

a) Celle préalable à la déclaration d'utilité publique des travaux nécessaires à la construction et à l'exploitation de la canalisation ;

b) Celle portant sur la mise en compatibilité du plan local d'urbanisme des communes concernées ;

c) Toute enquête publique prévue par toute autre procédure relative à la même opération.

---

(1) Le dispositions du présent IV entrent en vigueur à compter du 1er juin 2012, D. n° 2012-615, 2 mai 2012, art. 11, IV. – NDLR.

(2) Dispositions transitoires : V. D. n° 2012-615, 2 mai 2012, art. 11, IV. – NDLR.

IV. – Dans les quinze jours suivant l'envoi par le préfet du rapport et des conclusions du commissaire enquêteur au pétitionnaire, le préfet transmet pour information le résumé non technique de la demande d'autorisation et les conclusions motivées du commissaire enquêteur à la commission départementale compétente en matière d'environnement et de risques sanitaires et technologiques de chacun des départements concernés.

Sous-section 5. – Autorisation et prescriptions

Art. R. 555-17 *(D. n° 2012-615, 2 mai 2012 ; mod. à compter du 1er janvier 2018, D. n° 2017-1557, 10 nov. 2017 ; mod., D. n° 2020-843, 3 juill. 2020).* – I. – Au vu des avis prévus à l'article R. 555-14, et, le cas échéant à l'article R. 555-12, des observations éventuelles du pétitionnaire et, le cas échéant, du rapport du commissaire enquêteur ou de la commission d'enquête, le service instructeur défini à l'article R. 554-58 établit un rapport sur la demande et, le cas échéant, sur les résultats de l'enquête.

Lorsque les dispositions législatives du chapitre V du titre V du livre V du présent code le prévoient ou lorsque le préfet l'estime nécessaire en raison des enjeux du projet, ce rapport est présenté à la commission départementale compétente en matière d'environnement et de risques sanitaires et technologiques de chacun des départements concernés, ainsi que les propositions du service instructeur concernant soit le rejet de la demande, soit les prescriptions particulières envisagées.

Le cas échéant, le pétitionnaire a la faculté de se faire entendre par la commission ou de désigner à cet effet un mandataire. Il est informé par le président de la commission au moins huit jours à l'avance de la date et du lieu de la réunion de la commission et reçoit simultanément un exemplaire des propositions du service instructeur.

II. – Le projet d'arrêté statuant sur la demande est porté par le préfet ou le préfet coordonnateur de l'instruction à la connaissance du pétitionnaire, auquel un délai de quinze jours est accordé pour présenter éventuellement ses observations par écrit, directement ou par mandataire.

Art. R. 555-18 *(D. n° 2012-615, 2 mai 2012 ; mod. à compter du 1er mars 2017, D. n° 2017-81, 26 janv. 2017 ; mod., D. n° 2020-843, 3 juill. 2020).* – Lorsque la canalisation est soumise à autorisation ministérielle, le préfet ou le préfet coordonnateur de l'instruction transmet, avec son avis et le cas échéant celui des commissions départementales compétentes en matière d'environnement et de risques sanitaires et technologiques concernées, les pièces du dossier de l'instruction administrative et de l'enquête publique au ministre chargé de la sécurité des canalisations de transport.

Celui-ci, conjointement avec le ministre chargé de l'énergie dans le cas prévu au 1° de l'article R. 555-4 statue sur la demande.

L'autorisation ministérielle vaut, le cas échéant, autorisation ou absence d'opposition à déclaration au titre de l'article L. 555-2.

Art. R. 555-19 *(D. n° 2012-615, 2 mai 2012 ; mod. à compter du 1er mars 2017, D. n° 2017-81, 26 janv. 2017 ; mod., D. n° 2020-843, 3 juill. 2020).* – Lorsque la canalisation est soumise à autorisation préfectorale, l'autorisation est accordée ou refusée par arrêté préfectoral ou interpréfectoral si la canalisation traverse plusieurs départements. L'autorisation vaut, le cas échéant, autorisation ou absence d'opposition à déclaration au titre de l'article L. 555-2.

L'autorisation préfectorale et, lorsque le pétitionnaire l'a demandée, la déclaration d'utilité publique des travaux de construction et d'exploitation de la canalisation peuvent faire l'objet d'une décision unique.

NB : Se reporter aux dispositions de l'article 17 du décret n° 2017-81 du 26 janvier 2017 qui précisent les réserves d'entrée en vigueur.

Art. R. 555-20 *(D. n° 2012-615, 2 mai 2012).* – Le silence gardé par l'autorité compétente sur la demande d'autorisation, pendant plus de vingt-quatre mois lorsque le projet est soumis à enquête publique ou pendant plus de neuf mois dans le cas contraire, à compter de la date à laquelle le pétitionnaire est informé que son dossier est complet et régulier, vaut décision de rejet. En cas d'impossibilité pour l'autorité compétente de statuer dans ces délais, le préfet ou le préfet coordonnateur de l'instruction peut, par arrêté motivé, en décider la prolongation pour une durée maximale de trois mois.

Art. R. 555-21 *(D. n° 2012-615, 2 mai 2012).* – L'arrêté d'autorisation mentionne le nom du bénéficiaire et fixe les caractéristiques principales de la canalisation, en particulier la nature du fluide transporté, l'indication générale de l'itinéraire suivi par la canalisation, la longueur, le diamètre maximal, la pression maximale de service, les points éventuels d'interconnexion avec d'autres canalisations et, s'il s'agit d'une canalisation de transport d'hydrocarbures, la capacité maximale annuelle de transport. Il peut imposer toutes prescriptions spécifiques à la canalisation, en complément de celles résultant de l'application de l'arrêté mentionné à l'article *(Réf. rempl. à compter du 1er janvier 2018, D. n° 2017-1557, 10 nov. 2017)* « R. 554-43 ».

Art. R. 555-22 *(D. n° 2012-615, 2 mai 2012 ; mod. à compter du 1er janvier 2018, D. n° 2017-1557, 10 nov. 2017 ; mod., D. n° 2020-843, 3 juill. 2020).* – I. – Des arrêtés complémentaires peuvent être pris par l'autorité compétente pour délivrer l'autorisation de la canalisation ou du tronçon de canalisation concerné, sur proposition du service chargé du contrôle, le bénéficiaire de l'autorisation entendu dans les conditions prévues à l'article R. 555-17, et après avis de la commission départementale compétente mentionnée au I du même article lorsque les dispositions législatives du chapitre V du titre V du livre V du présent code le prévoient ou lorsque le préfet l'estime nécessaire en raison des enjeux, pour modifier ou compléter les dispositions de l'arrêté d'autorisation.

II. – Les décisions faisant application de l'article L. 554-9 sont prises par arrêté préfectoral. L'arrêté précise, le cas échéant, la partie de la canalisation concernée par la décision.

Sous-section 6. – Canalisations fonctionnant au bénéfice des droits acquis

Art. R. 555-23 *(D. n° 2012-615, 2 mai 2012 ; mod., D. n° 2013-1272, 27 déc. 2013 ; mod. à compter du 1er janvier 2018, D. n° 2017-1557, 10 nov. 2017 ; mod., D. n° 2020-843, 3 juill. 2020).* – I. – Les canalisations existantes à la date de publication du décret n° 2012-615 du 2 mai 2012 relevant des dispositions du II de l'article L. 555-14 peuvent continuer de fonctionner sans l'autorisation prévue à l'article R. 555-2 à condition que le transporteur se fasse connaître du préfet dans les douze mois suivant cette même date. Il lui adresse dans les mêmes délais un dossier comprenant les pièces prévues aux 1° et 3° à 5° de l'article R. 555-8, le plan de sécurité et d'intervention défini à l'article R. 555-47 et le programme de surveillance et de maintenance défini à l'article R. 555-48. Ces canalisations sont soumises aux actions de renforcement de la sécurité et de la protection de l'environnement applicables aux canalisations existantes prescrites par un arrêté pris en application de l'article R. 554-43 et, le cas échéant, aux prescriptions nécessaires pour assurer la protection des intérêts mentionnés à l'article L. 554-5 fixées par un arrêté pris dans les formes prévues par l'article R. 555-22.

II. – L'arrêté visé au I ci-dessus pris dans les formes prévues par l'article R. 555-22 comprend notamment les largeurs des bandes définies au *b* de l'article R. 555-30.

III. – Pour toute canalisation mentionnée aux articles L. 153-8 et L. 153-15 du Code minier, implantée à l'extérieur du périmètre défini par le titre minier, et existante au 1er janvier 2018, les dispositions du I s'appliquent en remplaçant la date à partir de laquelle est compté le délai maximal de 12 mois par le 1er janvier 2018. Toutefois, lorsque la canalisation concernée n'était pas soumise à étude de dangers dans son régime antérieur, le délai de fourniture de l'étude de dangers et du plan de sécurité et d'intervention est porté à 3 ans.

Sous-section 7. – Modification de l'autorisation. Renonciation. Arrêt temporaire ou définitif

Art. R. 555-24 *(Rempl., D. n° 2020-843, 3 juill. 2020).* – I *(I mod. à compter du 1er janvier 2025, D. n° 2024-1022, 13 nov. 2024).* – Toute modification d'une canalisation (modification de ses caractéristiques, extension, déviation, modification du produit transporté sans changement de sa nature telle que définie aux 1°, 2° et 3° du I de l'article R. 554-41, ou toute modification de son mode d'utilisation de nature à entraîner un changement notable des éléments figurant dans les actes administratifs relatifs à cette canalisation) est portée avant sa réalisation à la connaissance de l'autorité compétente pour délivrer l'autorisation de la canalisation ou du tronçon de canalisation concerné, avec tous les éléments utiles d'appréciation.

Cette dernière fixe, s'il y a lieu, des prescriptions complémentaires dans les formes prévues par l'article R. 555-22 visant à protéger les intérêts mentionnés aux articles L. 554-5 et L. 211-1. Le cas échéant, lorsque la modification de la canalisation est une composante d'un projet, au sens de l'article L. 122-1, faisant l'objet d'une évaluation environnementale, ces prescriptions incluent les mesures d'évitement, de réduction et de compensation et leurs modalités de suivi, destinées à protéger les intérêts mentionnés aux articles L. 554-5 et L. 211-1 et relatives à cette modification.

Ces modifications sont prises en compte lors du réexamen et le cas échéant dans la mise à jour de l'étude de dangers mentionnés au II de l'article R. 554-46.

Si l'autorité compétente estime, après avis du service chargé du contrôle, que les modifications sont de nature à entraîner des dangers ou inconvénients mentionnés aux articles L. 554-5 ou L. 211-1, non pris en compte dans les actes administratifs en vigueur, ou si le transporteur demande que les modifications de la canalisation soient déclarées d'utilité publique, elle invite le transporteur à déposer une nouvelle demande d'autorisation portant uniquement sur le périmètre de la modification. Celle-ci est soumise aux mêmes formalités qu'une demande d'autorisation initiale.

II. – Les travaux d'entretien, de maintenance et de grosses réparations d'une canalisation existante ou d'un tronçon de canalisation existante, y compris les installations annexes qu'elle contient, à l'intérieur de la bande de servitude forte définie à l'article L. 555-27, ou à l'intérieur de la servitude amiable mentionnée au 8° de l'article R. 555-8, ou à l'intérieur du site d'une installation annexe du transporteur, ne sont pas soumis à une nouvelle autorisation si la nature du fluide transporté n'est pas modifiée et si ni le diamètre ni la pression maximale en service de la canalisation ne sont augmentés.

Lorsqu'il remplit les conditions prévues à l'alinéa précédent, le remplacement d'une canalisation existante ou d'un tronçon de canalisation existante, y compris les installations annexes qu'elle contient, dans le respect des prescriptions techniques prévues à l'article L. 554-8, et à moins de 2 mètres de la canalisation existante, est dispensé des obligations du présent article.

Voir : Une note ministérielle du 14 avril 2015 est venue préciser aux services instructeurs l'appréciation du caractère substantiel d'une modification, extension ou déviation d'une canalisation de transport (Note min., 14 avr. 2015, *BO de l'Écologie, de l'Énergie, du Développement durable et de l'Aménagement du territoire*, 10 mai 2015, n° 20158, NOR : DEVP1509822N).

Art. R. 555-25 *(Rempl. à compter du 1er janvier 2025, D. n° 2024-1022, 13 nov. 2024)*. – Le changement de la nature du produit transporté, au sens des 1°, 2°, et 3° du I de l'article R. 554-41, est soumis au préalable à la procédure d'autorisation fixée par le présent chapitre.

Le dossier prévu à l'article R. 555-8 est complété par une note d'intégrité détaillant les études, contrôles, essais réalisés ou prévus pour justifier de la compatibilité du produit avec l'ouvrage existant, compte tenu notamment de son état et de la pression maximale en service envisagée.

Art. R. 555-26 *(D. n° 2012-615, 2 mai 2012)*. – En cas de changement d'affectation d'une canalisation de transport existante pour un usage autre que celui visé par le présent chapitre, le transporteur adresse à l'autorité compétente pour délivrer l'autorisation une demande de renonciation à l'usage de la canalisation comme canalisation de transport. Il définit et justifie dans un dossier joint à cette demande les mesures envisagées pour assurer la sécurité et la santé des personnes et la protection de l'environnement.

L'acceptation de la renonciation est prononcée par l'autorité précitée. Des prescriptions particulières peuvent être fixées par arrêté pris dans les formes prévues par l'article R. 555-22 pour garantir les intérêts mentionnés à l'alinéa précédent.

Art. R. 555-27 *(D. n° 2012-615, 2 mai 2012 ; mod. à compter du 1er janvier 2018, D. n° 2017-1557, 10 nov. 2017)*. – La cession de la propriété de la canalisation ou des droits qui sont conférés au transporteur par l'autorisation et, le cas échéant, par la déclaration d'utilité publique des travaux est soumise à autorisation par l'autorité compétente pour délivrer l'autorisation, sur proposition du service chargé du contrôle. Le cédant et le cessionnaire adressent à cette autorité une demande de transfert à laquelle sont jointes les pièces énumérées aux 1° à 3° de l'article R. 555-8.

La demande précise que le cessionnaire reprend à son compte les engagements souscrits par le cédant, notamment ceux pris dans le cadre de l'étude de dangers visée au 5° de l'article R. 555-8, du plan de sécurité et d'intervention défini à l'article R. 555-47, du programme de surveillance et de maintenance défini à l'article R. 555-48, et, le cas échéant, de l'étude d'impact visée au 1° de l'article R. 555-9.

L'autorisation est délivrée par l'autorité précitée et adressée au cédant et au cessionnaire.

Art. R. 555-27-1 *(Créé à compter du 1er janvier 2018, D. n° 2017-1557, 10 nov. 2017)*. – La cession de la propriété d'une canalisation de distribution à un transporteur est soumise à autorisation par l'autorité compétente pour délivrer l'autorisation, sur proposition du service chargé du contrôle. Le cédant et le cessionnaire adressent à cette autorité une demande de transfert à laquelle est joint un dossier comprenant les pièces prévues aux 1° et 3° à 5° de l'article R. 555-8, le plan de sécurité et d'intervention défini à l'article R. 554-47, le programme de surveillance et de maintenance défini à l'article R. 554-48 et les éléments attestant de la maîtrise foncière de l'acquéreur sur les terrains traversés par la canalisation.

Art. R. 555-28 *(D. n° 2012-615, 2 mai 2012 ; mod. à compter du 1er janvier 2018, D. n° 2017-1557, 10 nov. 2017 ; mod., D. n° 2020-843, 3 juill. 2020).* – Une canalisation de transport mise en arrêt temporaire d'exploitation est soumise aux mêmes règles que celles fixées par la section 2 du chapitre IV et la section 3 du présent chapitre pour les canalisations en service, à l'exception du réexamen quinquennal de l'étude de dangers, qui est remplacé par un réexamen préalable à la remise en exploitation lorsque l'échéance du réexamen quinquennal intervient dans une période d'arrêt temporaire. Si le transporteur souhaite bénéficier d'une exemption d'application de certaines de ces règles durant l'arrêt temporaire, il en fait la demande à l'autorité compétente pour délivrer l'autorisation. Celle-ci instruit la demande dans les formes prévues par l'article R. 555-22 (1).

L'aménagement accordé, le cas échéant, peut conditionner la remise en service de la canalisation à une procédure préalable dans les formes prévues par l'article R. 555-24.

Une canalisation ne respectant pas les dispositions applicables aux canalisations en arrêt temporaire et dont l'exploitation a été interrompue pendant plus de trois années consécutives est mise à l'arrêt définitif dans les conditions prévues à l'article R. 555-29, sauf cas de force majeure ou de demande de prorogation de délai justifiée et acceptée par l'autorité compétente pour délivrer l'autorisation.

Art. R. 555-29 *(D. n° 2012-615, 2 mai 2012 ; mod., D. n° 2013-1272, 27 déc. 2013 ; D. n° 2015-1783, 28 déc. 2015 ; mod. à compter du 1er janvier 2018, D. n° 2017-1557, 10 nov. 2017 ; mod., D. n° 2020-843, 3 juill. 2020 ; mod. à compter du 1er janvier 2025, D. n° 2024-1022, 13 nov. 2024).* – I. – L'arrêt définitif de l'exploitation d'une canalisation de transport soumise à autorisation ou d'un tronçon d'une telle canalisation est subordonné à l'accord préalable de l'autorité compétente pour délivrer l'autorisation.

II. – Le transporteur remet, selon le cas, aux ministres intéressés, au préfet ou au préfet coordonnateur de l'instruction, un dossier technique qui définit les mesures prévues pour la mise en sécurité des installations et éventuellement le retrait des parties de canalisation ou de ses installations annexes qui peuvent présenter des risques pour la sécurité et la santé des personnes ou pour la protection de l'environnement, ou qui feraient obstacle à un usage futur des terrains traversés compatible avec les documents d'urbanisme en vigueur à la date de la mise à l'arrêt définitif. Ce dossier comprend, le cas échéant, les conditions de remise en état prévues par les conventions d'occupation du domaine public. Simultanément à l'envoi à l'autorité compétente, le dossier technique est adressé par le transporteur pour avis à chacun des maires ou présidents d'établissements publics de coopération intercommunale compétents en matière d'urbanisme, concernés par un tronçon de canalisation dont il ne prévoit pas le démantèlement. Les personnes consultées transmettent à l'autorité compétente précitée et au transporteur leurs observations dans un délai de deux mois à compter de la réception du dossier. En l'absence d'observation dans ce délai, le ou les avis sont réputés favorables.

III. – Des prescriptions techniques particulières peuvent être fixées par l'arrêté d'autorisation de la canalisation ou par arrêté pris dans les formes prévues par l'article R. 555-22, pour garantir les intérêts mentionnés à l'alinéa précédent, et le cas échéant ceux mentionnés à l'article L. 211-1, sur l'ensemble des terrains publics ou privés où elle est implantée. Lorsque l'état de l'environnement de la canalisation justifie des actions de surveillance ou de traitement dont la durée totale ne peut être prédéterminée, l'arrêt définitif ne peut être accordé.

Si l'autorité compétente choisit de ne pas édicter de prescriptions particulières, elle donne acte au transporteur des mesures prévues dans son dossier technique mentionné au II.

IV. – L'arrêt définitif de l'exploitation de la canalisation est tacitement accordé en l'absence d'avis contraire de l'autorité compétente pour délivrer l'autorisation six mois après la réception par celle-ci, de l'information, par le transporteur, de la bonne réalisation des mesures prévues par le dossier technique mentionné au II et, le cas échéant, par les prescriptions particulières mentionnées au III.

(1) V. D. n° 2021-1000, 30 juill. 2021. – NDLR.

V. – L'accord formel ou tacite relatif à l'arrêt définitif de l'exploitation d'une canalisation entraîne la suppression, lorsqu'elles existent, des servitudes mentionnées à l'article R. 555-30. Le préfet de chaque département concerné notifie cette suppression aux communes concernées et au transporteur.

VI. – L'information du guichet unique en application de l'article R. 554-8 est réalisée par le transporteur dès que l'arrêt définitif est accordé. Lorsque les matériaux constitutifs de l'ouvrage sont susceptibles de présenter un risque pour la santé, les éléments d'information spécifiques afférents à ce risque sont communiqués avec les plans détaillés de l'ouvrage transmis au guichet unique ou au déclarant en application de l'article R. 554-8.

Section III. – Servitudes d'utilité publique. Déclaration d'utilité publique

Art. R. 555-30 *(D. n° 2012-615, 2 mai 2012 ; mod., D. n° 2015-1614, 9 déc. 2015 ; mod. à compter du 1er janvier 2018, D. n° 2017-1557* (1)*, 10 nov. 2017 ; mod., D. n° 2020-124, 14 févr. 2020 ; D. n° 2020-843, 3 juill. 2020).* **– Le préfet de chaque département concerné institue par arrêté :**

a) Les servitudes d'utilité publique prévues à l'article L. 555-27, dans les conditions prévues par les articles **R. 555-32 et suivants de la présente section ;**

b) **En application du troisième alinéa de l'article L. 555-16, après avis de la commission départementale compétente en matière d'environnement et de risques sanitaires et technologiques, des servitudes d'utilité publiques :**

– subordonnant, dans les zones d'effets létaux en cas de phénomène dangereux de référence majorant au sens de l'article R. 555-10-1, la délivrance d'un permis de construire relatif à un établissement recevant du public susceptible de recevoir plus de 100 personnes ou à un immeuble de grande hauteur et son ouverture à la fourniture d'une analyse de compatibilité ayant reçu l'avis favorable du transporteur ou, en cas d'avis défavorable du transporteur, l'avis favorable du préfet rendu au vu de l'expertise mentionnée au III de l'article R. 555-31 ;

– interdisant, dans les zones d'effets létaux en cas de phénomène dangereux de référence réduit au sens de l'article R. 555-10-1, l'ouverture d'un établissement recevant du public susceptible de recevoir plus de 300 personnes ou d'un immeuble de grande hauteur ;

– interdisant, dans les zones d'effets létaux significatifs en cas de phénomène dangereux de référence réduit au sens de l'article R. 555-10-1, l'ouverture d'un établissement recevant du public susceptible de recevoir plus de 100 personnes ou d'un immeuble de grande hauteur.

La consultation de la commission mentionnée au *b* peut être remplacée par la consultation des maires des communes concernées ou des présidents des établissements publics de coopération intercommunale compétents en matière d'urbanisme lorsque la modification a une portée géographique limitée. En l'absence d'avis dans un délai de deux mois à compter de la saisine, celui-ci est réputé favorable.

Les servitudes d'utilité publique mentionnées au *b* sont, le cas échéant, modifiées sur la base des mises à jour des études de dangers mentionnées au II de l'article R. 554-46, selon la même procédure que les servitudes initiales.

Les servitudes maintenues en application du deuxième alinéa de l'article L. 555-29 sont celles instituées en application des dispositions antérieures abrogées suivantes :

– pour les canalisations de transport de gaz : les articles 10 et 12 de la loi du 15 juin 1906 sur les distributions d'énergie ;

– pour les canalisations d'hydrocarbures : l'article 11 de la loi n° 58-336 du 29 mars 1958 ;

– pour les canalisations de transport de produits chimiques : les articles 2 et 3 de la loi n° 65-498 du 29 juin 1965 relative au transport des produits chimiques par canalisations.

Sont également maintenues les servitudes établies, en application de la loi n° 49-1060 du 2 août 1949 relative à la construction d'un pipeline entre la Basse-Seine et la région parisienne et la création d'une société des transports pétroliers par pipeline.

Voir : Une note technique ministérielle du 7 janvier 2016 relative à l'institution des servitudes d'utilité publique (SUP) prenant en compte les dangers des canalisations de transport est venue fixer les modalités de mise en place des SUP le long des 50 000 km de canalisations

(1) Dispositions applicables aux servitudes instituées en application de cet article dans sa rédaction antérieure au 1er janvier 2018, D. n° 2017-1557, 10 nov. 2017, art. 10.

de transport de matières dangereuses existantes implantées en France, afin d'assurer la protection des riverains de ces infrastructures contre les dangers qu'elles présentent (Note technique, 7 janv. 2016, *BO de l'Écologie, de l'Énergie, du Développement durable et de l'Aménagement du territoire*, 10 févr. 2016, n° 201602, NOR : DEVP1529747N).

Art. R. 555-30-1 *(Créé à compter du 1er janvier 2018, D. n° 2017-1557, 10 nov. 2017 ; mod., D. n° 2020-843, 3 juill. 2020).* **– I. –** *(Mod. à compter du 1er janvier 2025, D. n° 2024-1022, 13 nov. 2024)* **Le maire informe le transporteur de toute demande de permis de construire, de certificat d'urbanisme opérationnel, de permis d'aménager, ou de travaux mentionnés à l'article L. 122-3 du Code de la construction et de l'habitation conduisant à la création, l'aménagement ou la modification d'un établissement recevant du public concernant un projet situé dans l'une des zones mentionnées au b de l'article R. 555-30.**

II. – Le *b* de l'article R. 555-30 s'applique aux canalisations de distribution de gaz à hautes caractéristiques mentionnées au II *bis* de l'article R. 554-41, ainsi qu'aux canalisations mentionnées aux articles L. 153-8 et L. 153-15 du Code minier implantées à l'extérieur du périmètre défini par le titre minier et qui ont été mises en service avant le 1er juillet 2017.

Le *b* de l'article R. 555-30 ne s'applique pas aux canalisations de transport de gaz naturel ou assimilé mentionnées au 1° de l'article L. 554-5 qui ont été mises en service avant le 1er juillet 2012, lorsqu'elles relient entre eux deux réseaux de distribution publique de gaz et traversent le territoire de communes ne possédant pas une telle distribution et dont les caractéristiques ne dépassent pas l'un ou l'autre des seuils mentionnés au 2° du II de l'article R. 554-41.

III. – Pour les canalisations de transport mentionnées au I de l'article R. 554-41 qui ne relèvent plus de l'autorisation, le préfet de chaque département concerné peut modifier ou, en cas de disparition du risque, abroger les servitudes mentionnées au *b* de l'article R. 555-30. Le préfet de chaque département concerné notifie cette modification ou abrogation aux communes concernées.

IV. – Lorsque la largeur de la bande d'effets létaux en cas de phénomène dangereux de référence majorant au sens de l'article R. 555-10-1 est supérieure à la bande de servitudes fortes relative à une canalisation existante, qu'il s'agisse de servitudes fixées en application de l'article L. 555-27 ou amiables au sens du 8° de l'article R. 555-8, le transporteur prend en compte l'évolution de l'urbanisation à proximité de cette canalisation au minimum lors du réexamen de l'étude de dangers. Il doit s'assurer de la mise en place si nécessaire des mesures compensatoires destinées à diminuer les risques engendrés par cette évolution. Les conditions et délais maximaux d'application des dispositions prévues au présent alinéa sont fixés par un arrêté du ministre chargé de la sécurité du transport par canalisation, pris après avis du Conseil supérieur de la prévention des risques technologiques.

Art. R. 555-30-2 *(Créé à compter du 1er janvier 2018, D. n° 2017-1557, 10 nov. 2017).* **– Le transporteur prend les dispositions nécessaires pour pérenniser, pendant toute la durée d'exploitation ou d'arrêt temporaire de la canalisation, le respect des conventions de servitudes mentionnées au 8° de l'article R. 555-8.**

Art. R. 555-31 *(D. n° 2012-615, 2 mai 2012).* **– I. – L'analyse de compatibilité, mentionnée au premier tiret du *b* de l'article R. 555-30, présente la compatibilité du projet avec l'étude de dangers relative à la canalisation concernée. La compatibilité s'apprécie à la date d'ouverture de l'établissement recevant du public ou d'occupation de l'immeuble de grande hauteur. L'analyse fait mention, le cas échéant, de la mise en place par le maître d'ouvrage du projet en relation avec le titulaire de l'autorisation de mesures particulières de protection de la canalisation.**

II. – Le maître d'ouvrage du projet soumet l'analyse de compatibilité à l'avis du transporteur. Cet avis qui est communiqué dans un délai de deux mois est joint à l'analyse. À défaut de réponse dans ce délai, l'avis est réputé défavorable

III. – Si l'avis du transporteur est défavorable, le pétitionnaire peut saisir un organisme habilité selon les modalités fixées *(Mots rempl. à compter du 1er janvier 2018, D. n° 2017-1557, 10 nov. 2017)* **« aux articles R. 554-55 à R. 554-57 » afin d'expertiser l'analyse de compatibilité. Il mentionne l'avis de cet organisme dans l'analyse de compatibilité et y annexe le rapport d'expertise. Il transmet l'analyse de compatibilité, l'avis du transporteur et le rapport d'expertise au préfet qui donne son avis dans un délai de deux mois. À défaut de réponse dans ce délai, cet avis est réputé défavorable.**

IV. – Lorsque l'analyse de compatibilité prévoit des mesures particulières de protection de la canalisation, le maire ne peut autoriser l'ouverture de l'établissement recevant du public ou l'occupation de l'immeuble de grande hauteur qu'après réception d'un certificat de vérification de leur mise en place effective fourni par le transporteur concerné.

V. – Un arrêté du ministre chargé de la sécurité du transport par canalisation, pris après avis du Conseil supérieur de la prévention des risques technologiques, précise les critères d'appréciation de la compatibilité mentionnée au I, et fixe les modèles de documents à utiliser pour les analyses de compatibilité.

Art. R. 555-32 *(D. n° 2012-615, 2 mai 2012).* – Lorsque le pétitionnaire de l'autorisation prévue à l'article L. 555-1 demande la déclaration d'utilité publique des travaux de construction et d'exploitation de la canalisation concernée, il complète le dossier prévu à l'article R. 555-8 par les pièces suivantes :

1° Une notice justifiant l'intérêt général du projet, en référence au I de l'article L. 555-25 ou à l'article L. 229-31 ;

2° *(Mod. à compter du 1er janvier 2015, D. n° 2014-1635, 26 déc. 2014)* Les pièces non mentionnées aux articles R. 555-8 et R. 555-9 prévues à l'article R. 112-4 du Code de l'expropriation pour cause d'utilité publique.

Le préfet ou le préfet coordonnateur de l'instruction demande, le cas échéant, au pétitionnaire de fournir les pièces complémentaires nécessaires en vue de l'examen conjoint préalable à la mise en compatibilité du plan local d'urbanisme d'une ou plusieurs communes concernées par le tracé de la canalisation, lorsque cette mise en compatibilité est nécessaire en application de l'*(Mots rempl., D. n° 2013-1272, 27 déc. 2013 ; D. n° 2015-1783, 28 déc. 2015)* « article L. 153-54 du Code de l'urbanisme ».

Art. R. 555-33 *(D. n° 2012-615, 2 mai 2012). – (Rempl. à compter du 1er janvier 2025, D. n° 2024-1022, 13 nov. 2024)* Sous réserve des dispositions du III de l'article R. 555-16 du présent code et, le cas échéant, de l'article L. 153-54 du Code de l'urbanisme, l'enquête publique préalable à la déclaration d'utilité publique est réalisée dans les conditions prévues par le Code de l'expropriation pour cause d'utilité publique.

Dans le cas d'une canalisation traversant plusieurs départements, le préfet coordonnateur de l'instruction défini à l'article R. 555-6 est chargé de la centralisation de l'enquête.

La déclaration d'utilité publique est prononcée par arrêté préfectoral ou interpréfectoral si la canalisation traverse plusieurs départements.

Art. R. 555-34 *(D. n° 2012-615, 2 mai 2012 ; mod. à compter du 1er janvier 2018, D. n° 2017-1557, 10 nov. 2017).* – La largeur des bandes de servitudes prévues à l'article L. 555-27 est fixée par la déclaration d'utilité publique, selon la demande du pétitionnaire, sans pouvoir être inférieure à 5 mètres pour la « bande étroite » ou « bande de servitudes fortes », ni dépasser 20 mètres pour la « bande étroite » et 40 mètres pour la « bande large » ou « bande de servitudes faibles ».

Art. R. 555-35 *(D. n° 2012-615, 2 mai 2012 ; mod. à compter du 1er janvier 2015, D. n° 2014-1635, 26 déc. 2014 ; à compter du 1er janvier 2018, D. n° 2017-1557, 10 nov. 2017).* – À défaut d'accord amiable sur les servitudes entre le bénéficiaire de l'autorisation et au moins un propriétaire d'une parcelle traversée par le projet de canalisation, le préfet du département concerné conduit pour le compte du bénéficiaire de l'autorisation la procédure d'expropriation conformément aux dispositions des articles R. 131-1 à R. 132-4 et R. 241-1 du Code de l'expropriation pour cause d'utilité publique, afin d'imposer les servitudes prévues à l'article L. 555-27.

Le préfet détermine par arrêté de cessibilité, sur proposition du bénéficiaire de l'autorisation, la liste des parcelles qui devront être frappées des servitudes.

L'indemnité d'expropriation due en raison de l'établissement des servitudes correspond à la réduction permanente du droit des propriétaires des terrains grevés.

Le versement de l'indemnité, fixée conformément au Code de l'expropriation pour cause d'utilité publique, est à la charge du bénéficiaire de l'autorisation.

Art. R. 555-36 *(D. n° 2012-615, 2 mai 2012 ; mod., D. n° 2020-843, 3 juill. 2020).* – La déclaration d'utilité publique prévue à l'article R. 555-33, le cas échéant, ou l'autorisation de construire et d'exploiter pour les canalisations de gaz naturel ou assimilé relevant de la mission du service public de l'énergie, confère au bénéficiaire de l'autorisation le droit d'exécuter sur et sous l'ensemble des dépendances du domaine public, tous travaux nécessaires à l'établissement, à l'entretien et à la protection de la canalisation, en se conformant aux règlements de voirie et à toutes autres dispositions en vigueur, notamment à celles figurant dans le Code général de la propriété des personnes publiques relatives aux autorisations d'occupation du domaine public et dans le Code général des collectivités territoriales ainsi qu'aux conditions particulières qui pourraient être demandées par les services publics affectataires.

Les occupations du domaine public sont strictement limitées à celles qui sont nécessaires. Elles ont lieu à titre onéreux.

Des arrêtés du ministre chargé du domaine, pris après avis du ministre chargé de la sécurité du transport par canalisation, fixent les tarifs et les modalités d'assiette et de perception des redevances dues pour l'occupation du domaine public de l'État par les canalisations mentionnées au présent chapitre.

Le transporteur est tenu de déplacer ses canalisations à toute demande des autorités dont relève le domaine public qu'elles empruntent.

Le déplacement ou la modification des installations sont exécutés aux frais du transporteur, s'ils ont lieu dans l'intérêt de la sécurité publique ou bien dans l'intérêt de l'utilisation, de l'exploitation ou de la sécurité du domaine public emprunté par les canalisations ou affecté par leur fonctionnement. Toutefois, l'autorité affectataire du domaine public et le service chargé du contrôle se concertent soit au moment de l'établissement des canalisations, soit lorsque le déplacement de celles-ci pour l'un des motifs indiqués à l'alinéa précédent apparaît nécessaire, afin de rechercher, le cas échéant, un accord sur les conditions du déplacement. En cas de désaccord, la décision appartient au préfet.

Section IV. – Construction, mise en service, exploitation et contrôle des canalisations

(Abr. à compter du 1er janvier 2018, D. n° 2017-1557, 10 nov. 2017)

Art. R. 555-37 à R. 555-47 ***(Abr. à compter du 1er janvier 2018, D. n° 2017-1557, 10 nov. 2017).***

Section V. – Habilitation des organismes de contrôle

(Abr. à compter du 1er janvier 2018, D. n° 2017-1557, 10 nov. 2017)

Art. R. 555-48 à R. 555-50 ***(Abr. à compter du 1er janvier 2018, D. n° 2017-1557, 10 nov. 2017).***

Section VI. – Services instructeurs et de contrôle

(Abr. à compter du 1er janvier 2018, D. n° 2017-1557, 10 nov. 2017)

Art. R. 555-51 à R. 555-53 ***(Abr. à compter du 1er janvier 2018, D. n° 2017-1557, 10 nov. 2017).*** – (1)

CHAPITRE VI. – SITES ET SOLS POLLUÉS

(Rempl., D. n° 2015-1353, 26 oct. 2015)

Le présent chapitre a été créé par l'article 4 du décret n° 2013-5 du 2 janvier 2013 relatif à la prévention et au traitement de la pollution des sols (D. n° 2013-5, 2 janv. 2013, *JO* 4 janv. 2013, p. 365, NOR : DEVP1116418D). Sont concernés les collectivités territoriales et les exploitants d'ICPE. Ce chapitre vise à encadrer la prévention et le traitement de la pollution des sols. Les dispositions du texte relatives à l'état des sols s'appliquent aux installations dont la demande de modification substantielle est déposée à compter du 1er avril 2013. Il en est de même de ses dispositions relatives aux servitudes d'utilité publique, qui s'appliquent aux projets d'institution de telles servitudes communiqués par le préfet à compter de cette même date. Les autres dispositions du décret entrent en vigueur le lendemain de leur publication. L'exploitant d'une ICPE soumise à garanties financières est tenu de remettre au préfet un état de la pollution des sols à chaque changement notable de son installation. Si l'état des sols ne permet pas de préserver les intérêts prévus à l'article L. 511-1 du Code de l'environnement, il transmet également les mesures de gestion de la pollution des sols. La définition de ces mesures de gestion est précisée par arrêté du ministre chargé des installations classées. De plus, il est prévu que des servitudes d'utilité publique puissent être

(1) Dispositions dérogatoires : V. D. n° 2012-615, 2 mai 2012, art. 11, II. – NDLR.

instituées sur des sites pollués par l'exploitation d'une ICPE ou sur l'emprise d'une installation de stockage de déchets. Ces servitudes sont arrêtées par le préfet, après enquête publique et avis des propriétaires et des communes concernés. Enfin, en cas de pollution par une ICPE, le préfet est désigné comme l'autorité de police compétente pour assurer d'office, après mise en demeure, l'exécution des travaux nécessaires aux frais du responsable.

Le décret du 26 octobre 2015 (D. n° 2015-1353, 26 oct. 2015 relatif aux secteurs d'information sur les sols prévus par l'article L. 125-6 du Code de l'environnement et portant diverses dispositions sur la pollution des sols et les risques miniers : *JORF* 28 oct. 2015, p. 20048) est venu définir la procédure d'élaboration des secteurs d'information sur les sols (SIS) prévus par l'article L. 125-6 du Code de l'environnement issu de la loi ALUR du 24 mars 2014 (L. n° 2014-366, 24 mars 2014 pour l'accès au logement et un urbanisme rénové : *JORF* 26 mars 2014, p. 5809). Ce décret d'application de la loi ALUR était l'un des plus attendus et il est venu remplacer l'ensemble des dispositions réglementaires du présent chapitre.

Ces secteurs comprennent les terrains où la connaissance de la pollution des sols justifie, notamment en cas de changement d'usage, la réalisation d'études de sols et de mesures de gestion de la pollution pour préserver la sécurité, la santé ou la salubrité publiques et l'environnement. Dans des conditions que précise le décret, les SIS seront intégrés à l'état des risques afin d'assurer la bonne information des acquéreurs et locataires des terrains situés dans ces secteurs ; ils seront également intégrés dans les documents d'urbanisme.

L'article L. 556-2 du Code de l'environnement modifié par la loi précitée prévoit par ailleurs que pour les projets de construction sur un terrain répertorié en SIS, une étude de sol doit être réalisée et qu'une attestation établie par un bureau d'études certifié dans le domaine des sites et sols pollués, obligatoirement jointe aux demandes de permis de construire et d'aménager, doit confirmer la réalisation de l'étude de sol et sa prise en compte dans le projet de construction au stade de sa conception. Le décret précise le contenu de l'étude de sols et de l'attestation et modifie le Code de l'urbanisme pour ajouter les documents précités à la liste de ceux à produire à l'appui d'une demande de permis de construire ou d'aménager. Dans chaque département, le préfet devra arrêter par commune un ou plusieurs projets de création de secteurs d'information sur les sols (SIS). La liste des secteurs d'information sur les sols devra être établie avant le 1er janvier 2019. Sont exclus de ces secteurs les terrains d'emprise des ICPE, les installations nucléaires de base en exploitation et les pollutions pyrotechniques relevant du Code de la sécurité. Après plusieurs consultations, le préfet arrête le secteur d'information sur les sols. Les secteurs d'information sur les sols sont annexés au plan local d'urbanisme ou au document d'urbanisme en tenant lieu ou à la carte communale. Le préfet révise annuellement la liste des secteurs d'informations sur les sols. Les SIS seront intégrés à l'état des risques afin d'assurer la bonne information des acquéreurs et locataires des terrains situés dans ces secteurs.

En cas de changement d'usage d'un terrain situé dans un SIS, le décret impose la réalisation d'études de sols et de mesures de gestion de la pollution pour préserver la sécurité, la santé ou la salubrité publiques et l'environnement. Le certificat d'urbanisme indique si le terrain est situé sur un secteur d'information sur les sols. Les SIS seront intégrés à l'état des risques afin d'assurer la bonne information des acquéreurs et locataires des terrains situés dans ces secteurs.

La loi ASAP et son décret d'application n° 2022-1588 du 19 décembre 2022 ont profondément modifié les dispositions relatives à la cessation d'activité (V. notamment C. envir., art. R. 512-75-1), et ont défini avec davantage de précision la notion d'usage d'un site, dont les différents types sont désormais définis réglementairement. La loi Industrie verte et son décret d'application n° 2024-742 du 6 juillet 2024 ont profondément modifié la procédure d'autorisation environnementale pour rendre l'instruction des dossiers plus rapide et ont apporté des modifications substantielles à la procédure de changement d'usage d'un site prévue par l'article L. 556-1 du Code de l'environnement.

Art. D. 556-1 A *(Créé à compter du 1er janvier 2023, D. n° 2022-1588, 19 déc. 2022)* (1). **– I. – Les types d'usages, au sens du présent chapitre, sont les suivants :**

1° Usage industriel, pouvant comprendre un bâti (y compris des entrepôts), des infrastructures industrielles et, le cas échéant, des aménagements accessoires, tels que des bureaux ou des places de stationnement associés à l'activité industrielle ;

2° Usage tertiaire, correspondant notamment aux commerces, aux activités de service, aux activités d'artisanat ou aux bureaux ;

(1) Les demandes d'autorisation déposées avant le 1er janvier 2023 et les cessations d'activité notifiées avant cette date continuent d'être régies par les dispositions qui leur étaient antérieurement applicables, D. n° 2022-1588, 19 déc. 2022, art. 13.

3° Usage résidentiel, comprenant un habitat individuel ou collectif, et, le cas échéant, des jardins pouvant être destinés à la production non commerciale de denrées alimentaires d'origine animale ou végétale ;

4° Usage récréatif de plein air, correspondant notamment aux parcs, aux aires de jeux, aux zones de pêche récréative ou de baignade ;

5° Usage agricole, correspondant à la production commerciale (notamment au sein d'exploitations agricoles) et non commerciale (notamment au sein de jardins familiaux ou de jardins partagés) d'aliments d'origine animale ou végétale à l'exception des activités sans relation directe avec le sol ;

6° Usage d'accueil de populations sensibles, correspondant aux établissements accueillant des enfants et des adolescents de façon non occasionnelle, aux établissements de santé et établissements et services sociaux et médico-sociaux, et aux éventuels aménagements accessoires, tels que les aires de jeux et espaces verts intégrés dans ces établissements ;

7° Usage de renaturation, impliquant une désartificialisation ou des opérations de restauration ou d'amélioration de la fonctionnalité des sols, notamment des opérations de désimperméabilisation, à des fins de développement d'habitats pour les écosystèmes ;

8° Autre usage (à préciser au cas par cas).

II. – Lorsque plusieurs usages sont envisagés sur un même site, un zonage détaille leur répartition géographique.

Textes. « Guide sur les différents types d'usages définis dans le cadre des cessations d'activité des installations classées pour la protection de l'environnement et de projets d'aménagement », mai 2023, INERIS.

Art. R. 556-1 B *(Créé à compter du 1er janvier 2023, D. n° 2022-1588, 19 déc. 2022)* (1) (2). **– Il y a changement d'usage, au sens de l'article L. 556-1 du Code de l'environnement, dans l'un des cas suivants :**

1° Le type d'usage projeté est différent du type d'usage antérieur défini au 11° de l'article D. 181-15-2, au 5° de l'article R. 512-46-4, ou aux articles R. 512-39-2, R. 512-46-26, R. 512-66-1 ou R. 512-76 ;

2° Pour les projets comportant plusieurs usages, l'un au moins des types d'usages projetés est différent du type d'usage antérieur défini au 11° de l'article D. 181-15-2, au 5° de l'article R. 512-46-4, ou aux articles R. 512-39-2, R. 512-46-26, R. 512-66-1 ou R. 512-76 ;

3° Le type d'usage projeté est identique au type d'usage antérieur mais modifie le schéma, dit conceptuel, prévu au 5° de l'article R. 556-2 par rapport à celui utilisé dans le mémoire prévu aux articles R. 512-39-3, R. 512-46-27, R. 512-78 ou R. 512-79 pour la définition des mesures de gestion ;

4° L'usage projeté et l'usage antérieur relèvent d'un « autre usage« , au sens du 8° de l'article D. 556-1 A, mais sont différents l'un de l'autre.

Art. R. 556-1 *(Rempl., D. n° 2024-742, 6 juill. 2024)*. **– I. – Avant tout projet de construction ou d'aménagement sur un site ayant accueilli une installation classée, le maitre d'ouvrage à l'origine d'un changement d'usage, dans les conditions définies par l'article L. 556-1, s'informe sur l'état de la procédure de cessation d'activité de cette installation au sens de l'article R. 512-75-1.**

Si la cessation d'activité est réputée achevée, au sens du VI des articles R. 512-39-3 ou R. 512-46-27 ou du V de l'article R. 512-66-1, et que l'installation classée est, par suite, régulièrement réhabilitée, le maître d'ouvrage à l'origine d'un changement d'usage définit, le cas échéant sur la base d'une étude de sols comprenant les éléments mentionnés à l'article R. 556-2, les éventuelles mesures de gestion de la pollution des sols, en prenant en compte les eaux souterraines, qui permettent d'assurer la compatibilité entre l'état des sols et la protection des intérêts mentionnés au premier alinéa de l'article L. 556-1, au regard du nouvel usage projeté. Il fait attester la prise en compte de ces mesures de gestion, conformément au deuxième alinéa de l'article L. 556-1, par un bureau d'étude certifié dans le domaine des sites et sols pollués ou équivalent. Il transmet cette attestation au service instructeur de la demande de permis de construire ou d'aménager ou de la déclaration préalable.

(1) Les demandes d'autorisation déposées avant le 1er janvier 2023 et les cessations d'activité notifiées avant cette date continuent d'être régies par les dispositions qui leur étaient antérieurement applicables, D. n° 2022-1588, 19 déc. 2022, art. 13.

(2) Dispositions applicables aux changements d'usage donnant lieu à des travaux faisant l'objet d'une demande de permis de construire ou d'aménager ou d'une déclaration préalable déposées à compter du 1er janvier 2023, D. n° 2022-1588, 19 déc. 2022, art. 13.

Si le maître d'ouvrage ne dispose pas des éléments montrant que l'installation classée a été régulièrement réhabilitée, et que le dernier exploitant est connu et existe toujours, les travaux de réhabilitation sont menés, soit par l'exploitant, soit par le maître d'ouvrage dans le cadre des dispositions de l'article L. 512-21.

S'il ne dispose pas des éléments montrant que l'installation classée a été régulièrement réhabilitée, et que le dernier exploitant est inconnu ou a disparu, le maitre d'ouvrage réalise le changement d'usage du site dans les conditions définies au deuxième alinéa. Il justifie des démarches effectuées pour vérifier l'information relative à la cessation d'activité de l'installation classée dans l'attestation prévue à l'article L. 556-1.

II. – Dès lors que l'un des nouveaux usages projetés est un usage d'accueil de populations sensibles, au sens du 6° du I de l'article D. 556-1 A, le maître d'ouvrage à l'initiative du changement d'usage transmet, pour information, l'attestation prévue à l'article L. 556-1 à l'inspection des installations classées et à l'agence régionale de santé dans les quinze jours suivant sa réception par le maître d'ouvrage ou, au plus tard, le jour du dépôt de la demande de permis de construire ou d'aménager ou de la déclaration préalable. Dans le cas où une étude de sol a été réalisée, le maître d'ouvrage la transmet à l'agence régionale de santé, si elle en fait la demande.

III. – Dans le cas où le maître d'ouvrage à l'initiative du changement d'usage ne démontre pas que la pollution résiduelle du site, après mise en œuvre des mesures de gestion, permet de garantir la compatibilité du site avec les usages mentionnés aux 3° et 6° de l'article D. 556-1 A, il en informe le représentant de l'État dans le département et lui remet, au plus tard à la date de la déclaration attestant l'achèvement et la conformité des travaux prévue au R. 462-1 du Code de l'urbanisme, un projet de secteur d'information sur les sols, au sens de l'article L. 125-6 du présent code.

L'article R. 556-1, dans sa rédaction issue du décret d'application de la loi Industrie verte, impose désormais au maître d'ouvrage de rechercher si la cessation d'activité est bien achevée avant le changement d'usage, et distingue explicitement les situations dans lesquelles la réhabilitation du site a eu lieu et celles dans lesquelles l'exploitant n'a pas réalisé cette réhabilitation/l'information sur la réhabilitation est manquante :

– si l'exploitant a réalisé la réhabilitation du site, le maître d'ouvrage réalise, de façon classique, le changement d'usage ;

– si l'exploitant n'a pas réalisé la réhabilitation du site, et qu'il est connu, le maître d'ouvrage se substitue à lui dans la réalisation des mesures de réhabilitation en qualité de tiers demandeur ;

– enfin, si l'exploitant n'a pas réalisé la réhabilitation du site, et qu'il n'est pas connu ou a disparu, le maître d'ouvrage réalise également le changement d'usage de façon « classique ».

Art. R. 556-2 *(Rempl. à compter 22 août 2021, D. n° 2021-1096, 19 août 2021 ; mod. à compter du 1er janvier 2023, D. n° 2022-1588, 19 déc. 2022)* (1) (2). **– I. – Dès lors que le projet de construction ou de lotissement prévu à l'article L. 556-2 comporte un usage d'accueil de populations sensibles, au sens du 6° du I de l'article D. 556-1 A, le maître d'ouvrage à l'initiative du projet transmet, pour information, l'attestation prévue à l'article L. 556-2 à l'Agence régionale de santé et, dans le cas de sites ayant accueilli une installation classée, à l'inspection des installations classées dans les quinze jours suivant sa réception par le maître d'ouvrage ou, au plus tard, le jour du dépôt de la demande de permis de construire ou d'aménager. Le maître d'ouvrage transmet l'étude de sol à l'Agence régionale de santé si elle en fait la demande.**

II. – L'étude de sols prévue au premier alinéa de l'article L. 556-2 est constituée d'un diagnostic et du plan de gestion en découlant.

Le diagnostic comprend notamment :

1° Les éléments relatifs à l'étude historique, documentaire et mémorielle de la zone investiguée ;

2° Les éléments relatifs à la vulnérabilité des milieux ;

3° Des investigations sur les milieux et l'interprétation de leurs résultats ;

4° Les données géographiques relatives à la zone investiguée comprenant notamment un plan délimitant cette zone, la limite de l'emprise du ou des sites et la liste des parcelles cadastrales associées. Le cas échéant, le plan localise les différentes substances utilisées sur ce ou ces sites ;

---

(1) Les demandes d'autorisation déposées avant le 1er janvier 2023 et les cessations d'activité notifiées avant cette date continuent d'être régies par les dispositions qui leur étaient antérieurement applicables, D. n° 2022-1588, 19 déc. 2022, art. 13.

(2) Dispositions applicables aux changements d'usage donnant lieu à des travaux faisant l'objet d'une demande de permis de construire ou d'aménager ou d'une déclaration préalable déposées à compter du 1er janvier 2023, D. n° 2022-1588, 19 déc. 2022, art. 13.

5° Un schéma, dit conceptuel, permettant d'appréhender les relations entre les sources de pollution, les voies de transfert et les enjeux à protéger à partir d'un bilan de l'état des milieux.

Le plan de gestion définit les mesures de gestion permettant d'assurer la compatibilité entre l'état des milieux et l'usage futur du site au regard de l'efficacité des techniques de réhabilitation dans des conditions économiquement acceptables ainsi que du bilan des coûts et des avantages de la réhabilitation au regard des usages considérés.

Art. R. 556-3 *(D. n° 2015-1353, 26 oct. 2015).* – I. – L'attestation du bureau d'études certifié dans le domaine des sites et sols pollués, ou équivalent, prévue aux articles L. 556-1 et L. 556-2, garantit :

– la réalisation d'une étude de sols ;

– la prise en compte des préconisations de cette étude pour assurer la compatibilité entre l'état des sols et l'usage futur du site dans la conception du projet de construction ou de lotissement.

II. – *(Mots rempl., D. n° 2017-1456, 9 oct. 2017)* « Le bureau d'études fournissant l'attestation prévue aux articles L. 556-1 et L. 556-2 » peut être le même que celui qui a réalisé l'étude de sols.

III. – Le ministre chargé de l'environnement fixe par arrêté le modèle de l'attestation prévue aux articles L. 556-1 et L. 556-2.

Art. R. 556-3-1 *(Créé à compter du 1er juillet 2018, D. n° 2018-434, 4 juin 2018 ; mod., D. n° 2022-174, 14 févr. 2022).* – Lorsqu'il intervient sur des sites et sols pollués par des substances radioactives, le bureau d'études mentionné aux articles L. 556-1 et L. 556-2 dispose d'un conseiller en radioprotection mentionné à l'article R. 1333-18 du Code de la santé publique.

Art. R. 556-4 *(D. n° 2015-1353, 26 oct. 2015 ; mod. à compter du 1er juillet 2018, D. n° 2018-434, 4 juin 2018).* – Lorsque la pollution ou le risque de pollution mentionné à l'article L. 556-3 est causé par une installation soumise aux dispositions du titre Ier du livre V, une installation soumise aux dispositions du titre IX de ce même livre ou une activité soumise aux régimes mentionnés à l'article R. 1333-104 du Code de la santé publique, l'autorité de police compétente pour mettre en œuvre les mesures prévues à cet article est l'autorité administrative chargée du contrôle de cette installation ou de cette activité.

Dans les autres cas, l'autorité de police est le maire, sauf dans le cas prévu au dixième alinéa de l'article L. 542-12, dans lequel le pouvoir de police appartient au préfet.

Art. R. 556-5 *(D. n° 2015-1353, 26 oct. 2015).* – Un arrêté du ministre chargé de l'environnement définit la typologie des mesures de gestion de la pollution à mettre en place pour assurer la compatibilité entre l'état des sols et l'usage futur du site prévues par les articles L. 556-1 et L. 556-2.

(Créé à compter du 1er juillet 2018, D. n° 2018-434, 4 juin 2018) Cet arrêté est complété le cas échéant par un arrêté des ministres chargés de la radioprotection, de l'environnement et de l'énergie, pour les prescriptions spécifiques liées à la gestion de la pollution par des substances radioactives.

CHAPITRE VII. – PRODUITS ET ÉQUIPEMENTS À RISQUES

(D. n° 2015-799, 1er juill. 2015)

Section I. – Dispositions générales

Art. R. 557-1-1 *(D. n° 2015-799, 1er juillet 2015 ; mod. à compter de la date prévue à l'article 8 du décret n° 2016-1925 du 28 décembre 2016, D. n° 2016-1625, 28 déc. 2016 ; à compter du 1er avril 2019, D. n° 2019-190, 14 mars 2019).* – I. – Les produits explosifs mentionnés à l'article L. 557-1 sont les produits dont les caractéristiques sont fixées à l'article R. 557-6-2.

II. – Les appareils et systèmes de protection destinés à être utilisés en atmosphères explosibles mentionnés à l'article L. 557-1 sont les produits et équipements dont les caractéristiques sont fixées à l'article R. 557-7-2.

III. – Les appareils à pression mentionnés à l'article L. 557-1 sont :

1° Les équipements sous pression et ensembles dont les caractéristiques sont fixées aux articles R. 557-9-2 et R. 557-14-1 ;

2° Les récipients à pression simples dont les caractéristiques sont fixées aux articles R. 557-10-2 et R. 557-14-1 ;

3° Les équipements sous pression transportables dont les caractéristiques sont fixées aux articles R. 557-11-2 et R. 557-15-1 ;

4° Les équipements sous pression nucléaires et ensembles nucléaires mentionnés à l'article L. 595-2 dont les caractéristiques sont fixées aux articles R. 557-12-2 et R. 557-14-1.

IV *(Créé à compter du 1er août 2021, D. n° 2021-1000, 30 juill. 2021)*. – Les appareils et matériels concourant à l'utilisation des gaz combustibles mentionnés à l'article L. 557-1 sont ceux définis à l'article R. 557-8-2.

NB : Conformément à l'article 8 du décret n° 2016-1925 du 28 décembre 2016, ces dispositions entrent en vigueur à la date d'entrée en vigueur des arrêtés prévus, pour chacune des catégories d'équipement concernées, par l'article 1er dudit décret, et au plus tard le 1er janvier 2018.

Art. R. 557-1-2 *(D. n° 2015-799, 1er juill. 2015 ; mod. à compter de la date prévue à l'article 8 du décret n° 2016-1925 du 28 décembre 2016, D. n° 2016-1625, 28 déc. 2016 ; mod., D. n° 2022-901, 17 juin 2022)*. – Sous réserve des dispositions de l'article R. 557-4-1, l'autorité administrative compétente au sens du présent chapitre est :

– le ministre chargé des transports de matières dangereuses, dans le cas des équipements sous pression transportables mentionnés au *b* de l'article R. 557-11-1 ;

– le ministre de la défense, dans le cas du suivi en service des appareils à pression utilisés par les armées, les services de soutien, les organismes interarmées, les états-majors et les directions et services du ministère de la défense ainsi que les organismes qui leur sont rattachés ; *(Mod. à compter du 1er janvier 2025, D. n° 2024-1194, 19 déc. 2024)*

– l'Autorité de sûreté nucléaire et de radioprotection, dans le cas des équipements sous pression nucléaires et ensembles nucléaires, et dans le cas des décisions individuelles relatives au suivi en service des appareils à pression implantés dans le périmètre d'une installation nucléaire de base, à l'exception des équipements sous pression transportables ;

– le ministre chargé de la sécurité industrielle dans les autres cas ou, lorsque sont concernés des produits et équipements individuels, le préfet.

Art. R. 557-1-3 *(D. n° 2015-799, 1er juill. 2015)*. – L'autorité administrative compétente au sens de l'article R. 557-1-2 peut, sur demande dûment justifiée, autoriser sur le territoire national la mise à disposition sur le marché, le stockage en vue de la mise à disposition sur le marché, l'installation, la mise en service, l'utilisation, l'importation ou le transfert de certains produits et équipements sans que ceux-ci aient satisfait à l'ensemble des exigences des articles L. 557-4 et L. 557-5 et du présent chapitre, ou accorder des aménagements aux règles de suivi en service prévues par le présent chapitre, dans des conditions fixées *(Mots aj., D. n° 2016-1625, 28 déc. 2016)* « le cas échéant, » par un arrêté pris, selon les cas mentionnés à l'article R. 557-1-2, par le ministre chargé des transports de matières dangereuses, le ministre de la Défense, le ministre chargé de la sûreté nucléaire ou le ministre chargé de la sécurité industrielle.

Ces autorisations et aménagements peuvent être temporaires. L'autorité administrative compétente fixe toute condition de nature à assurer la sécurité du produit ou de l'équipement dans le cadre de ces autorisations et aménagements.

Le silence gardé pendant plus de six mois sur une demande d'autorisation ou d'aménagement vaut décision de rejet.

Section II. – Obligations des opérateurs économiques

Art. R. 557-2-1 *(Créé à compter des dates prévues à l'article 6 du décret n° 2015-799 du 1er juillet 2015, D. n° 2015-799, 1er juill. 2015)* (1). – Les fabricants mettent en place des procédures pour que la production en série des produits et équipements à risques reste conforme aux exigences du présent chapitre. Ces

(1) Dispositions applicables à compter du 1er juillet 2015 en tant qu'elles s'appliquent aux articles pyrotechniques, à compter du 1er janvier 2016 en tant qu'elles s'appliquent aux équipements sous pression transportables, à compter 20 avril 2016 en tant qu'elles s'appliquent aux produits explosifs autres que les articles pyrotechniques, aux appareils et systèmes de protection destinés à être utilisés en atmosphères explosibles et aux récipients à pression simples, et à compter du 19 juillet 2016 en tant qu'elles s'appliquent aux équipements sous pression, aux ensembles, aux équipements sous pression nucléaires et aux ensembles nucléaires, D. n° 2015-799, 1er juill. 2015, art. 6.

procédures tiennent compte des modifications de la conception ou des caractéristiques du produit ou équipement ainsi que des modifications des normes harmonisées ou des autres spécifications techniques par rapport auxquelles la conformité d'un produit ou équipement est déclarée.

Art. R. 557-2-2 *(Créé à compter des dates prévues à l'article 6 du décret n° 2015-799 du 1er juillet 2015, D. n° 2015-799, 1er juill. 2015)* (1). – La documentation technique mentionnée à l'article L. 557-5 est rédigée en français ou dans une langue acceptée par l'organisme habilité mentionné à l'article L. 557-31.

La conformité d'un produit ou équipement est évaluée à chaque modification ou transformation importante, c'est-à-dire à chaque modification ou transformation qui affecte sa performance, qui modifie sa destination ou son type original ou qui a une incidence sur sa conformité aux exigences essentielles de sécurité qui lui sont applicables.

Art. R. 557-2-3 *(Créé à compter des dates prévues à l'article 6 du décret n° 2015-799 du 1er juillet 2015, D. n° 2015-799, 1er juill. 2015)* (1). – Les marquages prévus à l'article L. 557-4 et par le présent chapitre sont apposés de manière visible, lisible et indélébile sur le produit ou équipement ou sur sa plaque signalétique. Lorsque cela n'est pas possible ou n'est pas garanti eu égard à la nature du produit ou équipement, ils sont apposés sur son emballage et sur les documents d'accompagnement.

Art. R. 557-2-4 *(Créé à compter des dates prévues à l'article 6 du décret n° 2015-799 du 1er juillet 2015, D. n° 2015-799, 1er juill. 2015)* (1). – Les attestations mentionnées à l'article L. 557-4 comportent au moins une déclaration de conformité établie par le fabricant ou son mandataire. Celle-ci est traduite dans la ou les langues requises par l'État membre sur le marché duquel le produit ou l'équipement est mis à disposition.

Lorsqu'un produit ou un équipement relève de plusieurs directives ou règlements de l'Union européenne imposant l'établissement d'une déclaration de conformité, il n'est établi qu'une seule déclaration de conformité pour l'ensemble de ces actes. Cette déclaration mentionne les titres des actes de l'Union européenne concernés ainsi que les références de leur publication.

La déclaration de conformité est mise à jour en cas de modification ou transformation importante du produit ou équipement, au sens défini à l'article R. 557-2-2.

Art. R. 557-2-5 *(Créé à compter des dates prévues à l'article 6 du décret n° 2015-799 du 1er juillet 2015, D. n° 2015-799, 1er juill. 2015 ; mod. à compter du 1er août 2021, D. n° 2021-1000, 30 juill. 2021)* (1). – Les instructions et informations de sécurité mentionnées à l'article L. 557-15, ainsi que tout étiquetage, sont claires, compréhensibles, intelligibles.

Les fabricants ou, le cas échéant, leurs mandataires indiquent leur nom, leur raison sociale ou leur marque déposée et leurs coordonnées, y compris l'adresse postale, auxquelles ils peuvent être contactés sur le produit ou l'équipement ou, lorsque ce n'est pas possible, sur son emballage ou dans un document accompagnant le produit ou l'équipement. L'adresse précise un lieu unique où le fabricant peut être contacté. Les coordonnées sont indiquées dans une langue aisément compréhensible par les utilisateurs finals et l'autorité administrative compétente.

Art. R. 557-2-6 *(Créé à compter des dates prévues à l'article 6 du décret n° 2015-799 du 1er juillet 2015, D. n° 2015-799, 1er juill. 2015* (1) *; mod. à compter du 1er août 2021, D. n° 2021-1000, 30 juill. 2021).* – Les importateurs indiquent leur nom, leur raison sociale ou leur marque déposée et leurs coordonnées, y compris l'adresse postale, auxquelles ils peuvent être contactés, sur le produit ou équipement, ou, lorsque ce n'est pas possible, sur son emballage ou dans un document accompagnant le produit ou l'équipement. Les coordonnées sont indiquées de manière à être compréhensibles par les utilisateurs finals.

(1) Dispositions applicables à compter du 1er juillet 2015 en tant qu'elles s'appliquent aux articles pyrotechniques, à compter du 1er janvier 2016 en tant qu'elles s'appliquent aux équipements sous pression transportables, à compter 20 avril 2016 en tant qu'elles s'appliquent aux produits explosifs autres que les articles pyrotechniques, aux appareils et systèmes de protection destinés à être utilisés en atmosphères explosibles et aux récipients à pression simples, et à compter du 19 juillet 2016 en tant qu'elles s'appliquent aux équipements sous pression, aux ensembles, aux équipements sous pression nucléaires et aux ensembles nucléaires, D. n° 2015-799, 1er juill. 2015, art. 6.

Art. R. 557-2-6 *bis* *(Créé à compter du 1er août 2021, D. n° 2021-1000, 30 juill. 2021).* **– Les prestataires de service d'exécution de commande, au sens de l'article 3 du règlement (UE) n° 2019/1020 du Parlement européen et du Conseil du 20 juin 2019 sur la surveillance du marché et la conformité des produits, indiquent leur nom, leur raison sociale ou leur marque déposée et leurs coordonnées, y compris l'adresse postale, auxquelles ils peuvent être contactés, sur le produit ou l'équipement, ou, lorsque ce n'est pas possible, sur son emballage ou dans un document accompagnant le produit ou l'équipement. Les coordonnées sont indiquées de manière à être compréhensibles par les utilisateurs finals.**

Art. R. 557-2-7 *(Créé à compter des dates prévues à l'article 6 du décret n° 2015-799 du 1er juillet 2015, D. n° 2015-799, 1er juill. 2015)* (1). **– Par dérogation aux dispositions des articles L. 557-4 et L. 557-5, la présentation de produits ou équipements non conformes aux dispositions du présent chapitre lors de foires commerciales, d'expositions ou de démonstrations organisées en vue de leur commercialisation est autorisée, à condition qu'une indication visible spécifie clairement leur non-conformité ainsi que l'impossibilité d'acquérir ces produits ou équipements avant leur mise en conformité.**

Les produits et équipements portent une étiquette mentionnant le nom et l'adresse du fabricant et le nom et l'adresse de l'importateur si le fabricant n'est pas implanté dans l'Union européenne ; la désignation et le type de produit ou d'équipement ; le cas échéant, le nom et la date de la foire commerciale, de l'exposition ou de la démonstration pour laquelle ces produits ou équipements sont destinés ; la distance de sécurité minimale à observer lors des démonstrations. Si la place disponible sur le produit ou équipement ne le permet pas, les informations sont mentionnées sur la plus petite unité d'emballage.

Lors de démonstrations, les mesures de sécurité adéquates sont prises afin d'assurer la protection des personnes, le cas échéant, sous l'injonction de l'autorité administrative compétente. La mise sous pression des appareils est interdite.

Section III. – Suivi en service

Section réservée.

Section IV. – Organismes habilités

Sous-section 1. – Habilitation des organismes

Art. R. 557-4-1 *(Créé à compter des dates prévues à l'article 6 du décret n° 2015-799 du 1er juillet 2015, D. n° 2015-799, 1er juill. 2015* (2) *; à compter de la date prévue à l'article 8 du décret n° 2016-1925 du 28 décembre 2016, D. n° 2016-1625, 28 déc. 2016 ; mod. à compter du 1er août 2021, D. n° 2021-1000, 30 juill. 2021).* **– L'habilitation est délivrée aux organismes mentionnés à l'article L. 557-31 par :**

– le ministre chargé des transports de matières dangereuses, dans le cas des équipements sous pression transportables mentionnés au *b* de l'article R. 557-11-1 ; *(Mod. à compter du 1er janvier 2025, D. n° 2024-1194, 19 déc. 2024)*

(1) Dispositions applicables à compter du 1er juillet 2015 en tant qu'elles s'appliquent aux articles pyrotechniques, à compter du 1er janvier 2016 en tant qu'elles s'appliquent aux équipements sous pression transportables, à compter 20 avril 2016 en tant qu'elles s'appliquent aux produits explosifs autres que les articles pyrotechniques, aux appareils et systèmes de protection destinés à être utilisés en atmosphères explosibles et aux récipients à pression simples, et à compter du 19 juillet 2016 en tant qu'elles s'appliquent aux équipements sous pression, aux ensembles, aux équipements sous pression nucléaires et aux ensembles nucléaires, D. n° 2015-799, 1er juill. 2015, art. 6.

(2) Dispositions applicables à compter du 1er juillet 2015 en tant qu'elles s'appliquent aux articles pyrotechniques, à compter du 1er janvier 2016 en tant qu'elles s'appliquent aux équipements sous pression transportables, à compter 20 avril 2016 en tant qu'elles s'appliquent aux produits explosifs autres que les articles pyrotechniques, aux appareils et systèmes de protection destinés à être utilisés en atmosphères explosibles et aux récipients à pression simples, et à compter du 19 juillet 2016 en tant qu'elles s'appliquent aux équipements sous pression, aux ensembles, aux équipements sous pression nucléaires et aux ensembles nucléaires, D. n° 2015-799, 1er juill. 2015, art. 6.

– l'Autorité de sûreté nucléaire et de radioprotection, dans le cas des équipements sous pression nucléaires et ensembles nucléaires, hormis pour les activités mentionnées aux points 3.1.2 et 3.1.3 de l'annexe I de la directive 2014/68/UE du Parlement européen et du Conseil du 15 mai 2014 relative à l'harmonisation des législations des États membres concernant la mise à disposition sur le marché des équipements sous pression (refonte), et dans le cas du contrôle du suivi en service des appareils à pression implantés dans le périmètre d'une installation nucléaire de base, à l'exception des équipements sous pression transportables ;

– dans les autres cas, le ministre chargé de la sécurité industrielle ou le préfet lorsque l'organisme est un service d'inspection des utilisateurs mentionné au *b* du 11° de l'article R. 557-4-2 pour le suivi en service des appareils à pression et que l'habilitation a une portée locale.

– dans les autres cas, le ministre chargé de la sécurité industrielle ou le préfet lorsque l'organisme est un service d'inspection des utilisateurs mentionné au *b* du 11° de l'article R. 557-4-2 ou un service d'inspection mentionné au *c* du 11° de l'article R. 557-4-2 pour le suivi en service des appareils à pression et que l'habilitation a une portée locale.

Art. R. 557-4-2 *(Créé à compter des dates prévues à l'article 6 du décret n° 2015-799 du 1er juillet 2015, D. n° 2015-799, 1er juill. 2015)* (1). – Les critères mentionnés à l'article L. 557-31, que doit respecter un organisme en vue d'être habilité, sont les suivants :

1° L'organisme possède la personnalité juridique ;

2° L'organisme est un organisme tiers indépendant de son client ;

3° L'organisme, ses cadres dirigeants et le personnel chargé d'exécuter les activités mentionnées à l'article L. 557-31 ne sont ni le concepteur, ni le fabricant, ni le fournisseur, ni l'installateur, ni l'acheteur, ni le propriétaire, ni l'utilisateur, ni le responsable de l'entretien des produits ou équipements qu'ils évaluent ou contrôlent, ni le mandataire d'aucune de ces parties. Cela n'empêche pas l'utilisation de tels produits ou équipements qui sont nécessaires au fonctionnement de l'organisme, ou l'utilisation de ceux-ci à des fins personnelles.

L'organisme, ses cadres dirigeants et le personnel chargé d'exécuter les activités mentionnées à l'article L. 557-31 n'interviennent ni directement ni comme mandataires dans la conception, la fabrication ou la construction, la commercialisation, l'installation, l'utilisation ou l'entretien de produits ou équipements mentionnés à l'article L. 557-1. Ils ne participent à aucune activité susceptible de compromettre l'indépendance de leur jugement et leur intégrité dans le cadre des activités mentionnées à l'article L. 557-31. Cela vaut en particulier pour les services de conseil.

Les activités des filiales ou des sous-traitants de l'organisme n'affectent pas la confidentialité, l'objectivité ou l'impartialité de ses activités mentionnées à l'article L. 557-31 ;

4° L'organisme et son personnel accomplissent les activités mentionnées à l'article L. 557-31 avec la plus haute intégrité professionnelle et la compétence technique requise dans le domaine spécifique et sont à l'abri de toute pression ou incitation, notamment d'ordre financier, susceptibles d'influencer leur jugement ou les résultats de leurs travaux d'évaluation de la conformité, en particulier de la part de personnes ou de groupes de personnes intéressés par ces résultats ;

5° L'organisme est capable d'exécuter toutes les tâches qu'impliquent les activités mentionnées à l'article L. 557-31 qui lui ont été assignées conformément aux procédures mentionnées à l'article R. 557-4-6 et pour lesquelles il demande à être habilité, que ces tâches soient exécutées par lui-même ou en son nom et sous sa responsabilité.

En toutes circonstances et pour chaque procédure d'évaluation de la conformité ou de suivi en service et tout type ou toute catégorie de produits ou équipements, l'organisme dispose à suffisance :

a) Du personnel requis ayant les connaissances techniques et l'expérience nécessaire pour effectuer les tâches qu'impliquent les activités mentionnées à l'article L. 557-31 ;

---

(1) Dispositions applicables à compter du 1er juillet 2015 en tant qu'elles s'appliquent aux articles pyrotechniques, à compter du 1er janvier 2016 en tant qu'elles s'appliquent aux équipements sous pression transportables, à compter 20 avril 2016 en tant qu'elles s'appliquent aux produits explosifs autres que les articles pyrotechniques, aux appareils et systèmes de protection destinés à être utilisés en atmosphères explosibles et aux récipients à pression simples, et à compter du 19 juillet 2016 en tant qu'elles s'appliquent aux équipements sous pression, aux ensembles, aux équipements sous pression nucléaires et aux ensembles nucléaires, D. n° 2015-799, 1er juill. 2015, art. 6.

b) De descriptions des procédures utilisées pour évaluer la conformité ou suivre en service, garantissant la transparence et la capacité de reproduction de ces procédures ; l'organisme dispose de politiques et de procédures appropriées faisant la distinction entre les tâches qu'il exécute en tant qu'organisme habilité et d'autres activités ;

c) De procédures pour accomplir ses activités qui tiennent dûment compte de la taille des entreprises, du secteur dans lequel elles exercent leurs activités, de leur structure, du degré de complexité de la technologie du produit ou équipement en question et de la nature, en masse, ou en série, du processus de production.

Il se dote des moyens nécessaires à la bonne exécution des tâches techniques et administratives liées aux activités mentionnées à l'article L. 557-31 et a accès à tous les équipements ou installations nécessaires ;

6° Le personnel chargé des tâches qu'impliquent les activités mentionnées à l'article L. 557-31 possède :

a) Une solide formation technique et professionnelle couvrant toutes les activités pour lesquelles l'organisme a été habilité ;

b) Une connaissance satisfaisante des exigences applicables aux activités qu'il effectue et l'autorité nécessaire pour effectuer ces activités ;

c) Une connaissance et une compréhension adéquates des exigences essentielles de sécurité et des modalités de suivi en service réglementaires, des normes harmonisées applicables ainsi que des dispositions pertinentes de la législation d'harmonisation de l'Union européenne et de la législation nationale ;

d) L'aptitude pour rédiger les attestations, procès-verbaux et rapports qui constituent la matérialisation des évaluations et des contrôles effectués ;

7° L'organisation de l'organisme garantit son impartialité, ainsi que celle de ses cadres dirigeants et de son personnel chargé d'exécuter les tâches d'évaluation de la conformité ou des contrôles. Ces personnes ne participent à aucune activité susceptible de compromettre l'indépendance de leur jugement et leur intégrité dans le cadre des activités d'inspection.

La rémunération des cadres dirigeants et du personnel chargé d'exécuter les tâches d'évaluation de la conformité ou de suivi en service au sein de l'organisme ne dépend pas du nombre de tâches effectuées ni de leurs résultats ;

8° L'organisme participe aux activités de normalisation dans son domaine d'habilitation et aux activités du groupe de coordination des organismes notifiés mis en place en application de la directive européenne applicable, veille à ce que son personnel chargé d'exécuter les tâches d'évaluation de la conformité en soit informé et applique comme lignes directrices les décisions et les documents administratifs résultant du travail de ce groupe ;

9° *(Mod. à compter du 1er janvier 2025, D. n° 2024-1194, 19 déc. 2024)* L'organisme est accrédité par le Comité français d'accréditation, ou par tout autre organisme d'accréditation signataire d'un accord conclu dans le cadre de la coordination européenne des organismes d'accréditation, au titre des normes fixées, respectivement, par arrêté du ministre chargé des transports de matières dangereuses, par décision de l'Autorité de sûreté nucléaire et de radioprotection ou par arrêté du ministre chargé de la sécurité industrielle, suivant les cas prévus à l'article R. 557-4-1. Cette décision précise les cas de dispense prévus par l'article L. 557-45.

Toutefois, un organisme qui n'est pas encore accrédité pour la réalisation des tâches considérées peut être habilité si son dossier de demande d'accréditation pour ces tâches a été déclaré recevable par l'organisme d'accréditation. S'il n'obtient pas l'accréditation dans un délai d'un an suivant la décision de recevabilité, l'habilitation est retirée. Ce délai peut, sur demande motivée présentée par l'organisme au plus tard un mois avant son expiration, être prorogé de six mois ;

10° Pour le suivi en service de certains produits et équipements à risques, l'organisme assure une couverture minimale du territoire national. Le renouvellement de son habilitation peut être subordonné à la réalisation d'un volume minimal d'activité pendant la période d'habilitation précédente ;

11° Pour les appareils à pression, l'organisme est :

a) Ou bien un organisme répondant à la condition mentionnée au 2° (organisme de type A au sens de la norme NF EN ISO/CEI 17020) ; un organisme appartenant à une association d'entreprises ou à une fédération professionnelle qui représente des entreprises participant à la conception, à la fabrication, à la fourniture, à l'assemblage, à l'utilisation ou à l'entretien des appareils à pression qu'il évalue peut, pour autant que son indépendance et que l'absence de tout conflit d'intérêts soient établies, être considéré comme satisfaisant à cette condition ; il intervient, dans les limites de son habilitation :

i. Dans le domaine de l'évaluation de la conformité, de la réévaluation de la conformité, de l'approbation des modes opératoires et des personnels en matière d'assemblages permanents, des approbations européennes des matériaux ainsi que du suivi en service ;

ii. Uniquement dans le domaine de l'approbation des modes opératoires et des personnels en matière d'assemblages permanents ainsi que de l'approbation des personnels en matière de contrôles non destructifs. Dans ce cas, il est appelé « entité tierce partie reconnue » ;

b) Ou bien un organisme qui, sans répondre à la condition mentionnée au 2°, travaille exclusivement pour le groupe dont il fait partie, possède une structure identifiable et dispose de méthodes d'émission des rapports au sein dudit groupe qui garantissent et démontrent son impartialité (organisme de type B au sens de la norme NF EN ISO/CEI 17020) ; il intervient, dans les limites de son habilitation, dans le domaine de l'évaluation de la conformité, de la réévaluation de conformité ou du suivi en service ; un tel organisme est dénommé « service d'inspection des utilisateurs », et les 1° et 2° ne s'appliquent pas à lui ;

c) (Créé à compter du 1er août 2021, D. n° 2021-1000, 30 juill. 2021) Ou bien, un service d'un établissement industriel qui intervient uniquement dans le champ de l'article L. 557-28 et dans les cas et conditions précisées par les arrêtés pris en application de l'article R. 557-14-6. Les 1°, 2°, 8°, 10° du présent article ne s'appliquent pas à lui ;

12° Pour les équipements sous pression transportables, les organismes habilités répondent aux exigences de l'arrêté prévu par l'article L. 1252-1 du Code des transports.

Art. R. 557-4-3 *(Créé à compter des dates prévues à l'article 6 du décret n° 2015-799 du 1er juillet 2015, D. n° 2015-799, 1er juill. 2015)* (1). – L'organisme qui souhaite être habilité pour réaliser des activités mentionnées à l'article L. 557-31 soumet une demande à l'autorité administrative compétente mentionnée à l'article R. 557-4-1. Cette demande est accompagnée :

– d'un document précisant l'identification de l'organisme : nom, raison sociale et statut juridique, adresse complète, numéro de téléphone, composition du conseil d'administration ou de surveillance, nom et coordonnées de la personne responsable ;

– d'une description des activités pour lesquelles il souhaite être habilité concernant des produits ou équipements pour lesquels l'organisme affirme être compétent ;

– des procédures relatives auxdites activités ;

– des éléments justifiant que l'organisme satisfait aux dispositions prévues par les articles L. 557-31 et suivants et l'article R. 557-4-2 ;

– le cas échéant, du certificat d'accréditation mentionné à l'article L. 557-32 ou de la preuve de recevabilité de son dossier d'accréditation pour les tâches considérées, lorsque, comme le prévoit le 9 de l'article R. 557-4-2, l'organisme n'est pas encore accrédité.

La décision d'habilitation définit le champ, les modalités d'exercice et la durée de l'habilitation.

Le silence gardé pendant plus de six mois sur une demande d'habilitation vaut décision de rejet.

Le silence gardé pendant plus de six mois sur une demande de renouvellement d'habilitation vaut décision d'acceptation.

Art. R. 557-4-4 *(Créé à compter des dates prévues à l'article 6 du décret n° 2015-799 du 1er juillet 2015, D. n° 2015-799, 1er juill. 2015)* (1). – Lorsqu'un organisme démontre sa conformité avec les critères énoncés dans les normes harmonisées concernées ou dans des parties de ces normes dont les références ont été publiées au *Journal officiel* de l'Union européenne, il est présumé répondre aux exigences énoncées à l'article R. 557-4-2 dans la mesure où les normes harmonisées applicables couvrent ces exigences.

(1) Dispositions applicables à compter du 1er juillet 2015 en tant qu'elles s'appliquent aux articles pyrotechniques, à compter du 1er janvier 2016 en tant qu'elles s'appliquent aux équipements sous pression transportables, à compter 20 avril 2016 en tant qu'elles s'appliquent aux produits explosifs autres que les articles pyrotechniques, aux appareils et systèmes de protection destinés à être utilisés en atmosphères explosibles et aux récipients à pression simples, et à compter du 19 juillet 2016 en tant qu'elles s'appliquent aux équipements sous pression, aux ensembles, aux équipements sous pression nucléaires et aux ensembles nucléaires, D. n° 2015-799, 1er juill. 2015, art. 6.

Sous-section 2. – Obligations des organismes habilités

Art. R. 557-4-5 *(Créé à compter des dates prévues à l'article 6 du décret n° 2015-799 du 1er juillet 2015, D. n° 2015-799, 1er juill. 2015)* (1). – L'organisme habilité exerce les activités pour lesquelles il est habilité dans le respect des exigences fixées à l'article R. 557-4-2.

Si l'organisme habilité sous-traite certaines tâches spécifiques dans le cadre des activités mentionnées à l'article L. 557-31 ou a recours à une filiale, il vérifie que le sous-traitant ou la filiale répond aux exigences fixées à l'article R. 557-4-2 et informe l'autorité administrative compétente mentionnée à l'article R. 557-4-1 en conséquence.

L'organisme ne peut sous-traiter certaines activités ou les faire réaliser par une filiale qu'avec l'accord de son client.

Art. R. 557-4-6 *(Créé à compter des dates prévues à l'article 6 du décret n° 2015-799 du 1er juillet 2015, D. n° 2015-799, 1er juill. 2015)* (1). – I. – Les organismes habilités mettent en œuvre les procédures d'évaluation de la conformité mentionnées à l'article L. 557-5 dans le respect des dispositions des articles R. 557-6-5, R. 557-7-5, R. 557-9-5, R. 557-9-6, R. 557-9-9, R. 557-10-5, R. 557-11-4, R. 557-11-7, R. 557-12-5 et R. 557-12-8, et des textes pris pour leur application.

II. – Les organismes habilités réalisent ou font réaliser, sous leur surveillance, certaines opérations de suivi en service mentionnées à l'article L. 557-28 dans le respect des procédures mentionnées *(Mots rempl. à compter de la date prévue à l'article 8 du décret n° 2016-1925 du 28 décembre 2016, D. n° 2016-1625, 28 déc. 2016)* « aux articles R. 557-14-3 à R. 557-14-5 et R. 557-15-2 ».

III. – Les activités mentionnées à l'article L. 557-31 sont effectuées de manière proportionnée, en évitant d'imposer des charges inutiles aux opérateurs économiques.

Les organismes habilités accomplissent leurs activités en tenant dûment compte de la taille des entreprises, du secteur dans lequel elles exercent leurs activités, de leur structure, du degré de complexité de la technologie relative aux produits ou équipements en question et de la nature du processus de production. Ils respectent cependant le degré de rigueur et le niveau de protection requis pour assurer la conformité ou le contrôle des produits ou équipements avec le présent chapitre.

Art. R. 557-4-7 *(Créé à compter des dates prévues à l'article 6 du décret n° 2015-799 du 1er juillet 2015, D. n° 2015-799, 1er juill. 2015 ; D. n° 2016-1625, 28 déc. 2016)* (1). – I. – Les organismes habilités par l'autorité administrative compétente mentionnée à l'article R. 557-4-1 adressent à celle-ci :

– tout retrait, suspension ou restriction d'une attestation ou d'un certificat ;

– tout refus de délivrance d'une attestation ou d'un certificat lorsque le fabricant, bien qu'y ayant été invité par l'organisme, n'a pas pris les mesures correctives permettant la délivrance de l'attestation ou du certificat ;

– toute circonstance ayant une influence sur la portée et les conditions de l'habilitation ;

– toute demande d'information reçue des autorités de surveillance du marché d'un autre État membre concernant des activités d'évaluation de la conformité ou de suivi en service ;

– annuellement, un compte rendu des activités exercées dans le cadre de cette habilitation ;

– une information sur les équipements en situation irrégulière ou susceptibles de compromettre la sécurité des biens et des personnes ou de l'environnement, dans les conditions fixées par leur habilitation.

II. – Les organismes habilités, y compris ceux mentionnés au troisième alinéa de l'article L. 557-31, tiennent à la disposition de l'autorité administrative compétente mentionnée à l'article R. 557-4-1 :

– la liste des activités réalisées dans le cadre de leur habilitation, y compris les activités et sous-traitances transfrontalières et les dossiers techniques correspondants ;

(1) Dispositions applicables à compter du 1er juillet 2015 en tant qu'elles s'appliquent aux articles pyrotechniques, à compter du 1er janvier 2016 en tant qu'elles s'appliquent aux équipements sous pression transportables, à compter 20 avril 2016 en tant qu'elles s'appliquent aux produits explosifs autres que les articles pyrotechniques, aux appareils et systèmes de protection destinés à être utilisés en atmosphères explosibles et aux récipients à pression simples, et à compter du 19 juillet 2016 en tant qu'elles s'appliquent aux équipements sous pression, aux ensembles, aux équipements sous pression nucléaires et aux ensembles nucléaires, D. n° 2015-799, 1er juill. 2015, art. 6.

– les documents pertinents concernant l'évaluation des qualifications du sous-traitant ou de la filiale et le travail exécuté par celui-ci ou celle-ci ;
– la liste des agents de l'organisme autorisés à effectuer les opérations pour lesquelles il a été habilité ;
– les procédures appliquées pour l'exécution des opérations pour lesquelles il a été habilité et les enregistrements associés ;
– le programme prévisionnel d'exécution des opérations pour lesquelles il a été habilité.

III. – Les organismes habilités en vertu des dispositions de l'article R. 557-4-1 fournissent aux autres organismes mentionnés à l'article L. 557-31 qui effectuent des activités similaires d'évaluation de la conformité couvrant les mêmes produits ou équipements, des informations pertinentes sur les questions relatives aux résultats négatifs de l'évaluation de la conformité et, sur demande, aux résultats positifs.

Section V. – Contrôles administratifs et mesures de police administrative

Art. R. 557-5-1 *(Créé à compter des dates prévues à l'article 6 du décret n° 2015-799 du 1er juillet 2015, D. n° 2015-799, 1er juill. 2015)* (1). – En application de *(Mots rempl., D. n° 2016-1625, 28 déc. 2016)* « l'article L. 171-1 », les agents mentionnés à l'article L. 557-46 peuvent notamment assister aux essais, épreuves et vérifications effectués par les organismes habilités sur les produits ou équipements, afin de contrôler la bonne exécution des opérations pour lesquelles ils ont été habilités ainsi que le respect des exigences mentionnées à l'article R. 557-4-2.

Art. R. 557-5-2 *(Créé à compter des dates prévues à l'article 6 du décret n° 2015-799 du 1er juillet 2015, D. n° 2015 799, 1er juill. 2015 ; mod. à compter du 1er août 2021, D. n° 2021-1000, 30 juill. 2021)* (1). – Les échantillons prélevés en application de l'article L. 557-50 sont composés d'autant d'exemplaires que le nécessitent les examens, les analyses et les essais mentionnés à cet article pour le contrôle de la conformité du produit ou de l'équipement.

(Mod. à compter du 1er janvier 2025, D. n° 2024-1194, 19 déc. 2024) La liste des personnes pouvant être désignées par les agents mentionnés à l'article L. 557-46 pour effectuer des prélèvements ou acquérir des échantillons de produits ou équipements est fixée par décision, respectivement, du ministre chargé des transports de matières dangereuses, du ministre de la défense, de l'Autorité de sûreté nucléaire et de radioprotection ou du ministre chargé de la sécurité industrielle, selon les cas prévus à l'article R. 557-1-2.

Les prélèvements ne donnent lieu à aucun paiement par l'État ou les personnes désignées.

Art. R. 557-5-3 *(Créé à compter des dates prévues à l'article 6 du décret n° 2015-799 du 1er juillet 2015, D. n° 2015-799, 1er juill. 2015)* (1). – *(Mod. à compter du 1er janvier 2025, D. n° 2024-1194, 19 déc. 2024)* La liste des laboratoires pouvant être désignés pour effectuer les examens, les analyses et les essais mentionnés à l'article L. 557-50 est fixée par décision, respectivement, du ministre chargé des transports de matières dangereuses, du ministre de la défense, de l'Autorité de sûreté nucléaire et de radioprotection ou du ministre chargé de la sécurité industrielle, suivant les cas prévus à l'article R. 557-1-2.

La liste des épreuves décrivant les examens, les analyses et les essais réalisés par le laboratoire désigné est portée, sur leur demande, à la connaissance des opérateurs économiques concernés. Cette liste précise en particulier pour chaque essai :
– le nombre d'exemplaires du produit ou équipement prélevé nécessaires à la réalisation de l'essai ;
– la norme, ou les normes ou tout autre document de référence décrivant les épreuves qui composent un essai.

Art. R. 557-5-4 *(Créé à compter des dates prévues à l'article 6 du décret n° 2015-799 du 1er juillet 2015, D. n° 2015-799, 1er juill. 2015)* (1). – Les agents qui effectuent le prélèvement ou les personnes qu'ils

(1) Dispositions applicables à compter du 1er juillet 2015 en tant qu'elles s'appliquent aux articles pyrotechniques, à compter du 1er janvier 2016 en tant qu'elles s'appliquent aux équipements sous pression transportables, à compter 20 avril 2016 en tant qu'elles s'appliquent aux produits explosifs autres que les articles pyrotechniques, aux appareils et systèmes de protection destinés à être utilisés en atmosphères explosibles et aux récipients à pression simples, et à compter du 19 juillet 2016 en tant qu'elles s'appliquent aux équipements sous pression, aux ensembles, aux équipements sous pression nucléaires et aux ensembles nucléaires, D. n° 2015-799, 1er juill. 2015, art. 6.

désignent à cet effet établissent une attestation de prélèvement. Cette attestation est établie en double exemplaire et contient au moins les éléments suivants, lorsque ceux-ci sont disponibles :

– le nom des agents ou des personnes physiques effectuant les prélèvements ; dans le cas où l'agent fait prélever les échantillons par une personne qu'il désigne, les documents justificatifs de la désignation sont joints à l'attestation de prélèvement ;

– la résidence administrative de l'agent effectuant le prélèvement ou désignant la personne qui effectue le prélèvement ;

– la date et l'heure du prélèvement ;

– le nom de l'établissement où a lieu le prélèvement ;

– les nom et qualité de la personne de l'établissement qui assiste au prélèvement ;

– le nombre d'échantillons prélevés ainsi que le nombre d'exemplaires composant ces échantillons ;

– le nom du produit ou équipement prélevé ainsi que le numéro de lot, ou toute autre identification utilisée par l'établissement ;

– le numéro de certificat de conformité ;

– la liste des pièces accompagnant le produit ou équipement prélevé, notamment la notice d'utilisation du produit ou de l'équipement, les instructions de sécurité, les documents attestant de la conformité du produit ou de l'équipement ainsi que tout autre document pertinent.

L'opérateur économique concerné mentionné à l'article L. 557-50, son mandataire, ou, à défaut, la personne présente lors du prélèvement peut faire insérer toutes déclarations qu'il juge utiles dans l'attestation de prélèvement. Il est invité à la signer et, en cas de refus, mention en est portée à l'attestation.

Art. R. 557-5-5 *(Créé à compter des dates prévues à l'article 6 du décret n° 2015-799 du 1er juillet 2015, D. n° 2015-799, 1er juill. 2015)* (1). – Les échantillons sont placés sous scellés. Chaque scellé est muni d'une étiquette sur laquelle figure le numéro de l'échantillon ainsi que les informations de l'attestation de prélèvement. Un échantillon est laissé à la garde de l'opérateur économique mentionné à l'article L. 557-50.

Un échantillon est conservé jusqu'à la décision juridictionnelle définitive, aux fins d'expertise judiciaire, par l'entité en charge des examens, des analyses ou des essais, dans des conditions de stockage garantissant la conservation optimale de son état initial.

Les autres échantillons sont destinés à la réalisation des examens, des analyses ou des essais par l'entité susmentionnée. L'opérateur économique ne modifie sous aucun prétexte l'état de l'échantillon qui est à sa garde.

Lorsque les examens, les analyses ou les essais ont montré que les produits ou équipements contrôlés respectent les exigences du présent chapitre, les échantillons prélevés peuvent, lorsqu'ils n'ont pas fait l'objet de test destructif, être rendus, à sa demande, à l'opérateur économique.

Section VI. – Conformité et utilisation des produits explosifs

Art. R. 557-6-1 *(Créé à compter des dates prévues à l'article 6 du décret n° 2015-799 du 1er juillet 2015, D. n° 2015-799, 1er juill. 2015)* (2). – Au sens de la présente section, on entend par :

« produit explosif » : toute matière, tout objet ou article destiné à être utilisé pour les effets de son explosion ou ses effets pyrotechniques et répondant au moins à la définition d'explosif ou à la définition d'article pyrotechnique ;

« explosif » : toute matière ou objet figurant dans la classe 1 des recommandations des Nations unies relatives au transport des marchandises dangereuses ;

(1) Dispositions applicables à compter du 1er juillet 2015 en tant qu'elles s'appliquent aux articles pyrotechniques, à compter du 1er janvier 2016 en tant qu'elles s'appliquent aux équipements sous pression transportables, à compter 20 avril 2016 en tant qu'elles s'appliquent aux produits explosifs autres que les articles pyrotechniques, aux appareils et systèmes de protection destinés à être utilisés en atmosphères explosibles et aux récipients à pression simples, et à compter du 19 juillet 2016 en tant qu'elles s'appliquent aux équipements sous pression, aux ensembles, aux équipements sous pression nucléaires et aux ensembles nucléaires, D. n° 2015-799, 1er juill. 2015, art. 6.

(2) Dispositions applicables à compter du 1er juillet 2015 en tant qu'elles s'appliquent aux articles pyrotechniques et à compter du 20 avril 2016 en tant qu'elles s'appliquent aux produits explosifs autres que les articles pyrotechniques, D. n° 2015-799, 1er juill. 2015, art. 6.

« article pyrotechnique » : tout article contenant des substances explosives ou un mélange explosif de substances conçues pour produire de la chaleur, de la lumière, des sons, des gaz, de la fumée ou une combinaison de ces effets par une réaction chimique exothermique auto-entretenue ;

« artifice de divertissement » : tout article pyrotechnique destiné au divertissement ;

« article pyrotechnique destiné au théâtre » : tout article pyrotechnique destiné à être utilisé en scène, à l'intérieur ou à l'extérieur, y compris dans des productions cinématographiques et télévisuelles, ou à une utilisation analogue ;

« article pyrotechnique destiné aux véhicules » : tout composant de dispositifs de sécurité des véhicules contenant des substances pyrotechniques servant à activer ces dispositifs ou d'autres dispositifs.

Art. R. 557-6-2 *(Créé à compter des dates prévues à l'article 6 du décret n° 2015-799 du 1er juillet 2015, D. n° 2015-799, 1er juill. 2015)* (1). – Les dispositions de la présente section s'appliquent aux produits explosifs tels que définis à l'article R. 557-6-1, à l'exception des produits et équipements suivants :

– produits explosifs destinés à être utilisés exclusivement par les forces armées, la police, la gendarmerie, les corps de sapeurs-pompiers et les services de déminage ;

– équipements soumis à l'arrêté pris pour l'application du décret n° 84-810 du 30 août 1984 relatif à la sauvegarde de la vie humaine en mer, à l'habitabilité à bord des navires et à la prévention de la pollution, en tant qu'il met en œuvre la directive 96/98/CE du Conseil du 20 décembre 1996 relative aux équipements marins ;

– amorces à percussion conçues spécialement pour des jouets entrant dans le champ d'application du décret n° 2010-166 du 22 février 2010 relatif à la sécurité des jouets ;

– munitions, c'est-à-dire projectiles, charges propulsives et munitions à blanc utilisées dans les armes à feu et dans l'artillerie, dont il est fait mention de manière non exhaustive à l'annexe I de la directive 2014/28/UE du Parlement européen et du Conseil du 26 février 2014 relative à l'harmonisation des législations des États membres concernant la mise à disposition sur le marché et le contrôle des explosifs à usage civil (refonte) ;

– articles pyrotechniques destinés à être utilisés dans l'industrie aérospatiale.

Art. R. 557-6-3 *(Créé à compter des dates prévues à l'article 6 du décret n° 2015-799 du 1er juillet 2015, D. n° 2015-799, 1er juill. 2015)* (1). – Les articles pyrotechniques sont classés par catégorie comme suit :

1° Artifices de divertissement :

a) Catégorie F1 : artifices de divertissement qui présentent un risque très faible et un niveau sonore négligeable et qui sont destinés à être utilisés dans des espaces confinés, y compris les artifices de divertissement destinés à être utilisés à l'intérieur d'immeubles d'habitation ;

b) Catégorie F2 : artifices de divertissement qui présentent un risque faible et un faible niveau sonore et qui sont destinés à être utilisés à l'air libre, dans des zones confinées ;

c) Catégorie F3 : artifices de divertissement qui présentent un risque moyen, qui sont destinés à être utilisés à l'air libre, dans de grands espaces ouverts et dont le niveau sonore n'est pas dangereux pour la santé humaine ;

d) Catégorie F4 : artifices de divertissement qui présentent un risque élevé et qui sont destinés à être utilisés uniquement par des personnes ayant des connaissances particulières (également désignés par l'expression « artifices de divertissement à usage professionnel ») et dont le niveau sonore n'est pas dangereux pour la santé humaine ;

2° Articles pyrotechniques destinés au théâtre :

a) Catégorie T1 : articles pyrotechniques destinés à être utilisés en scène qui présentent un risque faible ;

b) Catégorie T2 : articles pyrotechniques destinés à être utilisés en scène, uniquement par des personnes ayant des connaissances particulières ;

3° Autres articles pyrotechniques :

a) Catégorie P1 : articles pyrotechniques, autres que les artifices de divertissement et les articles pyrotechniques destinés au théâtre, qui présentent un risque faible ;

(1) Dispositions applicables à compter du 1er juillet 2015 en tant qu'elles s'appliquent aux articles pyrotechniques et à compter du 20 avril 2016 en tant qu'elles s'appliquent aux produits explosifs autres que les articles pyrotechniques, D. n° 2015-799, 1er juill. 2015, art. 6.

b) Catégorie P2 : articles pyrotechniques, autres que les artifices de divertissement et les articles pyrotechniques destinés au théâtre, qui sont destinés à être manipulés ou utilisés uniquement par des personnes ayant des connaissances particulières.

Art. R. 557-6-4 *(Créé à compter des dates prévues à l'article 6 du décret n° 2015-799 du 1er juillet 2015, D. n° 2015-799, 1er juill. 2015)* (1). – Les exigences essentielles de sécurité mentionnées à l'article L. 557-4 sont celles figurant, dans le cas des articles pyrotechniques, à l'annexe I de la directive 2013/29/UE du Parlement européen et du Conseil du 12 juin 2013 relative à l'harmonisation des législations des États membres concernant la mise à disposition sur le marché d'articles pyrotechniques (refonte) et, dans le cas des autres produits explosifs, à l'annexe II de la directive 2014/28/UE du Parlement européen et du Conseil du 26 février 2014 relative à l'harmonisation des législations des États membres concernant la mise à disposition sur le marché et le contrôle des explosifs à usage civil (refonte).

Un produit explosif conforme à des normes harmonisées ou à des parties de normes harmonisées dont les références ont été publiées au *Journal officiel* de l'Union européenne est présumé conforme aux exigences essentielles de sécurité couvertes par ces normes ou parties de normes.

Art. R. 557-6-5 *(Créé à compter des dates prévues à l'article 6 du décret n° 2015-799 du 1er juillet 2015, D. n° 2015-799, 1er juill. 2015)* (1). – Les procédures mentionnées à l'article L. 557-5, à suivre pour évaluer la conformité des produits explosifs, sont celles qui sont mentionnées, dans le cas des articles pyrotechniques, à l'article 17 et à l'annexe II de la directive 2013/29/UE du 12 juin 2013 susmentionnée et, dans le cas des autres produits explosifs, à l'article 20 et à l'annexe III de la directive 2014/28/UE du 26 février 2014 susmentionnée.

Art. R. 557-6-6 *(Créé à compter des dates prévues à l'article 6 du décret n° 2015-799 du 1er juillet 2015, D. n° 2015-799, 1er juill. 2015)* (1). – La déclaration de conformité mentionnée à l'article R. 557-2-4 est dénommée déclaration UE de conformité. Elle est établie selon le modèle défini, dans le cas des articles pyrotechniques, à l'annexe III de la directive 2013/29/UE du 12 juin 2013 susmentionnée et, dans le cas des autres produits explosifs, à l'annexe IV de la directive 2014/28/UE du 26 février 2014 susmentionnée.

Art. R. 557-6-7 *(Créé à compter des dates prévues à l'article 6 du décret n° 2015-799 du 1er juillet 2015, D. n° 2015-799, 1er juill. 2015)* (1). – Le marquage mentionné à l'article L. 557-4 est le marquage CE tel que défini à l'article 30 du règlement (CE) n° 765/2008 du Parlement européen et du Conseil du 9 juillet 2008 fixant les prescriptions relatives à l'accréditation et à la surveillance du marché pour la commercialisation des produits et abrogeant le règlement (CEE) n° 339/93 du Conseil, suivi :

– du numéro d'identification de l'organisme habilité mentionné à l'article L. 557-31 lorsque celui-ci intervient dans la phase de contrôle de la fabrication ; le numéro d'identification de l'organisme habilité est apposé par l'organisme lui-même ou, sur instruction de celui-ci, par le fabricant ou son mandataire ;

– le cas échéant, de toute autre marque indiquant un risque ou un usage particulier.

Dans le cas des produits explosifs autres que les articles pyrotechniques, fabriqués pour un usage propre, transportés et livrés hors conditionnement ou en unités mobiles de fabrication d'explosifs pour déchargement direct dans le trou de mine, et des produits explosifs fabriqués sur site et chargés directement après avoir été fabriqués (production sur site), le marquage est apposé sur les documents d'accompagnement.

Art. R. 557-6-8 *(Créé à compter des dates prévues à l'article 6 du décret n° 2015-799 du 1er juillet 2015, D. n° 2015-799, 1er juill. 2015)* (1). – Les articles pyrotechniques sont étiquetés conformément aux exigences définies par arrêté du ministre chargé de la sécurité industrielle.

Les autres produits explosifs qui sont soumis à l'article R. 2352-47 du Code de la défense portent un identifiant unique apposé conformément aux dispositions dudit article et des textes pris pour son application.

(1) Dispositions applicables à compter du 1er juillet 2015 en tant qu'elles s'appliquent aux articles pyrotechniques et à compter du 20 avril 2016 en tant qu'elles s'appliquent aux produits explosifs autres que les articles pyrotechniques, D. n° 2015-799, 1er juill. 2015, art. 6.

Les autres produits explosifs qui ne sont pas soumis à l'article R. 2352-47 du Code de la défense portent un numéro de type, de lot ou de série ou un autre élément permettant leur identification ou, lorsque la petite taille, la forme ou la conception du produit ne le permettent pas, les informations requises pour ce produit figurent sur son emballage ou dans un document l'accompagnant.

Art. R. 557-6-9 *(Créé à compter des dates prévues à l'article 6 du décret n° 2015-799 du 1er juillet 2015, D. n° 2015-799, 1er juill. 2015)* (1). – Un produit explosif comportant une date de péremption n'est plus considéré conforme aux exigences du présent chapitre dès lors que cette date est atteinte.

Pour les produits explosifs autres que les articles pyrotechniques, la date de péremption peut être remplacée par une nouvelle date de péremption ultérieure, dès lors que des essais sur des échantillons représentatifs ont montré que les produits explosifs continuent de satisfaire aux exigences de la présente section jusqu'à cette nouvelle date de péremption.

Art. R. 557-6-10 *(Créé à compter des dates prévues à l'article 6 du décret n° 2015-799 du 1er juillet 2015, D. n° 2015-799, 1er juill. 2015)* (1). – Par dérogation aux dispositions des articles L. 557-4 et L. 557-5, la fabrication et l'utilisation d'articles pyrotechniques non conformes aux dispositions du présent chapitre destinés à des fins de recherche est autorisée, à condition qu'ils portent une étiquette qui mentionne clairement leur non-conformité aux dispositions du Code de l'environnement et leur non-disponibilité à d'autres fins que le développement, les essais et la recherche.

Cette étiquette est apposée sur l'article lui-même ou, si la place disponible sur l'article ne le permet pas, les informations sont mentionnées sur la plus petite unité d'emballage. L'étiquette comporte en outre les éléments suivants : le nom et l'adresse du fabricant et le nom et l'adresse de l'importateur si le fabricant n'est pas implanté dans l'Union européenne ; le nom et l'adresse du responsable des recherches ou essais et l'adresse du lieu des recherches ou essais si celle-ci est différente ; le nom de la personne physique responsable des recherches ou essais.

Art. R. 557-6-11 *(Créé à compter des dates prévues à l'article 6 du décret n° 2015-799 du 1er juillet 2015, D. n° 2015-799, 1er juill. 2015)* (1). – I. – Les produits explosifs ayant satisfait, dans un des États membres de l'Union européenne autre que la France, aux procédures d'évaluation prévues par les réglementations transposant dans le droit interne de l'État où elles ont été accomplies, les dispositions de la directive 2014/28/UE du 26 février 2014 susmentionnée ou de la directive 2013/29/UE du 12 juin 2013 susmentionnée, sont présumés conformes aux exigences de la présente section.

II. – Peuvent continuer à être mis à disposition sur le marché, stockés en vue de leur mise à disposition sur le marché, installés, mis en service, utilisés, importés ou transférés, sans avoir satisfait aux dispositions des articles L. 557-4, L. 557-5 et R. 557-6-4 à R. 557-6-8, les produits explosifs qui ont satisfait, dans un des États membres de l'Union européenne, aux procédures d'évaluation prévues par les réglementations transposant, dans le droit interne de l'État où elles ont été accomplies, les dispositions de la directive 2007/23/CE du Parlement européen et du Conseil du 23 mai 2007 relative à la mise sur le marché d'articles pyrotechniques ou de la directive 93/15/CEE du Conseil du 5 avril 1993 relative à l'harmonisation des dispositions concernant la mise sur le marché et le contrôle des explosifs à usage civil, et qui ont été mis sur le marché respectivement avant le 1er juillet 2015 ou le 20 avril 2016.

III. – Il en est de même pour les articles pyrotechniques qui ont été régulièrement agréés en application du décret n° 2010-455 du 4 mai 2010 relatif à la mise sur le marché et au contrôle des produits explosifs, en particulier des dispositions du dernier alinéa de son article 47, jusqu'au terme de leur agrément, sans toutefois dépasser le 4 juillet 2017 ou, pour les articles pyrotechniques destinés aux véhicules, y compris en tant que pièces détachées, le 4 juillet 2028.

IV. – Les attestations et certificats délivrés au titre d'une de ces réglementations sont valables en vertu de la présente section.

(1) Dispositions applicables à compter du 1er juillet 2015 en tant qu'elles s'appliquent aux articles pyrotechniques et à compter du 20 avril 2016 en tant qu'elles s'appliquent aux produits explosifs autres que les articles pyrotechniques, D. n° 2015-799, 1er juill. 2015, art. 6.

Art. R. 557-6-12 *(Créé à compter des dates prévues à l'article 6 du décret n° 2015-799 du 1er juillet 2015, D. n° 2015-799, 1er juill. 2015)* (1). – I. – Les fabricants ne peuvent pas désigner de mandataire au sens de l'article L. 557-18 pour les articles pyrotechniques.

II. – Les fabricants et les importateurs d'articles pyrotechniques tiennent un relevé de tous les numéros d'enregistrement des articles pyrotechniques qu'ils ont fabriqués ou importés, indiquant leur dénomination commerciale, leur type générique et leur sous-type, le cas échéant, ainsi que leur site de fabrication, pendant au moins dix ans après la mise sur le marché de l'article.

III. – Les organismes habilités mettent à disposition du public par voie électronique le registre mentionné à l'article L. 557-37.

Art. R. 557-6-13 *(Créé à compter des dates prévues à l'article 6 du décret n° 2015-799 du 1er juillet 2015, D. n° 2015-799, 1er juill. 2015)* (2). – I. – Les articles pyrotechniques ne peuvent être mis à disposition sur le marché qu'aux personnes âgées d'au moins 18 ans, et, pour les artifices de divertissement de la catégorie F1, d'au moins 12 ans.

II. – Sans préjudice des autres réglementations applicables concernant la formation relative à la mise en œuvre des produits explosifs, ne sont autorisées à manipuler ou utiliser les articles pyrotechniques des catégories F4, T2 ou P2 mentionnées à l'article R. 557-6-3 que les personnes physiques titulaires d'un certificat de formation ou d'une habilitation délivrés par un organisme agréé par le ministre chargé de la sécurité industrielle.

Les opérations de manipulation et d'utilisation subordonnées à la détention d'un certificat de formation ou d'une habilitation, les connaissances requises, les modalités relatives au contenu des formations et à leur organisation, les conditions d'agrément des organismes ainsi que le contenu et les modalités de délivrance et de reconnaissance des certificats de formation et des habilitations et leur durée de validité sont définis par un arrêté du ministre chargé de la sécurité industrielle.

Sont également autorisées à acquérir, détenir, manipuler ou utiliser les articles pyrotechniques des catégories F4, T2 ou P2 mentionnées à l'article R. 557-6-3 les personnes qui y ont été autorisées par un autre État membre de l'Union européenne en application d'une réglementation transposant dans cet État les dispositions de la directive 2007/23/CE du 23 mai 2007 ou de la directive 2013/29/UE du 12 juin 2013 susmentionnées.

III. – Les articles pyrotechniques de la catégorie P1 destinés aux véhicules, y compris les systèmes d'airbag et de prétensionneur de ceinture de sécurité, ne sont pas mis à la disposition des particuliers, à moins que ces articles pyrotechniques destinés aux véhicules n'aient été incorporés dans un véhicule ou dans une partie de véhicule amovible.

IV. – Sont interdites la détention, la manipulation ou utilisation, l'acquisition et la mise à disposition sur le marché français de certains artifices de divertissement de forte puissance susceptibles d'occasionner des dommages importants ou présentant des risques pour l'environnement du fait de leur composition et dont la liste est fixée par arrêté du ministre chargé de la sécurité industrielle.

Art. R. 557-6-14 *(Créé à compter des dates prévues à l'article 6 du décret n° 2015-799 du 1er juillet 2015, D. n° 2015-799, 1er juill. 2015)* (2). – I. – L'organisme qui souhaite être agréé pour délivrer les certificats de formation et habilitations mentionnés au II de l'article R. 557-6-13 soumet une demande au ministre chargé de la sécurité industrielle. Pour être agréé, l'organisme doit respecter des critères relatifs à son organisation et ses compétences. Ces critères ainsi que le contenu du dossier de demande sont définis par arrêté du même ministre. L'agrément est délivré pour une période d'au plus cinq ans renouvelable, après examen du dossier par l'Institut national de l'environnement industriel et des risques, sur la base d'un cahier des charges validé par le ministre chargé de la sécurité industrielle.

(1) Dispositions applicables à compter du 1er juillet 2015 en tant qu'elles s'appliquent aux articles pyrotechniques à l'exception des II et III du présent article qui entrent en vigueur le 17 octobre 2016, et à compter du 20 avril 2016 en tant qu'elles s'appliquent aux produits explosifs autres que les articles pyrotechniques, D. n° 2015-799, 1er juill. 2015, art. 6.

(2) Dispositions applicables à compter du 1er juillet 2015 en tant qu'elles s'appliquent aux articles pyrotechniques et à compter du 20 avril 2016 en tant qu'elles s'appliquent aux produits explosifs autres que les articles pyrotechniques, D. n° 2015-799, 1er juill. 2015, art. 6.

II. – Les employeurs mentionnés à l'article R. 4462-1 du Code du travail sont réputés agréés pour délivrer à leur personnel les habilitations prévues au I. Les organismes agréés dans les conditions prévues par toute autre réglementation relative à l'acquisition, la détention, la manipulation ou l'utilisation d'articles pyrotechniques des catégories F4, T2 ou P2 mentionnées à l'article R. 557-6-3, pour délivrer le certificat de formation prévu au I, sont également agréés au titre du présent article.

III. – Les organismes agréés transmettent annuellement au ministre chargé de la sécurité industrielle la liste des personnes auxquelles ils ont délivré un certificat de formation ou une habilitation.

Art. R. 557-6-14-1 *(D. n° 2021-1704, 17 déc. 2021)*. – Les mentions devant figurer dans le registre mentionné à l'article L. 557-10-1, ainsi que les modalités de tenue de ce registre, sont fixées par arrêté du ministre de l'intérieur.

Art. R. 557-6-14-2 *(D. n° 2021-1704, 17 déc. 2021)*. – Aux fins de contrôle les données figurant sur le registre mentionné à l'article L. 557-10-1 sont tenues à la disposition des services de la police nationale et des unités de la gendarmerie nationale pendant une durée de dix-huit mois à compter de la date de la transaction.

Les données personnelles enregistrées à l'occasion d'une transaction sont effacées au bout de dix-huit mois à compter de la date de cette transaction.

Art. R. 557-6-14-3 *(D. n° 2021-1704, 17 déc. 2021)*. – Au sens de l'article L. 557-10-2 une transaction est considérée suspecte lorsque la personne commercialisant les articles pyrotechniques destinés au divertissement constate que le client, notamment :

1° Refuse de préciser l'usage qu'il envisage de faire des articles objets de la transaction ;

2° Souhaite l'acquisition d'articles dans des quantités inhabituelles ;

3° Sollicite l'acquisition d'articles inhabituels pour l'usage envisagé ;

4° Refuse de prouver son identité ;

5° Insiste pour recourir à certaines méthodes de paiement, notamment, pour des achats importants, en numéraire.

Le signalement, en application du second alinéa de l'article L. 557-10-2, de toute tentative de transaction suspecte doit être effectué immédiatement après la tentative de transaction, et au plus tard dans un délai de 72 heures à compter de la tentative.

Art. R. 557-6-15 *(Créé à compter des dates prévues à l'article 6 du décret n° 2015-799 du 1er juillet 2015, D. n° 2015-799, 1er juill. 2015* (1) *; mod., D. n° 2021-1704, 17 déc. 2021)*. – Est puni de la peine d'amende prévue pour les contraventions de la cinquième classe le fait de :

1° *(Abrogé)* ;

2° *(Abrogé)* ;

3° *(Abrogé)* ;

4° Délivrer des certificats de formation ou l'habilitation mentionnés à l'article R. 557-6-13 sans disposer de l'agrément nécessaire prévu au même article ;

5° Fabriquer ou utiliser un produit explosif destiné à des fins de recherche, de développement et d'essais sans respecter les exigences d'étiquetage définies à l'article R. 557-6-10.

Art. R. 557-6-16 *(D. n° 2021-1704, 17 déc. 2021)*. – Est puni de l'amende prévue pour les contraventions de la 5e classe le fait, pour tout opérateur économique :

1° De céder à toute personne physique des articles pyrotechniques destinés au divertissement sans avoir effectué l'enregistrement prévu à l'article L. 557-10-1 ;

2° D'apposer sur le registre prévu à l'article L. 557-10-1 des mentions inexactes, incomplètes, ou méconnaissant les prescriptions de l'arrêté ministériel prévu par l'article R. 557-6-14-1 ;

3° De ne pas conserver les données enregistrées et ne pas tenir à la disposition le registre à des fins de contrôles conformément aux dispositions de l'article R. 557-6-14-2 ;

(1) Dispositions applicables à compter du 1er juillet 2015 en tant qu'elles s'appliquent aux articles pyrotechniques et à compter du 20 avril 2016 en tant qu'elles s'appliquent aux produits explosifs autres que les articles pyrotechniques, D. n° 2015-799, 1er juill. 2015, art. 6.

4° De ne pas signaler les transactions suspectes, conformément aux dispositions des articles L. 557-10-2 et R. 557-6-14-3.

La récidive des contraventions prévues au présent article est réprimée conformément aux articles 132-11 et 132-15 du Code pénal.

Section VII. – Conformité des appareils et systèmes de protection destinés à être utilisés en atmosphères explosibles

Art. R. 557-7-1 *(Créé à compter du 20 avril 2016, D. n° 2015-799, 1er juill. 2015).* – Au sens de la présente section, on entend par :

« Appareils » : les machines, les matériels, les dispositifs fixes ou mobiles, les organes de commande, l'instrumentation et les systèmes de détection et de prévention qui, seuls ou combinés, sont destinés à la production, au transport, au stockage, à la mesure, à la régulation, à la conversion d'énergie ou à la transformation de matériau et qui, par les sources potentielles d'inflammation qui leur sont propres, risquent de provoquer le déclenchement d'une explosion ;

« Systèmes de protection » : les dispositifs, autres que les composants des appareils, dont la fonction est d'arrêter immédiatement les explosions naissantes ou de limiter la zone affectée par une explosion et qui sont mis à disposition séparément sur le marché comme systèmes à fonction autonome ;

« Composants » : les pièces qui sont essentielles au fonctionnement sûr des appareils et des systèmes de protection mais qui n'ont pas de fonction autonome.

Art. R. 557-7-2 *(Créé à compter du 20 avril 2016, D. n° 2015-799, 1er juill. 2015).* – Les dispositions de la présente section s'appliquent aux produits et équipements suivants, ci-après dénommés « produits » :

– appareils et systèmes de protection destinés à être utilisés en atmosphères explosibles ;

– dispositifs de sécurité, de contrôle et de réglage destinés à être utilisés en dehors d'atmosphères explosibles mais qui sont nécessaires ou qui contribuent au fonctionnement sûr des appareils et systèmes de protection au regard des risques d'explosion ;

– composants, destinés à être intégrés dans des appareils et des systèmes de protection destinés à être utilisés en atmosphères explosibles,

à l'exception des produits et équipements suivants :

– appareils et systèmes de protection lorsque le danger d'explosion est exclusivement dû à la présence de matières explosives ou de matières chimiques instables ;

– équipements destinés à être utilisés dans des environnements domestiques et non commerciaux dans lesquels une atmosphère explosible ne peut surgir que rarement, uniquement comme résultant d'une fuite accidentelle de gaz ;

– équipements de protection individuelle mentionnés à l'article R. 4311-8 du Code du travail ;

– navires et unités mobiles offshore ainsi que les équipements à bord de ces navires ou unités ;

– moyens de transport, c'est-à-dire les véhicules et leurs remorques destinés uniquement au transport des personnes dans les airs, sur les réseaux routiers, ferroviaires ou sur l'eau et les moyens de transport conçus pour le transport de marchandises dans les airs, sur les réseaux publics routiers, ferroviaires ou sur l'eau ; ne sont toutefois pas exclus les véhicules destinés à être utilisés dans une atmosphère explosible ;

– armes, munitions et matériels de guerre.

Art. R. 557-7-3 *(Créé à compter du 20 avril 2016, D. n° 2015-799, 1er juill. 2015).* – Les produits sont classés en deux groupes ainsi définis :

1° Groupe d'appareils I : les appareils destinés aux travaux souterrains des mines et aux parties de leurs installations de surface, susceptibles d'être mis en danger par le grisou ou des poussières combustibles comprenant les catégories d'appareils M1 et M2, suivant le niveau nécessaire de protection à garantir ;

2° Groupe d'appareils II : les appareils destinés à être utilisés dans d'autres lieux susceptibles d'être mis en danger par des atmosphères explosives comprenant les catégories d'appareils 1, 2 et 3, suivant le niveau nécessaire de protection à garantir ;

Ces groupes et catégories sont définis à l'annexe I de la directive 2014/34/UE du Parlement européen et du Conseil du 26 février 2014 relative à l'harmonisation des législations des États membres concernant les appareils et les systèmes de protection destinés à être utilisés en atmosphères explosibles.

Art. R. 557-7-4 *(Créé à compter du 20 avril 2016, D. n° 2015-799, 1er juill. 2015).* – Les exigences essentielles de sécurité mentionnées à l'article L. 557-4 sont celles figurant à l'annexe II de la directive 2014/34/UE du 26 février 2014 susmentionnée.

Un produit conforme à des normes harmonisées ou à des parties de normes harmonisées dont les références ont été publiées au *Journal officiel* de l'Union européenne est présumé conforme aux exigences essentielles de sécurité couvertes par ces normes ou parties de normes.

Art. R. 557-7-5 *(Créé à compter du 20 avril 2016, D. n° 2015-799, 1er juill. 2015).* – Les procédures mentionnées à l'article L. 557-5, à suivre pour évaluer la conformité des appareils et systèmes de protection destinés à être utilisés en atmosphères explosibles, sont celles figurant aux paragraphes 1 à 4 de l'article 13 et aux annexes III à IX de la directive 2014/34/UE du 26 février 2014 susmentionnée.

Art. R. 557-7-6 *(Créé à compter du 20 avril 2016, D. n° 2015-799, 1er juill. 2015).* – La déclaration de conformité mentionnée à l'article R. 557-2-4 est dénommée déclaration UE de conformité. Elle est établie selon le modèle défini à l'annexe X de la directive 2014/34/UE du 26 février 2014 susmentionnée.

Toutefois, les composants ne font pas l'objet d'une déclaration UE de conformité ; une attestation écrite de conformité est délivrée par le fabricant déclarant la conformité de ces composants avec les dispositions du présent chapitre et indiquant leurs caractéristiques ainsi que les conditions de leur incorporation dans des appareils ou des systèmes de protection qui contribuent au respect des exigences essentielles de sécurité qui s'appliquent aux appareils ou aux systèmes de protection finis.

Chaque produit est accompagné d'une copie de la déclaration UE de conformité ou de l'attestation de conformité. Cependant, lorsqu'un grand nombre de produits est livré à un seul utilisateur, l'ensemble ou le lot concerné peut être accompagné d'une seule copie de la déclaration UE de conformité ou de l'attestation de conformité susmentionnée.

Art. R. 557-7-7 *(Créé à compter du 20 avril 2016, D. n° 2015-799, 1er juill. 2015).* – Le marquage mentionné à l'article L. 557-4 est le marquage CE tel que défini à l'article 30 du règlement (CE) n° 765/2008 du Parlement européen et du Conseil du 9 juillet 2008 fixant les prescriptions relatives à l'accréditation et à la surveillance du marché pour la commercialisation des produits et abrogeant le règlement (CEE) n° 339/93 du Conseil, suivi :

– du numéro d'identification de l'organisme habilité mentionné à l'article L. 557-31 lorsque celui-ci intervient dans la phase de contrôle de la fabrication ; le numéro d'identification de l'organisme habilité est apposé par l'organisme lui-même ou, sur instruction de celui-ci, par le fabricant ou son mandataire ;

– du marquage spécifique de protection contre les explosions « Epsilon-x » tel que représenté au c du paragraphe 1 de l'article 38 de la directive 2014/34/UE du 26 février 2014 susmentionnée, des symboles du groupe et de la catégorie d'appareils et, le cas échéant, des autres marquages et informations définis au point 1.0.5 de l'annexe II de ladite directive ;

– le cas échéant, de toute autre marque indiquant un risque ou un usage particulier ; en particulier, les produits qui sont conçus pour des atmosphères explosives spécifiques sont marqués en conséquence.

Les composants ne font pas l'objet du marquage prévu au présent article.

Art. R. 557-7-8 *(Créé à compter du 20 avril 2016, D. n° 2015-799, 1er juill. 2015).* – Les produits portent un numéro de type, de lot ou de série ou un autre élément permettant leur identification ou, lorsque la taille ou la nature du produit ne le permet pas, les informations requises pour ce produit figurent sur son emballage ou dans un document l'accompagnant.

Art. R. 557-7-9 *(Créé à compter du 20 avril 2016, D. n° 2015-799, 1er juill. 2015).* – I. Les produits ayant satisfait, dans un des États membres de l'Union européenne autre que la France, aux procédures d'évaluation prévues par les réglementations transposant, dans le droit interne de l'État où elles ont été accomplies les dispositions de la directive 2014/34/UE du 26 février 2014 susmentionnée, sont présumés conformes aux exigences de la présente section.

II. – Peuvent continuer à être mis à disposition sur le marché, stockés en vue de leur mise à disposition sur le marché, installés, mis en service, utilisés, importés ou transférés, sans avoir satisfait aux dispositions des articles L. 557-4, L. 557-5 et R. 557-7-4 à R. 557-7-8, les produits qui ont satisfait, dans un des États membres de l'Union européenne, aux procédures d'évaluation prévues par les réglementations transposant, dans le droit interne de l'État où elles ont été accomplies, les dispositions de la directive 94/9/CE du 23 mars 1994 du Parlement européen et du Conseil du 23 mars 1994 concernant le rapprochement des législations des États membres pour les appareils et les systèmes de protection destinés à être utilisés en atmosphères explosibles, et ont été mis sur le marché avant le 20 avril 2016.

III. – Les attestations et certificats délivrés au titre d'une de ces réglementations sont valables en vertu de la présente section.

Section VIII. – Conformité et installation des appareils et matériels concourant à l'utilisation des gaz combustibles

(Créée à compter du 21 avril 2018, D. n° 2017-1557, 10 nov. 2017)

Art. R. 557-8-1 *(Créé à compter du 21 avril 2018, D. n° 2017-1557, 10 nov. 2017).* – Au sens de la présente section, on entend par :

« Appareils à gaz » : les appareils brûlant des combustibles gazeux utilisés pour la cuisson, la réfrigération, la climatisation, le chauffage, la production d'eau chaude, l'éclairage ou le lavage, ainsi que les brûleurs à air soufflé et les corps de chauffe à équiper de ces brûleurs ;

« Équipements d'appareils à gaz » : les dispositifs de sécurité, de contrôle ou de réglage et leurs sous-ensembles, destinés à être incorporés dans un appareil à gaz ou à être assemblés pour constituer un tel appareil ;

« Matériels à gaz » : les conduites, tubes et tuyaux d'alimentation en gaz d'appareils, organes de coupure, détendeurs, régulateurs, dispositifs, modes et matériaux d'assemblage, conduits ainsi que tous éléments de tuyauterie destinés à être incorporés dans une installation véhiculant des combustibles gazeux ;

« Combustion » : un processus dans lequel un combustible gazeux réagit avec l'oxygène pour produire de la chaleur ou de la lumière ;

« Lavage » : l'ensemble du processus de lavage, y compris le séchage et le repassage ;

« Cuisson » : l'art ou la pratique qui consiste à préparer ou chauffer de la nourriture en vue de sa consommation en utilisant la chaleur et une vaste gamme de méthodes ;

« Processus industriel » : l'extraction, la culture, le raffinage, le traitement, la production, la fabrication ou la préparation de matériaux, de végétaux, d'animaux d'élevage, de produits animaux, de denrées alimentaires ou d'autres produits, aux fins de leur exploitation commerciale ;

« Combustible gazeux » : tout combustible qui est à l'état gazeux à une température de 15 °C, sous une pression de 1 bar ;

« Indice de Wobbe » : un indicateur de l'interchangeabilité des gaz combustibles utilisé pour comparer le rendement de combustion de gaz combustibles de différentes compositions dans un appareil ;

« Famille de gaz » : un ensemble de combustibles gazeux ayant des caractéristiques de combustion similaires et liées par une plage d'indices de Wobbe ;

« Groupe de gaz » : une plage d'indices de Wobbe spécifique incluse dans celle de la famille concernée ;

« Catégorie de l'appareil » : l'identification des familles et/ou des groupes de gaz qu'un appareil est conçu pour brûler en toute sécurité et au niveau de performance souhaité, ainsi que l'indique le marquage identifiant la catégorie de l'appareil ;

« Efficacité énergétique » : le rapport entre les performances d'un appareil et l'énergie d'entrée.

Art. R. 557-8-2 *(Créé à compter du 21 avril 2018, D. n° 2017-1557, 10 nov. 2017).* – La présente section s'applique aux appareils et matériels suivants, concourant à l'utilisation des gaz combustibles, et appelés « produits » dans la suite de la présente section :

– appareils à gaz et équipements d'appareils à gaz ;

– matériels à gaz,

à l'exception des appareils et matériels suivants :

– appareils spécifiquement conçus pour un usage dans des processus industriels utilisés dans des établissements industriels ;

– appareils spécifiquement conçus pour un usage à bord d'aéronefs et de matériels ferroviaires ;

– appareils spécifiquement conçus à des fins de recherche pour une utilisation temporaire en laboratoire ;

– appareils présentant un caractère historique, artistique, culturel ou patrimonial ;

– autres matériels à gaz relevant du règlement (UE) n° 305/2011 du Parlement européen et du Conseil du 9 mars 2011 établissant des conditions harmonisées de commercialisation pour les produits de construction et abrogeant la directive 89/106/CEE du Conseil, pour ce qui est de leur conformité audit règlement.

La présente section ne s'applique pas aux matériels à gaz intégrés dans les canalisations de transport ou de distribution de gaz mentionnées aux 1° et 2° de l'article L. 554-5.

Aux fins de la présente section, un produit est considéré comme « spécifiquement conçu » lorsque sa conception est exclusivement destinée à répondre à un besoin spécifique pour un processus ou un usage donné.

Art. R. 557-8-3 *(Créé à compter du 21 avril 2018, D. n° 2017-1557, 10 nov. 2017 ; modifié à compter du 1er janvier 2025, D. n° 2024-1022, 13 nov. 2024)*. – I. – Les exigences essentielles de sécurité et les autres exigences fonctionnelles applicables aux matériels à gaz sont fixées, en fonction de la nature des installations, par des arrêtés du ministre chargé de la sécurité industrielle ou du ministre chargé de la sécurité civile. Elles sont présumées respectées si les produits concernés respectent, dès lors qu'elles leur sont applicables :

– d'une part, les normes, spécifications et cahiers des charges rendus d'application obligatoire par arrêté du ministre chargé de la sécurité industrielle ou du ministre chargé de la sécurité civile et dont le respect vaut conformité réglementaire ;

– d'autre part, les normes, spécifications et cahiers des charges reconnus par le ministre chargé de la sécurité industrielle ou du ministre chargé de la sécurité civile et dont le respect vaut présomption de conformité réglementaire.

Le ministre chargé de la sécurité industrielle et le ministre chargé de la sécurité civile peuvent, chacun en ce qui les concerne reconnaître des normes, spécifications et cahiers des charges nationaux d'un autre État membre de l'Union européenne ou d'un État membre de l'Espace économique européen, lorsqu'elles assurent un niveau de sécurité équivalent aux exigences mentionnées au premier alinéa.

II. – Les procédures mentionnées à l'article L. 557-5, selon lesquelles est évaluée la conformité des matériels à gaz mis sur le marché, sont définies par les normes, spécifications et cahiers des charges mentionnés au I.

La conformité des produits fabriqués en série avec les exigences essentielles mentionnées au I est évaluée à l'aide de l'examen de type en combinaison avec un module de contrôle.

Dans le cas d'une production à l'unité ou en petit nombre, le fabricant peut opter pour l'une des procédures énoncées à l'alinéa précédent ou pour la conformité sur la base d'une vérification à l'unité.

III. – Le marquage des matériels à gaz mentionné à l'article L. 557-4 est matérialisé par une marque, dès lors que cette marque est reconnue par le ministre chargé de la sécurité industrielle ou le ministre chargé de la sécurité civile pour cet usage.

Ce marquage ne se substitue pas au marquage CE quand ce dernier est exigible au titre d'un acte de l'Union européenne.

IV. – Les matériels non couverts par une marque reconnue peuvent être mis sur le marché s'ils respectent les conditions fixées dans un guide approuvé par le ministre chargé de la sécurité industrielle ou le ministre chargé de la sécurité civile et si le fabricant atteste du respect des exigences essentielles de sécurité mentionnées au I.

Art. R. 557-8-4 *(Créé à compter du 21 avril 2018, D. n° 2017-1557, 10 nov. 2017)*. – Peuvent continuer à être, dans la limite du territoire national, mis à disposition sur le marché, stockés en vue de leur mise à disposition sur le marché, installés, mis en service, utilisés, importés ou transférés, sans avoir satisfait aux dispositions des articles L. 557-4, L. 557-5, R. 557-8-3 et R. 557-8-4, les matériels ayant été régulièrement autorisés en application de l'arrêté du 2 août 1977 relatif aux règles techniques et de sécurité applicables aux installations de gaz combustible et d'hydrocarbures liquéfiés situées à l'intérieur des bâtiments d'habitation ou de leurs dépendances, de l'arrêté du 15 juillet 1980 rendant obligatoires des spécifications techniques relatives à la réalisation et à la mise en œuvre des canalisations de gaz à l'intérieur des bâtiments d'habitation ou de leurs dépendances, ou de l'arrêté du 4 mars 1996 portant codification des règles de conformité des matériels à gaz aux normes les concernant lorsqu'ils sont situés à l'intérieur des bâtiments d'habitation et de leurs dépendances, ainsi que dans les caravanes, autocaravanes et fourgons aménagés.

Les attestations et certificats délivrés au titre d'une des réglementations précitées demeurent valables.

Art. R. 557-8-5 *(Créé à compter du 1er janvier 2025, D. n° 2024-1022, 13 nov. 2024)*. – Pour les appareils à gaz, les exigences essentielles de sécurité mentionnées à l'article L. 557-4 sont celles figurant à l'annexe I au règlement (UE) 2016/426 du Parlement européen du 9 mars 2016 concernant les appareils brûlant des combustibles gazeux et abrogeant la directive 2009/142/CE.

Les opérateurs économiques s'assurent, préalablement à leur mise sur le marché national, que les appareils et les équipements associés respectent les conditions d'approvisionnement en gaz fixées pour la France en application de l'article 4 et de l'annexe II au règlement 2016/426.

Section IX. – Conformité des équipements sous pression

Art. R. 557-9-1 *(Créé à compter du 19 juillet 2016, D. n° 2015-799, 1er juill. 2015 ; mod., D. n° 2016-1625, 28 déc. 2016).* – Au sens de la présente section et de la section 14, on entend par :

« Équipements sous pression » : récipients, tuyauteries, accessoires de sécurité et accessoires sous pression (y compris, le cas échéant, les éléments attachés aux parties sous pression, tels que les brides, piquages, raccords, supports et pattes de levage) dont la pression maximale admissible PS est supérieure à 0,5 bar ;

« Ensemble » : plusieurs équipements sous pression assemblés par un fabricant pour former un tout intégré et fonctionnel ;

« Récipient » : une enveloppe conçue et construite pour contenir des fluides sous pression, y compris les éléments qui y sont directement attachés jusqu'au dispositif prévu pour le raccordement avec d'autres équipements ; un récipient peut comporter un ou plusieurs compartiments ;

« Tuyauteries » : des composants de canalisation, destinés au transport des fluides, lorsqu'ils sont raccordés en vue d'être intégrés dans un système sous pression ; les tuyauteries comprennent notamment un tuyau ou un ensemble de tuyaux, le tubage, les accessoires de tuyauterie, les joints d'expansion, les flexibles ou, le cas échéant, d'autres composants résistant à la pression ; les échangeurs thermiques constitués de tuyaux et destinés au refroidissement ou au réchauffement de l'air sont assimilés aux tuyauteries ;

« Accessoires de sécurité » : des dispositifs destinés à la protection des équipements sous pression et ensembles contre le dépassement des limites admissibles, y compris des dispositifs pour la limitation directe de la pression, tels que les soupapes de sûreté, les dispositifs à disques de rupture, les tiges de flambage, les dispositifs de sécurité pilotés (CSPRS) et des dispositifs de limitation qui mettent en œuvre des moyens d'intervention ou entraînent la coupure et le verrouillage, tels que les commutateurs actionnés par la pression, la température ou le niveau du fluide et les dispositifs de mesure, de contrôle et de régulation jouant un rôle en matière de sécurité (SRMCR) ;

« Accessoires sous pression » : des dispositifs jouant un rôle opérationnel et dont l'enveloppe est soumise à pression ;

« Générateur de vapeur » : tout équipement sous pression, assemblage d'équipements sous pression ou ensemble dans lequel de l'énergie thermique est apportée à un fluide, en vue de l'utilisation extérieure de l'énergie et éventuellement du fluide lui-même, lorsque sa température maximale admissible excède 110 °C.

Sont considérés comme fluides au sens de la présente définition :

- la vapeur d'eau ;
- l'eau surchauffée ;
- tout fluide caloporteur dont la température d'ébullition, sous la pression atmosphérique normale, est inférieure à 400 °C, et lorsque sa température maximale admissible excède 120 °C, et que la pression effective de la vapeur produite ou susceptible de se produire peut excéder un bar ;
- tout mélange de vapeur d'eau ou d'eau surchauffée avec un autre fluide sous pression.

Est également considéré comme générateur de vapeur tout équipement sous pression, assemblage d'équipements sous pression ou ensemble comportant une ou plusieurs enceintes fermées, dans lesquels de l'eau est portée à une température supérieure à 110 °C sans que le fluide ne fasse l'objet d'une utilisation extérieure.

Par exception, un équipement sous pression, un assemblage d'équipements sous pression ou un ensemble ne sont pas considérés comme générateur de vapeur si l'énergie qu'ils reçoivent est apportée directement ou indirectement par un fluide provenant lui-même d'un générateur de vapeur ;

« Appareil à couvercle amovible à fermeture rapide » : tout générateur de vapeur ou récipient comportant au moins un couvercle, un fond ou une porte amovible dont la fermeture ou l'ouverture est obtenue par une commande centralisée, sauf lorsqu'il s'agit de dispositif à fermeture autoclave ;

« Pression » : la pression exprimée par son écart à la pression atmosphérique, le vide étant exprimé par une valeur négative ;

« Pression maximale admissible (PS) » : la pression maximale pour laquelle l'équipement sous pression ou l'ensemble est conçu, spécifiée par le fabricant et définie à un emplacement spécifié par ce dernier, à savoir soit l'emplacement où sont connectés les organes de protection ou de sûreté, soit la partie supérieure de l'équipement sous pression ou de l'ensemble, ou, si cela n'est pas approprié, tout autre emplacement spécifié ;

« Température minimale/ maximale admissible (TSmin, TSmax) » : les températures minimale et maximale pour lesquelles l'équipement sous pression ou l'ensemble est conçu, spécifiées par le fabricant ;

« Volume (V) » : le volume interne de chaque compartiment, y compris le volume des raccordements jusqu'à la première connexion et à l'exclusion du volume des éléments internes permanents ;

« Dimension nominale (DN) » : la désignation, sous la forme des lettres DN suivies d'un nombre, de la dimension commune à tous les éléments d'un système de tuyauterie autres que les éléments indiqués par leur diamètre extérieur ou par la taille du filet ; il s'agit d'un nombre arrondi à des fins de référence et qui n'a pas de relation stricte avec les cotes de fabrication ;

« Fluides » : les gaz, liquides et vapeurs en phase pure ainsi que les mélanges de ceux-ci ; les fluides peuvent contenir une suspension de solides ;

« Gaz » : un gaz, un gaz liquéfié, un gaz dissous sous pression, une vapeur, y compris la vapeur d'eau et l'eau surchauffée, ainsi qu'un liquide dont la pression de vapeur, à la température maximale admissible, excède de plus de 0,5 bar la pression atmosphérique normale (1 013 mbar) ;

« Assemblages permanents » : des assemblages qui ne peuvent être dissociés sauf par des méthodes destructives ;

« Approbation européenne de matériaux » : un document technique définissant les caractéristiques des matériaux destinés à une utilisation répétée pour la fabrication d'équipements sous pression ou d'ensembles qui n'ont pas fait l'objet d'une norme harmonisée ;

« Mise en service » : la première utilisation d'un équipement sous pression ou d'un ensemble par son utilisateur ;

« Spécifications techniques » : un document fixant les exigences techniques devant être respectées par des équipements sous pression ou des ensembles.

Art. R. 557-9-2 *(Créé à compter du 19 juillet 2016, D. n° 2015-799, 1er juill. 2015)*. – Les dispositions de la présente section s'appliquent à la conception, à la fabrication et à l'évaluation de la conformité des équipements sous pression et des ensembles, à l'exception des produits et équipements suivants :

a) Canalisations comprenant une tuyauterie ou un ensemble de tuyauteries destinées au transport de tout fluide ou matière vers une ou à partir d'une installation (sur terre ou en mer), à partir du, et y compris le, dernier organe d'isolement situé dans le périmètre de l'installation, y compris tous les équipements annexes qui sont spécifiquement conçus pour la canalisation ; ne sont toutefois pas exclus les équipements sous pression standards tels que ceux qui peuvent se trouver dans les postes de détente et dans les stations de compression ;

b) Réseaux d'adduction, de distribution et d'évacuation d'eau et leurs équipements ainsi qu'aux conduites d'eau motrice telles que conduites forcées, galeries sous pression, cheminées d'équilibrage des installations hydroélectriques et leurs accessoires spécifiques ;

c) Récipients à pression simples mentionnés à l'article R. 557-10-2 ;

d) Générateurs d'aérosol mentionnés par l'arrêté pris pour l'application du décret n° 2010-323 du 23 mars 2010 relatif à la prévention des risques résultant de l'usage des générateurs d'aérosol ;

e) Équipements destinés au fonctionnement des véhicules mentionnés aux articles R. 321-6 à R. 321-19 du Code de la route ;

f) Équipements répondant aux caractéristiques des catégories 0 ou I mentionnées au II et au III de l'article R. 557-9-3 et qui appartiennent à l'une des catégories suivantes :

i) machines mentionnées aux articles R. 4311-4 et R. 4311-6 du Code du travail ;

ii) *(Mod., D. n° 2016-550, 3 mai 2016 ; mod. à compter du 1er avril 2021D. n° 2021-872, 30 juin 2021)* ascenseurs mentionnés à l'article R. 134-16 du Code de la construction et de l'habitation ;

iii) matériels électriques mentionnés à l'article 1er du décret n° 95-1081 du 3 octobre 1995 relatif à la sécurité des personnes, des animaux et des biens lors de l'emploi des matériels électriques destinés à être employés dans certaines limites de tensions ;

iv) dispositifs médicaux mentionnés à l'article L. 5211-1 du Code de la santé publique ;

v) appareils à gaz et équipements d'appareils à gaz visés à l'article L. 557-1 ;

vi) produits et équipements mentionnés à l'article R. 557-7-2 ;

g) Armes, munitions et matériel de guerre *(Mots aj. à compter de la date prévue à l'article 8 du décret n° 2016-1925 du 28 décembre 2016, D. n° 2016-1625, 28 déc. 2016)* « au sens des articles R. 311-1 et R. 311-2 du Code de la sécurité intérieure » ;

h) Équipements sous pression nucléaires et ensembles nucléaires définis à l'article R. 557-12-1 ;

i) Équipements de contrôle de puits utilisés dans l'industrie de prospection et d'exploitation pétrolière, gazière ou géothermique ainsi que dans le stockage souterrain et prévus pour contenir ou contrôler la pression du puits ; ceci comprend la tête de puits (arbre de Noël) et les obturateurs de sécurité (BOP), les tuyauteries et collecteurs ainsi que leurs équipements situés en amont ;

j) Équipements comportant des carters ou des mécanismes dont le dimensionnement, le choix des matériaux, les règles de construction reposent essentiellement sur des critères de résistance, de rigidité et de stabilité à l'égard des sollicitations statiques et dynamiques en service ou à l'égard d'autres caractéristiques liées à leur fonctionnement et pour lesquels la pression ne constitue pas un facteur significatif au niveau de la conception ; ces équipements peuvent comprendre :

i) les moteurs, y compris les turbines et les moteurs à combustion interne ;

ii) les machines à vapeur, les turbines à gaz ou à vapeur, les turbogénérateurs, les compresseurs, les pompes et les servocommandes ;

k) Hauts fourneaux, y compris leurs systèmes de refroidissement, leurs récupérateurs de vent chaud, leurs extracteurs de poussières et leurs épurateurs de gaz de hauts fourneaux ainsi que les fours à réduction directe, y compris leurs systèmes de refroidissement, leurs convertisseurs à gaz et leurs cuves destinées à la fusion, à la refusion, au dégazage et à la coulée de l'acier, du fer, et des métaux non ferreux ;

l) Enveloppes des équipements électriques à haute tension tels que les appareillages de connexion et de commande, les transformateurs et les machines tournantes ;

m) Enveloppes sous pression entourant les éléments de réseaux de transmission, tels que les câbles électriques et les câbles téléphoniques ;

n) Bateaux, navires, fusées, aéronefs ou unités mobiles off-shore ainsi qu'aux équipements destinés expressément à être installés à bord de ces engins ou à les propulser ;

o) Équipements sous pression composés d'une enveloppe souple, par exemple les pneumatiques, les coussins pneumatiques, balles et ballons de jeu, les embarcations gonflables et autres équipements sous pression similaires ;

p) Silencieux d'échappement et d'admission ;

q) Bouteilles ou canettes de boissons gazeuses destinées aux consommateurs finals ;

r) Récipients destinés au transport et à la distribution de boissons avec un produit PS × V n'excédant pas 500 *(Mots rempl. à compter de la date prévue à l'article 8 du décret n° 2016-1925 du 28 décembre 2016, D. n° 2016-1625, 28 déc. 2016)* « bars. litres »et une pression maximale admissible n'excédant pas 7 bars ;

s) Équipements relevant de l'accord européen relatif au transport international des marchandises dangereuses par route (ADR), du règlement concernant le transport international ferroviaire (RID), du Code maritime international pour le transport des marchandises dangereuses (IMDG) et de la convention relative à l'aviation civile internationale (OACI) ;

t) Radiateurs et tuyaux dans les systèmes de chauffage à eau chaude ;

u) Récipients devant contenir des liquides avec une pression de gaz au-dessus du liquide ne dépassant pas 0,5 bar.

Voir : L'article 3 du décret du 3 mai 2016 relatif à la mise sur le marché des ascenseurs et des composants de sécurité pour ascenseurs vient apporter une modification formelle à l'article R. 557-9-2 du Code de l'environnement (D. n° 2016-550, 3 mai 2016 : *JORF* 5 mai 2016, texte n° 34).

Art. R. 557-9-3 *(Créé à compter du 19 juillet 2016, D. n° 2015-799, 1er juill. 2015 ; D. n° 2016-1625, 28 déc. 2016)*. – I. – Pour les besoins de caractérisation et de classement des équipements sous pression et des ensembles, les fluides sont répartis en deux groupes, comme suit :

1° Le groupe 1, constitué de substances et de mélanges, au sens des points 7 et 8 de l'article 2 du règlement (CE) n° 1272/2008 du Parlement européen et du Conseil du 16 décembre 2008 relatif à la classification, à l'étiquetage et à l'emballage des substances et des mélanges, modifiant et abrogeant les directives 67/548/CEE et 1999/45/CE et modifiant le règlement (CE) n° 1907/2006, qui sont considérés comme dangereux selon les classes, catégories et types de dangers physiques ou de dangers pour la santé définis à l'annexe I, parties 2 et 3, dudit règlement :

i) explosibles instables ou explosibles des divisions 1.1, 1.2, 1.3, 1.4 et 1.5 ;

ii) gaz inflammables, des catégories 1 et 2 ;

iii) gaz comburants, de catégorie 1 ;

iv) liquides inflammables, des catégories 1 et 2 ;

v) liquides inflammables, de catégorie 3 lorsque la température maximale admissible est supérieure au point d'éclair ;

vi) matières solides inflammables, des catégories 1 et 2 ;

vii) substances et mélanges autoréactifs, des types A à F ;

viii) liquides pyrophoriques, de catégorie 1 ;

ix) matières solides pyrophoriques, de catégorie 1 ;

x) substances et mélanges qui, au contact de l'eau, dégagent des gaz inflammables, des catégories 1, 2 et 3 ;

xi) liquides comburants, des catégories 1, 2 et 3 ;

xii) matières solides comburantes, des catégories 1, 2 et 3 ;

xiii) peroxydes organiques des types A à F ;

xiv) toxicité aiguë par voie orale : catégories 1 et 2 ;

xv) toxicité aiguë par voie cutanée : catégories 1 et 2 ;

xvi) toxicité aiguë par inhalation : catégories 1, 2 et 3 ;

xvii) toxicité spécifique pour certains organes cibles-exposition unique : catégorie 1.

Le groupe 1 comprend également des substances et des mélanges contenus dans des équipements sous pression dont la température maximale admissible TS est supérieure au point d'éclair du fluide ;

2° Le groupe 2, constitué des autres substances et de mélanges.

II. – Les équipements sous pression et ensembles, lorsqu'ils dépassent les caractéristiques mentionnées ci-après, sont classés en quatre catégories I, II, III et IV, définies à l'annexe II de la directive 2014/68/UE du Parlement européen et du Conseil du 15 mai 2014 relative à l'harmonisation des législations des États membres concernant la mise à disposition sur le marché des équipements sous pression, en fonction des dangers croissants qu'ils présentent.

1° Équipements sous pression :

a) Les récipients, à l'exception de ceux relevant du *b*, prévus pour :

i) des gaz, des gaz liquéfiés, des gaz dissous sous pression, des vapeurs ainsi que les liquides dont la pression de vapeur, à la température maximale admissible, excède de 0,5 bar la pression atmosphérique normale (1 013 mbar), dans les limites suivantes :

– pour les fluides du groupe 1, lorsque le volume est supérieur à 1 litre et le produit PS × V est supérieur à 25 bars. litres ainsi que lorsque la pression PS est supérieure à 200 bars ;

– pour les fluides du groupe 2, lorsque le volume est supérieur à 1 litre et le produit PS × V est supérieur à 50 bars. litres ainsi que lorsque la pression PS est supérieure à 1 000 bars ainsi que tous les extincteurs portables et les bouteilles pour appareils respiratoires ;

ii) des liquides dont la pression de vapeur, à la température maximale admissible, n'excède pas de plus de 0,5 bar la pression atmosphérique normale (1 013 mbar), dans les limites suivantes :

– pour les fluides du groupe 1, lorsque le volume est supérieur à 1 litre et le produit PS × V est supérieur à 200 bars. litres, ainsi que lorsque la pression PS est supérieure à 500 bars ;

– pour les fluides du groupe 2, lorsque la pression PS est supérieure à 10 bars et le produit PS × V est supérieur à 10 000 bars. litres, ainsi que lorsque la pression PS est supérieure à 1 000 bars ;

b) Les équipements sous pression soumis à l'action de la flamme ou à un apport calorifique présentant un danger de surchauffe prévus pour la production de vapeur ou d'eau surchauffée à une température supérieure à 110 °C lorsque le volume est supérieur à 2 litres ainsi que tous les autocuiseurs ;

c) Les tuyauteries prévues pour :

i) des gaz, des gaz liquéfiés, des gaz dissous sous pression, des vapeurs ainsi que les liquides dont la pression de vapeur, à la température maximale admissible, excède de 0,5 bar la pression atmosphérique normale (1 013 mbar), dans les limites suivantes :

– pour les fluides du groupe 1, lorsque la dimension nominale DN est supérieure à 25 ;

– pour les fluides du groupe 2, lorsque la dimension nominale DN est supérieure à 32 et le produit PS × DN est supérieur à 1 000 bars ;

ii) des liquides dont la pression de vapeur, à la température maximale admissible, n'excède pas de plus de 0,5 bar la pression atmosphérique normale (1 013 mbar), dans les limites suivantes :

– pour les fluides du groupe 1, lorsque la dimension nominale DN est supérieure à 25 et le produit PS × DN est supérieur à 2 000 bars ;

– pour les fluides du groupe 2, lorsque la pression PS est supérieure à 10 bars et la dimension nominale DN est supérieure à 200 et le produit PS × DN est supérieur à 5 000 bars ;

d) Les accessoires de sécurité et les accessoires sous pression destinés à des équipements relevant des points *a*, *b* et *c*, y compris lorsque de tels équipements sont incorporés dans un ensemble ;

2° Ensembles comprenant au moins un équipement sous pression relevant du 1° et qui répondent aux caractéristiques suivantes :

a) Les ensembles prévus pour la production de vapeur et d'eau surchauffée à une température supérieure à 110 °C comportant au moins un équipement sous pression soumis à l'action de la flamme ou à un apport calorifique présentant un danger de surchauffe ;

b) Les ensembles autres que ceux mentionnés au a lorsque leur fabricant les destine à être mis à disposition sur le marché et en service en tant qu'ensembles.

III. – Les équipements sous pression et ensembles ne dépassant pas les caractéristiques mentionnées au II sont dits de catégorie 0. Ils sont conçus et fabriqués conformément aux règles de l'art en usage dans un État membre de l'Union européenne afin d'assurer leur utilisation de manière sûre. Ils ne sont pas soumis aux dispositions des articles L. 557-4, L. 557-5 et des articles suivants de la présente section.

IV. – Lorsqu'un récipient est constitué de plusieurs compartiments, le récipient est classé dans la plus élevée des catégories de chacun des compartiments individuels. Lorsqu'un compartiment contient plusieurs fluides, la classification a lieu en fonction du fluide qui nécessite la catégorie la plus élevée.

Art. R. 557-9-4 *(Créé à compter du 19 juillet 2016, D. n° 2015-799, 1er juill. 2015 ; mod., D. n° 2016-1625, 28 déc. 2016).* – Les exigences essentielles de sécurité mentionnées à l'article L. 557-4 sont celles figurant à l'annexe I de la directive 2014/68/UE du 15 mai 2014 susmentionnée.

Elles portent notamment sur les matériaux utilisés pour la fabrication des équipements sous pression et ensembles. La conformité à ces exigences est obtenue : soit par l'utilisation de matériaux conformes à des normes harmonisées ou ayant fait l'objet d'une approbation européenne de matériaux, soit par une évaluation particulière des matériaux.

Par dérogation, les ensembles prévus pour la production d'eau chaude à une température égale ou inférieure à 110 °C, alimentés manuellement par combustible solide, avec un produit PS × V supérieur à 50 bars. litres satisfont aux exigences essentielles de sécurité visées aux points 2.10, 2.11 et 3.4 et aux *a* et *d* du point 5 de l'annexe I de la directive 2014/68/UE du 15 mai 2014 susmentionnée.

Un équipement sous pression ou ensemble conforme à des normes harmonisées ou à des parties de normes harmonisées dont les références ont été publiées au *Journal officiel* de l'Union européenne est présumé conforme aux exigences essentielles de sécurité couvertes par ces normes ou parties de normes.

Art. R. 557-9-5 *(Créé à compter du 19 juillet 2016, D. n° 2015-799, 1er juill. 2015).* – Les procédures mentionnées à l'article L. 557-5, à suivre pour évaluer la conformité des équipements sous pression et ensembles, sont les procédures et modules figurant aux paragraphes 2 à 6 de l'article 14 et à l'annexe III de la directive 2014/68/UE du 15 mai 2014 susmentionnée.

Art. R. 557-9-6-A *(Créé à compter du 1er janvier 2025, D. n° 2024-1022, 13 nov. 2024).* – I. – Les assemblages permanents des parties qui contribuent à la résistance à la pression de l'équipement et les parties qui y sont directement attachées sont réalisés par du personnel qualifié au degré d'aptitude approprié et selon des modes opératoires qualifiés.

Les modes opératoires et le personnel sont approuvés, pour les équipements sous pression des catégories II, III et IV, telles que définies à l'annexe II à la directive 2014/68/UE du Parlement européen et du Conseil du 15 mai 2014 relative à l'harmonisation des législations des États membres concernant la mise à disposition sur le marché des équipements sous pression, par un tiers compétent qui est, au choix du fabricant :

1° Un organisme habilité tel que défini au 11° de l'article R. 557-4-2 ou notifié pour cette tâche par un autre État membre en application de l'article 20 de cette directive ;

2° Une entité tierce partie reconnue telle que définie au ii du a du 11° de l'article R. 557-4-2 ou notifiée pour cette tâche par un autre État membre en application de l'article 20 de la même directive.

Pour délivrer ces approbations, le tiers procède ou fait procéder aux examens et essais prévus dans les normes harmonisées appropriées ou à des examens et essais équivalents.

II. – Pour les équipements sous pression, les contrôles non destructifs des assemblages permanents sont effectués par un personnel qualifié au degré d'aptitude approprié. Pour les équipements sous pression des catégories III et IV telles que définies à l'annexe II à la directive 2014/68/UE du 15 mai 2014, ce personnel doit avoir été approuvé par une entité tierce partie reconnue telle que définie au ii du *a* du 11° de l'article R. 557-4-2 ou notifiée pour cette tâche par un autre État membre en application de l'article 20 de cette directive.

Art. R. 557-9-6 *(Créé à compter du 19 juillet 2016, D. n° 2015-799, 1er juill. 2015)*. – L'approbation européenne de matériaux est délivrée, à la demande d'un ou de plusieurs fabricants de matériaux, d'équipements sous pression ou d'ensembles, par un des organismes mentionnés à l'article L. 557-31 habilité pour cette tâche.

L'organisme définit et effectue ou fait effectuer les examens et essais appropriés pour certifier la conformité des types de matériaux avec les exigences essentielles de sécurité. Dans le cas de matériaux reconnus d'usage sûr avant le 29 novembre 1999, l'organisme tient compte des données existantes pour certifier cette conformité.

L'organisme habilité, avant de délivrer une approbation européenne de matériaux, informe les États membres de l'Union européenne et la Commission européenne en leur transmettant les informations pertinentes. Dans un délai de trois mois, un État membre de l'Union européenne ou la Commission peut formuler des observations en exposant ses raisons. L'organisme peut délivrer l'approbation européenne de matériaux en tenant compte des observations présentées. Une copie de l'approbation européenne de matériaux est transmise aux États membres de l'Union européenne, aux organismes habilités et à la Commission européenne.

L'organisme qui a délivré l'approbation européenne de matériaux retire cette approbation lorsqu'il constate que ladite approbation n'aurait pas dû être délivrée ou lorsque le type de matériau est couvert par une norme harmonisée. Il informe immédiatement les autres États membres de l'Union européenne, les organismes habilités et la Commission européenne de tout retrait d'une approbation.

Art. R. 557-9-7 *(Créé à compter du 19 juillet 2016, D. n° 2015-799, 1er juill. 2015)*. – La déclaration de conformité mentionnée à l'article R. 557-2-4 est dénommée déclaration UE de conformité. Elle est établie selon le modèle défini à l'annexe IV de la directive 2014/68/UE du 15 mai 2014 susmentionnée.

Art. R. 557-9-8 *(Créé à compter du 19 juillet 2016, D. n° 2015-799, 1er juill. 2015)*. – Le marquage mentionné à l'article L. 557-4 est le marquage CE tel que défini à l'article 30 du règlement (CE) n° 765/2008 du Parlement européen et du Conseil du 9 juillet 2008 fixant les prescriptions relatives à l'accréditation et à la surveillance du marché pour la commercialisation des produits et abrogeant le règlement (CEE) n° 339/93 du Conseil, suivi :

– du numéro d'identification de l'organisme habilité mentionné à l'article L. 557-31 lorsque celui-ci intervient dans la phase de contrôle de la fabrication ; le numéro d'identification de l'organisme habilité est apposé par l'organisme lui-même ou, sur instruction de celui-ci, par le fabricant ou son mandataire ;

– le cas échéant, de toute autre marque indiquant un risque ou un usage particulier.

L'apposition du marquage est effectuée lorsque l'équipement sous pression ou l'ensemble est complet ou dans un état permettant de réaliser sa vérification finale, lorsqu'elle est prévue par l'annexe I de la directive 2014/68/UE du 15 mai 2014 susmentionnée.

Il n'est pas nécessaire d'apposer le marquage sur chacun des équipements sous pression individuels qui composent un ensemble. Les équipements sous pression individuels portant déjà le marquage lors de leur incorporation dans l'ensemble conservent ce marquage.

Art. R. 557-9-9 *(Créé à compter du 19 juillet 2016, D. n° 2015-799, 1er juill. 2015)*. – Lorsque l'évaluation de conformité est effectuée par un service d'inspection des utilisateurs mentionné au *b* du 11° de l'article R. 557-4-2, les procédures d'évaluation de la conformité applicables sont uniquement les modules A2,

C2, F et G mentionnés à l'annexe III de la directive 2014/68/UE du 15 mai 2014 susmentionnée. L'équipement sous pression ou l'ensemble ne porte pas le marquage prévu à l'article L. 557-4. Il ne peut être utilisé que dans les établissements exploités par le groupe dont fait partie le service d'inspection.

Art. R. 557-9-10 *(Créé à compter du 19 juillet 2016, D. n° 2015-799, 1er juill. 2015).* – I. – Les équipements sous pression et ensembles ayant satisfait, dans un des États membres de l'Union européenne autre que la France, aux procédures d'évaluation prévues par les réglementations transposant, dans le droit interne de l'État où elles ont été accomplies, les dispositions de la directive 2014/68/UE du 15 mai 2014 susmentionnée sont présumés conformes aux exigences de la présente section.

II. – Peuvent continuer à être mis à disposition sur le marché, stockés en vue de leur mise à disposition sur le marché, installés, mis en service, utilisés, importés ou transférés, sans avoir satisfait aux dispositions des articles L. 557-4, L. 557-5 et R. 557-9-4 à R. 557-9-9, les équipements sous pression et ensembles qui ont satisfait, dans un des États membres de l'Union européenne, aux procédures d'évaluation prévues par les réglementations transposant, dans le droit interne de l'État où elles ont été accomplies, les dispositions de la directive 97/23/CE du Parlement européen et du Conseil du 29 mai 1997 relative au rapprochement des législations des États membres concernant les équipements sous pression et qui ont été mis sur le marché avant le 19 juillet 2016.

III. – Peuvent continuer à être installés, mis en service, utilisés, importés ou transférés les autres équipements sous pression qui ont été régulièrement autorisés, en application du décret du 2 avril 1926 portant règlement sur les appareils à vapeur autres que ceux placés à bord des bateaux ou du décret du 18 janvier 1943 portant règlement sur les appareils à pression de gaz et de leurs textes d'application, et ont été mis sur le marché avant le 29 mai 2002.

IV. – Les attestations et certificats délivrés au titre d'une de ces réglementations sont valables en vertu de la présente section.

Section X. – Conformité des récipients à pression simples

Art. R. 557-10-1 *(Créé à compter du 20 avril 2016, D. n° 2015-799, 1er juill. 2015).* – Au sens de la présente section, on entend par :

« Récipients à pression simples » : les récipients réunissant l'ensemble des caractéristiques suivantes :

1° Les récipients sont soudés, destinés à être soumis à une pression intérieure supérieure à 0,5 bar et à contenir de l'air ou de l'azote et ne sont pas destinés à être soumis à la flamme ;

2° Les parties et assemblages contribuant à la résistance du récipient à la pression sont fabriqués soit en acier de qualité non allié soit en aluminium non allié ou en alliages d'aluminium non trempant ;

3° Les récipients sont constitués des éléments suivants :

a) Soit d'une partie cylindrique de section droite circulaire fermée par des fonds bombés convexes ou des fonds plats. Ces fonds sont de même axe de révolution que la partie cylindrique ;

b) Soit de deux fonds bombés de même axe de révolution ;

4° La pression maximale de service du récipient est inférieure ou égale à 30 bars et le produit de cette pression par sa capacité (PS × V) est au plus égal à 10 000 *(Mots rempl. à compter de la date prévue à l'article 8 du décret n° 2016-1925 du 28 décembre 2016, D. n° 2016-1625, 28 déc. 2016)* « bars. litres » ;

5° La température minimale de service n'est pas inférieure à – 50 °C et la température maximale de service n'est pas supérieure à 300 °C pour les récipients en acier ou à 100 °C pour les récipients en aluminium ou en alliage d'aluminium ;

« Pression » : la pression exprimée par son écart à la pression atmosphérique, le vide étant exprimé par une valeur négative ;

« Pression maximale de service (PS) » : la pression maximale qui peut être exercée dans les conditions normales d'utilisation du récipient ;

« Volume (V) » : la capacité du récipient ;

« Température minimale ou maximale de service (Tmin, Tmax) » : la température stabilisée la plus faible ou la plus élevée selon le cas de la paroi du récipient dans les conditions normales d'utilisation ;

« Lot de récipients » : lot constitué au maximum de 3 000 récipients de même type ;

« Fabrication en série » : fabrication de plusieurs récipients d'un même type selon un processus de fabrication continu au cours d'une période donnée, conformément à une conception commune et avec les mêmes procédés de fabrication.

Art. R. 557-10-2 *(Créé à compter du 20 avril 2016, D. n° 2015-799, 1er juill. 2015).* – Les dispositions de la présente section s'appliquent à la conception, à la fabrication et à l'évaluation de la conformité des récipients à pression simples fabriqués en série, à l'exception des produits et équipements suivants :

– équipements sous pression transportables définis à l'article R. 557-11-1 ;

– équipements sous pression nucléaires définis à l'article R. 557-12-1 ;

– appareils spécifiquement destinés à l'équipement ou à la propulsion des bateaux, des navires ou des aéronefs ;

– extincteurs d'incendie.

Art. R. 557-10-3 *(Créé à compter du 20 avril 2016, D. n° 2015-799, 1er juill. 2015).* – Les récipients à pression simples dont le produit PS × V est inférieur ou égal à 50 *(Mots rempl. à compter de la date prévue à l'article 8 du décret n° 2016-1925 du 28 décembre 2016, D. n° 2016-1625, 28 déc. 2016)* « bars. litres » sont conçus et fabriqués selon les règles de l'art en usage dans un État membre de l'Union européenne. Ils ne sont pas soumis aux dispositions des articles L. 557-4, L. 557-5 et des articles suivants de la présente section, à l'exception de l'obligation de marquage des caractéristiques techniques figurant au quatrième alinéa de l'article R. 557-10-7.

Art. R. 557-10-4 *(Créé à compter du 20 avril 2016, D. n° 2015-799, 1er juill. 2015).* – Les exigences essentielles de sécurité mentionnées à l'article L. 557-4 sont celles figurant à l'annexe I et au point 2 de l'annexe III de la directive 2014/29/UE du Parlement européen et du Conseil du 26 février 2014 relative à l'harmonisation des législations des États membres concernant la mise à disposition sur le marché des récipients à pression simples.

Un récipient à pression simple conforme à des normes harmonisées ou à des parties de normes harmonisées dont les références ont été publiées au *Journal officiel* de l'Union européenne est présumé conforme aux exigences essentielles de sécurité couvertes par ces normes ou parties de normes.

Art. R. 557-10-5-A *(Créé à compter du 1er janvier 2025, D. n° 2024-1022, 13 nov. 2024).* – Les soudures des parties soumises à pression sont exécutées par des soudeurs ou opérateurs qualifiés au degré d'aptitude approprié, selon des modes opératoires de soudage agréés. Ces agréments et qualifications sont délivrés par des organismes habilités tels que définis au 11° de l'article R. 557-4-2 ou notifiés par un autre État membre en application de l'article 17 de la directive 2014/29/UE du 26 février 2014.

Art. R. 557-10-5 *(Créé à compter du 20 avril 2016, D. n° 2015-799, 1er juill. 2015).* – Les procédures, mentionnées à l'article L. 557-5, à suivre pour évaluer la conformité des récipients à pression simples, sont celles qui figurent aux paragraphes 1 et 2 de l'article 13 et à l'annexe II de la directive 2014/29/UE du 26 février 2014 susmentionnée.

Art. R. 557-10-6 *(Créé à compter du 20 avril 2016, D. n° 2015-799, 1er juill. 2015).* – La déclaration de conformité mentionnée à l'article R. 557-2-4 est dénommée déclaration UE de conformité. Elle est établie selon le modèle défini à l'annexe IV de la directive 2014/29/UE du 26 février 2014 susmentionnée.

Art. R. 557-10-7 *(Créé à compter du 20 avril 2016, D. n° 2015-799, 1er juill. 2015).* – Le marquage mentionné à l'article L. 557-4 est le marquage CE tel que défini à l'article 30 du règlement (CE) n° 765/2008 du Parlement européen et du Conseil du 9 juillet 2008 fixant les prescriptions relatives à l'accréditation et à la surveillance du marché pour la commercialisation des produits et abrogeant le règlement (CEE) n° 339/93 du Conseil, suivi :

– du numéro d'identification de l'organisme habilité mentionné à l'article L. 557-31 lorsque celui-ci intervient dans la phase de contrôle de la fabrication ; le numéro d'identification de l'organisme habilité est apposé par l'organisme lui-même ou, sur instruction de celui-ci, par le fabricant ou son mandataire ;

– des deux derniers chiffres de l'année au cours de laquelle le marquage CE est apposé ;

– des caractéristiques techniques suivantes : la pression maximale de service (PS) exprimée en bars, la température maximale de service (Tmax) exprimée en °C, la température minimale de service (Tmin) exprimée en °C, la capacité du récipient (V) exprimée en litres, le nom, la raison sociale ou la marque déposée et l'adresse du fabricant, le type et l'identification de série ou du lot du récipient ;

– le cas échéant, de toute autre marque indiquant un risque ou un usage particulier.

Lorsqu'une plaque signalétique est utilisée, elle est conçue de façon à être non réutilisable et comporte un espace libre permettant d'y inscrire d'autres données.

Art. R. 557-10-8 *(Créé à compter du 20 avril 2016, D. n° 2015-799, 1er juill. 2015).* – I. – Les récipients à pression simples ayant satisfait, dans un des États membres de l'Union européenne autre que la France, aux procédures d'évaluation prévues par les réglementations transposant, dans le droit interne de l'État où elles ont été accomplies, les dispositions de la directive 2014/29/UE du 26 février 2014 susmentionnée, sont présumés conformes aux exigences de la présente section.

II. – Peuvent continuer à être mis à disposition sur le marché, stockés en vue de leur mise à disposition sur le marché, installés, mis en service, utilisés, importés ou transférés, sans avoir satisfait aux dispositions des articles L. 557-4, L. 557-5 et R. 557-10-4 à R. 557-10-7, les récipients à pression simples qui ont satisfait, dans un des États membres de l'Union européenne, aux procédures d'évaluation prévues par les réglementations transposant, dans le droit interne de l'État où elles ont été accomplies, les dispositions de la directive 87/404/CEE du Conseil du 25 juin 1987 concernant le rapprochement des législations des États membres relatives aux récipients à pression simples, ou de la directive 2009/105/CE du Parlement européen et du Conseil du 16 septembre 2009 relative aux récipients à pression simples, et ont été mis sur le marché avant la fin des périodes d'applicabilité respectives de ces directives.

III. – Peuvent continuer à être utilisés ou transférés les autres récipients à pression simples qui ont été régulièrement autorisés, en application du décret du 18 janvier 1943 portant règlement sur les appareils à pression de gaz et de ses textes d'application, et ont été mis sur le marché avant le 1er juillet 1992.

IV. – Les attestations et certificats délivrés au titre d'une de ces réglementations sont valables en vertu de la présente section.

Section XI. – Conformité des équipements sous pression transportables

Art. R. 557-11-1 *(Créé à compter du 1er janvier 2016, D. n° 2015-799, 1er juill. 2015).* – Au sens de la présente section, on entend par « équipements sous pression transportables » :

a) Les récipients à pression, leurs robinets et autres accessoires le cas échéant, tels qu'ils sont couverts par le chapitre 6.2 des annexes de l'arrêté prévu par l'article L. 1252-1 du Code des transports ;

b) Les citernes, les véhicules-batteries ou les wagons-batteries, les conteneurs à gaz à éléments multiples (CGEM), leurs robinets et autres accessoires le cas échéant, tels qu'ils sont couverts par le chapitre 6.8 des annexes de l'arrêté susmentionné,

Lorsque les équipements mentionnés aux point *a* et *b* sont utilisés conformément à ces annexes pour le transport de gaz de la classe 2, à l'exclusion des gaz ou produits désignés par les chiffres 6 ou 7 dans le code de classification, ou pour le transport des matières dangereuses de numéro ONU 1051, 1052, 1745 (transport en citernes exclu), 1 746 (transport en citernes exclu), 1 790 (contenant plus de 85 % de fluorure d'hydrogène) ou 2 495 (transport en citernes exclu) ;

c) Les cartouches à gaz (n° ONU 2037),

à l'exception des produits et équipements suivants :

i) les générateurs d'aérosol définis à l'article 1er du décret n° 2010-323 du 23 mars 2010 relatif à la prévention des risques résultant de l'usage des générateurs d'aérosol (n° ONU 1950) ;

ii) les récipients cryogéniques ouverts ;

iii) les bouteilles de gaz pour appareils respiratoires et les extincteurs d'incendie (n° ONU 1044) soumis aux dispositions de la section 9 ;

iv) les équipements exemptés au titre du point 1.1.3.2 des annexes de l'arrêté prévu par l'article L. 1252-1 du Code des transports et aux équipements exemptés des règles de construction et d'épreuves des emballages conformément aux dispositions spéciales du point 3.3 des annexes du même arrêté.

Les classes et numéros ONU mentionnés au présent article sont définis dans les accords et règlements mentionnés à l'article 2 de la directive 2008/68/CE du Parlement européen et du Conseil du 24 septembre 2008 relative au transport intérieur des marchandises dangereuses.

Art. R. 557-11-2 *(Créé à compter du 1er janvier 2016, D. n° 2015-799, 1er juill. 2015).* – Les dispositions de la présente section s'appliquent à la conception, à la fabrication, à l'évaluation de la conformité et à la réévaluation de conformité des équipements sous pression transportables, à l'exception des produits et équipements suivants :

1° Équipements exclusivement utilisés pour le transport de marchandises dangereuses entre le territoire de l'Union européenne et celui de pays tiers, effectués conformément aux prescriptions de l'arrêté prévu par l'article L. 1252-1 du Code des transports ;

2° Équipements utilisés à bord des bateaux, des navires ou des aéronefs ;

3° Équipements destinés à la propulsion et au fonctionnement des équipements particuliers des véhicules soumis aux dispositions du livre III du Code de la route.

Art. R. 557-11-3 *(Créé à compter du 1er janvier 2016, D. n° 2015-799, 1er juill. 2015).* – Les équipements sous pression transportables sont conçus et fabriqués selon des exigences essentielles de sécurité mentionnées à l'article L. 557-4 et définies par l'arrêté susmentionné.

Art. R. 557-11-4 *(Créé à compter du 1er janvier 2016, D. n° 2015-799, 1er juill. 2015).* – Les procédures, mentionnées à l'article L. 557-5, à suivre pour évaluer la conformité des équipements sous pression transportables, sont énoncées dans l'arrêté susmentionné.

Les robinets et autres accessoires ayant une fonction directe de sécurité pour l'équipement sous pression transportable, notamment les soupapes de sécurité, les robinets de remplissage et de vidange et les robinets de bouteilles, et portant le marquage de conformité CE prévu à l'article R. 557-9-8 peuvent être utilisés s'ils ont fait l'objet d'une évaluation de leur conformité conformément à la réglementation relative aux équipements sous pression transportables en vigueur entre le 1er juillet 2001 et le 30 juin 2011.

Art. R. 557-11-5 *(Créé à compter du 1er janvier 2016, D. n° 2015-799, 1er juill. 2015).* – La déclaration de conformité mentionnée à l'article R. 557-2-4 est dénommée certificat de conformité. Elle contient les éléments définis dans l'arrêté pris pour l'application de l'article L. 1252-1 du Code des transports.

Art. R. 557-11-6 *(Créé à compter du 1er janvier 2016, D. n° 2015-799, 1er juill. 2015).* – Le marquage mentionné à l'article L. 557-4 est le marquage « Pi » tel que défini aux points 1 à 3 de l'article 15 de la directive 2010/35/UE du Parlement européen et du Conseil du 16 juin 2010 relative aux équipements sous pression transportables, suivi du numéro d'identification de l'organisme habilité mentionné à l'article L. 557-31 intervenant dans les contrôles initiaux et les essais. Ce numéro est apposé par l'organisme lui-même ou, sur instruction de celui-ci, par le fabricant ou son mandataire.

Le marquage « Pi » est apposé de manière visible, lisible et permanente sur l'équipement sous pression transportable ou sur sa plaque signalétique ainsi que sur les parties démontables de l'équipement sous pression transportable rechargeable ayant une fonction directe de sécurité.

Art. R. 557-11-7 *(Créé à compter du 1er janvier 2016, D. n° 2015-799, 1er juill. 2015).* – Les équipements sous pression transportables fabriqués et mis en service avant la date d'application, selon les équipements, de la directive 1999/36/CE du Conseil du 29 avril 1999 relative aux équipements sous pression transportables, peuvent faire l'objet d'une réévaluation de la conformité, visant à évaluer *a posteriori* leur conformité.

Cette réévaluation est réalisée par un organisme mentionné à l'article L. 557-31 habilité pour cette tâche, suivant la procédure prévue à l'annexe III de la directive 2010/35/UE du 16 juin 2010 susmentionnée. Le succès d'une réévaluation de conformité donne lieu à la délivrance d'un certificat de réévaluation et au marquage « Pi » de l'équipement sous pression transportable.

Art. R. 557-11-8 *(Créé à compter du 1er janvier 2016, D. n° 2015-799, 1er juill. 2015).* – I. – Les équipements sous pression transportables qui ont satisfait, dans un des États membres de l'Union européenne autres que la France, aux procédures d'évaluation prévues par les réglementations transposant, dans le droit interne de l'État où elles ont été accomplies, les dispositions de la directive 2010/35/UE du 16 juin 2010 susmentionnée sont présumés conformes aux exigences de la présente section.

II. – Peuvent continuer à être mis à disposition sur le marché, stockés en vue de leur mise à disposition sur le marché, installés, mis en service, utilisés, importés ou transférés, sans avoir satisfait aux dispositions des articles L. 557-4, L. 557-5 et R. 557-11-3 à R. 557-11-6 les équipements sous pression transportables qui ont satisfait, dans un des États membres de l'Union européenne, aux procédures d'évaluation prévues par les réglementations transposant, dans le droit interne de l'État où elles ont été accomplies, les dispositions de la directive 84/525/CEE du Conseil du 17 septembre 1984 concernant le rapprochement des législations des États membres relatives aux bouteilles à gaz en acier sans soudure, de la directive 84/526/CEE du Conseil du 17 septembre 1984 concernant le rapprochement des législations des États membres relatives aux bouteilles à gaz sans soudure en aluminium non allié et en alliage d'aluminium, de la directive 84/527/CEE du Conseil du 17 septembre 1984 concernant le rapprochement des législations des États membres relatives aux bouteilles à gaz soudées en acier non allié ou de la directive 1999/36/CE du 29 avril 1999 susmentionnée, et ont été mis sur le marché avant la fin des périodes d'applicabilité respectives de ces directives.

III. – Peuvent continuer à être installés, mis en service, utilisés, importés ou transférés les autres équipements sous pression transportables qui ont été régulièrement autorisés en application du décret du 18 janvier 1943 portant règlement sur les appareils à pression de gaz et de ses textes d'application et mis sur le marché avant le 1er juillet 2011.

IV. – Les attestations et certificats délivrés en application de la directive 1999/36/CE du 29 avril 1999 susmentionnée demeurent valables pour l'application de la présente section. Ils sont reconnus équivalents aux certificats d'agrément de type prévus par l'arrêté pris pour l'application de l'article L. 1252-1 du Code des transports et sont soumis aux dispositions relatives à la reconnaissance limitée dans le temps des agréments de type visées dans ledit arrêté.

Section XII. – Conformité des équipements sous pression nucléaires

Art. R. 557-12-1 *(Créé à compter du 19 juillet 2016, D. n° 2015-799, 1er juill. 2015).* – I. – Un équipement sous pression nucléaire est un équipement sous pression répondant aux caractéristiques mentionnées à l'article R. 557-9-1, exception faite des exclusions prévues aux *a* à *g* et aux *i* à *u* de l'article R. 557-9-2, et qui réunit les conditions suivantes :

a) Il est utilisé ou destiné à l'être dans une installation nucléaire de base mentionnée à l'article L. 593-1 ;

b) Il assure directement, dans les conditions définies pour son fonctionnement, le confinement de substances radioactives ;

c) Il conduit en cas de défaillance à un rejet d'activité supérieur à 370 MBq, évalué suivant des modalités fixées par arrêté du ministre chargé de la sûreté nucléaire.

Les assemblages permanents sur les parties sous pression d'un équipement sous pression nucléaire, réalisés sous la responsabilité du fabricant, font partie intégrante de cet équipement.

II *(Mod. à compter de la date prévue à l'article 8 du décret n° 2016-1925 du 28 décembre 2016, D. n° 2016-1625, 28 déc. 2016).* – Au sens de la présente section et de la section 14 pour ce qui concerne les équipements sous pression nucléaires, outre les définitions figurant à l'article R. 557-9-1, on entend par :

« Ensemble nucléaire » : plusieurs équipements sous pression assemblés par un fabricant et comprenant au moins un équipement sous pression nucléaire ;

« Exploitant » : la personne titulaire de l'autorisation de création de l'installation nucléaire de base dans laquelle l'équipement sous pression nucléaire est installé ou destiné à l'être.

Art. R. 557-12-2 *(Créé à compter du 19 juillet 2016, D. n° 2015-799, 1er juill. 2015).* – Les dispositions de la présente section s'appliquent à la conception, à la fabrication et à l'évaluation de la conformité des équipements sous pression nucléaires et des ensembles nucléaires, à l'exception des enceintes de confinement des réacteurs nucléaires et des gaines des combustibles nucléaires.

Art. R. 557-12-3 *(Créé à compter du 19 juillet 2016, D. n° 2015-799, 1er juill. 2015).* – I. – Les équipements sous pression nucléaires sont classés :

1° En trois niveaux, N1, N2 et N3, en fonction notamment de l'importance décroissante des émissions radioactives pouvant résulter de leur défaillance ; et

2° En cinq catégories, 0, I, II, III et IV, en fonction des autres risques croissants, notamment ceux liés à la température et à la pression des fluides qu'ils contiennent.

Ces niveaux et catégories sont définis par un arrêté du ministre chargé de la sûreté nucléaire.

II. – *(Mod. à compter du 1er janvier 2025, D. n° 2024-1194, 19 déc. 2024)* L'exploitant d'une installation nucléaire de base dresse la liste des équipements sous pression nucléaires utilisés dans l'installation. Il indique et justifie le niveau qu'il confère à chacun de ces équipements. Il indique pour chacun sa catégorie et la justifie sur la base des données du dossier descriptif. Cette liste ainsi que les justifications associées sont tenues à disposition de l'Autorité de sûreté nucléaire et de radioprotection.

Art. R. 557-12-4 *(Créé à compter du 19 juillet 2016, D. n° 2015-799, 1er juill. 2015).* – Les exigences essentielles de sécurité mentionnées à l'article L. 557-4 applicables aux équipements sous pression nucléaires de catégorie I à IV ainsi qu'aux ensembles nucléaires dont au moins un des équipements constitutifs relève des catégories I à IV mentionnées à l'article R. 557-12-3 ou à l'article R. 557-9-3 sont définies par arrêté du ministre chargé de la sûreté nucléaire et tiennent compte d'exigences de radioprotection.

(Mod. à compter du 1er janvier 2025, D. n° 2024-1194, 19 déc. 2024) Les équipements sous pression nucléaires de catégorie 0 ainsi que les ensembles nucléaires ne comprenant que des équipements de catégorie 0 au sens des articles R. 557-12-3 ou R. 557-9-3 sont quant à eux conçus et fabriqués conformément aux règles de l'art, selon des modalités qui peuvent être précisées par décision de l'Autorité de sûreté nucléaire et de radioprotection. Ils satisfont toutefois aux exigences de radioprotection mentionnées au premier alinéa. Ils ne sont pas soumis aux dispositions des articles L. 557-4, L. 557-5 et des articles suivants de la présente section.

L'intégration d'un équipement sous pression dans un ensemble nucléaire ne remet pas en cause l'évaluation de conformité de cet équipement.

Art. R. 557-12-5 *(Créé à compter du 19 juillet 2016, D. n° 2015-799, 1er juill. 2015 ; mod. à compter de la date prévue à l'article 8 du décret n° 2016-1925 du 28 décembre 2016, D. n° 2016-1625, 28 déc. 2016).* – Les procédures, mentionnées à l'article L. 557-5, à suivre pour évaluer la conformité des équipements sous pression nucléaires sont déterminées en fonction notamment du niveau et de la catégorie de risque et des dispositions prises par le fabricant en matière d'assurance de la qualité. Il s'agit d'une des procédures ou d'une combinaison des procédures mentionnées à l'article R. 557-9-5.

Les ensembles nucléaires font l'objet d'une procédure globale d'évaluation de la conformité.

(Mod. à compter du 1er janvier 2025, D. n° 2024-1194, 19 déc. 2024) L'évaluation de conformité de certains équipements sous pression nucléaires de niveau N1 et de certains ensembles nucléaires en comprenant au moins un est réalisée, à la demande du fabricant, par l'Autorité de sûreté nucléaire et de radioprotection. Pour ce faire, l'autorité peut mandater un organisme, aux frais du fabricant, pour tout ou partie des opérations ainsi requises. Le silence gardé pendant plus de trois ans sur une demande d'évaluation de la conformité réalisée par l'Autorité de sûreté nucléaire et de radioprotection vaut décision de rejet.

Ces procédures d'évaluation de la conformité et leur combinaison sont précisées par un arrêté du ministre chargé de la sûreté nucléaire.

Art. R. 557-12-6 *(Créé à compter du 19 juillet 2016, D. n° 2015-799, 1er juill. 2015 ; mod. à compter du 1er janvier 2025, D. n° 2024-1194, 19 déc. 2024).* – La déclaration de conformité mentionnée à l'article R. 557-2-4 est établie selon le modèle défini par une décision de l'Autorité de sûreté nucléaire et de radioprotection et contient les éléments précisés dans les procédures d'évaluation de la conformité mentionnées à l'article R. 557-12-5.

Art. R. 557-12-7 *(Créé à compter du 19 juillet 2016, D. n° 2015-799, 1er juill. 2015).* – Le marquage mentionné à l'article L. 557-4 est réalisé suivant les mêmes modalités que celles prévues à l'article R. 557-9-8, à l'exception du marquage CE, qui n'est pas apposé.

Art. R. 557-12-8 *(Créé à compter du 19 juillet 2016, D. n° 2015-799, 1er juill. 2015).* – Lorsque l'évaluation de conformité est effectuée par un service d'inspection des utilisateurs mentionné au *b* du 11° de l'article R. 557-4-2, les procédures d'évaluation de la conformité applicables sont uniquement les modules A2, C2, F et G mentionnés à l'annexe III de la directive 2014/68/UE du Parlement européen et du Conseil du 15 mai 2014 relative à l'harmonisation des législations des États membres concernant la mise à disposition sur le marché des équipements sous pression. L'équipement sous pression nucléaire ou l'ensemble nucléaire ne porte pas le marquage prévu à l'article L. 557-4. Il ne peut être utilisé que dans les établissements exploités par le groupe dont fait partie le service d'inspection.

Art. R. 557-12-9 *(Créé à compter du 19 juillet 2016, D. n° 2015-799, 1er juill. 2015 ; mod., D. n° 2019-190, 14 mars 2019).* – I. – Les arrêtés du ministre chargé de la sûreté nucléaire prévus par la présente section sont pris après avis du Conseil supérieur de la prévention des risques technologiques.

II. – *(Mod. à compter du 1er janvier 2025, D. n° 2024-1194, 19 déc. 2024)* Les décisions réglementaires à caractère technique de l'Autorité de sûreté nucléaire et de radioprotection mentionnées aux articles R. 557-12-4 et R. 557-12-6 ainsi que toute autre décision réglementaire à caractère technique prise par l'autorité en application de l'article L. 592-20 et relevant du 3° de l'article L. 592-19, sont soumises à la procédure d'homologation définie aux sous-sections 1 et 3 de la section 5 du chapitre II du titre IX du présent livre.

Art. R. 557-12-10 *(Ancien article R. 557-12-9 créé à compter du 19 juillet 2016, D. n° 2015-799, 1er juill. 2015 ; dénum. à compter du 1er avr. 2019, D. n° 2019-190, 14 mars 2019).* – Peuvent continuer à être installés, mis en service, utilisés, importés ou transférés, sans avoir satisfait aux dispositions des articles L. 557-4, L. 557-5 et R. 557-12-4 à R. 557-12-8, les équipements sous pression nucléaires et les ensembles nucléaires régulièrement autorisés en application du décret du 2 avril 1926 portant règlement sur les appareils à vapeur autres que ceux placés à bord des bateaux, du décret n° 43-63 du 18 janvier 1943 portant règlement sur les appareils à pression de gaz ou du décret n° 99-1046 du 13 décembre 1999 relatif aux équipements sous pression, et des textes pris pour leur application.

La fabrication des équipements sous pression nucléaires *(Mots suppr. à compter de la date prévue à l'article 8 du décret n° 2016-1925 du 28 déc. 2016, D. n° 2016-1625, 28 déc. 2016)* « ... », si elle a été entreprise avant le 19 juillet 2016 et est conforme aux dispositions du décret du 2 avril 1926 ou du décret n° 43-63 du 18 janvier 1943 susmentionnés et des textes pris pour leur d'application, peut être poursuivie suivant ces dispositions.

La fabrication des équipements sous pression nucléaires et des ensembles nucléaires, si elle a été entreprise avant le 19 juillet 2016 et est conforme aux dispositions du décret n° 99-1046 du 13 décembre 1999 susmentionné et des textes pris son application, est réputée conforme aux dispositions du présent chapitre et peut être poursuivie en application de celui-ci.

Les certificats délivrés au titre de l'arrêté prévu au IV de l'article 2 du décret n° 99-1046 du 13 décembre 1999 susmentionné sont valables en vertu de la présente section.

Section XIII. – Conformité des autres appareils à pression

Section réservée.

Section XIV. – Suivi en service des équipements sous pression, des récipients à pression simples et des équipements sous pression nucléaires

(Rempl. à compter de la date prévue à l'article 8 du décret n° 2016-1925 du 28 décembre 2016, D. n° 2016-1625, 28 déc. 2016)

Art. R. 557-14-1 *(Créé à compter de la date prévue à l'article 8 du décret n° 2016-1925 du 28 décembre 2016, D. n° 2016-1625, 28 déc. 2016).* – I. – Les dispositions de la présente section s'appliquent au suivi en service des équipements sous pression, définis aux articles R. 557-9-1 et R. 557-9-2, et des récipients à pression simples, définis aux articles R. 557-10-1 et R. 557-10-2, qu'ils soient ou non constitutifs d'un ensemble, et qui relèvent d'un au moins des points 1° à 6° ci-après :

1° Les récipients destinés à contenir un gaz du groupe 1 dont le produit PS × V de la pression maximale admissible PS par le volume V est supérieur à 50 bars. litres, à l'exception de ceux pour lesquels V est au plus égal à un litre et PS au plus égale à 200 bars ;

2° Les récipients destinés à contenir un gaz du groupe 2 autre que la vapeur d'eau ou l'eau surchauffée, dont le produit PS × V de la pression maximale admissible PS par le volume V est supérieur à 200 bars. litres, à l'exception de ceux pour lesquels V est au plus égal à un litre et PS au plus égale à 1 000 bars, et de ceux dont la pression maximale admissible est au plus égale à :

a) 2,5 bars s'il s'agit d'appareils à couvercle amovible à fermeture rapide ;

b) 4 bars pour les autres récipients ;

3° Les récipients de vapeur d'eau ou d'eau surchauffée dont le produit PS × V de la pression maximale admissible PS par le volume V est supérieur à 200 bars. litres, à l'exception de ceux pour lesquels V est au plus égal à un litre ;

4° Les générateurs de vapeur dont le volume V est supérieur à 25 litres ;

5° Les tuyauteries destinées à contenir un gaz du groupe 1, dont la dimension nominale est supérieure à DN 100 ou dont le produit PS × DN de la pression maximale admissible PS par la dimension nominale DN est supérieur à 1 000 bars, à l'exception de celles dont la dimension nominale est au plus égale à DN 25 ;

6° Les tuyauteries destinées à contenir un gaz du groupe 2, y compris la vapeur d'eau et l'eau surchauffée, dont la dimension nominale est supérieure à DN 100 et le produit PS × DN de la pression maximale admissible PS par la dimension nominale DN est supérieur à 3 500 bars.

II. – Les dispositions de la présente section s'appliquent au suivi en service des équipements sous pression nucléaires mentionnés à l'article R. 557-12-1, qu'ils soient ou non constitutifs d'un ensemble nucléaire, à l'exception des enceintes de confinement des réacteurs nucléaires et des gaines de combustibles nucléaires, pour assurer la protection des intérêts mentionnés à l'article L. 593-1.

III. – Sont également soumis aux dispositions de la présente section :

1° Les accessoires sous pression installés sur les équipements mentionnés au I ;

2° Les accessoires de sécurité destinés à la protection des équipements mentionnés au I ;

3° Les accessoires de sécurité mentionnés à l'article R. 557-9-1 destinés à la protection des équipements sous pression nucléaires à l'exception des équipements dont les caractéristiques définies en application de l'article R. 557-12-3 sont les suivantes :

a) Équipements de catégorie 0 ou I et de niveau N2 ou N3 ;

b) Équipements de catégories II à IV et de niveau N2 ou N3 prévus pour des liquides dont la pression de vapeur, à la température maximale admissible, est inférieure ou égale à 0,5 bar au-dessus de la pression atmosphérique normale (1 013 mbar).

IV (1). – Les équipements sous pression, les récipients à pression simples et les équipements sous pression nucléaires mentionnés aux I, II et III sont appelés « équipements » dans la suite de la présente section.

V. – Les équipements destinés au fonctionnement des véhicules mentionnés aux articles R. 321-6 à R. 321-19 du Code de la route, construits conformément aux exigences du décret du 18 janvier 1943 portant règlement sur les appareils à pression de gaz et ses textes d'application, font l'objet d'un suivi en service défini par arrêté du ministre chargé de la sécurité industrielle.

Art. R. 557-14-2 *(Créé à compter de la date prévue à l'article 8 du décret n° 2016-1925 du 28 décembre 2016, D. n° 2016-1625, 28 déc. 2016).* – L'exploitant s'assure que les conditions d'utilisation des équipements sont conformes à celles pour lesquelles ils ont été conçus et fabriqués. En particulier, les conditions d'installation, de mise en service, d'utilisation et de maintenance définies par le fabricant et figurant sur les équipements ou la notice d'instructions selon les cas des équipements, de l'ensemble ou de l'ensemble nucléaire sont respectées, sauf si des dispositions spécifiques sont prévues par arrêté ministériel pris dans les conditions prévues à l'article R. 557-14-6.

Les équipements sont maintenus constamment en bon état et vérifiés aussi souvent que nécessaire.

L'exploitant dispose du personnel nécessaire lors de l'utilisation, la surveillance, l'entretien et la réparation des équipements.

Il rassemble, conserve et tient à disposition des agents mentionnés à l'article L. 557-46 les informations sur les équipements nécessaires à la sécurité de leur utilisation, à leur entretien, à leur contrôle et à leur éventuelle réparation, y compris la notice d'instructions lorsque celle-ci est obligatoire en application de la réglementation applicable à leur fabrication. Il s'assure lors de l'installation et pendant toute la durée d'exploitation des équipements que les opérations d'entretien et de contrôle sont réalisables dans de bonnes conditions, notamment en ce qui concerne l'accessibilité.

Les dispositions de la présente section s'entendent sans préjudice du respect des prescriptions et conditions particulières fixées, le cas échéant, en matière de suivi en service, dans le cadre des autorisations délivrées par l'autorité compétente, notamment en application des dispositions de l'article R. 557-1-3.

(1) Pa derogation, le présent IV entre en vigueur le 31 décembre 2016, D. n° 2016-1625, 28 déc. 2016, art. 8.

Art. R. 557-14-3 *(Créé à compter de la date prévue à l'article 8 du décret n° 2016-1925 du 28 décembre 2016, D. n° 2016-1625, 28 déc. 2016).* – I. – Les équipements sont convenablement assemblés entre eux.

Ils sont munis de dispositifs de protection appropriés lorsque, dans des conditions de fonctionnement raisonnablement prévisibles, les limites admissibles pourraient être dépassées. Ils sont installés en conformité avec les dispositions opératoires et les exigences essentielles de sécurité fixées par arrêté ministériel pris dans les conditions prévues à l'article R. 557-14-6.

II. – Les équipements présentant les risques les plus importants pour la sécurité ou, pour les équipements sous pression nucléaires, vis-à-vis de la protection des intérêts mentionnés à l'article L. 593-1, notamment en cas de perte de confinement du fluide contenu, peuvent être soumis à déclaration de mise en service et à un contrôle de mise en service dont l'objet est de constater le respect des exigences qui leur sont applicables.

Les équipements soumis à déclaration et ceux soumis à contrôle sont définis par arrêté ministériel pris dans les conditions prévues à l'article R. 557-14-6.

La déclaration de mise en service est réalisée par l'intermédiaire d'un téléservice.

Art. R. 557-14-4 *(Créé à compter de la date prévue à l'article 8 du décret n° 2016-1925 du 28 décembre 2016, D. n° 2016-1625, 28 déc. 2016).* – Certains équipements, définis par arrêté ministériel pris dans les conditions prévues à l'article R. 557-14-6, sont soumis à un suivi en service, pouvant comporter des inspections périodiques et des requalifications périodiques, destiné à vérifier régulièrement le maintien de leur niveau de sécurité.

Ce suivi en service est, au choix de l'exploitant :

1° Soit constitué d'une ou de plusieurs des opérations de contrôle mentionnées ci-dessus, dont la nature et la périodicité sont fixées par arrêté ministériel pris dans les conditions prévues à l'article R. 557-14-6, et faisant l'objet dans le cas d'un équipement sous pression nucléaire d'un programme de suivi en service établi par l'exploitant ;

2° *(Mod. à compter du 1er janvier 2025, D. n° 2024-1194, 19 déc. 2024)* Soit défini par un plan d'inspection approuvé par un organisme habilité mentionné à l'article L. 557-31, sans préjudice des dispositions de l'article L. 557-45, en fonction des caractéristiques techniques et d'utilisation de l'équipement, et conformément à un guide professionnel reconnu par l'Autorité de sûreté nucléaire et de radioprotection pour les équipements sous pression nucléaires, ou par le ministre chargé de la sécurité industrielle dans les autres cas, après avis du Conseil supérieur de la prévention des risques technologiques, ainsi que de l'Autorité de sûreté nucléaire et de radioprotection pour les appareils à pression implantés dans le périmètre d'une installation nucléaire de base. L'exploitant veille à la mise à jour des plans d'inspection, compte tenu de l'usage effectif des équipements, de leur évolution éventuelle lors de leur utilisation, ainsi que de la prise en compte de l'expérience acquise et des résultats des opérations de contrôle.

L'exploitant tient compte des résultats des opérations de suivi en service, ainsi que de l'expérience acquise et de l'évolution des connaissances.

Il retire du service dans des délais tenant compte des dangers associés tout équipement dont le niveau de sécurité est non satisfaisant, dont l'aptitude au service n'est pas ou plus assurée dans les conditions d'utilisation prévues, ou pour les équipements sous pression nucléaires s'il ne garantit plus la protection des intérêts mentionnés à l'article L. 593-1.

Art. R. 557-14-5 *(Créé à compter de la date prévue à l'article 8 du décret n° 2016-1925 du 28 décembre 2016, D. n° 2016-1625, 28 déc. 2016).* – Les modifications et réparations de certains équipements définis par arrêté ministériel pris dans les conditions prévues à l'article R. 557-14-6 donnent lieu, selon leur importance, soit à une nouvelle évaluation de la conformité de l'équipement, soit à un contrôle après réparation ou modification.

Art. R. 557-14-6 *(Créé à compter de la date prévue à l'article 8 du décret n° 2016-1925 du 28 décembre 2016, D. n° 2016-1625, 28 déc. 2016 ; mod. à compter du 21 avril 2018, D. n° 2017-1557, 10 nov. 2017 ; à compter du 1er avril 2019, D. n° 2019-190, 14 mars 2019).* – I. – Les arrêtés ministériels prévus par la présente section sont pris, après avis du Conseil supérieur de la prévention des risques technologiques, respectivement par le ministre chargé de la sûreté nucléaire pour les équipements sous pression nucléaires, les ensembles nucléaires et les accessoires de sécurité mentionnés à l'article R. 557-9-1 destinés à la protection des équipements sous pression nucléaires, ou par le ministre chargé de la sécurité industrielle dans les autres cas.

II. – *(Mod. à compter du 1er janvier 2025, D. n° 2024-1194, 19 déc. 2024)* Les décisions réglementaires à caractère technique prises par l'Autorité de sûreté nucléaire et de radioprotection en application de l'article L. 592-20 dans des matières relevant de la présente section sont soumises à la procédure d'homologation définie aux sous-sections 1 et 3 de la section 5 du chapitre II du titre IX du présent livre.

Art. R. 557-14-7 *(Créé à compter de la date prévue à l'article 8 du décret n° 2016-1925 du 28 décembre 2016, D. n° 2016-1625, 28 déc. 2016)*. – Les attestations et certificats délivrés ainsi que les aménagements individuels accordés avant l'entrée en vigueur de l'arrêté relatif à la catégorie d'équipements concernés, au titre du décret du 2 avril 1926 portant règlement sur les appareils à vapeur autres que ceux placés à bord des bateaux, du décret du 18 janvier 1943 portant règlement sur les appareils à pression de gaz ou du décret n° 99-1046 du 13 décembre 1999 relatif aux équipements sous pression et de leurs textes d'application, demeurent valables au titre de la présente section.

Art. R. 557-14-8 *(Créé à compter de la date prévue à l'article 8 du décret n° 2016-1925 du 28 décembre 2016, D. n° 2016-1625, 28 déc. 2016)*. – Un arrêté du ministre de la Défense fixe les conditions particulières de suivi des équipements utilisés dans les armes, munitions et matériels de guerre au sens des articles R. 311-1 et R. 311-2 du Code de sécurité intérieure.

Section XV. – Suivi en service des équipements sous pression transportables

Art. R. 557-15-1 *(Créé à compter du 1er janvier 2016, D. n° 2015-799, 1er juill. 2015)*. – Les dispositions de la présente section s'appliquent au suivi en service des équipements sous pression transportables mentionnés à l'article R. 557-11-2.

Art. R. 557-15-2 *(Créé à compter du 1er janvier 2016, D. n° 2015-799, 1er juill. 2015)*. – Les équipements sous pression transportables sont soumis à des contrôles en service conformément aux exigences énoncées dans l'arrêté prévu par l'article L. 1252-1 du Code des transports.

Art. R. 557-15-3 *(Créé à compter du 1er janvier 2016, D. n° 2015-799, 1er juill. 2015)*. – Le succès des contrôles prévus à l'article R. 557-15-2 est matérialisé par :

– une attestation de contrôle périodique ou intermédiaire ou exceptionnel ;

– la marque de la date du contrôle périodique ou intermédiaire prévue dans l'arrêté pris pour l'application de l'article L. 1252-1 du Code des transports, accompagnée du numéro d'identification de l'organisme habilité.

Pour les équipements portant le marquage de conformité epsilon, lorsque le premier contrôle périodique est effectué, le numéro d'identification de l'organisme habilité est précédé du marquage « Pi ».

Art. R. 557-15-4 *(Créé à compter du 1er janvier 2016, D. n° 2015-799, 1er juill. 2015)*. – Les équipements sous pression transportables sont utilisés, entretenus, modifiés ou réparés selon les dispositions de l'arrêté pris pour l'application de l'article L. 1252-1 du Code des transports.

Art. R. 557-15-5 *(Créé à compter de la date prévue à l'article 8 du décret n° 2016-1925 du 28 décembre 2016, D. n° 2016-1625, 28 déc. 2016)*. – Un arrêté du ministre de la Défense fixe les conditions particulières de suivi en service des équipements sous pression transportables utilisés dans les armes, munitions et matériels de guerre au sens des articles R. 311-1 et R. 311-2 du Code de la sécurité intérieure.

Section XVI. – Suivi en service des équipements sous pression nucléaires

(Abr. à compter de la date prévue à l'article 8 du décret n° 2016-1925 du 28 décembre 2016, D. n° 2016-1625, 28 déc. 2016)

TITRE VI. – PRÉVENTION DES RISQUES NATURELS

CHAPITRE Ier. – MESURES DE SAUVEGARDE DES POPULATIONS MENACÉES PAR CERTAINS RISQUES NATURELS MAJEURS

Section I. – Procédure d'expropriation des biens exposés à un risque naturel majeur

Bibliographie : M. Cornille, *Police administrative et expropriation pour risque : la propriété privée est débordée : JCP* A 2016. • S. Gilbert, *Expropriation pour cause d'utilité publique – Réforme du Code de l'expropriation. Une codification « à droit constant » JCP* G 2015. • R. Hostiou, *Le Code de l'expropriation pour cause d'utilité publique, version 2015, Un coup pour (presque) rien ? : AJDA* 2015, p. 689. • J.-J. Martel, *L'impact des risques naturels et technologiques sur la valeur vénale ou locative : Actes prat. ing. immobilière* 2015. • S. Beckerisch-Da : vilma, *L'expropriation pour cause d'utilité publique et la protection du littoral dans la jurisprudence administrative : Dr. adm.* 2015.

Art. R. 561-1. – Les dispositions réglementaires du Code de l'expropriation pour cause d'utilité publique sont applicables à l'expropriation des biens exposés à un risque naturel majeur décidée en application de l'article L. 561-1, sous les réserves et avec les compléments définis à la présente section.

Risque d'érosion marine. Le ministre de l'Écologie a précisé que l'érosion marine ne fait pas partie des aléas ouvrant droit à une indemnisation pour catastrophe naturelle au titre du Code des assurances. Les conditions d'application des dispositions des articles L. 561-1 et L. 561-3 du Code de l'environnement ne sont pas réunies et il n'a pas été proposé d'acquisition amiable ou d'expropriation (AN QE n° 41112 : JO 9 déc. 2014, p. 10311 *(Domaine privé. Érosion marine. Bâtiments en péril Le Signal. Expropriation. Gironde)*).

Art. R. 561-2 ***(Mod. à compter du 1er janvier 2015, D. n° 2014-1635, 26 déc. 2014).*** **– I. – Le préfet engage la procédure d'expropriation** ***(Mots suppr., D. n° 2021-516, 29 avr. 2021)*** **« .... »**

II. – Le dossier soumis à l'enquête publique en application de l'article R. 112-5 du Code de l'expropriation pour cause d'utilité publique est complété par une analyse des risques décrivant les phénomènes naturels auxquels les biens sont exposés, et permettant d'apprécier l'importance et la gravité de la menace qu'ils présentent pour les vies humaines au regard notamment des critères suivants :

1° Les circonstances de temps et de lieu dans lesquelles le phénomène naturel est susceptible de se produire ;

2° L'évaluation des délais nécessaires à, d'une part, l'alerte des populations exposées et, d'autre part, leur complète évacuation.

III. – Cette analyse doit également permettre de vérifier que les autres moyens envisageables de sauvegarde et de protection des populations s'avèrent plus coûteux que les indemnités d'expropriation.

1) Contenu du dossier soumis à enquête publique. Est régulier le dossier comportant des informations suffisantes pour permettre au public d'apprécier l'importance et la gravité de la menace résultant des différentes hypothèses d'éboulement envisagées par les services de l'État à partir d'études réalisées, au préalable, par des laboratoires d'expertise alors même que ces études ne figuraient pas dans le dossier d'enquête (■ CE, 7 avr. 1999, n° 189263, *Assoc. Vivre et rester au pays et a. : AJPI* 1999, p. 766, note R. Hostiou). Lorsqu'aucun moyen de sauvegarde et de protection des populations n'est réalisable, compte tenu des difficultés voire des dangers présentés par l'exécution de telles mesures, il n'y a pas lieu d'en chiffrer le coût (■ CE, 7 avr. 1999, n° 189263, *Assoc. Vivre et rester au pays et a. : AJPI* 1999, p. 766, note R. Hostiou).

Pour être déclarée d'utilité publique, les atteintes à la propriété privée, le coût financier et éventuellement les inconvénients d'ordre social qu'elle comporte ne sont pas excessifs eu égard à l'intérêt que présente l'opération. Ni la circonstance que les zones concernées, dont la pointe de L'Aiguillon-sur-Mer, ont été classées en zones de faible danger par le précédent PPRI, ni la circonstance que des maisons d'habitation seraient exclues du périmètre d'expropriation sur le territoire de La Faute-sur-Mer, ne sont suffisantes pour contester le risque d'inondation brutale par rupture de digue sur le territoire de L'Aiguillon-sur-Mer, susceptible de mettre en danger la vie des habitants des secteurs concernés. Les travaux de grande ampleur, estimés à la somme de 38,7 millions d'euros hors taxes sont supérieurs aux indemnités d'expropriation évaluées à 9,2 millions d'euros (■ CAA Nantes, 28 avr. 2017, n° 15NT00624).

2) **Refus d'expropriation.** La réalisation d'un puits d'arrosage domestique a provoqué un effondrement entraînant la mort d'un voisin et affecté une zone de 1 100 mètres carrés autour du forage sur le lotissement. Le recours à l'expropriation des biens exposés à des risques naturels est une simple faculté offerte à l'État. Son opportunité s'apprécie au regard du coût de la mesure par rapport à d'autres moyens de protection, en cas de menace grave pour les vies humaines « exclusivement imputable aux éléments naturels ». Le préfet justifie son refus s'il est démontré que l'approfondissement du forage à 37 mètres a déclenché le sinistre (▪ CAA Bordeaux, 13 déc. 2016, n° 15BX01289).

3) **Risque de submersion marine.** Le défaut de mention, dans le dossier soumis à enquête publique, du délai nécessaire à l'évacuation des personnes exposées au risque de submersion marine, dans la maison des requérants, ne peut pas justifier l'annulation de l'arrêté d'expropriation, dès lors que le dossier précise qu'il n'existe aucun moyen de mettre en place des mesures de protection et de sauvegarde pour les personnes (▪ CAA Bordeaux, 20 févr. 2020, n° 18BX00341).

4) **Faute de l'État dans un retard dans l'engagement de la procédure d'expropriation. Non.** Le préjudice dont se plaignent les requérants lié à la fermeture de leur camping ne trouve pas son origine dans une faute liée au retard, mais dans la mesure de police administrative prise par le préfet en substitution du maire de la commune dans un but de sécurité publique (▪ CAA Bordeaux, 24 juin 2019, n° 17BX022166).

5) **Appréciation de l'absence de solution alternative à l'expropriation permettant d'assurer la sauvegarde ou la protection de la population. Légalité.** Dans la mesure où le dossier d'enquête détaille le dispositif existant mais aussi les conditions dans lesquelles s'est déroulée la tempête Xynthia, et compte tenu de l'incertitude des prévisions météorologiques et hydrologiques, le dossier a comporté une analyse des risques décrivant les phénomènes naturels auxquels le bien est exposé ; dès lors, il n'est entaché d'aucune omission au regard des dispositions de l'article R. 561-2 du Code de l'environnement (▪ CAA Bordeaux, 18 déc. 2018, n° 16BX04270).

Art. R. 561-3. – **L'enquête est menée** ***(Mots rempl. à compter du 1er janvier 2015, D. n° 2014-1635, 26 déc. 2014)*** **« dans les formes prévues pour les enquêtes préalables à une déclaration d'utilité publique régies par le titre Ier du livre Ier du Code de l'expropriation pour cause d'utilité publique ».**

Le dossier mentionné à l'article R. 561-2 du présent code est adressé également par le préfet, pour avis, à chaque commune dont une partie du territoire est comprise dans le périmètre délimitant les immeubles à exproprier.

L'avis du conseil municipal doit être transmis au préfet dans un délai de deux mois. Passé ce délai, l'avis est réputé favorable.

Art. R. 561-4 ***(Mod., D. n° 2021-516, 29 avr. 2021).*** – **L'utilité publique est déclarée par arrêté préfectoral.**

Le préfet adresse copie de l'arrêté déclarant l'utilité publique, le cas échéant, à la commune ou au groupement de communes expropriants.

Art. R. 561-5 ***(Abr., D. n° 2021-516, 29 avr. 2021).***

Section I. – Fonds de prévention des risques naturels majeurs

(Section mod., D. n° 2019-1301, 5 déc. 2019 ; mod. à compter du 1er janvier 2020, D. n° 2019-1379, 18 déc. 2019) (1)

Bibliographie : Ph. Billet, *Concours du fonds de prévention des risques naturels majeurs aux dépenses de l'État en matière de risques d'inondation : JCP A* 12 nov. 2007, n° 46.

Art. R. 561-6 à R. 561-8 ***(Mod. à compter du 1er janvier 2020, D. n° 2019-1379, 18 déc. 2019 ; abr., D. n° 2021-516, 29 avr. 2021).***

Art. R. 561-9 ***(Abr., D. n° 2021-516, 29 avr. 2021).***

(1) Antérieurement aux modifications prescrites par les 1° et 10° de l'article 7 du décret n° 2019-1379 du 18 décembre 2019, la présente section comprenait une sous-section 1 : « Dispositions générales » comprenant les articles R. 561-6 à R. 561-14 et une sous-section 2 : « Dispositions relatives à la contribution du fonds de prévention des risques naturels majeurs au financement de certaines mesures de prévention » comprenant les articles R. 561-15 à R. 561-17. – NDLR.

Art. R. 561-10 (1) *(Rempl. à compter du 1er janvier 2020, D. n° 2019-1379, 18 déc. 2019 ; abr., D. n° 2021-516, 29 avr. 2021).*

Art. R. 561-11 (1) *(Rempl. à compter du 1er janvier 2020, D. n° 2019-1379, 18 déc. 2019 ; mod., D. n° 2021-516, 29 avr. 2021).* **– Lorsque le préfet estime que la délivrance d'un permis de construire ou d'une autorisation administrative susceptible d'augmenter la valeur des biens à exproprier doit donner lieu à un remboursement du coût de l'expropriation dans les conditions prévues au deuxième alinéa de l'article L. 561-4, il en informe l'autorité qui a délivré le permis ou l'autorisation en lui laissant un délai de trois mois pour faire connaître ses observations. À l'expiration de ce délai, le préfet indique, le montant des sommes dues par la personne morale de droit public au nom de laquelle a été délivré le permis de construire ou l'autorisation administrative.**

Il notifie ce montant à la personne morale de droit public concernée. Lorsqu'il s'agit d'une collectivité territoriale, il lui rappelle que la dépense revêt le caractère d'une dépense obligatoire.

Art. R. 561-12 (1) *(Rempl. à compter du 1er janvier 2020, D. n° 2019-1379, 18 déc. 2019 ; abr., D. n° 2021-516, 29 avr. 2021).*

Art. D. 561-12-1 *(D. n° 2021-518, 29 avr. 2021).* **– L'acquisition amiable, par une commune, un groupement de communes, un établissement public foncier ou l'État, de biens et de leurs terrains d'assiette sous réserve que les terrains acquis soient rendus inconstructibles dans un délai de trois ans, peut être prise en charge par le fonds de prévention des risques naturels majeurs.**

Le financement par le fonds de prévention des risques naturels majeurs des acquisitions amiables mentionnées au I de l'article L. 561-3 est subordonné à la condition que le prix de ces acquisitions de biens exposés ou sinistrés n'excède pas le montant des éventuelles indemnités calculées conformément au quatrième alinéa de l'article L. 561-1.

La contribution du fonds au financement des expropriations de biens mentionnés à l'article L. 561-1 et des acquisitions amiables des biens mentionnés au I de l'article L. 561-3 s'effectue à raison de la totalité des dépenses éligibles. Toutefois, le financement des acquisitions amiables de biens sinistrés s'effectue dans la limite de 240 000 euros par bien acquis.

La contribution du fonds au financement des mesures nécessaires pour remettre en état les terrains, limiter l'accès à ces terrains ou empêcher toute occupation des biens expropriés ou acquis s'effectue à raison de 100 % des dépenses éligibles. Cette contribution n'est pas comprise dans le plafond de 240 000 euros relatif aux acquisitions amiables de biens sinistrés mentionné à l'alinéa précédent.

Lorsqu'une collectivité autre que l'État est devenue propriétaire, notamment par l'intermédiaire d'un établissement public foncier, et que les terrains acquis n'ont pas été rendus inconstructibles par la collectivité dans le délai de trois ans à compter de leur acquisition mentionnée au premier alinéa, elle est tenue de rembourser les sommes perçues, le cas échéant par l'intermédiaire de l'établissement public foncier, à l'État.

Les expropriations et acquisitions amiables effectuées par un établissement public foncier, et financées par le fonds de prévention des risques naturels majeurs sont conditionnées à la signature préalable par l'établissement public foncier d'une convention cadre avec l'État et de conventions opérationnelles avec les communes concernées ou leurs groupements. La convention cadre précise les modalités de versement à l'établissement public foncier et d'utilisation des crédits du fonds de prévention des risques naturels majeurs ainsi que les modalités d'intervention de l'établissement public foncier sur l'ensemble d'un secteur, notamment le volume global et les priorités d'intervention. Les conventions opérationnelles précisent notamment les délais de portage et les conditions de cession des biens à la collectivité compétente en matière d'urbanisme, après remise en état. Les contributions du fonds de prévention des risques naturels majeurs sont précisées dans le procès-verbal établi lors de la cession du bien à la commune ou au groupement, en application de la convention opérationnelle.

(1) Dispositions abrogées à compter du 9 juin 2009, D. n° 2006-672, 8 juin 2006, art. 17 et 18 ; prorogées pour une durée de cinq ans, D. n° 2009-613, 4 juin 2009, art. 4 et D. n° 2009-620, 6 juin 2009, art. 1er et ann. ; renouvelées pour une durée d'un an à compter du 8 juin 2014, D. n° 2014-589, 6 juin 2014, art 1er et ann. ; puis prorogées pour une durée de cinq ans à compter du 8 juin 2015, D. n° 2015-622, 5 juin 2015. – NDLR.

Art. D. 561-12-2 *(D. n° 2021-518, 29 avr. 2021 ; mod. à compter du 1er janvier 2024, D. n° 2022-1737, 30 déc. 2022 ; mod., D. n° 2023-338, 4 mai 2023)*. – Le fonds de prévention des risques naturels majeurs peut prendre en charge les dépenses de prévention liées au relogement des personnes exposées ou sinistrées lorsque la décision d'évacuation a été prise par l'autorité publique compétente dans le cadre des pouvoirs qui lui sont conférés, pour répondre à la manifestation d'un risque mentionné à l'article L. 561-1 sous réserve que ces dernières ne fassent pas cumulativement l'objet d'une indemnisation au titre de la garantie prévue au troisième alinéa de l'article L. 125-1 du Code des assurances.

Il peut être mis fin à cette prise en charge en cas de refus d'une proposition d'acquisition amiable du bien dans les conditions prévues par l'article L. 561-3.

Art. D. 561-12-3 *(D. n° 2021-518, 29 avr. 2021)*. – Le financement des études et actions de prévention ou de protection contre les risques naturels des collectivités territoriales mentionné au premier alinéa du II de l'article L. 561-3 est plafonné à :

– 50 % pour les études, 50 % pour les actions de prévention, et 40 % pour les actions de protection pour les communes où un plan de prévention des risques naturels prévisibles est approuvé ;

– 50 % pour les études, 40 % pour les actions de prévention et 25 % pour les actions de protection pour les communes où un plan de prévention des risques naturels prévisibles est prescrit ;

– 50 % pour les actions de prévention du risque sismique réalisées dans les zones de forte sismicité pour les communes où un plan de prévention des risques naturels prévisibles est approuvé ou prescrit.

Art. D. 561-12-4 *(D. n° 2021-518, 29 avr. 2021)*. – La contribution du fonds prévue au deuxième alinéa du II de l'article L. 561-3 est limitée aux opérations ayant fait l'objet avant le 31 décembre 2027 d'un engagement au sens de l'article 30 du décret n° 2012-1246 du 7 novembre 2012 relatif à la gestion budgétaire et comptable publique correspondant au soutien du fonds de prévention des risques naturels majeurs.

Elle est plafonnée à 50 % du montant des études, travaux, ouvrages ou équipements de prévention, à l'exception de ceux concernant les habitations à loyer modéré mentionnées au livre IV du Code de la construction et de l'habitation, pour lesquels elle est plafonnée à 35 %. Pour les établissements d'enseignement scolaire, ce plafond est porté à 60 %.

Art. D. 561-12-5 *(D. n° 2021-518, 29 avr. 2021 ; mod., D. n° 2023-338, 4 mai 2023)*. – La contribution du fonds prévue au troisième alinéa du II de l'article L. 561-3 est plafonnée à 80 % du montant des opérations de reconnaissance, études ou travaux réalisés, déduction faite des éventuelles indemnités d'assurances perçues pour le même objet. La contribution du fonds ne peut toutefois pas dépasser 72 000 euros par bien ni être supérieure à 50 % de la valeur vénale du bien.

Art. D. 561-12-6 *(D. n° 2021-518, 29 avr. 2021)*. – Les travaux de prévention et de protection relatifs aux infrastructures de transport et aux réseaux ne peuvent être pris en charge par le fonds mentionné à l'article L. 561-3 du Code de l'environnement.

Art. D. 561-12-7 *(D. n° 2021-518, 29 avr. 2021)*. – Déduction faite du montant des éventuelles indemnités perçues pour le même objet en application de l'article L. 125-2 du Code des assurances, la contribution du fonds prévue au III du L. 561-3 est plafonnée à :

– *(Mod., D. n° 2023-338, 4 mai 2023)* 40 % des dépenses éligibles réalisées sur des biens utilisés dans le cadre d'activités professionnelles dans la limite de 10 % de la valeur vénale ou estimée de chaque bien ;

– 50 % du montant des études de diagnostic de la vulnérabilité des biens ;

– 80 % des dépenses éligibles réalisées sur des biens à usage d'habitation ou à usage mixte pour les études et travaux de prévention. La contribution du fonds ne peut toutefois pas dépasser 36 000 euros par bien ni être supérieure à 50 % de la valeur vénale du bien.

La valeur vénale ou estimée du bien est constatée à la date de réalisation de l'étude de diagnostic de vulnérabilité ou à la date d'approbation du plan.

Les listes des types de travaux de réduction de la vulnérabilité aux inondations et au risque sismique des biens à usage d'habitation et des biens utilisés dans le cadre d'activités professionnelles relevant de personnes physiques ou morales employant moins de vingt salariés éligibles au fonds sont fixées par arrêté du ministre chargé de la prévention des risques naturels (1).

Art. D. 561-12-8 *(D. n° 2021-518, 29 avr. 2021).* – Lorsqu'un plan de prévention des risques naturels prévisibles, prévu à l'article L. 562-1 du Code de l'environnement, est annulé en raison d'un vice de forme ou de procédure par une juridiction administrative, les mesures prescrites par ce plan peuvent, à condition que la demande de subvention ait été présentée au plus tard à l'expiration du délai d'un an à compter de la date de lecture de la décision de justice prononçant l'annulation du plan, être financées par le fonds de prévention des risques naturels majeurs dans les mêmes conditions que celles prévues pour un plan de prévention des risques naturels approuvé.

Art. D. 561-12-9 *(Rempl., D. n° 2023-1074, 21 nov. 2023).* – I. – La contribution du fonds prévue aux premier et deuxième alinéas du IV de l'article L. 561-3, ainsi qu'au troisième du même article en ce qui concerne les digues domaniales, est plafonnée à 100 % de la dépense.

II. – Pour les digues dont la gestion a été transférée de l'État, ou d'un de ses établissements publics, à une collectivité territoriale après le 1er janvier 2018, la contribution du fonds prévue au troisième alinéa du IV de l'article L. 561-3 est plafonnée à 80 % de la dépense et ne peut excéder le montant de la dépense net de la compensation prévue au IV de l'article 59 de la loi n° 2014-58 du 27 janvier 2014 de modernisation de l'action publique territoriale et d'affirmation des métropoles, sous la condition que l'engagement, au sens de l'article 30 du décret n° 2012-1246 du 7 novembre 2012 relatif à la gestion budgétaire et comptable publique, correspondant au soutien du fonds ait été pris par l'État avant le 31 décembre 2027. Cette échéance est étendue jusqu'au 31 décembre 2035 dès lors que les travaux ont été identifiés dans un projet d'aménagement d'intérêt commun prévu au VI de l'article L. 213-12 existant à la date de publication du décret n° 2023-1075 du 21 novembre 2023. Ces derniers travaux sont listés dans la convention initiale de transfert.

La compensation prévue au IV de l'article 59 de la loi du 27 janvier 2014 mentionnée ci-dessus peut être prise en charge par le fonds. Cette compensation est affectée exclusivement au financement d'opérations relatives à des investissements au bénéfice de l'ouvrage dont la gestion est transférée, dans des conditions définies par la convention initiale de transfert prévue par la loi. Elle peut être versée en plusieurs fois, sous forme de soulte.

Art. D. 561-12-10 *(D. n° 2021-518, 29 avr. 2021).* – Les biens visés à l'article L. 561-3 sont les biens à usage d'habitation ou les biens utilisés dans le cadre d'activités professionnelles relevant de personnes physiques ou morales employant moins de vingt salariés et de leurs terrains d'assiette, à l'exception des biens exposés à un risque prévisible faisant l'objet d'une acquisition amiable dans les conditions fixées par le I de l'article L. 561-3 et ceux faisant l'objet d'études et travaux de prévention du risque sismique mentionnés au II de l'article L. 561-3. L'effectif salarié et le franchissement du seuil de vingt salariés sont déterminés selon les modalités prévues à l'article L. 130-1 du Code de la sécurité sociale.

Art. D. 561-12-11 *(D. n° 2021-518, 29 avr. 2021).* – La demande de subvention est adressée au préfet du département dans le ressort duquel est situé le bien faisant l'objet de la mesure de prévention. Elle est présentée, selon les cas, par la commune ou le groupement de communes compétent ou par le propriétaire, le gestionnaire ou l'exploitant intéressé ou par son mandataire.

Un arrêté du ministre chargé de la prévention des risques naturels précise les renseignements et documents qui doivent être fournis à l'appui des demandes d'attribution et de paiement de la subvention.

Art. R. 561-13 et R. 561-14 *(Rempl. à compter du 1er janvier 2020, D. n° 2019-1379, 18 déc. 2019 ; abr., D. n° 2021-516, 29 avr. 2021).*

---

(1) V. T. appl. : A. 19 févr. 2019 (*JO* 2 mars 2019) puis A. 23 sept. 2021 (*JO* 6 oct. 2021) puis A. 26 mars 2024 (*JO* 7 avr. 2024)

Section II (Rédaction antérieure). – Fonds de prévention des risques naturels majeurs

Bibliographie : Ph. Billet, *Concours du fonds de prévention des risques naturels majeurs aux dépenses de l'État en matière de risques d'inondation : JCP* A 12 nov. 2007, n° 46.

Le décret du 18 décembre 2019 est venu modifier les conditions de fonctionnement du fond pour fixer une répartition départementale, des conditions d'allocation entre expropriation et travaux et des règles spécifiques en cas de délivrance de permis de construire.

Sous-section 1. – Dispositions générales

Art. R. 561-6 *(Mod., D. n° 2019-1379, 18 déc. 2019).* **– La gestion comptable et financière du fonds de prévention des risques naturels majeurs est assurée par la caisse centrale de réassurance selon les règles qui lui sont applicables sous réserve des dispositions de la présente section.**

Elle fait l'objet d'une comptabilité distincte de celle des autres opérations pratiquées par la caisse.

Le président du conseil d'administration de la caisse centrale de réassurance mentionné au 13° du I de l'article R. 565-9 arrête les comptes du fonds pour l'exercice écoulé, après consultation du Conseil d'orientation pour la prévention des risques naturels majeurs.

NB : Conformément à l'article 19 du décret n° 2019-1379 du 18 décembre 2019, ces dispositions entrent en vigueur le 1er janvier 2020.

Voir : Instr. n° 01-052-B1 du 25 mai 2001 relative à l'information des comptables sur les conditions de fonctionnement du fonds de prévention des risques naturels majeurs et sur les modalités de leur intervention dans le paiement des indemnités allouées (*BO Comptabilité publique*) et Circ. 23 avr. 2007 relative au financement par le fonds de prévention des risques naturels majeurs (FPRNM) de certaines mesures de prévention (*BOME* n° 12/2007). Instr. gouvernementale du 14 janvier 2015 (NOR : DEVP1429994J, *BOMEDDE* n° 2015/1, 25 janv.) : le versement du solde de la subvention au titre du fonds de prévention des risques naturels majeurs (FPRNM) relative à des travaux de gestion du risque d'inondation ou de submersion marine est soumise au respect, par les maires, de leurs obligations d'information préventive et de réalisation des plans communaux de sauvegarde (PCS).

Bibliographie : Sondage et comblement réalisés par des particuliers : prise en charge financière, *JCP* N 10 mars 2017, n° 10, act. 334

Art. R. 561-7 *(Mod., D. n° 2019-1379, 18 déc. 2019).* **– Les ressources du fonds de prévention des risques naturels majeurs comprennent :**

1° Le produit du prélèvement institué par le premier alinéa du II de l'article L. 561-3, dont le taux est fixé, en application du deuxième alinéa du II du même article, par arrêté conjoint des ministres chargés, respectivement, de la prévention des risques majeurs et de l'économie ;

2° Les intérêts des fonds placés ;

3° Les bénéfices sur réalisations de valeurs ;

4° Les sommes reversées en application de l'article R. 561-11 ;

5° Les avances de l'État mentionnées au troisième alinéa du II de l'article L. 561-3.

NB : Conformément à l'article 19 du décret n° 2019-1379 du 18 décembre 2019, ces dispositions entrent en vigueur le 1er janvier 2020.

Art. R. 561-8 *(Mod., D. n° 2019-1379, 18 déc. 2019).* **– Ces ressources sont destinées à couvrir :**

1° Les indemnités versées aux expropriés et les dépenses liées à la limitation de l'accès ainsi qu'à la démolition éventuelle des biens exposés mentionnées au premier alinéa du I de l'article L. 561-3 ;

2° Les frais exposés par la caisse centrale de réassurance pour la gestion du fonds ;

3° Les pertes sur réalisations de valeurs ;

4° Les indemnités et remboursements de frais, le cas échéant, dus aux membres du conseil énumérés à l'article R. 565-9 ;

5° Le remboursement des avances de l'État ;

6° Les dépenses de prévention liées aux évacuations temporaires et au relogement des personnes exposées lorsque la décision d'évacuation a été prise par l'autorité publique compétente dans le cadre des pouvoirs qui lui sont conférés, en vertu des dispositions du Code général des collectivités territoriales, pour répondre à la manifestation d'un risque mentionné à l'article L. 561-1 ;

7° Les dépenses mentionnées à l'article 136 de la loi n° 2005-1719 du 30 décembre 2005 de finances pour 2006, pour la période et dans les limites qui y sont fixées ;

8° Les dépenses contribuant au financement des mesures de prévention mentionnées au *(Mot rempl., D. n° 2015-1614, 9 déc. 2015)* « troisième » alinéa du I de l'article L. 561-3 ;

9° Les dépenses mentionnées à l'article 128 de la loi n° 2003-1311 du 30 décembre 2003 de finances pour 2004, pour la période et dans les limites qui y sont fixées.

NB : Conformément à l'article 19 du décret n° 2019-1379 du 18 décembre 2019, ces dispositions entrent en vigueur le 1er janvier 2020.

Art. R. 561-9. – Les avoirs disponibles du fonds sont placés par la caisse centrale de réassurance en actifs énumérés à l'article R. 332-2 du Code des assurances.

Ces actifs sont soumis aux limitations prévues aux articles R. 332-3 et R. 332-3-1 du même code. Pour le calcul de ces limitations, le montant de chacune des catégories d'actifs est rapporté au montant des avoirs disponibles du fonds.

Art. R. 561-10 *(Mod., D. n° 2019-1379, 18 déc. 2019)*. – (1)Les ministres chargés de la prévention des risques naturels majeurs et de l'économie fixent par arrêté conjoint, compte tenu des disponibilités du fonds, le montant des sommes à affecter par département au paiement ou à la consignation d'indemnités d'expropriation et au paiement de travaux.

La caisse centrale de réassurance transfère les sommes ainsi fixées au directeur départemental ou, le cas échéant, régional des finances publiques ou, à Saint-Pierre-et-Miquelon, au directeur des finances publiques.

Les sommes correspondant aux dépenses mentionnées aux 6° à 9° de l'article R. 561-8, sont fixées et transférées dans les conditions prévues aux alinéas précédents. Le préfet du département concerné engage et ordonnance ces sommes.

NB : Conformément à l'article 19 du décret n° 2019-1379 du 18 décembre 2019, ces dispositions entrent en vigueur le 1er janvier 2020.

Art. R. 561-11 *(Mod., D. n° 2019-1379, 18 déc. 2019)*. – (1)Lorsque le préfet estime que la délivrance d'un permis de construire ou d'une autorisation administrative susceptible d'augmenter la valeur des biens à exproprier doit donner lieu à un remboursement du coût de l'expropriation dans les conditions prévues au deuxième alinéa de l'article L. 561-4, il en informe l'autorité qui a délivré le permis ou l'autorisation en lui laissant un délai de trois mois pour faire connaître ses observations. À l'expiration de ce délai, le préfet indique, après avis du Conseil d'orientation pour la prévention des risques naturels majeurs, le montant des sommes dues par la personne morale de droit public au nom de laquelle a été délivré le permis de construire ou l'autorisation administrative.

Il notifie ce montant à la personne morale de droit public concernée et à la caisse centrale de réassurance. Lorsqu'il s'agit d'une collectivité territoriale, il lui rappelle que la dépense revêt le caractère d'une dépense obligatoire.

Le président du Conseil d'orientation pour la prévention des risques naturels majeurs peut saisir le ministre chargé de la prévention des risques naturels majeurs de tout cas où les dispositions du deuxième alinéa de l'article L. 561-4 lui paraîtraient applicables.

Les dispositions du présent article sont également applicables lorsqu'une collectivité publique autre que l'État est tenue au remboursement prévu par le huitième alinéa du I de l'article L. 561-3.

NB : Conformément à l'annexe 1 du décret n° 2015-622 du 5 juin 2015, le Conseil de gestion du fonds de prévention des risques naturels majeurs est renouvelé pour une durée de cinq ans à compter du 8 juin 2015 (8 juin 2020).

Conformément à l'article 19 du décret n° 2019-1379 du 18 décembre 2019, ces dispositions entrent en vigueur le 1er janvier 2020.

Art. R. 561-12 *(Mod., D. n° 2019-1379, 18 déc. 2019)*. – (1)La contribution du fonds de prévention des risques naturels majeurs au financement des mesures de prévention mentionnées aux 1° à 5° du I de l'article L. 561-3 s'effectue dans les conditions suivantes :

1° À raison de 100 % des dépenses éligibles pour les acquisitions amiables et les mesures mentionnées au 1° ;

---

(1) Dispositions abrogées à compter du 9 juin 2009, D. n° 2006-672, 8 juin 2006, art. 17 et 18 ; prorogées pour une durée de cinq ans, D. n° 2009-613, 4 juin 2009, art. 4 et D. n° 2009-620, 6 juin 2009, art. 1er et ann. ; renouvelées pour une durée d'un an à compter du 8 juin 2014, D. n° 2014-589, 6 juin 2014, art 1er et ann. ; puis prorogées pour une durée de cinq ans à compter du 8 juin 2015, D. n° 2015-622, 5 juin 2015. – NDLR.

2° Dans la limite, pour chaque bien, d'un montant fixé par arrêté conjoint des ministres chargés, respectivement, de la prévention des risques naturels majeurs et de l'économie pour les acquisitions amiables et les mesures mentionnées au 2° ;

3° À raison de 30 % des dépenses éligibles pour les opérations de reconnaissance et les travaux de traitement ou de comblement mentionnés au 3° ;

4° À raison de :

20 % des dépenses éligibles réalisées sur des biens utilisés dans le cadre d'activités professionnelles pour les études et travaux de prévention des risques naturels mentionnés au 4° ;

80 % des dépenses éligibles réalisées sur des biens à usage d'habitation ou à usage mixte pour les études et travaux de prévention des inondations mentionnés au 4° et de 40 % des dépenses éligibles réalisées sur des biens à usage d'habitation ou à usage mixte pour les études et travaux de prévention des autres risques naturels mentionnés au 4° ;

5° À raison de 100 % des dépenses éligibles pour les campagnes d'information mentionnées au 5°.

NB : Conformément à l'annexe 1 du décret n° 2015-622 du 5 juin 2015, le Conseil de gestion du fonds de prévention des risques naturels majeurs est renouvelé pour une durée de cinq ans à compter du 8 juin 2015 (8 juin 2020).

Conformément à l'article 19 du décret n° 2019-1379 du 18 décembre 2019, ces dispositions entrent en vigueur le 1er janvier 2020.

Art. R. 561-13 *(Mod., D. n° 2019-1379, 18 déc. 2019)*. **– Pour l'application des dispositions de la présente section, la contribution du fonds de prévention des risques naturels majeurs au financement de mesures de prévention prises à l'initiative d'une personne autre que l'État prend la forme de subventions régies par le décret n° 2018-514 du 25 juin 2018 relatif aux subventions de l'État pour des projets d'investissement.**

NB : Conformément à l'article 19 du décret n° 2019-1379 du 18 décembre 2019, ces dispositions entrent en vigueur le 1er janvier 2020.

Art. R. 561-14 *(Mod., D. n° 2019-1379, 18 déc. 2019)*. **– La demande de subvention est adressée au préfet du département dans le ressort duquel est situé le bien faisant l'objet de la mesure de prévention. Elle est présentée, selon les cas, par la commune ou le groupement de communes compétent ou par le propriétaire, le gestionnaire ou l'exploitant intéressé ou par son mandataire.**

Un arrêté conjoint des ministres chargés, respectivement, de la prévention des risques naturels majeurs et de l'économie précise les renseignements et documents qui doivent être fournis à l'appui des demandes d'attribution et de paiement de la subvention.

NB : Conformément à l'article 19 du décret n° 2019-1379 du 18 décembre 2019, ces dispositions entrent en vigueur le 1er janvier 2020.

Sous-section 2. – Dispositions relatives à la contribution du fonds de prévention des risques naturels majeurs au financement de certaines mesures de prévention

Art. R. 561-15. – La contribution du fonds de prévention des risques naturels majeurs au financement des mesures de prévention mentionnées du 1° au 5° du I de l'article L. 561-3 s'effectue dans les conditions suivantes :

1° À raison de 100 % des dépenses éligibles pour les acquisitions amiables et les mesures mentionnées au 1° ;

2° Dans la limite, pour chaque unité foncière, d'un montant fixé par arrêté conjoint des ministres chargés, respectivement, de la prévention des risques majeurs et de l'économie pour les acquisitions amiables et les mesures mentionnées au 2° ;

3° À raison de 30 % des dépenses éligibles pour les opérations de reconnaissance et les travaux de traitement ou de comblement mentionnés au 3° ;

4° À raison de 20 % des dépenses éligibles réalisées sur des biens utilisés dans le cadre d'activités professionnelles et de 40 % des dépenses éligibles réalisées sur des biens à usage d'habitation ou à usage mixte pour les études et travaux de prévention mentionnées au 4° ;

5° À raison de 100 % des dépenses éligibles pour les campagnes d'information mentionnées au 5°.

Voir : A. 28 avr. 2010 fixant le montant maximal des subventions accordées pour les acquisitions amiables de biens sinistrés et les mesures mentionnés au 2° du I de l'article L. 561-3 du Code de l'environnement.

Art. R. 561-16. – Pour l'application des dispositions de la présente sous-section, la contribution du fonds de prévention des risques naturels majeurs au financement de mesures de prévention prises à l'initiative d'une personne autre que l'État prend la forme de subventions régies par le décret n° 99-1060 du 16 décembre 1999 modifié relatif aux subventions de l'État pour des projets d'investissement.

Le préfet peut exiger le reversement de la subvention du fonds de prévention des risques naturels majeurs attribuée à une commune ayant procédé à une modification unilatérale du projet sans avoir obtenu de modification des conditions de l'octroi des fonds alloués, dès lors qu'elle avait approuvé le projet d'acquisition suivi de démolition et avait perçu la subvention à cette fin (■ CAA Marseille, 22 févr. 2016, n° 14MA03256, *Cne de Sommières*).

Art. R. 561-17. – La demande de subvention est adressée au préfet du département dans le ressort duquel est situé le bien faisant l'objet de la mesure de prévention. Elle est présentée, selon les cas, par la commune ou le groupement de communes compétent ou par le propriétaire, le gestionnaire ou l'exploitant intéressé ou par son mandataire.

Un arrêté conjoint des ministres chargés, respectivement, de la prévention des risques majeurs, de l'équipement et de l'économie précise les renseignements et documents qui doivent être fournis à l'appui des demandes d'attribution et de paiement de la subvention.

CHAPITRE II. – PLANS DE PRÉVENTION DES RISQUES NATURELS PRÉVISIBLES

(Mod., D. n° 2014-813, 17 juill. 2014 ; D. n° 2015-526, 12 mai 2015) (1) (2)

Section I. – Élaboration des plans de prévention des risques naturels prévisibles

Sous-section 1. – Dispositions communes

(Divison créée, D. n° 2019-715, 5 juill. 2019) (3)

Art. R. 562-1. – L'établissement des plans de prévention des risques naturels prévisibles mentionnés aux articles L. 562-1 à *(Réf. rempl., D. n° 2015-1614, 9 déc. 2015)* « L. 562-9 » est prescrit par arrêté du préfet.

Lorsque le périmètre mis à l'étude s'étend sur plusieurs départements, l'arrêté est pris conjointement par les préfets de ces départements et précise celui des préfets qui est chargé de conduire la procédure.

1) Compétence en matière d'extension du périmètre. Un préfet peut également étendre au territoire d'une commune supplémentaire le périmètre d'étude d'un plan de prévention des risques. Dans cette hypothèse, cet arrêté n'a pas à être pris conjointement par les différents préfets compétents au regard de l'aire d'étude (■ CE, 14 févr. 2007, n° 290327, *Cne de Bonneville sur Touques : JCP* A 2007, n° 26, n° 2170).

2) Caractère préparatoire de l'arrêté prescrivant l'élaboration d'un PPR (oui). En conséquence, il ne peut faire l'objet d'un recours pour excès de pouvoir (■ TA Montpellier, 6 mars 2008, n° 0502915, *M. Yves X.*).

3) Évaluation environnementale (non). Les plans de prévention des risques naturels prescrits antérieurement au 1er janvier 2013 ne sont pas soumis à l'évaluation environnementale même si des arrêtés de prorogation de délai d'adoption ont été pris (■ CAA Nantes, 20 sept. 2019, n° 18NT02759).

Art. R. 562-2 (4) ***(Mod., D. n° 2011-765, 28 juin 2011*** (5) ***; mod. à compter du 1er janvier 2013, D. n° 2012-616, 2 mai 2012).* – L'arrêté prescrivant l'établissement d'un plan de prévention des risques**

(1) Antérieurement aux modifications issues du décret n° 2015-526 du 12 mai 2015, le présent chapitre comportait 3 sections comportant respectivement les articles R. 562-1 à R. 562-10-2, l'article R. 562-11 et l'article R. 562-12. – NDLR.

(2) Dispositions d'application particulières et transitoires : V. D. n° 2015-526, 12 mai 2015, art. 30 et 31.

(3) Dispositions d'application particulières : V. D. n° 2019-715, 5 juill. 2019. – NDLR.

(4) D. n° 2016-1110, 11 août 2016, art. 4, I.

(5) Dispositions applicables aux plans de prévention des risques naturels prévisibles dont l'établissement est prescrit par un arrêté pris postérieurement au 31 juillet 2011, D. n° 2011-765, 28 juin 2011, art. 2.

naturels prévisibles détermine le périmètre mis à l'étude et la nature des risques pris en compte. Il désigne le service déconcentré de l'État qui sera chargé d'instruire le projet.

(Abr., D. n° 2023-504, 22 juin 2023).

Cet arrêté définit également les modalités de la concertation et de l'association des collectivités territoriales et des établissements publics de coopération intercommunale concernés, relatives à l'élaboration du projet.

Il est notifié aux maires des communes ainsi qu'aux présidents des collectivités territoriales et des établissements publics de coopération intercommunale compétents pour l'élaboration des documents d'urbanisme dont le territoire est inclus, en tout ou partie, dans le périmètre du projet de plan.

Il est, en outre, affiché pendant un mois dans les mairies de ces communes et aux sièges de ces établissements publics et publié au recueil des actes administratifs de l'État dans le département. Mention de cet affichage est insérée dans un journal diffusé dans le département.

Le plan de prévention des risques naturels prévisibles est approuvé dans les trois ans qui suivent l'intervention de l'arrêté prescrivant son élaboration. Ce délai est prorogeable une fois, dans la limite de dix-huit mois, par arrêté motivé du préfet si les circonstances l'exigent, notamment pour prendre en compte la complexité du plan ou l'ampleur et la durée des consultations.

NB : Dispositions applicables aux plans de prévention des risques naturels prévisibles dont l'établissement est prescrit par un arrêté pris postérieurement au 31 juillet 2011.

1) Périmètre. L'arrêté prescrivant l'établissement d'un PPRI peut ne concerner que le territoire d'une seule commune, même lorsque celle-ci appartient à un ensemble de communes relevant d'un même bassin hydrographique et faisant l'objet à ce titre d'une analyse globale et que les études d'aléas ont été conduites à l'échelle du bassin versant du Tech aval. Le préfet des Pyrénées-Orientales a pu légalement prescrire l'élaboration d'un tel plan pour le seul territoire de la commune de Latour-Bas-Elne (▪ CAA Marseille, 16 mars 2017, n° 15MA01967).

2) Communication. Le juge administratif considère, s'agissant d'un PPRI concernant 118 communes, que le préfet a pu légalement mettre à la disposition du public dans les 10 communes les plus importantes l'ensemble des documents et en ne laissant au siège des autres communes que les documents les concernant dès lors que les avis d'enquête publique mentionnaient à quels endroits les dossiers complets pouvaient être consultés (▪ TA Amiens, 12 févr. 2008, n° 0500291, *Weremme et a.*).

3) Notification. L'absence de notification aux communes constitue un vice substantiel de l'arrêté approuvant le PPRI (▪ CAA Marseille, 14 févr. 2013, n° 10MA04629 : *Réserve Africaine de Sigean*. ▪ CAA Nantes, 23 oct. 2015, n° 14NT01335, *PPRi de la vallée du Loing amont*).

4) Publicité. Est légal l'arrêté prescrivant l'établissement d'un plan d'exposition aux risques naturels de mouvements de terrain qui a été publié au recueil des actes administratif du département avec mention dans deux journaux locaux, ledit arrêté et le plan y annexé délimitant le périmètre mis à l'étude étant eux-mêmes tenus à la disposition du public dans les mairies des communes concernées ainsi qu'au siège de la préfecture et de la direction départementale de l'équipement où il a été dûment publié (▪ CAA Nancy, 10 avr. 2003, n° 98NC00113, *Sté d'aménagement des coteaux de Saint Blaine c/ Cne de Ludres*). L'absence d'affichage de l'avis d'ouverture d'enquête au public est de nature à nuire à l'information du public et à l'empêcher de présenter des observations (▪ CAA Marseille, 14 févr. 2013, n° 10MA04629 : *Réserve Africaine de Sigean*).

5) Concertation. Même si la concertation entre l'État et les habitants des communes concernées s'est opérée par l'intermédiaire de leurs représentants, cette concertation qui s'est prolongée par l'enquête publique, par les réactions qu'elle a nécessairement suscitées dans la population, a été suffisante au regard des dispositions qui étaient applicables à l'époque (▪ CAA Marseille, 26 janv. 2012, n° 09MA04242, *Min. de l'Écologie et du Développement durable, des Transports et du Logement c/ Reynard*). La concertation avec les collectivités territoriales et leurs groupements n'impose pas la concertation avec le public dans les mêmes conditions même si une concertation qui porte sur la nature et les options essentielles du projet doit se dérouler (▪ CAA Nantes, 20 sept. 2019, n° 18NT02759).

6) Association. Depuis l'intervention du décret du 28 juin 2011, il est précisé que les collectivités territoriales et les EPCI concernés sont associés à l'élaboration du projet de plan. La procédure d'approbation d'un PPRi est entachée d'irrégularité si le préfet n'établit pas l'association de communautés de communes à l'élaboration dudit plan (▪ CAA Nantes, 23 oct. 2015, n° 14NT01335, *PPRi de la vallée du Loing amont*). L'EPCI compétent en matière de SCOT doit être associé à l'élaboration du plan de prévention des risques naturels prévisibles ▪ CE, 5 déc. 2016 : *AJCT* 2017, 290 – 15 mai 2017).

7) Délai d'approbation. Le décret du 28 juin 2011 prévoit un délai de trois ans entre la prescription de l'élaboration du plan et son approbation. Une prorogation de ce délai est toutefois possible. Ainsi, la circonstance que l'arrêté d'approbation soit intervenu avec 3 mois de retard n'entraîne pas l'illégalité du plan, le délai mentionné n'étant pas prescrit à peine de nullité (▪TA Poitiers, 17 oct. 2019 *AJDA* 2020 182).

8) Nouvelle procédure d'élaboration. Cette nouvelle procédure d'élaboration des PPRNP, issue du décret du 28 juin 2011, s'applique aux plans dont l'établissement est prescrit à compter du 1er août 2011.

9) Constitutionnalité. (oui). L'opposabilité anticipée des dispositions d'un PPRNP ne porte pas une atteinte disproportionnée au droit de propriété dans la mesure où les dispositions cessent d'être applicables si elles ne sont pas reprises dans le plan finalement approuvé (▪ Cons. const., 9 sept. 2014), appliqué par (▪ CAA Marseille, 1er déc. 2015, nos 14MA01978 et 14MA02082, *APIFOVAR et Cne de Plan-de-la-Tour*).

10) Responsabilité du vendeur. Dol. (oui). Le fait que l'inclusion du terrain vendu dans une zone inondable ait été affichée en mairie et que mention de cet affichage ait été faite dans un journal départemental crée une présomption de connaissance par le vendeur de l'information qu'il avait dissimulée. Elle constitue donc une réticence dolosive entraînant le bien-fondé de la demande d'annulation de la vente (▪ Cass. 3e civ., 21 mars 2019, n° 17-21.963 : *AJDI* 2019 p. 472 : Portée de l'affichage en mairie et de la mention de cet affichage dans un journal départemental concernant l'inclusion du terrain vendu dans une zone inondable sur la caractérisation du dol du vendeur).

Art. R. 562-3. – **Le dossier de projet de plan comprend :**

1° *(Rempl., D. n° 2019-715, 5 juill. 2019)* (1) Une note de présentation indiquant le secteur géographique concerné, la nature des phénomènes naturels pris en compte et leurs conséquences possibles, compte tenu de l'état des connaissances. S'agissant des aléas débordement de cours d'eau et submersion marine, sont intégrées à cette note de présentation les cartes suivantes :

***a)* La carte de l'aléa de référence mentionnée à l'article R. 562-11-4 ;**

***b)* La carte de l'aléa à échéance 100 ans mentionnée à l'article R. 562-11-5 dans le cas de l'aléa submersion marine.**

2° Un ou plusieurs documents graphiques délimitant les zones mentionnées aux 1° et 2° du II de l'article L. 562-1 ;

3° Un règlement précisant, en tant que de besoin :

***a)* Les mesures d'interdiction et les prescriptions applicables dans chacune de ces zones en vertu des 1° et 2° du II de l'article L. 562-1 ;**

***b)* Les mesures de prévention, de protection et de sauvegarde mentionnées au 3° du II de l'article L. 562-1 et les mesures relatives à l'aménagement, l'utilisation ou l'exploitation des constructions, des ouvrages, des espaces mis en culture ou plantés existant à la date de l'approbation du plan, mentionnées au 4° de ce même II. Le règlement mentionne, le cas échéant, celles de ces mesures dont la mise en œuvre est obligatoire et le délai fixé pour celle-ci.**

NB : Conformément à l'article 3 du décret n° 2019-715 du 5 juillet 2019, ces dispositions sont applicables aux plans de prévention des risques naturels prévisibles prévus à l'article L. 562-1 du Code de l'environnement concernant les « aléas débordement de cours d'eau et submersion marine », dont l'élaboration ou la révision est prescrite par un arrêté pris postérieurement au jour de la publication du présent décret ou dont la procédure d'adaptation prévue au III de l'article L. 562-4-1 du Code de l'environnement a été engagée postérieurement au 7 juillet 2019.

Bibliographie : J.-M. Pastor, *Zonage d'un plan de prévention des risques naturel prévisibles : Dalloz actualité* 18 avr. 2016.

1) Contenu du dossier. Le fait d'ajouter au dossier soumis à enquête publique, à la demande des commissaires-enquêteurs, une carte de synthèse au 1/15000e du zonage réglementaire n'entache pas la régularité de la procédure dès lors que ce document n'a pas été soumis au public à une date telle qu'il n'aurait pu en prendre utilement connaissance. D'autre part, des documents graphiques au 1/5000e relatifs au zonage réglementaire concernant l'ensemble du périmètre concerné figuraient également au dossier ce qui a permis au public d'apprécier globalement le contenu du projet de plan (▪ CAA Bordeaux, 30 juin 2008, nos 05BX01417, 05BX01830, 05BX01831

(1) Dispositions d'application particulières : V. D. n° 2019-715, 5 juill. 2019. – NDLR.

et 05BX01345, *SA Bonne Anse plage camping caravaning international et a.*). Le fait que certains documents graphiques soient difficilement lisibles n'est pas de nature à vicier la procédure dès lors que les erreurs ou les imprécisions affectant certains documents n'étaient ni d'une nature ou ni d'une ampleur telle qu'elles auraient pu avoir pour effet d'induire en erreur le public (■ CAA Bordeaux, 30 juin 2008, n° 05BX01345, *SA Hypo Camp*). Le fait qu'à la demande des commissaires-enquêteurs, les services de l'État aient remis, au cours de l'enquête publique, une carte de synthèse au 1/ 15 000e des zonages réglementaires n'est pas de nature à établir que les communes qui ont été consultées ne disposaient pas de documents leur permettant d'appréhender de façon globale le projet (■ CAA Bordeaux, 30 juin 2008, n° 05BX01243, *SA Parc de la Côte Sauvage*). Insuffisance du dossier soumis à enquête publique (■ CAA Bordeaux, 29 nov. 2011, n° 10BX02191, *SCI de la Grande Baie*).

2) Études récentes. Même si un plan de prévention a été établi sur la base d'une ancienne étude et de vieux relevés topographiques, dès lors qu'une étude complémentaire, établie en 2000 par un bureau d'études a pris en compte tant l'étude antérieure que de nouveaux relevés topographiques, le dossier est régulier (■ CAA Marseille, 29 juin 2006, n° 04MA02502, *SCI PILA Immobilier*).

3) Note de présentation. Une étude des conséquences économiques de l'application des servitudes de constructibilité n'a pas à figurer dans la note de présentation (■ CAA Marseille, 29 mai 2008, n° 06MA00871, *SCI DM 5*). – Caractère suffisant de la note de présentation exposant les conditions dans lesquelles les risques ont été évalués, indiquant les paramètres arrêtés pour établir la carte des aléas en tenant compte de la crue de référence centennale, décrivant les principes retenus pour élaborer ensuite le plan de zonage, au regard en particulier de la présence de populations exposées aux risques, ainsi que des dommages susceptibles d'être causés aux biens et aux activités économiques par une inondation (■ CAA Marseille, 12 janv. 2012, n° 09MA03016, *Com. de la Londe-les-Maures*) – Caractère suffisant de la note de présentation indiquant que le trait de côte compris sur un linéaire de 40 kms est exposé à un recul lent mais continu et irréversible, précisant les phénomènes naturels classés en quatre types (chutes de pierre ou de blocs, éboulements ou écroulements, glissements et coulées) à l'origine de ce recul, localisant ces phénomènes le long du trait de côte au moyen d'une carte dite des phénomènes tout en indiquant la nature et l'ampleur des risques immédiats pour la sécurité qu'ils présentent (■ CAA Douai, 1er juin 2011, n° 10DA00171, *Mutez*). – Caractère suffisant de la note indiquant la nature des phénomènes naturels pris en compte et leurs conséquences possibles compte tenu de l'état des connaissances. L'Administration n'est pas tenue de prendre en compte l'intégralité des observations des commissaires enquêteurs. Caractère suffisant de l'analyse argumentée des effets des ouvrages présents dans le lit majeur de la Somme et sur le canal de la Somme, et en particulier des écluses, et de leur influence sur l'écoulement des eaux et des effets de leurs dysfonctionnements. La note justifie la prise en compte des dysfonctionnements à titre d'aléa pour apprécier les risques en cas de crue (■ CAA Douai, 19 janv. 2017, n° 15DA00933, *Cne de Frise*).

4) Rapport de présentation. Est suffisant le rapport de présentation comportant, notamment, une carte des limites des crues centennales, un rappel des crues historiques ainsi qu'un chapitre circonstancié relatif à la vulnérabilité et aux enjeux indiquant notamment les points sensibles. Le rapport de présentation est d'autant plus complet qu'y est joint une carte des aléas permettant ainsi de connaître les conséquences possibles des phénomènes naturels dont le plan cherche à limiter les effets compte tenu de l'état des connaissances (■ CAA Marseille, 19 mai 2005, n° 03MA01128, *De Panisse-Passis*). Un rapport de présentation n'a pas à justifier de sa compatibilité avec le schéma directeur d'aménagement et de gestion et n'est pas tenu de comporter une analyse de la cartographie sur l'environnement et notamment sur l'urbanisation (■ CAA Marseille, 19 mai 2005, n° 03MA01128, *De Panisse-Passis*). – Le fait que le rapport de présentation situe en zone bleue un parc résidentiel alors qu'il figure, en partie, sur les cartes du plan, également en zone rouge, n'a pas pour effet, eu égard à la lecture combinée de l'ensemble des documents constitutifs du plan, à lui seul, d'empêcher le public de connaître avec précision le projet de classement du secteur (■ CAA Marseille 16 juin 2011 ; *Min. de l'Écologie et du Développement durable, des Transports et du Logement c/ ASL secondaire des propriétaires du domaine résidentiel de l'Estérel*).

5) Documents graphiques. L'ensemble des documents graphiques du projet doit être déposé dans chacune des communes comprises dans le périmètre du projet de plan et non pas les seuls documents graphiques concernant la commune (■ CE, 22 juin 2001, *Assoc. des professionnels de la zone portuaire et a.* – Ph. Billet, *La lettre et le néant : de l'inconsistance de la codification dans le domaine des pollutions, des nuisances et des risques : Dr. env.* janv.-févr. 2001, n° 85, p. 21613 et 215360). – Certaines cours d'appel ont jugé que le document graphique du plan doit permettre d'identifier précisément chaque parcelle afin de déterminer les éventuelles servitudes dont chacune des parcelles est grevée, même s'il faut, pour cela, procéder à un agrandissement du document (▪ CAA Marseille, 21 oct. 2010, n° 08MA03190, *Blanchard c/ Min. Écologie, Énergie, Dév. durable et Mer.* ▪ CAA Marseille, 15 janv. 2010, n° 07MA00918, *Chambre d'agriculture du Var c/ min. Écologie : Dév. durable et Mer.* ▪ CAA Douai, 31 mai 2012, n° 11DA00277, *Association SOS défense des propriétaires de la vallée de la selle*). Le Conseil d'État a censuré l'arrêt de la ▪ CAA Marseille du 15 janvier 2010 précité (n° 07MA00918) et a adopté une position moins stricte en considérant que les dispositions du Code de l'environnement n'ont ni pour objet ni pour effet d'imposer que les documents graphiques fassent apparaître eux-mêmes le découpage parcellaire existant. Dans cette espèce, le plan donnait un tracé suffisamment précis des limites des différentes zones qu'il avait pour objet de délimiter. En estimant que les documents graphiques ne permettaient pas de reporter sur chaque parcelle cadastrale les éventuelles servitudes dont elle était grevée, la Cour a donc dénaturé les pièces du dossier (▪ CE, 7 nov. 2012, n° 337755, *min. Écologie c/ Chambre d'agriculture du Var*).

– Même si les fonds de carte sur lesquels ont été reportées les limites des zones de risque ne font pas, eu égard à leur échelle et leur origine, toujours apparaître les limites des parcelles, la représentation du territoire communal sur un fonds de carte de l'IGN à l'échelle 1/25000ᵉ agrandie au 1/5000ᵉ, combinée avec des vues aériennes et des plans photogrammétriques, permet de localiser l'implantation des propriétés avec une précision adaptée (▪ CAA Marseille, 30 juin 2011, n° 09MA00195, *Ass. AD-PPR et Falcoz*). – Aucune disposition réglementaire n'impose à l'Administration d'utiliser la même échelle pour le plan de zonage et pour la carte de l'aléa, cette différence d'échelle n'est en effet pas de nature à empêcher le public d'avoir une connaissance complète du projet et de présenter ses appréciations, suggestions et contrepropositions (▪ CAA Marseille, 16 juin 2011, *Min. de l'Écologie et du Développement durable, des Transports et du Logement c/ ASL secondaire des propriétaires du domaine résidentiel de l'Estérel*).

Les auteurs du plan de prévention doivent distinguer dans le zonage réglementaire une « zone urbanisée inondable par un aléa de référence fort » et « zone urbanisée située en contrebas d'une digue », même si elles sont soumises aux mêmes prescriptions (▪ CE, 6 avr. 2016, nᵒˢ 386000 et 386001, *Cne d'Alès*). – La définition des zones à l'intérieur desquelles s'appliquent les interdictions, prescriptions et mesures de prévention, protection et sauvegarde qu'ils définissent, ne fait pas obstacle à ce qu'une même zone regroupe l'ensemble des secteurs soumis aux mêmes interdictions, prescriptions et mesures, sans qu'il soit nécessaire que les motifs différents qui ont pu conduire à les soumettre à des règles identiques soient identifiables par un zonage différencié (▪ CAA Lyon, 6 juin 2017, n° 16LY01284, *Cne d'Alès*). Et également (▪ CAA Lyon, 26 juin 2018, n° 16LY04107). Cette disposition exige un degré de précision du document graphique suffisant pour permettre de déterminer les parcelles concernées par les restrictions sans pour autant exiger que les documents d'occupation des sols fassent apparaître ce découpage (▪ CAA Paris, 20 juin 2019, n° 17PA22112).

6) Erreur substantielle. Une erreur matérielle affectant le dossier peut revêtir un caractère substantiel et entraîner l'annulation du Plan (▪ CAA Bordeaux, 23 avr. 2007, n° 04BX00316, *Pasbecq*). Une erreur matérielle concernant le classement d'une parcelle peut entraîner l'annulation partielle d'un Plan (▪ CAA Nancy, 2 août 2007, n° 06NC00626, *Taverne*).

7) Erreurs non substantielles. La seule circonstance que des inexactitudes ponctuelles ont été constatées au cours de l'enquête publique et ont été recensées par le commissaire enquêteur n'est pas de nature à remettre en cause de façon générale la fiabilité du plan de prévention contesté, en ce qui concerne la délimitation des zones de risque, ni les conditions générales de son élaboration et de sa présentation au public (▪ CAA Marseille, 30 juin 2011, n° 09MA00195, *Ass. AD-PPR et Falcoz*).

8) Erreur manifeste d'appréciation. (▪ CAA Marseille, 8 févr. 2007, n° 06MA00353, *Giroud*).

9) Étendue des éléments à prendre en compte pour le classement de terrains par un plan de prévention des risques d'inondation. Doivent être pris en compte la nature et l'intensité du risque mais également la protection qu'un ouvrage est susceptible d'apporter, eu égard notamment à ses caractéristiques et aux garanties données quant à son entretien ainsi que le risque spécifique que la présence même de l'ouvrage est susceptible de créer, en cas de sinistre d'une ampleur supérieure à celle pour laquelle il a été dimensionné ou en cas de rupture, dans la mesure où la survenance de tels accidents n'est pas dénuée de toute probabilité (▪ CE, 6 avr. 2016, nᵒˢ 386000 et 386001).

10) Modification après enquête publique (non). Illégalité d'une modification substantielle d'un plan de prévention des risques après l'enquête publique (▪ CAA Bordeaux, 29 nov. 2011 : *AJDA* 2012, comm. 455 – 5 mars 2012).

Art. R. 562-4. – I. – En application du 3° du II de l'article L. 562-1, le plan peut notamment :

1° Définir des règles relatives aux réseaux et infrastructures publics desservant son secteur d'application et visant à faciliter les éventuelles mesures d'évacuation ou l'intervention des secours ;

2° Prescrire aux particuliers ou à leurs groupements la réalisation de travaux contribuant à la prévention des risques et leur confier la gestion de dispositifs de prévention des risques ou d'intervention en cas de survenance des phénomènes considérés ;

3° Subordonner la réalisation de constructions ou d'aménagements nouveaux à la constitution d'associations syndicales chargées de certains travaux nécessaires à la prévention des risques, notamment l'entretien des espaces et, le cas échéant, la réalisation ou l'acquisition, la gestion et le maintien en condition d'ouvrages ou de matériels.

II. – Le plan indique si la réalisation de ces mesures est rendue obligatoire et, si elle l'est, dans quel délai.

Erreur manifeste d'appréciation (non). Les PERP ont pour objet de définir les mesures de prévention, de protection et de sauvegarde ainsi que les mesures relatives à l'aménagement, l'utilisation, l'exploitation des constructions et des ouvrages existants à la date d'approbation du plan. Ces prescriptions peuvent être renseignées dans le règlement du PPRL sous réserve que leur finalité soit de limiter la vulnérabilité des personnes et des biens. Le fait que des prescriptions concernant les aires de stationnement nouvelles et des tampons verrouillables installés sur les réseaux enterrés, destinées à limiter la vulnérabilité des personnes et des biens, aient été instaurées ne sont pas entachées d'erreur manifeste d'appréciation (■ CAA Nantes, 20 sept. 2019, n° 18NT02759).

Art. R. 562-5. – I. – En application du 4° du II de l'article L. 562-1, pour les constructions, les ouvrages ou les espaces mis en culture ou plantés, existant à sa date d'approbation, le plan peut définir des mesures de prévention, de protection et de sauvegarde.

Toutefois, le plan ne peut pas interdire les travaux d'entretien et de gestion courants des bâtiments implantés antérieurement à l'approbation du plan ou, le cas échéant, à la publication de l'arrêté mentionné à l'article R. 562-6, notamment les aménagements internes, les traitements de façade et la réfection des toitures, sauf s'ils augmentent les risques ou en créent de nouveaux, ou conduisent à une augmentation de la population exposée.

II. – Les mesures prévues au I peuvent être rendues obligatoires dans un délai de cinq ans pouvant être réduit en cas d'urgence.

III. – En outre, les travaux de prévention imposés à des biens construits ou aménagés conformément aux dispositions du Code de l'urbanisme avant l'approbation du plan et mis à la charge des propriétaires, exploitants ou utilisateurs ne peuvent porter que sur des aménagements limités dont le coût est inférieur à 10 % de la valeur vénale ou estimée du bien à la date d'approbation du plan.

1) Le règlement du PPRI peut dresser une liste de mesures rendues obligatoires dans les zones dites de danger : la création en tant que de besoin d'espaces ou de zones-refuge, la matérialisation de l'emprise des piscines et bassins, la création d'espaces de stockage non vulnérables pour les produits polluants ou la mise hors d'eau des installations électriques, en vue d'assurer la sécurité des personnes, de limiter les dommages aux biens ou de faciliter le retour à la normale après un épisode de crue. L'obligation faite aux propriétaires des biens situés en zone inondable de réaliser un diagnostic de vulnérabilité en vue de la mise en œuvre, le cas échéant, des actions obligatoires figurant dans le règlement, définit, avec suffisamment de précision, une mesure de prévention. Elle traduit la nécessaire prise en compte des situations particulières. Cette obligation de diagnostic ne méconnaît pas le principe d'égalité ou le principe de sécurité juridique, et ne transfère pas illégalement sur le propriétaire concerné la charge de déterminer si et dans quelle mesure le bien en cause est soumis au risque d'inondation que le PPRI a pour objet de prévenir (■ CAA Lyon, 6 juin 2017, n° 16LY01284, *Cne d'Alès*).

2) Exigence excessive (oui). Une étude réalisée par un expert et financée par le maître d'ouvrage, préalablement à toute intervention entrant dans le cadre des opérations définies par les dispositions de l'article R. 562 du code à propos du « PPR des falaises picardes » constitue une exigence qui ne figure pas parmi les conditions posées par cet article et dont la nécessité pour apprécier la régularité de l'exception n'est pas établie (■ TA Amiens, 2 mai 2018, n° 16-1350).

3) Responsabilité. Les préjudices liés à l'obligation de réaliser des travaux de mise aux normes ou à la perte de valeur vénale du bien ne sont pas directement liés à la délivrance fautive d'un permis de construire (■ CAA Marseille, 29 mars 2007, n° 04MA02397, *Beltramone c/ Cne de la Roque d'Anthéron*).

Ne sont pas des aménagements limités, visés par l'article III, la création d'une coupure de combustible, le débroussaillement intégral des terrains bâtis ou non, la création de deux jonctions routières et d'une issue supplémentaire pour les services de secours, la mise en place d'un dispositif permettant l'accès en tout temps des services de secours et l'installation de deux poteaux à incendie supplémentaires ainsi que la mise aux normes des poteaux existants défectueux (▪ CAA Marseille 16 juin 2011, *Min. de l'Écologie et du Développement durable, des Transports et du Logement c/ ASL secondaire des propriétaires du domaine résidentiel de l'Estérel*).

4) **Valeur vénale. Évaluation à la charge du propriétaire.** C'est au propriétaire que revient d'apporter la preuve que le coût des travaux de prévention mise à sa charge excède le plafond de 10 % de la valeur vénale. Faute d'apporter la preuve, il ne peut être soutenu que les dispositions du Code de l'environnement auraient été méconnues (▪ CAA Marseille, 12 avr. 2019, n° 18MA01098).

Art. R. 562-6. – I. – Lorsque, en application de l'article L. 562-2, le préfet a l'intention de rendre immédiatement opposables certaines des prescriptions d'un projet de plan relatives aux constructions, ouvrages, aménagements ou exploitations nouveaux, il en informe le maire de la ou des communes sur le territoire desquelles ces prescriptions seront applicables. Ces maires disposent d'un délai d'un mois pour faire part de leurs observations.

II. – À l'issue de ce délai, ou plus tôt s'il dispose de l'avis des maires, le préfet rend opposables ces prescriptions, éventuellement modifiées, par un arrêté qui fait l'objet d'une mention au Recueil des actes administratifs de l'État dans le département et dont une copie est affichée dans chaque mairie concernée pendant au moins un mois.

Les documents relatifs aux prescriptions rendues ainsi opposables dans une commune sont tenus à la disposition du public en préfecture et en mairie. Mention de cette mesure de publicité est faite avec l'insertion au Recueil des actes administratifs et avec l'affichage prévus à l'alinéa précédent.

III. – L'arrêté mentionné au II rappelle les conditions dans lesquelles les prescriptions cesseraient d'être opposables conformément aux dispositions de l'article L. 562-2.

1) Si le préfet n'a pas rendu opposables les dispositions du plan de prévention, le maire ne peut s'appuyer sur celles-ci pour refuser un permis de construire, notamment lorsque l'arrêté n'a pas été rendu public avant sa publication au Recueil des actes administratifs (▪ CAA Marseille, 11 déc. 2008, n° 07MA00204, *Cne de Padern*).

2) **Annulation d'un permis de construire.** Un permis de construire doit être annulé en raison de l'existence de risques connus d'inondation, au regard notamment de travaux préparatoires du plan de prévention des risques d'inondation et des caractéristiques du bâtiment susceptibles d'en aggraver les effets alors même qu'aucune mesure d'application anticipée n'avait été prise (▪ CAA Marseille, 19 mars 2010, n° 08MA00139, *Cne de Piolenc*). – Un permis de construire est régulièrement annulé lorsque le projet en cause est situé dans un secteur classé en zone rouge d'aléa fort du plan de prévention des risques qui a fait l'objet d'une application anticipée (▪ CAA Marseille, 5 mars 2010, n° 08MA00542, *Cne de Jonquières*).

3) **Refus de permis de construire.** Les prescriptions d'un plan de prévention des risques naturels valent servitudes d'utilité publique et s'imposent directement aux autorisations de construire. Le maire ne pouvait, compte tenu des prescriptions du projet de plan de prévention en vigueur, qu'opposer un refus au permis de construire sollicité (▪ CE, 28 déc. 2012, n° 347742, *Cne de Châteauneuf-Grasse*).

Art. R. 562-7. – Le projet de plan de prévention des risques naturels prévisibles est soumis à l'avis des conseils municipaux des communes et des organes délibérants des établissements publics de coopération intercommunale compétents pour l'élaboration des documents d'urbanisme dont le territoire est couvert, en tout ou partie, par le plan.

Si le projet de plan contient des mesures de prévention des incendies de forêt ou de leurs effets ou des mesures de prévention, de protection et de sauvegarde relevant de la compétence des départements et des régions, ces dispositions sont soumises à l'avis des organes délibérants de ces collectivités territoriales. Les services départementaux d'incendie et de secours intéressés sont consultés sur les mesures de prévention des incendies de forêt ou de leurs effets.

Si le projet de plan concerne des terrains agricoles ou forestiers, les dispositions relatives à ces terrains sont soumises à l'avis de la chambre d'agriculture et du *(Mots rempl., D. n° 2010-326, 22 mars 2010)* « Centre national » de la propriété forestière.

Tout avis demandé en application des trois alinéas ci-dessus qui n'est pas rendu dans un délai de deux mois à compter de la réception de la demande est réputé favorable.

1) Transmission du dossier. La circonstance que les communes disposent d'un délai de deux mois pour rendre leur avis ne fait pas obstacle à ce que le dossier d'enquête publique leur soit transmis avant l'expiration de ce délai, dès lors que le projet de plan peut être modifié pour tenir compte des avis recueillis (■ CE, 14 févr. 2007, n° 290327, *Cne de Bonneville sur Touques*).

2) Portée des avis. Les avis que le préfet est tenu de recueillir sont réputés favorables en l'absence de réponse dans le délai de deux mois ; est donc inopérant le moyen tiré de ce qu'un seul des avis recueillis par le préfet ait été explicite (■ CAA Bordeaux, 30 juin 2008, n° 05BX01830, *SA La Forêt*). Un plan de prévention des risques naturels prévisibles n'est arrêté suivant une procédure régulière que si les différents services ou autorités compétents ont été mis à même de se prononcer sur le projet. Toutefois, les réponses recueillies dans le cadre de cette consultation ne revêtent pas le caractère d'avis conformes (■ CAA Nantes, 31 janv. 2006, n° 04NT01472, *Synd. agri des propriétaires forestiers de l'Anjou*). – Est annulé pour vice de procédure le plan de prévention du risque d'inondation qui a été adopté alors que le dossier d'enquête publique ne contenait pas l'avis obligatoire de la chambre d'agriculture, alors même que cet avis avait été émis avant l'enquête (■ TA Montpellier, 14 oct. 2010, n° 0800237, *Cne de Saint Pons de Thomières*. – M. Sousse, *Annulation d'un plan de prévention du risque d'inondation pour vice de procédure : Environnement et dév. durable* janv. 2011, n° 1, comm. 5). – L'avis défavorable émis par la chambre d'agriculture ne suffit pas à vicier la procédure (■ CAA Marseille, 12 janv. 2012, n° 09MA03016, *Com. de la Londe-les-Maures*). *Idem* pour l'omission d'un avis de la chambre d'agriculture dans le registre d'enquête et réputé favorable (■ CAA Paris, 20 juin 2019, n° 17PA20212) ; peu importe que les avis des personnes publiques associées n'aient pas été communiqués avant l'enquête, mais l'aient été pendant (■ CAA Nantes, 20 sept. 2010, n° 18NT02759).

3) Terrains agricoles. L'avis de la chambre d'agriculture n'est requis qui si le plan comporte des prescriptions propres à des terrains agricoles ; dans cette hypothèse, la consultation peut être opérée soit auprès de chaque chambre départementale concernée, soit auprès de la chambre régionale compétente (■ CE, 14 févr. 2007, n° 290327, *Cne de Bonneville sur Touques*).

4) Consultation en matière de prévention des incendies de forêts. Lorsqu'un plan de prévention des risques littoraux ne contient aucune des mesures de prévention des incendies de forêt ou de leurs effets ou des mesures de prévention, de protection et de sauvegarde relevant de la compétence du département, le projet de plan n'a pas à être soumis à l'avis du département (■ CAA Douai, 1er juin 2011, n° 10DA00171, *Mutez*).

5) Consultation des communes. Avis réputés favorables des maires en cas de non-réponse : oui (■ CAA Nantes, 12 mars 2018, n° 16NT02451). Représentation du maire par un adjoint devant le commissaire enquêteur. Légalité : oui (même arrêt).

Art. R. 562-8. – Le projet de plan est soumis par le préfet à une enquête publique dans les formes prévues par les articles *(Réf. rempl., D. n° 2017-626, 25 avr. 2017)* « R. 123-7 » à R. 123-23, sous réserve des dispositions des deux alinéas qui suivent.

Les avis recueillis en application des trois premiers alinéas de l'article R. 562-7 sont consignés ou annexés aux registres d'enquête dans les conditions prévues par l'article *(Réf. rempl., D. n° 2015-1614, 9 déc. 2015)* « R. 123-13 ».

Les maires des communes sur le territoire desquelles le plan doit s'appliquer sont entendus par le commissaire enquêteur ou par la commission d'enquête une fois consigné ou annexé aux registres d'enquête l'avis des conseils municipaux.

1) Contenu du dossier soumis à enquête publique. Est annulé pour vice de procédure le plan de prévention du risque d'inondation qui a été adopté alors que le dossier d'enquête publique ne contenait pas l'avis obligatoire de la chambre d'agriculture, alors même que cet avis avait été émis avant l'enquête (■ TA Montpellier, 14 oct. 2010, n° 0800237, *Cne de Saint Pons de Thomières* – M. Sousse, *Annulation d'un plan de prévention du risque d'inondation pour vice de procédure : Environnement et dév. durable* 2011, n° 1, comm. 5). Est également annulé le plan de prévention pour lequel les dossiers déposés dans chacune des communes comprises dans le périmètre du projet de plan ne comprenaient pas l'ensemble des documents graphiques du projet de plan mais seulement, dans chaque commune, les plans concernant celle-ci (▪ CAA Lyon, 24 mai 2011, n° 10LY02447, *Min. de l'Écologie, du Développement durable, des Transports et du Logement c/ Beaunée*). Pour une absence de prise en compte des avis négatifs et la non-réponse à des demandes de précisions (▪ CAA Nancy, 8 févr. 2018, n° 16NC01262).

2) Avis du commissaire-enquêteur. La procédure d'adoption d'un plan de prévention des risques naturels est irrégulière si des éléments nouveaux sont communiqués au commissaire-enquêteur après la clôture de l'enquête publique et que ces éléments ont influé sur le sens de son avis (▪ CAA Lyon, 6 oct. 2009, n° 07LY01577, MEDAD. – Ph. Billet, *Modalités d'expression de l'avis du commissaire-enquêteur et légalité d'un plan de prévention des risques naturels : JCP* A 23 nov. 2009, n° 48, p. 2283). La procédure est irrégulière si le commissaire-enquêteur rend deux avis successifs (même arrêt).

3) Contrôle exercé par le juge. S'il appartient à l'autorité administrative de procéder à la publicité de l'ouverture de l'enquête publique, il revient au juge de l'excès de pouvoir d'apprécier si la méconnaissance de ces dispositions, eu égard à ses conséquences, est de nature à justifier l'annulation de la procédure. Les avis avaient notamment été publiés dans un journal qui n'est pas diffusé dans tout le département, il ne ressort pas des pièces du dossier qu'eu égard au nombre d'observations recueillies compte tenu de l'objet du plan de prévention en litige, ce seul fait ait eu pour effet de faire obstacle, dans les circonstances de l'espèce, à ce que l'ensemble des personnes intéressées puissent faire valoir leurs observations en temps utile (▪ CAA Douai, 1er juin 2011, n° 10DA00171, *Mutez*).

4) Reprise de la procédure après annulation. Annulation du PPRI au motif que la procédure d'enquête publique avait été irrégulièrement conduite (le projet n'avait pas été rendu disponible dans son intégralité dans chacune des cent dix-huit communes). Cet unique motif n'implique pas de reprendre la procédure d'élaboration dans sa totalité. Le préfet de la Somme, en l'absence de changement substantiel apporté au projet, pouvait donc reprendre la procédure d'élaboration au stade de l'enquête publique (▪ CAA Douai, 19 janv. 2017, n° 15DA00933, *Cne de Frise*).

5) Audition des maires. Le fait pour le commissaire enquêteur de ne pas entendre les maires des communes concernées une fois annexé aux registres d'enquête l'avis des conseils municipaux entache la procédure et donc le document lui-même (▪ CAA Lyon, 24 mai 2011, n° 10LY02447, *Min. de l'Écologie, du Développement durable, des Transports et du Logement c/ Beaunée*). Décision contraire de la cour administrative d'appel de Paris (▪ CAA Paris, 20 juin 2019, n° 17PA20212).

6) Régularité de la publication de l'enquête publique. Une erreur de date dans la publication de l'enquête publique sur le dernier jour de l'enquête publique ne vicie pas la procédure suivie (▪ CAA Bordeaux, 5e ch., 5 juill. 2018, n° 16BX01201).

Art. R. 562-9. – À l'issue des consultations prévues aux articles R. 562-7 et R. 562-8, le plan, éventuellement modifié, est approuvé par arrêté préfectoral. Cet arrêté fait l'objet d'une mention au recueil des actes administratifs de l'État dans le département ainsi que dans un journal diffusé dans le département. Une copie de l'arrêté est affichée pendant un mois au moins dans chaque mairie et au siège de chaque établissement public de coopération intercommunale compétent pour l'élaboration des documents d'urbanisme sur le territoire desquels le plan est applicable.

Le plan approuvé est tenu à la disposition du public dans ces mairies et aux sièges de ces établissements publics de coopération intercommunale ainsi qu'en préfecture. Cette mesure de publicité fait l'objet d'une mention avec les publications et l'affichage prévus à l'alinéa précédent.

1) Modifications après enquête. Aucune disposition n'interdit que le périmètre du projet du plan mis à l'étude soit réduit au cours de la procédure d'élaboration et puisse inclure un nombre plus faible de communes au stade de la mise à enquête publique et, le cas échéant, au stade de l'approbation du projet de plan, ni que ce projet, mis à l'étude à l'échelle d'un bassin, soit approuvé commune par commune (▪ CAA Marseille, 20 juin 2013, n° 11MA03421, *Cne de Vaison-la-Romaine*). Sur le classement irrégulier, postérieurement à l'enquête publique, d'une maison d'habitation en zone totalement inconstructible (▪ CE, 20 févr. 2013, n° 351471, *Cne d'Audinghem*). Modification de périmètre intervenue à la suite des avis recueillis lors de l'enquête, restreinte à quelques maisons, qui n'a pas porté atteinte à l'économie générale du plan de prévention des risques littoraux dont l'ampleur couvre 40 kilomètres de côte et concerne dix communes (▪ CAA Douai, 10 juill. 2014, n° 13DA00506, *Falaises entre Equihen-Plage et Sangatte*). Les modifications intervenant après la fin de l'enquête publique ne peuvent avoir pour objet que de tenir compte des résultats de l'enquête publique et ne doivent pas remettre en cause l'économie générale du projet (■ CAA Paris, 23 févr. 2006, n° 04PA01863, *Cne de Joinville-le-Pont et a.*). Quelques erreurs cadastrales corrigées par la suite ne faussent pas l'élaboration d'un plan de prévention (■ CAA Bordeaux, 30 juin 2008, n° 05BX01830, *SA La Forêt*). La modification de la définition et du contenu d'une zone, pour faire suite à une recommandation de la commission d'enquête, en vue de la rendre plus compréhensible, n'entache pas la régularité de la procédure, ne s'agissant pas d'une modification substantielle remettant en cause l'économie générale du plan (■ CAA Bordeaux, 30 juin 2008, n° 05BX01830, *SA La Forêt*).

2) **Motivation.** L'arrêté approuvant la révision du plan de prévention des risques naturels n'est pas soumis à l'obligation de motivation dès lors qu'il ne s'agit ni d'une décision administrative individuelle défavorables ni d'une mesure de police (■ CAA Nantes, 31 janv. 2006, n° 04NT01472, *Synd. agric. des propriétaires forestiers de l'Anjou*). Ni le Code de l'environnement, ni la loi du 11 juillet 1979 ne prévoient la motivation de l'arrêté approuvant un plans de prévention des risques quant aux raisons pour lesquelles il n'est pas tenu compte des avis de la commission d'enquête publique et de la commune (■ CAA Marseille, 20 juin 2013, n° 11MA02932, *Cne de Saint Léger du Ventoux*).

3) **Publication.** Le fait que l'arrêté approuvant un plan de prévention des risques d'incendie ait été publié au recueil des actes administratifs du département et affiché en mairie l'a rendu opposable à la date de permis de construire ; rien ne permettait donc à la commune de reprocher aux premiers juges de n'avoir pas soulevé d'office ce moyen (■ CAA Marseille, 17 sept. 2019, n° 17MA04623).

4) **Portée de l'avis défavorable du commissaire enquêteur. Non.** Le fait qu'un commissaire enquêteur émette dans son rapport une réserve sur le caractère obligatoire de travaux de prévention n'entache pas la légalité de l'acte en cause dans la mesure où celui-ci repose sur un arrêté préfectoral qui peut être pris malgré l'avis défavorable du commissaire enquêteur (■ CAA Marseille, 12 avr. 2019, n° 18MA01098).

Art. R. 562-10 ***(Rempl., D. n° 2011-765, 28 juin 2011).*** **– Le plan de prévention des risques naturels prévisibles peut être révisé selon la procédure décrite aux articles R. 562-1 à R. 562-9.**

Lorsque la révision ne porte que sur une partie du territoire couvert par le plan, seuls sont associés les collectivités territoriales et les établissements publics de coopération intercommunale concernés et les consultations, la concertation et l'enquête publique mentionnées aux articles R. 562-2, R. 562-7 et R. 562-8 sont effectuées dans les seules communes sur le territoire desquelles la révision est prescrite.

Dans le cas visé à l'alinéa précédent, les documents soumis à consultation et à l'enquête publique comprennent :

1° Une note synthétique présentant l'objet de la révision envisagée ;

2° Un exemplaire du plan tel qu'il serait après révision avec l'indication, dans le document graphique et le règlement, des dispositions faisant l'objet d'une révision et le rappel, le cas échéant, de la disposition précédemment en vigueur.

Pour l'enquête publique, les documents comprennent en outre les avis requis en application de l'article R. 562-7.

1) **Champ d'application.** Cette nouvelle procédure de révision des PPRNP s'applique aux plans en cours dont l'établissement est prescrit à compter du 1er août 2011.

2) **Révision du PPRNP.** Le régime de la révision est calé sur celui de la procédure d'élaboration du PPRNP.

3) **Révision simplifiée du PPRNP.** La révision simplifiée vise le cas où la révision ne porte que sur une partie du territoire couvert par le plan. Dans cette hypothèse, les consultations, la concertation et l'enquête publique ne sont effectuées que dans les seules communes sur le territoire desquelles la révision est prescrite.

4) Pour une distinction entre modification et révision (■ CAA Bordeaux, 5 juill. 2018, n° 16BX01178).

Bibliographie : D. Gillig, *Urbanisme. Modification du régime d'élaboration, de révision et de modification des plans de prévention des risques naturels prévisibles : Constr.-Urb.* 2011, n° 9, alerte 92.

Art. R. 562-10-1 ***(D. n° 2011-765, 28 juin 2011).*** **– Le plan de prévention des risques naturels prévisibles peut être modifié à condition que la modification envisagée ne porte pas atteinte à l'économie générale du plan. La procédure de modification peut notamment être utilisée pour :**

a) **Rectifier une erreur matérielle ;**

b) Modifier un élément mineur du règlement ou de la note de présentation ;

c) Modifier les documents graphiques délimitant les zones mentionnées aux 1° et 2° du II de l'article L. 562-1, pour prendre en compte un changement dans les circonstances de fait.

Art. R. 562-10-2 *(D. n° 2011-765, 28 juin 2011)*. – I. – La modification est prescrite par un arrêté préfectoral. Cet arrêté précise l'objet de la modification, définit les modalités de la concertation et de l'association des communes et des établissements publics de coopération intercommunale concernés, et indique le lieu et les heures où le public pourra consulter le dossier et formuler des observations. Cet arrêté est publié en caractères apparents dans un journal diffusé dans le département et affiché dans chaque mairie et au siège de chaque établissement public de coopération intercommunale compétent pour l'élaboration des documents d'urbanisme sur le territoire desquels le plan est applicable. L'arrêté est publié huit jours au moins avant le début de la mise à disposition du public et affiché dans le même délai et pendant toute la durée de la mise à disposition.

II. – Seuls sont associés les communes et les établissements publics de coopération intercommunale concernés et la concertation et les consultations sont effectuées dans les seules communes sur le territoire desquelles la modification est prescrite. Le projet de modification et l'exposé de ses motifs sont mis à la disposition du public en mairie des communes concernées. Le public peut formuler ses observations dans un registre ouvert à cet effet.

III. – La modification est approuvée par un arrêté préfectoral qui fait l'objet d'une publicité et d'un affichage dans les conditions prévues au premier alinéa de l'article R. 562-9.

Voir : Q n° 55167 : *JOAN* 15 déc. 2009.

1) **Procédure de révision.** Cette disposition ne traite que de la procédure de modification et de modification partielle mais pas de la procédure de révision qui est pourtant prévue par l'article L. 562-7 du Code de l'environnement.

2) **Changement de circonstances.** Commet une erreur manifeste d'appréciation le préfet qui refuse la révision d'un plan de prévention des risques alors qu'il résulte d'une étude que, depuis l'approbation du plan, d'importants travaux de curage ont été entrepris qui ont mis un terme au caractère inondable de la parcelle en litige. La circonstance qu'un éventuel mauvais entretien du ravin puisse faire réapparaître le risque, eu égard à son caractère hypothétique, n'est pas de nature à remettre en cause cette affirmation (■ CAA Marseille, 19 mai 2005, n° 04MA00013, *Marican*).

Art. R. 562-11 *(Anc. art. R. 562-12 dénum. et transféré à la présente section, D. n° 2015-526, 12 mai 2015)* (1). – Le décret du 20 octobre 1937 relatif aux plans de surfaces submersibles, le décret n° 92-273 du 23 mars 1992 relatif aux plans de zones sensibles aux incendies de forêt et le décret n° 93-351 du 15 mars 1993 relatif aux plans d'exposition aux risques naturels prévisibles, abrogés par le décret n° 95-1089 du 5 octobre 1995, demeurent en vigueur en tant qu'ils sont nécessaires à la mise en œuvre des plans de surfaces submersibles, des plans de zones sensibles aux incendies de forêt et des plans d'exposition aux risques naturels prévisibles valant plan de prévention des risques naturels prévisibles en application de l'article L. 562-6.

Sous-section 2. – Dispositions particulières relatives aux aléas débordement de cours d'eau et submersion marine (2) (3)

(Division créée, D. n° 2019-715, 5 juill. 2019)

Le décret du 5 juillet 2019 crée de nouvelles dispositions relatives aux aléas liés aux débordements de cours d'eau et submersion marine. Ces dispositions sont applicables aux PPRN prévisibles dont l'élaboration ou la révision ont été prescrites postérieurement à la publication du décret ou dont la procédure d'adaptation prévue au III de l'article l 562-4-1, a été engagée postérieurement au jour de la publication du décret (7 juill. 2019). Quand une disposition du plan de gestion des risques d'inondation a été adoptée antérieurement à l'entrée en vigueur du décret, elle n'est pas opposable.

(1) Dispositions d'application particulières et transitoires : V. D. n° 2015-526, 12 mai 2015, art. 30 et 31.

(2) Dispositions d'application particulières : V. D. n° 2019-715, 5 juill. 2019. – NDLR.

(3) Quand une disposition du plan de gestion des risques d'inondation adopté antérieurement à l'entrée en vigueur du décret n° 2019-715 du 5 juillet 2019 est incompatible avec les dispositions des articles R. 562-11-1 à R. 562-11-9 du Code de l'environnement, elle n'est pas opposable aux plans de prévention des risques concernant les « aléas débordement de cours d'eau et submersion marine », D. n° 2019-715, 5 juillet 2019. – NDLR.

§ 1. – Introduction
(D. n° 2019-715, 5 juill. 2019)

Art. R. 562-11-1 *(D. n° 2019-715, 5 juill. 2019)*. – Les dispositions de la présente sous-section sont applicables, en complément de la sous-section 1, aux aléas suivants :

1° Débordement de cours d'eau, à l'exclusion des débordements de cours d'eau torrentiels (qui ont pour caractéristiques une forte pente et un charriage important de matériaux solides) ;

2° Submersion marine.

NB : Conformément à l'article 3 du décret n° 2019-715 du 5 juillet 2019, ces dispositions sont applicables aux plans de prévention des risques naturels prévisibles prévus à l'article L. 562-1 du Code de l'environnement concernant les « aléas débordement de cours d'eau et submersion marine », dont l'élaboration ou la révision est prescrite par un arrêté pris postérieurement au jour de la publication du présent décret ou dont la procédure d'adaptation prévue au III de l'article L. 562-4-1 du Code de l'environnement a été engagée postérieurement au 7 juillet 2019.

Art. R. 562-11-2 *(D. n° 2019-715, 5 juill. 2019)*. – Dans le cas de plans de prévention des risques naturels prévisibles pour les aléas débordement de cours d'eau et submersion marine, la délimitation des zones et la définition des mesures prévues à l'article L. 562-1 se fondent sur :

1° La carte de l'aléa de référence mentionnée à l'article R. 562-11-4 ;

2° La carte de l'aléa à échéance 100 ans mentionnée à l'article R. 562-11-5 dans le cas de l'aléa submersion marine ;

3° L'analyse des enjeux, que sont notamment les personnes, les biens et les activités économiques, susceptibles d'être affectés par l'aléa.

NB : Conformément à l'article 3 du décret n° 2019-715 du 5 juillet 2019, ces dispositions sont applicables aux plans de prévention des risques naturels prévisibles prévus à l'article L. 562-1 du Code de l'environnement concernant les « aléas débordement de cours d'eau et submersion marine », dont l'élaboration ou la révision est prescrite par un arrêté pris postérieurement au jour de la publication du présent décret ou dont la procédure d'adaptation prévue au III de l'article L. 562-4-1 du Code de l'environnement a été engagée postérieurement au 7 juillet 2019.

§ 2. – Détermination, qualification et représentation cartographique de l'aléa de référence
(D. n° 2019-715, 5 juill. 2019)

Art. R. 562-11-3 *(D. n° 2019-715, 5 juill. 2019)*. – L'élaboration d'un plan de prévention des risques concernant les aléas débordement de cours d'eau et submersion marine nécessite la détermination préalable d'un aléa de référence. Cet aléa de référence est déterminé à partir de l'évènement le plus important connu et documenté ou d'un évènement théorique de fréquence centennale, si ce dernier est plus important. Dans le cas de l'aléa de référence pour la submersion marine, une hauteur supplémentaire, précisée par arrêté du ministre chargé de la prévention des risques majeurs, est intégrée afin de tenir compte de l'élévation du niveau moyen de la mer due aux conséquences à court terme du changement climatique.

S'agissant des plans de prévention des risques concernant l'aléa débordement de cours d'eau, sur certains secteurs à faibles ou sans enjeux, l'approche hydrogéomorphologique peut être utilisée pour déterminer l'aléa de référence.

En ce qui concerne les systèmes d'endiguement autorisés au titre de l'article R. 562-14, la détermination de l'aléa de référence prend en compte des scénarios de défaillance de ces systèmes.

NB : Conformément à l'article 3 du décret n° 2019-715 du 5 juillet 2019, ces dispositions sont applicables aux plans de prévention des risques naturels prévisibles prévus à l'article L. 562-1 du Code de l'environnement concernant les « aléas débordement de cours d'eau et submersion marine », dont l'élaboration ou la révision est prescrite par un arrêté pris postérieurement au jour de la publication du présent décret ou dont la procédure d'adaptation prévue au III de l'article L. 562-4-1 du Code de l'environnement a été engagée postérieurement au 7 juillet 2019.

Art. R. 562-11-4 *(D. n° 2019-715, 5 juill. 2019)*. – I. – L'aléa de référence est qualifié et représenté de manière cartographique, selon au maximum quatre niveaux : « faible », « modéré », « fort » et « très fort », en fonction de la hauteur d'eau ainsi que de la dynamique liée à la combinaison de la vitesse d'écoulement de l'eau et de la vitesse de montée des eaux.

Les modalités de qualification des niveaux de l'aléa de référence sont précisées par arrêté du ministre chargé de la prévention des risques majeurs.

Toutefois, les bandes de précaution à l'arrière des systèmes d'endiguement sont classées en zone d'aléa de référence très fort. La largeur de cette bande de précaution est égale à cent fois la différence entre la hauteur d'eau maximale qui serait atteinte à l'amont de l'ouvrage du fait de la survenance de l'aléa de référence et le terrain naturel immédiatement derrière lui. Cette largeur peut être adaptée sur la base d'éléments techniques de l'ouvrage fournis par son propriétaire ou son gestionnaire ; elle ne peut toutefois pas être inférieure à une largeur définie par arrêté du ministre chargé de la prévention des risques majeurs.

De même, dans le cas des plans de prévention des risques relatifs à l'aléa submersion marine, l'aléa de référence intègre la prise en compte des chocs mécaniques des vagues et des projections de matériaux. Dans les secteurs qui y sont soumis, cette prise en compte se traduit par la matérialisation d'une bande particulière. Cette bande particulière est classée en zone d'aléa de référence modéré à très fort, en fonction de l'intensité du phénomène.

II. – En sus de l'aléa de référence, la représentation cartographique fait également apparaître, à titre informatif, les zones protégées par un système d'endiguement dont le niveau de protection est au moins égal à l'aléa de référence. Cette représentation est sans incidence sur la qualification de l'aléa de référence.

NB : Conformément à l'article 3 du décret n° 2019-715 du 5 juillet 2019, ces dispositions sont applicables aux plans de prévention des risques naturels prévisibles prévus à l'article L. 562-1 du Code de l'environnement concernant les « aléas débordement de cours d'eau et submersion marine », dont l'élaboration ou la révision est prescrite par un arrêté pris postérieurement au jour de la publication du présent décret ou dont la procédure d'adaptation prévue au III de l'article L. 562-4-1 du Code de l'environnement a été engagée postérieurement au 7 juillet 2019.

Art. R. 562-11-5 *(D. n° 2019-715, 5 juill. 2019).* – S'agissant de la submersion marine, l'aléa à échéance 100 ans correspond à l'aléa de référence mentionné à l'article R. 562-11-3 auquel est ajoutée une marge supplémentaire, précisée par arrêté du ministre chargé de la prévention des risques majeurs. Cet aléa supplémentaire correspond à la prise en compte des impacts du changement climatique à échéance 100 ans. L'aléa à échéance 100 ans est qualifié et représenté de manière cartographique selon les mêmes dispositions que celles prévues à l'article R. 562-11-4.

NB : Conformément à l'article 3 du décret n° 2019-715 du 5 juillet 2019, ces dispositions sont applicables aux plans de prévention des risques naturels prévisibles prévus à l'article L. 562-1 du Code de l'environnement concernant les « aléas débordement de cours d'eau et submersion marine », dont l'élaboration ou la révision est prescrite par un arrêté pris postérieurement au jour de la publication du présent décret ou dont la procédure d'adaptation prévue au III de l'article L. 562-4-1 du Code de l'environnement a été engagée postérieurement au 7 juillet 2019.

§ 3. – Zonage réglementaire et règlement
(D. n° 2019-715, 5 juill. 2019)

Art. R. 562-11-6 *(D. n° 2019-715, 5 juill. 2019).* – Le règlement détermine notamment les limitations au droit de construire dans les zones définies par le plan de prévention des risques. Pour ce qui concerne les constructions nouvelles, les limitations au droit de construire prévues au 3° de l'article R. 562-3 sont les suivantes :

I. – Dans les zones non urbanisées, dans les zones d'aléas de référence faible, modéré, fort ou très fort, le règlement du plan de prévention des risques interdit toute construction nouvelle ;

Toutefois, dans les zones d'aléas de référence faible ou modéré, des exceptions peuvent être autorisées si elles répondent aux conditions définies à l'article R. 562-11-7 ; le règlement du plan de prévention des risques impose alors des prescriptions.

II. – Dans les zones urbanisées, en dehors des centres urbains :

1° Dans les zones d'aléa de référence faible et modéré, le règlement du plan de prévention des risques impose des prescriptions aux constructions nouvelles ;

2° Dans les zones d'aléa de référence fort et très fort, le règlement du plan de prévention des risques impose des prescriptions aux constructions réalisées dans le cadre d'une opération de renouvellement urbain ayant pour effet de réduire la vulnérabilité sur le périmètre de l'opération. Toute autre construction nouvelle est interdite.

Toutefois, dans les zones protégées par un système d'endiguement dont le niveau de protection est au moins égal à l'aléa de référence, des exceptions peuvent être autorisées si elles répondent aux conditions définies à l'article R. 562-11-7 ; le règlement du plan de prévention des risques impose alors des prescriptions.

III. – Dans les centres urbains :

1° Dans les zones d'aléa de référence faible et modéré, le règlement du plan de prévention des risques impose des prescriptions aux constructions nouvelles ;

2° Dans les zones d'aléa de référence fort, le règlement du plan de prévention des risques impose des prescriptions aux constructions nouvelles suivantes :

a) Les constructions dans les dents creuses (qui se définissent comme un espace résiduel, de taille limitée, entre deux bâtis existants) ;

b) Les constructions réalisées dans le cadre d'une opération de renouvellement urbain ayant pour effet de réduire la vulnérabilité sur le périmètre de l'opération.

Toute autre construction nouvelle est interdite.

Toutefois, des exceptions peuvent être autorisées si elles répondent aux conditions définies à l'article R. 562-11-7 ; le règlement du plan de prévention des risques impose alors des prescriptions.

3° Dans les zones d'aléa de référence très fort, le règlement du plan de prévention des risques impose des prescriptions aux constructions réalisées dans le cadre d'une opération de renouvellement urbain ayant pour effet de réduire la vulnérabilité sur le périmètre de l'opération. Toute autre construction nouvelle est interdite.

Toutefois, des exceptions peuvent être autorisées si elles répondent aux conditions définies à l'article R. 562-11-7 ; le règlement du plan de prévention des risques impose alors des prescriptions.

IV. – Au sein des zones d'aléa de référence, le règlement du plan de prévention des risques peut également distinguer des zones particulières au regard du risque de débordement de cours d'eau et de submersion marine, dans lesquelles toute construction nouvelle est interdite.

À l'intérieur ou en dehors des zones d'aléa de référence, le règlement du plan de prévention des risques peut également interdire :

– les constructions nouvelles dont les caractéristiques ou l'usage rendent l'évacuation complexe ;
– les constructions nécessaires à la gestion de crise ;
– les constructions pouvant engendrer des pollutions en cas d'inondation.

V. – Une reconstruction après sinistre n'est pas considérée comme une construction nouvelle au sens du présent article.

NB : Conformément à l'article 3 du décret n° 2019-715 du 5 juillet 2019, ces dispositions sont applicables aux plans de prévention des risques naturels prévisibles prévus à l'article L. 562-1 du Code de l'environnement concernant les « aléas débordement de cours d'eau et submersion marine », dont l'élaboration ou la révision est prescrite par un arrêté pris postérieurement au jour de la publication du présent décret ou dont la procédure d'adaptation prévue au III de l'article L. 562-4-1 du Code de l'environnement a été engagée postérieurement au 7 juillet 2019.

Art. R. 562-11-7 *(D. n° 2019-715, 5 juill. 2019)*. – 1° Peuvent faire l'objet d'une exception, mentionnée à l'article R 562-11-6, les demandes répondant aux conditions suivantes :

Le secteur objet de la demande d'exception, est porteur d'un projet d'aménagement :

– qui est essentiel pour le bassin de vie,
– et
– qui est sans solution d'implantation alternative à l'échelle du bassin de vie, ou pour lequel les éventuelles solutions d'implantations alternatives à l'échelle du bassin de vie présentent des inconvénients supérieurs à ceux résultant des effets de l'aléa de référence.

Si le secteur objet de la demande d'exception est situé dans une zone non urbanisée, les constructions nouvelles dans ce secteur sont compensées par la démolition de l'ensemble d'une zone urbanisée existante située dans les zones d'aléa de référence de niveau plus important, permettant ainsi de réduire la vulnérabilité globale.

2° Toute demande d'exception est adressée au préfet, sous la forme d'une délibération motivée, par l'autorité compétente en matière de plan local d'urbanisme, de document en tenant lieu ou de carte communale dans le cadre de la procédure d'élaboration ou de révision du plan de prévention des risques, au plus tard à l'occasion de la consultation des organes délibérants de la collectivité prévue aux articles R. 562-7 et R. 562-10.

La demande d'exception est accompagnée d'un avis de l'autorité compétente en matière de gestion des milieux aquatiques et de prévention des inondations.

Cette demande est annexée au registre d'enquête dans les conditions prévues par l'article R. 123-13 du Code de l'environnement.

3° Le préfet refuse la demande d'exception si elle présente des risques excessifs auxquels il ne peut être remédié par des prescriptions. Il se prononce après avoir examiné la demande au regard des éléments d'appréciation suivants :

a) **La capacité du projet à assurer le libre écoulement des eaux, et la conservation, la restauration ou l'extension des champs d'inondation ;**

b) **Le niveau de protection du ou des éventuels systèmes d'endiguement, leurs conditions d'entretien et d'exploitation, ainsi que la connaissance des écoulements des eaux pour un évènement exceptionnel ;**

c) **Une conception de l'aménagement permettant la sécurité des personnes et des biens et un retour rapide à une situation normale, ainsi que les dispositions en matière de sensibilisation des populations ;**

d) **Les dispositions en matière d'alerte et de gestion de crise, y compris les délais prévisibles d'alerte et de secours au vu des caractéristiques de l'aléa ;**

e) **La réduction de la vulnérabilité à l'échelle du bassin de vie, par une action à une échelle plus large que celle du projet.**

NB : Conformément à l'article 3 du décret n° 2019-715 du 5 juillet 2019, ces dispositions sont applicables aux plans de prévention des risques naturels prévisibles prévus à l'article L. 562-1 du Code de l'environnement concernant les « aléas débordement de cours d'eau et submersion marine », dont l'élaboration ou la révision est prescrite par un arrêté pris postérieurement au jour de la publication du présent décret ou dont la procédure d'adaptation prévue au III de l'article L. 562-4-1 du Code de l'environnement a été engagée postérieurement au 7 juillet 2019.

Art. R. 562-11-8 ***(D. n° 2019-715, 5 juill. 2019).*** **– Dans les zones en principe inconstructibles en application de l'article R. 562-11-6, par exception, le règlement du plan de prévention des risques précise, le cas échéant, les types de construction qui, compte tenu de leurs caractéristiques, peuvent ne pas être interdits et les soumet à prescriptions. Dans tous les cas, ces constructions n'ont pas pour vocation d'accueillir des personnes vulnérables et ne sont pas des lieux de sommeil.**

NB : Conformément à l'article 3 du décret n° 2019-715 du 5 juillet 2019, ces dispositions sont applicables aux plans de prévention des risques naturels prévisibles prévus à l'article L. 562-1 du Code de l'environnement concernant les « aléas débordement de cours d'eau et submersion marine », dont l'élaboration ou la révision est prescrite par un arrêté pris postérieurement au jour de la publication du présent décret ou dont la procédure d'adaptation prévue au III de l'article L. 562-4-1 du Code de l'environnement a été engagée postérieurement au 7 juillet 2019.

Art. R. 562-11-9 ***(D. n° 2019-715, 5 juill. 2019).*** **– I. – En complément des exigences mentionnées à l'article R. 562-11-6, s'agissant des plans de prévention des risques relatifs à l'aléa submersion marine, le règlement respecte les dispositions suivantes :**

1° Dans les zones non urbanisées où le niveau de l'aléa de référence est nul mais le niveau de l'aléa à échéance 100 ans est fort ou très fort, le règlement du plan de prévention des risques interdit les constructions nouvelles ;

2° Dans les zones non urbanisées où le niveau de l'aléa de référence est nul mais le niveau de l'aléa à échéance 100 ans est faible ou modéré, le règlement du plan de prévention des risques soumet à prescriptions les constructions nouvelles ou les interdit ;

3° Dans les zones urbanisées où le niveau de l'aléa de référence est nul mais le niveau de l'aléa à échéance 100 ans n'est pas nul, le règlement du plan de prévention des risques soumet à prescriptions les constructions nouvelles.

II. – Lorsque le règlement du plan de prévention des risques relatifs à l'aléa submersion marine soumet à prescriptions les constructions nouvelles, ces prescriptions sont définies à partir de l'aléa à échéance 100 ans.

NB : Conformément à l'article 3 du décret n° 2019-715 du 5 juillet 2019, ces dispositions sont applicables aux plans de prévention des risques naturels prévisibles prévus à l'article L. 562-1 du Code de l'environnement concernant les « aléas débordement de cours d'eau et submersion marine », dont l'élaboration ou la révision est prescrite par un arrêté pris postérieurement au jour de la publication du présent décret ou dont la procédure d'adaptation prévue au III de l'article L. 562-4-1 du Code de l'environnement a été engagée postérieurement au 7 juillet 2019.

Section I. – Ouvrages construits ou aménagés en vue de prévenir les inondations et les submersions

(D. n° 2015-526, 12 mai 2015) (1) (2)

Le décret d'application n° 2015-526 du 12 mai 2015 (*JO* 14 mai) relatif aux règles applicables aux ouvrages construits ou aménagés en vue de prévenir les inondations et aux règles de sûreté des ouvrages hydrauliques a introduit les articles R. 562-12 à R. 562-20 du Code de l'environnement. Elles concernent tant le parc d'ouvrages existants ainsi que les nouveaux ouvrages à construire. À compter du 1er janvier 2016, les communes et EPCI à fiscalité propre compétents, en matière de gestion des milieux aquatiques et de prévention des inondations (GEMAPI), établissent et gèrent les ouvrages de prévention des risques, en particulier les digues. La régularisation des ouvrages existants est fixée au 31 décembre 2019 si ces derniers sont de classe A ou B et au 31 décembre 2021 s'ils sont de classe C.

Voir : Note du 13 avril 2016 relative à la gestion des systèmes d'endiguement suite à la publication du décret n° 2015-526 du 12 mai 2015 (NOR : DEVP1605344N, *BO Écologie* n° 2016/8, 10 mai 2016).

Voir : art. L. 562-8-1, p. 1309.

Bibliographie : C. du Rostu, *Les responsabilités découlant de la compétence GEMAPI : JCP* A 2016, 2090, n° 13.

Art. R. 562-12 *(D. n° 2015-526, 12 mai 2015 ; mod., D. n° 2019-119, 21 févr. 2019)*. **– I. – Les règles fixées par la présente section sont applicables à la mise en conformité des ouvrages construits ou aménagés en vue de prévenir les inondations ainsi qu'à la réalisation de tels ouvrages, à l'exception des ouvrages de correction torrentielle.**

Elles ont pour objectif d'assurer l'efficacité, la sûreté et la sécurité de ces ouvrages, sans préjudice des autres règles imposées auxdits ouvrages, en particulier les règles prévues par le chapitre IV du titre Ier du livre II pour la sécurité et la sûreté des ouvrages hydrauliques et celles du livre V du Code de l'énergie pour les ouvrages concédés.

II. – Les règles visées au I sont mises en œuvre par la commune mentionnée au V de l'article L. 5210-1-1 du Code général des collectivités territoriales ou l'établissement public de coopération intercommunale à fiscalité propre qui disposent de la compétence en matière de gestion des milieux aquatiques et de prévention des inondations, ainsi que par un établissement public mentionné à l'article L. 213-12 dans les cas où cette compétence lui est déléguée.

Ces règles peuvent également être mises en œuvre à titre dérogatoire par le département ou la région si la convention prévue au I de l'article 59 de la loi n° 2014-58 du 27 janvier 2014 de modernisation de l'action publique territoriale et d'affirmation des métropoles, liant ce département ou cette région avec l'une ou l'autre des personnes publiques mentionnées au premier alinéa du présent II, le prévoit.

Ces mêmes règles peuvent également être mises en œuvre jusqu'au 28 janvier 2024 par l'État ou un de ses établissements publics en application du IV de l'article 59 de la loi du 27 janvier 2014 mentionnée ci-dessus, si la convention qui le lie avec l'une ou l'autre des personnes publiques mentionnées au premier alinéa du présent II le prévoit.

III. – L'autorité désignée au II est le gestionnaire de l'ouvrage au sens de l'article L. 562-8-1 et de la présente section et l'exploitant de l'ouvrage au sens de l'article R. 554-7.

IV. – Lorsqu'elle envisage de mettre fin à la gestion d'un ouvrage construit ou aménagé en vue de prévenir les inondations, l'autorité désignée au II en informe le préfet du département dans lequel est situé cet ouvrage au moins un an avant la date prévue.

NB : Conformément à l'article 31 du décret n° 2015-526 du 12 mai 2015, les dispositions du Code de l'environnement dans leur rédaction antérieure au 15 mai 2015 modifiées par le présent décret et les textes pris pour leur mise en œuvre restent applicables aux demandes d'autorisation d'ouvrages relevant des rubriques 3.2.5.0 et 3.2.6.0 introduites avant cette date.

Constitue une erreur de droit et une erreur de fait le fait d'adopter un plan de prévention des risques sans considération de la présence des ouvrages de protection (■ TA Amiens, 2 mai 2018, n° 1601350).

(1) Antérieurement aux modifications issues du décret n° 2015-526 du 12 mai 2015, le présent chapitre comportait 3 sections comportant respectivement les articles R. 562-1 à R. 562-10-2, l'article R. 562-11 et l'article R. 562-12. – NDLR.

(2) Dispositions d'application particulières et transitoires : V. D. n° 2015-526, 12 mai 2015, art. 30 et 31.

Sous-section 1. – Système d'endiguement

Voir : Instruction du Gouvernement du 31 décembre 2015 relative à la prévention des inondations et aux mesures particulières pour l'arc méditerranéen face aux événements météorologiques extrêmes (*BO Écologie, Énergie, Développement durable, Aménagement du territoire*, 25 janv. 2016, n° 201625, NOR : DEVP1529009J).

Art. R. 562-13 *(D. n° 2015-526, 12 mai 2015)*. – La protection d'une zone exposée au risque d'inondation ou de submersion marine au moyen de digues est réalisée par un système d'endiguement.

(Mod., D. n° 2019-119, 21 févr. 2019) Le système d'endiguement est défini par l'autorité désignée au II de l'article R. 562-12 eu égard au niveau de protection, au sens de l'article R. 214-119-1, qu'elle détermine, dans l'objectif d'assurer la sécurité des personnes et des biens.

Ce système comprend une ou plusieurs digues ainsi que tout ouvrage nécessaire à son efficacité et à son bon fonctionnement, notamment :

– des ouvrages, autres que des barrages, qui, eu égard à leur localisation et à leurs caractéristiques, complètent la prévention ;

– des dispositifs de régulation des écoulements hydrauliques tels que vannes et stations de pompage.

Ne sont toutefois pas inclus dans le système d'endiguement les éléments naturels situés entre des tronçons de digues ou à l'extrémité d'une digue ou d'un ouvrage composant le système et qui en forment l'appui.

La définition du système d'endiguement relève uniquement de la commune ou de l'établissement public de coopération intercommunale compétent. En conséquence, une digue réalisée par les propriétaires d'un château nécessitant la délivrance d'une autorisation est illégale et ne peut donner lieu à derégularisation (■ CAA Bordeaux, 21 nov. 2019, n° 17BX03130).

Art. R. 562-14 *(D. n° 2015-526, 12 mai 2015 ; mod. à compter du 1er mars 2017, D. n° 2017-81, 26 janv. 2017 ; mod., D. n° 2019-119, 21 févr. 2019 ; D. n° 2019-895, 28 août 2019)*. – I. – Le système d'endiguement est soumis à une autorisation en application des articles L. 214-3 et R. 214-1, dont la demande est présentée par l'autorité désignée au II de l'article R. 562-12.

II. – Toutefois, le système d'endiguement est autorisé par un arrêté complémentaire pris en application de l'article R. 181-45 et du II de l'article R. 181-46 lorsque les conditions cumulatives énumérées ci-après sont remplies :

1° Le système d'endiguement repose essentiellement sur une ou plusieurs digues qui ont été établies antérieurement à la date de publication du décret n° 2015-526 du 12 mai 2015 relatif aux règles applicables aux ouvrages construits ou aménagés en vue de prévenir les inondations et aux règles de sûreté des ouvrages hydrauliques et qui bénéficiaient d'une autorisation en cours de validité à cette date ou qui ont été autorisées en vertu d'une demande introduite antérieurement à celle-ci ;

2° Le dossier est déposé au plus tard le 31 décembre 2019 lorsque le système d'endiguement envisagé relève de la classe A ou de la classe B au sens de l'article R. 214-113 ou au plus tard le 31 décembre 2021 pour les autres systèmes d'endiguement. À titre dérogatoire, lorsque les circonstances locales le justifient, le préfet peut, par décision motivée, proroger ce délai d'une durée de dix-huit mois à la demande de l'autorité désignée au II de l'article R. 562-12 ;

3° La demande ne concerne aucuns travaux de construction d'ouvrages neufs ni de modifications substantielles, au sens du I de l'article R. 181-46, d'ouvrages existants.

Dans ce cas, le dossier susmentionné comprend les éléments prévus au 1° de l'article R. 181-13 et au IV de *l'article* D. 181-15-1.

III. – Le système d'endiguement est compatible avec le plan de gestion du risque d'inondation.

IV. – L'exonération de responsabilité du gestionnaire d'une digue à raison des dommages qu'elle n'a pu prévenir, prévue par le deuxième alinéa de l'article L. 562-8-1, est subordonnée à l'inclusion de celle-ci à un système d'endiguement autorisé.

La période prévue par le quatrième alinéa de l'article L. 562-8-1, au cours de laquelle la responsabilité du gestionnaire de l'ouvrage ne peut être engagée à raison de dommages qui ne sont pas imputables à un défaut d'entretien de celui-ci, prend fin à la date à laquelle le système d'endiguement est autorisé, et au plus tard le 1er janvier 2021 pour les digues qui protègent plus de 3 000 personnes et le 1er janvier 2023 pour les autres digues, quand ces digues sont mises à disposition de ce gestionnaire en vertu du I de l'article L. 566-12-1 du présent code ou des articles L. 1321-1 et L. 1321-2 du Code général des collectivités territoriales.

Pour les autres ouvrages ou infrastructures qui font objet d'une convention de mise à disposition conclue conformément au II de l'article L. 566-12-1, la période prévue par le quatrième alinéa de l'article L. 562-8-1 prend fin à la date à laquelle le système d'endiguement qui comprend cet ouvrage ou cette infrastructure est autorisé et au plus tard le 1er janvier 2023.

Les échéances prévues aux deux alinéas qui précèdent sont toutefois reportées de dix-huit mois dans le cas où le préfet accorde la prolongation de délai prévue au 2° du II du présent article.

V. – L'obtention de l'autorisation conformément au I ou au II du présent article emporte, pour les ouvrages et infrastructures qui ont été inclus dans le système d'endiguement en application du II de l'article L. 566-12-1 ou en application de l'article L. 566-12-2, l'application des règles relatives à leur sécurité et à leur sûreté prévue par les sections VIII et IX du chapitre IV du titre Ier du livre II. Ces obligations incombent au titulaire de l'autorisation.

Toutefois, le propriétaire ou le gestionnaire ou le concessionnaire de l'ouvrage ou de l'infrastructure qui ont été inclus dans le système d'endiguement en application du II de l'article L. 566-12-1 ou en application de l'article L. 566-12-2 peut réaliser des tâches matérielles liées à l'application des règles relative à leur sécurité et à leur sûreté, pour le compte du titulaire de l'autorisation, si une convention conclue avec ce dernier le prévoit.

VI. – Une digue établie antérieurement à la date de publication du décret n° 2015-526 du 12 mai 2015 mentionné au II du présent article n'est plus constitutive d'une digue au sens du I de l'article L. 566-12-1 si elle n'est pas incluse dans un système d'endiguement autorisé à l'une des deux dates suivantes :

1° Le 1er janvier 2021, pour une digue qui protégeait plus de 3 000 personnes ;

2° Le 1er janvier 2023, pour les autres digues.

Dans ce cas, l'autorisation dont bénéficiait l'ouvrage est réputée caduque. Le titulaire de cette autorisation devenue caduque neutralise l'ouvrage conformément aux dispositions des articles L. 562-8-1 et L. 181-23.

Les échéances prévues aux 1° et 2° sont toutefois reportées de dix-huit mois dans le cas où le préfet accorde la prolongation de délai prévue au 2° du II du présent article.

Art. R. 562-15 *(D. n° 2015-526, 12 mai 2015)*. – Toute modification d'un système d'endiguement envisagée par son gestionnaire ayant une incidence sur le niveau de protection défini par l'article R. 214-119-1 est soumise aux dispositions de[s] *(Réf. rempl. à compter du 1er mars 2017, D. n° 2017-81, 26 janv. 2017)* « articles R. 181-45 et R. 181-46 ».

Art. R. 562-16 *(D. n° 2015-526, 12 mai 2015)*. – Les travaux envisagés à proximité ou sur un ouvrage compris dans un système d'endiguement, par une personne autre que le propriétaire ou l'exploitant ou une personne agissant pour son compte et avec son assentiment, sont soumis à l'accord de son gestionnaire, le cas échéant dans le cadre de la procédure prévue par les articles R. 554-20 à R. 554-23, lorsqu'ils sont susceptibles de porter atteinte au fonctionnement de ce système.

L'accord est refusé lorsque les travaux envisagés sont incompatibles avec la fonction du système d'endiguement. Il peut être refusé s'ils sont de nature à accroître les charges d'exploitation de ce système.

Si le gestionnaire donne son accord aux travaux envisagés et que ceux-ci sont susceptibles d'apporter des modifications telles que celles mentionnées par [les] *(Réf. rempl. à compter du 1er mars 2017, D. n° 2017-81, 26 janv. 2017)* « articles R. 181-45 et R. 181-46 », il en informe le préfet du département dans lequel est situé le système d'endiguement concerné par les travaux dans les conditions prévues par cet article.

Art. R. 562-17 *(D. n° 2015-526, 12 mai 2015)*. – Le préfet fait application des dispositions de l'article R. 214-127 lorsqu'il constate une altération des caractéristiques du système d'endiguement qui est de nature à compromettre la sécurité des personnes.

Sous-section 2. – Aménagements hydrauliques

Art. R. 562-18 *(D. n° 2015-526, 12 mai 2015 ; mod., D. n° 2019-119, 21 févr. 2019 ; D. n° 2019-895, 28 août 2019)*. – La diminution de l'exposition d'un territoire au risque d'inondation ou de submersion marine avec un aménagement hydraulique est réalisée par l'ensemble des ouvrages qui permettent soit de stocker provisoirement des écoulements provenant d'un bassin, sous-bassin ou groupement de sous-bassins hydrographiques, soit le ressuyage de venues d'eau en provenance de la mer, si un des ouvrages relève des critères de classement prévus par l'article R. 214-112 ou si le volume global maximal pouvant être stocké est supérieur ou égal à 50 000 mètres cubes.

Cet ensemble comprend les ouvrages conçus en vue de la prévention des inondations ainsi que ceux qui ont été mis à disposition à cette fin dans les conditions fixées au II de l'article L. 566-12-1 et sans préjudice des fonctions qui leur sont propres, notamment les barrages.

Cet ensemble d'ouvrages est défini par l'autorité désignée au II de l'article R. 562-12 eu égard au niveau de protection, au sens de l'article R. 214-119-1, qu'elle détermine, dans l'objectif d'assurer la sécurité des personnes et des biens.

Art. R. 562-19 *(D. n° 2015-526, 12 mai 2015 ; mod. à compter du 1er mai 2016, D. n° 2016-530, 27 avr. 2016 ; mod. à compter du 1er mars 2017, D. n° 2017-81, 26 janv. 2017 ; mod., D. n° 2019-119, 21 févr. 2019 ; D. n° 2019-895, 28 août 2019).* – I. – L'aménagement hydraulique est soumis à autorisation en application des articles L. 214-3 et R. 214-1, dont la demande est présentée par l'autorité désignée au II de l'article R. 562-12.

II. – L'aménagement hydraulique est autorisé par un arrêté complémentaire pris en application de l'article R. 181.45 et du II de l'article R. 181-46 lorsque les conditions cumulatives énumérées ci-après sont remplies :

1° L'aménagement hydraulique comporte un ou plusieurs ouvrages qui ont été établis antérieurement à la date de publication du décret n° 2015-526 du 12 mai 2015 relatif aux règles applicables aux ouvrages construits ou aménagés en vue de prévenir les inondations et aux règles de sûreté des ouvrages hydrauliques ou qui ont été autorisés en vertu d'une demande introduite antérieurement à cette date ;

2° Le dossier est déposé au plus tard le 31 décembre 2019 lorsque l'un au moins des ouvrages précités relève de la classe A ou B au sens de l'article R. 214-112 et au plus tard le 31 décembre 2021 dans les autres cas. À titre dérogatoire, lorsque les circonstances locales le justifient, le préfet peut, par décision motivée, proroger ce délai d'une durée de dix-huit mois à la demande de l'autorité désignée au II de l'article R. 562-12 ;

3° La demande ne concerne aucuns travaux de construction d'ouvrages neufs ni de modifications substantielles, au sens du I de l'article R. 181-46, d'ouvrages existants.

Dans ce cas, le dossier susmentionné comprend les éléments prévus au 1° de l'article R. 181-13 et au IV de l'article D. 181-15-1.

III. – À défaut d'avoir été intégré dans un aménagement hydraulique, un barrage est réputé ne pas contribuer à la prévention des inondations et des submersions à compter du 1er janvier 2021 s'il est de classe A ou B et à compter du 1er janvier 2023 pour les autres barrages. Ces échéances sont toutefois reportées de dix-huit mois dans le cas où le préfet accorde la prolongation de délai prévue au 2° du II du présent article.

IV. – L'aménagement hydraulique est compatible avec le plan de gestion du risque d'inondation.

V. – L'exonération de responsabilité du gestionnaire d'un aménagement hydraulique à raison des dommages qu'il n'a pu prévenir, prévue par le deuxième alinéa de l'article L. 562-8-1, est subordonnée à la délivrance de l'autorisation de l'aménagement hydraulique.

Art. R. 562-20 *(D. n° 2015-526, 12 mai 2015).* – Les dispositions des articles R. 562-15 à R. 562-17 sont applicables aux aménagements hydrauliques.

CHAPITRE III. – AUTRES MESURES DE PRÉVENTION

Section I. – Prévention des risques sismique et cyclonique

(Intitulé rempl., D. n° 2023-1087, 23 nov. 2023)

Voir : A. 22 oct. 2010 relatif à la classification et aux règles de construction parasismique applicables aux bâtiments de la classe dite « à risque normal ». Mod., A. 15 sept. 2014 relatif à la classification et aux règles de construction parasismique applicables aux bâtiments de la classe dite « à risque normal ».

Sous-section 1. – Prévention du risque sismique

(D. n° 2023-1087, 23 nov. 2023)

Art. R. 563-1. – La présente section définit les modalités d'application de l'article L. 563-1, en ce qui concerne les règles particulières de construction parasismique pouvant être imposées aux équipements, bâtiments et installations dans les zones particulièrement exposées à un risque sismique.

Art. R. 563-2 *(Mod. à compter du 1er mai 2011, D. n° 2010-1254, 22 oct. 2010).* **– Pour la prise en compte du risque sismique, les bâtiments, les équipements et les installations sont répartis en deux classes, respectivement dites « à risque normal » et « à risque spécial ».**

Art. R. 563-3 *(Rempl. à compter du 1er mai 2011, D. n° 2010-1254, 22 oct. 2010).* **– I. – La classe dite « à risque normal » comprend les bâtiments, équipements et installations pour lesquels les conséquences d'un séisme demeurent circonscrites à leurs occupants et à leur voisinage immédiat.**

II. – Ces bâtiments, équipements et installations sont répartis entre les catégories d'importance suivantes :

1° Catégorie d'importance I : ceux dont la défaillance ne présente qu'un risque minime pour les personnes ou l'activité économique ;

2° Catégorie d'importance II : ceux dont la défaillance présente un risque moyen pour les personnes ;

3° Catégorie d'importance III : ceux dont la défaillance présente un risque élevé pour les personnes et ceux présentant le même risque en raison de leur importance socio-économique ;

4° Catégorie d'importance IV : ceux dont le fonctionnement est primordial pour la sécurité civile, pour la défense ou pour le maintien de l'ordre public.

Voir : CCH, art. R. 111-38 imposant un contrôle technique notamment pour les bâtiments appartenant aux catégories d'importance III et IV et situés en zones de sismicité 2, 3, 4 ou 5 déterminées par l'article R. 563-4 du Code de l'environnement.

Art. R. 563-4 *(Rempl. à compter du 1er mai 2011, D. n° 2010-1254, 22 oct. 2010).* **– I. – Pour l'application des mesures de prévention du risque sismique aux bâtiments, équipements et installations de la classe dite « à risque normal », le territoire national est divisé en cinq zones de sismicité croissante :**

1° Zone de sismicité 1 (très faible) ;

2° Zone de sismicité 2 (faible) ;

3° Zone de sismicité 3 (modérée) ;

4° Zone de sismicité 4 (moyenne) ;

5° Zone de sismicité 5 (forte).

II. – La répartition des communes entre ces zones est effectuée par décret.

Voir : CCH, art. R. 111-38 imposant un contrôle technique notamment pour les bâtiments situés en zones de sismicité 2, 3, 4 ou 5 et appartenant aux catégories d'importance III et IV fixées par l'article R. 563-3 du Code de l'environnement.

C. urb., art. R. 431-16 *e)*, A. 431-10, A. 431-11, A. 462-2 à A. 462-4 : obligation de joindre à la demande de permis de construire une étude préalable / attestation de l'architecte ou d'un expert certifiant la réalisation de cette étude et constatant que le projet prend en compte ces conditions au stade de la conception. C. env., art. R. 125-10 relatif au droit à l'information sur les risques majeurs.

C. env., art. R. 125-23 et R. 123-24 relatifs à l'information des acquéreurs et des locataires de biens immobiliers sur les risques naturels et technologiques majeurs.

Circulaire du 2 mars 2011 relative aux modalités de mise en œuvre des décrets nos 2010-1254 et 2010-1255 du 22 octobre 2010 relatifs à la prévention du risque sismique et aux zones de sismicité qui modifient le cadre de l'information préventive des populations et de l'information des acquéreurs et des locataires sur les risques majeurs.

1) PLU. La commune doit adopter un zonage approprié et identifier les secteurs inconstructibles au regard de l'existence de risques sismiques dont elle a connaissance (■ CAA Marseille, 16 mai 2007, n° 04MA00587, *Cne de Meyrargues*).

2) Permis de construire. Un projet situé en zone de sismicité Ib (nouvelle zone 3) doit respecter les règles de construction parasismique et le maire délivre le permis de construire sous réserve du respect des normes parasismiques (■ CAA Marseille, 15 mai 2008, n° 06MA00635, *Cne de Cruis*).

3) Erreur manifeste d'appréciation (non). Un maire ne commet pas d'erreur manifeste d'appréciation en classant en zone sismique au PLU une zone de sismicité modérée (■ CAA Lyon, 1re ch., 12 avr. 2018, n° 16LY02059).

Art. R. 563-5. **– I** *(Rempl. à compter du 1er mai 2011, D. n° 2010-1254, 22 oct. 2010).* **Des mesures préventives, notamment des règles de construction, d'aménagement et d'exploitation parasismiques, sont appliquées aux bâtiments, aux équipements et aux installations de la classe dite « à risque normal » situés dans les zones de sismicité 2, 3, 4 et 5, respectivement définies aux articles R. 563-3 et R. 563-4. Des mesures préventives spécifiques doivent en outre être appliquées aux bâtiments, équipements et installations de catégorie IV pour garantir la continuité de leur fonctionnement en cas de séisme.**

II. – Pour l'application de ces mesures, des arrêtés pris, conjointement, par le ministre chargé de la prévention des risques majeurs et les ministres concernés définissent la nature et les caractéristiques des bâtiments, des

équipements et des installations, les mesures techniques préventives ainsi que les valeurs caractérisant les actions des séismes à prendre en compte.

III. – Les dispositions des I et II s'appliquent :

1° Aux équipements, installations et bâtiments nouveaux ;

2° Aux additions aux bâtiments existants par juxtaposition, surélévation ou création de surfaces nouvelles ;

3° Aux modifications importantes des structures des bâtiments existants.

Voir : A. 22 oct. 2010 relatif à la classification et aux règles de construction parasismique applicables aux bâtiments de la classe dite « à risque normal ».

La non-conformité aux normes parasismiques en cas de modification importante des structures constitue un désordres de nature décennale (■ Cass. 3e civ., 19 sept. 2019, n° 18-16.986 PB. : *RDI* 2019, p. 67 ; *D.* 2019 10 835, M. Poumarède).

Art. R. 563-6. – La *(Mot rempl. à compter du 1er mai 2011, D. n° 2010-1254, 22 oct. 2010)* « classe » dite « à risque spécial » comprend les bâtiments, les équipements et les installations pour lesquels les effets sur les personnes, les biens et l'environnement de dommages même mineurs résultant d'un séisme peuvent ne pas être circonscrits au voisinage immédiat desdits bâtiments, équipements et installations.

Art. R. 563-7. – Des mesures préventives, notamment des règles de construction, d'aménagement et d'exploitation parasismiques, sont appliquées aux bâtiments, aux équipements et aux installations de la *(Mot rempl. à compter du 1er mai 2011, D. n° 2010-1254, 22 oct. 2010)* « classe » dite « à risque spécial ».

Pour l'application de ces mesures, des arrêtés pris, conjointement, par le ministre chargé de la prévention des risques majeurs et les ministres concernés définissent la nature et les caractéristiques des bâtiments, des équipements et des installations, les mesures techniques préventives ainsi que les valeurs caractérisant les actions des séismes à prendre en compte.

Art. R. 563-8. – Lorsqu'il prend en compte un risque sismique, un plan de prévention des risques naturels prévisibles, établi en application des articles L. 562-1 à L. 562-7, peut, compte tenu des valeurs caractérisant les actions de séismes qu'il retient, fixer des règles de construction mieux adaptées à la nature et à la gravité du risque que les règles définies par les articles R. 563-5 et R. 563-7, sous réserve qu'elles garantissent une protection au moins égale à celle qui résulterait de l'application de ces dernières règles.

Ces règles de construction concernent notamment la nature et les caractéristiques des bâtiments, des équipements et des installations ainsi que les mesures techniques préventives spécifiques.

Art. D. 563-8-1 *(Créé à compter du 1er mai 2011, D. n° 2010-1255, 22 oct. 2010 ; mod., D. n° 2015-5, 6 janv. 2015).* – Les communes sont réparties entre les cinq zones de sismicité définies à l'article R. 563-4 conformément à la liste ci-après, arrêtée par référence aux délimitations administratives, issues du code officiel géographique de l'Institut national de la statistique et des études économiques, en vigueur à la date du 1er janvier 2008.

Ain : tout le département zone de sismicité modérée, sauf :

– les communes de Massignieu-de-Rives, Murs-et-Gélignieux, Nattages, Parves, Peyrieu : zone de sismicité moyenne ;

– les cantons de Bâgé-le-Châtel, Châtillon-sur-Chalaronne, Miribel, Montrevel-en-Bresse, Pont-de-Vaux, Pont-de-Veyle, Reyrieux, Saint-Trivier-de-Courtes, Saint-Trivier-sur-Moignans, Thoissey, Trévoux, Villars-les-Dombes : *zone de sismicité faible* ;

– les communes de Buellas, Montcet, Le Montellier, Montluel, Montracol, Le Plantay, Polliat, Saint-André-sur-Vieux-Jonc, Saint-Denis-lès-Bourg, Sainte-Croix, Saint-Rémy, Vandeins : zone de sismicité faible.

Aisne : tout le département zone de sismicité très faible, sauf :

– les cantons de La Capelle, Hirson, Le Nouvion-en-Thiérache, Wassigny : zone de sismicité faible ;

– les communes de Aisonville-et-Bernoville, Any-Martin-Rieux, Aubencheul-aux-Bois, Aubenton, Autreppes, Beaume, Beaurevoir, Becquigny, Bellicourt, Besmont, Bohain-en-Vermandois, Bony, La Bouteille, Brancourt-le-Grand, Le Catelet, Estrées, Fresnoy-le-Grand, Gouy, Hargicourt, Iron, Joncourt, Landouzy-la-Ville, Lavaqueresse, Lempire, Lesquielles-Saint-Germain, Leuze, Logny-lès-Aubenton, Malzy, Martigny, Monceau-sur-Oise, Montbrehain, Nauroy, Prémont, Ramicourt, Saint-Algis, Seboncourt, Serain, Vadencourt, Vendhuile, Villers-les-Guise : zone de sismicité faible.

Allier : tout le département zone de sismicité faible, sauf :
– le canton de Gannat : zone de sismicité modérée ;
– les communes de Brugheas, Charroux, Chouvigny, Cognat-Lyonne, Ébreuil, Escurolles, Espinasse-Vozelle, Lalizolle, Mariol, Nades, Naves, Saint-Germain-de-Salles, Serbannes, Sussat, Valignat, Veauce, Vicq : zone de sismicité modérée.
Alpes-de-Haute-Provence : tout le département zone de sismicité moyenne, sauf :
– les cantons de Banon, Noyers-sur-Jabron : zone de sismicité modérée ;
– les communes d'Allemagne-en-Provence, Aubenas-les-Alpes, Bras-d'Asse, Le Caire, Le Chaffaut-Saint-Jurson, Châteauredon, Claret, Curbans, Esparron-de-Verdon, Estoublon, Faucon-du-Caire, Lardiers, Limans, Majastres, Melve, Mézel, Mison, Montagnac-Montpezat, La Motte-du-Caire, Moustiers-Sainte-Marie, Ongles, Oppedette, Puimoisson, Quinson, Riez, Roumoules, Sainte-Croix-à-Lauze, Sainte-Croix-du-Verdon, Saint-Étienne-les-Orgues, Saint-Jeannet, Saint-Julien-d'Asse, Saint-Jurs, Saint-Laurent-du-Verdon, Saint-Martin-de-Brômes, Sigoyer, Thèze, Vachères, Vaumeilh, Venterol : zone de sismicité modérée.
Hautes-Alpes : tout le département zone de sismicité moyenne, sauf :
– les cantons de Barcillonnette, Gap-Campagne, Gap-Centre, Gap-Nord-Est, Gap-Nord-Ouest, Gap-Sud-Est, Gap-Sud-Ouest, La Grave, Saint-Étienne-en-Dévoluy, Saint-Firmin, Tallard : zone de sismicité modérée ;
– les communes d'Aspres-sur-Buëch, Bénévent-et-Charbillac, Buissard, Chabottes, Châteauneuf-d'Oze, Les Costes, La Fare-en-Champsaur, Forest-Saint-Julien, Furmeyer, Les Infournas, Laye, Lazer, Monêtier-Allemont, Montmaur, La Motte-en-Champsaur, Le Noyer, Le Poët, Poligny, Ribiers, La Rochette, Saint-Auban-d'Oze, Saint-Bonnet-en-Champsaur, Saint-Eusèbe-en-Champsaur, Saint-Julien-en-Beauchêne, Saint-Julien-en-Champsaur, Saint-Laurent-du-Cros, Saint-Michel-de-Chaillol, Le Saix, Upaix, Ventavon, Veynes : zone de sismicité modérée ;
– les cantons d'Orpierre, Rosans, Serres : zone de sismicité faible ;
– les communes d'Antonaves, Aspremont, Barret-sur-Méouge, La Beaume, Chabestan, Châteauneuf-de-Chabre, Éourres, Eyguians, La Faurie, La Haute-Beaume, Laragne-Montéglin, Montbrand, Oze, Saint-Pierre-Avez, Saint-Pierre-d'Argençon, Salérans : zone de sismicité faible.
Alpes-Maritimes : tout le département [zone de sismicité] moyenne, sauf :
– les cantons d'Antibes-Biot, Antibes-Centre, Le Bar-sur-Loup, Cannes-Centre, Cannes-Est, Le Cannet, Grasse-Nord, Grasse-Sud, Mougins, Saint-Vallier-de-Thiey, Vallauris-Antibes-Ouest : zone de sismicité modérée ;
– les communes de Cannes, Mandelieu-la-Napoule : zone de sismicité modérée ;
– la commune de Théoule-sur-Mer : zone de sismicité faible.
Ardèche : tout le département zone de sismicité faible, sauf :
– les cantons de Bourg-Saint-Andéol, Chomérac, Rochemaure, Saint-Péray, Tournon-sur-Rhône, Vallon-Pont-d'Arc, Villeneuve-de-Berg, Viviers : zone de sismicité modérée ;
– les communes d'Alissas, Andance, Ardoix, Beauchastel, Beaulieu, Boffres, Bogy, Bozas, Champagne, Charmes-sur-Rhône, Charnas, Châteauneuf-de-Vernoux, Chauzon, Colombier-le-Cardinal, Colombier-le-Vieux, Coux, Le Crestet, Davézieux, Dunière-sur-Eyrieux, Félines, Flaviac, Freyssenet, Gilhac-et-Bruzac, Gilhoc-sur-Ormèze, Grospierres, Labeaume, Limony, Lyas, Peaugres, Peyraud, Privas, Quintenas, Rompon, Saint-Alban-Auriolles, Saint-André-de-Cruzières, Saint-Barthélemy-Grozon, Saint-Cierge-la-Serre, Saint-Cyr, Saint-Désirat, Saint-Étienne-de-Valoux, Saint-Fortunat-sur-Éyrieux, Saint-Georges-les-Bains, Saint-Jeure-d'Ay, Saint-Julien-le-Roux, Saint-Laurent-du-Pape, Saint-Paul-le-Jeune, Saint-Priest, Saint-Romain-d'Ay, Saint-Sauveur-de-Cruzières, Saint-Victor, Saint-Vincent-de-Durfort, Serrières, Talencieux, Thorrenc, Vernosc-les-Annonay, Vernoux-en-Vivarais, Veyras, La Voulte-sur-Rhône : zone de sismicité modérée.
Ardennes : tout le département zone de sismicité très faible, sauf :
– les cantons de Charleville-Centre, Charleville-La Houillère, Fumay, Givet, Monthermé, Nouzonville, Renwez, Revin, Rocroi, Signy-le-Petit, Villers-Semeuse : zone de sismicité faible ;
– les communes d'Antheny, Aouste, Belval, Bosseval-et-Briancourt, Bossus-les-Rumigny, Cernion, Champlin, La Chapelle, Charleville-Mézières, Donchery, L'Échelle, Estrebay, Flaignes-Havys, Fleigneux, Floing, Francheval, Girondelle, Givonne, Glaire, Hannappes, Illy, Marby, Prez, Prix-les-Mézières, Rouvroy-sur-Audry, Rumigny, Saint-Menges, Sury, Villers-Cernay, Vrigne-aux-Bois, Warcq : zone de sismicité faible.
Ariège : tout le département zone de sismicité modérée, sauf :
– les communes d'Antras, Aston, Aulus-les-Bains, Auzat, Ax-les-Thermes, Bethmale, Bonac-Irazein, Les Bordes-sur-Lez, Couflens, Gestiès, L'Hospitalet-Près-l'Andorre, Lercoul, Luzenac, Mérens-les-Vals, Orgeix, Orlu, Perles-et-Castelet Saint-Lary, Savignac-les-Ormeaux, Seix, Sentein, Siguer, Ustou : zone de sismicité moyenne ;

– les cantons de Le Fossat, Pamiers-Est, Pamiers-Ouest, Saverdun : zone de sismicité faible ;
– les communes d'Artix, La Bastide-de-Besplas, La Bastide-de-Bousignac, Belloc, Besset, Les Bordes-sur-Arize, Calzan, Camon, Campagne-sur-Arize, Castex, Cazals-des-Bayles, Coussa, Coutens, Daumazan-sur-Arize, Fabas, Fornex, Lagarde, Lapenne, Loubaut, Malegoude, Manses, Méras, Mérigon, Mirepoix, Montégut-Plantaurel, Montfa, Moulin-Neuf, Rieucros, Rieux-de-Pelleport, Roumengoux, Sabarat, Saint-Bauzeil, Sainte-Croix-Volvestre, Sainte-Foi, Saint-Félix-de-Rieutord, Saint-Félix-de-Tournegat, Saint-Julien-de-Gras-Capou, Saint-Quentin-la-Tour, Teilhet, Thouars-sur-Arize, Tourtrol, Troye-d'Ariège, Vals, Varilhes, Verniolle, Vira, Viviès : zone de sismicité faible.

Aube : tout le département zone de sismicité très faible.

Aude : tout le département zone de sismicité faible, sauf :
– les cantons d'Alzonne, Carcassonne 2e canton-Nord, Carcassonne 2e canton Sud, Carcassonne 3e canton, Castelnaudary-Nord, Castelnaudary-Sud, Conques-sur-Orbiel, Mas-Cabardès, Saissac, Salles-sur-l'Hers : zone de sismicité très faible :
– les communes d'Alairac, Arzens, Berriac, Bouilhonnac, Bram, Cabrespine, Carcassonne, Castans, Caunes-Minervois, Citou, Fanjeaux, Fonters-du-Razès, La Force, Laurac, Laure-Minervois, Lavalette, Lespinassière, Molandier, Montréal, Peyrefitte-sur-l'Hers, Peyriac-Minervois, Trausse, Villasavary, Villedubert, Villeneuve-Minervois, Villesiscle : zone de sismicité très faible ;
– les cantons de Axat, Belcaire, Quillan : zone de sismicité modérée ;
– les communes d'Antugnac, Bugarach, Camps-sur-l'Agly, Cassaignes, Chalabre, Couiza, Coustaussa, Cubières-sur-Cinoble, Cucugnan, Duilhac-sous-Peyrepertuse, Festes-et-Saint-André, Fourtou, Montazels, Padern, Paziols, Puivert, Rennes-le-Château, Rennes-les-Bains, Rivel, Rouffiac-des-Corbières, Sainte-Colombe-sur-l'Hers, Saint-Jean-de-Paracol, La Serpent, Serres, Sougraigne, Soulatgé, Tuchan, Villefort : zone de sismicité modérée.

Aveyron : tout le département zone de sismicité faible, sauf :
– les cantons de Belmont-sur-Rance, Camarès, Capdenac-Gare, Cornus, Montbazens, Najac, Naucelle, Réquista, Rieupeyroux, Saint-Affrique, Saint-Rome-de-Tarn, Saint-Sernin-sur-Rance, La SalvÉtat-Peyralès, Villefranche-de-Rouergue, Villeneuve : zone de sismicité très faible ;
– les communes d'Alrance, Anglars-Saint-Félix, Aubin, Auriac-Lagast, Baraqueville, Boisse-Penchot, Boussac, Camboulazet, Cassagnes-Bégonhès, Castanet, Colombiès, La Couvertoirade, Decazeville, Flagnac, Gramond, Livinhac-le-Haut, Pradinas, Rignac, Sainte-Juliette-sur-Viaur, Saint-Parthem, Saint-Santin, Salmiech, Sauveterre-de-Rouergue, Viala-du-Tarn, Villefranche-de-Panat, Viviez : zone de sismicité très faible.

Bouches-du-Rhône : tout le département zone de sismicité modérée, sauf :
– les cantons de Lambesc, Pélissanne, Peyrolles-en-Provence, Salon-de-Provence : zone de sismicité moyenne ;
– les communes d'Aix-en-Provence, Alleins, Éguilles, Eyguières, Lamanon, Mallemort, Saint-Marc-Jaumegarde, Sénas, Venelles, Vernègues : zone de sismicité moyenne ;
– les cantons de Allauch, Aubagne, La Ciotat, Port-Saint-Louis-du-Rhône, Roquevaire : zone de sismicité faible ;
– les communes de Arles, Fuveau, Marseille, Mimet, Peynier, Puyloubier, Rousset, Trets : zone de sismicité faible ;
– la commune des Saintes-Maries-de-la-Mer : zone de sismicité très faible

Calvados : tout le département zone de sismicité faible, sauf :
– les cantons de Blangy-le-Château, Cambremer, Douvres-la-Délivrande, Dozulé, Honfleur, Lisieux 1er canton, Lisieux 2e canton, Lisieux 3e canton, Orbec, Pont-l'Évêque, Trouville-sur-Mer : zone de sismicité très faible ;
– les communes d'Amfreville, Auquainville, Les Authieux-Papion, Bavent, Bellou, Bénouville, Biéville-Quétiéville, Bréville-Les-Monts, Cabourg, Castillon-en-Auge, Cheffreville-Tonnencourt, Cléville, Colleville-Montgomery, Coupesarte, Courseulles-sur-Mer, Crèvecœur-en-Auge, Escoville, Fervaques, Gonneville-en-Auge, Grandchamp-le-Château, Hérouvillette, Janville, Lécaude, Livarot, Merville-Franceville-Plage, Méry-Corbon, Le Mesnil-Durand, Le Mesnil-Germain, Le Mesnil-Mauger, Monteille, Les Moutiers-Hubert, Notre-Dame-de-Courson, Notre-Dame-de-Livaye, Ouistreham, Périers-sur-le-Dan, Petiville, Ranville, Saint-Aubin-d'Arquenay, Sainte-Marguerite-des-Loges, Saint-Julien-le-Faucon, Saint-Laurent-du-Mont, Saint-Loup-de-Fribois, Saint-Martin-du-Mesnil-Oury, Saint-Michel-de-Livet, Saint-Ouen-du-Mesnil-Oger, Saint-Ouen-le-Houx, Saint-Pierre-du-Jonquet, Sallenelles, Sannerville, Touffréville, Troarn, Varaville, Vieux-Pont-en-Auge : zone de sismicité très faible.

Cantal : tout le département zone de sismicité faible, sauf :
– les cantons de Jussac, Laroquebrou, Maurs, Pleaux : zone de sismicité très faible ;

– les communes d'Arches, Bassignac, Besse, Cayrols, Chalvignac, Champagnac, Drugeac, Freix-Anglards, Jaleyrac, Marcolès, Mauriac, Méallet, Omps, Parlan, Pers, Le Rouget, Roumégoux, Saint-Cernin, Saint-Chamant, Saint-Cirgues-de-Malbert, Saint-Illide, Saint-Mamet-la-SalvÉtat, Saint-Martin-Valmeroux, Saint-Paul-des-Landes, Saint-Pierre, Saint-Saury, Salins, Sansac-de-Marmiesse, La Ségalassière, Sourniac, Veyrières, Le Vigean, Vitrac, Ytrac : zone de sismicité très faible.

Charente : tout le département zone de sismicité faible, sauf :

– les cantons d'Aigre, Cognac-Nord, Gond-Pontouvre, Hiersac, Jarnac, Mansle, Rouillac, Saint-Amant-de-Boixe, Villefagnan : zone de sismicité modérée ;

– les communes des Adjots, Agris, Angeac-Charente, Barro, Beaulieu-sur-Sonnette, Bioussac, Bourg-Charente, Brie, Chassiecq, Châteaubernard, Cognac, Condac, Coulgens, Couture, Fléac, Gensac-la-Pallue, Gondeville, Graves-Saint-Amant, Jauldes, Javrezac, Louzac-Saint-André, Mainxe, Merpins, Mesnac, Mosnac, Nanteuil-en-Vallée, Les Pins, Poursac, La Rochette, Ruelle-sur-Touvre, Ruffec, Saint-Georges, Saint-Gourson, Saint-Laurent-de-Cognac, Saint-Mary, Saint-Même-les-Carrières, Saint-Simeux, Saint-Simon, Saint-Sulpice-de-Ruffec, Segonzac, Taizé-Aizie, Verteuil-sur-Charente, Vibrac, Villegats : zone de sismicité modérée.

Charente-Maritime : tout le département zone de sismicité modérée, sauf :

– les cantons d'Archiac, Cozes, Gémozac, Jonzac, Mirambeau, Montendre, Montguyon, Montlieu-la-Garde, Pons, Royan-Est, Royan-Ouest, Saint-Genis-de-Saintonge, Saujon : zone de sismicité faible ;

– les communes de Chermignac, Colombiers, Courcoury, Les Essards, Les Gonds, La Jard, Nieul-les-Saintes, Pessines, Pont-l'Abbé-d'Arnoult, Préguillac, Sainte-Gemme, Sainte-Radegonde, Saintes, Saint-Georges-des-Coteaux, Saint-Porchaire, Saint-Sulpice-d'Arnoult, Soulignonne, Thénac, Varzay : zone de sismicité faible.

Cher : tout le département zone de sismicité très faible, sauf :

– les cantons des Aix-d'Angillon, Baugy, Bourges 1er canton, Bourges 2e canton, Bourges 3e canton, Bourges 4e canton, Bourges 5e canton, Charenton-du-Cher, Chârost, Châteaumeillant, Châteauneuf-sur-Cher, Le Châtelet, Dun-sur-Auron, Graçay, Henrichemont, Levet, Lignières, Lury-sur-Arnon, Mehun-sur-Yèvre, Nérondes, Saint-Amand-Montrond, Saint-Doulchard, Saint-Martin-d'Auxigny, Sancoins, Saulzais-le-Potier, Vierzon 1er canton : zone de sismicité faible ;

– les communes d'Apremont-sur-Allier, Bué, La Chapelle-Hugon, Charentonnay, Chaumoux-Marcilly, Le Chautay, Couy, Crézancy-en-Sancerre, Cuffy, Étréchy, Feux, Gardefort, Garigny, Germigny-l'Exempt, Groises, La Guerche-sur-l'Aubois, Jalognes, Lugny-Champagne, Massay, Menetou-Râtel, Méry-ès-Bois, Méry-sur-Cher, Le Noyer, Précy, Saint-Hilaire-de-Court, Saint-Laurent, Sancergues, Sens-Beaujeu, Sévry, Thénioux, Torteron, Veaugues, Vierzon, Vignoux-sur-Barangeon, Vinon, Vouzeron : zone de sismicité faible.

Corrèze : tout le département zone de sismicité très faible.

Côte-d'Or : tout le département zone de sismicité très faible, sauf :

– les cantons d'Auxonne, Beaune-Nord, Beaune-Sud, Genlis, Nolay, Nuits-Saint-Georges, Pontailler-sur-Saône, Saint-Jean-de-Losne, Seurre : zone de sismicité faible ;

– les communes d'Antigny-la-Ville, Arc-sur-Tille, Aubaine, Barges, Beaumont-sur-Vingeanne, Belleneuve, Bessey-en-Chaume, Bessey-la-Cour, Bézouotte, Blagny-sur-Vingeanne, Bligny-sur-Ouche, Bressey-sur-Tille, Broindon, Chambolle-Musigny, Champagne-sur-Vingeanne, Champignolles, Charmes, Cheuge, Chevannes, Collonges-les-Bévy, Corcelles-les-Cîteaux, Crimolois, Cuiserey, Curtil-Vergy, Cussy-la-Colonne, Écutigny, Épernay-sous-Gevrey, Fénay, Jancigny, Lacanche, Licey-sur-Vingeanne, Lusigny-sur-Ouche, Maligny, Messanges, Mirebeau-sur-Bèze, Montceau-et-Écharnant, Montigny-Mornay-Villeneuve-sur-Vingeanne, Morey-Saint-Denis, Neuilly-les-Dijon, Noiron-sous-Gevrey, Oisilly, Pouilly-sur-Vingeanne, Remilly-sur-Tille, Renève, Saint-Philibert, Saint-Pierre-en-Vaux, Saint-Seine-sur-Vingeanne, Saulon-la-Chapelle, Saulon-la-Rue, Saussey, Savolles, Savouges, Segrois, Tanay, Thomirey, Trochères, Vic-des-Prés, Viévy : zone de sismicité faible.

Côtes-d'Armor : tout le département zone de sismicité faible.

Creuse : tout le département zone de sismicité faible, sauf :

– les communes de Beissat, Clairavaux, La Courtine, Faux-la-Montagne, Féniers, Gentioux-Pigerolles, Gioux, Le Mas-d'Artige, Saint-Martial-le-Vieux, Saint-Oradoux-de-Chirouze, La Villedieu : zone de sismicité très faible.

Dordogne : tout le département zone de sismicité très faible, sauf :

– les cantons de Bussière-Badil, Mareuil, Nontron, Saint-Pardoux-la-Rivière, Verteillac : zone de sismicité faible ;

– les communes d'Allemans, Bourg-du-Bost, Cantillac, Celles, Chaleix, Champagnac-de-Belair, Chapdeuil, La Chapelle-Montmoreau, Chassaignes, Chenaud, Comberanche-et-Épeluche, La Coquille, Creyssac, Festalemps,

La Gonterie-Boulouneix, Grand-Brassac, Parcoul, Paussac-et-Saint-Vivien, Petit-Bersac, Ponteyraud, Puymangou, Quinsac, Ribérac, La Roche-Chalais, Saint-Antoine-Cumond, Saint-Aulaye, Saint-Jory-de-Chalais, Saint-Julien-de-Bourdeilles, Saint-Just, Saint-Martin-de-Fressengeas, Saint-Pancrace, Saint-Paul-la-Roche, Saint-Pierre-de-Frugie, Saint-Priest-les-Fougères, Saint-Privat-des-Prés, Saint-Vincent-Jalmoutiers, Villars, Villetoureix : zone de sismicité faible.

Doubs : tout le département zone de sismicité modérée, sauf :

- les communes d'Abbévillers, Badevel, Dampierre-les-Bois : zone de sismicité moyenne ;
- le canton d'Audeux : zone de sismicité faible ;
- les communes de Bonnay, Châtillon-le-Duc, Chevroz, Cussey-sur-l'Ognon, Devecey, Geneuille, Grandfontaine, Routelle, Saint-Vit, Tallenay, Velesmes-Essarts : zone de sismicité faible.

Drôme : tout le département zone de sismicité modérée, sauf :

- les cantons de La Chapelle-en-Vercors, Saint-Jean-en-Royans : zone de sismicité moyenne ;
- les communes de Barbières, La Baume-d'Hostun, Beauregard-Baret, Bésayes, Le Chaffal, Charpey, Châteaudouble, Combovin, Hostun, Jaillans, Omblèze, Peyrus, Plan-de-Baix, Rochefort-Samson, Saint-Andéol, Saint-Julien-en-Quint, Saint-Vincent-la-Commanderie : zone de sismicité moyenne ;
- le canton de Rémuzat : zone de sismicité faible ;
- les communes d'Arpavon, Aulan, Ballons, La Bâtie-des-Fonds, Beaumont-en-Diois, Beaurières, Bellecombe-Tarendol, Bellegarde-en-Diois, Bésignan, Boulc, Charens, Établet, Eygalayes, Izon-la-Bruisse, Jonchères, Laborel, Lachau, Lesches-en-Diois, Luc-en-Diois, Mévouillon, Miscon, Montauban-sur-l'Ouvèze, Montguers, Montlaur-en-Diois, La Motte-Chalancon, Le Poët-en-Percip, Poyols, Les Prés, Rioms, La Roche-sur-le-Buis, La Rochette-du-Buis, Rottier, Saint-Auban-sur-l'Ouvèze, Saint-Dizier-en-Diois, Sainte-Euphémie-sur-Ouvèze, Sainte-Jalle, Saint-Sauveur-Gouvernet, Séderon, Valdrôme, Val-Maravel, Vercoiran, Vers-sur-Méouge, Villebois-les-Pins, Villefranche-le-Château : zone de sismicité faible.

Eure : tout le département zone de sismicité très faible.

Eure-et-Loir : tout le département zone de sismicité très faible.

Finistère : tout le département zone de sismicité faible.

Corse-du-Sud : tout le département zone de sismicité très faible.

Haute-Corse : tout le département zone de sismicité très faible.

Gard : tout le département zone de sismicité faible, sauf :

- le canton d'Aigues-Mortes : zone de sismicité très faible ;
- les communes d'Aimargues, Le Cailar, Saint-Gilles, Vauvert : zone de sismicité très faible ;
- les cantons d'Aramon, Bagnols-sur-Cèze, Barjac, Lussan, Pont-Saint-Esprit, Remoulins, Roquemaure, Uzès, Villeneuve-lès-Avignon : zone de sismicité modérée ;
- les communes de Allègre-les-Fumades, Baron, Beaucaire, Bezouce, Bouquet, Brouzet-les-Alès, Cabrières, Courry, Jonquières-Saint-Vincent, Lédenon, Les Mages, Meyrannes, Molières-sur-Cèze, Navacelles, Potelières, Poulx, Redessan, Rousson, Saint-Ambroix, Saint-Brès, Saint-Denis, Saint-Gervasy, Saint-Julien-de-Cassagnas, Saint-Just-et-Vacquières, Saint-Victor-de-Malcap, Seynes, Vallabrègues : zone de sismicité modérée.

Haute-Garonne : tout le département zone de sismicité très faible, sauf :

- les cantons de Bagnères-de-Luchon, Saint-Béat : zone de sismicité moyenne ;
- les communes d'Antichan-de-Frontignes, Arguenos, Bagiry, Frontignan-de-Comminges, Moncaup, Ore, Saint-Bertrand-de-Comminges, Sengouagnet : zone de sismicité moyenne ;
- les cantons de Montréjeau, Saint-Gaudens : zone de sismicité modérée ;
- les communes d'Arbas, Arbon, Ardiège, Arnaud-Guilhem, Aspet, Aulon, Barbazan, Beauchalot, Belbèze-en-Comminges, Blajan, Cabanac-Cazaux, Cardeilhac, Cassagne, Castagnède, Castelbiague, Castillon-de-Saint-Martory, Cazaunous, Charlas, Chein-Dessus, Cier-de-Rivière, Couret, Encausse-les-Thermes, Escoulis, Estadens, Figarol, Fougaron, Francazal, Galié, Ganties, Génos, Gensac-de-Boulogne, Gourdan-Polignan, Herran, His, Huos, Izaut-de-l'Hôtel, Juzet-d'Izaut, Labroquère, Larroque, Latoue, Lespugue, Lestelle-de-Saint-Martory, Lourde, Luscan, Malvezie, Mane, Marsoulas, Martres-de-Rivière, Mazères-sur-Salat, Milhas, Montastruc-de-Salies, Mont-de-Galié, Montespan, Montgaillard-de-Salies, Montmaurin, Montsaunès, Nizan-Gesse, Payssous, Pointis- de-Rivière, Portet-d'Aspet, Proupiary, Razecueillé, Rouède, Saint-Lary-Boujean, Saint-Loup-en-Comminges, Saint-Martory, Saint-Médard, Saint-Pé-d'Ardet, Saleich, Salies-du-Salat, Saman, Sarrecave, Sarremezan, Sauveterre-de-Comminges, Seilhan, Sepx, Soueich, Touille, Urau, Valcabrère : zone de sismicité modérée ;

– les cantons de Cazères, Le Fousseret, L'Isle-en-Dodon, Montesquieu-Volvestre, Rieux : zone de sismicité faible ;

– les communes d'Alan, Aurignac, Ausseing, Auzas, Bachas, Benque, Bois-de-la-Pierre, Boulogne-sur-Gesse, Boussan, Bouzin, Capens, Carbonne, Cassagnabère-Tournas, Castéra-Vignoles, Cazeneuve-Montaut, Ciadoux, Éoux, Escanecrabe, Esparron, Esperce, Le Fréchet, Gaillac-Toulza, Labastide-Clermont, Laffite-Toupière, Lautignac, Lunax, Mancioux, Marliac, Marquefave, Mondilhan, Monès, Montastruc-Savès, Montgaillard-sur-Save, Montgazin, Montoulieu-Saint-Bernard, Nénigan, Péguilhan, Peyrissas, Peyrouzet, Peyssies, Le Pin-Murelet, Roquefort-sur-Garonne, Saint-André, Saint-Élix-Séglan, Saint-Ferréol-de-Comminges, Saint-Pé-Delbosc, Saint-Sulpice-sur-Lèze, Sajas, Samouillan, Savères, Terrebasse : zone de sismicité faible.

Gers : tout le département zone de sismicité très faible, sauf :

– les communes de Barcugnan, Beccas, Betplan, Blousson-Sérian, Castex, Cazaux-Villecomtal, Cuélas, Duffort, Estampes, Haget, Laguian-Mazous, Malabat, Manas-Bastanous, Miélan, Montégut-Arros, Sarraguzan, Sembouès, Troncens, Villecomtal-sur-Arros : zone de sismicité modérée ;

– les cantons de Mirande, Montesquiou, Plaisance, Riscle : zone de sismicité faible ;

– les communes d'Aignan, Arblade-le-Haut, Armentieux, Arrouède, Aujan-Mournède, Aussos, Aux-Aussat, Barran, Bellegarde, Betcave-Aguin, Bétous, Bézues-Bajon, Boucagnères, Bouzon-Gellenave, Cabas-Loumassès, Cadeillan, Callian, Castelnavet, Cazaux-d'Anglès, Chélan, Durban, Esclassan-Labastide, Espaon, Faget-Abbatial, Fustérouau, Garravet, Gaujac, Gaujan, Le Houga, Juillac, Labarthe, Ladevèze-Rivière, Ladevèze-Ville, Lalanne-Arqué, Lamaguère, Lanne-Soubiran, Lasseube-Propre, Laveraët, Laymont, Loubédat, Lourties-Monbrun, Loussous-Débat, Lupiac, Luppé-Violles, Magnan, Manent-Montané, Marciac, Margouët-Meymes, Masseube, Meilhan, Mirannes, Monbardon, Moncorneil-Grazan, Monferran-Plavès, Monlaur-Bernet, Monlezun, Monpardiac, Montadet, Montaut, Mont-d'Astarac, Mont-de-Marrast, Montégut-Savès, Monties, Montpézat, Mormès, Nogaro, Orbessan, Ornézan, Pallanne, Panassac, Pellefigue, Perchède, Ponsan-Soubiran, Pouydraguin, Pouy-Loubrin, Puylausic, Ricourt, Sabaillan, Sabazan, Sadeillan, Saint-Arailles, Saint-Arroman, Saint-Blancard, Sainte-Aurence-Cazaux, Sainte-Dode, Saint-Élix, Saint-Griède, Saint-Jean-le-Comtal, Saint-Justin, Saint-Lizier-du-Planté, Saint-Martin-d'Armagnac, Saint-Pierre-d'Aubézies, Samaran, Sansan, Sarcos, Sarragachies, Sauveterre, Scieurac-et-Flourès, Seissan, Sémézies-Cachan, Sère, Simorre, Sion, Sorbets, Tachoires, Termes-d'Armagnac, Tillac, Tourdun, Tournan, Traversères, Tudelle, Urgosse, Villefranche : zone de sismicité faible.

Gironde : tout le département zone de sismicité très faible, sauf :

– les cantons de Bègles, Blanquefort, Blaye, Bordeaux 1er canton, Bordeaux 2e canton, Bordeaux 3e canton, Bordeaux 4e canton, Bordeaux 5e canton, Bordeaux 6e canton, Bordeaux 7e canton, Bordeaux 8e canton, Bourg, Le Bouscat, Carbon-Blanc, Cenon, Créon, Floirac, Fronsac, Guîtres, Libourne, Lormont, Mérignac 1er canton, Pessac 1er canton, Pessac 2e canton, Saint-André-de-Cubzac, Saint-Ciers-sur-Gironde, Saint-Savin, Talence, Villenave-d'Ornon : zone de sismicité faible ;

– les communes d'Abzac, Les Artigues-de-Lussac, Ayguemorte-les-Graves, Baron, Beautiran, Branne, Cadaujac, Camiac-et-Saint-Denis, Camps-sur-l'Isle, Canéjan, Capian, Chamadelle, Coutras, Daignac, Dardenac, Les Églisottes-et-Chalaures, Espiet, Faleyras, Le Fieu, Génissac, Gradignan, Grézillac, Guillac, Le Haillan, Isle-Saint-Georges, Labarde, Langoiran, Léognan, Lugaignac, Lussac, Margaux, Martillac, Mérignac, Montagne, Moulon, Néac, Nérigean, Les Peintures, Petit-Palais-et-Cornemps, Porchères, Saint-Christoly-Médoc, Saint-Christophe-de-Double, Saint-Germain-du-Puch, Saint-Médard-de-Guizières, Saint-Médard-d'Éyrans, Saint-Quentin-de-Baron, Saint-Sauveur-de-Puynormand, Soulac-sur-Mer, Le Taillan-Médoc, Talais, Targon, Tizac-de-Curton, Valeyrac, Le Verdon-sur-Mer : zone de sismicité faible.

Hérault : tout le département zone de sismicité faible, sauf :

– les cantons de Bédarieux, Lattes, Lunas, Olargues, Saint-Gervais-sur-Mare, Saint-Pons-de-Thomières, SalvÉtat-sur-Agout (La) : zone de sismicité très faible ;

– les communes de Babeau-Bouldoux, Le Bosc, Cabrerolles, Candillargues, Cassagnoles, La Caunette, Caussiniojouls, Le Caylar, Celles, Cessenon-sur-Orb, Le Cros, Félines-Minervois, Ferrals-les-Montagnes, Fos, Fozières, La Grande-Motte, Lansargues, Lauroux, La Livinière, Lodève, Marsillargues, Mauguio, Minerve, Olmet-et-Villecun, Pégairolles-de-l'Escalette, Pierrerue, Les Plans, Poujols, Prades-sur-Vernazobre, Le Puech, Les Rives, Roquessels, Saint-Chinian, Saint-Étienne-de-Gourgas, Saint-Félix-de-l'Héras, Saint-Jean-de-la-Blaquière, Saint-Michel, Saint-Nazaire-de-Ladarez, Saint-Nazaire-de-Pézan, Saint-Pierre-de-la-Fage, Saint-Privat, Sirar, Soubès, Soumont, Usclas-du-Bosc : zone de sismicité très faible.

Ille-et-Vilaine : tout le département zone de sismicité faible.

Indre : tout le département zone de sismicité faible.

Indre-et-Loire : tout le département zone de sismicité faible, sauf :

– les cantons d'Amboise, Château-Renault, Neuvy-le-Roi, Vouvray : zone de sismicité très faible ;

– les communes de Beaumont-la-Ronce, Braye-sur-Maulne, Brèches, Cerelles, Charentilly, Château-la-Vallière, Couesmes, Mettray, Neuillé-Pont-Pierre, Rouziers-de-Touraine, Saint-Antoine-du-Rocher, Semblançay, Sonzay, Souvigné, Villiers-au-Bouin : zone de sismicité très faible ;

– les communes d'Abilly, Antogny-le-Tillac, Assay, Barrou, Braslou, Braye-sous-Faye, Champigny-sur-Veude, Chaveignes, Courcoué, Faye-la-Vineuse, Le Grand-Pressigny, La Guerche, Jaulnay, Luzé, Marçay, Marigny-Marmande, Pussigny, Razines, Richelieu : zone de sismicité modérée.

Isère : tout le département zone de sismicité modérée, sauf :

– les cantons d'Allevard, Domène, Échirolles-Est, Échirolles-Ouest, Eybens, Fontaine-Sassenage, Fontaine-Seyssinet, Goncelin, Grenoble 1er canton, Grenoble 2e canton, Grenoble 3e canton, Grenoble 4e canton, Grenoble 5e canton, Grenoble 6e canton, Meylan, Pont-en-Royans, Saint-Égrève, Saint-Ismier, Saint-Laurent-du-Pont, Saint-Martin-d'Hères-Nord, Saint-Martin-d'Hères-Sud, Le Touvet, Vif, Villard-de-Lans : zone de sismicité moyenne ;

– les communes de L'Albenc, Beaulieu, Brié-et-Angonnes, La Buisse, Champagnier, Champ-sur-Drac, Chamrousse, Chantesse, Château-Bernard, Cognin-les-Gorges, Coublevie, Jarrie, Malleval-en-Vercors, Merlas, Miribel-Lanchâtre, Moirans, Montaud, Montchaboud, Monteynard, Notre-Dame-de-Commiers, Notre-Dame-de-l'Osier, Notre-Dame-de-Mésage, Poliénas, Pommiers-la-Placette, Le Pont-de-Beauvoisin, La Rivière, Romagnieu, Rovon, Saint-Albin-de-Vaulserre, Saint-Andéol, Saint-Aupre, Saint-Bueil, Saint-Étienne-de-Crossey, Saint-Geoire-en-Valdaine, Saint-Georges-de-Commiers, Saint-Gervais, Saint-Hilaire-du-Rosier, Saint-Jean-d'Avelanne, Saint-Jean-de-Moirans, Saint-Julien-de-Raz, Saint-Marcellin, Saint-Martin-de-la-Cluze, Saint-Martin-de-Vaulserre, Saint-Nicolas-de-Macherin, Saint-Pierre-de-Mésage, Saint-Quentin-sur-Isère, Saint-Sauveur, Saint-Vérand, Séchilienne, La Sône, Têche, Tullins, Vaulnaveys-le-Bas, Vaulnaveys-le-Haut, Velanne, Vinay, Vizille, Voiron, Voissant, Voreppe, Vourey : zone de sismicité moyenne.

Jura : tout le département zone de sismicité modérée, sauf :

– les cantons de Chemin, Dole-Nord-Est, Dole-Sud-Ouest, Gendrey, Montmirey-le-Château, Rochefort-sur-Nenon : zone de sismicité faible ;

– les communes d'Asnans-Beauvoisin, Augerans, Balaiseaux, Bans, La Barre, Belmont, La Bretenière, Chaînée-des-Coupis, Chapelle-Voland, La Chassagne, Chaussin, Chêne-Bernard, Chêne-Sec, Dampierre, Le Deschaux, Les Deux-Fays, Les Essards-Taignevaux, Étrepigney, Evans, Fraisans, Gatey, Les Hays, La Loye, Monteplain, Neublans-Abergement, Orchamps, Our, Pleure, Plumont, Rahon, Ranchot, Rans, Rye, Saint-Baraing, Salans, Séligney, Sergenaux, Sergenon, Souvans, Tassenières, La Vieille-Loye, Villers-Robert : zone de sismicité faible.

Landes : tout le département zone de sismicité très faible, sauf :

– les cantons d'Amou, Peyrehorade, Pouillon, Saint-Martin-de-Seignanx : zone de sismicité modérée ;

– les communes d'Arboucave, Bénesse-les-Dax, Bénesse-Maremne, Castelner, Cazalis, Clèdes, Clermont, Hagetmau, Heugas, Josse, Labastide-Chalosse, Labenne, Lacajunte, Lacrabe, Lauret, Mant, Miramont-Sensacq, Momuy, Monget, Monségur, Morganx, Orx, Ozourt, Peyre, Philondenx, Pimbo, Poudenx, Puyol-Cazalet, Saint-Cricq-Chalosse, Sainte-Marie-de-Gosse, Saint-Jean-de-Marsacq, Saint-Martin-de-Hinx, Saint-Vincent-de-Tyrosse, Samadet, Saubrigues, Siest : zone de sismicité modérée ;

– les cantons d'Aire-sur-l'Adour, Dax-Nord, Grenade-sur-l'Adour, Mugron, Saint-Sever : zone de sismicité faible ;

– les communes d'Angresse, Aubagnan, Audon, Azur, Bats, Bégaar, Benquet, Bretagne-de-Mars an, Campagne, Candresse, Capbreton, Carcarès-Sainte-Croix, Carcen-Ponson, Cassen, Castelnau-Tursan, Dax, Gamarde-les-Bains, Garrey, Geaune, Gibret, Goos, Gousse, Gouts, Haut-Mauco, Hinx, Hontanx, Horsarrieu, Laluque, Lamothe, Léon, Lesgor, Le Leuy, Louer, Lourquen, Magescq, Mauries, Messanges, Montfort-en-Chalosse, Narrosse, Nousse, Oeyreluy, Onard, Payros-Cazautets, Pécorade, Pontonx-sur-l'Adour, Poyanne, Poyartin, Préchacq-les-Bains, Sainte-Colombe, Saint-Gein, Saint-Geours-d'Auribat, Saint-Geours-de-Maremne, Saint-Jean-de-Lier, Saint-Pandelon, Saubion, Saugnac-et-Cambran, Seignosse, Serres-Gaston, Serreslous-et-Arribans, Seyresse, Soorts-Hossegor, Sorbets, Sort-en-Chalosse, Souprosse, Soustons, Tartas, Tercis-les-Bains, Tosse, Urgons, Vicq-d'Auribat, Vieux-Boucau-les-Bains, Yzosse : zone de sismicité faible.

Loir-et-Cher : tout le département zone de sismicité très faible, sauf :

– les communes d'Angé, La Chapelle-Montmartin, Châteauvieux, Châtillon-sur-Cher, Couffy, Faverolles-sur-Cher, Mareuil-sur-Cher, Meusnes, Noyers-sur-Cher, Pouillé, Saint-Aignan, Saint-Georges-sur-Cher, Saint-Julien-de-Chédon, Saint-Julien-sur-Cher, Saint-Loup, Saint-Romain-sur-Cher, Seigy, Selles-sur-Cher, Thésée : zone de sismicité faible.

Loire : tout le département [zone de sismicité] faible, sauf :

– les communes de Bessey, La Chapelle-Villars, Chavanay, Chuyer, Lupé, Maclas, Malleval, Saint-Michel-sur-Rhône, Saint-Pierre-de-Bœuf, Vérin : zone de sismicité modérée.

Haute-Loire : tout le département zone de sismicité faible, sauf

– les communes d'Auzon, Azérat, Bournoncle-Saint-Pierre, Chambezon, Chassignolles, Cohade, Frugerès-les-Mines, Lempdes-sur-Allagnon, Léotoing, Lorlanges, Sainte-Florine, Saint-Géron, Saint-Hilaire, Torsiac, Vergongheon, Vézézoux : zone de sismicité modérée.

Loire-Atlantique : tout le département zone de sismicité modérée, sauf :

– les cantons de Châteaubriant, Derval, Guémené-Penfao, Moisdon-la-Rivière, Nozay, Riaillé, Rougé, Saint-Julien-de-Vouvantes, Saint-Mars-la-Jaille, Saint-Nicolas-de-Redon, Varades : zone de sismicité faible ;

– les communes de Ancenis, Anetz, Blain, Le Gâvre, Guenrouet, Mésanger, Mouzeil, Nort-sur-Erdre, Pouillé-les-Coteaux, Quilly, La Roche-Blanche, Saint-Géréon, Saint-Gildas-des-Bois, Saint-Herblon, Sévérac, Les Touches : zone de sismicité faible.

Loiret : tout le département zone de sismicité très faible.

Lot : tout le département zone de sismicité très faible.

Lot-et-Garonne : tout le département zone de sismicité très faible.

Lozère : tout le département zone de sismicité faible.

Maine-et-Loire : tout le département zone de sismicité faible, sauf :

– les cantons de Beaupréau, Champtoceaux, Chemillé, Cholet 1er canton, Cholet 2e canton, Cholet 3e canton, Montfaucon-Montigné, Montrevault, Vihiers : zone de sismicité modérée ;

– les communes d'Antoigné, Beausse, Botz-en-Mauges, Bourgneuf-en-Mauges, Brigné, Brossay, Champ-sur-Layon, Chanzeaux, La Chapelle-Saint-Florent, Cizay-la-Madeleine, Concourson-sur-Layon, Doué-la-Fontaine, Épieds, Faveraye-Mâchelles, Louresse-Rochemenier, Martigné-Briand, Montreuil-Bellay, Le Puy-Notre-Dame, Rablay-sur-Layon, Saint-Florent-le-Vieil, Saint-Georges-sur-Layon, Saint-Laurent-de-la-Plaine, Saint-Laurent-du-Mottay, Saint-Macaire-du-Bois, Thouarcé, Valanjou, Vaudelnay, Les Verchers-sur-Layon : zone de sismicité modérée.

Manche : tout le département zone de sismicité faible.

Marne : tout le département zone de sismicité très faible.

Haute-Marne : tout le département zone de sismicité très faible sauf :

– le canton de Laferté-sur-Amance : zone de sismicité faible ;

– les communes d'Aigremont, Arbigny-sous-Varennes, Belmont, Bourbonne-les-Bains, Champigny-sous-Varennes, Coiffy-le-Bas, Coiffy-le-Haut, Damrémont, Enfonvelle, Farincourt, Fayl-Billot, Fresnes-sur-Apance, Genevrières, Gilley, Laneuvelle, Melay, Montcharvot, Poinson-lès-Fayl, Pressigny, Rougeux, Saulles, Savigny, Serqueux, Tornay, Valleroy, Voncourt : zone de sismicité faible.

Mayenne : tout le département zone de sismicité faible.

Meurthe-et-Moselle : tout le département zone de sismicité très faible, sauf :

– les communes de Bionville, Raon-lès-Leau : zone de sismicité modérée ;

– le canton de Cirey-sur-Vezouze : zone de sismicité faible ;

– les communes d'Ancerviller, Angomont, Azerailles, Baccarat, Badonviller, Barbas, Bertrichamps, Blâmont, Bréménil, Brouville, Deneuvre, Domèvre-sur-Vezouze, Essey-la-Côte, Fenneviller, Fontenoy-la-Joûte, Frémonville, Gélacourt, Giriviller, Glonville, Gogney, Hablainville, Halloville, Harbouey, Herbéviller, Lachapelle, Magnières, Mattexey, Merviller, Mignéville, Montigny, Montreux, Neufmaisons, Neuviller-lès-Badonviller, Nonhigny, Pettonville, Pexonne, Pierre-Percée, Réclonville, Reherrey, Repaix, Saint-Boingt, Sainte-Pôle, Saint-Maurice-aux-Forges, Saint-Rémy-aux-Bois, Thiaville-sur-Meurthe, Vacqueville, Vallois, Vaxainville, Veney, Vennezey, Verdenal : zone de sismicité faible.

Meuse : tout le département zone de sismicité très faible.

Morbihan : tout le département zone de sismicité faible.

Moselle : tout le département zone de sismicité très faible, sauf :

– les communes d'Abreschviller, Arzviller, Baerenthal, Berling, Bitche, Bourscheid, Brouviller, Dabo, Danne-et-Quatre-Vents, Dannelbourg, Eguelshardt, Garrebourg, Guntzviller, Hangviller, Harreberg, Haselbourg, Henridorff, Hérange, Hommert, Hultehouse, Lutzelbourg, Mittelbronn, Mouterhouse, Phalsbourg, Philippsbourg, Plaine-de-Walsch, Roppeviller, Saint-Jean-Kourtzerode, Saint-Louis, Saint-Quirin, Sturzelbronn, Troisfontaines, Turquestein-Blancrupt, Vescheim, Vilsberg, Walscheid, Waltembourg, Wintersbourg, Zilling : zone de sismicité modérée ;

– les cantons de Rohrbach-lès-Bitche, Volmunster : zone de sismicité faible ;

– les communes d'Aspach, Barchain, Bébing, Berthelming, Bettborn, Bickenholtz, Bliesbruck, Brouderdorff, Buhl-Lorraine, Diane-Capelle, Dolving, Fénétrange, Fleisheim, Foulcrey, Fraquelfing, Goetzenbruck, Gondrexange, Gosselming, Hanviller, Hartzviller, Haspelschiedt, Hattigny, Haut-Clocher, Hellering-lès-Fénétrange, Héming, Hermelange, Hertzing, Hesse, Hilbesheim, Hommarting, Ibigny, Imling, Kerprich-aux-Bois, Lafrimbolle, Landange, Laneuveville-lès-Lorquin, Langatte, Lemberg, Liederschiedt, Lixheim, Lorquin, Meisenthal, Métairies- Saint-Quirin, Metting, Neufmoulins, Niderhoff, Niderviller, Niederstinzel, Nitting, Oberstinzel, Postroff, Réding, Reyersviller, Richeval, Romelfing, Saint-Georges, Saint-Jean-de-Bassel, Saint-Louis-lès-Bitche, Sarraltroff, Sarrebourg, Schalbach, Schneckenbusch, Schorbach, Vasperviller, Veckersviller, Vieux-Lixheim, Voyer, Wiesviller, Wittring, Woelfling-lès-Sarreguemines, Xouaxange : zone de sismicité faible.

Nièvre : tout le département zone de sismicité très faible, sauf :

– les communes d'Azy-le-Vif, Chantenay-Saint-Imbert, Dornes, Fleury-sur-Loire, Gimouille, Langeron, Livry, Lucenay-lès-Aix, Luzy, Magny-Cours, Mars-sur-Allier, Neuville-lès-Decize, Saincaize-Meauce, Saint-Parize-en-Viry, Saint-Parize-le-Châtel, Saint-Pierre-le-Moûtier, Saint-Seine, Tazilly, Ternant, Toury-Lurcy, Toury-sur-Jour, Tresnay : zone de sismicité faible.

Nord : tout le département zone de sismicité modérée, sauf :

– les cantons d'Armentières, Bailleul-Nord-Est, Bailleul-Sud-Ouest, Bassée (La), Bergues, Bourbourg, Cassel, Coudekerque-Branche, Cysoing, Douai-Nord, Douai-Nord-Est, Douai-Sud-Ouest, Dunkerque-Est, Dunkerque-Ouest, Grande-Synthe, Gravelines, Haubourdin, Hazebrouck-Nord, Hazebrouck-Sud, Hondschoote, Lannoy, Lille-Centre, Lille-Est, Lille-Nord, Lille-Nord-Est, Lille-Ouest, Lille-Sud, Lille-Sud-Est, Lille-Sud-Ouest, Lomme, Marcq-en-Barœul, Merville, Orchies, Pont-à-Marcq, Quesnoy-sur-Deûle, Roubaix-Centre, Roubaix-Est, Roubaix- Nord, Roubaix-Ouest, Seclin-Nord, Seclin-Sud, Steenvoorde, Tourcoing-Nord, Tourcoing-Nord-Est, Tourcoing-Sud, Villeneuve-d'Ascq-Nord, Villeneuve-d'Ascq-Sud, Wormhout : zone de sismicité faible ;

– les communes d'Anneux, Anor, Arleux, Baives, Banteux, Bantouzelle, Boursies, Bouvignies, Brillon, Brunémont, Bugnicourt, Busigny, Cantin, Clary, Dechy, Dehéries, Doignies, Douai, Écaillon, Élincourt, Erchin, Estrées, Étrœungt, Férin, Féron, Flesquières, Flines-lès-Mortagne, Floyon, Fourmies, Glageon, Gœulzin, Gonnelieu, Gouzeaucourt, Guesnain, Hamel, Honnechy, Honnecourt-sur-Escaut, Larouillies, Lecelles, Lécluse, Lewarde, Loffre, Malincourt, Marchiennes, Maretz, Masny, Maulde, Mazinghien, Mœuvres, Montigny-en-Ostrevent, Mortagne-du-Nord, Moustier-en-Fagne, Ohain, Pecquencourt, Rainsars, Rejet-de-Beaulieu, Ribécourt-la-Tour, Rieulay, Roucourt, Les Rues-des-Vignes, Rumegies, Sains-du-Nord, Saint-Souplet, Sars-et-Rosières, Thun-Saint-Amand, Tilloy-lez-Marchiennes, Trélon, Villers-au-Tertre, Villers-Guislain, Villers-Outréaux, Villers-Plouich, Vred, Wallers-en-Fagne, Wignehies : zone de sismicité faible.

Oise : tout le département zone de sismicité très faible.

Orne : tout le département zone de sismicité faible, sauf :

– les cantons d'Aigle-Est (L'), Aigle-Ouest (L'), Longny-au-Perche, Nocé, Rémalard, Theil (Le), Tourouvre : zone de sismicité très faible ;

– les communes d'Anceins, Appenai-sous-Bellême, Les Aspres, Auguaise, Avernes-Saint-Gourgon, Bellême, Bocquencé, Bonnefoi, Bonsmoulins, Le Bosc-Renoult, Brethel, Canapville, La Chapelle-Montligeon, La Chapelle-Souëf, La Chapelle-Viel, Corbon, Courgeon, Couvains, Dame-Marie, Feings, La Ferrière-au-Doyen, La Ferté-Frênel, Gauville, Les Genettes, Glos-la-Ferrière, La Gonfrière, Heugon, Igé, Mauves-sur-Huisne, Le Ménil-Bérard, Monnai, Pouvrai, Saint-Aquilin-de-Corbion, Saint-Aubin-de-Bonneval, Saint-Evroult-Notre-Dame-du-Bois, Saint-Germain-d'Aunay, Saint-Hilaire-sur-Risle, Saint-Mard-de-Réno, Saint-Nicolas-de-Sommaire, Saint-Ouen-de-la-Cour, Le Sap, Sérigny, Soligny-la-Trappe, Villers-en-Ouche, Villiers-sous-Mortagne : zone de sismicité très faible.

Pas-de-Calais : tout le département zone de sismicité faible, sauf :

– les cantons d'Auxi-le-Château, Berck, Hesdin, Montreuil, Pas-en-Artois : zone de sismicité très faible ;

– les communes d'Ablainzevelle, Achiet-le-Petit, Aix-en-Issart, Alette, Attin, Auchy-lès-Hesdin, Bailleulmont, Bailleulval, Barly, Bavincourt, Beaudricourt, Beaufort-Blavincourt, Beaurainville, Beauvois, Berlencourt-le-Cauroy, Bernes-au-Bois, Beutin, Blangerval-Blangermont, Boisjean, Bréxent-Énocq, Brimeux, Bucquoy, Buire-le- Sec, Buneville, Camiers, Campagne-lès-Hesdin, Canettemont, La Cauchie, Coullemont, Couturelle, Croisette, Dannes, Denier, Douchy-lès-Ayette, Douriez, Écoivres, Estrée, Estréelles, Estrée-Wamin, Étaples, Fillièvres, Fiers, Framecourt, Frencq, Fresnoy, Fressin, Galametz, Gouy-en-Artois, Gouy-Saint-André, Grand-Rullecourt, Grévillers, Grigny, Guinecourt, Hautecloque, Héricourt, La Herlière, Herlincourt, Herlin-le-Sec, Hesmond, Houvin- Houvigneul, Humières, Incourt, Inxent, Ivergny, Lebiez, Lefaux, Lespinoy, Liencourt, Ligny-Thilloy, Linzeux, Loison-sur-Créquoise, Longvilliers, Magnicourt-sur-Canche, Maintenay, Marant, Marenla, Maresquel-Ecquemicourt, Maresville, Marles-sur-Canche, Martinpuich, Moncheaux-lès-Frévent, Monchy-au-Bois, Montcavrel, Monts-en-Ternois, Morval, Neulette, Neuville-au-Cornet, Noyelles-lès-Humières, Nuncq-Hautecôte, Œuf-en-Ternois, Offin, Le Parcq, Le Quesnoy-en-Artois, Rebreuve-sur-Canche, Rebreuviette, Recques-sur-Course, Rollancourt, Roussent, Saint-Denœux, Saint-Georges, Saint-Rémy-au-Bois, Le Sars, Sars-le-Bois, Saulchoy, Saulty, Sempy, Séricourt, Sibiville, Sombrin, Le Souich, Sus-Saint-Léger, Le Transloy, Tubersent, Vacqueriette-Erquières, Vieil-Hesdin, Wail, Wamin, Warlencourt-Eaucourt, Warluzel, Willeman : zone de sismicité très faible ;

– les communes de Bourlon, Épinoy, Oisy-le-Verger, Sauchy-Lestrée : zone de sismicité modérée.

Puy-de-Dôme : tout le département zone de sismicité modérée, sauf :

– les cantons d'Arlanc, Bourg-Lastic, Herment, Montaigut, Pionsat, Pontaumur, Saint-Anthème, Tauves, Tour-d'Auvergne (La), Viverols : zone de sismicité faible ;

– les communes d'Ambert, Les Ancizes-Comps, Anzat-le-Luguet, Arconsat, Biollet, La Bourboule, Bromont-Lamothe, Chabreloche, Charensat, Cisternes-la-Forêt, Égliseneuve-d'Entraigues, Espinasse, Espinchal, La Forie, Gelles, La Godivelle, La Goutelle, Gouttières, Heume-l'Église, Job, Lachaux, Laqueuille, Marsac-en-Livradois, Menat, Mont-Dore, Montfermy, Murat-le-Quaire, Neuf-Église, Orcival, Perpezat, Rochefort-Montagne, Sainte-Christine, Saint-Jacques-d'Ambur, Saint-Julien-la-Geneste, Saint-Martin-des-Olmes, Saint-Pierre-la-Bourlhonne, Saint-Pierre-Roche, Saint-Priest-des-Champs, Sauret-Besserve, Teilhet, Valcivières : zone de sismicité faible.

Pyrénées-Atlantiques : tout le département zone de sismicité moyenne, sauf :

– les cantons d'Anglet-Nord, Anglet-Sud, Arzacq-Arraziguet, Bayonne-Est, Bayonne-Nord, Bayonne-Ouest, Biarritz-Est, Biarritz-Ouest, Bidache, Hendaye, Lembeye, Orthez, Saint-Jean-de-Luz, Saint-Pierre-d'Irube, Salies-de-Béarn, Thèze : zone de sismicité modérée ;

– les communes d'Abère, Abidos, Abitain, Ahetze, Anos, Arbonne, Arcangues, Argagnon, Arnos, Arraute-Charritte, Arthez-de-Béarn, Artix, Athos-Aspis, Baleix, Baliracq-Maumusson, Barinque, Bassussarry, La Bastide-Clairence, Bédeille, Bentayou-Sérée, Bernadets, Biron, Boueilh-Boueilho-Lasque, Bougarber, Boumourt, Briscous, Burgaronne, Burosse-Mendousse, Casteide-Cami, Casteide-Candau, Casteide-Doat, Castéra-Loubix, Castetbon, Castetner, Castetpugon, Castillon (Canton d'Arthez-de-Béarn), Caubios-Loos, Cescau, Conchez-de-Béarn, Diusse, Doazon, Escoubès, Gabaston, Garlin, Hagetaubin, Halsou, Higuères-Souye, L'Hôpital-d'Orion, Jatxou, Laà-Mondrans, Labastide-Monréjeau, Labatut, Labeyrie, Lacadée, Lacq, Lamayou, Lespourcy, Lombia, Loubieng, Mascaraàs-Haron, Maslacq, Masparraute, Maure, Mesplède, Momas, Monségur, Mont, Montaner, Mont-Disse, Mouhous, Oraàs, Orègue, Orion, Orriule, Os-Marsillon, Ozenx-Montestrucq, Ponson-Debat-Pouts, Ponson-Dessus, Pontiacq-Viellepinte, Portet, Ribarrouy, Riupeyrous, Saint-Armou, Saint-Castin, Saint-Jammes, Saint-Jean-Poudge, Saint-Laurent-Bretagne, Saint-Médard, Saint-Pée-sur-Nivelle, Sare, Sarpourenx, Saubole, Sauvagnon, Sauvelade, Sedze-Maubecq, Sedzère, Serres-Castet, Serres-Sainte-Marie, Tadousse-Ussau, Taron-Sadirac-Viellenave, Urdès, Urost, Urt, Ustaritz, Uzein, Vialer, Viellenave-d'Arthez : zone de sismicité modérée ;

– les communes d'Aubous, Aydie, Moncla : zone de sismicité faible.

Hautes-Pyrénées : tout le département zone de sismicité moyenne, sauf :

– les cantons d'Aureilhan, Galan, Pouyastruc, Rabastens-de-Bigorre, Trie-sur-Baïse, Vic-en-Bigorre : zone de sismicité modérée ;

– les communes d'Anères, Angos, Anla, Aries-Espénan, Arné, Aurensan, Aventignan, Barthe, Bazet, Bazordan, Bégole, Bernadets-Dessus, Bertren, Betbèze, Betpouy, Bordères-sur-l'Echez, Bordes, Burg, Caharet, Calavanté,

Campistrous, Campuzan, Cantaous, Castelnau-Magnoac, Castéra-Lanusse, Caubous, Caussade-Rivière, Cizos, Clarac, Clarens, Devèze, Escala, Estirac, Gaussan, Gayan, Goudon, Guizerix, Hachan, Hagedet, Izaourt, Lafitole, Lagarde, Lagrange, Lahitte-Toupière, Lalanne, Lanespède, Lannemezan, Laran, Larreule, Larroque, Lascazères, Lassales, Lespouey, Lhez, Lombrès, Loures-Barousse, Lutilhous, Madiran, Mascaras, Maubourguet, Mazères-de-Neste, Monléon-Magnoac, Monlong, Moulédous, Nestier, Organ, Orieux, Oroix, Oursbelille, Ozon, Péré, Peyraube, Peyret-Saint-André, Pinas, Pintac, Pouy, Puntous, Réjaumont, Ricaud, Saint-Laurent-de-Neste, Saint-Paul, Sariac-Magnoac, Sarniguet, Sarp, Sarrouilles, Sauveterre, Séméac, Séron, Sinzos, Sombrun, Soublecause, Tajan, Tarasteix, Tibiran-Jaunac, Tournay, Tuzaguet, Uglas, Vidouze, Vieuzos, Villefranque, Villemur : zone de sismicité modérée ;

– les communes d'Auriébat, Castelnau-Rivière-Basse, Casterets, Hères, Labatut-Rivière, Saint-Lanne, Thermes-Magnoac : zone de sismicité faible.

Pyrénées-Orientales : tout le département zone de sismicité modérée, sauf :

– les cantons d'Arles-sur-Tech, Mont-Louis, Olette, Prats-de-Mollo-la-Preste, Saillagouse : zone de sismicité moyenne ;

– les communes de Conat, Nohèdes, Urbanya : zone de sismicité moyenne.

Bas-Rhin : tout le département zone de sismicité modérée, sauf :

– le canton de Sarre-Union : zone de sismicité faible ;

– les communes d'Adamswiller, Asswiller, Baerendorf, Berg, Bettwiller, Burbach, Diemeringen, Drulingen, Durstel, Eschwiller, Eywiller, Frohmuhl, Goerlingen, Gungwiller, Hinsbourg, Hirschland, Kirrberg, Mackwiller, Ottwiller, Puberg, Rauwiller, Rexingen, Siewiller, Struth, Thal-Drulingen, Tieffenbach, Volksberg, Waldhambach, Weislingen, Weyer : zone de sismicité faible.

Haut-Rhin : tout le département zone de sismicité modérée, sauf :

– les cantons de Ferrette, Hirsingue, Huningue, Sierentz : zone de sismicité moyenne ;

– les communes d'Altenach, Altkirch, Aspach, Ballersdorf, Berentzwiller, Bruebach, Buethwiller, Carspach, Chavannes-sur-l'Étang, Dannemarie, Eglingen, Elbach, Emlingen, Flaxlanden, Franken, Gommersdorf, Hagenbach, Hausgauen, Heidwiller, Heiwiller, Hundsbach, Illfurth, Jettingen, Luemschwiller, Magny, Manspach, Montreux-Jeune, Montreux-Vieux, Obermorschwiller, Retzwiller, Romagny, Saint-Bernard, Schwoben, Spechbach-le-Bas, Tagolsheim, Tagsdorf, Traubach-le-Bas, Valdieu-Lutran, Walheim, Willer, Wittersdorf, Wolfersdorf, Zillisheim : zone de sismicité moyenne.

Rhône : tout le département zone de sismicité faible, sauf :

– les cantons de Bron, Décines-Charpieu, Meyzieu, Saint-Fons, Saint-Priest, Saint-Symphorien-d'Ozon, Vénissieux-Nord, Vénissieux-Sud : zone de sismicité modérée ;

– les communes de Ampuis, Condrieu, Échalas, Givors, Les Haies, Irigny, Loire-sur-Rhône, Pierre-Bénite, Saint-Cyr-sur-le-Rhône, Sainte-Colombe, Saint-Romain-en-Gal, Tupin-et-Semons, Vernaison : zone de sismicité modérée.

Haute-Saône : tout le département zone de sismicité modérée, sauf :

– les cantons d'Autrey-lès-Gray, Champlitte, Combeaufontaine, Dampierre-sur-Salon, Fresne-Saint-Mamès, Gray, Gy, Jussey, Marnay, Pesmes, Vitrey-sur-Mance : zone de sismicité faible ;

– les communes d'Alaincourt, Ambiévillers, Baulay, Boulot, Boult, Bucey-lès-Traves, Buffignécourt, Bussières, Buthiers, Chantes, Chassey-lès-Scey, Chaux-la-Lotière, Contréglise, Cordonnet, Ferrières-lès-Scey, Hurecourt, Montarlot-lès-Rioz, Montdoré, Montureux-lès-Baulay, Noidans-le-Ferroux, Ovanches, Perrouse, Polaincourt-et-Clairefontaine, Pont-du-Bois, Rupt-sur-Saône, Saponcourt, Scey-sur-Saône-et-Saint-Albin, Selles, Senoncourt, Sorans-lès-Breurey, Traves, Vauvillers, Venisey, Villers-Bouton, Voray-sur-l'Ognon, Vy-le-Ferroux, Vy-lès-Rupt : zone de sismicité faible.

Saône-et-Loire : tout le département zone de sismicité faible, sauf :

– le canton de Lucenay-l'Évêque : zone de sismicité très faible ;

– les communes de Brion, La Comelle, La Grande-Verrière, Laizy, Monthelon, Saint-Forgeot, Saint-Léger-sous-Beuvray, Saint-Prix, Tavernay : zone de sismicité très faible ;

– les communes de Beaurepaire-en-Bresse, Champagnat, Condal, Cuiseaux, Dommartin-lès-Cuiseaux, Le Fay, Flacey-en-Bresse, Frontenaud, Joudes, Le Miroir, Sagy, Saillenard, Savigny-en-Revermont : zone de sismicité modérée.

Sarthe : tout le département zone de sismicité faible, sauf :
– les cantons de Bouloire, Chartre-sur-le-Loir (La), Château-du-Loir, Ferté-Bernard (La), Grand-Lucé (Le), Mayet, Montmirail, Saint-Calais, Tuffé, Vibraye : zone de sismicité très faible ;
– les communes de Bonnétable, Le Breil-sur-Mérize, La Bruère-sur-Loir, Challes, La Chapelle-aux-Choux, Chenu, Connerré, Écommoy, Marigné-Laillé, Nogent-le-Bernard, Nuillé-le-Jalais, Parigné-l'Évêque, Saint-Georges-du-Rosay, Saint-Germain-d'Arcé, Saint-Mars-d'Outillé, Soulitré, Surfonds : zone de sismicité très faible.
Savoie : tout le département zone de sismicité moyenne, sauf :
– les cantons d'Aime, Bozel, Saint-Jean-de-Maurienne, Saint-Michel-de-Maurienne : zone de sismicité modérée ;
– les communes d'Aigueblanche, Aussois, Les Avanchers-Valmorel, Le Bois, Bonneval-sur-Arc, La Chambre, Chanaz, Les Chapelles, Les Chavannes-en-Maurienne, Fontaine-le-Puits, Fourneaux, Freney, Hautecour, Lanslevillard, Modane, Montaimont, Montgellafrey, Montvalezan, Motz, Moûtiers, Notre-Dame-du-Cruet, Notre-Dame-du-Pré, Ruffieux, Saint-Alban-des-Villards, Saint-André, Saint-Avre, Saint-Colomban-des-Villards, Sainte-Foy-Tarentaise, Sainte-Marie-de-Cuines, Saint-Étienne-de-Cuines, Saint-François-Longchamp, Saint-Jean-de-Belleville, Saint-Marcel, Saint-Martin-de-Belleville, Saint-Martin-sur-la-Chambre, Saint-Oyen, Salins-les-Thermes, Séez, Serrières-en-Chautagne, Sollières-Sardières, Termignon, Tignes, Val-d'Isère, Villarlurin, Villarodin-Bourget, Villaroger, Vions : zone de sismicité modérée.
Haute-Savoie : tout le département zone de sismicité moyenne, sauf :
– les cantons de Frangy, Seyssel : zone de sismicité modérée ;
– les communes d'Andilly, Cernex, Chênex, Chevrier, Crempigny-Bonneguête, Dingy-en-Vuache, Feigères, Jonzier-épagny, Lornay, Mésigny, Neydens, Présilly, Saint-Julien-en-Genevois, Sallenôves, Savigny, Val-de-Fier, Valleiry, Vers, Versonnex, Viry, Vulbens : zone de sismicité modérée.
Paris : tout le département zone de sismicité très faible.
Seine-Maritime : tout le département zone de sismicité très faible.
Seine-et-Marne : tout le département zone de sismicité très faible.
Yvelines : tout le département zone de sismicité très faible.
Deux-Sèvres : tout le département zone de sismicité modérée.
Somme : tout le département zone de sismicité très faible, sauf :
– les communes d'Aizecourt-le-Bas, Épehy, Équancourt, Étricourt-Manancourt, Fins, Guyencourt-Saulcourt, Heudicourt, Liéramont, Mesnil-en-Arrouaise, Nurlu, Ronssoy, Sorel, Templeux-le-Guérard, Villers-Faucon : zone de sismicité faible.
Tarn : tout le département zone de sismicité très faible.
Tarn-et-Garonne : tout le département zone de sismicité très faible.
Var : tout le département zone de sismicité faible, sauf :
– les cantons d'Aups, Callas, Fayence, Salernes : zone de sismicité modérée ;
– les communes de Bargème, La Bastide, Le Bourguet, Brenon, Châteauvieux, La Martre, Trigance, Vinon-sur-Verdon : zone de sismicité moyenne ;
– les communes des Adrets-de-l'Estérel, Ampus, Artignosc-sur-Verdon, Bagnols-en-Forêt, Comps-sur-Artuby, Draguignan, Flayosc, Ginasservis, Moissac-Bellevue, Montmeyan, Régusse, Rians, La Roque-Esclapon, Saint-Julien : zone de sismicité modérée.
Vaucluse : tout le département [zone de sismicité] modérée, sauf :
– le canton de Pertuis : zone de sismicité moyenne ;
– les communes d'Auribeau, Bonnieux, Buoux, Cadenet, Caseneuve, Castellet, Cucuron, Lauris, Lourmarin, Puget, Puyvert, Saignon, Saint-Martin-de-Castillon, Sivergues, Vaugines, Villelaure : zone de sismicité moyenne.
Vendée : tout le département zone de sismicité modérée.
Vienne : tout le département zone de sismicité modérée, sauf :
– les cantons d'Availles-Limouzine, Chauvigny, Isle-Jourdain (L'), Lussac-les-Châteaux, Montmorillon, Saint-Savin, Trimouille (La) : zone de sismicité faible ;
– les communes d'Asnois, Brion, La Chapelle-Bâton, Charroux, Chatain, Château-Garnier, Joussé, Payroux, Pleumartin, Port-de-Piles, La Puye, La Roche-Posay, Saint-Romain, Saint-Secondin, Surin, Usson-du-Poitou, Vicq-sur-Gartempe : zone de sismicité faible.
Haute-Vienne : tout le département en zone de sismicité faible, sauf :
– le canton de Saint-Germain-les-Belles : zone de sismicité très faible ;

– les communes de Beaumont-du-Lac, Châteauneuf-la-Forêt, Coussac-Bonneval, La Croisille-sur-Briance, Domps, Eymoutiers, Glandon, Nedde, Neuvic-Entier, Rempnat, Sainte-Anne-Saint-Priest, Saint-Gilles-les-Forêts, Saint-Méard, Saint-Yrieix-la-Perche, Surdoux, Sussac : zone de sismicité très faible.

Vosges : tout le département zone de sismicité modérée, sauf :

– les cantons de Bulgnéville, Châtenois, Coussey, Neufchâteau : zone de sismicité très faible ;

– les cantons de Darney, Monthureux-sur-Saône : zone de sismicité faible ;

– les communes d'Ambacourt, Avrainville, Battexey, Baudricourt, Bettoncourt, Biécourt, Blémerey, Blevaincourt, Boulaincourt, Chamagne, Charmes, Chauffecourt, Chef-Haut, Contrexéville, Damblain, Dombasle-en-Xaintois, Domjulien, Domvallier, Florémont, Frenelle-la-Grande, Frenelle-la-Petite, Gemmelaincourt, Gircourt-lès-Viéville, Hergugney, Juvaincourt, Marainville-sur-Madon, Martigny-les-Bains, Mazirot, Ménil-en-Xaintois, Mirecourt, Oëlleville, Offroicourt, Pont-sur-Madon, Poussay, Puzieux, Ramecourt, Remicourt, Repel, Robécourt, Rocourt, Romain-aux-Bois, Rouvres-en-Xaintois, Rozières-sur-Mouzon, Saint-Menge, Saint-Prancher, Savigny, Socourt, They-sous-Montfort, Thiraucourt, Tollaincourt, Totainville, Villotte, Vittel, Viviers-lès-Offroicourt, Vomécourt-sur-Madon, Xaronval : zone de sismicité très faible ;

– les communes des Ableuvenettes, Ahéville, Ainvelle, Anglemont, Avillers, Badménil-aux-Bois, Bainville-aux-Saules, Bazegney, Bazien, Bazoilles-et-Ménil, Begnécourt, Bettegney-Saint-Brice, Bocquegney, Bouxières-aux-Bois, Bouxurulles, Bouzemont, Brantigny, Brû, Bult, Celles-sur-Plaine, Châtel-sur-Moselle, Châtillon-sur-Saône, Circourt, Clézentaine, Damas-aux-Bois, Damas-et-Bettegney, Deinvillers, Derbamont, Dombrot-le-Sec, Domèvre-sous-Montfort, Domèvre-sur-Durbion, Dompaire, Domptail, Doncières, Essegney, Estrennes, Évaux-et-Ménil, Fauconcourt, Fouchécourt, Frain, Frizon, Gelvécourt-et-Adompt, Gigney, Gorhey, Grandrupt-de-Bains, Grignoncourt, Gugney-aux-Aulx, Hadigny-les-Verrières, Hagécourt, Haillainville, Hardancourt, Haréville, Hennecourt, Hymont, Igney, Isches, Jorxey, Lamarche, Langley, Légéville-et-Bonfays, Lignéville, Lironcourt, Madecourt, Madegney, Madonne-et-Lamerey, Marey, Maroncourt, Mattaincourt, Mazeley, Ménarmont, Ménil-sur-Belvitte, Monthureux-le-Sec, Mont-lès-Lamarche, Moriville, Morizécourt, Moyemont, La Neuveville-sous-Montfort, Nomexy, Nossoncourt, Oncourt, Ortoncourt, Pallegney, Portieux, Racécourt, Rambervillers, Rancourt, Raon-l'Étape, Rapey, Regney, Rehaincourt, Remoncourt, Romont, Roville-aux-Chênes, Rozerotte, Rugney, Saint-Benoît-la-Chipotte, Sainte-Barbe, Saint-Genest, Saint-Julien, Saint-Maurice-sur-Mortagne, Saint-Pierremont, Saint-Vallier, Senaide, Serécourt, Serocourt, Les Thons, Thuillières, Tignécourt, Ubexy, Valfroicourt, Valleroy-aux-Saules, Valleroy-le-Sec, Varmonzey, Vaubexy, Vaxoncourt, Velotte-et-Tatignécourt, Villers, Ville-sur-Illon, Vincey, Vioménil, Vomécourt, Vroville, Xaffévillers, Zincourt : zone de sismicité faible.

Yonne : tout le département zone de sismicité très faible.

Territoire de Belfort : tout le département zone de sismicité modérée, sauf :

– les cantons de Beaucourt, Delle : zone de sismicité moyenne ;

– les communes d'Autrechêne, Boron, Brebotte, Bretagne, Chavanatte, Chavannes-les-Grands, Cunelières, Foussemagne, Froidefontaine, Grandvillars, Grosne, Méziré, Montreux-Château, Morvillars, Novillard, Petit-Croix, Recouvrance, Suarce, Vellescot : zone de sismicité moyenne.

Essonne : tout le département zone de sismicité très faible.

Hauts-de-Seine : tout le département zone de sismicité très faible.

Seine-Saint-Denis : tout le département zone de sismicité très faible.

Val-de-Marne : tout le département zone de sismicité très faible.

Val-d'Oise : tout le département zone de sismicité très faible.

Guadeloupe : tout le département zone de sismicité fort[e].

Martinique : tout le département zone de sismicité fort[e].

Guyane : tout le département zone de sismicité très faible.

La Réunion : tout le département zone de sismicité faible.

Saint-Pierre-et-Miquelon : toute la collectivité zone de sismicité très faible.

Mayotte : toute la collectivité zone de sismicité modérée.

Saint-Martin : toute la collectivité zone de sismicité fort[e].

Sous-section 2. – Prévention du risque cyclonique
(D. n° 2023-1087, 23 nov. 2023)

Art. R. 563-8-2 *(D. n° 2023-1087, 23 nov. 2023)*. **– Les bâtiments soumis à des règles particulières de construction destinées à prévenir le risque cyclonique et les principes de détermination de ces règles paracycloniques sont définis aux articles R. 132-2-1 à R. 132-2-5 du Code de la construction et de l'habitation.**

CHAPITRE III

Section I

ANNEXE À L'ARTICLE R. 563-4 [DU CODE DE L'ENVIRONNEMENT]

(Abr. à compter du 1er mai 2011, D. n° 2010-1254, 22 oct. 2010. – V. désormais C. env., art. D. 563-8-1)

Section II. – Prévention du risque volcanique

Art. D. 563-9. – Les communes particulièrement exposées à un risque d'éruption volcanique où sont applicables les dispositions des articles R. 125-9 à R. 125-14 sont celles qui figurent au tableau ci-après.

Tableau de l'article D. 563-9

Listes des communes particulièrement exposées à un risque d'éruption volcanique

Outre-mer

DÉPARTEMENTS	COMMUNES
La Réunion (volcan du piton de la Fournaise).	Saint-Philippe. Sainte-Rose. Saint-Joseph. Saint-Benoît. La Plaine-des-Palmistes. Le Tampon. Petite-Île. Entre-Deux. Saint-Louis.
La Guadeloupe (volcan de la Soufrière).	Trois-Rivières. Capesterre-Belle-Eau. Baillif. Gourbeyre. Basse-Terre. Saint-Claude. Vieux-Habitants. Goyave. Petit-Bourg. Vieux-Fort. Bouillante.
La Martinique (volcan de la montagne Pelée).	Grand-Rivière. Basse-Pointe. Le Lorrain. Le Prêcheur. Macouba. L'Ajoupa-Bouillon.

DÉPARTEMENTS	COMMUNES
	Saint-Pierre. Le Morne rouge. Le Carbet Fonds-Saint-Denis. Le Marigot. Le Morne-Vert. Belle-Fontaine. Case-Pilote. Sainte-Marie. La Trinité. Gros-Morne. Saint-Joseph. Schoelcher. Fort-de-France.

Section III. – Prévention du risque d'effondrement de cavités souterraines ou de marnières

Art. R. 563-10. – Est puni de l'amende prévue pour les contraventions de la troisième classe le fait, pour toute personne possédant des documents ayant trait à l'existence d'une cavité souterraine ou d'une marnière dont l'effondrement est susceptible de porter atteinte aux personnes ou aux biens, de refuser d'en transmettre copie au maire en méconnaissance des dispositions de l'article L. 563-6.

Section IV. – Prévention du risque d'inondation

Bibliographie : C. Cans, J.-M. Pontier et T. Touret, *Xynthia, ou l'incurie fautive d'un maire obstiné : AJDA* 2015, n° 7/2015. • R. Romi, *Xynthia, au-delà des états d'âme : Dr. env.* janv. 2015, n° 230. • F. Lesigne, *De la loi littoral à la prévention du risque d'inondation : AJDA* 2011, n° 31, étude, p. 1767.

1) Responsabilité (non). La rupture d'une digue lors d'une crue dépassant les hypothèses retenues à la conception ne caractérise pas un défaut d'entretien normal pouvant engager la responsabilité du gestionnaire de l'ouvrage public à l'égard des usagers (▪ CAA Marseille, 5 nov. 2012, n° 09MA01880, *GFA de Clairefarine*).

2) Responsabilité de l'État (non). Dégâts causés à un camping par le débordement d'un cours d'eau. Ce camping figure sur la liste des campings à risque naturel, classé par le PPRN en zone de risque à fort débordement torrentiel avec charriage de matériaux solides. Le préfet avait autorisé une plage de dépôts de sables et graviers (aire de stockage visant à provoquer le dépôt des matériaux transportés par les eaux de crues), la mise en place d'opérations de curage d'entretien et prescrit des mesures de surveillance et d'entretien des digues (▪ CAA Lyon, 12 janv. 2016, n° 14LY00405, *Cne de Chamonix-Mont-Blanc*).

(oui) La responsabilité du département est engagée en raison d'inondations d'une pépinière car les ouvrages hydrauliques soutenant la ligne TGV avaient canalisé et accéléré le débit d'évacuation des eaux pluviales en direction de l'exploitation et que ces ouvrages ont accru la vitesse d'écoulement des eaux et aggravé les dégâts (▪ CE, 12 mars 2014, n° 350065, *SARL Pépinières Garcin*).

3) Préjudice anormal et spécial (oui). Le propriétaire d'un terrain situé à proximité d'un fleuve dont les digues ont été renforcées et abaissées afin de permettre, en cas de crue, un déversement vers des zones d'expansion agricoles ou naturelles, peut subir un préjudice anormal et spécial pouvant ouvrir droit à réparation si les travaux ont accru significativement le risque d'inondation sur la propriété des requérants (▪ CE, 15 févr 2013, n° 350823, *Syndicat mixte interdépartemental d'aménagement et de mise en valeur du Vidourle* ; J.-M. Février, *Travaux publics sur une digue et responsabilité : Environnement* avr. 2013, n° 4).

4) Indemnisation de la perte de valeur vénale de la propriété résultant d'une exposition accrue aux risques d'inondation, même en l'absence de mise en vente de leur bien (■ CE, 7 déc. 2015, n° 373381, *SIAV*).

Art. R. 563-11. – Les zones exposées au risque d'inondation doivent comporter un nombre de repères de crues qui tient compte de la configuration des lieux, de la fréquence et de l'ampleur des inondations et de l'importance de la population fréquentant la zone.

Art. R. 563-12. – Les repères de crues sont répartis sur l'ensemble du territoire de la commune exposé aux crues et sont visibles depuis la voie publique. Leur implantation s'effectue prioritairement dans les espaces publics, notamment aux principaux points d'accès des édifices publics fréquentés par la population.

Art. R. 563-13. – Sans préjudice des dispositions de la loi n° 43-374 du 6 juillet 1943 modifiée relative à l'exécution des travaux géodésiques et cadastraux et à la conservation des signaux, bornes et repères, un arrêté conjoint du ministre chargé de la prévention des risques majeurs et du ministre chargé des collectivités locales fixe les modalités d'information des propriétaires ou gestionnaires d'immeubles concernés par la matérialisation, l'entretien ou la protection des repères de crues.

Art. R. 563-14. – Les repères des crues indiquent le niveau atteint par les plus hautes eaux connues. Les repères établis postérieurement au 16 mars 2005 sont conformes au modèle défini par un arrêté conjoint du ministre chargé de la prévention des risques majeurs et du ministre chargé de la sécurité civile.

Art. R. 563-15. – La liste des repères de crues existant sur le territoire de la commune et l'indication de leur implantation ou la carte correspondante sont incluses dans le document d'information communal sur les risques majeurs prévu à l'article R. 125-11.

Section V – Communication et captation de données intéressant la sécurité des personnes et des biens

(D. n° 2008-5, 2 janv. 2008 (1) ; intitulé mod., D. n° 2022-1638, 22 déc. 2022)

Art. R. 563-16 ***(D. n° 2008-5, 2 janv. 2008)*****. – Sans préjudice des dispositions prévues par les articles L. 564-1 à L. 564-3, les collectivités territoriales ou leurs groupements ont gratuitement accès, sur leur demande motivée par la sécurité des personnes et des biens conformément à l'article L. 563-5, aux données dont disposent l'État et ses établissements publics pour mettre en œuvre les mesures de prévention des risques naturels majeurs relevant de leurs compétences.**

À cette seule fin, et sous réserve des droits des tiers, sont gratuitement communicables à ces collectivités ou à leurs groupements les données physiques brutes issues de capteurs, à l'exception des données satellitaires, et corrigées des erreurs manifestes recueillies par l'État et ses établissements publics, qui ne leur sont pas déjà accessibles gratuitement et dont l'utilisation leur est nécessaire pour :

1° Élaborer les cartographies informatives et réglementaires des risques naturels majeurs dont la réalisation leur incombe en application du Code de l'environnement et du Code de l'urbanisme ;

2° Préparer et prendre les mesures de police leur incombant en application du Code général des collectivités territoriales, du Code de l'environnement et de la loi n° 2004-811 du 13 août 2004 de modernisation de la sécurité civile ;

3° Réaliser les travaux et ouvrages de protection contre les risques dont ils assurent la maîtrise d'ouvrage ;

4° Intégrer la prévention des risques dans leurs projets d'aménagements et d'équipements.

Art. R. 563-17 ***(D. n° 2008-5, 2 janv. 2008)*****. – La demande des collectivités territoriales ou de leurs groupements est adressée, selon les cas, au préfet du département concerné ou au représentant territorialement compétent de l'établissement public.**

La demande précise la nature des données sollicitées, celui ou ceux des usages prévus à l'article R. 563-16 qui en motive le besoin et les conditions de leur utilisation.

(1) Dispositions applicables à Mayotte, D. n° 2008-5, 2 janv. 2008, art. 2.

Cette demande fait l'objet de la part du préfet ou du représentant de l'établissement public qui l'a reçue d'un accusé de réception. Cet accusé de réception précise :

1° La date de réception de la demande ;

2° Si la demande a été adressée à l'autorité compétente ;

3° La désignation et les coordonnées du service chargé de la traiter ;

4° Les délais et voies de recours, si la demande est susceptible de donner lieu à une décision implicite de rejet.

Art. R. 563-18 *(D. n° 2008-5, 2 janv. 2008)*. – L'accès des collectivités territoriales ou de leurs groupements aux données mentionnées à l'article R. 563-16 s'exerce, au choix du demandeur et dans la limite des possibilités techniques du service ou de l'établissement concerné :

1° Par consultation gratuite sur place, sauf si la préservation du document ne le permet pas ;

2° Sous réserve que la reproduction ne nuise pas à la conservation du document, par la délivrance d'une copie sur un support identique à celui utilisé par le service ou l'établissement ou compatible avec celui-ci et aux frais du demandeur, sans que ces frais puissent excéder le coût de cette reproduction, dans les conditions prévues à l'article R. 563-19 ;

3° Par courrier électronique et sans frais autres que ceux mentionnés à l'article R. 563-19, lorsque le document est disponible sous forme électronique.

Art. R. 563-19 *(D. n° 2008-5, 2 janv. 2008)*. – À l'occasion de la fourniture des données sollicitées, des frais correspondant au coût de reproduction et, le cas échéant, de transmission de celles-ci peuvent être mis à la charge du demandeur.

Pour le calcul de ces frais sont pris en compte les coûts d'amortissement du matériel utilisé pour la reproduction ou la transmission des données, les coûts de fonctionnement générés pour la reproduction ou la mise à disposition électronique des données, ainsi que les coûts du support fourni au demandeur et le cas échéant de l'affranchissement postal.

La collectivité ou le groupement est avisé du montant total des frais à acquitter dont le paiement préalable peut être exigé.

Art. R. 563-20 *(D. n° 2008-5, 2 janv. 2008)*. – La mise à disposition de données en application de l'article L. 563-5 peut faire l'objet, à l'initiative de l'État ou de l'établissement public fournisseur de ces données, d'une convention avec la collectivité territoriale ou le groupement demandeur.

Cette convention précise les conditions de mise à disposition et d'utilisation des données et rappelle les obligations de confidentialité ou de non-réutilisation auxquelles est tenu la collectivité ou le groupement utilisateur ainsi que la responsabilité incombant à cette collectivité ou ce groupement à l'occasion de litiges ou de préjudices susceptibles d'être générés par l'utilisation des données.

Elle précise également les frais de reproduction et de transmission mis à la charge du demandeur conformément à l'article R. 563-19.

Art. R. 563-21 *(D. n° 2022-1638, 22 déc. 2022)*. – En application de l'article L. 125-2-2, les services de l'État, les collectivités territoriales et leurs établissements publics chargés de la prévention des risques naturels peuvent mettre en œuvre des traitements de données, provenant des caméras et capteurs installés sur des aéronefs circulant sans personne à bord et opérés par un télépilote, captées en tous lieux pertinents pour la connaissance et la prévention des risques naturels tels que :

1° Les niveaux d'eau ou des laisses de crue pendant ou à la suite d'une inondation ainsi que la délimitation d'emprises inondées. Sont considérées comme une inondation, les débordements de cours d'eau, y compris torrentiels, les submersions marines, les phénomènes de ruissellement et les remontées de nappe ;

2° Les phénomènes volcaniques et les indices physiques tel que des émissions de gaz ou des élévations de température permettant d'anticiper la survenue d'un phénomène volcanique ;

3° Les incendies ;

4° La position du trait de côte et les mouvements hydro-sédimentaires entraînant l'érosion du littoral ;

5° Les mouvements de terrain, les mouvements glaciaires ou périglaciaires et les niveaux des manteaux neigeux dans les zones où sont susceptibles de se produire des avalanches ;

6° Les crues ou submersions marines pouvant avoir une incidence sur les ouvrages hydrauliques relevant des rubriques 3.2.5.0. et 3.2.6.0. de la nomenclature annexée à l'article R. 214-1 du présent code ou autorisés ou concédés en application du titre Ier du livre V du Code de l'énergie.

Art. R. 563-22 *(D. n° 2022-1638, 22 déc. 2022)*. – I. – Peuvent être enregistrées dans les traitements mentionnés à l'article R. 563-21 les informations et les données à caractère personnel suivantes :

1° Les images et données physiques telles que les distances, aires, volumes mesurés ou calculés, températures des milieux ou des surfaces d'installations, captées par les caméras et capteurs installés sur des aéronefs ;

2° Le jour, la plage horaire ainsi que le lieu ou la zone géographique de captation des données ;

3° Les nom, prénom et service d'appartenance des agents responsables de l'aéronef lors de la captation des données ainsi que, le cas échéant, leur matricule ou tout autre numéro identifiant.

II. – Il est interdit de procéder à l'analyse des images issues des caméras des aéronefs circulant sans personne à bord au moyen de dispositifs automatisés de reconnaissance faciale, ainsi qu'à des interconnexions et des rapprochements des données à caractère personnel issues de ces traitements avec d'autres traitements de données à caractère personnel.

Art. R. 563-23 *(D. n° 2022-1638, 22 déc. 2022)*. – I. – Peuvent accéder, à raison de leurs attributions et dans la limite du besoin d'en connaître, à tout ou partie des données et informations mentionnées à l'article R. 563-22 :

1° Le chef de service de l'État, de la collectivité territoriale ou de l'établissement public mentionné à l'article R. 563-21 mettant en œuvre le traitement ;

2° Les agents individuellement désignés et spécialement habilités par le chef de service de l'État, de la collectivité territoriale ou de l'établissement public mettant en œuvre le traitement.

Le chef de service veille à ce que l'habilitation ne puisse être délivrée qu'à des agents ayant suivi une formation relative au survol d'espaces publics et privés ainsi qu'à la gestion des données et à la conservation des enregistrements. Il peut procéder au retrait de l'habilitation s'il constate que les conditions ne sont plus réunies.

II. – Un arrêté du ministre chargé de l'environnement désigne les services de l'État et définit les collectivités territoriales et établissements publics dont les agents peuvent être destinataires des données provenant des caméras et capteurs installés sur des aéronefs circulant sans personne à bord, à raison de leurs attributions, de leur capacité d'expertise ou des nécessités de leur formation pour la prévention des risques naturels et dans la limite du besoin d'en connaître.

Ces destinataires reçoivent une formation préalable relative à la protection des données personnelles.

Art. R. 563-24 *(D. n° 2022-1638, 22 déc. 2022)*. – Les opérations de collecte, de modification, de consultation, de communication et d'effacement des données à caractère personnel font l'objet d'un enregistrement comprenant l'identifiant de l'auteur, la date, l'heure et le motif de l'opération.

Art. R. 563-25 *(D. n° 2022-1638, 22 déc. 2022)*. – Une information préalable au survol par l'aéronef circulant sans personne à bord est publiée sur le site des services de l'État dans le département au moins quarante-huit heures avant le début des opérations de survol.

Lorsque l'urgence de la situation tenant à la nature des risques ne permet pas de procéder à l'information préalablement au survol, cette information est réalisée et publiée dans les meilleurs délais.

Art. R. 563-26 *(D. n° 2022-1638, 22 déc. 2022)*. – Les droits d'accès, de rectification et à la limitation des données s'exercent auprès du responsable de chacun des traitements mis en œuvre sur le fondement de l'article R. 563-21, dans les conditions prévues aux articles 14 à 16 et 18 du règlement (UE) 2016/679 du 27 avril 2016 relatif à la protection des personnes physiques à l'égard du traitement des données à caractère personnel et à la libre circulation de ces données, et abrogeant la directive 95/46/CE. L'information mentionnée à l'article R. 563-25 précise l'identité du responsable de traitement et ses coordonnées.

Le droit d'opposition prévu à l'article 21 du règlement mentionné à l'alinéa précédent ne s'applique pas aux traitements mentionnés à l'article R. 563-21, en vertu du h du paragraphe 1 de l'article 23 de ce règlement.

Art. R. 563-27 *(D. n° 2022-1638, 22 déc. 2022)*. – La doctrine d'usage, prévue au troisième alinéa de l'article L. 125-2-2, précise, en tant que de besoin, les modalités d'application des articles R. 563-21 à R. 563-26. Elle est publiée au *bulletin officiel* du ministère chargé de l'environnement.

Section 6. – Prévention des atteintes aux réseaux liées à des risques naturels

(D. n° 2022-1077, 28 juill. 2022)

Art. R. 563-30 *(D. n° 2022-1077, 28 juill. 2022 ; mod., D. n° 2022-1385, 31 oct. 2022).* – Dans les territoires visés par l'article R. 732-4-1 du Code de la sécurité intérieure, le préfet de département peut prescrire par arrêté à tout exploitant de service ou réseau mentionné à l'article L. 732-1 du même code, après avoir recueilli l'avis de l'autorité qui a délégué ce service, de lui remettre les documents prévus aux 1° à 4° de l'article L. 732-2-1 de ce même code dans un délai qu'il définit. Le préfet de département en informe le cas échéant l'autorité qui a délégué le service, à laquelle ces documents sont également transmis.

Art. R. 563-31 *(D. n° 2022-1077, 28 juill. 2022 ; mod., D. n° 2022-1385, 31 oct. 2022).* – Dans l'arrêté de prescription mentionné à l'article R. 563-30, le préfet de département précise les scénarios de référence à prendre en compte par l'exploitant de service ou réseau conformément au présent article :

1° Pour les territoires dans lesquels il existe un risque important d'inondation, les scénarios de référence sont ceux mentionnés au I de l'article R. 566-6 ;

2° Pour les zones de sismicité 4 et 5, les scénarios de référence correspondent aux actions des séismes à prendre en compte au sens du II de l'article R. 563-5 ;

3° Pour les départements, régions et collectivités territoriales d'outre-mer exposés à un risque de vents cycloniques, les scénarios de référence sont définis dans un arrêté des ministres chargés de l'environnement et du logement ;

4° Dans les territoires définis sur le fondement de l'article L. 133-1 du Code forestier, le scénario de référence est celui, précisé par le préfet de département, d'un incendie de forêt ou d'un feu dans un espace rural ou périurbain, qui se produit dans une zone vulnérable identifiée dans un plan de protection des forêts contre les incendies établi en application de l'article L. 133-2 du même code et dont l'ampleur est de nature à endommager gravement les infrastructures assurant le bon fonctionnement des services répondant aux besoins prioritaires de la population mentionnés à l'article L. 732-1 du Code de la sécurité intérieure ou à provoquer une interruption d'une durée significative de ces services ;

5° Dans les territoires définis sur le fondement de l'article L. 132-1 du Code forestier, le scénario de référence est celui, précisé par le préfet de département, d'un incendie de forêt, d'un feu de bois ou d'un feu dans un espace rural ou périurbain, qui se produit dans un massif forestier identifié en application de l'article R. 132-1 du même code, dont l'ampleur est de nature à endommager gravement les infrastructures assurant le bon fonctionnement des services répondant aux besoins prioritaires de la population mentionnés à l'article L. 732-1 du Code de la sécurité civile ou à provoquer une interruption d'une durée significative de ces services.

Art. R. 563-32 *(D. n° 2022-1077, 28 juill. 2022 ; mod., D. n° 2022-1385, 31 oct. 2022).* – Le diagnostic de vulnérabilité mentionné au 1° de l'article L. 732-2-1 du Code de la sécurité intérieure contient une identification des points de vulnérabilité des réseaux et des installations nécessaires à leur fonctionnement.

Pour le scénario de référence défini au 1° de l'article R. 563-31, le diagnostic de vulnérabilité comprend également une cartographie de ces points de vulnérabilité ainsi que des zones d'habitation ou d'activité impactées par les défaillances du réseau. le préfet de département peut demander que la cartographie réalisée par un opérateur prenne en compte les défaillances occasionnées par l'interdépendance des réseaux ; il transmet alors la cartographie du ou des opérateurs à prendre en compte.

Le programme des investissements prioritaires mentionné au 4° de l'article L. 732-2-1 du Code de la sécurité intérieure détaille les travaux qui améliorent la résilience du réseau pour faire face aux scénarios de référence et réduisent les zones d'habitation ou d'activités impactées par les défaillances du réseau selon ces scénarios, les délais de réalisation prévisionnels et le montant des investissements associés.

Le cas échéant, l'exploitant de service ou de réseau peut étayer les justificatifs qu'il apporte conformément au présent article par les dispositions qu'il a prises en vertu d'autres obligations légales, notamment celles découlant de l'article L. 1332-1 du Code de la défense.

Art. R. 563-33 *(D. n° 2022-1077, 28 juill. 2022 ; mod., D. n° 2022-1385, 31 oct. 2022).* – Le préfet de département fait part de ses observations à l'exploitant de service ou de réseau dans les trois mois suivant la réception des documents prévus aux 1° à 4° de l'article L. 732-2-1 du Code de la sécurité intérieure, ainsi qu'à l'autorité qui a délégué le service.

Art. R. 563-34 *(D. n° 2022-1077, 28 juill. 2022 ; mod., D. n° 2022-1385, 31 oct. 2022).* **– À la suite d'une interruption totale ou partielle d'un service due à un évènement naturel ayant conduit à ne plus pouvoir répondre aux besoins prioritaires de la population, le préfet de département peut demander l'actualisation des documents prévus aux 1° à 4° de l'article L. 732-2-1 du Code de la sécurité intérieure dans les conditions fixées par les articles R. 563-30 à R. 563-33.**

CHAPITRE IV. – PRÉVISION DES CRUES

(Rempl., D. n° 2023-284, 18 avr. 2023)

Section 1 – Principes généraux d'organisation

Art. R. 564-1 *(Rempl., D. n° 2023-284, 18 avr. 2023).* **– La mission générale de surveillance, de prévision et de transmission de l'information sur les crues incombant à l'État, en vertu de l'article L. 564-1, est assurée, en métropole, par les services de prévision des crues des services déconcentrés ou des établissements publics et, dans les départements d'outre-mer, par les cellules de veille hydrologique.**

Un arrêté du ministre chargé de la prévention des risques majeurs désigne, dans chacun des bassins délimités en application de l'article L. 212-1, le ou les services de prévision des crues, la ou les cellules de veille hydrologiques auxquels cette mission est confiée. Il définit leur zone de compétence à partir des sous-bassins hydrographiques et détermine leurs attributions. Il désigne les préfets sous l'autorité desquels ils sont placés.

Voir : V. A. 15 févr. 2005 relatif aux schémas directeurs de prévision des crues et aux règlements de surveillance et de prévision des crues et à la transmission de l'information correspondante (NOR : DEVO0540088A) et A. 4 juin 2013 attribuant à certains services déconcentrés ou établissements publics une compétence interdépartementale en matière de prévision des crues (NOR : DEVK1303926A) (*JO* 26 juin 2013).

Absence de faute de l'État dans ses obligations en matière de prévention des crues dans la mesure où les dispositions n'existaient pas lorsque les requérants ont fait l'acquisition de leur camping, que le schéma directeur a été approuvé postérieurement et que le lien de causalité n'est pas établi (■ CAA Bordeaux, 24 juin 2019, n° 17BX01819).

Art. R. 564-2 *(Rempl., D. n° 2023-284, 18 avr. 2023).* **– L'État met également en place, en application de l'article L. 564-1, un dispositif national de vigilance en matière de crues, assurant, notamment, la transmission aux préfets, maires et services concernés des informations de prévision et de suivi des crues leur permettant de répondre aux situations de crise ainsi que l'information des populations au moyen de bulletins d'information sur le niveau de danger des crues et de conseils de comportement.**

Voir : V. Circ. 4 nov. 2010 relative à l'évolution de l'organisation pour la prévision des crues et l'hydrométrie (NOR : DEVP1023695C) (*BO min. Écologie* n° 2010/21, 25 nov. 2010).

Art. R. 564-3 *(Rempl., D. n° 2023-284, 18 avr. 2023).* **– La responsabilité opérationnelle du dispositif national de vigilance défini à l'article R. 564-2 est confiée au service à compétence nationale chargé de l'hydrométéorologie et de l'appui à la prévision des inondations.**

Les services de prévision des crues et les cellules de veille hydrologiques mentionnés à l'article R. 564-1 préparent les éléments nécessaires à la mise en œuvre du dispositif national de vigilance en matière de crues.

Section 2 – Schéma directeur de prévision des crues

Art. R. 564-4 *(Rempl., D. n° 2023-284, 18 avr. 2023).* **– Le schéma directeur de prévision des crues prévu à l'article L. 564-2 fixe les principes selon lesquels s'effectuent, sur l'ensemble du bassin hydrographique, la surveillance et la prévision des crues ainsi que la transmission des informations les concernant.**

Un arrêté du ministre chargé de la prévention des risques majeurs définit le contenu de ce schéma directeur.

Les schémas directeurs de prévision des crues adoptés : Adour-Garonne (A. 19 déc. 2012, *JO* 29 janv. 2013), Loire-Bretagne et bassins Charente et Seudre (A. 21 déc. 2012, *JO* 19 janv. 2013), Rhin-Meuse (A. 28 févr. 2012, *JO* 19 avr.) et Seine-Normandie (A. 8 mars 2012, *JO* 27 mars). Rhône-Méditerranée (A. 20 déc. 2011, *JO* 14 févr. 2012) Artois-Picardie (A. 29 mai 2015, *JO* 25 juin 2015).

Art. R. 564-5 *(Rempl., D. n° 2023-284, 18 avr. 2023).* – Le préfet coordonnateur de bassin élabore et soumet, pour avis, le projet de schéma directeur aux associations départementales des maires intéressés, aux préfets de département et aux préfets de zone de défense et de sécurité concernés ainsi qu'à l'autorité exécutive de chacune des collectivités territoriales ou groupements ayant mis en place leurs propres dispositifs de surveillance des crues.

Le projet, accompagné de l'ensemble des avis recueillis et éventuellement modifié pour les prendre en compte, est ensuite transmis, pour avis, au comité de bassin et, pour avis conforme, au service mentionné à l'article R. 564-2.

À l'exception de celui de ce service, les avis des autres autorités et organismes consultés sont réputés favorables s'ils n'interviennent pas dans un délai de deux mois à compter de la transmission du projet de schéma.

À l'issue de ces consultations, le préfet coordonnateur de bassin arrête le schéma directeur de prévision des crues.

Cet arrêté est publié au *Bulletin officiel* du ministère chargé de la prévention des risques majeurs.

Art. R. 564-6 *(Rempl., D. n° 2023-284, 18 avr. 2023).* – La révision d'ensemble du schéma directeur de prévision des crues et sa publication suivent les mêmes formes que celles prévues pour son élaboration. La révision intervient, au plus tard, dans un délai de six ans à compter de la publication du premier schéma ou de sa dernière révision.

Le schéma directeur de prévision des crues peut être modifié en cours d'application lorsque les changements envisagés n'ont pas pour effet de porter atteinte à son économie générale. Ces modifications sont approuvées par arrêté, après avis du service mentionné à l'article R. 564-2.

V. A. 15 févr. 2005 relatif aux schémas directeurs de prévision des crues et aux règlements de surveillance et de prévision des crues et à la transmission de l'information correspondante.

Section 3. – Règlement relatif à la surveillance, à la prévision des crues et à la transmission de l'information

Art. R. 564-7 *(Rempl., D. n° 2023-284, 18 avr. 2023).* – Pour chacun des sous-bassins mentionnés à l'article R. 564-1, un règlement relatif à la surveillance et à la prévision des crues ainsi qu'à la transmission de l'information sur les crues met en œuvre le schéma directeur de prévision des crues.

Un arrêté du ministre chargé de la prévention des risques majeurs définit le contenu de ces règlements.

Art. R. 564-8 *(Rempl., D. n° 2023-284, 18 avr. 2023).* – Pour chaque sous-bassin, le préfet sous l'autorité duquel est placé le service de prévision des crues ou la cellule de veille hydrologique concerné élabore et soumet, pour avis, le projet de règlement aux associations départementales des maires intéressés, aux préfets de département et aux préfets de zone de défense et de sécurité concernés ainsi qu'à l'autorité exécutive de chacune des collectivités territoriales ou groupements ayant mis en place leurs propres dispositifs de surveillance des crues.

Le projet, accompagné de l'ensemble des avis recueillis et éventuellement modifié pour les prendre en compte, est ensuite transmis, pour avis conforme, au service mentionné à l'article R. 564-2.

À l'exception de celui de ce service, les avis des autres autorités et organismes consultés sont réputés favorables s'ils n'interviennent pas dans un délai de deux mois à compter de la transmission du projet de règlement.

À l'issue de ces consultations, le préfet sous l'autorité duquel est placé le service de prévision des crues ou la cellule de veille hydrologique arrête le règlement et définit les modalités de sa mise à disposition.

Cet arrêté est publié au *Bulletin officiel* du ministère chargé de la prévention des risques majeurs.

Voir : A. 15 févr. 2005 relatif aux schémas directeurs de prévision des crues et aux règlements de surveillance et de prévision des crues et à la transmission de l'information correspondante (art. 5 et s.).

Art. R. 564-9 *(Rempl., D. n° 2023-284, 18 avr. 2023).* – La révision d'ensemble du règlement relatif à la surveillance et à la prévision des crues et à la transmission de l'information sur les crues ainsi que sa publication suivent les mêmes formes que celles prévues pour son élaboration. Elle intervient, au plus tard, dans un délai de six ans à compter de la publication du premier règlement ou de sa dernière révision.

Le règlement peut être modifié en cours d'application lorsque les changements envisagés n'ont pas pour effet de porter atteinte à son économie générale. Ces modifications sont approuvées par arrêté du préfet chargé de son élaboration après avis du service mentionné à l'article R. 564-2.

Art. R. 564-10 à R. 564-12 ***(Implicitement abr., D. n° 2023-284, 18 avr. 2023).***

Rédaction antérieure. Art. R. 564-10. – Le préfet arrête le règlement relatif à la surveillance et à la prévision des crues et à la transmission de l'information sur les crues, et définit les modalités de sa mise à disposition.

Cet arrêté est publié au *Bulletin officiel* du ministère chargé de l'environnement.

Règlement relatif à la surveillance et à la prévision des crues et à l'information sur les crues (RIC) publiés au *Bulletin officiel* du ministère chargé de l'environnement : Méditerranée Ouest (A. 14 janv. 2015, *BO Écologie* n° 2015/3, 25 févr.), Vienne-Charente-Atlantique (A. 4 août 2014, *BO Écologie* n° 2014/16, 10 sept.), Seine Amont-Marne Amont (A. 7 juill. 2014, *BO Écologie* n° 2014/16, 10 sept.) et Meuse-Moselle (A. 7 juill. 2014, *BO Écologie* n° 2014/16, 10 sept.).

Rédaction antérieure. Art. R. 564-11. – La révision du règlement relatif à la surveillance et à la prévision des crues et à la transmission de l'information sur les crues suit les formes prévues pour son élaboration.

Elle doit intervenir dans un délai de cinq ans à compter de la publication du premier règlement ou de sa dernière révision.

Rédaction antérieure. Art. R. 564-12. – Un arrêté conjoint des ministres chargés, respectivement, de l'environnement, de la sécurité civile, de l'équipement et des transports précise le contenu des règlements relatifs à la surveillance et à la prévision des crues et à la transmission de l'information sur les crues, ainsi que les modalités de leur élaboration.

Voir : A. 15 févr. 2005, art. 7, ce règlement définit :

1° Les valeurs des mesures de précipitation, de hauteur d'eau dans les rivières, nappes et estuaires ou de débit dans les rivières au-delà desquelles des dommages peuvent avoir lieu ;

2° La liste des autorités détentrices d'un pouvoir de police auxquelles est transmise l'information par le service de prévision des crues ;

3° La nature des informations transmises aux autorités visées au 2° par le service de prévision des crues et, le cas échéant, les collectivités territoriales et la fréquence d'actualisation de ces informations ;

4° Les équipements et exploitations dont l'importance et la vulnérabilité justifient que soit transmise à leurs responsables l'information sur les crues dont bénéficient les autorités de police.

Faute dans l'exercice des pouvoirs de police municipale (non). Le gérant d'un bar-restaurant ne démontre pas avoir communiqué à la commune un numéro de téléphone ou une adresse électronique permettant de l'avertir rapidement de la crue (■ CAA Lyon, 2 oct. 2014, n° 13LY00372, *Cne de Saint-Martin d'Ardèche*).

CHAPITRE V. – SCHÉMAS DE PRÉVENTION DES RISQUES NATURELS MAJEURS ET ORGANISMES CONSULTATIFS

Section I. – Schémas de prévention des risques naturels majeurs

Art. R. 565-1. – **Les schémas de prévention des risques naturels prévus à l'article L. 565-2 sont des documents d'orientation quinquennaux fixant des objectifs généraux à partir d'un bilan et définissant un programme d'actions.**

Art. R. 565-2. – **Chaque projet de schéma de prévention des risques naturels est soumis à l'avis de la commission départementale des risques naturels majeurs.**

Le projet de schéma, éventuellement modifié pour tenir compte des avis et observations recueillis, est approuvé par arrêté préfectoral.

Cet arrêté est publié au recueil des actes administratifs de l'État dans le département et fait l'objet d'une publication dans un journal diffusé dans le département. Une copie de l'arrêté est affichée dans les mairies du département pendant un mois.

Le schéma approuvé est tenu à la disposition du public à la préfecture et dans les sous-préfectures.

Art. R. 565-3. – **L'exécution des schémas de prévention des risques naturels fait l'objet d'un rapport annuel présenté à la commission départementale des risques naturels majeurs.**

Art. R. 565-4. – **Les schémas de prévention des risques naturels peuvent être modifiés selon la procédure décrite à l'article R. 565-2.**

Section II. – Commission départementale des risques naturels majeurs

Art. R. 565-5. – I. – La commission départementale des risques naturels majeurs concourt à l'élaboration et la mise en œuvre, dans le département, des politiques de prévention des risques naturels majeurs.

Elle peut notamment être consultée par le préfet sur tout rapport, programme ou projet ayant trait à la prévention ou à la gestion de ces risques, sur la nature et le montant prévisionnel des aides aux travaux permettant de réduire le risque et sur l'impact des servitudes, instituées en application de l'article L. 211-12, sur le développement durable de l'espace rural.

II. – Elle émet un avis sur :

1° Les projets de schémas de prévention des risques naturels et leur exécution ;

2° La délimitation des zones de rétention temporaire des eaux de crue ou de ruissellement et des zones de mobilité d'un cours d'eau mentionnées à l'article L. 211-12, ainsi que les obligations faites aux propriétaires et exploitants des terrains ;

3° La délimitation des zones d'érosion, les programmes d'action correspondants et leur application dans les conditions prévues par les articles R. 114-1, R. 114-3 et R. 114-4 du Code rural.

III. – Elle est informée, chaque année, des demandes de reconnaissance de l'état de catastrophe naturelle et de l'utilisation du fonds de prévention des risques naturels majeurs.

L'avis de la CDRNM n'a pas à être demandé par le préfet lors de l'élaboration d'un PPR (■ TA Montpellier, 9 mars 2009, n° 0703993, *M. et Mme Jacques A.*).

Art. R. 565-6. – I. – La commission départementale des risques naturels majeurs est présidée par le préfet et, à Paris, par le préfet de police lorsque les affaires examinées relèvent de ses attributions.

II. – Elle comprend en nombre égal :

1° Des représentants élus des collectivités territoriales, des établissements publics de coopération intercommunale et des établissements publics territoriaux de bassin situés en tout ou partie dans le département ;

2° Des représentants des organisations professionnelles, des organismes consulaires et des associations intéressés, ainsi que des représentants des assurances, des notaires, de la propriété foncière et forestière et des personnalités qualifiées ;

3° Des représentants des administrations et des établissements publics de l'État intéressés.

III. – Les membres de la commission sont nommés par le préfet pour une durée de trois ans renouvelable.

Art. R. 565-7. – Les dispositions de la présente section ne sont pas applicables à la collectivité territoriale de Saint-Pierre-et-Miquelon.

Section III. – Le Conseil d'orientation pour la prévention des risques naturels majeurs

(Rempl., D. n° 2021-516, 29 avr. 2021 ; D. n° 2021-518, 29 avr. 2021)

Art. D. 565-8 *(Ancien art. D. 565-8 dénum. et mod. à compter du 1er janvier 2020, D. n° 2019-1379, 18 déc. 2019 ; ancien article R. 565-8 dénum. et rempl., D. n° 2021-516, 29 avr. 2021 et D. n° 2021-518, 29 avr. 2021)*. – Le conseil d'orientation pour la prévention des risques naturels majeurs, placé auprès du ministre chargé de l'environnement, donne des avis et fait des propositions en matière de prévention des risques naturels, en particulier dans les domaines suivants :

1° L'amélioration de la connaissance des risques, le renforcement de leur surveillance et de leur prévision, ainsi que le développement de l'information préventive sur les risques ;

2° Le renforcement de la prise en compte des risques dans l'utilisation des sols et dans la construction ainsi que la réduction de la vulnérabilité des personnes et des biens face aux aléas, notamment par le développement des plans et des travaux de prévention des risques naturels ;

3° Le développement des méthodes d'analyse et d'expertise dans le domaine du risque naturel, notamment par des méthodes de retour d'expérience, pour tirer les leçons des catastrophes occasionnées par la survenance des aléas et le renforcement des recherches dans le domaine de la prévention des risques naturels majeurs ;

4° Les mesures d'intervention soutenues par le fonds de prévention des risques naturels majeurs. Il est informé des opérations menées par le fonds.

Dans ces domaines il peut proposer à l'Office parlementaire d'évaluation des choix scientifiques et technologiques de s'associer à ses travaux.

Art. D. 565-9 *(Ancien art. D. 565-9 dénum. et rempl. à compter du 1er janvier 2020,D. n° 2019-1379, 18 déc. 2019 ; ancien article R. 565-9 dénum. et rempl., D. n° 2021-516, 29 avr. 2021 et D. n° 2021-518, 29 avr. 2021).* – I. – Outre les parlementaires mentionnés à l'article L. 565-3 et le vice-président mentionné au II, le conseil d'orientation pour la prévention des risques naturels majeurs est composé de :

1° Le directeur général de la prévention des risques ou son représentant ;

2° Le directeur de l'habitat, de l'urbanisme et des paysages ou son représentant ;

3° Le directeur général des collectivités locales ou son représentant ;

4° Le directeur général de la sécurité civile et de la gestion des crises ou son représentant ;

5° Le directeur général du Trésor ou son représentant ;

6° Le directeur du budget ou son représentant ;

7° Le directeur général de la performance économique et environnementale des entreprises ou son représentant ;

8° Le directeur général de la santé ou son représentant ;

9° Le directeur général de l'enseignement scolaire ou son représentant ;

10° Le directeur général de la recherche et de l'innovation ou son représentant ;

11° Le directeur de l'eau et de la biodiversité ou son représentant ;

12° Le secrétaire général de la défense et de la sécurité nationale ou son représentant ;

13° Le président du conseil d'administration de la caisse centrale de réassurance ou son représentant ;

14° Deux représentants des entreprises d'assurance désignés sur proposition du ministre chargé de l'économie ;

15° Une personnalité qualifiée dans les domaines de compétence du conseil désignée par le ministre chargé de l'urbanisme ;

16° Une personnalité qualifiée dans les domaines de compétence du conseil désignée par le ministre chargé de la sécurité civile ;

17° Deux scientifiques travaillant dans le champ de compétence du conseil désignés par le ministre chargé de la recherche ;

18° Six personnalités qualifiées dans les domaines de compétence du conseil désignées par le ministre chargé de la prévention des risques naturels majeurs ;

19° Six titulaires de mandats locaux.

Les membres mentionnés du 14° au 19° sont nommés par arrêté du ministre chargé de la prévention des risques naturels majeurs.

II. – Le président du conseil d'orientation pour la prévention des risques naturels majeurs est nommé par arrêté du ministre chargé de la prévention des risques naturels majeurs parmi les membres de ce conseil.

En outre, un vice-président, magistrat de la Cour des comptes, est désigné par arrêté conjoint des ministres chargés de l'économie et de la prévention des risques naturels majeurs.

Art. D. 565-10 *(Ancien art. D. 565-10 dénum. et rempl. à compter du 1er janvier 2020,D. n° 2019-1379, 18 déc. 2019 ; ancien article R. 565-10 dénum. et rempl., D. n° 2021-516, 29 avr. 2021 et D. n° 2021-518, 29 avr. 2021).* – I. – Les membres mentionnés du 14° au 19° de l'article D. 565-9 sont désignés pour trois ans ; leur mandat est renouvelable. La qualité de membre prend fin lorsqu'il cesse d'exercer la fonction au titre de laquelle il a été nommé. Un nouveau titulaire est alors désigné dans les mêmes conditions, pour la période de mandat restant à courir. Il en va de même en cas de décès ou de démission.

II. – Chacun des membres mentionnés du 14° au 18° de l'article D. 565-9 dispose d'un suppléant désigné dans les mêmes conditions.

Art. D. 565-11 *(Ancien art. D. 565-11 dénum. et rempl. à compter du 1er janvier 2020,D. n° 2019-1379, 18 déc. 2019 ; ancien art. R. 565-11 dénum. et rempl., D. n° 2021-516, 29 avr. 2021 et D. n° 2021-518, 29 avr. 2021).* – Le secrétariat du conseil d'orientation pour la prévention des risques naturels majeurs est assuré par le délégué aux risques majeurs.

Art. D. 565-12 *(Ancien art. D. 565-12 dénum. et rempl. à compter du 1er janvier 2020,D. n° 2019-1379, 18 déc. 2019 ; ancien art. R. 565-12 dénum. et rempl., D. n° 2021-516, 29 avr. 2021 et D. n° 2021-518, 29 avr. 2021).* – I. – Le conseil d'orientation pour la prévention des risques naturels majeurs est réuni, sur convocation de son président ou de son vice-président, au moins une fois par an et en tant que de besoin.

II. – Les votes s'effectuent à la majorité. En cas de partage égal des voix, celle du président est prépondérante.

Art. D. 565-13 *(Créé à compter du 1er janvier 2020,D. n° 2019-1379, 18 déc. 2019 ; ancien art. R. 565-13 dénum. et rempl., D. n° 2021-516, 29 avr. 2021 et D. n° 2021-518, 29 avr. 2021).* – Le mandat de membre du conseil d'orientation pour la prévention des risques naturels majeurs est exercé à titre gratuit, sous réserve de remboursement des frais de déplacement et de séjour dans les conditions prévues par la réglementation applicable aux personnels civils de l'État.

CHAPITRE VI. – ÉVALUATION ET GESTION DES RISQUES D'INONDATION

(D. n° 2011-227, 2 mars 2011)

Section I. – Évaluation préliminaire et stratégie nationale de gestion des risques d'inondation

Sous-section 1. – Évaluation préliminaire des risques d'inondation

Voir : Instruction du 22 février 2012 relative aux thèmes prioritaires d'actions nationales en matière de risques naturels et hydrauliques pour 2012-2013 (NOR : DEVP1205203J) (*BO min. Écologie* n° 2012/5, 25 mars 2012).

Art. R. 566-1 *(D. n° 2011-227, 2 mars 2011).* – I. – Pour chaque bassin ou groupement de bassins délimité en application du I de l'article L. 212-1, l'évaluation préliminaire des risques d'inondation mentionnée à l'article L. 566-3 a pour but d'évaluer les risques potentiels liés aux inondations. Elle est fondée sur des informations disponibles ou pouvant être aisément déduites, tels des relevés historiques et des études sur les évolutions à long terme, en particulier l'incidence des changements climatiques sur la survenance des inondations.

II. – L'évaluation préliminaire des risques d'inondation comprend au moins les éléments suivants :

1° Les cartes des bassins ou groupements de bassins, établies à l'échelle appropriée, comprenant les limites des bassins hydrographiques, des sous-bassins et, lorsque le cas se présente, des zones côtières et indiquant la topographie et l'occupation des sols ;

2° La description des inondations survenues dans le passé et ayant eu des impacts négatifs significatifs sur la santé humaine, l'environnement, les biens, dont le patrimoine culturel, ou l'activité économique, pour lesquelles il existe toujours une réelle probabilité que se produisent des événements similaires à l'avenir, y compris la description de l'étendue des inondations et des écoulements, et une évaluation des impacts négatifs qu'ont induit les inondations considérées ;

3° La description des inondations significatives survenues dans le passé, lorsqu'il est envisageable que des événements similaires futurs aient des conséquences négatives significatives ;

4° L'évaluation des conséquences négatives potentielles d'inondations futures en termes de santé humaine, d'environnement, de biens, dont le patrimoine culturel, et d'activité économique, en tenant compte autant que possible d'éléments tels que la topographie, la localisation des cours d'eau et leurs caractéristiques hydrologiques et géomorphologiques générales, y compris les plaines d'inondation en tant que zones de rétention naturelle, l'efficacité des infrastructures artificielles existantes de protection contre les inondations, la localisation des zones habitées, et des zones d'activité économique ainsi que les évolutions à long terme parmi lesquelles les incidences des changements climatiques sur la survenance des inondations.

Voir : Note technique du 1er février 2017 relative à la mise en œuvre du 2e cycle de la directive inondation (NOR : DEVP1703798N).

Bibliographie : A. Van Lang, *L'émergence d'une approche intégrée du risque d'inondation : AJDA* 2012, 1320, 9 juill. 2012. • M.-C. de Montecler, *Publication du décret sur la prévention des risques d'inondation AJDA* 2011, 477, 14 mars 2011.

Art. R. 566-2 *(D. n° 2011-227, 2 mars 2011).* – Le préfet coordonnateur de bassin réalise l'évaluation préliminaire des risques d'inondation au niveau des bassins ou groupements de bassins, en associant les parties prenantes en application de l'article L. 566-11.

Il arrête l'évaluation préliminaire des risques d'inondation après avis des préfets de région et des préfets de département concernés et de la commission administrative de bassin prévue à l'article R. 213-15 et la met à disposition du public dans les lieux qu'il désigne, pour une durée qu'il détermine et qui ne peut être inférieure à un mois.

Art. R. 566-3 *(D. n° 2011-227, 2 mars 2011).* – À partir des évaluations préliminaires des risques d'inondation menées dans chaque bassin ou groupement de bassins, le ministre chargé de la prévention des risques majeurs effectue au niveau national une évaluation préliminaire des risques d'inondation désignant en particulier ces évènements ayant un impact national, voire européen. Il arrête cette évaluation, après avis du conseil d'orientation pour la prévention des risques naturels majeurs, et fixe les modalités ainsi que la durée de mise à disposition du public qui ne peut être inférieure à un mois.

Sous-section 2. – Stratégie nationale de gestion des risques d'inondation

Art. R. 566-4 *(D. n° 2011-227, 2 mars 2011).* – Le ministre chargé de la prévention des risques majeurs élabore en application de l'article L. 566-4 la stratégie nationale de gestion des risques d'inondation, en concertation avec les parties prenantes concernées au niveau national. À l'issue de l'évaluation préliminaire des risques d'inondation, il arrête cette stratégie nationale après avis du conseil d'orientation pour la prévention des risques naturels majeurs et du Comité national de l'eau.

Cette stratégie nationale définit les grands objectifs de réduction des conséquences négatives potentielles associées aux inondations, les orientations et le cadre d'action. Elle est rendue publique.

Dans le cadre de cette stratégie nationale, le ministre arrête les critères nationaux de caractérisation de l'importance du risque d'inondation, qui sont publiés au *Journal officiel* de la République française (1).

Voir : A. 7 oct. 2014 relatif à la stratégie nationale de gestion des risques d'inondation : *JO* 15 oct. 2014. Le contenu de la stratégie est disponible sur le site internet du ministère de l'Écologie à l'url suivante : http://www.developpement-durable.gouv.fr/IMG/pdf/140509 SNGRI et Annexes approuvee BAT cle0459ad.pdf.

Circulaire du 16 juillet 2012 relative à la mise en œuvre de la phase « cartographie » de la directive européenne relative à l'évaluation et à la gestion des risques d'inondation (NOR : DEVP1228419C) (*BO min. écologie* n° 2012/14, 10 août 2012).

Section II – Sélection des territoires à risque important d'inondation

Art. R. 566-5 *(D. n° 2011-227, 2 mars 2011).* – I. – Le ministre chargé de la prévention des risques majeurs arrête la liste des territoires dans lesquels il existe un risque important d'inondation ayant des conséquences de portée nationale, voire européenne, identifiés dans les conditions fixées par le I de l'article L. 566-5.

II. – En application du II de l'article L. 566-5, dans chaque bassin ou groupement de bassins, le préfet coordonnateur de bassin sélectionne les territoires dans lesquels il existe un risque important d'inondation, en associant les parties prenantes en application de l'article L. 566-11.

III. – Le préfet coordonnateur de bassin arrête cette liste, après avis des préfets de région et des préfets de département concernés et de la commission administrative du bassin, en y intégrant les territoires identifiés au titre du I et situés dans le bassin ou groupement de bassins.

Voir : A. 6 nov. 2012 établissant la liste des territoires dans lesquels il existe un risque d'inondation important ayant des conséquences de portée nationale (NOR : DEVP1238499A) *JO* 27 nov. 2012.

Section II . – Cartes de surfaces inondables et cartes des risques d'inondation

Art. R. 566-6 *(D. n° 2011-227, 2 mars 2011).* – I. – Les cartes des surfaces inondables prévues à l'article L. 566-6 couvrent les zones géographiques susceptibles d'être inondées selon les scénarios suivants :

1° Aléa de faible probabilité ou scénarios d'événements extrêmes ;

2° Aléa de probabilité moyenne soit d'une période de retour probable supérieure ou égale à cent ans ;

3° Aléa de forte probabilité, le cas échéant.

II. – Pour chaque scénario, les éléments suivants doivent apparaître :

1° Le type d'inondation selon son origine ;

2° L'étendue de l'inondation ;

(1) V. T. appl. : A. 27 avr. 2012 (*JO* 10 mai 2010). – NDLR.

3° Les hauteurs d'eau ou les cotes exprimées dans le système de Nivellement général de la France, selon le cas ;

4° Le cas échéant, la vitesse du courant ou le débit de crue correspondant.

Art. R. 566-7 *(D. n° 2011-227, 2 mars 2011 ; mod. à compter du 1er mars 2017, D. n° 2017-81, 26 janv. 2017)*. – Les cartes des risques d'inondation prévues à l'article L. 566-6 montrent les conséquences négatives potentielles associées aux inondations dans les scénarios mentionnés au I de l'article R. 566-6, et exprimées au moyen des paramètres suivants :

1° Le nombre indicatif d'habitants potentiellement touchés ;

2° Les types d'activités économiques dans la zone potentiellement touchée ;

3° Les installations ou activités visées à l'annexe I de la directive 2010/75/UE du Parlement européen et du Conseil du 24 novembre 2010 relative aux émissions industrielles (prévention et réduction intégrées de la pollution), qui sont susceptibles de provoquer une pollution accidentelle en cas d'inondation, et les zones protégées potentiellement touchées visées à l'annexe IV, point 1 *i*, *iii* et *v*, de la directive 2000/60/CE du Parlement européen et du Conseil du 23 octobre 2000 établissant un cadre pour une politique communautaire dans le domaine de l'eau ;

4° Les établissements, les infrastructures ou installations sensibles dont l'inondation peut aggraver ou compliquer la gestion de crise, notamment les établissements recevant du public.

Voir : V. Circ. 16 juill. 2012 relative à la mise en œuvre de la phase « cartographie » de la directive européenne relative à l'évaluation et à la gestion des risques d'inondation (NOR : DEVP1228419C).

Art. R. 566-8 *(D. n° 2011-227, 2 mars 2011)*. – Pour les territoires soumis à des inondations dues aux eaux souterraines, l'élaboration de cartes des surfaces inondables et des cartes des risques d'inondation est limitée au scénario visé au 1° du I de l'article R. 566-6.

Art. R. 566-9 *(D. n° 2011-227, 2 mars 2011)*. – Le préfet coordonnateur de bassin élabore, pour les territoires présentant un risque important d'inondation dont il a arrêté la liste en application de l'article R. 566-5, les cartes de surfaces inondables et les cartes des risques d'inondation, à l'échelle appropriée, en associant les parties prenantes en application de l'article L. 566-11.

Il arrête les cartes de surfaces inondables et les cartes des risques d'inondation, après avis des préfets de région et des préfets de département concernés et de la commission administrative du bassin et les met à disposition du public dans les lieux qu'il désigne.

Voir : Circ. 14 août 2013 relative à l'élaboration des plans de gestion des risques d'inondation et à l'utilisation des cartes de risques pour les territoires à risque important d'inondation (NOR : DEVP1320796C) (*BO min. écologie* n° 2013/16, 10 sept. 2013).

Section IV. – Plans de gestion des risques d'inondation

Art. R. 566-10 *(D. n° 2011-227, 2 mars 2011)*. – Conformément à l'article L. 566-7, le plan de gestion des risques d'inondation fixe les objectifs en matière de gestion des risques d'inondation concernant le bassin ou groupement de bassins et les objectifs appropriés aux territoires mentionnés à l'article L. 566-5. Pour contribuer à la réalisation de ces objectifs, il identifie des mesures à l'échelon du bassin ou groupement de bassins.

Les plans de gestion des risques d'inondation incluent les éléments définis dans la partie A de l'annexe de la directive 2007/60/CE du Parlement européen et du Conseil du 23 octobre 2007 relative à l'évaluation et à la gestion des risques d'inondation.

Ces plans tiennent compte d'aspects pertinents tels que les coûts et avantages de leur mise en œuvre, l'étendue des inondations, les écoulements des eaux, les zones ayant la capacité de retenir les eaux, comme les plaines d'inondation naturelles ou les zones humides, la gestion des sols et des eaux, l'aménagement du territoire, l'occupation des sols, la conservation de la nature, la navigation et les infrastructures portuaires.

Les plans de gestion des risques d'inondation ne comprennent pas de mesures augmentant sensiblement, du fait de leur portée ou de leur impact, les risques d'inondation en amont ou en aval, et notamment dans d'autres pays partageant le même bassin ou groupement de bassins, à moins que ces mesures n'aient été coordonnées et qu'une solution ait été dégagée d'un commun accord dans le cadre de l'établissement des plans de gestion des risques d'inondation, ou dans le cas d'un bassin ou groupement de bassins s'étendant au-delà des frontières sur le territoire d'un État membre de l'Union européenne, dans le cadre de la coordination prévue à l'article R. 212-2.

Les mises à jour ultérieures de ces plans de gestion des risques d'inondation incluent les éléments définis dans la partie B de l'annexe de la directive 2007/60/CE du Parlement européen et du Conseil du 23 octobre 2007 relative à l'évaluation et à la gestion des risques d'inondation.

Voir : A. 20 janv. 2016 modifiant l'arrêté du 17 mars 2006 relatif au contenu des schémas directeurs d'aménagement et de gestion des eaux (NOR : DEVL1523674A) *JO* 2 févr. 2016.

Art. R. 566-11 *(D. n° 2011-227, 2 mars 2011)*. – Le préfet coordonnateur de bassin élabore les plans de gestion des risques d'inondation en associant les parties prenantes en application de l'article L. 566-11.

Il coordonne l'élaboration et les mises à jour de ces plans avec les mises à jour des schémas directeurs d'aménagement et de gestion des eaux définis à l'article L. 212-1.

Voir : A. 20 janv. 2016 modifiant l'arrêté du 17 mars 2006 relatif au contenu des schémas directeurs d'aménagement et de gestion des eaux (NOR : DEVL1523674A).

Art. R. 566-12 *(D. n° 2011-227, 2 mars 2011)*. – I. – En application du II de l'article L. 566-12, le préfet coordonnateur de bassin soumet à la consultation du public le projet de plan de gestion des risques d'inondation au moins un an avant la date prévue de son entrée en vigueur, pendant six mois au moins, dans les services déconcentrés de l'État désignés par le préfet et au siège de l'agence de l'eau, ou de l'office de l'eau le cas échéant, où un registre est prévu pour recueillir les observations, ainsi que sur un site internet.

Cette consultation est annoncée, au moins quinze jours avant son début, par la publication, dans un journal de diffusion nationale et dans un ou plusieurs journaux régionaux ou locaux diffusés dans la circonscription du bassin ou groupement de bassins, d'un avis indiquant les dates et lieux de la consultation ainsi que l'adresse du site internet.

II. – Deux mois au plus tard après le début de la consultation du public, le préfet coordonnateur de bassin transmet pour avis aux parties prenantes mentionnées à l'article L. 566-11, aux préfets concernés et à la commission administrative de bassin, le projet de plan de gestion des risques d'inondation. En l'absence de réponse dans un délai de quatre mois à compter de la réception de la demande d'avis, les avis sont réputés favorables.

III. – Le plan de gestion des risques d'inondation est approuvé par arrêté du préfet de bassin et publié au *Journal officiel* de la République française et dans un journal de diffusion nationale et dans un ou plusieurs journaux régionaux ou locaux diffusés dans la circonscription du bassin ou du groupement de bassins. Il mentionne l'adresse des lieux et du site internet où le plan de gestion des risques d'inondation est mis à la disposition du public, la durée de cette mise à disposition qui ne peut être inférieure à un mois ainsi que les informations prévues en matière d'évaluation environnementale.

Voir : ***PGRI.*** A. 15 oct. 2015 portant approbation du plan de gestion des risques d'inondation (PGRI) de La Réunion (NOR : DEVP1527854A) ; A. 20 oct. 2015 portant approbation du PGRI du bassin de Corse (NOR : DEVP1527842A) ; A. 19 nov. 2015 portant approbation du PGRI du bassin Artois-Picardie (NOR : DEVP1527836A) ; A. 23 nov. 2015 portant approbation du PGRI du bassin de la Guadeloupe (NOR : DEVP1527850A) ; A. 26 nov. 2015 portant approbation du PGRI du bassin de Mayotte (NOR : DEVP1527855A) ; A. 30 nov. 2015 portant approbation des PGRI des parties françaises des districts hydrographiques du Rhin et de la Meuse (NOR : DEVP1527840A) ; A. 30 nov. 2015 portant approbation du PGRI du bassin de la Martinique (NOR : DEVP1527851A) ; A. 1er déc. 2015 portant approbation du PGRI 2016-2021 du bassin Adour Garonne (NOR : DEVP1527845A) ; A. 7 déc. 2015 portant approbation du PGRI du bassin Rhône-Méditerranée (NOR : DEVP1527841A) ; A. 7 déc. 2015 portant approbation du PGRI du bassin Seine-Normandie (NOR : DEVP1527849A) ; A. 9 déc. 2015 portant approbation du PGRI du district hydrographique de Guyane (NOR : DEVP1527853A).

Art. R. 566-13 *(D. n° 2011-227, 2 mars 2011)*. – En application de l'article L. 566-9, le préfet coordonnateur de bassin porte à la connaissance du public les projets de modifications du plan de gestion des risques d'inondation, par voie électronique, pendant un délai de deux mois au cours duquel une procédure électronique permet de recueillir l'avis du public.

Voir : Circ. 14 août 2013 relative à l'élaboration des plans de gestion des risques d'inondation et à l'utilisation des cartes de risques pour les territoires à risque important d'inondation (NOR : DEVP1320796C).

Section V. – Stratégies locales

Art. R. 566-14 *(D. n° 2011-227, 2 mars 2011).* – Dans le cadre de la procédure d'élaboration du plan de gestion des risques d'inondation, le préfet coordonnateur de bassin arrête, au plus tard deux ans après avoir arrêté la liste des territoires mentionnés à l'article L. 566-5 et après avis des préfets concernés et de la commission administrative du bassin, la liste des stratégies locales à élaborer pour les territoires à risque important d'inondation, leurs périmètres, les délais dans lesquels elles sont arrêtées et leurs objectifs.

Art. R. 566-15 *(D. n° 2011-227, 2 mars 2011).* – Un arrêté du préfet ou, lorsque le périmètre de la stratégie locale englobe un territoire s'étendant sur deux ou plusieurs départements, un arrêté conjoint des préfets intéressés désigne les parties prenantes concernées, ainsi que le service de l'État chargé de coordonner l'élaboration, la révision et le suivi de la mise en œuvre de la stratégie locale sous l'autorité du ou des préfets concernés.

La stratégie locale, élaborée en application des dispositions de l'article L. 566-8, est approuvée par arrêté du préfet ou, lorsque le périmètre de la stratégie locale englobe un territoire s'étendant sur deux ou plusieurs départements, un arrêté conjoint des préfets intéressés, après avis du préfet coordonnateur de bassin. Elle est rendue publique.

Art. R. 566-16 *(D. n° 2011-227, 2 mars 2011).* – La stratégie locale comporte :

1° La synthèse de l'évaluation préliminaire des risques d'inondation dans son périmètre ;

2° Les cartes des surfaces inondables et les cartes des risques d'inondation pour les territoires mentionnés à l'article L. 566-5 et inclus dans son périmètre ;

3° Les objectifs fixés par le plan de gestion des risques d'inondation pour les territoires mentionnés à l'article L. 566-5 et inclus dans son périmètre.

La stratégie locale identifie des mesures, à l'échelle de son périmètre, relevant des catégories mentionnées aux 1°, 2°, 3° et 4° de l'article L. 566-7 et concourant à la réalisation des objectifs fixés par le plan de gestion des risques d'inondation. Elle identifie notamment les mesures de prévention, de protection et de sauvegarde adaptées aux territoires concernés.

Les stratégies locales ne comprennent pas de mesures augmentant sensiblement, du fait de leur portée ou de leur impact, les risques d'inondation en amont ou en aval, à moins que ces mesures n'aient été coordonnées et qu'une solution ait été dégagée d'un commun accord dans le cadre de l'établissement des stratégies locales.

Art. R. 566-17 *(D. n° 2011-227, 2 mars 2011).* – Le préfet coordonnateur de bassin réalise la synthèse des stratégies locales de son bassin ou groupement de bassins finalisées pour l'inclure dans le plan de gestion des risques d'inondation.

Section VI. – Dispositions communes

Art. R. 566-18 *(D. n° 2011-227, 2 mars 2011).* – Lorsqu'un bassin ou groupement de bassins s'étend au-delà des frontières sur le territoire d'un État membre de l'Union européenne, le préfet coordonnateur de bassin est chargé, sous l'autorité du ministre des Affaires étrangères, d'assurer avec les autorités compétentes de cet État l'échange d'informations pertinentes relatives à l'évaluation préliminaire des risques d'inondation mentionnée à l'article L. 566-3, la coordination pour l'identification des territoires mentionnés à l'article L. 566-5, l'échange d'informations préalables à l'élaboration des cartes des surfaces inondables et des risques d'inondation mentionnées à l'article L. 566-6, et la coordination lors de l'élaboration du plan de gestion des risques d'inondation mentionné à l'article L. 566-7.

Voir : Instruction du Gouvernement du 31 décembre 2015 relative à la prévention des inondations et aux mesures particulières pour l'arc méditerranéen face aux événements météorologiques extrêmes (*BO MEDDE*, 25 janv. 2016). Note du 4 décembre 2014 relative à la consultation du public en 2014-2015 au titre de la directive-cadre sur l'eau, de la directive inondation et de la directive-cadre stratégie pour le milieu marin NOR : DEVP14227627N) (*BO min. écologie* n° 2014/23, 25 déc. 2014).

CHAPITRE VII. – DISPOSITIONS PARTICULIÈRES RELATIVES À LA PRÉVENTION DES INCENDIES DE FORÊT ET DE VÉGÉTATION

(Créé à compter du 1er janvier 2025, D. n° 2024-405, 29 avr. 2024)

Art. R. 567-1 *(Créé à compter du 1er janvier 2025, D. n° 2024-405, 29 avr. 2024).* – **Les ministres chargés de la prévention des risques, de la sécurité civile et de la forêt arrêtent la carte analysant la sensibilité du territoire européen de la France au danger prévisible de feux de forêt et de végétation, prévue au I de l'article L. 567-1. Cette carte est mise à la disposition du public sur le site internet www.georisques.gouv.fr.**

Art. R. 567-2 *(Créé à compter du 1er janvier 2025, D. n° 2024-405, 29 avr. 2024).* – **Tout avis demandé en application du II de l'article L. 567-1 qui n'est pas rendu dans un délai de deux mois à compter de la réception de la demande est réputé favorable.**

Art. R. 567-3 *(Créé à compter du 1er janvier 2025, D. n° 2024-405, 29 avr. 2024).* – **Le préfet de département délimite la « zone de danger » prévue à l'article L. 567-4 en se fondant sur la carte mentionnée à l'article L. 567-1 et peut recourir à d'autres informations relatives au danger prévisible de feux de forêt et de végétation, en particulier celles portées à connaissance en application de l'article L. 132-2 du Code de l'urbanisme et de l'article L. 125-2 du Code de l'environnement.**

Art. R. 567-4 *(Créé à compter du 1er janvier 2025, D. n° 2024-405, 29 avr. 2024).* – **I. – Lorsqu'un plan de prévention des risques naturels prévisibles d'incendies de forêt couvrant une partie d'une « zone de danger » est approuvé, les servitudes mentionnées dans ladite zone cessent d'être opposables dans ce périmètre géographique.**

II. – L'arrêté approuvant un plan de prévention des risques naturels prévisibles d'incendies de forêt couvrant l'intégralité d'une « zone de danger » porte abrogation de cette zone.

TITRE VII. – PRÉVENTION DES NUISANCES SONORES

CHAPITRE Ier. – LUTTE CONTRE LE BRUIT

Section I. – Émissions sonores des objets

Sous-section 1. – Dispositions générales

Art. R. 571-1. – **Il est interdit de fabriquer pour le marché, de mettre en vente, de vendre, d'importer, de louer, de détenir ou d'exposer en vue de la vente, de mettre à disposition, de céder à quelque titre que ce soit ou d'utiliser tout objet susceptible de provoquer des nuisances sonores élevées ou tout dispositif d'insonorisation qui ne répond pas aux dispositions de la présente section.**

Art. R. 571-2. – **I. – Les dispositions de l'article R. 571-1 s'appliquent aux « objets bruyants » suivants :**

1° Engins, matériels, machines et appareils utilisés ou susceptibles d'être utilisés dans les activités industrielles, artisanales, commerciales, agricoles, de services, de loisirs, tels que les engins utilisés ou destinés à être utilisés sur les chantiers de travaux, publics ou non, les engins et matériels destinés à l'entretien des voiries, des espaces publics et des espaces verts, les appareils d'entretien et de nettoyage, les appareils de préparation et de conservation des denrées alimentaires ou agricoles, les appareils de production ou de diffusion de calories et de frigories, les appareils de conditionnement d'air, les matériels et équipements de bureau ;

2° Matériels et engins de jardinage, de bricolage et appareils domestiques ;

3° Dispositifs sonores de protection des biens et des personnes, en particulier les dispositifs d'alarme.

II. – Elles s'appliquent également aux silencieux et dispositifs d'échappement des engins et véhicules et aux capotages et dispositifs d'insonorisation des machines et matériels.

Bibliographie : R. Hanicotte, *L'édile, la cloche et le prétoire* : *AJCT* 2012, 140 – 14 mars 2012.

Art. R. 571-3. – I. – À chaque type ou famille d'objets ou de dispositifs relevant des catégories mentionnées à l'article R. 571-2 sont associées des caractéristiques acoustiques et des valeurs limites admissibles correspondant aux critères suivants :

1° Intensité sonore mesurée en niveau de pression acoustique quand la distance est un paramètre de l'appréciation de la nuisance ou en niveau de puissance acoustique dans les autres cas. Pour les dispositifs d'insonorisation, l'intensité sonore caractérise la valeur d'atténuation. Ces valeurs sont exprimées en décibels pondérés A ;

2° Importance des dangers et des conséquences négatives des nuisances sonores sur les personnes ou sur l'environnement appréciée en tenant compte de leur mode de fonctionnement, d'utilisation, de l'ampleur de leur diffusion et, le cas échéant, du meilleur état de la technique.

II. – Les valeurs limites retenues tiennent compte des caractéristiques de l'objet, notamment de sa puissance et de la source d'énergie employée, ainsi que de la durée et de la fréquence de son utilisation dans des conditions normales.

III. – La méthode de mesure de l'intensité sonore prend en compte les paramètres cités en I et II.

À l'occasion d'une instance pour trouble anormal de voisinage, la cour d'appel de Caen a enjoint à l'association de motocross de justifier la réalisation, sur toute machine admise à pénétrer sur le circuit, de la mesure de bruit prescrite par la Fédération française de motocyclisme limitant le niveau sonore d'émission des machines conformément au manuel technique édité par la fédération pour chaque classe de machine et à consigner sur un registre spécial les résultats permettant l'identification de chaque machine admise (▪ CA Caen, 24 janv. 2017, n° 15/00691, *Assoc. Motoclub Bellemois*).

Art. R. 571-4. – En vue d'attester le respect des caractéristiques acoustiques et des valeurs limites admissibles correspondant aux critères mentionnés à l'article R. 571-3, le fabricant, son mandataire ou le responsable de la première mise sur le marché d'objets ou de dispositifs soumet ceux-ci à l'une des trois procédures suivantes : l'homologation, l'attestation ou la déclaration.

Sous-section 2. – Procédures applicables

Art. R. 571-5. – L'homologation est la procédure correspondant à un danger ou à un risque très élevé par laquelle le ministre compétent, après recours à un organisme agréé, constate le respect des valeurs limites admissibles.

Art. R. 571-6. – L'attestation est la procédure correspondant à un risque élevé par laquelle un organisme agréé constate le respect des valeurs limites admissibles.

Art. R. 571-7. – La déclaration est la procédure correspondant à un risque important ou à un trouble excessif par laquelle le fabricant, son mandataire ou le responsable de la première mise sur le marché déclare, sous sa responsabilité et après mesures, que les valeurs limites admissibles sont respectées.

La réalisation des mesures par un organisme agréé peut être exigée pour certains objets ou dispositifs.

Art. R. 571-8. – Un arrêté interministériel précise, pour chaque type ou famille d'objets ou de dispositifs, les caractéristiques acoustiques et les valeurs limites admissibles ainsi que la procédure applicable.

Les silencieux et les dispositifs d'échappement destinés aux véhicules réceptionnés au titre du Code de la route sont soumis à homologation. La procédure applicable à ces produits est celle prévue par les articles R. 321-6 à R. 321-24 du Code de la route.

Art. R. 571-9. – La demande d'homologation ou d'attestation est adressée par le fabricant, son mandataire ou le responsable de la première mise sur le marché à un organisme agréé de son choix. Elle ne peut être introduite qu'auprès d'un seul organisme agréé.

La demande comporte les nom et adresse du demandeur, les références et caractéristiques de l'objet ou du dispositif et son lieu de fabrication. Elle est accompagnée d'un dossier technique descriptif de la construction de l'objet ou du dispositif et des moyens mis en œuvre pour assurer sa conformité aux règles applicables.

Le demandeur met à la disposition de l'organisme agréé un exemplaire du modèle, soit sur le site d'essais de ce dernier, soit sur son propre site. L'organisme effectue les essais conformément à la méthode de mesure applicable à l'objet ou au dispositif concerné et établit un rapport d'essais.

Art. R. 571-10. – Dans le cas de la procédure d'homologation, l'organisme agréé adresse au ministre chargé de l'environnement le rapport d'essais accompagné du dossier technique de construction.

Si les essais sont satisfaisants, l'homologation est prononcée par arrêté du ministre chargé de l'environnement et, le cas échéant, du ou des ministres compétents.

Dans le cas contraire, le ministre fait connaître au demandeur son refus motivé de délivrer l'homologation.

Art. R. 571-11. – Dans le cas de la procédure d'attestation, l'organisme agréé adresse au demandeur le rapport d'essais. Si les essais sont satisfaisants, il délivre l'attestation correspondante. Dans le cas contraire, il lui notifie son refus motivé.

Art. R. 571-12. – Dans le cas de la procédure de déclaration, le fabricant, son mandataire ou le responsable de la première mise sur le marché établit la déclaration de conformité sur la base d'un dossier technique descriptif de la construction et des moyens mis en œuvre pour assurer la conformité aux règles applicables. Le dossier et le rapport d'essais établi à la suite des mesures doivent pouvoir être présentés aux agents chargés des contrôles, mentionnés aux articles L. 571-18 à L. 571-20.

Art. R. 571-13. – En cas de non-respect par son bénéficiaire des spécifications relatives à l'homologation mentionnée à l'article R. 571-10 ou à l'attestation mentionnée à l'article R. 571-11, ces dernières sont retirées dans les mêmes formes que celles ayant présidé à leur attribution, après que l'intéressé a été mis à même de présenter ses observations.

Une déclaration de conformité qui ne correspond pas aux règles applicables est nulle.

Art. R. 571-14. – Pour chaque exemplaire construit en conformité avec le modèle qui a fait l'objet de l'une des procédures énoncées aux articles R. 571-5 à R. 571-8, le fabricant, son mandataire ou le responsable de la première mise sur le marché appose sur celui-ci un marquage de la caractéristique acoustique qu'il garantit.

Il établit le document garantissant cette conformité et le remet au preneur lors de la vente, de la location, de la cession ou de la mise à disposition de l'objet ou du dispositif. Tout utilisateur ultérieur doit être en mesure de présenter ce document.

Pour les objets ou dispositifs importés de pays tiers, ce document doit être joint à la déclaration en douane.

Sous-section 3. – Contrôles

Art. R. 571-15. – Des contrôles destinés à vérifier que les objets ou dispositifs neufs construits, importés ou mis sur le marché sont conformes au modèle ayant fait l'objet de l'homologation, de l'attestation ou de la déclaration de conformité peuvent être organisés à l'initiative du ou des ministres compétents. Ils sont effectués par un organisme agréé.

Le nombre d'exemplaires prélevés doit être limité aux objectifs du contrôle. La périodicité maximale des contrôles et les conditions de prélèvement doivent être proportionnées aux risques découlant de la non-conformité des objets ou dispositifs aux spécifications prévues par les procédures d'homologation, d'attestation ou de déclaration. Les frais relatifs aux contrôles sont à la charge du détenteur du ou des objets ou dispositifs prélevés.

Art. R. 571-16. – La demande de contrôle précise les références du modèle et le nombre d'exemplaires à prélever. Le constructeur, son mandataire ou le responsable de la première mise sur le marché permet à l'organisme agréé de prélever, dans un délai déterminé, sur la chaîne de fabrication ou dans les lieux de stockage le ou les objets ou dispositifs en vue des essais.

Ces contrôles comprennent l'un seulement ou l'ensemble des essais non destructifs suivants :

1° Un examen de la construction de l'objet ou du dispositif en vue de vérifier sa conformité aux spécifications du dossier technique de construction ;

2° Une mesure des caractéristiques acoustiques, effectuée selon la méthode de mesure retenue pour la délivrance de l'homologation, de l'attestation ou de la déclaration.

Les résultats des contrôles sont adressés à l'autorité administrative à l'origine de la demande.

Art. R. 571-17. – En vue de rechercher et de constater les infractions aux dispositions de la présente section, les agents chargés des contrôles peuvent, dans les conditions prévues par les articles L. 571-18 à

L. 571-21, prélever un ou plusieurs objets ou dispositifs dans les lieux où ils se trouvent, afin de faire vérifier leur conformité par un organisme agréé.

Cet organisme effectue les essais prévus à l'article R. 571-16 et établit, pour l'objet ou le dispositif concerné et identifié avec précision, un rapport d'essais qu'il adresse à l'agent à l'origine du contrôle.

S'il ressort de ce rapport que l'objet ou le dispositif n'est pas conforme au modèle ayant fait l'objet de l'homologation, de l'attestation ou de la déclaration de conformité, les coûts des essais et de transport éventuel sont à la charge du contrevenant. L'objet ou le dispositif ne peut être de nouveau utilisé qu'après avoir été remis en conformité au modèle. Cette remise en conformité doit être attestée par un organisme agréé.

Dans le cas où l'objet ou le dispositif s'avère conforme, les frais sont à la charge de l'État.

Le fait pour le maire de ne pas faire les constats et d'engager les mesures nécessaires engage sa responsabilité (▪ CAA Douai, 4 févr. 2020,. n° 18DA01137).

Sous-section 4. – Agrément des organismes chargés des vérifications de conformité

Art. R. 571-18. – L'agrément des organismes chargés d'effectuer les mesures des caractéristiques acoustiques prévues à l'article R. 571-3 est accordé par arrêté interministériel. Il est fondé sur les garanties de compétences et d'indépendance présentées par ces organismes.

Art. R. 571-19. – Pour être agréé, un organisme doit disposer de personnels qualifiés en nombre suffisant et être doté de l'appareillage de mesure approprié et des moyens nécessaires pour accomplir dans de bonnes conditions les tâches techniques et administratives qui lui sont confiées.

L'organisme ne peut être ni le concepteur, ni le constructeur, ni le fournisseur, ni l'installateur de l'objet ou du dispositif, ni le mandataire de l'un d'eux. Il ne peut pas intervenir dans la construction, la commercialisation ou l'entretien de l'objet ou du dispositif.

Les agents des organismes agréés sont tenus au secret professionnel. Ils ne doivent pas révéler les procédés de fabrication dont ils pourraient avoir connaissance lors des mesures ou des contrôles qu'ils sont amenés à exécuter. Leur rémunération ne doit être liée ni au nombre de contrôles ni au résultat de ces contrôles.

Les organismes doivent avoir souscrit une assurance couvrant leur responsabilité civile.

Art. R. 571-20. – L'habilitation d'un organisme d'un pays membre de la Communauté européenne, résultant de réglementations communautaires, vaut agrément. Il en est de même pour un pays tiers dans le cadre de conventions internationales.

Art. R. 571-21. – L'organisme sollicitant un agrément adresse sa demande au ministre chargé de l'environnement. Cette demande comporte une description de ses activités, de sa structure, de ses moyens techniques et financiers ainsi que la liste des objets ou dispositifs pour lesquels l'organisme sollicite l'agrément.

L'organisme agréé doit s'engager à autoriser les personnes désignées par le ou les ministres compétents à procéder aux investigations permettant de vérifier qu'il présente les garanties exigées pour l'exercice de sa mission.

Art. R. 571-22. – L'agrément peut être retiré sans préavis ni indemnité par un arrêté motivé du ou des ministres compétents, le responsable de l'organisme ayant été préalablement entendu. Cet arrêté précise les conditions dans lesquelles les dossiers détenus par l'organisme doivent être mis à la disposition du ou des ministres compétents. Le retrait de l'agrément ne met pas fin à l'obligation de secret professionnel.

Art. R. 571-23. – La fabrication pour le marché intérieur, l'importation ou l'utilisation d'un objet ou dispositif ne répondant pas aux dispositions de la présente section peut être autorisée par décision du ministre chargé de l'environnement lorsque cette opération est effectuée à des fins d'expérimentation ou d'essais, de compétition, d'exposition ou lorsque l'objet ou le dispositif constitue un prototype ou un objet, dispositif ou véhicule de collection.

Sous-section 5. – Dispositions diverses

Art. R. 571-24. – Des arrêtés du ministre chargé de l'environnement et, le cas échéant, des ministres concernés fixent les dispositions relatives aux méthodes de mesure, à la composition du dossier technique, aux documents de conformité, à la nature et à la forme du marquage ainsi qu'aux conditions d'organisation des contrôles de conformité.

Section II. – Activités bruyantes

Sous-section 1. – Lieux ouverts au public ou recevant du public accueillant des activités impliquant la diffusion de sons amplifiés à des niveaux sonores élevés

(Rempl., D. n° 2017-1244, 7 août 2017) (1) (2)

Voir : Circ. 23 déc. 2011 relative à la réglementation applicable aux établissements ou locaux recevant du public et diffusant à titre habituel de la musique amplifiée (*BO MEDDTL* n° 2012/2, 10 févr. 2012, p. 66). J.-H. Robert, *Nuisances sonores RSC* /- *RSC* 2016, 790 - 20 févr. 2017.

Art. R. 571-25 ***(Rempl., D. n° 2017-1244, 7 août 2017).*** **– Sans préjudice de l'application de l'article R. 1336-1 du Code de la santé publique, l'exploitant du lieu, le producteur, le diffuseur qui dans le cadre d'un contrat a reçu la responsabilité de la sécurité du public, le responsable légal d'une activité se déroulant dans un lieu ouvert au public ou recevant du public, clos ou ouvert, et impliquant la diffusion de sons amplifiés est tenu de respecter les prescriptions générales de fonctionnement définies dans la présente sous-section.**

1) **Définition.** Au sens de cette disposition, une discothèque est un établissement recevant du public et diffusant à titre habituel de la musique amplifiée, à l'exclusion des salles d'enseignement de la musique et de la danse (■ CA Lyon, 19 janv. 2010, n° 08/07893, *Gillibert et a. c/ SARL YT Piano Bar, EURL At Restaurant*).

L'édiction d'une dérogation délivrée par le préfet doit être précédée d'une consultation du maire de la commune. L'absence de consultation de l'autorité municipale est de nature à priver les voisins d'une garantie procédurale et est susceptible d'exercer une influence sur le sens de la décision prise (Concernant la diffusion de musique amplifiée au sein du complexe touristique et hôtelier ■ CAA Bordeaux, 4 avr. 2017, n° 15BX00285).

2) Salle municipale. Dépassement des émergences sonores (oui) responsabilité de la commune (■ CAA Lyon, 27 oct. 2016, n° 14LY01248).

Musique amplifiée. Dépassement des normes admises. Trouble anormal de voisinage (oui) (■ CAA Montpellier, 7 nov. 2017, n° 15/02858).

Fermeture d'un lieu musical : légalité même si l'absence d'étude d'impact n'était pas suffisante pour la justifier : troubles répétés à l'ordre public (■ CAA Paris, 14 nov. 2017, n° 15PA04333).

3) N° 15MA03229. ■ CAA Bordeaux, 30 nov. 2017, n° 15BX02582).

Dérogation préfectorale illégale : oui absence de consultation du maire de la commune (■ CAA Bordeaux, 4 avr. 2017, n° 15BX00285).

4) **Procédure d'urgence.** Suspension d'un arrêté du préfet de police interdisant la diffusion de musique dans un établissement en raison d'un doute sérieux sur la légalité et d'une urgence caractérisée. Il s'agissait de la diffusion de musique dans un établissement organisant des soirées privées avec de la musique amplifiée (■ TA Paris, 14 déc. 2023, n° 2327796). *A contrario*, refus de la suspension d'une fermeture d'établissement pour 15 jours fondé non pas sur les dispositions de l'article 571-25 du Code de l'environnement, mais sur l'article L. 3332-15 du Code de la santé publique. Nombreuses infractions relevées par la gendarmerie avec un niveau sonore de 80 dB pouvant atteindre 110 dB (■ TA Grenoble, 5 avr. 2000, n° 2402240).

5) **Permis de construire.** Un permis de construire n'a pas à contenir l'étude d'impact acoustique faite en application des dispositions de l'article R. 571-25 du Code de l'environnement et de l'article R. 1336-1 du Code de la santé publique (■ CAA Lyon, 4 juill. 2023, n° 21LY03842).

Art. R. 571-26 ***(Rempl., D. n° 2017-1244, 7 août 2017).*** **– Les bruits générés par les activités impliquant la diffusion de sons amplifiés à des niveaux sonores élevés dans les lieux ouverts au public ou recevant du**

(1) Dispositions d'application particulières : V. D. n° 2017-1244, 7 août 2017, art. 3. – NDLR.
(2) Les présentes dispositions ne s'appliquent pas à Saint-Barthélemy, D. n° 2017-1244, 7 août 2017, art. 4. – NDLR.

public ne peuvent par leur durée, leur répétition ou leur intensité porter atteinte à la tranquillité ou à la santé du voisinage.

En outre, les émissions sonores des activités visées à l'article R. 571-25 qui s'exercent dans un lieu clos n'engendrent pas dans les locaux à usage d'habitation ou destinés à un usage impliquant la présence prolongée de personnes, un dépassement des valeurs limites de l'émergence spectrale de 3 décibels dans les octaves normalisées de 125 hertz à 4 000 hertz ainsi qu'un dépassement de l'émergence globale de 3 décibels pondérés A.

Un arrêté pris conjointement par les ministres chargés de la santé, de l'environnement et de la culture précise les indicateurs complémentaires à prendre en compte conformément aux normes en vigueur ainsi que les mesures techniques destinées à préserver l'environnement.

Voir : Rép. min. n° 53574 : *JOAN* 14 oct. 2014.

1) Police administrative. Le maire est tenu, en application des pouvoirs de police (art. L. 2212-2, CGCT), d'interdire la diffusion de musique dans la salle polyvalente si les émergences sonores mesurées à proximité de l'habitation des requérants excèdent significativement les valeurs limites prévues par l'article R. 1334-33 du Code de la santé publique et en l'absence de réalisation de travaux structurels importants (■ CAA Douai, 2 févr. 2012, n°s 11DA00112 et 11DA00113). L'absence de diligences suffisantes du maire pour prévenir et faire cesser les nuisances sonores pour la période dont s'agit est, comme l'a jugé à bon droit le tribunal, constitutive d'une faute de nature à engager sa responsabilité (■ CAA Marseille, 3 avr. 2017, n° 15MA03230).

2) Troubles anormaux de voisinage. Méconnaissance des dispositions de l'article R. 571-26 (■ CA Colmar, 25 juin 2018, n° 18/0428. ■ CA Limoges, 29 mai 2018, n° 17/00706).

Art. R. 571-27 *(Rempl., D. n° 2017-1244, 7 août 2017).* **– I. – L'exploitant, le producteur, le diffuseur qui dans le cadre d'un contrat a reçu la responsabilité de la sécurité du public, le responsable légal du lieu ouvert au public ou recevant du public, clos ou ouvert, accueillant à titre habituel des activités de diffusion de sons amplifiés, ou le responsable d'un festival, est tenu d'établir une étude de l'impact des nuisances sonores visant à prévenir les nuisances sonores de nature à porter atteinte à la tranquillité ou à la santé du voisinage.**

II. – L'étude de l'impact des nuisances sonores est réalisée conformément à l'arrêté mentionné à l'article R. 571-26. Elle étudie l'impact sur les nuisances sonores des différentes configurations possibles d'aménagement du système de diffusion de sons amplifiés. Elle peut notamment conclure à la nécessité de mettre en place des limiteurs de pression acoustique dans le respect des conditions définies par l'arrêté mentionné à l'article R. 571-26. Cette étude doit être mise à jour en cas de modification des aménagements des locaux, de modification des activités, ou de modification du système de diffusion sonore, non prévus par l'étude initiale.

III. – En cas de contrôle, l'exploitant doit être en mesure de présenter le dossier d'étude de l'impact des nuisances sonores aux agents mentionnés à l'article L. 571-18.

1) Troubles anormaux. Par leur fréquence, leur importance et leur caractère nocturne, les désordres constatés excèdent les troubles normaux du voisinage dans une rue calme d'une petite ville de province, peu importe que les décibels émis respectent ou non le Code de l'environnement (■ CA Paris, 12 févr. 2014, n° 12/11416).

2) Validation par le Conseil d'État du décret du 7 août 2017 relatif à la prévention du risque lié au bruit et aux sons amplifiés. Absence d'erreur manifeste d'appréciation. Délimitation de bruit au motif qu'il ne serait pas techniquement susceptible d'être imposé à des véhicules et ne pourrait raisonnablement encadrer les compétitions motocyclistes (■ CE, 7 déc. 2018, n° 414899, *Ch. synd. des lieux musicaux festifs et nocturnes*).

3) Notion de contiguïté. Pour interpréter ce texte, il n'est pas nécessaire que les locaux d'habitation soient contigus à l'établissement diffusant de la musique mais qu'il soit situé dans un bâtiment dont au moins une partie est contiguë à l'établissement diffusant de la musique (■ CA Rouen 1re civ., 12 sept. 2018, n° 17/03013).

4) Engagement de la responsabilité d'une commune pour carence dans la gestion des nuisances, mais rejet des demandes dirigées contre l'État pour absence de faute établie à son encontre (■ CAA Bordeaux, 3 juill. 2024, n° 22BX02443).

Annulation de l'arrêté préfectoral autorisant l'ouverture nocturne d'un établissement en raison de l'absence d'une étude d'impact des nuisances sonores préalable à la décision (■ CAA Marseille, 18 avr. 2013, n° 11MA00156, *Synd. des coproprié-*

taires du n° 11 rue Sisco à Bastia). – La commune qui a installé un *skate park*, sans réalisation d'une étude de l'impact des nuisances sonores, est tenue responsable des troubles anormaux causés aux voisins (à hauteur de 10 000 € en l'espèce, ■ CAA Marseille, 3 avr. 2017, n° 15MA03230).

Voir également : la jurisprudence précitée sous R. 571-25.

Art. R. 571-28 *(Implicitement abr., D. n° 2017-1244, 7 août 2017).*

Art. R. 571-29 *(Implicitement abr., D. n° 2017-1244, 7 août 2017).*

Art. R. 571-30 *(Implicitement abr., D. n° 2017-1244, 7 août 2017).*

Sous-section 2. – Bruits de voisinages

Art. R. 571-31 *(Mod., D. n° 2017-1244, 7 août 2017).* – Les dispositions relatives à la lutte contre les bruits de voisinage figurent aux articles R. 1336-4 à R. 1336-11 du Code de la santé publique.

Sous-section 3. – Mouvements d'hélicoptères

(D. n° 2010-1226, 20 oct. 2010) (1) (2) (3)

Art. R. 571-31-1 *(Rempl.à compter du 1er novembre 2023, D. n° 2023-1008, 31 oct. 2023)* (4). – Pour l'application de l'article L. 571-7 :

1° On désigne par :

– vol d'entraînement : tout ou partie de vol d'aviation civile incluant des manœuvres ou des exercices répétitifs, dont l'objet est l'acquisition de connaissances dans la pratique du pilotage à l'exception des manœuvres strictement nécessaires à la familiarisation du pilote avec l'aérodrome ou à l'acquisition ou au renouvellement d'une qualification de site ;

– vol touristique circulaire sans escale : vol avec passagers, sans motif professionnel pour les passagers, sans escale, et dont les points de départ et d'arrivée sont confondus ;

– vol touristique circulaire avec escale de moins d'une heure : vol avec passagers, sans motif professionnel pour les passagers, comportant une escale de moins d'une heure et dont les points de départ et d'arrivée, en dehors de l'escale, sont confondus, l'escale s'entendant comme le temps passé au sol par l'aéronef ;

– essai moteur : toute mise en marche du groupe motopropulseur dont l'objectif n'est pas d'entreprendre un vol.

2° Constituent des zones à forte densité de population les agglomérations de largeur moyenne de plus de 3 600 mètres figurant sur la carte aéronautique au 1/500 000 de l'Organisation de l'aviation civile internationale, publiée par l'Institut national de l'information géographique et forestière, ainsi que l'ensemble des points du territoire situés à moins d'un demi-mille nautique (926 mètres) de ces agglomérations, cette dernière extension étant réduite à 463 mètres côté mer pour les agglomérations littorales.

Art. R. 571-31-2 *(Rempl.à compter du 1er novembre 2023, D. n° 2023-1008, 31 oct. 2023)* (4). – Les limitations que peut fixer le ministre chargé de l'aviation civile au trafic d'hélicoptère au départ ou à destination d'aérodromes situés dans ou au-dessus des zones définies par le 2° de l'article R. 571-31-1 sont déterminées dans les conditions prévues par les articles R. 6360-6 à R. 6360-12 du Code des transports.

Le pouvoir réglementaire a pu, sans commettre d'erreur de droit, prendre comme référence les contours des agglomérations portées sur les cartes aéronautiques de l'Organisation de l'aviation civile internationale, qui sont celles utilisées par les pilotes d'hélicoptère, en retenant les agglomérations d'une largeur supérieure à 3,6 km et en incluant dans les zones les portions de territoires situées jusqu'à environ un kilomètre de ces agglomérations (■ CE, 23 nov. 2011, nos 345021, 345051, 345241 et 345520, *Ass. FNE*).

(1) Dispositions dérogatoires : V. D. n° 2010-1226, 20 oct. 2010, art. 7.

(2) V. aussi C. aviation, art. R. 227-16 à R. 227-20 (dispositions concernant les agglomérations moins étendues). – NDLR.

(3) Sur la légalité des dispositions introduites par le décret n° 2010-1226 du 20 octobre 2010, V. CE, 23 nov. 2011, n° 345021, *Assoc. France Nature Environnement et a. : JurisData* n° 2011-026012. – NDLR.

(4) Dispositions ne s'appliquant pas à Saint-Barthélemy, D. n° 2023-1008, 31 oct. 2023, art. 6.

Art. R. 571-31-3 *(D. n° 2010-1226, 20 oct. 2010 ; abr. et recod. à compter du 1er novembre 2023, D. n° 2023-1008, 31 oct. 2023. – V. C.transp., art R. 6360-11)* (1).

Art. R. 571-31-4 *D. n° 2010-1226, 20 oct. 2010, art. 1er ; abr. et recod. à compter du 1er novembre 2023, D. n° 2023-1008, 31 oct. 2023. – V. C.transp., art R. 6360-7)* (1).

Art. R. 571-31-5 *(D. n° 2010-1226, 20 oct. 2010 ; abr. et recod. à compter du 1er novembre 2023, D. n° 2023-1008, 31 oct. 2023. – V. C.transp., art R. 6360-10)* (1).

Art. R. 571-31-6 *(Abr. et recod. à compter du 1er novembre 2023, D. n° 2023-1008, 31 oct. 2023, art. 3, 2° et 7. – V. C.transp., art R. 6360-12).*

Rédaction antérieure. Art. R. 571-31-3 *(D. n° 2010-1226, 20 oct. 2010).* – Durant la phase d'approche, l'atterrissage et le décollage au départ ou à destination des aérodromes situés dans les zones définies à l'article R. 571-31-2, les équipages sont tenus de respecter les procédures de conduite à moindre bruit définies dans le manuel de vol ou d'exploitation de leur aéronef.

Rédaction antérieure. Art. R. 571-31-4 *(D. n° 2010-1226, 20 oct. 2010).* – Le ministre chargé de l'aviation civile peut fixer, pour chaque aérodrome relevant de sa compétence situé dans les zones mentionnées à l'article R. 571-31-2, tout ou partie des limitations suivantes :

I. – Limiter, en fonction des caractéristiques de l'environnement et des conditions d'exercice de l'activité aérienne des aérodromes concernés, le nombre maximal de mouvements d'hélicoptères par plage horaire, par jour, mois, saison et année ;

II. – Déterminer les plages horaires et hebdomadaires dans lesquelles le trafic des hélicoptères dont le niveau de performance acoustique est inférieur à un seuil fixé par ce ministre est interdit ;

III. – Déterminer les plages horaires et hebdomadaires pendant lesquelles les essais moteurs sont interdits.

Le ministre peut prévoir les cas où il peut exceptionnellement être dérogé en raison de manifestations à caractère international ou d'importance économique majeure aux limites fixées en application du I du présent article.

En application de l'article L. 227-5 du Code de l'aviation civile, l'Autorité de contrôle des nuisances sonores aéroportuaires est consultée sur les projets d'arrêtés pris en application du présent article. Il en va de même des commissions consultatives de l'environnement des aérodromes concernés.

En énumérant les mesures de restriction du trafic d'hélicoptères susceptibles d'être prises pour chaque aérodrome en fonction de ses caractéristiques propres, le ministre chargé de l'aviation civile a pleinement exercé sa compétence. Par ailleurs, le choix des mesures retenues, consistant à limiter le nombre maximal des mouvements d'hélicoptères par plage horaire, par jour, mois, saison, année, à fixer des plages horaires et hebdomadaires au cours desquelles est interdit le trafic des hélicoptères à la performance acoustique insuffisante et à fixer les plages horaires et hebdomadaires au cours desquelles les essais de moteur sont des interdits, n'est pas entaché d'erreur manifeste d'appréciation (■ CE, 23 nov. 2011, nos 345021, 345051, 345241 et 345520, *Ass. FNE*).

Rédaction antérieure. Art. R. 571-31-5 *(D. n° 2010-1226, 20 oct. 2010).* – L'exploitant de chaque aérodrome situé dans une zone définie à l'article R. 571-31-2 tient à jour un registre des mouvements d'hélicoptères. Il recense, pour chaque mouvement, l'heure, le type d'appareil et, lorsqu'il relève des dispositions du troisième alinéa de l'article L. 571-7, l'objet du vol. Ce registre peut être consulté.

Rédaction antérieure. Art. R. 571-31-6 *(D. n° 2010-1226, 20 oct. 2010).* – Les manquements aux règles fixées par le ministre chargé de l'aviation civile en application de l'article R. 571-31-4 peuvent donner lieu au prononcé des sanctions administratives prévues à l'article L. 227-4 du Code de l'aviation civile.

Section III. – Aménagements, infrastructures et matériels de transports terrestres

(Intitulé rempl., D. n° 2011-890, 26 juill. 2011)

Sous-section 1. – Classement des infrastructures de transports terrestres

Art. R. 571-32. – **I. – Font l'objet d'un recensement et d'un classement, en application de l'article L. 571-10, les infrastructures de transports terrestres définies à l'article R. 571-33 qui existent à la date de leur recensement ou qui, à cette date, ont fait l'objet de l'une des mesures suivantes :**

1° ***(Mod. à compter du 1er janvier 2015, D. n° 2014-1635, 26 déc. 2014)*** **Publication de l'acte décidant l'ouverture d'une enquête publique portant sur le projet d'infrastructure, en application** ***(Réf. rempl.,***

(1) Dispositions ne s'appliquant pas à Saint-Barthélemy, D. n° 2023-1008, 31 oct. 2023, art. 6.

D. n° 2016-308, 17 mars 2016) (1) « du titre Ier du livre Ier » du Code de l'expropriation pour cause d'utilité publique ou des articles R. 123-1 à R. 123-33 du présent code ;

2° Mise à disposition du public de la décision ou de la délibération arrêtant le principe et les conditions de réalisation d'un projet d'infrastructure, au sens de *(Réf. rempl., D. n° 2015-1783, 28 déc. 2015)* « l'article L. 102-1 du Code de l'urbanisme. », dès lors que cette décision, ou cette délibération, prévoit les emplacements qui doivent être réservés dans les documents d'urbanisme opposables ;

3° Inscription de l'infrastructure en emplacement réservé dans un plan local d'urbanisme, un plan d'occupation des sols, un plan d'aménagement de zone, ou un plan de sauvegarde et de mise en valeur opposable.

II. – Les mêmes dispositions s'appliquent aux modifications ou transformations significatives d'une infrastructure, au sens des articles R. 571-44 à R. 571-52 du présent code.

Aucun texte n'impose de faire figurer dans le dossier d'enquête publique relatif à la création d'un tronçon de ligne à grande vitesse la décision de classement de ce projet de ligne à grande vitesse (■ CE, 28 mars 2011, nos 330256, 330734, 334473 et 334550, *Collectif des nuisances du TGV de Chasseneuil-du-Poitou et de Migne-Auxances*).

Art. R. 571-33. – Le recensement et le classement des infrastructures de transports terrestres portent sur les voies routières dont le trafic journalier moyen annuel existant, ou prévu dans l'étude *(Mots suppr., D. n° 2011-2019, 29 déc. 2011)* (2) « ... » d'impact du projet d'infrastructure, est supérieur à cinq mille véhicules par jour, les lignes ferroviaires interurbaines assurant un trafic journalier moyen supérieur à cinquante trains ainsi que les lignes en site propre de transports en commun et les lignes ferroviaires urbaines, dont le trafic journalier moyen est supérieur à cent autobus ou trains.

Art. R. 571-34. – Un arrêté conjoint des ministres chargés, respectivement, des routes, des transports, de l'environnement et de la construction détermine, en fonction de niveaux sonores de référence diurnes et nocturnes, cinq catégories dans lesquelles sont classées les infrastructures de transports terrestres ainsi que la largeur maximale correspondante des secteurs affectés par le bruit, situés au voisinage de l'infrastructure, sans que cette largeur puisse excéder trois cent mètres de part et d'autre de celle-ci.

Les niveaux sonores mentionnés à l'alinéa précédent sont les niveaux sonores équivalents pondérés A engendrés par l'infrastructure de transports terrestres.

Art. R. 571-35. – I. – Quand l'infrastructure de transports terrestres est en service, le niveau sonore évalué à partir du trafic peut servir de base pour le classement de l'infrastructure si la croissance prévisible ou possible du trafic ne peut conduire à modifier ce niveau de plus de 3 dB (A).

Dans le cas contraire, ainsi que pour les infrastructures nouvelles, le niveau sonore est calculé.

II. – La méthode de calcul des niveaux sonores prévisionnels tient compte des paramètres qui peuvent influer sur ces niveaux sonores et, au moins :

1° Pour les infrastructures routières, du rôle de la voie, du nombre de files, du trafic prévu et, le cas échéant, de l'existence de rampe, du pourcentage de poids lourds et de la vitesse maximale autorisée ;

2° Pour les infrastructures ferroviaires, du nombre de trains, de la vitesse commerciale et du type de matériel.

Art. R. 571-36. – Un arrêté conjoint des ministres chargés, respectivement, des routes, des transports, de l'environnement et de la construction fixe, en tant que de besoin, les modalités de mesure des niveaux sonores, les modalités d'agrément des méthodes de mesure *in situ* ainsi que les prescriptions que doivent respecter les méthodes de calcul prévisionnelles et les logiciels de calcul utilisés pour évaluer les niveaux sonores.

Art. R. 571-37. – Le préfet procède au recensement des infrastructures terrestres mentionnées aux articles R. 571-32 et R. 571-33, situées dans son département et prend un arrêté les classant dans les catégories prévues par l'arrêté interministériel mentionné à l'article R. 571-34.

Art. R. 571-38. – Sur la base de ce classement, le préfet détermine, par arrêté :

1° Les secteurs affectés par le bruit situés au voisinage des infrastructures recensées ;

(1) Dispositions d'application : V. D. n° 2016-308, 17 mars 2016, art. 7, I.

(2) Article 2 XVI. – À l'article R. 571-33, les mots : « ou la notice » sont supprimés.

2° Les niveaux sonores que les constructeurs sont tenus de prendre en compte pour la construction des bâtiments inclus dans ces secteurs ;

3° Les isolements acoustiques de façade requis en application de l'arrêté prévu à l'article R. 571-43.

Art. R. 571-39. – L'arrêté du préfet mentionné à l'article R. 571-38 est préalablement transmis, pour avis, aux communes concernées par les secteurs affectés par le bruit situés au voisinage de l'infrastructure, dans leur largeur maximale prévue par l'arrêté interministériel mentionné à l'article R. 571-34.

Faute de réponse dans le délai de trois mois suivant la transmission du préfet, leur avis est réputé favorable.

Art. R. 571-40. – Toute modification du classement d'une infrastructure intervient suivant la procédure définie aux articles R. 571-37 à R. 571-39.

Art. R. 571-41. – Les arrêtés préfectoraux mentionnés aux articles R. 571-37 à R. 571-39 font l'objet d'une publication au Recueil des actes administratifs du département et d'un affichage, durant un mois, à la mairie des communes concernées.

Art. R. 571-42. – Une commune peut, à son initiative, proposer au préfet un projet de classement des infrastructures de transports terrestres portant sur tout ou partie de son territoire. Le préfet examine cette proposition avant de procéder au classement des infrastructures concernées.

Art. R. 571-43. – En vue d'assurer la protection des occupants des bâtiments à construire dans le secteur de nuisance d'une infrastructure de transports terrestres classée en application de la présente sous-section, les façades des pièces et locaux exposés aux bruits des transports terrestres doivent présenter un isolement acoustique contre les bruits extérieurs conforme aux limites déterminées par l'arrêté prévu à l'article R. 571-34.

L'isolement acoustique requis dépend notamment du classement de l'infrastructure de transports terrestres, de la nature et de la hauteur du bâtiment, de la distance du bâtiment par rapport à l'infrastructure et, le cas échéant, de l'occupation du sol entre le bâtiment et l'infrastructure.

(D. n° 2009-424, 17 avr. 2009) (1) Dans les départements d'outre-mer, l'isolement requis ne concerne pas les infrastructures de transport terrestre classées dans les deux dernières catégories définies en application de l'article R. 571-34.

Voir : A. 17 avr. 2009 relatif aux caractéristiques acoustiques des bâtiments d'habitation neufs dans les départements de la Guadeloupe, de la Martinique, de la Guyane et de La Réunion.

Sous-section 2. – Limitation du bruit des aménagements, infrastructures et matériels de transports terrestres

(Intitulé rempl., D. n° 2011-890, 26 juill. 2011)

Art. R. 571-44. – La conception, l'étude et la réalisation d'une infrastructure de transports terrestres nouvelle ainsi que la modification ou la transformation significative d'une infrastructure de transports terrestres existante sont accompagnées de mesures destinées à éviter que le fonctionnement de l'infrastructure ne crée des nuisances sonores excessives.

Le maître d'ouvrage de travaux de construction, de modification ou de transformation significative d'une infrastructure est tenu, sous réserve des situations prévues à l'article R. 571-51, de prendre les dispositions nécessaires pour que les nuisances sonores affectant les populations voisines de cette infrastructure soient limitées, dans les conditions fixées par la présente sous-section, à des niveaux compatibles avec le mode d'occupation ou d'utilisation normal des bâtiments riverains ou des espaces traversés.

Ces dispositions s'appliquent aux transports guidés, notamment aux infrastructures ferroviaires.

1) Simple aménagement ponctuel. La mise en place d'une signalisation destinée à inciter les usagers de la route à emprunter une autoroute plutôt qu'une autre afin de contourner une agglomération ne peut être assimilée à une modification ou à une transformation significative de l'infras-

(1) Dispositions applicables aux projets de construction de bâtiments qui font l'objet d'une demande de permis de construire ou d'une déclaration préalable prévue à l'article L. 421-4 du Code de l'urbanisme déposées à compter du 1er mai 2010, D. n° 2009-424, 17 avr. 2009, art. 3.

tructure autoroutière (■ CE, 20 févr. 2008, n° 292937, *Assoc. Les riverains de l'A27*). La création d'un terre-plein central sur un boulevard qui était à double sens n'a pas pour effet de modifier l'emprise de voie ou d'augmenter le trafic, il s'agit donc d'un simple aménagement ponctuel (■ CAA Bordeaux, 7 févr. 2006, n° 02BX02667, *Walter*). Il en est de même de l'aménagement d'un giratoire, cet aménagement n'ayant pas pour effet d'augmenter le flot de circulation (■ CAA Douai, 18 mars 2004, n° 02DA00347, *Épx Jarno c/ Cne d'Évreux*). La réalisation de travaux de mise en conformité à la suite de travaux d'élargissement d'une autoroute nécessite de démontrer le dépassement des niveaux maximaux admissibles fixés par l'arrêté du 5 mai 1995 relatif au bruit des infrastructures routières (*JO* 10 mai 1995) (■ CAA Lyon, 31 mai 2012, n° 11LY00848, *Sté des autoroutes Rhône-Alpes*).

2) Préjudice anormal et spécial. Nuisances sonores résultant d'un changement dans la circulation de Villeurbanne. Pas de droit à indemnisation, les nuisances ne dépassant pas celles que peuvent rencontrer d'autres habitants de zones urbaines (■ CAA Lyon, 24 mars 2022, n° 20LY02044).

Nécessité de faire la preuve d'un préjudice anormal et spécial pour les riverains des voies publiques. Absence de preuve suffisante (■ CAA Toulouse, 21 févr. 2023, n° 21TL23192).

3) TGV. Nuisances liées à un tronçon de la ligne TGV traversant la ville de Cluny : l'arrêté du 8 novembre 1999 n'a ni pour objet ni pour effet de définir les infrastructures auxquelles ils s'appliquent. Absence de demande tendant à l'édiction de mesures administratives pour réduire les nuisances sonores. Rejet (■ CE, 19 oct. 2022, n° 457139).

4) Nuisances sonores et visuelles. Nuisances liées à une rocade à un niveau inférieur au seuil réglementaire, mais avec une gêne certaine. Plantation prévue non réalisée. Existence d'un préjudice excédant les sujétions normales imposées aux riverains (■ CAA Lyon, 4 juill. 2024, n° 22LY00416).

Art. R. 571-45. – **Est considérée comme significative, au sens de l'article R. 571-44, la modification ou la transformation d'une infrastructure existante, résultant d'une intervention ou de travaux successifs autres que ceux mentionnés à l'article R. 571-46, et telle que la contribution sonore qui en résulterait à terme, pour au moins une des périodes représentatives de la gêne des riverains mentionnées à l'article R. 571-47, serait supérieure de plus de 2 dB (A) à la contribution sonore à terme de l'infrastructure avant cette modification ou cette transformation.**

1) Troubles de jouissance. Même si le niveau sonore n'excède pas le seuil limite fixé, le juge administratif considère que la présence d'une autoroute entraîne un trouble de jouissance qui excède par son importance celui que les riverains des voies publiques doivent normalement supporter (■ CAA Bordeaux, 8 juill. 2008, n° 06BX01272, *Sté des autoroutes du sud de la France*). Le trafic routier sur la route bordant la propriété du requérant génère des émergences sonores supérieures de 5 dB aux seuils maxima énoncés par les articles R. 571-44 et R. 571-48 du Code de l'environnement. Ce trafic provoque ainsi une gêne sonore récurrente, de jour comme de nuit, et a ainsi aggravé de manière significative la situation du requérant existant antérieurement à la réalisation de cette déviation routière. Dans ces conditions, il y a lieu de porter à 20 000 euros la somme en réparation des troubles dans ses conditions d'existence (■ CAA Bordeaux, 27 sept. 2016, n° 15BX00691). Pas de trouble anormal quand le niveau sonore moyen est inférieur aux limites (■ CAA Bordeaux, 12 juin 2008, n° 06BX00010, *Jean c/ ASF*. ■ CAA Bordeaux, 4 déc. 2007, n° 05BX02329, *Favarel c/ Sté des autoroutes du sud de la France* ou ■ CAA Bordeaux, 18 juill. 2006, n° 03BX01690, *Rampon c/ Sté ASF*. ■ CAA Nantes, 16 mars 2006, n°s 05NT01078, 05NT01079 et 05NT00455, *Bled et a. c/ Synd. mixte de transport en commun de l'agglomération caennaise Viacités*).

2) Trouble anormal (oui). Excès des normes maximales admissibles pour une voie à 5 m des habitations (■ CAA Lyon, 16 nov. 2017, n° 15LY03003). Augmentation des nuisances sonores justifiant une indemnité (■ CAA Bordeaux, 27 sept. 2016, n° 15BX00691).

3) Si les seuils réglementaires ne sont pas dépassés, la réalisation d'un mur antibruit est inutile (■ TA Rennes, 30 sept. 2022, n° 1905614).

Voir également : ■ CE, 19 oct. 2022, n° 457139 déjà cité ss art. R. 571-44.

Art. R. 571-46. – **Ne constituent pas une modification ou une transformation significative, au sens de l'article R. 571-44 :**

1° Les travaux d'entretien, de réparation, d'électrification ou de renouvellement des infrastructures ferroviaires ;
2° Les travaux de renforcement des chaussées, d'entretien ou de réparation des voies routières ;
3° Les aménagements ponctuels des voies routières ou des carrefours non dénivelés.

La liste des travaux établie par l'article R. 571-46 n'a pas un caractère limitatif (■ CE, 10 déc. 2001, n° 218331, *Cne de Quéven*. ■ CE, 20 févr. 2008, n° 292937, *Assoc. Les riverains de l'A27*).

Absence de modification significative : création d'un terre-plein central sur un boulevard en double sens (aménagement ponctuel), la commune n'est pas tenue de prendre des mesures pour limiter les nuisances à des niveaux compatibles avec l'occupation normale des bâtiments riverains (■ CAA Bordeaux, 7 févr. 2006, n° 02BX02667, *Cne d'Angoulême*) ; aménagement d'un giratoire, aménagement ponctuel du carrefour existant n'ayant pas pour effet d'augmenter le flot de circulation (■ CAA Douai, 18 mars 2004, n° 02DA00347, *Cne d'Évreux*. – V. ■ TA Bordeaux, 5 déc. 2023, n° 2103294 à propos des modifications de la ligne TGV).

Art. R. 571-47. – **La gêne due au bruit d'une infrastructure de transports terrestres est caractérisée par des indicateurs qui prennent en compte les nuisances sonores sur des périodes représentatives de la gêne des riverains du jour et de la nuit.**

Pour chacune de ces périodes, des niveaux maximaux admissibles pour la contribution sonore de l'infrastructure sont définis en fonction de la nature des locaux et du type de travaux réalisés.

Ils tiennent compte de la spécificité des modes de transports et peuvent être modulés en fonction de l'usage des locaux et du niveau sonore ambiant préexistant.

Les modalités d'application du présent article sont définies par arrêté conjoint des ministres chargés, respectivement, des routes, des transports, de l'environnement et de la construction. Les prescriptions relatives à la contribution sonore maximale admissible peuvent être différentes pour les infrastructures nouvelles et pour les transformations ou modifications significatives d'infrastructures existantes.

Voir : A. 8 nov. 1999, relatif au bruit des infrastructures ferroviaires (*JO* 10 nov.).

1) Il incombe au requérant sollicitant la réalisation de travaux de mise en conformité d'établir le dépassement des niveaux maximaux admissibles fixés par l'arrêté du 5 mai 1995 relatif au bruit des infrastructures routières (*JO* 10 mai 1995) (■ CAA Lyon, 31 mai 2012, n° 11LY00848, *Sté des autoroutes Rhône-Alpes*).

2) La déclaration d'utilité publique d'un projet ne peut avoir pour effet de méconnaître l'arrêté du 8 novembre 1999 relatif au bruit des infrastructure ferroviaires définissant les niveaux sonores maximaux admissibles pour la contribution sonore d'une infrastructure ferroviaire, pris en application de cet article (■ CE, 28 mars 2011, n°s 330256, 330734, 334473 et 334550, *Collectif des nuisances du TGV de Chasseneuil-du-Poitou et de Migne-Auxances*).

3) Responsabilité de l'État (non). L'anormalité des nuisances sonores subies par les riverains d'un ouvrage routier n'est pas établi eu égard à la présence antérieure d'une voie bruyante et si le niveau de pression acoustique est inférieur aux valeurs réglementaires (■ CAA Nantes, 28 juin 2010, n° 09NT00294). **(oui)** Même si les niveaux sonores n'excèdent pas les seuils limites réglementaires, l'existence d'une autoroute entraîne un trouble de jouissance excédant par son importance celui que doivent normalement supporter, dans l'intérêt général, les riverains des voies publiques (■ CAA Bordeaux, 8 juill. 2008, n° 06BX01272, *Sté des autoroutes du sud de la France*).

4) Aménagements d'échangeurs en vue des JO : mesures de prévention suffisantes avec la réalisation d'un écran acoustique (■ CAA Paris, 22 oct. 2020, n° 20PA00219), *a contrario*, pour une DUP concernant un franchissement urbain en raison de l'insuffisance de l'EIE n'analysant pas le projet complet (■ CAA Paris, 23 juin 2021, n° 20PA02347).

Art. R. 571-48. – **Le respect des niveaux sonores maximaux autorisés est obtenu par un traitement direct de l'infrastructure ou de ses abords immédiats. Toutefois, si cette action à la source ne permet pas d'atteindre les objectifs de la réglementation dans des conditions satisfaisantes d'insertion dans l'environnement ou à des coûts de travaux raisonnables, tout ou partie des obligations est assuré par un traitement sur le bâti qui tient compte de l'usage effectif des pièces exposées au bruit.**

Le trafic routier sur une route provoquant des émergences sonores comprises entre 63,2 dB et 65,6 dB le jour et entre 55 dB et 55,6 dB la nuit, soit des émergences supérieures de 5 dB aux seuils maxima méconnaissent les dispositions des articles R. 571-44 et R. 571-48 du Code de l'environnement. Ce trafic provoque une gêne sonore récurrente, de jour comme de nuit, et a ainsi aggravé de manière significative la situation du requérant existant antérieurement à la réalisation de cette déviation routière. Dans ces conditions, il y a lieu de porter à 20 000 euros la somme à laquelle M. C peut prétendre en réparation des troubles dans ses conditions d'existence (■ CAA Bordeaux, 27 sept. 2016, n° 15BX00691) pour une jurisprudence analogue (■ CAA Lyon, 16 nov. 2017, n° 15LY03003).

Art. R. 571-49. – Un arrêté conjoint des ministres chargés, respectivement, des routes, des transports, de l'environnement et de la construction fixe, en tant que de besoin, les modalités d'agrément des méthodes de contrôle de niveaux sonores *in situ* ainsi que les prescriptions que doivent respecter les méthodes de calcul prévisionnelles et les logiciels de calcul utilisés pour évaluer les niveaux sonores.

Art. R. 571-50. – Préalablement au démarrage d'un chantier de construction, de modification ou de transformation significative d'une infrastructure de transports terrestres, le maître d'ouvrage fournit au préfet de chacun des départements concernés et aux maires des communes sur le territoire desquelles sont prévus les travaux et les installations de chantier les éléments d'information utiles sur la nature du chantier, sa durée prévisible, les nuisances sonores attendues ainsi que les mesures prises pour limiter ces nuisances. Ces éléments doivent parvenir aux autorités concernées un mois au moins avant le démarrage du chantier.

Au vu de ces éléments, le préfet peut, lorsqu'il estime que les nuisances sonores attendues sont de nature à causer un trouble excessif aux personnes, prescrire, par un arrêté motivé, pris après avis des maires des communes concernées et du maître d'ouvrage, des mesures particulières de fonctionnement du chantier, notamment en ce qui concerne ses accès et ses horaires.

Faute de réponse dans le délai de quinze jours suivant la demande du préfet, cet avis est réputé favorable.

Lorsque les travaux concernent plusieurs départements, l'arrêté est pris conjointement par les préfets de ces départements.

Le maître d'ouvrage informe le public de ces éléments par tout moyen approprié.

Pas de vice substantiel. L'obligation d'information pesant sur le maître d'ouvrage a pour objet de permettre à l'administration d'imposer des mesures particulières de fonctionnement du chantier en vue de limiter les nuisances sonores, dès lors la méconnaissance par un maître d'ouvrage de son obligation d'information concernant les modalités d'un chantier n'entache pas d'un vice substantiel la décision relative au principe d'engager les travaux qui est une décision distincte de celle relative au démarrage effectif du chantier (■ CE, 4 juill. 2008, n° 308055, *Cne de Critot*. Pas d'enquête publique pour la modernisation d'une voie ferrée existante même décision (*AJDA* 2008, 1360, 14 juill. 2008).

Art. R. 571-51. – Le maître d'ouvrage de travaux de construction, de modification ou de transformation significative d'une infrastructure de transports terrestres n'est pas tenu de prendre les mesures prévues à l'article R. 571-44 à l'égard des bâtiments voisins de cette infrastructure dont la construction a été autorisée après l'intervention de l'une des mesures suivantes :

1° *(Mod à compter du 1er janvier 2015, D. n° 2014-1635, 26 déc. 2014)* Publication de l'acte décidant l'ouverture d'une enquête publique portant sur le projet d'infrastructure, en application *(Réf. rempl., D. n° 2016-308, 17 mars 2016)* (1) « du titre Ier du livre Ier » du Code de l'expropriation pour cause d'utilité publique ou des articles R. 123-1 à R. 123-33 du présent code ;

2° Mise à disposition du public de la décision, ou de la délibération, arrêtant le principe et les conditions de réalisation d'un projet d'infrastructure, au sens de *(Réf. rempl., D. n° 2015-1783, 28 déc. 2015)* « l'article L. 102-1 du Code de l'urbanisme. », dès lors que cette décision ou cette délibération, prévoit les emplacements qui doivent être réservés dans les documents d'urbanisme opposables ;

3° Inscription du projet d'infrastructure en emplacement réservé dans un plan local d'urbanisme, un plan d'occupation des sols, un plan d'aménagement de zone ou un plan de sauvegarde et de mise en valeur, opposable ;

4° Mise en service de l'infrastructure ;

5° Publication des arrêtés préfectoraux portant classement de l'infrastructure et définition des secteurs affectés par le bruit situés à son voisinage, pris en application de l'article L. 571-10 du présent code.

Art. R. 571-52. – *(Rempl., D. n° 2011-890, 26 juill. 2011)* Les dispositions des articles R. 571-44 à R. 571-51 s'appliquent :

1° *(Mod à compter du 1er janvier 2015, D. n° 2014-1635, 26 déc. 2014)* Aux infrastructures nouvelles et aux modifications ou transformations significatives d'une infrastructure existante soumises à une enquête

(1) Dispositions d'application : V. D. n° 2016-308, 17 mars 2016, art. 7, I.

publique en application *(Réf. rempl., D. n° 2016-308, 17 mars 2016)* (1) « du titre Ier du livre Ier » du Code de l'expropriation pour cause d'utilité publique ou des articles R. 123-1 à R. 123-33 du présent code ;

2° Lorsqu'elles ne font pas l'objet d'une enquête publique, aux modifications ou transformations significatives d'une infrastructure existante.

Création d'un rond-point. Augmentation des nuisances. Dépassement des normes. Préjudice anormal et spécial (▪ CAA Lyon, 16 nov. 2017, n° 15LY03003). *A contrario*, ▪ TA Marseille, 25 janv. 2024, n° 2104788.

Art. R. 571-52-1 *(D. n° 2011-890, 26 juill. 2011)*. – En vue de réduire le bruit des matériels roulants ferroviaires dans l'environnement, les entreprises ferroviaires faisant circuler des trains sur le réseau ferré national respectent les dispositions prévues par les spécifications techniques d'interopérabilité ferroviaires publiées au *Journal officiel* de l'Union européenne et la réglementation de sécurité ferroviaire fixée par arrêté du ministre chargé des transports en application de l'article 3 du décret n° 2006-1279 du 19 octobre 2006 modifié relatif à la sécurité des circulations ferroviaires et à l'interopérabilité du système ferroviaire.

Sous-section 3. – Subventions accordées par l'État pour l'isolation acoustique des locaux situés en bordure des infrastructures de transports terrestres

Art. D. 571-53. – Les propriétaires de locaux d'habitation du parc privé ainsi que de locaux d'enseignement, de soins, de santé ou d'action sociale, recensés par le préfet comme points noirs du bruit des réseaux routier et ferroviaire nationaux, peuvent bénéficier, en complément des aides publiques directes existantes, d'une subvention financée par le ministère chargé de l'environnement.

Art. D. 571-54. – Sont considérés comme points noirs du bruit des réseaux routier et ferroviaire nationaux les bâtiments d'habitation et les établissements d'enseignement, de soins, de santé et d'action sociale répondant à des critères acoustiques et d'antériorité fixés par arrêté conjoint des ministres chargés, respectivement, du budget, des transports, du logement et de l'environnement.

Art. D. 571-55. – La subvention est accordée par le préfet pour les travaux nécessaires à l'isolation acoustique des points noirs du bruit des réseaux routier et ferroviaire nationaux.

Elle inclut les prestations de maîtrise d'œuvre et de contrôle acoustique réalisé à l'issue des travaux.

Lorsqu'une opération programmée d'amélioration de l'habitat au sens de l'article L. 303-1 du Code de la construction et de l'habitation est engagée ou projetée dans les secteurs éligibles à cette subvention, la convention de cette opération définit les conditions d'attribution de cette subvention.

Dans le cas contraire, le préfet définit, par arrêté, les secteurs éligibles, les actions prévues pour l'information et l'assistance des propriétaires concernés ainsi que les conditions d'attribution de cette subvention.

Art. D. 571-56. – Pour les opérations d'isolation acoustique des locaux d'habitation du parc privé, le montant maximum prévisionnel de la subvention est déterminé de manière à ce que le montant de l'ensemble des aides publiques directes porte le taux global d'aide à 80 % du montant prévisionnel de la dépense subventionnable, selon un plafond fixé par arrêté conjoint des ministres chargés du budget, des transports, du logement et de l'environnement.

Toutefois, ce taux global d'aide est porté à 90 % quand les bénéficiaires sont des personnes dont le revenu fiscal de référence de l'année précédant celle de la date de dépôt de leur demande, défini au IV de l'article 1417 du Code général des impôts, n'excède pas les limites prévues au I de cet article.

Il est porté à 100 % pour les personnes bénéficiaires de l'allocation de solidarité mentionnée à l'article L. 815-1 du Code de la sécurité sociale ou des formes d'aide sociale définies au titre III du Code de la famille et de l'aide sociale.

Pour les opérations d'isolation acoustique des locaux d'enseignement, de soins, de santé et d'action sociale, le montant maximum prévisionnel de la subvention est égal au montant prévisionnel de la dépense subventionnable.

(1) Dispositions d'application : V. D. n° 2016-308, 17 mars 2016, art. 7, I.

Dans tous les cas, le montant de la subvention ne peut avoir pour effet de porter le montant total des aides publiques directes à plus de 100 % du montant prévisionnel de la dépense subventionnable.

Art. D. 571-57. – La décision d'attribuer la subvention doit mentionner, outre les indications exigées par l'article 9 du décret n° 99-1060 du 16 décembre 1999 relatif aux subventions de l'État pour des projets d'investissement, les exigences minimales à respecter en matière d'isolement acoustique après achèvement des travaux d'isolation ainsi que, lorsque le contrôle de l'isolation acoustique est possible, les documents justificatifs à produire par le bénéficiaire à l'appui de sa demande de subvention.

Les exigences d'isolement acoustique à respecter, les méthodes de contrôle à utiliser ainsi que les documents justificatifs mentionnés à l'alinéa précédent sont fixés par arrêté conjoint des ministres chargés du budget, des transports, du logement et de l'environnement.

Section IV. – Bruit des transports aériens

Sous-section 1. – Plan d'exposition au bruit

Voir : V. A. 18 févr. 2015 fixant le tarif de la taxe sur les nuisances sonores aériennes applicable sur chaque aérodrome mentionné au IV de l'article 1609 *quatervicies* A du Code général des impôts (NOR DEVA1410639A).

C. Bloch : *Droit de la responsabilité et des contrats Droit de la responsabilité et des contrats / Livre 62* – L'indemnisation des victimes d'accidents liés aux moyens de transport – 2018-2019.

Art. R. 571-58. – Les dispositions relatives aux plans d'exposition au bruit des aérodromes sont énoncées aux articles R. 147-1 à R. 147-11 du Code de l'urbanisme.

PEB et permis de construire. Le plan d'exposition aux bruits interdisant l'extension de l'urbanisation justifie le refus de permis de construire portant sur le changement de destination d'un garage en habitation, lequel changement entraînait un accroissement de la capacité des habitants exposés aux nuisances (■ CAA Nancy, 26 avr. 2012, n° 11NC01206, *Cne de Hallignicourt*) ; la construction d'habitations individuelles groupées ne peut être autorisée en zone C du PEB de l'aéroport de Paris-Charles-de-Gaulle, sans qu'il soit nécessaire de vérifier que le projet n'entraînait qu'un faible accroissement de la capacité d'accueil d'habitants exposés aux nuisances (■ CAA Versailles, 25 avr. 2013, n° 11VE02565, *M. Kermy*).

Art. R. 571-59. – L'enquête publique à laquelle, en application de *(Réf. rempl., D. n° 2015-1783, 28 déc. 2015)* « l'article L. 112-16 du Code de l'urbanisme », doivent être soumis les plans d'exposition au bruit des aérodromes est organisée conformément aux articles L. 123-1 à L. 123-16 du présent code et aux dispositions des articles *(Réf. rempl., D. n° 2017-626, 25 avr. 2017)* « R. 123-7 » à R. 123-23, sous réserve de celles des articles R. 571-60 à R. 571-65.

Art. R. 571-60 *(Mod. à compter du 1er novembre 2010, L. n° 2010-788, 12 juill. 2010 ; mod., D. n° 2023-504, 22 juin 2023)*. – Le dossier soumis à l'enquête publique comprend les pièces suivantes :

1° Une notice explicative précisant l'objet de l'enquête et la portée des plans d'exposition au bruit ;

2° Le projet de plan d'exposition au bruit ;

2° *bis* Le rapport environnemental et l'avis de l'autorité environnementale lorsqu'une évaluation environnementale est requise en application de l'article L. 122-4 ainsi que, le cas échéant, la décision prise après un examen au cas par cas par l'autorité mentionnée à l'article R. 122-18 ou la mention de son caractère tacite ;

3° L'avis des communes intéressées et, s'il y a lieu, celui des établissements publics de coopération intercommunale compétents ;

4° L'avis de l'Autorité de contrôle des nuisances aéroportuaires pour les aérodromes mentionnés à l'article L. 6360-1 du Code des transports ;

5° L'avis de la commission consultative de l'environnement, lorsqu'elle existe ;

6° La mention des textes qui régissent l'enquête publique en cause et l'indication de la façon dont cette enquête s'insère dans la procédure administrative d'établissement du plan d'exposition au bruit considéré.

Dossier incomplet. Faute d'avoir inclus la réponse motivée du maître d'ouvrage au dossier d'enquête publique le dossier d'enquête est irrégulier et cette irrégularité entache la légalité de l'arrêté approuvant le PEB (■ CE, 8 juill. 1998, n° 160587, *Min. Équip., Transport et Tourisme*).

Art. R. 571-61. – Lorsque le plan d'exposition au bruit intéresse le territoire de plusieurs départements, l'enquête est ouverte et organisée par un arrêté conjoint des préfets des départements intéressés. Le préfet du département où est situé l'aérodrome est alors chargé de coordonner l'organisation de l'enquête et d'en centraliser les résultats. Lorsque l'emprise d'un aérodrome s'étend sur deux ou plusieurs départements, le préfet du département sur le territoire duquel est située la plus grande partie de l'aérodrome est chargé de coordonner l'organisation de l'enquête et d'en centraliser les résultats.

Art. R. 571-62. – L'enquête publique à laquelle sont soumis les plans d'exposition au bruit des aérodromes Charles-de-Gaulle, d'Orly et du Bourget est ouverte et organisée par arrêté du préfet de la région Île-de-France.

Art. R. 571-63. – Le président du tribunal administratif compétent pour désigner le commissaire enquêteur ou les membres d'une commission d'enquête est celui du tribunal dans le ressort duquel est situé l'aérodrome ou la plus grande partie de l'aérodrome dont le plan d'exposition au bruit est soumis à enquête.

Art. R. 571-64. – Pour l'application aux enquêtes publiques prévues à la présente sous-section des dispositions de l'article R. 123-14 :

1° Il n'y a pas lieu à publication de l'avis d'enquête dans des journaux à diffusion nationale ;

2° L'avis d'enquête est affiché à la mairie de chacune des communes concernées par le plan d'exposition au bruit et, en outre, dans la zone publique de l'aérodrome.

Art. R. 571-65. – Pour l'application à la présente sous-section des dispositions des articles R. 123-18, R. 123-20, R. 123-22 et R. 123-23, la référence au maître de l'ouvrage est sans objet.

Pour l'application à la présente sous-section des dispositions de l'article R. 123-19, le rôle dévolu au maître de l'ouvrage est assuré par le préfet.

En 2013, le PEB de l'aérodrome de Paris-Le Bourget (premier aéroport européen d'aviation d'affaires) a été élaboré. Les travaux d'élaboration des PEB d'Alençon Valfrembert, Calais-Dunkerque, Chalon-Chamforgueil, Dieppe-Saint Aubin, La Réunion-Roland Garros, Les Mureaux-Verneuil, Nouméa-La Tontouta, Troyes-Barberey et Valenciennes-Denain ont été approuvés (DGAC, Rapp. *Environnement* 2013, juill. 2014).

191 des 215 aérodromes soumis à ce dispositif étaient en 2013 effectivement dotés d'un PEB (Avis AN n° 1434, t. VI, 10 oct. 2013).

Sous-section 2. – Environnement des aérodromes

Une Mission parlementaire d'information sur la réduction des nuisances aéroportuaires a remis son Rapport le 16 mars 2016 (députés J.-A. Bénisti et Ch. Bouillon Rapp. AN n° 3580, 16 mars 2016). Les 46 recommandations formulées vise notamment à :

- Mettre en place un schéma national des infrastructures aéroportuaires ;
- Remédier aux lacunes dans la production des données ;
- Améliorer l'information des riverains en incluant informations sur les nuisances sonores aéroportuaires dans la promesse de vente ou le bail locatif ;
- Revoir l'aide à l'insonorisation et son financement ;
- Limiter les vols de nuit à Paris-CDG et optimiser les trajectoires ;
- Alourdir les pénalités en cas de non-respect des trajectoires et des couvre-feux ;
- Revoir les CCE pour organiser une vraie gouvernance entre l'État, ADP et les collectivités concernées ;
- Réduire les nuisances des hélicoptères.

Art. R. 571-66. – I. – Le plan de gêne sonore comporte trois zones de bruit délimitées par des courbes correspondant à des valeurs de l'indice de bruit Lden calculées comme indiqué à *(Réf. rempl., D. n° 2015-1783, 28 déc. 2015)* « l'article R. 112-1 du Code de l'urbanisme. »

1° Une zone I comprise à l'intérieur de la courbe d'indice Lden 70 ;

2° Une zone II comprise entre la courbe d'indice Lden 70 et la courbe d'indice Lden 65. Toutefois, dans le cas où la courbe extérieure de la zone B du plan d'exposition au bruit approuvé de l'aérodrome est fixée à une valeur d'indice Lden inférieure à 65, cette valeur est retenue pour le plan de gêne sonore ;

3° Une zone III comprise entre la limite extérieure de la zone II et la courbe d'indice Lden 55.

II. – Ces zones sont établies sur la base du trafic estimé, des procédures de circulation aérienne applicables et des infrastructures qui seront en service dans l'année suivant la date de publication de l'arrêté approuvant le plan de gêne sonore.

1) Inexactitudes matérielles. Dès lors qu'un PGS est fondé sur des trajectoires entachées d'inexactitudes matérielles, il doit être annulé (■ CAA Nancy, 21 mars 2005, n° 03NC00322, *MATE c/ Assoc. pour la promotion et la défense du cadre de vie à Bartenheim*).

2) Erreur manifeste d'appréciation. Le juge administratif sanctionne le PGS entaché d'une erreur manifeste d'appréciation : le PGS ne contient aucune hypothèse relative aux trajectoires des avions utilisant, aussi bien au décollage qu'à l'atterrissage, les deux pistes, il ne contient pas non plus les trajectoires possibles en fonction des types d'appareils et des conditions météorologiques, enfin les trajectoires théoriques des avions par rapport à l'axe de la piste retenue n'ont pas été respectées (■ TA Strasbourg, 27 mars 2008, n° 0401214, *Assoc. pour la promotion et la défense du cadre de vie à Bartenheim*). Pour un rejet : ■ CE, 6 avr. 2006, n° 281663, *Cne de Sucy-en-Brie*).

Voir : V. comm. ss art. L. 571-15, p. 1338, CE, 11 avr. 2019.

Art. D. 571-67 ***(Mod., D. n° 2011-406, 15 avr. 2011)*** **(1). – Le préfet coordonnateur pour l'élaboration du plan de gêne sonore pour chaque aérodrome est le suivant :**

1° Le préfet du Val-d'Oise pour Paris Charles-de-Gaulle ;

2° Le préfet du Val-de-Marne pour Paris-Orly ;

3° ***Mod., D. n° 2023-1099, 27 nov. 2023)*** **Le préfet du Rhône pour Lyon-Saint-Exupéry ;**

4° Le préfet des Alpes-Maritimes pour Nice-Côte d'Azur ;

5° Le préfet des Bouches-du-Rhône pour Marseille-Provence ;

6° Le préfet de la Haute-Garonne pour Toulouse-Blagnac ;

7° Le préfet du Haut-Rhin pour Mulhouse-Bâle ;

8° Le préfet de la Gironde pour Bordeaux-Mérignac ;

9° ***(Rempl., D. n° 2023-1099, 27 nov. 2023)*** **Le préfet de la Loire-Atlantique pour Nantes-Atlantique ;**

10° Le préfet de l'Oise pour Beauvais-Tillé ;

11° Le préfet de la Seine-Saint-Denis pour Paris-Le Bourget.

12° ***(D. n° 2021-1619, 9 déc. 2021)*** **Le préfet du Nord pour Lille-Lesquin.**

Art. R. 571-68. – Le plan de gêne sonore est élaboré sous l'autorité du préfet coordonnateur.

Le projet de plan ainsi que ses hypothèses d'établissement sont transmis aux conseils municipaux des communes concernées par ce projet, qui disposent d'un délai de deux mois pour faire connaître leurs observations éventuelles.

Le projet éventuellement modifié est ensuite soumis à l'« Autorité de contrôle des nuisances aéroportuaires », qui émet son avis après avoir recueilli celui de la commission mentionnée à l'article L. 571-16. À l'issue de ces consultations, le plan est arrêté par le préfet, ou les préfets lorsque les communes concernées par le plan de gêne sonore s'étendent sur plusieurs départements.

Le plan est révisé à l'initiative du préfet coordonnateur selon les mêmes modalités.

Art. R. 571-69. – En vue de l'information des tiers :

1° Une copie du plan de gêne approuvé par arrêté préfectoral ou interpréfectoral est déposée à la mairie de chaque commune concernée, où il peut être consulté ;

2° L'arrêté d'approbation est affiché pendant un mois dans chaque mairie concernée ainsi qu'en permanence dans les locaux de l'aérodrome ;

3° Un avis faisant mention de l'arrêté d'approbation préfectoral ou interpréfectoral et indiquant les lieux où le plan de gêne peut être consulté est inséré par le préfet coordonnateur dans deux journaux locaux ou régionaux diffusés dans tout le département ou tous les départements intéressés.

Sous-section 3. – Commission consultative de l'environnement

Art. R. 571-70. – I. – Pour un aérodrome, la commission consultative de l'environnement prévue par l'article L. 571-13 est créée par arrêté du préfet du département sur le territoire duquel l'aérodrome est situé.

(1) Dispositions applicables pendant une durée de cinq ans, D. n° 2011-406, 15 avr. 2011, art. 1er, II.

Lorsque l'aérodrome ou les communes concernées par le bruit de l'aérodrome sont situés sur le territoire de plusieurs départements, la commission est créée par arrêté conjoint des préfets de ces départements.

II. – Pour plusieurs aérodromes proches, lorsque leurs trajectoires de circulation aérienne sont interdépendantes, une seule commission consultative de l'environnement peut être créée.

III. – Par dérogation aux dispositions du I, la commission consultative de l'environnement est créée par le préfet de la région d'Île-de-France pour les aérodromes de Paris-Orly, Paris-Charles-de-Gaulle et Paris-Le Bourget.

IV. – L'arrêté créant la commission consultative de l'environnement est publié au Recueil des actes administratifs du ou des départements et fait l'objet d'un affichage pendant une période d'au moins un mois dans chacune des mairies des communes concernées. Mention en est insérée en caractères apparents dans deux journaux à diffusion régionale ou locale dans le ou les départements.

La composition irrégulière de la commission consultative de l'environnement entraîne l'annulation de l'arrêté ministériel modifiant le dispositif de la circulation aérienne lorsque celle-ci est susceptible d'exercer une influence sur le sens de la délibération (■ CE, 10 juin 2013, n° 355791, *Cne de Conflans-Sainte-Honorine et a.*, relatif au dispositif de circulation aérienne en région parisienne et la trajectoire d'arrivée de l'aérodrome de Paris-Charles de Gaulle ; Irrégularité de la consultation préalable à la modification du dispositif de la circulation aérienne à Roissy – *AJDA* 2013, 1248 – 24 juin 2013).

Art. R. 571-71. – Lorsqu'une commune, se prévalant des dispositions du I de l'article L. 571-13, demande la création d'une commission consultative de l'environnement, le maire adresse au préfet, qui lui en accuse réception, une copie de la délibération du conseil municipal formulant cette demande. Le cas échéant, le préfet informe sans délai de cette demande les préfets des autres départements intéressés par le plan d'exposition au bruit de l'aérodrome.

Art. R. 571-72. – La commission est présidée par le préfet ou son représentant. Si la commission intéresse plusieurs départements, l'arrêté conjoint qui la crée désigne le préfet qui la préside.

Art. R. 571-73. – I. – Les membres de la commission consultative de l'environnement mentionnés à l'article L. 571-13 sont répartis en trois catégories égales en nombre. La commission comprend :

1° Au titre des professions aéronautiques :

a) Des représentants des personnels exerçant leur activité sur l'aérodrome, désignés par le préfet présidant la commission, sur proposition des organisations syndicales les plus représentatives, les modalités de représentation des personnels relevant du ministre chargé de la défense étant toutefois définies par arrêté de ce ministre ;

b) Des représentants des usagers de l'aérodrome désignés par le même préfet ;

c) Un ou des représentants de l'exploitant de l'aérodrome désignés par le même préfet, sur proposition de l'exploitant ;

2° Au titre des représentants des collectivités locales :

a) Des représentants des établissements publics de coopération intercommunale dont au moins une commune membre est concernée par le bruit de l'aérodrome et qui ont compétence en matière de lutte contre les nuisances sonores, élus par les organes délibérants de ces établissements ;

b) Des représentants des communes concernées par le bruit de l'aérodrome n'appartenant pas à l'un des établissements publics de coopération intercommunale mentionnés ci-dessus, désignés par le collège des maires de ces communes ;

c) Des représentants des conseils régionaux et généraux, élus par leurs assemblées respectives ;

3° Au titre des associations :

a) Des représentants des associations de riverains de l'aérodrome désignés, sur proposition des associations de riverains déclarées, par le préfet présidant la commission ;

b) Des représentants des associations de protection de l'environnement concernées par l'environnement aéroportuaire, désignés par le même préfet.

II. – L'élection par le collège des maires des communes concernées, prévue au *b* du 2° du I, a lieu au scrutin majoritaire à un tour. Le vote peut avoir lieu par correspondance. Le collège des maires est convoqué par le préfet du département concerné.

III. – Pour l'application des dispositions du 2° du I, est considérée comme commune concernée toute commune touchée par le plan de gêne sonore tel qu'il est défini par les articles R. 571-66 à R. 571-69 du présent code ou par le plan d'exposition au bruit mentionné à *(Réf. rempl., D. n° 2015-1783, 28 déc. 2015)* « l'article L. 112-6 du Code de l'urbanisme. »

1) Composition irrégulière. Annulation de l'arrêté de création de la commission consultative de l'environnement de l'aérodrome de Beauvais-Tillé au motif que l'objet social de l'une des associations désignée pour y être représentée ne lui donnait pas qualité à y siéger (■ TA Amiens, 18 déc. 2007, n° 0501234). En conséquence annulation du plan d'exposition au bruit approuvé après consultation de cette commission (■ TA Amiens, 28 mai 2009, n° 0602049, *Assoc. de défense de l'environnement des riverains de l'aéroport de Beauvais-Tillé c/ Préfet de l'Oise* ; Modulation dans le temps de l'annulation d'un plan d'exposition au bruit – *AJDA* 2009, 1678).

2) Nomination régulière. Aucune disposition législative ou réglementaire ne s'opposait à ce que le préfet nomme à nouveau les membres qui siégeaient précédemment au sein de la commission et dont les mandats étaient arrivés à échéance (■ CE, 12 févr. 2014, n° 363655).

Art. R. 571-74. – Le nombre des représentants siégeant à la commission au titre des trois catégories mentionnées à l'article R. 571-73 du présent code est fixé par l'arrêté préfectoral ou interpréfectoral prévu à l'article R. 571-70.

Des suppléants sont désignés dans les mêmes conditions que les titulaires.

La liste nominative des membres de la commission, arrêtée par le ou les préfets compétents en application de l'article R. 571-70, est publiée au recueil des actes administratifs du ou des départements, ainsi que la liste des représentants des administrations appelés à assister de façon permanente aux réunions.

Art. R. 571-75. – La commission consultative de l'environnement délibère à la majorité relative des membres présents. En cas de partage égal des voix, celle du président est prépondérante.

Art. R. 571-76. – Les fonctions de membre de la commission consultative de l'environnement sont gratuites.

Art. R. 571-77. – La durée du mandat des membres de la commission consultative de l'environnement représentant les professions aéronautiques et les associations est de trois ans.

Le mandat des représentants des collectivités territoriales s'achève avec le mandat des assemblées auxquelles ils appartiennent.

Toute personne désignée pour remplacer un membre en cours de mandat l'est pour la période restant à courir jusqu'au terme normal de ce mandat.

1) La composition irrégulière de la commission consultative de l'environnement entraîne l'annulation de l'arrêté ministériel modifiant le dispositif de la circulation aérienne lorsqu'elle est susceptible d'exercer une influence sur le sens de la délibération. En l'espèce en raison de l'expiration des mandats de ces membres (■ CE, 10 juin 2013, n° 355791, *Cne de Conflans-Sainte-Honorine et a.*, dispositif de circulation aérienne en région parisienne et la trajectoire d'arrivée de l'aérodrome de Paris-Charles-de-Gaulle).

2) À titre exceptionnel, le Conseil d'État avait refusé de suspendre cet arrêté, malgré des moyens « de nature à créer un doute sérieux quant à sa légalité » au motif que la suspension aurait compromis la continuité et la sécurité du trafic aérien et portait ainsi à l'intérêt général une atteinte d'une particulière gravité (■ CE, 16 avr. 2012, n°s 355792 et 355867, *Cne de Conflans-Sainte-Honorine et a.*).

Art. R. 571-78. – *(Mod. à compter du 1er janvier 2025, D. n° 2024-610, 26 juin 2024)* La commission peut créer en son sein un comité permanent pour exercer tout ou partie des compétences prévues au II de l'article L. 571-13. La création de ce comité permanent est de droit pour les commissions consultatives de l'environnement des aérodromes mentionnés à l'article L. 6360-1 du Code des transports.

Le comité permanent est présidé par le préfet ou son représentant et composé de membres de chacune des trois catégories définies à l'article R. 571-73 du présent code, dans les mêmes proportions.

Ce comité instruit les questions à soumettre à la commission consultative de l'environnement et délibère sur les affaires qui lui sont soumises par le président de la commission, notamment en raison de leur urgence. Il rend compte de son activité à la commission.

Il constitue la commission prévue par l'article L. 571-16 pour émettre un avis sur le contenu du plan de gêne sonore et sur l'affectation des aides destinées à atténuer les nuisances subies par les riverains.

Lorsqu'il siège en cette qualité, les représentants de l'État et du gestionnaire d'aérodrome assistent avec voix délibérative à ses réunions, conformément à l'article L. 571-16. Un arrêté conjoint des ministres chargés de l'économie, de l'aviation civile et de l'environnement détermine les modalités d'application de cet alinéa.

Art. R. 571-79. – Le secrétariat de la commission consultative de l'environnement et de son comité permanent est assuré par l'exploitant de l'aérodrome.

La commission consultative de l'environnement et son comité permanent établissent leur règlement intérieur. Les règles d'adoption des décisions par le comité permanent sont celles de la commission consultative de l'environnement.

Art. R. 571-80. – La commission se réunit au moins une fois par an en séance plénière. Elle est également réunie à la demande du tiers au moins de ses membres ou à celle du comité permanent.

La commission ou son comité permanent entend, à sa demande, toute personne affectée par les nuisances sonores résultant des trajectoires de départ, d'attente et d'approche qui ne serait pas représentée au sein de la commission consultative de l'environnement.

En outre, assistent aux réunions de la commission ou du comité permanent, sans voix délibérative, les représentants des administrations intéressées ainsi que, lorsqu'ils n'en sont pas déjà membres et lorsqu'une opération projetée sur le territoire de leur commune est examinée en séance, les maires de ces communes ou leurs représentants.

Les avis de la commission sont motivés et rendus publics.

(Mod. à compter du 1er janvier 2025, D. n° 2024-610, 26 juin 2024) Pour les aérodromes mentionnés à l'article L. 6360-1 du Code des transports, la commission établit un rapport annuel rendant compte de son activité. Ce rapport est rendu public.

Pour l'année 2014, les réunions des CCE ont été organisées pour les trois grands aéroports franciliens (Direction générale de l'aviation civile Rapp. Environnement 2014, juin 2015 : http://www.developpement-durable.gouv.fr/Rapport-environnement-DGAC-Annee,43670.html).

Sous-section 4. – Aide aux riverains en vue de l'atténuation des nuisances sonores

§ 1. – Commission consultative d'aide aux riverains

Art. R. 571-81. – La commission consultative d'aide aux riverains, instituée par l'article L. 571-16, est composée des membres du comité permanent de la commission consultative de l'environnement mentionnée à l'article L. 571-13.

Elle comprend, en outre, avec voix délibérative, des représentants des services de l'État, dont la liste est fixée par un arrêté conjoint des ministres chargés du budget, de l'environnement, de l'intérieur et de l'aviation civile. Participe également avec voix délibérative un représentant du gestionnaire d'aérodrome si celui-ci n'est pas déjà membre du comité permanent.

Voir : A. 21 mars 2011 relatif à la composition de la commission consultative d'aide aux riverains des aérodromes (NOR : DEVA1029744A) (*JO* 25 mars 2011).

Art. R. 571-82. – La commission consultative d'aide aux riverains établit son règlement intérieur, qui fixe, notamment, la périodicité de ses réunions et ses conditions de fonctionnement.

Le secrétariat de la commission est assuré par l'exploitant de l'aérodrome.

Art. R. 571-83. – La commission se réunit sur convocation de son président. Celui-ci est tenu de la réunir à la demande du tiers au moins de ses membres. Elle peut entendre, sur invitation du président, toutes les personnes dont l'audition lui paraît utile. En outre, assistent aux réunions de la commission, sans voix délibérative lorsqu'ils n'en sont pas déjà membres, les maires ou leurs représentants dès lors qu'une opération projetée sur le territoire de leur commune est examinée en séance.

Art. R. 571-84. – Les fonctions de membre de la commission sont gratuites. Toutefois, les membres de la commission peuvent être remboursés de leurs frais de transport et de séjour dans les conditions fixées pour les déplacements temporaires par le décret n° 2006-781 du 3 juillet 2006 fixant les conditions et les modalités de règlement des frais occasionnés par les déplacements temporaires des personnels civils de l'État.

§ 2. – Contribution des exploitants des aérodromes

Art. R. 571-85 *(Mod., D. n° 2009-647, 9 juin 2009). – (Mod. à compter du 1er janvier 2025, D. n° 2024-610, 26 juin 2024)* **Les riverains des aérodromes mentionnés à l'article L. 6360-1 du Code des transports, lorsqu'ils subissent une gêne réelle constatée par le plan de gêne sonore établi en application des articles R. 571-66 à R. 571-69 du présent code, peuvent recevoir une aide financière des exploitants de ces aérodromes.**

Cette aide est accordée pour l'insonorisation des locaux affectés en tout ou partie au logement, autres que les hôtels, des établissements d'enseignement et des locaux à caractère sanitaire ou social, dans les conditions précisées aux articles R. 571-85-1 à R. 571-87-1.

À titre exceptionnel, lorsque des locaux affectés en tout ou partie au logement, autres que les hôtels, ne peuvent être techniquement insonorisés, d'après les critères fixés, pour chaque aérodrome, par arrêté du ministre chargé de l'aviation civile, à un coût acceptable au regard de leur valeur vénale, les crédits mentionnés au premier alinéa du présent article peuvent être utilisés pour l'acquisition de ces locaux, leur démolition, le relogement des occupants et le réaménagement des terrains, dans les conditions prévues aux articles R. 571-88 et R. 571-89.

Les frais résultant de la gestion des aides financières accordées aux riverains sont prélevés sur la taxe sur les nuisances sonores aériennes après approbation préalable du ministre chargé des transports.

Les honoraires d'assistance à maîtrise d'ouvrage assurés par l'exploitant de l'aérodrome pour le compte des riverains et les frais résultant pour l'exploitant de l'aérodrome des contrôles acoustiques des chantiers réalisés, qu'il effectue par sondage, sont prélevés sur la taxe sur les nuisances sonores aériennes.

Les produits financiers perçus en rémunération du placement du produit de la taxe sont affectés à l'aide prévue au présent article.

Est entachée d'erreur de droit, la décision d'Aéroports de Paris d'accorder l'aide instituée par l'article R. 571-85 du Code de l'environnement à un centre hospitalier situé en dehors du périmètre du plan de gêne sonore de l'aéroport de Paris-Orly, quand bien même cette aide aurait été octroyée pour des travaux précédents (■ CAA Paris, 22 nov. 2012, n° 12PA00906, *Centre Hospitalier Intercommunal de Villeneuve Saint Georges*).

La convention signée par Aéroport de Paris avec le centre hospitalier a été jugé illégale car les bâtiments à insonoriser se situaient en dehors du périmètre du plan de gêne sonore de l'aéroport de Paris-Orly. ADP a signé cette convention en ayant connaissance de son illégalité, ainsi qu'en attestait le procès-verbal de la commission consultative d'aide aux riverains (■ CAA Paris, 12 mai 2016, n° 14PA00758).

Voir : D. n° 2014-287, 3 mars 2014 relatif à l'aide à l'insonorisation des logements des riverains des aérodromes mentionnés au I de l'article 1609 *quatervicies* A du Code général des impôts.

Art. R. 571-85-1 *(D. n° 2009-647, 9 juin 2009).* **– Sont éligibles à l'aide financière mentionnée à l'article R. 571-85 :**

1° L'ensemble des études et opérations préalables à la réalisation des travaux de renforcement de l'isolation acoustique ;

2° Les travaux de renforcement de l'isolation acoustique et de ventilation induits, conformes à la réglementation en vigueur ;

3° Les honoraires de syndics, dans la limite de 2 % du montant hors taxes des travaux.

Art. R. 571-86. **– Les opérations d'insonorisation mentionnées au deuxième alinéa de l'article R. 571-85 n'ouvrent droit à cette aide financière que si elles concernent des locaux ou établissements existants ou autorisés, situés en tout ou partie dans les zones I, II ou III des plans de gêne sonore à la date de leur publication. Sont toutefois exclus de ce dispositif d'aide les locaux qui, à la date de la délivrance de l'autorisation de construire, étaient compris dans les zones définies par le plan d'exposition au bruit en vigueur à cette date.**

Le plan d'exposition au bruit des aéronefs de l'aéroport d'Orly, approuvé par arrêté le 3 septembre 1975, vaut plan d'exposition au bruit au sens et pour l'application de l'article R. 571-86 du Code de l'environnement. La décision par laquelle la société Aéroports de Paris a refusé la demande d'aide à l'insonorisation de la résidence est annulée. Pour la Cour, il n'importe pas que les autorisations d'urbanisme aient été délivrées en 1982, soit avant l'entrée en vigueur de la loi du 11 juillet 1985 conférant un caractère normatif aux plans d'exposition au bruit existants avant sa publication. Les bâtiments sont situés dans la zone d'incertitude séparant la zone C, zone de « bruit modéré », de la partie de la commune non comprise dans le périmètre du plan d'exposition au bruit. Compte tenu de l'imprécision des limites de la « zone C », la construction ne peut être regardée comme incluse dans une « zone définie par le plan d'exposition au bruit » au sens de l'article R. 571-86. L'aide financière est due (■ CAA Paris, 27 avr. 2017, n° 15PA02128). Voir également ■ CAA Paris, 29 mars 2018, n° 17PA00493).

Annulation pour illégalité d'une convention conclue avec un hôpital situé en dehors du plan de gêne sonore (■ CAA Paris, 12 mai 2016, n° 14PA00758).

Art. R. 571-87 ***(Rempl., D. n° 2009-647, 9 juin 2009 ; D. n° 2010-543, 25 mai 2010).*** **– I** (1). **Pour les locaux affectés en tout ou partie au logement, l'aide financière mentionnée à l'article R. 571-85-1 s'élève, par rapport au montant des prestations réellement exécutées pour les demandes individuelles, à :**

1° 80 %, sauf dans les cas visés aux deux alinéas suivants ;

2° 90 % quand les bénéficiaires sont des personnes dont le revenu fiscal de référence de l'année précédant celle de la date du dépôt de leur demande, défini au IV de l'article 1417 du Code général des impôts, n'excède pas les limites prévues au I de cet article ;

3° 100 % quand les bénéficiaires sont des personnes recevant l'allocation de solidarité mentionnée à l'article L. 815-1 du Code de la sécurité sociale ou une des aides sociales définies aux titres Ier, III, IV du livre II du Code de l'action sociale et des familles.

II. – Pour les locaux affectés en tout ou partie au logement, le montant des prestations à prendre en considération ne peut dépasser un plafond fixé par arrêté conjoint des ministres chargés de l'écologie, des transports, du logement et du budget, en fonction des caractéristiques du logement et de la zone du plan de gêne sonore où il est situé (2).

III. – Pour les établissements d'enseignement et les locaux à caractère sanitaire ou social, l'aide financière à l'insonorisation est de 100 % du montant des prestations éligibles à l'aide réellement exécutées.

IV. – Les travaux doivent être exécutés dans un délai maximal de deux ans à compter de la notification de la décision d'attribution de l'aide.

V. – À l'achèvement de l'ensemble des travaux dûment attesté par leurs soins, les riverains peuvent recevoir l'aide financière avant de régler les sommes dues aux entreprises, sous réserve de fournir à l'exploitant les factures correspondantes non acquittées et, le cas échéant, toute précision utile demandée par l'exploitant. Le paiement des entreprises est alors effectué par les riverains dans le délai maximum d'un mois suivant la perception de l'aide. Les riverains communiquent la justification du paiement à l'exploitant.

VI (1). **– Dès la notification de la décision d'attribution de l'aide, les riverains ayant droit à un taux d'aide supérieur à 80 % peuvent recevoir, sur leur demande, en vue de verser des acomptes aux entreprises, la part de l'aide qui excède ces 80 %.**

VII. – Dans tous les cas, l'exploitant de l'aérodrome peut vérifier, avant de verser l'aide, la conformité des travaux aux devis qui lui ont été soumis.

1) Du 3 mars au 31 décembre 2014, par dérogation aux dispositions du I et VI des articles R. 571-87 et R. 571-87-1, l'aide financière (R. 571-85) pour l'insonorisation des locaux affectés au logement s'est élevée à 100 % du montant des prestations réellement exécutées et les riverains ont pu recevoir 20 % de l'aide pour les acomptes aux entreprises (D. n° 2014-287, 3 mars 2014 relatif à l'aide à l'insonorisation des logements des riverains des aérodromes mentionnés au I de l'article 1609 *quatervicies* A du Code général des impôts).

2) Bilan 2014 du programme d'aide aux riverains pour l'insonorisation au voisinage des aéroports franciliens. En 2014, les trois aéroports concernés ont versé 33,19 M€ au titre de la taxe sur les nuisances sonores aériennes (TNSA), soit 23 % de moins en 2 ans. Le bilan d'Aéroports de Paris indique que le nombre de dossiers augmente fortement (2 900 demandes en 2011 à 5 900 en 2014) et les recettes issues de la TNSA diminuent. Le service d'aide aux riverains a instruit près de 6 000 dossiers et a notifié 2 448 décisions de diagnostic acoustique pour un montant de 1,62 M€ (Bilan 2014 du programme d'aide aux riverain, Rapport, Aéroports de Paris, juill. 2015 : http://www.parisaeroport.fr/docs/default-source/groupe-fichiers/rse/expert-rse/engagement-societal/bilan aide aux riverains 2014.pdf).

(1) Dispositions dérogatoires et temporaires : V. D. n° 2011-1948, 23 déc. 2011 (jusqu'au 31 décembre 2013 inclus) ; D. n° 2014-287, 3 mars 2014 (jusqu'au 31 décembre 2014 inclus). – NDLR.

(2) V. T. appl. : A. 14 déc. 1994 (*JO* 23 déc. 1994) puis A. 23 févr. 2011 (*JO* 8 mars 2011). – NDLR.

Art. R. 571-87-1 *(D. n° 2009-647, 9 juin 2009)*. – I. – En cas de demandes groupées telles que définies par arrêté conjoint des ministres chargés de l'écologie, des transports, du logement et du budget (1), l'aide financière mentionnée à l'article R. 571-85 est portée dans les conditions suivantes à :

1° 100 % pour les études et opérations visées au 1° et au 3° de l'article R. 571-85-1 ;

2° 95 % pour les travaux visés au 2° de ce même article.

II. – Les dispositions du présent article s'appliquent sans préjudice du 3° du I de l'article R. 571-87.

Voir : A. 9 juin 2009 relatif aux demandes groupées d'aide financière à l'insonorisation mentionnées à l'article R. 571-87-1 du Code de l'environnement.

Art. R. 571-88. – I. – Les opérations d'acquisition, de démolition et de réaménagement mentionnées au troisième alinéa de l'article R. 571-85 ne peuvent concerner que des locaux :

1° Qui sont situés, en tout ou partie, en zone I du plan de gêne sonore ;

2° Et qui existent à la date de publication de ce plan.

II. – Le préfet détermine, après consultation de la commission consultative d'aide aux riverains instituée par l'article L. 571-16, les parties des communes qui servent de référence à l'évaluation des locaux à acquérir.

Art. R. 571-89 *(Mod., D. n° 2014-551, 27 mai 2014)*. – L'exploitant de l'aérodrome procède aux acquisitions des locaux mentionnés à l'article R. 571-88 après avoir consulté le directeur départemental ou, le cas échéant, régional des finances publiques ou, à Saint-Pierre-et-Miquelon, le directeur des finances publiques dans les conditions fixées par les articles R. 1211-1 à R. 1211-7 du Code général de la propriété des personnes publiques et par le décret n° 86-455 du 14 mars 1986 portant suppression des commissions des opérations immobilières et de l'architecture et fixant les modalités de consultation du service des domaines.

L'exploitant de l'aérodrome prend toutes mesures en vue de l'aliénation des immeubles ainsi acquis ou, à défaut, de leur utilisation, qui peut être éventuellement confiée à un tiers, à condition que ces mesures soient compatibles avec l'objectif d'atténuation des nuisances sonores au voisinage des aérodromes.

Art. R. 571-90. – L'exploitant de chaque aérodrome définit un programme pluriannuel d'aide aux riverains, après avis de la commission consultative d'aide aux riverains.

Les demandes d'aides sont examinées en fonction des règles de priorité figurant dans le programme pluriannuel, en tenant compte notamment de l'importance de la nuisance et de l'utilisation du local concerné.

Les aides sont attribuées par l'exploitant de l'aérodrome sur avis conforme de la commission consultative d'aide aux riverains. Lors de l'examen des demandes d'aides concernant des locaux ou des établissements situés en limite des zones I, II ou III du plan de gêne sonore, l'avis de la commission porte notamment sur l'appartenance de ceux-ci à ces zones.

Voir : Instr. 12 déc. 2014 relative à la programmation de l'aide à l'insonorisation des locaux riverains d'aérodromes (*BO min. Écologie* n° 2015/1, 25 janv. 2015) fixe trois critères : priorité accordée au niveau d'exposition le plus élevé, aux opérations groupées et aux demandes les plus anciennes.

Le CE considère qu'il revient au juge du contrat « de prononcer, après avoir vérifié que sa décision ne portera pas une atteinte excessive à l'intérêt général, la résolution du contrat ». Celle-ci prononcée, « les parties peuvent poursuivre le litige qui les oppose sur un terrain extracontractuel en invoquant, y compris pour la première fois en appel, des moyens tirés de l'enrichissement sans cause que l'application du contrat annulé a apporté à l'autre partie ou de la faute consistant, pour l'autre partie, à avoir conclu un contrat illégal, alors même que ces moyens, qui ne sont pas d'ordre public, reposent sur des causes juridiques nouvelles (■ CE, 19 juill. 2017, n° 401426 : *AJDA* 2017, p. 1525).

Section V. – Contrôles et sanctions administratifs

Pas de dispositions réglementaires codifiées.

Section VI. – Dispositions pénales

Sous-section 1. – Constatation des infractions

Voir : C. santé publ., art. R. 1337-10-2.

(1) V. T. appl. : A. 9 juin 2009 (*JO* 11 juin 2009). – NDLR.

Art. R. 571-91 *(Abr., D. n° 2014-813, 17 juill. 2014).*

Art. R. 571-92. – Les infractions aux règles relatives à la lutte contre les bruits de voisinage, telles que définies par les articles R. 1337-6 à R. 1337-10-1 du Code de la santé publique, peuvent être recherchées et constatées, outre par les agents mentionnés à l'article R. 1312-1 du même code, par des agents des communes désignés par le maire, à la condition qu'ils soient agréés par le procureur de la République et assermentés dans les conditions fixées à l'article R. 571-93 du présent code.

Art. R. 571-93 *(Mod., D. n° 2014-813, 17 juill. 2014).* – Avant d'entrer en fonctions, les agents mentionnés « à l'article R. 571-92 » prêtent devant le tribunal d'instance dans le ressort duquel ils sont domiciliés le serment ci-après :

« Je jure de bien et fidèlement remplir mes fonctions et de ne rien révéler ou utiliser de ce qui sera porté à ma connaissance à l'occasion de leur exercice. »

(Créé à compter du 1er janvier 2020, D. n° 2019-913, 30 août 2019) Ils prêtent serment au siège de ce tribunal ou, le cas échéant, de l'une de ses chambres de proximité.

Mention de la prestation de serment est portée sur l'acte de commission par le greffier du tribunal d'instance.

NB : Conformément à l'article 36 du décret n° 2019-913 du 30 août 2019, ces dispositions entrent en vigueur le 1er janvier 2020.

Sous-section 2. – Sanctions

§ 1. – Émissions sonores des objets

Art. R. 571-94. – Est puni de l'amende prévue pour les contraventions de la 3e classe :

1° Le fait de mettre en vente ou vendre, louer, exposer en vue de la vente, mettre à disposition ou céder, à quelque titre que ce soit, un objet ou dispositif ne comportant pas le marquage prévu au premier alinéa de l'article R. 571-14 ou d'omettre de fournir au preneur le document de conformité ;

2° Le fait, pour toute personne détenant un objet ou dispositif, de ne pas être en mesure de produire sous huit jours le document de conformité.

Art. R. 571-95. – I. – Est puni de l'amende prévue pour les contraventions de la 5e classe :

1° Le fait d'utiliser ou de faire utiliser un objet ou dispositif qui n'a pas fait l'objet de l'une des procédures énoncées à l'article R. 571-4 ;

2° Le fait d'utiliser ou de faire utiliser, en connaissance de cause, un objet ou dispositif ayant fait l'objet de l'une des procédures énoncées à l'article R. 571-4, mais ayant subi des modifications rendant l'objet ou le dispositif non conforme.

II. – La récidive de ces contraventions est réprimée conformément aux articles 132-11 et 132-15 du Code pénal.

§ 2. – Lieux ouverts au public ou recevant du public accueillant des activités impliquant la diffusion de sons amplifiés à des niveaux sonores élevés

(Rempl., D. n° 2017-1244, 7 août 2017) (1) (2)

Art. R. 571-96 *(Mod., D. n° 2010-671, 18 juin 2010* (3) *; rempl., D. n° 2017-1244, 7 août 2017).* – I. – Est puni de la peine d'amende prévue pour les contraventions de la 5e classe le fait pour toute personne mentionnée à l'article R. 571-25 de générer des bruits dans les lieux ouverts au public ou recevant du public à des niveaux sonores dépassant les valeurs maximales d'émergence prévues au deuxième alinéa de l'article R. 571-26.

II. – Est puni de la peine d'amende prévue pour les contraventions de la 5e classe le fait pour tout exploitant d'un établissement mentionné à l'article R. 571-25 de ne pas être en mesure de présenter aux agents mentionnés à

(1) Dispositions d'application particulières : V. D. n° 2017-1244, 7 août 2017, art. 3. – NDLR.

(2) Les présentes dispositions ne s'appliquent pas à Saint-Barthélemy, D. n° 2017-1244, 7 août 2017, art. 4. – NDLR.

(3) Application en Polynésie française, en Nouvelle-Calédonie et dans les îles Wallis-et-Futuna : V. D. n° 2010-671, 18 juin 2010, art. 8, I.

l'article L. 571-18 l'étude de l'impact des nuisances sonores prévue à l'article R. 571-27 ainsi que l'attestation de vérification du ou des limiteurs, définie par l'arrêté prévu à l'article R. 571-26, lorsque la pose d'un ou de limiteurs est exigée par l'étude de l'impact des nuisances sonores précitée.

III. – Est puni de la peine d'amende prévue pour les contraventions de la 5e classe le fait, pour tout exploitant d'un établissement visé à l'article R. 571-25, de ne pas mettre en place le ou les limiteurs de pression acoustique prescrits par l'étude de l'impact des nuisances sonores mentionnée à l'article R. 571-27 ou d'entraver leur fonctionnement.

IV. – Les personnes physiques encourent également la peine complémentaire de confiscation des dispositifs ou matériels de sonorisation ayant servi à la commission de l'infraction.

V. – Les personnes morales déclarées responsables pénalement, dans les conditions prévues par l'article 121-2 du Code pénal, des infractions définies aux I, II et III du présent article encourent la peine de confiscation des dispositifs ou matériels de sonorisation qui ont servi à commettre l'infraction.

Dépassement du montant maximum de l'amende (■ Cass. crim., 17 mars 2010, n° 09-87.140).

Encourt la cassation l'arrêt qui n'a pas vérifié si le sonomètre qui a mesuré le dépassement des normes avait été correctement autovérifié (■ Cass. crim., 30 nov. 2021, n° 21-82.012).

Nuisances imputables à une installation technique d'évacuation de fumée d'un restaurant générant des nuisances sonores et olfactives, condamnation à faire remplacer la hotte sous astreinte (■ CA Nîmes, ch. com., 13 oct. 2023, n° 23/00914).

§ 3. – Bruits de voisinage

Art. R. 571-97. – Les infractions aux règles relatives à la lutte contre les bruits de voisinage sont réprimées conformément aux articles R. 1337-6 à R. 1337-10-1 du Code de la santé publique.

§ 4. – Mouvements d'hélicoptères

(D. n° 2010-1226, 20 oct. 2010) (1) (2)

Art. R. 571-97-1 *(D. n° 2010-1226, 20 oct. 2010)*. – Est puni de la peine prévue pour les contraventions de la troisième classe le fait :

1° De pratiquer les vols interdits en application de l'article L. 571-7 ;

2° De ne pas respecter les procédures à moindre bruit mentionnées à l'article R. 571-31-3 ;

3° De ne pas tenir à jour le registre prévu à l'article R. 571-31-5 ou de ne pas le laisser consulter.

Le principe de proportionnalité des peines prévu par l'article 8 de la Déclaration des droits de l'Homme et du citoyen, en vertu duquel ne doivent être établies que des peines strictement et évidemment nécessaires, ne peut être utilement invoqué pour soutenir que la peine prévue (contraventions de troisième classe) pour sanctionner le fait de pratiquer des vols interdits en application de l'article L. 571-7 serait trop faible (■ CE, 23 nov. 2011, nos 345021, 345051, 345241 et 345520, *Assoc. FNE*).

Section VII. – Conseil national du bruit

Voir : Guides du Conseil national du bruit : *Sur la maîtrise du bruit des sports mécaniques sur circuit* – Approche générale et circuits asphaltés (déc. 2010), *Pour une implantation et une gestion avisées des aires de sports de plein air en milieu habité* (déc. 2011), *Vie nocturne et bruit : éléments constitutifs d'un projet de charte* (juin 2013), *Qualité acoustique des établissements d'accueil d'enfants de moins de 6 ans – Crèches, jardins d'enfants, haltes-garderies* – (juin 2015).

Art. D. 571-98. – Le Conseil national du bruit est composé de représentants de l'État, de représentants des collectivités locales et des organisations syndicales, de personnalités compétentes et de représentants des différents groupements, associations et professions concernés par les problèmes de lutte contre le bruit et d'amélioration de l'environnement sonore.

(1) Dispositions dérogatoires : V. D. n° 2010-1226, 20 oct. 2010, art. 7.

(2) Sur la légalité des dispositions introduites par le décret n° 2010-1226 du 20 octobre 2010, V. CE, 23 nov. 2011, n° 345021, *Assoc. France Nature Environnement et a. : JurisData* n° 2011-026012. – NDLR.

Art. D. 571-99 *(Mod. à compter du 1er juillet 2021, D. n° 2021-872, 30 juin 2021).* – Le ministre chargé de l'environnement peut saisir, pour avis, le Conseil national du bruit de toute question relative à la lutte contre les nuisances sonores et à l'amélioration de la qualité de l'environnement sonore. Il peut le consulter sur les projets de textes législatifs et réglementaires ayant une incidence dans ce domaine.

(Mod., D. n° 2023-400, 23 mai 2023) Ce conseil est, en outre, saisi dans les cas prévus à l'article R. 154-3 du Code de la construction et de l'habitation.

Il peut, à son initiative et après en avoir informé le ministère chargé de l'environnement, examiner toute question relative à l'amélioration de l'environnement sonore et proposer les mesures propres à prévenir les nuisances sonores ou à en réduire les effets.

Il contribue à l'information et à la sensibilisation de l'opinion dans le domaine de la lutte contre le bruit.

Il établit, périodiquement, un rapport d'activité qui est rendu public.

Ne méconnaît pas l'article D. 571-99 l'absence de consultation du Conseil national du bruit préalablement à l'édiction de l'arrêté du 26 août 2011 de la ministre de l'Écologie relatif aux installations de production d'électricité utilisant l'énergie mécanique du vent au sein d'une installation soumise à autorisation au titre de la rubrique 2980 de la législation des installations classées pour la protection de l'environnement (■ CE, 7 févr. 2013, n° 356993, *Fédération environnement durable*).

Art. D. 571-100. – I *(Rempl., D. n° 2013-476, 5 juin 2013).* – Le Conseil national du bruit comprend quarante-huit membres, nommés par arrêté du ministre chargé de l'environnement, soit :

1° Douze représentants de l'État, désignés sur proposition des ministres chargés du travail, de la santé, de la justice, de l'éducation nationale, de l'intérieur, de l'économie, de l'industrie, des transports, du logement, de la culture, de l'environnement, de la jeunesse et des sports ;

2° Un député et un sénateur, désignés par les présidents de l'Assemblée nationale et du Sénat ;

3° Quatre représentants des communes ou des groupements de communes, désignés par l'Association des maires de France ;

4° Un représentant des conseils généraux, désigné par l'Assemblée des départements de France ;

5° Un représentant des conseils régionaux, désigné par l'Association des régions de France ;

6° Deux représentants d'organisations syndicales de salariés les plus représentatives sur le plan national ;

7° Deux représentants d'organisations syndicales d'employeurs les plus représentatives sur le plan national ;

8° *(Mod., D. n° 2023-400, 23 mai 2023)* Cinq représentants d'organisations professionnelles ou d'entreprises concourant à la lutte contre les nuisances sonores ou développant des activités bruyantes ;

9° Six représentants d'associations œuvrant notamment en faveur de l'amélioration de la qualité de l'environnement sonore ;

10° Deux représentants du personnel territorial compétent dans le domaine du bruit ;

11° Un représentant des agences régionales de santé ;

12° Un représentant des observatoires du bruit en agglomération ;

13° Dix personnalités désignées en raison de leur compétence en matière d'environnement sonore parmi lesquelles le président du Centre d'information et de documentation sur le bruit et le président de la Société française d'acoustique.

II. – Les membres titulaires du Conseil national du bruit, à l'exception des personnalités qualifiées, peuvent se faire représenter par un suppléant nommé dans les mêmes conditions.

III. – Les fonctions de membre du Conseil national du bruit sont exercées à titre gratuit.

Art. D. 571-101 *(Mod., D. n° 2023-400, 23 mai 2023).* – Le président du conseil est nommé par le ministre chargé de l'environnement parmi les membres du Conseil national du bruit. Le secrétariat du conseil est assuré par le ministère chargé de l'environnement.

Art. D. 571-102. – Le conseil arrête son règlement intérieur : il peut constituer des commissions permanentes et des groupes de travail auxquels peuvent être associées des personnalités autres que celles figurant à l'article D. 571-100. Les présidents des commissions et des groupes de travail sont désignés par le président du Conseil national du bruit.

Art. D. 571-103. – Le conseil se réunit en assemblée plénière sur convocation de son président, en tant que de besoin et au moins deux fois par an.

Sur demande de la moitié des membres du conseil, une assemblée plénière peut être organisée dans le délai maximum de deux mois.

Art. D. 571-104. – La durée des mandats des membres du conseil est de trois années. Lorsqu'un membre cesse ses fonctions, notamment pour avoir perdu la qualité en raison de laquelle il avait été nommé, son remplacement s'effectue dans les mêmes conditions que la nomination et pour la durée du mandat restant à accomplir.

CHAPITRE II. – ÉVALUATION, PRÉVENTION ET RÉDUCTION DU BRUIT DANS L'ENVIRONNEMENT

Art. R. 572-1. – Les mesures prévues par le présent chapitre ont pour objet d'évaluer et de prévenir les nuisances sonores résultant d'activités humaines, notamment les bruits émis par les moyens de transports, le trafic routier, ferroviaire ou aérien ou provenant d'activités industrielles exercées dans les installations classées pour la protection de l'environnement soumises à autorisation en application de l'article L. 512-1 *(Mots aj., D. n° 2010-368, 13 avr. 2010)* « ou à enregistrement en application de l'article L. 512-7 », à l'exception :

1° Des activités militaires localisées dans les zones affectées au ministère de la Défense, y compris les espaces aériens qui leur sont associés ;

2° Des activités domestiques ;

3° Du bruit perçu sur les lieux de travail et à l'intérieur des moyens de transport, du bruit de voisinage et du bruit produit par les personnes exposées elles-mêmes.

Fermeture d'une station de lavage en raison du bruit ; illégalité ; autres mesures susceptibles d'être prises (■ CAA Nancy, 26 nov. 2015, n° 14NC02208).

Approbation par le préfet d'une carte de bruit en raison de la carence de la communauté d'agglomération à le faire, malgré une mise en demeure. Légalité de la décision du préfet (■ TA Cergy-Pontoise, 18 nov. 2022, n° 22428).

Annulation d'un arrêté du préfet approuvant un plan de prévention du bruit dans l'environnement d'infrastructures de transport terrestre au motif que les zones calmes n'ont pas été définies et que la notion de point noir du bruit a été utilisée alors qu'elle ne correspond pas aux critères d'identification des situations visées à l'article 572-6 (■ CAA Bordeaux, 17 déc. 2020, n° 18BX04485).

Voir : Instruction du 11 février 2014 relative aux collectivités en situation de non-conformité concernant la mise en œuvre de la directive 2002/49/CE(NOR : DEVP1401911J) (*BO min. Écologie* n° 2014/3, 25 févr. 2014).

Art. R. 572-2 ancien *(Abr., D. n° 2023-375, 16 mai 2023).*

Art. R. 572-2 *(Ancien art. R. 572-3 mod. à compter du 2 décembre 2018, D. n° 2018-1054, 29 nov. 2018 ; dénum. et mod., D. n° 2023-375, 16 mai 2023).* – Une carte de bruit et un plan de prévention du bruit dans l'environnement sont établis dans les conditions prévues au présent chapitre :

1° Pour chacune des infrastructures routières et autoroutières dont le trafic annuel est supérieur à 3 millions de véhicules ;

2° Pour chacune des infrastructures ferroviaires dont le trafic annuel est supérieur à 30 000 passages de train ;

3° Pour les aérodromes civils dont le trafic annuel est supérieur à 50 000 mouvements, hors les mouvements effectués exclusivement à des fins d'entraînement sur des avions légers. La liste de ces aérodromes est fixée par arrêté conjoint des ministres chargés respectivement de l'environnement et des transports ;

4° Pour les agglomérations mentionnées au 2° de l'article L. 572-2.

Annexe I

(Ann. I abr. à compter du 2 décembre 2018, D. n° 2018-1054, 29 nov. 2018)

Annexe II

(Ann. II abr. à compter du 2 décembre 2018, D. n° 2018-1054, 29 nov. 2018)

Art. R. 572-3 *(D. n° 2023-375, 16 mai 2023).* – Les cartes de bruit et plans de prévention du bruit dans l'environnement relatifs aux aérodromes civils mentionnés au 3° de l'article R. 572-2 sont réexaminés en cas d'évolution significative des niveaux de bruit identifiés et, en tout état de cause, au moins tous les cinq ans.

Après leur réexamen et s'il y a lieu, ils sont actualisés selon la procédure prévue pour leur établissement aux articles R. 572-9 à R. 572-11.

Art. R. 572-4. – Les cartes de bruit prévues au présent chapitre sont établies au moyen, notamment, des indicateurs de niveau sonore Lden et Ln définis à *(Réf. rempl., D. n° 2015-1783, 28 déc. 2015)* « l'article R. 112-1 du Code de l'urbanisme. ».

Les méthodes d'évaluation de l'exposition au bruit et les valeurs limites mentionnées à l'article L. 572-6 du présent code dont le dépassement peut justifier l'adoption de mesures de réduction du bruit sont définies par arrêté conjoint des ministres chargés respectivement de l'environnement, des transports et de l'équipement.

Art. R. 572-5 *(Mod. à compter du 2 décembre 2018, D. n° 2018-1054, 29 nov. 2018 ; mod., D. n° 2021-1633, 14 déc. 2021)*. – I. – Les cartes de bruit comprennent pour chacun des indicateurs mentionnés à l'article R. 572-4 :

1° Des documents graphiques représentant :

a) Les zones exposées au bruit à l'aide de courbes isophones indiquant la localisation des émissions de bruit énumérées à l'article R. 572-1 ;

b) Les secteurs affectés par le bruit arrêtés par le préfet en application du 1° de l'article R. 571-38 ;

c) Les zones où les valeurs limites mentionnées à l'article L. 572-6 sont dépassées ;

d) Les évolutions du niveau de bruit connues ou prévisibles au regard de la situation de référence ;

2° Une estimation du nombre de personnes vivant dans les bâtiments d'habitation et du nombre d'établissements d'enseignement et de santé situés dans les zones mentionnées au 1° ;

3° Une évaluation du nombre de personnes affectées par les effets nuisibles dus à l'exposition au bruit mentionnés à l'article R. 572-6 ;

4° Un résumé non technique présentant les principaux résultats de l'évaluation réalisée et l'exposé sommaire de la méthodologie employée pour leur élaboration.

II. – Dans les agglomérations mentionnées au 2° de l'article L. 572-2, les cartes de bruit comportent, en outre, des documents graphiques représentant de manière distincte le bruit produit par les trafics routier, ferroviaire, aérien et les installations industrielles mentionnées au premier alinéa de l'article R. 572-1 ainsi que les évolutions prévisibles de ces nuisances sonores.

Le réexamen périodique des plans de prévention du bruit, qui doivent comporter l'ensemble des éléments prévus par les dispositions du Code de l'environnement rendues applicables aux plans d'exposition au bruit des aérodromes, implique nécessairement que soient régulièrement évalués la mise en œuvre et les résultats des plans d'action, conformément à ce que prévoit le dernier tiret du paragraphe 1 de l'annexe V à la directive 2002/49/CE du Parlement européen et du Conseil du 25 juin 2002. Le TA de Paris est compétent en premier ressort pour juger du plan de Paris Le Bourget (▪ CE, 7 mars 2018, n°s 410043 et 410052 : *AJDA* 2018, 537).

Légalité des refus de certificats d'urbanisme du fait du classement de la parcelle en zone C de l'aérodrome de Blagnac. Légalité du classement dont l'illégalité avait été invoquée par voie d'exception (▪ TA Toulouse, 6 nov. 2023, n° 2105534).

Légalité du plan de prévention du bruit dans l'environnement de l'aéroport Charles-de-Gaulle ; caractère suffisant des mesures de protection prises (▪ CAA Douai, 11 oct. 2022, n° 20DA01387).

Un plan de prévention du bruit ne peut être regardé comme possédant un caractère réglementaire, même s'il est susceptible d'être contesté devant le juge administratif (▪ CAA Paris, 17 nov. 2022, n° 19PA0452).

Art. R. 572-6 *(Rempl., D. n° 2021-1633, 14 déc. 2021)*. – Aux fins de l'évaluation des effets nuisibles, sont prises en considération :

1° La cardiopathie ischémique correspondant aux codes BA40 à BA6Z de la classification internationale ICD-11 établie par l'Organisation mondiale de la santé ;

2° La forte gêne (high annoyance, HA) ;

3° Les fortes perturbations du sommeil (high sleep disturbance, HSD).

Art. R. 572-6-1 *(D. n° 2021-1633, 14 déc. 2021)*. – Les modalités de calculs associées aux évaluations visées à l'article R. 572-6 sont précisées dans l'arrêté mentionné à l'article R. 572-12.

Art. R. 572-6-2 *(D. n° 2021-1633, 14 déc. 2021).* – L'exposition de la population est évaluée indépendamment pour chaque source de bruit généré par les transports mentionné à l'article R. 572-1 et chaque effet nuisible mentionné à l'article R. 572-6. Lorsque les mêmes personnes sont exposées simultanément à différentes sources de bruit, en général, les effets nuisibles ne doivent pas être cumulés. Toutefois, ces effets peuvent être comparés afin d'évaluer l'importance relative de chaque bruit.

Art. R. 572-7 *(Mod. à compter du 2 décembre 2018, D. n° 2018-1054, 29 nov. 2018).* – *(Mod., D. n° 2023-375, 16 mai 2023)* Les cartes de bruit concernant les infrastructures mentionnées aux 1°, 2° et 3° de l'article R. 572-3 sont arrêtées et publiées par le représentant de l'État dans le département.

Les cartes de bruit concernant les agglomérations mentionnées au 2° de l'article L. 572-2 sont arrêtées par les conseils municipaux des communes appartenant aux agglomérations ou par les organes délibérants des établissements publics de coopération intercommunale compétents en matière de lutte contre les nuisances sonores, s'il en existe.

Les cartes de bruit sont tenues à la disposition du public au siège de l'autorité compétente pour les arrêter. Elles sont publiées par voie électronique.

Art. R. 572-8. – I. – Le plan de prévention du bruit dans l'environnement prévu au présent chapitre comprend :

1° Un rapport de présentation présentant, d'une part, une synthèse des résultats de la cartographie du bruit faisant apparaître, notamment, le nombre de personnes vivant dans les bâtiments d'habitation et le nombre d'établissements d'enseignement et de santé exposés à un niveau de bruit excessif et, d'autre part, une description des infrastructures et des agglomérations concernées ;

2° S'il y a lieu, les critères de détermination et la localisation des zones calmes définies à l'article L. 572-6 et les objectifs de préservation les concernant ;

3° Les objectifs de réduction du bruit dans les zones exposées à un bruit dépassant les valeurs limites mentionnées à l'article R. 572-4 ;

4° Les mesures visant à prévenir ou réduire le bruit dans l'environnement arrêtées au cours des dix années précédentes et prévues pour les cinq années à venir par les autorités compétentes et les gestionnaires des infrastructures, y compris les mesures prévues pour préserver les zones calmes ;

5° S'ils sont disponibles, les financements et les échéances prévus pour la mise en œuvre des mesures recensées ainsi que les textes sur le fondement desquels ces mesures interviennent ;

6° Les motifs ayant présidé au choix des mesures retenues et, si elle a été réalisée par l'autorité compétente, l'analyse des coûts et avantages attendus des différentes mesures envisageables ;

7° Une estimation de la diminution du nombre de personnes exposées au bruit à l'issue de la mise en œuvre des mesures prévues ;

8° Un résumé non technique du plan.

II. – Sont joints en annexe du plan les accords des autorités ou organismes compétents pour décider et mettre en œuvre les mesures prévues.

Le plan de prévention du bruit dans l'environnement n'a pas pour objet d'établir en tant que tel des restrictions d'exploitation liées au bruit mais constitue uniquement un document de planification. Dès lors est inopérant le moyen tiré de ce que le plan de prévention du bruit de l'aéroport de Paris-Orly ne comporte pas d'évaluation du rapport coût-efficacité, ni d'objectifs chiffrés de réduction du bruit (▪ TA Melun, 18 oct. 2019, n° 1802013).

V. jurisprudence citée ci-dessus.

Art. R. 572-9 *(Rempl., D. n° 2021-1633, 14 déc. 2021).* – La mise à disposition du public peut se faire sous forme

1° Soit d'un accès au dossier dans un ou plusieurs lieux physiques désignés par l'autorité compétente. Le public est informé par un avis mis en ligne ainsi que par un affichage en mairie ou sur les lieux concernés et, selon l'importance et la nature du projet, par voie de publication locale quinze jours avant l'ouverture de la participation du public. Cet avis mentionne les lieux, jours et heures où le public peut prendre connaissance du projet et présenter ses observations sur un registre ouvert à cet effet ;

2° Soit d'un accès au dossier par voie électronique. Le public est informé par un avis mis en ligne ainsi que par un affichage en mairie ou sur les lieux concernés et, selon l'importance et la nature du projet, par voie de

publication locale quinze jours avant l'ouverture de la participation électronique du public. Toutefois le dossier peut également, sur demande, être mis à disposition du public dans un ou plusieurs lieux physiques désignés par l'autorité compétente. Les adresses de ces lieux ainsi que les horaires où le public peut consulter ces documents sont mentionnés sur le site internet de l'autorité compétente.

Art. R. 572-10. – I. – Le plan de prévention du bruit dans l'environnement est arrêté :

1° *(Mod., D. n° 2023-375, 16 mai 2023)* **Par le représentant de l'État dans le département pour les infrastructures ferroviaires, les aérodromes mentionnés au 3° de l'article R. 572-2 et les infrastructures routières et autoroutières d'intérêt national ou européen faisant partie du domaine routier national ;**

2° Par l'organe délibérant de la collectivité territoriale gestionnaire pour les infrastructures routières autres que celles mentionnées à l'alinéa précédent ;

3° Par les conseils municipaux ou par les organes délibérants des établissements publics de coopération intercommunale compétents en matière de lutte contre les nuisances sonores, s'il en existe, pour les agglomérations de plus de 100 000 habitants.

Définition des autorités compétentes conformément à l'article 4 de la directive du 25 juin 2002. Oui. c'est au préfet qu'il revient de définir le plan d'exposition au bruit de l'aérodrome ou le cas échéant aux préfets des différents départements lorsque plusieurs départements sont intéressés (■ CE, 19 nov. 2018, n° 417438, *Cne de Saint-Aignan*)

Art. R. 572-11 *(Rempl., D. n° 2021-1633, 14 déc. 2021)*. **– Le plan de prévention du bruit dans l'environnement et une note exposant les résultats de la consultation du public prévue à l'article R. 572-9 ainsi que la suite qui leur a été donnée sont publiés par voie électronique sur le site de l'autorité compétente concernée pendant toute la période du plan. Ils peuvent également, sur demande, être tenus à la disposition du public dans un ou plusieurs lieux physiques désignés par l'autorité compétente. Les adresses de ces lieux ainsi que les horaires où le public peut consulter ces documents sont mentionnés sur le site internet de l'autorité compétente.**

Art. R. 572-12 *(D. n° 2021-1633, 14 déc. 2021)*. **– Un arrêté conjoint des ministres chargés de l'environnement, des transports et de l'équipement précise les dispositions techniques nécessaires à l'application des articles du présent chapitre.**

TITRE VIII. – PROTECTION DU CADRE DE VIE

CHAPITRE Ier. – PUBLICITÉ, ENSEIGNES ET PRÉENSEIGNES

(Mod. à compter du 1er juillet 2012, D. n° 2012-118, 30 janv. 2012) (1) (2) (3)

Le décret du 27 mai 2016 concerne les professionnels de l'affichage publicitaire, ainsi que les exploitants d'équipements sportifs d'une capacité d'au moins 15 000 places assises, les collectivités territoriales et les services déconcentrés de l'État. Pris pour l'application de la loi n° 2015-990 du 6 août 2015 pour la croissance,

(1) Antérieurement aux modifications issues du décret n° 2012-118 du 30 janvier 2012, le présent chapitre était composé de six sections comprenant respectivement les articles R. 581-1 à R. 581-5 (section 1), R. 581-6 à R. 581-54 (section 2), R. 581-55 à R. 581-79 (section 3), R. 581-80 (section 4), R. 581-81 (section 5) et R. 581-82 à R. 581-88 (section 6). – NDLR.

(2) Les dispositions réglementaires antérieures à l'entrée en vigueur du décret n° 2012-118 du 30 janvier 2012 relatives à la composition du dossier et à l'instruction des demandes d'autorisation faites au titre des dispositions du présent chapitre restent applicables aux demandes d'autorisation régulièrement formées avant le 1er juillet 2012, D. n° 2012-118, 30 janv. 2012, art. 18.

(3) Le décret n° 2012-118 du 30 janvier 2012 modifie le présent chapitre sans préciser le sort des anciens articles R. 581-5, R. 581-33, R. 581-36 à R. 581-39, R. 581-42 à R. 581-48, R. 581-61, R. 581-62 et R. 581-64 à R. 581-69. La Rédaction a décidé de ne pas reproduire le contenu de ces articles dont les dispositions semblent désormais reprises dans la nouvelle version du chapitre issue du décret susvisé. – NDLR.

l'activité et l'égalité des chances économiques (dite « loi Macron »), le décret du 27 mai 2016 fixe le régime applicable aux publicités dans l'emprise des équipements sportifs d'une capacité d'au moins 15 000 places assises. Il décrit la procédure de déclaration ou d'autorisation applicable à ces publicités, la nature des dispositifs qui peuvent être utilisés et les conditions dans lesquelles il peut être dérogé aux règles maximales de hauteur que les publicités doivent respecter. Dans ce sens, ce sont les dispositions des articles R. 581-9, R. 581-10, R. 581-21-1, R. 581-23, R. 581-26, R. 581-31, R. 581-32, R. 581-34, R. 581-36, R. 581-41, R. 581-74 et R. 581-87 du Code de l'environnement.

Des dispositifs publicitaires non lumineux et de la publicité lumineuse, y compris numérique, peuvent désormais être installés sur l'emprise des équipements sportifs d'une capacité d'au moins 15 000 places assises, sur une surface maximale de 50 m².

Ces dispositions figurent aux termes du nouvel article L. 581-10 du Code de l'environnement rétabli par la loi du 6 août 2015 qui, auparavant, prévoyait des zones de publicité restreinte ou élargie, soumise à des prescriptions spéciales. L'article avait été abrogé par la loi Grenelle 2 du 12 juillet 2010. Pour mémoire, ces prescriptions réglementaires portent notamment sur l'emplacement, la surface, la hauteur, l'entretien et, pour la publicité lumineuse, les économies d'énergie et la prévention des nuisances lumineuses (C. env., art. L. 581-9). La loi n° 2015-990 du 6 août 2015 a étendu les règles relatives à l'implantation de dispositifs publicitaires dans les stades situés en agglomération aux stades situés hors agglomération.

Le décret du 27 mai 2016 décrit la procédure de déclaration ou d'autorisation applicable à ces publicités (C. env., art. R. 581-21-1), laquelle autorisation est délivrée pour une durée maximale de 8 ans, en tenant compte, notamment de la durée d'installation de la publicité, de sa surface, des procédés utilisés, des caractéristiques des supports, de son insertion architecturale et paysagère, de son impact sur le cadre de vie environnant et de ses incidences éventuelles sur la sécurité routière. Il précise la nature des dispositifs qui peuvent être utilisés (C. env., art. R. 581-26 et s.). Ainsi, désormais, sur l'emprise des équipements sportifs ayant une capacité d'accueil d'au moins 15 000 places assises, les dispositifs publicitaires non lumineux scellés au sol ou installés directement sur le sol ou les publicités lumineuses apposées sur un mur, une façade ou une clôture, scellées au sol ou installées directement sur le sol peuvent s'élever jusqu'à 10 mètres au-dessus du niveau du sol et avoir une surface unitaire d'une limite maximale de 50 m². C'est le cas également des publicités numériques. Le décret décrit également les conditions dans lesquelles il peut être dérogé aux règles maximales de hauteur que les publicités doivent respecter.

Voir : D. n° 2012-118, 30 janv. 2012, relatif à la publicité extérieure, aux enseignes et aux préenseignes. Instruction du Gouvernement relative à la réglementation nationale des publicités, des enseignes et préenseignes du 25 mars 2014 (NOR : DEVL1401980J, texte non paru au *JO*). Cette instruction précise les modalités d'application du décret n° 2012-118 du 30 janvier 2012. À cette fin, elle apporte des précisions sur les changements introduits par cette nouvelle réglementation, des instructions détaillées sur les modalités d'entrée en vigueur de la réforme, et précise le rôle et les missions des services déconcentrés.

Voir : D. n° 2013-606, 9 juillet 2013 portant diverses modifications des dispositions du Code de l'environnement relatives à la publicité, aux enseignes et préenseignes.

Le décret du 9 juillet 2013 a fixé au 13 juillet 2015 le terme du délai transitoire accordé aux publicités et préenseignes régulièrement installées le 30 juin 2012 pour être mises en conformité avec les nouvelles restrictions qui étaient entrées en vigueur dès le 1er juillet 2012 à l'égard des nouveaux dispositifs.

Voir : J.-P. Sterbler, *Affichage publicitaire : pour qui sonne le glas ? : AJDA* n° 24/2015, p. 1351. Cette étude présente les nouvelles restrictions désormais pleinement applicables et les difficultés de mise en œuvre qui pourront être rencontrées et elle souligne le fait que la patience devra (malheureusement) être de rigueur à l'égard des enseignes dérogatoires. – L. Boulet, *Un an de droit de la publicité : Comm. com. électr.* 2015, n° 7, chron. 7.

Voir : D. n° 2016-688, 27 mai 2016 relatif à la publicité sur l'emprise des équipements sportifs : *JORF* 29 mai 2016, texte n° 5.

Voir aussi : ▪ CE, 4 déc. 2013, nos 357839, 358128 et 258234, *Assoc. FNE* : correction d'une erreur matérielle dans un décret de codification et modification d'un projet d'acte réglementaire ayant une incidence sur l'environnement.

Section I – Dispositions générales

Sous-section 1. – Définitions

Art. R. 581-1. – Par voies ouvertes à la circulation publique au sens de l'article L. 581-2, il faut entendre les voies publiques ou privées qui peuvent être librement empruntées, à titre gratuit ou non, par toute personne circulant à pied ou par un moyen de transport individuel ou collectif.

Bibliographie : *CE, 13 oct. 2016, Le casse-tête des voies privées ouvertes à la circulation du public selon l'article L. 318-3 du Code de l'urbanisme : AJCT* 2017, 165, 10 mars 2017. • J.-P. Strebler, *Affichage publicitaire : pour qui sonne le glas ? : AJDA* 2015, 1351, 13 juill. 2015. • J.-P. Strebler : *Réforme du droit de la publicité et des enseignes – Décryptage du décret du 30 janvier 2012 : RD imm.* 2012, 536 – 9 nov. 2012.

Sous-section 2. – Affichage d'opinion

Art. R. 581-2. – La surface minimale que chaque commune doit, en vertu des dispositions du deuxième alinéa de l'article L. 581-13, réserver à l'affichage d'opinion et à la publicité relative aux activités des associations sans but lucratif est la suivante :

1° 4 mètres carrés pour les communes de moins de 2 000 habitants ;

2° 4 mètres carrés plus 2 mètres carrés par tranche de 2 000 habitants au-delà de 2 000 habitants, pour les communes de 2 000 à 10 000 habitants ;

3° 12 mètres carrés plus 5 mètres carrés par tranche de 10 000 habitants au-delà de 10 000 habitants, pour les autres communes.

Pour une appréciation de la taille d'un panneau jugé excessif par rapport à la population (■ CAA Lyon, 30 nov. 2004, n° 99LY02372, *Assoc. AVERSE*).

Bibliographie : P. Zavoli, *Qu'est-ce qu'une agglomération au sens de la réglementation de l'affichage ? : AJDA* 2009, 1663, 21 sept. 2009.

Art. R. 581-3. – Le ou les emplacements réservés à l'affichage d'opinion et à la publicité relative aux activités des associations sans but lucratif doivent être disposés de telle sorte que tout point situé en agglomération se trouve à moins d'un kilomètre de l'un au moins d'entre eux.

(Abr. à compter du 1er juillet 2012, D. n° 2012-118, 30 janv. 2012).

Art. R. 581-4. – Dans le cas où la publicité est interdite, *(Mots rempl. à compter du 1er juillet 2012, D. n° 2012-118, 30 janv. 2012)* « en application du I » de l'article L. 581-8, et où il n'est pas dérogé à cette interdiction, la surface de chaque emplacement autorisé par le maire sur les palissades de chantier pour l'affichage d'opinion et la publicité relative aux activités des associations sans but lucratif ne peut dépasser 2 mètres carrés.

Art. R. 581-5 *(Anc. R. 581-54 dénum. à compter du 1er juillet 2012, D. n° 2012-118, 30 janv. 2012)*. – Les publicités mentionnées à l'article L. 581-17 sont autorisées, par dérogation aux interdictions édictées par le présent chapitre, à condition qu'elles n'excèdent pas une surface unitaire de 1,50 mètre carré.

1) Pouvoirs du maire. Le maire peut réglementer l'utilisation de ces emplacements dans l'intérêt général et notamment interdire leur utilisation à des fins commerciales (Rép. min., n° 32982 : *JOAN Q* 1er nov. 1999, p. 6335).

2) Pour une application de l'ancien article R. 581-5 en cas d'absence d'une déclaration préalable. Sanction justifiée (■ CAA Marseille, 21 avr. 2016, n° 14MA04893).

Sous-section 3. – Procédures de déclaration et d'autorisation préalable

§ 1. – Déclaration préalable

Art. R. 581-6 *(Rempl. à compter du 1er juillet 2012, D. n° 2012-118, 30 janv. 2012)*. – Sous réserve de l'application des dispositions de l'article R. 581-9, font l'objet d'une déclaration préalable, l'installation, le remplacement ou la modification :

– d'un dispositif ou d'un matériel qui supporte de la publicité ;

– de préenseignes dont les dimensions excèdent 1 mètre en hauteur ou 1,50 mètre en largeur.

***(Mod., D. n° 2023-1409, 29 déc. 2023)* Le remplacement ou la modification des bâches comportant de la publicité fait aussi l'objet d'une déclaration préalable.**

1) Une seule déclaration est nécessaire, l'autorité étant soit le préfet soit le maire en cas de règlement local de publicité. Légalité de l'article L. 581-6 : ■ CE, 4 déc. 2013, nos 357839, 358128 et 358234 : *Dr. env.* 2014, 14 ; *Rev. jur. env.* 2014, 116, note Zavoli.

2) Étendue des pouvoirs du maire : il ne peut que demander la modification du dispositif publicitaire et non refuser une autorisation (■ TA Rennes, 16 nov. 2012, n° 1001587, *Soc. Publi Espace : Rev. jur. env.* 2013, 113, note Zavoli).

Art. R. 581-7 *(Rempl. à compter du 1er juillet 2012, D. n° 2012-118, 30 janv. 2012).* – La déclaration préalable comporte :

1° Lorsque le dispositif ou le matériel est implanté sur une propriété privée :

a) L'identité et l'adresse du déclarant ;

b) La localisation et la superficie du terrain ;

c) La nature du dispositif ou du matériel ;

d) L'indication de la distance de l'installation projetée par rapport aux limites séparatives et aux baies des immeubles situés sur les fonds voisins ;

e) L'indication du nombre et de la nature des dispositifs déjà installés sur le terrain ;

f) Un plan de situation du terrain, un plan de masse coté et la représentation graphique du dispositif ou du matériel cotée en trois dimensions ;

2° Lorsque le dispositif ou le matériel est implanté sur le domaine public :

a) L'identité et l'adresse du déclarant ;

b) L'emplacement du dispositif ou du matériel ;

c) La nature du dispositif ou du matériel ainsi que sa représentation graphique cotée en trois dimensions ;

d) L'indication de la distance de l'installation projetée par rapport aux baies des immeubles situés sur les fonds voisins.

Art. R. 581-8 *(Rempl. à compter du 1er juillet 2012, D. n° 2012-118, 30 janv. 2012 ; mod., D. n° 2013-606, 9 juill. 2013 ; D. n° 2023-1409, 29 déc. 2023).* – La déclaration préalable, établie en deux exemplaires, est adressée par la personne ou l'entreprise qui projette d'exploiter le dispositif ou le matériel par pli recommandé avec demande d'avis de réception postal ou déposée contre décharge, au maire de la commune où est envisagée l'implantation du dispositif ou du matériel.

Le formulaire de déclaration préalable est un document CERFA dont le contenu est déterminé par arrêté du ministre chargé de l'environnement (1).

La déclaration préalable peut également être adressée par voie électronique conformément aux dispositions de la section 2 du chapitre II du titre Ier du livre Ier du Code des relations entre le public et l'administration.

À compter de la date de réception de la déclaration parle maire, le déclarant peut procéder, sous sa responsabilité, à la réalisation du projet déclaré.

1) **Modèle CERFA.** Un arrêté du 31 août 2012 a approuvé un modèle CERFA (n° 14799) de déclaration préalable d'un dispositif ou d'un matériel supportant de la publicité ou une préenseigne (A. 31 août 2012, NOR : DEVL1233143A : *JO* 14 sept.).

2) **Procédure.** La déclaration doit être adressée par l'exploitant au maire et au préfet par lettre recommandée avec demande d'avis de réception ou déposée contre décharge à la mairie et à la préfecture. À compter de la date de réception la plus tardive de la déclaration, le déclarant peut procéder sous sa responsabilité à la réalisation du projet déclaré (Circ. n° 97-50, 26 mai 1997 : *BO min. Équip.*, n° 12/1997, 10 juill.).

3) **Absence de déclaration préalable.** Illégalité, sanction justifiée (▪ CAA Marseille, 21 avr. 2016, n° 14MA04893. ▪ CE, 18 sept. 2017, *Pas de publicité numérique sur le mobilier urbain parisien : AJDA* 2017, 1754 – 25 sept. 2017).

4) **Dispositif portant atteinte aux sites environnants. Substitution de motifs. Oui.** Légalité du refus d'implantation (▪ CAA Marseille, 24 avr. 2012, n° 10MA01956).

Art. R. 581-8-1 *(D. n° 2023-1409, 29 déc. 2023).* – Conformément à l'article L. 581-3-1, lorsque les compétences en matière de police de la publicité ont été transférées au président de l'établissement public de coopération intercommunale, le maire transmet la déclaration au président de l'établissement dans la semaine qui suit le dépôt.

§ 2. – Dispositions générales applicables aux autorisations préalables

Art. R. 581-9 *(Rempl. à compter du 1er juillet 2012, D. n° 2012-118, 30 janv. 2012 : mod., D. n° 2016-688, 27 mai 2016 ; D. n° 2023-1409, 29 déc. 2023).* – Lorsque l'installation d'un dispositif

(1) V. T. appl. : A. 31 août 2012 (*JO* 14 sept. 2012). – NDLR.

publicitaire est soumise à autorisation préalable en vertu des articles L. 581-9, L. 581-10 et L. 581-44, la demande d'autorisation est présentée par la personne ou l'entreprise de publicité qui exploite le dispositif ou le matériel.

Lorsque l'installation d'une enseigne est soumise à autorisation en vertu de l'article L. 581-18, la demande d'autorisation est présentée par la personne ou l'entreprise qui exerce l'activité signalée.

La demande d'autorisation et le dossier qui l'accompagne, établis en trois exemplaires, sont adressés par pli recommandé avec demande d'avis de réception postal ou déposés contre décharge, au maire de la commune où est envisagée l'implantation du dispositif ou du matériel.

Le formulaire d'autorisation préalable est un document CERFA dont le contenu est déterminé par arrêté du ministre chargé de l'environnement (1).

La demande d'autorisation peut également être adressée par voie électronique conformément aux dispositions de la section 2 du chapitre II du titre Ier du livre Ier du Code des relations entre le public et l'administration.

Voir : Instruction du 25 mars 2014 relative à la réglementation nationale des publicités, des enseignes et des préenseignes (NOR : DEVL1401980J).

Art. R. 581-9-1 *(D. n° 2023-1409, 29 déc. 2023).* **– Conformément à l'article L. 581-3-1, lorsque les compétences en matière de police de la publicité ont été transférées au président de l'établissement public de coopération intercommunale, le maire transmet la demande au président de l'établissement dans la semaine qui suit le dépôt. Lorsque la demande est présentée en application de l'article L. 581-10, le maire la transmet à l'autorité compétente dans la semaine qui suit le dépôt.**

Art. R. 581-10 *(Rempl. à compter du 1er juillet 2012, D. n° 2012-118, 30 janv. 2012 ; mod., D. n° 2016-688, 27 mai 2016 ; D. n° 2023-1409, 29 déc. 2023).* **– Le dossier qui accompagne la demande d'autorisation est composé des informations et pièces énumérées par l'article R. 581-7 ainsi que, pour certains dispositifs particuliers, des documents prévus par les articles R. 581-14 à R. 581-21-1.**

Dans le mois suivant la réception d'une demande d'autorisation par voie postale, il est adressé au pétitionnaire :

1° Lorsque la demande est complète, un récépissé qui indique la date à laquelle, en l'absence de décision expresse, une autorisation tacite sera acquise en application de l'article R. 581-13 ;

2° Lorsque la demande est incomplète, un courrier notifié par envoi recommandé avec demande d'avis de réception postal ou un courrier électronique avec demande d'accusé de réception, qui indique :

***a)* De façon exhaustive, les informations, pièces et documents manquants à produire en trois exemplaires, dans un délai de deux mois suivant la réception de ce courrier ;**

***b)* Qu'à défaut de production de l'ensemble des informations, pièces et documents manquants dans ce délai, la demande fera l'objet d'une décision tacite de rejet.**

Lorsque le dossier est complété dans le délai imparti au pétitionnaire, l'autorité compétente lui adresse le récépissé prévu au 1°, la date à laquelle une autorisation tacite étant acquise étant décomptée à partir de la réception des informations, pièces et documents complémentaires.

Une demande d'autorisation incomplète ne peut être rejetée sans que, au préalable, le pétitionnaire n'ait été informé des éléments manquants et mis à même de les produire. Cette formalité constitue une garantie procédurale au bénéfice du pétitionnaire, empêchant le juge administratif de procéder à la substitution de motif de la décision de refus sollicité par le maire (▪ CAA Nancy, 18 mai 2017, n° 16NC00986, *Sté Oxial*).

Art. R. 581-11 *(Rempl. à compter du 1er juillet 2012, D. n° 2012-118, 30 janv. 2012 et rect. JO 21 avr. 2012). – (Rempl., D. n° 2013-606, 9 juill. 2013)* **Lorsque l'installation d'un dispositif publicitaire ou d'une préenseigne soumis à autorisation est envisagée sur une toiture ou une terrasse en tenant lieu, l'autorisation est délivrée après accord ou avis de l'architecte des bâtiments de France dans les cas prévus pour les enseignes par l'article R. 581-16 et selon les mêmes modalités.**

Lorsqu'elle est consultée en matière de publicité, d'enseignes et de préenseignes, la commission départementale de la nature, des paysages et des sites se réunit dans sa formation dite « de la publicité » dans les conditions énoncées aux articles R. 341-16 à R. 341-25.

(1) V. T. appl. : A. 31 août 2012 (*JO* 14 sept. 2012). – NDLR.

Art. R. 581-12 *(Créé à compter du 1er juillet 2012, D. n° 2012-118, 30 janv. 2012).* – Lorsque l'autorisation doit être délivrée après avis ou accord d'un service ou d'une autorité de l'État, l'autorité compétente lui transmet le dossier de la demande au plus tard huit jours après la réception de ce dossier ou celles des pièces qui le complètent, à l'exception de la commission départementale de la nature, des paysages et des sites à laquelle la transmission du dossier est faite dans les quatre jours suivant cette réception.

Sauf disposition contraire, les avis des services et autorités de l'État sont réputés favorables s'ils n'ont pas été communiqués à l'autorité compétente quinze jours avant l'expiration du délai prévu à l'article R. 581-13, et, pour la commission départementale de la nature, des paysages et des sites, sept jours avant l'expiration de ce délai.

Art. R. 581-13 *(Créé à compter du 1er juillet 2012, D. n° 2012-118, 30 janv. 2012 ; mod., D. n° 2023-1409, 29 déc. 2023).* – La décision est notifiée au demandeur par envoi recommandé avec demande d'avis de réception postale ou par voie électronique au plus tard deux mois après la réception d'une demande complète, ou des informations, pièces et documents qui complètent le dossier, par l'autorité compétente pour instruire l'autorisation.

À défaut de notification dans ce délai, l'autorisation est réputée accordée dans les termes où elle a été demandée.

1) **Absence de notification.** En l'absence de notification dans ce délai, l'autorité compétente se trouve dessaisie et ne peut plus légalement, même dans le délai de recours contentieux, rapporter l'autorisation dont bénéficie le pétitionnaire (■ CE, 26 mars 1996, n° 157678, *SARL Pub Espace*).

2) **Autorisation tacite.** En l'absence de toute notification du refus d'autorisation de la part de la commune, le pétitionnaire est titulaire d'une autorisation tacite mais doit respecter les prescriptions ce qui justifierait la légalité d'une mise en demeure de respecter ses prescriptions (■ TA Clermont-Ferrand, 9 juill. 2008, n° 071748, *M. Joël Duchamp : Rev. jur. env.* 2009, 474, obs. Zavoli. ■ CAA Paris, 26 avr. 2007, n° 04PA03192 : *Rev. jur. env.* 2007, 488, obs. Zavoli ; *DAUH* n° 12/2008, 340).

§ 3. – Dispositions particulières applicables à certaines déclarations et autorisations préalables

Art. R. 581-14 *(Rempl. à compter du 1er juillet 2012, D. n° 2012-118, 30 janv. 2012).* – La déclaration de l'installation d'une publicité sur l'emprise d'un aéroport est assortie de l'accord du gestionnaire de l'aéroport ainsi que des documents établissant qu'elle respecte les règles de sécurité applicables sur ladite emprise.

Art. R. 581-15 *(Rempl. à compter du 1er juillet 2012, D. n° 2012-118, 30 janv. 2012 et rect. JO 21 avr. 2012). – (Mod., D. n° 2023-1409, 29 déc. 2023)* La demande de l'autorisation d'installer certains dispositifs de publicité lumineuse prévue par le troisième alinéa de l'article L. 581-9 comporte outre les informations et pièces énumérées par l'article R. 581-7, l'analyse du cycle de vie du dispositif, sa visibilité depuis la voie publique la plus proche ainsi que l'indication des valeurs de luminance moyenne à ne pas dépasser telles que définies par arrêté ministériel.

L'autorisation d'installer un dispositif de publicité lumineuse visé par le troisième alinéa de l'article L. 581-9 ou un mobilier urbain destiné à supporter de la publicité lumineuse visé par le même alinéa est accordée, compte tenu notamment du cadre de vie environnant et de la nécessité de limiter les nuisances visuelles pour l'homme et l'environnement au sens de l'article L. 583-1 aux dispositifs dont les caractéristiques respectent les prescriptions des articles R. 581-34 à R. 581-41 et les interdictions faites aux publicités et enseignes par l'article R. 418-4 du Code de la route.

L'autorisation d'installer un dispositif de publicité lumineuse ou un mobilier urbain destiné à supporter de la publicité lumineuse est délivrée pour une durée maximale de huit ans.

Voir : *Les publicités non lumineuse et lumineuse : Gaz. cnes.* 31 janv. 2011, p. 53.

1) **Modèle CERFA.** Un arrêté du 31 août 2012 a approuvé un modèle CERFA (n° 14798) d'autorisation préalable de nouvelle installation, de remplacement, de modification d'un dispositif ou d'un matériel supportant de la publicité, une enseigne ou une préenseigne (A. 31 août 2012, NOR : DEVL1233143A : JO 14 sept.).

2) **Annulation du refus.** Le maire s'est fondé sur l'avis du directeur départemental estimant que le dispositif est prévu dans une artère de l'agglomération nancéienne avec une forte cir-

culation, que ce type de dispositif pourrait créer des situations accidentogènes et serait susceptible de solliciter l'attention des usagers de la voie dans des conditions dangereuses. La Cour juge que ces considérations demeurent générales, alors que la publicité lumineuse numérique n'est pas par principe interdite par la législation ou la réglementation nationale ou par la réglementation locale applicable sur le territoire de la commune ou sur le boulevard (▪ CAA Nancy, 18 mai 2017, n° 16NC00986, *Sté Oxial*). *Idem* pour un refus d'installation de panneaux publicitaires numériques au motif d'un risque supplémentaire pour la sécurité publique des automobilistes non établi (▪ CAA Douai, 5 nov. 2019, n° 18DA00125).

3) Annulation d'une concession d'affichage publicitaire lumineux ne respectant pas le règlement local de sécurité (▪ CE, 18 sept. 2017, n° 410336 : *AJCT* 2018, 43 – 19 janv. 2018 : *AJDA* 2017, 1754 – 25 sept. 2017).

4) Sur l'utilisation des règles de sécurité publique. J.-P. Strebler, *La sécurité routière n'est pas la panacée pour refuser les autorisations d'installation d'écrans publicitaires numériques : RD imm.* 2017, 373, 11 juill. 2017.

5) Annulation du refus du préfet entaché d'erreur manifeste d'appréciation en raison de ce que la preuve n'est pas apportée de l'existence d'un danger pour la sécurité routière (▪ CAA Lyon, 27 févr. 2020, n° 18LY0370).

Art. R. 581-16 ***(Rempl. à compter du 1er juillet 2012, D. n° 2012-118, 30 janv. 2012 et rect. JO 21 avr. 2012 ; mod., D. n° 2013-606, 9 juill. 2013 ; D. n° 2017-456, 29 mars 2017)*** (1). **– I. – La demande de l'autorisation d'installer une enseigne prévue à l'avant-dernier alinéa de l'article L. 581-18, comporte, outre les informations et pièces énumérées par l'article R. 581-7 :**

1° Une mise en situation de l'enseigne ;

2° Une vue de l'immeuble ou du lieu concerné avec et sans l'enseigne ;

3° Une appréciation sur son intégration dans l'environnement.

II. – *(Mod., D. n° 2023-1409, 29 déc. 2023)* L'autorisation d'installer une enseigne prévue à l'avant-dernier alinéa de l'article L. 581-18 est délivrée par le maire :

1° Après accord de l'architecte des Bâtiments de France lorsque cette installation est envisagée sur un immeuble classé ou inscrit au titre des monuments historiques ou protégé au titre des abords en application de l'article L. 621-30 du Code du patrimoine ou situé dans le périmètre d'un site patrimonial remarquable classé en application de l'article L. 631-1 du Code du patrimoine ;

2° Après accord du préfet de région, lorsque cette installation est envisagée sur un monument naturel, dans un site classé, un cœur de parc national, une réserve naturelle ou sur un arbre.

Architecte des bâtiments de France. L'architecte des bâtiments de France consulté sur un projet d'installation d'enseignes est maître de son argumentation et n'est pas tenu de préciser en amont les éléments qu'il compte retenir dans le cadre de son appréciation (▪ CAA Paris, 13 oct. 2011, n° 10PA04117). Lorsque l'avis de l'architecte des bâtiments de France est requis, le défaut de consultation entraîne l'annulation de l'acte (▪ CE, 3 oct. 1997, n° 169514, *SARL MIL MIKE*).

Aucune disposition législative ou réglementaire n'exige qu'un refus d'autorisation d'enseigne soit décidé suivant la même procédure que celle instituée pour l'autorisation d'installer une enseigne. Le maire de Paris, qui a refusé la demande d'enseigne de la société d'exploitation de spectacles Frères Bouglione pour un motif sans rapport avec la qualité de bâtiment inscrit à l'inventaire supplémentaire des monuments historiques du cirque d'hiver, n'était pas tenu de saisir pour avis, préalablement à ce refus, l'architecte des bâtiments de France (▪ CAA Paris, 30 mars 2017, n° 15PA01071).

L'exigence d'un accord de l'ABF ne s'applique qu'aux autorisations relatives à l'installation d'une enseigne, et non à un dispositif publicitaire lumineux (▪ CAA Nancy, 18 mai 2017, n° 16NC00986, *Sté Oxial*).

Le refus d'autorisation du maire ne peut être fondé sur l'absence d'accord de la copropriété ou sur l'absence d'autorisation de travaux au titre du Code de l'urbanisme. Il est enjoint au maire d'Arles de procéder à un réexamen de la demande dans un délai de deux mois (▪ CAA Marseille, 18 avr. 2017, n° 15MA01864).

Art. R. 581-17 ***(Créé à compter du 1er juillet 2012, D. n° 2012-118, 30 janv. 2012 et rect. JO 21 avr. 2012).*** **– Les enseignes temporaires sont soumises à autorisation lorsqu'elles sont installées sur un immeuble**

(1) Dispositions applicables aux demandes d'autorisations d'urbanisme et aux déclarations préalables déposées à compter du 1er avril 2017, D. n° 2017-456, 29 mars 2017, art. 27.

ou dans un lieu mentionné à l'article L. 581-4 ou lorsqu'elles sont scellées au sol ou installées sur le sol dans un lieu mentionné à l'article L. 581-8.

La demande d'autorisation comporte, outre les informations et pièces énumérées par l'article R. 581-7 :

1° Une mise en situation de l'enseigne temporaire ;

2° Une vue de l'immeuble ou du lieu concerné avec et sans l'enseigne temporaire ;

3° Une appréciation sur son intégration dans l'environnement.

Cette autorisation est délivrée après avis de l'architecte des Bâtiments de France lorsqu'il s'agit des enseignes temporaires définies au 2° de l'article R. 581-68 et situées sur un immeuble ou dans un lieu mentionné à l'article L. 581-4.

Voir : J.-Ph. Strebler, *Règlement local de publicité : les limites du pouvoir de restreindre les règles nationales : AJDA* 2014, 2373.

Art. R. 581-18 *(Créé à compter du 1er juillet 2012, D. n° 2012-118, 30 janv. 2012 et rect. JO 21 avr. 2012).* – La demande de l'autorisation d'installer une enseigne à faisceau de rayonnement laser prévue par l'article L. 581-18, comporte, outre les informations et pièces énumérées par l'article R. 581-7, une notice descriptive mentionnant notamment la puissance de la source laser, les caractéristiques du ou des faisceaux et la description des effets produits.

L'autorisation est accordée après avis du service de l'État en charge de l'aviation civile.

Art. R. 581-19 *(Créé à compter du 1er juillet 2012, D. n° 2012-118, 30 janv. 2012 et rect. JO 21 avr. 2012).* – I. – La demande d'autorisation d'emplacement, prévue à l'article L. 581-9, d'une bâche de chantier comportant de la publicité telle que définie à l'article R. 581-54, comporte, outre les informations et pièces énumérées par l'article R. 581-7 :

1° L'indication du lieu, de la nature et de la durée des travaux ;

2° L'indication de l'emplacement de l'échafaudage, de la surface de la bâche et de sa durée d'installation ;

3° Le nom des personnes, ou la dénomination ou la raison sociale des entreprises, désirant apposer ou faire apposer une bâche comportant de la publicité, ainsi que leur adresse ;

4° Les esquisses ou photos de la bâche et de l'emplacement envisagé ;

5° Le cas échéant, les documents établissant que les travaux permettent au bâtiment qui en est l'objet de prétendre à l'attribution du label « haute performance énergétique rénovation ».

II. – L'autorisation d'emplacement est délivrée au dispositif dont les caractéristiques respectent les prescriptions des articles R. 581-53 et R. 581-54 et compte tenu notamment de sa durée d'installation, de sa surface, des procédés utilisés, des caractéristiques des supports, de son insertion architecturale, de son impact sur le cadre de vie environnant et de ses incidences éventuelles sur la sécurité routière.

L'autorisation précise les limites de la surface consacrée à l'affichage publicitaire. Elle peut fixer des prescriptions imposant que la bâche reproduise, sur les surfaces laissées libres, l'image des bâtiments occultés par les bâches ou les dispositifs.

III. – La date et le numéro de l'arrêté municipal accordant cette autorisation ainsi que les durées et surfaces visées au 1° et 2° du présent article sont mentionnées sur l'échafaudage, la bâche ou le dispositif, de manière visible de la voie publique, pendant toute la durée d'utilisation de la bâche à des fins d'affichage publicitaire.

Art. R. 581-20 *(Créé à compter du 1er juillet 2012, D. n° 2012-118, 30 janv. 2012 et rect. JO 21 avr. 2012).* – I. – La demande d'autorisation d'emplacement, prévue à l'article L. 581-9, d'une bâche publicitaire telle que définie à l'article R. 581-55, comporte, outre les informations et pièces énumérées par l'article R. 581-7 :

1° L'indication du type de support de la bâche, de la surface de celle-ci et de sa durée d'installation ;

2° Le nom des personnes, ou la dénomination ou la raison sociale des entreprises désirant apposer ou faire apposer une bâche comportant de la publicité, ainsi que leur adresse ;

3° Les esquisses ou photos de la bâche et de l'emplacement envisagé.

II. – L'autorisation d'emplacement est délivrée au dispositif dont les caractéristiques respectent les prescriptions des articles R. 581-53 et R. 581-55 et compte tenu notamment de sa durée d'installation, de sa surface, des procédés utilisés, des caractéristiques des supports, de son insertion architecturale, de son impact sur le cadre de vie environnant et de ses incidences éventuelles sur la sécurité routière.

Elle est délivrée pour une durée maximale de huit ans.

III. – La date et le numéro de l'arrêté municipal accordant cette autorisation ainsi que l'indication des surfaces d'affichage publicitaire autorisé doivent être mentionnées sur la bâche de manière visible de la voie publique, pendant toute la durée de son utilisation.

Art. R. 581-21 *(Rempl. à compter du 1er juillet 2012, D. n° 2012-118, 30 janv. 2012 et rect. JO 21 avr. 2012).* – I. – La demande de l'autorisation d'installer un dispositif publicitaire de dimension exceptionnelle prévue à l'article L. 581-9, comporte, outre les informations et pièces énumérées par l'article R. 581-7 :

1° L'indication du type de manifestation annoncée ;

2° L'indication de l'emplacement du dispositif, de sa surface et de sa durée d'installation ;

3° Le nom des personnes, ou la dénomination ou la raison sociale des entreprises désirant apposer ou faire apposer le dispositif publicitaire de dimension exceptionnelle comportant de la publicité, ainsi que leur adresse ;

4° Les esquisses ou photos du dispositif, de la publicité et de l'emplacement envisagé.

II. – Le maire transmet à la commission départementale compétente en matière de nature, de paysages et de sites le dossier de la demande dans un délai de quatre jours à compter de la réception du dossier ou des pièces qui le complètent.

III. – L'autorisation d'emplacement est délivrée au dispositif dont les caractéristiques respectent les prescriptions de l'article R. 581-56 et compte tenu notamment de sa durée d'installation, de sa surface, des procédés utilisés, des caractéristiques des supports, de son insertion architecturale, de son impact sur le cadre de vie environnant et de ses incidences éventuelles sur la sécurité routière.

Elle précise sa durée.

IV. – La date et le numéro de l'arrêté municipal accordant cette autorisation ainsi que l'indication des surfaces d'affichage publicitaire autorisé doivent être mentionnées sur la bâche de manière visible de la voie publique, pendant toute la durée de son utilisation.

Affichage publicitaire et autorisation d'urbanisme. Dès lors qu'ils ont fait l'objet d'une autorisation au titre de la réglementation sur l'affichage publicitaire, les dispositifs publicitaires sont dispensés de déclaration préalable ou de permis de construire (■ CE, 27 oct. 1989, n° 68321, *Sté. Cuir Center*).

Art. R. 581-21-1 *(D. n° 2016-688, 27 mai 2016).* – I. – La demande d'autorisation d'installation d'un dispositif publicitaire dérogatoire sur l'emprise des équipements sportifs mentionnés à l'article L. 581-10 comporte les informations et pièces énumérées à l'article R. 581-7, complétées le cas échéant par celles énumérées au premier alinéa de l'article R. 581-15 ou au I des articles R. 581-19 et R. 581-20.

II. – L'autorisation est délivrée compte tenu notamment de la durée d'installation de la publicité, de sa surface, des procédés utilisés, des caractéristiques des supports, de son insertion architecturale et paysagère, de son impact sur le cadre de vie environnant et de ses incidences éventuelles sur la sécurité routière.

Elle est délivrée pour une durée maximale de huit ans.

III. – Les dispositions du III des articles R. 581-19 et R. 581-20 sont le cas échéant applicables.

Section II. – Publicité

Sous-section 1. – Dispositions générales applicables à toutes publicités

Art. R. 581-22 *(Créé à compter du 1er juillet 2012, D. n° 2012-118, 30 janv. 2012).* – Sans préjudice de l'application des dispositions de l'article L. 581-4, la publicité est interdite :

1° Sur *(Mots suppr., D. n° 2013-606, 9 juill. 2013)* « ... » les plantations, les poteaux de transport et de distribution électrique, les poteaux de télécommunication, les installations d'éclairage public ainsi que sur les équipements publics concernant la circulation routière, ferroviaire, fluviale, maritime ou aérienne ;

2° Sur les murs des bâtiments sauf quand ces murs sont aveugles ou qu'ils ne comportent qu'une ou plusieurs ouvertures d'une surface unitaire inférieure à 0,50 mètre carré ;

3° Sur les clôtures qui ne sont pas aveugles ;

4° Sur les murs de cimetière et de jardin public.

1) **Mur aveugle.** Lorsque l'immeuble concerné par la publicité litigieuse est situé dans une zone de publicité restreinte, peu importe que le mur soit aveugle ou non, la publicité y est interdite (■ Cass. crim., 7 avr. 2010, n° 09-87.161).

2) **Limites du pouvoir réglementaire.** Si le pouvoir réglementaire peut interdire toute publicité pour assurer la protection du cadre de vie, il ne peut le faire de manière générale et absolue sans aucune distinction entre les différentes surfaces servant de support à la publicité (▪ CE, 16 nov. 1984, n° 30464 : *AJDA* 1985, 110, note J.-C. ; *Lebon* 371 ; *Rev. jur. env.* 1985, 45, concl. Genevois).

Art. R. 581-23 *(Rempl. à compter du 1er juillet 2012, D. n° 2012-118, 30 janv. 2012 ; mod., D. n° 2016-688, 27 mai 2016).* **– I. – Les dispositions de l'article R. 581-22 ne sont pas applicables aux bâtiments ou parties de bâtiments dont la démolition est entreprise ou dans les zones mentionnées à l'article L. 421-3 du Code de l'urbanisme, faisant l'objet d'un permis de démolir.**

II. – Les dispositions des 2° et 3° de l'article R. 581-22 ne sont pas applicables aux publicités installées sur l'emprise des équipements sportifs mentionnés aux articles L. 581-7 et L. 581-10.

Art. R. 581-24 *(Rempl. à compter du 1er juillet 2012, D. n° 2012-118, 30 janv. 2012).* **– Les publicités ainsi que les dispositifs qui les supportent doivent être maintenus en bon état d'entretien et, le cas échéant, de fonctionnement par les personnes ou les entreprises qui les exploitent.**

Art. R. 581-24-1 *(D. n° 2023-1007, 30 oct. 2023)* (1). **– Le calcul de la surface unitaire des publicités s'apprécie en prenant en compte le dispositif dont le principal objet est de recevoir la publicité.**

Sous-section 2. – Dispositifs publicitaires

§ 1. – Dispositions relatives à la densité

Art. R. 581-25 *(Créé à compter du 1er juillet 2012, D. n° 2012-118, 30 janv. 2012).* **– Les dispositions du présent article s'appliquent à tous les dispositifs publicitaires décrits dans la présente sous-section, à l'exception de ceux apposés sur une palissade ou sur une toiture.**

I. – Il ne peut être installé qu'un seul dispositif publicitaire sur les unités foncières dont le côté bordant la voie ouverte à la circulation publique est d'une longueur au plus égale à 80 mètres linéaire.

Par exception, il peut être installé :

– soit deux dispositifs publicitaires alignés horizontalement ou verticalement sur un mur support ;

– soit deux dispositifs publicitaires scellés au sol sur les unités foncières dont le côté bordant la voie ouverte à la circulation publique est d'une longueur supérieure à 40 mètres linéaire.

Sur les unités foncières dont le côté bordant la voie ouverte à la circulation publique est d'une longueur supérieure à 80 mètres linéaire, il peut être installé un dispositif publicitaire supplémentaire par tranche de 80 mètres au-delà de la première.

Ces dispositifs peuvent être installés librement sur l'unité foncière.

II. – Il ne peut être installé qu'un seul dispositif publicitaire sur le domaine public au droit *(Mots rempl., D. n° 2013-606, 9 juill. 2013)* **« des unités foncières dont le côté bordant la voie ouverte à la circulation publique est d'une longueur au plus égale à 80 mètres linéaires ».**

Lorsque l'unité foncière dont le côté bordant la voie ouverte à la circulation publique est d'une longueur supérieure à 80 mètres linéaire, il peut être installé sur le domaine public un dispositif publicitaire supplémentaire par tranche de 80 mètres au-delà de la première.

Ces dispositifs peuvent être installés librement sur le domaine public au droit de l'unité foncière.

Une unité foncière est un îlot de propriété d'un seul tenant, composé d'une parcelle ou d'un ensemble de parcelles appartenant à un même propriétaire ou à la même indivision. Pour la détermination du nombre de dispositifs pouvant être installés, il y a lieu de tenir compte de toute la longueur du ou des côtés de l'unité foncière bordant une ou plusieurs voies ouvertes à la circulation publique. La possibilité d'installer un dispositif publicitaire supplémentaire est ouverte pour chaque tranche de 80 mètres complète ou entamée au-delà de la première (▪ CAA Nancy, 18 mai 2017, n° 16NC00986, *Sté Oxial*).

(1) Dispositions d'application particulières : V. D. n° 2023-1007, 30 oct. 2023, art. 3.

§ 2. – **Dispositions particulières applicables à la publicité non lumineuse**

Art. R. 581-26 *(Rempl. à compter du 1er juillet 2012, D. n° 2012-118, 30 janv. 2012 ; D. n° 2016-688, 27 mai 2016 ; mod. à compter du 1er février 2017, D. n° 2017-107, 30 janv. 2017 ; mod., D. n° 2023-1007, 30 oct. 2023)* (1). – **I. – Dans les agglomérations de plus de 10 000 habitants et dans celles de moins de 10 000 habitants faisant partie d'une unité urbaine de plus de 100 000 habitants, ainsi qu'à l'intérieur de l'emprise des aéroports et des gares ferroviaires et routières, la publicité non lumineuse apposée sur un mur ou une clôture ne peut avoir une surface unitaire excédant 10,50 mètres carrés, ni s'élever à plus de 7,5 mètres au-dessus du niveau du sol.**

II. – Dans les agglomérations de moins de 10 000 habitants ne faisant pas partie d'une unité urbaine de plus de 100 000 habitants, la publicité non lumineuse apposée sur un mur ou une clôture ne peut avoir une surface unitaire excédant 4,70 mètres carrés, ni s'élever à plus de 6 mètres au-dessus du niveau du sol.

Toutefois, cette surface pourra être portée à 8 mètres carrés dans la traversée desdites agglomérations, lorsque la publicité est en bordure de routes à grande circulation définies dans les conditions prévues à l'article L. 110-3 du Code de la route et à l'exception des parties de ces voies qui sont désignées comme restant soumises aux dispositions du II du présent article, aux termes d'un arrêté préfectoral pris après avis de la commission départementale de la nature, des paysages et des sites, dans sa formation dite « de la publicité » et des maires des communes.

III. – La publicité non lumineuse apposée sur un mur, sur une façade ou une clôture situés sur l'emprise des équipements sportifs mentionnés aux articles L. 581-7 et L. 581-10 ne peut avoir une surface unitaire supérieure à 20 % de la surface totale du mur, de la façade ou de la clôture, ni s'élever à plus de 10 m au-dessus du niveau du sol.

Toutefois, une élévation supérieure à 10 m peut être autorisée compte tenu notamment de la durée d'installation de la publicité, de sa surface, des procédés utilisés, des caractéristiques des supports, de son insertion architecturale et paysagère, de son impact sur le cadre de vie environnant et de ses incidences éventuelles sur la sécurité routière :

a) (Mod., D. n° 2023-1409, 29 déc. 2023) **Pour les dispositifs publicitaires installés sur l'emprise des équipements sportifs mentionnés à l'article L. 581-7, par le maire. La demande de dérogation est instruite dans un délai de quinze jours à compter de la date de réception de la déclaration préalable prévue à l'article R. 581-8. La décision est notifiée au demandeur. À défaut de notification dans ce délai, la demande est réputée acceptée ;**

b) **Pour les dispositifs publicitaires installés sur l'emprise des équipements sportifs mentionnés à l'article L. 581-10, par l'autorité compétente pour délivrer les autorisations d'installation en vertu de ce même article. La demande de dérogation est instruite selon les mêmes modalités que l'autorisation préalable prévue à l'article R. 581-21-1.**

1) En l'absence d'authentification, par décret, du chiffre de la population de l'agglomération, tel qu'il résulterait d'un recensement général, il appartient au maire de déterminer, sous le contrôle du juge, la population de l'agglomération (■ CAA Bordeaux, 19 nov. 2007, n° 05BX01184, *SARL Aventi*).

Les dispositions de l'arrêté du 21 nov. 1980 portant règlement national de la publicité en agglomération ne portent pas une atteinte disproportionnée à la liberté du commerce et de l'industrie, ni à celle de la liberté de la publicité (■ CE, 27 juill. 2005, n° 261949, *Sté PLM Affichage : Environnement* nov. 2005, n° 11 comm. 80).

Sur l'illégalité de dispositifs visibles depuis une autoroute : ■ CAA Paris, 8 nov. 2005, n° 01PA03154, *Min. de l'Écologie et du Développement durable c/ Sté Affichage PLM*.

2) Décompte de la population. La méthode de décompte de la population selon laquelle on décompte le nombre d'habitants de la zone agglomérée, qui peut être composée par les parties limitrophes de plusieurs communes, est rejetée par les juges, les pièces du dossier révélant que les différentes zones agglomérées en cause ne constituaient pas un tout (■ CAA Nantes, 19 nov. 2009, n° 07MA04537, *SARL De Beer : Rev. jur. env.* 2010, p. 719, note Ph. Zavoli). En revanche, la méthode selon laquelle le juge décompte le nombre d'habitants dans la zone agglomérée d'une commune, mais arrête le décompte dans les seules limites communales, semble plus respectueuse du texte de l'article R. 581-23. Aussi, le juge refuse-t-il d'additionner le nombre de la population des parties agglomérées des communes limitrophes quand bien même elles seraient agrégées et formeraient

(1) Dispositions d'application particulières : V. D. n° 2023-1007, 30 oct. 2023, art. 3.

un tout (■ TA Nantes, 1er déc. 2009, nos 09605 et 095256, *Sté Promovil : Rev. jur. env.* 2010, p. 718, note Ph. Zavoli).

3) Contrôle restreint du juge administratif. En matière de réglementation locale de la publicité non lumineuse, le juge administratif opère un contrôle restreint, en s'assurant de l'absence d'erreur manifeste d'appréciation (■ CAA Nantes, 15 juill. 2011, n° 10NT01922).

En bordure d'une route à grande circulation au sens de l'article L. 110-3 du Code de la route, sur le territoire d'une commune comprenant moins de 10 000 habitants et qui n'est pas située dans une agglomération de plus de 100 000 habitants, la surface des dispositifs publicitaires pourra être portée à 8 m² par un arrêté préfectoral, pris après avis de la commission départementale de la nature, des paysages et des sites. En l'absence d'un tel arrêté dérogeant aux règles de surface et de hauteur dans la zone, un dispositif publicitaire de 7,68 m² est considéré comme implanté en méconnaissance des dispositions susmentionnées du II de l'article R. 581-26 du Code de l'environnement (■ CAA Nancy, 9 mai 2017, n° 16NC02379, *Sté Publimat 3 Diffusion*).

4) Compétence du préfet pour qu'une dérogation soit instaurée en bordure de route à grande circulation. Un arrêté préfectoral est nécessaire pour que soit applicable la possibilité de déroger, en bordure de route à grande circulation, aux règles de surface et de hauteur fixées au premier alinéa du II de l'article R. 581-26 (■ CE, 12 oct. 2016, n° 396433, *Min. de l'Écologie, du Développement durable et de l'Énergie : Rev. jur. env.* 2016, 598, note Zavoli ; *AJDA* 2016, 1079, note Zavoli).

Art. R. 581-27 *(Créé à compter du 1er juillet 2012, D. n° 2012-118, 30 janv. 2012).* **– La publicité non lumineuse ne peut être apposée à moins de 0,50 mètre du niveau du sol.**

La publicité non lumineuse ne peut être apposée sur une toiture ou une terrasse en tenant lieu, ni dépasser les limites du mur qui la supporte, ni, le cas échéant, dépasser les limites de l'égout du toit.

Fixation de la hauteur maximale par rapport au niveau du sol. Irrégularité d'un règlement local de publicité fixant la hauteur maximale autorisée par rapport à la voie publique plutôt que par rapport au niveau du sol (■ CAA Nantes, 26 sept. 2006, n° 05NT01474, *Union de la publicité extérieure*).

Art. R. 581-28 *(Anc. R. 581-12 dénum. à compter du 1er juillet 2012, D. n° 2012-118, 30 janv. 2012).* **– Une publicité non lumineuse doit être située sur le mur qui la supporte ou sur un plan parallèle à ce mur. Elle ne peut constituer par rapport à ce mur une saillie supérieure à 0,25 mètre.**

Art. R. 581-29 *(Anc. R. 581-13 dénum. à compter du 1er juillet 2012, D. n° 2012-118, 30 janv. 2012).* **– Aucune publicité non lumineuse ne peut être apposée sur un mur sans que les publicités anciennes existant au même endroit aient été supprimées.**

Il est toutefois dérogé à cette disposition lorsqu'il s'agit de publicités peintes d'intérêt artistique, historique ou pittoresque.

Art. R. 581-30 *(Anc. R. 581-22 dénum. à compter du 1er juillet 2012, D. n° 2012-118, 30 janv. 2012 ; mod., D. n° 2015-1783, 28 déc. 2015).* **– Sans préjudice de l'application des dispositions de l'article L. 581-4, les dispositifs publicitaires non lumineux scellés au sol ou installés directement sur le sol sont interdits en agglomération :**

1° Dans les espaces boisés classés en application de l'article L. 113-1 du Code de l'urbanisme. ;

2° *(Mod., D. n° 2023-1409, 29 déc. 2023)* **Dans les zones à protéger en raison de la qualité des sites, des milieux naturels, des paysages et de leur intérêt notamment au point de vue esthétique ou écologique, et figurant sur un plan local d'urbanisme.**

Un simple classement en zone ND nouvellement instaurée ne suffit pas à établir l'existence d'une zone protégée, interdisant l'affichage publicitaire (■ CE, 18 janv. 1993, n° 94430, *SA Liote : D.* 1993, IR 49). En revanche, un classement en zone ND en application de l'article R. 123-18 du Code de l'urbanisme permet d'interdire les dispositifs publicitaires non lumineux scellés au sol ou installés directement sur le sol (■ CAA Lyon, 12 nov. 2002, *Sté Dauphin : RJE* 2003, 368, chron. Zavoli).

Art. R. 581-31 *(Créé à compter du 1er juillet 2012, D. n° 2012-118, 30 janv. 2012 ; mod., D. n° 2013-606, 9 juill. 2013 ; D. n° 2016-688, 27 mai 2016).* **– Les dispositifs publicitaires non lumineux, scellés au sol ou installés directement sur le sol sont interdits dans les agglomérations de moins de 10 000 habitants ne faisant pas partie d'une unité urbaine de plus de 100 000 habitants.**

Dans les autres agglomérations ces dispositifs sont interdits si les affiches qu'ils supportent sont visibles d'une autoroute ou d'une bretelle de raccordement à une autoroute ainsi que d'une route express, déviation ou voie publique situées hors agglomération.

Sur l'emprise des aéroports et des gares ainsi que des équipements sportifs mentionnés aux articles L. 581-7 et L. 581-10, ces dispositifs sont interdits si les affiches qu'ils supportent :

– ne sont visibles que d'une autoroute ou d'une bretelle de raccordement à une autoroute ainsi que d'une route express ;

– ne sont visibles que d'une déviation ou voie publique située hors agglomération et hors de l'emprise des aéroports et des gares ferroviaires *(Mots aj. à compter du 1er février 2017, D. n° 2017-107, 30 janv. 2017)* « et routières » ainsi que des équipements sportifs concernés.

1) Notion d'agglomération. La notion d'agglomération doit être entendue comme un espace sur lequel sont groupés des immeubles bâtis rapprochés et ne peut être appréhendée qu'à l'intérieur du territoire d'une seule commune (■ CE, 26 nov. 2012, n° 352916, *Min. Écologie*). Le terme « hors agglomération » ne s'applique qu'aux déviations et voies publiques à l'exclusion des autoroutes, bretelles de raccordement et voies express (■ CE, 12 déc. 2003, n° 253905, *Sté. Trihept*).

2) Champ d'application de l'interdiction. L'interdiction s'applique à tout dispositif publicitaire scellé implanté au sol dans une agglomération de moins de 10 000 habitants, sauf si elle fait partie d'un ensemble intercommunal de plus de 100 000 habitants tel qu'il est défini par l'INSEE, et ce alors même que cette agglomération est incluse dans le territoire d'une commune qui comporte une agglomération de plus de 10 000 habitants (■ CAA Bordeaux, 5e ch., 7 mars 2011, n° 10BX01195, *Sté Samsag*). Les dispositifs sont donc autorisés, soit dans les limites des agglomérations supérieures à 10 000 habitants, soit dans les agglomérations constituées des parties agglomérées de plusieurs communes, à la condition que la population totale de l'ensemble de ces communes compte au total plus de 100 000 habitants (■ TA Nantes, 1er déc. 2009, n° 09605). Ces dispositifs ne peuvent être admis dans une agglomération de moins de 100 000 habitants que si la commune correspondante forme, avec d'autres communes, un ensemble qui dépasse les 100 000 habitants (■ CE, 26 nov. 2012, préc.).

3) Illustration relative à l'intérêt à agir d'une association (■ CAA Lyon, 23 juin 2015, n° 13LY02286, *Association de lutte contre l'affichage publicitaire*).

Art. R. 581-32 ***(Rempl. à compter du 1er juillet 2012, D. n° 2012-118, 30 janv. 2012 ; mod., D. n° 2016-688, 27 mai 2016 ; mod. à compter du 1er février 2017, D. n° 2017-107, 30 janv. 2017 ; mod., D. n° 2023-1007, 30 oct. 2023* (1) *; D. n° 2023-1409, 29 déc. 2023).*** **– Dans les agglomérations de plus de 10 000 habitants et dans celles de moins de 10 000 habitants faisant partie d'une unité urbaine de plus de 100 000 habitants, ainsi que sur l'emprise des aéroports et des gares ferroviaires et routières hors agglomération, les dispositifs publicitaires non lumineux scellés au sol ou installés directement sur le sol ne peuvent ni s'élever à plus de 6 mètres au-dessus du niveau du sol, ni avoir une surface supérieure à 10,50 mètres carrés.**

Toutefois, sur l'emprise des aéroports dont le flux annuel de passagers est supérieur à trois millions de personnes ces dispositifs peuvent s'élever jusqu'à 10 mètres au-dessus du niveau du sol, et avoir une surface d'une limite maximale de 50 mètres carrés.

Sur l'emprise des équipements sportifs mentionnés aux articles L. 581-7 et L. 581-10, les dispositifs publicitaires non lumineux scellés au sol ou installés directement sur le sol peuvent s'élever jusqu'à 10 m au-dessus du niveau du sol et avoir une surface unitaire d'une limite maximale de 50 m².

Légalité des dispositions relatives aux règles de hauteur et de surface généralement valables dans les grandes agglomérations, s'agissant de grands aéroports (■ CE, 4 déc. 2013, nos 357839, 358128 et 358234, *Paysages de France et a. : Dr. env.* 2014, 14 ; *Rev. jur. env.* 2014, 116, note Zavoli).

Art. R. 581-33 ***(Anc. R. 581-25 dénum. à compter du 1er juillet 2012, D. n° 2012-118, 30 janv. 2012).*** **– Un dispositif publicitaire non lumineux, scellé au sol ou installé directement sur le sol, ne peut être placé à moins de dix mètres d'une baie d'un immeuble d'habitation situé sur un fonds voisin lorsqu'il se trouve en avant du plan du mur contenant cette baie.**

(1) Dispositions d'application particulières : V. D. n° 2023-1007, 30 oct. 2023, art. 3.

En outre, l'implantation d'un dispositif de cette nature ne peut être faite à une distance inférieure à la moitié de sa hauteur d'une limite séparative de propriété.

Dispositif irrégulier. Irrégularité d'un dispositif installé sur un mur doté d'une porte-fenêtre, qui ne peut être considéré comme de surface réduite (■ CAA Douai, 24 mai 2006, n° 05DA00932).

§ 3. – Dispositions particulières applicables à la publicité lumineuse

Bibliographie : Ch. Mifsud, *Obligation d'extinction des publicités lumineuses : et la lumière fut ? : IDPA Gaz.* 2023, n° 52, 8. • R. Delmas, *Report, après annulation, de la date d'entrée en vigueur du décret généralisant l'obligation d'extinction nocturne des publicités lumineuses : JCP A* 2023, 2223, n° 27.

Art. R. 581-34 *(Rempl. à compter du 1er juillet 2012, D. n° 2012-118, 30 janv. 2012 ; mod., D. n° 2016-688, 27 mai 2016 ; mod. à compter du 1er février 2017, D. n° 2017-107, 30 janv. 2017 ; mod., D. n° 2023-1409, 29 déc. 2023).* **– I. – La publicité lumineuse est la publicité à la réalisation de laquelle participe une source lumineuse spécialement prévue à cet effet.**

La publicité lumineuse ne peut être autorisée à l'intérieur des agglomérations de moins de 10 000 habitants ne faisant pas partie d'une unité urbaine de plus de 100 000 habitants.

À l'intérieur des agglomérations de plus de 10 000 habitants et dans celles de moins de 10 000 habitants faisant partie d'une unité urbaine de plus de 100 000 habitants, ainsi qu'à l'intérieur de l'emprise des aéroports et des gares ferroviaires et routières situés hors agglomération, la publicité lumineuse apposée sur un mur, scellée au sol ou installée directement sur le sol ne peut avoir une surface unitaire excédant 8 mètres carrés, ni s'élever à plus de 6 mètres au-dessus du niveau du sol.

Les dispositions des deuxième et troisième alinéas et des articles R. 581-36 à R. 581-41 ne sont pas applicables aux dispositifs de publicité lumineuse ne supportant que des affiches éclairées par projection ou par transparence, lesquels sont soumis aux dispositions des articles R. 581-26 à R. 581-33.

II. – Sur l'emprise des équipements sportifs mentionnés aux articles L. 581-7 et L. 581-10, la publicité lumineuse apposée sur un mur, une façade ou une clôture, scellée au sol ou installée directement sur le sol peut s'élever jusqu'à 10 m au-dessus du niveau du sol et avoir une surface unitaire d'une limite maximale de 50 m². Une élévation supérieure à 10 m peut être autorisée, pour la publicité apposée sur un mur, une façade ou une clôture, compte tenu notamment de la durée d'installation de la publicité, de sa surface, des procédés utilisés, des caractéristiques des supports, de son insertion architecturale et paysagère, de son impact sur le cadre de vie environnant et de ses incidences éventuelles sur la sécurité routière :

***a)* Pour les dispositifs publicitaires installés sur l'emprise des équipements sportifs mentionnés à l'article L. 581-7, par le maire. La demande de dérogation est instruite dans un délai de quinze jours à compter de la date de réception de la déclaration préalable prévue à l'article R. 581-8. La décision est notifiée au demandeur. À défaut de notification dans ce délai, la demande est réputée acceptée ;**

***b)* Pour les dispositifs publicitaires installés sur l'emprise des équipements sportifs mentionnés à l'article L. 581-10, par l'autorité compétente pour délivrer les autorisations d'installation en vertu de ce même article. La demande de dérogation est instruite selon les mêmes modalités que l'autorisation préalable prévue à l'article R. 581-21-1.**

III. – La publicité lumineuse respecte des normes techniques fixées par arrêté ministériel, portant notamment sur les seuils de luminance moyenne à ne pas dépasser, exprimés en candelas par mètre carré, et sur l'efficacité lumineuse des sources utilisées.

1) **Formalisme obligatoire.** ■ CAA Paris, 5 oct. 2006, n° 03PA04567, *Sté Défi France* ; J.-M. Février, *Formalisme et interruption du délai d'instruction d'une demande d'autorisation en matière de publicité lumineuse : Environnement* déc. 2006, n° 12, comm. 131

2) **Illustration jurisprudentielle.** Constitue une publicité lumineuse un panneau publicitaire lumineux à leds d'une surface de 9 m², qui ne supporte pas d'affiches éclairées par projection ou par transparence (■ CAA Marseille, 7e ch., 24 avr. 2012, n° 10MA01956, *Cne d'Ajaccio*).

3) **Calcul de la surface.** La surface unitaire d'une publicité lumineuse comprend la surface de la publicité lumineuse et également le dispositif lui-même dont l'objet est de recevoir cette publicité (■ CE, 20 oct. 2016, n° 395494, *SARL Oxial : AJDA* 2016, 2394, concl. Domino).

4) **Sur la mise en conformité des dispositifs.** Le Conseil d'État juge que les documents techni-

ques du ministère en charge de l'environnement, édités en 2012 et 2014, ont pu donner à penser que le calcul de la surface maximale pouvait n'être appliqué qu'aux écrans lumineux sans inclure leur encadrement. L'incertitude qui en a résulté trouve son origine dans ces documents et non dans le décret du 30 janvier 2012 relatif à la publicité extérieure, aux enseignes et aux pré-enseignes. Eu égard aux ambiguïtés résultant des positions prises par l'administration, qui n'ont été clairement levées que par la décision du Conseil d'État n° 395494 du 20 octobre 2016, l'administration ne saurait engager de poursuites en vue de contraindre au respect de cette réglementation qu'après avoir laissé aux opérateurs concernés un délai raisonnable, qui ne saurait être inférieur à dix-huit mois à compter de cette décision (▪ CE, juge réf., 17 mai 2017, n° 409386, *Sté Oxial*).

Art. R. 581-35 ***(Rempl. à compter du 1er juillet 2012, D. n° 2012-118, 30 janv. 2012 ; mod. à compter du 1er juin 2023, D. n° 2022-1294, 5 oct. 2022 ; annulé « en tant qu'il n'a pas différé d'un mois l'entrée en vigueur de l'obligation d'extinction nocturne pour les publicités lumineuses autres que celles supportées par le mobilier urbain et dont le fonctionnement ou l'éclairage n'est pas pilotable à distance » CE, 24 févr. 2023, n° 468221, Synd. nat. de la publicité extérieure (SNPE)).*** **– Les publicités lumineuses sont éteintes entre 1 heure et 6 heures, à l'exception de celles installées sur l'emprise des aéroports, et de celles supportées par le mobilier urbain affecté aux services de transport et durant les heures de fonctionnement desdits services, à condition, pour ce qui concerne les publicités numériques, qu'elles soient à images fixes.**

Il peut être dérogé à cette extinction lors d'événements exceptionnels définis par arrêté municipal ou préfectoral.

> **Rédaction antérieure.** Art. R. 581-35 *(Rempl. à compter du 1er juillet 2012, D. n° 2012-118, 30 janv. 2012). – (Mod., D. n° 2023-1409, 29 déc. 2023)* Dans les unités urbaines de moins de 800 000 habitants, les publicités lumineuses sont éteintes entre 1 heure et 6 heures, à l'exception de celles installées sur l'emprise des aéroports et des marchés d'intérêt national, de celles éclairées par projection ou transparence supportées par le mobilier urbain et des publicités numériques supportées par le mobilier urbain, à condition que leurs images soient fixes.
> Dans les unités urbaines de plus de 800 000 habitants, les obligations et modalités d'extinction sont prévues par le règlement local de publicité selon les zones qu'il identifie.
> Il peut être dérogé à cette extinction lors d'événements exceptionnels définis par arrêté municipal ou préfectoral.

Légalité de la dérogation accordée au mobilier urbain sur l'absence d'extinction de la publicité lumineuse pendant la nuit (▪ CE, 4 déc. 2013, nos 357839, 358128 et 358234 : *Dr. env.* 2014, 14 ; *Rev. jur. env.* 2014, 116, note Zavoli).

Art. R. 581-36 ***(Anc. R. 581-17 dénum. et mod. à compter du 1er juillet 2012, D. n° 2012-118, 30 janv. 2012 ; mod., D. n° 2016-688, 27 mai 2016).*** **– I. – La publicité lumineuse ne peut :**

1° Recouvrir tout ou partie d'une baie ;

2° Dépasser les limites du mur qui la supporte ;

3° Être apposée sur un garde-corps de balcon ou balconnet ;

4° Être apposée sur une clôture.

II. – Les dispositions des 1° et 4° du I ne sont pas applicables aux publicités lumineuses installées sur l'emprise des équipements sportifs mentionnées aux articles L. 581-7 et L. 581-10.

Art. R. 581-37 ***(Anc. R. 581-18 dénum. et mod. à compter du 1er juillet 2012, D. n° 2012-118, 30 janv. 2012).*** **– La publicité lumineuse doit être située dans un plan parallèle à celui du mur qui la supporte.**

Art. R. 581-38 ***(Anc. R. 581-19 dénuméroté à compter du 1er juillet 2012, D. n° 2012-118, 30 janv. 2012).*** **– Lorsqu'un dispositif supportant une publicité lumineuse est situé sur une toiture ou une terrasse en tenant lieu, sa hauteur ne peut excéder :**

1° ***(Mod., D. n° 2013-606, 9 juill. 2013)*** **Un sixième de la hauteur de la façade du bâtiment et au maximum 2 mètres lorsque cette hauteur est inférieure ou égale à 20 mètres ;**

2° Un dixième de la hauteur de la façade ***(Mots aj., D. n° 2013-606, 9 juill. 2013)*** **« du bâtiment » et au maximum à 6 mètres lorsque cette hauteur est supérieure à 20 mètres.**

Art. R. 581-39 ***(Anc. R. 581-20 dénum. et mod. à compter du 1er juillet 2012, D. n° 2012-118, 30 janv. 2012).*** **– Lorsqu'une publicité lumineuse est située sur une toiture ou une terrasse en tenant lieu, elle ne peut être réalisée qu'au moyen de lettres ou signes découpés dissimulant leur fixation sur le support et sans panneaux de fond autres que ceux qui sont strictement nécessaires à la dissimulation des supports de base, sur une toiture ou une terrasse. Dans tous les cas, la hauteur de ces panneaux ne peut excéder 0,50 mètre.**

Art. R. 581-40 *(Rempl. à compter du 1er juillet 2012, D. n° 2012-118, 30 janv. 2012).* – Les dispositifs publicitaires lumineux, lorsqu'ils sont scellés au sol, sont en outre soumis aux dispositions des articles R. 581-30, R. 581-31 et R. 581-33.

Art. R. 581-41 *(Rempl. à compter du 1er juillet 2012, D. n° 2012-118, 30 janv. 2012 ; mod., D. n° 2016-688, 27 mai 2016 ; mod. à compter du 1er février 2017, D. n° 2017-107, 30 janv. 2017 ; mod., D. n° 2023-1409, 29 déc. 2023).* – I. – Une publicité numérique ne peut avoir une surface unitaire supérieure à 8 mètres carrés ni s'élever à plus de 6 mètres au-dessus du niveau du sol.

Par dérogation à l'alinéa précédent, une publicité numérique peut avoir une surface unitaire maximale égale à 50 mètres carrés et s'élever jusqu'à 10 mètres au-dessus du niveau du sol lorsqu'elle est installée sur l'emprise d'un aéroport dont le flux annuel de passagers dépasse trois millions de personnes. Dans ce cas, le dispositif publicitaire numérique respecte les prescriptions du quatrième alinéa de l'article R. 581-34 et celles de l'article R. 581-35.

II. – Sur l'emprise des équipements sportifs mentionnés aux articles L. 581-7 et L. 581-10, la publicité numérique peut s'élever jusqu'à 10 m au-dessus du niveau du sol et avoir une surface unitaire d'une limite maximale de 50 m². Une élévation supérieure à 10 m peut être autorisée, pour la publicité apposée sur un mur, une façade ou une clôture, compte tenu notamment de la durée d'installation de la publicité, de sa surface, des procédés utilisés, des caractéristiques des supports, de son insertion architecturale et paysagère, de son impact sur le cadre de vie environnant et de ses incidences éventuelles sur la sécurité routière :

a) Pour les dispositifs publicitaires installés sur l'emprise des équipements sportifs mentionnés à l'article L. 581-7, par le maire. La demande de dérogation est instruite dans un délai de quinze jours à compter de la date de réception de la déclaration préalable prévue à l'article R. 581-8. La décision est notifiée au demandeur. À défaut de notification dans ce délai, la demande est réputée acceptée ;

b) Pour les dispositifs publicitaires installés sur l'emprise des équipements sportifs mentionnés à l'article L. 581-10, par l'autorité compétente pour délivrer les autorisations d'installation en vertu de ce même article. La demande de dérogation est instruite selon les mêmes modalités que l'autorisation préalable prévue à l'article R. 581-21-1.

III. – Afin d'éviter les éblouissements, les dispositifs publicitaires numériques situés à l'intérieur des agglomérations et, en dehors des agglomérations, sur l'emprise des aéroports et des gares ferroviaires et routières ainsi que des équipements sportifs mentionnés à l'article L. 581-7, sont équipés d'un système de gradation permettant d'adapter l'éclairage à la luminosité ambiante.

Validation par le Conseil d'État des dispositions du 3e alinéa de l'article R. 581-34 et du 1er alinéa de l'article R. 581-41 du Code de l'environnement (■ CE, 8 nov. 2017, n° 408801, *Sté Oxial : EEI* 2018, n° 3, concl. Domino).

Sous-section 3. – Conditions d'utilisation du mobilier urbain comme support publicitaire

Art. R. 581-42 *(Créé à compter du 1er juillet 2012, D. n° 2012-118, 30 janv. 2012 ; mod., D. n° 2023-1409, 29 déc. 2023).* – Le mobilier urbain peut, à titre accessoire eu égard à sa fonction et dans les conditions définies par la présente sous-section, supporter de la publicité non lumineuse ou de la publicité éclairée par projection ou par transparence.

Il ne peut pas supporter de la publicité numérique dans les agglomérations de moins de 10 000 habitants et dans les espaces définis aux 3°, 7° et 8° de l'article L. 581-8.

Il respecte les conditions applicables aux dispositifs publicitaires prévues par les articles R. 581-30, R. 581-34, R. 581-35 et R. 581-41 ainsi que par les deuxième à cinquième alinéas de l'article R. 581-31.

Lorsqu'il supporte de la publicité numérique il ne peut être placé à moins de 10 mètres d'une baie d'habitation située sur un fonds voisin lorsque la publicité numérique est visible de la baie et située parallèlement à celle-ci. La distance se mesure de la partie inférieure de la baie jusqu'à la partie supérieure de l'écran numérique.

Définition du mobilier urbain. Il n'existe pas de définition précise du mobilier urbain. Toutefois, dans une décision en date du 7 juillet 1998, le Conseil de la concurrence, dans une démarche pédagogique, propose une définition du mobilier urbain basée sur l'intérêt général : « Les mobiliers urbains installés sur la voie publique répondent à des besoins d'intérêt général très divers : information locale, protection des usagers des transports en commun contre les intempéries, propreté, hygiène, éclairage public, signalisation routière, etc. » (■ Cons. const., 7 juill. 1998, n° 98-D-52).

Art. R. 581-42-1 *(D. n° 2023-1007, 30 oct. 2023)* (1). – **Par dérogation à l'article R. 581-24-1, le calcul de la surface unitaire des publicités supportées par le mobilier urbain s'apprécie en prenant uniquement en compte la surface de l'affiche ou de l'écran.**

Art. R. 581-43 *(Anc. R. 581-27 dénum. à compter du 1er juillet 2012, D. n° 2012-118, 30 janv. 2012).* – **Les abris destinés au public peuvent supporter des publicités d'une surface unitaire maximale de 2 mètres carrés, sans que la surface totale de ces publicités puisse excéder 2 mètres carrés, plus 2 mètres carrés par tranche entière de 4,50 mètres carrés de surface abritée au sol. L'installation de dispositifs publicitaires surajoutés sur le toit de ces abris est interdite.**

La publication de l'acte établissant ou modifiant une zone de publicité autorisée, une zone de publicité restreinte ou une zone de publicité élargie, dans un autre recueil que le *Journal officiel*, fait courir le délai du recours contentieux à l'égard de tous les tiers uniquement si l'obligation de publier cet acte dans ce recueil résulte d'un texte législatif ou réglementaire lui-même publié au *Journal officiel* de la République française. Il convient d'ajouter « qu'en l'absence d'une telle obligation, cet effet n'est attaché à la publication que si le recueil peut, eu égard à l'ampleur et aux modalités de sa diffusion, être regardé comme aisément consultable par toutes les personnes susceptibles d'avoir un intérêt leur donnant qualité pour contester la décision » (■ CAA Douai, 25 oct. 2011, n° 10DA01348).

Art. R. 581-44 *(Anc. R. 581-28 dénum. à compter du 1er juillet 2012, D. n° 2012-118, 30 janv. 2012).* – **Les kiosques à journaux et autres kiosques à usage commercial édifiés sur le domaine public peuvent supporter des publicités d'une surface unitaire maximale de 2 mètres carrés, sans que la surface totale de la publicité puisse excéder 6 mètres carrés. L'installation de dispositifs publicitaires surajoutés sur le toit de ces kiosques est interdite.**

Art. R. 581-45 *(Anc. R. 581-29 dénum. à compter du 1er juillet 2012, D. n° 2012-118, 30 janv. 2012).* – **Les colonnes porte-affiches ne peuvent supporter que l'annonce de spectacles ou de manifestations culturelles.**

Art. R. 581-46 *(Anc. R. 581-30 dénum. à compter du 1er juillet 2012, D. n° 2012-118, 30 janv. 2012).* – **Les mâts porte-affiches ne peuvent comporter plus de deux panneaux situés dos à dos et présentant une surface maximale unitaire de 2 mètres carrés utilisable exclusivement pour l'annonce de manifestations économiques, sociales, culturelles ou sportives.**

Art. R. 581-47 *(Anc. R. 581-31 dénum. et mod. à compter du 1er juillet 2012, D. n° 2012-118, 30 janv. 2012 ; mod., D. n° 2023-1409, 29 déc. 2023).* – **Le mobilier urbain destiné à recevoir des informations non publicitaires à caractère général ou local, ou des œuvres artistiques, ne peut supporter une publicité commerciale excédant la surface totale réservée à ces informations et œuvres. Sans préjudice de l'application des dispositions du troisième alinéa de l'article R. 581-42, lorsque ce mobilier urbain supporte une publicité d'une surface unitaire supérieure à 2 mètres carrés et qu'il s'élève à plus de 3 mètres au-dessus du sol, il doit être conforme aux dispositions du premier alinéa de l'article R. 581-31, de l'article R. 581-32 et du premier alinéa de l'article R. 581-33.**

Sous-section 4. – Dispositions particulières applicables à certains modes d'exercice de la publicité

§ 1. – Véhicules terrestres

Art. R. 581-48 *(Anc. R. 581-49 dénum. et mod. à compter du 1er juillet 2012, D. n° 2012-118, 30 janv. 2012).* – **Les véhicules terrestres utilisés ou équipés aux fins essentiellement de servir de support à de la publicité ou à des préenseignes ne peuvent stationner ou séjourner en des lieux où celles-ci sont visibles d'une voie ouverte à la circulation publique.**

Ils ne peuvent ni circuler en convoi de deux ou plusieurs véhicules, ni à vitesse anormalement réduite.

(1) Dispositions d'application particulières : V. D. n° 2023-1007, 30 oct. 2023, art. 3.

En outre, ils ne peuvent pas circuler dans les lieux interdits à la publicité en application des articles L. 581-4 et L. 581-8. La surface totale des publicités apposées sur chaque véhicule ne peut excéder 12 mètres carrés.

(Mod., D. n° 2023-1409, 29 déc. 2023) Des dérogations à ces interdictions peuvent être accordées, à titre exceptionnel, par l'autorité de police de la circulation à l'occasion de manifestations particulières.

La publicité lumineuse est interdite sur les véhicules terrestres.

1) **Notion de convoi.** Constitue un convoi le fait pour plusieurs véhicules de suivre à faible distance l'un de l'autre le même itinéraire (■ Cass. crim., 8 févr. 1995, nos 92-81.143 et 92-82.148).

2) **Calcul de la surface.** S'agissant de la surface du dispositif publicitaire, doit être prise en compte la superficie du dispositif d'affichage publicitaire et non celle de la publicité elle-même (■ CE, 18 janv. 1991, n° 104197, *Sté Multypromotion*. ■ Cass. crim., 18 juin 2002, n° 01-86.675).

§ 2. – Publicité sur les eaux intérieures

Art. R. 581-49 *(Anc. R. 581-50 dénum. et mod. à compter du 1er juillet 2012, D. n° 2012-118, 30 janv. 2012 ; mod., D. n° 2023-1409, 29 déc. 2023)*. – La publicité sur les eaux intérieures, telles qu'elles sont définies par l'article L. 4000-1 du Code des transports, est, sauf dans le cas prévu au troisième alinéa de l'article L. 581-15, soumise aux dispositions du présent paragraphe.

Art. R. 581-50 *(Anc. R. 581-51 dénum. à compter du 1er juillet 2012, D. n° 2012-118, 30 janv. 2012 ; mod., D. n° 2023-1409, 29 déc. 2023)*. – La publicité n'est admise que sur les bateaux au sens de l'article L. 4000-3 du Code des transports et à condition que ces bateaux ne soient ni équipés, ni utilisés à des fins essentiellement publicitaires.

Art. R. 581-51 *(Anc. R. 581-52 dénum. à compter du 1er juillet 2012, D. n° 2012-118, 30 janv. 2012 ; mod., D. n° 2023-1409, 29 déc. 2023)*. – I. – Les seuls dispositifs publicitaires admis sont constitués de panneaux plats.

II. – Chaque dispositif ne peut excéder :

1° 5 mètres dans le sens horizontal, sans pouvoir dépasser un dixième de la longueur hors tout du bateau ;

2° 0,75 mètre dans le sens vertical, sans pouvoir s'élever à plus d'un mètre au-dessus du niveau du point le plus bas du plat-bord ou, à défaut de plat-bord, du point le plus bas du bordé fixe.

III. – En outre, la surface totale des publicités apposées ou installées sur un bateau ne peut excéder 8 mètres carrés.

IV. – Les dispositifs publicitaires ne doivent être ni lumineux, ni luminescents, ni réfléchissants, ni éclairés par projection ou par transparence.

Art. R. 581-52 *(Anc. R. 581-53 dénum. à compter du 1er juillet 2012, D. n° 2012-118, 30 janv. 2012 ; mod., D. n° 2023-1409, 29 déc. 2023)*. – Les bateaux supportant de la publicité ne peuvent stationner ou séjourner dans des lieux mentionnés aux 2° et 3° de l'article L. 581-4 et à l'article L. 581-8 ou sur les plans d'eau ou parties de plans d'eau situés à moins de 100 mètres de ces lieux.

De même, ces bateaux ne peuvent stationner ou séjourner à moins de 40 mètres du bord extérieur de la chaussée d'une voie routière ouverte à la circulation publique s'ils sont visibles de cette voie.

Ils ne peuvent circuler à moins de trois cents mètres les uns des autres, ni circuler à vitesse anormalement réduite.

§ 3. – Publicité en mer

(Créé à compter du 1er mars 2024, D. n° 2023-1056, 17 nov. 2023)

Art. R. 581-52-1 *(Créé à compter du 1er mars 2024, D. n° 2023-1056, 17 nov. 2023)*. – En application de l'article L. 581-15, la publicité en mer territoriale et sur les eaux intérieures maritimes françaises, telles que définies par l'ordonnance n° 2016-1687 du 8 décembre 2016 relative aux espaces maritimes relevant de la souveraineté ou de la juridiction de la République française, est soumise aux dispositions du présent paragraphe.

Art. R. 581-52-2 *(Créé à compter du 1er mars 2024, D. n° 2023-1056, 17 nov. 2023).* – La publicité lumineuse est interdite.

Art. R. 581-52-3 *(Créé à compter du 1er mars 2024, D. n° 2023-1056, 17 nov. 2023).* – La publicité non lumineuse n'est admise que sur les navires, au sens de l'article L. 5000-2 du Code des transports, et à condition que ces navires ne soient ni équipés, ni exploités à des fins essentiellement publicitaires.

La surface totale des publicités non lumineuses apposées ou installées sur un navire ne peut excéder 4 mètres carrés. Cette disposition ne s'applique pas aux marquages apposés sur la coque, les éléments de structure, la voile ou les marchandises des navires mentionnant leur marque, leur constructeur, leur exploitant ou leur parraineur ainsi qu'à la publicité faite, à l'occasion des navigations liées à des évènements nautiques, au profit des parraineurs desdits évènements.

Art. R. 581-52-4 *(Créé à compter du 1er mars 2024, D. n° 2023-1056, 17 nov. 2023).* – Des dérogations aux interdictions prévues par les articles R. 581-52-2 et R. 581-52-3 peuvent être accordées, à titre exceptionnel, par l'autorité de police à l'occasion de manifestations particulières.

Sous-section 5. – Dispositions particulières applicables aux bâches, aux dispositifs de dimensions exceptionnelles et de petit format

(Intitulé mod., D. n° 2013-606, 9 juill. 2013)

Art. R. 581-53 *(Créé à compter du 1er juillet 2012, D. n° 2012-118, 30 janv. 2012).* – I. – Au sens de la présente sous-section, les bâches comprennent :

1° Les bâches de chantier, qui sont des bâches comportant de la publicité installées sur des échafaudages nécessaires à la réalisation de travaux ;

2° Les bâches publicitaires, qui sont des bâches comportant de la publicité autres que les bâches de chantier.

II. – Les bâches ne sont pas autorisées à l'intérieur des agglomérations de moins de 10 000 habitants.

Dans les autres agglomérations les bâches sont interdites si la publicité qu'elles supportent est visible d'une autoroute, d'une bretelle de raccordement une autoroute, d'une route express, d'une déviation, d'une voie publique, situées hors agglomération, ainsi que dans les cas prévus par l'article R. 418-7 du Code de la route.

III. – *(Mod., D. n° 2023-1409, 29 déc. 2023)* Les dispositions des articles R. 581-22 à R. 581-24, de l'article R. 581-27, des articles R. 581-29 à R. 581-30, de l'article R. 581-33, des premier et deuxième alinéas du I ainsi que du III de l'article R. 581-34, des articles R. 581-35 à R. 581-37 et de l'article R. 581-41 sont applicables aux bâches.

Bâches publicitaires. Le Conseil d'État a refusé de suspendre les dispositions sur les bâches publicitaires, estimant que les dispositions nouvelles étaient plus contraignantes que les anciennes et que l'installation de ces dispositifs restait soumise à une autorisation du maire octroyée sous certaines conditions. Ainsi, l'atteinte grave et immédiate portée aux intérêts défendus par les associations requérantes n'était pas caractérisée : la condition d'urgence n'étant pas remplie, la demande de suspension a été rejetée (■ CE, réf., 8 juin 2012, n° 359570, *France Nature Environnement*).

Art. R. 581-54 *(Créé à compter du 1er juillet 2012, D. n° 2012-118, 30 janv. 2012).* – Une bâche de chantier comportant de la publicité ne peut constituer une saillie supérieure à 0,50 mètre par rapport à l'échafaudage nécessaire à la réalisation de travaux.

La durée de l'affichage publicitaire sur une bâche de chantier ne peut excéder l'utilisation effective des échafaudages pour les travaux.

(Mod., D. n° 2023-1409, 29 déc. 2023) L'affichage publicitaire apposé sur une bâche de chantier ne peut excéder 50 % de la surface totale de la bâche de chantier. Toutefois, lorsque les travaux de rénovation projetés doivent permettre à l'immeuble d'obtenir le label « haute performance énergétique rénovation » dit « BBC rénovation », le maire peut autoriser un affichage publicitaire d'une superficie supérieure à ce plafond.

Art. R. 581-55 *(Créé à compter du 1er juillet 2012, D. n° 2012-118, 30 janv. 2012).* – Les bâches publicitaires peuvent être installées sur les seuls murs aveugles ou ceux comportant des ouvertures d'une surface unitaire inférieure à 0,50 mètre carré. Elles ne peuvent recouvrir tout ou partie d'une baie.

La bâche publicitaire est située sur le mur qui la supporte ou sur un plan parallèle à ce mur. Elle ne peut constituer par rapport à ce mur une saillie supérieure à 0,50 mètre, à moins que celui-ci soit édifié en retrait des autres murs de l'immeuble et à condition qu'elle ne soit pas en saillie par rapport à ceux-ci.

La distance entre deux bâches publicitaires est d'au moins 100 mètres.

Art. R. 581-56 *(Créé à compter du 1er juillet 2012, D. n° 2012-118, 30 janv. 2012 ; mod., D. n° 2013-606, 9 juill. 2013 ; D. n° 2023-1409, 29 déc. 2023).* – Les dispositifs publicitaires de dimensions exceptionnelles mentionnés au deuxième alinéa de l'article L. 581-9 ne sont pas autorisées à l'intérieur des agglomérations de moins de 10 000 habitants.

Dans les autres agglomérations les dispositifs publicitaires de dimensions exceptionnelles sont interdits si la publicité qu'ils supportent est visible d'une autoroute, d'une bretelle de raccordement une autoroute, d'une route express, d'une déviation, d'une voie publique, situées hors agglomération, ainsi que dans les cas prévus par l'article R. 418-7 du Code de la route.

La durée d'installation de dispositifs de dimension exceptionnelle ne peut excéder la période comprise entre un mois avant le début de la manifestation annoncée et quinze jours après cette manifestation.

Les dispositifs de dimensions exceptionnelles qui supportent de la publicité numérique ne peuvent avoir une surface unitaire supérieure à 50 mètres carrés.

Les dispositions des articles R. 581-22 à R. 581-24, du premier alinéa de l'article R. 581-27, des articles R. 581-29 à R. 581-30, de l'article R. 581-33, des premier et deuxième alinéas du I ainsi que du III de l'article R. 581-34, des articles R. 581-35 à R. 581-37, et du III de l'article R. 581-41 sont applicables aux dispositifs publicitaires de dimensions exceptionnelles.

Art. R. 581-57 *(Créé à compter du 1er juillet 2012, D. n° 2012-118, 30 janv. 2012).* – Les dispositifs de petits formats mentionnés au III de l'article L. 581-8 ont une surface unitaire inférieure à 1 mètre carré. Leurs surfaces cumulées ne peuvent recouvrir plus du dixième de la surface d'une devanture commerciale et dans la limite maximale de 2 mètres carrés.

Les dispositions des articles R. 581-22 à R. 581-24, de l'article R. 581-27, des articles R. 581-29 à R. 581-30, de l'article R. 581-33, des articles R. 581-34 à R. 581-37 et de l'article R. 581-41 sont applicables aux dispositifs de petits formats.

Section II. – Enseignes et préenseignes

Sous-section 1. – Dispositions relatives aux enseignes

Art. R. 581-58 *(Anc. R. 581-55 dénum. à compter du 1er juillet 2012, D. n° 2012-118, 30 janv. 2012).* – Une enseigne doit être constituée par des matériaux durables.

Elle doit être maintenue en bon état de propreté, d'entretien et, le cas échéant, de fonctionnement, par la personne exerçant l'activité qu'elle signale.

Elle est supprimée par la personne qui exerçait l'activité signalée et les lieux sont remis en état dans les trois mois de la cessation de cette activité, sauf lorsqu'elle présente un intérêt historique, artistique ou pittoresque.

Art. R. 581-59 *(Créé à compter du 1er juillet 2012, D. n° 2012-118, 30 janv. 2012 ; mod., D. n° 2023-1409, 29 déc. 2023).* – Une enseigne lumineuse est une enseigne à la réalisation de laquelle participe une source lumineuse spécialement prévue à cet effet.

Les enseignes lumineuses satisfont à des normes techniques fixées par arrêté ministériel, portant notamment sur les seuils de luminance moyenne à ne pas dépasser, exprimés en candelas par mètre carré et l'efficacité lumineuse des sources utilisées.

Les enseignes lumineuses sont éteintes entre 1 heure et 6 heures, lorsque l'activité signalée a cessé.

Lorsqu'une activité cesse ou commence entre minuit et 7 heures du matin, les enseignes sont éteintes au plus tard une heure après la cessation d'activité de l'établissement et peuvent être allumées une heure avant la reprise de cette activité.

Il peut être dérogé à cette obligation d'extinction lors d'événements exceptionnels définis par arrêté municipal ou préfectoral.

Les enseignes clignotantes sont interdites, à l'exception des enseignes de pharmacie ou de tout autre service d'urgence.

Illustration jurisprudentielle. Un arrêté autorisant un dispositif constitué par des croix lumineuses utilisées par une société de pharmacie et qui méconnaît, d'une part, les dispositions d'un règlement de publicité prohibant les publicités implantées perpendiculairement aux façades et celles prohibant leur implantation au droit d'un balcon, et d'autre part, les prescriptions de leurs arrêtés d'autorisation relatives à la saillie maximale autorisée, est manifestement disproportionné au regard de la localisation, de la nature et de l'importance de l'officine. En conséquence, il doit être annulé (▪ CE, 4 mars 2013, n° 353423, *Sté Pharmacie Matignon*).

Art. R. 581-60 *(Anc. R. 581-56 dénum. et mod. à compter du 1er juillet 2012, D. n° 2012-118, 30 janv. 2012).* – Les enseignes apposées à plat sur un mur ou parallèlement à un mur ne doivent pas dépasser les limites de ce mur ni constituer par rapport à lui une saillie de plus de 0,25 mètre, ni le cas échéant, dépasser les limites de l'égout du toit.

Des enseignes peuvent être installées sur un auvent ou une marquise si leur hauteur ne dépasse pas un mètre, devant un balconnet ou une baie si elles ne s'élèvent pas au-dessus du garde-corps ou de la barre d'appui du balconnet ou de la baie, enfin, sur le garde-corps d'un balcon si elles ne dépassent pas les limites de ce garde-corps et si elles ne constituent pas une saillie de plus de 0,25 mètre par rapport à lui.

Illustration jurisprudentielle. La société professionnelle de l'enseigne a manqué à son obligation de conseil en proposant d'installer sur un auvent une enseigne non conforme à la réglementation en vigueur (▪ CA Poitiers, 27 mai 2016, n° 14/00564, *SARL LE 3*).

Art. R. 581-61 *(Anc. R. 581-57 dénum. à compter du 1er juillet 2012, D. n° 2012-118, 30 janv. 2012).* – Les enseignes perpendiculaires au mur qui les supporte ne doivent pas dépasser la limite supérieure de ce mur.

Elles ne doivent pas constituer, par rapport au mur, une saillie supérieure au dixième de la distance séparant les deux alignements de la voie publique, sauf si des règlements de voirie plus restrictifs en disposent autrement. Dans tous les cas, cette saillie ne peut excéder deux mètres.

Ces enseignes ne peuvent pas être apposées devant une fenêtre ou un balcon.

Art. R. 581-62 *(Anc. R. 581-58 dénum. et mod. à compter du 1er juillet 2012, D. n° 2012-118, 30 janv. 2012).* – Des enseignes peuvent être installées sur des toitures ou sur des terrasses en tenant lieu dans les conditions fixées par le présent article.

Lorsque les activités qu'elles signalent sont exercées dans *(Mots rempl., D. n° 2013-606, 9 juill. 2013)* « la moitié ou moins de la moitié » du bâtiment qui les supporte, leur installation est régie par les prescriptions applicables, dans les lieux considérés, aux dispositifs publicitaires sur toiture ou sur terrasse en tenant lieu.

Lorsque les activités qu'elles signalent sont exercées dans plus de la moitié du bâtiment qui les supporte, ces enseignes doivent être réalisées au moyen de lettres ou de signes découpés dissimulant leur fixation et sans panneaux de fond autres que ceux nécessaires à la dissimulation des supports de base. Ces panneaux ne peuvent pas dépasser 0,50 mètre de haut.

Dans le cas prévu à l'alinéa précédent, la hauteur des enseignes ne peut excéder 3 mètres lorsque la hauteur de la façade qui les supporte est inférieure *(Mots aj., D. n° 2013-606, 9 juill. 2013)* « ou égale » à 15 mètres ni le cinquième de la hauteur de la façade, dans la limite de 6 mètres, lorsque cette hauteur est supérieure à 15 mètres.

La surface cumulée des enseignes sur toiture d'un même établissement ne peut excéder 60 mètres carrés, à l'exception de certains établissements ou catégories d'établissements culturels dont la liste est fixée par arrêté du ministre chargé de la culture.

Établissements culturels. La limite de surface de 60 m ne s'applique pas pour certains établissements culturels tels que les cinémas, les spectacles vivants (théâtres, salles de concerts,...), les établissements d'enseignement et d'exposition des arts plastiques (musées...) (A. 2 avr. 2012, NOR : MCCE1206775A, art. 1er : *JO* 7 avr.).

Voir : V. comm ss , art. L. 581-3, p. 1347.

Art. R. 581-63 *(Rempl. à compter du 1er juillet 2012, D. n° 2012-118, 30 janv. 2012).* **– Les enseignes apposées sur une façade commerciale d'un établissement ne peuvent avoir une surface cumulée excédant 15 % de la surface de cette façade.**

Toutefois, cette surface peut être portée à 25 % lorsque la façade commerciale de l'établissement est inférieure à 50 mètres carrés.

Les baies commerciales sont comprises dans le calcul de la surface de référence. Les publicités qui sont apposées dans les baies commerciales ainsi que les auvents et les marquises ne sont pas décomptées dans le calcul de la surface autorisée.

Le présent article ne s'applique pas aux activités culturelles et aux établissements ou catégories d'établissements culturels dont la liste est fixée par arrêté du ministre chargé de la culture.

Établissements culturels. La limitation de surface ne s'applique pas pour certains établissements et activités culturelles tels que les cinémas, les spectacles vivants, l'enseignement et l'exposition des arts plastiques (A. 2 avr. 2012, NOR : MCCE1206775A, art. 1er et 2 : *JO* 7 avr.).

Art. R. 581-64 *(Anc. R. 581-59 dénum. et mod. à compter du 1er juillet 2012, D. n° 2012-118, 30 janv. 2012).* **– Les enseignes de plus de 1 mètre carré, scellées au sol ou installées directement sur le sol, ne peuvent être placées à moins de 10 mètres d'une baie d'un immeuble situé sur un fonds voisin lorsqu'elles se trouvent en avant du plan du mur contenant cette baie.**

Ces enseignes ne doivent pas être implantées à une distance inférieure à la moitié de leur hauteur au-dessus du niveau du sol d'une limite séparative de propriété. Elles peuvent cependant être accolées dos à dos si elles signalent des activités s'exerçant sur deux fonds voisins et si elles sont de mêmes dimensions.

Les enseignes de plus de 1 mètre carré scellées au sol ou installées directement sur le sol sont limitées en nombre à un dispositif *(Mots rempl., D. n° 2012-948, 1er août 2012)* **« placé le long de chacune des voies » ouvertes à la circulation publique bordant** *(Mots rempl., D. n° 2012-948, 1er août 2012)* **« l'immeuble où » est exercée l'activité signalée.**

1) Demande de suspension rejetée. Le Conseil d'État a refusé de suspendre cette disposition, estimant en effet que le changement de vocabulaire utilisé ne conduisait pas à une suppression ou à un affaiblissement du régime antérieur. L'atteinte grave et irrémédiable au cadre de vie n'étant donc pas caractérisée, la condition d'urgence n'est pas remplie (CE, réf., 8 juin 2012, n° 359570, *France Nature Environnement*).

2) Notion d'enseigne. Ne sont pas qualifiés d'enseignes des drapeaux fixés sur des mâts implantés au sol, à distance de la façade ou devanture du lieu où s'exerce l'activité de la société Espace Rénovation, sur une parcelle privée située en bordure de la RN 85 (▪ TA Marseille, 25 févr. 2016, nos 1305630 et 1500111, *SARL Espace Rénovation : Rev. jur. env.* 2016, 597, note Zavoli). Constituent une enseigne 4 drapeau fixés sur des mâts métalliques installés au sol sur le terrain où la société entrepose les véhicules qu'elle vend, la distance par rapport à l'entrée du local étant sans incidence sur la qualification d'enseigne (▪ CAA Bordeaux, 19 mai 2020, n° 18BX01958).

Art. R. 581-65 *(Anc. R. 581-60 dénum. et mod. à compter du 1er juillet 2012, D. n° 2012-118, 30 janv. 2012* (1) *; mod., D. n° 2012-948, 1er août 2012 ; D. n° 2023-1007, 30 oct. 2023)* (2). **– I. – La surface unitaire maximale des enseignes mentionnées à l'article R. 581-64 est de 6 mètres carrés.**

Elle est portée à 10,50 mètres carrés dans les agglomérations de plus de 10 000 habitants.

II. – Ces enseignes ne peuvent dépasser :

1° 6,50 mètres de haut lorsqu'elles ont 1 mètre ou plus de large ;

2° 8 mètres de haut lorsqu'elles ont moins de 1 mètre de large.

(1) Le Conseil d'État avait ordonné que « l'exécution des dispositions de l'article R. 581-65 du Code de l'environnement issu du décret n° 2012-118 du 30 janvier 2012, en ce qu'elles renvoient à l'article R. 581-59 du Code de l'environnement au lieu de l'article R. 581-64, est suspendue jusqu'au jugement de l'affaire au fond ou, si elle est antérieure, jusqu'à la date de publication d'un décret portant modification de ce renvoi, afin de l'étendre aux enseignes scellées au sol ou installées directement sur le sol », CE ord., 8 juin 2012, n° 359570, *France Nature Environnement : JurisData* n° 2012-012238. Ces dispositions litigieuses reprennent celles de l'article R. 581-60 du Code de l'environnement dans leur rédaction antérieure à l'intervention du décret n° 2012-118 du 30 janvier 2012. V. aussi ultérieurement CE, 4 déc. 2013, n° 357839, *Ass. France Nature Environnement : JurisData* n° 2013-027985. – NDLR.

(2) Dispositions d'application particulières : V. D. n° 2023-1007, 30 oct. 2023, art. 3.

Suspension prononcée. Le Conseil d'État a décidé de suspendre cette disposition. En effet, à la suite d'un mauvais renvoi (à l'article R. 581-59 du Code de l'environnement au lieu de l'article R. 581-64 du même code), cette disposition n'était plus applicable qu'aux seules enseignes lumineuses. Par conséquent, les enseignes scellées au sol ou installées directement au sol n'étaient plus soumises à aucune limitation quant à leur hauteur ou leur surface, à compter du 1er juillet 2012. Le juge administratif a estimé que l'urgence et un doute sérieux quant à la légalité de cette disposition justifiaient sa suspension à compter du 1er juillet 2012, soit jusqu'au jugement au fond de l'affaire soit à la date d'un nouveau décret antérieur à ladite décision (CE, réf., 8 juin 2012, n° 359570, *France Nature Environnement*). Un décret n° 2012-948 du 1er août 2012 est venu rectifier cette erreur (D. n° 2012-948, 1er août 2012 : *JO* 4 août).

Art. R. 581-65-1 *(D. n° 2023-1007, 30 oct. 2023)* (1). **– Le calcul de la surface unitaire des enseignes scellées au sol ou installées directement sur le sol s'apprécie en prenant en compte le dispositif dont le principal objet est de recevoir l'enseigne.**

Sous-section 2. – Dispositions relatives aux préenseignes

Art. R. 581-66 *(Anc. R. 581-71 rempl. à compter du 13 juillet 2015, D. n° 2012-118, 30 janv. 2012).* **– Les préenseignes prévues par le troisième alinéa de l'article L. 581-19, dites préenseignes dérogatoires, peuvent être implantées en dehors des agglomérations, au plus à 5 kilomètres de l'entrée de l'agglomération ou du lieu où est exercée l'activité qu'elles signalent. Toutefois, cette distance est portée à 10 kilomètres pour les préenseignes dérogatoires signalant des monuments historiques, classés ou inscrits, ouverts à la visite.**

Les préenseignes dérogatoires peuvent être scellées au sol ou installées directement sur le sol.

Leurs dimensions ne peuvent excéder 1 mètre en hauteur et 1,50 mètre en largeur.

La collectivité gestionnaire de la voirie, peut, le cas échéant après consultation des autres collectivités concernées, fixer des prescriptions nécessaires à l'harmonisation des préenseignes dérogatoires, qui sont publiées au recueil administratifs des actes de cette collectivité ou intégrées au règlement local de publicité.

À défaut, les préenseignes dérogatoires respectent les prescriptions nationales fixées par arrêté ministériel.

Par exemple : ▪ CAA Marseille, 3 juill. 2008, n° 06MA02884, *Min. de l'Écologie et du Développement durable c/ Giraudy viacom outdoor.*

La condition de distance de 5 km séparant la préenseigne du lieu d'exercice de l'activité ou de l'entrée de l'agglomération où s'exerce l'activité est bien alternative (▪ CAA Lyon, 29 juin 2010, n° 09LY00661, *Sté Horizon : JCP* A 2010, n° 50, 2371, note M. Moritz. ▪ CAA Lyon, 29 juin 2010, n° 09LY00662, *Sté Horizon : JCP* A 2010, n° 50, 2372, note M. Moritz). Reste à déterminer le mode de calcul de la distance (à vol d'oiseau ou distance routière ? V. en ce sens J.-P. Strebler, *Affichage publicitaire, guide juridique et pratique*, éd. EFE, 2004, p. 155) et la notion d'agglomération (V. annot. sous art. L. 581-7, p. 1351).

Voir : V. comm ss , art. L. 581-9, p. 1354.

Art. R. 581-67 *(Anc. R. 581-72 dénum. à compter du 1er juillet 2012, D. n° 2012-118, 30 janv. 2012 ; rempl. à compter du 13 juillet 2015, D. n° 2012-118, 30 janv. 2012).* **– Il ne peut y avoir plus de quatre préenseignes par monument, lorsque ces préenseignes signalent des monuments historiques, classés ou inscrits, ouverts à la visite. Deux de ces préenseignes lorsqu'elles indiquent la proximité d'un monument historique, classé ou inscrit, ouvert à la visite, peuvent être installées à moins de cent mètres ou dans la zone de protection de ce monument.**

Il ne peut y avoir plus de deux préenseignes par activité culturelle signalée. La commercialisation de biens culturels ne peut être regardée comme une activité culturelle au sens de l'article L. 581-19.

Il ne peut y avoir plus de deux préenseignes pour une entreprise locale que son activité principale conduit à fabriquer ou vendre des produits du terroir.

Sous-section 3. – Dispositions particulières relatives aux enseignes et préenseignes temporaires

Art. R. 581-68 *(Anc. R. 581-74 dénum. à compter du 1er juillet 2012, D. n° 2012-118, 30 janv. 2012).* **– Sont considérées comme enseignes ou préenseignes temporaires :**

1° Les enseignes ou préenseignes qui signalent des manifestations exceptionnelles à caractère culturel ou touristique ou des opérations exceptionnelles de moins de trois mois ;

(1) Dispositions d'application particulières : V. D. n° 2023-1007, 30 oct. 2023, art. 3.

2° Les enseignes ou préenseignes installées pour plus de trois mois lorsqu'elles signalent des travaux publics ou des opérations immobilières de lotissement, construction, réhabilitation, location et vente ainsi que les enseignes installées pour plus de trois mois lorsqu'elles signalent la location ou la vente de fonds de commerce.

Art. R. 581-69 *(Anc. R. 581-75 dénum. à compter du 1er juillet 2012, D. n° 2012-118, 30 janv. 2012).* **– Ces enseignes ou préenseignes temporaires peuvent être installées trois semaines avant le début de la manifestation ou de l'opération qu'elles signalent et doivent être retirées une semaine au plus tard après la fin de la manifestation ou de l'opération.**

Art. R. 581-70 *(Rempl. à compter du 1er juillet 2012, D. n° 2012-118, 30 janv. 2012 ; mod., D. n° 2023-1007, 30 oct. 2023)* (1). **– Les enseignes temporaires sont régies par les dispositions de la présente sous-section et du deuxième alinéa de l'article R. 581-58, des deuxième à cinquième alinéas de l'article R. 581-59, du premier alinéa de l'article R. 581-60, des premier et deuxième alinéas de l'article R. 581-61, du dernier alinéa de l'article R. 581-62 et de l'article R. 581-64.**

Lorsqu'il s'agit d'enseignes mentionnées au 2° de l'article R. 581-68, leur surface unitaire maximale est de 10,50 mètres carrés lorsqu'elles sont scellées au sol ou installées directement sur le sol.

Art. R. 581-71 *(Anc. R. 581-79 dénum. et mod. à compter du 1er juillet 2012, D. n° 2012-118, 30 janv. 2012 et rect. JO 21 avr. 2012).* **– Les préenseignes temporaires peuvent être scellées au sol ou installées directement sur le sol hors agglomération et dans les agglomérations de moins de 10 000 habitants ne faisant pas partie d'une unité urbaine de plus de 100 000 habitants si leurs dimensions n'excèdent pas 1 mètre en hauteur et 1,50 mètre en largeur et si leur nombre est limité à quatre par opération ou manifestation.**

Section IV. – Règlement local de publicité

Sous-section 1. – Contenu

Art. R. 581-72 *(Créé à compter du 1er juillet 2012, D. n° 2012-118, 30 janv. 2012).* **– Le règlement local de publicité comprend au moins un rapport de présentation, une partie réglementaire et des annexes.**

Art. R. 581-73 *(Rempl. à compter du 1er juillet 2012, D. n° 2012-118, 30 janv. 2012).* **– Le rapport de présentation s'appuie sur un diagnostic, définit les orientations et objectifs de la commune ou de l'établissement public de coopération intercommunale en matière de publicité extérieure, notamment de densité et d'harmonisation, et explique les choix retenus au regard de ces orientations et objectifs.**

Art. R. 581-74 *(Créé à compter du 1er juillet 2012, D. n° 2012-118, 30 janv. 2012 ; mod., D. n° 2016-688, 27 mai 2016 ; D. n° 2023-1409, 29 déc. 2023).* **– La partie réglementaire comprend les prescriptions adaptant les dispositions prévues aux articles L. 581-9 et L. 581-10, ainsi que, le cas échéant, les prescriptions mentionnées aux articles L. 581-14-4, R. 581-66 et R. 581-77 et les dérogations prévues par le I de l'article L. 581-8.**

Les prescriptions du règlement local de publicité peuvent être générales ou s'appliquer aux seules zones qu'il identifie.

Illustration jurisprudentielle. Un règlement local de publicité peut fixer la fréquence d'implantation de publicité scellée au sol, par exemple en limitant l'implantation d'un dispositif supplémentaire par tranche de 80 mètres linéaires de façade. Il peut également définir pour le même type de support non seulement la hauteur maximale autorisée mais également le point à partir duquel cette hauteur est calculée : calcul à partir du niveau du sol de la voie de circulation d'où est visible le dispositif et non pas à partir du sol où est installé le dispositif (■ CE, 11 avr. 2008, n° 300540, *Min. de l'Écologie*).

Art. R. 581-75 *(Abr. à compter du 1er juin 2023, D. n° 2022-1294, 5 oct. 2022).*

Art. R. 581-76 *(Rempl. à compter du 1er juillet 2012, D. n° 2012-118, 30 janv. 2012 ; mod., D. n° 2023-1409, 29 déc. 2023).* **– La subordination d'un dispositif publicitaire à l'octroi d'une autorisation**

(1) Dispositions d'application particulières : V. D. n° 2023-1007, 30 oct. 2023, art. 3.

par le maire ne fait pas obstacle à la fixation, par le règlement local de publicité, de règles plus restrictives que la réglementation nationale, notamment en matière de publicité lumineuse et d'enseignes lumineuses.

Obligation d'application du règlement local de publicité. Le RLP de Paris prévoit à son l'article E2.1.2.6 que : « *Les enseignes à écran sont interdites en façade* » et, à son article E2.7.1, que : « *Par dérogation (…) les établissements à vocation culturelle et les salles de spectacles peuvent être signalés par des enseignes perpendiculaires placées au-dessus du niveau du premier étage* ». Ainsi, la ville de Paris devait nécessairement procéder à une appréciation des faits et à la qualification juridique de ceux-ci. Elle a entaché sa décision de refus d'une erreur de droit en omettant d'examiner la demande au regard de la dérogation prévue par l'article E2.7.1 (■ CAA Paris, 30 mars 2017, n° 15PA01071, *Sté d'exploitation de spectacles Frères Bouglione*).

Art. R. 581-77 *(Rempl. à compter du 1er juillet 2012, D. n° 2012-118, 30 janv. 2012).* **– Lorsque le règlement local de publicité autorise, sur le fondement de l'article L. 581-7, les dispositifs publicitaires à proximité immédiate des établissements de centres commerciaux exclusifs de toute habitation situés hors agglomération, il délimite le périmètre à l'intérieur duquel les dispositifs publicitaires sont ainsi autorisés et édicte les prescriptions qui leur sont applicables.**

Dans ce périmètre, les dispositifs publicitaires respectent les prescriptions de surface et de hauteur applicables aux dispositifs publicitaires situés dans les agglomérations de plus de 10 000 habitants.

Dans ce périmètre, les dispositifs publicitaires sont interdits si les affiches qu'ils supportent ne sont visibles que d'une autoroute, d'une bretelle de raccordement à une autoroute, d'une route express ou d'une déviation ou voie publique située hors agglomération.

Art. R. 581-78 *(Rempl. à compter du 1er juillet 2012, D. n° 2012-118, 30 janv. 2012).* **– Le ou les documents graphiques font apparaître sur l'ensemble du territoire de la commune ou de l'intercommunalité les zones et, le cas échéant, les périmètres, identifiés par le règlement local de publicité et sont annexés à celui-ci.**

Les limites de l'agglomération fixées par le maire en application de l'article R. 411-2 du Code de la route sont également représentées sur un document graphique annexé, avec les arrêtés municipaux fixant lesdites limites, au règlement local de publicité.

Sous-section 2. – Élaboration, révision et modification

Art. R. 581-79 *(Rempl., D. n° 2023-1409, 29 déc. 2023).* **– La délibération approuvant le règlement local de publicité est publiée conformément aux dispositions des articles L. 2131-1 et R. 2131-1 du Code général des collectivités territoriales.**

Formalités substantielles. Irrégularité de la décision prise en méconnaissance de ces formalités (■ TA Rennes, 18 janv. 2007, n° 0504875, *Sté Sopa* ; J.-M. Février, *Irrégularités de la procédure d'élaboration du règlement local de publicité : Environnement* 2007, n° 3, comm. 55).

Art. R. 581-80 *(Abr., D. n° 2023-1409, 29 déc. 2023).*

Section V. – Contrats de louage d'emplacement

Art. R. 581-81 *(Mod. à compter du 1er janvier 2020, D. n° 2019-913, 30 août 2019).* **– Tout litige afférent à un contrat de louage d'emplacement privé aux fins d'apposer de la publicité ou d'installer une préenseigne est porté, nonobstant toute disposition contraire, devant le tribunal judiciaire dans le ressort duquel se trouve le dispositif concerné.**

NB : Conformément à l'article 36 du décret n° 2019-913 du 30 août 2019, ces dispositions entrent en vigueur le 1er janvier 2020.

Section VI. – Sanctions

Sous-section 1. – Procédure administrative

Art. R. 581-82 *(Mod. à compter du 1er juillet 2012, D. n° 2012-118, 30 janv. 2012 ; mod., D. n° 2023-1409, 29 déc. 2023).* **– L'arrêté de mise en demeure pris par le maire est notifié par lettre recommandée avec demande d'avis de réception postal.**

Demande écrite. La demande de modification doit être faite par lettre avec accusé de réception et non oralement par téléphone sous peine d'annulation de l'arrêté du maire (▪ CAA Paris, 1re ch., 5 oct. 2006, n° 03PA04567, *Sté Défi France*).

Art. R. 581-83. – Le montant de l'astreinte administrative prévue à l'article L. 581-30 est réévalué chaque année dans la proportion de la variation, par rapport à l'indice du mois de *(Mots rempl. à compter du 1er juillet 2012, D. n° 2012-118, 30 janv. 2012)* « janvier 2012 », de l'indice des prix à la consommation, hors tabac, de l'ensemble des ménages (série France entière), calculé par l'Institut national de la statistique et des études économiques pour le mois de janvier de l'année considérée.

Art. R. 581-84 *(Abr., D. n° 2023-1409, 29 déc. 2023).*

Rédaction antérieure. Art. R. 581-84. – L'état nécessaire au recouvrement des astreintes prononcées en application de l'article L. 581-30 ou de l'article L. 581-36 est, à défaut de diligence du maire, établi et recouvré au profit de l'État dans les conditions prévues aux *(Mots rempl., D. n° 2012-1247, 7 nov. 2012)* (1) (2) « articles 23 à 28 et 112 à 124 du décret n° 2012-1246 du 7 novembre 2012 relatif à la gestion budgétaire et comptable publique ».

▪ CAA Lyon, 3 nov. 2005, n° 01LY00248, *Sté Ara Publicité*, J.-M. Février, *Conditions de validité de la liquidation de l'astreinte : Environnement* janv. 2006, n° 1, comm. 14.

Sous-section 2. – Sanctions pénales

Art. R. 581-85 ***(Mod. à compter du 1er juillet 2012, D. n° 2012-118, 30 janv. 2012).* – Est puni de l'amende prévue pour les contraventions de la 2e classe le fait de ne pas observer les prescriptions du deuxième alinéa de l'article R. 581-58.**

Art. R. 581-86. – Est puni l'amende prévue pour les contraventions de la 3e classe :

1° Le fait d'apposer ou faire apposer une publicité sans avoir obtenu l'autorisation prévue à l'article L. 581-24 ;

2° Le fait de ne pas observer *(Mots rempl. à compter du 1er juillet 2012, D. n° 2012-118, 30 janv. 2012)* « les prescriptions de l'article R. 581-24 et du premier alinéa de l'article R. 581-29 ».

Art. R. 581-87 ***(Mod. à compter du 1er juillet 2012, D. n° 2012-118, 30 janv. 2012 ; mod., D. n° 2013-606, 9 juill. 2013 ; D. n° 2016-688, 27 mai 2016 ; D. n° 2022-1294, 5 oct. 2022 ; D. n° 2023-1409, 29 déc. 2023).* – Est puni de l'amende prévue pour les contraventions de la 4e classe le fait d'apposer, de faire apposer ou de maintenir après mise en demeure, une publicité :**

1° Dans les lieux, sur des supports, à des emplacements, selon des procédés ou à des périodes interdits en application des dispositions des articles R. 581-22, R. 581-25, R. 581-30, R. 581-31 et R. 581-33, du III de l'article R. 581-34, des articles R. 581-36 et R. 581-40, du III de l'article R. 581-41, des articles R. 581-42, R. 581-43, R. 581-44, R. 581-45 et R. 581-46, du deuxième alinéa de l'article R. 581-54 et du troisième alinéa de l'article R. 581-56 ;

2° Sans avoir observé les dimensions maximales ou minimales et les conditions d'emplacement ou de réalisation sur le support définies par l'article R. 581-26, les articles R. 581-27, R. 581-28, R. 581-32, du troisième alinéa du I et du premier alinéa du II de l'article R. 581-34, des articles R. 581-36, 581-37, R. 581-38 et R. 581-39, du I et du premier alinéa du II de l'article R. 581-41, des articles R. 581-43, R. 581-44, R. 581-46 et R. 581-47, des premier et troisième alinéas de l'article R. 581-54, de l'article R. 581-55, du quatrième alinéa de l'article R. 581-56 et de l'article R. 581-57 ;

3° Sans avoir obtenu l'autorisation exigée en application du décret prévu par le troisième alinéa de l'article L. 581-44 ou sans avoir observé les conditions posées par cette autorisation (3) **;**

4° Sans avoir observé les prescriptions de l'article L. 581-5.

(1) Sur les conditions de modifications des présentes dispositions : V. D. n° 2012-1247, 7 nov. 2012, art. 292.

(2) Dispositions applicables sur l'ensemble du territoire de la République, D. n° 2012-1247, 7 nov. 2012, art. 293.

(3) Concernant la légalité du cumul de cette sanction avec celle définie à l'article L. 581-34 du Code de l'environnement, V. CE, 4 déc. 2013, n° 357839, *Assoc. France Nature Environnement : JurisData* n° 2013-027985, consid. 42). – NDLR.

Art. R. 581-87-1 *(D. n° 2022-1294, 5 oct. 2022)*. – **Est puni de l'amende prévue pour les contraventions de la cinquième classe le fait d'apposer, de faire apposer ou de maintenir après mise en demeure, une publicité ou une enseigne lumineuse sans observer les prescriptions de l'article R. 581-35 et des troisième à cinquième alinéas de l'article R. 581-59.**

Art. R. 581-88 *(Rempl., D. n° 2013-606, 9 juill. 2013 ; mod., D. n° 2023-1409, 29 déc. 2023)*. – **I. – Les publicités et préenseignes mises en place avant l'entrée en vigueur d'un règlement local de publicité prévu aux articles L. 581-14 et L. 581-14-4 qui ne sont pas conformes aux prescriptions de ce règlement peuvent être maintenues pendant deux ans à compter de la date d'entrée en vigueur dudit règlement.**

II. – Les publicités et préenseignes mises en place avant l'entrée en vigueur d'un acte, qui, procédant au classement d'un monument, d'un site ou d'un espace mentionné par le I de l'article L. 581-4, fixant les limites d'une agglomération en application de l'article R. 411-2 du Code de la route ou délimitant l'un des espaces énumérés par l'article L. 581-8, a pour effet d'interdire la publicité dans le lieu où elles sont installées, peuvent être maintenues pendant deux ans à compter de la date d'entrée en vigueur dudit acte.

Le Conseil d'État a rejeté la décision d'abrogation du décret n° 2013-606 du 9 juillet 2013. Il a été jugé que les dispositions de l'article 16 de ce décret, qui modifient l'article R. 581-88 afin notamment de prévoir un délai de mise en conformité plus court pour les publicités et préenseignes, ont été prises en application de la loi du 22 mars 2012 qui habilite le pouvoir réglementaire à fixer, pour les seules publicités et préenseignes, un délai de mise en conformité inférieur au délai de six ans prévu, en principe, sans que ce délai puisse être inférieur à deux ans. Le délai de deux ans retenu par le décret a pu, en tenant compte de la situation particulière de ces supports dont la mise en conformité est plus aisément réalisable que pour les enseignes, et pour répondre à l'intérêt général qui s'attache à la protection de l'environnement, être légalement retenu (■ CE, 5 mai 2017, n° 394454, *Sté Girard publicité*). Par un second arrêt n° 428363, le Conseil d'État a rejeté le recours contre la demande d'abrogation des dispositions du III de l'article R. 581-88 (■ CE, 12 févr. 2020, n° 428363, *Sté Girard publicité*).

Ces dispositions doivent être lues à la lumière de l'article L. 581-43 qui n'a donc pas eu pour objet ni pour effet de supprimer la condition de contravention à la réglementation prévue par ce texte. Elles n'ont pas davantage pour objet de ménager un délai supplémentaire de mise en conformité pour des dispositifs antérieurement illégaux (■ CAA Nantes, 12 oct. 2018, n° 16 NT03711).

Les enseignes et publicités installées avant le 1er juillet 2012 et non conformes à la loi Grenelle II et à son décret d'application peuvent être maintenues jusqu'au 13 juillet 2015. Ce décret vise toutes les préenseignes sans distinguer qu'elles soient ou non dérogatoires (■ CA Chambéry, 12 juin 2019, n° 18/00939).

CHAPITRE II. – PRÉVENTION DES NUISANCES VISUELLES

Pas de dispositions réglementaires codifiées.

CHAPITRE III. – PRÉVENTION DES NUISANCES LUMINEUSES (1)

(D. n° 2011-831, 12 juill. 2011)

Art. R. 583-1 *(D. n° 2011-831, 12 juill. 2011)*. – **Au sens du présent chapitre, constitue une installation lumineuse tout dispositif destiné à produire de la lumière artificielle et comportant notamment tout ou partie des équipements suivants :**

– des lampes ou sources lumineuses telles que définies dans la norme NF EN 12665 ;

– des appareillages des lampes tels que définis au 5 de l'article 2 du règlement 245/2009/CE [du 18 mars 2009] ;

– des luminaires tels que définis au 6 de l'article 2 du règlement 245/2009/CE [du 18 mars 2009] ;

– des systèmes de gestion individuels ou collectifs de l'installation lumineuse permettant de moduler son fonctionnement, de le programmer ou de le surveiller.

(1) V. A. 25 janv. 2013 (éclairage nocturne des bâtiments non résidentiels afin de limiter les nuisances lumineuses et les consommations d'énergie) : *JO* 30 janv. 2013. – NDLR.

Art. R. 583-2 *(D. n° 2011-831, 12 juill. 2011).* – Afin de prévenir, réduire et limiter les nuisances lumineuses et les consommations d'énergie, les dispositions, prévues aux articles L. 583-2 et L. 583-3, s'appliquent aux installations lumineuses destinées aux usages suivants :

– éclairage extérieur destiné à favoriser la sécurité des déplacements, des personnes et des biens et le confort des usagers sur l'espace public ou privé, en particulier la voirie, à l'exclusion des dispositifs d'éclairage et de signalisation des véhicules ;
– éclairage de mise en valeur du patrimoine, tel que défini à l'article L. 1 du Code du patrimoine, du cadre bâti, ainsi que des parcs et jardins ;
– éclairage des équipements sportifs de plein air ou découvrables ;
– éclairage des bâtiments, recouvrant à la fois l'illumination des façades des bâtiments et l'éclairage intérieur émis vers l'extérieur de ces mêmes bâtiments ;
– éclairage des parcs de stationnements non couverts ou semi-couverts ;
– éclairage événementiel extérieur, constitué d'installations lumineuses temporaires utilisées à l'occasion d'une manifestation artistique, culturelle, commerciale ou de loisirs ;
– éclairage de chantiers en extérieur.

Art. R. 583-3 *(D. n° 2011-831, 12 juill. 2011).* – Les prescriptions techniques prévues au présent chapitre ne s'appliquent pas à la publicité lumineuse et aux enseignes lumineuses, régies respectivement par les articles L. 581-9 et L. 581-18.

Art. R. 583-4 *(D. n° 2011-831, 12 juill. 2011).* – (1) Les prescriptions techniques, arrêtées par le ministre chargé de l'environnement en application du I de l'article L. 583-2, sont définies en fonction de l'implantation des installations lumineuses selon qu'elles se situent dans les zones qualifiées d'agglomération par les règlements relatifs à la circulation routière ou les zones en dehors de ces agglomérations.

Dans les espaces naturels mentionnés dans le tableau annexé au présent article ainsi que dans les sites d'observation astronomique, dont la liste et le périmètre sont fixés par un arrêté du ministre chargé de l'environnement pris après avis du ministre chargé de la recherche quand sont en cause des sites d'observation placés sous son autorité, les installations lumineuses font l'objet de mesures plus restrictives que celles appliquées aux dispositifs implantés en agglomération et en dehors des agglomérations.

Ces prescriptions peuvent notamment porter sur les niveaux d'éclairement (en lux), l'efficience lumineuse et énergétique des installations (en watts par lux et par mètre carré) et l'efficacité lumineuse des lampes (en lumens par watt), la puissance lumineuse moyenne des installations (flux lumineux total des sources rapporté à la surface destinée à être éclairée, en lumens par mètre carré), les luminances (en candélas par mètre carré), la limitation des éblouissements, la distribution spectrale des émissions lumineuses ainsi que sur les grandeurs caractérisant la distribution spatiale de la lumière ; elles peuvent fixer les modalités de fonctionnement de certaines installations lumineuses en fonction de leur usage et de la zone concernée.

Art. R. 583-5 *(D. n° 2011-831, 12 juill. 2011).* – Le ministre chargé de l'environnement peut, par arrêté pris après avis du Conseil national de protection de la nature, en application du II de l'article L. 583-2, interdire ou limiter, à titre temporaire ou permanent, les installations lumineuses de type canon à lumière dont le flux lumineux est supérieur à 100 000 lumens, les installations à faisceaux de rayonnement laser ainsi que les installations lumineuses situées dans les espaces naturels et les sites d'observation astronomique mentionnés à l'article R. 583-4.

Lorsque des terrains relevant du ministère de la Défense sont concernés, le ministre chargé de l'environnement recueille l'avis du ministre de la Défense.

Art. R. 583-6 *(D. n° 2011-831, 12 juill. 2011).* – Les prescriptions techniques fixées par le ministre chargé de l'environnement et applicables aux installations lumineuses, prévues aux I et II de l'article L. 583-2, peuvent faire l'objet d'arrêtés préfectoraux d'adaptation pris en application du III de l'article L. 583-2 après avis du conseil départemental de l'environnement, des risques sanitaires et technologiques.

---

(1) V. A. 25 janv. 2013 (éclairage nocturne des bâtiments non résidentiels afin de limiter les nuisances lumineuses et les consommations d'énergie) : *JO* 30 janv. 2013. – NDLR.

Une copie des arrêtés prévus à l'alinéa précédent est adressée à chacun des maires du département et un extrait en est publié dans deux journaux locaux ou régionaux diffusés dans tout le département.

Art. R. 583-7 *(Rempl., D. n° 2023-1021, 3 nov. 2023).* **– Est puni de l'amende prévue pour les contraventions de la 5e classe le fait de ne pas respecter, pour une installation lumineuse, les prescriptions techniques fixées par le ministre chargé de l'environnement en application du I de l'article L. 583-2, éventuellement adaptées par arrêté préfectoral, ou de maintenir l'exploitation d'une installation lumineuse en violation d'un arrêté pris en application de l'article L. 583-5.**

TITRE IX. – LA SÉCURITÉ NUCLÉAIRE ET LES INSTALLATIONS NUCLÉAIRES DE BASE

(Rempl. à compter du 1er avril 2019, D. n° 2019-190, 14 mars 2019)

CHAPITRE Ier. – DISPOSITIONS GÉNÉRALES RELATIVES À LA SÉCURITÉ NUCLÉAIRE

(D. n° 2016-283, 10 mars 2016 ; D. n° 2019-190, 14 mars 2019)

Ce chapitre ne comprend pas de dispositions réglementaires.

CHAPITRE II. – L'AUTORITÉ DE SÛRETÉ NUCLÉAIRE ET L'INSTITUT DE RADIOPROTECTION

(Rempl. à compter du 1er avril 2019, D. n° 2019-190, 14 mars 2019)

L'ancien article R. 131-53 du Code de l'environnement prévoyait que les dispositions relatives à l'Institut de radioprotection et sûreté nucléaire étaient énoncées au décret n° 2002-254 du 22 février 2002. Or, ce décret a été abrogé par l'article 2 du décret n° 2016-283 du 10 mars 2016 (*JO* 11 mars) relatif à l'Institut de radioprotection et de sûreté nucléaire.

Pris pour l'application de l'article L. 592-45 du Code de l'environnement dans sa rédaction résultant de l'article 186 de la loi n° 2015-992 du 17 août 2015 relative à la transition énergétique pour la croissance verte, ce nouveau décret crée, dans le livre V, titre IX, chapitre II, les articles R. 592-1 à R. 592-23 du Code de l'environnement. Il actualise et codifie au sein du Code de l'environnement les dispositions statutaires de l'IRSN. Il précise, parmi les missions de l'établissement, que celui-ci peut fournir un appui technique aux autorités de l'État (et non plus seulement à l'Autorité de sûreté nucléaire) en cas d'incident ou d'accident impliquant des sources de rayonnements ionisants, et qu'il est chargé de la tenue de la comptabilité centralisée des matières nucléaires pour les autorités de l'État chargées de la protection et du contrôle des matières nucléaires non affectées aux moyens nécessaires à la mise en œuvre de la politique de dissuasion et pour les autorités de l'État chargées des accords internationaux de coopération et de non-prolifération nucléaire.

Bibliographie : M. Moliner-Dubost, *Codification et clarification des dispositions réglementaires relatives à l'Institut de radioprotection et de sûreté nucléaire (IRSN) : Énergie – Env. – Infrastr.* 2016, comm. 40.

Section I. – Mission de générale de l'Autorité de sûreté nucléaire et de radioprotection

(Créée à compter du 1er avril 2019, D. n° 2019-190, 14 mars 2019)

Cette section ne comprend pas de dispositions réglementaires.

Section II. – Composition du collège de l'Autorité de sûreté nucléaire et de radioprotection

(Créée à compter du 1er avril 2019, D. n° 2019-190, 14 mars 2019 ; mod. à compter du 1er janvier 2025, D. n° 2024-1194, 19 déc. 2024)

Art. R. 592-1 *(Rempl. à compter du 1er avril 2019, D. n° 2019-190, 14 mars 2019 ; mod. à compter du 1er janvier 2025, D. n° 2024-1194, 19 déc. 2024).* **– En application du cinquième alinéa de l'article L. 592-2,**

à chaque renouvellement par moitié des membres du collège à l'exception de son président, l'un des deux membres est désigné par le Président de la République et l'autre, en alternance par le président de l'Assemblée nationale et par le président du Sénat.

Le mandat de tout membre du collège de l'Autorité de sûreté nucléaire et de radioprotection prend fin au plus tard six ans après la fin du mandat de son prédécesseur.

Section II. – Fonctionnaires mis à disposition de l'Autorité de sûreté nucléaire et de radioprotection

Art. R. 592-2 *(Rempl. à compter du 1er avril 2019, D. n° 2019-190, 14 mars 2019 ; mod. à compter du 1er janvier 2025, D. n° 2024-1194, 19 déc. 2024).* – Les fonctionnaires de l'État de catégorie A exerçant des fonctions de direction de l'administration territoriale de l'État peuvent, avec leur accord, celui de l'Autorité de sûreté nucléaire et de radioprotection et celui des ministres ayant procédé à leur nomination, être mis à disposition à temps partiel auprès de l'autorité pour assurer la direction de ses services territoriaux.

Les dispositions du titre Ier du décret n° 85-986 du 16 septembre 1985 sont applicables à cette mise à disposition, sous réserve des dispositions de la présente section.

Art. R. 592-3 *(Rempl. à compter du 1er avril. 2019, D. n° 2019-190, 14 mars 2019).* – La mise à disposition ne peut intervenir qu'après signature d'une convention passée entre les ministres mentionnés à l'article R. 592-2 et l'autorité et conclue dans les conditions prévues par le titre Ier du décret mentionné au même article.

L'arrêté qui prononce la mise à disposition, conformément à l'article 1er du même décret, est notifié aux préfets des départements ou des régions dans lesquels sont compétents les services déconcentrés dont le fonctionnaire est responsable.

Art. R. 592-4 *(Rempl. à compter du 1er avril 2019, D. n° 2019-190, 14 mars 2019).* – Pour l'exercice de leurs fonctions au sein de l'autorité, ces fonctionnaires sont soumis aux dispositions du règlement intérieur, notamment aux règles de déontologie qu'il fixe.

Art. R. 592-5 *(Rempl. à compter du 1er avril 2019, D. n° 2019-190, 14 mars 2019).* – Les décisions relatives aux congés sont prises par l'administration dont relève le fonctionnaire.

Art. R. 592-6 *(Rempl. à compter du 1er avril 2019, D. n° 2019-190, 14 mars 2019).* – Les dépenses occasionnées par les formations liées à l'activité du fonctionnaire pour le compte de l'autorité sont supportées par celle-ci.

Art. R. 592-7 *(Rempl. à compter du 1er avril 2019, D. n° 2019-190, 14 mars 2019 ; mod. à compter du 1er janvier 2025, D. n° 2024-1194, 19 déc. 2024).* – L'autorité établit, chaque année, un état faisant apparaître le nombre de fonctionnaires mis à sa disposition et, pour chacun d'eux, l'administration dont ils relèvent et la quotité du temps de travail qu'ils accomplissent en son sein.

L'administration dont relève le fonctionnaire établit, en application du titre Ier du décret mentionné à l'article R. 592-2, un état qui comprend la quotité de temps de travail que celui-ci accomplit au sein de l'Autorité de sûreté nucléaire et de radioprotection.

Ces états sont inclus dans le rapport annuel prévu à l'article 43 *bis* de la loi n° 84-16 du 11 janvier 1984 portant dispositions statutaires relatives à la fonction publique de l'État. Ce rapport est transmis au comité technique de proximité de l'autorité.

Section IV. – Procédures d'agrément et d'accord relatives aux organismes extérieurs experts

(Créée à compter du 1er avril 2019, D. n° 2019-190, 14 mars 2019)

Art. R. 592-8 *(Rempl. à compter du 1er avril 2019, D. n° 2019-190, 14 mars 2019 ; mod. à compter du 1er janvier 2025, D. n° 2024-1194, 19 déc. 2024).* – Les organismes extérieurs experts mentionnés à l'article L. 592-23 peuvent être des organismes agréés par l'Autorité de sûreté nucléaire et de radioprotection dans les conditions fixées à la sous-section 1 de la présente section ou des organismes choisis par le responsable de l'activité contrôlée en accord avec l'autorité, dans les conditions fixées à la sous-section 2 de la présente section.

Les organismes habilités par l'autorité dans les conditions fixées aux articles R. 557-4-1 à R. 557-4-7 sont réputés être des organismes extérieurs experts agréés par l'Autorité de sûreté nucléaire et de radioprotection au sens de l'article L. 592-23 dans leur domaine d'habilitation, sans qu'il soit nécessaire de mettre en œuvre la procédure prévue à la sous-section 1 de la présente section.

Sous-section 1. – Procédure d'agrément

(Division créée, D. n° 2019-190, 14 mars 2019)

Art. R. 592-9 *(Rempl. à compter du 1er avril 2019, D. n° 2019-190, 14 mars 2019).* – Un organisme extérieur expert souhaitant être agréé par l'autorité lui adresse une demande démontrant :

1° Ses compétences et son expérience dans les domaines sur lesquels il envisage de fournir des analyses critiques de dossiers ou des expertises, ou d'effectuer des contrôles ou des études ;

2° Son indépendance vis-à-vis de ses éventuels clients ;

3° Les dispositions techniques et organisationnelles qu'il entend mettre en œuvre afin d'assurer la qualité des prestations, notamment en termes de pertinence technique et de justification des conclusions.

Art. R. 592-10 *(Rempl. à compter du 1er avril 2019, D. n° 2019-190, 14 mars 2019).* – La décision agréant un organisme extérieur est délivrée pour une durée limitée et, le cas échéant, peut fixer des conditions particulières.

Art. R. 592-11 *(Rempl. à compter du 1er avril 2019, D. n° 2019-190, 14 mars 2019).* – L'agrément peut être suspendu ou retiré, en tout ou partie, par décision motivée de l'autorité si les conditions ayant conduit à sa délivrance cessent d'être remplies ou en cas de manquement grave à la réglementation régissant l'agrément ou aux conditions particulières fixées par la décision d'agrément.

L'autorité contrôle l'activité des organismes extérieurs experts qu'elle agrée. À cet effet, les organismes agréés lui communiquent, sur sa demande, les documents se rapportant aux critères au vu desquels l'agrément leur a été accordé.

Les résultats des analyses critiques, expertises, contrôles ou études réalisés par l'organisme agréé sont remis au responsable de l'activité qui les a sollicités et, à sa demande, transmis à l'autorité. L'organisme agréé tient à disposition de l'autorité les éléments ayant permis d'aboutir à ces résultats.

L'organisme agréé tient à la disposition de l'autorité les tarifs qu'il applique.

Sous-section 2. – Procédure d'accord

Art. R. 592-12 *(Rempl. à compter du 1er avril 2019, D. n° 2019-190, 14 mars 2019 ; mod. à compter du 1er janvier 2025, D. n° 2024-1194, 19 déc. 2024).* – Lorsqu'il demande l'accord de l'Autorité de sûreté nucléaire et de radioprotection sur l'organisme extérieur expert qu'il a choisi, le responsable de l'activité nucléaire qu'elle contrôle lui communique les raisons ayant motivé son choix ainsi que les éléments justifiant :

1° Les compétences de l'organisme au regard de l'analyse critique de dossiers, de l'expertise, du contrôle ou de l'étude que le responsable de l'activité nucléaire envisage de lui confier ;

2° Son expérience dans le domaine ;

3° Son indépendance vis-à-vis de ce responsable ;

4° Les dispositions techniques et organisationnelles visant à assurer la qualité des prestations, notamment en termes de pertinence technique et de justification des conclusions.

Art. R. 592-13 *(Rempl. à compter du 1er avril 2019, D. n° 2019-190, 14 mars 2019).* – Si les conditions ayant conduit à l'accord de l'autorité cessent d'être remplies avant la fin de la prestation réalisée par l'organisme extérieur expert, celle-ci peut le retirer.

Les résultats des analyses critiques, expertises, contrôles ou études réalisés par l'organisme extérieur expert sont remis au responsable de l'activité nucléaire qui les a sollicités et, à sa demande, sont transmis à l'autorité. L'organisme tient à disposition de l'autorité les éléments ayant permis d'aboutir à ces résultats.

Sous-section 3. – Dispositions communes aux deux procédures

Art. R. 592-14 *(Rempl. à compter du 1er avril 2019, D. n° 2019-190, 14 mars 2019 ; mod. à compter du 1er janvier 2025, D. n° 2024-1194, 19 déc. 2024).* – La décision prise par l'Autorité de sûreté nucléaire et de radioprotection sur une demande formée en application de la sous-section 1 ou de la sous-section 2 de la présente section est publiée à son *Bulletin officiel*.

Elle est notifiée, s'agissant d'un agrément, à l'organisme extérieur expert et, s'agissant d'un accord, au responsable de l'activité nucléaire ainsi qu'à l'organisme extérieur expert.

Art. R. 592-15 *(Rempl. à compter du 1er avril 2019, D. n° 2019-190, 14 mars 2019 ; mod. à compter du 1er janvier 2025, D. n° 2024-1194, 19 déc. 2024).* – Le silence gardé pendant plus de deux mois par l'Autorité de sûreté nucléaire et de radioprotecton sur une demande vaut décision de rejet.

Art. R. 592-16 *(Rempl. à compter du 1er avril 2019, D. n° 2019-190, 14 mars 2019 ; mod. à compter du 1er janvier 2025, D. n° 2024-1194, 19 déc. 2024).* – Une décision de l'Autorité de sûreté nucléaire et de radioprotection précise :

1° Les critères détaillés pris en compte pour délivrer un agrément ou un accord ;

2° Les informations à joindre à la demande correspondante ;

3° Les modalités d'un agrément, notamment sa durée de validité maximale ;

4° Les modalités pratiques de délivrance et de mise en œuvre d'un accord ;

5° Les modalités de suspension ou de retrait d'un agrément et de retrait d'un accord.

Section V. – Homologation des décisions de l'Autorité de sûreté nucléaire et de radioprotection

Sous-section 1. – Décisions réglementaires

Art. R. 592-17 *(Rempl. à compter du 1er avril 2019, D. n° 2019-190, 14 mars 2019 ; mod. à compter du 1er janvier 2025, D. n° 2024-1194, 19 déc. 2024).* – Les décisions réglementaires à caractère technique de l'Autorité de sûreté nucléaire et de radioprotection mentionnées à l'article L. 592-20 relatives aux installations nucléaires de base et aux équipements sous pression nucléaires ainsi qu'aux ensembles nucléaires mentionnés à l'article R. 557-12-2 sont transmises pour homologation au ministre chargé de la sûreté nucléaire ainsi que, lorsqu'elles concernent les moyens et mesures de protection des sources de rayonnements ionisants contre les actes de malveillance mentionnés à l'annexe 13-7 du Code de la santé publique, au ministre chargé de l'énergie.

Ces ministres se prononcent par arrêté, après avis du Conseil supérieur de la prévention des risques technologiques, lorsque ces décisions lui sont soumises à la demande de l'autorité.

Art. R. 592-18 *(Rempl. à compter du 1er avril 2019, D. n° 2019-190, 14 mars 2019 ; mod., D. n° 2021-678, 28 mai 2021 ; mod. à compter du 1er janvier 2025, D. n° 2024-1194, 19 déc. 2024).* – Les décisions réglementaires à caractère technique de l'Autorité de sûreté nucléaire et de radioprotection mentionnées à l'article L. 592-20 relatives au transport de substances radioactives sont transmises pour homologation au ministre chargé de la sûreté nucléaire et, selon le cas, au ministre chargé des transports, au ministre chargé de l'aviation civile ou au ministre chargé de la mer ainsi que, lorsqu'elles concernent la protection des sources de rayonnements ionisants contre les actes de malveillance, au ministre chargé de l'énergie.

Ces ministres se prononcent par arrêté, après avis, selon leur domaine de compétence, du Conseil supérieur de la prévention des risques technologiques ou de la commission centrale de sécurité prévue à l'article 14 du décret n° 84-810 du 30 août 1984 relatif à la sauvegarde de la vie humaine en mer, à la prévention de la pollution, à la sûreté et à la certification sociale des navires.

Le Conseil supérieur ou la commission ainsi saisis disposent d'un délai de trois mois pour rendre leur avis. Faute d'avoir été rendu dans ce délai, cet avis est réputé favorable.

Sous-section 2. – Décisions individuelles

Art. R. 592-19 *(Rempl. à compter du 1er avril 2019, D. n° 2019-190, 14 mars 2019 ; mod. à compter du 1er janvier 2025, D. n° 2024-1194, 19 déc. 2024).* – Les décisions individuelles prises par l'Autorité de sûreté nucléaire et de radioprotection relatives aux installations nucléaires de base et soumises à homologation sont transmises au ministre chargé de la sûreté nucléaire ainsi que, lorsqu'elles concernent la protection des sources de rayonnements ionisants contre les actes de malveillance, au ministre chargé de l'énergie.

Ces ministres se prononcent dans les deux mois de leur saisine, par arrêté publié au Journal officiel de la République française et notifié à l'autorité. Ce délai peut être porté à quatre mois par décision des ministres notifiée à l'autorité.

En l'absence de publication de l'arrêté dans le délai ainsi fixé, l'homologation est réputée acquise.

Sous-section 3. – Dispositions communes

Art. R. 592-20 *(Rempl. à compter du 1er avril 2019, D. n° 2019-190, 14 mars 2019 ; mod. à compter du 1er janvier 2025, D. n° 2024-1194, 19 déc. 2024 ; à compter de la même date, D. n° 2024-1241, 30 déc. 2024).* – Le refus d'homologation des décisions mentionnées aux sous-sections 1 et 2 de la présente section est motivé.

Les décisions de l'Autorité de sûreté nucléaire et de radioprotection qui ont fait l'objet d'une homologation sont publiées au Journal officiel de la République française.

Les ministres compétents pour homologuer les décisions réglementaires mentionnées aux articles R. 592-17 et R. 592-18 se prononcent, par arrêté publié au *Journal officiel* de la République française, dans les quatre mois suivant leur saisine par l'Autorité de sûreté nucléaire et de radioprotection. En l'absence de publication par ces ministres de l'arrêté dans ce délai, l'homologation de la décision est réputée acquise et l'Autorité la publie au *Journal officiel* de la République française.

Section VI. – Autres attributions

(Créée à compter du 1er avril 2019, D. n° 2019-190, 14 mars 2019)

Art. R. 592-21 *(Rempl. à compter du 1er avril 2019, D. n° 2019-190, 14 mars 2019 ; mod. à compter du 1er janvier 2025, D. n° 2024-1194, 19 déc. 2024.* – L'Autorité de sûreté nucléaire et de radioprotection tient à jour la liste des installations nucléaires de base, y compris des installations qui ont été déclassées en application de l'article L. 593-30.

Art. R. 592-22 *(Rempl. à compter du 1er avril 2019, D. n° 2019-190, 14 mars 2019 ; mod. à compter du 1er janvier 2025, D. n° 2024-1194, 19 déc. 2024 ; rempl. à compter de la même date, D. n° 2024-1241, 30 déc. 2024).* – I. – Les activités mentionnées à l'article L. 592-14-2 peuvent être réalisées contre rémunération par les services de l'Autorité de sûreté nucléaire et de radioprotection dans les conditions prévues par le présent article, ainsi que par le règlement intérieur de l'Autorité, sans préjudice des règles déontologiques prévues par ce règlement.

II. – Les activités mentionnées au I répondent à au moins l'un des critères suivants :

1° La prestation contribue au maintien des compétences techniques nécessaires à l'exercice de ses missions par l'Autorité ;

2° Les services de l'Autorité sont les seuls à même de fournir une prestation qualitativement supérieure à l'offre de marché existante ;

3° La prestation résulte d'une mission expressément assignée à l'Autorité par des dispositions législatives ou réglementaires.

III. – Lorsqu'une activité résulte d'une décision prise sur le fondement de l'article L. 592-21 ou d'un contrôle effectué en application de l'article L. 596-1, les services de l'Autorité ne peuvent répondre à une demande de prestation contre rémunération qu'en cas de carence de l'offre sur le marché.

La rémunération est, dans ce cas, strictement limitée à la couverture des coûts complets.

Art. R. 592-22-1 *(Créé à compter du 1er janvier 2025, D. n° 2024-1241, 30 déc. 2024).* – Dans le cadre de ses activités de recherche prévues à l'article L. 592-15 et dans les conditions prévues par son règlement intérieur, l'Autorité de sûreté nucléaire et de radioprotection peut percevoir des rémunérations correspondant à la valorisation des résultats de programmes de recherche mentionnés à l'article L. 592-28-2 dans les cas suivants :

1° Partenariats avec des organismes publics ou privés, nationaux ou internationaux et accords de coopération ;

2° Publications des résultats de la recherche ;

3° Cession ou concession des résultats de la recherche ou de droits de propriété intellectuelle.

Art. R. 592-22-2 *(Créé à compter du 1er janvier 2025, D. n° 2024-1241, 30 déc. 2024).* – Lorsque le montant de la rémunération des activités mentionnées aux articles R. 592-22 et R. 592-22-1 n'est pas prévu par le contrat conclu entre le bénéficiaire du service rendu et l'Autorité de sûreté nucléaire et de radioprotection, il est fixé par le président de l'Autorité dans les conditions prévues par son règlement intérieur.

Les activités mentionnées à l'article R. 592-22 effectuées en application de dispositions légales ou réglementaires sont traitées dans le cadre d'une convention conclue entre l'Autorité et les départements ministériels concernés.

Section VII. – Enquêtes techniques

Art. R. 592-23 *(Rempl. à compter du 1er avril 2019, D. n° 2019-190, 14 mars 2019 ; mod. à compter du 1er janvier 2025, D. n° 2024-1194, 19 déc. 2024).* – Lorsque l'Autorité de sûreté nucléaire et de radioprotection décide de diligenter une enquête technique en application de l'article L. 592-35, elle constitue une commission d'enquête dont elle détermine la composition et désigne le chef.

Elle définit, conformément aux dispositions du titre II du livre VI de la première partie du Code des transports, l'objet et l'étendue des investigations qui lui sont confiées.

Elle fixe la date à laquelle la commission d'enquête doit lui remettre son rapport.

Art. R. 592-24 *(Créé à compter du 1er avril 2019, D. n° 2019-190, 14 mars 2019 ; mod. à compter du 1er janvier 2025, D. n° 2024-1194, 19 déc. 2024).* – Outre des personnels affectés à l'Autorité de sûreté nucléaire et de radioprotection ou mis à sa disposition, la commission d'enquête peut comprendre :

1° Des membres de corps d'inspection et de contrôle, désignés après accord du chef de corps ou du directeur des services auxquels ils sont rattachés ;

2° Des agents placés sous l'autorité du délégué à la sûreté nucléaire et à la radioprotection pour les installations et activités nucléaires intéressant la défense ;

3° *(Abr.)* ;

4° Des agents placés sous l'autorité du haut fonctionnaire de défense et de sécurité compétent, si l'incident ou l'accident est susceptible de résulter d'un acte de malveillance ;

5° Des personnes qualifiées.

Les personnes ainsi susceptibles de participer à une commission d'enquête doivent disposer d'une expérience professionnelle et de connaissances juridiques et techniques adaptées à l'exercice de ces fonctions.

Elles doivent présenter des garanties d'indépendance et d'impartialité. Elles adressent à l'autorité, au moment où il est fait appel à elles, une déclaration sur l'honneur attestant leur absence d'intérêt dans l'activité qui fait l'objet de l'enquête ou mentionnant la nature de leurs liens, directs ou indirects, avec cette activité.

Il peut être mis fin aux fonctions de membre de la commission d'enquête selon la même procédure, notamment si des éléments de nature à remettre en cause l'indépendance ou l'impartialité de l'intéressé apparaissent en cours d'enquête.

La désignation comme membre de la commission d'enquête vaut commissionnement en qualité d'enquêteur technique.

Art. R. 592-25 *(Créé à compter du 1er avril 2019, D. n° 2019-190, 14 mars 2019 ; mod. à compter du 1er janvier 2025, D. n° 2024-1194, 19 déc. 2024).* – L'Autorité de sûreté nucléaire et de radioprotection notifie sa décision d'ouverture d'enquête technique et de désignation des membres de la commission au ministre chargé, selon le cas, de la sûreté nucléaire, de la radioprotection ou de l'énergie, à la personne responsable de l'activité nucléaire ou de l'installation, objet de l'enquête, et au préfet du lieu de l'incident ou de l'accident, ainsi qu'au procureur de la République lorsqu'une procédure judiciaire est ouverte.

Lorsque l'incident ou l'accident est survenu au cours d'un transport, l'autorité notifie également la décision d'ouverture d'enquête, selon le type de transport concerné, soit au bureau d'enquêtes et d'analyses pour la sécurité de l'aviation civile (BEA de l'aviation civile), soit au bureau d'enquêtes sur les événements de mer (BEA mer), soit au bureau d'enquêtes sur les accidents de transport terrestre (BEA-TT) mentionnés à l'article R. 1621-1 du Code des transports.

Art. R. 592-26 *(Créé à compter du 1er avril 2019, D. n° 2019-190, 14 mars 2019 ; mod. à compter du 1er janvier 2025, D. n° 2024-1194, 19 déc. 2024).* – Pour apporter un appui à l'enquête technique et à la demande du chef de la commission, l'Autorité de sûreté nucléaire et de radioprotection peut faire appel à des experts.

Ces experts ont accès aux informations, pièces et lieux mentionnés aux articles L. 1621-9 à L. 1621-14 et L. 1621-19 du Code des transports dans les conditions définies par ces articles et dans les limites fixées par le chef de la commission d'enquête.

Les experts qui apportent leur concours aux travaux de la commission d'enquête ne peuvent, sous les peines prévues à l'article 432-12 du Code pénal, traiter une question dans laquelle ils auraient un intérêt direct ou indirect.

Ils adressent à l'autorité, au moment où il est fait appel à eux, une déclaration sur l'honneur mentionnant leurs liens, directs ou indirects, avec l'activité qui fait l'objet de l'enquête. Ils sont soumis au secret professionnel dans les conditions prévues à l'article L. 1621-16 du Code des transports.

En cas de manquement d'un expert à ces dispositions, l'autorité peut mettre fin à ses fonctions.

Art. R. 592-27 *(Créé à compter du 1er avril 2019, D. n° 2019-190, 14 mars 2019).* – Les membres de la commission d'enquête et les experts n'ont accès aux informations et supports protégés définis par l'article R. 2311-1 du Code de la défense que dans les conditions définies aux articles R. 2311-7 et R. 2311-7-1 de ce code.

Art. R. 592-28 *(Créé à compter du 1er avril 2019, D. n° 2019-190, 14 mars 2019 ; mod. à compter du 1er janvier 2025, D. n° 2024-1194, 19 déc. 2024).* – La participation à la commission d'enquête est gratuite. Les frais exposés par les membres de la commission d'enquête sont pris en charge par l'Autorité de sûreté nucléaire et de radioprotection dans les mêmes conditions que celles applicables aux personnels civils de l'État.

Toutefois, les membres de la commission d'enquête mentionnés au 5° de l'article R. 592-24 peuvent être rémunérés par l'autorité selon des conditions qu'elle fixe en fonction de la complexité et de la durée de la commission d'enquête. Les experts mentionnés à l'article R. 592-26 sont rémunérés par l'autorité dans les mêmes conditions.

Art. R. 592-29 *(Créé à compter du 1er avril 2019, D. n° 2019-190, 14 mars 2019 ; mod. à compter du 1er janvier 2025, D. n° 2024-1194, 19 déc. 2024).* – À la demande d'une autorité étrangère transmise par voie diplomatique ou de sa propre initiative, l'Autorité de sûreté nucléaire et de radioprotection peut associer, selon les modalités qu'elle détermine, à une enquête technique menée sur le territoire national ou à bord de navires français, des personnes relevant d'États ou d'organismes étrangers ou d'organisations internationales, en lien avec la nature ou le lieu de l'incident ou de l'accident. Lorsqu'elle met en œuvre les dispositions du présent article, l'autorité en informe le ministère des affaires étrangères.

Les dispositions prévues à l'article R. 592-27 sont applicables aux personnes associées à l'enquête technique en application du présent article.

Art. R. 592-30 *(Créé à compter du 1er avril 2019, D. n° 2019-190, 14 mars 2019 ; mod. à compter du 1er janvier 2025, D. n° 2024-1194, 19 déc. 2024).* – Dans le cas où une enquête technique est ouverte par l'Autorité de sûreté nucléaire et de radioprotection et où il est décidé, pour le même événement, l'ouverture d'une enquête technique au titre des événements de mer ou des accidents ou incidents de transport terrestre ou aérien, le président de l'autorité et le directeur du bureau d'enquêtes mentionné à l'article R. 592-25 se concertent pour définir ensemble, en tant que de besoin, les modalités de coordination et de coopération dans la conduite des deux enquêtes.

Art. R. 592-31 *(Créé à compter du 1er avril 2019, D. n° 2019-190, 14 mars 2019 ; mod. à compter du 1er janvier 2025, D. n° 2024-1194, 19 déc. 2024).* – Lorsqu'au cours de l'enquête le chef de la commission d'enquête estime nécessaire la mise en œuvre immédiate de recommandations pour prévenir un accident ou un incident, il en saisit l'Autorité de sûreté nucléaire et de radioprotection, qui décide des suites à donner.

Art. R. 592-32 *(Créé à compter du 1er avril 2019, D. n° 2019-190, 14 mars 2019 ; mod. à compter du 1er janvier 2025, D. n° 2024-1194, 19 déc. 2024)*. – La commission d'enquête remet un rapport d'enquête à l'Autorité de sûreté nucléaire et de radioprotection dans les conditions et formes prévues à l'article L. 1621-4 du Code des transports.

La commission d'enquête fournit, sous la forme d'un document séparé, les éléments du rapport d'enquête dont elle considère que leur divulgation serait de nature à porter atteinte à des intérêts mentionnés aux articles L. 311-5 et L. 311-6 du Code des relations entre le public et l'administration.

Art. R. 592-33 *(Créé à compter du 1er avril 2019, D. n° 2019-190, 14 mars 2019 ; mod. à compter du 1er janvier 2025, D. n° 2024-1194, 19 déc. 2024)*. – L'Autorité de sûreté nucléaire et de radioprotection adresse une copie du rapport d'enquête aux ministres chargés de la sûreté nucléaire et de la radioprotection et, lorsqu'une procédure judiciaire a été ouverte, au procureur de la République.

Elle transmet à la personne responsable de l'activité nucléaire ou de l'installation ayant fait l'objet de l'enquête copie du rapport d'enquête pour ce qui la concerne.

Néanmoins, les éléments du rapport qui relèvent de l'article R. 2311-1 du Code de la défense sont transmis uniquement aux personnes ayant fait l'objet de la décision d'habilitation mentionnée à l'article R. 2311-7 du même code.

À l'exception des éléments dont la divulgation serait de nature à porter atteinte à des intérêts mentionnés aux articles L. 311-5 et L. 311-6 du Code des relations entre le public et l'administration, le rapport d'enquête est publié au *Bulletin officiel* de l'Autorité de sûreté nucléaire et de radioprotection.

Section VIII. – Commission des sanctions de l'Autorité de sûreté nucléaire et de radioprotection

(Créée à compter du 1er avril 2019, D. n° 2019-190, 14 mars 2019 ; mod. à compter du 1er janvier 2025, D. n° 2024-1194, 19 déc. 2024)

Art. R. 592-34 *(Créé à compter du 1er avril 2019, D. n° 2019-190, 14 mars 2019)*. – La commission des sanctions adopte son règlement intérieur à la majorité qualifiée des trois quarts de ses membres.

Ce règlement intérieur précise, notamment :

1° Les modalités d'instruction des demandes de prononcé d'une amende dont elle est saisie ;

2° Les modalités de convocation, de déroulement des séances et de délibération ;

3° La procédure qui s'applique en cas d'incompatibilité, d'empêchement, de démission ou de décision de fin de fonctions de ses membres ;

4° Les modalités de mise en œuvre des règles de déontologie qui s'imposent aux membres de la commission.

Art. R. 592-35 *(Créé à compter du 1er avril 2019, D. n° 2019-190, 14 mars 2019)*. – Le président de la commission des sanctions a qualité pour agir en justice lorsqu'une décision de la commission fait l'objet d'un recours contentieux.

Art. R. 592-36 *(Créé à compter du 1er avril 2019, D. n° 2019-190, 14 mars 2019 ; mod. à compter du 1er janvier 2025, D. n° 2024-1194, 19 déc. 2024)*. – La commission des sanctions bénéficie, avec l'accord du président de l'Autorité de sûreté nucléaire et de radioprotection, de l'appui technique de personnels des services de l'autorité.

Pour l'exercice de cet appui, ces agents sont placés sous l'autorité fonctionnelle du président de la commission des sanctions.

Art. R. 592-37 *(Créé à compter du 1er avril 2019, D. n° 2019-190, 14 mars 2019 ; mod. à compter du 1er janvier 2025, D. n° 2024-1194, 19 déc. 2024)*. – Le président de la commission des sanctions peut, avec l'accord du président de l'Autorité de sûreté nucléaire et de radioprotection, donner délégation à tout agent de l'Autorité de sûreté nucléaire et de radioprotection placé sous son autorité pour signer, dans la limite de ses attributions, des actes de gestion.

Art. R. 592-38 ***(Créé à compter du 1er avril 2019, D. n° 2019-190, 14 mars 2019).*** **– Les membres de la commission des sanctions bénéficient de vacations attribuées en fonction de la présence effective des intéressés aux séances de la commission. La production de rapports donne également lieu au versement de vacations.**

L'unité de référence de la vacation est la demi-journée. Pour la production d'un rapport, le nombre de vacations est fixé par le président de la commission en fonction du temps nécessaire à sa préparation.

Le montant unitaire de la vacation est fixé, pour chacune des activités mentionnées au premier alinéa, par arrêté conjoint des ministres chargés de la sûreté nucléaire, de la radioprotection, du budget et de la fonction publique. Le même arrêté peut fixer, pour les vacations accomplies par le président de la commission des sanctions, un montant autre que celui mentionné à l'alinéa précédent, dans la limite du double de ce même montant.

Le montant annuel total des vacations allouées pour l'ensemble des activités mentionnées au premier alinéa ne peut excéder un montant égal à la moitié du traitement annuel brut du chevron II du groupe hors échelle B de rémunération.

Outre le versement de vacations, les membres de la commission des sanctions peuvent, dans les conditions fixées par le décret n° 2006-781 du 3 juillet 2006 fixant les conditions et les modalités de règlement des frais occasionnés par les déplacements temporaires des personnels civils de l'État, être indemnisés des frais occasionnés par leurs déplacements en France et à l'étranger.

Section IX. – L'Institut de radioprotection et de sûreté nucléaire

(Abr. à compter du 1er janvier 2025, D. n° 2024-1194, 19 déc. 2024)

Art. R. 592-39 à R. 592-61 ***(Abr. à compter du 1er janvier 2025, D. n° 2024-1194, 19 déc. 2024).***

Section IX *(Rédaction antérieure).* – L'Institut de radioprotection et de sûreté nucléaire

(Créée à compter du 1er avril 2019, D. n° 2019-190, 14 mars 2019)

Rédaction antérieure. Art. R. 592-39 ***(Créé à compter du 1er avril 2019, D. n° 2019-190, 14 mars 2019).*** **–** I. – L'Institut de radioprotection et de sûreté nucléaire (IRSN), établissement public de l'État à caractère industriel et commercial, exerce, à l'exclusion de toute responsabilité d'exploitant d'installation nucléaire de base, des missions d'expertise et de recherche dans les domaines de :

1° La sûreté nucléaire ;

2° La sûreté des transports de matières radioactives et fissiles ;

3° La protection de l'homme et de l'environnement contre les rayonnements ionisants ;

4° La protection et le contrôle des matières nucléaires ;

5° La protection des installations nucléaires et des transports de matières radioactives et fissiles contre les actes de malveillance.

II. – Au titre de ses missions, il :

1° Réalise des expertises, des recherches et des travaux, notamment d'analyses, de mesures ou de dosages, pour des organismes publics ou privés, français ou étrangers ;

2° Définit des programmes de recherches, menés en son sein ou confiés à d'autres organismes de recherche français ou étrangers, en vue de maintenir et développer les connaissances et compétences nécessaires à l'expertise dans ses domaines d'activité ;

3° Contribue à la formation en radioprotection des professionnels de santé et des personnes professionnellement exposées ;

4° Apporte un appui technique à l'Autorité de sûreté nucléaire, au délégué à la sûreté nucléaire et à la radioprotection pour les installations et activités nucléaires intéressant la défense et aux autorités et services de l'État qui en font la demande ;

5° Propose à l'Autorité de sûreté nucléaire, au délégué à la sûreté nucléaire et à la radioprotection pour les installations et activités nucléaires intéressant la défense, en cas d'incident ou d'accident impliquant des sources de rayonnements ionisants, des mesures d'ordre technique, sanitaire et médical propres à assurer la protection de la population, des travailleurs et de l'environnement et à rétablir la sécurité des installations. Dans de telles circonstances, l'Institut fournit également, en tant que de besoin, un appui technique aux autres autorités de l'État concernées ;

6° Participe à la veille permanente en matière de radioprotection, notamment en concourant à la surveillance radiologique de l'environnement et en assurant la gestion et l'exploitation des données dosimétriques concernant les travailleurs exposés aux rayonnements ionisants ;

7° Assure la gestion de l'inventaire des sources de rayonnements ionisants ;

8° Assure la comptabilité centralisée des matières nucléaires pour les autorités de l'État chargées de la protection et du contrôle des matières nucléaires non affectées aux moyens nécessaires à la mise en œuvre de la politique de dissuasion et pour les autorités de l'État chargées des accords internationaux de coopération et de non-prolifération nucléaire ;

9° Apporte son concours technique aux autorités de l'État chargées de la protection et du contrôle des matières nucléaires, de leurs installations et de leur transport ainsi que de l'interdiction des armes chimiques.

III. – Les modalités d'exercice des activités mentionnées aux 4° à 9° du II font l'objet de conventions entre l'établissement et les administrations ou autorités concernées.

Rédaction antérieure. Art. R. 592-40 ***(Créé à compter du 1er avril 2019, D. n° 2019-190, 14 mars 2019).*** **–** L'institut est placé sous la tutelle conjointe du ministre chargé de l'environnement, du ministre de la défense et des ministres chargés de l'énergie, de la recherche et de la santé.

Rédaction antérieure. Art. R. 592-41 ***(Créé à compter du 1er avril 2019, D. n° 2019-190, 14 mars 2019).*** **–** La nature et les résultats des programmes de recherches menés par l'institut, à l'exclusion de ceux relevant de la défense, font l'objet, en fonction des domaines de compétences concernés, d'une communication aux autorités chargées du contrôle de la sûreté nucléaire et de la radioprotection ainsi qu'au Haut Comité pour la transparence et l'information sur la sécurité nucléaire, au Haut Conseil de la santé publique et au Conseil d'orientation des conditions de travail.

L'institut organise, par voie électronique, la publicité des données scientifiques résultant de ces programmes de recherche.

Il contribue à la transparence et à l'information du public en matière de sûreté nucléaire et de radioprotection, notamment en élaborant et en rendant public un rapport annuel d'activité. Ce rapport est transmis aux ministres de tutelle et fait l'objet d'une présentation au Haut Comité pour la transparence et l'information sur la sécurité nucléaire, au Haut Conseil de la santé publique et au Conseil d'orientation des conditions de travail.

Lorsqu'elles concernent les installations et activités nucléaires intéressant la défense mentionnées à l'article L. 1333-15 du Code de la défense, les dispositions prévues à l'alinéa précédent sont mises en œuvre, après l'accord du président du comité d'orientation auprès de la direction de l'expertise nucléaire de défense et de sécurité mentionné à l'article R. 592-53, en application de l'article L. 1333-19 du Code de la défense.

Rédaction antérieure. Art. R. 592-42 ***(Créé à compter du 1er avril 2019, D. n° 2019-190, 14 mars 2019).*** **–** Le conseil d'administration de l'institut comprend, outre les deux parlementaires mentionnés à l'article L. 592-45, vingt-trois autres membres ainsi répartis :

1° Dix représentants de l'État comprenant, outre le président de l'Autorité de sûreté nucléaire en application de l'article L. 592-46, neuf membres nommés par décret :

– le délégué à la sûreté nucléaire et à la radioprotection pour les installations et activités nucléaires intéressant la défense ;
– un membre nommé sur proposition du ministre de la défense ;
– un membre nommé sur proposition du ministre chargé de l'environnement ;
– un membre nommé sur proposition du ministre chargé de la santé ;
– un membre nommé sur proposition du ministre chargé de l'énergie ;
– un membre nommé sur proposition du ministre chargé de la recherche ;
– un membre nommé sur proposition du ministre chargé de la sécurité civile ;
– un membre nommé sur proposition du ministre chargé du travail ;
– un membre nommé sur proposition du ministre chargé du budget ;

2° Cinq personnalités qualifiées choisies en raison de leur compétence dans les domaines d'activité de l'établissement et nommées par décret pris sur le rapport des ministres de tutelle ;

3° Huit représentants des personnels de l'établissement, élus dans les conditions et selon les modalités prévues par le chapitre II du titre II de la loi n° 83-675 du 26 juillet 1983 relative à la démocratisation du secteur public.

Rédaction antérieure. Art. R. 592-43 ***(Créé à compter du 1er avril 2019, D. n° 2019-190, 14 mars 2019).*** **–** Le mandat des membres du conseil d'administration est d'une durée de cinq ans. Il est renouvelable une seule fois pour les personnalités qualifiées mentionnées au 2° de l'article R. 592-42. Le remplacement des membres du conseil d'administration intervenant en cours de mandat s'effectue dans les conditions fixées par l'article 11 de la loi n° 83-675 du 26 juillet 1983.

Rédaction antérieure. Art. R. 592-44 ***(Créé à compter du 1er avril 2019, D. n° 2019-190, 14 mars 2019).*** **–** Le président du conseil d'administration est nommé, parmi les membres du conseil et sur proposition de celui-ci, par décret pris sur le rapport des ministres de tutelle.

Il assure les relations de l'établissement avec les ministres de tutelle et le président de l'Autorité de sûreté nucléaire.

Il préside le comité d'orientation des recherches prévu à l'article R. 592-50. Il peut assister aux séances du conseil scientifique prévu à l'article R. 592-54.

Il participe aux réunions stratégiques organisées par l'institut.

Il bénéficie d'un régime indemnitaire dont le montant est défini par arrêté conjoint des ministres chargés de l'environnement et du budget.

Rédaction antérieure. Art. R. 592-45 ***(Créé à compter du 1er avril 2019, D. n° 2019-190, 14 mars 2019).*** **–** Le commissaire du Gouvernement placé auprès de l'établissement est le directeur général de la prévention des risques au ministère chargé de l'environnement. Il peut, à tout moment, se faire communiquer tous documents, pièces ou archives et *procéder ou faire procéder à toutes vérifications.*

Il peut assister aux réunions du comité d'orientation des recherches prévu à l'article R. 592-50.

Rédaction antérieure. Art. R. 592-46 ***(Créé à compter du 1er avril 2019, D. n° 2019-190, 14 mars 2019).*** **–** Le conseil d'administration se réunit au moins quatre fois par an sur convocation de son président. Le conseil d'administration peut également être convoqué à la demande du tiers de ses membres dans les conditions prévues au deuxième alinéa de l'article 8 de la loi n° 83-675 du 26 juillet 1983

L'ordre du jour est arrêté par le président. À la demande du conseil d'administration statuant à la majorité simple ou d'un des ministres de tutelle, l'examen d'une question particulière est inscrit à l'ordre du jour.

Sauf en cas d'urgence, le lieu, la date et l'ordre du jour sont portés au moins deux semaines à l'avance à la connaissance des membres du conseil d'administration, du commissaire du Gouvernement, du contrôleur budgétaire, du directeur général et du directeur général adjoint mentionné à l'article R. 592-52.

Chaque administrateur représentant du personnel dispose, pour l'exercice de son mandat, d'un crédit mensuel de quinze heures.

Rédaction antérieure. Art. R. 592-47 *(Créé à compter du 1er avril 2019, D. n° 2019-190, 14 mars 2019).* **–** Le conseil d'administration ne délibère valablement que si la moitié au moins de ses membres sont présents ou représentés. Toutefois, les décisions prises à la suite d'une nouvelle convocation sur le même ordre du jour dans un délai de vingt jours sont valables sans condition de quorum.

Les délibérations sont prises à la majorité des voix des membres présents ou représentés ; en cas de partage égal des voix, celle du président est prépondérante.

Les membres appartenant à l'une des catégories définies aux 1° à 3° de l'article R. 592-42 peuvent se faire représenter par un autre membre appartenant à la même catégorie, un membre ne pouvant représenter qu'un seul autre membre.

Le commissaire du Gouvernement, le contrôleur budgétaire, le directeur général et le directeur général adjoint mentionné à l'article R. 592-52 assistent aux séances avec voix consultative. L'agent comptable y assiste dans les conditions prévues au titre III du décret n° 2012-1246 du 7 novembre 2012 relatif à la gestion budgétaire et comptable publique. En cas d'empêchement, le commissaire du Gouvernement, le contrôleur budgétaire et l'agent comptable peuvent se faire représenter par une personne placée sous leur autorité.

Le président peut appeler à participer à une partie ou à la totalité d'une séance, avec voix consultative, toute personne dont il juge la présence utile pour l'étude d'une question inscrite à l'ordre du jour.

Rédaction antérieure. Art. R. 592-48 *(Créé à compter du 1er avril 2019, D. n° 2019-190, 14 mars 2019).* **–** I. – Le conseil d'administration règle, par ses délibérations, les affaires de l'institut. Il délibère, notamment, sur :

1° Les conditions générales d'organisation et de fonctionnement de l'établissement, notamment les sujétions particulières auxquelles est tenu son personnel ;

2° Les chartes de déontologie applicables aux différentes activités de l'établissement ;

3° Les programmes d'activités de l'établissement ;

4° Le rapport annuel d'activité ;

5° Le budget et les décisions modificatives ;

6° Les comptes de chaque exercice et l'affectation des résultats ;

7° Les emprunts ;

8° La création de filiales, les prises, extensions et cessions de participations financières ;

9° Les projets d'achat, de vente et de location d'immeubles d'un montant supérieur à un seuil qu'il détermine ;

10° Les règles générales déterminant les tarifs pratiqués par l'établissement ;

11° Les conditions générales de recrutement, d'emploi et de rémunération du personnel de droit privé ;

12° Les modalités générales de passation, de financement et de contrôle des contrats, conventions et marchés ;

13° L'acquisition et la cession des droits de propriété industrielle ;

14° L'acceptation et le refus des dons et legs ;

15° Les actions en justice ainsi que les transactions d'un montant supérieur à un seuil qu'il détermine.

Pour les matières énumérées au 11°, le conseil d'administration peut déléguer ses compétences au directeur général, dans les conditions et limites qu'il détermine, compte tenu, notamment, des dispositions de l'article R. 592-61. Le directeur général informe le conseil d'administration des projets relatifs à ces matières et lui rend compte, au plus tôt, des décisions qu'il a prises en vertu de cette délégation.

II. – Le conseil d'administration arrête son règlement intérieur.

III. – Les membres du conseil d'administration ainsi que les personnes appelées à assister à ses réunions sont tenus à la discrétion sur les délibérations du conseil et ne doivent, notamment, divulguer aucune information confidentielle dont ils pourraient avoir connaissance dans l'exercice de leur mandat.

Rédaction antérieure. Art. R. 592-49 *(Créé à compter du 1er avril 2019, D. n° 2019-190, 14 mars 2019).* **–** Les délibérations du conseil d'administration sont exécutoires de plein droit un mois après leur réception par les ministres de tutelle, le commissaire du Gouvernement et le contrôleur budgétaire, et, lorsqu'elles portent sur les questions énumérées par les 7° à 15° du I de l'article R. 592-48, par le ministre chargé du budget, si l'un de ceux-ci n'a pas fait opposition dans ce délai.

Les délibérations portant sur le budget et le compte financier sont exécutoires dans les conditions prévues par le titre III du décret n° 2012-1246 du 7 novembre 2012 relatif à la gestion budgétaire et comptable publique.

Lorsque les délibérations portent sur les missions de l'établissement définies au deuxième alinéa de l'article R. 592-52, seuls le ministre de la défense, le ministre chargé de l'énergie et le ministre chargé du budget peuvent y faire opposition.

Rédaction antérieure. Art. R. 592-50 *(Créé à compter du 1er avril 2019, D. n° 2019-190, 14 mars 2019).* **–** Un comité d'orientation des recherches est chargé de conseiller le conseil d'administration en matière d'objectifs et de priorités pour les recherches menées par l'établissement dans les champs de la sûreté nucléaire et de la radioprotection, à l'exclusion des domaines relevant de la défense.

Ce comité est présidé par le président du conseil d'administration.

Il est constitué d'au plus 40 membres représentant les parties prenantes et acteurs de la prévention et de la gestion des risques nucléaires et radiologiques dont la liste est arrêtée par le conseil d'administration après avis du Haut Comité pour la transparence et l'information sur la sûreté nucléaire.

Sur proposition des organismes figurant sur cette liste, le président du conseil d'administration nomme les membres pour une durée de cinq ans renouvelable.

Les avis du comité sont rendus publics après transmission aux membres du conseil d'administration et aux ministres de tutelle.

Rédaction antérieure. Art. R. 592-51 *(Créé à compter du 1er avril 2019, D. n° 2019-190, 14 mars 2019).* – Le directeur général de l'établissement est nommé pour une durée de cinq ans renouvelable, sur la proposition du président du conseil d'administration, par décret pris sur le rapport des ministres de tutelle.

Le directeur général représente l'établissement. Il est chargé, sous réserve des attributions du directeur général adjoint définies à l'article R. 592-52, de la mise en œuvre des programmes et des opérations confiées à l'établissement, de la préparation et de l'exécution des décisions concernant l'organisation et le fonctionnement des services.

Il assure la direction administrative et financière de l'établissement. Il exerce la direction des services et a, à ce titre, autorité sur le personnel. Il conclut les contrats de travail, recrute et licencie les salariés de toutes catégories.

Il est l'ordonnateur principal des recettes et des dépenses. Il passe au nom de l'établissement tous actes, contrats ou marchés ; il détermine l'emploi des fonds disponibles et le placement des réserves ; il procède à toutes acquisitions, aliénations et transferts de valeurs ainsi qu'à tous achats, ventes ou locations d'immeubles ; il contracte tous emprunts et constitue nantissement ou hypothèque ; il conclut les contrats et les transactions dont le montant est inférieur au seuil fixé en application des 9° et 15° du I de l'article R. 592-48. Il désigne les ordonnateurs secondaires.

Il est chargé de la préparation des budgets et de la présentation des comptes et du bilan annuel de l'établissement.

Il assiste aux séances du comité d'orientation prévu à l'article R. 592-53. Il peut assister aux séances du comité d'orientation des recherches prévu à l'article R. 592-50 et aux séances du conseil scientifique prévu à l'article R. 592-54.

Il rend compte au conseil d'administration de l'exécution de ses délibérations.

Il peut déléguer sa signature.

Rédaction antérieure. Art. R. 592-52 *(Créé à compter du 1er avril 2019, D. n° 2019-190, 14 mars 2019 ; mod. à compter du 1er février 2020, D. n° 2020-67, 30 janv. 2020)* (1). – Le directeur général est assisté d'un directeur général adjoint, nommé pour une durée de cinq ans renouvelable par décret pris sur le rapport du ministre de la défense et du ministre chargé de l'énergie, après avis du directeur général et du comité d'orientation prévu à l'article R. 592-53.

Le directeur général adjoint est chargé de mettre en œuvre les missions de l'établissement dans les domaines relevant de la défense et de la sécurité nationale. Il est en particulier chargé de mettre en œuvre, dans les domaines mentionnés aux 4° et 5° du I de l'article R. 592-39, les missions mentionnées aux 4°, 8° et 9° du II du même article.

Il instruit, pour le ministre compétent, les demandes d'accord d'exécution mentionnées à l'article R. 1333-17 du Code de la défense et délivre, dans les cas prévus au 2° du III de cet article, les accords d'exécution.

Il instruit, pour le ministre de la défense, les demandes d'autorisation mentionnées à l'article R.* 1411-11-21 du même code déposées au titre de son article R.* 1411-11-23 ainsi que les demandes d'agrément déposées au titre de son article R.* 1411-11-32 et les demandes d'accord d'exécution mentionnées à son article R.* 1411-11-33.

Il instruit, pour le ministre chargé de l'industrie, les demandes d'autorisation prévues par l'article R. 2342-4 du Code de la défense. Il délivre les autorisations, après le contrôle mentionné à l'article L. 2342-52 du même code.

Il instruit, pour le même ministre, les demandes d'autorisation prévues par les articles R. 2342-21 et R. 2342-31 du Code de la défense. Il délivre les autorisations, après avis du service des biens à double usage.

À cet effet, il dispose, en particulier, d'une direction de l'expertise nucléaire de défense et de sécurité qui assure, notamment, la comptabilité centralisée des matières nucléaires dont la détention relève d'une autorisation au titre de l'article L. 1333-2 du Code de la défense. Il est chargé de la préparation et de l'exécution des décisions concernant l'organisation et le fonctionnement des services de cette direction, des présentations pour la nomination du personnel à y affecter, de la gestion des moyens qui lui sont alloués, de la mise en œuvre des programmes et des opérations qui lui incombent et de la négociation des conventions avec les organismes et autorités qui font appel à ses services. Il propose les programmes d'activité de la direction de l'expertise nucléaire de défense et de sécurité.

Il prépare les séances du comité d'orientation prévu à l'article R. 592-53 et l'instruction des dossiers soumis à ce comité. Il assiste aux séances de ce comité d'orientation.

Il peut assister aux séances du conseil scientifique prévu à l'article R. 592-54.

Il peut déléguer sa signature.

Rédaction antérieure. Art. R. 592-53 *(Créé à compter du 1er avril 2019, D. n° 2019-190, 14 mars 2019).* – I. – Placé auprès de la direction de l'expertise nucléaire de défense et de sécurité de l'établissement, un comité d'orientation examine le programme d'activité de cette direction avant qu'il soit soumis au conseil d'administration ainsi que la partie du projet de rapport annuel d'activité de l'établissement portant sur cette même direction.

---

(1) Les demandes de décisions administratives individuelles présentées avant le 1er février 2020 demeurent soumises aux dispositions applicables à la date de leur présentation. Les dispositions qui précèdent sont applicables dans les îles Wallis-et-Futuna, en Polynésie française et en Nouvelle-Calédonie, D. n° 2020-67, 30 janv. 2020.

Il est consulté sur tout projet de délibération du conseil d'administration ayant pour objet spécifique l'organisation ou le fonctionnement de cette direction et peut transmettre au conseil d'administration toute recommandation relative aux activités de cette dernière.

II. – Il comprend :

1° Le délégué à la sûreté nucléaire et à la radioprotection pour les installations et activités nucléaires intéressant la défense ou son représentant ;

2° Le chef d'état-major des armées ou son représentant ;

3° Le délégué général pour l'armement ou son représentant ;

4° Le secrétaire général pour l'administration du ministère de la défense ou son représentant ;

5° L'inspecteur des armements nucléaires ou son représentant ;

6° Le directeur du budget ou son représentant ;

7° Le directeur des affaires stratégiques, de sécurité et du désarmement ou son représentant ;

8° Les hauts fonctionnaires de défense et de sécurité chargés de la protection et du contrôle des matières nucléaires non affectées aux moyens nécessaires à la mise en œuvre de la politique de dissuasion, de leurs installations et de leur transport ainsi que de l'interdiction des armes chimiques ou leurs représentants ;

9° Deux personnes qualifiées choisies en raison de leur compétence dans l'expertise nucléaire de défense et de sécurité, dont une en matière de radioprotection, et nommées par arrêté conjoint du ministre de la défense et du ministre chargé de l'énergie, pour une durée de cinq ans.

Le président du comité d'orientation est nommé parmi les membres du comité par arrêté conjoint du ministre de la défense et du ministre chargé de l'énergie.

Rédaction antérieure. Art. R. 592-54 *(Créé à compter du 1er avril 2019, D. n° 2019-190, 14 mars 2019)*. – I. – Un conseil scientifique examine, pour avis, les programmes d'activités de l'établissement. Il s'assure de la pertinence des programmes de recherche que définit l'établissement et de leur suivi. Il évalue leurs résultats.

Il peut formuler toute recommandation sur l'orientation des activités de l'établissement.

Le directeur général adjoint détermine ceux des programmes d'activités relevant de sa responsabilité qui sont soumis à l'avis du conseil scientifique.

Les avis ou recommandations du conseil scientifique sont transmis au conseil d'administration, au comité d'orientation des recherches pour ceux traitant des orientations de l'établissement et aux ministres de tutelle.

Le conseil scientifique peut être consulté par le président du conseil d'administration ou par les ministres de tutelle sur toutes recherches dans les domaines de compétences de l'établissement.

II. – Il est composé d'au plus douze personnalités choisies en raison de leur compétence scientifique ou technique, nommées, sur proposition du président du conseil d'administration, pour cinq ans, par arrêté conjoint des ministres de tutelle.

Les membres démissionnaires sont remplacés, en cours de mandat, dans les mêmes conditions.

Le président du conseil scientifique est nommé parmi les membres du conseil scientifique par arrêté des ministres de tutelle. Il peut assister aux réunions du comité d'orientation des recherches prévu à l'article R. 592-50.

Rédaction antérieure. Art. R. 592-55 *(Créé à compter du 1er avr. 2019, D. n° 2019-190, 14 mars 2019)*. – Placée auprès de l'institut, une commission consultative des marchés est chargée de formuler un avis préalablement à la passation des contrats, conventions et marchés ayant pour objet la fourniture à l'établissement de produits, de services ou de travaux.

Un arrêté conjoint des ministres de tutelle et du ministre chargé de l'économie et des finances précise la composition de cette commission et les seuils des montants des contrats, conventions et marchés à partir desquels la commission est consultée.

Rédaction antérieure. Art. R. 592-56 *(Créé à compter du 1er avril 2019, D. n° 2019-190, 14 mars 2019)*. – Le conseil d'administration met en place une commission d'éthique et de déontologie chargée de le conseiller pour la rédaction des chartes prévues au 2° du I de l'article R. 592-48 et de suivre leur application. Ces chartes établissent, notamment, les conditions dans lesquelles est assurée la séparation, au sein de l'établissement, entre les missions d'expertise réalisées au bénéfice des services de l'État et celles réalisées dans le cadre de prestations commerciales.

Rédaction antérieure. Art. R. 592-57 *(Créé à compter du 1er avril 2019, D. n° 2019-190, 14 mars 2019)*. – I. – Les ressources de l'établissement comprennent :

1° Les dotations, subventions et autres versements de l'État et d'autres organismes publics ou privés, nationaux ou internationaux ;

2° La rémunération des services rendus et des produits vendus ;

3° Le produit des ventes de publications ;

4° Les revenus tirés des brevets ou inventions ;

5° Les revenus des biens meubles et immeubles de l'établissement et le produit de leur aliénation ;

6° Les dons et legs ;

7° Les produits des emprunts et des participations, les produits financiers et, d'une manière générale, toutes les recettes autorisées par les lois et règlements.

II. – Les dépenses de l'établissement comprennent :

1° Les frais de personnel de l'établissement ;

2° Les frais de fonctionnement et d'équipement ;

3° Les impôts et contributions de toute nature ;

4° Les dépenses de toute nature liées aux immeubles dont l'établissement public est propriétaire ;

5° De façon générale, toutes dépenses nécessaires aux missions de l'établissement.

III. – Le budget et les décisions modificatives font apparaître distinctement les ressources et les dépenses correspondant aux missions relevant du directeur général adjoint.

Rédaction antérieure. Art. R. 592-58 *(Créé à compter du 1er avril 2019, D. n° 2019-190, 14 mars 2019).* – L'institut est soumis aux dispositions des titres Ier et III du décret n° 2012-1246 du 7 novembre 2012 relatif à la gestion budgétaire et comptable publique.

L'agent comptable est nommé par arrêté du ministre chargé du budget, après avis du conseil d'administration.

Rédaction antérieure. Art. R. 592-59 *(Créé à compter du 1er avril 2019, D. n° 2019-190, 14 mars 2019).* – Des régies d'avances et des régies de recettes peuvent être créées dans les conditions fixées par le *(Mots rempl. à compter des dates prévues à l'article 18 du décret n° 2019-798 du 26 juillet 2019, D. n° 2019-798, 26 juill. 2019)* décret n° 2019-798 du 26 juillet 2019 relatif aux régies de recettes et aux régies d'avances des organismes publics.

Rédaction antérieure. Art. R. 592-60 *(Créé à compter du 1er avril 2019, D. n° 2019-190, 14 mars 2019).* – Demeurent à la disposition de l'Institut de radioprotection et de sûreté nucléaire, selon les modalités opérationnelles et les conditions financières réglées par convention entre le Commissariat à l'énergie atomique et aux énergies alternatives, en sa qualité d'exploitant, et l'institut, les installations nucléaires de base et les installations individuelles faisant partie d'une installation nucléaire de base secrète qui, avant le 26 février 2002, étaient affectées aux recherches en matière de sûreté et qui ont été, lors de sa création, mises à la disposition de l'institut, pour les besoins de ses programmes de recherches, par le Commissariat à l'énergie atomique et aux énergies alternatives.

Rédaction antérieure. Art. R. 592-61 *(Créé à compter du 1er avril 2019, D. n° 2019-190, 14 mars 2019).* – Les conditions générales d'emploi et de travail ainsi que les garanties sociales des salariés de l'institut soumis au droit privé sont précisées par un accord d'entreprise conclu avec les organisations syndicales représentatives.

L'institut veille à la qualité de son expertise et de ses recherches notamment en assurant la mobilité des personnels entre l'établissement et le Commissariat à l'énergie atomique et aux énergies alternatives. Une convention entre les deux établissements, approuvée par les ministres de tutelle et le ministre chargé du budget, fixe les modalités, y compris financières, de cette mobilité de leurs personnels.

Une convention avec l'Autorité de sûreté nucléaire fixe également les modalités, y compris financières, de mise à disposition du personnel de l'institut auprès de cette dernière.

CHAPITRE III. – INSTALLATIONS NUCLÉAIRES DE BASE

(Rempl. à compter du 1er avril 2019, D. n° 2019-190, 14 mars 2019)

Section I. – Nomenclature des installations nucléaires de base

(Créée à compter du 1er avril 2019, D. n° 2019-190, 14 mars 2019)

Art. R. 593-1 *(Créé à compter du 1er avril 2019, D. n° 2019-190, 14 mars 2019).* **– Pour l'application du 1° de l'article L. 593-2, un réacteur nucléaire est un appareil permettant de produire et de contrôler une réaction nucléaire auto-entretenue.**

Art. R. 593-2 *(Créé à compter du 1er avril 2019, D. n° 2019-190, 14 mars 2019).* **– I. – Pour l'application des 2° et 3° de l'article L. 593-2, il est tenu compte de l'activité totale des radionucléides présents dans l'installation ou susceptibles de l'être ainsi que de ceux qui, détenus par l'exploitant à proximité de l'installation, peuvent en modifier les risques ou inconvénients pour les intérêts mentionnés à l'article L. 593-1.**

L'activité totale de ces radionucléides est exprimée par un coefficient « Q » calculé selon les modalités définies dans l'annexe à la présente section.

II. – Pour l'application du 2° de l'article L. 593-2, sont des installations nucléaires de base :

1° Les installations de préparation, d'enrichissement, de fabrication, de traitement ou d'entreposage de combustibles nucléaires, ainsi que les installations connexes de traitement ou d'entreposage des déchets qu'elles produisent, lorsque ces installations présentent un coefficient « Q » supérieur à 106 ;

2° Les autres installations de traitement ou d'entreposage de déchets radioactifs, lorsqu'elles présentent un coefficient « Q » supérieur à 109 ;

3° Les installations consacrées au stockage de déchets radioactifs, autres que celles mentionnées au 5° de l'article L. 593-2, lorsqu'elles présentent un coefficient « Q » supérieur à 109.

III. – Pour l'application du 3° de l'article L. 593-2, sont des installations nucléaires de base :

1° Les installations dans lesquelles peuvent être détenues des substances radioactives, lorsque la somme du coefficient « Q » calculé pour les substances radioactives qui sont sous forme de sources scellées rapporté à 1011 et du coefficient « Q » calculé pour les substances radioactives qui ne sont pas sous forme de sources scellées rapporté à 109 est supérieure à l'unité ;

2° Les installations dans lesquelles peuvent être détenues des matières fissiles, si la somme des rapports entre les masses des matières fissiles mentionnées ci-après et leurs masses de référence est supérieure à l'unité. La masse de référence à prendre en compte pour ce calcul est fixée à 200 g pour le plutonium 239, à 200 g pour l'uranium 233, à 400 g pour l'uranium 235 contenu dans l'uranium enrichi dans une proportion supérieure à 6 % et à 800 g pour l'uranium 235 contenu dans l'uranium enrichi dans une proportion comprise entre 1 % et 6 %.

IV. – Toutefois, ne sont pas des installations nucléaires de base :

1° Les installations mentionnées au 1° du II qui mettent en œuvre des substances radioactives exclusivement sous forme de minerai d'uranium ou de résidus ou de produits de traitement de ce minerai ;

2° Les installations d'entreposage ou de stockage de déchets mentionnées aux 2° et 3° du II qui détiennent des substances radioactives exclusivement sous forme de résidus de traitement de minerai d'uranium, de thorium ou de radium ou de produits de traitement de ces minerais ;

3° Les installations mentionnées aux 1° et 2° du III qui détiennent des substances radioactives exclusivement sous forme de minerai d'uranium, de thorium ou de radium ou de résidus ou de produits de traitement de ces minerais.

Art. R. 593-3 *(Créé à compter du 1er avril 2019, D. n° 2019-190, 14 mars 2019).* **– Pour l'application du 4° de l'article L. 593-2, sont des installations nucléaires de base :**

1° Les accélérateurs d'électrons, si les deux conditions suivantes sont simultanément remplies :

***a)* L'énergie pouvant être communiquée aux électrons est supérieure à 50 MeV ;**

***b)* La puissance correspondante du faisceau d'électrons est supérieure à 1 kW ;**

2° Les accélérateurs d'ions, si les deux conditions suivantes sont simultanément remplies :

***a)* L'énergie pouvant être communiquée aux ions est supérieure à :**

– 300 MeV pour les ions de nombre de masse inférieur ou égal à 4 ;

– 75 MeV par nucléon pour les ions de nombre de masse supérieur à 4 ;

***b)* La puissance correspondante du faisceau d'ions est supérieure à 0,5 kW.**

Art. R. 593-4 *(Créé à compter du 1er avril 2019, D. n° 2019-190, 14 mars 2019 ; mod. à compter du 1er janvier 2025, D. n° 2024-1194, 19 déc. 2024).* **– Le Conseil supérieur de la prévention des risques technologiques est consulté sur les projets de décret modifiant les dispositions des articles R. 593-2 et R. 593-3 ainsi que celles de l'annexe à la présente section.**

Ses avis sont joints aux projets soumis, pour avis, à l'Autorité de sûreté nucléaire et de radioprotection.

Annexe à la section 1 du chapitre III du titre IX du livre V

(Annexe créée à compter du 1er avril 2019, D. n° 2019-190, 14 mars 2019 ; mod. à compter du 1er janvier 2025, D. n° 2024-1194, 19 déc. 2024)

A. – Définitions

Pour l'application de la section 1 du chapitre III du titre IX du livre V :

1° Les termes « substances radioactives », « déchets radioactifs », « entreposage » et « stockage de déchets radioactifs » sont définis à l'article L. 542-1-1.

Les termes « accélérateur », « activité », « nucléide », « radioactivité », « radionucléide » et « source radioactive scellée » sont définis à l'annexe 13-7 à la première partie du Code de la santé publique ;

2° Les opérations de préparation, d'enrichissement, de fabrication, de traitement ou d'entreposage de combustibles nucléaires comprennent l'ensemble des opérations pratiquées en vue :

a) De produire du combustible nucléaire utilisable en réacteur nucléaire, à l'exclusion de l'extraction minière soumise au Code minier ;

b) D'extraire des matières valorisables du combustible nucléaire ou d'entreposer ces matières ;

3° Les produits de traitement du minerai d'uranium naturel sont l'ensemble des produits non enrichis en isotope 235 de l'uranium obtenus à partir de ce minerai en vue de leur utilisation ;

4° La puissance d'un faisceau de particules est le produit de l'énergie communiquée à chaque particule et du nombre maximal de particules pouvant arriver par unité de temps sur une cible virtuelle interceptant la totalité du faisceau.

B. – Méthode de prise en compte des radionucléides présents dans l'installation

1° Valeurs de référence :

À chaque radionucléide est associée une valeur de référence en becquerels.

Pour les radionucléides figurant au tableau 2 de l'annexe 13-8 à la première partie du Code de la santé publique ou dans un arrêté pris en application de l'article R. 1333-106 de ce code, la valeur de référence est égale au seuil d'exemption en quantité fixé par cette annexe ou cet arrêté.

Toutefois, pour le tritium, la valeur de référence est fixée à 107 Bq.

La valeur de référence des autres radionucléides peut être fixée par décision de l'Autorité de sûreté nucléaire et de radioprotection en fonction des impératifs de radioprotection. À défaut, la valeur de référence est fixée à 1 000 Bq.

2° Quantification de l'activité des radionucléides présents dans une installation :

Dans une installation où sont présents un ou plusieurs radionucléides, le coefficient Q mentionné à l'article R. 593-2 est calculé selon la formule :

« Q = Σi (Ai/ Aref i) »

dans laquelle Ai représente l'activité (en Bq) du radionucléide i et Aref i représente la valeur de référence du radionucléide « i« .

Pour les radionucléides de filiation en équilibre avec leur radionucléide père, la valeur de référence Aref i du radionucléide père prend en compte la radiotoxicité des radionucléides de filiation. L'activité de ces derniers ne doit donc pas être prise en compte pour le calcul du coefficient « Q« . Pour le radionucléide père, la valeur de référence est notée Aref i (+) ou Aref i (sec) selon les conventions de notation définies par les textes réglementaires mentionnés au 1° du B.

3° Exclusions :

La présence de sources radioactives dans les installations mentionnées au IV de l'article R. 593-2, lorsque ces sources sont exclusivement utilisées pour l'étalonnage, les tests, la détection et les mesures, ne fait pas obstacle à ce que ces installations soient exclues du champ d'application des installations nucléaires de base. Mais ces sources sont prises en compte pour la détermination du coefficient « Q ».

Les radionucléides contenus dans des substances radioactives dont l'activité massique totale est inférieure à 100 kBq par kilogramme ne sont pris en compte ni dans le calcul du coefficient « Q », ni pour l'application des seuils énoncés au 2° du III de l'article R. 593-2.

Il en est de même des radionucléides naturels contenus dans des substances radioactives qui ne sont pas ou n'ont jamais été utilisées pour leurs propriétés radioactives, fissiles ou fertiles.

Section I. – Dispositions générales

(Division créée à compter du 1er avril 2019, D. n° 2019-190, 14 mars 2019)

Sous-section 1. – Secteur de consultation

Art. R. 593-5 ***(Créé à compter du 1er avril 2019, D. n° 2019-190, 14 mars 2019).*** **– I. – Les consultations locales mentionnées au présent chapitre ont lieu dans un secteur de consultation, allant au moins jusqu'à une distance de cinq kilomètres à partir du périmètre de l'installation nucléaire de base, qui est délimité par le préfet en charge de l'organisation de ces consultations locales et de l'enquête publique.**

Le périmètre d'une installation nucléaire de base est celui mentionné à l'article L. 593-8.

Celui d'une installation nucléaire de base ayant fait l'objet d'une décision de déclassement est le dernier périmètre applicable avant le déclassement ou, à défaut, le terrain d'emprise de l'ancienne installation.

Celui d'une installation nucléaire de base en projet est le périmètre proposé par l'exploitant dans sa demande d'autorisation de création.

II. – S'agissant du centre de stockage en couche géologique profonde prévu à l'article L. 542-10-1, cette distance est déterminée à partir de la réunion du périmètre envisagé des installations de surface et de la projection en surface de l'ensemble des installations souterraines. Ainsi délimité, ce secteur constitue la zone de consultation prévue par les douzième et seizième alinéas du même article.

Sous-section 2. – Règles générales fixées par le ministre chargé de la sûreté nucléaire

Art. R. 593-6 *(Créé à compter du 1er avril 2019, D. n° 2019-190, 14 mars 2019).* – Les règles générales prévues par l'article L. 593-4 sont fixées par arrêté du ministre chargé de la sûreté nucléaire, ainsi que, lorsque ces règles portent sur la protection des sources de rayonnements ionisants contre les actes de malveillance, par le ministre chargé de l'énergie.

Cet arrêté est pris après avis du conseil supérieur de la prévention des risques technologiques.

Sous-section 3. – Obligations de recensement incombant aux exploitants

Art. R. 593-7 *(Créé à compter du 1er avril 2019, D. n° 2019-190, 14 mars 2019).* – I. – Le recensement prévu à l'article L. 593-19-1 du présent code porte sur les substances et mélanges mentionnés au I de l'article R. 511-10 du présent code et présents dans les installations nucléaires de base ainsi que dans les autres installations d'un même établissement relevant d'un même exploitant sur un même site, à l'exclusion des installations et activités nucléaires intéressant la défense mentionnées à l'article L. 1333-15 du Code de la défense. Il détermine si :

– l'installation nucléaire de base répond à la règle dite de « dépassement direct seuil bas« ou à la règle dite de « dépassement direct seuil haut« définies au I de l'article R. 511-11 ;

– les installations du site répondent à la règle dite de « cumul seuil bas« ou à la règle dite de « cumul seuil haut« définies au II de l'article R. 511-11.

II. – En cas d'application des dispositions du *e* du II de l'article R. 511-11, l'exploitant justifie que la localisation des substances dangereuses à l'intérieur du site est telle que ces substances ne peuvent déclencher un accident majeur au sens de la directive 2012/18/UE du 4 juillet 2012, directement ou par répercussion sur d'autres installations.

III. – À compter du 1er janvier 2020, ce recensement est réalisé tous les quatre ans au 31 décembre de l'année en cours.

Par dérogation, lorsqu'une installation est nouvellement soumise à l'obligation de recensement après le 31 décembre 2018, le premier recensement est réalisé dans le délai d'un an à compter du jour où l'installation entre dans le champ d'application de la sous-section 3 de la section 15 du présent chapitre.

(Mod. à compter du 1er janvier 2025, D. n° 2024-1194, 19 déc. 2024) Les catégories d'informations à fournir en vue du recensement et les modalités de leur transmission à l'Autorité de sûreté nucléaire et de radioprotection sont définies par une décision de cette dernière.

IV. – Il est par ailleurs réalisé pour la première fois ou, le cas échéant, mis à jour, préalablement à :

1° Toute mise en service d'une nouvelle installation nucléaire de base ;

2° Toute augmentation ou diminution significative de la quantité ou toute modification significative de la nature ou de la forme physique d'une substance ou d'un mélange mentionné dans le recensement prévu au I transmis par l'exploitant, ou toute modification significative des procédés qu'il utilise ;

3° La mise à l'arrêt définitif d'une installation nucléaire de base.

Art. R. 593-8 *(Créé à compter du 1er avril 2019, D. n° 2019-190, 14 mars 2019).* – L'exploitant tient *informés* les exploitants d'installations nucléaires de base voisines ainsi que les exploitants d'installations classées pour la protection de l'environnement voisines soumises à autorisation ou à enregistrement et les exploitants d'ouvrages mentionnés aux articles R. 551-7 à R. 551-11 voisins, des risques d'accidents majeurs, de nature radiologique ou non, que présente l'installation nucléaire et identifiés dans le rapport de sûreté défini à l'article R. 593-18, dès lors que les conséquences de ces accidents majeurs sont susceptibles d'affecter ces installations et ces ouvrages, afin de leur permettre de prendre en compte la nature et l'étendue du danger global d'accident majeur, selon le cas, dans leur politique en matière de protection des intérêts mentionnés à l'article L. 593-1 et leur rapport de sûreté, dans leur étude de danger ou dans leur plan d'urgence interne.

(Mod. à compter du 1er janvier 2025, D. n° 2024-1194, 19 déc. 2024) Il transmet une copie de cette information à l'Autorité de sûreté nucléaire et de radioprotection.

Section II. – Recours à des prestataires et sous-traitants

(Créée à compter du 1er avril 2019, D. n° 2019-190, 14 mars 2019) (1)

Art. R. 593-9 *(Créé à compter du 1er avril 2019, D. n° 2019-190, 14 mars 2019)*. – L'exploitant d'une installation nucléaire de base assure effectivement l'exploitation de son installation.

Il ne peut recourir à des intervenants extérieurs pour la réalisation d'activités susceptibles d'avoir un impact important sur les risques ou inconvénients que son installation peut présenter pour la protection des intérêts mentionnés à l'article L. 593-1, que dans les conditions prévues par la présente section et sous réserve de conserver la capacité d'assurer la maîtrise de ces activités et de l'exploitation de son installation.

Art. R. 593-10 *(Créé à compter du 1er avril 2019, D. n° 2019-190, 14 mars 2019)*. – I. – Pour garantir la maîtrise de la réalisation des activités définies à l'article R. 593-13, l'exploitant limite, autant que possible, le nombre de niveaux de sous-traitance.

II. – Lorsque l'exploitant confie à un intervenant extérieur la réalisation, dans le périmètre de son installation à compter de sa mise en service et jusqu'à son déclassement, de prestations de service ou de travaux définis à l'article R. 593-13, ceux-ci ne peuvent être réalisés que par des sous-traitants de premier ou de deuxième rang.

III. – L'exploitant ne peut confier à un intervenant extérieur la responsabilité opérationnelle et le contrôle de l'exploitation d'une installation nucléaire de base, y compris en ce qui concerne le traitement des accidents, des incidents et des écarts ainsi que la préparation aux situations d'urgence et leur gestion.

Art. R. 593-11 *(Créé à compter du 1er avril 2019, D. n° 2019-190, 14 mars 2019)*. – L'exploitant assure la surveillance des activités susceptibles d'avoir un impact important sur les risques ou inconvénients que son installation peut présenter pour la protection des intérêts mentionnés à l'article L. 593-1 réalisées par des intervenants extérieurs. À cet effet, il met en place un système de transmission des informations en provenance des intervenants extérieurs, notamment en vue d'un retour d'expérience.

Art. R. 593-12 *(Créé à compter du 1er avril 2019, D. n° 2019-190, 14 mars 2019)*. – *(Mod. à compter du 1er janvier 2025, D. n° 2024-1194, 19 déc. 2024)* Lorsque les dispositions du II de l'article R. 593-10 ne peuvent être respectées, en cas d'événement imprévisible affectant les conditions de réalisation de l'activité ou nécessitant des opérations ponctuelles, l'exploitant peut autoriser un intervenant extérieur à recourir à un sous-traitant de rang strictement supérieur à deux. Il en informe préalablement l'Autorité de sûreté nucléaire et de radioprotection, en indiquant les motifs de cette décision.

Lorsque le recours à un intervenant extérieur ou à des sous-traitants de rang strictement supérieur à deux permet d'assurer une meilleure protection des intérêts mentionnés à l'article L. 593-1, l'autorité peut déroger, par une décision motivée, aux dispositions du II ou du III de l'article R. 593-10.

L'absence de réponse de l'autorité à l'expiration d'un délai de trois mois suivant la réception d'une demande de dérogation vaut rejet de la demande.

Art. R. 593-13 *(Créé à compter du 1er avril 2019, D. n° 2019-190, 14 mars 2019)*. – Lorsque l'exploitant envisage de confier à un intervenant extérieur la réalisation d'activités susceptibles d'avoir un impact important sur les risques ou inconvénients que son installation peut présenter pour la protection des intérêts mentionnés à l'article L. 593-1, il évalue les offres en tenant compte, notamment, de critères accordant la priorité à la protection de ces intérêts. Il s'assure préalablement que les entreprises auxquelles il envisage de faire appel disposent de la capacité technique de réalisation des interventions en cause et en maîtrisent les risques associés.

L'exploitant notifie aux intervenants extérieurs le document formalisant sa politique en matière de protection des intérêts mentionnés à l'article L. 593-1 en raison des risques ou inconvénients que son installation peut présenter. Le contrat avec les intervenants extérieurs précise les obligations nécessaires à l'application des dispositions du présent chapitre, qui sont à la charge de chacune des parties.

(1) Dispositions ne s'appliquant pas aux contrats pour lesquels l'appel d'offres a été publié avant le 1er janvier 2017 ou, à défaut d'appel d'offres, conclus avant le 1er janvier 2017, D. n° 2019-190, 14 mars 2019.

Section IV. – Création d'une installation nucléaire de base

(Créée à compter du 1er avril 2019, D. n° 2019-190, 14 mars 2019)

Art. R. 593-14 *(Créé à compter du 1er avril 2019, D. n° 2019-190, 14 mars 2019). – (Mod. à compter du 1er janvier 2025, D. n° 2024-1194, 19 déc. 2024)* Toute personne qui prévoit d'exploiter une installation nucléaire de base peut demander à l'Autorité de sûreté nucléaire et de radioprotection, préalablement à l'engagement de la procédure d'autorisation de création, un avis sur tout ou partie des options qu'elle a retenues pour assurer la protection des intérêts mentionnés à l'article L. 593-1.

L'autorité, par un avis rendu et publié dans les conditions et les formes qu'elle détermine, précise dans quelle mesure les options de sûreté présentées par le demandeur sont propres à prévenir ou limiter les risques pour les intérêts mentionnés à l'article L. 593-1, compte tenu des conditions techniques et économiques du moment. L'autorité peut définir les études et justifications complémentaires qui seraient nécessaires en vue d'une éventuelle demande d'autorisation de création. Elle peut fixer la durée de validité de son avis.

Cet avis est notifié au demandeur et communiqué au ministre chargé de la sûreté nucléaire.

Art. R. 593-15 *(Créé à compter du 1er avril 2019, D. n° 2019-190, 14 mars 2019).* – La demande d'autorisation de création d'une installation nucléaire de base est déposée auprès du ministre chargé de la sûreté nucléaire par la personne chargée d'exploiter l'installation. Cette personne prend la qualité d'exploitant dès le dépôt de la demande.

Lorsque plusieurs installations nucléaires de base sont destinées à être exploitées par une même personne sur un même site, elles peuvent faire l'objet d'une demande et d'une procédure d'autorisation communes.

(Mod. à compter du 1er janvier 2025, D. n° 2024-1194, 19 déc. 2024) L'exploitant adresse à l'Autorité de sûreté nucléaire et de radioprotection un exemplaire de sa demande assortie du dossier décrit au I de l'article R. 593-16.

Art. R. 593-16 *(Créé à compter du 1er avril 2019, D. n° 2019-190, 14 mars 2019).* – I. – La demande est accompagnée d'un dossier comprenant :

1° Les nom, prénoms et qualités de l'exploitant et son domicile ou, s'il s'agit d'une personne morale, sa raison sociale ou sa dénomination, son siège social ainsi que la qualité du signataire de la demande ;

2° Un document décrivant la nature de l'installation, ses caractéristiques techniques, les principes de son fonctionnement, les opérations qui y seront réalisées et les différentes phases de sa réalisation ;

3° Une carte au 1/25 000 permettant de localiser l'installation projetée ;

4° Un plan de situation au 1/10 000 indiquant le périmètre proposé pour l'installation et, dans une bande de terrain d'un kilomètre autour de ce périmètre, les bâtiments avec leur affectation actuelle, les voies de chemin de fer, les voies publiques, les points d'eau, canaux et cours d'eau, ainsi que les réseaux de transport de gaz et d'électricité ;

5° Un plan détaillé de l'installation à l'échelle de 1/2 500 au minimum ; cette échelle peut toutefois être réduite en raison de la taille de l'installation :

6° L'étude d'impact prévue à l'article L. 122-1, dont le contenu est défini à l'article R. 593-17 ;

7° La version préliminaire du rapport de sûreté dont le contenu est défini à l'article R. 593-18 ;

8° L'étude de maîtrise des risques dont le contenu est défini par l'article R. 593-19 ;

9° Une présentation des capacités techniques de l'exploitant, indiquant notamment les ressources techniques dont il dispose, l'organisation mise en place dans ce domaine et l'expérience dont il peut se prévaloir dans l'exploitation d'installations nucléaires ;

10° Une présentation des capacités financières de l'exploitant, assortie des comptes annuels des trois derniers exercices et, le cas échéant, la désignation des sociétés qui disposent d'un pouvoir de contrôle direct ou indirect sur lui ; cette présentation indique comment il envisage de satisfaire aux exigences définies par les dispositions législatives de la section 1 du chapitre IV du titre IX du livre V ;

11° Si l'exploitant n'est pas propriétaire de la future installation nucléaire de base ou du terrain servant d'assiette, un document établi par le propriétaire attestant qu'il a donné son accord à l'exploitation de l'installation ou à cet usage de son terrain et qu'il est informé des obligations pouvant être mises à sa charge en application de l'article L. 596-5 ;

12° Si l'exploitant demande l'institution de servitudes d'utilité publique en application de l'article L. 593-5, la description de ces servitudes ;

13° Le plan de démantèlement qui présente les principes d'ordre méthodologique et les étapes envisagées pour le démantèlement de l'installation ainsi que la remise en état et la surveillance ultérieure du site. Le plan justifie le délai envisagé entre l'arrêt définitif du fonctionnement de l'installation et la fin des opérations de démantèlement. Il peut renvoyer à un document établi par l'exploitant pour l'ensemble de ses installations nucléaires et joint au dossier ;

14° Si le projet de création de l'installation nucléaire de base a fait l'objet d'un débat public ou d'une concertation préalable prévus aux articles L. 121-8 et L. 121-9, le compte rendu et le bilan de ce débat public ou le compte rendu de cette concertation préalable.

Le dossier est, le cas échéant, complété dans les conditions prévues par la section 15 du présent chapitre.

II. – Pour les installations nucléaires de base consacrées au stockage de déchets radioactifs au sens de l'article L. 542-1-1, le document mentionné au 7° du I couvre également la phase de long terme après fermeture et le document mentionné au 13° du même I est remplacé par un plan de démantèlement, de fermeture et de surveillance présentant les principes méthodologiques, les étapes et les délais envisagés pour le démantèlement des parties de l'installation qui ne seront plus nécessaires à l'exploitation du stockage, pour la fermeture et pour la surveillance de l'installation.

III. – Pour le centre de stockage en couche géologique profonde prévu à l'article L. 542-10-1, le dossier décrit au I contient également le plan directeur de l'exploitation mentionné au même article.

Le document mentionné au 7° du I décrit et justifie les dispositions prévues pour assurer le caractère réversible du stockage ainsi que le prescrit l'article L. 542-10-1.

Le document mentionné au 8° du même I comprend une présentation des dispositions prévues pour assurer le caractère réversible du stockage ainsi que le prescrit l'article L. 542-10-1.

Conformément au neuvième alinéa de l'article L. 542-10-1, le document mentionné au 11° du même I n'est pas requis au stade de la procédure d'autorisation de création.

IV. – Sans préjudice des dispositions de l'article R. 122-5, les études, rapports et autres documents mentionnés au présent article prennent en compte l'ensemble des installations ou équipements exploités ou projetés par l'exploitant qui, par leur proximité ou leur connexité avec l'installation, sont susceptibles d'en modifier les risques ou inconvénients pour les intérêts mentionnés à l'article L. 593-1.

V. – S'il y a lieu, les informations susceptibles de porter atteinte aux intérêts mentionnés au I de l'article L. 124-4 et au II de l'article L. 124-5 figurant dans les documents mentionnés au présent article peuvent être occultées ou faire l'objet d'un dossier séparé.

Art. R. 593-17 *(Créé à compter du 1er avril 2019, D. n° 2019-190, 14 mars 2019).* – I. – Le contenu de l'étude d'impact prévue au 6° du I de l'article R. 593-16 est celui défini à l'article R. 122-5, sous réserve des dispositions des II à V du présent article.

II. – La description mentionnée au 2° du II de l'article R. 122-5 présente, notamment, les prélèvements d'eau et les rejets d'effluents liquides ou gazeux envisagés. Elle précise les différents types d'effluents à traiter et leur origine respective, leur quantité, leurs caractéristiques physiques, leur composition, tant radioactive que chimique, le procédé de traitement utilisé, les conditions dans lesquelles seront opérés les rejets dans le milieu récepteur ainsi que la composition des effluents à rejeter.

Elle présente les déchets qui seront produits par l'ensemble des installations et équipements situés dans le périmètre de l'installation, qu'ils soient radioactifs ou non, ainsi que leur volume, leur nature, leur nocivité et les modes d'élimination envisagés. Elle décrit les dispositions retenues par l'exploitant pour que la gestion de ces déchets réponde aux objectifs mentionnés à l'article L. 541-1 et au II de l'article L. 542-1-2.

III. – La description mentionnée au 3° du II de l'article R. 122-5 comporte, en complément, un état radiologique de l'environnement portant sur le site et son voisinage.

IV. – La description des incidences notables que le projet est susceptible d'avoir sur l'environnement, mentionnée au 5° du II de l'article R. 122-5, distingue les différentes phases de construction et de fonctionnement de l'installation. Elle prend en compte les variations saisonnières et climatiques.

Elle indique les incidences de l'installation sur la ressource en eau, le milieu aquatique, l'écoulement, le niveau et la qualité des eaux, y compris de ruissellement, ainsi que sur chacun des éléments mentionnés à l'article L. 211-1.

Elle présente également les retombées d'aérosols ou de poussières et leurs dépôts ; elle indique les incidences de l'installation sur la qualité de l'air et la qualité des sols.

Elle justifie l'optimisation de la gestion des rejets des effluents liquides et gazeux et des déchets, notamment au regard de l'impact global de l'ensemble de ces émissions pour l'environnement et la santé humaine.

Elle évalue l'exposition du public aux rayonnements ionisants du fait de l'installation, en prenant en compte notamment les irradiations provoquées directement par l'installation et les transferts de radionucléides par les différents vecteurs, y compris les chaînes alimentaires.

Les incidences de l'installation sur l'environnement sont appréciées, notamment, au regard des plans de protection de l'atmosphère définis à l'article L. 222-5 ainsi que des normes, des objectifs de qualité et des valeurs limites définis en application des articles L. 211-2, L. 211-4 et L. 221-2.

Elle justifie la compatibilité de l'installation, pour les déchets radioactifs destinés à être produits par l'installation ou entreposés ou stockés dans celle-ci, avec le décret qui établit les prescriptions du plan national de gestion des matières et déchets radioactifs prévu par l'article L. 542-1-2.

V. – La description des mesures envisagées pour répondre aux exigences du 6° et du 8° du II de l'article R. 122-5 précise, notamment, en justifiant de l'utilisation des meilleures techniques disponibles :

1° Les performances attendues, notamment, en ce qui concerne la protection des eaux souterraines, l'épuration, l'évacuation, la gestion et la surveillance des eaux résiduelles et des émanations gazeuses ;

2° Les conditions d'apport à l'installation des matières destinées à y être traitées, du transport des produits fabriqués et de l'utilisation rationnelle de l'énergie ;

3° Les mesures retenues par l'exploitant pour contrôler les prélèvements d'eau, les rejets de l'installation et surveiller les effets de l'installation sur l'environnement ;

4° Les solutions retenues pour minimiser les volumes de déchets produits et leur toxicité radiologique, chimique et biologique.

VI. – L'étude d'impact est établie et actualisée dans les cas prévus par la section 1 du chapitre II du titre II du livre Ier et par le présent chapitre.

Art. R. 593-18 *(Créé à compter du 1er avril 2019, D. n° 2019-190, 14 mars 2019)*. – I. – La version préliminaire du rapport de sûreté prévu au 7° du I de l'article R. 593-16 comporte l'inventaire des risques que présente l'installation projetée pour les intérêts mentionnés à l'article L. 593-1 ainsi que l'analyse des dispositions prises pour les prévenir et la description des mesures propres à limiter la probabilité des accidents et leurs effets. Son contenu est en relation avec l'importance des dangers présentés par l'installation et de leurs effets prévisibles, en cas de sinistre, sur les intérêts mentionnés à l'article L. 593-1.

II. – Cette version préliminaire expose, notamment, les dangers que peut présenter l'installation en cas d'accident, qu'il soit ou non de nature radiologique. À cet effet, elle décrit :

1° Les accidents pouvant intervenir, que leur cause soit d'origine interne ou externe, y compris la nature et l'étendue des conséquences d'actes de malveillance étudiés en application du chapitre III du titre III du livre III de la première partie du Code de la défense ;

2° La nature et l'étendue des effets que pourrait avoir un accident ;

3° Les dispositions envisagées pour prévenir ces accidents ou en limiter la probabilité, à l'exception de ce qui relève de la prévention et de la lutte contre les actes de malveillance, ou pour en limiter les effets.

Au titre des accidents d'origine externe, l'exploitant prend en compte l'impact des installations qui, placées ou non sous sa responsabilité, sont susceptibles, par leur proximité ou leur connexité avec l'installation projetée, d'aggraver les risques d'accident et leurs effets.

Elle expose les risques radiologiques présentés par l'installation et les dispositions retenues en matière de radioprotection collective relevant de la responsabilité de l'exploitant, y compris celles découlant de la conception, de nature à assurer le respect des principes de radioprotection définis à l'article L. 1333-2 du Code de la santé publique, y compris dans des conditions normales d'exploitation.

III. – Elle justifie que le projet permet d'atteindre, compte tenu de l'état des connaissances techniques, des pratiques et de la vulnérabilité de l'environnement de l'installation, un niveau de risque aussi bas que raisonnablement possible dans des conditions économiquement acceptables.

IV. – Elle comprend une section intitulée « Étude de dimensionnement du plan d'urgence interne« . Cette étude porte sur les accidents mentionnés aux alinéas précédents qui nécessitent des mesures de protection sur le site ou à l'extérieur du site ou qui sont de nature à affecter les intérêts mentionnés à l'article L. 593-1. L'étude décrit les différents scénarios d'accidents et les conséquences de ceux-ci au regard de la sûreté des installations et de la protection des personnes. Elle présente l'organisation prévue par l'exploitant de ses propres moyens de secours pour combattre les effets d'un éventuel sinistre.

V. – Elle décrit et justifie les dispositions relatives à la gestion des sources radioactives détenues dans l'installation nucléaire de base, y compris en matière de transports de ces sources, afin d'assurer la protection des travailleurs, du public et de l'environnement contre les risques d'irradiation et de contamination. Pour ces sources, si les mesures de prévention et de lutte contre les actes de malveillance relèvent du régime des installations nucléaires de base en application de l'article L. 1333-9 du Code de la santé publique, elle comporte, par dérogation à l'exception prévue au 3° du II de ce même article, les informations sur les moyens et mesures de protection des sources de rayonnements ionisants contre les actes de malveillance requises par le chapitre III du titre III du livre III de la première partie de ce code.

VI. – *(Mod. à compter du 1er janvier 2025, D. n° 2024-1194, 19 déc. 2024)* Si l'installation correspond à un modèle dont les options de sûreté ont fait l'objet d'un avis de l'Autorité de sûreté nucléaire et de radioprotection dans les conditions définies à l'article R. 593-14, la version préliminaire du rapport de sûreté identifie les questions déjà étudiées dans ce cadre, les études complémentaires effectuées et les justifications complémentaires apportées, notamment celles demandées par l'Autorité de sûreté nucléaire et de radioprotection dans son avis. Le cas échéant, elle présente les modifications ou les compléments apportés aux options ayant fait l'objet de l'avis de l'autorité

VII. – Elle présente :

1° La liste des rubriques des nomenclatures mentionnées aux articles L. 214-2 et L. 511-2 dont relèvent les équipements, activités, installations, ouvrages ou travaux mentionnés à l'article L. 593-3 et au I de l'article L. 593-33 ainsi que les régimes de classement correspondants ;

2° Le résultat du recensement mentionné à l'article L. 593-19-1 effectué selon les dispositions de l'article R. 593-7, correspondant à l'installation avant et après sa mise en service.

Art. R. 593-19 *(Créé à compter du 1er avril 2019, D. n° 2019-190, 14 mars 2019).* – L'étude de maîtrise des risques mentionnée au 8° du I de l'article R. 593-16 présente, sous une forme appropriée pour accomplir les consultations locales mentionnées à l'article R. 593-21 et, le cas échéant, à l'article R. 593-22 ainsi que l'enquête publique prévue à l'article L. 593-8, l'inventaire des risques que présente l'installation projetée ainsi que l'analyse des dispositions prises pour prévenir ces risques et des mesures propres à limiter la probabilité des accidents et leurs effets tels qu'ils figurent dans la version préliminaire du rapport de sûreté.

Son contenu est en relation avec l'importance des dangers présentés par l'installation et de leurs effets prévisibles, en cas de sinistre, sur les intérêts mentionnés à l'article L. 593-1.

À ce titre, l'étude de maîtrise des risques comprend :

1° Un inventaire des risques que présente l'installation, d'origine tant interne qu'externe ;

2° Une analyse des retours d'expériences d'installations analogues ;

3° Une présentation des méthodes retenues pour l'analyse des risques ;

4° Une analyse des conséquences des accidents éventuels pour les personnes et l'environnement ;

5° Une présentation des dispositions envisagées pour la maîtrise des risques, comprenant la prévention des accidents et la limitation de leurs effets ;

6° Une présentation synthétique des systèmes de surveillance ainsi que des dispositifs et des moyens de secours ;

7° Un résumé non technique de l'étude destiné à faciliter la prise de connaissance par le public des informations qu'elle contient.

L'étude de maîtrise des risques justifie que le projet permet d'atteindre, compte tenu de l'état des connaissances, des pratiques et de la vulnérabilité de l'environnement de l'installation, un niveau de risque aussi bas que raisonnablement possible dans des conditions économiquement acceptables.

Art. R. 593-20 *(Créé à compter du 1er avril 2019, D. n° 2019-190, 14 mars 2019).* – Pour l'application du V de l'article L. 122-1, les collectivités territoriales consultées sont les communes et leurs groupements, les départements et les régions dont une partie du territoire est située, selon le cas, soit dans le secteur de consultation défini au I de l'article R. 593-5, soit dans la zone de consultation définie au II du même article.

Les consultations des collectivités territoriales et de leurs groupements réalisées au titre du V de l'article L. 122-1 valent consultations au titre du douzième alinéa de l'article L. 542-10-1.

Art. R. 593-21 *(Créé à compter du 1er avril 2019, D. n° 2019-190, 14 mars 2019).* – I. – Le ministre chargé de la sûreté nucléaire transmet la demande d'autorisation et le dossier dont elle est assortie au préfet dans le département duquel les consultations locales et l'enquête publique doivent être organisées. Lorsque les procédures locales concernent plusieurs départements, le ministre chargé de la sûreté nucléaire transmet la demande assortie de son dossier à chacun des préfets territorialement compétents. Les consultations locales et l'enquête publique sont, dans ce cas, ouvertes par arrêté conjoint des préfets compétents. Cet arrêté peut désigner le préfet chargé de coordonner l'organisation des consultations locales et de l'enquête publique et d'en centraliser les résultats.

Pour l'application des dispositions en matière d'archéologie préventive définies par le chapitre III du titre II du livre V du Code du patrimoine, le ministre chargé de la sûreté nucléaire adresse une copie de la demande d'autorisation et du dossier dont elle est assortie à chaque préfet de région intéressé dans les conditions définies par les dispositions du même chapitre de ce code.

(Mod. à compter du 1er janvier 2025, D. n° 2024-1194, 19 déc. 2024) Le même ministre, de sa propre initiative ou sur proposition de l'exploitant, de l'Autorité de sûreté nucléaire et de radioprotection ou du ministre chargé de l'énergie, exclut du dossier à transmettre les éléments dont il considère que la divulgation serait de nature à porter atteinte à des intérêts mentionnés au I de l'article L. 124-4 ou au II de l'article L. 124-5. Il en informe l'exploitant et l'autorité.

II. – Le préfet procède aux consultations prévues au V de l'article L. 122-1 dans les conditions énoncées au chapitre II du titre II du livre Ier. À cette fin, il transmet à l'autorité environnementale la demande d'autorisation et le dossier dont elle est assortie. Au plus tard deux mois avant le début de l'enquête publique, il transmet aux collectivités territoriales mentionnées à l'article R. 593-20 et aux groupements de communes intéressés la demande d'autorisation assortie de son dossier ainsi que, s'il en dispose à ce stade, l'avis de l'autorité environnementale.

III. – Parallèlement à la transmission à l'autorité environnementale, le préfet communique, pour avis, la demande d'autorisation assortie de son dossier à la commission locale de l'eau compétente, si l'une des communes mentionnées à l'article R. 593-20 est située dans le périmètre d'un schéma d'aménagement et de gestion des eaux approuvé ou si le projet a des effets dans un tel périmètre. Si l'avis n'est pas émis dans un délai de quarante-cinq jours, il est réputé favorable.

Le préfet transmet également, pour information, la demande d'autorisation assortie de son dossier à la commission locale d'information compétente, si elle a été constituée.

IV. – *(Mod. à compter du 1er janvier 2025, D. n° 2024-1194, 19 déc. 2024)* Le préfet adresse au ministre chargé de la sûreté nucléaire et à l'Autorité de sûreté nucléaire et de radioprotection les résultats des consultations menées en application des II et III.

Art. R. 593-22 *(Créé à compter du 1er avril 2019, D. n° 2019-190, 14 mars 2019).* – Le préfet soumet la demande d'autorisation et le dossier dont elle est assortie à l'enquête publique prévue à l'article L. 593-8, dans les conditions énoncées à la section 1 du chapitre III du titre II du livre Ier, sous réserve des dispositions des articles R. 593-23 et R. 593-24 ainsi que de celles du présent article.

L'enquête publique est ouverte dans un périmètre défini par le préfet et remplissant la condition posée au second alinéa de l'article L. 593-9.

(Mod. à compter du 1er janvier 2025, D. n° 2024-1194, 19 déc. 2024) Le dossier d'enquête publique comprend, outre les pièces énumérées à l'article R. 123-8, la réponse écrite de l'exploitant à l'avis de l'autorité environnementale, le dossier transmis en application de l'article R. 593-21, à l'exception de la version préliminaire du rapport de sûreté, ainsi que, le cas échéant, l'avis de l'Autorité de sûreté nucléaire et de radioprotection rendu en application de l'article R. 593-14. Les avis requis en vertu du 4° de l'article R. 123-8 sont ceux qui ont été rendus avant l'ouverture de l'enquête publique.

La version préliminaire du rapport de sûreté peut être consultée par le public pendant toute la durée de l'enquête publique selon les modalités fixées par l'arrêté organisant l'enquête.

Lorsqu'une partie du territoire d'un État étranger est contiguë au secteur de consultation défini à l'article R. 593-5 ou, même si cette condition n'est pas remplie, lorsqu'il estime, de sa propre initiative ou sur demande des autorités d'un autre État membre de l'Union européenne ou partie à la convention du 25 février 1991 sur l'évaluation de l'impact sur l'environnement dans un contexte transfrontière signée à Espoo, que l'installation est susceptible d'avoir des incidences notables sur l'environnement de cet État, le préfet met en œuvre les consultations prévues au I de l'article R. 122-10.

Art. R. 593-23 *(Créé à compter du 1er avril 2019, D. n° 2019-190, 14 mars 2019).* – Dès le début de la phase d'enquête publique, le préfet consulte la commission locale d'information. L'avis n'est pris en considération que s'il est communiqué au préfet dans les quinze jours suivant la clôture de l'enquête.

Art. R. 593-24 *(Créé à compter du 1er avril 2019, D. n° 2019-190, 14 mars 2019 ; mod. à compter du 1er janvier 2025, D. n° 2024-1194, 19 déc. 2024).* – Au plus tard quinze jours après avoir reçu le rapport et les conclusions du commissaire enquêteur, le préfet les transmet au ministre chargé de la sûreté nucléaire et à l'Autorité de sûreté nucléaire et de radioprotection, assortis de son avis, et des résultats des consultations menées en application des articles R. 593-21 à R. 593-23.

Art. R. 593-25 *(Créé à compter du 1er avril 2019, D. n° 2019-190, 14 mars 2019 ; mod. à compter du 1er janvier 2025, D. n° 2024-1194, 19 déc. 2024).* – Le ministre chargé de la sûreté nucléaire adresse à l'exploitant un avant-projet de décret. L'exploitant dispose d'un délai de deux mois pour présenter ses observations.

Le ministre chargé de la sûreté nucléaire soumet, pour avis, à l'Autorité de sûreté nucléaire et de radioprotection le projet de décret accompagné des éléments mentionnés à l'article R. 593-24.

Cet avis est réputé favorable en l'absence d'une réponse expresse au-delà d'un délai de deux mois.

Art. R. 593-26 *(Créé à compter du 1er avril 2019, D. n° 2019-190, 14 mars 2019 ; mod. D. n° 2019-1035, 9 oct. 2019).* – I. – L'autorisation de création est accordée par décret pris sur le rapport du ministre chargé de la sûreté nucléaire.

L'autorisation de création du centre de stockage en couche géologique profonde prévu à l'article L. 542-10-1 est accordée par décret en Conseil d'État.

Lorsque l'avis de la Commission des Communautés européennes rendu en application de l'article 37 du traité instituant la Communauté européenne de l'énergie atomique est requis, l'autorisation de création d'une installation susceptible de rejeter des effluents radioactifs dans le milieu ambiant ne peut être accordée qu'après réception de cet avis ou qu'en l'absence d'un avis à l'expiration d'un délai de six mois suivant la saisine de la commission.

II. – Le décret d'autorisation de création d'une installation nucléaire de base :

1° Mentionne l'identité de l'exploitant, la nature de l'installation et sa capacité maximale ;

2° Définit le périmètre de l'installation qui englobe, notamment :

a) L'installation nucléaire de base, y compris les équipements et installations mentionnés à l'article L. 593-3. Le périmètre peut toutefois exclure certains de ces équipements et installations s'ils ne servent pas principalement à l'exploitation de l'installation nucléaire de base faisant l'objet de l'autorisation ou s'ils sont déjà situés dans le périmètre d'une autre installation nucléaire de base. Pour les installations souterraines, la définition du périmètre précise les profondeurs concernées ;

b) Les équipements, installations, ouvrages, travaux ou activités mentionnés au I de l'article L. 593-33 placés sous la responsabilité de l'exploitant et qui, par leur proximité ou leur connexité avec l'installation faisant l'objet de l'autorisation, sont susceptibles d'en modifier les risques ou inconvénients pour les intérêts mentionnés à l'article L. 593-1. Le périmètre peut toutefois exclure certains équipements, installations, ouvrages, travaux ou activités s'ils sont déjà situés dans le périmètre d'une autre installation nucléaire de base ;

3° Fixe la durée de l'autorisation, ainsi que l'échéance de dépôt du dossier de démantèlement mentionné à l'article L. 593-27, si l'autorisation est accordée pour une durée limitée ;

4° Détermine le délai de mise en service de l'installation mentionné à l'article L. 593-13 ;

5° Impose les éléments essentiels que requiert la protection des intérêts mentionnés à l'article L. 593-1 ;

6° Établit la périodicité des réexamens mentionnés à l'article L. 593-18, si les particularités de l'installation justifient que cette périodicité ne soit pas égale à dix ans, et peut imposer l'intervention du premier réexamen de sûreté dans un délai particulier pour tenir compte des essais et des contrôles réalisés au début du fonctionnement de l'installation ;

7° *(Mod. à compter du 1er janvier 2025, D. n° 2024-1194, 19 déc. 2024)* Peut subordonner à un accord du ministre chargé de la sûreté nucléaire ou de l'Autorité de sûreté nucléaire et de radioprotection la réalisation de certaines opérations particulières en considération de leur impact sur les intérêts mentionnés à l'article L. 593-1.

Art. R. 593-27 *(Créé à compter du 1er avril 2019, D. n° 2019-190, 14 mars 2019). – (Mod. à compter du 1er janvier 2025, D. n° 2024-1194, 19 déc. 2024)*Le décret autorisant la création de l'installation et l'avis de l'Autorité de sûreté nucléaire et de radioprotection sont publiés au *Journal officiel* de la République française.

Le ministre chargé de la sûreté nucléaire notifie le décret d'autorisation ou sa décision de refus d'autorisation à l'exploitant.

Il transmet au préfet le décret d'autorisation ou sa décision de refus, accompagné des informations mentionnées au IV de l'article L. 122-1-1, afin qu'il les communique aux autorités mentionnées au V de l'article L. 122-1, à la commission locale d'information, ainsi que, le cas échéant, aux autorités des États étrangers concernés dans les conditions prévues au I de l'article R. 122-10.

Art. R. 593-28 *(Créé à compter du 1er avril 2019, D. n° 2019-190, 14 mars 2019).* – Le délai d'instruction des demandes d'autorisation de création est de trois ans. Lorsque la complexité du dossier le justifie, ce délai peut être prorogé de deux ans au plus par le ministre chargé de la sûreté nucléaire.

Le silence gardé par l'autorité administrative compétente à l'expiration de ce délai vaut décision de rejet de la demande.

Section V. – Mise en service d'une installation nucléaire de base

(Créée à compter du 1er avril 2019, D. n° 2019-190, 14 mars 2019)

Art. R. 593-29 *(Créé à compter du 1er avril 2019, D. n° 2019-190, 14 mars 2019).* – La mise en service d'une installation nucléaire de base correspond à la première mise en œuvre de substances radioactives dans l'installation ou à la première mise en œuvre d'un faisceau de particules.

Art. R. 593-30 *(Créé à compter du 1er avril 2019, D. n° 2019-190, 14 mars 2019 ; mod. à compter du 1er janvier 2025, D. n° 2024-1194, 19 déc. 2024).* – I. – En vue de la mise en service de l'installation, l'exploitant adresse à l'Autorité de sûreté nucléaire et de radioprotection un dossier comprenant :

1° Le rapport de sûreté, comportant la mise à jour de la version préliminaire du rapport de sûreté et les éléments permettant d'apprécier la conformité de l'installation réalisée avec les dispositions du décret d'autorisation de création et avec les prescriptions de construction définies en application de l'article L. 593-10 ;

2° Les règles générales d'exploitation que l'exploitant prévoit de mettre en œuvre, dès la mise en service de l'installation, pour la protection des intérêts mentionnés à l'article L. 593-1 ;

3° Le plan d'urgence interne prévu au quatrième alinéa du II de l'article L. 593-6, dont le contenu est défini à l'article R. 593-31, accompagné de l'avis issu de la consultation prévue à ce même alinéa ;

4° Une mise à jour, si elle est nécessaire, du plan de démantèlement mentionné au 13° du I de l'article R. 593-16 ;

5° Les éléments permettant d'apprécier la conformité de l'installation aux prescriptions prises par l'Autorité de sûreté nucléaire et de radioprotection en application de l'article L. 593-10, notamment dans les domaines mentionnés à l'article R. 593-17 ;

6° *La mise à jour de l'étude d'impact,* le cas échéant ;

7° La mise à jour de l'étude de maîtrise des risques.

Le dossier est, le cas échéant, complété dans les conditions prévues par la section 15 du présent chapitre.

II. – Les dispositions du I s'appliquent au dossier portant sur une installation nucléaire de base consacrée au stockage de déchets radioactifs au sens de l'article L. 542-1-1. Toutefois, dans ce cas, le rapport de sûreté couvre les phases de fonctionnement et de long terme après fermeture et le document mentionné au 4° du I est remplacé par la mise à jour du plan de démantèlement, de fermeture et de surveillance.

III. – Les dispositions du I s'appliquent au dossier portant sur le centre de stockage en couche géologique profonde prévu à l'article L. 542-10-1. Toutefois, dans ce cas, il comprend également, si l'exploitant n'est pas propriétaire du terrain servant d'assiette aux installations de surface et des tréfonds contenant les ouvrages souterrains, un document établi par le propriétaire attestant qu'il a donné son accord à l'exploitation de l'installation ou à cet usage de son terrain et qu'il est informé des obligations pouvant être mises à sa charge en application de l'article L. 596-5.

Art. R. 593-31 *(Créé à compter du 1er avril 2019, D. n° 2019-190, 14 mars 2019).* – Le plan d'urgence interne mentionné au II de l'article L. 593-6 définit, sur la base de l'étude de dimensionnement figurant dans le rapport de sûreté, les mesures d'organisation, les méthodes d'intervention et les moyens nécessaires que l'exploitant met en œuvre en cas d'incident ou d'accident pour limiter les conséquences sur le personnel, le public et l'environnement et préserver ou rétablir la sûreté de l'installation.

Si un plan particulier d'intervention a été établi en application de la section 2 du chapitre Ier du titre IV du livre VII du Code de la sécurité intérieure, le plan d'urgence interne précise les modalités de mise en œuvre des mesures incombant à l'exploitant en application du plan particulier d'intervention.

(Mod. à compter du 1er janvier 2025, D. n° 2024-1194, 19 déc. 2024) À l'initiative de l'exploitant ou à la demande de l'Autorité de sûreté nucléaire et de radioprotection, le plan d'urgence interne peut être commun à plusieurs installations nucléaires de base voisines ayant le même exploitant. Le cas échéant, il vaut plan d'opération interne au titre de l'article R. 181-54 pour les installations classées pour la protection de l'environnement situées dans le périmètre de l'installation nucléaire de base.

Art. R. 593-32 *(Créé à compter du 1er avril 2019, D. n° 2019-190, 14 mars 2019).* – Dans le cas où, en application du deuxième alinéa du III de l'article L. 122-1-1, une actualisation de l'étude d'impact est requise, les collectivités territoriales mentionnées au V de l'article L. 122-1 sont celles mentionnées à l'article R. 593-20 et la procédure prévue par le troisième alinéa du III de l'article L. 122-1-1 est mise en œuvre.

Dans le cas où une modification du projet soumis à la demande d'autorisation de création intervient avant la délivrance de l'autorisation de la mise en service, il est fait application, le cas échéant, des dispositions de l'article R. 593-57.

Art. R. 593-33 *(Créé à compter du 1er avril 2019, D. n° 2019-190, 14 mars 2019 ; mod. à compter du 1er janvier 2025, D. n° 2024-1194, 19 déc. 2024).* – Après avoir vérifié que l'installation respecte les objectifs et les règles définis par les articles L. 593-1 à L. 593-6-1 et par les textes pris pour leur application, l'Autorité de sûreté nucléaire et de radioprotection autorise la mise en service de l'installation.

Elle peut subordonner cette autorisation à la prise en compte par l'exploitant des observations qu'elle a, au préalable, présentées à ce dernier sur le dossier de sa demande et qui visent à assurer la protection des intérêts mentionnés à l'article L. 593-1.

L'autorité peut surseoir à sa décision d'autoriser la mise en service jusqu'à l'institution des servitudes d'utilité publique mentionnées à l'article L. 593-5. Elle en informe l'exploitant avant le terme du délai mentionné à l'article R. 593-36.

La décision d'autorisation fait l'objet d'une mention au *Bulletin officiel* de l'Autorité de sûreté nucléaire et de radioprotection. L'autorité notifie sa décision à l'exploitant et la communique au ministre chargé de la sûreté nucléaire et au préfet. Elle la communique également à la commission locale d'information, sous réserve des dispositions du VII de l'article R. 593-38.

Art. R. 593-34 *(Créé à compter du 1er avril 2019, D. n° 2019-190, 14 mars 2019).* – *(Mod. à compter du 1er janvier 2025, D. n° 2024-1194, 19 déc. 2024)* La décision autorisant la mise en service fixe le délai dans lequel l'exploitant doit présenter à l'Autorité de sûreté nucléaire et de radioprotection un dossier de fin de démarrage de l'installation comprenant :

1. Un rapport de synthèse sur les essais de démarrage de l'installation ;
2. Un bilan de l'expérience d'exploitation acquise, au regard de la protection des intérêts mentionnés à l'article L. 593-1 ;
3. Une mise à jour des documents mentionnés à l'article R. 593-30.

Elle peut également définir des étapes intermédiaires dans la réalisation du démarrage et subordonner la réalisation de ces étapes à la fourniture par l'exploitant d'informations à l'autorité ou à l'accord de l'autorité.

Art. R. 593-35 *(Créé à compter du 1er avril 2019, D. n° 2019-190, 14 mars 2019).* – *(Mod. à compter du 1er janvier 2025, D. n° 2024-1194, 19 déc. 2024)* Avant le déroulement ou l'achèvement de la procédure définie par la présente section, l'Autorité de sûreté nucléaire et de radioprotection peut, par une décision mentionnée à son *Bulletin officiel*, autoriser une mise en service partielle de l'installation correspondant à l'une des deux catégories d'opérations suivantes :

1° Réalisation d'essais particuliers de fonctionnement de l'installation nécessitant l'introduction de substances radioactives dans celle-ci ;

2° Arrivée de combustible nucléaire dans le périmètre d'un réacteur, à l'exclusion de tout chargement en combustible de ce réacteur.

L'autorisation est accordée au vu d'un dossier établi par l'exploitant et comprenant les éléments pertinents des documents mentionnés au 1°, au 2° et au 3° du I de l'article R. 593-30. L'autorisation définit les opérations autorisées. Elle peut être accordée pour une durée limitée.

Les mises en service partielles ainsi autorisées ne sont pas prises en compte pour l'application de l'article L. 593-13 et de l'article R. 593-37.

Art. R. 593-36 *(Créé à compter du 1er avril 2019, D. n° 2019-190, 14 mars 2019).* – Le délai d'instruction des demandes d'autorisation de mise en service est d'un an.

*(Mod. à compter du 1er janvier 2025, D. n° 2024-1194, 19 déc. 2024)*Lorsque la complexité du dossier le justifie ou à la demande de l'exploitant, ce délai peut être porté à deux ans par décision motivée de l'Autorité de sûreté nucléaire et de radioprotection.

Le silence gardé par l'autorité à l'expiration de ce délai vaut décision de rejet de la demande.

Art. R. 593-37 *(Créé à compter du 1er avril 2019, D. n° 2019-190, 14 mars 2019 ; mod. à compter du 1er janvier 2025, D. n° 2024-1194, 19 déc. 2024).* – Si elle constate qu'une installation nucléaire de base n'a pas été mise en service dans le délai fixé par le décret autorisant sa création, l'Autorité de sûreté nucléaire et de radioprotection en informe le ministre chargé de la sûreté nucléaire.

S'il décide de faire application de l'article L. 593-13, le ministre chargé de la sûreté nucléaire invite l'exploitant à présenter ses observations dans un délai de deux mois.

Le ministre chargé de la sûreté nucléaire arrête le projet de décret mettant fin à l'autorisation de l'installation, et le soumet pour avis à l'Autorité de sûreté nucléaire et de radioprotection. L'avis de l'autorité est réputé favorable en l'absence d'une réponse expresse au-delà d'un délai de deux mois.

Le décret pris sur le rapport du ministre chargé de la sûreté nucléaire mettant fin à l'autorisation fait l'objet des mesures de notification, de communication et de publication prévues par l'article R. 593-27.

Les éventuelles prescriptions particulières prises en application de l'article L. 593-13 sont prises par décision de l'autorité, après consultation de l'exploitant qui dispose d'un délai de deux mois pour présenter ses observations. Ce délai peut être réduit, en cas d'urgence, par décision motivée.

Les dispositions du VI et du VII de l'article R. 593-38 sont applicables à ces mesures.

Défaut d'information de ce qu'une INB n'a pas été mise en service dans le délai fixé par le décret autorisant sa création : sans incidence sur la légalité de la décision autorisant sa mise en service. Les dispositions fixées à l'article R. 593-37 du Code de l'environnement ont pour but de permettre à l'autorité administrative, si elle le juge nécessaire, de mettre en œuvre la faculté que lui ouvre l'article L. 593-13 du Code de l'environnement de mettre un terme à l'autorisation de création de l'installation. La circonstance que l'ASN n'ait pas informé le ministre chargé de la sûreté nucléaire de ce que l'installation litigieuse ne serait pas mise en service dans le délai de 10 ans prescrit par son autorisation de création est sans incidence sur la légalité de la décision autorisant sa mise en service (■ CE, 22 juin 2022, n° 444945).

Section VI. – Prescriptions de l'Autorité de sûreté nucléaire et de radioprotection

(Créée à compter du 1er avril 2019, D. n° 2019-190, 14 mars 2019 ; mod. à compter du 1er janvier 2025, D. n° 2024-1194, 19 déc. 2024)

Art. R. 593-38 *(Créé à compter du 1er avril 2019, D. n° 2019-190, 14 mars 2019; mod. à compter du 1er janvier 2025, D. n° 2024-1194, 19 déc. 2024).* – I. – Lorsque l'Autorité de sûreté nucléaire et de radioprotection prévoit d'édicter, pour l'application du décret d'autorisation, des prescriptions à caractère technique relatives à la conception, à la construction ou à l'exploitation de l'installation nucléaire de base, elle en transmet le projet à l'exploitant, qui dispose de deux mois pour lui faire part de ses observations.

II. – Lorsque les prescriptions envisagées sont relatives aux prélèvements d'eau, aux rejets d'effluents dans le milieu ambiant et à la prévention ou à la limitation des nuisances de l'installation pour le public et l'environnement, l'autorité transmet le projet de prescriptions assorti d'un rapport de présentation au préfet mentionné au I de l'article R. 593-21 et à la commission locale d'information.

Le préfet transmet, pour information, le projet de prescriptions et le rapport de présentation au conseil départemental de l'environnement et des risques sanitaires et technologiques mentionné à l'article R. 1416-1 du Code de la santé publique.

Le préfet peut également solliciter l'avis de ce conseil sur le projet de prescriptions. Dans ce cas, il en informe l'exploitant au moins huit jours avant la réunion du conseil, lui en indique la date et le lieu, lui transmet le projet de prescriptions et l'informe de la faculté qui lui est offerte de se faire entendre ou représenter, lors de cette réunion du conseil.

Un représentant de la commission locale d'information peut se faire entendre par le conseil départemental dans les mêmes conditions.

Le président de l'Autorité de sûreté nucléaire et de radioprotection ou son représentant peut assister à la réunion du conseil départemental et y présenter ses observations. L'avis du conseil départemental est transmis à l'autorité par le préfet.

La commission locale d'information peut adresser ses observations à l'autorité dans un délai de trois mois à compter de la transmission du projet de prescriptions.

III. – La procédure prévue aux I et II peut être menée concomitamment avec la procédure d'instruction de la demande d'autorisation de création.

La décision de l'Autorité de sûreté nucléaire et de radioprotection arrêtant les prescriptions n'intervient qu'après l'entrée en vigueur du décret d'autorisation.

IV. – Les prescriptions arrêtées par l'Autorité de sûreté nucléaire et de radioprotection peuvent porter notamment sur :

1° Les dispositions à prendre en vue de prévenir les accidents ou incidents ou d'en limiter les effets ; à ce titre, peuvent être définis les moyens individuels ou collectifs de protection des populations contre les effets des accidents que l'exploitant doit mettre en œuvre ;

2° Les conditions dans lesquelles l'installation peut procéder à des prélèvements d'eau ou à des rejets directs ou indirects d'effluents dans le milieu ambiant, qu'ils soient radioactifs ou non, notamment les valeurs limites d'émission ; les prescriptions tiennent compte, le cas échéant et sous les réserves figurant à l'article L. 227-1, des plans régionaux pour la qualité de l'air, ainsi que des normes et objectifs de qualité et valeurs limites mentionnés respectivement aux articles L. 222-1, L. 211-2, L. 211-4 et L. 221-2 ; elles sont compatibles avec les schémas directeurs d'aménagement et de gestion des eaux et les schémas d'aménagement et de gestion des eaux mentionnés aux articles L. 212-1 et L. 212-3 ;

3° La limitation des nuisances sonores provoquées par l'installation ;

4° La gestion et l'élimination des déchets, radioactifs ou non, produits par l'installation ou entreposés ou stockés dans celle-ci ; les prescriptions relatives aux déchets radioactifs sont compatibles avec les prescriptions du plan national de gestion des matières et des déchets radioactifs mentionné à l'article L. 542-1-2 ; les prescriptions relatives aux autres déchets sont compatibles, le cas échéant, avec les plans de prévention et de gestion des déchets mentionnés dans la sous-section 1 de la section 3 du chapitre Ier du titre IV du livre V ;

5° La fabrication, la détention et l'utilisation des sources de rayonnements ionisants nécessaires à l'exploitation de l'installation, incluant la protection contre les actes de malveillance dans les cas prévus au II de l'article L. 1333-9 du Code de la santé publique, y compris en matière de transport de ces sources ;

6° Les moyens nécessaires aux analyses et aux mesures utiles au contrôle de l'installation et à la surveillance de ses effets sur l'environnement, ainsi que les conditions dans lesquelles les résultats de ces analyses et de ces mesures sont portés à la connaissance de l'Autorité de sûreté nucléaire et de radioprotection et, le cas échéant, à celle du service chargé de la police des eaux et de la direction régionale de l'environnement, de l'aménagement et du logement ;

7° Les informations et les rapports que l'exploitant doit fournir à l'Autorité de sûreté nucléaire et de radioprotection, périodiquement ou en cas de situation particulière ;

8° Les modalités pratiques d'information du public sur la sûreté de l'installation et sur son impact sur la santé des personnes et sur l'environnement ainsi que sur les actions à entreprendre en cas d'accident.

Ces prescriptions peuvent subordonner à l'accord de l'Autorité de sûreté nucléaire et de radioprotection la réalisation de certaines opérations en considération de leur impact sur les intérêts mentionnés à l'article L. 593-1. Pour l'obtention de cet accord, l'exploitant adresse à l'autorité un dossier comprenant tous les éléments de justification utiles.

La décision d'accord délivrée par l'autorité peut fixer le délai à l'issue duquel les opérations concernées devront être achevées. Elle peut également prescrire que lui soit transmis un dossier présentant les opérations réalisées et un bilan de leur réalisation au regard de la protection des intérêts mentionnés à l'article L. 593-1.

Le délai d'instruction des demandes d'accord est fixé à six mois. L'autorité peut proroger ce délai, si elle estime nécessaire de procéder à de nouvelles mesures d'instruction. Le silence gardé par l'autorité à l'expiration de ce délai vaut décision de rejet de la demande.

La décision d'accord de l'Autorité de sûreté nucléaire et de radioprotection fait l'objet des mesures de notification, de communication et de publication prévues au VI et au VII.

Les prescriptions peuvent être communes à plusieurs installations ou équipements d'un même site placées sous la responsabilité d'un même exploitant et relevant du régime des installations nucléaires de base.

V. – Sauf pour les installations faisant l'objet du décret mentionné à l'article L. 593-28, lorsque les prescriptions fixent les limites applicables aux rejets d'effluents de l'installation dans le milieu ambiant, l'Autorité de sûreté nucléaire et de radioprotection transmet au ministre chargé de la sûreté nucléaire, pour homologation dans les conditions définies aux articles R. 592-19 et R. 592-20, sa décision accompagnée du rapport de présentation et des avis recueillis en application du II du présent article.

Les valeurs limites d'émission, de prélèvement d'eau et de rejet d'effluents de l'installation sont fixées sur la base des meilleures techniques disponibles dans des conditions techniquement et économiquement acceptables en prenant en considération les caractéristiques de l'installation, son implantation géographique et les conditions locales de l'environnement.

VI. – L'Autorité de sûreté nucléaire et de radioprotection publie la décision arrêtant les autres prescriptions dans son *Bulletin officiel*. Elle la notifie à l'exploitant et la communique au ministre chargé de la sûreté nucléaire et au préfet, ainsi qu'à la commission locale d'information.

Le préfet transmet les prescriptions définies au II du présent article aux collectivités territoriales mentionnées à l'article R. 593-20.

Si l'autorisation de création de l'installation a fait l'objet de la procédure de consultation des autorités compétentes d'un État étranger, le préfet, à la demande de l'autorité, informe ces autorités de celles de ces prescriptions qui concernent l'impact de l'installation sur le territoire de cet État.

VII. – L'autorité, à son initiative ou sur demande de l'exploitant, peut décider d'exclure des publications et communications prévues au VI du présent article les prescriptions dont elle considère que la divulgation serait de nature à porter atteinte à des intérêts mentionnés au I de l'article L. 124-4 ou au II de l'article L. 124-5.

Art. R. 593-39 *(Créé à compter du 1er avril 2019, D. n° 2019-190, 14 mars 2019 ; mod. à compter du 1er janvier 2025, D. n° 2024-1194, 19 déc. 2024).* – Les mesures provisoires mentionnées à l'article L. 593-12 sont prises par décision de l'Autorité de sûreté nucléaire et de radioprotection après consultation de l'exploitant, qui dispose d'un délai de deux mois pour présenter des observations. Ce délai peut être réduit, *en cas d'urgence, par décision* motivée de l'autorité.

Les dispositions du VI et du VII de l'article R. 593-38 sont applicables à ces mesures provisoires.

Art. R. 593-40 *(Créé à compter du 1er avril 2019, D. n° 2019-190, 14 mars 2019; mod. à compter du 1er janvier 2025, D. n° 2024-1194, 19 déc. 2024).* – I. – Pour la protection des intérêts mentionnés à l'article L. 593-1, l'Autorité de sûreté nucléaire et de radioprotection, de sa propre initiative ou sur demande motivée de l'exploitant, peut modifier ou compléter les prescriptions prises en application de l'article R. 593-38 ou supprimer celles qui ne sont plus justifiées par la protection de ces intérêts.

La procédure applicable est celle prévue aux I et II de l'article R. 593-38, sauf en cas d'urgence motivée.

Les prescriptions particulières prises, en cas de menace, par l'autorité sur le fondement de l'article L. 593-20 sont soumises aux mêmes dispositions.

Dans le cas où la modification résulte d'une demande de l'exploitant, le silence gardé pendant un an par l'autorité vaut rejet de cette dernière.

II. – Si, du fait d'une situation exceptionnelle, la poursuite du fonctionnement d'une installation nucléaire de base nécessite une modification temporaire de certaines prescriptions, et si ce fonctionnement constitue une nécessité publique, l'autorité peut décider cette modification sans procéder aux consultations préalables prévues par le présent article. Cette modification temporaire cesse de produire ses effets au plus tard au terme de la procédure normale de modification, si elle a été engagée, ou, à défaut, à l'expiration d'un délai d'un an.

III. – La décision de modification prise par l'autorité en application du présent article fait l'objet des mesures de notification, de communication et de publication prévues au VI et au VII de l'article R. 593-38.

Si la modification, le complément ou la suppression des prescriptions requiert la consultation de la Commission des Communautés européennes prévue à l'article 37 du traité de la Communauté européenne de l'énergie atomique, la décision de l'Autorité de sûreté nucléaire et de radioprotection ne peut être prise avant l'intervention de l'avis requis ou qu'en l'absence d'un avis à l'expiration d'un délai de six mois suivant la saisine de la commission.

Sauf pour les installations faisant l'objet du décret mentionné à l'article L. 593-28, si la décision porte sur les limites de rejets d'effluents de l'installation dans le milieu ambiant, elle est soumise à l'homologation du ministre chargé de la sûreté nucléaire.

Section 7. – Modifications du décret d'autorisation d'une installation nucléaire de base

(Créée à compter du 1er avril 2019, D. n° 2019-190, 14 mars 2019)

Sous-section 1. – Changement d'exploitant

Art. R. 593-41 *(Créé à compter du 1er avril 2019, D. n° 2019-190, 14 mars 2019; mod. à compter du 1er janvier 2025, D. n° 2024-1194, 19 déc. 2024)*. – I. – En application du I de l'article L. 593-14, toute personne qui veut prendre en charge l'exploitation d'une installation nucléaire de base existante dépose une demande d'autorisation auprès du ministre chargé de la sûreté nucléaire.

La demande est accompagnée d'un dossier comprenant :

1° Les noms, prénoms et qualités du demandeur et son domicile ou, s'il s'agit d'une personne morale, sa raison sociale ou sa dénomination, son siège social ainsi que la qualité du signataire de la demande ;

2° Une présentation des capacités techniques du demandeur, indiquant notamment les ressources techniques dont il dispose, l'organisation mise en place dans ce domaine et l'expérience dont il peut se prévaloir dans l'exploitation d'installations nucléaires ;

3° Une présentation des capacités financières du demandeur, assortie des comptes annuels des trois derniers exercices et sur la base du rapport sur les charges et les provisions afférentes, prévu à l'article L. 594-4, des modalités établies conjointement par l'exploitant et le demandeur et précisant comment ce dernier entend respecter les obligations résultant de l'application des dispositions législatives de la section 1 du chapitre IV du titre IX du livre V ; elle désigne, le cas échéant, les sociétés qui disposent d'un pouvoir de contrôle direct ou indirect sur l'exploitant ;

4° Un document décrivant l'installation faisant l'objet de la demande ;

5° Un document manifestant l'accord de l'exploitant et précisant la date prévue pour le transfert de la responsabilité de l'exploitation ;

6° Si le demandeur ne prévoit pas d'être le propriétaire de l'installation nucléaire de base ou du terrain servant d'assiette, un document établi par le propriétaire attestant qu'il a donné son accord à l'exploitation de l'installation ou à cet usage de son terrain et qu'il est informé des obligations pouvant être mises à sa charge en application de l'article L. 596-5.

Lorsque les capacités techniques ou financières du demandeur mentionnées aux 2° et 3° du présent I ne sont pas constituées au dépôt de la demande d'autorisation, les documents requis en vertu de ces mêmes dispositions sont remplacés par un document présentant les capacités dont le demandeur prévoit de disposer et les modalités prévues pour les établir. Dans ce cas, le demandeur adresse au ministre chargé de la sûreté nucléaire et à l'Autorité de sûreté nucléaire et de radioprotection les éléments justifiant la constitution effective des capacités techniques et financières au plus tard à la prise d'effet de l'autorisation.

L'exploitant adresse un exemplaire de la demande assortie de ce dossier à l'Autorité de sûreté nucléaire et de radioprotection.

II. – Le ministre chargé de la sûreté nucléaire adresse à l'exploitant un avant-projet du décret autorisant le changement d'exploitant. L'exploitant dispose d'un délai de deux mois pour présenter ses observations.

Le ministre chargé de la sûreté nucléaire soumet pour avis à l'Autorité de sûreté nucléaire et de radioprotection le projet de décret. L'avis de l'autorité est réputé favorable en l'absence d'une réponse expresse de cette dernière à l'expiration d'un délai de deux mois.

Art. R. 593-42 *(Créé à compter du 1er avril 2019, D. n° 2019-190, 14 mars 2019).* – Le changement d'exploitant est soumis à la vérification du respect :

1° Des dispositions relatives aux capacités techniques et financières de l'exploitant ou au propriétaire de l'installation ou du terrain servant d'assiette, définies aux 9° à 11° du I de l'article R. 593-16 ou par les textes pris pour leur application ;

2° Des dispositions relatives à l'obligation de constitution d'actifs définies à l'article L. 594-2 ou par les textes pris pour son application.

Pour respecter les dispositions relatives à l'obligation de constitution d'actifs définies à l'article L. 594-2, l'exploitant peut transférer au demandeur des actifs, parmi ceux mentionnés à ce même article. La valeur de réalisation de ces actifs est au moins égale au montant des provisions constituées pour l'installation nucléaire de base faisant l'objet de la demande de changement d'exploitant. À défaut d'un tel transfert, l'autorisation de changement d'exploitant peut être délivrée, à condition que le nouvel exploitant effectue une dotation aux actifs mentionnés à l'article L. 594-2 pour un montant équivalent à la différence entre le montant des provisions constituées pour l'installation nucléaire de base faisant l'objet de la demande de changement d'exploitant et la valeur de réalisation des actifs transférés.

Art. R. 593-43 *(Créé à compter du 1er avril 2019, D. n° 2019-190, 14 mars 2019). – (Mod. à compter du 1er janvier 2025, D. n° 2024-1194, 19 déc. 2024)* L'autorisation de changement d'exploitant prend effet à une date fixée par arrêté du ministre chargé de la sûreté nucléaire après que celui-ci a constaté que les dispositions retenues pour ce changement remplissent les conditions fixées à l'article R. 593-42. Cet arrêté est pris après l'avis du ministre chargé de l'énergie et de l'Autorité de sûreté nucléaire et de radioprotection.

Si le changement d'exploitant n'a pas pris effet à la date fixée par le décret qui l'autorise, il peut être mis fin à cette autorisation, dans les mêmes formes que celles définies au II de l'article R. 593-41.

Sous-section 2. – Création d'une installation nucléaire de base par séparation ou par réunion d'installations existantes

Art. R. 593-44 *(Créé à compter du 1er avril 2019, D. n° 2019-190, 14 mars 2019).* – Un décret peut procéder à la séparation d'une partie d'une installation nucléaire de base, cette partie constituant elle-même une installation nucléaire de base. Ce décret modifie le décret d'autorisation de création de l'installation concernée, afin de tenir compte de la séparation, et tient lieu d'autorisation de création pour la partie de l'installation séparée, qui devient elle-même une installation nucléaire de base et qui ne nécessite pas une nouvelle autorisation de mise en service.

(Mod. à compter du 1er janvier 2025, D. n° 2024-1194, 19 déc. 2024) En vue de l'instruction de ce décret, l'exploitant fournit, à la demande de l'Autorité de sûreté nucléaire et de radioprotection, un plan de situation au 1/10 000 précisant les périmètres des deux installations nucléaires de base envisagées après séparation ainsi qu'une note expliquant le devenir des deux parties de l'installation et justifiant que ces deux parties sont suffisamment indépendantes en matière d'exploitation pour pouvoir être séparées.

Art. R. 593-45 *(Créé à compter du 1er avril 2019, D. n° 2019-190, 14 mars 2019).* – Un décret peut procéder à la réunion de plusieurs installations nucléaires de base au sein d'une installation nucléaire de base unique. Ce décret reprend les dispositions des décrets d'autorisation des installations réunies et les abroge.

L'installation nucléaire de base qui en résulte ne nécessite pas de nouvelle autorisation de mise en service.

Art. R. 593-46 *(Créé à compter du 1er avril 2019, D. n° 2019-190, 14 mars 2019).* – Le ministre chargé de la sûreté nucléaire adresse à l'exploitant un avant-projet des décrets mentionnés à l'article R. 593-44 ou à l'article R. 593-45. L'exploitant dispose d'un délai de deux mois pour présenter ses observations.

(Mod. à compter du 1er janvier 2025, D. n° 2024-1194, 19 déc. 2024) Le ministre chargé de la sûreté nucléaire soumet pour avis à l'Autorité de sûreté nucléaire et de radioprotection le projet de décret. Cet avis est réputé favorable en l'absence d'une réponse expresse de l'autorité à l'expiration d'un délai de deux mois.

Sous-section 3. – Modification substantielle

Art. R. 593-47 *(Créé à compter du 1er avril 2019, D. n° 2019-190, 14 mars 2019).* – I. – Constitue une modification substantielle d'une installation nucléaire de base au sens des dispositions du II de l'article L. 593-14 :

1° Un changement de sa nature ou un accroissement de sa capacité maximale ;

2° Une modification des éléments essentiels mentionnés à l'article L. 593-8 ;

3° Un ajout, dans le périmètre de l'installation, d'une nouvelle installation nucléaire de base, en dehors des cas prévus aux articles R. 593-44 et R. 593-45.

II. – L'exploitant qui veut modifier de façon substantielle son installation adresse une demande d'autorisation au ministre chargé de la sûreté nucléaire dans les conditions définies aux articles R. 593-15 et R. 593-16. Le dossier accompagnant la demande porte sur l'installation telle qu'elle résulterait de la modification envisagée et précise l'impact de cette modification sur les différents éléments de l'autorisation en cours.

III. – La demande d'autorisation est instruite et fait l'objet d'une décision selon les mêmes modalités que celles définies à la section 4 du présent chapitre. L'enquête publique est ouverte dans un périmètre défini par le préfet et remplissant la condition posée au second alinéa de l'article L. 593-9.

(Mod. à compter du 1er janvier 2025, D. n° 2024-1194, 19 déc. 2024) Dans le cas mentionné au 3° du I, la modification autorisée est soumise à une autorisation de mise en service délivrée selon les modalités définies à la section 5 du présent chapitre. En outre, si la protection des intérêts mentionnés à l'article L. 593-1 le justifie, l'Autorité de sûreté nucléaire et de radioprotection peut soumettre, par décision, la mise en œuvre d'autres modifications substantielles à une autorisation de mise en service délivrée selon les mêmes modalités.

Sous-section 4. – Autres cas de modification

Art. R. 593-48 *(Créé à compter du 1er avril 2019, D. n° 2019-190, 14 mars 2019 ; mod. à compter du 1er janvier 2025, D. n° 2024-1194, 19 déc. 2024).* – I. – En dehors des cas prévus aux sous-sections 1 à 3 de la présente section, les dispositions du décret d'autorisation d'une installation nucléaire de base peuvent être modifiées :

1° Soit à la demande de l'exploitant. Dans ce cas, l'exploitant dépose sa demande accompagnée d'un dossier auprès du ministre chargé de la sûreté nucléaire. Ce dossier justifie le caractère compatible de la modification demandée avec la protection des intérêts mentionnés à l'article L. 593-1. Il indique les documents du dossier prévu aux articles R. 593-15 et R. 593-16 sur lesquels cette modification a une incidence et transmet une version de ces documents prenant en compte cette incidence. L'exploitant adresse un exemplaire de la demande assortie du dossier à l'Autorité de sûreté nucléaire et de radioprotection. Le ministre chargé de la sûreté nucléaire transmet un exemplaire au ministre chargé de la sécurité civile et un exemplaire au ministre chargé de la santé ;

2° Soit à la demande de l'Autorité de sûreté nucléaire et de radioprotection. Dans ce cas, l'autorité adresse une demande motivée au ministre chargé de la sûreté nucléaire et en informe l'exploitant ;

3° Soit à l'initiative du ministre chargé de la sûreté nucléaire qui en informe l'exploitant et l'Autorité de sûreté nucléaire et de radioprotection.

II. – Dans chacun de ces trois cas, le ministre chargé de la sûreté nucléaire adresse à l'exploitant un avant-projet du décret modifiant le décret d'autorisation.

L'exploitant dispose d'un délai de deux mois pour présenter ses observations. Le ministre soumet pour avis à l'Autorité de sûreté nucléaire et de radioprotection le projet de décret.

Cet avis est réputé favorable en l'absence d'une réponse expresse de l'autorité à l'expiration d'un délai de deux mois.

Art. R. 593-49 *(Créé à compter du 1er avril 2019, D. n° 2019-190, 14 mars 2019).* – Lorsque la demande mentionnée au 1° du I de l'article R. 593-48 porte sur une modification du périmètre de l'installation nucléaire de base, le dossier déposé par l'exploitant comporte :

1° Les noms, prénoms et qualités du demandeur et son domicile ou, s'il s'agit d'une personne morale, sa raison sociale ou sa dénomination, son siège social ainsi que la qualité du signataire de la demande ;

2° Une carte au 1/25 000 sur laquelle est localisé l'emplacement de l'installation ;

3° Un plan de situation au 1/10 000 précisant le périmètre actuel de l'installation et le nouveau périmètre demandé et indiquant, notamment, les bâtiments avec leur affectation, les voies de chemin de fer, les voies publiques, les points d'eau, canaux et cours d'eau, ainsi que les réseaux de transport d'énergie et de produits énergétiques ;

4° Une note, présentant la proposition de modification du périmètre, conforme aux prescriptions du 2° du II de l'article R. 593-26 ;

5° Un plan détaillé de l'installation à l'échelle de 1/2500 au minimum ; cette échelle peut être réduite en raison des dimensions et de la configuration particulières d'une installation.

Sous-section 5. – Dispositions communes

Art. R. 593-50 *(Créé à compter du 1er avril 2019, D. n° 2019-190, 14 mars 2019).* – Le décret modificatif pris en application des dispositions de la présente section fait l'objet des mesures de notification, de communication et de publication prévues à l'article R. 593-27.

Art. R. 593-51 *(Créé à compter du 1er avril 2019, D. n° 2019-190, 14 mars 2019).* – Si une installation nucléaire de base doit faire l'objet simultanément de plusieurs modifications relevant de la présente section, la demande est accompagnée d'un dossier comprenant l'ensemble des éléments demandés pour chacune de ces modifications. Si l'une des modifications relève de la sous-section 3 de la présente section, la procédure prévue à cette sous-section s'applique à l'ensemble de l'instruction de la demande.

Art. R. 593-52 *(Créé à compter du 1er avril 2019, D. n° 2019-190, 14 mars 2019).* – Le délai d'instruction des demandes d'autorisation de modification relevant des sous-sections 3 et 4 de la présente section autres que les demandes portant sur une modification du périmètre de l'installation nucléaire de base est de trois ans. Lorsque la complexité du dossier le justifie, ce délai peut être prorogé de deux ans au plus par le ministre chargé de la sûreté nucléaire.

Art. R. 593-53 *(Créé à compter du 1er avril 2019, D. n° 2019-190, 14 mars 2019).* – Le délai d'instruction des demandes d'autorisation de modification relevant des sous-sections 1 et 2 ainsi que de celles portant sur une modification du périmètre de l'installation nucléaire de base déposées en application de la sous-section 4 est de deux ans. Lorsque la complexité du dossier le justifie, ce délai peut être prorogé d'un an au plus par le ministre chargé de la sûreté nucléaire.

Art. R. 593-54 *(Créé à compter du 1er avril 2019, D. n° 2019-190, 14 mars 2019).* – Le silence gardé par l'autorité administrative compétente à l'expiration des délais prévus à la présente sous-section vaut décision de rejet de la demande.

Section VIII. – Modifications notables en cours d'exploitation relevant de l'Autorité de sûreté nucléaire et de radioprotection

(Créée à compter du 1er avril 2019, D. n° 2019-190, 14 mars 2019 ; mod. à compter du 1er janvier 2025, D. n° 2024-1194, 19 déc. 2024)

Sous-section 1. – Modifications soumises à autorisation de l'Autorité de sûreté nucléaire et radioprotection

Art. R. 593-55 *(Créé à compter du 1er avril 2019, D. n° 2019-190, 14 mars 2019 ; mod. à compter du 1er janvier 2025, D. n° 2024-1194, 19 déc. 2024).* – Sous réserve de la sous-section 2, les modifications notables mentionnées à l'article L. 593-15 sont soumises à une autorisation de l'Autorité de sûreté nucléaire et de radioprotection dans les conditions définies par la présente sous-section.

Art. R. 593-56 *(Créé à compter du 1er avril 2019, D. n° 2019-190, 14 mars 2019). – (Mod. à compter du 1er janvier 2025, D. n° 2024-1194, 19 déc. 2024)* Pour obtenir l'autorisation, l'exploitant dépose auprès de l'Autorité de sûreté nucléaire et de radioprotection une demande présentant la modification projetée.

Cette demande est accompagnée d'un dossier comportant tous les éléments de justification utiles, notamment les mises à jour rendues nécessaires des documents mentionnés aux articles R. 593-16 et R. 593-30 du présent code et, en cas de modification du plan d'urgence interne, l'avis rendu par le comité social et économique de l'établissement en application de l'article L. 4523-4 du Code du travail.

L'exploitant indique, en outre, s'il estime que cette modification nécessite une mise à jour des prescriptions applicables.

Si l'autorité estime que la modification projetée relève d'une modification substantielle au titre de l'article L. 593-14, elle invite sous deux mois l'exploitant à déposer la demande d'autorisation correspondant à cette catégorie de modifications.

Art. R. 593-57 *(Créé à compter du 1er avril 2019, D. n° 2019-190, 14 mars 2019 ; mod. à compter du 1er janvier 2025, D. n° 2024-1194, 19 déc. 2024).* – I. – Lorsque la modification projetée fait l'objet d'une évaluation environnementale, les dispositions du chapitre II et de la section 1 du chapitre III du titre II du livre Ier s'appliquent, sous réserve des dispositions du présent article.

II. – L'Autorité de sûreté nucléaire et de radioprotection est l'autorité compétente pour l'application des dispositions du chapitre II du titre II du livre Ier.

Pour l'application du V de l'article L. 122-1, les collectivités territoriales sont celles définies à l'article R. 593-20.

III. – En parallèle de la transmission faite au titre du V de l'article L. 122-1 à l'autorité environnementale par l'Autorité de sûreté nucléaire et de radioprotection et aux collectivités territoriales intéressées et à leurs groupements par le préfet dans le département duquel les consultations locales et l'enquête publique doivent être organisées, le préfet transmet, pour avis, le dossier présentant le projet comprenant l'étude d'impact et la demande d'autorisation à la commission locale de l'eau compétente si l'une des communes intéressées est située en tout ou en partie dans le périmètre d'un schéma d'aménagement et de gestion des eaux approuvé ou si la modification projetée a des effets dans un tel périmètre. Si l'avis n'est pas émis dans le délai de quarante-cinq jours, il est réputé favorable. L'Autorité de sûreté nucléaire et de radioprotection transmet ce même dossier, pour information à la commission locale d'information.

En même temps qu'elle rend son avis, l'autorité environnementale transmet, pour information, à l'Autorité de sûreté nucléaire et de radioprotection les résultats des consultations prévues au III de l'article R. 122-7.

IV. – Le préfet transmet à l'Autorité de sûreté nucléaire et de radioprotection les avis qu'il a recueillis en application du III.

V. – L'Autorité de sûreté nucléaire et de radioprotection transmet la demande de l'exploitant et le dossier dont elle est assortie au préfet dans le département duquel les consultations locales et l'enquête publique doivent être organisées. Lorsque les procédures locales concernent plusieurs départements, elle transmet la demande assortie de son dossier à chacun des préfets territorialement compétents. Les consultations locales et l'enquête publique sont, dans ce cas, ouvertes par arrêté conjoint des préfets compétents. Cet arrêté conjoint peut désigner le préfet chargé de coordonner l'organisation des consultations locales et de l'enquête publique et d'en centraliser les résultats.

L'enquête publique est ouverte dans un périmètre défini par le préfet.

VI. – Le dossier d'enquête publique comprend, outre les pièces mentionnées à l'article R. 123-8, la réponse écrite de l'exploitant à l'avis de l'autorité environnementale, l'avis, s'il est requis, reçu au titre du III du présent article et le dossier de demande de l'exploitant, à l'exception de l'éventuelle mise à jour du rapport de sûreté. La mise à jour éventuelle du rapport de sûreté peut être consultée par le public pendant toute la durée de l'enquête publique, selon les modalités fixées par l'arrêté organisant l'enquête.

Dès le début de la phase d'enquête publique, l'Autorité de sûreté nucléaire et de radioprotection consulte la commission locale d'information. L'avis de cette commission n'est pris en considération que s'il est communiqué à l'autorité dans les quinze jours suivant la clôture de l'enquête.

VII. – Lorsqu'une partie du territoire d'un État étranger est contiguë au secteur de consultation mentionné à l'article R. 593-5 ou, même si cette condition n'est pas remplie, lorsqu'elle estime, de sa propre initiative ou sur demande des autorités d'un autre État membre de l'Union européenne ou partie à la Convention du 25 février

1991 sur l'évaluation de l'impact sur l'environnement dans un contexte transfrontière signée à Espoo, que le projet est susceptible d'avoir des incidences notables sur l'environnement de cet État, l'autorité en informe le préfet pour qu'il fasse procéder aux consultations prévues au premier alinéa du I de l'article R. 122-10.

Au plus tard quinze jours après avoir reçu le rapport et les conclusions du commissaire enquêteur, le préfet les transmet à l'autorité, assortis de son avis et des résultats des consultations menées en application du présent article.

VIII. – Lorsque la modification projetée, en raison de sa localisation, de sa nature ou de son importance, affecte ou est susceptible d'affecter des éléments du patrimoine archéologique au sens de l'article R. 523-1 du Code du patrimoine, l'autorité adresse une copie de la demande et du dossier dont elle est assortie à chaque préfet de région intéressé dans les conditions définies par les dispositions du chapitre III du titre II du livre V du Code du patrimoine.

IX. – L'autorité, de sa propre initiative ou sur proposition de l'exploitant ou du ministre chargé de l'énergie, exclut du dossier à transmettre les éléments dont il considère que la divulgation serait de nature à porter atteinte à des intérêts mentionnés au I de l'article L. 124-4 et au II de l'article L. 124-5. Elle en informe l'exploitant.

Art. R. 593-58 *(Créé à compter du 1er avril 2019, D. n° 2019-190, 14 mars 2019).* – L'autorisation peut fixer un délai maximal pour la mise en œuvre de la modification.

La décision de l'autorité peut être assortie de nouvelles prescriptions, auxquelles s'appliquent les dispositions de l'article R. 593-40.

L'autorité notifie sa décision à l'exploitant et la publie à son *Bulletin officiel*.

(Mod. à compter du 1er janvier 2025, D. n° 2024-1194, 19 déc. 2024) Lorsque la demande de modification a fait l'objet d'une évaluation environnementale, l'Autorité de sûreté nucléaire et de radioprotection informe le public, l'autorité environnementale et la commission locale d'information de sa décision et le préfet en informe les collectivités territoriales et leurs groupements mentionnés au V de l'article L. 122-1. Le cas échéant, le préfet effectue les communications de la décision de l'autorité en application du I ou du III de l'article R. 122-10.

Le délai d'instruction des demandes d'autorisation soumises à évaluation environnementale est fixé à un an. Il est fixé à six mois pour les autres. L'autorité peut proroger ce délai si elle estime nécessaire de procéder à de nouvelles mesures d'instruction ou d'édicter des prescriptions complémentaires. Le silence gardé par l'autorité à l'expiration de ces délais vaut décision de rejet de la demande.

Sous-section 2. – Modifications soumises à déclaration auprès de l'Autorité de sûreté nucléaire et de radioprotection

Art. R. 593-59 *(Créé à compter du 1er avril. 2019, D. n° 2019-190, 14 mars 2019 ; mod., D. n° 2024-296, 29 mars 2024). – (Mod. à compter du 1er janvier 2025, D. n° 2024-1194, 19 déc. 2024)* Sont soumises à déclaration auprès de l'Autorité de sûreté nucléaire et de radioprotection les modifications mentionnées à l'article L. 593-15, survenant après la mise en service, qui ne remettent pas en cause de manière significative le rapport de sûreté ou l'étude d'impact de l'installation.Sont soumises à déclaration auprès de l'Autorité de sûreté nucléaire et de radioprotection les modifications mentionnées à l'article L. 593-15, survenant après la mise en service, qui ne remettent pas en cause de manière significative le rapport de sûreté ou l'étude *d'impact de l'installation.*

La liste en est fixée par décision de l'autorité, en tenant compte :

- de la nature de l'installation et de l'importance des risques et inconvénients qu'elle présente pour les intérêts mentionnés à l'article L. 593-1 ;
- des capacités techniques de l'exploitant et les dispositions de contrôle interne qu'il met en place pour préparer ces modifications.

Art. R. 593-60 *(Créé à compter du 1er avril 2019, D. n° 2019-190, 14 mars 2019).* – Pour les modifications relevant de la liste mentionnée à l'article R. 593-59 intervenant avant la délivrance de l'autorisation de mise en service, la demande d'autorisation de mise en service vaut déclaration au titre de ce même article.

Art. R. 593-61 *(Créé à compter du 1er avril 2019, D. n° 2019-190, 14 mars 2019). – (Mod. à compter du 1er janvier 2025, D. n° 2024-1194, 19 déc. 2024)* En cas de vente du terrain d'assiette d'une installation nucléaire de base avant le déclassement de celle-ci, le vendeur adresse une déclaration de vente au préfet et à l'Autorité de sûreté nucléaire et de radioprotection accompagnée d'un document établi par l'acquéreur attestant qu'il a été informé des obligations qui peuvent être mises à sa charge en application de l'article L. 596-5.

À défaut de production de cette attestation, le vendeur reste soumis à ces obligations.

Section IX. – Réexamens périodiques

(Division créée à compter du 1er avril 2019, D. n° 2019-190, 14 mars 2019)

Sous-section 1. – Réexamens périodiques prévus à l'article L. 593-18

Art. R. 593-62 *(Créé à compter du 1er avril 2019, D. n° 2019-190, 14 mars 2019 ; mod., D. n° 2023-1104, 28 nov. 2023).* – Le délai pour la réalisation des réexamens périodiques prévus par l'article L. 593-18 commence à compter de la date de survenance de la première de ces deux échéances :

– soit la fin du délai fixé pour la remise du dossier de fin de démarrage en application de l'article R. 593-34 ;

– soit la fin du délai fixé par le décret d'autorisation de création pour la mise en service de l'installation, augmenté de cinq ans.

(Mod. à compter du 1er janvier 2025, D. n° 2024-1194, 19 déc. 2024) L'obligation de réexamen périodique est réputée satisfaite lorsque l'exploitant remet au ministre chargé de la sûreté nucléaire et à l'Autorité de sûreté nucléaire et de radioprotection son rapport sur ce réexamen. Lorsqu'elle constate que l'exploitant d'un réacteur électronucléaire justifie de difficultés particulières pour recueillir, à l'échéance du réexamen, l'ensemble des éléments relatifs à l'état de son installation qui nécessitent l'arrêt du fonctionnement de celle-ci, l'Autorité de sûreté nucléaire et de radioprotection peut prescrire, suivant la procédure prévue par les I, VI et VII de l'article R. 593-38, la réalisation des activités nécessaires ainsi que la mise à jour du rapport de l'exploitant sur ce réexamen, dans un délai n'excédant pas une année. L'édiction de ces prescriptions est sans effet sur l'échéance du réexamen périodique suivant.

S'il y a lieu, les informations susceptibles de porter atteinte aux intérêts mentionnés au I de l'article L. 124-4 ou au II de l'article L. 124-5 figurant dans les documents mentionnés au présent article peuvent être occultées ou faire l'objet d'un dossier séparé.

Sous les réserves mentionnées à l'alinéa précédent, le rapport de réexamen périodique est communicable au public dans les conditions définies aux articles L. 125-10 et L. 125-11.

Les conditions de réalisation du réexamen périodique ainsi que les questions à traiter dans le rapport peuvent être précisées, pour l'ensemble des installations nucléaires de base ou par catégories d'installations, par l'autorité.

Après analyse du rapport de l'exploitant, l'autorité peut fixer de nouvelles prescriptions.

Art. R. 593-62-1 *(D. n° 2021-903, 7 juill. 2021). – (Mod. à compter du 1er janvier 2025, D. n° 2024-1194, 19 déc. 2024)* L'exploitant de réacteurs électronucléaires de conception similaire peut réaliser une partie de leur réexamen périodique de manière commune. Il intègre alors, pour le réexamen de chaque réacteur, les conclusions de cette partie commune dans le rapport mentionné à l'article L. 593-19, ainsi que les suites que l'Autorité de sûreté nucléaire et de radioprotection y a données.

L'exploitant vérifie, préalablement à chaque réexamen, que les conclusions de cette partie commune restent valides au regard de l'évolution des connaissances et du retour d'expérience.

Sous-section 1 *bis*. – Dispositions particulières aux réexamens périodiques prévus au dernier alinéa de l'article L. 593-19

(Ss-sect. créée, D. n° 2021-903, 7 juill. 2021 ; intitulé mod., D. n° 2023-1104, 28 nov. 2023)

Art. R. 593-62-2 *(D. n° 2021-903, 7 juill. 2021 ; mod., D. n° 2023-1104, 28 nov. 2023).* – L'enquête publique mentionnée au deuxième alinéa de l'article L. 593-19 est régie par les dispositions de la section 2 du chapitre III du titre II du livre Ier (partie réglementaire) sous réserve des dispositions des articles R. 593-62-3 à R. 593-62-8.

Art. R. 593-62-3 *(D. n° 2021-903, 7 juill. 2021 ; mod., D. n° 2023-1104, 28 nov. 2023).* – Cette enquête publique porte sur le rapport mentionné au premier alinéa de l'article L. 593-19 lors des réexamens au-delà de la trente-cinquième année de fonctionnement d'un réacteur électronucléaire.

Le préfet transmet la note mentionnée au 1° de l'article R. 593-62-4 au président du tribunal administratif lorsqu'il le saisit en vue de la désignation d'un commissaire enquêteur ou d'une commission d'enquête.

Art. R. 593-62-4 *(D. n° 2021-903, 7 juill. 2021 ; mod., D. n° 2023-1104, 28 nov. 2023).* – Le dossier mis à l'enquête publique mentionnée au deuxième alinéa de l'article L. 593-19 comprend :

1° Une note de présentation précisant les coordonnées de l'exploitant, l'objet de l'enquête, les principales conclusions du réexamen, les principales dispositions mentionnées au 3° et les principales raisons pour lesquelles, notamment du point de vue de la protection des intérêts mentionnés à l'article L. 593-1, elles sont proposées par l'exploitant, ainsi que les principales dispositions prises pour améliorer la protection des intérêts mentionnés à l'article L. 593-1 depuis le précédent réexamen périodique ;

2° Le rapport mentionné au premier alinéa de l'article L. 593-19, à l'exception, le cas échéant, des éléments fournis sous la forme d'un rapport séparé en application du dernier alinéa de l'article L. 593-18 ;

3° La description des dispositions proposées par l'exploitant pour remédier aux anomalies constatées ou pour améliorer la protection des intérêts mentionnés à l'article L. 593-1, à la suite du réexamen périodique et figurant dans le rapport mentionné au premier alinéa de l'article L. 593-19 ;

3° *bis* Un document relatif aux effets sur l'environnement associés à l'exploitation du réacteur pour les dix années suivantes, y compris les conséquences, radiologiques ou non, d'éventuels incidents ou accidents. Ce document peut être commun à plusieurs réacteurs dans un état technique similaire et situés sur un même site (1) ;

4° Le cas échéant, le bilan des actions de concertation mises en œuvre pour la partie commune du réexamen périodique dans le cadre de l'application de l'article R. 593-62-1 ;

5° La liste des textes régissant l'enquête publique ainsi que son articulation avec la procédure relative au réexamen périodique prévu aux deuxième alinéa et suivants de l'article L. 593-19.

L'exploitant adresse ce dossier à l'Autorité de sûreté nucléaire et de radioprotection et il en transmet une copie au ministre chargé de la sûreté nucléaire.

Art. R. 593-62-5 *(D. n° 2021-903, 7 juill. 2021 ; mod. à compter du 1er janvier 2025, D. n° 2024-1194, 19 déc. 2024).* – L'Autorité de sûreté nucléaire et de radioprotection transmet le dossier mentionné à l'article R. 593-62-4 au préfet du département dans lequel l'enquête publique doit être organisée. Lorsque l'enquête doit être organisée dans plusieurs départements, elle transmet le dossier à chacun des préfets territorialement compétents. L'enquête publique est, dans ce cas, ouverte par arrêté conjoint des préfets compétents. Cet arrêté conjoint désigne le préfet chargé de coordonner l'organisation de l'enquête publique et d'en centraliser les résultats.

L'enquête publique est ouverte dans un périmètre défini par le préfet.

L'Autorité de sûreté nucléaire et de radioprotection, de sa propre initiative ou sur proposition de l'exploitant ou du ministre chargé de la sûreté nucléaire, exclut du dossier qu'elle transmet au préfet les éléments dont elle considère que la divulgation serait de nature à porter atteinte à des intérêts mentionnés au I de l'article L. 124-4 ou au II de l'article L. 124-5. Elle en informe l'exploitant.

Art. R. 593-62-6 *(Rempl., D. n° 2023-1104, 28 nov. 2023 (1)).* – Lorsqu'une partie du territoire d'un État étranger est contiguë au périmètre défini à l'article R. 593-62-5, le préfet notifie à cet État sans délai l'arrêté d'ouverture de l'enquête publique et lui transmet un exemplaire du dossier d'enquête. Le document mentionné au 3° *bis* de l'article R. 593-62-4 et l'indication de la façon dont l'enquête publique s'insère dans la procédure administrative sont traduites, si nécessaire, dans une langue de l'État intéressé, les frais de traduction étant à la charge de l'exploitant. La notification de l'arrêté d'ouverture d'enquête fixe également le délai dont disposent

(1) Les présentes dispositions ne sont pas applicables aux réexamens périodiques dont l'enquête publique est ouverte avant la publication du présent décret ou dont le rapport mentionné au premier alinéa de l'article L. 593-19 est adressé à l'Autorité de sûreté nucléaire avant le 1er janvier 2024, D. n° 2023-1104, 28 nov. 2023, art. 6.

les autorités de cet État pour manifester leur intention de participer à l'enquête publique. L'enquête publique ne peut commencer avant l'expiration de ce délai.

Le dossier est transmis par le préfet au ministre des affaires étrangères.

Même si la condition fixée au premier alinéa n'est pas remplie, lorsqu'il estime, de sa propre initiative ou à la demande des autorités d'un autre État membre de l'Union européenne ou partie à la convention sur l'évaluation de l'impact sur l'environnement dans un contexte transfrontière, signée à Espoo du 25 février 1991, que le fonctionnement du réacteur est susceptible d'avoir des incidences notables sur l'environnement de cet État, le préfet met en œuvre la consultation prévue aux deux alinéas précédents.

Les résultats de la consultation des États étrangers font l'objet des communications prévues à l'article R. 593-62-8.

(Mod. à compter du 1er janvier 2025, D. n° 2024-1194, 19 déc. 2024) L'Autorité de sûreté nucléaire et de radioprotection tient compte de ces résultats dans son analyse du rapport mentionné au premier alinéa de l'article L. 593-19 et dans les prescriptions qu'elle prend, y compris, dans le cas prévu au 3° *bis* de l'article R. 593-62-4, pour les autres réacteurs concernés.

Art. R. 593-62-7 *(D. n° 2021-903, 7 juill. 2021).* – Au plus tard à l'ouverture de l'enquête publique, le préfet consulte les communes et leurs groupements, les départements et les régions dont une partie du territoire est située dans le périmètre de consultation mentionné à l'article R. 593-62-5. Seuls les avis communiqués au préfet dans les quinze jours suivant la clôture de l'enquête sont pris en considération.

Selon les mêmes modalités, le préfet consulte la commission locale d'information instituée auprès de l'installation.

Art. R. 593-62-8 *(D. n° 2021-903, 7 juill. 2021 ; mod. à compter du 1er janvier 2025, D. n° 2024-1194, 19 déc. 2024).* – Au plus tard vingt et un jours après avoir reçu le rapport et les conclusions du commissaire enquêteur ou de la commission d'enquête, le préfet les transmet à l'Autorité de sûreté nucléaire et de radioprotection, assortis de son avis et, le cas échéant, des résultats des consultations menées en application de l'article R. 593-62-7. Il en adresse copie au ministre chargé de la sûreté nucléaire.

Art. R. 593-62-9 *(D. n° 2021-903, 7 juill. 2021 ; mod., D. n° 2023-1104, 28 nov. 2023).* – Les dispositions de l'article L. 593-19 applicables à la procédure de réexamen au-delà de la trente-cinquième année de fonctionnement ne s'appliquent pas aux réacteurs électronucléaires mis à l'arrêt définitivement au moment du dépôt du rapport comportant les conclusions de l'examen prévu à l'article L. 593-18.

Sous-section 2. – Autres réexamens périodiques

Art. R. 593-63 *(Créé à compter du 1er avril 2019, D. n° 2019-190, 14 mars 2019).* – La politique en matière de protection des intérêts mentionnés à l'article L. 593-1 ainsi que le système de gestion intégrée établis par l'exploitant en application de l'article L. 593-6, sont réexaminés périodiquement et, en tout état de cause, au moins tous les cinq ans pour ce qui concerne la politique en matière de protection des intérêts. Après réexamen, ils sont mis à jour, le cas échéant.

Ces documents sont également réexaminés et, le cas échéant, mis à jour :

1° Avant toute mise en service d'une nouvelle installation ;

2° Avant toute mise en œuvre d'une modification mentionnée à l'article R. 593-47 ou à l'article R. 593-57 lorsqu'elle peut avoir des conséquences importantes sur les dangers liés aux accidents majeurs ;

3° Dans un délai d'un an à compter du jour où l'installation entre dans le champ d'application de la sous-section 3 de la section 15 du présent chapitre ;

4° À la suite d'un accident majeur.

L'exploitant transmet les conclusions de ces réexamens à l'autorité et les tient à la disposition du comité social et économique de l'établissement.

Section X. – Arrêt définitif, démantèlement et déclassement d'une installation nucléaire de base

(Division créée à compter du 1er avril 2019, D. n° 2019-190, 14 mars 2019)

Sous-section 1. – Arrêt définitif

Art. R. 593-64 *(Créé à compter du 1er avril 2019, D. n° 2019-190, 14 mars 2019)*. **– Les dispositions de la présente section ne sont pas applicables aux installations bénéficiant d'une autorisation de courte durée en application de l'article L. 593-37, qui sont régies par la section 17 du présent chapitre.**

Art. R. 593-65 *(Créé à compter du 1er avril 2019, D. n° 2019-190, 14 mars 2019)*. **– Si une partie d'une installation nucléaire de base, cessant définitivement de fonctionner, est de nature à constituer elle-même une installation nucléaire de base en application de la section 1 du présent chapitre et présente une indépendance suffisante en matière d'exploitation, les dispositions de la présente section s'appliquent à cette seule partie.**

Art. R. 593-66 *(Créé à compter du 1er avril 2019, D. n° 2019-190, 14 mars 2019)*. **– I. – La déclaration d'arrêt définitif prévue au premier alinéa de l'article L. 593-26 comporte une mise à jour du plan de démantèlement mentionné au 13° du I de l'article R. 593-16.**

Cette mise à jour :

1° Décrit les opérations que l'exploitant envisage de mener préalablement au démantèlement visant à réduire les risques ou inconvénients pour les intérêts mentionnés à l'article L. 593-1 ;

2° Précise si les opérations mentionnées au 1° peuvent se dérouler conformément à l'autorisation mentionnée à l'article L. 593-7 et aux prescriptions prises en application de l'article L. 593-10, ou si elles relèvent des procédures de modification mentionnées aux sections 7 et 8 du présent chapitre ;

3° Décrit les principaux équipements qui seront nécessaires au démantèlement de l'installation, notamment ceux qu'il prévoit de construire ou d'installer ;

4° Présente les filières de gestion des déchets envisagées ;

5° Expose l'organisation envisagée par l'exploitant pour arrêter définitivement son installation ;

6° Identifie, le cas échéant, les équipements et installations mentionnés à l'article L. 593-3 dont l'activité se poursuivra pendant et après les opérations de démantèlement.

II. – *(Mod. à compter du 1er janvier 2025, D. n° 2024-1194, 19 déc. 2024)* **Lorsqu'une déclaration d'arrêt définitif qui lui a été adressée est incomplète, l'Autorité de sûreté nucléaire et de radioprotection indique à l'exploitant les pièces et informations qu'il doit lui transmettre ainsi qu'au ministre chargé de la sûreté nucléaire. Cette demande de complément n'a pas d'effet sur la date à laquelle l'arrêt définitif doit intervenir en application de l'article L. 593-26.**

III. – En cas de modification de la date à laquelle l'arrêt définitif doit intervenir, ou en cas de modification significative des éléments mentionnés au 1° du I, l'exploitant procède à une mise à jour de sa déclaration. La déclaration mise à jour est soumise aux modalités de publication et d'information prévues au premier alinéa de l'article L. 593-26. Toutefois, la date à laquelle l'exploitant doit déposer le dossier de démantèlement prévu par l'article L. 593-27 reste, dans ce cas, calculée par rapport à la date de déclaration initiale.

Sous-section 2. – Démantèlement

Art. R. 593-67 *(Créé à compter du 1er avril 2019, D. n° 2019-190, 14 mars 2019)*. **– I. – Le dossier de démantèlement défini à l'article L. 593-27 comprend :**

1° Les nom, prénoms et qualités de l'exploitant et son domicile ou, s'il s'agit d'une personne morale, sa raison sociale ou sa dénomination, son siège social ainsi que la qualité du signataire de la demande ;

2° Un document comportant la description de l'installation à l'issue des opérations prévues au 1° du I de l'article R. 593-66 et avant son démantèlement ;

3° Une version détaillée et mise à jour du plan de démantèlement décrivant les étapes prévues pour la réalisation du démantèlement ainsi que l'état du site visé à l'issue de celui-ci. Ce plan justifie que les opérations de démantèlement sont réalisées conformément aux principes définis à l'article L. 593-25. Il présente la stratégie d'assainissement envisagée pour les structures des bâtiments et des sols ainsi que ses prévisions d'utilisation ultérieure du site ;

4° Une carte au 1/25 000 indiquant la localisation de l'installation à démanteler ;

5° Un plan de situation au 1/10 000 indiquant le périmètre de l'installation et mentionnant notamment les bâtiments avec leur affectation, les voies de chemin de fer, les voies publiques, les points d'eau, canaux et cours d'eau, les réseaux de transport d'énergie et de produits énergétiques ainsi que les servitudes d'utilité publique éventuellement instituées en application de l'article L. 593-5 ;

6° Si l'exploitant propose une modification du périmètre de l'installation, une note présentant le nouveau périmètre demandé et les activités, installations, ouvrages et travaux qu'il inclut en application du 2° du II de l'article R. 593-26 ;

7° L'étude d'impact prévue à l'article L. 122-1 comportant les éléments mentionnés à l'article R. 593-17 appliqués à l'état du site avant le démantèlement et à l'impact des opérations de démantèlement et présentant, notamment, les modalités envisagées pour optimiser la gestion des déchets et l'élimination des déchets radioactifs ultimes issus du démantèlement ;

8° Une version préliminaire de la révision du rapport de sûreté portant sur l'ensemble des opérations de démantèlement de l'installation, conforme aux dispositions de l'article R. 593-18 ;

Le cas échéant, la version préliminaire de la révision du rapport de sûreté présente la liste des rubriques des nomenclatures mentionnées aux articles L. 214-2 et L. 511-2 et les régimes de classement correspondants dont relèvent les équipements, activités, installations, ouvrages ou travaux mentionnés à l'article L. 593-3 et au I de l'article L. 593-33 dont l'activité se poursuivra pendant et après les opérations de démantèlement ;

9° Une étude de maîtrise des risques portant sur l'ensemble des opérations de démantèlement de l'installation et répondant aux prescriptions de l'article R. 593-19 pour servir aux consultations locales et aux enquêtes publiques mentionnées au I de l'article R. 593-69 ;

10° Une mise à jour de la présentation des capacités techniques de l'exploitant, telle que définie au 9° du I de l'article R. 593-16, indiquant, notamment, l'expérience, les moyens et l'organisation dont il dispose pour conduire des opérations de démantèlement ;

11° Une présentation des capacités financières de l'exploitant comprenant, notamment, l'évaluation des charges mentionnées à l'article L. 594-1 pour l'installation concernée issue de la dernière version ou de l'actualisation du rapport prévu par l'article L. 594-4 ;

12° Si l'exploitant n'est pas le propriétaire de l'installation ou du terrain servant d'assiette, un document établi par ce dernier attestant qu'il est informé du projet de démantèlement et des obligations qui peuvent être mises à sa charge en application de l'article L. 596-5 ;

13° Le cas échéant, les servitudes d'utilité publique prévues à l'article L. 593-5 que l'exploitant propose d'instituer sur le terrain d'assiette ou autour de l'installation, pendant ou après son démantèlement.

Le dossier est, le cas échéant, complété dans les conditions prévues par la section 15 du présent chapitre.

II. – *(Mod. à compter du 1er janvier 2025, D. n° 2024-1194, 19 déc. 2024)* L'exploitant adresse à l'Autorité de sûreté nucléaire et de radioprotection un exemplaire du dossier de démantèlement.

III. – S'il y a lieu, les informations susceptibles de porter atteinte aux intérêts mentionnés au I de l'article L. 124-4 ou au II de l'article L. 124-5 figurant dans les documents mentionnés au présent article peuvent être occultées ou faire l'objet d'un dossier séparé.

Art. R. 593-68 *(Créé à compter du 1er avril 2019, D. n° 2019-190, 14 mars 2019). – (Mod. à compter du 1er janvier 2025, D. n° 2024-1194, 19 déc. 2024)* Pour obtenir une prolongation du délai de deux ans mentionné à l'article L. 593-27, l'exploitant dépose auprès du ministre chargé de la sûreté nucléaire une demande motivée. L'exploitant adresse à l'Autorité de sûreté nucléaire et de radioprotection un exemplaire de sa demande. Cette demande est déposée au plus tard un an avant l'échéance à laquelle l'exploitant doit déposer le dossier de démantèlement.

Le ministre chargé de la sûreté nucléaire soumet, pour avis, à l'autorité un projet d'arrêté motivé prorogeant le délai de dépôt du dossier de démantèlement ou rejetant la demande. L'avis de l'autorité est réputé favorable s'il n'est pas rendu dans un délai de deux mois. Ce délai peut être réduit, en cas d'urgence motivée, par le ministre chargé de la sûreté nucléaire. La demande de prolongation est réputée rejetée en l'absence de réponse expresse du ministre à l'expiration d'un délai de six mois.

Art. R. 593-69 *(Créé à compter du 1er avril 2019, D. n° 2019-190, 14 mars 2019).* – I. – Le dossier de démantèlement est soumis aux consultations applicables aux demandes d'autorisation de création et à l'enquête publique prévue par les dispositions de l'article L. 593-28, selon les mêmes modalités que celles prévues aux articles R. 593-20 à R. 593-25.

II. – Le décret de démantèlement mentionné à l'article L. 593-28 modifie le décret d'autorisation de création pour, notamment :

1° Prescrire les opérations de démantèlement, en définir les étapes et autoriser la création des équipements nécessaires au démantèlement ;

2° Décrire les éléments essentiels, au regard de la protection des intérêts mentionnés à l'article L. 593-1, des opérations de démantèlement, de l'état du site après démantèlement et, le cas échéant, des opérations à la charge de l'exploitant après le démantèlement ;

3° Fixer le délai de réalisation du démantèlement ;

4° Prévoir la transmission par l'exploitant, au ministre chargé de la sûreté nucléaire et à l'autorité, d'un bilan des opérations préparatoires au démantèlement mentionnées au 1° du I de l'article R. 593-66 ;

5° Abroger ou modifier les dispositions devenues sans objet relatives au fonctionnement de l'installation ;

6° Eventuellement, modifier le périmètre de l'installation ;

7° Le cas échéant, identifier les équipements et installations mentionnés à l'article L. 593-3 dont l'activité se poursuivra pendant et après les opérations de démantèlement.

L'exploitant informe l'autorité préalablement à l'engagement de chaque étape prévue par le décret de démantèlement. L'autorité peut soumettre à son accord l'engagement de certaines de ces étapes ou la réalisation de certaines des opérations du démantèlement.

En tant que de besoin, elle fixe les échéances des étapes du démantèlement.

III. – Lorsque l'avis de la Commission des Communautés européennes rendu en application de l'article 37 du traité instituant la Communauté européenne de l'énergie atomique est requis, le décret de démantèlement ne peut être pris qu'après réception de cet avis ou qu'en l'absence d'un tel avis à l'expiration d'un délai de six mois suivant la saisine de la commission.

IV *(Rempl., D. n° 2024-296, 29 mars 2024)*. – Au plus tard six mois après la publication du décret de démantèlement, l'exploitant transmet à l'autorité la révision du rapport de sûreté portant sur les opérations de démantèlement ainsi que la révision des règles générales d'exploitation. Le décret de démantèlement prend effet à la date à laquelle l'autorité approuve cette révision des règles générales d'exploitation et, au plus tard, deux ans après sa publication.

V. – Le décret fait l'objet des mesures de notification, de communication et de publication prévues à l'article R. 593-27.

VI. – Les prescriptions précédemment fixées en application de l'article L. 593-10 valent prescriptions pour l'application de l'article L. 593-29. Elles sont modifiées et complétées, en tant que de besoin, selon les modalités définies à l'article R. 593-40.

VII. – Le décret est publié au plus tard trois ans après le dépôt du dossier de démantèlement. Lorsque la complexité du dossier le justifie, ce délai peut être prorogé de deux ans au plus par le ministre chargé de la sûreté nucléaire. Lorsque le dossier n'est pas complet ou régulier, ou ne comporte pas les éléments suffisants pour poursuivre son instruction, ce délai est suspendu à compter de la demande de compléments et jusqu'à réception de ceux-ci.

Art. R. 593-70 *(Créé à compter du 1er avril 2019, D. n° 2019-190, 14 mars 2019)*. – I. – *(Mod. à compter du 1er janvier 2025, D. n° 2024-1194, 19 déc. 2024)* En vue d'obtenir l'accord de l'Autorité de sûreté nucléaire et de radioprotection pour la réalisation de certaines opérations ou étapes de démantèlement, prévu à l'avant-dernier alinéa du II de l'article R. 593-69, l'exploitant lui adresse un dossier comprenant :

1° La révision du rapport de sûreté avec les éléments permettant d'apprécier la conformité des opérations prévues avec les dispositions du décret de démantèlement et avec les prescriptions définies en application du VI de l'article R. 593-69 ;

2° La révision des règles générales d'exploitation ;

3° En tant que de besoin, les mises à jour du plan d'urgence interne mentionnés à l'article R. 593-31 et de l'étude d'impact mentionnée au 7° du I de l'article R. 593-67.

II. – La décision d'accord pour la réalisation de certaines opérations ou étapes du démantèlement délivrée par l'autorité peut fixer le délai à l'issue duquel celles-ci devront être achevées. Elle peut également prescrire la transmission à l'autorité d'un dossier présentant les opérations réalisées et un bilan de leur réalisation au regard de la protection des intérêts mentionnés à l'article L. 593-1.

III. – La décision d'accord de l'autorité fait l'objet des mesures de notification, de communication et de publication prévues au VI de l'article R. 593-38, le cas échéant, sous les réserves énoncées au VII du même article.

IV. – La durée de l'instruction des demandes d'accord est d'un an. Lorsque la complexité du dossier le justifie, elle peut être portée à deux ans par décision motivée de l'autorité. Le silence gardé par l'autorité à l'expiration de ce délai vaut décision de rejet de la demande.

Art. R. 593-71 *(Créé à compter du 1er avril 2019, D. n° 2019-190, 14 mars 2019).* – Les dispositions des sections 7 et 8 du présent chapitre sont applicables aux modifications concernant une installation nucléaire de base en cours de démantèlement jusqu'à son déclassement.

Pour l'application de ces dispositions, est considérée comme substantielle une modification des éléments essentiels mentionnés au 2° du II de l'article R. 593-69 et les références faites au dossier mentionné aux articles R. 593-16 et suivants sont remplacées par des références aux dossiers mentionnés au I de l'article R. 593-67 et au I de l'article R. 593-69.

Art. R. 593-72 *(Créé à compter du 1er avril 2019, D. n° 2019-190, 14 mars 2019).* – I. – Les dispositions des articles R. 593-66 à R. 593-69 s'appliquent au cas de l'arrêt définitif et du démantèlement d'une partie d'une installation nucléaire de base, dans les conditions définies aux II à V.

II. – La déclaration mentionnée à l'article R. 593-66 concerne la partie de l'installation que l'exploitant veut arrêter définitivement. Toutefois, l'exploitant indique également, dans cette déclaration, la partie de l'installation dont il souhaite poursuivre le fonctionnement et les adaptations de son fonctionnement compte tenu de cet arrêt définitif.

Les éléments des dossiers et documents mentionnés au I de l'article R. 593-66 et à l'article R. 593-67 sont relatifs à la partie de l'installation que l'exploitant veut arrêter définitivement.

La déclaration mentionnée à l'article R. 593-66 et le dossier mentionné à l'article R. 593-67 comportent les éléments justifiant un démantèlement partiel.

III. – Les éléments du décret de démantèlement mentionnés aux 1° à 6° du II de l'article R. 593-69 portent sur la partie de l'installation objet du démantèlement. Ce décret peut adapter les dispositions concernant les autres parties de l'installation pour prendre en compte le démantèlement.

Le décret de démantèlement mentionné au II de l'article R. 593-69 peut tenir lieu du décret mentionné à l'article R. 593-44.

IV. – *(Mod. à compter du 1er janvier 2025, D. n° 2024-1194, 19 déc. 2024)* Lorsque l'exploitant a achevé les opérations de démantèlement prescrites, il transmet au ministre chargé de la sûreté nucléaire et à l'Autorité de sûreté nucléaire et de radioprotection un dossier comportant les mêmes éléments que ceux mentionnés au I de l'article R. 593-73.

V. – Les dispositions de l'article R. 593-73 ne s'appliquent pas.

La partie de l'installation qui a été démantelée fait partie du périmètre de l'installation nucléaire de base jusqu'au déclassement de celle-ci, sauf en cas de séparation de l'installation en application des dispositions de l'article R. 593-44.

Sous-section 3. – Déclassement

Art. R. 593-73 *(Créé à compter du 1er avril 2019, D. n° 2019-190, 14 mars 2019 ; mod. à compter du 1er janvier 2025, D. n° 2024-1194, 19 déc. 2024).* – I. – *(Mod. à compter du 1er janvier 2025, D. n° 2024-1194, 19 déc. 2024)* L'exploitant d'une installation nucléaire de base démantelée dans son ensemble qui ne nécessite plus les mesures de contrôle prévues par le présent chapitre et par le chapitre VI du présent titre adresse à l'Autorité de sûreté nucléaire et de radioprotection une demande de déclassement. Il en informe le ministre chargé de la sûreté nucléaire.

Le dossier de demande de déclassement comprend :

1° Les nom, prénoms et qualités de l'exploitant et son domicile ou, s'il s'agit d'une société, sa raison sociale ou sa dénomination, son siège social ainsi que la qualité du signataire de la demande ;

2° Une carte au 1/25 000 indiquant la localisation de l'installation démantelée ;

3° Un plan de situation au 1/10 000 indiquant le périmètre de l'installation et mentionnant notamment les bâtiments avec leur affectation, les voies de chemin de fer, les voies publiques, les points d'eau, canaux et cours d'eau, les réseaux de transport d'énergie et de produits énergétiques ainsi que les servitudes d'utilité publique éventuellement instituées en application de l'article L. 593-5 ;

4° Une présentation de l'état du site après le démantèlement comportant notamment une analyse de l'état du sol et une description des éventuelles constructions de l'installation qui subsistent et de leur état au regard des intérêts mentionnés à l'article L. 593-1. Ce document justifie que l'état du site après le démantèlement respecte les éléments essentiels mentionnés au 2° du II de l'article R. 593-69. Il indique, le cas échéant, les activités, installations, ouvrages ou travaux subsistant dans le périmètre de l'installation qui appartiennent à des catégories inscrites dans l'une des nomenclatures mentionnées aux articles L. 214-2 et L. 511-2, en précisant ceux qui continuent de relever du régime des installations nucléaires de base jusqu'au déclassement.

Pour ces derniers, le document doit contenir les informations demandées en application des articles L. 214-6 ou L. 513-1 pour les installations fonctionnant au bénéfice des droits acquis dans le cadre du régime de l'autorisation environnementale institué par le chapitre unique du titre VIII du livre Ier, du régime des installations, ouvrages, travaux et activités institué par la section 1 du chapitre IV du titre Ier du livre II ou du régime des installations classées pour la protection de l'environnement institué par le titre Ier du présent livre. L'installation ou l'équipement reste soumis aux prescriptions qui lui étaient applicables au titre du régime des installations nucléaires de base.

Ces prescriptions valent prescriptions du préfet et peuvent être modifiées ou complétées selon les modalités définies, selon le cas, par le régime de l'autorisation environnementale, le régime des installations, ouvrages, travaux et activités institué par la section 1 du chapitre IV du titre Ier du livre II ou le régime des installations classées pour la protection de l'environnement institué par le titre Ier du présent livre.

L'Autorité de sûreté nucléaire et de radioprotection transmet aux services chargés de la police des eaux compétents ou à l'inspection des installations classées, à leur demande, les informations, études ou rapports qu'elle détient sur l'installation ou l'équipement qui permettent d'apprécier sa situation au regard des intérêts mentionnés à l'article L. 211-1 ou L. 511-1.

L'exploitant constitue les garanties financières, si l'installation ou l'équipement relève de l'article L. 516-1 ;

5° Si l'exploitant n'est pas le propriétaire de l'installation ou du terrain servant d'assiette, un document établi par le propriétaire attestant qu'il est informé des obligations qui peuvent être mises à sa charge, même après le déclassement, en application de l'article L. 596-5 ou, si l'exploitant est le propriétaire du terrain, une déclaration sur ses intentions de conserver ou non cette propriété ;

6° Un document présentant l'usage futur du site ;

7° Le cas échéant, les servitudes d'utilité publique prévues à l'article L. 593-5 que l'exploitant propose d'instituer autour du site ou sur le terrain d'assiette de l'installation après son démantèlement ainsi que les modifications qu'il propose d'apporter aux servitudes déjà instituées.

II. – L'Autorité de sûreté nucléaire et de radioprotection transmet le dossier au préfet avec une note expliquant l'effet d'une mesure de déclassement. Le préfet recueille l'avis des communes intéressées, qui disposent d'un délai de trois mois pour se prononcer. Le préfet transmet à l'autorité, avec son avis, les avis qu'il a ainsi recueillis.

L'autorité transmet le dossier de demande, assorti de la note explicative, à la commission locale d'information, qui dispose d'un délai de trois mois pour donner son avis.

III. – La décision de déclassement, après homologation par le ministre chargé de la sûreté nucléaire, fait l'objet des mesures de notification, de communication et de publication définies au VI de l'article R. 593-38, le cas échéant, sous les réserves énoncées au VII du même article.

IV. – L'autorité peut subordonner l'entrée en vigueur d'une mesure de déclassement à l'institution de servitudes d'utilité publique mentionnées à l'article L. 593-5. Le dossier mentionné au I fait partie des pièces du dossier de l'enquête publique prévue à l'article L. 515-9 pour l'institution des servitudes d'utilité publique.

V. – Si, du fait de son déclassement, une installation ou un équipement précédemment soumis au régime des installations nucléaires de base est soumis au régime de l'autorisation environnementale institué par le chapitre unique du titre VIII du livre Ier, au régime des installations, ouvrages, travaux et activités institué par la section 1 du chapitre IV du titre Ier du livre II ou au régime des installations classées pour la protection de l'environnement institué par le titre Ier du présent livre, l'installation ou l'équipement peut continuer à fonctionner sans nouvelle autorisation, ni déclaration, sous réserve de satisfaire aux dispositions du dernier alinéa du 4° du I.

Il en va de même pour les installations ou équipements mentionnés à l'article L. 593-3 qui, du fait d'une mesure de déclassement, cessent d'être inclus dans le périmètre d'une installation nucléaire de base.

VI. – Le délai d'instruction de la demande de déclassement est fixé à un an. Lorsque la complexité du dossier le justifie ou que l'Autorité de sûreté nucléaire et de radioprotection entend subordonner l'entrée en vigueur de la mesure de déclassement à l'institution de servitudes d'utilité publiques, ce délai peut être prorogé d'un an au plus par l'autorité. Le silence gardé par l'autorité à l'expiration de ce délai vaut décision de rejet de la demande de déclassement.

Art. R. 593-74 *(Rempl., D. n° 2023-1104, 28 nov. 2023).* – Les articles R. 593-66 à R. 593-73 s'appliquent à l'installation dont la mise à l'arrêt définitif est ordonnée en application de l'article L. 593-24.

Art. R. 593-75 *(Créé à compter du 1er avril 2019, D. n° 2019-190, 14 mars 2019).* – I. – Les dispositions de la présente section s'appliquent aux installations consacrées au stockage de déchets radioactifs dans les conditions définies à l'article L. 593-31 et sous réserve des dispositions des II à IX.

II. – Pour l'application de l'article R. 593-66, la mise à jour du plan de démantèlement est remplacée par celle du plan de démantèlement, de fermeture et de surveillance mentionné au II de l'article R. 593-16. Cette mise à jour comporte, outre les éléments mentionnés à l'article R. 593-66 :

1° Les durées envisagées du démantèlement et de la phase de surveillance de l'installation ;

2° Les modalités envisagées pour le démantèlement et la phase de surveillance de l'installation ;

3° Les modalités envisagées pour la conservation et la transmission de la mémoire de l'installation pendant et après la phase de surveillance ;

4° Une description sommaire, comportant l'indication des performances de confinement attendues, des ouvrages dont la mise en place est prévue pour permettre la fermeture de l'installation.

III. – Pour l'application de l'article R. 593-67, la version détaillée et mise à jour du plan de démantèlement est remplacée par celle du plan de démantèlement, de fermeture et de surveillance mentionné au II de l'article R. 593-16. Ce document comporte, outre les éléments mentionnés à l'article R. 593-67 :

1° Les durées envisagées du démantèlement et de la phase de surveillance de l'installation ;

2° Les modalités envisagées pour le démantèlement et la phase de surveillance de l'installation ;

3° Les modalités envisagées pour la conservation et la transmission de la mémoire de l'installation pendant et après la phase de surveillance ;

4° Une version préliminaire d'un dossier, dit « dossier synthétique de mémoire de l'installation« , décrivant l'installation telle que construite et comportant l'inventaire des déchets stockés, avec la localisation des différents déchets et leurs propriétés physico-chimiques ainsi que radiologiques ;

5° La description des ouvrages mis en place en vue de la fermeture ;

6° La description des différentes étapes des travaux nécessaires à la réalisation de l'ensemble des opérations préparatoires à la fermeture ainsi que des travaux de fermeture puis de surveillance, en justifiant leurs durées respectives.

IV. – La version préliminaire de la révision du rapport de sûreté mentionnée au 8° du I de l'article R. 593-67 porte, d'une part, sur la sûreté de réalisation des opérations de démantèlement, y compris la fermeture de l'installation et de surveillance et, d'autre part, sur la sûreté à long terme du stockage des déchets.

V. – Le dossier mentionné au I de l'article R. 593-67 comporte également l'inventaire détaillé des déchets stockés dans l'installation.

VI. – L'étude d'impact mentionnée au 7° du I de l'article R. 593-67 comporte les éléments mentionnés à l'article R. 593-17 appliqués aux opérations de démantèlement, y compris la fermeture, à la phase de surveillance et pour le long terme.

VII. – *(Mod. à compter du 1er janvier 2025, D. n° 2024-1194, 19 déc. 2024)* La fermeture et le passage en phase de surveillance de l'installation consacrée au stockage de déchets radioactifs sont soumis à l'accord préalable de l'Autorité de sûreté nucléaire et radioprotection, qui statue au vu d'un dossier comportant les pièces mentionnées au I de l'article R. 593-70, ainsi que :

1° La description de l'installation après fermeture ;

2° Les modalités envisagées pour la conservation et la transmission de la mémoire de l'installation pendant et après la phase de surveillance ;

3° Une version mise à jour du dossier mentionné au 4° du III du présent article ;

4° Un dossier détaillé de la mémoire de l'installation ;

5° La démonstration de l'efficacité des actions de surveillance prévues.

VIII. – Dans le cas d'un centre de stockage mentionné au 5° de l'article L. 593-2, la demande d'autorisation de fermeture de l'installation et de passage en phase de surveillance ne peut être déposée avant la promulgation de la loi prévue à l'article L. 542-10-1 ;

IX. – Le décret prévu à l'article R. 593-69 fixe la durée minimale de la phase de surveillance.

Section XI. – Dispositions propres aux installations fonctionnant au bénéfice des droits acquis

(Créée à compter du 1er avril 2019, D. n° 2019-190, 14 mars 2019)

Art. R. 593-76 *(Créé à compter du 1er avril 2019, D. n° 2019-190, 14 mars 2019).* **– La déclaration prévue à l'article L. 593-35 est accompagnée d'un dossier comprenant les éléments mentionnés aux 1°, 2°, 3°, 4° et 5° du I de l'article R. 593-16. La déclaration précise l'identité du propriétaire du terrain d'assiette de l'installation.**

En outre, si l'installation était précédemment soumise au régime de l'autorisation environnementale institué par le chapitre unique du titre VIII du livre Ier, au régime des installations, ouvrages, travaux et activités institué par la section 1 du chapitre IV du titre Ier du livre II ou au régime des installations classées pour la protection de l'environnement institué par le titre Ier du présent livre, la déclaration le mentionne et le dossier est complété par une copie de l'arrêté d'autorisation, de l'arrêté d'enregistrement ou du récépissé de déclaration au titre de ce régime.

Si l'installation fait l'objet de servitudes d'utilité publique en application des articles L. 515-8 à L. 515-12, ces servitudes sont indiquées sur le plan prévu au 4° du I de l'article R. 593-16.

Art. R. 593-77 *(Créé à compter du 1er avril 2019, D. n° 2019-190, 14 mars 2019 ; mod. à compter du 1er janvier 2025, D. n° 2024-1194, 19 déc. 2024).* **– Lorsque l'Autorité de sûreté nucléaire et de radioprotection reçoit une déclaration conforme aux prescriptions de l'article R. 593-76, elle la transmet au ministre chargé de la sûreté nucléaire afin que celui-ci fixe par arrêté le périmètre de l'installation.**

La déclaration et l'arrêté fixant le périmètre sont enregistrés par l'Autorité de sûreté nucléaire et de radioprotection.

L'enregistrement par l'autorité tient lieu, pour l'installation, de décret d'autorisation de création. Il fait l'objet des mesures de notification, de communication et de publication prévues par l'article R. 593-27. Il est également notifié au propriétaire de l'installation nucléaire de base ou du terrain d'assiette si celui-ci n'est pas l'exploitant.

Si l'installation était précédemment soumise au régime de l'autorisation environnementale institué par le chapitre unique du titre VIII du livre Ier, au régime des installations, ouvrages, travaux et activités institué par la section 1 du chapitre IV du titre Ier du livre II ou au régime des installations classées pour la protection de l'environnement institué par le titre Ier du présent livre, elle reste soumise aux prescriptions qui lui étaient applicables au titre de ce régime. Ces prescriptions valent prescriptions de l'Autorité de sûreté nucléaire et de radioprotection pour l'application du second alinéa de l'article L. 593-35. Elles peuvent être modifiées ou complétées selon les modalités définies à l'article R. 593-40. Les services chargés de la police des eaux compétents ou l'inspection des installations classées transmettent à l'autorité, à sa demande, les informations, études ou rapports qu'ils détiennent sur l'équipement, l'installation, l'ouvrage, les travaux ou l'activité et qui permettent d'apprécier sa situation au regard des intérêts mentionnés à l'article L. 211-1 ou L. 511-1.

L'autorité peut demander à l'exploitant de lui fournir tout ou partie des éléments mentionnés aux 6°, 7°, 9°, 10° et 13° du I de l'article R. 593-16 dans un délai de deux ans, qui peut être réduit en cas d'urgence motivée.

Elle peut demander à l'exploitant de lui fournir, dans un délai de deux ans qui peut être réduit en cas d'urgence motivée, un examen de conformité au régime des installations nucléaires de base.

Si, lors de son classement comme installation nucléaire de base, l'installation a bénéficié de servitudes d'utilité publique instituées en application des articles L. 515-8 à L. 515-12, ces dernières valent servitudes au titre de l'article L. 593-5. À défaut, des servitudes d'utilité publique peuvent être instituées dans les conditions définies à la section 12 du présent chapitre.

Avant l'enregistrement, l'autorité peut prendre des mesures provisoires selon les modalités définies à l'article R. 593-39.

Art. R. 593-78 *(Créé à compter du 1er avril 2019, D. n° 2019-190, 14 mars 2019).* – Les installations fonctionnant au bénéfice des droits acquis qui, par l'effet de la modification d'un décret en Conseil d'État pris en application des 2°, 3° et 4° de l'article L. 593-2 entrent dans le champ d'application du présent chapitre, sont soumises à l'obligation d'un réexamen périodique de sûreté posée à l'article L. 593-18.

Pour l'application de cette disposition, les délais sont appréciés à compter de l'enregistrement prévu à l'article R. 593-77 ou, à défaut d'un tel enregistrement, à compter de la publication du décret prévu au premier alinéa de l'article L. 593-35.

Art. R. 593-79 *(Créé à compter du 1er avril 2019, D. n° 2019-190, 14 mars 2019 ; mod. à compter du 1er janvier 2025, D. n° 2024-1194, 19 déc. 2024).* – I. – Lorsqu'une installation, régulièrement autorisée dans le cadre du régime applicable aux installations et activités nucléaires intéressant la défense mentionnées à l'article L. 1333-15 du Code de la défense et qui a fait l'objet d'un déclassement en application de ce régime, est de nature à relever du régime des installations nucléaires de base, le ministre de la défense en informe le ministre chargé de la sûreté nucléaire et l'Autorité de sûreté nucléaire et de radioprotection. Sous réserve des dispositions relatives au secret de la défense nationale, le ministre de la défense communique également à l'autorité toute information nécessaire à l'exercice de son contrôle.

Au vu des éléments communiqués par le ministre de la défense et de la déclaration transmise par l'exploitant au titre de l'article L. 593-35, l'autorité décide l'enregistrement de l'installation selon les modalités et dans les conditions prévues à l'article R. 593-77.

Les autorisations et prescriptions des arrêtés autorisant les prélèvements d'eau et les rejets liquides et gazeux en vigueur à la date du déclassement sont communiquées à l'autorité par le ministre de la défense. Elles valent prescriptions de l'autorité jusqu'à leur modification dans les conditions définies par la section 6 du présent chapitre.

Le délai pour effectuer le réexamen périodique prévu à l'article L. 593-18 du présent code est apprécié à compter du dernier réexamen effectué en application de l'article R.* 1333-49 du Code de la défense ou, à défaut, dans les cinq ans suivant la mesure de déclassement.

II. – Lorsqu'une installation, régulièrement mise en service dans le cadre du régime applicable aux installations nucléaires de base, par l'effet d'un décret en Conseil d'État pris en application des 2°, 3° et 4° de l'article L. 593-2, n'est plus soumise au champ d'application des dispositions du présent chapitre et du chapitre VI du présent titre, l'exploitant en informe le ministre chargé de la sûreté nucléaire et l'Autorité de sûreté nucléaire et de radioprotection qui en font part au préfet. L'exploitant est informé de cette transmission au préfet.

Dans ce cas, si l'installation ou l'équipement précédemment soumis au régime des installations nucléaires de base est soumis au régime de l'autorisation environnementale institué par le chapitre unique du titre VIII du livre Ier, ou au régime des installations, ouvrages, travaux et activités institué par la section 1 du chapitre IV du titre Ier du livre II ou au régime des installations classées pour la protection de l'environnement institué par le titre Ier du présent livre, l'exploitant informe le préfet en lui transmettant les informations demandées en application des articles L. 214-6 et L. 513-1 pour les installations fonctionnant au bénéfice des droits acquis dans le cadre du régime institué par le chapitre IV du titre Ier du livre II ou du régime des installations classées pour la protection de l'environnement institué par le titre Ier du présent livre. L'installation ou l'équipement peut continuer à fonctionner sans nouvelle autorisation ou sans déclaration.

Sans préjudice de l'application des prescriptions générales instituées par la section 1 du chapitre IV du titre Ier du livre II ou par le régime des installations classées pour la protection de l'environnement institué par le titre Ier du présent livre, les prescriptions individuelles antérieurement applicables au titre du régime des installations nucléaires de base valent prescriptions du préfet et peuvent être modifiées ou complétées selon les modalités définies, selon le cas, par le régime de l'autorisation environnementale, le régime des installations, ouvrages, travaux et activités ou le régime des installations classées pour la protection de l'environnement mentionnés au présent II.

L'Autorité de sûreté nucléaire et de radioprotection transmet aux services des autorités administratives compétentes, à leur demande, les informations, études ou rapports qu'ils détiennent sur l'installation ou l'équipement qui permettent d'apprécier sa situation au regard des intérêts mentionnés à l'article L. 211-1 ou L. 511-1.

Art. R. 593-80 *(Créé à compter du 1er avril 2019, D. n° 2019-190, 14 mars 2019 ; mod. à compter du 1er janvier 2025, D. n° 2024-1194, 19 déc. 2024).* – L'exploitant d'une installation ayant fait l'objet d'une décision d'enregistrement de l'Autorité de sûreté nucléaire et de radioprotection en application de la présente section, ou entrant dans le champ d'application de l'article L. 593-35, indique à l'autorité, sous un délai maximal d'un an à compter de la publication de la décision d'enregistrement, ou à défaut, de celle du décret mentionné à l'article L. 593-35, comment il entend mettre son installation en conformité avec les dispositions du présent chapitre et avec celles de la réglementation générale prise pour leur application. L'autorité peut prescrire, dans les conditions prévues à la section 6 du présent chapitre, les mesures propres à assurer la protection des intérêts mentionnés à l'article L. 593-1.

Section XII. – Servitudes d'utilité publique

Art. R. 593-81 *(Créé à compter du 1er avril 2019, D. n° 2019-190, 14 mars 2019).* – Les servitudes d'utilité publique prévues par l'article L. 593-5 sont établies pour prévenir ou réduire les risques pour les intérêts mentionnés à l'article L. 593-1 dans l'éventualité d'un accident ou pour prévenir les effets d'une pollution radioactive ou chimique du sol.

Elles prennent en compte les effets potentiels de toutes les installations implantées dans le périmètre de l'installation nucléaire de base, notamment des équipements, installations, ouvrages, travaux et activités mentionnés à l'article L. 593-3 et au I de l'article L. 593-33.

Art. R. 593-82 *(Créé à compter du 1er avril 2019, D. n° 2019-190, 14 mars 2019).* – Les servitudes d'utilité publique sont instituées selon la procédure prévue par les dispositions des articles R. 515-31-1 à R. 515-31-7 ou R. 515-91 à R. 515-97. Pour leur application aux servitudes d'utilité publique régies par la présente section, les références à l'exploitant sont substituées aux références, contenues dans ces articles, au demandeur de l'autorisation.

(Mod. à compter du 1er janvier 2025, D. n° 2024-1194, 19 déc. 2024) Outre les personnes mentionnées aux articles R. 515-31-1 et R. 515-91, l'Autorité de sûreté nucléaire et de radioprotection peut demander l'institution de telles servitudes.

Outre les personnes mentionnées à l'article R. 515-31-4 et au quatrième alinéa du III de l'article R. 515-93, la commission locale d'information est consultée dans les mêmes conditions.

L'autorité, l'exploitant et le maire de la commune intéressée sont informés par le préfet, au moins huit jours à l'avance, de la date et du lieu de la réunion du conseil départemental de l'environnement et des risques sanitaires et technologiques au cours de laquelle le projet de servitudes est examiné. Ils reçoivent un exemplaire du dossier transmis au conseil départemental. Ils peuvent assister à la réunion du conseil et y présenter des observations.

Le préfet transmet le projet de servitudes, éventuellement modifié pour tenir compte de l'avis du conseil départemental, à l'autorité qui dispose d'un délai de deux mois pour émettre son avis.

L'institution des servitudes donne lieu à indemnisation par l'exploitant de l'installation ou, à défaut, par l'État selon les modalités définies à l'article L. 515-11.

Lorsque les servitudes portent sur le terrain d'assiette et le voisinage d'une installation nucléaire de base déclassée dont l'exploitant a disparu, les frais du dossier et de publicité et l'indemnisation sont à la charge de l'État.

Art. R. 593-83 *(Créé à compter du 1er avril 2019, D. n° 2019-190, 14 mars 2019).* – Les servitudes peuvent être modifiées à la demande ou sur l'initiative des personnes ou organismes ayant qualité pour demander leur institution. Le projet de modification est instruit, soumis à consultation et adopté selon les modalités et la procédure définies à la présente section. Les projets de modification qui ont pour seul objet la suppression ou la limitation de servitudes existantes peuvent être dispensés de l'enquête publique.

Section XIII. – Dispositions applicables en cas de risques graves

(Créée à compter du 1er avril 2019, D. n° 2019-190, 14 mars 2019)

Art. R. 593-84 *(Créé à compter du 1er avril 2019, D. n° 2019-190, 14 mars 2019 ; mod. à compter du 1er janvier 2025, D. n° 2024-1194, 19 déc. 2024.* – I. – Si une installation nucléaire de base présente des risques graves pour les intérêts mentionnés à l'article L. 593-1, l'Autorité de sûreté nucléaire et de radioprotection en informe le ministre chargé de la sûreté nucléaire qui peut faire application des dispositions prévues à l'article L. 593-21 et suspendre le fonctionnement de l'installation.

L'arrêté prononçant la suspension en définit la portée et précise, le cas échéant, les mesures nécessaires pour la mise en sûreté de l'installation.

L'arrêté assorti de l'avis de l'autorité est publié au *Journal officiel* de la République française, notifié à l'exploitant et communiqué au préfet et à la commission locale d'information.

Il est mis fin à la suspension par arrêté du ministre chargé de la sûreté nucléaire pris sur avis de l'autorité constatant la mise en œuvre des mesures propres à faire disparaître les risques ayant justifié la suspension. L'arrêté mettant fin à la suspension est notifié à l'exploitant et fait l'objet des mesures de publication et de communication prévues à l'alinéa précédent.

II. – En cas de risques graves et imminents, l'Autorité de sûreté nucléaire et de radioprotection peut prononcer la suspension, en tout ou en partie, du fonctionnement de l'installation à titre provisoire et pour une durée qui ne peut excéder trois mois. L'autorité notifie sa décision à l'exploitant et en informe sans délai le ministre chargé de la sûreté nucléaire, le préfet et la commission locale d'information.

Art. R. 593-85 *(Créé à compter du 1er avril 2019, D. n° 2019-190, 14 mars 2019). – (Mod. à compter du 1er janvier 2025, D. n° 2024-1194, 19 déc. 2024)* Si une installation nucléaire de base présente, pour les intérêts mentionnés à l'article L. 593-1, des risques graves qui ne peuvent être prévenus ou limités de manière suffisante, le ministre chargé de la sûreté nucléaire adresse, après en avoir informé l'Autorité de sûreté nucléaire et de radioprotection, un projet de décret ordonnant la mise à l'arrêt définitif et le démantèlement de l'installation en application de l'article L. 593-23 à l'exploitant, au préfet et à la commission locale d'information qui peuvent présenter leurs observations dans le délai qui leur est imparti par le ministre. Ce projet est transmis après avoir été soumis à l'avis du conseil supérieur de la prévention des risques technologiques.

Le projet de décret, éventuellement modifié pour tenir compte des observations et avis recueillis, est transmis par le ministre à l'autorité qui rend son avis dans un délai de deux mois. Ce délai peut être réduit à quinze jours en cas d'urgence. L'autorité communique son avis à l'exploitant.

Le décret en Conseil d'État ordonnant la mise à l'arrêt définitif et le démantèlement est pris sur le rapport du ministre chargé de la sûreté nucléaire. Il est motivé et son contenu est conforme aux dispositions prévues au II de l'article R. 593-69. Il fait l'objet des mesures de notification, de communication et de publication définies à l'article R. 593-27.

L'autorité fixe les prescriptions nécessaires pour la protection des intérêts mentionnés à l'article L. 593-1 dans les conditions définies au VI de l'article R. 593-69.

Section XIV. – Installations situées dans le périmètre d'une installation nucléaire de base

(Créée à compter du 1er avril 2019, D. n° 2019-190, 14 mars 2019)

Art. R. 593-86 *(Créé à compter du 1er avril 2019, D. n° 2019-190, 14 mars 2019 ; mod., D. n° 2019-1035, 9 oct. 2019 ; mod. à compter du 1er janvier 2025, D. n° 2024-1194, 19 déc. 2024).* – I. – Les équipements, installations, ouvrages, travaux ou activités mentionnés au I de l'article L. 593-33, implantés ou réalisés dans le périmètre d'une installation nucléaire de base sans être nécessaires à son exploitation et qui sont soumis selon le cas, soit à autorisation au titre du régime de l'autorisation environnementale institué par le chapitre unique du titre VIII du livre Ier, soit à déclaration au titre du régime des installations, ouvrages, travaux et activités institué par la section 1 du chapitre IV du titre Ier du livre II, soit aux dispositions de l'article L. 229-6, de l'article L. 229-13 ou de l'article L. 229-14, restent soumis aux dispositions législatives et réglementaires relevant de ces régimes, sous réserve des dispositions des II à V.

II. – Les demandes d'autorisation, d'enregistrement et les déclarations sont adressées à l'Autorité de sûreté nucléaire et de radioprotection. Celle-ci transmet les demandes d'autorisation et d'enregistrement au préfet pour qu'il procède ou fasse procéder aux consultations et enquêtes publiques prévues par, selon le cas, le chapitre unique du titre VIII du livre Ier, la section 1 du chapitre IV du titre Ier du livre II ou le titre Ier du présent livre. Le préfet transmet à l'autorité, avec son avis, le résultat des consultations et enquêtes publiques.

Lorsque son avis est requis, l'autorité environnementale mentionnée à l'article L. 122-1 est celle qui serait compétente si l'équipement, l'installation, l'ouvrage, les travaux ou l'activité étaient implantés ou réalisés hors du périmètre d'une installation nucléaire de base.

Le cas échéant, les décisions de rejet prévues à l'article R. 181-34 sont prises par l'Autorité de sûreté nucléaire et de radioprotection.

Lorsque l'avis du conseil départemental de l'environnement et des risques sanitaires et technologiques est sollicité par l'Autorité de sûreté nucléaire et de radioprotection, elle établit les rapports destinés au conseil départemental en application des textes définissant les régimes mentionnés au I. Le président de l'Autorité ou son représentant les présente lors de réunions du conseil départemental. Un représentant de la commission locale d'information peut se faire entendre dans les mêmes conditions que l'exploitant.

Si l'exploitant dépose simultanément auprès de l'autorité une demande d'autorisation au titre de l'un des régimes mentionnés au I et une demande d'autorisation mentionnée à l'article L. 593-7 ou L. 593-14 ou un dossier mentionné à l'article L. 593-27, les consultations et les enquêtes publiques prévues par ces diverses procédures peuvent être menées conjointement.

III. – L'Autorité de sûreté nucléaire et de radioprotection est substituée au préfet ou au ministre chargé des installations classées pour recevoir les informations ou prendre les décisions individuelles prévues par les régimes mentionnés au I, à l'exception de celles mentionnées à l'article L. 515-9.

Les décisions de l'autorité prises en application de l'alinéa précédent font l'objet des mesures de notification, de communication et de publication prescrites par ces régimes. Les décisions devant faire l'objet d'une publication en vertu de ces régimes sont également publiées au *Bulletin officiel* de l'autorité. Cette publication se substitue, le cas échéant, à la publication au recueil des actes administratifs de la préfecture.

L'Autorité de sûreté nucléaire et de radioprotection est substituée au préfet, à l'inspection des installations classées ou au ministre chargé des installations classées pour recevoir les informations ou prendre les décisions individuelles prévues par les dispositions de la section 2 du chapitre IX du titre II du livre II, à l'exception des décisions d'affectation de quotas d'émission de gaz à effet de serre à titre gratuit prises en application de l'article L. 229-15.

IV. – Si une installation relevant du présent article doit faire l'objet de servitudes d'utilité publique en application des articles L. 515-8 à L. 515-12, les servitudes sont définies globalement pour cette installation et pour les installations nucléaires de base incluses dans le périmètre, selon la procédure définie à la section 12 du présent chapitre.

V. – Si l'exploitant de l'installation nucléaire de base n'est pas le titulaire de l'autorisation ou de l'enregistrement ou le responsable de la déclaration d'un équipement, d'une installation, d'un ouvrage, de travaux ou d'une activité mentionnés au I, une convention, soumise à l'approbation de l'Autorité de sûreté nucléaire et de radioprotection, fixe le partage des responsabilités et les modalités de coopération entre les parties intéressées en vue de la protection des intérêts mentionnés à l'article L. 593-1. Le silence gardé par l'autorité sur une demande d'approbation d'une convention à l'expiration d'un délai de six mois vaut acceptation de la demande. La méconnaissance des stipulations de cette convention produit les mêmes effets que la violation de prescriptions édictées par l'autorité en application de l'article R. 593-38 ou en application du régime pertinent mentionné au I.

Le changement d'exploitant d'une installation classée pour la protection de l'environnement mentionnée au I et soumise à autorisation ou à enregistrement au titre de la nomenclature prévue à l'article L. 511-2 est soumis à autorisation. L'autorisation est accordée dans les conditions définies à l'article R. 516-1, l'Autorité de sûreté nucléaire et de radioprotection étant substituée au préfet. Les mêmes dispositions sont applicables en cas de changement de l'exploitant d'une installation ou de la personne responsable de travaux, d'ouvrages ou d'activités soumis au régime institué par la section 1 du chapitre IV du titre Ier du livre II et mentionné au I.

Art. R. 593-87 *(Créé à compter du 1er avril 2019, D. n° 2019-190, 14 mars 2019 ; mod., D. n° 2024-296, 29 mars 2024 ; mod. à compter du 1er janvier 2025, D. n° 2024-1194, 19 déc. 2024)*. – I. – Lorsqu'un équipement, une installation, un ouvrage, des travaux ou une activité sont soumis aux dispositions du I de l'article L. 593-33 du fait de la création ou de la modification du périmètre d'une installation nucléaire de base, les prescriptions auxquelles ils étaient antérieurement soumis en application d'un arrêté préfectoral ou ministériel, ou d'un décret restent applicables. Elles peuvent être modifiées par une décision de l'Autorité de sûreté nucléaire et de radioprotection prise selon les modalités définies au III de l'article R. 593-86.

Les services chargés de la police des eaux compétents ou l'inspection des installations classées transmettent à l'autorité les textes fixant les prescriptions mentionnées à l'alinéa précédent ainsi que les informations, études ou rapports qu'ils détiennent sur l'installation, l'ouvrage, les travaux ou l'activité et qu'ils estiment utiles pour apprécier leur situation au regard des intérêts mentionnés à l'article L. 211-1 ou L. 511-1. À la demande de l'autorité, ces services ou cette inspection lui transmettent tout document complémentaire qu'ils détiennent.

II. – Lorsqu'un équipement, une installation, un ouvrage, des travaux ou une activité, précédemment soumis aux dispositions du I de l'article L. 593-33, ne relèvent plus de ces dispositions du fait de la modification du périmètre d'une installation nucléaire de base ou du déclassement de celle-ci, les prescriptions auxquelles ils étaient antérieurement soumis en application d'une décision de l'Autorité de sûreté nucléaire et de radioprotection, prise selon les modalités définies au II de l'article R. 593-86, restent applicables. Elles peuvent être modifiées ultérieurement selon les procédures prévues par le chapitre unique du titre VIII du livre Ier, la section 1 du chapitre IV du titre Ier du livre II ou le titre Ier du présent livre.

L'Autorité de sûreté nucléaire et de radioprotection transmet aux services chargés de la police des eaux compétents ou à l'inspection des installations classées le décret d'autorisation, les prescriptions et, le cas échéant, la décision de déclassement décrivant la situation administrative de l'équipement, de l'installation, de l'ouvrage, des travaux ou de l'activité au jour où ils cessent de relever du I de l'article L. 593-33. L'autorité joint à ces documents les informations, études ou rapports qu'elle détient sur l'équipement, l'installation, l'ouvrage, les travaux ou l'activité et qu'elle estime utiles pour apprécier leur situation au regard des intérêts mentionnés à l'article L. 593-1.

À la demande des services chargés de la police des eaux ou de l'inspection des installations classées, l'autorité leur transmet tout document complémentaire qu'elle détient.

Art. R. 593-88 *(Créé à compter du 1er avril 2019, D. n° 2019-190, 14 mars 2019). – (Mod. à compter du 1er janvier 2025, D. n° 2024-1194, 19 déc. 2024)* Le ministre chargé de l'environnement transmet pour information à l'Autorité de sûreté nucléaire et de radioprotection les projets d'arrêtés pris sur le fondement de l'article L. 512-5 ou L. 512-10, lorsqu'ils concernent des catégories d'installations soumises au contrôle de l'autorité en application du I de l'article L. 593-33.

L'autorité communique au ministre chargé de l'environnement, à sa demande, toute information relative à ces installations.

Section XV. – Catégories particulières d'installations nucléaires de base

(Division créée à compter du 1er avril 2019, D. n° 2019-190, 14 mars 2019)

Sous-section 1. – Installations nucléaires de base soumises à quotas d'émission de gaz à effet de serre

Art. R. 593-89 *(Créé à compter du 1er avril 2019, D. n° 2019-190, 14 mars 2019 ; mod., D. n° 2019-1035, 9 oct. 2019).* – La présente sous-section s'applique aux installations nucléaires de base qui comprennent un équipement ou une installation mentionné à l'article L. 593-3 qui est soumis à l'autorisation mentionnée au premier alinéa de l'article L. 229-6.

Art. R. 593-90 *(Rempl., D. n° 2019-1035, 9 oct. 2019).* – Les dossiers mentionnés aux articles R. 593-16 et R. 593-67 contiennent également un document comportant la description :

1° Des matières premières et combustibles dont l'emploi est susceptible d'entraîner des émissions de gaz à effet de serre ;

2° Des sources d'émission de ces gaz ;

3° Des mesures de surveillance prises en application de l'article L. 229-6 ;

4° Un résumé non technique des informations mentionnées aux 1° à 3°.

Art. R. 593-91 *(Créé à compter du 1er avril 2019, D. n° 2019-190, 14 mars 2019 ; mod., D. n° 2019-1035, 9 oct. 2019 ; à compter du 1er janvier 2025, D. n° 2024-1194, 19 déc. 2024).* – Si l'installation nucléaire de base comprend un équipement ou une installation mentionné à l'article L. 593-3 qui est soumis à l'autorisation mentionnée au premier alinéa de l'article L. 229-6 et qui ne bénéficie pas de l'exclusion mentionnée à l'article

L. 229-14, les modalités pratiques de quantification, de déclaration et de surveillance des émissions de gaz à effet de serre sont fixées par arrêté du ministre chargé de la sûreté nucléaire, pris après avis de l'Autorité de sûreté nucléaire et de radioprotection et, le cas échéant, complétées par décision de l'Autorité de sûreté nucléaire et de radioprotection prise au titre de l'article R. 593-38.

Les prescriptions ne comportent pas de valeur limite d'émission pour les émissions directes d'un gaz à effet de serre mentionné à l'article R. 229-5 à moins que cela ne soit nécessaire pour éviter toute pollution locale significative.

Art. R. 593-92 *(Rempl., D. n° 2019-1035, 9 oct. 2019 ; mod. à compter du 1er janvier 2025, D. n° 2024-1194, 19 déc. 2024).* – Pour les équipements et installations mentionnés à l'article L. 593-3 soumis à l'autorisation mentionnée au premier alinéa de l'article L. 229-6, l'Autorité de sûreté nucléaire et de radioprotection réexamine tous les cinq ans au moins les éléments du document mentionné à l'article R. 593-90 et leurs éventuelles mises à jour et modifie en tant que de besoin les prescriptions mentionnées à l'article R. 593-91.

Sous-section 2. – Installations nucléaires de base relevant de l'annexe I de la directive 2010/75/UE du 24 novembre 2010 relative aux émissions industrielles

Art. R. 593-93 *(Créé à compter du 1er avril 2019, D. n° 2019-190, 14 mars 2019).* – Les dispositions de la présente sous-section s'appliquent aux équipements et installations mentionnés à l'article L. 593-3 et, le cas échéant, aux installations nucléaires de base comportant au moins une des activités énumérées à l'annexe I de la directive 2010/75/UE du Parlement européen et du Conseil du 24 novembre 2010 relative aux émissions industrielles.

Elles s'appliquent également aux installations ou équipements s'y rapportant directement, exploités sur le même site, liés techniquement à ces installations et susceptibles d'avoir des incidences sur les émissions et la pollution de ces dernières.

Art. R. 593-94 *(Créé à compter du 1er avril 2019, D. n° 2019-190, 14 mars 2019).* – Les études d'impact mentionnées aux articles R. 593-16, R. 593-30, R. 593-56 et R. 593-67 décrivent, au titre du 8° du II de l'article R. 122-5 en ce qui concerne les activités mentionnées à l'annexe I de la directive 2010/75/UE du 24 novembre 2010 relevant de l'article L. 593-3, les mesures prévues pour l'application des meilleures techniques disponibles prévues à l'article L. 593-32, ainsi qu'une comparaison du fonctionnement de ces activités avec :

– soit les meilleures techniques disponibles décrites dans les conclusions sur les meilleures techniques disponibles mentionnées à l'article L. 593-32 et au premier alinéa de l'article R. 593-99 ;

– soit les meilleures techniques disponibles figurant au sein des documents de référence sur les meilleures techniques disponibles adoptés par la Commission européenne avant le 7 janvier 2013 mentionnés au dernier alinéa de l'article R. 593-99 en l'absence de conclusions sur les meilleures techniques disponibles mentionnées au premier alinéa de l'article R. 593-99.

Cette comparaison classe les niveaux des rejets par rapport aux niveaux d'émission associés à ces meilleures techniques disponibles.

Si l'exploitant souhaite que les prescriptions de l'autorisation soient fixées sur la base d'une meilleure technique disponible qui n'est décrite dans aucune des conclusions sur les meilleures techniques disponibles applicables, cette description est complétée par une proposition de meilleure technique disponible et par une justification de cette proposition en accordant une attention particulière aux critères énumérés à l'annexe III de la directive 2010/75/UE du 24 novembre 2010.

Lorsque l'activité ou le type de procédé de production utilisé n'est couvert par aucune des conclusions sur les meilleures techniques disponibles ou si ces conclusions ne prennent pas en considération toutes les incidences possibles de l'activité ou du type de procédé utilisé sur l'environnement, cette description est complétée par une proposition de meilleure technique disponible et par une justification de cette proposition en accordant une attention particulière aux critères énumérés à l'annexe III de la même directive.

Cette description comprend l'évaluation prévue au premier alinéa du II de l'article R. 593-100, lorsque l'exploitant demande à bénéficier des dispositions du II de cet article.

Art. R. 593-95 *(Créé à compter du 1er avril 2019, D. n° 2019-190, 14 mars 2019)*. – En complément du 1° du VII de l'article R. 593-18, l'exploitant fournit une proposition justifiée d'activité principale de l'installation au sens du paragraphe 3 de l'article 21 de la directive 2010/75/UE du 24 novembre 2010 parmi les activités définies à l'annexe I de cette directive ainsi que des conclusions sur les meilleures techniques disponibles relatives à cette activité principale.

Art. R. 593-96 *(Créé à compter du 1er avril 2019, D. n° 2019-190, 14 mars 2019)*. – Lorsque l'activité implique l'utilisation, la production ou le rejet de substances ou de mélanges dangereux pertinents mentionnés à l'article 3 du règlement (CE) n° 1272/2008 du 16 décembre 2008 et un risque de contamination du sol et des eaux souterraines sur le site de l'exploitation, le dossier mentionné au I de l'article R. 593-30 comporte le rapport de base mentionné au I de l'article L. 593-32.

Ce rapport de base comprend au minimum :

1° Des informations relatives à l'usage actuel et, si elles existent, aux utilisations précédentes du site ;

2° Les informations disponibles sur les mesures de pollution du sol et des eaux souterraines à l'époque de l'établissement du rapport ou, à défaut, de nouvelles mesures de cette pollution eu égard à l'éventualité d'une telle pollution par les substances ou les mélanges mentionnés au premier alinéa du présent article.

Art. R. 593-97 *(Créé à compter du 1er avril 2019, D. n° 2019-190, 14 mars 2019)*. – Les mises à jour du plan de démantèlement produites en application de l'article R. 593-30 et, ultérieurement, des articles R. 593-56 et R. 593-67 justifient la remise du site concerné par cette activité dans un état au moins similaire à celui constaté dans le rapport de base mentionné au I de l'article L. 593-32, lorsque ce rapport existe, en tenant compte de la faisabilité technique et économique des mesures envisagées.

Art. R. 593-98 *(Créé à compter du 1er avril 2019, D. n° 2019-190, 14 mars 2019)*. – Les prescriptions applicables à l'installation précisent quelle est l'activité principale de l'installation au sens du paragraphe 3 de l'article 21 de la directive 2010/75/UE du 24 novembre 2010 parmi les activités définies à l'annexe I de cette directive ainsi que les conclusions sur les meilleures techniques disponibles relatives à cette activité principale.

Ces prescriptions fixent des valeurs limites d'émission pour les substances polluantes figurant à l'annexe II de la même directive et pour les autres substances polluantes qui, eu égard à leur nature et à leur potentiel de transfert de pollution d'un milieu à l'autre, sont susceptibles d'être émises en quantité significative. Ces valeurs limites d'émission peuvent être remplacées par des paramètres ou des mesures techniques garantissant un niveau équivalent de protection de l'environnement. Les prescriptions applicables à l'installation fixent également des mesures permettant d'évaluer le respect de ces valeurs limites d'émission.

Elles définissent des mesures garantissant la protection du sol et des eaux souterraines, concernant notamment les moyens nécessaires à l'entretien et à la surveillance périodique des mesures prises afin de garantir cette protection.

S'agissant des substances ou des mélanges mentionnés au premier alinéa de l'article R. 593-96, des prescriptions fixent également des exigences en matière de surveillance périodique du sol et des eaux souterraines. La fréquence de cette surveillance est d'au moins une fois tous les cinq ans pour les eaux souterraines et d'au moins une fois tous les dix ans pour le sol, à moins que cette surveillance ne soit fondée sur une évaluation systématique du risque de pollution.

Art. R. 593-99 *(Créé à compter du 1er avril 2019, D. n° 2019-190, 14 mars 2019)*. – Les conclusions sur les meilleures techniques disponibles servent de référence pour l'élaboration des prescriptions applicables à l'installation.

Lorsque les prescriptions sont fixées sur la base d'une meilleure technique disponible qui n'est décrite dans aucune des conclusions sur les meilleures techniques disponibles applicables, cette technique est déterminée en accordant une attention particulière aux critères énumérés à l'annexe III de la directive 2010/75/UE du 24 novembre 2010.

Lorsque les conclusions mentionnées au premier alinéa ne contiennent pas de niveau d'émission associé à ces meilleures techniques, les prescriptions applicables à l'installation assurent que la technique mentionnée au premier alinéa garantit un niveau de protection de l'environnement équivalent à celui résultant des meilleures techniques décrites dans ces conclusions.

Lorsqu'une activité ou un type de procédé de production utilisé n'est couvert par aucune des conclusions sur les meilleures techniques disponibles ou lorsque ces conclusions ne prennent pas en considération toutes les incidences possibles de l'activité ou du type de procédé sur l'environnement, les prescriptions applicables à l'installation assurent que la technique mentionnée au premier alinéa garantit un niveau de protection de l'environnement équivalent à celui résultant des meilleures techniques décrites dans ces conclusions.

Dans l'attente de conclusions sur les meilleures techniques disponibles, les meilleures techniques disponibles figurant au sein des documents de référence sur les meilleures techniques disponibles adoptés par la Commission européenne avant le 6 janvier 2011 valent conclusions sur les meilleures techniques disponibles pour les activités énumérées à l'annexe I de la directive 2010/75/UE du 24 novembre 2010, exercées dans le périmètre et nécessaires au fonctionnement de l'installation nucléaire de base.

Art. R. 593-100 *(Créé à compter du 1er avril 2019, D. n° 2019-190, 14 mars 2019 ; mod. à compter du 1er janvier 2025, D. n° 2024-1194, 19 déc. 2024).* – I. – Les valeurs limites d'émission mentionnées au deuxième alinéa de l'article R. 593-98 n'excèdent pas, dans des conditions normales d'exploitation, les niveaux d'émission associés aux meilleures techniques disponibles décrites dans les conclusions sur les meilleures techniques disponibles applicables mentionnées à l'article R. 593-99.

II. – Par dérogation aux dispositions du I, les valeurs limites d'émission peuvent, sur demande justifiée de l'exploitant, excéder, dans des conditions d'exploitation normales, les niveaux d'émission associés aux meilleures techniques disponibles s'il démontre dans une évaluation que l'application des dispositions du I entraînerait une hausse des coûts disproportionnée au regard des bénéfices attendus pour l'environnement, en raison :

- de l'implantation géographique de l'installation concernée ou des conditions locales de l'environnement ;
- ou des caractéristiques techniques de l'installation concernée.

Cette évaluation compare, avec les justificatifs nécessaires, les coûts induits par le respect des dispositions du I aux bénéfices attendus pour l'environnement. Elle analyse l'origine de ce surcoût au regard de ces deux critères.

III. – Après analyse de cette évaluation, l'Autorité de sûreté nucléaire et de radioprotection transmet au préfet du département d'implantation de l'installation et à la commission locale d'information le projet de décision motivée fixant les prescriptions applicables à l'installation en précisant les raisons ayant conduit à l'application des dispositions du II, y compris son appréciation sur le résultat de l'évaluation quant au caractère disproportionné du surcoût au regard des bénéfices attendus pour l'environnement. Le préfet sollicite l'avis du conseil départemental de l'environnement et des risques sanitaires et technologiques sur ce projet de décision. Il en informe l'exploitant au moins huit jours avant la réunion du conseil départemental, lui en indique la date et le lieu, lui transmet le projet de décision qui fait l'objet de la demande d'avis et l'informe de la faculté qui lui est ouverte de se faire entendre ou représenter lors de cette réunion. Un représentant de la commission locale d'information peut se faire entendre dans les mêmes conditions. Le président de l'autorité ou son représentant peut assister à la réunion du conseil départemental et y présenter ses observations. L'avis du conseil départemental est transmis à l'autorité par le préfet. Faute de transmission de l'avis sous un mois après la réunion du conseil départemental, cet avis est réputé favorable.

La commission locale d'information peut adresser ses observations à l'autorité dans un délai de trois mois à compter de la transmission du projet de prescriptions.

La consultation du public prévue par l'article L. 593-32 est réalisée par l'Autorité de sûreté nucléaire et de radioprotection.

L'application des dispositions du présent II donne lieu à une réévaluation, lors de chaque réexamen prévu au IV de l'article L. 593-32.

IV. – Par dérogation aux dispositions du I, la décision de l'Autorité de sûreté nucléaire et de radioprotection fixant les prescriptions applicables à l'installation peut déroger, pour une durée n'excédant pas neuf mois, aux dispositions du deuxième alinéa du V de l'article R. 593-38 et du I du présent article en cas d'expérimentation et d'utilisation de techniques émergentes à condition que, à l'issue de cette durée, l'utilisation de ces techniques ait cessé ou que les émissions de l'activité respectent les dispositions du I du présent article.

Art. R. 593-101 *(Créé à compter du 1er avril 2019, D. n° 2019-190, 14 mars 2019 ; mod. à compter du 1er janvier 2025, D. n° 2024-1194, 19 déc. 2024).* – En application du IV de l'article L. 593-32, l'exploitant adresse à l'Autorité de sûreté nucléaire et de radioprotection les informations nécessaires sous la forme d'un dossier de réexamen soit dans les douze mois qui suivent la date de publication au *Journal officiel* de l'Union européenne d'une décision concernant les conclusions sur les meilleures techniques disponibles relatives à la rubrique principale de l'installation, soit dans le délai fixé par décision de l'autorité.

Art. R. 593-102 *(Créé à compter du 1er avril 2019, D. n° 2019-190, 14 mars 2019).* – Le réexamen mentionné au IV de l'article L. 593-32 porte sur l'ensemble des activités énumérées à l'annexe I de la directive 2010/75/UE du 24 novembre 2010 qui sont exercées dans l'installation. Il porte également sur les installations ou équipements s'y rapportant directement, exploités sur le même site, liés techniquement à ces activités et susceptibles d'avoir des incidences sur les émissions et la pollution.

Pour ce réexamen, il est tenu compte des nouvelles conclusions sur les meilleures techniques disponibles ou des mises à jour de celles-ci intervenues depuis l'adoption des prescriptions applicables à l'installation ou depuis le dernier réexamen effectué.

Art. R. 593-103 *(Créé à compter du 1er avril 2019, D. n° 2019-190, 14 mars 2019).* – I. – Le dossier de réexamen mentionné à l'article R. 593-101 comporte :

1° Des compléments et éléments d'actualisation du dossier de demande portant sur les meilleures techniques disponibles prévus à l'article R. 593-94 accompagnés, le cas échéant, de l'évaluation prévue au II de l'article R. 593-100 ;

2° L'avis de l'exploitant sur la nécessité d'actualiser les prescriptions en application des dispositions du IV de l'article R. 593-104 ;

3° *(Mod. à compter du 1er janvier 2025, D. n° 2024-1194, 19 déc. 2024)* À la demande de l'Autorité de sûreté nucléaire et de radioprotection, toute autre information nécessaire aux fins du réexamen, notamment les résultats de la surveillance des émissions et d'autres données permettant une comparaison du fonctionnement de l'installation avec les meilleures techniques disponibles décrites dans les conclusions sur les meilleures techniques applicables et les niveaux d'émission associés aux meilleures techniques disponibles.

II. – Si le dossier de réexamen doit être soumis à participation du public en application du dernier alinéa du IV de l'article L. 593-32, l'exploitant fournit, en outre, le nombre d'exemplaires nécessaires à l'organisation de cette participation du public. L'exploitant joint également une version du dossier de réexamen au format électronique et un résumé non technique.

Dès que le dossier de réexamen est complet et régulier, l'autorité en informe l'exploitant avant l'organisation de la participation du public.

Art. R. 593-104 *(Créé à compter du 1er avril 2019, D. n° 2019-190, 14 mars 2019).* – I. – *(Mod. à compter du 1er janvier 2025, D. n° 2024-1194, 19 déc. 2024)* Après analyse du dossier de réexamen, et sans préjudice des dispositions de l'article L. 593-14, l'Autorité de sûreté nucléaire et de radioprotection modifie ou complète les prescriptions applicables à l'installation.

Lorsque son analyse du dossier de réexamen mentionné à l'article R. 593-101 conclut à l'absence de nécessité d'actualiser les prescriptions applicables à l'installation, l'autorité en informe l'exploitant.

II. – Les prescriptions sont réexaminées dans un délai de quatre ans à compter de la publication au Journal officiel de l'Union européenne des décisions concernant les conclusions sur les meilleures techniques disponibles relatives à l'activité principale de l'installation. Ces prescriptions sont respectées dans le même délai.

III. – Si aucune des conclusions sur les meilleures techniques disponibles n'est applicable à l'installation, les prescriptions qui lui sont applicables sont réexaminées et, le cas échéant, modifiées ou complétées lorsque l'évolution des meilleures techniques disponibles permet une réduction sensible des émissions.

IV. – Dans tous les cas, les prescriptions sont réexaminées. Elles sont modifiées ou complétées au moins lorsque :

1° La pollution causée est telle qu'il convient de réviser les valeurs limites d'émission fixées dans les prescriptions applicables à l'installation ou d'inclure de nouvelles valeurs limites d'émission ;

2° La sécurité de l'exploitation requiert le recours à d'autres techniques ;

3° Il est nécessaire de respecter une norme de qualité environnementale, nouvelle ou révisée.

Art. R. 593-105 *(Créé à compter du 1er avril 2019, D. n° 2019-190, 14 mars 2019).* – La présentation de l'état du site après le démantèlement prévue au 4° du I de l'article R. 593-73 justifie que le site a bien été remis dans l'État mentionné à l'article R. 593-97.

Art. R. 593-106 *(Créé à compter du 1er avril 2019, D. n° 2019-190, 14 mars 2019).* – Lorsqu'une décision a été prise en application de la présente sous-section et sans préjudice des dispositions du chapitre IV du titre II du livre Ier, sont diffusées par voie électronique :

1° La décision et ses motifs ;

2° La synthèse des observations du public, indiquant les observations du public dont il a été tenu compte ;

3° Les documents de référence sur les meilleures techniques disponibles applicables à l'installation ;

4° La méthode utilisée pour fixer les prescriptions applicables à l'installation, y compris les valeurs limites d'émission au regard des meilleures techniques disponibles et des niveaux d'émission associés aux meilleures techniques disponibles.

Sous-section 3. – Installations soumises à la directive 2012/18/UE du Parlement européen et du Conseil du 4 juillet 2012 concernant la maîtrise des dangers liés aux accidents majeurs impliquant des substances dangereuses

Art. R. 593-107 *(Créé à compter du 1er avril 2019, D. n° 2019-190, 14 mars 2019).* – La présente sous-section s'applique, en fonction des résultats du recensement effectué conformément aux dispositions de l'article R. 593-7 :

1° Aux installations nucléaires de base répondant à la règle dite de « dépassement direct seuil haut » définie au I de l'article R. 511-11 ;

2° Aux installations nucléaires de base implantées sur un site répondant à la règle dite de « cumul seuil haut » définie au II de l'article R. 511-11.

Art. R. 593-108 *(Créé à compter du 1er avril 2019, D. n° 2019-190, 14 mars 2019).* – Pour les installations nucléaires de base mentionnées à l'article R. 593-107, le rapport de sûreté mentionné au 7° du I de l'article R. 593-16 ou ses mises à jour ultérieures répondent aux exigences du II de l'article L. 593-6 en ce qui concernent les risques occasionnés par les substances et mélanges mentionnés au I de l'article R. 511-10.

Art. R. 593-109 *(Créé à compter du 1er avril 2019, D. n° 2019-190, 14 mars 2019). – (Mod. à compter du 1er janvier 2025, D. n° 2024-1194, 19 déc. 2024)* Les éléments de la démonstration mentionnée au deuxième alinéa de l'article L. 593-7 et relatifs aux risques occasionnés par les substances et mélanges mentionnés au I de l'article R. 511-10 sont réexaminés, le cas échéant, mis à jour et sont transmis à l'Autorité de sûreté nucléaire et de radioprotection.

L'exploitant procède au réexamen mentionné au premier alinéa en même temps qu'il procède au réexamen périodique de son installation prévu à l'article L. 593-18. Toutefois, si l'intervalle entre la réalisation de deux réexamens périodiques est supérieur à cinq ans, l'exploitant procède au réexamen mentionné au premier alinéa, de manière intermédiaire, de sorte qu'il ne se soit pas écoulé plus de cinq ans entre chaque réexamen.

L'exploitant procède, par ailleurs, à la réalisation du réexamen mentionné au premier alinéa et, le cas échéant, à la mise à jour des éléments de la démonstration de sûreté nucléaire relatifs aux risques non radiologiques qu'il transmet à l'autorité :

1° Avant la mise en œuvre de toute modification notable soumise à autorisation ;

2° Dans un délai de deux ans à compter du jour où l'installation nucléaire de base entre dans le champ d'application de la présente sous-section ;

3° *À la suite d'un accident majeur au sens de la directive* 2012/18/UE du 4 juillet 2012.

Art. R. 593-110 *(Créé à compter du 1er avril 2019, D. n° 2019-190, 14 mars 2019). – (Mod. à compter du 1er janvier 2025, D. n° 2024-1194, 19 déc. 2024)* Préalablement à l'arrivée de substances et mélanges mentionnés au I de l'article R. 511-10 conduisant à ce que l'installation nucléaire de base réponde à la règle dite de « dépassement direct seuil haut » définie au I de l'article R. 511-11 ou à ce que le site sur lequel elle est implantée réponde à la règle dite de « cumul seuil haut » définie au II de l'article R. 511-11, l'exploitant transmet à l'Autorité de sûreté nucléaire et de radioprotection :

1° La mise à jour du rapport de sûreté actualisant les éléments relatifs aux risques non radiologiques de la démonstration mentionnée au deuxième alinéa de l'article L. 593-7 ;

2° Le plan d'urgence interne, ou sa mise à jour, prévu au quatrième alinéa du II de l'article L. 593-6 ;

3° La mise à jour de l'étude d'impact ;

4° La mise à jour de l'étude de maîtrise des risques.

Le cas échéant, la transmission du dossier de demande d'autorisation prévu à l'article R. 593-56, dès lors qu'il comprend les éléments énumérés ci-dessus, vaut transmission de ces éléments au titre du présent article.

Art. R. 593-111 *(Créé à compter du 1er avril 2019, D. n° 2019-190, 14 mars 2019). – (Mod. à compter du 1er janvier 2025, D. n° 2024-1194, 19 déc. 2024)* Sans préjudice des dispositions des articles L. 124-4 et L. 124-7, l'Autorité de sûreté nucléaire et de radioprotection met en permanence à la disposition du public, par voie électronique, les informations relatives aux accidents majeurs susceptibles de se produire et les moyens mis en œuvre pour en assurer la prévention et la réduction des conséquences. Elle précise également le lieu où toute autre information pertinente peut être obtenue.

Ces informations sont, le cas échéant, actualisées :

1° Avant la mise en service de l'installation nucléaire de base ;

2° Avant la mise en œuvre de modifications notables soumises à autorisation des éléments relatifs aux risques non radiologiques de la démonstration mentionnée au deuxième alinéa de l'article L. 593-7 ;

3° Dans un délai aussi court que possible à compter du jour où l'installation nucléaire de base entre dans le champ d'application de la présente sous-section, et dans un délai ne pouvant dépasser un mois à compter de la date de disponibilité de cette information.

Sont exclues des informations mises à disposition du public les informations dont la divulgation serait susceptible de porter atteinte aux intérêts mentionnés aux articles L. 124-4 et L. 124-5.

Sous-section 4. – Installations dans lesquelles sont effectuées des opérations de valorisation de substances faiblement radioactives

(Ss-sect. créée, D. n° 2022-174, 14 févr. 2022)

Art. R. 593-111-1 *(D. n° 2022-174, 14 févr. 2022).* – L'exploitant d'une installation dans laquelle est réalisée une opération de valorisation mentionnée au I de l'article R. 1333-6-1 du Code de la santé publique respecte les obligations de l'article R. 1333-6-3 du même code.

Section XVI. – Conseiller en radioprotection

(Créée à compter du 1er avril 2019, D. n° 2019-190, 14 mars 2019)

Art. R. 593-112 *(Créé à compter du 1er avril 2019, D. n° 2019-190, 14 mars 2019).* – L'exploitant d'une installation nucléaire de base définit une organisation chargée de le conseiller sur toutes les questions relatives à la protection des intérêts mentionnés à l'article L. 593-1 au regard des risques et inconvénients des rayonnements ionisants, à la protection de la population et de l'environnement au regard des mêmes risques ainsi qu'à la protection des travailleurs, pour ce qui concerne les mesures de protection collective mentionnées à l'article L. 593-42.

Pour les installations nucléaires de base mettant en œuvre uniquement des sources radioactives scellées et celles comprenant un accélérateur tel que défini à l'article R. 593-3 du présent code, cette organisation s'appuie sur, au moins, un conseiller en radioprotection mentionné au I de l'article R. 1333-18 du Code de la santé publique.

Pour les autres installations nucléaires de base, cette organisation s'appuie sur, au moins, un pôle de compétence.

Un pôle de compétence est un groupe de personnes réunissant les compétences et les qualifications nécessaires pour exercer les missions et le rôle de conseiller en radioprotection définies aux articles R. 1333-18 et R. 1333-19 du Code de la santé publique.

Un tel pôle peut être mis en place pour plusieurs installations nucléaires de base d'un même établissement situées sur un même site. Il peut également assurer les missions de conseiller en radioprotection en ce qui concerne d'autres activités nucléaires exercées dans ce même établissement.

Art. R. 593-113 *(Créé à compter du 1er avril 2019, D. n° 2019-190, 14 mars 2019 ; mod. à compter du 1er janvier 2025, D. n° 2024-1194, 19 déc. 2024).* – Au plus tard trois mois après la délivrance de l'autorisation de création d'une installation nucléaire de base, son exploitant soumet à l'approbation de l'Autorité de sûreté nucléaire et de radioprotection les principales caractéristiques de l'organisation chargée de le conseiller sur la conception et la construction de cette installation.

Art. R. 593-114 *(Créé à compter du 1er avril 2019, D. n° 2019-190, 14 mars 2019).* – L'exploitant décrit, dans les règles d'exploitation prévues au deuxième alinéa du II de l'article L. 593-6 du présent code, les principales caractéristiques de l'organisation chargée de le conseiller en matière de radioprotection mentionnée à l'article R. 593-112, les exigences de qualification des personnels concernés, ainsi que les dispositions prises pour doter cette organisation des ressources nécessaires. L'exploitant, en sa qualité d'employeur, décrit, en outre, les dispositions prises pour le pôle de compétence mis en place au titre de l'article R. 4451-113 du Code du travail.

L'exploitant définit, dans le système de gestion intégrée mentionné à l'article L. 593-6, les missions et les modalités de fonctionnement de cette organisation.

Section XVII. – Dispositions propres aux autorisations de courte durée

(Créée à compter du 1er avril 2019, D. n° 2019-190, 14 mars 2019)

Art. R. 593-115 *(Créé à compter du 1er avril 2019, D. n° 2019-190, 14 mars 2019).* – En application de l'article L. 593-37, la création d'une installation nucléaire de base destinée à fonctionner moins de six mois peut être autorisée par arrêté du ministre chargé de la sûreté nucléaire.

Ces dispositions ne s'appliquent pas aux installations consacrées au stockage de déchets radioactifs.

Art. R. 593-116 *(Créé à compter du 1er avril 2019, D. n° 2019-190, 14 mars 2019).* – Par dérogation aux dispositions de la section 4 du présent chapitre, la procédure d'instruction de ces demandes est régie par les dispositions de la présente section.

Art. R. 593-117 *(Créé à compter du 1er avril 2019, D. n° 2019-190, 14 mars 2019 ; mod. à compter du 1er janvier 2025, D. n° 2024-1194, 19 déc. 2024).* – La composition du dossier, qui comprend au moins l'étude d'impact et l'étude de dangers prévues, respectivement, aux articles L. 122-1 et L. 551-1, est définie par arrêté du ministre chargé de la sûreté nucléaire pris après avis de l'Autorité de sûreté nucléaire et de radioprotection.

Art. R. 593-118 *(Créé à compter du 1er avril 2019, D. n° 2019-190, 14 mars 2019).* – Le ministre chargé de la sûreté nucléaire procède aux consultations prévues à l'article L. 122-1. Le dossier du demandeur est, le cas échéant, également transmis à la commission locale d'information. L'avis qui n'est pas émis dans le délai de deux mois est réputé favorable.

L'autorité environnementale transmet les avis prévus au III de l'article R. 122-7 au ministre chargé de la sûreté nucléaire.

Le ministre transmet le dossier au préfet du département d'implantation de l'installation afin qu'il saisisse le conseil départemental de l'environnement et des risques sanitaires et technologiques qui rend son avis dans un délai de deux mois. À l'issue de ce délai, son avis est réputé favorable.

Le ministre chargé de la sûreté nucléaire est l'autorité compétente pour mettre en œuvre la procédure de participation du public prévue à l'article L. 593-37.

(Mod. à compter du 1er janvier 2025, D. n° 2024-1194, 19 déc. 2024) La demande d'autorisation et le dossier dont elle est assortie accompagnés des avis requis et des résultats de la procédure de participation du public sont soumis pour avis à l'Autorité de sûreté nucléaire et de radioprotection qui dispose d'un délai de deux mois pour présenter ses observations. À l'issue de ce délai, son avis est réputé favorable.

Art. R. 593-119 *(Créé à compter du 1er avril 2019, D. n° 2019-190, 14 mars 2019).* – Le ministre adresse à l'exploitant un avant-projet d'arrêté. L'exploitant dispose d'un délai d'un mois pour présenter ses observations.

Le délai d'instruction des demandes d'autorisation de courte durée est fixé à un an. Le silence gardé par le ministre chargé de la sûreté nucléaire à l'expiration de ce délai vaut décision de rejet de la demande.

Art. R. 593-120 *(Créé à compter du 1er avril 2019, D. n° 2019-190, 14 mars 2019).* – L'autorisation de courte durée vaut autorisation de création et décision de prescription du démantèlement de l'installation nucléaire de base. À cet effet, l'autorisation comporte les éléments prévus aux 1° à 5° du II de l'article R. 593-26 et aux 2° à 4° du II de l'article R. 593-69.

Art. R. 593-121 *(Créé à compter du 1er avril 2019, D. n° 2019-190, 14 mars 2019). – (Mod. à compter du 1er janvier 2025, D. n° 2024-1194, 19 déc. 2024)* L'Autorité de sûreté nucléaire et de radioprotection détermine le contenu du dossier que l'exploitant doit lui présenter pour obtenir l'autorisation de mise en service.

Pour protéger les intérêts mentionnés à l'article L. 593-1, elle peut imposer à l'exploitant des prescriptions particulières.

Art. R. 593-122 *(Créé à compter du 1er avril 2019, D. n° 2019-190, 14 mars 2019). – (Mod. à compter du 1er janvier 2025, D. n° 2024-1194, 19 déc. 2024)* L'arrêté d'autorisation et les prescriptions mentionnées à l'article R. 593-121 sont publiés au *Journal officiel* de la République française. Ils sont notifiés à l'exploitant, respectivement, par le ministre chargé de la sûreté nucléaire et par l'Autorité de sûreté nucléaire et de radioprotection.

Le ministre transmet au préfet l'autorisation ou la décision de refus afin qu'il les communique aux autorités mentionnées au V de l'article L. 122-1.

Art. R. 593-123 *(Créé à compter du 1er avril 2019, D. n° 2019-190, 14 mars 2019).* – Une autorisation de courte durée peut être prolongée dans les mêmes formes tant que la durée totale des autorisations ainsi demandées n'excède pas un an.

Passé ce délai total, une installation nucléaire de base ne peut fonctionner sans une autorisation de création délivrée selon la procédure définie à la section 4 du présent chapitre.

CHAPITRE IV. – DISPOSITIONS À CARACTÈRE FINANCIER RELATIVES AUX INSTALLATIONS NUCLÉAIRES DE BASE

(Rempl., D. n° 2020-830, 1er juill. 2020)

Section I. – Obligation de constitution d'actifs

Art. D. 594-1 *(D. n° 2020-830, 1er juill. 2020).* – Pour l'application de la présente section, on entend par :

1° « Exploitant » : exploitant d'une installation nucléaire de base ou d'une installation individuelle présentant les caractéristiques techniques visées au deuxième alinéa du I de l'article R.* 1333-40 du Code de la défense et incluse dans le périmètre d'une installation nucléaire de base secrète, à l'exception de l'État ;

2° « Charges nucléaires » : les charges mentionnées à l'article L. 594-1 ;

3° « Risques quantifiables » : les risques dont la probabilité d'occurrence et la gravité des conséquences peuvent être estimées de manière suffisamment fiable en regard de l'objectif visé. La gravité des conséquences peut être estimée en se référant à des valeurs moyennes et, si nécessaire, à des distributions statistiques suffisamment représentatives en regard des enjeux afférents ;

4° « Charges nucléaires liées au cycle d'exploitation » : les charges nucléaires afférentes aux provisions liées au cycle d'exploitation ;

5° « Combustible usé engagé » : tout combustible nucléaire en cours d'utilisation dans le cœur d'un réacteur ;

6° « Installation industrielle construite ou en construction » : une installation ayant fait l'objet d'un décret d'autorisation de création ou bénéficiant d'un statut équivalent et dont le fonctionnement n'est pas arrêté définitivement ;

7° « Combustible usé recyclable dans les installations industrielles construites ou en construction » : combustible usé pouvant être retraité dans une installation industrielle construite ou en construction et autorisée à cette fin et dont il est prévu que le plutonium issu de ces opérations de retraitement soit recyclé dans des installations industrielles construites ou en construction, disposant des autorisations nécessaires à cet effet. Pour ces différentes installations, l'exploitant tient compte dans ses prévisions de leur durée de vie résiduelle envisagée ;

8° « Actifs de couverture » : les actifs mentionnés à l'article L. 594-2 ;

9° « Base de dispersion » : le montant des provisions mentionnées au premier alinéa de l'article L. 594-2, à l'exclusion de celles liées au cycle d'exploitation ;

10° « Taux de couverture » : le rapport entre la valeur de réalisation des actifs de couverture et la base de dispersion ;

11° « Externalisation » : accord, quelle que soit sa forme, conclu entre une personne physique ou morale et un prestataire de services, soumis ou non à un contrôle, en vertu duquel ce prestataire de services exécute, soit directement, soit en recourant lui-même à l'externalisation, une procédure, un service ou une activité, qui serait autrement exécuté par la personne elle-même ;

12° *(Mod. à compter du 1er janvier 2025, D. n° 2024-1194, 19 déc. 2024)* « Autorité compétente en matière de sûreté nucléaire » : pour les installations nucléaires de base, l'Autorité de sûreté nucléaire et de radioprotection ou, pour les installations individuelles incluses dans le périmètre d'une installation nucléaire de base secrète mentionnées au 1° ci-dessus, le délégué à la sûreté nucléaire et à la radioprotection pour les installations et activités intéressant la défense ;

13° « Organe de surveillance » : le conseil d'administration, le conseil de surveillance ou tout autre organe exerçant des fonctions de surveillance équivalentes.

Art. D. 594-2 *(D. n° 2020-830, 1er juill. 2020)*. – Le ministre chargé de l'économie et le ministre chargé de l'énergie constituent l'autorité administrative mentionnée aux articles L. 594-2, L. 594-4, L. 594-5, L. 594-9 et L. 542-12-2 et à la présente section.

Art. D. 594-3 *(D. n° 2020-830, 1er juill. 2020)*. – I. – Pour l'application des dispositions de l'article L. 594-1, l'exploitant évalue les charges nucléaires, qu'elles soient fixes ou variables, et ce y compris si elles sont prises en charge partiellement ou totalement par un tiers. Ces charges sont réparties selon les cinq rubriques suivantes :

1° Les charges de démantèlement des installations nucléaires de base, hors gestion à long terme des colis de déchets radioactifs ;

2° Les charges de gestion des combustibles usés, hors gestion à long terme des colis de déchets radioactifs ;

3° Les charges de reprise et de conditionnement des déchets anciens, hors gestion à long terme des colis de déchets radioactifs ;

4° Les charges de gestion à long terme des colis de déchets radioactifs ;

5° Les charges de surveillance après fermeture des stockages.

Les charges de transport hors site des combustibles usés et des déchets radioactifs sont réparties au sein des rubriques respectivement mentionnées au 2° et au 4°.

Les charges nucléaires font l'objet d'une décomposition en opérations définies conformément à une nomenclature fixée par arrêté des ministres chargés de l'économie et de l'énergie.

II. – L'évaluation mentionnée au I est réalisée et documentée selon une démarche adaptée à la nature, à l'ampleur, à la complexité, à la diversité et à la temporalité des opérations en cours de réalisation ou envisagées. Elle s'appuie sur des données à jour et référencées et des méthodes explicitées et validées, tient compte des spécificités de chaque installation et de chaque catégorie de combustibles usés et de déchets radioactifs, prend en compte le retour d'expérience et intègre :

1° L'identification :

– des contraintes, notamment économiques et calendaires, qui limitent les options disponibles pour conduire les opérations ;

– de critères de décision utilisés notamment pour le classement des options ;

– des différentes options raisonnablement envisageables pour conduire les opérations ;

2° L'analyse des options mentionnées au 1° en tenant compte des contraintes et critères de décision mentionnés au 1° et, parmi ces options, le choix prudent d'une stratégie de référence, comportant en tant que de besoin des mesures d'atténuation des risques afférents, et la détermination d'un échéancier prévisionnel des charges nucléaires associées à cette stratégie ; l'analyse des options comporte des éléments relatifs à l'acceptabilité des conditions économiques associées aux différentes options en regard des exigences fixées à l'article L. 593-25, en particulier en ce qui concerne les groupes d'opérations pour lesquels la priorité est explicitement donnée aux délais de réalisation des opérations ;

3° L'identification, l'analyse et l'évaluation des risques relatifs à des événements ou conditions susceptibles d'affecter le montant ou l'échéancier des charges nucléaires et l'ajustement de l'estimation réalisée en application du 2° au titre, d'une part, des risques quantifiables identifiés et, d'autre part, des autres risques et incertitudes.

Pour les opérations en cours de réalisation, l'exploitant assure également un suivi des coûts estimés pour achèvement et à terminaison en s'appuyant sur des données à jour et référencées et des méthodes explicitées.

III. – L'exploitant collecte, analyse et exploite les informations susceptibles de lui permettre d'améliorer la démarche mentionnée au II, qu'il s'agisse informations issues de l'expérience relative aux installations de l'exploitant, ou à d'autres installations, similaires ou non, en France ou à l'étranger.

IV. – Les charges nucléaires liées au cycle d'exploitation correspondent aux charges mentionnées au 2° du I, pour ce qui concerne les combustibles usés produits par l'exploitant ainsi que ses combustibles usés engagés, à condition qu'ils soient des combustibles usés recyclables dans des installations industrielles construites ou en construction.

Art. D. 594-4 *(D. n° 2020-830, 1er juill. 2020)*. – L'exploitant constitue les provisions mentionnées au premier alinéa de l'article L. 594-2 dans le respect des normes comptables applicables.

Le taux d'actualisation utilisé pour le calcul du montant de ces provisions ne peut excéder le taux de rendement prévisionnel des actifs de couverture, prudemment estimé en tenant compte de l'horizon des décaissements.

Ce taux d'actualisation ne peut en outre excéder un plafond fixé par arrêté des ministres chargés de l'économie et de l'énergie.

L'exploitant s'appuie, pour la détermination du taux d'actualisation mentionné au deuxième alinéa et pour l'évaluation du taux de rendement mentionné à ce même alinéa, sur des données à jour et référencées et des méthodes explicitées et validées.

Art. D. 594-5 *(D. n° 2020-830, 1er juill. 2020)*. – Nonobstant les dispositions de l'article L. 594-3, l'exploitant peut retirer des actifs de couverture à d'autres fins que le financement de dépenses relatives aux charges nucléaires non liées au cycle d'exploitation à condition que, à l'issue de ce retrait, le taux de couverture soit supérieur ou égal à 120 %.

L'exploitant informe l'autorité administrative préalablement à tout retrait réalisé dans les conditions prévues à l'alinéa précédent.

Art. D. 594-6 *(D. n° 2020-830, 1er juill. 2020)*. – I. – Sont admissibles à titre d'actifs de couverture les actifs mentionnés à l'article R. 332-2 du Code des assurances ; les dispositions communes prévues par cet article leur sont applicables, sous réserve des dispositions de l'article D. 594-18.

II. – Les actifs de couverture peuvent également comprendre, après autorisation par l'autorité administrative, les actifs suivants :

1° Engagements pris par les États dans le cadre d'un traité ou d'un accord international auquel la France ou l'Union européenne est partie ;

2° Créances sur les États membres de l'Union européenne, les collectivités publiques territoriales de ces États et les établissements publics de ces États ;

3° Créances sur les personnes morales détenant directement ou indirectement plus de 90 % du capital et des droits de vote de l'exploitant, ou dont plus de 90 % du capital et des droits de vote sont détenus directement ou indirectement par l'exploitant, garanties par un nantissement de valeurs au profit exclusif de l'exploitant répondant aux conditions fixées par le premier alinéa de l'article R. 332-17 du Code des assurances, et dont la valeur de réalisation totale est au moins égale au montant de la créance. Ne peuvent être mises en nantissement que les valeurs qui, agrégées avec l'ensemble des actifs de couverture, respectent les dispositions du présent article ainsi que des articles D. 594-7 et D. 594-9. Pour l'application des dispositions du IV du présent article et de l'article D. 594-11, les valeurs reçues en nantissement sont assimilées à des valeurs détenues par l'exploitant ;

4° Autres créances sur les sociétés ayant leur siège social sur le territoire de l'un des États membres de l'Union européenne et dont les titres sont négociés sur un marché reconnu au sens de l'article R. 332-2 du Code des assurances et sur les sociétés dont l'un de ces États ou l'un de ses établissements publics détient directement ou indirectement plus de la moitié du capital ;

5° Engagements pris par des tiers ayant la qualité d'exploitant nucléaire, à condition que ces engagements portent sur des charges nucléaires non liées au cycle d'exploitation pour lesdits tiers.

III *(Abr., D. n° 2023-1080, 22 nov. 2023)*.

IV. – Sont exclues des actifs de couverture les valeurs émises par l'exploitant et les actifs immobiliers détenus directement ou indirectement par l'exploitant, afférents à des immeubles affectés à son usage ou à celui d'une entreprise appartenant au même groupe que lui, sauf s'il s'agit d'immeubles à usage tertiaire non situés sur le site d'une installation à usage industriel.

Sauf dérogation accordée au cas par cas par l'autorité administrative, sont également exclues des actifs de couverture les valeurs émises par une entreprise appartenant au même groupe que l'exploitant, à l'exception des parts et actions d'organismes de placement collectif et des parts et actions de sociétés ayant pour seul objet la détention directe ou indirecte d'un actif immobilier ou d'un ensemble d'actifs immobiliers localisés sur un même site.

V. – L'exploitant peut utiliser des instruments financiers à terme au sens de l'article L. 211-1 du Code monétaire et financier dans les conditions fixées par les articles R. 332-45 à R. 332-49, R. 332-51 à R. 332-58, R. 336-3 et R. 336-4 du Code des assurances, sous réserve des dispositions de l'article D. 594-18.

VI. – Les instruments financiers font l'objet soit d'une inscription en compte, ou d'un dépôt, auprès d'un intermédiaire habilité établi en France, soit d'une inscription nominative dans les comptes de l'organisme émetteur, à condition que celui-ci soit situé en France.

Les actes de propriété des actifs immobiliers, les actes et les titres consacrant les prêts ou créances sont conservés sur le territoire français.

Les comptes de dépôt sont ouverts auprès d'un ou plusieurs établissements de crédit agréés établis en France.

VII. – Sont considérées comme appartenant au même groupe, au sens du présent article, les entités consolidées par intégration globale, hormis celles dont le seul objet est la détention, directe ou indirecte, de valeurs émises par des entités qui ne sont pas elles-mêmes consolidées par intégration globale.

Art. D. 594-7 *(Rempl., D. n° 2023-1080, 22 nov. 2023)*. – I. – Les actifs de couverture font l'objet d'une diversification appropriée de façon à éviter une dépendance excessive vis-à-vis d'un même actif, d'un même organisme, d'un même groupe de sociétés au sens de l'article R. 332-13 du Code des assurances, d'un même secteur économique ou d'une même zone géographique et à éviter un cumul excessif de risques dans l'ensemble des actifs de couverture.

En cas de détention de valeurs émises par des entités du groupe de l'exploitant au sens de l'article R. 332-13 du Code des assurances, l'exploitant s'assure que cette détention a une incidence favorable ou limitée sur les risques relatifs à la sécurisation du financement des charges nucléaires.

II. – L'exploitant formalise une allocation stratégique des actifs de couverture et des limites de tolérance aux risques d'investissement, de liquidité et de concentration, dans le respect des dispositions du présent article.

III. – La valeur de réalisation de l'ensemble des actifs de couverture libellés en devises autres que l'euro n'excède pas 20 % de la valeur de réalisation de l'ensemble des actifs de couverture.

IV. – Rapportée à la différence entre la valeur de réalisation des actifs de couverture et la valeur de réalisation des actifs mentionnés au 5° du II de l'article D. 594-6, la valeur de réalisation de chacune des catégories d'actifs de couverture énumérées ci-après ne peut excéder :

1° La somme de 50 % et de 30 % du rapport entre, d'une part, le montant des provisions correspondant aux charges nucléaires non liées au cycle d'exploitation dont l'exploitant prévoit qu'elles ne seront pas décaissées sous dix ans à compter de la clôture de l'exercice en cours et, d'autre part, la base de dispersion, pour l'ensemble formé par :

a) Les obligations, parts ou actions mentionnées au 2° de l'article R. 332-2 du Code des assurances ainsi que les titres de créances négociables mentionnés au 2° *bis* du même article, émis par un véhicule de titrisation mentionné à l'article L. 310-1-2 du même code ;

b) Les obligations, parts ou actions mentionnées au 2° *quater* de l'article R. 332-2 du même code ;

c) Les valeurs mentionnées du 4° au 8° et au 9° *quinquies* de l'article R. 332-2 du même code ;

2° La somme de 15 % et de 30 % du rapport entre, d'une part, le montant des provisions correspondant aux charges nucléaires non liées au cycle d'exploitation dont l'exploitant prévoit qu'elles ne seront pas décaissées sous dix ans à compter de la clôture de l'exercice en cours et, d'autre part, la base de dispersion, pour le sous-ensemble de l'ensemble défini au 1° du présent IV formé par :

a) Les actifs mentionnés aux a et b du 1° du présent IV ;

b) Les actions d'entreprises étrangères d'assurance mentionnées au 5° *bis* de l'article R. 332-2 du Code des assurances ;

c) Les actions et parts mentionnées du 6° au 7° *quinquies* et au 9° *quinquies* de l'article R. 332-2 du même code ;

d) Les obligations et titres de créances négociables mentionnés au 6° de l'article R. 332-2 du même code lorsqu'ils sont émis par un organisme de financement ou une société commerciale ;

3° 40 % pour l'ensemble des actifs immobiliers mentionnés aux 9° à 9° *ter* et au 9° *sexies* de l'article R. 332-2 du même code ;

4° 10 % pour l'ensemble des valeurs mentionnées du 10° au 12° *ter* de l'article R. 332-2 du même code ;

5° 0,5 % pour l'ensemble des primes ou soultes mentionnées au deuxième alinéa du D de l'article R. 332-2 du même code ;

6° 10 % pour l'ensemble des actifs mentionnés au 4° du II de l'article D. 594-6.

V. – 1° Pour l'application du présent V, l'exposition relative au risque de défaut d'un groupe est égale au rapport entre, d'une part, la valeur de réalisation de l'ensemble des titres détenus émis par, des prêts détenus obtenus ou garantis par des dépôts placés auprès de et des créances détenues sur les organismes de ce groupe et, d'autre part, la difference entre la valeur de réalisation des actifs de couverture et la valeur de réalisation des actifs mentionnés au 5° du II de l'article D. 594-6.

Pour ce calcul, l'exploitant tient compte des actions des sociétés d'investissement à capital variable et des parts de fonds communs de placement qu'il détient comme s'il détenait directement, au prorata de sa participation, les valeurs sous-jacentes détenues par ces organismes ;

2° L'exposition relative au risque de défaut de chaque groupe au sens de l'article D. 594-6, telle que définie au 1° du présent V, n'excède pas 15 % et la somme des deux expositions les plus élevées au risque de défaut de groupes n'excède pas 20 %.

La somme des expositions relatives au risque de défaut des groupes au sens de l'article D. 594-6 pour lesquels l'exposition relative au risque de défaut dépasse 5 % n'excède pas 40 % ;

3° La valeur de réalisation des actifs de couverture n'excède pas 10 % de la différence entre la valeur de réalisation des actifs de couverture et la valeur de réalisation des actifs mentionnés au 5° du II de l'article D. 594-6 pour un même immeuble ou, pour les valeurs mentionnées aux 9° *bis* à 9° *ter* et au 9° *sexies* de l'article R. 332-2 du Code des assurances, pour une même entité ou pour un même groupe au sens de l'article D. 594-6 ;

4° Les dispositions du présent V ne sont pas applicables :

a) Aux titres émis ou garantis et aux prêts obtenus par un État partie à l'accord sur l'Espace économique européen, aux titres émis par la Caisse d'amortissement de la dette sociale et aux actifs mentionnés aux 1°, 2° et 5° du II de l'article D. 594-6 ;

b) Aux actions des sociétés d'investissement à capital variable et aux parts des fonds communs de placement mentionnées au 3° de l'article R. 332-2 du Code des assurances dont le portefeuille est exclusivement composé des valeurs mentionnées à l'alinéa précédent.

Art. D. 594-8 *(Créé à compter du 31 décembre 2021, D. n° 2020-830, 1er juill. 2020).* – I. – L'exploitant formalise et applique une politique en matière de sécurisation du financement des charges nucléaires. Cette politique fixe les principes applicables en matière d'évaluation des provisions mentionnées à l'article D. 594-4 et de gestion des actifs de couverture, notamment en ce qui concerne le niveau d'indépendance visé pour les contrôles mis en place dans ces domaines, et comporte l'engagement de satisfaire aux exigences applicables en matière de sécurisation du financement des charges nucléaires et d'améliorer en permanence le dispositif afférant.

L'exploitant adapte la politique mentionnée à l'alinéa précédent compte tenu de tout changement important affectant le dispositif de sécurisation du financement des charges nucléaires et la réexamine au moins tous les trois ans. En cas de modification de cette politique, l'exploitant en informe dans les meilleurs délais l'autorité administrative.

II. – L'exploitant établit et met en œuvre des dispositions appropriées lui permettant :

– pour l'ensemble des méthodes mentionnées aux articles D. 594-3 et D. 594-4 et de celles appliquées pour l'évaluation de la valeur de réalisation des actifs de couverture, pour la gestion des actifs de couverture et pour l'évaluation prévue à l'article D. 594-10, de démontrer leur applicabilité et leur pertinence et d'apprécier la suffisance, la qualité et la tenue à jour des données utilisées dans leur cadre ;

– de documenter et de tracer les activités nécessaires à la sécurisation du financement des charges nucléaires, notamment celles relatives aux méthodes mentionnées à l'alinéa précédent ;

– d'identifier, d'analyser, d'évaluer, de traiter, de suivre, de revoir et de communiquer les risques relatifs à la sécurisation du financement des charges nucléaires, aux niveaux individuel et agrégé, et leurs interdépendances, et ce de manière intégrée à la structure organisationnelle et aux processus de prise de décision de l'exploitant ;
– de surveiller et d'analyser les variations de coûts, de délais et de périmètres par rapport à la stratégie de référence mentionnée à l'article D. 594-3 ;
– de détecter, de déclarer et d'analyser les événements qui sont de nature à modifier le contenu du rapport mentionné à l'article L. 594-4 ;
– de recueillir et d'exploiter le retour d'expérience.

III. – L'exploitant met en place :

1° Un système de contrôle interne visant à assurer le respect des exigences des lois et règlements et des décisions de l'autorité administrative, la conformité à la politique mentionnée au I, la disponibilité des informations financières et comptables et leur fiabilité ;

2° Une fonction de contrôle de l'évaluation des charges nucléaires, qui est placée sous l'autorité du directeur général, du directoire ou de toute personne exerçant des fonctions de direction équivalentes au sein de l'exploitant ou d'une personne le contrôlant au sens de l'article L. 233-3 du Code de commerce, ou le cas échéant sous l'autorité d'une direction qui est directement rattachée à une telle personne et qui n'a pas de responsabilité opérationnelle en matière d'évaluation des charges nucléaires. Cette fonction peut être instituée dans le cadre du système mentionné au 1°. Elle émet un avis sur l'évaluation des charges nucléaires et leur échéancier prévisionnel, ainsi que sur la cohérence des méthodes et données mentionnées à l'article D. 594-3. Elle émet également un avis sur la politique mentionnée au I. Elle effectue des actions adaptées de vérification par sondage des dispositions prises en application des articles D. 594-3 et D. 594-4 et du I et du II du présent article en ce qui concerne l'évaluation des charges nucléaires. Elle contribue à l'établissement des méthodes et principes de modélisation des risques et incertitudes mentionnés au 3° du II de l'article D. 594-3 et de l'évaluation interne des risques mentionnée à l'article D. 594-10. Les avis émis par cette fonction sont adressés à son autorité de rattachement et aux directions exerçant une responsabilité opérationnelle en matière d'évaluation des charges nucléaires.

IV. – L'exploitant fournit, en annexe aux rapports et notes mentionnés à l'article L. 594-4, un rapport sur les éléments mentionnés au I, au II et au III.

V. – Les dispositions du présent article sont appliquées de manière proportionnée au montant de la base de dispersion et à la taille de l'exploitant.

Art. D. 594-9 *(D. n° 2020-830, 1er juill. 2020)*. – En cas d'externalisation de la fonction mentionnée au 2° du III de l'article D. 594-8, d'activités de gestion d'actifs de couverture ou d'activités concourant directement à l'évaluation des provisions mentionnées à l'article D. 594-4 ou à l'évaluation interne des risques mentionnée à l'article D. 594-10, l'exploitant s'assure que cette externalisation n'est pas susceptible de compromettre la qualité des éléments mentionnés à l'article D. 594-8, d'accroître indûment le risque opérationnel ou de compromettre la capacité de l'autorité administrative à vérifier le respect des dispositions applicables en matière de sécurisation du financement des charges nucléaires. Il établit et met en œuvre des dispositions de sélection des prestataires de services et de surveillance des activités externalisées.

De plus, la valeur de réalisation de l'ensemble des actifs de couverture gérés par un même prestataire de services d'investissement n'excède pas un plafond fixé par arrêté des ministres chargés de l'économie et de l'énergie.

Art. D. 594-10 *(D. n° 2020-830, 1er juill. 2020)* (1). – L'exploitant réalise et documente une évaluation interne des risques au moins tous les trois ans et lors de tout changement significatif du profil des risques relatifs à la sécurisation du financement des charges nucléaires, et ce de manière proportionnée au montant de la base de dispersion et à la taille de l'exploitant. Elle comporte une appréciation des risques nouveaux ou en émergence, une revue des risques identifiés et de leurs moyens de maîtrise ainsi qu'un test de résistance consistant en une projection des provisions et des actifs mentionnés à l'article L. 594-2 au moins sur les dix années suivantes. La projection est réalisée selon un scénario de référence, des scénarios dégradés représentant des conditions détériorées de marché et des scénarios dégradés portant sur le montant ou l'échéancier des charges nucléaires.

(1) Les exploitants réalisent au plus tard le 31 décembre 2021 leur première évaluation interne des risques mentionnée au présent article, D. n° 2020-830, 1er juill. 2020.

Au titre de la revue des risques identifiés prévue au premier alinéa, en ce qui concerne les risques relatifs à des événements ou conditions susceptibles d'affecter le montant ou l'échéancier des charges nucléaires correspondant à un groupe d'opérations donné, l'exploitant peut s'appuyer sur la réalisation d'une revue dédiée à ces risques durant les trois précédentes années à condition qu'il n'y ait pas eu de changement significatif de ces risques depuis ladite revue dédiée. Dans ce cas, l'exploitant réalise néanmoins une revue des risques identifiés associés aux interdépendances avec ce groupe d'opérations.

À l'issue de l'évaluation interne des risques, l'exploitant analyse ses résultats, détermine et programme les actions appropriées pour améliorer la maîtrise des risques et les met en œuvre.

NB : Conformément à l'article 3 du décret n° 2020-830 du 1er juillet 2020, les exploitants réalisent au plus tard le 31 décembre 2021 leur première évaluation interne des risques mentionnée à l'article D. 594-10 dans sa rédaction résultant du présent décret.

Art. D. 594-11 *(D. n° 2020-830, 1er juill. 2020).* – I. – L'exploitant tient à jour un inventaire des actifs de couverture qui assure la traçabilité de chaque mouvement d'actif et est aisément consultable par l'autorité administrative.

II. – L'exploitant transmet à l'autorité une synthèse de cet inventaire selon la périodicité suivante :

– une fois tous les douze mois si la base de dispersion est inférieure à 100 millions d'euros ou si les actifs de couverture comprennent principalement des actifs mentionnés au 1° ou au 2° du II de l'article D. 594-6 ;

– une fois tous les trois mois dans les autres cas.

En cas de recours à des instruments financiers à terme, cette transmission comprend également une synthèse du relevé mentionné à l'article R. 336-4 du Code des assurances ainsi qu'une indication du nombre d'opérations à terme effectuées durant la période considérée et du montant notionnel cumulé correspondant, en les distinguant par catégorie d'instruments financiers à terme.

L'autorité précise à l'exploitant la forme et le contenu de cette transmission.

Art. D. 594-12 *(D. n° 2020-830, 1er juill. 2020).* – I. – Pour l'établissement des documents comptables mentionnés à la section 2 du chapitre III du titre II du livre Ier du Code de commerce et aux articles L. 232-1 et L. 233-16 du même code, l'exploitant se conforme aux dispositions suivantes :

a) L'annexe présente les provisions mentionnées à l'article D. 594-4, réparties selon les rubriques mentionnées à l'article D. 594-3, en distinguant celles liées ou non au cycle d'exploitation ;

b) L'annexe présente le montant des charges nucléaires réparties selon les rubriques mentionnées à l'article D. 594-3, en distinguant celles liées ou non au cycle d'exploitation et celles dont l'exploitant prévoit qu'elles seront ou non décaissées sous dix ans ;

c) L'annexe présente les principales méthodes retenues pour l'évaluation des charges nucléaires, une appréciation des incertitudes relatives au montant et à l'échéancier des charges nucléaires et les principales hypothèses retenues relatives aux événements futurs pris en compte ;

d) L'annexe présente la méthode de détermination du taux d'actualisation mentionnée à l'article D. 594-4, le taux d'actualisation retenu et la sensibilité des provisions mentionnées à cet article au taux d'actualisation ;

e) L'annexe ou le rapport de gestion expose l'objet des actifs de couverture, leur composition, en distinguant leur valeur comptable et leur valeur de réalisation, le taux de couverture ainsi qu'une appréciation du respect des dispositions prévues au deuxième alinéa de l'article D. 594-4 ;

f) Le rapport de gestion comporte une présentation de la performance des actifs de couverture et des principaux risques et incertitudes relatifs à la sécurisation du financement des charges nucléaires ;

g) Le rapport de gestion comporte une présentation des dérogations en cours de validité accordées par l'autorité administrative en application des articles D. 594-6 et D. 594-7, des prescriptions édictées par l'autorité dont le respect a donné lieu à des dispositions prises par l'exploitant durant l'exercice considéré ou nécessite la mise en œuvre de dispositions par l'exploitant après la clôture de l'exercice considéré ainsi qu'une synthèse des dispositions mises en œuvre pour se conformer à ces prescriptions.

II. – Les entreprises chargées d'établir des comptes consolidés se conforment aux dispositions prévues au I.

Art. D. 594-13 *(D. n° 2020-830, 1er juill. 2020).* – Le rapport mentionné à l'article L. 594-4 comporte les éléments permettant d'apprécier la situation de l'exploitant au regard des dispositions prévues aux articles L. 594-1 à L. 594-13 et à la présente section. L'exploitant communique les rapports et notes mentionnés à l'article L. 594-4 à ses commissaires aux comptes. En outre, il transmet à l'autorité un exemplaire de ces documents duquel les informations susceptibles de porter atteinte aux intérêts mentionnés au I de l'article

L. 124-4 sont occultées, y compris en ce qui concerne les informations annexées à ces documents en application du III de l'article D. 594-6, du IV de l'article D. 594-8 et du I de l'article D. 594-15.

Le contenu du rapport mentionné à l'alinéa précédent et du rapport mentionné au IV de l'article D. 594-8 est fixé par arrêté des ministres chargés de l'économie et de l'énergie.

L'autorité administrative transmet les rapports et notes mentionnés au premier alinéa à l'autorité compétente en matière de sûreté nucléaire pour examen de la cohérence de la stratégie de démantèlement et de gestion des combustibles usés et déchets radioactifs présentée par l'exploitant au regard de la sûreté nucléaire et de la radioprotection. L'autorité compétente en matière de sûreté nucléaire remet son avis à l'autorité administrative dans un délai de six mois.

Art. D. 594-14 *(D. n° 2020-830, 1er juill. 2020)*. – Les modalités de délivrance et de mise en œuvre des accords prévus au sixième alinéa de l'article L. 594-4 et les conditions de réalisation des expertises mentionnées au septième alinéa de l'article L. 594-4 peuvent être précisées par arrêté des ministres de l'économie et de l'énergie.

Art. D. 594-15 *(D. n° 2020-830, 1er juill. 2020)*. – I. – Si le taux de couverture est strictement inférieur à 100 % à la date de clôture d'une année donnée, l'exploitant transmet dans l'année faisant suite à cette clôture, en annexe au rapport ou à la note mentionnés à l'article L. 594-4, un plan de redressement, assorti d'un calendrier, en vue d'un retour à un taux de couverture supérieur ou égal à 100 % dans les meilleurs délais. Ce plan comporte notamment des informations sur les capacités financières de l'exploitant sur la période considérée, les dotations planifiées aux actifs de couverture sur cette période, l'évolution envisagée du taux de couverture sur cette période et les principales hypothèses et incertitudes associées. Il comporte également toute information utile permettant à l'autorité administrative d'apprécier les perspectives au-delà de cette période.

Au plus tard un an après la date mentionnée à l'alinéa précédent, l'autorité met en œuvre les dispositions prévues au premier alinéa de l'article L. 594-5 en tenant compte du plan mentionné au premier alinéa, de la situation des marchés financiers et des risques relatifs à la sécurisation du financement des charges nucléaires. En tout état de cause, les mesures prescrites comprennent une exigence d'atteinte par l'exploitant d'un taux de couverture supérieur ou égal à 100 % dans un délai qui ne peut excéder cinq ans après la date mentionnée à l'alinéa précédent.

Les dispositions du deuxième alinéa ne sont pas mises en œuvre si le retour à un taux de couverture supérieur ou égal à 100 % est déjà encadré par des prescriptions de l'autorité à la date mentionnée au premier alinéa ou si l'exploitant informe l'autorité de la résorption de la situation de sous-couverture.

II. – Les délais prévus au premier alinéa de l'article L. 594-5 ne peuvent excéder un an, sauf pour les mesures prescrites dans les conditions prévues au I.

Art. D. 594-16 *(D. n° 2020-830, 1er juill. 2020)*. – I. – Les dispositions du présent article s'appliquent aux exploitants disposant d'un organe de surveillance.

II. – La politique mentionnée au I de l'article D. 594-8 fixe les critères et les modalités d'information de l'organe de surveillance de l'exploitant en ce qui concerne le dispositif de sécurisation du financement des charges nucléaires. Cette politique et le rapport mentionné au IV de l'article D. 594-8 sont soumis à l'approbation préalable de l'organe de surveillance de l'exploitant. En outre, l'exploitant communique à son organe de surveillance les rapports et notes mentionnés à l'article L. 594-4, une synthèse des avis mentionnés au 2° du III de l'article D. 594-8 ainsi que le plan mentionné au I de l'article D. 594-15.

III. – Si la base de dispersion excède un milliard d'euros, un comité ou une commission, constitué par l'organe de surveillance de l'exploitant ou d'une personne le contrôlant au sens de l'article L. 233-3 du Code de commerce, assure le suivi des questions relatives à la sécurisation du financement des charges mentionnées à l'article L. 594-1. La composition de ce comité ou de cette commission est fixée par l'organe de surveillance. Elle ne peut comprendre que des membres de l'organe de surveillance de l'exploitant ou d'une personne le contrôlant au sens de l'article L. 233-3 du Code de commerce.

Sans préjudice des compétences de l'organe de surveillance de l'exploitant, ce comité est notamment chargé des missions suivantes :

1° Il examine les rapports et notes mentionnés à l'article L. 594-4 et, le cas échéant, formule des recommandations relatives à leur processus d'élaboration pour garantir l'exactitude des informations que comportent ces documents ;

2° Il suit l'efficacité des éléments mentionnés au III de l'article D. 594-8 et le cas échéant de l'audit interne, en ce qui concerne la sécurisation du financement des charges nucléaires, sans qu'il soit porté atteinte à son indépendance ;
3° Il examine et rend un avis à l'organe de surveillance de l'exploitant sur la politique mentionnée au I de l'article D. 594-8 et le rapport mentionné au IV de ce même article ;
4° Il examine les éléments mentionnés à l'article D. 594-10 et les plans mentionnés au I de l'article D. 594-15 et suit la mise en œuvre des actions en découlant ;
5° Il rend compte régulièrement à l'organe de surveillance de l'exploitant de l'exercice de ses missions.
Ce comité peut formuler des recommandations en matière de réalisation d'audits et de revues indépendantes, internes ou externes, et, si cela est nécessaire, recourir à des experts extérieurs.

Art. D. 594-17 *(D. n° 2020-830, 1er juill. 2020).* – Les dispositions des articles D. 594-8 à D. 594-10 et D. 594-12 ne sont pas applicables si la base de dispersion est inférieure à 25 millions d'euros.

Art. D. 594-18 *(D. n° 2020-830, 1er juill. 2020 ; mod., D. n° 2023-1080, 22 nov. 2023).* – Pour l'application des articles D. 594-6, D. 594-7 et D. 594-11, les dispositions des articles R. 332-2, R. 332-3, R. 332-3-1 R. 332-13, R. 332-14, R. 332-14-1, R. 332-14-2, R. 332-15, R. 332-16, R. 332-45 à R. 332-49, R. 332-51 à R. 332-58, R. 336-3 et R. 336-4 du Code des assurances sont applicables sous réserve des adaptations suivantes :
a) Les mots : « entreprise d'assurance » et « entreprise » sont remplacés par le mot : « exploitant » ;
b) Les mots : « Autorité de contrôle prudentiel et de résolution » sont remplacées par les mots : « autorité administrative » ;
c) Les mots : « base de dispersion » et « base de dispersion définie au premier alinéa de l'article R. 332-3 » sont remplacés par les mots : « différence entre la valeur de réalisation des actifs de couverture et la valeur de réalisation des actifs mentionnés au 5° du II de l'article D. 594-6 du Code de l'environnement » ;
d) Les mots : « limites internes mentionnées à l'article R. 336-2 » sont remplacés par les mots : « limites de tolérance mentionnées au I de l'article D. 594-7 du Code de l'environnement » ;
d bis) Les mots : « strictement immobilier » sont remplacés par les mots : « majoritairement immobilier » ;
e) À l'article R. 332-2 :
– les mots : « les actifs représentatifs des provisions techniques » sont remplacés par les mots : « les actifs de couverture » ;
– les mots : « en garantie d'un engagement particulier » sont remplacés par les mots : « en garantie d'un engagement autre que les charges nucléaires » ;
– les mots : « admissibles en représentation des autres engagements » sont remplacés par les mots : « admissibles à titre d'actifs de couverture » ;
f) À l'article R. 332-14 :
– les mots : « admissibles en représentation des engagements réglementés » sont remplacés par les mots : « admissibles à titre d'actifs de couverture » ;
– les mots « des autres États parties de l'accord sur l'Espace économique européen, pour autant que ces règles soient conformes à » sont remplacés par les mots : « des autres États parties de l'accord sur l'Espace économique européen ou des États membres de l'Organisation de coopération et de développement économique, pour autant que ces règles soient équivalentes à celles fixées par » ;
g) Au premier alinéa de l'article R. 332-15, les mots : « Le patrimoine de ces sociétés ne peut être composé que » sont remplacés par les mots : « Le patrimoine de ces sociétés est majoritairement composé ».

CHAPITRE V. – TRANSPORT DE SUBSTANCES RADIOACTIVES, ÉQUIPEMENTS SOUS PRESSION NUCLÉAIRES

(Rempl. à compter du 1er avril 2019, D. n° 2019-190, 14 mars 2019)

Section 1 – Transport de substances radioactives

(Créée à compter du 1er avril 2019, D. n° 2019-190, 14 mars 2019)

Art. R. 595-1 *(Créé à compter du 1er avril 2019, D. n° 2019-190, 14 mars 2019). – (Mod. à compter du 1er janvier 2025, D. n° 2024-1194, 19 déc. 2024)* L'Autorité de sûreté nucléaire et de radioprotection est l'autorité compétente française en matière de transport de substances radioactives pour prendre les décisions et délivrer les certificats requis par les accords, conventions et règlements internationaux régissant le transport des marchandises dangereuses ainsi que les textes pris pour leur application et recevoir les avis d'expédition, qui sont également transmis au ministre chargé de la sécurité civile. À ce titre, l'autorité délivre, notamment, les certificats d'agrément de modèle de colis, les certificats d'agrément de modèle de matière et les certificats d'approbation d'expédition, y compris sous arrangement spécial.

Conformément aux accords, conventions et règlements internationaux mentionnés au premier alinéa et dans les conditions qu'ils prévoient, l'autorité valide les certificats délivrés par les autorités étrangères compétentes. Cette validation donne lieu à la délivrance, par l'autorité, d'un certificat dont la durée de validité ne peut excéder celle du certificat initial.

Les certificats mentionnés aux premier et deuxième alinéas comportent une échéance de validité.

Pour obtenir un certificat, le pétitionnaire dépose auprès de l'autorité une demande accompagnée d'un dossier contenant tous les éléments utiles pour justifier le respect des accords, conventions et règlements internationaux mentionnés au premier alinéa ainsi que des textes pris pour leur application.

Dans le cas d'une demande de certificat d'agrément de modèle de colis, le dossier comporte, en outre, la description de la façon dont les colis sont fabriqués, entretenus, réparés et utilisés pour être conformes au modèle.

Dans le cas d'une demande de validation d'un certificat délivré par une autorité étrangère, le dossier contient, en outre, une copie de ce certificat ainsi que sa traduction en langue française.

Dans le cas d'une demande de modification d'un certificat, le dossier peut ne contenir que les éléments utiles pour justifier que la modification ne remet pas en cause le respect des accords, conventions et règlements internationaux mentionnés au premier alinéa ainsi que des textes pris pour leur application.

Les certificats d'agrément de modèle de colis ou de matière contiennent les prescriptions auxquelles les colis ou les matières doivent répondre pour être conformes au modèle agréé. Les certificats d'approbation d'expédition fixent les conditions particulières dans lesquelles les transports concernés doivent se dérouler.

Le délai d'instruction des demandes de décisions ou de certificats est d'un un an. L'autorité peut le proroger d'un an, si elle estime nécessaire de procéder à de nouvelles mesures d'instruction. Le silence gardé par cette dernière à l'expiration de ce délai vaut décision de rejet de la demande.

Art. R. 595-2 *(Créé à compter du 1er avril 2019, D. n° 2019-190, 14 mars 2019 ; mod. à compter du 1er janvier 2025, D. n° 2024-1194, 19 déc. 2024).* – L'Autorité de sûreté nucléaire et de radioprotection est saisie pour avis, selon le cas par le ministre chargé des transports, le ministre chargé de l'aviation civile ou le ministre chargé de la mer, de tout texte de nature réglementaire mentionné à l'article R. 595-1 qui a pour objet le transport de substances radioactives. Elle dispose d'un délai de deux mois pour émettre son avis. En cas d'urgence, ce délai peut être réduit par le ministre qui la saisit. L'avis de l'autorité est communiqué au ministre chargé de la sûreté nucléaire.

Section 2. – Équipements sous pression nucléaires

(Créée à compter du 1er avril 2019, D. n° 2019-190, 14 mars 2019)

Art. R. 595-3 *(Créé à compter du 1er avril 2019, D. n° 2019-190, 14 mars 2019).* – Les autres dispositions réglementaires applicables aux équipements sous pression nucléaires figurent au chapitre VII du titre V du présent livre, notamment à ses sections 12 et 14.

CHAPITRE VI. – CONTRÔLE ET SANCTIONS

(Rempl. à compter du 1er avril 2019, D. n° 2019-190, 14 mars 2019)

Section 1. – Inspecteurs de la sûreté nucléaire

(Créée à compter du 1er avril 2019, D. n° 2019-190, 14 mars 2019)

Art. R. 596-1 *(Créé à compter du 1er avril 2019, D. n° 2019-190, 14 mars 2019 ; mod. à compter du 1er janvier 2025, D. n° 2024-1194, 19 déc. 2024).* – Les inspecteurs de la sûreté nucléaire sont choisis en fonction de leur expérience professionnelle et de leurs connaissances juridiques et techniques parmi les personnels qui sont affectés à l'Autorité de sûreté nucléaire et de radioprotection ou mis à sa disposition.

La décision de désignation précise, pour chaque agent, les catégories d'installations, d'équipements ou d'activités qu'il peut contrôler, le secteur géographique dans lequel il peut exercer son activité et la nature des inspections qu'il peut mener. Elle est notifiée à l'intéressé et publiée au *Bulletin officiel* de l'Autorité de sûreté nucléaire et de radioprotection.

L'autorité délivre à chaque inspecteur de la sûreté nucléaire une carte professionnelle précisant ses attributions.

Art. R. 596-2 *(Créé à compter du 1er avril 2019, D. n° 2019-190, 14 mars 2019 ; mod., D. n° 2024-296, 29 mars 2024). – (Mod. à compter du 1er janvier 2025, D. n° 2024-1194, 19 déc. 2024)* Les inspecteurs de la sûreté nucléaire ayant la qualité de fonctionnaire ou d'agent contractuel de droit public sont habilités par décision de l'Autorité de sûreté nucléaire et de radioprotection à exercer les missions de police judiciaire prévues aux articles L. 596-10 à L. 596-14.

Ils prêtent, devant le tribunal judiciaire dans le ressort duquel est située leur résidence administrative, le serment suivant :

« Je jure de bien et loyalement remplir mes fonctions et d'observer en tout les devoirs qu'elles m'imposent. Je jure également de ne pas révéler ou utiliser d'informations protégées par la loi qui sont portées à ma connaissance à l'occasion de l'exercice de mes fonctions. »

Le greffier du tribunal judiciaire porte la mention de la prestation de serment, de sa date et de son lieu sur la carte professionnelle de l'intéressé.

Art. R. 596-3 *(Créé à compter du 1er avril 2019, D. n° 2019-190, 14 mars 2019).* – Lorsque l'agent habilité a déjà été assermenté, à quelque titre que ce soit, pour constater des infractions, il n'a pas à renouveler sa prestation de serment. Sur justification, le greffier du tribunal judiciaire dans le ressort duquel se trouve sa résidence administrative enregistre cette prestation de serment sur la carte professionnelle.

NB : Conformément à l'article 9 du décret n° 2019-966 du 18 septembre 2019, les présentes dispositions entrent en vigueur le 1er janvier 2020.

Art. R. 596-4 *(Créé à compter du 1er avril 2019, D. n° 2019-190, 14 mars 2019 ; mod. à compter du 1er janvier 2025, D. n° 2024-1194, 19 déc. 2024).* – Sans préjudice des interdictions temporaires ou définitives d'exercer les missions de police judiciaire qui peuvent être prononcées selon la procédure prévue par l'article 227 du Code de procédure pénale, il est mis fin aux attributions des inspecteurs de sûreté nucléaire, par décision de l'Autorité de sûreté nucléaire et de radioprotection ou de plein droit, dès cessation des fonctions auprès de l'autorité.

Toute personne qui perd la qualité d'inspecteur de la sûreté nucléaire ou qui fait l'objet d'une interdiction, en application de l'article 227 du Code de procédure pénale, est tenue de remettre sans délai sa carte à l'autorité.

Section 2. – Contrôles administratifs

(Créée à compter du 1er avril 2019, D. n° 2019-190, 14 mars 2019)

Art. R. 596-5 *(Créé à compter du 1er avril 2019, D. n° 2019-190, 14 mars 2019 ; mod. à compter du 1er janvier 2025, D. n° 2024-1194, 19 déc. 2024).* – Après chaque inspection, un document indiquant les conclusions de l'inspection est communiqué à l'exploitant dans un délai de deux mois après l'inspection et publié sur le site de l'Autorité de sûreté nucléaire et de radioprotection dans un délai de quatre mois.

Art. R. 596-6 *(Créé à compter du 1er avril 2019, D. n° 2019-190, 14 mars 2019). – (Mod. à compter du 1er janvier 2025, D. n° 2024-1194, 19 déc. 2024)* Les mises en demeure et les mesures prises en application des articles L. 171-7 ou L. 171-8 sont notifiées par l'Autorité de sûreté nucléaire et de radioprotection, ou, pour l'amende mentionnée au 4° du II de l'article L. 171-8, par la commission des sanctions à l'intéressé. Elles sont communiquées au préfet et à la commission locale d'information.

Avant leur notification, les décisions mentionnées au 5° de l'article L. 596-4 sont soumises à homologation selon les mêmes modalités que celles définies aux articles R. 592-19 et R. 592-20, les délais prévus par l'article R. 592-19 étant toutefois réduits, respectivement, à quinze jours et à un mois.

Toutefois, en cas d'urgence déclarée par l'autorité au moment où elle prend sa décision, cette dernière est dispensée de l'homologation ministérielle et devient immédiatement exécutoire. L'autorité transmet sans délai la décision, assortie de la justification de la déclaration d'urgence, au ministre chargé de la sûreté nucléaire. Celui-ci peut y mettre fin par arrêté motivé, notifié à l'autorité et à l'exploitant ou à la personne intéressée et publié au Journal officiel de la République française.

Art. R. 596-7 ***(Créé à compter du 1er avril 2019, D. n° 2019-190, 14 mars 2019).*** **– En cas de défaillance d'un exploitant d'une installation nucléaire de base, le ministre chargé de la sûreté nucléaire ou l'Autorité de sûreté nucléaire et de radioprotection, dans l'exercice de leurs compétences respectives, communiquent au propriétaire de l'installation nucléaire de base ou du terrain d'assiette les mesures qu'ils envisagent de prendre à son encontre en application de l'article L. 596-5. La lettre de communication des mesures envisagées vise l'attestation établie par l'intéressé en application des articles R. 593-16, R. 593-61, R. 593-67 et R. 593-73 ou, à défaut, mentionne tous éléments de nature à justifier que le propriétaire a été dûment informé des obligations pouvant être mises à sa charge à raison de l'installation implantée sur son terrain. Le propriétaire dispose de deux mois pour présenter ses observations.**

Les mesures sont prises selon les modalités prévues pour l'application des articles L. 593-13, L. 593-20, L. 593-23, L. 593-29, L. 593-35, L. 596-4, L. 171-7 et L. 171-8, le propriétaire de l'installation nucléaire de base ou du terrain d'assiette étant substitué à l'exploitant pour la mise en œuvre des procédures applicables.

Art. R. 596-8 ***(Créé à compter du 1er avril 2019, D. n° 2019-190, 14 mars 2019).*** **– Les décisions prises sur le fondement des articles énumérés à l'article L. 596-6 peuvent être déférées devant la juridiction administrative :**

1° Par le demandeur ou le destinataire de la décision dans le délai de deux mois courant à compter de la date de sa notification ;

2° Par les tiers, en raison des dangers que le fonctionnement de l'installation nucléaire de base ou le transport peuvent présenter pour la santé des personnes et l'environnement, dans le délai de deux ans à compter de :

– leur publication, pour les autorisations mentionnées aux articles L. 593-7, L. 593-14 et L. 593-15 ;

– la publication du décret, pour le décret mentionné à l'article L. 593-28 ;

– leur publication ou de leur affichage, pour les autres décisions administratives mentionnées à l'article L. 596-6, ce délai étant, le cas échéant, prolongé jusqu'à la fin d'une période de deux années suivant la mise en service de l'installation.

Intérêt à agir contre une INB ne produisant pas d'énergie nucléaire. L'installation litigieuse ayant pour objet de conditionner et d'entreposer des déchets activés produits dans le cadre, d'une part, du programme de démantèlement des centrales nucléaires dites « de première génération » et de la centrale de Creys-Malville, et, d'autre part, de l'exploitation, de la maintenance et d'éventuelles modifications des centrales nucléaires à eau pressurisée, dans l'attente de leur stockage définitif prévu par la loi du 28 juin 2006 de programme relative à la gestion durable des matières et déchets radioactifs, il en résulte que cette installation n'a vocation ni à produire de l'énergie ni à fabriquer ou enrichir des combustibles nucléaires. Les collectivités requérantes sont situées à une soixantaine de kilomètres du site d'implantation de l'installation litigieuse et en amont du Rhône. Par suite, compte tenu de l'objet de l'activité ainsi exercée, des caractéristiques de l'installation et de leur éloignement du site, la République et canton de Genève et la ville de Genève ne peuvent être regardées comme justifiant d'un intérêt direct et certain leur donnant qualité pour demander l'annulation de la décision attaquée (■ CE, 22 juin 2022, n° 444945).

Art. R. 596-9 ***(Créé à compter du 1er avril 2019, D. n° 2019-190, 14 mars 2019).*** **– En application de l'article L. 591-4, les dépenses correspondant à l'exécution des analyses de laboratoire faisant suite aux inspections mentionnées à l'article R. 596-1 sont à la charge de l'exploitant.**

Section 3. – Amendes administratives

(Division créée à compter du 1er avril 2019, D. n° 2019-190, 14 mars 2019)

Art. R. 596-10 ***(Créé à compter du 1er avril 2019, D. n° 2019-190, 14 mars 2019). – (Mod. à compter du 1er janvier 2025, D. n° 2024-1194, 19 déc. 2024)*** **La notification des griefs mentionnée à l'article L. 596-7 est**

adressée par le président de l'Autorité de sûreté nucléaire et de radioprotection à la personne mise en cause. Elle est transmise au président de la commission des sanctions de l'autorité.

La personne mise en cause dispose d'un délai de deux mois pour transmettre au président de cette commission ses observations écrites sur les griefs qui lui ont été notifiés. La notification des griefs mentionne ce délai et précise que la personne mise en cause peut se faire assister ou représenter par tout conseil de son choix.

Art. R. 596-11 *(Créé à compter du 1er avril 2019, D. n° 2019-190, 14 mars 2019).* – I. – Le président de la commission des sanctions désigne un rapporteur.

(Mod. à compter du 1er janvier 2025, D. n° 2024-1194, 19 déc. 2024) Le membre du collège mentionné au deuxième alinéa de l'article L. 596-7 est désigné par le président de l'Autorité de sûreté nucléaire et de radioprotection qui en informe le président de la commission des sanctions. Ce membre doit avoir pris part à la décision d'ouverture de la procédure destinée à conduire au prononcé d'une sanction. Lorsqu'il se fait représenter par les services de l'autorité, il en informe le président de la commission des sanctions.

II. – Le rapporteur procède à toutes diligences utiles. Conformément à l'article R. 592-36, il peut s'adjoindre le concours des services de l'autorité. La personne mise en cause et le membre du collège mentionné au I ou son représentant peuvent être entendus par le rapporteur à leur demande ou si celui-ci l'estime utile. Le rapporteur peut également entendre toute personne dont l'audition lui paraît utile.

Lorsqu'il estime que les griefs doivent être complétés ou que les griefs sont susceptibles d'être notifiés à une ou plusieurs personnes autres que celles mises en cause, le rapporteur saisit le collège de l'autorité. Le collège statue sur la demande du rapporteur. S'il accueille cette demande, la notification correspondante est effectuée selon les formes prévues au premier alinéa de l'article R. 596-10. Le délai prévu au deuxième alinéa de cet article est applicable à la notification complémentaire de griefs.

III. – Le rapporteur consigne, par écrit, le résultat de son instruction dans un rapport. Celui-ci est communiqué à la personne mise en cause ainsi qu'au membre du collège mentionné au I ou à son représentant.

IV. – Le membre du collège mentionné au I ou son représentant peut présenter par écrit ses observations sur le rapport. Ces observations écrites sont communiquées à la personne mise en cause.

V. – La personne mise en cause est convoquée devant la commission des sanctions, dans un délai qui ne peut être inférieur à 45 jours francs, par un courrier lui précisant qu'elle dispose d'un délai de 30 jours francs pour faire connaître, par écrit, ses observations sur le rapport.

Ces observations sont communiquées au membre du collège mentionné au I ou à son représentant.

Art. R. 596-12 *(Créé à compter du 1er avril 2019, D. n° 2019-190, 14 mars 2019 ; mod. à compter du 1er janvier 2025, D. n° 2024-1194, 19 déc. 2024).* – I. – Le président de la commission des sanctions dirige les débats lors des séances et des délibérations.

Lors de la séance, le rapporteur présente son rapport. Le membre du collège mentionné au I de l'article R. 596-11, ou son représentant, peut présenter des observations au soutien des griefs notifiés et proposer une sanction. La personne mise en cause et, le cas échéant, son conseil présentent leur défense. Le président de séance peut faire entendre toute personne dont il estime l'audition utile. Dans tous les cas, la personne mise en cause et, le cas échéant, son conseil doivent pouvoir prendre la parole en dernier. Lorsque la commission s'estime insuffisamment éclairée, elle demande au rapporteur de poursuivre ses diligences selon la procédure définie à l'article R. 596-11.

II. – La commission délibère en la seule présence de ses membres et d'un agent des services de l'Autorité de sûreté nucléaire et de radioprotection faisant office de secrétaire de séance.

III. – La décision mentionne les noms des membres de la commission qui ont statué. Elle est notifiée à la personne concernée, ainsi qu'au président de l'Autorité de sûreté nucléaire et de radioprotection qui en rend compte au collège. Elle mentionne, le cas échéant, ceux des frais de procédure qui sont à la charge de la personne à l'encontre de laquelle une sanction a été prononcée.

Art. R. 596-13 *(Créé à compter du 1er avril 2019, D. n° 2019-190, 14 mars 2019).* – Lorsque la notification des griefs comporte une proposition d'entrée en voie de composition administrative en vertu de l'article L. 596-8, la personne mise en cause dispose d'un délai de deux mois à compter de la réception de cette notification pour se prononcer sur la proposition qui lui est faite.

(Mod. à compter du 1er janvier 2025, D. n° 2024-1194, 19 déc. 2024) À compter de l'acceptation de la proposition d'entrée en voie de composition administrative, un accord est conclu dans un délai de deux mois entre le président de l'Autorité de sûreté nucléaire et de radioprotection et la personne mise en cause.

L'accord est soumis au collège, et, en cas de validation par ce dernier, transmis pour homologation à la commission des sanctions qui se prononce dans un délai de deux mois.

Lorsque l'accord conclu n'est pas validé par le collège, celui-ci peut demander au président de soumettre un nouveau projet d'accord à la personne à qui il a été proposé d'entrer en voie de composition administrative. Le nouvel accord est conclu dans un délai qui ne peut être supérieur à un mois à compter de la notification du refus de validation à la personne concernée. Cette procédure ne peut être mise en œuvre qu'une fois.

Les décisions du collège et de la commission des sanctions sont notifiées à la personne à qui il a été proposé d'entrer en voie de composition administrative.

Art. R. 596-14 *(Créé à compter du 1er avril 2019, D. n° 2019-190, 14 mars 2019).* – La procédure de composition administrative est définitivement interrompue :

1° Lorsque la personne à laquelle elle a été proposée exprime un refus ou omet de se prononcer dans le délai fixé au premier alinéa de l'article R. 596-13 ;

2° À défaut d'accord conclu dans les délais mentionnés au deuxième et au quatrième alinéa de ce même article ;

3° Lorsque l'accord n'est pas validé par le collège et qu'il n'est pas fait application de la procédure mentionnée au quatrième alinéa de ce même article ;

4° Lorsque la commission des sanctions refuse d'homologuer l'accord validé par le collège.

En cas d'interruption définitive de la procédure de composition administrative ou en cas de non-respect de l'accord par la personne signataire, il est fait application des articles R. 596-10 à R. 596-12.

Art. R. 596-15 *(Créé à compter du 1er avril 2019, D. n° 2019-190, 14 mars 2019 ; mod. à compter du 1er janvier 2025, D. n° 2024-1194, 19 déc. 2024).* – Les décisions prononcées par la commission des sanctions peuvent être déférées à la juridiction administrative par la personne concernée ou par le président de l'Autorité de sûreté nucléaire et de radioprotection dans le délai fixé au 1° de l'article R. 596-8.

Section 4. – Dispositions pénales

(Créée à compter du 1er avril 2019, D. n° 2019-190, 14 mars 2019)

Art. R. 596-16 *(Créé à compter du 1er avril 2019, D. n° 2019-190, 14 mars 2019).* – Est puni de la peine prévue pour les contraventions de la cinquième classe le fait :

1° *(Mod. à compter du 1er janvier 2025, D. n° 2024-1194, 19 déc. 2024)* D'exploiter ou de démanteler une installation nucléaire de base en violation des règles générales prévues à l'article L. 593-4 et des décisions à caractère réglementaire prévues à l'article L. 592-20, ou en méconnaissance des conditions fixées par les décrets pris en application des articles L. 593-7, L. 593-14 et L. 593-28 ou des prescriptions ou mesures prises par l'Autorité de sûreté nucléaire et de radioprotection en application des articles L. 593-10, L. 593-11, L. 593-12, L. 593-13, L. 593-19, L. 593-20, L. 593-29, L. 593-31 et L. 593-35 ou de l'article L. 593-37 ;

2° De procéder à la mise en service d'une installation nucléaire de base sans l'autorisation mentionnée à *l'article L. 593-11* ;

3° D'exploiter une installation nucléaire de base sans procéder au réexamen mentionné à l'article L. 593-18 dans le délai prescrit ou de ne pas transmettre le rapport comportant les conclusions de cet examen en méconnaissance de l'article L. 593-19 ;

4° D'exploiter une installation nucléaire de base sans avoir mis en place les mesures prévues par le plan d'urgence interne mentionné au II de l'article L. 593-6 ;

5° *(Mod. à compter du 1er janvier 2025, D. n° 2024-1194, 19 déc. 2024)* De ne pas transmettre à l'Autorité de sûreté nucléaire et de radioprotection des informations ou documents en méconnaissance des dispositions des chapitres III et V du présent titre ;

6° De procéder à une modification de l'installation mentionnée à l'article R. 593-55 sans avoir obtenu l'autorisation prévue à cet article ;

7° De procéder à une modification mentionnée à l'article R. 593-59 sans avoir souscrit la déclaration prévue à cet article ;

8° De vendre le terrain d'assiette d'une installation nucléaire de base ou d'une ancienne installation sans procéder à la déclaration requise par l'article R. 593-61 ;

9° De faire obstacle à l'exécution des travaux ou des mesures mentionnés au 2° du II de l'article L. 171-8 ;

10° De ne pas souscrire la déclaration prévue à l'article L. 593-26 ;

11° De ne pas déposer le dossier mentionné à l'article L. 593-27 dans le délai prévu à cet article ;

12° De ne pas souscrire la déclaration prévue par l'article L. 591-5 en cas d'incident ou d'accident de nature à porter atteinte aux intérêts mentionnés à l'article L. 593-1 et qui n'entre pas dans les prévisions du V de l'article L. 596-11 ;

13° De faire réaliser une activité mentionnée au III de l'article R. 593-10 en méconnaissance de l'interdiction prévue par ce même III ou des dispositions de l'article R. 593-12 ;

14° De faire réaliser une activité mentionnée au II de l'article R. 593-10 en méconnaissance des dispositions de cet alinéa ou de celles de l'article R. 593-12.

La récidive des contraventions prévues au présent article est réprimée conformément aux articles 132-11 et 132-15 du Code pénal.

Art. R. 596-17 *(Créé à compter du 1er avril 2019, D. n° 2019-190, 14 mars 2019).* – Les dispositions des articles R. 173-1 à R. 173-4 s'appliquent lorsque sont mises en œuvre les dispositions de l'article L. 173-12 en application de l'article L. 596-12.

(Mod. à compter du 1er janvier 2025, D. n° 2024-1194, 19 déc. 2024) Pour l'application de ces dispositions, l'Autorité de sûreté nucléaire et de radioprotection se substitue au préfet à l'article R. 173-1 et l'autorité administrative mentionnée aux articles R. 173-1, R. 173-3 ainsi qu'à l'article R. 173-4 est l'Autorité de sûreté nucléaire et de radioprotection.

CHAPITRE VII. – DISPOSITIONS APPLICABLES À LA RESPONSABILITÉ CIVILE DANS LE DOMAINE DE L'ÉNERGIE NUCLÉAIRE

(Rempl., D. n° 2022-1186, 25 août 2022)

Art. R. 597-1 *(D. n° 2022-1186, 25 août 2022).* – L'exploitant d'installations nucléaires se trouvant sur un même site au sens du second alinéa de l'article L. 597-2 peut bénéficier du montant réduit de responsabilité prévu au second alinéa de l'article L. 597-4 lorsque ce site ne comporte que des installations présentant un risque réduit en application de l'article R. 597-2 et figure sur la liste établie en application de l'article R. 597-3.

Art. R. 597-2 *(D. n° 2022-1186, 25 août 2022).* – Peuvent être qualifiées d'installations à risque réduit, au sens de l'article L. 597-4, les installations nucléaires mentionnées à l'article L. 597-2 qui ne font pas l'objet d'un plan particulier d'intervention en application de l'article R. 741-18 du Code de la sécurité intérieure, dont l'étude de dimensionnement du plan d'urgence interne prévue au IV de l'article R. 593-18 ne fait pas mention d'accidents, au sens de la convention signée à Paris mentionnée à l'article L. 597-1, nécessitant des mesures de protection de la population et qui entrent dans l'une au moins des catégories suivantes :

1° Les réacteurs nucléaires en fonctionnement ou à l'arrêt définitif, d'une puissance thermique installée autorisée inférieure à 100 mégawatts, ainsi que ceux d'une puissance thermique installée autorisée supérieure ou égale à 100 mégawatts dont les éléments combustibles ont été entièrement évacués du site à la suite de leur arrêt définitif ;

2° Les installations de préparation, de fabrication ou de transformation de l'uranium, en fonctionnement ou à l'arrêt définitif, d'une capacité de traitement autorisée de moins de 100 tonnes par an d'uranium enrichi à moins de 10 % en uranium 235 ;

3° Les installations en fonctionnement ou à l'arrêt définitif, à l'exclusion des réacteurs, pour lesquelles l'activité totale des radionucléides présents dans l'installation ou susceptibles de l'être ne conduit pas à une valeur du coefficient « Q », calculé selon les modalités définies en annexe de la section 1 du chapitre III du titre IX du livre V, supérieure à vingt fois la valeur du seuil de classement en tant qu'installation nucléaire de base fixé par les dispositions du II et du 1° du III de l'article R. 593-2 pour la catégorie d'installations concernée et pour lesquelles la masse de plutonium 239 présente ou susceptible d'être présente dans l'installation n'excède pas la masse de référence fixée pour le plutonium 239 au 2° du III du même article ;

4° Les installations de stockage de déchets radioactifs, à l'exception de celles destinées au stockage de déchets de faible ou moyenne activité à vie longue ou de haute activité, notamment celles mentionnées au 5° de l'article L. 593-2 ;

5° Les installations figurant dans la nomenclature des installations classées pour la protection de l'environnement mentionnée à l'article R. 511-9 ;

6° Les installations intéressant la défense relevant du 3° de l'article L. 1333-15 du Code de la défense en fonctionnement ou à l'arrêt définitif ;

7° Les installations répondant aux conditions d'exclusion des installations en cours de déclassement définies par le comité de direction de l'Agence de l'OCDE pour l'énergie nucléaire (AEN) en application du *b* de l'article 1er de la convention signée à Paris mentionnée à l'article L. 597-1.

Les installations nucléaires relevant de l'une des catégories mentionnées ci-dessus, qui font l'objet d'un plan particulier d'intervention ou dont l'étude de dimensionnement du plan d'urgence interne prévue au IV de l'article R. 593-18 fait mention d'au moins un accident, au sens de la convention signée à Paris mentionnée à l'article L. 597-1, qui nécessiterait des mesures de protection de la population, peuvent néanmoins être qualifiées d'installations à risque réduit, au sens de l'article L. 597-4, à condition que l'exploitant fournisse une étude démontrant qu'un accident nucléaire, au sens de la convention signée à Paris mentionnée à l'article L. 597-1, susceptible de survenir dans l'installation ne peut entraîner des dommages d'un coût supérieur à 70 millions d'euros.

Art. R. 597-3 *(D. n° 2022-1186, 25 août 2022).* – En vue de bénéficier d'un plafond réduit de responsabilité, l'exploitant d'installations nucléaires se trouvant sur le même site, au sens du second alinéa de l'article L. 597-2, transmet aux ministres chargés de l'énergie et de la sûreté nucléaire un dossier démontrant que ce site ne comporte que des installations répondant aux conditions définies à l'article R. 597-2. Le cas échéant, l'étude prévue au dernier alinéa de l'article R. 597-2 peut être soumise à tierce expertise sur demande conjointe des ministres chargés de l'énergie et de la sûreté nucléaire.

(Mod. à compter du 1er janvier 2025, D. n° 2024-1194, 19 déc. 2024) La liste des sites présentant un risque réduit et ouvrant droit pour leurs exploitants à un montant de responsabilité réduit est fixée par arrêté conjoint des ministres chargés de l'énergie, de la sûreté nucléaire, du budget et de l'économie, après consultation de l'Autorité de sûreté nucléaire et de radioprotection lorsqu'il s'agit d'installations relevant du régime des installations nucléaires de base, ou de l'autorité compétente en matière de sûreté nucléaire et de radioprotection mentionnée à l'article L. 1333-18 du Code de la défense lorsqu'il s'agit d'installations ou activités nucléaires intéressant la défense qui ne sont pas placées sous l'autorité hiérarchique du ministre de la défense.

Art. R. 597-4 *(D. n° 2022-1186, 25 août 2022).* – Le silence gardé pendant plus de six mois par les ministres chargés de l'énergie, de la sûreté nucléaire, du budget et de l'économie sur les demandes de classement à risque réduit présentées par l'exploitant nucléaire en application de l'article R. 597-3 vaut décision de rejet.

Art. R. 597-5 *(D. n° 2022-1186, 25 août 2022)* (1). – En cas de modification des caractéristiques ou du régime d'une installation susceptible de remettre en cause le classement du site ou les critères retenus pour son classement sur la liste mentionnée à l'article R. 597-3, l'exploitant en informe les ministres chargés de l'énergie et de la sûreté nucléaire et leur transmet un nouveau dossier pour justifier soit le maintien du classement du site à risque réduit, soit son déclassement.

(1) Dispositions d'application particulières et transitoires : V. D. n° 2022-1186, 25 août 2022, art. 7.

LIVRE VI

DISPOSITIONS APPLICABLES EN NOUVELLE-CALÉDONIE, EN POLYNÉSIE FRANÇAISE, À WALLIS-ET-FUTUNA, DANS LES TERRES AUSTRALES ET ANTARCTIQUES FRANÇAISES, À MAYOTTE ET À SAINT-MARTIN

(D. n° 2007-397, 22 mars 2007 (1) ; intitulé mod., D. n° 2009-650, 9 juin 2009)

TITRE Ier. – DISPOSITIONS APPLICABLES EN NOUVELLE-CALÉDONIE

CHAPITRE Ier. – AGRÉMENT ET ACTION EN JUSTICE DES ASSOCIATIONS DE PROTECTION DE L'ENVIRONNEMENT

Art. R. 611-1 *(Mod., D. n° 2011-832, 12 juill. 2011 ; D. n° 2019-913, 30 août 2019 ; mod. à compter du 1er janvier 2020, D. n° 2019-913, 30 août 2019).* – I. – Les articles R. 141-1 à R. 141-20 et R. 142-1 à R. 142-9 sont applicables à la Nouvelle-Calédonie.

II. – Les pouvoirs dévolus au préfet par les dispositions mentionnées au I sont exercés par le représentant de l'État en Nouvelle-Calédonie.

Pour l'application de ces dispositions en Nouvelle-Calédonie, les références au tribunal judiciaire sont remplacées par la référence au tribunal de première instance.

NB : Conformément à l'article 36 du décret n° 2019-913 du 30 août 2019, ces dispositions entrent en vigueur le 1er janvier 2020.

Art. R. 611-2. – Pour l'application à la Nouvelle-Calédonie de l'article R. 141-1, le second alinéa est supprimé.

Art. R. 611-3 *(Mod., D. n° 2011-832, 12 juill. 2011).*– Pour l'application à la Nouvelle-Calédonie des articles R. 141-1, R. 141-2 et R. 141-20, la référence à l'article L. 141-1 est remplacée par la référence à l'article L. 611-1.

Art. R. 611-4 *(Rempl., D. n° 2011-832, 12 juill. 2011).* – Pour l'application à la Nouvelle-Calédonie du premier alinéa de l'article R. 141-3, les mots : « départemental, régional » sont remplacés par les mots : « provincial, territorial ».

(1) Les articles identifiés par un « R. » correspondent aux dispositions relevant d'un décret en Conseil d'État, ceux identifiés par un « D. » correspondent aux dispositions relevant d'un décret simple, D. n° 2007-397, 22 mars 2007, art. 1er.

Art. R. 611-5 *(Rempl., D. n° 2011-832, 12 juill. 2011)*. – Pour son application à la Nouvelle-Calédonie, l'article R. 141-8 est remplacé par les dispositions suivantes :

« La demande est adressée par lettre recommandée avec demande d'avis de réception postal par le représentant légal de l'association au représentant de l'État. Cet envoi peut être remplacé par un dépôt contre décharge dans les bureaux du haut-commissariat de la République. »

Art. R. 611-6 *(Rempl., D. n° 2011-832, 12 juill. 2011)*. – Pour leur application à la Nouvelle-Calédonie, les articles R. 141-9 et R. 141-10 sont remplacés par les dispositions suivantes :

« Le représentant de l'État en Nouvelle-Calédonie procède à l'instruction de la demande. Il consulte pour avis le président de l'assemblée de province intéressée, lorsque l'agrément est sollicité dans un cadre provincial, et le gouvernement de la Nouvelle-Calédonie ainsi que les présidents des assemblées de province, lorsque l'agrément est sollicité dans un cadre territorial.

Il recueille également l'avis du procureur général près la cour d'appel dans le ressort de laquelle l'association a son siège social.

Les personnes consultées en application du présent article font connaître leur avis au représentant de l'État dans un délai de deux mois. Faute de réponse dans ce délai, leur avis est réputé favorable. »

Art. R. 611-7 *(Mod., D. n° 2011-832, 12 juill. 2011)*. – Pour l'application à la Nouvelle-Calédonie de l'article R. 141-12, les mots : « départemental ou régional » sont remplacés par les mots : « provincial ou territorial ».

Art. R. 611-8. – Pour son application à la Nouvelle-Calédonie, l'article R. 141-17 est rédigé comme suit :

« La décision d'agrément est publiée au *Journal officiel* de la Nouvelle-Calédonie. Elle est en outre publiée au *Journal officiel* de la République française lorsque l'agrément est accordé dans le cadre national.

Le ministre chargé de l'environnement publie annuellement la liste des associations bénéficiant d'un agrément national. Le représentant de l'État en Nouvelle-Calédonie publie annuellement au *Journal officiel* de la Nouvelle-Calédonie la liste des associations qui ont été agréées dans un cadre géographique relevant en tout ou partie de sa compétence conformément à l'article R. 141-12 dans sa rédaction issue de l'article R. 611-7. »

Art. R. 611-9 *(Abr., D. n° 2011-832, 12 juill. 2011)*.

Art. R. 611-10. – Pour l'application à la Nouvelle-Calédonie des articles R. 142-1 et R. 142-3, la référence à l'article L. 142-3 est remplacée par la référence à l'article L. 611-4.

CHAPITRE II. – EAUX MARINES ET VOIES OUVERTES À LA NAVIGATION MARITIME

Art. R. 612-1. – Les articles R. 218-1 et D. 218-4 à R. 218-12 sont applicables à la Nouvelle-Calédonie, sous réserve des compétences dévolues à la Nouvelle-Calédonie et aux provinces dans les eaux territoriales.

Art. R. 612-2. – En Nouvelle-Calédonie, les pouvoirs conférés par les articles R. 218-1 et D. 218-4 à R. 218-12 au préfet maritime sont exercés par le représentant de l'État en mer cité à l'article 1er du décret n° 2005-1514 du 6 décembre 2005 relatif à l'organisation outre-mer de l'action de l'État en mer, dans les limites de sa zone de compétence.

Les pouvoirs prévus aux articles R. 218-1 et D. 218-4 à R. 218-12 autres que ceux conférés au préfet maritime sont exercés selon le cas par le représentant de l'État ou par celui de la Nouvelle-Calédonie lorsqu'il s'agit d'un port relevant de la compétence de cette dernière.

CHAPITRE III. – PROTECTION DE L'ENVIRONNEMENT EN ANTARCTIQUE

Art. R. 613-1. – Les articles R. 712-1 à R. 714-2 sont applicables à la Nouvelle-Calédonie.

CHAPITRE IV. – AUTRES DISPOSITIONS

Art. D. 614-1 *(Mod., D. n° 2023-387, 22 mai 2023).* – Sont applicables à la Nouvelle-Calédonie les articles D. 213-84 à D. 213-91 et D. 229-1 à D. 229-4.

Art. R. 614-2 *(D. n° 2022-1186, 25 août 2022).* – Les dispositions du chapitre VII du titre IX du livre V sont applicables à la Nouvelle-Calédonie dans leur rédaction résultant du décret n° 2022-1186 du 25 août 2022.

Art. D. 614-2 *(D. n° 2022-1218, 8 sept. 2022).* – Le commissionnement des officiers mariniers mentionné à l'article L. 614-1-2 est délivré, sur proposition du commandant de zone maritime, par le haut-commissaire de la République en Nouvelle-Calédonie, délégué du Gouvernement pour l'action de l'État en mer. Ce dernier vérifie que l'officier marinier dispose des compétences techniques et juridiques nécessaires et a suivi une formation de droit pénal et de procédure pénale.

Art. D. 614-3 *(D. n° 2022-1218, 8 sept. 2022).* – Les officiers mariniers mentionnés à l'article L. 614-1-2 qui ne sont pas assermentés pour l'exercice d'une autre mission de police judiciaire prêtent, devant le tribunal de première instance de Nouméa, le serment suivant :

« Je jure et promets de bien et loyalement remplir mes fonctions et d'observer en tout les devoirs qu'elles m'imposent. Je jure également de ne rien révéler ou utiliser de ce qui sera porté à ma connaissance dans l'exercice de mes fonctions. »

Les officiers mariniers ne peuvent exercer les missions prévues à l'article L. 614-1-2 qu'après avoir prêté serment. Un procès-verbal en est dressé et une copie remise à l'intéressé.

La prestation de serment n'est pas renouvelée en cas de changement de grade, d'emploi, de résidence administrative ou de modification du champ des infractions pour lesquelles le commissionnement a été délivré.

Art. D. 614-4 *(D. n° 2022-1218, 8 sept. 2022).* – Lorsqu'un officier marinier ne remplit plus les conditions prévues à l'article D. 614-2 ou que son comportement se révèle incompatible avec le bon exercice de ses missions de police judiciaire, le commissionnement peut être retiré ou suspendu pour une durée de six mois au plus, renouvelable une fois, selon les modalités prévues à ce même article, après que l'intéressé a été mis à même de faire connaître ses observations dans un délai déterminé.

Le procureur de la République près le tribunal de première instance de Nouméa est informé de la décision de suspension ou de retrait.

TITRE II. – DISPOSITIONS APPLICABLES EN POLYNÉSIE FRANÇAISE

CHAPITRE I. – AGRÉMENT ET ACTION EN JUSTICE DES ASSOCIATIONS DE PROTECTION DE L'ENVIRONNEMENT

Art. R. 621-1 *(Mod., D. n° 2011-832, 12 juill. 2011 ; mod.à compter du 1er janvier 2020, D. n° 2019-913, 30 août 2019).* – I.– Les articles R. 141-1 à R. 141-20 et R. 142-1 à R. 142-9 sont applicables à la Polynésie française.

II. – Les pouvoirs dévolus au préfet par les dispositions mentionnées au I sont exercés par le représentant de l'État en Polynésie française.

Pour l'application de ces dispositions en Polynésie française, les références au tribunal judiciaire sont remplacées par la référence au tribunal de première instance.

Art. R. 621-2. – Pour l'application à la Polynésie française de l'article R. 141-1, le second alinéa est supprimé.

Art. R. 621-3 *(Mod., D. n° 2011-832, 12 juill. 2011)*. – Pour l'application des articles R. 141-1, R. 141-2 et R. 141-20 à la Polynésie française, la référence à l'article L. 141-1 est remplacée par la référence à l'article L. 621-1.

Art. R. 621-4 *(Rempl., D. n° 2011-832, 12 juill. 2011)*. – Pour l'application à la Polynésie française du premier alinéa de l'article R. 141-3, les mots : « départemental, régional » sont remplacés par le mot : « territorial ».

Art. R. 621-5 *(Rempl., D. n° 2011-832, 12 juill. 2011)*. – Pour son application à la Polynésie française, l'article R. 141-8 est remplacé par les dispositions suivantes :

« La demande est adressée par lettre recommandée avec demande d'avis de réception postal par le représentant légal de l'association au représentant de l'État. Cet envoi peut être remplacé par un dépôt contre décharge dans les bureaux du haut-commissariat de la République ».

Art. R. 621-6 *(Rempl., D. n° 2011-832, 12 juill. 2011)*. – Pour leur application à la Polynésie française, les articles R. 141-9 et R. 141-10 sont remplacés par les dispositions suivantes :

« Le représentant de l'État en Polynésie française procède à l'instruction de la demande. Il consulte pour avis le conseil des ministres de Polynésie française lorsque l'agrément est sollicité dans un cadre territorial.

Il recueille également l'avis du procureur général près la cour d'appel dans le ressort de laquelle l'association a son siège social.

Les personnes consultées en application du présent article font connaître leur avis au représentant de l'État dans un délai de deux mois. Faute de réponse dans ce délai, leur avis est réputé favorable ».

Art. R. 621-7 *(Mod., D. n° 2011-832, 12 juill. 2011)*. – Pour l'application à la Polynésie française de l'article R. 141-12, les mots « départemental ou régional » sont remplacés par les mots : « ou territorial ».

Art. R. 621-8. – Pour son application à la Polynésie française, l'article R. 141-17 est rédigé comme suit :

« La décision d'agrément est publiée au *Journal officiel* de la Polynésie française. Elle est en outre publiée au *Journal officiel* de la République française lorsque l'agrément est accordé dans le cadre national.

Le ministre chargé de l'environnement publie annuellement la liste des associations bénéficiant d'un agrément national. Le représentant de l'État en Polynésie française publie annuellement au *Journal officiel* de la Polynésie française la liste des associations qui ont été agréées dans un cadre géographique relevant en tout ou partie de sa compétence conformément à l'article R. 141-12 dans sa rédaction issue de l'article R. 621-7. »

Art. R. 621-9 *(Abr., D. n° 2011-832, 12 juill. 2011)*.

Art. R. 621-10. – Pour l'application à la Polynésie française des articles R. 142-1 et R. 142-3, la référence à l'article L. 142-3 est remplacée par la référence à l'article L. 621-4.

CHAPITRE II. – EAUX MARINES ET VOIES OUVERTES À LA NAVIGATION MARITIME

Art. R. 622-1. – Les articles R. 218-1 et D. 218-4 à R. 218-12 sont applicables à la Polynésie française, sous réserve des compétences dévolues au territoire dans les eaux territoriales.

Art. R. 622-2. – En Polynésie française, les pouvoirs conférés par les articles R. 218-1 et D. 218-4 à R. 218-12 au préfet maritime sont exercés par le représentant de l'État en mer cité à l'article 1er du décret n° 2005-1514 du 6 décembre 2005 relatif à l'organisation outre-mer de l'action de l'État en mer, dans les limites de sa zone de compétence.

Les pouvoirs prévus aux articles R. 218-1 et D. 218-4 à R. 218-12 autres que ceux conférés au préfet maritime sont exercés selon le cas par le représentant de l'État ou par celui de la Polynésie française lorsqu'il s'agit d'un port relevant de la compétence de cette dernière.

CHAPITRE III. – PROTECTION DE L'ENVIRONNEMENT EN ANTARCTIQUE

Art. R. 623-1. – Les articles R. 712-1 à R. 714-2 sont applicables à la Polynésie française.

CHAPITRE IV. – AUTRES DISPOSITIONS

Section I. – Dispositions diverses

(Division créée, D. n° 2013-181, 27 févr. 2013)

Art. D. 624-1 *(Mod., D. n° 2023-387, 22 mai 2023).* **– Les articles D. 213-84 à D. 213-91 et D. 229-1 à D. 229-4 sont applicables à la Polynésie française.**

Art. R. 624-1-1 *(D. n° 2022-1186, 25 août 2022).* **– Les dispositions du chapitre VII du titre IX du livre V sont applicables à la Polynésie française dans leur rédaction résultant du décret n° 2022-1186 du 25 août 2022.**

Art. D. 624-1-1 *(D. n° 2022-1218, 8 sept. 2022).* **– Le commissionnement des officiers mariniers mentionné à l'article L. 624-1-2 est délivré, sur proposition du commandant de zone maritime, par le haut-commissaire de la République en Polynésie française, délégué du Gouvernement pour l'action de l'État en mer. Ce dernier vérifie que l'officier marinier dispose des compétences techniques et juridiques nécessaires et a suivi une formation de droit pénal et de procédure pénale.**

Art. D. 624-1-2 *(D. n° 2022-1218, 8 sept. 2022).* **– Les officiers mariniers mentionnés à l'article L. 624-1-2 qui ne sont pas assermentés pour l'exercice d'une autre mission de police judiciaire prêtent, devant le tribunal de première instance de Papeete, le serment suivant :**

« Je jure et promets de bien et loyalement remplir mes fonctions et d'observer en tout les devoirs qu'elles m'imposent. Je jure également de ne rien révéler ou utiliser de ce qui sera porté à ma connaissance dans l'exercice de mes fonctions. »

Les officiers mariniers ne peuvent exercer les missions prévues à l'article L. 624-1-2 qu'après avoir prêté serment. Un procès-verbal en est dressé et une copie remise à l'intéressé.

La prestation de serment n'est pas renouvelée en cas de changement de grade, d'emploi, de résidence administrative ou de modification du champ des infractions pour lesquelles le commissionnement a été délivré.

Art. D. 624-1-3 *(D. n° 2022-1218, 8 sept. 2022).* **– Lorsqu'un officier marinier ne remplit plus les conditions prévues à l'article D. 624-1-1 ou que son comportement se révèle incompatible avec le bon exercice de ses missions de police judiciaire, le commissionnement peut être retiré ou suspendu pour une durée de six mois au plus, renouvelable une fois, selon les modalités prévues à ce même article, après que l'intéressé a été mis à même de faire connaître ses observations dans un délai déterminé.**

Le procureur de la République près le tribunal de première instance de Papeete est informé de la décision de suspension ou de retrait.

Section II. – Commerce international d'espèces de faune et de flore menacées d'extinction

(D. n° 2013-181, 27 févr. 2013)

La France a adhéré en 1978 à la convention sur le commerce international des espèces de faune et de flore sauvages menacées d'extinction, dite « CITES ». L'objectif de la CITES, dont 183 États sont aujourd'hui Parties, est de garantir que le commerce international des espèces inscrites dans ses annexes ainsi que des parties et produits qui en sont issus ne nuise pas à la conservation de la biodiversité et repose sur une utilisation durable des espèces sauvages. La CITES a pour objectif d'éviter la surexploitation de la faune et de la flore en limitant les importations et exportations aux seuls spécimens accompagnés de permis ou de certificats prouvant que leur prélèvement est licite et non préjudiciable à la conservation de l'espèce considérée.

Sur le territoire métropolitain et dans les départements d'outre-mer, la mise en œuvre de la CITES repose sur l'article L. 412-1 du Code de l'environnement.

En Polynésie française et à Wallis-et-Futuna, elle repose, respectivement, sur les articles L. 624-2 et L. 635-2 du même code en application desquels le décret n° 2013-181 du 27 février 2013 est pris.

Art. R. 624-2 *(D. n° 2013-181, 27 févr. 2013).* **– I. – Sauf dérogations prévues par la convention sur le commerce international des espèces de faune et de flore sauvages menacées d'extinction du 3 mars 1973, sont soumises à autorisation l'exportation, la réexportation, l'importation et l'introduction en provenance de la**

mer de tout ou partie d'animaux et de leurs produits ainsi que de tout ou partie de végétaux et de leurs produits relevant des stipulations de cette convention.

Cette autorisation est délivrée préalablement à chaque envoi de spécimens transportés ensemble et faisant partie d'un même chargement vers un destinataire unique.

Elle prend la forme :

1° D'un permis d'exportation, qui doit être présenté lors de la sortie du territoire d'un spécimen d'une espèce inscrite aux annexes I, II ou III de la convention sur le commerce international des espèces de faune et de flore sauvages menacées d'extinction ;

2° D'un certificat de réexportation, qui doit être présenté lors de la sortie du territoire d'un spécimen préalablement introduit, d'une espèce inscrite aux annexes I, II ou III de cette même convention ;

3° D'un permis d'importation, qui doit être présenté, simultanément avec le permis d'exportation ou le certificat de réexportation correspondant délivré par les autorités compétentes du pays de provenance, pour l'entrée sur le territoire d'un spécimen d'une espèce inscrite à l'annexe I ou II de cette même convention ;

4° D'un certificat d'introduction en provenance de la mer, pour l'introduction en provenance de la mer d'un spécimen d'une espèce inscrite à l'annexe I ou II de cette même convention.

II. – Dans le cas particulier d'animaux de compagnie, de spécimens présentés en expositions itinérantes ou de spécimens accompagnés d'un document douanier d'admission temporaire, appartenant à une espèce inscrite aux annexes I, II ou III de cette même convention, l'autorisation peut prendre la forme respectivement d'un certificat de propriété, d'un certificat pour exposition itinérante ou d'un certificat pour collection d'échantillons. Ce certificat doit être présenté lors de l'entrée et de la sortie du territoire en remplacement du permis ou certificat prévu au point I du présent article.

Art. R. 624-3 *(D. n° 2013-181, 27 févr. 2013)*. – Pour obtenir l'autorisation prévue à l'article R. 624-2, le demandeur doit établir l'origine licite du spécimen faisant l'objet de sa demande.

La demande d'autorisation comporte à cet effet :

– les noms et adresses complets de l'exportateur et de l'importateur ;
– le nom scientifique de l'espèce ou de la sous-espèce à laquelle appartient le spécimen ;
– la description précise du spécimen, y compris de sa marque d'identification, le cas échéant ;
– l'origine du spécimen, sa provenance, son ancienneté éventuelle et son mode d'obtention ;
– le nombre ou la quantité de spécimens faisant l'objet de la demande ;
– la finalité de l'opération envisagée ;
– la copie du permis d'exportation ou du certificat de réexportation délivré pour l'expédition considérée par les autorités compétentes du pays de provenance, le cas échéant.

Art. R. 624-4 *(D. n° 2013-181, 27 févr. 2013)*. – L'autorisation mentionnée à l'article R. 624-2 est délivrée par le haut-commissaire de la République en Polynésie française après avis, lorsque celui-ci est requis par la convention sur le commerce international des espèces de faune et de flore sauvages menacées d'extinction, de l'autorité scientifique désignée par arrêté conjoint des ministres chargés de la protection de la nature et de l'outre-mer.

Délivrée pour une durée limitée, elle peut être assortie de conditions particulières à l'espèce considérée ou à l'utilisation prévue.

Elle est individuelle et incessible.

Art. R. 624-5 *(D. n° 2013-181, 27 févr. 2013)*. – L'autorisation ne peut être délivrée que si les conditions fixées par la convention sur le commerce international des espèces de faune et de flore sauvages menacées d'extinction sont remplies.

Pour l'importation d'un spécimen d'une espèce inscrite à l'annexe II de cette convention, l'autorisation ne peut être délivrée que si :

– *l'opération envisagée ne nuit pas à l'état de conservation de l'espèce considérée ;*
– dans le cas d'un animal vivant, le destinataire dispose des compétences et installations adéquates pour le conserver et le traiter avec soin.

Art. R. 624-6 *(D. n° 2013-181, 27 févr. 2013)*. – Si les conditions dont est assortie une autorisation ne sont pas respectées, celle-ci peut être suspendue ou retirée, le bénéficiaire entendu.

Art. R. 624-7 *(D. n° 2013-181, 27 févr. 2013).* – Outre à celui des documents d'accompagnement prévus par la convention sur le commerce international des espèces de faune et de flore sauvages menacées d'extinction, les animaux et les végétaux ou leurs parties ou produits relevant de cette convention peuvent être soumis à un contrôle de leur identité spécifique, de leurs caractéristiques physiques ou biologiques et du caractère licite de leur origine, sans préjudice de l'application des dispositions législatives ou réglementaires en vigueur relatives à la santé, à la sécurité publiques ou à la surveillance sanitaire des animaux et des végétaux et à la protection des animaux.

TITRE III. – DISPOSITIONS APPLICABLES À WALLIS-ET-FUTUNA

CHAPITRE Ier. – AGRÉMENT ET ACTION EN JUSTICE DES ASSOCIATIONS DE PROTECTION DE L'ENVIRONNEMENT

Art. R. 631-1 *(Mod., D. n° 2011-832, 12 juill. 2011 ; mod. à compter du 1er janvier 2020, D. n° 2019-913, 30 août 2019).* – I. – Les articles R. 141-1 à R. 141-20 et R. 142-1 à R. 142-9 sont applicables à Wallis-et-Futuna.

II. – Les pouvoirs dévolus au préfet par les dispositions mentionnées au I sont exercés par le représentant de l'État à Wallis-et-Futuna.

Pour l'application de ces dispositions à Wallis-et-Futuna, les références au tribunal judiciaire sont remplacées par la référence au tribunal de première instance.

Art. R. 631-2. – Pour l'application à Wallis-et-Futuna de l'article R. 141-1, le second alinéa est supprimé.

Art. R. 631-3 *(Mod., D. n° 2011-832, 12 juill. 2011).* – Pour l'application des articles R. 141-1, R. 141-2 et R. 141-20 à Wallis-et-Futuna, la référence à l'article L. 141-1 est remplacée par la référence à l'article L. 631-1.

Art. R. 631-4 *(Rempl., D. n° 2011-832, 12 juill. 2011).* – Pour l'application à Wallis-et-Futuna du premier alinéa de l'article R. 141-3, les mots : « dans un cadre départemental, régional ou » sont remplacés par les mots : « dans le cadre d'une circonscription, du territoire ou dans le cadre ».

Art. R. 631-5 *(Rempl., D. n° 2011-832, 12 juill. 2011).* – Pour son application à Wallis-et-Futuna, l'article R. 141-8 est remplacé par les dispositions suivantes :

« La demande est adressée par lettre recommandée avec demande d'avis de réception postal par le représentant légal de l'association au représentant de l'État. Cet envoi peut être remplacé par un dépôt contre décharge dans les bureaux de l'administration supérieure des îles Wallis-et-Futuna ».

Art. R. 631-6 *(Rempl., D. n° 2011-832, 12 juill. 2011).* – Pour leur application à Wallis-et-Futuna, les articles R. 141-9 et R. 141-10 sont remplacés par les dispositions suivantes :

« Le représentant de l'État à Wallis-et-Futuna procède à l'instruction de la demande. Il consulte pour avis le président du conseil de la circonscription intéressée, lorsque l'agrément est sollicité dans le cadre d'une circonscription territoriale, et le conseil territorial de Wallis-et-Futuna lorsque l'agrément est sollicité dans un cadre territorial.

Il recueille également l'avis du procureur général près la cour d'appel dans le ressort de laquelle l'association a son siège social.

Les personnes consultées en application du présent article font connaître leur avis au représentant de l'État dans un délai de deux mois. Faute de réponse dans ce délai, leur avis est réputé favorable. »

Art. R. 631-7 *(Mod., D. n° 2011-832, 12 juill. 2011).* – Pour l'application à Wallis-et-Futuna de l'article R. 141-12, les mots : « dans un cadre communal, intercommunal ou départemental » sont remplacés par les mots : « dans le cadre d'une circonscription ou dans un cadre territorial ».

Art. R. 631-8. – Pour son application à Wallis-et-Futuna, l'article R. 141-17 est rédigé comme suit :
« La décision d'agrément est publiée au *Journal officiel* des îles Wallis-et-Futuna. Elle est en outre publiée au *Journal officiel* de la République française lorsque l'agrément est accordé dans le cadre national.

Le ministre chargé de l'environnement publie annuellement la liste des associations bénéficiant d'un agrément national. Le représentant de l'État à Wallis-et-Futuna publie annuellement au *Journal officiel* des îles Wallis-et-Futuna la liste des associations qui ont été agréées dans un cadre géographique relevant en tout ou partie de sa compétence conformément à l'article R. 141-12 dans sa rédaction issue de l'article R. 631-7 ».

Art. R. 631-9 *(Abr., D. n° 2011-832, 12 juill. 2011).*

Art. R. 631-10. – Pour l'application à Wallis-et-Futuna des articles R. 142-1 et R. 142-3, la référence à l'article L. 142-3 est remplacée par la référence à l'article L. 631-4.

CHAPITRE II. – EAUX MARINES ET VOIES OUVERTES À LA NAVIGATION MARITIME

Art. R. 632-1. – Les articles R. 218-1 et D. 218-4 à R. 218-12 sont applicables à Wallis-et-Futuna.

Art. R. 632-2. – À Wallis-et-Futuna, les pouvoirs conférés par les articles R. 218-1 et D. 218-4 à R. 218-12 au préfet maritime sont exercés par le représentant de l'État en mer cité à l'article 1er du décret n° 2005-1514 du 6 décembre 2005 relatif à l'organisation outre-mer de l'action de l'État en mer, dans les limites de sa zone de compétence.

Les pouvoirs prévus aux articles R. 218-1 et D. 218-4 à R. 218-12 autres que ceux conférés au préfet maritime sont exercés selon le cas par le représentant de l'État ou par celui de Wallis-et-Futuna lorsqu'il s'agit d'un port relevant de la compétence de cette dernière.

CHAPITRE III. – EAU DESTINÉE À LA CONSOMMATION HUMAINE, EAUX USÉES ET DÉCHETS, LUTTE CONTRE LES BRUITS DE VOISINAGE ET LA POLLUTION ATMOSPHÉRIQUE

Pas de dispositions réglementaires codifiées.

CHAPITRE IV. – PROTECTION DE L'ENVIRONNEMENT EN ANTARCTIQUE

Art. R. 634-1. – Les articles R. 712-1 à R. 714-2 sont applicables à Wallis-et-Futuna.

CHAPITRE V. – AUTRES DISPOSITIONS

Section I. – Dispositions diverses

(Division créée D. n° 2013-181, 27 févr. 2013)

Art. D. 635-1 *(Mod., D. n° 2023-387, 22 mai 2023).* – Sont applicables à Wallis-et-Futuna les articles D. 213-84 à D. 213-91 et D. 229-1 à D. 229-4.

Art. R. 635-1-1 *(D. n° 2014-483, 13 mai 2014 ; à compter du 1er juillet 2017, D. n° 2017-848, 9 mai 2017* (1)*).* – La sous-section 1 de la section 1 du chapitre IX du titre Ier du livre II est applicable à Wallis-et-Futuna.

Les sous-sections 3 à 5 de la section 4 du chapitre II du titre Ier du livre IV sont applicables à Wallis-et-Futuna. *(D. n° 2022-1186, 25 août 2022)* Les dispositions du chapitre VII du titre IX du livre V sont applicables à Wallis-et-Futuna dans leur rédaction résultant du décret n° 2022-1186 du 25 août 2022.

(1) Dispositions applicables à Wallis-et-Futuna et dans les Terres australes et antarctiques françaises, D. n° 2017-848, 9 mai 2017, art. 4, I.

Art. R. 635-1-2 *(D. n° 2014-483, 13 mai 2014).* – La collectivité de Wallis-et-Futuna crée un conseil maritime ultramarin pour les espaces maritimes et littoraux sous juridiction française, selon les procédures qui lui sont propres.

Art. R. 635-1-3 *(D. n° 2014-483, 13 mai 2014).* – La collectivité de Wallis-et-Futuna élabore un document stratégique de bassin maritime selon les procédures qui lui sont propres.

Section II. – Commerce international d'espèces de faune et de flore menacées d'extinction

(D. n° 2013-181, 27 févr. 2013)

Voir : annotations sous art. R. 624-2, p. 3081.

Art. R. 635-2 *(D. n° 2013-181, 27 févr. 2013).* – I. – Sauf dérogations prévues par la convention sur le commerce international des espèces de faune et de flore sauvages menacées d'extinction du 3 mars 1973, sont soumises à autorisation l'exportation, la réexportation, l'importation et l'introduction en provenance de la mer de tout ou partie d'animaux et de leurs produits ainsi que de tout ou partie de végétaux et de leurs produits relevant des stipulations de cette convention.

Cette autorisation est délivrée préalablement à chaque envoi de spécimens transportés ensemble et faisant partie d'un même chargement vers un destinataire unique.

Elle prend la forme :

1° D'un permis d'exportation, qui doit être présenté lors de la sortie du territoire d'un spécimen d'une espèce inscrite aux annexes I, II ou III de la convention sur le commerce international des espèces de faune et de flore sauvages menacées d'extinction ;

2° D'un certificat de réexportation, qui doit être présenté lors de la sortie du territoire d'un spécimen préalablement introduit, d'une espèce inscrite aux annexes I, II ou III de cette même convention sur le commerce international des espèces de faune et de flore sauvages menacées d'extinction ;

3° D'un permis d'importation, qui doit être présenté, simultanément avec le permis d'exportation ou le certificat de réexportation correspondant délivré par les autorités compétentes du pays de provenance, pour l'entrée sur le territoire d'un spécimen d'une espèce inscrite à l'annexe I ou II de cette même convention ;

4° D'un certificat d'introduction en provenance de la mer, pour l'introduction en provenance de la mer d'un spécimen d'une espèce inscrite à l'annexe I ou II de cette même convention.

II. – Dans le cas particulier d'animaux de compagnie, de spécimens présentés en expositions itinérantes ou de spécimens accompagnés d'un document douanier d'admission temporaire, appartenant à une espèce inscrite aux annexes I, II ou III de cette même convention, l'autorisation peut prendre la forme respectivement d'un certificat de propriété, d'un certificat pour exposition itinérante ou d'un certificat pour collection d'échantillons. Ce certificat doit être présenté lors de l'entrée et de la sortie du territoire en remplacement du permis ou certificat prévu au point I du présent article.

Art. R. 635-3 *(D. n° 2013-181, 27 févr. 2013).* – Pour obtenir l'autorisation prévue à l'article R. 635-2, le demandeur doit établir l'origine licite du spécimen faisant l'objet de sa demande.

La demande d'autorisation comporte à cet effet :

- les noms et adresses complets de l'exportateur et de l'importateur ;
- le nom scientifique de l'espèce ou de la sous-espèce à laquelle appartient le spécimen ;
- la description précise du spécimen, y compris de sa marque d'identification, le cas échéant ;
- l'origine du spécimen, sa provenance, son ancienneté éventuelle et son mode d'obtention ;
- le nombre ou la quantité de spécimens faisant l'objet de la demande ;
- la finalité de l'opération envisagée ;
- la copie du permis d'exportation ou du certificat de réexportation délivré pour l'expédition considérée par les autorités compétentes du pays de provenance, le cas échéant.

Art. R. 635-4 *(D. n° 2013-181, 27 févr. 2013).* – L'autorisation prévue à l'article R. 635-2 est délivrée par l'administrateur supérieur du territoire des îles Wallis-et-Futuna après avis, lorsque celui-ci est requis par la convention sur le commerce international des espèces de faune et de flore sauvages menacées d'extinction, de l'autorité scientifique désignée par arrêté conjoint des ministres chargés de la protection de la nature et de l'outre-mer.

Délivrée pour une durée limitée, elle peut être assortie de conditions particulières à l'espèce considérée ou à l'utilisation prévue.

Elle est individuelle et incessible.

Art. R. 635-5 *(D. n° 2013-181, 27 févr. 2013)*. – L'autorisation mentionnée à l'article R. 635-2 ne peut être délivrée que si les conditions fixées par la convention sur le commerce international des espèces de faune et de flore sauvages menacées d'extinction sont remplies.

Pour l'importation d'un spécimen d'une espèce inscrite à l'annexe II de cette convention, l'autorisation ne peut être délivrée que si :

– l'opération envisagée ne nuit pas à l'état de conservation de l'espèce considérée ;

– dans le cas d'un animal vivant, le destinataire dispose des compétences et installations adéquates pour le conserver et le traiter avec soin.

Art. R. 635-6 *(D. n° 2013-181, 27 févr. 2013)*. – Si les conditions dont est assortie une autorisation ne sont pas respectées, celle-ci peut être suspendue ou retirée, le bénéficiaire entendu.

Art. R. 635-7 *(D. n° 2013-181, 27 févr. 2013)*. – Outre à celui des documents d'accompagnement prévus par la convention sur le commerce international des espèces de faune et de flore sauvages menacées d'extinction, les animaux et les végétaux ou leurs parties ou produits relevant de cette convention peuvent être soumis à un contrôle de leur identité spécifique, de leurs caractéristiques physiques ou biologiques et du caractère licite de leur origine, sans préjudice de l'application des dispositions législatives ou réglementaires en vigueur relatives à la santé, à la sécurité publiques ou à la surveillance sanitaire des animaux et des végétaux et à la protection des animaux.

TITRE IV. – DISPOSITIONS APPLICABLES DANS LES TERRES AUSTRALES ET ANTARCTIQUES FRANÇAISES

CHAPITRE Ier. – DISPOSITIONS GÉNÉRALES

Art. R. 641-1. – Les articles R. 122-1 à R. 122-10 et R. 122-12 à R. 122-16 sont applicables aux Terres australes et antarctiques françaises, sauf en ce qui concerne la zone où s'appliquent les dispositions du livre VII.

Art. R. 641-2. – Les articles R. 142-1 à R. 142-9 sont applicables aux Terres australes et antarctiques françaises dès lors que l'association de protection de l'environnement est agréée dans un cadre national.

Art. D. 641-3 *(Mod., D. n° 2023-387, 22 mai 2023)*. – Sont applicables aux Terres australes et antarctiques françaises les articles D. 133-31 à D. 133-34 et les articles D. 213-84 à D. 213-91.

CHAPITRE II. – MILIEUX PHYSIQUES

Section I. – Eau et milieux aquatiques

Art. R. 642-1. – Les articles R. 218-1 et D. 218-4 à R. 218-12 sont applicables aux Terres australes et antarctiques françaises.

Art. R. 642-2. – Dans les Terres australes et antarctiques françaises, les pouvoirs conférés par les articles R. 218-1 et D. 218-4 à R. 218-12 au préfet maritime sont exercés par le représentant de l'État en mer cité à l'article 1er du décret n° 2005-1514 du 6 décembre 2005 relatif à l'organisation outre-mer de l'action de l'État en mer, dans les limites de sa zone de compétence.

Les pouvoirs prévus aux articles R. 218-1 et D. 218-4 à R. 218-12 autres que ceux conférés au préfet maritime sont exercés par le représentant de l'État dans les Terres australes et antarctiques françaises.

Art. R. 642-2-1 *(D. n° 2014-483, 13 mai 2014).* – La sous-section 1 de la section 1 du chapitre IX du titre Ier du livre II est applicable aux Terres australes et antarctiques françaises.

Section II. – Air et atmosphère

Art. D. 642-3. – Les articles D. 229-1 à D. 229-4 sont applicables aux Terres australes et antarctiques françaises.

CHAPITRE III. – ESPACES NATURELS

Art. R. 643-1. – I. – Les articles R. 332-1, R. 332-9 à R. 332-29, R. 332-68 à R. 332-81 et R. 334-1 à R. 334-38, à l'exception du 2° de l'article R. 334-29 et de l'article R. 334-30, sont applicables dans les Terres australes et antarctiques françaises.

(D. n° 2017-244, 27 févr. 2017) Les articles R. 332-9, R. 332-13, R. 332-22, R. 332-26 et R. 332-27 sont applicables dans leur rédaction résultant du décret n° 2017-244 du 27 février 2017 portant diverses dispositions relatives aux parcs nationaux et aux réserves naturelles.

II. – Les pouvoirs dévolus au préfet par les dispositions mentionnées au I sont exercés par l'administrateur supérieur.

Art. R. 643-2. – Pour l'application aux Terres australes et antarctiques françaises de l'article R. 332-9, les mots : « , modifié s'il y a lieu pour tenir compte des résultats de l'enquête et des consultations, » sont supprimés.

Art. R. 643-3. – Pour l'application aux Terres australes et antarctiques françaises de l'article R. 332-14, les mots : « d'enquête et » sont supprimés.

CHAPITRE IV. – FAUNE ET FLORE

Art. R. 644-1 *(Mod., D. n° 2015-1787, 28 déc. 2015 ; D. n° 2017-848, 9 mai 2017, D. n° 2017-1522, 2 nov. 2017 ; D. n° 2018-1180, 19 déc. 2018).* – I. – Les articles R. 411-15 à R. 411-21, R. 412-1 à D. 412-41 et R. 413-1 à R. 413-51 et D. 416-1 à D. 416-8 sont applicables dans les Terres australes et antarctiques françaises.

Les articles R. 411-15 à R. 411-21 sont applicables dans les Terres australes et antarctiques françaises dans leur rédaction résultant du décret n° 2018-1180 du 19 décembre 2018.

L'article R. 413-20 est applicable aux Terres australes et antarctiques françaises dans sa rédaction issue du décret n° 2017-1522 du 2 novembre 2017.

II. – Les pouvoirs dévolus au préfet par les dispositions mentionnées au I sont exercés par l'administrateur supérieur.

Art. R. 644-2. – I. – La liste prévue au 1° de l'article L. 411-2 des espèces animales non domestiques et des espèces végétales non cultivées qui font l'objet des interdictions définies à l'article L. 411-1 est établie par arrêtés conjoints du ministre chargé de la protection de la nature et du ministre chargé de l'agriculture ou, lorsqu'il s'agit d'espèces marines, du ministre chargé des pêches maritimes.

Ces arrêtés sont pris après avis du Conseil national de la protection de la nature. Ils sont publiés au *Journal officiel* de la République française.

II. – Pour chaque espèce, les arrêtés mentionnés au I précisent :

1° La nature des interdictions mentionnées à l'article L. 411-1 qui sont applicables ;

2° La durée de ces interdictions, les parties du territoire et les périodes de l'année où elles s'appliquent.

Art. R. 644-3. – Sont considérées comme espèces animales non domestiques celles qui n'ont pas subi de modification par sélection de la part de l'homme.

Sont considérées comme des espèces végétales non cultivées celles qui ne sont ni semées ni plantées à des fins agricoles ou forestières.

Art. R. 644-4. – Les autorisations de prélèvement, de capture, de destruction, de transport ou d'utilisation à des fins scientifiques d'animaux ou de végétaux appartenant à une espèce protégée au titre de l'article L. 411-1 et les autorisations de naturalisation ou d'exposition d'animaux naturalisés appartenant à de telles espèces protégées sont délivrées par le préfet, administrateur supérieur, sauf dans le cas mentionné à l'article R. 644-5.

Art. R. 644-5. – Les autorisations exceptionnelles de prélèvement, de capture, de destruction ou de transport en vue d'une réintroduction dans la nature, à des fins scientifiques, d'animaux appartenant à une espèce protégée au titre de l'article L. 411-1 sont délivrées par le ministre chargé de la protection de la nature lorsqu'elles concernent des opérations conduites par des personnes morales placées sous la tutelle ou le contrôle de l'État, dont les attributions ou les activités s'exercent au plan national.

Lorsqu'elles concernent des espèces marines, ces autorisations sont délivrées par décision conjointe du ministre chargé de la protection de la nature et du ministre chargé des pêches maritimes.

Art. R. 644-6. – Les autorisations mentionnées aux articles R. 644-4 et R. 644-5 peuvent être accordées :

1° Soit à titre permanent à des établissements publics ou privés qui se livrent à des recherches scientifiques ou à la constitution de collections d'intérêt national ;

2° Soit pour une durée limitée, sauf renouvellement sur demande du bénéficiaire, à d'autres personnes morales ou à des personnes physiques.

Art. R. 644-7. – Les autorisations mentionnées aux articles R. 644-4 et R. 644-5 sont incessibles. Elles peuvent être assorties de conditions relatives aux modes de capture ou de prélèvement et d'utilisation des animaux ou végétaux concernés. Elles peuvent être subordonnées à la tenue d'un registre.

Art. R. 644-8. – Les autorisations mentionnées aux articles R. 644-4 et R. 644-5 peuvent être suspendues ou révoquées, le bénéficiaire entendu, si les conditions fixées ne sont pas respectées.

Art. R. 644-9. – Des arrêtés des ministres concernés fixent la forme de la demande à présenter pour obtenir une autorisation, ainsi que celle de l'autorisation.

Art. R. 644-10. – Les dispositions des articles R. 644-2 à R. 644-9 s'appliquent à la capture temporaire d'animaux protégés en vertu du présent chapitre et du chapitre Ier du titre Ier du livre IV, en vue de leur baguage ou de leur marquage à des fins scientifiques.

Art. R. 644-11 *(Créé, D. n° 2018-1180, 19 déc. 2018)*. – I. – Pour l'application du premier alinéa du I de l'article R. 411-16 et du premier alinéa du IV de l'article R. 411-17-7 :

1° Lorsque le biotope ou l'habitat naturel protégé est situé sur le territoire de l'île Saint-Paul, de l'île Amsterdam, de l'archipel Crozet, de l'archipel Kerguelen ou de la terre Adélie, les mots : « conseil scientifique régional du patrimoine naturel, de la commission départementale de la nature, des paysages et des sites et des communes sur le territoire desquelles le biotope protégé est situé » sont remplacés par les mots : « conseil national de la protection de la nature et du comité de l'environnement polaire » ;

2° Lorsque le biotope ou l'habitat naturel protégé est situé sur le territoire des îles Bassas da India, Europa, Glorieuses, Juan da Nova ou Tromelin, les mots : « conseil scientifique régional du patrimoine naturel, de la commission départementale de la nature, des paysages et des sites et des communes sur le territoire desquelles le biotope protégé est situé » sont remplacés par les mots : « conseil national de la protection de la nature ».

II. – Les consultations prévues au deuxième alinéa du I de l'article R. 411-16 et au deuxième alinéa du IV de l'article R. 411-17-7 ne sont pas requises.

CHAPITRE V. – PROTECTION DE L'ENVIRONNEMENT EN ANTARCTIQUE

Art. R. 645-1. – Les articles R. 712-1 à R. 714-2 sont applicables dans les Terres australes et antarctiques françaises.

CHAPITRE VI. – PRÉVENTION DES POLLUTIONS, DES RISQUES ET DES NUISANCES

(D. n° 2022-1186, 25 août 2022)

Art. R. 646-1 *(D. n° 2022-1186, 25 août 2022)*. – Les dispositions du chapitre VII du titre IX du livre V sont applicables dans les Terres australes et antarctiques françaises dans leur rédaction résultant du décret n° 2022-1186 du 25 août 2022.

TITRE V. – DISPOSITIONS APPLICABLES À MAYOTTE (1)

Art. R. 650-1 *(Mod., D. n° 2007-1467, 12 oct. 2007 ; mod. à compter du 31 mars 2011, L. n° 2010-1487, 7 déc. 2010 puis D. n° 2015-1676, 15 déc. 2015 ; mod., D. n° 2019-913, 30 août 2019)*. – I. – Pour l'application du présent code [au] Département de Mayotte :

1° Les références au département, au département d'outre-mer ou à la région sont remplacées par la référence au département de Mayotte ;

2° La référence aux conseils généraux ou au conseil régional est remplacée par la référence au conseil général de Mayotte ;

3° Les mots : « président du conseil régional » sont remplacés par les mots : « président du conseil général » ;

4° Les mots : « représentant de l'État dans le département », « préfet », « préfet de région » ou « préfet coordonnateur de bassin » sont remplacés par les mots : « représentant de l'État à Mayotte » ;

5° Les mots : « préfet maritime » sont remplacés par les mots : « représentant de l'État en mer » ;

6° La référence à la direction départementale de l'agriculture et de la forêt ou à la direction régionale de l'agriculture et de la forêt est remplacée par la référence à la direction de l'agriculture et de la forêt ;

7° La référence à la direction départementale de l'équipement est remplacée par la référence à la direction de l'équipement ;

8° Les mots : « administrateur des affaires maritimes » sont remplacés par les mots : « chef du service des affaires maritimes » ;

9° *(Abrogé)* ;

10° Les mots : « cour d'appel » sont remplacés par les mots : « chambre d'appel de Mamoudzou » ;

11° La référence au conseil départemental de l'environnement, des risques sanitaires et technologiques est remplacée par la référence au conseil d'hygiène de Mayotte.

II. – Les références à des dispositions non applicables dans la collectivité sont remplacées par les références aux dispositions ayant le même objet applicables localement.

III. – Dans le cas où il n'existe pas d'administrateurs des affaires maritimes, d'officiers de port ou d'officiers de port adjoints, les pouvoirs qui leur sont dévolus par le présent code sont exercés par le représentant de l'État ou par l'un de ses délégués.

IV. – Les dispositions des actes communautaires auxquelles il est fait référence dans le présent code sont applicables à Mayotte en tant qu'elles sont nécessaires à la mise en œuvre dans la collectivité départementale des dispositions du présent code.

V. – Pour l'application à Mayotte des dispositions prévoyant une transmission de pièces ou une communication d'informations à la Commission européenne ou aux États membres de l'Union européenne, ces pièces sont

(1) Concernant les changements de dénomination des institutions judiciaires à compter du 1er avril 2011 : V. D. n° 2011-338, 29 mars 2011, art. 17 et 18, I. – NDLR.

communiquées au ministre chargé de l'environnement lorsqu'il n'en est pas détenteur. Ce dernier décide, en accord avec le ministre chargé de l'outre-mer, s'il y a lieu de les adresser à la Commission européenne et aux États membres.

NB : Conformément à l'article 36 du décret n° 2019-913 du 30 août 2019, ces dispositions entrent en vigueur le 1er janvier 2020.

CHAPITRE Ier. – DISPOSITIONS COMMUNES

Art. R. 651-1 *(Mod. à compter du 31 mars 2011, L. n° 2010-1487, 7 déc. 2010 puis D. n° 2015-1676, 15 déc. 2015)*. – Le livre Ier est applicable [au] Département de Mayotte à l'exception des articles R. 122-1 à R. 122-17, R. 125-1 à R. 125-8, R. 126-1 à R. 126-4, R. 141-12, R. 141-13, R. 151-1 à D. 151-3.

Section I. – Information et participation des citoyens

Art. R. 651-2. – Les modalités d'application des dispositions relatives aux études d'impact prévues à la section 1 du chapitre II du titre II du livre Ier sont précisées par l'arrêté du représentant de l'État à Mayotte prévu au I de l'article L. 651-5.

Art. R. 651-3 *(Mod., D. n° 2017-626, 25 avr. 2017)*. – I. – Les conditions particulières d'application des articles R. 122-18 à R. 122-23 sont précisées par arrêté du représentant de l'État à Mayotte, en tant que de besoin, pour chacune des catégories de plans ou de documents qui doivent faire l'objet d'une évaluation environnementale en application de l'article L. 122-4 et du II de l'article L. 651-5.

Pour l'application à Mayotte des articles R. 122-18, R. 122-19 et R. 122-20, la référence à l'article R. 122-17 est remplacée par la référence à l'arrêté du représentant de l'État pris en application du II de l'article L. 651-5.

II. – Pour l'application à Mayotte de l'article R. 122-19, le II est rédigé comme suit :

« II. – L'"autorité environnementale" (1) mentionnée à l'article L. 122-7 est le représentant de l'État à Mayotte. Toutefois, pour les plans et documents dont l'approbation relève d'un ministre ou du Premier ministre, cette autorité est le ministre chargé de l'environnement. »

Art. R. 651-4. – Pour l'application à Mayotte des dispositions de la partie réglementaire du présent code prévoyant une enquête publique cette formalité est remplacée par la mise à disposition du public du dossier prévue à l'article L. 651-3.

Lorsque, en application de ce même article, le représentant de l'État décide de remplacer la mise à disposition par une enquête publique, cette enquête est menée dans les conditions définies aux articles R. 123-3 à R. 123-46, sous réserve des adaptations et dispositions particulières prévues au présent titre.

Art. R. 651-5. – I. – Pour l'application à Mayotte de l'article R. 123-3, les mots : « entrant dans le champ d'application défini aux articles R. 123-1 et R. 123-2 » sont remplacés par les mots : « pour lesquelles le représentant de l'État en a décidé ainsi ».

II. – Pour l'application à Mayotte de l'article R. 123-13, les mots : « par les articles R. 122-1 à R. 122-16 » sont remplacés par les mots : « par l'arrêté du représentant de l'État à Mayotte prévu à l'article L. 651-5 ».

Section II. – Institutions

Art. R. 651-6 *(Mod., D. n° 2007-443, 25 mars 2007 ; mod. à compter du 1er janvier 2017, D. n° 2016-1842, 26 déc. 2016 ; mod. à compter du 1er janvier 2020, D. n° 2019-1580, 31 déc. 2019)*. – I. – Une commission consultative de l'environnement et de la protection du patrimoine à Mayotte est placée auprès du représentant de l'État. Outre des représentants des services de l'État et des collectivités territoriales, elle comprend notamment des représentants des associations ayant pour objet la protection de la nature et de l'environnement et des personnalités qualifiées dans ce domaine. La composition, la durée des mandats et les règles de fonctionnement de la commission consultative sont fixées par arrêté du représentant de l'État.

(1) Dispositions transitoires et particulières : V. D. n° 2011-2019, 29 déc. 2011, art. 13.

La commission consultative peut constituer en son sein des formations spécialisées pour exercer les compétences définies au présent article.

II. – Pour l'application des dispositions du présent code, la commission consultative de l'environnement et de la protection du patrimoine à Mayotte exerce les compétences :

1° *(Mod., D. n° 2022-969, 1er juill. 2022)* Du directeur des Outre-mer de l'Office français de la biodiversité ;

2° De la commission technique départementale de la pêche ;

3° De la commission départementale de la chasse et de la faune sauvage ;

4° De la commission prévue à l'article L. 341-16 ;

5° De la commission du milieu naturel aquatique de bassin prévue à l'article L. 433-1.

III. – Le représentant de l'État peut consulter la commission sur les mesures tendant à :

1° Préserver et développer la faune et la flore sauvages ainsi que leurs habitats terrestres et marins ;

2° Préserver et améliorer les paysages et le cadre de vie ;

3° Améliorer la protection des espaces naturels et le maintien des équilibres biologiques auxquels ils participent ;

4° Favoriser la gestion des ressources cynégétiques et piscicoles dans le respect des intérêts écologiques, économiques et sociaux.

Art. R. 651-7. – À Mayotte, les compétences de la délégation de l'agence de l'environnement et de la maîtrise de l'énergie prévue aux articles L. 131-3 et R. 131-16 à R. 131-20 sont confiées à la délégation régionale de l'agence à La Réunion.

Section III. – Associations de protection de l'environnement

Art. R. 651-8. – Pour l'application à Mayotte du 5° de l'article R. 141-5, les mots : « départemental, interdépartemental, régional » sont remplacés par le mot : « territorial ».

Art. R. 651-9. – Pour l'application à Mayotte de l'article R. 141-9 au premier alinéa, les mots : « le directeur régional de l'environnement ainsi que les services déconcentrés intéressés » sont remplacés par les mots : « les services locaux intéressés ».

Art. R. 651-10. – La décision en matière d'agrément est de la compétence du représentant de l'État à Mayotte.

CHAPITRE II. – MILIEUX PHYSIQUES

Art. R. 652-1 *(Mod. à compter du 31 mars 2011, L. n° 2010-1487, 7 déc. 2010 puis D. n° 2015-1676, 15 déc. 2015)*. – Le livre II est applicable [au] Département de Mayotte, à l'exception des articles R. 213-17 à R. 213-48, R. 214-4 et des articles R. 224-42 à R. 224-47.

Section I. – Eau et milieux aquatiques

Art. R. 652-2 à R. 652-5 (1) *(Abr., D. n° 2017-401, 27 mars 2017)*.

Art. R. 652-6 *(Mod., D. n° 2017-401, 27 mars 2017)*. – Le comité de l'eau et de la biodiversité est associé à la mise en place de structures administratives qui se révéleraient nécessaires et, s'il y a lieu, sur l'élaboration des adaptations facilitant l'application des dispositions des chapitres Ier à IV, VI et VII du titre Ier du livre II du présent code.

Il peut être consulté soit par un ministre intéressé, soit par le représentant de l'État sur la gestion de l'eau en période de crise.

Art. R. 652-7 à R. 652-10 *(Abr., D. n° 2017-401, 27 mars 2017)*.

(1) Les comités de bassin sont maintenus dans leur composition au 24 septembre 2009 jusqu'au prochain renouvellement de leurs membres et au plus tard jusqu'au 1er janvier 2011, D. n° 2009-1140, 22 sept. 2009, art. 3.

Art. R. 652-10-1 *(Abr., D. n° 2014-1671, 30 déc. 2014).*

Art. R. 652-11. – Les articles R. 211-75 à R. 211-98 ne sont applicables à Mayotte qu'à compter du 1er janvier 2015.

Art. R. 652-12 *(Mod. à compter du 1er janvier 2015, D. n° 2014-1635, 26 déc. 2014).* – Pour l'application à Mayotte des articles R. 211-96 à R. 211-98 et de l'article R. 211-101 :

1° Le second alinéa de l'article R. 211-96 est supprimé ;

2° Le II de l'article R. 211-97 est supprimé.

Art. R. 652-12-1 *(D. n° 2007-1467, 12 oct. 2007).* – Pour l'élaboration du premier schéma directeur d'aménagement et de gestion des eaux de Mayotte, au premier alinéa de l'article R. 212-6, les mots : « trois ans » sont remplacés par les mots : « deux ans » et, au deuxième alinéa, les mots : « deux ans » sont remplacés par les mots : « dix-huit mois ».

Art. R. 652-13. – Les articles R. 213-59 à R. 213-71 sont applicables à l'office de l'eau de Mayotte après leur adaptation à la situation particulière de la collectivité par un décret en Conseil d'État.

Art. R. 652-14. – Pour l'application à Mayotte de l'article R. 214-1, le représentant de l'État peut compléter la nomenclature des opérations soumises à autorisation ou à déclaration ou fixer des seuils plus contraignants, en vue notamment de protéger de la pollution les eaux du lagon, le littoral et le récif corallien.

Art. R. 652-15 *(Rempl. à compter du 1er mars 2017, D. n° 2017-81, 26 janv. 2017 ; mod., D. n° 2020-844, 3 juill. 2020).* – Pour l'application à Mayotte du 5° de l'article R. 181-13, les références aux articles R. 122-2 et R. 122-3-1 sont remplacées par les mots : « en application de l'arrêté du représentant de l'État à Mayotte prévu à l'article L. 651-5 ».

Art. R. 652-16 et R. 652-17 *(Abr. à compter du 1er janvier 2015, D. n° 2014-1635, 26 déc. 2014).*

Art. R. 652-18 *(Mod. à compter du 31 mars 2011, L. n° 2010-1487, 7 déc. 2010 puis D. n° 2015-1676, 15 déc. 2015 ; mod., D. n° 2015-1789, 28 déc. 2015).* – À Mayotte, les pouvoirs conférés par les articles R. 218-1 et D. 218-4 à R. 218-11 au préfet maritime sont exercés par le représentant de l'État en mer mentionné à l'article 1er du décret n° 2005-1514 du 6 décembre 2005 relatif à l'organisation outre-mer de l'action de l'État en mer, dans les limites de sa zone de compétence.

Les pouvoirs prévus aux articles R. 218-6 et R. 218-9 autres que ceux conférés au préfet maritime sont exercés, selon le cas, par le représentant de l'État ou par celui [du] territoriale ou du groupement de collectivités territoriales compétent en matière portuaire.

Section II – Air et atmosphère

Art. R. 652-19. – Les articles R. 221-2 à R. 221-15 sont applicables à Mayotte dès la mise en place d'un système de surveillance de la qualité de l'air ou au plus tard le 31 décembre 2009.

Art. R. 652-20 *(Abr., D. n° 2014-813, 17 juill. 2014).*

Art. R. 652-21. – Les articles R. 229-5 à R. 229-44 sont applicables à Mayotte à compter du 1er janvier 2013.

CHAPITRE III. – ESPACES NATURELS

Art. R. 653-1 *(Mod. à compter du 31 mars 2011, L. n° 2010-1487, 7 déc. 2010 puis D. n° 2015-1676, 15 déc. 2015).* – Le livre III est applicable [au] Département de Mayotte à l'exception des articles R. 321-3, R. 321-5 à D. 321-15 et R. 332-30 à R. 332-67.

Art. R. 653-2. – Pour son application à Mayotte, l'article R. 321-2 est complété par les mots : « et au chapitre II du titre Ier du livre VII ».

Art. R. 653-3. – Les dispositions relatives au chapitre particulier du plan d'aménagement et de développement durable de Mayotte valant schéma de mise en valeur de la mer sont énoncées à la sous-section 6 de la section 2 du chapitre Ier du titre VI du livre Ier de la sixième partie du Code général des collectivités territoriales.

Art. R. 653-4. – Pour l'application à Mayotte de l'article R. 322-16, après les mots : « Code forestier » sont insérés les mots : « applicable à Mayotte ».

Art. R. 653-5. – Pour l'application à Mayotte de l'article R. 331-14, les 17° à 19° sont remplacés par les dispositions suivantes :

« 17° Le schéma d'aménagement touristique de Mayotte prévu à l'article L. 163-3 du Code du tourisme ;

18° Le chapitre particulier du plan d'aménagement et de développement durable de Mayotte valant schéma de mise en valeur de la mer, prévu à l'article LO 6161-42 du Code général des collectivités territoriales. »

Art. R. 653-6 *(Abr. à compter du 1er janvier 2015, D. n° 2014-1635, 26 déc. 2014).*

Art. R. 653-7. – Pour l'application à Mayotte de l'article R. 341-14, les mots : « l'article 17 de la loi du 2 mai 1930 relative à la protection des monuments naturels et des sites à caractère artistique, historique, scientifique, légendaire ou pittoresque avant son abrogation » sont remplacés par les mots : « la loi n° 56-1106 du 3 novembre 1956 ayant pour objet, dans les territoires relevant du ministère de la France d'outre-mer, la protection des monuments naturels, des sites et des monuments de caractère historique, scientifique, artistique ou pittoresque, le classement des objets historiques, scientifiques ou ethnographiques et la réglementation des fouilles ».

CHAPITRE IV. – FAUNE ET FLORE

Art. R. 654-1 *(Mod. à compter du 31 mars 2011, L. n° 2010-1487, 7 déc. 2010 puis D. n° 2015-1676, 15 déc. 2015).* – Le livre IV est applicable [au] Département de Mayotte à l'exception des articles R. 411-6 à R. 411-9, R. 414-1 à R. 414-24, R. 421-30, R. 427-15, D. 436-1, R. 436-2, R. 436-4, R. 436-6 à R. 436-38 et R. 436-40 à R. 436-68.

Section I. – Protection de la faune et de la flore

Art. R. 654-2. – Les autorisations de prélèvement, de capture, de destruction, de transport ou d'utilisation à des fins scientifiques d'animaux ou de végétaux appartenant à une espèce protégée au titre de l'article L. 411-1 et les autorisations de naturalisation ou d'exposition d'animaux naturalisés appartenant à de telles espèces protégées sont délivrées par le représentant de l'État à Mayotte, sauf dans le cas mentionné à l'article R. 654-3.

Art. R. 654-3. – Les autorisations exceptionnelles de prélèvement, de capture, de destruction ou de transport en vue d'une réintroduction dans la nature, à des fins scientifiques, d'animaux appartenant à une espèce protégée au titre de l'article L. 411-1, sont délivrées par le ministre chargé de la protection de la nature lorsqu'elles concernent des opérations conduites par des personnes morales placées sous la tutelle ou le contrôle de l'État, dont les attributions ou les activités s'exercent au plan national.

Lorsqu'elles concernent des espèces marines, ces autorisations sont délivrées par décision conjointe du ministre chargé de la protection de la nature et du ministre chargé des pêches maritimes.

Art. R. 654-4. – Les autorisations mentionnées aux articles R. 654-2 et R. 654-3 peuvent être accordées :

1° Soit à titre permanent à des établissements publics ou privés qui se livrent à des recherches scientifiques ou à la constitution de collections d'intérêt national ;

2° Soit pour une durée limitée, sauf renouvellement sur demande du bénéficiaire, à d'autres personnes morales ou à des personnes physiques.

Art. R. 654-5. – Pour l'application à Mayotte du chapitre Ier du titre Ier du livre IV, la référence à l'article R. 411-6 est remplacée par la référence à l'article R. 654-2 et la référence à l'article R. 411-8 est remplacée par la référence à l'article R. 654-3.

Art. R. 654-5-1 *(Créé, D. n° 2018-1180, 19 déc. 2018)*. – I. – Pour l'application à Mayotte du deuxième alinéa du I de l'article R. 411-16, les mots : « de la délégation régionale du centre national de la propriété forestière » sont supprimés.

II. – Pour l'application à Mayotte du deuxième alinéa du IV de l'article R. 411-17-7, les mots : « de la délégation régionale du centre national de la propriété forestière » sont supprimés.

Art. R. 654-6. – Pour l'application à Mayotte de l'article R. 411-26, les mots : « la direction régionale de l'environnement » sont remplacés par les mots : « la préfecture ou tout autre service de l'État ayant reçu compétence de la part du représentant de l'État ».

Art. R. 654-7. – Au regard des intérêts mentionnés à l'article L. 110-1 et compte tenu des particularités locales, le représentant de l'État peut, après avis de la commission consultative de l'environnement et de la protection du patrimoine à Mayotte, prendre des arrêtés destinés à :

1° Compléter la liste prévue par l'article R. 411-1 ;

2° Délivrer les autorisations mentionnées au 4° de l'article L. 411-2 ;

3° Compléter les réglementations nationales prévues par les articles R. 411-18 à R. 411-21 ;

4° Compléter la liste prévue par l'article L. 412-1 ;

5° Compléter la liste prévue par l'article R. 412-8.

Art. R. 654-8. – Sont punies des peines prévues à l'article R. 415-2 les infractions aux dispositions des arrêtés pris en application du 3° de l'article R. 654-7 lorsqu'ils complètent les réglementations nationales prévues aux articles R. 411-19 à R. 411-21.

Sont punies des peines prévues à l'article R. 415-3 les infractions aux dispositions des arrêtés pris en application du 5° de l'article R. 654-7.

Art. R. 654-9. – Pour l'application à Mayotte de l'article R. 413-10, après les mots : « Saint-Pierre-et-Miquelon » sont ajoutés les mots : « ni à Mayotte ».

Section II – Chasse

Art. R. 654-10. – Le représentant de l'État prend les arrêtés prévus par les articles R. 424-14 à R. 424-16, R. 425-1, R 425-5, R. 425-6, R. 425-8, R. 427-6, R. 427-14 à R. 427-18.

Il prononce l'homologation prévue à l'article R. 427-14.

Art. R. 654-11. – Pour l'application à Mayotte de l'article R. 422-81, après les mots : « La Réunion », sont ajoutés les mots : « ainsi qu'à Mayotte ».

Art. R. 654-12. – À Mayotte, la période d'ouverture générale de la chasse doit être comprise entre le 1er mai et le 30 septembre.

Art. R. 654-13. – Par dérogation aux dispositions du premier alinéa de l'article R. 427-21, la période de destruction à tir des animaux *(Mot rempl., D. n° 2018-530, 28 juin 2018)* « susceptibles d'occasionner des dégâts » doit être comprise entre la date de clôture générale de la chasse et le 31 décembre de la même année.

Section III – Pêche en eau douce et gestion des ressources piscicoles

Art. R. 654-14. – I. – Le représentant de l'État :

1° Est le destinataire des informations et comptes rendus prévus par l'article R. 432-9 ;

2° Fixe la forme et le contenu des demandes d'autorisation prévues par l'article R. 432-6.

II. – La liste mentionnée à l'article R. 432-6 et les autorisations prévues par ce même article sont établies après avis de la commission consultative de l'environnement et de la protection du patrimoine à Mayotte.

Art. R. 654-15 *(Abr. à compter du 1er janvier 2008, D. n° 2007-1357, 14 sept. 2007)* (1).

Art. R. 654-16. – **Est puni de l'amende prévue pour les contraventions de la 3e classe le fait de ne pas respecter les prescriptions fixées par le représentant de l'État, en application de l'article L. 654-7, concernant les conditions d'exercice du droit de pêche.** (2)

CHAPITRE V. – PRÉVENTION DES POLLUTIONS, DES RISQUES ET DES NUISANCES

Art. R. 655-1 *(D. n° 2007-1467, 12 oct. 2007 ; mod., D. n° 2007-1869, 26 déc. 2007* (3) *; mod. à compter du 12 juillet 2011, D. n° 2011-828, 11 juill. 2011 ; mod. à compter du 31 mars 2011, L. n° 2010-1487, 7 déc. 2010 puis D. n° 2015-1676, 15 déc. 2015).* – **Le livre V est applicable [au] Département de Mayotte à l'exception du III de l'article R. 543-171 et des trois derniers alinéas de l'article R. 543-157.**

Section I. – Installations classées pour la protection de l'environnement

(D. n° 2007-1467, 12 oct. 2007)

Art. R. 655-2 *(D. n° 2007-1467, 12 oct. 2007).* – **Les alinéas 4 à 8 de l'article R. 512-4 ne sont applicables à Mayotte qu'à compter du 1er janvier 2013.**

Art. R. 655-3 *(D. n° 2007-1467, 12 oct. 2007 ; mod., D. n° 2011-2018, 29 déc. 2011* (4) *; mod. à compter du 1er mars 2017, D. n° 2017-81, 26 janv. 2017).* – **Lorsque le représentant de l'État décide d'organiser une enquête publique relative à une demande d'autorisation d'installation classée, cette enquête se déroule selon la procédure prévue à la section 2 du chapitre III du titre II du livre Ier et aux articles L. 181-10 et R. 181-36.**

Art. R. 655-4 *(D. n° 2007-1467, 12 oct. 2007 ; mod., D. n° 2010-368, 13 avr. 2010).* – **Pour l'application de l'article R. 512-39-5 à Mayotte, les mots : « avant le 1er octobre 2005 » sont remplacés par les mots : « avant le 1er septembre 2007 ».**

Art. R. 655-5 *(D. n° 2007-1467, 12 oct. 2007).* – **Les articles R. 515-39 à R. 515-51 ne sont applicables à Mayotte qu'à compter du 1er janvier 2010.**

Section II. – Produits chimiques et biocides

(D. n° 2007-1467, 12 oct. 2007)

Art. R. 655-6 *(D. n° 2007-1467, 12 oct. 2007).* – **Pour l'application à Mayotte de l'article R. 521-11, ne sont pas soumises à l'interdiction posée par cet article :**

1° Jusqu'au 1er janvier 2009, l'aldrine et les préparations contenant cette substance lorsque ces produits sont destinés à être utilisés pour la protection du bois dans des installations déclarées ou autorisées au titre de la rubrique 2415 de la nomenclature des installations classées pour la protection de l'environnement ;

2° Jusqu'au 1er juillet 2009, les spécialités commerciales à base d'aldrine ou de dieldrine lorsqu'elles sont *destinées au traitement termiticide* **des maçonneries et des sols autour des constructions et à la condition, en outre, qu'il en soit seulement fait usage en dehors des périmètres de protection des captages d'eau destinés à l'alimentation humaine. L'utilisateur de ces spécialités avise le représentant de l'État, sept jours au moins avant son intervention, du lieu de l'opération projetée, de la nature des spécialités à employer et d'une estimation des**

(1) Dispositions transitoires : V. D. n° 2007-1357, 14 sept. 2007, art. 2, II.
(2) L'ancien article R. 263-17 dont sont issues les présentes dispositions prévoyait une contravention de 2e classe. – NDLR.
(3) Dispositions applicables à Mayotte, D. n° 2007-1869, 26 déc. 2007, art. 5.
(4) Dispositions applicables aux enquêtes publiques dont l'arrêté d'ouverture et d'organisation est publié à compter du 1er juin 2012, D. n° 2011-2018, 29 déc. 2011, art. 17.

quantités de produit à mettre en œuvre ; il lui notifie, en outre, dans un délai de quinze jours après son intervention, la déclaration des quantités de produits effectivement utilisées.

Pour l'application à Mayotte de l'article R. 521-12, la date du 4 avril 1994 est remplacée par la date du 1er janvier 2009 et la date du 4 octobre 1994 est remplacée par la date du 1er juillet 2009.

Section III. – Organismes génétiquement modifiés

(D. n° 2007-1467, 12 oct. 2007)

Art. R. 655-7 *(D. n° 2007-1467, 12 oct. 2007).* – Pour l'application à Mayotte des articles R. 533-31, R. 533-34 et R. 533-41, les références aux objections d'un État membre ou de la Commission sont supprimées.

Section IV. – Déchets

(D. n° 2007-1467, 12 oct. 2007)

Art. R. 655-8 *(Rempl., D. n° 2016-811, 17 juin 2016).* – Pour le Département de Mayotte, les objectifs de limite de capacités annuelles d'élimination par stockage et d'élimination par incinération des déchets fixés au I et au II de l'article R. 541-17 sont reportés de 10 ans et les termes ci-après sont remplacés comme suit :

1° « 50 % » par : « 80 % » ;

2° « 70 % » par : « 85 % » ;

3° « 75 % » par : « 85 % ».

Art. R. 655-9 et R. 655-10 *(Abr., D. n° 2016-811, 17 juin 2016).*

Art. R. 655-11 et R. 655-12 *(Abr. à compter du 12 juillet 2011, D. n° 2011-828, 11 juill. 2011).*

Art. R. 655-13 à R. 655-14-2 *(Abr., D. n° 2016-811, 17 juin 2016).*

Art. R. 655-14 *(Abr., D. n° 2016-811, 17 juin 2016).*

Art. R. 655-14-1 *(Abr., D. n° 2016-811, 17 juin 2016).*

Art. R. 655-15 *(D. n° 2007-1467, 12 oct. 2007 ; mod. à compter du 31 mars 2011, L. n° 2010-1487, 7 déc. 2010).* – Sur la base des déclarations prévues à l'article R. 543-26, le représentant de l'État à Mayotte établit un inventaire des appareils répertoriés qui est adressé, avant le 1er janvier 2008, à l'Agence de l'environnement et de la maîtrise de l'énergie aux fins de compléter l'inventaire national. Le ministre de la Défense transmet également dans le même délai à cette dernière l'inventaire qu'il a dressé.

Sur la base de cet inventaire, le représentant de l'État élabore un projet de plan de décontamination et d'élimination des appareils contenant des PCB inventoriés dans la Département de Mayotte. Ce plan comporte les informations mentionnées à l'article R. 543-30. Il est mis à la disposition du public, pendant une durée d'un mois, dans les conditions définies par l'arrêté prévu à l'article L. 651-3.

Le projet de plan est adressé au ministre chargé de l'environnement avant le 1er juillet 2008.

Il est soumis pour avis au « Conseil supérieur de la prévention des risques technologiques » (1).

Le plan est approuvé par arrêté des ministres chargés de l'environnement et de l'outre-mer, après avis des ministres intéressés.

Pour l'application à Mayotte des articles R. 543-20 à R. 543-31, les références au plan national de *décontamination et d'élimination des appareils contenant* des PCB sont remplacées par la référence au plan prévu au présent article.

(1) Les comités de bassin sont maintenus dans leur composition au 24 septembre 2009 jusqu'au prochain renouvellement de leurs membres et au plus tard jusqu'au 1er janvier 2011, D. n° 2009-1140, 22 sept. 2009, art. 3.

Art. R. 655-16 *(D. n° 2007-1467, 12 oct. 2007).* – L'article R. 543-124 n'est applicable à Mayotte qu'à compter du 1er janvier 2008.

Pour l'application à Mayotte de l'article R. 543-125, la date du 1er janvier 1999 est remplacée par la date du 1er janvier 2007.

Art. R. 655-17 *(D. n° 2007-1467, 12 oct. 2007).* – Pour l'application à Mayotte de l'article R. 543-151, les mots : « au 1er juillet 2004 dans un délai de cinq ans » sont remplacés par les mots : « au 1er juillet 2007 dans un délai de deux ans ».

Art. R. 655-18 *(D. n° 2007-1467, 12 oct. 2007).* – Pour l'application à Mayotte de l'article R. 543-160, au début du deuxième alinéa sont insérés les mots : « Au plus tard le 1er janvier 2013 » et, au troisième alinéa la date du 1er janvier 2015 est remplacée par la date du 1er janvier 2020.

Art. R. 655-19 *(D. n° 2007-1467, 12 oct. 2007).* – Pour l'application à Mayotte des articles R. 543-177, R. 543-178, R. 543-195, R. 543-198, R. 543-199 et R. 543-205, la date du 13 août 2005 est remplacée par la date du 1er janvier 2008.

Pour l'application à Mayotte de l'article R. 543-204, la date du 1er juillet 2006 est remplacée par la date du 1er juillet 2008.

Section V. – Prévention des risques naturels

(D. n° 2007-1467, 12 oct. 2007)

Art. R. 655-20 *(Abr. à compter du 1er janvier 2015, D. n° 2014-1635, 26 déc. 2014).*

Section VI. – Prévention des nuisances sonores

(D. n° 2007-1467, 12 oct. 2007)

Art. R. 655-21 *(D. n° 2007-1467, 12 oct. 2007).* – Pour l'application à Mayotte des articles R. 571-44 à R. 571-52, ne sont concernées que :

1° *(Mod. à compter du 1er janvier 2015, D. n° 2014-1635, 26 déc. 2014)* Les infrastructures nouvelles et les modifications ou transformations significatives d'une infrastructure existante, dont l'acte décidant la mise à disposition du public ou l'ouverture d'une enquête publique en application du Code de l'expropriation pour cause d'utilité publique ou des articles R. 123-3 à R. 123-46 ou l'acte prorogeant les effets d'une déclaration d'utilité publique, est postérieur de plus de six mois à la date d'entrée en vigueur à Mayotte de l'arrêté mentionné à l'article R. 571-47 ;

2° Lorsqu'elles ne font pas l'objet d'une mise à disposition du public ou d'une enquête publique, les modifications ou transformations significatives d'une infrastructure existante, dont le début des travaux est postérieur de plus de six mois à la même date.

Art. R. 655-22 *(D. n° 2007-1467, 12 oct. 2007).* – Pour l'application à Mayotte de l'article R. 571-43, par dérogation à l'arrêté prévu à l'article R. 571-34, le représentant de l'État détermine l'isolement acoustique qu'il est possible de mettre en œuvre, compte tenu des contraintes climatiques et eu égard au classement des infrastructures de transports terrestres, ainsi qu'à la nature et au positionnement des bâtiments soumis à permis de construire.

CHAPITRE VI. – PROTECTION DE L'ENVIRONNEMENT EN ANTARCTIQUE

Art. R. 656-1 *(Mod. à compter du 31 mars 2011, L. n° 2010-1487, 7 déc. 2010 puis D. n° 2015-1676, 15 déc. 2015).* – Le livre VII est applicable [au] Département de Mayotte.

TITRE VI. – DISPOSITIONS APPLICABLES À SAINT-MARTIN

(D. n° 2009-650, 9 juin 2009)

Art. R. 661-1 *(Rempl., D. n° 2015-1676, 15 déc. 2015)*. – Pour l'application du présent code à Saint-Martin :

1° Les références au département, au département d'outre-mer ou à la région sont remplacées par la référence à la collectivité d'outre-mer de Saint-Martin ;

2° Les références aux conseils généraux ou au conseil régional sont remplacées par la référence au conseil territorial de Saint-Martin ;

3° Les mots : « président du conseil régional » et « président du conseil général » sont remplacés par les mots : « président du conseil territorial » ;

4° Les mots : « représentant de l'État dans le département », « préfet », « préfet de région » ou « préfet coordonnateur de bassin » sont remplacés par les mots : « représentant de l'État » ;

5° Les mots : « commission départementale de la nature, des paysages et des sites » sont remplacés par les mots : « commission territoriale de la nature, des paysages et des sites » ;

6° *(6° créé, D. n° 2018-1180, 19 déc. 2018)* Les mots : « Conseil scientifique régional du patrimoine naturel » sont remplacés par les mots : « Conseil scientifique territorial du patrimoine naturel ».

Art. R. 661-1-1 *(D. n° 2015-1676, 15 déc. 2015)*. – Pour l'application des articles R. 341-16 à R. 341-25 à Saint-Martin, les mots : « commission départementale » sont remplacés par les mots : « commission territoriale ».

Art. R. 661-2 *(D. n° 2009-650, 9 juin 2009)*. – Pour l'application de l'article R. 341-16 à Saint-Martin :

1° Dans le II, le 5° est supprimé ;

2° Dans le III, le mot : « départemental » est remplacé par le mot : « territorial ».

Art. R. 661-3 *(D. n° 2009-650, 9 juin 2009)*. – Pour l'application de l'article R. 341-17 à Saint-Martin, le 2° est ainsi rédigé :

« 2° Un collège de représentants élus de la collectivité ; »

Art. R. 661-4 *(D. n° 2009-650, 9 juin 2009)*. – Pour l'application de l'article R. 341-20 à Saint-Martin, le deuxième alinéa est supprimé.

Art. R. 661-5 *(D. n° 2009-650, 9 juin 2009)*. – Pour l'application de l'article R. 341-21 à Saint-Martin, le troisième alinéa est supprimé.

Art. R. 661-6 *(D. n° 2009-650, 9 juin 2009)*. – Pour l'application du présent code à Saint-Martin, l'article R. 341-22 est supprimé.

Art. R. 661-7 *(D. n° 2009-650, 9 juin 2009)*. – Pour l'application de l'article 341-23 à Saint-Martin, le deuxième alinéa est ainsi rédigé :

« Les membres du quatrième collège sont des représentants des exploitants de carrières et des utilisateurs de matériaux de carrières. »,

et le troisième alinéa est supprimé.

Art. R. 661-8 *(D. n° 2009-650, 9 juin 2009)*. – Pour l'application de l'article R. 341-25 à Saint-Martin, le quatrième alinéa est ainsi rédigé :

« Les services de l'État intéressés par une décision soumise pour avis à la commission ou à l'une de ses formations spécialisées et qui n'y sont ni présents ni représentés sont entendus à leur demande. »

Art. R. 661-8-1 *(Créé, D. n° 2018-1180, 19 déc. 2018)*. – I. – Pour l'application à Saint-Martin du deuxième alinéa du I de l'article R. 411-16, les mots : « de la délégation régionale du centre national de la propriété forestière » sont supprimés.

II. – Pour l'application à Saint-Martin du deuxième alinéa du IV de l'article R. 411-17-7, les mots : « de la délégation régionale du centre national de la propriété forestière » sont supprimés.

Art. R. 661-9 *(Rempl., D. n° 2016-811, 17 juin 2016)*. – Pour Saint-Martin, les objectifs de limite de capacités annuelles d'élimination par stockage et d'élimination par incinération des déchets fixés au I et au II de l'article R. 541-17 sont reportés de 10 ans et les termes ci-après sont remplacés comme suit :

1° « 50 % » par : « 80 % » ;

2° « 70 % » par : « 85 % » ;

3° « 75 % » par : « 85 % ».

Art. R. 661-10 *(Créé à compter du 1er janvier 2023, D. n° 2022-1546, 8 déc. 2022)*. – Pour l'application de l'article R. 123-25 à Saint-Martin, les références aux articles L. 1612-16 et L. 1612-15 du Code général des collectivités territoriales sont remplacées par les références aux articles LO 6362-14 et LO 6362-13 du même code.

Art. R. 661-11 *(D. n° 2023-881, 15 sept. 2023)*. – Pour l'application des dispositions de la sous-section 1 du chapitre V du titre II du livre 1er, les références à des dispositions qui ne sont pas applicables sont remplacées par les références aux dispositions ayant le même objet applicables localement.

TITRE VII. – DISPOSITIONS APPLICABLES À SAINT-PIERRE-ET-MIQUELON

(D. n° 2015-1676, 15 déc. 2015)

Art. R. 671-1 *(D. n° 2015-1676, 15 déc. 2015)*. – Pour l'application du présent code à Saint-Pierre-et-Miquelon :

1° Les références au département, au département d'outre-mer ou à la région sont remplacées par la référence à la collectivité d'outre-mer de Saint-Pierre-et-Miquelon ;

2° Les références aux conseils généraux ou au conseil régional sont remplacées par la référence au conseil territorial de Saint-Pierre-et-Miquelon ;

3° Les mots : « président du conseil régional » et « président du conseil général » sont remplacés par les mots : « président du conseil territorial » ;

4° Les mots : « représentant de l'État dans le département », « préfet », « préfet de région » ou « préfet coordonnateur de bassin » sont remplacés par les mots : « représentant de l'État » ;

5° Les mots : « commission départementale de la nature, des paysages et des sites » sont remplacés par les mots : « commission territoriale de la nature, des paysages et des sites ».

Art. R. 671-2 *(Créé, D. n° 2018-1180, 19 déc. 2018)*. – I. – Pour l'application à Saint-Pierre-et-Miquelon de l'article R. 411-16, le deuxième alinéa du I est ainsi rédigé : « l'avis de la chambre d'agriculture, de commerce, d'industrie, de métiers et de l'artisanat est également recueilli lorsque les mesures définies par cet arrêté affectent les intérêts dont elle a la charge ».

II. – Pour l'application à Saint-Pierre-et-Miquelon de l'article R. 411-17-7, le deuxième alinéa du IV est ainsi rédigé : « l'avis de la chambre d'agriculture, de commerce, d'industrie, de métiers et de l'artisanat est également recueilli lorsque les mesures définies par cet arrêté affectent les intérêts dont elle a la charge ».

Art. R. 671-3 *(Créé à compter du 1er janvier 2023, D. n° 2022-1546, 8 déc. 2022)*. – Pour l'application de l'article R. 123-25 à Saint-Pierre-et-Miquelon, les références aux articles L. 1612-16 et L. 1612-15 sont remplacées par les références aux articles LO 6471-17 et LO 6471-16 du même code.

TITRE VIII. – DISPOSITIONS APPLICABLES EN GUYANE ET EN MARTINIQUE

(D. n° 2015-1676, 15 déc. 2015)

Art. R. 681-1 *(Créé à compter de la date de la première réunion suivant la première élection de l'assemblée de Guyane et de l'assemblée de Martinique, D. n° 2015-1676, 15 déc. 2015)*. – Pour l'application du présent code en Guyane et en Martinique :

1° Les références au département, au département d'outre-mer ou à la région sont remplacées par la référence aux collectivités territoriales de Guyane ou de Martinique ;

2° Les références aux conseils généraux ou au conseil régional sont remplacées par la référence à l'assemblée de Guyane ou à l'assemblée de Martinique ;

3° Les mots : « président du conseil régional » et « président du conseil général » sont remplacés par les mots : « président de l'assemblée de Guyane » ou par les mots : « président du conseil exécutif de Martinique » pour les compétences dévolues à l'autorité exécutive de la collectivité et par les mots : « président de l'assemblée de Martinique » pour les compétences dévolues à la présidence de l'assemblée délibérante ;

4° Les mots : « représentant de l'État dans le département », « préfet », « préfet de la région » ou « préfet coordonnateur de bassin » sont remplacés par les mots : « représentant de l'État » ;

5° Les mots : « commission départementale de la nature, des paysages et des sites » sont remplacés par les mots : « commission territoriale de la nature des paysages et des sites ».

LIVRE VII

PROTECTION DE L'ENVIRONNEMENT EN ANTARCTIQUE

(D. n° 2005-403, 28 avr. 2005) (1) (2)

TITRE UNIQUE. – MISE EN ŒUVRE DU PROTOCOLE DU TRAITÉ DE L'ANTARCTIQUE RELATIF À LA PROTECTION DE L'ENVIRONNEMENT, SIGNÉ À MADRID LE 4 OCTOBRE 1991 (3)

CHAPITRE Ier. – DISPOSITIONS COMMUNES

Le présent chapitre ne comporte pas de dispositions réglementaires.

CHAPITRE II. – DÉCLARATION ET AUTORISATION

Section 1. – Autorités compétentes

Art. R. 712-1 *(D. n° 2005-403, 28 avr. 2005)* (1) (2). – **I. – L'administrateur supérieur des Terres australes et antarctiques françaises statue sur les demandes d'autorisation d'activités en Antarctique présentées en application du I de l'article L. 712-1, incluant les demandes de permis présentées au titre des annexes du protocole de Madrid du 4 octobre 1991** (4)**, après avis, sauf cas d'urgence, du comité de l'environnement polaire. Dans le cas où il souhaite s'écarter de cet avis, il transmet la demande au ministre chargé de l'environnement qui prend la décision.**

II. – L'administrateur supérieur des Terres australes et antarctiques françaises est destinataire des déclarations relatives aux autres activités faites en application du II de l'article L. 712-1.

Art. R. 712-2 *(D. n° 2005-403, 28 avr. 2005)* (1) (2). – **L'administrateur supérieur des Terres australes et antarctiques françaises assure la surveillance des activités conformément aux stipulations du 2 de l'article 3 du protocole de Madrid du 4 octobre 1991 et du 2 de l'article 2 de son annexe I** (4)**. À ce titre, il définit, après avis du comité de l'environnement polaire, les indicateurs fondamentaux de l'environnement dont il fait usage en application du 1 de l'article 5 de l'annexe I de ce protocole pour vérifier l'impact sur l'environnement de toute**

(1) Dispositions d'application transitoires : V. D. n° 2005-403, 28 avr. 2005, art. 3.

(2) Dispositions applicables en Polynésie française, à Wallis-et-Futuna, dans les Terres australes et antarctiques françaises et à Mayotte, D. n° 2005-403, 28 avr. 2005, art. 2.

(3) V. Traité 1er déc. 1959 publié par D. n° 61-1300, 30 nov. 1961 et Prot. 4 oct. 1991 publié par D. n° 98-861, 18 sept. 1998. - NDLR.

(4) V. Prot. 4 oct. 1991 publié par D. n° 98-861, 18 sept. 1998. – NDLR.

activité entreprise après une évaluation globale d'impact. Il réalise les évaluations et fournit les informations mentionnées au 2 du même article.

Section 2 – Activités soumises à déclaration

Art. R. 712-3 *(D. n° 2005-403, 28 avr. 2005)* (1) (2). – I. – Sont soumises aux dispositions du II de l'article L. 712-1 les activités, notamment celles qui ont un objet de recherche scientifique, organisées en Antarctique qui, ayant sur l'environnement un impact moindre que mineur ou transitoire, figurent sur une liste établie par arrêté conjoint des ministres chargés de l'environnement, de la recherche et de l'outre-mer (3). La liste ne peut comprendre que des activités ne comportant pas :

1° De création d'une installation fixe et de modification d'une installation existante ;

2° D'introduction en Antarctique de faune, de flore et plus généralement de tous organismes ou micro-organismes

3° De travaux modifiant l'état des lieux ;

4° D'usage d'engins terrestres motorisés sur le continent, les îles et les plates-formes glaciaires ;

5° De prise de faune et de flore au sens du g de l'article 1er de l'annexe II du protocole de Madrid du 4 octobre 1991 (4) ;

6° De pénétration dans une zone spécialement protégée de l'Antarctique, au sens de l'annexe V du protocole de Madrid du 4 octobre 1991.

II. – Ces activités sont dispensées d'une évaluation d'impact sur l'environnement. Leur exercice s'accompagne cependant de mesures permettant de garantir la protection de l'environnement.

Art. R. 712-4 *(D. n° 2005-403, 28 avr. 2005)* (1) (2). – I. – Le dossier joint à la déclaration préalable prévue au II de l'article L. 712-1 à laquelle est subordonnée la mise en œuvre des activités mentionnées à l'article R. 712-3 comprend :

1° Le nom, la raison sociale, l'adresse et toutes références pertinentes de la personne responsable de l'activité envisagée ;

2° Une attestation du pétitionnaire désignant le responsable de la conduite de l'expédition ;

3° La description de l'activité et les équipements et matériels nécessaires pour réaliser les objectifs de l'expédition, en précisant la localisation, le calendrier et les modalités de son déroulement ;

4° L'acte par lequel la personne responsable de la conduite de l'expédition s'engage à rendre compte du déroulement de l'activité à l'administrateur supérieur des Terres australes et antarctiques françaises et à l'informer de tous incidents ;

5° La description des dispositions prévues pour la gestion des déchets en conformité avec l'annexe III du protocole de Madrid du 4 octobre 1991 (4) ;

6° Une attestation d'assurance couvrant la responsabilité civile de la personne responsable de l'activité, délivrée par une compagnie d'assurances, ou une déclaration attestant d'une garantie équivalente de l'État ;

7° Les descriptions des mesures prévues pour assurer la protection de l'environnement.

II. – Un arrêté conjoint des ministres chargés de l'environnement, de la recherche et de l'outre-mer peut préciser la composition du dossier de déclaration d'activité définie au présent article.

Art. R. 712-5 *(D. n° 2005-403, 28 avr. 2005)* (1) (2). – La déclaration est adressée à l'administrateur supérieur des Terres australes et antarctiques françaises par tout moyen donnant date certaine à cette déclaration, quatre mois au moins avant la date prévue pour le commencement de l'activité.

Art. R. 712-6 *(D. n° 2005-403, 28 avr. 2005)* (1) (2). – Dans un délai de deux mois suivant la réception d'un dossier de déclaration complet, l'administrateur supérieur des Terres australes et antarctiques françaises peut s'opposer à l'exercice de l'activité par décision motivée.

---

(1) Dispositions d'application transitoires : V. D. n° 2005-403, 28 avr. 2005, art. 3.

(2) Dispositions applicables en Polynésie française, à Wallis-et-Futuna, dans les Terres australes et antarctiques françaises et à Mayotte, D. n° 2005-403, 28 avr. 2005, art. 2.

(3) V. T. appl. : A. 23 mai 2006 (*JO* 3 juin 2006) puis A. 29 janv. 2009 (*JO* 27 févr. 2009). – NDLR.

(4) V. Prot. 4 oct. 1991 publié par D. n° 98-861, 18 sept. 1998. – NDLR.

Art. R. 712-7 *(D. n° 2005-403, 28 avr. 2005)* (1) (2). – La personne responsable de la conduite de l'expédition informe sans délai l'administrateur supérieur des Terres australes et antarctiques françaises de toute modification affectant le déroulement de l'activité.

Art. R. 712-8 *(D. n° 2005-403, 28 avr. 2005)* (1) (2). – L'administrateur des Terres australes et antarctiques françaises communique les déclarations d'activité au ministre des Affaires étrangères qui en informe les autres parties au traité sur l'Antarctique. Les déclarations sont mises à la disposition du public au moyen d'un avis publié une fois par an au *Journal officiel* de la République française et par tous autres moyens appropriés.

Section 3. – Activités soumises à autorisation

Art. R. 712-9 *(D. n° 2005-403, 28 avr. 2005)* (1) (2). – Les dispositions de la présente section s'appliquent à la délivrance des autorisations prévues au I de l'article L. 712-1 qui incluent :

1° Les autorisations de prise de faune ou de flore au sens de l'article 1er de l'annexe II du protocole de Madrid du 4 octobre 1991 (3) ;

2° Les autorisations de pénétration dans une zone spécialement protégée de l'Antarctique au sens de l'annexe V du protocole de Madrid du 4 octobre 1991.

Art. R. 712-10 *(D. n° 2005-403, 28 avr. 2005* (1) (2) *; mod., D. n° 2005-935, 2 août 2005)*. – I. – Le dossier joint à la demande d'autorisation comprend les documents suivants :

1° Le nom, la raison sociale, l'adresse et toutes références pertinentes de la personne, physique ou morale, responsable de l'activité envisagée ;

2° Une attestation du demandeur désignant le responsable de la conduite de l'expédition ;

3° Une évaluation préliminaire ou, en cas d'impact plus que mineur ou transitoire de l'activité sur l'environnement, un projet d'évaluation globale d'impact répondant aux exigences des stipulations selon le cas du 1 de l'article 2 ou du 2 de l'article 3 de l'annexe I du protocole de Madrid du 4 octobre 1991 (3) ;

4° L'acte par lequel la personne désignée comme responsable de la conduite de l'expédition s'engage à rendre compte du déroulement de l'activité à l'administrateur supérieur des Terres australes et antarctiques françaises et à l'informer de tous incidents ;

5° La description des mesures prévues pour la gestion des déchets en conformité avec l'annexe III du protocole de Madrid du 4 octobre 1991 ;

6° Un plan d'urgence prévoyant les mesures susceptibles d'être prises pour la protection de l'environnement en cas d'incident ;

7° Une attestation d'assurance couvrant la responsabilité civile de la personne responsable de l'activité, délivrée par une compagnie d'assurances, ou une déclaration attestant d'une garantie équivalente de l'État.

II. – Un arrêté conjoint des ministres chargés de l'environnement, de la recherche et de l'outre-mer peut préciser la composition du dossier de demande d'autorisation définie au présent article.

Art. R. 712-11 *(D. n° 2005-403, 28 avr. 2005)* (1) (2). – La demande est adressée à l'administrateur supérieur des Terres australes et antarctiques françaises par tout moyen donnant date certaine à la demande, cinq mois au moins avant la date prévue pour le commencement de l'activité.

En cas de réalisation d'un projet d'évaluation globale d'impact, le délai est porté à un an avant la date prévue pour le commencement de l'activité.

Art. R. 712-12 *(D. n° 2005-403, 28 avr. 2005)* (1) (2). – Lorsqu'une demande d'autorisation est accompagnée d'une évaluation préliminaire d'impact sur l'environnement, le comité de l'environnement polaire donne son avis dans un délai de deux mois.

(1) Dispositions d'application transitoires : V. D. n° 2005-403, 28 avr. 2005, art. 3.

(2) Dispositions applicables en Polynésie française, à Wallis-et-Futuna, dans les Terres australes et antarctiques françaises et à Mayotte, D. n° 2005-403, 28 avr. 2005, art. 2.

(3) V. Prot. 4 oct. 1991 publié par D. n° 98-861, 18 sept. 1998. – NDLR.

Le silence gardé par l'administration pendant quatre mois à compter de la demande vaut décision implicite de rejet.

L'autorisation peut être délivrée sous réserve de l'observation de prescriptions particulières. Une décision de refus peut être assortie d'une invitation à présenter une nouvelle demande accompagnée d'un projet d'évaluation globale d'impact sur l'environnement.

Art. R. 712-13 *(D. n° 2005-403, 28 avr. 2005)* (1) (2). – I. – Lorsqu'une demande d'autorisation est accompagnée d'un projet d'évaluation globale d'impact sur l'environnement, l'administrateur supérieur des Terres australes et antarctiques françaises met en œuvre les procédures suivantes :

1° Il adresse le dossier de demande d'autorisation pour avis au comité de l'environnement polaire qui se prononce dans un délai de trois mois ;

2° Il met le projet d'évaluation globale d'impact sur l'environnement à la disposition du public par un avis publié au *Journal officiel* de la République française et par tous autres moyens ;

3° Il adresse le projet d'évaluation globale d'impact sur l'environnement au ministre des Affaires étrangères qui le transmet au comité de protection de l'environnement institué par le protocole de Madrid du 4 octobre 1991 (3) et aux autres parties au traité sur l'Antarctique afin d'en permettre l'examen par la réunion consultative du traité sur l'Antarctique dans les conditions prévues aux 3 à 5 de l'article 3 de l'annexe I du protocole de Madrid du 4 octobre 1991 ;

4° Il adresse au pétitionnaire les avis du comité de l'environnement polaire et du comité de protection de l'environnement ainsi que les observations de la réunion consultative du traité sur l'Antarctique. Le pétitionnaire établit une évaluation globale définitive d'impact sur l'environnement en tenant compte de ses avis.

II. – Le silence gardé par l'administration pendant deux mois à compter de la réception de l'évaluation globale définitive d'impact sur l'environnement vaut décision implicite de rejet de la demande d'autorisation.

Art. R. 712-14 *(D. n° 2005-403, 28 avr. 2005)* (1) (2). – L'administrateur supérieur des Terres australes et antarctiques françaises met à la disposition du public par un avis publié au *Journal officiel* de la République française et par tous autres moyens appropriés la décision d'autorisation ainsi que l'évaluation globale définitive d'impact sur l'environnement. Celles-ci sont adressées au ministre des Affaires étrangères qui les transmet aux autres parties au traité sur l'Antarctique.

Section 4 – Cas d'urgence

Art. R. 712-15 *(D. n° 2005-403, 28 avr. 2005)* (1) (2). – Toute personne responsable d'une activité en Antarctique informe dans les meilleurs délais l'administrateur supérieur des Terres australes et antarctiques françaises, qui en avise le ministère des Affaires étrangères, des actions entreprises en cas d'urgence.

Une justification de ces actions est fournie dans un délai de trois mois à l'administrateur des Terres australes et antarctiques françaises, en vue de sa transmission aux autres Parties au traité sur l'Antarctique par les soins du ministre des Affaires étrangères.

Art. R. 712-16 *(Abr., D. n° 2010-7, 5 janv. 2010).*

CHAPITRE III. – CONTRÔLES ET SANCTIONS

Le présent chapitre ne comporte pas de dispositions réglementaires.

(1) Dispositions d'application transitoires : V. D. n° 2005-403, 28 avr. 2005, art. 3.
(2) Dispositions applicables en Polynésie française, à Wallis-et-Futuna, dans les Terres australes et antarctiques françaises et à Mayotte, D. n° 2005-403, 28 avr. 2005, art. 2.
(3) V. Prot. 4 oct. 1991 publié par D. n° 98-861, 18 sept. 1998. – NDLR.

CHAPITRE IV. – ZONES SPÉCIALEMENT PROTÉGÉES ET ZONES GÉRÉES SPÉCIALES DE L'ANTARCTIQUE

Art. R. 714-1 *(D. n° 2005-403, 28 avr. 2005* (1) (2) *; mod., D. n° 2005-935, 2 août 2005).* – Le ministre des Affaires étrangères engage :

1° La procédure de désignation de zones spécialement protégées de l'Antarctique et de publication des plans de gestion de ces zones en application de l'annexe V du protocole de Madrid du 4 octobre 1991 (3), sur proposition du ministre chargé de l'environnement faite après consultation du ministre chargé de la recherche, du comité de l'environnement polaire et, s'il y a lieu, du Conseil national de la protection de la nature ou de son comité permanent ;

2° La procédure de désignation de zones gérées spéciales de l'Antarctique et de publication des plans de gestion de ces zones ainsi que d'inscription de sites ou de monuments sur la liste des sites et monuments historiques en application de l'annexe V du protocole de Madrid du 4 octobre 1991, sur proposition du ministre chargé de l'environnement faite après consultation du comité de l'environnement polaire et, s'il y a lieu, de la Commission supérieure des sites, perspectives et paysages.

Art. R. 714-2 *(D. n° 2005-403, 28 avr. 2005)* (1) (2). – Le ministre des Affaires étrangères publie une fois par an au *Journal officiel* de la République française la liste des zones spécialement protégées de l'Antarctique, des zones gérées spéciales de l'Antarctique et des sites et monuments historiques inscrits ainsi que des plans de gestion adoptés par la réunion consultative du traité sur l'Antarctique. Cette publication mentionne les lieux où peuvent être consultés les documents correspondants.

Voir : par exemple, Décret n° 2012-159 du 30 janvier 2012 portant publication de la Mesure 7 (2011), zone spécialement protégée de l'Antarctique n° 149 (cap Shirreff et île San Telmo, île Livingston, îles Shetland du Sud) (ensemble une annexe), adoptée à Buenos Aires le 1er juillet 2011, plan de gestion révisé (*JO* 2 févr. 2012).

(1) Dispositions d'application transitoires : V. D. n° 2005-403, 28 avr. 2005, art. 3.

(2) Dispositions applicables en Polynésie française, à Wallis-et-Futuna, dans les Terres australes et antarctiques françaises et à Mayotte, D. n° 2005-403, 28 avr. 2005, art. 2.

(3) V. Prot. 4 oct. 1991 publié par D. n° 98-861, 18 sept. 1998. – NDLR.

ANNEXES

Lorsque l'édition 2025 du Code de l'environnement a été lancée, au printemps 2024, il nous a paru indispensable de rajouter au Code de l'environnement commenté les principales dispositions concernant la RSE. En effet, le E de RSE avait connu une floraison de textes qui rendaient essentiels leur publication et leur commentaire à la suite du Code de l'environnement.

Depuis lors, nous assistons à ce qu'il convient d'appeler un *blacklash* ou « retour de bâton » et un mouvement de recul sur tous les sujets environnementaux et en particulier sur le *Green Deal* qui a pourtant irrigué le droit européen et le droit interne depuis plusieurs années. Il n'en demeure pas moins que les textes qui suivent existent, qu'ils pourront sans doute être modifiés, mais qu'il existe un mouvement de fond qui rend absolument incontournable la transformation économique pour répondre au dérèglement climatique et à la perte de biodiversité. Pour s'en convaincre, il suffit de se référer aux deux rapports que le *World Economic Forum* (1) a récemment publiés. Le premier, publié à l'occasion du sommet de Davos de janvier 2025 et qui s'intéresse aux risques planétaires, fait figurer le risque d'événements extrêmes comme le deuxième risque majeur à l'échelle du globe dans les deux ans qui viennent. Mais à 10 ans, les quatre premiers risques planétaires sont environnementaux : événements météorologiques extrêmes, perte de biodiversité et effondrement des écosystèmes, changement critique des systèmes terrestres et enfin pénurie de ressources naturelles. Le second rapport, publié en décembre 2024 et qui s'intéresse au coût de l'inaction, met en lumière tous les intérêts que les entreprises peuvent et doivent trouver à l'investissement dans la lutte contre le dérèglement climatique et surtout l'adaptation. Dès lors, et quelles que soient les résistances, de plus en plus fortes il est vrai, et les soubresauts réglementaires qu'elles induisent, il n'y a en réalité pas de choix.

La présente annexe est divisée en deux parties :

– La première concerne les dispositions de droit interne propres à la France, à savoir la loi Pacte et les sociétés à mission, d'une part, les modalités de calcul et les obligations en termes de bilan carbone, d'autre part.

– La seconde, beaucoup plus abondante, concerne la législation communautaire et les transpositions en droit interne qui en ont résulté. Seront successivement commentés le règlement taxonomie, les obligations d'information des sociétés financières, les obligations d'information en matière de durabilité concernant les entités économiques et en particulier la CSRD, déjà transposée dans le Code de commerce, le devoir de vigilance français et européen et enfin la directive communautaire sur le *greenwashing*.

(1) World Economic Forum, « The Cost of Inaction : A CEO Guide to Navigating Climate Risk », 11 December 2024 ; « Global Risks Report 2025 », 15 January 2025.

ANNEXE 1

DISPOSITIONS SUIVANTES DE LA LOI PACTE (RAISONS D'ÊTRE ET SOCIÉTÉ À MISSIONS)

Bibliographie : N. Jullian, *Sociétés à mission : bientôt 5 ans d'introduction d'une once de non-lucrativité en droit des sociétés : Dr. sociétés* 2024, n° 4, repère 4. • K. Rasolonoromalaza, *Société commerciale de l'ESS, ESUS, B Corp ou société à mission : comment choisir ? : Actes prat. ing. sociétaire* 2023, n° 2, dossier 12. • H. Castelnau, P. Abadie et E. Bely, *La société à mission : risques et opportunités d'un dispositif transformateur : CDE* 2022, n° 3, entretien 3. • H. Castelnau, *Société à mission : Purpose washing ou engagement sincère ? : JCP* G 2022, n° 10, doctr. 337. • B. Teyssié, *Les sociétés à mission : JCP* G 2021, n° 17, doctr. 477. • R. Dalmau, *Les sociétés à mission : quelle nature et quelles sanctions ? : JCP* N 2020, n° 30, 1165. • R. Mortier, *Top départ pour les sociétés à mission ! : Dr. sociétés* 2020, n° 3, comm. 35. • C. Blondel, *Intérêt social élargi, raison d'être et société à mission dans la loi Pacte : la grande illusion ? : Rev. int. Compliance* 2019, n° 04, comm. 142. • A. Reygrobellet, *La qualité de « société à mission » enfin opérationnelle,* La Semaine Juridique Notariale et Immobilière n° 03, 17 janv. 2020, act. 128. • D. Hiez, *Loi n° 2014-856 du 31 juillet 2014. Panorama rétrospectif : 2014-2023 : Actes prat. ing. sociétaire* 2023, n° 2, dossier 6, étude par • A. Rocher, *La normativité des attentes de durabilité des parties prenantes, JCP* E 2024, 1250, n° 36. • M. Larouer, *Les incitations à « rapporter » dans le cadre de la responsabilité sociale des entreprises (RSE) : une fonction de communication primordiale : Énergie - Env. - Infrastr.* 2024, n° 7, dossier 13. • R. Dalmau, *La loi Climat et le droit des sociétés : Actes prat. ing. sociétaire* 2022, n° 186.

Code civil

Art. 1833 *(Mod., L. n° 2019-486, 22 mai 2019).* **– Toute société doit avoir un objet licite et être constituée dans l'intérêt commun des associés.**

La société est gérée dans son intérêt social, en prenant en considération les enjeux sociaux et environnementaux de son activité.

Art. 1834 *(L. n° 78-9, 4 janv. 1978 ; JORF 5 janv. 1978 rectificatif JORF 15 janv., 12 mai 1978, en vigueur le 1er juillet 1978).* **– Les dispositions du présent chapitre sont applicables à toutes les sociétés s'il n'en est autrement disposé par la loi en raison de leur forme ou de leur objet.**

Art. 1835 *(Mod., L. n° 2019-486, 22 mai 2019).* **– Les statuts doivent être établis par écrit. Ils déterminent, outre les apports de chaque associé, la forme, l'objet, l'appellation, le siège social, le capital social, la durée de la société et les modalités de son fonctionnement. Les statuts peuvent préciser une raison d'être, constituée des principes dont la société se dote et pour le respect desquels elle entend affecter des moyens dans la réalisation de son activité.**

Code de commerce

Art. L. 210-10 *(L. n° 2019-486, 22 mai 2019).* **– Une société peut faire publiquement état de la qualité de société à mission lorsque les conditions suivantes sont respectées :**

1° Ses statuts précisent une raison d'être, au sens de l'article 1835 du Code civil ;

2° Ses statuts précisent un ou plusieurs objectifs sociaux et environnementaux que la société se donne pour mission de poursuivre dans le cadre de son activité ;

3° Ses statuts précisent les modalités du suivi de l'exécution de la mission mentionnée au 2°. Ces modalités prévoient qu'un comité de mission, distinct des organes sociaux prévus par le présent livre et devant comporter au

moins un salarié, est chargé exclusivement de ce suivi et présente annuellement un rapport joint au rapport de gestion, mentionné à l'article L. 232-1 du présent code, à l'assemblée chargée de l'approbation des comptes de la société. Ce comité procède à toute vérification qu'il juge opportune et se fait communiquer tout document nécessaire au suivi de l'exécution de la mission ;

4° L'exécution des objectifs sociaux et environnementaux mentionnés au 2° fait l'objet d'une vérification par un organisme tiers indépendant, selon des modalités et une publicité définies par décret en Conseil d'État. Cette vérification donne lieu à un avis joint au rapport mentionné au 3° ;

5° La société déclare sa qualité de société à mission au greffier du tribunal de commerce, qui la publie, sous réserve de la conformité de ses statuts aux conditions mentionnées aux 1° à 3°, au registre du commerce et des sociétés, dans des conditions précisées par décret en Conseil d'État.

Art. L. 210-11 *(L. n° 2019-486, 22 mai 2019).* – Lorsque l'une des conditions mentionnées à l'article L. 210-10 n'est pas respectée, ou lorsque l'avis de l'organisme tiers indépendant conclut qu'un ou plusieurs des objectifs sociaux et environnementaux que la société s'est assignée en application du 2° du même article L. 210-10 ne sont pas respectés, le ministère public ou toute personne intéressée peut saisir le président du tribunal statuant en référé aux fins d'enjoindre, le cas échéant sous astreinte, au représentant légal de la société de supprimer la mention « société à mission » de tous les actes, documents ou supports électroniques émanant de la société.

Art. L. 210-12 *(L. n° 2019-486, 22 mai 2019).* – Une société qui emploie au cours de l'exercice moins de cinquante salariés permanents et dont les statuts remplissent les conditions définies au 1° et 2° de l'article L. 210-10 peut prévoir dans ses statuts qu'un référent de mission se substitue au comité de mission mentionné au 3° du même article L. 210-10. Le référent de mission peut être un salarié de la société, à condition que son contrat de travail corresponde à un emploi effectif.

ANNEXE 2

DISPOSITIONS CODIFIÉES RELATIVES AU BILAN DES ÉMISSIONS DE GES

Code de l'environnement

Art. L. 229-25 *(L. n° 2010-788, 12 juill. 2010 ; mod., L. n° 2010-1563, 16 déc. 2010 ; à compter du 1er janvier 2016, Ord. n° 2015-1737, 24 déc. 2015 ; à compter du 9 novembre 2020, L. n° 2019-1147, 8 nov. 2019).* – I. – Sont tenus d'établir un bilan de leurs émissions de gaz à effet de serre :

1° Les personnes morales de droit privé employant plus de cinq cents personnes ;

2° Dans les régions et départements d'outre-mer, les personnes morales de droit privé employant plus de deux cent cinquante personnes exerçant les activités définies au 1° ;

3° L'État, les régions, les départements, les métropoles, les communautés urbaines, les communautés d'agglomération et les communes ou communautés de communes de plus de 50 000 habitants ainsi que les autres personnes morales de droit public employant plus de deux cent cinquante personnes.

Les personnes mentionnées aux 1° à 3° joignent à ce bilan un plan de transition pour réduire leurs émissions de gaz à effet de serre présentant les objectifs, moyens et actions envisagés à cette fin et, le cas échéant, les actions mises en œuvre lors du précédent bilan.

Ce bilan d'émissions de gaz à effet de serre et ce plan de transition sont rendus publics (1) Ils sont mis à jour tous les quatre ans pour les personnes mentionnées aux 1° et 2° et tous les trois ans pour les personnes mentionnées au 3°.

Les collectivités territoriales et leurs groupements mentionnés au 3° du présent I et couverts par un plan climat-air-énergie territorial prévu à l'article L. 229-26 peuvent intégrer leur bilan d'émissions de gaz à effet de serre et leur plan de transition dans ce plan climat-air-énergie territorial. Dans ce cas, ils sont dispensés des obligations mentionnées au présent article.

(Abr. à compter du 1er janvier 2025, Ord. n° 2023-1142, 6 déc. 2023).

Une méthode d'établissement de ce bilan est mise gratuitement à la disposition des collectivités territoriales et de leurs groupements.

Les bilans des émissions de gaz à effet de serre des personnes mentionnées au 3° portent sur leur patrimoine et sur leurs compétences.

Dans chaque région, le préfet de région et le président du conseil régional sont chargés de coordonner la collecte des données, de réaliser un état des lieux et de vérifier la cohérence des bilans.

II. – Les personnes morales assujetties transmettent par voie électronique à l'autorité administrative les informations relatives à la mise en œuvre de cette obligation.

Les données transmises sont exploitées par l'autorité administrative à des fins d'études statistiques.

(1) Le ministre chargé de l'écologie met, au plus tard le 30 septembre 2011, à la disposition des collectivités territoriales et de leurs groupements la méthode d'établissement du bilan prévue au présent alinéa, D. n° 2011-829, 11 juill. 2011, art. 2.

Un arrêté du ministre chargé de l'environnement détermine les données à renseigner sur la plate-forme informatique mise en place pour assurer cette transmission et, en fonction des catégories d'utilisateurs, les restrictions d'accès nécessaires à la protection de la confidentialité des données (1).

III *(Mod., L. n° 2023-973, 23 oct. 2023)*. – Dans des conditions fixées par décret en Conseil d'État, l'autorité administrative sanctionne les manquements à l'établissement ou à la transmission du bilan des émissions de gaz à effet de serre par une amende n'excédant pas 50 000 €, montant qui ne peut excéder 100 000 € en cas de récidive.

Voir : 1) Sur le bilan d'émissions de gaz à effet de serre (GES) : Rép. min. n° 104894 : *JOAN* Q 21 févr. 2012. ● F.-G. Trébulle, *Entreprise et développement durable* : *JCP* A 2013, n° 17, 1246.

2) Sur la procédure de passation d'un marché G. Llorens, *Critère environnemental et bilan carbone : Environnement* avr. 2013, n° 4, comm. 29. ● P. Devillers, *Précisions sur la légalité de l'emploi des critères environnementaux et sociaux : Contrats-Marchés publ.* 2013, n° 4, comm. 104 (■ CE, 15 févr. 2013, n° 363921, *Sté Derichebourg polyurbaine* : *JurisData* n° 2013-003017).

– D. n° 2011-829, 11 juill. 2011 relatif au bilan des émissions de gaz à effet de serre et au plan climat-énergie territorial ;

– Circ. 21 févr. 2013 relative aux bilans d'émissions de gaz à effet de serre et aux synthèses des actions envisagées à effectuer par les services de l'État ;

– Circ. 23 déc. 2011 relative aux bilans d'émissions de gaz à effet de serre et aux plans climat-énergie territoriaux.

3) Sur le plan climat-air-énergie territorial, *Note du 6 janvier 2017 relative au plan climat-air-énergie territorial, BO de l'Écologie, de l'Énergie, du Developpement durable et de l'Aménagement du territoire*, 25 janv. 2017, n° 2017/1.

1) Les personnes concernées. Cette disposition a pour objectif de généraliser les bilans carbone. Cela s'applique aux pouvoirs adjudicataires conformément à l'article L. 2174-7-2 du Code de la commande publique qui peut exclure de la procédure de passation de marchés publics et aux personnes soumises à l'article L. 2129-25 qui n'ont pas satisfait leurs obligations d'établir un bilan de leurs émissions de gaz à effet de serre. De plus, les collectivités de plus de 50 000 habitants sont également concernées.

2) Ce sont aussi les personnes morales de droit privé comptant plus de 500 salariés en France hors outre-mer qui sont concernées

3) Impact de la performance énergétique des bâtiments sur la légalité d'une décision d'autorisation d'urbanisme commercial. Validité du permis de construire (■ CAA Paris, 4 avr. 2024, n° 22PA00834). Validité d'un refus fondé sur un mauvais bilan (■ CAA Nantes, 6 janv. 2023, n° 21NT02508).

Art. R. 229-46 ***(D. n° 2011-829, 11 juill. 2011 ; mod. à compter du 1er janvier 2016, D. n° 2015-1738, 24 déc. 2015 ; à compter du 4 juillet 2022, D. n° 2022-982, 1er juill. 2022)*. – Les personnes morales de droit privé tenues d'établir un bilan des émissions de gaz à effet de serre sont celles qui ont leur siège en France ou y disposent d'un ou plusieurs établissements stables et qui remplissent la condition d'effectif travaillant en France fixée au 1° ou au 2° de l'article L. 229-25. L'effectif est calculé conformément aux règles prévues à l'article L. 1111-2 du Code du travail.**

Les groupes définis à l'article L. 2331-1 du Code du travail peuvent établir et publier un bilan des émissions de gaz à effet de serre et un plan de transition consolidés pour l'ensemble de leurs entreprises répondant aux conditions définies à l'alinéa précédent.

Le bilan et le plan de transition consolidés valent alors pour ces dernières.

Art. R. 229-47 ***(Mod. à compter du 4 juillet 2022, D. n° 2022-982, 1er juill. 2022 ; à compter du 1er janvier 2025, L. n° 2023-1394, 30 déc. 2023)*. – Le bilan des émissions de gaz à effet de serre prévu à l'article L. 229-25 fournit une évaluation du volume d'émissions de gaz à effet de serre produit par les activités exercées par la personne morale sur le territoire national au cours d'une année. Le volume à évaluer est celui produit au cours de l'année précédant celle où le bilan est établi ou mis à jour ou, à défaut de données disponibles, au cours de la pénultième année. Les émissions sont exprimées en équivalent de tonnes de dioxyde de carbone.**

Le bilan distingue :

1° Les émissions directes, produites par les sources, fixes et mobiles, nécessaires aux activités de la personne morale ;

(1) V. T. appl. : A. 25 janv. 2016 (*JO* 4 févr. 2016). – NDLR.

2° Les émissions indirectes significatives qui découlent des opérations et activités de la personne morale ainsi que, le cas échéant, de l'usage des biens et services qu'elle produit. L'identification et la quantification des émissions indirectes significatives est réalisée selon la méthodologie mentionnée à l'article R. 229-49.

Toutefois, pour les personnes morales de droit privé non soumises aux obligations définies aux articles L. 22-10-36, L. 232-6-3 et L. 233-28-4 du Code de commerce, les émissions indirectes à prendre en compte obligatoirement se limitent aux émissions indirectes associées à la consommation d'électricité, de chaleur ou de vapeur nécessaire aux activités de la personne morale.

Le plan de transition, joint au bilan en application de l'article L. 229-25, décrit les actions mises en œuvre au cours des années suivant le bilan précédant ainsi que les résultats obtenus. Il présente séparément, pour les émissions directes et pour les émissions indirectes, les actions et les moyens que la personne morale envisage de mettre en œuvre au cours des années courant jusqu'à l'établissement de son bilan suivant. Il indique le volume global des réductions d'émissions de gaz à effet de serre attendu pour les émissions directes et indirectes.

Lorsqu'elles transmettent les informations relatives au plan de transition, en application du II de l'article L. 229-25, les personnes morales de droit privé peuvent renvoyer vers la section de leur rapport de gestion ou de leur rapport sur la gestion du groupe prévue aux articles L. 232-6-3 et L. 233-28-4 du Code de commerce, selon le cas, sous réserve que ce plan soit facilement identifiable et comprenne les descriptions mentionnées à l'alinéa précédent spécifiques aux activités exercées sur le territoire national.

Ces dispositions sont bien entendu à rapprocher des nouvelles obligations résultant de la CSRD, qui va se substituer au DPE F et également au plan de vigilance. Elles précisent les conditions d'application ou non du scope 3.

Le plan de transition qui doit être rédigé et jouera bien sûr un rôle central dans le contrôle des moyens mis en œuvre pour réduire les risques réels et potentiels.

Art. R. 229-48 *(Rempl. à compter du 1er janvier 2016, D. n° 2015-1738, 24 déc. 2015).* – Le ministre chargé de l'environnement organise, avec l'appui de l'Agence de l'environnement et de la maîtrise de l'énergie, la publication de toutes les informations nécessaires au respect des exigences mentionnées à l'article R. 229-47.

Art. R. 229-49 *(Mod. à compter du 4 juillet 2022, D. n° 2022-982, 1er juill. 2022).* – Le ministre chargé de l'environnement désigne un organisme d'expertise dénommé « pôle de la coordination nationale » dont il arrête la composition et les modalités de fonctionnement et qui est chargé des missions suivantes :

1° Élaborer la méthodologie à suivre pour l'établissement des bilans des émissions de gaz à effet de serre et des plans de transition, pour les organisations soumises aux obligations prévues par la présente sous-section, permettant d'assurer la cohérence des résultats des bilans. Cette méthodologie fait l'objet d'une publication sur le site du ministère chargé de l'environnement.

2° Déterminer les principes de calcul des équivalents de tonnes de dioxyde de carbone et les facteurs d'émissions qui doivent être utilisés ;

3° Préparer un modèle de présentation du bilan des émissions des gaz à effet de serre, qui est soumis à l'approbation du ministre chargé de l'écologie ;

4° Suivre la mise en œuvre du dispositif des bilans des émissions de gaz à effet de serre et faire des recommandations, le cas échéant, sur l'évolution de ce dispositif.

Art. R. 229-50 *(Rempl. à compter du 4 juillet 2022, D. n° 2022-982, 1er juill. 2022).* – Le préfet de région et le président du conseil régional organisent le suivi des bilans des émissions de gaz à effet de serre établis dans la région.

Ils recensent les bilans publiés et en vérifient la conformité aux exigences prévues à l'article L. 229-25 et à la présente sous-section.

Ils dressent tous les trois ans un état des lieux qui porte sur le nombre d'obligés dans la région, le nombre de bilans publiés, leur conformité aux exigences prévues à l'article L. 229-25 et à la présente sous-section et les difficultés méthodologiques éventuellement rencontrées par les personnes morales dans l'établissement de leur bilan. Ils transmettent cet état des lieux au pôle de la coordination nationale. Ils intègrent les résultats de cet état des lieux dans le rapport d'évaluation prévu à l'article R. 222-6.

Art. R. 229-50-1 *(Mod. à compter du 4 juillet 2022, D. n° 2022-982, 1er juill. 2022).* **– Le non-respect des obligations imposées par les I et II de l'article L. 229-25 est constaté par un agent habilité à cet effet par le préfet de région.**

Lorsqu'un manquement a été constaté, le préfet met en demeure l'auteur de ce manquement de satisfaire à son obligation dans un délai qu'il détermine.

Lorsqu'à l'expiration du délai imparti l'intéressé n'a pas satisfait à son obligation, le préfet de région peut ordonner le paiement de l'amende prévue à l'article L. 229-25. Le montant de l'amende est recouvré comme une créance étrangère à l'impôt et au domaine.

Le préfet de région peut en outre décider de rendre publique cette sanction.

Voir : Note du 11 mai 2016 relative aux évolutions de la réglementation sur les bilans d'émission de gaz à effet de serre en application de la loi de transition énergétique pour la croissance verte qui vise à informer les préfets de région des principales modifications apportées à la réglementation sur les bilans d'émission de gaz à effet de serre suite à l'adoption de la loi relative à la transition énergétique pour la croissance verte. Les annexes sont destinées à informer les services concernés et à leur proposer une procédure harmonisée pour la mise en œuvre du suivi des bilans.

ANNEXE 3

TAXONOMIE

Bibliographie : *La finance au service du climat* : *BJB* mars 2021, n° 119n7, p. 38. • *Le rôle de la finance dans la lutte contre le réchauffement climatique* : *RLDA* 2021. • Th. Cremers, *La contribution du droit des marchés financiers à l'évolution vers une société plus durable, application à la relation des entreprises d'investissement avec leurs clients* : *RD&A* 2022, n° 19, 1. • Th. Bonneau, *Comment orienter les investisseurs vers la finance verte ?* : *RD&A* 2022, n° 19, 12. • F. Julien, *La finance verte : les prêts verts ou liés au développement durable (sustainability linked loan)* : *RD bancaire et fin.* 2022, n° 5, dossier 44. • A. Vermersch, *La taxonomie verte, un levier financier de la transition écologique des entreprises* : *RD&A* 2022, n° 19, 4. • J.-M. Moulin, *Taxinomie des activités économiques durables sur le plan environnemental : 50 nuances de vert* : *RD bancaire et fin.* 2022, n° 3, comm. 110. • A. Quiquerez, *Les stratégies juridiques ESG dans le capital-investissement* : *JCP A* 2024, n° 36, 1251.

Droit européen. J.-M. Moulin, *Adoption du règlement « Taxinomie »* : *RD bancaire et fin.* 2020, n° 5, comm. 121. • R. Feldman, *Le règlement de l'UE sur la taxonomie – Un élément majeur pour des mesures ESG complètes en Europe*, nov. 2021. • J.-M. Moulin, *Premier acte délégué relatif à la taxinomie européenne des activités durables* : *RD bancaire et fin.* 2021, n° 3, comm. 86. • Ch. Le Bihan-Graf et L. Rosenblieh, *État des lieux et perspectives sur la taxonomie européenne verte* : *Énergie – Env. – Infrastr.* 2021, n° 11, étude 18. • V. Fidelle, *Le cadre juridique européen de la finance durable* : *RD bancaire et fin.* 2022, n° 5, dossier 42. • AMF, *Éclairages sur le premier reporting taxonomie des sociétés cotées*, nov. 2022. • C. Malecki, *Le rapport Taxonomie 2023 de l'AMF – Un guide de navigation précieux des activités économiques durables sur le plan environnemental* : *JCP A*, 2024, n° 02, 1010. • J.-M. Moulin, *La notion d'investissement à impact se précise* : *RD bancaire et fin.* 2021, n° 3, comm. 85. • J.-M. Moulin, *Dénomination des fonds durables : un nouveau serpent de mer européen ?* : *RD bancaire et fin.* 2023, n° 6, comm. 188 ; *Retour sur le nom des fonds de finance durable* : *RD bancaire et fin.* 2024, n° 2, comm. 49. • Ch. Gardes, S. Sourisseau et S. Voisin, *Appliquer la taxonomie européenne – Le cas du financement de la décarbonation de l'industrie cimentière* : *CDE* 2022, n° 1, dossier 3. • C. Lepage, *Le dilemme du nucléaire et de la taxonomie européenne* : *Énergie – Env. – Infrastr.* 2022, n° 2, étude 1. • L. De Fontenelle, *Le nucléaire et la taxonomie européenne : replaçons le débat dans son contexte* : *Énergie – Env. – Infrastr.* 2022, n° 4, dossier 8. • P. Abadie, *Nucléaire et gaz fossile : deux ombres au tableau de la taxonomie verte* : *Énergie – Env. – Infrastr.* 2022, n° 8-9, étude 21.

Règlement « taxonomie »

Règlement (UE) du Parlement européen et du Conseil n° 2020/852 du 18 juin 2020

sur l'établissement d'un cadre visant à favoriser les investissements durables et modifiant le règlement (UE) 2019/2088

Chapitre Ier. – Objet, champ d'application et définitions

Art. 1er. – Objet et champ d'application. – 1. Le présent règlement établit les critères permettant de déterminer si une activité économique est considérée comme durable sur le plan environnemental, aux fins de la détermination du degré de durabilité environnementale d'un investissement.

2. Le présent règlement s'applique :

a) **aux mesures adoptées par les États membres ou par l'Union et qui imposent des exigences aux acteurs des marchés financiers ou aux émetteurs en ce qui concerne les produits financiers ou obligations d'entreprise qui sont mis à disposition comme étant durables sur le plan environnemental ;**

b) **aux acteurs des marchés financiers qui mettent à disposition des produits financiers ;**

c) aux entreprises qui sont soumises à l'obligation de publier une déclaration non financière ou une déclaration non financière consolidée, conformément à l'article 19 *bis* ou à l'article 29 *bis* de la directive 2013/34/UE du Parlement européen et du Conseil (1), respectivement.

L'article 1er répond au considérant 4 du règlement qui définit la durabilité comme une transition vers une économie sûre, neutre pour le climat, résiliente au changement climatique, plus économe en ressources et circulaires, lesquelles sont cruciales pour assurer la compétitivité à long terme de l'économie de l'Union. On observera que cet article 1er ne vise que la partie environnementale alors que le règlement, comme on le verra, est beaucoup plus large.

Trois acteurs sont visés par l'article 1er. Les États et l'Union ont la responsabilité d'imposer les exigences au secteur financier comme aux entreprises, les acteurs du marché financier et les entreprises qui doivent publier une déclaration non financière, une déclaration financière consolidée sachant que la DPEF a été remplacée aujourd'hui par la CSRD.

Art. 2. – **Définitions.** – Aux fins du présent règlement, on entend par :

1) « investissement durable sur le plan environnemental » : un investissement dans une ou plusieurs activités économiques pouvant être considérées comme durables sur le plan environnemental au titre du présent règlement ;

2) « acteur des marchés financiers » : un acteur des marchés financiers tel qu'il est défini à l'article 2, point 1), du règlement (UE) 2019/2088, y compris un initiateur de produits de retraite auquel un État membre a décidé d'appliquer ledit règlement conformément à l'article 16 dudit règlement ;

3) « produit financier » : un produit financier tel qu'il est défini à l'article 2, point 12), du règlement (UE) 2019/2088 ;

4) « émetteur » : un émetteur tel qu'il est défini à l'article 2, point *h)*, du règlement (UE) 2017/1129 du Parlement européen et du Conseil (2) ;

5) « atténuation du changement climatique » : le processus consistant à contenir l'élévation de la température moyenne de la planète nettement en dessous de 2 °C et à poursuivre l'action menée pour la limiter à 1,5 °C par rapport aux niveaux préindustriels, comme le prévoit l'accord de Paris ;

6) « adaptation au changement climatique » : le processus d'ajustement au changement climatique présent et attendu et à ses effets ;

7) « gaz à effet de serre » : un gaz à effet de serre répertorié à l'annexe I du règlement (UE) n° 525/2013 du Parlement européen et du Conseil (3) ;

8) « hiérarchie des déchets » : la hiérarchie des déchets telle qu'elle est définie à l'article 4 de la directive 2008/98/CE ;

9) « économie circulaire » : un système économique dans lequel la valeur des produits, des matières et autres ressources est maintenue dans l'économie aussi longtemps que possible, améliorant leur utilisation efficace dans la production et la consommation, réduisant ainsi l'impact environnemental de leur utilisation, et réduisant à un minimum les déchets et le rejet de substances dangereuses à toutes les étapes de leur cycle de vie, notamment par l'application de la hiérarchie des déchets ;

10) « polluant » : une substance, une vibration, de la chaleur, du bruit, de la lumière ou tout autre contaminant présent dans l'air, l'eau ou le sol, susceptible de porter atteinte à la santé humaine ou à l'environnement, d'entraîner des détériorations de biens matériels, ou de compromettre ou d'entraver la jouissance des agréments de l'environnement ou d'autres utilisations légitimes de celui-ci ;

---

(1) Directive 2013/34/UE du Parlement européen et du Conseil du 26 juin 2013 relative aux états financiers annuels, aux états financiers consolidés et aux rapports y afférents de certaines formes d'entreprises, modifiant la directive 2006/43/CE du Parlement européen et du Conseil et abrogeant les directives 78/660/CEE et 83/349/CEE du Conseil (*JO* L 182, 29 juin 2013, p. 19).

(2) Règlement (UE) 2017/1129 du Parlement européen et du Conseil du 14 juin 2017 concernant le prospectus à publier en cas d'offre au public de valeurs mobilières ou en vue de l'admission de valeurs mobilières à la négociation sur un marché réglementé, et abrogeant la directive 2003/71/CE (*JO* L 168 du 30.6.2017, p. 12).

(3) Règlement (UE) n° 525/2013 du Parlement européen et du Conseil du 21 mai 2013 relatif à un mécanisme pour la surveillance et la déclaration des émissions de gaz à effet de serre et pour la déclaration, au niveau national et au niveau de l'Union, d'autres informations ayant trait au changement climatique et abrogeant la décision n° 280/2004/CE (*JO* L 165 du 18.6.2013, p. 13).

11) « sol » : la couche superficielle de la croûte terrestre située entre le substrat rocheux et la surface, constituée de particules minérales, de matières organiques, d'eau, d'air et d'organismes vivants ;

12) « pollution » :

a) l'introduction directe ou indirecte de polluants dans l'air, l'eau ou le sol, du fait de l'activité humaine ;

b) dans le contexte du milieu marin, la pollution telle qu'elle est définie à l'article 3, point 8), de la directive 2008/56/CE ;

c) dans le contexte du milieu aquatique, la pollution telle qu'elle est définie à l'article 2, point 33), de la directive 2000/60/CE ;

13) « écosystème » : un complexe dynamique formé de communautés de plantes, d'animaux et de microorganismes et de leur environnement non vivant qui, par leur interaction, forment une unité fonctionnelle ;

14) « services écosystémiques » : les contributions directes et indirectes des écosystèmes aux avantages économiques, sociaux, culturels et autres que les personnes tirent des écosystèmes ;

15) « biodiversité » : la variabilité des organismes vivants de toute origine, y compris les écosystèmes terrestres, marins et autres écosystèmes aquatiques et les complexes écologiques dont ils font partie, en ce inclus la diversité au sein des espèces et entre espèces ainsi que celle des écosystèmes ;

16) « bon état » en lien avec un écosystème : le bon état physique, chimique et biologique ou la bonne qualité physique, chimique et biologique d'un écosystème, lequel est capable de s'autoreproduire ou de s'autorestaurer, et dont la composition en termes d'espèces, la structure et les fonctions écologiques ne sont pas compromises ;

17) « efficacité énergétique » : une utilisation de l'énergie plus efficace à tous les stades de la chaîne énergétique, de la production à la consommation finale ;

18) « eaux marines » : les eaux marines telles qu'elles sont définies à l'article 3, point 1), de la directive 2008/56/CE ;

19) « eaux de surface » : les eaux de surface telles qu'elles sont définies à l'article 2, point 1), de la directive 2000/60/CE ;

20) « eaux souterraines » : les eaux souterraines telles qu'elles sont définies à l'article 2, point 2), de la directive 2000/60/CE ;

21) « bon état écologique » : le bon état écologique tel qu'il est défini à l'article 3, point 5), de la directive 2008/56/CE ;

22) « bon état » :

a) dans le cas des eaux de surface, à la fois un « bon état écologique » tel qu'il est défini à l'article 2, point 22), de la directive 2000/60/CE et un « bon état chimique d'une eau de surface » tel qu'il est défini à l'article 2, point 24), de ladite directive ;

b) dans le cas des eaux souterraines, à la fois le « bon état chimique d'une eau souterraine » tel qu'il est défini à l'article 2, point 25), de la directive 2000/60/CE et un « bon état quantitatif » tel qu'il est défini à l'article 2, point 28), de ladite directive ;

23) « bon potentiel écologique » : un bon potentiel écologique tel qu'il est défini à l'article 2, point 23), de la directive 2000/60/CE.

Chapitre II. – Activités économiques durables sur le plan environnemental

Art. 3. – Critères de durabilité environnementale des activités économiques. – Aux fins de la détermination du degré de durabilité environnementale d'un investissement, une activité économique est considérée comme durable sur le plan environnemental si cette activité économique :

a) contribue substantiellement à un ou plusieurs des objectifs environnementaux énoncés à l'article 9, conformément aux articles 10 à 16 ;

b) ne cause de préjudice important à aucun des objectifs environnementaux énoncés à l'article 9, conformément à l'article 17 ;

c) est exercée dans le respect des garanties minimales prévues à l'article 18 ; et

d) est conforme aux critères d'examen technique établis par la Commission conformément à l'article 10, paragraphe 3, à l'article 11, paragraphe 3, à l'article 12, paragraphe 2, à l'article 13, paragraphe 2, à l'article 14, paragraphe 2, ou à l'article 15, paragraphe 2.

L'article 3 est probablement l'article central de ce règlement. Il définit en effet les quatre critères qui vont assurer la durabilité environnementale des activités économiques.

• Il s'agit tout d'abord de contribuer à l'un des 6 objectifs environnementaux énoncés à l'article 9 du règlement sur l'application des articles 10 et 16. Comme on le verra, il y a six critères, dont un ou plusieurs doivent être satisfaits.

• La deuxième condition, qui définit l'article 17 et devient un élément central du droit communautaire, correspond au critère dit « DSNH » ou encore ne pas causer de préjudices importants à un objectif environnemental. Autrement dit, un objectif de réduction des émissions de gaz à effet de serre qui s'accompagnerait d'un effet négatif sur la biodiversité ou l'eau ne pourrait pas être regardé comme un objectif durable. Cette obligation d'avoir une vision cohérente et globale d'un investissement pour sortir des raisonnements en silo est évidemment un élément très important.

• La troisième condition est de respecter les garanties minimales prévues à l'article 18. On reviendra sur ce point dans le commentaire sous l'article 18 qui concerne les droits humains, les droits sociaux et les principes fondamentaux du droit du travail.

• Enfin, la dernière condition est celle de la conformité aux critères d'examen technique établis par la Commission. Ces critères, qui sont extrêmement détaillés, ont fait l'objet d'une série de règlements : n° 2021/2139 du 4 juin 2021 concernant l'atténuation du changement climatique et l'adaptation au changement climatique ; n° 2023/2486 du 27 juin 2023 concernant les critères d'examen technique permettant de déterminer à quelles conditions une activité économique peut être considérée comme contribuant substantiellement à l'utilisation durable et à la protection des ressources aquatiques et marines, à la transition vers une économie circulaire, à la prévention, à la réduction de la pollution ou à la protection de la restauration de la biodiversité et des écosystèmes. Il faut citer également le règlement délégué complémentaire sur le climat du 9 mars 2022 qui modifie le règlement du 4 juin 2021 pour inclure dans les activités éligibles à la taxonomie sous couvert des activités de transition, les activités spécifiques liées à l'énergie nucléaire et au gaz. Ce dernier règlement est soumis actuellement à la Cour de justice de l'Union européenne.

Art. 4. – Application des critères de durabilité environnementale des activités économiques dans les mesures publiques, les normes et les labels. – Les États membres et l'Union appliquent les critères énoncés à l'article 3 afin de déterminer si une activité économique est considérée comme étant durable sur le plan environnemental aux fins de toute mesure fixant des exigences applicables aux acteurs des marchés financiers ou aux émetteurs des exigences en ce qui concerne les produits financiers ou les obligations d'entreprise qui sont mis à disposition comme étant durables sur le plan environnemental.

L'article 4 fait application des critères qui viennent d'être rappelés aux mesures publiques, aux normes et aux labels. L'effectif de cet article est précisé au point 11 des considérants, qui vise à éviter l'écho blanchiment. Il s'agit des pratiques qui consistent à utiliser des labels plus ou moins exotiques pour prétendre être durables. Ce point essentiel de lutte contre l'écoblanchiment a depuis lors fait l'objet de différents textes, dont le règlement sur les allégations environnementales commenté ci-dessous. L'objectif est donc d'éviter les systèmes de labels dans lesquels les États utilisent des critères différents pour déterminer les activités économiques durables, permettant ainsi une harmonisation mais également un meilleur financement.

Art. 5. – Transparence des investissements durables sur le plan environnemental dans les informations précontractuelles publiées et les rapports périodiques. – Lorsqu'un produit financier tel qu'il est visé à l'article 9, paragraphe 1, 2 ou 3, du règlement (UE) 2019/2088 réalise un investissement dans une activité économique qui contribue à la réalisation d'un objectif environnemental, au sens de l'article 2, point 17), dudit règlement, les informations à publier conformément à l'article 6, paragraphe 3, et à l'article 11, paragraphe 2, dudit règlement comprennent les éléments suivants :

a) les informations relatives à l'objectif environnemental ou aux objectifs environnementaux énoncés à l'article 9 du présent règlement auxquels l'investissement sous-jacent au produit financier contribue ; et

b) une description de la façon et de la mesure dans laquelle les investissements sous-jacents au produit financier sont effectués dans des activités économiques pouvant être considérées comme durables sur le plan environnemental au titre de l'article 3 du présent règlement.

La description visée au premier alinéa, point *b)*, du présent article précise la part des investissements réalisés dans des activités économiques durables sur le plan environnemental sélectionnés pour le produit financier, y compris des informations détaillées sur la part des activités habilitantes et transitoires visées à l'article 16 et à

l'article 10, paragraphe 2, respectivement, sous la forme d'un pourcentage de tous les investissements sélectionnés pour le produit financier.

Cette disposition définit les informations qui sont à publier pour répondre à l'objectif précisé à l'alinéa 3 de l'article 6, à savoir de ne pas causer de préjudice important.

L'article 6, paragraphe 3, ci-dessous précise que ce principe s'applique uniquement aux investissements sous-jacents aux produits financiers qui prennent en compte les critères de l'Union européenne en matière d'activité économique durable sur le plan environnemental.

Les types d'obligation visent, d'une part, les informations sur l'objectif environnemental, parmi les six qui sont prévus à l'article 9, et, d'autre part, les conditions de l'investissement dans les activités économiques, qui doivent être considérées comme durables sur le plan environnemental, c'est-à-dire répondant aux quatre critères visés à l'article 3 (V. ci-dessus).

Ces précisions concernent également la part des activités habilitantes et transitoires (V. ci-dessous comm. sous art. 16 et 10, § 2). Un pourcentage, pour tous les investissements sélectionnés pour le produit financier, doit être fourni.

Art. 6. – Transparence des produits financiers qui promeuvent des caractéristiques environnementales dans les informations précontractuelles publiées et les rapports périodiques. – Lorsqu'un produit financier tel qu'il est visé à l'article 8, paragraphe 1, du règlement (UE) 2019/2088 promeut des caractéristiques environnementales, l'article 5 du présent règlement s'applique mutatis mutandis.

Les informations à publier conformément à l'article 6, paragraphe 3, et à l'article 11, paragraphe 2, du règlement (UE) 2019/2088 sont accompagnées de la déclaration suivante :

« Le principe consistant à "ne pas causer de préjudice important" s'applique uniquement aux investissements sous-jacents au produit financier qui prennent en compte les critères de l'Union européenne en matière d'activités économiques durables sur le plan environnemental.

Les investissements sous-jacents à la portion restante de ce produit financier ne prennent pas en compte les critères de l'Union européenne en matière d'activités économiques durables sur le plan environnemental. »

Cet article vise les informations précontractuelles publiées et les rapports périodiques.

À cet égard, il convient de se référer au règlement délégué publié le 6 juillet 2021 (Règl. UE 2021/2178, 6 juill. 2021 : *JO* L 443, 10 déc. 2021), qui précise les modalités d'application des dispositions de l'article 8 du règlement Taxonomie (V. sur ce point documents AMF du 23 mars 2022).

On rappellera que les entreprises non financières doivent publier la part de leur chiffre d'affaires, les dépenses d'investissement (Capex), les dépenses opérationnelles (Opex) associées à des activités économiques éligibles et non éligibles à la taxonomie européenne.

Cette obligation existe depuis le 1er janvier 2022 et les indicateurs ont dû être publiés dans la DPEF de 2023 pour l'exercice 2022.

Des indicateurs d'alignement ont été présentés dans le cadre de la préparation des DPEF.

Dans un rapport à vocation pédagogique publié le 11 décembre 2023, l'AMF préconise un recours accru à la taxonomie et au taux d'alignement, mesures clés des efforts de transition vers une économie plus verte.

On soulignera que l'article 6, alinéa 1, fait référence aux formations financières pour les produits visés à l'article 8, paragraphe 1, du règlement n° 2019/2988, qui sont donc distinctes des exigences de l'article 5 (V. comm. ss art. 5).

Cette disposition s'applique aux produits financiers visés à l'article 9, paragraphes 1, 2 ou 3, du règlement 2019/2088, c'est-à-dire pour les produits financiers ayant pour objectif l'investissement durable.

Cette disposition s'applique aux produits financiers qui promeuvent, entre autres, des caractéristiques environnementales et sociales.

Art. 7. – Transparence d'autres produits financiers dans les informations précontractuelles publiées et les rapports périodiques. – Lorsqu'un produit financier n'est pas soumis à l'article 8, paragraphe 1, ou à l'article 9, paragraphe 1, 2 ou 3, du règlement (UE) 2019/2088, les informations à publier conformément aux dispositions de la législation sectorielle visée à l'article 6, paragraphe 3, et à l'article 11, paragraphe 2, dudit règlement sont accompagnées de la déclaration suivante :

« Les investissements sous-jacents à ce produit financier ne prennent pas en compte les critères de l'Union européenne en matière d'activités économiques durables sur le plan environnemental. ».

L'article 7 s'intéresse aux produits financiers concernant tous ceux qui ne sont soumis ni à l'article 8 ni à l'article 9.

Il n'en demeure pas moins que les obligations de publication durent pour « stigmatiser ce type d'investissement en soulignant qu'il ne prend pas en compte les critères de l'Union européenne en matière d'activité économique durable sur le plan environnemental ».

Art. 8. – Transparence des entreprises dans les déclarations non financières. – 1. Toute entreprise soumise à l'obligation de publier des informations non financières conformément à l'article 19 *bis* ou à l'article 29 *bis* de la directive 2013/34/UE inclut dans sa déclaration non financière ou sa déclaration non financière consolidée des informations sur la manière et la mesure dans laquelle les activités de l'entreprise sont associées à des activités économiques pouvant être considérées comme durables sur le plan environnemental au titre des articles 3 et 9 du présent règlement.

2. En particulier, les entreprises non financières publient les informations suivantes :

a) la part de leur chiffre d'affaires provenant de produits ou de services associés à des activités économiques pouvant être considérées comme durables sur le plan environnemental au titre des articles 3 et 9 ; et

b) la part de leurs dépenses d'investissement et la part de leurs dépenses d'exploitation liée à des actifs ou à des processus associés à des activités économiques pouvant être considérées comme durables sur le plan environnemental au titre des articles 3 et 9.

3. Si, en vertu de l'article 19 *bis* ou de l'article 29 *bis* de la directive 2013/34/UE, une entreprise publie des informations non financières dans un rapport distinct, conformément à l'article 19 *bis*, paragraphe 4, ou à l'article 29 *bis*, paragraphe 4, de ladite directive, les informations visées aux paragraphes 1 et 2 du présent article sont publiées dans ledit rapport distinct.

4. La Commission adopte un acte délégué conformément à l'article 23 pour compléter, les paragraphes 1 et 2 du présent article afin de préciser le contenu et la présentation des informations à publier en vertu de ces paragraphes, y compris la méthodologie à suivre en vue de s'y conformer, en prenant en considération les spécificités tant des entreprises financières que des entreprises non financières, ainsi que les critères d'examen technique établis en vertu du présent règlement. La Commission adopte ledit acte délégué le 1er juin 2021 au plus tard.

L'article 8 vise les déclarations non financières des entreprises. Ces obligations étaient traduites dans un premier temps par la DPEF et sont aujourd'hui traduites dans le règlement CSRD (V. ci-dessous).

L'objectif est de déterminer au sein d'une entreprise la part des investissements qui sont consacrés à des activités durables et celles qui ne le sont pas.

Le considérant 22 du règlement précise que, en lien avec la communication du 20 juin 2019 intitulé « Ligne directrice sur l'information non financière, supplément relatif aux informations en rapport avec le climat », la Commission avait proposé aux plus grandes entreprises de rendre compte de certains indicateurs clés de performance (ICP), rapport avec le climat précisant, dans le chiffre d'affaires, la part relevant des dépenses d'investissement et des dépenses d'exploitation associées à des activités économiques durables sur le plan environnemental.

Il s'agit donc, en quelque sorte, de généraliser cette obligation qui, avec la CSRD, s'est étendue à de nouveaux domaines comme celui de la biodiversité.

Pour avoir le détail de l'application de ce texte, il convient de se référer à la publication de l'AMF du 23 mars 2022 et au règlement délégué 2021/2178 du 6 juillet 2021, publié au *Journal officiel* du 10 décembre 2021 qui spécifie les modalités d'application de ce texte.

Art. 9. – Objectifs environnementaux. – Aux fins du présent règlement, constituent des objectifs environnementaux :

a) l'atténuation du changement climatique ;

b) l'adaptation au changement climatique ;

c) l'utilisation durable et la protection des ressources aquatiques et marines ;

d) la transition vers une économie circulaire ;

e) la prévention et la réduction de la pollution ;

f) la protection et la restauration de la biodiversité et des écosystèmes.

L'article définit les 6 objectifs environnementaux qui sont de nature à permettre l'éligibilité à la taxonomie.

Ils ont tous fait l'objet de règlements précisant les critères techniques.

S'agissant de l'atténuation du changement climatique et de l'adaptation au changement climatique, le règlement délégué 2021/2139 du 4 juin 2021 concerne tant l'atténuation au changement climatique que l'adaptation au changement climatique, lesquels sont précisés dans chacune des deux annexes, modifiées par le règlement délégué 2023/2485, et, s'agissant plus spécifiquement du nucléaire et du gaz, voire règlement délégué 2022/1214 de la Commission du 9 mars 2022 modifiant le règlement délégué 2021/2139 en ce qui concerne les activités économiques exercées dans le secteur de l'énergie et le règlement délégué UE 2021/2178 en ce qui concerne les informations à publier spécifiquement pour ses activités économiques.

S'agissant des quatre autres objectifs environnementaux, le règlement correspondant est le règlement délégué 2023/2486 du 27 juin 2023.

Art. 10. – Contribution substantielle à l'atténuation du changement climatique. – 1. Une activité économique est considérée comme apportant une contribution substantielle à l'atténuation du changement climatique lorsqu'elle contribue de manière substantielle à stabiliser les concentrations de gaz à effet de serre dans l'atmosphère à un niveau qui empêche toute perturbation anthropique dangereuse du système climatique, en conformité avec l'objectif à long terme fixé par l'accord de Paris en matière de limitation de la hausse des températures, en évitant ou en réduisant les émissions de gaz à effet de serre ou en améliorant l'absorption de gaz à effet de serre, y compris par des innovations en matière de processus ou de produit, comme suit :

a) en produisant, transportant, stockant, distribuant ou utilisant des énergies renouvelables conformément à la directive (UE) 2018/2001, notamment par l'emploi de technologies innovantes potentiellement porteuses d'importantes économies futures ou par un renforcement ou une extension nécessaires du réseau ;

b) en améliorant l'efficacité énergétique, à l'exception des activités de production d'électricité visées à l'article 19, paragraphe 3 ;

c) en développant une mobilité propre ou neutre pour le climat ;

d) en passant à l'utilisation de matières renouvelables issues de sources durables ;

e) en accroissant l'utilisation de technologies de captage et d'utilisation du carbone (CCU) et de captage et de stockage du carbone (CCS) qui sont sans danger pour l'environnement et qui permettent d'obtenir une réduction nette des émissions de gaz à effet de serre ;

f) en renforçant les puits de carbone terrestres, notamment en évitant la déforestation et la dégradation des forêts, et par la restauration des forêts, la gestion durable et la restauration des terres cultivées, des prairies et des terres humides, le boisement et l'agriculture régénérative ;

g) en mettant en place les infrastructures énergétiques nécessaires à la décarbonation des systèmes énergétiques ;

h) en produisant des combustibles propres et efficaces à partir de sources renouvelables ou neutres en carbone ; ou

i) en facilitant l'une des activités énumérées aux points *a)* à *h)* du présent paragraphe, conformément à l'article 16.

2. Aux fins du paragraphe 1, une activité économique pour laquelle il n'existe pas de solution de remplacement sobre en carbone réalisable sur le plan technologique et économique est considérée comme apportant une contribution substantielle à l'atténuation du changement climatique lorsqu'elle favorise la transition vers une économie neutre pour le climat compatible avec un profil d'évolution visant à limiter l'augmentation de la température à 1,5 °C par rapport aux niveaux préindustriels, y compris en supprimant progressivement les émissions de gaz à effet de serre, en particulier les émissions provenant de combustibles fossiles solides, et lorsque cette activité :

a) présente des niveaux d'émission de gaz à effet de serre qui correspondent aux meilleures performances du secteur ou de l'industrie ;

b) n'entrave pas le développement ni le déploiement de solutions de remplacement sobres en carbone ; et

c) n'entraîne pas un verrouillage des actifs à forte intensité de carbone, compte tenu de la durée de vie économique de ces actifs.

Aux fins du présent paragraphe et de l'établissement de critères d'examen technique en vertu de l'article 19, la Commission évalue la contribution potentielle et la faisabilité de toutes les technologies existantes concernées.

3. La Commission adopte un acte délégué conformément à l'article 23 pour :

a) compléter, les paragraphes 1 et 2 du présent article en établissant des critères d'examen technique afin de déterminer les conditions dans lesquelles une activité économique donnée est considérée comme contribuant de manière substantielle à l'atténuation du changement climatique ; et

b) compléter l'article 17 en établissant, pour chaque objectif environnemental pertinent, des critères d'examen technique afin de déterminer si une activité économique pour laquelle des critères d'examen technique ont été établis en application du point *a)* du présent paragraphe cause un préjudice important à un ou plusieurs de ces objectifs.

4. Avant d'adopter l'acte délégué visé au paragraphe 3 du présent article, la Commission consulte la plateforme visée à l'article 20 en ce qui concerne les critères d'examen technique visés au paragraphe 3 du présent article.

5. La Commission établit les critères d'examen technique visés au paragraphe 3 du présent article dans un acte délégué, en tenant compte des exigences énoncées à l'article 19.

6. La Commission adopte l'acte délégué visé au paragraphe 3 au plus tard le 31 décembre 2020, afin d'assurer son application à compter du 1er janvier 2022.

Les articles 10 à 15 définissent plus précisément ce qu'il faut entendre par une contribution substantielle à chacun des six objectifs environnementaux énumérés à l'article 9.

L'objectif est clairement défini à l'article 10, alinéa 1. Il s'agit de stabiliser les concentrations de gaz à effet de serre, de limiter la hausse des températures en évitant, en réduisant ou en améliorant l'absorption de gaz à effet de serre.

Ces trois catégories sont extrêmement importantes et ont, au cours des années, connu de très grandes évolutions, en particulier en ce qui concerne aujourd'hui les nouvelles technologies d'absorption que l'on retrouve par exemple dans le nouveau règlement Net Zéro Industrie publié en 2024.

L'alinéa 1 définit neuf catégories d'activités susceptibles de parvenir à ces objectifs.

Il convient, pour comprendre le détail de toutes ces activités, de se référer au règlement cité à l'article 9 concernant l'atténuation du changement climatique : l'annexe 1 prend les différentes catégories en les précisant, activités économiques par activités économiques.

Sont visés tout ce qui concerne les énergies renouvelables (production, transport, stockage, distribution utilisation), l'amélioration de l'efficacité énergétique, la mobilité propre pour le climat, l'utilisation de matières renouvelables issues de sources durables, l'accroissement de l'utilisation des technologies de captage et d'utilisation du carbone CCU et de captage et de stockage du carbone CCS. Ce sont précisément ces nouvelles technologies qui sont désormais très poussées au sein de l'Union européenne.

Le renforcement des puits de carbone en évitant la déforestation et la dégradation des forêts, en se tournant vers une gestion durable et la restauration des terres cultivées, des prairies, des terres humides et l'agriculture régénérative. La question des puits de carbone est une question croissante compte tenu des pertes sèches de puits de carbone que nous enregistrons depuis une dizaine d'années. On peut ajouter à ces deux domaines, celui de la mer et en particulier des mangroves, lesquels ont une capacité d'absorption de carbone 4 fois supérieure à celle de la forêt.

La mise en place des technologies de décarbonation des systèmes énergétiques, la production de combustibles propres à partir de sources renouvelables et neutres en carbone et enfin en facilitant l'une de ces activités.

Si l'on se réfère à l'annexe 1 du règlement de 2021, à titre d'exemple, on trouve les grandes catégories suivantes : foresterie, activités de protection de restauration de l'environnement, industrie manufacturière (qui couvre notamment toute la chimie), l'énergie, la production d'eau, l'assainissement, la gestion des déchets, la dépollution, les transports, la construction et les activités immobilières, l'information et la communication, la recherche et le développement.

L'alinéa 2 précise ce qu'il faut entendre par activité favorisant la transition. Il s'agit d'une activité économique pour laquelle il n'y a pas de solution de remplacement sobre en carbone et réalisable sur le plan technologique et économique et qui va favoriser la transition.

Elle remplit trois conditions : l'application des meilleures performances du secteur en matière d'émissions de gaz à effet de serre, l'absence de blocage du déploiement de solutions de remplacement sobre en carbone et l'absence de verrouillage des actifs à forte intensité carbone.

L'acte délégué prévu à l'article 23 a déjà fait l'objet d'un certain nombre de références. On soulignera toutefois que l'acte délégué doit comporter les critères DSNH.

Et effectivement, l'annexe 1 précise dans ces appendices A, B, C, D et E les critères génériques qui doivent être pris en compte pour vérifier que chacun des cinq autres objectifs environnementaux n'est pas menacé par les mesures et les activités en faveur de la lutte contre le dérèglement climatique.

Mais, pour chacune des activités visées dans l'annexe du règlement est précisé, activité par activité, comment est respecté le principe de ne pas causer un préjudice important aux 5 autres objectifs.

Et cette méthodologie est appliquée à toutes les activités et tous les objectifs environnementaux.

Art. 11. – Contribution substantielle à l'adaptation au changement climatique. – 1. Une activité économique est considérée comme apportant une contribution substantielle à l'adaptation au changement climatique lorsque cette activité :

***a)* inclut des solutions d'adaptation qui soit réduisent sensiblement le risque d'incidences négatives du climat actuel et de son évolution attendue sur cette activité économique, soit réduisent sensiblement ces incidences négatives, sans accroître le risque d'incidences négatives sur la population, la nature ou les biens ; ou**

b) fournit des solutions d'adaptation qui, outre le respect des conditions énoncées à l'article 16, contribuent de manière substantielle à prévenir ou à réduire le risque d'incidences négatives du climat actuel et de son évolution attendue sur une population, la nature ou les biens, sans accroître le risque d'incidences négatives sur une autre population, une autre nature ou d'autres biens.

2. Les solutions d'adaptation visées au paragraphe 1, point *a)*, sont évaluées et classées par ordre de priorité à l'aide des meilleures projections disponibles sur le climat, et au minimum préviennent ou réduisent :

***a)* les incidences négatives du changement climatique sur l'activité économique spécifique à un lieu et à un contexte donnés ; ou**

***b)* les incidences négatives potentielles du changement climatique sur l'environnement dans lequel s'inscrit l'activité économique.**

3. La Commission adopte un acte délégué conformément à l'article 23 pour :

***a)* compléter, les paragraphes 1 et 2 du présent article en établissant des critères d'examen technique afin de déterminer les conditions dans lesquelles une activité économique donnée est considérée comme contribuant de manière substantielle à l'adaptation au changement climatique ; et**

***b)* compléter l'article 17 en établissant, pour chaque objectif environnemental pertinent, des critères d'examen technique afin de déterminer si une activité économique pour laquelle des critères d'examen technique sont établis en application du point *a)* du présent paragraphe est considérée comme causant un préjudice important à un ou plusieurs de ces objectifs.**

4. Avant d'adopter l'acte délégué visé au paragraphe 3 du présent article, la Commission consulte la plateforme visée à l'article 20 en ce qui concerne les critères d'examen technique visés au paragraphe 3 du présent article.

5. La Commission établit les critères d'examen technique visés au paragraphe 3 du présent article dans un acte délégué, en tenant compte des exigences énoncées à l'article 19.

6. La Commission adopte l'acte délégué visé au paragraphe 3 au plus tard le 31 décembre 2020, afin d'assurer son application à compter du 1er janvier 2022.

C'est le deuxième volet dont l'importance apparaît de plus en plus considérable.

Dans la rédaction de l'article 11, deux voies sont ouvertes, soit celle des solutions d'adaptation qui réduisent les risques et les incidences négatives sans accroître le risque d'incidence négative, soit celle des solutions d'adaptation qui permettent de prévenir ou de réduire les risques d'incidence négative et de l'évolution sur une population, la nature ou les biens.

L'annexe 2 du règlement délégué qui établit les différentes activités, correspondant aux mêmes que celles qui sont visées pour l'atténuation du changement climatique, avec toutefois un développement beaucoup plus large de l'information et de la communication, et l'ajout des activités spécialisées, scientifiques et techniques dans le domaine du conseil et de l'ingénierie, les activités financières d'assurances et de réassurance, l'enseignement, la santé humaine et l'action sociale et les arts, spectacles et activités récréatives.

Il est en effet essentiel de changer l'imaginaire des Européens si l'on souhaite pouvoir parvenir à l'objectif que l'on vise.

L'annexe 2 de l'acte délégué est construite comme l'annexe 1 et l'on trouve également les appendices A, B, C et D qui visent les critères généraux des principes concernant l'atteinte portée à l'eau, à la biodiversité ou à la réduction de la pollution.

On soulignera toutefois l'appendice A qui classifie les aléas liés au climat. Ce document est extrêmement intéressant. Il s'agit d'un tableau qui classifie les aléas liés au climat en quatre catégories liées à la température, au vent, à l'eau ou aux masses solides ; elles sont ensuite détaillées en deux grandes catégories, chroniques et aiguës.

C'est cette classification qui doit permettre de prioriser les investissements.

Art. 12. – Contribution substantielle à l'utilisation durable et à la protection des ressources aquatiques et marines. – 1. Une activité économique est considérée comme apportant une contribution substantielle à l'utilisation durable et à la protection des ressources aquatiques et marines lorsqu'elle contribue de manière substantielle soit à assurer le bon état des masses d'eau, y compris les masses d'eau de surface et les masses d'eaux souterraines, soit à prévenir la détérioration des masses d'eau qui sont déjà en bon état, ou lorsqu'elle contribue de manière substantielle à parvenir au bon état écologique des eaux marines, ou à prévenir la détérioration des eaux marines lorsqu'elles sont déjà en bon état :

***a)* en protégeant l'environnement des effets néfastes du rejet des eaux urbaines résiduaires et des eaux industrielles usées, y compris en provenance de contaminants qui sont sources de nouvelles préoccupations,**

tels que les produits pharmaceutiques et les microplastiques, par exemple en assurant la collecte, le traitement et le rejet appropriés des eaux urbaines résiduaires et des eaux industrielles usées ;

b) en protégeant la santé humaine des incidences négatives de la contamination de l'eau destinée à la consommation humaine en faisant en sorte que cette eau ne contienne ni micro-organismes, ni parasites, ni substances constituant un danger potentiel pour la santé humaine, ainsi qu'en améliorant l'accès des personnes aux eaux destinées à la consommation humaine ;

c) en améliorant la gestion et l'efficacité dans l'utilisation de l'eau, notamment en protégeant et en améliorant l'état des écosystèmes aquatiques, en favorisant une utilisation durable de l'eau à travers une protection à long terme des ressources aquatiques disponibles, notamment par des mesures telles que la réutilisation des eaux, en assurant la réduction progressive des émissions de polluants dans les eaux de surface et les eaux souterraines, en contribuant à l'atténuation des effets des inondations et des sécheresses, ou à travers toute autre activité qui protège ou améliore l'état des masses d'eau sur le plan qualitatif et quantitatif ;

d) en assurant l'utilisation durable des services écosystémiques marins ou en contribuant au bon état écologique des eaux marines, notamment en protégeant, préservant ou restaurant le milieu marin et en empêchant ou réduisant la présence d'intrants dans celui-ci ; ou

e) en facilitant l'une des activités énumérées aux points *a)* à *d)* du présent paragraphe, conformément à l'article 16.

2. La Commission adopte un acte délégué conformément à l'article 23 pour :

a) compléter, le paragraphe 1 du présent article en établissant des critères d'examen technique afin de déterminer les conditions dans lesquelles une activité économique donnée est considérée comme apportant une contribution substantielle à l'utilisation durable et à la protection des ressources aquatiques et marines ; et

b) compléter l'article 17 en établissant, pour chaque objectif environnemental pertinent, des critères d'examen technique afin de déterminer si une activité économique pour laquelle des critères d'examen technique ont été établis en application du point *a)* du présent paragraphe cause un préjudice important à un ou plusieurs de ces objectifs.

3. Avant d'adopter l'acte délégué visé au paragraphe 2 du présent article, la Commission consulte la plateforme visée à l'article 20 en ce qui concerne les critères d'examen technique visés au paragraphe 2 du présent article.

4. La Commission établit les critères d'examen technique visés au paragraphe 2 du présent article dans un acte délégué, en tenant compte des exigences énoncées à l'article 19.

5. La Commission adopte l'acte délégué visé au paragraphe 2 au plus tard le 31 décembre 2021, afin d'assurer son application à compter du 1er janvier 2023.

Cet article concerne les ressources aquatiques et marines. L'acte délégué qui le concerne est celui n° 2023/2486 du 17 juin 2023.

C'est l'annexe 1 qui concerne plus précisément la protection des ressources aquatiques et marines.

L'objectif est celui de parvenir à une utilisation durable et à la protection des ressources aquatiques pour assurer un bon état des masses d'eau, prévenir la détérioration des masses d'eau qui sont déjà en bon état, parvenir à un bon état écologique des eaux marines, ou encore prévenir leur détérioration.

Cinq types d'activités sont visés :

- la protection contre les effets néfastes du rejet des eaux urbaines résiduaires et des eaux industrielles usées, y compris en provenance de contaminants, de produits pharmaceutiques microplastiques ;
- deuxièmement, protéger la santé humaine des incidences graves de la contamination de l'eau destinée à la consommation humaine, afin que celle-ci ne contienne ni microorganismes ni parasites, ni substances constituant un danger potentiel pour la santé humaine ;
- améliorer la gestion et l'efficacité de l'utilisation des eaux en favorisant une utilisation durable ;
- assurer que l'utilisation durable des systèmes écosystémiques marins ou contribuer au bon état écologique des eaux marines ;
- et enfin, faciliter ces activités.

L'activité visée à l'annexe 1 du règlement concerne l'industrie manufacturière, c'est-à-dire essentiellement le contrôle des fuites, la production et la distribution d'eau, l'assainissement, la gestion des déchets et la dépollution, la gestion des risques de catastrophes et enfin l'information par la fourniture de solutions, notamment informatiques.

Les appendices A, B, et C contiennent les critères génériques du principe de ne pas causer de préjudice important aux autres objectifs, étant précisé que, comme pour le climat, les règles fixées pour chaque type d'activités précisent ce qu'il faut entendre par ne pas nuire gravement à un autre objectif environnemental.

Art. 13. – **Contribution substantielle à la transition vers une économie circulaire.** – 1. Une activité économique est considérée comme apportant une contribution substantielle à la transition vers une économie circulaire, y compris à la prévention, à la réutilisation et au recyclage des déchets, lorsque :

a) elle utilise des ressources naturelles, y compris les matières biologiques issues de sources durables et d'autres matière premières, plus efficacement dans le cadre de la production, notamment :

i) en réduisant la consommation de matières premières primaires ou en augmentant l'utilisation de sous-produits et de matières premières secondaires ; ou

ii) par des mesures d'utilisation efficace des ressources et d'efficacité énergétique ;

b) elle augmente la durabilité, la réparabilité, l'évolutivité ou la réutilisabilité des produits, en particulier dans le cadre d'activités de conception et de fabrication ;

c) elle augmente la recyclabilité des produits, y compris la recyclabilité des différentes matières qui les composent, notamment par le remplacement de produits et matières non recyclables ou une réduction de leur utilisation, en particulier dans le cadre d'activités de conception et de fabrication ;

d) elle réduit sensiblement la teneur en substances dangereuses et remplace les substances extrêmement préoccupantes dans les matières et les produits tout au long de leur cycle de vie, conformément aux objectifs énoncés dans le droit de l'Union, notamment en remplaçant ces substances par des substituts plus sûrs et en assurant leur traçabilité ;

e) elle prolonge l'utilisation des produits, notamment par le réemploi, la conception visant à la longévité, la réaffectation, le désassemblage, la refabrication, la mise à niveau et la réparation, et le partage des produits ;

f) elle accroît l'utilisation de matières premières secondaires et en améliorant leur qualité, notamment par un recyclage de haute qualité des déchets ;

g) elle prévient ou réduit la production de déchets, y compris la production de déchets qui proviennent de l'extraction de minéraux et de déchets provenant de la construction et de la démolition de bâtiments ;

h) elle améliore la préparation en vue du réemploi et le recyclage des déchets ;

i) elle accélère le développement des infrastructures de gestion des déchets nécessaires à la prévention, à la préparation en vue du réemploi et au recyclage, tout en veillant à ce que les matériaux de récupération soient recyclés dans la production en tant que matières premières secondaires de haute qualité, évitant ainsi un infrarecyclage ;

j) elle réduit au minimum l'incinération des déchets et évite l'élimination des déchets, y compris la mise en décharge, conformément aux principes de la hiérarchie des déchets ;

k) elle évite et réduit les dépôts sauvages de déchets ; ou

l) elle facilite l'une des activités énumérées aux points *a)* à *k)* du présent paragraphe, conformément à l'article 16.

2. La Commission adopte un acte délégué conformément à l'article 23 pour :

a) compléter, le paragraphe 1 du présent article en établissant des critères d'examen technique afin de déterminer les conditions dans lesquelles une activité économique donnée est considérée comme contribuant de manière substantielle à la transition vers une économie circulaire ; et

b) compléter l'article 17 en établissant, pour chaque objectif environnemental pertinent, des critères d'examen technique afin de déterminer si une activité économique pour laquelle des critères d'examen sont établis en application du point *a)* du présent paragraphe cause un préjudice important à un ou plusieurs de ces objectifs.

3. Avant d'adopter l'acte délégué visé au paragraphe 2 du présent article, la Commission consulte la plateforme visée à l'article 20 en ce qui concerne les critères d'examen technique visés au paragraphe 2 du présent article.

4. La Commission établit les critères d'examen technique visés au paragraphe 2 du présent article dans un acte délégué, en tenant compte des exigences énoncées à l'article 19.

5. La Commission adopte l'acte délégué visé au paragraphe 2 au plus tard le 31 décembre 2021, afin d'assurer son application à compter du 1er janvier 2023.

C'est le deuxième des quatrièmes points traités par le règlement d'exécution de 2023.

Tout d'abord, l'article 1er définit ce qu'est une contribution substantielle à la transition vers une économie circulaire, y compris la prévention, la réutilisation et le recyclage des déchets.

Onze types d'activités sont visés par l'économie circulaire :

- l'utilisation des ressources naturelles, en particulier biologiques, permet de réduire la consommation de matières premières primaires, d'augmenter l'utilisation de sous-produits de matières premières secondaires ou d'utiliser plus efficacement les ressources ;

• augmenter la durabilité, la réparabilité, l'évolutivité ou la réutilisabilité des produits, notamment dans le cadre de l'écoconception. On notera que le règlement sur l'écoconception a été adopté en 2024 ;

• augmenter la recyclabilité des produits et des différentes matières qui les composent en renvoyant également à la conception et à la fabrication ;

• réduire la teneur en substance dangereuse et remplacer les substances extrêmement préoccupantes dans les matières et les produits tout au long du cycle de vie ;

• prolonger l'utilisation des produits, notamment par le réemploi, la longévité, la réaffectation, le désassemblage, la refabrication, la mise à niveau, la réparation et le partage des produits ;

• accroître l'utilisation des matières premières secondaires en améliorant leur qualité ;

• prévenir et réduire la production de déchets, y compris provenant d'extractions de minéraux et de déchets provenant de la construction et de la démolition des bâtiments ;

• améliorer la préparation en vue du réemploi et du recyclage des déchets ;

• accélérer le développement des infrastructures de gestion de déchets ;

• réduire l'incinération des déchets et éviter leur élimination, y compris la mise en décharge ;

• enfin, éviter et réduire les dépôts sauvages de déchets.

• L'annexe 2 vise un certain nombre d'activités :

• l'industrie manufacturière et en particulier les emballages plastiques ;

• la production, la distribution d'eau, l'assainissement, la gestion des déchets et la dépollution ;

• la construction et les activités immobilières ;

• l'information et la communication ;

• les services qui comportent notamment tout ce qui concerne la réparation, la vente de pièces détachées, la vente de biens d'occasion, les modèles de service circulaire, accès sur l'utilisation et les résultats.

Comme pour les activités déjà examinées, les appendices A, B et D traitent de l'impact sur le climat, de la protection des ressources hybrides et marines et de la prévention des pollutions.

Art. 14. – Contribution substantielle à la prévention et à la réduction de la pollution. – 1. Une activité économique est considérée comme apportant une contribution substantielle à la prévention et à la réduction de la pollution lorsqu'elle contribue de manière substantielle à la protection de l'environnement contre la pollution :

a) en prévenant ou, lorsque cela s'avère impossible, en réduisant les émissions de polluants dans l'air, l'eau ou le sol, autres que les gaz à effet de serre ;

b) en améliorant les niveaux de qualité de l'air, de l'eau ou des sols dans les zones où est exercée l'activité économique tout en réduisant au minimum toute incidence négative sur la santé humaine et l'environnement ou les risques pour ceux-ci ;

c) en prévenant ou réduisant au minimum toute incidence négative de la production, de l'utilisation ou de l'élimination de substances chimiques sur la santé humaine et l'environnement ;

d) en nettoyant les dépôts sauvages de déchets et autres formes de pollution ; ou

e) en facilitant l'une des activités énumérées aux points *a)* à *d)* du présent paragraphe, conformément à l'article 16.

2. La Commission adopte un acte délégué conformément à l'article 23 pour :

a) compléter, le paragraphe 1 du présent article en établissant des critères d'examen technique afin de déterminer les conditions dans lesquelles une activité économique donnée est considérée comme contribuant de manière substantielle à la prévention et à la réduction de la pollution ; et

b) compléter l'article 17 en établissant, pour chaque objectif environnemental pertinent, des critères d'examen technique afin de déterminer si une activité économique pour laquelle des critères d'examen technique ont été établis en application du point *a)* du présent paragraphe cause un préjudice important à un ou plusieurs de ces objectifs.

3. Avant d'adopter l'acte délégué visé au paragraphe 2 du présent article, la Commission consulte la plateforme visée à l'article 20 en ce qui concerne les critères d'examen technique visés au paragraphe 2 du présent article.

4. La Commission établit les critères d'examen technique visés au paragraphe 2 du présent article dans un acte délégué, en tenant compte des exigences énoncées à l'article 19.

5. La Commission adopte l'acte délégué visé au paragraphe 2 au plus tard le 31 décembre 2021, afin d'assurer son application à compter du 1er janvier 2023.

Quatre types d'activités sont énumérées à l'article 14, alinéa 1 :

• la prévention ou la réduction des émissions de polluants dans l'air, l'eau et le sol autres que les gaz à effet de serre ;

• l'amélioration du niveau de qualité de l'air, de l'eau et des sols. On notera au passage la sortie de la nouvelle directive sur la qualité de l'air publiée en octobre 2024 ;

• la prévention ou la réduction minimum de toute incidence négative de la production, de l'utilisation ou de l'élimination de substances chimiques sur la santé humaine et l'environnement ;

• le nettoyage de dépôts sauvages et autres formes de pollution.

L'annexe 3 du règlement vise quelques activités en nombre très réduit par rapport aux catégories qui précèdent. Il s'agit, d'une part, de l'industrie manufacturière, uniquement sur la fabrication des principes actifs pharmaceutiques et des médicaments, la production et la distribution de l'eau, l'assainissement, la gestion des déchets, de la dépollution en ce qui concerne la collecte et le transport des déchets dangereux, le traitement des déchets dangereux, la dépollution des décharges et la dépollution des sites des zones contaminées.

Art. 15. – Contribution substantielle à la protection et à la restauration de la biodiversité et des écosystèmes. – 1. Une activité économique est considérée comme apportant une contribution substantielle à la protection et à la restauration de la biodiversité et des écosystèmes lorsqu'elle contribue de manière substantielle à protéger, conserver ou restaurer la biodiversité et à assurer le bon état des écosystèmes ou à protéger les écosystèmes qui sont déjà en bon état, par le fait de :

a) conserver la nature et la biodiversité, y compris par la mise en place d'un état favorable de conservation des habitats naturels et semi-naturels et des espèces, ou en empêchant leur détérioration lorsqu'ils sont déjà dans un état de conservation favorable, et par la protection et la restauration des écosystèmes terrestres et marins et d'autres écosystèmes aquatiques afin d'améliorer leur état et de renforcer leur capacité à fournir des services écosystémiques ;

b) utiliser et gérer les terres de manière durable, notamment par une protection suffisante de la biodiversité des sols, la neutralité en matière de dégradation des terres et l'assainissement des sites contaminés ;

c) mettre en œuvre des pratiques agricoles durables, notamment celles qui contribuent à renforcer la biodiversité ou à enrayer ou prévenir la dégradation des sols et des autres écosystèmes, la déforestation et la perte d'habitats ;

d) gérer les forêts de façon durable, y compris par des pratiques et l'utilisation des forêts et des terrains boisés qui contribuent à améliorer la biodiversité ou à enrayer ou prévenir la dégradation des écosystèmes, la déforestation et la perte d'habitats ; ou

e) faciliter l'une des activités énumérées aux points *a)* à *d)* du présent paragraphe, conformément à l'article 16.

2. La Commission adopte un acte délégué conformément à l'article 23 pour :

a) compléter, le paragraphe 1 du présent article en établissant des critères d'examen technique afin de déterminer les conditions dans lesquelles une activité économique donnée est considérée comme contribuant de manière substantielle à la protection et à la restauration de la biodiversité et des écosystèmes ; et

b) compléter l'article 17 en établissant, pour chaque objectif environnemental pertinent, des critères d'examen technique afin de déterminer si une activité économique pour laquelle des critères d'examen technique ont été établis en application du point *a)* du présent paragraphe cause un préjudice important à un ou plusieurs de ces objectifs.

3. Avant d'adopter l'acte délégué visé au paragraphe 2 du présent article, la Commission consulte la plateforme visée à l'article 20 en ce qui concerne les critères d'examen technique visés au paragraphe 2 du présent article.

4. La Commission établit les critères d'examen technique visés au paragraphe 2 du présent article dans un acte délégué, en tenant compte des exigences énoncées à l'article 19.

5. La Commission adopte l'acte délégué visé au paragraphe 2 au plus tard le 31 décembre 2021, afin d'assurer son application à compter du 1er janvier 2023.

Enfin, l'article 15 concerne la biodiversité et les écosystèmes.

La définition qui est donnée de la contribution essentielle à la protection et à la restauration de la biodiversité des écosystèmes est le fait de contribuer de manière substantielle à protéger, conserver ou restaurer la biodiversité, à assurer un bon état des écosystèmes ou à protéger les écosystèmes qui sont déjà en bon état.

Quatre types d'activités sont visés par la conservation de la nature et de la biodiversité :

• la mise en place d'un état favorable de conservation des habitats naturels et semi-naturels. On peut à cet égard citer le règlement (UE)

2024/1991 du 24 juin 2024 relatif à la restauration de la nature et modifiant le règlement (UE) 2022/869,

• l'utilisation et la gestion des terres de manière durable, notamment par une protection suffisante de la biodiversité des sols et la neutralité en matière de dégradation des terres ainsi que l'assainissement des sites contaminés. À cet égard, il conviendrait de s'interroger sur la manière dont l'impact est conçu pour intégrer cet objectif ;

• la mise en place des pratiques agricoles durables, notamment en renforçant la biodiversité, en prévenant la dégradation des sols et des autres écosystèmes, la déforestation et la perte d'habitat ;

• la gestion des forêts de façon durable pour améliorer la biodiversité, enrayer et prévenir la dégradation des écosystèmes, la déforestation et la perte d'habitat. Les activités concernées par ce dernier point sont incontestablement les plus modestes.

Elles sont visées à l'annexe 4 et ne représentent que quatre pages dans toutes les annexes, ce qui est extrêmement modeste.

Il s'agit, d'une part, des activités de protection et de restauration de l'environnement par la conservation des habitats, des écosystèmes et des espèces, et des activités d'hébergement pour les hôtels, hébergements touristiques, terrains de camping et hébergements similaires.

La modestie des activités concernées par la biodiversité témoigne de ce que cette préoccupation reste encore extrêmement modeste au niveau de l'activité économique de l'Union.

Art. 16. – Activités habilitantes. – Une activité économique est considérée comme contribuant de manière substantielle à la réalisation d'un ou de plusieurs des objectifs environnementaux énoncés à l'article 9 si elle permet directement à d'autres activités d'apporter une contribution substantielle à l'un ou plusieurs de ces objectifs, pour autant que cette activité économique :

***a)* n'entraîne pas un verrouillage dans des actifs qui compromettent des objectifs environnementaux à long terme, compte tenu de la durée de vie économique de ces actifs ; et**

***b)* ait un impact environnemental positif significatif sur la base de considérations relatives au cycle de vie.**

Les activités habilitantes sont, avec les activités de transition, celles qui, ne pouvant être directement éligibles à la taxonomie, peuvent néanmoins l'être en raison des services soit transitoires, soit d'habilitation qu'elles rendent.

L'article 16 définit donc ce qu'il faut entendre par activité habilitante.

C'est l'activité qui permet de réaliser l'un des objectifs visés à l'article 9, dans la mesure où elle permet à une autre activité d'apporter une contribution substantielle à cet objectif.

Deux conditions sont néanmoins indispensables à être remplies :

• ne pas entraîner un verrouillage des actifs compromettant des objectifs environnementaux à long terme ;

• et avoir un impact positif sur la base des considérations relatives au cycle de vie.

Art. 17. – Préjudice important causé aux objectifs environnementaux. – 1. Aux fins de l'article 3, point *b)*, compte tenu du cycle de vie des produits et des services fournis par une activité économique, y compris des éléments de fait tirés d'analyses du cycle de vie existantes, cette activité économique est considérée comme causant un préjudice important :

***a)* à l'atténuation du changement climatique, lorsque cette activité génère des émissions importantes de gaz à effet de serre ;**

***b)* à l'adaptation au changement climatique, lorsque cette activité entraîne une augmentation des incidences négatives du climat actuel et de son évolution attendue sur elle-même ou sur la population, la nature ou les biens ;**

***c)* à l'utilisation durable et à la protection des ressources aquatiques et marines, lorsque cette activité est préjudiciable :**

i) au bon état ou au bon potentiel écologique des masses d'eau, y compris les eaux de surface et les eaux souterraines ; ou

ii) au bon état écologique des eaux marines ;

***d)* à l'économie circulaire, y compris la prévention des déchets et le recyclage, lorsque :**

i) cette activité est caractérisée par une inefficacité significative dans l'utilisation des matières ou dans l'utilisation directe ou indirecte de ressources naturelles telles que les sources d'énergie non renouvelables, les matières premières, l'eau et la terre, lors d'une ou de plusieurs étapes du cycle de vie des produits, notamment en termes de durabilité, de réparabilité, d'évolutivité, de réutilisabilité ou de recyclabilité des produits ;

ii) cette activité entraîne une augmentation notable de la production, de l'incinération ou de l'élimination de déchets, à l'exception de l'incinération de déchets dangereux non recyclables ; ou

iii) l'élimination à long terme des déchets peut avoir d'importants effets néfastes à long terme sur l'environnement ;

***e)* à la prévention et à la réduction de la pollution, lorsque cette activité entraîne une augmentation notable des émissions de polluants dans l'air, l'eau ou le sol, par rapport à la situation antérieure au lancement de l'activité ; ou**

***f)* à la protection et à la restauration de la biodiversité et des écosystèmes, lorsque cette activité est :**

i) fortement préjudiciable au bon état et à la résilience d'écosystèmes ; ou

ii) préjudiciable à l'état de conservation des habitats et des espèces, y compris ceux qui présentent un intérêt pour l'Union.

2. Lors de l'évaluation d'une activité économique au regard des critères énoncés au paragraphe 1, l'impact environnemental de l'activité même, ainsi que l'impact environnemental des produits et services fournis par cette activité tout au long de leur cycle de vie, sont pris en considération, notamment en ce qui concerne la production, l'utilisation et la fin de vie de ces produits et services.

L'article 17 est un article extrêmement important et constitue la deuxième condition pour qu'un investissement puisse être considéré comme durable.

Il ne doit en effet pas causer un préjudice important à l'un des cinq objectifs autres que celui qu'il prétend viser en tenant compte des analyses de cycle de vie existantes.

Doit être pris en considération tout ce qui concerne la production, l'utilisation et la fin de vie des produits et services fournis pour l'activité, ainsi que l'impact environnemental de l'activité elle-même.

Les prescriptions techniques qui figurent dans les actes délégués précisent pour chaque type d'activité visée à la nomenclature celle de l'activité elle-même.

Art. 18. – Garanties minimales. – 1. Les garanties minimales visées à l'article 3, point *c)*, sont des procédures qu'une entreprise exerçant une activité économique met en œuvre pour s'aligner sur les principes directeurs de l'OCDE à l'intention des entreprises multinationales et les principes directeurs des Nations unies relatifs aux entreprises et aux droits de l'homme, y compris les principes et les droits fixés par les huit conventions fondamentales citées dans la déclaration de l'Organisation internationale du travail relative aux principes et droits fondamentaux au travail et par la Charte internationale des droits de l'homme.

2. Lors de la mise en œuvre des procédures visées au paragraphe 1 du présent article, les entreprises respectent le principe consistant à « ne pas causer de préjudice important » fixé à l'article 2, point 17), du règlement (UE) 2019/2088.

L'article 18 vise les garanties minimales qui sont en fait toutes les bases du droit social de l'Union européenne et celles reconnues au niveau international dans les principes directeurs de l'OCDE, les principes des Nations unies relatifs aux entreprises et aux droits de l'homme, les conventions de l'OIT et la Charte internationale des droits de l'homme.

Tous ces textes fondamentaux se retrouvent du reste parfaitement listés dans l'annexe de la directive C3D.

L'obligation de l'article 18, alinéa 2, est de ne pas porter une atteinte importante à ces principes.

Le considérant 35 détaille les normes et conventions visées et précise que ces garanties minimales sont, sans préjudice de l'application d'exigences plus strictes en matière d'environnement, de santé, de sécurité et de durabilité sociale, énoncées dans le droit de l'Union.

Art. 19. – Exigences applicables aux critères d'examen technique. – 1. Les critères d'examen technique établis en vertu de l'article 10, paragraphe 3, de l'article 11, paragraphe 3, de l'article 12, paragraphe 2, de l'article 13, paragraphe 2, de l'article 14, paragraphe 2, et de l'article 15, paragraphe 2 :

***a)* identifient les contributions potentielles à l'objectif environnemental considéré qui sont les plus pertinentes, tout en respectant le principe de neutralité technologique, en prenant en compte les incidences à court terme comme à long terme d'une activité économique donnée ;**

***b)* précisent les exigences minimales à respecter pour éviter de causer un préjudice important à l'un quelconque des objectifs environnementaux pertinents, en prenant en compte les incidences à court terme comme à long terme d'une activité économique donnée ;**

***c)* sont quantitatifs et comprennent des seuils dans la mesure du possible et, à défaut, sont qualitatifs ;**

***d)* s'appuient le cas échéant sur des systèmes d'étiquetage et de certification de l'Union, des méthodes d'évaluation de l'empreinte écologique de l'Union et des classifications statistiques de l'Union, et tiennent compte de tout instrument législatif de l'Union pertinent en vigueur ;**

e) utilisent, dans la mesure du possible, des indicateurs de durabilité tels qu'ils sont visés à l'article 4, paragraphe 6, du règlement (UE) 2019/2088 ;

f) sont fondés sur des éléments scientifiques concluants et le principe de précaution inscrit à l'article 191 du traité sur le fonctionnement de l'Union européenne ;

g) tiennent compte du cycle de vie, y compris des éléments de fait tirés des analyses existantes du cycle de vie, en prenant en considération à la fois l'impact environnemental de l'activité économique elle-même et l'impact environnemental des produits et services qu'elle fournit, en examinant en particulier la production, l'utilisation et la fin de vie de ces produits et services ;

h) tiennent compte de la nature et de l'ampleur de l'activité économique, en particulier :

i) s'il s'agit d'une activité habilitante telle qu'elle est visée à l'article 16 ; ou

ii) s'il s'agit d'une activité transitoire telle qu'elle est visée à l'article 10, paragraphe 2 ;

i) tiennent compte des effets potentiels de la transition vers une économie plus durable sur les marchés, notamment du risque que certains actifs deviennent des actifs échoués à la suite de cette transition, ainsi que du risque de créer des incitations contradictoires à l'investissement durable ;

j) couvrent toutes les activités économiques pertinentes au sein d'un secteur donné et font en sorte que ces activités bénéficient d'une égalité de traitement si elles contribuent de manière égale à la réalisation d'un ou de plusieurs des objectifs environnementaux énoncés à l'article 9 du présent règlement, afin d'éviter toute distorsion de concurrence sur le marché ; et

k) sont faciles à utiliser et sont fixés de manière à faciliter la vérification de leur respect.

Lorsque l'activité économique relève de l'une des catégories visées au point *h)*, les critères d'examen technique l'indiquent clairement.

2. Les critères d'examen technique visés au paragraphe 1 comprennent également des critères concernant les activités liées à la transition vers une énergie propre compatibles avec un profil d'évolution visant à limiter l'augmentation de la température à 1,5 °C par rapport aux niveaux préindustriels, notamment l'efficacité énergétique et les sources d'énergie renouvelables, dans la mesure où ces activités apportent une contribution substantielle à la réalisation d'objectifs environnementaux.

3. Les critères d'examen technique visés au paragraphe 1 garantissent que les activités de production d'électricité utilisant des combustibles fossiles solides ne sont pas considérées comme des activités économiques durables sur le plan environnemental.

4. Les critères d'examen technique visés au paragraphe 1 comprennent également des critères concernant les activités liées à la transition vers une mobilité propre ou sans incidence sur le climat, notamment grâce au transfert modal, à des mesures d'efficacité et à l'emploi de carburants alternatifs, dans la mesure où elles apportent une contribution substantielle à la réalisation d'objectifs environnementaux.

5. La Commission réexamine régulièrement les critères d'examen technique visés au paragraphe 1 et, le cas échéant, modifie les actes délégués adoptés conformément au présent règlement en fonction du progrès scientifique et technologique.

Dans ce contexte, avant de modifier ou de remplacer un acte délégué, la Commission évalue la mise en œuvre de ces critères en tenant compte du résultat de leur application par les acteurs des marchés financiers et de leurs incidences sur les marchés des capitaux, y compris en réorientant des investissements vers des activités économiques durables sur le plan environnemental.

Afin de garantir que les activités économiques visées à l'article 10, paragraphe 2, restent sur une trajectoire de transition crédible et compatible avec une économie neutre pour le climat, la Commission examine les critères d'examen technique pour ces activités au moins tous les trois ans et, le cas échéant, modifie l'acte délégué visé à l'article 10, paragraphe 3, en fonction des progrès scientifiques et technologiques.

L'article 19 est un article essentiel puisqu'il détermine les conditions dans lesquelles seront fixés les *critères d'examen technique qui* sont attendus pour préciser les conditions d'application des différents objectifs de durabilité.

L'article 19 fixe donc les règles de base que devront suivre ces critères d'examen technique publiés dans les différents règlements délégués.

Les considérants 36 à 46 fixent les règles d'établissement et d'actualisation des critères d'examen technique.

Il s'agit tout d'abord de détailler le contenu et la présentation des informations relatives au principe consistant à ne pas causer de préjudice important. Les normes techniques doivent être cohérentes avec l'indicateur de durabilité, concernant les incidences négatives visées dans le règlement 2019/2088, mais également avec les principes du socle européen de droits sociaux.

Les règles de transparence sur la promotion des caractéristiques environnementales et des investissements durables dans les informations précontractuelles et dans les rapports périodiques doivent également être précisées.

On soulignera que depuis lors est intervenu le règlement relatif aux allégations environnementales (Dir. [UE] 2024/825 du Parlement européen et du Conseil, 28 févr. 2024 modifiant les directives 2005/29/CE et 2011/83/UE pour donner aux consommateurs les moyens d'agir en faveur de la transition verte grâce à une meilleure protection contre les pratiques déloyales et grâce à une meilleure information).

Il y a également une obligation d'avoir des critères à jour compte tenu de l'évolution des données scientifiques. Les critères doivent également s'intéresser aux activités économiques qui ont une incidence négative sur l'environnement, mais qui peuvent être réduites en prenant en considération l'incidence à long terme de chaque activité économique. Les critères techniques ne doivent pas créer un préjudice important à d'autres objectifs. Ils doivent également être considérés au regard des analyses de cycles de vie régulièrement actualisées. Les critères techniques des activités de transition et des activités habilitantes doivent également être précisés.

Le périmètre est donc extrêmement large, ce qui explique que l'article 19 comporte de très nombreuses dispositions :

Pour les objectifs :

- identifier les contributions potentielles à l'objectif environnemental considéré qui sont les plus pertinentes en respectant la neutralité technologique ;
- préciser les exigences minimales à respecter pour ne pas causer un préjudice important à un objectif environnemental pertinent ;
- être quantitatif avec des seuils dans la mesure du possible ;
- s'appuyer sur des systèmes d'étiquetage ;
- utiliser des indicateurs de durabilité ;
- être fondé sur des éléments scientifiques concluants et notamment le principe de précaution ;
- tenir compte du cycle de vie ;
- tenir compte de la nature et de l'ampleur de l'activité économique s'il s'agit d'une activité habilitante ou d'une activité transitoire ;
- tenir compte des effets potentiels de la transition vers une économie plus durable ;
- ouvrir toutes les activités économiques pertinentes d'un secteur donné ;
- et faire en sorte que toutes les activités bénéficient d'une égalité de traitement.

Ce texte précise que les critères doivent garantir que les activités de production d'électricité utilisant des combustibles fossiles ne sont pas considérées comme des activités durables et que la question de la mobilité est également prise en charge.

Enfin, le réexamen de ces critères d'examen technique doit être organisé.

Dans l'ensemble, toutes ces activités doivent rester dans une trajectoire de transition crédible et compatible avec une économie neutre pour le climat et avec les objectifs de l'accord de Paris.

Les différents actes délégués intervenus depuis lors ont cherché à répondre à ces différents critères.

Art. 20. – Plateforme sur la finance durable. – 1. La Commission crée une plateforme sur la finance durable (ci-après dénommée « plateforme »). Elle est composée, dans un souci d'équilibre, des groupes suivants :

a) de représentants :

i) de l'Agence européenne pour l'environnement ;

ii) des autorités européennes de surveillance ;

iii) de la Banque européenne d'investissement et du Fonds européen d'investissement ; et

iv) de l'Agence des droits fondamentaux de l'Union européenne ;

b) d'experts représentant les parties prenantes concernées du secteur privé, y compris des acteurs et secteurs d'activité des marchés financiers et non financiers, représentant les secteurs industriels concernés, et de personnes ayant acquis une expertise en matière de comptabilité et d'établissement de rapports ;

c) d'experts représentant la société civile, y compris des personnes ayant acquis une expertise dans les domaines de l'environnement, des affaires sociales, du travail et de la gouvernance ;

d) d'experts nommés à titre personnel et possédant des connaissances et une expérience avérées dans les domaines couverts par le présent règlement ;

e) d'experts représentant le monde académique, notamment les universités, les instituts de recherche et d'autres organismes scientifiques, y compris des personnes ayant acquis une expertise au niveau mondial.

2. La plateforme :

a) conseille la Commission sur les critères d'examen technique visés à l'article 19, ainsi que sur la nécessité éventuelle de les actualiser ;

b) analyse l'incidence des critères d'examen technique sous l'angle des coûts et des avantages potentiels de leur application ;

c) aide la Commission à analyser les demandes des parties prenantes concernant l'élaboration ou la révision de critères d'examen technique pour une activité économique donnée ;

d) conseille la Commission, le cas échéant, sur le rôle éventuel d'une comptabilité intégrant la durabilité et des normes de déclaration en matière de durabilité dans le soutien à l'application des critères d'examen technique ;

e) suit les tendances au niveau de l'Union et des États membres en ce qui concerne les flux de capitaux vers des investissements durables et fait régulièrement rapport à la Commission à ce sujet ;

f) conseille la Commission sur la nécessité éventuelle de mettre au point des mesures supplémentaires visant à améliorer la disponibilité et la qualité des données ;

g) conseille la Commission sur la facilité d'utilisation des critères d'examen technique, en tenant compte de la nécessité d'éviter une charge administrative inutile ;

h) conseille la Commission sur la nécessité éventuelle de modifier le présent règlement ;

i) conseille la Commission sur l'évaluation et le développement de politiques en matière de finance durable, y compris en ce qui concerne les questions relatives à la cohérence des politiques ;

j) conseille la Commission sur la réalisation d'autres objectifs en matière de durabilité, y compris les objectifs sociaux ;

k) conseille la Commission sur l'application de l'article 18 et sur la nécessité éventuelle de compléter les exigences y figurant.

3. La plateforme prend en considération le point de vue d'un large éventail de parties prenantes.

4. La plateforme est présidée par la Commission et constituée dans le respect des règles horizontales sur la création et le fonctionnement des groupes d'experts de la Commission. Dans ce contexte, la Commission peut inviter ponctuellement des experts ayant acquis une expertise spécifique.

5. La plateforme s'acquitte de ses tâches dans le respect du principe de transparence. La Commission publie les procès-verbaux des réunions de la plateforme et d'autres documents pertinents sur son site internet.

6. Si des acteurs des marchés financiers estiment qu'il y a lieu de considérer comme durable sur le plan environnemental une activité économique qui ne respecte pas les critères d'examen technique établis en vertu du présent règlement, ou pour laquelle il n'a pas encore été établi de tels critères d'examen technique, ils peuvent en informer la plateforme.

L'article 20 concerne la plateforme de la finance durable composée de nombreux experts et dont l'objectif est de conseiller la Commission sur les critères d'examen technique.

La plateforme fera un excellent travail qui malheureusement n'aboutira pas toujours, que ce soit pour élaborer une plateforme sociale qui a été oubliée, ou que ce soit dans la critique très forte du fait de la volonté de la Commission de classer le gaz et le nucléaire dans les énergies de transition.

Art. 21. – Autorités compétentes. – 1. Les États membres veillent à ce que les autorités compétentes visées à l'article 14, paragraphe 1, du règlement (UE) 2019/2088 contrôlent le respect par les acteurs des marchés financiers des exigences énoncées aux articles 5, 6 et 7 du présent règlement. Les États membres s'assurent que leurs autorités compétentes disposent de tous les pouvoirs de contrôle et d'enquête qui sont nécessaires pour exercer leurs fonctions au titre du présent règlement.

2. Aux fins du présent règlement, les autorités compétentes coopèrent entre elles et se communiquent mutuellement, sans retard injustifié, les informations utiles à l'accomplissement de leurs missions au titre du présent règlement.

Il s'agit de déterminer les autorités compétentes qui seront chargées de veiller au respect, par les acteurs des marchés financiers, des exigences concernant les institutions financières précisées aux articles 5, 6 et 7 du règlement.

En France, c'est l'AMF qui est principalement chargée de cet objectif.

Art. 22. – *Mesures et sanctions*. – Les États membres fixent les règles relatives aux mesures et sanctions applicables en cas de violation des articles 5, 6 et 7. Les mesures et sanctions prévues sont effectives, proportionnées et dissuasives.

Les mesures et sanctions applicables en cas de violation par les institutions financières des articles 5, 6 et 7 doivent être fixées par les États membres et doivent être effectives, proportionnées et dissuasives.

Art. 23. – Exercice de la délégation. – 1. Le pouvoir d'adopter des actes délégués conféré à la Commission est soumis aux conditions fixées au présent article.

2. Le pouvoir d'adopter des actes délégués visés à l'article 8, paragraphe 4, à l'article 10, paragraphe 3, à l'article 11, paragraphe 3, à l'article 12, paragraphe 2, à l'article 13, paragraphe 2, à l'article 14, paragraphe 2, et à l'article 15, paragraphe 2, est conféré à la Commission pour une durée indéterminée à compter du 12 juillet 2020.

3. Les délégations de pouvoir visées à l'article 8, paragraphe 4, à l'article 10, paragraphe 3, à l'article 11, paragraphe 3, à l'article 12, paragraphe 2, à l'article 13, paragraphe 2, à l'article 14, paragraphe 2, et à l'article 15, paragraphe 2, peuvent être révoquées à tout moment par le Parlement européen ou le Conseil. La décision de révocation met fin à la délégation de pouvoir qui y est précisée. La révocation prend effet le jour suivant celui de la publication de ladite décision au *Journal officiel de l'Union européenne* ou à une date ultérieure qui est précisée dans ladite décision. Elle ne porte pas atteinte à la validité des actes délégués déjà en vigueur.

4. La Commission recueille toute l'expertise nécessaire, avant l'adoption et au cours de l'élaboration des actes délégués, y compris par la consultation du groupe d'experts des États membres sur la finance publique visé à l'article 24. Avant l'adoption d'un acte délégué, la Commission agit conformément aux principes et aux procédures définis dans l'accord interinstitutionnel du 13 avril 2016« Mieux légiférer ».

5. Aussitôt qu'elle adopte un acte délégué, la Commission le notifie au Parlement européen et au Conseil simultanément.

6. Un acte délégué adopté en vertu de l'article 8, paragraphe 4, de l'article 10, paragraphe 3, de l'article 11, paragraphe 3, de l'article 12, paragraphe 2, de l'article 13, paragraphe 2, de l'article 14, paragraphe 2, et de l'article 15, paragraphe 2, n'entre en vigueur que si le Parlement européen ou le Conseil n'a pas exprimé d'objections dans un délai de quatre mois à compter de la notification de cet acte au Parlement européen et au Conseil ou si, avant l'expiration de ce délai, le Parlement européen et le Conseil ont tous deux informé la Commission de leur intention de ne pas exprimer d'objections. Ce délai est prolongé de deux mois à l'initiative du Parlement européen ou du Conseil.

L'article 23 précise les conditions de la délégation faite à la Commission pour adopter les actes délégués. La seule obligation est de notifier l'acte délégué au Parlement européen et au Conseil pour qu'elle dispose d'un délai de 4 mois à compter de la notification de l'acte pour exprimer une opposition.

Le délai de 4 mois peut être prolongé de 2 mois.

Art. 24. – Groupe d'experts des États membres sur la finance durable. – 1. Un groupe d'experts des États membres sur la finance durable (ci-après dénommé « groupe d'experts des États membres ») conseille la Commission sur la pertinence des critères d'examen technique et sur l'approche adoptée par la plateforme en ce qui concerne l'élaboration de ces critères conformément à l'article 19.

2. La Commission informe les États membres par l'organisation de réunions du groupe d'experts des États membres destinées à faciliter un échange de vues en temps utile entre les États membres et la Commission, en particulier en ce qui concerne les principales conclusions de la plateforme, telles que de nouveaux critères d'examen technique ou des actualisations importantes de ces critères, ou encore des projets de rapports.

Le groupe d'experts des États membres sur la finance durable est un deuxième élément de conseil de la Commission réservé aux États membres et dont l'avis peut ne pas être le même que celui de la plateforme pour la finance durable.

Chapitre III. – Dispositions finales

Art. 25. – Modifications apportées au règlement (UE) 2019/2088. – Le règlement (UE) 2019/2088 est modifié comme suit :

1) L'article suivant est inséré :

« *Article 2 bis*

Principe consistant à ne pas causer de préjudice important

1. Les autorités européennes de surveillance instituées par les règlements (UE) n° 1093/2010, (UE) n° 1094/2010 et (UE) n° 1095/2010 du Parlement européen et du Conseil (ci-après collectivement dénommées "autorités européennes de surveillance") élaborent, par l'intermédiaire du comité mixte, des

projets de normes techniques de réglementation pour détailler le contenu et la présentation des informations relatives au principe consistant à "ne pas causer de préjudice important" visé à l'article 2, point 17), du présent règlement, qui soient cohérents avec le contenu, les méthodes et la présentation pour ce qui est des indicateurs de durabilité concernant les incidences négatives visées à l'article 4, paragraphes 6 et 7, du présent règlement.

2. Les autorités européennes de surveillance soumettent les projets de normes techniques de réglementation visés au paragraphe 1 à la Commission au plus tard le 30 décembre 2020.

3. Le pouvoir de compléter le présent règlement en adoptant les normes techniques de réglementation visées au paragraphe 1 du présent article est délégué à la Commission conformément aux articles 10 à 14 des règlements (UE) n° 1093/2010, (UE) n° 1094/2010 et (UE) n° 1095/2010. ».

2) L'article 8 est modifié comme suit :

a) le paragraphe suivant est inséré :

« 2 *bis* Lorsque les acteurs des marchés financiers mettent à disposition un produit financier visé à l'article 6 du règlement (UE) 2020/852 du Parlement européen et du Conseil (1), ils incluent, dans les informations à publier au titre de l'article 6, paragraphes 1 et 3, du présent règlement, les informations requises au titre de l'article 6 du règlement (UE) 2020/852. » ;

b) au paragraphe 3, le premier alinéa est remplacé par le texte suivant :

« 3. Les autorités européennes de surveillance élaborent, par l'intermédiaire du comité mixte, des projets de normes techniques de réglementation afin de détailler le contenu et la présentation des informations à publier en vertu des paragraphes 1 et 2 du présent article. » ;

c) le paragraphe suivant est ajouté :

« 4. Les autorités européennes de surveillance élaborent, par l'intermédiaire du comité mixte, des projets de normes techniques de réglementation afin de détailler le contenu et la présentation des informations visées au paragraphe 2 *bis* du présent article. ».

Lorsqu'elles élaborent les projets de normes techniques de réglementation visés au premier alinéa du présent paragraphe, les autorités européennes de surveillance tiennent compte des différents types de produits financiers, de leurs caractéristiques et de leurs différences, ainsi que de l'objectif consistant à publier des informations exactes, loyales, claires, non trompeuses, simples et concises et, lorsque cela s'avère nécessaire pour atteindre cet objectif, élaborent des projets d'amendements aux normes techniques de réglementation visées au paragraphe 3 du présent article. Les projets de normes techniques de réglementation tiennent compte des dates d'application respectives mentionnées à l'article 27, paragraphe 2, points *a)* et *b)*, du règlement (UE) 2020/852 en ce qui concerne les objectifs environnementaux énoncés à l'article 9 dudit règlement.

Les autorités européennes de surveillance soumettent à la Commission les projets de normes techniques de réglementation visés au premier alinéa :

a) en ce qui concerne les objectifs environnementaux visés à l'article 9, points *a)* et *b)*, du règlement (UE) 2020/852, le 1er juin 2021 au plus tard ; et

b) en ce qui concerne les objectifs environnementaux visés à l'article 9, points *c)* à *f)*, du règlement (UE) 2020/852, le 1e juin 2022 au plus tard.

Le pouvoir de compléter le présent règlement en adoptant les normes techniques de réglementation visées au premier alinéa du présent paragraphe est délégué à la Commission conformément aux articles 10 à 14 des règlements (UE) n° 1093/2010, (UE) n° 1094/2010 et (UE) n° 1095/2010. ».

3) L'article 9 est modifié comme suit :

a) le paragraphe suivant est inséré :

« 4 *bis*. Les acteurs des marchés financiers incluent, dans les informations à publier conformément à l'article 6, paragraphes 1 et 3, du présent règlement les informations requises au titre l'article 5 du règlement (UE) 2020/852 » ;

(1) Règlement (UE) 2020/852 du Parlement européen et du Conseil du 18 juin 2020 sur l'établissement d'un cadre visant à favoriser les investissements durables, et modifiant le règlement (UE) 2019/2088 (*JO* L 198, du 22.06.2020, p.13).

b) au paragraphe 5, le premier alinéa est remplacé par le texte suivant :

« 5. Les autorités européennes de surveillance élaborent, par l'intermédiaire du comité mixte, des projets de normes techniques de réglementation afin de détailler le contenu et la présentation des informations à publier en vertu des paragraphes 1 à 4 du présent article. » ;

c) le paragraphe suivant est ajouté :

« 6. Les autorités européennes de surveillance élaborent, par l'intermédiaire du comité mixte, des projets de normes techniques de réglementation afin de détailler le contenu et la présentation des informations visées au paragraphe 4 *bis* du présent article.

Lorsqu'elles élaborent les projets de normes techniques de réglementation visés au premier alinéa du présent paragraphe, les autorités européennes de surveillance tiennent compte des différents types de produits financiers, de leurs objectifs visés au paragraphe 4 *bis* du présent article, et de leurs différences, ainsi que de l'objectif consistant à publier des informations exactes, loyales, claires, non trompeuses, simples et concises et, lorsque cela s'avère nécessaire pour atteindre cet objectif, élaborent des projets d'amendements aux normes techniques de réglementation visées au paragraphe 5 du présent article. Les projets de normes techniques de réglementation tiennent compte des dates d'application respectives mentionnées à l'article 27, paragraphe 2, points *a)* et *b)*, du règlement (UE) 2020/852, en ce qui concerne les objectifs environnementaux énoncés à l'article 9 dudit règlement.

Les autorités européennes de surveillance soumettent à la Commission les projets de normes techniques de réglementation visés au premier alinéa :

a) en ce qui concerne les objectifs environnementaux énoncés à l'article 9, points *a)* et *b)*, du règlement (UE) 2020/852, le 1er juin 2021 au plus tard ; et

b) en ce qui concerne les objectifs environnementaux énoncés à l'article 9, points *c)* à *f)*, du règlement (UE) 2020/852, le 1er juin 2022 au plus tard.

Le pouvoir de compléter le présent règlement en adoptant les normes techniques de réglementation visées au premier alinéa du présent paragraphe est délégué à la Commission conformément aux articles 10 à 14 des règlements (UE) n° 1093/2010, (UE) n° 1094/2010 et (UE) n° 1095/2010. ».

4) L'article 11 est modifié comme suit :

a) au paragraphe 1, les points suivants sont ajoutés :

« *c)* pour un produit financier soumis à l'article 5 du règlement (UE) 2020/852, les informations requises au titre dudit article ;

d) pour un produit financier soumis à l'article 6 du règlement (UE) 2020/852, les informations requises au titre dudit article. » ;

b) au paragraphe 4, le premier alinéa est remplacé par le texte suivant :

« 4. Les autorités européennes de surveillance élaborent, par l'intermédiaire du comité mixte, des projets de normes techniques de réglementation afin de détailler le contenu et la présentation des informations visées au paragraphe 1, points *a)* et *b)*. » ;

c) le paragraphe suivant est ajouté :

« 5. Les autorités européennes de surveillance élaborent, par l'intermédiaire du comité mixte, des projets de normes techniques de réglementation afin de détailler le contenu et la présentation des informations visées au paragraphe 1, points *c)* et *d)*.

Lorsqu'elles élaborent les projets de normes techniques de réglementation visés au premier alinéa du présent paragraphe, les autorités européennes de surveillance tiennent compte des différents types de produits *financiers, de leurs caractéristiques* et de leurs objectifs ainsi que de leurs différences et, lorsque cela s'avère nécessaire, élaborent des projets d'amendements aux normes techniques de réglementation visées au paragraphe 4 du présent article. Les projets de normes techniques de réglementation tiennent compte des dates d'application respectives mentionnées à l'article 27, paragraphe 2, points *a)* et *b)*, du règlement (UE) 2020/852, en ce qui concerne les objectifs environnementaux énoncés à l'article 9 dudit règlement. Les autorités européennes de surveillance actualisent les normes techniques de réglementation à la lumière des évolutions réglementaires et technologiques.

Les autorités européennes de surveillance soumettent à la Commission les projets de normes techniques de réglementation visés au premier alinéa :

a) en ce qui concerne les objectifs environnementaux visés à l'article 9, points *a)* et *b)*, du règlement (UE) 2020/852, le 1er juin 2021 au plus tard ; et *b)* en ce qui concerne les objectifs environnementaux visés à l'article 9, points *c)* à *f)*, du règlement (UE) 2020/852, le 1er juin 2022 au plus tard.

Le pouvoir de compléter le présent règlement en adoptant les normes techniques de réglementation visées au premier alinéa du présent paragraphe est délégué à la Commission conformément aux articles 10 à 14 des règlements (UE) n° 1093/2010, (UE) n° 1094/2010 et (UE) n° 1095/2010. ».

5) À l'article 20, le paragraphe 3 est remplacé par le texte suivant :

« 3. Par dérogation au paragraphe 2 du présent article :

a) l'article 4, paragraphes 6 et 7, l'article 8, paragraphe 3, l'article 9, paragraphe 5, l'article 10, paragraphe 2, l'article 11, paragraphe 4, et l'article 13, paragraphe 2, s'appliquent à partir du 29 décembre 2019 ;

b) l'article 2 *bis*, l'article 8, paragraphe 4, l'article 9, paragraphe 6, et l'article 11, paragraphe 5, s'appliquent à partir du 12 juillet 2020 ;

c) l'article 8, paragraphe 2 *bis*, et l'article 9, paragraphe 4 *bis*, s'appliquent :

i) en ce qui concerne les objectifs environnementaux visés à l'article 9, points *a)* et *b)*, du règlement (UE) 2020/852, à partir du 1er janvier 2022 ; et

ii) en ce qui concerne les objectifs environnementaux visés à l'article 9, points *c)* à *f)*, du règlement (UE) 2020/852, à partir du 1er janvier 2023 ;

d) l'article 11, paragraphes 1, 2 et 3, s'applique à partir du 1er janvier 2022. ».

L'article 25 est un article qui vient modifier le règlement 2019/2088 concernant les institutions financières pour intégrer le principe consistant à ne pas causer de préjudice important dans un article 2 *bis*.

Il modifie également l'article 8 pour le mettre en cohérence avec les informations publiées au titre de l'article 6 du présent règlement ainsi que les publications à faire au titre de l'article 9.

Il renvoie aux autorités européennes de surveillance le choix d'élaborer par l'intermédiaire d'un comité mixte les projets de normes techniques de réglementation pour préciser les informations à publier en fonction des types de produits financiers, de leurs caractéristiques et de leurs objectifs.

Art. 26. – Réexamen. – 1. Au plus tard le 13 juillet 2022, puis tous les trois ans par la suite, la Commission publie un rapport sur l'application du présent règlement. Ledit rapport évalue les éléments suivants :

a) les progrès réalisés dans la mise en œuvre du présent règlement en ce qui concerne la mise au point de critères d'examen technique pour l'identification des activités économiques durables sur le plan environnemental ;

b) la nécessité éventuelle de réviser et de compléter les critères fixés à l'article 3 pour considérer qu'une activité économique est durable sur le plan environnemental ;

c) l'utilisation de la notion d'investissement durable sur le plan environnemental dans le droit de l'Union et au niveau des États membres, y compris les dispositions nécessaires pour mettre en place des mécanismes de vérification du respect des critères énoncés dans le présent règlement ;

d) l'efficacité de l'application des critères d'examen technique établis en vertu du présent règlement pour la réorientation des investissements privés vers des activités économiques durables sur le plan environnemental, et notamment en ce qui concerne les flux de capitaux, y compris les fonds propres, vers des entreprises privées et d'autres entités juridiques, par l'intermédiaire à la fois de produits financiers couverts par le présent règlement et d'autres produits financiers ;

e) l'accès en temps utile, pour les acteurs des marchés financiers couverts par le présent règlement et pour les investisseurs, à des informations et des données fiables et vérifiables concernant des entreprises privées et d'autres entités juridiques, y compris les sociétés détenues dans le cadre et en dehors du champ d'application du présent règlement et, dans les deux cas, en ce qui concerne les fonds propres et les capitaux d'emprunt, en tenant compte de la charge administrative y afférente, ainsi que les procédures de vérification des données qui sont nécessaires pour déterminer le degré d'alignement sur les critères d'examen technique et assurer le respect de ces procédures ;

f) l'application des articles 21 et 22.

2. Au plus tard le 31 décembre 2021, la Commission publie un rapport décrivant les dispositions qui seraient nécessaires pour étendre le champ d'application du présent règlement au-delà des activités économiques durables sur le plan environnemental et décrivant les dispositions qui seraient nécessaires pour couvrir :

a) les activités économiques qui ne causent pas de préjudice important à la durabilité environnementale, et les activités économiques qui causent un préjudice important à la durabilité environnementale, ainsi qu'un examen

de la pertinence d'exigences spécifiques en matière de publication d'informations liées aux activités transitoires et habilitantes ; et

b) d'autres objectifs de durabilité, tels que des objectifs sociaux.

3. Au plus tard le 13 juillet 2022, la Commission évalue l'efficacité des procédures consultatives pour le développement des critères d'examen technique établis dans le cadre du présent règlement.

Il s'agit de la procédure de réexamen qui, à partir de 2022, doit se dérouler tous les 3 ans et donner lieu à un rapport.

Art. 27. – Entrée en vigueur et application. – 1. Le présent règlement entre en vigueur le vingtième jour suivant celui de sa publication au *Journal officiel de l'Union européenne*.

2. Les articles 4, 5, 6 et 7 et l'article 8, paragraphes 1, 2 et 3, s'appliquent :

a) en ce qui concerne les objectifs environnementaux visés à l'article 9, points a) et b), à compter du 1er janvier 2022 ; et

b) en ce qui concerne les objectifs environnementaux visés à l'article 9, points c) à f), à compter du 1er janvier 2023.

3. L'article 4 ne s'applique pas aux régimes d'incitations fiscales fondés sur des certifications qui existaient avant l'entrée en vigueur du présent règlement et qui énoncent les exigences pour les produits financiers destinés à financer des projets durables.

Le présent règlement est obligatoire dans tous ses éléments et directement applicable dans tout État membre.

Règlement délégué (UE) de la Commission n° 2021/2139 du 4 juin 2021

complétant le règlement (UE) 2020/852 du Parlement européen et du Conseil par les critères d'examen technique permettant de déterminer à quelles conditions une activité économique peut être considérée comme contribuant substantiellement à l'atténuation du changement climatique ou à l'adaptation à celui-ci et si cette activité économique ne cause de préjudice important à aucun des autres objectifs environnementaux

Voir : Règlement délégué (UE) 2021/2139 de la Commission du 4 juin 2021 complétant le règlement (UE) 2020/852 du Parlement européen et du Conseil par les critères d'examen technique permettant de déterminer à quelles conditions une activité économique peut être considérée comme contribuant substantiellement à l'atténuation du changement climatique ou à l'adaptation à celui-ci et si cette activité économique ne cause de préjudice important à aucun des autres objectifs environnementaux, https://eur-lex.europa.eu/legal-content/FR/TXT/?uri=CELEX%3A02021R2139-20250101.

Règlement délégué (UE) de la Commission n° 2022/1214 du 9 mars 2022

modifiant le règlement délégué (UE) 2021/2139 en ce qui concerne les activités économiques exercées dans certains secteurs de l'énergie et le règlement délégué (UE) 2021/2178 en ce qui concerne les informations à publier spécifiquement pour ces activités économiques

Voir lien de redirection vers : Règlement délégué (UE) 2022/1214 de la Commission du 9 mars 2022 modifiant le règlement délégué (UE) 2021/2139 en ce qui concerne les activités économiques exercées dans certains secteurs de l'énergie et le règlement délégué (UE) 2021/2178 en ce qui concerne les informations à publier spécifiquement pour ces activités économiques, https://eur-lex.europa.eu/legal-content/FR/TXT/HTML/?uri=CELEX:32022R1214&qid=1742204585995.

Règlement délégué (UE) de la Commission n° 2023/2485 du 27 juin 2023

modifiant le règlement délégué (UE) 2021/2139 par des critères d'examen technique supplémentaires permettant de déterminer à quelles conditions certaines activités économiques peuvent être considérées comme contribuant substantiellement à l'atténuation du changement climatique ou à l'adaptation à celui-ci et si ces activités ne causent de préjudice important à aucun des autres objectifs environnementaux

Voir lien de redirection vers : Règlement délégué (UE) 2023/2485 de la Commission du 27 juin 2023 modifiant le règlement délégué (UE) 2021/2139 par des critères d'examen technique supplémentaires permettant de déterminer à quelles conditions certaines activités économiques peuvent être considérées comme contribuant substantiellement à l'atténuation du changement climatique ou à l'adaptation à celui-ci et si ces activités ne causent de préjudice important à aucun des autres objectifs environnementaux, https://eur-lex.europa.eu/legal-content/FR/TXT/HTML/?uri=OJ:L_202302485.

ANNEXE 3

Commentaire général concernant le règlement délégué 2021/2139 de la Commission du 4 juin 2021 complétant le règlement 2020/852 du Parlement européen et du Conseil par les critères d'examen technique permettant de déterminer à quelles conditions une activité économique peut être considérée comme contribuant substantiellement à l'atténuation du changement climatique ou à l'adaptation à celui-ci si cette activité économique ne cause de préjudice important à aucun des autres objectifs environnementaux.

Ce texte qui est le premier règlement délégué de la taxonomie, a été complété par un règlement délégué 2022/1214 de la Commission du 9 mars 2022 modifiant le règlement 2021/2139 en ce qui concerne les activités économiques exercées dans certains secteurs de l'énergie et le règlement délégué 2021/2178 en ce qui concerne les informations à publier spécifiquement pour ces activités économiques.

Il s'agit de la question du gaz et de l'énergie nucléaire, classés parmi les activités de transition.

Enfin, le troisième règlement délégué en date du 27 juin 2023, publié le 21 novembre 2023, vient modifier les annexes 1 et 2 dans le domaine des transports.

S'agissant du premier règlement, celui-ci comporte 2 annexes : l'annexe 1 propre à l'atténuation au changement climatique et l'annexe 2 propre à l'adaptation.

Les activités concernées ont été classées à partir du code ACE de nomenclature des activités économiques au sein de l'Union.

Elle comporte 9 catégories :

- la foresterie ;
- les activités de protection et de restauration de l'environnement ;
- l'industrie manufacturière qui porte elle-même dix-sept sous-catégories ;
- l'énergie et en particulier toutes les technologies d'énergie renouvelable et de stockage d'électricité et d'hydrogène, ainsi que les réseaux de transport, les réseaux de chaleur et de froid, la production de chaleur et de froid de manière renouvelable, trente sous-catégories figurent dans cette catégorie ;
- la production et la distribution d'eau, l'assainissement, la gestion des déchets et la pollution, qui comprend elle-même douze sous-catégories dont le captage, le gaz de décharge, le transport de CO_2 et le stockage géologique souterrain permanent de CO_2 ;
- tous les transports (ferroviaire, fluviaux, maritimes et côtiers, automobile, voitures particulières et véhicules utilitaires légers ainsi que le transport routier de fret. Dix-sept sous-catégories figurent dans cette catégorie ;
- la construction et les activités immobilières qui comportent sept sous-catégories ;
- L'information et la communication qui ne concernent que le traitement des données, les solutions fondées sur des données pour réduire les émissions de gaz à effet de serre et enfin les autres spécialistes, les activités spécialisées, scientifiques et techniques qui concernent essentiellement la recherche et le développement.

Chaque catégorie est construite de la même manière. Elle comporte tout d'abord une description de l'activité, puis les critères d'examen techniques à proprement parler qui comprennent :

- les conditions dans lesquelles est appréciée la contribution substantielle à l'atténuation du changement climatique ;
- l'analyse des bénéfices pour le climat ;
- les conditions d'audit et d'évaluation.

Puis est abordée la question de ne pas causer de préjudice important pour les cinq autres catégories que la lutte contre le dérèglement climatique.

Selon le reste des différents objectifs environnementaux, la liste est plus ou moins détaillée. Elle l'est particulièrement pour la question de la biodiversité.

L'annexe est complétée par deux appendices :

- l'appendice A concerne la classification des aléas liés au climat en séparant les aléas liés à la température, au vent, à l'eau et aux masses solides et en divisant chacune de ces catégories en fonction des aléas chroniques et des aléas aigus ;
- l'appendice B précise les critères génériques à ne pas causer de préjudice important en vue de l'utilisation durable et de la protection des ressources hydriques et marines ;
- l'appendice C prévoit les critères génériques consistant à ne pas causer de préjudice important en vue de la prévention et de la réduction de la pollution concernant l'utilisation et la présence de produits chimiques ;
- l'appendice D précise les critères génériques concernant le principe de ne pas causer de préjudice important en vue de la protection et de la restauration de la biodiversité des écosystèmes.

Ce premier règlement a été complété par un deuxième règlement 2022/1214 en date du 9 mars 2022. Ce règlement a été publié le 15 juillet 2022. Il traite la question de la production et de l'utilisation du gaz fossile et de l'énergie nucléaire, qui n'avait pas été traitée dans le premier règlement délégué.

Pour justifier le classement dans les énergies de transition, le règlement souligne qu'en ce qui concerne le gaz il faut établir des examens techniques permettant des systèmes particulièrement efficaces, la cogénération à haute efficacité, la production de chauffage et de refroidissement par des systèmes efficaces de chauffage et de refroidissement urbain.

Les critères d'examen technique doivent permettre d'accélérer l'élimination progressive de davantage de sources d'énergie à plus forte intensité d'émission, y compris les fossiles solides et le gaz, permettant précisément d'atteindre cet objectif.

S'agissant du nucléaire, le considérant 6 souligne qu'il s'agit d'une activité à faible intensité de carbone non renouvelable.

On considère d'autre part que les atteintes aux autres intérêts, et en particulier le risque lié aux centrales nucléaires, doivent faire l'objet d'améliorations importantes en matière de sûreté, à la conception de nouveaux réacteurs en réduisant considérablement les risques extrêmes.

Ceci conduit à une modification de l'annexe 1 comme du reste de l'annexe 2 du règlement introduisant à l'annexe 1 les phases prècommerciales des technologies avancées pour la production d'énergie à partir de procédés nucléaires avec un minimum de déchets issus du cycle du combustible, la construction et l'exploitation sûre de nouvelles centrales nucléaires pour la production d'électricité ou de chaleur, y compris pour la production d'hydrogène à l'air des meilleures techniques disponibles, la production d'électricité à partir d'énergie nucléaire dans les installations existantes et la production d'électricité à partir de combustibles fossiles gazeux, la cogénération au rendement de chaleur froid et d'électricité à partir de combustibles fossiles gazeux.

Les conditions particulières pour chacune de ces activités sont mises en place de manière à fixer des exigences très élevées en matière d'efficacité, de sûreté et des délais précis permettant de défendre la thèse d'une énergie de transition.

Enfin, le règlement délégué UE 2023/2485 de la Commission du 27 juin 2023, publié le 21 novembre 2023, vient encore apporter des modifications au règlement délégué initial du 4 juillet 2021. Ceci vise la fabrication d'équipements électriques, la fabrication des véhicules, de dispositifs de mobilité individuelle et de matériel roulant, ainsi que les infrastructures ferroviaires à faible intensité de carbone, les pneumatiques, le transport aérien, le transport par voie d'eau ainsi qu'un certain nombre d'activités liées aux effets du réchauffement climatique.

Ainsi, un certain nombre de rubriques dans les sections 3, 4 et 6 sont modifiées, en particulier pour changer le critère ne pas causer un préjudice important.

La deuxième catégorie concerne l'adaptation au dérèglement climatique. Le sujet est traité par l'annexe 2 du règlement 2021/2139 du 4 juin 2021.

Les activités sont au nombre de quatorze catégories et, si certaines d'entre elles regroupent celles qui sont visées dans l'annexe 1, d'autres sont tout à fait originales.

Les activités sont les suivantes :

- foresterie ;
- activité de protection et de restauration de l'environnement ;
- industrie manufacturière ;
- énergie ;
- production et distribution d'eau, assainissement, gestion des déchets et dépollution ;
- transport ;
- construction et immobilier ;
- informations et communication ;
- spécialisées scientifiques et techniques ;
- activités financières et assurances ;
- enseignement ;
- santé humaine et action sociale ;
- art, spectacle et activités récréatives ;
- gestion des risques et des catastrophes.

Certains pourraient peut-être s'interroger sur le point de savoir pourquoi des activités comme l'enseignement, les arts et spectacles, la communication se retrouvent dans les activités liées à l'adaptation au dérèglement climatique. La réponse est extrêmement simple. Il s'agit des activités qui sont en capacité d'aider à la transformation à laquelle nous devons individuellement et collectivement procéder, c'est-à-dire le changement d'imaginaire.

Comme pour les activités d'atténuation du changement climatique, chacune des catégories et sous-catégories comporte des dispositions relatives à la description de l'activité, aux critères techniques à remplir pour pouvoir entrer dans la catégorie ou sous-catégorie visée, l'application du principe ne pas nuire durablement à un autre intérêt.

Les deux règlements délégués auxquels il a été fait référence sont venus modifier l'annexe 2. Il en va en particulier de même pour le dernier d'entre eux, le règlement délégué de 2023, qui l'a modifié sensiblement.

L'annexe 2 comporte également un certain nombre d'activités qui sont liées aux risques climatiques et à leur prévention ainsi qu'à leur traitement en ce qui concerne notamment les soins à apporter aux personnes ou à l'environnement en cas d'événements extrêmes. L'annexe 2 comporte également des appendices A, B, C et D qui concernent les mêmes catégories.

S'agissant des quatre autres objectifs environnementaux, ils font l'objet d'un règlement délégué 2023/2486 du 27 juin 2003. Ce texte comprend six articles relatifs à l'utilisation durable et à la protection des ressources aquatiques et marines, à l'économie circulaire, à la réduction de la pollution, à la protection et à la restauration de la biodiversité.

D'autres annexes viennent préciser les critères d'examen technique pour chacun de ces objectifs selon le même schéma que les règlements délégués concernant l'énergie.

D'autres annexes viennent préciser les critères génériques du principe consistant ne pas causer de préjudice important à l'adaptation au changement climatique, à l'utilisation durable des ressources en eau, à la prévention de la pollution. Un certain nombre de modifications sont apportées aux annexes 1, 2, 3, 4, 5, 7, 9 et 10 du règlement délégué 2021/2178 en ce qui concerne ces différents éléments.

Enfin, les annexes 6 et 7 donnent des modèles pour les établissements de crédit, d'une part, et les entreprises d'investissement, d'autre part, en ce qui concerne la présentation des indices.

ANNEXE 4

OBLIGATIONS SOCIÉTÉS FINANCIÈRES

Règlement (UE) du Parlement européen et du Conseil n° 2019/2088 du 27 novembre 2019

sur la publication d'informations en matière de durabilité dans le secteur des services financiers

Bibliographie : C. Malecki, *Se repérer dans les nouvelles obligations extra-financières des entreprises* : *Actes prat. ing. sociétaire* 2024, n° 4. • J.-M. Moulin, *Retour sur le nom des fonds de finance durable* : *RD bancaire et fin.* 2024, n° 2, comm. 49. • J.-M. Moulin, *Dénomination des fonds durables : un nouveau serpent de mer européen ?* : *RD bancaire et fin.* 2023, n° 6, comm. 188. • J.-M. Moulin, *Les bienvenues précisions terminologiques relatives au règlement « SFDR »* : *RD bancaire et fin.* 2023, n° 4, comm. 141. • J.-M. Moulin, *Classification des fonds en vertu du règlement SFDR : les doutes persistent en dépit d'une lecture plus libérale* : *RD bancaire et fin.* 2023, n° 3, comm. 114. • M. Storck, *Les classifications SFDR des OPC français au regard de l'exposition de leurs portefeuilles aux énergies fossiles* : *RD bancaire et fin.* 2023, n° 3, comm. 111. • J.-M. Moulin, *Classification des fonds et éco-blanchiment : l'AMF lance une proposition pour plus de rigueur et d'exigence dans la classification « SFDR » des fonds* : *RD bancaire et fin.* 2023, n° 2, comm. 62. • J.-M. Moulin, *Portefeuilles d'actifs et dénominations commerciales des fonds se référant à la durabilité ?* : *RD bancaire et fin.* 2024, n° 4, comm. 107. • Dossier l'entreprise verte : E. Chef, *De l'épargnant vert vers l'entreprise verte, le rôle clé des gérants d'actifs.* T. Cremers, *La contribution du droit des marchés financiers à l'évolution vers une société plus durable, application à la relation des entreprises d'investissement avec leurs clients* : *RD&A* 2022, n° 19. • A. Quiquerez, *Les stratégies juridiques ESG dans le capital-investissement* : *JCP E* 2024, n° 36, 1251. • Position – Recommandation AMF DOC-2020-03. • J.-M. Moulin, *Révision en vue de l'architecture européenne de finance durable* : *RD bancaire et fin.* 2024, n° 5, comm. 135. • J.-M. Moulin, *Concordance entre la durabilité réelle des produits financiers et le contenu de la documentation en assurant la promotion auprès des investisseurs* : *RD bancaire et fin.* 2024, n° 5, comm. 136. • J.-M. Moulin, *Finalisation de l'intégration des préférences des investisseurs en termes de durabilité dans les tests d'adéquation* : *RD bancaire et fin.* 2023, n° 1, comm. 26. • J.-M. Moulin, *Meilleurs vœux durables... sans « greenwashing »* : *RD bancaire et fin.* 2023, n° 1, comm. 25.

Voir lien de redirection vers : Règlement (UE) 2019/2088 du Parlement européen et du Conseil du 27 novembre 2019 sur la publication d'informations en matière de durabilité dans le secteur des services financiers, https://eur-lex.europa.eu/legal-content/FR/TXT/?uri=CELEX%3A02019R2088-20240109.

I/ Historique et présentation générale

1) Historique

L'action n° 7 du plan d'action « Financer la croissance durable » de la Commission européenne (*Communication COM(2018) 97 final du 8 mars 2018*) annonçait en 2018 vouloir « clarifier les devoirs des investisseurs institutionnels et des gestionnaires d'actifs ». C'est notamment dans ce cadre qu'a été pensé le règlement (UE) 2019/2088 du 27 novembre 2019 sur la publication d'informations en matière de durabilité dans le secteur des services financiers, dit règlement « SFDR » (*Sustainable finance disclosure regulation*). Suivant le souhait du plan d'action de 2018 de financer la croissance durable, ce règlement poursuit l'objectif de mobiliser des capitaux grâce au secteur des services financiers. Il crée des obligations de publication d'informations en matière de durabilité au niveau des entités (site Internet et rapports périodiques des acteurs des marchés financiers et des conseillers financiers), voire dans les informations précontractuelles de produits financiers facilitant la compréhension par les investisseurs finaux et permettant par suite de flécher les flux financiers vers l'investissement durable.

Dans le contexte actuel de remise en cause des obligations environnementales en général, et en raison des difficultés présentées par les règles très strictes des articles 8 et 9, des discussions sont en cours, même s'il n'est pas prévu de toucher à la SFDR dans l'omnibus prévu pour février 2025.

ANNEXE 4

2) Présentation générale de la SFDR

I – CHAMP D'APPLICATION DE LA PUBLICATION D'INFORMATIONS EN MATIÈRE DE DURABILITÉ DANS LE SECTEUR DES SERVICES FINANCIERS

1) Cette publication d'informations pèse sur les acteurs des marchés financiers et les conseillers financiers, mandants des investisseurs finaux. Les informations ainsi publiées sont destinées à ces investisseurs finaux afin de leur permettre d'améliorer les processus de conseil et la prise de décision en matière d'investissement durable.

Les acteurs des marchés financiers sont les personnes suivantes (SFDR, art. 2, 1°) :

– une entreprise d'assurance (agréée conformément à l'article 18 de la directive 2009/138/CE) qui propose des produits d'investissement fondés sur l'assurance ;

– une entreprise d'investissement (au sens de l'article 4, paragraphe 1, point 1), de la directive 2014/65/UE fournissant des services de gestion de portefeuille ;

– une institution de retraite professionnelle (IRP) agréée ou enregistrée conformément à l'article 9 de la directive (UE) 2016/2341 (à l'exception d'une institution mentionnée à l'article 5 de cette directive ou d'une institution qui gère des régimes de retraite comptant au total moins de quinze affiliés) ;

– un initiateur de produit de retraite ;

– un gestionnaire de fonds d'investissement alternatif (FIA) au sens de l'article 4, paragraphe 1, points *a)* et *b)*, de la directive 2011/61/UE ;

– un fournisseur de produits paneuropéens d'épargne-retraite individuelle (PEPP) ;

– un gestionnaire de fonds de capital-risque éligible enregistré conformément à l'article 14 du règlement (UE) n° 345/2013 ;

– un gestionnaire de fonds d'entrepreneuriat social éligible enregistré conformément à l'article 15 du règlement (UE) n° 346/2013 ;

– une société de gestion d'organismes de placement collectif en valeurs mobilières (OPCVM) ;

– un établissement de crédit fournissant des services de gestion de portefeuille.

Les conseillers financiers sont les personnes suivantes (SFDR, art. 2, 11°) :

– un intermédiaire d'assurance qui fournit des conseils en assurance relatifs à des produits d'investissement fondés sur l'assurance ;

– une entreprise d'assurance qui fournit des *conseils en assurance relatifs à des produits* d'investissement fondés sur l'assurance ;

– un établissement de crédit qui fournit des conseils en investissement ;

– une entreprise d'investissement qui fournit des conseils en investissement ;

– un gestionnaire de FIA qui fournit des conseils en investissement conformément à l'article 6, paragraphe 4, point *b)* i), de la directive 2011/61/UE ;

– une société de gestion d'OPCVM qui fournit des conseils en investissement conformément à l'article 6, paragraphe 3, point *b)* i), de la directive 2009/65/CE.

Toutefois, à condition qu'ils emploient moins de trois personnes, sont exclus de l'application du règlement SFDR les intermédiaires d'assurance fournissant des conseils en assurance relatifs à des produits d'investissement fondés sur l'assurance, les entreprises d'investissement fournissant des conseils en investissement qui sont des entreprises, indépendamment de leur forme juridique, y compris les personnes physiques ou les travailleurs indépendants.

Il convient de noter que certaines dispositions du règlement SFDR (en particulier ses art. 8 à 11) ne s'appliquent que dans certaines hypothèses.

II – CONTENU DE L'OBLIGATION DE PUBLICATION D'INFORMATIONS EN MATIÈRE DE DURABILITÉ

2) Obligation d'intégrer les risques en matière de durabilité impactant la valeur de l'investissement et de publier ces informations (SFDR, art. 3 et 6). La notion de risque en matière de durabilité évoque un seul des deux piliers du principe de la double matérialité. En effet, le règlement SFDR définit le « risque en matière de durabilité » comme l'événement ou la situation dans le domaine environnemental, social ou de la gouvernance qui, s'il survient, pourrait avoir une incidence négative importante, réelle ou potentielle, sur la valeur de l'investissement (Règl. SFDR, art. 2, 22°). Il s'agit donc du risque pour la valeur d'un investissement. *A contrario*, il est question d' *incidences négatives sur les facteurs de durabilité* (V. *infra*, § 2, 2).

Publication sur le site Internet (SFDR, art. 3). Aussi, s'agissant des risques en matière de durabilité impactant la valeur d'un investissement, l'article 3 du règlement SFDR impose tant aux acteurs des marchés financiers qu'aux conseillers financiers de publier sur leur site Internet des informations concernant leurs politiques relatives à l'intégration des risques en matière de durabilité dans leur processus de prise de décision en matière d'investissement (Règl. SFDR, art. 3). Il s'agit donc à la fois d'une obligation de dire, mais également d'une obligation de disposer d'une politique relative à la manière dont les risques en matière de durabilité impactant la valeur d'un investissement sont pris en compte. En cela, cette première obligation se différencie de l'obligation concernant la prise en compte – ou non – des incidences négatives sur les facteurs de durabilité dans la décision d'investissement (V. *infra*, § 2, 2).

Publication dans les informations précontractuelles (SFDR, art. 6). En outre, l'article 6 du règlement SFDR prévoit l'obligation d'inclure dans les informations précontractuelles tant la manière dont les risques en matière de durabilité sont intégrés dans leurs décisions d'investissement que les résultats de l'évaluation des incidences probables des risques en matière de durabilité sur le rendement des produits financiers qu'ils mettent à disposition (SFDR, art. 6). Conformément au principe du « comply or explain », s'ils estiment que des risques en matière de durabilité ne sont pas pertinents, les acteurs des marchés financiers et conseillers financiers doivent fournir une « explication claire et concise » des raisons de cette estimation. L'obligation de publication d'informations tenant aux risques en matière de durabilité dans les informations précontractuelles se fait selon les modalités suivantes (SFDR, art. 6, § 3) :

Types d'acteur visé par l'obligation de l'article 6 du règlement SFDR	Modalités de publication (SFDR, art. 6, § 3)
Gestionnaires de FIA	Publication dans les informations à communiquer aux investisseurs visées à l'article 23, paragraphe 1, de la directive 2011/61/UE
Entreprises d'assurance	Publication dans les informations à fournir visées à l'article 185, paragraphe 2, de la directive 2009/138/CE ou, le cas échéant, conformément à l'article 29, paragraphe 1, de la directive (UE) 2016/97
IRP	Publication dans les informations à fournir visées à l'article 41 de la directive (UE) 2016/2341
Gestionnaires de fonds de capital-risque éligibles	Publication dans les informations à fournir visées à l'article 13, paragraphe 1, du règlement (UE) n° 345/2013
Gestionnaires de fonds d'entrepreneuriat social éligibles	Publication dans les informations à fournir visées à l'article 14, paragraphe 1, du règlement (UE) n° 346/2013
Initiateurs de produits de retraite	Publication par écrit et en temps utile avant qu'un investisseur de détail ne soit lié par un contrat relatif à un produit de retraite
Sociétés de gestion d'OPCVM	Publication dans le prospectus visé à l'article 69 de la directive 2009/65/CE
Entreprises d'investissement qui fournissent des services de gestion de portefeuille ou des conseils en investissement	Publication conformément à l'article 24, paragraphe 4, de la directive 2014/65/UE
Établissements de crédit qui fournissent des services de gestion de portefeuille ou des conseils en investissement	Publication conformément à l'article 24, paragraphe 4, de la directive 2014/65/UE
Intermédiaires d'assurance et entreprises d'assurance qui fournissent des conseils en assurance relatifs à des produits d'investissement fondés sur l'assurance, intermédiaires d'assurance qui fournissent des conseils en assurance relatifs à des produits de retraite exposés aux fluctuations du marché	Publication conformément à l'article 29, paragraphe 1, de la directive (UE) 2016/97
Gestionnaires de FIA gérant des ELTIF	Publication dans le prospectus visé à l'article 23 du règlement (UE) 2015/760
Fournisseurs de PEPP	Publication dans le document d'informations clés sur le PEPP visé à l'article 26 du règlement (UE) 2019/1238

3) Obligation de publier sur la prise en compte ou non des incidences négatives sur les facteurs de durabilité dans ses décisions d'investissement (SFDR, art. 4 et 7). Si la notion de risque en matière de durabilité porte sur les risques pour la valeur d'un investissement (V. *supra*, § 2, 1), *a contrario*, les incidences négatives sur les facteurs de durabilité sont celles qui portent atteinte aux questions environnementales, sociales et de personnel, au respect des droits de l'homme, à la lutte contre la corruption et aux actes de corruption selon la définition des « facteurs de durabilité » (SFDR, art. 2, § 24).

Publication sur le site Internet d'une déclaration (SFDR, art. 4 et Règl délégué (UE) 2022/1288). Les acteurs des marchés financiers et les conseillers financiers doivent publier et tenir à jour sur leur site Internet une « déclaration relative aux principales incidences négatives des décisions d'investissement sur les facteurs de durabilité » (SFDR, art. 4 SFDR et Règl. délégué Commission européenne [UE] 2022/1288, 6 avr. 2022).

Toutefois, s'ils ne prennent pas en compte les incidences négatives des décisions d'investissement sur les facteurs de durabilité, l'obligation de publication d'informations peut se limiter à une information concernant les raisons pour lesquelles l'institution ne le fait pas ou la date à laquelle elle a l'intention de les prendre en compte. Par dérogation, les acteurs des marchés financiers dépassant, à la date de clôture de leur bilan, le critère du nombre moyen de 500 salariés sur l'exercice, doivent publier ladite déclaration. Il en va de même des acteurs des marchés financiers qui sont des entreprises mères d'un grand groupe dépassant 500 salariés sur l'exercice (SFDR, art. 4, §§ 3 et 4).

Le contenu de la « déclaration relative aux principales incidences négatives des décisions d'investissement sur les facteurs de durabilité » est prévu aux articles 4 à 13 du règlement délégué (UE) 2022/1288 de la Commission européenne du 6 avril 2022. Surtout, les tableaux 1, 2 et 3 de l'annexe I dudit règlement délégué prévoient un modèle de déclaration des principales incidences négatives sur la durabilité.

Publication dans les informations précontractuelles (SFDR, art. 7). Pour chaque produit financier, lorsque l'acteur des marchés financiers prend en compte les principales incidences négatives des décisions d'investissement sur les facteurs de durabilité dans une déclaration, conformément à l'article 4, paragraphe 1, *a)* ou l'article 4, *paragraphes 3 ou 4 du règlement* SFDR, les informations publiées au sein des informations précontractuelles, conformément à l'article 6 dudit règlement, comprennent (SFDR, art. 7, § 1) :

– une explication claire et motivée indiquant si un produit financier prend en compte les principales incidences négatives sur les facteurs de durabilité et, dans l'affirmative, la manière dont il le fait ;

– une déclaration indiquant que les informations relatives aux principales incidences négatives sur les facteurs de durabilité sont disponibles dans les rapports périodiques (à publier en vertu de l'art. 11, § 2, du SFDR).

Si l'acteur des marchés financiers déclare ne pas prendre en compte ces principales incidences négatives, il doit tout de même publier une déclaration l'indiquant, ainsi qu'une explication des raisons pour lesquelles il ne le fait pas (SFDR, art. 7, § 1).

Il convient de noter que les produits financiers listés par le règlement SFDR sont les suivants (SFDR, art. 2, § 12) :

– un portefeuille géré conformément à l'article 4, paragraphe 1, point 8), de la directive 2014/65/UE ;
– un fonds d'investissement alternatif (FIA) ;
– un produit d'investissement fondé sur l'assurance ;
– un produit de retraite ;
– un régime de retraite ;
– un organisme de placement collectif en valeurs mobilières (OPCVM) ;
– un produit paneuropéen d'épargne-retraite individuelle (PEPP).

4) Régime de l'« Article 8 » du SFDR : obligation de publication d'informations en cas de promotion des caractéristiques environnementales ou sociales. Lorsqu'un produit financier promeut des caractéristiques environnementales ou sociales, l'article 8 du règlement SFDR prévoit des obligations de publication d'informations supplémentaires.

Publication dans les informations précontractuelles (SFDR, art. 8, §§ 1 et 2). Premièrement, lorsqu'un produit financier promeut des caractéristiques environnementales ou sociales, ses informations précontractuelles (dont la publication est prévue à l'art. 6, §§ 1 et 3 dudit règlement) comprennent également (SFDR, art. 6, §§ 1 et 2) :

– des informations sur la manière dont les caractéristiques environnementales et/ou sociales sont respectées ;

– si un indice a été désigné comme indice de référence, des informations indiquant si et de quelle manière cet indice est adapté à ces caractéristiques ainsi qu'une indication de l'endroit où trouver la méthodologie utilisée pour le calcul de l'indice.

Les articles 14 à 17 du règlement délégué (UE) 2022/1288 précisent ces dispositions. En particulier, les informations précitées sont jointes aux informations précontractuelles au sein d'une annexe spécifique, dont le règlement délégué (UE) 2022/1288 propose un modèle (Annexe II du règlement délégué [UE] 2022/1288).

De plus, conformément au règlement (UE) 2020/852 du 18 juin 2020 dit « Taxonomie » (Voir ci-dessous), lorsque le produit financier promeut des caractéristiques environnementales en application de l'article 8 du SFDR, ses informations précontractuelles comprennent également :

– les informations relatives à l'objectif environnemental ou aux objectifs environnementaux au sens du règlement Taxonomie, auxquels l'investissement sous-jacent au produit financier contribue ;

– une description de la façon et de la mesure dans laquelle les investissements sous-jacents au produit financier sont effectués dans des activités économiques pouvant être considérées comme durables sur le plan environnemental au titre de l'article 3 du règlement Taxonomie.

Publication sur le site Internet (SFDR, art. 10). Deuxièmement, le site Internet de l'acteur des marchés financiers publie et tient à jour, pour chaque produit financier qui promeut des caractéristiques environnementales ou sociales :

– la description de ces caractéristiques ;

– des informations sur les méthodes utilisées pour évaluer, mesurer et surveiller les caractéristiques environnementales ou sociales, y compris ses sources de données, les critères d'évaluation des actifs sous-jacents et les indicateurs pertinents en matière de durabilité utilisés pour mesurer ces caractéristiques environnementales ou sociales ;

– les informations déjà intégrées dans les informations précontractuelles conformément à l'article 8, paragraphes 1 et 2 du règlement SFDR ou dans le rapport périodique conformément à l'article 11 de ce règlement.

Les articles 23 à 36 du règlement délégué (UE) 2022/1288 précisent ces dispositions. Ainsi, pour chaque produit financier, l'acteur des marchés financiers doit publier les informations précitées dans une section distincte intitulée « Publication d'informations en matière de durabilité », dans la même partie du site Internet que les autres informations relatives au produit financier (Règl. délégué [UE] 2022/1288, art. 23). Ces informations doivent inclure plusieurs sections prévues aux articles 24 et suivants dudit règlement délégué (par ex. : « Résumé », « Caractéristiques environnementales ou sociales du produit financier », « Stratégie d'investissement », « Proportion d'investissements », « Contrôle des caractéristiques environnementales ou sociales », « Sources et traitement des données », etc.).

Publication dans le rapport périodique (SFDR, art. 11). Enfin, troisièmement, lorsqu'un acteur des marchés financiers met à disposition un produit financier, il doit décrire dans son rapport périodique la mesure dans laquelle les caractéristiques environnementales ou sociales sont respectées. Les modalités de publication dans le rapport périodique sont les suivantes, selon les types d'acteurs des marchés financiers :

Types d'acteur visé par l'obligation de l'article 11 du règlement SFDR	Modalités de publication (SFDR, art. 11, § 3)
Gestionnaires de FIA	Publication dans le rapport annuel visé à l'article 22 de la directive 2011/61/UE
Entreprises d'assurance	Publication chaque année et par écrit, conformément à l'article 185, paragraphe 6, de la directive 2009/138/CE
IRP	Publication dans le rapport annuel visé à l'article 29 de la directive (UE) 2016/2341
Gestionnaires de fonds de capital-risque éligibles	Publication dans le rapport annuel visé à l'article 12 du règlement (UE) n° 345/2013
Gestionnaires de fonds d'entrepreneuriat social *éligibles*	Publication dans le rapport annuel visé à l'article 13 du règlement (UE) n° 346/2013
Initiateurs de produits de retraite	Publication par écrit dans le rapport annuel
Sociétés de gestion d'OPCVM	Publication dans le rapport annuel visé à l'article 69 de la directive 2009/65/CE
Entreprises d'investissement qui fournissent des services de gestion de portefeuille	Publication dans un rapport périodique visé à l'article 25, paragraphe 6, de la directive 2014/65/UE
Établissements de crédit qui fournissent des services de gestion de portefeuille	Publication dans un rapport périodique visé à l'article 25, paragraphe 6, de la directive 2014/65/UE

Types d'acteur visé par l'obligation de l'article 11 du règlement SFDR	Modalités de publication (SFDR, art. 11, § 3)
Fournisseurs de PEPP	Publication dans le relevé des droits PEPP visé à l'article 36 du règlement (UE) 2019/1238

Les articles 50 à 57 du règlement délégué (UE) 2022/1288 précisent ces dispositions. En particulier, les informations précitées sont jointes aux rapports périodiques au sein d'une annexe spécifique, dont le règlement délégué (UE) 2022/1288 propose un modèle (Annexe IV du règlement délégué (UE) 2022/1288).

5) Régime de l'« Article 9 SFDR » : obligation de publication d'informations en cas d'objectif d'investissement durable. Lorsqu'un produit financier intègre un objectif d'investissement durable et qu'un indice a été désigné comme indice de référence, l'article 9 du règlement SFDR prévoit des obligations de publication d'informations supplémentaires.

Publication dans les informations précontractuelles (SFDR, art. 9). Premièrement, lorsque le produit financier intègre un objectif d'investissement durable, ses informations précontractuelles (dont la publication est prévue à l'art. 6, §§ 1 et 3 dudit règlement) comprennent également (SFDR, art. 9, §§ 1 et 2) :

– des informations sur la manière dont l'indice désigné est aligné sur cet objectif ;

– une explication indiquant pourquoi et comment l'indice désigné aligné sur cet objectif diffère d'un indice de marché large.

Il convient de noter que lorsqu'aucun indice de référence n'a été désigné, les informations précontractuelles doivent inclure une explication de la manière dont cet objectif doit être atteint. Les articles 18 à 22 du règlement délégué (UE) 2022/1288 précisent ces dispositions. En particulier, les informations précitées sont jointes aux informations précontractuelles au sein d'une annexe spécifique, dont le règlement délégué (UE) 2022/1288 propose un modèle (Annexe III du règlement délégué (UE) 2022/1288).

De plus, conformément au règlement (UE) 2020/852 du 18 juin 2020 dit « Taxonomie », lorsque le produit financier intègre un objectif d'investissement durable en application de l'article 9 du règlement SFDR, ses informations précontractuelles comprennent également :

– les informations relatives à l'objectif environnemental ou aux objectifs environnementaux au sens du règlement Taxonomie, auxquels l'investissement sous-jacent au produit financier contribue ;

– une description de la façon et de la mesure dans laquelle les investissements sous-jacents au produit financier sont effectués dans des activités économiques pouvant être considérées comme durables sur le plan environnemental au titre de l'article 3 du règlement Taxonomie.

Publication sur le site Internet (SFDR, art. 10). Deuxièmement, le site Internet de l'acteur des marchés financiers publie et tient à jour, pour chaque produit qui intègre un objectif d'investissement durable :

– une description de l'objectif d'investissement durable ;

– des informations sur les méthodes utilisées pour évaluer, mesurer et surveiller l'incidence des investissements durables sélectionnés pour le produit financier, y compris ses sources des données, les critères d'évaluation des actifs sous-jacents et les indicateurs pertinents en matière de durabilité utilisés pour mesurer l'incidence globale du produit financier en matière de durabilité ;

– les informations déjà intégrées dans les informations précontractuelles conformément à l'article 9, paragraphes 1 et 2 du règlement SFDR ou dans le rapport périodique conformément à l'article 11 de ce règlement.

Les articles 37 à 49 du règlement délégué (UE) 2022/1288 précisent ces dispositions. Ainsi, pour chaque produit financier, l'acteur des marchés financiers doit publier les informations précitées dans la section distincte intitulée « Publication d'informations en matière de durabilité », dans la même partie du site Internet que les autres informations relatives au produit financier (Règl. délégué (UE) 2022/1288, art. 23). Ces informations doivent inclure plusieurs sections prévues aux articles 37 et suivants dudit règlement délégué (par ex. : « Résumé », « Objectif d'investissement durable du produit financier », « Stratégie d'investissement », « Proportion d'investissements », « Contrôle de l'objectif d'investissement durable », « Sources et traitement des données », etc.).

Publication dans le rapport périodique (SFDR, art. 11). Enfin, troisièmement, lorsqu'un acteur des marchés financiers met à disposition un produit financier intégrant un objectif d'investissement durable, il doit décrire dans son rapport périodique la mesure dans laquelle les caractéristiques environnementales ou sociales sont respectées. Les modalités de publication dans le rapport périodique sont prévues par types d'acteurs des marchés financiers, conformément à l'article 11, paragraphe 2 du règlement SFDR (V. *supra*, comm., § 2, 3)). Les articles 58 à 63 du règlement délégué (UE) 2022/1288 précisent ces dispositions. En particulier, les informations précitées sont jointes aux rapports périodiques au sein d'une annexe spécifique, dont le règlement délégué (UE) 2022/1288 propose un modèle (Annexe V du règlement délégué (UE) 2022/1288).

6) Tableau récapitulatif. Le tableau ci-dessous récapitule des informations à publier, par support de publication :

Informations à publier	Obligation de publication par support de publication
Informations sur la manière dont les **risques en matière de durabilité impactant la valeur de l'investissement** sont intégrés dans les décisions d'investissement	Publication sur le site Internet (SFDR, art. 3)
	Publication dans les informations précontractuelles (SFDR, art. 6)
Informations sur la prise en compte des **incidences négatives sur les facteurs de durabilité** dans les décisions d'investissement	Publication sur le site Internet d'une déclaration (SFDR, art. 4)
	Publication dans les informations précontractuelles (SFDR, art. 7)
« Article 8 SFDR » : Informations à publier uniquement en cas de promotion des caractéristiques environnementales ou sociales	Publication dans les informations précontractuelles (SFDR, art. 8, §§ 1 et 2)
	Publication sur le site Internet (SFDR, art. 10)
	Publication dans le rapport périodique (SFDR, art. 11)
« Article 9 SFDR » : Informations à publier uniquement en cas d'objectif d'investissement durable	Publication dans les informations précontractuelles (SFDR, art. 8, §§ 1 et 2)
	Publication sur le site Internet (SFDR, art. 10)
	Publication dans le rapport périodique (SFDR, art. 11)

Règlement SFDR

Art. 1er. – *Objet*. – Le présent règlement établit des règles harmonisées pour les acteurs des marchés financiers et les conseillers financiers relatives à la transparence en ce qui concerne l'intégration des risques en matière de durabilité et la prise en compte des incidences négatives en matière de durabilité dans leurs processus ainsi que la fourniture d'informations en matière de durabilité en ce qui concerne les produits financiers.

Art. 2. – *Définitions*. – Aux fins du présent règlement, on entend par :

1) « acteur des marchés financiers » :

***a)* une entreprise d'assurance qui propose des produits d'investissement fondés sur l'assurance ;**

***b)* une entreprise d'investissement fournissant des services de gestion de portefeuille ;**

***c)* une institution de retraite professionnelle (IRP) ;**

***d)* un initiateur de produit de retraite ;**

***e)* un gestionnaire de fonds d'investissement alternatif (ci-après dénommé « gestionnaire de FIA ») ;**

***f)* un fournisseur de produits paneuropéens d'épargne-retraite individuelle (PEPP) ;**

***g)* un gestionnaire de fonds de capital-risque éligible enregistré conformément à l'article 14 du règlement (UE) n° 345/2013 ;**

***h)* un gestionnaire de fonds d'entrepreneuriat social éligible enregistré conformément à l'article 15 du règlement (UE) n° 346/2013 ;**

***i)* une société de gestion d'organismes de placement collectif en valeurs mobilières (ci-après dénommée « société de gestion d'OPCVM ») ; ou**

j) un établissement de crédit fournissant des services de gestion de portefeuille ;

2) « entreprise d'assurance » : une entreprise d'assurance agréée conformément à l'article 18 de la directive 2009/138/CE ;

3) « produit d'investissement fondé sur l'assurance » :

a) un produit d'investissement fondé sur l'assurance au sens de l'article 4, point 2), du règlement (UE) n° 1286/2014 du Parlement européen et du Conseil (1) ; ou

b) un produit d'assurance qui est proposé à un investisseur professionnel et qui comporte une durée de vie ou une valeur de rachat qui est totalement ou partiellement exposée, de manière directe ou indirecte, aux fluctuations du marché ;

4) « gestionnaire de FIA » : un gestionnaire de fonds d'investissement alternatif (FIA) au sens de l'article 4, paragraphe 1, point *b)*, de la directive 2011/61/UE ;

5) « entreprise d'investissement » : une entreprise d'investissement au sens de l'article 4, paragraphe 1, point 1), de la directive 2014/65/UE ;

6) « gestion de portefeuille » : la gestion de portefeuille au sens de l'article 4, paragraphe 1, point 8), de la directive 2014/65/UE ;

7) « institution de retraite professionnelle » ou « IRP » : une institution de retraite professionnelle agréée ou enregistrée conformément à l'article 9 de la directive (UE) 2016/2341, à l'exception d'une institution pour laquelle un État membre a choisi d'appliquer l'article 5 de ladite directive ou d'une institution qui gère des régimes de retraite comptant au total moins de quinze affiliés ;

8) « produit de retraite » :

a) un produit de retraite visé à l'article 2, paragraphe 2, point *e)*, du règlement (UE) n° 1286/2014 ; ou

b) un produit de retraite individuel visé à l'article 2, paragraphe 2, point *g)*, du règlement (UE) n° 1286/2014 ;

9) « produit paneuropéen d'épargne-retraite individuelle » ou « PEPP », un produit visé à l'article 2, point 2), du règlement (UE) 2019/1238 ;

10) « société de gestion d'OPCVM » :

a) une société de gestion au sens de l'article 2, paragraphe 1, point *b)*, de la directive 2009/65/CE ; ou

b) une société d'investissement agréée conformément à la directive 2009/65/CE n'ayant pas désigné une société de gestion agréée conformément à ladite directive pour sa gestion ;

11) « conseiller financier » :

a) un intermédiaire d'assurance qui fournit des conseils en assurance relatifs à des produits d'investissement fondés sur l'assurance ;

b) une entreprise d'assurance qui fournit des conseils en assurance relatifs à des produits d'investissement fondés sur l'assurance ;

c) un établissement de crédit qui fournit des conseils en investissement ;

d) une entreprise d'investissement qui fournit des conseils en investissement ;

e) un gestionnaire de FIA qui fournit des conseils en investissement conformément à l'article 6, paragraphe 4, point *b)* i), de la directive 2011/61/UE ; ou

f) une société de gestion d'OPCVM qui fournit des conseils en investissement conformément à l'article 6, paragraphe 3, point *b)* i), de la directive 2009/65/CE ;

12) « produit financier » :

a) un portefeuille géré conformément au point 6) du présent article ;

b) un fonds d'investissement alternatif (FIA) ;

c) un produit d'investissement fondé sur l'assurance ;

d) un produit de retraite ;

e) un régime de retraite ;

f) un OPCVM ; ou

g) un PEPP ;

13) « fonds d'investissement alternatif » ou « FIA » : un FIA au sens de l'article 4, paragraphe 1, point *a)*, de la directive 2011/61/UE ;

(1) Règlement (UE) n° 1286/2014 du Parlement européen et du Conseil du 26 novembre 2014 sur les documents d'informations clés relatifs aux produits d'investissement packagés de détail et fondés sur l'assurance (*JO* L 352 du 9 déc. 2014, p. 1).

14) « régime de retraite » : un régime de retraite au sens de l'article 6, point 2), de la directive (UE) 2016/2341 ;

15) « organisme de placement collectif en valeurs mobilières » ou « OPCVM » : un organisme agréé conformément à l'article 5 de la directive 2009/65/CE ;

16) « conseil en investissement » : un conseil en investissement au sens de l'article 4, paragraphe 1, point 4), de la directive 2014/65/UE ;

17) « investissement durable » : un investissement dans une activité économique qui contribue à un objectif environnemental, mesuré par exemple au moyen d'indicateurs clés en matière d'utilisation efficace des ressources concernant l'utilisation d'énergie, d'énergies renouvelables, de matières premières, d'eau et de terres, en matière de production de déchets et d'émissions de gaz à effet de serre ou en matière d'effets sur la biodiversité et l'économie circulaire, ou un investissement dans une activité économique qui contribue à un objectif social, en particulier un investissement qui contribue à la lutte contre les inégalités ou qui favorise la cohésion sociale, l'intégration sociale et les relations de travail, ou un investissement dans le capital humain ou des communautés économiquement ou socialement défavorisées, pour autant que ces investissements ne causent de préjudice important à aucun de ces objectifs et que les sociétés dans lesquels les investissements sont réalisés appliquent des pratiques de bonne gouvernance, en particulier en ce qui concerne des structures de gestion saines, les relations avec le personnel, la rémunération du personnel compétent et le respect des obligations fiscales ;

18) « investisseur professionnel » : un client qui remplit les critères prévus à l'annexe II de la directive 2014/65/UE ;

19) « investisseur de détail » : un investisseur qui n'est pas un investisseur professionnel ;

20) « intermédiaire d'assurance » : un intermédiaire d'assurance au sens de l'article 2, paragraphe 1, point 3), de la directive (UE) 2016/97 ;

21) « conseil en assurance » : un conseil au sens de l'article 2, paragraphe 1, point 15), de la directive (UE) 2016/97 ;

22) « risque en matière de durabilité » : un événement ou une situation dans le domaine environnemental, social ou de la gouvernance qui, s'il survient, pourrait avoir une incidence négative importante, réelle ou potentielle, sur la valeur de l'investissement ;

23) « fonds européen d'investissement à long terme » ou « ELTIF » : un fonds agréé conformément à l'article 6 du règlement (UE) 2015/760 ;

24) « facteurs de durabilité » : des questions environnementales, sociales et de personnel, le respect des droits de l'homme et la lutte contre la corruption et les actes de corruption.

Art. 2 bis. – *Principe consistant à ne pas causer de préjudice important.* – 1. Les autorités européennes de surveillance instituées par les règlements (UE) n° 1093/2010, (UE) n° 1094/2010 et (UE) n° 1095/2010 du Parlement européen et du Conseil (ci-après collectivement dénommées « autorités européennes de surveillance ») élaborent, par l'intermédiaire du comité mixte, des projets de normes techniques de réglementation pour détailler le contenu et la présentation des informations relatives au principe consistant à « ne pas causer de préjudice important » visé à l'article 2, point 17), du présent règlement, qui soient cohérents avec le contenu, les méthodes et la présentation pour ce qui est des indicateurs de durabilité concernant les incidences négatives visées à l'article 4, paragraphes 6 et 7, du présent règlement.

2. Les autorités européennes de surveillance soumettent les projets de normes techniques de réglementation visés au paragraphe 1 à la Commission au plus tard le 30 décembre 2020.

3. Le pouvoir de compléter le présent règlement en adoptant les normes techniques de réglementation visées au paragraphe 1 du présent article est délégué à la Commission conformément aux articles 10 à 14 des règlements (UE) n° 1093/2010, (UE) n° 1094/2010 et (UE) n° 1095/2010.

Art. 3. – *Transparence des politiques relatives aux risques en matière de durabilité.* – 1. Les acteurs des marchés financiers publient sur leur site internet des informations concernant leurs politiques relatives à l'intégration des risques en matière de durabilité dans leur processus de prise de décision en matière d'investissement.

2. Les conseillers financiers publient sur leur site internet des informations concernant leurs politiques relatives à l'intégration des risques en matière de durabilité dans leurs conseils en investissement ou leurs conseils en assurance.

Le règlement SFDR définit le « risque en matière de durabilité » comme l'événement ou la situation dans le domaine environnemental, social ou de la gouvernance qui, s'il survient, pourrait avoir une incidence négative importante, réelle ou potentielle, sur la valeur de l'investissement (Règl. SFDR, art. 2, 22°). Il s'agit donc du risque pour la valeur d'un investissement. S'agissant de ces risques en matière de durabilité impactant la valeur d'un investissement, l'article 3 du règlement SFDR impose tant aux acteurs des marchés financiers qu'aux conseillers financiers de publier sur leur site Internet des informations concernant leurs politiques relatives à l'intégration des risques en matière de durabilité dans leur processus de prise de décision en matière d'investissement (Règl. SFDR, art. 3).

Art. 4. – *Transparence des incidences négatives en matière de durabilité au niveau des entités*. – 1. Les acteurs des marchés financiers publient et tiennent à jour sur leur site internet :

a) lorsqu'ils prennent en compte les principales incidences négatives des décisions d'investissement sur les facteurs de durabilité, une déclaration sur les politiques de diligence raisonnable en ce qui concerne ces incidences, compte tenu de leur taille, de la nature et de l'étendue de leurs activités ainsi que des types de produits financiers qu'ils mettent à disposition ; ou

b) lorsqu'ils ne prennent pas en compte les incidences négatives des décisions d'investissement sur les facteurs de durabilité, des informations claires sur les raisons pour lesquelles ils ne le font pas, y compris, le cas échéant, des informations indiquant si et quand ils ont l'intention de prendre en compte ces incidences négatives.

2. Les acteurs des marchés financiers incluent, dans les informations fournies conformément au paragraphe 1, point *a)*, au moins :

a) des informations sur leurs politiques relatives au recensement et à la hiérarchisation des principales incidences négatives en matière de durabilité et les indicateurs y afférents ;

b) une description des principales incidences négatives en matière de durabilité et de toutes mesures prises à cet égard ou, le cas échéant, prévues ;

c) un bref résumé des politiques d'engagement, conformément à l'article 3 *octies* de la directive 2007/36/CE, le cas échéant ;

d) la mention de leur respect des codes relatifs à un comportement responsable des entreprises et des normes internationalement reconnues en matière de diligence raisonnable et de communication d'informations et, le cas échéant, de leur degré d'alignement sur les objectifs de l'accord de Paris.

3. Par dérogation au paragraphe 1, à partir du 30 juin 2021, les acteurs des marchés financiers dépassant, à la date de clôture de leur bilan, le critère du nombre moyen de cinq cents salariés sur l'exercice publient et tiennent à jour sur leur site internet une déclaration sur leurs politiques de diligence raisonnable en ce qui concerne les principales incidences négatives des décisions d'investissement sur les facteurs de durabilité. Ladite déclaration comprend au moins les informations visées au paragraphe 2.

4. Par dérogation au paragraphe 1 du présent article, à partir du 30 juin 2021, les acteurs des marchés financiers qui sont des entreprises mères d'un grand groupe tel qu'il est visé à l'article 3, paragraphe 7, de la directive 2013/34/UE dépassant, à la date de clôture du bilan du groupe, sur une base consolidée, le critère du nombre moyen de cinq cents salariés sur l'exercice, publient et tiennent à jour sur leur site internet une déclaration sur leurs politiques de diligence raisonnable en ce qui concerne les principales incidences négatives des décisions d'investissement sur les facteurs de durabilité. Ladite déclaration comprend au moins les informations visées au paragraphe 2.

5. Les conseillers financiers publient et tiennent à jour sur leur site internet :

a) des informations indiquant si, compte tenu de leur taille, de la nature et de l'étendue de leurs activités ainsi que des types de produits financiers sur lesquels ils fournissent des conseils, ils prennent en considération, dans leurs conseils en investissement ou leurs conseils en assurance, les principales incidences négatives sur les facteurs de durabilité ; ou

b) des informations indiquant pourquoi ils ne prennent pas en compte les incidences négatives des décisions d'investissement sur les facteurs de durabilité dans leurs conseils en investissement ou leurs conseils en assurance, y compris, le cas échéant, des informations indiquant si et quand ils ont l'intention de prendre en compte ces incidences négatives.

6. Au plus tard le 30 décembre 2020, les autorités européennes de surveillance élaborent, par l'intermédiaire du comité mixte, des projets de normes techniques de réglementation conformément aux articles 10 à 14 des règlements (UE) n° 1093/2010, (UE) n° 1094/2010 et (UE) n° 1095/2010 concernant le contenu, les

méthodes et la présentation pour les informations visées aux paragraphes 1 à 5 du présent article, pour ce qui est des indicateurs de durabilité concernant les incidences négatives en matière de climat et d'autres incidences négatives en matière d'environnement.

Le cas échéant, les autorités européennes de surveillance sollicitent des contributions de l'Agence européenne pour l'environnement et du Centre commun de recherche de la Commission européenne.

Le pouvoir de compléter le présent règlement en adoptant les normes techniques de réglementation visées au premier alinéa du présent paragraphe est délégué à la Commission conformément aux articles 10 à 14 des règlements (UE) n° 1093/2010, (UE) n° 1094/2010 et (UE) n° 1095/2010.

7. Au plus tard le 30 décembre 2021, les autorités de surveillance élaborent, par l'intermédiaire du comité mixte, des projets de normes techniques de réglementation conformément aux articles 10 à 14 des règlements (UE) n° 1093/2010, (UE) n° 1094/2010 et (UE) n° 1095/2010 concernant le contenu, les méthodes et la présentation pour les informations visées aux paragraphes 1 à 5 du présent article, pour ce qui est des indicateurs de durabilité concernant les incidences négatives dans le domaine des questions sociales et de personnel, du respect des droits de l'homme et de la lutte contre la corruption et les actes de corruption.

Le pouvoir de compléter le présent règlement en adoptant les normes techniques de réglementation visées au premier alinéa du présent paragraphe est délégué à la Commission conformément aux articles 10 à 14 des règlements (UE) n° 1093/2010, (UE) n° 1094/2010 et (UE) n° 1095/2010.

Art. 5. – *Transparence des politiques de rémunération en ce qui concerne l'intégration des risques en matière de durabilité.* – 1. Les acteurs des marchés financiers et les conseillers financiers incluent dans leurs politiques de rémunération des informations sur la manière dont ces politiques sont adaptées à l'intégration des risques en matière de durabilité et publient ces informations sur leur site internet.

2. Les informations visées au paragraphe 1 sont incluses dans les politiques de rémunération que les acteurs des marchés financiers et les conseillers financiers sont tenus d'établir et de tenir à jour conformément à la législation sectorielle, en particulier les directives 2009/65/CE, 2009/138/CE, 2011/61/UE, 2013/36/UE, 2014/65/UE, (UE) 2016/97 et (UE) 2016/2341.

Art. 6. – *Transparence de l'intégration des risques en matière de durabilité.* – 1. Dans les informations précontractuelles publiées, les acteurs des marchés financiers décrivent :

a) la manière dont les risques en matière de durabilité sont intégrés dans leurs décisions d'investissement ; et

b) les résultats de l'évaluation des incidences probables des risques en matière de durabilité sur le rendement des produits financiers qu'ils mettent à disposition.

Lorsque les acteurs des marchés financiers estiment que les risques en matière de durabilité ne sont pas pertinents, les descriptions visées au premier alinéa comprennent une explication claire et concise des raisons de cette estimation.

2. Dans les informations précontractuelles publiées, les conseillers financiers décrivent :

a) la manière dont les risques en matière de durabilité sont intégrés dans leurs conseils en investissement ou en assurance ; et

b) le résultat de l'évaluation des incidences probables des risques en matière de durabilité sur le rendement des produits financiers sur lesquels ils fournissent des conseils.

Lorsque les conseillers financiers estiment que les risques en matière de durabilité ne sont pas pertinents, les descriptions visées au premier alinéa comprennent une explication claire et concise des raisons de cette estimation.

3. Les informations visées aux paragraphes 1 et 2 du présent article sont publiées comme suit :

a) pour les gestionnaires de FIA, dans les informations à communiquer aux investisseurs visées à l'article 23, paragraphe 1, de la directive 2011/61/UE ;

b) pour les entreprises d'assurance, dans les informations à fournir visées à l'article 185, paragraphe 2, de la directive 2009/138/CE ou, le cas échéant, conformément à l'article 29, paragraphe 1, de la directive (UE) 2016/97 ;

c) pour les IRP, dans les informations à fournir visées à l'article 41 de la directive (UE) 2016/2341 ;

d) pour les gestionnaires de fonds de capital-risque éligibles, dans les informations à fournir visées à l'article 13, paragraphe 1, du règlement (UE) n° 345/2013 ;

e) pour les gestionnaires de fonds d'entrepreneuriat social éligibles, dans les informations à fournir visées à l'article 14, paragraphe 1, du règlement (UE) n° 346/2013 ;

f) pour les initiateurs de produits de retraite, par écrit et en temps utile avant qu'un investisseur de détail ne soit lié par un contrat relatif à un produit de retraite ;

g) pour les sociétés de gestion d'OPCVM, dans le prospectus visé à l'article 69 de la directive 2009/65/CE ;

h) pour les entreprises d'investissement qui fournissent des services de gestion de portefeuille ou des conseils en investissement, conformément à l'article 24, paragraphe 4, de la directive 2014/65/UE ;

i) pour les établissements de crédit qui fournissent des services de gestion de portefeuille ou des conseils en investissement, conformément à l'article 24, paragraphe 4, de la directive 2014/65/UE ;

j) pour les intermédiaires d'assurance et les entreprises d'assurance qui fournissent des conseils en assurance relatifs à des produits d'investissement fondés sur l'assurance et pour les intermédiaires d'assurance qui fournissent des conseils en assurance relatifs à des produits de retraite exposés aux fluctuations du marché, conformément à l'article 29, paragraphe 1, de la directive (UE) 2016/97 ;

k) pour les gestionnaires de FIA gérant des ELTIF, dans le prospectus visé à l'article 23 du règlement (UE) 2015/760

l) pour les fournisseurs de PEPP, dans le document d'informations clés sur le PEPP visé à l'article 26 du règlement (UE) 2019/1238.

Art. 7. – *Transparence des incidences négatives en matière de durabilité au niveau des produits financiers.* – 1. Au plus tard le 30 décembre 2022, pour chaque produit financier, lorsqu'un acteur des marchés financiers applique l'article 4, paragraphe 1, point *a)*, ou l'article 4, paragraphe 3 ou 4, les informations à publier visées à l'article 6, paragraphe 3, comprennent ce qui suit :

a) une explication claire et motivée indiquant si un produit financier prend en compte les principales incidences négatives sur les facteurs de durabilité et, dans l'affirmative, la manière dont il le fait ;

b) une déclaration indiquant que les informations relatives aux principales incidences négatives sur les facteurs de durabilité sont disponibles dans les informations à publier en vertu de l'article 11, paragraphe 2.

Lorsque les informations visées à l'article 11, paragraphe 2, comprennent une quantification des principales incidences négatives sur les facteurs de durabilité, ces informations peuvent se fonder sur les dispositions des normes techniques de réglementation adoptées en vertu de l'article 4, paragraphes 6 et 7.

2. Lorsqu'un acteur des marchés financiers applique l'article 4, paragraphe 1, point *b)*, les informations à publier visées à l'article 6, paragraphe 3, comprennent, pour chaque produit financier, une déclaration indiquant que l'acteur des marchés financiers ne prend pas en compte les incidences négatives des décisions d'investissement sur les facteurs de durabilité ainsi qu'une explication des raisons pour lesquelles il ne le fait pas.

Art. 8. – *Transparence de la promotion des caractéristiques environnementales ou sociales dans les informations précontractuelles publiées.* – 1. Lorsqu'un produit financier promeut, entre autres caractéristiques, des caractéristiques environnementales ou sociales, ou une combinaison de ces caractéristiques, pour autant que les sociétés dans lesquelles les investissements sont réalisés appliquent des pratiques de bonne gouvernance, les informations à publier en vertu de l'article 6, paragraphes 1 et 3, comprennent :

a) des informations sur la manière dont ces caractéristiques sont respectées ;

b) si un indice a été désigné comme indice de référence, des informations indiquant si et de quelle manière cet indice est adapté à ces caractéristiques.

2. Les acteurs des marchés financiers incluent dans les informations à publier en vertu de l'article 6, paragraphes 1 et 3, une indication de l'endroit où trouver la méthodologie utilisée pour le calcul de l'indice visé au paragraphe 1 du présent article.

2 *bis*. Lorsque les acteurs des marchés financiers mettent à disposition un produit financier visé à l'article 6 du règlement (UE) 2020/852 du Parlement européen et du Conseil (1), ils incluent, dans les informations à publier au titre de l'article 6, paragraphes 1 et 3, du présent règlement, les informations requises au titre de l'article 6 du règlement (UE) 2020/852.

(1) Règlement (UE) 2020/852 du Parlement européen et du Conseil du 18 juin 2020 sur l'établissement d'un cadre visant à favoriser les investissements durables, et modifiant le règlement (UE) 2019/2088 (*JO* L 198, du 22 juin 2020, p. 13).

3. Les autorités européennes de surveillance élaborent, par l'intermédiaire du comité mixte, des projets de normes techniques de réglementation afin de détailler le contenu et la présentation des informations à publier en vertu des paragraphes 1 et 2 du présent article.

Lorsqu'elles élaborent les projets de normes techniques de réglementation visés au premier alinéa, les autorités européennes de surveillance tiennent compte des différents types de produits financiers, de leurs caractéristiques ainsi que de leurs différences, et de l'objectif consistant à publier des informations exactes, loyales, claires, non trompeuses, simples et concises.

Les autorités européennes de surveillance soumettent les projets de normes techniques de réglementation visés au premier alinéa à la Commission au plus tard le 30 décembre 2020.

Le pouvoir de compléter le présent règlement en adoptant les normes techniques de réglementation visées au premier alinéa est délégué à la Commission conformément aux articles 10 à 14 des règlements (UE) n° 1093/2010, (UE) n° 1094/2010 et (UE) n° 1095/2010.

4. Les autorités européennes de surveillance élaborent, par l'intermédiaire du comité mixte, des projets de normes techniques de réglementation afin de détailler le contenu et la présentation des informations visées au paragraphe 2 *bis* du présent article.

Lorsqu'elles élaborent les projets de normes techniques de réglementation visés au premier alinéa du présent paragraphe, les autorités européennes de surveillance tiennent compte des différents types de produits financiers, de leurs caractéristiques et de leurs différences, ainsi que de l'objectif consistant à publier des informations exactes, loyales, claires, non trompeuses, simples et concises et, lorsque cela s'avère nécessaire pour atteindre cet objectif, élaborent des projets d'amendements aux normes techniques de réglementation visées au paragraphe 3 du présent article. Les projets de normes techniques de réglementation tiennent compte des dates d'application respectives mentionnées à l'article 27, paragraphe 2, points *a)* et *b)*, du règlement (UE) 2020/852 en ce qui concerne les objectifs environnementaux énoncés à l'article 9 dudit règlement.

Les autorités européennes de surveillance soumettent à la Commission les projets de normes techniques de réglementation visés au premier alinéa :

***a)* en ce qui concerne les objectifs environnementaux visés à l'article 9, points *a)* et *b)*, du règlement (UE) 2020/852, le 1er juin 2021 au plus tard ; et**

***b)* en ce qui concerne les objectifs environnementaux visés à l'article 9, points *c)* à *f)*, du règlement (UE) 2020/852, le 1er juin 2022 au plus tard.**

Le pouvoir de compléter le présent règlement en adoptant les normes techniques de réglementation visées au premier alinéa du présent paragraphe est délégué à la Commission conformément aux articles 10 à 14 des règlements (UE) n° 1093/2010, (UE) n° 1094/2010 et (UE) n° 1095/2010.

Lorsqu'un produit financier promeut des caractéristiques environnementales ou sociales, l'article 8 du règlement SFDR prévoit des obligations de publication d'informations supplémentaires. Ainsi, ces informations précontractuelles (dont la publication est prévue à l'art. 6, §§ 1 et 3 dudit règlement) comprennent également (SFDR, art. 6, §§ 1 et 2) des informations sur la manière dont les caractéristiques environnementales et/ou sociales sont respectées et, si un indice a été désigné comme indice de référence, des informations indiquant si et de quelle manière cet indice est adapté à ces caractéristiques ainsi qu'une indication de l'endroit où trouver la méthodologie utilisée pour le calcul de l'indice. Les articles 14 à 17 du règlement délégué (UE) 2022/1288 précisent ces dispositions. En particulier, les informations précitées sont jointes aux informations précontractuelles au sein d'une annexe spécifique, dont le règlement délégué (UE) 2022/1288 propose un modèle (Annexe II du règlement délégué (UE) 2022/1288).

Art. 9. – ***Transparence des investissements durables dans les informations précontractuelles publiées.*** **– 1. Lorsqu'un produit financier a pour objectif l'investissement durable et qu'un indice a été désigné comme indice de référence, les informations à publier en vertu de l'article 6, paragraphes 1 et 3, sont accompagnées :**

***a)* d'informations sur la manière dont l'indice désigné est aligné sur cet objectif ;**

***b)* d'une explication indiquant pourquoi et comment l'indice désigné aligné sur cet objectif diffère d'un indice de marché large.**

2. Lorsqu'un produit financier a pour objectif l'investissement durable et qu'aucun indice n'a été désigné comme indice de référence, les informations à publier en vertu de l'article 6, paragraphes 1 et 3, comprennent une explication de la manière dont cet objectif doit être atteint.

3. Lorsqu'un produit financier a pour objectif une réduction des émissions de carbone, les informations à publier conformément à l'article 6, paragraphes 1 et 3, comprennent l'objectif de faible exposition aux émissions de carbone en vue de la réalisation des objectifs de limitation du réchauffement planétaire à long terme fixés par l'accord de Paris.

Par dérogation au paragraphe 2 du présent article, lorsqu'aucun indice de référence « transition climatique » de l'Union ou indice de référence « accord de Paris » de l'Union conformément au règlement (UE) 2016/1011 du Parlement européen et du Conseil (1) n'est disponible, les informations visées à l'article 6 comprennent une explication détaillée de la manière dont la poursuite des efforts déployés pour atteindre l'objectif de réduction des émissions de carbone est assurée en vue de la réalisation des objectifs de limitation du réchauffement planétaire à long terme fixés par l'accord de Paris.

4. Les acteurs des marchés financiers incluent dans les informations à publier conformément à l'article 6, paragraphes 1 et 3, une indication de l'endroit où trouver la méthodologie utilisée pour le calcul des indices visés au paragraphe 1 du présent article et des indices de référence visés au paragraphe 3, deuxième alinéa, du présent article.

4 *bis*. Les acteurs des marchés financiers incluent, dans les informations à publier conformément à l'article 6, paragraphes 1 et 3, du présent règlement les informations requises au titre l'article 5 du règlement (UE) 2020/852.

5. Les autorités européennes de surveillance élaborent, par l'intermédiaire du comité mixte, des projets de normes techniques de réglementation afin de détailler le contenu et la présentation des informations à publier en vertu des paragraphes 1 à 4 du présent article.

Lorsqu'elles élaborent les projets de normes techniques de réglementation visés au premier alinéa du présent paragraphe, les autorités européennes de surveillance tiennent compte des différents types de produits financiers, de leurs objectifs visés aux paragraphes 1, 2 et 3, ainsi que de leurs différences, et de l'objectif consistant à publier des informations exactes, loyales, claires, non trompeuses, simples et concises.

Les autorités européennes de surveillance soumettent les projets de normes techniques de réglementation visés au premier alinéa à la Commission au plus tard le 30 décembre 2020.

Le pouvoir de compléter le présent règlement en adoptant les normes techniques de réglementation visées au premier alinéa est délégué à la Commission conformément aux articles 10 à 14 des règlements (UE) n° 1093/2010, (UE) n° 1094/2010 et (UE) n° 1095/2010.

6. Les autorités européennes de surveillance élaborent, par l'intermédiaire du comité mixte, des projets de normes techniques de réglementation afin de détailler le contenu et la présentation des informations visées au paragraphe 4 *bis* du présent article.

Lorsqu'elles élaborent les projets de normes techniques de réglementation visés au premier alinéa du présent paragraphe, les autorités européennes de surveillance tiennent compte des différents types de produits financiers, de leurs objectifs visés au paragraphe 4 *bis* du présent article, et de leurs différences, ainsi que de l'objectif consistant à publier des informations exactes, loyales, claires, non trompeuses, simples et concises et, lorsque cela s'avère nécessaire pour atteindre cet objectif, élaborent des projets d'amendements aux normes techniques de réglementation visées au paragraphe 5 du présent article. Les projets de normes techniques de réglementation tiennent compte des dates d'application respectives mentionnées à l'article 27, paragraphe 2, points *a)* et *b)*, du règlement (UE) 2020/852, en ce qui concerne les objectifs environnementaux énoncés à l'article 9 dudit règlement.

Les autorités européennes de surveillance soumettent à la Commission les projets de normes techniques de réglementation visés au premier alinéa :

a) en ce qui concerne les objectifs environnementaux énoncés à l'article 9, points *a)* et *b)*, du règlement (UE) 2020/852, le 1er juin 2021 au plus tard ; et

b) en ce qui concerne les objectifs environnementaux énoncés à l'article 9, points *c)* à *f)*, du règlement (UE) 2020/852, le 1er juin 2022 au plus tard.

(1) Règlement (UE) 2016/1011 du Parlement européen et du Conseil du 8 juin 2016 concernant les indices utilisés comme indices de référence dans le cadre d'instruments et de contrats financiers ou pour mesurer la performance de fonds d'investissement et modifiant les directives 2008/48/CE et 2014/17/UE et le règlement (UE) n° 596/2014 (*JO* L 171 du 29 juin 2016, p. 1).

Le pouvoir de compléter le présent règlement en adoptant les normes techniques de réglementation visées au premier alinéa du présent paragraphe est délégué à la Commission conformément aux articles 10 à 14 des règlements (UE) n° 1093/2010, (UE) n° 1094/2010 et (UE) n° 1095/2010.

Lorsqu'un produit financier intègre un objectif, l'investissement durable et qu'un indice a été désigné comme indice de référence, l'article 9 du règlement SFDR prévoit des obligations de publication d'informations supplémentaires. Ainsi, ces informations précontractuelles (dont la publication est prévue à l'art. 6, §§ 1 et 3 dudit règlement) comprennent également (SFDR, art. 9, §§ 1 et 2) des informations sur la manière dont l'indice désigné est aligné sur cet objectif et une explication indiquant pourquoi et comment l'indice désigné aligné sur cet objectif diffère d'un indice de marché large. Les articles 18 à 22 du règlement délégué (UE) 2022/1288 précisent ces dispositions. En particulier, les informations précitées sont jointes aux informations précontractuelles au sein d'une annexe spécifique, dont le règlement délégué (UE) 2022/1288 propose un modèle (Annexe III du règlement délégué (UE) 2022/1288).

Art. 10. – *Transparence de la promotion des caractéristiques environnementales ou sociales et des investissements durables sur les sites internet.* – 1. Les acteurs des marchés financiers publient et tiennent à jour sur leur site internet les informations suivantes pour chaque produit financier visé à l'article 8, paragraphe 1, et à l'article 9, paragraphes 1, 2 et 3 :

a) une description des caractéristiques environnementales ou sociales ou de l'objectif d'investissement durable ;

b) des informations sur les méthodes utilisées pour évaluer, mesurer et surveiller les caractéristiques environnementales ou sociales ou l'incidence des investissements durables sélectionnés pour le produit financier, y compris ses sources des données, les critères d'évaluation des actifs sous-jacents et les indicateurs pertinents en matière de durabilité utilisés pour mesurer les caractéristiques environnementales ou sociales ou l'incidence globale du produit financier en matière de durabilité ;

c) les informations visées aux articles 8 et 9 ;

d) les informations visées à l'article 11.

Les informations à publier en vertu du premier alinéa sont claires, succinctes et compréhensibles pour les investisseurs. Elles sont publiées de façon exacte, loyale, claire, non trompeuse, simple et concise et sur des pages visibles et facilement accessibles du site internet.

2. Les autorités européennes de surveillance élaborent, par l'intermédiaire du comité mixte, des projets de normes techniques de réglementation afin de détailler le contenu des informations visées au paragraphe 1, premier alinéa, points *a)* et *b)*, et les exigences de présentation visées au paragraphe 1, deuxième alinéa.

Lorsqu'elles élaborent les projets de normes techniques de réglementation visés au premier alinéa du présent paragraphe, les autorités européennes de surveillance tiennent compte des différents types de produits financiers, de leurs caractéristiques et de leurs objectifs visés au paragraphe 1 ainsi que de leurs différences. Les autorités européennes de surveillance mettent à jour les normes techniques de réglementation à la lumière des évolutions réglementaires et technologiques.

Les autorités européennes de surveillance soumettent les projets de normes techniques de réglementation visés au premier alinéa à la Commission au plus tard le 30 décembre 2020.

Le pouvoir de compléter le présent règlement en adoptant les normes techniques de réglementation visées au premier alinéa est délégué à la Commission conformément aux articles 10 à 14 des règlements (UE) n° 1093/2010, (UE) n° 1094/2010 et (UE) n° 1095/2010.

Art. 11. – *Transparence de la promotion des caractéristiques environnementales ou sociales et des investissements durables dans les rapports périodiques.* – 1. Lorsque les acteurs des marchés financiers mettent à disposition un produit financier visé à l'article 8, paragraphe 1, ou à l'article 9, paragraphe 1, 2 ou 3, ils décrivent notamment dans les rapports périodiques :

a) pour un produit financier visé à l'article 8, paragraphe 1, la mesure dans laquelle les caractéristiques environnementales ou sociales sont respectées ;

b) pour un produit financier visé à l'article 9, paragraphe 1, 2 ou 3 :

i) l'incidence globale du produit financier en matière de durabilité, au moyen d'indicateurs de durabilité pertinents ; ou

ANNEXE 4

ii) lorsqu'un indice a été désigné comme indice de référence, une comparaison entre l'incidence globale du produit financier en matière de durabilité et les incidences de l'indice désigné et d'un indice de marché large, au moyen d'indicateurs de durabilité ;

c) pour un produit financier soumis à l'article 5 du règlement (UE) 2020/852, les informations requises au titre dudit article ;

d) pour un produit financier soumis à l'article 6 du règlement (UE) 2020/852, les informations requises au titre dudit article.

2. Les informations visées au paragraphe 1 du présent article sont publiées comme suit :

a) pour les gestionnaires de FIA, dans le rapport annuel visé à l'article 22 de la directive 2011/61/UE ;

b) pour les entreprises d'assurance, chaque année et par écrit, conformément à l'article 185, paragraphe 6, de la directive 2009/138/CE ;

c) pour les IRP, dans le rapport annuel visé à l'article 29 de la directive (UE) 2016/2341 ;

d) pour les gestionnaires de fonds de capital-risque éligibles, dans le rapport annuel visé à l'article 12 du règlement (UE) n° 345/2013 ;

e) pour les gestionnaires de fonds d'entrepreneuriat social éligibles, dans le rapport annuel visé à l'article 13 du règlement (UE) n° 346/2013 ;

f) pour les initiateurs de produits de retraite, par écrit dans le rapport annuel ou dans un rapport prévu par le droit national ;

g) pour les sociétés de gestion d'OPCVM, dans le rapport annuel visé à l'article 69 de la directive 2009/65/CE ;

h) pour les entreprises d'investissement qui fournissent des services de gestion de portefeuille, dans un rapport périodique visé à l'article 25, paragraphe 6, de la directive 2014/65/UE ;

i) pour les établissements de crédit qui fournissent des services de gestion de portefeuille, dans un rapport périodique visé à l'article 25, paragraphe 6, de la directive 2014/65/UE ;

j) pour les fournisseurs de PEPP, dans le relevé des droits PEPP visé à l'article 36 du règlement (UE) 2019/1238.

3. Aux fins du paragraphe 1 du présent article, les acteurs des marchés financiers peuvent utiliser les informations contenues dans les rapports de gestion conformément à l'article 19 de la directive 2013/34/UE ou celles contenues dans les déclarations non financières conformément à l'article 19 *bis* de ladite directive, le cas échéant.

4. Les autorités européennes de surveillance élaborent, par l'intermédiaire du comité mixte, des projets de normes techniques de réglementation afin de détailler le contenu et la présentation des informations visées au paragraphe 1, points *a)* et *b)*.

Lorsqu'elles élaborent les projets de normes techniques de réglementation visés au premier alinéa, les autorités européennes de surveillance tiennent compte des différents types de produits financiers, de leurs caractéristiques et de leurs objectifs ainsi que de leurs différences. Les autorités européennes de surveillance mettent à jour les normes techniques de réglementation à la lumière des évolutions réglementaires et technologiques.

Les autorités européennes de surveillance soumettent les projets de normes techniques de réglementation visés au premier alinéa à la Commission au plus tard le 30 décembre 2020.

Le pouvoir de compléter le présent règlement en adoptant les normes techniques de réglementation visées au premier alinéa est délégué à la Commission conformément aux articles 10 à 14 des règlements (UE) n° 1093/2010, (UE) n° 1094/2010 et (UE) n° 1095/2010.

5. Les autorités européennes de surveillance élaborent, par l'intermédiaire du comité mixte, des projets de normes techniques de réglementation afin de détailler le contenu et la présentation des informations visées au paragraphe 1, points *c)* et *d)*.

Lorsqu'elles élaborent les projets de normes techniques de réglementation visés au premier alinéa du présent paragraphe, les autorités européennes de surveillance tiennent compte des différents types de produits financiers, de leurs caractéristiques et de leurs objectifs ainsi que de leurs différences et, lorsque cela s'avère nécessaire, élaborent des projets d'amendements aux normes techniques de réglementation visées au paragraphe 4 du présent article. Les projets de normes techniques de réglementation tiennent compte des dates d'application respectives mentionnées à l'article 27, paragraphe 2, points *a)* et *b)*, du règlement (UE) 2020/852, en ce qui concerne les objectifs environnementaux énoncés à l'article 9 dudit règlement. Les autorités européennes de surveillance actualisent les normes techniques de réglementation à la lumière des évolutions réglementaires et technologiques.

Les autorités européennes de surveillance soumettent à la Commission les projets de normes techniques de réglementation visés au premier alinéa :

a) en ce qui concerne les objectifs environnementaux visés à l'article 9, points *a)* et *b)*, du règlement (UE) 2020/852, le 1er juin 2021 au plus tard ; et

b) en ce qui concerne les objectifs environnementaux visés à l'article 9, points *c)* à *f)*, du règlement (UE) 2020/852, le 1er juin 2022 au plus tard.

Le pouvoir de compléter le présent règlement en adoptant les normes techniques de réglementation visées au premier alinéa du présent paragraphe est délégué à la Commission conformément aux articles 10 à 14 des règlements (UE) n° 1093/2010, (UE) n° 1094/2010 et (UE) n° 1095/2010.

Art. 12. – *Réexamen des informations publiées*. – 1. Les acteurs des marchés financiers veillent à ce que toutes les informations publiées conformément à l'article 3, à l'article 5 ou à l'article 10 soient tenues à jour. Lorsqu'un acteur des marchés financiers modifie ces informations, il publie une explication claire de cette modification sur le même site internet.

2. Le paragraphe 1 s'applique mutatis mutandis aux conseillers financiers en ce qui concerne toute information publiée conformément aux articles 3 et 5.

Art. 13. – *Communications publicitaires*. – 1. Sans préjudice d'une législation sectorielle plus stricte, en particulier les directives 2009/65/CE, 2014/65/UE et (UE) 2016/97 et le règlement (UE) n° 1286/2014, les acteurs des marchés financiers et les conseillers financiers veillent à ce que leurs communications publicitaires ne contredisent pas les informations publiées en vertu du présent règlement.

2. Les autorités européennes de surveillance peuvent élaborer, par l'intermédiaire du comité mixte, des projets de normes techniques d'exécution pour déterminer la présentation type des informations concernant la promotion des caractéristiques environnementales ou sociales et les investissements durables.

Le pouvoir d'adopter les normes techniques d'exécution visées au premier alinéa est conféré à la Commission conformément à l'article 15 des règlements (UE) n° 1093/2010, (UE) n° 1094/2010 et (UE) n° 1095/2010.

Art. 14. – *Autorités compétentes*. – 1. Les États membres veillent à ce que les autorités compétentes désignées conformément à la législation sectorielle, en particulier la législation sectorielle visée à l'article 6, paragraphe 3, du présent règlement, et conformément à la directive 2013/36/UE, contrôlent le respect par les acteurs des marchés financiers et les conseillers financiers des exigences du présent règlement. Les autorités compétentes disposent de tous les pouvoirs de contrôle et d'enquête qui sont nécessaires pour exercer leurs fonctions au titre du présent règlement.

2. Aux fins du présent règlement, les autorités compétentes coopèrent entre elles et se communiquent mutuellement, sans retard injustifié, les informations utiles à l'accomplissement de leurs missions au titre du présent règlement.

Art. 15. – *Transparence des IRP et des intermédiaires d'assurance*. – 1. Les IRP publient et tiennent à jour les informations visées aux articles 3 à 7 et à l'article 10, paragraphe 1, premier alinéa, du présent règlement conformément à l'article 36, paragraphe 2, point *f)*, de la directive (UE) 2016/2341.

2. Les intermédiaires d'assurance communiquent les informations visées à l'article 3, à l'article 4, paragraphe 5, à l'article 5, à l'article 6 et à l'article 10, paragraphe 1, premier alinéa, du présent règlement conformément à l'article 23 de la directive (UE) 2016/97.

Art. 16. – *Produits de retraite couverts par les règlements (CE) n° 883/2004 et (CE) n° 987/2009*. – 1. Les États membres peuvent décider d'appliquer le présent règlement aux initiateurs de produits de retraite gérant les régimes nationaux de sécurité sociale couverts par les règlements (CE) n° 883/2004 et (CE) n° 987/2009. Dans ces cas, les initiateurs de produits de retraite visés à l'article 2, point 1) *d)*, du présent règlement comprennent les initiateurs de produits de retraite gérant des régimes nationaux de sécurité sociale et de produits de retraite visés à l'article 2, point 8), du présent règlement. Dans ce cas, la définition des produits de retraite figurant à l'article 2, point 8), du présent règlement est réputée inclure les produits de retraite visés dans la première phrase.

2. Les États membres notifient à la Commission et aux autorités européennes de surveillance toute décision adoptée en vertu du paragraphe 1.

Art. 17. – *Dérogations.* – 1. Le présent règlement ne s'applique ni aux intermédiaires d'assurance fournissant des conseils en assurance relatifs à des produits d'investissement fondés sur l'assurance ni aux entreprises d'investissement fournissant des conseils en investissement qui sont des entreprises, indépendamment de leur forme juridique, y compris les personnes physiques ou les travailleurs indépendants, à condition qu'ils emploient moins de trois personnes.

2. Les États membres peuvent décider d'appliquer le présent règlement aux intermédiaires d'assurance fournissant des conseils en assurance relatifs à des produits d'investissement fondés sur l'assurance ou aux entreprises d'investissement fournissant des conseils en investissement, tels qu'ils sont visés au paragraphe 1.

3. Les États membres notifient à la Commission et aux autorités européennes de surveillance toute décision adoptée en vertu du paragraphe 2.

Art. 18. – *Rapport.* – Les autorités européennes de surveillance prennent la mesure de la publication volontaire d'informations conformément à l'article 4, paragraphe 1, point *a)*, et à l'article 7, paragraphe 1, point *a)*. Au plus tard le 10 septembre 2022, et chaque année par la suite, les autorités européennes de surveillance présentent à la Commission un rapport sur les bonnes pratiques et formulent des recommandations en vue de normes relatives à la communication volontaire d'informations. Ce rapport annuel examine les implications des pratiques de diligence raisonnable sur la publication d'informations au titre du présent règlement et formule des orientations à cet égard. Ce rapport est rendu public et transmis au Parlement européen et au Conseil.

Art. 18 *bis*. – *Accessibilité des informations sur le point d'accès unique européen.* – 1. À compter du 10 janvier 2028, lorsqu'ils rendent publiques des informations visées à l'article 3, paragraphes 1 et 2, à l'article 4, paragraphe 1, à l'article 4, paragraphes 3, 4 et 5, à l'article 5, paragraphe 1, et à l'article 10, paragraphe 1, du présent règlement, les acteurs des marchés financiers et les conseillers financiers communiquent ces informations en même temps à l'organisme de collecte pertinent visé au paragraphe 3 du présent article afin de les rendre accessibles sur le point d'accès unique européen (ESAP) établi en vertu du règlement (UE) 2023/2859 du Parlement européen et du Conseil (1).

Ces informations satisfont aux exigences suivantes :

a) elles sont communiquées dans un format permettant l'extraction de données au sens de l'article 2, point 3), du règlement (UE) 2023/2859 ou, lorsque le droit de l'Union l'exige, dans un format lisible par machine au sens de l'article 2, point 4), dudit règlement ;

b) elles sont accompagnées des métadonnées suivantes :

i) tous les noms de l'acteur des marchés financiers ou du conseiller financier auquel les informations se rapportent ;

ii) pour les personnes morales, l'identifiant d'entité juridique de l'acteur des marchés financiers ou du conseiller financier, précisé conformément à l'article 7, paragraphe 4, point *b)*, du règlement (UE) 2023/2859 ;

iii) pour les personnes morales, la taille de l'acteur des marchés financiers ou du conseiller financier, selon le cas, suivant la catégorie précisée conformément à l'article 7, paragraphe 4, point *d)*, dudit règlement ;

iv) le type d'informations concerné, suivant la classification prévue par l'article 7, paragraphe 4, point *c)*, dudit règlement ;

v) une mention précisant si les informations contiennent des données à caractère personnel.

2. Aux fins du paragraphe 1, point *b)* ii), les acteurs des marchés financiers et les conseillers financiers qui sont des personnes morales obtiennent un identifiant d'entité juridique.

3. Au plus tard le 9 janvier 2028, aux fins de rendre les informations visées au paragraphe 1 du présent article accessibles sur l'ESAP, les États membres désignent au moins un organisme de collecte au sens de l'article 2, point 2), du règlement (UE) 2023/2859 et en informent l'AEMF.

4. Afin d'assurer une collecte et une gestion efficientes des informations communiquées conformément au paragraphe 1, les autorités européennes de surveillance élaborent, dans le cadre du comité mixte, des projets de normes techniques d'exécution précisant :

a) les autres métadonnées devant accompagner les informations ;

b) la structuration des données dans les informations ;

(1) Règlement (UE) 2023/2859 du Parlement européen et du Conseil du 13 décembre 2023 établissant un point d'accès unique européen fournissant un accès centralisé aux informations publiées utiles pour les services financiers, les marchés des capitaux et la durabilité (*JO* L 2023/2859, 20 déc. 2023, ELI : https://eur-lex.europa.eu/legal-content/FR/TXT/?uri=CELEX%3A02023R2859-20240725).

c) les informations pour lesquelles un format lisible par machine est requis et, dans de tels cas, le format lisible par machine à utiliser.

Aux fins du point *c)*, les autorités européennes de surveillance évaluent les avantages et les inconvénients de différents formats lisibles par machine et effectuent à cette fin les essais de terrain appropriés.

Les autorités européennes de surveillance soumettent ces projets de normes techniques d'exécution à la Commission.

La Commission est habilitée à adopter les normes techniques d'exécution visées au premier alinéa du présent paragraphe conformément à l'article 15 du règlement (UE) n° 1093/2010, à l'article 15 du règlement (UE) n° 1094/2010 et à l'article 15 du règlement (UE) n° 1095/2010.

5. Si nécessaire, les autorités européennes de surveillance adoptent, dans le cadre du comité mixte, des orientations afin de garantir l'exactitude des métadonnées communiquées conformément au paragraphe 4, premier alinéa, point *a)*.

Art. 19. – *Évaluation.* – 1. Au plus tard le 30 décembre 2022, la Commission évalue l'application du présent règlement et, en particulier, évalue :

a) si la référence au nombre moyen de salariés qui est faite à l'article 4, paragraphes 3 et 4, doit être maintenue, remplacée ou accompagnée d'autres critères, et examine les avantages et la proportionnalité de la charge administrative induite ;

b) si le fonctionnement du présent règlement est entravé par le manque de données ou leur qualité sous-optimale, y compris en ce qui concerne les indicateurs concernant les incidences négatives sur les facteurs de durabilité dans le cadre de sociétés détenues.

2. L'évaluation visée au paragraphe 1 est accompagnée, le cas échéant, d'une proposition législative.

Art. 20. – *Entrée en vigueur et application.* – 1. Le présent règlement entre en vigueur le vingtième jour suivant celui de sa publication au *Journal officiel de l'Union européenne*.

2. Il est applicable à partir du 10 mars 2021.

3. Par dérogation au paragraphe 2 du présent article :

a) l'article 4, paragraphes 6 et 7, l'article 8, paragraphe 3, l'article 9, paragraphe 5, l'article 10, paragraphe 2, l'article 11, paragraphe 4, et l'article 13, paragraphe 2, s'appliquent à partir du 29 décembre 2019 ;

b) l'article 2 *bis*, l'article 8, paragraphe 4, l'article 9, paragraphe 6, et l'article 11, paragraphe 5, s'appliquent à partir du 12 juillet 2020 ;

c) l'article 8, paragraphe 2 *bis*, et l'article 9, paragraphe 4 *bis*, s'appliquent :

i) en ce qui concerne les objectifs environnementaux visés à l'article 9, points *a)* et *b)*, du règlement (UE) 2020/852, à partir du 1er janvier 2022 ; et

ii) en ce qui concerne les objectifs environnementaux visés à l'article 9, points *c)* à *f)*, du règlement (UE) 2020/852, à partir du 1er janvier 2023 ;

d) l'article 11, paragraphes 1, 2 et 3, s'applique à partir du 1er janvier 2022.

Le présent règlement est obligatoire dans tous ses éléments et directement applicable dans tout État membre.

Règlement délégué (UE) de la commission n° 2022/1288 du 6 avril 2022

complétant le règlement (UE) 2019/2088 du Parlement européen et du Conseil par des normes techniques de réglementation détaillant le contenu et la présentation des informations relatives au principe consistant à « ne pas causer de préjudice important » et précisant le contenu, les méthodes et la présentation pour les informations relatives aux indicateurs de durabilité et aux incidences négatives en matière de durabilité ainsi que le contenu et la présentation des informations relatives à la promotion de caractéristiques environnementales ou sociales et d'objectifs d'investissement durable dans les documents précontractuels, sur les sites Internet et dans les rapports périodiques

Voir lien de redirection vers : Règlement délégué (UE) 2022/1288 de la Commission du 6 avril 2022 complétant le règlement (UE) 2019/2088 du Parlement européen et du Conseil par des normes techniques de réglementation détaillant le contenu et la présentation des informations relatives au principe consistant à « ne pas causer de préjudice important » et précisant le contenu, les méthodes et la présentation pour les informations relatives aux indicateurs de durabilité et aux incidences négatives en matière de durabilité ainsi que le contenu et la présentation des informations relatives à la promotion de caractéristiques environnementales ou sociales et d'objectifs d'investissement durable dans les documents précontractuels, sur les sites Internet et dans les rapports périodiques, https://eur-lex.europa.eu/eli/reg_del/2022/1288/2023-02-20.

ANNEXE 5

OBLIGATION D'INFORMATION EN MATIÈRE DE DURABILITÉ

Bibliographie : *Informations en matière de durabilité devant être établies et publiées par les sociétés commerciales* : D.O Actualité 4/2024, 24. • B. Parance, *La directive CSRD, nouveau modèle du reporting extrafinancier au service de la durabilité des entreprises* : JCP E 2023, n° 05, 1033. • *Directive CSRD : un reporting de durabilité à compter de juillet 2024 pour les grandes entreprises et les PME cotées* : D.O Actualité 7-8/2023, n° 12. • C. Pradel, P. Pradel-Boureux et V. Pradel, *Reporting de durabilité (CSRD) : les normes communes d'information (ESRS) portant sur la santé et la sécurité au travail* : JCP S 2024, n° 35, 1267. • J.-M. Moulin, *L'information extrafinancière se précise* : RD bancaire et fin. 2024, n° 1, comm. 25. • *CSRD et normes ESRS : report au 30 juin 2026 des normes sectorielles pour les entreprises UE et des normes générales pour les entreprises des pays tiers* : D.O Actualité 26/2024, n° 20. • A. Bernardi, *Entrée en vigueur de la directive CSRD – Des exigences de reporting ESG renforcées pour près de 50 000 entreprises européennes* : CDE 2023, n° 1, éditorial 1. • *Reporting de durabilité des sociétés cotées (CSRD) : guides d'application et FAQ publiés par l'EFRAG et la Commission européenne : AMF, actualités, 1er octobre 2024* : Énergie – Env. – Infrastr. 2024, n° 11, alerte 154. • *RSE : la directive CSRD est transposée* : D.O Actualité 49/2023, n° 11. • B. Lecourt, *La transposition de la directive « CSRD » sur les obligations d'information en matière de durabilité* : Actes prat. ing. sociétaire 2024, n° 4, dossier 23. • B. Rolland, *Où va le reporting en matière de RSE après la transposition de la directive CSRD ?* : Dr. sociétés 2024, n° 6, étude 7. • J.-M. Moulin, *L'irrésistible ascension de la « RSE » (premières vues sur la directive CSRD)* : RD bancaire et fin. 2023, n° 1, étude 1. • B. François, *La certification des informations en matière de durabilité* : Actes prat. ing. sociétaire 2024, n° 4, dossier 31. • J.-L. Navarro, *La certification des informations de durabilité depuis la transposition de la directive CSRD* : Dr. sociétés 2024, n° 12, comm. 152. • Y. Muller, *H3C : regard sur la directive CSRD* : D.O Actualité 48/2023, n° 13 ; JCP E 2023, n° 45, 1313. • J.-L. Navarro, *Le nouveau reporting de durabilité : principales nouveautés* : Dr. sociétés 2024, n° 7, comm. 102. • A. Danis-Fatôme, *L'information sur la chaîne de valeur et le plan climatique : de l'information en matière de durabilité au devoir de vigilance* : Actes prat. ing. sociétaire 2024, n° 4, dossier 34. • Étude par A. Reygrobellet professeur à l'université Paris Nanterre – avocat associé CMS F. Lefebvre, *L'information consolidée en matière de durabilité* : Actes prat. ing. sociétaire 2024, n° 4, dossier 29. • T. Doré et L. Thébault, *Le double enjeu de la CSRD pour les acteurs financiers, producteurs et utilisateurs d'informations en matière de durabilité* : RD bancaire et fin. 2023, n° 2, étude 6. • Étude par E. Rapone, J. Dessard Jacques et G. Koudadje, *Directive CSRD : quels enjeux de gouvernance et sociaux anticiper ?* : JCP E 2023, n° 08-09, 1057. • C. Michon, *Les nouvelles obligations européennes en matière de reporting extrafinancier* : Rev. int. Compliance 2023, n° 01, comm. 48. • E. Rapone, *Directive CSRD : quels enjeux de gouvernance et sociaux anticiper ?* : JCP E 2023, n° 08-09, 1057. • *Application du reporting de durabilité CSRD : tout ce que les grandes entreprises cotées doivent savoir, AMF, actualités 7 février 2024* : Énergie – Env. – Infrastr. 2024, n° 3, alerte 34. • J.-M. Moulin, *La mise en œuvre pratique de la CSRD fait l'objet de précisions* : RD bancaire et fin. 2024, n° 6, comm. 162. • B. Deffains, *La directive CSRD : un levier de transformation ou un frein à la compétitivité des entreprises européennes ?* : JCP E 2025, n° 7, act. 157. • D. Voinot, *Le risque de défaillance de l'entreprise lié aux nouvelles obligations sociales et environnementales* : Rev. proc.

coll. 2024, n° 2, dossier 10. • D. Martin et G. Agbodjan, *Analyse des risques d'actions en responsabilité civile et de sanctions boursières liés à la CSRD* : *JCP E* 2024, n° 15, 320. • J.-M. Moulin, *La CSRD face à des vents contraires* : *RD bancaire et fin.* 2025, n° 1, comm. 29.

Le sujet de la comptabilité extrafinancière et plus précisément de la CSRD est actuellement très débattu alors même que cette directive a été transcrite en droit interne dès décembre 2023.

La présentation qui suit permettra tout d'abord de faire un petit historique sur les obligations en droit interne en termes de durabilité (I), puis de préciser les conditions d'application de la DPEF (II) qui devrait être remplacée par la CSRD (III) laquelle s'appuie sur les ESRS (IV). Enfin seront présentées les dispositions du Code de commerce modifiées par la CSRD (IV).

I. – HISTORIQUE DES OBLIGATIONS D'INFORMATION EN MATIÈRE DE DURABILITÉ EN DROIT INTERNE

Dès 2001, la loi n° 2001-420 du 15 mai 2001 relative aux nouvelles régulations économiques, dite « NRE », imposait à toutes les sociétés cotées dont les titres sont admis aux négociations sur un marché réglementé de « prendre en compte [dans le rapport de gestion de l'article L 225-100 du Code de commerce] les conséquences sociales et environnementales de son activité » (C. com., art. L. 225-102-1 tel qu'issu de la L. n° 2001-420 [NRE], art. 116). Cette inclusion a ancré la France à la première place des législations imposant un *reporting* extrafinancier, lequel désigne une obligation de publier des informations. Pour autant, si le dispositif dressait une liste de thèmes devant être divulgués, il ne prévoyait ni obligation de forme pour en rendre compte ni vérification des données, ainsi qu'aucune sanction en cas de refus. La loi n° 2010-788 du 12 juillet 2010 portant engagement national pour l'environnement, dite « Loi Grenelle II » a réformé l'article L. 225-102-1 du Code de commerce, étendant les obligations des entreprises visant à publier dans leur rapport de gestion des informations sur les « conséquences sociales et environnementales de leur activité et sur leurs engagements sociétaux en faveur du développement durable ». Il octroie une grande force contraignante au *reporting* extrafinancier français. À compter de cette date, toutes les entreprises rentrant dans le champ d'application de ce *reporting* sont obligées de faire également vérifier leurs informations par un tiers indépendant (C. com., art. L. 225-102-1, al. 9 ; L. n° 2010-788, 12 juill. 2010). Parallèlement, un ensemble détaillé d'indicateurs est fixé (D. n° 2012-557, 24 avr. 2012 relatif aux obligations de transparence des entreprises en matière sociale et environnementale).

II. – LE DPEF OU DÉCLARATION DE PERFORMANCE EXTRAFINANCIÈRE

Cette démarche a été renforcée par le législateur européen avec l'adoption de la directive n° 2014/95 UE du Parlement européen et du Conseil en date du 22 octobre 2014 sur la publication d'informations non financières et d'informations relatives à la diversité par certaines grandes entreprises et certains groupes, dite « directive "RSE" ou "NFRD" ». Lors de sa transposition par l'ordonnance n° 2017-1180 du 19 juillet 2017 puis par son décret d'application n° 2017-1265 du 9 août 2017 une nouvelle obligation d'information a donc vu le jour : la déclaration de performance extrafinancière ou DPEF. Cette DPEF s'applique aux entreprises dont le total du bilan ou le chiffre d'affaires et le nombre de salariés excèdent les seuils suivants :

– 100 M€ pour le total du bilan,

– 100 M€ pour le montant net du chiffre d'affaires, et

– 500 pour le nombre moyen de salariés permanents employés au cours de l'exercice.

Plutôt que de fournir des informations pour chaque thématique énoncée, la déclaration de performance extrafinancière se fonde sur les notions de matérialité et de « pertinence » des informations pour les parties prenantes. Le décret n° 2017-1265 du 9 août 2017 énonce ainsi que la déclaration contient certaines informations « lorsqu'elles sont pertinentes au regard des principaux risques ou des politiques [liés à l'activité de la société] »

(C. com., art. R. 225-105, II). L'article R. 225-105 du Code de commerce, dans sa version issue du décret du 9 août 2017, précisait les informations que devait contenir la déclaration de performance extrafinancière lorsqu'elles étaient jugées pertinentes. À ce titre, la Commission européenne avait pris le soin d'élaborer des « lignes directrices non contraignantes sur la méthodologie applicable à la communication des informations non financières [...] en vue de faciliter une publication appropriée, utile et comparable des informations non financières par les entreprises » (Commission européenne, « Lignes directrices sur l'information non financière », 2017/C215/01).

À compter de l'entrée en vigueur progressive de la directive (UE) 2022/2464 du 14 décembre 2022 – *Corporate sustainability reporting Directive* ou « CSRD » –, cette DPEF cède sa place au rapport d'information en matière de durabilité.

Code de commerce

Rédaction antérieure. Art. L. 225-102-1 *(Abr. à compter du 1er janvier 2025, Ord. n° 2023-1142, 6 déc. 2023).* – I. – Une déclaration de performance extra-financière est insérée dans le rapport de gestion prévu au deuxième alinéa de l'article L. 225-100, lorsque le total du bilan ou le chiffre d'affaires et le nombre de salariés excèdent des seuils fixés par décret en Conseil d'État.

II. – Les sociétés mentionnées au I qui établissent des comptes consolidés conformément à l'article L. 233-16 sont tenues de publier une déclaration consolidée de performance extra-financière lorsque le total du bilan ou du chiffre d'affaires et le nombre de salariés de l'ensemble des entreprises comprises dans le périmètre de consolidation excèdent les seuils mentionnés au I.

III. – Dans la mesure nécessaire à la compréhension de la situation de la société, de l'évolution de ses affaires, de ses résultats économiques et financiers et des incidences de son activité, la déclaration mentionnée aux I et II présente des informations sur la manière dont la société prend en compte les conséquences sociales et environnementales de son activité. La déclaration peut renvoyer, le cas échéant, aux informations mentionnées dans le plan de vigilance prévu au I de l'article L. 225-102-4.

La déclaration comprend notamment des informations relatives aux conséquences sur le changement climatique de l'activité de la société et de l'usage des biens et services qu'elle produit, à ses engagements sociétaux en faveur du développement durable, de l'économie circulaire, de la lutte contre le gaspillage alimentaire, de la lutte contre la précarité alimentaire, du respect du bien-être animal et d'une alimentation responsable, équitable et durable, aux accords collectifs conclus dans l'entreprise et à leurs impacts sur la performance économique de l'entreprise ainsi que sur les conditions de travail des salariés, aux actions visant à lutter contre les discriminations et promouvoir les diversités, aux actions visant à promouvoir le lien Nation-armée et à soutenir l'engagement dans les réserves, aux actions visant à promouvoir la pratique d'activités physiques et sportives et aux mesures prises en faveur des personnes handicapées. Les informations relatives aux conséquences sur le changement climatique mentionnées à la première phrase du présent alinéa comprennent les postes d'émissions directes et indirectes de gaz à effet de serre liées aux activités de transport amont et aval de l'activité et sont accompagnées d'un plan d'action visant à réduire ces émissions, notamment par le recours aux modes ferroviaire et fluvial ainsi qu'aux biocarburants dont le bilan énergétique et carbone est vertueux et à l'électromobilité.

Lorsque la société établit une déclaration consolidée de performance extra-financière conformément au II, ces informations portent sur l'ensemble des entreprises incluses dans le périmètre de consolidation conformément à l'article L. 233-16.

Ces informations font l'objet d'une publication librement accessible sur le site internet de la société.

Un décret en Conseil d'État précise les modalités de présentation et de publication de ces informations, selon que la société relève du I du présent article ou du I de l'article L. 22-10-36.

IV. – Les sociétés définies au I ou au II et à l'article L. 22-10-36, qui sont sous le contrôle d'une société qui les inclut dans ses comptes consolidés conformément à l'article L. 233-16 ne sont pas tenues de publier de déclaration sur la performance extra-financière si la société qui les contrôle est établie en France et publie une déclaration consolidée sur la performance extra-financière conformément au II du présent article ou si la société qui les contrôle est établie dans un autre État membre de l'Union européenne et publie une telle déclaration en application de la législation dont elle relève.

V. – Pour les sociétés dont le total du bilan ou le chiffre d'affaires et le nombre de salariés excèdent des seuils fixés par décret en Conseil d'État, le cas échéant sur une base consolidée, les informations figurant dans les déclarations mentionnées au I et au II font l'objet d'une vérification par un organisme tiers indépendant, selon des modalités fixées par décret en Conseil d'État. Cette vérification donne lieu à un avis qui est transmis aux actionnaires en même temps que le rapport mentionné au deuxième alinéa de l'article L. 225-100.

VI. – Les sociétés qui s'acquittent de l'obligation énoncée au présent article sont réputées avoir satisfait à l'obligation prévue au 2° du I de l'article L. 225-100-1, pour ce qui concerne les indicateurs de performance de nature non financière.

Lorsque le rapport prévu au deuxième alinéa de l'article L. 225-100 ne comporte pas la déclaration prévue au I ou au II du présent article, toute personne intéressée peut demander au président du tribunal statuant en référé d'enjoindre, le cas échéant sous astreinte, au conseil d'administration ou au directoire, selon le cas, de communiquer les informations mentionnées au III ou à l'article L. 22-10-36. Lorsqu'il est fait droit à la demande, l'astreinte et les frais de procédure sont à la charge, individuellement ou solidairement selon le cas, des administrateurs ou des membres du directoire.

III. – LA DIRECTIVE CSRD

Directive (UE) du Parlement européen et du Conseil n° 2013/34 du 14 décembre 2022

en ce qui concerne les normes d'information en matière de durabilité, modifiée par la directive (UE) 2022/2464

Voir lien de redirection vers : Directive 2013/34/UE du Parlement européen et du Conseil du 26 juin 2013 relative aux états financiers annuels, aux états financiers consolidés et aux rapports y afférents de certaines formes d'entreprises, modifiant la dir. 2006/43/CE du Parlement européen et du Conseil et abrogeant les directives 78/660/CEE et 83/349/CEE du Conseil, https://eur-lex.europa.eu/legal-content/FR/TXT/HTML/?uri=CELEX:32013L0034.

La directive (UE) 2022/2464 du 14 décembre 2022, dite « CSRD » a réformé les bases sur lesquelles l'obligation d'information extrafinancière – désormais obligation d'information en matière de durabilité – était fondée. Annoncée dans le cadre du *Green Deal* ou Pacte vert pour l'Europe (Communication de la Commission européenne du 11 décembre 2019 intitulée « Le Pacte vert pour l'Europe »), l'obligation de transparence mise en place par cette directive vise un nombre bien plus large d'entreprises (seront à terme soumises à la directive toutes les grandes entreprises et de toutes les entreprises, à l'exception des microentreprises, dont les valeurs mobilières sont admises à la négociation sur un marché réglementé de l'Union), elle prévoit un cadre rigoureux de reporting fondé, non plus sur des lignes directrices de *soft law* mais sur des actes délégués de la Commission européenne. Ces actes délégués fixent en effet des normes d'information en matière de durabilité (*European Sustainability Reporting Standards* ou « ESRS ») incluant des indicateurs de performance quantitatifs ou qualitatifs. Outre ces textes normatifs conséquents, le Groupe consultatif européen sur l'information financière « EFRAG », mandaté pour travailler sur les projets d'ESRS, développe plusieurs guides à vocation des entreprises.

Sont reproduites ici les deux dispositions correspondant au sujet de l'information, à savoir les articles 19 *bis* et 29 *bis*.

Art. 19 *bis*. – *Information en matière de durabilité.* – **1. Les grandes entreprises et les petites et moyennes entreprises, à l'exception des microentreprises, qui sont des entités d'intérêt public telles qu'elles sont définies à l'article 2, point 1), *a)*, incluent dans le rapport de gestion les informations qui permettent de comprendre les incidences de l'entreprise sur les questions de durabilité, ainsi que les informations qui permettent de comprendre la manière dont les questions de durabilité influent sur l'évolution des affaires, les résultats et la situation de l'entreprise.**

Les informations visées au premier alinéa sont clairement identifiables dans le rapport de gestion, dans une section spécifique dudit rapport de gestion.

2. Les informations visées au paragraphe 1 comprennent :

***a)* une brève description du modèle commercial et de la stratégie de l'entreprise, indiquant notamment :**

i) le degré de résilience du modèle commercial et de la stratégie de l'entreprise en ce qui concerne les risques liés aux questions de durabilité ;

ii) les opportunités que recèlent les questions de durabilité pour l'entreprise ;

iii) les plans définis par l'entreprise, y compris les actions de mise en œuvre et les plans financiers et d'investissement connexes, pour assurer la compatibilité de son modèle commercial et de sa stratégie avec la transition vers une économie durable, la limitation du réchauffement climatique à 1,5 °C conformément à l'accord de Paris conclu au titre de la convention-cadre des Nations unies sur les changements climatiques, adopté le 12 décembre 2015 (ci-après dénommé « accord de Paris »), l'objectif de neutralité climatique d'ici à 2050, tel qu'il est établi dans le règlement (UE) 2021/1119 du Parlement européen et du Conseil (1), et, le cas échéant, l'exposition de l'entreprise à des activités *liées au charbon, au pétrole et au gaz* ;

(1) Règlement (UE) 2021/1119 du Parlement européen et du Conseil du 30 juin 2021 établissant le cadre requis pour parvenir à la neutralité climatique et modifiant les règlements (CE) n° 401/2009 et (UE) 2018/1999 (« loi européenne sur le climat ») (*JO* L 243 du 9 juillet 2021, p. 1).

iv) en quoi le modèle commercial et la stratégie de l'entreprise tiennent compte des intérêts des parties prenantes de l'entreprise et des incidences de l'entreprise sur les questions de durabilité ;

v) la manière dont l'entreprise a mis en œuvre sa stratégie en ce qui concerne les questions de durabilité ;

b) une description des objectifs assortis d'échéances que s'est fixés l'entreprise en matière de durabilité, y compris, le cas échéant, des objectifs absolus de réduction des émissions de gaz à effet de serre au moins pour 2030 et 2050, une description des progrès accomplis par l'entreprise dans la réalisation de ces objectifs, et une déclaration indiquant si les objectifs de l'entreprise liés aux facteurs environnementaux reposent sur des preuves scientifiques concluantes ;

c) une description du rôle des organes d'administration, de direction et de surveillance concernant les questions de durabilité ainsi qu'une description de leur expertise et de leurs compétences s'agissant d'exercer ce rôle ou des possibilités qui leur sont offertes d'acquérir cette expertise ou ces compétences ;

d) une description des politiques de l'entreprise en pce qui concerne les questions de durabilité ;

e) des informations sur l'existence de systèmes d'incitation liés aux questions de durabilité qui sont offerts aux membres des organes d'administration, de direction et de surveillance ;

f) une description :

i) de la procédure de diligence raisonnable mise en œuvre par l'entreprise concernant les questions de durabilité et, le cas échéant, conformément aux exigences de l'Union imposant aux entreprises de mener une telle procédure ;

ii) des principales incidences négatives, réelles ou potentielles, liées aux propres activités de l'entreprise et à sa chaîne de valeur, y compris ses produits et services, ses relations d'affaires et sa chaîne d'approvisionnement, des mesures prises pour recenser et surveiller ces incidences, et des autres incidences négatives que l'entreprise est tenue de recenser en vertu d'autres exigences de l'Union imposant aux entreprises de mener une procédure de diligence raisonnable ;

iii) de toute mesure prise par l'entreprise pour prévenir, atténuer, corriger ou éliminer les incidences négatives, réelles ou potentielles, et du résultat obtenu à cet égard ;

g) une description des principaux risques pour l'entreprise qui sont liés aux questions de durabilité, y compris une description des principales dépendances de l'entreprise en la matière, et une description de la manière dont l'entreprise gère ces risques ;

h) des indicateurs concernant les informations à publier visées aux points *a)* à *g)*.

Les entreprises décrivent le processus mis en œuvre pour déterminer les informations qu'elles ont incluses dans le rapport de gestion conformément au paragraphe 1 du présent article. Les informations énumérées au premier alinéa du présent paragraphe comprennent des informations liées à des horizons temporels à court, moyen et long terme, selon le cas.

3. S'il y a lieu, les informations visées aux paragraphes 1 et 2 contiennent des informations sur les propres activités et la chaîne de valeur de l'entreprise, y compris ses produits et services, ses relations d'affaires et sa chaîne d'approvisionnement.

Pour les trois premières années d'application des mesures qui doivent être adoptées par les États membres conformément à l'article 5, paragraphe 2, de la directive (UE) 2022/2464 du Parlement européen et du Conseil (1), et si les informations nécessaires concernant sa chaîne de valeur ne sont pas toutes disponibles, l'entreprise explique les efforts déployés pour obtenir les informations nécessaires concernant sa chaîne de valeur, les raisons pour lesquelles les informations nécessaires n'ont pas toutes pu être obtenues et ce qu'elle entend faire pour obtenir les informations nécessaires à l'avenir.

S'il y a lieu, les informations visées aux paragraphes 1 et 2 contiennent aussi des renvois aux autres informations incluses dans le rapport de gestion conformément à l'article 19 et aux montants déclarés dans les états financiers annuels, et des explications supplémentaires sur ces informations et montants.

(1) Directive (UE) 2022/2464 du Parlement européen et du Conseil du 14 décembre 2022 modifiant le règlement (UE) n° 537/2014 et les directives 2004/109/CE, 2006/43/CE et 2013/34/UE en ce qui concerne la publication d'informations en matière de durabilité par les entreprises (*JO* L. 322 du 16 décembre 2022, p. 15).

Les États membres peuvent autoriser l'omission d'informations portant sur des évolutions imminentes ou des affaires en cours de négociation dans des cas exceptionnels où, de l'avis dûment motivé des membres des organes d'administration, de direction et de surveillance, agissant dans le cadre des compétences qui leur sont dévolues par le droit national et au titre de leur responsabilité collective quant à cet avis, la publication de ces informations nuirait gravement à la position commerciale de l'entreprise, à condition que cette omission ne fasse pas obstacle à une compréhension juste et équilibrée de l'évolution des affaires, des résultats et de la situation de l'entreprise et des incidences de son activité.

4. Les entreprises publient les informations visées aux paragraphes 1 à 3 du présent article conformément aux normes d'information en matière de durabilité adoptées en vertu de l'article 29 *ter*.

5. La direction de l'entreprise informe les représentants des travailleurs au niveau approprié et discute avec eux des informations pertinentes et des moyens d'obtenir et de vérifier les informations en matière de durabilité. L'avis des représentants des travailleurs est communiqué, le cas échéant, aux organes d'administration, de direction ou de surveillance concernés.

6. Par dérogation aux paragraphes 2 à 4 du présent article, et sans préjudice des paragraphes 9 et 10 du présent article, les petites et moyennes entreprises visées au paragraphe 1 du présent article, les établissements de petite taille et non complexes définis à l'article 4, paragraphe 1, point 145), du règlement (UE) n° 575/2013, les entreprises captives d'assurance définies à l'article 13, point 2), de la directive 2009/138/CE du Parlement européen et du Conseil (1) et les entreprises captives de réassurance définies à l'article 13, point 5), de ladite directive peuvent limiter leur information en matière de durabilité aux informations suivantes :

a) une brève description du modèle commercial et de la stratégie de l'entreprise ;

b) une description des politiques de l'entreprise en ce qui concerne les questions de durabilité ;

c) les principales incidences négatives, réelles ou potentielles, de l'entreprise sur les questions de durabilité, et toute mesure prise pour les recenser, surveiller, prévenir, atténuer ou corriger ;

d) les principaux risques pour l'entreprise qui sont liés aux questions de durabilité et la manière dont l'entreprise gère ces risques ;

e) les indicateurs clés nécessaires pour les informations à publier visées aux points *a)* à *d)*.

Les petites et moyennes entreprises, les établissements de petite taille et non complexes et les entreprises captives d'assurance et de réassurance qui ont recours à la dérogation visée au premier alinéa font rapport conformément aux normes d'information en matière de durabilité pour les petites et moyennes entreprises visées à l'article 29 *quater*.

7. Pour les exercices commençant avant le 1er janvier 2028, par dérogation au paragraphe 1 du présent article, les petites et moyennes entreprises qui sont des entités d'intérêt public telles qu'elles sont définies à l'article 2, point 1), *a)*, peuvent décider de ne pas inclure dans leur rapport de gestion les informations visées au paragraphe 1 du présent article. Dans ce cas, l'entreprise indique néanmoins brièvement dans son rapport de gestion les raisons pour lesquelles les informations en matière de durabilité n'ont pas été fournies.

8. Les entreprises qui satisfont aux exigences énoncées aux paragraphes 1 à 4 du présent article et les entreprises qui ont recours à la dérogation prévue au paragraphe 6 du présent article sont réputées avoir satisfait à l'exigence énoncée à l'article 19, paragraphe 1, troisième alinéa.

9. Sous réserve que les conditions énoncées au deuxième alinéa du présent paragraphe soient remplies, une entreprise qui est une filiale est exemptée des obligations énoncées aux paragraphes 1 à 4 du présent article (ci-après dénommée « filiale exemptée ») lorsque cette entreprise et ses filiales sont incluses dans le rapport consolidé de gestion d'une entreprise mère, établi conformément aux articles 29 et 29 *bis*. Une entreprise qui est une filiale d'une entreprise mère établie dans un pays tiers est également exemptée des obligations énoncées aux paragraphes 1 à 4 du présent article lorsque cette entreprise et ses filiales sont incluses dans l'information consolidée en matière de durabilité de cette entreprise mère établie dans un pays tiers et lorsque cette information consolidée en matière de durabilité est réalisée conformément aux normes d'information en matière de durabilité adoptées en vertu de l'article 29 *ter* ou est réalisée d'une

(1) Directive 2009/138/CE du Parlement européen et du Conseil du 25 novembre 2009 sur l'accès aux activités de l'assurance et de la réassurance et leur exercice (solvabilité II) (*JO* L. 335 du 17 décembre 2009, p. 1).

façon équivalente à ces normes d'information en matière de durabilité, telle qu'elle est déterminée conformément à un acte d'exécution sur l'équivalence des normes d'information en matière de durabilité adopté en vertu de l'article 23, paragraphe 4, troisième alinéa, de la directive 2004/109/CE du Parlement européen et du Conseil (1).

L'exemption prévue au premier alinéa est soumise aux conditions suivantes :

a) le rapport de gestion de la filiale exemptée contient l'ensemble des informations suivantes :

i) le nom et le siège de l'entreprise mère qui publie les informations au niveau du groupe conformément au présent article ou d'une façon équivalente aux normes d'information en matière de durabilité adoptées en vertu de l'article 29 *ter* de la présente directive, telle qu'elle est déterminée conformément à un acte d'exécution sur l'équivalence des normes d'information en matière de durabilité adopté en vertu de l'article 23, paragraphe 4, troisième alinéa, de la directive 2004/109/CE ;

ii) les liens internet vers le rapport consolidé de gestion de l'entreprise mère ou, le cas échéant, vers l'information consolidée en matière de durabilité de l'entreprise mère, visée au premier alinéa du présent paragraphe, et vers l'avis d'assurance visé à l'article 34, paragraphe 1, deuxième alinéa, point *a bis)*, de la présente directive ou vers l'avis d'assurance visé au point *b)* du présent alinéa ;

iii) l'information selon laquelle l'entreprise est exemptée des obligations énoncées aux paragraphes 1 à 4 du présent article ;

b) si l'entreprise mère est établie dans un pays tiers, son information consolidée en matière de durabilité et l'avis d'assurance sur l'information consolidée en matière de durabilité émis par une ou plusieurs personnes ou un ou plusieurs cabinets habilités à émettre un avis sur l'assurance de l'information en matière de durabilité au titre du droit dont relève ladite entreprise mère sont publiés conformément à l'article 30 de la présente directive et conformément au droit de l'État membre dont relève la filiale exemptée ;

c) si l'entreprise mère est établie dans un pays tiers, les informations à publier prévues à l'article 8 du règlement (UE) 2020/852 du Parlement européen et du Conseil (2), portant sur les activités exercées par la filiale exemptée établie dans l'Union et ses filiales, sont incluses dans le rapport de gestion de la filiale exemptée ou dans l'information consolidée en matière de durabilité réalisée par l'entreprise mère établie dans un pays tiers.

L'État membre dont le droit national régit la filiale exemptée peut exiger que le rapport consolidé de gestion ou, le cas échéant, le rapport consolidé de durabilité de l'entreprise mère soit publié dans une langue reconnue par cet État membre et que toute traduction nécessaire soit fournie dans cette langue. Toute traduction non certifiée doit être accompagnée d'une déclaration à cet égard.

Les entreprises exemptées de l'obligation d'établir un rapport de gestion conformément à l'article 37 ne sont pas tenues de fournir les informations visées au deuxième alinéa, points *a)*, i) à *a)*, iii), du présent paragraphe, à condition que ces entreprises publient le rapport consolidé de gestion conformément à l'article 37.

Aux fins du premier alinéa du présent paragraphe, et lorsque l'article 10 du règlement (UE) n° 575/2013 s'applique, les établissements de crédit visés à l'article 1er, paragraphe 3, premier alinéa, point *b)*, de la présente directive qui sont affiliés de façon permanente à un organisme central qui les surveille dans les conditions prévues à l'article 10 du règlement (UE) n° 575/2013 sont considérés comme des filiales de cet organisme central.

Aux fins du premier alinéa du présent paragraphe, les entreprises d'assurance visées à l'article 1er, paragraphe 3, premier alinéa, point *a)*, de la présente directive qui appartiennent à un groupe auquel elles sont liées par des relations financières comme il est précisé à l'article 212, paragraphe 1, point *c)*, ii), de la directive 2009/138/CE, et qui sont soumises au contrôle de groupe conformément à l'article 213, paragraphe 2, points *a)*, *b)* et *c)*, de ladite directive sont considérées comme des filiales de l'entreprise mère de ce groupe.

---

(1) Directive 2004/109/CE du Parlement européen et du Conseil du 15 décembre 2004 sur l'harmonisation des obligations de transparence concernant l'information sur les émetteurs dont les valeurs mobilières sont admises à la négociation sur un marché réglementé et modifiant la directive 2001/34/CE (*JO* L. 390 du 31 décembre 2004, p. 38).

(2) Règlement (UE) 2020/852 du Parlement européen et du Conseil du 18 juin 2020 sur l'établissement d'un cadre visant à favoriser les investissements durables et modifiant le règlement (UE) 2019/2088 (*JO* L. 198 du 22 juin 2020, p. 13).

10. L'exemption prévue au paragraphe 9 s'applique également aux entités d'intérêt public soumises aux exigences du présent article, à l'exception des grandes entreprises qui sont des entités d'intérêt public définies à l'article 2, point 1), *a)*, de la présente directive.

Art. 29 bis. – *Information consolidée en matière de durabilité.* – 1. Les entreprises mères d'un grand groupe visé à l'article 3, paragraphe 7, incluent, dans le rapport consolidé de gestion, les informations nécessaires à la compréhension des incidences du groupe sur les questions de durabilité, ainsi que les informations nécessaires à la compréhension de la manière dont les questions de durabilité influent sur l'évolution des affaires, les résultats et la situation du groupe.

Les informations visées au premier alinéa sont clairement identifiables dans le rapport consolidé de gestion, dans une section spécifique dudit rapport consolidé de gestion.

2. Les informations visées au paragraphe 1 comprennent :

a) une brève description du modèle commercial et de la stratégie du groupe, indiquant notamment :

i) le degré de résilience du modèle commercial et de la stratégie du groupe en ce qui concerne les risques liés aux questions de durabilité ;

ii) les opportunités que recèlent les questions de durabilité pour le groupe ;

iii) les plans définis par le groupe, y compris les actions de mise en œuvre et les plans financiers et d'investissement connexes, pour assurer la compatibilité de son modèle commercial et de sa stratégie avec la transition vers une économie durable, la limitation du réchauffement climatique à 1,5 °C conformément à l'accord de Paris, l'objectif de neutralité climatique d'ici à 2050 tel qu'il est établi dans le règlement (UE) 2021/1119 et, le cas échéant, l'exposition de l'entreprise à des activités liées au charbon, au pétrole et au gaz ;

iv) en quoi le modèle commercial et la stratégie du groupe tiennent compte des intérêts des parties prenantes du groupe et des incidences du groupe sur les questions de durabilité ;

v) la manière dont le groupe a mis en œuvre sa stratégie en ce qui concerne les questions de durabilité ;

b) une description des objectifs assortis d'échéances que s'est fixés le groupe en matière de durabilité, y compris, le cas échéant, des objectifs absolus de réduction des émissions de gaz à effet de serre au moins pour 2030 et 2050, une description des progrès accomplis par le groupe dans la réalisation de ces objectifs, et une déclaration indiquant si les objectifs du groupe liés aux facteurs environnementaux reposent sur des preuves scientifiques concluantes ;

c) une description du rôle des organes d'administration, de direction et de surveillance concernant les questions de durabilité ainsi qu'une description de leur expertise et de leurs compétences s'agissant d'exercer ce rôle ou des possibilités qui leur sont offertes d'acquérir cette expertise ou ces compétences ;

d) une description des politiques du groupe en ce qui concerne les questions de durabilité ;

e) des informations sur l'existence de systèmes d'incitation liés aux questions de durabilité qui sont offerts aux membres des organes d'administration, de direction et de surveillance ;

f) une description :

i) de la procédure de diligence raisonnable mise en œuvre par le groupe concernant les questions de durabilité et, le cas échéant, conformément aux exigences de l'Union imposant aux entreprises de mener une procédure de diligence raisonnable ;

ii) des principales incidences négatives, réelles ou potentielles, liées aux propres activités du groupe et à sa chaîne de valeur, y compris ses produits et services, ses relations d'affaires et sa chaîne d'approvisionnement, des mesures prises pour recenser et surveiller ces incidences, et des autres incidences négatives que l'entreprise mère est tenue de recenser en vertu d'autres exigences de l'Union imposant de mener une procédure de diligence raisonnable ;

iii) de toute mesure prise par le groupe pour prévenir, atténuer, corriger ou éliminer les incidences négatives, réelles ou potentielles, et du résultat obtenu à cet égard ;

g) une description des principaux risques pour le groupe qui sont liés aux questions de durabilité, y compris une description des principales dépendances du groupe en la matière, et une description de la manière dont le groupe gère ces risques ;

h) des indicateurs concernant les informations à publier visées aux points *a)* à *g)*.

Les entreprises mères décrivent le processus mis en œuvre pour déterminer les informations qu'elles ont incluses dans le rapport consolidé de gestion conformément au paragraphe 1 du présent article. Les informations énumérées au premier alinéa du présent paragraphe comprennent des informations liées à des horizons temporels à court, moyen et long terme, selon le cas.

3. S'il y a lieu, les informations visées aux paragraphes 1 et 2 contiennent des informations sur les propres activités et la chaîne de valeur du groupe, y compris ses produits et services, ses relations d'affaires et sa chaîne d'approvisionnement.

Pour les trois premières années d'application des mesures qui doivent être adoptées par les États membres conformément à l'article 5, paragraphe 2, de la directive (UE) 2022/2464, et si les informations nécessaires concernant sa chaîne de valeur ne sont pas toutes disponibles, l'entreprise mère explique les efforts déployés pour obtenir les informations nécessaires concernant sa chaîne de valeur, les raisons pour lesquelles les informations nécessaires n'ont pas toutes pu être obtenues, et ce qu'elle entend faire pour obtenir les informations nécessaires à l'avenir.

S'il y a lieu, les informations visées aux paragraphes 1 et 2 contiennent aussi des renvois aux autres informations incluses dans le rapport consolidé de gestion conformément à l'article 29 de la présente directive et aux montants déclarés dans les états financiers consolidés, et des explications supplémentaires sur ces informations et montants.

Les États membres peuvent autoriser l'omission d'informations portant sur des évolutions imminentes ou des affaires en cours de négociation dans des cas exceptionnels où, de l'avis dûment motivé des membres des organes d'administration, de direction et de surveillance, agissant dans le cadre des compétences qui leur sont dévolues par le droit national et au titre de leur responsabilité collective quant à cet avis, la divulgation de ces informations nuirait gravement à la position commerciale du groupe, à condition que cette omission ne fasse pas obstacle à une compréhension juste et équilibrée de l'évolution des affaires, des résultats et de la situation du groupe et des incidences de son activité.

4. Lorsque l'entreprise déclarante constate des différences importantes entre les risques pour le groupe ou les incidences du groupe et les risques pour l'une ou plusieurs de ses filiales ou les incidences d'une ou de plusieurs de ses filiales, elle donne une explication adéquate des risques pour la ou les filiales concernées ou des incidences de la ou des filiales concernées, selon qu'il y a lieu.

Les entreprises indiquent les filiales incluses dans la consolidation qui sont exemptées de l'obligation d'information annuelle ou consolidée en matière de durabilité en vertu, respectivement, de l'article 19 *bis*, paragraphe 9, ou de l'article 29 *bis*, paragraphe 8.

5. Les entreprises mères publient les informations visées aux paragraphes 1 à 3 du présent article conformément aux normes d'information en matière de durabilité adoptées en vertu de l'article 29 *ter*.

6. La direction de l'entreprise mère informe les représentants des travailleurs au niveau approprié et discute avec eux des informations pertinentes et des moyens d'obtenir et de vérifier les informations en matière de durabilité. L'avis des représentants des travailleurs est communiqué, le cas échéant, aux organes d'administration, de direction ou de surveillance concernés.

7. Les entreprises mères qui satisfont aux exigences énoncées aux paragraphes 1 à 5 du présent article sont réputées avoir satisfait aux exigences énoncées à l'article 19, paragraphe 1, troisième alinéa, et à l'article 19 *bis*.

8. Sous réserve que les conditions énoncées au deuxième alinéa du présent paragraphe soient remplies, une entreprise mère qui est une filiale est exemptée des obligations énoncées aux paragraphes 1 à 5 du présent article (ci-après dénommée « entreprise mère exemptée ») lorsque cette entreprise mère et ses filiales sont incluses dans le rapport consolidé de gestion d'une autre entreprise, établi conformément à l'article 29 et au présent article. Une entreprise mère qui est une filiale d'une entreprise mère établie dans un pays tiers est également exemptée des obligations énoncées aux paragraphes 1 à 5 du présent article lorsque cette entreprise mère et ses filiales sont incluses dans l'information consolidée en matière de durabilité de cette entreprise mère établie dans un pays tiers et lorsque cette information consolidée en matière de durabilité est réalisée conformément aux normes d'information en matière de durabilité adoptées en vertu de l'article 29 *ter* ou est réalisée d'une façon équivalente à ces normes d'information en matière de durabilité, telle qu'elle est déterminée conformément à un acte d'exécution sur l'équivalence des normes d'information en matière de durabilité adopté en vertu de l'article 23, paragraphe 4, troisième alinéa, de la directive 2004/109/CE.

L'exemption prévue au premier alinéa est soumise aux conditions suivantes :

a) le rapport de gestion de l'entreprise mère exemptée contient l'ensemble des informations suivantes :

i) le nom et le siège de l'entreprise mère qui publie les informations au niveau du groupe conformément au présent article ou d'une façon équivalente aux normes d'information en matière de durabilité adoptées en vertu

ANNEXE 5

de l'article 23 *ter* de la présente directive, telle qu'elle est déterminée conformément à un acte d'exécution sur l'équivalence des normes d'information en matière de durabilité adopté en vertu de l'article 23, paragraphe 4, troisième alinéa, de la directive 2004/109/CE ;

ii) les liens internet vers le rapport consolidé de gestion de l'entreprise mère ou, le cas échéant, vers l'information consolidée en matière de durabilité de l'entreprise mère, visée au premier alinéa du présent paragraphe, et vers l'avis d'assurance visé à l'article 34, paragraphe 1, deuxième alinéa, point *a bis)*, de la présente directive ou vers l'avis d'assurance visé au point *b)* du présent alinéa ;

iii) l'information selon laquelle l'entreprise mère est exemptée des obligations énoncées aux paragraphes 1 à 5 du présent article ;

b) si l'entreprise mère est établie dans un pays tiers, son information consolidée en matière de durabilité et l'avis d'assurance émis par une ou plusieurs personnes ou un ou plusieurs cabinets habilités à émettre un avis sur l'assurance de l'information en matière de durabilité au titre du droit national dont relève l'entreprise mère sont publiés conformément à l'article 30 et conformément au droit de l'État membre dont relève l'entreprise mère exemptée ;

c) si l'entreprise mère est établie dans un pays tiers, les informations à publier prévues à l'article 8 du règlement (UE) 2020/852, portant sur les activités exercées par la filiale établie dans l'Union et exemptée de l'obligation d'information en matière de durabilité sur la base de l'article 19 *bis*, paragraphe 9, de la présente directive, sont incluses dans le rapport de gestion de l'entreprise mère exemptée ou dans l'information consolidée en matière de durabilité réalisée par l'entreprise mère établie dans un pays tiers.

L'État membre du droit national duquel l'entreprise mère exemptée relève peut exiger que le rapport consolidé de gestion ou, le cas échéant, le rapport consolidé de durabilité de l'entreprise mère soit publié dans une langue reconnue par cet État membre et que toute traduction nécessaire soit fournie dans cette langue. Toute traduction non certifiée doit être accompagnée d'une déclaration à cet égard.

Les entreprises mères exemptées de l'obligation d'élaborer un rapport de gestion conformément à l'article 37 ne sont pas tenues de fournir les informations visées au deuxième alinéa, points *a)*, i) à *a)*, iii), du présent paragraphe, à condition que ces entreprises publient le rapport consolidé de gestion conformément à l'article 37.

Aux fins du premier alinéa du présent paragraphe, et lorsque l'article 10 du règlement (UE) n° 575/2013 s'applique, les établissements de crédit visés à l'article 1er, paragraphe 3, premier alinéa, point *b)*, de la présente directive qui sont affiliés de façon permanente à un organisme central qui les surveille dans les conditions prévues à l'article 10 du règlement (UE) n° 575/2013 sont considérés comme des filiales de cet organisme central.

Aux fins du premier alinéa du présent paragraphe, les entreprises d'assurance visées à l'article 1er, paragraphe 3, premier alinéa, point a), de la présente directive, qui appartiennent à un groupe auquel elles sont liées par des relations financières comme il est précisé à l'article 212, paragraphe 1, point *c)*, ii), de la directive 2009/138/CE, et qui sont soumises au contrôle de groupe conformément à l'article 213, paragraphe 2, points *a)*, *b)* et *c)*, de ladite directive sont considérées comme des filiales de l'entreprise mère de ce groupe.

9. L'exemption prévue au paragraphe 8 s'applique également aux entités d'intérêt public soumises aux exigences du présent article, à l'exception des grandes entreprises qui sont des entités d'intérêt public définies à l'article 2, point 1), *a)*, de la présente directive.

IV. – EUROPEAN SUSTAINABILITY REPORTING STANDARDS (ESRS)

Règlement délégué (UE) de la commission n° 2023/2772 du 31 juillet 2023

complétant la directive 2013/34/UE du Parlement européen et du Conseil en ce qui concerne les normes d'information en matière de durabilité

V. lien de redirection vers : Règlement délégué (UE) 2023/2772 de la Commission du 31 juillet 2023 complétant la dir. 2013/34/UE du Parlement européen et du Conseil en ce qui concerne les normes d'information en matière de durabilité, https://eur-lex.europa.eu/legal-content/FR/TXT/?uri=CELEX:32023R2772.

L'article 29 *ter* de la directive 2013/34/UE modifiée par la directive CSRD prévoit l'adoption par la Commission européenne d'actes délégués pour définir des normes d'information en matière de durabilité (*European Sustainability Reporting Standards* ou « ESRS »). Ces normes ESRS ont pour but de préciser les informations en matière de durabilité que les entreprises doivent publier conformément aux articles 19 *bis* et 29 *bis* ainsi que la structure à utiliser pour la présentation de ces informations. En conséquence, le règlement délégué (UE) 2023/2772 de la Commission du 31 juillet 2023 a adopté un premier volet de normes ESRS transversales et thématiques concernant l'ensemble des secteurs d'activité. Un deuxième volet, avec des dispositions spécifiques à différents secteurs d'activité, doit encore être adopté au plus tard en juin 2026. À noter qu'une autre norme ESRS propre aux PME est également en cours d'élaboration (Dir. 2013/34/UE mod., art. 29 *quater*).

L'article R. 232-8-4 du Code de commerce prévoit l'obligation pour les informations en matière de durabilité de se conformer aux normes d'information en matière de durabilité ESRS adoptées par la Commission européenne. En conséquence, ces normes ESRS peuvent être considérées d'application directe en droit français et il convient ainsi de s'y référer afin de publier des informations en matière de durabilité.

1) **Descriptions des normes ESRS.** Le premier volet adopté le 31 juillet 2023 inclut des normes ESRS transversales et thématiques (normes environnementales, sociales et de gouvernance) qui s'appliquent à l'ensemble des entreprises, indépendamment du ou des secteurs dans lesquels elles opèrent. Le règlement délégué (UE) 2023/2772 comporte deux premières normes transversales (ESRS 1 « Exigences générales » et ESRS 2 « Informations générales à publier ») puis dix normes thématiques (ESRS E1 « Changement climatique », ESRS E2 « Pollution », ESRS E3 « Ressources aquatiques et marines », ESRS E4 « Biodiversité et écosystèmes », ESRS E5 « Utilisation des ressources et économie circulaire », ESRS S1 « Effectifs de l'entreprise », ESRS S2 « Travailleurs de la chaîne de valeur », ESRS S3 « Communautés touchées », ESRS S4 « Consommateurs et utilisateurs finals », *ESRS G1 « Conduite des affaires »*). La norme ESRS 1 décrit l'architecture du règlement délégué, définit les concepts fondamentaux utilisés et les exigences générales pour la préparation et la présentation des informations en matière de durabilité. La norme ESRS 2 fixe les informations générales et indispensables à publier. Il s'agit des processus à l'aide desquels l'entreprise identifie les risques de durabilité et réalise l'évaluation de l'importance (*materiality assessment*).

Concernant le choix du vocabulaire employé, il convient de noter que les informations à publier sont nommées « exigence de publication » (« disclosure requirement (DR) »). Chaque exigence de publication (DR) peut néanmoins se référer à plusieurs « points de données » (« *data point* » (DP) ») quantitatifs ou qualitatifs (V. ESRS 1, § 16 et § 17), eux-mêmes explicités par des « exigences d'application » (« *application requirements* (AR) »). Ainsi, chaque norme ESRS comporte plusieurs exigences de publication (DR), son lot de points de données (DP) et enfin d'exigences d'application (AR). L'EFRAG, Groupe consultatif européen sur l'information financière mandaté par la Commission européenne pour rédiger les projets de normes ESRS, publie une documentation importante, voire essentielle pour la mise en œuvre de ce reporting (tableau au format Excel recensant l'ensemble des points de données, notice d'explication, etc.). Il en va de même de la Commission européenne (publication d'une FAQ, d'un guide pratique).

2) **Processus et évaluation de l'importance (« materiality assesment »).** D'une manière générale, les informations publiées par les entreprises assujetties doivent répondre aux caractéristiques qualitatives suivantes : pertinence, représentation fidèle, comparabilité, vérifiabilité et compréhensibilité (V. ESRS E1, Appendice B). Les exigences de publication de la norme ESRS 2 et leurs points de données doivent toujours être publiés. Il en va de même des exigences de publication IRO-1 de chaque normes thématiques, qui correspondent aux descriptions des processus permettant d'identifier les risques de durabilité (ex. : les descriptions des processus liés au changement climatique, ESRS E1 § 20 et § 21). Ces exigences IRO-1 indispensables sont listées dans l'appendice C de la norme ESRS 2 (V. ESRS E1, § 29).

En revanche, afin de déterminer si les autres exigences de publication doivent être publiées, l'entreprise assujettie réalise une « évaluation de l'importance » ou « *materiality assessment* ». Étape clé du reporting, cette évaluation préalable repose sur le principe de la double-matérialité, lequel peut être défini par une double question : l'activité de l'entreprise a-t-elle des incidences négatives ou positives sur une thématique, exigence de publication et/ou point de donnée ? La thématique, exigence de publication et/ou point de donnée présente-t-elle/il des risques ou des opportunités financiers pour l'activité de l'entreprise ? Si l'entreprise répond par l'affirmative à l'une de ces questions, l'information en matière de durabilité correspondante est « importante » au sens de la double-matérialité et elle devra la publier (V. ESRS 1 § 37 et s., ESRS 1 Appendice E).

3) **Périmètre de l'obligation d'information (chaîne de valeur p).** Les informations en matière de durabilité portent sur les activités propres de l'entreprise assujettie mais également sur les informations importantes au sens de la double-matérialité qui ont trait à ses relations d'affaires directes et indirectes en aval et/ou en amont

de la chaîne de valeur (V. ESRS 1, § 62 et s.). À ce titre, les relations d'affaires ne se limitent pas aux relations contractuelles directes et englobent les relations d'affaires indirectes au-delà du premier rang dans la chaîne de valeur de l'entreprise de même que les participations dans des coentreprises ou les investissements. De la même manière, la chaîne de valeur englobe les activités, ressources et relations que l'entreprise utilise et dont elle se sert pour créer ses produits ou services, depuis la conception jusqu'à la livraison, la consommation et la fin de vie. Les acteurs situés en amont de l'entreprise (les fournisseurs, par exemple) fournissent des produits ou des services qui servent à l'élaboration des produits ou services de l'entreprise. Les entités situées en aval de l'entreprise (les distributeurs et les clients, par exemple) reçoivent des produits ou des services de l'entreprise (V. Règl. (UE) 2023/2772, ann. II).

Toutefois, l'entreprise n'a parfois pas la capacité de contrôler les activités de sa chaîne de valeur en amont et/ou en aval ainsi que de ses relations d'affaires, notamment lorsque sont concernées des PME ou qui ne relèvent pas du champ d'application de la directive CSRD. Dans ce cas, après avoir raisonnablement essayé, l'entreprise assujettie estime quelles informations doivent être publiées concernant sa chaîne de valeur en amont et en aval, en utilisant toutes les informations raisonnables et justifiables, telles que les données relatives aux moyennes sectorielles et autres approximations (V. ESRS 1, § 68 et s.).

De plus, pour les trois premières années de publication, si les informations nécessaires concernant sa chaîne de valeur en amont et en aval ne sont pas toutes disponibles, l'entreprise peut se contenter d'expliquer les efforts déployés pour obtenir les informations nécessaires concernant sa chaîne de valeur en amont et en aval, les raisons pour lesquelles les informations nécessaires n'ont pas toutes pu être obtenues, et ce qu'elle envisage de faire pour obtenir les informations nécessaires à l'avenir (V. ESRS 1, § 132).

V. – TRANSCRIPTION EN DROIT INTERNE DE LA DIRECTIVE CSRD

Code de commerce

(Dispositions relatives à la transposition de la directive CSRD, Ord. n° 2023-1142, 6 déc. 2023 ; D. n° 2023-1394, 30 déc. 2023, dans leur version codifiée au 1er janvier 2025)

Présentation générale

§ 1. – Champ d'application de l'obligation d'information en matière de durabilité

1) Critères tenant aux types d'entreprises et à leurs tailles. Conformément aux dispositions des articles 19 *bis* et 29 *bis* de la directive CSRD, l'ordonnance n° 2023-1142 du 6 décembre 2023 impose de publier des informations en matière de durabilité (selon une entrée en vigueur progressive, V. *infra* § 2) :

– aux grandes entreprises (V. *infra*, C. com., L. 232-6-3) ou aux sociétés consolidantes d'un grand groupe (V. *infra*, C. com., L. 233-28-4) ;

– aux sociétés dont les titres sont admis aux négociations sur un marché réglementé qui sont des petites ou des moyennes entreprises (V. *infra*, C. com., L. 22-10-36) ;

– à certaines entreprises comprises dans les comptes consolidés ou contrôlées par une société consolidante hors Union européenne ou un autre État partie à l'accord sur l'Espace économique européen (non UE/EEE) (V. *infra*, C. com., L. 233-28-5), ou encore à certaines sociétés non UE/EEE disposant d'une succursale en France (V. *infra*, C. com., L. 232-6-4).

Les définitions concernant la taille des entreprises ou groupes (micro, petites, moyennes, grandes) sont prévues aux articles L. 230-1 et L. 230-2 du Code de commerce ainsi qu'aux articles D. 230-1 et D. 230-2 du Code de commerce :

Taille	Seuils (D. 230-1 et D. 230-2 c.com)
Petite entreprise	L'entreprise s'inscrit dans les seuils d'au moins deux des trois critères suivants : – Total du bilan : 450 000 € < X < 7 500 000 € – Montant net du chiffre d'affaires : 900 000 € < X < 15 000 000 € – Nombre moyen de salariés au cours de l'exercice : 10 < X < 50

Moyenne entreprise	L'entreprise s'inscrit dans les seuils d'au moins deux des trois critères suivants : – Total du bilan : 7 500 000 € < X < 25 000 000 € – Montant net du chiffre d'affaires : 15 000 000 € < X < 50 000 000 € – Nombre moyen de salariés au cours de l'exercice : 50 < X < 250
Grande entreprise	L'entreprise dépasse deux des trois critères suivants : – Total du bilan : 25 000 000 € – Montant net du chiffre d'affaires : 50 000 000 € – Nombre moyen de salariés au cours de l'exercice : 250
Grand groupe	Le groupe dépasse deux des trois critères suivants : – Total du bilan : 30 000 000 € – Montant net du chiffre d'affaires : 60 000 000 € – Nombre moyen de salariés au cours de l'exercice : 250

À noter que la grande entreprise qui est une filiale peut être, sous certaines conditions, dispensée de l'obligation d'information en matière de durabilité dès lors que cette société (et les sociétés qu'elle contrôle de l'art. L. 233-16) sont incluses dans les informations en matière de durabilité d'une société consolidante qui exerce un contrôle sur ces sociétés (C. com., L. 232-6-3, V, al. 2 et R. 232-8-5). Il en va de même pour la société consolidante d'un grand groupe incluse dans le rapport consolidé de durabilité d'une autre société consolidante (C. com., L. 233-28-4, V et R. 233-16-4). Ces dispenses ne s'appliquent pas à la société dont les titres sont admis aux négociations sur un marché réglementé (C. com., L. 22-10-36, III). De plus, pour les rapports afférents aux exercices ouverts avant le 7 janvier 2030, l'article 35 de l'ordonnance n° 2023-1142 du 6 décembre 2023 semble prévoir qu'une filiale française, qui devrait être assujettie à l'obligation d'information en matière de durabilité en application des articles L. 232-6-3 ou L. 233-28-4 du Code de commerce, contrôlée par une société ne disposant pas d'un siège social en UE/EEE, peut être dispensée desdits articles L. 232-6-3 ou L. 233-28-4 du Code de commerce, à la condition – optionnelle – d'inclure des informations en matière de durabilité incluant les sociétés contrôlées par la société mère non UE/EEE et leurs filiales.

2) Formes sociales assujetties. Les formes sociales assujetties à l'obligation d'information en matière de durabilité sont déterminées dans différents codes. Sont visées par le Code de commerce :

– les sociétés par actions (sociétés anonymes (SA), sociétés en commandite par actions (SCA) et sociétés par actions simplifiées (SAS)) ;

– certaines sociétés en nom collectif (V. C. com., L. 221-7 et L. 221-7-1) ;

– les sociétés en commandite simple (V. C. com., L. 222-2 et L. 221-7) ;

– les sociétés à responsabilité limitée (SARL) (C. com., L. 22-10-36, L. 232-6-3 et L. 233-28-4) ;

– les sociétés européennes (SE) semblent également pouvoir être soumises à l'obligation d'information en matière de durabilité (C. com., L. 229-1).

Sont également visés dans d'autres codes :

– les établissements de crédit (CMF, L. 511-35-1) ;

– les entreprises qui exercent une activité d'assurance ou de réassurance et sont à ce titre soumises au contrôle de l'État, dont les fonds de retraite professionnelle supplémentaire (FRPS) ;

– les sociétés d'assurance mutuelle (SAM) et les sociétés de groupe d'assurance (C. assur., L. 310-1-1-1) ;

– certaines mutuelles et unions régies par le livre II du Code de la mutualité, dont les mutuelles et unions de retraite professionnelle supplémentaire (MURPS) et les unions mutualistes de groupe (UMG) (C. mut., L. 114-46-4) ;

– les institutions de prévoyances ou leurs unions, dont les institutions de retraite professionnelle supplémentaire (IRPS) et les sociétés de groupe assurantiel de protection sociale (SGAPS) (C. séc. soc., L. 931-7-3) ;

– les sociétés coopératives agricoles et leurs unions (C. rur., L. 524-6-7) ;

– les sociétés coopératives non agricoles (L. n° 47-1775, 10 sept. 1947, art. 8 portant statut de la coopération).

Les organismes de placement collectif en valeurs mobilières (OPCVM) et des fonds d'investissement alternatifs (FIA) sont exemptés du dispositif (CMF, L. 214-1).

§ 2. – Modalités d'entrée en vigueur progressive des dispositions de l'ordonnance n° 2023-1142 du 6 décembre 2023 transposant la directive CSRD en droit français (Ord. n° 2023-1142, 6 déc. 2023, art. 33) :

les dispositions prévoyant une obligation d'information en matière de durabilité entrent en vigueur de manière progressive, selon la taille et la forme sociale des entreprises.

1) Publication en 2025 pour l'exercice 2024. Ainsi, l'obligation d'information en matière de durabilité s'applique aux rapports afférents aux exercices ouverts à compter du 1er janvier 2024 pour les entités suivantes :

Application aux exercices ouverts à compter du 1er janvier 2024 (Ord. n° 2023-1142, art. 33, II, 1°)	
Taille	Type d'entreprises concernées
Grandes entreprises ou les sociétés consolidantes ou combinantes d'un grand groupe, au sens des articles L. 230-1 et L. 230-2 du Code de commerce, dont le nombre moyen de salariés employés au cours de l'exercice est supérieur à 500	– Les sociétés dont les titres sont admis aux négociations sur un marché réglementé – Les établissements de crédit – Les entreprises qui exercent une activité d'assurance ou de réassurance et sont à ce titre soumises au contrôle de l'État, dont les fonds de retraite professionnelle supplémentaire (FRPS), les sociétés d'assurance mutuelle (SAM) – Les mutuelles et unions régies par le livre II du Code de la mutualité, dont les mutuelles et unions de retraite professionnelle supplémentaire (MURPS) – Les institutions de prévoyance et leurs unions (CSS, L. 931-1 et L. 931-1-1)

À noter que ne sont pas concernées les sociétés de groupe d'assurance mutuelles, mentionnées à l'article L. 322-1-3 du Code des assurances, les unions mutualistes de groupe, mentionnées à l'article L. 111-4-2 du Code de la mutualité, les sociétés de groupe assurantiel de protection sociale, mentionnées à l'article L. 931-2-2 du Code de la sécurité sociale, et les coopératives agricoles et leurs unions, mentionnées à l'article L. 521-1 du Code rural et de la pêche maritime.

Les entreprises non concernées par ces nouvelles dispositions mais néanmoins soumises à l'obligation de la déclaration de performance extrafinancière demeurent obligées de publier cette déclaration jusqu'en 2025.

2) Publication en 2026 pour l'exercice 2025. L'obligation d'information en matière de durabilité s'applique aux rapports afférents aux exercices ouverts à compter du 1er janvier 2025 pour les entités suivantes :

Application aux exercices ouverts à compter du 1er janvier 2025 (Ord. n° 2023-1142, art. 33, II, 2°)	
Taille	Type d'entreprises concernées
Grandes entreprises ou les sociétés consolidantes ou combinantes d'un grand groupe, au sens des articles L. 230-1 et L. 230-2 du Code de commerce	Tous types d'entreprises

3) Publication en 2027 pour l'exercice 2026. L'obligation d'information en matière de durabilité s'applique aux rapports afférents aux exercices ouverts à compter du 1er janvier 2026 pour les entités suivantes :

Application aux exercices ouverts à compter du 1er janvier 2026 (Ord. n° 2023-1142, art. 33, II, 3°)	
Taille	Type d'entreprises concernées
– Petites ou moyennes entreprises dont les titres sont admis aux négociations sur un marché réglementé, – Établissements de crédit de petite taille et qui ne sont pas complexes au sens de l'article 4, paragraphe 1, point 145), du règlement (UE) n° 575/2013, – Entreprises captives d'assurance et de réassurance mentionnées aux 1° et 3° de l'article L. 350-2 du Code des assurances.	Tous types d'entreprises

À noter que les petites et moyennes entreprises dont les titres sont admis aux négociations sur un marché réglementé peuvent décider de ne pas publier d'informations en matière de durabilité pour les rapports afférents aux exercices ouverts avant le 1er janvier 2028, sous réserve qu'elles justifient brièvement cette décision dans leur rapport de gestion (Ord. n° 2023-1142, art. 33, II, dernier al.).

4) Publication en 2029 pour l'exercice 2028. L'obligation d'information en matière de durabilité s'applique aux rapports afférents aux exercices ouverts à compter du 1er janvier 2028 pour les entités suivantes :

Application aux exercices ouverts à compter du 1er janvier 2028 (Ord. n° 2023-1142, art. 33, II, 4°)
Entreprises concernées
Les entreprises mentionnées aux articles L. 232-6-4 et L. 233-28-5 du Code de commerce

§ 3. – Contenu de l'obligation d'information

1) Grandes entreprises et sociétés consolidantes d'un grand groupe. S'agissant des grandes entreprises et des sociétés consolidantes d'un grand groupe, les articles L. 232-6-3 et L. 233-28-4 du Code de commerce imposent qu'une section distincte du rapport de gestion inclut des informations en matière de durabilité. Les sujets sur lesquels l'entreprise doit informer sont décrits à l'article R. 232-8-4 Code de commerce (issu D. n° 2023-1394, 30 déc. 2023, art. 5). Sont notamment mentionnés le modèle commercial et la stratégie de la société, les objectifs assortis d'échéances que s'est fixés la société en matière de durabilité et les progrès accomplis dans la réalisation de ces objectifs, le rôle des organes de direction, d'administration ou de surveillance concernant les enjeux de durabilité, les principales incidences négatives potentielles ou réelles, les mesures prises pour recenser, surveiller, prévenir, éliminer ou atténuer ces incidences négatives et les résultats obtenus à cet égard et les principaux risques pour la société liés aux enjeux de durabilité (V. *infra*, C. com., R. 232-8-4). À noter que ces informations doivent être accompagnées d'indicateurs. En outre, si l'article R. 232-8-4 Code de commerce indiquent que ces informations portent, « s'il y a lieu », sur les activités de la société et sa chaîne de valeur, ou encore qu'elles incluent une description du processus mis en œuvre afin de déterminer les informations incluses, ce même article prévoit d'une manière générale l'obligation pour ces informations de se conformer aux normes d'information en matière de durabilité ESRS adoptées par la Commission européenne. En conséquence, ces normes ESRS peuvent être considérées d'application directe en droit français et il convient ainsi de s'y référer afin de publier des informations en matière de durabilité (V. *supra*, commentaire sous *European Sustainability Reporting Standards* (ESRS)). L'EFRAG et la Commission européenne publient également une documentation importante afin de guider la mise en œuvre de ces obligations (FAQ, guides pratiques,etc.). S'agissant des sociétés consolidantes, il peut être noté que lorsque les incidences ou les risques liés aux enjeux de durabilité d'une ou plusieurs des entreprises du groupe diffèrent de façon importante de ceux concernant les autres entreprises qui le composent, la section du rapport sur la gestion du groupe portant sur l'information consolidée en matière de durabilité contient des informations adéquates pour comprendre ces incidences et ces risques (C. com., R. 233-16-3).

2) Allègement d'informations pour les PME. S'agissant des petites et moyennes entreprises dont les titres sont admis aux négociations sur un marché réglementé (C. com., L. 22-10-36), par dérogation à l'article R. 232-8-4 du Code de commerce, les informations en matière de durabilité peuvent se limiter à décrire le modèle commercial et la stratégie de la société, les politiques de la société en ce qui concerne les enjeux de durabilité, les principales incidences négatives, réelles ou potentielles, de la société sur les enjeux de durabilité et les mesures prises afin de les recenser, surveiller, prévenir, atténuer ou corriger et enfin les principaux risques pour la société liés aux enjeux de durabilité et la manière dont elle les gère (C. com., R. 22-10-29). Là encore, elles sont accompagnées d'indicateurs clés. Il convient de noter que la PME dont les titres sont admis aux négociations sur un marché réglementé doit se conformer aux normes ESRS relatives à l'information en matière de durabilité des PME.

3) Allègement pour les entreprises de pays tiers. Par dérogation à l'article R. 232-8-4 du Code de commerce, certaines informations en matière de durabilité des grandes entreprises contrôlées par une société consolidante non UE/EEE (hypothèse de C. com., art. L. 233-28-5, I) peuvent être réduites (C. com., R. 233-16-7, I). De plus, des normes ESRS spécifiques aux entreprises de pays tiers vont être adoptées par la Commission européenne (C. com., R. 233-16-7, II).

4) Informations de l'article 8 du règlement Taxonomie. De manière générale, aux informations de durabilité prévues par les articles L. 232-6-3, L. 233-28-4 et L. 22-10-36 Code de commerce s'ajoutent les informations prévues à l'article 8 du règlement (UE) 2020/852 dit règlement « Taxonomie » : informations sur la manière et la mesure dans laquelle les activités de l'entreprise sont associées à des activités économiques pouvant être considérées comme durables sur le plan environnemental au titre des articles 3 et 9 du règlement Taxonomie (changement climatique, ressources aquatiques et marines, économie circulaire, pollution, biodiversité). Les entreprises non financières publient en particulier la part de leur chiffre d'affaires provenant de produits ou de services associés à des activités économiques durables sur le plan environnemental au titre des articles 3 et 9 et la part de leurs dépenses d'investissement et la part de leurs dépenses d'exploitation liée à des actifs ou à des processus associés à des activités économiques durables sur le plan environnemental au titre des articles 3 et 9. Les informations concernant les entreprises financières sont prévues par le règlement délégué de la Commission européenne (UE) 2021/2178 du 6 juillet 2021.

5) Omission d'informations en matière de durabilité au titre de la protection de la position commerciale de l'entreprise.

Il convient de noter que, par exception et en cas exceptionnel, les informations portant sur des évolutions imminentes ou des affaires en cours de négociation peuvent être omises lorsque, de l'avis dûment motivé du conseil, du directoire ou du gérant, leur publication nuirait gravement à la position commerciale de la société. Cette omission ne doit toutefois pas faire obstacle à la compréhension juste et équilibrée de l'évolution des affaires de la société, ses résultats, sa situation et les incidences de ses activités (C. com., L. 232-6-3, II, L. 232-6-4, II, L. 233-28-4, II et L. 233-28-5, III).

6) Format et périodicité du rapport de durabilité. Les sociétés doivent établir leur rapport de gestion dans le format d'information électronique précisé à l'article 3 du règlement délégué (UE) 2019/815 de la Commission européenne et doivent baliser les informations en matière de durabilité ainsi que les informations exigées par l'article 8 du règlement (UE) 2020/852 du Parlement européen et du Conseil conformément à ce même format (C. com., R. 232-8-6 et R. 233-16-5). Le rapport de gestion incluant les informations en matière de durabilité est présenté annuellement à l'assemblée générale (C. com., L. 225-100).

§ 4. – Contrôle de l'obligation d'information

Les articles L. 232-6-3, III, L. 233-28-4, III, L. 22-10-36 et L. 232-6-4, IV du Code de commerce imposent que les informations en matière de durabilité soient certifiées. Cette certification est réalisée soit par un commissaire aux comptes inscrit sur la liste mentionnée au II de l'article L. 821-13 du Code de commerce, soit par un organisme tiers indépendant inscrit sur la liste mentionnée au I de l'article L. 822-3 du Code de commerce. L'ordonnance modifie les dispositions du titre II du livre VIII du Code de commerce, afin de réformer et d'adapter le cadre de nominations, d'exécution de l'activité d'auditeur en matière de durabilité, de sanctions à l'introduction de l'activité d'organisme tiers indépendant. Ces derniers peuvent en particulier être avocats.

Le commissaire aux comptes ou l'organisme tiers indépendant émet un avis portant sur le respect des exigences prévues selon les cas, aux articles L. 22-10-36, L. 232-6-3 et L. 233-28-4 du Code de commerce, mais également sur la conformité de l'information en matière de durabilité avec les exigences de la directive (UE) 2013/34, y compris avec les normes ESRS, et, lorsque l'entité y est soumise, sur le respect de l'obligation mentionnée au dernier alinéa de l'article L. 2312-17 du Code du travail (consultation du comité social et économique), sur la conformité de la mise en forme électronique (balisage) de l'information en matière de durabilité prévue à l'article 29 *quinquies* de la directive (UE) 2013/34 et sur le respect des exigences de publication des informations prévues à l'article 8 du règlement (UE) 2020/852 (C. com., L. 821-54 et L. 822-24). Cet avis fait l'objet d'un rapport de certification à l'organe qui statue sur les comptes.

L'organisme tiers indépendant ou le commissaire aux comptes relatent dans leur rapport l'accomplissement de la mission de certification des informations en matière de durabilité (C. com., L. 225-100).

§ 5. – Sanction

1) Injonctions de communiquer. Tout d'abord, toute personne n'ayant pu obtenir la production, la communication ou la transmission des documents ou informations prévus aux articles L. 22-10-36, L. 232-6-3 et L. 233-28-4 du Code de commerce peut demander au président du tribunal statuant en référé soit d'enjoindre sous astreinte à la personne ou à l'organe compétent pour la production, la communication ou la transmission des documents ou informations de les communiquer, soit de désigner un mandataire chargé de procéder à cette communication (C. com., L. 238-1). Lorsqu'il est fait droit à la demande, l'astreinte et les frais de procédure sont à la charge de la personne ou de l'organe mis en cause mis en cause.

2) Exclusion des procédures de passation des marchés publics et des contrats de concessions. En outre, pour les consultations engagées ou avis de publicité envoyés à compter du 1er janvier 2026, l'acheteur ou l'autorité concédante peuvent exclure de la procédure de passation d'un marché ou d'un contrat de concession les personnes soumises aux articles L. 22-10-36, L. 232-6-3, L. 232-6-4, L. 233-28-4 et L. 233-28-5 du Code de commerce qui n'ont pas satisfait à leur obligation de publication des informations en matière de durabilité pour l'année qui précède l'année de publication de l'avis de concession ou d'engagement de la consultation (CCP, L. 2141-7-1 et L. 3123-7-1).

3) **Amende et emprisonnement relatifs à la certification des informations en matière de durabilité.** Enfin, conformément à l'article L. 821-6 du Code de commerce, est puni d'un emprisonnement de deux ans et d'une amende de 30 000 € le fait, pour tout dirigeant d'une personne morale ou entité tenue de faire certifier ses informations en matière de durabilité, de ne pas provoquer la désignation d'un commissaire aux comptes inscrit sur la liste mentionnée au II de l'article L. 821-13 ou d'un organisme tiers indépendant inscrit sur la liste mentionnée à l'article L. 822-3 du Code de commerce. Est puni des mêmes peines le fait pour tout dirigeant d'une personne morale ou entité ayant un commissaire aux comptes inscrit sur la liste mentionnée au II de l'article L. 821-13 du Code de commerce de ne pas le convoquer à toute assemblée générale (C. com., L. 821-6, 2°). De plus, en cas d'entrave à la certification des informations en matière de durabilité, le dirigeant de l'entreprise s'expose à une amende de 75 000 € et à une peine d'emprisonnement de cinq ans (C. com., L. 821-6, 3°).

Code de commerce

PARTIE LÉGISLATIVE

LIVRE II. – DES SOCIÉTÉS COMMERCIALES ET DES GROUPEMENTS D'INTÉRÊT ÉCONOMIQUE

TITRE II. – DISPOSITIONS PARTICULIÈRES AUX DIVERSES SOCIÉTÉS COMMERCIALES

Chapitre Ier. – Des sociétés en nom collectif

Art. L. 221-7 *(Mod., Ord. n° 2023-1142, 6 déc. 2023)*. **– Le rapport de gestion, l'inventaire et les comptes annuels établis par les gérants sont soumis à l'approbation de l'assemblée des associés, dans le délai de six mois à compter de la clôture dudit exercice.**

À cette fin, les documents visés à l'alinéa précédent, le texte des résolutions proposées ainsi que, le cas échéant, le rapport des commissaires aux comptes, le rapport de certification des informations en matière de durabilité, les comptes consolidés et le rapport sur la gestion du groupe sont communiqués aux associés dans les conditions et délais déterminés par décret en Conseil d'État. Toute délibération, prise en violation des dispositions du présent alinéa et du décret pris pour son application, peut être annulée.

Toute clause contraire aux dispositions du présent article et du décret pris pour son application est réputée non écrite.

Les 4° à 7° du II de l'article L. 232-1, les articles L. 232-1-1, L. 232-6-3, L. 233-26 et L. 233-28-4 et, pour les sociétés relevant du chapitre X du présent titre, les articles L. 22-10-35 et L. 22-10-36 s'appliquent au rapport de gestion lorsque l'ensemble des parts sont détenues par des personnes ayant l'une des formes suivantes ou par des sociétés de droit étranger d'une forme juridique comparable : société anonyme, société en commandite par actions, société à responsabilité limitée ou société par actions simplifiée.

NB : Conformément au I de l'article 33 de l'ordonnance n° 2023-1142 du 6 décembre 2023, ces dispositions entrent en vigueur le 1er janvier 2025.

L'obligation d'information en matière de durabilité des articles L. 232-6-3, L. 233-28-4 ou L. 22-10-36 du Code de commerce ne s'applique pas à toutes les sociétés en nom collectif, mais uniquement à celles dont tous les associés sont des sociétés par actions, des SARL ou des sociétés de droit étranger revêtant une forme sociale comparable. Il convient de noter que L. 221-7 du Code de commerce s'applique également aux sociétés en commandite simple (SCS), conformément à l'article L. 222-2 du Code de commerce.

Art. L. 221-7-1 *(Mod., Ord. n° 2023-1142, 6 déc. 2023)*. **– Les articles L. 232-6, L. 232-6-2, L. 232-6-4, L. 233-28-1, L. 233-28-2, L. 233-28-3 et L. 233-28-5 sont applicables lorsque l'ensemble des parts sont détenues par des personnes ayant l'une des formes suivantes ou par des sociétés de droit étranger d'une forme juridique comparable : société anonyme, société en commandite par actions, société à responsabilité limitée ou société par actions simplifiée.**

NB : Conformément au I de l'article 33 de l'ordonnance n° 2023-1142 du 6 décembre 2023, ces dispositions entrent en vigueur le 1er janvier 2025.

V. *supra*, note sous C. com., art. L. 221-7.

Chapitre III. – Des sociétés à responsabilité limitée

Art. L. 223-26 *(Mod., Ord. n° 2023-1142, 6 déc. 2023)*. – Le rapport de gestion, l'inventaire et les comptes annuels établis par les gérants, sont soumis à l'approbation des associés réunis en assemblée, dans le délai de six mois à compter de la clôture de l'exercice sous réserve de prolongation de ce délai par décision de justice. Si l'assemblée des associés n'a pas été réunie dans ce délai, le ministère public ou toute personne intéressée peut saisir le président du tribunal compétent statuant en référé afin d'enjoindre, le cas échéant sous astreinte, aux gérants de convoquer cette assemblée ou de désigner un mandataire pour y procéder.

Les documents visés à l'alinéa précédent, le texte des résolutions proposées ainsi que le cas échéant, le rapport des commissaires aux comptes, le rapport de certification des informations en matière de durabilité, les comptes consolidés et le rapport sur la gestion du groupe sont communiqués aux associés dans les conditions et délais déterminés par décret en Conseil d'État. Toute délibération, prise en violation des dispositions du présent alinéa et du décret pris pour son application, peut être annulée.

À compter de la communication prévue à l'alinéa précédent, tout associé a la faculté de poser par écrit des questions auxquelles le gérant est tenu de répondre au cours de l'assemblée.

L'associé peut, en outre, et à toute époque, obtenir communication, dans les conditions fixées par décret en Conseil d'État, des documents sociaux déterminés par ledit décret et concernant les trois derniers exercices.

Toute clause contraire aux dispositions du présent article et du décret pris pour son application, est réputée non écrite.

NB : Conformément au I de l'article 33 de l'ordonnance n° 2023-1142 du 6 décembre 2023, ces dispositions entrent en vigueur le 1er janvier 2025.

Rédaction antérieure. Art. L. 223-26-1 *(Abr., Ord. n° 2023-1142, 6 déc. 2023)*. – L'article L. 225-102-3, à l'exception du IV, est applicable aux sociétés à responsabilité limitée.

Les rapports mentionnés au même article L. 225-102-3 sont établis par les gérants.

Ces rapports sont déposés au greffe du tribunal de commerce, pour être annexés au registre du commerce et des sociétés, dans le mois suivant l'approbation des comptes annuels par l'assemblée générale des actionnaires ou dans les deux mois suivant cette approbation lorsque ce dépôt est effectué par voie électronique. Ils font également l'objet, dans les mêmes délais, d'une publication gratuite, accessible au public et lisible sur le site internet de la société, dans des conditions prévues par décret en Conseil d'État.

Chapitre V. – Des sociétés anonymes

Art. L. 225-100 *(Mod., Ord. n° 2023-1142, 6 déc. 2023)*. – I. – L'assemblée générale ordinaire est réunie au moins une fois par an, dans les six mois de la clôture de l'exercice, sous réserve de prolongation de ce délai par décision de justice. Si l'assemblée générale ordinaire n'a pas été réunie dans ce délai, le ministère public ou tout actionnaire peut saisir le président du tribunal compétent statuant en référé afin d'enjoindre, le cas échéant sous astreinte, aux dirigeants de convoquer cette assemblée ou de désigner un mandataire pour y procéder.

Le conseil d'administration ou le directoire présente à l'assemblée les comptes annuels et le cas échéant les comptes consolidés, accompagnés du rapport de gestion y afférent, auquel est joint, le cas échéant, le rapport mentionné, selon le cas, à l'article L. 225-37 ou L. 225-68.

Les commissaires aux comptes, s'il en existe, relatent, dans leurs rapports, l'accomplissement de la mission qui leur est dévolue par les articles L. 821-53, L. 821-54 et L. 821-56.

L'organisme tiers indépendant, s'il existe, relate dans son rapport l'accomplissement de la mission qui lui est dévolue par l'article L. 822-24.

L'assemblée délibère et statue sur toutes les questions relatives aux comptes annuels et, le cas échéant, aux comptes consolidés de l'exercice écoulé.

II. – *(Abr.)*.

III. – *(Abr.)*

IV. – L'assemblée générale ordinaire exerce les pouvoirs qui lui sont attribués notamment par l'article L. 225-18, le quatrième alinéa de l'article L. 225-24, le troisième alinéa de l'article L. 225-40, le troisième alinéa de l'article

L. 225-42 et par l'article L. 225-45 ou, le cas échéant, par l'article L. 225-75, le quatrième alinéa de l'article L. 225-78, l'article L. 225-83, le troisième alinéa de l'article L. 225-88 et le troisième alinéa de l'article L. 225-90.

NB : Conformément au I de l'article 33 de l'ordonnance n° 2023-1142 du 6 décembre 2023, ces dispositions entrent en vigueur le 1er janvier 2025.

Art. L. 225-102 *(Mod., Ord. n° 2023-1142, 6 déc. 2023)*. **– Le rapport de gestion mentionné au deuxième alinéa de l'article L. 225-100 présenté par le conseil d'administration ou le directoire, selon le cas, à l'assemblée générale rend compte annuellement de l'état de la participation des salariés au capital social au dernier jour de l'exercice et établit la proportion du capital que représentent les actions détenues par le personnel de la société et par le personnel des sociétés qui lui sont liées au sens de l'article L. 225-180 dans le cadre du plan d'épargne d'entreprise prévu par les articles L. 443-1 à L. 443-9 du Code du travail et par les salariés et anciens salariés dans le cadre des fonds communs de placement d'entreprise régis par le chapitre III de la loi n° 88-1201 du 23 décembre 1988 relative aux organismes de placement collectif en valeurs mobilières et portant création des fonds communs de créances. Sont également prises en compte les actions nominatives détenues directement par les salariés en application des articles L. 225-187 et L. 225-196 du présent code, dans leur rédaction antérieure à l'entrée en vigueur de la loi n° 2001-152 du 19 février 2001 sur l'épargne salariale, de l'article L. 225-197-1 du présent code, de l'article L. 3324-10 du Code du travail, de l'article 31-2 de l'ordonnance n° 2014-948 du 20 août 2014 relative à la gouvernance et aux opérations sur le capital des sociétés à participation publique et de l'article 11 de la loi n° 86-912 du 6 août 1986 relative aux modalités des privatisations, dans sa rédaction antérieure à l'entrée en vigueur de l'ordonnance n° 2014-948 du 20 août 2014 précitée.**

Les titres acquis par les salariés dans le cadre d'une opération de rachat d'une entreprise par ses salariés prévue par la loi n° 84-578 du 9 juillet 1984 sur le développement de l'initiative économique ainsi que par les salariés d'une société coopérative de production au sens de la loi n° 78-763 du 19 juillet 1978 portant statut de sociétés coopératives de production ne sont pas pris en compte pour l'évaluation de la proportion du capital prévue à l'alinéa précédent.

Rédaction antérieure. *(Suppr., Ord. n° 2023-1142, 6 déc. 2023)* Lorsque le rapport annuel ne comprend pas les mentions prévues au premier alinéa, toute personne intéressée peut demander au président du tribunal statuant en référé d'enjoindre sous astreinte au conseil d'administration ou au directoire, selon le cas, de communiquer ces informations.

Rédaction antérieure. *(Suppr., Ord. n° 2023-1142, 6 déc. 2023)* Lorsqu'il est fait droit à la demande, l'astreinte et les frais de procédure sont à la charge des administrateurs ou des membres du directoire, selon le cas.

NB : Conformément au I de l'article 33 de l'ordonnance n° 2023-1142 du 6 décembre 2023, ces dispositions entrent en vigueur le 1er janvier 2025.

Rédaction antérieure. Art. L. 225-100-1 *(Abr., Ord. n° 2023-1142, 6 déc. 2023)*. **–** I. – Le rapport de gestion mentionné au deuxième alinéa de l'article L. 225-100 comprend les informations suivantes :

1° Une analyse objective et exhaustive de l'évolution des affaires, des résultats et de la situation financière de la société, notamment de sa situation d'endettement, au regard du volume et de la complexité des affaires ;

2° Dans la mesure nécessaire à la compréhension de l'évolution des affaires, des résultats ou de la situation de la société, des indicateurs clefs de performance de nature financière et, le cas échéant, de nature non financière ayant trait à l'activité spécifique de la société, notamment des informations relatives aux questions d'environnement et de personnel ;

3° Une description des principaux risques et incertitudes auxquels la société est confrontée ;

4° Lorsque cela est pertinent pour l'évaluation de son actif, de son passif, de sa situation financière et de ses pertes ou profits, des indications sur ses objectifs et sa politique concernant la couverture de chaque catégorie principale de transactions prévues pour lesquelles il est fait usage de la comptabilité de couverture, ainsi que sur son exposition aux risques de prix, de crédit, de liquidité et de trésorerie. Ces indications comprennent l'utilisation par l'entreprise des instruments financiers.

L'analyse mentionnée aux 1° et 2° contient, le cas échéant, des renvois aux montants indiqués dans les comptes annuels et des explications supplémentaires y afférentes.

II. – Lorsque la société établit des comptes consolidés en application de l'article L. 233-16, le rapport consolidé de gestion rend compte des informations mentionnées au présent article pour l'ensemble des sociétés comprises dans la consolidation.

En ce qui concerne les informations prévues au 5° du I du présent article, le rapport consolidé de gestion mentionne les principales caractéristiques des systèmes de contrôle interne et de gestion des risques pour l'ensemble des entreprises comprises dans la consolidation.

ANNEXE 5

Art. L. 225-102-1 *(Mod., Ord. n° 2023-1142, 6 déc. 2023).* **– I. – Toute société qui emploie, à la clôture de deux exercices consécutifs, au moins cinq mille salariés en son sein et dans ses filiales directes ou indirectes dont le siège social est fixé sur le territoire français, ou au moins dix mille salariés en son sein et dans ses filiales directes ou indirectes dont le siège social est fixé sur le territoire français ou à l'étranger, établit et met en œuvre de manière effective un plan de vigilance.**

Les filiales ou sociétés contrôlées qui dépassent les seuils mentionnés au premier alinéa sont réputées satisfaire aux obligations prévues au présent article dès lors que la société qui les contrôle, au sens de l'article L. 233-3, établit et met en œuvre un plan de vigilance relatif à l'activité de la société et de l'ensemble des filiales ou sociétés qu'elle contrôle.

Le plan comporte les mesures de vigilance raisonnable propres à identifier les risques et à prévenir les atteintes graves envers les droits humains et les libertés fondamentales, la santé et la sécurité des personnes ainsi que l'environnement, résultant des activités de la société et de celles des sociétés qu'elle contrôle au sens du II de l'article L. 233-16, directement ou indirectement, ainsi que des activités des sous-traitants ou fournisseurs avec lesquels est entretenue une relation commerciale établie, lorsque ces activités sont rattachées à cette relation.

Pour les sociétés produisant ou commercialisant des produits issus de l'exploitation agricole ou forestière, ce plan comporte en particulier des mesures de vigilance raisonnable propres à identifier les risques et à prévenir la déforestation associée à la production et au transport vers la France de biens et de services importés.

Un arrêté définit les catégories d'entreprises mentionnées au quatrième alinéa du présent I.

Le plan a vocation à être élaboré en association avec les parties prenantes de la société, le cas échéant dans le cadre d'initiatives pluripartites au sein de filières ou à l'échelle territoriale. Il comprend les mesures suivantes :

1° Une cartographie des risques destinée à leur identification, leur analyse et leur hiérarchisation ;

2° Des procédures d'évaluation régulière de la situation des filiales, des sous-traitants ou fournisseurs avec lesquels est entretenue une relation commerciale établie, au regard de la cartographie des risques ;

3° Des actions adaptées d'atténuation des risques ou de prévention des atteintes graves ;

4° Un mécanisme d'alerte et de recueil des signalements relatifs à l'existence ou à la réalisation des risques, établi en concertation avec les organisations syndicales représentatives dans ladite société ;

5° Un dispositif de suivi des mesures mises en œuvre et d'évaluation de leur efficacité.

Le plan de vigilance et le compte rendu de sa mise en œuvre effective sont rendus publics et inclus dans le rapport de gestion mentionné au deuxième alinéa de l'article L. 225-100. Ils peuvent renvoyer, le cas échéant, aux informations en matière de durabilité prévues aux articles L. 232-6-3 et L. 233-28-4

Un décret en Conseil d'État peut compléter les mesures de vigilance prévues aux 1° à 5° du présent article. Il peut préciser les modalités d'élaboration et de mise en œuvre du plan de vigilance, le cas échéant dans le cadre d'initiatives pluripartites au sein de filières ou à l'échelle territoriale.

II. – Lorsqu une société mise en demeure de respecter les obligations prévues au I n'y satisfait pas dans un délai de trois mois à compter de la mise en demeure, la juridiction compétente peut, à la demande de toute personne justifiant d'un intérêt à agir, lui enjoindre, le cas échéant sous astreinte, de les respecter.

Le président du tribunal, statuant en référé, peut être saisi aux mêmes fins.

[Dispositions déclarées non conformes à la Constitution par la décision du Conseil constitutionnel n° 2017-750 DC du 23 mars 2017.]

NB : Conformément au I de l'article 33 de l'ordonnance n° 2023-1142 du 6 décembre 2023, ces dispositions entrent en vigueur le 1er janvier 2025.

L'ancien article L. 225-102-1 du Code de commerce prévoyait l'obligation de déclaration de performance extrafinancière (DPEF), conformément aux dispositions de la directive NFRD 2014/95/UE du 22 octobre 2014, tandis que les obligations liées au devoir de vigilance étaient prévues aux articles L. 225-102-4 et L. 225-102-5 du Code de commerce. Profitant de la transposition de la directive CSRD, l'ordonnance n° 2023-1142 du 6 décembre 2023 réorganise ces deux obligations, d'une part, en abrogeant les dispositions liées à l'ancienne DPEF et en codifiant celles liées aux informations en matière de durabilité en dehors des dispositions spécifiques aux sociétés anonymes (V. *supra*, comm. préliminaire) et, d'autre part, en déplaçant les dispositions relatives au devoir de vigilance à l'article L. 225-102-1 du Code de commerce (pour plus d'informations concernant le régime du devoir de vigilance, V. partie sur le devoir de vigilance de ce Code de durabilité).

Art. L. 225-102-2 *(Mod., Ord. n° 2023-1142, 6 déc. 2023).* **– Dans les conditions prévues aux articles 1240 et 1241 du Code civil, le manquement aux obligations définies à l'article L. 225-102-1 du présent code engage la responsabilité de son auteur et l'oblige à réparer le préjudice que l'exécution de ces obligations aurait permis d'éviter.**

[Dispositions déclarées non conformes à la Constitution par la décision du Conseil constitutionnel n° 2017-750 DC du 23 mars 2017.]

L'action en responsabilité est introduite devant la juridiction compétente par toute personne justifiant d'un intérêt à agir à cette fin.

La juridiction peut ordonner la publication, la diffusion ou l'affichage de sa décision ou d'un extrait de celle-ci, selon les modalités qu'elle précise. Les frais sont supportés par la personne condamnée.

La juridiction peut ordonner l'exécution de sa décision sous astreinte.

NB : Conformément au I de l'article 33 de l'ordonnance n° 2023-1142 du 6 décembre 2023, ces dispositions entrent en vigueur le 1er janvier 2025.

Rédaction antérieure. Art. L. 225-102-2 *(Abr. à compter du 1er janvier 2025, Ord. n° 2023-1142. 6 déc. 2023).* **–** Pour les sociétés exploitant au moins une installation figurant sur la liste prévue à l'article L. 515-36 du Code de l'environnement, le rapport mentionné au deuxième alinéa de l'article L. 225-100 du présent code :

– informe de la politique de prévention du risque d'accident technologique menée par la société ;

– rend compte de la capacité de la société à couvrir sa responsabilité civile vis-à-vis des biens et des personnes du fait de l'exploitation de telles installations ;

– précise les moyens prévus par la société pour assurer la gestion de l'indemnisation des victimes en cas d'accident technologique engageant sa responsabilité.

Rédaction antérieure. Art. L. 225-102-3 *(Abr. à compter du 1er janvier 2025, Ord. n° 2023-1142, 6 déc. 2023).* **–** I. – Les sociétés mentionnées aux 1° à 3° de l'article L. 123-16-2 ou celles qui dépassent, au titre du dernier exercice comptable clos et sur une base annuelle, deux des trois seuils fixés, respectivement, pour le total de bilan, le montant net du chiffre d'affaires ou le nombre moyen de salariés et dont tout ou partie des activités consiste en l'exploration, la prospection, la découverte, l'exploitation ou l'extraction d'hydrocarbures, de houille et de lignite, de minerais métalliques, de pierres, de sables et d'argiles, de minéraux chimiques et d'engrais minéraux, de tourbe, de sel ou d'autres ressources minérales ou en l'exploitation de forêts primaires rendent public annuellement et dans les conditions fixées au III du présent article un rapport sur les paiements effectués au profit des autorités de chacun des États ou territoires dans lesquels elles exercent ces activités.

Par dérogation au premier alinéa du présent I, les sociétés mentionnées au même premier alinéa et les sociétés qui contrôlent, au sens de l'article L. 233-16, une société remplissant les conditions prévues au même I et qui sont tenues d'établir des comptes consolidés en application du même article L. 233-16 rendent public un rapport consolidé sur les paiements effectués au profit des autorités d'un ou de plusieurs États ou territoires.

II. – Une société contrôlée remplissant les conditions du I du présent article et celles de l'article L. 233-19 n'est pas incluse dans le champ du rapport consolidé mentionné au second alinéa du I du présent article.

Les sociétés contrôlées répondant aux conditions prévues au même I ne sont pas tenues de publier un rapport lorsque leur société consolidante relève du droit d'un État membre de l'Union européenne et que les paiements effectués par ces sociétés sont inclus dans le rapport consolidé établi par la société consolidante en application de la législation dont elle relève.

III. – Le rapport sur les paiements prévu au I du présent article mentionne le montant de tout versement individuel, ou ensemble de versements lorsque ceux-ci sont liés entre eux, égal ou supérieur à 100 000 € au cours de l'exercice précédent et qui est effectué au profit de toute autorité nationale, régionale ou locale d'un État ou territoire, ou de toute administration, agence ou entreprise contrôlée, au sens de l'article L. 233-16, par une telle autorité, ainsi que le montant des paiements effectués pour chacune des catégories de paiements définies comme suit :

1° Droits à la production ;

2° Impôts ou taxes perçus sur le revenu, la production ou les bénéfices des sociétés, à l'exclusion des impôts ou taxes perçus sur la consommation, tels que les taxes sur la valeur ajoutée, les impôts sur le revenu des personnes physiques ou les impôts sur les ventes ;

3° Redevances ;

4° Dividendes ;

5° Primes de signature, de découverte et de production ;

6° Droits de licence, frais de location, droits d'entrée et autres contreparties de licence et/ ou de concession ;

7° Paiements pour des améliorations des infrastructures.

Lorsque ces paiements ont été imputés à un ou à plusieurs projets spécifiques, le rapport précise également le montant total et par catégorie des paiements effectués pour chacun des projets.

Un projet désigne les activités opérationnelles régies par un contrat, une licence, un bail, une concession ou tout autre accord juridique similaire ou par un ensemble de ces accords lorsque ceux-ci ont un lien substantiel entre eux, et constituant la base d'obligations de paiement.

IV. – Le rapport sur les paiements prévu au I fait l'objet d'une approbation par le conseil d'administration ou le directoire. Il est déposé au greffe du tribunal de commerce, pour être annexé au registre du commerce et des sociétés, dans le mois suivant l'approbation des comptes annuels par l'assemblée générale des actionnaires ou dans les deux mois suivant cette approbation lorsque ce dépôt est effectué par voie électronique. Il fait également l'objet, dans les mêmes délais, d'une publication gratuite, accessible au public et lisible sur le site internet de la société, dans des conditions prévues par décret en Conseil d'État.

V. – Les conditions d'application du présent article sont fixées par décret en Conseil d'État, en ce qui concerne notamment les seuils prévus au premier alinéa du I, les catégories de paiements prévues au premier alinéa du III et la publication sur le site internet de la société prévue au IV.

VI. – Le fait de ne pas satisfaire aux obligations de publicité prévues au IV ou de publier des informations partielles ou erronées est puni d'une amende de 3 750 €.

Les personnes morales encourent, outre cette amende, la peine complémentaire prévue au 9° de l'article 131-39 du Code pénal.

V. *supra*, note sous C. com., art. L. 225-102-1.

Chapitre X. – Des sociétés dont les titres sont admis aux négociations sur un marché réglementé ou sur un système multilatéral de négociation

Art. L. 22-10-36 *(Mod. à compter du 1er janvier 2025, Ord. n° 2023-1142, 6 déc. 2023).* **– I. – L'article L. 232-6-3 est applicable aux sociétés dont les titres sont admis aux négociations sur un marché réglementé qui sont des petites ou des moyennes entreprises, au sens de l'article L. 230-1.**

Un décret en Conseil d'État adapte à la taille de ces sociétés les informations qu'elles fournissent en matière de durabilité.

II. – L'obligation prévue au premier alinéa du I de l'article L. 233-28-5 est également applicable aux sociétés mentionnées au I.

III. – Toute société qui est une grande entreprise, au sens de l'article L. 230-1, ou la société consolidante d'un grand groupe, au sens de l'article L. 230-2, dont les titres sont admis aux négociations sur un marché réglementé, ne peut bénéficier des dispenses prévues au second alinéa du V de l'article L. 232-6-3 et au V de l'article L. 233-28-4.

NB : Conformément au I de l'article 33 de l'ordonnance n° 2023-1142 du 6 décembre 2023, ces dispositions entrent en vigueur le 1er janvier 2025.

Se reporter aux conditions d'application prévues au II de l'article 33 de l'ordonnance n° 2023-1142 du 6 décembre 2023.

L'article L. 22-10-36 du Code de commerce prévoit l'application des dispositions de l'article L. 232-6-3 du Code de commerce relatives à l'obligation d'information en matière de durabilité aux PME dont les titres sont admis aux négociations sur un marché réglementé. Ainsi, l'article L. 22-10-36 du Code de commerce fixe le régime juridique de l'obligation d'information en matière de durabilité de ces PME dont les titres sont admis aux négociations sur un marché réglementé, tandis que les articles L. 232-6-3, L. 233-28-4, L. 233-28-5 et L. 232-6-4 du Code de commerce fixent un régime similaire respectivement pour les grandes entreprises, les sociétés consolidantes d'un grand groupe et certaines entreprises de pays tiers dotées de filiales ou succursales en France. Toutefois, par dérogation, les informations en matière de durabilité que ces PME doivent publier peuvent être réduites conformément à l'article R. 22-10-29 du Code de commerce. Dans ce cas, il est précisé qu'elles doivent néanmoins se conformer aux normes ESRS relatives à l'information en matière de durabilité des PME. Pour rappel, sont des PME les entreprises s'inscrivant dans les seuils d'au moins deux des trois critères suivants : Total du bilan : 450 000 € < X < 25 000 000 € ; Montant net du chiffre d'affaires : 900 000 € < X < 50 000 000 € ; Nombre moyen de salariés au cours de l'exercice : 10 < X < 250 (C. com., D. 230-1). De plus, les modalités d'application de l'article L. 232-6-3 du Code de commerce sont progressives, en fonction des dispositions de l'article 33 de l'ordonnance n° 2023-1142 du 6 décembre 2023. Pour plus d'informations, V. *supra*, commentaire préliminaire à cette partie.

Art. L. 22-10-37 *(Mod., Ord. n° 2023-1142, 6 déc. 2023).* **– Par dérogation aux deuxième et troisième phrases du II de l'article L. 232-6-2, les émetteurs mentionnés aux I et II de l'article L. 451-1-2 du Code monétaire et financier et soumis aux obligations définies au I de l'article L. 232-6-2 ou au I de l'article L. 233-28-3 dont des titres de capital ou des titres de créance sont admis aux négociations sur un marché réglementé publient leur rapport sur les paiements effectués au profit des autorités de chacun des États ou territoires dans lesquels elles exercent au I de l'article L. 232-6-2 et le déposent au greffe du tribunal de commerce, ainsi qu'auprès de l'Autorité des marchés financiers, dans les six mois qui suivent la clôture de leur exercice.**

Ce rapport est tenu à la disposition du public pendant dix ans.

NB : Conformément au I de l'article 33 de l'ordonnance n° 2023-1142 du 6 décembre 2023, ces dispositions entrent en vigueur le 1er janvier 2025.

LIVRE II. – DES SOCIÉTÉS COMMERCIALES ET DES GROUPEMENTS D'INTÉRÊT ÉCONOMIQUE

TITRE III. – DISPOSITIONS COMMUNES AUX DIVERSES SOCIÉTÉS COMMERCIALES

Chapitre préliminaire. – Des différentes tailles de sociétés et groupes de sociétés

Art. L. 230-1 *(Ord. n° 2023-1142, 6 déc. 2023)*. **– Au sens du présent livre :**

1° Est une micro-entreprise une société qui, à la date de clôture de l'exercice, ne dépasse pas les seuils d'au moins deux des trois critères suivants : total du bilan, montant net du chiffre d'affaires et nombre moyen de salariés employés au cours de l'exercice ;

2° Est une petite entreprise une société qui n'est pas une micro-entreprise et qui à la date de clôture de l'exercice, ne dépasse pas les seuils d'au moins deux des trois critères suivants : total du bilan, montant net du chiffre d'affaires et nombre moyen de salariés employés au cours de l'exercice ;

3° Est une moyenne entreprise une société qui n'est pas une micro-entreprise ou une petite entreprise et qui, à la date de clôture de l'exercice, ne dépasse pas les seuils d'au moins deux des trois critères suivants : total du bilan, montant net du chiffre d'affaires et nombre moyen de salariés employés au cours de l'exercice ;

4° Est une grande entreprise une société qui, à la date de clôture de l'exercice, dépasse les seuils d'au moins deux des trois critères suivants : total du bilan, montant net du chiffre d'affaires et nombre moyen de salariés employés au cours de l'exercice.

Pour l'application du présent article, les seuils et modalités de calcul des différents critères sont fixés par décret.

NB : Conformément à l'article 32 de l'ordonnance n° 2023-1142 du 6 décembre 2023, ces dispositions entrent en vigueur le 1er janvier 2024.

Le décret n° 2024-152 du 28 février 2024 a transposé les nouveaux seuils européens issus de la directive déléguée (UE) 2023/2775 du 17 octobre 2023 (V. *infra*, C. com., art. D. 230-1 et D. 230-2).

Art. L. 230-2 *(Ord. n° 2023-1142, 6 déc. 2023)*. **– Au sens du présent livre :**

1° Est un petit groupe l'ensemble formé par une société et les entreprises qu'elle contrôle, au sens du II ou du III de l'article L. 233-16, qui, à la date de clôture de l'exercice, ne dépasse pas les seuils d'au moins deux des trois critères suivants : total du bilan, montant net du chiffre d'affaires et nombre moyen de salariés employés au cours de l'exercice ;

2° Est un groupe moyen l'ensemble formé par une société et les entreprises qu'elle contrôle, au sens du II ou du III de l'article L. 233-16, qui n'est pas un petit groupe et qui, à la date de clôture de l'exercice, ne dépasse pas les seuils d'au moins deux des trois critères suivants : total du bilan, montant net du chiffre d'affaires et nombre moyen de salariés employés au cours de l'exercice ;

3° Est un grand groupe l'ensemble formé par une société et les entreprises qu'elle contrôle, au sens du II ou du III de l'article L. 233-16, qui, à la date de clôture de l'exercice, dépasse les seuils d'au moins deux des trois critères suivants : total du bilan, montant net du chiffre d'affaires et nombre moyen de salariés employés au cours de l'exercice.

Pour l'application du présent article, les seuils et modalités de calcul des différents critères sont fixés par décret.

NB : Conformément à l'article 32 de l'ordonnance n° 2023-1142 du 6 décembre 2023, ces dispositions entrent en vigueur le 1er janvier 2024.

Le décret n° 2024-152 du 28 février 2024 a transposé les nouveaux seuils européens issus de la directive déléguée (UE) 2023/2775 du 17 octobre 2023 (V. *infra*, C. com., art. D. 230-1 et D. 230-2).

Chapitre II. – Des comptes sociaux et des informations en matière de durabilité

Section 1. – Des documents comptables et des informations en matière de durabilité

Art. L. 232-1 *(Mod., Ord. n° 2023-1142, 6 déc. 2023)*. **– I. – À la clôture de chaque exercice le conseil d'administration, le directoire ou les gérants dressent l'inventaire, les comptes annuels conformément aux dispositions de la section 2 du chapitre III du titre II du livre Ier et établissent un rapport de gestion écrit. Ils incluent dans l'annexe :**

1° Un état des cautionnements, avals et garanties donnés par la société. Cette disposition n'est pas applicable aux sociétés exploitant un établissement de crédit, une société de financement ou une entreprise d'assurance ;

2° Un état des sûretés consenties par elle.

II. – Le rapport de gestion :

1° Expose la situation de la société durant l'exercice écoulé, comprenant une analyse objective et exhaustive de l'évolution des affaires, des résultats et de la situation de celle-ci, notamment de sa situation d'endettement, au regard du volume et de la complexité des affaires, ainsi que son évolution prévisible, les événements importants survenus entre la date de la clôture de l'exercice et la date à laquelle il est établi ;

2° Expose les activités de la société en matière de recherche et de développement ;

3° Mentionne les succursales existantes ;

4° Dans la mesure nécessaire à la compréhension de l'évolution des affaires, des résultats ou de la situation de la société, comprend des indicateurs clefs de performance de nature financière et, le cas échéant, de nature non financière ayant trait à son activité spécifique, notamment des informations relatives aux questions d'environnement et de personnel ;

5° Décrit les principaux risques et incertitudes auxquels la société est confrontée ;

6° Lorsque cela est pertinent pour l'évaluation de son actif, de son passif, de sa situation financière et de ses pertes ou profits, comprend des indications sur ses objectifs et sa politique concernant la couverture de chaque catégorie principale de transactions prévues pour lesquelles il est fait usage de la comptabilité de couverture, ainsi que sur son exposition aux risques de prix, de crédit, de liquidité et de trésorerie. Ces indications comprennent l'utilisation par l'entreprise d'instruments financiers ;

7° Lorsque la société est une grande entreprise, au sens de l'article L. 230-1, comprend des informations sur ses ressources incorporelles essentielles, la manière dont son modèle commercial dépend fondamentalement de ces ressources et en quoi elles constituent une source de création de valeur pour elle.

L'analyse mentionnée aux 1° et 4° contient, le cas échéant, des renvois aux montants indiqués dans les comptes annuels et des explications supplémentaires y afférentes.

La disposition prévue au 4° relative aux indicateurs de nature extra-financière ne s'applique pas lorsque la société est soumise à l'article L. 232-6-3 ou à l'article L. 22-10-36 ou est dispensée de l'application de l'article L. 232-6-3 en vertu de son V.

III. – Les documents mentionnés au présent article sont, le cas échéant, mis à la disposition des commissaires aux comptes dans des conditions déterminées par décret en Conseil d'État.

IV. – Sont dispensées de l'obligation d'établir un rapport de gestion les sociétés commerciales qui sont des petites entreprises au sens de l'article L. 230-1. Cette dispense n'est pas applicable aux sociétés appartenant à l'une des catégories définies à l'article L. 123-16-2 ou dont l'activité consiste à gérer des titres de participations ou des valeurs mobilières.

NB : Conformément au I de l'article 33 de l'ordonnance n° 2023-1142 du 6 décembre 2023, ces dispositions entrent en vigueur le 1er janvier 2025.

Art. L. 232-1-1 *(Ord. n° 2023-1142, 6 déc. 2023)*. – Pour les sociétés exploitant au moins une installation figurant sur la liste prévue à l'article L. 515-36 du Code de l'environnement, le rapport mentionné à l'article L. 232-1 :

- informe de la politique de prévention du risque d'accident technologique menée par la société ;
- rend compte de la capacité de la société à couvrir sa responsabilité civile vis-à-vis des biens et des personnes du fait de l'exploitation de telles installations ;
- précise les moyens prévus par la société pour assurer la gestion de l'indemnisation des victimes en cas d'accident technologique engageant sa responsabilité.

NB : Conformément au I de l'article 33 de l'ordonnance n° 2023-1142 du 6 décembre 2023, ces dispositions entrent en vigueur le 1er janvier 2025.

……………………………………………………………………………………………

Art. L. 232-6 *(Mod., Ord. n° 2023-1142, 6 déc. 2023)*. – I. – Toute société commerciale qui ne contrôle ni n'est contrôlée par une autre société au sens du II ou du III de l'article L. 233-16, et dont le chiffre d'affaires net excède, à la clôture de deux exercices consécutifs, un seuil fixé par décret, établit, publie et met à disposition, à la diligence du conseil d'administration, du directoire ou des gérants, un rapport relatif à l'impôt sur les bénéfices.

II. – Le rapport mentionne l'exercice concerné et la devise utilisée. Il comprend les informations suivantes relatives au dernier exercice clos, pour l'ensemble des activités de la société :

1° Le nom de la société ;

2° Une brève description de la nature des activités ;

3° Le nombre de salariés employés en équivalent temps plein ;

4° Le chiffre d'affaires net ;

5° Le montant du bénéfice ou des pertes avant impôt sur les bénéfices ;

6° Le montant de l'impôt sur les bénéfices dû ;

7° Le montant de l'impôt sur les bénéfices acquitté sur la base des règlements effectifs ;

8° Le montant des bénéfices non distribués.

Un décret en Conseil d'État précise les modalités de présentation de ces informations, y compris les États ou juridictions fiscales qui font l'objet d'une présentation spécifique, ainsi que les modalités de leur publication et de leur mise à disposition.

III. – Le I ne s'applique pas lorsque les sociétés sont soumises à l'obligation de publication mentionnée au II de l'article L. 511-45 du Code monétaire et financier.

Ce même I ne s'applique pas lorsque les sociétés ne disposent pas, à l'étranger, d'un établissement stable.

IV. – Les informations dont la divulgation porterait gravement préjudice à la position commerciale des sociétés auxquelles elles se rapportent peuvent être omises du rapport mentionné au I, à titre temporaire, dans des conditions fixées par décret en Conseil d'État.

NB : Conformément à l'article 32 de l'ordonnance n° 2023-1142 du 6 décembre 2023, ces dispositions entrent en vigueur le 1er janvier 2024.

Conformément à l'article 8 de l'ordonnance n° 2023-483 du 21 juin 2023, ces dispositions s'appliquent aux exercices ouverts à compter du 22 juin 2024.

Art. L. 232-6-1 *(Mod., Ord. n° 2023-1142, 6 déc. 2023)*. – I. – Toute société ne disposant pas d'un siège social dans un État membre de l'Union européenne ou un autre État partie à l'accord sur l'Espace économique européen et qui dispose en France d'une succursale dont le chiffre d'affaires net excède, à la clôture de deux exercices consécutifs, un seuil fixé par décret, établit, publie et met à disposition, à la diligence de son représentant légal en France ou de la personne ayant le pouvoir de l'y engager, le rapport relatif à l'impôt sur les bénéfices prévu par l'article L. 232-6.

II. – Les sociétés mentionnées au I sont celles qui remplissent les conditions cumulatives suivantes :

1° Elles revêtent une forme juridique comparable aux sociétés par actions et aux sociétés à responsabilité limitée ;

2° Elles comptabilisent un chiffre d'affaires net qui excède, à la clôture de deux exercices consécutifs, le seuil mentionné au I de l'article L. 232-6 ;

3° Elles ne contrôlent ni ne sont contrôlées par une autre société, au sens du II ou du III de l'article L. 233-16.

III. – Lorsque le rapport ou les informations requis en vertu du II de l'article L. 232-6 ne sont pas disponibles, son représentant légal en France, ou la personne ayant le pouvoir de l'y engager, demande à cette société de lui communiquer toutes les informations nécessaires et établit, publie et met à disposition le rapport.

Si la société ne communique pas l'ensemble de ces informations, son représentant légal en France, ou la personne ayant le pouvoir de l'y engager, établit le rapport et intègre dans ce dernier toutes les informations en sa possession, assorties d'une déclaration mentionnant que la société concernée n'a pas mis à sa disposition les informations requises.

Les deux premiers alinéas du présent III s'appliquent également à toute succursale dont dispose une société ne disposant pas d'un siège social dans un État membre de l'Union européenne ou un autre État partie à l'accord sur *l'Espace économique européen*, et qui n'a pas d'autres fins que d'éluder l'application du présent article.

IV. – Les informations dont la divulgation porterait gravement préjudice à la position commerciale des sociétés auxquelles elles se rapportent peuvent être omises du rapport mentionné au I, à titre temporaire, dans des conditions fixées par décret en Conseil d'État.

NB : Conformément à l'article 32 de l'ordonnance n° 2023-1142 du 6 décembre 2023, ces dispositions entrent en vigueur le 1er janvier 2024.

Conformément à l'article 8 de l'ordonnance n° 2023-483 du 21 juin 2023, ces dispositions s'appliquent aux exercices ouverts à compter du 22 juin 2024.

Art. L. 232-6-2 *(Ord. n° 2023-1142. 6 déc. 2023)*. – I. – Les sociétés mentionnées aux 1° à 3° de l'article L. 123-16-2 ainsi que les sociétés qui sont des grandes entreprises, au sens de l'article L. 230-1, dont tout ou partie des activités consiste en l'exploration, la prospection, la découverte, l'exploitation ou l'extraction d'hydrocarbures, de houille et de lignite, de minerais métalliques, de pierres, de sables et d'argiles, de minéraux chimiques et d'engrais minéraux, de tourbe, de sel ou d'autres ressources minérales ou en l'exploitation de forêts primaires rendent public annuellement et dans les conditions fixées au III du présent article un rapport sur les paiements effectués au profit des autorités de chacun des États ou territoires dans lesquels elles exercent ces activités.

L'alinéa précédent ne s'applique pas aux sociétés dont les paiements sont inclus dans le rapport consolidé établi, conformément au droit de l'État membre de l'Union européenne dont elle relève, par leur société consolidante.

II. – Le rapport sur les paiements prévu au I mentionne le montant de tout versement individuel, ou ensemble de versements lorsque ceux-ci sont liés entre eux, égal ou supérieur à 100 000 € au cours de l'exercice précédent et qui est effectué au profit de toute autorité nationale, régionale ou locale d'un État ou territoire, ou de toute administration, agence ou entreprise contrôlée, au sens de l'article L. 233-16, par une telle autorité, ainsi que le montant des paiements effectués pour chacune des catégories de paiements énumérées ci-après :

1° Droits à la production ;

2° Impôts ou taxes perçus sur le revenu, la production ou les bénéfices des sociétés, à l'exclusion des impôts ou taxes perçus sur la consommation, tels que les taxes sur la valeur ajoutée, des impôts sur le revenu des personnes physiques ou des impôts sur les ventes ;

3° Redevances ;

4° Dividendes ;

5° Primes de signature, de découverte et de production ;

6° Droits de licence, frais de location, droits d'entrée et autres contreparties de licence et/ ou de concession ;

7° Paiements pour des améliorations des infrastructures.

Lorsque ces paiements ont été imputés à un ou à plusieurs projets spécifiques, le rapport précise également le montant total et par catégorie des paiements effectués pour chacun des projets.

Un projet désigne les activités opérationnelles régies par un contrat, une licence, un bail, une concession ou tout autre accord juridique similaire ou par un ensemble de ces accords lorsque ceux-ci ont un lien substantiel entre eux et constituent la base d'obligations de paiement.

III. – Le rapport sur les paiements prévu au I fait l'objet d'une approbation, selon le cas, par le conseil d'administration, le directoire ou le gérant. Il est déposé au greffe du tribunal de commerce, pour être annexé au registre du commerce et des sociétés, dans le mois suivant l'approbation des comptes annuels par l'organe compétent ou dans les deux mois suivant cette approbation lorsque ce dépôt est effectué par voie électronique. Il fait également l'objet, dans les mêmes délais, d'une publication gratuite, accessible au public et lisible sur le site internet de la société, dans des conditions prévues par décret en Conseil d'État.

IV. – Les conditions d'application du présent article sont fixées par décret en Conseil d'État, en ce qui concerne notamment les catégories de paiements prévues au premier alinéa du II et la publication sur le site internet de la société prévue au III.

V. – Le fait de ne pas satisfaire aux obligations de publicité prévues au IV ou de publier des informations partielles ou erronées est puni d'une amende de 3 750 €.

Les personnes morales encourent, outre cette amende, la peine complémentaire prévue au 9° de l'article 131-39 du Code pénal.

NB : Conformément au I de l'article 33 de l'ordonnance n° 2023-1142 du 6 décembre 2023, ces dispositions entrent en vigueur le 1er janvier 2025.

Art. L. 232-6-3 *(Ord. n° 2023-1142, 6 déc. 2023)*. – I. – Toute société qui est une grande entreprise au sens de l'article L. 230-1, inclut des informations en matière de durabilité au sein d'une section distincte de son rapport de gestion.

Ces informations permettent de comprendre les incidences de l'activité de la société sur les enjeux de durabilité, ainsi que la manière dont ces enjeux influent sur l'évolution de ses affaires, de ses résultats et de sa situation. Les enjeux de durabilité comprennent les enjeux environnementaux, sociaux et de gouvernement d'entreprise.

Un décret en Conseil d'État précise les éléments décrits par ces informations, les mentions à l'appui de celles-ci et leurs modalités de présentation.

II. – Les informations portant sur des évolutions imminentes ou des affaires en cours de négociation peuvent être omises dans des cas exceptionnels lorsque, de l'avis dûment motivé du conseil, du directoire ou du gérant, leur publication nuirait gravement à la position commerciale de la société, à condition que cette omission ne fasse pas obstacle à la compréhension juste et équilibrée de l'évolution des affaires de la société, ses résultats, sa situation et les incidences de ses activités.

III. – Les informations en matière de durabilité prévues au présent article sont certifiées par un commissaire aux comptes inscrit sur la liste mentionnée au II de l'article L. 821-13 ou par un organisme tiers indépendant inscrit sur la liste mentionnée au I de l'article L. 822-3, nommé conformément aux dispositions du titre II du livre VIII du présent code.

IV. – Un ou plusieurs actionnaires ou associés représentant au moins 5 % du capital ou des droits de vote peuvent requérir l'inscription à l'ordre du jour de l'assemblée générale d'un projet de résolution exigeant qu'une personne morale accréditée qui n'appartient pas, selon le cas, à la même société de commissaires aux comptes ou au même réseau de commissaires aux comptes désigné pour effectuer la mission de certification des comptes ou des informations en matière de durabilité ou qui n'appartient pas à l'organisme tiers indépendant ou au réseau de l'organisme tiers indépendant désigné pour effectuer la mission de certification des informations en matière de durabilité, prépare un rapport sur certaines informations en matière de durabilité. Ce rapport est mis à la disposition des membres de cette assemblée.

V. – Les dispositions du présent article ne s'appliquent pas lorsque la société est soumise à l'article L. 233-28-4.

Elles ne s'appliquent pas non plus lorsque la société et, le cas échéant, les sociétés qu'elle contrôle, au sens du II ou du III de l'article L. 233-16, sont incluses dans les informations en matière de durabilité d'une société consolidante qui exerce un contrôle sur ces sociétés, au sens du II ou du III de ce même article, selon des modalités définies par décret en Conseil d'État.

NB : Conformément au I de l'article 33 de l'ordonnance n° 2023-1142 du 6 décembre 2023, ces dispositions entrent en vigueur le 1er janvier 2025.

Se reporter aux modalités d'application prévues à l'article 33 de l'ordonnance n° 2023-1142 du 6 décembre 2023.

Compte tenu de sa codification au sein du Titre III sur les dispositions communes aux diverses sociétés commerciales, l'article L. 232-6-3 du Code de commerce s'applique à toutes les sociétés commerciales. L'article L. 232-6-3 du Code de commerce fixe le régime juridique de l'obligation d'information en matière de durabilité des grandes entreprises, tandis que les articles L. 233-28-4, L. 22-10-36, L. 233-28-5 et L. 232-6-4 du Code de commerce fixent un régime similaire respectivement pour les sociétés consolidantes d'un grand groupe, les PME cotées sur un marché réglementé et certaines entreprises de pays tiers dotées de filiales ou succursales en France. Pour rappel, est une grande entreprise au sens de l'article L. 230-1 du Code de commerce l'entreprise qui dépasse deux des trois critères suivants : Total du bilan : 25 000 000 € ; Montant net du chiffre d'affaires : 50 000 000 € ; Nombre moyen de salariés au cours de l'exercice : 250 (C. com., D. 230-1). Les modalités d'application de l'article L. 232-6-3 du Code de commerce sont progressives, en fonction des dispositions de l'article 33 de l'ordonnance n° 2023-1142 du 6 décembre 2023. De plus, les sujets sur lesquels l'entreprise doit informer sont décrits à l'article R. 232-8-4 du Code de commerce (issu D. n° 2023-1394, 30 déc. 2023, art. 5).

Il est également prévu une dispense pour la société qui serait assujettie à l'obligation d'information en matière de durabilité conformément à l'article L. 232-6-3 du Code de commerce mais qui est une filiale française (C. com., L. 232-6-3, V, al. 2). Si la société consolidante, qui contrôle la société dispensée, dispose d'un siège social en UE/EEE, le rapport sur la gestion du groupe de cette société consolidante portant notamment sur la société dispensée est alors est établi et publié conformément à la législation de cet État (C. com., R. 232-8-5, I). Si cette société consolidante ne dispose pas d'un siège social en UE/EEE, son rapport consolidé relatif aux enjeux de durabilité, portant notamment sur la société dispensée, est alors établi conformément aux normes ESRS prévues par l'article 29 *ter* de la directive 2013/34/UE et le règlement délégué (UE) 2023/2772 de la Commission du 31 juillet 2023 ou à un acte d'exécution sur l'équivalence des normes ESRS en application de l'article 23 de la directive 2004/109/CE (C. com., R. 232-8-5, II). Pour plus d'informations, V. *supra*, commentaire préliminaire à cette partie.

Art. L. 232-6-4 *(Ord. n° 2023-1142, 6 déc. 2023)*. **– I. – Toute société ne disposant pas d'un siège social dans un État membre de l'Union européenne ou un autre État partie à l'accord sur l'Espace économique européen et qui dispose d'une succursale en France dont le chiffre d'affaires net excède, à la date de clôture**

de l'exercice un seuil fixé par décret établit et publie un rapport relatif aux enjeux de durabilité, à la diligence du représentant légal de la société en France ou de la personne ayant le pouvoir de l'y engager.

Ce rapport porte sur les enjeux de durabilité mentionnés au I de l'article L. 232-6-3.

Un décret en Conseil d'État précise le contenu de ce rapport ainsi que ses modalités de présentation et de publication.

II. – Les sociétés mentionnées au I remplissent les conditions cumulatives suivantes :

1° Elles revêtent une forme juridique comparable aux sociétés par actions et aux sociétés à responsabilité limitée ;

2° Elles comptabilisent un chiffre d'affaires net dans l'Espace économique européen qui excède, à la date de clôture des deux derniers exercices consécutifs, un seuil fixé par décret ;

3° Elles ne contrôlent ni ne sont contrôlées par une autre société, au sens du II ou du III de l'article L. 233-16.

III. – Les informations portant sur des évolutions imminentes ou des affaires en cours de négociation peuvent être omises dans des cas exceptionnels lorsque, de l'avis dûment motivé du représentant légal de la société en France ou de la personne ayant le pouvoir de l'y engager, leur publication nuirait gravement à la position commerciale de la société, à condition que cette omission ne fasse pas obstacle à la compréhension juste et équilibrée de l'évolution des affaires de la société, ses résultats, sa situation et les incidences de ses activités.

IV. – Un rapport contenant l'avis sur la conformité de ces informations émis par une ou plusieurs personnes ou un ou plusieurs cabinets habilités à émettre un avis sur l'information en matière de durabilité au titre du droit applicable à la société ou par un commissaire aux comptes inscrit sur la liste mentionnée au I de l'article L. 821-13 ou par un organisme tiers indépendant inscrit sur la liste mentionnée au I de l'article L. 822-3 est joint à ce rapport.

V. – Lorsque le rapport ou les informations requis en application du I ne sont pas disponibles, le représentant légal de la société en France ou la personne ayant le pouvoir de l'y engager demande les informations nécessaires à cette société et établit et publie le rapport.

Si la société ne communique pas l'ensemble de ces informations, son représentant légal en France ou la personne ayant le pouvoir de l'y engager établit le rapport et intègre dans ce dernier toutes les informations en sa possession, assortie d'une déclaration mentionnant que la société concernée n'a pas mis à sa disposition les informations requises.

Lorsque la société ne fournit pas le rapport contenant l'avis sur la conformité mentionné au IV, son représentant légal en France ou la personne ayant le pouvoir de l'y engager produit une déclaration qui l'indique.

NB : Conformément au I de l'article 33 de l'ordonnance n° 2023-1142 du 6 décembre 2023, ces dispositions entrent en vigueur le 1er janvier 2025.

Se reporter aux modalités d'application prévues à l'article 33 de l'ordonnance n° 2023-1142 du 6 décembre 2023.

L'article L. 232-6-4 du Code de commerce prévoit le cas d'une succursale française, excédant 40 millions d'euros de chiffre d'affaires net (C. com., D. 232-8-7), contrôlée par une entreprise non UE/EEE. La société non UE/EEE doit remplir les conditions du L. 232-6-4, II du Code de commerce. Un « rapport relatif aux enjeux de durabilité » doit être publié « à la diligence du représentant légal en France » de la succursale française ou « de la personne ayant le pouvoir de l'y engager ». Il fait l'objet d'un avis sur la conformité des informations en matière de durabilité publiées (C. com., L. 233-28-5, *in fine* et IV). Toutefois, par dérogation, les informations en matière de durabilité que ces filiales/succursales doivent publier peuvent être réduites conformément à l'article R. 232-8-8, I du Code de commerce. Dans ce cas, il est précisé que le rapport peut être présenté conformément aux normes ESRS relatives à l'information en matière de durabilité des entreprises de pays tiers (C. com., R. 232-8-8, I et Dir. 2013/34/UE, art. 40 *ter*).

Enfin, il convient de noter que l'obligation de publier un rapport consolidé relatif aux enjeux de durabilité pour les entreprises visées à l'article L. 233-28-5 du Code de commerce ne s'appliquera qu'aux rapports afférents aux exercices ouverts à compter du 1er janvier 2028, faisant l'objet d'une publication en 2029 (Ord. n° 2023-1142, 6 déc. 2023, art. 33, II, 4°). Pour plus d'informations, V. *supra*, commentaire préliminaire à cette partie.

....

Section 5. – De la publicité des comptes

Art. L. 232-21 *(Mod., Ord. n° 2023-1142, 6 déc. 2023)*. – I. – Les sociétés en nom collectif dont tous les associés indéfiniment responsables sont des sociétés à responsabilité limitée ou des sociétés par actions sont tenues de déposer au greffe du tribunal, pour être annexés au registre du commerce et des sociétés, dans le mois suivant l'approbation des comptes annuels par l'assemblée ordinaire des associés ou dans les deux mois suivant cette approbation lorsque ce dépôt est effectué par voie électronique :

1° Les comptes annuels et, le cas échéant, les comptes consolidés, le rapport sur la gestion du groupe, les rapports des commissaires aux comptes sur les comptes annuels et les comptes consolidés, éventuellement complétés de leurs observations sur les modifications apportées par l'assemblée qui leur ont été soumis, le rapport de certification des informations en matière de durabilité ;

2° La proposition d'affectation du résultat soumis à l'assemblée et la résolution d'affectation votée ou la décision d'affectation prise.

Le rapport de gestion doit être tenu à la disposition de toute personne qui en fait la demande, selon des conditions définies par décret en Conseil d'État.

II. – En cas de refus d'approbation ou d'acceptation, une copie de la délibération de l'assemblée est déposée dans le même délai.

III. – Les obligations définies ci-dessus s'imposent également aux sociétés en nom collectif dont tous les associés indéfiniment responsables sont des sociétés en nom collectif ou en commandite simple dont tous les associés indéfiniment responsables sont des sociétés à responsabilité limitée ou par actions.

IV. – Pour l'application du présent article, sont assimilées aux sociétés à responsabilité limitée ou par actions les sociétés de droit étranger d'une forme juridique comparable.

NB : Conformément au I de l'article 33 de l'ordonnance n° 2023-1142 du 6 décembre 2023, ces dispositions entrent en vigueur le 1er janvier 2025.

Art. L. 232-22 *(Mod., Ord. n° 2023-1142, 6 déc. 2023)*. – I. – Toute société à responsabilité limitée est tenue de déposer au greffe du tribunal, pour être annexés au registre du commerce et des sociétés, dans le mois suivant l'approbation des comptes annuels par l'assemblée ordinaire des associés ou par l'associé unique ou dans les deux mois suivant cette approbation lorsque ce dépôt est effectué par voie électronique :

1° Les comptes annuels et, le cas échéant, les comptes consolidés, le rapport sur la gestion du groupe, les rapports des commissaires aux comptes sur les comptes annuels et les comptes consolidés, éventuellement complétés de leurs observations sur les modifications apportées par l'assemblée ou l'associé unique aux comptes annuels qui leur ont été soumis, ainsi que, le cas échéant, le rapport de certification des informations en matière de durabilité ;

2° La proposition d'affectation du résultat soumise à l'assemblée ou à l'associé unique et la résolution d'affectation votée ou la décision d'affectation prise.

Le rapport de gestion doit être tenu à la disposition de toute personne qui en fait la demande, selon des conditions définies par décret en Conseil d'État.

II. – En cas de refus d'approbation ou d'acceptation, une copie de la délibération de l'assemblée ou de la décision de l'associé unique est déposée dans le même délai.

NB : Conformément au I de l'article 33 de l'ordonnance n° 2023-1142 du 6 décembre 2023, ces dispositions entrent en vigueur le 1er janvier 2025.

Art. L. 232-23 *(Mod., Ord. n° 2023-1142, 6 déc. 2023)*. – I. – Toute société par actions est tenue de déposer au greffe du tribunal, pour être annexés au registre du commerce et des sociétés, dans le mois suivant l'approbation des comptes annuels par l'assemblée générale des actionnaires ou dans les deux mois suivant cette approbation lorsque ce dépôt est effectué par voie électronique :

1° Les comptes annuels, le rapport de gestion, le rapport des commissaires aux comptes sur les comptes annuels, le cas échéant, éventuellement complété de leurs observations sur les modifications apportées par l'assemblée aux comptes annuels qui ont été soumis à cette dernière ainsi que, le cas échéant, les comptes consolidés, le rapport sur la gestion du groupe, le rapport des commissaires aux comptes sur les comptes consolidés et le rapport du conseil de surveillance et le rapport de certification des informations en matière de durabilité ;

2° La proposition d'affectation du résultat soumise à l'assemblée et la résolution d'affectation votée.

Il est fait exception à l'obligation de déposer le rapport de gestion pour les sociétés mentionnées au premier alinéa autres que celles soumises aux articles L. 232-6-3 ou L. 233-28-4 ou dont les titres sont admis aux négociations sur un marché réglementé ou sur un système multilatéral de négociation soumis aux dispositions du II de l'article L. 433-3 du Code monétaire et financier dans les conditions prévues par le règlement général de l'Autorité des marchés financiers. Le rapport de gestion doit toutefois être tenu à la disposition de toute personne qui en fait la demande, selon des conditions définies par décret en Conseil d'État.

II. – En cas de refus d'approbation des comptes annuels, une copie de la délibération de l'assemblée est déposée dans le même délai.

III. – Les sociétés qui, auprès de l'Autorité des marchés financiers, déposent ou soumettent à l'enregistrement un document d'enregistrement ou un document d'enregistrement universel prévu par le règlement (UE) n° 2017/1129 du 14 juin 2017, peuvent, dans les délais prévus au premier alinéa du I, le déposer également au greffe du tribunal.

Ce dépôt vaut dépôt des documents mentionnés aux 1° et au 2° du I, lorsque ces derniers sont inclus dans le document d'enregistrement ou le document d'enregistrement universel. Le document d'enregistrement ou le document d'enregistrement universel comprend une table permettant au greffier de les identifier.

Les documents mentionnés aux 1° et 2° du I qui ne sont pas contenus dans le document d'enregistrement ou le document d'enregistrement universel ou dont la table mentionnée au précédent alinéa ne permet pas l'identification sont déposés concomitamment à celui-ci au greffe du tribunal.

NB : Conformément au I de l'article 33 de l'ordonnance n° 2023-1142 du 6 décembre 2023, ces dispositions entrent en vigueur le 1er janvier 2025.

Art. L. 232-24 *(Mod., L. n° 2018-938, 30 oct. 2018)*. – Le greffier, lorsqu'il constate l'inexécution du dépôt prévu au I des articles L. 232-21 à L. 232-23, informe le président du tribunal de commerce pour qu'il puisse faire application de l'article L. 123-5-2 ou du II de l'article L. 611-2 ainsi que le représentant de l'État dans le département.

Art. L. 232-25 *(Mod., L. n° 2019-486, 22 mai 2019)*. – Lors du dépôt prévu au I des articles L. 232-21 à L. 232-23, les sociétés répondant à la définition des micro-entreprises au sens de l'article L. 123-16-1, à l'exception des sociétés mentionnées à l'article L. 123-16-2 et de celles dont l'activité consiste à gérer des titres de participations et de valeurs mobilières, peuvent déclarer que les comptes annuels qu'elles déposent ne seront pas rendus publics.

Lors de ce même dépôt, les sociétés répondant à la définition des petites entreprises, au sens de l'article L. 123-16, à l'exception des sociétés mentionnées à l'article L. 123-16-2, peuvent demander que le compte de résultat ne soit pas rendu public. Les sociétés appartenant à un groupe, au sens de l'article L. 233-16, ne peuvent faire usage de cette faculté.

Lors de ce même dépôt, les sociétés répondant à la définition des moyennes entreprises, au sens de l'article L. 123-16, à l'exception des sociétés mentionnées à l'article L. 123-16-2, peuvent demander que ne soit rendue publique qu'une présentation simplifiée de leur bilan et de leur annexe dans des conditions fixées par un règlement de l'Autorité des normes comptables. Dans ce cas, la présentation simplifiée n'a pas à être accompagnée du rapport des commissaires aux comptes. Les sociétés appartenant à un groupe, au sens de l'article L. 233-16, ne peuvent faire usage de cette faculté.

Lorsqu'il est fait usage de la faculté prévue au troisième alinéa du présent article, la publication de la présentation simplifiée est accompagnée d'une mention précisant le caractère abrégé de cette publication, le registre auprès duquel les comptes annuels ont été déposés, si un avis sans réserve, un avis avec réserves ou un avis défavorable a été émis par les commissaires aux comptes, ou si ces derniers se sont trouvés dans l'incapacité d'émettre un avis, et si le rapport des commissaires aux comptes fait référence à quelque question que ce soit sur laquelle ils ont attiré spécialement l'attention sans pour autant émettre une réserve dans l'avis.

Les autorités judiciaires, les autorités administratives au sens de l'article 1er de la loi n° 2000-321 du 12 avril 2000 relative aux droits des citoyens dans leurs relations avec les administrations ainsi que la Banque de France et les personnes morales, relevant de catégories définies par arrêté des ministres chargés de l'économie et des finances, qui financent ou investissent, directement ou indirectement, dans les entreprises ou fournissent des prestations au bénéfice de ces personnes morales ont toutefois accès à l'intégralité des comptes.

Un décret en Conseil d'État fixe les modalités d'application du présent article.

NB : Conformément au IV de l'article 47 de la loi n° 2019-486 du 22 mai 2019, ces dispositions s'appliquent aux comptes afférents aux exercices clos à compter de la publication de la présente loi.

Chapitre III. – Des filiales, des participations et des sociétés contrôlées

Section 3. – Des documents comptables et des informations consolidées en matière de durabilité

Art. L. 233-16 *(Mod., Ord. n° 2015-900, 23 juill. 2015)*. – I. – Les sociétés commerciales établissent et publient chaque année à la diligence du conseil d'administration, du directoire, du ou des gérants, selon le cas, des comptes consolidés ainsi qu'un rapport sur la gestion du groupe, dès lors qu'elles contrôlent de manière exclusive ou conjointe une ou plusieurs autres entreprises, dans les conditions ci-après définies.

II. – Le contrôle exclusif par une société résulte :

1° Soit de la détention directe ou indirecte de la majorité des droits de vote dans une autre entreprise ;

2° Soit de la désignation, pendant deux exercices successifs, de la majorité des membres des organes d'administration, de direction ou de surveillance d'une autre entreprise. La société consolidante est présumée avoir effectué cette désignation lorsqu'elle a disposé au cours de cette période, directement ou indirectement, d'une fraction supérieure à 40 % des droits de vote, et qu'aucun autre associé ou actionnaire ne détenait, directement ou indirectement, une fraction supérieure à la sienne ;

3° Soit du droit d'exercer une influence dominante sur une entreprise en vertu d'un contrat ou de clauses statutaires, lorsque le droit applicable le permet.

III. – Le contrôle conjoint est le partage du contrôle d'une entreprise exploitée en commun par un nombre limité d'associés ou d'actionnaires, de sorte que les décisions résultent de leur accord.

Art. L. 233-17 *(Mod., Ord. n° 2023-1142, 6 déc. 2023)*. – Par dérogation aux dispositions de l'article L. 233-16, les sociétés mentionnées audit article sont exemptées, dans des conditions fixées par décret en Conseil d'État, de l'obligation d'établir et de publier des comptes consolidés et un rapport sur la gestion du groupe :

1° Lorsqu'elles sont elles-mêmes sous le contrôle d'une entreprise qui les inclut dans ses comptes consolidés et publiés et qu'elles n'émettent pas des valeurs mobilières admises aux négociations sur un marché réglementé ou des titres de créances négociables. En ce cas, toutefois, l'exemption est subordonnée à la condition qu'un ou plusieurs actionnaires ou associés de l'entreprise contrôlée représentant au moins le dixième de son capital social ne s'y opposent pas ;

2° Ou lorsque l'ensemble constitué par une société et les entreprises qu'elle contrôle ne constitue pas un grand groupe, au sens de l'article L. 230-2 et qu'aucune de ces société ou entreprises n'appartient à l'une des catégories définies à l'article L. 123-16-2.

NB : Conformément au I de l'article 33 de l'ordonnance n° 2023-1142 du 6 décembre 2023, ces dispositions entrent en vigueur le 1er janvier 2025.

Art. L. 233-26 *(Mod., Ord. n° 2023-1142, 6 déc. 2023)*. – Le rapport sur la gestion du groupe comprend les informations prévues au II de l'article L. 232-1, relatives à l'ensemble constitué par les entreprises comprises dans la consolidation.

La disposition prévue au 4° de ce même article, relative aux indicateurs de nature extra-financière, ne s'applique pas lorsque la société est soumise à l'article L. 233-28-4 ou est dispensée de son application en vertu du V de ce même article.

Ce rapport et le rapport de gestion mentionné à l'article L. 232-1 peuvent être présentés sous la forme d'un document unique.

NB : Conformément au I de l'article 33 de l'ordonnance n° 2023-1142 du 6 décembre 2023, ces dispositions entrent en vigueur le 1er janvier 2025.

Art. L. 233-27. – Un décret en Conseil d'État fixe les conditions dans lesquelles les comptes consolidés et le rapport sur la gestion du groupe sont mis à la disposition des commissaires aux comptes.

Art. L. 233-28 *(Mod., Ord. n° 2023-1142, 6 déc. 2023)*. – Les personnes morales ayant la qualité de commerçant qui, sans y être tenues en raison de leur forme juridique ou de la taille de l'ensemble du groupe, publient des comptes consolidés, se conforment aux dispositions des articles L. 233-16 et L. 233-18 à

L. 233-27. En ce cas, lorsque leurs comptes annuels sont certifiés dans les conditions prévues à l'article L. 821-53, leurs comptes consolidés le sont dans les conditions du deuxième alinéa de cet article.

NB : Conformément à l'article 32 de l'ordonnance n° 2023-1142, ces dispositions entrent en vigueur le 1er janvier 2024.

Art. L. 233-28-1 *(Mod., Ord. n° 2023-1142, 6 déc. 2023).* – I. – Toute société consolidante qui n'est pas contrôlée par une autre société, au sens du II ou du III de l'article L. 233-16, dont le chiffre d'affaires net consolidé excède, à la clôture de deux exercices consécutifs, le seuil mentionné au I de l'article L. 232-6, établit, publie et met à disposition, à la diligence du conseil d'administration, du directoire ou des gérants, le rapport relatif à l'impôt sur les bénéfices prévu par ce même I.

II. – Le rapport porte sur l'ensemble des activités de la société consolidante et des sociétés sur lesquelles elle exerce un contrôle conformément au II ou au III de l'article L. 233-16 et comprises dans la consolidation, au titre de l'exercice concerné.

Il est fait mention dans le rapport de la liste des sociétés contrôlées comprises dans la consolidation qui sont établies dans un État membre de l'Union européenne, un autre État partie à l'accord sur l'Espace économique européen ou une juridiction fiscale figurant à l'annexe I ou II des conclusions du Conseil de l'Union européenne sur la liste révisée de l'Union européenne des pays et territoires non coopératifs à des fins fiscales.

III. – Le I ne s'applique pas lorsque les sociétés consolidantes sont soumises à l'obligation de publication mentionnée au II de l'article L. 511-45 du Code monétaire et financier.

Ce même I ne s'applique pas lorsque ni les sociétés consolidantes, ni les sociétés qu'elles contrôlent comprises dans la consolidation en vertu de l'article L. 233-16 ne disposent, à l'étranger, d'un établissement stable.

IV. – Les informations dont la divulgation porterait gravement préjudice à la position commerciale des sociétés auxquelles elles se rapportent peuvent être omises du rapport mentionné au I, à titre temporaire, dans des conditions fixées par décret en Conseil d'État.

NB : Conformément à l'article 32 de l'ordonnance n° 2023-1142 du 6 décembre 2023, ces dispositions entrent en vigueur le 1er janvier 2024.

Conformément à l'article 8 de l'ordonnance n° 2023-483 du 21 juin 2023, ces dispositions s'appliquent aux exercices ouverts à compter du 22 juin 2024.

Art. L. 233-28-2 *(Mod., Ord. n° 2023-1142, 6 déc. 2023).* – I. – Toute société commerciale qui n'est ni une micro-entreprise ni une petite entreprise, au sens de l'article L. 230-1, et qui est contrôlée, au sens du II ou du III de l'article L. 233-16, par une société ne disposant pas d'un siège social dans un État membre de l'Union européenne ou un autre État partie à l'accord sur l'Espace économique européen, publie et met à disposition, à la diligence du conseil d'administration, du directoire ou des gérants, le rapport relatif à l'impôt sur les bénéfices prévu par l'article L. 233-28-1.

Le premier alinéa s'applique également à toute société commerciale qui est contrôlée, au sens du II ou du III de l'article L. 233-16, par une société ne disposant pas d'un siège social dans un État membre de l'Union européenne ou un autre État partie à l'accord sur l'Espace économique européen, et qui n'a pas d'autres fins que d'éluder l'application du présent article.

II. – Toute société qui est comprise dans les comptes consolidés d'une société ne disposant pas d'un siège social dans un État membre de l'Union européenne ou un autre État partie à l'accord sur l'Espace économique européen et qui dispose d'une succursale en France dont le chiffre d'affaires net excède, à la clôture de deux exercices consécutifs, le seuil mentionné au I de l'article L. 232-6-1, publie et met à disposition, à la diligence du représentant légal de la société en France ou de la personne ayant le pouvoir de l'y engager, le rapport relatif à l'impôt sur les bénéfices prévu par l'article L. 233-28-1.

Le premier alinéa s'applique également à toute société qui est comprise dans les comptes consolidés d'une société ne disposant pas d'un siège social dans un État membre de l'Union européenne ou un autre État partie à l'accord sur l'Espace économique européen dont émane une succursale en France et qui n'a pas d'autres fins que d'éluder l'application du présent article.

III. – Les sociétés ne disposant pas d'un siège social dans un État membre de l'Union européenne ou un autre État partie à l'accord sur l'Espace économique européen mentionnées aux I et II sont celles qui remplissent les conditions cumulatives suivantes :

1° Elles revêtent une forme juridique comparable aux sociétés par actions et aux sociétés à responsabilité limitée ;

2° Elles comptabilisent un chiffre d'affaires net consolidé qui excède, à la clôture de deux exercices consécutifs, le seuil mentionné au I de l'article L. 232-6 ;

3° Elles ne sont pas contrôlées par une autre société, au sens du II ou du III de l'article L. 233-16 ;

4° Elles établissent les comptes consolidés, dans lesquels les actifs, les passifs, les fonds propres, les produits et les charges sont présentés comme étant ceux d'une seule entité économique, du plus grand ensemble d'entreprises.

IV. – Au titre de l'exercice concerné, le rapport porte sur l'ensemble des activités des sociétés mentionnées au III et des sociétés contrôlées, au sens du II ou du III de l'article L. 233-16, comprises dans la consolidation.

V. – Les dispositions du III de l'article L. 232-6-1 s'appliquent aux sociétés mentionnées au I et aux représentants légaux en France des sociétés mentionnées au II ou aux personnes ayant le pouvoir d'engager celles-ci en France, selon les cas, en ce qui concerne le rapport ou les informations requis en vertu du IV.

VI. – L'obligation prévue au II ne s'applique pas :

– si la société dispose d'un siège social dans un État membre de l'Union européenne ou un autre État partie à l'accord sur l'Espace économique européen, revêt une forme juridique qui n'est pas comparable aux sociétés par actions et aux sociétés à responsabilité limitée, ou n'est pas contrôlée, au sens du II ou du III de l'article L. 233-16, par une société remplissant les conditions prévues au III du présent article ;

– si une société remplissant les conditions prévues au III contrôle, dans un État membre de l'Union européenne ou un autre État partie à l'accord sur l'Espace économique européen, une société qui n'est ni une micro-entreprise ni une petite entreprise, au sens de l'article L. 230-1.

VII. – Les informations dont la divulgation porterait gravement préjudice à la position commerciale des sociétés auxquelles elles se rapportent peuvent être omises du rapport mentionné au I, à titre temporaire, dans des conditions fixées par décret en Conseil d'État.

NB : Conformément à l'article 32 de l'ordonnance n° 2023-1142 du 6 décembre 2023, ces dispositions entrent en vigueur le 1er janvier 2024.

Conformément à l'article 8 de l'ordonnance n° 2023-483 du 21 juin 2023, ces dispositions s'appliquent aux exercices ouverts à compter du 22 juin 2024.

Art. L. 233-28-3 *(Ord. n° 2023-1142, 6 déc. 2023).* – I. – Les sociétés mentionnées au I de l'article L. 232-6-2 et les sociétés qui contrôlent, au sens de l'article L. 233-16, une société remplissant les conditions prévues au même I et qui sont tenues d'établir des comptes consolidés en application du même article L. 233-16 rendent public un rapport consolidé sur les paiements effectués au profit des autorités d'un ou de plusieurs États ou territoires.

II. – Une société contrôlée remplissant les conditions du I de l'article L. 232-6-2 et celles de l'article L. 233-19 n'est pas incluse dans le champ du rapport consolidé mentionné au I du présent article.

Les sociétés contrôlées répondant aux conditions prévues au I de l'article L. 232-6-2 ne sont pas tenues de publier un rapport lorsque leur société consolidante relève du droit d'un État membre de l'Union européenne et que les paiements effectués par ces sociétés sont inclus dans le rapport consolidé établi par la société consolidante en application de la législation dont elle relève.

III. – Le fait de ne pas satisfaire aux obligations de publicité prévues au IV ou de publier des informations partielles ou erronées est puni d'une amende de 3 750 €.

Les personnes morales encourent, outre cette amende, la peine complémentaire prévue au 9° de l'article 131-39 du Code pénal.

NB : Conformément au I de l'article 33 de l'ordonnance n° 2023-1142 du 6 décembre 2023, ces dispositions entrent en vigueur le 1er janvier 2025.

Art. L. 233-28-4 *(Ord. n° 2023-1142, 6 déc. 2023).* – I. – Toute société consolidante d'un grand groupe, au sens de l'article L. 230-2, inclut des informations consolidées en matière de durabilité au sein d'une section distincte de son rapport sur la gestion du groupe.

Ces informations comprennent les descriptions et mentions prévues au I de l'article L. 232-6-3, relatives à ce groupe.

Un décret en Conseil d'État adapte aux groupes les mentions à l'appui de ces informations et leurs modalités de présentation.

II. – Les informations portant sur des évolutions imminentes ou des affaires en cours de négociation peuvent être omises dans des cas exceptionnels lorsque, de l'avis dûment motivé du conseil d'administration, du directoire ou

du gérant, leur publication nuirait gravement à la position commerciale du groupe, à condition que cette omission ne fasse pas obstacle à la compréhension juste et équilibrée de l'évolution des affaires du groupe, ses résultats, sa situation et les incidences de ses activités.

III. – Les informations en matière de durabilité prévues au présent article sont certifiées par un commissaire aux comptes inscrit sur la liste mentionnée au II de l'article L. 821-13 ou par un organisme tiers indépendant inscrit sur la liste mentionnée au I de l'article L. 822-3, nommés conformément aux dispositions du titre II du livre VIII du présent code.

IV. – Un ou plusieurs actionnaires ou associés représentant au moins 5 % du capital ou des droits de vote peuvent requérir l'inscription à l'ordre du jour de l'assemblée générale d'un projet de résolution exigeant qu'une personne morale accréditée qui n'appartient pas, selon le cas, à la même société de commissaires aux comptes ou au même réseau de commissaires aux comptes désigné pour effectuer la mission de certification des comptes ou des informations en matière de durabilité ou qui n'appartient pas à l'organisme tiers indépendant ou au réseau de l'organisme tiers indépendant désigné pour effectuer la mission de certification des informations en matière de durabilité, prépare un rapport sur certaines informations en matière de durabilité. Ce rapport est mis à la disposition des membres de cette assemblée.

V. – L'obligation prévue au I ne s'applique pas lorsque le groupe est inclus dans les informations consolidées en matière de durabilité d'une autre société consolidante qui exerce un contrôle, au sens du II ou du III de l'article L. 233-16, sur les entreprises de ce groupe, selon des modalités définies par décret en Conseil d'État.

NB : Conformément au I de l'article 33 de l'ordonnance n° 2023-1142 du 6 décembre 2023, ces dispositions entrent en vigueur le 1er janvier 2025.

Se reporter aux modalités d'application prévues à l'article 33 de l'ordonnance n° 2023-1142 du 6 décembre 2023.

Compte tenu de sa codification au sein du Titre III sur les dispositions communes aux diverses sociétés commerciales, l'article L. 233-28-4 du Code de commerce s'applique à toutes les sociétés commerciales. L'article L. 233-28-4 du Code de commerce fixe le régime juridique de l'obligation d'information en matière de durabilité des sociétés consolidantes d'un grand groupe, tandis que les articles L. 232-6-3, L. 22-10-36, L. 233-28-5 et L. 232-6-4 du Code de commerce fixent un régime similaire respectivement pour les grandes entreprises, les PME cotées sur un marché réglementé et certaines entreprises de pays tiers dotées de filiales ou succursales en France. Pour rappel, est un grand groupe au sens de l'article L. 230-2 du Code de commerce le groupe qui dépasse deux des trois critères suivants : Total du bilan : 30 000 000 € ; Montant net du chiffre d'affaires : 60 000 000 € ; Nombre moyen de salariés au cours de l'exercice : 250 (C. com., D. 230-2). Les modalités d'application de l'article L. 233-28-4 du Code de commerce sont progressives, en fonction des dispositions de l'article 33 de l'ordonnance n° 2023-1142 du 6 décembre 2023. Enfin, les sujets sur lesquels l'entreprise doit informer sont décrits à l'article R. 232-8-4 du Code de commerce (issu D. n° 2023-1394, 30 déc. 2023, art. 5).

Il est également prévu une dispense pour une société qui serait assujettie à l'obligation d'information en matière de durabilité conformément à l'article L. 233-28-4 du Code de commerce, car elle est société consolidante d'un grand groupe, mais qui est une filiale française (C. com., L. 233-28-4, V). Si la société consolidante, qui contrôle la société dispensée, dispose d'un siège social en UE/EEE, son rapport sur de gestion portant sur le groupe de la société dispensée est alors établi et publié conformément à la législation de cet État (C. com., R. 233-16-4, II). Si la société consolidante, qui contrôle la société dispensée, ne dispose pas d'un siège social en UE/EEE, le rapport consolidé relatif aux enjeux de durabilité de cette société consolidante, portant sur le groupe de la société dispensée, est alors établi conformément aux normes ESRS prévues par l'article 29 ter de la directive 2013/34/UE et le règlement délégué (UE) 2023/2772 de la Commission du 31 juillet 2023 ou à un acte d'exécution sur l'équivalence des normes ESRS en application de l'article 23 de la directive 2004/109/CE (C. com., R. 233-16-4, III). Pour plus d'informations, V. *supra*, commentaire préliminaire à cette partie.

Art. L. 233-28-5 *(Ord. n° 2023-1142, 6 déc. 2023)*. **– I. – Toute société qui est une grande entreprise, au sens de l'article L. 230-1, et qui est contrôlée, au sens du II ou du III de l'article L. 233-16, par une société consolidante ne disposant pas d'un siège social dans un État membre de l'Union européenne ou un autre État partie à l'accord sur l'Espace économique européen publie un rapport consolidé relatif aux enjeux de durabilité, à la diligence du conseil d'administration, du directoire ou du gérant.**

Toute société qui est comprise dans les comptes consolidés d'une société ne disposant pas d'un siège social dans un État membre de l'Union européenne ou un autre État partie à l'accord sur l'Espace économique européen

et qui dispose d'une succursale en France dont le chiffre d'affaires net excède, à la date de clôture de l'exercice, un seuil fixé par décret publie un rapport consolidé relatif aux enjeux de durabilité, à la diligence du représentant légal en France de la société ou de la personne ayant le pouvoir de l'y engager.

Le rapport mentionné aux deux premiers alinéas du présent I comprend les descriptions et mentions prévues au I de l'article L. 233-28-4, relatives au groupe de la société mentionnée au II du présent article.

Un décret en Conseil d'État précise le contenu de ce rapport, ainsi que ses modalités de présentation et de publication.

II. – Les sociétés ne disposant pas d'un siège social dans un État membre de l'Union européenne ou un autre État partie à l'accord sur l'Espace économique européen mentionnées au I sont celles qui remplissent les conditions cumulatives suivantes :

1° Elles revêtent une forme juridique comparable aux sociétés par actions et aux sociétés à responsabilité limitée ;

2° Elles comptabilisent un chiffre d'affaires net consolidé dans l'Espace économique européen qui excède, à la date de clôture de deux exercices consécutifs, un seuil fixé par décret ;

3° Elles ne sont pas contrôlées par une autre société, au sens du II ou du III de l'article L. 233-16 ;

4° Elles établissent les comptes consolidés, dans lesquels les actifs, les passifs, les fonds propres, les produits et les charges sont présentés comme étant ceux d'une seule entité économique, du plus grand ensemble d'entreprises.

III. – Les informations portant sur des évolutions imminentes ou des affaires en cours de négociation peuvent être omises dans des cas exceptionnels lorsque, de l'avis dûment motivé des du conseil d'administration, du directoire ou du gérant de la société mentionnée au premier alinéa du I ou du représentant légal en France de la société mentionnée au deuxième alinéa du I ou de la personne ayant le pouvoir de l'y engager, selon le cas, leur publication nuirait gravement à la position commerciale de la société mentionnée au II à condition que cette omission ne fasse pas obstacle à la compréhension juste et équilibrée de l'évolution des affaires de ce groupe, ses résultats, sa situation et les incidences de son activité.

IV. – Un rapport contenant l'avis sur la conformité de ces informations est émis par une ou plusieurs personnes ou un ou plusieurs cabinets habilités à émettre un avis sur l'information en matière de durabilité au titre du droit applicable à la société ou par un commissaire aux comptes inscrit sur la liste mentionnée au I de l'article L. 821-13 ou par un organisme tiers indépendant inscrit sur la liste mentionnée au I de l'article L. 822-3 est joint à ce rapport.

V. – Les dispositions prévues au V de l'article L. 232-6-4 s'appliquent aux sociétés mentionnées au premier alinéa du I et aux représentants légaux en France des sociétés mentionnées au deuxième alinéa du I ou des personnes ayant le pouvoir de les y engager, selon le cas, en ce qui concerne le rapport ou les informations requis en vertu du I et le rapport mentionné au IV.

VI. – L'obligation prévue au second alinéa du I ne s'applique pas :

– si la société dispose d'un siège social dans un État membre de l'Union européenne ou un autre État partie à l'accord sur l'Espace économique européen, revêt une forme juridique qui n'est pas comparable aux sociétés par actions et aux sociétés à responsabilité limitée, ou n'est pas contrôlée, au sens du II ou du III de l'article L. 233-16, par une société remplissant les conditions prévues au II ;

– si la société remplissant les conditions prévues au II contrôle, dans un État membre de l'Union européenne ou un autre État partie à l'accord sur l'Espace économique européen, une société qui est une grande entreprise, au sens de l'article L. 230-1, ou une société qui est une petite ou une moyenne entreprise, au sens de ce même article, dont les titres sont admis aux négociations sur un marché réglementé.

NB : Conformément au I de l'article 33 de l'ordonnance n° 2023-1142 du 6 décembre 2023, ces dispositions entrent en vigueur le *1er janvier 2025.*

Se reporter aux modalités d'application prévues à l'article 33 de l'ordonnance n° 2023-1142 du 6 décembre 2023.

Compte tenu de sa codification au sein du Titre III sur les dispositions communes aux diverses sociétés commerciales, l'article L. 233-28-5 du Code de commerce s'applique à toutes les sociétés commerciales et porte sur les situations incluant une entreprise de pays tiers. Il prévoit deux hypothèses d'application :

– le cas de la filiale française, grande entreprise, contrôlée par une société consolidante ne disposant pas d'un siège social dans un État membre de l'UE ou dans un État partie à l'accord sur l'Espace économique européen (non UE/EEE) (C. com., L. 233-28-5, I, al. 1er), et

– le cas de la succursale française, excédant 40 millions d'euros de chiffre d'affaires net (C. com., D. 233-16-6), contrôlée par une filiale non UE/EEE comprise dans les comptes consolidés d'une entreprise non UE/EEE (C. com., L. 233-28-5, I, al. 2).

Dans ces deux hypothèses, la société non UE/EEE doit remplir les conditions du L. 233-28-5, II du Code de commerce. Un « rapport consolidé relatif aux enjeux de durabilité » doit être publié. Ce rapport doit être publié « *à la diligence du conseil d'administration, du directoire ou du gérant* » de la filiale française ou bien « *à la diligence du représentant légal en France* » de la succursale française. Il comprend les descriptions et mentions prévues au I de l'article L. 233-28-4 relatives au groupe de la société non UE/EEE et fait également l'objet d'un avis sur la conformité des informations en matière de durabilité publiées (C. com., L. 233-28-5, I *in fine* et IV). Toutefois, par dérogation, les informations en matière de durabilité que ces filiales/succursales doivent publier peuvent être réduites conformément à l'article R. 233-16-7, I du Code de commerce. Dans ce cas, il est précisé que le rapport peut être présenté conformément aux normes ESRS relatives à l'information en matière de durabilité des entreprises de pays tiers (C. com., R. 233-16-7, I et Dir. 2013/34/UE, art. 40 *ter*).

Enfin, il convient de noter que l'obligation de publier un rapport consolidé relatif aux enjeux de durabilité pour les entreprises visées à l'article L. 233-28-5 du Code de commerce ne s'appliquera qu'aux rapports afférents aux exercices ouverts à compter du 1er janvier 2028, faisant l'objet d'une publication en 2029 (Ord. n° 2023-1142, 6 déc. 2023, art. 33, II, 4°). Pour plus d'informations, V. *supra* commentaire préliminaire à cette partie.

....

Chapitre VIII. – Des injonctions de faire

Art. L. 238-1 ***(Mod., Ord. n° 2023-1142, 6 déc. 2023).*** **– Lorsque les personnes intéressées ne peuvent obtenir la production, la communication ou la transmission des documents visés aux articles L. 221-7, L. 223-26, L. 225-115, L. 225-116, L. 225-117, L. 225-118, L. 225-129, L. 225-129-5, L. 225-129-6, L. 225-135, L. 225-136, L. 225-138, L. 225-177, L. 225-184, L. 228-69, L. 237-3 et L. 237-26, elles peuvent demander au président du tribunal statuant en référé soit d'enjoindre sous astreinte au liquidateur ou aux administrateurs, gérants, et dirigeants de les communiquer, soit de désigner un mandataire chargé de procéder à cette communication.**

La même action est ouverte à toute personne intéressée ne pouvant obtenir du liquidateur, des administrateurs, gérants ou dirigeants communication d'une formule de procuration conforme aux prescriptions fixées par décret en Conseil d'État ou des renseignements exigés par ce décret en vue de la tenue des assemblées.

Toute personne n'ayant pu obtenir la production, la communication ou la transmission des documents ou informations prévus aux articles L. 225-37-4, L. 225-102, L. 22-10-9, L. 22-10-10, L. 22-10-36, L. 232-1, L. 232-1-1, L. 232-6, L. 232-6-1, L. 232-6-2, L. 232-6-3, L. 232-6-4, L. 233-26, L. 233-28-1, L. 233-28-2, L. 233-28-3, L. 233-28-4 et L. 233-28-5 peut demander au président du tribunal statuant en référé soit d'enjoindre sous astreinte à la personne ou à l'organe compétent pour la production, la communication ou la transmission des documents ou informations de les communiquer, soit de désigner un mandataire chargé de procéder à cette communication.

Lorsqu'il est fait droit à la demande, l'astreinte et les frais de procédure sont à la charge de la personne ou de l'organe mis en cause mis en cause.

NB : Conformément à l'article 32 de l'ordonnance n° 2023-1142 du 6 décembre 2023, ces dispositions entrent en vigueur le 1er janvier 2024.

Rédaction antérieure. Art. L. 238-7 ***(Abr., Ord. n° 2023-1142, 6 déc. 2023).*** – Toute personne peut demander au président du tribunal statuant en référé d'enjoindre, le cas échéant sous astreinte, au conseil d'administration, au directoire, aux gérants, au représentant légal de la société en France ou à la personne ayant le pouvoir de l'y engager, selon le cas, d'établir, de publier ou de mettre à disposition le rapport relatif à l'impôt sur les bénéfices mentionné aux articles L. 232-6, L. 232-6-1, L. 233-28-1 et L. 233-28-2.

Lorsqu'il est fait droit à la demande, l'astreinte et les frais de procédure sont à la charge, individuellement ou solidairement selon le cas, des administrateurs, des membres du directoire, des gérants, du représentant légal de la société de pays tiers en France ou de la personne ayant le pouvoir de l'y engager.

La première sanction du nouveau régime de *l'obligation d'information en matière de durabilité* est la possibilité, pour toute personne n'ayant pu obtenir la communication de ces informations, de demander au président du tribunal statuant en référé soit d'enjoindre sous astreinte à la personne compétente leur communication ou de désigner un mandataire chargé de procéder à cette communication. D'autres sanctions ont été prévues (exclusion des procédures de passation des marchés publics et des contrats de concessions, CCP, L. 2141-7-1 et L. 3123-7-1, amende et emprisonnement relatifs à la certification des informations en matière de durabilité, C. com., L. 821-6, 2° et 3°).

LIVRE VIII. – DE QUELQUES PROFESSIONS RÉGLEMENTÉES

TITRE II. – DES COMMISSAIRES AUX COMPTES, DES ORGANISMES TIERS INDÉPENDANTS ET DES AUDITEURS DES INFORMATIONS EN MATIÈRE DE DURABILITÉ

Voir lien de redirection vers : TITRE II. – Des commissaires aux comptes, des organismes tiers indépendants et des auditeurs des informations en matière de durabilité. (Art. L. 820-1 à L. 822-43), **V.** https://www.legifrance.gouv.fr/codes/section_lc/LEGITEXT000005634379/LEGISCTA000006133216/.

PARTIE RÉGLEMENTAIRE

LIVRE II. – DES SOCIÉTÉS COMMERCIALES ET DES GROUPEMENTS D'INTÉRÊT ÉCONOMIQUE

TITRE II. – DISPOSITIONS PARTICULIÈRES AUX DIVERSES SOCIÉTÉS COMMERCIALES

Chapitre Ier. – Des sociétés en nom collectif

Art. R. 221-7 ***(Mod., D. n° 2023-1394, 30 déc. 2023).*** **– Les comptes annuels, le rapport de gestion, le texte des résolutions proposées ainsi que, le cas échéant, les comptes consolidés, le rapport sur la gestion du groupe, les rapports des commissaires aux comptes sur les comptes annuels et sur les comptes consolidés et le rapport de certification des informations en matière de durabilité sont adressés aux associés quinze jours au moins avant la réunion de l'assemblée prévue à l'article L. 221-7.**

Pendant le délai de quinze jours qui précède l'assemblée, l'inventaire est tenu, au siège social, à la disposition des associés, qui peuvent en prendre copie.

Les dispositions du présent article ne sont pas applicables lorsque tous les associés sont gérants.

NB : Conformément au I de l'article 22 du décret n° 2023-1394 du 30 décembre 2023, ces dispositions entrent en vigueur le 1er janvier 2025.

> **Rédaction antérieure.** Art. R. 221-7-1 *(Abr., D. n° 2023-1394, 30 déc. 2023).* – Le rapport mentionné à l'article L. 221-7-1 est mis à disposition du public sur le site internet de la société dans un délai de huit mois à compter de la clôture de l'exercice et pendant une durée de cinq années.

Chapitre III. – Des sociétés à responsabilité limitée

Art. R. 223-18 ***(Mod., D. n° 2023-1394, 30 déc. 2023).*** **– Les comptes annuels, le rapport de gestion, le texte des résolutions proposées, ainsi que, le cas échéant, les comptes consolidés, le rapport sur la gestion du groupe, les rapports des commissaires aux comptes sur les comptes annuels et sur les comptes consolidés et le rapport de certification des informations en matière de durabilité sont adressés aux associés quinze jours au moins avant la date de l'assemblée prévue par l'article L. 223-26.**

Pendant le délai de quinze jours qui précède l'assemblée, l'inventaire est tenu, au siège social, à la disposition des associés, qui ne peuvent en prendre copie.

NB : Conformément au I de l'article 22 du décret n° 2023-1394 du 30 décembre 2023, ces dispositions entrent en vigueur le 1er janvier 2025.

> **Rédaction antérieure.** Art. R. 223-18-2 *(Abr., D. n° 2023-1394, 30 déc. 2023).* – Les rapports mentionnés à l'article L. 223-26-1 sont mis à disposition du public sur le site internet de la société dans un délai de huit mois à compter de la clôture de l'exercice et pendant une durée de cinq années.

Chapitre V. – Des sociétés anonymes

Section 3. – Des assemblées d'actionnaires

Art. R. 225-83 ***(Mod., D. n° 2023-1394, 30 déc. 2023).*** **– La société adresse aux actionnaires ou met à leur disposition, dans les conditions prévues aux articles R. 225-88 et R. 225-89, les renseignements suivants contenus dans un ou plusieurs documents :**

1° Les nom et prénom usuel, soit des administrateurs et directeurs généraux, soit des membres du conseil de surveillance et du directoire, ainsi que, le cas échéant, l'indication des autres sociétés dans lesquelles ces personnes exercent des fonctions de gestion, de direction, d'administration ou de surveillance ;

2° Le texte des projets de résolution présentés par le conseil d'administration ou le directoire, selon le cas ;

3° Le cas échéant, le texte et l'exposé des motifs des projets de résolution présentés par des actionnaires ainsi que la liste des points ajoutés à l'ordre du jour à leur demande ;

4° Le rapport du conseil d'administration ou du directoire, selon le cas, qui sera présenté à l'assemblée ainsi que, le cas échéant, les observations du conseil de surveillance ;

5° Lorsque l'ordre du jour comporte la nomination d'administrateurs ou de membres du conseil de surveillance :

a) Les nom, prénom usuel et âge des candidats, leurs références professionnelles et leurs activités professionnelles au cours des cinq dernières années, notamment les fonctions qu'ils exercent ou ont exercées dans d'autres sociétés ;

b) Les emplois ou fonctions occupés dans la société par les candidats et le nombre d'actions de la société dont ils sont titulaires ou porteurs ;

6° S'il s'agit de l'assemblée générale ordinaire prévue à l'article L. 225-100 :

a) Les comptes annuels, les comptes consolidés, le rapport sur la gestion du groupe, un tableau des affectations de résultat précisant notamment l'origine des sommes dont la distribution est proposée ;

b) Les rapports des commissaires aux comptes prévus au troisième alinéa des articles L. 225-40 et L. 225-88 et aux articles L. 232-3, L. 234-1 et R. 823-7 et le cas échéant le rapport de certification des informations en matière de durabilité ;

c) Les observations du conseil de surveillance, s'il y a lieu ;

7° S'il s'agit d'une assemblée générale ordinaire prévue à l'article L. 225-101, le rapport des commissaires mentionnés audit article ;

8° S'il s'agit d'une assemblée générale extraordinaire ou d'une assemblée spéciale prévue à l'article L. 225-99, le rapport des commissaires aux comptes, qui sera, le cas échéant, présenté à l'assemblée.

NB : Conformément au I de l'article 22 du décret n° 2023-1394 du 30 décembre 2023, ces dispositions entrent en vigueur le 1er janvier 2025.

....

Rédaction antérieure. Art. R. 225-104 *(Abr., D. n° 2023-1394, 30 déc. 2023).* – Les seuils prévus à l'article L. 225-102-1, évalués à la date de clôture de l'exercice, sont fixés à 100 millions d'euros pour le total du bilan, à 100 millions d'euros pour le montant net du chiffre d'affaires et à 500 pour le nombre moyen de salariés permanents employés au cours de l'exercice.

Le total du bilan et le montant net du chiffre d'affaires sont déterminés conformément aux cinquième et sixième alinéas de l'article D. 123-200. Le nombre moyen de salariés permanents est déterminé conformément aux dispositions de l'article D. 210-21.

Rédaction antérieure. Art. R. 225-105 *(Abr., D. n° 2023-1394, 30 déc. 2023).* – I. – La déclaration de performance extra-financière mentionnée au I de l'article L. 225-102-1 et la déclaration consolidée de performance extra-financière mentionnée au II du même article présentent le modèle d'affaires de la société ou, le cas échéant, de l'ensemble de sociétés pour lesquelles la société établit des comptes consolidés.

Elles présentent en outre, pour chaque catégorie d'information mentionnée au III du même article ou au deuxième alinéa de l'article L. 22-10-36 :

1° Une description des principaux risques liés à l'activité de la société ou de l'ensemble de sociétés y compris, lorsque cela s'avère pertinent et proportionné, les risques créés par ses relations d'affaires, ses produits ou ses services ;

2° Une description des politiques appliquées par la société ou l'ensemble de sociétés incluant, le cas échéant, les procédures de diligence raisonnable mises en œuvre pour prévenir, identifier et atténuer la survenance des risques mentionnés au 1° ;

3° Les résultats de ces politiques, incluant des indicateurs clés de performance.

Lorsque la société n'applique pas de politique en ce qui concerne un ou plusieurs de ces risques, la déclaration comprend une explication claire et motivée des raisons le justifiant.

II. – La déclaration contient, lorsqu'elles sont pertinentes au regard des principaux risques ou des politiques mentionnées au I du présent article :

A. – Pour toutes les sociétés mentionnées au I de l'article L. 225-102-1 ou au premier alinéa de l'article L. 22-10-36, les informations suivantes :

1° Informations sociales :

a) Emploi :

– *l'effectif total et la répartition des salariés par sexe, par âge et par zone géographique* ;

– les embauches et les licenciements ;

– les rémunérations et leur évolution ;

b) Organisation du travail :

– l'organisation du temps de travail ;

– l'absentéisme ;

c) Santé et sécurité :

- les conditions de santé et de sécurité au travail ;
- les accidents du travail, notamment leur fréquence et leur gravité, ainsi que les maladies professionnelles ;

d) Relations sociales :

- l'organisation du dialogue social, notamment les procédures d'information et de consultation du personnel et de négociation avec celui-ci ;
- le bilan des accords collectifs, notamment en matière de santé et de sécurité au travail ;

e) Formation :

- les politiques mises en œuvre en matière de formation, notamment en matière de protection de l'environnement ;
- le nombre total d'heures de formation ;

f) Egalité de traitement :

- les mesures prises en faveur de l'égalité entre les femmes et les hommes ;
- les mesures prises en faveur de l'emploi et de l'insertion des personnes handicapées ;
- la politique de lutte contre les discriminations ;

2° Informations environnementales :

a) Politique générale en matière environnementale :

- l'organisation de la société pour prendre en compte les questions environnementales et, le cas échéant, les démarches d'évaluation ou de certification en matière d'environnement ;
- les moyens consacrés à la prévention des risques environnementaux et des pollutions ;
- le montant des provisions et garanties pour risques en matière d'environnement, sous réserve que cette information ne soit pas de nature à causer un préjudice sérieux à la société dans un litige en cours ;

b) Pollution :

- les mesures de prévention, de réduction ou de réparation de rejets dans l'air, l'eau et le sol affectant gravement l'environnement ;
- la prise en compte de toute forme de pollution spécifique à une activité, notamment les nuisances sonores et lumineuses ;

c) Économie circulaire :

i) Prévention et gestion des déchets :

- les mesures de prévention, de recyclage, de réutilisation, d'autres formes de valorisation et d'élimination des déchets ;
- les actions de lutte contre le gaspillage alimentaire ;

ii) Utilisation durable des ressources :

- la consommation d'eau et l'approvisionnement en eau en fonction des contraintes locales ;
- la consommation de matières premières et les mesures prises pour améliorer l'efficacité dans leur utilisation ;
- la consommation d'énergie, les mesures prises pour améliorer l'efficacité énergétique et le recours aux énergies renouvelables ;
- l'utilisation des sols ;

d) Changement climatique :

- les postes significatifs d'émissions de gaz à effet de serre générés du fait de l'activité de la société, notamment par l'usage des biens et services qu'elle produit ;
- les mesures prises pour l'adaptation aux conséquences du changement climatique ;
- les objectifs de réduction fixés volontairement à moyen et long terme pour réduire les émissions de gaz à effet de serre et les moyens mis en œuvre à cet effet ;

e) Protection de la biodiversité : les mesures prises pour préserver ou restaurer la biodiversité ;

3° Informations sociétales :

a) Engagements sociétaux en faveur du développement durable :

- l'impact de l'activité de la société en matière d'emploi et de développement local ;
- l'impact de l'activité de la société sur les populations riveraines ou locales ;
- les relations entretenues avec les parties prenantes de la société et les modalités du dialogue avec celles-ci ;
- *les actions de partenariat ou de mécénat ;*

b) Sous-traitance et fournisseurs :

- la prise en compte dans la politique d'achat des enjeux sociaux et environnementaux ;
- la prise en compte dans les relations avec les fournisseurs et les sous-traitants de leur responsabilité sociale et environnementale ;

c) Loyauté des pratiques : les mesures prises en faveur de la santé et de la sécurité des consommateurs ;

B. – Pour les sociétés mentionnées au premier alinéa de l'article L. 22-10-36, les informations complémentaires suivantes :

1° Informations relatives à la lutte contre la corruption : les actions engagées pour prévenir la corruption ;

2° Informations relatives aux actions en faveur des droits de l'homme :

a) Promotion et respect des stipulations des conventions fondamentales de l'Organisation internationale du travail relatives :

- au respect de la liberté d'association et du droit de négociation collective ;
- à l'élimination des discriminations en matière d'emploi et de profession ;

– à l'élimination du travail forcé ou obligatoire ;
– à l'abolition effective du travail des enfants ;
b) Autres actions engagées en faveur des droits de l'homme.

Rédaction antérieure. Art. R. 225-105-1 *(Abr., D. n° 2023-1394, 30 déc. 2023).* – I. – Les déclarations mentionnées au I et II de l'article L. 225-102-1 présentent les données observées au cours de l'exercice clos et, le cas échéant, au cours de l'exercice précédent, de façon à permettre une comparaison entre ces données. Elles comprennent, le cas échéant, des renvois aux montants indiqués dans les documents mentionnés à l'article R. 232-1 du présent code.

II. – Lorsqu'une société se conforme volontairement à un référentiel national ou international pour s'acquitter de ses obligations au titre du présent article, elle le mentionne en indiquant les préconisations de ce référentiel qui ont été retenues et les modalités de consultation de ce dernier.

III. – Sans préjudice des obligations de publicité applicables au rapport prévu à l'article L. 225-100, ces déclarations sont mises à la libre disposition du public et rendues aisément accessibles sur le site internet de la société dans un délai de huit mois à compter de la clôture de l'exercice et pendant une durée de cinq années.

Rédaction antérieure. Art. R. 225-105-2 *(Abr., D. n° 2023-1394, 30 déc. 2023).* – I. – L'organisme tiers indépendant mentionné au V de l'article L. 225-102-1 est désigné, selon le cas, par le directeur général ou le président du directoire, pour une durée qui ne peut excéder six exercices, parmi les organismes accrédités à cet effet par le Comité français d'accréditation (COFRAC) ou par tout autre organisme d'accréditation signataire de l'accord de reconnaissance multilatéral établi par la coordination européenne des organismes d'accréditation.

L'organisme tiers indépendant est soumis aux incompatibilités prévues à l'article L. 822-11-3.

II. – Lorsque les informations sont publiées par les sociétés dont les seuils dépassent 100 millions d'euros pour le total du bilan ou 100 millions d'euros pour le montant net du chiffre d'affaires et 500 pour le nombre moyen de salariés permanents employés au cours de l'exercice, le rapport de l'organisme tiers indépendant comprend :

a) Un avis motivé sur la conformité de la déclaration aux dispositions prévues au I et au II de l'article R. 225-105, ainsi que sur la sincérité des informations fournies en application du 3° du I et du II de l'article R. 225-105 ;

b) Les diligences qu'il a mises en œuvre pour conduire sa mission de vérification.

III. – Un arrêté conjoint du garde des sceaux, ministre de la justice, et des ministres chargés de l'écologie, de l'économie et du travail précise les modalités dans lesquelles l'organisme tiers indépendant conduit sa mission.

IV. – Lorsqu'une société se conforme volontairement au règlement (CE) n° 1221/2009 du Parlement européen et du Conseil du 25 novembre 2009 concernant la participation volontaire des organisations à un système communautaire de management environnemental et d'audit (EMAS), la déclaration signée par le vérificateur environnemental conformément aux dispositions des 8 et 9 de l'article 25 de ce règlement, annexée au rapport de gestion, vaut avis de l'organisme tiers indépendant sur les informations environnementales.

Les informations qui ne sont pas vérifiées par le vérificateur environnemental mentionné à l'alinéa précédent demeurent soumises à la vérification de l'organisme tiers indépendant selon les modalités définies aux I, II, III et IV.

Rédaction antérieure. Art. R. 225-105-3 *(Abr., D. n° 2023-1394, 30 déc. 2023).* – I. – Les seuils prévus au premier alinéa du I de l'article L. 225-102-3 sont fixés à 20 millions d'euros pour le total de bilan, à 40 millions d'euros pour le chiffre d'affaires net et à 250 pour le nombre moyen de salariés employés au cours de l'exercice.

II. – Les sociétés mentionnées au I de l'article L. 225-102-3 mettent gratuitement le rapport sur les paiements à disposition du public sur leur site internet dans un délai de huit mois à compter de la clôture de l'exercice et pendant une durée de cinq années.

Les anciens articles R. 225-104 et suivants du Code de commerce prévoyaient les dispositions réglementaires tenant à l'obligation de déclaration de performance extrafinancière (DPEF). De manière consécutive à la réorganisation opérée par l'ordonnance n° 2023-1142 du 6 décembre 2023 concernant la partie législative, le décret n° 2023-1394 du 30 décembre 2023 a abrogé les dispositions réglementaires tenant à la DPEF. Pour plus d'informations, V. *supra*, note sous article L. 225-102-1 du Code de commerce.

Chapitre X. – Des sociétés dont les titres sont admis aux négociations sur un marché réglementé ou sur un système multilatéral de négociation

Section 2. – Dispositions propres aux sociétés anonymes

Sous-section 3. – Des assemblées d'actionnaires

Art. R. 22-10-29 *(Mod., D. n° 2023-1394, 30 déc. 2023).* – **Par dérogation à l'article R. 232-8-4, les informations en matière de durabilité publiées par les petites et moyennes entreprises en application du I de l'article L. 22-10-36 peuvent se limiter à décrire :**

1° Le modèle commercial et la stratégie de la société ;

2° Les politiques de la société en ce qui concerne les enjeux de durabilité ;

3° Les principales incidences négatives, réelles ou potentielles, de la société sur les enjeux de durabilité et les mesures prises afin de les recenser, surveiller, prévenir, atténuer ou corriger ;

4° Les principaux risques pour la société liés aux enjeux de durabilité et la manière dont elle les gère.

Le cas échéant, les informations en matière de durabilité sont accompagnées d'indicateurs clés relatifs aux éléments mentionnés du 1° au 4°.

Lorsqu'il est fait usage de la faculté prévue au premier alinéa, ces informations sont présentées conformément aux normes d'information en matière de durabilité adoptées par la Commission européenne en application de l'article 29 *quater* de la directive 2013/34/UE du Parlement européen et du Conseil.

Par dérogation à l'article R. 232-8-4 du Code de commerce, les informations en matière de durabilité que les PME dont les titres sont admis aux négociations sur un marché réglementé doivent publier conformément à l'article L. 22-10-36 du Code de commerce peuvent être réduites conformément à l'article R. 22-10-29 du Code de commerce. Dans ce cas, il est précisé que la PME dont les titres sont admis aux négociations sur un marché réglementé doit néanmoins se conformer aux normes ESRS relatives à l'information en matière de durabilité des PME.

TITRE III. – DISPOSITIONS COMMUNES AUX DIVERSES SOCIÉTÉS COMMERCIALES

Chapitre préliminaire. – Des différentes tailles de sociétés et de groupes de sociétés

Art. D. 230-1 ***(Mod., D. n° 2024-152, 28 févr. 2024).*** **– Pour l'application de l'article L. 230-1 :**

1° En ce qui concerne les micro-entreprises, le total du bilan est fixé à 450 000 euros, le montant net du chiffre d'affaires à 900 000 euros et le nombre moyen de salariés employés au cours de l'exercice à 10 ;

2° En ce qui concerne les petites entreprises, le total du bilan est fixé à 7 500 000 d'euros, le montant net du chiffre d'affaires à 15 000 000 d'euros et le nombre moyen de salariés employés au cours de l'exercice à 50 ;

3° En ce qui concerne les moyennes et grandes entreprises, le total du bilan est fixé à 25 000 000 d'euros, le montant net du chiffre d'affaires à 50 000 000 d'euros et le nombre moyen de salariés employés au cours de l'exercice à 250.

Le total du bilan est égal à la somme des montants nets des éléments d'actif.

Le montant net du chiffre d'affaires est égal au montant des ventes de produits et services liés à l'activité courante, diminué des réductions sur ventes, de la taxe sur la valeur ajoutée et des taxes assimilées.

Le nombre moyen de salariés est apprécié selon les modalités prévues au I de l'article L. 130-1 du Code de la sécurité sociale. Par dérogation à ces modalités, il est apprécié sur le dernier exercice comptable lorsque celui-ci ne correspond pas à l'année civile précédente.

Sauf disposition contraire, ces seuils sont réputés franchis à la date de clôture de deux exercices consécutifs sur la base des derniers comptes annuels arrêtés.

NB : Conformément à l'article 4 du décret n° 2024-152 du 28 février 2024, ces dispositions entrent en vigueur le 1er mars 2024.

Ces mêmes dispositions s'appliquent aux comptes et rapports afférents aux exercices ouverts à compter du 1er janvier 2024. Toutefois, les mandats de commissaires aux comptes en cours à l'entrée en vigueur du présent décret se poursuivent jusqu'à leur date d'expiration dans les conditions prévues à l'article L. 821-44 du Code de commerce.

Le décret n° 2024-152 du 28 février 2024 a transposé les nouveaux seuils européens issus de la directive déléguée (UE) 2023/2775 du 17 octobre 2023.

Art. D. 230-2 ***(Mod., D. n° 2024-152, 28 févr. 2024).*** **– Pour l'application de l'article L. 230-2 :**

1° En ce qui concerne les petits groupes, le total du bilan est fixé à 9 000 000 d'euros, le montant net du chiffre d'affaires à 18 000 000 d'euros et le nombre moyen de salariés employés au cours de l'exercice à 50 ;

2° En ce qui concerne les groupes moyens et grands, le total du bilan est fixé à 30 000 000 d'euros, le montant net du chiffre d'affaires à 60 000 000 d'euros et le nombre moyen de salariés employés au cours de l'exercice à 250.

Le total du bilan est égal à la somme des montants nets des éléments d'actif.

Le montant net du chiffre d'affaires est égal au montant des ventes de produits et services liés à l'activité courante, diminué des réductions sur ventes, de la taxe sur la valeur ajoutée et des taxes assimilées.

Le nombre moyen de salariés est apprécié selon les modalités prévues au I de l'article L. 130-1 du Code de la sécurité sociale. Par dérogation à ces modalités, il est apprécié sur le dernier exercice comptable lorsque celui-ci ne correspond pas à l'année civile précédente.

ANNEXE 5

Sauf disposition contraire, ces seuils sont réputés franchis à la date de clôture de deux exercices consécutifs sur la base des derniers comptes annuels arrêtés.

NB : Conformément à l'article 4 du décret n° 2024-152 du 28 février 2024, ces dispositions entrent en vigueur le 1er mars 2024. Ces mêmes dispositions s'appliquent aux comptes et rapports afférents aux exercices ouverts à compter du 1er janvier 2024. Toutefois, les mandats de commissaires aux comptes en cours à l'entrée en vigueur du présent décret se poursuivent jusqu'à leur date d'expiration dans les conditions prévues à l'article L. 821-44 du Code de commerce.

Le décret n° 2024-152 du 28 février 2024 a transposé les nouveaux seuils européens issus de la directive déléguée (UE) 2023/2775 du 17 octobre 2023.

Chapitre II. – Des comptes sociaux et des informations en matière de durabilité

Section 1. – Des documents comptables et des informations en matière de durabilité

Art. R. 232-8-4 *(D. n° 2023-1394, 30 déc. 2023)*. – I. – Les informations en matière de durabilité prévues au I de l'article L. 232-6-3 décrivent :

1° Le modèle commercial et la stratégie de la société, en indiquant notamment :

a) Le degré de résilience du modèle commercial et de la stratégie de la société en ce qui concerne les risques liés aux enjeux de durabilité ;

b) Les opportunités que recèlent les enjeux de durabilité pour la société ;

c) Les plans de la société, y compris les actions prises ou envisagées et les plans financiers et d'investissement connexes, pour assurer la compatibilité de son modèle commercial et de sa stratégie avec la transition vers une économie durable, la limitation du réchauffement climatique à 1,5 °C conformément à l'accord de Paris adopté au titre de la convention-cadre des Nations unies sur les changements climatiques et l'objectif de neutralité climatique d'ici à 2050 tel qu'établi dans le règlement (UE) 2021/1119 du Parlement européen et du Conseil, et, le cas échéant, l'exposition de la société à des activités liées au charbon, au pétrole et au gaz ;

d) La manière dont le modèle commercial et la stratégie de la société tiennent compte des intérêts des parties prenantes et des incidences de son activité sur les enjeux de durabilité ;

e) La manière dont la stratégie de la société est mise en œuvre en ce qui concerne les enjeux de durabilité ;

2° Les objectifs assortis d'échéances que s'est fixés la société en matière de durabilité et les progrès accomplis dans la réalisation de ces objectifs, y compris, s'il y a lieu, des objectifs absolus de réduction des émissions de gaz à effet de serre au moins pour 2030 et 2050 ;

3° Le rôle des organes de direction, d'administration ou de surveillance concernant les enjeux de durabilité, ainsi que les compétences et l'expertise des membres de ces organes à cet égard ou les possibilités qui leur sont offertes de les acquérir ;

4° Les politiques de la société en ce qui concerne les enjeux de durabilité ;

5° Les incitations liées aux enjeux de durabilité octroyées par la société aux membres des organes de direction, d'administration ou de surveillance ;

6° La procédure de vigilance raisonnable mise en œuvre par la société concernant les enjeux de durabilité et les incidences négatives recensées dans ce cadre, le cas échéant en application de la législation de l'Union européenne ;

7° Les principales incidences négatives potentielles ou réelles, les mesures prises pour recenser, surveiller, prévenir, éliminer ou atténuer ces incidences négatives et les résultats obtenus à cet égard ;

8° Les principaux risques pour la société liés aux enjeux de durabilité, y compris ses principales dépendances, et la manière dont elle gère ces risques.

Les informations en matière de durabilité sont accompagnées d'indicateurs relatifs aux éléments mentionnés du 1° au 8°.

Selon le cas, ces informations sont liées à des horizons temporels à court, moyen et long terme.

S'il y a lieu, elles portent sur les activités de la société et sa chaîne de valeur, y compris ses produits et services, ses relations commerciales et sa chaîne d'approvisionnement.

II. – Les informations en matière de durabilité contiennent une déclaration indiquant si les objectifs mentionnés au 2° du I relatifs aux enjeux environnementaux reposent sur des données scientifiques probantes.

Le cas échéant, ces mêmes informations se réfèrent et apportent des éléments d'explication supplémentaires aux autres informations contenues dans le rapport de gestion mentionné à l'article L. 232-1 et aux montants figurant dans les comptes annuels.

La section spécifique de ce rapport prévue au I de l'article L. 232-6-3 contient également une description du processus mis en œuvre afin de déterminer les informations qui y sont incluses.

III. – Les informations mentionnées aux I et II sont présentées conformément aux normes d'information en matière de durabilité adoptées par la Commission européenne en application de l'article 29 *ter* de la directive 2013/34/UE du Parlement européen et du Conseil.

NB : Conformément au I de l'article 22 du décret n° 2023-1394 du 30 décembre 2023, ces dispositions entrent en vigueur le 1er janvier 2025.

L'article R. 232-8-4 du Code de commerce (issu D. n° 2023-1394, 30 déc. 2023, art. 5) précise les informations en matière de durabilité que l'entreprise doit publier. Le III de cet article prévoit l'obligation de se conformer aux normes d'information en matière de durabilité ESRS adoptées par la Commission européenne. En conséquence, ces normes ESRS peuvent être considérées d'application directe en droit français et il convient ainsi de s'y référer afin de publier des informations en matière de durabilité. Cette norme a été adoptée par le règlement délégué (UE) 2023/2772 de la Commission du 31 juillet 2023 complétant la directive 2013/34/UE du Parlement européen et du Conseil en ce qui concerne les normes d'information en matière de durabilité (V. *supra*, commentaire sous European Sustainability Reporting Standards (ESRS)). Il s'agit de fixer les normes ESRS non sectorielles. Avec les normes ESRS sectorielles, en cours de développement par l'EFRAG et la Commission européenne, ces dispositions constituent l'essence du mécanisme de *reporting*, déterminant aussi bien la forme que le fond des informations en matière de durabilité que les entreprises assujetties doivent publier. Il convient de noter que les PME cotées sur un marché réglementé comme les entreprises de pays tiers peuvent déroger à l'article R. 232-8-4 du Code de commerce (V. C. com., respectivement R. 22-10-29 et R. 233-16-7, I).

Art. R. 232-8-5 ***(D. n° 2023-1394, 30 déc. 2023).*** **– I. – Le second alinéa du V de l'article L. 232-6-3 s'applique selon les modalités définies ci-après.**

II. – Lorsque la société consolidante, qui contrôle la société dispensée, dispose d'un siège social dans un État membre de l'Union européenne ou un autre État partie à l'accord sur l'Espace économique européen, le rapport sur la gestion du groupe de cette société consolidante, portant sur la société dispensée ainsi que, le cas échéant, les sociétés qu'elle contrôle au sens du II ou du III de l'article L. 233-16, est établi et publié conformément à la législation de cet État.

III. – Lorsque la société consolidante, qui contrôle la société dispensée, ne dispose pas d'un siège social dans un État membre de l'Union européenne ou un autre État partie à l'accord sur l'Espace économique européen, le rapport consolidé relatif aux enjeux de durabilité de cette société consolidante, portant sur la société dispensée ainsi que, le cas échéant, les sociétés qu'elle contrôle au sens du II ou du III de l'article L. 233-16, est établi conformément aux normes d'information en matière de durabilité adoptées par la Commission européenne en application de l'article 29 *ter* de la directive 2013/34/UE du Parlement européen et du Conseil ou à un acte d'exécution sur l'équivalence des normes d'information en matière de durabilité adopté par la Commission européenne en application de l'article 23 de la directive 2004/109/CE du Parlement européen et du Conseil.

Un rapport contenant l'avis sur la conformité de ces informations est émis par une ou plusieurs personnes ou un ou plusieurs cabinets habilités à émettre un avis d'assurance sur l'information en matière de durabilité au titre du droit dont relève la société consolidante.

Le rapport consolidé relatif aux enjeux de durabilité est établi conformément à l'article R. 232-8-6.

IV. – Le rapport de gestion de la société dispensée fait état de cette dispense et mentionne :

1° Le nom et le siège de la société consolidante mentionnée au II ou au III ;

2° Le lien vers le site internet sur lequel est mis à disposition le rapport sur la gestion du groupe ou le rapport consolidé relatif aux enjeux de durabilité, selon le cas, de la société consolidante mentionnée au II ou au III et le rapport de certification y afférent.

Lorsque le rapport sur la gestion du groupe ou le rapport consolidé relatif aux enjeux de durabilité, selon le cas, de la société consolidante mentionnée au II ou au III ne comprend pas les informations exigées par l'article 8 du

règlement (UE) 2020/852 du Parlement européen et du Conseil, portant sur la société dispensée ainsi que, le cas échéant, les sociétés qu'elle contrôle, au sens du II ou du III de l'article L. 233-16, ces informations sont incluses dans le rapport de gestion de la société dispensée.

NB : Conformément au I de l'article 22 du décret n° 2023-1394 du 30 décembre 2023, ces dispositions entrent en vigueur le 1er janvier 2025.

V. *supra*, note sous C. com., art. L. 232-6-3.

Art. R. 232-8-6 *(D. n° 2023-1394, 30 déc. 2023)*. **– Les sociétés soumises à l'article L. 232-6-3 établissent leur rapport de gestion dans le format d'information électronique précisé à l'article 3 du règlement délégué (UE) 2019/815 de la Commission européenne et balisent les informations en matière de durabilité ainsi que les informations exigées par l'article 8 du règlement (UE) 2020/852 du Parlement européen et du Conseil conformément à ce même format.**

L'alinéa précédent s'applique également à toute société qui inclut dans le rapport de gestion les informations exigées par l'article 8 du règlement (UE) 2020/852 du Parlement européen et du Conseil, conformément au quatrième alinéa du IV de l'article R. 232-8-5 ou du quatrième alinéa du IV de l'article R. 233-16-4.

NB : Conformément au I de l'article 22 du décret n° 2023-1394 du 30 décembre 2023, ces dispositions entrent en vigueur le 1er janvier 2025.

Art. D. 232-8-7 *(D. n° 2023-1394, 30 déc. 2023)*. **– I. – Le seuil prévu au I de l'article L. 232-6-4 est fixé à 40 millions d'euros.**

II. – Le seuil prévu au 2° du II de l'article L. 232-6-4 est fixé à 150 millions d'euros.

NB : Conformément au I de l'article 22 du décret n° 2023-1394 du 30 décembre 2023, ces dispositions entrent en vigueur le 1er janvier 2025.

V. *supra*, note sous C. com., art. L. 232-6-4.

Art. R. 232-8-8 *(D. n° 2023-1394, 30 déc. 2023)*. **– I. – Par dérogation au I de l'article R. 232-8-4, le rapport prévu au I de l'article L. 232-6-4 peut ne pas décrire :**

1° Le degré de résilience du modèle commercial et de la stratégie de la société en ce qui concerne les risques liés aux enjeux de durabilité ;

2° Les opportunités que recèlent les enjeux de durabilité pour la société ;

3° Les principaux risques pour la société liés aux enjeux de durabilité, y compris ses principales dépendances, et la manière dont elle gère ces risques.

Le cas échéant, le rapport ne contient pas les indicateurs relatifs aux éléments mentionnés du 1° au 3°.

II. – Par dérogation au III de l'article R. 232-8-4, le rapport mentionné au I de l'article L. 232-6-4 peut être présenté conformément aux normes d'information en matière de durabilité adoptées par la Commission européenne en application de l'article 40 *ter* de la directive 2013/34/UE du Parlement européen et du Conseil ou à un acte d'exécution sur l'équivalence des normes d'information en matière de durabilité adopté par la Commission européenne en application de l'article 23 de la directive 2004/109/CE du Parlement européen et du Conseil.

NB : Conformément au I de l'article 22 du décret n° 2023-1394 du 30 décembre 2023, ces dispositions entrent en vigueur le 1er janvier 2025.

V. *supra*, note sous C. com., art. L. 232-6-4.

……………………………………………………………………………

Art. R. 232-25 *(À compter du 1er janvier 2025, D. n° 2023-1394, 30 déc. 2023)*. **– Le rapport relatif aux enjeux de durabilité prévu aux articles L. 232-6-4 et L. 233-28-5 et au III des articles R. 232-8-5 et R. 233-16-4, ainsi que le rapport contenant l'avis sur la conformité de ces informations ou la déclaration indiquant son absence, le cas échéant traduits en langue française et certifiés conformes, sont déposés au greffe du tribunal de commerce, par l'intermédiaire de l'organisme mentionné au deuxième alinéa de l'article L. 123-33, pour être annexés au registre du commerce et des sociétés, dans un délai de douze mois à compter de la clôture de l'exercice.**

Art. R. 232-26 *(À compter du 1er janvier 2025, D. n° 2023-1394, 30 déc. 2023)*. – Dès le dépôt prévu à l'article R. 232-25, le greffier du tribunal de commerce fait insérer au Bulletin officiel des annonces civiles et commerciales un avis ainsi rédigé :

« La société .... ayant son siège à ...., dont le numéro unique d'identification est ...., a déposé au greffe du tribunal de commerce de ...., où elle est immatriculée au registre du commerce et des sociétés, le rapport relatif aux enjeux de durabilité en application des dispositions des articles L. 232-6-4, L. 233-28-5, R. 232-8-5 et R. 233-16-4 du Code de commerce ».

....

Section 2. – Des documents comptables et des informations en matière de durabilité consolidés

Art. R. 233-15 *(Mod., D. n° 2023-1394, 30 déc. 2023)*. – Sous réserve d'en justifier dans l'annexe prévue à l'article L. 123-12, les sociétés mentionnées au 1° de l'article L. 233-17 sont exemptées de l'obligation d'établir des comptes consolidés et un rapport sur la gestion du groupe lorsque sont réunies les conditions suivantes :

1° Les comptes consolidés de l'ensemble plus grand d'entreprises, dans lequel ces sociétés sont incluses, sont établis en conformité avec les articles L. 233-16 à L. 233-28 ou, pour les entreprises relevant de la législation nationale d'un autre État, avec les dispositions prises par cet État pour l'application de la directive n° 2013/34/UE du 26 juin 2013, à l'exception des dispositions prévues à son article 29 *bis*, ou, lorsque cet État n'est pas tenu de se conformer à cette directive, avec des principes et des règles offrant un niveau d'exigence équivalant aux dispositions des articles L. 233-16 à L. 233-28 ou à celles de ladite directive, à l'exception des dispositions prévues à son article 29 *bis* ;

2° Ils sont, selon la législation applicable à la société qui les établit, certifiés par les professionnels indépendants chargés du contrôle des comptes et publiés ;

3° Ils sont mis à la disposition des actionnaires ou des associés de la société exemptée dans les conditions et dans les délais prévus aux articles R. 225-88 et R. 225-89 ; s'ils sont établis dans une langue autre que le français, ils sont accompagnés de leur traduction en langue française.

Lorsque les comptes consolidés sont établis par une entreprise qui a son siège en dehors d'un État membre de la Communauté européenne ou partie à l'accord sur l'Espace économique européen, ceux-ci sont complétés de toutes les informations d'importance significative concernant la situation patrimoniale et financière ainsi que le résultat de l'ensemble constitué par la société exemptée, ses filiales et ses participations ; ces informations portent notamment sur le montant de l'actif immobilisé, le montant net du chiffre d'affaires, le résultat de l'exercice, le montant des capitaux propres et le nombre des membres du personnel employés en moyenne au cours de l'exercice ; ces informations sont données soit dans l'annexe des comptes consolidés mentionnés au 1°, soit dans l'annexe des comptes annuels de la société exemptée. Dans ce dernier cas, elles sont établies selon les principes et les méthodes prévues par les articles L. 233-16 à L. 233-25.

NB : Conformément au I de l'article 22 du décret n° 2023-1394 du 30 décembre 2023, ces dispositions entrent en vigueur le 1er janvier 2025.

Conformément à l'article 5 du décret n° 2023-493 du 22 juin 2023, ces dispositions s'appliquent aux exercices ouverts à compter du 22 juin 2024.

Rédaction antérieure. Art. R. 233-16 *(Abr., D. n° 2023-1394, 30 déc. 2023)*. – Pour l'application du 2° de l'article *L. 233-17, les seuils que ne doit pas dépasser*, dans les conditions fixées à cet article, l'ensemble constitué par une société et les entreprises qu'elle contrôle sont fixées ainsi qu'il suit :

1° Total du bilan : 24 000 000 euros ;

2° Montant net du chiffre d'affaires : 48 000 000 euros ;

3° Nombre moyen de salariés : 250.

Ces chiffres sont calculés globalement pour l'ensemble des entreprises concernées selon la méthode définie aux cinquième, sixième et septième alinéas de l'article D. 123-200.

....

Art. R. 233-16-3 *(Mod., D. n° 2023-1394, 30 déc. 2023)*. – I. – Lorsque les incidences ou les risques liés aux enjeux de durabilité d'une ou plusieurs des entreprises du groupe diffèrent de façon importante de ceux concernant les autres entreprises qui le composent, la section prévue au I de l'article L. 233-28-4 contient des informations adéquates pour comprendre ces incidences et ces risques.

Cette section contient la liste des sociétés qui sont dispensées de l'application de l'article L. 232-6-3, en vertu du second alinéa du V de ce même article, ou de l'application de l'article L. 233-28-4, conformément au V de ce même article.

II. – Par dérogation au II de l'article R. 232-8-4, le cas échéant, les informations consolidées en matière de durabilité se réfèrent et apportent des éléments d'explication supplémentaires aux autres informations contenues dans le rapport sur la gestion du groupe et aux montants figurant dans les comptes consolidés.

NB : Conformément au I de l'article 22 du décret n° 2023-1394 du 30 décembre 2023, ces dispositions entrent en vigueur le 1er janvier 2025.

Art. R. 233-16-4 *(D. n° 2023-1394, 30 déc. 2023)*. – I. – Le V de l'article L. 233-28-4 s'applique selon les modalités définies ci-après.

II. – Lorsque la société consolidante, qui contrôle la société dispensée, dispose d'un siège social dans un État membre de l'Union européenne ou un autre État partie à l'accord sur l'Espace économique européen, le rapport sur la gestion du groupe de cette société consolidante, portant sur le groupe de la société dispensée, est établi et publié conformément à la législation de cet État.

III. – Lorsque la société consolidante, qui contrôle la société dispensée, ne dispose pas d'un siège social dans un État membre à l'Union européenne ou un autre État partie à l'accord sur l'Espace économique européen, le rapport consolidé relatif aux enjeux de durabilité de cette société consolidante, portant sur le groupe de la société dispensée, est établi conformément aux normes d'information adoptées par la Commission européenne en application de l'article 29 *ter* de la directive 2013/34/UE du Parlement européen et du Conseil ou à un acte d'exécution sur l'équivalence des normes d'information en matière de durabilité adopté par la Commission européenne en application de l'article 23 de la directive 2004/109/CE du Parlement européen et du Conseil.

Un rapport contenant l'avis sur la conformité de ces informations est émis par une ou plusieurs personnes ou un ou plusieurs cabinets habilités à émettre un avis d'assurance sur l'information en matière de durabilité au titre du droit dont relève la société consolidante.

Le rapport consolidé relatif aux enjeux de durabilité est établi conformément à l'article R. 233-16-5.

IV. – Le rapport de gestion ou le cas échéant le rapport sur la gestion du groupe de la société dispensée fait état de cette dispense et mentionne :

1° Le nom et le siège de la société consolidante mentionnée au II ou au III ;

2° Le lien vers le site internet sur lequel est mis à disposition le rapport sur la gestion du groupe ou le rapport consolidé relatif aux enjeux de durabilité, selon le cas, de la société consolidante mentionnée au II ou au III et le rapport de certification.

Lorsque le rapport sur la gestion du groupe ou le rapport consolidé relatif aux enjeux de durabilité, selon le cas, de la société consolidante mentionnée au II ou au III ne comprend pas les informations exigées par l'article 8 du règlement (UE) 2020/852 du Parlement européen et du Conseil, portant sur le groupe de la société dispensée, ces informations sont incluses dans le rapport de gestion ou le cas échéant le rapport sur la gestion du groupe de la société dispensée.

NB : Conformément au I de l'article 22 du décret n° 2023-1394 du 30 décembre 2023, ces dispositions entrent en vigueur le 1er janvier 2025.

V. supra, note sous C. com., art. L. 232-6-4.

Art. R. 233-16-5 *(D. n° 2023-1394, 30 déc. 2023)*. – Les sociétés soumises à l'article L. 233-28-4 établissent leur rapport sur la gestion du groupe dans le format d'information électronique précisé à l'article 3 du règlement délégué (UE) 2019/815 de la Commission européenne et balisent les informations consolidées en matière de durabilité ainsi que les informations exigées par l'article 8 du règlement (UE) 2020/852 du Parlement européen et du Conseil conformément à ce même format.

L'alinéa précédent s'applique également à toute société qui inclut dans le rapport sur la gestion du groupe les informations exigées par l'article 8 du règlement (UE) 2020/852 du Parlement européen et du Conseil, conformément au quatrième alinéa du IV de l'article R. 233-16-4.

NB : Conformément au I de l'article 22 du décret n° 2023-1394 du 30 décembre 2023, ces dispositions entrent en vigueur le 1er janvier 2025.

Art. D. 233-16-6 *(D. n° 2023-1394, 30 déc. 2023)*. – Le seuil prévu au deuxième alinéa du I de l'article L. 233-28-5 est fixé à 40 millions d'euros.

Le seuil prévu au 2° du II de l'article L. 233-28-5 est fixé à 150 millions d'euros.

NB : Conformément au I de l'article 22 du décret n° 2023-1394 du 30 décembre 2023, ces dispositions entrent en vigueur le 1er janvier 2025.

V. *supra*, note sous C. com., art. L. 233-28-5.

Art. R. 233-16-7 *(D. n° 2023-1394, 30 déc. 2023)*. – I. – Par dérogation au I de l'article R. 232-8-4, le rapport prévu au I de l'article L. 233-28-5 peut ne pas décrire :

1° Le degré de résilience du modèle commercial et de la stratégie du groupe en ce qui concerne les risques liés aux enjeux de durabilité ;

2° Les opportunités que recèlent les enjeux de durabilité pour le groupe ;

3° Les principaux risques pour le groupe liés aux enjeux de durabilité, y compris ses principales dépendances, et la manière dont il gère ces risques.

Le cas échéant, le rapport ne contient pas les indicateurs relatifs aux éléments mentionnés du 1° au 3°.

II. – Par dérogation au III de l'article R. 232-8-4, le rapport mentionné au I de l'article L. 233-28-5 peut être présenté conformément aux normes d'information en matière de durabilité adoptées par la Commission européenne en application de l'article 40 *ter* de la directive 2013/34/UE du Parlement européen et du Conseil ou à un acte d'exécution sur l'équivalence des normes d'information en matière de durabilité adopté par la Commission européenne en application de l'article 23 de la directive 2004/109/CE du Parlement européen et du Conseil.

NB : Conformément au I de l'article 22 du décret n° 2023-1394 du 30 décembre 2023, ces dispositions entrent en vigueur le 1er janvier 2025.

V. *supra*, note sous C. com., art. L. 233-28-5.

LIVRE VIII. – DE QUELQUES PROFESSIONS RÉGLEMENTÉES

TITRE II. – DES COMMISSAIRES AUX COMPTES, DES ORGANISMES TIERS INDÉPENDANTS ET DES AUDITEURS DES INFORMATIONS EN MATIÈRE DE DURABILITÉ

V. lien de redirection vers : TITRE II. – Des commissaires aux comptes, des organismes tiers indépendants et des auditeurs des informations en matière de durabilité. (Art. R. 820-1 à R. 822-41), https://www.legifrance.gouv.fr/codes/article_lc/LEGIARTI000048871266.

ANNEXE 6

DEVOIR DE VIGILANCE

Bibliographie : *Bibliographie générale.* Ch. Michon, *Identifier et évaluer les impacts en matière de droits humains et d'environnement : devoir de vigilance et analyse de matérialité des incidences négatives : Rev. int. Compliance* 2024, n° 1, 42. • B. Parance et E. Groulx, *Regards croisés sur le devoir de vigilance et le duty of care : JDI* 2018 (Clunet), n° 1. • Y. Gaudemet, *De la compliance à la vigilance : les entreprises au secours de l'État ? : JCP* G 2023, n° 21, doctr. 649. • L. d'Ambrosio, *Le devoir de vigilance : une innovation juridique entre continuités et ruptures : Dr. et société* 2020, n° 106, p. 633 à 647. • Y. Queinnec et F. Feunteun, *La preuve de vigilance, un challenge d'interprétation : RLDA* 2018, n° 137. • M. Tirel, *Durabilité et devoir de vigilance – Publication d'informations en matière de durabilité et devoir de vigilance : Dr. sociétés* 2024, n° 1, comm. 13. • A. Danis-Fatôme, *L'information sur la chaîne de valeur et le plan climatique : de l'information en matière de durabilité au devoir de vigilance : Actes prat. ing. sociétaire* 2024, n° 4, dossier 34. • J. Pasquero, M.-F. B. Turcotte et A. Salmon, *La responsabilité sociale de l'entreprise comme objet des sciences de gestion : un regard historique in Responsabilité sociale et environnementale de l'entreprise : Presse de l'Université du Québec*, 2005, p. 80-111. • V. Mercier, *Responsabilité sociétale des entreprises (RSE) : Études Joly Sociétés*, sept. 2022. • P. Métais et E. Valette, *Le devoir de vigilance et les enjeux en matière de responsabilité civile : RLDA* 2019, n° 153. • P. Métais et E. Valette, *Stratégie contentieuse et devoir de vigilance : D. avocats* 2020, p. 235.

Droit européen. A. Stevignon et A. Touzain, *Réflexions sur les contours du devoir de vigilance européen : quelles recommandations ? : Dalloz actualité*, 25 sept. 2023. • M. Tirel, *Publication de la directive CS3D : consécration du devoir de vigilance européen : Dr. sociétés* 2024, n° 7, comm. 10. • *Publication de la directive européenne sur le devoir de vigilance des entreprises en matière de durabilité : D.O Actualité* 21/2024, n° 28. • P. Thieffry, *Adoption de la directive sur le devoir de vigilance : quels impacts pour les entreprises assujetties à la CS3D ? : Énergie – Env. – Infrastr.* 2024, n° 8-9, comm. 86. • S. Schiller, *La directive sur le devoir de vigilance – Appréciation du champ d'application, des obligations imposées et des sanctions au regard de la loi française : JCP* E 2024, n° 27, 1207. • A. Casado, *Directive sur le devoir de vigilance des entreprises en matière de durabilité (CS3D) – La durabilité est également l'affaire des salariés et de leurs représentants : JCP* S 2024, act. 498, n° 28. • R. Boissau et A.-M. Pecoraro, *La directive CS3D limite les distorsions de concurrence qui auraient pu défavoriser les entreprises européennes* - 3 questions à : *JCP* G 2024, n° 36, 1044.

Droit interne. Ambrosio et P. Barraud de Lagerie, *Le devoir de vigilance des entreprises nationales : Dr. et société* 2020, n° 106, p. 625 et s. • C. Hannoun, *Le devoir de vigilance des sociétés mères et entreprises donneuses d'ordre après la loi du 27 mars 2017 : Dr. soc.* 2017, 10, p. 806. • S. Brabant et E. Savourey, *La loi relative au devoir de vigilance – une perspective pratique et multidimensionnelle : Rev. int. compliance ; JCP* E 2017, n° 50, p. 9 et s. • E. Savourey, *Loi française sur le devoir de vigilance. Trois recommandations pour avancer*, oct. 2018. • B. Teyssié, *Le plan de vigilance. Trois années d'application : D.* 2021, p. 1823. • P. Barraud de Lagerie, E. Béthoux, R. Bourguignon, A. Mias et E. Penalva-Icher, *Mise en œuvre de la Loi sur le devoir de vigilance Rapport sur les premiers plans adoptés par les entreprises*, juin 2020. • Conseil général de l'économie, *Évaluation de la mise en œuvre de la loi n° 2017-399 du 27 mars 2017 relative au devoir de vigilance des sociétés mères et des entreprises donneuses d'ordre*, établi par A. Duthilleul et M. de Jouvenel : janv. 2020. • P.-L. Périn et F. Flatrès, *Le régime des sanctions associées au devoir de vigilance des grandes entreprises : la loi du 27 mars 2017 et au-delà : Dr. sociétés* 2022, n° 11, étude 9. • S. Brabant et E. Savourey, *Loi relative au devoir de vigilance – Des sanctions pour prévenir et réparer ? : Rev. int. Compliance* 2017, comm. 44 ; *Devoir de vigilance – Le champ de la loi – Les sociétés soumises aux obligations de vigilance : Rev. int. Compliance* 2017, étude 92 ; *Le plan de vigilance – Clé de voute de la loi relative au devoir de vigilance : Rev. int. Compliance* 2017, étude 93. • M. Perrault, *Enquêtes internes – Devoir de vigilance et enquêtes internes : CDE* 2022, dossier 41. • Claude et F. Folliet, *Mécanisme d'alerte – Les spécificités du mécanisme d'alerte dans la conformité au devoir de vigilance : CDE* 2022, dossier 40. • G. Jazottes, *Sous-traitance et « relation commerciale établie » au* sens de l'article L. 442-6 du Code de commerce : quelle pertinence pour le plan de vigilance ? : RLDA 2018, n° 139. • D. Mbow, *La contribution de la loi sur l'obligation de vigilance à la protection de l'environnement* : *BDEI*, n° 2020/89. • E. Daoud et M. Doisy, *Entreprise en question : loi PACTE et loi Vigilance, ou comment le droit de la RSE investit l'entreprise* : *JCP S* 2020, n° 10, act. 97. • E. Savourey, *Loi sur le devoir de vigilance – Les enjeux juridiques des mises en demeure et des saisines des tribunaux*, Cambridge Core blog, avr. 2020. • A. Danis-Fatôme et G. Viney, *La responsabilité civile dans la loi relative au devoir de vigilance des sociétés mères et des entreprises donneuses d'ordre*, Dalloz, 2017, p. 1610. • X. Boucobza et Y.-M. Serinet, *Loi « Sapin 2 » et devoir de vigilance : l'entreprise face aux nouveaux défis de la compliance*. • J. Camy, *Loi sur le devoir de vigilance et loi Sapin II : quelles obligations des entreprises ?* : *JCP E* 2021, 1135.

Contentieux. M. Brochier et A. Bertrand, *Le contentieux du devoir de vigilance* : *Actes prat. ing. sociétaire* 2024, n° 1. • A. Stevignon avocate, *L'émergence de la vigilance climatique des entreprises, source de contentieux* : *Rev. int. Compliance* 2023, n° 06, dossier 282. • N. Cuzacq, *Premier contentieux relatif à la loi « vigilance » du 27 mars 2017, une illustration de l'importance du droit judiciaire*, Dalloz, 2020, p. 970. • E. Daoud et S. Sfoggia, *Les entreprises face aux premiers contentieux de la loi sur le devoir de vigilance* : *RJSP* 2019, n° 16. • M. Tirel, *Premiers arrêts de la chambre des contentieux émergents : les contours du devoir de vigilance se précisent !* : *Dr. sociétés* 2024, n° 8-9, comm. • A.-M. Ilcheva, *Devoir de vigilance : décryptage des premières décisions de la chambre 5-12 de la cour d'appel de Paris* : *Dalloz actualité*, 1er juill. 2024. • H. Torron, *Devoir de vigilance et actions contentieuses : la question de la compétence (enfin) résolue !* : *LPA* 31 mai 2022, n° 5, p. 51. • S. Scemla, Ch. Michon, B. Parance, P. Moreau-Avila et L. Meziani, *Devoir de vigilance – Devoir de vigilance à la française, retour d'expériences et enseignements des contentieux* : *Cahiers de droit de l'entreprise* n° 2, mars-avr. 2024, entretien 2. • J.-B. Barbièri, *Le pouvoir (très) restreint du juge des référés en matière de devoir de vigilance* : *JCP E* 2023, n° 12, 1086. • A. Stevignon et B. Laniyanle, *Devoir de vigilance : les contours de la recevabilité des actions en injonction sont (enfin) fixés* : *Dalloz actualité*, 21 juin 2024. • J. Rochfeld et B. Parance, *Discussions sur les conditions des actions en conformité au devoir de vigilance – À propos de l'ordonnance du tribunal judiciaire de Paris du 6 juillet 2023* : *JCP G* 2023, n° 46, doctr. 1314.

La directive CSDDD sur le devoir de vigilance est la dernière à avoir été votée dans des conditions un peu acrobatiques par le Parlement européen dans son ultime session du 24 avril 2024. Elle a été publiée le 5 juillet 2024, est datée du 11 juin et porte le numéro 2024/1760.

Au début de l'année 2025, le report du texte est demandé par de nombreux États et son avenir est incertain.

Elle s'inscrit dans la conception globale du Green New Deal comme la traduction juridique des nouvelles obligations comptables qui résultent de la CSRD. Après avoir fait l'objet d'un accord en trilogue, qui avait débouché sur un texte définitif, l'opposition de l'Allemagne et de l'Italie a empêché l'adoption en COREPER et renvoyé le texte à une nouvelle discussion pour en réduire très sensiblement le périmètre et la portée. Ainsi, le nombre d'entreprises concernées s'est sensiblement réduit et certaines dispositions comme la responsabilité pourtant limitée des administrateurs déjà très réduite à la suite du trilogue. Il n'en demeure pas moins que ce texte est extrêmement important, même sous sa forme définitive.

Il n'entrera que très progressivement en vigueur, en fonction de la taille des entreprises et, s'agissant d'une directive, elle devra être transposée en droit interne. Cela signifie que la loi sur le devoir de vigilance telle que nous l'avons actuellement en droit interne devra s'adapter pour répondre aux critères de la directive. Les conditions de transposition seront donc essentielles.

1. – DROIT INTERNE

Loi n° 2017-399 du 27 mars 2017

relative au devoir de vigilance des sociétés mères et des entreprises donneuses d'ordre dans sa version codifiée au 1er janvier 2025, incluant un nota bene sur l'ancienne codification (jusqu'au 1er janvier 2025)

V. lien de redirection vers : Loi n° 2017-399 du 27 mars 2017 relative au devoir de vigilance des sociétés mères et des entreprises donneuses d'ordre, https://www.legifrance.gouv.fr/jorf/id/JORFTEXT000034290626/.

Art. 1er. – Après l'article L. 225-102-3 du Code de commerce, il est inséré un article L. 225-102-4 ainsi rédigé :

« *Art. L. 225-102-4*. – I. – Toute société qui emploie, à la clôture de deux exercices consécutifs, au moins cinq mille salariés en son sein et dans ses filiales directes ou indirectes dont le siège social est fixé sur le territoire français, ou au moins dix mille salariés en son sein et dans ses filiales directes ou indirectes dont le siège

social est fixé sur le territoire français ou à l'étranger, établit et met en œuvre de manière effective un plan de vigilance.

Les filiales ou sociétés contrôlées qui dépassent les seuils mentionnés au premier alinéa sont réputées satisfaire aux obligations prévues au présent article dès lors que la société qui les contrôle, au sens de l'article L. 233-3, établit et met en œuvre un plan de vigilance relatif à l'activité de la société et de l'ensemble des filiales ou sociétés qu'elle contrôle.

Le plan comporte les mesures de vigilance raisonnable propres à identifier les risques et à prévenir les atteintes graves envers les droits humains et les libertés fondamentales, la santé et la sécurité des personnes ainsi que l'environnement, résultant des activités de la société et de celles des sociétés qu'elle contrôle au sens du II de l'article L. 233-16, directement ou indirectement, ainsi que des activités des sous-traitants ou fournisseurs avec lesquels est entretenue une relation commerciale établie, lorsque ces activités sont rattachées à cette relation.

Le plan a vocation à être élaboré en association avec les parties prenantes de la société, le cas échéant dans le cadre d'initiatives pluripartites au sein de filières ou à l'échelle territoriale. Il comprend les mesures suivantes :

1° Une cartographie des risques destinée à leur identification, leur analyse et leur hiérarchisation ;

2° Des procédures d'évaluation régulière de la situation des filiales, des sous-traitants ou fournisseurs avec lesquels est entretenue une relation commerciale établie, au regard de la cartographie des risques ;

3° Des actions adaptées d'atténuation des risques ou de prévention des atteintes graves ;

4° Un mécanisme d'alerte et de recueil des signalements relatifs à l'existence ou à la réalisation des risques, établi en concertation avec les organisations syndicales représentatives dans ladite société ;

5° Un dispositif de suivi des mesures mises en œuvre et d'évaluation de leur efficacité.

Le plan de vigilance et le compte rendu de sa mise en œuvre effective sont rendus publics et inclus dans le rapport mentionné à l'article L. 225-102.

Un décret en Conseil d'État peut compléter les mesures de vigilance prévues aux 1° à 5° du présent article. Il peut préciser les modalités d'élaboration et de mise en œuvre du plan de vigilance, le cas échéant dans le cadre d'initiatives pluripartites au sein de filières ou à l'échelle territoriale.

II. – Lorsqu'une société mise en demeure de respecter les obligations prévues au I n'y satisfait pas dans un délai de trois mois à compter de la mise en demeure, la juridiction compétente peut, à la demande de toute personne justifiant d'un intérêt à agir, lui enjoindre, le cas échéant sous astreinte, de les respecter.

Le président du tribunal, statuant en référé, peut être saisi aux mêmes fins.

[Dispositions déclarées non conformes à la Constitution par la décision du Conseil constitutionnel n° 2017-750 DC du 23 mars 2017.] »

1) Le plan de vigilance, tel qu'il résulte de la loi du 23 mars 2019, a fait l'objet d'une jurisprudence relativement modeste jusqu'à présent, hormis en ce qui concerne toutes les questions liées à la compétence de la juridiction chargée de juger de sa validité et plus récemment de la portée de la mise en demeure.

Le texte est relativement clair en ce qui concerne son champ d'application, le rôle des filiales et leurs propres obligations. Le contenu du devoir de vigilance est au départ une démarche globale de l'entreprise, en référence à la norme ISO 26 000 sur ses aspects sociaux, environnementaux et économiques. La loi du 22 août 2021 a étendu ces obligations aux entreprises produisant et commercialisant des produits issus de l'exploitation agricole et forestière.

En revanche, par rapport aux textes communautaires, la loi française est beaucoup plus vague tant en ce qui concerne les domaines d'impacts à prendre en compte, la participation des parties prenantes à l'élaboration du plan de vigilance et le degré de précision de ces plans.

2) Compétence. La chambre commerciale de la Cour de cassation casse un arrêt de la cour d'appel de Versailles (■ Cass. com., 10 déc. 2020, n° 20/01693) qui avait reconnu la compétence du juge consulaire pour juger d'une action dirigée contre un plan de vigilance (■ Cass. com, 15 déc. 2021, n° 21/11882 : *Dalloz actualité* 17 janv. 2022, obs. Châtelier ; *D.* 2022, 826 note Dumont ; *Rev. Sociétés* 2022, 173, note Reygrobelet ; *RJDA* 2022, n° 121 ; *Dr. société* 2022, n° 30, obs. Hamelin).

Désormais, la loi a tranché et l'article L. 211-21 donne compétence au tribunal judiciaire pour trancher le litige. De plus, la cour d'appel de Paris, dans un communiqué en date du 18 janvier 2024, a annoncé la création d'une chambre spécialisée dans le devoir de vigilance des sociétés, le rapport de durabilité créé par la directive CSRD, et la responsabilité écologique.

3) **Mise en demeure.**

• Cet élément important de l'engagement de la procédure traduit à la fois la volonté du législateur de faire participer la société civile et la possibilité donnée à l'entreprise de se mettre en conformité avec ses obligations, éventuellement dans le cadre d'un dialogue. La mise en demeure doit être suffisamment précise pour permettre un dialogue constructif : « l'envoi de la mise en demeure a pour objet d'instituer une phase obligatoire de dialogue et d'échanges amiables au cours de laquelle la société pourra répondre aux critiques formulées à l'encontre de son plan de vigilance et lui apporter les modifications nécessaires » (▪ TJ Paris, juge des référés, 28 févr. 2023, n° 22/53942).

• Les demandes alléguées devant le tribunal, après envoi de la mise en demeure initiale et de la réponse de l'entreprise (en particulier en raison de l'ajout de plus de 200 nouvelles pièces), sont considérées comme différentes de la mise en demeure initiale et équivalentes donc, à défaut de mise en demeure initiale, la requête est irrecevable (même décision : ▪ TJ Paris, juge des référés, 28 févr. 2023, n° 22/53942).

• Une action visant à voir établir un nouveau plan de vigilance à la suite d'une grave pollution est irrecevable à défaut de mise en demeure préalable (▪ TJ Paris, 6 juill. 2023, n° 22/03403), confirmé par la cour d'appel de Paris (▪ CA Paris, ch. 5-12, 18 juin 2024, n° 23/14348 ; note Lefebvre et Stéphan, *D.* 2024, p. 471 ; *Dalloz* 2024, 990, obs. G. Leray et V. Monteillet ; *RTD* 2024, 256, chron. S. Vernac ; *RTD com.* 2024, obs. A. Lecourt).

• Des intervenants non signataires de la mise en demeure initiale sont recevables à agir devant la cour dès lors qu'ils justifient d'un intérêt pour agir (▪ CA Paris, 5e ch., 10 juin 2024, n° 21/22319).

4) **Notion de relation commerciale établie.** Ce concept que l'on ne trouve pas dans le devoir de vigilance européen est destiné à délimiter le champ de la chaîne de valeur en la limitant aux entreprises avec lesquelles le déclarant estime continuer dans la durée ses relations commerciales. Ce concept se retrouvait déjà dans l'ancien article L. 442-6 du Code de commerce.

5) **Contrôle du champ du devoir de vigilance.** Un seul jugement a été rendu sur le fond (▪ TJ Paris, ch. 1-4, 5 déc. 2023, n° 21/15827) et il est frappé d'appel. Dans cette décision, le syndicat Sud PTT avait assigné la Poste pour qu'elle modifie son plan de vigilance. Le jugement, qui admet la recevabilité du syndicat, admet également le bien-fondé d'un certain nombre de ses demandes. Il souligne que le dispositif de ces mesures de vigilance doit « mesurer utilement l'efficacité des mesures prises » et « servir de bilan utile pour orienter l'action en matière de vigilance ». La Poste est enjointe de compléter son plan de vigilance par un mécanisme d'alerte et de recueil des signalements et d'établir des procédures d'évaluation des sous-traitants en fonction des risques identifiés par une cartographie des risques, laquelle doit être brute et doit permettre l'identification et l'analyse et la hiérarchisation des risques.

Art. 2. – **Après le même article L. 225-102-3, il est inséré un article L. 225-102-5 ainsi rédigé :**

« *Art. 225-102-5.* – Dans les conditions prévues aux articles 1240 et 1241 du Code civil, le manquement aux obligations définies à l'article L. 225-102-4 du présent code engage la responsabilité de son auteur et l'oblige à réparer le préjudice que l'exécution de ces obligations aurait permis d'éviter.

[Dispositions déclarées non conformes à la Constitution par la décision du Conseil constitutionnel n° 2017-750 DC du 23 mars 2017.]

L'action en responsabilité est introduite devant la juridiction compétente par toute personne justifiant d'un intérêt à agir à cette fin.

La juridiction peut ordonner la publication, la diffusion ou l'affichage de sa décision ou d'un extrait de celle-ci, selon les modalités qu'elle précise. Les frais sont supportés par la personne condamnée.

La juridiction peut ordonner l'exécution de sa décision sous astreinte. »

Art. 3. – ***[Dispositions déclarées non conformes à la Constitution par la décision du Conseil constitutionnel n° 2017-750 DC du 23 mars 2017.]***

Art. 4. – **Les articles L. 225-102-4 et L. 225-102-5 du Code de commerce s'appliquent à compter du rapport mentionné à l'article L. 225-102 du même code portant sur le premier exercice ouvert après la publication de la présente loi.**

Par dérogation au premier alinéa du présent article, pour l'exercice au cours duquel la présente loi a été publiée, le I de l'article L. 225-102-4 dudit code s'applique, à l'exception du compte rendu prévu à son avant-dernier alinéa.

La présente loi sera exécutée comme loi de l'État.

ANNEXE 6

2. – DROIT EUROPÉEN

Directive (UE) du Parlement européen et du Conseil n° 2024/1760 du 13 juin 2024

sur le devoir de vigilance des entreprises en matière de durabilité et modifiant la directive (UE) 2019/1937 et le règlement (UE) 2023/2859

Directive (UE) 2024/1760 du Parlement européen et du Conseil du 13 juin 2024 sur le devoir de vigilance des entreprises en matière de durabilité et modifiant la directive (UE) 2019/1937 et le règlement (UE) 2023/2859, V. https://www.legifrance.gouv.fr/jorf/id/JORFTEXT000049988105.

Art. 1er. – Objet. – 1. La présente directive établit des règles concernant :

a) les obligations des entreprises quant aux incidences négatives sur les droits de l'homme et aux incidences négatives sur l'environnement, qu'elles soient réelles ou potentielles, en ce qui concerne leurs propres activités, les activités de leurs filiales et les opérations réalisées par leurs partenaires commerciaux dans les chaînes d'activités de ces entreprises ;

b) la responsabilité en cas de manquement aux obligations visées au point a) ; et

c) l'obligation pour les entreprises d'adopter et de mettre en œuvre un plan de transition pour l'atténuation du changement climatique qui vise à garantir, en déployant tous les efforts possibles, la compatibilité du modèle économique et de la stratégie économique de l'entreprise avec la transition vers une économie durable et avec la limitation du réchauffement climatique à 1,5° C conformément à l'accord de Paris.

2. La présente directive ne constitue pas un motif qui justifie une réduction du niveau de protection des droits de l'homme, des droits du travail et des droits sociaux, ou de la protection de l'environnement ou du climat prévu par le droit national des États membres ou par les conventions collectives applicables au moment de l'adoption de la présente directive.

3. La présente directive est sans préjudice des obligations en matière de droits de l'homme, de droits du travail et de droits sociaux, et de protection de l'environnement et de changement climatique prévues par d'autres actes législatifs de l'Union. Si une disposition de la présente directive est en conflit avec une disposition d'un autre acte législatif de l'Union poursuivant les mêmes objectifs et prévoyant des obligations plus étendues ou plus spécifiques, la disposition de l'autre acte législatif de l'Union prévaut dans la limite du conflit et s'applique en ce qui concerne ces obligations spécifiques.

L'article premier fixe les principes généraux qui seront précisés dans les articles suivants.

Il définit tout d'abord le périmètre du devoir de vigilance qui ne se limite pas à l'entreprise stricto sensu mais intègre également les filiales et surtout les entreprises partenaires dans les chaînes d'activité. On examinera sous l'article 2 ce qu'il faut entendre par cette locution. Il faut d'ores et déjà souligner que c'est par la chaîne d'activité que la directive va avoir un impact majeur. En effet, le nombre d'entreprises directement concernées reste modeste. En revanche, la chaîne d'activité est susceptible de concerner, par cercles concentriques, la quasi-totalité des entreprises européennes mais aussi des entreprises étrangères travaillant en Europe.

Il intègre un élément tout à fait novateur qui est l'obligation de réaliser un plan de transition qui jusqu'à présent était facultatif. Ce plan de transition concerne le changement climatique. Il vise la garantie, par des efforts optimaux, de la compatibilité du modèle d'entreprises d'une part et de la stratégie d'entreprise d'autre part avec un objectif d'1,5 degré, objectif extrêmement ambitieux. On rappellera que dans le jugement Shell qui avait admis, la prise en considération de cet objectif avait conduit une réduction des émissions de gaz à effet de serre de 45 % entre 1990 et 2030 et avait intégré les scopes 1, 2 et 3 a été annulé par la cour d'appel de La Haye par arrêt en date du 12 novembre 2024.

Elle précise vouloir instaurer un régime de responsabilité qui existe déjà (considérant 6) dans le respect des droits de l'Homme.

Enfin, la directive est très précise quant au fait qu'elle ne peut en aucune manière être interprétée comme une base de réduction des droits qu'il s'agisse des droits sociaux ou des droits environnementaux.

Art. 2. – Champ d'application. – 1. La présente directive s'applique aux entreprises constituées en conformité avec la législation d'un État membre et qui remplissent l'une des conditions suivantes :

a) l'entreprise a employé plus de 1 000 salariés en moyenne et a réalisé un chiffre d'affaires net de plus de 450 000 000 EUR au niveau mondial au cours du dernier exercice pour lequel des états financiers annuels ont été adoptés ou auraient dû l'être ;

b) l'entreprise n'a pas atteint les seuils visés au point *a)*, mais est la société mère ultime d'un groupe qui a atteint ces seuils au cours du dernier exercice pour lequel des états financiers annuels consolidés ont été adoptés ou auraient dû l'être ;

c) l'entreprise a conclu des accords de franchise ou de licence dans l'Union en échange de redevances avec des entreprises tierces indépendantes ou est la société mère ultime d'un groupe qui a conclu de tels accords, lorsque ces accords garantissent une identité commune, un concept commercial commun et l'application de méthodes commerciales uniformes, et lorsque ces redevances ont atteint plus de 22 500 000 EUR au cours du dernier exercice pour lequel des états financiers annuels ont été adoptés ou auraient dû l'être, et à condition que l'entreprise ait eu un chiffre d'affaires net de plus de 80 000 000 EUR au niveau mondial au cours du dernier exercice pour lequel des états financiers annuels ont été adoptés ou auraient dû l'être ou qu'elle soit la société mère ultime d'un groupe ayant eu un tel chiffre d'affaires ;

2. La présente directive s'applique également aux entreprises constituées en conformité avec la législation d'un pays tiers et qui remplissent l'une des conditions suivantes :

a) l'entreprise a réalisé un chiffre d'affaires net de plus de 450 000 000 EUR dans l'Union au cours de l'exercice précédant le dernier exercice ;

b) l'entreprise n'a pas atteint le seuil visé au point *a)*, mais est la société mère ultime d'un groupe qui, sur une base consolidée, a atteint ce seuil au cours de l'exercice précédant le dernier exercice ;

c) l'entreprise a conclu des accords de franchise ou de licence dans l'Union en échange de redevances avec des entreprises tierces indépendantes ou est la société mère ultime d'un groupe qui a conclu de tels accords, lorsque ces accords garantissent une identité commune, un concept commercial commun et l'application de méthodes commerciales uniformes, et lorsque ces redevances ont atteint plus de 22 500 000 EUR dans l'Union au cours de l'exercice précédant le dernier exercice ; et à condition que l'entreprise ait eu un chiffre d'affaires net de plus de 80 000 000 EUR dans l'Union au cours de l'exercice financier précédant le dernier exercice ou qu'elle soit la société mère ultime d'un groupe ayant eu un tel chiffre d'affaires.

3. Lorsque la société mère ultime a pour activité principale la détention d'actions dans des filiales opérationnelles et ne prend pas part à la prise de décisions de gestion, opérationnelles ou financières qui touchent le groupe ou une ou plusieurs de ses filiales, elle peut être exemptée de l'exécution des obligations prévues par la présente directive. Cette exemption est subordonnée à la condition que l'une des filiales de la société mère ultime établies dans l'Union soit désignée pour remplir les obligations énoncées aux articles 6 à 16 et 22 au nom de la société mère ultime, y compris les obligations de la société mère ultime en ce qui concerne les activités de ses filiales. Dans ce cas, la filiale désignée dispose de tous les moyens et pouvoirs juridiques nécessaires pour s'acquitter efficacement de ces obligations, notamment pour garantir qu'elle obtienne des entreprises du groupe les informations et documents pertinents pour remplir les obligations de la société mère ultime au titre de la présente directive.

La société mère ultime demande l'exemption visée au premier alinéa du présent paragraphe à l'autorité de contrôle compétente, conformément à l'article 24, afin d'évaluer si les conditions visées au premier alinéa du présent paragraphe sont remplies. Lorsque les conditions sont remplies, l'autorité de contrôle compétente accorde l'exemption. Le cas échéant, cette autorité informe dûment l'autorité de contrôle compétente de l'État membre dans lequel la filiale désignée est établie de la demande puis de sa décision.

La société mère ultime demeure conjointement responsable avec la filiale désignée du non-respect, par cette dernière, des obligations qui lui incombent en vertu du premier alinéa du présent paragraphe.

4. Aux fins du paragraphe 1, le nombre de salariés à temps partiel est calculé sur la base d'un équivalent temps plein. Les travailleurs intérimaires et les autres travailleurs exerçant des formes d'emploi atypiques, pour autant qu'ils remplissent les critères de détermination du statut de travailleur établis par la Cour de justice de l'Union européenne, sont inclus dans le calcul du nombre de salariés de la même manière que s'ils étaient des travailleurs employés directement par l'entreprise pour la même période.

5. Lorsqu'une entreprise remplit les conditions prévues au paragraphe 1 ou 2, la présente directive ne s'applique que si ces conditions sont remplies au cours de deux exercices consécutifs. La présente directive ne s'applique plus à une entreprise visée au paragraphe 1 ou 2 lorsque les conditions énoncées au paragraphe 1 ou 2 ne sont plus remplies pour chacun des deux derniers exercices concernés.

6. En ce qui concerne les entreprises visées au paragraphe 1, l'État membre compétent pour réglementer les questions relevant de la présente directive est l'État membre où l'entreprise a son siège statutaire.

7. En ce qui concerne une entreprise visée au paragraphe 2, l'État membre compétent pour réglementer les questions relevant de la présente directive est l'État membre où cette entreprise possède une succursale. Si une entreprise ne possède de succursale dans aucun État membre ou possède des succursales situées dans différents États membres, l'État membre compétent pour réglementer les questions relevant de la présente directive est celui dans lequel cette entreprise a réalisé son chiffre d'affaires net le plus important dans l'Union au cours de l'exercice financier précédant le dernier exercice.

8. La présente directive ne s'applique ni aux gestionnaires de FIA au sens de l'article 4, paragraphe 1, point *b*), de la directive 2011/61/UE du Parlement européen et du Conseil (1) **ni aux organismes de placement collectif en valeurs mobilières (OPCVM) au sens de l'article 1er, paragraphe 2, de la directive 2009/65/CE du Parlement européen et du Conseil** (2).

1) Le champ d'application de la directive vise à la fois les sociétés européennes et les sociétés étrangères avec des dispositions spécifiques pour le secteur financier.

2) Les sociétés européennes. Le champ d'application de la directive à l'égard des sociétés européennes n'a cessé de se réduire au fur et à mesure des débats.

Si à l'origine les entreprises de plus de 250 salariés étaient concernées, aujourd'hui ce sont celles de plus de 1 000 personnes avec un chiffre d'affaires mondial de 450 millions d'euros qui le sont. Il en va de même s'il s'agit de la société mère ultime d'un groupe qui atteint les seuils ou de la société mère ultime d'un groupe qui a conclu des accords de franchise de licence dans l'Union contre des redevances avec des sociétés tierces indépendantes pour un montant de plus de 22,5 millions d'euros. Et à la condition que la société mère ait réalisé un chiffre d'affaires mondial de plus de 80 millions d'euros.

3) S'agissant des sociétés venant de pays tiers, elles sont soumises dans les mêmes conditions, sans seuil de salariés. Toutefois, une exemption est prévue si la société mère ultime ne fait que détenir des actions sans prendre de décision. Mais dans ce cas, une filiale doit être désignée pour remplir les obligations pour le compte de la société mère ultime, et la société mère ultime reste conjointement responsable avec la filiale désignée en cas de manquement de ces dernières à ses obligations.

4) Pour calculer le nombre de travailleurs sont pris en considération les travailleurs à temps partiels comme les intérimaires et les autres travailleurs soumis à des formes atypiques d'emploi.

5) L'obligation ne demeure que pour autant que la société remplisse les conditions au cours de deux exercices consécutifs.

6) L'État membre responsable est celui dans lequel la société a son siège social et, pour les sociétés étrangères, celui dans lequel elle a une succursale. En l'absence de succursale, c'est l'État membre dans lequel le chiffre d'affaires réalisé est le plus important. Cette information peut être réclamée à la Commission en cas de besoin.

7) Enfin, la directive ne s'applique pas aux fonds alternatifs définis par la directive 2011/61 ni aux OPCVM.

Art. 3. – Définitions. – 1. Aux fins de la présente directive, on entend par :

***a)* « entreprise » :**

i) une personne morale constituée sous l'une des formes juridiques énumérées aux annexes I et II de la directive 2013/34/UE (3) **;**

ii) une personne morale constituée conformément à la législation d'un pays tiers sous une forme comparable à celles énumérées aux annexes I et II de la directive 2013/34/UE ;

(1) Directive 2011/61/UE du Parlement européen et du Conseil du 8 juin 2011 sur les gestionnaires de fonds d'investissement alternatifs et modifiant les directives 2003/41/CE et 2009/65/CE ainsi que les règlements (CE) nº 1060/2009 et (UE) nº 1095/2010 (*JO* L 174 du 1er juill. 2011, p. 1).

(2) Directive 2009/65/CE du Parlement européen et du Conseil du 13 juillet 2009 relative à la coordination des dispositions législatives, réglementaires et administratives concernant certains organismes de placement collectif en valeurs mobilières (OPCVM) (*JO* L 302 du 17 nov. 2009, p. 32).

(3) Directive 2013/34/UE du Parlement européen et du Conseil du 26 juin 2013 relative aux états financiers annuels, aux états financiers consolidés et aux rapports y afférents de certaines formes d'entreprises, modifiant a directive 2006/43/CE du Parlement européen et du Conseil et abrogeant les directives 78/660/CEE et 83/349/CEE du Conseil Texte présentant de l'intérêt pour l'EEE (*JO* L 182 du 29 juin 2013, p. 19-76).

iii) une entreprise financière réglementée, quelle que soit sa forme juridique, qui est :

– un établissement de crédit au sens de l'article 4, paragraphe 1, point 1), du règlement (UE) n° 575/2013 du Parlement européen et du Conseil (1) ;

– une entreprise d'investissement au sens de l'article 4, paragraphe 1, point 1), de la directive 2014/65/UE du Parlement européen et du Conseil (2) ;

– un gestionnaire de fonds d'investissement alternatifs (gestionnaire de FIA) au sens de l'article 4, paragraphe 1, point *b)*, de la directive 2011/61/UE, y compris un gestionnaire de fonds de capital-risque européens (gestionnaire d'EuVECA) visé dans le règlement (UE) n° 345/2013 du Parlement européen et du Conseil (3), un gestionnaire de fonds d'entrepreneuriat social européens (gestionnaire d'EuSEF) visé dans le règlement (UE) n° 346/2013 du Parlement européen et du Conseil (4) et un gestionnaire de fonds européens d'investissement à long terme (gestionnaire d'ELTIF) visé dans le règlement (UE) 2015/760 du Parlement européen et du Conseil (5) ;

– une société de gestion au sens de l'article 2, paragraphe 1, point *b)*, de la directive 2009/65/CE ;

– une entreprise d'assurance au sens de l'article 13, point 1), de la directive 2009/138/CE du Parlement européen et du Conseil (6) ;

– une entreprise de réassurance au sens de l'article 13, point 4), de la directive 2009/138/CE ;

– une institution de retraite professionnelle relevant du champ d'application de la directive (UE) 2016/2341 conformément à son article 2, sauf si un État membre a choisi de ne pas appliquer ladite directive, en tout ou en partie, à une telle institution conformément à l'article 5 de ladite direcive ;

– une contrepartie centrale au sens de l'article 2, point 1), du règlement (UE) n° 648/2012 du Parlement européen et du Conseil (7) ;

– un dépositaire central de titres au sens de l'article 2, paragraphe 1, point 1), du règlement (UE) n° 909/2014 du Parlement européen et du Conseil (8) ;

– un véhicule de titrisation d'assurance ou de réassurance agréé conformément à l'article 211 de la directive 2009/138/CE ;

– une entité de titrisation au sens de l'article 2, point 2), du règlement (UE) 2017/2402 du Parlement européen et du Conseil (9) ;

– une compagnie financière holding au sens de l'article 4, paragraphe 1, point 20), du règlement (UE) n° 575/2013, une société holding d'assurance au sens de l'article 212, paragraphe 1, point *f)*, de la directive 2009/138/CE ou une compagnie financière holding mixte au sens de l'article 212, paragraphe 1, point *h)*, de la directive 2009/138/CE, qui fait partie d'un groupe d'assurance soumis à un contrôle au niveau du groupe

(1) Règlement (UE) n° 575/2013 du Parlement européen et du Conseil du 26 juin 2013 concernant les exigences prudentielles applicables aux établissements de crédit et aux entreprises d'investissement et modifiant le règlement (UE) n° 648/2012 (*JO* L 176 du 27 juin 2013, p. 1).

(2) Directive 2014/65/UE du Parlement européen et du Conseil du 15 mai 2014 concernant les marchés d'instruments financiers et modifiant la directive 2002/92/CE et la directive 2011/61/UE (*JO* L 173 du 12 juin 2014, p. 349).

(3) Règlement (UE) n° 345/2013 du Parlement européen et du Conseil du 17 avril 2013 relatif aux fonds de capital-risque européens (*JO* L 115 du 25 avr. 2013, p. 1).

(4) Règlement (UE) n° 346/2013 du Parlement européen et du Conseil du 17 avril 2013 relatif aux fonds d'entrepreneuriat social européens (*JO* L 115 du 25 avr. 2013, p. 18).

(5) Règlement (UE) 2015/760 du Parlement européen et du Conseil du 29 avril 2015 relatif aux fonds européens d'investissement à long terme (*JO* L 123 du 19 mai 2015, p. 98).

(6) Directive 2009/138/CE du Parlement européen et du Conseil du 25 novembre 2009 sur l'accès aux activités de l'assurance et de la réassurance et leur exercice (solvabilité II) (*JO* L 335 du 17 déc. 2009, p. 1).

(7) Règlement (UE) n° 648/2012 du Parlement européen et du Conseil du 4 juillet 2012 sur les produits dérivés de gré à gré, les contreparties centrales et les référentiels centraux (*JO* L 201 du 27 juill. 2012, p. 1).

(8) Règlement (UE) n° 909/2014 du Parlement européen et du Conseil du 23 juillet 2014 concernant l'amélioration du règlement de titres dans l'Union européenne et les dépositaires centraux de titres, et modifiant les directives 98/26/CE et 2014/65/UE et le règlement (UE) n° 236/2012 (*JO* L 257 du 28 août 2014, p. 1).

(9) Règlement (UE) 2017/2402 du Parlement européen et du Conseil du 12 décembre 2017 créant un cadre général pour la titrisation ainsi qu'un cadre spécifique pour les titrisations simples, transparentes et standardisées, et modifiant les directives 2009/65/CE, 2009/138/CE et 2011/61/UE et les règlements (CE) n° 1060/2009 et (UE) n° 648/2012 (*JO* L 347 du 28 déc. 2017, p. 35).

conformément à l'article 213 de ladite directive et qui n'est pas exemptée du contrôle de groupe conformément à l'article 214, paragraphe 2, de la directive 2009/138/CE ;

– un établissement de paiement visé à l'article 1er, paragraphe 1, point *d)*, de la directive (UE) 2015/2366 du Parlement européen et du Conseil (1) ;

– un établissement de monnaie électronique au sens de l'article 2, point 1), de la directive 2009/110/CE du Parlement européen et du Conseil (2) ;

– un prestataire de services de financement participatif au sens de l'article 2, paragraphe 1, point *e)*, du règlement (UE) 2020/1503 du Parlement européen et du Conseil (3) ;

– un prestataire de services sur crypto-actifs au sens de l'article 3, paragraphe 1, point 15), du règlement (UE) 2023/1114 du Parlement européen et du Conseil, lorsqu'il fournit un ou plusieurs services sur crypto-actifs au sens de l'article 3, paragraphe 1, point 16), dudit règlement (4) ;

b) « incidence négative sur l'environnement » : une incidence négative sur l'environnement résultant de la violation de l'une des interdictions et obligations énumérées à l'annexe, partie I, section 1, points 15 et 16, et à la partie II de l'annexe de la présente directive compte tenu de la législation nationale liée aux dispositions des instruments qui y sont énumérés ;

c) « incidence négative sur les droits de l'homme » : une incidence sur les personnes résultant

i) d'une violation de l'un des droits de l'homme énumérés dans la partie I, section 1, de l'annexe de la présente directive, étant donné que ces droits de l'homme sont consacrés dans les instruments internationaux énumérés dans la partie I, section 2, de l'annexe de la présente directive ;

ii) d'une violation d'un droit de l'homme non énuméré dans la partie I, section 1, de l'annexe de la présente directive, mais consacré par les instruments relatifs aux droits de l'homme énumérés dans la partie I, section 2, de l'annexe de la présente directive, à condition que :

– le droit de l'homme soit susceptible de faire l'objet d'une violation par une entreprise ou une entité juridique ;

– la violation du droit de l'homme porte directement atteinte à un intérêt juridique protégé par les instruments relatifs aux droits de l'homme énumérés dans la partie I, section 2, de l'annexe de la présente directive ; et

– l'entreprise ait pu raisonnablement anticiper le risque que ce droit de l'homme puisse être affecté, compte tenu des circonstances du cas d'espèce, y compris la nature et l'étendue des activités commerciales de l'entreprise et de sa chaîne d'activités, les caractéristiques du secteur économique et le contexte géographique et opérationnel ;

d) « incidence négative » : une incidence négative sur l'environnement ou sur les droits de l'homme ;

e) « filiale » : une personne morale au sens de l'article 2, point 10), de la directive 2013/34/UE, et une personne morale par l'intermédiaire de laquelle l'activité d'une « entreprise contrôlée » au sens de l'article 2, paragraphe 1, point *f)*, de la directive 2004/109/CE du Parlement européen et du Conseil (5) est exercée ;

f) « partenaire commercial » : une entité

i) avec lequel l'entreprise a conclu un accord commercial en rapport avec les activités, produits ou services de l'entreprise ou auquel elle fournit des services conformément au point *g)* (« partenaire commercial direct ») ; ou

ii) qui n'est pas un partenaire commercial direct, mais qui exerce des activités commerciales liées aux activités, produits ou services de l'entreprise (« partenaire commercial indirect ») ;

(1) Directive (UE) 2015/2366 du Parlement européen et du Conseil du 25 novembre 2015 concernant les services de paiement dans le marché intérieur, modifiant les directives 2002/65/CE, 2009/110/CE et 2013/36/UE et le règlement (UE) n° 1093/2010, et abrogeant la directive 2007/64/CE (*JO* L 337 du 23 déc. 2015, p. 35).

(2) Directive 2009/110/CE du Parlement européen et du Conseil du 16 septembre 2009 concernant l'accès à l'activité des établissements de monnaie électronique et son exercice ainsi que la surveillance prudentielle de ces établissements, modifiant les directives 2005/60/CE et 2006/48/CE et abrogeant la directive 2000/46/CE (*JO* L 267 du 10 oct. 2009, p. 7).

(3) Règlement (UE) 2020/1503 du Parlement européen et du Conseil du 7 octobre 2020 relatif aux prestataires européens de services de financement participatif pour les entrepreneurs, et modifiant le règlement (UE) 2017/1129 et la directive (UE) 2019/1937 (*JO* L 347 du 20 oct. 2020, p. 1).

(4) Règlement (UE) 2023/1114 du Parlement européen et du Conseil du 31 mai 2023 sur les marchés de crypto-actifs, et modifiant les règlements (UE) n° 1093/2010 et (UE) n° 1095/2010 et les directives 2013/36/UE et (UE) 2019/1937 (*JO* L 150 du 9 juin 2023, p. 40).

(5) Directive 2004/109/CE du Parlement européen et du Conseil du 15 décembre 2004 sur l'harmonisation des obligations de transparence concernant l'information sur les émetteurs dont les valeurs mobilières sont admises à la négociation sur un marché réglementé et modifiant la directive 2001/34/CE (*JO* L 390 du 31 déc. 2004, p. 38).

g) « chaîne d'activités » :

i) les activités des partenaires commerciaux en amont d'une entreprise en lien avec la production de biens ou la prestation de services par cette entreprise, y compris la conception, l'extraction, l'approvisionnement, la fabrication, le transport, l'entreposage et la fourniture de matières premières, de produits ou de parties de produits et le développement du produit ou du service ; et

ii) les activités des partenaires commerciaux en aval d'une entreprise en lien avec la distribution, le transport et le stockage d'un produit de cette entreprise, lorsque les partenaires commerciaux exercent ces activités pour l'entreprise ou au nom de l'entreprise, et à l'exclusion de la distribution, du transport et du stockage d'un produit soumis au contrôle des exportations au titre du règlement (UE) 2021/821 du Parlement européen et du Conseil ou au contrôle des exportations d'armes, de munitions ou de matériel de guerre, une fois que l'exportation du produit est autorisée.

h) « vérification par un tiers indépendant » : la vérification du respect, par une entreprise ou des parties de sa chaîne d'activités, des exigences en matière de droits de l'homme et d'environnement résultant de la présente directive par un expert qui est objectif, totalement indépendant de l'entreprise et exempt de tout conflit d'intérêts et de toute influence extérieure, qui a une expérience et des compétences dans les domaines de l'environnement ou des droits de l'homme, en fonction de la nature de l'incidence négative, et qui est responsable de la qualité et de la fiabilité de la vérification ;

i) « PME » : une micro, petite ou moyenne entreprise, quelle que soit sa forme juridique, qui ne fait pas partie d'un grand groupe, au sens de l'article 3, paragraphes 1, 2, 3 et 7, de la directive 2013/34/UE ;

j) « initiative sectorielle ou multipartite » : un ensemble de procédures, d'outils et de mécanismes volontaires relatifs au devoir de vigilance conçus et supervisés par les pouvoirs publics, des associations sectorielles, des organisations intéressées, y compris des organisations de la société civile, ou des groupements ou des combinaisons de ces derniers, auxquels les entreprises peuvent participer afin de soutenir la mise en œuvre des obligations relatives au devoir de vigilance ;

k) « mandataire » : une personne physique ou morale qui réside ou est établie dans l'Union et qui est mandatée par une entreprise au sens du point *a)* ii) pour agir en son nom en ce qui concerne le respect des obligations qui incombent à cette entreprise en vertu de la présente directive ;

l) « incidence négative grave » : une incidence négative qui est particulièrement importante par sa nature, telle qu'une incidence qui nuirait à la vie, à la santé ou à la liberté des personnes, ou par son ampleur, sa portée ou son caractère irrémédiable, compte tenu de sa sévérité, y compris le nombre de personnes qui sont ou peuvent être affectées, la mesure dans laquelle l'environnement est ou peut être endommagé ou autrement affecté, son irréversibilité et les limites à la capacité de ramener les personnes affectées ou l'environnement à une situation équivalente à celle qui existait avant l'incidence dans un délai raisonnable ;

m) « chiffre d'affaires net » :

i) le « chiffre d'affaires net » au sens de l'article 2, point 5), de la directive 2013/34/UE ; ou

ii) lorsque l'entreprise applique les normes comptables internationales adoptées sur la base du règlement (CE) n° 1606/2002 du Parlement européen et du Conseil (1) ou qu'elle est une entreprise au sens du point *a)* ii), les recettes telles qu'elles sont définies dans le cadre de présentation des informations financières sur la base duquel les états financiers de l'entreprise sont établis ou au sens de celui-ci ;

n) « parties prenantes » : les salariés de l'entreprise, les salariés de ses filiales, les syndicats et les représentants des travailleurs, les consommateurs et d'autres individus, groupements, communautés ou entités dont les droits ou intérêts sont ou pourraient être affectés par les produits, services et activités de cette entreprise, de ses filiales et de ses partenaires commerciaux, y compris les salariés des partenaires commerciaux et les syndicats et les représentants des travailleurs des partenaires commerciaux de l'entreprise, les institutions nationales des droits de l'homme et de l'environnement, les organisations de la société civile dont l'objectif inclut la protection de l'environnement, et les représentants légitimes de ces individus, groupements, communautés ou entités ;

o) « mesures appropriées » : des mesures qui permettent d'atteindre les objectifs liés au devoir de vigilance, en remédiant efficacement aux incidences négatives d'une manière proportionnée au degré de gravité et à la probabilité de l'incidence négative, et qui soient raisonnablement à la portée de l'entreprise, compte tenu des

(1) Règlement (CE) n° 1606/2002 du Parlement européen et du Conseil du 19 juillet 2002 sur l'application des normes comptables internationales (*JO* L 243 du 11 sept. 2002, p. 1).

circonstances du cas d'espèce, y compris de la nature et de l'étendue de l'incidence négative et des facteurs de risque correspondants.

p) « relation commerciale » : une relation entre une entreprise et son partenaire commercial ;

q) « société mère » : une entreprise qui contrôle une ou plusieurs filiales ;

r) « société mère ultime », une société mère qui contrôle, directement ou indirectement, conformément aux critères énoncés à l'article 22, paragraphes 1 à 5, de la directive 2013/34/UE, une ou plusieurs filiales et qui n'est pas contrôlée par une autre société ;

s) « groupe d'entreprises » ou « groupe » : une société mère et l'ensemble de ses filiales ;

t) « réparation » : la restauration de la situation de la ou des personnes affectées, des communautés ou de l'environnement à un niveau équivalent à celui dans lequel ils se trouveraient si l'incidence négative réelle n'avait pas eu lieu, ou aussi proche que possible de cette situation, proportionnellement à l'implication de l'entreprise dans l'incidence négative, y compris par une compensation financière ou non financière fournie par l'entreprise à la personne ou aux personnes affectées par l'incidence négative réelle et, le cas échéant, le remboursement des coûts supportés par les autorités publiques pour toutes les mesures correctives nécessaires ;

u) « facteurs de risque » : les faits, situations ou circonstances liés à la gravité et à la probabilité d'une incidence négative, y compris les faits, situations ou circonstances au niveau de l'entreprise, au niveau des activités commerciales, aux niveaux géographique et contextuel, au niveau des produits et des services, et au niveau sectoriel ;

v) « gravité d'une incidence négative » : l'ampleur, la portée ou le caractère irrémédiable de l'incidence négative, compte tenu de sa sévérité, y compris le nombre de personnes qui sont ou peuvent être affectées, la mesure dans laquelle l'environnement est ou peut être endommagé ou autrement affecté, son irréversibilité et les limites à la capacité de ramener les personnes affectées ou l'environnement à une situation équivalente à celle qui existait avant l'incidence dans un délai raisonnable.

2. La Commission est habilitée à adopter des actes délégués en conformité avec l'article 34 afin de modifier l'annexe de la présente directive :

a) en ajoutant les références aux articles des instruments internationaux ratifiés par tous les États membres et relevant du champ d'application d'un droit, d'une interdiction ou d'une obligation spécifiques liés à la protection des droits de l'homme, des libertés fondamentales et de l'environnement énumérés à l'annexe de la présente directive ;

b) en modifiant, le cas échéant, la référence aux instruments internationaux visés à l'annexe de la présente directive, compte tenu de la modification, de la substitution ou de l'abrogation de ces instruments ;

c) pour tenir compte des évolutions ayant lieu au sein des enceintes internationales compétentes en ce qui concerne les instruments énumérés à l'annexe, partie 1, section 2, de la présente directive :

i) en remplaçant la référence aux instruments énumérés par la référence aux nouveaux instruments ratifiés par tous les États membres qui couvrent le même sujet ; ou

ii) en ajoutant la référence aux nouveaux instruments ratifiés par tous les États membres qui couvrent le même sujet que les instruments énumérés.

1) Cet article est central dans la mesure où, traitant de la question des définitions, il donne toutes les clés d'interprétation des différents articles qui suivent et des conditions d'application de la diligence raisonnable.

2) La définition des sociétés concernées. Il s'agit des entreprises soumises à l'obligation, conformément à la directive 2013/34 du 26 juin 2013, de fournir des états financiers et des états financiers consolidés. Les formes d'entreprise visées en France sont les sociétés anonymes (SA), sociétés en commandite par actions (SCA), les sociétés à responsabilité limitée (SARL) et les sociétés par actions simplifiées (SAS) ainsi que les sociétés en nom collectif (SNC) et les sociétés en commandite simple (SCS).

Sont également visés les entreprises financières réglementées, quelle que soit leur forme juridique, qui sont énumérées à l'article 3.1 *a)* iii, étant précisé que les sociétés financières ne sont concernées que pour la partie amont de leur chaîne d'activité.

3) Les incidences négatives sur l'environnement résultent de la violation des interdictions et obligations énumérées aux points 18 et 19 de l'annexe I et à la partie II l'annexe I. Il s'agit, selon le considérant 25, de « l'interdiction de causer toute dégradation mesurable de l'environnement telle qu'une modification néfaste des sols, la pollution de l'eau ou de l'air, des émissions nocives, une consommation excessive d'eau, une dégradation des sols ou toute autre incidence sur les ressources naturelles telles que la déforestation, qui compromet de manière substantielle les bases naturelles de la conservation de la production de denrées alimentaires, qui empêchent une personne d'avoir accès à l'eau potable sûre et propre ou qui rend difficile l'accès d'une personne à des installations sanitaires les détruit ou qui nuit à la santé, la sécurité, l'utilisation normale des terres et des biens légalement acquis d'une personne ou qui nuit considérablement aux services écosystémiques mythiques par lesquelles un écosystème contribue directement ou indirectement au bien-être de l'homme ». *A contrario*, appliquer une diligence raisonnable devra assurer un bon état de conservation des milieux.

Par ailleurs, la partie II de l'annexe I renvoie à tous les textes communautaires concernant l'environnement, qu'il s'agisse des déchets, de l'utilisation de certaines substances chimiques, de la protection de la biodiversité, des exportations de déchets dangereux, de la protection des zones humides, de la prévention de la pollution de la mer par les navires. Ainsi, le sujet environnemental est-il traité à la fois par renvoi à des textes précisément énumérés et par une référence assez large à toutes les atteintes susceptibles d'être portées aux milieux.

4) L'atteinte portée aux droits de l'Homme. Elle est assez largement définie par plusieurs cas de figure :

• Référence aux droits énumérés à l'annexe I partie 1 section 1 et à ceux qui sont consacrés par les instruments internationaux eux-mêmes énumérés à l'annexe 1 partie 1 section 2 :

– Sont concernés le droit à la vie, l'interdiction de la torture et des traitements cruels, le droit à la liberté et à la sécurité, l'interdiction des immixtions arbitraires ou illégales dans la vie privée, le tout par référence au pacte international relatif aux droits civils et politiques.

– Il s'agit également du droit à des conditions de travail justes et favorables avec un revenu de subsistance adéquat, l'interdiction de restreindre l'accès des travailleurs à un logement adéquat et ce, sur la base du pacte international relatif aux droits économiques.

– Puis viennent les dispositions qui concernent les droits de l'enfant, conformément à la convention relative aux droits de l'enfant (article 24) : qui garantit un meilleur état de santé possible, prévoit l'interdiction d'employer les enfants de moins de 15 ans, et l'interdiction des pires formes de travail pour les enfants de moins de 18 ans.

– Il s'agit ensuite de l'interdiction du travail forcé ou obligatoire, conformément à la Convention de l'OIT, et de toutes les formes d'esclavage mais également de l'interdiction des inégalités de traitement, conformément aux règles de l'OIT.

– Il s'agit enfin de la liberté d'association et de réunion, conformément 21 du pacte international des droits civils et politiques.

• La deuxième catégorie concerne une violation des droits de l'Homme qui ne serait pas intégrée dans les droits qui précèdent mais qui appartient aux droits énumérés dans les instruments internationaux cités :

– Le pacte international relatif aux droits civils et politiques, le pacte international relatif aux droits économiques sociaux et culturels, la convention relative aux droits de l'enfant, les conventions fondamentales de l'organisation internationale du travail : liberté syndicale droit à l'organisation, négociation collective, travail forcé, abolition du travail forcé, formes de travail des enfants, égalité de rémunération et discrimination.

Pour que ces textes trouvent à s'appliquer en dehors du champ des droits précédemment énumérés il faut que ces droits soient violés par une entreprise une personne morale et que cette violation porte directement atteinte à l'intérêt juridique protégé et que l'entreprise ait pu raisonnablement prévoir ce risque.

Ainsi, pour les droits sociaux, ils sont encadrés par des textes précis auxquels il est fait référence ce qui devrait faciliter les conditions d'application.

– On soulignera toutefois que bien que les sujets de corruption et de pots-de-vin ne soient pas expressément visés, le considérant 25 *quinquies* précise très clairement que ces sujets peuvent être sous-jacents à l'atteinte aux droits de l'Homme et à l'environnement et qu'ils doivent être traités dans la preuve de la diligence raisonnable dont les entreprises font preuve.

5) Viennent ensuite les définitions très importantes qui concernent celle du partenaire commercial et celle de chaîne d'activité. C'est en effet l'un des cœurs de la directive en ce qui concerne son périmètre et sa puissance d'entraînement.

• La notion de partenaire permet de déterminer jusqu'où un lien contractuel fait entrer un acteur dans la sphère du devoir de vigilance. Le texte distingue deux types de partenariats :

– Le partenaire commercial direct est celui qui entre dans la chaîne de production ou qui est un client, ce qui vise à la fois l'amont et l'aval de l'entreprise dans les conditions précisées par le concept de chaîne d'activités.

– Le partenaire indirect effectue des opérations commerciales liées aux activités. Reste à savoir jusqu'à quel rang un partenaire indirect doit être pris en compte. Comme on le verra ci-dessous, c'est en réalité la gravité des impacts négatifs qui détermine la prise en compte des facteurs de risque.

• Le second élément majeur est celui de la définition de la chaîne d'activité. C'est également dans ce domaine que la directive a vu son champ d'application de restreindre en ce qui concerne la chaîne d'activité aval. En ce qui concerne la chaîne amont, toutes les étapes de l'élaboration du produit ou du service sont concernées depuis la conception jusqu'au stockage et la fourniture. S'agissant de la chaîne aval, le scope est beaucoup plus restreint, puisqu'il se limite désormais à la distribution, au transport et au stockage des produits, à l'exclusion des produits relevant du domaine des armes et du matériel militaire.

6) La notion d'incidence négative grave est très importante puisque c'est elle qui va, en définitive, déterminer la nécessité ou non de mettre en place des mesures. Le texte est assez restrictif puisqu'il faut qu'il soit porté atteinte à la vie, à la santé ou à la liberté humaine ou encore qu'un grand nombre de personnes soient touchés ou risquent de l'être ou encore que l'incidence ait une grande ampleur, une grande portée, ou un caractère irrémédiable. La question lorsqu'il s'agit de l'environnement est celle de l'irréversibilité et de la capacité de réparation. La définition de la gravité d'une incidence négative (article 3 qg) se réfère aux mêmes critères, à savoir l'ampleur de la portée au caractère irrémédiable, le nombre de personnes affectées les conditions d'endommagement de l'environnement et en particulier l'irréversibilité.

7) Sont définies les parties prenantes qui reprennent les critères habituels de Stockholders : employés syndicaux, représentants des travailleurs, consommateurs, personnes ou groupes dont les droits et intérêts pourraient être affectés par les activités. Ces parties prenantes intègrent non seulement celles de l'entreprise mais aussi de celles de ses filiales et de ses partenaires commerciaux, y compris les employés des partenaires commerciaux de l'entreprise. S'y ajoutent enfin des organisations plus larges de la société civile, dont l'un des objectifs est la protection de l'environnement, ce qui vise bien sûr les ONG mais aussi les syndicats et les institutions nationales des droits de l'Homme et de l'environnement.

Art. 4. – Niveau d'harmonisation. – 1. Sans préjudice de l'article 1er, paragraphes 2 et 3, les États membres n'introduisent pas, dans leur droit national, de dispositions dans le domaine régi par la présente directive qui prévoient des obligations relatives au devoir de vigilance en matière de droits de l'homme et d'environnement s'écartant de celles prévues à l'article 8, paragraphes 1 et 2, à l'article 10, paragraphe 1, et à l'article 11, paragraphe 1.

2. Nonobstant le paragraphe 1, la présente directive n'empêche pas les États membres d'introduire, dans leur droit national, des dispositions plus strictes, s'écartant de celles prévues par d'autres dispositions que l'article 8, paragraphes 1 et 2, l'article 10, paragraphe 1, et l'article 11, paragraphe 1, ou des dispositions plus spécifiques en ce qui concerne l'objectif ou le domaine couvert, afin d'atteindre un niveau différent de protection des droits de l'homme, des droits du travail et des droits sociaux, de l'environnement ou du climat.

Art. 5. – Devoir de vigilance. – 1. Les États membres veillent à ce que les entreprises fassent preuve d'un devoir de vigilance en matière de droits de l'homme et d'environnement fondé sur les risques tel que défini aux articles 7 à 16 (« devoir de vigilance ») en prenant les mesures suivantes :

***a)* intégrer le devoir de vigilance dans leurs politiques et leurs systèmes de gestion des risques conformément à l'article 7 ;**

***b)* recenser et évaluer les incidences négatives réelles ou potentielles conformément à l'article 8 et, si nécessaire, hiérarchiser les incidences négatives réelles et potentielles conformément à l'article 9 ;**

***c)* prévenir et atténuer les incidences négatives potentielles, mettre un terme aux incidences négatives réelles et en atténuer l'ampleur conformément aux articles 10 et 11 ;**

***d)* réparer les incidences négatives réelles conformément à l'article 12 ;**

***e)* mener des échanges constructifs avec les parties prenantes conformément à l'article 13 ;**

***f)* établir et maintenir un mécanisme de notification et une procédure relative aux plaintes conformément à l'article 14 ;**

***g)* contrôler l'efficacité de leur politique et de leurs mesures de vigilance conformément à l'article 15 ;**

***h)* communiquer publiquement sur le devoir de vigilance conformément à l'article 16.**

2. Les États membres veillent à ce que, aux fins du devoir de vigilance, les entreprises soient autorisées à partager des ressources et des informations au sein des groupes d'entreprises auxquels elles appartiennent et avec d'autres entités juridiques.

3. Les États membres veillent à ce qu'un partenaire commercial ne soit pas tenu de divulguer à une entreprise qui respecte les obligations découlant de la présente directive, des informations qui constituent un secret

ANNEXE 6

d'affaires au sens de l'article 2, point 1), de la directive (UE) 2016/943 (1), sans préjudice de la divulgation de l'identité des partenaires commerciaux directs et indirects, ou des informations essentielles nécessaires pour recenser les incidences négatives réelles ou potentielles, lorsque cela est nécessaire et dûment justifié aux fins du respect par l'entreprise des obligations relatives au devoir de vigilance. Cela s'entend sans préjudice de la possibilité pour les partenaires commerciaux de protéger leurs secrets d'affaires au moyen des mécanismes établis dans la directive (UE) 2016/943. Les partenaires commerciaux ne sont jamais tenus de divulguer des informations classifiées ou d'autres informations dont la divulgation présenterait un risque pour les intérêts essentiels de la sécurité d'un État.

4. Les États membres exigent des entreprises qu'elles conservent la documentation relative aux mesures mises en œuvre pour remplir leurs obligations en matière de devoir de vigilance aux fins de démontrer que ces obligations ont été respectées, y compris les éléments de preuve, pendant au moins cinq ans à compter du moment où cette documentation a été produite ou obtenue.

Lorsque, à l'expiration du délai de conservation prévu au premier alinéa, une procédure judiciaire ou administrative est en cours au titre de la présente directive, la période de conservation est prolongée jusqu'à la conclusion de l'affaire.

1) La notion de diligence raisonnable s'apprécie en fonction des risques que la cartographie permet d'établir. Elle est issue des principes directeurs des Nations Unies relatifs aux entreprises aux droits de l'Homme qui précisent que les entreprises doivent éviter de porter atteinte aux droits de l'Homme et doivent remédier aux incidences négatives qu'elles ont pu causer, à celles auxquelles elles ont contribué ou celles causées par les entreprises auxquelles elles sont liées dans le cadre de leurs activités et de leurs relations d'affaires directes et indirectes.

2) Les principes directeurs de l'OCDE à l'intention des entreprises multinationales ont étendu ce concept de diligence raisonnable aux questions d'environnement et de gouvernance. Le concept est également intégré dans les recommandations de la déclaration de principe tripartite sur les entreprises multinationales et la politique sociale de l'organisation internationale du travail. Les lignes directrices de l'OCDE ont défini les étapes pratiques de la diligence raisonnable pour aider les entreprises à identifier, prévenir, atténuer et rendre compte de la manière dont elles traitent les impacts réels et potentiels dans leurs opérations. Ceci explique les actions visées à l'article 5 pour précisément répondre à l'obligation de diligence raisonnable.

3) Cinq actions sont visées aux différents articles de la directive, numérotées de 5 à 11 et qui seront donc examinés ci-dessous successivement. La démarche est parfaitement logique. Partant du système de l'identification et de l'évaluation des incidences négatives réelles ou potentielles, elle permet de les prévenir, d'en atténuer les incidences et de mettre fin aux incidences négatives réelles. Cette procédure interne doit s'accompagner d'un engagement auprès des parties prenantes, de l'organisation des systèmes internes de notification de gestion des plaintes de contrôle de l'efficacité des politiques et de communication.

4) Le point 2 autorise le partage de ressources et d'informations au sein de groupes d'entreprises. Ces dispositions sont destinées à alléger la charge administrative en autorisant le partage de données. D'ores et déjà, un certain nombre d'organismes ont procédé à des saisies de data et à leur traitement par catégorie d'activité et par pays, permettant de faciliter la mise en œuvre de la cartographie des risques. Ces dispositions sont précisées au considérant 37 qui définit ce qu'il faut entendre par les initiatives sectorielles et multipartites, permettant d'identifier, d'atténuer et de prévenir les incidences négatives. Il s'agit de procédures, d'outils et de mécanismes volontaires de diligence raisonnable élaborés et supervisés par des gouvernements, des associations professionnelles, des organisations et des groupements, y compris des groupements d'entreprises. Ces analyses de risques pertinentes peuvent être utilisées par les entreprises qui peuvent s'associer et prendre des mesures appropriées efficaces dans leur cadre.

5) Le point 3 traite de la très délicate question de la possibilité donnée aux partenaires commerciaux de protéger leurs secrets. Un équilibre doit être trouvé entre les informations permettant d'identifier les partenaires commerciaux de rang 2, 3, 4, etc. et les informations nécessaires pour permettre d'établir non seulement la cartographie des risques mais également de prendre connaissance des mesures de diligence mises en place

(1) Directive (UE) 2016/943 du Parlement européen et du Conseil du 8 juin 2016 sur la protection des savoir-faire et des informations commerciales non divulgués (secrets d'affaires) contre l'obtention, l'utilisation et la divulgation illicites (*O* L 157 du 15 juin 2016, p. 1-18).

par ces entreprises. Dans un cas de blocage, le considérant 29 précise que lorsque les informations ne peuvent pas être raisonnablement obtenues du fait du refus du partenaire de les fournir, l'entreprise ne doit pas être pénalisée dès lors qu'elle est en mesure d'expliquer pourquoi ces informations n'ont pas pu être obtenues et de préciser les mesures qu'elle a prises pour essayer de les obtenir. Bien évidemment, une disposition particulière est prise pour les informations classifiées qui n'ont jamais à être rendues publiques.

6) Le délai de conservation de la documentation est fixé à 5 ans à compter de la date de production. Toutefois, ce délai est prorogé jusqu'à la fin d'une procédure judiciaire ou administrative si celle-ci est engagée avant la fin de la période de 5 ans.

Art. 6. – Soutien au niveau d'un groupe dans le cadre du devoir de vigilance. – 1. Les États membres veillent à ce qu'il soit permis aux sociétés mères relevant du champ d'application de la présente directive de remplir les obligations énoncées aux articles 7 à 11 et à l'article 22 pour le compte d'entreprises qui sont des filiales de ces sociétés mères et qui relèvent du champ d'application de la présente directive, sous réserve que cela garantisse le respect effectif de ces obligations. Cela s'entend sans préjudice du fait que ces filiales sont soumises à l'exercice des pouvoirs de l'autorité de contrôle conformément à l'article 25 et de leur responsabilité civile conformément à l'article 29.

2. Le respect des obligations relatives au devoir de vigilance énoncées aux articles 7 à 16 par une société mère conformément au paragraphe 1 du présent article est soumis à toutes les conditions suivantes :

***a)* la filiale et la société mère se communiquent toutes les informations nécessaires et coopèrent pour remplir les obligations découlant de la présente directive ;**

***b)* la filiale se conforme à la politique en matière de devoir de vigilance de sa société mère adaptée afin de garantir que les obligations énoncées à l'article 7, paragraphe 1, sont remplies à l'égard de la filiale ;**

***c)* la filiale intègre le devoir de vigilance dans toutes ses politiques et tous ses systèmes de gestion des risques conformément à l'article 7, en décrivant clairement quelles obligations la société mère doit remplir et, si nécessaire, en informe les parties prenantes concernées ;**

***d)* si nécessaire, la filiale continue de prendre des mesures appropriées conformément aux articles 10 et 11 et de s'acquitter des obligations qui lui incombent en vertu des articles 12 et 13 ;**

***e)* le cas échéant, la filiale cherche à obtenir des garanties contractuelles de la part d'un partenaire commercial direct conformément à l'article 10, paragraphe 2, point *b)*, ou à l'article 11, paragraphe 3, point *c)*, cherche à obtenir les garanties contractuelles de la part d'un partenaire commercial indirect conformément à l'article 10, paragraphe 4, ou à l'article 11, paragraphe 5, et suspend temporairement la relation commerciale ou y met un terme conformément à l'article 10, paragraphe 6, ou à l'article 11, paragraphe 7.**

3. Lorsque la société mère remplit l'obligation énoncée à l'article 22 au nom de sa filiale conformément au paragraphe 1 du présent article, la filiale respecte les obligations énoncées à l'article 22 conformément au plan de transition de la société mère pour l'atténuation du changement climatique, adapté à son modèle commercial et à sa stratégie.

Cette disposition est destinée à alléger la charge administrative des groupes en permettant à la société mère de remplir les obligations pour le compte de ses filiales, à condition que le respect des obligations soit effectif. Les filiales restent soumises à l'exercice du pouvoir de l'autorité de contrôle et à leur propre responsabilité. Si la filiale échappe au champ d'application de la directive, les opérations de la filiale sont alors couvertes dans le cadre des propres obligations de la maison-mère.

Art. 7. – Intégration du devoir de vigilance dans les politiques et les systèmes de gestion des risques de l'entreprise. – 1. Les États membres veillent à ce que les entreprises intègrent le devoir de vigilance dans toutes leurs politiques et tous leurs systèmes de gestion des risques pertinents et mettent en place une politique en matière de devoir de vigilance qui garantit un devoir de vigilance fondé sur les risques.

2. La politique en matière de devoir de vigilance visée au paragraphe 1 est élaborée après concertation avec les salariés de l'entreprise et leurs représentants, et contient l'ensemble des éléments suivants :

***a)* une description de l'approche de l'entreprise, y compris à long terme, en matière de devoir de vigilance ;**

***b)* un code de conduite décrivant les règles et principes à suivre dans l'ensemble de l'entreprise et de ses filiales, et par les partenaires commerciaux directs ou indirects de l'entreprise conformément à l'article 10, paragraphe 2, point *b)*, à l'article 10, paragraphe 4, à l'article 11, paragraphe 3, point *c)*, ou à l'article 11, paragraphe 5 ; et**

c) une description des procédures mises en place pour intégrer le devoir de vigilance dans les politiques pertinentes de l'entreprise et mettre en œuvre le devoir de vigilance, y compris les mesures prises pour vérifier le respect du code de conduite visé au point b) et étendre l'application de ce code aux partenaires commerciaux.

3. Les États membres veillent à ce que les entreprises actualisent leurs politiques en matière de devoir de vigilance sans retard injustifié après qu'un changement important est intervenu, et qu'elles les réexaminent et, si nécessaire, les actualisent au moins tous les vingt-quatre mois.

Aux fins visées au premier alinéa, les entreprises tiennent compte des incidences négatives déjà recensées conformément à l'article 8, ainsi que des mesures appropriées prises pour remédier à ces incidences négatives conformément aux articles 10 et 11 et des résultats des évaluations effectuées conformément à l'article 15.

Il s'agit là de la première étape de l'exercice du devoir de vigilance. Elle concerne tout d'abord des règles de procédure impliquant le conseil d'administration. Mais, le considérant 28 précise que la politique doit être élaborée en consultation préalable avec les employés de la société et leurs représentants.

L'intégration du devoir de vigilance doit se faire dans les politiques et dans les systèmes de gestion des risques pertinents, et ce, à tous les niveaux de l'entreprise. Elle doit contenir une description de l'approche de la société, y compris à long terme, un code de conduite à suivre pour la société, ses filiales et ses partenaires, ainsi que la description des processus mis en place pour intégrer la diligence raisonnable dans les politiques pertinentes. Ce sont les risques qui fondent les objectifs de la diligence. Toutes les fonctions de l'entreprise sont concernées, y compris l'approvisionnement, l'emploi et l'achat.

Ces politiques doivent être régulièrement actualisées au moins tous les 24 mois et sans délai après un changement important.

Art. 8. – Recensement et évaluation des incidences négatives réelles et potentielles. – 1. Les États membres veillent à ce que les entreprises prennent des mesures appropriées pour recenser et évaluer les incidences négatives réelles et potentielles découlant de leurs propres activités ou de celles de leurs filiales et, lorsqu'elles sont liées à leurs chaînes d'activités, de celles de leurs partenaires commerciaux, conformément au présent article.

2. Dans le cadre de l'obligation définie au paragraphe 1, compte tenu des facteurs de risque pertinents, les entreprises prennent des mesures appropriées pour :

a) cartographier leurs propres activités, celles de leurs filiales et, lorsqu'elles sont liées à leurs chaînes d'activités, celles de leurs partenaires commerciaux, afin de recenser les domaines généraux dans lesquels les incidences négatives sont les plus susceptibles de se produire et d'être les plus graves ;

b) procéder, sur la base des résultats de la cartographie visée au point a), à une évaluation approfondie de leurs propres activités, de celles de leurs filiales et, lorsqu'elles sont liées à leurs chaînes d'activités, de celles de leurs partenaires commerciaux, dans les domaines dans lesquels les incidences négatives ont été recensées comme étant les plus susceptibles de se produire et les plus graves.

3. Les États membres veillent à ce que, aux fins du recensement et de l'évaluation des incidences négatives visées au paragraphe 1 effectués sur la base d'informations quantitatives et qualitatives, selon le cas, les entreprises soient autorisées à utiliser les ressources appropriées, y compris les rapports indépendants et les informations recueillies dans le cadre du mécanisme de notification et de la procédure relative aux plaintes prévue à l'article 14.

4. Lorsque les informations nécessaires à l'évaluation approfondie prévue au paragraphe 2, point b), peuvent être obtenues auprès de partenaires commerciaux à différents niveaux de la chaîne d'activités, l'entreprise sollicite au premier chef ces informations, si cela est raisonnable, directement auprès des partenaires commerciaux chez lesquels les incidences négatives sont les plus susceptibles de se produire.

1) Cette disposition est bien entendu au cœur de la procédure de vigilance. Il s'agit de la cartographie des risques, dont le périmètre et la méthodologie ont été considérablement réduits par rapport aux dispositions initiales. La méthodologie prévoit de partir d'une cartographie des risques permettant d'identifier des zones dans lesquelles les impacts négatifs sont les plus probables et les plus graves. Puis, à partir de cette première évaluation, il est procédé à une évaluation approfondie des activités de l'entreprise, de ses filiales et des partenaires commerciaux liés à la chaîne d'activité dans les domaines où les incidences les plus graves ont été identifiées.

On n'est donc plus dans le cadre de la cartographie brute et globale de la loi Sapin. Il s'agit d'une cartographie focalisée uniquement sur les risques les plus graves dont le sens a été précisé à l'article 3.

Le considérant 30 précise que l'entreprise doit prendre en compte les éventuels facteurs de risques pertinents, y compris au niveau de la société comme le fait que le partenaire commercial ne soit pas une société couverte par la présente directive, les facteurs liés aux activités commerciales, les facteurs de risques géographiques contextuels comme le niveau d'application de la loi, les facteurs de risques liés aux produits et aux services et les facteurs de risques sectoriels.

2) S'agissant du recueil d'informations, deux dispositions sont prises :

– La première incombe à l'État qui doit permettre la collecte des informations par l'utilisation des rapports indépendants et des informations fournies dans le cadre du mécanisme de notification et de réclamation prévu à l'article 9, c'est-à-dire les dénonciations d'insuffisance ou de plaintes dans l'exercice des politiques de vigilance.

– La seconde a trait à l'accès aux informations détenues par les partenaires commerciaux. À cet égard, il est précisé au considérant 30, pour limiter la charge concernant les petites entreprises, qu'il n'est pas obligatoire d'exiger des informations sur des partenaires qui ne présentent pas eux- même de risques définitifs et qu'il faut plutôt chercher les informations auprès des partenaires commerciaux situés à des niveaux de la chaîne d'activité où les effets négatifs sont le plus susceptibles de se produire.

Art. 9. – Hiérarchisation des incidences négatives réelles et potentielles recensées. – **1. Les États membres veillent à ce que, lorsqu'il n'est pas possible de prévenir, d'atténuer, de supprimer ou de réduire au minimum toutes les incidences négatives recensées simultanément et dans leur intégralité, les entreprises hiérarchisent les incidences négatives recensées conformément à l'article 8 aux fins du respect des obligations énoncées à l'article 10 ou à l'article 11.**

2. La hiérarchisation visée au paragraphe 1 se fonde sur la gravité et la probabilité des incidences négatives.

3. Une fois que les incidences négatives les plus graves et les plus probables ont été traitées conformément à l'article 10 ou 11 dans un délai raisonnable, l'entreprise remédie aux incidences négatives moins graves et moins probables.

1) Cette hiérarchisation s'effectue en fonction de la gravité et de la probabilité des risques.

La gravité s'évalue en fonction de l'ampleur et de la portée du caractère irrémédiable de l'incidence négative en tenant compte de la gravité de l'incidence notamment du nombre de personnes touchées, de la mesure dans laquelle l'environnement est ou peut être endommagé ou affecté, de son irréversibilité, des limites de la capacité à rétablir dans un délai raisonnable des personnes touchées ou l'environnement dans une situation équivalente à celle qui prévalait avant l'incident. Quant à la probabilité, elle est à évaluer en fonction de la connaissance que peut avoir l'entreprise et en fonction de ses propres données ou de celles du secteur.

2) Le traitement des incidences les plus graves ne dispense évidemment pas du traitement de celles qui le sont moins, dans la limite bien sûr de la définition précédemment donnée du niveau d'incidence à prendre en considération.

3) Le considérant 44 précise enfin que le niveau d'implication de l'entreprise dans l'impact négatif, l'influence réelle ou potentielle de l'entreprise sur ses partenaires ou encore la proximité de la filiale ou du partenaire commercial ou sa responsabilité potentielle ne sont pas des facteurs pertinents pour hiérarchiser les impacts négatifs.

Art. 10. – Prévention des incidences négatives potentielles. – **1. Les États membres veillent à ce que les entreprises prennent les mesures appropriées pour prévenir ou, lorsque la prévention n'est pas possible ou pas possible dans l'immédiat, pour atténuer de manière adéquate les incidences négatives potentielles qui ont été ou auraient dû être recensées en vertu de l'article 8, conformément à l'article 9 et au présent article.**

Pour déterminer les mesures appropriées visées au premier alinéa, il est dûment tenu compte :

***a)* si l'incidence négative potentielle peut être causée uniquement par l'entreprise ; si elle peut être causée conjointement par l'entreprise et une filiale ou un partenaire commercial, en raison d'actes ou d'omissions ; ou si elle peut être causée uniquement par un partenaire commercial de l'entreprise dans sa chaîne d'activités ;**

***b)* si l'incidence négative potentielle peut se produire dans les activités d'une filiale, d'un partenaire commercial direct ou d'un partenaire commercial indirect ; et**

***c)* la capacité de l'entreprise à exercer une influence sur le partenaire commercial pouvant causer, seul ou conjointement, l'incidence négative potentielle.**

2. Les entreprises sont tenues de prendre les mesures appropriées suivantes, selon les besoins :

***a)* si nécessaire, en raison de la nature ou de la complexité des mesures requises pour la prévention, élaborer et mettre en œuvre sans retard injustifié un plan d'action en matière de prévention, assorti de calendriers raisonnables et clairement définis pour la mise en œuvre des mesures appropriées et d'indicateurs qualitatifs**

et quantitatifs permettant de mesurer les améliorations ; les entreprises peuvent élaborer leurs plans d'action en coopération avec les initiatives sectorielles ou multipartites ; le plan d'action en matière de prévention est adapté aux activités et à la chaîne d'activités des entreprises ;

b) s'efforcer d'obtenir de la part d'un partenaire commercial direct des garanties contractuelles par lesquelles ce dernier s'engage à respecter le code de conduite de l'entreprise et, en tant que de besoin, un plan d'action en matière de prévention, notamment en instaurant des garanties contractuelles correspondantes de la part de ses partenaires, dans la mesure où leurs activités font partie de la chaîne d'activités de l'entreprise. Lorsque de telles garanties contractuelles sont obtenues, le paragraphe 5 s'applique ;

c) réaliser les investissements financiers ou non financiers, les ajustements ou les améliorations nécessaires, par exemple dans les installations, les processus et infrastructures de production ou d'autres processus et infrastructures opérationnels ;

d) apporter les modifications ou améliorations nécessaires au plan d'entreprise, aux stratégies globales et aux activités de l'entreprise, y compris les pratiques en matière d'achat, de conception et de distribution ;

e) fournir un soutien ciblé et proportionné à une PME qui est un partenaire commercial de l'entreprise, si cela est nécessaire à la lumière des ressources, des connaissances et des contraintes de la PME, y compris en lui donnant accès à des possibilités de renforcement des capacités, de formation ou de mise à niveau des systèmes de gestion ou en facilitant un tel accès et, lorsque le respect du code de conduite ou du plan d'action en matière de prévention compromettrait la viabilité de la PME, en lui fournissant un soutien financier ciblé et proportionné, par exemple un financement direct, des prêts à taux d'intérêt réduit, des garanties quant au maintien de l'approvisionnement ou une aide à l'obtention d'un financement ;

f) dans le respect du droit de l'Union, y compris du droit de la concurrence, collaborer avec d'autres entités, y compris, le cas échéant, pour renforcer la capacité de l'entreprise à prévenir ou à atténuer l'incidence négative, en particulier lorsqu'aucune autre mesure n'est appropriée ou efficace.

3. Les entreprises peuvent, le cas échéant, prendre des mesures appropriées en sus des mesures énumérées au paragraphe 2, par exemple en nouant le dialogue avec un partenaire commercial au sujet des attentes de l'entreprise en ce qui concerne la prévention et l'atténuation des incidences négatives potentielles ou en donnant accès à des possibilités de renforcement des capacités, à des orientations, à un soutien administratif et financier tel que des prêts ou des financements ou en facilitant un tel accès, tout en tenant compte des ressources, des connaissances et des contraintes du partenaire commercial.

4. En ce qui concerne les incidences négatives potentielles qu'il n'a pas été possible de prévenir ou qui n'ont pas pu être atténuées de manière adéquate par les mesures appropriées visées au paragraphe 2, l'entreprise peut chercher à obtenir des garanties contractuelles de la part d'un partenaire commercial indirect, en vue de garantir le respect du code de conduite de l'entreprise ou de son plan d'action en matière de prévention. Lorsque de telles garanties contractuelles sont obtenues, le paragraphe 5 s'applique ;

5. Les garanties contractuelles visées au paragraphe 2, point *b)*, et au paragraphe 4 sont assorties des mesures appropriées permettant de vérifier le respect. Aux fins de ladite vérification, l'entreprise peut se référer à une vérification par un tiers indépendant, y compris par l'intermédiaire d'initiatives sectorielles ou multipartites.

Lorsque des garanties contractuelles sont obtenues d'une PME ou qu'un contrat est conclu avec celle-ci, les conditions utilisées doivent être équitables, raisonnables et non discriminatoires. L'entreprise évalue également si les garanties contractuelles d'une PME devraient être assorties de certaines des mesures appropriées pour les PME visées au paragraphe 2, point *f)*. Lorsque des mesures visant à vérifier le respect sont mises en œuvre vis-à-vis de PME, l'entreprise supporte les coûts de la vérification par un tiers indépendant. Si la PME demande à assumer au moins une partie des coûts de la vérification par un tiers indépendant, ou en accord avec l'entreprise, cette PME peut partager les résultats de cette vérification avec d'autres entreprises.

6. Pour ce qui est des incidences négatives potentielles visées au paragraphe 1 qu'il n'a pas été possible de prévenir ou qui n'ont pas pu être atténuées de manière adéquate par les mesures visées aux paragraphes 2, 4 et 5, l'entreprise s'abstient de nouer de nouvelles relations ou d'étendre les relations existantes avec un partenaire commercial en rapport avec lequel l'incidence a eu lieu, ou dans la chaîne d'activités duquel cette incidence s'est produite, et, lorsque le droit applicable à leurs relations le permet, prend les mesures suivantes, en dernier ressort :

a) adopter et mettre en œuvre sans retard injustifié un plan d'action renforcé en matière de prévention pour l'incidence négative spécifique, y compris en utilisant ou en accroissant l'effet de levier de l'entreprise

par la suspension temporaire des relations commerciales en ce qui concerne les activités concernées, pour autant que l'on puisse raisonnablement s'attendre à ce que ces efforts aboutissent ; le plan d'action comprend un calendrier spécifique et approprié pour l'adoption et la mise en œuvre de toutes les actions qui y sont prévues, l'entreprise pouvant également au cours de ce processus rechercher d'autres partenaires commerciaux ;

***b)* si l'on ne peut raisonnablement s'attendre à ce que ces efforts aboutissent, ou si la mise en œuvre du plan d'action renforcé en matière de prévention n'a pas permis de prévenir ou d'atténuer l'incidence négative, mettre un terme à la relation commerciale en ce qui concerne les activités concernées si l'incidence négative potentielle est grave.**

Avant de suspendre temporairement la relation commerciale ou d'y mettre un terme, une entreprise évalue si l'on peut raisonnablement s'attendre à ce que les incidences négatives de cette action soient manifestement plus graves que l'incidence négative qu'il n'a pas été possible de prévenir ou qui n'a pas pu être atténuée de manière adéquate. Si tel est le cas, l'entreprise n'est pas tenue de suspendre temporairement la relation commerciale ou d'y mettre un terme, et elle est en mesure d'informer l'autorité de contrôle compétente des raisons dûment justifiées de cette décision.

Les États membres prévoient la possibilité de suspendre temporairement la relation commerciale ou d'y mettre un terme dans les contrats régis par leur législation conformément au premier alinéa, sauf pour les contrats que les parties sont juridiquement tenues de conclure.

Lorsque l'entreprise décide de suspendre temporairement la relation commerciale ou d'y mettre un terme, elle prend des mesures pour prévenir, atténuer ou faire cesser les incidences de cette action, donne un préavis raisonnable au partenaire commercial concerné et revoit régulièrement cette décision.

Lorsque l'entreprise décide de ne pas suspendre temporairement la relation commerciale ou de ne pas y mettre un terme conformément au présent article, elle surveille l'incidence négative potentielle et évalue périodiquement sa décision en cherchant à déterminer s'il existe d'autres mesures appropriées.

1) Cet article, qui ne concerne que les risques potentiels, est particulièrement développé et décrit en réalité tout un processus.

2) L'impact négatif potentiel. Tout d'abord, il s'agit de déterminer l'impact négatif potentiel, quant à sa cause, quant à son impact et quant à la capacité d'influence de l'entreprise sur son partenaire commercial.

Cela signifie distinguer tout d'abord si cet impact négatif trouve sa source dans l'entreprise elle-même et à ce moment-là si elle le « cause » ou si elle trouve son origine dans un partenaire et dans ce cas on considère que l'entreprise « est directement liée » à cet impact. C'est alors que l'entreprise doit user de toute son influence pour prévenir le risque.

Le considérant 45 précise que « dans ce contexte, conformément aux cadres internationaux, l'influence exercée par l'entreprise sur un partenaire commercial devrait englober, d'une part, sa capacité à persuader ledit partenaire commercial de prévenir des incidences négatives (par exemple en se servant de son pouvoir de marché, en recourant à des conditions de préqualification ou en liant ses incitations commerciales à des résultats en matière de droits de l'homme et d'environnement) et, d'autre part, le degré d'influence ou l'effet de levier que l'entreprise pourrait raisonnablement exercer, par exemple au moyen d'une coopération avec le partenaire commercial en question ou d'un engagement avec une autre entreprise qui est le partenaire commercial direct du partenaire commercial associé à une incidence négative ».

3) Collecte des informations et traçage des biens produits principaux. S'agissant de la collecte des informations et du traçage des biens et produits principaux tout au long des chaînes de valeur, le considérant 68 autorise le recours aux outils technologiques numériques, comme les satellites, les drones, les radars, les solutions de plate-forme. Le considérant 68 précise que la Commission devrait publier des lignes directrices contenant les informations utiles et les références ressources appropriées, mais, lorsque les entreprises utilisent ce type d'outil, elles doivent tenir compte des risques éventuels et mettre en place des mécanismes spécifiques de vérification.

4) Mesures appropriées. La deuxième étape consiste à prendre les mesures appropriées. Celles-ci sont de plusieurs ordres :

- Élaborer un plan d'action de prévention avec un calendrier des indicateurs permettant la mise en œuvre de ces mesures. Ce plan peut être conçu dans un cadre multipartite. L'article 3 de la directive définit les initiatives sectorielles multipartites comme une combinaison de procédures, d'outils, de mécanismes volontaires de diligence raisonnable élaborés et supervisés par des gouvernements, des associations sectorielles, des organisations intéressées, y compris des organisations de la société civile, des groupements ou une combinaison de ceux-ci, à laquelle les entreprises peuvent participer afin de soutenir la mise en œuvre des obligations de diligence raisonnable.

• Mettre en place des assurances contractuelles de la part du partenaire commercial selon des modalités très précises qui figurent au point 5 de cet article. Selon le considérant 45, les objectifs de constituer des garanties contractuelles sont les suivants : « Les garanties contractuelles devraient être conçues de manière à garantir un partage approprié des responsabilités entre l'entreprise et les partenaires commerciaux. Les garanties contractuelles devraient être assorties de mesures appropriées permettant de vérifier leur respect. Toutefois, l'entreprise devrait uniquement être tenue de s'efforcer d'obtenir les garanties contractuelles, l'obtention de celles-ci pouvant dépendre des circonstances. »

• Prendre des mesures de nature concrète, qu'il s'agisse d'investissement financier ou non ou de modification dans les plans et pratiques de l'entreprise, y compris en termes d'achats. Le considérant 46 précise qu'il s'agit d'« élaborer et appliquer des politiques d'achat qui contribuent à garantir des salaires et des revenus décents à leurs fournisseurs et qui n'encouragent pas des incidences négatives potentielles sur les droits de l'homme ou l'environnement. Pour exercer leur devoir de vigilance de manière efficace et efficiente, les entreprises devraient également apporter les modifications ou améliorations nécessaires à leurs pratiques de conception et de distribution, afin de remédier aux incidences négatives survenant dans les segments en amont et en aval de leurs chaînes d'activités, avant et après la réalisation du produit. »

• Apporter une aide aux petites et moyennes entreprises partenaires de l'entreprise à plusieurs niveaux, qu'il s'agisse du renforcement des capacités ou, en cas de difficultés pour cette dernière de respecter le code de conduite pour le plan transition, en apportant une aide directe de nature financière sous différentes formes.

• Bien qu'aucune disposition de nature réglementaire ne figure dans la directive, le considérant 47 s'adresse tout particulièrement au secteur alimentaire en créant des obligations spécifiques à l'égard des grands donneurs d'ordres de ce secteur : « Afin de remédier aux déséquilibres de pouvoir dans le secteur agricole, de garantir des prix équitables à tous les maillons de la chaîne d'approvisionnement alimentaire et de renforcer la position des agriculteurs, les grands transformateurs et grands détaillants de produits alimentaires devraient adapter leurs pratiques d'achat, et élaborer et appliquer des politiques d'achat qui contribuent à garantir des salaires et des revenus décents à leurs fournisseurs. En ne s'appliquant qu'à la conduite commerciale des plus grands opérateurs, c'est-à-dire ceux qui ont réalisé un chiffre d'affaires net de plus de 450 000 000 € au niveau mondial, la présente directive devrait bénéficier aux producteurs agricoles dont le pouvoir de négociation est plus faible. »

Il est clair que la lecture du plan de vigilance des grands acteurs de la chaîne alimentaire devra se faire en fonction de cette disposition, ce qui devrait donner une certaine marge de discussion aux partenaires amont.

• Un dispositif spécifique est précisé au considérant 49 lorsque le risque potentiel est le fait de partenaires commerciaux indirects sur lequel l'entreprise principale n'a pas ou peu d'influence. Dans ce cas, la directive prévoit expressément la possibilité de faire intervenir les entreprises intermédiaires pour influer sur l'entreprise de niveau 2, 3, 4 qui porte le risque. « Dans certains cas, une collaboration avec d'autres entités pourrait être l'unique moyen réaliste d'empêcher que des effets négatifs potentiels soient causés, y compris par des partenaires commerciaux directs si l'influence de l'entreprise n'est pas suffisante. L'entreprise devrait collaborer avec l'entité la mieux à même de prévenir ou d'atténuer efficacement les incidences négatives potentielles, soit individuellement, soit conjointement avec l'entreprise, ou d'autres entités juridiques, dans le respect du droit applicable, en particulier le droit de la concurrence. »

5) **Assurance contractuelle.** L'étape suivante est celle des assurances contractuelles à obtenir, soit de la part du partenaire direct, soit de la part d'un partenaire commercial indirect dans l'hypothèse où il pourrait être à l'origine du risque.

Dans ce cas, l'efficience de l'engagement contractuel doit être vérifiée par un tiers indépendant défini à l'article 3 de la directive comme « un expert objectif, totalement indépendant de l'entreprise, libre de tout conflit d'intérêts, de toute influence extérieure, possédant une expérience et des compétences en matière d'environnement ou de droits de l'homme, en fonction de la nature l'impact négatif et qui est responsable de la qualité et de la fiabilité de la vérification. »

En France, ces tiers indépendants seront les auditeurs de durabilité.

6) **Sanctions.** Enfin, la dernière étape est celle des sanctions.

Le texte est très clair et ne mérite guère de commentaires si ce n'est pour préciser :

• que la suspension des activités commerciales ne doit intervenir qu'en dernier ressort si toutes les autres possibilités ont échoué

• que les conséquences d'une suspension et a fortiori d'un arrêt des relations commerciales doivent être pesées pour éviter qu'elles ne soient plus lourdes que la réalisation du risque d'effet négatif.

Et le considérant 51 précise que « lorsque des entreprises suspendent temporairement leurs relations commerciales ou y mettent fin, elles devraient prendre des mesures pour prévenir ou atténuer les incidences de cette action, ou pour y mettre un terme, donner un préavis raisonnable au partenaire commercial et revoir régulièrement cette décision ».

Bien évidemment, le droit civil devrait être modifié pour qu'aucune faute contractuelle ne puisse être mise à la charge de l'entreprise qui suspend ou arrête définitivement ses relations commerciales en raison de l'application de la directive sur le devoir de vigilance.

Art. 11. – Suppression des incidences négatives réelles. – 1. Les États membres veillent à ce que les entreprises prennent les mesures appropriées pour mettre un terme aux incidences négatives réelles qui ont été ou auraient dû être recensées en vertu de l'article 8, conformément à l'article 9 et au présent article.

Pour déterminer les mesures appropriées visées au premier alinéa, il est dûment tenu compte :

a) du fait que l'incidence négative réelle est causée uniquement par l'entreprise ; du fait qu'elle est causée conjointement par l'entreprise et une filiale ou un partenaire commercial, en raison d'actes ou d'omissions ; ou du fait qu'elle est causée uniquement par un partenaire commercial de l'entreprise dans la chaîne d'activités ;

b) du fait que l'incidence négative réelle s'est produite dans les activités d'une filiale, d'un partenaire commercial direct ou d'un partenaire commercial indirect ; et

c) de la capacité de l'entreprise à exercer une influence sur le partenaire commercial qui a causé, seul ou conjointement, l'incidence négative réelle.

2. Lorsqu'il n'est pas possible de mettre un terme à l'incidence négative immédiatement, les États membres veillent à ce que les entreprises réduisent au minimum l'ampleur de cette incidence.

3. Les entreprises sont tenues de prendre les mesures appropriées suivantes, selon les besoins :

a) neutraliser l'incidence négative ou réduire son ampleur au minimum ; ces mesures sont proportionnées à la gravité de l'incidence négative ainsi qu'à l'implication de l'entreprise dans l'incidence négative ;

b) si nécessaire, lorsqu'il n'est pas possible de mettre immédiatement un terme à l'incidence négative, élaborer et mettre en œuvre sans retard injustifié un plan de mesures correctives, assorti de calendriers raisonnables et clairement définis pour la mise en œuvre des mesures appropriées et d'indicateurs qualitatifs et quantitatifs permettant de mesurer les améliorations ; les entreprises peuvent élaborer leurs plans d'action en coopération avec les initiatives sectorielles ou multipartites ; le plan de mesures correctives est adapté aux activités et aux chaînes d'activités des entreprises ;

c) s'efforcer d'obtenir de la part d'un partenaire commercial direct des garanties contractuelles par lesquelles ce dernier s'engage à respecter un code de conduite et, en tant que de besoin, un plan de mesures correctives, notamment en instaurant des garanties contractuelles correspondantes de la part de ses partenaires, dans la mesure où leurs activités font partie de la chaîne d'activités de l'entreprise ; lorsque de telles garanties contractuelles sont obtenues, le paragraphe 6 s'applique ;

d) réaliser les investissements financiers ou non financiers, les ajustements ou les améliorations nécessaires, par exemple dans les installations, les processus et infrastructures de production ou d'autres processus et infrastructures opérationnels ;

e) apporter les modifications ou améliorations nécessaires aux plan d'entreprise, stratégies globales et activités de l'entreprise, y compris les pratiques en matière d'achat, de conception et de distribution ;

f) fournir un soutien ciblé et proportionné à une PME qui est un partenaire commercial de l'entreprise, si cela est nécessaire à la lumière des ressources, des connaissances et des contraintes de la PME, y compris en lui donnant accès à des possibilités de renforcement des capacités, de formation ou de mise à niveau des systèmes de gestion ou en facilitant un tel accès et, lorsque le respect du code de conduite ou du plan de mesures correctives compromettrait la viabilité de la PME, en lui fournissant un soutien financier ciblé et proportionné, par exemple un financement direct, des prêts à taux d'intérêt réduit, des garanties quant au maintien de l'approvisionnement ou une aide à l'obtention d'un financement ;

g) dans le respect du droit de l'Union, y compris du droit de la concurrence, collaborer avec d'autres entités, y compris, le cas échéant, pour renforcer la capacité de l'entreprise à mettre un terme à l'incidence négative ou à réduire au minimum l'ampleur de cette incidence, en particulier lorsqu'aucune autre mesure n'est appropriée ou efficace ;

h) donner réparation conformément à l'article 12.

4. Les entreprises peuvent, le cas échéant, prendre des mesures appropriées en sus des mesures énumérées au paragraphe 3, par exemple en nouant le dialogue avec un partenaire commercial au sujet

des attentes de l'entreprise en ce qui concerne la suppression des incidences négatives réelles ou la réduction au minimum de leur ampleur, ou en donnant accès à des possibilités de renforcement des capacités, à des orientations, à un soutien administratif et financier tel que des prêts ou des financements ou en facilitant un tel accès, tout en tenant compte des ressources, des connaissances et des contraintes du partenaire commercial.

5. En ce qui concerne les incidences négatives réelles auxquelles il n'a pas été possible de mettre un terme ou dont l'ampleur n'a pas pu être réduite au minimum de manière adéquate par les mesures appropriées énumérées au paragraphe 3, l'entreprise peut chercher à obtenir des garanties contractuelles de la part d'un partenaire commercial indirect, en vue de garantir le respect du code de conduite de l'entreprise ou d'un plan de mesures correctives. Lorsque de telles garanties contractuelles sont obtenues, le paragraphe 6 s'applique.

6. Les garanties contractuelles visées au paragraphe 3, point *c)*, et au paragraphe 5 sont assorties des mesures appropriées permettant de vérifier le respect. Aux fins de ladite vérification, l'entreprise peut se référer à une vérification par un tiers indépendant, y compris par l'intermédiaire d'initiatives sectorielles ou multipartites.

Lorsque des garanties contractuelles sont obtenues d'une PME ou qu'un contrat est conclu avec celle-ci, les conditions utilisées doivent être équitables, raisonnables et non discriminatoires. L'entreprise évalue également si les garanties contractuelles d'une PME devraient être assorties de certaines des mesures appropriées pour les PME visées au paragraphe 3, point *f)*. Lorsque des mesures visant à vérifier le respect sont mises en œuvre vis-à-vis de PME, l'entreprise supporte les coûts de la vérification par un tiers indépendant. Si la PME demande à assumer au moins une partie des coûts de la vérification par un tiers indépendant, ou en accord avec l'entreprise, la PME peut partager les résultats de cette vérification avec d'autres entreprises.

7. Pour ce qui est des incidences négatives réelles visées au paragraphe 1 auxquelles il n'a pas été possible de mettre un terme ou dont l'ampleur n'a pas pu être réduite au minimum par les mesures visées aux paragraphes 3, 5 et 6, l'entreprise est tenue, en dernier ressort, de s'abstenir de nouer de nouvelles relations ou d'étendre les relations existantes avec un partenaire commercial en rapport avec lequel l'incidence a eu lieu, ou dans la chaîne d'activités duquel cette incidence s'est produite, et, lorsque le droit applicable à leurs relations le permet, prend les mesures suivantes, en dernier ressort :

a) adopter et mettre en œuvre sans retard injustifié un plan de mesures correctives renforcé pour l'incidence négative spécifique, y compris en utilisant ou en accroissant l'effet de levier de l'entreprise par la suspension temporaire des relations commerciales en ce qui concerne les activités concernées, pour autant que l'on puisse raisonnablement s'attendre à ce que ces efforts aboutissent ; le plan d'action comprend un calendrier spécifique et approprié pour l'adoption et la mise en œuvre de toutes les actions qui y sont prévues, l'entreprise pouvant également au cours de ce processus rechercher d'autres partenaires commerciaux ;

b) si l'on ne peut raisonnablement s'attendre à ce que les efforts visés au point *a)* aboutissent, ou si la mise en œuvre du plan de mesures correctives renforcé ne permet pas de mettre un terme à l'incidence négative ou d'en réduire au minimum l'ampleur, mettre un terme à la relation commerciale en ce qui concerne les activités concernées si l'incidence négative réelle est grave.

Avant de suspendre temporairement une relation commerciale ou d'y mettre un terme, l'entreprise évalue si l'on peut raisonnablement s'attendre à ce que les incidences négatives de cette action soient manifestement plus graves que l'incidence négative à laquelle il n'a pas été possible de mettre un terme ou dont l'ampleur n'a pas pu être réduite au minimum de manière adéquate. Si tel est le cas, l'entreprise n'est pas tenue de suspendre temporairement la relation commerciale ou d'y mettre un terme, et elle est en mesure d'informer l'autorité de contrôle compétente des raisons dûment justifiées de cette décision.

Les États membres prévoient la possibilité de suspendre temporairement la relation commerciale ou d'y mettre un terme dans les contrats régis par leur législation conformément au premier alinéa, sauf pour les contrats que les parties sont juridiquement tenues de conclure.

Lorsque l'entreprise décide de suspendre temporairement la relation commerciale ou d'y mettre un terme, elle prend des mesures pour prévenir, atténuer ou faire cesser les incidences de cette action, donne un préavis raisonnable au partenaire commercial et revoit régulièrement cette décision.

Lorsque l'entreprise décide de ne pas suspendre temporairement la relation commerciale ou de ne pas y mettre un terme conformément au présent article, elle surveille l'incidence négative réelle et évalue périodiquement sa décision en cherchant à déterminer s'il existe d'autres mesures appropriées.

1) Les commentaires sous l'article 10 figurant aux points 1 à 5 et qui concernent les incidences négatives potentielles sont applicables aux incidences potentielles réelles. On ajoutera les points suivants :

2) L'objectif très clairement affirmé est de faire disparaître l'incidence négative réelle et d'en réduire les effets. Le considérant 53 précise que dans ce cas « L'entreprise devrait par conséquent réévaluer périodiquement les circonstances qui l'ont empêchée de mettre un terme à l'incidence négative et déterminer s'il lui est désormais possible d'y parvenir. »

3) La notion de cause, qui a bien entendu une importance considérable dans la recherche ultérieure de responsabilité, est précisée de la manière suivante dans le considérant 53 : « Utiliser uniquement la notion de "causer" l'incidence négative au lieu des autres termes susmentionnés utilisés dans les cadres internationaux permet d'éviter toute confusion avec les termes juridiques existant dans les systèmes juridiques nationaux, tout en couvrant les mêmes relations de causalité que celles décrites dans ces cadres. Dans ce contexte, conformément aux cadres internationaux, l'influence exercée par l'entreprise sur un partenaire commercial devrait englober, d'une part, sa capacité à persuader ledit partenaire commercial de mettre un terme aux incidences négatives ou d'en réduire l'ampleur au minimum (par exemple en se servant de son pouvoir de marché, en recourant à des conditions de préqualification ou en liant ses incitations commerciales à des résultats en matière de droits de l'homme et d'environnement) et d'autre part, le degré d'influence ou l'effet de levier que l'entreprise pourrait raisonnablement exercer, par exemple au moyen d'une coopération avec le partenaire commercial en question ou d'un engagement avec une autre entreprise qui est le partenaire commercial direct du partenaire commercial associé à une incidence négative. »

4) Un effet de levier spécifique doit être souligné en ce qui concerne les entreprises financières, même si aucune disposition réglementaire ne figure dans la directive. Il s'agit de celui des institutions financières. En effet, le considérant 51 précise : « Bien que les entreprises financières réglementées ne soient soumises à des obligations relatives au devoir de vigilance que pour la partie en amont de leurs chaînes d'activités, les spécificités des services financiers ainsi que les principes directeurs à l'intention des entreprises multinationales donnent des indications sur les types de mesures qu'il est approprié et efficace que les entreprises financières prennent dans le cadre des procédures de vigilance. Comme le soulignent également les principes directeurs à l'intention des entreprises multinationales, les spécificités des services financiers doivent être prises en compte. Les entreprises financières réglementées sont censées tenir compte des incidences négatives et "user de leur influence" auprès des entreprises. L'exercice des droits des actionnaires peut être un moyen d'exercer un effet de levier. »

5) Les mesures appropriées sont les mêmes que celles qui sont énumérées à propos des incidences négatives potentielles à trois exceptions près qui ne sont pas de faible importance :

- Prendre des mesures correctives qui peuvent concerner tous les volets définis par les mesures appropriées y compris dans les politiques et stratégies, les conditions d'achat, etc.
- Réduire au minimum l'ampleur de ces incidences.
- Enfin, et peut-être surtout prendre des mesures de réparation prévue à l'article 12. Le considérant 53 détaille assez longuement les objectifs et le contenu de cette réparation.

6) Les garanties contractuelles établies et contrôlées, dans les conditions déjà précisées ci-dessus sous l'article 10, peuvent également être un moyen d'intervenir dans le cas des impacts qui n'ont pu être réduits, notamment auprès d'un partenaire commercial indirect.

7) Au niveau des sanctions commerciales, l entreprise est tenue de s'abstenir de nouer de nouvelles relations commerciales ou d'étendre des relations existantes avec un partenaire commercial en rapport ou dans la chaîne d'activité s'il est à l'origine de l'impact négatif. Ce n'est donc pas une option, c'est une obligation qui se réalise dans les conditions précisées au point 7 et qui vise deux étapes :

- Tout d'abord un plan d'action correctif qui peut comprendre la suspension temporaire des relations commerciales s'il y a un espoir d'amélioration.
- Dans le cas contraire, ou si la mise en œuvre du plan correct n'a pas été fait, il doit alors être mis fin à la relation d'affaires après que le rapport coût avantage ait été réalisé. Il faudra être très attentif au délai de préavis qui pourra bien entendu être discuté, voir donner lieu à un contentieux. Dans l'hypothèse où le coût est excessif, l'entreprise qui décide de ne pas suspendre la relation d'affaires doit en justifier, ce qui signifie qu'un document précis et étayé doit pouvoir servir de support à la décision. C'est d'autant plus indispensable que dans ce cas l'impact négatif doit être surveillé, réévalué et la décision éventuellement revue.

Art. 12. – Réparation des incidences négatives réelles. – 1. Les États membres veillent à ce que, lorsqu'une entreprise a causé, seule ou conjointement, une incidence négative réelle, elle y apporte réparation.

2. Lorsque l'incidence négative réelle est causée uniquement par le partenaire commercial de l'entreprise, l'entreprise peut apporter réparation à titre volontaire. L'entreprise peut également utiliser sa capacité à influencer le partenaire commercial qui cause l'incidence négative pour y apporter réparation.

Cet article est bien entendu très important dans la mesure où il peut être lourd de conséquences pour l'entreprise défaillante. Le nombre relativement important de contentieux ouverts en France sur le devoir de vigilance dans un cadre beaucoup plus restreint le laisse présager. La question est ouverte de savoir qui pourra demander réparation, y compris d'un préjudice moral qui pourrait être réclamé par des ONG qui estimeraient subir un préjudice du fait d'une mauvaise application du devoir de vigilance.

Dès lors, même si cet article est lapidaire, le considérant 53 apporte un certain nombre de précisions : « lorsqu'une entreprise a causé ou a causé conjointement une incidence négative réelle, elle devrait y apporter réparation. Le terme "réparation" désigne le rétablissement, pour les personnes et communautés concernées et pour l'environnement, d'une situation équivalent ou aussi proche que possible à ce qu'elle aurait été si l'incidence négative réelle n'avait pas eu lieu, proportionnellement à l'implication de l'entreprise dans l'incidence négative, y compris par une compensation financière ou non financière consentie par l'entreprise aux personnes touchées par l'incidence négative réelle et, le cas échéant, le remboursement des coûts supportés par les autorités publiques pour toute mesure corrective nécessaire ».

Sur le plan de la procédure, la directive souligne que la réparation doit pouvoir se faire directement entre parties. À défaut, l'autorité de contrôle doit pouvoir, soit en s'autosaisissant, soit sur la base du rapport, ordonner la réparation appropriée. Tout ceci est sans préjudice bien entendu des règles de droit commun en matière de responsabilité civile.

Si l'incidence négative relève du partenaire commercial, l'entreprise couverte par la directive peut volontairement indemniser mais elle peut aussi influencer l'entreprise à l'origine du dommage à le réparer.

La référence à un préjudice réel laisse supposer que les préjudices moraux ou les préjudices indirects ne sont pas couverts. Mais parfois, la marge est étroite. Ainsi une association de défenses d'un milieu pourra-t-elle demander réparation du préjudice subi par ledit milieu ? Sera-t-elle interdite de réclamer réparation pour son propre préjudice moral ? La jurisprudence aura à le trancher.

Art. 13. – Échanges constructifs avec les parties prenantes. – 1. Les États membres veillent à ce que les entreprises prennent des mesures appropriées pour mettre en place des échanges efficaces avec les parties prenantes, conformément au présent article.

2. Sans préjudice de la directive (UE) 2016/943, lorsqu'elles consultent les parties prenantes, les entreprises leur fournissent, le cas échéant, des informations pertinentes et complètes, afin de procéder à des consultations efficaces et transparentes. Sans préjudice de la directive (UE) 2016/943, les parties prenantes consultées ont le droit de soumettre une demande motivée d'informations complémentaires pertinentes, que l'entreprise fournit dans un délai raisonnable, et dans un format approprié et compréhensible. Si l'entreprise refuse de donner suite à une demande d'informations complémentaires, les parties prenantes consultées ont droit à une justification écrite de ce refus.

3. La consultation des parties prenantes se déroule aux étapes du processus de vigilance suivantes :

***a)* lors de la collecte des informations nécessaires relatives aux incidences négatives réelles ou potentielles, afin de recenser, d'évaluer et de hiérarchiser les incidences négatives conformément aux articles 8 et 9 ;**

***b)* lors de l'élaboration du plan d'action en matière de prévention et du plan de mesures correctives conformément à l'article 10, paragraphe 2, et à l'article 11, paragraphe 3, et de l'élaboration du plan d'action renforcé en matière de prévention et du plan de mesures correctives renforcé conformément à l'article 10, paragraphe 6, et à l'article 11, paragraphe 7 ;**

***c)* lors de la décision de suspendre une de relation commerciale ou d'y mettre un terme conformément à l'article 10, paragraphe 6, et à l'article 11, paragraphe 7 ;**

***d)* lors de l'adoption des mesures appropriées visant à remédier aux incidences négatives conformément à l'article 12 ;**

***e)* le cas échéant, lors de l'élaboration d'indicateurs qualitatifs et quantitatifs aux fins du suivi requis en vertu de l'article 15.**

4. Lorsqu'il n'est pas raisonnablement possible de mener des échanges efficaces avec les parties prenantes dans la mesure nécessaire au respect des exigences de la présente directive, les entreprises consultent en outre des experts qui peuvent fournir des informations crédibles sur les incidences négatives réelles ou potentielles.

5. Lorsqu'elles consultent les parties prenantes, les entreprises recensent et éliminent les obstacles aux échanges et veillent à ce que les participants ne fassent pas l'objet de rétorsions ou de représailles, y compris en préservant la confidentialité ou l'anonymat.

6. Les États membres veillent à ce que les entreprises soient autorisées à remplir les obligations prévues au présent article par l'intermédiaire d'initiatives sectorielles ou multipartites, selon le cas, à condition que ces procédures de consultation répondent aux exigences énoncées dans le présent article. Le recours à des initiatives sectorielles et multipartites n'est pas suffisant pour satisfaire à l'obligation de consulter les salariés de l'entreprise et leurs représentants.

7. Les échanges avec les salariés et leurs représentants sont sans préjudice du droit national et de l'Union en vigueur dans le domaine des droits du travail et des droits sociaux ainsi que des conventions collectives applicables.

1) Cette disposition est très ambitieuse en matière de participation des parties prenantes, non seulement en ce qui concerne la communication des documents, mais également sa présence tout au long des étapes les plus importantes de l'élaboration du plan de vigilance.

2) Le périmètre des parties prenantes est défini à l'article 3. Il s'agit « des employés de l'entreprise et des employés de ses filiales, des syndicats et des représentants des travailleurs, des consommateurs et des autres personnes, groupes, communautés ou entités dont les droits ou les intérêts sont ou pourraient être affectés par les produits, services et activités de cette entreprise, de ses filiales et ses partenaires commerciaux, y compris les salariés des partenaires commerciaux et les syndicats et les représentants des travailleurs des partenaires commerciaux de l'entreprise, les institutions nationales des droits de l'homme et de l'environnement, les organisations de la société civile dont l'objectif inclut la protection de l'environnement et les représentants légitimes de ces individus, groupements, comités ou entités ». Par rapport au système français, où l'association des syndicats n'est obligatoire que dans la mise en place du système de gestion des plaintes, c'est donc une procédure beaucoup plus participative et qui va très au-delà du personnel de l'entreprise concernée, puisqu'elle s'étend aux personnels et syndicats des partenaires, mais également audelà aux institutions nationales et organisations nationales de la société civile.

3) Dans le cas où, pour des raisons qui devront de toute façon être expliquées, cette association n'est pas possible, des solutions alternatives sont proposées, soit par le recours à des experts, soit dans un cadre collectif d'initiatives sectorielles ou multipartites, pour autant que les règles posées par la participation et ses conditions soient respectées. Le considérant 67 envisage que des lignes directrices, y compris des lignes directrices générales ou par secteur, ou par incidences négatives, puissent être publiées par la Commission en concertation avec les grandes organisations chargées de la défense des droits humains du travail ou de l'environnement.

4) Les « échanges efficaces » au sens de la directive sont précisés au considérant 65. Ils devraient comprendre « la fourniture d'informations pertinentes et complètes des parties prenantes consultées, ainsi qu'une consultation continue permettant une véritable interaction et un dialogue fructueux au niveau approprié, par exemple au niveau du projet et du site avec une périodicité appropriée ».

Le texte est particulièrement précis en ce qui concerne la protection des parties prenantes pour qu'elles ne soient pas la cible de représailles, en accordant une attention « particulière aux besoins des parties prenantes vulnérables ainsi qu'aux vulnérabilités facteurs intersectionnels qui se chevauchent, notamment en considérant les groupements ou communautés potentiellement lésés qui sont protégées par la déclaration des Nations unies sur les droits des peuples autochtones et ceux que couvre la déclaration des Nations unies sur les défenseurs des droits de l'homme ».

Art. 14. – Mécanisme de notification et procédure relative aux plaintes. – **1. Les États membres veillent à ce que les entreprises permettent aux personnes et aux entités énumérées au paragraphe 2 de déposer des plaintes auprès d'elles lorsque ces personnes ou entités ont des préoccupations légitimes quant aux incidences négatives réelles ou potentielles en ce qui concerne les activités des entreprises en question, les activités de leurs filiales ou les activités de leurs partenaires commerciaux dans les chaînes d'activités des entreprises.**

2. Les États membres veillent à ce que les plaintes puissent être déposées par :

a) les personnes physiques ou morales qui sont touchées ou ont des motifs raisonnables de croire qu'elles pourraient être touchées par une incidence négative, et les représentants légitimes de ces personnes agissant en leur nom, tels que les organisations de la société civile et les défenseurs des droits de l'homme ;

b) les syndicats et d'autres représentants des travailleurs représentant les personnes physiques travaillant dans la chaîne d'activités concernée ; et

c) les organisations de la société civile qui sont actives et ont de l'expérience dans les domaines concernés lorsqu'une incidence négative sur l'environnement fait l'objet de la plainte.

3. Les États membres veillent à ce que les entreprises établissent une procédure équitable, mise à la disposition du public, accessible, prévisible et transparente pour le traitement des plaintes visées au paragraphe 1, y compris une procédure pour les cas où une entreprise estime que la plainte n'est pas fondée, et informent les représentants des travailleurs et les syndicats concernés de cette procédure. Les entreprises prennent les mesures raisonnablement disponibles pour empêcher toute forme de représailles en garantissant la confidentialité de l'identité de la personne ou de l'organisation qui dépose la plainte, conformément au droit national. Lorsqu'il est nécessaire de partager des informations, il convient de le faire d'une manière qui ne compromet pas la sécurité du plaignant, y compris en s'abstenant de divulguer l'identité dudit plaignant.

Les États membres veillent à ce que, lorsque la plainte est fondée, l'incidence négative faisant l'objet de la plainte soit réputée recensée au sens de l'article 8 et l'entreprise prend les mesures appropriées conformément aux articles 10, 11 et 12.

4. Les États membres veillent à ce que les plaignants soient en mesure :

a) de demander un suivi approprié de la plainte de la part de l'entreprise auprès de laquelle ils ont déposé une plainte conformément au paragraphe 1 ;

b) de rencontrer les représentants de l'entreprise à un niveau approprié pour discuter des incidences négatives graves réelles ou potentielles qui font l'objet de la plainte, et des réparations éventuelles conformément à l'article 12 ;

c) d'être informés par l'entreprise des motifs pour lesquels une plainte a été considérée comme fondée ou non fondée et, lorsqu'elle est considérée comme fondée, de recevoir des informations sur les mesures prises ou à prendre.

5. Les États membres veillent à ce que les entreprises mettent en place un mécanisme accessible pour que les personnes et les entités puissent soumettre des notifications lorsqu'elles ont des informations ou des préoccupations quant aux incidences négatives réelles ou potentielles en ce qui concerne leurs propres activités, les activités de leurs filiales et les activités de leurs partenaires commerciaux dans les chaînes d'activités des entreprises.

Le mécanisme garantit que les notifications peuvent être effectuées de manière anonyme ou confidentielle conformément au droit national. Les entreprises prennent les mesures raisonnablement disponibles pour empêcher toute forme de représailles en garantissant que l'identité des personnes ou des entités qui soumettent des notifications reste confidentielle, conformément au droit national. L'entreprise peut informer les personnes ou entités qui soumettent des notifications des mesures prises ou à prendre, le cas échéant.

6. Les États membres veillent à ce que les entreprises soient autorisées à remplir les obligations prévues au paragraphe 1, au paragraphe 3, premier alinéa, et au paragraphe 5, en prenant part à des procédures collaboratives de plainte et à des mécanismes de notification, notamment ceux mis en place conjointement par des entreprises, par l'intermédiaire d'associations sectorielles, d'initiatives multipartites ou d'accords-cadres globaux, à condition que ces procédures collaboratives et mécanismes répondent aux exigences énoncées dans le présent article.

7. La soumission d'une notification ou d'une plainte au titre du présent article n'est pas une condition préalable et n'empêche pas la personne qui les soumet d'avoir accès aux procédures visées aux articles 26 et 29 ou à d'autres mécanismes extrajudiciaires.

1) Cette disposition est extrêmement importante car elle est reliée également à la capacité du nouvel organisme de contrôle de pouvoir intervenir.

Le scope des personnes susceptibles d'intervenir est particulièrement large mais il rejoint celui des parties prenantes déjà énumérées ci-dessus.

2) La procédure doit être équitable, accessible, prévisible et transparente. Elle doit permettre non seulement le dépôt de plainte par des personnes touchées ou qui pensent pouvoir l'être, mais également la mise en œuvre de notifications s'agissant des informations relatives aux préoccupations légitimes quant à des incidences négatives réelles ou potentielles. Selon le considérant 59, le traitement des plaintes peut être individuel au sein de l'entreprise, mais les entreprises sont également autorisées à prendre part « à des procédures collaboratives de plainte et des mécanismes de notification qu'elle tels que ceux mis en place conjointement par des entreprises, par exemple d'entreprise, par l'intermédiaire d'associations sectorielles, d'initiatives multipartites ou d'accords-cadres globaux ».

3) La protection des plaignants et des lanceurs d'alerte est assurée par l'absence de mesures de représailles, grâce à la confidentialité de l'identité de la personne ou de l'organisation, sans que cela ne puisse de quelque manière que ce soit affecter le rôle des représentants professionnels

4) Le considérant 59 précise que la notification ou la plainte ne sont pas des conditions préalables et n'empêchent pas l'accès aux autres procédures, en particulier auprès des points de contact. Mais, pour éviter les excès, ce considérant propose un traitement différencié entre les personnes qui restent anonymes et celles qui ne le sont pas. Les secondes peuvent être autorisées à recevoir une réponse rapide, à rencontrer les représentants de l'entreprise et à pouvoir discuter d'une éventuelle réparation, à disposer d'une justification quant à la solution donnée de traitement de la plainte et quant au suivi.

Art. 15. – Suivi. – Les États membres veillent à ce que les entreprises procèdent à des évaluations périodiques de leurs propres activités et mesures, de celles de leurs filiales et, lorsqu'elles sont liées à la chaîne d'activités de l'entreprise, de celles de leurs partenaires commerciaux, afin d'évaluer la mise en œuvre et de contrôler l'adéquation et l'efficacité du recensement, de la prévention, de l'atténuation, de la suppression et de la réduction au minimum des incidences négatives. Ces évaluations sont fondées, le cas échéant, sur des indicateurs qualitatifs et quantitatifs et sont réalisées sans retard injustifié après qu'un changement important est intervenu, mais au moins tous les 12 mois et chaque fois qu'il existe des motifs raisonnables de croire que de nouveaux risques liés à ces incidences négatives peuvent survenir. Lorsqu'il y a lieu, la politique en matière de devoir de vigilance, les incidences négatives recensées et les mesures appropriées qui en découlent sont mises à jour en fonction des résultats de ces évaluations et compte dûment tenu des informations pertinentes communiquées par les parties prenantes.

1) Cette disposition est importante dans le cadre de l'effectivité que la directive veut donner au contrôle de l'exercice du devoir de vigilance.

2) Par changement important, il faut entendre (considérant 61) : « une modification du statu quo dans les activités proches de l'entreprise, les activités de ses filiales de ses partenaires commerciaux, dans l'environnement juridique commercial ou de contexte dans lequel elle exerce ses activités ».

Le même considérant donne comme exemple de changement une nouvelle zone, un nouveau secteur économique, de nouveaux produits, la modification de la fabrication des produits existants, un changement de technologies, la modification de la structure d'entreprise. Encore faut-il qu'il y ait des motifs raisonnables de penser qu'il existe de nouveaux risques conduisant à des incidences négatives.

3) L'évaluation périodique ne porte que sur leurs propres activités, celles de leurs filiales et de leurs partenaires commerciaux en amont.

Art. 16. – Communication. – 1. Sans préjudice de l'exemption prévue au paragraphe 2 du présent article, les États membres veillent à ce que les entreprises fassent rapport sur les questions couvertes par la présente directive en publiant sur leur site web une déclaration annuelle. Cette déclaration annuelle est publiée :

***a)* dans au moins une des langues officielles de l'Union en usage dans l'État membre de l'autorité de contrôle désignée conformément à l'article 24 et, en cas de différence, dans une langue usuelle dans la sphère des affaires au niveau international ;**

***b)* dans un délai raisonnable, mais au plus tard 12 mois après la date de clôture du bilan de l'exercice pour lequel la déclaration est établie ou, pour les sociétés qui présentent volontairement des informations conformément à la directive 2013/34/UE, au plus tard à la date de publication des états financiers annuels.**

Dans le cas d'une entreprise constituée en conformité avec le droit d'un pays tiers, la déclaration contient également les informations requises en vertu de l'article 23, paragraphe 2, concernant le mandataire de l'entreprise.

2. Le paragraphe 1 du présent article ne s'applique pas aux entreprises qui sont soumises aux exigences d'information en matière de durabilité conformément aux articles 19 *bis*, 29 *bis* ou 40 *bis* de la directive 2013/34/UE, y compris celles qui sont exemptées en vertu de l'article 19 *bis*, paragraphe 9, ou de l'article 29 *bis*, paragraphe 8, de ladite directive.

3. Au plus tard le 31 mars 2027, la Commission adopte des actes délégués conformément à l'article 34 afin de compléter la présente directive en établissant le contenu et les critères applicables aux obligations de déclaration visées au paragraphe 1, précisant, notamment, de manière suffisamment détaillée les informations sur la description du devoir de vigilance, les incidences négatives réelles et potentielles recensées et les mesures appropriées prises à l'égard de ces incidences. Lors de l'élaboration de ces actes délégués, la Commission tient dûment compte des normes d'information en matière de durabilité adoptées en vertu des articles 29 *ter* et 40 *ter* de la directive 2013/34/UE et les aligne sur celles-ci, le cas échéant.

Lorsqu'elle adopte les actes délégués visés au premier alinéa, la Commission veille à ce qu'il n'y ait pas de doublon dans les exigences d'information pour les entreprises visées à l'article 3, paragraphe 1, point *a)* iii), qui sont soumises aux exigences d'information en vertu de l'article 4 du règlement (UE) 2019/2088, tout en maintenant dans leur intégralité les obligations minimales établies dans la présente directive.

1) La directive n'est pas censée établir de nouvelles obligations pour les entreprises du secteur financier déjà couvertes par la Directive 2013/34 du 26 juin 2013 relative aux états financiers annuels, aux états financiers consolidés et aux rapports y afférents de certaines formes d'entreprises, en matière d'établissement de rapports sur le développement durable.

2) La déclaration annuelle est soumise à l'organisme de collecte tel qu'établi par le règlement UE 2023/2859 cité.

3) Le considérant 64 précise que « la présente directive n'a pas pour objectif d'obliger les entreprises à divulguer publiquement le capital intellectuel, la propriété intellectuelle, le savoir-faire et/ou les résultats d'innovation qui seraient qualifiés de secrets commerciaux au sens de la directive 2016/943. La directive s'applique également sans préjudice du Règlement UE 596/2014 du Parlement européen et du Conseil du 6 avril 2014 sur les abus de marché (1) ».

4) La communication doit viser les politiques, les processus et les activités de diligence raisonnable menés pour identifier et traiter les impacts négatifs réels ou potentiels y compris les conclusions et les résultats de ces activités.

5) Enfin, on notera un délai assez éloigné au 31 mars 2027 pour adopter les règlements délégués venant préciser le contenu des critères applicables aux obligations de déclaration.

Art. 17. – Accessibilité des informations sur le point d'accès unique européen. – **1.** À compter du 1er janvier 2029, les États membres veillent à ce que, lorsqu'elles publient leur déclaration annuelle visée à l'article 16, paragraphe 1, de la présente directive, les entreprises communiquent cette déclaration en même temps à l'organisme de collecte visé au paragraphe 3 du présent article en vue de la rendre accessible sur le point d'accès unique européen (ESAP) établi par le règlement (UE) 2023/2859 (2).

Les États membres veillent à ce que les informations figurant dans la déclaration annuelle visée au premier alinéa satisfassent aux exigences suivantes :

a) elles sont communiquées dans un format permettant l'extraction de données au sens de l'article 2, point 3), du règlement (UE) 2023/2859 ou, lorsque le droit national ou de l'Union l'exige, dans un format lisible par machine au sens de l'article 2, point 4), dudit règlement ;

b) elles sont accompagnées des métadonnées suivantes :

i) tous les noms de l'entreprise à laquelle les informations se rapportent ;

ii) l'identifiant d'entité juridique de la société, précisé conformément à l'article 7, paragraphe 4, point *b)*, du règlement (UE) 2023/2859 ;

iii) la taille de la société, suivant la catégorie précisée conformément à l'article 7, paragraphe 4, point *d)*, du règlement (UE) 2023/2859 ;

iv) le ou les secteurs industriels des activités économiques de la société, précisés conformément à l'article 7, paragraphe 4, point *e)*, du règlement (UE) 2023/2859 ;

(1) Règlement (UE) n° 596/2014 du Parlement européen et du Conseil du 16 avril 2014 sur les abus de marché (règlement relatif aux abus de marché) et abrogeant la directive 2003/6/CE du Parlement européen et du Conseil et les directives 2003/124/CE, 2003/125/CE et 2004/72/CE de la Commission Texte présentant de l'intérêt pour l'EEE.

(2) Règlement (UE) 2023/2859 du Parlement européen et du Conseil du 13 décembre 2023 établissant un point d'accès unique européen fournissant un accès centralisé aux informations publiées utiles pour les services financiers, les marchés des capitaux et la durabilité (*JO* L 2023/2859, 20 déc. 2023).

v) le type d'informations précisé en application de l'article 7, paragraphe 4, point *c)*, du règlement (UE) 2023/2859 ;
vi) une mention précisant si les informations contiennent des données à caractère personnel.

2. Aux fins du paragraphe 1, point *b)* ii), les États membres veillent à ce que les entreprises obtiennent un identifiant d'entité juridique.

3. Au plus tard le 31 décembre 2028, aux fins de rendre les informations visées au paragraphe 1 du présent article accessibles sur l'ESAP, les États membres désignent au moins un organisme de collecte au sens de l'article 2, point 2), du règlement (UE) 2023/2859 et en informent l'Autorité européenne des marchés financiers.

4. Afin de garantir une collecte et une gestion efficientes des informations communiquées conformément au paragraphe 1, la Commission est habilitée à adopter des mesures d'exécution précisant :

a) les autres métadonnées devant accompagner les informations ;

b) la structuration des données dans les informations ; et

c) les informations pour lesquelles un format lisible par machine est requis et, dans de tels cas, le format lisible par machine à utiliser.

Ces dispositions n'entreront en vigueur qu'en 2029. Il convient donc d'attendre les mesures d'exécution prévues par le texte pour pouvoir les commenter convenablement.

Art. 18. – Clauses contractuelles types. – Afin d'aider les entreprises à se conformer plus facilement à l'article 10, paragraphe 2, point *b)*, et à l'article 11, paragraphe 3, point *c)*, la Commission, en concertation avec les États membres et les parties prenantes, adopte des orientations sur les clauses contractuelles types volontaires, au plus tard le ... [30 mois à compter de l'entrée en vigueur de la présente directive].

Les orientations sur les clauses contractuelles type seront élaborées dans les deux ans et demi à venir, à compter de la publication de la directive. Le considérant 66 précise qu'elles visent « à faciliter une répartition claire des tâches entre les parties contractantes, une coopération continue, de manière à éviter le transfert des obligations prévues par la présente directive à un partenaire commercial et à ne pas entraîner la nullité automatique du contrat en cas de violation. Elles devront également préciser le principe selon lequel le simple recours à des assurances contractuelles ne peut à lui seul satisfaire aux normes en matière de devoir de vigilance prévue par la présente directive ».

Art. 19. – Lignes directrices. – 1. Afin d'apporter un soutien aux entreprises ou aux autorités des États membres en ce qui concerne la manière dont les entreprises doivent s'acquitter de leurs obligations en matière de devoir de vigilance dans la pratique, et pour apporter un soutien aux parties prenantes, la Commission, en concertation avec les États membres et les parties prenantes, l'Agence des droits fondamentaux de l'Union européenne, l'Agence européenne pour l'environnement, l'Autorité européenne du travail et, le cas échéant, des organisations internationales et d'autres organismes disposant d'une expertise en matière de devoir de vigilance, publie des lignes directrices, y compris des lignes directrices générales et des lignes directrices pour des secteurs spécifiques ou des lignes directrices pour des incidences négatives spécifiques.

2. Les lignes directrices devant être publiées conformément au paragraphe 1 comprennent :

a) des orientations et des bonnes pratiques sur la manière d'exercer le devoir de vigilance conformément aux obligations prévues aux articles 5 à 16, en particulier le processus de recensement conformément à l'article 8 la hiérarchisation des incidences conformément à l'article 9, les mesures appropriées pour adapter les pratiques d'achat conformément à l'article 10, paragraphe 2, et à l'article 11, paragraphe 3, le désengagement responsable conformément à l'article 10, paragraphe 6, et à l'article 11, paragraphe 7, les mesures appropriées de réparation conformément à l'article 12, ainsi que sur la manière d'identifier les parties prenantes et de mener des échanges avec elles conformément à l'article 13, y compris au moyen du mécanisme de notification et de la procédure relative aux plaintes établis en vertu de l'article 14 ;

b) des orientations pratiques sur le plan de transition visé à l'article 22 ;

c) des orientations sectorielles ;

d) des orientations sur l'évaluation des facteurs de risque au niveau de l'entreprise, au niveau des activités commerciales, aux niveaux géographique et contextuel, au niveau des produits et des services, et au niveau sectoriel, y compris ceux associés aux zones de conflit ou à haut risque ;

e) des références aux données et aux sources d'information disponibles aux fins du respect des obligations prévues par la présente directive, ainsi qu'aux outils et technologies numériques susceptibles de faciliter et de favoriser le respect de ces obligations ;

f) des informations sur la manière de partager des ressources et des informations entre entreprises et autres entités juridiques aux fins du respect des dispositions du droit national adoptées en vertu de la présente directive, d'une façon conforme à la protection des secrets d'affaires visée à l'article 5, paragraphe 3, et à la protection contre d'éventuelles représailles ou rétorsions prévue à l'article 13, paragraphe 5 ;

g) des informations destinées aux parties prenantes et à leurs représentants sur la manière de mener des échanges tout au long du processus de vigilance.

3. Les lignes directrices visées au paragraphe 2, points *a), d)* et *e)*, sont disponibles au plus tard le ... [insérer la date correspondant à 30 mois à compter de la date d'entrée en vigueur de la présente directive]. Les lignes directrices visées au paragraphe 2, points *b), f)* et *g)*, sont disponibles au plus tard le ... [insérer la date correspondant à 36 mois à compter de l'entrée en vigueur de la présente directive].

4. Les lignes directrices visées au présent article sont disponibles dans toutes les langues officielles de l'Union. La Commission réexamine périodiquement les lignes directrices et les adapte.

1) Ces lignes directrices vont aborder tous les sujets et être élaborées en concertation avec les États membres, les parties prenantes, l'agence des droits fondamentaux de l'Union européenne, l'Agence européenne pour l'environnement, l'Autorité européenne du travail et le cas échéant d'autres organisations internationales.

2) Elles interviendront dans les deux à trois ans qui viennent et seront bien entendu déterminantes pour définir concrètement les conditions d'application du texte.

Art. 20. – Mesures d'accompagnement. – 1. Afin de fournir des informations et un soutien aux entreprises et à leurs partenaires commerciaux ainsi qu'aux parties prenantes, les États membres mettent en place et exploitent, individuellement ou conjointement, des sites web, des plateformes ou des portails dédiés. Une attention particulière est accordée, à cet égard, aux PME qui sont présentes dans les chaînes d'activités des entreprises. Ces sites web, plateformes ou portails donnent notamment accès aux éléments suivants :

a) le contenu et les critères applicables aux obligations de déclaration établies par la Commission dans les actes délégués adoptés en vertu de l'article 16, paragraphe 3 ;

b) les orientations de la Commission concernant les clauses contractuelles types volontaires prévues à l'article 18 et les lignes directrices qu'elle publie en application de l'article 19 ;

c) le guichet unique d'assistance prévu à l'article 21 ; et

d) des informations destinées aux parties prenantes et à leurs représentants sur la manière de mener des échanges tout au long du processus de vigilance.

2. Sans préjudice des règles en matière d'aides d'État, les États membres peuvent soutenir financièrement les PME. Les États membres peuvent également apporter un soutien aux parties prenantes afin de faciliter l'exercice des droits définis dans la présente directive.

3. La Commission peut compléter les mesures de soutien prises par les États membres en s'appuyant sur l'action existante de l'Union visant à soutenir le devoir de vigilance dans l'Union et dans les pays tiers et peut élaborer de nouvelles mesures, y compris pour faciliter les initiatives sectorielles ou multipartites visant à aider les sociétés à remplir leurs obligations.

4. Sans préjudice des articles 25, 26 et 29, les entreprises peuvent participer à des initiatives sectorielles et multipartites pour soutenir la mise en œuvre des obligations visées aux articles 7 à 16, dans la mesure où ces initiatives sont appropriées pour favoriser le respect de ces obligations. En particulier, les entreprises peuvent, après avoir évalué leur pertinence, recourir à l'analyse des risques pertinente effectuée dans le cadre d'initiatives sectorielles ou multipartites ou par des membres de ces initiatives, ou s'y joindre, et peuvent prendre des mesures appropriées efficaces, ou s'y joindre, dans le cadre de telles initiatives. Ce faisant, les entreprises contrôlent l'efficacité de ces mesures et continuent de prendre, si nécessaire, les mesures appropriées pour assurer le respect de leurs obligations.

La Commission et les États membres peuvent faciliter la diffusion d'informations sur ces initiatives et sur leurs résultats. La Commission, en collaboration avec les États membres, publie des orientations définissant des critères d'adéquation et une méthodologie qui permettent aux entreprises d'évaluer le caractère adéquat des initiatives sectorielles et multipartites.

5. Sans préjudice des articles 25, 26 et 29, les entreprises peuvent recourir à une vérification par un tiers indépendant concernant des entreprises ou à la demande d'entreprises dans leurs chaînes d'activités afin de soutenir la mise en œuvre des obligations relatives au devoir de vigilance dans la mesure où une telle vérification

est appropriée pour favoriser le respect des obligations pertinentes. La vérification par un tiers indépendant peut être effectuée par d'autres entreprises ou dans le cadre d'une initiative sectorielle ou multipartite. Les vérificateurs tiers indépendants agissent en toute objectivité et en toute indépendance par rapport à l'entreprise, sont exempts de tous conflits d'intérêts et de toute influence extérieure, directe ou indirecte, et s'abstiennent de tout acte incompatible avec leur indépendance. En fonction de la nature de l'incidence négative, ils possèdent une expérience et des compétences en matière d'environnement ou de droits de l'homme et sont responsables de la qualité et de la fiabilité de la vérification qu'ils effectuent.

La Commission, en collaboration avec les États membres, publie des orientations définissant des critères d'aptitude et une méthodologie qui permettent aux entreprises d'évaluer l'aptitude des vérificateurs tiers, ainsi que des orientations permettant de contrôler l'exactitude, l'efficacité et l'intégrité de la vérification par un tiers.

1) Cette disposition a pour objectif d'essayer de réduire le coût pour les entreprises de la satisfaction de leurs obligations. D'où l'encouragement à l'utilisation des outils et technologies numériques telles que ceux utilisés pour le suivi, la surveillance et le traçage des matières premières des biens et des produits, tout au long des chaînes de valeur, tels que les drones, les radars ou les solutions plates-formes. Le considérant 68 précise que l'objectif de ces outils est de recenser et d'évaluer les incidences négatives, la prévention et l'atténuation ainsi que le suivi et l'efficacité des mesures de vigilance.

2) Des dispositions spécifiques sont prévues pour les PME qui ne rentrent pas dans le champ d'application de la directive mais qui, du fait de l'application du texte à la chaîne de valeur, se retrouveraient concernées. C'est la raison pour laquelle il est proposé de créer et d'exploiter, soit individuellement, soit collectivement, des sites web, portails ou plateformes spécialisés pour fournir des informations et un soutien aux entreprises. Un soutien financier est possible de la part des États membres, de même qu'un soutien aux parties prenantes.

3) Le rôle des tiers indépendants est précisé au point 5, et cela renvoie au texte de transposition français, à savoir l'ordonnance du 6 décembre 2023 relative à la publication et à la certification d'informations en matière de durabilité et aux obligations environnementales, sociales et de gouvernement d'entreprise des sociétés commerciales (1) concernant les auditeurs de durabilité.

4) Les initiatives sectorielles et multipartites peuvent être utilisées notamment pour l'analyse des risques pertinents.

Art. 21. – Guichet unique d'assistance. – 1. La Commission met en place un guichet unique d'assistance par l'intermédiaire duquel les entreprises peuvent demander des informations, des orientations et un soutien en ce qui concerne l'exécution des obligations qui leur incombent en vertu de la présente directive.

2. Les autorités nationales compétentes de chaque État membre collaborent avec le guichet unique d'assistance afin de contribuer à l'adaptation des informations et des orientations aux contextes nationaux et à la diffusion de ces informations et orientations.

Art. 22. – Lutte contre le changement climatique. – 1. Les États membres veillent à ce que les entreprises visées à l'article 2, paragraphe 1, points *a)*, *b)* et *c)*, et à l'article 2, paragraphe 2, points *a)*, *b)* et *c)*, adoptent et mettent en œuvre un plan de transition pour l'atténuation du changement climatique qui vise à garantir, en déployant tous les efforts possibles, la compatibilité de leur modèle et de leur stratégie économiques avec la transition vers une économie durable et avec la limitation du réchauffement climatique à 1,5 °C conformément à l'accord de Paris et à l'objectif de neutralité climatique tel qu'il est établi dans le règlement (UE) 2021/1119, y compris ses objectifs intermédiaires et à l'horizon 2050 en matière de neutralité climatique, et, le cas échéant, l'exposition de l'entreprise à des activités liées au charbon, au pétrole et au gaz.

La conception du plan de transition pour l'atténuation du changement climatique visé au premier alinéa contient :

a) des objectifs assortis d'échéances liées au changement climatique pour 2030 et par étapes quinquennales jusqu'en 2050, sur la base de données scientifiques concluantes et, le cas échéant, des objectifs absolus de réduction des émissions de gaz à effet de serre des champs d'application 1, 2 et 3 pour chacune des catégories importantes ;

(1) L'ordonnance n° 2023-1142 du 6 décembre 2023 relative à la publication et à la certification d'informations en matière de durabilité et aux obligations environnementales, sociales et de gouvernement d'entreprise des sociétés commerciales.

b) une description des leviers de décarbonation recensés et des mesures clés prévues pour atteindre les objectifs visés au point *a)*, y compris, le cas échéant, les modifications du portefeuille de produits et de services de l'entreprise et l'adoption de nouvelles technologies ;

c) une explication et une quantification des investissements et des financements soutenant la mise en œuvre du plan de transition pour l'atténuation du changement climatique ; et

d) une description du rôle des organes d'administration, de gestion et de surveillance en ce qui concerne le plan de transition pour l'atténuation du changement climatique.

2. Les entreprises qui déclarent un plan de transition pour l'atténuation du changement climatique conformément à l'article 19 *bis*, 29 *bis* ou 40 *bis*, selon le cas, de la directive 2013/34/UE sont réputées avoir respecté l'obligation d'adopter un plan de transition pour l'atténuation du changement climatique prévue au paragraphe 1 du présent article.

Les entreprises incluses dans le plan de transition pour l'atténuation du changement climatique de leur société mère, déclaré conformément à l'article 29 *bis* ou 40 *bis*, selon le cas, de la directive 2013/34/UE, sont réputées avoir respecté l'obligation d'adopter un plan de transition pour l'atténuation du changement climatique d'adoption prévue au paragraphe 1 du présent article.

3. Les États membres veillent à ce que le plan de transition pour l'atténuation du changement climatique visé au paragraphe 1 soit mis à jour tous les 12 mois et contienne une description des progrès accomplis par l'entreprise en ce qui concerne la réalisation des objectifs visés au paragraphe 1, deuxième alinéa, point *a)*.

1) Cette disposition est une innovation de la directive par rapport à la situation antérieure dans laquelle le plan de transition était une faculté et non une obligation. Même si les accords de Paris ne figurent pas dans la liste des textes à respecter, l'article 22 est sans aucune ambiguïté. C'est bien l'objectif de limitation du réchauffement climatique à 1,5 °C et l'objectif de neutralité carbone en 2050, ainsi que ses objectifs intermédiaires, qui sont visés.

2) Le contenu du plan de transition répond à une obligation de moyen précisée très clairement par le considérant 73 qui indique que « dans la mesure où il s'agit d'une obligation de moyens, il convient de tenir dûment compte des progrès accomplis par les entreprises ainsi que de la complexité et du caractère évolutif de la transition climatique. Bien que les entreprises s'efforcent d'atteindre les objectifs de réduction des émissions de gaz à effet de serre figurant dans leurs plans, certaines circonstances particulières peuvent conduire à ne pas pouvoir atteindre ces objectifs, car cela serait plus raisonnable. Le plan devrait prévoir des objectifs assortis d'échéances en ce qui concerne les changements climatiques pour 2030 et par étapes de 5 ans jusqu'en 2050 sur la base de preuves scientifiques concluantes et le cas échéant d'objectifs absolus de réduction des émissions des effets de serre pour les catégories 1, 2, 3 d'émission de gaz à effet de serre ». Ce sont donc les scopes 1, 2 et 3 qui sont concernés.

3) Les quatre points visés à l'article 22.1 doivent être satisfaits à savoir :

- Des objectifs assortis d'échéances avec des étapes quinquennales jusqu'à 2050 et concernant les scopes 1, 2 et 3
- La description des leviers de décarbonation et des mesures prévues avec, le cas échéant, une modification des produits et des services et l'adoption de nouvelles technologies
- Une explication et une quantification des investissements et des financements
- Une description du rôle des organes d'administration de gestion et de surveillance.

S'agissant de la validité scientifique, il est expressément fait référence au conseil scientifique consultatif européen sur le changement climatique.

4) Les autorités de contrôle ont l'obligation de surveiller l'adoption, la conception et la mise en œuvre des plans.

Art. 23. – Mandataire. – 1. Les États membres exigent qu'une entreprise visée à l'article 2, paragraphe 2, exerçant des activités dans un État membre désigne comme son mandataire une personne physique ou morale établie ou domiciliée dans l'un des États membres où elle exerce ses activités. La désignation est valable lorsqu'elle est confirmée comme ayant été acceptée par le mandataire.

2. Les États membres exigent que le mandataire ou l'entreprise communique le nom, l'adresse, l'adresse de courrier électronique et le numéro de téléphone du mandataire à une autorité de contrôle de l'État membre où le mandataire est domicilié ou établi et, si elle est différente, à l'autorité de contrôle compétente mentionnée à l'article 24, paragraphe 3. Les États membres veillent à ce que le mandataire soit tenu de fournir, sur demande, une copie de la désignation dans une langue officielle d'un État membre à l'une des autorités de contrôle.

3. Les États membres exigent que le mandataire ou l'entreprise informe une autorité de contrôle de l'État membre dans lequel le mandataire est domicilié ou établi et, lorsqu'elle est différente, l'autorité de contrôle compétente prévue à l'article 24, paragraphe 3, du fait que l'entreprise est une entreprise visée à l'article 2, paragraphe 2.

4. Les États membres exigent que chaque entreprise habilite son mandataire à recevoir des communications des autorités de contrôle sur toutes les questions nécessaires au respect et à l'application des dispositions du droit national transposant la présente directive. Les entreprises sont tenues de doter leur mandataire des pouvoirs et ressources nécessaires pour coopérer avec les autorités de contrôle.

5. Lorsqu'une entreprise visée à l'article 2, paragraphe 2, ne respecte pas les obligations prévues au présent article, tous les États membres dans lesquels elle exerce ses activités sont compétents pour faire respecter ces obligations conformément à leur droit national. Un État membre qui a l'intention de faire respecter les obligations prévues au présent article en informe les autorités de contrôle par l'intermédiaire du réseau européen d'autorités de contrôle établi en application de l'article 28, afin que les autres États membres n'en fassent pas de même.

Cette disposition vient préciser les conditions d'application et de contrôle des mandataires qui doivent obligatoirement être désignés lorsque la directive concerne les entreprises de pays tiers.

Il faut souligner que tous les États membres sont compétents pour faire respecter l'obligation du mandataire.

Le contrôle sur le mandataire doit être étroit : son obligation est celle de recevoir les communications et de veiller au respect et à l'application des dispositions de droit national.

Art. 24. – **Autorités de contrôle.** – 1. Chaque État membre désigne une ou plusieurs autorités de contrôle chargées de surveiller le respect des obligations prévues dans les dispositions du droit national adoptées en application des articles 7 à 16 et de l'article 22.

2. En ce qui concerne une entreprise visée à l'article 2, paragraphe 1, l'autorité de contrôle compétente est celle de l'État membre où l'entreprise a son siège statutaire.

3. En ce qui concerne une entreprise visée à l'article 2, paragraphe 2, l'autorité de contrôle compétente est celle de l'État membre où l'entreprise possède une succursale. Si l'entreprise n'a pas de succursale dans un État membre ou possède des succursales dans différents États membres, l'autorité de contrôle compétente est l'autorité de contrôle de l'État membre où l'entreprise a réalisé la plus grande partie de son chiffre d'affaires net dans l'Union au cours de l'exercice précédant le dernier exercice avant la date indiquée à l'article 37 ou la date à laquelle l'entreprise remplit pour la première fois les critères énoncés à l'article 2, paragraphe 2, la date retenue étant la date la plus proche.

Une entreprise visée à l'article 2, paragraphe 2, peut, en raison d'un changement de circonstances donnant lieu à la réalisation de la plus grande partie de son chiffre d'affaires dans l'Union dans un autre État membre, présenter une demande dûment motivée en vue de changer d'autorité de contrôle compétente pour réglementer les questions couvertes par la présente directive qui la concernent.

4. Lorsqu'une société mère remplit les obligations découlant de la présente directive pour le compte de ses filiales conformément à l'article 6, l'autorité de contrôle compétente de la société mère coopère avec l'autorité de contrôle compétente de la filiale, qui restera compétente pour veiller à ce que la filiale soit soumise à l'exercice des pouvoirs conformément à l'article 25. À cet égard, le réseau européen d'autorités de contrôle instauré en application de l'article 28 facilite la coopération, la coordination et la fourniture d'une assistance mutuelle nécessaires conformément à l'article 28.

5. Lorsqu'un État membre désigne plusieurs autorités de contrôle, il veille à ce que les compétences respectives de ces autorités de contrôle soient clairement définies et à ce que ces autorités coopèrent étroitement et efficacement les unes avec les autres.

6. Les États membres peuvent également désigner comme autorités de contrôle aux fins de la présente directive les autorités chargées de la surveillance des entreprises financières réglementées.

7. Au plus tard le ... [2 ans à compter de l'entrée en vigueur de la présente directive], les États membres communiquent à la Commission les noms et les coordonnées des autorités de contrôle désignées en vertu du présent article, ainsi que leurs compétences respectives lorsqu'il existe plusieurs autorités de contrôle désignées. Ils informent la Commission de tout changement à ce sujet.

8. La Commission publie, y compris sur son site internet, une liste des autorités de contrôle et, lorsqu'un État membre a plusieurs autorités de contrôle, les compétences respectives de ces autorités en lien avec la présente directive. Elle met régulièrement à jour la liste sur la base des informations reçues des États membres.

9. Les États membres garantissent l'indépendance des autorités de contrôle et veillent à ce que celles-ci, ainsi que toutes les personnes travaillant ou ayant travaillé pour elles ainsi que les auditeurs, les experts et toutes autres personnes mandatés, exercent leurs pouvoirs de manière impartiale et transparente et dans le respect des obligations de secret professionnel. En particulier, les États membres veillent à ce que les autorités de contrôle soient juridiquement et fonctionnellement indépendantes, exemptes de toute influence extérieure, qu'elle soit directe ou indirecte, y compris des entreprises relevant du champ d'application de la présente directive ou d'autres intérêts du marché, à ce que leur personnel et les personnes responsables de leur gestion soient exempts de conflits d'intérêts et soumis à des exigences de confidentialité, et à ce qu'ils s'abstiennent de tout acte incompatible avec leurs fonctions.

10. Les États membres veillent à ce que les autorités de contrôle publient et rendent accessible en ligne un rapport annuel sur leurs activités au titre de la présente directive.

1) Les articles 24 et 25 visent à préciser la compétence territoriale et les pouvoirs des autorités de contrôle.

2) Le point essentiel de cette disposition concerne les conditions d'indépendance des autorités de contrôle nationales qui doivent être exemptes « de conflit d'intérêts, d'influence extérieure directe ou indirecte […], elles ne devraient solliciter ni accepter d'instructions de quiconque. Les États membres devraient garantir que chaque autorité de contrôle dispose des ressources humaines et financières nécessaires à l'exercice effectif de ses missions et ses pouvoirs conformément à leur droit national. Elles devraient être habilitées à mener des enquêtes de leur propre chef ou sur la base de préoccupations fondées soulevées au titre de la présente directive. Ces enquêtes pourraient comprendre le cas échéant des inspections sur place et l'audition des parties prenantes concernées » (Considérant 75).

3) Le name and shame est utilisé puisque ces autorités devront publier et mettre à disposition sur leur site un rapport annuel concernant leurs activités passées ainsi que les infractions les plus graves relevées. Un mécanisme permettant de recevoir les préoccupations étayées devra également être mis en place à titre gratuit ou très peu onéreux.

Art. 25. – Pouvoirs des autorités de contrôle. – 1. Les États membres veillent à ce que les autorités de contrôle disposent des pouvoirs et ressources nécessaires pour effectuer les tâches qui leur sont assignées au titre de la présente directive, y compris le pouvoir d'exiger des entreprises qu'elles fournissent des informations et de mener des enquêtes en rapport avec le respect des obligations énoncées aux articles 7 à 16. Les États membres exigent des autorités de contrôle qu'elles surveillent l'adoption et la conception du plan de transition pour l'atténuation du changement climatique conformément aux exigences prévues à l'article 22, paragraphe 1.

2. Une autorité de contrôle peut ouvrir une enquête de sa propre initiative ou à la suite de rapports étayés faisant état de préoccupations qui lui ont été communiqués en vertu de l'article 26, lorsqu'elle considère qu'elle dispose d'informations suffisantes indiquant un éventuel manquement d'une entreprise aux obligations prévues par les dispositions du droit national adoptées en vertu de la présente directive.

3. Les inspections sont effectuées dans le respect du droit national de l'État membre dans lequel l'inspection est effectuée et après avertissement préalable adressé à l'entreprise, sauf si la notification préalable nuirait à l'efficacité de l'inspection. Lorsque, dans le cadre de son enquête, une autorité de contrôle souhaite effectuer une inspection sur le territoire d'un État membre autre que le sien, elle demande l'assistance de l'autorité de contrôle dudit État membre conformément à l'article 28, paragraphe 3.

4. Si, à la suite des mesures prises conformément aux paragraphes 1 et 2, une autorité de contrôle constate le non-respect des dispositions du droit national adoptées en vertu de la présente directive, elle accorde à l'entreprise en cause un délai approprié pour prendre des mesures correctives, si ces mesures sont possibles.

L'adoption de mesures correctives ne s'oppose pas à l'imposition de sanctions ou à l'engagement de la responsabilité civile, conformément aux articles 27 et 29, respectivement.

5. Dans l'accomplissement de leurs missions, les autorités de contrôle disposent au moins du pouvoir :

a) d'ordonner à l'entreprise :

i) de cesser les infractions aux dispositions du droit national adoptées en vertu de la présente directive, par l'accomplissement d'une action ou la cessation d'un comportement ;

ii) de s'abstenir de réitérer le comportement en cause ; et

iii) le cas échéant, d'apporter une réparation proportionnée à l'infraction et nécessaire pour y mettre un terme ;

***b)* d'imposer des sanctions conformément à l'article 27 ; et**

***c)* d'adopter des mesures provisoires en cas de risque imminent d'atteinte grave et irréparable.**

6. Les autorités de contrôle exercent les pouvoirs visés au présent article conformément au droit national :

***a)* directement ;**

***b)* en coopération avec d'autres autorités ; ou**

***c)* par la saisine des autorités judiciaires compétentes, qui veillent à ce que ces voies de droit soient effectives et aient un effet équivalent aux sanctions imposées directement par les autorités de contrôle.**

7. Les États membres veillent à ce que toute personne physique ou morale ait le droit de former un recours juridictionnel effectif contre une décision juridiquement contraignante d'une autorité de contrôle qui la concerne, conformément au droit national.

8. Les États membres s'assurent que les autorités de contrôle dressent la liste des enquêtes menées en vertu du paragraphe 1, en indiquant notamment la nature de ces enquêtes et leurs résultats, ainsi que de toute mesure coercitive prise au titre du paragraphe 5.

9. Les décisions des autorités de contrôle concernant le respect, par une entreprise, des dispositions du droit national adoptées en vertu de la présente directive sont sans préjudice de la responsabilité civile de l'entreprise au titre de l'article 29.

1) Cet article est extrêmement important et il sera au cœur de contentieux, qui ne manqueront pas de s'élever, sur la validité des rapports de vigilance.

Les pouvoirs de contrôle des autorités nationales sont très étendus. Ils vont de la simple demande d'information à des enquêtes approfondies qui peuvent être mises en œuvre, soit d'office, soit à la demande de tiers dans le cadre de l'article 26 ci-dessous, c'est-à-dire de rapports faisant état de préoccupations étayées.

2) Les autorités de contrôle procèdent à des inspections après en avoir informé l'entreprise, sauf si cette information préalable pourrait nuire à la qualité de l'inspection. Ces inspections peuvent avoir lieu dans d'autres pays avec l'assistance de l'autorité locale de l'État membre concerné.

3) Des mesures correctives doivent être proposées à l'entreprise dans un délai déterminé, l'adoption de ces mesures n'excluant pas les sanctions.

4) Cette procédure qui, en France, sera une procédure administrative peut s'inscrire également dans le cadre d'une procédure judiciaire au même titre que le Code de l'environnement connaît des sanctions administratives et des sanctions judiciaires.

5) Les pouvoirs de l'autorité de contrôle sont a minima de noter des injonctions à l'entreprise de cessation des infractions, de s'abstenir de réitérer le comportement en cause, voire d'apporter une réparation proportionnée nécessaire pour mettre un terme à l'infraction.

6) Mais, elle peut également imposer des sanctions prévues à l'article 27 et prendre des mesures provisoires en cas de risque imminent. Le considérant 76 précise que « les sanctions imposées par les autorités de contrôle devraient comporter des sanctions pécuniaires et une déclaration publique indiquant l'entreprise responsable et la nature de l'infraction si l'entreprise ne se conforme pas à la décision imposant une sanction pécuniaire dans un délai imparti. Ce régime de sanctions est sans préjudice du pouvoir de retirer les produits du marché, d'en interdire la mise sur le marché, la mise à disposition sur le marché et l'exportation … les États membres devraient veiller à ce que la sanction pécuniaire imposée soit proportionnée au chiffre d'affaires net de l'entreprise au niveau mondial ».

7) La question de la mise en œuvre des autorités judiciaires est évidemment très importante. Il faudra attendre les textes de transposition pour savoir quelle solution a choisie la France, puisque cet article offre plusieurs solutions, dont la saisine des autorités judiciaires compétentes. Dans tous les cas de figure, les tiers doivent pouvoir disposer d'un recours juridictionnel effectif. Les décisions des autorités de contrôle sont sans préjudice des conditions d'exercice de la responsabilité civile des entreprises prévues à l'article 29.

Art. 26. – Rapports étayés faisant état de préoccupations. **– 1. Les États membres veillent à ce que les personnes physiques et morales aient le droit de présenter, par l'intermédiaire de canaux facilement accessibles, des rapports étayés faisant état de préoccupations à toute autorité de contrôle lorsqu'elles ont des raisons de penser, sur la base de circonstances objectives, qu'une entreprise ne se conforme pas aux dispositions du droit national adoptées en vertu de la présente directive.**

2. Les États membres veillent à ce que, lorsque des personnes présentant des rapports étayés faisant état de préoccupations le demandent, l'autorité de contrôle prenne les mesures nécessaires pour assurer une protection appropriée de l'identité de cette personne ainsi que de ses informations à caractère personnel qui, si elles étaient divulguées, lui seraient préjudiciables.

3. Lorsqu'un rapport étayé faisant état de préoccupations relève de la compétence d'une autre autorité de contrôle, l'autorité destinataire le transmet à ladite autorité.

4. Les États membres veillent à ce que les autorités de contrôle évaluent les rapports étayés faisant état de préoccupations dans un délai approprié et, le cas échéant, exercent leurs pouvoirs visés à l'article 25.

5. L'autorité de contrôle informe, dès que possible, conformément aux dispositions pertinentes du droit national et dans le respect du droit de l'Union, les personnes visées au paragraphe 1 du résultat de l'évaluation de leurs rapports étayés faisant état de préoccupations et en fournit une justification. L'autorité de contrôle informe également les personnes soumettant de tels rapports étayés faisant état de préoccupations qui ont, conformément au droit national, un intérêt légitime en la matière, de sa décision d'agir ou non, et fournit une description des mesures supplémentaires ainsi que des informations pratiques concernant l'accès aux voies de recours administratif et juridictionnel.

6. Les États membres veillent à ce que les personnes qui soumettent des rapports étayés faisant état de préoccupations conformément au présent article, et qui ont, conformément à leur droit national, un intérêt légitime en la matière, puissent engager une procédure de recours auprès d'un tribunal ou de tout autre organisme public indépendant et impartial concernant la légalité formelle et matérielle des décisions, actes ou omissions de l'autorité de contrôle.

1) Cette disposition détermine la procédure à suivre pour l'exercice par les personnes physiques et morales de leur droit à faire connaître les préoccupations qu'elles peuvent avoir à l'égard d'une entreprise quant à l'application des dispositions du droit national par ladite entreprise. On soulignera qu'il s'agit bien d'une application du droit national, ce qui illustre encore davantage l'importance de la transcription dans le droit national de la directive vigilance.

2) La protection de ces lanceurs d'alerte doit être assurée tant en ce qui concerne les personnes que les informations.

3) La communication des rapports étayés doit obligatoirement être assurée auprès de l'autorité de contrôle qui doit examiner dans un délai approprié et le cas échéant prendre les mesures prévues à l'article précédent.

4) La décision prise par l'autorité de contrôle est transmise non seulement au demandeur initial mais également aux personnes qui ont un intérêt légitime en la matière.

5) L'accès auprès d'un tribunal ou de l'organisme public indépendant doit être assuré.

6) S'agissant des droits de la défense, cet article est muet, ce qui signifie que ce sont les dispositions de l'article 25 qui s'appliquent et donc le droit de l'entreprise à être avertie préalablement en cas d'inspection, sauf dans le cas visé à l'alinéa 3 de l'article 25. Il conviendra donc de prévoir dans les textes de transcription une information très rapide de l'entreprise pour qu'elle puisse se défendre. Mais, rien n'est prévu en termes d'informations a priori.

Art. 27. – Sanctions. – 1. Les États membres déterminent le régime des sanctions, y compris les sanctions pécuniaires, applicables aux violations des dispositions nationales adoptées conformément à la présente directive et prennent toutes les mesures nécessaires pour assurer la mise en œuvre de ces sanctions. Ces sanctions doivent être effectives, proportionnées et dissuasives.

2. Pour décider s'il y a lieu d'imposer des sanctions et, dans l'affirmative, sanctions pour déterminer leur nature et leur niveau approprié, il est dûment tenu compte des éléments suivants :

a) la nature, la gravité et la durée de la violation, ainsi que la gravité des incidences qui en résultent ;

b) tout investissement réalisé et tout soutien ciblé fourni en vertu des articles 10 et 11 ;

c) toute collaboration avec d'autres entités pour remédier aux incidences en question ;

d) la mesure dans laquelle des décisions de hiérarchisation ont été prises conformément à l'article 9, le cas échéant ;

e) toute violation antérieure pertinente, par l'entreprise, des dispositions du droit national adoptées en application de la présente directive, constatée par une décision définitive ;

f) la mesure dans laquelle l'entreprise a pris des mesures correctives dans le cas concerné ;

g) les avantages financiers obtenus ou les pertes évitées par le professionnel du fait de l'infraction ;

h) toute autre circonstance aggravante ou atténuante applicable au cas concerné.

3. Les États membres prévoient au moins les sanctions suivantes :
a) des sanctions pécuniaires ;
b) si l'entreprise ne se conforme pas à la décision imposant une sanction pécuniaire dans le délai imparti, une déclaration publique indiquant la responsabilité de l'entreprise à l'égard de l'infraction et la nature de cette dernière.

4. Lorsque des sanctions pécuniaires sont imposées, elles sont fondées sur le chiffre d'affaires net au niveau mondial de l'entreprise. Le plafond maximal des sanctions pécuniaires est de 5 % au moins du chiffre d'affaires net mondial réalisé par l'entreprise au cours de l'exercice précédant la décision d'infliger une amende.

Les États membres veillent à ce que, en ce qui concerne les entreprises visées à l'article 2, paragraphe 1, point *b)*, et à l'article 2, paragraphe 2, point *b)*, les sanctions pécuniaires soient calculées en tenant compte du chiffre d'affaires consolidé déclaré par la société mère ultime.

5) Les États membres veillent à ce que toute décision des autorités de contrôle concernant des sanctions liées à la violation des dispositions du droit national adoptées en vertu de la présente directive soit publiée, accessible au public pendant au moins cinq ans et envoyée au réseau européen d'autorités de contrôle créé en vertu de l'article 28. La décision publiée ne contient pas de données à caractère personnel au sens de l'article 4, point 1), du règlement (UE) 2016/679.

1) Les sanctions du manquement sont d'abord pécuniaires, sans préjudice d'interdiction de mise sur le marché, de mise à disposition et d'exportation. Néanmoins, le considérant 76 précise que « cela ne devrait pas obliger les États membres à fonder la sanction pécuniaire uniquement sur le chiffre d'affaires net de l'entreprise dans tous les cas ». Mais, rien n'est précisé sur les autres critères qui pourraient être pris en considération. De plus, l'information publique est la sanction complémentaire en cas de non-respect par l'entreprise de la sanction pécuniaire. Mais dans tous les cas, toutes les sanctions prononcées sont rendues publiques. Le plafond de cette sanction pécuniaire est fixé à 5 % du chiffre d'affaires mondial.

2) Le texte précise tous les éléments à prendre en considération pour déterminer s'il y a lieu à sanction et le cas échéant le niveau de la sanction. Il faut un élément intentionnel ou une négligence grave.

Art. 28. – **Réseau européen d'autorités de contrôle.** – 1. La Commission met en place un réseau européen d'autorités de contrôle, composé de représentants des autorités de contrôle. Le réseau européen d'autorités de contrôle facilite la coopération des autorités de contrôle ainsi que la coordination et l'alignement des pratiques des autorités de contrôle en matière de réglementation, d'enquête, de sanction et de surveillance et, le cas échéant, le partage d'informations entre elles.

La Commission peut inviter les agences de l'Union disposant de l'expertise nécessaire dans les domaines couverts par la présente directive à rejoindre le réseau européen d'autorités de contrôle.

2. Les États membres travaillent de concert avec le réseau européen d'autorités de contrôle afin de recenser les entreprises relevant de leur juridiction, notamment en fournissant toutes les informations nécessaires pour évaluer si une entreprise d'un pays tiers remplit les critères énoncés à l'article 2. La Commission met en place un système sécurisé pour l'échange d'informations concernant le chiffre d'affaires net réalisé dans l'Union par une entreprise visée à l'article 2, paragraphe 2, qui n'a pas de succursale dans un État membre ou dont les succursales sont situées dans des États membres différents, par l'intermédiaire duquel les États membres communiquent à intervalles réguliers les informations dont ils disposent en ce qui concerne le chiffre d'affaires net réalisé par ces entreprises. La Commission analyse ces informations dans un délai raisonnable et informe l'État membre dans lequel l'entreprise a réalisé la plus grande partie de son chiffre d'affaires net dans l'Union au cours de l'exercice précédant le dernier exercice financier du fait que l'entreprise est une entreprise visée à l'article 2, paragraphe 2, et que l'autorité de contrôle de l'État membre est compétente conformément à l'article 24, paragraphe 3.

3. Les autorités de contrôle se communiquent les informations utiles et se prêtent mutuellement assistance en vue d'accomplir leur mission et mettent en place des mesures pour coopérer efficacement. L'assistance mutuelle comprend une collaboration en vue de l'exercice des pouvoirs visés à l'article 25, y compris en ce qui concerne les inspections et les demandes d'information.

4. Les autorités de contrôle prennent toutes les mesures appropriées nécessaires pour répondre à une demande d'assistance d'une autre autorité de contrôle sans retard injustifié et au plus tard un mois après réception de la

demande. Lorsque les circonstances relatives au cas concerné l'exigent, le délai peut être prolongé de deux mois au maximum sur la base d'une justification appropriée. De telles mesures peuvent comprendre, notamment, la transmission d'informations utiles sur la conduite d'une enquête.

5. Les demandes d'assistance contiennent toutes les informations nécessaires, notamment la finalité et les motifs de la demande. Les autorités de contrôle n'utilisent les informations reçues dans le cadre d'une demande d'assistance qu'aux fins pour lesquelles elles ont été demandées.

6. L'autorité de contrôle saisie d'une demande informe l'autorité de contrôle requérante des résultats obtenus ou, selon le cas, de l'avancement des mesures devant être prises pour donner suite à la demande d'assistance.

7. Les autorités de contrôle ne se facturent pas mutuellement de frais pour les actions et mesures prises à la suite d'une demande d'assistance.

Les autorités de contrôle peuvent toutefois convenir de règles concernant l'octroi de dédommagements entre elles pour des dépenses spécifiques résultant de la fourniture d'une assistance dans des cas exceptionnels.

8. L'autorité de contrôle qui est compétente en vertu de l'article 24, paragraphe 3, en informe le réseau européen d'autorités de contrôle et l'informe de toute demande de changement d'autorité de contrôle compétente.

9. Lorsqu'il existe des doutes quant à l'attribution des compétences, les informations sur lesquelles se fonde cette attribution seront partagées avec le réseau européen d'autorités de contrôle, qui peut coordonner les efforts en vue de trouver une solution.

10. Le réseau européen d'autorités de contrôle publie :

a) les décisions des autorités de contrôle comportant des sanctions visées à l'article 27, paragraphe 5 ; et

b) une liste indicative des entreprises de pays tiers soumises à la présente directive.

Art. 29. – Responsabilité civile des entreprises et droit à une réparation intégrale. – 1. Les États membres veillent à ce qu'une entreprise puisse être tenue pour responsable d'un dommage causé à une personne physique ou morale, à condition que :

a) l'entreprise ait manqué, intentionnellement ou par négligence, aux obligations prévues aux articles 10 et 11, lorsque le droit, l'interdiction ou l'obligation énumérés dans l'annexe de la présente directive vise à protéger la personne physique ou morale ; et

b) à la suite d'un manquement visé au point *a)*, un dommage ait été causé aux intérêts juridiques de la personne physique ou morale qui sont protégés par le droit national.

Une entreprise ne saurait être tenue pour responsable si le dommage n'a été causé que par ses partenaires commerciaux dans sa chaîne d'activités.

2. Lorsqu'une entreprise est tenue pour responsable conformément au paragraphe 1, une personne physique ou morale a droit à la réparation intégrale du dommage conformément au droit national. La réparation intégrale au sens de la présente directive n'entraîne pas de réparation excessive, que ce soit au moyen de dommages et intérêts punitifs ou multiples ou d'autres types de dommages et intérêts.

3. Les États membres veillent à ce que :

a) les règles nationales relatives au début, à la durée, à la suspension ou à l'interruption des délais de prescription n'entravent pas indûment l'introduction d'actions en dommages et intérêts et, en tout état de cause, ne soient pas plus restrictives que les règles relatives aux régimes nationaux généraux de responsabilité civile ;

le délai de prescription pour l'introduction d'actions en dommages et intérêts au titre de la présente directive soit d'au moins cinq ans et, en tout état de cause, ne soit pas inférieur au délai de prescription prévu par les régimes nationaux généraux de responsabilité civile ;

les délais de prescription ne commencent pas à courir avant que l'infraction ait cessé et que le demandeur ait pris connaissance ou puisse raisonnablement être considéré comme ayant connaissance :

i) du comportement et du fait que celui-ci constitue une infraction ;

ii) du fait que l'infraction lui a causé un préjudice ; et

iii) de l'identité de l'auteur de l'infraction ;

b) le coût de la procédure ne soit pas prohibitif pour les demandeurs cherchant à obtenir justice ;

c) les demandeurs puissent requérir une ordonnance de suspension, y compris par des actions en référé. Ces ordonnances de suspension prennent la forme d'une mesure définitive ou provisoire visant à mettre fin aux infractions aux dispositions du droit national adoptées en vertu de la présente directive, par l'accomplissement d'une action ou la cessation d'un comportement ;

d) des conditions raisonnables soient en place pour permettre à toute personne prétendument lésée d'autoriser un syndicat, une organisation non gouvernementale de défense des droits de l'homme ou de protection de l'environnement ou une autre organisation non gouvernementale et, conformément au droit national, les institutions nationales de défense des droits de l'homme établies dans un État membre à engager des actions pour faire respecter les droits de la personne prétendument lésée, sans préjudice des règles nationales de procédure civile ;

un syndicat ou une organisation non gouvernementale peut être autorisé en vertu du premier alinéa du présent point à condition de satisfaire aux exigences prévues par le droit national ; ces exigences peuvent inclure le fait de maintenir une présence permanente à titre propre et, conformément à ses statuts, de ne pas s'engager à titre commercial ou de façon uniquement temporaire dans l'application des droits protégés en vertu de la présente directive ou des droits correspondants en droit national ;

e) lorsqu'un recours est introduit et qu'un demandeur présente une justification motivée contenant des faits et des éléments de preuve raisonnablement disponibles suffisants pour étayer la plausibilité de sa demande de réparation et a indiqué que des éléments de preuve supplémentaires sont sous le contrôle de l'entreprise, les juridictions puissent ordonner que ces éléments de preuve soient divulgués par la société conformément au droit procédural national ;

les juridictions nationales limitent la divulgation des éléments de preuve demandés à ce qui est nécessaire et proportionné pour étayer une action ou une action potentielle en réparation, et la conservation de ces éléments de preuve à ce qui est nécessaire et proportionné pour étayer une telle action en réparation ; pour déterminer si une injonction de divulgation ou de conservation d'éléments de preuve est proportionnée, les juridictions nationales examinent dans quelle mesure le recours ou la défense est étayé par des faits et des éléments de preuve disponibles motivant la demande de divulgation d'éléments de preuve ; l'étendue et le coût de la divulgation, ainsi que les intérêts légitimes de toutes les parties, y compris tout tiers concerné, notamment afin d'éviter toute recherche non spécifique d'informations dont il est peu probable qu'elles soient pertinentes pour les parties à la procédure ; la possibilité que les éléments de preuve dont la divulgation est demandée contiennent des informations confidentielles, en particulier concernant d'éventuels tiers, et les modalités existantes de protection de ces informations confidentielles ;

les États membres veillent à ce que les juridictions nationales soient habilitées à ordonner la divulgation d'éléments de preuve contenant des informations confidentielles lorsqu'elles le jugent utile dans le cadre de l'action en dommages et intérêts ; Lorsque la divulgation de telles informations est ordonnée, les États membres veillent à ce que les juridictions nationales disposent de mesures efficaces de protection de ces informations.

4. Les entreprises qui ont participé à des initiatives sectorielles ou multipartites ou qui ont recouru à la vérification par un tiers indépendant ou à des clauses contractuelles pour soutenir la mise en œuvre d'obligations relatives au devoir de vigilance peuvent néanmoins être tenues pour responsables conformément au présent article.

5. La responsabilité civile d'une entreprise pour les dommages découlant de la présente disposition est sans préjudice de la responsabilité civile de ses filiales ou de tout partenaire commercial direct et indirect dans la chaîne d'activités de l'entreprise.

Lorsque le dommage a été causé conjointement par l'entreprise et sa filiale, ou un partenaire commercial direct ou indirect, ils sont solidairement responsables, sans préjudice des dispositions du droit national relatives aux conditions de la responsabilité solidaire et aux voies de recours.

6. Les règles en matière de responsabilité civile prévues par la présente directive ne limitent pas la responsabilité des sociétés en vertu des systèmes juridiques de l'Union ou nationaux et sont sans préjudice des règles de l'Union ou des règles nationales en matière de responsabilité civile ayant trait aux incidences négatives sur les droits de l'homme ou aux incidences négatives sur l'environnement qui prévoient une responsabilité dans des situations non couvertes par la présente directive ou une responsabilité plus stricte que cette dernière.

7. Les États membres veillent à ce que les dispositions de droit national transposant le présent article soient de nature impérative dans les cas où la loi applicable aux actions en réparation à cet effet n'est pas la loi nationale d'un État membre.

1) Cette disposition est bien entendu centrale et elle fait l'objet de 12 considérants numérotés de 78 à 91.

Tout d'abord, il convient de préciser que ce régime de responsabilité intégrale est indépendant des sanctions qui peuvent être prononcées.

2) Les dommages qui sont visés et qui ont été causés aux intérêts juridiques protégés d'une personne s'entendent du décès, des préjudices physiques ou psychologiques, de la privation de liberté personnelle, de la perte de dignité humaine ou d'un dommage causé aux biens d'une personne. Cela concerne toute personne physique, comme les personnes morales.

3) Le dommage résultant du manquement de l'entreprise implique une obligation de remédier aux incidences négatives en particulier de protéger la personne physique ou morale qui subit le dommage. Précisons que les dommages dérivés ne doivent pas être pris en considération. Par dommage dérivé, il faut entendre le dommage indirect par ricochet en droit français.

4) Le lien de causalité au sens de la responsabilité civile n'est pas régi par la présente directive et l'entreprise n'est pas responsable des dommages causés par les partenaires commerciaux dans la chaîne d'activité des entreprises lorsque ces partenaires sont la seule cause du dommage.

5) La dissuasion par des dommages punitifs ou toute forme de réparation excessive doit être interdite.

6) Du fait de la hiérarchisation, les incidences négatives les plus modestes n'ont pas à être réparées et n'ont pas encore pu être traitées.

7) Le droit national fixe les règles de preuve et notamment la charge de la preuve et les conditions d'engagement des procédures civiles. Cependant les règles habituelles de procédure civile peuvent trouver des difficultés à s'appliquer compte tenu d'un certain nombre de règles fixées par la directive en ce qui concerne notamment les obstacles pratiques et procéduraux des victimes. Ainsi, le considérant 83 précise que les juridictions nationales doivent pouvoir ordonner que les éléments de preuve soient produits par l'entreprise « conformément au droit procédural national ». Or, s'il existe bien en droit interne des injonctions de production de pièces, elles ne sont généralement pas sanctionnées ni sanctionnables si l'entreprise prétend que ces pièces n'existent pas. Il serait donc intéressant de voir comment les règles de procédure civile seraient éventuellement modifiées du fait de la directive.

8) S'agissant du délai de prescription, il doit être d'au moins cinq ans en tout état de cause et ne pas être inférieur au délai de prescription habituelle.

9) Les syndicats et ONG doivent pouvoir agir pour faire valoir le droit des victimes, dès lors que ces organisations respectent les dispositions du droit national.

10) Les mesures de cessation sous forme de mesures définitives ou provisoires pour mettre fin aux violations des dispositions doivent pouvoir être demandées.

11) Si le dommage a été causé par plusieurs entités, par exemple les entreprises principales et une filiale ou un partenaire commercial, le texte prévoit une responsabilité solidaire sans préjudice du droit de recours pour une réparation intégrale versé par une partie solidairement responsable.

12) Le considérant 88 précise que ces règles sont sans préjudice d'autres règles en matière de responsabilité civile ayant trait aux incidences négatives sur les droits de l'Homme aux incidences négatives sur l'environnement, prévoyant la responsabilité dans des situations non couvertes par la présente directive ou une responsabilité plus stricte. Enfin, pour permettre une réparation intégrale des préjudices découlant d'un manquement avec intention ou par négligence, cela signifie que la protection des victimes doit être assurée. Les dispositions doivent être de nature impérative dans le cas où le droit applicable n'est pas le droit national d'un État membre ou si le préjudice survient dans un pays tiers. Cela signifie que les États membres ont l'obligation de transposer le régime de responsabilité civile pour tenir compte de toutes les règles nationales connexes, dans la mesure où elles sont nécessaires pour assurer la protection des victimes, à savoir les personnes qui peuvent introduire un recours dans le délai de prescription et la production des preuves.

Art. 30. – Signalement de violations et protection des auteurs de signalement. – Les États membres prennent les mesures nécessaires pour que la directive (UE) 2019/1937 s'applique au signalement des violations des dispositions du droit national transposant la présente directive et à la protection des personnes qui signalent ces violations.

Art. 31. – Aide publique, marchés publics et concessions publiques. – Les États membres veillent à ce que le respect des obligations découlant des dispositions du droit national transposant la présente directive ou leur mise en œuvre volontaire puissent être considérés comme un aspect environnemental ou social que les

pouvoirs adjudicateurs peuvent, conformément aux directives 2014/23/UE, 2014/24/UE et 2014/25/UE, prendre en compte en tant que critères d'attribution des marchés publics et des contrats de concession, et comme une condition environnementale ou sociale que les pouvoirs adjudicateurs peuvenconformét auxdites directives, fixer pour l'exécution des marchés publics et des contrats de concession.

Le considérant 92 indique clairement que les pouvoirs adjudicateurs et les entités adjudicatrices peuvent exclure ou être obligés par les États membres à exclure un opérateur économique de la participation à une procédure de passation de marchés, y compris la procédure d'attribution de concession, le cas échéant, s'ils peuvent démontrer, par tous moyens appropriés, que l'opérateur a manqué à ses obligations applicables dans le domaine du droit environnemental social et du travail, y compris celles découlant de certains accords internationaux ratifiés par tous les États membres, etc.

Art. 32. – Modification de la directive (UE) 2019/1937. – Au point E.2 de la partie I de l'annexe de la directive (UE) 2019/1937, le point suivant est ajouté :

« vii Directive (UE)2024/1760 du Parlement européen et du Conseil du (*JO* L 2024, 13 mai 2024 sur le devoir de vigilance des entreprises en matière de durabilité et modifiant la directive (UE) 2019/1937 et le règlement (UE)2023/2859.

Art. 33. – Modification du règlement (UE) 2023/2859. – À la partie B de l'annexe du règlement (UE) 2023/2859, le point suivant est ajouté :

« 17) Directive (UE) 2024/1760 du Parlement européen et du Conseil du 13 juin 2024 sur le devoir de vigilance des entreprises en matière de durabilité et modifiant la directive (UE) 2019/1937 et le règlement (UE) 2023/2859 (*JO* L, 2024/1760, 5 juill. 2024) (1). »

Art. 34. – Exercice de la délégation. – 1. Le pouvoir d'adopter des actes délégués conféré à la Commission est soumis aux conditions fixées au présent article.

2. Le pouvoir d'adopter les actes délégués visés à l'article 3, paragraphe 2, et à l'article 16 est conféré à la Commission pour une durée indéterminée à partir du ... [date d'entrée en vigueur de la présente directive].

3. La délégation de pouvoir visée à l'article 3, paragraphe 2, et à l'article 16 peut être révoquée à tout moment par le Parlement européen ou le Conseil. La décision de révocation met fin à la délégation de pouvoir qui y est précisée. La révocation prend effet le jour suivant celui de la publication de ladite décision au *Journal officiel* de l'Union européenne ou à une date ultérieure qui est précisée dans ladite décision. Elle ne porte pas atteinte à la validité des actes délégués déjà en vigueur.

4. Avant l'adoption d'un acte délégué, la Commission consulte les experts désignés par chaque État membre, conformément aux principes définis dans l'accord interinstitutionnel du 13 avril 2016 « Mieux légiférer ».

5. Aussitôt qu'elle adopte un acte délégué, la Commission le notifie au Parlement européen et au Conseil simultanément.

6. Un acte délégué adopté en vertu de l'article 3, paragraphe 2, ou de l'article 16 n'entre en vigueur que si le Parlement européen ou le Conseil n'a pas exprimé d'objections dans un délai de deux mois à compter de la notification de cet acte au Parlement européen et au Conseil ou si, avant l'expiration de ce délai, le Parlement européen et le Conseil ont tous deux informé la Commission de leur intention de ne pas exprimer d'objections. Ce délai est prolongé de deux mois à l'initiative du Parlement européen ou du Conseil.

Art. 35. – Procédure de comité. – 1. La Commission est assistée par un comité. Ledit comité est un comité au sens du règlement (UE) n° 182/2011 du Parlement européen et du Conseil (2).

2. Lorsqu'il est fait référence au présent paragraphe, l'article 4 du règlement (UE) n° 182/2011 s'applique.

Art. 36. – Réexamen et établissement de rapports. – 1. La Commission présente un rapport au Parlement européen et au Conseil sur la nécessité de fixer des exigences supplémentaires relatives au devoir de vigilance

(1) Directive (UE) 2024/1760 du Parlement européen et du Conseil du 13 juin 2024 sur le devoir de vigilance des entreprises en matière de durabilité et modifiant la directive (UE) 2019/1937 et le règlement (UE) 2023/2859 (*JO* L, 2024/1760, 5 juill. 2024).

(2) Règlement (UE) n° 182/2011 du Parlement européen et du Conseil du 16 février 2011 établissant les règles et principes généraux relatifs aux modalités de contrôle par les États membres de l'exercice des compétences d'exécution par la Commission (*JO* L 55 du 28 févr. 2011, p. 13).

en matière de durabilité qui soient adaptées aux entreprises financières réglementées en ce qui concerne la fourniture de services financiers et d'activités d'investissement, ainsi que les options de ces exigences relatives au devoir de vigilance ainsi que leurs incidences, conformément aux objectifs de la directive.

Le rapport tient compte d'autres actes législatifs de l'Union qui s'appliquent aux entreprises financières réglementées. Il est publié dans les meilleurs délais après le... [date d'entrée en vigueur de la présente directive], et au plus tard le... [deux ans à compter de la date d'entrée en vigueur de la présente directive]. Il est accompagné, le cas échéant, d'une proposition législative.

2. Au plus tard le... [six ans après la date d'entrée en vigueur de la présente directive], et tous les trois ans par la suite, la Commission soumet un rapport complet au Parlement européen et au Conseil sur la mise en œuvre de la présente directive et sur son efficacité pour atteindre ses objectifs, en particulier pour remédier aux incidences négatives. Le rapport est accompagné, le cas échéant, d'une proposition législative. Le premier rapport évalue, entre autres, les points suivants :

a) les incidences de la présente directive sur les PME, ainsi que l'efficacité des différents outils et mesures de soutien proposés aux PME par la Commission et les États membres ;

b) le champ de la présente directive en ce qui concerne les entreprises visées, pour savoir s'il garantit l'efficacité de la présente directive eu égard à ses objectifs ainsi que des conditions de concurrence équitables entre les entités visées, et s'il permet de faire en sorte que les entreprises ne contournent pas l'application de la directive, et notamment :

– si l'article 3, paragraphe 1, point *a)*, doit être révisé de manière à ce que les entités constituées sous des formes juridiques différentes de celles énumérées à l'annexe I ou à l'annexe II de la directive 2013/34/UE soient couvertes par la présente directive ;

– si des modèles d'entreprise ou des formes de coopération économique avec des entreprises tierces autres que celles couvertes par l'article 2 doivent être inclus dans le champ d'application de la présente directive ;

– s'il y a lieu de réviser les seuils concernant le nombre de salariés ainsi que le chiffre d'affaires net fixés à l'article 2, et d'introduire une approche sectorielle spécifique dans les secteurs à haut risque ;

– s'il y a lieu de réviser le critère du chiffre d'affaires net généré dans l'Union, énoncé à l'article 2, paragraphe 2 ;

c) s'il y a lieu de réviser la définition du terme « chaîne d'activités » ;

d) si l'annexe de la présente directive doit être modifiée, notamment à la lumière de l'évolution de la situation internationale, et si elle devrait être étendue pour couvrir d'autres incidences négatives, en particulier les incidences négatives sur la bonne gouvernance ;

e) s'il y a lieu de réviser les règles relatives à la lutte contre le changement climatique prévues par la présente directive, en particulier en ce qui concerne la conception des plans de transition pour l'atténuation du changement climatique, leur adoption et leur mise en œuvre par les entreprises, ainsi que les pouvoirs des autorités de contrôle liés à ces règles ;

f) l'efficacité des mécanismes d'application mis en place à l'échelle nationale, des sanctions et des règles en matière de responsabilité civile ;

g) s'il est nécessaire de modifier le niveau d'harmonisation prévu par la présente directive afin de garantir des conditions de concurrence équitables aux entreprises au sein du marché intérieur, y compris la convergence et la divergence entre les dispositions du droit national transposant la présente directive.

Art. 37. – **Transposition.** – 1. Les États membres adoptent et publient, au plus tard le ... [deux ans à compter de l'entrée en vigueur de la présente directive], les dispositions législatives, réglementaires et administratives nécessaires pour se conformer à la présente directive. Ils communiquent immédiatement à la Commission le texte de ces dispositions.

Ils appliquent ces dispositions comme suit :

a) à partir du... [trois ans à compter de l'entrée en vigueur de la présente directive] en ce qui concerne les entreprises visées à l'article 2, paragraphe 1, points *a)* et *b)*, constituées en conformité avec la législation de l'État membre, qui employaient plus de 5 000 salariés en moyenne et qui ont généré un chiffre d'affaires net mondial de plus de 1 500 000 000 EUR au cours du dernier exercice précédant le... [trois ans à compter de l'entrée en vigueur de la présente directive] pour lesquelles des états financiers annuels ont été ou auraient dû être adoptés, à l'exception des mesures nécessaires pour se conformer à l'article 16, que les États membres appliquent à ces entreprises pour les exercices commençant le 1er janvier 2028 ou après cette date ;

b) à partir du... [quatre ans à compter de l'entrée en vigueur de la présente directive] en ce qui concerne les entreprises visées à l'article 2, paragraphe 1, points *a)* et *b)*, constituées en conformité avec la législation de l'État membre, qui employaient plus de 3 000 salariés en moyenne et qui ont généré un chiffre d'affaires net mondial de plus de 900 000 000 EUR au cours du dernier exercice précédant... [quatre ans à compter de l'entrée en vigueur de la présente directive] pour lesquelles des états financiers annuels ont été ou auraient dû être adoptés, à l'exception des mesures nécessaires pour se conformer à l'article 16, que les États membres appliquent à ces entreprises pour les exercices commençant le 1er janvier 2029 ou après cette date ;

c) à partir du... [trois ans à compter de l'entrée en vigueur de la présente directive] en ce qui concerne les entreprises visées à l'article 2, paragraphe 2, points *a)* et *b)*, constituées en conformité avec la législation d'un pays tiers et qui ont généré un chiffre d'affaires net de plus de 1 500 000 000 EUR dans l'Union au cours de l'exercice précédant le dernier exercice financier précédant le... [trois ans à compter de l'entrée en vigueur de la présente directive], à l'exception des mesures nécessaires pour se conformer à l'article 16, que les États membres appliquent à ces entreprises pour les exercices commençant le 1er janvier 2028 ou après cette date ;

d) à partir du... [quatre ans à compter de l'entrée en vigueur de la présente directive] en ce qui concerne les entreprises visées à l'article 2, paragraphe 2, points *a)* et *b)*, constituées en conformité avec la législation d'un pays tiers et qui ont généré un chiffre d'affaires net de plus de 900 000 000 EUR dans l'Union au cours de l'exercice précédant le dernier exercice financier précédant le... [quatre ans à compter de l'entrée en vigueur de la présente directive], à l'exception des mesures nécessaires pour se conformer à l'article 16, que les États membres appliquent à ces entreprises pour les exercices commençant le 1er janvier 2029 ou après cette date ;

e) à partir du... [cinq ans à compter de l'entrée en vigueur de la présente directive] en ce qui concerne toutes les autres entreprises visées à l'article 2, paragraphe 1, points *a)* et *b)*, et à l'article 2, paragraphe 2, points *a)* et *b)*, et les entreprises visées à l'article 2, paragraphe 1, point *c)*, et à l'article 2, paragraphe 2, point *c)*, à l'exception des mesures nécessaires pour se conformer à l'article 16, que les États membres appliquent à ces entreprises pour les exercices commençant le 1er janvier 2029 ou après cette date ;

Lorsque les États membres adoptent ces dispositions, celles-ci contiennent une référence à la présente directive ou sont accompagnées d'une telle référence lors de leur publication officielle. Les modalités de cette référence sont arrêtées par les États membres.

2. Les États membres communiquent à la Commission le texte des dispositions essentielles de droit interne qu'ils adoptent dans le domaine régi par la présente directive.

Art. 38. – Entrée en vigueur. – La présente directive entre en vigueur le vingtième jour suivant celui de sa publication au *Journal officiel* de l'Union européenne.

Destinataires. Les États membres sont destinataires de la présente directive.

V. lien de redirection vers : Annexes de la Directive (UE) 2024/1760 du Parlement européen et du Conseil du 13 juin 2024 sur le devoir de vigilance des entreprises en matière de durabilité et modifiant la directive (UE) 2019/1937 et le règlement (UE) 2023/2859, V. https://www.legifrance.gouv.fr/jorf/id/JORFTEXT000049988105.

ANNEXE 7

GREENWASHING

Bibliographie : S. Bernheim-Desvaux, *La nouvelle directive consacrant un droit à la réparation au profit des consommateurs* : *Contrats, conc. consom.* 2024, n° 10, comm. 156. • B. Parance, *Les avancées dans la lutte contre le greenwashing, la course est lancée !* : *Actes prat. ing. sociétaire* 2024, n° 4. • C. Baldon, *Le nouvel encadrement des allégations environnementales par le droit européen : un changement de paradigme dans la lutte contre le greenwashing* : *GPL* 23 avr. 2024. • É. Kowalski et J. Cappelié, « *Greenwashing* » *: le cadre normatif européen se précise* : *JCP E* 2024, n° 16, 340. • E. Russo, *Face au greenwashing, l'UE trace les lignes d'une communication commerciale loyale* : *Rev. int. Compliance* 2024, n° 2, comm. 77. • S. Bernheim-Desvaux, *La nouvelle directive permettant de donner aux consommateurs les moyens d'agir en faveur de la transition écologique* : *Contrats, conc. consom.* 2024, n° 6, comm. 103. • H. Aubry, *Actualité du droit des pratiques commerciales déloyales* : *Contrats, conc. consom.* 2024, n° 10, chron. 2. • G. Leray, *Les incitations du droit de la consommation* : *Énergie – Env. – Infrastr.* 2024, n° 7, dossier 11.

1) **Commentaire.** La directive 2024/825 « pour donner aux consommateurs les moyens d'agir » modifie deux textes européens majeurs : la directive sur les pratiques commerciales trompeuses (2005/29/CE) et la directive relative aux droits des consommateurs (2011/83/CE) pour lutter contre la pratique de l'écoblanchiment (aussi appelé *greenwashing*) et encadrer l'usage des allégations environnementales.

2) **Définitions.** La directive ajoute une définition en droit européen de l'allégation environnementale. Cette définition est large. Elle comprend tout message ou toute déclaration non obligatoire, y compris par exemple les images, les symboles ou les noms de marque, dans le cadre d'une communication commerciale, qui a une incidence positive ou neutre sur l'environnement, ou a amélioré son impact sur l'environnement, ou a un impact moindre en comparaison d'autres produits ou marques.

La directive introduit également les notions d'« allégations environnementales génériques » et de « label de développement durable », dans la directive sur les pratiques commerciales déloyales, et les notions de « garantie commerciale de durabilité », « durabilité », « producteur », « indice de réparabilité » et « mise à jour logicielle » dans la directive sur les droits des consommateurs.

3) **Prohibition des allégations environnementales trompeuses.** La directive modifie la définition de « pratique commerciale trompeuse » pour y intégrer les informations concernant les caractéristiques environnementales et sociales du produit, ainsi que les aspects liés à la circularité, tels que sa durabilité, sa réparabilité ou sa recyclabilité. De même, la directive modifie la définition d'« omission trompeuse » pour y ajouter le cas dans lequel un professionnel omet des informations substantielles lorsqu'il compare des produits à propos de ses caractéristiques sociales et environnementales.

4) **Renforcement de l'obligation d'information du professionnel.** L'obligation d'information sur la garantie légale de conformité est renforcée. La directive ajoute également une obligation d'information concernant l'indice de réparabilité des biens. Pour la fourniture de ces informations, une notice et un label harmonisé seront créés.

5) **Liste noire des pratiques commerciales trompeuses.** La directive ajoute à la liste des pratiques réputées déloyales en toutes circonstances (et donc sanctionnées comme telles) douze nouvelles pratiques de communication liées aux aspects environnementaux du produit ou de la marque :

1. les « faux » labels : afficher un label de développement durable qui n'est pas fondé sur un système de certification ou qui n'a pas été mis en place par des autorités publiques ;

2. les allégations environnementales génériques (on pense par exemple aux allégations de type « bon pour le climat », « écoresponsable » lorsqu'elles ne sont pas associées à un label de durabilité) au sujet desquelles le professionnel n'est pas en mesure de démontrer l'excellente performance environnementale reconnue en rapport avec l'allégation ;

3. les allégations globalisantes : présenter une allégation environnementale concernant l'ensemble du produit ou de l'entreprise du professionnel, alors qu'elle ne concerne qu'un des aspects du produit ou une activité spécifique de l'entreprise du professionnel ;

4. les allégations climatiques basées uniquement sur la compensation d'émissions de gaz à effet de serre : affirmer, sur la base de la compensation des émissions de gaz à effet de serre, qu'un produit a un impact neutre, réduit ou positif sur l'environnement en termes d'émissions de gaz à effet de serre ;

5. les allégations portant sur des caractéristiques obligatoires et donc non distinctives : présenter comme une caractéristique distinctive de l'offre du professionnel des exigences imposées par la loi pour tous les produits de la catégorie de produits concernée sur le marché de l'Union ;

6. les omissions sur l'obsolescence liées aux mises à jour logicielles : dissimuler au consommateur le fait qu'une mise à jour logicielle aura une incidence négative sur le fonctionnement de biens comportant des éléments numériques ou sur l'utilisation de contenu numérique ou de services numériques ;

7. les mises à jour faussement obligatoires : présenter une mise à jour logicielle comme étant nécessaire lorsqu'elle ne fait qu'améliorer des fonctionnalités ;

8. toute communication commerciale sur un bien doté d'une caractéristique introduite pour en limiter la durabilité, alors même que l'information de cette caractéristique et de ses effets sur la durabilité du bien se trouve à la disposition du professionnel ;

9. les allégations trompeuses sur la durabilité du produit : affirmer à tort qu'un bien présente une certaine durabilité, sur le plan du temps d'utilisation ou de l'intensité, dans des conditions normales d'utilisation ;

10. les allégations trompeuses sur la réparabilité du produit : présenter un bien comme réparable alors qu'il ne l'est pas ;

11. les incitations à la consommation non nécessaire pour remplacer des consommables : inciter le consommateur à remplacer les consommables ou à se réapprovisionner en consommables d'un bien avant que des raisons techniques ne le justifient ;

12. dissimuler des informations sur la détérioration de la fonctionnalité d'un bien lorsque des consommables, des pièces de rechange ou des accessoires qui ne sont pas fournis par le producteur d'origine sont utilisés, ou affirmer à tort qu'une telle détérioration va se produire.

6) Allégations environnementales basées sur une performance future. Les allégations qui prennent la forme d'engagements ou de trajectoires d'amélioration future pour le produit ou la marque sont légion. Désormais, elles devront être justifiées par un plan de mise en œuvre détaillé et réaliste. Ce plan devra contenir des engagements clairs, objectifs, vérifiables et disponibles au public, avec des échéances régulières et une description des moyens prévus pour atteindre ces objectifs (ressources budgétaires, développements technologiques…). Ce plan devra être vérifié par un tiers expert indépendant dont les conclusions seront accessibles au public.

7) Transposition. La directive devra être transposée en droit national au plus tard le 27 mars 2026, avec des dispositions applicables dès le 27 septembre 2026.

8) Régime juridique des allégations environnementales. Le cadre juridique des allégations environnementales a vocation à être étoffé par une deuxième directive dédiée, en cours de discussion au Parlement européen (Proposition de directive relative à la justification et à la communication des allégations environnementales explicites, COM/2023/166 final). L'un des apports principaux de cette proposition consiste à exiger une certification préalable des allégations environnementales par un organisme tiers avant toute communication.

DIRECTIVE (UE) DU PARLEMENT EUROPÉEN ET DU CONSEIL n° 2024/825 du 28 février 2024

modifiant les directives 2005/29/CE et 2011/83/UE pour donner aux consommateurs les moyens d'agir en faveur de la transition verte grâce à une meilleure protection contre les pratiques déloyales et grâce à une meilleure information

Voir Lien de redirection vers : Directive (UE) 2024/825 du Parlement européen et du Conseil du 28 février 2024 modifiant les directives 2005/29/CE et 2011/83/UE pour donner aux consommateurs les moyens d'agir en faveur de la transition verte grâce à une meilleure protection contre les pratiques déloyales et grâce à une meilleure information, https://eur-lex.europa.eu/eli/dir/2024/825/oj.

Art. 1er. – Modifications de la directive 2005/29/CE. – La directive 2005/29/CE est modifiée comme suit :

1) À l'article 2, le premier alinéa est modifié comme suit :

a) le point suivant est inséré :

« *c bis)* "bien" : un bien au sens de l'article 2, point 5), de la directive (UE) 2019/771 du Parlement européen et du Conseil (1) ; »

b) les points suivants sont ajoutés :

« *o)* "allégation environnementale" : tout message ou toute déclaration non obligatoire en vertu du droit de l'Union ou du droit national, sous quelque forme que ce soit, notamment du texte, une image, une représentation graphique ou un symbole tels que un label, une marque, une dénomination sociale ou une dénomination de produit, dans le cadre d'une communication commerciale, et qui affirme ou suggère qu'un produit, une catégorie de produits, une marque ou un professionnel a une incidence positive ou nulle sur l'environnement, est moins préjudiciable pour l'environnement que d'autres produits, catégories de produits, marques ou professionnels, ou a amélioré son incidence environnementale au fil du temps ;

p) "allégation environnementale générique" : toute allégation environnementale formulée sous forme écrite ou orale, y compris dans les médias audiovisuels, qui ne fait pas partie d'un label de développement durable, et lorsque la spécification de l'allégation n'est pas fournie en des termes clairs et bien visibles sur le même support ;

q) "label de développement durable" : tout label de confiance volontaire, label de qualité ou équivalent, public ou privé, qui vise à distinguer et à promouvoir un produit, un procédé ou une entreprise pour ses caractéristiques environnementales ou sociales, ou les deux, et qui exclut tout label obligatoire requis en vertu du droit de l'Union ou du droit national ;

r) "système de certification" : un système de vérification par un tiers qui certifie qu'un produit, un processus ou une entreprise satisfait à certaines exigences, qui permet l'utilisation d'un label de développement durable correspondant et dont les dispositions, notamment les exigences qu'il définit, sont accessibles au public et répondent aux critères suivants :

i) le système est ouvert, à des conditions transparentes, équitables et non discriminatoires, à tous les professionnels désireux et en mesure de se conformer aux exigences du système ;

ii) les exigences définies par le système sont élaborées par le propriétaire de ce dernier en consultation avec les experts et les parties prenantes concernées ;

iii) le système établit des procédures pour traiter les cas de non-conformité à ses exigences et prévoit le retrait ou la suspension de l'utilisation du label de développement durable par le professionnel en cas de non-respect des exigences définies par le système ; et

iv) le contrôle du respect par le professionnel des exigences du système fait l'objet d'une procédure objective et est effectué par un tiers dont la compétence et l'indépendance par rapport au propriétaire du système comme au professionnel sont fondées sur des normes et procédures internationales, de l'Union ou nationales ;

s) "performance environnementale excellente reconnue" : performance environnementale conforme au règlement (CE) n° 66/2010 du Parlement européen et du Conseil (2) ou aux systèmes nationaux ou régionaux EN ISO 14024 de label écologique de type I officiellement reconnus dans les États membres, ou aux meilleures performances environnementales en vertu d'autres dispositions applicables du droit de l'Union ;

t) "durabilité" : la durabilité au sens de l'article 2, point 13), de la directive (UE) 2019/771 ;

u) "mise à jour logicielle" : une mise à jour qui est nécessaire pour maintenir la conformité des biens comportant des éléments numériques, du contenu numérique et des services numériques conformément à la directive (UE) 2019/770 du Parlement européen et du Conseil (3) et à la directive (UE) 2019/771, y compris une mise à jour de sécurité, ou une mise à jour des fonctionnalités ;

v) "consommable" : tout composant d'un bien qui est utilisé de manière récurrente et qui doit être remplacé ou dont il est nécessaire de se réapprovisionner pour que le bien fonctionne comme prévu ;

---

(1) Directive (UE) 2019/771 du Parlement européen et du Conseil du 20 mai 2019 relative à certains aspects concernant les contrats de vente de biens, modifiant le règlement (UE) 2017/2394 et la directive 2009/22/CE et abrogeant la directive 1999/44/CE (*JO* L 136 du 22.5.2019, p. 28).

(2) Règlement (CE) n° 66/2010 du Parlement européen et du Conseil du 25 novembre 2009 établissant le label écologique de l'UE (*JO* L 27 du 30.1.2010, p. 1).

(3) Directive (UE) 2019/770 du Parlement européen et du Conseil du 20 mai 2019 relative à certains aspects concernant les contrats de fourniture de contenus numériques et de services numériques (*JO* L 136 du 22.5.2019, p. 1).

w) “fonctionnalité” : la fonctionnalité au sens de l’article 2, point 9), de la directive (UE) 2019/771 ; »

2) L’article 6 est modifié comme suit :

a) au paragraphe 1, le point *b)* est remplacé par le texte suivant :

« *b)* les caractéristiques principales du produit, telles que sa disponibilité, ses avantages, les risques qu’il présente, son exécution, sa composition, ses caractéristiques environnementale ou sociale, ses accessoires, les aspects liés à la circularité, tels que sa durabilité, sa réparabilité ou sa recyclabilité, le service après-vente et le traitement des réclamations, le mode et la date de fabrication ou de prestation, sa livraison, son aptitude à l’usage, son utilisation, sa quantité, ses spécifications, son origine géographique ou commerciale ou les résultats qui peuvent être attendus de son utilisation, ou les résultats et les caractéristiques essentielles des tests ou contrôles effectués sur le produit. » ;

b) au paragraphe 2, les points suivants sont ajoutés :

« *d)* une allégation environnementale relative aux performances environnementales futures sans engagements clairs, objectifs, accessibles au public et vérifiables inscrits dans un plan de mise en œuvre détaillé et réaliste qui inclut des objectifs mesurables et assortis d’échéances ainsi que d’autres éléments pertinents requis à l’appui de sa réalisation, tels que l’affectation de ressources, et qui est régulièrement vérifié par un tiers expert indépendant, dont les conclusions sont mises à la disposition des consommateurs ;

e) la publicité d’avantages pour les consommateurs qui ne sont pas pertinents et ne résultent d’aucune caractéristique du produit ou de l’entreprise. ».

3) À l’article 7, le paragraphe suivant est ajouté :

« 7. Lorsqu’un professionnel fournit un service qui compare des produits et qui informe le consommateur de caractéristiques environnementales ou sociales ou d’aspects liés à la circularité, tels que la durabilité, la réparabilité ou la recyclabilité, associés à des produits ou aux fournisseurs de ces produits, les informations sur la méthode de comparaison, sur les produits faisant l’objet de la comparaison et sur les fournisseurs de ces produits, ainsi que sur les mesures mises en place pour tenir ces informations à jour, sont considérées comme des informations substantielles. ».

4) L’annexe I est modifiée conformément à l’annexe de la présente directive.

Art. 2. – Modifications de la directive 2011/83/UE. – La directive 2011/83/UE est modifiée comme suit :

1) À l’article 2, les points suivants sont insérés :

« 14 *bis*) “garantie commerciale de durabilité”, la garantie commerciale de durabilité du producteur visée à l’article 17 de la directive (UE) 2019/771, en vertu de laquelle le producteur est directement responsable vis-à-vis du consommateur pendant toute la durée de la garantie commerciale de durabilité en ce qui concerne la réparation ou le remplacement du bien, conformément à l’article 14 de la directive (UE) 2019/771, dès lors que la durabilité de celui-ci est altérée :

14 *ter*) “durabilité”, la durabilité au sens de l’article 2, point 13), de la directive (UE) 2019/771 ;

14 *quater*) “producteur”, le producteur au sens de l’article 2, point 4), de la directive (UE) 2019/771 ;

14 *quinquies*) “indice de réparabilité”, une note exprimant la capacité d’un bien à être réparé, fondée sur des exigences harmonisées établies au niveau de l’Union ;

14 *sexies*) “mise à jour logicielle”, une mise à jour gratuite, y compris une mise à jour de sécurité, qui est nécessaire pour maintenir la conformité des biens comportant des éléments numériques, du contenu numérique et des services numériques conformément aux directives (UE) 2019/770 et (UE) 2019/771 ; ».

2) À l’article 5, le paragraphe 1 est modifié comme suit :

a) le point *e)* est remplacé par le texte suivant :

« *e)* un rappel de l’existence de la garantie légale de conformité pour les biens ainsi que de ses principaux éléments, dont sa durée minimale de deux ans comme le prévoit la directive (UE) 2019/771, de manière bien visible, au moyen de la notice harmonisée visée à l’article 22 *bis* de la présente directive ; » ;

b) les points suivants sont insérés :

« *e bis)* lorsque le producteur offre au consommateur une garantie commerciale de durabilité sans frais supplémentaires, s’appliquant à l’ensemble du bien et d’une durée de plus de deux ans, et met cette information à disposition du professionnel, une information indiquant que ledit bien bénéficie d’une telle garantie, et sa durée ainsi qu’un rappel de l’existence de la garantie légale de conformité, de manière bien visible au moyen du label harmonisé visé à l’article 22 *bis* ;

e ter) un rappel de l'existence de la garantie légale de conformité pour les contenus numériques et les services numériques ;

e quater) le cas échéant, l'existence d'un service après-vente et de garanties commerciales, ainsi que les conditions y afférentes ;

e quinquies) pour les biens comportant des éléments numériques, pour des contenus numériques et pour des services numériques, lorsque le producteur ou le fournisseur met les informations à disposition du professionnel, la durée minimale, exprimée par référence à une durée ou à une date, pendant laquelle le producteur ou le fournisseur fournit les mises à jour logicielles. » ;

c) les points suivants sont ajoutés :

« *i)* le cas échéant, l'indice de réparabilité des biens ;

j) lorsque le point *i)* n'est pas applicable et à condition que le producteur mette les informations à disposition du professionnel, des informations sur la disponibilité, le coût estimé et la procédure de commande des pièces de rechange nécessaires pour maintenir la conformité des biens, sur la disponibilité d'instructions de réparation et d'entretien ainsi que sur les restrictions en matière de réparation. ».

3) À l'article 6, le paragraphe 1 est modifié comme suit :

a) le point *g)* est remplacé par le texte suivant :

« *g)* les modalités de paiement de livraison, y compris les options de livraison respectueuses de l'environnement le cas échéant, les modalités d'exécution, la date à laquelle le professionnel s'engage à livrer les biens ou à exécuter les services et, le cas échéant, les modalités prévues par le professionnel pour le traitement des réclamations ; » ;

b) le point *l)* est remplacé par le texte suivant :

« *l)* un rappel de l'existence de la garantie légale de conformité pour les biens ainsi que de ses principaux éléments, dont sa durée minimale de deux ans, comme le prévoit la directive (UE) 2019/771, de manière bien visible, au moyen de la notice harmonisée visée à l'article 22 *bis* de la présente directive ; » ;

c) les points suivants sont insérés :

« *l bis)* lorsque le producteur offre au consommateur une garantie commerciale de durabilité sans frais supplémentaires, s'appliquant à l'ensemble du bien et d'une durée de plus de deux ans, et met cette information à disposition du professionnel, une information indiquant que ledit bien bénéficie d'une telle garantie, et sa durée ainsi qu'un rappel de l'existence de la garantie légale de conformité, de manière bien visible au moyen du label harmonisé visé à l'article 22 *bis* ;

l ter) un rappel de l'existence de la garantie légale de conformité pour les contenus numériques et les services numériques ;

l quater) pour les biens comportant des éléments numériques, pour des contenus numériques et pour des services numériques, lorsque le producteur ou le fournisseur met les informations à disposition du professionnel, la durée minimale, exprimée par référence à une durée ou à une date, pendant laquelle le producteur ou le fournisseur fournit les mises à jour logicielles. » ;

d) les points suivants sont ajoutés :

« *u)* le cas échéant, l'indice de réparabilité des biens ;

v) lorsque le point *u)* n'est pas applicable et à condition que le producteur mette les informations à disposition du professionnel, des informations sur la disponibilité, le coût estimé et la procédure de commande des pièces de rechange nécessaires pour maintenir la conformité des biens, sur la disponibilité d'instructions de réparation et d'entretien ainsi que sur les restrictions en matière de réparation. ».

4) À l'article 8, paragraphe 2, le premier alinéa est remplacé par le texte suivant :

« 2. Si un contrat à distance devant être conclu par voie électronique impose au consommateur une obligation de payer, le professionnel informe le consommateur de manière claire et bien visible, et juste avant que le consommateur ne passe sa commande, des informations prévues à l'article 6, paragraphe 1, points *a)*, *e)*, *l bis)*, *o)* et *p)*. ».

5) L'article suivant est inséré au chapitre V :

« *Article 22 bis*

Notice harmonisée et label harmonisé. – 1. Afin de garantir que les consommateurs sont bien informés et comprennent facilement leurs droits dans l'ensemble de l'Union, une notice harmonisée est utilisée pour la fourniture d'informations en application de l'article 5, paragraphe 1, point *e)*, et de l'article 6, paragraphe 1, points *l)*, et un label harmonisé est utilisé pour la fourniture d'informations en application de l'article 5, paragraphe 1, point *e bis)*, et de l'article 6, paragraphe 1, point *l bis)*.

2. Au plus tard le 27 septembre 2025, la Commission précise, au moyen d'actes d'exécution, la maquette et le contenu de la notice harmonisée visée au paragraphe 1.

3. La notice harmonisée contient les principaux éléments de la garantie légale de conformité, dont sa durée minimale de deux ans, conformément à la directive (UE) 2019/771, et une référence générale à la possibilité que la durée de la garantie légale de conformité soit plus longue en vertu du droit national.

4. Au plus tard le 27 septembre 2025, la Commission précise, au moyen d'actes d'exécution, la maquette et le contenu du label harmonisé visé au paragraphe 1.

5. La notice harmonisée et le label harmonisé sont facilement reconnaissables et compréhensibles pour les consommateurs et faciles à utiliser et à reproduire pour les professionnels.

6. Ces actes d'exécution sont adoptés en conformité avec la procédure d'examen visée à l'article 27 *bis*. »

6) L'article suivant est inséré :

« *Article 27 bis*

Comité. – 1. La Commission est assistée par un comité. Ledit comité est un comité au sens du règlement (UE) n° 182/2011 du Parlement européen et du Conseil (1).

2. Lorsqu'il est fait référence au présent paragraphe, l'article 5 du règlement (UE) n° 182/2011 s'applique. »

Art. 3. – **Rapport de la Commission et réexamen**. – Au plus tard le 27 septembre 2031, la Commission présente au Parlement européen et au Conseil un rapport sur l'application de la présente directive.

Ce rapport comprend une évaluation de la contribution de la présente directive au renforcement des droits des consommateurs, en particulier l'efficacité du label harmonisé et de la notice harmonisée pour ce qui est d'améliorer la disponibilité des garanties commerciales de durabilité et la compréhension de celles-ci par les consommateurs, ainsi que la sensibilisation des consommateurs à leur droit au titre de la garantie légale de conformité. En outre, le rapport évalue la contribution globale de la présente directive à la participation des consommateurs à la transition verte et son incidence sur les professionnels.

Ce rapport est accompagné, le cas échéant, de propositions législatives pertinentes.

Art. 4. – **Transposition**. – 1. Les États membres adoptent et publient, au plus tard le 27 mars 2026, les dispositions nécessaires pour se conformer à la présente directive. Ils en informent immédiatement la Commission.

Ils appliquent ces dispositions à partir du 27 septembre 2026.

Lorsque les États membres adoptent ces dispositions, celles-ci contiennent une référence à la présente directive ou sont accompagnées d'une telle référence lors de leur publication officielle. Les modalités de cette référence sont arrêtées par les États membres.

2. Les États membres communiquent à la Commission le texte des dispositions essentielles de droit interne qu'ils adoptent dans le domaine régi par la présente directive.

Art. 5. – **Entrée en vigueur**. – La présente directive entre en vigueur le vingtième jour suivant celui de sa publication au Journal officiel de l'Union européenne.

Art. 6. – **Destinataires**. – Les États membres sont destinataires de la présente directive.

Fait à Strasbourg, le 28 février 2024.

Par le Parlement européen	Par le Conseil
La présidente	Le président
R. METSOLA	M. MICHEL

(1) Règlement (UE) n° 182/2011 du Parlement européen et du Conseil du 16 février 2011 établissant les règles et principes généraux relatifs aux modalités de contrôle par les États membres de l'exercice des compétences d'exécution par la Commission (*JO* L 55 du 28.2.2011, p. 13).

ANNEXE

L'annexe I de la directive 2005/29/CE est modifiée comme suit :

1) le point suivant est inséré :

« 2 *bis*) Afficher un label de développement durable qui n'est pas fondé sur un système de certification ou qu n'a pas été mis en place par des autorités publiques. ».

2) les points suivants sont insérés :

« 4 *bis*) Présenter une allégation environnementale générique au sujet de laquelle le professionnel n'est pas en mesure de démontrer l'excellente performance environnementale reconnue en rapport avec l'allégation.

4 *ter*) Présenter une allégation environnementale concernant l'ensemble du produit ou de l'entreprise du professionnel, alors qu'elle ne concerne qu'un des aspects du produit ou une activité spécifique de l'entreprise du professionnel.

4 *quater*) Affirmer, sur la base de la compensation des émissions de gaz à effet de serre, qu'un produit a un impact neutre, réduit ou positif sur l'environnement en termes d'émissions de gaz à effet de serre. ».

3) le point suivant est inséré :

« 10 *bis*) Présenter comme une caractéristique distinctive de l'offre du professionnel des exigences imposées par la loi pour tous les produits de la catégorie de produits concernée sur le marché de l'Union. ».

4) les points suivants sont insérés :

« 23 *quinquies*) Dissimuler au consommateur le fait qu'une mise à jour logicielle aura une incidence négative sur le fonctionnement de biens comportant des éléments numériques ou sur l'utilisation de contenu numérique ou de services numériques.

23 *sexies*) Présenter une mise à jour logicielle comme étant nécessaire lorsqu'elle ne fait qu'améliorer des fonctionnalités.

23 *septies*) Toute communication commerciale sur un bien doté d'une caractéristique introduite pour en limiter la durabilité, alors même que l'information de cette caractéristique et de ses effets sur la durabilité du bien se trouve à la disposition du professionnel.

23 *octies*) Affirmer à tort qu'un bien présente une certaine durabilité, sur le plan du temps d'utilisation ou de l'intensité, dans des conditions normales d'utilisation.

23 *nonies*) Présenter un bien comme réparable alors qu'il ne l'est pas.

23 *decies*) Inciter le consommateur à remplacer les consommables ou à se réapprovisionner en consommables d'un bien avant que des raisons techniques ne le justifient.

23 *undecies*) Dissimuler des informations sur la détérioration de la fonctionnalité d'un bien lorsque des consommables, des pièces de rechange ou des accessoires qui ne sont pas fournis par le producteur d'origine sont utilisés, ou affirmer à tort qu'une telle détérioration va se produire. ».

TABLE DES TEXTES CITÉS

Cette table regroupe l'ensemble des textes cités qu'ils soient intégralement reproduits ou qu'ils modifient les textes existants.

Textes codifiés

Textes non codifiés

INDEX ALPHABÉTIQUE

Les mots de l'index renvoient directement à l'article de la partie législative et/ou réglementaire du Code de l'environnement concerné, sous lequel on trouvera les annotations et les orientations bibliographiques, ainsi qu'aux annexes correspondantes.

A

B

D

N

O

P

APPENDICE

ANNEXE À L'ARTICLE R. 511-9 DU CODE DE L'ENVIRONNEMENT

Annexe

Nomenclature des installations classées pour la protection de l'environnement et taxe générale sur les activités polluantes

(Annexe mod., D. n° 2009-841, 8 juill. 2009 (1) ; D. n° 2009-1341, 29 oct. 2009 ; D. n° 2009-1573, 16 déc. 2009. ; D. n° 2010-367, 13 avr. 2010 ; D. n° 2010-369, 13 avr. 2010 ; D. n° 2010-419, 28 avr. 2010 ; D. n° 2010-576, 31 mai 2010. ; D. n° 2010-875, 26 juill. 2010 ; D. n° 2010-1173, 5 oct. 2010 ; D. n° 2010-1700, 30 déc. 2010 ; D. n° 2011-842, 15 juill. 2011 ; D. n° 2011-984, 23 août 2011 (2) ; D. n° 2011-1563, 17 nov. 2011 ; D. n° 2012-384, 20 mars 2012 ; D. n° 2012-1304, 26 nov. 2012 ; D. n° 2013-375, 2 mai 2013 ; D. n° 2013-814, 11 sept. 2013 (3) ; D. n° 2013-932, 17 oct. 2013. ; D. n° 2013-1205, 14 déc. 2013 (4) ; mod. à compter du 1er janvier 2014, à l'exception des modifications des rubriques 2102 et 2661 qui entrent en vigueur 31 décembre 2013, D. n° 2013-1301, 27 déc. 2013 ; mod., D. n° 2014-219, 24 févr. 2014 ; D. n° 2014-996, 2 sept. 2014 (5) ; D. n° 2014-1501, 12 déc. 2014 ; mod. à compter du 1er janvier 2015, D. n° 2014-1501, 12 déc. 2014 ; mod. à compter du 1er juin 2015, D. n° 2014-285, 3 mars 2014 (6) ; mod., D. n° 2015-1200, 29 sept. 2015 ; D. n° 2016-630, 19 mai 2016 ; D. n° 2016-1661, 5 déc. 2016 ; D. n° 2017-456, 29 mars 2017 (7) ; D. n° 2017-594, 21 avr. 2017 ; D. n° 2017-1579, 16 nov. 2017. ; D. n° 2017-1595, 21 nov. 2017 ; mod. à compter du 1er juillet 2018, D. n° 2018-434, 4 juin 2018 ; mod., D. n° 2018-458, 6 juin 2018 ; D. n° 2018-900, 22 oct. 2018 ; mod. à compter du 20 décembre 2018, D. n° 2018-704, 3 août 2018 ; mod., D. n° 2019-292, 9 avr. 2019. ; D. n° 2018-900, 22 oct. 2018 ; D. n° 2019-1096, 28 oct. 2019 ; mod. à compter du 1er janvier 2020, D. n° 2019-1096, 28 oct. 2019 ; mod., D. n° 2020-559, 7 mai 2020 ; D. n° 2020-828, 30 juin 2020 (8) ; D. n° 2020-1168, 24 sept. 2020 ; mod. à compter du 1er janvier 2021, D. n° 2020-1169, 24 sept. 2020 ; partiellement annulé en ses modifications issues du décret n° 2018-900 du 22 octobre 2018 (rubriques 2120, 2140 et 2731[partie]), CE, 30 déc. 2020, n° 426528, Ass. One Voice ; mod. à compter du 1er septembre 2021, D. n° 2021-976, 21 juill. 2021 ; mod., D. n° 2021-1558, 2 déc. 2021 ; D. n° 2023-151, 2 mars 2023 ; D. n° 2023-153, 2 mars 2023 ; D. n° 2023-943, 11 oct. 2023 ; D. n° 2024-667, 2 juill. 2024)

(Avertissement : le tableau ci-dessous tient compte des dernières modifications entrant en vigueur le 1er janvier 2020 issues du décret n° 2019-1096 du 28 octobre 2019. Cependant, des inexactitudes ou incohérences peuvent exister en raison de la rédaction imprécise des nombreux textes modificatifs successifs).

n°	Désignation de la rubrique	A, E, D, C (1)	Rayon (2)
1185	Gaz à effet de serre fluorés visés à l'annexe I du règlement (UE) n° 517/2014 relatif aux gaz à effet de serre fluorés et abrogeant le règlement (CE) n° 842/2006 ou substances qui appauvrissent la couche d'ozone visées par le règlement (CE) n° 1005/2009 (fabrication, emploi, stockage).		

(1) Sur la légalité des modifications apportées à la rubrique n° 1332 de la nomenclature par le décret n° 2009-841 du 8 juillet 2009, V. CE, 13 févr. 2012, n° 331885, *Union des industries de la fertilisation* : *JurisData* n° 2012-002074. – NDLR.

(2) Sur la légalité des modifications apportées à la nomenclature par le décret n° 2011-984 du 23 août 2011, V. CE, 13 juill. 2012, n° 353565, *Sté Volkswind France* : *JurisData* n° 2012-015740. – NDLR.

(3) La rubrique 2111 a été annulée (CE, 23 avr. 2009, n° 286103, *Ass. nat. pour la protection des eaux et rivières – TOS* : *JurisData* n° 2009-075319) puis rétablie dans le décret n° 2013-814 du 11 septembre 2013. – NDLR.

(4) Les seuils figurant dans la colonne « B – Taxe générale sur les activités polluantes » correspondent aux seuils figurant dans la colonne « A – Nomenclature des installations classées » antérieurement à sa modification par le décret n° 2013-1205 du 14 décembre 2013. – NDLR.

(5) Dispositions d'application transitoires : V. D. n° 2014-996, 2 sept. 2014, art. 4.

(6) Dispositions d'application particulières : V. D. n° 2014-285, 3 mars 2014, art. 4 modifié.

(7) Dispositions applicables aux demandes d'autorisations d'urbanisme et aux déclarations préalables déposées à compter du 1er avril 2017, D. n° 2017-456, 29 mars 2017, art. 27.

(8) Dispositions applicables aux demandes d'autorisation et aux déclarations déposées à compter du 1er septembre 2020, D. n° 2020-828, 30 juin 2020, art. 8, II.

n°	Désignation de la rubrique	A, E, D, C (1)	Rayon (2)
	1. Fabrication, conditionnement et emploi autres que ceux mentionnés au 2 et à l'exclusion du nettoyage à sec de produits textiles visé par la rubrique 2345, du nettoyage, dégraissage, décapage de surfaces visées par la rubrique 2564, de la fabrication en quantité industrielle par transformation chimique ou biologique d'hydrocarbures halogénés visée par la rubrique 3410-f et de l'emploi d'hexafluorure de soufre dans les appareillages de connexion à haute tension.		
	Le volume des équipements susceptibles de contenir des fluides étant :		
	a) Supérieure à 800 l	A	1
	b) Supérieure à 80 l, mais inférieure ou égale à 800 l	D	
	2. Emploi dans des équipements clos en exploitation.		
	a) Équipements frigorifiques ou climatiques (y compris pompe à chaleur) de capacité unitaire supérieure à 2 kg, la quantité cumulée de fluide susceptible d'être présente dans l'installation étant supérieure ou égale à 300 kg	DC	
	b) Équipements d'extinction, la quantité cumulée de fluide susceptible d'être présente dans l'installation étant supérieure à 200 kg	D	
	3. Stockage de fluides vierges, recyclés ou régénérés, à l'exception du stockage temporaire.		
	1) Fluides autres que l'hexafluorure de soufre : la quantité de fluide susceptible d'être présente dans l'installation étant :		
	a) En récipient de capacité unitaire supérieure ou égale à 400 l	D	
	b) Supérieure à 1 t et en récipients de capacité unitaire inférieure à 400 l	D	
	2) Cas de l'hexafluorure de soufre : la quantité de fluide susceptible d'être présente dans l'installation étant supérieure à 150 kg quel que soit le conditionnement	D	
1312	Produits explosifs (mise en œuvre de) à des fins industrielles telles que découpage, formage, emboutissage, placage de métaux.		
	La quantité unitaire de matière active étant supérieure à 10 g	A	3
1413	Gaz naturel ou biogaz, sous pression (installations de remplissage de réservoirs alimentant des moteurs, ou autres appareils, de véhicules ou engins de transport fonctionnant au gaz naturel ou biogaz et comportant des organes de sécurité) : 1. Le débit total en sortie du système de compression étant :		
	a) supérieur ou égal à 2 000 m³/h	A	1
	b) supérieur ou égal à 80 m³/h, mais inférieur à 2 000 m³/h	DC	–
	2. La masse totale de gaz contenu dans l'installation étant :		
	a) Supérieure à 10 t lorsque l'installation n'est pas classée au titre du 1. a	A	1
	b) Supérieure à 1 t, mais inférieure ou égale à 10 t lorsque l'installation n'est pas classée au titre du 1	DC	–
	Nota. – Les débits sont exprimés pour une température de gaz de 273,15 K à une pression de 101,325 kPa.		

n°	Désignation de la rubrique	A, E, D, C (1)	Rayon (2)
1414	Gaz inflammables liquéfiés (installation de remplissage ou de distribution de)		
	1. Installations de remplissage de bouteilles ou conteneurs	A	1
	2. Installations desservant un stockage de gaz inflammable (stockage souterrain compris) :		
	a) Installations de chargement ou déchargement desservant un dépôt de gaz inflammables soumis à autorisation	A	1
	b) Autres installations que celles visées au 2. a, lorsque le nombre maximal d'opérations de chargement et de déchargement est supérieur ou égal à 20 par jour	A	1
	c) Autres installations que celles classées au titre du 2. a ou du 2. b, lorsque le nombre maximal d'opérations de chargement ou de déchargement est supérieur ou égal à 75 par semaine	A	1
	d) Autres installations que celles classées au titre du 2. a, du 2. b ou du 2. c, lorsque le nombre maximal d'opérations de chargement ou de déchargement est supérieur ou égal à 2 par jour	DC	-
	3. Installations de remplissage de réservoirs alimentant des moteurs ou autres appareils d'utilisation comportant des organes de sécurité (jauges et soupapes)	DC	-
	4. Installations de chargement ou de déchargement de citerne à citerne, à l'exclusion de celles exploitées uniquement à des fins de maintenance des citernes, les citernes étant définies par les réglementations relatives au transport de marchandises dangereuses par voie routière (ADR) ou par voie ferroviaire (RID)	A	1
1416	Stations-service : installations terrestres, ouvertes ou non au public, où l'hydrogène gazeux est transféré dans les réservoirs de véhicules, la quantité journalière d'hydrogène distribuée étant supérieure ou égale à 2 kg/jour Une installation est considérée comme terrestre dès lors qu'elle n'est pas en mer, sauf si elle est située dans les limites administratives d'un port maritime.	DC	-
1421	Installation de remplissage d'aérosols inflammables de catégorie 1 et 2		
	1. Aérosols inflammables contenant des gaz inflammables de catégorie 1 ou 2 ou des liquides inflammables de catégorie 1.		
	Lorsque le remplissage dépasse 1 000 unités par jour	A	1
	2. Aérosols inflammables non visés par le point 1 et contenant des liquides inflammables de catégorie 2 et 3, le débit maximal de l'installation étant supérieur ou égal à 100 m³/h	A	1

n°	Désignation de la rubrique	A, E, D, C (1)	Rayon (2)
1434	Liquides inflammables, liquides de point éclair compris entre 60° C et 93° C (1), fiouls lourds et pétroles bruts, à l'exception des liquides mentionnés à la rubrique 4755 et des autres boissons alcoolisées (installation de remplissage ou de distribution, à l'exception des stations-service visées à la rubrique 1435).		
	1. Installations de chargement de véhicules citernes, de remplissage de récipients mobiles, le débit maximum de l'installation étant :		
	a) Supérieur ou égal à 100 m^3/h	A	1
	b) Supérieur ou égal à 5 m^3/h, mais inférieur à 100 m^3/h	DC	
	2. Installations de chargement ou de déchargement desservant un stockage de ces liquides soumis à autorisation	A	1
	(1) À l'exception de ceux ayant donné des résultats négatifs à une épreuve de combustion entretenue reconnue par le ministre chargé des installations classées.		
1435	Stations-service : installations, ouvertes ou non au public, où les carburants sont transférés de réservoirs de stockage fixes dans les réservoirs à carburant de véhicules.		
	Le volume annuel de carburant liquide distribué étant :		
	1. Supérieur à 20 000 m^3	E	–
	2. Supérieur à 100 m^3 d'essence ou 500 m^3 au total, mais inférieur ou égal à 20 000 m^3	DC	–
	Essence : tout dérivé du pétrole, avec ou sans additif d'une pression de vapeur saturante à 20 °C de 13 kPa ou plus, destiné à être utilisé comme carburant pour les véhicules à moteur, excepté le gaz de pétrole liquéfié (GPL) et les carburants pour l'aviation.		
	Nota. Les débits sont exprimés pour une température de gaz de 273,15 K à une pression de 101,325 kPa. Essence : tout dérivé du pétrole, avec ou sans additif d'une pression de vapeur saturante à 20 °C de 13 kPa ou plus, destiné à être utilisé comme carburant pour les véhicules à moteur, exceptés le gaz de pétrole liquéfié (GPL) et les carburants pour l'aviation.		
1436	Liquides de point éclair compris entre 60 °C et 93 °C (1), à l'exception des boissons alcoolisées (stockage ou emploi de).		
	La quantité totale susceptible d'être présente dans les installations, y compris dans les cavités souterraines étant :		
	1. Supérieure ou égale à 1 000 t	A	2
	2. Supérieure ou égale à 100 t mais inférieure à 1 000 t	DC	
	(1) À l'exception de ceux ayant donné des résultats négatifs à une épreuve de combustion entretenue reconnue par le ministre chargé des installations classées.		

n°	Désignation de la rubrique	A, E, D, C (1)	Rayon (2)
1450	Solides inflammables (stockage ou emploi de).		
	La quantité susceptible d'être présente dans l'installation étant :		
	1. Supérieure ou égale à 1 t	A	1
	2. Supérieure ou égale à 50 kg mais inférieure à 1 t	D	
1455	Carbure de calcium (stockage) lorsque la quantité susceptible d'être présente dans l'installation est supérieure à 3 t	D	
1510	Entrepôts couverts (installations, pourvues d'une toiture, dédiées au stockage de matières ou produits combustibles en quantité supérieure à 500 tonnes), à l'exception des entrepôts utilisés pour le stockage de matières, produits ou substances classés, par ailleurs, dans une unique rubrique de la présente nomenclature, des bâtiments destinés exclusivement au remisage des véhicules à moteur et de leur remorque, des établissements recevant du public et des entrepôts exclusivement frigorifiques :		
	1. Entrant dans le champ de la colonne « évaluation environnementale systématique » en application de la rubrique 39.a de l'annexe de l'article R. 122-2 du Code de l'environnement	A	1
	2. Autres installations que celles définies au 1, le volume des entrepôts étant :	A	1
	a) Supérieur ou égal à 900 000 m³	A	1
	b) Supérieur ou égal à 50 000 m³ mais inférieur à 900 000 m³	E	-
	c) Supérieur ou égal à 5 000 m³ mais inférieur à 50 000 m³	DC	-
	Un entrepôt est considéré comme utilisé pour le stockage de produits classés dans une unique rubrique de la nomenclature dès lors que la quantité totale d'autres matières ou produits combustibles présente dans cet entrepôt est inférieure ou égale à 500 tonnes.		
1511	Entrepôts exclusivement frigorifiques.		
	Le volume susceptible d'être stocké étant :		
	1. Supérieur ou égal à 50 000 m³	E	-
	2. Supérieur ou égal à 5 000 m³ mais inférieur à 50 000 m³	DC	-
	Un entrepôt frigorifique est un entrepôt dans lequel les conditions de température et/ou d'hygrométrie sont régulées et maintenues à une température inférieure ou égale à 18 °C en fonction des critères de conservation propres aux produits. Un entrepôt est considéré comme exclusivement frigorifique dès lors que la quantité de matières ou produits combustibles autres que les matières ou produits conservés dans l'entrepôt frigorifique est inférieure ou égale à 500 tonnes.		

n°	Désignation de la rubrique	A, E, D, C (1)	Rayon (2)
1530	Papiers, cartons ou matériaux combustibles analogues, y compris les produits finis conditionnés (dépôt de), à l'exception des installations classées au titre de la rubrique 1510 et des établissements recevant du public.		
	Le volume susceptible d'être stocké étant :		
	1. Supérieur à 20 000 m³	E	–
	2. Supérieur à 1 000 m³ mais inférieur ou égal à 20 000 m³	DC	
1531	Stockages, par voie humide (immersion ou aspersion), de bois non traité chimiquement, la quantité stockée étant supérieure à 1 000 m³	D	
1532	Bois ou matériaux combustibles analogues, y compris les produits finis conditionnés et les produits ou déchets répondant à la définition de la biomasse et mentionnés à la rubrique 2910-A, ne relevant pas de la rubrique 1531 (stockage de), à l'exception des établissements recevant du public :		
	1. Installations de stockage de matériaux susceptibles de dégager des poussières inflammables, le volume de tels matériaux susceptible d'être stocké étant supérieur à 50 000 m³	A	1
	2. Autres installations que celles définies au 1, à l'exception des installations classées au titre de la rubrique 1510, le volume susceptible d'être stocké étant :		
	a) Supérieur à 20 000 m³	E	–
	b) Supérieur à 1 000 m³ mais inférieur ou égal à 20 000 m³	D	–
1630	Soude ou potasse caustique (emploi ou stockage de lessives de).		
	Le liquide renfermant plus de 20 % en poids d'hydroxyde de sodium ou de potassium.		
	La quantité totale susceptible d'être présente dans l'installation étant :		
	1. Supérieure à 250 t	A	1
	2. Supérieure à 100 t, mais inférieure ou égale à 250 t	D	
1700	Substances radioactives sous forme non scellée ou substances radioactives d'origine naturelle mises en œuvre dans un établissement industriel ou commercial, à l'exception des accélérateurs de particules et du secteur médical soumis aux dispositions du Code de santé publique. Définitions : – Les termes « substance radioactive » et « déchet radioactif » sont définis à l'article L. 542-1-1 du Code de l'environnement ; – Les termes « substance radioactive d'origine naturelle », « activité », « radioactivité », « radionucléide » et « source radioactive scellée » sont définis dans l'annexe 13-7 de la première partie du Code de la santé publique ; – « QNS » : calcul du coefficient Q tel que défini à l'article R. 1333-106 du Code de la santé publique pour les substances radioactives non scellées uniquement.		

n°	Désignation de la rubrique	A, E, D, C (1)	Rayon (2)
1716	Substances radioactives mentionnées à la rubrique 1700, autres que celles mentionnées à la rubrique 1735, dont la quantité totale est supérieure à 1 tonne et pour lesquelles les conditions d'exemption mentionnées au 1° du I de l'article R. 1333-106 du Code de la santé publique ne sont pas remplies.		
	1. Les substances radioactives ne sont pas uniquement d'origine naturelle et la valeur de QNS est égale ou supérieure à 104.	A	2
	2. Les substances radioactives sont uniquement d'origine naturelle ou la valeur de QNS est égale ou supérieure à 1 et strictement inférieure à 104.	D	
	Nota. – La valeur de QNS porte sur l'ensemble des substances radioactives mentionnées à la rubrique 1700 autres que celles mentionnées à la rubrique 1735 susceptibles d'être présentes dans l'installation.		
1735	Substances radioactives (dépôt, entreposage ou stockage de) sous forme de résidus de traitement de minerais d'uranium ou de thorium contenant des radionucléides naturels des chaînes de l'uranium ou du thorium et boues issues du traitement des eaux d'exhaure, sans enrichissement en uranium 235 et dont la quantité totale est supérieure à 1 tonne.	A	2
1978	Solvants organiques (installations et activités mentionnées à l'annexe VII de la directive 2010/75/UE du 24 novembre 2010 relative aux émissions industrielles (prévention et réduction intégrées de la pollution) utilisant des) :		
	1. Impression sur rotative offset à sécheur thermique, lorsque la consommation de solvant (1) est supérieure à 15 t/an	D	
	2. Héliogravure d'édition, lorsque la consommation de solvant (1) est supérieure à 25 t/an	D	
	3. *a*) Autres unités d'héliogravures, flexographie, impression sérigraphique en rotative, contrecollage ou vernissage, lorsque la consommation de solvant (1) est supérieure à 15 t/an	D	
	b) Impression sérigraphique en rotative sur textiles ou cartons, lorsque la consommation de solvant (1) est supérieure à 30 t/an	D	
	4. Nettoyage de surface à l'aide de composés organiques volatils à mentions de danger H340, H350, H350i, H360D ou H360F, ou de composés organiques volatils halogénés à mentions de danger H341 ou H351, au sens du règlement (CE) n° 1272/2008 du Parlement européen et du Conseil du 16 décembre 2008 relatif à la classification, à l'étiquetage et à l'emballage des substances et des mélanges, modifiant et abrogeant les directives 67/548/CEE et 1999/45/CE et modifiant le règlement (CE) n° 1907/2006, lorsque la consommation de solvant (1) est supérieure à 1 t/an	D	
	5. Autres nettoyages de surface, lorsque la consommation de solvant (1) est supérieure à 2 t/an	D	
	6. Revêtement et retouche de véhicules, lorsque la consommation de solvant (1) est supérieure à 0,5 t/an	D	
	7. Laquage en continu, lorsque la consommation de solvant (1) est supérieure à 25 t/an	D	

n°	Désignation de la rubrique	A, E, D, C (1)	Rayon (2)
	8. Autres revêtements, y compris le revêtement de métaux, de plastiques, de textiles, de feuilles et de papier, lorsque la consommation de solvant (1) est supérieure à 5 t/an	D	
	9. Revêtement de fil de bobinage, lorsque la consommation de solvant (1) est supérieure à 5 t/an	D	
	10. Revêtement de surfaces en bois, lorsque la consommation de solvant (1) est supérieure à 15 t/an	D	
	11. Nettoyage à sec	D	
	12. Imprégnation du bois, lorsque la consommation de solvant (1) est supérieure à 25 t/an	D	
	13. Revêtement du cuir, lorsque la consommation de solvant (1) est supérieure à 10 t/an	D	
	14. Fabrication de chaussures, lorsque la consommation de solvant (1) est supérieure à 5 t/an	D	
	15. Stratification de bois et de plastique, lorsque la consommation de solvant (1) est supérieure à 5 t/an	D	
	16. Revêtement adhésif, lorsque la consommation de solvant (1) est supérieure à 5 t/an	D	
	17. Fabrication de mélanges pour revêtements, de vernis, d'encres et de colle, lorsque la consommation de solvant (1) est supérieure à 100 t/an	D	
	18. Conversion de caoutchouc, lorsque la consommation de solvant (1) est supérieure à 15 t/an	D	
	19. Extraction d'huiles vétales et de graisses animales et activités de raffinage d'huile végétale, lorsque la consommation de solvant (1) est supérieure à 10 t/an	D	
	20. Fabrication de produits pharmaceutiques, lorsque la consommation de solvant (1) est supérieure à 50 t/an	D	
	(1) Quantité totale de solvants organiques utilisée dans une installation par année, moins les composés organiques volatils récupérés en vue de leur réutilisation.		
2101	Bovins (activité d'élevage, transit, vente, etc. de).		
	1. Élevage de veaux de boucherie et/ou bovins à l'engraissement ; transit et vente de bovins lorsque leur présence simultanée est supérieure à 24 heures, à l'exclusion des rassemblements occasionnels :		
	a) Plus de 800 animaux	A	1
	b) De 401 à 800 animaux	E	
	c) De 50 à 400 animaux	D	
	2. Élevage de vaches laitières (c'est-à-dire dont le lait est, au moins en partie, destiné à la consommation humaine) :		
	a) Plus de 400 vaches	A	1

n°	Désignation de la rubrique	A, E, D, C (1)	Rayon (2)
	b) De 151 à 400 vaches	E	
	c) De 50 à 150 vaches	D	
	3. Élevage de vaches allaitantes (c'est-à-dire dont le lait est exclusivement destiné à l'alimentation des veaux) :		
	À partir de 100 vaches	D	
	4. Transit et vente de bovins, y compris les marchés et centres d'allotement, lorsque la présence des animaux est inférieure ou égale à 24 heures, à l'exclusion des rassemblements occasionnels :		
	Capacité égale ou supérieure à 50 places	D	
2102	Porcs (activité d'élevage, vente, transit, etc., de), à l'exclusion des activités classées au titre de la rubrique 3660 : Installations détenant :		
	1. Plus de 450 animaux-équivalents	E	-
	2. De 50 à 450 animaux-équivalents	D	-
	Nota. Les porcs à l'engrais, jeunes femelles avant la première saillie et animaux en élevage de multiplication ou sélection comptent pour un animal-équivalent. Les reproducteurs, truies (femelle saillie ou ayant mis bas) et verrats (mâles utilisés pour la reproduction) comptent pour trois animaux-équivalents. Les porcelets sevrés de moins de trente kilogrammes avant mise en engraissement ou sélection comptent pour 0,2 animal-équivalent.		
2110	Lapins (activité d'élevage, transit, vente, etc., de)		
	1. plus de 20 000 animaux sevrés	A	1
	2. entre 3 000 et 20 000 animaux	D	
2111	Volailles (activité d'élevage, vente, transit, etc., de), à l'exclusion des activités classées au titre de la rubrique 3660 :		
	1. Installations détenant un nombre d'emplacements supérieur à 30 000	E	-
	2. Autres installations que celles classées au titre du 1 et détenant un nombre d'animaux-équivalents supérieur à 5 000	D	-
	Nota. - Pour le « 1. », les volailles sont comptées en emplacements : 1 animal = 1 emplacement. Pour le « 2. », les volailles sont comptées en utilisant les valeurs suivantes exprimées en animaux-équivalents : 1. caille = 0,125 ; 2. pigeon, perdrix = 0,25 ; 2. coquelet = 0,75 ; 4. poulet léger = 0,85 ; 5. poule, poulet standard, poulet label, poulet biologique, poulette, poule pondeuse, poule reproductrice, faisan, pintade, canard colvert = 1 ; 6. poulet lourd = 1,15 ; 7. canard à rôtir, canard prêt à gaver, canard reproducteur = 2 ; 8. dinde légère = 2,20 ; 9. dinde médium, dinde reproductrice, oie = 3 ;		

n°	Désignation de la rubrique	A, E, D, C (1)	Rayon (2)
	10. dinde lourde = 3,50 ; 11. palmipèdes gras en gavage = 7.		
2112	Couvoirs		
	Capacité logeable d'au moins 100 000 œufs	D	
2113	Carnassiers à fourrure (établissement d'élevage, vente, transit, etc., d'animaux)		
	1. plus de 2 000 animaux	A	1
	2. de 100 à 2 000 animaux	D	
2120	Chiens (activité d'élevage, vente, transit, garde, détention, refuge, fourrières, etc., de) à l'exclusion des établissements de soins et de toilettage et des rassemblements occasionnels tels que foires, expositions et démonstrations canines		
	1. Plus de 250 animaux	A	1
	2. De 51 à 250 animaux	E	–
	3. De 10 à 50 animaux	D	–
	Nota. – Ne sont pris en compte que les chiens âgés de plus de quatre mois		
2130	Piscicultures		
	1. piscicultures d'eau douce (à l'exclusion des étangs empoissonnés, où l'élevage est extensif, sans nourrissage ou avec apport de nourriture exceptionnel), la capacité de production étant supérieure à 20 t/an	A	3
	2. piscicultures d'eau de mer, la capacité de production étant :		
	a) supérieure à 20 t/an	A	3
	b) supérieure à 5 t/an, mais inférieure ou égale à 20 t/an	D	
2140	Animaux d'espèces non domestiques (installations fixes et permanentes de présentation au public de), à l'exclusion des magasins de vente au détail et des installations présentant au public des animaux d'espèces non domestiques correspondant aux activités suivantes : – présentation de poissons et d'invertébrés aquatiques, les capacités cumulées des aquariums et des bassins présentés au public étant inférieures à 10 000 litres de volume total brut ; – présentation au public d'animaux dont les espèces figurent dans la liste prévue par l'article R. 413-6 du Code de l'environnement ; – présentation au public d'arthropodes.	A	2
	Nota : sont visées les installations présentes sur un même site au moins 90 jours par an consécutifs ou non et dont l'activité de présentation au public est d'au moins 7 jours par an sur ce site		

n°	Désignation de la rubrique	A, E, D, C (1)	Rayon (2)
2150	Coléoptères, diptères, orthoptères (activité d'élevage de) à l'exclusion des activités de recherche et développement.		
	1. Lorsque le substrat utilisé pour l'élevage contient des sous-produits animaux, la quantité maximale d'insectes susceptible d'être produite étant :		
	a) Supérieure à 150 kg/j	A	3
	b) Supérieure à 1 kg/j et inférieure ou égale à 150 kg/j	DC	
	2. Autres installations que celles visées au 1, la quantité maximale d'insectes susceptible d'être produite étant :		
	a) Supérieure à 15 t/j	A	3
	b) Supérieure à 100 kg/j et inférieure ou égale à 15 t/j	DC	
2160	Silos et installations de stockage, en vrac, de céréales, grains, produits alimentaires ou tout produit organique dégageant des poussières inflammables, y compris les stockages sous tente ou structure gonflable, à l'exception des installations relevant par ailleurs de la rubrique 1532 :		
	1. Silos plats :		
	a) Si le volume total de stockage est supérieur à 15 000 m³	E	
	b) Si le volume total de stockage est supérieur à 5000 m³, mais inférieur ou égal à 15 000 m³	DC	
	2. Autres installations :		
	a) Si le volume total des stockages est supérieur à 15 000 m³	A	3
	b) Si le volume total des stockages est supérieur à 5 000 m³ mais inférieur ou égal à 15 000 m³	DC	
	Les critères caractérisant les termes de « silo », « silo plat », « tente » et « structure gonflable » sont précisés par arrêtés ministériels.		
2170	Engrais, amendements et supports de culture (fabrication des) à partir de matières organiques, à l'exclusion des rubriques 2780 et 2781 :		
	1. Lorsque la capacité de production est supérieure ou égale à 10 t/j	A	3
	2. Lorsque la capacité de production est supérieure à 1 t/j et inférieure à 10 t/j	D	
2171	Fumiers, engrais et supports de culture (dépôts de) renfermant des matières organiques et n'étant pas l'annexe d'une exploitation agricole		
	Le dépôt étant supérieur à 200 m³	D	
2175	Engrais liquide (dépôt d') en récipients de capacité unitaire supérieure ou égale à 3 000 l, lorsque la capacité totale est supérieure à 100 m³	D	

n°	Désignation de la rubrique	A, E, D, C (1)	Rayon (2)
2210	Abattage d'animaux, à l'exclusion des activités classées au titre de la rubrique 3641 : La masse des animaux abattus, exprimée en carcasses, étant en activité de pointe :		
	1. Supérieure à 5 t/j pour les installations autres que celles classées au titre du 3	A	3
	2. Supérieure à 500 kg/j, mais iérieur ou égal à 5 t/j pour les installations autres que celles classées au titre du 3	D	
	3. Supérieure à 500 kg/j, mais inférieur ou égal à 30t/j dans des installations mobiles (1) lorsque les effluents sont collectés, confinés et éliminés hors site	D	
	(1) Installations transportables ou démontables présentes sur un même site moins de 30 jours par an, consécutifs ou non.		
2220 (3)	Préparation ou conservation de produits alimentaires d'origine végétale, par cuisson, appertisation, surgélation, congélation, lyophilisation, déshydratation, torréfaction, fermentation, etc., à l'exclusion des activités classées par ailleurs et des aliments pour le bétail mais y compris les ateliers de maturation de fruits et légumes. La quantité de produits entrants étant : 1. Lorsque l'installation fonctionne pendant une durée maximale de 90 jours consécutifs en un an :		
	a) Supérieure à 20 t/j	E	
	b) Supérieure à 2 t/j, mais inférieure ou égale à 20 t/j	D	
	2. Autres installations :		
	a) Supérieure à 10 t/j	E	
	b) Supérieure à 2 t/j, mais inférieure ou égale à 10 t/j	DC	
2221	Préparation ou conservation de produits alimentaires d'origine animale, par découpage, cuisson, appertisation, surgélation, congélation, lyophilisation, déshydratation, salage, séchage, saurage, enfumage, etc., à l'exclusion des produits issus du lait et des corps gras, et des activités classées par ailleurs. La quantité de produits entrants étant :		
	1. Supérieure à 4t/j	E	
	2. Supérieure à 500 kg/j, mais inférieure ou égale à 4t/j	DC	
2230	Traitement et transformation du lait ou des produits issus du lait, à l'exclusion du seul conditionnement et des activités qui relèvent des rubriques 3642 ou 3643.		
	La capacité journalière de traitement exprimée en litres de lait ou litres équivalent-lait étant :		
	1. Supérieure à 70 000 l/j	E	-
	2. Supérieure à 7 000 l/j, mais inférieure ou égale à 70 000 l/j	DC	

n°	Désignation de la rubrique	A, E, D, C (1)	Rayon (2)
	Nota : 1) « Traitement et transformation, à l'exclusion du seul conditionnement » inclut toute modification (thermique, mécanique, physico chimique, ...) du lait ou des produits issus du lait. Ne sont pas considérées comme traitement et transformation les opérations suivantes : - le seul conditionnement et/ ou la découpe sans autre opération (du type broyage, râpage, tamisage, filtration, etc.) en vue du transport ou de la commercialisation ; - le simple stockage ou transit sans autre opération que la réfrigération (les quantités d'équivalent-lait concernées sont à déduire du classement sous la rubrique 2230) ; - la simple maturation et/ou l'affinage du produit. 2) Équivalences sur les produits entrant dans l'installation : 1 litre de crème = 8 l équivalent-lait 1 litre de lait écrémé, de sérum, de babeurre, non concentrés = 1 l équivalent-lait 1 litre de lait écrémé, de sérum, de babeurre, préconcentrés = 6 l équivalent-lait 1 kg de fromage = 10 l équivalent-lait 1 kg de poudre de lait = 9 l équivalent-lait		
2240	Huiles et corps gras d'origine animale ou végétale (extraction ou traitement des), fabrication des acides stéariques, palmitiques et oléiques, à l'exclusion de l'extraction des activités visées par les rubriques 2631, 2791, 3410 ou 3642.		
	A) Installations de production industrielle réalisant l'extraction à l'aide de solvants inflammables	A	1
	B) Autres installations que celles visées au A, dont la capacité de production est :		
	1 - Lorsque l'installation fonctionne pendant une durée maximale de 90 jours par an (*) :		
	a) Supérieure à 20 t/j	E	
	b) Supérieure à 200 kg/j, mais inférieure ou égale à 20 t/j	D	
	2 - Autres installations :		
	a) Supérieure à 10 t/j	E	
	b) Supérieure à 200 kg/j, mais inférieure ou égale à 10 t/j	DC	
	(*) Pour toute activité saisonnière, la capacité journalière de production est estimée sur la base de la moyenne mensuelle.		
2250	Production par distillation d'alcools de bouche d'origine agricole		
	La capacité de production exprimée en équivalent alcool pur étant :		
	1. Supérieure à 1 300 hl/j	A	3
	2. Supérieure à 30 hl/j et inférieure ou égale à 1 300 hl/j	E	
	3. Supérieure à 0,5 hl/j et inférieure ou égale à 30 hl/j	D	
	Nota. Pour les installations de distillation discontinue, le seuil, prévu aux points 2 et 3 ci-dessus, de 30 hl/j de capacité de production d'alcool pur est remplacé par un seuil de 50 hl de capacité totale de charge des alambics.		

n°	Désignation de la rubrique	A, E, D, C (1)	Rayon (2)
2251	Préparation, conditionnement de vins, à l'exclusion des installations classées au titre de la rubrique 3642.		
	La capacité de production étant :		
	1. Supérieure à 20 000 hL/an	E	
	2. Supérieure à 500 hL/an, mais inférieure ou égale à 20 000 hL/an	D	
	Nota. – le volume de vin en cours de vieillissement qui n'est pas susceptible d'être conditionné dans l'année n'est pas à prendre en compte dans la capacité de production annuelle.		
2260	Broyage, concassage, criblage, déchiquetage, ensachage, pulvérisation, trituration, granulation, nettoyage, tamisage, blutage, mélange, épluchage, décortication ou séchage par contact direct avec les gaz de combustion des substances végétales et de tous produits organiques naturels, à l'exclusion des installations dont les activités sont réalisées et classées au titre de l'une des rubriques 2101, 2102, 2111, 2140, 2150, 2160, 2170, 2220, 2240, 2250, 2251, 2265, 2311, 2315, 2321, 2330, 2410, 2415, 2420, 2430, 2440, 2445, 2714, 2716, 2718, 2780, 2781, 2782, 2790, 2791, 2794, 3610, 3620, 3642 ou 3660 :		
	1. Pour les activités relevant du travail mécanique, la puissance maximale de l'ensemble des machines fixes pouvant concourir simultanément au fonctionnement de l'installation étant :		
	a) Supérieure à 500 kW	E	–
	b) Supérieure à 100 kW mais inférieure ou égale à 500 kW	DC	–
	2. Pour les activités relevant du séchage par contact direct, la puissance thermique nominale de l'installation étant :		
	a) Supérieure ou égale à 20 MW	E	–
	b) Supérieure à 1 MW mais inférieure à 20 MW	DC	–
2265	Fermentation acétique en milieu liquide (mise en œuvre d'un procédé de)		
	Le volume total des réacteurs ou fermenteurs étant :		
	1. supérieur à 100 m^3	A	1
	2. supérieur à 30 m^3, mais inférieur ou égal à 100 m^3	D	
2275	Levure et autres productions fongiques à vocation alimentaire (fabrication de) à l'exclusion des champignons de couche et des installations dont les activités sont classées au titre de la rubrique 3642. La capacité de production étant :		
	1. Supérieure à 2t/j	A	1
	2. Supérieure à 200 kg/j, mais inférieure ou égale à 2t/j	DC	

n°	Désignation de la rubrique	A, E, D, C (1)	Rayon (2)
2311	Fibres d'origine végétale, cocons de vers à soie, fibres artificielles ou synthétiques (traitement de, par battage, cardage, lavage, etc.).		
	La quantité de fibres susceptible d'être traitée étant :		
	1. supérieure à 5 t/j	A	1
	2. supérieure à 500 kg/j, mais inférieure ou égale à 5 t/j	D	
2315	Fabrication de fibres végétales artificielles et produits manufacturés dérivés		
	La capacité de production étant supérieure à 2 t/j	A	3
2321	Ateliers de fabrication de tissus, feutre, articles de maille, dentelle mécanique, cordages, cordes et ficelles		
	La puissance maximum de l'ensemble des machines pouvant concourir simultanément au fonctionnement de l'installation étant supérieure à 40 kW	D	
2330	Teinture, impression, apprêt, enduction, blanchiment et délavage de matières textiles		
	La quantité de fibres et de tissus susceptible d'être traitée étant :		
	1. supérieure à 1 t/j	A	1
	2. supérieure à 50 kg/j, mais inférieure ou égale à 1 t/j	D	
2340	Blanchisserie, laverie de linge à l'exclusion du nettoyage à sec visé par la rubrique 2345.		
	La capacité de lavage de linge étant :		
	1. Supérieure à 5 t/j	E	
	2. Supérieure à 500 kg/j, mais inférieure ou égale à 5 t/j	D	
2345	Utilisation de solvants pour le nettoyage à sec et le traitement des textiles ou vêtements ; la capacité nominale (1) totale des machines présentes dans l'installation étant :		
	1. supérieure à 50 kg	A	1
	2. supérieure à 0,5 kg et inférieure ou égale à 50 kg	DC	
	(1) La capacité nominale est calculée conformément à la norme NF G 45-010 de février 1982, relative au matériel pour l'industrie textile et matériel connexe « Matériel de nettoyage à sec - Définitions et contrôle des caractéristiques de capacité de consommation d'une machine. »		
2350	Tanneries, mégisseries, et toute opération de préparation des cuirs et peaux à l'exclusion des opérations de salage en annexe des abattoirs et de la teinture à l'exclusion des installations dont les activités sont classées au titre de la rubrique 3630.		
	La capacité de production étant :		
	a) Supérieure à 5 t/j	A	1
	b) Supérieure à 100 kg/j, mais inférieure ou égale à 5 t/j	DC	

n°	Désignation de la rubrique	A, E, D, C (1)	Rayon (2)
2351	Teinture et pigmentation de peaux		
	La capacité de production étant :		
	1. supérieure à 1 t/j	A	1
	2. supérieure à 100 kg/j, mais inférieure ou égale à 1 t/j	DC	
2355	Dépôts de peaux y compris les dépôts de peaux salées en annexe des abattoirs		
	La capacité de stockage étant supérieure à 10 t	D	
2360	Ateliers de fabrication de chaussures, maroquinerie ou travail des cuirs et des peaux.		
	La puissance maximum de l'ensemble des machines pouvant concourir simultanément au fonctionnement de l'installation étant :		
	1. Supérieure à 200 kW	A	1
	2. Supérieure à 40 kW, mais inférieure ou égale à 200 kW	D	
2410	Ateliers ou l'on travaille le bois ou matériaux combustibles analogues à l'exclusion des installations dont les activités sont classées au titre de la rubrique 3610.		
	La puissance maximum de l'ensemble des machines fixes pouvant concourir simultanément au fonctionnement de l'installation étant :		
	1. Supérieure à 250 kW.	E	-
	2. Supérieure à 50 kW, mais inférieure ou égale à 250 kW	D	-
2415	Installations de mise en œuvre de produits de préservation du bois et matériaux dérivés, à l'exclusion des installations classées au titre de la rubrique 3700, la quantité maximale de produits susceptible d'être présente dans les installations étant :		
	1. Supérieure à 1 000 L	E	-
	2. Supérieure ou égale à 200 L, mais inférieure ou égale à 1 000 L	DC	-
2420	Charbon de bois (fabrication du)		
	1. par des procédés de fabrication en continu	A	1
	2. par des procédés de fabrication à fonctionnement en discontinu, la capacité totale des enceintes où s'effectue la carbonisation étant :		
	a) supérieure à 100 m³	A	1
	b) inférieure ou égale à 100 m³	D	
2430	Préparation de la pâte à papier à l'exclusion des activités classées au titre de la rubrique 3610.a.		
	La capacité de production étant :		
	a) Supérieure à 10 t/j	A	1
	b) Supérieure à 1 t/j et inférieure ou égale à 10 t/j	DC	

n°	Désignation de la rubrique	A, E, D, C (1)	Rayon (2)
2440	Fabrication de papier, carton à l'exclusion des installations dont les activités sont classées au titre de la rubrique 3610.b., la quantité étant supérieure à 2t/j	DC	
2445	Transformation du papier, carton		
	La capacité de production étant :		
	1. Supérieure à 20 t/j	E	
	2. Supérieure à 1 t/j, mais inférieure ou égale à 20 t/j	D	
2450	Imprimeries ou ateliers de reproduction graphique sur tout support tel que métal, papier, carton, matières plastiques, textiles etc. utilisant une forme imprimante.		
	A. Offset utilisant des rotatives à séchage thermique , héliogravure, flexographie et opérations connexes aux procédés d'impression quels qu'ils soient comme la fabrication de complexes par contrecollage ou le vernissage si la quantité totale de produits consommée pour revêtir le support est :	A	2
	a) Supérieure à 200 kg/j	A	2
	b) Supérieure à 50 kg/j mais inférieure ou égale à 200 kg/j	D	-
	B. Autres procédés, y compris les techniques offset non visées en A/ si la quantité d'encres consommée est :		
	a) Supérieure à 400 kg/j	A	2
	b) Supérieure à 100 kg/j mais inférieure ou égale à 400 kg/j	D	-
	Nota : pour les produits qui contiennent moins de 10 % de solvants organiques au moment de leur emploi, la quantité à retenir pour établir le classement correspond à la quantité consommée dans l'installation, divisée par deux.		
2510	Carrière ou autre extraction de matériaux (exploitation de)		
	1. Exploitation de carrières à l'exception de celles visées au 5 et 6	A	3
	2. Sans objet		
	3. Affouillements du sol (à l'exception des affouillements rendus nécessaires pour l'implantation des constructions bénéficiant d'un permis de construire et des affouillements réalisés sur l'emprise des voies de circulation), lorsque les matériaux prélevés sont utilisés à des fins autres que la réalisation de l'ouvrage sur l'emprise duquel ils ont été extraits et lorsque la superficie d'affouillement est supérieure à 1 000 m^2 ou lorsque la quantité de matériaux à extraire est supérieure à 2 000 t	A	3
	4. Exploitation, en vue de leur utilisation, des masses constituées par des haldes et terrils de mines et par les déchets d'exploitation de carrières (à l'exception des cas visés à l'article 1er du décret n° 79-1109 du 20 décembre 1979 pris pour l'application de l'article 130 du Code minier), lorsque la superficie d'exploitation est supérieure à 1 000 m^2 ou lorsque la quantité de matériaux à extraire est supérieure à 2 000 t par an	A	3

n°	Désignation de la rubrique	A, E, D, C (1)	Rayon (2)
	5. Carrières de marne, de craie et de tout matériau destiné au marnage des sols ou d'arène granitique, à ciel ouvert, sans but commercial, distantes d'au moins 500 m d'une carrière soumise à autorisation ou à déclaration, lorsque la superficie d'extraction est inférieure à 500 m² et lorsque la quantité de matériaux à extraire est inférieure à 250 t par an et que la quantité totale d'extraction n'excède pas 1 000 t, lesdites carrières étant exploitées soit par l'exploitant agricole dans ses propres champs, soit par la commune, le groupement de communes ou le syndicat intercommunal dans un intérêt public	D	
	6. Carrières de pierre, de sable et d'argile destinées : – à la restauration des monuments historiques classés ou inscrits ou des immeubles situés dans le périmètre d'un site patrimonial remarquable, – ou à la restauration de bâtiments anciens dont l'intérêt patrimonial ou architectural justifie que celle-ci soit effectuée avec leurs matériaux d'origine,		
	lorsqu'elles sont distantes de plus de 500 mètres d'une exploitation de carrière soumise à autorisation ou à déclaration et lorsque la quantité de matériaux à extraire est inférieure à 100 m³ par an et que la quantité totale d'extraction n'excède pas 500 m³	DC	
2515	1. Installations de broyage, concassage, criblage, ensachage, pulvérisation, lavage, nettoyage, tamisage, mélange de pierres, cailloux, minerais et autres produits minéraux naturels ou artificiels ou de déchets non dangereux inertes, en vue de la production de matériaux destinés à une utilisation, à l'exclusion de celles classées au titre d'une autre rubrique ou de la sous-rubrique 2515-2. La puissance maximale de l'ensemble des machines fixes pouvant concourir simultanément au fonctionnement de l'installation, étant :		
	a) Supérieure à 200 kW	E	–
	b) Supérieure à 40 kW, mais inférieure ou égale à 200 kW	D	–
	2. Installations de broyage, concassage, criblage, mélange de pierres, cailloux, minerais et autres produits minéraux naturels ou artificiels ou de déchets non dangereux inertes extraits ou produits sur le site de l'installation, fonctionnant sur une période unique d'une durée inférieure ou égale à six mois. La puissance maximale de l'ensemble des machines fixes pouvant concourir simultanément au fonctionnement de l'installation, étant :		
	a) Supérieure à 350 kW	E	–
	b) Supérieure à 40 kW, mais inférieure ou égale à 350 kW	D	–
2516	Station de transit de produits minéraux pulvérulents non ensachés tels que ciments, plâtres, chaux, sables fillérisés ou de déchets non dangereux inertes pulvérulents, la capacité de transit étant :		
	1. Supérieure à 25 000 m³	E	
	2. Supérieure à 5 000 m³, mais inférieure ou égale à 25 000 m³	D	
2517	Station de transit, regroupement ou tri de produits minéraux ou de déchets non dangereux inertes autres que ceux visés par d'autres rubriques, la superficie de l'aire de transit étant :		
	1. Supérieure à 10 000 m²	E	3
	2. Supérieure à 5 000 m², mais inférieure ou égale à 10 000 m²	D	–

n°	Désignation de la rubrique	A, E, D, C (1)	Rayon (2)
2518	Installation de production de béton prêt à l'emploi équipée d'un dispositif d'alimentation en liants hydrauliques mécanisé, à l'exclusion des installations visées par la rubrique 2522. La capacité de malaxage étant :		
	a) Supérieure à 3 m³	E	
	b) Inférieure ou égale à 3 m³	D	
	Ces activités ne donnent pas lieu à classement sous la rubrique 2515.		
2520	Ciments, chaux, plâtres (fabrication de), la capacité de production étant supérieure à 5 t/j	A	1
2521	Enrobage au bitume de matériaux routiers (centrale d')		
	1. à chaud	E	
	2. à froid, la capacité de l'installation étant :		
	a) supérieure à 1 500 t/j	E	
	b) supérieure à 100 t/j, mais inférieure ou égale à 1 500 t/j	D	
2522	Installation de fabrication de produits en béton par procédé mécanique.		
	La puissance maximum de l'ensemble du matériel de malaxage et de vibration pouvant concourir simultanément au fonctionnement de l'installation étant :		
	a) Supérieure à 400 kW	E	-
	b) Supérieure à 40 kW, mais inférieure ou égale à 400 kW	D	-
	Ces activités ne donnent pas lieu à classement sous la rubrique 2515.		
2523	Céramiques et réfractaires (fabrication de produits), la capacité de production étant supérieure à 20 t/j	A	2
2524	Minéraux naturels ou artificiels tels que le marbre, le granite, l'ardoise, le verre, etc. (Ateliers de taillage, sciage et polissage de)		
	La puissance maximum de l'ensemble des machines fixes pouvant concourir au fonctionnement de l'installation étant supérieure à 400 kW	D	-
2530	Verre (fabrication et travail du), la capacité de production des fours de fusion et de ramollissement étant :		
	1. pour les verres sodocalciques :		
	a) supérieure à 5 t/j	A	3
	b) supérieure à 500 kg/j, mais inférieure ou égale à 5 t/j	D	
	2. pour les autres verres :		
	a) supérieure à 500 kg/j	A	3
	b) supérieure à 50 kg/j, mais inférieure ou égale à 500 kg/j	D	

n°	Désignation de la rubrique	A, E, D, C (1)	Rayon (2)
2531	Verre ou cristal (travail chimique du)		
	Le volume maximum de produit de traitement susceptible d'être présent dans l'installation étant :		
	a) supérieur à 150 l	A	1
	b) supérieur à 50 l, mais inférieur ou égal à 150 l	D	
2540	Houille, minerais, minéraux ou résidus métallurgiques (lavoirs à)		
	La capacité de traitement étant supérieure à 10 t/j	A	2
2541	Agglomération de houille, charbon de bois, minerai de fer, fabrication de graphite artificiel, la capacité de production étant supérieure à 10 t/j	A	1
2545	Acier, fer, fonte, ferro-alliages, (fabrication d'), à l'exclusion de la fabrication de ferro-alliages au four électrique lorsque la puissance du (des) four(s) susceptibles de fonctionner simultanément est inférieure à 100 kw	A	3
2546	Traitement des minerais non ferreux, élaboration et affinage des métaux et alliages non ferreux (à l'échelle industrielle) à l'exclusion des activités classées au titre de la rubrique 3250.		
	La capacité de production étant :		
	a) Supérieure à 2t/j	A	1
	b) Supérieure à 100kg/j mais inférieure ou égale à 2t/j	DC	
2547	Silico-alliages ou carbure de silicium (fabrication de) au four électrique, lorsque la puissance du (des) four(s) susceptible(s) de fonctionner simultanément dépasse 100 kW (à l'exclusion du ferro-silicium visé à la rubrique 2545).	A	1
2550	Fonderie (fabrication de produits moulés) de plomb et alliages contenant du plomb (au moins 3 %)		
	La capacité de production étant :		
	1. supérieure à 100 kg/j	A	2
	2. supérieure à 10 kg/j, mais inférieure ou égale à 100 kg/j	DC	
2551	Fonderie (fabrication de produits moulés) de métaux et alliages ferreux		
	La capacité de production étant :		
	1. supérieure à 10 t/j	A	2
	2. supérieure à 1 t/j, mais inférieure ou égale à 10 t/j	DC	
2552	Fonderie (fabrication de produits moulés) de métaux et alliages non-ferreux (à l'exclusion de celles relevant de la rubrique 2550)		
	La capacité de production étant :		
	1. supérieure à 2 t/j	A	2
	2. supérieure à 100 kg/j, mais inférieure ou égale à 2 t/j	DC	

n°	Désignation de la rubrique	A, E, D, C (1)	Rayon (2)
2560 (3)	Travail mécanique des métaux et alliages, à l'exclusion des activités classées au titre des rubriques 3230-a ou 3230-b.		
	La puissance maximum de l'ensemble des machines fixes pouvant concourir simultanément au fonctionnement de l'installation étant :		
	1. Supérieure à 1 000 kW	E	–
	2. Supérieure à 150 kW, mais inférieure ou égale à 1 000 kW	DC	–
2561	Production industrielle par trempe, recuit ou revenu de métaux et alliages	DC	
2562	Chauffage et traitement industriels par l'intermédiaire de bains de sels fondus.		
	Le volume des bains étant :		
	1. Supérieur à 500 l	A	1
	2. Supérieur à 100 l, mais inférieur ou égal à 500 l	DC	
2563	Nettoyage-dégraissage de surface quelconque, par des procédés utilisant des liquides à base aqueuse ou hydrosolubles à l'exclusion des activités de nettoyage-dégraissage associées à du traitement de surface.		
	La quantité de produit mise en œuvre dans le procédé étant :		
	1. Supérieure à 7 500 l	E	
	2. Supérieure à 500 l, mais inférieure ou égale à 7 500	DC	
2564 (3)	Nettoyage, dégraissage, décapage de surfaces par des procédés utilisant des liquides organohalogénés ou des solvants organiques, à l'exclusion des activités classées au titre de la rubrique 3670.		
	1. Hors procédé sous vide, le volume des cuves affectées au traitement étant :		
	a) Supérieur à 1 500 l	E	
	b) Supérieur à 20 l mais inférieur ou égal à 1 500 l pour les solvants organiques à mention de danger H340, H350, H350i, H360D, H360F ou les liquides organohalogénés à mention de danger H341 ou H351, au sens du règlement (CE) n° 1272/2008 du Parlement européen et du Conseil du 16 décembre 2008 relatif à la classification, à l'étiquetage et à l'emballage des substances et des mélanges, modifiant et abrogeant les directives 67/548/CEE et 1999/45/CE et modifiant le règlement (CE) n° 1907/2006	DC	
	c) Supérieur à 200 l mais inférieur ou égal à 1 500 l pour les autres liquides organohalogénés ou solvants organiques	DC	
	2. Pour les procédés sous vide, le volume des cuves affectées au traitement étant supérieur à 200 l	DC	

n°	Désignation de la rubrique	A, E, D, C (1)	Rayon (2)
2565 (3)	Revêtement métallique ou traitement (nettoyage, décapage, conversion dont phosphatation, polissage, attaque chimique, vibro-abrasion, etc.) de surfaces par voie électrolytique ou chimique, à l'exclusion des activités classées au titre des rubriques 2563, 2564, 3260 ou 3670.		
	1. Lorsqu'il y a mise en œuvre :		
	a) De cadmium	E	
	b) De cyanures, le volume des cuves étant supérieur à 200 l	E	
	2. Procédé utilisant des liquides, le volume des cuves affectées au traitement étant		
	a) Supérieur à 1 500 l	E	
	b) Supérieur à 200 l, mais inférieur ou égal à 1 500 l	DC	
	3. Traitement en phase gazeuse ou autres traitements	DC	
	4. Vibro-abrasion, le volume total des cuves de travail étant supérieur à 200 l	DC	
2566 (3)	Nettoyage, décapage des métaux par traitement thermique :		
	1. La capacité volumique du four étant :		
	a) Supérieure à 2 000 l	A	1
	b) Supérieure à 500 l, mais inférieure ou égale à 2 000 l	DC	
	2. En absence de four, la puissance étant supérieure ou égale à 3 000 W	A	1
2567	Galvanisation, étamage de métaux ou revêtement métallique d'un matériau quelconque par un procédé autre que chimique ou électrolytique.		
	1. Procédés par immersion dans métal fondu, le volume des cuves étant :		
	a) Supérieur à 1 000 l	A	1
	b) Supérieur à 100 l, mais inférieur ou égal à 1 000 l	DC	
	2. Procédés par projection de composés métalliques, la quantité de composés métalliques consommée étant :		
	a) Supérieure à 200 kg/jour	A	1
	b) Supérieure à 20 kg/jour mais inférieure ou égale à 200 kg/jour	DC	
2570	Émail		
	1. Fabrication, la quantité de matière susceptible d'être fabriquée étant :		
	a) supérieure à 500 kg/j	A	1
	b) supérieure à 50 kg/j, mais inférieure ou égale à 500 kg/j	DC	
	2. Application, la quantité de matière susceptible d'être traitée étant supérieure à 100 kg/j	DC	

n°	Désignation de la rubrique	A, E, D, C (1)	Rayon (2)
2575	Abrasives (emploi de matières) telles que sables, corindon, grenailles métalliques, etc. sur un matériau quelconque pour gravure, dépolissage, décapage, grainage, à l'exclusion des activités visées par la rubrique 2565.		
	La puissance maximum de l'ensemble des machines fixes pouvant concourir simultanément au fonctionnement de l'installation étant supérieure à 20 kW	D	-
2630	Détergents() et savons (fabrication de ou à base de), à l'exclusion des activités classées au titre de la rubrique 3410.		
	La capacité de production étant :		
	a) Supérieure à 50 t/j	E	
	b) Supérieure ou égale à 1 t/j, mais inférieure ou égale à 50 t/j	D	
	() Au sens du règlement (CE) n° 648/2004 du Parlement européen et du Conseil du 31 mars 2004 relatif aux détergents.		
2631	Parfums, huiles essentielles (extraction par la vapeur des) contenus dans les plantes aromatiques		
	La capacité totale des vases d'extraction destinés à la distillation étant :		
	1. supérieure à 50 m^3	A	1
	2. supérieure ou égale à 6 m^3, mais inférieure ou égale à 50 m^3	D	
2640	Colorants et pigments organiques, minéraux et naturels (fabrication industrielle ou emploi de), à l'exclusion des activités classées au titre de la rubrique 3410.		
	La quantité de matière utilisée étant :		
	a) Supérieure ou égale à 2 t/j	A	1
	b) Supérieure ou égale à 200 kg/j, mais inférieure à 2 t/j	D	-
2660	Polymères (matières plastiques, caoutchoucs, élastomères, résines et adhésifs synthétiques) (fabrication ou régénération), à l'exclusion des activités classées au titre de la rubrique 3410.		
	La capacité de production étant :		
	a) Supérieure à 10 t/j	A	1
	b) Supérieure à 1t/j, mais inférieure ou égale à 10 t/j	D	
2661	Polymères (matières plastiques, caoutchoucs, élastomères, résines et adhésifs synthétiques) (transformation de) :		
	1. Par des procédés exigeant des conditions particulières de température ou de pression (extrusion, injection, moulage, segmentation à chaud, vulcanisation, etc.), la quantité de matière susceptible d'être traitée étant :		
	a) Supérieure ou égale à 70 t/j	A	1
	b) Supérieure ou égale à 10 t/j mais inférieure à 70 t/j	E	
	c) Supérieure ou égale à 1 t/j, mais inférieure à 10 t/j	D	

n°	Désignation de la rubrique	A, E, D, C (1)	Rayon (2)
	2. Par tout procédé exclusivement mécanique (sciage, découpage, meulage, broyage, etc.), la quantité de matière susceptible d'être traitée étant :		
	a) Supérieure ou égale à 20 t/j	E	
	b) Supérieure ou égale à 10 t/j mais inférieure à 70 t/j	D	
2662	Polymères (matières plastiques, caoutchoucs, élastomères, résines et adhésifs synthétiques) (stockage de), à l'exception des installations classées au titre de la rubrique 1510.		
	Le volume susceptible d'être stocké étant :		
	1. Supérieur ou égal à 1 000 m³	E	
	2. Supérieur ou égal à 100 m³ mais inférieur à 1 000 m³	D	–
2663	Pneumatiques et produits dont 50 % au moins de la masse totale unitaire est composée de polymères (matières plastiques, caoutchoucs, élastomères, résines et adhésifs synthétiques) (stockage de), à l'exception des installations classées au titre de la rubrique 1510 :		
	1. A l'état alvéolaire ou expansé (tels que mousse de latex, de polyuréthane, de polystyrène, etc.), le volume susceptible d'être stocké étant :		
	a) Supérieur ou égal à 2 000 m³.	E	–
	b) Supérieur ou égal à 200 m³ mais inférieur à 2 000 m³	D	–
	2. Dans les autres cas et pour les pneumatiques, le volume susceptible d'être stocké étant :		
	a) Supérieur ou égal à 10 000 m³	E	–
	b) Supérieur ou égal à 1 000 m³ mais inférieur à 10 000 m³	D	–
2670	Accumulateurs et piles (fabrication d') contenant du plomb, cadmium ou du mercure	A	1
2680	Organismes génétiquement modifiés (installations où sont utilisés de manière confinée dans un processus de production industrielle des), à l'exclusion de l'utilisation d'organismes génétiquement modifiés qui ont reçu une autorisation de mise sur le marché conformément au titre III du livre V du Code de l'environnement et utilisés dans les conditions prévues par cette autorisation de mise sur le marché.		
	1. Utilisation d'organismes génétiquement modifiés de classe de confinement 1	D	
	2. Utilisation d'organismes génétiquement modifiés de classe de confinement 2, 3, 4	A	4
	Les organismes génétiquement modifiés visés sont ceux définis par l'article D. 531-1 du Code de l'environnement, à l'exclusion des organismes visés à l'article D. 531-2 du même code.		
	On entend par utilisation au sens de la présente rubrique toute opération ou ensemble d'opérations faisant partie d'un processus de production industrielle au cours desquelles des organismes sont génétiquement modifiés ou au cours desquelles des organismes génétiquement modifiés sont cultivés, mis en œuvre, stockés, détruits, éliminés, ou utilisés de toute autre manière, à l'exclusion du transport.		

n°	Désignation de la rubrique	A, E, D, C (1)	Rayon (2)
2681	Micro-organismes naturels pathogènes (mise en œuvre dans des installations de production industrielle)	A	4
2690	Produits opothérapiques (préparation de)		
	1. quand l'opération est pratiquée sur des matières fraîches par simple dessiccation dans le vide	D	
	2. dans tous les autres cas	A	1
2710	Installations de collecte de déchets apportés par le producteur initial de ces déchets, à l'exclusion des installations visées à la rubrique 2719.		
	1. Dans le cas de déchets dangereux, la quantité de déchets susceptibles d'être présents dans l'installation étant :		
	a) Supérieure ou égale à 7 t	A	1
	b) Supérieure ou égale à 1 t, mais inférieure à 7 t	DC	-
	2. Dans le cas de déchets non dangereux, le volume de déchets susceptibles d'être présents dans l'installation étant :		
	a) Supérieur ou égal à 300 m^3	E	-
	b) Supérieur ou égal à 100 m^3 et inférieur à 300 m^3	DC	-
2711	Installation de transit, regroupement, tri ou préparation en vue de la réutilisation de déchets d'équipements électriques et électroniques, à l'exclusion des installations visées à la rubrique 2719.		
	Le volume susceptible d'être entreposé étant :		
	1. Supérieur ou égal à 1 000 m^3	E	-
	2. Supérieur ou égal à 100 m^3 mais inférieur à 1 000 m^3	DC	-
2712	Installation d'entreposage, dépollution, démontage ou découpage de véhicules hors d'usage ou de différents moyens de transports hors d'usage, à l'exclusion des installations visées à la rubrique 2719.		
	1. Dans le cas de véhicules terrestres hors d'usage, la surface de l'installation étant supérieure ou égale à 100 m^2	E	-
	2. Dans le cas d'autres moyens de transports hors d'usage autres que ceux visés aux 1 et 3, la surface de l'installation étant supérieure ou égale à 50 m^2	A	2
	3. Dans le cas des déchets issus de bateaux de plaisance ou de sport tels que définis à l'article R. 543-297 du Code de l'environnement :		
	a) Pour l'entreposage, la surface de l'installation étant supérieure à 150 m^2	E	-
	b) Pour la dépollution, le démontage ou le découpage	E	-

n°	Désignation de la rubrique	A, E, D, C (1)	Rayon (2)
2713	Installation de transit, regroupement, tri ou préparation en vue de la réutilisation de métaux ou de déchets de métaux non dangereux, d'alliage de métaux ou de déchets d'alliage de métaux non dangereux, à l'exclusion des installations visées aux rubriques 2710, 2711, 2712 et 2719. La surface étant :		
	1. Supérieure ou égale à 1 000 m²	E	–
	2. Supérieure ou égale à 100 m², mais inférieure à 1 000 m²	D	–
2714	Installation de transit, regroupement, tri ou préparation en vue de la réutilisation de déchets non dangereux de papiers, cartons, plastiques, caoutchouc, textiles, bois à l'exclusion des installations visées aux rubriques 2710, 2711 et 2719. Le volume susceptible d'être présent dans l'installation étant :		
	1. Supérieur ou égal à 1 000 m³	E	–
	2. Supérieur ou égal à 100 m³, mais inférieur à 1 000 m³	D	–
2715	Installation de transit, regroupement ou tri de déchets non dangereux de verre à l'exclusion des installations visées à la rubrique 2710, le volume susceptible d'être présent dans l'installation étant supérieur ou égal à 250 m³.	D	
2716	Installation de transit, regroupement, tri ou préparation en vue de la réutilisation de déchets non dangereux non inertes à l'exclusion des installations visées aux rubriques 2710, 2711, 2712, 2713, 2714, 2715 et 2719 et des stockages en vue d'épandages de boues issues du traitement des eaux usées mentionnés à la rubrique 2.1.3.0. de la nomenclature annexée à l'article R. 214-1. Le volume susceptible d'être présent dans l'installation étant :		
	1. Supérieur ou égal à 1 000 m³	E	–
	2. Supérieur ou égal à 100 m³, mais inférieur à 1 000 m³	DC	–
2718	Installation de transit, regroupement ou tri de déchets dangereux, à l'exclusion des installations visées aux rubriques 2710, 2711, 2712, 2719, 2792 et 2793.		
	1. La quantité de déchets dangereux susceptible d'être présente dans l'installation étant supérieure ou égale à 1 t ou la quantité de substances dangereuses ou de mélanges dangereux, mentionnés à l'article R. 511-10 du Code de l'environnement, susceptible d'être présente dans l'installation étant supérieure ou égale aux seuils A des rubriques d'emploi ou de stockage de ces substances ou mélanges	A	2
	2. Autres cas	DC	–
2719	Installation temporaire de transit de déchets issus de pollutions accidentelles marines ou fluviales ou de déchets issus de catastrophes naturelles, le volume susceptible d'être présent dans l'installation étant supérieur à 100 m³.	D	

n°	Désignation de la rubrique	A, E, D, C (1)	Rayon (2)
2720	Installation de stockage de déchets résultant de la prospection, de l'extraction, du traitement et du stockage de ressources minérales ainsi que de l'exploitation de carrières (site choisi pour y accumuler ou déposer des déchets solides, liquides, en solution ou en suspension).		
	1. Installation de stockage de déchets dangereux ;	A	2
	2. Installation de stockage de déchets non dangereux non inertes.	A	1
2730	Sous-produits d'origine animale, y compris débris, issues et cadavres (traitement de), y compris le lavage des laines de peaux, laines brutes, laines en suint, à l'exclusion des activités visées par d'autres rubriques de la nomenclature, des établissements de diagnostic, de recherche et d'enseignement :		
	La capacité de traitement étant supérieure à 500 kg/j	A	5
2731	Sous-produits animaux (dépôt ou transit de), à l'exclusion des dépôts visés par les rubriques 2171 et 2355, des dépôts associés aux activités des établissements de diagnostic, de recherche et d'enseignement, des dépôts de biodéchets au sens de l'article L. 541-1-1 du Code de l'environnement et des dépôts annexés et directement liés aux installations dont les activités sont visées par les rubriques 2101 à 2150, 2170, 2210, 2221, 2230, 2240, 2350, 2690, 2740, 2780, 2781, 2783, 3532, 3630, 3641, 3642, 3643 et 3660 :		
	1. Dépôt ou transit de sous-produits animaux dans des conteneurs étanches et couverts sans manipulation des sous-produits animaux.		
	La quantité susceptible d'être présente dans l'installation étant supérieure à 500 kg et inférieure à 30 tonnes	E	-
	2. Autres installations que celles visées au 1 :		
	La quantité susceptible d'être présente dans l'installation étant supérieure à 500 kg	A	3
2740	Incinération de cadavres d'animaux.	A	1
2750	Station d'épuration collective d'eaux résiduaires industrielles en provenance d'au moins une installation classée soumise à autorisation	A	1
2751	Station d'épuration collective de déjections animales	A	1
2752	Station d'épuration mixte (recevant des eaux résiduaires domestiques et des eaux résiduaires industrielles) ayant une capacité nominale de traitement d'au moins 10 000 équivalents-habitants, lorsque la charge des eaux résiduaires industrielles en provenance d'installations classées autorisées est supérieure à 70 % de la capacité de la station en DCO	A	1

n°	Désignation de la rubrique	A, E, D, C (1)	Rayon (2)
2760	Installation de stockage de déchets, à l'exclusion des installations mentionnées à la rubrique 2720 :		
	1. Installation de stockage de déchets dangereux autre que celle mentionnée au 4	A	2
	2. Installation de stockage de déchets non dangereux autre que celle mentionnée au 3 :		
	a) Dans une implantation isolée au sens de l'article 2, point r) de la directive 1999/31/CE, et non soumise à la rubrique 3540	E	–
	b) Autres installations que celles mentionnées au a3. Installation de stockage de déchets inertes	A	1
	3. Installation de stockage de déchets inertes	E	–
	4. Installation de stockage temporaire de déchets de mercure métallique Pour la rubrique 2760-4 : Quantité seuil bas au sens de l'article R. 511-10 : 50 t. Quantité seuil haut au sens de l'article R. 511-10 : 200 t	A	2
2770	Installation de traitement thermique de déchets dangereux, à l'exclusion des installations visées aux rubriques 2792 et 2793 et des installations de combustion consommant comme déchets uniquement des déchets répondant à la définition de biomasse au sens de la rubrique 2910.	A	2
2771	Installation de traitement thermique de déchets non dangereux, à l'exclusion des installations visées à la rubrique 2971 et des installations consommant comme déchets uniquement des déchets répondant à la définition de biomasse au sens de la rubrique 2910.	A	2
2780	Installation de compostage de déchets non dangereux ou de matière végétale, ayant, le cas échéant, subi une étape de méthanisation.		
	1. Compostage de matière végétale ou déchets végétaux, d'effluents d'élevage, de matières stercoraires :		
	a) La quantité de matières traitées étant supérieure ou égale à 75 t/j	A	1
	b) La quantité de matières traitées étant supérieure ou égale à 30 t/j, mais inférieure à 75 t/j	E	–
	c) La quantité de matières traitées étant supérieure ou égale à 3 t/j, mais inférieure à 30 t/j	D	–
	2. Compostage de fraction fermentescible de déchets triés à la source ou sur site, de boues de station d'épuration des eaux urbaines, de boues de station d'épuration des eaux de papeteries, de boues de station d'épuration des eaux d'industries agroalimentaires, seules ou en mélange avec des déchets admis dans une installation relevant de la rubrique 2780-1 :		
	a) La quantité de matières traitées étant supérieure ou égale à 75 t/j	A	3
	b) La quantité de matières traitées étant supérieure ou égale à 20 t/j, mais inférieure à 75 t/j	E	–
	c) La quantité de matières traitées étant supérieure ou égale à 2 t/j, mais inférieure à 20 t/j	D	–

n°	Désignation de la rubrique	A, E, D, C (1)	Rayon (2)
	3. Compostage d'autres déchets		
	a) La quantité de matières traitées étant supérieure ou égale à 75 t/j	A	3
	b) La quantité de matières traitées étant inférieure à 75 t/j	E	-
2781 (3)	Installation de méthanisation de déchets non dangereux ou de matière végétale brute, à l'exclusion des installations de méthanisation d'eaux usées ou de boues d'épuration urbaines lorsqu'elles sont méthanisées sur leur site de production :		
	1. Méthanisation de matière végétale brute, effluents d'élevage, matières stercoraires, lactosérum et déchets végétaux d'industries agroalimentaires :		
	a) La quantité de matières traitées étant supérieure ou égale à 100 t/j	A	2
	b) La quantité de matières traitées étant supérieure ou égale à 30 t/j, mais inférieure à 100 t/j	E	-
	c) La quantité de matières traitées étant inférieure à 30 t/j	DC	-
	2. Méthanisation d'autres déchets non dangereux :		
	a) La quantité de matières traitées étant supérieure ou égale à 100 t/j	A	2
	b) La quantité de matières traitées étant inférieure à 100 t/j	E	-
2782	Installations mettant en œuvre d'autres traitements biologiques de déchets non dangereux que ceux mentionnés aux rubriques 2780 et 2781 à l'exclusion des installations réglementées au titre d'une autre législation	A	3
2783	Installation de déconditionnement de biodéchets ayant fait l'objet d'un tri à la source en vue de leur valorisation organique :		
	La quantité de biodéchets déconditionnés étant :		
	1. Supérieure ou égale à 30 t/j	E	-
	2. Inférieure à 30 t/j	DC	-
2790	Installation de traitement de déchets dangereux, à l'exclusion des installations visées aux rubriques 2711, 2720, 2760, 2770, 2792, 2793 et 2795.	A	2
2791	Installation de traitement de déchets non dangereux, à l'exclusion des installations classées au titre des rubriques 2515, 2711, 2713, 2714, 2716, 2720, 2760, 2771, 2780, 2781, 2782, 2783, 2794, 2795 ou 2971 : La quantité de déchets traités étant :		
	1. Supérieure ou égale à 10 t/j	A	2
	2. Inférieure à 10 t/j.	DC	-

n°	Désignation de la rubrique	A, E, D, C (1)	Rayon (2)
2792	1. Installations de transit, tri, regroupement de déchets contenant des PCB/ PCT à une concentration supérieure à 50 ppm		
	a) La quantité de fluide contenant des PCB/ PCT susceptible d'être présente est supérieure ou égale à 2 t	A	2
	b) La quantité de fluide contenant des PCB/ PCT susceptible d'être présente est inférieure à 2 t	DC	
	2. Installations de traitement, y compris les installations de décontamination, des déchets contenant des PCB/ PCT à une concentration supérieure à 50 ppm, hors installations mobiles de décontamination	A	2
	Nota. La concentration en PCB/ PCT s'exprime en PCB totaux. *Quantité seuil bas au sens de l'article R. 511-10 : 100 t.* *Quantité seuil haut au sens de l'article R. 511-10 : 200 t.*		
2793	Installation de collecte, transit, regroupement, tri ou autre traitement de déchets de produits explosifs (1) (hors des lieux de découverte).		
	1. Installation de collecte de déchets de produits explosifs apportés par le producteur initial de ces déchets.		
	La quantité équivalente totale de matière active (2) susceptible d'être présente dans l'installation étant :		
	a) Supérieure ou égale à 100 kg	A	3
	b) Supérieure à 30 kg mais inférieure à 100 kg lorsque seuls des déchets relevant des divisions de risque 1.3 et 1.4 sont stockés dans l'installation	DC	–
	c) Inférieure à 100 kg dans les autres cas	DC	–
	2. Installation de transit, regroupement ou tri de déchets de produits explosifs.		
	La quantité équivalente totale de matière active (2) susceptible d'être présente dans l'installation étant :		
	a) Supérieure ou égale à 100 kg	A	3
	b) Inférieure à 100 kg	DC	–
	3. Autre installation de traitement de déchets de produits explosifs (mettant en œuvre un procédé autre que ceux mentionnés aux 1 et 2)		
	a) Installation de destruction de munitions, mines, pièges, engins et explosifs relevant de la compétence des services et formations spécialisés visés à l'article R. 733-1 du Code de la sécurité intérieure, à l'exclusion de la destruction des munitions chimiques, lorsque la quantité de matière active (2) mise en œuvre par opération est inférieurs à 30 kg	D	–
	b) Dans les autres cas	A	3
	Nota : (1) Les produits explosifs sont définis comme appartenant à la classe 1 des recommandations des Nations unies relatives au transport des marchandises dangereuses, et destinés à être utilisés pour les effets de leur explosion ou leurs effets pyrotechniques. Ils sont classés en divisions de risque et en groupes de compatibilité par arrêté du ministre chargé des installations classées.		

n°	Désignation de la rubrique	A, E, D, C (1)	Rayon (2)
	(2) La quantité équivalente totale de matière active est établie selon la formule : Quantité équivalente totale = A + B + C/3 + D/5 + E + F/3 A représentant la quantité relative aux déchets classés en division de risque 1.1, aux déchets n'étant pas en emballages fermés conformes aux dispositions réglementaires en matière de transport ainsi qu'aux déchets refusés lors de la procédure d'acceptation en classe 1. B, C, D, E, F représentant respectivement les quantités relatives aux déchets classés en division de risque 1.2, 1.3, 1.4, 1.5 et 1.6 lorsque ceux-ci sont en emballages fermés conformes aux dispositions réglementaires en matière de transport.		
2794	Installation de broyage de déchets végétaux non dangereux. La quantité de déchets traités étant :		
	1. Supérieure ou égale à 30 t/j	E	–
	2. Supérieure ou égale à 5 t/j, mais inférieure à 30 t/j	D	–
2795	Installations de lavage de fûts, conteneurs et citernes de transport de matières alimentaires, de substances ou mélanges dangereux mentionnés à l'article R. 511-10, ou de déchets dangereux.		
	La quantité d'eau mise en œuvre étant :		
	a) Supérieure ou égale à 20 m³/j	A	1
	b) Inférieure à 20 m³/j	DC	
2797	Déchets radioactifs (gestion des) mis en œuvre dans un établissement industriel ou commercial, hors accélérateurs de particules et secteur médical, dès lors que leur quantité susceptible d'être présente est supérieure à 10 m³ et que les conditions d'exemption mentionnées au 1° du I de l'article R. 1333-106 du Code de la santé publique ne sont pas remplies.		
	1. Activités de gestion de déchets radioactifs hors stockage (tri, entreposage, traitement...)	A	1
	2. Installations de stockage de déchets pouvant contenir des substances radioactives autres que celles d'origine naturelle ou des substances radioactives d'origine naturelle dont l'activité en radionucléides naturels des chaines de l'uranium et du thorium est supérieure à 20 Bq/g	A	1
	Nota. – Les termes « déchets radioactifs » et « gestion des déchets radioactifs » sont définis à l'article L. 542-1-1 du Code de l'environnement.		
2798	Installation temporaire de transit de déchets radioactifs issus d'un accident nucléaire ou radiologique, à l'exclusion des installations mentionnées à la rubrique 2719.	D	

n°	Désignation de la rubrique	A, E, D, C (1)	Rayon (2)
2910	Combustion à l'exclusion des activités visées par les rubriques 2770, 2771, 2971 ou 2931 et des installations classées au titre de la rubrique 3110 ou au titre d'autres rubriques de la nomenclature pour lesquelles la combustion participe à la fusion, la cuisson ou au traitement, en mélange avec les gaz de combustion, des matières entrantes		
	A. Lorsque sont consommés exclusivement, seuls ou en mélange, du gaz naturel, des gaz de pétrole liquéfiés, du biométhane, du fioul domestique, du charbon, des fiouls lourds, de la biomasse telle que définie au a) ou au b) i) ou au b) iv) de la définition de la biomasse, des produits connexes de scierie et des chutes du travail mécanique de bois brut relevant du b) v) de la définition de la biomasse, de la biomasse issue de déchets au sens de l'article L. 541-4-3 du Code de l'environnement, ou du biogaz provenant d'installations classées sous la rubrique 2781-1, si la puissance thermique nominale totale de l'installation de combustion (*) est :		
	1. Supérieure ou égale à 20 MW, mais inférieure à 50 MW	E	–
	2. Supérieure ou égale à 1 MW, mais inférieure à 20 MW	DC	–
	B. Lorsque sont consommés seuls ou en mélange des produits différents de ceux visés en A, ou de la biomasse telle que définie au *b)* ii) ou au *b)* iii) ou au *b)* v) de la définition de la biomasse :		
	1. Uniquement de la biomasse telle que définie au b) ii) ou au b) iii) ou au b) v) de la définition de la biomasse, le biogaz autre que celui visé en 2910-A, ou un produit autre que la biomasse issu de déchets au sens de l'article L. 541-4-3 du Code de l'environnement, avec une puissance thermique nominale supérieure ou égale à 1 MW, mais inférieure à 50 MW	E	–
	2. Des combustibles différents de ceux visés au point 1 ci-dessus, avec une puissance thermique nominale supérieure ou égale à 0,1 MW, mais inférieure à 50 MW	A	3
	La puissance thermique nominale totale correspond à la somme des puissances thermiques des appareils de combustion pouvant fonctionner simultanément. Ces puissances sont fixées et garanties par le constructeur, exprimées en pouvoir calorifique inférieur et susceptibles d'être consommées en marche continue.		
	On entend par « biomasse », au sens de la rubrique 2910 :		
	a) Les produits composés d'une matière végétale agricole ou forestière susceptible d'être employée comme combustible en vue d'utiliser son contenu énergétique ;		
	b) Les déchets ci-après : i) Déchets végétaux agricoles et forestiers ; ii) Déchets végétaux provenant du secteur industriel de la transformation alimentaire, si la chaleur produite est valorisée ; iii) Déchets végétaux fibreux issus de la production de pâte vierge et de la production de papier à partir de pâte, s'ils sont coincinérés sur le lieu de production et si la chaleur produite est valorisée ; iv) Déchets de liège ; v) Déchets de bois, à l'exception des déchets de bois susceptibles de contenir des composés organiques halogénés ou des métaux lourds à la suite d'un traitement avec des conservateurs du bois ou du placement d'un revêtement tels que les déchets de bois de ce type provenant de déchets de construction ou de démolition.		

n°	Désignation de la rubrique	A, E, D, C (1)	Rayon (2)
	(*) Au sens de la directive (UE) 2015/2193 du Parlement européen et du Conseil, du 25 novembre 2015, relative à la limitation des émissions de certains polluants dans l'atmosphère en provenance des installations de combustion moyennes.		
2915	Chauffage (Procédés de) utilisant comme fluide caloporteur des corps organiques combustibles		
	1. Lorsque la température d'utilisation est égale ou supérieure au point éclair des fluides, la quantité totale de fluides présente dans l'installation (mesurée à 25 °C) étant :		
	a) supérieure à 1 000 l	E	-
	b) supérieure à 100 l, mais inférieure ou égale à 1 000 l	D	-
	2. Lorsque la température d'utilisation est inférieure au point éclair des fluides, la quantité totale de fluides présente dans l'installation (mesurée à 25 °C) étant supérieure à 250 l	D	-
2921 (3)	Refroidissement évaporatif par dispersion d'eau dans un flux d'air généré par ventilation mécanique ou naturelle, ou récupération de la chaleur par dispersion d'eau dans des fumées émises à l'atmosphère (installations de) :		
	1. Installations de refroidissement évaporatif par dispersion d'eau dans un flux d'air généré par ventilation mécanique ou naturelle :		
	a) La puissance thermique évacuée maximale étant supérieure ou égale à 3 000 kW	E	-
	b) La puissance thermique évacuée maximale étant inférieure à 3 000 kW	DC	-
	2. Installations de récupération de la chaleur par dispersion d'eau dans des fumées émises à l'atmosphère	DC	-
2925	Accumulateur (ateliers de charge d')		
	1. Lorsque la charge produit de l'hydrogène, la puissance maximale de courant continu utilisable pour cette opération (1) étant supérieure à 50 kW	D	
	2. Lorsque la charge ne produit pas d'hydrogène, la puissance maximale de courant utilisable pour cette opération (1) étant supérieure à 600 kW, à l'exception des infrastructures de recharge pour véhicules électriques ouvertes au public définies par le décret n° 2017-26 du 12 janvier 2017 relatif aux infrastructures de recharge pour véhicules électriques et portant diverses mesures de transposition de la directive 2014/94/ UE du Parlement européen et du Conseil du 22 octobre 2014 sur le déploiement d'une infrastructure pour carburants alternatifs	D	
	(1) Puissance de charge délivrable cumulée de l'ensemble des infrastructures des ateliers.		

n°	Désignation de la rubrique	A, E, D, C (1)	Rayon (2)
2930	Ateliers de réparation et d'entretien de véhicules et engins à moteur, y compris les activités de carrosserie et de tôlerie.		
	1. Réparation et entretien de véhicules et engins à moteur, la surface de l'atelier étant :		
	a) Supérieure à 5 000 m²	E	–
	b) Supérieure à 2 000 m², mais inférieure ou égale à 5 000 m²	DC	–
	2. Vernis, peinture, apprêt (application, cuisson, séchage de) sur véhicules et engins à moteur, la quantité maximale de produits susceptible d'être utilisée étant :		
	a) Supérieure à 100 kg/j	E	–
	b) Supérieure à 10 kg/j, mais inférieure ou égale à 100 kg/j	DC	–
2931	Moteurs à combustion interne ou à réaction, turbines à combustion (ateliers d'essais sur banc de) :		
	1. Lorsque la puissance totale définie comme la puissance mécanique sur l'arbre au régime de rotation maximal, des moteurs ou turbines simultanément en essais est supérieure à 150 kW	A	2
	2. Lorsque la poussée totale des moteurs et des turbines est supérieure à 1,5 kN et que l'activité n'est pas classée au titre du 1.	A	2
	Nota : Cette activité ne donne pas lieu à classement sous la rubrique 2910		
2940	Vernis, peinture, apprêt, colle, enduit, etc. (application, revêtement, laquage, stratification, imprégnation, cuisson, séchage de) sur support quelconque à l'exclusion des installations dont les activités sont classées au titre des rubriques 2330, 2345, 2351, 2360, 2415, 2445, 2450, 2564, 2661, 2930, 3450, 3610, 3670, 3700 ou 4801.		
	1. Lorsque les produits mis en œuvre sont à base de liquides et lorsque l'application est faite par un procédé « au trempé » (y compris l'électrophorèse), la quantité maximale de produits susceptible d'être présente dans l'installation étant :		
	a) Supérieure à 1 000 l	E	–
	b) Supérieure à 100 l, mais inférieure ou égale à 1 000 l	DC	–
	2. Lorsque l'application est faite par tout procédé autre que le « trempé » (pulvérisation, enduction, autres procédés), la quantité maximale de produits susceptible d'être mise en œuvre étant :		
	a) Supérieure à 100 kg/j	E	–
	b) Supérieure à 10 kg/j, mais inférieure ou égale à 100 kg/j	DC	–
	3. Lorsque les produits mis en œuvre sont des poudres à base de résines organiques, la quantité maximale de produits susceptible d'être mise en œuvre étant :		
	a) Supérieure à 200 kg/j	E	–
	b) Supérieure à 20 kg/j, mais inférieure ou égale à 200 kg/j	DC	–

n°	Désignation de la rubrique	A, E, D, C (1)	Rayon (2)
	Nota. – Le régime de classement est déterminé par rapport à la quantité de produits mise en œuvre dans l'installation en tenant compte des coefficients ci-après. Les quantités de produits à base de liquides inflammables à mention de danger H224, H225 ou H226 ou de liquides halogénés, dénommées A, sont affectées d'un coefficient 1. Les quantités de produits à base de liquides de point éclair compris entre 60 °C et 93 °C ou contenant moins de 10 % de solvants organiques au moment de l'emploi, dénommées B, sont affectées d'un coefficient 1/2. Si plusieurs produits de catégories différentes sont utilisés, la quantité Q retenue pour le classement sera égale à : Q=A+B/2.		
2950	Traitement et développement des surfaces photosensibles à base argentique, la surface annuelle traitée étant :		
	1. Radiographie industrielle :		
	a) supérieure à 20 000 m²	A	1
	b) supérieure à 2 000 m², mais inférieure ou égale à 20 000 m²	DC	
	2. Autres cas (radiographie médicale, arts graphiques, photographie, cinéma) :		
	a) supérieure à 50 000 m²	A	1
	b) supérieure à 5 000 m², mais inférieure ou égale à 50 000 m²	DC	
2960	Captage de flux de CO_2 provenant d'installations classées soumises à autorisation en vue de leur stockage géologique ou captant annuellement une quantité de CO_2 égale ou supérieure à 1,5 Mt	A	3
2970	Stockage géologique de dioxyde de carbone à des fins de lutte contre le réchauffement climatique, y compris les installations de surface nécessaires à son fonctionnement, à l'exclusion de celles déjà visées par d'autres rubriques de la nomenclature	A	6
2971	Installation de production d'énergie, telle que la production de chaleur, d'électricité ou de gaz, à partir de déchets non dangereux préparés sous forme de combustibles solides de récupération dans une installation prévue à cet effet, associés ou non à un autre combustible :		
	1. Installations intégrées dans un procédé industriel de fabrication	A	2
	2. Autres installations	A	2
2980	Installation terrestre de production d'électricité à partir de l'énergie mécanique du vent et regroupant un ou plusieurs aérogénérateurs :		
	1. Comprenant au moins un aérogénérateur dont la hauteur du mât et de la nacelle au-dessus du sol est supérieure ou égale à 50 m	A	6
	2. Comprenant uniquement des aérogénérateurs dont la hauteur du mât et de la nacelle au-dessus du sol est inférieure à 50 m et au moins un aérogénérateur dont la hauteur du mât et de la nacelle au-dessus du sol est supérieure ou égale à 12 m, lorsque la puissance totale installée est :		
	a) Supérieure ou égale à 20 MW	A	6
	b) Inférieure à 20 MW	D	

n°	Désignation de la rubrique	A, E, D, C (1)	Rayon (2)
3000	Les rubriques 3000 à 3999 ne s'appliquent pas aux activités de recherche et développement ou à l'expérimentation de nouveaux produits et procédés. Au sein de la plus petite subdivision de la rubrique, les capacités des installations s'additionnent pour les installations ou équipements visés à l'article R. 515-58.		
3110	Combustion de combustibles dans des installations d'une puissance thermique nominale totale égale ou supérieure à 50 MW	A	3
3120	Raffinage de pétrole et de gaz	A	3
3130	Production de coke	A	3
3140	Gazéification ou liquéfaction de :		
	a) Charbon	A	3
	b) Autres combustibles dans des installations d'une puissance thermique nominale totale égale ou supérieure à 20 MW	A	3
3210	Grillage ou frittage de minerai métallique, y compris de minerai sulfuré	A	3
3220	Production de fonte ou d'acier (fusion primaire ou secondaire), y compris par coulée continue, avec une capacité de plus de 2,5 tonnes par heure	A	3
3230	Transformation des métaux ferreux :		
	a) Exploitation de laminoirs à chaud d'une capacité supérieure à 20 tonnes d'acier brut par heure	A	3
	b) Opérations de forgeage à l'aide de marteaux dont l'énergie de frappe dépasse 50 kilojoules par marteau et pour lesquelles la puissance calorifique mise en œuvre est supérieure à 20 MW	A	3
	c) Application de couches de protection de métal en fusion avec une capacité de traitement supérieure à 2 tonnes d'acier brut par heure	A	3
3240	Exploitation de fonderies de métaux ferreux d'une capacité de production supérieure à 20 tonnes par jour	A	3
3250	Production, transformation des métaux et alliages non ferreux :		
	1. Production de métaux bruts non ferreux à partir de minerais, de concentrés ou de matières premières secondaires par procédés métallurgiques, chimiques ou électrolytiques	A	3
	2. Plomb et cadmium :		
	a) Fusion, y compris alliage, incluant les produits de récupération, avec une capacité de fusion supérieure à 4 tonnes par jour	A	3
	b) Exploitation de fonderies (1), avec une capacité de fusion supérieure à 4 tonnes par jour	A	3
	c) Fusion, y compris alliage, incluant les produits de récupération et exploitation de fonderies (2), avec une capacité de fusion supérieure à 4 tonnes par jour	A	3

n°	Désignation de la rubrique	A, E, D, C (1)	Rayon (2)
	3. Autres métaux non ferreux :		
	a) Fusion, y compris alliage, incluant les produits de récupération, avec une capacité de fusion supérieure à 20 tonnes par jour	A	3
	b) Exploitation de fonderies (1), avec une capacité de fusion supérieure à 20 tonnes par jour	A	3
	c) Fusion, y compris alliage, incluant les produits de récupération et exploitation de fonderies (2), avec une capacité de fusion supérieure à 20 tonnes par jour	A	3
	(1) Lorsqu'il y a production de produits moulés sans production de métal. (2) Lorsqu'il y a production de métal et de produits moulés.		
3260	Traitement de surface de métaux ou de matières plastiques par un procédé électrolytique ou chimique pour lequel le volume des cuves affectées au traitement est supérieur à 30 mètres cubes	A	3
3310	Production de ciment, de chaux et d'oxyde de magnésium :		
	1. Production de clinker (ciment) :		
	a) Dans des fours rotatifs avec une capacité de production supérieure à 500 tonnes par jour	A	3
	b) Dans d'autres types de fours avec une capacité de production supérieure à 50 tonnes par jour	A	3
	2. Production de chaux dans des fours avec une production supérieure à 50 tonnes par jour	A	3
	3. Production d'oxyde de magnésium dans des fours avec une capacité supérieure à 50 tonnes par jour	A	3
3330	Fabrication du verre, y compris de fibres de verre, avec une capacité de fusion supérieure à 20 tonnes par jour	A	3
3340	Fusion de matières minérales, y compris production de fibres minérales, avec une capacité de fusion supérieure à 20 tonnes par jour	A	3
3350	Fabrication de produits céramiques par cuisson, notamment de tuiles, de briques, de pierres réfractaires, de carrelages, de grès ou de porcelaines avec une capacité de production supérieure à 75 tonnes par jour, et dans un four avec une capacité supérieure à 4 mètres cubes et une densité d'enfournement de plus de 300 kg/m³ par four	A	3
3410	Fabrication en quantité industrielle par transformation chimique ou biologique de produits chimiques organiques, tels que :		
	a) Hydrocarbures simples (linéaires ou cycliques, saturés ou insaturés, aliphatiques ou aromatiques)	A	3
	b) Hydrocarbures oxygénés, notamment alcools, aldéhydes, cétones, acides carboxyliques, esters, et mélanges d'esters, acétates, éthers, peroxydes et résines époxydes.	A	3
	c) Hydrocarbures sulfurés	A	3
	d) Hydrocarbures azotés, notamment amines, amides, composés nitreux, nitrés ou nitratés, nitriles, cyanates, isocyanates	A	3

n°	Désignation de la rubrique	A, E, D, C (1)	Rayon (2)
	e) Hydrocarbures phosphorés	A	3
	f) Hydrocarbures halogénés	A	3
	g) Dérivés organométalliques	A	3
	h) Matières plastiques (polymères, fibres synthétiques, fibres à base de cellulose)	A	3
	i) Caoutchoucs synthétiques	A	3
	j) Colorants et pigments	A	3
	k) Tensioactifs et agents de surface	A	3
3420	Fabrication en quantité industrielle par transformation chimique ou biologique de produits chimiques inorganiques, tels que :		
	a) Gaz, tels que ammoniac, chlore ou chlorure d'hydrogène, fluor ou fluorure d'hydrogène, oxydes de carbone, composés sulfuriques, oxydes d'azote, hydrogène, dioxyde de soufre, chlorure de carbonyle	A	3
	b) Acides, tels que acide chromique, acide fluorhydrique, acide phosphorique, acide nitrique, acide chlorhydrique, acide sulfurique, oléum, acides sulfurés	A	3
	c) Bases, telles que hydroxyde d'ammonium, hydroxyde de potassium, hydroxyde de sodium	A	3
	d) Sels, tels que chlorure d'ammonium, chlorate de potassium, carbonate de potassium, carbonate de sodium, perborate, nitrate d'argent	A	3
	e) Non-métaux, oxydes métalliques ou autres composés inorganiques, tels que carbure de calcium, silicium, carbure de silicium	A	3
3430	Fabrication en quantité industrielle par transformation chimique ou biologique d'engrais à base de phosphore, d'azote ou de potassium (engrais simples ou composés)	A	3
3440	Fabrication en quantité industrielle par transformation chimique ou biologique de produits phytosanitaires ou de biocides	A	3
3450	Fabrication en quantité industrielle par transformation chimique ou biologique de produits pharmaceutiques, y compris d'intermédiaires	A	3
3460	Fabrication en quantité industrielle par transformation chimique ou biologique d'explosifs	A	3
3510	Élimination ou valorisation des déchets dangereux, avec une capacité de plus de 10 tonnes par jour, supposant le recours à une ou plusieurs des activités suivantes :	A	3
	traitement biologique traitement physico-chimique mélange avant de soumettre les déchets à l'une des autres activités énumérées aux rubriques 3510 et 3520 reconditionnement avant de soumettre les déchets à l'une des autres activités énumérées aux rubriques 3510 et 3520 récupération/régénération des solvants		

n°	Désignation de la rubrique	A, E, D, C (1)	Rayon (2)
	recyclage/récupération de matières inorganiques autres que des métaux ou des composés métalliques régénération d'acides ou de bases valorisation des composés utilisés pour la réduction de la pollution valorisation des constituants des catalyseurs régénération et autres réutilisations des huiles lagunage		
3520	Élimination ou valorisation de déchets dans des installations d'incinération des déchets ou des installations de coïncinération des déchets :		
	a) Pour les déchets non dangereux avec une capacité supérieure à 3 tonnes par heure	A	3
	b) Pour les déchets dangereux avec une capacité supérieure à 10 tonnes par jour	A	3
3531	Élimination des déchets non dangereux non inertes avec une capacité de plus de 50 tonnes par jour, supposant le recours à une ou plusieurs des activités suivantes, à l'exclusion des activités relevant de la directive 91/271/CEE du Conseil du 21 mai 1991 relative au traitement des eaux urbaines résiduaires :	A	3
	traitement biologique traitement physico-chimique prétraitement des déchets destinés à l'incinération ou à la coïncinération traitement du laitier et des cendres traitement en broyeur de déchets métalliques, notamment déchets d'équipements électriques et électroniques et véhicules hors d'usage ainsi que leurs composants		
3532	Valorisation ou mélange de valorisation et d'élimination de déchets non dangereux non inertes avec une capacité supérieure à 75 tonnes par jour et entraînant une ou plusieurs des activités suivantes, à l'exclusion des activités relevant de la directive 91/271/CEE [du Conseil du 21 mai 1991] :	A	3
	traitement biologique prétraitement des déchets destinés à l'incinération ou à la coïncinération traitement du laitier et des cendres traitement en broyeur de déchets métalliques, notamment déchets d'équipements électriques et électroniques et véhicules hors d'usage ainsi que leurs composants		
	Nota. lorsque la seule activité de traitement des déchets exercée est la digestion anaérobie, le seuil de capacité pour cette activité est fixé à 100 tonnes par jour		
3540	Installations de stockage de déchets autres que celles mentionnées aux rubriques 2720 et 2760-3 :		
	1. Installations d'une capacité totale supérieure à 25 000 tonnes	A	3
	2. Autres installations que celles classées au titre du 1 lorsqu'elles reçoivent plus de 10 tonnes de déchets par jour	A	3

n°	Désignation de la rubrique	A, E, D, C (1)	Rayon (2)
3550	Stockage temporaire de déchets dangereux ne relevant pas de la rubrique 3540, dans l'attente d'une des activités énumérées aux rubriques 3510, 3520, 3540 ou 3560 avec une capacité totale supérieure à 50 tonnes, à l'exclusion du stockage temporaire sur le site où les déchets sont produits, dans l'attente de la collecte	A	3
3560	Stockage souterrain de déchets dangereux, avec une capacité totale supérieure à 50 tonnes	A	3
3610	Fabrication, dans des installations industrielles, de :		
	a) Pâte à papier à partir du bois ou d'autres matières fibreuses	A	3
	b) Papier ou carton, avec une capacité de production supérieure à 20 tonnes par jour	A	3
	c) Un ou plusieurs des panneaux à base de bois suivants : panneaux de particules orientées, panneaux d'aggloméré ou panneaux de fibres avec une capacité de production supérieure à 600 mètres cubes par jour	A	3
3620	Prétraitement (opérations de lavage, blanchiment, mercerisation) ou teinture de fibres textiles ou de textiles, avec une capacité de traitement supérieure à 10 tonnes par jour	A	3
3630	Tannage des peaux, avec une capacité de traitement supérieure à 12 tonnes de produits finis par jour	A	3
3641	Exploitation d'abattoirs, avec une capacité de production supérieure à 50 tonnes de carcasses par jour	A	3
3642	Traitement et transformation, à l'exclusion du seul conditionnement, des matières premières ci-après, qu'elles aient été ou non préalablement transformées, en vue de la fabrication de produits alimentaires ou d'aliments pour animaux issus :		
	1. Uniquement de matières premières animales (autre que le lait exclusivement), avec une capacité de production supérieure à 75 tonnes de produits finis par jour	A	3
	2. Uniquement de matières premières végétales, avec une capacité de production :		
	a) Supérieure à 300 tonnes de produits finis par jour	A	3
	b) Supérieure à 600 tonnes de produits finis par jour lorsque l'installation fonctionne pendant une durée maximale de 90 jours consécutifs en un an	A	3
	3. Matières premières animales et végétales, aussi bien en produits combinés qu'en produits séparés, avec une capacité de production, exprimée en tonnes de produits finis par jour		
	a) Supérieure à 75 si A est égal ou supérieur à 10	A	3
	b) Supérieure à [300-(22,5 x A)] dans tous les autres cas	A	3
	où « A » est la proportion de matière animale (en pourcentage de masse) dans la quantité entrant dans le calcul de la capacité de production de produits finis		

n°	Désignation de la rubrique	A, E, D, C (1)	Rayon (2)
	Nota		
	L'emballage n'est pas compris dans la masse finale du produit.		
	La présente rubrique ne s'applique pas si la matière première est seulement du lait.		
3643	Traitement et transformation du lait exclusivement, la quantité de lait reçue étant supérieure à 200 tonnes par jour (valeur moyenne sur une base annuelle)	A	3
3650	Élimination ou recyclage de carcasses ou de déchets animaux, avec une capacité de traitement supérieure à 10 tonnes par jour	A	5
3660	Élevage intensif de volailles ou de porcs :		
	a) Avec plus de 40 000 emplacements pour les volailles	A	3
	b) Avec plus de 2 000 emplacements pour les porcs de production (de plus de 30 kg)	A	3
	c) Avec plus de 750 emplacements pour les truies	A	3
	Nota. Par « volailles », on entend : les poulets, poules, dindes, pintades, canards, oies, cailles, pigeons, faisans et perdrix, élevés ou détenus en captivité en vue de leur reproduction, de la production de viande ou d'œufs de consommation ou de la fourniture de gibier de repeuplement		
3670	Traitement de surface de matières, d'objets ou de produits à l'aide de solvants organiques, notamment pour les opérations d'apprêt, d'impression, de couchage, de dégraissage, d'imperméabilisation, de collage, de peinture, de nettoyage ou d'imprégnation, avec une capacité de consommation de solvant organique :		
	1. Supérieure à 150 kg par heure	A	3
	2. Supérieure à 200 tonnes par an pour les autres installations que celles classées au titre du 1	A	3
3680	Fabrication de carbone (charbon dur) ou d'électrographite par combustion ou graphitisation	A	3
3690	Captage des flux de CO_2 provenant d'installations classées soumises à autorisation, en vue du stockage géologique	A	3
3700	Préservation du bois et des produits dérivés du bois au moyen de produits chimiques, avec une capacité de production supérieure à 75 mètres cubes par jour, autre que le seul traitement contre la coloration	A	3
3710	Traitement des eaux résiduaires dans des installations autonomes relevant des rubriques 2750 et qui sont rejetées par une ou plusieurs installations relevant de la section 8 du chapitre V du titre Ier du livre V	A	3

n°	Désignation de la rubrique	A, E, D, C (1)	Rayon (2)
4000	Substances et mélanges dangereux (définition et classification des). Définitions : Les termes « substances » et « mélanges » sont définis à l'article 2 du règlement (CE) n° 1272/2008 relatif à la classification, l'étiquetage et l'emballage des substances et mélanges. Dans le cas de substances ou mélanges qui ne sont pas couverts par le même règlement (CE) n° 1272/2008, y compris les déchets, et qui sont néanmoins présents, ou susceptibles d'être présents dans un établissement et qui présentent ou sont susceptibles de présenter, dans les conditions régnant dans l'établissement, des propriétés équivalentes pour ce qui est de leur potentiel d'accident majeur, ces substances ou mélanges sont provisoirement affectés aux classes, catégories et mentions de danger les plus proches ou de la substance ou du mélange dangereux désigné le plus proche. Ils sont assimilés à des substances ou mélanges dangereux au sens de la présente rubrique. On entend par « produits explosibles » les substances, mélanges ou matières présentant un danger d'explosion déterminé selon la méthode A.14 du règlement (CE) n° 440/2008 et qui ne relèvent pas de la classe des peroxydes organiques ou substances et mélanges auto-réactifs ainsi que les articles contenant de telles substances, mélanges ou matières relevant de la section 2.1 de l'annexe I du règlement (CE) n° 1272/2008. De plus, on entend par « produits explosifs », les produits explosibles affectés à la classe 1 des recommandations des Nations-Unies relatives au transport de marchandises dangereuses, et qui sont destinés à être utilisés pour les effets de leur explosion ou leurs effets pyrotechniques. Si la quantité de substance ou mélange explosible contenue dans l'article est connue, c'est cette quantité qui est prise en considération pour l'application de l'article R. 511-11. Si la quantité de substance ou mélange explosible contenue dans l'article n'est pas connue, c'est l'article entier qui sera considéré comme étant explosible pour l'application de l'article R. 511-11. Les termes « gaz » et « liquide » sont définis à l'annexe I partie 1 du règlement (CE) n° 1272/2008. Classification : Les substances et mélanges sont classés conformément au règlement (CE) n° 1272/2008. Les classes et catégories de danger sont définies à l'annexe I, parties 2, 3 et 4 du même règlement (CE) n° 1272/2008. *a) Substances :* Les substances présentant ces dangers, mais ne figurant pas encore à l'annexe VI du règlement (CE) n° 1272/2008 susmentionné sont classées et étiquetées par leurs fabricants, distributeurs ou importateurs en fonction des informations sur leurs propriétés physico-chimiques ou toxicologiques pertinentes et accessibles existantes ; *b) Mélanges :* Les mélanges sont assimilés à des substances pures pour autant que les limites de concentration fixées en fonction de leurs propriétés dans le règlement (CE) n° 1272/2008, ou sa dernière adaptation au progrès technique soient respectées, à moins qu'une composition du pourcentage ou une autre description ne soit spécifiquement donnée.		
4001	Installations présentant un grand nombre de substances ou mélanges dangereux et vérifiant la règle de cumul seuil bas ou la règle de cumul seuil haut mentionnées au II de l'article R. 511-11	A	1

n°	Désignation de la rubrique	A, E, D, C (1)	Rayon (2)
4110	Toxicité aiguë catégorie 1 pour l'une au moins des voies d'exposition, à l'exclusion de l'uranium et ses composés.		
	1. Substances et mélanges solides. La quantité totale susceptible d'être présente dans l'installation étant :		
	a) Supérieure ou égale à 1 t	A	1
	b) Supérieure ou égale à 200 kg, mais inférieure à 1 t	DC	
	2. Substances et mélanges liquides. La quantité totale susceptible d'être présente dans l'installation étant :		
	a) Supérieure ou égale à 250 kg	A	1
	b) Supérieure ou égale à 50 kg, mais inférieure à 250 kg	DC	
	3. Gaz ou gaz liquéfiés. La quantité totale susceptible d'être présente dans l'installation étant :		
	a) Supérieure ou égale à 50 kg	A	3
	b) Supérieure ou égale à 10 kg, mais inférieure à 50 kg	DC	
	Quantité seuil bas au sens de l'article R. 511-10 : 5 t *Quantité seuil haut au sens de l'article R. 511-10 : 20 t*		
4120	Toxicité aiguë catégorie 2, pour l'une au moins des voies d'exposition.		
	1. Substances et mélanges solides.		
	La quantité totale susceptible d'être présente dans l'installation étant :		
	a) Supérieure ou égale à 50 t	A	1
	b) Supérieure ou égale à 5 t, mais inférieure à 50 t	D	
	2. Substances et mélanges liquides.		
	La quantité totale susceptible d'être présente dans l'installation étant :		
	a) Supérieure ou égale à 10 t	A	1
	b) Supérieure ou égale à 1 t, mais inférieure à 10 t	D	
	3. Gaz ou gaz liquéfiés.		
	La quantité totale susceptible d'être présente dans l'installation étant :		
	a) Supérieure ou égale à 2 t	A	3
	b) Supérieure ou égale à 200 kg, mais inférieure à 2 t	D	
	Quantité seuil bas au sens de l'article R. 511-10 : 50 t.		
	Quantité seuil haut au sens de l'article R. 511-10 : 200 t.		

n°	Désignation de la rubrique	A, E, D, C (1)	Rayon (2)
4130	Toxicité aiguë catégorie 3 pour les voies d'exposition par inhalation.		
	1. Substances et mélanges solides.		
	La quantité totale susceptible d'être présente dans l'installation étant :		
	a) Supérieure ou égale à 50 t	A	1
	b) Supérieure ou égale à 5 t, mais inférieure à 50 t	D	
	2. Substances et mélanges liquides.		
	La quantité totale susceptible d'être présente dans l'installation étant :		
	a) Supérieure ou égale à 10 t	A	1
	b) Supérieure ou égale à 1 t, mais inférieure à 10 t	D	
	3. Gaz ou gaz liquéfiés.		
	La quantité totale susceptible d'être présente dans l'installation étant :		
	a) Supérieure ou égale à 2 t	A	3
	b) Supérieure ou égale à 200 kg, mais inférieure à 2 t	D	
	Quantité seuil bas au sens de l'article R. 511-10 : 50 t.		
	Quantité seuil haut au sens de l'article R. 511-10 : 200 t.		
4140	Toxicité aiguë catégorie 3 pour la voie d'exposition orale (H301) dans le cas où ni la classification de toxicité aiguë par inhalation ni la classification de toxicité aiguë par voie cutanée ne peuvent être établies, par exemple en raison de l'absence de données de toxicité par inhalation et par voie cutanée concluantes.		
	1. Substances et mélanges solides.		
	La quantité totale susceptible d'être présente dans l'installation étant :		
	a) Supérieure ou égale à 50 t	A	1
	b) Supérieure ou égale à 5 t, mais inférieure à 50 t	D	
	2. Substances et mélanges liquides.		
	La quantité totale susceptible d'être présente dans l'installation étant :		
	a) Supérieure ou égale à 10 t	A	1
	b) Supérieure ou égale à 1 t, mais inférieure à 10 t	D	
	3. Gaz ou gaz liquéfiés.		
	La quantité totale susceptible d'être présente dans l'installation étant :		
	a) Supérieure ou égale à 2 t	A	3
	b) Supérieure ou égale à 200 kg, mais inférieure à 2 t	D	
	Quantité seuil bas au sens de l'article R. 511-10 : 50 t.		
	Quantité seuil haut au sens de l'article R. 511-10 : 200 t.		

n°	Désignation de la rubrique	A, E, D, C (1)	Rayon (2)
4150	Toxicité spécifique pour certains organes cibles (STOT) exposition unique catégorie 1.		
	La quantité totale susceptible d'être présente dans l'installation étant :		
	1. Supérieure ou égale à 20 t	A	1
	2. Supérieure ou égale à 5 t, mais inférieure à 20 t	D	
	Quantité seuil bas au sens de l'article R. 511-10 : 50 t.		
	Quantité seuil haut au sens de l'article R. 511-10 : 200 t.		
4210	Produits explosifs (fabrication [1], chargement, encartouchage, conditionnement [2] de, études et recherches, essais, montage, assemblage, mise en liaison électrique ou pyrotechnique de, ou travail mécanique sur) à l'exclusion de la fabrication industrielle par transformation chimique ou biologique.		
	1. Fabrication (1), chargement, encartouchage, conditionnement (2) de, études et recherches, essais, montage, assemblage, mise en liaison électrique ou pyrotechnique de, ou travail mécanique sur, à l'exclusion de la fabrication industrielle par transformation chimique ou biologique et à l'exclusion des opérations effectuées sur le lieu d'utilisation en vue de celle-ci et des opérations effectuées en vue d'un spectacle pyrotechnique encadrées par les dispositions du décret n° 2010-580 du 31 mai 2010 relatif à l'acquisition, la détention et l'utilisation des artifices de divertissement et des articles pyrotechniques destinés au théâtre.		
	La quantité totale de matière active (3) susceptible d'être présente dans l'installation étant :		
	a) Supérieure ou égale à 100 kg	A	3
	b) Supérieur ou égale à 1 kg mais inférieure à 100 kg	DC	
	2. Fabrication d'explosif en unité mobile.		
	La quantité totale de matière active (4) susceptible d'être présente dans l'installation étant :		
	a) Supérieure ou égale à 100 kg	A	3
	b) Inférieure à 100 kg	D	
	Nota : (1) Les fabrications relevant de cette rubrique concernent les fabrications par procédé non chimique, c'est-à-dire par mélange physique de produits non explosifs ou non prévus pour être explosifs. (2) Les opérations de manipulation, manutention, conditionnement, reconditionnement, mise au détail ou distribution réalisées dans les espaces de vente des établissements recevant du public sont exclues. (3) La quantité de matière active à retenir tient compte des produits intermédiaires, des en-cours et des déchets dont la présence dans l'installation s'avère connexe à l'activité de fabrication. (4) La quantité de matière active à prendre en compte est la quantité d'explosif fabriqué susceptible d'être concernée par la transmission d'une détonation prenant naissance en son sein. Quantité seuil bas au sens de l'article R. 511-10: 10 t. Quantité seuil haut au sens de l'article R. 511-10: 10 t.		

n°	Désignation de la rubrique	A, E, D, C (1)	Rayon (2)
4220	Produits explosifs (stockage de), à l'exclusion des produits explosifs présents dans les espaces de vente des établissements recevant du public.		
	La quantité équivalente totale de matière active (1) susceptible d'être présente dans l'installation étant :		
	1. Supérieure ou égale à 500 kg	A	3
	2. Supérieure ou égale à 100 kg, mais inférieure à 500 kg	E	
	3. Supérieure ou égale à 30 kg mais inférieure à 100 kg lorsque seuls des produits classés en division de risque 1.3 et 1.4 sont stockés dans l'installation	DC	
	4. Inférieure à 100 kg dans les autres cas	DC	
	Nota : (1) Les produits explosifs sont classés en divisions de risque et en groupes de compatibilité définis par arrêté ministériel. La quantité équivalente totale de matière active est établie selon la formule : A + B + C/3 + D/5 + E + F/3. A représentant la quantité relative aux produits classés en division de risque 1.1 ainsi que tous les produits lorsque ceux-ci ne sont pas en emballages fermés conformes aux dispositions réglementaires en matière de transport. B, C, D, E, F représentant respectivement les quantités relatives aux produits classés en division de risque 1.2,1.3,1.4,1.5 et 1.6 lorsque ceux-ci sont en emballages fermés conformes aux dispositions réglementaires en matière de transport. *Produits classés en divisions de risque 1.1,1.2,1.5 et division de risque 1.4 lorsque les produits sont déballés ou réemballés :* *Quantité seuil bas au sens de l'article R. 511-10 : 10 t.* *Quantité seuil haut au sens de l'article R. 511-10 : 10 t.* *Produits classés en divisions de risque 1.3 et 1.6 :* *Quantité seuil bas au sens de l'article R. 511-10 : 10 t.* *Quantité seuil haut au sens de l'article R. 511-10 : 30 t.* *Autres produits classés en division de risque 1.4 :* *Quantité seuil bas au sens de l'article R. 511-10 : 50 t.* *Quantité seuil haut au sens de l'article R. 511-10 : 50 t.* *(Les quantités indiquées sont les quantités nettes totales de matière active.)*		
4240	Produits explosibles, à l'exclusion des produits explosifs.		
	1. Produits explosibles affectés à la classe 1 des recommandations des Nations unies relatives au transport de marchandises dangereuses et autres produits explosibles lorsqu'ils ne sont pas en emballages fermés conformes aux dispositions réglementaires en matière de transport.		
	La quantité totale de matière active susceptible d'être présente dans l'installation étant supérieure ou égale à 500 kg	A	5
	2. Autres produits explosibles.		
	La quantité totale de matière active susceptible d'être présente dans l'installation étant supérieure ou égale à 10 t	A	5
	Quantité seuil bas au sens de l'article R. 511-10 : 10 t.		
	Quantité seuil haut au sens de l'article R. 511-10 : 10. t		

n°	Désignation de la rubrique	A, E, D, C (1)	Rayon (2)
4310	Gaz inflammables Catégorie 1 et 2. La quantité totale susceptible d'être présente dans les installations y compris dans les cavités souterraines (strates naturelles, aquifères, cavités salines et mines désaffectées) étant :		
	1. Supérieure ou égale à 10 t	A	2
	2. Supérieure ou égale à 1 t et inférieure à 10 t	DC	
	Quantité seuil bas au sens de l'article R. 511-10 : 10 t *Quantité seuil haut au sens de l'article R. 511-10 : 50 t*		
4320	Aérosols extrêmement inflammables ou inflammables de catégorie 1 ou 2 contenant des gaz inflammables de catégorie 1 ou 2 ou des liquides inflammables de catégorie 1.		
	La quantité totale susceptible d'être présente dans l'installation étant :		
	1. Supérieure ou égale à 150 t	A	2
	2. Supérieure ou égale à 15 t et inférieure à 150 t	D	
	Nota. Les aérosols inflammables sont classés conformément à la directive 75/324/ CEE relative aux générateurs aérosols. Les aérosols extrêmement inflammables et inflammables de la directive 75/324/ CEE correspondent respectivement aux aérosols inflammables des catégories 1 et 2 du règlement (CE) n° 1272/2008. *Quantité seuil bas au sens de l'article R. 511-10 : 150 t.* *Quantité seuil haut au sens de l'article R. 511-10 : 500 t.*		
4321	Aérosols « extrêmement inflammables » ou « inflammables » de catégorie 1 ou 2, ne contenant pas de gaz inflammable de catégorie 1 ou 2, ni de liquide inflammable de catégorie 1. La quantité totale susceptible d'être présente dans l'installation étant :		
	La quantité totale susceptible d'être présente dans l'installation étant :		
	1. Supérieure ou égale à 5 000 t ;	A	1
	2. Supérieure ou égale à 500 t et inférieure à 5 000 t.	D	-
	Nota. – les aérosols inflammables sont classés conformément à la directive 75/324/CEE relative aux générateurs aérosols. Les aérosols « extrêmement inflammables » et « inflammables » de la directive 75/ 324/CEE correspondent, respectivement, aux aérosols inflammables des catégories 1 et 2 du règlement (CE) n° 1272/2008. Pour pouvoir recourir à cette classification, il doit être démontré que le générateur d'aérosol ne contient pas de gaz inflammable de catégorie 1 ou 2, ni de liquide inflammable de catégorie 1. Quantité seuil bas au sens de l'article R. 511-10 : 5 000 t Quantité seuil haut au sens de l'article R. 511-10 : 50 000 t		

n°	Désignation de la rubrique	A, E, D, C (1)	Rayon (2)
4330	Liquides inflammables de catégorie 1, liquides inflammables maintenus à une température supérieure à leur point d'ébullition, autres liquides de point éclair inférieur ou égal à 60° C maintenus à une température supérieure à leur température d'ébullition ou dans des conditions particulières de traitement, telles qu'une pression ou une température élevée (1).		
	La quantité totale susceptible d'être présente dans les installations y compris dans les cavités souterraines étant :		
	1. Supérieure ou égale à 10 t	A	2
	2. Supérieure ou égale à 1 t mais inférieure à 10 t	DC	
(1) Conformément à la section 2.6.4.5 de l'annexe I du règlement (CE) n° 1272/2008, il n'est pas nécessaire de classer les liquides ayant un point d'éclair supérieur à 35° C dans la catégorie 3 si l'épreuve de combustion entretenue du point L 2, partie III, section 32, du Manuel d'épreuves et de critères des Nations unies a donné des résultats négatifs. Toutefois, cette remarque n'est pas valable en cas de température ou de pression élevée, et ces liquides doivent alors être classés dans cette catégorie. *Quantité seuil bas au sens de l'article R. 511-10 : 10 t.* *Quantité seuil haut au sens de l'article R. 511-10 : 50 t.*			
4331	Liquides inflammables de catégorie 2 ou catégorie 3 à l'exclusion de la rubrique 4330.		
	La quantité totale susceptible d'être présente dans les installations y compris dans les cavités souterraines étant :		
	1. Supérieure ou égale à 1 000 t	A	2
	2. Supérieure ou égale à 100 t mais inférieure à 1 000 t	E	
	3. Supérieure ou égale à 50 t mais inférieure à 100 t	DC	
	Quantité seuil bas au sens de l'article R. 511-10 : 5 000 t.		
	Quantité seuil haut au sens de l'article R. 511-10 : 50 000 t.		
4410	Substances et mélanges autoréactifs type A ou type B.		
	La quantité totale susceptible d'être présente dans l'installation étant :		
	1. Supérieure ou égale à 10 t	A	3
	2. Supérieure ou égale à 50 kg mais inférieure à 10 t	D	
	Quantité seuil bas au sens de l'article R. 511-10 : 10 t.		
	Quantité seuil haut au sens de l'article R. 511-10 : 50 t.		
4411	Substances et mélanges autoréactifs type C, D, E ou F.		
	La quantité totale susceptible d'être présente dans l'installation étant :		
	1. Supérieure ou égale à 50 t	A	2
	2. Supérieure ou égale à 1 t mais inférieure à 50 t	D	
	Quantité seuil bas au sens de l'article R. 511-10 : 50 t.		
	Quantité seuil haut au sens de l'article R. 511-10 : 200 t.		

n°	Désignation de la rubrique	A, E, D, C (1)	Rayon (2)
4420	Peroxydes organiques type A ou type B.		
	La quantité totale susceptible d'être présente dans l'installation étant :		
	1. Supérieure ou égale à 50 kg	A	2
	2. Supérieure ou égale à 1 kg mais inférieure à 50 kg	D	
	Quantité seuil bas au sens de l'article R. 511-10 : 10 t.		
	Quantité seuil haut au sens de l'article R. 511-10 : 10 t.		
4421	Peroxydes organiques type C ou type D.		
	La quantité totale susceptible d'être présente dans l'installation étant :		
	1. Supérieure ou égale à 3 t	A	2
	2. Supérieure ou égale à 125 kg mais inférieure à 3 t	D	
	Quantité seuil bas au sens de l'article R. 511-10 : 50 t.		
	Quantité seuil haut au sens de l'article R. 511-10 : 150 t.		
4422	Peroxydes organiques type E ou type F.		
	La quantité totale susceptible d'être présente dans l'installation étant :		
	1. Supérieure ou égale à 10 t	A	1
	2. Supérieure ou égale à 500 kg mais inférieure à 10 t	D	
	Quantité seuil bas au sens de l'article R. 511-10 : 50 t.		
	Quantité seuil haut au sens de l'article R. 511-10 : 200 t.		
4430	Solides pyrophoriques catégorie 1.		
	La quantité totale susceptible d'être présente dans l'installation étant supérieure ou égale à 50 t	A	1
	Quantité seuil bas au sens de l'article R. 511-10 : 50 t.		
	Quantité seuil haut au sens de l'article R. 511-10 : 200 t.		
4431	Liquides pyrophoriques catégorie 1.		
	La quantité totale susceptible d'être présente dans l'installation étant supérieure ou égale à 50 t	A	2
	Quantité seuil bas au sens de l'article R. 511-10 : 50 t.		
	Quantité seuil haut au sens de l'article R. 511-10 : 200 t.		
4440	Solides comburants catégorie 1,2 ou 3.		
	La quantité totale susceptible d'être présente dans l'installation étant :		
	1. Supérieure ou égale à 50 t	A	3
	2. Supérieure ou égale à 2 t mais inférieure à 50 t	D	
	Quantité seuil bas au sens de l'article R. 511-10 : 50 t.		
	Quantité seuil haut au sens de l'article R. 511-10 : 200 t.		

n°	Désignation de la rubrique	A, E, D, C (1)	Rayon (2)
4441	Liquides comburants catégorie 1,2 ou 3.		
	La quantité totale susceptible d'être présente dans l'installation étant :		
	1. Supérieure ou égale à 50 t	A	3
	2. Supérieure ou égale à 2 t mais inférieure à 50 t	D	
	Quantité seuil bas au sens de l'article R. 511-10 : 50 t.		
	Quantité seuil haut au sens de l'article R. 511-10 : 200 t.		
4442	Gaz comburants catégorie 1.		
	La quantité totale susceptible d'être présente dans l'installation étant :		
	1. Supérieure ou égale à 50 t	A	3
	2. Supérieure ou égale à 2 t mais inférieure à 50 t	D	
	Quantité seuil bas au sens de l'article R. 511-10 : 50 t.		
	Quantité seuil haut au sens de l'article R. 511-10 : 200 t.		
4510	Dangereux pour l'environnement aquatique de catégorie aiguë 1 ou chronique 1.		
	La quantité totale susceptible d'être présente dans l'installation étant :		
	1. Supérieure ou égale à 100 t	A	1
	2. Supérieure ou égale à 20 t mais inférieure à 100 t	DC	
	Quantité seuil bas au sens de l'article R. 511-10 : 100 t.		
	Quantité seuil haut au sens de l'article R. 511-10 : 200 t.		
4511	Dangereux pour l'environnement aquatique de catégorie chronique 2.		
	La quantité totale susceptible d'être présente dans l'installation étant :		
	1. Supérieure ou égale à 200 t	A	1
	2. Supérieure ou égale à 100 t mais inférieure à 200 t	DC	
	Quantité seuil bas au sens de l'article R. 511-10 : 200 t.		
	Quantité seuil haut au sens de l'article R. 511-10 : 500 t.		
4610	Substances ou mélanges auxquels est attribuée la mention de danger EUH014 (réagit violemment au contact de l'eau).		
	La quantité totale susceptible d'être présente dans l'installation étant :		
	1. Supérieure ou égale à 100 t	A	1
	2. Supérieure à 10 t mais inférieure à 100 t	DC	
	Quantité seuil bas au sens de l'article R. 511-10 : 100 t.		
	Quantité seuil haut au sens de l'article R. 511-10 : 500 t.		

n°	Désignation de la rubrique	A, E, D, C (1)	Rayon (2)
4620	Substances et mélanges qui, au contact de l'eau, dégagent des gaz inflammables, catégorie 1.		
	La quantité totale susceptible d'être présente dans l'installation étant :		
	1. Supérieure ou égale à 100 t	A	1
	2. Supérieure ou égale à 10 t mais inférieure à 100 t	D	
	Quantité seuil bas au sens de l'article R. 511-10 : 100 t.		
	Quantité seuil haut au sens de l'article R. 511-10 : 500 t.		
4630	Substances ou mélanges auxquels est attribuée la mention de danger EUH029 (au contact de l'eau, dégage des gaz toxiques).		
	La quantité totale susceptible d'être présente dans l'installation étant :		
	1. Supérieure ou égale à 50 t	A	3
	2. Supérieure ou égale à 2 t mais inférieure à 50 t	D	
	Quantité seuil bas au sens de l'article R. 511-10 : 50 t.		
	Quantité seuil haut au sens de l'article R. 511-10 : 200 t.		
4701	Nitrate d'ammonium.		
	1. Nitrate d'ammonium et mélanges à base de nitrate d'ammonium dans lesquels la teneur en azote due au nitrate d'ammonium est :		
	comprise entre 24,5 % et 28 % en poids et qui contiennent au plus 0,4 % de substances combustibles ;		
	supérieure à 28 % en poids et qui contiennent au plus 0,2 % de substances combustibles.		
	La quantité totale susceptible d'être présente dans l'installation étant :		
	a) Supérieure ou égale à 350 t	A	3
	b) Supérieure ou égale à 100 t, mais inférieure à 350 t	DC	
	2. Solutions chaudes de nitrate d'ammonium dont la concentration en nitrate d'ammonium est supérieure à 80 % en poids.		
	La quantité totale susceptible d'être présente dans l'installation étant :		
	a) Supérieure ou égale à 350 t	A	3
	b) Supérieure ou égale à 100 t, mais inférieure à 350 t	DC	
	Quantité seuil bas au sens de l'article R. 511-10 : 350 t.		
	Quantité seuil haut au sens de l'article R. 511-10 : 2 500 t.		

n°	Désignation de la rubrique	A, E, D, C (1)	Rayon (2)
	Engrais solides simples et composés à base de nitrate d'ammonium correspondant aux spécifications du règlement européen n° 2003/2003 du Parlement européen et du Conseil du 13 octobre 2003 relatif aux engrais ou à la norme française équivalente NF U 42-001-1.		
	I. Engrais composés à base de nitrate d'ammonium susceptibles de subir une décomposition auto-entretenue (un engrais composé contient du nitrate d'ammonium avec du phosphate et/ ou de la potasse) dans lesquels la teneur en azote due au nitrate d'ammonium est :		
	de 15,75 % en poids ou moins sans limitation de teneur en matières combustibles ;		
	comprise entre 15,75 % et 24,5 % en poids et qui soit contiennent au maximum 0,4 % de matières organiques ou combustibles au total, soit sont conformes aux exigences de l'annexe III-2 (*) du règlement européen.		
	Ces engrais sont susceptibles de subir une décomposition auto-entretenue selon le test en auge défini dans le cadre de l'Organisation des Nations unies (ONU) (voir Recommandations des Nations unies relatives au transport des marchandises dangereuses : Manual of Tests and Criteria, partie III, sous-section 38.2).		
4702	II. Engrais simples et composés solides à base de nitrate d'ammonium (un engrais composé contient du nitrate d'ammonium avec du phosphate et/ ou de la potasse) qui satisfont aux conditions de l'annexe III-2 (*) du règlement européen et dans lesquels la teneur en azote due au nitrate d'ammonium est :		
	supérieure à 24,5 % en poids, sauf pour les mélanges d'engrais simples à base de nitrate d'ammonium avec de la dolomie, du calcaire et/ ou du carbonate de calcium, dont la pureté est d'au moins 90 % ;		
	supérieure à 15,75 % en poids pour les mélanges de nitrate d'ammonium et de sulfate d'ammonium ;		
	supérieure à 28 % en poids pour les mélanges d'engrais simples à base de nitrate d'ammonium avec de la dolomie, du calcaire et/ ou du carbonate de calcium, dont la pureté est d'au moins 90 %.		
	III. Mélange d'engrais simples solides à base de nitrate d'ammonium avec de la dolomie, du calcaire et/ ou du carbonate de calcium, dont la pureté est d'au moins 90 % et dans lesquels la teneur en azote due au nitrate d'ammonium est comprise entre 24,5 % et 28 % en poids.		
	La quantité totale d'engrais répondant à au moins un des trois critères I, II ou III ci-dessus susceptible d'être présente dans l'installation étant :		
	a) Supérieure ou égale à 1 250 t	A	2
	b) Supérieure ou égale à 500 t, mais inférieure à 1 250 t	DC	
	c) Inférieure à 500 t comportant une quantité en vrac d'engrais, dont la teneur en azote due au nitrate d'ammonium est supérieure à 28 % en poids, supérieure ou égale à 250 t	DC	

n°	Désignation de la rubrique	A, E, D, C (1)	Rayon (2)
	IV. Engrais simples et composés solides à base de nitrate d'ammonium ne répondant pas aux critères I, II ou III (engrais simples et engrais composés non susceptibles de subir une décomposition auto-entretenue dans lesquels la teneur en azote due au nitrate d'ammonium est inférieure à 24,5 %).		
	La quantité totale d'engrais susceptible d'être présente dans l'installation étant supérieure ou égale à 1 250 t	DC	
	Nota. Concernant les engrais azotés simples et les engrais composés azotés binaires (NP ou NK) ou ternaires (NPK), ne sont à prendre en compte que les engrais à base de nitrates (ex : ammonitrates). En conséquence, les engrais azotés non à base de nitrates (ex. : urée) ne sont pas comptabilisés. L'identification d'un engrais à base de nitrate peut se faire par la mention de l'azote nitrique dans les documents commerciaux. (*) Annexe III-2 relative à l'essai de détonabilité décrit dans la section 3 (méthode 1, point 3) et la section 4 de l'annexe III du règlement européen n° 2003/2003. *Pour les produits classés dans la rubrique 4702-I :* *Quantité seuil bas au sens de l'article R. 511-10 : 5 000 t.* *Quantité seuil haut au sens de l'article R. 511-10 : 5 000 t.* *Pour les produits classés dans la rubrique 4702-II :* *Quantité seuil bas au sens de l'article R. 511-10 : 1 250 t.* *Quantité seuil haut au sens de l'article R. 511-10 : 5 000 t.* *Pour les produits classés dans la rubrique 4702-III :* *Quantité seuil haut au sens de l'article R. 511-10 : 5 000 t.*		
4703	Nitrate d'ammonium : matières hors spécifications ou produits correspondant aux engrais simples à base de nitrate d'ammonium et à forte teneur en azote n'étant pas conformes aux exigences de l'annexe III-1 (alinéas 1.1 à 1.6) (*) ou III-2 (**) du règlement européen n° 2003/2003 ou à la norme française équivalente NF U 42-001-1.		
	Cette rubrique s'applique :		
	aux matières rejetées ou écartées au cours du processus de fabrication, au nitrate d'ammonium et aux mélanges à base de nitrate d'ammonium, aux engrais simples à base de nitrate d'ammonium et aux engrais composés à base de nitrate d'ammonium qui sont ou ont été renvoyés par l'utilisateur final à un fabricant, à une installation de stockage temporaire ou à une usine de retraitement pour subir un nouveau processus, un recyclage ou un traitement en vue de pouvoir être utilisés sans danger, parce qu'ils ne satisfaisaient plus aux prescriptions des rubriques 4701,4702-II et 4702-III ;		
	aux engrais simples à base de nitrate d'ammonium dans lesquels la teneur en azote due au nitrate d'ammonium est supérieure à 28 % qui ne satisfont pas aux exigences de l'annexe III-1 (alinéas 1.1 à 1.6) (*) ;		
	aux engrais visés dans les rubriques 4702-I, 2e alinéa, 4702-II qui ne satisfont pas aux exigences de l'annexe III-2 (**).		
	La quantité totale susceptible d'être présente dans l'installation étant supérieure ou égale à 10 t	A	3
	(*) Annexe III-1 relative aux caractéristiques et limites de l'engrais simple à base de nitrate d'ammonium et à forte teneur en azote du règlement européen n° 2003/2003.		

n°	Désignation de la rubrique	A, E, D, C (1)	Rayon (2)
	(**) Annexe III-2 relative à l'essai de détonabilité décrit dans la section 3 (méthode 1, point 3) et la section 4 de l'annexe III du règlement européen n° 2003/2003.		
	Quantité seuil bas au sens de l'article R. 511-10 : 10 t.		
	Quantité seuil haut au sens de l'article R. 511-10 : 50 t.		
4705	Nitrate de potassium et engrais composés à base de nitrate de potassium (sous forme de comprimés ou de granulés) qui présentent les mêmes propriétés dangereuses que le nitrate de potassium pur.		
	La quantité susceptible d'être présente dans l'installation étant :		
	1. Supérieure ou égale à 5 000 t	A	3
	2. Supérieure ou égale à 1 250 t mais inférieure à 5 000 t	D	
	Quantité seuil bas au sens de l'article R. 511-10 : 5 000 t.		
	Quantité seuil haut au sens de l'article R. 511-10 : 10 000 t.		
4706	Nitrate de potassium et engrais composés à base de nitrate de potassium (sous forme de cristaux) qui présentent les mêmes propriétés dangereuses que le nitrate de potassium pur.		
	La quantité susceptible d'être présente dans l'installation étant :		
	1. Supérieure ou égale à 1 250 t	A	3
	2. Supérieure ou égale à 500 t mais inférieure à 1 250 t	D	
	Quantité seuil bas au sens de l'article R. 511-10 : 1 250 t.		
	Quantité seuil haut au sens de l'article R. 511-10 : 5 000 t.		
4707	Pentoxyde d'arsenic, acide (V) arsénique et/ ou ses sels (numéro CAS 1303-28-2).		
	La quantité susceptible d'être présente dans l'installation étant :		
	1. Supérieure ou égale à 1 t	A	3
	2. Supérieure ou égale à 50 kg mais inférieure à 1 t	D	
	Quantité seuil bas au sens de l'article R. 511-10 : 1 t.		
	Quantité seuil haut au sens de l'article R. 511-10 : 2 t.		
4708	Trioxyde d'arsenic, acide (III) arsénieux et/ ou ses sels (numéro CAS 1327-53-3).		
	La quantité susceptible d'être présente dans l'installation étant supérieure ou égale à 1 kg	A	3
	Quantité seuil haut au sens de l'article R. 511-10 : 0,1 t.		

n°	Désignation de la rubrique	A, E, D, C (1)	Rayon (2)
4709	Brome (numéro CAS 7726-95-6).		
	La quantité susceptible d'être présente dans l'installation étant :		
	1. Supérieure ou égale à 20 t	A	1
	2. Supérieure ou égale à 2 t mais inférieure à 20 t	D	
	Quantité seuil bas au sens de l'article R. 511-10 : 20 t.		
	Quantité seuil haut au sens de l'article R. 511-10 : 100 t.		
4710	Chlore (numéro CAS 7782-50-5).		
	La quantité totale susceptible d'être présente dans l'installation étant :		
	1. Supérieure ou égale à 500 kg	A	3
	2. Supérieure ou égale à 100 kg mais inférieure à 500 kg	DC	
	Quantité seuil bas au sens de l'article R. 511-10 : 10 t.		
	Quantité seuil haut au sens de l'article R. 511-10 : 25 t.		
4711	Composés de nickel sous forme pulvérulente inhalable : monoxyde de nickel, dioxyde de nickel, sulfure de nickel, disulfure de trinickel, trioxyde de dinickel.		
	La quantité susceptible d'être présente dans l'installation étant :		
	1. Supérieure ou égale à 200 kg	A	3
	2. Supérieure ou égale à 10 kg mais inférieure à 200 kg	D	
	Quantité seuil haut au sens de l'article R. 511-10 : 1 t.		
4712	Ethylèneimine (numéro CAS 151-56-4).		
	La quantité susceptible d'être présente dans l'installation étant supérieure ou égale à 200 kg	A	3
	Quantité seuil bas au sens de l'article R. 511-10 : 10 t.		
	Quantité seuil haut au sens de l'article R. 511-10 : 20 t.		
4713	Fluor (numéro CAS 7782-41-4).		
	La quantité susceptible d'être présente dans l'installation étant :		
	1. Supérieure ou égale à 10 t	A	1
	2. Supérieure ou égale à 100 kg mais inférieure à 10 t	D	
	Quantité seuil bas au sens de l'article R. 511-10 : 10 t.		
	Quantité seuil haut au sens de l'article R. 511-10 : 20 t.		

n°	Désignation de la rubrique	A, E, D, C (1)	Rayon (2)
4714	Formaldéhyde (concentration > 90 %) (numéro CAS 50-00-0).		
	La quantité susceptible d'être présente dans l'installation étant :		
	1. Supérieure ou égale à 5 t	A	3
	2. Supérieure ou égale à 100 kg mais inférieure à 5 t	DC	
	Quantité seuil bas au sens de l'article R. 511-10 : 5 t.		
	Quantité seuil haut au sens de l'article R. 511-10 : 50 t.		
4715	Hydrogène (numéro CAS 133-74-0)		
	La quantité susceptible d'être présente dans l'installation terrestre étant :		
	1. Supérieure ou égale à 1 t	A	2
	2. Supérieure ou égale à 100 kg mais inférieure à 1 t	D	
	Quantité seuil bas au sens de l'article R. 511-10 : 5 t.		
	Quantité seuil haut, au sens de l'article R. 511-10 : 50 t		
	Une installation est considérée comme terrestre dès lors qu'elle n'est pas en mer, sauf si elle est située dans les limites administratives d'un port maritime.		
4716	Chlorure d'hydrogène (gaz liquéfié) (numéro CAS 7647-01-0).		
	La quantité susceptible d'être présente dans l'installation étant :		
	1. Supérieure ou égale à 1 t	A	3
	2. Supérieure ou égale à 200 kg mais inférieure à 1 t	D	
	Quantité seuil bas au sens de l'article R. 511-10 : 25 t.		
	Quantité seuil haut au sens de l'article R. 511-10 : 250 t.		
4717	Plombs alkyls.		
	La quantité susceptible d'être présente dans l'installation étant :		
	1. Supérieure ou égale à 5 t	A	3
	2. Supérieure ou égale à 500 kg mais inférieure à 5 t	D	
	Quantité seuil bas au sens de l'article R. 511-10 : 5 t.		
	Quantité seuil haut au sens de l'article R. 511-10 : 50 t.		

n°	Désignation de la rubrique	A, E, D, C (1)	Rayon (2)
4718	Gaz inflammables liquéfiés de catégorie 1 et 2 (y compris GPL) et gaz naturel (y compris biogaz affiné, lorsqu'il a été traité conformément aux normes applicables en matière de biogaz purifié et affiné, en assurant une qualité équivalente à celle du gaz naturel, y compris pour ce qui est de la teneur en méthane, et qu'il a une teneur maximale de 1 % en oxygène).		
	La quantité totale susceptible d'être présente dans les installations (*) y compris dans les cavités souterraines (strates naturelles, aquifères, cavités salines et mines désaffectées, hors gaz naturellement présent avant exploitation de l'installation) étant :		
	1. Pour le stokage en récipients à pression transportables :		
	a. Supérieure ou égale à 35 t	A	1
	b. Supérieure ou égale à 6 t mais inférieure à 35 t	DC	
	2. Pour les autres installations :		
	a. Supérieure ou égale à 50 t	A	1
	b. Supérieure ou égale à 6 t mais inférieure à 50 t	DC	
	Quantité seuil bas au sens de l'article R. 511-10 (à l'exclusion des stations de compression connexes aux canalisations de transport) : 50 t		
	Quantité seuil haut au sens de l'article R. 511-10 (à l'exclusion des stations de compression connexes aux canalisations de transport) : 200 t		
	(*) Une station d'interconnexion d'un réseau de transport de gaz n'est pas considérée comme une installation classée au titre de la rubrique 4718		
4719	Acétylène (numéro CAS 74-86-2).		
	La quantité susceptible d'être présente dans l'installation étant :		
	1. Supérieure ou égale à 1 t	A	2
	2. Supérieure ou égale à 250 kg mais inférieure à 1 t	D	
	Quantité seuil bas au sens de l'article R. 511-10 : 5 t.		
	Quantité seuil haut au sens de l'article R. 511-10 : 50 t.		
4720	Oxyde d'éthylène (numéro CAS 75-21-8).		
	La quantité susceptible d'être présente dans l'installation étant :		
	1. Supérieure ou égale à 5 t	A	2
	2. Supérieure ou égale à 500 kg mais inférieure à 5 t	D	
	Quantité seuil bas au sens de l'article R. 511-10 : 5 t.		
	Quantité seuil haut au sens de l'article R. 511-10 : 50 t.		

n°	Désignation de la rubrique	A, E, D, C (1)	Rayon (2)
4721	Oxyde de propylène (numéro CAS 75-56-9).		
	La quantité susceptible d'être présente dans l'installation étant :		
	1. Supérieure ou égale à 5 t	A	2
	2. Supérieure ou égale à 500 kg mais inférieure à 5 t	D	
	Quantité seuil bas au sens de l'article R. 511-10 : 5 t.		
	Quantité seuil haut au sens de l'article R. 511-10 : 50 t.		
4722	Méthanol (numéro CAS 67-56-1).		
	La quantité susceptible d'être présente dans l'installation étant :		
	1. Supérieure ou égale à 500 t	A	2
	2. Supérieure ou égale à 50 t mais inférieure à 500 t	D	
	Quantité seuil bas au sens de l'article R. 511-10 : 500 t.		
	Quantité seuil haut au sens de l'article R. 511-10 : 5 000 t.		
4723	4,4-méthylène-bis (2-chloraniline) et/ ou ses sels, sous forme pulvérulente (numéro CAS 101-14-4)		
	La quantité susceptible d'être présente dans l'installation étant :		
	1. Supérieure ou égale à 2 kg	A	3
	2. Supérieure ou égale à 100 g mais inférieure à 2 kg	D	
	Quantité seuil haut au sens de l'article R. 511-10 : 0,01 t.		
4724	Isocyanate de méthyle (numéro CAS 624-83-9).		
	La quantité susceptible d'être présente dans l'installation étant :		
	1. Supérieure ou égale à 30 kg	A	3
	2. Supérieure ou égale à 1,5 kg mais inférieure à 30 kg	D	
	Quantité seuil haut au sens de l'article R. 511-10 : 0,15 t.		
4725	Oxygène (numéro CAS 7782-44-7).		
	La quantité susceptible d'être présente dans l'installation étant :		
	1. Supérieure ou égale à 200 t	A	2
	2. Supérieure ou égale à 2 t mais inférieure à 200 t	D	
	Quantité seuil bas au sens de l'article R. 511-10 : 200 t.		
	Quantité seuil haut au sens de l'article R. 511-10 : 2 000 t.		

n°	Désignation de la rubrique	A, E, D, C (1)	Rayon (2)
4726	2,4-diisocyanate de toluène (numéro CAS 584-84-9) ou 2,6-diisocyanate de toluène (numéro CAS 91-08-7).		
	La quantité susceptible d'être présente dans l'installation étant :		
	1. Supérieure ou égale à 10 t	A	3
	2. Supérieure ou égale à 500 kg mais inférieure à 10 t	D	
	Quantité seuil bas au sens de l'article R. 511-10 : 10 t.		
	Quantité seuil haut au sens de l'article R. 511-10 : 100 t.		
4727	Dichlorure de carbonyle (phosgène) (numéro CAS 75-44-5).		
	La quantité susceptible d'être présente dans l'installation étant :		
	1. Supérieure ou égale à 300 kg	A	3
	2. Supérieure ou égale à 60 kg mais inférieure à 300 kg	D	
	Quantité seuil bas au sens de l'article R. 511-10 : 0,3 t.		
	Quantité seuil haut au sens de l'article R. 511-10 : 0,75 t.		
4728	Arsine (trihydrure d'arsenic) (numéro CAS 7784-42-1).		
	La quantité susceptible d'être présente dans l'installation étant :		
	1. Supérieure ou égale à 200 kg	A	3
	2. Supérieure ou égale à 10 kg mais inférieure à 200 kg	D	
	Quantité seuil bas au sens de l'article R. 511-10 : 0,2 t.		
	Quantité seuil haut au sens de l'article R. 511-10 : 1 t.		
4729	Phosphine (trihydrure de phosphore) (numéro CAS 7803-51-2).		
	La quantité susceptible d'être présente dans l'installation étant :		
	1. Supérieure ou égale à 200 kg	A	3
	2. Supérieure ou égale à 10 kg mais inférieure à 200 kg	D	
	Quantité seuil bas au sens de l'article R. 511-10 : 0,2 t.		
	Quantité seuil haut au sens de l'article R. 511-10 : 1 t.		
4730	Dichlorure de soufre (numéro CAS 10545-99-0).		
	La quantité susceptible d'être présente dans l'installation étant :		
	1. Supérieure ou égale à 200 kg	A	2
	2. Supérieure ou égale à 10 kg mais inférieure à 200 kg	D	
	Quantité seuil haut au sens de l'article R. 511-10 : 1 t.		

n°	Désignation de la rubrique	A, E, D, C (1)	Rayon (2)
4731	Trioxyde de soufre (numéro CAS 7446-11-9).		
	La quantité susceptible d'être présente dans l'installation étant :		
	1. Supérieure ou égale à 2 t	A	3
	2. Supérieure ou égale à 200 kg mais inférieure à 2 t	D	
	Quantité seuil bas au sens de l'article R. 511-10 : 15 t.		
	Quantité seuil haut au sens de l'article R. 511-10 : 75 t.		
4732	Polychlorodibenzofuranes et polychlorodibenzodioxines (y compris TCDD), calculées en équivalent TCDD selon une méthode définie par arrêté ministériel.		
	La quantité susceptible d'être présente dans l'installation étant :		
	1. Supérieure ou égale à 200 g	A	3
	2. Supérieure ou égale à 10 g mais inférieure à 200 g	D	
	Quantité seuil haut au sens de l'article R. 511-10 : 0,001 t.		
4733	Cancérogènes spécifiques suivants ou les mélanges contenant les cancérogènes suivants en concentration supérieure à 5 % en poids :		
	4-aminobiphényle et/ ou ses sels, benzotrichlorure, benzidine et/ ou ses sels, oxyde de bis-(chlorométhyle), oxyde de chlorométhyle et de méthyle, 1,2-dibromoéthane, sulfate de diéthyle, sulfate de diméthyle, chlorure de diméthylcarbamoyle, 1,2-dibromo-3-chloropropane, 1,2-diméthylhydrazine, diméthylnitrosamine, triamide hexaméthylphosphorique, hydrazine, 2-naphtylamine et/ ou ses sels, 4 nitrodiphényle et 1,3-propanesultone.		
	La quantité susceptible d'être présente dans l'installation étant :		
	1. Supérieure ou égale à 400 kg	A	3
	2. Supérieure ou égale à 1 kg mais inférieure à 400 kg	D	
	Quantité seuil bas au sens de l'article R. 511-10 : 0,5 t. *Quantité seuil haut au sens de l'article R. 511-10 : 2 t.*		
4734	Produits pétroliers spécifiques et carburants de substitution : essences et naphtas ; kérosènes (carburants d'aviation compris) ; gazoles (gazole diesel, gazole de chauffage domestique et mélanges de gazoles compris) ; fioul lourd ; carburants de substitution pour véhicules, utilisés aux mêmes fins et aux mêmes usages et présentant des propriétés similaires en matière d'inflammabilité et de danger pour l'environnement.		
	La quantité totale susceptible d'être présente dans les installations y compris dans les cavités souterraines étant :		
	1. Pour les cavités souterraines et les stockages enterrés :		
	a) Supérieure ou égale à 2 500 t	A	2
	b) Supérieure ou égale à 1 000 t mais inférieure à 2 500 t	E	
	c) Supérieure ou égale à 50 t d'essence ou 250 t au total, mais inférieure à 1 000 t au total	DC	

n°	Désignation de la rubrique	A, E, D, C (1)	Rayon (2)
	2. Pour les autres stockages :		
	a) Supérieure ou égale à 1 000 t	A	2
	b) Supérieure ou égale à 100 t d'essence ou 500 t au total, mais inférieure à 1 000 t au total	E	
	c) Supérieure ou égale à 50 t au total, mais inférieure à 100 t d'essence et inférieure à 500 t au total	DC	
	Quantité seuil bas au sens de l'article R. 511-10 : 2 500 t *Quantité seuil haut au sens de l'article R. 511-10 : 25 000 t*		
4735	Ammoniac.		
	La quantité susceptible d'être présente dans l'installation étant :		
	1. Pour les récipients de capacité unitaire supérieure à 50 kg :		
	a) Supérieure ou égale à 1,5 t	A	3
	b) Supérieure ou égale à 150 kg mais inférieure à 1,5 t	DC	
	2. Pour les récipients de capacité unitaire inférieure ou égale à 50 kg :		
	a) Supérieure ou égale à 5 t	A	3
	b) Supérieure ou égale à 150 kg mais inférieure à 5 t	DC	
	Quantité seuil bas au sens de l'article R. 511-10 : 50 t		
	Quantité seuil haut au sens de l'article R. 511-10 : 200 t.		
4736	Trifluorure de bore (numéro CAS 7637-07-2).		
	La quantité susceptible d'être présente dans l'installation étant :		
	1. Supérieure ou égale à 5 t	A	3
	2. Supérieure ou égale à 100 kg mais inférieure à 5 t	DC	
	Quantité seuil bas au sens de l'article R. 511-10 : 5 t.		
	Quantité seuil haut au sens de l'article R. 511-10 : 20 t.		
4737	Sulfure d'hydrogène (numéro CAS 7783-06-4).		
	La quantité susceptible d'être présente dans l'installation étant :		
	1. Supérieure ou égale à 5 t	A	3
	2. Supérieure ou égale à 500 kg mais inférieure à 5 t	D	
	Quantité seuil bas au sens de l'article R. 511-10 : 5 t.		
	Quantité seuil haut au sens de l'article R. 511-10 : 20 t.		

n°	Désignation de la rubrique	A, E, D, C (1)	Rayon (2)
4738	Pipéridine (numéro CAS 110-89-4).		
	La quantité susceptible d'être présente dans l'installation étant :		
	1. Supérieure ou égale à 50 t	A	3
	2. Supérieure ou égale à 5 t mais inférieure à 50 t	DC	
	Quantité seuil bas au sens de l'article R. 511-10 : 50 t.		
	Quantité seuil haut au sens de l'article R. 511-10 : 200 t.		
4739	Bis (2-dimethylaminoéthyl) (méthyl) amine (numéro CAS 3030-47-5).		
	La quantité susceptible d'être présente dans l'installation étant :		
	1. Supérieure ou égale à 50 t	A	3
	2. Supérieure ou égale à 5 t mais inférieure à 50 t	DC	
	Quantité seuil bas au sens de l'article R. 511-10 : 50 t.		
	Quantité seuil haut au sens de l'article R. 511-10 : 200 t.		
4740	3-(2-Ethylhexyloxy) propylamine (numéro CAS 5397-31-9).		
	La quantité susceptible d'être présente dans l'installation étant :		
	1. Supérieure ou égale à 50 t	A	3
	2. Supérieure ou égale à 5 t mais inférieure à 50 t	DC	
	Quantité seuil bas au sens de l'article R. 511-10 : 50 t.		
	Quantité seuil haut au sens de l'article R. 511-10 : 200 t.		
4741	Les mélanges d'hypochlorite de sodium classés dans la catégorie de toxicité aquatique aiguë 1 [H400] contenant moins de 5 % de chlore actif et non classés dans aucune des autres classes, catégories et mentions de danger visées dans les autres rubriques pour autant que le mélange en l'absence d'hypochlorite de sodium ne serait pas classé dans la catégorie de toxicité aiguë 1 [H400].		
	La quantité susceptible d'être présente dans l'installation étant :		
	1. Supérieure ou égale à 200 t	A	1
	2. Supérieure ou égale à 20 t mais inférieure à 200 t	DC	
	Quantité seuil bas au sens de l'article R. 511-10 : 200 t.		
	Quantité seuil haut au sens de l'article R. 511-10 : 500 t.		
4742	Propylamine (numéro CAS 107-10-8) (sauf lorsque cette substance est exploitée dans les conditions prévues à la rubrique 4330).		
	La quantité susceptible d'être présente dans l'installation étant :		
	1. Supérieure ou égale à 500 t	A	3
	2. Supérieure ou égale à 100 t mais inférieure à 500 t	D	
	Quantité seuil bas au sens de l'article R. 511-10 : 500 t.		
	Quantité seuil haut au sens de l'article R. 511-10 : 2 000 t.		

n°	Désignation de la rubrique	A, E, D, C (1)	Rayon (2)
4743	Acrylate de tert-butyl (numéro CAS 1663-39-4) (sauf lorsque cette substance est exploitée dans les conditions prévues à la rubrique 4330).		
	La quantité susceptible d'être présente dans l'installation étant :		
	1. Supérieure ou égale à 200 t	A	3
	2. Supérieure ou égale à 20 t mais inférieure à 200 t	D	
	Quantité seuil bas au sens de l'article R. 511-10 : 200 t.		
	Quantité seuil haut au sens de l'article R. 511-10 : 500 t.		
4744	2-méthyl-3-butènenitrile (numéro CAS 16529-56-9) (sauf lorsque cette substance est exploitée dans les conditions prévues à la rubrique 4330). La quantité susceptible d'être présente dans l'installation étant :		
	1. Supérieure ou égale à 500 t ;	A	3
	2. Supérieure ou égale à 100 t mais inférieure à 500 t.	D	–
	Quantité seuil bas au sens de l'article R. 511-10 : 500 t Quantité seuil haut au sens de l'article R. 511-10 : 2 000 t		
4745	Tétrahydro-3,5-diméthyl-1,3,5, thiadiazine-2-thione (dazomet) (numéro CAS 533-74-4) (sauf lorsque cette substance est exploitée dans les conditions prévues à la rubrique 4330).		
	La quantité susceptible d'être présente dans l'installation étant :		
	1. Supérieure ou égale à 100 t	A	3
	2. Supérieure ou égale à 10 t mais inférieure à 100 t	DC	
	Quantité seuil bas au sens de l'article R. 511-10 : 100 t.		
	Quantité seuil haut au sens de l'article R. 511-10 : 200 t.		
4746	Acrylate de méthyle (numéro CAS 96-33-3) (sauf lorsque cette substance est exploitée dans les conditions prévues à la rubrique 4330).		
	La quantité susceptible d'être présente dans l'installation étant :		
	1. Supérieure ou égale à 500 t	A	3
	2. Supérieure ou égale à 100 t mais inférieure à 500 t	D	
	Quantité seuil bas au sens de l'article R. 511-10 : 500 t.		
	Quantité seuil haut au sens de l'article R. 511-10 : 2 000 t.		
4747	3-Méthylpyridine (numéro CAS 108-99-6) (sauf lorsque cette substance est exploitée dans les conditions prévues à la rubrique 4330).		
	La quantité susceptible d'être présente dans l'installation étant :		
	1. Supérieure ou égale à 500 t	A	3
	2. Supérieure ou égale à 100 t mais inférieure à 500 t	D	
	Quantité seuil bas au sens de l'article R. 511-10 : 500 t.		
	Quantité seuil haut au sens de l'article R. 511-10 : 2 000 t.		

n°	Désignation de la rubrique	A, E, D, C (1)	Rayon (2)
4748	1-bromo-3-chloropropane (numéro CAS 109-70-6) (sauf lorsque cette substance est exploitée dans les conditions prévues à la rubrique 4330).		
	La quantité susceptible d'être présente dans l'installation étant :		
	1. Supérieure ou égale à 500 t	A	3
	2. Supérieure ou égale à 100 t mais inférieure à 500 t	D	
	Quantité seuil bas au sens de l'article R. 511-10 : 500 t.		
	Quantité seuil haut au sens de l'article R. 511-10 : 2 000 t.		
4749	Perchlorate d'ammonium (numéro CAS 7790-98-9).		
	La quantité susceptible d'être présente dans l'installation étant supérieure ou égale à 500 kg	A	3
	Quantité seuil bas au sens de l'article R. 511-10 : 10 t.		
	Quantité seuil haut au sens de l'article R. 511-10 : 10 t.		
4755	Alcools de bouche d'origine agricole et leurs constituants (distillats, infusions, alcool éthylique d'origine agricole, extraits et arômes) présentant des propriétés équivalentes aux substances classées dans les catégories 2 ou 3 des liquides inflammables.		
	1. La quantité susceptible d'être présente étant supérieure ou égale à 5 000 t	A	2
	2. Dans les autres cas et lorsque le titre alcoométrique volumique est supérieur 40 % : la quantité susceptible d'être présente étant :		
	a) Supérieure ou égale à 500 m³	A	2
	b) Supérieure ou égale à 50 m³	DC	
	Quantité seuil bas au sens de l'article R. 511-10 : 5 000 t.		
	Quantité seuil haut au sens de l'article R. 511-10 : 50 000 t.		
4801	Houille, coke, lignite, charbon de bois, goudron, asphalte, brais et matières bitumineuses.		
	La quantité susceptible d'être présente dans l'installation étant :		
	1. Supérieure ou égale à 500 t	A	1
	2. Supérieure ou égale à 50 t mais inférieure à 500 t	D	

n°	Désignation de la rubrique	A, E, D, C (1)	Rayon (2)
(1) A : autorisation, E : enregistrement, D : déclaration, C : soumis au contrôle périodique prévu par l'article L. 512-11 du Code de l'environnement. (2) Rayon d'affichage en kilomètres. (3) Les seuils figurant dans la colonne « B - Taxe générale sur les activités polluantes » correspondent aux seuils figurant dans la colonne « A - Nomenclature des installations classées » antérieurement à sa modification par le décret n° 2013-1205 du 14 décembre 2013. - NDLR.			
Nota. Les activités nucléaires visées par la présente nomenclature sont les activités soumises aux rubriques 1716,1735,2797 et 2798.			
Nota. La valeur de QNS porte sur l'ensemble des substances radioactives mentionnées à la rubrique 1700 autres que celles mentionnées à la rubrique 1735 susceptibles d'être présentes dans l'installation. Elle est calculée suivant les modalités mentionnées à l'annexe 13-8 de la première partie du Code de la santé publique.			

Composé par Luminess SAS,
561, rue Saint Léonard,
53100 Mayenne

Certifié PEFC

Ce produit est issu de forêts gérées durablement et de sources contrôlées

PEFC
PEFC/04-31-0658

www.pefc.de

Achevé d'imprimer en mai 2025
dans les ateliers de Druckerei C.H.Beck à Nördlingen
Dépôt légal : mai 2025
Imprimé en Allemagne